Frankfurter Kommentar
zu EUV, GRC und AEUV

Band I

Frankfurter Kommentar

zu

EUV, GRC und AEUV

herausgegeben von

Matthias Pechstein
Carsten Nowak
Ulrich Häde

Band I
EUV und GRC

Mohr Siebeck

2017

Matthias Pechstein, geboren 1958; 1985 1. Jur. Staatsexamen; 1987 Promotion; 1989 2. Jur. Staatsexamen; 1989/90 Tätigkeit im Bundesministerium des Innern (Bonn); 1994 Habilitation; 1993–1995 Richter am Verwaltungsgericht Berlin; seit 1995 Inhaber des Jean-Monnet-Lehrstuhls für Öffentliches Recht mit Schwerpunkt Europarecht an der Europa-Universität Viadrina Frankfurt (Oder).

Carsten Nowak, geboren 1965; 1993 1. Jur. Staatsexamen; 1997 Promotion; 1998 2. Jur. Staatsexamen; 2008 Habilitation; seit 2009 Inhaber des Lehrstuhls für Öffentliches Recht, insbesondere Europarecht an der Europa-Universität Viadrina Frankfurt (Oder).

Ulrich Häde, geboren 1960; 1986 1. Jur. Staatsexamen; 1989 2. Jur. Staatsexamen; 1991 Promotion; 1996 Habilitation; 1991/92 und 1996/97 Tätigkeit im Bayerischen Staatsministerium der Finanzen (München); seit 1997 Inhaber des Lehrstuhls für Öffentliches Recht, insbesondere Verwaltungsrecht, Finanzrecht und Währungsrecht an der Europa-Universität Viadrina Frankfurt (Oder).

Zitiervorschlag: Bearbeiter, in: Pechstein/Nowak/Häde (Hrsg.), Frankfurter Kommentar EUV/GRC/AEUV, Art., Rn.

ISBN 978-3-16-151864-5 (Gesamtwerk)
ISBN 978-3-16-155044-7 (Band I)

Die deutsche Nationalbibliothek verzeichnet diese Publikation in der Deutschen Nationalbibliographie; detaillierte bibliographische Daten sind im Internet über *http://dnb.dnb.de* abrufbar.

© 2017 Mohr Siebeck Tübingen. www.mohr.de

Das Buch wurde von pagina GmbH in Tübingen aus der Rotation gesetzt, auf alterungsbeständiges Werkdruckpapier gedruckt und von der Buchbinderei Spinner in Ottersweier gebunden. Den Umschlag entwarf Uli Gleis in Tübingen.

Printed in Germany.

Vorwort

Ein neuer Großkommentar zum Recht der Europäischen Union – bedarf es dessen in Anbetracht der vorliegenden, bedeutenden Werke dieser Art? Die über 60 Autoren, sämtlich hochqualifizierte Experten des Europarechts, der Verlag Mohr Siebeck (Tübingen) und das an der Juristischen Fakultät der Europa-Universität Viadrina Frankfurt (Oder) gegründete „Frankfurter Institut für das Recht der Europäischen Union" haben diese Frage bejaht. Mit gutem Grund. Die Europäische Union befindet sich seit einigen Jahren trotz des Inkrafttretens des Lissabonner Vertrags, der der Konsolidierung und Stabilisierung der europäischen Integrationsgemeinschaft dienen sollte, in stürmischer See. Eine Krise folgt der nächsten, ohne dass die vorherigen als wirklich bewältigt angesehen werden können. Auch wenn Krisen die Entwicklung der europäischen Integration seit Anbeginn ständig begleitet haben und sich letztlich vielfach als Auslöser für neue Schübe des Zusammenwachsens erwiesen haben, scheint die Lage der Union dieses Mal doch besonders schwierig, zum Teil fast verzweifelt zu sein. Im Inneren bröckelt der Zusammenhalt, wie die Flüchtlingskrise und die Finanzkrise(n) zeigen, alte Ressentiments zwischen den europäischen Völkern wurden und werden neu belebt, rechtspopulistische, anti-europäische Strömungen erhalten gefährlichen Zulauf, nach außen hin mangelt es der Union in wesentlichen weltpolitischen Fragestellungen weiterhin an Geschlossenheit, ihre eigene militärische Wehrfähigkeit ist immer noch zu vernachlässigen. Zum ersten Mal hat auch ein bedeutender Mitgliedstaat seinen Austritt aus der Union beschlossen. Sind dies alles Zeichen der Auflösung? Stellt ein neuer Großkommentar, wie vielleicht auch die anderen neu erschienenen Großwerke zum europäischen Recht in Anbetracht dieser Entwicklungen den Abgesang auf die Union und ihr Recht dar, den Beginn der Musealisierung, den Übergang zur rechtsgeschichtlichen Darstellung?

Wir meinen: Nein. Die Europäische Union ist nach unserer festen Überzeugung nicht am Ende ihrer Entwicklung angelangt. Sie wird auch aus diesen Krisen letztlich gestärkt hervorgehen. Die Sicherstellung von Frieden und Wohlstand für den europäischen Kontinent mit seinen großen, nur zu leicht übersehenen Unterschieden zwischen den Völkern, ist eine dauerhafte Aufgabe, die nicht zu einem bestimmten Zeitpunkt als bewältigt angesehen werden kann. Der Fortschritt ist bekanntlich eine Schnecke; dies gilt auch hier. Die Organisation des friedlichen Zusammenlebens der europäischen Völker und ihre Annäherung aneinander bedürfen eines langen Atems und des politischen Denkens in langen Zeiträumen. Nach Jahrhunderten kriegerischer Auseinandersetzungen ist dies aller Mühen wert. Was die Union auf diesem langen Weg durch die Geschichte bislang vor allem zusammenhält ist das gemeinsame, europäische Recht. Von Politikern leicht gering geachtet, von den Bürgern zumeist als zu kompliziert eingestuft und ignoriert ist es doch die entscheidende, wenn auch vielfachen Belastungen ausgesetzte Grundlage der europäischen Integration. Europäische Rechtsetzung und europäische Rechtsprechung aktualisieren und konkretisieren kontinuierlich diese gemeinsame Basis. Den „verfassungsrechtlichen" Rahmen hierfür bildet aber beständig das Primärrecht der Europäischen Union – insbesondere die Gründungsverträge und die Grundrechte-Charta. Auch diese unterliegen einem ständigen Prozess der Weiterentwicklung durch judikative und rechtswissenschaftliche Interpretation. Dieser verantwortungsvollen Arbeit an den Grundlagen der europäischen Integration ist der vorliegende Kommentar verpflichtet. Die Vielfalt der rechtswissenschaftlich begründeten Auffassungen ist der

Nährboden sachlich fundierter Argumentation zum europäischen Recht und damit zur Europäischen Union insgesamt. Unseres Erachtens ist die weitere konzentrierte Bereicherung dieses Konzerts der sachlich begründeten Auffassungen zum europäischen Recht ein Dienst an der europäischen Integration. Möge der Frankfurter Kommentar auch nach der Auffassung seiner Nutzer diesem Anspruch gerecht werden.

Ein fachlich derart kompetentes Autorenteam dieser Größe zusammen zu bekommen war keine leichte Aufgabe, insbesondere im Hinblick auf die bereits bestehenden Kommentare und ihre Autorenkontingente. Wir sind daher allen Autoren, die sich bereit erklärt haben, an diesem großen Werk mitzuwirken, in hohem Maße dankbar. Dass sich das Erscheinen des Kommentars länger hingezogen hat als zunächst geplant, ist fast schon als unausweichlich zu bezeichnen, auch wenn es den Herausgebern und vielen Autoren, die rechtzeitig ihre Manuskripte abgegeben hatten, eine Menge Geduld abverlangt hat.

Die Erstellung eines so umfangreichen und komplexen Werkes ist nicht möglich ohne ein Team von Mitarbeitern, die sich den vielfältigen technischen Aufgaben mit größter Sorgfalt widmen. Für die Übernahme dieser anspruchsvollen und mühsamen Arbeit und ihre höchst verlässliche Erledigung danken die Herausgeber – stellvertretend für das gesamte Frankfurter Institut für das Recht der Europäischen Union – zunächst und vor allem Herrn *Jan Hindahl*. Er trug die Hauptlast und -verantwortung für die Einhaltung der technischen Standards. Mit seiner äußerst präzisen Arbeit hat er maßgeblich zum Erscheinen des Kommentars beigetragen. Wir danken auch Frau *Henrike Frost*, die diese Aufgaben zu Beginn wahrgenommen hat. Großer Dank gebührt auch Frau *Anastasia Borodina*, die ebenfalls über viele Monate hin an der technischen Arbeit mitgewirkt hat und die insbesondere auch die aufwendige Arbeit der Erstellung eines Gesamtstichwortverzeichnisses übernommen hat. Wir danken ferner Herrn *Ahmet Kilic* für die Mitwirkung an den technischen Arbeiten. Weiterhin danken die Herausgeber Frau *Yvonne Polte*, die sämtliche anfallenden Sekretariatsaufgaben im Zusammenhang mit dem Kommentar erledigt hat. Für die vorzügliche verlegerische Betreuung danken wir Herrn *Dr. Franz-Peter Gillig* vom Verlag Mohr Siebeck (Tübingen).

Frankfurt (Oder), Frühjahr 2017

Matthias Pechstein
Carsten Nowak
Ulrich Häde

Inhaltsübersicht
Band I

Vertrag über die Europäische Union
(EUV)

Charta der Grundrechte der Europäischen Union
(GRC)

Inhaltsverzeichnis
Band I

Vertrag über die Europäische Union (EUV)

Inhaltsverzeichnis

Inhaltsverzeichnis

Charta der Grundrechte der Europäischen Union
(GRC)

Verzeichnis der Autorinnen und Autoren

Prof. Dr. Sigrid Boysen, Helmut-Schmidt-Universität Universität der Bundeswehr Hamburg, Professur für Öffentliches Recht, insbesondere Völkerrecht und Europarecht: Art. 217 AEUV

Prof. Dr. Marten Breuer, Universität Konstanz, Lehrstuhl für Öffentliches Recht mit internationaler Ausrichtung: Art. 8 EUV; Art. 300–307, 343 AEUV

Prof. Dr. Christoph Brömmelmeyer, Europa-Universität Viadrina Frankfurt (Oder), Lehrstuhl für Bürgerliches Recht und Europäisches Wirtschaftsrecht: Art. 101, 102 AEUV

Prof. Dr. Marc Bungenberg, LL.M., Universität des Saarlandes, Lehrstuhl für Öffentliches Recht, Völkerrecht und Europarecht: Art. 205–207 AEUV

Stephanie Dausinger, Rechtsreferendarin im Bezirk des OLG München: Art. 122, 125, 136 AEUV

Corinna Dornacher, Ludwig-Maximilians-Universität München, Lehrstuhl für Öffentliches Recht und Europarecht: Art. 123, 124 AEUV

Prof. Dr. Claudio Franzius, Universität Bremen, Lehrstuhl für Öffentliches Recht, insbesondere Verwaltungsrecht und Umweltrecht: Art. 4, 48 EUV; Art. 353 AEUV

Prof. Dr. Walter Frenz, RWTH Aachen: Art. 1, 2, 5 GRC; Art. 173, 179–190, 197, 222, 325, 346–349, 352 AEUV

Prof. Dr. Thomas Giegerich, LL.M., Universität des Saarlandes, Lehrstuhl für Europarecht, Völkerrecht und Öffentliches Recht: Art. 216, 218, 220, 221, Art. 351 AEUV

Dr. Niklas Görlitz, Juristischer Dienst des Europäischen Parlaments, Luxemburg: Art. 263, 267 AEUV

Prof. Dr. Ludwig Gramlich, TU Chemnitz, Professur für Öffentliches Recht und Öffentliches Wirtschaftsrecht: Art. 63–66, 142–144, 219 AEUV

Prof. Dr. Jörg Gundel, Universität Bayreuth, Lehrstuhl für Öffentliches Recht, Völker- und Europarecht: Art. 194, 288, 290, 291 AEUV

Prof. Dr. Ulrich Häde, Europa-Universität Viadrina Frankfurt (Oder), Lehrstuhl für Öffentliches Recht, insbesondere Verwaltungsrecht, Finanzrecht und Währungsrecht: Präambel, Art. 1–6, 162–164, 174–178, 271, 285–287, 308–324 AEUV

Prof. Dr. Ulrich Haltern, LL.M. (Yale), Albert-Ludwigs-Universität Freiburg, Institut für Öffentliches Recht, Abt. I: Europa- und Völkerrecht: Art. 28–37, 56–62 AEUV

Prof. Dr. Andreas Haratsch, FernUniversität in Hagen, Lehrstuhl für Deutsches und Europäisches Verfassungs- und Verwaltungsrecht sowie Völkerrecht: Art. 15–17, 20 EUV, Art. 235–250, 326–334 AEUV

Prof. Dr. Wolff Heintschel von Heinegg, Europa-Universität Viadrina Frankfurt (Oder), Lehrstuhl für Öffentliches Recht, insb. Völkerrecht, Europarecht und ausländisches Verfassungsrecht: Art. 18, 21–46 EUV

Prof. Dr. Christoph Herrmann, LL.M., Universität Passau, Lehrstuhl für Staats- und Verwaltungsrecht, Europarecht, Europäisches und Internationales Wirtschaftsrecht: Art. 119–126, 136 AEUV

Prof. Dr. Sebastian Heselhaus, Universität Luzern, Lehrstuhl für Europarecht, Völkerrecht, Öffentliches Recht und Rechtsvergleichung: Art. 9–12, 55 EUV; Art. 3, 20, 37, 39, 40, 42–46 GRC; Art. 11, 13, 15, 20–25, 191–193, 342, 358 AEUV

Univ.-Prof. Dr. Hubert Hinterhofer, Universität Salzburg, Professor für Straf- und Strafverfahrensrecht – Schwerpunkt Wirtschafts- und Europastrafrecht: Art 85–89 AEUV

Prof. Dr. Gudrun Hochmayr, Europa-Universität Viadrina Frankfurt (Oder), Professur für Strafrecht, insbesondere Europäisches Strafrecht und Völkerstrafrecht: Art. 50 GRC; Art. 82–84 AEUV

Ass. iur. Nils J. Janson, Albert-Ludwigs-Universität Freiburg, Institut für Öffentliches Recht, Abt. I: Europa- und Völkerrecht: Art. 28, 29, 31–33, 35, 37 AEUV

Prof. Dr. Jörn Axel Kämmerer, Bucerius Law School, Hamburg, Lehrstuhl für Öffentliches Recht, Völker- und Europarecht: Art. 139, 140 AEUV

Prof. Dr. Friedemann Kainer, Universität Mannheim, Lehrstuhl für Bürgerliches Recht, deutsches und europäisches Wirtschafts- und Arbeitsrecht: Art. 49–55 AEUV

Prof. Dr. Eva Kocher, Europa-Universität Viadrina Frankfurt (Oder), Lehrstuhl für Bürgerliches Recht, Europäisches und Deutsches Arbeitsrecht, Zivilverfahrensrecht: Art. 27–34 GRC; Art. 8–10, 45–48, 151–161 AEUV

Prof. Dr. Markus Krajewski, Friedrich-Alexander-Universität Erlangen-Nürnberg, Lehrstuhl für Öffentliches Recht und Völkerrecht: Art. 26, 35, 36 GRC; Art. 14, 106, 345 AEUV

Philipp Kubicki, Wissenschaftliche Dienste, Deutscher Bundestag, Berlin: Art. 19 EUV, Art. 277 AEUV

Prof. Dr. Jürgen Kühling, LL.M. (Brüssel), Universität Regensburg, Lehrstuhl für Öffentliches Recht, Immobilienrecht, Infrastrukturrecht und Informationsrecht: Art. 15–17 GRC

Prof. Dr. Thomas Lübbig, Rechtsanwalt in Berlin, Honorarprofessor an der Europa-Universität Viadrina Frankfurt (Oder): Art. 90–100, 168, 170–172 AEUV

Prof. Dr. Cornelia Manger-Nestler, LL.M., HTWK Leipzig, Professur für Deutsches und Internationales Wirtschaftsrecht: Art. 127–135, 282–284 AEUV

Prof. Dr. Nele Matz-Lück, LL.M., Christian-Albrechts-Universität zu Kiel, Walther-Schücking-Institut für Internationales Recht: Art. 195, 196 AEUV

Dr. Walther Michl, LL.M., Ludwig-Maximilians-Universität München, Lehrstuhl für Öffentliches Recht und Europarecht: Art. 21 GRC; Art. 17–19 AEUV

Prof. Dr. Dr. h.c .mult. Peter-Christian Müller-Graff, MAE, Ruprecht-Karls-Universität Heidelberg, Direktor des Instituts für deutsches und europäisches Gesellschafts- und Wirtschaftsrecht: Art. 3 EUV; Art. 67–80 AEUV

Dr. Hanns Peter Nehl, D.E.A., LL.M., Rechtsreferent am EuG, Luxemburg: Art. 47 GRC

Prof. Dr. Roland Norer, Universität Luzern, Lehrstuhl für Öffentliches Recht und Recht des ländlichen Raums: Art. 38–44 AEUV

Prof. Dr. Carsten Nowak, Europa-Universität Viadrina Frankfurt (Oder), Lehrstuhl für Öffentliches Recht, insbesondere Europarecht: Präambel, Art. 1, 7, 13, 47, 51, 52 EUV; Präambel, Art. 25 GRC; Art. 103–105, 107–109, 335, 337–339, 341, 354–356 AEUV

Prof. Dr. Kerstin Odendahl, Christian-Albrechts-Universität zu Kiel, Walther-Schücking-Institut für Internationales Recht: Art. 165–167, 208–214 AEUV

Prof. Dr. Eckhard Pache, Julius-Maximilians-Universität Würzburg, Lehrstuhl für Staatsrecht, Völkerrecht, Internationales Wirtschaftsrecht und Wirtschaftsverwaltungsrecht: Art. 5, 6 EUV; Art. 51–54 GRC

Prof. Dr. Ingo Palsherm, Technische Hochschule Nürnberg Georg Simon Ohm, Fakultät Sozialwissenschaften: Art. 145–150 AEUV

Prof. Dr. Matthias Pechstein, Europa-Universität Viadrina Frankfurt (Oder), Jean-Monnet-Lehrstuhl für Öffentliches Recht, insbesondere Europarecht: Art. 19 EUV; Art. 251–281, 344 AEUV

Prof. Dr. Dagmar Richter, Juristische Fakultät der Ruprecht-Karls-Universität Heidelberg: Art. 351 AEUV

Ass. iur. Herbert Rosenfeldt, Universität Passau, Lehrstuhl für Staats- und Verwaltungsrecht, Europarecht, Europäisches und Internationales Wirtschaftsrecht: Art. 120, 121 AEUV

Prof. Gerard C. Rowe, B.A., LL.B., M.T.C.P. (Syd), LL.M. (Yale), Europa-Universität Viadrina Frankfurt (Oder), Professor em. für Öffentliches Recht, Verwaltungsrecht, Umweltrecht, Kommunalrecht, Rechtsvergleichung und ökonomische Analyse des Rechts; Professeur associé, Université du Luxembourg: Art. 23 GRC

Dr. Marit Sademach, Europa-Universität Viadrina Frankfurt (Oder), Lehrstuhl für Öffentliches Recht, insbesondere Verwaltungsrecht, Finanzrecht und Währungsrecht: Art. 271, 308, 309 AEUV

Prof. Dr. Johannes Saurer, LL.M. (Yale), Eberhard Karls Universität Tübingen, Lehrstuhl für Öffentliches Recht, Umweltrecht, Infrastrukturrecht und Rechtsvergleichung: Art. 289 AEUV, Art. 292–299 AEUV

Prof. Dr. Ralf P. Schenke, Julius-Maximilians-Universität Würzburg, Lehrstuhl für Öffentliches Recht, Deutsches, Europäisches und Internationales Steuerrecht: Art. 110–113 AEUV

Prof. Dr. Martin Schmidt-Kessel, Universität Bayreuth, Lehrstuhl für Verbraucherrecht: Art. 38 GRC; Art. 12, 169 AEUV

Prof. Dr. Burkhard Schöbener, Universität zu Köln, Lehrstuhl für Öffentliches Recht, Völkerrecht und Europarecht: Art. 198–204, 215, 350 AEUV

Prof. Dr. Rainer Schröder, Universität Siegen, Professur für Öffentliches Wirtschaftsrecht, Technik- und Umweltrecht: Art. 54 EUV; Art. 48, 49 GRC; Art. 7, 357 AEUV

Dr. Sibylle Seyr, LL.M., Juristischer Dienst des Europäischen Parlaments, Luxemburg: Art. 270, 336 AEUV

Dr. Paulina Starski, LL.B., Max-Planck-Institut für ausländisches öffentliches Recht und Völkerrecht, Heidelberg: Art. 137, 138, 141 AEUV

Dipl.-iur. Sarah Katharina Stein, MLE, Albert-Ludwigs-Universität Freiburg, Institut für Öffentliches Recht, Abt. I: Europa- und Völkerrecht: Art. 56–62 AEUV

Prof. Dr. Michael Stürner, M.Jur. (Oxon), Universität Konstanz, Lehrstuhl für Bürgerliches Recht, Internationales Privat- und Verfahrensrecht und Rechtsvergleichung, Richter am OLG Karlsruhe: Art. 81 AEUV

Dr. Peter Szczekalla, Deutsches Verwaltungsblatt (DVBl) und Hochschule Osnabrück: Art. 14, 50 EUV; Art. 223–234 AEUV

Prof. Dr. Jörg Philipp Terhechte, Leuphana Universität Lüneburg, Lehrstuhl für Öffentliches Recht, Europäisches und Internationales Recht sowie Regulierungs- und Kartellrecht: Art. 2, 49, 53 EUV; Art. 41 GRC; Art. 26, 27, 114–118, 340 AEUV

Prof. Dr. Carmen Thiele, Europa-Universität Viadrina Frankfurt (Oder), apl. Professur für Völkerrecht, Ostrecht und Rechtsvergleichung: Art. 4, 10–14, 18, 19, 22, 24 GRC

Prof. Dr. Heinrich Amadeus Wolff, Universität Bayreuth, Lehrstuhl für Öffentliches Recht VII: Art. 6–9 GRC; Art. 16 AEUV

Abkürzungsverzeichnis

a. A.	andere Ansicht
AASM	Associated African States and Madagascar
ABl.	Amtsblatt
abl.	ablehnend
Abs.	Absatz
Absatznr.	Absatznummer
Abschn.	Abschnitt
ACER	Agency for the Cooperation of Energy Regulators
AcP	Archiv für die civilistische Praxis
a. E.	am Ende
AEI	Arbeitskreis Europäische Integration e.V.
AENEAS	Programm für die finanzielle und technische Hilfe für Drittländer im Migrations- und Asylbereich
AEUV	Vertrag über die Arbeitsweise der Europäischen Union
AETR	Accord Européen sur les Transports Routiers
AdR	Ausschuss der Regionen
ADSP	Actualité et dossier en santé publique
a. F.	alte Fassung
AFDI	Annuaire Français de Droit International
AFRI	Annuaire français de relations internationales
AG	Die Aktiengesellschaft
AGG	Allgemeines Gleichbehandlungsgesetz
AGIS	Rahmenprogramm für die polizeiliche und justizielle Zusammenarbeit in Strafsachen
AgrarR	Agrarrecht
AGRI	Ausschuss für Landwirtschaft und ländliche Entwicklung
AgrRs	Agrarische Rundschau
AIJJS	Agora International Journal of Juridical Sciences
AJCL	American Journal of Comparative Law
AK	Aarhus Konvention
AJDA	Actualité Juridique: Droit Administratif
AJIL	American Journal of International Law
AJP-PJA	Aktuelle Juristische Praxis – Pratique juridique Actuelle
AKP-Staaten	Staaten Afrikas, der Karibik und des Pazifiks
ALDE	Allianz der Liberalen und Demokraten für Europa
AMIF	Asyl-, Migrations- und Integrationsfonds
ANFA	Agreement on Net Financial Assets
Anm.	Anmerkung
AnwBl.	Anwaltsblatt
AO	Abgabenordnung
AöR	Archiv des öffentlichen Rechts
APS	Allgemeines Präferenzsystem
APuZ	Aus Politik und Zeitgeschichte
ArbuR	Arbeit und Recht
ARD	Arbeitsgemeinschaft der öffentlich- rechtlichen Rundfunkanstalten der Bundesrepublik Deutschland
ARGO	Aktionsprogramm für Verwaltungszusammenarbeit in den Bereichen Außengrenzen, Visa, Asyl und Einwanderung
ARSP	Archiv für Rechts- und Sozialphilosophie
Art.	Artikel
AS-GVO	Antisubventions-Grundverordnung
ASEAN	Association of Southeast Asian Nations
AStV	Ausschuss der Ständigen Vertreter
Aufl.	Auflage
AuR	Arbeit und Recht

AUR	Agrar- und Umweltrecht
AVR	Archiv des Völkerrechts
A&R	Arzneimittel & Recht
AWG	Außenwirtschaftsgesetz
AW-Prax	Außenwirtschaftliche Praxis
AWV	Außenwirtschaftsverordnung
BAFA	Bundesamt für Wirtschaft und Ausfuhrkontrolle
BAGE	Entscheidungen des Bundesarbeitsgerichts
bay BezO	Bayerische Bezirksordnung
BayVBl.	Bayerische Verwaltungsblätter
BayVerfGH	Bayerischer Verfassungsgerichtshof
BB	Betriebsberater
BBankG	Bundesbankgesetz
B.C. International'l & Comp. L. Rev.	Boston College International and Comparative Law Review
Bd.	Band
Beih.	Beiheft
BEPA	Bureau of European Policy Advisers
Ber. Ldw.	Berichte über Landwirtschaft
Bespr.	Besprechung
BEUC	Bureau Européen des Unions de Consommateurs, Europäischer Verbraucherverband
BewHi	Bewährungshilfe (Zeitschrift)
BGBl.	Bundesgesetzblatt
BHO	Bundeshaushaltsordnung
BIP	Bruttoinlandsprodukt
BIS	Bank for International Settlements
BITs	bilaterale Investitionsschutzverträge
BIZ	Bank für Internationalen Zahlungsausgleich
B.J.Pol.S.	British Journal of Political Science
BKR	Zeitschrift für Bank- und Kapitalmarktrecht
BlAR	Blätter für Agrarrecht
BLJ	Bucerius Law Journal
BLR	Business Law Review
BNE	Bruttonationaleinkommen
BNetzA	Bundesnetzagentur
BPM6	Balance of Payments and International Investment Position Manual, sixth edition
BSB	Beschäftigungsbedingungen für die sonstigen Bediensteten
BSE	Bovine spongiforme Enzephalopathie
BSP	Bruttosozialprodukt
Bsp.	Beispiel
bspw.	beispielsweise
Buchst.	Buchstabe
BVerfG	Bundesverfassungsgericht
BVerfGE	Entscheidungen des Bundesverfassungsgerichts
BVT	Beste verfügbare Technik
bzw.	beziehungsweise
CARIFORUM	Caribbean Forum of African, Caribbean and Pacific States
CAP	Centrum für angewandte Politikforschung
CAT	Übereinkommen gegen Folter und andere grausame, unmenschliche oder erniedrigende Behandlung oder Strafe
CATS	Comité de l'article trente-six
CBD	Convention on biological diversity
CCMI	Consultative Commission on Industrial Change
CCS	Carbon Capture and Storage
CDA	Cahiers de Droit Européen

Cedefop	Europäisches Zentrum für die Förderung der Berufsbildung
CEP	Centre for European Policy
CETA	Comprehensive Economic and Trade Agreement
CFAA	Committee for Financial and Administrative Affairs
CIREA	Centre for Information, Reflection and Exchange on Asylum
CIREFI	Informations-, Reflexions- und Austauschzentrum für Fragen im Zusammenhang mit dem Überschreiten der Außengrenzen und der Einwanderung
CIVEX	Fachkommission für Unionsbürgerschaft, Regieren, institutionelle Fragen und Außenbeziehungen
CJEL	Columbia Journal of European Law
CMLRev.	Common Market Law Review
CMLRep.	Common Market Law Reports
COM	Documents of the Commission of the European Union
CMS	Convention on the Conservation of Migratory Species of Wild Animals
CONUN	United Nations Working Party
COREPER	Ausschuss der Ständigen Vertreter (Comité des représentants permanents)
COSAC	Conférence des organes spécialisés dans les affaires communautaires (Konferenz der Ausschüsse für Gemeinschafts- und Europaangelegenheiten der Parlamente der EU)
COSI	Comité permanent de coopération opérationnelle en matière de sécurité intérieur
COST	Coopération européenne dans le domaine de la recherche scientifique et technique
COTER	Fachkommission für Kohäsionspolitik
CPT	Europäisches Komitee zur Verhütung von Folter und unmenschlicher oder erniedrigender Behandlung oder Strafe
CR	Computer und Recht
CRC	Übereinkommen über die Rechte des Kindes
CYELS	Cambridge Yearbook of European Legal Studies
dass.	dasselbe
DB	Der Betrieb
DBA	Doppelbesteuerungsabkommen
DCSI	Diritto comunitario e degli scambi internazionali
ders.	derselbe
d. i.	das ist
dies.	dieselbe(n)
Diss.	Dissertation
djbZ	Zeitschrift des deutschen Juristinnenbundes
DJT	Deutscher Juristentag
DNotZ	Deutsche Notar-Zeitschrift
Dok.	Dokument
DÖV	Die Öffentliche Verwaltung
DR	Decisions and Reports, Sammlung der Entscheidungen der EKMR
DRiZ	Deutsche Richterzeitung
DStR	Deutsches Steuerrecht
DStZ	Deutsche Steuer-Zeitung
DÜ	Dubliner Übereinkommen
DuD	Datenschutz und Datensicherheit
DV	Die Verwaltung
DVBl	Deutsches Verwaltungsblatt
DVO	Durchführungsverordnung
DWA	Direktwahlakt
DZWiR	Deutsche Zeitschrift für Wirtschafts- und Insolvenzrecht
EA	Europa-Archiv
EAC	Eastern African Community
EAD	Europäischer Auswärtiger Dienst

EAG	Europäische Atomgemeinschaft
EAGFL	Europäischer Ausrichtungs- und Garantiefonds für die Landwirtschaft
EAGV	Vertrag zur Gründung der Europäischen Atomgemeinschaft
EASA	European Aviation Safety Agency, Europäische Agentur für Flugsicherheit
EASO	European Asylum Support Office, Europäisches Unterstützungsbüro für Asylfragen
ebd.	ebenda
EBLR	European Business Law Review
EBOR	European Business Organization Law Review
EBR	Europäischer Betriebsrat
EBRD	European Bank for Reconstruction and Development
EBRG	Gesetz über Europäische Betriebsräte
ECB	European Central Bank
ECHA	Europäische Chemikalienagentur
ECLI	European Case Law Identifier
ECLR	European Competition Law Review
ECOFIN-Rat	Rat für Wirtschaft und Finanzen (Economy and Finance)
ECOS	Fachkommission für Wirtschafts- und Sozialpolitik
ECOSOC	Wirtschafts- und Sozialrat
ECU	European Currency Unit
ed.	editor
EDA	European defence agency
eds.	editors
EDUC	Fachkommission für Bildung, Jugend, Kultur und Forschung
EEA	Einheitliche Europäische Akte
EEC	European Economic Community(ies)
EEF	Europäischer Entwicklungsfonds
EELR	European Energy and Environmental Law Review
EFAR	European Foreign Affairs Review
EFC	Economic and Financial Committee
EFFL	European Food and Feed Law Review
EFRE	Europäischer Fonds für regionale Entwicklung
EFSF	Europäische Finanzstabilisierungsfazilität
EFSM	Europäischer Finanzstabilisierungsmechanismus
EFTA	European Free Trade Association, Europäische Freihandelsassoziation
EFUS	European Forum for Urban Security
EFWZ	Europäischer Fonds für währungspolitische Zusammenarbeit
EG	Europäische Gemeinschaft
EGFL	Europäischer Garantiefonds für die Landwirtschaft
EGKS	Europäische Gemeinschaft für Kohle und Stahl
EGKSV	Vertrag zur Gründung der Europäischen Gemeinschaft für Kohle und Stahl
eGMO	einheitliche gemeinsame Marktorganisation
EGMR	Europäischer Gerichtshof für Menschenrechte
EGV	Vertrag zur Gründung der Europäischen Gemeinschaft
EHRLR	European Human Rights Law Review
EHS	Environmental Health & Safety
EIB	Europäische Investitionsbank
EIF	Europäischer Investitionsfonds
EIGE	Europäisches Institut für Gleichstellungsfragen
EioP	European Integration online Papers
EIT	Europäisches Institut für Innovation und Technologie
EJIL	European Journal of International Law
EJML	European Journal of Migration and Law
EJN	Europäisches Justizielles Netz
EJRR	The European Journal of Risk Regulation
ELER	Europäischer Landwirtschaftsfonds für die Entwicklung des ländlichen Raumes
ELJ	European Law Journal
ELLJ	European Labour Law Journal
elni	Environmental law network international

ELR	European Law Reporter
E.L.Rev.	European Law Review
EKR	Europäische Konservative und Reformisten
EMA	Europa-Mittelmeer-Assoziationsabkommen
EMA	European Medicines Agency
EMAS	Eco-Management and Audit Scheme
EMB	Eigenmittelbeschluss
EMFF	Europäischer Meeres- und Fischereifonds
EMN	European Migration Network, Europäisches Integrationsnetzwerk
EMRK	Europäische Menschenrechtskonvention
endg.	endgültig
engl.	englisch
ENLR	European Networks Law & Regulation Quarterly
ENKP	Europäisches Netz für Kriminalprävention
ENP	Europäische Nachbarschaftspolitik
ENVE	Fachkommission für Umwelt, Klimawandel und Energie
ENVI	Ausschuss für Umweltfragen, öffentliche Gesundheit und Lebensmittelsicherheit
EnWG	Energiewirtschaftsgesetz
EnWZ	Zeitschrift für das gesamte Recht der Energiewirtschaft
EnzEuR	Enzyklopädie Europarecht
EP	Europäisches Parlament
EPA	Economic Partnership Agreements
EPA	Europäische Polizeiakademie
EPCTF	Task Force der Europäischen Polizeichefs
EPGÜ	Übereinkommen über ein einheitliches Patentgericht
EPL	European Public Law
EPSC	European Political Strategy Centre
EPSCO	Employment, Social Policy, Health and Consumer Affairs Council
EPÜ	Übereinkommen über ein einheitliches Patentverfahren
EPZ	Europäische Politische Zusammenarbeit
ERAC	European Research Area Committee
ERC	European Research Council
ESA	European Space Agency, Europäische Weltraumorganisation
ESC	Europäische Sozialcharta
ESF	Europäischer Sozialfonds
ESM	Europäischer Stabilitätsmechanismus
ESMV	Vertrag zur Einrichtung des Europäischen Stabilitätsmechanismus
ESRB	European Systemic Risk Board
EStA	Europäische Staatsanwaltschaft
EStAL	European State Aid Law Quarterly
ESVP	Europäische Sicherheits- und Verteidigungspolitik
ESZB	Europäisches System der Zentralbanken
ER	Europäischer Rat
ERE	Europäische Rechnungseinheit
ErwR	Erweiterter EZB-Rat
EU	Europäische Union
EuBl.	europa-blätter
EuConst	European Constitutional Law Review
Eucrim	The European Criminal Law Associations' Forum
EUDEL	Lenkungsausschuss für die Delegationen
EuErbVO	Europäische Erbrechtsverordnung
EuG	Gericht der EU (erster Instanz)
EuGH	Gerichtshof der Europäischen Union
EuGRZ	Europäische Grundrechte-Zeitschrift
EuGöD	Gericht für den öffentlichen Dienst der Europäischen Union
EuGVÜ	Europäisches Gerichtsstands- und Vollstreckungsübereinkommen
EuGVVO	Verordnung über die gerichtliche Zuständigkeit und die Anerkennung und Vollstreckung von Entscheidungen in Zivil- und Handelssachen

EUIEUIPO	European University InstituteEuropean Union Intellectual Property Office
EuLF	The European Legal Forum
EuR	Europarecht
EURAB	Europäischer Forschungsbeirat
Eurodac	Europäische Datenbank zur Speicherung von Fingerabdrücken
EurUP	Zeitschrift für Europäisches Umwelt- und Planungsrecht
et	Energiewirtschaftliche Tagesfragen
Eurasil	European Union Network for asylum practitioners
Eurojust	Einheit für justizielle Zusammenarbeit der Europäischen Union
EUROSUR	Europäisches Grenzüberwachungssystem
Euratom	Europäische Atomgemeinschaft
EURES	EURopean Employment Services
EURIMF	Gruppe der EU-Vertreter bei dem Internationalen Währungsfonds
Europ. Business Law Rev.	European Business Law Review
EurUP	Zeitschrift für europäisches Umwelt- und Planungsrecht
EuUnthVO	Europäische Unterhaltsverordnung
EUV	Vertrag über die Europäische Union
EuZ	Zeitschrift für Europarecht
EuZA	Europäische Zeitschrift für Arbeitsrecht
EUZBBG	Gesetz über die Zusammenarbeit von Bundesregierung und Deutschem Bundestag in Angelegenheiten der Europäischen Union
EuZBLG	Gesetz über die Zusammenarbeit von Bund und Ländern in Angelegenheiten der Europäischen Union
EuZW	Europäische Zeitschrift für Wirtschaftsrecht
EvBl.	Evidenzblatt der Rechtsmittelentscheidungen
EVG	Europäische Verteidigungsgemeinschaft
EVP	Europäische Volkspartei
EVTZ	Europäischer Verbund für territoriale Zusammenarbeit
EVV	Europäischer Verfassungsvertrag
EWG	Europäische Wirtschaftsgemeinschaft
EWGV	Vertrag zur Gründung der Europäischen Wirtschaftsgemeinschaft
EWI	Europäisches Währungsinstitut
EWiR	Entscheidungen zum Wirtschaftsrecht
EWR	Europäischer Wirtschaftsraum
EWS	Europäisches Wirtschafts- und Steuerrecht
EWS	Europäisches Währungssystem
EWSA	Europäischer Wirtschafts- und Sozialausschuss
EWU	Europäische Währungsunion
EYIEL	European Yearbook of International Economic Law
EZB	Europäische Zentralbank
EZFF	Europäisches Zentrum für Föderalismus-Forschung
f.	folgende
FAO	Food and Agriculture Organization
FADO	europäisches internetbasiertes Bildspeicherungssystem
FCE	Forum Constitutionis Europae
FCKW	Fluorchlorkohlenwasserstoffe
FDI	Foreign Direct Investment
ff.	fortfolgende
FFH	Flora, Fauna, Habitat
FamRZ	Zeitschrift für das gesamte Familienrecht
FG	Festgabe
Fordham ILJ	Fordham International Law Journal
Fordham ILS	Fordham International Law Survey
Fn.	Fußnote
FPR	Familie, Partnerschaft, Recht
FR	Finanz-Rundschau
franz. (frz.)	französisch

FRONTEX	Europäische Agentur für die operative Zusammenarbeit an den Außengrenzen der Mitgliedstaaten der Europäischen Union
FS	Festschrift
FusV	Fusionsvertrag
GA	Generalanwalt/Generalanwältin
GA	Goltdammer's Archiv für Strafrecht
GAP	Gemeinsame Agrarpolitik
GASP	Gemeinsame Außen- und Sicherheitspolitik
GATS	General Agreement on Trade in Services/Allgemeines Übereinkommen über den Handel mit Dienstleistungen
GATT	General Agreement on Tariffs and Trade/Allgemeines Zoll- und Handelsabkommen
GD	Generaldirektion
GD AGRI	Generaldirektion Landwirtschaft und ländliche Entwicklung
GD MARE	Generaldirektion für Maritime Angelegenheiten und Fischerei
GdP	Gewerkschaft der Polizei
GEAS	Gemeinsames Europäisches Asylsystem
Gedstr.	Gedankenstrich
gem.	gemäß
GesR	Gesundheitsrecht
GewArch	Gewerbearchiv, Zeitschrift für Wirtschaftsverwaltungsrecht
GFK	Genfer Flüchtlingskonvention
GFP	Gemeinsame Fischereipolitik
GG	Grundgesetz
ggf.	gegebenenfalls
GHP	Gemeinsame Handelspolitik
GKI	Gemeinsame Konsularische Instruktion
GMV	Verordnung über die Gemeinschaftsmarke
GLKrWG Bayern	Gesetz über die Wahl der Gemeinderäte, der Bürgermeister, der Kreistage und der Landräte
GLJ	German Law Journal
GmbHR	GmbH-Rundschau
GMO	Gemeinsame Marktorganisation
GO	Geschäftsordnung
GoA	Geschäftsführung ohne Auftrag
GO Bayern	Gemeindeordnung Bayern
GO-EP	Geschäftsordnung des Europäischen Parlamentes
GoJIL	Goettingen Journal of International Law
GO NRW	Gemeindeordnung Nordrhein-Westfalen
GO Rh.-Pf.	Gemeindeordnung Rheinland-Pfalz
GPA	Government Procurement Agreement
GPR	Zeitschrift für das Privatrecht der Europäischen Union
GRC (GRCh)	Charta der Grundrechte der Europäischen Union
grdlg.	grundlegend
grds.	grundsätzlich
GreifRecht	Greifswalder Halbjahresschrift für Rechtswissenschaft
GRUR	Gewerblicher Rechtsschutz und Urheberrecht
GRUR-Int.	Gewerblicher Rechtsschutz und Urheberrecht, Internationaler Teil
GRUR-Prax	Gewerblicher Rechtsschutz und Urheberrecht, Praxis im Immaterialgüter- und Wettbewerbsrecht
GS	Gedächtnisschrift
GSP	Generalized System of Preferences
GTCJ	Global Trade and Customs Journal
GVO	Gentechnisch veränderte Organismen
GYIL	German Yearbook of International Law
HABM	Harmonisierungsamt für den Binnenmarkt
HFR	Humboldt Forum Recht

HGrG	Gesetz über die Grundsätze des Haushaltsrechts des Bundes und der Länder (Haushaltsgrundsätzegesetz)
HILJ	Harvard International Law Journal
h.L.	herrschende Lehre
h.M.	herrschende Meinung
HO	Haushaltsordnung
HRC	Human Rights Committee
HRLJ	Human Rights Law Journal
HRRS	Höchstrichterliche Rechtsprechung im Strafrecht
Hrsg.	Herausgeber
hrsg.	herausgegeben
Hs.	Halbsatz
HS-Nomenklatur	Harmonisiertes System zur Bezeichnung und Codierung der Waren
HStR	Handbuch des Staatsrechts
HV	Hoher Vertreter für die Gemeinsame Außen- und Sicherheitspolitik
IAEA	Internationale Atomenergieorganisation
IPbpR	Internationaler Pakt über bürgerliche und politische Rechte
ICAO	Internationale Zivilluftfahrtorganisation
I.C.L.Q./ICLQ	International and Comparative Law Quarterly
ICONet	Informations- und Koordinierungsnetz für die Migrationsbehörden der Mitgliedstaaten
ICTY	Internationaler Strafgerichtshof für das ehemalige Jugoslawien
i.d.F.	in der Fassung
i.d.R.	in der Regel
IFLA	Informationsdienst für Lastenausgleich
IE	Industrieemissionen
i.E.	im Erscheinen
i.e.S.	im engeren Sinne
IGOs	Intergovernmental organizations
IIC	International Review of Intellectual Property and Competition Law
IJEL	Irish Journal of European Law
IJHR	The International Journal of Human Rights
ILJ	Industrial Law Journal
ILO	Internationale Arbeitsorganisation
ILR	International Law Reports
IMF	International Monetary Fund
InfAuslR	Informationsbrief Ausländerrecht
Int'l Law	The International Lawyer
IntVG	Integrationsverantwortungsgesetz
InVeKoS	Integriertes Verwaltungs- und Kontrollsystem
IOLawRev.	International Organizations Law Review
IPBPR	Internationaler Pakt über bürgerliche und politische Rechte
IPE	Ius Publicum Europaeum
IPR	Internationales Privatrecht
IPrax	Praxis des Internationalen Privat- und Verfahrensrechts
IPwskR	Internationaler Pakt über wirtschaftliche, soziale und kulturelle Rechte
IR	InfrastrukturRecht
i.S.	im Sinne
i.S.d.	im Sinne des
iStR	Internationales Steuerrecht
i.S.v.	im Sinne von
IUR	Informationsbrief für Umweltrecht
i.V.	in Verbindung
i.V.m.	in Verbindung mit
IVU	Integrierte Vermeidung und Verminderung der Umweltverschmutzung
IW	Institut der deutschen Wirtschaft Köln
IWB	Internationale Wirtschafts-Briefe

IWF	Internationaler Währungsfonds
IWFÜ	Übereinkommen über den Internationalen Währungsfonds
JA	Juristische Arbeitsblätter
JAR	Jahrbuch des Agrarrechts
JbItalR	Jahrbuch für Italienisches Recht
JBl.	Juristische Blätter
JBÖffF	Jahrbuch für öffentliche Finanzen
JbÖR	Jahrbuch des öffentlichen Rechts der Gegenwart
JbJZivRWiss	Jahrbuch junger Zivilrechtswissenschaftler
JCMSt	Journal of Common Market Studies
JCP	Jurisclasseur périodique
JDE	Journal de droit européen
JECLAP	Journal of European Competition Law & Practice
JEIH	Journal of European Integration History
JENRL	Journal of Energy & Natural Resources Law
JEPP	Journal of European Public Policy
JIBLR	Journal of International Banking Law and Regulation
JIEL	Journal of International Economic Law
JIZ	Zusammenarbeit in den Bereichen Justiz und Inneres
JöR	Jahrbuch des öffentlichen Rechts
JRP	Journal für Rechtspolitik
JSt	Journal für Strafrecht
JTDE	Journal des tribunaux droit européen
Jura	Juristische Ausbildung (Zeitschrift)
JuS	Juristische Schulung
J.W.T.	Journal of World Trade
JZ	JuristenZeitung
Kap.	Kapitel
KfW	Kreditanstalt für Wiederaufbau
KGRE	Kongress der Gemeinden und Regionen Europas
KOM	Kommissionsdokument(e)
KJ	Kritische Justiz
KMU	Kleinere und mittlere Unternehmen
KN	Kombinierte Nomenklatur
KommJur	Kommunaljurist
KritV	Kritische Vierteljahresschrift für Gesetzgebung und Rechtswissenschaft
KSE	Kölner Schriften zum Europarecht
KuR	Zeitschrift für die kirchliche und staatliche Praxis
K&R	Kommunikation und Recht
KWahlG NRW	Kommunalwahlgesetz Nordrhein-Westfalen
LAGE	Entscheidungen des Landesarbeitsgerichts
LEADER	Liaison entre actions de développement de l'économie rurale / Verbindung zwischen Aktionen zur Entwicklung der ländlichen Wirtschaft
LIEI	Legal Issues of Economic Integration
LKV	Landes- und Kommunalverwaltung
LMO	Labour Market Observatory
L&P	The Law & Practice of International Courts and Tribunals
Ls.	Leitsatz
LSGLSO	LandessozialgerichtLisbon Strategy Observatory
LwG	Landwirtschaftsgesetz
LwÜ	Übereinkommen über die Landwirtschaft
m.	mit
MdEP	Mitglied des Europäischen Parlaments
MEAs	Multilateral environmental agreements
MedR	Medizinrecht

MFA	Macro-Financial Assistance (Makrofinanzhilfen)
MinBl. NW.	Ministerialblatt Nordrhein-Westfalen
MIC	Monitoring and Information Center
Mio.	Millionen
MIP	Mitteilungen des Instituts für Deutsches und Internationales Parteienrecht und Parteienforschung
MJ	Maastricht Journal of European and Comparative Law
MLRev.	The Modern Law Review
MMR	MultiMedia und Recht
m. N.	mit Nachweis
MOEL	Mittel- und Osteuropäische Länder
MoU	Memorandum of Understanding
MPEPIL	Max Planck Encyclopedia of Public International Law
MPR	Medizin Produkte Recht
Mrd.	Milliarden
MRL	Markenrichtlinie
MSU JIL	Michigan State University College of Law Journal of International Law
MTR	Mid-Term Review
MünzG	Münzgesetz
m. V. a.	mit Verweis auf
m. w. N.	mit weiteren Nachweisen
MwSt.	Mehrwertsteuer
MZK	Modernisierter Zollkodex
Nachw.	Nachweis(e)
NAFO	North-West Atlantic Fisheries Organization
NBER	National Bureau of Economic Research
NBG	Nationalbankgesetz
NEC	National Emission Ceilings
NEET	Not in Education, Employment or Training
n. F.	neue Fassung
NGO	non-governmental organization
N. Ir. Legal Q.	The Northern Ireland Legal Quarterly
NJ	Neue Justiz
NJCL	Nordic Journal of Commercial Law
NJECL	New Journal of European Criminal Law
NJW	Neue Juristische Wochenschrift
NL-BzAR	Briefe zum Agrarrecht
NordÖR	Zeitschrift für Öffentliches Recht in Norddeutschland
NQHR	Netherlands Quarterly of Human Rights
Nr.	Nummer(n)
NuR	Natur und Recht
NUTS	Nomenclature des unités territoriales statistiques
NStZ	Neue Zeitschrift für Strafrecht
NVwZ	Neue Zeitschrift für Verwaltungsrecht
NWVBl.	Nordrhein-Westfälische Verwaltungsblätter
NYIL	Netherlands Yearbook of International Law
NZA	Neue Zeitschrift für Arbeitsrecht
NZB	Nationale Zentralbank(en)
NZBau	Neue Zeitschrift für Baurecht und Vergaberecht
NZG	Neue Zeitschrift für Gesellschaftsrecht
NZKart	Neue Zeitschrift für Kartellrecht
NZS	Neue Zeitschrift für Sozialrecht
NZV	Neue Zeitschrift für Verkehrsrecht
NZWehrr	Neue Zeitschrift für Wehrrecht
NZZ	Neue Zürcher Zeitung
N&R	Netzwirtschaften und Recht
öarr	Österreichisches Archiv für Recht & Religion
ÖAV	Öffentliche Arbeitsverwaltungen

ODIHR	Office for Democratic Institutions and Human Rights
OECC	Organization for European Economic Co-operation
OECD	Organisation for Economic Co-operation and Development
o. g.	oben genannt
OGAW	Organismen für gemeinsame Anlagen in Wertpapieren
OIV	Internationale Organisation für Rebe und Wein
ÖJZ	Österreichische Juristen-Zeitung
OLAF	Office Européen de Lutte Anti-Fraude (Amt für Betrugsbekämpfung)
OMK	Offene Methode der Koordinierung
OMT	Outright monetary transactions
ORDO	Jahrbuch für die Ordnung von Wirtschaft und Gesellschaft
ÖStZ	Österreichische Steuerzeitung
OSZE	Organisation für Sicherheit und Zusammenarbeit in Europa
OTF	Organisation für den internationalen Eisenbahnverkehr
ÖZöRV	Österreichische Zeitschrift für öffentliches Recht und Völkerrecht
ÖZK	Österreichische Zeitschrift für Kartellrecht
ÖZW	Österreichische Zeitschrift für Wirtschaftsrecht
p.	page
PCB	Polychlorierte Biphenyle
PCT	Polychlorierte Terphenyle
PharmR	Pharma Recht
PICs	Rotterdam Convention on the Prior Informed Consent Procedure for Certain Hazardous Chemicals and Pesticides in International Trade
PIF	Pacific Islands Forum
PJZS	Polizeiliche und justizielle Zusammenarbeit in Strafsachen
ProtVB	Protokoll über die Vorrechte und Befreiungen der Europäischen Union
RabelsZ	Rabels Zeitschrift für ausländisches und internationales Privatrecht
Rabit	Soforteinsatzteams für Grenzsicherungszwecke
RAE	Revue des Affaires Européennes
RAMSAR	Convention on Wetlands of International Importance especially as Waterfowl Habitat
RBDI	Revue Belge de Droit International
REACH	Registration, Evaluation, Authorisation and Restriction of Chemicals
RdA	Recht der Arbeit
RdE	Recht der Energiewirtschaft
RdL	Recht der Landwirtschaft
RDG	Rechtsdepesche für das Gesundheitswesen
RDV	Recht der Datenverarbeitung
RdJB	Recht der Jugend und des Bildungswesens
RDP	Revue du droit public et de la science politique en France et à l'étranger
RDUE	Revue du Droit de l'Union Européenne
REALaw	Review of European Administrative Law
REIO	Regional economic integration organization
Rec. Dalloz.	Recueil Dalloz
RevMC	Revue du Marché commun et de l'Union
RFAP	Revue française d'administration publique
RFDA	Revue française de droit administratif
RFDC	Revue française de droit constitutionnel
RFSR	Raum der Freiheit, der Sicherheit und des Rechts
RGDIP	Revue générale de droit international public
RiA	Recht im Amt
Rich. J. Global L. & Bus	Richmond Journal of Global Law and Business
RIDPC	Rivista italiana di diritto pubblico comunitario
Riv. dir. eur.	Rivista di diritto europeo
Riv. dir. int	Rivista di diritto internazionale
RIW	Recht der Internationalen Wirtschaft

RIW/AWD	Recht der Internationalen Wirtschaft/Außenwirtschaftsdienst
RMC	Revue de Marché commun et de l'Union européenne
Rn.	Randnummer
Rs.	Rechtssache
Rspr.	Rechtsprechung
RTDE	Revue trimestrielle de droit européen
RuP	Recht und Politik
RuR	Raumforschung und Raumordnung
RZ	Österreichische Richterzeitung
s.	siehe
S.	Seite(n)
s. a.	siehe auch
SAA	Stabilisation and Association Agreement
SADC	Southern African Development Community
SAE	Sammlung arbeitsrechtlicher Entscheidungen
SAEGA/SCIFA	Strategischer Ausschuss für Einwanderungs-, Grenz- und Asylfragen
SAL	Sonderausschuss Landwirtschaft
SAPS	Single Area Payment Scheme
SächsVBl.	Sächsische Verwaltungsblätter
SHERLOCK	Ausbildungs-, Austausch- und Kooperationsprogramm im Bereich der Ausweisdokumente
SchiedsVZ	Zeitschrift für Schiedsverfahren
scil.	scilicet (nämlich)
SDO	Sustainable Development Observatory
SDSRV	Schriftenreihe des Deutschen Sozialrechtsverbandes
SDÜ	Schengener Durchführungsübereinkommen
SEK	Dokumente des Sekretariats der Kommission der Europäischen Union
SEV	Sammlung der europäischen Verträge
SEW	Tijdschrift voor Europees en economisch recht
SGB	Sozialgesetzbuch
SIS II	Schengener Informationssystem der zweiten Generation
SJER	Schweizerisches Jahrbuch für Europarecht
SKSV (SKS-V)	Vertrag über Stabilität, Koordinierung und Steuerung in der Wirtschafts- und Währungsunion
Slg.	Sammlung (der Rechtsprechung des Gerichtshofs der EU)
LSO	Lisbon Strategy Observatory
SMO	Single Market Observatory
SMP	Securities Markets Programme
s. o.	siehe oben
SPE	Sozialdemokratische Partei Europas
SPS	Sanitary and Phytosanitary Measures
Spstr.	Spiegelstrich
SpuRt	Zeitschrift für Sport und Recht
SR	Soziales Recht
SRB	Single resolution board
SRF	Single resolution fund
SRM	Single resolution mechanism
SRÜ	Seerechtsübereinkommen der Vereinten Nationen
SSM	Single supervisory mechanism
StoffR	Zeitschrift für Stoffrecht
StPO	Strafprozessordnung
StraFo	Strafverteidiger Forum
st. Rspr.	ständige Rechtsprechung
StRR	StrafRechtsReport
SteuerSt	Steuer und Studium
StuW	Steuer und Wirtschaft
StWStP	Staatswissenschaft und Staatspraxis
s. u.	siehe unten; siehe unter
SUP	Strategische Umweltprüfung

StV	Strafverteidiger
SWI	Steuer und Wirtschaft International
SWP	Stiftung Wissenschaft und Politik
SWP	Stabilitäts- und Wachstumspakt
SZIER	Schweizerische Zeitschrift für internationales und europäisches Recht
TARGET	Trans-European Automated Real-time Gross settlement Express Transfer system
TBR	Trade Barriers Regulation
TBT	Technical Barriers to Trade
TEN	Transport, Energy, Infrastructure and Information Society
TEU	The Treaty on European Union
Texas Int. L. Journal	Texas International Law Journal
TGI/TDI	Technische Fraktion der Unabhängigen Abgeordneten – Gemischte Fraktion (engl. Technical Group of Independent Members, frz. Groupe technique des députes indépendants)
ThürVBl.	Thüringer Verwaltungsblätter
TK	Telekommunikation
TiSA	Trade in Services Agreement
TLCP	Transnational Law & Contemporary Problems
TranspR	Transportrecht
TRIMs	Agreement on Trade-Related Investment Measures
TRIPS	Agreement on Trade-Related Aspects of Intellectual Property Rights
TTIP	Transatlantic Trade and Investment Partnership
u.	und
u. a.	unter anderem; und andere
UAbs.	Unterabsatz
UBWV	Unterrichtsblätter für die Bundeswehrverwaltung
UCI	Union Cycliste Internationale
UEBL	Union Économique Belgo-Luxembourgeoise
UEN-EA	Union for Europe of the Nations – European Alliance
UfM	Union for the Mediterranean
ÜLG	Überseeische Länder und Gebiete
ULR	Utrecht Law Review
UMV	Unionsmarkenverordnung
UN	United Nations
UNC	Charter of the United Nations
UNCITRAL	United Nations Commission on International Trade Law
UNCTAD	United Nations Conference on Trade and Development
UNECA	United Nations Economic Commission for Africa
UNECE	United Nations Economic Commission for Europe
UNECLAC	United Nations Economic Commission for Latin America and the Caribbean
UNEP	United Nations Environment Programme
UNESCAP	United Nations Economic and Social Commission for Asia and the Pacific
UNESCWA	United Nations Economic and Social Commission for Western Asia
UNFCCC	United Nations Framework Convention on Climate Change
UNHCR	United Nations High Commissioner for Refugees
UNTS	United Nations Treaty Series
UPR	Umwelt- und Planungsrecht
UR	Umsatzsteuer-Rundschau
URP	Umweltrecht in der Praxis
Urt.	Urteil
UTR	Umwelt- und Technikrecht
u. U.	unter Umständen
UVP	Umweltverträglichkeitsprüfung
UZK	Zollkodex der Union

v.	von/vom
v. a.	vor allem
verb.	verbundene
VerfO	Verfahrensordnung
VergabeR	Vergaberecht
VersR	Versicherungsrecht
VerwArch	Verwaltungsarchiv
vgl.	vergleiche
VIS	Visa-Informationssystem
VIZ	Zeitschrift für Vermögens- und Immobilienrecht
VN	Vereinte Nationen
VO	Verordnung
Vol.	Volume
VSKS	Vertrag über Stabilität, Koordinierung und Steuerung in der Wirtschafts- und Währungsunion
VSSR	Vierteljahresschrift für Sozialrecht
VR	Verwaltungsrundschau
VRE	Versammlung der Regionen Europas
VuR	Verbraucher und Recht
VVDStRL	Veröffentlichungen der Vereinigung der Deutschen Staatsrechtslehrer
VVE	Vertrag über eine Verfassung für Europa
VVG	Versicherungsvertragsgesetz
VwVfG	Verwaltungsverfahrensgesetz
VzA	Verstärkte Zusammenarbeit
WBL/wbl	Wirtschaftsrechtliche Blätter
WCJ	World Customs Journal
WCO	World Customs Organization
WEU	Westeuropäische Union
WFA	Wirtschafts- und Finanzausschuss
Whittier L. Rev.	Whittier Law Review
WHO	Weltgesundheitsorganisation
WiRO	Wirtschaft und Recht in Osteuropa
WissR	Wissenschaftsrecht
wisu	Das Wirtschaftsstudium
WiVerw	Wirtschaft und Verwaltung
WIPO	Weltorganisation für geistiges Eigentum
WKM	Wechselkursmechanismus
WM	Wertpapier-Mitteilungen, Zeitschrift für Wirtschafts- und Bankenrecht
WPA	Wirtschaftspartnerschaftsabkommen
WTO	World Trade Organization (Welthandelsorganisation)
WTO-DSU	World Trade Organization Dispute Settlement Understanding
WRP	Wettbewerb in Recht und Praxis
WRRL	Wasserrahmenrichtlinie
WRV	Weimarer Reichsverfassung
WSA	Wirtschafts- und Sozialausschuss
WSI	Wirtschafts- und Sozialwissenschaftliches Institut
WÜD	Wiener Übereinkommen über diplomatische Beziehungen
WÜRV	Wiener Übereinkommen über das Recht der Verträge
WuW	Wirtschaft und Wettbewerb
WVK	Wiener Vertragsrechtskonvention
WWU	Wirtschafts- und Währungsunion
YEL	Yearbook of European Law
YECHR	Yearbook of the European Convention on Human Rights
YJIL	Yale Journal of International Law
ZaöRV	Zeitschrift für ausländisches öffentliches Recht und Völkerrecht
ZAR	Zeitschrift für Ausländerrecht und Ausländerpolitik

ZAU	Zeitschrift für angewandte Umweltforschung
z. B.	zum Beispiel
ZBB	Zeitschrift für Bankrecht und Bankwirtschaft
ZBJI	Zusammenarbeit in den Bereichen Justiz und Inneres
ZD	Zeitschrift für Datenschutz
ZEI	Zentrum für Europäische Integrationsforschung
ZERP	Zentrum für Europäische Rechtspolitik
ZEuP	Zeitschrift für Europäisches Privatrecht
ZEuS	Zeitschrift für Europarechtliche Studien
ZESAR	Zeitschrift für europäisches Sozial- und Arbeitsrecht
ZEW	Zentrum für Europäische Wirtschaftsforschung
ZEV	Zeitschrift für Erbrecht und Vermögensnachfolge
ZevKR	Zeitschrift für evangelisches Kirchenrecht
ZfA	Zeitschrift für Arbeitsrecht
ZfBR	Zeitschrift für deutsches und internationales Bau- und Vergaberecht
ZfgK	Zeitschrift für das gesamte Kreditwesen
ZFSH/SGB	Zeitschrift für die sozialrechtliche Praxis
ZfP	Zeitschrift für Politik
ZfRV	Zeitschrift für Europarecht, Internationales Privatrecht und Rechtsvergleichung
ZfV	Zeitschrift für Verwaltung
ZfW	Zeitschrift für Wirtschaftspolitik
ZfWG	Zeitschrift für Wett- und Glücksspielrecht
ZfZ	Zeitschrift für Zölle und Verbrauchsteuern
ZG	Zeitschrift für Gesetzgebung
ZGR	Zeitschrift für Unternehmens- und Gesellschaftsrecht
ZGS	Zeitschrift für Vertragsgestaltung, Schuld- und Haftungsrecht
ZHR	Zeitschrift für das gesamte Handels- und Wirtschaftsrecht
ZIAS	Zeitschrift für ausländisches und internationales Arbeits- und Sozialrecht
Ziff.	Ziffer
ZIP	Zeitschrift für Wirtschaftsrecht
ZIS	Zeitschrift für internationale Strafrechtsdogmatik
ZIS	Zollinformationssystem
ZIS-Ü	Zollinformationssystem-Übereinkommen
zit.	zitiert
ZJS	Zeitschrift für das Juristische Studium
ZK	Zollkodex
ZK-DVO	Zollkodex-Durchführungsverordnung
ZLR	Zeitschrift für das gesamte Lebensmittelrecht
ZLW	Zeitschrift für Luft- und Weltraumrecht
ZNER	Zeitschrift für Neues Energierecht
ZögU	Zeitschrift für öffentliche und gemeinwirtschaftliche Unternehmen
ZÖR	Zeitschrift für öffentliches Recht
ZParl	Zeitschrift für Parlamentsfragen
ZRP	Zeitschrift für Rechtspolitik
ZSE	Zeitschrift für Staats- und Europawissenschaften
ZSR	Zeitschrift für Schweizerisches Recht
ZStW	Zeitschrift für die gesamte Strafrechtswissenschaft
z. T.	zum Teil
ZTR	Zeitschrift für Tarifrecht
ZUM	Zeitschrift für Urheber- und Medienrecht
ZUR	Zeitschrift für Umweltrecht
zutr.	zutreffend
ZVertriebsR	Zeitschrift für Vertriebsrecht
ZVglRWiss	Zeitschrift für vergleichende Rechtswissenschaft
ZWeR	Zeitschrift für Wettbewerbsrecht
ZWS	Zeitschrift für Wirtschafts- und Sozialwissenschaften
ZZP	Zeitschrift für Zivilprozess

Verzeichnis der abgekürzt zitierten Literatur

Beutler/Bieber/Pipkorn/Streil, Die Europäische Union – Rechtsordnung und Politik, 5. Aufl., 2001 (zit.: BBPS, S.)

Blanke/Mangiameli (eds.), The Treaty on European Union (TEU), 2013 (zit: Bearbeiter, in: Blanke/Mangiameli, TEU, Art., Rn.).

Bieber/Epiney/Haag, Die Europäische Union – Europarecht und Politik, 11. Aufl., 2015 (zit.: Bieber/Epiney/Haag, Die EU, §, Rn.)

Bleckmann, Europarecht, 6. Aufl., 1997 (zit.: Bleckmann, Europarecht, Rn.)

von Bogdandy/Bast (Hrsg.), Europäisches Verfassungsrecht – Theoretische und dogmatische Grundzüge, 2. Aufl., 2009 (zit.: Bearbeiter, in: v. Bogdandy/Bast, Europäisches Verfassungsrecht, S.)

Borchardt, Die rechtlichen Grundlagen der Europäischen Union, 6. Aufl., 2015 (zit.: Borchardt, Grundlagen, S.)

Calliess/Ruffert (Hrsg.), EUV/AEUV, 5. Aufl., 2016 (zit.: Bearbeiter, in: Calliess/Ruffert, EUV/AEUV, Art., Rn.)

Calliess/Ruffert (Hrsg.), Verfassung der Europäischen Union, 2006, (zit.: Bearbeiter, in: Calliess/Ruffert, VerfEU, Art., Rn.)

Constantinesco/Jacqué/Kovar/Simon, Traité instituant la C.E.E. Commentaire article par article, Paris, 1992 (zit.: Constantinesco/Jacqué/Kovar/Simon, TCE)

Constantinesco/Kovar/Simon, Traité sur l'Union européenne. Commentaire article par article, Paris, 1995 (zit.: Constantinesco/Kovar/Simon, TUE)

Dauses (Hrsg.), Handbuch des EU-Wirtschaftsrechts, Loseblattsammlung (zit.: Bearbeiter, in: Dauses, Handbuch des EU-Wirtschaftsrechts, Abschnitt, Stand, Rn.)

Dreier (Hrsg.), Grundgesetz, Kommentar, Band I, 3. Auflage, 2013, Band II, 3. Aufl., 2015, Band III, 2. Aufl., 2008 (zit.: Bearbeiter, in: Dreier, GG, Art., Rn.)

Ehlermann/Bieber/Haag (Hrsg.), Handbuch des Europäischen Rechts, Loseblattsammlung, (zit.: Bearbeiter, in: HER, Art. (Monat Jahr), Rn.)

Ehlers (Hrsg.), Europäische Grundrechte und Grundfreiheiten, 4. Aufl., 2015 (zit.: Bearbeiter, in: Ehlers, Grundrechte und Grundfreiheiten, §, Rn.)

Emmert, Europarecht, 1996 (zit.: Emmert, Europarecht, S.)

Fischer, Europarecht, 2. Aufl., 2008 (zit.: Fischer, Europarecht, §, Rn.)

Franzen/Gallner/Oetker (Hrsg.), Kommentar zum europäischen Arbeitsrecht, 2016 (zit: EUArbR/Bearbeiter, Art., Rn)

Frenz, Europarecht, 2. Aufl., 2016 (zit.: Frenz, Europarecht, Rn.)

Frenz, Handbuch Europarecht, Band 1: Europäische Grundfreiheiten, 2. Aufl., 2012; Band 2: Europäisches Kartellrecht, 2. Aufl., 2015; Band 3: Beihilfe- und Vergaberecht, 2007; Band 4: Europäische Grundrechte, 2009; Band 5: Wirkungen und Rechtsschutz, 2010; Band 6: Institutionen und Politiken, 2010 (zit.: Frenz, Handbuch Europarecht, Band, Rn.)

Frowein/Peukert, Europäische Menschrechtskonvention, Kommentar, Kehl/Straßburg, Arlington, 3. Aufl., 2009 (zit.: Bearbeiter, in: Frowein/Peukert, EMRK, Art., Rn.)

Geiger/Khan/Kotzur (Hrsg.), EUV/AEUV, Vertrag über die Europäische Union und die Arbeitsweise der Europäischen Union, 5. Aufl., 2010 (zit.: Bearbeiter, in: Geiger/Khan/Kotzur, EUV/AEUV, Art., Rn.)

Grabitz/Hilf (Hrsg.), Kommentar zur Europäischen Union, Loseblattsammlung, (zit.: Bearbeiter, in: Grabitz/Hilf, EU, Art. (Monat Jahr), Rn.)

Grabitz/Hilf/Nettesheim (Hrsg.), Kommentar zur Europäischen Union, Loseblattsammlung, (zit.: Bearbeiter, in: Grabitz/Hilf/Nettesheim, EU, Art. (Monat Jahr), Rn.)

von der Groeben/Boeckh/Thiesing/Ehlermann (Hrsg.), Kommentar zum EWG-Vertrag, 3. Aufl., 1983 (zit.: Bearbeiter, in: GBTE, EWGV, Art., Rn.)

von der Groeben/Thiesing/Ehlermann (Hrsg.), Kommentar zum EWG-Vertrag, 4. Aufl., 1991 ff. (zit.: Bearbeiter, in: GTE, EWGV, Art., Rn.)

von der Groeben/Thiesing/Ehlermann (Hrsg.), Kommentar zum EU-/EG-Vertrag, 5. Aufl., 1997 (zit.: Bearbeiter, in: GTE, EUV/EGV, Art., Rn.)

von der Groeben/Schwarze (Hrsg.), Vertrag über die Europäische Union und Vertrag zur Gründung der Europäischen Gemeinschaft, Bände 1–3, 6. Aufl., 2003; Band 4, 6. Aufl., 2004 (zit.: Bearbeiter, in: GS, EUV/EGV, Art., Rn.)

von der Groeben/Schwarze/Hatje (Hrsg.), Europäisches Unionsrecht, Bände 1–4, 7. Aufl., 2015; (zit.: Bearbeiter, in: GSH, Europäisches Unionsrecht, Art., Rn.)

Dörr/Grote/Marauhn (Hrsg.), EMRK/GG Konkordanzkommentar zum europäischen und deutschen Grundrechtsschutz, 2. Auflage, 2013 (zit.: Bearbeiter, in: Dörr/Grote/Marauhn, EMRK/GG, Kap., Rn.)

Hailbronner/Klein/Magiera/Müller-Graff (Hrsg.), Handkommentar zum Vertrag über die Europäische Union (EUV/EGV), Loseblattsammlung, (zit.: Bearbeiter, in: HK-EUV, Art. (Monat/Jahr), Rn.)

Hailbronner/Wilms (Hrsg.), Recht der Europäischen Union: Kommentar, Loseblattsammlung, (zit.: Bearbeiter, in: Hailbronner/Wilms, Recht der EU, Art. (Monat Jahr), Rn.)

Haltern, Europarecht, 2. Aufl., 2007 (zit.: Haltern, Europarecht, S.)

Haratsch/Koenig/Pechstein, Europarecht, 10. Aufl., 2016 (zit.: Haratsch/Koenig/Pechstein, Europarecht, Rn.)

Hatje/Müller-Graff (Hrsg.), Enzyklopädie Europarecht, Bände 1–10, 2013/2015 (zit.: Bearbeiter, EnzEuR, Bd., §, Rn.)

Herdegen, Europarecht, 18. Aufl., 2016 (zit.: Herdegen, Europarecht, §, Rn.)

Heselhaus/Nowak (Hrsg.), Handbuch der Europäischen Grundrechte, 2006 (zit.: Bearbeiter, in: Heselhaus/Nowak, Handbuch der Europäischen Grundrechte, §, Rn.)

Ipsen, Europäisches Gemeinschaftsrecht, 1972 (zit.: Ipsen, EG-Recht, S.)

Isensee/Kirchhof (Hrsg.), Handbuch des Staatsrechts der Bundesrepublik Deutschland (zit.: Bearbeiter, in: Isensee/Kirchhof, HStR Band, Aufl., Jahr, §, Rn.)

Jarass, Charta der Grundrechte der Europäischen Union: GRCh, 2. Aufl., 2013 (zit.: Jarass, GRCh, Art., Rn.)

Jarass, EU-Grundrechte, 2005 (zit.: Jarass, EU-GR, §, Rn.)

Jarass/Pieroth, Grundgesetz für die Bundesrepublik Deutschland, 14. Aufl., 2016 (zit.: Jarass/Pieroth, GG, Art., Rn.)

Kahl/Waldhoff/Walter (Hrsg.), Kommentar zum Bonner Grundgesetz, Loseblattsammlung, (zit.: Bearbeiter, in: Bonner Kommentar, GG, Art. (Monat Jahr) Rn.)

Karpenstein/Mayer, EMRK Kommentar, 2. Aufl., 2015 (zit.: Bearbeiter, in: Karpenstein/Mayer, EMRK, Art., Rn.)

Lenz/Borchardt (Hrsg.), EU-Verträge Kommentar, 6. Aufl., 2012 (zit.: Bearbeiter in: Lenz/Borchardt, EU-Verträge, Art., Rn.)

Maunz/Dürig (Hrsg.), Grundgesetz, Loseblatt, (zit.: Bearbeiter, in: Maunz/Dürig, GG, Art. (Monat Jahr) Rn.)

von Mangoldt/Klein/Starck, Kommentar zum Grundgesetz, Bände 1–3, 6. Aufl., 2010 (zit.: Bearbeiter, in v. Mangoldt/Klein/Starck, GG, Art., Rn.)

Mayer/Stöger (Hrsg.), Kommentar zu EUV und AEUV, Kommentar unter Berücksichtigung der österreichischen Judikatur und Literatur, Wien, Loseblattsammlung, (zit.: Bearbeiter, in: Mayer/Stöger, EUV/AEUV, Art. (Jahr), Rn.)

Meyer (Hrsg.), Charta der Grundrechte der Europäischen Union, 4. Aufl., 2014 (zit.: Bearbeiter, in: Meyer, GRCh, Art., Rn.)

Meyer-Ladewig, Europäische Menschenrechtskonvention, EMRK, 3. Aufl., 2011 (zit.: Meyer-Ladewig, EMRK, Art., Rn.)

von Münch/Kunig (Hrsg.), Grundgesetz-Kommentar, Bände I und II, 6. Aufl., 2012 (zit.: Bearbeiter, in: v. Münch/Kunig, GG, Art., Rn.)

Nicolaysen, Europarecht, Band 1: Die Europäische Integrationsverfassung, 2. Aufl., 2002, Band 2: Das Wirtschaftsrecht im Binnenmarkt, 1996 (zit.: Nicolaysen, Europarecht I/II, S.)

Niedobitek (Hrsg.), Europarecht – Grundlagen der Union, 2014 (zit.: Bearbeiter, in: Niedobitek, Europarecht – Grundlagen, §, Rn.)

Niedobitek (Hrsg.), Europarecht – Politiken der Union, 2014 (zit.: Bearbeiter, in: Niedobitek, Europarecht – Politiken, §, Rn.)

Nowak, Europarecht nach Lissabon, 2011 (zit.: Nowak, Europarecht, S.)

Oppermann/Classen/Nettesheim, Europarecht, 7. Aufl., 2016 (zit.: Oppermann/Classen/Nettesheim, Europarecht, §, Rn.)

Pechstein/Koenig, Die Europäische Union, 4. Aufl., 2002 (zit.: Pechstein/Koenig, EU, S.)

Pechstein, EU-Prozessrecht, 4. Aufl., 2011 (zit., Pechstein, EU-Prozessrecht, Rn.)

Rengeling/Middeke/Gellermann, Handbuch des Rechtsschutzes in der Europäischen Union, 3. Aufl., 2014 (zit.: Rengeling/Middeke/Gellermann, Rechtsschutz in der EU, §, Rn.)

Rengeling/Szczekalla, Grundrechte in der Europäischen Union, 2005 (zit.: Rengeling/Szczekalla, Grundrechte, §, Rn.)

Sachs (Hrsg.), Grundgesetz, Kommentar, 7. Aufl., 2014 (zit.: Bearbeiter, in: Sachs, GG, Art., Rn.)

Schulze/Zuleeg/Kadelbach (Hrsg.), Europarecht, Handbuch für die deutsche Rechtspraxis, 3. Aufl., 2015 (zit.: Bearbeiter, in: Schulze/Zuleeg/Kadelbach, Europarecht, §, Rn.)

Schwarze (Hrsg.), EU-Kommentar, 3. Aufl., 2012 (zit.: Bearbeiter, in: Schwarze, EU-Kommentar, Art., Rn.)

Schwarze, Europäisches Verwaltungsrecht, 2. Aufl., 2005 (zit.: Schwarze, Europäisches Verwaltungsrecht, S.)

Schwarze (Hrsg.), Der Verfassungsentwurf des Europäischen Konvents, Verfassungsrechtliche Grundstrukturen und wirtschaftsverfassungsrechtliches Konzept, 2004 (zit.: Bearbeiter, in: Schwarze, Verfassungsentwurf, S.)

Schweitzer/Hummer/Obwexer, Europarecht, Wien, 2007 (zit.: Schweitzer/Hummer/Obwexer, Europarecht, S.)

Siekmann (Hrsg.), Kommentar zur Europäischen Währungsunion, 2013 (zit.: Bearbeiter, in Siekmann, EWU, Art., Rn.)

Streinz, Europarecht, 10. Aufl., 2016 (zit.: Streinz, Europarecht, Rn.)

Streinz (Hrsg.), EUV/EGV, 2003 (zit.: Bearbeiter, in: Streinz, EUV/EGV, Art., Rn.)

Streinz (Hrsg.), EUV/AEUV, 2. Aufl., 2012 (zit.: Bearbeiter, in: Streinz, EUV/AEUV, Art., Rn.)

Streinz/Ohler/Herrmann, Die neue Verfassung für Europa, Einführung mit Synopse, 2005 (zit.: Streinz/Ohler/Hermann, Die neue Verfassung, S.)

Streinz/Ohler/Herrmann, Der Vertrag von Lissabon zur Reform der EU: Einführung mit Synopse, 3. Aufl., 2010 (zit.: Streinz/Ohler/Herrmann, Vertrag von Lissabon, S.)

Terhechte (Hrsg.), Verwaltungsrecht der Europäischen Union, 2011 (zit.: Bearbeiter, in: Terhechte, Verwaltungsrecht der EU, §, Rn.)

Tettinger/Stern (Hrsg.), Kölner Gemeinschaftskommentar zur Europäischen Grundrechtecharta, 2006 (zit.: Bearbeiter, in: Tettinger/Stern, EuGRCh, Art., Rn.)

Vedder/Heintschel von Heinegg (Hrsg.), Europäischer Verfassungsvertrag, 2007 (zit.: Bearbeiter, in: Vedder/Heintschel v. Heinegg, EVV, Art., Rn.)

Vedder/Heintschel von Heinegg (Hrsg.), Europäisches Unionsrecht, 2012 (zit.: Bearbeiter, in: Vedder/Heintschel v. Heinegg, Europäisches Unionsrecht, Art., Rn.)

Wohlfarth/Egerling/Glaeser/Sprung (Hrsg.), Die Europäische Wirtschaftsgemeinschaft, Kommentar, 1960 (zit.: Bearbeiter, in: W/E/G/S, EWG, Art., Rn.)

Vertrag über die Europäische Union

(EUV)

Präambel

SEINE MAJESTÄT DER KÖNIG DER BELGIER, IHRE MAJESTÄT DIE KÖNIGIN VON DÄNEMARK, DER PRÄSIDENT DER BUNDESREPUBLIK DEUTSCHLAND, DER PRÄSIDENT DER GRIECHISCHEN REPUBLIK, SEINE MAJESTÄT DER KÖNIG VON SPANIEN, DER PRÄSIDENT DER FRANZÖSISCHEN REPUBLIK, DER PRÄSIDENT IRLANDS, DER PRÄSIDENT DER ITALIENISCHEN REPUBLIK, SEINE KÖNIGLICHE HOHEIT DER GROSSHERZOG VON LUXEMBURG, IHRE MAJESTÄT DIE KÖNIGIN DER NIEDERLANDE, DER PRÄSIDENT DER PORTUGIESISCHEN REPUBLIK, IHRE MAJESTÄT DIE KÖNIGIN DES VEREINIGTEN KÖNIGREICHS GROSSBRITANNIEN UND NORDIRLAND([1]),

ENTSCHLOSSEN, den mit der Gründung der Europäischen Gemeinschaften eingeleiteten Prozess der europäischen Integration auf eine neue Stufe zu heben,

SCHÖPFEND aus dem kulturellen, religiösen und humanistischen Erbe Europas, aus dem sich die unverletzlichen und unveräußerlichen Rechte des Menschen sowie Freiheit, Demokratie, Gleichheit und Rechtsstaatlichkeit als universelle Werte entwickelt haben,

EINGEDENK der historischen Bedeutung der Überwindung der Teilung des europäischen Kontinents und der Notwendigkeit, feste Grundlagen für die Gestalt des zukünftigen Europas zu schaffen,

IN BESTÄTIGUNG ihres Bekenntnisses zu den Grundsätzen der Freiheit, der Demokratie und der Achtung der Menschenrechte und Grundfreiheiten und der Rechtsstaatlichkeit,

IN BESTÄTIGUNG der Bedeutung, die sie den sozialen Grundrechten beimessen, wie sie in der am 18. Oktober 1961 in Turin unterzeichneten Europäischen Sozialcharta und in der Unionscharta der sozialen Grundrechte der Arbeitnehmer von 1989 festgelegt sind,

IN DEM WUNSCH, die Solidarität zwischen ihren Völkern unter Achtung ihrer Geschichte, ihrer Kultur und ihrer Traditionen zu stärken,

IN DEM WUNSCH, Demokratie und Effizienz in der Arbeit der Organe weiter zu stärken, damit diese in die Lage versetzt werden, die ihnen übertragenen Aufgaben in einem einheitlichen institutionellen Rahmen besser wahrzunehmen,

ENTSCHLOSSEN, die Stärkung und die Konvergenz ihrer Volkswirtschaften herbeizuführen und eine Wirtschafts- und Währungsunion zu errichten, die im Einklang mit diesem Vertrag und dem Vertrag über die Arbeitsweise der Europäischen Union eine einheitliche, stabile Währung einschließt,

IN DEM FESTEN WILLEN, im Rahmen der Verwirklichung des Binnenmarkts sowie der Stärkung des Zusammenhalts und des Umweltschutzes den wirtschaftlichen und sozialen Fortschritt ihrer Völker unter Berücksichtigung des Grundsatzes der nachhaltigen Entwicklung zu fördern und Politiken zu verfolgen, die gewährleisten, dass Fort-

---

[1] Seit dem ursprünglichen Vertragsschluss sind Mitgliedstaaten der Europäischen Union geworden: die Republik Bulgarien, die Tschechische Republik, die Republik Estland, die Republik Zypern, die Republik Lettland, die Republik Litauen, die Republik Ungarn, die Republik Malta, die Republik Österreich, die Republik Polen, Rumänien, die Republik Slowenien, die Slowakische Republik, die Republik Finnland und das Königreich Schweden. Anm. der Hrsg.: Bei diesem Fußnotentext handelt es sich um einen amtlichen Hinweis in der jüngsten konsolidierten Fassung des EU-Vertrags, vgl. ABl. 2012, C 326/13 (15).

schritte bei der wirtschaftlichen Integration mit parallelen Fortschritten auf anderen Gebieten einhergehen,

ENTSCHLOSSEN, eine gemeinsame Unionsbürgerschaft für die Staatsangehörigen ihrer Länder einzuführen,

ENTSCHLOSSEN, eine Gemeinsame Außen- und Sicherheitspolitik zu verfolgen, wozu nach Maßgabe des Artikels 42 auch die schrittweise Festlegung einer gemeinsamen Verteidigungspolitik gehört, die zu einer gemeinsamen Verteidigung führen könnte, und so die Identität und Unabhängigkeit Europas zu stärken, um Frieden, Sicherheit und Fortschritt in Europa und in der Welt zu fördern,

ENTSCHLOSSEN, die Freizügigkeit unter gleichzeitiger Gewährleistung der Sicherheit ihrer Bürger durch den Aufbau eines Raums der Freiheit, der Sicherheit und des Rechts nach Maßgabe der Bestimmungen dieses Vertrags und des Vertrags über die Arbeitsweise der Europäischen Union zu fördern,

ENTSCHLOSSEN, den Prozess der Schaffung einer immer engeren Union der Völker Europas, in der die Entscheidungen entsprechend dem Subsidiaritätsprinzip möglichst bürgernah getroffen werden, weiterzuführen,

IM HINBLICK auf weitere Schritte, die getan werden müssen, um die europäische Integration voranzutreiben,

HABEN BESCHLOSSEN, eine Europäische Union zu gründen; sie haben zu diesem Zweck zu ihren Bevollmächtigten ernannt:

(Aufzählung der Bevollmächtigten nicht wiedergegeben)[2]

DIESE SIND nach Austausch ihrer als gut und gehörig befundenen Vollmachten wie folgt ÜBEREINGEKOMMEN:

Literaturübersicht

Alsen, Der Europäische Integrationsauftrag der EU – Überlegungen zur Erweiterungs-, Assoziierungs- und Nachbarschaftspolitik der EU aus der Warte einer europäischen Prinzipienlehre, 2009; *Berthelet*, De la «Rechtgemeinschaft» européenne à la «Wertegemeinschaft» cosmopolitique, la constitutionalisation du droit de l'Union sous le signe des valeurs, RDUE 2016, 315; *Blanke/Pilz*, Solidarische Finanzhilfen als Lackmustest föderaler Balance in der Europäischen Union, EuR 2014, 541; *von Bogdandy*, The Preamble, in: de Witte (Hrsg.), Ten Reflections on the Constitutional Treaty for Europe, 2003, S. 3; *v. Bogdandy/Ioannidis*, Das systemische Defizit – Merkmale, Instrumente und Probleme am Beispiel der Rechtsstaatlichkeit und des neuen Rechtsstaatlichkeitsaufsichtsverfahrens, ZaöRV 2014, 283; *Borowsky*, Wertegemeinschaft Europa, DRiZ 2001, 275; *Busse*, Eine kritische Würdigung der Präambel der Europäischen Grundrechtecharta, EuGRZ 2002, 559; *Calliess*, Europa als Wertegemeinschaft – Integration und Identität durch europäisches Verfassungsrecht, JZ 2004, 1033; *ders.*, Perspektiven des Euro zwischen Solidarität und Recht – Eine rechtliche Analyse der Griechenlandhilfe und des Rettungsschirms, ZEuS 2011, 213; *ders.*, Die Europäische Union als Rechtsgemeinschaft – Überlegungen vor dem Hintergrund der Staatsschuldenkrise in der Eurozone, in: Calliess/Kahl/Schmalenbach (Hrsg.), Rechtsstaatlichkeit, Freiheit und soziale Rechte in der Europäischen Union, 2014, S. 63; *Fischer*, Vom Staatenverbund zur Föderation – Gedanken über die Finalität der europäischen Integration, integration 2000, 149; *Goerlich*, Der Gottesbezug in Verfassungen, in: *ders.*/Huber/Lehmann (Hrsg.), Verfassung ohne Gottesbezug? Zu einer aktuellen europäischen Kontroverse, 2004, S. 9; *Häberle*, Präambeln im Text und Kontext von Verfassungen, FS Broermann, 1982, S. 211; *ders.*, Europäische Verfassungslehre, 7. Aufl., 2011; *Hatje*, Die EU auf dem Weg zur Solidarunion – Wandel durch Krise, in: Hatje/Iliopoulos/Iliopoulos-Strangas/Kämmerer (Hrsg.), Verantwortung und Solidarität in der Europäischen Union – Ein deutsch-griechischer Rechtsdialog, 2015, S. 73; *Heit*, Europäische Identitätspolitik in der EU-Verfassungspräambel – Zur ursprungsmythischen Begründung eines universalistischen europäischen Selbstverständnisses, ARSP 90 (2004), 461; *Her-*

---

[2] Anm. der Hrsg.: Hierbei handelt es sich um einen amtlichen Hinweis in der jüngsten konsolidierten Fassung des EU-Vertrags, vgl. ABl. 2012, C 326/13 (16).

degen, Die Europäische Union als Wertegemeinschaft: aktuelle Herausforderungen, FS Scholz, 2007, S. 139; *Hilpold*, Die Unionsbürgerschaft – Entwicklung und Probleme, EuR 2015, 133; *ders.*, Solidarität im EU-Recht: Die »Inseln der Solidarität« unter besonderer Berücksichtigung der Flüchtlingsproblematik und der Europäischen Wirtschafts- und Währungsunion, EuR 2016, 373; *Hoffmeister*, Das Prinzip der Solidarität zwischen den Mitgliedstaaten im Vertrag von Lissabon, in: Pernice (Hrsg.), Der Vertrag von Lissabon: Reform der EU ohne Verfassung?, 2008, S. 152; *Holterhus/Kornack*, Die materielle Struktur der Unionsgrundwerte – Auslegung und Anwendung des Art. 2 EUV im Lichte aktueller Entwicklungen in Rumänien und Ungarn, EuGRZ 2014, 389; *Isak*, Loyalität und Solidarität in der EU – Einführung, ZÖR 2015, 287; *Isensee*, Christliches Erbe im organisierten Europa – Phobie und Legitimationschance, JZ 2015, 745; *Joas/Mandry*, Europa als Werte- und Kulturgemeinschaft, in: Schuppert/Pernice/Haltern (Hrsg.), Europawissenschaft, 2005, S. 541; *Kahl*, Das Souveränitätsverständnis des Bundesverfassungsgerichts im Spiegel von dessen neuerer Rechtsprechung, in: Calliess/Kahl/Schmalenbach (Hrsg.), Rechtsstaatlichkeit, Freiheit und soziale Rechte in der Europäischen Union, 2014, S. 23; *Klamert*, Loyalität und Solidarität in der Europäischen Union, ZÖR 2015, 265; *Klein*, Verfassungsgebung, Verfassungsrevision, Volksabstimmung, in: Calliess/Kahl/Schmalenbach (Hrsg.), Rechtsstaatlichkeit, Freiheit und soziale Rechte in der Europäischen Union, 2014, S. 97; *Knodt*, Gemeinwohl und Solidarität in der Europäischen Union, FS Müller-Graff, 2015, S. 1022; *Knospe*, Per Aspera ad astra oder der lange Marsch der Europäischen Sozialcharta durch die Institutionen der Revision, ZESAR 2015, 449; *Kotzur*, Theorieelemente des internationalen Menschenrechtsschutzes – Das Beispiel der Präambel des Internationalen Paktes über bürgerliche und politische Rechte, 2000; *ders.*, Die Präambel, die Artikel zu den Werten und Zielen der Europäischen Union, in: Niedobitek/Zemánek (Hrsg.), Continuing the European Constitutional Debate – German and Czech Contributions from a Legal Perspective, 2008, S. 187; *Kreß*, Gott in der Verfassung? – Kritische Anmerkungen zu einer neu angefachten Debatte, ZRP 2015, 152; *Kulow*, Inhalte und Funktionen der Präambel des EG-Vertrages, 1997; *Kunig*, Solidarität als rechtliche Verpflichtung, FS Schwarze, 2014, S. 190; *Mandry*, Europa als Wertegemeinschaft – Eine theologisch-ethische Studie zum politischen Selbstverständnis der Europäischen Union, 2009; *Lais*, Das Solidaritätsprinzip im europäischen Verfassungsverbund, 2007; *Lenaerts*, In Vielfalt geeint/Grundrechte als Basis des europäischen Integrationsprozesses, EuGRZ 2015, 353; *Miliopoulos*, Die Präambel, in: Marchetti/Demesmay (Hrsg.), Der Vertrag von Lissabon – Analyse und Bewertung, 2010, S. 35; *Naumann*, Eine religiöse Referenz in einem Europäischen Verfassungsvertrag, 2008; *Otoo*, Die normative Wirkung von Präambeln im europäischen Primärrecht, 2013; *Nicolaysen*, Das Integrationskonzept der Gründungsverträge, in: Schäfer/Wass von Czege (Hrsg.), Das Gemeinsame Europa – viele Wege, kein Ziel?, 2007, S. 33; *ders.*, Das Lissabon-Urteil des Bundesverfassungsgerichts im Kontext der Europarechtsprechung des Bundesverfassungsgerichts, EuR-Beih. 1/2010, 9; *Nowak*, Binnenmarktziel und Wirtschaftsverfassung der Europäischen Union vor und nach dem Reformvertrag von Lissabon, EuR-Beih. 1/2009, 129; *ders.*, Die Nachbarschaftspolitik der Europäischen Union: Mittelmeerraum und Osteuropa, in: Odendahl/Giegerich (Hrsg.), Räume im Völker- und Europarecht, 2015, S. 105; *Oppermann*, Europäische Hoffnungen und was nach 50 Jahren daraus wurde – Im Spiegel von Peter Baduras Gedanken, AöR (141) 2016, 136; *Pache*, Das Ende der europäischen Integration? – Das Urteil des Bundesverfassungsgerichts zum Vertrag von Lissabon, zur Zukunft Europas und der Demokratie, EuGRZ 2009, 285; *Papier*, Verfassungsfragen der europäischen Integration, in: Calliess/Kahl/Schmalenbach (Hrsg.), Rechtsstaatlichkeit, Freiheit und soziale Rechte in der Europäischen Union, 2014, S. 11; *Pernice*, Zur Finalität Europas, in: Schuppert/Pernice/Haltern (Hrsg.), Europawissenschaft, 2005, S. 743; *Pürner*, Kroatien in der EU: Bestandsaufnahme der Ausgangssituation, WiRO 2013, 193; *Rensmann*, Grundwerte im Prozeß der europäischen Konstitutionalisierung. Anmerkungen zur Europäischen Union als Wertegemeinschaft, in: Blumenwitz (Hrsg.), Die Europäische Union als Wertegemeinschaft, 2005, S. 49; *Riedel*, Gott in der Europäischen Verfassung? – Zur Frage von Gottesbezug, Religionsfreiheit und Status der Kirchen im Vertrag über eine Verfassung für Europa, EuR 2005, 676; *Robbers*, Die Präambel der Verfassung für Europa – Ein Entwurf, FS Häberle, 2004, S. 251; *Ruffert*, An den Grenzen des Integrationsverfassungsrechts: Das Urteil des Bundesverfassungsgerichts zum Vertrag von Lissabon, DVBl 2009, 1197; *Schilling*, Eine neue Verfassung für Deutschland – Art. 146 GG und die Rolle des Bundesverfassungsgerichts, Der Staat 2014, 95; *Schoepke*, Die rechtliche Bedeutung der Präambel des Grundgesetzes für die Bundesrepublik Deutschland – Eine Grundlegung mit rechtshistorischer Einführung und Abhandlung der Präambeln zu den Verfassungen der Länder in der Bundesrepublik Deutschland, 1965; *Schorkopf*, Die Europäische Union im Lot – Karlsruhes Rechtsspruch zum Vertrag von Lissabon, EuZW 2009, 718; *Schwarze*, Die verordnete Demokratie – Zum Urteil des 2. Senats des BVerfG zum Lissabon-Vertrag, EuR 2010, 108; *Selmayr*, Endstation Lissabon? – Zehn Thesen zum »Niemals«-Urteil des Bundesverfassungsgerichts vom 30. Juni 2009, ZEuS 2009, 637;

Skouris, Die Unionsbürgerschaft in der jüngsten Rechtsprechung des Gerichtshofs der Europäischen Union, in: Calliess/Kahl/Schmalenbach (Hrsg.), Rechtsstaatlichkeit, Freiheit und soziale Rechte in der Europäischen Union, 2014, S. 147; *Sommermann*, Integrationsgrenzen des Grundgesetzes und europäischer Verfassungsverbund: Brauchen wir eine neue Verfassung?, DÖV 2013, 708; *Speer*, Die Europäische Union als Wertegemeinschaft, DÖV 2001, 980; *Steiner*, Die Verwirklichung des Solidaritätsprinzips im Unionsrecht, ZfRV 2013, 244; *Stern/Sachs* (Hrsg.), Europäische Grundrechte-Charta – Kommentar, 2016; *Terhechte*, Europäischer Bundesstaat, supranationale Gemeinschaft oder Vertragsunion souveräner Staaten? – Zum Verhältnis von Staat und Union nach dem Lissabon-Urteil des BVerfG, EuR-Beih. 1/2010, 135; *Tomuschat*, Lisbon – Terminal of the European Integration Process? The Judgment of the German Constitutional Court of 30 June 2009, ZaöRV 70 (2010), 251; *Vogt*, Der Gottesbezug in der Präambel des Grundgesetzes – Historische Grundlagen und juristische Interpretation, 2007; *Wägenbaur*, Die Europäische Verfassung, (k)ein Platz für abendländische Werte?, EuZW 2003, 609; *Weber*, Die Europäische Union unter Richtervorbehalt – Rechtsvergleichende Anmerkungen zum Urteil des BVerfG v. 30.6.2009, JZ 2010, 157; *Weiß*, Loyalität und Solidarität in der Europäischen Verwaltung, ZÖR 2015, 403.

Inhaltsübersicht

A. Überblick

1 Der EU-Vertrag in der Fassung von Lissabon beginnt mit einer recht umfangreichen Präambel, die von zwei weiteren Präambeln im Vertrag über die Arbeitsweise der EU (s. Präambel AEUV, Rn. 1 ff.) und in der Charta der Grundrechte der EU (s. Präambel GRC, Rn. 1 ff.) flankiert wird. Mit dieser im Rahmen der europäischen Integration keinesfalls überraschenden, sondern vielmehr üblichen und dabei zugleich den Traditionen des Völkervertragsrechts und des innerstaatlichen Verfassungsrechts entsprechenden Vertragstechnik[3] folgen die beiden vorgenannten Verträge und die nach Art. 6 Abs. 1

---

[3] Instruktiv zur üblichen Verwendung von Präambeln im Verfassungskontext sowie zu ihrer Bedeutung und Interpretation vgl. etwa *Häberle*, FS Broermann, S. 211 ff.; *Schoepke*, S. 1 ff.; *Stern/Tettinger*, in: Tettinger/Stern, EuGRCh, Präambel A, Rn. 11 ff.; *Weber*, in: Stern/Sachs, GRC-Kommentar, Präambel, Rn. 10 ff.; entsprechend für das Völkerrecht vgl. jeweils m. w. N. *Frowein*, in: Frowein/Peukert, EMRK, Präambel, Rn. 1 ff.; *Kotzur*, Theorieelemente des internationalen Menschenrechtsschutzes, S. 59 ff.; *Naumann*, S. 85 ff.; entsprechend für das Europarecht vgl. insb. *Häberle*, Europäische Verfassungslehre, S. 274 ff.; sowie *Miliopoulos*, S. 35 ff. Näher zu den bis in die Antike zurückreichenden rechtsgeschichtlichen Dimensionen neuzeitlicher Präambeln vgl. *Dreier*, in: Dreier, GG, Präambel, Rn. 1 ff.; *Otoo*, S. 164 ff.

Carsten Nowak

EUV einen gleichen rechtlichen Rang einnehmende EU-Grundrechtecharta sowohl den damaligen Gründungsverträgen der Europäischen Gemeinschaft für Kohle und Stahl (s. Art. 1 EUV, Rn. 16) und der Europäischen Wirtschaftsgemeinschaft (s. Art. 1 EUV, Rn. 18) sowie dem noch heute geltenden »Euratom«-Vertrag[4] als auch der Einheitlichen Europäischen Akte (s. Art. 1 EUV, Rn. 21) sowie den späteren Reform- bzw. Änderungsverträgen von Amsterdam, Nizza und Lissabon (s. Art. 1 EUV, Rn. 22 f.), die ebenfalls durch eine jeweils vertragsspezifische Präambel eingeleitet werden.[5] In etymologischer Hinsicht lässt sich der hier in Rede stehende **Präambel-Begriff** auf das klassisch-lateinische Verbum prae-ambulare (vorangehen) und auf das mittellateinische Lehnwort praeambulum (Vorspruch) zurückführen.[6]

Indem der **Lissabonner Reformvertrag** (s. Art. 1 EUV, Rn. 33 ff.) in Übereinstimmung mit dem damaligen Gemeinschafts- und Unionsrecht in der Fassung von Nizza daran festgehalten hat, dass der EU-Vertrag, die EU-Grundrechtecharta und der den früheren EG-Vertrag ersetzende Vertrag über die Arbeitsweise der EU durch drei unterschiedliche Präambeln eingeleitet werden (s. Rn. 1), weicht dieser Reformvertrag in auffallender Weise von dem »gescheiterten« **Vertrag über eine Verfassung für Europa** (s. Art. 1 EUV, Rn. 28 ff.) ab, der »nur« zwei Präambeln – d. h. eine allen vier Vertragsteilen vorgeschaltete Präambel[7] und eine speziell für die im zweiten Vertragsteil untergebrachte EU-Grundrechtecharta geltende Präambel[8] – vorsah. In inhaltlicher Hinsicht weicht die den 55 Artikeln des EU-Vertrags vorangestellte Präambel nicht nur von den verschiedenen Präambeln der vorgenannten Gründungs- und Änderungsverträge, der EU-Grundrechtecharta und des Vertrags über die Arbeitsweise der EU, sondern zum Teil auch von der bereits durch die Änderungsverträge von Amsterdam und Nizza leicht modifizierten Ursprungsfassung dieser Präambel in der Fassung des Maastrichter Vertrags ab (B.). Im Hinblick auf die zentralen Funktionen und die rechtliche Bedeutung weist die durch den Lissabonner Reformvertrag abermals leicht veränderte Präambel des EU-Vertrags nicht nur einige Gemeinsamkeiten oder Ähnlichkeiten mit den Präambeln der anderen oben genannten Vertragswerke, sondern auch mit der Präambel des dcutschen Grundgesetzes auf (C.).

2

---

[4] Vertrag zur Gründung der Europäischen Atomgemeinschaft vom 25. 3. 1957 (BGBl. II S. 1014); zuletzt geändert durch das dem Lissabonner Reformvertrag beigefügte Protokoll Nr. 2 zur Änderung des Vertrags zur Gründung der Europäischen Atomgemeinschaft (ABl. 2007, C 306/199) sowie durch Art. 11 der Akte über die Bedingungen des Beitritts der Republik Kroatien und die Anpassungen des Vertrags über die Europäische Union, des Vertrags über die Arbeitsweise der Europäischen Union und des Vertrags zur Gründung der Europäischen Atomgemeinschaft (Beitrittsakte 2013), ABl. 2012, L 112/21, i. V. m. der Unterrichtung über das am 1. 7. 2013 erfolgte Inkrafttreten des zwischen 27 EU-Mitgliedstaaten und der Republik Kroatien geschlossenen Beitrittsvertrags, ABl. 2013, L 300/5.

[5] Exemplarisch zur Präambel des Lissabonner Reformvertrags vgl. etwa *Obwexer*, Aufbau, Systematik, Struktur und tragende Grundsätze des Vertrags von Lissabon, in: Hummer/ders. (Hrsg.), Der Vertrag von Lissabon, 2009, S. 95 (98); sowie *Otoo*, S. 129 ff.

[6] Zutr. vgl. statt vieler *Meyer*, in: Meyer, GRCh, Präambel, Rn. 2.

[7] Näher zu dieser Präambel vgl. *Heintschel von Heinegg*, in: Vedder/Heintschel von Heinegg, EVV, Präambel, Rn. 1 ff.; *Heit*, ARSP 90 (2004), 461; *Kotzur*, in: Niedobitek/Zémánek, S. 187 (189 ff.); *Miliopoulos*, S. 35 ff.; *Otoo*, S. 70 ff.; *Robbers*, S. 251 ff.

[8] Näher dazu vgl. *Busse*, EuGRZ 2002, 559; *Otoo*, S. 17 ff.

B. Grundstruktur und Kernaussagen der EUV-Präambel

3 In struktureller Hinsicht besteht die Präambel des EU-Vertrags gewissermaßen aus zwei Teilen. Während ein sich aus einigen anfänglichen und abschließenden Zeilen zusammensetzender Teil dieser Präambel verdeutlicht, welche Mitgliedstaaten auf welche Weise die Europäische Union gegründet haben und diese Union durch den Lissabonner Reformvertrag fortentwickeln wollen (I.), gibt ihr zweiter und längster Teil, der sich als ein aus vierzehn Abschnitten oder Erwägungsgründen bestehender Mittelteil qualifizieren lässt, nähere Auskunft darüber, welche Motive, Beweggründe, Erfahrungen, Erwägungen, Hoffnungen und Wünsche hinter der Gründung und Fortentwicklung der Union stehen, über welche Alleinstellungsmerkmale sie verfügt, auf welchen Werten sich diese Union gründet, welche Grundsätze ihr besonders wichtig sind und welche Ziele zu ihren zentralen Verfassungszielen gehören (II.).

I. Auskünfte über das Gewollte und über die beteiligten Akteure

4 Die Präambel des EU-Vertrags beginnt in Abweichung von der Präambel der Charta der Grundrechte der Europäischen Union, die diesbezüglich auf die »Völker Europas« abstellt (s. Präambel GRC, Rn. 1 ff.), zunächst einmal mit einer Auflistung der Staatsoberhäupter jener Länder, die in den Jahren 1992/1993 – d. h. zur Zeit der Unterzeichnung und des Inkrafttretens des Maastrichter Unionsvertrags (s. Art. 1 EUV, Rn. 22) – zu den damaligen Gründerstaaten und somit auch zu den ersten zwölf Mitgliedstaaten der EU gehörten.[9] Diese anfängliche **Auflistung der Staatsoberhäupter der Gründerstaaten** erstreckt sich auf die Könige, Königinnen und/oder königlichen Hoheiten Belgiens, Dänemarks, des Vereinigten Königreichs Großbritannien und Nordirland, Luxemburgs, der Niederlande und Spaniens sowie auf die Präsidenten der Bundesrepublik Deutschland, der Griechischen Republik, der Französischen Republik, der Italienischen Republik, der Portugiesischen Republik und Irlands, die ausweislich der Schlusspassagen dieser Präambel zum einen beschlossen haben, »eine Europäische Union zu gründen«, und zum anderen zu diesem Zweck jeweils hochrangige Ministerpersönlichkeiten aus ihren Ländern »zu ihren Bevollmächtigten ernannt« haben. Von einer namentlichen Nennung oder Auflistung dieser Bevollmächtigten ist in der jüngsten konsolidierten Fassung des EU-Vertrags – anders als in der Präambel des Lissabonner Reformvertrags[10] – nunmehr Abstand genommen worden,[11] da derartige Auflistungen ohnehin immer nur für begrenzte Zeit der politischen Realität entsprechen. Dies verdeutlicht insbesondere der Umstand, dass die in der Maastrichter Ursprungsfassung der hier in Rede stehenden Präambel einst als **Bevollmächtigte** ausgewiesenen Personen,[12] die auch noch in der Amsterdamer Fassung dieser Präambel als Bevollmächtigte aufgelistet waren,[13] im Zuge der späteren Vertrags- bzw. Verfassungsreformen von Nizza durch neue Bevollmächtigte ersetzt wurden,[14] die – wie beispielsweise der damalige deutsche Bundesminister

---

[9] Mit einem davon abweichenden Präambel-Vorschlag, der – ähnlich wie der 1. Absatz der Präambel der EU-Grundrechtecharta – die Völker Europas in den Vordergrund rückt, vgl. v. *Bogdandy*, S. 3 ff.

[10] Vgl. ABl. 2007, C 306/3.

[11] Vgl. ABl. 2012, C 326/16.

[12] Vgl. ABl. 1992, C 191/1.

[13] Vgl. ABl. 1997, C 340/150.

[14] Vgl. ABl. 2001, C 80/4.

des Auswärtigen in Gestalt von *Joseph (»Joschka«) Fischer* – heute längst nicht mehr im Amt sind.

Am Ende der Präambel des EU-Vertrags heißt es schließlich, dass »DIESE« – d.h. die **5** vorgenannten Bevollmächtigten (s. Rn. 4) – »nach Austausch ihrer als gut und gehörig befundenen Vollmachten wie folgt ÜBEREINGEKOMMEN [SIND]«. Den konkreten Gegenstand dieser Übereinkunft bildet die Gesamtheit der nachfolgenden 55 Artikel des EU-Vertrags in der Fassung von Lissabon, wobei der oben genannte **Beschluss zur Gründung der EU** (s. Rn. 4) vornehmlich durch Art. 1 Abs. 1 EUV umgesetzt wird, der besagt, dass die HOHEN VERTRAGSPARTEIEN durch diesen Vertrag untereinander eine EUROPÄISCHE UNION gründen, der die Mitgliedstaaten Zuständigkeiten zur Verwirklichung ihrer gemeinsamen Ziele übertragen (s. Art. 1 EUV, Rn. 7 ff.). Diese 55 Artikel des EU-Vertrags und dessen einleitende Präambel sind nicht nur für jene EU-Mitgliedstaaten, deren Staatsoberhäupter im »Kopf« der Präambel explizit genannt werden (s. Rn. 4), sondern selbstverständlich **auch für die Staaten verbindlich, die erst nach Gründung der Union** mit Wirkung zum 1.1.2005 (Finnland, Österreich und Schweden), zum 1.5.2004 (Estland, Lettland, Litauen, Malta, Polen, Slowakei, Slowenien, Tschechien, Ungarn und Zypern) und/oder zum 1.1.2007 (Bulgarien und Rumänien) **in den Kreis der EU-Mitgliedstaaten aufgenommen worden sind**. Dies wird in der jüngsten konsolidierten Fassung des EU-Vertrags vor allem dadurch zum Ausdruck gebracht, dass der anfänglichen Auflistung einzelner Staatsoberhäupter (s. Rn. 4) eine Fußnote folgt, in der von amtlicher Seite darauf hingewiesen wird, dass seit dem ursprünglichen Vertragsschluss die Republik Bulgarien, die Tschechische Republik, die Republik Estland, die Republik Zypern, die Republik Lettland, die Republik Litauen, die Republik Ungarn, die Republik Malta, die Republik Österreich, die Republik Polen, Rumänien, die Republik Slowenien, die Slowakische Republik, die Republik Finnland und das Königreich Schweden Mitgliedstaaten der Europäischen Union geworden sind.[15] Diese Klarstellung ist allerdings mit Wirkung zum 1.7.2013 etwas unvollständig geworden, da seit diesem Tag auch die Republik Kroatien zu den an das Unionsrecht gebundenen EU-Mitgliedstaaten gehört.[16]

II. Vierzehn Abschnitte oder Erwägungsgrunde zu den hinter der Gründung und der Fortentwicklung der EU stehenden Motiven, Erfahrungen, Wünschen und Zielen

In ihrem durch die vorgenannten Auskünfte und Klarstellungen (s. Rn. 4 f.) umrandeten **6** Mittelteil besteht die Präambel der EU-Vertrags in der Fassung von Lissabon aus vierzehn Abschnitten oder Erwägungsgründen,[17] die sich in vier **verschiedene Hauptgrup-**

---

[15] Vgl. ABl. 2012, C 326/15.

[16] Vgl. dazu insbesondere die Akte über die Bedingungen des Beitritts der Republik Kroatien und die Anpassungen des Vertrags über die Europäische Union, des Vertrags über die Arbeitsweise der Europäischen Union und des Vertrags zur Gründung der Europäischen Atomgemeinschaft (Beitrittsakte 2013), ABl. 2012, L 112/21, i.V.m. der Unterrichtung über das am 1.7.2013 erfolgte Inkrafttreten des zwischen den damaligen 27 EU-Mitgliedstaaten und der Republik Kroatien geschlossenen Beitrittsvertrags, ABl. 2013, L 300/5. Instruktiv zum recht langen Weg Kroatiens in die EU, zur wirtschaftlichen Ausgangslage dieses Landes zu Beginn seiner EU-Mitgliedschaft sowie zu den beitrittsbedingten Übergangsregelungen im Verhältnis zwischen Kroatien und der EU vgl. *Pürner*, WiRO 2013, 193.

[17] Näher dazu vgl. auch mit unterschiedlichen Schwerpunktsetzungen und Reihungen *Heintschel v. Heinegg*, in: Vedder/Heintschel v. Heinegg, Europäisches Unionsrecht, Präambel EUV, Rn. 3 ff.;

pen einteilen lassen. Der ersten Hauptgruppe sind zunächst einmal zwei etwas verstreute Abschnitte oder Erwägungsgründe zuzuordnen, die sich mit dem zentralen Anliegen der Unionsgründung sowie mit dem prozesshaften Wesen und der damit verbundenen Entwicklungsoffenheit der europäischen Integration befassen (1.). Die zweite Hauptgruppe setzt sich sodann aus zwei weiteren Abschnitten oder Erwägungsgründen zusammen, die sich auf einige historische Grundmotive und Fundamente der europäischen Integration beziehen (2.). Dem schließt sich eine dritte Hauptgruppe an, die sich aus verschiedenen Abschnitten oder Erwägungsgründen zu den maßgeblichen Werten und einigen Kerngrundsätzen des Unionsrechts zusammensetzt (3.). Die vierte und größte Hauptgruppe von Erwägungsgründen hebt schließlich einige Verfassungsziele hervor, denen in verschiedensten Politik- und Tätigkeitsbereichen der Union herausragende Bedeutung zukommt (4.).

1. Erwägungsgründe zum zentralen Anliegen der Unionsgründung sowie zum Prozesscharakter und zur Entwicklungsoffenheit der europäischen Integration

7 Im **1. Erwägungsgrund**, dessen ursprünglicher (Maastrichter) Wortlaut weder durch die Änderungsverträge von Amsterdam und Nizza noch durch den Lissabonner Reformvertrag modifiziert worden ist, wird zunächst einmal der Entschlossenheit der Gründerstaaten Ausdruck verliehen, den mit der Gründung der Europäischen Gemeinschaften eingeleiteten Prozess der europäischen Integration auf eine neue Stufe zu heben. Bei den vorgenannten Gemeinschaften handelt es sich um die im Jahre 1952 durch den so genannten Montanvertrag gegründete Europäische Gemeinschaft für Kohle und Stahl (s. Art. 1 EUV, Rn. 16) sowie um die Europäische Wirtschaftsgemeinschaft und die Europäische Atomgemeinschaft, die durch die jeweils am 1.1.1958 in Kraft getretenen Römischen Verträge gegründet worden sind (s. Art. 1 EUV, Rn. 18). Soweit der durch die Gründung dieser Gemeinschaften eingeleitete Prozess der europäischen Integration ausweislich des 1. Erwägungsgrundes der EUV-Präambel durch die Gründung der Union und den EU-Vertrag auf »eine neue Stufe« gehoben wird, lässt sich dies nur im Sinne einer weiteren Förderung und Intensivierung des europäischen Integrationsprozesses verstehen.[18] Dies klingt in recht ähnlicher Weise auch in Art. 1 Abs. 2 EUV an, wonach der EU-Vertrag eine neue Stufe bei der Verwirklichung einer immer engeren Union der Völker Europas darstellt (s. Art. 1 EUV, Rn. 12ff.).

8 Da im 1. Erwägungsgrund der Präambel sowie in Art. 1 Abs. 2 EUV jeweils von einer »neuen Stufe« und nicht von einer letzten Stufe gesprochen wird, verdeutlichen diese beiden Bestandteile des primären Unionsrechts zunächst einmal den auch weiterhin gegebenen Prozesscharakter der europäischen Integration. Diesen Prozesscharakter unterstreicht im Übrigen auch der durch die Änderungsverträge von Amsterdam, Nizza und Lissabon vollkommen unangetastet gebliebene **13. Erwägungsgrund** der EUV-Präambel, der den Prozess der Schaffung einer immer engeren Union der Völker Europas hervorhebt, sowie der erste Absatz der Präambel der EU-Grundrechtecharta, der in einer mit dem ersten Absatz der AEUV-Präambel (s. Rn. 1) durchaus vergleichbaren Weise die Entschlossenheit der Völker Europas zum Ausdruck bringt, sich im Sinne

---

Kadelbach, in: GSH, Europäisches Unionsrecht, Präambel EUV, Rn. 5ff.; *Streinz*, in: Streinz, EUV/AEUV, Präambel EUV, Rn. 4ff.; *Terhechte*, in: Grabitz/Hilf/Nettesheim, EU, Präambel EUV (Mai 2014), Rn. 15ff.

[18] In diesem Sinne vgl. auch *Terhechte*, in: Grabitz/Hilf/Nettesheim, EU, Präambel EUV (Mai 2014), Rn. 15f. u. 40.

Carsten Nowak

eines gleichermaßen auf Vertiefung und Erweiterung ausgerichteten Integrationsauf-trags[19] zu einer immer engeren Union zu verbinden. Dieser dynamische Prozess ent-spricht in seiner Entwicklungsoffenheit dem im 1. Erwägungsgrund angesprochenen Prozess der europäischen Integration (s. Rn. 7), da die so genannte Finalität Europas[20] bzw. der Europäischen Union und/oder die Endziele dieser beiden unauflösbar mitein-ander verbundenen Prozesse weder in der Präambel des EU-Vertrags noch anderswo im primären Unionsrecht in abschließender Weise vorgegeben werden.

Eine in die Zukunft weisende Ergänzung finden die vorgenannten Kernaussagen der EUV-Präambel schließlich in ihrem durch die Änderungsverträge von Amsterdam, Niz-za und Lissabon ebenfalls vollkommen unberührt gebliebenen **14. Erwägungsgrund**, in dem »weitere Schritte« angekündigt oder eingefordert werden, »die getan werden müssen, um die europäische Integration voranzutreiben«. Hiermit wird noch einmal verdeutlicht, dass die Europäische Union – unter Einschluss der durch Art. 49 EUV eröffneten Beitrittsmöglichkeiten (s. Art. 49 EUV, Rn. 1 ff.) gegenwärtiger EU-Nach-barstaaten[21] und vorbehaltlich der erstmals durch Art. 50 EUV eröffneten Austritts-möglichkeiten gegenwärtiger EU-Mitgliedstaaten (s. Art. 50 EUV, Rn. 1 ff.; Art. 356 AEUV, Rn. 5 f.) – auf Fortentwicklung angelegt ist[22] und in ihrer gegenwärtigen Verfasst-heit nicht als ein veränderungsfestes Endprodukt des europäischen Integrationsprozes-ses einzustufen ist. Dass sich möglicherweise aus dem Verfassungsrecht der EU-Mit-gliedstaaten bestimmte Grenzen der europäischen Integration ableiten lassen können,[23] die ihrerseits nicht zwingend unüberwindbar sind,[24] steht dabei auf einem ganz anderen Blatt.

9

2. Erwägungsgründe zu den historischen Grundmotiven und Fundamenten der europäischen Integration

Die historische Bedeutung der zu den Grundmotiven des europäischen Integrations-prozesses[25] im Allgemeinen und der Unionsgründung im Besonderen gehörenden Über-windung der Teilung des europäischen Kontinents und die Notwendigkeit, feste Grund-lagen für die Gestalt des zukünftigen Europas zu schaffen, werden im **3. Erwägungs-grund** der EUV-Präambel hervorgehoben, der durch die Änderungsverträge von Amsterdam, Nizza und Lissabon ebenfalls vollkommen unangetastet geblieben ist.

10

---

[19] Instruktiv dazu vgl. m.w.N. *Alsen*, S. 42 ff.

[20] Näher dazu vgl. nur *Classen*, EnzEuR, Bd. 1, § 37, Rn. 1 ff.; *Fischer*, integration 2000, 149; *Oppermann*, AöR 141 (2016), 136 (141 ff.); *Pernice*, S. 743 ff.

[21] Zu den unterschiedlichen Beitrittsperspektiven einiger gegenwärtig von der Assoziations- und Nachbarschaftspolitik der EU erfasster Nachbarstaaten vgl. m.w.N. *Nowak*, in: Odendahl/Giegerich, S. 105 ff.

[22] Zutr. *Streinz*, in: Streinz, EUV/AEUV, Präambel EUV, Rn. 4.

[23] Exemplarisch dazu vgl. BVerfGE 123, 267 – *Lissabon*; näher zu dieser Entscheidung unter besonderer Berücksichtigung der daraus abzuleitenden Integrationsgrenzen sowie zu ihrer überaus unterschiedlichen Rezeption im staats- und europarechtlichen Schrifttum vgl. nur *Kahl*, S. 23 ff.; *Ni-colaysen*, EuR-Beih. 1/2010, 9; *Nowak*, Europarecht, S. 69 ff.; *Pache*, EuGRZ 2009, 285; *Ruffert*, DVBl 2009, 1197; *Schorkopf*, EuZW 2009, 718; *Schwarze*, EuR 2010, 108; *Selmayr*, ZEuS 2009, 637; *Sommermann*, DÖV 2013, 708; *Terhechte*, EuR-Beih. 1/2010, 135; *Tomuschat*, ZaöRV 70 (2010), 251; *Weber*, JZ 2010, 157.

[24] Kontrovers dazu, jeweils in spezieller Ansehung des Art. 146 GG, vgl. *Klein*, S. 97 ff.; *Papier*, S. 11 (17 ff.); *Schilling*, Der Staat 2014, 95; *Sommermann*, DÖV 2013, 708 (713 f.).

[25] Instruktiv zu diesen Grundmotiven vgl. insb. *Nicolaysen*, Das Integrationskonzept der Grün-dungsverträge, S. 33 ff.

11   Das historische Grundmotiv des europäischen Integrationsprozesses in Gestalt der Überwindung der Teilung des europäischen Kontinents wird im **2. Erwägungsgrund**, der mit dem 1. Erwägungsgrund der Präambel des »gescheiterten« Vertrags über eine Verfassung (s. Rn. 2) übereinstimmt und erstmals durch den Lissabonner Reformvertrag in die Präambel des EU-Vertrags integriert worden ist, sodann mit dem kulturellen, religiösen und humanistischen Erbe Europas in Verbindung gebracht, aus dem sich die unverletzlichen und unveräußerlichen Rechte des Menschen sowie Freiheit, Demokratie, Gleichheit und Rechtsstaatlichkeit als universelle Werte entwickelt haben. Besondere Erwähnung verdient an dieser Stelle der Hinweis darauf, dass das in diesem 2. Erwägungsgrund angesprochene religiöse Erbe Europas,[26] das im zweiten Absatz der Präambel der EU-Grundrechtecharta eine etwas andere Formulierung gefunden hat (s. Präambel GRC, Rn. 11), der kulturellen und religiösen Vielfalt der EU-Mitgliedstaaten im Einklang mit Art. 22 GRC, der die Union nicht nur zur Achtung der Vielfalt der Kulturen und Sprachen, sondern auch zur Achtung der Vielfalt der Religionen verpflichtet, hinreichenden Raum lässt,[27] da es nicht als ein andere Religionen oder Weltanschauungen ausgrenzendes Bekenntnis zum Christentum oder zu einer anderen Religionsgemeinschaft oder Religionsform verstanden werden kann. Dies findet seinen maßgeblichen Grund darin, dass die in den vergangenen Jahren von manchen Seiten unternommenen Versuche, einen Gottesbezug etwa der in der Präambel des deutschen Grundgesetzes enthaltenen Art[28] und/oder eine explizite Bezugnahme auf die christliche oder jüdisch-christliche Werteordnung in der Präambel des gescheiterten Vertrags über die Verfassung für Europa, in der Präambel der EU-Grundrechtecharta und/oder in der Präambel des EU-Vertrags unterzubringen,[29] am Widerstand laizistischer Mitgliedstaaten bzw. laizistisch denkender Persönlichkeiten gescheitert sind[30] und dass dieses Scheitern bei der Auslegung des 2. Erwägungsgrundes zu akzeptieren ist.

3.   Erwägungsgründe zu den Werten der Union und zu einigen Kerngrundsätzen des Unionsrechts

12   Der im **2. Erwägungsgrund** enthaltene Hinweis darauf, dass die EU-Mitgliedstaaten aus dem kulturellen, religiösen und humanistischen Erbe Europas schöpfen (s. Rn. 11), aus dem sich die unverletzlichen und unveräußerlichen Rechte des Menschen sowie Freiheit, Demokratie, Gleichheit und Rechtsstaatlichkeit als universelle Werte entwickelt haben, ist der Präambel des EU-Vertrags erstmals durch den Lissabonner Reformvertrag hinzugefügt worden. Diese Neuerung, die zum Teil aus dem zweiten Absatz der Präambel der EU-Grundrechtecharta hervorgegangen ist, wonach sich die Union im Bewusstsein ihres geistig-religiösen und sittlichen Erbes auf die unteilbaren und univer-

---

[26] Ausführlicher zum Verständnis dieser religiösen Referenz vgl. *Naumann*, S. 121 ff.

[27] Zutr. *Heintschel von Heinegg*, in: Vedder/Heintschel von Heinegg, Europäisches Unionsrecht, Präambel EUV, Rn. 2.

[28] Ausführlich zu den historischen Grundlagen und zur juristischen Interpretation des Gottesbezuges in der Präambel des deutschen Grundgesetzes vgl. *Dreier*, in: Dreier, GG, Präambel, Rn. 23; *Starck*, in: Starck (Hrsg.), Kommentar zum Grundgesetz, Bd. 1, 6. Aufl., 2010, Präambel, Rn. 36 ff.; *Vogt*, S. 15 ff.; mit rechtsvergleichenden Bezügen vgl. auch *Naumann*, S. 59 ff.

[29] Ausführlicher dazu vgl. etwa *Naumann*, S. 19 ff.; *Otoo*, S. 87 ff.

[30] Ausführlicher dazu vgl. etwa *Goerlich*, S. 9 (10); *Kotzur*, in: Niedobitek/Zemánek, S. 187 (191 f.); *Miliopoulos*, S. 35 (40 f.); näher zu diesem Themenkomplex vgl. auch *Heit*, ARSP 90 (2004), 461 (469 ff.); *Isensee*, JZ 2015, 745; *Kreß*, ZRP 2015, 152; *Riedel*, EuR 2005, 676; *Schambeck*, in: Tettinger/Stern, EuGRCh, Präambel B, Rn. 31 ff.; *Wägenbaur*, EuZW 2003, 609.

sellen Werte der Würde des Menschen, der Freiheit, der Gleichheit und der Solidarität gründet sowie auf den Grundsätzen der Demokratie und der Rechtsstaatlichkeit beruht (s. Präambel GRC, Rn. 10 ff.), korrespondiert insbesondere mit Art. 2 EUV, der ebenfalls durch den Lissabonner Reformvertrag in das primäre Unionsrecht integriert worden ist und nunmehr – in einer für die immer mehr um sich greifende Einordnung der Europäischen Union als Wertegemeinschaft oder Werteunion[31] ursächlichen bzw. mitverantwortlichen Weise – bestimmt, dass sich die Union auf verschiedene »Werte« in Gestalt der Achtung der Menschenwürde, Freiheit, Demokratie, Gleichheit, Rechtsstaatlichkeit und der Wahrung der Menschenrechte einschließlich der Rechte der Personen, die Minderheiten angehören, gründet und dass diese Werte, denen unter anderem im nachbarschaftspolitischen Art. 8 EUV, im Sanktionsmechanismus nach Art. 7 EUV sowie im »Beitritts«-Art. 49 EUV eine besondere Bedeutung zugewiesen ist,[32] allen Mitgliedstaaten in einer Gesellschaft gemeinsam sind, die sich durch Pluralismus, Nichtdiskriminierung, Toleranz, Gerechtigkeit, Solidarität und die Gleichheit von Frauen und Männern auszeichnet. Die genaue Konkretisierung dieser Unionswerte ist zum Teil äußerst schwierig.[33]

Darüber hinaus verstärkt der 2. Erwägungsgrund in gewisser Weise das im **4. Erwägungsgrund** der EUV-Präambel bestätigte Bekenntnis der EU-Mitgliedstaaten zu den Grundsätzen der Freiheit, der Demokratie und der Achtung der Menschenrechte und Grundfreiheiten und der Rechtsstaatlichkeit, das sich bereits in der Maastrichter Ursprungsfassung dieser Präambel finden ließ und durch die Änderungsverträge von Amsterdam, Nizza und Lissabon unangetastet geblieben ist. Gleiches gilt für den **7. Erwägungsgrund**, der noch einmal den vorgenannten Grundsatz der Demokratie anspricht, indem dort der Wunsch der EU-Mitgliedstaaten zum Ausdruck gebracht wird, Demokratie und Effizienz in der Arbeit der Organe weiter zu verstärken, damit diese in die Lage versetzt werden, die ihnen übertragenen Aufgaben in einem einheitlichen institutionellen Rahmen besser wahrzunehmen. Dieser Erwägungsgrund wird insbesondere in Art. 13 Abs. 1 Satz 1 EUV aufgegriffen, wonach die Union über einen institutionellen Rahmen verfügt, der zum Zweck hat, ihren Werten Geltung zu verschaffen, ihre Ziele zu verfolgen, ihren Interessen, denen der Bürgerinnen und Bürger und denen der Mitgliedstaaten zu dienen sowie die Kohärenz, Effizienz, und Kontinuität ihrer Politik und ihrer Maßnahmen sicherzustellen.

Zu den weiteren Erwägungsgründen der EU-Präambel, in denen ebenfalls tragende Grundsätze des Unionsrechts hervorgehoben werden, gehört sodann der **6. Erwägungsgrund**, in dem die EU-Mitgliedstaaten ihrem gemeinsamen Wunsch Ausdruck verleihen, die auch im zweiten Absatz der Präambel der EU-Grundrechtecharta angesprochene Solidarität zwischen ihren Völkern unter Achtung ihrer Geschichte, ihrer Kultur und

13

14

---

[31] Zur heute durchaus üblichen und bereits vor dem Inkrafttreten des Lissabonner Reformvertrags weit verbreiteten Einordnung der EU als Wertegemeinschaft oder Werteunion siehe statt vieler und jeweils m.w.N. *Andrée*, Zielverpflichtende Gemeinwohlklauseln im AEU-Vertrag – Merkmale, Rechtswirkungen und kompetenzielle Bedeutung der sogenannten »Querschnittsklauseln« in einer Europäischen Wertegemeinschaft, 2014, S. 289 ff.; *Berthelet*, RDUE 2016, 315; *Borowsky*, DRiZ 2001, 275; *Calliess*, JZ 2004, 1033; *Herdegen*, S. 139 ff.; *Joas/Mandry*, S. 541 ff.; *Mandry*, S. 49 ff.; *Rensmann*, S. 49 ff.; *Speer*, DÖV 2001, 980; *Streinz*, in: Streinz, EUV/AEUV, Präambel GR-Charta, Rn. 7.
[32] Zu weiteren im EUV enthaltenen Bezugnahmen auf diese Werte vgl. Art. 3 Abs. 1 u. 5 EUV, Art. 13 Abs. 1 EUV und Art. 21 Abs. 2 Buchst. a EUV.
[33] Instruktiv dazu vgl. aus jüngerer Zeit etwa *v. Bogdandy/Ioannidis*, ZaöRV 2014, 283 (287 ff.); *Holterhus/Kornack*, EuGRZ 2014, 389, sowie die Kommentierung zu Art. 2 EUV.

ihrer Traditionen zu stärken. Dieser Erwägungsgrund, der im Vergleich mit dem dritten Absatz der Präambel der EU-Grundrechtecharta einige Gemeinsamkeiten und Unterschiede aufweist (s. Präambel GRC, Rn. 14 ff.), ließ sich zwar bereits in der Maastrichter Ursprungsfassung dieser Präambel finden und ist durch die Änderungsverträge von Amsterdam, Nizza und Lissabon unberührt geblieben. Gleichwohl ist nicht zu übersehen, dass dem im 6. Erwägungsgrund angesprochenen Solidaritätsgrundsatz, der implizit oder sogar explizit auch durch zahlreiche andere Bestimmungen des primären Unionsrechts zum Ausdruck gebracht wird,[34] erst seit relativ kurzer Zeit verstärkte Aufmerksamkeit im europarechtlichen Schrifttum geschenkt wird[35] und dass dies zu einem großen Teil mit der seit 2008 andauernden Finanz-, Banken- und Staatsschuldenkrise in der Europäischen Union zusammenhängt.

15   Etwas anderes gilt indes für den **5. Erwägungsgrund**, mit dem die Mitgliedstaaten die Bedeutung bestätigen, die sie den sozialen Grundrechten beimessen, wie sie in der am 18.10.1961 in Turin unterzeichneten Europäischen Sozialcharta[36] und in der Gemeinschaftscharta der sozialen Grundrechte der Arbeitnehmer vom 9.12.1989[37] festgelegt sind. Dieser Erwägungsgrund, der im engen Verbund mit der im ersten Satz des fünften Absatzes der Präambel der EU-Grundrechtecharta enthaltenen Bezugnahme auf die »von der Union und dem Europarat beschlossenen Sozialchartas« den permanenten Bedeutungszuwachs sozialer Grundrechte in der Unionsrechtsordnung[38] widerspiegelt, ist erst durch den Amsterdamer Vertrag in die EUV-Präambel integriert worden. Durch den späteren Reformvertrag von Lissabon ist dieser Erwägungsgrund nur geringfügig modifiziert worden, indem dort in Übereinstimmung mit der in Art. 1 Abs. 3 Satz 3 EUV enthaltenen Rechtsnachfolgeregelung (s. Art. 1 EUV, Rn. 65 f.) nunmehr von der »Unionscharta« der sozialen Grundrechte der Arbeitnehmer gesprochen wird, die in der

---

[34] Vgl. in diesem Kontext insb. Art. 2 Satz 2 EUV, Art. 3 Abs. 3 UAbs. 2. und 3 EUV, Art. 3 Abs. 5 EUV, Art. 24 Abs. 2 und 3 EUV, Art. 42 Abs. 7 EUV, Art. 122 Abs. 1 AEUV, Art. 174–178 AEUV, Art. 194 Abs. 1 AEUV, Art. 222 Abs. 1 AEUV, den zweiten Absatz der GRC-Präambel sowie *Hatje*, S. 73 ff.; *Hoffmeister*, S. 152 ff.; *Isak*, ZÖR 2015, 287; *Klamert*, ZÖR 2015, 265; *Knodt*, FS Müller-Graff, S. 1022 ff.; *Kunig*, S. 190 (198 f.); *Lais*, S. 91 ff.; *Steiner*, ZfRV 2013, 244 ff.; *Weiß*, ZÖR 2015, 403.

[35] Exemplarisch dazu vgl. insb. die zahlreichen Beiträge in *Calliess* (Hrsg.), Europäische Solidarität und nationale Identität – Überlegungen im Kontext der Krise im Euroraum, 2013; in *Kadelbach* (Hrsg.), Solidarität als Europäisches Rechtsprinzip?, 2014; und in *Knodt/Tews* (Hrsg.), Solidarität in der Europäischen Union, 2014; sowie jeweils m. w. N. *Blanke/Pilz*, EuR 2014, 541; *Calliess*, ZEuS 2011, 213; *ders.*, in: Calliess/Kahl/Schmalenbach, S. 63 (65 ff.); *Häde*, EuR 2010, 854; *Hilpold*, EuR 2016, 373; *Mückenberger*, EuR 2014, 369 (389 ff.); *Potacs*, EuR 2013, 133.

[36] BGBl. 1964 II S. 1262, zuletzt geändert durch die Änderungsbekanntmachung zur Europäischen Sozialcharta v. 3.9.2001, BGBl. II S. 970; ausführlicher zur Bedeutung dieser Charta im Recht der EU und ihrer Mitgliedstaaten vgl. nur *Knospe*, ZESAR 2015, 449; *de Schutter*, RTDE 26 (2015), 259.

[37] KOM (89) 248 endg.

[38] Zur Entwicklung, Bedeutung und Pluralität sozialer Grundrechte in der Unionsrechtsordnung vgl. *Bungenberg*, EnzEuR, Bd. 2, § 17, Rn. 1 ff.; *Eichenhofer*, Soziale Menschenrechte im Völker-, europäischen und deutschen Recht, 2012, S. 147 ff.; *ders.*, VSSR 2014, 29 (71 ff.); *Iliopoulos-Strangas*, Soziale Grundrechte in den Mitgliedstaaten der Europäischen Union im Rechtsvergleich unter Berücksichtigung des Europäischen Rechts, in: dies. (Hrsg.), Soziale Grundrechte in Europa nach Lissabon – Eine rechtsvergleichende Untersuchung der nationalen Rechtsordnungen und des europäischen Rechts, 2010, S. 699 ff.; *Winner*, Die Europäische Grundrechtscharta und ihre soziale Dimension, 2005, S. 120 ff.; sowie *Bernsdorff*, VSSR 2001, 1 ff.; *Geesmann*, Soziale Grundrechte im deutschen und französischen Verfassungsrecht und in der Charta der Grundrechte der Europäischen Union, 2005, S. 15 ff.; *Lenaerts/Foubert*, LIEI 28 (2001), 267 ff.; *Langenfeld*, Gehören soziale Grundrechte in die Grundrechtecharta?, FS Ress, 2005, S. 599 ff.; *Krebber*, RdA 2009, 224; *Seifert*, EuZA 2013, 299.

Amsterdamer Ursprungsfassung dieses Erwägungsgrundes noch als »Gemeinschafts-charta« bezeichnet worden ist.

Weitere Kerngrundsätze des Unionsrechts werden schließlich im oben bereits an an- **16** derer Stelle (s. Rn. 8) erwähnten **13. Erwägungsgrund** der EUV-Präambel hervorgeho-ben, mit dem die EU-Mitgliedstaaten ihrer Entschlossenheit Ausdruck verleihen, den Prozess der Schaffung einer immer engeren Union der Völker Europas weiterzuführen, in der die Entscheidungen entsprechend dem Subsidiaritätsprinzip möglichst bürgernah getroffen werden. Dieser Erwägungsgrund ist zum einen mit Art. 1 Abs. 2 EUV ver-bunden, der unter anderem das Verfassungsprinzip bzw. die Entscheidungs-, Handlungs- und Organisationsmaxime der Bürgernähe zum Gegenstand hat (s. Art. 1 EUV, Rn. 52 ff.). Zum anderen berührt dieser Erwägungsgrund in zentraler Weise den Rege-lungsgehalt des Art. 5 Abs. 3 EUV, der im Verbund mit dem (Vertrags-)Protokoll Nr. 2 über die Anwendung der Grundsätze der Subsidiarität und der Verhältnismäßigkeit[39] das vor allem für die Ausübung der nicht zu den ausschließlichen Unionszuständigkei-ten gehörenden Kompetenzen bedeutsame Subsidiaritätsprinzip konkretisiert (s. Art. 5 EUV, Rn. 51 ff.),[40] welches in zusätzlicher Weise im ersten Satz des fünften Absatzes der Präambel der EU-Grundrechtecharta bekräftigt wird (s. Präambel GRC, Rn. 19 u. 23).

4. Erwägungsgründe zu einigen bedeutsamen Politikbereichen und Verfassungszielen der Union

In den anderen fünf Erwägungsgründen der EUV-Präambel werden schließlich einige **17** besonders bedeutsame Politikbereiche und Verfassungsziele der Union hervorgehoben. Den Anfang markiert dabei der **8. Erwägungsgrund**, mit dem die EU-Mitgliedstaaten ihrer Entschlossenheit Ausdruck verleihen, die Stärkung und die Konvergenz ihrer Volkswirtschaften herbeizuführen, die auch den zentralen Gegenstand der Absätze 2–5 der AEUV-Präambel (s. Rn. 1) bilden, sowie eine Wirtschafts- und Währungsunion zu errichten, die im Einklang mit diesem Vertrag und dem Vertrag über die Arbeitsweise der Europäischen Union eine einheitliche, stabile Währung einschließt und die in maß-geblicher Weise durch die Art. 119–144 AEUV ausgeformt wird. Diese von der Maas-trichter Ursprungsfassung dieses Erwägungsgrundes abweichende Einbeziehung des Vertrags über die Arbeitsweise der Europäischen Union ist auf den Lissabonner Reform-vertrag zurückzuführen und dem Umstand geschuldet, dass der EU-Vertrag und der Vertrag über die Arbeitsweise der Europäischen Union nach Art. 1 Abs. 3 Satz 1 EUV die gemeinsame Grundlage der Union bilden (s. Art. 1 EUV, Rn. 61 f.) und diese beiden Verträge nach Art. 1 Abs. 3 Satz 2 EUV rechtlich gleichrangig sind (s. Art. 1 EUV, Rn. 63 f.).

Der **9. Erwägungsgrund** reflektiert sodann den »festen Willen« der EU-Mitgliedstaa- **18** ten, im Rahmen der gemäß Art. 3 Abs. 3 UAbs. 1 Satz 1 EUV zu den fundamentalen Verfassungszielen der Union gehörenden Verwirklichung des Binnenmarkts[41] sowie der

---

[39] ABl. 2012, L 326/206; näher zu diesem Protokoll vgl. statt vieler *Bickenbach*, EuR 2013, 523 (528 ff.); *Pechstein*, Die neue Subsidiaritätsklage: Die Interessen nationaler Parlamente in der Hand des EuGH, in: *ders.* (Hrsg.), Integrationsverantwortung, 2012 (Schriften des Frankfurter Instituts für das Recht der Europäischen Union, Bd. 2), S. 135 ff.
[40] Zur These, wonach das im 13. Erwägungsgrund der EUV-Präambel angesprochene Subsidiari-tätsprinzip im Vergleich zu dem in Art. 5 Abs. 3 EUV niedergelegten Subsidiaritätsprinzip eine grö-ßere Reichweite habe, vgl. *Streinz*, in: Streinz, EUV/AEUV, Präambel EUV, Rn. 4.
[41] Ausführlich zur Genese und zur Interpretation des unionsrechtlichen Binnenmarktbegriffes so-wie zu den normativen Kernbestandteilen des hier angesprochenen Binnenmarktkonzepts vgl.

Stärkung des Zusammenhalts und des Umweltschutzes den wirtschaftlichen und sozialen Fortschritt ihrer Völker unter Berücksichtigung des Grundsatzes der nachhaltigen Entwicklung zu fördern und Politiken zu verfolgen, die gewährleisten, dass Fortschritte bei der wirtschaftlichen Integration mit parallelen Fortschritten auf anderen Gebieten einhergehen. Diese von der Maastrichter Ursprungsfassung dieses Erwägungsgrundes abweichende Bezugnahme auf den primär umweltpolitischen Grundsatz der nachhaltigen Entwicklung, die sich in ähnlicher Weise auch in der Präambel der EU-Grundrechtecharta finden lässt (s. Präambel GRC, Rn. 16), ist auf den Amsterdamer Vertrag zurückzuführen, der für eine insbesondere auch in der heute in Art. 11 AEUV niedergelegten (umweltrechtlichen) Querschnittsklausel sichtbar werdende Aufwertung des Umweltschutzes in der Unionsrechtsordnung gesorgt hat.[42]

19   Dem folgt der **10. Erwägungsgrund**, mit dem die EU-Mitgliedstaaten ihre Entschlossenheit zum Ausdruck bringen, eine gemeinsame Unionsbürgerschaft für die Staatsangehörigen ihrer Länder einzuführen, die nach mittlerweile gefestigter Rechtsprechung des Unionsrichters dazu bestimmt ist, der grundlegende Status der Staatsangehörigen der EU-Mitgliedstaaten im Anwendungsbereich des Unionsrechts zu sein, der es denjenigen unten ihnen, die sich in der gleichen Situation befinden, erlaubt, unabhängig von ihrer Staatsangehörigkeit und unbeschadet der insoweit ausdrücklich vorgesehenen Ausnahmen die gleiche rechtliche Behandlung zu genießen.[43] Dieser auf die Einführung der Unionsbürgerschaft für die Staatsangehörigen aller EU-Mitgliedstaaten rekurrierende Erwägungsgrund, der bereits in der Maastrichter Ursprungsfassung der EUV-Präambel enthalten war und heute insbesondere durch Art. 9 EUV i. V. m. den Art. 20–25 AEUV sowie durch einige in der EU-Grundrechtecharta niedergelegte Unionsbürger-Grundrechte ausgeformt wird, ist durch die späteren Änderungsverträge

m. w. N. *Nowak*, EuR-Beih. 1/2009, 129; sowie *Blanke*, The Economic Constitution of the European Union, in: *ders.*/Mangiameli (Hrsg.), The European Union after Lisbon – Constitutional Basis, Economic Order and External Action, 2012, S. 369 ff.; *Griller*, Wirtschaftsverfassung und Binnenmarkt, FS Rill, 2010, S. 1 ff.; *Hatje*, in: v. Bogdandy/Bast, Europäisches Verfassungsrecht, S. 801 ff.; *Müller-Graff*, EnzEuR, Bd. 1, § 9, Rn. 1 ff.

[42] Näher dazu sowie zu den Kernbestandteilen und einigen Grundfragen der durch den Lissabonner Reformvertrag nur geringfügig modifizierten Umweltverfassung der EU vgl. m. w. N. *Nowak*, Umweltschutz als grundlegendes Verfassungsziel und dauerhafte Querschnittsaufgabe der Europäischen Union, in: *ders.* (Hrsg.), Konsolidierung und Entwicklungsperspektiven des Europäischen Umweltrechts, 2015, S. 25 ff.; *ders.*, NuR 2015, 306 ff.

[43] Grdlg. EuGH, Urt. v. 20. 9. 2001, Rs. C–184/99 (Grzelczyk), Slg. 2001, I–6193, Rn. 31; u. a. bestätigt in EuGH, Urt. v. 2. 3. 2010, Rs. C–135/08 (Rottmann), Slg. 2010, I–1449, Rn. 43; Urt. v. 8. 3. 2011, Rs. C–34/09 (Ruiz Zambrano), Slg. 2011, I–1177, Rn. 41; Urt. v. 11. 11. 2014, Rs. C–333/13 (Dano), ECLI:EU:C:2014:2358, Rn. 58. Ausführlich zur Entwicklung sowie zu den Zielen und Komponenten des unionsrechtlichen Konzepts der Unionsbürgerschaft, die einem Prozess der permanenten Fortentwicklung insbesondere durch den Unionsrichter unterliegt, vgl. jeweils m. w. N. die zahlreichen Beiträge in Schroeder/Obwexer (Hrsg.), 20 Jahre Unionsbürgerschaft: Konzept, Inhalt und Weiterentwicklung des grundlegenden Status der Unionsbürger, EuR-Beih. 1/20015; sowie *Hilpold*, EuR 2015, 133 ff.; *Höfler*, Die Unionsbürgerfreiheit: Ansprüche der Unionsbürger auf allgemeine Freizügigkeit und Gleichheit unter besonderer Berücksichtigung sozialer Rechte, 2009, S. 19 ff.; *Horspool*, The Concept of Citizenship in the European Union, in: *ders.*/Mangiameli (Hrsg.), The European Union after Lisbon – Constitutional Basis, Economic Order and External Action, 2012, S. 279 ff.; *Kadelbach*, in: v. Bogdandy/Bast, Europäisches Verfassungsrecht, S. 611 ff.; *Kotalakidis*, Von der nationalen Staatsangehörigkeit zur Unionsbürgerschaft – Die Person und das Gemeinwesen, 2000, S. 136 ff.; *Schönberger*, Unionsbürger: Europas föderales Bürgerrecht in vergleichender Sicht, 2005, S. 272 ff.; *Skouris*, in: Calliess/Kahl/Schmalenbach, S. 147 ff.; *Thym*, NJW 2015, 130 ff.; *ders.*, E.L.Rev. 40 (2015), 249; *Wollenschläger*, EnzEuR, Bd. 1, § 8, Rn. 1 ff.; *ders.*, NVwZ 2014, 1628.

     Carsten Nowak

vom Amsterdam, Nizza und Lissabon vollkommen unangetastet geblieben. Durch den zweiten Absatz der Präambel der EU-Grundrechtecharta erschließt sich, dass die im 10. Erwägungsgrund der EUV-Präambel angesprochene Einführung einer gemeinsamen Unionsbürgerschaft im Verbund mit dem im 12. Erwägungsgrund dieser Präambel angesprochenen Aufbau eines Raums der Freiheit, der Sicherheit und des Rechts (s. Rn. 21) vor allem dazu bestimmt ist, den Menschen in den Mittelpunkt des Handelns der Union zu stellen.[44]

Der nachfolgende Erwägungsgrund der EUV-Präambel bringt zum einen die Ent- **20** schlossenheit der EU-Mitgliedstaaten zum Ausdruck, eine Gemeinsame Außen- und Sicherheitspolitik zu verfolgen, die vor allem durch die Art. 23–41 EUV näher ausgeformt wird. Zum anderen verdeutlicht dieser **11. Erwägungsgrund**, dass zur Verfolgung einer Gemeinsame Außen- und Sicherheitspolitik »nach Maßgabe des Artikels 42 auch die schrittweise Festlegung einer gemeinsamen Verteidigungspolitik gehört, die zu einer gemeinsamen Verteidigung führen könnte, und so die Identität und Unabhängigkeit Europas zu stärken, um Frieden, Sicherheit und Fortschritt in Europa und in der Welt zu fördern«. Diese Formulierung stimmt weitgehend mit dem 10. Erwägungsgrund der EUV-Präambel in der Fassung des Amsterdamer Vertrags überein, der die Maastrichter Ursprungsfassung dieses Erwägungsgrundes damals insoweit veränderte, als er für eine Ersetzung des in dieser Ursprungsfassung einst enthaltenen und auf die Festlegung einer gemeinsamen Verteidigungspolitik bezogenen Zusatzes »auf längere Sicht« durch das Wort »schrittweise« sorgte. Von dem 10. Erwägungsgrund der EUV-Präambel in der Fassung von Nizza, die wortgleich mit dem 10. Erwägungsgrund der EUV-Präambel in der Fassung des Amsterdamer Vertrags übereinstimmte, weicht der 11. Erwägungsgrund der EUV-Präambel in der Fassung des Lissabonner Reformvertrags nur insoweit ab, als dort nunmehr auf Art. 42 EUV Bezug genommen wird, bei dem es sich um die »Nachfolger«-Bestimmung des im 10. Erwägungsgrund der EUV-Präambel in den Fassungen des Amsterdamer Vertrags und des Vertrags von Nizza angesprochenen Art. 17 EUV handelt.

Verschiedene Veränderungen hat im Laufe der vergangenen Jahre schließlich auch **21** der **12. Erwägungsgrund** der EUV-Präambel in der Fassung des Lissabonner Reformvertrags erfahren. Dieser Erwägungsgrund ist aus dem 10. Erwägungsgrund der Maastrichter Ursprungsfassung dieser Präambel hervorgegangen, in dem die Gründerstaaten der Union seinerzeit ihr Ziel bekräftigten, »die Freizügigkeit unter gleichzeitiger Gewährleistung der Sicherheit ihrer Bürger durch die Einfügung von Bestimmungen über Justiz und Inneres in diesen Vertrag zu fördern«. Abweichend davon bringen die EU-Mitgliedstaaten im 12. Erwägungsgrund der EUV-Präambel in der Fassung des Lissabonner Reformvertrags nunmehr ihre Entschlossenheit zum Ausdruck, »die Freizügigkeit unter gleichzeitiger Gewährleistung der Sicherheit ihrer Bürger durch den Aufbau eines Raums der Freiheit, der Sicherheit und des Rechts nach Maßgabe der Bestimmungen dieses Vertrags und des Vertrags über die Arbeitsweise der Europäischen Union zu fördern«. Dieser 12. Erwägungsgrund, der insbesondere durch die in Art. 3 Abs. 2 EUV i. V. m. Art. 67–89 AEUV enthaltenen Regelungen über den maßgeblich auf den Amsterdamer Vertrag zurückzuführenden und durch den Lissabonner Reformvertrag par-

---

[44] Instruktiv zu der in den vergangenen Jahren erfolgten Aufwertung der Stellung des Einzelnen im Anwendungsbereich des Unionsrechts vgl. m. w. N. *Saurer*, Der Einzelne im europäischen Verwaltungsrecht, 2014, S. 12 ff.; zur damit verbundenen Einordnung der Grundrechte als Basis des europäischen Integrationsprozesses vgl. *Lenaerts*, EuGRZ 2015, 353.

tiell reformierten Raum der Freiheit, der Sicherheit und des Rechts[45] ausgeformt wird, entspricht nahezu wortgleich dem 11. Erwägungsgrund der EUV-Präambel in der Fassung des Vertrags von Nizza, der wiederum in wortgleicher Übereinstimmung mit dem 11. Erwägungsgrund der EUV-Präambel in der Fassung des Amsterdamer Vertrags und abweichend vom 12. Erwägungsgrund der EUV-Präambel in der Fassung des Lissabonner Reformvertrags nur den EU-Vertrag ansprach, während die letztgenannte Fassung sowohl auf den EU-Vertrag als auch auf den Vertrag über die Arbeitsweise der Europäischen Union Bezug nimmt. Diese Veränderung ist dem Umstand geschuldet, dass die beiden vorgenannten Verträge nach Art. 1 Abs. 3 Satz 1 EUV die gemeinsame Grundlage der Union bilden und nach Art. 1 Abs. 3 Satz 2 EUV rechtlich gleichrangig sind (s. Art. 1 EUV, Rn. 61–64).

C. Funktionen und rechtliche Bedeutung der EUV-Präambel

22   Bei der Beantwortung der Frage nach den wesentlichen Funktionen und der rechtlichen Bedeutung der EUV-Präambel kann nur in begrenzter Weise auf die bisherige Rechtsprechung des in Art. 19 EUV angesprochenen Gerichtshofs der EU und des früheren Gemeinschaftsrichters zurückgegriffen werden. Bezug genommen haben sie in ihrer zurückliegenden **Rechtsprechungspraxis** zwar bereits mehrfach auf die jeweils unterschiedlichen Präambeln etwa des damaligen EWG-Vertrags,[46] der Einheitlichen Europäischen Akte,[47] des EG-Vertrags,[48] des Vertrags über die Arbeitsweise der Europäi-

---

[45] Näher zur Entwicklung dieses regelmäßigen Reformanstrengungen unterliegenden Raums der Freiheit, der Sicherheit und des Rechts sowie zu den diesbezüglichen Neuerungen, die der Lissabonner Reformvertrag mit sich gebracht hat, vgl. nur *Bauer*, Organisation und rechtlicher Rahmen des Politikfelds Inneres und Justiz nach dem Vertrag von Lissabon, in: Weidenfeld (Hrsg.), Lissabon in der Analyse – Der Reformvertrag der Europäischen Union, 2008, S. 99 ff.; *Hailbronner*, Raum der Freiheit, der Sicherheit und des Rechts, in: Hummer/Obwexer (Hrsg.), Der Vertrag von Lissabon, 2009, S. 361 ff.; *Kampfer*, Der Raum der Freiheit, der Sicherheit und des Rechts, in: Marchetti/Demesmay (Hrsg.), Der Vertrag von Lissabon – Analyse und Bewertung, 2010, S. 73 ff.; *Lenaerts*, I.C.L.Q. 59 (2010), 255; *Monar*, Die politische Konzeption des Raumes der Freiheit, der Sicherheit und des Rechts: Vom Amsterdamer Vertrag zum Verfassungsentwurf des Konvents, in: Müller-Graff (Hrsg.), Der Raum der Freiheit, der Sicherheit und des Rechts, 2005, S. 29 ff.; *Müller-Graff*, EuR-Beih. 1/2009, 105; *Nowak*, Europarecht, S. 255 ff.; *Ruffert*, Der Raum der Freiheit, der Sicherheit und des Rechts nach dem Reformvertrag – Kontinuierliche Verfassungsgebung in schwierigem Terrain, in: Pernice (Hrsg.), Der Vertrag von Lissabon: Reform der EU ohne Verfassung?, 2008, S. 169 ff.; *Suhr*, Die polizeiliche und justizielle Zusammenarbeit in Strafsachen, in: Fastenrath/Nowak (Hrsg.), Der Lissabonner Reformvertrag – Änderungsimpulse in einzelnen Rechts- und Politikbereichen, 2009, S. 299 ff.

[46] Vgl. nur EuGH, Urt. v. 5.2.1963, Rs. 26/62 (Van Gend & Loos), Slg. 1963, 1 (24); Urt. v. 13.7.1966, Rs. 32/65 (Italien/Rat u. Kommission), Slg. 1966, 389 (483); Urt. v. 13.7.1966, verb. Rs. 56 u. 58/64 (Consten u. Grundig/Kommission), Slg. 1966, 299 (388).

[47] Vgl. etwa EuGH, Urt. v. 16.7.2009, Rs. C–344/08 (Rubach), Slg. 2009, I–7033, Rn. 30; EuG, Urt. v. 15.12.2010, Rs. T–141/08 (E.ON Energie/Kommission), Slg. 2010, II–5761, Rn. 238; Urt. v. 25.10.2011, Rs. T–348/08 (Aragonesas Industrias y Energía/Kommission), Slg. 2011, II–7583, Rn. 94; Urt. v. 12.7.2011, Rs. T–132/07 (Fuji Electric/Kommission), Slg. 2011, II–4091, Rn. 89; Urt. v. 29.3.2012, Rs. T–336/07 (Telefónica u. a./Kommission), Rn. 73.

[48] Vgl. nur EuGH, Urt. v. 15.4.2008, Rs. C–268/06 (Impact), Slg. 2008, I–2483, Rn. 112; Urt. v. 23.4.2009, verb. Rs. C–378/07 bis C–380/07 (Angelidaki u. a.), Slg. 2009, I–3071, Rn. 112; m. w. N. vgl. *Kulow*, S. 28 ff.

schen Union[49] und der EU-Grundrechtecharta[50] sowie auf zahlreiche weitere Präambeln verschiedener Sekundärrechtsakte,[51] einzelner Protokolle,[52] bestimmter Auslegungsbekanntmachungen der Kommission,[53] diverser völkerrechtlicher Verträge oder Abkommen[54] und sonstiger Übereinkommen.[55] Die Präambel des EU-Vertrags jedoch ist in der bisherigen Rechtsprechung des Gerichtshofs der EU und des damaligen Gemeinschaftsrichters – soweit ersichtlich – noch nicht angesprochen worden. Dies ist in erster Linie auf den damaligen Art. 46 EUV i. d. F. von Nizza zurückzuführen,[56] der bis zum Inkrafttreten des Lissabonner Reformvertrags dafür gesorgt hat, dass der Unionsrichter in Bezug auf den EU-Vertrag nur über stark begrenzte Jurisdiktionskompetenzen verfügte und dass insoweit vor allem auch die EUV-Präambel in ihrer seinerzeit gültigen Fassung außerhalb seiner Kompetenzen lag.[57] Dieser Zustand ist aber mit Ausnahme der

---

[49] Vgl. insbesondere EuGH, Urt. v. 10. 6. 2010, verb. Rs. C–395/08 u. C–396/08 (INPS), Slg. 2010, I–5119, Rn. 30; Urt. v. 22. 10. 2013, verb. Rs. C–105/12 bis C–107/12 (Essent u. a.), Rn. 58; mit einer weiteren Bezugnahme auf die Präambel des AEUV vgl. die Schlussanträge der Generalanwältin *Kokott* vom 17. 11. 2011 in der Rs. C–393/10 (Dermod Patrick O'Brien), Rz. 42.

[50] Vgl. EuGÖD, Urt. v. 26. 10. 2006, Rs. F–1/05 (Landgren), Slg. 2006, I-A–1–123, Rn. 71; mit weiteren Bezugnahmen auf die Präambel der EU-Grundrechtecharta vgl. etwa die Schlussanträge des Generalanwalts *Jääskinen* vom 15. 7. 2010 in der Rs. C–147/08 (Römer), Rz. 130 i. V. m. der dort angesprochenen Fußn. 66; die Schlussanträge des Generalanwalts *Mengozzi* vom 2. 9. 2010 in der Rs. C–279/09 (DEB), Rz. 99; die Schlussanträge der Generalanwältin *Trstenjak* vom 8. 9. 2011 in der Rs. C–282/10 (Maribel Dominguez), Rz. 102 u. 127; sowie die Schlussanträge des Generalanwalts *Bot* vom 2. 10. 2012 in der Rs. C–399/11 (Strafverfahren gegen Stefano Melloni), Rz. 107 u. 138.

[51] Vgl. nur EuG, Urt. v. 22. 4. 2010, verb. Rs. T–274/08 u. T–275/08 (Italien/Kommission), Slg. 2010, II–1233, Rn. 44; EuGH, Urt. v. 11. 4. 2013, Rs. C–290/12 (Oreste Della Rocca), ECLI:EU:C: 2013:235, Rn. 36 ff.; Urt. v. 26. 11. 2014, Rs. C–22/13 (Mascolo u. a.), ECLI:EU:C:2014:2401, Rn. 68 ff.

[52] Vgl. EuGH, Urt. v. 17. 11. 2011, Rs. C–430/10 (Gaydarov), Slg. 2011, I–11637, Rn. 35 (Präambel des sog. Schengen-Protokolls); mit einer weiteren Bezugnahme auf das Protokoll Nr. 30 über die Anwendung der Charta der Grundrechte der Europäischen Union auf Polen und das Vereinigte Königreich vgl. die Schlussanträge der Generalanwältin *Kokott* vom 15. 12. 2011 in der Rs. C–489/10 (Łukasz Marcin Bonda), Rz. 23.

[53] Exemplarisch vgl. EuG, Urt. v. 12. 2. 2014, Rs. T–81/12 (Beco/Kommission), ECLI:EU:T: 2014:71, Rn. 50.

[54] Exemplarisch vgl. EuGH, Urt. v. 3. 6. 2008, Rs. C–308/06 (Intertanko u. a.), Slg. 2008, I–4057, Rn. 54 ff. (Präambel des am 10. 12. 1982 in Montego Bay unterzeichneten Seerechtsübereinkommens der Vereinten Nationen); Urt. v. 6. 5. 2010, Rs. C–63/09 (Walz), Slg. 2010, I–4239, Rn. 31 (Präambel des am 28. 5. 1999 in Montreal geschlossenen Übereinkommens zur Vereinheitlichung bestimmter Vorschriften über die Beförderung im internationalen Luftverkehr); Urt. v. 9. 11. 2010, verb. Rs. C–57/09 u. C–101/09 (Deutschland/B), Slg. 2010, I–10979, Rn. 82 (Präambel der Charta der Vereinten Nationen); EuGH, Urt. v. 16. 12. 2010, Rs. C–137/09 (Josemans), Slg. 2010, I–13019, Rn. 38 (Präambel des am 30. 3. 1961 in New York geschlossenen Einheits-Übereinkommens der Vereinten Nationen über die Suchtstoffe in der durch das Protokoll von 1972 zur Änderung des Einheits-Übereinkommens von 1961 geänderten Fassung); Urt. v. 15. 12. 2011, Rs. C–257/10 (Bergström), Slg. 2011, I–13227, Rn. 27, und Urt. v. 27. 2. 2014, Rs. C–656/11 (Vereinigtes Königreich Großbritannien u. a./Rat der EU), ECLI:EU:C:2014:97, Rn. 55 (Präambel des Abkommens zwischen der Europäischen Gemeinschaft und ihren Mitgliedstaaten einerseits und der Schweizerischen Eidgenossenschaft andererseits über die Freizügigkeit); Urt. v. 21. 12. 2011, Rs. C–366/10 (Air Transport Association of America u. a.), Slg. 2011, I–13755, Rn. 57 (Präambel des Chicagoer Abkommens); Urt. v. 19. 9. 2013, Rs. C–579/12 RX-II (Kommission/Strack), ECLI:EU:C:2013:570, Rn. 44 (Präambel der Satzung der WHO).

[55] Exemplarisch vgl. EuGH, Urt. v. 6. 10. 2009, Rs. C–133/08 (ICF), Slg. 2009, I–9687, Rn. 22 f. (Präambel des Übereinkommens über das auf vertragliche Schuldverhältnisse anzuwendende Recht).

[56] Zutr. *Terhechte*, in: Grabitz/Hilf/Nettesheim, EU, Präambel EUV (Mai 2014), Rn. 13.

[57] So auch vgl. *Herrnfeld*, in: Schwarze (Hrsg.), EU-Kommentar, Art. 46 EUV, Rn. 20.

in den Art. 275 und 276 AEUV geregelten Sonderregelungen, mit denen die Jurisdiktionskompetenzen des Unionsrichters im Bereich der Außen- und Sicherheitspolitik sowie im Zusammenhang mit der Kontrolle mitgliedstaatlicher Maßnahmen der Polizei und der Strafverfolgungsbehörden etwas eingeschränkt werden,[58] durch den Lissabonner Reformvertrag weitgehend überwunden worden.[59] Dies verdeutlicht insbesondere der neuartige Art. 19 Abs. 3 EUV, der – vorbehaltlich der in den Art. 275 und 276 AEUV enthaltenen Sonderregelungen – für eine grundsätzlich das gesamte Unionsrecht erfassende und insoweit rechtsschutzeffektuierende Erweiterung der Zuständigkeit der unionalen Gerichtsbarkeit sorgt[60] und dabei unter anderem sicherstellt, dass auch die EUV-Präambel i. d. F. von Lissabon, die mit Blick auf Art. 31 Abs. 2 der Wiener Vertragsrechtskonvention als ein integraler Bestandteil des EU-Vertrags eingeordnet werden muss[61] und damit dem Unionsrecht zuzuordnen ist, von der Jurisdiktionskompetenz des Gerichtshofs der EU erfasst wird. Insofern ist damit zu rechnen, dass das bisherige Schweigen des Unionsrichters im Hinblick auf die EUV-Präambel schon bald – zumindest mittelfristig – der Vergangenheit angehören wird. Hierfür spricht letztendlich auch der Umstand, dass die EUV-Präambel in jüngerer Zeit immerhin bereits zunehmende Beachtung in diversen Schlussanträgen und Stellungnahmen einzelner an diesem Gerichtshof tätiger Generalanwälte und Generalanwältinnen gefunden hat.[62]

23   Einklagbare subjektive Rechte oder konkrete Rechts- bzw. Vertragspflichten lassen sich aus der in der bisherigen Rechtsprechung des Unionsrichters unerwähnt gebliebenen EUV-Präambel nicht ableiten.[63] Insoweit besteht die erste Hauptfunktion dieser Präambel, die vor allem einen politisch-programmatischen Charakter hat[64] und darüber hinaus im Sinne einer **Identifikationsfunktion** zum Teil auch als ein nicht unwichtiges Verbindungsglied zwischen der Europäischen Union und ihren Bürgern eingeordnet wird,[65] zunächst einmal darin, im Verbund mit den beiden anderen Präambeln des Vertrags über die Arbeitsweise der Europäischen Union und der EU-Grundrechtecharta (s.

[58] Kritisch zu diesen z. T. bedenklichen Jurisdiktionsausnahmen vgl. *Barents*, CMLRev. 47 (2010), 709 (717 f.); *Leczykiewicz*, E.L.Rev. 35 (2010), 326; *Nehl*, Das EU-Rechtsschutzsystem, in: Fastenrath/Nowak (Hrsg.), Der Lissabonner Reformvertrag – Änderungsimpulse in einzelnen Rechts- und Politikbereichen, 2009, S. 149 (160 f.).

[59] In diesem Sinne vgl. auch *Streinz*, in: Streinz, EUV/AEUV, Präambel EUV, Rn. 19.

[60] Ausführlicher dazu vgl. etwa *Barents*, CMLRev. 47 (2010), 709 (718 f.); *Carruthers*, EHRLR 2009, 784 (800 ff.); *Esser*, StRR 2010, 133 (134 ff.); *Lenaerts*, I.C.L.Q. 59 (2010), 255 (265).

[61] So auch *Heintschel v. Heinegg*, in: Vedder/Heintschel v. Heinegg, Europäisches Unionsrecht, Präambel EUV, Rn. 2; *Heit*, ARSP 90 (2004), 461 (463); *Terhechte*, in: Grabitz/Hilf/Nettesheim, EU, Präambel EUV (Mai 2014), Rn. 9.

[62] Vgl. dazu insbesondere die GA *Kokott*, Schlussanträge zu Rs. C–346/08 (Kommission/Vereinigtes Königreich Großbritannien und Nordirland), Rz. 17; GA *Bot*, Schlussanträge zu Rs. C–364/10 (Ungarn/Slowakei), Rz. 58; GA *Kokott*, Schlussanträge zu Rs. C–260/11 (The Queen, auf Antrag von David Edwards u. a./Environment Agency u. a.), Rz. 40 i. V. m. der dort angesprochenen Fußn. 31; GA *Kokott*, Schlussanträge zu Rs. C–370/12 (Pringle), Rz. 142; sowie GA *Kokott*, Schlussanträge zu Rs. C–298/12 (Confédération paysanne), Rz. 30 i. V. m. der dort angesprochenen Fußn. 20.

[63] Dies scheint weitgehend unstreitig zu sein, vgl. nur *Geiger*, in: Geiger/Khan/Kotzur, EUV/AEUV, Präambel EUV, Rn. 1; *Kadelbach*, in: GSH, Europäisches Unionsrecht, Präambel EUV, Rn. 4; *Streinz*, in: Streinz, EUV/AEUV, Präambel EUV, Rn. 17; *Terhechte*, in: Grabitz/Hilf/Nettesheim, EU, Präambel EUV (Mai 2014), Rn. 9 u. 11.

[64] In diesem Sinne vgl. auch *Terhechte*, in: Grabitz/Hilf/Nettesheim, EU, Präambel EUV (Mai 2014), Rn. 2.

[65] In diesem Sinne vgl. etwa *Otoo*, S. 224, mit der weiteren These, dass die Präambeln des europäischen Primärrechts eine Möglichkeit für die Bürger schaffen, sich mit der Europäischen Union zu identifizieren.

Rn. 1) die hinter der Gründung dieser Union stehenden Motive, Erfahrungen und Wünsche, ihre wichtigsten Werte sowie ihre wesentlichen Ziele und Verfassungsgrundsätze in verständlicher Weise darzulegen, um auf diese Weise zugleich die Quintessenz aller nachfolgenden Vertragsbestimmungen zusammenzufassen und zu verdeutlichen. Im Hinblick auf diese **Verdeutlichungs-, Zusammenfassungs- und Appellfunktion** unterscheidet sich die EUV-Präambel zunächst einmal von den in der Rechtsprechung des Unionsrichters und in den dazugehörigen Schlussanträgen einzelner Generalanwälte relativ häufig angesprochenen Präambeln verschiedener Sekundärrechtsakte etwa in Gestalt von Richtlinien und Verordnungen im Sinne des Art. 288 AEUV,[66] die mit den darin enthaltenen Erwägungsgründen primär der Erfüllung der aus Art. 296 Abs. 2 AEUV resultierenden Verpflichtung des Unionsgesetzgebers zur Begründung der von ihm erlassenen Rechtsakte zu dienen bestimmt sind und dem Unionsrichter darüber hinaus als Grundlage für die Beurteilung der Gültigkeit dieser Rechtsakte dienen.[67] Gleichwohl teilen die Präambeln unionaler Sekundärrechtsakte und die EUV-Präambel eine auffallende Gemeinsamkeit insoweit, als die erstgenannten Präambeln in der Regel das Ziel und/oder den Zweck eines EU-Rechtsakts verdeutlichen und in diesem Fall bei der Auslegung seiner verfügenden Bestimmungen berücksichtigt werden,[68] während die EUV-Präambel mit ihren zahlreichen Erwägungsgründen (s. Rn. 6–21) nach ganz vorherrschender Auffassung für die – insbesondere historische und teleologische – Auslegung aller nachfolgenden Vertragsartikel herangezogen werden kann.[69]

Die insoweit als konsensfähig zu bezeichnende Einstufung der **EUV-Präambel als**   24
Auslegungshilfe bei der Interpretation und Anwendung unionsrechtlicher Bestimmungen, die in gewisser Weise der vorherrschenden Einstufung der das deutsche Grundgesetz einleitenden Präambel als Auslegungshilfe in Bezug auf grundgesetzliche Einzelbestimmungen[70] sowie der unumstrittenen Einordnung der EMRK-Präambel als Interpretations- bzw. Auslegungshilfe in Bezug auf die ihr nachfolgenden Konventionsbestimmungen[71] ähnelt, dürfte unter Berücksichtigung der bisherigen Rechtspre-

---

[66] Vgl. nur EuG, Urt. v. 22.4.2010, verb. Rs. T–274/08 u. T–275/08 (Italien/Kommission), Slg. 2010, II–1233, Rn. 44; GA *Kokott*, Schlussanträge zu Rs. C–17/10 (Toshiba Corporation u. a.), Rz. 90; GA *Bot*, Schlussanträge zu Rs. C–277/11 (M.M./Minister for Justice, Equality and Law Reform, Irland, Attorney General), Rz. 19; GA *Kokott*, Schlussanträge zu Rs. C–234/12 (Sky Italia), Rz. 29.

[67] Vgl. etwa EuGH, Urt. v. 19.9.2002, Rs. C–336/00 (Huber), Slg. 2002, I–7699, Rn. 35 f.; Urt. v. 9.9.2004, Rs. C–304/01 (Spanien/Kommission), Slg. 2004, I–7655, Rn. 50 ff.

[68] Vgl. etwa EuGH, Urt. v. 20.9.2001, Rs. C–184/99 (Grzelczyk), Slg. 2001, I–6193, Rn. 44; Urt. v. 16.10.2007, Rs. C–411/05 (Palacios de la Villa), Slg. 2007, I–8531, Rn. 42 u. 44.

[69] In diesem weitgehend unstreitigen Sinne vgl. nur *Heintschel v. Heinegg*, in: Vedder/Heintschel v. Heinegg, Europäisches Unionsrecht, Präambel EUV, Rn. 2; *Kadelbach*, in: GSH, Europäisches Unionsrecht, Präambel EUV, Rn. 4; *Otoo*, S. 223; *Rengeling/Szczekalla*, Grundrechte, § 3, Rn. 190; *Streinz*, in: Streinz, EUV/AEUV, Präambel EUV, Rn. 18; *Terhechte*, in: Grabitz/Hilf/Nettesheim, EU, Präambel EUV (Mai 2014), Rn. 10 ff.

[70] Zu dieser allg. anerkannten Hauptfunktion der Präambel des deutschen Grundgesetzes vgl. jeweils m.w.N. *Leisner*, in: Sodan (Hrsg.), Grundgesetz, 2009, Präambel, Rn. 1; *Otoo*, S. 188 ff.; *Starck* (Fn. 28), Präambel, Rn. 30; instruktiv zum normativen Gehalt dieser Präambel vgl. ferner *Dreier*, in: Dreier, GG, Präambel, Rn. 23 ff.; *Naumann*, S. 36 ff.; *Schoepke*, S. 156 ff. Entsprechend für landesverfassungsrechtliche Präambeln vgl. *Dreier*, in: Dreier, GG, Präambel, Rn. 21 f.; sowie exempl. *Haltern/Manthey*, in: Epping/Butzer/Brosius-Gersdorf/Haltern/Mehde/Waechter (Hrsg.), Hannoverscher Kommentar zur Niedersächsischen Verfassung – Handkommentar, 2012, Präambel, Rn. 1 ff.

[71] Zu der in der Rechtsprechung des EGMR erfolgenden Heranziehung der EMRK-Präambel als Auslegungshilfe bei der Interpretation und Anwendung einzelner Konventionsbestimmungen vgl. m.w.N. *Frowein*, in: Frowein/Peukert, EMRK, Präambel, Rn. 6.

chung des Unionsrichters zu den in den früheren Gründungsverträgen der Europäischen Gemeinschaften und im Vertrag über die Arbeitsweise der EU enthaltenen Präambeln in erster Linie dadurch zum Tragen kommen, dass sich die EUV-Präambel argumentativ zur zusätzlichen Absicherung der meist bereits unter Rückgriff auf andere Vertragsbestimmungen generierten oder generierbaren Auslegungsergebnisse sowie zur Bestätigung der Existenz und/oder der hohen Wertigkeit bestimmter Verfassungsziele und Rechtsgrundsätze der Union einsetzen lässt,[72] wovon in jüngeren Schlussanträgen einzelner Generalanwältinnen und Generalanwälte auch bereits Gebrauch gemacht worden ist[73] und wofür es gerade auf dem Gebiet der nach Art. 19 Abs. 1 EUV grundsätzlich zulässigen Rechtsfortbildung,[74] im Zusammenhang mit der Ausübung hoheitlicher Ermessensspielräume[75] sowie im Anwendungsbereich der in Art. 352 Abs. 1 AEUV niedergelegten Kompetenzabrundungs- oder Flexibilitätsklausel[76] in bestimmten Einzelfällen durchaus ein konkretes Bedürfnis geben kann.

---

[72] Vgl. in diesem Kontext insb. EuGH, Urt. v. 5.2.1963, Rs. 26/62 (Van Gend & Loos), Slg. 1963, 1 (24); Urt. v. 13.7.1966, Rs. 32/65 (Italien/Rat u. Kommission), Slg. 1966, 389 (483); Urt. v. 15.4.2008, Rs. C–268/06 (Impact), Slg. 2008, I–2483, Rn. 112 ff.; Urt. v. 23.4.2009, verb. Rs. C–378/07 bis C–380/07 (Angelidaki u. a.), Slg. 2009, I–3071, Rn. 112; Urt. v. 10.6.2010, verb. Rs. C–395/08 u. C–396/08 (INPS), Slg. 2010, I–5119, Rn. 30 ff.; Urt. v. 22.10.2013, verb. Rs. C–105/12 bis C–107/12 (Essent u. a.), ECLI:EU:C:2013:677, Rn. 58.

[73] Vgl. insbesondere GA *Kokott*, Schlussanträge zu Rs. C–346/08 (Kommission/Vereinigtes Königreich Großbritannien und Nordirland), Rz. 17; GA *Bot*, Schlussanträge zu Rs. C–364/10 (Ungarn/Slowakei), Rz. 58; GA *Kokott*, Schlussanträge zu Rs. C–260/11 (The Queen, auf Antrag von David Edwards u. a./Environment Agency u. a.), Rz. 40 i. V. m. der dort angesprochenen Fußn. 31; GA *Kokott*, Stellungnahme zu Rs. C–370/12 (Pringle), Rz. 142; sowie GA *Kokott*, Schlussanträge zu Rs. C–298/12 (Confédération paysanne), Rz. 30 i. V. m. der dort angesprochenen Fußn. 20.

[74] Zur denkbaren Aktivierung dieser Präambel auf dem Gebiet der Rechtsfortbildung vgl. auch *Kadelbach*, in: GSH, Europäisches Unionsrecht, Präambel EUV, Rn. 4.

[75] Zur denkbaren ermessenssteuernden bzw. ermessenslenkenden Bedeutung der EUV-Präambel vgl. auch *Kadelbach*, in: GSH, Europäisches Unionsrecht, Präambel EUV, Rn. 4; *Terhechte*, in: Grabitz/Hilf/Nettesheim, EU, Präambel EUV (Mai 2014), Rn. 10.

[76] Näher zur umstrittenen, aber in rechtspraktischer Hinsicht kaum vordringlichen Frage nach der Einsetzbarkeit der EUV-Präambel im Anwendungsbereich des Art. 352 Abs. 1 AEUV vgl. jeweils m. w. N. *Otoo*, S. 151 ff.; *Terhechte*, in: Grabitz/Hilf/Nettesheim, EU, Präambel EUV (Mai 2014), Rn. 14.

Carsten Nowak

Titel I
Gemeinsame Bestimmungen

Artikel 1   EUV [Gründung der Union, EUV und AEUV als Grundlage der Union, Rechtsnachfolge der EG]

Durch diesen Vertrag gründen die HOHEN VERTRAGSPARTEIEN untereinander eine EUROPÄISCHE UNION (im Folgenden »Union«), der die Mitgliedstaaten Zuständigkeiten zur Verwirklichung ihrer gemeinsamen Ziele übertragen.

Dieser Vertrag stellt eine neue Stufe bei der Verwirklichung einer immer engeren Union der Völker Europas dar, in der die Entscheidungen möglichst offen und möglichst bürgernah getroffen werden.

[1]Grundlage der Union sind dieser Vertrag und der Vertrag über die Arbeitsweise der Europäischen Union (im Folgenden »Verträge«). [2]Beide Verträge sind rechtlich gleichrangig. [3]Die Union tritt an die Stelle der Europäischen Gemeinschaft, deren Rechtsnachfolgerin sie ist.

Literaturübersicht

Abelshauser, E pluribus unum? – Eine alternative Strategie für Europa, ZSE 2013, 466; *Alemanno*, Unpacking the Principle of Openness in EU Law: Transparency, Participation and Democracy, E.L.Rev. 39 (2014), 72; *Alsen*, Der Europäische Integrationsauftrag der EU – Überlegungen zur Erweiterungs-, Assoziierungs- und Nachbarschaftspolitik der EU aus der Warte einer europäischen Prinzipienlehre, 2009; *Appel*, Staat und Bürger in Umweltverwaltungsverfahren, NVwZ 2012, 1361; *Arnold*, Rechtsstaat und Normenkontrolle in Europa, FS Börner, 1992, S. 7; *Baetge*, Grundzüge des Vertrags von Maastricht, BayVBl. 1992, 711; *Bajon*, Die Krise des leeren Stuhls 1965/66 – Ursachen, Verlauf und Folgen, in: Gehler (Hrsg.), Vom Gemeinsamen Markt zur europäischen Unionsbildung – 50 Jahre Römische Verträge 1957–2007, 2009, S. 371; *Bartelt/Zeitler*, Zugang zu Dokumenten der EU, EuR 2003, 487; *Baumann*, Zwei Schritte vor, einer zurück – Der Rhythmus der Reform, in: Weidenfeld (Hrsg.), Lissabon in der Analyse – Der Reformvertrag der Europäischen Union, 2008, S. 37; *Bayer*, Wurzeln der Europäischen Union – Visionäre Realpolitik bei Gründung der Montanunion, 2002; *Beemelmans*, Wege aus der europäischen Krise: den Stier bei den Hörnern packen, ZSE 2015, 468; *Beichelt*, Politik in Europa zwischen Nationalstaaten und Europäischer Union, in: ders./Chotuj/Rowe/Wagener (Hrsg.), Europa-Studien – Eine Einführung, 2006, S. 161; *Bergmann*, Bericht aus Europa: Vertrag von Lissabon und aktuelle Rechtsprechung, DÖV 2008, 305; *Bernholz*, Kompetenzordnung und Systemwettbewerb in der Europäischen Union, in: Bruha/Nowak (Hrsg.), Die Europäische Union nach Nizza: Wie Europa regiert werden soll, 2003, S. 85; *Bickenbach*, Das Subsidiaritätsprinzip in Art. 5 EUV und seine Kontrolle, EuR 2013, 523; *Bieber*, Verfassungsentwicklung in der Europäischen Gemeinschaft – Formen und Verfahren, in: Schwarze/ders. (Hrsg.), Eine Verfassung für Europa – Von der Europäischen Gemeinschaft zur Europäischen Union, 1984, S. 143; *ders.*, Gegenseitige Verantwortung – Grundlagen des Verfassungsprinzips der Solidarität in der Europäischen Union, in: Calliess (Hrsg.), Europäische Solidarität und nationale Identität, 2013, S. 67; *Blanke*, Der Unionsvertrag von Maastricht – Ein Schritt auf dem Weg zu einem europäischen Bundesstaat?, DÖV 1993, 412; *v. Bogdandy*, Grundprinzipien des Unionsrechts – eine verfassungstheoretische und -dogmatische Skizze, EuR 2009, 749; *Borchmann*, Der Vertrag von Nizza, EuZW 2001, 170; *Britz*, Vom kulturellen Vorbehalt zum Kulturvorbehalt in der bundesverfassungsgerichtlichen Demokratietheorie des Lissabon-Urteils?, EuR-Beih. 1/2010, 151; *Boysen*, Transparenz im Europäischen Verwaltungsverbund – Das Recht auf Zugang zu Dokumenten der Gemeinschaftsorgane und Mitgliedstaaten in der Rechtsprechung der europäische Gerichte, Die Verwaltung 2009, 215; *Bretthauer*, Informationszugang im Recht der Europäischen Union, DÖV 2013, 677; *Bröhmer*, Transparenz als Verfassungsprinzip – Grundgesetz und Europäische Union, 2004; *Brok/Selmayr*, Per Popularklage zurück nach Nizza? Zu den Verfassungsklagen gegen den Reformvertrag von Lissabon, EuZW 2008, 487; *dies.*, Der ‚Vertrag der Parlamente' als Gefahr für die Demokratie? Zu den offensichtlich unbegründeten Verfassungsklagen gegen den Vertrag von Lissabon, integration 2008, 217; *Buchwald*, Zur Rechtsstaatlichkeit der Europäischen Union, Der Staat 1998, 189; *Burghardt/Tebbe*, Die gemeinsame Außen- und Sicherheitspolitik der Europäischen Union: rechtliche Struktur und politischer Prozess, EuR 1995, 1; *Bußjäger*, Folgerungen aus dem Lissabonurteil des Bundesverfassungsgerichts, JBl. 2010, 273; *Calliess*, Mitverantwortung der Rechtswissenschaft für die Verwendung des Verfassungstopos – Die Europäische Verfassung als Opfer der symbolischen Tragweite des Begriffes?, in: Pernice (Hrsg.), Der Vertrag von Lissabon: Reform der EU ohne Verfassung?, 2008, S. 54; *ders.*, Das Ringen des Zweiten Senats mit der Europäischen Union: Über das Ziel hinausgeschossen …, ZEuS 2009, 559; *ders.*, Nach dem Lissabon-Urteil des Bundesverfassungsgerichts: Parlamentarische Integrationsverantwortung auf europäischer und nationaler Ebene, ZG 2010, 1; *Classen*, Rechtsstaatlichkeit als Primärrechtsgebot in der Europäischen Union – Vertragsrechtliche Grundlagen und Rechtsprechung der Gemeinschaftsgerichte, EuR-Beih. 3/2008, 7; *ders.*, Legitime Stärkung des Bundestages oder verfassungsrechtliches Prokrustesbett? – Zum Urteil des BVerfG zum Vertrag von Lissabon, JZ 2009, 881; *Cremer*, Lissabon-Vertrag und Grundgesetz, Jura 2010, 296; *Cromme*, Der Verfassungsentwurf des Institutionellen Ausschusses des Europäischen Parlaments von 1994, ZG 1995, 256; *ders.*, Verfassungsvertrag der Europäischen Union – Begriff und Konzept, DÖV 2002, 593; *Cuntz*, Zur Verfassungsfrage der Europäischen Union nach den gescheiterten Referenden in Frankreich und den Niederlanden, FS Schneider, 2008, S. 457; *Daiber*, Die Umsetzung des Lissabon-Urteils des Bundesverfassungsgerichts durch Bundestag und Bundesrat, DÖV 2010, 293; *v. Danwitz*, Grundfragen einer Verfassungsbindung der Europäischen Union, JZ 2003, 1125; *ders.*, Richtungsentscheidungen des Verfassungsvertrags für die Europäische Union – Versuch einer ersten Bewertung, ZG 2005, 1; *Dawson/de Witte*, From Balance to Conflict: A New Constitution for the EU, ELJ 22 (2016), 204; *Dehousse*, After Amsterdam: A Report on the Common Foreign and Security Policy of the European Union, EJIL 1998, 525; *de Leeuw*, Openness in the legislative process in the European Union, E.L.Rev. 32 (2007), 295; *Diamandouros*, Openness and Access to Documents, EStAL 2008, 654; *Dingemann*, Zwischen Integrationsverantwortung und Identitätskontrolle: Das »Lissabon«-Urteil des Bundesverfassungsgerichts, ZEuS 2009, 491; *Dorau*, Die Verfassungsfrage der Europäischen Union – Möglichkeiten und Grenzen der europäischen Verfassungsentwicklung nach Nizza, 2001; *Doukas*, The verdict of the German Federal Constitutional Court on the Lisbon Treaty: Not guilty, but don't do it again, E.L.Rev. 34 (2009), 866; *Duff*, Das Mandat für die Regierungskonferenz – Die zweite Chance, integration 2007, 333; *Duff/Deubner*, Die EU-Vertragsreform von Nizza: Von »left overs« zum »hangover«, SWP-Aktuell 3 März 2001, 1; *Ehlermann*, Vergleich des Verfassungsprojekts des Europäischen Parlaments mit früheren Verfassungs- und Reformprojekten, in: Schwarze/Bieber (Hrsg.), Eine Verfassung für Europa – Von der Europäischen Gemeinschaft zur Europäischen Union, 1984, S. 269; *ders.*, Engere Zusammenarbeit nach dem Amsterdamer Vertrag: Ein neues Verfassungsprinzip, EuR 1997, 362; *Einem*, Eine Verfassung für Europa – Anmerkungen zu ausgewählten Aspekten des Verfassungsentwurfs, EuR 2004, 202; *ders.*, Die Konventsmethode – Schlussfolgerungen nach zwei Erfahrungen, FS Meyer, 2006, S. 27; *Ekardt*, Ausnahmen vom Umweltinformationszugang vor dem EuGH: Ist Verordnungsgebung Gesetzgebung?, NVwZ 2013, 1591; *Epiney/Abt/Mosters*, Der Vertrag von Nizza, DVBl 2001, 941; *Epiney/Furrer*, Umweltschutz nach Maastricht – Ein Europa der drei Geschwindigkeiten?, EuR 1992, 369; *Epping*, Die Verfassung Europas?, JZ 2003, 821; *Erlbacher*, Rechtspersönlichkeit und Rechtsnachfolge, in: Hummer/Obwexer (Hrsg.), Der Vertrag von Lissabon, 2009, S. 123; *Evans*, European Citizenship: A Novel Concept in EEC Law, AJCL 32 (1994), 683; *Everling*, Sind die Mitgliedstaaten der Europäischen Gemeinschaft noch Herren der Verträge? – zum Verhältnis von Europäischem Gemeinschaftsrecht und Völkerrecht, FS Mosler, 1983, S. 173; *ders.*, Das Maastricht-Urteil des Bundesverfassungsgerichts und seine Bedeutung für die Entwicklung der Europäischen Union, integration 1994, 165; *ders.*, Von den Europäischen Gemeinschaften zur Europäischen Union – Durch Konvergenz zur Kohärenz, FS Oppermann, 2001, S. 163; *ders.*, Europas Zukunft unter der Kontrolle der nationalen Verfassungsgerichte – Anmerkungen zum Urteil des Bundesverfassungsgerichts vom 30. Juni 2009 über den Vertrag von Lissabon, EuR 2010, 91; *Fahey*, Swimming in a sea of law: Reflections on water borders, Irish(-British)-Euro-Relations and opting-out and opting-in after the treaty of Lisbon, CMLRev. 47 (2010), 673; *Fastenrath/Nowak*, Wozu brauchen wir den Vertrag von Lissabon und was bringt er?, in: dies. (Hrsg.), Der Lissabonner Reformvertrag – Änderungsimpulse in einzelnen Rechts- und Politikbereichen, 2009, S. 13; *Fiebelkorn/Janz*, »Götterdämmerung II«: Verfassungsrechtliche Grenzen der Übertragung deutscher Hoheitsrechte auf die Europäische Union nach der Entscheidung des BVerfG zum Vertrag von Lissabon, NWVBl. 2009, 449; *Fisahn/Ciftci*, Hierarchie oder Netzwerk – zum Verhältnis nationaler zur europäischen Rechtsordnung, JA 2016, 364; *Fischer, J.*, Vom Staatenverbund zur Föderation – Gedanken über die Finalität der europäischen Integration, integration 2000, 149; *Fischer, K. H.*, Der Vertrag von Lissabon – Text und

Kommentar zum Europäischen Reformvertrag, 2008; *François*, Die Verfassung für Europa – Lassen sich Lehren aus dem »Nein« der Franzosen ziehen?, in: Pernice/Angelov (Hrsg.), Auf dem Weg zum Vertrag von Lissabon, 2008, S. 43; *Frenz*, Demokratiebegründete nationale Mitwirkungsrechte und Aufgabenreservate, EWS 2009, 345; *Fromont*, Europa und nationales Verfassungsrecht nach dem Maastricht-Urteil – Kritische Bemerkungen, JZ 1995, 800; *Fülöp*, Regierungskonferenz 2007: Ausgangslage, Arbeitsweise, Ergebnisse, in: Hummer/Obwexer (Hrsg.), Der Vertrag von Lissabon, 2009, S. 69; *Garçon*, Aarhus and Agrochemicals: Scope and Limitations of Access Rights in Europe, EurUP 2012, 72; *Glaesner*, Die Einheitliche Europäische Akte, EuR 1986, 119; *Göler/Jopp*, Die europäische Verfassungskrise und die Strategie des ‚langen Atems', integration 2006, 91; *Goosmann*, Die ‚Berliner Erklärung' – Dokument europäischer Identität oder pragmatischer Zwischenschritt zum Reformvertrag?, integration 2007, 251; *Grimm*, Braucht Europa eine Verfassung?, JZ 1995, 581; *Grimmel/Jakobeit*, Politische Theorien der Europäischen Integration – Ein Text- und Lehrbuch, 2009; *Grosse Hüttmann*, Der Konvent zur Zukunft der Europäischen Union – Leitbilder, Kontroversen und Konsenslinien der europäischen Verfassungsdebatte, in: Beckmann/Dieringer/Hufeld (Hrsg.), Eine Verfassung für Europa, 2. Aufl., 2005, S. 207; *Grunwald*, Das Ende einer Epoche – das Erbe der EGKS, EuZW 2003, 193; *Guckelberger*, Formen von Öffentlichkeit und Öffentlichkeitsbeteiligung im Umweltverwaltungsrecht, VerwArch 103 (2012), 31; *Hänsch*, Europa in Form bringen – Innenansichten eines beispiellosen konstitutionellen Prozesses, FS Zuleeg, 2005, S. 92; *Hahn*, Die Mitwirkungsrechte von Bundestag und Bundesrat in EU-Angelegenheiten nach dem neuen Integrationsverantwortungsgesetz, EuZW 2009, 758; *Hailbronner/Thiery*, Amsterdam – Vergemeinschaftung der Sachbereiche Freier Personenverkehr, Asylrecht und Einwanderung sowie Überführung des Schengen-Besitzstandes auf EU-Ebene, EuR 1998, 583; *Hallstein*, Die Europäische Gemeinschaft, 5. Aufl., 1979; *Hanf*, L'encadrement constitutionnel de l'appartenance de l'Allemagne à l'Union Européenne – l'apport de l'arrêt »Lisbonne« de la cour constitutionnelle fédérale, CDE 45 (2009), 639; *Harings*, Die Zusammenarbeit in den Bereichen Justiz und Inneres, EuR-Beih. 2/1998, 81; *Hatje*, Die institutionelle Reform der Europäischen Union – der Vertrag von Nizza auf dem Prüfstand, EuR 2001, 163; *ders.*, Rechtssicherheit im europäischen Verwaltungsverbund, FS Rengeling, 2008, S. 249; *ders.*, Demokratische Kosten souveräner Staatlichkeit im europäischen Verfassungsverbund – zu den Perspektiven der Demokratie in der Europäischen Union nach dem Urteil des Bundesverfassungsgerichts zum Vertrag von Lissabon, EuR-Beih. 1/2010, 123; *ders.*, Die EU auf dem Weg zur Solidarunion – Wandel durch Krise, in: Hatje/Iliopoulos/Iliopoulos-Strangas/Kämmerer (Hrsg.), Verantwortung und Solidarität in der Europäischen Union – Ein deutsch-griechischer Rechtsdialog, 2015, S. 73; *Hatje/Kindt*, Der Vertrag von Lissabon – Europa endlich in guter Verfassung?, NJW 2008, 1761; *Hector*, Zur Integrationsverantwortung des Bundesverfassungsgerichts, ZEuS 2009, 599; *Heinig*, Europäisches Verfassungsrecht ohne Verfassung(svertrag)?, JZ 2007, 905; *Heitsch*, Die Verordnung über den Zugang zu Dokumenten der Gemeinschaftsorgane im Lichte des Transparenzprinzips, 2003; *Heliskoski/Leino*, Darkness at the break of noon: the case law on regulation no. 1949/2001 on access to documents, CMLRev. 43 (2006), 735; *Hellriegel*, Akteneinsicht statt Amtsgeheimnis – Anspruch auf Umweltinformationen gegen am Gesetzgebungsverfahren beteiligte Behörden, EuZW 2012, 456; *Hesse/Fehrmann*, Wege zu einem »besseren Europa«: Plädoyer für eine Aufgabenkritik der Europäischen Union, ZSE 2013, 506; *Hierlemann*, Die Referenden: Ende der Verfassung, Anfang des Vertrags, in: Weidenfeld (Hrsg.), Lissabon in der Analyse – Der Reformvertrag der Europäischen Union, 2008, S. 29; *Hilf*, Eine Verfassung für die Europäische Union: Zum Entwurf des Institutionellen Ausschusses des Europäischen Parlaments, integration 1994, 68; *Hilf/Pache*, Der Vertrag von Amsterdam, NJW 1998, 705; *Hilf/Salomon*, Die Bezwingung der Hydra – Das Bundesverfassungsgericht als Herakles? – Besprechung von BVerfG, 2 BvE 2/08 vom 30.6.2009, BLJ 2009, 74; *Hillebrandt/Curtin/Meijer*, Transparency in the EU Council of Ministers: An Institutional Analysis, ELJ 20 (2014), 1; *Hilpold*, Solidarität im EU-Recht: Die »Inseln der Solidarität« unter besonderer Berücksichtigung der Flüchtlingsproblematik und der Europäischen Wirtschafts- und Währungsunion, EuR 2016, 373; *Hitzel-Cassagnes*, Die »Verfassungskrise« der Europäischen Union: viel Lärm um nichts?, KJ 2008, 134; *Hobe*, Die Unionsbürgerschaft nach dem Vertrag von Maastricht, Der Staat 32 (1993), 245; *ders.*, Zur Arbeit des europäischen Verfassungskonvents, EuR 2003, 1; *Hobe/End*, 50 Jahre Römische Verträge – Vorreiter einer modernen Rechtsentwicklung, integration 2007, 140; *Hoffmeister*, Das Prinzip der Solidarität zwischen den Mitgliedstaaten im Vertrag von Lissabon, in: Pernice (Hrsg.), Der Vertrag von Lissabon: Reform der EU ohne Verfassung?, 2008, S. 152; *Hofmann*, Rechtsstaatsprinzip und Europäisches Gemeinschaftsrecht, in: *ders.*/Marko/Merli/Wiederin (Hrsg.), Rechtsstaatlichkeit in Europa, 1996, S. 321; *Hrbek*, Regieren ohne Regierung?: Die Regierungsdebatte aus politikwissenschaftlicher Sicht, in: Bruha/Nowak (Hrsg.), Die Europäische Union nach Nizza: Wie Europa regiert werden soll, 2003, S. 33; *Hrbek/Laufer*, Die Einheitliche Europäische Akte, EA 1986, 173; *Huber, P.M.*, Das institutionelle Gleichgewicht zwischen Rat und Europäischem Parlament in der künftigen Verfassung für Europa, EuR 2003, 574; *Huber, C. K./Matussek*, Wann, wenn nicht jetzt? – Eine ehrliche Debatte über die Zukunft der EU ist überfällig, JP 2015, 70; *Hummer*, Die räumliche Erweiterung des Binnenmarktrechts, EuR-Beih. 1/2002, 75; *ders.*, Von der »Verstaatlichung« der EU durch den Verfassungs-Vertrag (2004) zu ihrer »Entstaatlichung« durch den Vertrag von Lissabon (2007) – Das Scheitern des »Verfassungs-Konzepts«, in: *ders./Obwexer* (Hrsg.), Der Vertrag von Lissabon, 2009, S. 19; *ders.*, Zum weiteren Schicksal des Vertrages von Lissabon, in: *ders./Obwexer* (Hrsg.), Der Vertrag von Lissabon, 2009, S. 471; *Iliopoulos-Strangas*, Der Vorrang des Gemeinschafts-/Unionsrechts gegenüber der Verfassung – Eine noch offene und umstrittene Frage in der griechischen Rechtsordnung, FS Starck, 2007, S. 825; *Ipsen*, Zehn Glossen zum Maastricht-Urteil, EuR 1994, 1; *Isak*, Institutionelle Ausgestaltung der Europäischen Union, in: Hummer/Obwexer (Hrsg.), Der Vertrag von Lissabon, 2009, S. 133; *ders.*, Loyalität und Solidarität in der EU – Einführung, ZÖR 2015, 287; *Jacqué*, Der Vertrag von Lissabon – neues Gleichgewicht oder institutionelles Sammelsurium?, integration 2010, 103; *Janning*, Dynamik in der Zwangsjacke – Flexibilität in der Europäischen Union nach Amsterdam, integration 1997, 285; *Judt*, Postwar – A History of Europe since 1945, 2005; *Kadelbach*, Die rechtsstaatliche Einbindung der europäischen Wirtschaftsverwaltung, EuR-Beih. 2/2002, 7; *ders.*, Die Europäische Verfassung und ihr Stil, FS Ress, 2005, S. 527; *ders.*, Vorrang und Verfassung: Das Recht der Europäischen Union im innerstaatlichen Bereich, FS Zuleeg, 2005, S. 219; *Kaelble*, Spirale nach unten oder produktive Krisen? Zur Geschichte politischer Entscheidungskrisen der europäischen Integration, integration 2013, 169; *Kämmerer*, Verfassung im Nationalstaat: Von der Gesamtordnung zu europäischer Teilordnung?, NVwZ 2015, 1321; *Kahl*, Das Souveränitätsverständnis des Bundesverfassungsgerichts im Spiegel von dessen neuerer Rechtsprechung, in: Calliess/Kahl/Schmalenbach (Hrsg.), Rechtsstaatlichkeit, Freiheit und soziale Rechte in der Europäischen Union, 2014, S. 23; *Kirchhof*, Europa auf dem Weg zu einer Verfassung?, in: Beckmann/Dieringer/Hufeld (Hrsg.), Eine Verfassung für Europa, 2. Aufl. 2005, S. 359; *Klamert*, Loyalität und Solidarität in der Europäischen Union, ZÖR 2015, 265; *Klein*, Grundrechtsdogmatische und verfassungsprozessuale Überlegungen zur Maastricht-Entscheidung des Bundesverfassungsgerichts, GS Grabitz, 1995, S. 271; *ders.*, Verfassungsgebung, Verfassungsrevision, Volksabstimmung, in: Calliess/Kahl/Schmalenbach (Hrsg.), Rechtsstaatlichkeit, Freiheit und soziale Rechte in der Europäischen Union, 2014, S. 97; *Knauff*, Öffentlichkeitsbeteiligung im Verwaltungsverfahren, DÖV 2012, 1; *Köck*, Grundsätzliches zu Primat und Vorrang des Unions- bzw. Gemeinschaftsrechts im Verhältnis zum mitgliedstaatlichen Recht oder Als die Frösche keinen König haben wollten, FS Ress, 2005, S. 557; *Köck/Marktler*, Der Verfassungsvertrag – Überblick und Analyse, in: Beckmann/Dieringer/Hufeld (Hrsg.), Eine Verfassung für Europa, 2. Aufl., 2005, S. 329; *Kokott/Rüth*, The European Convention and its Draft Treaty Establishing a Constitution for Europe: Appropriate Answers to the Laeken Questions?, CMLRev. 40 (2003), 1315; *Koppensteiner*, Die Transparenzverordnung im Wandel der Zeit, EuR 2014, 594; *Kouli*, Europäische Integration 1870–1914 – Lehren für die Gegenwart?, ZSE 2014, 507; *Krenzler/Schneider*, Die Gemeinsame Außen- und Sicherheitspolitik der EU, EuR 1994, 144; *Kunig*, Solidarität als rechtliche Verpflichtung, FS Schwarze, 2014, S. 190; *Lais*, Das Solidaritätsprinzip im europäischen Verfassungsverbund, 2007; *Landfried*, Auf dem Weg zu einem europäischen Verfassungsstaat?, in: Bruha/Hesse/Nowak (Hrsg.), Welche Verfassung für Europa?, 2001, S. 265; *dies.*, Das politische Europa – Differenz als Potential der Europäischen Union, 2002; *Lange*, Die Gemeinsame Außen- und Sicherheitspolitik der Europäischen Union, JZ 1996, 442; *Lecheler*, Die Mitwirkungsgesetzgebung an der europäischen Integration vor und nach dem Urteil des BVerfG zum Lissabon-Vertrag, JZ 2009, 1156; *Leibfried*, Staatsschiff Europa, APuZ 2010, 41; *Leinen/Kreutz*, Das irische ‚Nein‘ zum Vertrag von Lissabon: Optionen für die Lösung der neuen Krise, integration 2008, 307; *Lengauer*, Der Reformvertrag – Ein bedeutender Schritt in der Herausbildung einer Europäischen Verfassungsordnung, ZfRV 2008, 4; *Ley*, Brünn betreibt die Parlamentarisierung des Primärrechts – Anmerkung zum zweiten Urteil des tschechischen Verfassungsgerichtshofs zum Vertrag von Lissabon vom 3.11.2009, JZ 2010, 165; *Lindner*, Der Konvent zur Zukunft Europas – Ein Überblick über die aktuelle europäische Reformagenda, BayVBl. 2002, 513; *Lindner*, Das Lissabon-Urteil des Bundesverfassungsgerichts und die Konsequenzen für die europäische Integration, BayVBl. 2010, 193; *Loth*, Entwürfe einer Europäischen Verfassung – Eine historische Bilanz, 2002; *ders.*, Die Entstehung der Römischen Verträge, in: Gehler (Hrsg.), Vom Gemeinsamen Markt zur europäischen Unionsbildung – 50 Jahre Römische Verträge 1957–2007, 2009, S. 111; *ders.*, Die »Kerneuropa«-Idee in der europäischen Diskussion, Journal of European Integration History (JEIH) 2015, 203; *Louis*, Die deutschen Umweltinformationsgesetze zehn Jahre nach der Umsetzung der Aarhus-Konvention durch die Richtlinie 2003/4/EG, NuR 2013, 77; *Ludwigs/Sikora*, Der Vorrang des Unionsrechts unter Kontrollvorbehalt des BVerfG, EWS 2016, 121; *MacCormick*, Das Maastricht-Urteil: Souveränität heute, JZ 1995, 797; *Magiera*, Die Arbeit des europäischen Verfassungskonvents und der Parlamentarismus, DÖV 2003, 578; *Marchetti/Demesmay*, Der Vertrag von Lissabon: Welche Grundlagen für Europa?, in: dies. (Hrsg.), Der Vertrag von Lissabon – Analyse und Bewertung, 2010, S. 21; *Martenczuk*, Die differenzierte Integration nach dem Vertrag von Amsterdam, ZEuS 1998, 447; *Maurer*, Nach der Referendenzäsur: Deutsche Europapolitik in und nach der Denkpause über den Verfassungsvertrag, in: Müller-Graff (Hrsg.), Deutschlands Rolle in der Europäischen Union, 2008, S. 11; *Mayer*, Zur Arbeit des europäischen Verfassungskonvents, ZaöRV 63 (2003), 59; *ders.*, Wege aus der Verfassungskrise – zur Zukunft des Vertrags über eine Verfassung für Europa, JZ 2007, 593; *ders.*, Die Rückkehr der Europäischen Verfassung? – Ein Leitfaden zum Vertrag von Lissabon, ZaöRV 67 (2007), 1141; *Meessen*, Maastricht nach Karlsruhe, NJW 1994, 549; *Mendes*, Participation and participation rights in EU law and governance, in: Hofmann/Türk (Hrsg.), Legal Challenges in EU Administrative Law – Towards an Integrated Administration, 2009, S. 257; *Mestmäcker*, Im Schatten des Leviathan. Anmerkungen zum Urteil des BVerfG vom 30.6.2009, EuR-Beih. 1/2010, 35; *Meyer*, Die Lissabon-Entscheidung des BVerfG und das Strafrecht, NStZ 2009, 657; *Meyer/Hölscheidt*, Die Europäische Verfassung des Europäischen Konvents, EuZW 2003, 613; *Mittag*, Kleine Geschichte der Europäischen Union: von der Europaidee bis zur Gegenwart, 2008; S. 9; *Mosler*, Die europäische Integration aus der Sicht der Gründungsphase, FS Everling, 1995, Band II, S. 911; *Much*, Der Zugang zu Umweltinformationen nach dem Urteil des EuGH in der Rechtssache C–204/09, ZUR 2012, 288; *Müller-Graff*, The legal basis of the Third Pillar and its position in the framework of the European Union CMLRev. 31 (1994), 493; *ders.*, Der Post-Nizza-Prozess: Auf dem Weg zu einer neuen europäischen Verfassung?, integration 2001, 208; *ders.*, Strukturmerkmale des neuen Verfassungsvertrages für Europa im Entwicklungsgang des Primärrechts, integration 2004, 186; *ders.*, Primärrechtliche Entwicklungsschritte der Gemeinschaftsintegration zu einem transnationalen Gemeinwesen, integration 2007, 407; *ders.*, Die Zukunft des Europäischen Verfassungstopos und Primärrechts nach der deutschen Ratspräsidentschaft, in: Pernice/Angelov (Hrsg.), Auf dem Weg zum Vertrag von Lissabon, 2008, S. 105; *ders.*, Der Vertrag von Lissabon auf der Systemspur des Europäischen Primärrechts, integration 2008, 123; *ders.*, Das Karlsruher Lissabon-Urteil: Bedingungen, Grenzen, Orakel und integrative Optionen, integration 2009, 331; *ders.*, Das verschleierte Antlitz der Lissabonner Wirtschaftsverfassung, ZHR 173 (2009), 443; *Nehl*, Europäisches Verwaltungsverfahren und Gemeinschaftsverfassung – Eine Studie gemeinschaftsrechtlicher Verfahrensgrundsätze unter besonderer Berücksichtigung »mehrstufiger« Verwaltungsverfahren, 2002; *Nettesheim*, Ein Individualrecht auf Staatlichkeit? – Die Lissabon-Entscheidung des BVerfG, NJW 2009, 2867; *ders.*, Die Karlsruher Verkündung – Das BVerfG in staatsrechtlicher Endzeitstimmung, EuR-Beih. 1/2010, 101; *ders.*, Die Integrationsverantwortung – Vorgaben des BVerfG und gesetzgeberische Umsetzung, NJW 2010, 177; *Neyer*, Für eine Neugründung Europas, Wirtschaftsdienst 2016, 387; *Nicolaysen*, Der Streit zwischen dem deutschen Bundesverfassungsgericht und dem Europäischen Gerichtshof, in: Bruha/Hesse/Nowak (Hrsg.), Welche Verfassung für Europa?, 2001, S. 91; *ders.*, Der Unionsvertrag als Integrationsverfassung, in: Classen/Dittmann/Fechner/Gassner/Kilian (Hrsg.), »In einem vereinten Europa dem Frieden der Welt zu dienen …«, FS Oppermann, 2001, S. 187; *ders.*, Rechtsgemeinschaft, Gemeinschaftsgerichtsbarkeit und Individuum, in: Nowak/Cremer (Hrsg.), Individualrechtsschutz in der EG und der WTO, 2002, S. 17; *ders.*, Die Bedeutung des Regierungsweißbuchs der Kommission für den Post-Nizza-Prozess, in: Bruha/Nowak (Hrsg.), Die Europäische Union nach Nizza: Wie Europa regiert werden soll, 2003, S. 61; *ders.*, Entwicklungslinien und Perspektiven des Grundrechtsschutzes in der EU – Die gemeinschaftsrechtliche Begründung von Grundrechten, in: Bruha/Nowak/Petzold (Hrsg.), Grundrechtsschutz für Unternehmen im europäischen Binnenmarkt, 2004, S. 15; *ders.*, Das Integrationskonzept der Gründungsverträge, in: Schäfer/Wass von Czege (Hrsg.), Das Gemeinsame Europa – viele Wege, kein Ziel?, 2007, S. 33; *ders.*, Das Lissabon-Urteil des Bundesverfassungsgerichts im Kontext der Europarechtsprechung des Bundesverfassungsgerichts, EuR-Beih. 1/2010, 9; *Nowak*, Mehr Transparenz durch Informationsansprüche, in: Bruha/Nowak (Hrsg.), Die Europäische Union nach Nizza: Wie Europa regiert werden soll, 2003, S. 117; *ders.*, Grundrechtsschutz im Europäischen Wettbewerbsrecht, in: Behrens/Braun/Nowak (Hrsg.), Europäisches Wettbewerbsrecht im Umbruch, 2004, S. 23; *ders.*, Informations- und Dokumentenzugangsfreiheit in der EU – Neuere Entwicklungen und Perspektiven, DVBl 2004, 272; *ders.*, Grundrechte im europäischen Konstitutionalisierungsprozess – zugleich ein Beitrag zum Spannungsverhältnis zwischen dem Grundsatz der Verwaltungseffektivität und effektivem Grundrechtsschutz bei kartellverfahrensrechtlichen Nachprüfungen, in: Bruha/Nowak (Hrsg.), Die Europäische Union: Innere Verfasstheit und globale Handlungsfähigkeit, 2006, S. 107; *ders.*, Binnenmarktziel und Wirtschaftsverfassung der Europäischen Union vor und nach dem Reformvertrag von Lissabon, EuR-Beih. 1/2009, 129; *ders.*, Rechtsschutz im Europäischen Verwaltungsrecht, in: Terhechte (Hrsg.), Verwaltungsrecht der Europäischen Union, 2011, § 13; *ders.*, Europäisches Verwaltungsrecht und Grundrechte, in: Terhechte (Hrsg.), Verwaltungsrecht der Europäischen Union, 2011, § 14; *ders.*, Europarecht und Europäisierung in den Jahren 2009–2011 (Teil 2), DVBl 2012, 861; *ders.*, Die Nachbarschaftspolitik der Europäischen Union: Mittelmeerraum und Osteuropa, in: Odendahl/Giegerich (Hrsg.), Räume im Völker- und Europarecht, 2014, S. 105; *ders.*, Umweltschutz als grundlegendes Verfassungsziel und dauerhafte Querschnittsaufgabe der Europäischen Union, in: *ders.* (Hrsg.), Konsolidierung und Entwicklungsperspektiven des Europäischen Umweltrechts, 2015, S. 25; *Obwexer*, Das Ende der Europäischen Gemeinschaft für Kohle und Stahl, EuZW 2002, 517; *ders.*, Der Vertrag von Lissabon: EU-rechtliche Hindernisse auf dem Weg aus der Krise, JRP 2009, 157; *ders.*, Aufbau, Systematik, Struktur und tragende Grundsätze des Vertrages von Lissabon, in: Hummer/Obwexer (Hrsg.), Der Vertrag von Lissabon, 2009, S. 95; *Öhlinger*, Der Vorrang des Unionsrechts im Lichte des Verfassungsvertrages, FS Ress, 2005, S. 685 ff.; *Oeter*, Ansichten zur Gemeinschaftsverfassung, EuR-Beih. 3/2002, 43; *Ohler*, Herrschaft, Legitimation und Recht in der Europäischen Union – Anmerkungen zum Lissabon-Urteil des BVerfG, AöR 135 (2010), 153; *Oppermann*, Eine Verfassung für die Europäische Union – Der Entwurf des Europäischen Konvents, DVBl 2003, 1165 (1. Teil) und DVBl 2003, 1234 (2. Teil); *ders.*, Konventsmethode und »gemischte« Entstehung der Unionsverfassung – Valery Giscard d'Estaing, Elmar Brok und andere Conventionals, in: Beckmann/Dieringer/Hufeld (Hrsg.), Eine Verfassung für Europa, 2. Aufl., 2005, S. 59; *ders.*, Der Europäische Verfassungsvertrag – Legenden und Tatsachen, FS Meyer, 2006, S. 281; *ders.*, Die Berliner Erklärung vom 25. März 2007 – Instrument zur »Erneuerung der politischen Gestalt Europas«, FS Rengeling, 2008, S. 609; *ders.*, Die Europäische Union von Lissabon, DVBl 2008, 473; *ders.*, Zur Zukunft der Europäischen Union, FS Schwarze, 2014, S. 876; *ders.*, Erosion der Rechtsgemeinschaft?, EuZW 2015, 201; *ders.*, Europäische Hoffnungen und was nach 50 Jahren daraus wurde – Im Spiegel von Peter Baduras Gedanken, AöR 141 (2016), 136; *Pache*, Eine Verfassung für Europa – Krönung oder Kollaps der europäischen Integration?, EuR 2002, 767; *ders.*, Der Vertrag von Lissabon, NVwZ 2008, 473; *ders.*, Das Ende der europäischen Integration? – Das Urteil des Bundesverfassungsgerichts zum Vertrag von Lissabon, zur Zukunft Europas und der Demokratie, EuGRZ 2009, 285; *Pache/Schorkopf*, Der Vertrag von Nizza – Institutionelle Reform zur Vorbereitung der Erweiterung, NJW 2001, 1377; *Papier*, Verfassungsfragen der europäischen Integration, in: Calliess/Kahl/Schmalenbach (Hrsg.), Rechtsstaatlichkeit, Freiheit und soziale Rechte in der Europäischen Union, 2014, S. 11; *Pechstein*, Der lange Weg zur Europäischen Union, in: Beichelt/Chotuj/Rowe/Wagener (Hrsg.), Europa-Studien – Eine Einführung, 2006, S. 239; *ders.*, Die neue Subsidiaritätsklage: Die Interessen nationaler Parlamente in der Hand des EuGH, in: *ders.* (Hrsg.), Integrationsverantwortung, 2012 (Schriften des Frankfurter Instituts für das Recht der Europäischen Union, Bd. 2), S. 135; *Pernice*, Verfassungsentwurf für eine Europäische Union, EuR 1984, 126; *ders.*, Die Dritte Gewalt im europäischen Verfassungsverbund, EuR 1996, 27; *ders.*, Multilevel Constitutionalism and the Treaty of Amsterdam: European Constitution-Making Revisited, CMLRev. 36 (1999), 703; *ders.*, Die Verfassungsfrage aus rechtswissenschaftlicher Sicht, in: Bruha/Hesse/Nowak (Hrsg.), Welche Verfassung für Europa?, 2001, S. 19; *ders.*, Begründung und Konsolidierung der Europäischen Gemeinschaft als Rechtsgemeinschaft, in: Zuleeg (Hrsg.), Der Beitrag Walter Hallsteins zur Zukunft Europas, Baden-Baden 2003, S. 56; *ders.*, Zur Finalität Europas, in: Schuppert/Pernice/Haltern (Hrsg.), Europawissenschaft, 2005, S. 743; *ders.*, Der Vertrag von Lissabon – Ende des Verfassungsprozesses der EU?, EuZW 2008, 65; *ders.*, La Rete Europea di Constitutionalità – Der Europäische Verfassungsverbund und die Netzwerktheorie, ZaöRV 70 (2010), 51; *ders.*, Solidarität in Europa – Eine Ortsbestimmung im Verhältnis zwischen Bürger, Staat und Europäischer Union, in: Calliess (Hrsg.), Europäische Solidarität und nationale Identität, 2013, S. 25; *Pescatore*, Die »Einheitliche Europäische Akte« – Eine ernste Gefahr für den Gemeinsamen Markt, EuR 1986, 153; *Peters*, Elemente einer Theorie der Verfassung Europas, 2001; *Pinder*, Der Vertrag von Nizza – Wegbereiter eines föderalen oder intergouvernementalen Europa?, integration 2001, 77; *Pipkorn*, Das Subsidiaritätsprinzip im Vertrag über die Europäische Union – rechtliche Bedeutung und rechtliche Überprüfbarkeit, EuZW 1992, 697; *ders.*, Legal Arrangements in the Treaty of Maastricht for the Effectiveness of the Economic and Monetary Union, CMLRev. 31 (1994), 263; *Piris*, Hat die Europäische Union eine Verfassung? Braucht sie eine?, EuR 2000, 311; *Preuß*, Regieren ohne Demos: Die Regierungsdebatte aus rechtswissenschaftlicher Sicht, in: Bruha/Nowak (Hrsg.), Die Europäische Union nach Nizza: Wie Europa regiert werden soll, 2003, S. 49; *Priebe*, Rückverlagerung von Aufgaben – ein Beitrag zu besserer Akzeptanz der Europäischen Union?, EuZW 2015, 697; *Rabe*, Zur Metamorphose des Europäischen Verfassungsvertrags, NJW 2007, 3153; *Regelsberger/Jopp*, Die Stärkung der Handlungsfähigkeit in der gemeinsamen Außen- und Sicherheitspolitik, in: Jopp/Maurer (Hrsg.), Die Europäische Union nach Amsterdam, 1998, S. 155; *Rensmann*, Grundwerte im Prozeß der europäischen Konstitutionalisierung. Anmerkungen zur Europäischen Union als Wertegemeinschaft, in: Blumenwitz (Hrsg.), Die Europäische Union als Wertegemeinschaft, 2005, S. 49; *Richter*, Die EU-Verfassung ist tot, es lebe der Reformvertrag! – Übersicht über Zeitplan, Streichungen, Ergänzungen und Übernahmen aus dem Verfassungsentwurf, EuZW 2007, 631; *Riemann*, Die Transparenz der Europäischen Union – Das neue Recht auf Zugang zu Dokumenten von Parlament, Rat und Kommission, 2004; *Rossi*, Entwicklung und Struktur der Europäischen Union – eine graphische Erläuterung, ZJS 2010, 49; *Roth*, Der rechtliche Rahmen der Wirtschafts- und Währungsunion, EuR-Beih. 1/1994, 45; *Ruffert*, Schlüsselfragen der Europäischen Verfassung der Zukunft – Grundrechte – Institutionen – Kompetenzen – Ratifizierung, EuR 2004, 165; *ders.*, An den Grenzen des Integrationsverfassungsrechts: Das Urteil des Bundesverfassungsgerichts zum Vertrag von Lissabon, DVBl 2009, 1197; *ders.*, Institutionen, Organe und Kompetenzen – der Abschluss eines Reformprozesses als Gegenstand der Europarechtswissenschaft, EuR-Beih. 1/2009, 31; *Sack*, Die Staatswerdung Europas – kaum eine Spur von Stern und Stunde, Der Staat 2005, 67; *ders.*, Der »Staatenverbund« – Das Europa der Vaterländer des Bundesverfassungsgerichts – Ein Kommentar zum Urteil über die Vereinbarkeit des Lissabon-Vertrags mit dem Grundgesetz, ZEuS 2009, 623; *Sattler*, Die Entwicklung der EG vom Ende der Übergangszeit bis zur Erweiterung auf zwölf Mitgliedstaaten, JöR 36 N. F. (1987), 365; *Schelter*, Das Urteil des Bundesverfassungsgerichts vom 30. 6. 2009 zum Vertrag von Lissabon: Inhalt und Grenzen der sozialen Dimension der Europäischen Union, ZFSH/SGB 2009, 463; *Scheuing*, Umweltschutz auf der Grundlage der Einheitlichen Europäischen Akte, EuR 1989, 152; *ders.*, Der Grundsatz der Rechtsstaatlichkeit im Recht der Europäischen Union, in: Schwarze (Hrsg.), Bestand und Perspektiven des Europäischen Verwaltungsrechts – Rechtsvergleichende Analysen, 2008, S. 45; *Schiffauer*, Der Verfassungszustand der Europäischen Union nach Unterzeichnung des Vertrags von Lissabon, EuGRZ 2008, 1; *Schild*, Ein Sieg der Angst – das gescheiterte französische Verfassungsreferendum, integration 2005, 187; *Schilling*, Eine neue Verfassung für Deutschland – Art. 146 GG und die Rolle des Bundesverfassungsgerichts, Der Staat 2014, 95; *Schmale*, Von den Weltkriegen nach Rom: Ideen und Stationen auf dem Weg zur EWG, in: Breuss/Fink/Griller (Hrsg.), Vom Schuman-Plan zum Vertrag vom Amsterdam – Entstehung und Zukunft der EU, 2000, S. 5; *Schneider*, ,Weiter so! ’ – oder ganz anders? Die Europapolitik nach dem irischen ,Nein’, integration 2008, 319; *Schorkopf*, Die Europäische Union im Lot – Karlsruhes Rechtsspruch zum Vertrag von Lissabon, EuZW 2009, 718; *ders.*, Rechtsgeschichte der europäischen Integration – Ein Themengebiet für Grundlagenforschung in der Rechtswissenschaft, JZ 2014, 421; *M. Schröder*, Das Bundesverfassungsgericht als Hüter des Staates im Prozeß der europäischen Integration – Bemerkungen zum Maastricht-Urteil, DVBl 1994, 316; *U.J. Schröder*, Die offene Flanke – Die verfassungsrechtlichen Anforderungen an die Begleitgesetzgebung zum Vertrag von Lissabon, DÖV 2010, 303; *Schubert/Schwithal*, Das Nein der Iren zum Vertrag von Lissabon – Konsequenzen, Lösungswege, Chancen, NJ 2008, 337; *Schünemann*, Wieder im Sieg der Angst? – Das zweite irische Referendum über den Lissabon-Vertrag in der Analyse, integration 2010, 224; *Schütz/Bruha/König*, Casebook Europarecht, 2004; *Schwarze*, Verfassungsentwicklung in der Europäischen Gemeinschaft – Begriff und Grundlagen, in: *ders.*/Bieber (Hrsg.), Eine Verfassung für Europa – Von der Europäischen Gemeinschaft zur Europäischen Union, 1984, S. 15; *ders.*, Auf dem Wege zu einer europäischen Verfassung, DVBl 1999, 1677; *ders.*, Europäische Verfassungsperspektiven nach Nizza, NJW 2002, 993; *ders.*, Ein pragmatischer Verfassungsentwurf – Analyse und Bewertung des vom Europäischen Verfassungskonvent vorgelegten Entwurfs eines Vertrags über eine Verfassung für Europa, EuR 2003, 535; *ders.*, Der Reformvertrag von Lissabon – Wesentliche Elemente des Reformvertrages, EuR-Beih. 1/2009, 9; *ders.*, Die verordnete Demokratie – Zum Urteil des 2. Senats des BVerfG zum Lissabon-Vertrag, EuR 2010, 108; *Seeger*, Die EU im Spannungsfeld von Demokratiedefizit, Politisierung und Vertragsratifikation, in: Weidenfeld (Hrsg.), Lissabon in der Analyse – Der Reformvertrag der Europäischen Union, 2008, S. 235; *Seeler*, Geschichte und Politik der Europäischen Integration, 2008; *Selmayr*, Endstation Lissabon? – Zehn Thesen zum »Niemals«-Urteil des Bundesverfassungsgerichts vom 30. Juni 2009, ZEuS 2009, 637; *Siegel*, Das Gleichgewicht der Gewalten in der Bundesrepublik Deutschland und in der Europäischen Gemeinschaft, DÖV 2010, 1; *Smith*, Enforcement, monitoring, verification, outsourcing: the decline and decline of the infringement process, E. L.Rev. 33 (2008), 777; *Sobotta*, Die Verregelung der Vertragsverletzungsbeschwerde, ZUR 2008, 72; *Sommermann*, Integrationsgrenzen des Grundgesetzes und europäischer Verfassungsverbund: Brauchen wir eine neue Verfassung?, DÖV 2013, 708; *Spinelli*, Das Verfassungsprojekt des Europäischen Parlaments, in: Schwarze/Bieber (Hrsg.), Eine Verfassung für Europa – Von der Europäischen Gemeinschaft zur Europäischen Union, 1984, S. 231; *Steinberger*, Die Europäische Union im Lichte der Entscheidung des Bundesverfassungsgerichts vom 12. Oktober 1993, FS Bernhardt, 1995, S. 1313; *Steiner*, Die Verwirklichung des Solidaritätsprinzips im Unionsrecht, ZfRV 2013, 244; *Steininger*, Von sechs auf zwölf: Von der Gründung der EWG zu den ersten Erweiterungen, in: Breuss/Fink/Griller (Hrsg.), Vom Schuman-Plan zum Vertrag vom Amsterdam – Entstehung und Zukunft der EU, 2000, S. 69; *Stern*, Der Weg zur politischen Union Europas, FS Oppermann, 2001, S. 143; *Streinz*, Der Vertrag von Amsterdam – Die institutionellen Veränderungen für die Europäische Union und die Europäische Gemein-schaft, Jura 1998, 57; *ders.*, Der Vertrag von Amsterdam – Einführung in die Reform des Unionsver-trags von Maastricht und Bewertung der Ergebnisse, EuZW 1998, 137; *ders.*, Was ist neu am Verfas-sungsvertrag? – Zum Vertrag von Rom über eine Verfassung für Europa vom 29. Oktober 2004, FS Zuleeg, 2005, S. 108; *ders.*, Die Europäische Union als Rechtsgemeinschaft – Rechtsstaatliche Anfor-derungen an einen Staatenverbund, FS Merten, 2007, S. 395; *ders.*, Die »Verfassung« der Europäi-schen Union nach dem Scheitern des Verfassungsvertrages und dem Vertrag von Lissabon, ZG 2008, 105; *Terhechte*, Der Vertrag von Lissabon: Grundlegende Verfassungsurkunde der europäischen Rechtsgemeinschaft oder technischer Änderungsvertrag?, EuR 2008, 143; *ders.*, Souveränität, Dy-namik und Integration: making up the rules as we go along? – Anmerkungen zum Lissabon-Urteil des BVerfG, EuZW 2009, 724; *ders.*, Europäischer Bundesstaat, supranationale Gemeinschaft oder Ver-tragsunion souveräner Staaten? – Zum Verhältnis von Staat und Union nach dem Lissabon-Urteil des BVerfG, EuR-Beih. 1/2010, 135; *Tietje/Nowrot*, Zugang zu Kartellrechtsakten nach der Transparenz-verordnung als öffentliches Interesse, EWS 2006, 486; *Tomuschat*, Die Europäische Union unter der Aufsicht des Bundesverfassungsgerichts, EuGRZ 1993, 489; *ders.*, Lisbon – Terminal of the European Integration Process? The Judgment of the German Constitutional Court of 30 June 2009, ZaöRV 70 (2010), 251; *Trstenjak/Beysen*, Das Prinzip der Verhältnismäßigkeit in der Unionsrechtsordnung, EuR 2012, 265; *van der Hout/Firmenich*, Access to documents containing confidential business informa-tion – The application of Regulation (EC) 1049/2001 in cartel cases and the need for reform, ZEuS 2011, 647; *Vignon*, Gouvernance européenne: «Un livre blanc», in: Bruha/Nowak (Hrsg.), Die Eu-ropäische Union nach Nizza: Wie Europa regiert werden soll, 2003, S. 21; *Wägenbaur*, Der Zugang zu EU-Dokumenten – Transparenz zum Anfassen, EuZW 2001, 680; *ders.*, Die Erklärung von Laeken zur Zukunft der EU, EuZW 2002, 65; *Weber*, Vom Verfassungsvertrag zum Vertrag von Lissabon, EuZW 2008, 7; *ders.*, Die Europäische Union unter Richtervorbehalt – Rechtsvergleichende Anmerkungen zum Urteil des BVerfG v. 30. 6. 2009, JZ 2010, 157; *Weidenfeld*, Der Vertrag von Lissabon als histo-rischer Schritt der Integration Europas – Aufbruch aus der Krise, in: *ders.* (Hrsg.), Lissabon in der Analyse – Der Reformvertrag der Europäischen Union, 2008, S. 13; *Weiler*, The State »über alles« – Demos, Telos and the German Maastricht Decision, FS Everling, Band II, 1995, S. 1651; *Weiß*, Uni-onsrecht und nationales Recht, in: Niedobitek (Hrsg.), Europarecht – Grundlagen der Union, 2014, § 5; *ders.*, Loyalität und Solidarität in der Europäischen Verwaltung, ZÖR 2015, 403; *Wessels*, Die Vertragsreformen von Nizza, integration 2001, 8; *ders.*, Der Konvent: Modelle für eine innovative Integrationsmethode, integration 2002, 83; *ders.*, Die institutionelle Architektur der EU nach der Europäischen Verfassung: Höhere Entscheidungsdynamik – neue Koalitionen?, integration 2004, 161; *ders.*, Die Debatte nach ‚Irland‘: Festhalten an Lissabon, Aufbruch zu Alternativen oder doch Leben mit Nizza?, integration 2008, 312; *Wessels/Faber*, Vom Verfassungskonvent zurück zur ‚Methode Monnet‘? – Die Entstehung der ‚Road map‘ zum EU-Reformvertrag unter deutscher Ratspräsident-schaft, integration 2007, 370; *Wittinger*, Das Rechtsstaatsprinzip – vom nationalen Verfassungsprinzip zum Rechtsprinzip der europäischen und der internationalen Gemeinschaft? – Verfassungsrechtliche, europarechtliche und völkerrechtliche Betrachtungen, JöR 57 (2009), 427; *Wuermeling*, Die Tragi-sche: Zum weiteren Schicksal der EU-Verfassung, ZRP 2005, 149; *ders.*, Vom Verfassungsentwurf zum Reformvertrag: Auf dem Weg zur politischen Integrationsmethode, in: Fastenrath/Nowak (Hrsg.), Der Lissabonner Reformvertrag – Änderungsimpulse in einzelnen Rechts- und Politikbereichen, 2009, S. 33; *Zbíral*, Restoring Tasks from the European Union to Member States: A Bumpy Road to an Unclear Destination?, CMLRev. 52 (2015), 51; *Ziller*, Der Europäische Verfassungsverbund ohne Verfassungsvertrag, in: Stern (Hrsg.), 60 Jahre Grundgesetz – Das Grundgesetz für die Bundesrepublik Deutschland im Europäischen Verfassungsverbund, 2010, S. 121; *ders.*, The German Constitutional Court's Friendliness towards European Law – On the Judgment of Bundesverfassungsgericht over the Ratification of the Treaty of Lisbon, EPL 16 (2010), 53; *Zuleeg*, Die Europäische Gemeinschaft als Rechtsgemeinschaft, NJW 1994, 545; *ders.*, The European Constitution under Constitutional Cons-traints: The German Scenario, E. L.Rev. 1997, 19; *Zyborowicz*, Die Ideengeschichte der Europäischen Integration, in: Beichelt/Chotuj/Rowe/Wagener (Hrsg.), Europa-Studien – Eine Einführung, 2006, S. 147.

Leitentscheidungen

EuGH, Urt. v. 15. 7. 1964, Rs. 6/64 (Costa/E.N.E.L.), Slg. 1964, 1253
EuGH, Urt. v. 17. 12. 1970, Rs. 11/70 (Internationale Handelsgesellschaft), Slg. 1970, 1125
EuGH, Urt. v. 6. 3. 1978, Rs. 106/77 (Simmenthal II), Slg. 1978, 629
EuGH, Urt. v. 23. 4. 1986, Rs. 294/83 (Parti écologiste »Les Verts«/Europäisches Parlament), Slg. 1986, 1339

EuGH, Urt. v. 15.10.1987, Rs. 222/86 (Heylens u.a.), Slg. 1987, 4097
EuGH, Urt. v. 7.5.1991, Rs. C–340/89 (Vlassopoulou), Slg. 1991, I–2357
EuGH, Urt. v. 7.5.1992, Rs. C–104/91 (Borell u.a.), Slg. 1992, I–3003
EuGH, Urt. v. 29.4.1999, Rs. C–224/97 (Ciola), Slg. 1999, I–2517
EuGH, Urt. v. 7.3.2002, Rs. C–310/99 (Italien/Kommission), Slg. 2002, I–2289
EuGH, Urt. v. 16.5.2002, Rs. C–482/99 (Frankreich/Kommission), Slg. 2002, I–4397
EuG, Urt. v. 27.9.2006, Rs. T–43/02 (Jungbunzlauer/Kommission), Slg. 2006, II–3435
EuGH, Urt. v. 1.7.2008, verb. Rs. C–39/05 P u. C–52/05 P (Turco u.a./Rat), Slg. 2008, I–4723
EuGH, Urt. v. 30.4.2009, Rs. C–75/08 (Mellor), Slg. 2009, I–3799
EuGH, Urt. v. 8.9.2010, Rs. C–409/06 (Winner Wetten), Slg. 2010, I–8015
EuGH, Gutachten 1/09 vom 8.3.2011, Slg. 2011, I–1137
EuGH, Urt. v. 27.2.2014, Rs. C–365/12 P (Kommission/EnBW u.a.), NZKart 2014, 140
EuG, Urt. v. 20.3.2014, Rs. T–181/10 (Reagens/Kommission), NZKart 2014, 410
EuG, Urt. v. 28.1.2015, Rs. T–341/12 (Evonik Degussa GmbH/Kommission), ECLI:EU:T:2015:51

Wesentliche sekundärrechtliche Vorschriften

Verordnung (EG) Nr. 1049/2001 des Europäischen Parlaments und des Rates vom 30.5.2001 über den Zugang der Öffentlichkeit zu Dokumenten des Europäischen Parlaments, des Rates und der Kommission, ABl. 2001, L 145/43

Richtlinie 2003/4/EG des Europäischen Parlaments und des Rates vom 28.1.2003 über den Zugang der Öffentlichkeit zu Umweltinformationen und zur Aufhebung der Richtlinie 90/313/EWG des Rates, ABl. 2003, L 41/26

Richtlinie 2003/35/EG des Europäischen Parlaments und des Rates vom 26.5.2003 über die Beteiligung der Öffentlichkeit bei der Ausarbeitung bestimmter umweltbezogener Pläne und Programme und zur Änderung der Richtlinien 85/337/EWG und 96/61/EG des Rates in Bezug auf die Öffentlichkeitsbeteiligung und den Zugang zu Gerichten, ABl. 2003, L 156/17

Verordnung (EG) Nr. 1367/2006 des Europäischen Parlaments und des Rates vom 6.9.2006 über die Anwendung der Bestimmungen des Übereinkommens von Århus über den Zugang zu Informationen, die Öffentlichkeitsbeteiligung an Entscheidungsverfahren und den Zugang zu Gerichten in Umweltangelegenheiten auf Organe und Einrichtungen der Gemeinschaft, ABl. 2006, L 164/13

Inhaltsübersicht

A. Überblick

1   Bei Art. 1 EUV handelt es sich um eine **unionsverfassungsrechtliche Grundlagenbestimmung,**[1] die in Anknüpfung an den in der Präambel des EU-Vertrags angesprochenen Beschluss der beteiligten Staatsoberhäupter zur Gründung der Europäischen Union (s. Präambel EUV, Rn. 4 f.) die maßgebliche Gründungserklärung enthält und damit zugleich sowohl die Funktion des EU-Vertrags als Gründungsurkunde dieser Union bzw. als Gründungsvertrag beschreibt[2] als auch die Einordnung des Art. 1 EUV als Gründungsbestimmung[3] rechtfertigt. Darüber hinaus lassen sich in dieser Bestimmung einige grundlegende Aussagen zum Wesen und zu bestimmten Grundlagen der Europäischen Union finden, die zu einem großen Teil verschiedenen Neuerungen geschuldet sind, die der am 13.12.2007 unterzeichnete und am 1.12.2009 in Kraft getretene **Reformvertrag von Lissabon**[4] hervorgebracht hat.[5]

---

[1] In diesem Sinne vgl. auch *Nettesheim,* in: Grabitz/Hilf/Nettesheim, EU, Art. 1 EUV (August 2012), Rn. 1 (»Grundlagenbestimmung«); sowie *Calliess,* in: Calliess/Ruffert, EUV/AEUV, Art. 1 EUV, Rn. 1, wonach Art. 1 EUV – zusammen mit Art. 2, Art. 4 und Art. 6 EUV – eine die Struktur der EU prägende Verfassungsnorm darstelle; recht ähnlich vgl. auch *Bitterlich,* in: Lenz/Borchardt, EU-Vertrag, Art. 1 EUV, Rn. 1, wonach Art. 1 EUV i. V. m. den Art. 2–20 EUV die »grundlegende Verfassungsnorm der EU« darstelle.

[2] Zutr. *Schwarze,* in: Schwarze, EU-Kommentar, Art. 1 EUV, Rn. 1; zur Einstufung des EU-Vertrags als »Gründungsvertrag« vgl. etwa *Geiger,* in: Geiger/Khan/Kotzur, EUV/AEUV, Art. 1 EUV, Rn. 5; *Pechstein,* in: Streinz, EUV/AEUV, Art. 1 EUV, Rn. 6.

[3] Vgl. *Pechstein,* in: Streinz, EUV/AEUV, Art. 1 EUV, Rn. 1.

[4] Vertrag von Lissabon zur Änderung des Vertrags über die Europäische Union und des Vertrags zur Gründung der Europäischen Gemeinschaft, ABl. 2007, C 306/1.

[5] Zu den vielfältigen materiell-rechtlichen und institutionell-rechtlichen Änderungen, die das Unionsrecht durch diesen Reformvertrag erfahren hat, vgl. mit unterschiedlichen Überblicken und

Der aus insgesamt drei Absätzen bestehende Art. 1 EUV weicht in seiner gegenwärtig   **2**
geltenden Fassung, die ihm durch den vorgenannten Reformvertrag von Lissabon verliehen worden ist, in mehrfacher Hinsicht von der **Maastrichter Ursprungsfassung** dieser
Vertragsbestimmung ab. Bei dieser Ursprungsfassung, die ebenfalls aus drei Absätzen
bestand, handelt es sich um Artikel A des Vertrags über die Europäische Union vom
7.2.1992,[6] dessen erster Absatz seinerzeit den folgenden Wortlaut hatte: »Durch diesen
Vertrag gründen die Hohen Vertragsparteien untereinander eine Europäische Union, im
folgenden als »Union« bezeichnet«. Diese Aussage, die an den bereits in der Präambel
des EU-Vertrags von den beteiligten Staatsoberhäuptern der Gründerstaaten zum Ausdruck gebrachten »Beschluss« zur Gründung der Europäischen Union (s. Präambel
EUV, Rn. 4 f.) anknüpft, ist zwar durch den so genannten Änderungsvertrag von Amsterdam,[7] der übrigens zu einer Umbenennung des damaligen »Artikel A« in »Artikel 1«
geführt hat, und durch den so genannten Änderungsvertrag von Nizza[8] in inhaltlicher
Hinsicht zunächst einmal vollkommen unangetastet geblieben. Für eine **Neufassung des
Art. 1 Abs. 1 EUV** sorgte dann jedoch Art. 1 Ziff. 2 des oben genannten Reformvertrags
von Lissabon, indem er – abgesehen von einigen redaktionellen Änderungen[9] – den bis
dato etablierten Aussagegehalt des Art. 1 Abs. 1 EUV um einen Halbsatz ergänzte.
Seitdem lautet der nunmehr aus zwei Halbsätzen bestehende Art. 1 Abs. 1 EUV wie
folgt: »Durch diesen Vertrag gründen die HOHEN VERTRAGSPARTEIEN untereinander eine EUROPÄISCHE UNION (im Folgenden »Union«), der die Mitgliedstaaten
Zuständigkeiten zur Verwirklichung ihrer gemeinsamen Ziele übertragen«.

Dem schließt sich im zweiten Absatz des Art. 1 EUV die durch den Lissabonner   **3**
Reformvertrag vollkommen unverändert gebliebene Feststellung an, dass »Dieser Vertrag […] eine neue Stufe bei der Verwirklichung einer immer engeren Union der Völker
Europas dar[stellt], in der die Entscheidungen möglichst offen und möglichst bürgernah
getroffen werden«. Diese Formulierung stimmt wortgleich mit dem auch durch den
Änderungsvertrag von Nizza vollkommen unangetastet gebliebenen **Art. 1 Abs. 2 EUV
i. d. F. des Änderungsvertrags von Amsterdam** überein, der die Maastrichter Ursprungsfassung dieser Bestimmung seinerzeit um das Tatbestandsmerkmal »möglichst offen«
erweiterte.[10]

Im Gegensatz zu Art. 1 Abs. 2 EUV, der durch den Lissabonner Reformvertrag voll-   **4**
kommen unverändert geblieben ist (s. Rn. 3), hat der dritte Absatz dieser Grundlagenbestimmung durch diesen Reformvertrag eine von der Maastrichter Ursprungsfassung
vollkommen abweichende Neufassung erhalten. Die Maastrichter Ursprungsfassung

---

jeweils m. w. N. *Calliess*, Die neue Europäische Union nach dem Vertrag von Lissabon, 2010, S. 1 ff.;
Nowak, Europarecht, S. 51 ff.; *Streinz/Ohler/Herrmann*, Vertrag von Lissabon, S. 1 ff.

  [6] ABl. 1992, C 191/1.

  [7] Vertrag von Amsterdam zur Änderung des Vertrags über die Europäische Union, der Verträge zur
Gründung der Europäischen Gemeinschaften sowie einiger damit zusammenhängender Rechtsakte,
ABl. 1997, C 340/1.

  [8] Vertrag von Nizza zur Änderung des Vertrags über die Europäische Union, der Verträge zur
Gründung der Europäischen Gemeinschaften sowie einiger damit zusammenhängender Rechtsakte,
ABl. 2001, C 80/1.

  [9] Statt *die hohen Vertragsparteien* nunmehr die HOHEN VERTRAGSPARTEIEN und statt *eine
Europäische Union, im folgenden als* »Union« *bezeichnet* nunmehr eine EUROPÄISCHE UNION (im
Folgenden »Union«).

  [10] Vgl. dazu Art. 1 Nr. 4 des Amsterdamer Vertrags (Fn. 7), ABl. 1997, C 340/1 (7); die konsolidierte Fassung des EU-Vertrags i. d. F. von Amsterdam ist damals im ABl. 1997, C 340/145 veröffentlicht worden. Näher zum Tatbestandsmerkmal »möglichst offen« siehe unten Rn. 52 ff.

des seinerzeit aus zwei Sätzen bestehenden Art. A Abs. 3 EUV lautete zunächst wie folgt: »Grundlage der Union sind die Europäischen Gemeinschaften, ergänzt durch die mit diesem Vertrag eingeführten Politiken und Formen der Zusammenarbeit. Aufgabe der Union ist es, die Beziehungen zwischen den Mitgliedstaaten sowie zwischen ihren Völkern kohärent und solidarisch zu gestalten«. Während diese **Ursprungsfassung des Art. 1 Abs. 3 EUV** durch die beiden Änderungsverträge von Amsterdam und Nizza (s. Rn. 2) zunächst vollkommen unverändert geblieben ist, hat sie durch den Reformvertrag von Lissabon eine von ihrer Maastrichter Ursprungsfassung erheblich abweichende Neufassung erhalten, die im Wesentlichen den durch diesen Reformvertrag herbeigeführten Neuerungen institutionell-rechtlicher Art geschuldet sind. Die **Neufassung des Art. 1 Abs. 3 EUV i. d. F. von Lissabon** besteht nunmehr aus drei Sätzen und stellt klar, dass der EU-Vertrag und der Vertrag über die Arbeitsweise der Europäischen Union die Grundlage dieser Union sind (Satz 1), dass diese beiden Verträge den gleichen rechtlichen Rang einnehmen (Satz 2) und dass die Union an die Stelle der Europäischen Gemeinschaft tritt, deren Rechtsnachfolgerin sie ist (Satz 3).

5   Die in der Ursprungsfassung des Art. A Abs. 2 EUV explizit angesprochene Aufgabe der EU, die Beziehungen zwischen den Mitgliedstaaten sowie zwischen ihren Völkern »kohärent und solidarisch« zu gestalten (s. Rn. 4), ist insoweit zwar nicht in die Lissabonner Neufassung dieser Bestimmung aufgenommen worden. Eine Abwertung oder Herabstufung der hier anklingenden **Grundsätze der Kohärenz und der Solidarität** ist damit jedoch nicht verbunden. Dies stellen zahlreiche andere Einzelbestimmungen des EU-Vertrags und des Vertrags über die Arbeitsweise der EU sicher, die sich in gezielter Weise mit verschiedenen Einzelaspekten der Solidarität und der Kohärenz befassen[11] und in ihrer Gesamtheit die nach wie vor hohe Bedeutung bzw. Wertigkeit dieser Grundsätze im Rahmen der Unionsrechtsordnung unterstreichen.

6   Anknüpfend an die vorangehend skizzierte **Grundstruktur und** die vorgenannten **Grundaussagen des Art. 1 EUV** i. d. F. von Lissabon ist nachfolgend zunächst einmal auf einige Begrifflichkeiten und auf den Regelungsgehalt des ersten Absatzes dieser Bestimmung einzugehen, wonach die HOHEN VERTRAGSPARTEIEN durch diesen (EU-)Vertrag eine EUROPÄISCHE UNION gründen, der die Mitgliedstaaten Zuständigkeiten zur Verwirklichung ihrer gemeinsamen Ziele übertragen (B.). Im Anschluss daran geht es sodann um die in Art. 1 Abs. 2 EUV vorgenommene Einordnung dieses (EU-)Vertrags als eine neue Stufe bei der Verwirklichung einer immer engeren Union der Völker Europas (C.), in der die Entscheidungen möglichst offen und möglichst bürgernah getroffen werden (D.). Abschließend stehen sodann die rechtlichen Grundlagen der Europäischen Union nach Maßgabe des Art. 1 Abs. 3 EUV im Vordergrund, wobei es konkret um den »Grundlagen«-Charakter und die rechtliche Gleichrangigkeit des EU-Vertrags und des Vertrags über die Arbeitsweise der Europäischen Union sowie um die im letzten Satz dieser Bestimmung niedergelegte Rechtsnachfolgeregelung geht (E.).

---

[11] Zu den verschiedenen Ausprägungen des unionsverfassungsrechtlichen Kohärenzgrundsatzes bzw. -gebots vgl. insbesondere Art. 13 Abs. 1 EUV und Art. 7 AEUV sowie die darauf bezogenen Kommentierungen. Zu den zahlreichen Facetten des unionsverfassungsrechtlichen Solidaritätsgrundsatzes vgl. insbesondere Art. 2 Satz 2 EUV, Art. 3 Abs. 3 UAbs. 2. und 3 EUV, Art. 3 Abs. 5 EUV, Art. 24 Abs. 2 und 3 EUV, Art. 42 Abs. 7 EUV, Art. 122 Abs. 1 AEUV, Art. 174–178 AEUV, Art. 194 Abs. 1 AEUV, Art. 222 Abs. 1 AEUV, den zweiten Absatz der GRC-Präambel, den sechsten Erwägungsgrund der EUV-Präambel sowie *Bieber*, Gegenseitige Verantwortung, S. 67 ff.; *Hatje*, Die EU auf dem Weg zur Solidarunion, S. 73 ff.; *Hilpold*, EuR 2016, 373; *Hoffmeister*, S. 152 ff.; *Isak*, ZÖR 2015, 287; *Klamert*, ZÖR 2015, 265; *Kunig*, S. 190 (198 f.); *Lais*, S. 91 ff.; *Pernice*, Solidarität in Europa, S. 25 ff.; *Steiner*, ZfRV 2013, 244; *Weiß*, ZÖR 2015, 403.

B. Gründung »einer« Europäischen Union, der die Mitgliedstaaten bestimmte Zuständigkeiten übertragen (Absatz 1)

Der erste Halbsatz des Art. 1 Abs. 1 EUV stellt zunächst einmal klar, dass die HOHEN   7
VERTRAGSPARTEIEN durch diesen (EU-)Vertrag untereinander eine EUROPÄI-
SCHE UNION gründen (I.). Da der Begriff der Europäischen Union weder hier noch
anderswo im geschriebenen Unionsrecht klar definiert wird, kann es kaum überraschen,
dass es nach wie vor keinen Konsens über die zutreffende oder möglichst realitätsnahe
Einordnung dieses weder als ein Staat noch als eine internationale Organisation her-
kömmlicher Art einzustufenden Gebildes supranationaler Hoheitsgewalt gibt (II.), der
die Mitgliedstaaten nach dem zweiten Halbsatz des Art. 1 Abs. 1 EUV Zuständigkeiten
zur Verwirklichung ihrer gemeinsamen Ziele übertragen (III.).

I. Gründung einer EUROPÄISCHEN UNION durch die HOHEN VERTRAGSPARTEIEN

Die im ersten Halbsatz des Art. 1 Abs. 1 EUV angesprochene Gründung einer Europäi-   8
schen Union durch die hohen Vertragsparteien erfolgte bereits durch den Maastrichter
Vertrag über die Europäische Union vom 7. 2. 1992,[12] der am 1. 11. 1993 in Kraft getreten
ist. Die nachfolgenden Änderungsverträge von Amsterdam und Nizza (s. Rn. 2) haben
sodann zu zahlreichen Reformen und Änderungen der Unionsrechtsordnung geführt (s.
Rn. 25 f.), ohne dass es dadurch jeweils zu einer Neugründung »der« oder »einer« Europäischen Union gekommen wäre. Ob sich Letzteres auch im Hinblick auf den Reformvertrag von Lissabon (s. Rn. 1) sagen lässt, ist nach wie vor umstritten.[13] Jenseits dieser
hier nicht wirklich entscheidungserheblichen Frage bringt die im ersten Halbsatz des
Art. 1 Abs. 1 EUV enthaltene Klarstellung, wonach die HOHEN VERTRAGSPARTEI-
EN durch diesen (EU-)Vertrag untereinander eine EUROPÄISCHE UNION gründen, im
Wesentlichen zweierlei zum Ausdruck: Zum einen wird mit dieser Formulierung der
völkerrechtliche Ursprung dieser Union und damit zugleich die fortbestehende – unionsrechtlich gleichwohl beschränkte – Souveränität ihrer Mitgliedstaaten betont,[14] die
neben den in Art. 1 Abs. 2 AEUV angesprochenen Völkern Europas weiterhin eine
wichtige **Legitimationsbasis der Europäischen Union** bilden.[15] Zum anderen wird mit
dieser Formulierung hervorgehoben, dass durch diesen Vertrag »eine« Europäische
Union gegründet wird, während die Gründungsbestimmung des »gescheiterten« Vertrags über eine Verfassung für Europa aus dem Jahre 2004[16] in diesem Kontext auf »die«
Europäische Union abstellte. Diese Abweichung wird ganz überwiegend dahingehend
interpretiert, dass Art. 1 Abs. 1 EUV den nachfolgend in den Blick zu nehmenden Be-

---

[12] ABl. 1992, C 191/1.
[13] Gegen die fragwürdig erscheinende These, dass es durch den Lissabonner Reformvertrag zu
einer Neugründung der EU gekommen ist, vgl. statt vieler und m. w. N. *Calliess*, in: Calliess/Ruffert,
EUV/AEUV, Art. 1 EUV, Rn. 7 f.; a. A. vgl. etwa *Pechstein*, in: Streinz, EUV/AEUV, Art. 1 EUV,
Rn. 4, wonach sich die Strukturveränderung durch diesen Vertrag nicht als »Umgründung«, sondern
sogar als »Neugründung« einer sehr speziellen internationalen Organisation verstehen lasse.
[14] So auch *Calliess*, in: Calliess/Ruffert, EUV/AEUV, Art. 1 EUV, Rn. 2; ähnlich vgl. auch *Nettesheim*, in: Grabitz/Hilf/Nettesheim, EU, Art. 1 EUV (August 2012), Rn. 12.
[15] Zutr. vgl. statt vieler *Bitterlich*, in: Lenz/Borchardt, EU-Verträge, Art. 1 EUV, Rn. 3; *Calliess*, in:
Calliess/Ruffert, EUV/AEUV, Art. 1 EUV, Rn. 2 i. V. m. Rn. 23.
[16] Vgl. Art. I–1 Abs. 1 Satz 1 EVV, ABl. 2004, C 310/1.

griff der Europäischen Union in inhaltlicher und/oder konzeptueller Hinsicht nicht festlegen und daher bewusst zukunftsoffen halten will.[17]

II. Begriff und rechtliche Einordnung der Europäischen Union

9   Mit dem weder in Art. 1 EUV nach anderswo im geschriebenen Unionsrecht definierten
Begriff der Europäischen »Union« haben die Gründungsstaaten bzw. die hohen Vertragsparteien offenbar ganz bewusst eine völker- und staatsrechtlich nicht vorfixierte
Bezeichnung gewählt, um eine Festlegung auf ein bestimmtes Konzept zu vermeiden
und damit zugleich die **Entwicklungsoffenheit**, -abhängigkeit und -bedürftigkeit der
Europäischen Union zum Ausdruck zu bringen.[18] Die Verwendung des insoweit recht
unscharfen Unionsbegriffs erschwert zugleich die exakte Bestimmung der **Rechtsnatur
der Europäischen Union,** hinsichtlich derer überwiegend nicht konsensfähige Meinungen vertreten werden. Wirklich konsensfähig und nicht ernsthaft zu bestreiten ist eigentlich nur, dass der Europäischen Union, die nach Art. 47 EUV Rechtspersönlichkeit
sowie nach Art. 335 AEUV in jedem ihrer Mitgliedstaaten die weitestgehende Rechts-
und Geschäftsfähigkeit besitzt, in ihrer gegenwärtigen Ausgestaltung keine Staatsqualität im herkömmlichen Sinne zugesprochen werden kann[19] und dass sie auch nicht als
ein Staatenbund klassischer Prägung einzustufen ist.[20]

10 Das deutsche Bundesverfassungsgericht favorisiert zur groben Beschreibung der Europäischen Union seit seinem »Maastricht«-Urteil den auf *Paul Kirchhof*[21] zurückführ-
baren **Begriff des Staatenverbundes,**[22] der nach der in der späteren »Lissabon«-Ent-
scheidung konkretisierten Auffassung dieses Gerichts »eine enge, auf Dauer angelegte
Verbindung souverän bleibender Staaten [erfasst], die auf vertraglicher Grundlage öffentliche Gewalt ausübt, deren Grundordnung jedoch allein der Verfügung der Mitgliedstaaten unterliegt und in der die Völker – das heißt die staatsangehörigen Bürger – der
Mitgliedstaaten die Subjekte demokratischer Legitimation bleiben«[23]. Der vom Bundesverfassungsgericht favorisierte Begriff des Staatsverbundes findet zwar in weiten
Teilen des europarechtswissenschaftlichen und staatsrechtlichen Schrifttums deutsch-
sprachiger Art recht breite Gefolgschaft.[24] Wirklich durchgesetzt hat sich dieser in vielerlei Hinsicht angreifbare Begriff jedoch nicht. Dies veranschaulichen insbesondere

---

[17] In diesem Sinne statt vieler *Calliess,* in: Calliess/Ruffert, EUV/AEUV, Art. 1 EUV, Rn. 3; *Pechstein,* in: Streinz, EUV/AEUV, Art. 1 EUV, Rn. 4 f.; ähnlich vgl. auch *Classen,* EnzEuR, Bd. 1, § 37,
Rn. 4; sowie *Nettesheim,* in: Grabitz/Hilf/Nettesheim, EU, Art. 1 EUV (August 2012), Rn. 14 ff.
[18] So auch vgl. *Pechstein,* in: Streinz, EUV/AEUV, Art. 1 EUV, Rn. 7.
[19] Ausführlicher dazu vgl. statt vieler und jeweils m. w. N. *Calliess,* Die neue Europäische Union
nach dem Vertrag von Lissabon, 2010, S. 454 f.; *Pechstein,* in: Streinz, EUV/AEUV, Art. 1 EUV,
Rn. 10.
[20] Zutr. vgl. mit überzeugender Begründung *Pechstein,* in: Streinz, EUV/AEUV, Art. 1 EUV,
Rn. 11.
[21] Vgl. in diesem Kontext insbesondere *Kirchhof,* in: *ders./*Papier (Hrsg.), Handbuch des Staatsrechts, Bd. VII, 1992, § 183, Rn. 38; sowie *ders.,* in: v. Bogdandy/Bast, Europäisches Verfassungsrecht,
S. 1009 ff.
[22] BVerfGE 89, 155 (181 ff.) – *Maastricht;* näher zu diesem Urteil siehe m. w. N. unten Rn. 22.
[23] BVerfGE 123, 267 (348) – *Lissabon;* näher zu dieser Entscheidung siehe m. w. N. unten Rn. 40 f.
[24] Exemplarisch vgl. nur *Heintschel v. Heinegg,* in: Vedder/Heintschel v. Heinegg, Europäisches
Unionsrecht, Art. 1 EUV, Rn. 3; *Papier,* Die Bedeutung des Grundgesetzes im Europäischen Staatenverbund, in: Stern (Hrsg.), 60 Jahre Grundgesetz – Das Grundgesetz für die Bundesrepublik Deutschland im Europäischen Verfassungsverbund, 2010, S. 107 ff.; *Streinz,* Die Europäische Union als
Rechtsgemeinschaft, S. 395 ff.; m. w. N. *Nowak,* EnzEuR, Bd. 3, § 34, Rn. 3.

solche Publikationen, in denen die Europäische Union nicht oder jedenfalls nicht allein als Staatenverbund bezeichnet, sondern etwa als Staaten- und Verfassungsverbund,[25] als internationale Organisation[26] und/oder als überwiegend **supranational organisierte Neuschöpfung einer Rechtsordnung eigener Art**[27] eingeordnet wird. Die theoretischen Deutungen und begrifflichen Zuordnungen der vorgenannten Art dürfen in ihrer Bedeutung allerdings nicht überschätzt werden, da sich die wahre Rechtsnatur und das eigentliche Wesen der Europäischen Union letztendlich erst durch eine Gesamtschau ihrer Struktur, Ziele, Werte, Organisation und Befugnisse erschließen lassen, wie sie die einzelnen Bestimmungen des EU-Vertrags und des Vertrags über die Arbeitsweise der EU näher festlegen.[28]

III. Übertragung von Zuständigkeiten auf die Europäische Union zur Verwirklichung gemeinsamer Ziele ihrer Mitgliedstaaten

Abschließend wird im zweiten Halbsatz des Art. 1 Abs. 1 EUV, der erst durch den Lissabonner Reformvertrag in diese unionsverfassungsrechtliche Grundlagenbestimmung eingefügt worden ist (s. Rn. 2), klargestellt, dass es sich bei der durch die hohen Vertragsparteien gegründeten Europäischen Union um eine Union handelt, der die Mitgliedstaaten Zuständigkeiten zur Verwirklichung ihrer gemeinsamen Ziele übertragen. Mit dieser Formulierung wird nach allgemeiner Auffassung insbesondere die **Abhängigkeit der Europäischen Union von Zuständigkeitsübertragungen** durch ihre Mitgliedstaaten und der Respekt vor deren Souveränität zum Ausdruck gebracht.[29] Eine praktische Notwendigkeit für die Einfügung dieser neuartigen Klarstellung ist insbesondere im Hinblick auf die in Art. 4 Abs. 1 EUV niedergelegte »Angstklausel« sowie auf den in Art. 5 Abs. 1 und Abs. 2 Satz 1 EUV ohnehin geregelten und in zahlreichen anderen Vertragsbestimmungen wie etwa Art. 7 AEUV zusätzlich unterstrichenen **Grundsatz der begrenzten Einzelermächtigung** nicht unbedingt leicht zu erkennen.[30] Sofern mit dieser Neuerung eventuell die Rolle der Mitgliedstaaten als »Herren der Verträge« unterstrichen werden sollte,[31] müsste ein solches Unterfangen zumindest als fragwürdig bezeichnet werden, da sich diese im einschlägigen Schrifttum recht häufig verwendete Metapher[32] in keinster Weise für eine wirklich sachgerechte Beschreibung des zwischen der Europäischen Union und ihren Mitgliedstaaten bestehenden Verhältnisses eignet.[33]

11

---

[25] Vgl. *Calliess*, in: Calliess/Ruffert, EUV/AEUV, Art. 1 EUV, Rn. 41 ff.

[26] Vgl. *Pechstein*, in: Streinz, EUV/AEUV, Art. 1 EUV, Rn. 13.

[27] Vgl. *Geiger*, in: Geiger/Khan/Kotzur, EUV/AEUV, Art. 1 EUV, Rn. 5; sehr ähnlich auch bereits *Nicolaysen*, Europarecht I, S. 59, der die EU als Schöpfung eigener Art (sui generis) ohne Vorbild einordnet.

[28] Sehr ähnlich vgl. auch *Nettesheim*, in: Grabitz/Hilf/Nettesheim, EU, Art. 1 EUV (August 2012), Rn. 16.

[29] In diesem zutr. Sinne vgl. statt vieler und m. w. N. *Calliess*, in: Calliess/Ruffert, EUV/AEUV, Art. 1 EUV, Rn. 68.

[30] Diesbezüglich zu Recht von einer nicht wirklich geglückten Neuerung sprechend vgl. auch *Nettesheim*, in: Grabitz/Hilf/Nettesheim, EU, Art. 1 EUV (August 2012), Rn. 17.

[31] In diese Richtung weisend vgl. *Heintschel v. Heinegg*, in: Vedder/Heintschel v. Heinegg, Europäisches Unionsrecht, Art. 1 EUV, Rn. 4.

[32] Statt vieler vgl. nur *Nettesheim*, in: Grabitz/Hilf/Nettesheim, EU, Art. 1 EUV (August 2012), Rn. 12.

[33] Vgl. nur *Everling*, Sind die Mitgliedstaaten der Europäischen Gemeinschaft noch Herren der Verträge?, S. 173 ff.; *Nicolaysen*, Europarecht I, S. 156 ff.

C.   Der EU-Vertrag als eine neue Stufe bei der Verwirklichung einer immer engeren Union der Völker Europas (Absatz 2)

12   Der zuletzt anlässlich des zum 1.7.2014 erfolgten EU-Beitritts der Republik Kroatien partiell geänderte[34] EU-Vertrag stellt ausweislich des Art. 1 Abs. 2 EUV eine neue Stufe bei der Verwirklichung einer immer engeren Union der Völker Europas dar. Mit dieser grundlegenden Einordnung des EU-Vertrags als eine neue Stufe bei der Verwirklichung einer immer engeren Union der Völker Europas knüpfen die ersten beiden Absätze des Art. 1 EUV in weitem Umfang an den ersten und dreizehnten Erwägungsgrund der EUV-Präambel an, die ebenfalls den Prozess der Schaffung einer immer engeren Union der Völker Europas hervorheben und dabei zugleich die Entschlossenheit der Gründerstaaten zum Ausdruck bringen, den mit der Gründung der Europäischen Gemeinschaften eingeleiteten Prozess der europäischen Integration im Sinne eines gleichermaßen auf weitere Vertiefung und Erweiterung ausgerichteten Integrationsauftrags[35] auf eine neue Stufe zu heben (s. Präambel EUV, Rn. 7f.). Insoweit ist der EU-Vertrag auf eine **Förderung und Intensivierung des europäischen Integrationsprozesses** ausgerichtet, dessen so genannte Finalität[36] bislang allerdings ganz bewusst »in der Schwebe« gehalten wurde. Zur Verdeutlichung des durch Art. 1 Abs. 2 EUV unterstrichenen Prozesscharakters der europäischen Integration, deren Geschichte und bisheriger Verlauf im einschlägigen Schrifttum insbesondere politik-, wirtschafts- und europarechtswissenschaftlicher Art bereits ausführlich beschrieben worden sind,[37] werden nachfolgend sowohl die Wurzeln bzw. Ursprünge der so genannten Europaidee sowie die wesentlichen Grundmotive und Anfänge der europäischen Integration (I.) als auch die maßgeblichen (weiteren) Entwicklungsstufen des europäischen Integrationsprozesses (II.) bis hin zum Inkrafttreten des Lissabonner Reformvertrags skizziert, der die Dauerdiskussion über die weitere »Zukunft« Europas bzw. der Europäischen Union oder der europäischen Integration selbstverständlich nicht zu einem Ende gebracht hat (III.).

---

[34] Vgl. dazu die Akte über die Bedingungen des Beitritts der Republik Kroatien und die Anpassungen des Vertrags über die Europäische Union, des Vertrags über die Arbeitsweise der Europäischen Union und des Vertrags zur Gründung der Europäischen Atomgemeinschaft (Beitrittsakte 2013), ABl. 2012, L 112/21, i.V.m. der Unterrichtung über das am 1.7.2013 erfolgte Inkrafttreten des zwischen 27 EU-Mitgliedstaaten und der Republik Kroatien geschlossenen Beitrittsvertrags, ABl. 2013, L 300/5.

[35] Instruktiv dazu vgl. m.w.N. *Alsen*, S. 42ff.

[36] Zur »klassischen« Frage nach der sog. Finalität Europas bzw. des europäischen Integrationsprozesses vgl. nur *Classen*, EnzEuR, Bd. 1, § 37, Rn. 1ff.; *Fischer*, integration 2000, 149ff.; *Oppermann*, AöR 141 (2016), 136 (141ff.); *Pernice*, Zur Finalität Europas, S. 743ff.

[37] Vgl. nur die zahlreichen Beiträge in *Breuss/Fink/Griller* (Hrsg.), Vom Schuman-Plan zum Vertrag von Amsterdam – Entstehung und Zukunft der EU, 2000, und in *Gehler* (Hrsg.), Vom Gemeinsamen Markt zur europäischen Unionsbildung – 50 Jahre Römische Verträge 1957–2007, 2009; sowie *Beichelt*, S. 161 (163ff.); *Eger/Wagener*, EnzEuR, Bd. 1, § 3, Rn. 1ff.; *Grimmel/Jakobeit*, S. 15ff.; *dies.*, EnzEuR, Bd. 1, § 2, Rn. 1ff.; *Hobe/End*, integration 2007, 140ff.; *Judt*, S. 13ff.; *Loth*, Der Weg nach Europa: Geschichte der europäischen Integration 1939–1957, 3. Aufl., 1996, passim; *Mittag*, S. 9ff.; *Müller-Graff*, integration 2007, 407ff.; *Mosler*, S. 911ff.; *Pechstein*, in: Beichelt/Chotuj/Rowe/Wagener*, S. 239ff.; *Sattler*, JöR 36 N.F. (1987), 365ff.; *Seeler*, S. 13ff.; *Stern*, S. 143ff. Mit einem Vorschlag zur Einrichtung eines Forschungsgebiets der Rechtsgeschichte der europäischen Integration vgl. ferner *Schorkopf*, JZ 2014, 421.

I. Ursprünge der Europaidee, Grundmotive der europäischen Integration und Gründung der Montanunion

Die Wurzeln der so genannten Europaidee, die traditionell ganz unterschiedlich geartete **13** Vorstellungen über ein irgendwie vereinigtes oder geeintes Europa bzw. über ein staatenbündisches Miteinander europäischer Nationalstaaten zum Gegenstand hat, reichen weit in die Geschichte zurück.[38] Literarisch belegbar ist diese Idee bereits seit dem **Mittelalter**.[39] Deutlich an Schwung gewann die Europaidee indes erst im **19. Jahrhundert**, was sich bereits – exemplarisch – mit dem parallel zum Wiener Kongress (1814) vorgelegten Entwurf eines europäischen Staatenbundes aus der Feder von *Karl C. F. Krause* sowie mit verschiedenen Schriften etwa von *Guiseppe Mazzini, Charles Lemonniers* und *William T. Stead* belegen lässt.[40] Als legendär zu bezeichnen ist in diesem Zusammenhang ferner die berühmte Rede des französischen Dichters *Victor Hugo* (1802–1885), der schon im Jahre 1849 anlässlich des Pariser Weltfriedenskongresses über die »Vereinigten Staaten von Europa« gesprochen hat.

In der zweiten Hälfte des 19. Jahrhunderts trug sodann die Gründung einiger inter- **14** nationaler Organisationen etwa in Gestalt der Internationalen Fernmeldeunion (1865) und des Weltpostvereins (1874) zu einer partiellen Vertiefung der internationalen Staatenkooperation bei, an der sich auch zahlreiche europäische Staaten beteiligt haben.[41] Zu **Beginn des 20. Jahrhunderts** setzten sich die paneuropäischen Träume zunächst unvermindert fort. So legte etwa der damalige französische Außenminister *Aristide Briand* (1862–1932) der Völkerbundversammlung im Jahre 1919 ein vielbeachtetes Memorandum über die Errichtung eines »regime d'union fédérale européenne« vor. Später inspirierte dann die Katastrophe des Ersten Weltkriegs den österreichischen Grafen *Richard Nicolaus Coudenhove-Kalergi* zu dem im Jahre 1923 erschienenen Buch »Paneuropa« sowie zur Gründung der »Paneuropa«-Union.[42]

Die noch größere **Katastrophe des Zweiten Weltkriegs**, die Deutschland mit schreck- **15** lichsten Folgen über Europa gebracht hat, konnte die Europaidee zum Glück nicht zum Erliegen bringen.[43] Besonders erwähnenswert ist in diesem Kontext zunächst einmal der Umstand, dass der britische Staatsmann *Winston Churchill* in seiner so genannten Züricher Rede vom 19. 9. 1946 eine Neugründung der europäischen Völkerfamilie in Gestalt der »Vereinigten Staaten von Europa« beschwor.[44] Dem folgte sodann die Grün-

---

[38] Ausführlicher zu den bereits in der griechisch-römischen Kultur wurzelnden Antriebskräften frühester Vorstellungen von einer Gemeinsamkeit Europas vgl. *Oppermann/Classen/Nettesheim*, Europarecht, § 1, Rn. 5; *Zyborowicz*, S. 147 (148 ff.).

[39] Zutr. *Haratsch/Koenig/Pechstein*, Europarecht, S. 2, mit der weiteren These, dass sich bereits *Immanuel Kant* mit seinem Traktat »Zum ewigen Frieden« (1795) für eine europäische, langfristig republikanisch verfasste Föderation von Staaten einsetzte; vgl. aber auch *Streinz/Ohler/Herrmann*, Vertrag von Lissabon, S. 2, wonach die vorgenannte Schrift »nicht spezifisch auf Europa, sondern universell angelegt war«; m. w. N. vgl. *Oppermann/Classen/Nettesheim*, Europarecht, § 1, Rn. 6 ff.; *Leibfried*, APuZ 2010, 41 ff.; sowie die zahlreichen Beiträge in *Böttcher* (Hrsg.), Klassiker des europäischen Denkens, 2014.

[40] Vgl. dazu mit einschlägigen Quellenangaben *Streinz/Ohler/Herrmann*, Vertrag von Lissabon, S. 2.

[41] Näher zur europäischen Integration im Zeitraum von 1870 bis 1914 vgl. *Kouli*, ZSE 2014, 507 ff.

[42] Ausführlicher dazu vgl. m. w. N. *Streinz/Ohler/Herrmann*, Vertrag von Lissabon, S. 3.

[43] Zur europäischen Bewegung nach dem Ende des Zweiten Weltkriegs vgl. auch jeweils m. w. N. *Oppermann/Classen/Nettesheim*, Europarecht, § 2, Rn. 1 ff.; *Pechstein*, in: Beichelt/Chotuj/Rowe/Wagener, S. 239 (240 ff.); *Stern*, S. 143 (145); *Zyborowicz*, S. 147 (154 ff.); zum sog. *Europäismus* zwischen den beiden vorgenannten Weltkriegen vgl. *Schmale*, S. 5 ff.

[44] Ein Abdruck der maßgeblichen Passagen dieser Rede findet sich u. a. in *Schütz/Bruha/König*,

dung diverser internationaler Organisationen etwa in Gestalt der im Jahre 1948 gegründeten Organisation für Europäische Wirtschaftliche Zusammenarbeit (OEEC)[45] und des im Jahre 1949 gegründeten Straßburger Europarates.[46] Hiermit wurde ansatzweise ein erstes Fundament für einen neuen europäischen Multilateralismus gelegt, der mit Gründung der NATO im Jahre 1949 eine frühe transatlantische Einhegung erfuhr.

16   Von grundlegender Bedeutung für den europäischen Integrationsprozess im engeren Sinne war in der Folge vor allem der am 9.5.1950 vom damaligen französischen Außenminister *Robert Schuman* vorgelegte und zuvor von seinem Mitarbeiter *Jean Monnet* entwickelte »**Schuman-Plan**«[47], der die Errichtung einer funktional zunächst auf die beiden Schlüsselindustrien des Zweiten Weltkriegs begrenzten Gemeinschaft für Kohle und Stahl vorsah. Dieser in hohem Maße friedenspolitisch motivierte Plan[48] wurde von Deutschland, Italien und den Benelux-Staaten mit Begeisterung aufgenommen, weshalb die entsprechenden Verhandlungen zwischen diesen Staaten und Frankreich bereits am 20.6.1950 in Paris beginnen und danach recht zügig abgeschlossen werden konnten.[49] Der aus diesen Verhandlungen hervorgegangene Vertrag zur **Gründung der Europäischen Gemeinschaft für Kohle und Stahl** ist bereits am 18.4.1951 anlässlich der Pariser Außenministerkonferenz von den vorgenannten sechs Gründungsstaaten unterzeichnet worden und nach erfolgreicher Ratifikation schließlich am 23.7.1952 mit einer von vornherein begrenzten Laufzeit von fünfzig Jahren in Kraft getreten.[50] Das maßgebliche Exekutivorgan dieser neuen supranationalen Gemeinschaft war zu Beginn die so genannte Hohe Behörde, deren erster Präsident aus guten Gründen *Jean Monnet* war. Die Gründung dieser häufig auch **Montanunion** genannten Gemeinschaft, die als Nukleus der Supranationalität in Europa angesehen werden kann, markiert den Beginn des europäischen Integrationsprozesses im engeren Sinne, der sich in mehreren verschiedenen Etappen wie folgt fortsetzen, verdichten und ausdehnen sollte.

II.   Weitere zurückliegende Entwicklungsstufen des europäischen Integrationsprozesses

17   In dem beinahe sechs Jahrzehnte umfassenden Zeitraum zwischen der Gründung der vorangehend erwähnten Montanunion (s. Rn. 16) und dem am 1.12.2009 erfolgten Inkrafttreten des Lissabonner Reformvertrags gab es mehrere **verschiedene Etappen oder Phasen des europäischen Integrationsprozesses**. Die erste Phase reicht von der

---

S. 14; ausführlicher zu der seinerzeit von *Churchill* vorgetragenen Vision vgl. etwa *Seidel*, Der europäische Verfassungsprozess und Winston Churchills Züricher Vision der »Vereinigten Staaten von Europa«, EuZW 2008, 1.

[45] Später umbenannt in Organisation für wirtschaftliche Zusammenarbeit und Entwicklung (OECD); ausführlicher zu dieser Organisation vgl. statt vieler *Reindl*, EnzEuR, Bd. 1, § 33, Rn. 1ff.

[46] Ausführlich zu dieser überaus bedeutsamen europäischen Organisation vgl. m.w.N. *Uerpmann-Wittzack*, EnzEuR, Bd. 1, § 25, Rn. 1ff.

[47] Ausführlicher dazu vgl. nur *Steininger*, S. 69 (73f.); *Schmale*, S. 5 (23ff.); *Stern*, S. 143 (145).

[48] Ein Abdruck der maßgeblichen Passagen dieses Plans, in dem der Gedanke der Sicherung des Friedens durch Integration besonders stark akzentuiert wurde, findet sich u.a. in *Schütz/Bruha/König*, S. 12; eindrucksvoll zum Leitmotiv der Friedenssicherung durch (europäische) Integration vgl. *Nicolaysen*, in: Bruha/Hesse/Nowak, S. 91 (102ff.); zu den weiteren maßgeblichen Motiven (insb. Versöhnung zwischen Frankreich und Deutschland; Westintegration und Kontrolle der Bundesrepublik Deutschland; Schaffung eines Gemeinsamen Marktes etc.) vgl. *Nicolaysen*, in: Schäfer/Wass von Czege, S. 33 (35ff.).

[49] Ausführlich zu dieser ersten Phase der Vertragskonferenz vgl. *Bayer*, S. 15ff.

[50] EGKSV, BGBl. 1952 II S. 447.

Errichtung der Montanunion und den beiden wenige Jahre später in Kraft getretenen Römischen Verträgen (1) bis hin zu dem im Sommer 1987 erfolgten Inkrafttreten der so genannten Einheitlichen Europäischen Akte (2.). Während die zweite Phase durch die mit dem Maastrichter Vertrag bewirkte Gründung der bereits kurze Zeit später erweiterten EU geprägt wird (3.), kommt in der dritten Phase vor allem den beiden Änderungsverträgen von Amsterdam und Nizza sowie der großen EU-Osterweiterung eine besondere Bedeutung zu (4.). Der vierten Phase kann sodann der »gescheiterte« Vertrag über eine Verfassung für Europa zugeordnet werden (5.), dessen Scheitern allerdings nicht darüber hinwegtäuschen kann, dass zahlreiche Regelungsgehalte dieses Verfassungsvertrags später durch den ebenfalls dieser Phase zuzuordnenden Reformvertrag von Lissabon übernommen worden sind (6.).

1. Die Römischen Verträge sowie die anschließenden Nord- und Süderweiterungen

Im Anschluss an die im Sommer 1952 erfolgte Gründung der Montanunion bzw. der   **18**
Europäischen Gemeinschaft für Kohle und Stahl (s. Rn. 16) setzte sich der Prozess der sukzessiven Vertiefung und Erweiterung des europäischen Integrationsprozesses auf der Grundlage des maßgeblich von *Jean Monnet* entwickelten Konzepts der funktionalen Integration dynamisch fort. Scheitern mussten zwar zunächst die ambitionierten Pläne zur Gründung einer föderal konstituierten Europäischen Politischen Gemeinschaft (EPG) und einer Europäischen Verteidigungsgemeinschaft (EVG), die im Jahre 1954 nach einem ablehnenden Votum der französischen Nationalversammlung ad acta gelegt werden mussten.[51] Gleichwohl konnten sich die seinerzeit im EGKS-Rat vertretenen Mitgliedstaaten bereits im Juni 1955 anlässlich der Außenministerkonferenz von Messina[52] darauf verständigen, »die Schaffung eines vereinten Europas durch Weiterentwicklung gemeinsamer Institutionen, durch die schrittweise Fusion der nationalen Wirtschaft, durch die Schaffung eines gemeinsamen Marktes und durch die schrittweise Harmonisierung der Sozialpolitik fortzusetzen«. Der zu diesem Zweck eingesetzte Regierungsausschuss erarbeitete sodann unter dem Vorsitz des seinerzeit amtierenden belgischen Außenministers *Paul Henry Spaak* konkrete – im so genannten *Spaak–Bericht*[53] festgehaltene – Vorschläge für die Verwirklichung eines solchen Gemeinsamen Marktes, die bei den Regierungen der damaligen sechs EGKS-Mitgliedstaaten auf Zustimmung stießen. Folglich unterzeichneten diese Staaten am 25.3.1957 in der italienischen Hauptstadt die beiden so genannten Römischen Verträge,[54] bei denen es sich um den am 1.1.1958 in Kraft getretenen **Vertrag zur Gründung der Europäischen Wirtschaftsgemeinschaft**[55] sowie um den am gleichen Tag in Kraft getretenen **Vertrag zur Gründung der Europäischen Atomgemeinschaft**[56] (EAGV) handelt.

Damit existierten recht frühzeitig drei supranational ausgerichtete, mit jeweils eige-   **19**
ner Rechtspersönlichkeit ausgestattete und zunächst weitgehend unabhängig voneinander agierende Europäische Gemeinschaften, die trotz einer längeren Phase der gemein-

---

[51] Ausführlicher dazu vgl. statt vieler *Stern*, S. 143 (147 f.).
[52] Ausführlicher zu dieser wichtigen Konferenz vgl. nur *Steininger*, S. 69 (77 ff.).
[53] Ausführlicher dazu vgl. etwa *Steininger*, S. 69 (79 f.).
[54] Ausführlicher zur Entstehung dieser Römischen Verträge vgl. etwa *Loth*, in: *Gehler*, S. 111 ff.
[55] EWGV, BGBl. 1957 II, S. 766 ff.
[56] EAGV bzw. Euratom-Vertrag, BGBl. 1957 II, S. 1014; ausführlicher zur Europäischen Atomgemeinschaft, die anders als die beiden vorgenannten Gemeinschaften in Gestalt der EGKS und der E(W)G auch heute noch besteht, vgl. statt vieler *Grunwald*, EnzEuR, Bd. 1, § 16, Rn. 1 ff.

schaftsinternen Stagnation und dazugehöriger Krisen[57] auf andere – nicht zu deren Gründern gehörende – europäische Staaten in der Folge enorm anziehend wirkten. Hierfür spricht insbesondere der Umstand, dass Dänemark, Irland und das Vereinigte Königreich im Jahre 1973 (sog. **Norderweiterung**), Griechenland im Jahre 1981 (sog. **erste Süderweiterung**) sowie Portugal und Spanien im Jahre 1986 (sog. **zweite Süderweiterung**) allen drei Gemeinschaften beitraten,[58] wodurch sich die Anzahl der Mitglieder dieser drei Europäischen Gemeinschaften zunächst einmal auf 12 erhöhte.

2. Fusionsvertrag und Einheitliche Europäische Akte

20   Für eine gewisse Vertiefung der maßgeblich durch die Gründung der Montanunion (s. Rn. 16), der Europäischen Atomgemeinschaft (s. Rn. 18) und der Europäischen Wirtschaftsgemeinschaft (s. Rn. 18) in Gang gesetzten europäischen Integration sorgte sodann zunächst einmal der so genannte Fusionsvertrag vom 8.4.1965, bei dem es sich um den am 1.7.1967 in Kraft getretenen **Vertrag zur Einsetzung eines gemeinsamen Rates und einer gemeinsamen Kommission der Europäischen Gemeinschaften**[59] handelt. Dieser Vertrag führte tatsächlich zur Einsetzung eines gemeinsamen Rates und einer gemeinsamen Kommission der drei bis dato bestehenden Europäischen Gemeinschaften und verstärkte insoweit die institutionelle bzw. organisatorisch-technische Verflechtung dieser drei Gemeinschaften,[60] ohne dabei zugleich für eine Fusion der drei Gründungsverträge zu einem einheitlichen Vertragswerk zu sorgen.

21   Eine erste größere Reform der vorgenannten »Zwölfer«-Gemeinschaften wurde sodann mit der so genannten **Einheitlichen Europäischen Akte** (EEA) vom 17.2.1986 realisiert, die am 1.7.1987 in Kraft getreten ist.[61] Diese Vertragsreform, die über eine längere Zeit vorbereitet worden war,[62] führte im Wesentlichen dazu, dass der den seinerzeit geltenden EWG-Vertrag kennzeichnenden Zielsetzung in Gestalt der bis zum 1.1.1970 angestrebten Errichtung eines Gemeinsamen Marktes das so genannte Binnenmarktkonzept hinzutrat,[63] dass die seit 1970 zunächst eher informell agierende Europäische Politische Zusammenarbeit (EPZ) erstmals eine vertragliche Grundlage erhielt, dass die Rollen des Europäischen Parlaments und der Kommission gestärkt wurden und dass die damalige EWG fortan über explizite Kompetenzen zum Erlass von Umweltvorschriften verfügte.[64]

---

[57] Zur gemeinschaftsinternen Stagnation insbesondere in den 60iger Jahren des vergangenen Jahrhunderts sowie zu der üblicherweise unter dem Slogan der »Politik des leeren Stuhls« diskutierten Verfassungskrise vgl. nur *Bajon*, S. 371 ff.; *Stern*, S. 143 (150 ff.); instruktiv zur Geschichte und zur Typologie vergangener und aktueller (politischer) Entscheidungskrisen der europäischen Integration vgl. *Kaelble*, integration 2013, 169 ff.

[58] Ausführlicher zu diesen Erweiterungsrunden vgl. etwa *Steininger*, S. 69 (90 ff.).

[59] BGBl. 1965 II S. 1454; ABl. 1967, L 152/1.

[60] Näher dazu vgl. etwa *Everling*, FS Oppermann, S. 163 (166 f.).

[61] ABl. 1987, L 169/1.

[62] Ausführlicher dazu vgl. *Stern*, FS Oppermann, S. 143 (154).

[63] Ausführlich zu den beiden vorgenannten Marktbegriffen sowie zu dem auf den Lissabonner Reformvertrag zurückzuführenden »Sieg« des Binnenmarktbegriffs über den im primären Unionsrecht nun nicht mehr vorkommenden Begriff des Gemeinsamen Marktes vgl. *Nowak*, EuR-Beih. 1/2009, 129 ff.

[64] Näher zu diesen und weiteren mit der EEA realisierten Vertragsreformen vgl. nur *Glaesner*, EuR 1986, 119 ff.; *Hrbek/Laufer*, EA 1986, 173 ff.; *Landfried*, S. 57 ff.; *Nicolaysen*, Europarecht II, S. 31 ff.; *Nowak*, Umweltschutz als grundlegendes Verfassungsziel und dauerhafte Querschnittsaufgabe der Europäischen Union, S. 25 (30 ff.); *Pescatore*, EuR 1986, 153 ff.; *Scheuing*, EuR 1989, 152 ff.; *Stern*, FS Oppermann, S. 143 (154 f.).

3. Gründung der Europäischen Union durch den Vertrag von Maastricht und die anschließende (zweite) Norderweiterung

Der Einheitlichen Europäischen Akte folgte wenige Jahre später die zweite große Re-   **22**
form der Gründungsverträge, die mit dem am 7.2.1992 in Maastricht unterzeichneten
und nach einem Aufsehen erregenden – durch die sog. *Maastricht*-Entscheidung vom
12.10.1993[65] beendeten – »Zwischenspiel« vor dem deutschen Bundesverfassungsgericht schließlich am 1.11.1993 in Kraft getretenen Vertrag über die Europäische Union[66]
bewirkt wurde. Mit dem **Inkrafttreten des** von den Mitgliedstaaten der oben erwähnten
»Zwölfer«-Gemeinschaften geschlossenen **Maastrichter Vertrags über die Europäische
Union** ist den bis dato bestehenden drei Europäischen Gemeinschaften die in diesem
Vertrag zunächst nicht mit Rechtspersönlichkeit ausgestattete Europäische Union hinzugetreten. Die seitdem im Vertrag über die EU verfasste Unionsrechtsordnung konnte
fortan zunächst als eine komplexe und keineswegs einfach einzuordnende Gesamtkon-
struktion[67] verstanden werden, die eine neue (übergreifende) politische Union ordnete
und zu diesem Zweck auf drei verschiedenen – durch einen »einheitlichen institutionellen Rahmen« miteinander verklammerten – Säulen oder Pfeilern ruhte.[68]

In diesem Sinne wurde der ersten Säule im Rahmen der neuartigen **Säulenstruktur der**   **23**
damaligen Unionsrechtsordnung zunächst das Recht der drei Europäischen Gemeinschaften zugeordnet, von denen nach dem Ende der EGKS im Sommer 2002[69] allerdings
nur noch zwei Gemeinschaften verblieben sind. Bei einer dieser verbliebenen Gemeinschaften handelt es sich um die früher so bezeichnete EWG, die durch den Maastrichter
Unionsvertrag in »Europäische Gemeinschaft« umbenannt wurde. Das der ersten Säule
der Unionsrechtsordnung zuzuordnende Gemeinschaftsrecht ist durch den Maastrichter Unionsvertrag insbesondere insoweit verändert und fortentwickelt worden, als dieser Vertrag durch entsprechende Änderungen des EG-Vertrags die in drei nachfolgenden Schritten zu verwirklichende Wirtschafts- und Währungsunion geschaffen, neue
EG-Kompetenzen etwa in den Bereichen Bildung, Kultur, Gesundheit und Verbraucherschutz begründet, die Unionsbürgerschaft eingeführt und darüber hinaus zahlreiche weitere materiell- und institutionell-rechtliche Neuerungen wie etwa das Subsidiaritätsprinzip mit sich gebracht hat.[70] Im Übrigen hat der Maastrichter Unionsvertrag
der ersten Säule zwei weitere Säulen hinzugefügt, in denen von da an die jeweils primär
auf eine intergouvernementale Kooperation der EU-Mitgliedstaaten ausgerichteten Re-

---

[65] BVerfGE 89, 155 ff. – *Maastricht*; aus der Vielzahl einschlägiger Veröffentlichungen zu dieser
aus vielerlei Gründen kontrovers diskutierten Entscheidung vgl. *Everling*, integration 1994, 165 ff.;
Fromont, JZ 1995, 800 ff.; *Ipsen*, EuR 1994, 1 ff.; *Klein*, GS Grabitz, S. 797 ff.; *Meessen*, NJW 1994,
549 ff.; *Nicolaysen*, in: Bruha/Hesse/Nowak, S. 91 ff.; *Schröder*, DVBl 1994, 316 ff.; *Steinberger*, FS
Bernhardt, S. 1313 ff.; *Tomuschat*, EuGRZ 1993, 489 ff.; *Weiler*, FS Everling, S. 1651 ff.; *Zuleeg*,
E.L.Rev. 22 (1997), 19 ff.

[66] ABl. 1992, C 191/1; näher zu diesem Vertrag, jeweils mit guten Überblicken, vgl. statt vieler
Baetge, BayVBl. 1992, 711 ff.; *Blanke*, DÖV 1993, 412 ff.

[67] Instruktiv zur kontroversen Einordnung dieser seinerzeit neuartigen Konstruktion vgl. nur
Everling, FS Oppermann, S. 163 (175 ff.); *Nicolaysen*, Europarecht I, S. 39 ff.; *ders.*, FS Oppermann,
S. 187 ff.

[68] Mit graphischen Darstellungen dieser Säulenstruktur vgl. *Rossi*, ZJS 2010, 49 ff.

[69] Zum Ende der 50-jährigen Laufzeit des EGKSV im Sommer 2002 vgl. insbesondere *Grunwald*,
EuZW 2003, 193 ff.; *Obwexer*, EuZW 2002, 517 ff.

[70] Ausführlich zu diesen zahlreichen Änderungen vgl. aus damaliger Zeit *Epiney/Furrer*, EuR
1992, 369 ff.; *Evans*, AJCL 32 (1994), 683 ff.; *Hobe*, Der Staat 32 (1993), 245 ff.; *Pipkorn*, CMLRev.
31 (1994), 263; *Roth*, EuR-Beih. 1/1994, 45 ff.

gelungen über die Gemeinsame Außen- und Sicherheitspolitik (GASP) sowie über die polizeiliche und justizielle Zusammenarbeit in Strafsachen (PJZS) aufgehoben waren.[71]

24   Der durch die vorgenannte Säulenstruktur geprägten EU sind nur knapp zwei Jahre nach ihrer Gründung bereits drei weitere – bis dato der EFTA[72] angehörende – europäische Staaten in Gestalt von Finnland, Österreich und Schweden mit Wirkung zum 1.1.1995 beigetreten (sog. **zweite Norderweiterung** oder »EFTA-Erweiterung«). Die Bevölkerung Norwegens, die bereits im Jahre 1972 gegen einen EWG-Beitritt votiert hatte, stimmte im Jahre 1994 dagegen, den drei vorgenannten Beitrittsstaaten in die EU zu folgen. Damit gehört Norwegen weiterhin der EFTA an, die seit dem EU-Beitritt Finnlands, Österreichs und Schwedens selbst nur noch vier Mitgliedstaaten[73] hat. Durch den EU-Beitritt Finnlands, Österreichs und Schwedens, der sich zugleich auf die drei seinerzeit bestehenden Europäischen Gemeinschaften in Gestalt der Euratom, der EGKS und der E(W)G erstreckte, erhöhte sich die Anzahl der in der EU und in den drei vorgenannten Gemeinschaften vereinigten Mitgliedstaaten zunächst einmal von zwölf auf fünfzehn.

4. Änderungsverträge von Amsterdam und Nizza, EU-Grundrechtecharta sowie die erste Phase der großen EU-Osterweiterung

25   Die durch den Vertrag von Maastricht gegründete EU sollte in Folge des wenige Jahre zuvor erfolgten Zusammenbruchs des Kommunismus in Europa recht bald eine starke Anziehungskraft auf zahlreiche mittel- und südosteuropäische Staaten ausüben. Viele dieser Staaten konnten in den 90er Jahren des vergangenen Jahrhunderts sogar bilaterale Europa-Abkommen mit der damaligen EWG bzw. der EG abschließen, die seinerzeit zutreffend als so genannte Beitrittsassoziationen eingeordnet wurden.[74] Da sich für die neugegründete EU vor diesem Hintergrund bereits recht frühzeitig ein weiterer Reformbedarf abzeichnete, wurde im Jahre 1996 auf der Grundlage des seinerzeit geltenden Art. N Abs. 2 EUV eine Regierungskonferenz zur Vorbereitung einer neuen Vertragsrevision einberufen. Realisiert wurde diese Vertragsrevision durch den am 2.10.1997 unterzeichneten **Vertrag von Amsterdam** zur Änderung des Vertrags über die Europäische Union, der Verträge zur Gründung der Europäischen Gemeinschaften sowie einiger damit zusammenhängender Rechtsakte,[75] der nach erfolgreichem Abschluss aller innerstaatlichen Ratifikationsverfahren am 1.5.1999 in Kraft getreten ist. Dieser Änderungsvertrag führte zum einen zu einer deutlichen Stärkung des Europäischen Parlaments,[76] zu einer partiellen Erweiterung der EU/EG-Kompetenzen, zu neu-

---

[71] Zu diesen beiden Neuerungen vgl. aus damaliger Zeit zum einen (jeweils zur GASP) *Burghardt/ Tebbe*, EuR 1995, 1 ff.; *Krenzler/Schneider*, EuR 1994, 144 ff.; *Lange*, JZ 1996, 442 ff.; und zum anderen (jeweils zur 3. Säule) vgl. *Harings*, EuR-Beih. 2/1998, 81 ff.; *Müller-Graff*, CMLRev. 31 (1994), 493 ff.

[72] Ausführlicher zu dieser Europäischen Freihandelszone vgl. *Epiney*, EnzEuR, Bd. 1, § 26, Rn. 1 ff.

[73] Island, Liechtenstein, Norwegen und die Schweiz. Zur Mitwirkung der drei vorgenannten Staaten am Europäischen Wirtschaftsraum (EWR) vgl. nur m. w. N. *Graver*, EnzEuR, Bd. 1, § 19, Rn. 1 ff.; zur diesbezüglichen Sonderrolle der Schweiz vgl. nur m. w. N. *Kaddous*, EnzEuR, Bd. 1, § 20, Rn. 1 ff.

[74] Dazu vgl. nur *Hummer*, EuR-Beih. 1/2002, 75 (100 ff.).

[75] ABl. 1997, C 340/1; ausführlich zu diesem Änderungsvertrag vgl. statt vieler *Hilf/Pache*, NJW 1998, 705 ff.; *Streinz*, Jura 1998, 57 ff.; *ders.*, EuZW 1998, 137 ff.

[76] Näher dazu vgl. etwa *Schoo*, in: Schwarze, EU-Kommentar, Art. 223 AEUV, Rn. 2.

en – der sog. differenzierten Integration dienenden – Bestimmungen über eine verstärkte Zusammenarbeit zwischen den Mitgliedstaaten[77] und zu einer Verbesserung der intergouvernementalen Zusammenarbeit im Anwendungsbereich der GASP[78] (2. Säule). Zum anderen bewirkte dieser Vertrag eine partielle »Vergemeinschaftung«, indem der sog. Schengen-Besitzstand und die Sachmaterien Visa, Asyl und Einwanderung, die zuvor noch der intergouvernementalen Zusammenarbeit in den Bereichen Justiz und Inneres (3. Säule) zugeordnet waren, nunmehr in den zur 1. Säule gehörenden EG-Vertrag eingefügt bzw. überführt wurden.[79]

Eine institutionelle Reform der Unionsrechtsordnung, deren Notwendigkeit mit Blick auf die oben angesprochene Beitrittswilligkeit zahlreicher mittel- und osteuropäischer Staaten bereits in der Phase der Amsterdamer Vertragsrevision erkannt worden war, hat der Amsterdamer Änderungsvertrag weitgehend ausgespart. Dies wurde insoweit der Regierungskonferenz von Nizza 2000/2001 überlassen, die parallel zu der am 7. 12. 2000 feierlich proklamierten **Charta der Grundrechte der Europäischen Union** (s. Präambel GRC, Rn. 3) vornehmlich den am 26. 2. 2001 unterzeichneten und wegen eines vorübergehenden ‚Neins‘ der irischen Bevölkerung erst am 1. 2. 2003 in Kraft getretenen **Vertrag von Nizza** zur Änderung des Vertrags über die Europäische Union, der Verträge zur Gründung der Europäischen Gemeinschaften sowie einiger damit zusammenhängender Rechtsakte[80] hervorbrachte. Dieser wenige Monate nach der Auflösung der Montanunion in Kraft getretene Vertrag hat zwar diverse institutionell-rechtliche Änderungen in den Bereichen der Rechtsetzung, der Organstruktur und des Rechtsschutzes in der EU herbeigeführt. Diese Änderungen wurden jedoch allgemein als unbefriedigend empfunden, da sie nicht gewährleisten konnten, dass die EU auch nach ihrer nächsten Erweiterung hinreichend entscheidungs- und handlungsfähig bleiben würde.[81]   **26**

Fünfzehn Monate später erfolgte dann die **erste Phase der großen EU-Osterweiterung** (gelegentlich auch »big bang« genannt), die sich für Malta und Zypern sowie für acht süd- und mittelosteuropäische Staaten in Gestalt von Estland, Lettland, Litauen, Polen, Slowakei, Slowenien, Tschechien und Ungarn mit Wirkung zum 1. 5. 2004 realisierte[82] und die Anzahl der EU-Mitgliedstaaten von 15 auf 25 erhöhte. Durch die mit dieser großen Erweiterungsrunde verbundene Verschiebung der Außengrenzen der Europäischen Union sind einige europäische Drittstaaten in die unmittelbare Nachbarschaft dieser Union gerückt. Dies erklärt zugleich, warum die Kommission parallel zu dieser Erweiterungsrunde eine neue **Europäische Nachbarschaftspolitik** (ENP) entwickelt hat,[83] die   **27**

[77] Ausführlich zu dieser Neuerung vgl. aus damaliger Zeit *Ehlermann*, EuR 1997, 362 ff.; *Janning*, integration 1997, 285 ff.; *Martenczuk*, ZEuS 1998, 447 ff.

[78] Näher dazu vgl. *Dehousse*, EJIL 1998, 525 ff.; *Regelsberger/Jopp*, S. 155 ff.

[79] Ausführlich zu dieser Neuerung vgl. aus damaliger Zeit *Hailbronner/Thiery*, EuR 1998, 583 ff.

[80] ABl. 2001, C 80/1; jeweils mit guten Überblicken über diesen Änderungsvertrag von Nizza und über die dadurch bewirkten Vertragsreformen vgl. *Borchmann*, EuZW 2001, 170 ff.; *Epiney/Abt/Mosters*, DVBl 2001, 941; *Hatje*, EuR 2001, 163; *Pache/Schorkopf*, NJW 2001, 1377; *Pinder*, integration 2001, 77; *Wessels*, integration 2001, 8.

[81] Näher zu den in diesem Kontext seinerzeit vieldiskutierten »left overs« von Nizza vgl. nur *Duff/Deubner*, SWP-Aktuell 3 März 2001, 1 ff.

[82] In der zweiten Phase der EU-Ostererweiterung folgten sodann Bulgarien und Rumänien mit Wirkung zum 1. 1. 2007; der (bislang letzte) EU-Beitritt Kroatiens erfolgte schließlich mit Wirkung zum 1. 7. 2013.

[83] Grdlg. dazu vgl. die an den Rat und an das Europäische Parlament adressierte Mitteilung der Kommission vom 11. 3. 2003 »Größeres Europa – Nachbarschaft: Ein neuer Rahmen für die Bezie-

sich im Rahmen der östlichen ENP-Dimension auf Armenien, Aserbaidschan, Weißrussland bzw. Belarus, Georgien, die Ukraine und Moldawien bzw. die Republik Moldau sowie im Rahmen der südlichen ENP-Dimension auf Algerien, Marokko, Tunesien, Libyen, Ägypten, Jordanien, Libanon, Israel, die Palästinensische Behörde und Syrien bezieht.[84]

5. Die Entstehung und das »Scheitern« des Vertrags über eine Verfassung für Europa im Rahmen des Post-Nizza-Prozesses

28   Neben den vorangehend erörterten Etappen der europäischen Integration spielt vor allem auch der so genannte Post-Nizza-Prozess[85] eine herausragende Rolle für den europäischen Integrations- und Konstitutionalisierungsprozess. Dieser **Post-Nizza-Prozess**, in dessen Verlauf es – abgesehen von einer ihn begleitenden und maßgeblich von der Europäischen Kommission angestoßenen Regierungsdebatte[86] – im Wesentlichen um die Vollendung der bereits viele Jahre zuvor durch die Europa-Abkommen vorbereiteten EU-Osterweiterung sowie um die nachfolgend in den Vordergrund zu rückenden Verfassungsreformen ging, begann nicht erst im Anschluss an das am 1.2.2003 erfolgte Inkrafttreten des Änderungsvertrags von Nizza. Den Beginn dieses Prozesses markiert vielmehr die bereits unmittelbar nach Unterzeichnung des Nizza-Vertrags vom Europäischen Rat verabschiedete Erklärung von Laeken zur Zukunft der Europäischen Union (a), die zur Einsetzung des auch als »Verfassungskonvent« bezeichneten Konvents zur Zukunft Europas führte (b). Im Oktober 2004 kam es sodann auf der Grundlage der insgesamt erfolgreichen Vorarbeiten des Verfassungskonvents zur Unterzeichnung des daraufhin in zahlreichen EU-Mitgliedstaaten ratifizierten Vertrags über eine Verfassung für Europa (c), der im darauffolgenden Jahr allerdings an den negativen bzw. ablehnenden Referenden in Frankreich und in den Niederlanden »scheitern«[87] sollte (d).

a) Erklärung von Laeken zur Zukunft der Europäischen Union

29   In dem Bewusstsein, dass die Vertragsreformen von Nizza (s. Rn. 26) weit hinter dem Notwendigen und dem ursprünglich Erwarteten zurückgeblieben sind, fügten die Staats- und Regierungschefs der EU-Mitgliedstaaten dem Nizza-Vertrag die richtungsweisende Erklärung zur Zukunft der Europäischen Union[88] bei, die anlässlich des Europäischen Rates von Laeken am 14./15.12.2001 entstanden ist. Diese Erklärung ist als eigentlicher

---

hungen der EU zu ihren östlichen und südlichen Nachbarn«, KOM (2003) 104 endg.; sowie die Mitteilung der Kommission vom 12.5.2004 »Europäische Nachbarschaftspolitik – Strategiepapier«, KOM (2004) 373 endg.

[84] Ausführlich dazu vgl. m.w.N. *Nowak*, in: Odendahl/Giegerich, S. 105 ff.

[85] Ausführlicher zu diesem Post-Nizza-Prozess vgl. *Fastenrath/Nowak*, S. 13 (20 ff.); *Müller-Graff*, integration 2001, 208 ff.; *Nicolaysen*, in: Bruha/Nowak, S. 61 ff.

[86] Vgl. *Kommission*, Europäisches Regieren – Ein Weißbuch, KOM (2001) 428 endg. vom 25.7.2001, sowie ihren dazugehörigen Bericht über Europäisches Regieren KOM (2002) 705 endg. vom 11.12.2002; ausführlich zu diesem »Governance«-Weißbuch vgl. die zahlreichen Beiträge in *Bruha/Nowak* (Hrsg.), Die Europäische Union nach Nizza: Wie Europa regiert werden soll, 2003.

[87] Der Begriff des Scheiterns ist in diesem Kontext mit einer gewissen Zurückhaltung zu verwenden, da überaus viele Regelungen und Neuerungen dieses Vertrags in den späteren Reformvertrag von Lissabon überführt wurden und insoweit zu einem großen Teil »überlebt« haben; näher dazu siehe unten Rn. 44 ff.

[88] U.a. abgedruckt in EuGRZ 2001, 662 ff., mit einer kurzen Anm. dazu vgl. *Wägenbaur*, EuZW 2002, 65.

Startschuss des Post-Nizza-Prozesses einzuordnen, da sie zum einen die weitere – über die konsentierten Ergebnisse von Nizza hinausweisende – Reformagenda der EU vorgab, auf der von nun an vor allem eine bessere bzw. genauere Kompetenzabgrenzung und -verteilung zwischen der Union und ihren Mitgliedstaaten, eine Klärung des weiteren Status oder Schicksals der am Vorabend des Nizza-Gipfels feierlich verkündeten EU-Grundrechtecharta (s. Rn. 26), eine Vereinfachung der Verträge sowie eine verstärkte Einbeziehung der nationalen Parlamente im Vordergrund standen.[89] Zum anderen konnte die Öffentlichkeit mit dieser »Zukunfts«-Erklärung in Erfahrung bringen, dass der Europäische Rat gleichzeitig beschlossen hat, den nachfolgend ebenfalls kurz anzusprechenden **Konvent über die Zukunft Europas** einzuberufen.

b) Einsetzung und Vorarbeiten des Verfassungskonvents

In der vorgenannten Erklärung zur Zukunft der EU wurde unter anderem auch verkündet, dass der Europäische Rat im Hinblick auf eine möglichst umfassende und transparente Vorbereitung der nächsten Regierungskonferenz beschlossen hat, einen **Konvent zur Zukunft Europas** einzuberufen, dem die Hauptakteure der Debatte über die Zukunft der Union angehören sollten und dem die Aufgabe zufiel, die wesentlichen Fragen zu prüfen, welche die künftige Entwicklung der Union aufwirft, und sich um verschiedene mögliche Antworten zu bemühen.[90] Dies war der zweite »Test«- oder Anwendungsfall der so genannten Konventsmethode,[91] die sich bereits im Zusammenhang mit der wenige Jahre zuvor erfolgten Erarbeitung der EU-Grundrechtecharta (s. Präambel GRC, Rn. 3) als erfolgreich erwiesen hatte. Zum Präsidenten dieses auch »Verfassungskonvent« genannten Konvents zur Zukunft Europas wurde seinerzeit der französische Staatsmann *Valéry Giscard d'Estaing* ernannt. Diesem Verfassungskonvent gehörten neben seinem Präsidenten und seinen beiden Vizepräsidenten (*Giuliano Amato* und *Jean-Luc Dahaene*) fünfzehn Vertreter der Staats- und Regierungschefs der damaligen EU-Mitgliedstaaten, dreißig Mitglieder der nationalen Parlamente, sechzehn Mitglieder des Europäischen Parlaments und zwei Vertreter der Kommission an. Den Vertretern der damaligen Beitrittskandidatenländer, die erst 2004 im Zuge der großen Osterweiterung in den Kreis der EU-Mitgliedstaaten eintreten sollten (s. Rn. 27), wurde in der Erklärung zur Zukunft der EU eine umfassende Beteiligung an den Beratungen des Konvents zugesichert. Der so zusammengesetzte Konvent zur Zukunft Europas, der von Februar 2002 bis März 2003 in einer überaus aufwendigen und transparenten Weise tagte,[92] legte dem seinerzeit amtierenden Präsidenten des Europäischen Rates schließlich am 18.7.2003 einen umfangreichen **Entwurf eines Vertrags über eine Verfassung für Europa**[93] vor.

30

---

[89] Zu diesen vier im Rahmen des Post-Nizza-Prozesses ursprünglich in den Mittelpunkt der anvisierten Verfassungsreform gestellten Eckpunkten vgl. nur *Kokott/Rüth*, CMLRev. 40 (2003), 1315 (1322 ff.); *Nicolaysen*, in: Bruha/Nowak, S. 61 ff.; *Pernice*, in: Bruha/Hesse/Nowak, S. 19 (33 ff.); *Schwarze*, NJW 2002, 993 ff.

[90] Zu diesem bemerkenswerten Verfassungsauftrag vgl. statt vieler *Lindner*, BayVBl. 2002, 513 ff.

[91] Ausführlicher zu dieser Methode vgl. etwa *Einem*, FS Meyer, S. 27 ff.; *Fastenrath/Nowak*, S. 13 (20 f.); *Oppermann*, in: Beckmann/Dieringer/Hufeld, S. 59 ff.; *Streinz*, FS Zuleeg, S. 108 (111 f.); *Wessels*, integration 2002, 83 ff.; *ders./Faber*, integration 2007, 370 ff.

[92] Zur Arbeitsweise und zur genaueren Charakterisierung dieses Verfassungskonvents vgl. etwa *Grosse Hüttmann*, S. 207 (216 ff.); *Hobe*, EuR 2003, 1 ff.; *Magiera*, DÖV 2003, 578 ff.; *Mayer*, ZaöRV 63 (2003), 59 ff.; *Oppermann*, in: Beckmann/Dieringer/Hufeld, S. 59 (75 ff.).

[93] ABl. 2003, C 169/1.

c) Unterzeichnung, Reformpotential und erste Ratifikationen des Verfassungsvertrags

31 Nachdem der vorgenannte Konventsentwurf im Rahmen der anschließenden Regierungskonferenz noch einmal in einigen für die Rechte oder Interessen der EU-Mitgliedstaaten als wichtig erachteten Punkten überarbeitet worden war,[94] haben die Staats- und Regierungschefs der zu diesem Zeitpunkt 25 EU-Mitgliedstaaten am 29.10.2004 in Rom den **Vertrag über eine Verfassung für Europa**[95] unterzeichnet. Dieser Verfassungsvertrag sah weitreichende Änderungen und Fortentwicklungen der bis dato bestehenden Unionsrechtsordnung zum einen insoweit vor, als der EU-Vertrag und der EG-Vertrag erstmals zu einem einheitlichen Vertragstext zusammengefasst und dabei zugleich die bisherige Säulenstruktur (s. Rn. 22 f.) der Unionsrechtsordnung aufgehoben werden sollte. Zum anderen sollte der EU in expliziter Weise eine eigenständige Rechtspersönlichkeit verliehen und der in der EuGH-Rechtsprechung entwickelte (Anwendungs-)Vorrang des Unionsrechts gegenüber kollidierendem Recht der Mitgliedstaaten[96] erstmals prominent im geschriebenen Unionsprimärrecht verankert werden. Schließlich sah dieser Verfassungsvertrag u. a. auch noch vor, die Symbole der EU (Flagge, Hymne, Leitspruch, Währung und Europatag) sowie die bis dato nicht rechtsverbindliche EU-Grundrechtecharta (s. Präambel GRC, Rn. 3) im Verfassungstext zu normieren, ein erstmaliges Austrittsrecht für EU-Mitgliedstaaten zu regeln, die Zuständigkeiten der EU klarer zu kategorisieren, das für Abstimmungen im Rat vorgesehene Prinzip der doppelten Mehrheit einzuführen, die Terminologie der herkömmlichen Handlungsformen zu verändern[97] sowie die Ämter eines Präsidenten des Europäischen Rates und eines EU-Außenministers zu schaffen. Insoweit erfüllte der aus dem Jahre 2004 stam-

---

[94] Zur These, wonach immerhin 90 % des Konventsentwurfs die Regierungskonferenz unverändert passiert hätten, vgl. etwa *Hänsch*, FS Zuleeg, S. 92 (105).

[95] ABl. 2004, C 310/1; ausführlich zu diesem Vertrag bzw. zu seiner Entwurfsfassung vom 18.7.2003 (ABl. 2003, C 169/1) vgl. die einschlägigen Kommentierungen in *Vedder/Heintschel von Heinegg* (Hrsg.), Europäischer Verfassungsvertrag – Handkommentar, 2007; die jeweils zahlreichen Beiträge in *Bruha/Nowak* (Hrsg.), Die Europäische Union: Innere Verfasstheit und globale Handlungsfähigkeit, 2006, in *Hatje/Terhechte* (Hrsg.), Das Binnenmarktziel in der europäischen Verfassung, EuR-Beih. 3/2004, in *Niedobitek/Zemánek* (Hrsg.), Continuing the European Constitutional Debate – German and Czech Contributions from al Legal Perspective, 2008, und in *Schwarze* (Hrsg.), Der Verfassungsentwurf des Europäischen Konvents – Verfassungsrechtliche Grundstrukturen und wirtschaftsverfassungsrechtliches Konzept, 2004; sowie *v. Danwitz*, ZG 2005, 1; *Einem*, EuR 2004, 202; *Epping*, JZ 2003, 821; *Huber*, EuR 2003, 574; *Kadelbach*, FS Ress, S. 527 ff.; *Köck/Marktler*, S. 329 ff.; *Meyer/Hölscheidt*, EuZW 2003, 613; *Kokott/Rüth*, CMLRev. 40 (2003), 1315; *Müller-Graff*, integration 2004, 186; *Oppermann*, DVBl 2003, 1165 (1. Teil) und DVBl 2003, 1234 (2. Teil); *Ruffert*, EuR 2004, 165; *Sack*, Der Staat 2005, 67; *Schwarze*, EuR 2003, 535; *Streinz*, in: FS Zuleeg, S. 108 ff.; *Wessels*, integration 2004, 161 ff.

[96] Zu diesem – vom Unionsrichter »absolut« verstandenen – Anwendungsvorrang vgl. in grundlegender Weise EuGH, Urt. v. 15.7.1964, Rs. 6/64 (Costa/E.N.E.L.), Slg. 1964, 1253 (1269); sowie EuGH, Urt. v. 17.12.1970, Rs. 11/70 (Internationale Handelsgesellschaft), Slg. 1970, 1125, Rn. 3; Urt. v. 6.3.1978, Rs. 106/77 (Simmenthal II), Slg. 1978, 629, Rn. 17/18; Urt. v. 29.4.1999, Rs. C–224/97 (Ciola), Slg. 1999, I–2517, Rn. 21 ff.; Urt. v. 8.9.2010, Rs. C–409/06 (Winner Wetten), Slg. 2010, I–8015, Rn. 53–61; Gutachten 1/09 vom 8.3.2011, Slg. 2011, I–1137 Rn. 65 u. 67. Zu dieser Rechtsprechung und zum anhaltenden (klassischen) Streit – gerade auch zwischen dem EuGH und dem BVerfG – über die genaue Reichweite dieses Anwendungsvorrangs vgl. jeweils m. w. N. *Fisahn/Ciftci*, JA 2016, 364; *Grabenwarter*, Staatliches Unionsverfassungsrecht, in: v. Bogdandy/Bast, Europäisches Verfassungsrecht, S. 121 (123 ff.); *Iliopoulos-Strangas*, in: FS Starck, S. 825 ff.; *Kadelbach*, FS Zuleeg, S. 219 ff.; *Köck*, FS Ress, S. 557 ff.; *Ludwigs/Sikora*, EWS 2016, 121; *Nowak*, DVBl 2012, 861; *Weiß*, § 5, Rn. 1 ff.

[97] Insbesondere »Gesetz« statt wie zuvor »Verordnung« und »Rahmengesetz« statt wie zuvor »Richtlinie«.

mende Vertrag über eine Verfassung für Europa bei objektiver Betrachtung in hohem Maße die politischen Erwartungen, die an den Post-Nizza-Prozess gerichtet wurden.[98] Dies erklärt auch, warum dieser Verfassungsvertrag, der vorbehaltlich der notwendigen Ratifikation durch alle EU-Mitgliedstaaten eigentlich am 1. 11. 2006 in Kraft treten sollte, schon recht bald in immerhin 18 von 25 Mitgliedstaaten erfolgreich ratifiziert werden konnte, bis es zu den beiden nachfolgend anzusprechenden (negativen) Referenden in Frankreich und in den Niederlanden kam.

d) Negative Referenden in Frankreich und in den Niederlanden

Der vorgenannte Ratifikationsprozess ist letztendlich an den ablehnenden bzw. negativen Referenden in Frankreich und in den Niederlanden vom 29. 5. 2005 und vom 1. 6. 2005 gescheitert.[99] Diese zum Teil als »Sieg der Angst« bezeichnete Ablehnung[100] dürfte allerdings kaum dem innerhalb der Bevölkerung vermutlich ohnehin nicht hinreichend bekannten Inhalt des Vertrags über eine Verfassung für Europa gegolten haben.[101] Insofern ist es durchaus nachvollziehbar, wenn das durch die beiden vorgenannten Referenden besiegelte Scheitern des Ratifikationsprozesses vor allem auch auf innenpolitische Gründe einschließlich populistischer Kampagnen und verfehlter »Verkaufsstrategien« zurückgeführt wird,[102] denen die EU – mit negativen Folgen für ihre Akzeptanz und Wertschätzung bei den Unionsbürgerinnen und Unionsbürgern – leider auch in anderen Zusammenhängen immer wieder ausgesetzt ist.

32

6. Lissabonner Reformvertrag

Der enttäuschende Ausgang der vorgenannten Referenden in Frankreich und in den Niederlanden führte keineswegs zum Stillstand des europäischen Integrations- und Konstitutionalisierungsprozesses. Dies veranschaulicht die Entstehungsgeschichte und das Inkrafttreten des Lissabonner Reformvertrags (a), der als vorerst letzter oder jüngster Änderungsvertrag (b) zahlreiche Regelungen aus dem »gescheiterten« Verfassungsvertrag in die reformierte Unionsrechtsordnung »hinübergerettet« (c) und damit zugleich den europäischen Integrations- und Konstitutionalisierungsprozess weiter vorangetrieben hat (d).

33

a) Entstehungsgeschichte

Das maßgeblich auf die beiden ablehnenden Referenden in Frankreich und den Niederlanden zurückzuführende »Scheitern« des Vertrags über eine Verfassung für Europa (s. Rn. 32) führte zunächst einmal dazu, dass das ursprünglich gewollte Verfassungsprojekt vorübergehend zu einer von manchen Akteuren »belächelten Utopie unverbesserlicher Europa-Optimisten« und der Verfassungsbegriff für die EU-Ebene erst einmal zum »Unwort« wurde.[103] Plötzlich standen in Ansehung der EU auch der Begriff der »Ver-

34

---

[98] Zutr. *Oppermann*, DVBl 2008, 473 (474).

[99] Ausführlicher zu den eher diffusen Gründen für das Scheitern dieser Referenden vgl. *François*, S. 43 ff.; *Hierlemann*, S. 29 ff.; *Streinz*, ZG 2008, 105 (107); *Terhechte*, EuR 2008, 143 (145); *Wuermeling*, ZRP 2005, 149.

[100] Näher dazu vgl. in spezieller Ansehung des gescheiterten französischen Referendums *Schild*, integration 2005, 187.

[101] So auch *Cuntz*, S. 457 (458); *Oppermann*, DVBl 2008, 473 (475); *ders.*, FS Rengeling, S. 609 (610).

[102] Vgl. nur *Fischer*, S. 20 f.; *Oppermann*, FS Meyer, S. 281 ff.; *Seeger*, S. 235 (246).

[103] Kritisch dazu vgl. m. w. N. *Oppermann*, DVBl 2008, 473 (475).

fassungskrise« und die ziemlich rasch einsetzende Suche nach Wegen aus dieser Krise im Raum,[104] wobei es vor allem auch darum ging, das teilweise verloren gegangene oder jedenfalls verloren geglaubte Vertrauen der Bürger in die Sinnhaftigkeit und Leistungsfähigkeit der europäischen Integration zurück zu gewinnen.[105] Für diese Suche nahmen sich die Regierungen der EU-Mitgliedstaaten eine offiziell als **Reflexionsphase** bezeichnete Denkpause,[106] die nach einer längeren Phase der »Schockstarre« und/oder der reformerischen Konzeptionslosigkeit[107] erst durch die nachfolgend anzusprechende Berliner Erklärung vom 25. 3. 2007 durchbrochen wurde.

35   Mit der so genannten **Berliner Erklärung vom 25. 3. 2007**,[108] die zeitlich in die von Anfang Januar bis Ende Juni 2007 während Ratspräsidentschaft Deutschlands fiel, haben die Regierungen der EU-Mitgliedstaaten anlässlich des 50. Jahrestages der Unterzeichnung der Römischen Verträge (s. Rn. 18) ihre politische Absicht zum Ausdruck gebracht, »die Europäische Union bis zu den Wahlen zum Europäischen Parlament 2009 auf eine erneuerte gemeinsame Grundlage zu stellen«.[109] Einigen konnten sich die Regierungen der EU-Mitgliedstaaten auf diese politische Absichtserklärung wohl nur deshalb, weil sie ohne bestimmte Reizwörter – wie etwa »EU-Verfassung« – auskam,[110] die möglicherweise als Sympathieerklärung für einen Europäischen Bundes(super)staat hätten gedeutet oder missverstanden werden können.[111] Dass diese »Berliner Erklärung« dem zuvor ins Stocken geratenen Reformprozess in politisch-atmosphärischer Hinsicht einen guten Dienst erwiesen hat, verdeutlichte bereits wenige Monate später der kurz vor Ablauf der deutschen Ratspräsidentschaft stattfindende **Gipfel des Europäischen Rates vom 21.–23. 6. 2007**, anlässlich dessen das für den weiteren Verlauf des Reformprozesses entscheidende Mandat für die nachfolgende Regierungskonferenz erteilt wurde.

36   Der vorgenannte Europäische Rat vom 21.–23. 6. 2007 erteilte in der Folge das **Mandat für eine Regierungskonferenz**, das überaus detailliert war und bereits die Absicht erkennen ließ, die institutionellen Innovationen des »gescheiterten« Verfassungsvertrags so weit wie möglich und dabei vor allem unter Verzicht auf staatsanalogisierende Attribute bzw. Konnotationen in die bestehenden Verträge einzuarbeiten.[112] Die da-

---

[104] Exemplarisch dazu vgl. *Göler/Jopp*, integration 2006, 91 ff.; *Maurer*, S. 11 ff.; *Mayer*, JZ 2007, 593; *Wuermeling*, ZRP 2005, 149 ff.; näher dazu vgl. auch *Baumann*, S. 37 ff.

[105] In diesem zutr. Sinne vgl. nur *Schiffauer*, EuGRZ 2008, 1 (2).

[106] Näher dazu sowie zur Zweideutigkeit des Begriffs »Denkpause« vgl. *Oppermann*, DVBl 2008, 473 (475).

[107] Vgl. *Fastenrath/Nowak*, S. 13 (22); *Fischer*, S. 21 ff.; *Weidenfeld*, S. 13 (16 f.).

[108] Ausführlich zu dieser Erklärung vgl. *Goosmann*, integration 2007, 251 ff.; *Hummer*, in: *ders./Obwexer*, S. 19 (28 ff.); *Oppermann*, FS Rengeling, S. 609 ff.

[109] Der deutsche Text dieser Erklärung findet sich z. B. bei *Oppermann*, FS Rengeling, S. 609 (613). Zum 50. Geburtstag der Römischen Verträge vgl. im Übrigen auch *Hobe/End*, integration 2007, 140 ff.

[110] Vgl. dazu auch *Streinz*, ZG 2008, 105 (108), wonach spätestens seit dieser Berliner Erklärung klar gewesen sei, dass mit der »Verfassung« in der EU kein Staat zu machen war; ähnlich *Hummer*, Von der »Verstaatlichung« der EU durch den Verfassungs-Vertrag (2004) zu ihrer »Entstaatlichung« durch den Vertrag von Lissabon (2007) – Das Scheitern des »Verfassungs-Konzepts«, S. 19 (39).

[111] Ähnlich vgl. *Oppermann*, DVBl 2008, 473 (475).

[112] Ausführlich zu diesem richtungsweisenden Mandat vgl. *Duff*, integration 2007, 333 ff.; *Fischer*, S. 43 ff.; *Fülöp*, S. 69 (76 ff.); *Hummer*, Von der »Verstaatlichung« der EU durch den Verfassungs-Vertrag (2004) zu ihrer »Entstaatlichung« durch den Vertrag von Lissabon (2007) – Das Scheitern des »Verfassungs-Konzepts«, S. 19 (33 ff.); *Mayer*, ZaöRV 67 (2007), 1141 (1147 ff.); *Müller-Graff*, Die Zukunft des Europäischen Verfassungstopos und Primärrechts nach der deutschen Ratspräsidentschaft, S. 105 (107 ff.); *Rabe*, NJW 2007, 3153.

durch ins Leben gerufene Regierungskonferenz sollte nach Möglichkeit einen noch vor den Europawahlen 2009 in Kraft tretenden Reformvertrag verabschieden. Diese ambitionierte Terminsetzung schien den beteiligten Akteuren vor allem deshalb realistisch zu sein, weil während der deutschen Ratspräsidentschaft in der ersten Jahreshälfte 2007 bereits ein umfassender Grundlagentext zur anvisierten Vertragsreform ausgearbeitet worden war, der dem Europäischen Rat etwas später als Grundlage für die vorgenannte Regierungskonferenz diente.[113] Nachdem im Laufe dieser ungewöhnlich kurzen Regierungskonferenz letzte Dissense unter den beteiligten Akteuren ausgeräumt werden konnten,[114] haben die Staats- und Regierungschefs der seinerzeit 27 EU-Mitgliedstaaten auf ihrem Treffen am 18./19. 10. 2007 sodann den Vertrag von Lissabon zur Änderung des Vertrags über die Europäische Union und des Vertrags zur Gründung der Europäischen Gemeinschaft[115] mit einigen wenigen Änderungen verabschiedet. Die **Unterzeichnung dieses Lissabonner Reformvertrags** erfolgte schließlich am 13. 12. 2007 in der portugiesischen Hauptstadt.

Der am 13. 12. 2007 unterzeichnete Reformvertrag von Lissabon ist ein völkerrechtlicher Vertrag, dessen gemäß Art. 6 Abs. 2 dieses Vertrags ursprünglich für den 1. 1. 2009 vorgesehenes Inkrafttreten nach Absatz 1 der vorgenannten Bestimmung der erfolgreichen **Ratifikation** in allen seinerzeit 27 EU-Mitgliedstaaten bedurfte. Da sich eine solche Ratifikation jeweils nach den innerstaatlichen Bestimmungen richtet, sind die Ratifikationsprozesse und Ratifikationsvoraussetzungen in den einzelnen Mitgliedstaaten der EU nicht einheitlich. Mehrheitlich kommt es in den Mitgliedstaaten der EU bei der Ratifikation EU-relevanter Änderungs- oder Reformverträge nicht auf ein zustimmendes Referendum der jeweiligen Bevölkerung, sondern vielmehr in maßgeblicher Weise auf eine **parlamentarische Zustimmung** an.[116] Dies gilt auch für Deutschland, dessen Verfassung diesbezüglich zwei wichtige Bestimmungen enthält: Zum einen bedürfen Verträge, welche – wie etwa der Lissabonner Reformvertrag – die politische Beziehungen des Bundes regeln oder sich auf Gegenstände der Bundesgesetzgebung beziehen, hierzulande gemäß Art. 59 Abs. 2 Satz 1 GG der Zustimmung oder der Mitwirkung der jeweils für die Bundesgesetzgebung zuständigen Körperschaften in der Form eines Bundesgesetzes. Zum anderen erfordert die Übertragung von Hoheitsrechten auf die EU gemäß Art. 23 Abs. 1 Satz 2 GG ein Gesetz mit Zustimmung des Bundesrates, wobei dieses Übertragungsgesetz mit dem Zustimmungsgesetz i. S. des Art. 59 Abs. 2 Satz 1 GG in einem einheitlichen Rechtsetzungsakt verkoppelt wird. Hierzulande ist dieser Ratifizierungsakt, der später mit seinen Begleitgesetzen vor dem Bundesverfassungsgericht angegriffen wurde (s. Rn. 40 f.), von Bundesrat und Bundestag jeweils mit überwältigender Mehrheit erlassen worden. Auch in allen anderen EU-Mitgliedstaaten, in denen die Ratifikation des Lissabonner Reformvertrags die Zustimmung der gesetzgebenden Körperschaften voraussetzte, ist die parlamentarische Zustimmung jeweils mit hinreichenden Mehrheiten erfolgt.[117] Ernsthafte **Ratifikationsprobleme**, die

37

---

[113] Ausführlicher dazu vgl. etwa *Fülöp*, S. 69 (74 f.); *Hummer*, Von der »Verstaatlichung« der EU durch den Verfassungs-Vertrag (2004) zu ihrer »Entstaatlichung« durch den Vertrag von Lissabon (2007) – Das Scheitern des »Verfassungs-Konzepts«, S. 19 (32 f.); *Wessels/Faber*, integration 2007, 370 ff.

[114] Ausführlich dazu vgl. *Fischer*, S. 69 ff.

[115] ABl. 2007, C 306/1.

[116] Näher zu den durchaus nachvollziehbaren Gründen dafür vgl. etwa *Seeger*, S. 235 (243 ff.).

[117] Mit weiteren Detailinformationen dazu vgl. *Streinz/Ohler/Herrmann*, Vertrag von Lissabon, S. 27 ff.

dazu beigetragen haben, dass der Lissabonner Reformvertrag nicht – wie ursprünglich geplant – bereits am 1.1.2009 in Kraft treten konnte, gab es insoweit nur in Irland, das als einziger EU-Mitgliedstaat aus verfassungsrechtlichen Gründen nicht auf ein Referendum verzichten konnte,[118] welches aus den folgenden Gründen sogar einmal wiederholt werden musste.

38   Nachdem bis zum 12.6.2008 bereits 18 der seinerzeit 27 EU-Mitgliedstaaten den Lissabonner Reformvertrag parlamentarisch genehmigt hatten,[119] verweigerte die irische Bevölkerung in einem ersten **Referendum über den Reformvertrag von Lissabon**, das am 12.6.2008 stattfand, mehrheitlich – d.h. zu 53,4 Prozent bei einer Wahlbeteiligung von 53,1 Prozent – ihre Zustimmung zur Ratifizierung dieses Vertrags. Damit wurde nicht nur der irischen Regierung, sondern vor allem auch der auf dem Reformpfad befindlichen EU erneut[120] eine empfindliche Niederlage zugefügt. Dieses enttäuschende **‚Nein' der Iren** zum Vertrag von Lissabon, das – ähnlich wie die ablehnenden Referenden der Franzosen und der Niederländer über den Vertrag über eine Verfassung für Europa (s. Rn. 32) – kaum auf eine aufgeklärte Kenntnis der Vertragsinhalte, sondern vornehmlich auf Informationsdefizite in EU-Angelegenheiten, auf diffuse Ängste vor dem Verlust außenpolitischer Neutralität und steuerpolitischer Souveränität, auf bestimmte sozialethische bzw. religiöse Befindlichkeiten etwa im Zusammenhang mit dem Recht auf Leben sowie z.T. auf eine unsägliche private ‚Nein'-Kampagne zurückzuführen sein dürfte,[121] eröffnete hinsichtlich des weiteren Schicksals des Lissabonner Reformvertrags einen recht intensiv genutzten Raum für Spekulationen und denkbare Lösungsszenarien.[122]

39   Recht bald bestand weitgehende Einigkeit darin, dass ein zweites Referendum in Irland ohne bestimmte inhaltliche Änderungen des Vertragstextes, die mit der Zubilligung gewisser Sonderrechte für Irland verbunden sind, entweder von vornherein sinnlos sein oder erneut negativ ausfallen würde. Diesbezüglich bestand das Dilemma darin, dass nach Änderungen zu suchen war, die eine neuerliche Ratifikation des geänderten Reformvertrags durch alle anderen EU-Mitgliedstaaten entbehrlich machen würden. Den entscheidenden Ausweg aus diesem Dilemma wiesen sodann gewisse Zugeständnisse bzw. Garantien zu Gunsten Irlands, auf die sich die Staats- und Regierungschefs der seinerzeit 27 EU-Mitgliedstaaten anlässlich der Tagung des Europäischen Rates vom 18./19.6.2009 einigen konnten.[123] Daraufhin ging dann **das zweite irische Referendum über den Vertrag von Lissabon** am 2.10.2009 mit einer recht deutlichen Mehrheit von 67,1 Prozent (bei einer Wahlbeteiligung von 59 Prozent) für die Ratifizierung aus. Als mitursächlich für diesen im Vergleich zum ersten (negativen) Referendum »sprunghaften Stimmenzuwachs« werden neben den vorgenannten Zugeständnissen weitere Um-

---

[118] Ausführlich zu dieser »Referendumspflicht« in Irland vgl. *Hummer*, Zum weiteren Schicksal des Vertrages von Lissabon, S. 471 (479 ff.).

[119] Zu diesen 18 EU-Mitgliedstaaten zählen Bulgarien, Dänemark, Deutschland, Estland, Finnland, Griechenland, Frankreich, Lettland, Litauen, Luxemburg, Malta, Österreich, Polen, Portugal, Rumänien, Slowenien, Slowakei und Ungarn.

[120] Zum anfänglichen ‚Nein' der Iren auch bereits zum Vertrag von Nizza s. Rn. 26.

[121] Ausführlicher dazu vgl. *Hummer*, Zum weiteren Schicksal des Vertrages von Lissabon, S. 471 (484 u. 492 f.); *Isak*, in: Hummer/Obwexer, S. 133 (137 f.); *Schünemann*, integration 2010, 224 ff.

[122] Vgl. *Hummer*, Zum weiteren Schicksal des Vertrages von Lissabon, S. 471 (491 ff.); *Leinen/Kreutz*, integration 2008, 307 ff.; *Schneider*, integration 2008, 319 ff.; *Schubert/Schwithal*, NJ 2008, 337 ff.; *Wessels*, integration 2008, 312 ff.

[123] Ausführlicher dazu vgl. *Fahey*, CMLRev. 47 (2010), 673 (701 ff.); *Obwexer*, JRP 2009, 157 (158 ff.); *Schünemann*, integration 2010, 224 (225 f.).

stände bezeichnet, zu denen insbesondere die damals dramatische Abwärtsentwicklung der irischen Wirtschaft im Kontext der Finanz- und Wirtschaftskrise mit Massenarbeitslosigkeit, die katastrophale Haushaltslage und seinerzeit bevorstehende Sozialkürzungen gehören.[124] Wie dem auch sei: Das zweite – diesmal positive – Referendum vom 2. 10. 2009 gab den Weg für eine noch erforderliche Änderung der irischen Verfassung[125] frei, die schließlich in die endgültige Ratifizierung des Lissabonner Reformvertrags durch Irland einmündete.

In Deutschland ist die am Ende erfolgreich verlaufene Ratifikation des Lissabonner **40** Reformvertrags in entscheidender Weise auf die so genannte *Lissabon*-Entscheidung **des Bundesverfassungsgerichts** vom 30. 6. 2009[126] zurückzuführen, vor dem das zuvor von Bundestag und Bundesrat mit überwältigender Mehrheit erlassene Zustimmungsgesetz[127] mit samt seinen beiden Begleitgesetzen[128] in Gestalt des Grundgesetz-Änderungsgesetzes[129] und des Gesetzes über die Ausweitung und Stärkung der Rechte des Bundestages und des Bundesrates in Angelegenheiten der EU (Ausweitungsgesetz)[130] von mehreren Klägern in unterschiedlichen Verfahren angegriffen worden war.[131] Der Zweite Senat des BVerfG kam in diesem außerordentlich kontrovers diskutierten *Lissabon*-Urteil,[132] das auch außerhalb Deutschlands starke Beachtung gefunden hat,[133] zu dem Ergebnis, dass gegen das deutsche Zustimmungsgesetz zum Vertrag von Lissabon und gegen das begleitende Änderungsgesetz nach Maßgabe der Urteilsgründe keine durchgreifenden verfassungsrechtlichen Bedenken bestehen.[134]

Das vorgenannte Ausweitungsgesetz wurde hingegen als defizitär und insoweit als **41** verfassungswidrig beurteilt, weshalb der Gesetzgeber aufgefordert war, die gebotenen Beteiligungsrechte von Bundestag und Bundesrat in EU-Angelegenheiten in einem veränderten Begleitgesetz neu auszugestalten.[135] Hierbei war durchaus Eile geboten, weil

---

[124] Ausführlich dazu vgl. *Schünemann*, integration 2010, 224.

[125] Näher dazu vgl. *Fahey*, CMLRev. 47 (2010), 673 (703 ff.).

[126] BVerfGE 123, 267 ff. = NJW 2009, 2267 ff. = EuGRZ 2009, 339 ff. – *Lissabon*.

[127] Gesetz zum Vertrag von Lissabon vom 8. 10. 2008, BGBl. II 2008 S. 1038. Der Deutsche Bundestag hat dieses Gesetz am 24. 4. 2008 mit 515 von 574 abgegebenen Stimmen beschlossen; der Bundesrat stimmte diesem Gesetz sodann am 23. 5. 2008 mit den Stimmen aller Bundesratsmitglieder (bei Stimmenthaltung Berlins) zu.

[128] Zu diesem Begriff und zu den Funktionen dieser Begleitgesetzgebung vgl. *Schröder*, DÖV 2010, 303.

[129] Gesetz zur Änderung des Grundgesetzes (Art. 23, 45 und 93) vom 8. 10. 2008, BGBl. I 2008 S. 1926.

[130] BT-Drs. 16/8489 (Gesetzentwurf).

[131] Näher dazu vgl. nur *Brok/Selmayr*, EuZW 2008, 487; *dies.*, integration 2008, 217.

[132] Aus der Vielzahl einschlägiger Urteilsbesprechungen und Bewertungen vgl. etwa *Britz*, EuR-Beih. 1/2010, 151; *Calliess*, ZEuS 2009, 559; *Classen*, JZ 2009, 881; *Cremer*, Jura 2010, 296; *Dingemann*, ZEuS 2009, 491; *Everling*, EuR 2010, 91; *Frenz*, EWS 2009, 345; *Hatje*, EuR-Beih. 1/2010, 123; *Hector*, ZEuS 2009, 599; *Hilf/Salomon*, BLJ 2009, 74; *Kahl*, S. 23 ff.; *Lindner*, BayVBl. 2010, 193 ff.; *Mestmäcker*, EuR-Beih. 1/2010, 35; *Meyer*, NStZ 2009, 657; *Müller-Graff*, integration 2009, 331; *Nettesheim*, NJW 2009, 2867; *ders.*, EuR-Beih. 1/2010, 101; *Nicolaysen*, EuR-Beih. 1/2010, 9; *Ohler*, AöR 135 (2010), 153 (170 f.); *Pache*, EuGRZ 2009, 285; *Ruffert*, DVBl 2009, 1197; *Sack*, ZEuS 2009, 623; *Schelter*, ZFSH/SGB 2009, 463 ff.; *Schorkopf*, EuZW 2009, 718; *Schwarze*, EuR 2010, 108; *Selmayr*, ZEuS 2009, 637; *Terhechte*, EuZW 2009, 724; *ders.*, EuR-Beih. 1/2010, 135; *Tomuschat*, ZaöRV 70 (2010), 251; *Weber*, JZ 2010, 157.

[133] Vgl. nur *Bußjäger*, JBl. 2010, 273; *Doukas*, E. L.Rev. 34 (2009), 866 ff.; *Hanf*, CDA 45 (2009), 639; *Ziller*, EPL 16 (2010), 53.

[134] Vgl. BVerfGE 123, 267, Rn. 207 i. V. m. Rn. 401 ff. – *Lissabon*.

[135] Zu den dabei zu beachtenden verfassungsrechtlichen Anforderungen vgl. *Schröder*, DÖV 2010, 303.

das BVerfG in seinem *Lissabon*-Urteil zugleich angeordnet hatte, dass die Ratifikationsurkunde der Bundesrepublik Deutschland zum Vertrag von Lissabon vor dem Inkrafttreten der neuen gesetzlichen Ausgestaltung der hier in Rede stehenden Beteiligungsrechte nicht hinterlegt werden darf. Dies erklärt, warum der Gesetzgeber bereits im Sommer 2009 ein neues Gesetz über die Ausweitung und Stärkung der Rechte des Bundestages und des Bundesrates in Angelegenheiten der EU verabschiedet hat, bei dem es sich um das **Gesetz über die Wahrnehmung der Integrationsverantwortung des Bundestages und des Bundesrates** in Angelegenheiten der Europäischen Union vom 22.9.2009 handelt.[136] Daraufhin konnte die deutsche Ratifikationsurkunde am 25.9.2009 hinterlegt und der Lissabonner Reformvertrag in Deutschland ratifiziert werden. Damit war die vorletzte Hürde für das Inkrafttreten des Lissabonner Reformvertrags genommen. Dem folgte sodann am 3.11.2009 die zweite **»Lissabon«-Entscheidung des tschechischen Verfassungsgerichtshofs**, das letzte Zweifel an der Verfassungsrechtskonformität des Lissabonner Reformvertrags am Maßstab der tschechischen Verfassung ausräumte und den tschechischen Präsidenten dazu veranlasste, diesen Vertrag ebenfalls zu ratifizieren.[137] Nach Hinterlegung der letzten Ratifikationsurkunde durch die Tschechische Republik am 13.11.2009 war der Weg für das am 1.12.2009 erfolgte **Inkrafttreten des Lissabonner Reformvertrags** frei.

b) Änderungsvertrag

42   Der Lissabonner Reformvertrag enthält keinen einheitlichen Verfassungsvertragstext, wie dies noch bei dem »gescheiterten« Vertrag über eine Verfassung für Europa aus dem Jahre 2004 der Fall war (s. Rn. 31). Stattdessen stellt der in optischer Hinsicht ganz bewusst von früheren Verfassungsambitionen und Staatssymbolen befreite Vertrag von Lissabon – ähnlich wie etwa die früheren Änderungsverträge von Maastricht, Amsterdam und Nizza (s. Rn. 22 u. 25 f.) – einen völkerrechtlichen Änderungsvertrag dar, der auf Grund der darin enthaltenen Änderungsartikel gelegentlich auch als »Artikelvertrag« bezeichnet wird.[138] Eine gründliche Lektüre dieses sehr technischen und damit zugleich etwas abschreckenden Artikelvertrags[139] ist weder unterhaltsam noch zwingend erforderlich, da sich die durch diesen Vertrag herbeigeführten Änderungen nunmehr auch aus den konsolidierten und besser lesbaren Fassungen der beiden nachfolgend getrennt anzusprechenden Verträge sowie aus den dazugehörigen Protokollen und Schlusserklärungen ergeben. Der Lissabonner Reformvertrag hat zum einen den EU-Vertrag i. d. F. von Nizza reformiert, der seinerzeit neben einer Präambel insgesamt 53 Artikel enthielt, die wiederum acht verschiedenen Titeln zugeordnet waren. Der refor-

---

[136] BGBl. I 2009 S. 3022; ausführlicher zu diesem so genannten Integrationsverantwortungsgesetz, das mit Gesetz vom 1.12.2009 (BGBl. 2009 I S. 3822) noch einmal geändert wurde, sowie zu weiteren damit zusammenhängenden Änderungen des Gesetzes über die Zusammenarbeit von Bundesregierung und Deutschem Bundestag in Angelegenheiten der Europäischen Union und des Gesetzes über die Zusammenarbeit von Bund und Ländern in Angelegenheiten der Europäischen Union vgl. *Calliess*, ZG 2010, 1 (24 ff.); *Daiber*, DÖV 2010, 293; *Fiebelkorn/Janz*, NWVBl. 2009, 449 (454 ff.); *Hahn*, EuZW 2009, 758; *Lecheler*, JZ 2009, 1156 (1160); *Nettesheim*, NJW 2010, 177. Ausführlich zum Konzept der Integrationsverantwortung vgl. darüber hinaus die zahlreichen Beiträge in *Pechstein* (Hrsg.), Integrationsverantwortung, 2012.

[137] Ausführlicher dazu vgl. nur *Ley*, JZ 2010, 165.

[138] Vgl. *Oppermann*, DVBl 2008, S. 473 (476); ähnlich *Schwarze*, EuR-Beih. 1/2009, 9 (10: »Artikelgesetz«).

[139] Noch drastischer vgl. *Oppermann*, DVBl 2008, S. 473 (476), der diesen Vertrag für »ein unlesbares Monstrum« hält.

mierte **EU-Vertrag i. d. F. von Lissabon**, dessen letzte »konsolidierte« Fassung im Amtsblatt der EU vom 26. 10. 2012 veröffentlicht worden ist,[140] enthält neben einer Präambel jetzt insgesamt 55 Artikel, die nur noch sechs verschiedenen Titeln zugeordnet sind.[141]

Darüber hinaus hat der Lissabonner Reformvertrag zahlreiche Bestimmungen geändert und ergänzt, die zuvor im EG-Vertrag i. d. F. von Nizza enthalten waren. Dieser Vertrag ist nicht nur an zahlreichen Stellen inhaltlich verändert, sondern zugleich auch mit einem neuen Titel versehen worden, der nunmehr **Vertrag über die Arbeitsweise der Europäischen Union** lautet. Diese Umbenennung ist dem Umstand geschuldet, dass es die Europäische Gemeinschaft seit dem am 1. 12. 2009 erfolgten Inkrafttreten des Lissabonner Reformvertrags (s. Rn. 41) nicht mehr gibt. Besondere Erwähnung verdient in diesem Kontext der neue Art. 1 Abs. 3 Satz 3 EUV i. d. F. von Lissabon, wonach die »Union […] an die Stelle der Europäischen Gemeinschaft [tritt], deren Rechtsnachfolgerin sie ist« (s. Rn. 65 f.). Während der EG-Vertrag i. d. F. von Nizza aus einer Präambel und 314 Artikeln bestand, die sechs Teilen zugeordnet waren, enthält der neue Vertrag über die Arbeitsweise der EU, der gemäß Art. 1 Abs. 3 Satz 2 EUV den gleichen Rechtsrang wie der EU-Vertrag einnimmt (s. Rn. 63 f.), nunmehr neben einer Präambel insgesamt 358 Artikel, die sieben – wiederum in zahlreiche Titel und Kapitel untergliederten – Teilen[142] zugeordnet sind. Die letzte konsolidierte Fassung dieses neuen »Arbeitsweise«-Vertrags ist ebenfalls im Amtsblatt der EU vom 26. 10. 2012 veröffentlicht worden.[143] Gleiches gilt im Übrigen für die insgesamt 37 **Vertragsprotokolle**[144] und die beiden **Anhänge**,[145] die gemäß Art. 51 EUV i. d. F. von Lissabon »Bestandteil der Verträge« sind, sowie für die insgesamt 65 **Erklärungen** zur Schlussakte der Regierungskonferenz,[146] die den am 13. 12. 2007 unterzeichneten Vertrag von Lissabon angenommen hat.

43

c) Unterschiede und Gemeinsamkeiten im Vergleich zum »gescheiterten« Verfassungsvertrag

Der am 13. 12. 2007 unterzeichnete und am 1. 12. 2009 in Kraft getretene Vertrag von Lissabon ist die konsensfähige und insoweit kompromisshafte Antwort[147] der seinerzeit 27 EU-Mitgliedstaaten auf die Reform- oder Verfassungskrise, in der sich die EU nach dem »Scheitern« des Vertrags über eine Verfassung für Europa aus dem Jahre 2004 (s.

44

---

[140] ABl. 2012, C 326/13.

[141] Titel I: Gemeinsame Bestimmungen (Art. 1–8 EUV); Titel II: Bestimmungen über die demokratischen Grundsätze (Art. 9–12 EUV); Titel III: Bestimmungen über die Organe (Art. 13–19 EUV); Titel IV: Bestimmungen über eine verstärkte Zusammenarbeit (Art. 20 EUV); Titel V: Allgemeine Bestimmungen über das auswärtige Handeln der Union und besondere Bestimmungen über die gemeinsame Aussen- und Sicherheitspolitik (Art. 21–46 EUV); Titel VI: Schlussbestimmungen (Art. 47–55 EUV).

[142] Erster Teil: Grundsätze (Art. 1–17 AEUV); Zweiter Teil: Nichtdiskriminierung und Unionsbürgerschaft (Art. 18–25 AEUV); Dritter Teil: Die internen Politiken und Maßnahmen der Union (Art. 26–197 AEUV); Vierter Teil: Die Assoziierung der überseeischen Länder und Hoheitsgebiete (Art. 198– 204 AEUV); Fünfter Teil: Das Auswärtige Handeln der Union (Art. 205–222 AEUV); Sechster Teil: Institutionelle Bestimmungen und Finanzvorschriften (Art. 223–334 AEUV); Siebter Teil: Allgemeine und Schlussbestimmungen (Art. 335–358 AEUV).

[143] ABl. 2012, C 326/47.

[144] ABl. 2012, C 326/201.

[145] ABl. 2012, C 326/331.

[146] ABl. 2012, C 326/337.

[147] Vgl. in diesem Kontext auch *Marchetti/Demesmay*, S. 21 (25), die den Lissabonner Reformvertrag zu Recht als »Kompromissvertrag« bezeichnen.

Rn. 28 ff.) von den negativen Referenden in Frankreich und in den Niederlanden (s. Rn. 32) bis zur Berliner Erklärung vom 25. 3. 2007 (s. Rn. 35) befand. In seinem Grundansatz sowie in diversen Einzelbestimmungen weicht der Lissabonner Reformvertrag in durchaus markanter vom Verfassungsvertrag aus dem Jahre 2004 ab. Ohne Anspruch auf Vollständigkeit ist in diesem Kontext beispielsweise daran zu erinnern, dass der Lissabonner Reformvertrag ein Änderungs- bzw. Artikelvertrag ist (s. Rn. 42 f.), der den mit dem damaligen Verfassungsvertrag verfolgten Plan, die bis dato bestehenden Gründungsverträge der EG und der EU aufzuheben und durch einen einheitlichen Verfassungstext zu ersetzen, aufgibt. Darüber hinaus ist der Lissabonner Reformvertrag im Unterschied zum damaligen Verfassungsvertrag nahezu jedweder Verfassungssymbolik bzw. -semantik und Staatsrhetorik entkleidet worden.[148] Dieser **Verzicht auf staatsanalogisierende Attribute** zeigt sich vor allem daran, dass aus dem in Art. I–28 des Verfassungsvertrags angesprochenen »Außenminister der Union« nunmehr der »Hohe Vertreter der Union für Außen- und Sicherheitspolitik« geworden ist (s. Art. 18 EUV, Rn. 1 ff.), dass die beiden herkömmlichen sekundärrechtlichen Handlungsformen der EU in Gestalt der Verordnung und der Richtlinie in Art. 288 AEUV auch weiterhin so genannt werden und nicht – wie dies etwa in Art. I–33 des Verfassungsvertrags vorgesehen war – in »Gesetz« bzw. »Rahmengesetz« umbenannt worden sind und dass die in Artikel I–8 des Verfassungsvertrags explizit angesprochenen »Symbole der Union« (Flagge, Hymne, Leitspruch, Währung und Europatag) keine Erwähnung mehr im reformierten Unionsprimärrecht gefunden haben.[149]

45   Bemerkenswert ist in diesem Zusammenhang ferner, dass der Lissabonner Reformvertrag dem in der Rechtsprechung des damaligen Gemeinschaftsrichters entwickelten und in der Folge vom Unionsrichter mehrfach bestätigten **Anwendungsvorrang des Unionsrechts**[150] keine textliche Erwähnung in den durch ihn reformierten Verträgen verschafft hat,[151] während dieser Grundsatz in Art. I–6 des Verfassungsvertrags expli-

---

[148] Ausführlicher dazu vgl. nur *Hatje/Kindt*, NJW 2008, 1761 (1767 f.); *Müller-Graff*, integration 2008, 123 (134 f.); *Richter*, EuZW 2007, 631 ff.; *Streinz*, ZG 2008, 105 (112); *Terhechte*, EuR 2008, 143 (175 ff.).

[149] Vgl. aber immerhin die 52. Erklärung zur Schlussakte der Regierungskonferenz (ABl. 2012, C 326/357), wo 16 EU-Mitgliedstaaten (einschließlich Deutschland) erklären, dass die Flagge mit einem Kreis von zwölf goldenen Sternen auf blauem Hintergrund, die Hymne aus der »Ode an die Freude« der Neunten Symphonie von Ludwig van Beethoven, der Leitspruch »In Vielfalt geeint«, der Euro als Währung der EU und der Europatag am 9. Mai für sie auch künftig als Symbole die Zusammengehörigkeit der Menschen in der EU und ihre Verbundenheit mit dieser zum Ausdruck bringen.

[150] Grdlg. EuGH, Urt. v. 15. 7. 1964, Rs. 6/64 (Costa/E.N.E.L.), Slg. 1964, 1253 (1269); u. a. bestätigt durch Urt. v. 17. 12. 1970, Rs. 11/70 (Internationale Handelsgesellschaft), Slg. 1970, 1125, Rn. 3; Urt. v. 6. 3. 1978, Rs. 106/77 (Simmenthal II), Slg. 1978, 629, Rn. 17/18; Urt. v. 29. 4. 1999, Rs. C–224/97 (Ciola), Slg. 1999, I–2517, Rn. 21 f.; Urt. v. 8. 9. 2010, Rs. C–409/06 (Winner Wetten), Slg. 2010, I–8015, Rn. 53–61; Gutachten 1/09 vom 8. 3. 2011, Slg. 2011, I–1137, Rn. 65 u. 67.

[151] Vgl. dazu aber immerhin die 17. Schlusserklärung der Regierungskonferenz zum Vorrang (ABl. 2012, C 326/346), die eine nicht rechtsverbindliche Interpretationshilfe darstellt und wie folgt lautet: »Die Konferenz weist darauf hin, dass die Verträge und das von der Union auf der Grundlage der Verträge gesetzte Recht im Einklang mit der ständigen Rechtsprechung des Gerichtshofs der Europäischen Union unter den in dieser Rechtsprechung festgelegten Bedingungen Vorrang vor dem Recht der Mitgliedstaaten haben. Darüber hinaus hat die Konferenz beschlossen, dass das Gutachten des Juristischen Dienstes des Rates zum Vorrang in der Fassung des Dokuments 11197/07 (JUR 260) dieser Schlussakte beigefügt wird«. In diesem Gutachten v. 22. 6. 2007, das der vorgenannten 17. Erklärung beigefügt ist heißt es: »Nach der Rechtsprechung des Gerichtshofs ist der Vorrang des EG-Rechts einer der Grundpfeiler des Gemeinschaftsrechts. Dem Gerichtshof zufolge ergibt sich dieser Grundsatz aus der Besonderheit der Europäischen Gemeinschaft. Zum Zeitpunkt des ersten Urteils im

zite Erwähnung gefunden hatte.[152] Ein weiterer markanter Unterschied zwischen dem Verfassungsvertrag und dem Lissabonner Reformvertrag besteht schließlich darin, dass die Charta der Grundrechte der Europäischen Union den zweiten Teil des damaligen Verfassungsvertrags bildete und in diesem Sinne vollständig in den einheitlichen Verfassungstext integriert werden sollte, während sie nach dem neuen Art. 6 Abs. 1 EUV i.d.F. von Lissabon einen gewissermaßen außerhalb des EU-Vertrags und des neuen Vertrags über die Arbeitsweise der EU angesiedelten Grundrechtekatalog darstellt, der allerdings in dieser Bestimmung als mit den beiden vorgenannten Verträgen »rechtlich gleichrangig« bezeichnet wird.

Die vorgenannten Unterschiede können indes nicht darüber hinwegtäuschen, dass **46** der am 1.12.2009 in Kraft getretene Lissabonner Reformvertrag zahlreiche Inhalte des damaligen Verfassungsvertrags in die reformierte Unionsrechtsordnung überführt bzw. »hinüberrettet« und die zwischen diesen beiden Verträgen bestehenden Unterschiede dadurch beinahe verblassen lässt oder zumindest stark relativiert. So ändert etwa der in diesen beiden Verträgen recht unterschiedliche Umgang mit der EU-Grundrechtecharta nichts daran, dass der Lissabonner Reformvertrag mit der Neufassung des Art. 6 Abs. 1 EUV für die **Rechtsverbindlichkeit der EU-Grundrechtecharta** gesorgt hat (s. Präambel GRC, Rn. 4), die auch bereits der Verfassungsvertrag aus dem Jahre 2004 intendierte. Darüber hinaus gleicht der Lissabonner Reformvertrag in seinen Wirkungen dem damaligen Verfassungsvertrag insoweit, als auch der Lissabonner Reformvertrag der Union eine eigenständige **Rechtspersönlichkeit** verschafft (s. Art. 47 EUV, Rn. 1 ff.) und die vor seinem Inkrafttreten noch geltende Säulenstruktur der Unionsrechtsordnung (s. Rn. 22–24) aufgelöst hat. Von weiteren Neuerungen, die damals schon der Verfassungsvertrag intendierte, hat sich der Lissabonner Reformvertrag ebenfalls nicht verabschiedet. Exemplarisch lässt sich dies zum einen anhand der Nachbarschaftspolitik der EU und des neuen Austrittsrechts der EU-Mitgliedstaaten belegen, die beide bereits im Verfassungsvertrag verankert waren[153] und nunmehr in Art. 8 EUV und in Art. 50 EUV jeweils i.d.F. von Lissabon eine vertragliche Ausgestaltung erfahren haben. Zum anderen werden die neuen **Handlungsfelder der EU** sowie bestimmte **Handlungserweiterungen**, die im Verfassungsvertrag neu aufgenommen worden sind, durch den Lissabonner Reformvertrag in den Vertrag über die Arbeitsweise der EU überführt.[154] Eine weitere wichtige Gemeinsamkeit teilen diese beiden Verträge schließlich auch insoweit, als weder der Verfassungsvertrag noch der Lissabonner Reformvertrag darauf abzielten bzw. abzielen, der EU eine eigenständige Staatlichkeit zu verleihen; die vom deutschen Bundesverfassungsgericht und weiten Teilen des europa- und verfassungsrechtlichen Schrifttums favorisierte Einordnung der EU als »Staatenverbund« und andere damit konkurrierende Einordnungsversuche (s. Rn. 9 f.) werden damit weder durch den einen noch durch den anderen Vertrag in Frage gestellt. Da sich die durch den Lissabonner Reformvertrag herbeigeführten Änderungen des Unionsrechts in weitem Umfang an

---

Rahmen dieser ständigen Rechtsprechung (Rechtssache 6/64, Costa gegen ENEL, 15.7.1964 […]) war dieser Vorrang im Vertrag nicht erwähnt. Dies ist auch heute noch der Fall. Die Tatsache, dass der Grundsatz dieses Vorrangs nicht in den künftigen Vertrag aufgenommen wird, ändert nichts an seiner Existenz und an der bestehenden Rechtsprechung des Gerichtshofs«.

[152] Ausführlich dazu vgl. etwa *Öhlinger*, FS Ress, S. 685 ff.

[153] Vgl. Art. I–57 EVV und Art. I–60 EVV.

[154] Vgl. etwa Europäische Staatsanwaltschaft (Art. 86 AEUV); Energie (Art. 194 AEUV); Tourismus (Art. 195 AEUV); Katastrophenschutz (Art. 196 AEUV); Raumfahrt (Art. 189 AEUV); Verwaltungszusammenarbeit (Art. 197 AEUV); humanitäre Hilfe (Art. 214 AEUV).

dem »gescheiterten« Verfassungsvertrag aus dem Jahre 2004 (s. Rn. 28 ff.) orientieren[155] und der Lissabonner Vertrag in seiner primärrechtlichen Substanz nicht hinter diesem Verfassungsvertrag zurückbleibt,[156] kann es kaum überraschen, dass der Reformvertrag von Lissabon – verglichen mit dem vorgenannten Verfassungsvertrag – bereits mehrfach als »alter Wein in neuen Schläuchen« eingestuft wurde.[157]

d) Konstitutionalisierungseffekte

47   Der Reformvertrag von Lissabon stellt nicht nur eine neue Etappe des europäischen Integrationsprozesses, sondern auch eine neue Etappe des damit unauflösbar verbundenen europäischen Konstitutionalisierungsprozesses[158] bzw. der dynamischen **Verfassungsentwicklung der EU** dar,[159] auch wenn dieser Vertrag – anders als sein Vorgängervertrag über eine Verfassung für Europa – in seinem offiziellen Titel auf den Verfassungsbegriff verzichtet.[160] Die Ursprünge dieses europäischen Konstitutionalisierungsprozesses reichen recht weit in die Vergangenheit zurück. Die Idee, dass nicht nur Nationalstaaten, sondern auch Staatenverbünde und internationale Organisationen in Europa eine Verfassung haben können und sollten, lässt sich jedenfalls weit in die erste Hälfte des 20. Jahrhunderts zurückverfolgen.[161] Diese Idee verdichtete sich zunächst einmal in frühen Verfassungsentwürfen aus der Mitte der Zivilgesellschaft, zu denen beispielsweise der Entwurf einer föderalen Verfassung der Vereinigten Staaten von Europa von *François de Menthon* aus dem Jahre 1948,[162] der ebenfalls im Jahre 1948 von der Union Européenne des Féderalistes vorgelegte Vorentwurf einer europäischen Verfassung[163] sowie der Entwurf eines Paktes für eine Union europäischer Staaten von *Michel Debré* aus dem Jahre 1953[164] gehören. Selbst das deutsche Bundesverfassungsgericht stellte bereits im Jahre 1967 fest, das der seinerzeit geltende EWG-Vertrag »gewissermaßen die Verfassung dieser Gemeinschaft« darstellt.[165]

48   Besonderes Aufsehen erregte einige Jahre später vor allem der vom Europäischen Parlament vorgelegte **Entwurf zur Gründung der Europäischen Union vom**

---

[155] Zutr. *Hatje/Kindt*, NJW 2008, 1761 (1768); *Pache*, NVwZ 2008, 473 (473); *Terhechte*, EuR 2008, 143 (188); ähnlich, speziell aus institutionell-rechtlicher Perspektive, *Jacqué*, integration 2010, 103 (115 ff.).

[156] Zutr. vgl. nur *Bergmann*, DÖV 2008, 305 (309); *Hitzel-Cassagnes*, KJ 2008, 134 (136); *Müller-Graff*, integration 2008, 123 (144).

[157] So etwa von *Streinz*, ZG 2008, 105 (115); *Oppermann*, DVBl 2008, 473 (476); *Wuermeling*, Vom Verfassungsentwurf zum Reformvertrag, S. 33 (38).

[158] Näher zu diesem Konstitutionalisierungsprozess und einigen damit zusammenhängenden Detailaspekten vgl. etwa *Kämmerer*, NVwZ 2015, 1321; *Nowak*, Grundrechte im europäischen Konstitutionalisierungsprozess, S. 107; *Rensmann*, S. 49 ff.

[159] Zutr. vgl. statt vieler *Calliess*, Mitverantwortung der Rechtswissenschaft für die Verwendung des Verfassungstopos, S. 54 ff.; *Pernice*, EuZW 2008, 65; *Weber*, EuZW 2008, 7 (14); *Streinz*, ZG 2008, 105 (125); ähnlich *Lengauer*, ZfRV 2008, 4 (8).

[160] Instruktiv zur Mitverantwortung der (Europa-)Rechtswissenschaft für die Verwendung des Verfassungstopos vgl. *Calliess*, in: Pernice, S. 54 ff.

[161] Ausführlicher dazu, jeweils mit weiteren Nachweisen einschlägiger Verfassungsentwürfe insb. aus den 40er und 50er Jahren des 20. Jahrhunderts, vgl. *Loth*, Entwürfe einer Europäischen Verfassung, S. 9 ff.; *Streinz/Ohler/Herrmann*, Vertrag von Lissabon, S. 3 f.

[162] Ein Abdruck dieses Entwurfs findet sich u. a. bei *Loth*, Entwürfe einer Europäischen Verfassung, S. 49 ff.

[163] Ausführlicher dazu vgl. m. w. N. *Streinz/Ohler/Herrmann*, Vertrag von Lissabon, S. 4.

[164] Ein Abdruck dieses Entwurfs findet sich u. a. bei *Loth*, Entwürfe einer Europäischen Verfassung, S. 65 ff.

[165] Vgl. BVerfGE 22, 293 (296).

14.2.1984,[166] der als ein echter Verfassungsentwurf für die zu diesem Zeitpunkt noch gar nicht existente EU konzipiert war und die seinerzeit vornehmlich auf die damalige EG bezogenen Begriffe der Verfassungsentwicklung bzw. der Konstitutionalisierung mehr und mehr »salonfähig« machte.[167] An die EU, die erst durch den am 1.11.1993 in Kraft getretenen Vertrag von Maastricht gegründet wurde (s. Rn. 22), ist diese europäische Verfassungsidee in prominenter Weise vor allem durch die European Constitutional Group im Jahre 1993[168] sowie durch die Entschließung des Europäischen Parlaments zum Verfassungsentwurf seines Institutionellen Ausschusses vom 10.2.1994[169] herangetragen worden, in der erneut das »**Projekt einer Europäischen Verfassung**« eingefordert wurde. Dem folgte recht bald ein am Europäischen Hochschulinstitut Florenz ausgearbeiteter Verfassungsentwurf[170] sowie die beiden vielbeachteten Reden des damaligen deutschen Außenministers *Fischer* am 12.1.1999 vor dem Europäischen Parlament[171] und am 12.5.2000 in der Berliner Humboldt-Universität,[172] in denen ein weiteres und stärkeres Nachdenken über die Schaffung einer Verfassung für die Europäische Union eingefordert wurde.[173] Daraufhin plädierte auch der seinerzeit amtierende Staatspräsident Frankreichs, *Jacques Chirac*, am 27.6.2000 vor dem Deutschen Bundestag für die Verabschiedung einer europäischen Verfassung in den nächsten Jahren.[174] Folgewirkungen entfalteten die vorgenannten Entwicklungen, die zugleich mit einer bereitwilligen Rezeption des von *Ingolf Pernice* entwickelten Konzepts des Verfassungsverbundes bzw. des »multilevel constitutionalism«[175] einhergingen, unter anderem insoweit, als im Schrifttum plötzlich verstärkt über die **Verfassungsfähigkeit der EU** diskutiert[176] und dabei zunehmend nicht mehr allein über die Frage nach dem »Ob« einer EU-Verfassung, sondern vielmehr auch bzw. vor allem über die darüber hinausgehende Frage »Welche Verfassung für Europa«[177] debattiert wurde.

---

[166] ABl. 1984, C 77/33; auch abgedruckt bei *Loth*, Entwürfe einer Europäischen Verfassung, S. 129 ff. Ausführlich zu dieser allgemein auch als *Spinelli*-Entwurf bekannten Verfassungsinitiative vgl. *Ehlermann*, Vergleich des Verfassungsprojekts des Europäischen Parlaments mit früheren Verfassungs- und Reformprojekten, S. 269 ff.; *Hummer*, in: *ders.*/Obwexer, S. 19 (52); *Pernice*, EuR 1984, 126 ff.; *Spinelli*, S. 231 ff.

[167] Exemplarisch vgl. *Bieber*, Verfassungsentwicklung in der Europäischen Gemeinschaft – Formen und Verfahren, S. 49 ff.; *Schwarze*, Verfassungsentwicklung in der Europäischen Gemeinschaft, S. 15 ff.

[168] Ausführlicher dazu vgl. etwa *Bernholz*, S. 85 (86 ff.).

[169] ABl. 1994, C 61/155; ausführlicher dazu vgl. *Cromme*, ZG 1995, 256; *Hilf*, integration 1994, 68.

[170] Vgl. dazu etwa *Landfried*, Auf dem Weg zu einem europäischen Verfassungsstaat?, in: Bruha/Hesse/Nowak (Hrsg.), Welche Verfassung für Europa?, 2001, S. 265 (277).

[171] Unter anderen abgedruckt im Bulletin der Bundesregierung Nr. 2/1999, S. 11.

[172] Ein Abdruck dieser Rede findet sich u.a. bei *Loth*, Der Weg nach Europa, S. 241 ff.; ausführlicher dazu vgl. etwa *Ziller*, Der Europäische Verfassungsverbund ohne Verfassungsvertrag, S. 121 (124 f.).

[173] Instruktiv dazu vgl. ferner *Fischer*, integration 2000, 149.

[174] Diese Rede ist u.a. abgedruckt in: Le Monde vom 28.6.2000, S. 16f.

[175] Vgl. *Pernice*, EuR 1996, 27; *ders.*, CMLRev. 36 (1999), 703; *ders.*, in: Bruha/Hesse/Nowak, S. 19 (27 f.).

[176] Aus der Vielzahl einschlägiger Veröffentlichungen aus der damaligen Zeit vgl. nur die zahlreichen Beiträge in *Müller-Graff/Riedel* (Hrsg.), Gemeinsames Verfassungsrecht in der Europäischen Union, 1998; in *Scheuing* (Hrsg.), Europäische Verfassungsordnung, 2003; in *Schwarze* (Hrsg.), Die Entstehung einer europäischen Verfassungsordnung, 2000; sowie statt vieler *Cromme*, DÖV 2002, 593, *v. Danwitz*, JZ 2003, 1125; *Dorau*, S. 11 ff.; *Oeter*, EuR-Beih. 3/2002, 43; *Pache*, EuR 2002, 767; *Peters*, S. 38 ff.; *Piris*, EuR 2000, 311; *Schwarze*, DVBl 1999, 1677.

[177] Vgl. etwa *Bruha/Hesse/Nowak* (Hrsg.), Welche Verfassung für Europa?, 2001; sowie *Ronge* (Hrsg.), In welcher Verfassung ist Europa – Welche Verfassung für Europa, 2001.

49   Außerordentlich wichtige Impulse für die vorgenannte Verfassungsdiskussion hat insbesondere auch der Unionsrichter gesetzt, indem er den nunmehr durch den neuen Vertrag über die Arbeitsweise der Europäischen Union ersetzten EG-Vertrag bereits im Jahre 1986 als »Verfassungsurkunde« einer Rechtsgemeinschaft bezeichnete,[178] in der weder die Mitgliedstaaten noch die Gemeinschaftsorgane der Kontrolle darüber entzogen sind, ob ihre Handlungen im Einklang mit dieser Verfassungsurkunde stehen.[179] Diese in begrifflicher Hinsicht durch *Walter Hallstein* geprägte Rechtsprechung[180] zu dem im Schrifttum vielfach erörterten und auch in der Rechtsprechung des BVerfG berücksichtigten Konzept der Rechtsgemeinschaft[181] bringt treffend zum Ausdruck, dass sich in der Unionsrechtsordnung seit langer Zeit sowohl die wesentlichen Bestandteile einer Verfassung im materiellen Sinne als auch die Kernelemente des Rechtsstaatsprinzips bzw. der in Art. 2 Satz 1 EUV explizit angesprochenen Rechtsstaatlichkeit nachweisen lassen,[182] die in dem ohne besondere Attribute der Staatlichkeit auskommenden Konzept der Rechtsgemeinschaft eine unionsspezifische Entsprechung findet. Die vorgenannte EuGH-Rechtsprechung zum damaligen EG-Vertrag als »**Verfassungsurkunde einer Rechtsgemeinschaft**« lässt sich heute ohne Weiteres auf die EU als Rechtsnachfolgerin der EG (s. Rn. 65 f.) übertragen, da der Lissabonner Reformvertrag die bisherige »Systemspur« des EU-Primärrechts nicht verlässt.[183] Aus dieser Übertragung folgt, dass die durch den Vertrag von Lissabon reformierten Verträge in Gestalt des EU-Vertrags und des Vertrags über die Arbeitsweise der EU gemeinsam die modernisierte »**Verfassungsurkunde einer Rechtsunion**« bilden[184] und dass auch weiterhin weder die

---

[178] Grdlg. EuGH, Urt. v. 23.4.1986, Rs. 294/83 (Parti écologiste »Les Verts«/Europäisches Parlament), Slg. 1986, 1339, Rn. 23; u.a. bestätigt in Gutachten 1/91 v. 14.12.1991, Slg. 1991, I–6079, Rn. 21; Urt. v. 3.9.2008, verb. Rs. C–402/05 P u. C–415/05 P (Kadi u.a./Rat u. Kommission), Slg. 2008, I–6351, Rn. 281.

[179] So bzw. in einem sehr ähnlichen Sinne vgl. Urt. v. 23.4.1986, Rs. 294/83 (Parti écologiste »Les Verts«/Europäisches Parlament), Slg. 1986, 1339, Rn. 23; Urt. v. 22.10.1987, Rs. 314/85 (Foto-Frost), Slg. 1987, 4199, Rn. 16; Beschl. v. 13.7.1990, Rs. C–2/88 Imm. (Zwartfeld u.a.), Slg. 1990, I–3365, Rn. 16; Urt. v. 23.3.1993, Rs. C–314/91 (Weber/Europäisches Parlament), Slg. 1993, I–1093, Rn. 8; Urt. v. 25.7.2002, Rs. C–50/00 P (Unión de Pequeños Agricultores/Rat der EU), Slg. 2002, I–6677, Rn. 38; EuG, Urt. v. 3.5.2002, Rs. T–177/01 (Jégo-Quéré/Kommission), Slg. 2002, II–2365, Rn. 41; Urt. v. 14.4.2005, Rs. T–141/03 (Sniace SA/Kommission), Slg. 2005, II–1197, Rn. 39; Urt. v. 21.9.2005, Rs. T–306/01 (Yusuf u.a./Rat der EU u. Kommission), Slg. 2005, II–3533, Rn. 260; Urt. v. 8.10.2008, Rs. T–411/06 (Sogelma/Europäische Agentur für den Wiederaufbau), Slg. 2008, II–2771, Rn. 36.

[180] Vgl. *Hallstein*, S. 52 ff.; ausführlich dazu vgl. *Pernice*, Begründung und Konsolidierung der Europäischen Gemeinschaft als Rechtsgemeinschaft, S. 56 ff.

[181] Ausführlicher zu diesem Konzept der Rechtsgemeinschaft vgl. statt vieler *Everling*, in: v. Bogdandy/Bast, Europäisches Verfassungsrecht, S. 961 (990 ff.); *Nicolaysen*, Rechtsgemeinschaft, Gemeinschaftsgerichtsbarkeit und Individuum, S. 17 ff.; *Oppermann*, EuZW 2015, 201 f.; *Streinz*, FS Merten, S. 395 ff.; *Zuleeg*, NJW 1994, 545 ff.

[182] Ausführlich dazu vgl. *Arnold*, FS Börner, S. 7 ff.; *Buchwald*, Der Staat 1998, 189 ff.; *Classen*, EuR-Beih. 3/2008, 7; *Hofmann*, S. 321 ff.; *Kadelbach*, EuR-Beih. 2/2002, 7 ff.; *Nicolaysen*, Entwicklungslinien und Perspektiven des Grundrechtsschutzes in der EU – Die gemeinschaftsrechtliche Begründung von Grundrechten, S. 15 ff.; *Nowak*, in: Terhechte, Verwaltungsrecht der EU, § 14, Rn. 13 ff.; *Scheuing*, Der Grundsatz der Rechtsstaatlichkeit im Recht der Europäischen Union, S. 45 ff.; *Wittinger*, JöR 57 (2009), 427 (434 ff.).

[183] Instruktiv dazu vgl. *Müller-Graff*, integration 2008, 123 ff.

[184] Zur Verwendung des noch relativ jungen Begriffs »Rechtsunion« vgl. etwa auch EuGH, Urt. v. 29.6.2010, Rs. C–550/09 (Strafsache gegen E u. F), Slg. 2010, I–6213, Rn. 44; EuG, Urt. v. 6.9.2013, Rs. T–42/12 u. T–181/12 (Batemi/Rat der EU), Rn. 41; EuGH, Urt. v. 3.10.2013, Rs. C–583/11 P (Inuit Tapiriit Kanatami u.a./Europäisches Parlament und Rat der EU), ECLI:EU:C:2013:625, Rn. 91; Urt. v. 19.12.2013, Rs. C–274/12 P (Telefónica SA/Kommission), ECLI:EU:C:2013:852, Rn. 56.

EU-Mitgliedstaaten noch die Organe, Einrichtungen und sonstigen Stellen der EU der gerichtlichen Kontrolle darüber entzogen sein dürfen, ob ihre Handlungen und/oder Unterlassungen im Einklang mit dem primären Unionsrecht stehen.[185]

Unbestreitbar ist zwar, dass der Lissabonner Reformvertrag – im Unterschied zum **50** Verfassungsvertrag aus dem Jahre 2004 – ausdrücklich auf das Verfassungskonzept verzichtet, soweit dies darin bestand, die bestehenden Verträge durch einen einzigen und zugleich »Verfassung« genannten Text zu ersetzen. Einer verfassungsrechtlichen Einordnung des durch diesen Vertrag reformierten (primären) Unionsrechts wird dadurch jedoch nicht die Grundlage entzogen,[186] da sich die Verwendung des Verfassungsbegriffs nicht zwingend auf den klassischen Nationalstaat oder unmittelbar demokratisch legitimierte Grundordnungen beschränken lässt[187] und der Unionsrechtsordnung unabhängig vom Titel der Gründungs- und Änderungsverträge zumindest in materieller und funktionaler Hinsicht längst Verfassungsqualität zuzusprechen ist.[188] Diese im Ergebnis auch vom Zweiten Senat des BVerfG geteilte Einschätzung[189] basiert im Wesentlichen darauf, dass zu den wichtigsten **Funktionen einer als Grundordnung verstandenen Verfassung** im materiellen Sinne neben der Begründung und Legitimation von Macht insbesondere deren Beschränkung, Teilung und Kontrolle zählen.[190] Letzteres gewährleisten **auf der Unionsrechtsebene** neben den unionsrechtlichen Kompetenzbegrenzungs- und -ausübungsregeln etwa in Gestalt des Grundsatzes der begrenzten Einzelermächtigung (s. Art. 5 EUV, Rn. 17 ff.) und des Subsidiaritätsgrundsatzes (s. Art. 5 EUV, Rn. 51 ff.) insbesondere die geschriebenen und ungeschriebenen Unionsgrundrechte (s. Präambel GRC, Rn. 1 ff.), das in Art. 296 Abs. 2 AEUV niedergelegte Begründungserfordernis,[191] die primärrechtlichen Grundfreiheiten und Wettbewerbsregeln sowie die zahlreichen (ungeschriebenen) allgemeinen Rechtsgrundsätze des Unionsrechts. Der Katalog der vom Unionsrichter bereits anerkannten allgemeinen

---

[185] Zum recht engen Zusammenhang zwischen der diesbezüglichen EuGH-Rechtsprechung und dem Unionsgrundrecht auf effektiven Rechtsschutz vgl. *Nowak*, in: Terhechte, Verwaltungsrecht der EU, § 13, Rn. 3 ff.

[186] So auch *v. Bogdandy*, EuR 2009, 749 (750); *Oppermann*, DVBl 2008, 473 (476); *Pernice*, EuZW 2008, 65; *Ruffert*, EuR-Beih. 1/2009, 31 (49), *Streinz*, ZG 2008, 105 (123); *Terhechte*, EuR 2008, 143 (178 ff.); a. A. *Heinig*, JZ 2007, 905, wonach man sich mit dem Scheitern des Verfassungsvertrags auch von der Verfassungsidee bzw. von der formellen Konstitutionalisierung Europas verabschiedet habe.

[187] Zutr. vgl. *v. Bogdandy*, EuR 2009, 749 (750); *Dorau*, S. 56 ff.; *Pernice*, ZaöRV 70 (2010), 51 (54 ff.); *Streinz*, ZG 2008, 105 (123); a. A. *Grimm*, JZ 1995, 581 (586); sowie *Cromme*, DÖV 2002, 593 (594), der deshalb – wie einige andere auch – in Ansehung der EU abweichende Begriffe wie etwa »Grundordnung« oder »Verfassungsvertrag« favorisiert; vgl. dazu auch *Cromme*, Die Zukunft des Lissabon-Vertrages – Ein kurzgefasster und dynamischer Verfassungsvertrag (Entwurf und Begründung), 2010, S. 25 ff.

[188] So auch *Kadelbach*, FS Ress, S. 527 (529 f.); *Calliess*, Mitverantwortung der Rechtswissenschaft für die Verwendung des Verfassungstopos, S. 54 (75 f.), *v. Danwitz*, JZ 2003, 1125 ff.; *Dorau*, S. 96; *Everling*, in: v. Bogdandy/Bast, Europäisches Verfassungsrecht, S. 961 (987 ff.); *Schiffauer*, EuGRZ 2008, 1 (8); *Nicolaysen*, FS Oppermann, S. 187 ff.; *Schwarze*, Verfassungsentwicklung in der Europäischen Gemeinschaft – Begriff und Grundlagen, S. 15 (25); *Zuleeg*, in: v. Bogdandy/Bast, Europäisches Verfassungsrecht, S. 1045 ff.

[189] Vgl. BVerfGE 123, 267 ff. = NJW 2009, 2267, Rn. 231 – Lissabon.

[190] Ausführlicher dazu, jeweils m. w. N., vgl. *Kirchhof*, S. 359 ff.; *Grimm*, JZ 1995, 581 ff.; *Pernice*, in: Bruha/Hesse/Nowak, S. 19 (22 ff.).

[191] Instruktiv dazu vgl. etwa EuGH, Urt. v. 29. 6. 2010, Rs. C–550/09 (Strafsache gegen E u. F), Slg. 2010, I–6213 (Rn. 53 ff.); sowie m. w. N. *Nowak*, in: Terhechte, Verwaltungsrecht der EU, § 14, Rn. 24 f.

Rechtsgrundsätze hat mittlerweile einen Umfang angenommen, der die Bindung der Unionsorgane an den durch diese Grundsätze konkretisierten Gedanken der Rechtsstaatlichkeit nicht hinter den entsprechenden rechtsstaatlichen Bindungen der EU-Mitgliedstaaten zurücktreten lässt. Von besonderer unionsverfassungsrechtlicher Bedeutung sind in diesem Kontext vor allem der Grundsatz des institutionellen Gleichgewichts,[192] der Grundsatz der Gesetzmäßigkeit der Verwaltung,[193] der Grundsatz des Vertrauensschutzes,[194] der Grundsatz der Rechtssicherheit,[195] der Verhältnismäßigkeitsgrundsatz,[196] der Grundsatz effektiven Rechtsschutzes[197] sowie zahlreiche Verfahrensgrundrechte und Verteidigungsrechte,[198] die überaus wichtige Bestandteile des in interdependenter Weise mit den mitgliedstaatlichen Verfassungsordnungen verbundenen Unionsverfassungsrechts bilden.

III. Die offene Zukunft und Finalität der Europäischen Union bzw. des europäischen Integrationsprozesses

51   Nach Art. 1 Abs. 2 EUV stellt der EU-Vertrag in seiner zuletzt durch den Vertrag von Lissabon (s. Rn. 1) reformierten Fassung eine »neue« und damit nicht die letzte Stufe bei der zu Recht als »Fundamentalziel« der Europäischen Union eingeordneten[199] Verwirklichung einer immer engeren Union der Völker Europas dar. Diese Formulierung, die den Prozesscharakter der europäischen Integration und die weitere **Entwicklungsoffenheit der Europäischen Union** unterstreicht,[200] korrespondiert in gewisser Weise mit dem ersten Erwägungsgrund der EUV-Präambel, in dem die Gründerstaaten ihrer Entschlossenheit Ausdruck verleihen, den mit der Gründung der Europäischen Gemeinschaften eingeleiteten Prozess der europäischen Integration auf eine neue Stufe zu heben (s. EUV-Präambel, Rn 8). Damit wird zwar relativ klar hervorgehoben, dass das Endstadium einer immer engeren Union der Völker Europas noch nicht erreicht ist.[201] Vollkommen offen ist jedoch, wie dieses teilweise eventuell auf innerstaatliche Verfassungsvorbehalte nicht unbedingt unüberwindbarer Art stoßende[202] Endstadium irgend-

---

[192] Ausführlich dazu vgl. *Hatje/Förster*, EnzEuR, Bd. 1, § 10, Rn. 26 ff.; *Siegel*, DÖV 2010, 1.

[193] Vgl. nur EuGH, Urt. v. 21. 9. 1989, verb. Rs. 46/87 u. 227/88 (Hoechst), Slg. 1989, 2859, Rn. 19; sowie m. w. N. *Terhechte*, in: Terhechte, Verwaltungsrecht der EU, § 7, Rn. 25.

[194] Ausführlicher dazu vgl. m. w. N. *Nowak*, in: Terhechte, Verwaltungsrecht der EU, § 14, Rn. 67 f.

[195] Ausführlich dazu vgl. nur *Hatje*, FS Rengeling, S. 249 ff.

[196] Ausführlich dazu vgl. etwa *Harbo*, The Function of the Proportionality Principle in EU Law, ELJ 16 (2010), 158 ff.; *Szczekalla*, in: Heselhaus/Nowak, Handbuch der Europäischen Grundrechte, § 7, Rn. 41 ff.; *Trstenjak/Beysen*, EuR 2012, 265 ff.

[197] Ausführlicher dazu vgl. m. w. N. *Nowak*, in: Terhechte, Verwaltungsrecht der EU, § 14, Rn. 13 ff.

[198] Ausführlicher zu diesen zahlreichen Rechten vgl. m. w. N. *Nowak*, in: Terhechte, Verwaltungsrecht der EU, § 14 Rn. 34 ff.

[199] Vgl. *Pechstein*, in: Streinz, EUV/AEUV, Art. 1 EUV, Rn. 19.

[200] So auch vgl. *Calliess*, in: Calliess/Ruffert, EUV/AEUV, Art. 1 EUV, Rn. 9 ff.; *Heintschel v. Heinegg*, in: Vedder/Heintschel v. Heinegg, Europäisches Unionsrecht, Art. 1 EUV, Rn. 7.

[201] Zutr. *Geiger*, in: Geiger/Khan/Kotzur, EUV/AEUV, Art. 1 EUV, Rn. 11; *Nettesheim*, in: Grabitz/Hilf/Nettesheim, EU, Art. 1 EUV (August 2012), Rn. 14.

[202] Exemplarisch dazu vgl. BVerfGE 123, 267 ff. – Lissabon; näher zu dieser Entscheidung unter besonderer Berücksichtigung der daraus abzuleitenden Integrationsgrenzen vgl. *Kahl*, S. 23 ff.; *Nicolaysen*, EuR-Beih. 1/2010, 9 ff.; *Nowak*, Europarecht, S. 69 ff.; *Pache*, EuGRZ 2009, 285; *Ruffert*, DVBl 2009, 1197 ff.; *Selmayr*, ZEuS 2009, 637 ff.; *Sommermann*, DÖV 2013, 708 ff.; *Terhechte*, EuR-Beih. 1/2010, 135 ff.; *Tomuschat*, ZaöRV 70 (2010), 251 ff.; *Weber*, JZ 2010, 157 ff. Zur kontrovers diskutierten (Un-)Überwindbarkeit derartige Integrationsgrenzen vgl. jeweils in spezieller Ansehung

wann einmal konkret aussehen soll oder wird, da die klassische Frage nach der so genannten **Finalität Europas** bzw. der Europäischen Union und/oder des europäischen Integrationsprozesses[203] im primären Unionsrecht bewusst in der Schwebe gehalten wird. Insoweit kann über künftige Entwicklungsstufen der europäischen Integration, hinsichtlich derer es nicht an jüngeren Vorschlägen mangelt,[204] und über die weitere Zukunft der Europäischen Union, die in der Vergangenheit immer wieder in regelmäßigen Abständen thematisiert worden ist,[205] auch weiterhin nur spekuliert werden.

D.   Verfassungsprinzipien und Maximen der Offenheit und der Bürgernähe (Absatz 2)

Nach Art. 1 Abs. 2 EUV stellt der EU-Vertrag eine neue Stufe bei der Verwirklichung   **52** einer immer engeren **Union** der Völker Europas dar, »**in der die Entscheidungen möglichst offen und möglichst bürgernah getroffen werden**«. Diese Aussage findet sich mit einer leicht abweichenden Wortwahl auch in Art. 10 Abs. 3 Satz 2 EUV, wo es im direkten Anschluss an das im ersten Satz dieses Absatzes angesprochene Recht aller Bürgerinnen und Bürger auf Teilnahme am demokratischen Leben der Europäischen Union heißt, dass die »Entscheidungen [...] so offen und bürgernah wie möglich getroffen [werden]«. Das hier sowie in Art. 1 Abs. 2 EUV zum Ausdruck gebrachte Anliegen einer möglichst bürgernahen Entscheidungspraxis in der Europäischen Union war bereits in der Maastrichter Ursprungsfassung der vorgenannten Norm geregelt, während das zusätzliche Anliegen einer möglichst offenen Entscheidungspraxis erst etwas später durch den Änderungsvertrag von Amsterdam in Art. 1 Abs. 2 EUV eingefügt worden ist (s. Rn. 2 f.). Im Hinblick auf den demokratietheoretischen Hintergrund und die rechtliche Bedeutung dieser beiden als unionsverfassungsrechtliche Entscheidungsmaximen einzuordnenden Anliegen bestehen zwar gewisse Gemeinsamkeiten (I.). In inhaltlicher Hinsicht jedoch ist eine dem Verfassungsprinzip der Offenheit bzw. der Transparenz so weit wie möglich verpflichtete Entscheidungspraxis (II.) von einer möglichst bürgernahen Entscheidungspraxis (III.) zu unterscheiden.

---

des Art. 146 GG *Klein*, Verfassungsgebung, Verfassungsrevision, Volksabstimmung, S. 97 ff.; *Papier*, S. 11 (17 ff.); *Schilling*, Der Staat 2014, 95 ff.

[203] Ausführlicher dazu vgl. nur *Classen*, EnzEuR, Bd. 1, § 37, Rn. 1 ff.; *Fischer*, Vom Staatenverbund zur Föderation – Gedanken über die Finalität der europäischen Integration, integration 2000, 149 ff.; *Oppermann*, AöR 141 (2016), 136 (141 ff.); *Pernice*, Zur Finalität Europas, S. 743 ff.

[204] Exemplarisch vgl. *Abelshauser*, ZSE 2013, 466; *Beemelmans*, ZSE 2015, 468; *Dawson/de Witte*, ELJ 22 (2016), 204; *Graf Kielmansegg*, Wohin des Wegs, Europa? – Beiträge zu einer überfälligen Debatte, 2015, S. 13 ff.; *Hesse/Fehrmann*, ZSE 2013, 506; *Huber/Matussek*, JP 2015, 70; *Loth*, Journal of European Integration History (JEIH) 2015, 203; *Louis*, Vers une réforme de l'Union?, CDA 2015, 91; *Neyer*, Wirtschaftsdienst 2016, 387; *Priebe*, EuZW 2015, 697; *Simms/Zeeb*, Europa am Abgrund – Plädoyer für die Vereinigten Staaten von Europa, 2016, S. 9 ff.; *Zbíral*, CMLRev. 52 (2015), 51; sowie die zahlreichen Beiträge in *Kadelbach* (Hrsg.), Die Europäische Union am Scheideweg: mehr oder weniger Europa?, 2015.

[205] Exemplarisch vgl. *Müller-Graff*, Die Zukunft des Europäischen Verfassungstopos und Primärrechts nach der deutschen Ratspräsidentschaft, S. 105 ff.; *Oppermann*, FS Schwarze, S. 876 ff.; *Pernice*, Die Rettung des Euro und die Zukunft der Europäischen Union, in: Metaxas/Pernice (Hrsg.), Europa in der Krise – Zwischen Recht und Politik, 2015, S. 54 ff.; *Schmidhuber*, Mutmaßungen über die Zukunft der Europäischen Union, in: Rill (Hrsg.), Die Dynamik der europäischen Integration, 2011, S. 97 ff.

I. Unionsverfassungsrechtliche Einordnung und Bedeutung

53   Die in Art. 1 Abs. 2 EUV angesprochenen Anliegen einer möglichst offenen und möglichst bürgernahen Entscheidungspraxis in der Europäischen Union werden im einschlägigen Schrifttum zutreffend als Handlungs-, Organisations- und/oder Entscheidungsmaximen der EU bezeichnet bzw. eingestuft.[206] Gleichwohl lassen sich diese Maximen eingedenk der zurückliegenden Verfassungsentwicklung in der Europäischen Union (s. Rn. 47 ff.) auch als **Verfassungsprinzipien der EU** einordnen[207] oder als Verfassungsgrundsätze der EU bezeichnen,[208] die auf Grund des oben genannten Tatbestandsmerkmals »möglichst« zugleich in die Nähe unionsverfassungsrechtlicher Optimierungsgebote rücken.[209] Eine weitere Gemeinsamkeit weisen diese beiden unionsverfassungsrechtlichen Maximen, Prinzipien oder Grundsätze insoweit auf, als sie sich nicht allein auf die Europäische Union sowie ihre Organe, Einrichtungen und sonstigen Stellen beziehen, sondern auch die EU-Mitgliedstaaten sowie deren Untergliederungen bei der Umsetzung oder Durchführung des Unionsrechts binden.[210]

54   Während die Abstraktionsstufe der vorgenannten Verfassungsprinzipien der Offenheit und der Bürgernähe überaus hoch ist, wird der normative Gehalt der in Art. 1 Abs. 2 EUV genau darauf bezogenen Formulierungen gemeinhin als gering eingestuft.[211] Dies beruht insbesondere auf dem kaum zu leugnenden Programmsatz-Charakter des in dieser Bestimmung geregelten Anliegens einer möglichst offenen und bürgernahen Entscheidungspraxis, der gegen die Möglichkeit einer Herleitung einklagbarer Rechte oder Ansprüche unmittelbar aus Art. 1 Abs. 2 EUV spricht[212] und den Unionsrichter dazu bewegt, dieser Bestimmung **keine unmittelbare Anwendbarkeit** bzw. Wirkung zuzusprechen.[213] Dass Art. 1 Abs. 2 EUV – ähnlich wie etwa die verschiedenen Aussagen oder Regelungsgehalte der EU-Präambel (s. Präambel EUV, Rn. 23 f.) – gleichwohl ermessensleitende Wirkungen entfalten und vor allem als **Auslegungshilfe** bei der Interpretation und Anwendung aller sonstigen Bestimmungen des Unionsrechts herangezogen werden kann,[214] die verschiedene Einzelaspekte oder Ausprägungen einer mög-

---

[206] Vgl. nur *Nettesheim*, in: Grabitz/Hilf/Nettesheim, EU, Art. 1 EUV (August 2012), Rn. 27 ff.; *Pechstein*, in: Streinz, EUV/AEUV, Art. 1 EUV, Rn. 21 ff.

[207] Für diese Einordnung vgl. auch *Calliess*, in: Calliess/Ruffert, EUV/AEUV, Art. 1 EUV, Rn. 78 ff.

[208] Zum »Grundsatz«-Charakter« des in Art. 1 Abs. 2 EUV geregelten Anliegens einer möglichst offenen Entscheidungspraxis vgl. insbesondere Art. 15 Abs. 1 AEUV (am Ende) und EuG, Urt. v. 28. 1. 2015, Rs. T–341/12 (Evonik Degussa GmbH/Kommission), ECLI:EU:T:2015:51, Rn. 89.

[209] Ähnlich vgl. auch *Heintschel v. Heinegg*, in: Vedder/Heintschel v. Heinegg, Europäisches Unionsrecht, Art. 1 EUV, Rn. 10, der in diesem Kontext allerdings von Maximierungsgeboten spricht.

[210] So auch *Nettesheim*, in: Grabitz/Hilf/Nettesheim, EU, Art. 1 EUV (August 2012), Rn. 27 u. 37.

[211] Vgl. etwa *Nettesheim*, in: Grabitz/Hilf/Nettesheim, EU, Art. 1 EUV (August 2012), Rn. 27.

[212] So auch *Schwarze*, in: Schwarze, EU-Kommentar, Art. 1 EUV, Rn. 3, mit der weiteren Einschätzung, dass die Union mit der Klausel von der möglichst offenen und bürgernahen Entscheidungspraxis – nach Art einer Selbstverpflichtung – eine bestimmte Leitvorstellung formuliere, welche ihre Entscheidungsverfahren auszeichnen sollen, und dass sich die Union mit dieser Formulierung ersichtlich gegen eine in der öffentlichen Meinung nicht selten anzutreffende Vorstellung von der EU als bürgerfernem, undurchsichtigem und bürokratischem Apparat richte. Zum »Leitbild«-Charakter der unionsverfassungsrechtlichen Entscheidungsmaxime der Offenheit vgl. auch *Nettesheim*, in: Grabitz/Hilf/Nettesheim, EU, Art. 1 EUV (August 2012), Rn. 41.

[213] Vgl. EuG, Urt. vom 11. 12. 2001, Rs. T–191/99 (Petrie u. a./Kommission), Slg. 2011, II–3677, Rn. 34 f., wonach es Art. 1 Abs. 2 EUV an der unmittelbaren Anwendbarkeit fehle, weil diese Bestimmung nicht in dem von der Rechtsprechung geforderten Sinne hinreichend klar sei.

[214] Zum dem in Art. 1 Abs. 2 EUV niedergelegten Verfassungsprinzip der maximalen Offenheit als »Vorgabe für die Auslegung des Primär- und Sekundärrechts (einschließlich des organinternen Ver-

lichst offenen und bürgernahen Entscheidungspraxis in der EU zum Gegenstand haben (s. Rn. 57–59), bleibt davon unberührt.

Zwischen den unionsverfassungsrechtlichen Optimierungsgeboten bzw. unionalen   **55** Verfassungsprinzipien der Offenheit und der Bürgernähe gibt es einen engen demokratietheoretischen Zusammenhang, der insbesondere auch durch die Erwähnung der offenen und bürgernahen Entscheidungspraxis im dritten Absatz des die Überschrift »Demokratische Grundsätze« tragenden Art. 10 EUV bestatigt wird. Insoweit lasst sich die in Art. 1 Abs. 2 EUV geregelte und ganz stark auf **Akzeptanzsicherung**[215] ausgerichtete Forderung nach einer möglichst offenen und möglichst bürgernahen Entscheidungspraxis zwar als eine besondere Ausprägung und zugleich als eine unverzichtbare Grundbedingungen der nach Art. 2 Satz 1 EUV zu den grundlegenden Werten der Europäischen Union gehörenden **Demokratie** bezeichnen. Identisch sind die nachfolgend gesondert anzusprechenden Verfassungsprinzipen und Entscheidungsmaximen der Offenheit und der Bürgernähe jedoch nicht.

II. Unionsverfassungsrechtliche Entscheidungs- und Handlungsmaxime der Offenheit

Das mit dem Amsterdamer Vertrag (s. Rn. 2) in Art. 1 Abs. 2 EUV eingefügte Anliegen   **56** einer möglichst offenen Entscheidungspraxis, das in der diesbezüglichen Rechtsprechung des Unionsrichters auch als »Grundsatz« bezeichnet wird,[216] zielt im Wesentlichen auf eine für die demokratische Legitimation und Kontrollierbarkeit unverzichtbare Steigerung der Transparenz der Entscheidungsprozesse in der Europäischen Union ab,[217] ohne dabei allerdings zwischen legislativen und administrativen Entscheidungsprozessen zu unterscheiden. Im Kern geht es bei der gemäß Art. 1 Abs. 2 EUV unter dem Vorbehalt des Möglichen stehenden und in verschiedensten Zusammenhängen mit partiell gegenläufigen Anliegen oder Belangen (s. Art. 339 AEUV, Rn. 1 ff.) zu einem möglichst optimalen Ausgleich zu bringenden Etablierung offener bzw. transparenter Entscheidungsstrukturen und -prozesse um die **Stärkung der demokratischen und rechtsstaatlichen Legitimation der EU** sowie um die damit einhergehende Verbesserung der Akzeptanz dieser Union seitens ihrer Bürgerinnen und Bürger, deren Vertrauen in diese »Rechtsunion« (s. Rn. 49) und in die europäische Mehrebenen-Demokratie für den erfolgreichen Fortgang des europäischen Integrationsprozesses unverzichtbar ist. Der hier angesprochene Akzeptanz- und Vertrauensaspekt ist in besonders eindringlicher Weise auch bereits zu Beginn des Post-Nizza-Prozesses (s. Rn. 28) im so genannten **Governance-Weißbuch vom 25. 7. 2001**[218] thematisiert und hervorgehoben worden,

---

fahrensrechts) vgl. auch *Nettesheim*, in: Grabitz/Hilf/Nettesheim, EU, Art. 1 EUV (August 2012), Rn. 42.

[215] In diesem Sinne vgl. auch statt vieler *Geiger*, in: Geiger/Khan/Kotzur, EUV/AEUV, Art. 1 EUV, Rn. 12, wonach mit Transparenz und Bürgernähe wesentliche Voraussetzungen für die Akzeptanz einer immer engeren Union durch die Völker der Mitgliedstaaten genannt seien.

[216] Vgl. nur EuG, Urt. v. 28. 1. 2015, Rs. T–341/12 (Evonik Degussa GmbH/Kommission), ECLI: EU:T:2015:51, Rn. 89.

[217] Zutr. *Pechstein*, in: Streinz, EUV/AEUV, Art. 1 EUV, Rn. 21; ausführlicher dazu vgl. auch *Calliess*, in: Calliess/Ruffert, EUV/AEUV, Art. 1 EUV, Rn. 84 f.; *Nettesheim*, in: Grabitz/Hilf/Nettesheim, EU, Art. 1 EUV (August 2012), Rn. 35 ff.

[218] *Kommission der Europäischen Gemeinschaften*, Europäisches Regieren – ein Weißbuch, KOM (2001) 428 endg. vom 25. 7. 2001, ABl. 2001, C 287/1. (nachfolgend: »*Governance*-Weißbuch«); näher dazu vgl. *Vignon*, S. 21 ff.; *Hrbek*, S. 33 (37 ff.); *Preuß*, S. 49 ff.

mit dem die Kommission seinerzeit einen wichtigen Beitrag zu der auch in der »Erklärung zur Zukunft der Union« (s. Rn. 29) eingeforderten Diskussion über die Weiterentwicklung der EU geleistet hat. In diesem Weißbuch, das damals ganz zu Recht als »ein Manifest zu Gunsten eines ebenso selbstkritischen wie profunden Wandels des Selbstverständnisses der Institutionen im Verhältnis zu den Gemeinschaftsbürgern« verstanden wurde,[219] konstatierte die Kommission mit deutlichen Worten das Bestehen einer »Kluft« zwischen der EU und den sich zum Teil »entfremdet« fühlenden Bürgern, die dringend der Überbrückung bedürfe. Der Erreichung dieses Ziels sollen sodann die im vorgenannten Governance-Weißbuch näher erläuterten »Grundsätze des guten Regierens« dienen, zu denen neben den Grundsätzen der Verantwortlichkeit, der Effektivität, der Kohärenz und der Partizipation ausdrücklich auch der **Grundsatz der Offenheit** zählt, die nach den an eine frühere Entscheidung des deutschen Bundesverfassungsgerichts[220] erinnernden Worten der Kommission »deshalb so wichtig [ist], weil sie helfen kann, das Vertrauen in komplexe Institutionen zu stärken«[221].

57 Der vorgenannte Begriff der Offenheit, in dem zahlreiche mit positiven Konnotationen verbundene Sinngehalte wie etwa Klarheit, Durchsichtigkeit, Verständlichkeit, Öffentlichkeit und Zugänglichkeit mitschwingen, wird recht häufig mit dem beispielsweise in Art. 11 Abs. 3 EUV verwendeten »Transparenz«-Begriff umschrieben oder gleichgesetzt,[222] der – ebenso wie der weitgehend inhaltsgleiche Begriff der Offenheit – an dieser Stelle zunächst einmal insbesondere mit Art. 15 Abs. 1 AEUV in Verbindung zu bringen ist. Nach dieser Bestimmung handeln nämlich die Organe, Einrichtungen und sonstigen Stellen der Union unter weitestgehender Beachtung des Grundsatzes der Offenheit, um eine verantwortungsvolle Verwaltung zu fördern und die Beteiligung der Zivilgesellschaft sicherzustellen. Weitere wichtige Ausprägungen findet das in Art. 1 Abs. 2 EUV angesprochene Verfassungsprinzip der Offenheit darüber hinaus in der **Öffentlichkeit unionaler Rechtsetzungsverfahren**,[223] die in Bezug auf das Europäische Parlament und den Rat in Art. 15 Abs. 2 AEUV geregelt ist, sowie in den primärrechtlich in Art. 296 Abs. 2 AEUV und Art. 41 Abs. 2 Buchst. 2 GRV geregelten Verpflichtungen zur Begründung unionaler Rechtsakte,[224] die wiederum sowohl durch unionsgrund-

---

[219] Vgl. *Wägenbaur*, EuZW 2001, 680 (681).

[220] Vgl. BVerfGE 40, 296 (327), wo es heißt: »Die parlamentarische Demokratie basiert auf dem Vertrauen des Volkes; Vertrauen ohne Transparenz, die erlaubt zu verfolgen, was politisch geschieht, ist nicht möglich«.

[221] Vgl. dazu das *Governance*-Weißbuch (Fn. 218), S. 9.

[222] Exemplarisch dazu vgl. etwa *Calliess*, in: Calliess/Ruffert, EUV/AEUV, Art. 1 EUV, Rn. 85, der die in Art. 1 Abs. 2 EUV niedergelegte unionsverfassungsrechtliche Entscheidungsmaxime der Offenheit als »Transparenzprinzip« bezeichnet. Für eine sehr viel stärkere Unterscheidung zwischen dem vorgenannten Transparenzprinzip und dem unionsverfassungsrechtlichen Prinzip der Offenheit vgl. indes *Alemanno*, E.L.Rev. 39 (2014), 72 ff.; sowie Art. 11 Abs. 2 EUV. Ausführlicher zum unionsverfassungsrechtlichen Transparenzprinzip vgl. etwa *Bröhmer*, S. 319 ff.; *Heitsch*, S. 7 ff.; *Nowak*, Mehr Transparenz durch Informationsansprüche, S. 117 ff.

[223] Ausführlicher dazu vgl. *Calliess*, in: Calliess/Ruffert, EUV/AEUV, Art. 1 EUV, Rn. 88; *de Leeuw*, E.L.Rev. 32 (2007), 295; *Hillebrandt/Curtin/Meijer*, ELJ 20 (2014), 1; *Nettesheim*, in: Grabitz/Hilf/Nettesheim, EU, Art. 1 EUV (August 2012), Rn. 27 ff.; *Pechstein*, in: Streinz, EUV/AEUV, Art. 1 EUV, Rn. 21 ff.; sowie aus früherer Zeit *Sobotta*, Transparenz in den Rechtsetzungsverfahren der Europäischen Union – Stand und Perspektiven des Gemeinschaftsrechts unter besonderer Berücksichtigung des Grundrechtes auf Zugang zu Informationen, 2001, S. 30 ff.

[224] Zur Konkretisierung dieser Begründungspflichten und ihrer von verschiedenen Umständen abhängigen Reichweite vgl. nur EuGH, Urt. v. 7.3.2002, Rs. C–310/99 (Italien/Kommission), Slg. 2002, I–2289, Rn. 48; Urt. v. 16.5.2002, Rs. C–482/99 (Frankreich/Kommission), Slg. 2002, I–4397, Rn. 41; EuG, Urt. v. 27.9.2006, Rs. T–43/02 (Jungbunzlauer/Kommission), Slg. 2006, II–3435, Rn. 74; sowie jeweils m.w.N. *Nowak*, in: Terhechte, Verwaltungsrecht der EU, § 14, Rn. 24 ff.

rechtlich fundierte Begründungspflichten mitgliedstaatlicher Behörden[225] als auch durch unionsrechtliche – teils aus Art. 297 AEUV und teils aus sekundärrechtlichen Bestimmungen resultierende – Verpflichtungen und Befugnisse der Kommission zur Veröffentlichung verfahrensabschließender Verwaltungsentscheidungen bzw. Beschlüsse[226] flankiert werden. Nicht minder bedeutsam ist im Hinblick auf die von Art. 1 Abs. 2 EUV verlangte Offenheit unionaler Entscheidungsprozesse schließlich auch die primärrechtlich in Art. 15 Abs. 3 AEUV sowie in Art. 41 Abs. 2 Buchst. b GRC und Art. 42 GRC geregelte **Informations- bzw. Dokumentenzugangsfreiheit,**[227] die durch den Lissabonner Reformvertrag aus dem ehemaligen Art. 255 EGV in den EU-Vertrag überführt worden ist und die auf der sekundärrechtlichen Ebene insbesondere durch die Verordnung (EG) Nr. 1049/2001 des Europäischen Parlaments und des Rates vom 30. 5. 2001 über den Zugang der Öffentlichkeit zu Dokumenten des Europäischen Parlaments, des Rates und der Kommission,[228] durch die so genannte Umweltinformations-Richtlinie,[229]

---

[225] Zum engen Zusammenhang zwischen dem Unionsgrundrecht auf effektiven Rechtsschutz und den von mitgliedstaatlichen Behörden einzuhaltenden Begründungserfordernissen vgl. etwa EuGH, Urt. v. 15. 10. 1987, Rs. 222/86 (Heylens u. a.), Slg. 1987, 4097, Rn. 15 f.; Urt. v. 7. 5. 1991, Rs. C–340/89 (Vlassopoulou), Slg. 1991, I–2357, Rn. 22; Urt. v. 7. 5. 1992, Rs. C–104/91 (Borell u. a.), Slg. 1992, I–3003, Rn. 15; Urt. v. 30. 4. 2009, Rs. C–75/08 (Mellor), Slg. 2009, I–3799, Rn. 59.

[226] Exemplarisch dazu vgl. EuG, Urt. v. 28. 1. 2015, Rs. T–341/12 (Evonik Degussa GmbH/Kommission), ECLI:EU:T:2015:51, Rn. 89; sowie *Nowak/Slusarek*, in: Birnstiel/Bungenberg/Heinrich (Hrsg.), Europäisches Beihilfenrecht, 2013, Art. 26 VO 659/1999, Rn. 1 ff.

[227] Zum engen Zusammenhang zwischen dem in Art. 1 Abs. 2 EUV niedergelegten Verfassungsprinzip der Offenheit und Art. 15 Abs. 3 AEUV vgl. auch EuG, Urt. v. 28. 1. 2015, Rs. T–341/12 (Evonik Degussa GmbH/Kommission), ECLI:EU:T:2015:51, Rn. 89, wonach sich der in Art. 1 Abs. 2 EUV geregelte Grundsatz, dass Entscheidungen in der Union möglichst offen getroffen werden, sich in Art. 15 AEUV widerspiegele, der den Bürgern unter bestimmten Bedingungen ein Recht auf Zugang zu Dokumenten der Organe zusichert; sowie Rn. 72, wo darauf hingewiesen wird, dass die mit Art. 15 Abs. 3 EUV verbundene Verordnung Nr. 1049/2001 nach ihrem ersten Erwägungsgrund dem Willen folgt, der in dem durch den Vertrag von Amsterdam eingefügten Art. 1 Abs. 2 EUV seinen Ausdruck gefunden hat, dass dieser Vertrag eine neue Stufe bei der Verwirklichung einer immer engeren Union der Völker Europas darstellt, in der die Entscheidungen möglichst offen und möglichst bürgernah getroffen werden.

[228] ABl. 2001, L 145/43; zur Bedeutung und zur Auslegung dieser so genannten Transparenzverordnung in der Rechtsprechungspraxis vgl. etwa EuGH, Urt. v. 1. 7. 2008, verb. Rs. C–39/05 P u. C–52/05 P (Turco u. a./Rat), Slg. 2008, I–4723, Rn. 32 ff.; EuG, Urt. v. 20. 3. 2014, Rs. T–181/10 (Reagens/Kommission), NZKart 2014, 410 f.; EuGH, Urt. v. 27. 2. 2014, Rs. C–365/12 P (Kommission/EnBW u. a.), NZKart 2014, 140 ff., mit Anm. *Hempel*, EuZW 2014, 297; sowie *Bartelt/Zeitler*, EuR 2003, 487; *Boysen*, Die Verwaltung 2009, 215; *Bretthauer*, DÖV 2013, 677; *Diamandouros*, EStAL 2008, 654; *Heitsch*, S. 7 ff.; *Heliskoski/Leino*, CMLRev. 43 (2006), 735; *Heselhaus*, in: *ders.*/Nowak, Handbuch der Europäischen Grundrechte, § 56, Rn. 1 ff.; *v.d. Hout/Firmenich*, ZEuS 2011, 647; *Koppensteiner*, EuR 2014, 594; *Nehl*, S. 264 ff.; *Nowak*, DVBl 2004, 272; *Riemann*, S. 133 ff.; *Tietje/Nowrot*, EWS 2006, 486 ff.

[229] Richtlinie 2003/4/EG des Europäischen Parlaments und des Rates vom 28. 1. 2003 über den Zugang der Öffentlichkeit zu Umweltinformationen und zur Aufhebung der Richtlinie 90/313/EWG des Rates, ABl. 2003, L 41/26. Zur enormen Bedeutung und zur Auslegung dieser so genannten Umweltinformationsrichtlinie in der Rechtsprechungspraxis vgl. etwa EuGH, Urt. v. 16. 12. 2010, Rs. C–266/09 (Stichting Natuur en Milieu u. a./College voor de toelating van gewasbeschermingsmiddelen en biociden), Slg. 2010, I–13119 ff.; Urt. v. 14. 2. 2012, Rs. C–204/09 (Flachglas Torgau GmbH/Deutschland), EuGRZ 2012, 167 ff.; Urt. v. 18. 7. 2013, Rs. C–515/11 (Deutsche Umwelthilfe e. V./Deutschland), EuZW 2013, 708 ff.; Urt. v. 19. 12. 2013, Rs. C–279/12 (Fish Legal u. a./Information Commissioner), ZUR 2014, 230 ff. Näher zu dieser Rechtsprechung sowie zu weiteren Aspekten im Zusammenhang mit diesem Umweltinformationsanspruch vgl. etwa *Ekardt*, NVwZ 2013, 1591; *Garçon*, EurUP 2012, 72; *Hellriegel*, EuZW 2012, 456; *Louis*, NuR 2013, 77; *Much*, ZUR 2012, 288.

durch die damit in einem engen sachlichen Zusammenhang stehende Verordnung (EG) Nr. 1367/2006[230] sowie durch zahlreiche weitere Regelungen über verfahrensakzessorische Akteneinsichtsrechte[231] sichergestellt bzw. näher ausgestaltet wird.

III.   Unionsverfassungsrechtliche Entscheidungs- und Handlungsmaxime der Bürgernähe

58   Die Entscheidungen in der EU sollen nach Art. 1 Abs. 2 EUV nicht nur möglichst offen (s. Rn. 56 f.), sondern auch »möglichst bürgernah« getroffen werden. Der weder in dieser Norm noch in anderen Bestimmungen des Unionsrechts definierte **Begriff der Bürgernähe** stellt im EU-Vertrag den terminologischen Ersatz des auf britischen Wunsch aus früheren EUV-Entwürfen gestrichenen Hinweises auf die föderale Ausrichtung (»federal goal«) der EU dar.[232] In inhaltlicher Hinsicht intendiert der auch in Art. 10 Abs. 3 Satz 2 EUV auftauchende Begriff der Bürgernähe die Aufrechterhaltung und Belebung der Anteilnahme und des Interesses der Unionsbürgerinnen und Unionsbürger an den europäischen Entwicklungen[233] bzw. am rechtlichen, politischen und/oder demokratischen Leben in der Europäischen Union. Insoweit ist das Verfassungsprinzip bzw. die unionsverfassungsrechtliche Entscheidungs-, Handlungs- und Organisationsmaxime (s. Rn. 53) der Bürgernähe zunächst einmal überaus eng mit der **Anerkennung und Förderung der Bürgerbeteiligung** nach Maßgabe der in Art. 11 Abs. 1–3 EUV geregelten Grundsätze der partizipativen Demokratie verbunden, die unter dem Fachbegriff der Öffentlichkeitsbeteiligung beispielsweise durch umweltschutzbezogene Sekundärrechtsakte[234] auch auf der mitgliedstaatlichen Ebene ermöglicht wird. Darüber hinaus manifestiert sich das in Art. 1 Abs. 2 EUV angesprochene Verfassungsprinzip der Bürgernähe im aktiven und passiven **Wahlrecht** bei den Wahlen zum Europäischen Parlament nach Art. 39 GRC, in der Ermöglichung so genannter **Bürgerinitiativen** nach Art. 11 Abs. 4 EUV i. V. m. Art. 24 Abs. 1 AEUV, in der Einräumung des in Art. 227 AEUV und Art. 44 GRC niedergelegten Rechts auf Einreichung von **Petitionen** an das Europäische Parlament sowie in der Schaffung des Amtes eines Bürgerbeauftragten, bei

---

[230] Verordnung (EG) Nr. 1367/2006 des Europäischen Parlaments und des Rates vom 6. 9. 2006 über die Anwendung der Bestimmungen des Übereinkommens von Århus über den Zugang zu Informationen, die Öffentlichkeitsbeteiligung an Entscheidungsverfahren und den Zugang zu Gerichten in Umweltangelegenheiten auf Organe und Einrichtungen der Gemeinschaft, ABl. 2006, L 164/13; instruktiv zur Auslegung dieser Verordnung und zu ihrer partiellen Unvereinbarkeit mit der sog. Aarhus-Konvention vgl. EuG, Urt. v. 14. 6. 2012, Rs. T–396/09 (Vereniging Milieudefensie u. a./Europäische Kommission), ZUR 2012, 495.

[231] Exemplarisch zur Entwicklung, zu den Funktionen und zur Reichweite verfahrensakzessorischer Akteneinsichtsrechte im Europäischen Wettbewerbsrecht vgl. *Nehl*, S. 226 ff.; *Nowak*, Mehr Transparenz durch Informationsansprüche, S. 117 (128 ff.); *ders.*, Grundrechtsschutz im Europäischen Wettbewerbsrecht, S. 23 ff.

[232] Dazu vgl. bereits *Pipkorn*, EuZW 1992, 697 (698); sowie jeweils m. w. N. *Calliess*, in: Calliess/Ruffert, EUV/AEUV, Art. 1 EUV, Rn. 80; *Nettesheim*, in: Grabitz/Hilf/Nettesheim, EU, Art. 1 EUV (August 2012), Rn. 28; *Pechstein*, in: Streinz, EUV/AEUV, Art. 1 EUV, Rn. 23.

[233] Zutr. *Pechstein*, in: Streinz, EUV/AEUV, Art. 1 EUV, Rn. 23.

[234] Vgl. dazu insbesondere die Richtlinie 2003/35/EG des Europäischen Parlaments und des Rates vom 26. 5. 2003 über die Beteiligung der Öffentlichkeit bei der Ausarbeitung bestimmter umweltbezogener Pläne und Programme und zur Änderung der Richtlinien 85/337/EWG und 96/61/EG des Rates in Bezug auf die Öffentlichkeitsbeteiligung und den Zugang zu Gerichten, ABl. 2003, L 156/17; näher zur Öffentlichkeitsbeteiligung im Europäischen Umweltrecht vgl. etwa *Appel*, NVwZ 2012, 1361; *Guckelberger*, VerwArch 103 (2012), 31; *Knauff*, DÖV 2012, 1; *Mendes*, in: Hofmann/Türk, S. 257 ff.

dem sich die Unionsbürgerinnen und Unionsbürger sowie alle natürlichen oder juristischen Personen mit Wohnort oder satzungsmäßigem Sitz in einem EU-Mitgliedstaat nach Maßgabe des Art. 228 AEUV i. V. m. Art. 43 GRC sowie in Ergänzung speziellerer **Beschwerdemöglichkeiten** im Anwendungsbereich des in Art. 258 AEUV[235] geregelten Vertragsverletzungsverfahrens oder in anderen unionsrechtlichen Sachbereichen[236] über etwaige Missstände bei der Tätigkeit der Organe, Einrichtungen und sonstigen Stellen der Union beschweren können.

Schließlich wird das in Art. 1 Abs. 2 EUV niedergelegte Verfassungsprinzip bzw. die **59** unionsverfassungsrechtliche Entscheidungs-, Handlungs- und Organisationsmaxime der Bürgernähe regelmäßig auch mit Art. 5 Abs. 1 und 3 EUV in Beziehung gesetzt,[237] der im Verbund mit dem (Vertrags-)Protokoll Nr. 2 über die Anwendung der Grundsätze der Subsidiarität und der Verhältnismäßigkeit[238] das vor allem für die Ausübung der nicht zu den ausschließlichen Unionszuständigkeiten gehörenden Kompetenzen bedeutsame **Subsidiaritätsprinzip** konkretisiert, welches in zusätzlicher Weise im ersten Satz des fünften Absatzes der Präambel der EU-Grundrechtecharta bekräftigt wird (s. Präambel GRC, Rn. 19 u. 23). Die Herstellung dieser Verbindung ist insbesondere mit Blick auf den 13. Erwägungsgrund der EUV-Präambel naheliegend, mit dem die EU-Mitgliedstaaten ihrer Entschlossenheit Ausdruck verleihen, den Prozess der Schaffung einer immer engeren Union der Völker Europas weiterzuführen, in der die Entscheidungen entsprechend dem Subsidiaritätsprinzip möglichst bürgernah getroffen werden.

E. Rechtliche Grundlagen der Europäischen Union als Rechtsnachfolgerin der Europäischen Gemeinschaft (Absatz 3)

Der durch den Lissabonner Reformvertrag vollkommen neugefasste Art. 1 Abs. 3 **60** AEUV (s. Rn. 4) besteht aus drei Sätzen, deren Einfügung den durch den vorgenannten Reformvertrag herbeigeführten institutionell-rechtlichen Änderungen des Unionsrechts geschuldet ist. In den ersten beiden Sätzen des Art. 1 Abs. 3 EUV wird zunächst einmal klargestellt, dass die Europäische Union ihre Grundlage im EU-Vertrag und im Vertrag über die Arbeitsweise der EU findet (I.), die rechtlich gleichrangig sind (II.). Dem schließt sich im dritten und letzten Satz des Art. 1 Abs. 3 EUV eine wichtige Rechtsnachfolgeregelung an, welche diese Union an die Stelle der Europäischen Gemeinschaft treten lässt (III.).

---

[235] Ausführlich dazu vgl. *Nowak*, in: EnzEuR, Bd. 3, § 10, Rn. 14 f.; näher zur unterstützenden Rolle des Europäischen Bürgerbeauftragten i. R. von Beschwerdeverfahren im Anwendungsbereich des Art. 258 AEUV vgl. *Sobotta*, ZUR 2008, 72 ff.; *Smith*, ELRev. 33 (2008), 777 (788 ff.).

[236] Ausführlich dazu vgl. *Nowak*, Der Rechtsschutz von Beschwerdeführern im EG-Wettbewerbs- und EG-Außenwirtschaftsrecht, EuZW 2000, 453 ff.; *ders.*, Rechtsschutz von Beschwerdeführern im Europäischen Wettbewerbsrecht, in: Behrens/Braun/Nowak (Hrsg.), Europäisches Wettbewerbsrecht nach der Reform, 2006, S. 165 ff.; *ders.*, in: Birnstiel/Bungenberg/Heinrich (Fn. 226), Art. 22 VO 659/1999, Rn. 687 ff.

[237] Vgl. *Calliess*, in: Calliess/Ruffert, EUV/AEUV, Art. 1 EUV, Rn. 81; *Geiger*, in: Geiger/Khan/Kotzur, EUV/AEUV, Art. 1 EUV, Rn. 12; *Heintschel v. Heinegg*, in: Vedder/Heintschel v. Heinegg, Europäisches Unionsrecht, Art. 1 EUV, Rn. 9; *Nettesheim*, in: Grabitz/Hilf/Nettesheim, EU, Art. 1 EUV (August 2012), Rn. 30; *Pechstein*, in: Streinz, EUV/AEUV, Art. 1 EUV, Rn. 23.

[238] ABl. 2012 L 326/206 ff.; dazu vgl. nur *Bickenbach*, EuR 2013, 523 (528 ff.); *Pechstein*, in: *ders.*, S. 135 ff.

I. EU-Vertrag und Vertrag über die Arbeitsweise der EU als Grundlage der Union

61   Während es in Art. 1 Abs. 3 Satz 1 EUV i. d. F. von Nizza noch hieß, dass »Grundlage der Union [...] die Europäischen Gemeinschaften, ergänzt durch die mit diesem Vertrag eingeführten Politiken und Formen der Zusammenarbeit, [sind]«, bilden nach dem neugefassten Art. 1 Abs. 3 Satz 1 EUV i. d. F. von Lissabon nunmehr dieser Vertrag – d. h. der durch den Lissabonner Reformvertrag veränderte Vertrag über die Europäische Union – und der aus dem zuvor geltenden EG-Vertrag hervorgegangene Vertrag über die Arbeitsweise der Europäischen Union die »Grundlage der Union«. Diese Aussage wird mit sehr ähnlichen Worten in Art. 1 Abs. 2 Satz 1 AEUV wiederholt. Der den ersten Satz des Art. 1 Abs. 3 EUV abschließende und auch in Art. 1 Abs. 2 Satz 2 AEUV enthaltene Hinweise darauf, dass die beiden vorgenannten Bestandteile der Grundlage der Union **im Folgenden »Verträge«** genannt werden, ist insoweit bedeutsam, als diverse Einzelbestimmungen des primären Unionsrechts – wie beispielsweise Art. 5 Abs. 2 und 4 EUV, Art. 6 Abs. 1 und 2 EUV sowie Art. 2 Abs. 1 und 2 AEUV – das Tatbestandselement »(die) Vertrag(e)(n)« enthalten.

62   Der nach wie vor geltende **Vertrag zur Gründung der Europäischen Atomgemeinschaft** (s. Rn. 18), der vor dem Inkrafttreten des Lissabonner Reformvertrags noch der ersten Säule der damaligen Unionsrechtsordnung zuzuordnen war (s. Rn. 23), hat in dem neugefassten Art. 1 Abs. 3 Satz 1 EUV – anders als der EU-Vertrag und der Vertrag über die Arbeitsweise der EU – keine Erwähnung gefunden. Insoweit steht die durch diesen Euratom-Vertrag gegründete Europäische Atomgemeinschaft, die über die gleichen Mitglieder wie die EU verfügt, als eigenständige internationale Organisation bzw. Gemeinschaft zwar außerhalb der Unionsrechtsordnung und damit gewissermaßen neben der EU.[239] Vollkommen beziehungslos stehen die Europäische Atomgemeinschaft und die EU jedoch nicht nebeneinander. Dies ergibt sich insbesondere aus dem Protokoll Nr. 2 zur Änderung des Vertrags zur Gründung der Europäischen Atomgemeinschaft, welches dem Lissabonner Reformvertrag beigefügt wurde.[240] Nach Art. 3 dieses Protokolls sind nämlich zahlreiche Bestimmungen des reformierten EU-Vertrags und des neuen Vertrags über die Arbeitsweise der EU auch auf die Europäische Atomgemeinschaft anzuwenden. Dies gilt beispielsweise im Hinblick auf die in Art. 49 EUV enthaltenen Beitrittsregelungen, die nicht nur für einen künftigen EU-Beitritt, sondern nach Art. 3 des vorgenannten Protokolls zugleich auch für einen Beitritt zur Euratom gelten. Die seit dem Inkrafttreten des Lissabonner Reformvertrags rechtsverbindliche **Charta der Grundrechte der Europäischen Union** (s. Präambel GRC, Rn. 4 f.) hat in Art. 1 Abs. 3 Satz 1 EUV zwar ebenfalls keine explizite Erwähnung gefunden. Dies ist jedoch weitgehend unschädlich, da Art. 6 Abs. 1 EUV den Primärrechtscharakter dieser Charta sicherstellt.

---

[239] Ähnlich vgl. *Heintschel v. Heinegg*, in: Vedder/Heintschel v. Heinegg, Europäisches Unionsrecht, Art. 1 EUV, Rn. 13 ff.; sowie *Papenkort/Wellershoff*, RdE 2010, 77 (82), wonach die Europäische Atomgemeinschaft nicht Teil der einheitlichen Rechtspersönlichkeit der EU sei.

[240] ABl. 2007, C 306/199.

II. Gleichrangigkeit der Verträge und ihr Verhältnis zu anderen Kernbestandteilen des primären Unionsrechts

Die in Art. 1 Abs. 3 Satz 1 EUV angesprochene (vertragliche) Grundlage der Europäi- **63** schen Union (s. Rn. 61) hat insofern zwei gleichwertige Komponenten, als der reformierte EU-Vertrag und der neue Vertrag über die Arbeitsweise der EU gemäß Art. 1 Abs. 3 Satz 2 EUV »rechtlich gleichrangig« sind. Mit der Einfügung dieser Regelung, die auch noch einmal durch Art. 1 Abs. 2 Satz 2 AEUV bekräftigt wird, hat der Lissabonner Reformvertrag verschiedenen – vorab in der Fachöffentlichkeit diskutierten – Vorschlägen eine Absage erteilt, die darauf abzielten, einem EU-Grundlagenvertrag rechtliche Überlegenheit bzw. Vorrangigkeit gegenüber einem die Arbeitsweise und die Politikfelder der EU regelnden (Zusatz-)Vertrag einzuräumen.[241] Folglich besteht zwischen dem EU-Vertrag und dem Vertrag über die Arbeitsweise der EU, deren Regelungen unterschiedslos dem supranationalen Primärrecht der EU zuzuordnen sind, **kein Rangverhältnis**, sodass es unter Berücksichtigung allgemeiner Auslegungsregeln (lex specialis; lex posterior; etc.) einer harmonisierenden Auslegung bedarf, wenn es in Einzelfällen widerstreitende Geltungsansprüche bzw. Kollisionen zwischen einzelnen Bestimmungen dieser gleichrangigen Verträge geben sollte.[242]

Rechtliche Gleichrangigkeit besteht gemäß Art. 6 Abs. 1 UAbs. 1 EUV im Übrigen **64** auch zwischen den beiden vorgenannten Verträgen auf der einen Seite und der nunmehr rechtsverbindlichen **Charta der Grundrechte der EU** auf der anderen Seite, die allerdings mangels expliziter Erwähnung im neugefassten Art. 1 Abs. 3 Satz 1 EUV nicht zu den Vertragstexten gehört, welche die in der vorgenannten Bestimmung angesprochene »Grundlage der Union« in unmittelbarer Weise bilden. Die Zugehörigkeit der EU-Grundrechtecharta zum primären Unionsrecht wird dadurch gleichwohl nicht in Frage gestellt. In zeitlicher Hinsicht setzt sich die zwischen dem EU-Vertrag und dem Vertrag über die Arbeitsweise bestehende rechtliche Gleichrangigkeit insoweit fort, als beide Verträge – vorbehaltlich des in Art. 50 EUV kodifizierten Austrittsrechts – gemäß Art. 53 EUV und Art. 356 AEUV »auf unbegrenzte Zeit« gelten.

III. Die Europäische Union als Rechtsnachfolgerin der Europäischen Gemeinschaft

Die durch Art. 1 Abs. 3 Satz 1 EUV auf eine neue vertragliche Grundlage (s. Rn. 61 f.) **65** gestellte Europäische Union tritt nach Art. 1 Abs. 3 Satz 3 EUV »an die Stelle der Europäischen Gemeinschaft, deren Rechtsnachfolgerin sie ist«. Nach dieser in rechtstechnischer Hinsicht nicht leicht einzuordnenden Rechtsnachfolgeregelung,[243] die den **Fortbestand des aquis communautaire** sicherstellt[244] und zugleich mit einer konsequen-

---

[241] In diesem Sinne vgl. auch m. w. N. *Schwarze*, in: *ders.*, EU-Kommentar, Art. 1 EUV, Rn. 4.

[242] Näher dazu vgl. auch *Nettesheim*, in: Grabitz/Hilf/Nettesheim, EU, Art. 1 EUV (August 2012), Rn. 46 f.; *Pechstein*, in: Streinz, EUV/AEUV, Art. 1 EUV, Rn. 16 ff.

[243] Vgl. etwa *Müller-Graff*, ZHR 173 (2009), 443 (445), wonach die Rechtstechnik der Zusammenführung (von supranationalem Gemeinschaftsrecht und intergouvernementalem Unionsrecht) zwischen Teilsukzession und umwandlungsartiger Verschmelzung siedele. Ferner vgl. *Heintschel v. Heinegg*, in: Vedder/Heintschel v. Heinegg, Europäisches Unionsrecht, Art. 1 EUV, Rn. 12, der in diesem Kontext den Begriff »Universalsukzession« verwendet. Näher zur Frage nach der zutreffenden rechtstechnischen Einordnung der hier in Rede stehenden Rechtsnachfolge vgl. *Erlbacher*, S. 123 (131 f.).

[244] Zutr. *Schwarze*, in: *ders.*, EU-Kommentar, Art. 1 EUV, Rn. 4.

ten Ersetzung des Begriffs der (Europäischen) Gemeinschaft durch den Unionsbegriff im primären Unionsrecht einhergeht, absorbiert die durch den Reformvertrag von Lissabon modernisierte EU gewissermaßen die einst aus der Europäischen Wirtschaftsgemeinschaft hervorgegangene EG – mit der Folge, dass von den ursprünglichen drei Europäischen Gemeinschaften in Gestalt der Montanunion (s. Rn. 16), der EG und der Euratom (s. Rn. 18) nur noch Letztere existiert.

66   Als Rechtsnachfolgerin übernimmt die Europäische Union nicht nur alle internen Rechte und Pflichten, die für die EG seinerzeit auf der Grundlage des damaligen primären und sekundären Gemeinschaftsrechts bestanden, sondern auch alle externen Rechte und Pflichten, die der damaligen EG aus völkerrechtlichen Verträgen erwachsen sind.[245] Aus dieser lückenlosen **Übernahme interner und externer Rechte und Pflichten** folgt beispielsweise, dass die zahlreichen Assoziierungs-, Kooperations- und Partnerschaftsverträge, die in den vergangenen Jahren zwischen der EG und verschiedenen Drittstaaten abgeschlossen wurden,[246] auch weiterhin maßgeblich sind und nunmehr die Europäische Union binden bzw. berechtigen und verpflichten.

---

[245] Zutr. *Erlbacher*, S. 123 (131); *Obwexer*, Aufbau, Systematik, Struktur und tragende Grundsätze des Vertrages von Lissabon, S. 95 (105); näher dazu vgl. auch *Nettesheim*, in: Grabitz/Hilf/Nettesheim, EU, Art. 1 EUV (August 2012), Rn. 50 ff.

[246] Exemplarisch dazu vgl. etwa *Nowak*, EuR 2010, 746 ff.; sowie *Coursier*, EnzEuR, Bd. 1, § 24, Rn. 9 ff.; *Petrov/Braun*, EnzEuR, Bd. 1, § 22, Rn. 52 ff.; *Rodin*, EnzEuR, Bd. 1, § 21, Rn. 1 ff.

Artikel 2 EUV [Werte der Union]

[1]Die Werte, auf die sich die Union gründet, sind die Achtung der Menschenwürde, Freiheit, Demokratie, Gleichheit, Rechtsstaatlichkeit und die Wahrung der Menschenrechte einschließlich der Rechte der Personen, die Minderheiten angehören. [2]Diese Werte sind allen Mitgliedstaaten in einer Gesellschaft gemeinsam, die sich durch Pluralismus, Nichtdiskriminierung, Toleranz, Gerechtigkeit, Solidarität und die Gleichheit von Frauen und Männern auszeichnet.

Literaturübersicht

Aziz/Millns (Hrsg.), Values in the Constitution of Europe, 2010; *Benoît-Rohmer*, Valeurs et droits fondamentaux dans la Constitution, RTDE 2005, 261; *Bleckmann*, Das europäische Demokratieprinzip, JZ 2001, 53; *Blumenwitz/Gornig/Murswiek* (Hrsg.), Die Europäische Union als Wertegemeinschaft, 2005; *Böckenförde*, Zur Kritik der Wertebegründung des Rechts, Recht, Staat, Freiheit, 1992; *von Bogdandy*, Grundrechtsgemeinschaft als Integrationsziel?, JZ 2001, 157; *von Bogdandy/Ioannidis*, Das systemische Defizit – Merkmale, Instrumente und Probleme am Beispiel der Rechtsstaatlichkeit und des neuen Rechtsstaatlichkeitsaufsichtsverfahrens, ZaöRV 74 (2014), 283; *Broß*, Grundrechte und Grundwerte in Europa, JZ 2003, 429; *Calliess*, Europa als Wertegemeinschaft – Integration und Identität durch europäisches Verfassungsrecht, JZ 2004, 1033; *Classen*, Rechtsstaatlichkeit als Primärrechtsgebot in der Europäischen Union – Vertragsrechtliche Grundlagen und Rechtsprechung der Gemeinschaftsgerichte, EuR Beiheft 3 (2008), 7; *Dahlman/Krawietz*, Values, Rights and Duties in Legal and Philosophical Discourse, Rechtstheorie, Beiheft 21 (2005), 197; *Di Fabio*, Grundrechte als Werteordnung, JZ 2004, 1; *Dupuy*, Some Reflections on Contemporary International Law and the Appeal to Universal Values: A Response to Martin Koskenniemi, EJIL 16 (2005), 131; *Eberle*, Dignity and Liberty: Constitutional Visions in Germany and the United States, 2002; *Fernandez Esteban*, The Rule of Law in the European Constitution, 1999; *Franzius*, Europäisches Verfassungsrechtsdenken, 2010; *Frowein*, Die rechtliche Bedeutung des Verfassungsprinzips der parlamentarischen Demokratie für den europäischen Integrationsprozess, EuR 1983, 301; *Gasteyger*, Die politische Homogenität als Faktor der Föderation, 1956; *Gerhardt*, Europa als Rechtsgemeinschaft, ZRP 2012, 161; *van Gerven*, Walter, Bridging the Gap between Community and National Laws: Towards a principle of homogeneity in the field of legal remedies, CMLRev. 32 (1995), 679; *Görisch*, Demokratische Verwaltung durch Unionsagenturen: ein Beitrag zur Konkretisierung der europäischen Verfassungsstrukturprinzipien, 2009; *Grimm*, Gemeinsame Werte – globales Recht?, in: Däubler-Gmelin/Mohr (Hrsg.), Recht schafft Zukunft, 2003, S. 14; *Hanschel*, Der Rechtsrahmen für den Beitritt, Austritt und Ausschluss zu bzw. aus der Europäischen Union und Währungsunion, NVwZ 2012, 995; *Hanschmann*, Der Begriff der Homogenität in der Verfassungslehre und der Europarechtswissenschaft, 2008; *Hatje* (Hrsg.), Verfassungszustand und Verfassungsentwicklung der Europäischen Union, EuR-Beiheft 2/2015; Heinig/Terhechte (Hrsg.), Postnationale Demokratie, Postdemokratie, Neoetatismus: Wandel klassischer Demokratievorstellungen in der Rechtswissenschaft, 2013; *Heintzen*, Gemeineuropäisches Verfassungsrecht in der Europäischen Union, EuR 1997, 1; *Hilf*, Die rechtliche Bedeutung des Verfassungsprinzips der parlamentarischen Demokratie für den europäischen Integrationsprozess, EuR 1984, 9; *Hoffmann*, Über Freiheit als Ursprung des Rechts, ZRph 2003, 19; *Hummer*, Paradigmenwechsel im Internationalen Organisationsrecht: Von der »Supranationalität« zur strukturellen Kongruenz und Homogenität der Verbandsgewalt, in: ders. (Hrsg.), Paradigmenwechsel im Völkerrecht zur Jahrtausendwende, 2002, S. 145; *Ipsen*, Über Verfassungshomogenität in der Europäischen Gemeinschaft, FS Dürig, 1990, S. 159; *Joas/Mandry*, Europa als Werte- und Kulturgemeinschaft, in: Schuppert/Pernice/Haltern (Hrsg.), Europawissenschaft, 2005, S. 569; *Kaufmann*, Europäische Integration und Demokratieprinzip, 1997; *Khan/Paulus*, Gemeinsame Werte in der Völkerrechtsgemeinschaft?, in: Erberich/Hörster/Hoffmann (Hrsg.), Frieden und Recht, 1998, S. 217; *Kirchhof*, Der Verfassungsstaat und seine Mitgliedschaft in der Europäischen Union, FS Oppermann, 2001, S. 201; *Langenfeld*, Erweiterung ad infinitum?: Zur Finalität der Europäischen Union, ZRP 2005, 73; *Leino/Petrov*, Between »Common Values« and Competing Universals: The promotion of the EU's common values through the European Neighbourhood Policy, ELJ 15 (2009), 654; *Lenaerts/Desomer*, Bricks for a Constitutional Treaty of the European Union: Values, Objectives and Means, E. L.Rev. 27 (2002), 377; *Luchterhandt*, Verfassungshomogenität und Osterweiterung der EU, in: Bruha/Hesse/Nowak (Hrsg.), Welche Verfassung für Europa?, 2001, S. 125; *Luhmann*, »Gibt es in unserer Gesellschaft noch unverzichtbare

Werte?«, 1993; *Mandry*, Europa als Wertegemeinschaft, 2009; *ders.*, Die Europäische Union als »Wertegemeinschaft« in der Spannung zwischen politischer und kultureller Identität, in: *Heit*, (Hrsg.), Die Werte Europas, Verfassungspatriotismus und Wertegemeinschaft in der EU?, 2005, S. 284; *Mangiameli*, The Union's Homogeneity and its Values in the Treaty on European Union, in: Blanke/ Mangiameli (Hrsg.), The European Union after Lisbon, 2012, S. 21; *ders.*, The Union's Homogeneity and its Values in the Treaty on European Union, in: Blanke/Adriaanse, The European Union after Lisbon, 2012, S. 21; *Moser*, Allgemeine Rechtsgrundsätze in der Rechtsprechung des EuGH als Katalysatoren einer europäischen Wertegemeinschaft, ZfRV 2012, S. 4; *Mosler/Bernhardt/Hilf*, (Hrsg.), Grundrechtsschutz in Europa, 1977; *Müller-Graff*, Die Kopfartikel – ein europarechtlicher Vergleichsblick des Verfassungsentwurfs für Europa, integration 2 (2003), 111; *ders.*, Strukturmerkmale des neuen Verfassungsvertrages für Europa im Entwicklungsgang des Primärrechts, integration 3 (2004), 186; *Murswiek*, Die heimliche Entwicklung des Unionsvertrages zur europäischen Oberverfassung – zu den Konsequenzen der Auflösung der Säulenstruktur der Europäischen Union und der Erstreckung der Gerichtsbarkeit des EU-Gerichtshofes auf den EU-Vertrag, NVwZ 2009, 481; *Nettesheim*, Demokratisierung der Europäischen Union und Europäisierung der Demokratietheorie, in: Bauer, Hartmut/Huber, Peter M./Sommermann, Karl P. (Hrsg.), Demokratie in Europa, 2005, S. 143; *Oeter*, Federalism and Democracy, in: Bogdandy/Bast (Hrsg.), Principles of European Constitutional Law, 2006, S. 53; *Pache*, Europäische und nationale Identität: Integration durch Verfassungsrecht?, DVBl 2002, 1154; *Palermo/Toggenburg* (Hrsg.), European Constitutional Values and Cultural Diversity, 2003; *Pawlowski*, Werte versus Normen, Zeitschrift für Rechtsphilosophie 2004, 97; *Pütz*, Solidarität und Stärke: zur Zukunft der Europäischen Union, 2011; *Rau/Schorkopf*, Der EuGH und die Menschendwürde, NJW 2002, 2448 ff.; *Reimer*, Wertegemeinschaft durch Wertenormierung? Die Grundwerteklausel im europäischen Verfassungsvertrag, ZG 2003, 208; *Rensmann*, Wertordnung und Verfassung – Das Grundgesetz im Kontext grenzüberschreitender Konstitutionalisierung, 2007; *ders.*, Grundwerte im Prozeß der europäischen Konstitutionalisierung, in: Blumenwitz/Gornig/Murswiek (Hrsg.), Europäische Union als Wertegemeinschaft, 2005, S. 49; *Ross/Borgmann-Prebil* (Hrsg.), Promoting Solidarity in the European Union, 2010; *Ruffert*, Die Europäische Union als Wertegemeinschaft, DVBl 2006, 1294; *Schachter*, Human Dignity as a Normative Concept, AJIL 77 (1983), 848; *Schambeck*, Über Grundsätze, Tugenden und Werte für die neue Ordnung Europas, GS Burmeister, 2005, S. 377; *Schapp*, Grundrechte als Wertordnung, JZ 1998, 913; *Schmitz*, Integration in der supranationalen Union, 2001; *Schorkopf*, Homogenität in der Europäischen Union, 2000; *Schröder*, Wirkungen der Grundrechtscharta in der europäischen Rechtsordnung, JZ 2002, 849; *Terhechte*, Konstitutionalisierung und Normativität der europäischen Grundrechte, 2011; *ders.*, Werte in den auswärtigen Beziehungen der EU, in: ders., Europäische Verfassungsstudien (i. E.); *ders.*, Wandel klassischer Demokratievorstellungen in der Rechtswissenschaft, in: *ders./Heinig* (Hrsg.), Postnationale Demokratie, Postdemokratie, Neoetatsimus – Wandel klassischer Demokratievorstellungen in der Rechtswissenschaft, 2013, S. 193; *Triantafyllou*, Die asymmetrische Demokratie, EuR 2014, 458; *Verhoeven*, How Democratic Need European Union Members Be? Some Thoughts After Amsterdam, E.L.Rev. 23 (1998), 217; *Wägenbaur*, Die Europäische Verfassung, (k)ein Platz für abendländische Werte?, EuZW 2003, 609; *Wagner*, The Role of Basic Values in the Contemporary Constitutional Hermeneutics of Germany and the United States, ZaöRV 56 (1996), 178; *Walter*, Die Folgen der Globalisierung für die europäische Verfassungsdiskussion, DVBl 2000, 1; *de Witte*, Transnational Solidarity and the Mediation of Conflicts of Justice in Europe, ELJ 18 (2012), 694; *Yamato/Stephan*, Eine Politik der Nichteinmischung, DÖV 2014, 58.

Inhaltsübersicht   Rn.

A. Die EU als »Werteunion«

Der Begriff der »**Werteunion**« (bzw. »**Wertegemeinschaft**«) hat einen festen Platz in der **1** europarechtlichen Debatte.[1] Er steht stellvertretend für die Überzeugung der Mitgliedstaaten, dass sich die durch sie ins Leben gerufene Integrationsgemeinschaft durch übergreifende Leitmotive und Grundüberzeugungen – Werte (engl. values, franz. valeurs) – auszeichnet, die sie zugleich aus dem Kreis der herkömmlichen internationalen Organisationen heraushebt.[2] Mit Art. 2 EUV wurde dieser Überzeugung systematisch prominent Ausdruck verliehen, ohne dass die Werte der EU als solche einer Normierung bedurft hätten, denn sie sind per definitionem einer Normierung vorgeschaltet bzw. ihre Normierung kann nur **deklaratorischen Charakters** sein.[3] Dennoch verleiht die Vorschrift den Werten der EU bzw. ihrer Mitgliedstaaten eine prominente Stellung und erfüllt so eine wichtige Kompassfunktion für den Gesamtprozess der europäischen Integration.[4]

Gem. Art. 2 EUV gründet sich die EU auf der Achtung der Menschenwürde, Freiheit, **2** Demokratie, Gleichheit, Rechtsstaatlichkeit und der Wahrung der Menschenrechte einschließlich der Rechte der Personen, die Minderheiten angehören. Etwas merkwürdig ist der sich anschließende Satz 2 der Vorschrift, wonach diese Werte allen Mitgliedstaaten in einer Gesellschaft gemeinsam sind, die sich durch Pluralismus, Nichtdiskriminierung, Toleranz, Gerechtigkeit, Solidarität und die Gleichheit von Frauen und Männern auszeichnet. Die **Binnenstruktur** des Art. 2 EUV ist offenbar nicht ganz schlüssig, insbesondere das Verhältnis von Satz 1 und Satz 2 ist nicht immer klar. Zudem fragt sich, was im Kontext des Art. 2 EUV »Rechtsstaatlichkeit« (dazu Rn. 20) oder »Gesellschaft« (s. Rn. 23 ff.) konkret bedeuten soll und kann.[5]

Die **Funktion des Art. 2 EUV** im Gefüge der Verträge (zur Systematik s. Rn. 5) liegt **3** neben den unverkennbar politischen Motiven zunächst darin, ein **unionsrechtliches Ho-**

---

[1] Eingehend dazu *Ruffert*, DVBl 2006, 1294; *Calliess*, JZ 2004, 1033; *Calliess*, in: Calliess/Ruffert, EUV/AEUV, Art. 2 EUV, Rn. 3; *Terhechte*, Konstitutionalisierung, S. 1 ff.; *Franzius*, Europäisches Verfassungsdenken, 2010, S. 68 ff.; *v. Bogdandy*, in: v. Bogdandy/Bast, Europäisches Verfassungsrecht, S. 28; *Joas/Mandry*, S. 569 ff.; *Rensmann*, in: Blumenwitz/Gornig/Murswiek (Hrsg.), S. 49 ff.; *Mandry*, S. 79 ff.; *ders.*, in: Heit (Hrsg.), S. 284 ff.

[2] Zu den Besonderheiten des Unionsrechts s. etwa *Nicolaysen*, Europarecht I, 2. Aufl., 2002, S. 69 ff.; insoweit ist hier in Bezug auf Art. 2 EUV auch von einer »Differenzklausel« die Rede, s. etwa *Hilf/Schorkopf*, in: Grabitz/Hilf/Nettesheim, EU, Art. 2 EUV (September 2013), Rn. 12.

[3] Dazu *Hilf/Schorkopf*, in: Grabitz/Hilf/Nettesheim, EU, Art. 2 EUV (September 2013), Rn. 12.

[4] So *Hatje* zu den in Art. 2 EGV normierten Aufgaben der EU, in: Schwarze, EU-Kommentar, 2. Aufl., 2008, Art. 2 EGV, Rn. 1.

[5] *Hilf/Schorkopf*, in: Grabitz/Hilf/Nettesheim, EU, Art. 2 EUV (September 2013), Rn. 41.

mogenitätsgebot zum Ausdruck zu bringen.[6] Die Union ist nach dem in Art. 2 EUV zum Ausdruck kommenden Selbstverständnis kein Verband, in dem die Mitgliedschaft beliebig erfolgt, sondern sie sucht sich ihre Mitglieder auf der Grundlage des Art. 2 EUV in gewisser Weise aus bzw. formuliert konkrete Anforderungen (dazu auch Art. 49 EUV, Rn. 18). Freilich ist der Begriff der Homogenität in diesem Zusammenhang nicht ganz unproblematisch. Es bringt das Bestreben nach Gleichartigkeit und einer gewissen »Stromlinienförmigkeit« zum Ausdruck, was – bezogen auf inzwischen 28 Mitgliedstaaten – mehr und mehr zum Wunschtraum wird. Zugleich stellt Art. 2 Satz 2 EUV für die Mitgliedstaaten auf Merkmale wie Pluralismus und Toleranz ab, die in gewisser Weise quer zu Homogenitätsanforderungen liegen. Gleichwohl soll dieses Gebot im Kontext des Art. 2 EUV unterschiedliche Funktionen erfüllen, namentlich ist hier von einer integrativen Funktion, der Legitimationsabsicherung, der Identitätsbildung und dem Erhalt der Funktionsfähigkeit der EU die Rede.[7] Ob diese Funktionen, die letztlich auf eine Stabilisierung der EU nach außen und innen abzielen, tatsächlich durch die Normierung von Werten erfüllt werden können, steht auf einem anderen Blatt und dürfte sich zumindest empirisch nur schwer nachweisen lassen.

4   Die Betonung von Werten ist im unionsrechtlichen Diskurs zwar nicht neu,[8] hat sich jedoch im Kontext **stetiger Erweiterung** und **Integrationsvertiefung** seit dem Ende der 1970er Jahre immer stärker in den Vordergrund geschoben. Sah der Vertrag von Maastricht lediglich ein Bekenntnis zu demokratischen Grundsätzen vor (Art. F Abs. 1 EUV a. F.), kamen im Zuge der Verhandlungen des Vertrags von Amsterdam erstmals Überlegungen auf, die Unionswerte – die zu dieser Zeit noch als **Grundsätze** firmierten[9] – stärker in den Vordergrund zu rücken, was zu Art. 6 EUV a. F. und dem Sanktionsverfahren des heutigen Art. 7 EUV führte.[10] Einen echten Schub verlieh dieser sukzessiven **Erstarkung des Wertedenkens** dann allerdings der schließlich gescheiterte Vertrag über eine Verfassung für Europa (EVV), der erstmals den Begriff »Wert« ausdrücklich erwähnte. Art. I–2 EVV diente dem Lissabonner Vertrag als Vorbild und wurde im Europäischen Konvent, der den EVV ausgearbeitet hat, auch in besonderer Weise diskutiert.[11] Hier ging es u. a. um die Frage eines religiösen Leitbildes[12] und die Einpassung der Werte in die Gesamtsystematik des EVV.[13] Der Lissabonner Vertrag hat Art. I–2 EVV ohne Änderungen übernommen.[14]

---

[6] Eingehend dazu *Schorkopf*, Homogenität in der Europäischen Union, 1999, insbesondere S. 69 ff.; *Hanschmann*, Homogenität in der Verfassungslehre und der Europarechtswissenschaft, 2008, S. 239 ff.

[7] *Hilf/Schorkopf*, in: Grabitz/Hilf/Nettesheim, EU, Art. 2 EUV (September 2013), Rn. 6 f.; *Calliess*, in: Calliess/Ruffert, EUV/AEUV, Art. 2 EUV, Rn. 7 a. E.

[8] Wegweisend etwa *v.d. Groeben*, Deutschland und Europa in einem unruhigen Jahrhundert, 2. Aufl., 2014, S. 417 ff.

[9] Zu den terminologischen Unterschieden zwischen »Grundsätzen« einerseits und »Werten« andererseits s. etwa *Calliess*, in: Calliess/Ruffert, EUV/AEUV, Art. 2 EUV, Rn. 8.

[10] Eingehend zum Ganzen *Hilf/Schorkopf*, in: Grabitz/Hilf/Nettesheim, EU, Art. 2 EUV (September 2013), Rn. 2.

[11] Eingehend zur Entstehung s. *Mandry*, S. 55 ff.; *Hilf/Schorkopf*, in: Grabitz/Hilf/Nettesheim, EU, Art. 2 EUV (September 2013), Rn. 5 m. w. N.

[12] Dazu *Naumann*, Eine religiöse Referenz in einem europäischen Verfassungsvertrag, 2008, S. 19 ff., 119 ff.; *Mandry*, S. 64 f.

[13] Eingehend zu den Wertedimensionen des EVV s. etwa *Aziz/Millns*, Values in the Constitution of Europe, 2010; kritisch *Reimer*, ZG 2003, 208.

[14] *Heintschel v. Heinegg*, in: Vedder/Heintschel v. Heinegg, Europäisches Unionsrecht, Art. 2 EUV, Rn. 1.

B.   Systematik der Verträge

I.   Werte als Fundament der Integration nach innen

Die Verträge nehmen an zahlreichen Stellen Bezug auf die »Werte« des Unionsrechts. **5**
Bereits die Präambel zum EUV bezieht sich auf sie.[15] In der Systematik der Verträge
spielen »Werte« darüber hinaus an zahlreichen weiteren Stellen eine wichtige Rolle und
zwar für die innere Architektur der unionalen Rechtsordnung und auch – mit steigender
Bedeutung – im Rahmen der Außenbeziehungen der EU (dazu Rn. 8).[16]

Die Werte des Art. 2 EUV werden auch im Rahmen **der Unionsteleologie** erwähnt **6**
(Art. 3 Abs. 1 EUV). Diese Verklammerung von Werten und Zielen erfüllt hierbei eine
gewisse Logik der fortschreitenden Integration. Insbesondere ist hiermit praktisch sichergestellt, dass die Werte der Union nicht nur dort ihre Wirkungen entfalten, wo sie
Bestandteil der jeweiligen Norm sind, sondern dass jedes Handeln der Union letztlich
sowohl die Werte als auch die Ziele der Union zu berücksichtigen hat.[17] Freilich spricht
Art. 3 Abs. 1 EUV zunächst nur davon, dass die Unionswerte zu fördern sind. Dieser
Begriff ist aber weit auszulegen, so dass letztlich aus Art. 3 Abs. 1 EUV eine Berücksichtigungspflicht für die Werte gem. Art. 2 EUV folgt. Was hieraus in der täglichen Rechtsanwendung folgt, ist noch offen. Jedenfalls scheint es aber so zu sein, dass mit der
Verklammerung von Art. 2 EUV und Art. 3 Abs. 1 EUV eine gesteigerte Normativität
auch der Unionswerte einhergeht.

Darüber hinaus spielen die Werte der Union im Rahmen des **Sanktionsverfahrens des** **7**
Art. 7 EUV eine basale Rolle, dient dieses Verfahren doch gerade dem Schutz der in
Art. 2 EUV niedergelegten Werte.[18] Auch das **Beitrittsverfahren** zur EU gem. Art. 49
EUV ruht letztlich auf dem Fundament der Werte des Art. 2 EUV. Nach Art. 49 Abs. 1
EUV ist die Achtung und aktive Förderung der Werte des Art. 2 EUV Voraussetzung für
einen Beitritt zur EU.[19]

II.   Werte in den Außenbeziehungen der EU

Wie für die Union nach innen, so verkörpert Art. 2 EUV auch für die Wertebindung des **8**
Handelns der EU nach außen die zentrale Vorschrift. Einerseits sieht Art. 21 EUV in
seinem Abs. 2 Buchst. a EUV vor, dass die EU im Rahmen des auswärtigen Handelns
ihre Werte (…) wahrt, was über Art. 23 EUV dann in gewisser Weise in die GASP
überführt wird,[20] andererseits spricht Art. 205 AEUV davon, dass das Handeln der
Union auf der internationalen Ebene von den Grundsätzen bestimmt wird, die in Titel V
Kapitel I des Vertrags über die Europäische Union niedergelegt sind.[21] Dies impliziert
einen direkten Verweis auf Art. 21 Abs. 2 Buchst. a EUV, der die Werte der EU und
damit Art. 2 EUV ausdrücklich in Bezug nimmt. Dies gilt auch für Missionen im Rahmen
der GSVP (Art. 42 Abs. 5 EUV). Damit verkörpern die Werte der EU sowohl für den
Bereich der GASP/GSVP als auch für die vormals gemeinschaftlichen Außenbeziehun-

---

[15] *Terhechte*, in: Grabitz/Hilf/Nettesheim, EU, Präambel EUV (Mai 2014), Rn. 21.
[16] *Terhechte*, Werte in den auswärtigen Beziehungen der EU, in: ders., Europäischen Verfassungsstudien, 2017 (i. E.).
[17] *Terhechte*, in: Grabitz/Hilf/Nettesheim, EU, Art. 3 EUV(Mai 2014), Rn. 31.
[18] *Schwarze*, in: Schwarze, EU-Kommentar, Art. 2 EUV, Rn. 2.
[19] *Herrnfeld*, in: Schwarze, EU-Kommentar, Art. 49 EUV, Rn. 4 ff.
[20] *Terhechte*, in: Schwarze, EU-Kommentar, Art. 23 EUV, Rn. 2.
[21] *Terhechte*, in: Grabitz/Hilf/Nettesheim, EU, Art. 205 AEUV (Mai 2013), Rn. 1.

gen eine wichtige Klammer, also für die Gemeinsame Handelspolitik (Art. 206 f. AEUV), die Entwicklungszusammenarbeit (Art. 208 ff. AEUV), die wirtschaftliche, finanzielle und technische Zusammenarbeit mit Drittländern gem. Art. 212 f. AEUV, im Rahmen der humanitären Hilfe gem. Art. 214 AEUV, im Rahmen des Erlasses restriktiver Maßnahmen gem. Art. 215 AEUV (hier gibt es über Art. 21 EUV gar eine Art »Doppelwirkung«), im Verfahren des Abschlusses völkerrechtlicher Verträge gem. Art. 216 ff. AEUV, in der Ausgestaltung der Beziehungen der EU zu internationalen Organisationen (Art. 220, 221 AEUV) und im Rahmen von Solidaritätsmaßnahmen auf der Grundlage des Art. 222 AEUV. Hiermit hat es aber nicht sein Bewenden. Art. 3 Abs. 5 EUV erklärt darüber hinaus den Schutz und die Förderung der Werte als ein wichtiges Ziel der EU in ihren Beziehungen zur übrigen Welt, womit die Werte in die Unionsteleologie eingespeist werden.[22] Die in Art. 2 EUV genannten Werte spielen darüber hinaus in der Nachbarschaftspolitik eine eminent wichtige Rolle (vgl. Art. 8 EUV, der ausdrücklich die Werte erwähnt)[23] und sind letztlich auch für den Beitritt zur Union auf der Grundlage eines völkerrechtlichen Vertrages gem. Art. 49 EUV entscheidend (gem. Art. 49 EUV kann nur ein Staat Mitglied der EU werden, der die in Art. 2 EUV genannten Werte achtet und sich für ihre Förderung einsetzt).[24] Es ist damit nicht zu übersehen, dass die in Art. 2 EUV aufgezählten Werte nicht nur plakativ am Anfang des EUV stehen, sondern durchaus mit den Tiefenschichten des Unionsrechts verwebt wurden. »Werte« spielen so zumindest potentiell in vielen unionsrechtlichen Kontexten eine Rolle.

C. Zum Begriff des »Wertes«

I. Allgemeines

9   Das Unionsrecht kennt keinen spezifischen Wertbegriff. Dieser muss vielmehr auf der Grundlage des Art. 2 EUV und seiner Ausstrahlung in das Unionsrecht erst und fortlaufend entwickelt werden. Einem solchen Ansatz haftet aus der Perspektive der Rechtswissenschaft mitunter etwas Ungewöhnliches an. Werte, so ist zu lesen, hat man, normiert sie aber nicht. Nicht umsonst versteht die Rechtswissenschaft unter »Werten« häufig nur Prinzipien oder Grundsätze. Denn führt man sich die – häufig diskutierten – Eigenschaften von Werten vor Augen, so ist die inflationäre Postulierung von Werten im Unionsrecht (dazu Rn. 5) nicht unproblematisch.[25] Mit den Worten *Nicolai Hartmans*: »Sie (die Werte, Verf.) selbst kennen keine Instanz über sich an, die ihre Anforderungen als rechtmäßigen Anspruch legitimieren oder als Anmaßung entlarven könnte. Sie treten als absolute, autonome, letzte Instanz auf.«[26] Schon aufgrund dieser Eigenschaften wurde das Wort der (möglichen) Tyrannei der Werte von Hartmann geprägt, das von *Carl Schmitt* aufgegriffen wurde, der mit seiner z. T. polemischen Schrift über die Tyrannei der Werte den Wertgedanken kräftig – und es scheint bis heute wirkungsvoll –

---

[22] *Terhechte*, in: Grabitz/Hilf/Nettesheim, EU, Art. 3 EUV (Mai 2014), Rn. 31.
[23] Dazu *Kotzur*, EnzEuR, Bd. 10, § 7, Rn. 9; s. auch *van Elsuwege*, E. L. Rev. 36 (2011), 688 (693 f.).
[24] Zur Mitgliedschaft in der EU als »Werteunion« s. etwa *Hanschel*, NVwZ 2012, 995 (996); *Knauff*, DÖV 2010, 631 ff.; *Nettesheim*, EuR 2003, 36 ff.
[25] *Hartmann*, Ethik, 3. Aufl., 1949, S. 18 ff.
[26] *Hartmann* (Fn. 25), S. 19.

diskreditierte.[27] Es gehört in der (deutschen) Rechtswissenschaft zum common sense, von Werten nicht viel zu halten.[28] Umso erstaunlicher ist es deshalb, dass das Unionsrecht die Werte derart prominent im primären Unionsrecht verankert hat.

II. Schutz der Werte

Im Kontext der europäischen Integration bestand immer schon Einigkeit darüber, dass   **10** es Mechanismen geben muss, die die »Wertorientierung« der EU im Notfall auch durchzusetzen helfen. Neben der Möglichkeit öffentlich und politisch Druck auszuüben,[29] dient hierzu ausdrücklich der **Sanktionsmechanismus des Art. 7 EUV**, der als Reaktion auf die Wahlen in Österreich im Jahre 2000 entwickelt wurde und der als ultima ratio nach dem **Rechtsstaatlichkeitsverfahren** (dazu Rn. 20) gerade in den letzten Monaten an unerwarteter Aktualität gewonnen hat.[30] Ob das Verfahren des Art. 7 EUV wirklich dazu beitragen kann, die Werte der Union zu schützen, muss sich erst noch erweisen. Sicher ist aber, dass es im Rahmen des Unionsrechts weitere Instrumente gibt, die den Schutz der Werte des Art. 2 EUV bewirken können. Hingewiesen sei in diesem Zusammenhang auch auf das **Vertragsverletzungsverfahren** gem. Art. 258, 259 AEUV, das sich zumindest perspektivisch dazu eignet, den Werten des Unionsrechts zu ihrer Geltung zu verhelfen.

III. Justiziabilität

Selbst wenn die Bindung der EU und der Mitgliedstaaten an die Werte des Art. 2 EUV   **11** eine unbedingte ist, so liegt es doch in der Natur von Werten, dass sie nicht ohne weiteres justiziabel sind. Entsprechend nimmt der EuGH in seiner Rechtsprechung so gut wie nie Bezug auf Art. 2 EUV, was letztlich schon angesichts der systematisch prominenten Stellung der Vorschrift erstaunlich ist.[31] Tatsächlich werden nur solche Rechtsprinzipien und -garantien justiziabel sein, die als Ausprägung der Werte des Unionsrechts angesehen werden können. Hierbei kann Art. 2 EUV zumindest potentiell eine »**schutzverstärkende**« **Rolle** zukommen, was etwa bei Abwägungsentscheidungen von Belang sein dürfte.

---

[27] *Schmitt*, Tyrannei der Werte, Berlin 1967.

[28] *Häberle*, Die Herausforderungen des europäischen Juristen vor den Aufgaben unserer Verfassungs-Zukunft: 16 Entwürfe auf dem Prüfstand, DÖV 2003, 429 (431).

[29] Z. B. durch Entschließungen des Europäischen Parlaments, so etwa noch im Falle Ungarns, s. EP, Entschließung des Europäischen Parlaments vom 10. 3. 2011 zum Mediengesetz in Ungarn P7_TA(2011)0094; EP, Entschließung des Europäischen Parlaments vom 16. 2. 2012 zu den aktuellen Entwicklungen in Ungarn (2012/2511(RSP)); zu der Verfassungsänderung in Ungarn *Jakab/Sonnevend*, ZaöRV 2012, 79.

[30] Dazu auch Art. 7 EUV, Rn. 3.

[31] Es lassen sich bis heute nur zwei Urteile des EuGH nachweisen, in denen Art. 2 EUV eine Rolle gespielt hat. Sie betrafen zudem keine Kernfragen des Integrationsprozesses.

D. Werte der Union

I. Menschenwürde

12 Ähnlich wie im deutschen Verfassungsrecht spielt die Menschenwürde auch auf der Ebene des Unionsrechts (inzwischen) eine kardinale Rolle.[32] Insbesondere Art. 1 GRC verleiht der Garantie der Menschenwürde hierbei normative Dimensionen.[33] Es liegt auf der Hand, dass das europäische Integrationsprojekt nach anfänglicher Reserviertheit gegenüber individuellen Belangen nach und nach den Einzelnen in den Blick nehmen musste.[34] Dies entspricht den Verfassungstraditionen der Mitgliedstaaten und dem zunehmend politischen Auftrag der EU. Ähnlich wie im deutschen Verfassungsrecht entfaltet die Menschenwürde hierbei subjektive Dimensionen und steht zudem an der Spitze der zunächst objektiven Werte des Art. 2 Abs. 1 EUV.[35] So euphorisch die **Würdezentrierung der Union** in der Literatur auch gefeiert werden mag,[36] ihr stehen die entscheidenden Bewährungsproben erst noch bevor. Es ist nämlich nicht zu verkennen, dass es bei den entscheidenden Streitfragen (z. B. Biotechnologie, pränatale Diagnostik, Gentechnik, Terrorismusbekämpfung, Einwanderungs- und Asylpolitik und auch im Bereich der Sozialpolitik) sehr unterschiedliche Vorstellungen darüber gibt, was unter die Menschenwürde fällt und was nicht.[37] Mit anderen Worten: Von einem genuin unionalen Würdekonzept kann nur um den Preis großer Verallgemeinerungen gesprochen werden.[38]

13 Der EuGH hat in seiner **Rechtsprechung** unterstrichen, dass diese Unterschiede letztlich durch das Unionsrecht respektiert und damit auch moderiert werden müssen.[39] Solange die Mitgliedstaaten sich im Rahmen der jeweiligen Regulierungen an die »Leitplanken« des Unionsrechts halten, gesteht ihnen der EuGH ein gewisses Maß an Einschätzungsprärogative zu.[40] So unzweifelhaft also das Bekenntnis der EU zur Menschenwürde ist, so wenig darf hier ausschließlich auf nationale Vorverständnisse von dem, was Menschenwürde ausmacht, zurückgegriffen werden. Dogmatisch geht es hier in erster Linie darum, den Boden für eine einheitliche Bestimmung des Tatbestandes zu bereiten.

---

[32] Eingehend dazu etwa *Schwarz*, Der Staat 50 (2011), 533; *Schwarzenburg*, Die Menschenwürde im Recht der Europäischen Union, 2012; zur Vorbildwirkung des Art. 1 GG für die Formulierung und Lokalisierung des Art. 1 GRC *Meyer*, in: Meyer, GRCh, Art. 1 GRC, Rn. 6 ff.

[33] *S. Augsberg*, in: GSH, Europäisches Unionsrecht, Art. 1 GRC, Rn. 3.

[34] Zu den Hintergründen ausführlich *Terhechte*, Konstitutionalisierung, S. 12 ff.

[35] *S. Augsberg*, in: GSH, Europäisches Unionsrecht, Art. 1 GRC, Rn. 3.

[36] Zu den entsprechenden Formeln s. nur *Calliess*, in: Calliess/Ruffert, EUV/AEUV, Art. 2 EUV, Rn. 17.

[37] Exemplarisch zu Fragen im Kontext der Biotechnologie s. *Vöneky*, EuR 2006, 340 (341 ff.).

[38] Ähnlich *S. Augsberg*, in: GSH, Europäisches Unionsrecht, Art. 1 GRC, Rn. 2: »(…) der scheinbar umfassende Konsens fußt (zumindest auch) auf der Bereitschaft, divergierende Begründungs- und Interpretationsansätze und sich daraus ergebende Anwendungsprobleme zunächst auszublenden.«

[39] EuGH, Urt. v. 14.10.2004, Rs. C–36/02 (Omega Spielhallen- und Automatenaufstellungs-GmbH/Oberbürgermeisterin der Bundesstadt Bonn), Slg. 2004, I–9609; dazu etwa *Schwarze*, EuR 2013, 253 (255 ff.).

[40] Zu älteren Rechtsprechung s. auch *Rau/Schorkopf*, NJW 2002, 2448 ff.

II. Freiheit

Der Wert der Freiheit, der spätestens seit der französischen Revolution für die Entwick-　**14**
lung des europäischen Kontinents von entscheidender Bedeutung ist, ist wesentliches
Grundmotiv des gesamten europäischen Integrationsprozesses.[41] Letztlich dient das
Unionsrecht in nahezu allen seinen Facetten der Sicherung von individueller Freiheit,
sei es im Rahmen der Rechte auf der Grundlage der Unionsbürgerschaft (Art. 9 EUV,
Art. 18 ff. AEUV), der Grundrechte[42] (dazu unten Rn. 21) und Grundfreiheiten oder
aber als Ausfluss der Garantien des Rechtsstaatsprinzips (dazu Rn. 20).[43] Der unionale
Freiheitsbegriff wird hierbei mehrdimensional gesehen: Aus der individuellen Perspektive geht es darum, dass die Unionsbürgerinnen und Unionsbürger in Selbstbestimmung
eigene Entscheidungen treffen können und müssen. Das setzt ein politisches System
voraus, das seinerseits Freiheit ermöglicht und deshalb selbst freiheitlich ist. Hier ist
nicht nur auf den Gegensatz zur Tyrannei abzuheben,[44] sondern jedwede Tendenzen auf
der Ebene der Union oder in den Mitgliedstaaten, die dazu führen, dass die freie Selbstbestimmung des Einzelnen gefährdet wird, z.B. durch die Einschränkung von Grundrechten oder auch durch eine Kontrolle der Meinungsbildung, sind mit dem Wert der
Freiheit unvereinbar.

　　Gerade vor dem Hintergrund neuerer Entwicklungen in einigen Mitgliedstaaten der　**15**
EU kann der **Konkretisierung eines unionalen Freiheitsbegriffs** in der Zukunft eine
wichtige Bedeutung zukommen.[45] Angesichts der hohen Bedeutung der unionalen
Grundfreiheiten, aber insbesondere im Kontext der Unionsgrundrechte und ihrer vom
EuGH betriebenen Abschottung von anderen Grundrechtsgarantien wie der EMRK
liegt es auf der Hand, dass die Unionsrechtsordnung als autonome Rechtsordnung einen
spezifisch unionalen Freiheitsbegriff benötigt, der jenseits allgemeiner Ansätze deutlich
macht, wo der spezifische Mehrwert von Freiheit im Unionskontext zu sehen ist.

III. Demokratie

Das Bekenntnis zur Demokratie ist der EU mit ihren Mitgliedstaaten gemein, auch wenn　**16**
die Entwicklungspfade hier mitunter sehr unterschiedlich sind.[46] Spätestens mit dem
Lissabonner Vertrag und der entsprechenden Rechtsprechung des BVerfG[47] ist die Frage
nach der demokratischen Legitimation unionaler Hoheitsmacht in den Mittelpunkt der
europarechtlichen Debatte gerückt.[48] Die Unionsverträge sehen nunmehr ein eindeu-

---

[41] *Terhechte*, in: Grabitz/Hilf/Nettesheim, EU, Präambel EUV (Mai 2014), Rn. 23.
[42] Eingehend dazu *Terhechte*, Normativität, S. 49 ff.
[43] *Calliess*, in: Calliess/Ruffert, EUV/AEUV, Art. 2 EUV, Rn. 19.
[44] *Calliess*, in: Calliess/Ruffert, EUV/AEUV, Art. 2 EUV, Rn. 18.
[45] S. *Terhechte*, EnzEuR, Bd. 1, § 7, Rn. 65; zum Freiheitskonzept der Unionsverträge *ders.*, Konstitutionalisierung, S. 49 f.; *Franzius*, Europäisches Verfassungsdenken, 2010, S. 87 ff.
[46] Eingehend dazu *Heinig/Terhechte* (Hrsg.), Postnationale Demokratie, Postdemokratie, Neoetatsimus – Wandel klassischer Demokratievorstellungen in der Rechtswissenschaft, 2013 passim; *Oeter*, Federalism and Democracy, in: Bogdandy/Bast (Hrsg.), Principles of European Constitutional Law, 2006, S. 53 (72 ff.).
[47] BVerfGE 123, 267; eingehend dazu *Hatje/Terhechte* (Hrsg.), EuR-Beiheft 1/2008; *Assenbrunner*, Europäische Demokratie und nationalstaatlicher Partikularismus: theoretischer Entwicklungsrahmen, unionsrechtliche Ansätze und Perspektiven europäischer Demokratie nach dem Reformvertrag von Lissabon, 2012.
[48] *Hatje*, EuR-Beiheft 2/2015, S. 39 ff.; *ders.*, VVDStRL 69 (2009), 137, (162 ff.); *Huber*, ZSE 7 (2010), 364; *v. Komorowski*, Demokratieprinzip und Europäische Union, 2010; *Rosanvallon*, La légitimité démocratique, 2008.

tiges Bekenntnis der EU zu demokratischen Strukturen vor: Art. 10 EUV verpflichtet die EU auf das Modell der repräsentativen Demokratie (Art. 10 Abs. 1 EUV) und betont die zentrale Rolle der Bürgerinnen und Bürger für die europäische Demokratie (Art. 10 Abs. 2 EUV).[49]

17   Kaum eine Frage des Unionsrechts wird inzwischen derart kontrovers diskutiert, wie die nach dem **genuin unionalen Demokratiekonzept**.[50] Hieran knüpfen sich alle weiteren Überlegungen zum Umbau bzw. zum Rückbau – je nach Façon – der EU an. Insbesondere das BVerfG hat in seinem Lissabon-Urteil demokratische Anforderungen aus der Warte des deutschen Verfassungsrechts formuliert, die eine Weiterentwicklung der Strukturen der Union erheblich erschwert haben.[51]

IV.   Gleichheit

18   Gleichheit verkörpert einen weiteren basalen Wert des europäischen Integrationsprozesses. Der in Art. 2 Satz 1 EUV zugrundeliegende Gleichheitsbegriff bezieht sich hierbei allerdings insbesondere auf die **Gleichheit der Bürgerinnen und Bürger vor dem Gesetz**.[52] Daneben kennt das Unionsrecht auch den Grundsatz der Gleichheit der Mitgliedstaaten, der in Art. 4 Abs. 2 EUV seinen Niederschlag gefunden hat.[53] Mit der Garantie der Gleichheit der Unionsbürgerinnen und Unionsbürger vor dem Gesetz bringt Art. 2 EUV zum Ausdruck, dass es eine rechtliche Verpflichtung zur Gleichbehandlung auf der Ebene der Union gibt. In ihrer objektiven Ausprägung adressiert diese Verpflichtung vor allem die EU in ihren Strukturen, während die subjektive Komponente der Gleichheit insbesondere durch Art. 20 GRC konkretisiert wird.

19   Die Entwicklungen der letzten Jahre haben gezeigt, dass das **Prinzip der Gleichheit der Mitgliedstaaten**, wie es in Art. 4 Abs. 2 EUV im Unionsrecht verankert ist, allerdings nicht im Lichte einer auf unbedingte Souveränität pochenden Gleichheit verstanden werden kann.[54] Im Kontext der europäischen Integration haben die Mitgliedstaaten zugunsten der EU zumindest ein Stück weit auf ihre Souveränität verzichtet.[55]

V.   Rechtsstaatlichkeit

20   Als Rechtsgemeinschaft[56] bzw. in der neueren Diktion des EuGH als **Rechtsunion**[57] muss die Bindung an das Recht eine wichtige Rolle im Rahmen des europäischen Integrationsprozesses spielen.[58] Dem entspricht die Erwähnung des Rechtsstaatsprinzips in

---

[49] Dazu *Terhechte*, Wandel klassischer Demokratievorstellungen in der Rechtswissenschaft, in: *ders.*/Heinig (Hrsg.), Postnationale Demokratie, Postdemokratie, Neoetatsimus – Wandel klassischer Demokratievorstellungen in der Rechtswissenschaft, 2013, S. 193.

[50] *Nettesheim*, Demokratisierung der Europäischen Union und Europäisierung der Demokratietheorie, in: Bauer/Huber/Sommermann (Hrsg.), Demokratie in Europa, 2005, S. 143; *Bleckmann*, JZ 2001, 53 ff.

[51] BVerfGE 123, 267; s. etwa *Ruffert*, EuR Beiheft 1/2010, 83 ff.

[52] *Hilf/Schorkopf*, in: Grabitz/Hilf/Nettesheim, EU, Art. 2 EUV (September 2013), Rn. 31.

[53] Eingehend dazu *v. Bogdandy/Schill*, in: Grabitz/Hilf/Nettesheim, EU, Art. 4 EUV (September 2013), Rn. 1.

[54] Ausführlich zum Nachfolgenden *Terhechte*, EnzEuR, Bd. 1, § 7, Rn. 46 ff.

[55] EuGH, Urt. v. 15. 7. 1964, Rs. 6/64 (Costa/ENEL), Slg. 1964, 1251, 1269.

[56] Der Begriff geht zurück auf Walter Hallstein, s. *Hallstein*, Die Europäische Gemeinschaft, 1973, S. 31 ff.; *ders.* Der unvollendete Bundesstaat, 1969, S. 33 ff.

[57] EuGH, Urt. v. 29. 6. 2010, Rs. C–550/09 (E und F), Slg. 2010, I–6213, Rn. 44; Urt. v. 3. 10. 2013, Rs. C–583/11 P (Inuit Tapiriit Kanatami/Parlament und Rat), ECLI:EU:2013:625, Rn. 90.

[58] *Skouris*, EuR-Beiheft 2/2015, 9 ff.; *Classen*, EuR-Beiheft 3/2008, 7 ff.

Art. 2 Satz 1 EUV, wenn auch die deutsche Übersetzung hier wenig passend ist. Von einem Rechtsstaatsprinzip kann letztlich nur dort gesprochen werden, wo auch ein Staat besteht.[59] Dass aber die Bindung an das Recht und die hiermit zusammenhängenden Teilgarantien einen wichtigen Baustein für das europäische Haus verkörpern, ist unbestritten. Tatsächlich stellt die EU wie kaum ein anderer Integrationsverband weltweit die Bedeutung des Rechts immer wieder in den Mittelpunkt. So hat die Kommission im März 2015 einen **EU-Rahmen zur Stärkung des Rechtsstaatsprinzips** in der Form einer Mitteilung erlassen.[60] Das Verfahren soll eine Regelungslücke des Unionsrechts schließen, die sich nach Auffassung der Kommission daraus ergibt, dass das Verfahren nach Art. 258 AEUV nicht einschlägig ist, weil Fälle denkbar sind, in denen der Mitgliedstaat kein EU-Recht i. S. d. Art. 258 AEUV verletzt. Dagegen ist Art. 7 EUV wegen seiner hohen Hürden (»schwerwiegende und anhaltende Verletzung der in Artikel 2 genannten Werte«) nicht flexibel genug ist, um auf Entwicklungen in den Mitgliedstaaten zu reagieren.[61] Das **Verfahren ist hierbei dreistufig** ausgestaltet: einer Sachstandanalyse, den Empfehlungen der Kommission zur Behebung der festgestellten Mängel und schließlich einem Follow-up zur Empfehlung in Form eines Monitorings. Die Mitteilung enthält allerdings keine Definition des Rechtsstaats. Die Kommission orientiert sich hier an den Vorgaben der Venedigkommission und des EuGH.[62] Das Ziel des Verfahrens besteht darin, präventiv und gemeinsam mit dem betroffenen Mitgliedstaat der Entwicklung einer »systemimmanenten Gefahr für das Rechtsstaatsprinzip« entgegenzuwirken, die zu einer Gefahr im Sinne des Art. 7 Abs. 2 EUV werden könnte.[63] Es bleibt abzuwarten, ob sich dieses neue Instrument bewähren wird. Die Kommission hat im Januar 2016 angekündigt, das neue Rechtsstaatsverfahren im Falle Polens erstmals in Gang zu setzten.

VI. Wahrung der Menschenrechte

Schließlich verpflichtet Art. 2 EUV die Union auf die Menschenrechte einschließlich der   **21**
Rechte der Personen, die Minderheiten angehören. Neben der Präambel zum EUV und Art. 6 EUV ist Art. 2 EUV damit ein weiterer normativer Fixpunkt auf der Ebene des primären Unionsrechts, der die (inzwischen) hervorgehobene Rolle der Menschenrechte im Rahmen des Prozesses der europäischen Integration hervorhebt.[64] Kaum eine Frage hat im Laufe der europäischen Integration für so wichtige theoretische Debatten gesorgt wie die Frage nach den Grundrechten.[65] Sie stand in der Frühphase der Integration stellvertretend für die Frage nach dem Ziel der europäischen Integration und die Frage, wie dieser Prozess aus der Perspektive der mitgliedstaatlichen Verfassungen legitimiert werden kann.[66]

Heute geht es demgegenüber mehr um die **Rolle des Einzelnen im Gesamtgefüge**   **22**
einer umfassenden politischen Integration Europas, die kaum einen Lebensbereich

---

[59] *Hilf/Schorkopf*, in: Grabitz/Hilf/Nettesheim, EU, Art. 2 EUV (September 2013), Rn. 34.
[60] Mitteilung der Kommission v. 11. 3. 2014 an das Europäische Parlament und den Rat, Ein neuer EU-Rahmen zur Stärkung des Rechtsstaatsprinzips, COM(2014) 158 final.
[61] COM(2014) 158 final, S. 5 ff.
[62] Ebd., S. 7.
[63] Ebd., S. 7, Fn. 18.
[64] Eingehend zur unionalen Grundrechtsarchitektur s. etwa *Stern*, S. 244 ff.
[65] *Terhechte*, Konstitutionalisierung und Normativität der europäischen Grundrechte, 2011, S. 11 ff.
[66] Ebd., S. 20 f.

unbeeinflusst lässt.[67] Der EuGH hat in den letzten Jahren mehrfach unterstrichen, dass die Unionsgrundrechte in **sensiblen bzw. gesellschaftlich umstrittenen** Bereichen eine wichtige Rolle spielen können. Erwähnt seien in diesem Zusammenhang seine Urteile zum Datenschutz[68] oder im Bereich des Rechtsschutzes im Zusammenhang mit Sanktionen gem. Art. 215 AEUV.[69] Insofern steht für die Zukunft zu erwarten, dass die Grundrechte im Rahmen der Integration wichtiger werden, auch wenn mitunter bezweifelt wird, dass diese Entwicklung in eine Art »Grundrechtsunion« münden kann bzw. sollte.[70]

E.   Gesellschaftswerte und Gesellschaftsmerkmale

23   Neben den in Art. 2 Satz 1 EUV explizit aufgeführten Werten enthält Art. 2 Satz 2 EUV eine Reihe vom Merkmalen oder Charakteristika, die den Mitgliedstaaten der EU als eine Art gesellschaftlicher Konsens zugrunde liegen sollen.[71] Obschon Art. 2 Satz 2 EUV ausdrücklich von Werten spricht, zeigt ein genauerer Blick auf die Aufzählung, dass es sich gerade nicht um Werte im Sinne des Art. 2 Abs. 1 EUV handelt.[72] Auch bezieht sich Satz 2 nicht auf die EU, sondern auf ihre Mitgliedstaaten und einen eher diffusen Gesellschaftsbegriff.[73] Im Gegensatz zu Satz 1 lassen sich auch nicht alle in Satz 2 aufgezählten Merkmale durch spezielle Bestimmungen des EUV oder AEUV weiter konkretisieren. Dieses gilt insbesondere für die Merkmale Pluralismus, Gerechtigkeit und Toleranz.[74] Und auch die Selbstvergewisserung oder Selbstbeschreibung, die Satz 2 zum Ausdruck bringen soll, ist insoweit problematisch, als dass sich im europäischen Verfassungsverbund gerade auf die in Satz 2 aufgezählten Merkmale keine Zwei-Sphären-Theorie begründen lässt: Diese Merkmale mögen für die Mitgliedstaaten der EU das gemeinsame Reservoir an Grundüberzeugungen bilden, sie lassen sich aber nicht von der Sphäre der EU trennen, wie der Wortlaut des Satz 2 suggerieren mag. Vielmehr muss ihre Konkretisierung, die etwa hinsichtlich eines Beitritts nach Art. 49 EUV nicht ganz unwichtig werden kann, immer die Wechselbezüglichkeiten und die Verzahnung zwischen dem mitgliedstaatlichen Recht und dem Recht der EU im Auge behalten.

---

[67] *Terhechte*, Konstitutionalisierung und Normativität der europäischen Grundrechte, 2011, S. 20 f.

[68] EuGH, Urt. v. 13.5.2014, Rs. 131/12 (Google Spain), ECLI:EU:C:2014:317; Urt. v. 8.4.2014, Rs. C–293/12 (Digital Rights Ireland), ECLI:EU:C:2014:238; Urt. v. 9.11.2010, verb. Rs. C–92/09 u. C–93/09 (Schecke und Eifert), Slg. 2010, I–11063; Urt. v. 6.10.2015, Rs. C–362/14 (Schrems), ECLI:EU:C:2015:650.

[69] EuGH, Urt. v. 3.9.2008, verb. Rs. C–402/05 u. C–415/05 (Kadi/Rat und Komm. und Al Barakaat) Slg. 2008, I–6351; Urt. v. 13.3.2012, Rs. C–376/10 (Tay Za/Rat), ECLI:EU:C:2012:138; Urt. v. 18.7.2013, Rs. C–584/10 (Kommission u. a./Kadi), ECLI:EU:C:2013:518; Urt. v. 23.4.2013, Rs. C–478/11 (Gbagbo u. a./Rat), ECLI:EU:C:2013:258; Urt. v. 15.11.2012, Rs. C–539/10 (Al-Aqsa/Rat) ECLI:EU:C:2012:711; EuG, T–246/08, (Melli Bank/Rat), Slg. 2008, II–3019; Urt. v. 12.12.2006, T–228/02, PMOI/Rat, Slg. 2006, II–4665.

[70] Dazu etwa *v. Bogdandy*, JZ 2001, 157 ff.; s. auch *Calliess*, JZ 2004, 1033 ff.

[71] *Hilf/Schorkopf*, in: Grabitz/Hilf/Nettesheim, EU, Art. 2 EUV (September 2013), Rn. 10.

[72] So auch *Calliess*, in: Calliess/Ruffert, EUV/AEUV, Art. 2 EUV, Rn. 30; *Hilf/Schorkopf*, in: Grabitz/Hilf/Nettesheim, EU, Art. 2 EUV (September 2013), Rn. 43.

[73] *Hilf/Schorkopf*, in: Grabitz/Hilf/Nettesheim, EU, Art. 2 EUV (September 2013), Rn. 41.

[74] So auch *Heintschel v. Heinegg*, in: Vedder/Heintschel v. Heinegg, Europäisches Unionsrecht, Art. 2 EUV Rn. 12.

I. Pluralismus

Es liegt auf der Hand, dass eine Union, deren Verfassungsmotto einst »In Vielfalt geeint«   **24**
lauten sollte,[75] einer besonderen Betonung der Vielheit und Vielfalt bedarf. Insoweit
wundert es nicht, dass im Rahmen des Art. 2 Satz 2 EUV »Pluralismus« als wichtige
Beschreibungsformel für die Mitgliedstaaten der EU dient. Auf der Ebene der EU kann
man die in Art. 4 Abs. 2 Satz 1 EUV verankerte Pflicht der EU die jeweilige nationale
Identität der Mitgliedstaaten zu achten, durchaus als **Pluralismuserhaltungsauftrag bzw.
-pflicht** begreifen.[76] Und auch auf der Ebene des mitgliedstaatlichen Verfassungsrechts
sind ähnliche Bestimmungen bekannt. So lassen sich etwa die ersten Bestimmungen der
belgischen Verfassung, die das Nebeneinander verschiedener Regionen und Sprachge-
meinschaften garantieren, ebenso in diese Richtung interpretieren.

II. Nichtdiskriminierung

Der Gedanke, dass ein funktionsfähiges Gemeinwesen nur dann dauerhaft bestehen   **25**
kann, wenn es nicht zu Ausgrenzungen und Diskriminierungen kommt, wird im Unionsrecht und auf der Ebene der Mitgliedstaaten sehr ernst genommen. Art. 18 AEUV
enthält ein umfassendes Diskriminierungsverbot, das im Integrationsprozess eine wichtige Rolle spielt.[77] Und auch auf der Ebene der Mitgliedstaaten kennen viele Rechtsordnungen strikte Diskriminierungsverbote bzw. Gleichbehandlungsaufträge (z. B. Art. 3
GG).

III. Toleranz

Toleranz, verstanden als die Fähigkeit andere Meinungen, Ansichten oder religiöse Ein-   **26**
stellungen zu akzeptieren, ist im europäischen Verfassungsraum ebenfalls basal für jede
Integrationsvertiefung, wie sie die Präambel zum EUV und Art. 1 EUV nach wie vor
festschreiben.[78] Nur in der **Akzeptanz des Pluriversums** verschiedener Meinungen, politischer Ansichten oder religiöser Präferenzen kann dauerhaft ein europäisches Gemeinwesen entstehen. Die entscheidenden Weichen haben die Mitgliedstaaten insoweit
selbst zu stellen.

IV. Gerechtigkeit

Kaum ein Begriff kann im juristischen Diskurs für größere Missverständnisse sorgen als   **27**
der **Begriff der Gerechtigkeit**.[79] So eindeutig die Mitgliedstaaten der EU nach Gerechtigkeit streben bzw. für Gerechtigkeit sorgen müssen, so unklar ist letztlich, wann Gerechtigkeit geschaffen ist, was Gerechtigkeit ist.[80] Hiermit ist nicht nur eine juristische

---

[75] So Art. I–8 EVV; dazu *Terhechte*, EuR 2008, 143 (175).

[76] Dazu eingehend *v. Bogdandy/Schill*, ZaöRV 70 (2010), 701 (725 f.).

[77] *Ellis*, EU Anti-Discrimination Law, 2. Aufl., 2012; *Huster*, EuR 2010, 325, 332; *Prechal/
McCrudden*, The Concepts of Equality and Non-Discrimination in Europe: A practical approach,
European Network of Legal Experts in the Field of Gender Equality, 2009; *Bell*, Anti-Discrimination
Law and the European Union, 2002; *Rossi*, EuR 2000, 197 ff.

[78] Zum fortwährenden unionalen Gestaltungs- und Integrationsauftrag s. nur *Terhechte*, Eine immer engere Union der Völker Europas, Wirtschaftsdienst 2015, 599 ff.

[79] S. etwa *Rüthers*, Das Ungerechte an der Gerechtigkeit – Fehldeutungen eines Begriffs, 3. Aufl.,
2011.

[80] Zum Gerechtigkeitsanspruch des Verfassungsrechts s. *Osterkamp*, Juristische Gerechtigkeit,
2004, S. 169 ff.; speziell zu den europäischen Dimensionen s. *König/Richter/Schielke* (Hrsg.), Gerechtigkeit in Europa – Transnationale Dimensionen einer normativen Grundfrage, 2008.

Frage, sondern letztlich eine philosophische Frage angesprochen, konkreter ein **zentrales Motiv der (politischen) Ethik**.[81] Dennoch sollte man dieses Bekenntnis zur Gerechtigkeit nicht vorschnell in die Sphäre der Philosophie verbannen ohne den juristischen Mehrwert eines Gerechtigkeitspostulats zumindest auszuloten. Letztlich deutet dieses Merkmal darauf hin, dass die Mitgliedstaaten der EU darüber einstimmen, dass es in Europa Vorstellungen vom richtigen Tun jenseits gesetzlicher Setzung und Vorbestimmung geben kann, in bestimmten Situationen geben muss. Diese Erkenntnis, die insbesondere in der deutschen Rechtsphilosophie zentral herausgearbeitet wurde (*Radbruch*), ist vielleicht nicht ohne weiteres auf alle Mitgliedstaaten der EU zu übertragen. Dass es aber jenseits von positiver Setzung verbindliche Maßstäbe der Gerechtigkeit gibt, dürfte ein wesentliches Fundament Europas sein.

V. Solidarität

28   Das Prinzip der Solidarität spielt im Rahmen des europäischen Integrationsprozesses seit jeher eine besondere Rolle.[82] Schon in den hinlänglich bekannten Redewendungen über Europa als **Werte- und Schicksalsgemeinschaft** schwingt immer auch die wechselseitige Verwiesenheit der europäischen Staaten auf die EU und aufeinander mit, die zu Beistand und Unterstützung verpflichtet. Solidarität ist so ein **Fundament des Integrationsprozesses** und zugleich im Falle ihrer Versagung Indikator für Krisen und Probleme. Nicht umsonst betont die Europarechtswissenschaft die »finanzielle Solidarität« seit geraumer Zeit.[83] Doch geht Solidarität über positive Leistungspflichten hinaus, wie das Unionsrecht in Art. 222 AEUV auch selbst zum Ausdruck bringt.[84] Für die Mitgliedstaaten folgt hieraus, dass Solidarität Grundlage der Integration nach innen, aber auch für eine fruchtbare Zusammenarbeit im Rahmen der europäischen Integration ist. Nicht umsonst werden deshalb auch die Grundlagen von Solidarität im nationalen Verfassungsrecht immer wieder thematisiert.[85]

29   Gewiss ist Solidarität nichts Selbstverständliches. Soweit sich die Union in einer **Solidaritätskrise** befindet, so gilt das mitunter auch für die Mitgliedstaaten selbst. Solidarität steht im europäischen Verfassungsverbund für die wechselseitige Verwiesenheit, die Union ist auf sie ebenso angewiesen wie die Mitgliedstaaten untereinander. Insofern ist Art. 222 AEUV auch nur als Ausschnitt oder Teilgarantie des allgemeinen unionalen Solidaritätsprinzips zu verstehen.[86] Es bleibt abzuwarten, ob sich in Zukunft eine weitere sektorspezifische Ausdifferenzierung des Solidaritätsprinzips beobachten lässt.[87]

---

[81] Bahnbrechend insofern *Rawls*, A Theory of Justice, 1971; *Sen*, The Idea of Justice, 2011.

[82] Eingehend dazu *Calliess*, Subsidiaritäts- und Solidaritätsprinzip in der Europäischen Union, 2. Aufl., 1999; *ders.* (Hrsg.), Europäische Solidarität und nationale Identität, 2013; *Ross/Borgmann-Prebil* (Hrsg.), Promoting Solidarity in the European Union, 2010; *Hatje*, Loyalität als Rechtsprinzip in der Europäischen Union, 2001; *Bieber*, Solidarität als Verfassungsprinzip der Europäischen Union, in: v. Bogdandy/Kadelbach (Hrsg.), Solidarität und europäische Integration, 2002, S. 42 ff.; *Marias*, LIEI 1994, 85.

[83] *Häde*, EuZW 2009, 399; *Potacs*, EuR 2013, 133; *Calliess* (Hrsg.), Europäische Solidarität und nationale Identität, 2013.

[84] Vgl. *Calliess*, in: Calliess/Ruffert, EUV/AEUV, Art. 222 AEUV, Rn. 16 ff.

[85] S. dazu etwa *Volkmann*, Solidarität – Programm und Prinzip der Verfassung, 1998.

[86] *Calliess*, in: Calliess/Ruffert, EUV/AEUV, Art. 222 AEUV, Rn. 6 ff.; s. auch *Hieronymi*, Solidarität als Rechtsprinzip in der EU, 2003; *Lais*, Das Solidaritätsprinzip im europäischen Verfassungsverbund, 2007.

[87] Denkbare Differenzierungsbereiche wären hier Umwelt, Energie, Migration s. dazu die Beiträge in *Pütz*, Solidarität und Stärke, 2011 passim.

VI. Gleichheit von Frauen und Männern

Die Gleichheit von Frauen und Männern, die als **allgemeines Gleichstellungsziel** be-   **30**
zeichnet werden kann, hat sowohl auf der Ebene der Mitgliedstaaten als auch auf der
Unionsebene eine wichtige gesellschaftspolitische Bedeutung.[88] In den Mitgliedstaaten
finden sich in der Regel Verfassungsbestimmungen, die dem allgemeinen Gleichstellungsziel verpflichtet sind. Im Unionsrecht sind die entsprechenden Vorschriften vergleichsweise alt und z.T. schon sehr lang Bestandteil des primären Unionsrechts. So
enthielt bereits der EGV mit Art. 141 (heute Art. 157 AEUV) eine Vorschrift, die die
Mitgliedstaaten verpflichtet, die **Entgeltgleichheit für Männer und Frauen** sicherzustellen. Hierbei handelt es sich nach der Rechtsprechung des EuGH um ein echtes Grundrecht.[89] Überhaupt lässt sich festhalten, dass insbesondere der Antidiskriminierungsge-
danke – oder positiv gewendet: das allgemeine Gleichstellungsziel – wesentlich durch
das Unionsrecht in die mitgliedstaatlichen Rechtsordnungen getragen wurde. Insofern
wäre es auch sicherlich überzogen, von der schlichten Vorhandenheit oder einem starren Status quo der in Art. 2 Satz 2 EUV genannten Strukturmerkmale auszugehen;
vielmehr lässt sich hier ein wechselseitiger Befruchtungsprozess beobachten. So wie die
Mitgliedstaaten immer wieder Impulse aus dem Unionsrecht aufnehmen, so nimmt auch
das Unionsrecht Ideen und Grundsätze, die das mitgliedstaatliche Recht vorformuliert
hat, auf. Dieses Phänomen mag mit dem Schlagwort »**Wertewandel**« charakterisiert
werden. Letztlich zeigt sich hier aber für die Ebene der Union und die der Mitgliedstaaten in gleicher Weise, dass die in Art. 2 EUV genannten Werte und Merkmale selbst
permanenter Anpassung und einem Wandel ausgesetzt sind – sie sind weder unanfecht-
bar, noch absolut. Ihr Inhalt und ihre Bedeutung müssen vielmehr durch die Gemeinschaft der offenen Verfassungsinterpreten immer wieder aufs Neue bestimmt werden.[90]

F. Ausblick

Auch wenn Werten etwas latent Unbestimmtes und mitunter auch Rückwärtsgewandtes   **31**
anhaften mag, so zeigen insbesondere die letzten Jahre, dass es ohne **Kompassbestim-
mungen** oder **Fundamentalnormen** zusehends schwierig wird, die rason d'etre der EU
jenseits von Fragen der Wirtschafts- und Währungspolitik auszumachen. Jedenfalls vermochten die Werte der Union im Rahmen der zurückliegenden und gegenwärtigen
Schwierigkeiten und Krisen der EU kaum eine Rolle für die politischen oder juristischen
Diskurse zu spielen.[91] In einigen Fällen ist eher das Gegenteil erfolgt, nämlich die Au-
ßerachtlassung der Bindungen des Unionsrechts (Stichwort: »Rechtsstaatlichkeit«)
durch allerhand völkerrechtliche Umgehungsmanöver (Stichwort: »Euro-Rettung«[92]),
Probleme bei der Umsetzung des in Art. 2 Satz 2 EUV niedergelegten Solidaritätsver-

---

[88] Eingehend dazu etwa *Prechal*, Gender Discrimination Law of the European Community, 1990.
[89] EuGH, Urt. v. 15.6.1978, Rs. 149/77 (Defrenne II), Slg. 1978, 1365, Rn. 26/29; Urt. v.
27.4.2006, Rs. C–423/04 (Richards), Slg. 2006, I–3585, Rn. 23.
[90] In Anlehnung an *Häberle*, JZ 1975, 297; speziell auf das Unionsrecht bezogen vgl. *ders.*, Europäische Verfassungslehre, 7. Aufl., 2011, S. 261 ff.
[91] Eingehend zu den Problemen etwa *Müller-Graff*, EuR-Beiheft 2/2015, 149 ff.
[92] *Fischer-Lescano/Oberndorfer*, NJW 2013, 9; *Nettesheim*, EuR 2011, 765; *ders.*, NJW 2013, 14;
Wollenschläger, NVwZ 2012, 713; *Thym*, EuR-Beiheft 2/2013, 23, 31; *Uerpmann-Wittzack*, EuR-
Beiheft 2/2013, 49; *Hölscheidt*, EuR-Beiheft 2/2013, 61.

sprechens (Stichworte: Finanzsolidarität, Solidarität in der Flüchtlings- und Asylpolitik) oder im Rahmen der WWU.

32   Doch haben Werte nicht gerade in **Krisenzeiten** Konjunktur? Die Zeichen der Zeit scheinen jedenfalls darauf hinzudeuten, dass die Werte der EU als ihrem »Verfassungs-kern«[93] in den nächsten Jahren eine bedeutsame Rolle spielen könnten. Zum einen könnte der EuGH auf der Grundlage des Art. 2 EUV zu einer stärker wertgebundenen Rechtsprechungspraxis übergehen.[94] Erste Urteile, denen unverkennbar eine solche Intention anhaftet, sind zumindest längst identifiziert worden.[95] Zum anderen – und hierin liegt fast schon eine rechtspolitische Forderung – sollten die in Art. 2 EUV niedergelegten Werte Richtschnur bei der Weiterentwicklung der europäischen Verträge und auch im Rahmen der europäischen Rechtsetzung und der Anwendung des Unionsrechts sein und bleiben.

33   Werte können also jenseits des »Alltagsgeschäfts« der Integration für **verlässliche Maßstäbe** sorgen, die helfen, das europäische Schiff auch im Sturm sicher steuern zu können. Sie stehen für eine Integration jenseits wirtschaftlicher Mechanik und können helfen, die zu beobachtende **Politisierung der Tiefenschichten des Unionsrechts** in die richtige Bahn zu lenken. Ob diese potentielle Hilfestellung eingelöst wird, liegt aber nicht in den Händen der in Art. 2 EUV formulierten Werte, sondern in denen der Institutionen der EU und der Mitgliedstaaten.

---

[93] *Calliess*, in: Calliess/Ruffert, EUV/AEUV, Art. 2 EUV, Rn. 7; *Murswiek*, NVwZ 2009, 481 (483).
[94] *Hilf/Schorkopf*, in: Grabitz/Hilf/Nettesheim, EU, Art. 2 EUV (September 2013), Rn. 46.
[95] EuGH, Urt. v. 3. 9. 2008, verb. Rs. C–402/05 P u. C–415/05 P (Kadi und Al Barakaat), Slg. 2008, I–6351, Rn. 285.

Artikel 3 EUV [Ziele der Union]

(1) Ziel der Union ist es, den Frieden, ihre Werte und das Wohlergehen ihrer Völker zu fördern.

(2) Die Union bietet ihren Bürgerinnen und Bürgern einen Raum der Freiheit, der Sicherheit und des Rechts ohne Binnengrenzen, in dem – in Verbindung mit geeigneten Maßnahmen in Bezug auf die Kontrollen an den Außengrenzen, das Asyl, die Einwanderung sowie die Verhütung und Bekämpfung der Kriminalität – der freie Personenverkehr gewährleistet ist.

(3) ¹Die Union errichtet einen Binnenmarkt. ²Sie wirkt auf die nachhaltige Entwicklung Europas auf der Grundlage eines ausgewogenen Wirtschaftswachstums und von Preisstabilität, eine in hohem Maße wettbewerbsfähige soziale Marktwirtschaft, die auf Vollbeschäftigung und sozialen Fortschritt abzielt, sowie ein hohes Maß an Umweltschutz und Verbesserung der Umweltqualität hin. ³Sie fördert den wissenschaftlichen und technischen Fortschritt.

Sie bekämpft soziale Ausgrenzung und Diskriminierungen und fördert soziale Gerechtigkeit und sozialen Schutz, die Gleichstellung von Frauen und Männern, die Solidarität zwischen den Generationen und den Schutz der Rechte des Kindes.

Sie fördert den wirtschaftlichen, sozialen und territorialen Zusammenhalt und die Solidarität zwischen den Mitgliedstaaten.

Sie wahrt den Reichtum ihrer kulturellen und sprachlichen Vielfalt und sorgt für den Schutz und die Entwicklung des kulturellen Erbes Europas.

(4) Die Union errichtet eine Wirtschafts- und Währungsunion, deren Währung der Euro ist.

(5) ¹In ihren Beziehungen zur übrigen Welt schützt und fördert die Union ihre Werte und Interessen und trägt zum Schutz ihrer Bürgerinnen und Bürger bei. ²Sie leistet einen Beitrag zu Frieden, Sicherheit, globaler nachhaltiger Entwicklung, Solidarität und gegenseitiger Achtung unter den Völkern, zu freiem und gerechtem Handel, zur Beseitigung der Armut und zum Schutz der Menschenrechte, insbesondere der Rechte des Kindes, sowie zur strikten Einhaltung und Weiterentwicklung des Völkerrechts, insbesondere zur Wahrung der Grundsätze der Charta der Vereinten Nationen.

(6) Die Union verfolgt ihre Ziele mit geeigneten Mitteln entsprechend den Zuständigkeiten, die ihr in den Verträgen übertragen sind.

Literaturübersicht

Albi/Ziller (eds.), The European Constitution and National Constitutions, 2007; *Beckmann/Dieringer/Hufeld* (Hrsg.), Eine Verfassung für Europa, 2. Aufl., 2005; *Basedow*, Zielkonflikte und Zielhierarchien im Vertrag über die Europäische Gemeinschaft, FS Everling, Band I, 1995, S. 49; *Bleckmann*, Teleologie und dynamische Auslegung des Europäischen Gemeinschaftsrechts, EuR 1979, 239; *Böttcher* (Hrsg.), Klassiker des europäischen Denkens. Friedens- und Europavorstellungen aus 700 Jahren europäischer Kulturgeschichte, 2014; *Böttger*, Ziele und Mittel europäischer Integration: Systematisierungsversuch aus Sicht juristischer Zeitgeschichte, 2002; *Bosson/Pichonnanz* (Hrsg.), Les principes en droit européen, 2011; *Calliess*, Kollektive Ziele und Prinzipien im Verfassungsrecht der EU – Bestandsaufnahme, Wirkungen und Perspektiven, in: Hiebaum/Koller (Hrsg.), Politische Ziele und juristische Argumentation, ARSP-Beiheft 92 (2003), 85; *ders.*, Europa als Wertegemeinschaft, Integration und Identität durch europäisches Verfassungsrecht?, JZ 2004, 1033; *Classen*, Zur offenen Finalität der europäischen Integration, in: Hatje/Müller-Graff (Hrsg.), Europäisches Organisations- und Verfassungsrecht, 2015, S. 1375; *Drescher*, Ziele und Zuständigkeiten, in: Marchetti/Demesmay (Hrsg.), Der Vertrag von Lissabon, 2010, S. 59; *Ehlermann*, The Internal Market Following the Single European Act, CMLRev. 24 (1987), 361; *Everling*, Vom Zweckverband zur Europäischen Union, FS

Ipsen, 1977, S. 595; *ders.*, Zur Funktion der Rechtsangleichung in der Europäischen Gemeinschaft – Vom Abbau der Verzerrungen zur Schaffung des Binnenmarktes, FS Pescatore, 1987, S. 227; *Faber*, Europäische Integration und politikwissenschaftliche Theoriebildung. Neofunktionalismus und Intergouvernementalismus in der Analyse, 2005; *Frowein*, Die Herausbildung europäischer Verfassungsprinzipien, FS Maihofer, 1988, S. 149; *Hallstein*, Zu den Grundlagen und Verfassungsprinzipien der Europäischen Gemeinschaften, FS Ophüls, 1965, S. 1; *von Jhering*, Zweck im Recht, 4. Aufl., 1904; *Kotzur*, Die Ziele der Union: Verfassungsidentität und Gemeinschaftsidee, DÖV 2005, 313; *Link*, Auf dem Weg zu einem neuen Europa, 2006; *Mestmäcker*, Offene Märkte im System unverfälschten Wettbewerbs in der EWG, FS Böhm, 1965, S. 345; *ders.*, Politische und normativ-funktionale Legitimation der Europäischen Gemeinschaften, in: von der Groeben/Mestmäcker (Hrsg.), Ziele und Methoden der europäischen Integration, 1972, 17; *Molle*, The Economics of European Integration, 1991; *Monnet*, Mémoires, 1976; *Müller-Graff*, Unternehmensinvestitionen und Investitionssteuerung im Marktrecht, 1984; *ders.*, Privatrecht und Europäisches Gemeinschaftsrecht, in: Müller-Graff/Zuleeg (Hrsg.), Staat und Wirtschaft in der EG, 1987, S. 17; *ders.*, Die Rechtsangleichung zur Verwirklichung des Binnenmarktes, EuR 1989, 107; *ders.*, Europäische Zusammenarbeit in den Bereichen Justiz und Inneres, in: Müller-Graff (Hrsg.), Europäische Zusammenarbeit in den Bereichen Justiz und Inneres, 1995, S. 11; *ders.*, Einheit und Kohärenz der Vertragsziele von EG und EU, EuR-Beiheft 2/1998, 67; *ders.*, Institutionelle und materielle Reformen in den Bereichen Justiz und Inneres, in: Hummer (Hrsg.), Die Europäische Union nach dem Vertrag von Amsterdam, 1998, 259; *ders.*, Die Europäische Privatrechtsgesellschaft in der Verfassung der Europäischen Union, in: Müller-Graff/Roth (Hrsg.), Recht und Rechtswissenschaft, 2000, S. 271; *ders.*, Die Kopfartikel des Verfassungsentwurfs für Europa – ein europarechtlicher Vergleichsblick, integration 2003, 111; *ders.*, Rechtsstaatlichkeit als EU-Beitrittsvoraussetzung, in: Classen/Heiss/Suproń-Heidel (Hrsg.), Polens Rechtsstaat am Vorabend des EU-Beitritts, 2004, S. 1; *ders.*, Das Karlsruher Lissabon-Urteil: Bedingungen, Grenzen, Orakel und integrative Optionen, integration 2009, 331; *ders.*, Das verschleierte Antlitz der Lissabonner Wirtschaftsverfassung, ZHR 173 (2009), 443; *ders.*, Der Raum der Freiheit, der Sicherheit und des Rechts in der Lissabonner Reform, EuR-Beiheft 1/2009, 105; *ders*, Die Marktfreiheiten als Herzstück der europäischen Wettbewerbsidee: Funktion und Wirkungen, in: Blanke/Scherzberg/Wegner (Hrsg.), Dimensionen des Wettbewerbs, 2010, S. 329; *ders.*, Soziale Marktwirtschaft als neuer Primärrechtsbegriff der Europäischen Union, FS Scheuing, 2011, S. 600; *ders.*, »Nous ne coalisons pas des États, nous unissons des hommes« – Variationen zu Jean Monnet, FS Riedel, 2013, S. 429; *ders.*, Die horizontale Direktwirkung der Grundfreiheiten, EuR 2014, 3; *Ophüls*, Grundzüge europäischer Wirtschaftsverfassung, ZHR 124 (1962), 136; *ders.*, Zur ideengeschichtlichen Herkunft der Gemeinschaftsverfassung, FS Hallstein, 1966, S. 387; *Pernice*, Zur Finalität Europas, in: Schuppert/Pernice/Haltern (Hrsg.), Europawissenschaft, 205, S. 743; *Pescatore*, Die »Einheitliche Europäische Akte«. Eine ernste Gefahr für den Gemeinsamen Markt, EuR 1986, 153; *Plecher-Hochstraßer*, Zielbestimmungen im Mehrebenensystem, 2006; *Reimer*, Ziele und Zuständigkeiten – Die Funktionen der Unionszielbestimmungen, EuR 2003, 992; *Schwarze*, Verfassungsentwicklung in der Europäischen Gemeinschaft, in: Schwarze/Bieber (Hrsg.), Eine Verfassung für Europa, 1984, S. 15; *ders.*, Zwischen Tradition und Zukunft: Die Rolle der allgemeinen Rechtsgrundsätze im Recht der Europäischen Union, DVBl 2011, 721; *Stumpf*, Aufgabe und Befugnis, 1999; *Terhechte*, Der Vertrag von Lissabon: Grundlegende Verfassungsurkunde der europäischen Rechtsgemeinschaft oder technischer Änderungsvertrag?, EuR 2008, 1243; *Tridimas*, the General Principles of EU Law, 2nd. ed., 2007; *Usher*, General Principles of EC Law, 1999; *von Bogdandy*, Grundprinzipien des Unionsrechts – eine verfassungstheoretische und – dogmatische Skizze, EuR 2009, 749; *von der Groeben*, Probleme einer europäischen Wirtschaftsordnung, FS Börner, 1992, S. 99; *Weber*, Wirtschaft und Gesellschaft, 5. Aufl., 1972; *Weiß/Herrmann*, Welthandelsrecht, 2003; *Zuleeg*, Die Wirtschaftsverfassung der Europäischen Gemeinschaften, in: AEI (Hrsg.), Wirtschafts- und gesellschaftspolitische Ordnungsprobleme der Europäischen Gemeinschaften, 1978, S. 73.

Inhaltsübersicht

A. Normzweck, Normaufbau und Normstellung im System des Unionsrechts

Art. 3 EUV ist die **legitimatorische Schlüsselnorm** für den **inneren Sinn** und für die **1** **operative Handlungsagenda** der **Europäischen Union**. Sie fixiert wie ein **Gesellschaftsvertrag** bündelnd den gemeinsamen Zweck, den die Mitglieder mit dem Vertrag fördernd zu verfolgen sich wechselseitig verpflichten und den sie der von ihnen begründeten Organisation und deren Organen zur Verwirklichung aufgetragen haben (Art. 1 Abs. 1 EUV: »zur Verwirklichung ihrer gemeinsamen Ziele«). Folgerichtig steht sie als grundlegende Zielvorschrift (zusammen mit dem aus Art. 3 Abs. 1 EUV für das Ziel der Werteförderung konkretisierend vorgezogenen Art. 2 EUV) an der Spitze der primärrechtlichen Kopfnormen des Unionsrechts und gibt der Union die ihr **wesenseigene Zielstruktur** (oft auch als **Finalitätsausrichtung** bezeichnet – freilich missverständlich, wenn ahistorisch gedacht). Sie verleiht der Union damit den **Charakter** eines **dauerhaft** zielorientierten und zielgebundenen transnationalen Gemeinwesens.[1] Die Ziele sind der Union **von den Mitgliedstaaten gesetzt**,[2] nicht von ihr selbst. Sie prägen in ihrer

---

[1] Zu dieser Eigenheit *Müller-Graff*, integration 2000, 34 (41); *ders.*, in: Dauses, Handbuch des EU-Wirtschaftsrechts, Abschnitt A I, Juli 2012, Rn. 60 ff.; *ders.*, EWS 2002, 206 (209). Zur Essentialität der Zielorientierung der Europäischen Gemeinschaften bereits *Ipsen*, EG-Recht, S. 87 f.; *Terhechte*, in: Grabitz/Hilf/Nettesheim, EU, Art. 3 EUV (Mai 2014), Rn. 1 ff. mit Aufweis der Geschichte der Zielentwicklung des Primärrechts als »Gradmesser« für Integrationsstand und Integrationspotenzial vom EGKSV über EWGV und EAGV zum EUV von Maastricht, dem VVE und dem Reformvertrag von Lissabon. Zur Finalitätsstruktur der Union aus jüngerer Zeit namentlich *Classen*, S. 1375; zuvor z. B. *Haltern*, Europarecht, S. 279; *Pernice*, S. 743.

[2] *Terhechte*, in: Grabitz/Hilf/Nettesheim, EU, Art. 3 EUV (Mai 2014), Rn. 8; *Pechstein*, in: Streinz, EUV/AEUV, Art. 2 EUV, Rn. 2.

substantiierten Wegweisung und Auffächerung trotz ihrer abstrakten und **auslegungs-offenen** Formulierungen den Charakter der Union stärker als es bei staatlichen Gemeinwesen durch Staatszielbestimmungen, soweit solche wegen deren umfassender Zuständigkeit[3] überhaupt artikuliert sind, der Fall ist.[4] Die entwicklungsdynamisch angelegte[5] Bestimmung ist Markierung des Aufgabenbereichs und wegweisender und begrenzender **Richtpunkt** für das alles Handeln der Union,[6] **Auslegungshilfe** bei Einzelbestimmungen[7] und Verpflichtung auch der Mitgliedstaaten bis hin zur Unterlassung integrationswidriger Maßnahmen (Art. 4 Abs. 3 UAbs. 3 EUV).[8] Art. 3 EUV ist auch vermittelnde Norm für die **Präambelerwägungen**, die, jeweils umfänglich, den beiden Verträgen (EUV, AEUV) und der Grundrechte-Charta vorangesetzt sind. Sie haben zwar nicht denselben rechtlichen Verbindlichkeitsgrad wie die Einzelbestimmungen,[9] sind aber gegebenenfalls auch zur deren Auslegung heranzuziehen (Art. 31 Abs. 2 WVRK),[10] wie es in der Judikatur des EuGH zu den Vorgängerverträgen auch tatsächlich immer wieder erfolgte.[11] Art. 3 EUV gliedert sich in seinem **Aufbau** in drei Teile: die **Leitzieltrias** (Abs. 1),[12] die **vier operativen Hauptziele** (Abs. 2–5)[13] und den **Zielverfolgungsmechanismus** (Abs. 6).[14] Im Einzelnen wird die Zielbündelung des Art. 3 EUV weiter ausgefaltet und konkretisiert durch primärrechtliche **Teilzielnormen** (so z. B. namentlich Art. 26, 39, 67, 77, 78, 79, 127, 145, 151, 165, 166, 167, 168, 169, 170, 173, 174, 179, 191, 194, 195, 196, 206, 208, 214, 222 AEUV, Art. 21 EUV) und teilweise auch durch die so genannten **Querschnittsklauseln**[15] des Kohärenztitels

---

[3] Darauf weist zu Recht *Terhechte*, in: Grabitz/Hilf/Nettesheim, EU, Art. 3 EUV (Mai 2014), Rn. 18, hin.

[4] *Ruffert*, in: Calliess/Ruffert, EUV/AEUV, Art. 3 EUV, Rn. 2; zur Kategorie der Staatsaufgaben und Staatsziele rechtswissenschaftlich *Bull*, Die Staatsaufgaben nach dem Grundgesetz, 2. Aufl., 1977; *Sommermann*, Staatsziele und Staatszielbestimmungen, 1997; sozialwissenschaftlich *Hesse*, Staatsaufgaben, 1979.

[5] Zu der aus den Zielen folgenden Prozesshaftigkeit der Integration *Terhechte*, in: Grabitz/Hilf/Nettesheim, EU, Art. 3 EUV (Mai 2014), Rn. 9.

[6] *Pechstein*, in: Streinz, EUV/AEUV, Art. 3 EUV, Rn. 1; »Aktionsradius der EU«: *Terhechte*, in: Grabitz/Hilf/Nettesheim, EU, Art. 3 EUV (Mai 2014), Rn. 8; zur Vorgängernorm: »Kompass«: *Hatje*, in: Schwarze, EU-Kommentar, Art. 2 EGV, Rn. 1.

[7] S. unten Rn. 49 ff.; näher auch *Ruffert*, in: Calliess/Ruffert, EUV/AEUV Art. 3 EUV, Rn. 9.

[8] *Becker*, in: Schwarze, EU-Kommentar, Art. 3 EUV, Rn. 1; *Ruffert*, in: Calliess/Ruffert, EUV/AEUV, Art. 3 EUV, Rn. 4; zu Art. 2 EWGV s. EuGH, Urt. v. 20. 4. 1978, Rs. 80 u. 81/77 (Société les Commissionnaires réunis und Ramel), Slg. 1978, 927, Rn. 35/36.

[9] Zweifelnd an der Rechtsverbindlichkeit der in der Präambel des EUV enthaltenen Zielbestimmungen wegen fehlender Eindeutigkeit des Willens der vertragsschließenden Parteien und kritisch zur gegenläufigen Praxis des EuGH zum EGV *Pechstein*, in: Streinz, EUV/AEUV, Art. 3 EUV, Rn. 3; s. auch *E. Klein*, in: HK-EUV, Art. 3 EUV, Rn. 8. Anders für den EGV EuGH, Urt. v. 13. 7. 1999, Rs. 56/64 u. 58/64 (Consten Grundig/Kommission), Slg. 1966, 321 (388); Urt. v. 8. 4. 1976, Rs. 43/75 (Defrenne II), Slg. 1976, 455, Rn. 8–11.

[10] *Streinz*, in: Streinz, EUV/AEUV, Art. 2 EUV, Präambel, Rn. 17 ff.; *Pechstein*, in: Streinz, EUV/AEUV, Art. 3 EUV, Rn. 3; der Sache nach wohl auch *Terhechte*, in: Grabitz/Hilf/Nettesheim, EU, Art. 3 EUV (Mai 2014), Rn. 14.

[11] So insbesondere in der Frühzeit der Rechtsprechung EuGH, Urt. v. 5. 2. 1963, Rs. 26/62 (van Gend & Loos), Slg. 1963, 1 (24); Urt. v. 13. 7. 1966, Rs. 56/64 u. 58/64 (Consten und Grundig/Kommission), Slg. 1966, 321 (388); Urt. v. 13. 7. 1966, Rs. 32/65 (Italien/Rat und Kommission) Slg. 1966, 457 (483).

[12] S. unten B.

[13] S. unten C.

[14] S. unten D.

[15] Begriff von *Scheuing*, EuR 1989, 152 (176); zur Bedeutung *Weidemann*, Die Bedeutung der Querschnittsklauseln für die Kompetenzen innerhalb der Europäischen Gemeinschaft. 2009; speziell

(Art. 7 ff. AEUV).[16] Im Schrifttum vorgebrachte Einteilungsvorschläge (zur früheren Rechtslage namentlich Zustands-, Richtungs-, Bereichsziele)[17] sind in ihrer Abgrenzungsfähigkeit zweifelhaft und beinhalten keine rechtlichen Konsequenzen.[18] Die **Zielinhalte** des Art. 3 EUV signalisieren, dass mit ihnen nicht das einmalige Erreichen eines statisch fixierten Endzustands wie beim Erreichen eines Reisezielortes angestrebt wird und insoweit auch nicht um eine ahistorisch gedachte Finalität, sondern um einen **Dauerauftrag**. Denn die europäische Geschichte geht wie alle Geschichte stetig mit immer neuen Herausforderungen weiter. In ihnen sollen das von Art. 3 Abs. 1 EUV genannte Leitziel und die darauf bezogenen operativen Hauptziele der Abs. 2 bis 5 jeweils zeitgerecht bestmöglich verwirklicht werden. Soweit das Primärrecht explizit von **Aufgaben** spricht (z.B. Art. 85 Abs. 1 Buchst. c AEUV, Art. 88 Abs. 2 AEUV, Art. 160 Abs. 1 AEUV), sind dadurch in der Regel konkrete Handlungsvorgaben in einem Einzelbereich fixiert.[19] Inwieweit der signifikante **Aufwuchs von Zielbestimmungen** seit dem Beginn der supranationalen Integration insgesamt zu einem »Wandel der Unionsteleologie« im Integrationsprozess von einem insbesondere wirtschaftlichen Zielkanon hin zur Fokussierung auf die Rolle des Einzelnen geführt hat,[20] ist eher eine Frage der Akzentuierung. Denn schon das Konzept des Gemeinsamen Marktes verband die Integrationsperspektive zuvörderst mit der Aktivierung der grenzüberschreitenden Privatautonomie im Ordnungsrahmen,[21] die unverändert auch das Binnenmarktziel kennzeichnet und komplementär namentlich um Unionsbürgerschaft, grenzkontrollfreien Binnenraum und Grundrechtsschutz erweitert wurde.[22]

Unmittelbar anwendbar ist Art. 3 EUV infolge seiner zahlreichen offenen Formulierungen und politischen Ausfüllungsbedürfnisse **nicht**.[23] Auch begründet er **keine subjektiven Rechte**.[24] Art. 3 EUV ist als Zielnorm auch **keine Kompetenznorm** im Sinne des Prinzips der begrenzten Einzelermächtigung des Art. 5 Abs. 2 EUV.[25] Die Unionsziele 2

---

für das Kartellrecht *Breuer*, Das EU-Kartellrecht im Kraftfeld der Unionsziele: Die finale Programmierung der Uniontätigkeit durch die Querschnittsklauseln am Beispiel des Art. 101 AEUV, 2012; zuvor *Gasse*, Die Bedeutung der Querschnittsklauseln für die Anwendung des Gemeinschaftskartellrechts, 2000.

[16] Die Ausfaltung durch Teilzielnormen ist Ausdruck der »finalen Anlage des Unionsrechts«: *Terhechte*, in: Grabitz/Hilf/Nettesheim, EU, Art. 3 EUV (Mai 2014), Rn. 13 mit zutreffendem Hinweis (Rn. 17) auf die unterschiedliche Funktion der Querschnittsklauseln, die teils eigene Zielbestimmungen enthalten (z.B. Art. 13 AEUV), teils aber auch nur Bestimmungen »zur gesteigerten Durchschlagskraft« für Ziele darstellen, die in anderen Bestimmungen festgelegt sind (z.B. Art. 11 AEUV).

[17] Vgl. *Basedow*, S. 49 (59); *Reimer*, EuR 2003, 992 (996).

[18] Zutreffend *Terhechte*, in: Grabitz/Hilf/Nettesheim, EU, Art. 3 EUV (Mai 2014), Rn. 13.

[19] *Terhechte*, in: Grabitz/Hilf/Nettesheim, EU, Art. 3 EUV (Mai 2014), Rn. 20; zum Zusammenhang von Zielen und Aufgaben vor dem Vertrag von Lissabon z.B. *Stumpf*, S. 52 ff.; *Zuleeg*, Der Staat 41 (2002), 359 (365).

[20] So *Terhechte*, in: Grabitz/Hilf/Nettesheim, EU, Art. 3 EUV (Mai 2014), Rn. 24.

[21] *Müller-Graff*, Privatrecht und europäisches Gemeinschaftsrecht, S. 27.

[22] *Müller-Graff*, FS Riedel, S. 429 (434) zu den Menschen als Träger der Integration.

[23] *Pechstein*, in: Streinz, EUV/AEUV, Art. 3 EUV, Rn. 4 a.E.; *Ruffert*, in: Calliess/Ruffert, EUV/AEUV, Art. 3 EUV, Rn. 4.

[24] *Ruffert*, in: Calliess/Ruffert, EUV/AEUV, Art. 3 EUV, Rn. 5; *Terhechte*, in: Grabitz/Hilf/Nettesheim, EU, Art. 3 EUV (Mai 2014), Rn. 28; so zur Vorgängernorm (Art. 2 EGV) EuGH, Urt. v. 12.5.1998, Rs. C–336/98 (Gilly), Slg. 1998, I–2793, Rn. 16; und bereits zu Art. 2 EWGV Urt. v. 29.9.1987, Rs. 126/86 (GimenezZaera), Slg. 1987, 2697, Rn. 11 (zum Ziel der beschleunigten Hebung der Lebenshaltung).

[25] *Pechstein*, in: Streinz, EUV/AEUV, Art. 3 EUV, Rn. 2; *Terhechte*, in: Grabitz/Hilf/Nettesheim, EU, Art. 3 EUV (Mai 2014), Rn. 8; *Ruffert*, in: Calliess/Ruffert, EUV/AEUV, Art. 3 EUV, Rn. 12

begründen keine Zuständigkeiten. Dies ergibt sich auch aus Art. 3 Abs. 6 AEUV, der die Zielverfolgung an die Zuständigkeiten der Union bindet. Diese finden sich im Einzelnen in den jeweiligen konkreten primärrechtlichen und gegebenenfalls darauf beruhenden sekundärrechtlichen Kompetenzvorschriften. Die Unionsziele können allerdings Kompetenznormen konkretisieren (s. unten Rn. 52). Die Union ist dementsprechend nicht ermächtigt, ihre Ziele (Leitziele und operative Ziele) auf jedwede Weise zu verfolgen. Allerdings entfaltet Art. 3 EUV **Einzelauswirkungen in der Unionsrechtsordnung** (vgl. unten Rn. 46 ff.).

3   Die Ziele des Art. 3 EUV sind auch **nicht** in einem strengen Sinne **hierarchisiert**.[26] Zwar lassen sich eine Leitzieltrias (Abs. 1; dazu unten Rn. 3 ff.) und vier operative Hauptziele (Abs. 2–5; dazu unten Rn. 23 ff.) unterscheiden, welche ihrerseits zwar der Leitzieltrias dienen, untereinander aber trotz der unverändert fundamentalen Bedeutung des Binnenmarktziels (Art. 3 Abs. 3 UAbs. 1 Satz 1 EUV) und des damit verbundenen »ökonomischen Schwerpunkts des Integrationsprogramms«[27] nicht in einem starren Prioritätsverhältnis stehen (dazu unten Rn. 23 f.). Zielvielecke ohne Hierarchisierung beinhalten das Potenzial zu **Zielkonflikten**. Soweit es dazu bei der Ausrichtung und Gestaltung von Einzelmaßnahmen der Union kommt,[28] ist mit Versuchen einer abstrakten Rangfolgenbildung der Ziele für eine substanzielle rechtliche Aussage wenig zu gewinnen. Stellt sich diese Frage für die Nutzung einer konkreten Kompetenznorm durch die Union, ist sie auf dieser Grundlage unter Beachtung des allgemeinen **Kohärenzauftrags** (Art. 13 Abs. 1 EUV, Art. 7 AEUV) zu lösen. Bei dessen Umsetzung kommt den zuständigen politischen Unionsorganen das ihnen gemäße, gerichtlich nur beschränkt überprüfbare **Entscheidungsermessen** zu, bei dessen Ausübung sie sich zuerst darum zu bemühen haben, die widerstreitenden Ziele in Einklang zu bringen (im Sinne einer »praktischen Konkordanz«), und, soweit dies nicht möglich ist, im Sinne einer politischen **Priorisierung** bzw. eines einstweiligen Vorrangs entscheiden können.[29] Grundsätzlich widerspräche dem komplexen Zielauftrag der Union jedoch sowohl die dauerhafte Vernachlässigung eines Zieles[30] ebenso wie, unbeschadet positiv-rechtlicher Anordnungen (z. B. die Achtung der Menschenwürde), die absolute und unbedingte Vorrangsetzung zugunsten eines Zieles.[31] Soweit bei einem Zielkonflikt nicht das Ermessen bei der Wahrnehmung einer politischen Handlungszuständigkeit in Rede steht, sondern die Inhaltsbestimmung einer konkreten **unmittelbar anwendbaren Norm** (beispielsweise einer transnationalen Marktzugangs-Grundfreiheit), sind für deren jewei-

---

(unscharf allerdings in Rn. 5: »ermächtigender Charakter«); zur Vorgängernorm (Art. 2 EWGV) EuGH, Urt. v. 18. 6. 1991, Rs. C–260/89 (ERT), Slg. 1991, I–2925.

[26] *Terhechte*, in: Grabitz/Hilf/Nettesheim, EU, Art. 3 EUV (Mai 2014), Rn. 13 und 22.

[27] *Ruffert*, in: Calliess/Ruffert, EUV/AEUV, Art. 3 EUV, Rn. 13 und 22.

[28] Vgl. dazu z. B. *Basedow*, S. 49.

[29] Zur Kompetenz der Prioritätensetzung schon *Ipsen*, EG-Recht, S. 559 ff.; für die Begrenzung der gerichtlichen Kontrolle auf Fälle der »evidenten Zweckverfehlung« *Ruffert*, in: Calliess/Ruffert, EUV/AEUV, Art. 3 EUV, Rn. 5; s. auch *Terhechte*, in: Grabitz/Hilf/Nettesheim, EU, Art. 3 EUV (Mai 2014), Rn. 22, 28. Aus der Rechtsprechung zu den Vorgängernormen vgl. z. B. EuGH, Urt. v. 24. 10. 1973, Rs. 5/73 (Balkan-Import-Export), Slg. 1973, 1091, Rn. 24; Urt. v. 20. 10. 1977, Rs. 29/77 (Roquette Frères), Slg. 1977, 1835, Rn. 39/41; Urt. v. 20. 9. 1988, Rs. 203/86 (Spanien/Rat), Slg. 1988, 4563, Rn. 10; Urt. v. 19. 3. 1992 (Hierl), Slg. 1992, I–2061, Rn. 13; Urt. v. 5. 10. 1994, Rs. C–280/93 (Deutschland/Rat), Slg. 1994, I–4973, Rn. 47; st. Rspr.; zum EGKSV bereits Urt. v. 13. 6. 1958, Rs. 9/56 (Meroni), Slg. 1958, 11 (43).

[30] Im Ergebnis ebenso *Terhechte*, in: Grabitz/Hilf/Nettesheim, EU, Art. 3 EUV (Mai 2014), Rn. 22.

[31] So etwa EuGH, Urt. v. 17. 10. 1995, C–450/93 (Kalanke), Slg. 1995, I–3051, Rn. 22 zur Einräumung des absoluten und unbedingten Vorrangs von Frauen bei Ernennungen und Beförderungen.

lige Auslegung die üblichen Methoden, darunter namentlich auch die normzweckorientierte (teleologische) Interpretation, maßgeblich.[32]

B.   Die Leitzieltrias der Union (Abs. 1)

Der vom Vertrag von Lissabon in Kraft gesetzte Art. 3 Abs. 1 EUV, dessen Formulie-   **4** rung nahezu wortidentisch auf dem Text des **Verfassungsvertrages** beruht, **bündelt** erstmals in der Organisationsgeschichte der supranationalen europäischen Integration deren Leitziele **sprachlich konzise** und **inhaltlich hoch abstrakt** in der Trias der Förderung von Frieden, Werten und Wohlergehen.[33] Die Bestimmung überwindet die frühere Unterscheidung von Zielen und Aufgaben.[34] **Inhaltlich** ist diese Ausrichtung der Union allerdings **nicht neu**. Sie artikuliert das Kernanliegen der Integration, wie es sich bereits aus den Aufgabenformulierungen der früheren Europäischen Gemeinschaften und der Europäischen Union von Maastricht als übergreifender Zielkomplex in Gestalt der Förderung von Frieden, Prosperität und Gemeinwesenbildung herausfiltern ließ.[35] Art. 3 Abs. 1 EUV verstärkt mit der nunmehrigen Einbeziehung der von Art. 2 EUV im Einzelnen aufgelisteten »Werte« in den Leitzielkomplex und mit der Betonung der sozialen Komponente der transnationalen Marktwirtschaft (Art. 3 Abs. 3 UAbs. 1 Satz 2 EUV)[36] die Verdichtung der Union als transnationales Gemeinwesen.[37] Die **innere Verbundenheit der drei Leitziele** gründet im vertraglich niedergelegten Willen der Mitgliedstaaten, sich **in wertorientiertem Selbststand gemeinsam in Europa und in der Welt zu behaupten**. Zu diesem Zweck bildet die Wahrung des Friedens zwischen den Mitgliedstaaten (innerer Frieden) vor dem bitteren Erfahrungshintergrund der europäischen Geschichte die elementare Grundlage, um diesen sichernd (I.) und darauf aufbauend die gemeinsamen Werte untereinander und im internationalen Kräftefeld (II.) und das gemeinsame Wohlergehen (III.) zu fördern und zu entfalten.

---

[32] Vgl. z.B. zum Konflikt zwischen Dienstleistungsfreiheit und Menschenwürde EuGH, Urt. v. 14.10.2004, Rs. C-36/02 (Omega Spielhallen), Slg. 2004, I–9609; zum Konflikt zwischen Niederlassungsfreihcit und kollektiven Arbeitskampfmaßnahmen EuGH, Urt. v. 11.12.2007, Rs. C–438/05 (Viking), Slg. 2007, I–10779, Rn. 68–74 und 75–90.

[33] »Metaziele des Integrationsprozesses« (*Terhechte*, in: Grabitz/Hilf/Nettesheim, EU, Art. 3 EUV (Mai 2014), Rn. 29). Zur früheren Regelung der Ziele, Aufgaben und Präambel vgl. *Müller-Graff*, in: Dauses, Handbuch des EU-Wirtschaftsrechts, Abschnitt A I, Juli 2012, Rn. 112 ff.; bündig z. B. *Becker*, in: Schwarze, EU-Kommentar, Art. 3 EUV, Rn. 2. Die nachfolgende Kommentierung folgt inhaltlich den Positionen des *Verf.* in seinem Handbuchbeitrag »Verfassungsziele der Europäischen Union« in: Dauses, Handbuch des EU Wirtschaftsrechts, Abschnitt A I, Juli 2012, Rn. 90 ff.; *Verf.* dankt dem C.H.Beck-Verlag für sein freundliches Einverständnis.

[34] *Ruffert*, in. Calliess/Ruffert, EUV/AEUV, Art. 3 EUV, Rn. 1 mit Nachweisen der früheren Literatur.

[35] Dies galt im Wesentlichen bereits für die zueinander kohärenten Vertragsziele von EG und EU nach Maastricht: *Müller-Graff*, EuR-Beiheft 1/1998, S. 67 ff.

[36] Zum Begriff der »sozialen Marktwirtschaft vgl. *Müller-Graff*, Soziale Marktwirtschaft als neuer Primärrechtsbegriff der Europäischen Union, S. 600 ff.

[37] Zu dieser Charakterisierung der Union und der Begründung der Einzelelemente *Müller-Graff*, in: Dauses, Handbuch des EU Wirtschaftsrechts, Abschnitt A I, Juli 2012, Rn. 58–60.

I. Förderung des Friedens

5   Die Friedensförderung in Europa ist das **Urmotiv** der europäischen Integration des 20. Jahrhunderts[38] und deren langzeitig vorlaufender Ideengeschichte,[39] unbeschadet der damit verbundenen, aus der Präambel des seinerzeitigen EGKS-Vertrages ablesbaren, weiter greifenden Perspektivgedanken, namentlich der Sicherung des Weltfriedens, der Hebung des Lebensstandards und der Richtungsweisung für ein gemeinsames Schicksal der Gemeinschaft der Völker in Europa.[40] Aus den Erfahrungen der beiden verheerenden großen Kriege in der ersten Hälfte des 20. Jahrhunderts angetrieben entfalteten die Konzepte zur Überwindung »der jahrhundertealten Rivalitäten« in Europa (Präambel des EGKS-Vertrages[41]) politisch durchschlagendes Gestaltungsgewicht, um durch organisatorische Kreativität »zum Fortschritt der Werke des Friedens beizutragen« (Präambel des EGKS-Vertrages[42]). Frieden bedeutet zuallererst die **Abwesenheit von Krieg** untereinander. Die von Art. 3 EUV postulierte Friedensförderung zielt auf eine dauerhaft institutionalisierte Ordnung, die kriegerische Auseinandersetzungen verunmöglicht, wie sie sich in der alteuropäischen Geschichte infolge von Balancepolitik und Hegemonialstreben laufend ergaben.[43] Das Ziel der Friedensförderung ist angesichts der Ambivalenzen der menschlichen Natur niemals veraltet. Auch wenn bellizistische Aktionen zwischen Mitgliedstaaten der Union zu Beginn des 21. Jahrhunderts anders als in ihrer östlichen und südöstlichen Nachbarschaft als gänzlich abwegig erscheinen mögen, ist der dauerhaft gelebte Friedenszustand innerhalb der Union zwar nicht allein, gerade aber auch durch die von ihr bewirkten, vielfältig und alltäglich feinnervig grenzübergreifenden Verflechtungen mit ihren wohlstandsfördernden, zivilisierenden und pazifizierenden Wirkungen begründet. Zugleich gelingt die Selbstbehauptung der Mitgliedstaaten im globalen Kräftespektrum nicht ohne den verlässlichen Sockel friedlicher Verhältnisse zwischen den in der Union vereinten Staaten und Völker.

6   Das Ziel der Friedensförderung hat zugleich eine **Außendimension**.[44] Im Interesse des Wohlergehens der Union liegt ein friedfertiges nachbarliches und globales Umfeld. Folgerichtig ist es der Union aufgegeben, im Verhältnis zu den Ländern in ihrer **Nachbarschaft** einen »Raum des Wohlstands und der guten Nachbarschaft zu schaffen, der auf den Werten der Union aufbaut und sich durch enge, friedliche Beziehungen … auszeichnet« (Art. 8 Abs. 1 EUV). Stimmig dazu ist die Union primärrechtlich auch verpflichtet, in ihren Beziehungen zur »**übrigen Welt**« einen Beitrag zum Frieden zu leisten (Art. 3 Abs. 5 S. 2 EUV), mithin auch in der allgemeinen internationalen und globalen Perspektive im Sinne einer »verantwortungsvollen Weltordnungspolitik« (Art. 21 Abs. 2 Buchst. h EUV) pazifizierend auf den Umgang der Staaten und Völker miteinander einzuwirken.

---

[38] Vgl. z. B. *Kotzur*, DÖV 2005, 313 (316).

[39] Vgl. zu dieser jüngst die Zusammenstellung der Friedens- und Europavorstellungen aus mehr als sechs Jahrhunderten durch *Böttcher; Müller-Graff*, EuR-Beiheft 2/2015.

[40] Vertrag über die Gründung der Europäischen Gemeinschaft für Kohle und Stahl v. 18. 4. 1951.

[41] 5. Präambelerwägung.

[42] 4. Präambelerwägung.

[43] Vgl. dazu *Link*, Auf dem Weg zu einem neuen Europa, 2006, S. 12 ff.

[44] *Terhechte*, in: Grabitz/Hilf/Nettesheim, EU, Art. 3 EUV (Mai 2014), Rn. 30.

II. Förderung der Unionswerte

Art. 3 Abs. 1 EUV nennt in der Leitzieltrias nach der Friedensförderung zweitgereiht   7
die Förderung der Unionswerte. Sie gehen im Wesentlichen auf die vor der Reform von
Lissabon so genannten »Grundsätze« (Art. 6 EUV a. F.) zurück und sind nunmehr im
Einzelnen in **Art. 2 EUV** in abstrakter und daher auslegungsbedürftiger und auslegungs-
fähiger Kürze als sechs strukturelle Richtpunkte aufgeführt: die Achtung der Menschenwürde, Freiheit, Demokratie, Gleichheit, Rechtsstaatlichkeit und die Wahrung der
Menschenrechte einschließlich der Rechte der Personen, die Minderheiten angehören.
Sie bezeichnen die **erstrebenswerte dauerhafte Eigenheit** der gelebten Wirklichkeit in
der Europäischen Union.[45] In ihrer Zugehörigkeit zur Leitzieltrias der Union wird ausgedrückt, dass die Union nicht nur dem friedlichen Miteinander der Mitgliedstaaten
dient. Vielmehr soll sich das Zusammenleben unter Ausrichtung der von den Mitgliedstaaten geschaffenen Union und der Mitgliedstaaten selbst nach gemeinsamen Grundprinzipien vollziehen. Die Werte beschreiben nicht einen Zustand, sondern **verpflichten**
sowohl die **Unionseinrichtungen** als auch die **Mitgliedstaaten.** Letzteres ergibt sich aus
Art. 2 Satz 2 EUV, der postuliert, dass »diese Werte … allen Mitgliedstaaten in einer
Gesellschaft gemeinsam (sind), die sich durch Pluralismus, Nichtdiskriminierung, Toleranz, Gerechtigkeit, Solidarität und die Gleichheit von Frauen und Männern auszeichnet.« Damit sind die Mitgliedstaaten verpflichtet, auf deren Verwirklichung in der genannten Tiefenwirkung hinzuwirken und potenzielle Spannungen zwischen ihnen auszugleichen. Inwieweit eine unmittelbare Anwendbarkeit der Werte in Betracht kommt,
ist unklar. Sie ist nur über den Gedanken allgemeiner Rechtsprinzipien und bei hinreichender Bestimmtheit begründbar. Für Beitrittswerber sind die Achtung der Werte des
Art. 2 EUV und der Einsatz für ihre Förderung Voraussetzungen für einen Beitrittsantrag (Art. 49 EUV).

1. Förderung der Achtung der Menschenwürde

Inhaltlich kulminieren und konvergieren die Unionswerte in der **Achtung der Men-**   8
schenwürde als Fundamentalprinzip allen Zusammenlebens. Sie beinhaltet den grundlegenden Respekt jedes Menschen gegenüber jedem anderen Menschen und jeder den
Respekt jeder Organisation gegenüber jedem Menschen. In diesem Postulat bündelt sich
das säkulare Erbe der christlichen Wurzeln Europas zu dem Leitgedanken, jedem Menschen allein kraft seiner menschlichen (gottesebenbildlichen) Natur als gleichwertiges
Subjekt anzuerkennen und anzunehmen, unabhängig von seinen individuellen genetisch, neuronal, edukativ und sozial kodierten sowie erfahrungsgeprägten Eigenschaften, Stärken und Schwächen und unabhängig von seiner Herkunft. In der Säkularität
von Gemeinwesen im Europa des 21. Jahrhunderts vereint die Achtung der Menschenwürde ideengeschichtlich zugleich auch ethische und ontologische Grundgedanken. Das
Achtungsgebot kontrastiert zur Geringschätzung von Menschen durch Menschen und
Organisationen und verpflichtet die gesamte öffentliche Hand in allen ihren Erscheinungsformen zuallererst, den Einzelnen nicht zum Objekt ihres Handelns zu machen[46]

---

[45] In diesem Dauerauftrag ist der Sinn der Aufnahme der Werte in den Zielartikel durch den Vertrag
von Lissabon zu sehen; im Ergebnis trotz Unterscheidung des Charakters von Zielen und Werten auch
Terhechte, in: Grabitz/Hilf/Nettesheim, EU, Art. 3 EUV (Mai 2014), Rn. 21, 31 (»Verklammerung von
Werteorientierung und Unionsteleologie«); *Calliess*, in: Calliess/Ruffert, EUV/AEUV Art. 2 EUV,
Rn. 12.
[46] BVerfGE 30, 1 (26).

oder durch andere machen zu lassen. Sie entfaltet sich im Verständnis des deutschen Verfassungsrechts auch in den Schutz des allgemeinen Persönlichkeitsrechts,[47] die Sicherung des Existenzminimums[48] und die Teilhabe an der demokratischen Selbstbestimmung.[49] Art. 3 Abs. 1 EUV i. V. m. Art. 2 Satz 1 EUV verpflichtet die **Union** darauf, die Achtung der Menschenwürde zu fördern. Die Orientierung auf diesen Leitpunkt menschlichen Zusammenlebens bringt zugleich Art. 1 Satz 1 GRC für die Organe, Einrichtungen und sonstigen Stellen der Union zum Ausdruck. Art. 1 Satz 2 GRC verpflichtet die Union, die Würde des Menschen zu achten und zu schützen. Art. 2 bis 5 GRC substantiieren den Würdeinhalt insbesondere als das Recht auf Leben jedes Menschen, das Verbot der Todesstrafe, das Recht auf körperliche und geistige Unversehrtheit sowie die Verbote von Folter und unmenschlicher oder erniedrigender Strafe oder Behandlung sowie von Sklaverei, Leibeigenschaft, Zwangs- oder Pflichtarbeit und Menschenhandel. Art. 3 Abs. 5 EUV verpflichtet daneben die Union auch zum Schutz und zur Förderung des Wertes der Achtung der menschlichen Würde »**in ihren Beziehungen zur übrigen Welt**«. Zugleich bindet Art. 2 Satz 2 EUV auch die **Mitgliedstaaten** der Union in ihrer eigenen Ausrichtung an dieses Menschenbild. Handelt ihm oder den anderen Werten des Art. 2 EUV ein Mitgliedstaat schwerwiegend und anhaltend zuwider, steht der Union das Sanktionsverfahren des Art. 7 EUV zur Verfügung.

9   Auf der Grundlage der Achtung der Menschenwürde gewinnen die **weiteren** in Art. 2 EUV genannten und im Einzelnen konkretisierungsbedürftigen **Werte** ihren vollen Sinn. Dies gilt für die **Freiheit** als Zustand der Abwesenheit von Fremdbestimmung des Einzelnen, für die **Demokratie** als Mitgestaltungsrecht des Einzelnen im Gemeinwesen, für die **Gleichheit** als Ausdruck des Gebots der gleichwertigen Behandlung jedes Menschen, für die **Rechtsstaatlichkeit** als Merkmal der vernunftgebundenen Bändigung von Herrschaft und für die Wahrung der **Menschenrechte** als prominente Konkretisierungen aller vorgenannten Werte.

2. Förderung der Freiheit

10   Das Ziel der Förderung von **Freiheit** als Abwesenheit von Fremdbestimmung spiegelt neben der Achtung der Menschenwürde den Zielkern des europäischen Zusammenschlusses: die Förderung von Freiheit in Frieden und Wohlergehen. Die Ausrichtung auf Freiheit als Abwesenheit von Fremdbestimmung in einem Gemeinwesen kann naturgemäß nicht zur Folge haben, dass jedwede Einschränkung der Verwirklichung von Verhaltenswünschen eines Einzelnen durch einen Hoheitsträger zu unterbleiben hat. Dies würde ein gedeihliches Zusammenleben unmöglich machen. Allerdings bedarf jede einschränkende Maßnahme der Rechtfertigung aus einem anerkannten Gemeinwohlgrund und der entsprechenden Eignung, Erforderlichkeit und Verhältnismäßigkeit der konkreten Maßnahme sowie der Achtung des Wesensgehalts der betroffenen Freiheit. Dieses Erfordernis korrespondiert im Kern mit den von Art. 52 Abs. 1 Satz 1 GRC niedergelegten Voraussetzungen einer Einschränkung der von der Grundrechte-Charta anerkannten Freiheiten (namentlich Art. 6 GRC).

11   Dem Ziel der Freiheitsförderung durch die Union dienen **operativ** im Inneren der Union insbesondere im Allgemeinen die Sicherung der Freiheitsrechte gemäß Art. 6

---

[47] Z. B. BVerfGE 101, 361.
[48] BVerfGE 82, 60 (85).
[49] BVerfGE 123 (267), Tz. 211.

EUV in Verbindung mit der Grundrechte-Charta (hierin insbesondere aufgefächert in den Art. 6 bis 19 als Rechte auf Freiheit und Sicherheit, Achtung des Privat- und Familienlebens, Schutz personenbezogener Daten, Recht auf Eheeingehung und Familiengründung, Gedanken-, Gewissens- und Religionsfreiheit, Meinungs- und Informationsfreiheit, Versammlungs- und Vereinigungsfreiheit, Kunst- und Wissenschaftsfreiheit, Recht auf Bildung Bildungsfreiheit, Arbeits- und Berufsfreiheit, unternehmerische Freiheit, Eigentumsrecht einschließlich des geistigen Eigentums, Asylrecht und Schutz vor Abschiebung, Ausweisung und Auslieferung) und den (aus der EMRK und den gemeinsamen Verfassungsüberlieferungen der Mitgliedstaaten abgeleiteten) allgemeinen Rechtsgrundsätzen. Der operativen Verwirklichung durch die Union dienen des Weiteren im Besonderen das Ziel des grenzkontrollfreien Binnenraums im Sinne des so genannten »Raums der Freiheit, der Sicherheit und des Rechts« (Art. 3 Abs. 2 EUV i. V. m. Art. 67 ff. AEUV) sowie der Freizügigkeitsaspekt der Unionsbürgerschaft (Art. 20 AEUV) und die unmittelbar anwendbaren und zu fördernden transnationalen Marktzugangs-Grundfreiheiten des Binnenmarktes (Art. 3 Abs. 3 EUV i. V. m. Art. 26 ff. AEUV). Dieser Binnenauftrag wird im Verhältnis zur »übrigen Welt« (Art. 3 Abs. 5 EUV) um die Aufgabe zur Selbstbehauptung der Werte der Union ergänzt, die diese zu schützen und zu fördern hat (Art. 3 Abs. 5 EUV).

3. Förderung der Demokratie

Das Ziel der Förderung der **Demokratie** verpflichtet die Union auf die Verwirklichung einer Herrschaftsform, die auf dem Mitgestaltungsrecht des Einzelnen im Gemeinwesen beruht. Sie kann unterschiedlich ausgeformt sein (direkt, repräsentativ, präsidial, gemischt). Art. 10 Abs. 1 EUV bindet die Arbeitsweise der Union an das Prinzip der **repräsentativen** Demokratie. Das Mitgestaltungsrecht in seinem Ausdruck als Wahlrecht lässt sich mit dem Bundesverfassungsgericht als eine gemeinschaftsbezogene Form der Achtung der Menschenwürde verstehen.[50] Das **Demokratieprinzip** kontrastiert zu Herrschaftsprinzipien, die nicht vom Volk legitimiert sind und nicht auf dem Konzept der grundsätzlichen Mitwirkungsgleichheit der Bürger und des Mehrheitsprinzips beruhen. **12**

Das Demokratieprinzip stellt das Handeln der Union als eines zielgebundenen transnationalen Gemeinwesens auf der Grundlage eines Vertrages zwischen Staaten und deren demokratischen Primärräumen vor besondere Herausforderungen. In deren rechtspositiver Bewältigung ist zwischen Grund- und Betriebslegitimation zu unterscheiden. Die Union leitet ihre demokratische *Existenz-* und **Grundlegitimation** aus der politischen Willensentscheidung demokratisch legitimierter Staaten ab. Zugleich ist der Rahmen der demokratischen **Tätigkeitslegitimation** ihrer Hoheitsakte primärrechtlich von den Mitgliedstaaten in komplexer Weise durch Organ- und Verfahrensregeln festgelegt (z. B. Art. 14, 16 EUV, Art. 289 AEUV). Die Union ist insoweit in ihrem institutionellen Binnenbereich an den durch die Mitgliedstaaten festgelegten **Grundsatz der repräsentativen Demokratie** (Art. 10 Abs. 1 EUV) und dessen **primärrechtliche Ausfaltungen** im Einzelnen gebunden. In ihnen spiegeln sich die spannungsreichen Herausforderungen an die demokratiestimmige Ausgestaltung der historisch innovativen Supranationalität der Union wider. Sie begründen eine Legitimationsstruktur, die sich von den jeweiligen mitgliedstaatlichen parlamentarischen Ausformungen des Demokratieprinzips unterscheidet und zugleich über den Rat die Staatenlegitimation einbezieht. So **13**

---

[50] So ausdrücklich zum Grundgesetz BVerfGE 123 (267), Tz. 211.

speist sich die Legitimation des Europäischen Parlaments als Versammlung der Vertreter der Unionsbürgerinnen und Unionsbürger zwar aus der Direktwahl seiner Mitglieder durch die Unionsbevölkerung des jeweiligen Mitgliedstaats (Art. 14 Abs. 3 EUV, Art. 22 Abs. 2 AEUV), doch bildet es in seiner Zusammensetzung die jeweils mitgliedstaatliche Unionsbevölkerung nur degressiv proportional ab (Art. 14 Abs. 2 UAbs. 1 Satz 3 und 4 EUV) und erfüllt damit für die Unionsebene nicht das demokratische Postulat der Gleichwertigkeit jeder Stimme. Diesem Erfordernis kommt jedoch die Neudefinition der qualifizierten Mehrheit im Rat als doppelte Mehrheit nahe,[51] da diese eine Mehrheit (von mindestens 55 %) der Mitglieder des Rates (gebildet aus mindestens 15 Mitgliedern) ist, sofern die von diesen vertretenen Mitgliedstaaten zusammen mindestens 65 % der Bevölkerung der Union ausmachen (Art. 16 Abs. 4 EUV). Trotz der dadurch primärrechtlich spezifischen demokratischen Ausprägung ihres Binnenbereichs ist die Union nicht gehindert, de lege ferenda für demokratische Neuerungen sowohl ihrer selbst[52] als auch für eine staatsadäquate demokratische Praxis in einem Mitgliedstaat zu werben sowie demokratische Formen in Drittstaaten (Art. 3 Abs. 5 EUV) zu fördern. Art. 2 Satz 1 EUV beinhaltet aber keine Aussage zur konkreten Ausformung des Demokratieprinzips in den **Mitgliedstaaten**.[53] Dies ist stimmig zu der Aussage des Art. 4 Abs. 2 EUV, wonach die Union die jeweilige nationale Identität der Mitgliedstaaten zu achten hat, »die in ihren grundlegenden politischen und verfassungsmäßigen Strukturen … zum Ausdruck kommt.« Hierfür zieht die Verpflichtung der Mitgliedstaaten aus Art. 2 Satz 2 EUV nur einen sehr weiten Rahmen.

4. Förderung der Gleichheit

14 Das Ziel der Förderung der **Gleichheit**, die in Art. 2 Satz 1 EUV nicht näher konkretisiert wird, wurzelt im Gleichwertigkeitselement der Menschenwürde, hebt dieses aber gesondert im Sinne der gleichwertigen Behandlung hervor. Es leugnet nicht die vorgegebene Vielfalt und Verschiedenheit der Individuen, wendet sich jedoch gegen ungerechtfertigt differenzierende soziale Statuszuweisungen und ungerechtfertigt unterschiedliche Behandlungen von Menschen. Art. 2 EUV rezipiert damit ideengeschichtlich nach der Hervorhebung der Freiheit das zweite Signalwort der Großen Revolution von 1789.

15 Für die Union wird die **Verwirklichung** des Gleichheitspostulats in zahlreichen primärrechtlichen Einzelvorkehrungen ausgefaltet. An ihrer konzeptionellen Spitze steht das speziell für das Gelingen eines transnationalen Gemeinwesens essentielle Verbot jeglicher Diskriminierung aus Gründen der Staatsangehörigkeit im Anwendungsbereich der Verträge (Art. 18 AEUV mit weiterer Ausfaltung insbesondere in den transnationalen Marktzugangs-Grundfreiheiten der Arbeitnehmerfreizügigkeit, Niederlassungsfreiheit und aktiven Dienstleistungsfreiheit: Art. 45, 49, 56 AEUV). Dieses Diskrimi-

---

[51] Unterschied benannt von BVerfGE 123 (267), Rn. 292, jedoch mit nicht hinreichender Würdigung des zu einer supranationalen Organisation passfähigen neuen Legitimationsmodells der doppelten Mehrheit im Rat; vgl. dazu *Müller-Graff*, integration 2009, 331 (344).

[52] Beispielsweise der Einfügung von Elementen zur Stärkung der »Input«-Legitimation oder der Kontrolle des »Outputs« durch zusätzliche Mechanismen; falls sich die Gesamtstruktur des Entscheidungssystems der Union in Verbindung mit den Mitgliedstaaten als eine Art gubernativ-demokratisches Konkordanzsystem mit damit verbundener Mediatisierung der Bevölkerung darstellt, würden der Erfahrung mit einer Konkordanzdemokratie wie der Schweiz jedenfalls punktuelle plebiszitäre Kontrollelemente bei Entscheidungen der Union entsprechen.

[53] Zur Varianzbreite der Ausprägung des Demokratieprinzips in den Mitgliedstaaten *Pechstein*, in: Streinz, EUV/AEUV, Art. 2 EUV, Rn. 4.

nierungsverbot aus Gründen der Staatsangehörigkeit fügt sich zu der unionsrechtlichen Gleichgewichtung jeder mitgliedstaatlichen Staatsangehörigkeit in der jedem Staatsangehörigen eines Mitgliedstaats gleichermaßen zukommenden und alle gleichermaßen verbindenden Status der Unionsbürgerschaft (Art. 9 Satz 2 EUV, Art. 20 AEUV). Folgerichtig ist die Union durch Art. 9 Satz 1 EUV verpflichtet, »in ihrem gesamten Handeln den Grundsatz der Gleichheit ihrer Bürgerinnen und Bürger« zu achten und ihnen »ein gleiches Maß an Aufmerksamkeit« seitens ihrer Organe, Einrichtungen und sonstigen Stellen der Union zuteilwerden zu lassen. Diese Verpflichtung fächern die Gleichheitsrechte der Grundrechte weiter auf: Gleichheit vor dem Gesetz (Art. 20 GRC); Verbot der »Diskriminierung insbesondere wegen des Geschlechts, der Rasse, der Hautfarbe, der ethnischen und sozialen Herkunft, der genetischen Merkmale, der Sprache, der Religion oder der Weltanschauung, der politischen oder sonstigen Anschauung, der Zugehörigkeit zu einer nationalen Minderheit, des Vermögens, der Geburt, einer Behinderung, des Alters oder der sexuellen Ausrichtung« (Art. 21 GRC); Achtung der Vielfalt der Kulturen, Religionen und Sprachen (Art. 22 GRC); Gleichheit von Frauen und Männern (Art. 23 GRC; s. auch Art. 157 AEUV); Kindesrechte (Art. 24 GRC); Rechte älterer Menschen (Art. 25 GRC); Integration von Menschen mit Behinderung (Art. 26 GRC). Zugleich ist die Union ermächtigt, pro-aktiv Antidiskriminierungsmaßnahmen zu erlassen (Art. 19 AEUV).

5. Förderung der Rechtsstaatlichkeit

Das Ziel der Förderung der **Rechtsstaatlichkeit** gibt der Förderung der vorgenannten **16** Werte der Achtung der Menschenwürde, der Freiheit und der Gleichheit insbesondere den Flankenschutz der von den politischen und administrativen Akteuren unabhängig gestellten dritten Gewalt. Deren rechtlich, politisch und sozial anerkannte Kontrollfunktion hat und vermag bereits präventiv auf die Vornahme und rechtmäßige Ausgestaltung politischer und administrativer Maßnahmen einzuwirken. Rechtsstaatlichkeit ist Ausdruck des Gedankens der Gewaltenteilung und verwirklicht das aufklärerische Postulat, dass politische Herrschaft vor einer unabhängigen Instanz rechenschaftspflichtig und dadurch rational überprüfbar und gegebenenfalls gebändigt werden kann. Das Prinzip wendet sich gegen Regellosigkeit und Verfahrenswillkür. In derart verstandener Rechtsstaatlichkeit verbindet sich eine strukturelle Dimension (Gewaltenteilung, effektiver Rechtsschutz durch unabhängige Gerichte)[54] mit einer vertikalen Dimension (rechtsgebundene Legitimation und Ausübung von Hoheitsrechten, Gesetzmäßigkeit der Verwaltung, Grundrechtsschutz).[55] Festigkeit und Grad ihrer sozialen Realisierbarkeit hängen nicht zuletzt vom Zustand der horizontalen Dimension einer Rechtsordnung ab, mithin von der gelebten Anerkennung des Rechts im freiheitlichen Umgang der Einzelnen miteinander.[56] In der gelebten Wirklichkeit der Zivilrechtsordnung zeigt sich das Maß der Bereitschaft, die egoistische individuelle Willkür im Umgang untereinander durch verbindliche Regeln praktischer Vernunft für die Lösung aktueller oder potenzieller Konflikte in zivilisierten Formen und Grenzen zu halten.

Die Förderung dieses Wertes durch die **Union** stößt auf das scheinbare semantische **17** Problem, dass das Prinzip der Rechtsstaatlichkeit mit einem transnationalen Gemein-

---

[54] *Müller-Graff*, Rechtsstaatlichkeit als EU-Beitrittsvoraussetzung, S. 1 (7).

[55] *Müller-Graff*, Rechtsstaatlichkeit als EU-Beitrittsvoraussetzung, S. 7; näher auch *Calliess*, in: Calliess/Ruffert, EUV/AEUV, Art. 2 EUV, Rn. 25 f.

[56] *Müller-Graff*, Rechtsstaatlichkeit als EU-Beitrittsvoraussetzung, S. 6.

wesen verbunden wird, das zweifelsohne kein Staat ist, weil es die drei klassischen Kriterien der Selbstbestimmung von Gebiet, Volk und Hoheitsgewalt nicht erfüllt.[57] Demgegenüber leitet die Union ihre Hoheitsrechte aus den Einzelermächtigungen ab, die zwischen den Mitgliedstaaten vereinbart und ratifiziert wurden (**Prinzip der begrenzten Einzelermächtigung**, Art. 5 Abs. 2 EUV). Gleichwohl ändert diese Ableitung nichts daran, dass die Union mittels dieser **Legitimation** über Hoheitsrechte verfügt und deren **Ausübung** daher mit den Grundsätzen vereinbar sein muss, die für den klassischen Hoheitsträger, den Staat mit seiner zusätzlichen spezifischen Hoheitsgewalt des Gewaltmonopols, in den Mitgliedstaaten der Union entwickelt wurden und weiter entwickelt werden. Für das transnationale Gemeinwesen der Union erfordert dies insbesondere die Einhaltung der Grenzen der zugeordneten **Kompetenzen** durch die Rechtsetzung und Verwaltung der Union, die Einhaltung der jeweils primärrechtlich vorgesehenen **Verfahren** und die Vereinbarkeit jeder legislativen und administrativen Maßnahme der Union mit den **materiellen Bestimmungen** des Primärrechts, den **allgemeinen Rechtsgrundsätzen** und der Vereinbarkeit jeder administrativen Maßnahme mit dem Sekundärrecht (während dessen Gültigkeitsdauer[58]). Ihren strukturellen Rückhalt findet diese Bindung an die Rechtsstaatlichkeit insbesondere in der Einsetzung der **Unionsgerichtsbarkeit,** der ausdrücklich aufgetragen ist, dass der Gerichtshof der Europäischen Union »die Wahrung des Rechts bei der Auslegung und Anwendung der Verträge (sichert)« (Art. 19 Abs. 1 EUV; im Einzelnen entfaltet namentlich in den Art. 251 ff. AEUV). Bereits wegen des primärrechtlich vorgesehenen Mechanismus des Vorlageverfahrens (Art. 267 AEUV), das jedes **mitgliedstaatliche Gericht**, für dessen Entscheidungen in einem bei ihm anhängigen Rechtsstreit das Unionsrecht relevant ist, mit der Unionsgerichtsbarkeit fakultativ (Art. 267 Abs. 2 AEUV) oder obligatorisch (Art. 267 Abs. 3 AEUV) verbindet, hat die Union in ihrer Förderaufgabe der Rechtsstaatlichkeit daher auch insoweit die mitgliedstaatlichen rechtsstaatlichen Kapazitäten zu unterstützen. Darüber hinaus sind die **Mitgliedstaaten** über Art. 2 Satz 2 EUV selbst auf den Wert der Rechtsstaatlichkeit verpflichtet.

6. Förderung der Wahrung der Menschenrechte

18   Das Ziel der Förderung der **Wahrung der Menschenrechte** weitet die Werteförderung über die Achtung der Menschenwürde, die Freiheit und die Gleichheit auf das Gesamtspektrum aller Rechte, denen das Attribut der Menschenrechte zukommt. Dieses überschneidet sich mit jenen Grundformen, insoweit es sich um Entfaltungsformen der erstgenannten in universale Einzelrechte handelt. Schnittmengen bestehen daher auch zu denjenigen Rechten, die in der Grundrechte-Charta oder in den gemeinsamen Verfassungsüberlieferungen der Mitgliedstaaten, in der EMRK oder in anderen internationalen Vereinbarungen als allgemeine, jedermann zustehende Rechte ausgeprägt sind.

19   Die Förderung der Wahrung dieser Rechte ist der **Union** in ihrem Handeln im Binnenbereich durch deren Achtung in allen ihren Maßnahmen und durch pro-aktives Handeln auch im Hinblick auf deren Wahrung durch die **Mitgliedstaaten** aufgegeben, die gleichermaßen durch Art. 2 Satz 2 EUV in ihrem Verhalten darauf verpflichtet sind. Sie hat zugleich im **Außenverhältnis** »zur übrigen Welt« durch Schutz und Förderung seitens der Union zu erfolgen (Art. 3 Abs. 5 Satz 1 und 2 EUV).

---

[57] Im Einzelnen vgl. *Müller-Graff*, in: Dauses, Handbuch des EU Wirtschaftsrecht, Abschnitt A I, Juli 2012, Rn. 49 ff.

[58] Mithin vorbehaltlich einer Nichtigerklärung wegen eines Verstoßes gegen Primärrecht oder allgemeine Rechtsgrundsätze nach Art. 264 AEUV.

7. Förderung der Werte in den Mitgliedstaaten

Die von Art. 3 Abs. 1 EUV der Union aufgegebene Zielsetzung, ihre Werte zu fördern, **20** umfasst auch die **Förderung dieser Werte in den Mitgliedstaaten**. Zwar sind diese bereits nach Art. 2 Satz 2 EUV selbst zur Verwirklichung dieser Werte verpflichtet. Dies entbindet jedoch die Union nicht davon, auch ihrerseits gleichsinnig fördernd in diese Richtung zu wirken. Denn zum einen ist anzunehmen, dass der Verwirklichungsgrad der Werte in den Maßnahmen der Union maßgeblich von der gelebten Autorität dieser Werte in den Mitgliedstaaten mitbestimmt wird. Und zum anderen würde ein Verständnis der Aussage des Art. 2 Satz 1 EUV, dass sich die Union auf diese Werte »gründet«, als eine »auf Unionsebene« begrenzte Verwirklichung den Unionsgedanken künstlich verkürzen. Als transnationales Gemeinwesen setzt es sich aus den Mitgliedstaaten zusammen. Folgerichtiges Grundelement dieses Charakters ist die von Art. 2 EUV postulierte **Wertehomogenität in Union und Mitgliedstaaten**, ohne dass damit jedoch wegen des Gebots der **Achtung der nationalen Identität** im Sinne des Art. 4 Abs. 2 EUV das Ziel oder die Pflicht verbunden ist, die Einzelausprägungen dieser Werte in der Union und in den einzelnen Mitgliedstaaten jenseits primärrechtlicher Vorgaben zu unitarisieren. Im Gegenteil ist es die Aufgabe der Mitgliedstaaten, die Detailausprägung der Werte des Art. 2 EUV im Rahmen ihrer nationalen Identität zu definieren und zu verantworten. Dies darf unionsrechtlich unterschiedlich ausfallen. So kann beispielsweise das Demokratieprinzip in den Mitgliedstaaten verschiedenartig ausgeformt werden: parlamentarisch-repräsentativ (mit Verhältniswahlrecht, Mehrheitswahlrecht oder Mischformen), direkt demokratisch (mit fakultativen oder obligatorischen Referenden in einem unterschiedlichen Radius von Themen), präsidial-demokratisch (mit unterschiedlichem Befugniszuschnitt des Präsidenten) sowie unterschiedlich gemischt. Selbst im Grad der Achtung der Menschenwürde kann es nuancierte Unterschiede zwischen den Mitgliedstaaten geben, wie die Anerkennung deren rechtlich stärkeren Gewichts bei virtuellen Tötungsspielen in Deutschland im Fall *Omega* durch den EuGH zu Tage brachte.[59] Art. 7 EUV und die GRC ziehen allerdings in ihrem jeweiligen Anwendungsbereich der Praxis der Mitgliedstaaten eine untere Grenze.

Unklar ist, ob von den Werten, die von der Union nach Art. 3 Abs. 1 EUV zu fördern **21** sind, auch die anzustrebenden **Gesellschaftskennzeichen** erfasst werden, die Art. 2 Satz 2 EUV mit der Verpflichtung der Mitgliedstaaten auf die Werte verbindet (»in einer Gesellschaft gemeinsam, die sich durch Pluralismus, Nichtdiskriminierung, Toleranz, Gerechtigkeit, Solidarität und Gleichheit von Männern und Frauen auszeichnet«). Diese überwiegend höchst auslegungsbedürftigen Postulate lassen sich mit Ausnahme der Solidarität mit ihrem konzeptionellen Selbstsand grobkörnig als Ausläufer der Werte des Art. 2 Satz 1 EUV verstehen: Pluralismus und Toleranz schwerpunktmäßig als Ausläufer des Freiheits- und Gleichheitsprinzips, Nichtdiskriminierung und Gleichheit von Männern und Frauen schwerpunktmäßig als Ausläufer des Gleichheits- und Freiheitsprinzips; Gerechtigkeit (als eine über die Rechtsstaatlichkeit hinaus gehende Kategorie) als Ausläufer beider Prinzipien. Insoweit erstreckt sich das Förderziel auch in diese Richtung. Dies gilt umso mehr, als die von Art. 2 Satz 2 EUV apostrophierte Gesellschaft (»in einer Gesellschaft«) offen lässt, ob (wegen der sprachlichen Verbindung mit den Mitgliedstaaten) die jeweilige Gesellschaft in einem Mitgliedstaat oder aber die trans-

---

[59] EuGH, Urt. v. 14.10.2004, Rs. C–36/02 (Omega Spielhallen- und Automatenaufstellungs GmbH/Bonn), Slg. 2004, I–9609.

nationale Privatrechtsgesellschaft[60] in der Union gemeint ist. Im Lichte zahlreicher Präambelaussagen (namentlich »Stärkung des Zusammenhalts«, gemeinsame Unionsbürgerschaft«, Identität Europas … stärken«; »immer engere(n) Union der Völker Europas«) ist die Verbindung beider Deutungen angezeigt. Das Ideal einer europäischen transnationalen Bürgergesellschaft wurzelt in den Bürgergesellschaften der Mitgliedstaaten. Daher erstreckt sich das Förderziel des Art. 3 Abs. 1 EUV auch auf diese für den Umgang der Privaten untereinander primärrechtlich angestrebten Postulate. Hierbei bildet das Freiheitsprinzip des Art. 2 Satz 1 EUV zugleich Gegenpol und Grenze gegenüber Bestrebungen, die sich selbst privatautonom steuernde Entwicklung der Gesellschaft einem paternalistischen Rahmen kollektiver Herrschaft zu unterwerfen.

III. Förderung des Wohlergehens der Völker der Union

22   Art. 3 Abs. 1 EUV nennt in der Leitzieltrias der Union nach der Förderung des Friedens und der Förderung ihrer Werte drittgereiht die Förderung des Wohlergehens ihrer Völker. Wohlergehen in seinem subjektiven Verständnis ist eine zentrale Komponente der foris pax sowohl der Mitgliedstaaten als auch der Union insgesamt. Als öffentliches Ziel ist es eine objektivierungsbedürftige Kategorie, die der jeweils zeitgebundenen Profilierung offen steht. **Wohlergehen** ist umfassender als wirtschaftlicher Wohlstand, schließt diesen aber als wesentlichen Bestandteil mit ein.[61] Dies gilt insbesondere im Rahmen der unmittelbar anwendbaren Vorschriften des primären Unionsrechts (Art. 30ff. AEUV) und der Befugnisse der Europäischen Union (ausweislich der insbesondere wirtschaftsbezogenen Sachkompetenzkataloge der Art. 2ff. AEUV).

23   Wohlergehen speziell als Förderziel der **Union** ist daher einerseits im Lichte des gesamten Primärrechts nicht auf die Maximierung des Bruttosozialprodukts der Union insgesamt oder jedes einzelnen Mitgliedstaats zu reduzieren und ebenso wenig auf die maximale oder optimale Tätigkeitsrendite einzelner Marktakteure. Andererseits ist der Förderbeitrag der Union zum Wohlergehen ihrer Völker vom Primärrecht nicht ohne, sondern zuallererst durch Ermöglichung solider wirtschaftlicher Grundlagen konzipiert. Dies gilt auch nach der jüngsten Reform des Primärrechts durch den Vertrag von Lissabon. Durch ihn wurde zwar die deutliche Formulierung des Art. 2 EGV aufgegeben, der in seinem einzigen Satz zur Aufgabe der Gemeinschaft noch vor der Ausfaltung der Aufgaben im Einzelnen als deren Hauptverwirklichungswege die Errichtung eines Gemeinsamen Marktes und einer Wirtschafts- und Währungsunion hervorhob (»Aufgabe der Gemeinschaft ist es, durch die Errichtung eines Gemeinsamen Marktes…«). Zwei der nunmehr mit der Neufassung des Primärrechts durch den Vertrag von Lissabon herausgestellten, auf die Leitzieltrias folgenden vier operativen Hauptziele der Union in Art. 3 EUV (namentlich Abs. 3: Errichtung eines Binnenmarktes; Abs. 4: Errichtung einer Wirtschafts- und Währungsunion) sowie der darauf bezogene Hauptinhalt des materiellen Rechts des AEUV und der wirtschaftspolitische Schwerpunkt der ausschließlichen Zuständigkeiten der Union (Art. 3 EUV) weisen jedoch auf die elementare Bedeutung der Förderung des Wohlergehens der Völker der Union durch die Orientierung auf eine nachhaltige soziale wettbewerbsverfasste Marktwirtschaft (Art. 3 Abs. 3

---

[60] Dazu *Müller-Graff*, Europäische Privatrechtsgesellschaft, S. 271.
[61] *Terhechte*, in: Grabitz/Hilf/Nettesheim, EU, Art. 3 EUV (Mai 2014), Rn. 32; demgegenüber vor allem auf den wirtschaftlichen Wohlstand bezogen von *Ruffert*, in: Calliess/Ruffert, EUV/AEUV, Art. 3 EUV, Rn. 21.

UAbs. 1 Satz 2 i. V. m. Protokoll Nr. 27 über den Binnenmarkt und den Wettbewerb sowie Art. 119 AEUV).[62]

C. Die vier operativen Hauptziele (Abs. 2 bis 5)

I. Das System der operativen Hauptziele

Mit der Festlegung der Leitzieltrias der Union in Art. 3 Abs. 1 EUV ist noch keine   **24** Aussage über die der Union zu deren Verwirklichung zugeordneten Wege und Mittel getroffen. Aus Art. 3 Abs. 2 bis 5 EUV ergibt sich, dass die Förderung der Leitzieltrias durch die Union **nicht auf jedwede Weise**, sondern auf **vier Hauptwegen** im Rahmen der der Union zugeordneten Zuständigkeiten erfolgen soll. In der Reihung der Norm sind dies die Gewährleistung eines so genannten »Raums der Freiheit, der Sicherheit und des Rechts« (RFSR) (Abs. 2), der Errichtung eines Binnenmarktes im Ordnungsrahmen ergänzender Politiken (Abs. 3), der Errichtung einer Wirtschafts- und Währungsunion (Abs. 4) und der Verfolgung gemeinsamen auswärtigen Handelns (Abs. 5). Diese Wege lassen sich als operative Hauptziele der Union verstehen, profilieren das Proprium der Agenda und des Wesens der Union und bilden den konzeptionellen Hintergrund der Einzelvorschriften des primären Unionsrechts (in Gestalt sowohl der unmittelbar anwendbaren Normen als auch der in Inhalt und Ausübbarkeit unterschiedlich ausgestalteten Einzelzuständigkeiten der Union). Sie dienen, jeder auf seine Weise, der Umsetzung von Art. 3 Abs. 1 EUV und stehen funktional miteinander in Verbindung. Die unmittelbar anwendbaren Grundfreiheiten des **Binnenmarktes** (Art. 28 ff. AEUV) und das unionsbürgerrechtliche Freizügigkeitsrecht (Art. 21 AEUV) sind die prosperitäts-, friedens- und wertefördernde Grundlage für das Ziel des **grenzkontrollfreien**, staatsähnlich befriedeten und sicheren **Binnenraums** im Sinne des RFSR (Art. 67 ff. AEUV). Zugleich findet das Ziel der **Wirtschafts- und Währungsunion** seinen grundlegenden Sinnbezug darin, den Binnenmarkt makroökonomisch und monetär zu fördern und zu umrahmen. Schließlich soll die Gesamtheit der Leitzieltrias der Union und deren Ausformung im Einzelnen, darunter auch die Achtung der jeweiligen nationalen Identität (Art. 4 Abs. 2 EUV), »in ihren Beziehungen zur übrigen Welt« mittels **gemeinsamen auswärtigen Handelns** durch Schutz und Förderung der »Werte und Interessen« der Union und Schutz der Unionsbürger sichergestellt werden (Art. 4 Abs. 5 EUV, Art. 21 ff. EUV, Art. 205 ff. AEUV).

Die operativen Hauptziele stehen trotz der Absatzreihung in keinem normativen   **25** Rangverhältnis zueinander.[63] Jedoch weist der innere Funktionszusammenhang der operativen Hauptziele dem **Binnenmarkt** für den Aufbau und den Zusammenhalt der Union daher eine **zentrale Rolle** zu.[64] Dies kam im ehemaligen Art. 2 EGV und in der Maastrichter Fassung des Art. 2 EUV auch in dessen Voranstellung zum Ausdruck. Die von der Vertragsreform von Lissabon vorgenommene Hintanstellung nach dem nunmehr benevolent-kaptativ hervorgehobenen RFSR ändert nichts an der konzeptionell und faktisch essentiellen Bedeutung des Binnenmarktes für die Verwirklichung der Ziele

---

[62] Im Einzelnen *Müller-Graff*, ZHR 173 (2009), 443.

[63] Ebenso *Becker*, in: Schwarze, EU-Kommentar, Art. 3 EUV, Rn. 4; *Terhechte*, in: Grabitz/Hilf/Nettesheim, EU, Art. 3 EUV (Mai 2014), Rn. 22.

[64] Tituliert als »zentraler Pfeiler der Unionsverfassung« bzw. als »Kernstück der Integration« von *Ruffert*, in: Calliess/Ruffert, EUV/AEUV, Art. 3 EUV, Rn. 22.

der Union. Dies bestätigt die unveränderte Reihung der internen Politikbereiche der Union im AEUV. In ihm führen, wie im früheren EGV, die Vorschriften über die Binnenmarktintegration (Art. 26 ff. AEUV) mit den unmittelbar anwendbaren transnationalen Marktzugangsfreiheiten (Art. 28 ff. AEUV) den sachgebietlichen Funktionsradius der Union an, wohingegen die Bestimmungen über den RFSR als dem ursprünglich den Binnenmarkt unter dem Gesichtspunkt der Personenfreizügigkeit ohne Binnenkontrollen flankierender Politikbereich der Union dazu nachgeordnet sind (Art. 67 ff. AEUV). In der Verwirklichung durch das Primärrecht selbst ist der RFSR im Vergleich zum Binnenmarktraum mangels unmittelbar anwendbarer Bestimmungen und wegen des grundsätzlichen Abseitsstehens von drei Mitgliedstaaten von der Verpflichtung auf dessen rechtspolitische Entwicklung[65] schwächer ausgeprägt.

II. Die Gewährleistung eines Raums der Freiheit, der Sicherheit und des Rechts (Abs. 2)

26   Unter den vier operativen Hauptzielen der Union steht der seit der Primärrechtsreform von Amsterdam so genannte Raum der Freiheit, der Sicherheit und des Rechts seit der Reform von Lissabon an der Spitze (Art. 3 Abs. 2 EUV),[66] ohne dadurch jedoch die zentrale Integrationsfunktion des Binnenmarktes und der ihn umrahmenden Politiken (Art. 3 Abs. 3 EUV) zu überlagern (s. oben Rn. 23 und 24). Allerdings lässt sich die Hervorhebung der Gewährleistung eines **allgemeinen grenzkontrollfreien und sicheren Binnenraums im Ordnungsrahmen** als ein Verständnis einer von der Dominanz der Marktintegration gelösten Union als **zielgebundenes transnationales Gemeinwesen** deuten, in dem die Erinnerung an die historische Entstehung staatlich gewährleisteter befriedeter Freizügigkeitsräume anklingt.[67] Jene ging jedoch mit der Herausbildung der territorialen staatlichen Gewaltmonopole einher. Demgegenüber vermag die Union den grenzkontrollfreien Personenverkehr nicht aus eigener Kraft durch eigene »Gewaltmittel« im Sinne der physischen Durchsetzung zu gewährleisten, sondern ist dazu auf die zielgerichtete Erfüllung des Gebots der loyalen Zusammenarbeit des Art. 4 Abs. 3 EUV durch die Gewaltmonopole der Mitgliedstaaten angewiesen. Allerdings sind ihr durch die in den Art. 67 ff. AEUV enthaltenen Zuständigkeiten Hoheitsrechte zugeordnet, um den RFSR, in dem die Mitgliedstaaten agieren, normativ auszugestalten. Die Union kann in diesem Sinne dem Auftrag des Art. 3 Abs. 2 EUV nachkommen, ihren Bürgerinnen und Bürgern einen RFSR ohne Binnengrenzen *zu* **bieten**, in dem der **freie Personenverkehr** gewährleistet ist.

27   Das von Art. 3 Abs. 2 EUV angesprochene Konzept der Gewährleistung eines rechtlich befriedeten Bewegungsraums wird von den Art. 67 Abs. 2 AEUV dahingehend auf den Punkt gebracht, dass »**Personen an den Binnengrenzen nicht kontrolliert werden**« und zwar unabhängig von ihrer Staatsangehörigkeit (Art. 77 Abs. 1 Buchst. a AEUV) und seit der Vertragsreform von Lissabon unabhängig auch von Erfordernissen der Binnenmarktintegration.[68] Damit dieser Formulierung auf jede Differenzierung der die Bin-

---

[65] Dies betrifft Britannien, Dänemark und Irland; vgl. dazu Art. 1 Protokoll Nr. 21 und Art. 1 Protokoll Nr. 22.

[66] In dieser exponierten Aufführung des RFSR sieht *Terhechte*, in: Grabitz/Hilf/Nettesheim, EU, Art. 3 EUV (Mai 2014), Rn. 33, eine Entscheidung für eine zentrale Rolle des RFSR im weiteren Integrationsverlauf.

[67] *Müller-Graff*, EuR-Beiheft 1/2009, 105 (125).

[68] *Müller-Graff*, EuR-Beiheft 1/2009, 105 (111); *Terhechte*, in: Grabitz/Hilf/Nettesheim, EU, Art. 3 EUV (Mai 2014), Rn. 33.

nengrenzen überschreitenden Personen verzichtet wird, erstreckt sich die angestrebte Binnengrenzkontrolllosigkeit auf jedermann, also nicht nur auf Unionsbürger im Sinne des Art. 20 Abs. 1 AEUV, sondern auch auf Nicht-Unionsbürger (Drittstaatsangehörige und Staatenlose; s. auch Art. 77 Abs. 1 Buchst. a AEUV). Die Kontrollfreiheit an den Binnengrenzen kommt gleichermaßen rechtstreuen und nicht rechtstreuen Personen zugute. Dies bedeutet, dass sich alle Personen, die sich auf dem Gebiet eines der am RFSR teilnehmenden Mitgliedstaaten befinden, ohne Grenzkontrollen in einen anderen teilnehmenden Mitgliedstaat begeben können. Dies beinhaltet jedoch nicht auch, dass alle Personen dasselbe Bewegungs- und Aufenthaltsrecht haben.[69] Wegen der daraus resultierenden möglichen Folgeprobleme für die Durchsetzung der jeweiligen Zugangspolitiken einzelner Mitgliedstaaten gegenüber Drittstaatsangehörigen und für eine effektive Kriminalitätsverhütung und Kriminalitätsbekämpfung, erfordert die Gewährleistung der Grenzkontrollfreiheit im Binnenraum der Union eine **Kompensation** durch Abstimmung der mitgliedstaatlichen **Zugangspolitiken**, durch **Sicherung der Außengrenzen**[70] und durch Politiken zur **Verhütung- und Bekämpfung transnationaler Kriminalität**. Folgerichtig verbindet Art. 3 Abs. 2 EUV daher bereits in seinem Wortlaut die Gewährleistung des freien Personenverkehrs »mit geeigneten Maßnahmen in Bezug auf die Kontrollen an den Außengrenzen, das Asyl, die Einwanderung sowie die Verhütung und Bekämpfung der Kriminalität«.

Diese werden in den **Art. 67 ff. AEUV** im Einzelnen dahingehend **ausgefaltet**, dass die   **28** Union mit zwei großen Politikbereichen beauftragt ist. Sie hat zum einen eine gemeinsame Zugangspolitik zu entwickeln (Kontrollen an den und der Außengrenzen, Asyl, Einwanderung), »die sich auf die Solidarität der Mitgliedstaaten gründet und gegenüber Drittstaatsangehörigen (und Staatenlosen) angemessen ist« (Art. 67 Abs. 2 AEUV i. V. m. Art. 77 ff. AEUV). Zum anderen soll sie darauf hinwirken, »durch Maßnahmen zur Verhütung und Bekämpfung von Kriminalität sowie von Rassismus und Fremdenfeindlichkeit, zur Koordinierung und Zusammenarbeit von Polizeibehörden und Organen der Strafrechtspflege und den anderen zuständigen Behörden sowie durch die gegenseitige Anerkennung strafrechtlicher Entscheidungen und erforderlichenfalls durch die Angleichung strafrechtlicher Rechtsvorschriften ein hohes Maß an Sicherheit zu gewährleisten.« (Art. 67 Abs. 3 AEUV i. V. m. Art. 82 ff., Art. 87 ff. AEUV).

Konzeptionell nicht passfähig zu dieser Zielrichtung des binnengrenzkontrollfreien   **29** Binnenraums für Personen ist die in Art. 67 Abs. 4 AEUV i. V. m. Art. 81 AEUV gleichfalls diesem operativen Hauptziel zugeordnete Aufgabe der Union, den »Zugang zum Recht, insbesondere durch den Grundsatz der gegenseitigen Anerkennung gerichtlicher und außergerichtlicher Entscheidungen in Zivilsachen« zu erleichtern. Diese hat nicht die Grenzkontrollfreiheit von Personen im Fokus. Vielmehr handelt es sich bei der vom AEUV definierten **ziviljustiziellen Zusammenarbeit** im Sinne des Art. 81 AEUV im Wesentlichen um binnenmarktförderliche Maßnahmen zugunsten einer transnational verlässlich funktionierenden Zivilgerichtsbarkeit (so ausdrücklich Art. 81 Abs. 2 AEUV: »insbesondere«). Auch wenn diese Ermächtigung nicht auf binnenmarktförderliche Maßnahmen begrenzt ist, wäre sie stimmiger im Umkreis der Art. 114 ff. AEUV platziert. Ihre heutige systematische Zuordnung erklärt sich aus der Zusammenstellung

---

[69] Vgl. dazu Art. 67 AEUV, Rn. 1.
[70] Zu diesem Kompensationserfordernis bereits im Blick auf den Binnenmarkt (»Raum ohne Binnengrenzen« gemäß Art. 7a Abs. 1 EGV) EuGH, Urt. v. 21.9.1999, Rs. C–378/97 (Wijsenbeek), Slg. 1999, I–6207, Rn. 40.

von neun Gegenständen gemeinsamen Interesses für das seinerzeitige intergouvernementale Zusammenwirken der Mitgliedstaaten in der dritten Säule der ursprünglichen Union von Maastricht unter dem Titel »Justiz und Inneres«[71] und der danach paketartig zusammengefassten Überführung mehrerer dieser Sachbereiche, darunter der ziviljustiziellen Zusammenarbeit, in die (einstige) supranationale erste Säule unter dem Titel des Raums der Freiheit, der Sicherheit und des Rechts durch den Reformvertrag von Amsterdam.[72]

30   Konzeptionelle Grundlage und primärrechtliche Vorprägung des RFSR **unterscheiden** sich markant von derjenigen des **Binnenmarktes** im Sinne des Art. 3 Abs. 3 EUV. Während das Binnenmarktkonzept auf der ursprünglich außenhandelstheoretischen, heute wettbewerbstheoretischen Annahme des komparativen Kostenvorteils beruht,[73] liegt den Bestimmungen des allgemeinen Freizügigkeitsraums kein vergleichbar theoretisch fundiertes und steuerndes **Konzept** zugrunde, sondern verbindet verschiedene Politikbereiche, von denen drei als Verwirklichungsbedingungen des grenzkontrollfreien Binnenraums angesehen werden können: die Vergemeinschaftung der Zugangspolitiken, die strafjustizielle Zusammenarbeit und die polizeiliche Zusammenarbeit. In der primärrechtlichen Vorprägung unterscheidet sich der RFSR vom Binnenmarktraum zum einen dadurch, dass er anders als jener **keine primärrechtlich verankerten unmittelbar anwendbaren Bestimmungen** und **subjektiven Rechte Einzelner**, sondern nur Ziel-, Programm- und Ermächtigungsnormen beinhaltet. Dies verweist seine Verwirklichung zuvörderst auf die politische Wahrnehmung der Zuständigkeiten der Union und damit auf die (politisch abhängige) Entscheidungswilligkeit und -fähigkeit der zuständigen Unionsorgane zu zielführenden Maßnahmen (insbesondere zum Erlass von Sekundärrecht), des Weiteren aber auch auf die Wirkkraft der (mittels der passiven Dienstleistungsfreiheit bereits weit reichenden)[74] transnationalen Marktzugangs-Grundfreiheiten, der unionsbürgerlichen Freizügigkeit des Art. 21 AEUV und der Rechte aus Art. 15 Abs. 2 GRC. Zum anderen umfasst die primärrechtlich verbindliche Entwicklung des RFSR anders als diejenige des Binnenmarktes nicht zwingend den gesamten räumlichen Anwendungsbereich des Unionsrechts, da detaillierte Protokolle die Verpflichtungen von drei Mitgliedstaaten (Britannien, Dänemark, Irland) begrenzen.[75]

III. Die Errichtung eines Binnenmarktes im politischen Ordnungsrahmen (Abs. 3)

31   Art. 3 Abs. 3 UAbs. 1 Satz 1 EUV beauftragt die Union, einen **Binnenmarkt** zu errichten. Die nachfolgenden Sätze des Abs. 2 (UAbs. 1 Satz 2 und UAbs. 2 bis 4) stellen diesen in einen **Ordnungsrahmen** von dabei zu beachtenden Einzelzielen, überlagern

---

[71] *Müller-Graff*, Europäische Zusammenarbeit in den Bereichen Justiz und Inneres, S. 11 (S. 14 ff., S. 20 ff.).

[72] *Müller-Graff*, Institutionelle und materielle Reformen in den Bereichen Justiz und Inneres, S. 259 (S. 261 ff.).

[73] Zum außenhandelstheoretischen Ansatz z. B. *Molle*, The Economics of European Integration, 1991, S. 19 ff.; *Müller-Graff*, Unternehmensinvestitionen und Investitionssteuerung im Marktrecht, 1984, S. 282 ff.; *Weiß/Herrmann*, Welthandelsrecht, 2003, S. 10 f.; zur wettbewerbstheoretischen Verbindung z. B. *Müller-Graff*, Die Marktfreiheiten als Herzstück der europäischen Wettbewerbsidee, in: Blanke/Scherzberg/Wegner, Dimensionen des Wettbewerbs, 2010, S. 329 ff.

[74] So grundlegend EuGH, Urt. v. 31. 1. 1984, Rs. 286/82 u. 26/83 (Luisi und Carbone/Ministero del Tesoro), Slg. 1984, 377.

[75] Art. 1 Protokoll Nr. 21; Art. 1 Protokoll Nr. 22.

jedoch nicht dessen bereits den Gemeinsamen Markt kennzeichnenden Leitpunkt, den unionalen Wirtschaftsraum durch den grundsätzlichen Freiverkehr von Produktionsfaktoren und Produkten und damit durch die **Initiativentscheidungen** von Marktakteuren **im Wettbewerb** miteinander zu verflechten.[76] Auf diese konzeptionelle Grundlage mit der ursprünglichen Bezeichnung als **Gemeinsamer Markt** setzte die Gründung der Europäischen Wirtschaftsgemeinschaft (EWG) seit dem 1.1.1958 die europäische **Gemeinschaftsbildung** zum Zweck dauerhafter Friedensstiftung zwischen den Beteiligten und der Förderung gemeinsamer Wohlfahrt und Selbstbehauptung in Vielfalt. Ins Werk gesetzt werden mit der Marktintegration die sozialen Verbindungskräfte von Handel und wirtschaftlichem Austausch,[77] die sich zum einen aus der Initiative der Marktakteure und zum anderen »neofunktional«[78] aus den politischen Regelungsbedürfnissen eines derart grenzüberwindenden Marktes ergeben. Der Begriff des Gemeinsamen Marktes entstammt bereits dem zeitlich vorlaufenden Vertrag zur Gründung der Europäischen Gemeinschaft für Kohle und Stahl (EGKSV),[79] der dort jedoch in wirtschaftssektoraler Begrenzung den Bezugspunkt der Kontrolle dieser beiden rüstungsrelevanten Wirtschaftsbereiche durch eine gemeinsame Hohe Behörde bildete. Im Zuge der primärrechtlichen Entwicklung der EWG durch die am 1.7.1987 in Kraft getretene Einheitliche Europäische Akte (EEA)[80] wurde dem Begriff des Gemeinsamen Marktes derjenige des als **intensivierte** Form des Gemeinsamen Marktes zu verstehenden Binnenmarktes zur Seite gestellt[81] und diese semantische Zweispurigkeit der Marktintegration bis zum Inkrafttreten des Reformvertrages von Lissabon am 1.12.2009 fortgeführt. Seitdem enthält das primäre Unionsrecht nur noch den Begriff des Binnenmarktes.

1. Der Begriff des Binnenmarktes

Der **Begriff** des Binnenmarktes ist in **Art. 26 Abs. 2 AEUV** legaldefiniert. Er umfasst   **32** danach »einen Raum ohne Binnengrenzen, in dem der freie Verkehr von Waren, Personen, Dienstleistungen und Kapital gemäß den Bestimmungen der Verträge gewährleistet ist.« In knapper Form ist damit erstens der Grundgedanke des ungehinderten transnationalen **Freiverkehrs aller Produktionsfaktoren** (Personen, Kapital) **und Produkte** (Waren, Dienstleistungen) im Sinne transnationaler Marktzugangs-**Grundfreiheiten** ausgesprochen, um mittels des dadurch ermöglichten Wettbewerbs gesamtwirt-

---

[76] *Müller-Graff*, Privatrecht und Europäisches Gemeinschaftsrecht, S. 17 (27); *ders.*, Die Europäische Privatrechtsgesellschaft in der Verfassung der Europäischen Union, S. 271 (S. 280 ff.).

[77] Zu den Verbindungskräften des grenzüberschreitenden Handels als zeitloses Phänomen schon *v. Jhering*, Bd. 1, S. 280; zur gesellschaftsbildenden Kraft des Marktes schon *M. Weber*, Wirtschaft und Gesellschaft, 5. Aufl., 1972, S. 382.

[78] Zu dieser politikwissenschaftlichen Erklärung der Entwicklung der europäischen Integration z.B. *Faber*, Europäische Integration und politikwissenschaftliche Theoriebildung. Neofunktionalismus und Intergouvernementalismus in der Analyse, 2005.

[79] Art. 2 EGKSV; zur Entstehung des Wortes *Monnet*, S. 352 f., der dieses *Pierre Uri* zuschreibt.

[80] Einheitliche Europäische Akte v. 17./28.2.1986; in Kraft getreten am 1.7.1987 (BGBl. 1986 UU S. 1104).

[81] Vgl. zur ursprünglichen Diskussion über die Integrationsbedeutung des Begriffs des Binnenmarktes im Verhältnis zu demjenigen des Gemeinsamen Marktes: die Einschränkungsthese (*Pescatore*. EuR 1986, 153 (157)), die Synomitätsthese (z.B. *Everling*, FS Pescatore, S. 227 (237)), *E. Klein*, DVBl 1986, 951 (952) und die Intensivierungsthese (z.B. *Ehlermann*, CMLRev. 24 (1987), 361 (369 f.); *Müller-Graff*, EuR 1989, 107 (123)). Der Reformvertrag von Lissabon hat den Begriff des Gemeinsamen Marktes durchgängig durch denjenigen des Binnenmarktes ersetzt, so dass sich die Frage für das positive Recht erledigt hat.

schaftlich das Prinzip des komparativen Kostenvorteils zur Geltung zu bringen. Zweitens intensiviert die Akzentuierung des Binnenmarktes als eines »**Raums ohne Binnengrenzen**« die angestrebte Gemeinsamkeit des Wirtschaftsraums im Vergleich zum ursprünglichen Gemeinsamen Markt insbesondere[82] um die angestrebte Komponente der **Abwesenheit von Binnengrenzkontrollen** grenzüberschreitender Wirtschaftsvorgänge (dies war mit dem Gemeinsamen Marktes primärrechtlich nicht ausdrücklich verbunden)[83] und signalisiert zugleich wortmächtig den Gedanken des einheitlichen Marktraums. Drittens erinnert der Zusatz der Gewährleistung des transnationalen Freiverkehrs »**gemäß den Bestimmungen der Verträge**« daran, dass Bedingungen, Umfang und Grenzen des Freiverkehrs sich im Einzelnen aus dem einschlägigen Primärrecht (und dem darauf gestützten Sekundärrecht) ergeben. Davon erfasst ist insbesondere auch das Ordnungsrecht der **Wettbewerbsregeln** (Art. 101 ff. AEUV). Das Protokoll Nr. 27 über den Binnenmarkt und Wettbewerb bezeichnet es daher zu Recht als (normative) »Tatsache, dass der Binnenmarkt, wie er in Artikel 3 des Vertrages über die Europäische Union beschrieben wird, ein System umfasst, das den Wettbewerb vor Verfälschungen schützt.« Diese ausdrückliche Klarstellung wurde im Zuge der Vertragsreform von Lissabon insbesondere wegen der auf die zielbezogene Abrundungskompetenz (heute: Art. 352 AEUV) gestützte Fusionskontrollverordnung für erforderlich gehalten, um Zweifel an der Zieleigenschaft des Systems, das den Wettbewerb vor Verfälschungen schützt, zu beseitigen. Sie waren dadurch entstanden, weil auf Drängen des französischen Präsidenten dieses System anders als im früheren Art. 3 EGV nicht ausdrücklich in Art. 3 EUV erwähnt wird.[84]

2. Einzelelemente des normativen Binnenmarktkonzepts

a) Transnationaler Freiverkehr von Produktionsfaktoren und Produkten

33   Kern des Binnenmarktkonzepts ist der Gedanke des transnationalen Freiverkehrs aller Produktionsfaktoren und Produkte. Er bezweckt, die mitgliedstaatlichen Märkte in der Union allseitig zu öffnen und offen zu halten.[85] Zur Verwirklichung dieses Ziels enthält das Primärrecht verschiedene Vorkehrungen, die teils als unmittelbar anwendbare Vorschriften, teils als Handlungsermächtigungen ausgeprägt sind. Die zentralen Basisnormen des Binnenmarktes sind vier Gruppen von überwiegend als Beschränkungsverbote formulierten, **unmittelbar anwendbaren** Bestimmungen, die den betroffenen Marktteilnehmern **subjektive Rechte** (mit Anwendungsvorrang vor abweichendem mitgliedstaatlichem Recht jeder Art) gewähren[86] und daher transnationale Marktzugangs-

---

[82] Das Weißbuch der Kommission zur Vollendung des Binnenmarktes führte drei Kategorien von zu überwindenden Schranken auf: physische, technische, steuerliche.

[83] Zur Diskussion um das Verhältnis der Begriffe des Gemeinsamen Marktes und des Binnenmarktes bei Einführung des Begriffs des Binnenmarktes *Müller-Graff*, EuR 1989, 107 (125, 127).

[84] *Behrens*, EuZW 2008, 193; *Jacqué*, in: GSH, Europäisches Unionsrecht, Art. 3 EUV, Rn. 5.

[85] Vgl. z. B. *Mestmäcker*, Wirtschaftsordnung und Rechtsordnung, FS Böhm, 1965, S. 345 ff.

[86] Grundlegend EuGH, Urt. 5.2.1963, Rs. 26/62 (van Gend & Loos), Slg. 1963, 1 (zu einer Vorschrift zur Herstellung des zollfreien Warenverkehrs); sodann ausgeweitet auf alle Beschränkungsverbote des freien Wirtschaftsverkehrs zwischen den Mitgliedstaaten: so für die Arbeitnehmerfreizügigkeit z. B. EuGH, Urt. v. 15.10.1969, Rs. 15/69 (Ugliola), Slg. 1969, 363, Rn. 7; zur Niederlassungsfreiheit von Selbständigen Urt. v. 21.6.1974, Rs. 2/74 (Reyners), Slg. 1974, 631, Rn. 39; zur Niederlassungsfreiheit von Gesellschaften, Urt. v. 9.3.1999, Rs. C–212/97 (Centros/Erhvervs- og Selskabstyrelsen), Slg. 1999, I–1459, Rn. 21/22; zur Dienstleistungsfreiheit Urt. v. 3.12.1974, Rs. 33/74 (van Binsbergen), Slg. 1974, 1299, Rn. 27; zur Kapitalverkehrsfreiheit Urt. v. 18.12.2007, Rs. C–101/05 (A), Slg. 2007, I–11531, Rn. 21, 27.

Grundfreiheiten darstellen. Zur Sicherung der grenzüberschreitenden Funktionsfähigkeit der wirtschaftlichen Privatinitiative richten sie sich gegen mit dem wettbewerbsverfassten Binnenmarkt unvereinbare Behinderungen, deren Urheber Mitgliedstaaten, Unionseinrichtungen[87] oder Private[88] sein können. Im Einzelnen handelt es sich bei den Faktorfreiheiten um die **Personenfreizügigkeit** für Arbeitnehmer (Art. 45 bis 48 AEUV), Selbständige (Art. 49 bis 53 AEUV) und rechtlich konfigurierte Marktakteure (»Gesellschaften«, Art. 54 AEUV i. V. m. Art. 49 ff. AEUV) und um die **Kapital- und Zahlungsverkehrsfreiheit** (Art. 63 bis 66 AEUV). Die Produktfreiheiten sind die **Warenverkehrsfreiheit** (Art. 28 bis 37 AEUV) mit Sonderregeln für den Freiverkehr landwirtschaftlicher Waren und Fischereiprodukte (Art. 38 bis 44 AEUV) und für indirekte Steuern (Art. 110 bis 113 AEUV) und die **Dienstleistungsfreiheit** sowohl für den Dienstleistungserbringer als auch für den Dienstleistungsempfänger (Art. 56 bis 62 AEUV) mit Sonderregeln für die Verkehrsdienstleistungen (Art. 90 bis 100 AEUV). Eine Sonderstellung in der Anwendungsrichtung nehmen die Kapital- und Zahlungsverkehrsfreiheit ein, da sich deren Beschränkungsverbote zwecks Steigerung der Attraktivität des Binnenmarktes als Investitionsraum zusätzlich auch auf das Verhältnis zwischen den Mitgliedstaaten der EU und Drittstaaten erstrecken.

b) Die binnenmarktfördernde Angleichung mitgliedstaatlichen Rechts

Zweiter wesentlicher Bestandteil der Bestimmungen zur Verwirklichung des Binnen-   **34**
marktes sind die Zuständigkeiten der Union zur **binnenmarktfördernden Angleichung mitgliedstaatlichen Rechts** (so beispielsweise Art. 114, 115 AEUV). Denn der von Art. 3 Abs. 3 EUV angestrebte binnenmarktliche Freiverkehr kann allein von den unmittelbar anwendbaren Bestimmungen über die Grundfreiheiten nicht gewährleistet werden. Dadurch sind nicht alle marktzugangsbehindernden oder wettbewerbserschwerenden einzelstaatlichen Maßnahmen überwindbar: so namentlich nicht bestehende oder aktuell neu entstehende oder potentiell zu besorgende gerechtfertigte Marktzugangshindernisse (beispielsweise aus Gründen des Art. 36 AEUV) und auch nicht die den transnationalen Wettbewerb erschwerenden Wettbewerbsverzerrungen aus unterschiedlichen mitgliedstaatlichen Regeln. Hinzu kommt, dass die judikative Klärung der Unvereinbarkeit einer einzelnen Maßnahme mit einer Grundfreiheit zeitaufwändig ist. Folgerichtig enthält daher das Primärrecht Legislativermächtigungen der Union, um durch die Verpflichtung der Mitgliedstaaten zur Anpassung ihres Rechts an einen von der Union festgelegten Standard (beispielsweise in der Lebensmittelsicherheit) zu erreichen, dass bei Einhaltung dieses Standards der unionsweite Freiverkehr (beispielsweise einer Ware) gewährleistet ist.

---

[87] Vgl. z. B. EuGH, Urt. v. 14. 12. 2004, C–434/02 (André/Herford), Slg. 2004, I–11825, Rn- 57; Urt. v. 12. 7. 2005, Rs. 154/04 u. Rs. 155/04 (ANH – NAHS), Slg. 2005, I–1451 Rn. 47; Urt. v. 12. 7. 2012, C–59/11 (Kokopelli), ECLI:EU:C:2012:447, Rn. 80.

[88] *Müller-Graff*, EuR 2014, 3 m. z. N. zum Schrifttum; aus der Entwicklung der Rechtsprechung namentlich EuGH, Urt. v. 12. 12. 1974, Rs. 36/74 (Walrave und Koch), Slg. 1974, 1405, Rn. 20; Urt. v. 15. 12. 1995, C–415/93 (Bosman), Slg. 1995, I–4921; Urt. v. 6. 6. 2000, Rs. 281/98 (Angonese), Slg. 2000, I–4139; Urt. v. 11. 12. 2007, Rs. C–438/05 (Viking), Slg. 2007, I–10779; Urt. v. 18. 12. 2007, Rs. C–341/05 (Laval), Slg. 2007, I–11767; Urt. v. 17. 7. 2008, Rs. C–94/07 (Raccanelli), Slg. 2008, I–5939; Urt. v. 16. 3. 2010, Rs. 325/08 (Olympique Lyonnais), Slg. 2010, I–2177; Urt. v. 11. 11. 2010, Rs. C–379/09 (Casteels), NZA 2011, 561; Urt. v. 12. 7. 2012, Rs. C–171/11 (Fra.bo/ DVGW), ECLI:EU:C:2012:453.

c) Der Ordnungsrahmen der Wettbewerbsregeln

35   Die dritte Gruppe primärrechtlicher Vorkehrungen zur Verwirklichung des Binnenmarktes bilden die **Wettbewerbsregeln** (Art. 101 bis 109 AEUV). Sie geben dem durch
die Marktzugangs-Grundfreiheiten ermöglichten transnationalen Wettbewerb den Ordnungsrahmen einer wettbewerbsverfassten Marktwirtschaft im Sinne des wirtschafts-
politischen Grundsatzes des Art. 119 AEUV und sollen dadurch das System der Wettbewerbsfreiheit und die Vertragstreue der Mitgliedstaaten zur Achtung des binnen-
marktlichen Freiverkehrs sichern. Folgerichtig adressieren sie sowohl Unternehmen als
auch die Mitgliedstaaten auf jeweils spezifische Weise. Während sich die unmittelbar
anwendbaren Art. 101 und 102 AEUV gegen Wettbewerbsbeschränkungen durch Ver-
haltenskoordination von Unternehmen und den Missbrauch einer marktbeherrschen-
den Stellung richten, wenden sich die Art. 107 bis 109 AEUV gegen wettbewerbsver-
fälschende, nicht mit dem Binnenmarkt vereinbare staatliche Beihilfen. Überdies verpflichtet Art. 106 Abs. 1 AEUV die Mitgliedstaaten, in Bezug auf öffentliche und
bestimmte privilegierte Unternehmen keine dem Primärrecht und insbesondere den
Wettbewerbsregeln widersprechende Maßnahmen zu treffen oder beizubehalten.

d) Das marktintegrativ flankierende Recht

36   Eine vierte Gruppe der primärrechtlichen Vorkehrungen zur Verwirklichung des Binnenmarktes bilden die **marktintegrativ flankierenden Bestimmungen**. Dazu rechnen
namentlich die Zuständigkeiten der Union zur transeuropäischen **infrastrukturellen
Vernetzung** in den Bereichen der Verkehrs-, Telekommunikations- und Energieinfra-
struktur (Art. 172 AEUV), die dem transnationalen Austausch für die Kontaktnahme
von Personen und dem unionsweiten Transport von Personen und Gütern technisch
dient. Damit verbunden ist die Unionskompetenz zur **Energiepolitik**, die allerdings zugleich darüber hinausgehende genuine Programmziele (namentlich die Gewährleistung
der Energieversorgungssicherheit) enthält (Art. 194 AEUV). Zu den marktintegrativ
flankierenden Vorkehrungen zählt auch die Zuständigkeit der Union zur Förderung des
wirtschaftlichen und sozialen Zusammenhalts (**Kohäsionspolitik**, Art. 174 ff. AEUV).
Denn da das Prinzip des komparativen Kostenvorteils zu asymmetrischen regionalen
Auswirkungen führen kann, sind für die allseitige Bereitschaft der Mitgliedstaaten zum
Zusammenhalt des gemeinsamen Marktraums kompensierende Maßnahmen geboten.
Sie sind für die Marktintegration konzeptionell am stimmigsten und zielführendsten,
wenn sie als infrastrukturelle Wettbewerbsbefähigungspolitik angelegt sind. Auf jeweils
spezifische Weise der Binnenmarktintegration dienlich sind weitere Unionszuständigkeiten: so namentlich diejenigen zur Förderung der **justiziellen Zusammenarbeit in Zivilsachen mit grenzüberschreitendem Bezug** (Art. 81 AEUV), da die Bereitschaft zu
einem grenzüberschreitenden Geschäft nicht zuletzt vom Grad der erwarteten verlässlichen gerichtlichen Durchsetzbarkeit im Konfliktfall bestimmt wird. Teilweise zählen
dazu auch die Unionskompetenzen zur **Sozialpolitik** (Art. 151 ff. AEUV), soweit diese
eine Angleichung kosten- und damit wettbewerbsrelevanter Regelungen ermöglichen.
Schließlich flankieren auch die Unionszuständigkeiten zur Förderung der **justiziellen
Zusammenarbeit in Strafsachen** (Art. 82 ff. AEUV) und der **polizeilichen Zusammenarbeit** (Art. 87 ff. AEUV) die Marktintegration als kompensierende Maßnahme für den
Wegfall der Grenzkontrollen im Binnenmarkt. Demgegenüber ist eine notwendige Verbindung zur Förderung der Marktintegration für andere im Gefolge der politischen Verdichtung der Union entstandene Begleitpolitiken (beispielsweise Art. 145 bis 150, 165
bis 169, 173, 179 bis 190, 191 bis 193, 196 AEUV) und andere Teile der die Binnen-

marktintegration in Art. 3 Abs. 3 EUV umrahmenden Einzelziele nur begrenzt oder nicht vorhanden. Sie können aber als Ordnungsrahmen des gemeinsamen Marktraums wirken.

e) Die außenhandelsrechtliche Seite des Binnenmarktes

Eine fünfte Gruppe von Bestimmungen zur Verwirklichung des Binnenmarktes regelt   37
das **außenhandelsrechtliche Verhältnis** der aus weltwirtschaftlicher Sicht regionalen Marktgemeinschaft der Union zu den Wirtschaftsräumen außerhalb der Union. Hierzu zählen im Primärrecht zuvörderst die Vorschriften über den Gemeinsamen Zolltarif (Art. 31 AEUV), die Zusammenarbeit im Zollwesen (Art. 33 AEUV) und die insbesondere auf Waren, Dienstleistungen und ausländische Direktinvestitionen bezogene Gemeinsame Handelspolitik (Art. 206 f. AEUV). Hinzuzurechnen sind auch die Regeln über den freien Kapital- und Zahlungsverkehr zwischen den Mitgliedstaaten und Drittstaaten sowie über die Zugangspolitiken der Mitgliedstaaten zwecks Ermöglichung des internen Freizügigkeitsraums ohne Binnengrenzkontrollen in der Union (Art. 67 ff. AEUV).

f) Der politische Ordnungsrahmen des Binnenmarktes

Art. 3 Abs. 3 UAbs. 1 Satz 2 und 3 und UAbs. 2 bis 4 AEUV spannen schließlich die als   38
Daueraufgabe zu verstehende[89] Verwirklichung des Binnenmarktes in das vielgliedrige und dadurch in sich spannungsvolle Tableau abstrakter und darin offener[90] Ziele eines **politischen Ordnungsrahmens der Union**, der im Einzelnen in den zugehörigen sachbereichlichen Einzelabschnitten des AEUV ausgefaltet (und dort kommentiert) ist. Mit diesem Ordnungsrahmen soll zum einen der Binnenmarkt vereinbar sein. Zum anderen ist seine Ausgestaltung von der Union auch ohne marktintegrative Zielsetzung zu verfolgen, wenn eine solche von der einschlägigen Zuständigkeit nicht vorgesehen ist (z. B. Art. 153 – in Teilen-, 173, 179, 192 AEUV). Die Union soll im Binnenmarktraum in fünf Richtungen wirken.

Sie soll erstens auf die **nachhaltige Entwicklung** Europas auf der Grundlage eines   39
ausgewogenen Wirtschaftswachstums und von **Preisstabilität**, auf eine **in hohem Maße wettbewerbsfähige soziale Marktwirtschaft**[91] hinwirken, die auf **Vollbeschäftigung** und **sozialen Fortschritt** abzielt, sowie auf ein hohes Maß an **Umweltschutz** und Verbesserung der Umweltqualität (Art. 3 Abs. 3 UAbs. 3 Satz 2). Mit der wirtschaftsordnungsrechtlichen Aussage zur **sozialen Marktwirtschaft**, die über Art. 119 Abs. 1 AEUV sowie das Protokoll Nr. 27 über den Binnenmarkt und den Wettbewerb noch um die Komponente der offenen Marktwirtschaft mit freiem und unverfälschtem Wettbewerb ergänzt wird,[92] hat der Reformvertrag von Lissabon zwar einen neuen semantischen Akzent im Primärrecht gesetzt. Er hat es jedoch in seiner **wirtschaftsordnungsrechtlich** maßgeblichen Grundstruktur weder konkretisiert noch grundlegend verändert.[93] Aller-

---

[89] Vgl. Hatje (Hrsg.), EuR-Beiheft 1/2002.

[90] Zur Offenheit auch *Becker*, in: Schwarze, EU-Kommentar, Art. 3 EUV, Rn. 14.

[91] Dazu im Einzelnen *Müller-Graff*, FS Scheuing, S. 600 ff. m. z. N.

[92] Dazu im Einzelnen *Müller-Graff*, Europäisches Wirtschaftsordnungsrecht – Das System, S. 51 (68 ff.).

[93] Vgl. z. B. *Nowak*, EuR-Beiheft 1/2009, S. 185 (188); *Müller-Graff*, FS Scheuing, S. 600 (621 f.); *Ruffert*, in: Calliess/Ruffert, EUV/AEUV, Art. 3 EUV, Rn. 25 ff., 28 ff.; zum Verfassungsvertrag ebenso bereits *Schwarze*, EuZW 2004, 135 (136 f.); *Becker*, Die soziale Dimension des Binnenmarkts, in: Schwarze (Hrsg.), Der Verfassungsentwurf des Europäischen Konvents, S. 204, S. 201 (209).

dings hat er die seit Jahrzehnten aufgewachsenen Einzelelemente des Primärrechts (namentlich die Bestimmungen zum Markt- und Wettbewerbsprinzip im Gemeinsamen Markt/Binnenmarkt und in der Wirtschaftsunion, zum Schutzgüterrecht und zur Sozial-, Beschäftigungs- und Kohäsionspolitik) in die Bündigkeit der bereits in der Gründungsphase der Bundesrepublik politisch[94] (wiewohl nicht verfassungsrechtlich[95]) genutzten »irenischen Formel«[96] der sozialen Marktwirtschaft und deren Potenzial als »politischen Integrationsformel«[97] gebracht. Als Motivation für ihre Aufnahme in das Primärrecht wird teils auch die terminologische Akzentuierung des spezifisch »europäischen Sozialmodells« einer Wirtschaftsverfassung genannt.[98] Maßgeblich für das konkrete Rechtsprofil des Primärrechts bleiben insoweit die unmittelbar anwendbaren Bestimmungen und die jeweiligen Zuständigkeitsnormen.

40   Zweitens soll die Union den **wissenschaftlichen und technischen Fortschritt** fördern (Art. 3 Abs. 3 UAbs. 3 Satz 3 AEUV). Sie soll drittens soziale Ausgrenzung und **Diskriminierungen bekämpfen** und die **soziale Gerechtigkeit und sozialen Schutz** fördern ebenso wie die **Gleichstellung** von Frauen und Männern, die **Solidarität zwischen den Generationen** und den Schutz der **Rechte des Kindes** (Art. 3 Abs. 3 UAbs. 2 AEUV). Sie soll viertens den **wirtschaftlichen, sozialen und territorialen Zusammenhalt** und die **Solidarität** zwischen den Mitgliedstaaten fördern (Art. 3 Abs. 3 UAbs. 3 AEUV) und schließlich fünftens den **Reichtum ihrer kulturellen und sprachlichen Vielfalt** wahren und für den Schutz und die **Entwicklung des kulturellen Erbes Europas** sorgen (Art. 3 Abs. 3 UAbs. 4 AEUV). Diesen politischen Ordnungszielen sind in den sachbereichlichen Einzelabschnitten des Primärrechts des **AEUV** jeweils spezifisch definierte Zuständigkeiten der Union zugeordnet (vgl. dazu die Kommentierung zu den jeweiligen Bestimmungen).

IV.   Die Errichtung einer Wirtschafts- und Währungsunion (Abs. 4)

41   Art. 3 Abs. 4 AEUV beauftragt die Union, eine **Wirtschafts- und Währungsunion** zu errichten, deren Währung der Euro ist. Dieses drittgereihte operative Hauptziel knüpft in beiden Komponenten (Wirtschaftsunion, Währungsunion) integrationskonzeptionell am **Binnenmarktziel** an. Ein transnationaler Freiverkehr aller Produktionsfaktoren und Produkte in einem System, das den dadurch ermöglichten Wettbewerb vor Verfälschungen schützt, kann wegen des damit ins Werk gesetzten wettbewerblichen Prinzips des komparativen Kostenvorteils asymmetrische regionale Wirkungen auslösen. Diese entweder präventiv zu vermeiden oder in einem für den gedeihlichen Zusammenhalt der Union politisch verträglichen Maß zu bändigen, ist Ziel einer **Wirtschaftsunion**, die sich als eine die Mitgliedstaaten und die Union in Pflicht nehmende Wirtschaftspolitik im

---

[94] Vgl. namentlich *Müller-Armack*, Wirtschaftslenkung und Marktwirtschaft, 1947; *ders.*, Soziale Marktwirtschaft, in: Handwörterbuch der Sozialwissenschaften, 1956, S. 360 ff.; *ders.*, Genealogie der sozialen Marktwirtschaft, 2. Aufl., 1981.

[95] Die von *Nipperdey* vertretene These von der verfassungsrechtlichen Garantie der sozialen Marktwirtschaft (z. B.: Soziale Marktwirtschaft und Grundgesetz, 2. Aufl., 1961, S. 44) konnte sich in der Rechtsprechung des BVerfG nicht durchsetzen; vgl. BVerfGE 4, 7 (Investitionshilfe); dazu *Müller-Graff*, Unternehmensinvestitionen und Investitionssteuerung im Marktrecht, 1984, S. 255 ff.

[96] *Müller-Armack*, Soziale Irenik, in: Müller-Armack (Hrsg.), Religion und Wirtschaft. Geistesgeschichtliche Hintergründe unserer europäischen Lebensform, 1959, S. 559 ff.

[97] *Zweynert*, Wirtschaftsdienst 2008, 334.

[98] Zu dieser Erwartung *Ruffert*, in: Calliess/Ruffert, EUV/AEUV, Art. 3 EUV, Rn. 27; *Kämmerer*. NVwZ 2002, 1041.

Sinne des Art. 119 Abs. 1 AEUV versteht. Sie wird von dieser Norm als eine Politik formuliert »die auf einer engen Koordinierung der Wirtschaftspolitik der Mitgliedstaaten, dem Binnenmarkt und der Festlegung gemeinsamer Ziele beruht und dem Grundsatz einer offenen Marktwirtschaft und freiem Wettbewerb verpflichtet ist.« Zugleich ist ein Binnenmarkt in einem System, das dessen Wettbewerb vor Verfälschungen schützt, im Falle verschiedener Landeswährungen latent großflächigen Wettbewerbsverzerrungen infolge flottierender Wertrelationen zwischen den einzelnen Landeswährungen ausgesetzt. Diese zu beseitigen, ist das primäre Ziel der **Währungsunion**, die gemäß Art. 119 Abs. 2 AEUV »eine einheitliche Währung, den Euro, sowie die Festlegung und Durchführung einer einheitlichen Geld- sowie Wechselkurspolitik (umfasst), die beide vorrangig das Ziel der Preisstabilität verfolgen und unbeschadet dieses Zieles die allgemeine Wirtschaftspolitik in der Union unter Beachtung des Grundsatzes einer offenen Marktwirtschaft mit freiem Wettbewerb unterstützen sollen.« Dies ist ein anspruchsvolles Vorhaben, dass ein Mindestmaß an wirtschaftlicher Konvergenz und auf Dauer tragbare Finanzlage der mitgliedstaatlichen öffentlichen Hände voraussetzt, wie es Art. 140 AEUV auch postuliert, ohne dass dies jedoch gewährleistet werden kann. Infolge des mit einer einheitlichen Währung einhergehenden Verlusts von Landeswährungen und deren wettbewerbsfördernden Wertanpassung im Falle sinkender internationaler Wettbewerbsfähigkeit der inlandsansässigen Wirtschaft eines Mitgliedstaats sowie des Verlusts einzelstaatlicher monetärer Steuerungsmöglichkeiten[99] entsteht ein zusätzliches Bedürfnis nach Abstimmung der Wirtschaftspolitiken und solider Haushaltspolitiken in der Wirtschaftsunion.[100]

Die primärrechtlichen **Einzelheiten** der Ausgestaltung der Wirtschafts- und Währungsunion sind in den **Art. 119 bis 144 AEUV** sowie in darauf bezogenen **Protokollen** enthalten. Im AEUV sind sie nach der Festlegung der Grundsätze (Art. 119 AEUV) in fünf Gruppen von Bestimmungen unterteilt. Diese enthalten Regelungen zu der auch die mitgliedstaatliche Haushaltspolitik umfassenden Wirtschaftspolitik (Art. 120 ff. AEUV), zur Währungspolitik (Art. 127 ff. AEUV) und zu institutionellen Fragen (Art. 134 f. AEUV) sowie speziell für die Mitgliedstaaten, deren Währung der Euro ist (Art. 136 ff. AEUV), und zu Übergangsfragen (Art. 139 ff. AEUV). Hierbei enthalten die Regeln zur Wirtschaftsunion und diejenigen zur Währungsunion infolge unterschiedlich ausgeprägter Bereitschaften der Mitgliedstaaten zur supranationalen Bindung ein **rechtskategorial unterschiedliches Mischungsverhältnis**. Während die Bestimmungen über die **Währungsunion supranational** angelegt sind (Art. 127 ff. AEUV), steht bei den Bestimmungen über die Wirtschaftsunion die intergouvernementale Koordinierung im Vordergrund (Art. 121, 126 AEUV). Dies wiederum ermöglicht es den Mitgliedstaaten, Fragen der Koordinierung der Wirtschaftspolitik und der Förderung der Wirtschaftsunion auch außerhalb des Unionsrechts untereinander zu regeln, solange sie dadurch nicht Unionsrecht verletzen. Daher konnte der **ESM-Vertrag** (Vertrag zur Errichtung des Europäischen Stabilitätsmechanismus) und **der SKS-Vertrag** (Vertrag über Stabilität, Koordinierung und Steuerung in der Wirtschafts- und Währungsunion; Fiskalpakt) als mit dem Unionsrecht vereinbar befunden werden.[101]

42

---

[99] Vgl. dazu *Fuest*, Wirtschaftsdienst 1993, 539.

[100] Zur rechtlichen Neujustierung der Wirtschafts- und Währungsunion *Müller-Graff*, ZHR 176 (2012), 2.

[101] EuGH, Urt. v. 27.11.2012, Rs. C–370/12 (Pringle/Ireland), ECLI:EU:C:2012:756; *Müller-Graff*, RIW 2013, 111.

V. Das auswärtige Handeln (Abs. 5)

43   Art. 3 Abs. 5 EUV beauftragt die Union mit der **Aufgabe auswärtigen Handelns** als viertem operativen Hauptziel und richtet dieses zugleich programmatisch auf bestimmte Ziele und Werte aus. Grundlegend ist die Union danach primärrechtlich verpflichtet, ihre **Werte** (Art. 2 EUV) und ihre (jeweils politisch zu definierenden) **Interessen** zu fördern und zu schützen und zum **Schutz ihrer Bürgerinnen und Bürger** (Art. 20 AEUV) beizutragen (Art. 3 Abs. 5 Satz 1 EUV). Ohne dass Art. 3 Abs. 5 Satz 1 EUV dies ausspricht, ist zu den primären Interessen der Union im Verhältnis zu Drittstaaten und internationalen Organisationen die Absicherung des Binnenmarktes durch eine gemeinsame Handelspolitik zu zählen. **Ergänzend** zu dieser außenpolitischen Grundaufgabentrias (Werte, Interessen, Bürgerschutz) sind die von Art. 3 Abs. 5 Satz 2 EUV aufgeführten Aufgaben zu verstehen. Sie lesen sich wie ein »Wunschzettel«[102] in ihrer Formulierung als aufgetragener Beitrag »zu Frieden, Sicherheit, globaler, nachhaltiger Entwicklung, Solidarität, Achtung unter den Völkern« sowie »zu freiem und gerechtem Handel, zur Beseitigung von Armut und zum Schutz der Menschenrechte, insbesondere der Rechte des Kindes, sowie zur strikten Einhaltung und Weiterentwicklung des Völkerrechts, insbesondere zur Wahrung der Grundsätze der Charta der Vereinten Nationen.« In dieser Ausrichtung drückt sich das grundlegende primärrechtlich gewollte Selbstverständnis für die Union aus, zu einer gedeihlichen Weltordnung auf der Grundlage des Völkerrechts beizutragen. Dieses Selbstverständnis der Ziele und Grundsätze internationalen Handelns der Union wird **von Art. 21 EUV** in breiter Auffächerung konkretisiert und von dessen Abs. 2 Buchst. h mit der Aufgabe auf den Punkt gebracht, »eine Weltordnung zu fördern, die auf einer verstärkten multilateralen Zusammenarbeit und einer verantwortungsvollen Weltordnungspolitik beruht.«

44   Die primärrechtlichen **Einzelheiten** für die Ausrichtung und Durchführung des auswärtigen Handelns sind in den Bestimmungen über das vertraglich in Einzelsegmente aufgeteilte auswärtige Handeln in EUV und AEUV ausgefaltet. Deren **rechtskategoriale Qualität** ist infolge unterschiedlicher Bereitschaften zu supranationaler Verpflichtung unterschiedlich ausgestaltet. Während insbesondere die **Gemeinsame Handelspolitik** folgerichtig zur Rechtsqualität des Binnenmarkts gleichfalls supranational ausgestaltet (Art. 206 f. AEUV) und überdies der ausschließlichen Zuständigkeit der Union zugeordnet ist (Art. 3 Abs. 2 Buchst. e AEUV), sind die Bestimmungen über die **Gemeinsame Außen- und Sicherheitspolitik** (Art. 23 ff.) und über die **Gemeinsame Sicherheits- und Verteidigungspolitik** (Art. 42 ff. EUV) auch nach der Vertragsreform von Lissabon strikt intergouvernemental gefasst. Insbesondere erfolgt hier die Beschlussfassung im Europäischen Rat und Rat grundsätzlich einstimmig (Art. 31 Abs. 1 EUV) und stehen in diesen Bereichen die Rechtsaktformen des Art. 288 AEUV nicht zur Verfügung.

D. Der Zielverfolgungsmechanismus (Abs. 6)

45   Art. 3 Abs. 6 EUV legt fest, dass die Union ihre Ziele **mit geeigneten Mitteln** entsprechend den **Zuständigkeiten** verfolgt, die ihr in den Verträgen übertragen sind. Die Norm spricht damit primärrechtliche Selbstverständlichkeiten aus.[103] Erstens sind Ziele noch

---

[102] So *Drescher*, Ziele und Zuständigkeiten, S. 68: »Wunschzettel für eine bessere Welt«; skeptisch auch *Terhechte*, in: Grabitz/Hilf/Nettesheim, EU, Art. 3 EUV (Mai 2014), Rn. 63.
[103] Ebenso *Becker*, in: Schwarze, EU-Kommentar, Art. 3 EUV, Rn. 9; *Terhechte*, in: Grabitz/Hilf/Nettesheim, EU, Art. 3 EUV (Mai 2014), Rn. 26.

keine Kompetenzen. Vielmehr ist die Union nach dem Prinzip der begrenzten Einzel-ermächtigung (Art. 5 Abs. 2 EUV) nur handlungsbefugt, soweit ihr die Mitgliedstaaten eine Zuständigkeit zugeordnet haben. Und zweitens ist die Union nach dem Prinzip der Verhältnismäßigkeit (Art. 5 Abs. 4 AEUV), das auch für die Zielverwirklichung gilt,[104] implizit auch nur befugt, geeignete Mittel einzusetzen, da ungeeignete Maßnahmen außerhalb des zur Errcichung der Ziele der Verträge erforderlichen Maßes liegen.

E. Die Funktionen des Zielartikels in der Unionsrechtsordnung

Die Zielvorschriften des Art. 3 EUV sind nicht nur öffentlich informierende und erhofft **46** integrierende[105] sowie das politische Gesamtverhalten der Union orientierende Pro-grammsätze. Sie adressieren auf unterschiedliche Weise Unionsorgane und Mitglied-staaten, nicht aber auch Private,[106] soweit sie nicht in konkreten, Private adressierenden Bestimmungen inkorporiert sind. Sie sind nicht unmittelbar anwendbar und begründen keine subjektiven Rechte (s. oben Rn. 2), entfalten aber insbesondere auch auf jeweils spezifische Weise im Einzelnen **steuernde Wirkung** für die und in der Unionsrechtsord-nung Dies gilt sowohl für die **Normgestaltung** als auch für die **Normanwendung**.

I. Normgestaltung

In den vier operativen Hauptzielen bündelt sich die sachgegenständliche Essenz des **47** nachfolgenden materiellen Primärrechts und dieses ist wiederum durch jene grund-strukturiert. Damit steuern sie die wesentlichen **thematischen Inhaltsbereiche des Pri-märrechts** und können dessen weitere Entwicklung gegebenenfalls **politisch pfadabhän-gig** formen. Sie können auch eine primärrechtsakzessorische **Radialwirkung** außerhalb des Unionsrechts zu deren Verwirklichung entfalten (so im Falle des ESM-V und des SKS-V zum Zweck der besseren Verwirklichung des Ziels der Wirtschafts- und Wäh-rungsunion).[107]

Eine steuernde Fernwirkung, wenn auch nicht eine konkrete Handlungspflicht[108] oder **48** Handlungsvorgabe,[109] ergibt sich für das gesamte politische Verhalten der Union und für die Gestaltung des auf die Ermächtigungen des Primärrechts gestützten **Sekundärrechts** oder nicht bindender Maßnahmen.[110] Für dessen Inhalt entfalten zuallererst die tatbe-standlichen Vorgaben der jeweils zugrunde gelegten Kompetenznorm (**Prinzip der be-grenzten Einzelermächtigung**, Art. 5 Abs. 2 EUV), über diese aber auch die darin kon-kretisierten Unionsziele, orientierende Wirkung. Nimmt eine Zuständigkeitsnorm aus-drücklich Bezug auf die Unionsziele, wirken diese kompetenzkonkretisierend (s.

---

[104] *Terhechte*, in: Grabitz/Hilf/Nettesheim, EU, Art. 3 EUV (Mai 2014), Rn. 25.

[105] Dazu *Reimer*, EuR 2003, 992 (999).

[106] *Terhechte*, in: Grabitz/Hilf/Nettesheim, EU, Art. 3 (Mai 2014), Rn. 27.

[107] Vertrag zur Einrichtung des Europäischen Stabilitätsmechanismus (ESM) v. 2.2.2012, BGBl. 2012 II S. 1086; Vertrag über die Stabilität, Koordinierung und Steuerung in der Wirtschafts- und Währungsunion v. 2.3.2012, BGBl. 2012 II S. 1006; dazu *Müller-Graff*, ZHR 176 (2012), 2.

[108] *Pechstein*, in: Streinz, EUV/AEUV, Art. 3 EUV, Rn. 3; *Blanke*, in: Calliess/Ruffert, EUV/AEUV, Art. 3 EUV, Rn. 3.

[109] *Becker*, in: Schwarze, EU-Kommentar, Art. 3 EUV, Rn. 5.

[110] *Becker*, in: Schwarze, EU-Kommentar, Art. 3 EUV, Rn. 5 und 6 unter Hinweis auch auf die Bindung aller »weicher Steuerungsinstrumente« im Sinne von »soft law« der Union; zu letzterem z. B. *Müller-Graff*, EuR 2012, 18.

Rn. 52). Bei der **Kompetenzausübung** setzen die Ziele der Politik der Union und ihren Maßnahmen in den verschiedenen Bereichen den Rahmen der gebotenen Kohärenzorientierung (Art. 7 AEUV) und geben den Maßnahmen ihrer Organe über das Prinzip der Verhältnismäßigkeit das inhaltliche und formale Maß (Art. 5 Abs. 3 EUV). Hierbei kann es insbesondere im Rahmen des für (rechts)politische Maßnahmen der Union geltenden allgemeinen Kohärenzgebots (Art. 7 AEUV) oder der spezifischen Querschnittsklauseln (Art. 8 ff. AEUV) zu **Zielkonflikten** im Einzelfall kommen. Lässt sich dabei eine gleichwertige Verfolgung widerstreitender Ziele nicht verwirklichen, kommt den zuständigen Unionsorganen ein gerichtlich nur begrenzt überprüfbarer Ermessensspielraum der wertenden Priorisierung zu.[111]

II. Normauslegung und Normanwendung

49 **Rechtsverbindlich steuernd** wirken die Unionsziele in der **Auslegung** und **Anwendung** des Unionsrechts über explizite oder implizite Bezugnahmen in Einzelnormen. In diesen können sich Auseinandersetzungen über den Inhalt eines Ziels entzünden.[112] Nach der rechtlichen Wirkung von Zielen bei der Normauslegung und Normanwendung unterscheidbar sind verschiedene Formen.

50 Die Ziele **verpflichten** zum einen die **Union** per se (Art. 3 EUV), binden das Handeln ihrer Organe (Art. 13 Abs. 2 EUV) und (neben dem Kohärenzgebot und den Prinzipien der begrenzten Einzelermächtigung und der Verhältnismäßigkeit; s. Rn. 44) insbesondere deren **Ermessensausübung**,[113] beschränken die Befugnis des ESZB in der Unterstützung der allgemeinen Wirtschaftspolitik in der Union (Art. 127 Abs. 1 Satz 2, 282 Abs. 2 Satz 2 AEUV) und legen das Erforderlichkeitsmaß für die Ausstattung mit Finanzmitteln fest (Art. 311 Abs. 1 AEUV).

51 Zum anderen verpflichten die Unionsziele die **Mitgliedstaaten** in den sie adressierenden Normen, so namentlich explizit über das allgemeine Gebot der loyalen Zusammenarbeit (Art. 4 Abs. 3 UAbs. 1 EUV: »Aufgaben«), das spezifische Gebot, alles zu unterlassen, was die Verwirklichung der Ziele der Union gefährden könnte (Art. 4 Abs. 3 UAbs. 3 EUV). Des Weiteren binden die Unionsziele die Mitgliedstaaten in ihrer jeweiligen Wirtschaftspolitik (Art. 120 Satz 1 AEUV) und Beschäftigungspolitik (Art. 145 EUV) sowie in der Ausrichtung einer Verstärkten Zusammenarbeit (Art. 20 Abs. 1 UAbs. 2 EUV). Überdies sind die Mitgliedstaaten gehalten, nach dem Grundsatz der loyalen Zusammenarbeit die Union bei der Erfüllung der sich aus den Verträgen ergebenden »Aufgaben« zu unterstützen (Art. 4 Abs. 3 UAbs. 1 EUV), und sie sind implizit über die zielorientierte Auslegung von sekundärrechtlich den Mitgliedstaaten eröffneten Handlungsmöglichkeiten an die Unionsziele gebunden.[114]

---

[111] S. o. Rn. 3.

[112] So erwartet *Terhechte*, in: Grabitz/Hilf/Nettesheim, EU, Art. 3 EUV (Mai 2014), Rn. 23, Streit zur unionalen Aufgabenstellung weniger im Rahmen der Zielbestimmungen als in den konkreten Kompetenznormen. Soweit diese oder andere rechtsfolgenauslösende Bestimmungen jedoch auf die Ziele der Union Bezug nehmen, kann es sehr wohl auch zu einer Auseinandersetzung über den Inhalt des in Bezug genommenen Zieles kommen.

[113] *Ruffert*, in: Calliess/Ruffert, EUV/AEUV, Art. 3 EUV, Rn. 8; so schon zur Anwendung des Art. 80 Abs. 2 EWGV im Licht des Art. 2 EWGV EuGH, Urt. v. 9. 7. 1969, Rs. 1/69 (Italien/Kommission), Slg. 1969, 277, Rn. 4/5.

[114] So in der Ausgestaltung sekundärrechtlich ermöglichter verstärkter Schutzmaßnahmen der Mitgliedstaaten, vgl. EuGH, Urt. v. 21. 7. 2011, Rs. 2/10 (Azienda Agro-Zootecnica Franchini), NVwZ 2011, 1057, Rn. 57.

Für die **Union** können die Ziele zudem unmittelbar **kompetenzkonkretisierend** (nicht   **52**
kompetenzbegründend) wirken, wenn die tatbestandliche Voraussetzung einer Zuständigkeitsnorm ausdrücklich auf das Erfordernis der Zielverwirklichung Bezug nimmt, so beispielsweise ausdrücklich Art. 114 Abs. 1 AEUV (»Ziele des Artikels 26«, der wiederum die Konkretisierung des Art. 3 Abs. 3 UAbs. 1 Satz 1 EUV darstellt), Art. 90, 91 AEUV (gemeinsame Verkehrspolitik), Art. 216 Abs. 1 (Internationale Übereinkünfte) und Art. 352 AEUV, auf den beispielsweise zu ihrem größten Teil die Fusionskontrollverordnung gestützt ist.[115] Auch ohne tatbestandlich ausdrückliche Bezugnahme einer Kompetenznorm auf die Unionsziele können diese für deren Nutzung **steuernd** wirken.[116]

Darüber hinaus können die Ziele des Art. 3 EUV in die **teleologische Auslegung** einer   **53**
unionsrechtlichen Einzelbestimmung einwirken,[117] beispielsweise auch der Bemessung von Geldbußen gegen kartellrechtsverletzende Unternehmen,[118] da jede unionsrechtliche Vorschrift im Kontext des normativen Gesamtzwecks der Unionsrechtsordnung steht. Allerdings ist von einem abstrakten Rekurs auf die Ziele der Verträge schwerlich konkreter Argumentationsgewinn zu erwarten. Die Evokation der Ziele mag – trotz oder gerade wegen ihrer Abstraktheit und Offenheit- im Einzelfall als persuasive Grundlage einer »**judikativen Rechtsfortbildung**« wirken.[119] In diesem Zusammenhang können die Unionsziele auch die **unionsrechtliche Prinzipienbildung** konturieren, so beispielsweise das unionsrechtliche Freiheits-, Markt- und Wettbewerbsprinzip.[120]

---

[115] VO (EG) 139/2004 vom 20. 1. 2004 über die Kontrolle von Unternehmenszusammenschlüssen, ABl. 2004, L 24/1, gestützt auf die seinerzeitigen Art. 83 EGV und Art. 308 EGV.

[116] *Terhechte*, in: Grabitz/Hilf/Nettesheim, EU, Art. 3 EUV (Mai 2014), Rn. 10; zur Vorgängernorm *Reimer*, EuR 2003, 992.

[117] So schon zum EWGV z. B. zur Auslegung des Art. 95 EWGV im Licht der Art. 2 und 3 EWGV EuGH, Urt. v. 5. 5. 1982, Rs. 15/81 (Schul), Slg. 1982, 1409, Rn. 33 sowie Urt. v. 25. 2. 1988, Rs. 299/86 (Drexl) Slg. 1988, 1213 (1235); und insbesondere im Wettbewerbsrecht z. B. zur Auslegung des Art. 85 EWGV aus Art. 2 EWGV und der Präambel Urt. v. 13. 7. 1966, Rs. 32/65 (Italien/Kommission und Rat), Slg. 1966, 458 (463); zur Auslegung der Wettbewerbsregeln aus Art. 2 und 3 EWGV Urt. v. 21. 2. 1973, Rs. 6/72 (Europemballage), Slg. 1973, 215, Rn. 24 f.; Urt. v. 13. 2. 1979, Rs. 85/76 (Hoffmann-La Roche), Slg. 1979, 461, Rn. 125; vgl. auch *Stumpf*, S. 309 ff.; zu Art. 3 EUV: *Becker*, in: Schwarze, EU-Kommentar, Art. 3 EUV, Rn. 7; *Ruffert*, in: Calliess/Ruffert, EUV/AEUV, Art. 3 EUV, Rn. 9; *Terhechte*, in: Grabitz/Hilf/Nettesheim, EU, Art. 3 EUV (Mai 2014), Rn. 12.

[118] E uGH, Urt. v. 7. 6. 1983, Rs. 100/80–103/80 (Musique Diffusion Française), Slg. 1983, 1825, Rn. 129; Urt. v. 28. 6. 2005, Rs. C–189/02 P u. a. (Dansk Rørindustri A/S), Slg. 2005, I- 5425, Rn. 242; Urt. v. 14. 10. 2010, Rs. C–280/08 P. (Deutsche Telekom AG), EuZW 2011, 200 (Ls.), Rn. 274).

[119] So schon zum EGV *Zuleeg*, in: GS, EUV/EGV, Art. 2 EUV, Rn. 3.

[120] *Terhechte* Die ungeschriebenen Merkmale des europäischen Wettbewerbsrechts, 2004, S. 81 ff.; *ders.*, in: Grabitz/Hilf/Nettesheim, EUV/AEUV, Art. 3 EUV (Mai 2014), Rn. 12; s. auch *Müller-Graff*, in: Dauses, Handbuch des EU-Wirtschaftsrechts, Abschnitt A I, Juli 2012, Rn. 187.

Artikel 4   EUV [Föderative Grundsätze]

(1) Alle der Union nicht in den Verträgen übertragenen Zuständigkeiten verbleiben gemäß Artikel 5 bei den Mitgliedstaaten.

(2) [1]Die Union achtet die Gleichheit der Mitgliedstaaten vor den Verträgen und ihre jeweilige nationale Identität, die in ihren grundlegenden politischen und verfassungsmäßigen Strukturen einschließlich der regionalen und lokalen Selbstverwaltung zum Ausdruck kommt. [2]Sie achtet die grundlegenden Funktionen des Staates, insbesondere die Wahrung der territorialen Unversehrtheit, die Aufrechterhaltung der öffentlichen Ordnung und den Schutz der nationalen Sicherheit. [3]Insbesondere die nationale Sicherheit fällt weiterhin in die alleinige Verantwortung der einzelnen Mitgliedstaaten.

(3) Nach dem Grundsatz der loyalen Zusammenarbeit achten und unterstützen sich die Union und die Mitgliedstaaten gegenseitig bei der Erfüllung der Aufgaben, die sich aus den Verträgen ergeben.

Die Mitgliedstaaten ergreifen alle geeigneten Maßnahmen allgemeiner oder besonderer Art zur Erfüllung der Verpflichtungen, die sich aus den Verträgen oder den Handlungen der Organe der Union ergeben.

Die Mitgliedstaaten unterstützen die Union bei der Erfüllung ihrer Aufgabe und unterlassen alle Maßnahmen, die die Verwirklichung der Ziele der Union gefährden könnten.

Literaturübersicht

zu Abs. 1

S. Art. 5 EUV

zu Abs. 2

Avbelj, Theory of European Union, E. L. Rev. 36 (2011), 818; *Avbelj/Komárek* (Hrsg.), Constitutional Pluralism in the European Union and Beyond, 2012; *Benoît-Rohmer*, Identité européenne et identité nationale, Absorption, complémentarité ou conflit?, Melanges Jean-Paul Jacqué, 2010, S. 63; *Besselink*, National and Constitutional Identity before and after Lisabon, Utrecht Law Review 6 (2010), 36; *Bleckmann*, Die Wahrung der »nationalen Identität« im Unions-Vertrag, JZ 1997, 265; *v. Bogdandy*, Europäische und nationale Identität: Integration durch Verfassungsrecht?, VVDStRL 62 (2003), 156; *v. Bogdandy/Schill*, Die Achtung der nationalen Identität unter dem reformierten Unionsvertrag. Zur unionsrechtlichen Rolle nationalen Verfassungsrechts und zur Überwindung des absoluten Vorrangs, ZaöRV 70 (2010), 701; *Britz*, Grundrechtsschutz in der justiziellen Zusammenarbeit – zur Titelfreizügkeit in Familiensachen, JZ 2013, 105; *Canor*, My Brother's Keeper? Horizontal Solange: »An Ever Closer Distrust Among the Peoples of Europe«, CMLRev. 50 (2013), 383; *Claes*, Negotiating Constitutional Identity or Whose Identity is It Anyway?, in: Claes u. a. (Hrsg.), Constitutional Conversations in Europe, 2012, S. 205; *Claes/Reestman*, The Protection of National Constitutional Identity and the Limits of European Integration at the Occasion of the Gauweiler Case, GLJ 16 (2015), 917; *Cloots*, National Identity in EU Law, 2015; *Cruz-Villalón*, Grundlagen und Grundzüge staatlichen Verfassungsrechts: Vergleich, in: v. Bogdandy/Cruz-Villalón/Huber (Hrsg.) Handbuch Ius Publicum Europaeum, Band 1, 2007, § 13; *Doehring*, Die nationale »Identität« der Mitgliedstaaten der Europäischen Union, FS Everling, Band 1, 1995, S. 263; *Epiney*, Gemeinschaftsrecht und Föderalismus: »Landesblindheit« und Pflicht zur Berücksichtigung innerstaatlicher Verfassungsstrukturen, EuR 1994, 301; *Franzius*, Europäisches Verfassungsrechtsdenken, 2010; *ders.*, Recht und Politik in der transnationalen Konstellation, AöR 138 (2013), 204; *Franzius/Preuß*, Die Zukunft der europäischen Demokratie, 2012; *Goldhammer*, Die Achtung der nationalen Identität durch die Europäische Union, JöR 63 (2015), 105; *Grewe/Rideau*, L'identité constitutionnelle des Etats membres de l'Union: flash back sur le coming out d'un concept ambigue, Mélanges Jean-Paul Jacqué, 2010, S. 319; *Guastaferro*, Beyond the Exceptionalism of Constitutional Conflicts: The Ordinary Functions of the Identity Clause,

Claudio Franzius

Jean Monnet Working Paper 01/2012; *Hilf*, Europäische Union und nationale Identität der Mitgliedstaaten, GS Grabitz, 1995, S. 157; *Koselleck*, Bund, Bündnis, Föderalismus, Bundesstaat, in: Brunner/Conze/Koselleck (Hrsg.), Geschichtliche Grundbegriffe, Band 1, 1972, S. 582; *Lerche*, Achtung der nationalen Identität (Art. f Abs. 1 EUV), FS Schippel, 1996, S. 919; *Mayer*, Verfassung im Nationalstaat: Von der Gesamtordnung zur europäischen Teilordnung?, VVDStRL 75 (2016), 7; *Millet*, The Respect for National Constitutional Identity in the European Legal Space: An Approach to Federalism as Constitutionalism, in: Azoulai (Hrsg.), The Question of Competence in the European Union, 2014, S. 253; *Peters*, Elemente einer Theorie der Verfassung Europas, 2001; *Pernice*, Der Schutz nationaler Identität in der Europäischen Union, AöR 136 (2011), 185; *Phelan*, Revolt or Revolution. The Constitutional Boundaries of the European Community, 1997; *Reestman*, The Franco-German Constitutional Divide. Reflections on National and Constitutional Identity, European Constitutional Law Review 5 (2009), 374; *Schönberger*, Die Europäische Union als Bund, AöR 129 (2004), 81; *ders.*, Identitätera. Verfassungsidentität zwischen Widerstandsformel und Musealisierung des Grundgesetzes, JöR 63 (2015), 41; *Saiz Arnaiz/Alcoberro Llivina* (Hrsg.), National Constitutional Identity and European Integration, 2013; *Schrauwen*, Safeguarding National Identity in Community Legislation, in: Obradovic/Lavranos (Hrsg.), Interface between EU Law and National Law, 2007, S. 105; *Shuibhne*, Margins of appreciation: national values, fundamental rights and EC free movement law, E.L.Rev. 24 (2009), 230; *Tully*, Strange Multiplicity. Constitutionalism in an Age of Diversity, 1995; *Voßkuhle*, Der europäische Verfassungsgerichtsverbund, NVwZ 2010, 1; *C. Walter*, Europäische Identität in der Wechselwirkung, in: Kluth (Hrsg.), Europäische Integration und nationales Verfassungsrecht, 2007, S. 65; *Walter/Vordermayer*, Verfassungsidentität als Instrument richterlicher Selbstbeschränkung in transnationalen Integrationsprozessen, JöR 63 (2015), 129; *M. Walter*, Integrationsgrenze Verfassungsidentität: Konzept und Kontrolle aus europäischer, deutscher und französischer Perspektive, ZaöRV 72 (2012), 177; *Weiler*, In defence of status quo: Europe's constitutional Sonderweg, in: Weiler/Wind (Hrsg.), European Constitutionalism beyond the State, 2003, S. 7; *Wendel*, Permeabilität im europäischen Verfassungsrecht, 2011; *Wischmeyer*, Nationale Identität und Verfassungsidentität. Schutzgehalte, Instrumente, Perspektiven, AöR 140 (2015), 415; *Zuleeg*, Die föderativen Grundsätze der Europäischen Union, NJW 2000, 2846.

zu Abs. 3

Auby, Die Transformation der Verwaltung und des Verwaltungsrechts, in: v. Bogdandy/Cassese/Huber (Hrsg.), Handbuch Ius Publicum Europaeum, Band 3, 2010, § 56; *v. Bogdandy*, Rechtsfortbildung mit Art. 5 EGV, GS Grabitz, 1995, S. 17; *Calliess/Schoenfleisch*, Auf dem Weg in die europäische Fiskalunion? Europa- und verfassungsrechtliche Fragen einer Reform der Wirtschafts- und Währungsunion im Kontext des Fiskalvertrags, JZ 2012, 477; *Constaninesco*, L'Article 5 CEE, de la bonne foi à la loyalité communautaire, FS Pescatore, 1987, S. 97; *Cremona*, Defending the Community Interest: The Duties of Cooperation and Compliance, in: Cremona/De Witte (Hrsg.), EU Foreign Relations Law – Constitutional Fundamentals, 2008, S. 125; *v. Danwitz*, Europäisches Verwaltungsrecht, 2008; *Hatje*, Loyalität als Rechtsprinzip der Europäischen Union, 2001; *Hong*, Subjektive Rechte und Schutznormtheorie im europäischen Verwaltungsrechtsraum, JZ 2012, 380; *Kadelbach*, Allgemeines Verwaltungsrecht unter europäischem Einfluss, 1999; *König*, Der Äquivalenz- und Effektivitätsgrundsatz in der Rechtsprechung des Europäischen Gerichtshofs, 2011; *Nefrani*, The Duty of Loyalty: Rethinking its Scope through its Application in the Field of EU External Relations, CMLRev. 47 (2010), 323; *Nettesheim*, Auslegung und Fortbildung nationalen Rechts im Lichte des Gemeinschaftsrechts, AöR 119 (1994), 261; *Ruffert*, Kohärente Europäisierung: Anforderungen an den Verfassungs- und Verwaltungsverbund, in: Hoffmann-Riem, Offene Rechtswissenschaft, 2010, S. 1397; *H. Sauer*, Jurisdiktionskonflikte in Mehrebenensystemen, 2008; *Schmidt-Aßmann*, Der Kohärenzgedanke in den EU-Verträgen: Rechtsatz, Programmsatz oder Beschwörungsformel?, FS Wahl, 2011, S. 819; *Schroeder*, Nationale Maßnahmen zur Durchführung von EG-Recht und das Gebot der einheitlichen Wirkung, AöR 129 (2004), 3; *Schwarze* (Hrsg.), Das Verhältnis von nationalem Recht und Europarecht im Wandel der Zeit, 2012; *Seyr*, Der effet utile in der Rechtsprechung des EuGH, 2008; *Temple Lang*, Article 10 EC. The Most Important »General Principle« of Community Law, in: Bernitz/Nergelius/Cardner/Groussot (Hrsg.), General Principles of EC Law in a Process of Development, 2008, S. 75; *Wille*, Die Pflicht der Organe der Europäischen Gemeinschaft zur loyalen Zusammenarbeit mit den Mitgliedstaaten, 2003; *Zuleeg*, Der rechtliche Zusammenhalt der Europäischen Union, 2004.

Leitentscheidungen

zu Abs. 2

EuGH, Urt. v. 28.11.1989, Rs. 379/87 (Groener), Slg. 1989, 3967
EuGH, Urt. v. 2.7.1996, Rs. C–473/93 (Kommission/Luxemburg), Slg. 1996, I–3207
EuGH, Urt. v. 14.10.2004, Rs. C–36/02 (Omega), Slg. 2004, I–9609
EuGH, Urt. v. 15.3.2005, Rs. C–160/03 (Eurojust), Slg. 2005, I–2077
EuGH, Urt. v. 16.12.2008, Rs. C–213/07 (Michaniki), Slg. 2008, I–9999
EuGH, Urt. v. 22.12.2010, Rs. C–208/09 (Sayn-Wittgenstein), Slg. 2010, I–13693
EuGH, Urt. v. 12.5.2011, Rs. C–391/09 (Runevic), Slg. 2011, I–3787
EuGH, Urt. v. 24.5.2011, Rs. C–51/08 (Kommission/Luxemburg), Slg. 2011, 4231
EuGH, Urt. v. 12.6.2014, Rs. C–156/13 (Digibet), ECLI:EU:C:2014:1756
EuGH, Urt. v. 17.7.2014, Rs. C–58/13 (Torresi), ECLI:EU:C:2014:2088
BVerfGE 37, 271 (Solange I)
BVerfGE 73, 229 (Solange II)
BVerfGE 123, 267 (Lissabon)
BVerfGE 126, 286 (Honeywell)
BVerfGE 134, 366 (OMT-Vorlage)
BVerfG, Beschl. v. 15.12.2015, 2 BvR 2735/14 (Europäischer Haftbefehl II)
Dänischer Oberster Gerichtshof, Urt. v. 6.4.1998, I 361/1997 (Carlsen/Rasmussen), EuGRZ 1999, 49
Französischer Verfassungsrat, Urt. v. 10.6.2004, Nr. 2004/496 (Vorrang), EuR 2004, 921
Französischer Staatsrat, Entsch. v. 8.2.2007, Nr. 28110 (Arcelor), EuR 2008, 57
Italienischer Verfassungsgerichtshof, Urt. v. 18.12.1973, Nr. 183/1973 (Frontini), EuR 1974, 255
Italienischer Verfassungsgerichtshof, Urt. v. 13.4.1989, Nr. 232/1989 (Fragd), in: Oppenheimer (Hrsg.), The Relationship between European Community Law and National Law, Bd. 1, 1994, S. 653 ff.
Polnischer Verfassungsgerichtshof, Urt. v. 11.5.2005, K 18/04 (Beitrittsvertrag), EuR 2006, 236
Spanisches Verfassungsgericht, Urt. v. 13.12.2004, DTC 1/2004 (Verfassungsvertrag), EuR 2005, 339
Tschechisches Verfassungsgericht, Urt. v. 8.3.2006, Pl. ÚS 50/04 (Zuckerquoten II)
Tschechisches Verfassungsgericht, Urt. v. 3.11.2009, Pl. ÚS 29/09 (Lissabon II), EuGRZ 2010, 209
Tschechisches Verfassungsgericht, Urt. v. 31.1.2012, Pl. ÚS 5/12 (Slowakische Pensionen), abrufbar unter: http://www.usoud.cz/en/decisions

zu Abs. 3

EuGH, Urt. v. 15.7.1964, Rs. 6/64 (Costa/ENEL), Slg. 1964, 1251
EuGH, Urt. v. 17.12.1970, Rs. 11/70 (Internationale Handelsgesellschaft), Slg. 1970, 1125
EuGH, Urt. v. 15.12.1971, verb. Rs. 51–54/71 (International Fruit), Slg. 1971, 1107
EuGH, Urt. v. 31.3.1971, Rs. 22/70 (AETR), Slg. 1971, 263
EuGH, Urt. v. 4.1.1974, Rs. 41/74 (Van Duyn), Slg. 1974, 1337
EuGH, Urt. v. 4.7.1976, verb. Rs. 3, 4 u. 6/76 (Kramer), Slg. 1976, 1279
EuGH, Urt. v. 9.3.1978, Rs. 106/77 (Simmenthal II), Slg. 1978, 629
EuGH, Urt. v. 21.9.1983, verb. Rs. 205–215/82 (Deutsche Milchkontor), Slg. 1983, 2633
EuGH, Urt. v. 10.4.1984, Rs. 14/83 (von Colson und Kamann), Slg. 1984, 1891
EuGH, Urt. v. 15.5.1986, Rs. 222/84 (Johnston), Slg. 1986, 1651
EuGH, Urt. v. 6.12.1999, Rs. C–2/88 (Zwartveld), Slg. 1990, I–3365
EuGH, Urt. v. 19.11.1991, verb. Rs. C–6/90 u. C–9/90 (Francovich), Slg. 1991, I–5357
EuGH, Urt. v. 11.6.1991, Rs. C–251/89 (Athanasopoulos), Slg. 1991, I–2797
EuGH, Urt. v. 10.3.1993, Rs. C–186/91 (Kommission/Belgien), Slg. 1993, I–851
EuGH, Urt. v. 14.7.1994, Rs. C–91/92 (Faccini Dori), Slg. 1994, I–3325
EuGH, Urt. v. 11.8.1995, Rs. C–431/92 (Großkrotzenburg), Slg. 1995, I–2189
EuGH, Urt. v. 20.3.1997, Rs. C–24/95 (Alcan II), Slg. 1997, I–1591
EuGH, Urt. v. 9.12.1997, Rs. C–265/95 (Kommission/Frankreich), Slg. 1997, I–6959
EuGH, Urt. v. 25.7.2002, Rs. C–50/00 P (UPA), Slg. 2002, I–6677
EuGH, Urt. v. 30.9.2003, Rs. C–224/01 (Köbler), Slg. 2003, I–10239
EuGH, Urt. v. 13.1.2004, Rs. C–453/00 (Kühne & Heitz), Slg. 2004, I–837
EuGH, Urt. v. 7.1.2004, Rs. C–201/02 (Wells), Slg. 2004, I–723
EuGH, Urt. v. 16.6.2005, Rs. C–105/03 (Pupino), Slg. 2005, I–5285

EuGH, Urt. v. 20.10.2005, Rs. C–511/03 (Ten Kate), Slg. 2005, I–8979
EuGH, Urt. v. 13.3.2007, Rs. C–432/05 (Unibet), Slg. 2007, I–2271
EuGH, Urt. v. 17.7.2008, Rs. C–132/06 (Kommission/Italien), Slg. 2008, I–5457
EuGH, Urt. v. 19.1.2010, Rs. C–555/07 (Kücücdeveci), Slg. 2010, I–365
EuGH, Urt. v. 2.3.2010, Rs. C–135/08 (Rottmann), Slg. 2010, I–1449
EuGH, Gutachten 1/09 v. 8.3.2011 (Europäisches Patentgericht), Slg. 2011, 1137

Inhaltsübersicht Rn.

A. Art. 4 EUV als Ausdruck bündischer Verfasstheit der Union

I. Föderative Grundstruktur

1 Die Vorschrift enthält einen Schlüssel zum Verständnis der föderativen Grundstruktur des Verbundes aus Unionsrechtsordnung und mitgliedstaatlichen Rechtsordnungen.[1] **Abs. 1** verdeutlicht – Art. 5 Abs. 2 Satz 2 AEUV vorwegnehmend – die Bedeutung des Grundsatzes begrenzter Einzelermächtigung, womit die Mitgliedstaaten als autonome und originäre Kompetenzträger hervorgehoben werden (s. Rn. 14). **Abs. 2** enthält mit der Gleichheit der Mitgliedstaaten eine Grenze gegenüber der Instrumentalisierung der Union durch mächtige Mitgliedstaaten, mit der Achtung der nationalen Identität der Mitgliedstaaten aber auch die Sorge vor einem schleichenden Bedeutungsverlust der nationalen Verfassungen und mit der Achtung vor den grundlegenden Staatsfunktionen die Sorge vor einer Entstaatlichung der Mitgliedstaaten als maßgeblichen Akteuren der Integration (s. Rn. 16 ff.). Während Abs. 2 die Union an ihre Abhängigkeit von »intakten« Mitgliedstaaten erinnert, findet sich in **Abs. 3** das Loyalitätsprinzip verankert, das seit langer Zeit als Pflichtenreservoir für das Zusammenwirken im Verbund von Union und Mitgliedstaaten fungiert und die Grundlage für wichtige Prinzipien wie das Äquivalenz- und Effektivitätsprinzip darstellt, aber nicht nur in einer Richtung wirkt, sondern auch gegenüber der Union zur Anwendung gelangt und im horizontalen Verhältnis der Mitgliedstaaten an Bedeutung gewinnt (s. Rn. 90 ff.). Beide Prinzipien – sowohl die Achtung der Schutzgehalte des Abs. 2 als auch die gegenseitige Loyalitätsverpflichtung nach Abs. 3 – lassen in der »bündischen« Struktur der Union die Letztentscheidungsbefugnis unbeantwortet.[2] Sie liegt **weder** pauschal beim EuGH, der nach Art. 19 EUV

---

[1] Ähnlich *v. Bogdandy/Schill*, in: Grabitz/Hilf/Nettesheim, EU, Art. 4 EUV (September 2013), Rn. 1.

[2] So greift es zu kurz, in grundlegenden Entscheidungen wie Marbury v. Madison (USA) oder van Gend & Loos (EU) die Inanspruchnahme eines Letztentscheidungsrechts für die eigene Rechtsordnung zu sehen. Beide Entscheidungen stehen – in den USA im Sinne eines institutionellen Pluralismus, in der EU im Sinne eines konstitutionellen Pluralismus – für den Versuch, eine Praxis gegenseitiger Anerkennung unterschiedlicher Akteure zu etablieren, vgl. *Halberstam*, in: Maduro/Azoulai (Hrsg.), The Past and the Future of EU Law: Revisiting the Classics of the 50th Anniversary of the Rome Treaty, 2008, S. 23 ff. Krit. zur Konstitutionalisierung der Verträge *Grimm*, in: ders., Europa ja, aber welches?, 2016, S. 95 ff.

zur Auslegung und zum Schutz der einheitlichen Anwendung des Unionsrechts berufen ist, aber die nationale Identität der Mitgliedstaaten zu achten hat, **noch** allein bei den mitgliedstaatlichen Verfassungsgerichten, die zur Rücksichtnahme auf europäische Belange verpflichtet sind und verfassungsrechtliche Vorbehalte »europarechtsfreundlich« wahrnehmen.[3] Das schließt Kollisionen nicht aus. Sie sind aber behutsam nach dem Grundsatz der loyalen Zusammenarbeit aufzulösen.

II. Nationale Identität und wechselseitige Loyalität als Verbundprinzipien

Eine Frucht der Verfassungsdebatte aus den Jahren zwischen 2000 und 2007 ist die 2
Überwindung der Dichotomie von Staatenbund und Bundesstaat zugunsten der Qualifizierung als **Verbundordnung**.[4] Dass die Union »föderativen Grundsätzen« genügen muss, verdeutlicht für die Bundesrepublik Deutschland bereits Art. 23 Abs. 1 Satz 1 GG. Vorbehalte, die Ordnungsidee des Föderalismus, deren Verständnis von Mitgliedstaat zu Mitgliedstaat variiert, auf die Union zu erstrecken, verbieten es nicht, von einer **föderalen Grundstruktur** zu sprechen, da mit der Qualifizierung als »föderal« weniger ein Staatswerdungsprozess der Union, sondern vielmehr der Erhalt eigenständiger Staaten im Gesamtgefüge zum Ausdruck gebracht wird.[5] Die Vorschrift hat dann auch eher die Funktion einer **Negation der Staatlichkeit** der Union.[6] Namentlich mit der Achtung der nationalen Identität kommt »die staatliche Bedingtheit des Überstaatlichen«[7] und die Sorge vor einer »schleichenden Entstaatlichung« zum Ausdruck.[8] Art. 4 EUV normiert wechselseitige Pflichten einer föderativen Grundstruktur, die sich mit dem Begriff der Souveränität nicht mehr problemlos erfassen lässt, diesen aber auch nicht verabschiedet, sondern auf eine Permeabilität miteinander »verbundener« Rechtsordnungen ausrichtet (s. Rn. 42 ff.). Dies gilt für die nationalen Rechtsordnungen gegenüber dem Unionsrecht, aber auch für das Primärrecht, das sich gegenüber nationalem Verfassungsrecht öffnet[9] bzw. dieses **in das Ganze** von europäischer Ordnung und nationalen Rechtsordnungen aufnimmt.

Die Union hat zwar eine eigene Rechtsordnung herausgebildet, ist jedoch auf die 3
Achtung nationaler »**Identität**« verpflichtet. Die Mitgliedstaaten führen das Uni-

---

[3] BVerfGE 123, 267 (347, 354, 401); *Voßkuhle*, NVwZ 2010, 1 (5 ff.).

[4] Zum »Bund« *Koselleck*, in: Brunner/Conze/Koselleck (Hrsg.), Geschichtliche Grundbegriffe, Bd. 1, 1972, S. 582; *Avbelj*, E. L.Rev. 36 (2011), 818; *Schönberger*, AöR 129 (2004), 81. Zum Nutzen des Vergleichs Grzeszick, Pluralismus und Föderalismus in der deutschen Staatslehre an der Wende zum 20. Jahrhundert. Zum möglichen Ertrag verfassungshistorischer Vergleiche für Fragen der europäischen Integration, FS Würtenberger, 2013, S. 193; skeptisch *Sauer*, Von Weimar nach Lissabon? Zur Aktualität des Methoden- und Richtungsstreits der Weimarer Staatsrechtslehre bei der Bewältigung von Europäisierung und Internationalisierung des öffentlichen Rechts, in: Schröder/v. Ungern-Sternberg (Hrsg.), Zur Aktualität der Weimarer Staatsrechtslehre, 2011, S. 237.

[5] *Bieber/Epiney/Haag*, Die EU, § 2, Rn. 53; von einem »föderalen Verbund« spricht *Oppermann/Classen/Nettesheim*, Europarecht, § 4, Rn. 18 ff.; grundlegend: Nicolaidis/Howse (Hrsg.), The Federal Vision. Legitimacy and Levels of Governance in the United States and the European Union, 2002; *Beaud*, Théorie de la Fédération, 2. Aufl., 2009; *Oeter*, in: v. Bogdandy/Bast, Europäisches Verfassungsrecht, S. 73; *Everling*, in: v. Bogdandy/Bast, Europäisches Verfassungsrecht, S. 961. Zur föderalen Frage des Grundrechtsschutzes *v. Danwitz*, EuGRZ 2013, 253 (259 ff.).

[6] So auch *Hatje*, in: Schwarze, EU-Kommentar, Art. 4 EUV, Rn. 1; *Vedder*, in: Vedder/Heintschel v. Heinegg, Europäisches Unionsrecht, Art. 4 EUV, Rn. 7.

[7] Vgl. *Hatje*, in: Schwarze, EU-Kommentar, Art. 4 EUV, Rn. 7.

[8] *Hilf/Schorkopf*, in: Grabitz/Hilf, Das Recht der EU, Art. 6 EUV (Januar 2004), Rn. 72.

[9] Ähnlich *Streinz*, in: Streinz, EUV/AEUV, Art. 4 EUV, Rn. 19.

onsrecht zwar nach Maßgabe nationalen Rechts durch, sind dabei aber zur »**Loyalität**« gegenüber dem Unionsrecht verpflichtet.[10] Es handelt sich um Verbundprinzipien, die sich als Ausdruck der bündischen Verfasstheit der Union begreifen lassen:

4   Die Achtung der nationalen Identität nach Art. 4 Abs. 2 EUV verdeutlicht, dass die Mitgliedstaaten mit ihren Eigenheiten als solche Bestandteil der Union sind »und neben der Union ihren eigenen Platz« beanspruchen.[11] Auf vorverfassungsrechtliche oder völkerrechtliche Kategorien kann dabei nicht zurückgegriffen werden. Der Identitätsbegriff unterstreicht weniger die Souveränität der Nationalstaaten, sondern dokumentiert die grundlegende **Transformation dieser Staaten als Mitgliedstaaten**, denen es gelungen ist, ihre verfassungsrechtliche Vorbehalte auf Unionsebene zu verankern und dadurch unter unionsverfassungsrechtlichen Schutz zu stellen.[12] Abs. 2 macht deutlich, dass sich die Ebenen – hier das nationale Recht, dort das Unionsrecht – nicht gegeneinander ausspielen lassen dürfen.[13] Das Unionsrecht enthält mit der Achtung der nationalen Identität vielmehr eine **Öffnungsklausel** für mitgliedstaatliches Verfassungsrecht.[14]

5   Aber auch Art. 4 Abs. 3 EUV verdeutlicht, dass die zu erfassenden Vorgänge nicht bloß zweipolig angelegt sind, sondern – anders als im Bundesstaat – einen »dreidimensionalen« Bund bilden, in dem sich das Ganze von der unionalen und der nationalen Ebene unterscheiden lässt.[15] Entsprechend dreidimensional ist im europäischen Rechtsraum das in Abs. 3 verankerte Loyalitätsprinzip zu verstehen. Neben den wechselseitig vertikalen Stoßrichtungen gegenüber den Mitgliedstaaten einerseits und der Union andererseits entfaltet es auch horizontale Wirkungen zwischen einzelnen Mitgliedstaaten. Diese **Mehrdimensionalität** der »Unionstreue« kommt im Vertragstext heute sehr klar zum Ausdruck.

III.   Systematik, Kontext und spezielle Ausprägungen

6   Aber die Vorschrift in der Fassung durch den Vertrag von Lissabon hat dem Verbundgedanken nicht nur eine föderale, sondern auch eine **pluralistische** Richtung verliehen. Es geht nicht mehr um die alte Frage nach der Qualifizierung der Union als Staatenverbund oder Verfassungsverbund[16] in Abgrenzung zum Verband, sondern um eine plura-

---

[10] Gerade weil das Unionsrecht im Regelfall durch die Mitgliedstaaten vollzogen wird, bedarf es der Sicherung eines vollständigen, einheitlichen und effektiven Vollzugs, statt vieler *Zuleeg*, VVDStRL 53 (1994), 154 (193).

[11] *Epiney*, in: Bieber/Epiney/Haag, Die EU, § 2, Rn. 57. Zum Bedeutungsanstieg des Identitätsbegriffs *Cloots*, S. 35 ff.; *Saiz Arnaiz/Alcoberro Llivina*, Why Constitutional Identity Suddenly Matters: A Tale of Brave States, a Mighty Union and the Decline of Sovereignty, in: dies., S. 3 ff. Am Beispiel der Aktivierung des verfassungsrechtlichen Identitätsvorbehalts im OMT-Vorlagebeschluss des BVerfG *Claes/Reestman*, Protection of National Constitutional Identity, S. 929 ff.

[12] Vgl. *v. Bogdandy/Schill*, ZaöRV 70 (2010), 701 (709); zust. Pernice, AöR 136 (2011), 185 (210); anders, statt vieler *Puttler*, in: Calliess/Ruffert, EUV/AEUV, Art. 4 EUV, Rn. 9 f.

[13] So auch *C. Walter*, S. 73.

[14] So auch Streinz, in: *Streinz*, EUV/AEUV, Art. 4 EUV, Rn. 19.

[15] *Avbelj*, Constitutional Pluralism, S. 383 ff.; zur nicht durchgesetzten Dreipoligkeit des Bundesstaates *Jestaedt*, in: Isensee/Kirchhof, HStR II, 2. Aufl., 2004, § 29, Rn. 10.

[16] Mit der Konzeptualisierung als Staaten- und Verfassungsverbund die Pointe verfehlend *Calliess*, Zum Denken im europäischen Staaten- und Verfassungsverbund, in: *ders.* (Hrsg.), Verfassungswandel im europäischen Staaten- und Verfassungsverbund, 2007, S. 187 (191 ff.); *Streinz*, in: Streinz, EUV/AEUV, Art. 4 EUV, Rn. 30. Richtig *Mayer*, VVDStRL 75 (2016), 34 mit Fn. 135: »Es wird zusammengeführt, was konzeptionell nicht recht zusammengehört.« Wenig überzeugend spricht BVerfG, Beschl. v. 15.12.2015, 2 BvR 2735/14 (Europäischer Haftbefehl II), Rn. 44 von einem »Staaten-, Verfassungs-, Verwaltungs- und Rechtsprechungsverbund«.

listische Deutung des Ganzen, bestehend aus der Unionsrechtsordnung und den nationalen Rechtsordnungen.[17] Diese Perspektive darf nicht mit dem »Pluralismus« gleichgesetzt werden, der europäischen Verbundkonzeptionen häufig gegenübergestellt wird.[18] Ein solcher Gegensatz ließe sich nur konstruieren, wenn man entweder den Rechtspluralismus unzutreffenderweise mit Rechtszersplitterung verwechselte oder aber den Verfassungsverbund als unitäre Einheitsordnung mit ungeteilter Souveränität missverstünde.[19] Beidem wird eine pluralistische Deutung der **Einheit in Vielfalt** nicht gerecht.[20]

Abs. 2 enthält drei Grundsätze, die sich in dieser Form erst seit dem Vertrag von Lissabon im Vertrag finden. Die Vorgängerregelung in Art. 6 Abs. 3 EUV a. F. lautete vergleichsweise schlicht: »Die Union achtet die nationale Identität ihrer Mitgliedstaaten.« Da Verletzungen auch nicht justiziabel (Art. 46 EUV a. F.) waren, liegt zur Achtung der nationalen Identität bislang nur wenig Rechtsprechung vor, was in einem bemerkenswerten Kontrast zu der – vor allem durch nationale Verfassungsgerichte forcierten – Debatte über die nationale Identität als Integrationsgrenze steht. Demgegenüber zählt **Abs. 3** mit dem Grundsatz der loyalen Zusammenarbeit zu den wichtigsten Vorschriften des gesamten Unionsrechts, der sich bereits in Art. 10 EGV und seiner Vorgängerregelungen fand und auf den die Rechtsprechung zur Entfaltung zentraler Strukturprinzipien des Unionsrechts zurückgegriffen hat. Insoweit ist eine gewisse Konsolidierung der Debatte zu beobachten, wozu zum Beispiel die weitgehende Anerkennung des Effektivitätsprinzips in der Einheit sichernden und Vielfalt erlaubenden Kraft gehört. Das wissenschaftliche Interesse hat sich von Abs. 3 zu Abs. 2 verschoben, mögen die juristischen »Kerne« auch unverändert dem Loyalitätsprinzip und seinen Konkretisierungen zuzurechnen sein. Aber erst das Zusammenlesen von »Identitätsvorbehalten« und ihrer Bewältigung im europäischen Kontext trägt zum Verständnis der föderalen Struktur und Funktionsweise von Unionsrechtsordnung und nationaler Rechtsordnung im europäischen Rechtsraum bei.

Traditionell erweist sich die Kommentierung des Abs. 3 als detailreich und inhaltsstark, was nicht zuletzt der umfangreichen **Rechtsprechung des EuGH** geschuldet ist. Das geht so weit, die Inhalte des Abs. 2 von Abs. 3 erfasst anzusehen. Zwar mögen die Schutzbereiche deckungsgleich sein und Abs. 3 als speziellere Vorschrift dem Abs. 2 vorgehen.[21] Abs. 3 entspricht der »alten« Integrationslogik, während Abs. 2 – wiewohl

7

8

---

[17] Instruktiv *v. Bogdandy/Schill*, ZaöRV 70 (2010), 701 (702 ff.).

[18] *Krisch*, Beyond Constitutionalism, 2010, S. 69 ff., 225 ff.; *ders.*, in: de Búrca/Weiler (Hrsg.), The Worlds of European Constitutionalism, 2012, S. 203 ff.; *Jaklic*, Constitutional Pluralism in the EU, 2014; *Mac Amhlaigh*, Questioning Constitutional Pluralism, Edinburgh Law School Working Paper Series, 2011/17; *Avbelj*, Constitutional Pluralism, S. 381 (404 ff.); zur Pfadabhängigkeit des Konstitutionalisierungsleitbildes *Ackerman*, Three Paths to Constitutionalism, British Journal of Political Science 45 (2015), 705; krit. zur Verabschiedung des Konstitutionalisierungsparadigmas *Franzius*, Recht und Politik in der transnationalen Konstellation, 2014, S. 96 ff.

[19] *Mayer/Wendel*, EnzEuR, Bd. 1, § 4, Rn. 11. Zu den Problemen mit dem Souveränitätsbegriff Volk/Kuntz (Hrsg.), Der Begriff der Souveränität in der transnationalen Konstellation, 2014.

[20] Für *v. Bogdandy*, Struktur der Staatenverbindungen, FS Kirchhof, Bd. 1, 2013, § 95, Rn. 18, liegt »die Kerneinsicht aller pluralistischer Positionen [darin], dass die diversen Prinzipien, die als Teil des Völkerrechts, des Unionsrechts oder aber des staatlichen Rechts normative Vorgaben für soziale Interaktionen niederlegen, nicht als Teile einer einheitlichen Rechtsordnung konzipiert und Konflikte nicht mit dem Paradigma der Hierarchie gelöst« werden können. Zur pluralistischen Deutung der normativen Welt *Kadelbach*, Konstitutionalisierung und Rechtspluralismus. Über die Konkurrenz zweier Ordnungsentwürfe, ARSP-Beiheft, im Erscheinen.

[21] *Epiney*, in: Bieber/Epiney/Haag, Die EU, § 2, Rn. 63.

keine »Erfindung« des Lissabonner Vertrags, sondern eine Weiterentwicklung des Maastrichter Vertrags – eine neue Perspektive auf die Union erlaubt und für eine pluralistische Deutung des Ganzen eine positiv-rechtliche Grundlage liefert, die zu erschließen der Rechtswissenschaft aufgegeben ist. Das spricht nicht gegen die Heranziehung der Rechtsprechung des EuGH zu Art. 10 EGV und – soweit vorhanden – Art. 6 Abs. 3 a. F. für die Auslegung der Vorschrift. Hierbei ist jedoch Vorsicht geboten, da sich der Kontext und die Systematik durch die Voranstellung des Art. 4 Abs. 1 EUV und das »Nebeneinander« von Identitätsklausel und Loyalitätsprinzip geändert haben. Den inneren Zusammenhang dieser Verbundtechniken brachte die Überschrift des Art. I–5 EVV mit »Beziehungen zwischen der Union und den Mitgliedstaaten« treffend zum Ausdruck. Auszugehen ist von einer **systematischen Gleichordnung der Grundsätze.**

9   Obwohl die Zusammenführung beider Regeln systematisch überzeugt, lassen sich die Gehalte des Abs. 2 nicht länger in das »Loyalitätsprinzip« des Abs. 3 hineinlesen.[22] Art. 4 Abs. 2 EUV begründet im Zusammenlesen seiner drei Grundsätze der Gleichheit, Identität und Staatsfunktionen den **Verfassungspluralismus als Verfassungsprinzip** mit Blick auf die Vielfalt der verfassungsrechtlichen Ordnungen.[23] Damit werden einer Überhöhung der europäischen Wertegemeinschaft deutliche Grenzen gesetzt.[24] Das gilt auch für die Frage, ob sich die Union in Richtung eines parlamentarischen Regierungssystems, wie es aus Deutschland und den meisten politischen Ordnungen bekannt ist, weiter entwickeln soll.[25] Art. 4 Abs. 2 EUV verdrängt aber nicht die einheitsstiftenden Mechanismen, sondern setzt sie voraus[26] und kann weder gegen das Loyalitätsprinzip in Stellung gebracht werden noch gehen die Schutzgehalte darin auf.

10   Die Vorschrift in der Fassung durch den Vertrag von Lissabon ist erheblich präziser und konkreter als seine Vorgängerregelungen gefasst. Aber es geht dieser zentralen Bestimmung des Vertrags nicht allein um eine »Verlängerung« der bisherigen Konstruktion, sondern in der systematischen Zusammenführung von Kompetenznormerfordernis, Identitätswahrung und wechselseitiger Loyalität um etwas **neues,** nämlich die Verdeutlichung der **pluralistischen Grundlage des Verbundes**, die sich nicht länger hierarchisch von der einen oder der anderen Seite aus bestimmen lässt. Dass der EuGH, dem nach Art. 19 EUV die Wahrung des Unionsrechts aufgegeben ist, die Balance zwischen Einheit und Vielfalt herzustellen hat, bedeutet nicht, dies nach Maßgabe der Judikatur mitgliedstaatlicher Verfassungsgerichte und ihrer Vorbehalte tun zu müssen.[27] Wechsel-

---

[22] In der Akzentsetzung anders *Hatje*, in: Schwarze, EU-Kommentar, Art. 4 EUV, Rn. 3; *Puttler*, in: Calliess/Ruffert, EUV/AEUV, Art. 4 EUV, Rn. 10; *Hilf/Schorkopf*, in: Grabitz/Hilf, Das Recht der EU, Art. 6 EUV (Januar 2004), Rn. 96.

[23] So *v. Bogdandy/Schill*, in: Grabitz/Hilf/Nettesheim, EU, Art. 4 EUV (September 2013), Rn. 9. Zum »kooperativen Verfassungspluralismus« für das Verhältnis von Unionsrecht und nationalem Verfassungsrecht überzeugend Mayer, VVDStRL 75 (2016), 23 ff., 38 ff.; dazu *Franzius*, Rechtswissenschaft 7 (2016), 62.

[24] *Tully*, S. 30 ff. Für die Grundfreiheiten *Shuibhne*, E.L.Rev. 24 (2009), 230 ff. Plastisch in diesem Zusammenhang für den Topos der Verfassungsidentität *Rousseau*, JöR 62 (2015), 91 (103): »Die Union ist keine Pyramide, sondern ein Stern, dessen Enden die Verfassungsidentitäten der Mitgliedstaaten bilden, ein Stern, der seine Lebenskraft aus diesen Enden zieht und seinen Enden ihr Strahlen und ihre Leuchtkraft verleiht.«

[25] Zum Mehrebenenkontext *v. Arnauld*, Parlamentarismus und Föderalismus in der EU, in: v. Arnauld/Hufeld (Hrsg.), Systematischer Kommentar zu den Lissabon-Begleitgesetzen, 2011, S. 62 f., 74 f., 79 f.; Franzius/Mayer/Neyer (Hrsg.), Modelle des Parlamentarismus im 21. Jahrhundert, 2015.

[26] Zur Einheit des Unionsrechts *Nettesheim*, EuR-Beiheft 2/2013, 7 (10 ff.).

[27] In dieser Richtung aber *Streinz*, in: Streinz, EUV/AEUV, Art. 4 EUV, Rn. 11.

seitige Kooperation hat in der »bündischen« Struktur der Union kein Zentrum, von dem aus »Letztentscheidungsrechte« hergeleitet werden könnten.[28]

In einer pluralistischen Lesart gewinnt das mitgliedstaatliche Verfassungsrecht nicht **11** bloß als Konkretisierungshilfe für die Bestimmung des Tatbestandsmerkmals nationaler Identität, sondern darüber hinaus Bedeutung. Art. 4 Abs. 2 EUV ist eine unionsrechtliche Grundlage für die Verknüpfung von nationalem und unionalem Verfassungsrecht.[29] Wurden der Vorrang und die **Grenzen des Vorrangs** früher im Zusammenhang von Art. 4 Abs. 3 bzw. Art. 10 EGV[30] erörtert, so wird heute klarer, dass sich Grenzen des Vorrangs bereits aus Art. 4 Abs. 2 EUV ergeben können[31] und in diesem Kontext zu lesen sind. Nach dieser Lesart[32] wird »die Möglichkeit verfassungsrechtlicher Einwände gegen den absoluten Vorrang unionsrechtlicher Bestimmungen primärrechtlich anerkannt, gleichzeitig aber unionsrechtlich eingehegt«. Der pauschale Rückgriff auf die frühere, mitunter recht rigorose Rechtsprechung des EuGH zum Vorrang[33] wird rechtfertigungsbedürftig, auch wenn sich in den Verträgen keine ausdrückliche Regelung des Vorrangs findet, die als Maßstab für die Formulierung von Grenzen fungieren könnte.[34]

Vielfach wird der föderative Gehalt konkreter Pflichten aus Art. 4 EUV bzw. die **12** Übertragbarkeit bundesstaatlicher Konstruktionen auf die Union bestritten. Dazu ist folgendes zu sagen: Zum einen ist die föderale (ebenso wie die demokratische) Idee keineswegs auf Staaten beschränkt. Es geht um **keine Staatsanalogie,** sondern um die Einsicht, dass zentrale Verfassungsprinzipien nicht auf Staaten beschränkt sind, ja von diesem Bezug für die Union herauszunehmen oder zu modifizieren sind. Zum anderen ist klar, dass bei der Generierung konkreter Regeln aus dem Prinzip wechselseitiger Loyalität – wie das Effektivitätsprinzip – weder der Grundsatz der begrenzten Einzelermächtigung noch das Subsidiaritätsprinzip unterlaufen werden darf. Sie gehen als spezielle Vorschriften der »Unionstreue« vor.

Verbundprinzipien sind als Verfassungsprinzipien in erster Linie im politischen Pro- **13** zess durchsetzbar. Das gilt für die nationale Identität ebenso wie für das Gebot wechselseitiger Loyalität. Allerdings sind beide Prinzipien **justiziabel.** Das gilt für die Identitätsklausel (s. Rn. 73 ff.), seit längerer Zeit aber auch für die gegenseitigen »Treueverpflichtungen« durch den EuGH (s. Rn. 90 ff.).

B. Keine Aushöhlung der Kompetenzordnung: Art. 4 Abs. 1 EUV

Art. 4 Abs. 1 EUV stellt im Kontext der gesamten Vorschrift klar, dass die Union nicht **14** über die so genannte »**Kompetenz-Kompetenz**« verfügt, sondern in den Verbandskompetenzen davon abhängig ist, dass diese ihr von den Mitgliedstaaten übertragen worden sind. Die Vorschrift geht auf Art. I–11 Abs. 2 Satz 2 EVV zurück, der seinerseits auf die »Erklärung von Laeken« des Europäischen Rates zurückgeht, mit der der Verfassungskonvent aufgefordert wurde, sicherzustellen, dass die neue Kompetenzverteilung nicht

---

[28] Im Sinne eines kooperativen Verfassungspluralismus *Mayer,* VVDStRL 75 (2016), 36.
[29] Vgl. *v. Bogdandy/Schill,* ZaöRV 70 (2010), 701 (715); *Franzius,* AöR 138 (2013), 204 (267 ff.).
[30] Statt vieler Geiger, in: Geiger/Kahn/Kotzur, EUV/AEUV, Art. 4 EUV, Rn. 20 ff.
[31] *Mayer,* in: v. Bogdandy/Bast, Europäisches Verfassungsrecht, S. 588; *Mayer/Lenski/Wendel,* EuR 2008, 63 (81 ff.); *Geiger,* in: Geiger/Khan/Kotzur, EUV/AEUV, Art. 4 EUV, Rn. 27.
[32] Vgl. *v. Bogdandy/Schill,* ZaöRV 70 (2010), 701 (706).
[33] Beispiel EuGH, Urt. v. 26. 2. 2013, Rs. C–399/11 (Melloni), ECLI:EU:C:2013:107, Rn. 58 ff.
[34] Anders noch Art. I–6 EVV; dazu *Ruffert,* in: Calliess/Ruffert, VerfEU, Art. I–6, Rn. 2 ff.

zu einer schleichenden Ausuferung der Zuständigkeiten der Union oder zu einem Vordringen in die Bereiche der ausschließlichen Zuständigkeiten der Mitgliedstaaten führt.[35] Die Vorschrift ist auf dem ersten Blick redundant, da ihr **kein über Art. 5 Abs. 2 Satz 2 EUV hinausgehender Rechtsgehalt** zukommt und der Union neue Kompetenzen von den Mitgliedstaaten nur über das Vertragsänderungsverfahren nach Art. 48 EUV zugewiesen werden können. Nicht ohne Grund ist von einer »Angst-Klausel« die Rede, mit der die Mitgliedstaaten ihre Integrationsbereitschaft vom Erfordernis einer konkreten Kompetenzübertragung politisch demonstrieren wollen.[36]

15   Das ist aber nur die halbe Wahrheit. Denn zum einen wird die »nationale Identität« in einen engen Zusammenhang mit den Verbandskompetenzen gebracht, deren Schutz für viele Verfassungsgerichte einen wesentlichen Aspekt bei der Sicherung der Staatlichkeit der Mitgliedstaaten und – daraus hergeleitet – der demokratischen Legitimation der Union darstellen.[37] Ob sich aus Abs. 1 eine »Vermutung« für die Zuständigkeit der Mitgliedstaaten ergibt, wie vielfach angenommen, kann hier dahingestellt bleiben.[38] Jedenfalls unterstreicht das Kompetenznormerfordernis den inneren Zusammenhang der Grundprinzipien des Abs. 2, die wie die Achtungspflicht der nationalen Identität als **Kompetenzausübungsschranke** wirksam werden können. Auch die Loyalitätsverpflichtungen der Mitgliedstaaten gegenüber der Union setzen voraus, dass diese ihr Handeln auf eine von den Mitgliedstaaten übertragene Kompetenz zurückführen kann. Das stellt Art. 4 Abs. 1 EUV gesondert klar, ohne die Ausgestaltung der Kompetenzverteilung aus Art. 5 EUV zu modifizieren. Mit dem Verweis auf die Verteilung der Verbandskompetenzen spricht einiges für die Annahme, dass die nachfolgenden Bestimmungen, insbesondere das Loyalitätsgebot **weder die Inter- noch die Intraorganbeziehungen** erfassen, also nur eingeschränkt für Mitwirkungspflichten der Mitgliedstaaten in den von ihnen besetzten Organen herangezogen werden können.[39]

C.   Gleichheit, nationale Identität und Staatsfunktionen: Art. 4 Abs. 2 EUV

I.   Bedeutung und Anwendungsbereich

1.   Entwicklungsgeschichte

16   Der Vertrag von Lissabon hat zur Achtung der nationalen Identität, wie sie erstmals im **Vertrag von Maastricht** (Art. F Abs. 1 Hs. 1) neben dem Demokratieprinzip (Art. F Abs. 1 Hs. 2) geregelt und durch den Vertrag von Amsterdam ohne Änderung des Wortlauts in Art. 6 Abs. 3 EUV a. F. aufgenommen wurde, die Achtung der Gleichheit und der grundlegenden Staatsfunktionen hinzutreten lassen. Diese verdeutlichen nicht die nationale Identität, sondern treten, implizit seit langer Zeit Integrationsmaximen, neben sie.

---

[35] Erklärung von Laeken zur Zukunft der Europäischen Union, Anlage I zu den Schlussfolgerungen des Vorsitzes, Europäischer Rat, 14./15. 12. 2001, SN 300/1/01 REV 1, S. 22.

[36] *Vedder*, in: Vedder/Heintschel v. Heinegg, Europäisches Unionsrecht, Art. 4 EUV, Rn. 5. Zur »Kompetenzangst« auch *Mayer*, ZaöRV 67 (2007), 1141 (1165); *Hilf/Schorkopf*, in: Grabitz/Hilf (Hrsg.), Das Recht der EU, Art. 6 EUV (Januar 2004), Rn. 73, 77.

[37] *v. Bogdandy/Schill*, in: Grabitz/Hilf/Nettesheim, EU, Art. 4 EUV (September 2013), Rn. 2.

[38] Dezidiert in dieser Richtung *Calliess*, in: Calliess/Ruffert, EUV/AEUV, Art. 4 EUV, Rn. 4.

[39] *v. Bogdandy/Schill*, in: Grabitz/Hilf/Nettesheim, EU, Art. 4 EUV (September 2013), Rn. 104; *Streinz*, in: Streinz, EUV/AEUV, Art. 4 EUV, Rn. 8.

Für die Auslegung der Vorschrift, die mit dem Begriff der nationalen Identität einen **17** bedeutungsschweren Begriff wählt, sind die **unterschiedlichen Sprachfassungen** aufschlussreich. Während in der deutschen Fassung die nationale Identität in den grundlegenden politischen und verfassungsmäßigen Strukturen »**zum Ausdruck kommen**« muss und damit der Verfassung vorgelagert erscheint, sprechen die englische und die französische Fassung von der nationalen Identität, die den grundlegenden politischen und verfassungsmäßigen Strukturen »**inhärent**« und damit innwohnend sein muss. Hier erscheint die Identität als etwas durch die Verfassung konstituiertes.[40] Unionsrechtlich maßgeblich dürfte der Bezugspunkt auf die nationale Verfassung sein, nicht aber ein Verständnis, dass zur Bestimmung der Identität auf allein vorpolitische oder vorrechtliche Merkmale abstellt. Der Umstand allein, dass etwas »seit jeher« als Gegenstand mitgliedstaatlicher Verfügungsgewalt anerkannt ist, kann unionsrechtlich schwerlich als »identitätsstiftend« herangezogen werden.[41]

Unsicher ist, wer als **Adressaten der Achtungsverpflichtung** in Betracht kommen. **18** Sicher ist, dass sich Art. 4 Abs. 2 EUV an die Union mit ihren Organen und Einrichtungen richtet. Wird die Vorschrift als Ausdruck der Verbundstruktur verstanden, liegt es nahe, sie auch im Verhältnis der Mitgliedstaaten untereinander für anwendbar zu erklären. Gegen eine **Horizontalwirkung** spricht jedoch, dass sich entsprechende Achtungspflichten bereits aus dem Völkerrecht ergeben, das die Staaten in den Gehalten des Art. 4 Abs. 2 EUV unabhängig von ihrer Mitgliedschaft in der Union schützt.[42] Soweit ein mitgliedstaatliches Handeln als Eingriff in die Rechtsgüter des Abs. 2 zu qualifizieren ist, kann darin ein Verstoß gegen den Grundsatz der loyalen Zusammenarbeit gemäß Art. 4 Abs. 3 EUV liegen.

Zu kurz greift es, die Funktion der Achtungspflicht allein in einer **Kompetenzaus-** **19** **übungsschranke** zu sehen, deren Missachtung zur Rechtswidrigkeit des Unionshandelns führt.[43] Zwar können unverhältnismäßige Beeinträchtigungen eines durch Art. 4 Abs. 2 EUV geschützten Gehalts die Rechtswidrigkeit des Unionsakts begründen. Das würde jedoch den einheitlichen Geltungsanspruch des Unionsrechts unter einen weitgehenden Vorbehalt stellen, was gegen eine allgemeine Rechtspflicht spricht.[44] Letztlich kommt es auf den Kontext an, in dessen Rahmen die Achtungsverpflichtung aktualisiert wird. Was für die Unionsrechtsetzung über das Verhältnismäßigkeitsprinzip als Kompetenzausübungsgrenze sichergestellt werden kann, muss nicht in gleicher Weise für die Ausfüllung mitgliedstaatlicher Beurteilungsspielräume etwa bei der Einschränkung von Grundfreiheiten realisierbar sein.[45]

---

[40] *v. Bogdandy/Schill*, in: Grabitz/Hilf/Nettesheim, EU, Art. 4 EUV (September 2013), Rn. 3.

[41] *v. Bogdandy/Schill*, in: Grabitz/Hilf/Nettesheim, EU, Art. 4 EUV (September 2013), Rn. 14 mit Kritik an der Argumentation von BVerfGE 123, 267 (359, 408).

[42] So auch *Hatje*, in: Schwarze, EU-Kommentar, Art. 4 EUV, Rn. 6.

[43] Wenn und weil die Union als »zusammengesetzter« Verbund verstanden werden muss, kann die nationale Identität keine absolute Integrationsgrenze darstellen und darf auch nicht auf eine Kompetenzausübungsgrenze verkürzt werden, vgl. *Hilf/Schorkopf*, in: Grabitz/Hilf, Das Recht der EU, Art. 6 EUV (Januar 2004), Rn. 98.

[44] *v. Bogdandy/Schill*, in: Grabitz/Hilf/Nettesheim, EU, Art. 4 EUV (September 2013), Rn. 35. Weitergehend *Kahl*, in: Calliess/Ruffert, EUV/AEUV, Art. 4 EUV, Rn. 111; *Vedder*, in: Vedder/Heintschel v. Heinegg, Europäisches Unionsrecht, Art. 4 EUV, Rn. 4, 16.

[45] *Wendel*, S. 588 f.

2. Gleichheit der Mitgliedstaaten vor den Verträgen

20 Das Gebot zur Achtung der Gleichheit der Mitgliedstaaten vor den Verträgen wurde auf der Regierungskonferenz 2004 in den Text des damaligen Art. I–5 Abs. 1 EVV aufgenommen. Hintergrund war die Sorge vor allem der kleineren Mitgliedstaaten, ihre Interessen aufgrund des weitgehenden Verzichts auf das Einstimmigkeitserfordernis im Rat nicht mehr angemessen durchsetzen zu können. Der Sache nach ist die Gleichheit der Mitgliedstaaten jedoch seit langer Zeit eine **Leitmaxime der Integration**, ergänzt um den heute in Art. 18 AEUV normierten Anspruch der Unionsbürger auf Gleichbehandlung. Nicht zuletzt darauf stützen sich die Strukturprinzipien der einheitlichen Anwendung und des Vorrangs des Unionsrechts, um eine gleichmäßige Wirkung des Unionsrechts in allen Mitgliedstaaten sicherzustellen.[46]

21 Mit der Gleichheit der Mitgliedstaaten vor den Verträgen nimmt der Vertrag einen Rechtsgedanken auf, der föderalen Ordnungen nicht unbekannt ist, aber auch durch das Völkerrecht abgesichert ist. Im deutschen Bundesstaat ist die Gleichheit der Länder als Gliedstaaten ein föderaler Grundsatz, der mit gesteigertem Verfassungsrang ausgestattet ist. Vom völkerrechtlichen Grundsatz souveräner Gleichheit der Staaten, wie er in Art. 2 Abs. 1 UN-Charta niedergelegt ist, emanzipiert sich Art. 4 Abs. 2 Satz 1 EUV in der Ausformung eines eigenständigen **unionsrechtlichen Grundsatzes** durch den Verzicht auf den Begriff der Souveränität[47] mit der Einsicht, dass darüber primärrechtliche Bestimmungen – wie zum Beispiel Art. 14 Abs. 2 mit der unterschiedlichen Zahl der in das Parlament zu wählenden Mitglieder – nicht unterlaufen werden können. Eine strikte Gleichheit der Mitgliedstaaten sieht der Vertrag nicht vor. Statuiert wird vielmehr ein Achtungsgebot vor den Verträgen mit der Verpflichtung der Unionsorgane, das Unionsrecht **diskriminierungsfrei** anzuwenden.

22 Dafür kann die Größe oder Bedeutung eines Mitgliedstaates kein Kriterium sein. Weder in der Anwendung des Primärrechts noch bei der Schaffung von Sekundärrecht sind unsachliche Differenzierungen zwischen Mitgliedstaaten erlaubt. Verlangt wird eine **statusrechtliche Gleichheit** der Mitgliedstaaten im Verhältnis zur Union, der ein Vorgehen gegen einzelne Mitgliedstaaten dadurch aber nicht versperrt ist. Insbesondere die Durchführung von Vertragsverletzungsverfahren, aber auch die Anwendung des bislang weitgehend leerlaufenden Sanktionsverfahrens nach Art. 7 EUV gegen einzelne Mitgliedstaaten stößt erst dann an die Grenze des Gleichheitsgebotes, wenn systematisch bestimmte Mitgliedstaaten verfolgt werden, andere Mitgliedstaaten dagegen verschont bleiben. Vor allem kleineren Mitgliedstaaten soll damit die Sorge vor einer »Instrumentalisierung« durch größere Mitgliedstaaten genommen werden.[48] Im Kontext der Vorschrift, die das Achtungsgebot allein an die Union richtet, sind jedoch einzelne **Zusammenschlüsse von mächtigen Mitgliedstaaten** im Vorfeld von Entscheidungsprozessen nicht verboten, solange das Loyalitätsprinzip nach Art. 4 Abs. 3 EUV gewahrt bleibt. Vorabsprachen – wie der berühmt gewordene Spaziergang von Deauville[49] – werden durch das Gleichheitsgebot nicht untersagt.

23 Daraus ergibt sich das **Problem der Vorschrift**, die einer differenzierten Integration

---

[46] *Hatje*, in: Schwarze, EU-Kommentar, Art. 4 EUV, Rn. 8.
[47] *v. Bogdandy/Schill*, in: Grabitz/Hilf/Nettesheim, EU, Art. 4 EUV (September 2013) Rn. 6; anders *Puttler*, in: Calliess/Ruffert, EUV/AEUV, Art. 4 EUV, Rn. 11.
[48] *v. Bogdandy/Schill*, in: Grabitz/Hilf/Nettesheim, EU, Art. 4 EUV (September 2013) Rn. 8.
[49] Bundeskanzlerin Angela Merkel und der ehemalige französische Staatspräsident Nicolas Sarkozy vor dem G 8-Treffen im Oktober 2010.

nach den dafür vorgesehenen Mechanismen des Vertrags nicht im Wege steht, aber in der EU 28 eine gleichmäßige Anwendung des Unionsrechts in den Mitgliedstaaten nur mit Mühe sicherstellen kann. Es besteht aufgrund der pluralistischen Struktur der Unionsrechtsordnung weniger das Problem, dass sich der Integrationsprozess aus der Sicht eines Mitgliedstaates als gleichheitswidrige »Bevormundung« durch einen europäischen »Hegemon« darstellt als vielmehr darin, dass sich ein Mitgliedstaat unter Berufung auf das Gleichheitsgebot seinen rechtlichen Bindungen aus Art. 2 EUV zu entziehen versucht, was eine gemeinsame »Verteidigung« europäischer Werte erschwert. Jedenfalls setzt das Gleichheitsgebot mit der Verpflichtung zur Achtung der nationalen Verfassungsidentität einem Vorgehen der Unionsorgane gegen Gefährdungen der Rechtsstaatlichkeit und Demokratie in einem einzelnen Mitgliedstaat deutliche Grenzen. Zwar darf ein Mitgliedstaat nicht »isoliert« werden, um Einfluss auf dessen inneres Politik- und Verfassungsleben zu nehmen.[50] Es spricht jedoch vieles dafür, nach Maßgabe des Art. 4 Abs. 2 Satz 1 EUV lediglich **willkürliches Handeln** der Union für verboten zu erklären.[51]

Interföderal bedeutet die Gleichheit der Mitgliedstaaten vor den Verträgen in Deutschland eine weitgehende Mediatisierung der Länder und Kommunen, die von den Verträgen nicht unmittelbar adressiert werden. Was die Einbeziehung der nationalen Parlamente in Entscheidungsverfahren der Union betrifft, ist es durch den Vertrag von Lissabon immerhin zu einem partiellen **Wegfall der Mediatisierung** durch ihre jeweilige Regierung gekommen.[52] Das erforderte in Frankreich für die Zustimmung zum Vertrag von Lissabon eine Verfassungsänderung.[53] **24**

3. Nationale Identität der Mitgliedstaaten

Der Topos der nationalen Identität hat über die mitgliedstaatlichen Verfassungsgerichte, namentlich das Bundesverfassungsgericht[54] Eingang in den Vertragstext gefunden.[55] Dabei handelt es sich um einen »**Schlüsselbegriff**« des Integrationsprojekts, der keinen Umbau der Unionsrechtsordnung erzwingt, aber zusammen mit dem Erfordernis der Gleichheit aller mitgliedstaatlichen Verfassungsordnungen unter der »rechtspluralistischen Grundannahme« wechselseitig miteinander verbundenen Rechtsordnungen die **24**

---

[50] *v. Bogdandy/Schill*, in: Grabitz/Hilf/Nettesheim, EU, Art. 4 EUV (September 2013), Rn. 8.
[51] So auch *Hatje*, in: Schwarze, EU-Kommentar, Art. 4 EUV (September 2013), Rn. 8.
[52] *v. Arnauld* (Fn. 25), S. 77.
[53] Zu den Unterschieden der nationalen Verfassungen im Umgang mit Europa: *Hufeld*, Europas Verfassungsgemeinschaft. Staatsrechtliche Perspektive, in: Hufeld/Epiney, Europäisches Verfassungsrecht, 2. Aufl., 2010, S. 33 ff.; ausf. Marsch/Vilain/Wendel (Hrsg.), Französisches und Deutsches Verfassungsrecht, 2015.
[54] BVerfGE 37, 271 (279). Zur Vorbildfunktion der »Identitätsrechtsprechung« für das polnische, ungarische und – eingeschränkt – tschechische Verfassungsgericht *Rideau*, The Case-law of Polish, Hungarian and Czech Constitutional Courts on National Identity and the ‚German Model', in: Saiz Arnaiz/Alcoberro Llivina, S. 243 (250 ff.); ausf. Burgorgue-Larsen (Hrsg.), L'identité constitutionnelle saisie par les juges en Europe, 2011.
[55] So die Rekonstruktion bei *v. Bogdandy/Schill*, ZaöRV 70 (2010), 701 (718 f., 725): »Der Begriff des Bundesverfassungsgerichts hat […] eine europäische Karriere gemacht […]. Nachdem dieser Begriff wohl in Reaktion auf verfassungsgerichtliche Vorbehalte primärrechtlich im Unionsvertrag verankert wurde, entfalten die mitgliedstaatlichen Verfassungsgerichte nunmehr […] die Kerngehalte des nationalen Verfassungsrechts in der unional vorgegebenen Begrifflichkeit.« Anders *Schönberger*, Identitätera, S. 44 (mit Fn. 11), 54 ff., wonach die unionsgerichtete Verfassungsidentität deutscher Provenienz eine »Widerstandsformel« sei, die schon deshalb nicht überzeuge, weil die Mitgliedstaatlichkeit des von der Verfassungsidentität geschützten Staates ausgeblendet werde.

Bedeutung nationaler Verfassungen für das Unionsrecht unterstreicht[56] und dadurch das Motto »in Vielfalt geeint« greifbar werden lässt.[57]

25   Die Weite des Begriffs nationaler Identität nährt Zweifel an seiner rechtlichen Qualität.[58] Die heutige Fassung, die auf Art. I–5 EVV und den gescheiterten Versuch der **»Christophersen-Klausel«** zurückgeht, womit Bereiche nationaler Identität konkret benannt werden sollten, hält daran fest, es primär den Mitgliedstaaten zu überlassen, nach ihrem Selbstverständnis die »nationale Identität« zu definieren.[59] Sie beschränkt den Schutz jedoch auf die Inhalte, die in den »grundlegenden politischen und verfassungsmäßigen Strukturen« zum Ausdruck kommen. Eine weitergehende Formulierung enthält der dritte Erwägungsgrund der Präambel zur Grundrechtecharta: »Die Union trägt zur Erhaltung und zur Entwicklung dieser gemeinsamen Werte unter Achtung der Vielfalt der Kulturen und Traditionen der Völker Europas sowie der nationalen Identität der Mitgliedstaaten und der Organisation ihrer staatlicher Gewalt auf nationaler, regionaler und lokaler Ebene bei.«

26   Mit dem Wechsel von Art. 6 Abs. 3 EGV a. F. zu Art. 4 Abs. 2 EUV in der Fassung durch den Vertrag von Lissabon hat sich der Begriff nationaler Identität gewandelt. Die Verknüpfung mit den »grundlegenden politischen und verfassungsmäßigen Strukturen« enthält eine Präzisierung in zweifacher Hinsicht: Zum einen wird der Begriff von einem kultur- und vorpolitischen Verständnis gelöst, indem auf **verfassungsrechtliche Kriterien** fokussiert wird.[60] Das wird von den Verfassungsgerichten der Mitgliedstaaten insoweit bestätigt, als es dort in der Regel um Fragen des Grundrechtsschutzes und der Staatsstrukturprinzipien geht. In der englischen und der französischen Sprachfassung ist von nationaler Identität die Rede, die den grundlegenden […] Strukturen »inhärent« ist. Hier wird nicht auf etwas vorgelagertes, sondern auf etwas durch die nationale Verfassung konstituiertes abgestellt, was der unionsrechtlichen Bedeutung des Begriffs näher zu kommen scheint.[61] Der Identitätsbegriff tritt partiell an die Stelle des **Souveränitätsbegriffs**.[62] Zum anderen wird mit der Bezugnahme auf die »grundlegenden« Strukturen

---

[56] *Wendel*, S. 14 ff.

[57] Darstellungen: *Bleckmann*, JZ 1997, 265; *Benoît-Rohmer*, S. 63; *Claes*, S. 205; *Schrauwen*, S. 105; *Millet*, L'Union Européenne et l'Identité Constitutionnelle des États Membres, 2013. Krit. zum »Moduswechsel« von der proaktiven Demokratiedebatte zum defensiven Identitätsdiskurs *Mayer*, VVDStRL 75 (2016), 44 f.

[58] Berühmt geworden ist die skeptische Formulierung von *Claude Lévi-Strauss*, L'identité. Séminaire au Collège de France, 1977, S. 331: »Toute utilisation de la notion d'identité commence par une critique de cette notion.«

[59] Zur Entstehungsgeschichte der Vorschrift *Guastaferro*, S. 13 ff.

[60] Ähnlich wie hier *Puttler*, in: Calliess/Ruffert, EUV/AEUV, Art. 4 EUV, Rn. 14; *v. Bogdandy/Schill*, in: Grabitz/Hilf/Nettesheim, EU, Art. 4 EUV (September 2013), Rn. 14 f.; *Hatje*, in: Schwarze, EU-Kommentar, Art. 4 EUV, Rn. 9; *Vedder*, in: Vedder/Heintschel v. Heinegg, Europäisches Unionsrecht, Art. 4 EUV, Rn. 6, 14; zurückhaltender *Besselink*, Utrecht Law Review 6 (2010), 36 (44); a. A. *Streinz*, in: Streinz, EUV/AEUV, Art. 4 EUV, Rn. 15; *Geiger*, in: Geiger/Khan/Kotzur, EUV/AEUV, Art. 4 EUV, Rn. 3; *Hilf/Schorkopf*, in: Grabitz/Hilf, Das Recht der EU, Art. 6 EUV (Januar 2004), Rn. 97.

[61] *v. Bogdandy/Schill*, in: Grabitz/Hilf/Nettesheim, EU, Art. 4 EUV (September 2013), Rn. 14.

[62] *v. Bogdandy*, VVDStRL 62 (2003), 156 (164, 184, 186); *Franzius*, S. 34 f.; *Saiz Arnaiz/Alcoberro Llivina* (Fn. 11), S. 3 ff.; *Schönberger*, Identitätera, S. 48; anders *Puttler*, in: Calliess/Ruffert, EUV/AEUV, Art. 4 EUV, Rn. 16. Zum problematischen Ineinanderweben von Verfassungsidentität und Staatssouveränität BVerfGE 123, 267 (343, 400 f.). *Goldhammer*, S. 113 ff. sieht den Kern in einer »normgeprägten Staatenautonomie« und spricht sich für eine semantische Abrüstung »nationaler Identität« mit der Anerkennung einer Priorität von Kompetenzen und Verfahren aus. Auch *Mayer*, VVDStRL 75 (2016), 53 f. will den Souveränitätsbegriff durch das Konzept der Autonomie ersetzen.

deutlich gemacht, dass Art. 4 Abs. 2 EUV nicht jede Politikentscheidung eines Mitgliedstaates, sondern nur die wesentlichen, das Selbstverständnis einer nationalen Verfassung prägenden Entscheidungen erfasst.

Jedenfalls bezeichnet die nationale Identität »den Grund, aus dem sich der mitgliedstaatliche Selbstbehauptungswille wesentlich speist«.[63] Damit »integriert« das Unionsrecht ein wesentliches Element der Vielfalt, was die Bestimmung des unionsrechtlichen Begriffs »nationaler Identität« erschwert. Denn neben dem schillernden Begriff der Identität ist auch der Begriff der **Nation**, auf den Art. 4 Abs. 2 EUV nicht mit der mitgliedstaatlichen, sondern der »nationalen« Identität verweist, europarechtlich nur schwer zu bestimmen. Während in Frankreich etwas »staatliches« angesprochen wird, scheint in Deutschland, wie es in der Rechtsprechung des Bundesverfassungsgerichts anklingt, auf etwas »vorstaatliches« Bezug genommen zu werden. Auf den Schutz der »**Staatlichkeit**« abzustellen, greift an dieser Stelle – anders als beim Schutz grundlegender Staatsfunktionen nach Art. 4 Abs. 2 Satz 2 EUV – zu kurz. Das Unionsrecht drängt auf einen »EU law dogma friendly« Gebrauch der Klausel.[64] Das gebietet zwischen dem **Tatbestand** der nationalen Identität (s. Rn. 28 ff.) und der **Rechtsfolge** der Achtungsverpflichtung (s. Rn. 53 ff.) zu unterscheiden.[65]

27

a) Unionsrechtlicher Rahmen für nationale Besonderheiten

Art. 4 Abs. 2 Satz 1 EUV formuliert einen unionsrechtlichen Rahmen für nationale Besonderheiten. »Nationale Identität der Mitgliedstaaten« ist zwar ein unionsrechtlicher Begriff. Sein Inhalt ergibt sich aber aus dem jeweiligen Selbstverständnis der Mitgliedstaaten. Maßgeblich ist das jeweilige nationale Verfassungsrecht.[66] Diese Aussage muss jedoch enger gefasst werden: Die Union ist verpflichtet, diejenigen Selbstverständnisse nationaler Identität zu achten, die sich in einem durch Art. 4 Abs. 2 Satz 1 EUV vorgegebenen **Rahmen** bewegen. Nicht erforderlich ist, dass sich das, was der Mitgliedstaat als Identität begreift, in anderen Mitgliedstaaten wiederfindet. Vielmehr kann und darf der Inhalt der Verfassungsidentität von Mitgliedstaat zu Mitgliedstaat variieren. Darin liegt die »Pointe« der Identitätsklausel und zugleich das Problem. Denn der Mitgliedstaat hat es in der Hand, durch die Aufnahme bestimmter Inhalte in die Verfassung den unionsrechtlichen Schutz zu erhöhen. Damit erhält die Identitätsklausel ein faktisches **Privilegierungspotential**, das sich für Verfassungen, die wie das Grundgesetz in vergleichsweise hohem Maße materielle Wertmaßstäbe bereitstellen, vorteilhaft aus-

28

Entscheidend komme es auf Mechanismen und Prinzipien an, die diese Autonomie schützen, aber auch darauf, dass »selbstbestimmungsrelevante Handlungsspielräume gesichert, wiedergewonnen oder sogar völlig neu erschlossen werden können.« Freilich ist der Autonomiebegriff im unionsrechtlichen Kontext nicht ohne Tücken, vgl. für ein überzogenes Verständnis von Autonomie EuGH, Gutachten 2/13 v. 18. 12. 2014 (EMRK II), EuGRZ 2015, 56 Rn. 179 ff.; krit. *Breuer*, EuR 2015, 330 (349), wonach die Autonomie der Unionsrechtsordnung zu einer Art »Super-Souveränität« hypostasiert werde. Den Versuch einer Verteidigung des – seit van Gend & Loos zu den tragenden Argumentationsfiguren des EuGH zählenden – Autonomiearguments unternimmt *Halberstam*, GLJ 16 (2015), 105.

[63] *v. Bogdandy/Schill*, in: Grabitz/Hilf/Nettesheim, EU, Art. 4 EUV (September 2013), Rn. 10.

[64] *Guastaferro*, S. 67.

[65] *Wendel*, S. 575 ff.

[66] *Streinz*, in: Streinz, EUV/AEUV, Art. 4 EUV, Rn. 14. Deshalb wird der Ausgangspunkt häufig nicht in Art. 4 Abs. 2 EUV und damit dem Normtext gesucht, was an sich dem Vorgehen der deutschen Rechtswissenschaft entspricht, sondern auf dem unsicheren Boden eines vagen – und der Rechtswissenschaft fremden – Begriffs, statt vieler *Wischmeyer*, S. 419 ff.

wirken kann. Werden Verfassungsinhalte erst durch ein nationales Verfassungsgericht mit identitätsstiftenden Gehalten versehen, drohen sie mit dem Unionsrecht und seiner Kontrolle durch den EuGH in Konflikt zu geraten. Das kann die leitsatzmäßige Formulierung im Lissabon-Urteil des Bundesverfassungsgerichts nicht verdecken, wonach »die verfassungs- und die unionsrechtliche Gewährleistung der nationalen Verfassungsidentität im europäischen Rechtsraum Hand in Hand« gehen.[67]

b) Maßgeblichkeit mitgliedstaatlichen Verfassungsrechts
aa) Selbstverständnis nationaler Verfassungen

29   Art. 4 Abs. 2 Satz 1 EUV lässt erkennen, dass das Unionshandeln nicht in vorpolitischen, sondern in verfassungsmäßigen Strukturen »nationaler Identität« eine Grenze findet. Nicht jede nationale Besonderheit, sondern nur die **grundlegenden Verfassungsentscheidungen der Mitgliedstaaten** sind unter Schutz gestellt.[68] In Deutschland fallen nach der Rechtsprechung des Bundesverfassungsgerichts zumindest die Verfassungsinhalte darunter, die einer Verfassungsänderung nach Art. 79 Abs. 3 GG entzogen sind. Diesen Bereich hat der Zweite Senat des Bundesverfassungsgerichts in seiner jüngeren Rechtsprechung vergleichsweise weit gezogen und nach Auffassung vieler – auch im deutschsprachigem Schrifttum[69] – überzogen.

30   Was zum Inhalt »nationaler Identität« gehört, bestimmen die Mitgliedstaaten.[70] Das gilt auch für die verfahrensrechtliche Vorfrage, wer hierüber entscheidet. Art. 4 Abs. 2 Satz 1 EUV ist »Ausdruck des Bestrebens, verfassungsrechtliche Grundstrukturen und Eigengesetzlichkeiten der nationalen Ebene zu bewahren, nicht aber diese unionsrechtlich auszufüllen oder gar zu harmonisieren.«[71] Das Unionsrecht überlässt die Inhaltsbestimmung nationaler Identität der autonomen Entscheidung des Mitgliedstaates und verweist insoweit auf die nationale Ebene zurück, bleibt aber nicht gänzlich kriterienlos. So wäre es einerseits **zu eng**, den Achtungsanspruch von der prozessualen Seite her auf einen unantastbaren Kernbestand der nationalen Verfassung zu beschränken.[72] Andererseits zeigt die Ausrichtung auf grundlegende verfassungsmäßige Strukturen, dass ein nahezu grenzenloses Verständnis unter Einbeziehung aller politischen, sozialen und kulturellen Besonderheiten die Stoßrichtung der Identitätsklausel verfehlt. Vorpolitische oder vorrechtliche Selbstverständnisse nationaler Identität sind durch Art. 4 Abs. 2 Satz 1 EUV nicht geschützt, auch nicht über die umstrittene Figur der **Verfassungsvoraussetzung**.[73]

---

[67] BVerfGE 123, 267 (354); weiter entwickelt in BVerfGE 134, 366 (386 f.) und BVerfG, Beschl. v. 15. 12. 2015, 2 BvR 2735/14 (Europäischer Haftbefehl II), Rn. 84 ff.

[68] Wie die föderale Gliederung in Deutschland (Art. 23 Abs. 1 Satz 3 i. V. m. Art. 79 Abs. 3 GG), das Prinzip der Laizität in Frankreich (Art. 1 Abs. 1 Verf-F) oder der Schutz des pränatalen Lebens in Irland (Art. 40.3.3 Verf-Irland).

[69] Statt vieler *Jestaedt*, Der Staat 2009, 497; *Schönberger*, Der Staat 2009, 535; *Lepsius*, JöR 63 (2014), 63 (65 ff.). Anders, aber nicht überzeugend: *Hillgruber/Gärditz*, JZ 2009, 872.

[70] *Grewe/Rideau*, S. 319; *Kirchhof*, in: Isensee/Kirchhof, HStR II, 3. Aufl., 2004, § 21; *Lerche*, S. 931: »Achtung des Vermögens der Mitgliedstaaten, in den angedeuteten Grenzen dasjenige zu bestimmen, das sie als zu ihrer Identität gehörig betrachten.«

[71] *Wendel*, S. 575.

[72] In dieser Richtung aber *Puttler*, in: Calliess/Ruffert, EUV/AEUV, Art. 4 EUV, Rn. 17; wie hier *Guastaferro*, S. 32 ff.

[73] *v. Bogdandy/Schill*, ZaöRV 70 (2010), 701 (714); zust. *Pernice*, AöR 136 (2011), 185 (190). Zu den Schwierigkeiten der Bestimmung nationaler Verfassungsidentität *Grewe*, Methods of Identification of National Constitutional Identity, in: Saiz Arnaiz/Alcoberro Llivina, S. 37 ff.

Art. 4 Abs. 2 Satz 1 EUV ist keine Operationalisierung der 6. Präambelerwägung, **31** wonach die Union die Geschichte, Kultur und Tradition ihrer Völker achtet.[74] Diese Achtungsverpflichtung wird durch andere Vorschriften konkretisiert, etwa durch Art. 3 Abs. 3 UAbs. 4 EUV, lässt sich aber nicht ohne weiteres als den grundlegenden politischen und verfassungsmäßigen Strukturen »innewohnend« bezeichnen und der Europapolitik entgegenhalten. Ein Verständnis, das unter die nationale Identität beispielsweise auch den öffentlich-rechtlichen Rundfunk subsumiert, überschreitet diese Grenze und erscheint **zu weit**.[75] Die Funktion und Reichweite der Identitätsklausel wird erst durch ihre Herkunft aus den nationalen Verfassungsordnungen und die systematische Stellung im Vertrag deutlich. Sie besteht darin, dem Selbstverständnis nationaler Verfassungsordnungen in ihren Kerngehalten unionsrechtlich mehr Raum zu geben. Wegen dieser Interessen wird der **Vorranganspruch** des Unionsrechts zurückgenommen.[76] Das kann nach der Rechtsprechung des EuGH das Ergebnis der Verhältnismäßigkeitsprüfung sein, etwa im Zusammenhang mit der Rechtfertigung eines Eingriffs in Grundfreiheiten.

Damit ist nicht gesagt, dass jede Berührung mit nationalem Verfassungsrecht den **32** Achtungsanspruch auslöst. Art. 4 Abs. 2 Satz 1 EUV bildet keinen Meta-Maßstab für den Geltungsanspruch des Unionsrechts. Vieles spricht dafür, die Identitätsklausel im Zusammenhang mit den in Art. 2 EUV niedergelegten Werten der Union zu lesen und daraus eine **Grenze** zu formulieren.[77] Was nicht den Grundwerten des Art. 2 entspricht, kann nicht »Achtung« beanspruchen. Anderenfalls hätte es ein in den Totalitarismus abgleitender Mitgliedstaat in der Hand, seine von der Regierung definierte »nationale« Identität jeder Unionspolitik entgegenzuhalten.[78] Dieses Argument lässt sich dann freilich auch umkehren: Was mit den **Werten der Union** übereinstimmt, kann Teil der nationalen Verfassungsidentität sein und verdient Achtung, indem das Unionsrecht seinen unbedingten Vorranganspruch zurücknimmt.[79] Dafür müssen die Unionsorgane – insbesondere der EuGH über das Vorlageverfahren nach Art. 297 AEUV – das Material erhalten, um in eine Abwägung eintreten zu können (s. Rn. 79 ff.). Auf diese Weise findet nationales Verfassungsrecht unionsrechtliche Anerkennung.[80]

---

[74] *v. Bogdandy/Schill*, ZaöRV 70 (2010), 701 (714); a. A. *Geiger*, in: Geiger/Khan/Kotzur, EUV/AEUV, Art. 4 EUV, Rn. 3.

[75] So aber *Streinz*, in: Streinz, EUV/AEUV, Art. 4 EUV, Rn. 15; *Hatje*, in: Schwarze, EU-Kommentar, Art. 4 EUV, Rn. 13.

[76] *v. Bogdandy/Schill*, ZaöRV 70 (2010), 701 (706, 727 f., 732 f.); *Mayer*, VVDStRL 75 (2016), 45; abl. *Pernice*, AöR 136 (2011), 185 (215) unter Rückgriff auf EuGH, Urt. v. 17. 1. 1970, Rs. 11/70 (Internationale Handelsgesellschaft), Slg. 1970, 1125, Rn. 3; *Obwexer*, in: GSH, Europäisches Unionsrecht, Art. 4 EUV, Rn. 54 mit Hinweis auf EuGH, Urt. v. 26. 2. 2013, Rs. C–399/11 (Melloni), ECLI:EU:C:2013:107, Rn. 60. Gerade »Melloni« ist jedoch auf Kritik gestoßen, vgl. *Besselink*, E. L. Rev. 39 (2014), 531 (533 ff.).

[77] *v. Bogdandy/Schill*, in: Grabitz/Hilf/Nettesheim, EU, Art. 4 EUV (September 2013), Rn. 17. Anders das Konzept der Identitätskontrolle in BVerfG, Beschl. v. 15. 12. 2015, 2 BvR 2735/14 (Europäischer Haftbefehl II), Rn. 36 ff.

[78] Ein Beispiel liefert Ungarn, vgl. *Franzius*, in: Steinbeis/Kemmerer/Möllers (Hrsg.), Gebändigte Macht: Verfassung im europäischen Nationalstaat, 2015, S. 265. Für eine »umgekehrte« Solange-Doktrin, die grundrechtliche »Identitätsvorbehalte« an die Wahrung der Unionswerte bindet: *v. Bogdandy/Kottmann/Antpöhler/Dickschen/Hentrei/Smrkolj*, CMLRev 49 (2012), 489.

[79] S. bereits *Mayer*, in: v. Bogdandy/Bast, Europäisches Verfassungsrecht, S. 588; *v. Bogdandy/Schill*, ZaöRV 70 (2010), 701 (706 ff.); ausf. *Wendel*, S. 371 ff.

[80] EuGH, Urt. v. 22. 12. 2010, Rs. C–208/09 (Sayn-Wittgenstein), Slg. 2010, I–3693, Rn. 92 ff. Als Signal für die Bereitschaft zum Dialog gedeutet von *M. Walter*, ZaöRV 72 (2012), 177 (198).

bb) Grundlegende politische und verfassungsmäßige Strukturen

33   Was unter den **Tatbestand der nationalen Identität** fällt, bestimmt sich weniger aus der Rechtsprechung des EuGH, der in der Vergangenheit die Lösung eher im Verhältnismäßigkeitsgebot gesucht hat.[81] Allerdings lassen sich Rechtfertigungen der Beschränkungen von Grundfreiheiten – wie bei der Menschenwürde, der Medienvielfalt oder der Versammlungsfreiheit[82] – als Achtung der nationalen Identität lesen. Für dessen Inhalt wichtiger sind jedoch die Vorschriften der nationalen Verfassungen und die Rechtsprechung der nationalen Verfassungsgerichte.

34   Der Tatbestand der nationalen Identität ist unter Rezeption dessen zu interpretieren, was in den mitgliedstaatlichen Verfassungen als nationale Identität gilt. Solche Vorschriften können als identitätsbildend angesehen werden, die entweder, wie im Fall des Art. 79 Abs. 3 GG, dem Zugriff des verfassungsändernden Gesetzgebers entzogen oder einem **besonderen Änderungsverfahren** unterworfen sind. Das betrifft die Grundprinzipien des Verfassungsstaates in der Ausprägung, die er durch die jeweilige Verfassung erhalten hat. Die Besonderheit des unionsrechtlichen Begriffs der nationalen Identität ist, dass hierfür auf die Rechtsprechung der nationalen Verfassungs- und Höchstgerichte zurückzugreifen ist.[83]

35   Einflussreich ist die Rechtsprechung des Bundesverfassungsgerichts, das mit der **Solange-Rechtsprechung**, dann aber vor allem im **Lissabon-Urteil** wichtige europäische Entscheidungen getroffen hat, die nicht ohne Folgen blieben. Während der Zweite Senat in der Identitätskontrolle einen eigenen Kontrollmaßstab[84] sieht, formulieren andere Verfassungsgerichte nur abstrakte Vorgaben, wiederum andere sehen in der sachbereichsspezifischen Ausdifferenzierung nationaler Identität primär eine Aufgabe des politischen Prozesses.[85] Aus unionsrechtlicher Sicht geht der begriffspolitische Erfolg mit dem Preis einer Vervielfältigung der Interpreten einher, die in den Tatbestand nationaler Identität und seinen Schutz voneinander abweichende Verständnisse einbringen.

36   Was den Kern der nationalen Verfassung ausmacht, lässt sich der Rechtsprechung nicht immer in der nötigen Klarheit entnehmen. Konkretisierungen des Rechtsstaatsprinzips spielen ebenso eine Rolle wie der Erhalt der Staatlichkeit, wogegen mit der Übertragung der »Kompetenz-Kompetenz« auf die Union verstoßen würde. Aber teilweise geht die Rechtsprechung weiter und sieht die nationale Identität als gefährdet,

---

[81] EuGH, Urt. v. 2.7.1996, Rs. C–473/93 (Kommission/Luxemburg), Slg. 1996, I–3207, Rn. 35 ff.

[82] EuGH, Urt. v. 14.10.2004, Rs. C–36/02 (Omega), Slg. 2004, I–9606, Rn. 33 ff. (Menschenwürde); Urt. v. 26.6.1997, Rs. C–368/95 (Familiapress), Slg. 1997, I–3689, Rn. 18 (Medienvielfalt); Urt. v. 12.6.2003, Rs. C–112/00 (Schmidberger), Slg. 2003, I–5659, Rn. 71 ff. (Versammlungsfreiheit).

[83] Vergleichend: BVerfG, Beschl. v. 15.12.2015, 2 BvR 2735/14 (Europäischer Haftbefehl II), Rn. 47.

[84] BVerfGE 123, 267 (353 ff.). BVerfGE 134, 366 (386 f.) relativiert den Eindruck einer Parallelisierung von unions- und verfassungsrechtlichem Identitätsschutz. Weil Art. 79 Abs. 3 GG eine »absolute Grenze« für die Anwendbarkeit des Unionsrechts im Geltungsbereich des Grundgesetzes markiert, seien die dort zugrundegelegten Prinzipien einer Abwägung nicht zugänglich. Darin unterscheide sich die Identitätskontrolle durch das BVerfG von der Überprüfung des Art. 4 Abs. 2 EUV durch den EuGH. Ob die gegen Diktatur und Gewaltherrschaft eingeführte »Ewigkeitsklausel« gegenüber dem Integrationsprozess in Stellung gebracht werden kann, ist trotz des Verweises in Art. 23 Abs. 1 S. 3 GG auf Art. 79 Abs. 3 GG nicht ohne Zweifel, mahnt jedenfalls zu einem zurückhaltenden Gebrauch in der Judikatur des Gerichts. Das gilt auch für die Menschenwürde nach Art. 1 Abs. 1 GG und sein problematisches »Hineinlesen« in das Unionsrecht, vgl. BVerfG, Beschl. v. 15.12.2015, 2 BvR 2735/14 (Europäischer Haftbefehl II), Rn. 51 ff.

[85] Tschechisches Verfassungsgericht, Pl ÚS 19/08 v. 22.11.2008, Abs.-Nr. 208.

würden bei der Übertragung von Kompetenzen auf der Ebene des Mitgliedstaates nicht **Aufgaben mit substantiellen Gewicht** verbleiben.[86]

In Deutschland bildet die **Verfassungsidentität** nach der Rechtsprechung des Bundes- 37
verfassungsgerichts eine doppelte Grenze: Zum einen in Bezug auf eine Grenze für weitere Integrationsschritte durch Weiterentwicklungen des Primärrechts, zum anderen in Bezug auf die Ausführung des geltenden Unionsrechts.[87] In Frankreich, dessen Verfassung einen ausdrücklichen Identitätsvorbehalt ebenso wenig wie das Grundgesetz kennt, wird zwar ebenfalls auf Art. 4 Abs. 2 EUV rekurriert, aber weniger eine absolute Integrationsgrenze formuliert als vielmehr eine Grenze des Vorranganspruchs im Bereich übertragener Hoheitsrechte. Der französische **Conseil Constitutionnel** erkennt einen Vorbehalt dahingehend, dass die Umsetzung einer Richtlinie nicht gegen eine Bestimmung oder einen Grundsatz verstoßen darf, in welchem die verfassungsrechtliche Identität Frankreichs zum Ausdruck kommt, es sei denn, der Verfassungsgesetzgeber hätte dem zugestimmt.[88] Eine solchen »Vorbehalt zum Vorbehalt« akzeptiert das Bundesverfassungsgericht nach Maßgabe des Art. 79 Abs. 3 GG nicht[89] und statuiert damit eine Statik, die vielen Rechtsordnungen in dieser Strenge unbekannt ist.

Für das Bundesverfassungsgericht bilden **essentielle Staatsaufgaben** eine Integrati- 38
onsgrenze.[90] Der Zweite Senat sieht neben dem Schutz der Grundrechte in der Wahrung der demokratischen Grundlagen des Staates eine wichtige Rolle. Das Gericht geht nicht nur weiter als andere Gerichte. Es knüpft das Überschreiten der selbst formulierten Grenzen an eine neue Verfassung (Art. 146 GG), die auf die Gründung eines europäischen Bundesstaates gerichtet wäre. Damit verkennt das Gericht die Struktur des Bundes, der auf **Komplementarität, nicht Alternativität** oder Preisgabe der Bedeutung einer Vielzahl von Rechtsordnungen setzt.[91]

Insgesamt lässt die Rechtsprechung der mitgliedstaatlichen Verfassungsgerichte er- 39
kennen, dass sie sich mit einer untergeordneten Rolle im europäischen Integrationsprozess nicht zufrieden geben.[92] Der **Verzicht auf scharfe Maßstäbe** erlaubt es den Gerichten, auf Konfliktsituationen flexibel zu reagieren. Immerhin wird mit der Verfassungsidentität auf eine Begrifflichkeit zurückgegriffen, die der Vertrag mit der Achtung nationaler Identität vorgibt. Oder wie *Armin v. Bogdandy* und *Stephan Schill* formulieren: »Zunehmend entfalten die mitgliedstaatlichen Verfassungsgerichte in einem autonomen Nachvollzug der primärrechtlichen Rechtsentwicklung die Kerngehalte des na-

---

[86] BVerfGE 123, 267 (356, 360 f., 406).

[87] Vgl. *M. Walter*, ZaöRV 72 (2012), 177 (183).

[88] Conseil Constitutionnel, Entscheidung v. 27. 7. 2006, Nr. 2006/540 DC Informationsgesellschaft, 19. Erwägungsgrund; dazu Chaltiel, RFDC 2006, 837. Daraus hat der Conseil d'Etat dem Vorrang des Unionsrechts aber Grenzen gezogen, vgl. Conseil d'Etat, Entscheidung v. 8. 2. 2007, Nr. 287110 Arcelor; dazu *Mayer/Lenski/Wendel*, EuR 2008, 63 (76 ff.).

[89] Zu den Unterschieden in der Rechtsprechung der nationalen Verfassungsgerichte *Wendel*, S. 434 ff.

[90] Krit. *v. Bogdandy/Schill*, in: Grabitz/Hilf/Nettesheim, EU, Art. 4 EUV (September 2013), Rn. 27.

[91] *Franzius*, Leviathan 2010, 429 (452 ff.); *Murkens*, Der Staat 2009, 517 (520 ff.). Treffend *Mayer*, VVDStRL 75 (2016), 28. mit Kritik an den Verfassungstraditionalisten, für die der europäische Bundesstaat als Fernziel die einzig kohärente Perspektive sei: »Irgendwo muss ein Staat her, damit von Verfassung gesprochen werden kann.«

[92] Zur Rolle der nationalen Verfassungsgerichte *Grimm*, Die Rolle der nationalen Verfassungsgerichte in der europäischen Demokratie, in: Franzius/Mayer/Neyer (Hrsg.), Grenzen der europäischen Integration, 2014, S. 27 ff. Zuletzt sehr deutlich BVerfG, Beschl. v. 15. 12. 2015, 2 BvR 2735/14 (Europäischer Haftbefehl II), Rn. 51 ff.

tionalen Verfassungsrechts in der unional vorgegebenen Begrifflichkeit.«[93] Stellt der EuGH demgegenüber in Vorlageverfahren maßgeblich auf die Einschätzung der Regierung ab, so vermag dies nicht zu überzeugen. Abzustellen ist auf das vorrangig zur Verfassungsinterpretation berufene Organ, also insbesondere das nationale Verfassungsgericht.[94] Widerspricht die Regierung dem vorlegenden Verfassungsgericht, kann der EuGH nicht einseitig dem Votum der Regierung folgen oder mit dem Hinweis auf Meinungsverschiedenheiten die Betroffenheit der Identität verneinen.[95]

cc) Regionale und lokale Selbstverwaltung: Unionsrechtliche Anerkennung der kommunalen Daseinsvorsorge?

40   Zu den grundlegenden verfassungsmäßigen Strukturen der Mitgliedstaaten gehören nach Art. 4 Abs. 2 Satz 1 EUV die regionale und die lokale Selbstverwaltung.[96] Insoweit setzt der Vertrag hinter das alte Dogma, wonach es neben der Union einerseits und den Mitgliedstaaten andererseits keine weiteren Träger der Willensbildung gebe, ein Fragezeichen.[97] Allerdings bleibt die Antwort auf die Frage, inwieweit zum Beispiel in Deutschland die **kommunale Daseinsvorsorge** eine unionsverfassungsrechtliche Anerkennung erhalten hat, von ihrer Zugehörigkeit zur nationalen Identität abhängig, was sich wiederum nur aus der nationalen Verfassungsordnung ergeben kann. Für die kommunale Selbstverwaltung, soweit sie unter den Schutz des Art. 28 Abs. 2 GG fällt, wird man dies bejahen können.

41   Ob sich daraus für kommunale Körperschaften gegen die Union gerichtete Rechte auf den Erhalt eines dem staatlichen Zugriff entzogenen Aufgabenbestands herleiten lassen, ist nicht abschließend geklärt.[98] Ihr Schutz wäre allerdings erheblich geschwächt, würde man die kommunale Selbstverwaltung, weil nicht unter Art. 79 Abs. 3 GG fallend, als identitätsbildend ausscheiden und Art. 4 Abs. 2 EUV als ein Bekenntnis für ein Europa der Staaten deuten.[99] Das wird dem Art. 4 EUV zugrundeliegenden Konzept eines pluralistischen – gerade auch auf die Bürger in unterschiedlichen Gemeinschaften abstellenden – Verbundes nicht gerecht. Allerdings dürfte mit der Anerkennung kommunaler Selbstverwaltungskörperschaften die **äußerste Grenze** erreicht sein, ohne vom Grundsatz der Gleichheit der Mitgliedstaaten (s. Rn. 20 ff.) abzuweichen.[100]

c) Permeabilitätsprinzip: Grenzen des Vorrangs

42   Art. 4 Abs. 2 EUV enthält mit der Achtungsverpflichtung nationaler Identität ein Permeabilitätsprinzip. Denn die Besonderheit der Union besteht darin, dass formell voneinander getrennte Teilrechtsordnungen bestehen, die gleichzeitig einfordern, jeweils auf einem autonomen Geltungsgrund im Sinne rechtlicher Unabgeleitetheit zu beru-

---

[93] *v. Bogdandy/Schill*, in: Grabitz/Hilf/Nettesheim, EU, Art. 4 EUV (September 2013), Rn. 28.

[94] Soweit Mitgliedstaaten keine selbständigen Verfassungsgerichte kennen, dürften vor allem Stellungnahmen der Parlamente einzuholen sein, zutreffend *Wischmeyer*, S. 449 (mit Fn. 154).

[95] So aber EuGH, Urt. v. 17. 7. 2014, Rs. C–58/13 (Torresi), ECLI:EU:C:2014:2088, Rn. 58. Wenig überzeugend auch GA Bot, Schlussanträge zu Rs. C–399/11 (Melloni), ECLI:EU:C:2012:600, Rn. 141 f.

[96] S. auch GA Trstenjak, Schlussanträge zu Rs. C–324/07 (Coditel Brabant), Slg. 2008, I–8457, Rn. 85 f.

[97] Zur »Landesblindheit« des Unionsrechts *Epiney*, EuR 1994, 301.

[98] Zurückhaltend *Hatje*, in. Schwarze, EU-Kommentar, Art. 4 EUV, Rn. 14.

[99] So aber unter Vernachlässigung der Aufnahme der regionalen und lokalen Selbstverwaltung in den Vertragstext *Puttler*, in: Calliess/Ruffert, EUV/AEUV, Art. 4 EUV, Rn. 19 f.

[100] *v. Arnauld* (Fn. 25), S. 83.

hen.[101] Das mag von den Mitgliedstaaten für die Verfügungsgewalt über die eigene Rechtsordnung als Souveränität bezeichnet werden, lässt aber mit Blick auf das Verhältnis zur Unionsrechtsordnung eine **wechselseitige Permeabilität** erkennen, die als Ausdruck der Reflexivität der miteinander verflochtenen Rechtsordnungen den scharfen Gegensatz von Innen und Außen teilweise aufhebt.[102]

Als ein **Prinzip konstitutioneller Pluralität** basiert die Möglichkeit normativer Permeabilität auf der verbleibenden Souveränität der Mitgliedstaaten, die in den Integrationsermächtigungen die potentielle Allzuständigkeit staatlicher Hoheitsgewalt zurücknehmen, aber dadurch keine Geltungsanordnung des Unionsrechts bestimmen.[103] Diese Rücknahme vermeidet Kollisionen, löst sie aber nicht und sollte als Konfliktbewältigungsstrategie nicht überhöht werden.[104] Unter dem pluralistischen Paradigma, das in eine Distanz zur Figur der hierarchisch organisierten und auf Widerspruchsfreiheit angelegten Einheit der Rechtsordnung tritt, könne die »Parallelität inkommensurabler Autonomiepostulate und die potentielle Kollisionslage (aber) als wechselseitig stabilisierendes Kräftespiel« verstanden werden, soweit – wie *Mattias Wendel* einschränkend meint – grundsätzliche Kohärenz »durch Kompetenzabgrenzung, wechselseitige Permeabilität und materiell-rechtlichen Wertekonsens« vorausgesetzt werden können.[105] **43**

Unionsrecht und nationales Recht stehen sich in keiner Hierarchie gegenüber.[106] Die Identitätsklausel erlaubt eine **pluralistische Deutung der Verbundstruktur**, indem die »Blindheit« des Unionsrechts gegenüber Vorbehalten des mitgliedstaatlichen Verfassungsrechts und ein absolut verstandener Vorrang des Unionsrechts überwunden wird.[107] Was bislang in der Rechtsprechung des Gerichtshofs nur implizit geschah, wenn dieser bei der Bestimmung der Reichweite der Grundfreiheiten *nationale* Grundrechte berücksichtigte, erhält einen expliziten Anknüpfungspunkt, indem die Unionsorgane zur Beachtung des nationalen Verfassungsrechts verpflichtet werden und von hierarchischen Ordnungsvorstellungen im Verhältnis zwischen Unionsrecht und mitgliedstaatlichem Verfassungsrecht Abstand genommen wird. **44**

Ein **Letztentscheidungsrecht** kann es in dieser Verfassungsstruktur nicht geben. Die Gerichte operieren in parallelen Normhierarchien, denen eine übergreifende Hierarchie fehlt. In einer pluralistischen Struktur, die die Rechtsordnungen wechselseitig »durchlässig« macht, ist der Verzicht auf einen unbedingten Vorrang hinnehmbar. Das bedeutet nicht, dass die Unionsrechtsordnung nationale Vorbehalte uneingeschränkt akzeptieren kann, soll das Zusammenspiel der Rechtsordnungen erhalten bleiben. Es bedeutet aber, dass nationales Verfassungsrecht in der Thematisierung unionsrechtlicher Fragen **selbst einen europäischen Einschlag** erhält. Die Praxis des französischen Conseil Constitutionnel, der den Vorrang des Unionsrechts nicht über die Konstruktion **45**

---

[101] Übersicht: *Mayer/Wendel*, EnzEuR, Bd. 1, § 4, Rn. 176 ff. mit dem Hinweis auf den Sonderfall der Niederlande.
[102] *Wendel*, S. 14 ff.
[103] *Wendel*, S. 144 ff., 371 ff.; zust. *Mayer*, VVDStRL 75 (2016), 40.
[104] Überblick: *Franzius*, AöR 138 (2013), 204 (255 ff.).
[105] *Wendel*, S. 43; krit. *Franzius*, Der Staat 2015, 291 (294).
[106] Statt vieler *v. Bogdandy*, in: Isensee/Kirchhof, HStR XI, 3. Aufl., 2013, § 232.
[107] A.A. *Obwexer*, in: GSH, Europäisches Unionsrecht, Art. 4 EUV, Rn. 37, 54 unter Bezugnahme auf die Urteile des EuGH in den Rechtssachen Winner Wetten und Melloni. Das blendet die »Verfassungsidentitätsvorbehalte« nationaler Verfassungsgerichte aber aus und trägt nicht zur Konfliktminimierung bei.

des Rechtsanwendungsbefehls, sondern als Forderung der französischen Verfassung begreift, kommt dem trotz aller Unsicherheiten und Vorbehalte nahe.[108]

46   Nationale Verfassungsgerichte sehen in der Identitätsklausel eine Einschränkung des Vorrangs. Das rüttelt an den europarechtlichen Grundannahmen und der EuGH zeigt, dass er eine Relativierung des Vorrangs nicht hinzunehmen bereit ist, wenn er den naheliegenden Einwand einer Verletzung nationaler Verfassungsidentität in der Rechtssache **Melloni**[109] gar nicht erst zum Thema macht. Das ist umso bedauerlicher, weil gerade Spanien einen überzeugenden Weg gewählt hat, mit dem Vorrangproblem umzugehen, indem der kollisionsrechtliche Vorrang des Unionsrechts (primacía) mit einer verfassungsrechtlichen Grenzziehung (supremacía) kombiniert wird, was in weitgehend theoretisch bleibenden Fällen der staatlichen Hoheitsgewalt erlaubt, den Durchsetzungsanspruch der spanischen Verfassung nicht zurückzunehmen.[110] Das **spanische Verfassungsgericht** unterscheidet zwischen der ordnungsübergreifenden Frage der Normanwendung im Kollisionsfall und der ordnungsinternen Frage der Normerzeugung. Die Grenzen der spanischen Verfassung mit ihren Vorbehalten finden sich im **Unionsrecht**, so dass auf die Inanspruchnahme des Letztentscheidungsrechts verzichtet werden kann. Wozu eine Brüskierung nationaler Verfassungsgerichte führen kann, zeigt das tschechische Verfassungsgericht, das in einer ähnlichen Ausgangslage auf die Figur des innerstaatlichen Rechtsanwendungsbefehls für supranationales Recht verzichtet, aber einen Unionsrechtsakt als ultra vires für nicht bindend[111] angesehen hat, was das betroffene oberste Verwaltungsgericht erneut zu einer Vorlage, nunmehr über die Unionsrechtskonformität der ultra vires Entscheidung des tschechischen Verfassungsgerichts, veranlasste.[112]

47   Soweit die Rechtsprechung etwa des französischen **Conseil Constitutionnel** auf die Vorgängerregelung des Art. I–5 EVV rekurriert, ließ sich der Systematik mit der ursprünglich geplanten Regelung des Vorrangs in Art. I–6 VVE eine Grenze entnehmen, die nicht dadurch außer Kraft gesetzt wird, dass im Vertrag von Lissabon auf eine Regelung zum Vorrang verzichtet wurde.[113] Dass die Vertragsparteien keine Einschränkung des Vorrangs beabsichtigten, kann nicht darüber hinwegtäuschen, dass es an einem Konsens unter den Mitgliedstaaten über die Reichweite des Vorrangs fehlt. Damit ist über die Befugnis zur letztverbindlichen Entscheidung noch nichts gesagt. Dies wird nur dialogisch über die **Aktivierung des Vorlageverfahrens** vertragskonform möglich sein und darf nicht durch eine eigenmächtige Definition des Anwendungsbereichs des

---

[108]Zu den verfassungspluralistischen Prinzipien der Permeabilität und Responsivität *Franzius*, Recht und Politik (Fn. 18), S. 253 ff.; *Mayer*, VVDStRL 75 (2016), 38 ff. für das Wechselspiel von Vorrang beanspruchendem Unionsrecht und identitätwahrendem nationalem Verfassungsrecht.

[109]EuGH, Urt. v. 26.2.2013, Rs. C–399/11 (Melloni), ECLI:EU:C:2013:107, Rn. 63; dazu *Franzius*, ZaöRV 75 (2015), 383 (397 ff.).

[110]Zur theoretisch bleibenden Rücknahme des Kontrollverzichts *Mayer/Wendel*, EnzEuR, Bd. 1, § 4 Rn. 190 f., 259 ff. Sprachliche Missverständnisse diagnostiziert *Ziller*, Das Verhältnis von nationalem Recht und Europarecht im Wandel der Zeit: »Relire Van Gend en Loos«, in: Schwarze (Hrsg.), Das Verhältnis von nationalem Recht und Europarecht im Wandel der Zeit, 2012, S. 37.

[111]Tschechisches Verfassungsgericht, Urt. v. 14.2.2012, Pl. ÚS 5/12, http://www.usoud.cz/en/decisions/?tx_ttnews%5Btt_news%5D=37&cHash=911a315c9c22ea1989d19a3a848724e2 (9.1.2014); dazu *Komárek*, EUConst 8 (2012), 323; *Faix*, EuRGZ 39 (2012), 597 ff.

[112]EuGH, Rs. C–253/12, Abl. 2012, C 273/2.

[113]Vgl. *Reestman*, EuConst 5 (2009), 374 (387 f.); *M. Walter*, ZaöRV 72 (2012), 177 (185).

Unionsrechts oder mit der Verneinung der Entscheidungserheblichkeit einer Vorlage[114] unterlaufen werden.[115]

Die Achtung der nationalen Verfassungsidentität ist ein Instrument primärrechtlicher **48** Permeabilität, womit das Unionsrecht gegenüber nationalem Verfassungsrecht geöffnet wird.[116] Damit kann von der europäischen Ebene der Vorranganspruch zurückgenommen werden. Das ist etwas anderes als der Versuch des **Bundesverfassungsgerichts**, mit der »Hand in Hand« Formel aus Art. 79 Abs. 3 GG absolute Integrationsschranken zu formulieren. Verfassungsidentität darf nicht antiparlamentarisch missverstanden werden, mit der sich eine breite, gegebenenfalls sogar verfassungsändernde Mehrheit im Parlament »übertrumpfen« lassen könnte. Hier rächt sich der Verweis des verfassungsändernden Gesetzgebers in Art. 23 Abs. 1 Satz 3 GG auf die **Ewigkeitsklausel**, die einer Diktatur vorbeugen, nicht aber den Aufbau einer europäischen Mehrebenendemokratie verhindern will.[117] Im Übrigen darf aus der Anerkennung verfassungsrechtlicher Bestandsgarantien nicht kurzerhand auf eine Verwerfungskompetenz innerstaatlicher Gerichte[118] geschlossen werden (s. Rn. 82 ff.).

Das Permeabilitätsprinzip erlaubt eine **ebenenneutrale Ausrichtung**. Damit wird das **49** Prinzip von der staatlichen Verfassungsordnung abgekoppelt und für Rechtsordnungen auf unterschiedlichen Ebenen anwendbar. Der Vorteil liegt darin, einerseits die mit der Öffnung mitschwingende Durchbrechung nationalstaatlicher Souveränität nicht erst konzeptionell überwinden zu müssen.[119] Andererseits erlaubt die Permeabilität der Rechtsordnungen die Aufnahme staatlichen Verfassungsrechts in die Unionsrechtsordnung. Die »supranationale Verfassungsebene ist in ihrer Durchlässigkeit für das nationale Recht nicht auf ein einheitliches, sondern auf ein plurales Einbindungsobjekt« aus-

---

[114] Weil das BVerfG in der Umsetzung der zwingenden Vorgaben der Vorratsdatenspeicherungsrichtlinie keinen Verstoß gegen die Grundrechte des Grundgesetzes – sie allein sind Prüfungsmaßstab der Verfassungsbeschwerde, krit. *Griebel*, Der Staat 2013, 371 (386 ff.) – erkennen konnte, verneinte es die Entscheidungserheblichkeit der Vorlage nach Art. 267 AEUV, vgl. BVerfGE 125, 260 (308 f.). Ohne erkennbaren Fallbezug mahnt das BVerfGE 133, 277 Rn. 91 eine bestimmte Auslegung des Urteils in der Rechtssache Åkerberg Fransson an, worin der EuGH indes nur an seine alte Rechtsprechung erinnert, nach der es für die Maßgeblichkeit der Unionsgrundrechte darauf ankommt, ob der Fall in den Anwendungsbereich des Unionsrechts fällt. Eben das wird – verantwortet durch die Mitgliedstaaten – mit der Zunahme von Sekundärrecht bewirkt. Zur Maßgeblichkeit des Fachrechts auch *Masing*, JZ 2015, 477 (485) und sehr deutlich für den Vorrang der fachgerichtlichen Vorlage nach Art. 267 AEUV gegenüber dem Normenkontrollverfahren nach Art. 100 GG BVerfGE 129, 186 (202).

[115] Entdramatisierend *Kingreen*, EuR 2013, 446 (450): Aus der »Mücke eines Einzelurteils« solle man keinen verfassungsrechtlichen Elefanten machen. In der Tat bemüht sich der EuGH um Spezifizierungen, vgl. EuGH, Urt. v. 6.3.2014, Rs. C–206/13 (Siragusa), ECLI:EU:C:2014:126, Rn. 31 f.; Urt. v. 10.7.2014, Rs. C–198/13 (Hernández), ECLI:EU:C:2014:2055, Rn. 47 mit der Betonung der Zielsetzung des unionalen Grundrechtsschutzes, die einheitliche Anwendung des Unionsrechts abzusichern. Zur Bedeutung fachgerichtlicher Vorlagen in Grundrechtsfragen für die Verfassungsgerichtsbarkeit *Komárek*, International Journal of Constitutional Law 12 (2014), 525 (527 ff.).

[116] *Mayer/Wendel* § 4, Rn. 6, 132, 256 f.

[117] Im ersten ESM-Urteil wird die »Ewigkeitsklausel« des Grundgesetzes in bemerkenswerter Weise reformuliert, vgl. BVerfGE 132, 195 (244). Danach gewährleistet Art. 79 Abs. 3 GG »nicht den unveränderten Bestand des geltenden Rechts, sondern Strukturen und Verfahren, die den demokratischen Prozess offen halten« und dabei auch die haushaltspolitische Gesamtverantwortung des Parlaments sichern. Für einen zurückhaltenden Gebrauch der Ewigkeitsklausel *Mayer*, Regelungen des Artikels 23 GG, in: Morlok/Schliesky/Wiefelspütz (Hrsg.), Parlamentsrecht, 2016, § 43, Rn. 56, 60.

[118] *Mayer/Wendel*, EnzEuR, Bd. 1, § 4, Rn. 212.

[119] *Wendel*, S. 32. BVerfG, Beschl. v. 15.12.2015, 2 BvL 1/12 Rn. 35 spricht ausdrücklich von Öffnungsklauseln.

gerichtet.[120] Permeabilität ist danach eine »**rechtliche Verbundtechnik**« oder ein »Mechanismus rechtsnormativer Verflechtung« mit der Aufgabe, die mitgliedstaatlichen Verfassungsordnungen als Reservoir für die Interaktion untereinander sowie mit dem Unionsrecht zu vergleichen. Der Vergleich[121] macht deutlich, dass die Grenzen der Permeabilität nationalen Verfassungsrechts, wie sie von nationalen Verfassungsgerichten im Grundrechtsschutz, der Kompetenzordnung und in der Verfassungsidentität gesehen werden, zu einem guten Teil auf Unionsebene **gespiegelt** werden. Hier spielen mit der Bildung allgemeiner Rechtsgrundsätze, der nationalverfassungskonformen Auslegung und dem Verfassungsvergleich einheitsbildende Figuren eine wichtige Rolle. Daneben – und letztlich auf deren Grundlage – gewinnen vielfaltwahrende Elemente, wie Art. 4 Abs. 2 EUV verdeutlicht, an Bedeutung.[122]

4. Grundlegende Funktionen des Staates

50   Eine dritte Schutzrichtung enthält Art. 4 Abs. 2 Satz 2 EUV mit der Wahrung der Staatlichkeit der Mitgliedstaaten durch eine **Staatsfunktionengarantie**. Mit der beispielhaften Aufzählung der Wahrung der territorialen Unversehrtheit, der Aufrechterhaltung der öffentlichen Ordnung und der nationalen Sicherheit wählt die Vorschrift aus dem Völkerrecht und dem Verfassungsrecht bekannte Begriffe, die als »Warnsignal« für eine kompetenzerweiternde Auslegung bestehender Vertragsvorschriften verstanden werden können. Art. 4 Abs. 2 Satz 3 EUV hebt vor dem Hintergrund der Sorge weiterer Kompetenzverlagerungen auf die Union für die Bekämpfung des internationalen Terrorismus den **Schutz der nationalen Sicherheit** in der alleinigen Verantwortung der einzelnen Mitgliedstaaten besonders hervor. Dadurch wird die Schaffung von Unionskompetenzen durch die Inanspruchnahme der Flexibilitätsklausel des Art. 352 AEUV oder des vereinfachten Änderungsverfahrens nach Art. 48 Abs. 6 AEUV ausgeschlossen.[123]

51   Die Achtung der Wahrung **territorialer Unversehrtheit** knüpft an die völkerrechtliche Begrifflichkeit an, wonach die Gewaltanwendung durch fremde Staaten auf dem Hoheitsgebiet des Territorialstaates verboten ist. Das umfasst Handlungen eines fremden Staates, die in die Gebietshoheit des Territorialstaates ohne dessen Einwilligung oder einen anderen völkerrechtlichen Rechtstitel eingreifen, wie zum Beispiel das Eindringen von Flugzeugen oder Schiffen.[124] Wie auch mit Blick auf die Aufrechterhaltung der öffentlichen Ordnung und der nationalen Sicherheit wird man in der Regelung kaum mehr als ein – wenn man so will – vor »die Klammer ziehen« bestehender Vorschriften sehen können, die im kompetenzsensiblen Raum der Freiheit, der Sicherheit und des Rechts – wie Art. 77 Abs. 4 AEUV oder Art. 88 Abs. 2 AEUV – die verbleibende Zuständigkeit der Mitgliedstaaten hervorheben und damit ein **Strukturprinzips der Union** bestätigen.[125]

52   Mit der Präzisierung grundlegender Staatsfunktionen verdeutlicht Art. 4 Abs. 2 Satz 2 EUV die Konzentration vertraglich geschützter Kernstaatlichkeit auf solche Bereiche,

---

[120] *Wendel*, S. 529.
[121] Vgl. *Cruz-Villalón*, Vergleich, in: v. Bogdandy/Cruz-Villalón/Huber (Hrsg.) Handbuch Ius Publicum Europaeum I, 2007, § 13. Zum »transnationalen Dialog« der Gerichte *Wendel*, Der Staat 2013, 339 (360 ff.).
[122] *Franzius*, S. 123 ff.; *Millet*, S. 266 ff.
[123] *Puttler*, in: Calliess/Ruffert, EUV/AEUV, Art. 4 EUV, Rn. 21.
[124] *v. Bogdandy/Schill*, in: Grabitz/Hilf/Nettesheim, EU, Art. 4 EUV (September 2013), Rn. 30.
[125] *Pernice*, AöR 136 (2011), 185 (192 f.).

die mit dem Gewaltmonopol des Staates verbunden sind. Dass dieses trotz aller Erosionen weiterhin beim Staat liegt, kennzeichnet die Union als freiwillige Übereinkunft, die »eben nicht selbst als Staat konzipiert ist, sondern auf funktionsfähigen demokratischen Verfassungsstaaten« beruht.[126] Nichts spricht dagegen, für die Spezifizierung dessen, was zur **Aufrechterhaltung der öffentlichen Ordnung** erforderlich ist, auf die Rechtsprechung des EuGH zur Beschränkung der Grundfreiheiten (Art. 36, 45 Abs. 3, 52 Abs. 1, 65 Abs. 1 Buchst. b AEUV) zurückzugreifen. Das gilt auch für den Begriff der nationalen Sicherheit im Sinne öffentlicher Sicherheit, bezogen auf die Sicherheit des Staates, dessen nähere Bestimmung unter Berücksichtigung der Rechtsprechung des EGMR zu Art. 10 Abs. 2 EMRK erfolgen kann.[127]

II. Umfang der Achtungsverpflichtung

Die Unionsorgane haben die Gleichheit der Mitgliedstaaten, ihre nationale Identität und grundlegenden Staatsfunktionen zu achten. Art. 4 Abs. 2 EUV statuiert eine Achtungspflicht, aber **keine absolute Grenze**, die mit einem Vorrang gegenüber anderen Zielen der Union ausgestattet wäre.[128]   **53**

Zu unterscheiden ist zwischen der tatbestandlichen Inhaltsbestimmung nationaler Verfassungsidentität und dem Umfang der Achtungsverpflichtung als **Rechtsfolge**. Letzteres kann nicht allein Sache der Mitgliedstaaten und ihrer Gerichte sein. Anderenfalls wäre das Unionsrecht unter einen 28-fachen Identitätsvorbehalt gestellt, was der Funktion der Identitätsklausel als grundlegender Verbundtechnik zum wechselseitigen Ausgleich zwischen unionaler und nationaler Ebene widersprechen würde.[129]   **54**

1. Verhältnismäßigkeitsprüfung?

Obwohl zu Art. 4 Abs. 2 EUV und seiner Vorläuferregelung bislang wenig Rechtsprechung[130] vorliegt, lässt der EuGH erkennen, dass er die Achtungsverpflichtung einer Verhältnismäßigkeitsprüfung unterwirft. Danach ist die nationale Verfassungsidentität auch dort, wo sie nicht explizit genannt wird, ein legitimer Zweck zur Rechtfertigung der Einschränkung von Grundfreiheiten.[131] Untersagt ist Unionsorganen die Missachtung der nationalen Identität. Das verbietet **unverhältnismäßige Eingriffe** in die verfassungsrechtlichen Wertungen der Mitgliedstaaten.   **55**

Die Erstreckung des Verhältnismäßigkeitsgrundsatzes auf die Identitätsklausel ist **umstritten**.[132] Teilweise wird ein Bedeutungswandel des Begriffs »Achten« diagnosti-   **56**

---

[126] *Pernice*, AöR 136 (2011), 185 (190); *Franzius/Preuß*, S. 47 ff.
[127] *v. Bogdandy/Schill*, in: Grabitz/Hilf/Nettesheim, EU, Art. 4 EUV (September 2013), Rn. 31 f.
[128] *Hilf*, S. 165; *C. Walter*, S. 75; *Hilf/Schorkopf*, in: Grabitz/Hilf, Das Recht der EU, Art. 6 EUV (Januar 2004), Rn. 83 f. mit dem Hinweis, dass die »Achtung« der Identität, nicht deren »Gewährleistung« verlangt wird.
[129] *Wendel*, S. 575 ff.; a. A. *Doehring*, S. 269 f.; *Uhle*, Freiheitlicher Verfassungsstaat und kulturelle Identität, 2004, S. 492; *Phelan*, S. 417 f.
[130] Zurückhaltend EuGH, Urt. v. 28.11.1989, Rs. 379/87 (Groener), Slg. 1989, 3967, Rn. 18 ff. Der Begriff wird häufig vermieden, vgl. etwa EuGH, Urt. v. 11.3.2003, Rs. C–186/01 (Dory), Slg. 2003, I–2479, Rn. 28 für den Fall der Erstreckung der Wehrpflicht auf Frauen mit der Übernahme der Argumentation der Kommission, aber ausgewiesen als »Eingriff in die Zuständigkeiten der Mitgliedstaaten«.
[131] EuGH, Urt. v. 2.7.1996, Rs. C–473/93 (Kommission/Luxemburg), Slg. 1996, I–3207, Rn 35 ff.; Urt. v. 16.12.2008, Rs. C–213/07 (Michaniki), Slg. 2008, I–9999, Rn. 61 ff.
[132] Dafür *v. Bogdandy/Schill*, in: Grabitz/Hilf/Nettesheim, EU, Art. 4 EUV (September 2013), Rn. 33; *Hatje*, in: Schwarze, EU-Kommentar, Art. 4 EUV, Rn. 18; dagegen *Puttler*, in: Calliess/Ruf-

ziert. Dadurch soll ein Gegengewicht zur Kompetenzausweitung der Union hergestellt und eine äußerste Grenze für ein Tätigwerden der Union markiert werden. Beschränkt man den Schutz des Art. 4 Abs. 2 EUV auf einen **unantastbaren Kerngehalt** nationaler Verfassungsidentität, mag dieser in der Tat als abwägungsfest ausgewiesen können. Für eine Abwägung zwischen den elementaren Interessen des betroffenen Mitgliedstaates und der Funktionsfähigkeit der Union unter Anwendung des Verhältnismäßigkeitsgrundsatzes sei kein Raum, weil dieser Grundsatz nach Art. 5 Abs. 1 Satz 2 EUV die Ausübung bestehender Unionskompetenzen betrifft.[133]

57   Dabei droht übersehen zu werden, dass sich der Identitätsvorbehalt nicht in der Statuierung einer **Kompetenzausübungsschranke** erschöpft.[134] Es greift auch zu kurz, den Achtungsanspruch nach Art. 4 Abs. 2 EUV allein von seiner gerichtlichen Durchsetzbarkeit her zu betrachten, mag insoweit auch, was die nationalen Gerichte betrifft, eine scharfe Grenzziehung mit der Beschränkung auf Extremfälle und eine verfassungsgerichtliche Identitätskontrolle als »Notfallmechanismus« durchaus angezeigt sein (s. Rn. 82 ff.).

58   Der Tatbestand der nationalen Identität unter der Deutungshoheit der Mitgliedstaaten reicht **weiter** und erfordert in den weitergehenden Inhalten eine Abwägung. Denn das unionsrechtliche »Achten« enthält keine Souveränitätsreserve, die absolut verstanden werden dürfte.[135] So wenig jedes Handeln, das die nationale Identität berührt, unter den Tatbestand des Art. 4 Abs. 2 EUV fällt, so wenig kann jedes Unionshandeln, das ein Schutzgut des Art. 4 Abs. 2 EUV tangiert, prinzipiell verboten sein. Die Vorschrift statuiert kein allgemeines Beeinträchtigungsverbot, sondern eine **Berücksichtigungspflicht**, welche die Union zu einer Abwägung zwischen den widerstreitenden Interessen verpflichtet, nicht aber die Mitgliedstaaten unter Berufung auf ihre spezifischen Eigenarten zur Durchbrechung des Unionsrechts ermächtigt.[136] Zwar obliegt die Inhaltsbestimmung nationaler Identität dem Mitgliedstaat. Über die Reichweite der Achtungsverpflichtung befindet aber der EuGH im Dialog mit den mitgliedstaatlichen Gerichten.[137] Nicht jedes Verhalten, das die in Art. 4 Abs. 2 EUV genannten Schutzgüter in Mitleidenschaft ziehen kann, ist verboten. Vielmehr müssen die Unionsorgane die Auswirkungen der geplanten Maßnahmen auf die Schutzgüter prüfen. Dieser Abwägung liegt kein allgemeiner Zielvorrang nationaler Identität zugrunde, kann sich aber zu einer Verpflichtung der Unionsorgane zum Nichthandeln verdichten.

59   Tatsächlich wird – wie in der Rechtsprechung des EuGH angelegt – bei der Frage nach einer Verpflichtung der Unionsorgane zur Verhältnismäßigkeitsprüfung zu **differenzie-**

---

fert, EUV/AEUV, Art. 4 EUV, Rn. 22; *Geiger*, in: Geiger/Khan/Kotzur, EUV/AEUV, Art. 4 EUV, Rn. 2; differenzierend *Wendel*, S. 577.

[133] So *Puttler*, in: Calliess/Ruffert, EUV/AEUV, Art. 4 EUV, Rn. 22; anders *Kahl*, in: Calliess/Ruffert, EUV/AEUV, Art. 4 EUV, Rn. 111.

[134] *C. Walter*, S. 75.

[135] *Pernice*, AöR 136 (2011), 185 (194 ff.). Ein Denken in Grenzlinien, die eine Abwehrperspektive markieren, lässt sich mit Verbundkonzepten kaum vereinbaren, vgl. *Mayer/Wendel*, EnzEuR, Bd. 1, § 4, Rn. 7.

[136] *Epiney*, in: Bieber/Epiney/Haag, Die EU, § 2, Rn. 59 f.; *Kahl*, in: Calliess/Ruffert, EUV/AEUV, Art. 4 EUV, Rn. 111. Es handelt sich um eine Selbstbeschränkung der Union, aber keine Ermächtigung an die Mitgliedstaaten zur Aufkündigung der Bindung an das Unionsrecht, vgl. *Wendel*, S. 582 f.

[137] *Wendel*, S. 581. Zur Rolle der Gerichte für die Konfliktlösung *Cassese*, When Legal Orders Collide: The Role of Courts, 2010, S. 65 ff., 109 ff.; vorsichtiger *Cruz-Villalón*, Legitimität durch (Verfassungs)Gerichte? Vier Thesen, in: Franzius/Mayer/Neyer (Hrsg.), Strukturfragen der Europäischen Union, 2010, S. 274 (279 ff.).

ren[138] sein. Zur Verdeutlichung sei das Urteil in der Rechtsache **Omega**[139] genannt. Hier ging es um die Frage, inwieweit die Garantie der Menschenwürde nach dem Grundgesetz der Anwendung der Grundfreiheiten im Einzelfall entgegensteht. Zwar kann die Menschenwürde als allgemeiner Rechtsgrundsatz und damit als legitimes Ziel zur Einschränkung der Grundfreiheiten ausgewiesen werden. Allerdings weist der Gewährleistungschalt der grundgesetzlich garantierten Menschenwürde eine dogmatische Tiefenschärfe auf, die eine Gleichstellung mit der entsprechenden Garantie auf Unionsebene kaum erlaubt. Deshalb konnte auf den unionsrechtlichen Gehalt der Menschenwürde nicht zurückgegriffen werden.[140] Der EuGH stützte sich vielmehr auf den Rechtfertigungsgrund der öffentlichen Ordnung nach Art. 52 AEUV, in dessen Rahmen die rechtlichen Erwägungen der Behörde auf der Basis von Art. 1 Abs. 1 GG »durchschlagen« konnten: Obwohl nicht so genannt, schlägt die nationale Verfassungsidentität, zu der das abwägungsfeste Gebot der Menschenwürde gezählt wird, im Rahmen des unionsrechtlich eingeräumten Beurteilungsspielraums durch. Es findet gerade **keine Abwägung** zwischen nationaler Menschenwürde und europäischer Dienstleistungsfreiheit statt. Vielmehr akzeptiert der Gerichtshof die besondere, weil abwägungsfeste Ausgestaltung der Menschenwürde, wie es das Bundesverwaltungsgericht im Vorlagebeschluss vorgetragen hatte.[141] Mit anderen Worten: Das Menschenwürdeverständnis des Grundgesetzes bleibt unangetastet, weil die Achtung der nationalen Verfassungsidentität **im konkreten Fall** das Unionsrecht zurücktreten lässt. Der Menschenwürde des Grundgesetzes kommt also – ohne Eintritt in eine Abwägung – der Vorrang vor der Dienstleistungsfreiheit zu. Weil es sich um keinen allgemeinen Rechtsgrundsatz des Unionsrechts, sondern um eine **Öffnungsklausel** für nationales Verfassungsrecht handelt, kam es auf die Frage, ob das in Deutschland vorherrschende Verständnis der Menschenwürde in allen Mitgliedstaaten geteilt wird, nicht an.[142]

Darin erschöpft sich das Achtungsgebot aber nicht. Die Achtung nationaler Identität   **60** verwirklicht ein **Konkordanzmodell föderaler Spannungen**.[143] Einen prinzipiellen Vorrang hat weder das europäische noch das nationale Interesse. Erst das erlaubt es Kerngehalte der von Art. 4 Abs. 2 EUV geschützten Güter für abwägungsfest zu erklären, wie es der EuGH in der Rechtsache Omega getan hat. Das ist etwas anderes als ein Verzicht auf Kontrolle zugunsten überragender Verfassungsinteressen eines Mitgliedstaates. Der Verzicht auf die Abwägung mit kollidierenden Zielen ist **begründungsbe-**

---

[138] *Wendel*, S. 577, 590 ff.

[139] EuGH, Urt. v. 14.10.2004, Rs. C–36/02 (Omega), Slg. 2004, I–9609. Das Urteil gilt als gelungenes Beispiel für den Respekt, den der Gerichtshof den Mitgliedstaaten entgegenbringt, statt vieler *Schwarze*, EuR 2013, 253 (255 f.).

[140] Darin unterscheidet sich die Konstellation von EuGH, Urt. v. 12.6.2003, C–112/00 (Schmidberger), Slg. 2003, I–5659, Rn. 71 ff., wo zur Rechtfertigung der Einschränkung von Grundfreiheiten auf die Unionsgrundrechte zurückgegriffen wurde.

[141] BVerwGE 125, 189.

[142] Erläuternd: *Skouris*, Vorrang des Europarechts: Verfassungsrechtliche und verfassungsgerichtliche Aspekte, in: Kluth (Hrsg.), Europäische Integration und nationales Verfassungsrecht, 2007, S. 31 (39); s. auch *Walter/Vordermayer*, S. 139: »Mit der normalen unionsrechtlichen Dogmatik und vor allem dem Gedanken der einheitlichen Anwendung des Unionsrechts wäre das eigentlich nicht zu vereinbaren.«

[143] So *Hatje*, in: Schwarze, EU-Kommentar, Art. 4 EUV, Rn. 18. Für einen »schonenden Ausgleich« auch *v. Bogdandy/Schill*, ZaöRV 70 (2010), 701 (726); *Marauhn*, in: Schulze/Zuleeg, Europarecht, § 7, Rn. 47.

dürftig, was durch das vorlegende Gericht unter Inanspruchnahme eines Beurteilungsspielraums[144] mit dem Hinweis auf die »nationale Identität« nicht ersetzt wird. Bestätigt wird dadurch die Regel, wonach sich der Anspruch auf Achtung der nationalen Verfassungsidentität in der Verhältnismäßigkeitsprüfung mit anderen Unionszielen durchsetzen muss. Dafür reicht die Kenntnisnahme nicht aus. Vielmehr muss sich die Berücksichtigung nationaler Identität und Staatlichkeit im Ergebnis niederschlagen.[145]

61   Diese Abwägung unterliegt der Kontrolle durch den EuGH.[146] Damit behält es der Gerichtshof in der Hand, im Vorlageverfahren geltend gemachte »Identitätsvorbehalte« in seiner Vorrangrechtsprechung stärker zu berücksichtigen[147] und den Einheitsanspruch des Unionsrechts auf das Zusammenspiel und die Funktionssicherung miteinander verbundener **Teilrechtsordnungen** auszurichten.[148]

2. Rechtsfolgen

a) Rechtswidrigkeit des Unionsakts

62   Nicht jede Beeinträchtigung der Schutzgüter des Art. 4 Abs. 2 EUV löst als Rechtsfolge die Unionsrechtswidrigkeit einer Maßnahme aus. Nur unverhältnismäßige Eingriffe sind ein Rechtswidrigkeitsgrund, wobei zu bedenken ist, dass die Rechtswidrigkeit eines Unionsakts für den gesamten europäischen Rechtsraum aufgrund der besonderen Verfassungssituation in einem Mitgliedstaat eine **harte Rechtsfolge** darstellt, was die Wirksamkeit des Unionsrechts in Frage zu stellen vermag. Dies umso mehr, wenn nicht erst willkürliche, sondern bereits unverhältnismäßige Beeinträchtigungen der Achtungspflicht das Rechtswidrigkeitsurteil tragen.

63   Die Funktion der Vorschrift als Kompetenzausübungsschranke verleitet ferner dazu, wesentliche Regelungen des Primärrechts unter einen Identitätsvorbehalt zu stellen und dadurch zu überspielen. So überzeugt es nicht, wenn das Bundesverfassungsgericht aus der Achtungsverpflichtung zu folgern scheint, dass im Falle einer Berührung trotz vorgesehener Mehrheitsentscheidung **einstimmige** Beschlussfassung erforderlich sein soll.[149] Dies umso mehr, wenn man bedenkt, dass der Zweite Senat mit einer extensiven Interpretation des Art. 79 Abs. 3 GG die Tatbestände nationaler Verfassungsidentität erheblich ausgedehnt, wenngleich bislang auch selten »aktiviert« hat.[150]

64   Vielfach dürfte das Verdikt der Rechtswidrigkeit einer Unionsmaßnahme dadurch vermieden werden können, dass den Mitgliedstaaten genügend **Freiräume** eingeräumt

---

[144] Zur Anerkennung von nationalen Beurteilungsspielräumen für den Begriff der öffentlichen Ordnung *v. Bogdandy/Schill*, in: Grabitz/Hilf/Nettesheim, EU, Art. 4 EUV (September 2013), Rn. 43 mit Hinweisen zur Rechtsprechung des EuGH; weitergehend *Shuibhne*, E.L.Rev. 24 (2009), 230.

[145] *Epiney*, in: Bieber/Epiney/Haag, Die EU, § 2, Rn. 60.

[146] *Hatje*, in: Schwarze, EU-Kommentar, Art. 4 EUV, Rn. 18.

[147] Ausgeschlagen wurde diese Chance in EuGH, Urt. v. 26. 2. 2013, Rs. C–399/11 (Melloni), ECLI: EU:C:2013:107, Rn. 63.

[148] Zum »funktionssichernden« Anwendungsvorrang *Franzius*, S. 38 ff. Für ein föderales Verständnis nationaler Identität *Millet*, S. 266 ff.

[149] BVerfGE 89, 155 (184); abl. *v. Bogdandy/Schill*, in: Grabitz/Hilf/Nettesheim, EU, Art. 4 EUV (September 2013), Rn. 35.

[150] Einen ersten Fall markiert BVerfG, Beschl. v. 15. 12. 2015, 2 BvR 2735/14 (Europäischer Haftbefehl II), Rn. 35 ff. Das geschah jedoch ohne Not, vgl. *Schönberger*, JZ 2016, 422. IM OMT-Verfahren hat der Zweite Senat den Identitätsvorbehalt nicht geschärft, vgl. BVerfG, Urt. v. 21. 6. 2016, 2 BvR 2728/13 u. a., Rn. 161 ff. Aber schon die Drohungen aus Karlsruhe belasten die deutsche Europapolitik. Weil dies systematisch geschieht, trifft die Europarechtsprechung des BVerfG auf Kritik, statt vieler *Giegerich*, ZEuS 2016, 3.

sind, um die geschützten Gehalte realisieren zu können. Es dürfte in Zukunft eher selten sein, dass eine Unionsmaßnahme generell Inhalte des Art. 4 Abs. 2 EUV verletzt und der EuGH gezwungen wäre, die Unionsrechtswidrigkeit der Maßnahme festzustellen. Häufiger wird eine Kollision im konkreten Einzelfall vorliegen, was dann keinen Rechtswidrigkeitsgrund, sondern einen Rechtfertigungsgrund für die Nichtbefolgung von Unionsrecht darstellen kann.

b) Rechtfertigung der Nichtbefolgung von Unionsrecht

Auch die Nichtbefolgung einer unionsrechtlichen Pflicht stellt die einheitliche Geltung des Unionsrechts in den Mitgliedstaaten in Frage, kann aber durch die Achtungsverpflichtung nach Art. 4 Abs. 2 EUV gerechtfertigt sein. Vor allem bei der mitgliedstaatlichen Einschränkung von Grundfreiheiten und der Umsetzung von Richtlinien kann den Schutzgehalten des Art. 4 Abs. 2 EUV Rechnung getragen werden, indem diese einen **Rechtfertigungsgrund** für die Befreiung von einer Unionspflicht darstellen. **65**

Je bedeutsamer das mitgliedstaatliche Interesse ist, desto eher wird in der Abwägung das unionale Interesse am Erfordernis einheitlicher Geltung und gleicher Anwendung des Unionsrecht **zurücktreten** können. Dass der EuGH durchaus behutsam mit der nationalen Verfassungsidentität umzugehen weiß, hat er zum Beispiel im Fall des österreichischen Adelsaufhebungsgesetzes bewiesen. Gehört zur nationalen Identität eines Mitgliedstaates auch die republikanische Staatsform, könne dies Einschränkungen der Unionsbürgerrechte rechtfertigen.[151] **66**

In den unionsrechtlich akzeptierten Möglichkeiten nationaler Höchstgerichte, sich auf die nationale Identität zu berufen, wird die Überwindung älterer Vorstellungen eines absoluten, wenn auch nicht normhierarchisch verstandenen Vorrangs erkennbar.[152] Die Einheit des Unionsrechts ist **komplexer** geworden. Sie nimmt den Selbstbehauptungswillen der Mitgliedstaaten in den »Lesarten« der jeweils eigenen Verfassungsordnungen auf und kann über einfache Vorrangrelationen nicht mehr abgesichert werden. »Letzte Worte« kann es im Verbund nicht geben.[153] Das gilt auch für den EuGH, der durch Art. 4 Abs. 2 EUV im Sinne einer »vielfaltswahrenden Permeabilität«[154] verpflichtet wird, auf Verfassungsentscheidungen der Mitgliedstaaten Rücksicht zu nehmen.[155] **67**

c) Schutz der Funktionsfähigkeit der Mitgliedstaaten

Ob sich Art. 4 Abs. 2 EUV auch eine positive Verpflichtung der Union entnehmen lässt, Mitgliedstaaten im Falle einer Gefährdung grundlegender Staatsfunktionen zu helfen, ist demgegenüber unsicher. Zwar dürfte die Gefahr eines »failing states« innerhalb der Union eher abstrakter Natur sein. Das muss aber, wie die »Euro-Krise« zeigt, nicht so bleiben. Einer **Schutzpflicht**, der schon im Rahmen der bestehenden Unionskompeten- **68**

---

[151] EuGH, Urt. v. 22.12.2010, Rs. C–208/09 (Sayn-Wittgenstein), Slg. 2010, I–3693, Rn. 93 ff. Zust. *Goldhammer*, S. 126, der in der Rechtfertigung mitgliedstaatlicher Akte das Hauptanwendungsfeld nationaler Identität sieht.

[152] *v. Bogdandy/Schill*, ZaöRV 70 (2010), 701 (706, 727 f., 732 f.).

[153] *Franzius*, Recht und Politik (Fn. 18), S. 20, 228, 245, 250.

[154] *Wendel*, S. 595.

[155] Problematisch EuGH, Urt. v. 26.2.2013, Rs. C–399/11 (Melloni), ECLI:EU:C:2013:107, wo ein Verstoß des Rahmenbeschlusses zum Europäischen Haftbefehl gegen Unionsgrundrechte mit wenigen Sätzen verneint, der Regelung aber ein Vorrang zugesprochen wurde, wodurch die Anwendung strengerer Grundrechtsmaßstäbe der spanischen Verfassung, die vom Tribunal Constitucional immerhin zur Menschenwürde gezählt werden. ausgeschlossen sei. Eine Antwort auf »Melloni« in BVerfG, Beschl. v. 15.12.2015, 2 BvR 2735/14 (Europäischer Haftbefehl II), Rn. 82 f. (s. unten Rn. 89).

zen wie Art. 222 AEUV mit Argwohn begegnet wird, steht jedoch entgegen, dass Art. 4 Abs. 2 EUV nicht kompetenzbegründend wirken kann. Das stellt Art. 4 Abs. 1 EUV mit dem Verweis auf Art. 5 EUV klar. Innerhalb der bestehenden Kompetenzen sind ihrer Inanspruchnahme durch die Union zugunsten des **Erhalts grundlegender Staatsfunktionen** aber von Art. 4 Abs. 2 EUV gewisse Grenzen gesetzt, da die Union »für ihre eigene Funktionsfähigkeit auf die Funktionsfähigkeit der Mitgliedstaaten« angewiesen ist.[156] An diese Grenze stießen Maßnahmen im Falle der Austeritätspolitik gegenüber Griechenland.

d) Schranke für den Integrationsprozess?

69   Eine Schranke für den Integrationsprozess und die Weiterentwicklung der Union lässt sich aus der Achtung nationaler Identität und mitgliedstaatlicher Staatlichkeit **nicht** entnehmen. Art. 4 Abs. 2 EUV verpflichtet die verfasste Unionsgewalt, enthält aber keine Beschränkung der Mitgliedstaaten als vertragsändernder Gewalt.[157] Zwar kann der normative Gehalt der Vorschrift in der Abhängigkeit der Union von handlungs- und leistungsfähigen Mitgliedstaaten gesehen werden. Aber das schließt einen Ausbau der politischen Union nicht aus.

3. Verfassungsidentität »in der Hand« der politischen Organe

70   Die Konkretisierung der Grenzen, die sich aus der Verfassungsidentität eines Mitgliedstaates für das Handeln der Union ergeben, verlangt in der föderativen Verbundstruktur der Rechtsordnungen ein kooperatives Vorgehen zwischen den Ebenen. Den materiellen Maßstab bildet das **Loyalitätsgebot nach Art. 4 Abs. 3 EUV** mit der Verpflichtung der politischen Akteure zur wechselseitigen Rücksichtnahme; der prozessuale Hebel für die ebenenübergreifende Aufgabenteilung ist das Vorabentscheidungsverfahren nach Art. 267 AEUV (s. Rn. 78 ff.).

71   Kooperation setzt »Verstehen des Anderen« voraus und vieles spricht dafür, auftretende Identitätsfragen politisch zu lösen. Deshalb ist der **politische Dialog im Rat** der primäre Ort der Identitätsdebatte.[158] Hier ist es jeder Regierung erlaubt, ihre jeweiligen nationalen Interessen und Einwände mit Blick auf die nationale Identität in den Willensbildungsprozess einzubringen. Die frühe Befassung der nationalen Parlamente mit Gesetzgebungsvorschlägen und die Verfahren der Mitwirkung von Bundestag und Bundesrat erlauben es, die Frage einer möglichen Verletzung der Verfassungsidentität zu erörtern, was die deutschen Vertreter im Rat in den Stand versetzt, in Ausübung ihrer Integrationsverantwortung der Annahme von Rechtsakten entgegenzuwirken, welche die nationale Identität verletzen könnten. Wegen seiner besonderen politischen Verantwortung ist der Rat der erste Adressat von Pflichten aus Art. 4 Abs. 2 EUV.[159]

72   Der Vorteil dieser Betrachtungsweise ist, dass zu einem frühen Zeitpunkt potentiellen Identitätsverletzungen vorgebeugt werden kann. Auf diese Weise wird schon in den Rechtsetzungsverfahren unter Beteiligung der politischen Akteure dem Achtungsgebot

---

[156] *v. Bogdandy/Schill*, in: Grabitz/Hilf/Nettesheim, EU, Art. 4 EUV (September 2013), Rn. 37; ähnlich *Franzius/Preuß*, S. 95 ff. »Wer von europäischer Demokratie spricht, kann von Demokratie in den Mitgliedstaaten der EU nicht schweigen.«

[157] So auch *v. Bogdandy/Schill*, in: Grabitz/Hilf/Nettesheim, EU, Art. 4 EUV (September 2013), Rn. 38.

[158] *Pernice*, AöR 136 (2011), 185 (213); *Franzius*, EnzEuR, Bd. 3, § 4, Rn. 39.

[159] So *Pernice*, AöR 136 (2011), 185 (212 f.); *Franzius*, AöR 138 (2013), 204 (270 f.).

nationaler Identität mit der Chance auf **Konfliktvermeidung** Rechnung getragen. Angesichts der Dominanz der größeren Mitgliedstaaten, namentlich Deutschland, dürfte von Unionsseite kaum eine ernstzunehmende Bedrohung für die nationale Verfassungsidentität zu erwarten sein, wohl aber eine Perpetuierung exekutiver Politik, was die nationale Demokratie in Gefahr bringen könnte. Hier Gerichte zum Schutz berufen zu erklären, mag bundesdeutscher Verfassungstradition entsprechen, erweist sich mit der Akzentuierung von Pflichten des Deutschen Bundestags aber als nicht unproblematisch.

III. Gerichtliche Kontrolle: EuGH und nationale Gerichte

1. Justiziabilität

Auch dann, wenn man die politischen Akteure als primäre Adressaten der Achtungs- **73**
verpflichtung des Art. 4 Abs. 2 EUV betrachtet, schließt das Rechtskonflikte nicht aus. So kann es sein, dass die Akteure ihrer Integrationsverantwortung nicht gerecht werden oder im Rat überstimmt werden. Mag es in materieller Hinsicht auch eine gemeinsame Basis geben, bleibt doch zu fragen, wer zur Auslegung und Durchsetzung des Achtungsanspruchs prozessual berufen sein soll. Das ist nicht einfacher geworden, nachdem die Beschränkung der Jurisdiktion durch den EuGH weggefallen ist und die unionsrechtlichen Gehalte des Art. 4 Abs. 2 EUV nunmehr der **Kontrolle durch den Gerichtshof** nach Art. 19 Abs. 1 EUV unterworfen sind. Die jüngere Rechtsprechung lässt indes noch keine einheitliche Linie erkennen. Während der EuGH verschiedentlich explizit auf die nationale Identität zurückgreift, ließ er in anderen Fällen den naheliegenden Rückgriff auf verfassungsrechtliche Identitätsvorbehalte nicht zu.[160]

Demgegenüber kann man die Identitätsrechtsprechung nationaler Verfassungsge- **74**
richte, namentlich des Bundesverfassungsgerichts und des französischen Conseil Constitionnel, als ein »Signal nach innen« verstehen, um Deutungshoheit über die jeweils eigene Verfassung zurückzugewinnen. Dabei handhaben die mitgliedstaatlichen Gerichte die **Justiziabilität änderungsfester Bestandsgrenzen** durchaus unterschiedlich.[161] Während das Bundesverfassungsgericht konkrete Vorgaben formuliert, sind andere Gerichte zurückhaltender. Zumeist bleiben Bindungen des verfassungsändernden Gesetzgebers eher abstrakt gehalten. Direktdemokratische Entscheidungen zu den Verträgen werden regelmäßig keiner verfassungsgerichtlichen Kontrolle unterworfen. Diese Zurückhaltung ist berechtigten Sorgen vor einer Überlastung des Legitimationsvorrats eines Verfassungsgerichts geschuldet.[162]

Ebenenkonflikte entstehen weniger in materieller Hinsicht als vielmehr in prozes- **75**
sualer und institutioneller Hinsicht, wenn die Interpretationshoheit des EuGH über alle unionsrechtlichen Begriffe und somit auch den Begriff »nationaler Identität« mit dem Anspruch mitgliedstaatlicher Verfassungsgerichte kollidiert, ihrerseits den Inhalt der nationalen Identität zu bestimmen, um diesen gegen den Vorrang des Unionsrechts oder in Fragen der Anwendbarkeit einer Bestimmung des Unionsrechts in Stellung zu bringen. So meinte das Bundesverfassungsgericht, für die Einhaltung der Grenzen des Art. 4

---

[160] Positiv: EuGH, Urt. v. 22.12.2010, Rs. C–208/09 (Sayn-Wittgenstein), Slg. 2010, I–3693, Rn. 92; Urt. v. 12.5.2011, Rs. C–391/09 (Runevic), Slg. 2011, I–3787, Rn. 85 ff.; negativ: EuGH, Urt. v. 24.5.2011, Rs. C–54/08 (Kommission/Deutschland), Slg. 2011, I–4355, Rn 110 f.; Urt. v. 26.2.2013, Rs. C–399/11 (Melloni), ECLI:EU:C:2013:107, Rn. 59.
[161] Vgl. *Mayer/Wendel*, EnzEuR, Bd. 1, § 4, Rn. 107 ff.
[162] So für den französischen Conseil Constitutionnel *Mayer/Wendel*, EnzEuR, Bd. 1, § 4, Rn. 111.

Abs. 2 EUV eine **Identitätskontrolle** gegen Unionsakte einführen zu müssen, die neben die eingeschränkte Grundrechts- und Kompetenzkontrolle mit der Folge tritt, einen in Art. 79 Abs. 3 GG sich spiegelnden Verstoß gegen Art. 4 Abs. 2 EUV mit der Nichtanwendbarkeit der fraglichen Bestimmung in Deutschland sanktionieren zu müssen.[163]

76   Der massive Vorwurf, der sich hinter der Infragestellung der Einhaltung der Kompetenzgrenzen durch die verfassungsgerichtliche **ultra vires Kontrolle** gegenüber der Union verbirgt, mag ein Grund für das Gericht im Lissabon-Urteil gewesen sein, einen flexibleren Maßstab mit der Identitätskontrolle einzuführen.[164] In der Folgezeit verzichtete der Zweite Senat jedoch auf eine Konkretisierung der Maßstäbe.[165] Vielmehr wurden im Honeywell-Urteil die Kriterien für die Inanspruchnahme der ultra vires-Kontrolle erheblich verschärft. Die Rechtsfortbildung der Verträge sei grundsätzlich Sache des EuGH und das richterliche law making könne nur ultra vires sein, wenn es zu **strukturellen Verschiebungen im Kompetenzgefüge** führt. Deshalb komme eine ultra vires-Kontrolle nur in Betracht, wenn der Kompetenzverstoß europäischer Organe hinreichend qualifiziert ist. Das setzt voraus, dass das kompetenzwidrige Handeln der Unionsgewalt offensichtlich ist: Der angegriffene Akt muss im Kompetenzgefüge zu einer strukturell bedeutsamen Verschiebung zulasten der Mitgliedstaaten führen. Auf diese Weise ist der seit Maastricht immer wieder an die Wand gemalte Verfassungskonflikt deutlich entschärft und der »Notanker« hat sich in die bislang weitgehend kriterienlos gebliebene Identitätskontrolle verschoben. Dieser Vorbehalt klingt dann auch schärfer als er tatsächlich ist.

77   Dass an der Identitätskontrolle ein Rechtsakt bislang nicht gescheitert ist, sollte von der politischen Dimension dieses gerichtlichen Kontrollvorbehalts indes nicht ablenken. Bewahrende Interessen erhalten, gerade was die demokratische Offenheit betrifft, verfassungsrechtliches Gewicht, könnten der Europapolitik den Schwenk zur intergouvernementalen Unionsmethode erleichtern und im Vergleich zur Entscheidung von Einzelfällen eine größere Wirksamkeit entfalten. Das macht das **Identitätsargument** zu einem »scharfen Schwert« in der Hand der politischen Organe. Es lediglich als Bremse zu verstehen, griffe allerdings zu kurz. Der mehrdimensionale Identitätsbegriff mag zwar einen semantischen Ersatz für den in Deutschland zu keiner Zeit problemlosen Souveränitätsbegriff darstellen. Mit den Tiefen des Politischen aufgeladen, droht der Schutz nationaler Identität aber an ältere Homogenitätsvorstellungen angeschlossen zu werden, was dem Begriff in Art. 4 Abs. 2 EUV nicht gerecht wird. Das Unionsrecht führt die »Verfassungsidentität« mit der Folge ein, dass »das, was als nationale Identität Achtung verlangen kann, den in Art. 2 EUV normierten Grundprinzipien entsprechen« muss. Es handelt sich um eine Grundlage für den **constitutional Pluralism**[166] und dient

---

[163] Anders als bei der Grundrechtskontrolle, wo das BVerfG mit der Solange-Rechtsprechung einen Zuständigkeitsverzicht auf prozessualer Ebene ausspricht, zielt die »Verfassungsidentität« auf eine materiell-rechtliche Abgrenzung verschiedener Rechtsordnungen, vgl. *Schlaich/Korioth*, Das Bundesverfassungsgericht, 8. Aufl. 2010, Rn. 364 f. Zur Überlagerung der Solange-Rechtsprechung durch die Identitätskontrolle, mit der auch unionsrechtlich determinierte Rechtsakte kontrolliert werden können: BVerfG, Beschl. v. 15.12.2015, 2 BvR 2735/14 (Europäischer Haftbefehl II), Rn. 51 ff.

[164] Zur Auflösung der Spannung zwischen Anerkennung des Vorrangs und »Wahrung der nationalen Identität« *Voßkuhle*, NVwZ 2010, 1 (6 f.), der treffend von »Verbundstrategien« spricht.

[165] Krit. *Dederer*, JZ 2014, 313; *Schwerdtfeger*, EuR 2015, 290. Eine gute Bestandsaufnahme der Herleitung in BVerfG, Beschl. v. 15.12.2015, 2 BvR 2735/14 (Europäischer Haftbefehl II), Rn. 36 ff.

[166] Bestandsaufnahme: *Jaklic* (Fn. 18), S. 31 ff. Als Deutungsfolie aufgegriffen von *Mayer*, VVDStRL 75 (2016), 28 ff. Trotz der Vielfalt der Ansätze – vgl. *Maduro*, Three Claims of Constitutional Pluralism, in: Avbelj/Komárek (Hrsg.), Constitutional Pluralism in the European Union and Bey-

nicht der pauschalen Abwehr europäischer Zumutungen. Nicht scharfe Entgegenset-
zungen, sondern Verschränkungen prägen die europäischen Verfassungsidentitäten im
rechtlichen Bestand und seinen politischen Inhalten. Damit dokumentiert die Achtung
der nationalen Identität mit den Worten von *Armin v. Bogdandy* und *Stephan Schill* »die
erreichte Tiefe der europäischen Integration und die fundamentale Transformation, die
ein Staat als Mitgliedstaat der Union« vollzieht.[167]

2. Wechselseitige Rücksichtnahme

Konflikte können und müssen durch gegenseitige Rücksichtnahme entschärft werden.[168]   **78**
Maßgeblich ist das Loyalitätsgebot, das eine Kooperationspflicht der Gerichte untereinander begründet.[169] Einerseits werden kategorische Positionen dem Komplementär-
charakter des Gerichtsverbundes nicht gerecht.[170] Die Geltendmachung von Vorbehalten gegenüber dem Vorrang des Unionsrechts durch mitgliedstaatliche Gerichte ist mit
der dem EuGH durch Art. 19 EUV zugewiesenen Aufgabe zu koordinieren, die Verträge
auszulegen und für eine einheitliche Anwendung des Unionsrechts Sorge zu tragen. Das
verbietet die Annahme, die nationalen Verfassungsgerichte könnten »souverän« über
die Gehalte des Art. 4 Abs. 2 EUV bestimmen.[171] Gerade das **Vorlageverfahren** erlaubt
und erzwingt es, die Vorbehalte dem EuGH näher zu bringen und auf diese Weise einen
Konflikt zu vermeiden, indem eine Unionsmaßnahme durch den EuGH für nichtig erklärt oder eine Abweichung als Ausdruck nationaler Identität akzeptiert wird. Andererseits unterliegt aber auch der EuGH den Pflichten aus Art. 4 Abs. 2 EUV und der
Loyalitätsverpflichtung gegenüber den nationalen Gerichten. Auch er kann nicht abschließend über den Begriff entscheiden, sondern muss das Selbstverständnis des Mitgliedstaates einstellen. Dem Mitgliedstaat und »seinem« Gericht wird ein Beurteilungsspielraum zugestanden. Da es kein Vorlageverfahren in der umgekehrten Richtung gibt,
muss der EuGH durch seine Praxis darauf hinwirken, dass das nationale Verständnis im
Vorlageverfahren eingebracht wird. Das gelingt ihm für die Fachgerichtsbarkeit besser
als für die Verfassungsgerichtsbarkeit.

3. Bedeutung des Vorabentscheidungsverfahrens

Eine verfassungsgerichtliche Identitätskontrolle kann von der Loyalitätsverpflichtung   **79**
nicht befreien und hat prozessual unter Beachtung der Vorlagepflicht zu erfolgen. Das
ist für die ultra vires Kontrolle anerkannt und dürfte auch für die Identitätskontrolle
gelten.[172] Das Unionsrecht verbietet nicht, dass die Identitätsfrage durch nationale Ge-

---

ond, 2012, S. 67 ff. – dürfte es sich entgegen *Wischmeyer*, S. 417 (Fn. 5) um mehr als nur ein »Label«
handeln, vgl. zu konkreten Folgerungen *Franzius*, Rechtswissenschaft 7 (2016), 62 (75 ff.).

[167] *v. Bogdandy/Schill*, ZaöRV 70 (2010), 701 (709).

[168] *Streinz*, in: Streinz, EUV/AEUV, Art. 4 EUV, Rn. 21 ff.

[169] *Schmidt-Aßmann*, Kohärenz und Konsistenz des Verwaltungsrechtsschutzes, 2015, S. 101 ff.

[170] *v. Bogdandy/Schill*, in: Grabitz/Hilf/Nettesheim, EU, Art. 4 EUV (September 2013), Rn. 41 f.

[171] *v. Bogdandy/Schill*, ZaöRV 70 (2010), 701 (729 f.); *Pernice*, AöR 136 (2011), 185 (195 ff.);
Franzius, AöR 138 (2013), 204 (269 f.). Zur wechselseitigen Rücksichtnahme auch *Walter/Vorder-
mayer*, S. 163 ff., wonach es »mitgliedstaatliche ‚Gralshüter der Verfassungsidentität' (…) in Integrationsgemeinschaften« nicht mehr geben könne.

[172] Das BVerfG erkennt in seiner Identitätskontrolle keinen Verstoß gegen Art. 4 Abs. 3 EUV, sieht
sich aber von einer Vorlage befreit, soweit die Auslegung des Unionsrechts eine materielle Kongruenz
der Schutzgewährleistungen ergibt, vgl. BVerfG, Beschl. v. 15.12.2015, 2 BvR 2735/14 (Europäischer
Haftbefehl II), Rn. 44, 84 ff., 125.

richte aufgeworfen wird. Es ist richtig, die nationalen Gerichte als europäische Gerichte zu begreifen, die am Integrationsprozess teilhaben und ihm auch Grenzen zu setzen vermögen. Allerdings müssen die nationalen Gerichte im Rahmen ihrer Folgenbetrachtung berücksichtigen, dass ihre Entscheidungen den europäischen Rechtsraum mitgestalten.[173] Die Vorlage an den EuGH erlaubt es, die eigenen Belange einzubringen und der Abwägung durch den EuGH zuzuführen. Dieser entscheidet die Rechtsfrage nicht abschließend, da es an einer hierarchischen Ordnung fehlt. Das Unionsrecht kann und will nicht verhindern, dass die Identitätsfrage aus verfassungsrechtlicher Sicht unterschiedlich gedeutet und letztlich auch unterschiedlich sanktioniert wird. Das Unionsrecht steht nicht »über« dem nationalen Recht, sondern ist Ausdruck einer pluralistischen Verfassungsstruktur, in der die Ebenen ineinandergreifen und unterschiedlich gespiegelt werden. Der EuGH sieht sich als Hüter des Unionsrechts, nicht aber als zentrale Instanz zur abschließenden Fallentscheidung. Die Verfahrensart des Vorabentscheidungsverfahrens wird deshalb als »**Königsweg**« zum Gerichtshof angesehen.[174] Es bietet für die mitgliedstaatlichen Gerichte die Chance, dem Gerichtshof Gelegenheit zu geben, substantielle Einwände einer entsprechenden Prüfung zu unterziehen und für die eigene Auslegung bzw. den Erhalt einer nationalen Rechtsprechungslinie sich gegebenenfalls »Rückendeckung« durch den Gerichtshof zu verschaffen.[175]

80   Im **Honeywell-Beschluss** betont das Bundesverfassungsgericht, dass es keine Unanwendbarkeit des Unionsrechts feststellen kann, solange der EuGH keine Gelegenheit hatte, über die aufgeworfenen unionsrechtlichen Fragen zu entscheiden.[176] Dass eine Vorlage nationaler Verfassungsgerichte nicht undenkbar ist, zeigte jüngst auch der französische Conseil Constitutionnel.[177] Ein konstruktiver Lösungsansatz für Identitätsvorbehalte liegt mit dem Vorlageverfahren bereit. Dieses Verfahren darf nicht im Sinne einer Unitarisierung der Wertentscheidungen missverstanden werden. Obwohl der EuGH in seiner jüngeren Grundrechte-Rechtsprechung dazu neigt, lassen sich der Rechtsprechung durchaus Beispiele entnehmen, wo Einschränkungen des Unionsrechts nicht an einem unionalen Maßstab gemessen wurden, sondern ein nationaler Vorbehalt anerkannt wird. Aber es gibt auch Gegenbeispiele: Während sich nationale Verfassungs-

---

[173] *v. Bogdandy*, Prinzipien der Rechtsfortbildung im europäischen Rechtsraum, in: Franzius/Mayer/Neyer (Hrsg.), Strukturfragen der Europäischen Union, 2010, S. 341 f.; *ders./Schill*, in: Grabitz/Hilf/Nettesheim, EU, Art. 4 EUV (September 2013), Rn. 44.

[174] So *v. Danwitz*, EnzEuR, Bd. 1, § 13, Rn. 27 f. Zu Vorlageverfahren als Instituten der Kohärenzsicherung *Schmidt-Aßmann*, Kohärenz und Konsistenz (Fn. 169), S. 115 ff.

[175] Das würde erheblich verstärkt, sollte ein »green light« Verfahren eingeführt werden, womit das vorlegende Gerichte selbst eine Lösung der aufgeworfenen Unionsrechtsfrage entwirft, vgl. *Pernice*, EuR 2011, 151 (165).

[176] BVerfGE 126, 286 (302) erkennbar vor dem Eindruck der Kritik an BVerfGE 123, 267.

[177] Conseil Constitutionnel, Entscheidung Nr. 2013–314 P QPC v. 4. 4. 2013, dazu *Mayer/Walter*, Das Röhren der Hirsche: Erste Vorlage des Conseil constitutionnel an den EuGH, VerfBlog, 2013/4/15, http://www.verfassungsblog.de/das-rohren-der-hirsche-erste-vorlage-des-conseil-constitutionnel-an-den-eugh (9. 1. 2014). Der EuGH ließ einen strengeren Maßstab der französischen Verfassung nach Art. 53 GRC zu, vgl. EuGH, Urt. v. 30. 5. 2013, Rs. C–168/13 PPU (Jeremy F.), ECLI:EU:C:2013:358, Rn. 37 f., 55, 75; erläuternd *Lenaerts*, EuR 2015, 3 (24 mit Fn. 109). Der in der französischen Strafprozessordnung vorgesehene Ausschluss von Rechtsbehelfen gegen die Erweiterung des Haftbefehls wurde daraufhin für verfassungswidrig erklärt, vgl. Conseil Constitutionnel, Entscheidung Nr. 2013–315 QPC v. 15. 6. 2013. Zum Vergleich der Urteile Melloni und Jeremy F. im Kontext der Verfassungsidentität *Walter/Vordermayer*, S. 140 ff. Für das Verhältnis zu Art. 53 GRC *Torres Pérez*, Constitutional Identity and Fundamental Rights: The Intersection between Articles 4 (2) TEU and 53 Charter, in: Saiz Arnaiz/Alcoberro Llivina, S. 141 ff.

gerichte um ein »differenziertes Vorrangprinzip« bemühen, argumentiert der EuGH in der Rechtssache **Melloni** für den Europäischen Haftbefehl auf eine Vorlage des spanischen Verfassungsgerichts mit dem absoluten Vorrang.[178] Will man die Nichtvorlagepraxis des Bundesverfassungsgerichts in Grundrechtsfragen ändern, bedürfte es einer sensibleren Vorrangrechtsprechung, für die sich die Bezugnahme auf Art. 4 Abs. 2 EUV anbietet. Die Vorschrift lässt gelegentliche Dissonanzen zu, die im Rechtsprechungsverbund, der sich durch keine Über- und Unterordnung, sondern eine Verantwortungsteilung auszeichnet, nicht zu vermeiden sind, eine produktive Kraft für neue Entwicklungen zu entfalten vermögen.[179]

Die Vorlage an den EuGH zur Klärung der Vereinbarkeit des betreffenden Rechtsakts   **81** mit Art. 4 Abs. 2 EUV dürfte zwingend sein, bevor ein mitgliedstaatliches Gericht autonom zu bestimmen beginnt, ob ihm die innerstaatliche Anwendung wegen einer Unvereinbarkeit mit der nationalen Identität versagt wird.[180] Die Aufspaltung von Tatbestand und Rechtsfolge, die unterschiedlichen Gerichten zugewiesen ist, erscheint in der Verbundstruktur als gewollt, weshalb es institutionell keiner übergeordneten Instanz bedarf. Allerdings ist die prozessuale Asymmetrie durch den Verzicht auf ein **umgekehrtes Vorabentscheidungsverfahren** misslich.[181] Denn die Definitionsmacht über den Tatbestand nationaler Verfassungsidentität darf nationalen Gerichten nicht entzogen werden. Dürfte der EuGH das nationale Gericht zur Bestimmung der nationalen Identität aufrufen können, würde dies den aktiven Dialog unter den Gerichten befördern und dem Vorwurf einer hierarchischen Beziehung entkräften. Gerade für Art. 4 Abs. 2 EUV ist in Erinnerung zu rufen: Die Ausfüllung dieser Norm ist die gemeinsame Aufgabe der obersten Gerichte und des EuGH. Letzterem darf es nicht allein um die einseitige Durchsetzung des Unionsrechts gehen. Es geht vielmehr um die Suche nach einer Balance zwischen Integration und Gestaltungsbefugnissen der Mitgliedstaaten, deren verfassungsrechtliche Identität unter den besonderen Schutz des Unionsrechts gestellt ist und durch den Gerichtshof garantiert wird.[182]

4. Unionsrechtsfreundliche Identitätskontrolle?

Für das **Bundesverfassungsgericht** ist die in Art. 4 Abs. 2 EUV festgeschriebene Achtung   **82** der nationalen Identität ein besonderer Ausdruck der bei den Mitgliedstaaten verbliebenen Herrschaft über die Verträge, also unionsrechtlicher Reflex der souveränen Staatlichkeit der Mitgliedstaaten und der eigenen Rechtsprechung. Das Unionsrecht garantiere, was Art. 79 Abs. 3 GG fordert und wird als eine Grundlage verstanden, mit der ein Rechtsakt der Union im Notfall für unanwendbar erklärt werden könne. Wie diese Derogationsermächtigung als Folge einer Identitätskontrolle »europarechtsfreundlich« gehandhabt werden soll, bleibt unklar. Sie geht ersichtlich über die Achtungsverpflich-

---

[178] EuGH, Urt. v. 26.2.2013, Rs. C–399/11 (Melloni), ECLI:EU:C:2013:107, Rn. 63.

[179] v. Danwitz, EnzEuR, Bd. 1, § 13, Rn. 36. Das Anliegen des BVerfG wohl zutreffend erfassend *Wischmeyer*, S. 441: Die »Betonung des Werts der eigenen Ordnung (erscheint) nicht als rückwärtsgewandtes Beharren auf dem Vorgefundenen, sondern als Maßstab für eine auch zukünftig als legitim empfundene Ordnung.«

[180] Vgl. *Pernice*, AöR 136 (2011), 185 (214, 217) mit Hinweis auf EuGH, Urt. v. 14.10.2004, Rs. C–36/02 (Omega), Slg. 2004, I–9606, Rn. 33 ff.

[181] Vgl. *Mayer*, in: v. Bogdandy/Bast, Europäisches Verfassungsrecht, S. 588 f., mit dem Vorschlag, sich für ein solches Verfahren am amerikanischen Certification-Verfahren zu orientieren.

[182] v. Danwitz, EnzEuR, Bd. 1, § 13, Rn. 61 mit dem Hinweis auf EuGH, Urt. v. 22.9.2011, Urt. v. 22.9.2011, verb. Rs. C–244/10 u. C–245/10 (Mesopotamia Broadcast und Roy TV), Slg. 2011, I–8777.

tung hinaus, die für die tatbestandliche Inhaltsbestimmung auf die nationale Ebene verweist, aber in der Rechtsfolge keinen Freibrief zur Derogation enthält.[183]

83   Mit der »nationalen Identität« greift das Unionsrecht die Sorgen der Mitgliedstaaten vor einem Bedeutungsverlust ihrer Verfassungen auf. Heute dürften Grundrechtsverletzungen – nicht zuletzt wegen der Suggestivkraft des Identitätsbegriffs[184] – als Verletzung der Verfassungsidentität gerügt werden können, was die Gefahr einer Banalisierung von Art. 79 Abs. 3 GG mit sich bringt. Gegenüber der ultra vires Kontrolle hat die Identitätskontrolle aber den Vorteil, nicht zwingend in einen Widerspruch zum Unionsrecht und der Wahrung durch den EuGH treten zu müssen. Zwar bleibt der EuGH für die Auslegung des Begriffs zuständig. Seine Interpretation muss der Befugnis nationaler Verfassungsgerichte zur Bestimmung der nationalen Identität aber Raum geben, der seinerseits von den mitgliedstaatlichen Gerichten europarechtsfreundlich, also mit Rücksicht auf europäische Belange auszufüllen ist. In dieser **pluralistischen Verbundordnung** werden konkurrierende Vorrangansprüche nicht als Makel empfunden, sondern als Mechanismus der Gewaltengliederung, die unter dem Verzicht auf »Letztentscheidungsrechte« zugunsten einer gegenseitigen Rücksichtnahmepflicht eine effektive Kontrolle öffentlicher Hoheitsausübung auf den unterschiedlichen Ebenen sichert.[185]

84   Die Identitätskontrolle hat das Potential, über die zurückgenommene Grundrechts- und Kompetenzkontrolle hinauszugehen. Mit konkreten Materien werden Kompetenzübertragungen deutliche, wenn auch **nicht unüberwindbare** Grenzen gesetzt. Wenn das Bundesverfassungsgericht die Ausübung seiner Prüfungskompetenz bei der Grundrechtskontrolle und der ultra vires Kontrolle am Grundsatz der Europarechtsfreundlichkeit des Grundgesetzes[186] ausrichtet und deshalb dem Loyalitätsprinzip nicht widerspreche, dann muss das auch für die Identitätskontrolle gelten. Auszuüben ist sie unter Beachtung der Vorlagepflicht.[187] Das Gericht versucht der eigenen Vorlagepflicht zu entgehen, indem es die **Entscheidungserheblichkeit** – zum Beispiel über eine potentiell

---

[183] *Mayer/Wendel*, EnzEuR, Bd. 1, § 4, Rn. 256 f. Man muss sich fragen, bei wem die Europarechtsprechung des BVerfG auf Zustimmung stößt. So brachte der ehemalige britische Premierminister David Cameron in der »Brexit« Debatte seine Bewunderung für die souveränitätsfixierte Rechtsprechung des Gerichts zum Ausdruck, vgl. Prime Minister's speech on Europe v. 10.11.2015, https://www.gov.uk/government/speeches/prime-ministers-speech-on-europe (13.11.2015).

[184] So wird die Grundrechtsprägung zur deutschen Verfassungsidentität gezählt, vgl. *Grimm*, JZ 2013, 585 (592).

[185] Das neue Paradigma des Verfassungspluralismus erlaubt unterschiedliche Deutungen der Einheit, vgl. *Halberstam*, Local, global and plural constitutionalism, in: de Búrca/Weiler (Hrsg.), The Worlds of Constitutionalism, 2012, S. 150. Ob es zur Aufgabe der Verbundmetapher zwingt, ist unsicher, wird hier unter dem Verzicht auf die Vorstellung einer die nationalen Verfassungsordnungen überwölbenden Gesamtrechtsordnung aber abgelehnt; ähnlich *Mayer/Wendel*, Multilevel Constitutionalism and Constitutional Pluralism, in: Avbelj/Komárek (Hrsg.), Constitutional Pluralism in the European Union and Beyond, 2012, S. 127. Mit dem radikalen Pluralismus ist die Unionsrechtsordnung im Verhältnis zu den mitgliedstaatlichen Verfassungsordnungen nicht angemessen zu beschreiben. Das gilt aber auch für das Völkerrecht, das den demokratisch legitimierten Gesetzgeber nicht hindern soll, von völkerrechtlichen Normen abzuweichen: BVerfG, Beschl. v. 15.12.2015, 2 BvL 1/12 Rn. 67 ff. mit zutreffendem Sondervotum *König*.

[186] *Mayer*, Europarechtsfreundlichkeit und Europarechtsskepsis in der Rechtsprechung des Bundesverfassungsgerichts, in: Giegerich (Hrsg.), Der »offene Verfassungsstaat« des Grundgesetzes nach 60 Jahren, 2010, S. 237 ff.

[187] In dieser Richtung auch *Streinz*, in: Streinz, EUV/AEUV, Art. 4 EUV, Rn. 23.

grundgesetzkonforme Richtlinienumsetzung im Urteil zur Vorratsdatenspeicherung[188] – verneint.[189]

Wenn das Bundesverfassungsgericht, das als Verfassungsgericht über die Inhalte nationaler Identität im Rahmen der unionsrechtlichen Begrifflichkeit zu bestimmen hat, meint, dazu gehöre auch ein Kulturraum mit Regelungen zur **Schule, Bildung, Sprache und Familie**, mag diese weite Auslegung verfassungsrechtlich begründet sein. Von Art. 4 Abs. 2 EUV ist das aber nicht gedeckt.[190] Hinreichenden Schutz bieten die Verfahren durch das IntVG und die politischen Organe, zu denen in den sensiblen Bereichen gerade auch die nationalen Parlamente gehören.   85

Wenn das Bundesverfassungsgericht ferner meint, im Wege der europarechtsfreundlichen Identitätskontrolle die Wahrnehmung von Kompetenzen zu überwachen, was im Einklang mit der Loyalitätsverpflichtung stehe und dazu diene, die »von Art. 4 Abs. 2 S. 1 […] anerkannten Grundlagen politischer und verfassungsmäßiger Strukturen souveräner Mitgliedstaaten bei fortschreitender Integration« zu wahren, überhöht es einen materiellen Maßstab zu Lasten der institutionellen Frage des »**quis judicabit**« und vernachlässigt die Besonderheiten der Verbundstruktur, die auf eine Beachtung der Vorlagepflicht angewiesen ist. Art. 4 Abs. 2 EUV mag den Vorrang – **intern** – relativieren, nicht aber die Verpflichtung zur Beachtung der Vorlagepflicht, die auch für die mitgliedstaatlichen Verfassungsgerichte gilt und vor Umgehungen zu bewahren ist.[191] Dies umso mehr, wenn die verfassungsgerichtliche Nichtigkeitserklärung von Vorschriften – wie die §§ 113a, 113b TKG a. F. im Fall der Vorratsdatenspeicherung – einen Verstoß gegen Europarecht beinhalten kann. Der grundsätzlich zutreffende Vorrang der Fachgerichtsbarkeit und die Durchsetzung ihrer Vorlagepflichten kann die **eigene Vorlageverpflichtung** nicht ersetzen, zumal eine bloße Willkürkontrolle fachgerichtlicher Vorlagepflichten den unionsrechtlichen Vorgaben kaum gerecht wird.[192] Das Bundesverfassungsgericht »schuldet« die Einhaltung und Durchsetzung der Vorgaben aus Art. 267 Abs. 3 AEUV nach Art. 4 Abs. 3 EUV.[193]   86

---

[188] BVerfGE 125, 260 (308 f.). Danach verschiebt sich der »Solange-Vorbehalt« von der Prüfungs- zur Verwerfungskompetenz, vgl. *Bäcker*, EuR 2011, 103 (107 ff.). Wurde hier eine Prüfungskompetenz für nationales Umsetzungsrecht in Anspruch genommen, kommt es jetzt zur Inanspruchnahme einer abschließenden Auslegungskompetenz für Unionsrecht, vgl. BVerfG, Beschl. v. 15.12.2015, 2 BvR 2735/14 (Europäischer Haftbefehl II), Rn. 84 ff. Bleibt danach Sekundärrecht hinter den Standards der nationalen Verfassung zurück, kommt den Grundrechten des Grundgesetzes ein Vorrang zu. Das macht es schwer, in der rechtsordnungsübergreifenden Verabsolutierung des Art. 1 Abs. 1 GG eine Bereitschaft zum Dialog zu sehen.

[189] Krit. *Calliess*, Die neue Europäische Union nach dem Vertrag von Lissabon, 2010, S. 349; zust. *Hobe*, Abkehr von Solange? Die Entscheidungen des Bundesverfassungsgerichts zur Vorratsdatenspeicherung und zu Honeywell, FS Stern, 2012, S. 745 (750 f.).

[190] So auch *Vedder*, in: Vedder/Heintschel v. Heinegg, Europäisches Unionsrecht, Art. 4 EUV, Rn. 14.

[191] Vgl. *Schoch*, Gerichtliche Verwaltungskontrollen, in: Hoffmann-Riem/Schmidt-Aßmann/Voßkuhle (Hrsg.), Grundlagen des Verwaltungsrechts, Band 3, 2. Aufl., 2013, § 50, Rn. 413 (»nicht länger hinnehmbar«).

[192] *Griebel*, Der Staat 2013, 371 (384 f.). Die Unterschiede zwischen den Senaten des BVerfG hinsichtlich der fachgerichtlichen Vorlagepflicht – vgl. *Michael*, JZ 2012, 870 (872, 874, 876) – haben sich inzwischen eingeebnet, vgl. BVerfGE 129, 78 (109); 135, 155 Rn. 183. Danach kommt es nicht auf die Vertretbarkeit der fachgerichtlichen Auslegung des Unionsrechts an, sondern auf die Vertretbarkeit der Handhabung der Vorlagepflicht nach Art. 267 Abs. 3 AEUV.

[193] Hierauf scheint eine Kammerrechtsprechung des Ersten Senats hinzuarbeiten, vgl. *Schoch* (Fn. 191), Rn. 390a f. mit dem Hinweis auf BVerfG, Beschl. v. 25.2.2010, NJW 2010, 1268 f.

87   Problematisch ist die potentielle Identitätskontrolle durch das Bundesverfassungsgericht deshalb, weil sie dazu einladen könnte, die im Lissabon-Urteil entwickelte Sicht
auf die Union zum unaufgebbaren Identitätskern der Bundesrepublik Deutschland zu
erklären. Der Zweite Senat argumentiert von den Grenzen des Art. 23 Abs. 1 Satz 3 GG
und droht die Maßstäbe aufzuweichen, wie sie in der **Integrationsermächtigung** des
Art. 23 Abs. 1 Satz 1 GG für die Öffnung der staatlichen Verfassungsordnung zugunsten
der Einbindung in eine partikulare, aber weder auf delegierte Selbstverwaltung zu ver-
kürzende noch im allgemeinen Völkerrecht aufgehenden Rechtsordnung als politischer
Ordnung angelegt ist. Hier liegt, abgesehen von hinzunehmenden Irritationen bei den
politischen Akteuren, ein für die Akzeptanz des Gerichts nicht ungefährlicher Dissens
zu weiten Teilen der Rechtswissenschaft. Zwar mehren sich die Stimmen, die in Verfassungsgerichten weder »Störer« des politischen Prozesses noch allein »Hüter« der Individualrechte sehen, sondern als Orte demokratischer Reflexion begreifen wollen.[194]
Ob man das auch für die Europarechtsprechung des Bundesverfassungsgerichts sagen
kann, erscheint jedoch unsicher. Dem Gericht wird vorgeworfen, unter dem Deckmantel der Verfassungsinterpretation eine Form der »Überpolitik« zu betreiben.[195] Manche
rhetorische Schärfe aus dem Lissabon-Urteil hat das Gericht in der jüngeren Rechtsprechung zur »**Euro-Rettung**« freilich zurückgenommen.[196]

88   Was die durch Art. 4 EUV angeleitete Umstellung auf eine **verfassungspluralistische
Deutung der europäischen Rechtsordnung** konkret bedeutet, zeigt gerade das Vorlageverfahren und sein Gebrauch. Es verkoppelt die Unionsrechtsordnung mit den nationalen Rechtsordnungen nicht hierarchisch, sondern gleichrangig miteinander und verbietet eine Instrumentalisierung des Vorlageverfahrens für eine ultra vires Warnung, wie
es das Bundesverfassungsgericht im **OMT-Vorlagebeschluss** getan hat.[197] Anders verhält
es sich mit höchstrichterlichen Urteilen der Mitgliedstaaten, die in der Befolgung von
Urteilen des EuGH auf Vorbehalte der »eigenen« Europarechtsprechung rekurrieren,
um für eine verfassungsschonende Einpassung der Vorgaben zu sorgen, was die Akzep-
tabilität »fremder« Entscheidungen in der »eigenen« Rechtsordnung erleichtern
kann.[198] Das freilich setzt voraus, dass man mit einer hinreichend offenen Vorlage keine

---

[194] Vgl. *Volkmann*, Bausteine zu einer demokratischen Theorie der Verfassungsgerichtsbarkeit, FS
Bryde, 2013, S. 119 (134 ff.) im Anschluss an *Pierre Rosanvallon*.

[195] So *Nettesheim*, »Integrationsverantwortung« – verfassungsrechtliche Verklammerung politischer Räume, in: Pechstein (Hrsg.), Integrationsverantwortung, 2012, S. 11 (51).

[196] Zum Beispiel mit der (nur scheinbar auf Kontinuität setzenden) Aussage, dass Art. 79 Abs. 3
GG »nicht den unveränderten Bestand des geltenden Rechts (gewährleistet), sondern Strukturen und
Verfahren, die den demokratischen Prozess offen« halten, vgl. BVerfGE 132, 195 (244). Die Rechtsprechung erläuternd: *Huber*, Die EU als Herausforderung für das Bundesverfassungsgericht, in: Per-
nice/Schwarz (Hrsg.), Europa in der Welt – Von der Finanzkrise zur Reform der Union, 2013, S. 329 ff.
Wenn es bei *Wischmeyer*, S. 459 (Fn. 204) heißt, das BVerfG würde entlastet, betriebe der EuGH
intensiver die Ausbildung demokratischer Standards für das Handeln der Union, droht die Bedeutung
von Gerichten in der Demokratie überschätzt zu werden.

[197] BVerfGE 134, 366; krit. *Mayer*, EuR 2014, 473; *Heun*, JZ 2014, 331. Lesenswert das Sondervotum von *Lübbe-Wolff*, Rn. 23, wonach man sich »auf große Wüstenwanderungen, die zu keiner
Quelle führen, gar nicht erst schicken lassen« dürfe. Gerade der Rückgriff auf die Verfassungsidentität
erweist sich in dieser Rechtsprechungslinie als wenig verfassungspluralistisch, so auch die Einschätzung von *Bofill*, What is not Constitutional Pluralism in the EU: National Constitutional Identity in the
German Lisbon Judgment, in: Saiz Arnaiz/Alcoberro Llivina, S. 221 (226 ff.).

[198] Beispielhaft als Schlussentscheidung zu EuGH, Urt. v. 26.2.2013, Rs. C–399/11 (Melloni),
ECLI:EU:C:2013:107, Tribunal Constitucional de España, STC 26/2014 v. 13.2.2014, engl. Übersetz-
zung: HRLJ 34 (2014), 475. Während das Urteil aus einer verfassungspluralistischen Perspektive zu
begrüßen ist, wird es aus der Trennungsperspektive eher kritisiert, vgl. im Anschluss an das Sondervotum von *Asua Batarrita*, HRLJ 34 (2014). 475 (480 f.); *Herzmann*, EuGRZ 2015, 445 (451 ff.).

überzogenen Erwartungen schürt, denen ein nationales Gericht im europäischen Kontext nur schwer gerecht werden kann.

Ob das in Art. 4 Abs. 2 EUV angelegte verfassungspluralistische Paradigma auch die **89** jüngere Rechtsprechung des Bundesverfassungsgericht zur Identitätskontrolle trägt, ist zweifelhaft. Die verschiedentlich bereits als »**Solange III**« apostrophierte Entscheidung zum Europäischen Haftbefehl knüpft an das im Lissabon-Urteil entwickelte Konzept der Identitätskontrolle an, stellt diese aber nicht neben, sondern über die Solange-Rechtsprechung[199] und modifiziert diese nicht unerheblich. Auf eine interne Relativierung des Vorrangs durch die Achtung der nationalen Verfassungsidentität geht der Zweite Senat nicht ein.[200] Stattdessen wird die nicht unproblematische Rechtsprechung fortgesetzt, das Unionsrecht mit dem Anspruch auf abschließende Verbindlichkeit auszulegen, um im Falle einer Übereinstimmung mit Anforderungen des Grundgesetzes auf eine Vorlage zu verzichten. Dass das gegenseitige Vertrauen als leitbildprägender Basis des Europäischen Haftbefehls erschüttert werden kann, ist unumstritten.[201] In der Frage des Maßstabs für diese »Erschütterung« geht der Zweite Senat jedoch einen angreifbaren Weg, indem das eigene Verständnis der Menschenwürde nach Art. 1 Abs. 1 GG in die Unionsrechtsordnung »hineingelesen« wird. Dem sei das OLG Düsseldorf mit der Vollstreckung des Haftbefehls im Einzelfall nicht gerecht geworden. Auf diese Weise bindet das Bundesverfassungsgericht die Fachgerichte an die eigene Interpretation des Unionsrechts, was das Vorlageverfahren beschädigen könnte.[202]

D.   Verpflichtung zur gegenseitigen Loyalität: Art. 4 Abs. 3 EUV

I.   Entwicklungsgeschichte

Anders als die »nationale Identität« und die anderen, explizit erst durch den Vertrag von **90** Lissabon aufgenommenen Gehalte des Art. 4 Abs. 2 ist das in Art. 4 Abs. 3 EUV niedergelegte Prinzip gegenseitiger Loyalität, das auch als »**Unionstreue**« bezeichnet wird, ein seit den Römischen Verträgen anerkannter Rechtsgrundsatz, der die besondere Struktur der Verbundordnung spiegelt und in der Rechtsprechung für die Entwicklung **zentraler Strukturprinzipien** herangezogen wurde.[203] Dazu zählt – abgestützt auf den Vorgängerregelung des Art. 10 EGV bzw. Art. 5 EWGV – der Grundsatz des Vorrangs und der unmittelbaren Geltung des Unionrechts oder die Staatshaftung, aber auch das

---

[199] BVerfG, Beschl. v. 15.12.2015, 2 BvR 2735/14 (Europäischer Haftbefehl II), Rn. 43; dazu *Burchardt*, ZaöRV 76 (2016), 527.

[200] Ausdrücklich offenlassend BVerfG, Beschl. v. 15.12.2015, 2 BvR 2735/14 (Europäischer Haftbefehl II), Rn. 107.

[201] Zutreffend BVerfG, Beschl. v. 15.12.2015, 2 BvR 2735/14 (Europäischer Haftbefehl II), Rn. 68, 74, 85; s. auch EuGH, Urt. v. 5.4.2016, verb. Rs. C–404/15 und C–659/15 PPU (Aranyosi und Căldăraru), ECLI:EU:C:2016:198. Rn. 82 ff.; dazu *Schwarz*, EuR 2016, 421.

[202] Gegenüber einem ähnlichen Versuch des Österreichischen Verfassungsgerichtshofs, Urt. v. 14.3.2012, U 466/11 Rn. 35 ff., EuGRZ 2012, 331 (335), die Grundrechtskontrolle beim Verfassungsgericht zu monopolisieren, s. EuGH, Urt. v. 11.9.2014, Rs. C–112/13 (»A«), ECLI:EU:C:2014:2195, Rn. 45, wonach es Fachgerichten unbenommen sein müsse, mit Unionsrecht kollidierendes nationales Recht unangewendet zu lassen bzw. Auslegungsfragen dem EuGH vorzulegen.

[203] Zur Begrifflichkeit *Kahl*, in: Calliess/Ruffert, EUV/AEUV, Art. 4 EUV, Rn. 29 ff. Zur Entfaltung der Strukturprinzipien aus dem Loyalitätsprinzip *Hatje*, in: Schwarze, EU-Kommentar, Art. 4 EUV, Rn. 28 ff.

Gebot zur unionsrechtskonformen Auslegung mitgliedstaatlichen Rechts.[204] Der EuGH spricht von einer Grundsatznorm, Geschäftsgrundlage oder wesentlichen Grundlage der Gemeinschafts- bzw. Unionsrechtsordnung, die für die Sicherung der Funktionsfähigkeit der Union als Rechtsgemeinschaft fundamental und im Interesse der Einheit und Wirksamkeit des Unionsrechts existentiell ist.[205] Es handelt sich um eine **Scharnier- und Brückennorm** für die Europäisierung des nationalen Rechts.[206]

1. Verbundprinzip

91   Art. 4 Abs. 3 EUV kann als »Konstitutionalisierung der Verbundidee« gedeutet werden.[207] Ähnlich wie die »Bundestreue« aus dem deutschen Verfassungsrecht erlaubt das Prinzip gegenseitiger Loyalität eine Anknüpfung an die Integrationsermächtigungen der mitgliedstaatlichen Verfassungsordnungen. Diese haben die **Rücksichtnahme** auf die Belange der Union, ohne die Unionsebene als »höhere« Ebene zu bezeichnen, anerkannt. Ähnlich wie bei der Bundestreue, der als Strukturprinzip des Bundesstaates die Funktion der Erzeugung von Rechtspflichten zugesprochen wird, also gleichermaßen Rechtsnorm wie Rechtsquelle ist, wird man auch das Loyalitätsprinzip in seiner Rechtserzeugungsdimension hinterfragen können. Was für den Bundesstaat mit Blick auf die ungeschriebene Bundestreue in Kritik gerät, muss mit Blick auf die Union erst Recht auf Kritik stoßen, mag in beiden Fällen das Erfordernis eines Prinzips dieser Reichweite und Wirkung zur Stabilisierung der Einheit[208] in Vielfalt auch unbestritten sein. Eine Parallele ist vor allem darin zu sehen, dass ungeachtet der Grenzen, die mit Blick auf die Übertragung bundesstaatlicher Konstruktionen auf die Union gezogen werden, ein Prinzip gegenseitiger Rücksichtnahme weder im Bundesstaat noch in der auf dem Prinzip der begrenzten Einzelermächtigung beruhenden Union die Kompetenzverteilung unterlaufen oder überspielen kann. Insoweit ist, worauf auch Art. 4 Abs. 1 EUV hinweist, das Loyalitätsprinzip **subsidiär**.

---

[204] Zum Vorrang EuGH, Urt. v. 15.7.1964, Rs. 6/64 (Costa/ENEL), Slg. 1964, 1251 (1269 f.); zur Staatshaftung EuGH, Urt. v. 19.11.1991, verb. Rs. C–6/90 u. C–9/90 (Francovich), Slg. 1991, I–5357, Rn. 36; zur Konformauslegung EuGH, Urt. v. 16.6.2005, Rs. C–105/03 (Pupino), Slg. 2005, I–5285, Rn. 42 f.

[205] EuGH, Urt. v. 7.2.1973, Rs. 39/72 (Kommission/Italien), Slg. 1973, 101, Rn. 25; Urt. v. 19.1.1993, Rs. C–101/91 (Kommission/Italien), Slg. 1993, I–191, Rn. 23. Entsprechend fallen die Äußerungen im Schrifttum aus, vgl. *Marauhn*, in: Schulze/Zuleeg, Europarecht, § 7, Rn. 1 (»Verfassungsstrukturprinzip«); *Kahl*, in: Calliess/Ruffert, EUV/AEUV, Art. 4 EUV, Rn. 34 (»fundamentales Verfassungsstrukturprinzip«); *v. Bogdandy/Schill*, in: Grabitz/Hilf/Nettesheim, EU, Art. 4 EUV (September 2013), Rn. 50 (»schlechthin unerlässlich«).

[206] *Kahl*, in: Calliess/Ruffert, EUV/AEUV, Art. 4 EUV, Rn. 124. Zum Europäisierungsparadigma *Wahl*, JZ 2012, 861 (863 ff.).

[207] *v. Bogdandy*, Informationsbeziehungen innerhalb des Europäischen Verwaltungsverbundes, in: Hoffmann-Riem/Schmidt-Aßmann/Voßkuhle (Hrsg.), Grundlagen des Verwaltungsrechts, Band 2, 2. Aufl., 2012, § 25, Rn. 2. Die Verbundidee will nach *Schmidt-Aßmann*, Kohärenz und Konsistenz (Fn. 169), S. 89 »einheitstiftende Komponenten und vielfaltsichernde Komponenten zu einem pluralistischen und prozedural ausgerichteten Ordnungsmodell zusammenführen« (Hervorhebung im Original).

[208] Starke Fokussierung auf die Einheitsbildung *Hatje*, in: Schwarze, EU-Kommentar, Art. 4 EUV, Rn. 28 ff. Eine Suprematie der Unionsorgane vermag Art. 4 Abs. 3 EUV freilich nicht zu begründen, vgl. *Rennert*, DVBl 2014, 669 (675).

2. Anwendungsbereich und Rechtswirkungen

Art. 4 Abs. 3 EUV enthält mit der Loyalitätsverpflichtung ein **mehrdimensionales Prinzip**, indem nicht bloß vertikale Verpflichtungen der Mitgliedstaaten gegenüber der Union erfasst werden, sondern auch Verpflichtungen der Union gegenüber den Mitgliedstaaten sowie horizontale Verpflichtungen der Mitgliedstaaten untereinander. Demgegenüber wird das Handeln der Unionsorgane untereinander **nicht** erfasst. Für das Interorganverhältnis enthält Art. 13 Abs. 2 Satz 2 EUV eine eigene Regelung der Organtreue, die einen Rückgriff auf Art. 4 Abs. 3 EUV ausschließt.[209] In der Dreidimensionalität des Prinzips[210] spiegelt sich die pluralistische Struktur des Verbunds (s. Rn. 6).   **92**

Fehlt es an einem Anknüpfungspunkt in den vertraglich festgelegten Zielen, findet Art. 4 Abs. 3 EUV keine Anwendung. Es gilt der **Grundsatz der Vertragsakzessorietät**.[211] Allerdings reicht die Rechtsprechung zum Loyalitätsprinzip weiter. Die Vorgängervorschrift wurde für anwendbar erklärt, wenn eine Maßnahme zur Durchführung eines von den Mitgliedstaaten außerhalb des Anwendungsbereichs der Verträge geschlossenen Übereinkommens die Anwendung einer Bestimmung der Verträge oder des davon abgeleiteten Rechts oder das Funktionieren der Gemeinschaftsorgane behindern würde.[212] Art. 4 Abs. 3 EUV begrenzt völkerrechtliche Maßnahmen der Mitgliedstaaten untereinander, soweit ein Bezug zur Union gegeben ist.[213]   **93**

Grundsätzlich entfaltet das Loyalitätsprinzip zu beachtende Rechtswirkungen nur im Rahmen der **Ausübung bestehender Verbandskompetenzen**, nicht aber hinsichtlich der Kompetenzbegründung. Das darf jedoch nicht darüber hinwegtäuschen, dass sich im Rahmen der Kompetenzausübung mitgliedstaatliche Mitwirkungspflichten ergeben können. Auch müssen die Mitgliedstaaten bei der Inanspruchnahme eigener Kompetenzen die Ziele der Union beachten.   **94**

Die Pflichten sind **bindendes** Recht, entfalten aber grundsätzlich keine unmittelbare Wirkung und begründen für Einzelne regelmäßig keine Rechte oder Pflichten.[214] Das ist freilich nur die halbe Wahrheit. Behörden und Gerichte müssen nationales Recht unangewendet lassen, soweit es die Verwirklichung unionaler Pflichten praktisch unmöglich macht oder wesentlich erschwert. So unbestritten diese Verpflichtung heute auch ist, bleibt doch unklar, inwieweit der Vorschrift eine konstitutive Bedeutung als **Quelle neuer primärrechtlicher Pflichten** zukommt, die Vorschrift also für die Mitgliedstaaten unmittelbar pflichtenbegründend wirkt. Zwar enthält Art. 4 Abs. 3 EUV ein bedeutendes Pflichtenreservoir, doch die Rechtspraxis zeigt, dass die Vorschrift häufig erst im Zusammenwirken mit anderen Vorschriften zur Anwendung gelangt.[215] So kann sich der Einzelne auf Art. 4 Abs. 3 EUV berufen, wenn die Anwendung des nationalen Prozessrechts die Verwirklichung durch eine Richtlinie eingeräumter Rechte praktisch unmög-   **95**

---

[209] *v. Bogdandy/Schill*, in: Grabitz/Hilf/Nettesheim, EU, Art. 4 EUV (September 2013), Rn. 49; *Kahl*, in: Calliess/Ruffert, EUV/AEUV, Art. 4 EUV, Rn. 26; a. A. *Marauhn*, in: Schulze/Zuleeg, Europarecht, § 7, Rn. 49.

[210] *Kahl*, in: Calliess/Ruffert, EUV/AEUV, Art. 4 EUV, Rn. 26, 46.

[211] *Kahl*, in: Calliess/Ruffert, EUV/AEUV, Art. 4 EUV, Rn. 47; *Streinz*, in: Streinz, EUV/AEUV, Art. 4 EUV, Rn. 25; *Wille*, S. 21 f.

[212] EuGH, Urt. V. 15.1.1986, Rs. 44/84 (Hurd), Slg. 1986, 29, Rn. 38 ff.

[213] Das ist beim »Sonderunionsrecht« des EMS- und Fiskalvertrags der Fall.

[214] Allg. Meinung, vgl. *v. Bogdandy/Schill*, in: Grabitz/Hilf/Nettesheim, EU, Art. 4 EUV (September 2013), Rn. 49, 52; *Streinz*, in: Streinz, EUV/AEUV, Art. 4 EUV, Rn. 27; *Kahl*, in: Calliess-Ruffert, EUV/AEUV, Art. 4 EUV, Rn. 42 f.; *Hatje*, in: Schwarze, EU-Kommentar, Art. 4 EUV, Rn. 23, 25.

[215] *Kahl*, in: Calliess/Ruffert, EUV/AEUV, Art. 4 EUV, Rn. 43.

lich macht.[216] Individuelle Pflichten kann die Vorschrift dagegen nicht begründen, mag sich die Anwendung des Unionsrechts durch die nationale Behörde auch zu Lasten des Bürgers auswirken können.

96   Das Loyalitätsprinzip begründet **Pflichten der Hoheitsträger** und dient der Stabilisierung einer funktionalen Einheit von Union und Mitgliedstaaten, ist als solches aber nicht anwendbar im **Verhältnis zu Privaten**.[217] Es regelt die Verzahnungen zwischen den Ebenen und verdeutlicht, dass die mitgliedstaatlichen Organe in den Verfahren der Erzeugung, Umsetzung und Anwendung von Unionsrecht funktional Organe der Unionsrechtsordnung sind. Insoweit wirkt das Loyalitätsprinzip **einheitsstiftend**.[218] Das gilt auch für die gerichtliche Kontrolle. Art. 4 Abs. 3 EUV macht aus nationalen Gerichten funktional europäische Gerichte.

3. Ausformung durch Rechtsfortbildung

97   Das Prinzip enthält zwei Bestandteile: Zum einen das Kooperationsprinzip mit einer Vielzahl daraus entwickelter Handlungspflichten, zum anderen ein **Rücksichtnahmegebot** mit Unterlassungspflichten. Letztere verlangen von den Mitgliedstaaten, die praktische Wirksamkeit des Unionsrechts nicht zu gefährden, von der Union aber die Berücksichtigung besonderer Belange der Mitgliedstaaten, insbesondere soweit sie von diesen als Bestandteil der nationalen Verfassungsidentität ausgewiesen sind (s. Rn. 29 ff.).

98   Art. 4 Abs. 3 EUV muss in einem **dynamisch-evolutiven** Sinne verstanden werden. Die Vorschrift bildet die Grundlage für Handlungs-, Unterstützungs- und Unterlassungspflichten, wobei der EuGH regelmäßig auf die Norm insgesamt Bezug nimmt und sich deshalb den Vorwurf dogmatischer Oberflächlichkeit gefallen lassen muss. Trotz der Grenzen, die der Grundsatz der Vertragsakzessorietät einer Ausdehnung der Vorschrift zieht, sind von den Mitgliedstaaten auch bei der Inanspruchnahme eigener Kompetenzen die Auswirkungen auf das Unionsrecht zu beachten.[219] Sollte der Gerichtshof an seinem **Anspruch zur Rechtsfortbildung**[220] festhalten, dürfte es ihm möglich sein, auf der Grundlage der Loyalitätsverpflichtungen der Mitgliedstaaten ein »Ausweichen« in das Völkerrecht zu begrenzen. Jedenfalls dürfen Verpflichtungen, welche die Mitgliedstaaten außerhalb des Unionsrechts eingehen, das Funktionieren der Unionsorgane nicht behindern (s. Rn. 161 ff.). Die »Euro-Krise« veranschaulicht, dass der Achtungsanspruch nach Art. 4 Abs. 2 EUV mit der Loyalitätsverpflichtung nach Art. 4 Abs. 3 EUV in ein **Spannungsverhältnis** treten kann.

99   Art. 4 Abs. 3 EUV ist nicht nur eine wesentliche Grundlage der Verbundstruktur, die über das völkerrechtliche »dédoublement fonctionnel« hinausgeht.[221] Die Verpflichtung

---

[216] EuGH, Urt. v. 25. 7. 2008, Rs. C–237/07 (Janecek), Slg. 2008, I–6221, Rn. 42. Daran anschließend für die Einklagbarkeit von Luftreinhalteplänen durch Umweltverbände BVerwGE 147, 312 Rn. 41 ff.

[217] EuGH, Urt. v. 14. 7. 1998, Rs. C–341/95 (Betatti), Slg. 1998, I–4355, Rn. 77; Urt. v. 20. 10. 2005, Rs. C–511/03 (Ten Kate), Slg. 2005, I–8979, Rn. 28.

[218] *Hatje*, S. 11 ff., 36 f.; *ders.*, in: Schwarze, EU-Kommentar, Art. 4 EUV, Rn. 29 f., 35 f.; vorsichtiger *Kahl*, in: Calliess/Ruffert, EUV/AEUV, Art. 4 EUV, Rn. 34, der jedoch ebenfalls von einem »ungeschriebenen übergreifenden Rechtsgrundsatz« ausgeht, der dem Unionsrecht zugrundeliegt.

[219] EuGH, Urt. v. 2. 3. 2010, Rs. C–135/08 (Rottmann), Slg. 2010, I–1449, Rn. 41 ff.

[220] Übersicht: *K. Walter*, Rechtsfortbildung durch den EuGH, 2009; *Grosche*, Rechtsfortbildung im Unionsrecht, 2011, S. 155 ff.

[221] Grundlegend zu dieser Funktionsverdopplung *Scelle*, Précis de droit des gens, Bd. 1, 1932,

zur gegenseitigen Loyalität ist auch wesentlich für das Verständnis der **Union als Rechtsgemeinschaft**. Ihre Verletzung könne, wie es der EuGH mit Blick auf die Mitgliedstaaten formuliert hat, die Union »bis in ihre Grundfesten« erschüttern.[222] Daraus ergibt sich aber auch das Problem: Einerseits werden zentrale Prinzipien des Unionsrechts auf das Loyalitätsprinzip zurückgeführt. Das gilt für die unmittelbare Wirksamkeit von Richtlinien, die richtlinienkonforme Auslegung des nationalen Rechts und die Staatshaftung des Mitgliedstaates bei Verstößen gegen Unionsrecht, aber auch für den Vorrang des Unionsrechts gegenüber nationalem Recht.[223] Andererseits lassen sich zahlreiche Aussagen, die auf Art. 4 Abs. 3 EUV bzw. seine Vorgängerregelungen gestützt werden, kaum als das Ergebnis einer Auslegung der Norm darstellen. Ihre Legitimation erhalten wesentliche Strukturprinzipien der Union aus der Tatsache, dass die Vertragsparteien mit dem EuGH ein Organ zur **Rechtsfortbildung** ermächtigt haben.[224] Dieser ist dazu aufgerufen, unter Abwägung der Unionsinteressen mit den nationalen Gestaltungsinteressen die bestehenden Rechtsinstitute fortzuentwickeln. Die Funktionsfähigkeit der Union erfordert, nachdem Grundsätze wie der Vorrang des Unionsrechts grundsätzlich anerkannt sind, keine rigorose Durchsetzung der richterrechtlich ausgeformten Inhalte des Loyalitätsgebotes. Die Sicherung der einheitlichen Geltung und Anwendung des Unionsrechts darf schon aus Legitimationsgründen dem Zugriff der politischen Kräfte nicht entzogen sein, muss die verbleibenden oder gewachsenen **Autonomieansprüche der Mitgliedstaaten** verarbeiten und die aufgegebene Balance von Einheit und Vielfaltswahrung immer wieder neu austarieren.[225]

Deshalb bleiben Konflikte über die Reichweite der vom EuGH entwickelten Strukturprinzipien nicht aus. Da Prinzipien wie der Vorrang des Unionsrechts, so unerlässlich ihre Geltung für die gleiche Anwendung des Unionsrechts in den Mitgliedstaaten auch sein mögen, als richterrechtlich aus dem Loyalitätsgebot entwickelte Institute einem **funktionalen Legitimationsmodus** unterliegen, bleibt ihre Reichweite im Einzelfall aus der Sicht der Mitgliedstaaten bestreitbar. In den Vertragsänderungsverfahren – zuletzt im Vertrag von Lissabon mit der Erklärung Nr. 17 zum Vorrang[226] – haben die Mitgliedstaaten die Vorrangrechtsprechung des EuGH jedoch bestätigt und – auch ohne explizite Aufnahme in den Vertragstext – mit Legitimation versehen. Trotz zum Teil erheblichen Unterschieden in der Begründung akzeptieren die mitgliedstaatlichen Verfassungs- und Höchstgerichte den **Anwendungsvorrang des Unionsrechts** und beschränken ihre Vorbehalte, soweit nicht als politische Frage[227] ausgewiesen, auf eng begrenzte bzw. außergewöhnliche Situationen.[228] Für die Strukturprinzipien im Kontext des Art. 4 Abs. 3

100

S. 47; *Benvenisti/Downs*, EJIL 20 (2009), 59. Für das Verwaltungsrecht *Cassese*, Der Staat 1994, 25 (26); *Schmidt-Aßmann*, Der Europäische Verwaltungsverbund und die Rolle des Europäischen Verwaltungsrechts, in: Schmidt-Aßmann/Schöndorf-Haubold (Hrsg.), Der europäische Verwaltungsverbund, 2005, S. 1 (5).

[222] EuGH, Urt. v. 7.2.1973, Rs. 39/72 (Kommission/Italien), Slg. 1973, 101, Rn. 25.

[223] Für den Vorrang EuGH, Urt. v. 15.7.1964, Rs. 6/64 (Costa/ENEL), Slg. 1964, 1251 (1269 f.).

[224] *v. Bogdandy*, Rechtsfortbildung mit Art. 5 EG-Vertrag, GS Grabitz, S. 17 (19); *Constaninesco*, S. 97 ff.; *Temple Lang*, S. 76 ff.

[225] *Franzius*, S. 128 ff.

[226] ABl. 2007, C 316/231.

[227] Tschechisches Verfassungsgericht, Urt. v. 3.11.2009, Pl ÚS 29/09 Lissabon II, EuGRZ 2010, 209, Rn. 109, 145 ff.; dazu *Ley*, JZ 2010, 165.

[228] Dänischer Oberster Gerichtshof, Entscheidung v. 6.4.1998, I 361/1997, EuGRZ 1999, 49 (52). Zur Rechtsprechung der nationalen Obergerichte *Mayer*, in: v. Bogdandy/Bast, Europäisches Verfassungsrecht, S. 578 ff.; *Sadurski*, ELJ 14 (2008), 1 (9 ff.). Eine Modellbildung bei *Wendel*, S. 415 ff.

EUV wird dem Unionsgesetzgeber eine Konkretisierungsaufgabe zugestanden. Mit zunehmender Dichte der sekundärrechtlichen Regelungen, etwa im Bereich der Verwaltungskooperation, wird die Anwendung der Prinzipien **demokratisch legitimiert** und ihre Konfliktanfälligkeit minimiert.

4. Konkurrenzen

101   Freilich wachsen die Konkurrenzprobleme. Tatbestandlich ist jede Verletzung einer Vorschrift des Primär- und Sekundärrechts durch ein mitgliedstaatliches Handeln oder Unterlassen zugleich ein Verstoß gegen Art. 4 Abs. 3 EUV.[229] Speziellere Vorschriften des Primärrechts gehen der allgemeinen Regelung des Loyalitätsprinzips vor, soweit die spezielle Vorschrift die konkrete Frage erschöpfend regelt.[230] Spezielle Loyalitätsverpflichtungen enthalten zum Beispiel Art. 24 Abs. 3, 32 Abs. 1, 34, 35, 42 Abs. 4 EUV sowie Art. 325 Abs. 3, 351 Abs. 2, 197 AEUV.[231] Für deren Auslegung bleibt jedoch Art. 4 Abs. 3 EUV als **Interpretationsmaxime** bedeutsam.[232]

102   Nicht abschließend geklärt ist das **Verhältnis zum Solidaritätsprinzip** in den Beziehungen der Mitgliedstaaten untereinander. Aus Art. 4 Abs. 3 EUV wird eine Pflicht zur Solidarität abgeleitet, die eine Verpflichtung zur Unterstützung in Krisen- und Notsituationen umfasst. In der Praxis werden Loyalitäts- und Solidaritätspflichten nicht voneinander getrennt.[233] Art. 24 Abs. 3 EUV ist aber eine Differenzierung zu entnehmen, was dafür spricht, den Grundsatz der loyalen Zusammenarbeit als eine **Spezialausprägung** des allgemeinen Solidaritätsprinzips zu verstehen.[234]

103   Was den **Vorrang von Spezialvorschriften** betrifft, sind neben sekundärrechtlichen Bestimmungen[235] aus dem Primärrecht vor allem zu nennen:
- **Art. 4 Abs. 2 EUV**, der einer extensiven Interpretation des Loyalitätsgebotes in materiellrechtlicher Hinsicht eine Grenze setzt.
- **Art. 13 Abs. 2 Satz 2 EUV**, der eine abschließende Regelung für das Verhältnis der Unionsorgane untereinander mit der Folge enthält, dass Art. 4 Abs. 3 EUV daneben nicht herangezogen werden kann.[236]
- **Art. 24 Abs. 3 UAbs. 1 EUV**, der eine Sonderregelung für die loyale Zusammenarbeit in der Gemeinsamen Außen- und Sicherheitspolitik enthält und die Mitgliedstaaten verpflichtet, die Außen- und Sicherheitspolitik der Union aktiv und vorbehaltlos im Geiste der Loyalität und gegenseitigen Solidarität zu unterstützen und das Handeln der Union in diesem Bereich zu achten.[237]
- **Art. 291 Abs. 1 AEUV**, der für die Durchführung des Unionsrechts den bereits unter Art. 10 EGV angenommenen Regelfall des dezentralen Vollzugs kodifiziert und als Spezialvorschrift zu Art. 4 Abs. 3 EUV fungiert.[238]

---

[229] *v. Bogdandy/Schill*, in: Grabitz/Hilf/Nettesheim, EU, Art. 4 EUV (September 2013), Rn. 61.
[230] EuGH, Urt. v. 19.2.1991, Rs. C–374/89 (Kommission/Belgien), Slg. 1991, I–367, Rn. 13 ff.
[231] EuGH, Urt. v. 30.5.2006, Rs. C–459/03 (MOX Plant), Slg. 2006, I–4635, Rn. 169 ff.
[232] *v. Bogdandy/Schill*, Grabitz/Hilf/Nettesheim, EU, Art. 4 EUV (September 2013), Rn. 61; *Streinz*, in: Streinz, EUV/AEUV, Art. 4 EUV, Rn. 28.
[233] Für eine Trennung von Loyalitäts- und Solidaritätsprinzip *Hatje*, S. 16 f.
[234] So *Kahl*, in: Calliess/Ruffert, EUV/AEUV, Art. 4 EUV, Rn. 41.
[235] EuGH, Urt. v. 13.10.1993, Rs. C–378/92 (Kommission/Spanien), Slg. 1993, I–5095, Rn. 6; Urt. v. 19.1.1995, Rs. C–66/94 (Kommission/Belgien), Slg. 1995, I–149, Rn. 6.
[236] A.A. *Marauhn*, in: Schulze/Zuleeg, Europarecht, § 7, Rn. 49.
[237] Dazu *Hatje*, in: Schwarze, EU-Kommentar, Art. 4 EUV, Rn. 80.
[238] *Kahl*, in: Calliess/Ruffert, EUV/AEUV, Art. 4 EUV, Rn. 51.

– **Art. 19 Abs. 2 UAbs. 2 EUV**, der im Bereich der Zusammenarbeit in der Rechtsprechung die bislang Art. 10 EGV entnommene Verpflichtung der Mitgliedstaaten enthält, geeignete Rechtsbehelfe zur Durchsetzung des Unionsrechts zu schaffen.[239]

Häufig verdrängen die speziellen Vorschriften das allgemeine Loyalitätsprinzip nicht vollständig. Zum einen kann auf die ältere Rechtsprechung, zum anderen auf Art. 4 Abs. 3 EUV zur **Lückenfüllung und Verdeutlichung** zurückgegriffen werden. Ob das auch für die Umsetzung von Richtlinien nach

– **Art. 288 Abs. 3 AEUV** gilt, ist unsicher. Für das »ob« der Umsetzung ist Art. 288 Abs. 3 AEUV lex specialis.[240] Teilweise wird angenommen, dass hinsichtlich der Art und Weise, also dem »wie« der Umsetzung ergänzend auf Art. 4 Abs. 3 UAbs. 2 EUV zurückgegriffen werden kann bzw. muss.[241] Dem Loyalitätsprinzip wird die **unmittelbare Anwendbarkeit** der Richtlinie entnommen, die sich bei einem Verstoß gegen die Umsetzungspflicht der Richtlinie aus Art. 288 Abs. 3 AEUV allein noch nicht zweifelsfrei ergibt.[242] Der EuGH hat die unmittelbare Wirkung von Richtlinien aus Art. 288 Abs. 3 AEUV i. V. m. Art. 4 Abs. 3 EUV bzw. dessen Vorgängerregelungen entwickelt.[243]

Die Zunahme spezieller Verpflichtungen verkleinert den Anwendungsbereich der **104** Vorschrift, der nach ihrer Funktion als Verbundprinzip noch immer als weit verstanden werden muss. Es bietet sich an, nach den **Adressaten** (Mitgliedstaaten oder Unionsorgane), **Verhaltensmodalitäten** (Unterlassungs- oder Handlungspflichten) und **Tätigkeitsfeldern** (Rechtsetzung, Verwaltungsvollzug, Rechtsprechung) zu unterscheiden.

II. Verpflichtungen der Mitgliedstaaten

1. Unterlassungs- und Handlungspflichten

Für die Mitgliedstaaten enthält Art. 4 Abs. 3 EUV eine Unterlassungspflicht: Zu unter **105** lassen ist eine »Gefährdung der Verwirklichung der Ziele« der Union. Schon die konkrete Möglichkeit der Verletzung einer Bestimmung des Unionsrechts stellt einen Verstoß gegen Art. 4 Abs. 3 UAbs. 3 EUV dar.[244] Was die Handlungspflichten betrifft, enthält die Vorschrift kaum **Tatbestandsmerkmale**: Art. 4 Abs. 3 UAbs. 2 EUV verlangt lediglich eine »Verpflichtung« aus den Verträgen oder den Handlungen von Unionsorganen, Art. 4 Abs. 3 UAbs. 3 Alt. 1 EUV nur eine »Aufgabe« der Union.

Die Pflichten treffen **alle Träger öffentlicher Gewalt** in den Mitgliedstaaten. Rechts **106** folge eines Verstoßes gegen die Unterlassungspflicht ist regelmäßig ein Verbot mitgliedstaatlichen Handelns. Um den Handlungspflichten nachzukommen, sind nach Art. 4 Abs. 3 UAbs. 2 EUV »geeignete Maßnahmen allgemeiner oder besonderer Art« zu treffen bzw. die Union bei der Aufgabenerfüllung zu unterstützen. Dem Mitgliedstaat

---

[239] A.A. *Terhechte*, EuR 2008, 143 (159).

[240] EuGH, Urt. v. 13.10.1993, Rs. C–378/92 (Kommission/Spanien), Slg. 1993, I–5095, Rn. 6. Anders die neuere Rechtsprechung, die zusätzlich Art. 4 Abs. 3 EUV heranzieht, vgl. EuGH, Urt. v. 12.7.2007, Rs. C–507/04 (Kommission/Österreich), Slg. 2007, I–5939, Rn. 344; Urt. v. 17.7.2008, Rs. C–132/06 (Kommission/Italien), Slg. 2008, I–5457, Rn. 27 ff.

[241] So *Kahl*, in: Calliess/Ruffert, EUV/AEUV, Art. 4 EUV, Rn. 56 (mit Fn. 253); *Streinz*, in: Streinz, EUV/AEUV, Art. 4 EUV, Rn. 47.

[242] *v. Bogdandy/Schill*, in: Grabitz/Hilf/Nettesheim, EU, Art. 4 EUV (September 2013), Rn. 62.

[243] EuGH, Urt. v. 4.12.1974, Rs. 41/74 (van Duyn), Slg. 1974, 1337, Rn. 12.

[244] *Hatje*, in: Schwarze, EU-Kommentar, Art. 4 EUV, Rn. 67 ff. will davon noch eine eigene Förderungs- bzw. Unterstützungspflicht unterscheiden.

ist **Ermessen** eingeräumt, für dessen Ausübung häufig nähere Vorgaben gemacht werden.

107   Den Mitgliedstaaten treffen keine Pflichten gegenüber ihren Bürgern. Art. 4 Abs. 3 EUV ist **nicht unmittelbar anwendbar**. Das schließt es aber nicht aus, dass die Pflicht eines Mitgliedstaates zum Schutz der Rechte, die Unionsbürgern durch das Sekundärrecht eingeräumt sind, von Privaten eingefordert wird. Die aus Art. 4 Abs. 3 EUV resultierenden **Pflichten der Mitgliedstaaten** können unmittelbar anwendbar sein, also vom Einzelnen vor den Gerichten eingeklagt werden.[245]

2. Informationspflichten, Missbrauchs- und Umgehungsverbot

108   Art. 4 Abs. 3 EUV statuiert ein Verbot, das Unionsrecht zu hintertreiben. Das dient der Sicherung des ebenfalls auf das Loyalitätsprinzip gestützten Vorrangs des Unionsrechts. Die Mitgliedstaaten sind nicht nur verpflichtet, einen unionsrechtswidrigen Zustand zu beseitigen, sondern unterliegen zur Sicherstellung der gleichen Durchsetzung des Unionsrechts **prozeduralen Mitwirkungspflichten**. Sie müssen der Kommission und dem Gerichtshof Auskünfte erteilen und Dokumente übermitteln, die zur Aufklärung des Sachverhalts erforderlich sind.[246] Eine allgemeine Auskunfts- und Informationspflicht folgt demgegenüber aus Art. 4 Abs. 3 EUV nicht.

109   Art. 4 Abs. 3 EUV verbietet **missbräuchliches Verhalten**. Maßnahmen, welche die Durchsetzung des Unionsrechts »hintertreiben« oder den Folgen eines Urteils des Gerichtshofs zu entgehen versuchen, sind verboten. Auch die Beeinträchtigung der praktischen Wirksamkeit von Maßnahmen, die Private begünstigen, kann gegen Art. 4 Abs. 3 EUV verstoßen. Staatlich erleichterte, aber unionsrechtlich verbotene Kartellabsprachen sind ebenfalls am Loyalitätsgebot zu messen und verstoßen gegen Art. 4 Abs. 3 EUV, soweit die praktische Wirksamkeit der für alle Unternehmen geltenden Wettbewerbsregeln beeinträchtigt wird.

110   Art. 4 Abs. 3 EUV statuiert nicht nur ein Missbrauchsverbot, sondern auch ein **Umgehungsverbot**. Unzulässig ist das Eingehen völkerrechtlicher Verpflichtungen, soweit deren Regelungen das Unionsrecht beeinträchtigen. Daraus lässt sich als grobe Regel ableiten, dass Schwierigkeiten bei der Anwendung des Unionsrechts grundsätzlich im Rahmen des Unionsrechts zu lösen sind. Das schließt den Einsatz des Völkerrechts zur Lösung europäischer Probleme nicht aus. Die völkerrechtlichen Mechanismen zur »Euro-Rettung« bewegen sich indessen am Rande der Zulässigkeit nach Maßgabe des Loyalitätsprinzips. Zumindest die Rechte des Europäischen Parlaments werden durch den völkerrechtlichen ESM- und den Fiskalvertrag empfindlich beschnitten.[247]

111   Die Loyalitätsverpflichtung nach Art. 4 Abs. 3 EUV wird auch in der **Flüchtlingskrise** relevant. Zwar ist der Übernormativierung der Rechtsordnung in Deutschland mit Vorsicht zu begegnen, soll nicht jedes politische Handeln als »Rechtsbruch« ausgewiesen werden. Was bereits in der Euro-Krise beobachtet werden konnte, setzt sich in der Flüchtlingskrise seit dem Spätsommer 2015 fort: Der Schwäche der Unionsrechtsordnung, die einen Zusammenbruch des Dublin-Systems nicht verhindern konnte, wird die Verfassungserwartung des Staates gegenübergestellt, der zur Sicherung der europäi-

---

[245] *v. Bogdandy/Schill*, in: Grabitz/Hilf/Nettesheim, EU, Art. 4 EUV (September 2013), Rn. 60.
[246] EuGH, Urt. v. 24.3.1988, Rs. 240/86 (Kommission/Griechenland), Slg. 1988, 1835, Rn. 27; Urt. v. 28.3.1985, Rs. 274/83 (Kommission/Italien), Slg. 1985, 1077, Rn. 42.
[247] *Uerpmann-Wittzack*, EuR-Beiheft 2/2013, 49 (53 ff.).

schen Binnengrenzen verpflichtet sei.[248] Das aber ist nicht nur mit Blick auf »Transit-zonen« konventionsrechtlich[249] problematisch, mag auch die Öffnung der Grenzen angesichts der Folgewirkungen in anderen Mitgliedstaaten an unionsrechtliche Grenzen stoßen. Zwar statuiert Art. 17 Abs. 1 der Dublin III-Verordnung ein Selbsteintrittsrecht der Mitgliedstaaten zur Prüfung von Asylanträgen.[250] Das erlaubt aber kein unabgestimmtes Vorgehen zu Lasten anderer Mitgliedstaaten. Art. 4 Abs. 3 EUV begrenzt insoweit das Ermessen der Mitgliedstaaten und zieht dem »General-Selbsteintritt« Deutschlands Grenzen, die mit dem bloßen Wunsch nach einer europäischen Lösung noch nicht gewahrt sein dürften.[251]

3. Pflichten zur Durchführung des Unionsrechts

Funktionsübergreifende Pflichten[252] der Mitgliedstaaten bestehen in einem Kooperationsgebot, etwaige Schwierigkeiten bei der Durchführung des Unionsrechts gemeinsam mit der Kommission zu überwinden. Daneben besteht eine Verpflichtung gegenüber den Organen der Union, diese über alle Rechtsakte des Mitgliedstaates zu **informieren**, die Auswirkungen auf Unionsrechte haben können. Art. 4 Abs. 3 EUV dient der Begründung einer unmittelbaren Wirksamkeit von Richtlinien, die alle staatlichen Organe trifft. Ferner begründet Art. 4 Abs. 3 EUV mit der Verpflichtung zur Gewährleistung der vollen Wirksamkeit des Unionsrechts die **Haftung** der Mitgliedstaaten für die fehlende oder fehlerhafte Umsetzung bzw. Anwendung von Unionsrecht.[253] **112**

Eine Vielzahl der Pflichten, die in der Rechtsprechung aus dem Loyalitätsprinzip entwickelt wurden, bindet alle Staatsgewalten.[254] So ist das aus dem Vereitelungsverbot hervorgegangene **Effektivitätsprinzip** als ein zentrales Strukturprinzip des europäischen Verwaltungsrechts nicht nur von der Vollzugsbehörde im Einzelfall zu beachten, sondern auch vom Gesetzgeber bei der Richtlinienumsetzung[255] und von den Gerichten in der Anwendung nationalen Prozessrechts.[256] Dennoch sollte eine Systematisierung der Loyalitätspflichten im europäischen Rechtsraum stärker **gewaltenteilend** erfolgen: **113**

---

[248] Rechtlich kaum haltbar *Di Fabio*, Migrationskrise als föderales Verfassungsproblem, Gutachten im Auftrag des Freistaates Bayern, 2016. Schon die Annahme des Staates als »Verfassungsvoraussetzung« ist verfehlt, vgl. *Bast/Möllers*, Dem Freistaat zum Gefallen: über Udo Di Fabios Gutachten zur staatsrechtlichen Beurteilung der Flüchtlingskrise, VerfBlog, 2016/1/16, http://verfassungsblog.de/dem-freistaat-zum-gefallen-ueber-udo-di-fabios-gutachten-zur-staatsrechtlichen-beurteilung-der-fluechtlingskrise.

[249] EGMR, Urt. v. 25.6.1996 (Amuur/Frankreich), Nr. 19776/92, EuGRZ 1996, 577.

[250] Zu den Zuständigkeitsfragen *Bergmann*, ZAR 2015, 81.

[251] Vgl. *Wendel*, JZ 2016, 332 (337 ff.).

[252] *Hatje*, in: Schwarze, EU-Kommentar, Art. 4 EUV, Rn. 35 ff., spricht von »gesamtstaatlichen Pflichten« und ordnet diesen die Sicherung der einheitlichen Geltung und Anwendung des Unionsrechts, aber auch die Sicherung des Vorrangs, das Gebot der unionsrechtskonformen Auslegung und die Staatshaftung zu.

[253] EuGH, Urt. v. 19.11.1991, verb. Rs. C–6/90 u. C–9/90 (Francovich), Slg. 1991, I–5357, Rn. 36.

[254] *Streinz*, in: Streinz, EUV/AEUV, Art. 4 EUV, Rn. 31 ff.

[255] Vgl. *Lück*, Die Gemeinschaftstreue als allgemeines Rechtsprinzip im Recht der Europäischen Gemeinschaft, 1992, S. 25 ff.

[256] EuGH, Urt. v. 2.5.2011, Rs. C–115/09 (BUND NRW), Slg. 2011, I–3673, Rn. 35 ff.; Urt. v. 7.11.2013, Rs. C–72/12 (Altrip), ECLI:EU:C:2013:712, Rn. 45 f. Zu den Herausforderungen des Verwaltungsrechtsschutzes *Franzius*, Aktuelle Probleme des Umweltrechtsschutzes, FS Kloepfer, 2013, S. 377.

a) Pflichten rechtsetzender Organe
aa) Art. 291 Abs. 1 AEUV

114   Art. 291 Abs. 1 AEUV verpflichtet die Mitgliedstaaten, alle zur Durchführung des Unionsrechts erforderlichen Maßnahmen nach **innerstaatlichem Recht** zu ergreifen. Dieser Rechtsgedanke, der richterrechtlich aus Art. 4 Abs. 3 EUV entwickelt wurde, begründet für den nationalen Gesetzgeber die Verpflichtung, im mitgliedstaatlichen Recht die Konsequenzen aus seiner Zugehörigkeit zur Union zu ziehen.[257] So können die Mitgliedstaaten zum Erlass ergänzender Rechtsvorschriften verpflichtet sein, wenn eine Verordnung die Modalitäten ihrer Anwendung nicht vollständig regelt und der effektive Vollzug eine weitere Rechtsetzung erfordert. Vielfach sind die Mitgliedstaaten zum Erlass nationaler Rechtsvorschriften nicht nur berechtigt, sondern zur Gewährleistung der **tatsächlichen Wirksamkeit des Unionsrechts** auch verpflichtet. Das innerstaatliche Recht muss dem hinreichend Rechnung tragen.

bb) Umsetzungs- und Sanktionspflichten

115   Das mitgliedstaatliche Recht muss so ausgestaltet sein, dass die Vorgaben des Unionsrechts ihre **praktische Wirksamkeit** entfalten können. Das gilt nicht nur, aber vor allem für die Spielräume, die Richtlinien dem Gesetzgeber für ihre Umsetzung belassen. Diese Spielräume werden durch Loyalitätspflichten des Art. 4 Abs. 3 EUV ausgefüllt. Bei praktischen Schwierigkeiten darf der Gesetzgeber nicht einfach untätig bleiben und entgegenstehendes nationales Recht unangewendet lassen. Umsetzungspflichten ist regelmäßig durch ein positives Tätigwerden nachzukommen. Unionsrechtswidrige Rechtsvorschriften sind aufzuheben.

116   Art. 4 Abs. 3 EUV stützt die unmittelbare Anwendung nicht oder fehlerhaft umgesetzter Richtlinien, aber auch eine Reihe zusätzlicher Sicherungen für die ordnungsgemäße Anwendung des Unionsrechts. Dazu gehört neben Ansprüchen auf Schadensersatz und Informationspflichten gegenüber der Kommission die **Vorwirkung der Richtlinie**: Während der Umsetzungsfrist haben die Mitgliedstaaten alle gesetzgeberischen Maßnahmen zu unterlassen, welche die Verwirklichung des Ziels der Richtlinie in Frage stellen könnten.[258] Diese in Anlehnung an Art. 18 WVK auch »Frustrationsverbot« bezeichnete Pflicht aus Art. 4 Abs. 3 UAbs. 3 EUV lässt die innerstaatliche Kompetenzverteilung unberührt. Eine Verpflichtung, dass zur Umsetzung der Richtlinie die zentrale Ebene zuständig sein müsse, besteht **nicht**.[259]

117   Art. 4 Abs. 3 EUV kann, soweit keine spezielle Bestimmung des Primär- oder Sekundärrechts vorliegt, auch eine **Stillhalteverpflichtung** des Gesetzgebers begründen.[260] Sie untersagt den Mitgliedstaaten, Maßnahmen zu ergreifen, die den Einzelnen dazu zwingen oder verleiten, gegen Unionsrecht zu verstoßen. Wie weit diese Sperrwirkung reicht, ist allerdings **umstritten**. Als zu weitgehend ist die Auffassung abzulehnen, der nationale Gesetzgeber habe sich schon im Hinblick auf mögliche oder geplante Unionsrechtsakte der eigenen Rechtsetzung zu enthalten.[261] Die Stillhaltepflicht setzt einen

---

[257] EuGH, Urt. v. 8.2.1973, Rs. 30/72 (Kommission/Italien), Slg. 1973, 161, Rn. 11.

[258] EuGH, Urt. v. 18.1.21997, Rs. C–129/96 (Inter-Environnement Wallonie), Slg. 1997, I–7411, Rn. 45, 49.

[259] *v. Bogdandy/Schill*, in: Grabitz/Hilf/Nettesheim, EU, Art. 4 EUV (September 2013), Rn. 73.

[260] Zurückhaltend: *v. Bogdandy/Schill*, in: Grabitz/Hilf/Nettesheim, EU, Art. 4 EUV (September 2013), Rn. 102.

[261] Vgl. *Kahl*, in: Calliess/Ruffert, EUV/AEUV, Art. 4 EUV, Rn. 103 mit der Befürchtung einer »partiellen Paralysierung« der nationalen Legislative. Allgemein zur Begrenzung politischer Gestal-

hinreichenden Konkretisierungsgrad des Rechtsetzungsvorhabens[262] voraus, was mehr als das Vorliegen eines Kommissionsvorschlags erfordern dürfte. Soweit die nationale Rechtsetzung die in Aussicht genommene Richtlinie nicht beeinträchtigt, kann von dieser keine Sperrwirkung gegenüber dem Mitgliedstaat ausgehen.[263] Wenig überzeugend ist es jedoch, den Eintritt der Sperrwirkung auf den Ablauf der Umsetzungsfrist zu beschränken.[264] Regelungen, die offenkundig der in Kraft getretenen und ein verbindliches Ziel vorgebenden Richtlinie widersprechen, verstoßen gegen Art. 4 Abs. 3 EUV.

Was **Sanktionen** für die Nichtbefolgung des Unionsrechts betrifft, ergeben sich aus   **118** Art. 4 Abs. 3 EUV Begrenzungen des Ermessens, das Mitgliedstaaten beim Erlass von Sanktionsnormen eingeräumt ist. Maßstab ist auch insoweit die Gewährleistung der vollen Wirksamkeit des Unionsrechts. Das kann die Verhängung von Sanktionen auch dort gebieten, wo dies unionsrechtlich nicht ausdrücklich vorgesehen ist.[265] Sanktionen müssen **wirksam, verhältnismäßig** und **abschreckend** sein. Verstöße gegen Unionsrecht sind in ähnlicher Weise zu sanktionieren wie nach Art und Schwere gleichartige Verstöße gegen nationales Recht.[266]

Auch die **Exekutive** kann nach Art. 4 Abs. 3 EUV zur Rechtsetzung verpflichtet   **119** sein.[267] Beschränkt sich der Umsetzungsgesetzgeber auf eine Rahmenregelung, zu dessen Ausfüllung der Verordnungsgeber ermächtigt wird, kann letzterer zur Sicherstellung materieller Effektivität gehalten sein, von der Ermächtigung tatsächlich Gebrauch zu machen und eine Ausführungsregelung zu erlassen.

b) Pflichten der Verwaltung
aa) Allgemeines

Wegweisende Bedeutung erhält das Loyalitätsprinzip für die Generierung von Pflichten   **120** der Verwaltung. Dies hat damit zu tun, dass nur ein vergleichsweise geringer Ausschnitt des Unionsrechts im direkten Vollzug durch die Union selbst verwaltet wird. Der Schwerpunkt liegt – deutlicher als im deutschen Bundesstaat – beim Vollzug durch die mitgliedstaatlichen Behörden **nach ihrem eigenen Recht**. Das wird durch Art. 197 Abs. 1, 291 Abs. 1 AEUV bestätigt. Die nationalen Behörden haben das Unionsrecht jedoch »loyal« zu vollziehen.

Über sekundärrechtliche Akte und Pflichten aus Art. 4 Abs. 3 EUV nimmt die Union   **121** erheblichen Einfluss auf die Verwaltungsorganisation und das Verwaltungsverfahren. Wo Rechtsetzungskompetenzen bestehen, sind Rechtsakte auch im Verwaltungsrecht möglich. Zu nennen sind in diesem Zusammenhang etwa Art. 43, 53 Abs. 2, 114, 115, 207 AEUV oder die Vertragsabrundungskompetenz nach Art. 352 AEUV. Das

---

tungsmacht durch die Verträge, was nationale Verfassungsgerichte auf den Plan rufe: *Grimm* (Fn. 92), S. 39 ff.

[262] Vgl. *Zuleeg*, S. 48; a. A. *Hilf*, EuR 1993, 1 (7).

[263] So wohl auch EuGH, Urt. v. 23.1.1974, Rs. 31/74 (Galli), Slg 1975, 47, Rn. 29, 31; anders EuGH, Urt. v. 6.11.1990, Rs. C–86/89 (Italien/Kommission), Slg 1990, I–3891, Rn. 19.

[264] So aber *Kahl*, in: Calliess/Ruffert, EUV/AEUV, Art. 4 EUV, Rn. 103; wie hier *Marauhn*, in: Schulze/Zuleeg, Europarecht, § 7, Rn. 33.

[265] *v. Bogdandy/Schill*, in: Grabitz/Hilf/Nettesheim, EU, Art. 4 EUV (September 2013), Rn. 75.

[266] EuGH, Urt. v. 21.9.1989, Rs. 68/88 (Kommission/Griechenland), Slg. 1989, 2965, Rn. 23 f.; Urt. v. 7.12.2000, Rs. C–213/99 (de Andrade), Slg. 2000, I–11083, Rn. 19.

[267] *Kahl*, in: Calliess/Ruffert, EUV/AEUV, Art. 4, Rn. 60 mit dem Hinweis auf EuGH, Urt. v. 18.12.1997, Rs. C–263/96 (Kommission/Belgien), Slg. 1997, I–7453, Rn. 33 ff.

Unionsverwaltungsrecht wird zudem grundrechtlich überformt. Maßstäbe setzt insbesondere Art. 41 GRC.[268]

122   Der Aufbau des europäischen Verwaltungsrechts geht zu keinem geringen Anteil auf die Entwicklung von Pflichten aus Art. 4 Abs. 3 EUV bzw. dessen Vorgängerregelungen zurück.[269] Danach sind die Mitgliedstaaten verpflichtet, **leistungsfähige innerstaatliche Stellen** zu bestimmen, die das Unionsrecht durchführen.[270] Diese Stellen sind nach Art. 4 Abs. 3 EUV zur Durchführung und zur Kontrolle der Einhaltung des Unionsrechts verpflichtet.[271] Auch mit Blick auf die in der Zuständigkeit der Mitgliedstaaten verbleibende **Verwaltungsorganisation** obliegt es den Mitgliedstaaten, ein System von Verwaltungskontrollen an Ort und Stelle zu schaffen, das die ordnungsgemäße Erfüllung der materiellen und formellen Voraussetzungen des Unionsrechts sicherstellt.[272]

123   In der grundlegenden Entscheidung »Deutsche Milchkontor« hat der EuGH entschieden, dass die Durchführung des Unionsrechts nach nationalem Recht erfolgt, **soweit** das Unionsrecht nichts anderes bestimmt.[273] Aus Art. 4 Abs. 3 EUV hat der Gerichtshof eine Reihe von Vorgaben entwickelt, die das nationale Verfahrensrecht zu einem guten Teil überformen oder verdrängen. Das warf die Frage auf, ob den Mitgliedstaaten überhaupt noch eine Verfahrens- und Organisationsautonomie zusteht.[274] Der Vertrag von Lissabon hat diese Frage bejaht und die föderale Verbundstruktur auf die Regel des dezentralen Vollzugs durch die mitgliedstaatlichen Behörden ausgerichtet. Art. 291 Abs. 1 AEUV wird mit der Bestimmung, dass die Durchführung des Unionsrecht »nach innerstaatlichem Recht« erfolgt, der Grundsatz der **Verfahrensautonomie der Mitgliedstaaten** entnommen.[275] Der EuGH erkennt diesen Grundsatz ausdrücklich an, sieht darin aber keine unüberwindbare Grenze für unionsrechtliche Anforderungen an den Vollzug.[276]

124   Das Unionsrecht verpflichtet die Behörden zu einem vollständigen, einheitlichen und effektiven Vollzug. Deshalb unterliegt die Anwendung innerstaatlichen Rechts nach Maßgabe der unionsrechtlich anerkannten Verfahrensautonomie der Mitgliedsstaaten zwei Schranken: Zum einen dürfen nach dem **Äquivalenzprinzip** bei der Anwendung des mitgliedstaatlichen Rechts keine Unterschiede im Vergleich zu Verfahren gemacht werden, in denen über gleichartige innerstaatliche Sachverhalte entschieden wird. Zum anderen darf die Tragweite und die Wirksamkeit des Unionsrechts nach dem **Effektivitätsprinzip** nicht praktisch unmöglich oder übermäßig erschwert werden.[277] Beide Ge-

---

[268] Darauf ruhen viele Hoffnungen. Von einer »Quasi-Konstitutionalisierung« der Verfahrensgrundsätze spricht *Fehling*, in: Terhechte, Verwaltungsrecht der EU, § 12, Rn. 3 ff.

[269] Zum seit den 1970er Jahren zu beobachtenden Transformationsprozess der nationalen Verwaltungsrechtsordnungen *Auby*, § 56, Rn. 2, 30 ff.

[270] EuGH, Urt. v. 7.12.1971, verb. Rs. 51–54/71 (International Fruit), Slg. 1971, 1107, Rn. 3 f.

[271] EuGH, Urt. v. 21.9.1983, verb. Rs. 205–215/82 (Deutsche Milchkontor), Slg. 1983, 2633, Rn. 17 f., 42.

[272] EuGH, Urt. v. 12.6.1990, Rs. C–8/88 (Deutschland/Kommission), Slg. 1990, I–2321, Rn. 20.

[273] EuGH, Urt. v. 21.9.1983, verb. Rs. 205–215/82 (Deutsche Milchkontor), Slg. 1983, 2633, Rn. 17; *v. Danwitz*, Europäisches Verwaltungsrecht, S. 476 ff.

[274] Zweifelnd *v. Bogdandy*, in: Grabitz/Hilf, Das Recht der Europäischen Union, Art. 10 EGV (August 2002), Rn. 43; *Schroeder*, AöR 129 (2004), 3 (22 ff.).

[275] *Kahl*, in: Calliess/Ruffert, EUV/AEUV, Art. 4 EUV, Rn. 64; *Krönke*, Die Verfahrensautonomie der Mitgliedstaaten der Europäischen Union, 2013, S. 58 ff.

[276] EuGH, Urt. v. 7.1.2004, Rs. C–201/02 (Wells), Slg. 2004, I–723, Rn. 67; Urt. v. 19.9.2006, verb. Rs. C–392/04 u. C–422/04 (i–21 Germany und Arcor), Slg. 2006, I–8559, Rn. 57.

[277] Zur Grenze der Verfahrensautonomie EuGH, Urt. v. 15.1.2013, Rs. C–416/10 (Krizan), ECLI: EU:C:2013:8, Rn. 106.

bote lassen sich als Ausdruck des Rechtsstaatsprinzip verstehen[278] und fußen auf der Rechtsprechung des EuGH zu Art. 4 Abs. 3 EUV bzw. deren Vorgängerregelungen.[279]

bb) Äquivalenz- und Effektivitätsprinzip

Während für das Äquivalenzprinzip, das früher auch Diskriminierungsverbot genannt **125** wurde, kaum sagen lässt, welche Verfahren in den Vergleich einzustellen sind, ist das Effektivitätsprinzip von einer außerordentlich weitgehenden Wirkungskraft für das europäische Verwaltungsrecht, das in den unionsrechtlich determinierten Entscheidungen einen partiellen **Umbau des mitgliedstaatlichen Verwaltungsrechts** erzwungen hat[280] und in jüngerer Zeit auf die nationalen Verwaltungsprozessordnungen Einfluss zu nehmen beginnt.

Das Effektivitätsprinzip führt zu keiner »Harmonisierung« der Verwaltungsrechts- **126** ordnungen, die unterschiedlichen Prägungen unterliegen und in der pluralistischen Grundstruktur des Verbundes unterschiedlich sein dürfen. Die Vorgaben des Effektivitätsprinzips greifen erst, wenn die Verwirklichung der zu vollziehenden Unionsregelung **praktisch unmöglich** oder **übermäßig erschwert** wird. Dann aber sind, wie die Rechtsprechung des Gerichtshofs zeigt, weitreichende Überformungen des nationalen Verwaltungsrechts zulässig.[281]

(1) Schutzpflichten

Aus Art. 4 Abs. 3 EUV folgt eine Schutzpflicht der Mitgliedstaaten, auf ihrem Gebiet **127** alle erforderlichen Maßnahmen zu ergreifen, um die Beachtung der Grundfreiheiten sicherzustellen. Soweit Boykottaufrufe oder gewaltsame Handelsblockaden die Wahrnehmung der Freiheiten behindern, sollen die Mitgliedstaaten einschreiten **müssen**. Nach der Rechtsprechung des EuGH ergibt sich aus Art. 4 Abs. 3 EUV zusammen mit der jeweils einschlägigen Freiheit eine Pflicht der Mitgliedstaaten, gegen **Beschränkungen durch Private** vorzugehen.[282] Soweit deren Handeln ebenfalls durch ein Freiheitsrecht wie die Meinungs- und Versammlungsfreiheit geschützt ist, hat eine Abwägung stattzufinden, die nicht stets zugunsten der Schutzpflicht ausfallen muss, aber die Frage aufwirft, ob der Rechtfertigungsgrund in den Unionsgrundrechten[283] oder in den nationalen Grundrechten zu finden ist.[284]

(2) Modifikationen nationalen Verwaltungsrechts

Einen mittlerweile »klassischen« Anwendungsfall des Effektivitätsprinzips bildet die **128** Modifikation des nationalen Verwaltungsrechts im Bereich der **Rücknahme unionsrechtswidriger Beihilfen**.[285] Zwar richtet sich die Rücknahme nach nationalem Recht,

---

[278] *v. Bogdandy*, in: v. Bogdandy/Bast, Europäisches Verfassungsrecht, S. 38 ff.

[279] Ausf. *König*, S. 92 ff.; *Seyr*, S. 94 ff.

[280] Überblick *Krönke* (Fn. 275), S. 246 ff.

[281] *v. Bogdandy/Schill*, in: Grabitz/Hilf/Nettesheim, EU, Art. 4 EUV (September 2013), Rn. 81. Teilweise wird jedoch ein »Paradigmenwechsel« beobachtet, der an die Stelle der einseitigen Betonung des Autonomiegedankens das Kooperationselement treten lasse, so *Terhechte*, in: ders., Verwaltungsrecht der EU, § 7, Rn. 31.

[282] EuGH, Urt. v. 9.12.1997, Rs. C–265/95 (Kommission/Frankreich), Slg. 1997, I–6959, Rn. 32; *Kahl*, in: Calliess/Ruffert, EUV/AEUV, Art. 4 EUV, Rn. 106.

[283] EuGH, Urt. v. 12.6.2003, Rs. C–112/00 (Schmidberger), Slg. 2003, I–5659, Rn. 59 ff.; dazu *Kadelbach/Petersen*, EuGRZ 2003, 693.

[284] Zum Problem *Franzius*, EuR-Beiheft 1/2013, 155 (166 ff.).

[285] *v. Bogdandy/Schill*, in: Grabitz/Hilf/Nettesheim, EU, Art. 4 EUV (September 2013), Rn. 83;

doch in der Abwägung zwischen dem öffentlichen Rücknahmeinteresse und dem privaten Vertrauensinteresse schlägt das Interesse der Union an der Aufrechterhaltung der Regeln des Vertrags durch.[286] Im Falle einer nationalen Beihilfe, die materiell unter Verstoß gegen Unionsrecht gewährt und durch die Kommission formell festgestellt wurde, ist die Behörde zur Rücknahme des begünstigenden Verwaltungsakts verpflichtet. **Vertrauensschutz** nach nationalem Recht setzt voraus, dass das Notifizierungsverfahren nach Art. 108 Abs. 3 AEUV durchgeführt wurde. Weder ist der Behörde ein **Ermessen** eröffnet noch können nationale **Ausschlussfristen** zur Anwendung gelangen. Auch der Einwand des Wegfalls der Bereicherung scheidet aus.[287] Dass der EuGH für Beihilfen, die von Unionsorganen gewährt werden, den Vertrauensschutz des Beihilfeempfängers weniger stark zurückdrängt, kann nur begrenzt überzeugen. Der EuGH begründet die Ungleichbehandlung mit der Notwendigkeit der Beseitigung der durch staatliche Beihilfen eingetretenen Wettbewerbsverzerrung.[288]

129   Weil der Kommission umfassende Rechtsaufsichtsbefugnisse fehlen[289] werden aus Art. 4 Abs. 3 EUV die nationalen Verwaltungen beim indirekten Vollzug umfangreichen **Anhörungs-, Informations-, Konsultations- und Zustimmungspflichten** unterworfen.[290] Diesen Pflichten muss so entsprochen werden, dass Kommission und Gerichtshof ihrer Kontroll- bzw. Rechtswahrungsaufgabe nachkommen können.[291] Das Loyalitätsprinzip in der Ausprägung des »effet utile« kann aber auch den Ausschluss der aufschiebenden Wirkung eines Rechtsbehelfs gebieten, wenn anderenfalls eine Unionsmaßnahme leerzulaufen droht.[292] Der jüngste Einwirkungsbereich des Effektivitätsprinzips betrifft das Prozessrecht, vor allem die **Klagebefugnis** nach § 42 Abs. 2 VwGO, die im Lichte der durch die Arhus-Konvention eingeführten Art. 11 UVP-RL und Art. 25 IE-RL erweiternd ausgelegt werden muss.[293] Im deutschen Umweltrecht ist auch die eingeschränkte Rügefähigkeit von Verfahrensfehlern einer Korrektur unterworfen worden.[294] Beweis-

---

Streinz, in: Streinz, EUV/AEUV, Art. 4 EUV, Rn. 56; *Kahl*, in: Calliess/Ruffert, EUV/AEUV, Art. 4 EUV, Rn. 67 f. m. w. N.

[286] EuGH, Urt. v. 2.2.1989, Rs. 94/87 (Alcan I), Slg. 1989, 175, Rn. 12; Urt. v. 26.6.2003, Rs. C–404/00 (Kommission/Spanien), Slg. 2003, I–6695, Rn. 51.

[287] EuGH, Urt. v. 20.3.1997, Rs. 24/95 (Alcan II), Slg. 1997, I–1591, Rn. 34, 38, 49 f.

[288] EuGH, Urt. v. 16.7.1998, Rs. C–298/96 (Oelmühle Hamburg), Slg. 1998, I–4767, Rn. 37; *v. Danwitz* (Fn. 273), S. 563 ff.

[289] Das gilt trotz Art. 17 Abs. 1 Satz 3 EUV, wodurch der Kommission keine generelle Weisungsbefugnis gegenüber dem Vollzug des Unionsrechts durch mitgliedstaatliche Behörden zugewiesen ist, krit. *Ruffert*, Die organisatorische Pluralität der EU, FS Klein, 2013, S. 643 (651 f.).

[290] Vgl. *Sommer*, Verwaltungskooperation am Beispiel administrativer Informationsverfahren im Europäischen Umweltrecht, 2003, S. 393 ff.

[291] *Kahl*, in: Calliess/Ruffert, EUV/AEUV, Art. 4 EUV, Rn. 75.

[292] EuGH, Urt. v. 10.7.1990, Rs. C–217/88 (Kommission/Deutschland), Slg. 1990, I–2879, Rn. 25.

[293] EuGH, Urt. v. 12.5.2011, Rs. C–115/09 (BUND NRW), Slg. 2011, I–3673, Rn. 35 ff.; Urt. v. 8.3.2011, Rs. C–240/09 (Lesoochranárske zoskupenie), Slg. 2011, I–1255, Rn. 51 f.; BVerwGE 147, 312 Rn. 25 ff., 43 ff.; dazu *Franzius*, Das Bundesverwaltungsgericht auf dem richtigen Weg? Zur Begründung der Verbandsklagebefugnis für Luftreinhaltepläne, in: Kloepfer (Hrsg.), Rechtsschutz im Umweltrecht, 2014, S. 145. Zum dadurch bewirkten Funktionswandel der Verwaltungsgerichtsbarkeit *Hofmann*, EurUP 2015, 266; krit. *Rennert*, DVBl 2015, 793 (797 ff.); *Gärditz*, Funktionswandel der Verwaltungsgerichtsbarkeit unter dem Einfluss des Unionsrechts – Umfang des Verwaltungsrechtsschutzes auf dem Prüfstand, Gutachten D zum 71. Deutschen Juristentag, 2016.

[294] EuGH, Urt. v. 7.11.2013, Rs. C–72/12 (Altrip), ECLI:EU:C:2013:712, Rn. 38, 57.

lastverteilungen müssen nach Maßgabe des Loyalitätsprinzips gegebenenfalls unangewendet bleiben.[295]

(3) Relativierung der Bestandskraft?

Art. 4 Abs. 3 EUV begründet **keine** Pflicht, dass die Behörde aufgrund Unionsrecht eine   **130**
nach innerstaatlichem Recht bestandskräftige Verwaltungsentscheidung aufzuheben
habe. Neben den Grundsätzen der Rechtssicherheit und des Vertrauensschutzes sind
auch die Grundsätze der Rechts- und der Bestandskraft im Unionsrecht als allgemeine
Rechtsgrundsätze anerkannt und in der Abwägung nicht prinzipiell nachrangig.

Nur **ausnahmsweise** ist die Verwaltungsbehörde verpflichtet, ihre bestandskräftige   **131**
Entscheidung zu überprüfen, um einer durch den EuGH vorgenommenen Auslegung
der einschlägigen Bestimmung des Unionsrechts Rechnung zu tragen.[296] Nach der Rechtsprechung müssen dafür **drei Voraussetzungen** erfüllt sein.[297] Die Rechtswidrigkeit des
bestandskräftigen Verwaltungsakts muss auf einer unrichtigen Auslegung des Unionsrechts durch das nationale Gericht beruhen, das die Frage entgegen einer Verpflichtung
aus Art. 267 Abs. 3 AEUV nicht dem EuGH vorgelegt hat. Ferner muss sich der Betroffene unmittelbar, nachdem er Kenntnis von einer der behördlichen Entscheidung widersprechenden Entscheidung des Gerichtshofs erlangt hat, an die Behörde gewandt
haben. Schließlich muss das nationale Recht die Möglichkeit einer Überprüfung vorsehen. Eine Verpflichtung zur Schaffung solcher Überprüfungsmöglichkeiten besteht nach
Art. 4 Abs. 3 EUV nicht.[298]

Die ausnahmsweise zulässige Durchbrechung der Regeln über die Bestandskraft   **132**
dient der Durchsetzung der **Vorlagepflicht nationaler Gerichte**. Die Missachtung dieser
Pflicht rechtfertigt aufgrund der erfolglosen Inanspruchnahme an sich möglichen
Rechtsschutzes ein Zurücktreten der Bestandskraft des unionsrechtswidrigen Verwaltungsakts.[299] Insoweit ist das Ermessen für die Frage, ob das Verfahren wieder aufgegriffen wird, auf Null reduziert. Bestandskräftige Genehmigungsentscheidungen dürfen
die Verwirklichung nachträglich erlassenen Unionsrechts nicht ausschließen.[300] Stets ist
ein schonender **Ausgleich** zwischen der Wirksamkeit des Unionsrechts und der Verfahrensautonomie der Mitgliedstaaten mit den unionsrechtlich anerkannten, aber unterschiedlich ausgestalteten Instituten der Rechtssicherheit und des Bestandsschutzes zu
suchen. Häufig liegen die Probleme weniger in überzogenen Forderungen des Unionsrechts als vielmehr in dogmatischen Verhärtungen und Anpassungsschwierigkeiten des
nationalen Verwaltungsrechts.[301]

---

[295] *Hatje*, in: Schwarze, EU-Kommentar, Art. 4 EUV Rn. 59; für die Kausalitätsrechtsprechung zu
§ 46 VwVfG EuGH, Urt. v. 7. 11. 2013, Rs. C–72/12 (Altrip), ECLI:EU:C:2013:712, Rn. 53.

[296] *Kahl*, in: Calliess/Ruffert, EUV/AEUV, Art. 4 EUV, Rn. 77.

[297] EuGH, Urt. v. 13. 1. 2004, Rs. C–453/00 (Kühne & Heitz), Slg. 2004, I–837, Rn. 25 ff. Zumeist
lassen sich die Entscheidungen nicht verallgemeinern, so für EuGH, Urt. v. 29. 4. 1999, Rs. C–224/97
(Ciola), Slg. 1999, I–2517, Rn. 25 ff. *Hatje*, in: Schwarze, EU-Kommentar, Art. 4 EUV Rn. 60. Zu
EuGH, Urt. v. 18. 7. 2007, Rs. C–119/05 (Lucchini), Slg. 2007, I–6199, Rn. 59 ff. *Kremer*, EuZW 2007,
726 (729).

[298] *Hatje*, Rechtssicherheit im europäischen Verwaltungsverbund, FS Rengeling, 2008, S. 249
(262).

[299] *Kahl*, in: Calliess/Ruffert, EUV/AEUV, Art. 4 EUV, Rn. 77.

[300] EuGH, Urt. v. 14. 1. 2010, Rs. C–226/08 (Papenburg), Slg. 2010, I–131, Rn. 50; krit. *Kahl*, in:
Calliess/Ruffert, EUV/AEUV, 4. Aufl., 2011, Art. 4 EUV, Rn. 118.

[301] In dieser Richtung auch *Schmidt-Aßmann*, Verwaltungsrechtliche Dogmatik, 2013, S. 3 ff. Zu
Problemen des Widerrufs unionsrechtswidriger Verwaltungsakte *Gärditz*, DVBl 2010, 247 (249 f.).

cc) Anerkennungs- und Berücksichtigungspflichten im horizontalen Verwaltungsverbund

133   Art. 4 Abs. 3 EUV spielt auch im horizontalen Verwaltungsverbund sich vernetzender Verwaltungen eine erhebliche Rolle. Der Gerichtshof hat aus dem Loyalitätsgebot eine Verpflichtung der Mitgliedstaaten untereinander zur Zusammenarbeit abgeleitet.[302] Die nationalen Verwaltungen sind verpflichtet, sich hinsichtlich der in ihrem jeweiligen Hoheitsgebiet durchgeführten Kontrollen gegenseitig **Vertrauen** entgegenzubringen.[303]

134   Diese Pflichten werden im Zuge des Ausbaus des horizontalen Verwaltungsverbundes in der »transnationalen Konstellation«[304] immer wichtiger. Das reicht von Mitteilungspflichten eines Mitgliedstaates gegenüber einem anderen Mitgliedstaat und Verpflichtungen zur Zusammenarbeit der nationalen Behörden zu **Anerkennungspflichten** von »fremden« Verwaltungsentscheidungen.[305] So ist ein Mitgliedstaat verpflichtet, zur Sicherung der Freizügigkeit Diplome eines anderen Mitgliedstaates trotz fehlender Harmonisierungsregeln anzuerkennen, wenn die durch das ausländische Diplom bescheinigten Kenntnisse und Fähigkeiten den verlangten Voraussetzungen nationaler Rechtsvorschriften entsprechen.[306] Nationalen Verwaltungsakten kommt auf diese Weise unter bestimmten Voraussetzungen eine **transnationale Wirkung** zu. Für die Verwirklichung des Binnenmarkts ist dieses Verwaltungsmodell[307] unverzichtbar.

135   Eine generelle Verpflichtung zur gegenseitigen Anerkennung »fremder« Verwaltungsakte ist Art. 4 Abs. 3 EUV nicht zu entnehmen. Zwar ist es nationalen Behörden verboten, sich ohne sachliche Prüfung »hinter nationalen Bestimmungen zu verstecken.«[308] Die Vorschrift kann die sekundärrechtlichen Bestimmungen über die unterschiedlich ausgestalteten **Berücksichtigungspflichten** jedoch nicht überspielen. Einen Anknüpfungspunkt im Primär- oder Sekundärrecht muss es stets geben. Auch Einschränkungen der Anerkennung sind anerkannt: Ergibt sich aus den Informationen[309] des Ausstellungsstaates, dass die Voraussetzungen für den Hoheitsakt nicht eingehalten wurden, entfällt die Anerkennungspflicht. So muss ein Führerschein, der in einem anderen Mitgliedstaat ausgestellt wurde, aber einen Wohnsitz im Inland angibt, nicht anerkannt werden, weil der »fremde« Mitgliedstaat zum Erlass dieses Verwaltungsakts nicht zuständig war.[310]

---

[302] EuGH, Urt. v. 11. 6. 1991, Rs. C–251/89 (Athanasopoulos), Slg. 1991, I–2797, Rn. 57.

[303] EuGH, Urt. v. 25. 1. 1977, Rs. 46/76 (Bauhuis), Slg. 1977, 5, Rn. 22, 25. Zum Vertrauen als Topos im Europarecht *Franzius*, HFR 2010, 159, abrufbar unter http://www.humboldt-forum-recht.de/deutsch/12–2010/index.html (14. 1. 2014); *Schmidt-Aßmann*, Verfassungsprinzipien für den Europäischen Verwaltungsverbund, in: Hoffmann-Riem/Schmidt-Aßmann/Voßkuhle (Hrsg.), Grundlagen des Verwaltungsrechts, Band 1, 2. Aufl., 2012, § 5, Rn. 28a, 62.

[304] Begriff: *Franzius*, AöR 138 (2013), 204 (217 ff.). Als ein Beispiel dient das Migrationsrecht, vgl. *Bast*, Der Staat 2007, 1.

[305] Vergleich mit bundesstaatlichen Anerkennungspflichten: *Michaels*, Anerkennungspflichten im Wirtschaftsverwaltungsrecht der Europäischen Gemeinschaft und der Bundesrepublik Deutschland, 2004, S. 145 ff., 188 ff.

[306] EuGH, Urt. v. 7. 5. 1991, Rs. C–340/89 (Vlassopoulou), Slg. 1991, I–2357, Rn. 14 ff.

[307] Vgl. *Röhl*, Akkreditierung und Zertifizierung im Produktsicherheitsrecht, 2000, S. 23 ff.

[308] *v. Bogdandy/Schill*, in: Grabitz/Hilf/Nettesheim, EU, Art. 4 EUV (September 2013), Rn. 88.

[309] Zur Bedeutung des »Informationsverbunds« *Schmidt-Aßmann*, EuR 1996, 270 (290 f.); *v. Bogdandy* (Fn. 207), § 25, Rn. 7 ff.

[310] EuGH, Urt. v. 26. 6. 2008, verb. Rs. C–329/06 u. C–343/06 (Wiedemann), Slg. 2008, I–4635, Rn. 72. Hinsichtlich der gegenseitigen Anerkennung von Führerscheinen liegt reichhaltige Rechtsprechung vor, wobei BVerwG und EuGH erst allmählich zu einer gemeinsamen Linie gekommen sind, vgl. BVerwGE 140, 256 (266 f.).

Soweit von einem **Prinzip der gegenseitigen Anerkennung** die Rede ist, spricht vieles   **136** für ein föderales Prinzip, mit dem an die Stelle der vollständigen Detailharmonisierung von Produktzulassungsregeln die wechselseitige Anerkennung von Zulassungen durch einen Mitgliedstaat nach nationalem Recht tritt. Das Herkunftslandprinzip basiert auf dem Grundsatz des gegenseitigen Vertrauens zwischen den Mitgliedstaaten, soweit die nationalen Regelungen eine Vergleichbarkeit aufweisen. Inwieweit sich dieses für den Binnenmarkt entwickelte Prinzip auf den **Raum der Freiheit, der Sicherheit und des Rechts** erstrecken lässt, ist fraglich, mag das Vertrauen auch als Instrument und Ziel zugleich ausgewiesen werden können.[311] Da die Zweifel an der Belastbarkeit eines wechselseitigen Vertrauens in »souveränitätssensiblen Politikfeldern« gewachsen sind[312] und der Verzicht auf die Kontrolle der Entscheidungen anderer Mitgliedstaaten an **grundrechtliche Grenzen**[313] stößt, stellt sich die Frage nach den Bedingungen einer gezielten Förderung des Vertrauens.

Freilich ist festzuhalten, dass im horizontalen Verhältnis der Mitgliedstaaten unter-   **137** einander bislang lediglich **punktuelle Verpflichtungen** bestehen. Weder eine generelle Amtshilfepflicht[314] noch eine allgemeine Pflicht zur Anerkennung von Hoheitsakten eines anderen Mitgliedstaates ist aus Art. 4 Abs. 3 ableitbar.[315] Die Verdichtung der horizontalen Dimension des Verwaltungsverbundes ist im europäischen Rechtsraum den Gesetzgebern aufgegeben, wenngleich verfassungsrechtliche Fragen noch zu klären sind.[316]

c) Pflichten der Rechtsprechung

Nicht minder bedeutsam sind die Pflichten der Rechtsprechung aus Art. 4 Abs. 3 EUV.   **138** Im Rahmen ihrer Zuständigkeit trifft die Gerichte der Mitgliedstaaten die unmittelbare Verpflichtung, das Unionsrecht so anzuwenden, dass dessen Einheit und Wirksamkeit gewährleistet ist.[317] Der Gerichtshof hat in seiner Rechtsprechung betont, dass die nationalen Gerichte nach Art. 4 Abs. 3 UAbs. 2 EUV den Rechtsschutz zu gewährleisten haben, der sich für den Einzelnen aus den unionsrechtlichen Bestimmungen ergibt, um deren volle Wirksamkeit sicherzustellen.[318] Dieser Aufgabe kommen die nationalen Gerichte als **funktionelle Unionsgerichte** nach.

Hinsichtlich der Ausgestaltung der Organisation und Verfahren können sich die Mit-   **139** gliedstaaten auf den Grundsatz der **Verfahrensautonomie** berufen: Es ist grundsätzlich Sache der Mitgliedstaaten und der innerstaatlichen Rechtsordnung, wie die nationalen Gerichte ihrer Rechtsschutzaufgabe nachkommen. Dabei unterliegen sie jedoch der Doppelschranke des Äquivalenz- und **Effektivitätsprinzips**. Darüber wird der Rechts-

---

[311] So *Kaufhold*, EuR 2012, 408 (413).

[312] BVerfG, Beschl. v. 15. 12. 2015, 2 BvR 2735/14 (Europäischer Haftbefehl II), Rn. 51 ff.

[313] Vgl. *Britz*, JZ 2013, 105 (108 ff.) für die justizielle Zusammenarbeit.

[314] *Wettner*, Die Amtshilfe im Europäischen Verwaltungsrecht, 2005, S. 240 f.

[315] *v. Bogdandy/Schill*, in: Grabitz/Hilf/Nettesheim, EU, Art. 4 EUV (September 2013), Rn. 87 f.

[316] Zum Grundrechtsschutz im Anschluss an EuGH, Urt. v. 21. 12. 2011, verb. Rs. C–411/10 u. C–493/10 (N.S./Secretary of State for Home Departement), Slg. 2011, I–13991, Rn. 99 ff. *Canor*, CMLRev. 50 (2013), 383; *Franzius*, ZaöRV 75 (2015), 383 (406 ff.) m. w. N.

[317] EuGH, Urt. v. 9. 3. 1978, Rs. 106/77 (Simmenthal), Slg. 1978, 629, Rn. 21, 23; Urt. v. 15. 5. 1986, Rs. 222/84 (Johnston), Slg. 1986, 1651 Rn. 53; Urt. v. 22. 11. 2005, Rs. C–144/04 (Mangold), Slg. 2005, I–9981, Rn. 77; *Kadelbach*, Allgemeines Verwaltungsrecht unter europäischem Einfluss, 1998, S. 150 ff.

[318] EuGH, Urt. v. 5. 10. 2004, verb. Rs. C–397/01 bis C–401/01 (Pfeiffer), Slg. 2004, I–8835, Rn. 111.

schutz unionsrechtlich überlagert.[319] Die nationalen Gerichte müssen unionsrechtliche Positionen des Einzelnen wirksam schützen und jede nationale Regelung unangewendet lassen, die im konkreten Fall zu einem unionsrechtswidrigen Ergebnis führen würde. Soweit das Unionsrecht individuelle Rechtspositionen schafft, drängen diese auf eine Klagefähigkeit im nationalen Recht. Das bringt mitgliedstaatliche »Filter« des Gerichtszugangs wie die deutsche Schutznormlehre unter **Anpassungsdruck**.[320]

aa) Effektiver Rechtsschutz

140   Aus dem Loyalitätsprinzip folgt die Pflicht, Unionsrechtsverstöße **wirksam** zu sanktionieren und einen kohärenten wie effektiven Rechtsschutz zu gewähren, der über das hinausgehen kann, was nach der nationalen Prozessordnung möglich ist.[321] Nicht nur, dass der Gerichtshof »über den im Vorabentscheidungsverfahren nach Art. 267 AEUV institutionalisierten **Rechtsprechungsdialog** elementar auf die Kooperation mit den Gerichten der Mitgliedstaaten« angewiesen ist, um seine Aufgabe wirksam wahrnehmen zu können. Das »Anliegen der Unionsverträge bestehe darin, ein arbeitsteiliges Zusammenwirken im Sinne wechselseitiger Loyalität« zu verwirklichen.[322] Insoweit kann die zu Art. 4 Abs. 3 EUV und den Vorgängerregelungen ergangene Rechtsprechung für Art. 19 Abs. 1 und **Art. 47 GRC**[323] herangezogen werden.

141   Die Garantie effektiven und rechtzeitigen Rechtsschutzes nach Art. 47 GRC gilt über Art. 51 Abs. 1 GRC auch für den indirekten Vollzug, den Art. 291 Abs. 1 AEUV als Regelfall ausweist. Der Verfassungsrahmen verlangt eine hinreichende Koordinierung der Rechtsschutzsysteme von Union und Mitgliedstaaten. Geboten ist keine Einheit, sondern **Kohärenz**, die auf Verzahnung der Ebenen zielt.[324] Art. 19 Abs. 1 Satz 2 EUV als Ausprägung des wechselseitige Pflichten generierenden Loyalitätsprinzips verpflichtet die Mitgliedstaaten zur Schließung von Rechtsschutzlücken im Verwaltungsverbund.[325] Es verbietet sich in den unionsrechtlichen Anforderungen an den Rechtsschutz pauschal ein Unterlaufen der mitgliedstaatlichen Verfahrensautonomie zu sehen. Der Gerichtshof bemüht sich durchaus, ein Gleichgewicht zwischen dem Erfordernis der Gewährleistung eines wirksamen Schutzes von Unionsrechten vor den nationalen Gerichten und dem Erfordernis herzustellen, die verfahrensrechtliche Autonomie der nationalen Rechtsordnungen zu wahren. Die Rechtsprechung lasse eine »ständige Wechselwirkung der Prinzipien« erkennen und belege die »die tiefe Verzahnung« von materiellem Unionsrecht und mitgliedstaatlichem Verfahrensrecht.[326] Art. 4 Abs. 3 EUV

---

[319] Mit dem Hinweis auf Art. 47 GRC *v. Bogdandy/Schill*, in: Grabitz/Hilf/Nettesheim, EU, Art. 4 EUV (September 2013), Rn. 89.

[320] *Groß*, Die Verwaltung 2010, 349; *Hong*, JZ 2012, 380; *Schmidt-Aßmann*, »Gemeinwohl im Prozess«, GS Brugger, 2013, S. 411; *Franzius*, DVBl 2014, 543.

[321] *Kahl*, in: Calliess/Ruffert, EUV/AEUV, Art. 4 EUV, Rn. 79 f.

[322] *v. Danwitz*, EnzEuR, Bd. 1, § 13, Rn. 2, 23.

[323] Dazu EuGH, Urt. v. 4.6.2013, Rs. C–300/11 (ZZ), ECLI:EU:C:2013:363, Rn. 54 ff.

[324] Zum Kohärenzprinzip *Schmidt-Aßmann*, S. 831 f.; *Ruffert*, S. 1397; *Günther*, Rechtstheorie 20 (1989), 163. Zum Begriff auch EuGH, Urt. v. 23.1.1997, Rs. 314/95 (Foto Frost), Slg. 1987, 4199, Rn. 16.

[325] *Franzius*, EnzEuR, Bd. 3, § 4, Rn. 23. Nicht alles kann von Verbesserungen des Individualrechtsschutzes auf Unionsebene erwartet werden; s. aber *Schmidt-Aßmann*, Kohärenz und Konsistenz (Fn. 169), S. 44 ff.

[326] *v. Danwitz*, EnzEuR, Bd. 1, § 13, Rn. 51. Für den Grundrechtsschutz wird dem EuGH mit Blick auf die Begrenzungen durch Art. 51 Abs. 1 GRC freilich ein Lavieren vorgeworfen, vgl. *Huber* (Fn. 196), S. 329 ff.

macht klar, dass die Belange im Wege der **praktischen Konkordanz** zu einem angemessenen Ausgleich zu bringen sind.[327]

Das **Leitbild des dezentralen Rechtsschutzes** verlangt eine Konkretisierung der Loyalitätsverpflichtungen gegenüber der Union. In der Breite kann dem kaum durch den Ausbau zentraler Mechanismen begegnet werden, mögen die Anforderungen an die individuelle Betroffenheit bei der Nichtigkeitsklage nach Art. 263 Abs. 4 AEUV auch gelockert worden sein. Das Festhalten an der »Plaumann-Formel«[328] ist nicht als eine rechtsstaatlich bedenkliche Vernachlässigung des Rechtsschutzes gegen Unionsakte zu verstehen. Vielmehr ist in diesen Restriktionen ein **funktionales Äquivalent** der Rechtswegerschöpfung zugunsten der europäisierten Fachgerichtsbarkeit[329] und des Vorlageverfahrens nach Art. 267 AEUV[330] zu sehen. Kann die eine Ebene nicht gegen die andere Ebene ausgespielt werden, bedarf es gegenseitiger Rücksichtnahmepflichten der Gerichte. **142**

Aus Art. 4 Abs. 3 EUV ergeben sich auch Vorgaben für den **vorläufigen Rechtsschutz**, der nicht gewährt werden darf, wenn der EuGH die zugrundeliegende Regelung bereits für unionsrechtskonform erklärt hat.[331] Die Verpflichtung der nationalen Gerichte zur Gewährung effektiven Rechtsschutzes kann auch den Erlass einer einstweiligen Anordnung gegenüber einer mitgliedstaatlichen Maßnahme verlangen.[332] **Beweisvorschriften** des nationalen Rechts müssen gegebenenfalls unangewendet bleiben, wenn anderenfalls eine unionsrechtlich eingeräumte Rechtsposition durchzusetzen praktisch unmöglich gemacht würde.[333] Das Effektivitätsprinzip aus Art. 4 Abs. 3 verdrängt aber nicht die **Rechtskraft** eines Urteils, selbst wenn dadurch ein Verstoß gegen Unionsrecht beseitigt werden könnte.[334] Wurde in dem Verfahren durch das mitgliedstaatliche Gericht gegen die Vorlagepflicht nach Art. 267 Abs. 3 AEUV verstoßen, kommt eine Haftung des Mitgliedstaates in Betracht.[335] **143**

Zwar ist es grundsätzlich nicht geboten, neue, im nationalen Recht nicht vorgesehene Rechtsbehelfe zur Wahrung des Unionsrechts zu schaffen. Die Grenze bildet das aus Art. 4 Abs. 3 EUV abgeleitete **Äquivalenzprinzip**, wonach Unionsrechte mit jedem im **144**

---

[327] Treffend für den Rechtsschutz *Schmidt-Aßmann*, Kohärenz und Konsistenz (Fn. 169), S. 125: »Kohärenz meint – so wenig das unserem an nationalstaatlichen Rechtsordnungen geschulten Denken behagt – nicht in jedem Fall auch Stringenz.«

[328] EuGH, Urt. v. 15.7.1963, Rs. 25/62 (Plaumann), Slg. 1963, 213 (218). Eine Absenkung der Zulässigkeitshürden obliege den für Vertragsänderungen zuständigen Mitgliedstaaten, vgl. EuGH, Urt. v. 25.7.2002, Rs. C–50/00 P (UPA), Slg. 2002, I–6677, Rn. 45. Art. 263 Abs. 4 Alt. 3 AEUV lässt für Nichtigkeitsklagen gegen »Rechtsakte mit Verordnungscharakter« die unmittelbare Betroffenheit des Klägers ausreichen, bleibt aber unglücklich formuliert und lässt nicht zweifelsfrei erkennen, ob Richtlinien unter die Erleichterungen des Individualrechtsschutzes fallen. Die Weiterentwicklung wird der Rechtsprechung überlassen, vgl. *Bast*, in: v. Bogdandy/Bast, Europäisches Verfassungsrecht, S. 556.

[329] Instruktiv *Wegener*, Umwelt- und Technikrecht, Bd. 98 (2008), 319 (334); a. A. *Nowak*, in: Terhechte, Verwaltungsrecht der EU, § 13, Rn. 35 f. mit dem Gebot der grundrechtskonformen Auslegung.

[330] *Bast*, in: v. Bogdandy/Bast (Hrsg.), Europäisches Verfassungsrecht, S. 518; *v. Danwitz*, EnzEuR, Bd. 1, § 13, Rn. 26.

[331] EuGH, Urt. v. 9.11.1995, Rs. C–465/93 (Atlanta), Slg. 1995, I–3761, Rn. 46.

[332] EuGH, Urt. v. 19.6.1990, Rs. C–213/89 (Factortame), Slg. 1990, I–2433, Rn. 21 ff.

[333] EuGH, Urt. v. 13.3.2007, Rs. C–432/05 (Unibet), Slg. 2007, I–2271, Rn. 83.

[334] EuGH, Urt. v. 16.3.2006, Rs. C–234/04 (Kapferer), Slg. 2006, I–2585, Rn. 24; *Kahl*, in: Calliess/Ruffert, EUV/AEUV, Art. 4 EUV, Rn. 84.

[335] EuGH, Urt. v. 30.9.2003, Rs. C–224/01 (Köbler), Slg. 2003, I–10239, Rn. 31 ff.; Urt. v. 13.6.2006, Rs. C–173/03 (Traghetti), Slg. 2006, I–5177, Rn. 30 ff.

nationalen Recht vorgesehenen Rechtsbehelf unter denselben Voraussetzungen wie bei innerstaatlichen Sachverhalten gerichtlich durchsetzbar sein müssen. Fehlen adäquate Rechtsschutzmöglichkeiten, müssen die vorhandenen Rechtsbehelfe so weiterentwickelt werden, dass sie den gebotenen Rechtsschutz gewähren.[336] Die nationalen Gerichte sind verpflichtet, das nationale Recht so weit wie möglich[337] dahingehend auszulegen, dass ein effektiver gerichtlicher Rechtsschutz möglich ist. Aus Art. 4 Abs. 3 EUV folgt dagegen keine Verpflichtung der Mitgliedstaaten, die gerichtliche Nachprüfung von Ermessensentscheidungen der nationalen Verwaltungen über das hinausgehen zu lassen, was der EuGH in vergleichbaren Fällen verlangt.[338]

bb) Unionsrechtskonforme Auslegung

145 Die Mitgliedstaaten haben die objektive Wirkung von Richtlinien sicherzustellen.[339] Dazu dient die auf Art. 4 Abs. 3 AEUV gestützte **richtlinienkonforme** Auslegung nationalen Rechts, die trotz allgemeiner[340] und besonderer[341] Vorbehalte einen wichtigen Unterfall der unionsrechtskonformen Auslegung[342] darstellt. Soweit die unionsrechtliche Vorgabe reicht, ist das nationale Recht **unionsrechtskonform** auszulegen.[343]

146 Einer richtlinienkonformen Rechtsfortbildung[344] wird man dagegen mit Skepsis begegnen müssen.[345] Die Legitimation der Konformauslegung beruht auf dem Wortlaut der auszulegenden Vorschrift des nationalen Rechts. Eine Konformauslegung contra legem ist unzulässig. Dennoch verbleibt dem **konfliktvermeidenden Instrument**[346] der unionsrechtskonformen Auslegung aufgrund der Vielzahl interpretationsbedürftiger Rechtsnormen infolge unbestimmter Rechtsbegriffe und Ermessensbestimmungen ein breiter Raum, der es erlaubt, diesseits der Schwelle des Anwendungsvorrangs des Unionsrechts mit der Verwerfungspflicht entgegenstehenden nationalen Rechts zu einer unionsrechtskonformen Lösung zu gelangen.[347]

---

[336] EuGH, Urt. v. 19.6.1990, Rs. C–213/89 (Factortame), Slg. 1990, I–2433, Rn. 21 ff.

[337] Zu diesem Vorbehalt auch EuGH, Urt. v. 8.3.2011, Rs. C–240/09 (Lesoochranárske zoskupenie), Slg. 2011, I–1255, Rn. 51 f.

[338] EuGH, Urt. v. 21.1.1999, Rs. C–120/97 (Upjohn), Slg. 1999, I–223, Rn. 35.

[339] EuGH, Urt. v. 11.8.1995, Rs. C–431/92 (Großkrotzenburg), Slg. 1995, I–2189, Rn. 26, 37 ff.

[340] *Lemcke*, Einheit aus Erkenntnis? Zur Unzulässigkeit der verfassungskonformen Gesetzesauslegung als Methode der Normkompatibilisierung durch Interpretation, 2009.

[341] *Di Fabio*, NJW 1990, 947; *Hillgruber*, JZ 2005, 841 (842).

[342] EuGH, Urt. v. 16.6.2005, Rs. C–105/03 (Pupino), Slg. 2005, I–5285, Rn. 34, 42 f.: krit. *Chalmers*, E.L.Rev. 30 (2005), 773 f.

[343] EuGH, Urt. v. 10.4.1984, Rs. 14/83 (von Colson und Kamann), Slg. 1984, 1891, Rn. 26; Urt. v. 16.7.1998, Rs. C–264/96 (ICI), Slg. 1998, I–4695, Rn. 31 ff.

[344] BGHZ 179, 27; dazu *Pötters/Christensen*, JZ 2011, 387 (389 ff.).

[345] Großzügiger *Kahl*, in: Calliess/Ruffert, EUV/AEUV, Art. 4 EUV, Rn. 98; *Streinz*, in: Streinz, EUV/AEUV, Art. 4 EUV, Rn. 64. Zu den verfassungsrechtlichen Grenzen *Michael*, Der Staat 2015, 349.

[346] *Franzius*, AöR 138 (2013), 204 (262 f.). Zum Konfliktvermeidungspotential der Konformauslegung *Mayer/Wendel*, EnzEuR, Bd. 1, § 4, Rn. 281 ff.

[347] Diese Einsicht wird verdeckt, wenn dem Inhalt der Konformauslegung ein Vorrang vor der Auslegung nach innerstaatlichem Recht eingeräumt wird, so im Anschluss an EuGH, Urt. v. 13.11.1990, Rs. 106/89 (Marleasing), Slg. 1990, I–4135, Rn. 13, *Hatje*, in: Schwarze, EU-Kommentar, Art. 4 EUV, Rn. 49. Es ist in Erinnerung zu rufen, dass die unionsrechtskonforme Auslegung keinen Vorrang der auslegenden Norm voraussetzt, sondern dessen Aktivierung vermeidbar macht, vgl. *Franzius*, Gewährleistung im Recht, 2009, S. 276, 461 f. Zur Konformauslegung als Substitut für die fehlende Direktwirkung *Mayer*, Die Internationalisierung des Verwaltungsrechts, Berliner Habilitationsschrift, 2005, S. 309.

Eine weitere Grenze stellt das Verbot der **horizontalen Drittwirkung** einer Richtlinie   147
im Verhältnis zu Privaten dar. Zwar ist die Konformauslegung auch bei privatrechtlichen Streitigkeiten vorzunehmen.[348] Der EuGH lehnt in ständiger Rechtsprechung jedoch eine Richtlinienwirkung zu Lasten von Individuen ab[349] und begnügt sich mit einem Staatshaftungsanspruch des aus der Richtlinie berechtigten Einzelnen.[350] Die Konformauslegung darf nationalem Recht keinen Inhalt mit **unmittelbar belastenden Wirkungen** beimessen. In den Einzelheiten sind die Grenzen ungeklärt. Man gelangt aber jedenfalls an eine Grenze, weitergehende Folgen aus der allgemeinen Loyalitätsverpflichtung nach Art. 4 Abs. 3 EUV herzuleiten.

cc) Auflösung von Rechtsprechungskonflikten

Treffen verschiedene Kompetenzträger aufeinander, bedarf es Regeln zur Konfliktlö-   148
sung. Wo die Kompetenzordnung keine klaren Regeln bereithält, konturiert das Loyalitätsprinzip die Ausübung der Kompetenzen und dient der Auflösung von Rechtsprechungskonflikten.[351] An der Verteilung der Kompetenzen ändert Art. 4 Abs. 3 EUV aber **nichts**.

    Art. 4 Abs. 3 EUV begründet oder verdeutlicht **Kooperationspflichten** der mitglied-   149
staatlichen Gerichte gegenüber der Union, was sich in einer Pflicht zur Rechtshilfe und zum gerichtlichen Dialog gegenüber dem EuGH niederschlägt.[352] Vor allem das **Vorabentscheidungsverfahren nach Art. 267 AEUV** versteht der Gerichtshof als ein Instrument der gerichtlichen Zusammenarbeit, die arbeitsteilig durchzuführen ist.[353] Über die Erforderlichkeit einer Vorlage entscheidet das nationale Gericht im Rahmen seines Ermessens. Die objektiv willkürliche Nichtvorlage an den EuGH verletzt Art. 4 Abs. 3 EUV i. V. m. Art. 267 AEUV, was grundsätzlich durch die Kommission und die Mitgliedstaaten im Wege des Vertragsverletzungsverfahrens, aber auch durch den Einzelnen im Wege des unionsrechtlichen Staatshaftungsanspruchs sanktioniert werden kann. Verfassungsrechtlich stellt die Nichtvorlage die Verletzung des **Grundrechts auf den gesetzlichen Richter** nach Art. 101 Abs. 1 Satz 2 GG dar, was mit der Verfassungsbeschwerde gerügt werden kann.[354] Im häufig von den Verfahrensbeteiligten geltend gemachten Verbot, dem EuGH lediglich hypothetische Fragen zur Begutachtung vorzulegen, besteht nur eine weite Grenze.[355] Allerdings muss das vorlegende Gericht die Gründe darlegen, aus denen sich ergibt, dass eine Beantwortung seiner Fragen für die Entscheidung des

---

[348] EuGH, Urt. v. 19. 1. 2010, Rs. C–555/07 (Kücücdevici), Slg. 2010, I–365, Rn. 47.

[349] EuGH, Urt. v. 14. 7. 1994, Rs. C–91/92 (Faccini Dori), Slg. 1994, I–3325, Rn. 22 ff.; Urt. v. 5. 10. 2004, verb. Rs. C–397/01 bis C–403/01 (Pfeiffer), Slg. 2004, I–8835, Rn. 108; Urt. v. 3. 5. 2005, verb. Rs. C–387/02, C–391/02 u. C–403/02 (Berlusconi u. a.), Slg. 2005, I–3565, Rn. 74.

[350] EuGH, Urt. v. 4. 7. 2006, Rs. 212/04 (Adeneler), Slg. 2006, I–6057, Rn. 110 ff.; *Kahl*, in: Calliess/Ruffert, EUV/AEUV, Art. 4 EUV, Rn. 100.

[351] *Sauer*, S. 371 ff.; *v. Bogdandy*, in: v. Bogdandy/Bast, Europäisches Verfassungsrecht, S. 55; zurückhaltender *Franzius*, S. 118 f., 129 f.; *Schmidt-Aßmann*, Kohärenz und Konsistenz (Fn. 169), S. 113 f.

[352] So *Kahl*, in: Calliess/Ruffert, EUV/AEUV, Art. 4 EUV, Rn. 81.

[353] EuGH, Urt. v. 16. 7. 1992, Rs. C–343/90 (Lourenço Dias), Slg. 1992, I–4673, Rn. 14 f.; Urt. v. 30. 9. 2003, Rs. C–267/01 (Inspire Art), Slg. 2003, I–10155, Rn. 42 ff.

[354] BVerfGE 75, 233 (245). Zur Begrenzung der Richtervorlage nach Art. 100 Abs. 1 GG zugunsten fachgerichtlicher Vorlagen an den EuGH BVerfGE 129, 186 (199 ff.); ausf. *Betz*, Verfassungsrechtliche Absicherung der Vorlagepflichten zum EuGH, 2013, S. 60 ff.

[355] EuGH, Urt. v. 16. 12. 1981, Rs. 244/80 (Foglia), Slg. 1981, 3045, Rn. 18, 20; Urt. v. 4. 12. 2003, Rs. C–448/01 (EVN), Slg. 2003, I–14527, Rn. 76, 83.

Rechtsstreits erforderlich ist.[356] Für nicht letztinstanzlich entscheidende Gerichte kann Art. 4 Abs. 3 EUV eine **Reduzierung ihres Vorlageermessens** begründen.

150   In der Unionsrechtsordnung ist das Vorabentscheidungsverfahren (Art. 267 AEUV) ein grundlegender Mechanismus, der zwischen den Rechtsordnungen vermittelt.[357] Darauf beruhen zu einem guten Teil die Stand und die **Singularität** des Unionsrechts. Es greift zu kurz, in den Rechten und Pflichten nationaler Gerichte, eine Rechtssache dem Gerichtshof vorzulegen, dessen Letztentscheidungsmacht begründet zu sehen. Über das Vorlagerecht kann das Fachgericht aber die Rechtsprechung des nationalen Höchstgerichts **unterlaufen**, indem es den EuGH zu einer für alle Mitgliedstaaten verbindlichen Entscheidung zwingt. Der Gerichtshof erhält seine »Fälle« nur ausnahmsweise über Direktklagen der Unionsbürger und auch nur ausnahmsweise von den mitgliedstaatlichen Verfassungsgerichten. In der Regel sind es fachgerichtliche Vorlagen aus den Mitgliedstaaten und der EuGH reagiert auf Versuche, diese »auszubremsen« sehr empfindlich.[358] In diesem Zusammenhang sei erneut darauf hingewiesen, dass die Mitgliedstaaten den Gerichtshof zur Wahrung des Rechts errichtet und damit auch zur Rechtsfortbildung ermächtigt haben. Jede Schaffung neuer Organe muss, wie das Bundesverfassungsgericht hervorhebt, deren **Eigendynamik** einkalkulieren.[359]

151   Die Kooperationsverpflichtung besteht auch gegenüber letztinstanzlich entscheidenden Gerichten und den mitgliedstaatlichen Verfassungsgerichten (Art. 267 Abs. 3 AEUV). Dem wird die Praxis vieler Verfassungsgerichte gerecht.[360] Auch das **Bundesverfassungsgericht** erkennt die eigene Vorlageverpflichtung an, hat das Verfahren bislang aber nur in einem Fall genutzt.[361] Hinweise auf die fehlende Entscheidungserheblichkeit der Vorlage vermögen nicht restlos zu überzeugen.[362] Das Kooperationsverhältnis des Bundesverfassungsgerichts zum EuGH ist von Zurückhaltung geprägt und kommt in »drohenden« obiter dicta[363] zum Ausdruck, ist jedenfalls in keiner Vorlagepraxis institutionalisiert. Die Überprüfung von Sekundärrecht auf die Frage einer **Kompetenzüberschreitung** bindet das Gericht an strenge Voraussetzungen, die dem Vorrang des Unionsrechts und seiner Kontrolle durch den EuGH gerecht werden.[364] Das Bundesverfassungsgericht hält auch Rechtsbehelfe des nationalen Verfassungsrechts für grundsätzlich unzulässig, soweit darüber die Überprüfung eines Gesetzes erreicht werden soll, das zwingende Vorgaben des Unionsrechts umsetzt.[365] Maßstab sind die **Unionsgrundrechte**, über deren Einhaltung der EuGH wacht. Soweit eine Richtlinie dem Umsetzungsgesetzgeber jedoch Spielräume einräumt, behält sich das Bundesverfas-

---

[356] Beispiel: EuGH, Urt. v. 7. 11. 2013, Rs. C–72/12 (Altrip), ECLI:EU:C:2013:712, Rn. 55 f.

[357] *Franzius*, AöR 138 (2013), 204 (271 ff.); *Karpenstein*, EnzEuR, Bd. 3, § 8.

[358] EuGH, Urt. v. 11. 9. 2014, Rs. C–112/13 (»A«), ECLI:EU:C:2014:2195, Rn. 45 im Kontext von ÖVfGH v. 14. 3. 2012, U 466/11 u. a., EuGRZ 2012, 331; dazu *Pöschl*, ZÖR 2012, 587 (592 ff.).

[359] BVerfGE 123, 267 (351): »Wer auf Integration baut, muss mit der eigenständigen Willensbildung der Unionsorgane rechnen.«

[360] Überblick: *Mayer*, in: v. Bogdandy/Bast (Hrsg.), Europäisches Verfassungsrecht, S. 560 ff.

[361] BVerfGE 134, 366 (OMT). Ob es mit *Schmidt-Aßmann*, Kohärenz und Konsistenz (Fn. 169), S. 105 geboten ist, das Vorlageverfahren im Lichte des Art. 4 Abs. 3 EUV auch für Fälle nationaler Verfassungsvorbehalte offen zu halten, erscheint zweifelhaft. Die Loyalitätsverpflichtung mitgliedstaatlicher Gerichte verbietet es, das Vorlageverfahren für ultra vires Warnungen gegenüber dem EuGH zu nutzen.

[362] Beispiel: BVerfGE 125, 269 (308 f.). Analyse: *Lohse*, Der Staat 2014, 633.

[363] Beispiel: BVerfGE 133, 277, Rn. 91.

[364] BVerfGE 125, 260 (307 f.); 126, 286 (302).

[365] BVerfGE 118, 79 (95 ff.); 125, 260 (306 f.).

sungsgericht die Kontrolle der Ausfüllung dieser Spielräume durch den Gesetzgeber am Maßstab der nationalen Grundrechte vor.[366] Der EuGH akzeptiert eine solche **Alternativität** nicht.[367] In seiner jüngeren Rechtsprechung tendiert er zu einer **Kumulation** der Grundrechtsstandards.[368] Das wirft die Frage auf, wie einer doppelten Bindung durch die nationalen Gerichte in Erfüllung ihrer Vorlagepflichten Rechnung getragen werden kann.

Kooperationspflichten der nationalen Gerichte bestehen auch gegenüber der **Kom-**   **152**
mission. Art. 4 Abs. 3 EUV dient im Kartellrecht zur Begründung von Abstimmungspflichten, um die Gefahr widersprechender Entscheidungen zu vermeiden. Im **Beihilfenrecht** darf das Gericht bestehende Kommissionsbeschlüsse nicht missachten und kann das Verfahren aussetzen, um einem ausstehenden Beschluss der Kommission nicht zu widersprechen. Hat die Kommission noch nicht entschieden, ob eine staatliche Beihilfe nach Art. 107 Abs. 1 AEUV vorliegt, wird man das nationale Gericht nicht prinzipiell für verpflichtet halten können, das Verfahren auszusetzen, bis die Kommission einen Beschluss nach Art. 108 Abs. 3 AEUV getroffen hat. Vielmehr darf das Verwaltungsgericht selbst der Frage nachgehen, ob tatbestandlich eine Beihilfe vorliegt und deshalb das Notifizierungsverfahren durchzuführen gewesen ist oder nicht.[369] Im Bereich der dezentralen Beihilfenkontrolle[370] kommt den nationalen Gerichten eine **ergänzende Rolle**[371] gegenüber der Kommission zu, die eigenverantwortlich wahrzunehmen ist. Auf diese Weise bringen sie außerhalb des Vorlageverfahrens ihre eigene Rechtsauffassung in den europäischen Entscheidungsfindungsprozess ein. Dadurch kann die Gefahr von Rechtskonflikten minimiert werden.

4. Sachwalter im Unionsinteresse?

Fraglich ist, inwieweit die Mitgliedstaaten in Notsituationen als Sachwalter des gemein-   **153**
samen Interesses handeln können. Eine entsprechende **Berechtigung** zur Erreichung der unionsrechtlich festgelegten Ziele hat der EuGH bejaht.[372] Unsicher ist jedoch, ob aus

---

[366] Zu dieser »soweit« Formel *Augsberg*, DÖV 2010, 153 (158 f.); *Calliess*, JZ 2009, 113 (114 ff.).

[367] EuGH, Urt. v. 27.6.2006, Rs. C–540/04 (Familienzusammenführung), Slg. 2006, I–5769, Rn. 104 ff. Zum weiten Anwendungsbereich der Unionsgrundrechte EuGH, Urt. v. 26.2.2013, Rs. C–617/10 (Åkerberg Fransson), ECLI:EU:C:2013:105, Rn. 24 ff.

[368] Begriffe bei *Kingreen*, JZ 2013, 801 (802 ff.). Anders als das BVerfG, das von *getrennten* Grundrechtsräumen ausgeht, versucht der EuGH den Grundrechtsschutz in *verbundenen* Grundrechtsräumen zu entfalten. Letzteres ist methodisch und dogmatisch anspruchsvoll, sicherlich auch noch nicht ausgereift, letztlich aber alternativlos und verlangt ein Umdenken in der Rechtsprechung des BVerfG, vgl. *Thym*, JZ 2015, 53 (54 ff.); *Franzius*, EuGRZ 2015, 139 (151 f.). Ob sich die jüngste Entscheidung zum Europäischen Haftbefehl – vgl. BVerfG, Beschl. v. 15.12.2015, 2 BvR 2735/14; krit. *Schönberger*, JZ 2016, 422; *Burchardt*, ZaöRV 76 (2016), 527 (533 ff.) – in diesem Sinne verstehen lässt, ist offen. Zwar beginnt das Gericht, die Unionsgrundrechte in die Prüfung einzubeziehen. Es interpretiert diese aber im Lichte der nationalen Grundrechte, hält das Ergebnis für »klar« und entgeht auf diese Weise einer Vorlage. Das OLG Düsseldorf ist an die Entscheidung gebunden, jedoch nicht gehindert, bei Zweifeln an der Unionsrechtskonformität dieser Auslegung das Verfahren auszusetzen und dem EuGH die Frage vorzulegen.

[369] Grenzen im Sinne einer Bindung des nationalen Gerichts an vorläufige Beschlüsse der Kommission, mit denen ein beihilferechtliches Prüfverfahren eröffnet wurde: EuGH, Urt. v. 21.11.2013, Rs. C–284/12 (Lufthansa), ECLI:EU:C:2013:755, Rn. 41 f.

[370] Im Anschluss an EuGH, Urt. v. 24.7.2003, Rs. C–280/00 (Altmark Trans), Slg. 2003, I–7747 *Franzius*, NJW 2003, 3029 (3031).

[371] Zutreffend *Kahl*, in: Calliess/Ruffert, EUV/AEUV, Art. 4 EUV, Rn. 88 f.

[372] EuGH, Urt. v. 4.10.1979, Rs. 141/78 (Frankreich/Vereinigtes Königreich), Slg. 1979, 2923,

Art. 4 Abs. 3 EUV auch eine **Verpflichtung** folgt. Für den Fall der Untätigkeit der Unionsorgane, weil es zum Beispiel nicht zur erforderlichen Einigung im Rat kommt, sollen die Mitgliedstaaten zu vorläufigen Maßnahmen verpflichtet sein können, soweit sie ihr Handeln mit den anderen Mitgliedstaaten und der Kommission abstimmen. Danach dürfen sie keine Maßnahmen erlassen, gegen die von der Kommission Einwände, Vorbehalte oder Bedingungen formuliert werden könnten.[373]

154   Nach der zu Art. 5 EWGV ergangenen **Rechtsprechung** sind die mitgliedstaatlichen Maßnahmen nicht in Ausübung einer eigenen Zuständigkeit erlassen anzusehen, sondern als Erfüllung der Pflicht zur Zusammenarbeit, die in einer Situation, die durch die Untätigkeit des Rates gekennzeichnet ist, der Vertrag im Hinblick auf die Verwirklichung der Ziele der gemeinsamen Marktorganisation den Mitgliedstaaten auferlegt.[374] Das lässt sich freilich nicht im Sinne einer generellen Verpflichtung verallgemeinern und auf die heutige Situation nach dem Vertrag von Lissabon übertragen. Im Bereich der ausschließlichen Zuständigkeiten dürfte Art. 2 Abs. 1 Hs. 2 AEUV abschließend sein[375] und ein Verständnis verbieten, wonach die Mitgliedstaaten in »Notstandssituationen« **fiduziarisch und lückenfüllend** eine fremde Kompetenz wahrnehmen, deren Ausübung unter die Kooperations- und Rücksichtnahmepflichten des Art. 4 Abs. 3 EUV gestellt sei.[376]

5. Beschränkung völkerrechtlichen Handelns

155   Art. 4 Abs. 3 EUV generiert Pflichten für die Ausübung mitgliedstaatlicher Kompetenzen zum Abschluss völkerrechtlicher Verträge. Die Wahrnehmung ihrer Zuständigkeit ist beschränkt, wenn dies für die Verwirklichung der Ziele der Union erforderlich ist. Das ist der Fall, wenn der Abschluss eines völkerrechtlichen Vertrags ein späteres Tätigwerden der Union im Bereich ihrer Zuständigkeiten wesentlich erschwert oder vereitelt.[377] Aus Art. 4 Abs. 3 EUV resultieren umfangreiche **Koordinations- und Konsultationspflichten**, aber auch Unterstützungspflichten und ein Beeinträchtigungsverbot.[378]

156   Im Bereich **geteilter Zuständigkeiten** müssen die Mitgliedstaaten die Kommission über die Verhandlung eigener Abkommen informieren und ihr Verhalten mit der Kommission **abstimmen**. Sie müssen sich bemühen, die spätere Teilnahme der Union an völkerrechtlichen Abkommen sicherzustellen und die Unionsorgane unterstützen, sobald erkennbar wird, dass die Union ihre Kompetenz in Anspruch nimmt.[379] Das schließt ein eigenes Tätigwerden der Mitgliedstaaten nicht aus. Eine prinzipielle Stillhalteverpflichtung besteht nicht.[380] Die Handlungsfreiheit der Mitgliedstaaten wird nur be-

---

Rn. 8 f.; Urt. v. 2.6.1981, Rs. 124/80 (van Dam), Slg. 1981, 1447, Rn. 9 ff.; *Pechstein*, Die Mitgliedstaaten der EG als »Sachwalter des gemeinsamen Interesses«, 1987, S. 152 ff.

[373] EuGH, Urt. v. 4.10.1979, Rs. 141/78 (Frankreich/Vereinigtes Königreich), Slg. 1979, 2923, Rn. 9; *Hatje*, in: Schwarze, EU-Kommentar, Art. 4 EUV, Rn. 45 f.; *Streinz*, in: Streinz, EUV/AEUV, Art. 4 EUV, Rn. 45; *Maruahn*, in: Schulze/Zuleeg, Europarecht, § 7, Rn. 31.

[374] EuGH, Urt. v. 28.3.1984, verb. Rs. 47 u. 48/83 (Pluimveeslachterijen Midden-Nederland), Slg. 1984, 1721, Rn. 23.

[375] *v. Bogdandy/Schill*, in: Grabitz/Hilf/Nettesheim, EU, Art. 4 EUV (September 2013), Rn. 96.

[376] So aber *Kahl*, in: Calliess/Ruffert, EUV/AEUV, Art. 4 EUV, Rn. 94.

[377] EuGH, Urt. v. 14.7.1976, verb. Rs. 3, 4 u. 6/76 (Kramer), Slg. 1976, 1279, Rn. 44 f.

[378] Ausf. *Epiney*, Zur Tragweite des Art. 10 EGV im Bereich der Außenbeziehungen, FS Ress, 2005, S. 441 (448 ff.); *Cremona*, S. 157 ff.

[379] EuGH, Urt. v. 14.7.1976, verb. Rs. 3, 4 u. 6/76 (Kramer), Slg. 1976, 1279, Rn. 44 f.; *Nefrani*, CMLRev. 47 (2010), 323 (348 ff.).

[380] *v. Bogdandy/Schill*, in: Grabitz/Hilf/Nettesheim, EU, Art. 4 EUV (September 2013), Rn. 99.

schränkt, soweit das Vorgehen die praktische Wirksamkeit künftigen Unionsrechts zu gefährden droht.

Eine enge Zusammenarbeit fordert Art. 4 Abs. 3 EUV für die Aushandlung, den Abschluss und die Durchführung **gemischter Abkommen**, deren Regelungsgegenstand in den Bereich der Zuständigkeiten von Union und Mitgliedstaaten fällt.[381] Das verbietet ein einseitiges Vorgehen für den Fall, dass dadurch die einheitliche völkerrechtliche Vertretung der Union beeinträchtigt zu werden droht.[382] Im Extremfall kann sich die unionsrechtliche Loyalitätsverpflichtung zu einer **Unterlassungspflicht** verdichten, um die Einheitlichkeit und Kohärenz des völkerrechtlichen Unionshandelns zu gewährleisten.[383] Problematisch ist die Argumentation des EuGH mit der Loyalitätspflicht der Mitgliedstaaten im Kontext seines Gutachtens zur Primärrechtswidrigkeit des Beitrittsabkommens der EU zur EMRK, mag der Rekurs auf Art. 4 Abs. 3 EUV hier auch nur eine unterstützende Funktion haben.[384]

157

6. Schutz der Funktionsfähigkeit von Unionsorganen

a) Kooperationspflichten

Die Mitgliedstaaten dürfen keine Maßnahmen erlassen, die den internen Funktionsablauf der Unionsorgane behindern. So darf das nationale Steuersystem nicht so ausgestaltet sein, dass es Funktionsträger der Unionsorgane bei der Erfüllung ihrer Aufgaben behindern würde.[385] Aus dem Verbot, die Bezüge von Unionsbediensteten zu besteuern, wenn sich dies nachteilig auf das System der Finanzierung des Unionshaushalts und die Verteilung der finanziellen Lasten unter den Mitgliedstaaten auswirkt,[386] wird die allgemeine Pflicht gefolgert, alle Maßnahmen zu unterlassen, welche die **Finanzautonomie der Union** und ihr Budgetrecht beeinträchtigen.[387]

158

Generell ist Art. 4 Abs. 3 EUV eine Verpflichtung zu entnehmen, die interne Organisationsgewalt der Unionsorgane zu **respektieren** und Entscheidungen **hinzunehmen**, die ein effizientes Arbeiten ermöglichen sollen.[388] Das schließt das eigene Handeln der Mitgliedstaaten nicht aus. Soweit aber die Funktionsfähigkeit der Unionsorgane beeinträchtigt werden könnte, besteht eine Verpflichtung zur Konsultation.[389] Ob sich die Pflichten zu einer allgemeinen Kooperationspflicht der Mitgliedstaaten nach Art. 4 Abs. 3 EUV ausdehnen lassen, wonach diese in den politischen Organen der Union im

159

---

[381] *Kahl*, in: Calliess-Ruffert, EUV/AEUV, Art. 4 EUV, Rn. 95.

[382] EuGH, Gutachten 1/94 v. 15.11.1994 (WTO), Slg. 1994, I–5267, Rn. 108; Urt. v. 20.4.2010, Rs. C–246/07 (Kommission/Schweden), Slg. 2010, I–3317, Rn. 73 ff.

[383] *Hatje*, in: Schwarze, EU-Kommentar, Art. 4 EUV, Rn. 74 unter Hinweis auf EuGH, Urt. v. 14.7.2005, Rs. C–433/03 (Kommission/Deutschland), Slg. 2005, I–6985, Rn. 66.

[384] EuGH, Gutachten 2/2013 v. 18.12.2014 (EMRK II), EuGRZ 2015, 56 Rn. 173. Die wechselseitige Loyalitätsverpflichtung wird hier in den Schatten der einseitigen Autonomiesicherung gestellt, weshalb das Gutachten »für die Fortentwicklung der überkommenen Dialog- und Kooperationsformeln zu einem substantiellen Kohärenzmechanismus (...) einen schweren Rückschlag« darstellt, so *Schmidt-Aßmann*, Kohärenz und Konsistenz (Fn. 169), S. 156.

[385] EuGH, Urt. v. 15.9.1981, Rs. 208/80 (Lord Bruce of Donington), Slg. 1981, 2205. Rn. 14.

[386] EuGH, Urt. v. 15.1.1986, Rs. 44/84 (Hurd), Slg. 1986, 29, Rn. 48 f.

[387] Allg. Meinung, vgl. *Hatje*, in: Schwarze, EU-Kommentar, Art. 4 EUV, Rn. 73; *Streinz*, in: Streinz, EUV/AEUV, Art. 4 EUV, Rn. 71; *Kahl*, in: Calliess/Ruffert, EUV/AEUV, Art. 4 EUV, Rn. 104.

[388] Vgl. *v. Bogdandy/Schill*, in: Grabitz/Hilf/Nettesheim, EU, Art. 4 EUV (September 2013), Rn. 103 mit weiteren Beispielen.

[389] EuGH, Urt. v. 7.5.1987, Rs. 186/85 (Kommission/Belgien), Slg. 1987, 2029, Rn. 39.

Unionsinteresse zusammenzuarbeiten haben, ist demgegenüber zweifelhaft. Zwar ist heute anerkannt, dass eine »**Politik des leeren Stuhls**« in dem Sinne, wie sie von Frankreich unter Charles de Gaulle zwischen Juli 1965 und Januar 1996 praktiziert wurde, gegen Art. 4 Abs. 3 EUV verstößt und daher unionsrechtswidrig ist.[390] Aus Art. 4 Abs. 3 EUV ist aber nicht zu folgern, dass die Regierungen zur Kooperation im Rat dergestalt verpflichtet sind, die Praxis der Entscheidung im Konsens zugunsten der Inanspruchnahme vertraglich vorgesehener Mehrheitsentscheidungen aufzugeben.[391]

160   Dass die Mitgliedstaaten zur Besetzung der Unionsorgane verpflichtet sind, bedeutet nicht, dass den Ratsmitgliedern für ihr Abstimmungsverhalten nähere Vorgaben gemacht sind. Nach dem Vertrag sind sie nicht verpflichtet, im Rat ausschließlich das ohnehin nur abstrakt fassbare **Unionsinteresse** zu verfolgen. Im Gegenteil: Um das Unionsinteresse zu identifizieren, sind die nationalen Belange im Rat einzubringen. Eine Verpflichtung, die eigenen Interessen zugunsten einer vagen, notwendig umstrittenen Finalität eines institutionellen Gefüges hinter ein sich von den Mitgliedstaaten emanzipierendes Gemeinwohl zu stellen, besteht nicht.[392] Wohl aber sind Verpflichtungen für das **innerstaatliche Beteiligungsverfahren** zu beachten. Regelungen, die dem Vertreter im Rat die Möglichkeit des Eingehens auf Kompromisse erschweren und den Rechtsetzungsprozess in unverhältnismäßiger Weise lahmlegen, sind mit Art. 4 Abs. 3 EUV unvereinbar.[393] Das schließt strengere Vorgaben der nationalen Parlamente an die Ratsvertreter nicht aus. Vorgaben der Mitgliedstaaten, die zu einer **Blockade** im Rat führen könnten, stoßen jedoch an eine Grenze des Art. 4 Abs. 3 EUV. Insoweit bietet das Loyalitätsprinzip einen Maßstab für die Bewertung der Verfahren zur »nationalen« Erarbeitung einer europäischen Position.[394]

b) Sonderunionsrecht: Verstoß gegen Loyalitätsprinzip?

161   Ein neuer Anwendungsraum kommt Art. 4 Abs. 3 EUV für die Maßnahmen im Zusammenhang mit der längst noch nicht bewältigten Staatsschuldenkrise[395] zu. Das betrifft zunächst die völkerrechtlichen Verträge des **ESM-** und des **Fiskalvertrags**, die nicht losgelöst vom Unionsrecht und dem nationalen Europaverfassungsrecht betrachtet werden können. Der Grund für das Ausweichen in das Völkerrecht[396] und die Etablierung eines Sonderregimes von »Ersatzunionsrecht«[397] und »Sonderverfassungsrecht«[398] ist

---

[390] *Hatje*, S. 67, 77; *Kahl*, in: Calliess/Ruffert, EUV/AEUV, Art. 4 EUV, Rn. 93.

[391] *v. Bogdandy/Schill*, in: Grabitz/Hilf/Nettesheim, EU, Art. 4 EUV (September 2013), Rn. 105.

[392] Vgl. *Blanquet*, L'Article 5 du Traité CEE, 1994, S. 136 ff.; *v. Bogdandy*, in: v. Bogdandy/Bast, Europäisches Verfassungsrecht, S. 49; *Franzius/Preuß*, S. 41 ff.

[393] So auch *v. Bogdandy/Schill*, in: Grabitz/Hilf/Nettesheim, EU, Art. 4 EUV (September 2013), Rn. 105.

[394] *v. Bogdandy/Schill*, in: Grabitz/Hilf/Nettesheim, EU, Art. 4 EUV (September 2013), Rn. 105.

[395] Überblick: *Kube*, AöR 137 (2012), 205; *Gröpl*, Der Staat 2013, 1; *Calliess*, DÖV 2013, 785; Möllers/Zeitler (Hrsg.), Europa als Rechtsgemeinschaft – Währungsunion und Schuldenkrise, 2013.

[396] *Häde*, Euro-Rettung zwischen Exekutivprimat und Parlamentsvorbehalt, 2012, S. 15, spricht von einer »Flucht« ins Völkerrecht, *v. Arnauld*, »Unions(ergänzungs)völkerrecht«. Zur unions- und verfassungsrechtlichen Einbindung völkerrechtlicher Instrumente differenzierter Integration, FS Klein, 2013, S. 509 von »Unions(ergänzungs)völkerrecht« und *Gröpl*, Der Staat 2013, 1 (9) von »paraunionalen« Maßnahmen. Der Sache nach ist dasselbe gemeint.

[397] Begriff: *Lorz/Sauer*, DÖV 2012, 573 (575), aufgegriffen von BVerfGE 132, 195 (259). Zu diesem überwiegend auf Zustimmung gestoßenen Urteil *Lepsius*, EuZW 2012, 761 f.; *Wendel*, GLJ 14 (2013), 21 ff.

[398] Begriff: *Herdegen*, Die Vertiefung der Europäischen Wirtschafts- und Währungsunion: der verfassungs- und europarechtliche Rahmen, FS Papier, 2013, S. 59 (66 f.). Inzwischen ist klar, dass es

die kompetenzrechtliche Starrheit des Unionsrechts.[399] Die Lösung kann nicht allein im ordentlichen Vertragsänderungsverfahren liegen.[400]

Die intergouvernementale »Rettungspolitik« lässt das Europäische Parlament weit-   **162** gehend außen vor. Wenn für die Mitwirkung der Bundesrepublik Deutschland an der europäischen Integration nach Art. 23 Abs. 1 Satz 1 GG die **Einhaltung demokratischer Grundsätze** gefordert ist, dies aber auf Art. 10 Abs. 2 EUV verweist, bleibt die demo- kratische Legitimation – wie sie das Grundgesetz fordert – wegen des Ausfalls des Eu- ropäischen Parlaments defizitär. Daran ändert die Aufwertung der nationalen Parla- mente nichts, weil deren Legitimationsleistung den Strang über das Europäische Par- lament nicht ersetzen kann.[401] Das Bundesverfassungsgericht, das in seinen Entscheidungen[402] mit Nachdruck das parlamentarische Budgetrecht verteidigt, droht auf diese Weise ein Demokratiedefizit zu perpetuieren, das das integrationsoffene Grundgesetz so nicht akzeptiert. Denn echte Mitgestaltungsmöglichkeiten hat der Bun- destag in völkerrechtlichen »Ausweichregimen« wie dem ESM nicht. Mit anderen Wor- ten: Die intergouvernementale Methode über das Völkerrecht ist **souveränitätsfreund- lich, aber demokratiefeindlich.**[403]

Zwar sind die Mitgliedstaaten zur Schaffung von »Sonderunionsrecht« berechtigt.   **163** Mit dem Eintritt in die Union haben sie sich ihrer völkerrechtlichen Handlungsfreiheit nicht entledigt. Es ist auch nicht so, dass die Kompetenzordnung den Einsatz des Völ- kerrechts verbietet, geht es doch gerade um den Ausbau von Handlungskapazitäten im Bereich der **Wirtschafts- und Fiskalpolitik**, wo sich die Mitgliedstaaten ausdrücklich Verbandskompetenzen vorbehalten haben. Ihre Inanspruchnahme findet jedoch eine Grenze in Art. 4 Abs. 3 EUV. Dies kommt in der Überführung völkerrechtlicher Inhalte in das Unionsrecht zum Ausdruck, was zu einem Teil mit dem »Six Pack« und dem »Two-Pack« geschehen ist, mag dieses flankierende Sekundärrecht auch ihrerseits kom- petenzrechtliche Bedenken aufwerfen.[404] Während der **ESM-Vertrag**, dessen primär- rechtliche Zulässigkeit der EuGH[405] bestätigt hat, für die von ihm verlangte »Konditio- nalität« von Finanzhilfen eine instrumentelle Abstützung im Unionsrecht findet, ist der **Fiskalvertrag** nicht zuletzt mit dem Hinweis auf die Wiederholung bzw. Konkretisie- rung dieser unionsrechtlichen Vorgaben durch das Bundesverfassungsgericht gebilligt worden.[406] Der Gefahr einer Umgehung des Verfahren- und Legitimationsrahmens be- gegnet Art. 2 VSKS, indem die Anwendung des Vertrags unter den Vorbehalt des Loya- litätsprinzips gestellt und seine Subsidiarität gegenüber dem Unionsrecht angeordnet

---

weniger um punktuelle »Anbauten« als vielmehr um grundlegende »Umbauten« der Architektur der Wirtschafts- und Währungsunion geht.

[399] *Uerpmann-Wittzack*, EuR-Beiheft 2/2013, 49 (55).

[400] *Franzius*, EuR 2013, 655 (665 f.).

[401] *v. Achenbach*, Repräsentative Demokratie in der Europäischen Union: Parlamentarisierung europäischer Politik durch Teilhabe und Kooperation der nationalen Parlamente?, in: Franzius/May- er/Neyer (Hrsg.), Modelle des Parlamentarismus im 21. Jahrhundert, 2015, S. 207.

[402] BVerfGE 129, 124 (180 f.); 130, 318 (344); 132, 195 (239 ff.).

[403] *Habermas*, Zur Verfassung Europas, 2011, S. 39 ff.; ähnlich *Uerpmann-Wittzack*, EuR-Beiheft 2/2013, 49 (60).

[404] Vgl. *Bast/Rödl*, EuGRZ 2012, 269 (270 ff.); a. A. *Antpöhler*, ZaöRV 72 (2012), 353 (369 ff.).

[405] EuGH, Urt. v. 27. 11. 2012, Rs. C–370/12 (Pringle), ECLI:EU:C:2012:756, Rn. 129 ff.; dazu *Calliess*, NVwZ 2013, 97.

[406] Vor allem mit Blick auf die VO (EU) Nr. 1175/2011 BVerfGE 132, 195 (279 f., 282 f.); krit. *Craig*, E. L.Rev. 37 (2012), 231 (238 ff.).

wird. Auf diese Weise wird der Vorrang des Unionsrechts gewahrt, weshalb ein Verstoß gegen Art. 4 Abs. 3 UAbs. 3 EUV ausscheidet.[407]

164   Es gibt im Zusammenhang mit der Staatsschuldenkrise eine Vielzahl neuer Mechanismen, die Fragen an ihre Vereinbarkeit mit Art. 4 Abs. 3 EUV aufwerfen. Das Loyalitätsprinzip verlangt von den Mitgliedstaaten, eine Einigung auf Unionsebene anzustreben, bevor auf völkerrechtliches »Sonderunionsrecht« ausgewichen wird. Beschränkungen kann durch die Wahl der verstärkten Zusammenarbeit begegnet werden, soweit deren Voraussetzungen erfüllt sind. Das ist bei der Einführung einer **Finanztransaktionssteuer**[408] der Fall. Generell gilt, dass im Bereich der geteilten Zuständigkeiten die Mitgliedstaaten durch völkerrechtliche Verträge tätig werden dürfen, soweit sie das Unionsrecht nicht beeinträchtigen. Dass hier nur ein Teil der Mitgliedstaaten tätig wird, braucht im Sinne **differenzierter Integration** nicht schädlich sein.[409] Art. 4 Abs. 3 EUV untersagt jedoch intergouvernementale Abstimmungskartelle und der Euro-Gruppe die informelle Klärung einer Position, um die nicht beteiligten Staaten im Rat vor vollendete Tatsachen zu stellen.[410]

165   Aus der Rechtsprechung ist schließlich seit langer Zeit bekannt, dass es Art. 4 Abs. 3 EUV verbietet, die unmittelbare Geltung von Verordnungen nach Art. 288 Abs. 2 AEUV durch **bestätigende nationale Vorschriften** in Frage zu stellen.[411] Das scheint aber mit dem deutschen Gesetz zum Vorschlag über die Verordnung zur Einrichtung einer Europäischen **Bankenaufsicht**[412] geschehen zu sein.[413] Dadurch werden Aufsichtsaufgaben auf die Europäische Zentralbank übertragen. Zweifel über die primärrechtliche Zulässigkeit, mit denen die deutsche Regierung im Rat kein Gehör fand, wurden dadurch kompensiert, dass für die Verordnung nach Art. 127 Abs. 6 AEUV ein **Zustimmungsgesetz nach Art. 23 Abs. 1 Satz 2 GG** erlassen wurde. Sollte aber für Verordnungen, deren Erlass im Rat nicht verhindert werden konnte, stets ein Zustimmungsgesetz des Bundestags erforderlich sein, würde das Rechtsetzungsverfahren, worüber sich die Vertragsparteien mit der Schaffung der Kompetenzvorschriften[414] geeinigt haben, nachträglich entwertet werden. Darin liegt ein Verstoß gegen Art. 4 Abs. 3 EUV.[415]

---

[407] *Calliess/Schoenfleisch*, JZ 2012, 477 (481); *Gröpl*, Der Staat 2013, 1 (20); *v. Arnauld* (Fn. 396) S. 520, der von Art. 4 Abs. 3 AEUV als »Scharniernorm« spricht.

[408] Vorschlag für eine Richtlinie des Rates über die Umsetzung einer Verstärkten Zusammenarbeit im Bereich der Finanztransaktionssteuer v. 14. 2. 2013, KOM (2013), 71 final.

[409] Es erscheint jedoch naiv, wenn *Thym*, Ein Bypass, kein Herzinfarkt, VerfBlog, 2011/12/13, http://www.verfassungs-blog.de/ein-bypass-kein-herzinfarkt, in den Maßnahmen lediglich einen völkerrechtlichen »Bypass« für die supranationale Integrationsmethode sieht. Dass sich mit *Schorkopf*, VVDStRL 71 (2012), 183 (204 ff.) das Unionsrecht in der Krise wieder dem Völkerrecht annähert, dürfte der supranationalen Gestaltungskraft freilich ebenfalls nicht gerecht werden, differenzierend *Ley*, Die fehlende Opposition. Konzeptionelle Schwierigkeiten nicht-staatlicher Demokratietheorievorstellungen, in: Franzius/Mayer/Neyer (Hrsg.), Grenzen der europäischen Integration, 2014, S. 197 (208 ff.).

[410] *Thym*, EnzEuR, Bd. 1, § 5, Rn. 93, 102; zurückhaltender *v. Arnauld* (Fn. 396), S. 518 f.

[411] Vgl. *Streinz*, in: Streinz, EUV/AEUV, Art. 4 EUV, Rn. 69.

[412] Verordnung (EU) Nr. 1024/2013 des Rates v. 15. 10. 2013, ABl. L 287/63.

[413] Gesetz zum Vorschlag für eine Verordnung des Rates zur Übertragung besonderer Aufgaben im Zusammenhang mit der Aufsicht über Kreditinstitute auf die Europäische Zentralbank v. 25. 7. 2013, BGBl. II 2013, S. 1050.

[414] Darüber, ob für die Bankenunion mit Art. 127 Abs. 6 AEUV eine hinreichende Kompetenzgrundlage vorliegt, kann man unterschiedlicher Auffassung sein, verneinend *Waldhoff/Dietrich*, EWS 2013, 72 (75); *Kämmerer*, NVwZ 2013, 830 (832 ff.). Unstreitig ist jedoch, dass dieser Mangel nicht durch ein Zustimmungsgesetz »geheilt« werden kann.

[415] *Mayer/Kollmeyer*, DVBl 2013, 1158 (1164 ff.); a. A. *Wernsmann/Sandberg*, DÖV 2014, 49 (57).

III. Verpflichtungen der Union

Loyalitätspflichten sind gegenseitige Pflichten. Art. 4 Abs. 3 EUV verpflichtet auch die   166
Union zur loyalen Zusammenarbeit mit den Mitgliedstaaten. Darin liegt eine **Kodifi-**
kation der vorherigen Rechtsprechung, die von Pflichten ausgeht, die »ihrer Natur nach
beiderseitig« sind.[416] Es fragt sich aber, in welchem Verhältnis die Loyalitäts- und Unterstützungspflichten zu den Achtungspflichten aus Art. 4 Abs. 2 EUV stehen.[417]

Art. 4 Abs. 2 EUV regelt einen **Ausschnitt** des umfassenden Rücksichtnahmegebotes,   167
das Art. 4 Abs. 3 EUV der Union gegenüber den »elementaren Interessen« der Mitgliedstaaten auferlegt. Daraus wird ein Grundsatz des mitgliedstaatsfreundlichen Verhaltens
abgeleitet und gefolgert, die in Art. 4 Abs. 2 EUV enthaltenen Pflichten seien lediglich
deklaratorisch.[418] Dieses Verständnis wird der Vorschrift allerdings ebenso wenig gerecht, wie die nicht durch den Wortlaut gedeckte Behauptung, für die »Achtung der
grundlegenden Verwaltungsstrukturen und der Funktionsweisen der Rechtssysteme«
sei Art. 4 Abs. 2 EUV die Spezialvorschrift.[419] Tatsächlich ist Art. 4 Abs. 2 EUV für die
erfassten Schutzgehalte **konstitutiv**, mag die Rechtsprechung eine schwächere Rücksichtnahmepflicht auch schon zuvor anerkannt haben. Die Loyalitätspflicht behält nicht
nur eine eigenständige Bedeutung für die nicht von Art. 4 Abs. 2 EUV erfassten Schutzgüter, sondern in prozessualer Hinsicht auch zur Durchsetzung mitgliedstaatlicher Verfassungsidentitätsvorbehalte.[420] Art. 4 Abs. 3 EUV unterstreicht die Vorlageverpflich-
tungen gerade auch in solchen Fragen, die vom Mitgliedstaat als identitätsstiftend ausgewiesen werden (s. Rn. 78 ff., 148 ff.).

Die Achtung nationaler Identität ist nicht deckungsgleich mit der Rücksichtnahme auf   168
die elementaren Interessen der Mitgliedstaaten. Sie ist **enger**, weil sie auf grundlegende
Verfassungsstrukturen bezogen ist und keine positiven Handlungspflichten zu begründen vermag (s. Rn. 68). Andererseits ist sie **weiter**, weil sie mitgliedstaatliche Verfassungsvorbehalte unter unionsrechtlichen Schutz stellt und insoweit aus dem Loyalitätsgebot entwickelte Pflichten wie den Vorrang des Unionsrechts gegenüber jeglichem
nationalem Recht in einen anderen Kontext stellt. Kann unter den pluralistischen Vor-
zeichen der Anwendungsvorrang nicht normhierarchisch, sondern nur funktionssi-
chernd begründet werden, dann wird man zur Sicherung der Einheit des Unionsrechts
auch mit Grenzen des Vorrangs leben können, zumal es mitgliedstaatliche Herleitungen
und Grenzen des Vorrangs erlauben, das Unionsinteresse in den nationalen Verfassungsordnungen zu »gründen« und ihm auf diese Weise seine »Fremdheit« in der bisherigen
Gegenüberstellung zu den nationalen Interessen zu nehmen. Insoweit hat die Identitätsklausel eine Bedeutung, die über das traditionelle Loyalitätsprinzip hinausgeht.

---

[416] EuGH, Urt. v. 16.10.2003, Rs. C–339/00 (Irland/Kommission), Slg. 2003, I–11757, Rn. 72.
Grundlegend ferner Urt. v. 6.12.1990, Rs. C–2/88 (Zwartveld), Slg. 1990, I–3365, Rn. 17.

[417] Zum sprachlichen Unterschied zwischen »unterstützen« und »achten« *Vedder*, in: Vedder/
Heintschel v. Heinegg, Europäisches Unionsrecht, Art. 4 EUV, Rn. 22.

[418] So *Kahl*, in: Calliess/Ruffert, EUV/AEUV, Art. 4 EUV, Rn. 110, wonach Art. 4 Abs. 2 EUV
lediglich eine bestehende Rechtslage kodifiziere.

[419] So aber *Kahl*, in: Calliess/Ruffert, EUV/AEUV, Art. 4 EUV, Rn. 110; a. A. *Zuleeg*, VVDStRL 53
(1994), 154 (177 f.).

[420] Die Kernbereichsthese, wonach die Kompetenzen der Mitgliedstaaten im »Kernbereich« des
geschützten Rechtsträgers unberührt bleiben müssten, überzeugt nicht: *Möllers*, EuR 2002, 483 (501,
507).

1.   Unterstützungs- und Kooperationspflichten

169   Auch im Verhältnis der Union zu den Mitgliedstaaten kann zwischen **Rücksichtnah-mepflichten** mit Blick auf die unterschiedlichen Funktionsweisen ihrer Rechtssysteme bei der Umsetzung von Unionsrecht und **Handlungspflichten** unterschieden werden. Letztere bestehen etwa mit der Verpflichtung zur schnellstmöglichen Prüfung oder zum zügigem Handeln im Beihilfenrecht.[421] Auch die Übersendung von Akten und Informationen kann auf Art. 4 Abs. 3 EUV gestützt werden.[422] Die Rechtsprechung hat eine Vielzahl von Unterstützungspflichten herausgearbeitet. Das betrifft etwa die Umsetzung und Durchführung des Unionsrechts durch die mitgliedstaatlichen Organe, denen gegenüber die Kommission zur Hilfestellung verpflichtet ist.[423] Kommt sie diesen Pflichten nicht nach, obwohl sie der Mitgliedstaat umfassend informiert hat, können nur noch eingeschränkt Maßnahmen gegen den Mitgliedstaat ergriffen werden. Diese Kooperationspflichten können sich zu einer Verpflichtung zur **Amts-** und **Rechtshilfe** verdichten.[424]

170   Obwohl im von der Rechtsprechung entwickelten »Pflichtengefüge« des Loyalitätsprinzips eine gewisse Asymmetrie zu Lasten der Mitgliedstaaten kaum zu leugnen ist, gewinnt Art. 4 Abs. 3 EUV für das Unionshandeln an Bedeutung. Zwar kann der Mitgliedstaat der Union nicht das eigene Rechtssystem entgegenhalten, das ihm die Befolgung des Unionsrechts unmöglich mache. Zur **Behebung von Schwierigkeiten** bei der Durchführung eines Kommissionsbeschlusses ist aber nicht nur der Mitgliedstaat, sondern auch die Kommission zur Kooperation verpflichtet. Der EuGH hat im Vorabentscheidungsverfahren nach Art. 267 AEUV dem vorlegenden Gericht **sachdienliche Antworten** zu geben, was eine Umformulierung der vorgelegten Frage gebieten kann, um die Unzulässigkeit des Antrags zu vermeiden.[425] Auch in den **Außenbeziehungen** obliegen der Union besondere Rücksichtnahme- und Kooperationspflichten aus Art. 4 Abs. 3 EUV. So ist die Kommission verpflichtet, die spezifischen Interessen eines Mitgliedstaates auf internationaler Ebene einzubringen.

171   Diesseits der Anpassungspflicht aus Art. 351 AEUV muss die Union auf völkerrechtliche Pflichten der Mitgliedstaaten – etwa aus Handelsverträgen – bei der Ausübung ihrer Kompetenzen Rücksicht nehmen. Mitgliedstaatlichen Pflichten aus völkerrechtlichen Verträgen, an denen die Union nicht selbst beteiligt ist, muss die Union durch die **völkerrechtskonforme Auslegung** und Anwendung des Unionsrechts nachkommen.[426] Aus diesem Grund stütze Art. 4 Abs. 3 EUV auch die Bindung der Union an die universellen Menschenrechte.[427]

---

[421] EuGH, Urt. v. 1.6.1999, Rs. C–319/97 (Kortas), Slg. 1999, I–3141, Rn. 35; Urt. v. 20.3.1984, Rs. 84/82 (Deutschland/Kommission), Slg. 1984, 1451, Rn. 11.

[422] EuGH, Urt. v. 6.12.1990, Rs. C–2/88 (Zwartveld), Slg. 1990, I–3365, Rn. 18. Zu den Grenzen EuGH, Urt. v. 26.11.2002, Rs. 275/00 (First NV), Slg. 2002, I–10943, Rn. 49.

[423] EuGH, Urt. v. 15.1.1986, Rs. 52/84 (Kommission/Belgien), Slg. 1986, 89, Rn. 16; Urt. v. 18.7.2007, Rs. 441/06 (Kommission/Frankreich), Slg. 2007, I–8887, Rn. 27f.

[424] EuGH, Urt. v. 6.12.1990, Rs. C–2/88 (Zwartveld), Slg. 1990, I–3365, Rn. 17, 22, 25; Urt. v. 18.4.1991, Rs. C–324/89 (Delimitis), Slg. 1991, I–935, Rn. 53; v. *Bogdandy/Schill*, in: Grabitz/Hilf/ Nettesheim, EU, Art. 4 EUV (September 2013), Rn. 106.

[425] EuGH, Urt. v. 11.7.2002, Rs. C–62/00 (Marks & Spencer), Slg. 2002, I–6325, Rn. 32.

[426] EuGH, Urt. v. 3.6.2008, Rs. C–308/06 (Intertanko), Slg. 2008, I–4057, Rn. 52.

[427] Ohne nähere Begründung: v. *Bogdandy/Schill*, in: Grabitz/Hilf/Nettesheim, EU, Art. 4 EUV (September 2013), Rn. 108.

2. »Nationalverfassungskonforme« Auslegung

Auf die Asymmetrie, die im Vorlageverfahren zugunsten der Unionsbelange angelegt **172**
ist, wurde schon hingewiesen (s. Rn. 81). Zwar gibt es **kein umgekehrtes Vorlageverfahren** wie das »certification-Verfahren« in den USA, womit die Bundesgerichte Vorlagefragen an die Einzelstaatengerichte zu Fragen des Einzelstaatenrechts richten können.
Das bedeutet aber nicht, dass auch die Konformauslegung einseitig auf eine Verpflichtung der Mitgliedstaaten im Verhältnis zur Union beschränkt wäre. Weil dieser **Konfliktentschärfungsmechanismus**[428] auf das Loyalitätsprinzip gestützt wird, dieses aber mehrdimensional ausgerichtet ist, können gegen eine Verpflichtung des Gerichtshofs zu einer
nationalverfassungskonformen Auslegung des Unionsrechts keine durchgreifenden Bedenken angemeldet werden.[429] Die Gegenseitigkeit der Verpflichtungen muss auch in
der Konformauslegung zum Ausdruck kommen. Dafür bedarf es keines neuen Verfahrens. Es ist vielmehr Sache des Gerichtshofs, die Einheit des Unionsrechts kontextsensibel unter **Achtung** der nationalen Verfassungsidentität und **Rücksichtnahme** auf elementare Belange der Mitgliedstaaten zu bestimmen. Insoweit lassen sich die Pflichten
nach Art. 52 Abs. 4 GRC als Ausdrucksform der Verpflichtung zur nationalverfassungskonformen Auslegung des Unionsrechts aus Art. 19 Abs. 1 Satz 2 EUV verstehen, die
ihrerseits aus der Loyalitätsverpflichtung des Art. 4 Abs. 3 EUV hervorgegangen ist.[430]

E. Ausblick

Art. 4 EUV bleibt eine zentrale Vorschrift aus zwei Gründen: Zum einen handelt es sich **173**
bei der Union, wie Art. 4 Abs. 1 EUV deutlich macht, um eine **fragmentarische Ordnung**, die Regeln für den Ausgleich unter den Ebenen benötigt. Versteht man die Union
nicht nur als föderale, sondern auch als pluralistische Ordnung, ist für deren Verständnis
auch auf das mitgliedstaatliche Verfassungsrecht zurückzugreifen. Das macht Art. 4
Abs. 2 EUV mit der Statuierung relativer Grenzen klar. Gerade diese Grenzen erfordern gegenseitige Kooperations- und Rücksichtnahmepflichten, mit denen Art. 4 Abs. 3
EUV eine **Defragmentierung** bewirkt. Die Einheit ist als verbundene Struktur zu denken.[431]

Zum anderen ist diese Einheit nicht umsonst zu haben. Der EuGH muss in der An **174**
wendung des eine unverzichtbare **Scharnierfunktion** erfüllenden Art. 4 EUV die Kompetenzordnung ernst nehmen. Das erfordert den Einbau einer gewissen Flexibilität, hat
aber klar zu machen, dass die **Einheit des Unionsrechts** nicht gegen, sondern nur mit den
Mitgliedstaaten zu verteidigen ist.[432] Insoweit wirkt die Identitätsklausel vielfaltswahrend und das Loyalitätsprinzip erweist sich als flexibel genug, mitgliedstaatliche

---

[428] Zu Mechanismen der Konfliktverarbeitung *Franzius*, Recht und Politik (Fn. 18), S. 171 ff.,
226 ff.

[429] *Peters*, S. 281 ff.

[430] *Mayer/Wendel*, EnzEuR, Bd. 1, § 4, Rn. 283 ff.

[431] Was aus der Sicht der mitgliedstaatlichen Rechtsordnungen »überföderalisiert« erscheinen
mag, erweist sich aus der Perspektive des Völkerrechts als erstaunlich defragmentierte Ordnung, die in
der Euro-Krise ein finanzielles »Rettungsvolumen« aufzubringen vermochte, das wohl letztlich weder
staats- noch völkerrechtlich »zu stemmen« gewesen wäre.

[432] Zur Einheit der Unionsverfassung *Thym*, EnzEuR, Bd. 1, § 5, Rn. 94 ff.

Verfassungsbelange als schutzwürdige Ebenenbelange in der Unionsrechtsordnung wirksam werden zu lassen.[433]

175   Das verweist auf die Verfassungsvergleichung, die als ein Mechanismus unionsrechtlicher **Permeabilität** fungiert, indem nationales Verfassungsrecht in den Konkretisierungsprozess allgemeiner Rechtsgrundsätze bzw. den Prozess der Auslegung auf Unionsebene »einfließt« und einheitsbildend wirkt.[434] Art. 4 EUV verklammert die Unionsrechtsordnung mit den mitgliedstaatlichen Rechtsordnungen und ruft damit in Erinnerung, dass sich das Ganze aus beiden Welten herausbildet, die nicht scharf gegeneinander abgegrenzt, sondern **miteinander verbunden** sind. Das schließt Kritik und Vorbehalte nicht aus, vermag aber gerade dadurch die föderale Struktur der Union in der Verteilung der Zuständigkeiten zu stabilisieren.

---

[433] Zutreffend *Marauhn*, in: Schulze/Zuleeg, Europarecht, § 7, Rn. 50, der aber anders als hier von der primärrechtlichen Teilpositivierung eines allgemeinen Prinzips ausgeht; krit. *Kahl*, in: Calliess/Ruffert, EUV/AEUV, Art. 4 EUV, Rn. 127 f.

[434] Vgl. *Wendel*, S. 530 ff. Zur Verfassungsvergleichung *v. Bogdandy*, in: Rosenfeld/Sajó (Hrsg.), The Oxford Handbook of Comparative Constitutional Law, 2012, S. 54 ff.

Artikel 5 EUV [Grundsatz der begrenzten Einzelermächtigung, Subsidiaritätsprinzip, Verhältnismäßigkeitsgrundsatz]

(1) ¹Für die Abgrenzung der Zuständigkeiten der Union gilt der Grundsatz der begrenzten Einzelermächtigung. ²Für die Ausübung der Zuständigkeiten der Union gelten die Grundsätze der Subsidiarität und der Verhältnismäßigkeit.

(2) ¹Nach dem Grundsatz der begrenzten Einzelermächtigung wird die Union nur innerhalb der Grenzen der Zuständigkeiten tätig, die die Mitgliedstaaten ihr in den Verträgen zur Verwirklichung der darin niedergelegten Ziele übertragen haben. ²Alle der Union nicht in den Verträgen übertragenen Zuständigkeiten verbleiben bei den Mitgliedstaaten.

(3) Nach dem Subsidiaritätsprinzip wird die Union in den Bereichen, die nicht in ihre ausschließliche Zuständigkeit fallen, nur tätig, sofern und soweit die Ziele der in Betracht gezogenen Maßnahmen von den Mitgliedstaaten weder auf zentraler noch auf regionaler oder lokaler Ebene ausreichend verwirklicht werden können, sondern vielmehr wegen ihres Umfangs oder ihrer Wirkungen auf Unionsebene besser zu verwirklichen sind.

¹Die Organe der Union wenden das Subsidiaritätsprinzip nach dem Protokoll über die Anwendung der Grundsätze der Subsidiarität und der Verhältnismäßigkeit an. ²Die nationalen Parlamente achten auf die Einhaltung des Subsidiaritätsprinzips nach dem in jenem Protokoll vorgesehenen Verfahren.

(4) Nach dem Grundsatz der Verhältnismäßigkeit gehen die Maßnahmen der Union inhaltlich wie formal nicht über das zur Erreichung der Ziele der Verträge erforderliche Maß hinaus.

Die Organe der Union wenden den Grundsatz der Verhältnismäßigkeit nach dem Protokoll über die Anwendung der Grundsätze der Subsidiarität und der Verhältnismäßigkeit an.

Literaturübersicht

Altmaier, Die Subsidiaritätskontrolle der nationalen Parlamente nach dem Subsidiaritätsprotokoll zum EU-Verfassungsvertrag, FS Meyer, 2006, S. 301; *Bickenbach*, Das Subsidiaritätsprinzip in Art. 5 EUV und seine Kontrolle, EuR 2013, 523; *Boeck*, Die Abgrenzung der Rechtsetzungskompetenzen von Gemeinschaft und Mitgliedstaaten in der Europäischen Union, Diss. iur., Baden-Baden, 2000; *von Bogdandy/Bast*, Die vertikale Kompetenzordnung der Europäischen Union, EuGRZ 2001, 441; *Calliess*, Subsidiaritäts- und Solidaritätsprinzip in der Europäischen Union, 2. Aufl., 1999; *Epiney*, Zur Abgrenzung der Kompetenzen zwischen EU und Mitgliedstaaten in der Europäischen Verfassung, Jura 2006, 755; *Frenz*, Subsidiaritätsprinzip und -klage nach dem Vertrag von Lissabon, Jura 2010, 641; *Frenz/Ehlenz*, Rechtsangleichung über Art. 114 AEUV und Grenzen gem. Art. 5 EUV nach Lissabon, EuZW 2011, 623; *Götz*, Die Abgrenzung der Zuständigkeiten zwischen der Europäischen Union und den Mitgliedstaaten nach dem Europäischen Rat von Laeken, in: Götz/Martínez/Soria (Hrsg.), Kompetenzverteilung zwischen der EU und den Mitgliedstaaten, 2002, S. 83; *Jarass*, Die Kompetenzverteilung zwischen der Europäischen Gemeinschaft und den Mitgliedstaaten, AöR 121 (1996), 173; *Jarass*, EG-Kompetenzen und das Prinzip der Subsidiarität nach der Schaffung der Europäischen Union, EuGRZ 1994, 209; *Jürgens*, Die Kompetenzabgrenzung zwischen der Europäischen Union und den Mitgliedstaaten, Diss. iur., München, 2010; *Ludwigs*, Die Kompetenzordnung der Europäischen Union im Vertragsentwurf für eine Verfassung, ZEuS 2004, 211; *Koch*, Der Grundsatz der Verhältnismäßigkeit in der Rechtsprechung des Gerichtshofs der Europäischen Gemeinschaften, Diss. iur., Berlin, 2003; *Krauβer*, Das Prinzip begrenzter Ermächtigung im Gemeinschaftsrecht als Strukturprinzip des EWG-Vertrages, 1991; *Möschel*, Zum Subsidiaritätsprinzip im Vertrag von Maastricht, NJW 1993, 3025; *Molsberger*, Das Subsidiaritätsprinzip im Prozess europäischer Konstitutionalisierung, Diss. iur., Berlin, 2009; *Nettesheim*, Die Kompetenzordnung im Vertrag über eine Verfassung für Europa, EuR 2004, 511; *Ritzer*, Europäische Kompetenzordnung, Diss. iur., Baden-Baden, 2006; *Pache*, Der Grundsatz der Verhältnismäßigkeit in der Rechtsprechung der Gerichte der Europäischen Gemeinschaften, NVwZ 1999, 1033; *Rösch*, Zur Rechtsformenwahl des europäischen Gesetzgebers im Lichte des Verhältnismäßigkeitsgrundsatzes – Von der Richtlinie zur Verordnung, Diss iur., Berlin, 2013; *Schima*, Das Subsidiaritätsprinzip im Europäischen Gemeinschaftsrecht, 1994; *Schwartz*, Die Wahl der Rechtsgrundlage im Recht der Europäischen Union, Diss. iur., Baden-Baden, 2013; *Shirvani*, Die europäische Subsidiaritätsklage und ihre Umsetzung ins deutsche Recht, JZ 2010, 753; *Ter Steeg*, Eine neue Kompetenzordnung für die EU – Die Reformüberlegungen des Konvents zur Zukunft Europas, EuZW 2003, 325; *Trstenjak/Beysen*, Das Prinzip der Verhältnismäßigkeit in der Unionsrechtsordnung, EuR 2012, 265; *Trüe*, Das System der Rechtsetzungskompetenzen der Europäischen Gemeinschaft und der Europäischen Union, 2002; *Ullrich*, Die Wahl der Rechtsgrundlage als Rechtsproblem des Gemeinschaftsrechts, ZEuS 2000, 243.

Leitentscheidungen

EuGH, Urt. v. 17.12.1970, Rs. C–11/70 (Internationale Handelsgesellschaft), Slg. 1970, 1125
EuGH, Urt. v. 13.12.1979, Rs. 44/79 (Hauer), Slg. 1979, 3727
EuGH, Urt. v. 21.9.1989, verb. Rs. 46/87 u. 227/88 (Hoechst AG), Slg. 1989, 2859
EuGH, Urt. v. 12.11.1996, Rs. C–84/94 (Arbeitszeitrichtlinie), Slg. 1996, I–5755
EuGH, Urt. v. 15.4.1997, Rs. C 22/94 (Irish Farmer Association/Minister for Agriculture, Food and
   Forestry), Slg. 1997, I–1809
EuGH, Urt. v. 29.11.1956, Rs. 8/55 (»Fédéchar«), Slg. 1955, 56
EuGH, Urt. v. 5.10.2000, Rs. C–376/98 (Tabakwerbeurteil), Slg. 2000, I–8423
EuGH, Urt. v. 10.12.2002, Rs. C–491/01 (British American Tobacco), Slg. 2002, I–11453
EuGH, Urt. v. 10.3.2009, Rs. C–169/07 (Hartlauer), Slg. 2009, I–1721
EuGH, Urt. v. 7.7.2009, Rs. C–558/07 (S.P.C.M. u.a.), Slg. 2009, I–5783
EuGH, Urt. v. 8.9.2009, Rs. C–411/06 (Abfallverbringungsverordnung), Slg. 2009, I–7585
EuGH, Urteil vom 9.9.2010, Rs. C–64/08 (Engelmann), Slg. 2010, I–8219
EuGH, Urt. v. 8.10.2010, Rs. C–58/08 (Vodafone u.a.), Slg. 2010, I–4999
EuGH, Urt. v. 8.10.2010, Rs. C–343/09 (Afton Chemical), Slg. 2010, I–7027
EuGH, Urt. v. 9.11.2010, Rs. C–92/09 (Schecke), Slg. 2010, I–11063
EuGH, Urt. v. 16.12.2010, Rs. C–137/09 (Josemans), Slg. 2010, I–13019
EuGH, Urt. v. 21.6.2011, Rs. C–15/10 (Etimine), Slg. 2011, I–6681
EuGH, Urt. v. 28.7.2011, Rs. C–309/10 (Agrana Zucker GmbH), Slg. 2011, I–7333
EuGH, Urt. v. 21.12.2011, Rs. C–28/09 (Kommission/Österreich), Slg. 2011, I–13525
EuGH, Urt. v. 23.10.2012, verb. Rs. C–581/10 u. C–629/10 (Nelson u.a.), ECLI:EU:C:2012:657
EuGH, Urt. v. 22.1.2013, Rs. C–283/11 (Sky Österreich), ECLI:EU:C:2013:28
EuGH, Urt. v. 8.4.2014, verb. Rs. C–293/12 u. C–594/12 (Digital Rights), ECLI:EU:C:2014:238

Inhaltsübersicht

A. Allgemeine Grundlagen

I. Überblick

Art. 5 EUV kodifiziert die wesentlichen Vorgaben des europäischen Primärrechts für **1** die **Kompetenzverteilung** zwischen der EU und ihren Mitgliedstaaten sowie **zentrale Grundsätze für die Ausübung** der ihr zugewiesenen Kompetenzen[1] durch die EU.[2] Bereits vor dem Vertrag von Lissabon existierte mit Art. 5 EGV eine im Wesentlichen inhaltsgleiche Vorschrift, welche die drei Grundsätze – begrenzte Einzelermächtigung, Subsidiarität und Verhältnismäßigkeit – in den Verträgen verankerte.[3]

---

[1] Zu der Unterscheidung der Begrifflichkeiten »Kompetenz«, »Zuständigkeit« und »Befugnis« vgl. *Ritzer*, S. 37 ff. und *Bast*, in: Grabitz/Hilf/Nettesheim, EU, Art. 5 EUV (September 2013), Rn. 9.

[2] *Lienbacher*, in: Schwarze, EU-Kommentar, Art. 5 EUV, Rn. 1; *Langguth*, in: Lenz/Borchardt, EU-Verträge, Art. 5 EUV, Rn. 1.

[3] *Geiger*, in: Geiger/Kahn/Kotzur, EUV/AEUV, Art. 5 EUV, Rn. 1.

2   Art. 5 EUV wird zu Recht als Zentralnorm für die Struktur der föderalen Kompetenzordnung[4] und als **Schlüsselnorm** des europäischen Kompetenzgefüges eingeordnet[5] und hat wesentliche Grundfragen des Verhältnisses zwischen EU und Mitgliedstaaten zum Gegenstand.[6] Während er die Systematik der vertikalen Kompetenzabgrenzung zwischen EU und Mitgliedstaaten umfassend regelt, können für die Abgrenzung und Ausübung der Kompetenzen, die der EU zugewiesen sind, über die Vorgaben des Art. 5 EUV hinaus zahlreiche weitere primärrechtliche Vorgaben wie etwa die Vertragsbestimmungen über die horizontale Kompetenzabgrenzung innerhalb der EU, die einzelnen Kompetenznormen des AEUV, die Grundrechte, rechtsstaatliche Grundsätze usw. maßgeblich sein.

3   Nach Art. 5 EUV erfolgt die Abgrenzung der Kompetenzen zwischen EU und Mitgliedstaaten nach dem **Grundsatz der begrenzten Einzelermächtigung** (Abs. 1 Satz 1, Abs. 2). Für die Ausübung der auf die Union übertragenen Kompetenzen gelten das **Prinzip der Subsidiarität** (Abs. 1 Satz 2, Abs. 3) und der **Grundsatz der Verhältnismäßigkeit** (Abs. 1 Satz 2, Abs. 4). Die in Absatz 1 genannten Grundsätze und ihr rechtlicher Gehalt werden in den Absätzen 2 bis 4 näher definiert und ausgestaltet. Die Absätze 3 und 4 verweisen für die Anwendung von Subsidiaritäts- und Verhältnismäßigkeitsgrundsatz durch die Organe der EU zusätzlich auf das Protokoll über die Anwendung der Grundsätze der Subsidiarität und der Verhältnismäßigkeit.

4   Die Vorgaben des Art. 5 EUV stellen primärrechtlich geregelte Grundsätze bzw. Prinzipien dar, die auf jegliches Unionshandeln (jedes Tätigwerden der Union und jedwede Maßnahme) Anwendung finden.[7] Sie entfalten **Bindungswirkung für alle Organe und Einrichtungen oder sonstigen Stellen** der Union.[8] Außerdem sind alle Grundsätze des Art. 5 EUV justiziable Kriterien, die im Rahmen des europäischen Rechtsschutzsystems der Kontrolle des EuGH sowie der mitgliedstaatlichen Gerichte in ihrer Funktion als Unionsgerichte unterliegen.[9]

II. Historische Entwicklung

5   Die Geschichte der EU ist seit der Gründung der ursprünglichen drei Europäischen Gemeinschaften von der **Frage nach der Kompetenzverteilung** zwischen der Union und den Mitgliedstaaten geprägt. Letztlich geht es bei der Zuweisung von Kompetenzen im europäischen Integrationsverbund stets auch um die Wahrung von Souveränität und Einfluss der Mitgliedstaaten auf der einen und um die Begrenzung oder Erweiterung der Handlungsmöglichkeiten der EU auf der anderen Seite, im Kern also immer um Fragen

---

[4] So *Bast*, in: Grabitz/Hilf/Nettesheim, EU, Art. 5 EUV (September 2013), Rn. 1.

[5] *Calliess*, in: Calliess/Ruffert, EUV/AEUV, Art. 5 EUV, Rn. 4 m. w. N.

[6] In diesem Sinne *Bast*, in: Grabitz/Hilf/Nettesheim, EU, Art. 5 EUV (September 2013), Rn. 1, der dort Art. 5 EUV neben den Art. 1, 4 und 7 EUV als eine der Grundlagenbestimmungen bezeichnet, die die Beziehungen zwischen der EU und den Mitgliedstaaten regelt.

[7] *Streinz*, in: Streinz, EUV/AEUV, Art. 5 EUV, Rn. 4.

[8] *Bast*, in: Grabitz/Hilf/Nettesheim, EU, Art. 5 EUV (September 2013), Rn. 5; *Calliess*, in: Calliess/Ruffert, EUV/AEUV, Art. 5 EUV, Rn. 4; EuGH, Urt. v. 15. 11. 2011, Rs. C–539/09 (Kommission/Deutschland), Slg. 2011, I–11235, GA *Trstenjak*, Schlussanträge zu Rs. C–539/09 (Kommission/Deutschland), Slg. 2011, I–11235, Rn. 81 m. w. N.; *Lienbacher*, in: Schwarze, EU-Kommentar, Art. 5 EUV, Rn. 2.

[9] *Lienbacher*, in: Schwarze, EU-Kommentar, Art. 5 EUV, Rn. 2; *Bast*, in: Grabitz/Hilf/Nettesheim, EU, Art. 5 EUV (September 2013), Rn. 3; *Streinz*, in: Streinz, EUV/AEUV, Art. 5 EUV, Rn. 6. Speziell für das Subsidiaritätsprinzip *Strohmeier*, BayVBl. 1993, 417 (418).

der Machtverteilung.[10] Denn je mehr Kompetenzen die Union »an sich zieht« oder von den Mitgliedstaaten übertragen bekommt, desto weniger Kompetenzen verbleiben den Mitgliedstaaten mit der Folge, dass sie in immer mehr Bereichen keine autonomen nationalen Gestaltungsspielräume mehr besitzen und keine eigenständigen Regelungen erlassen dürfen, sondern zunehmend von der Rechtsetzung der Union abhängig sind. Auch inwieweit den Mitgliedstaaten ein Spielraum für eigenständige Regelungen in den durch die Union geregelten Bereichen verbleibt, ist in weitem Umfang von der Art und Weise der Kompetenzausübung bzw. der Rechtsetzung der Union abhängig. Dies schürt in vielen Mitgliedstaaten die **Angst vor dem schrittweisen Verlust ihrer Souveränität** und dem mit diesem Souveränitätsverlust einhergehenden Machtzuwachs der Union durch eine »grenzenlos« fortschreitende Europäische Integration. Diese nicht völlig unberechtigten Sorgen vor einem unkontrollierten Machtzuwachs der EU haben aus Sicht der Mitgliedstaaten ein Instrumentarium erforderlich gemacht, mit dem einer solchen Entwicklung entgegengetreten werden konnte,[11] nicht zuletzt auch deshalb, um die Europäische Integration überhaupt weiter voranzutreiben und die Akzeptanz der Gemeinschafts- und Unionsrechtsakte nicht zu gefährden.[12] Die Angst der Mitgliedstaaten vor einem kontinuierlichen Machtverlust und einer zunehmenden Ausweitung der EU-Kompetenzen hält allerdings ungeachtet aller Versuche zu einer besseren Kompetenzabgrenzung sowie zu einer Beschränkung der Kompetenzausübung der EU weiterhin an.[13]

Um dem Kompetenzzuwachs und einer ausufernden Kompetenzausübung der EU   **6** Einhalt zu gebieten[14] und den entsprechenden Wünschen der Mitgliedstaaten Rechnung zu tragen, wurden durch den **Vertrag von Maastricht** (1992) Regelungen, die eine schleichende Kompetenzausweitung der EU verhindern sollten, in die Verträge eingefügt.[15] Insbesondere die Verankerung des Subsidiaritätsprinzips im EG-Vertrag war auf dieses Ziel ausgerichtet.[16] Das Subsidiaritätsprinzip wurde zusammen mit den anderen Kompetenzbegrenzungs- und Kompetenzausübungsregelungen in Art. 3 b EGV niedergelegt.[17] Insoweit ist die inhaltliche Herkunft von Art. 5 EUV im Art. 3 b EGV i. d. F. Maastricht begründet,[18] denn mit diesem Artikel wurde eine Vorschrift eingeführt, die inhaltlich im Wesentlichen dem heutigen Art. 5 EUV entspricht. Bereits Art. 3 b EGV enthielt den Grundsatz der begrenzten Einzelermächtigung (Absatz 1), die Vorgabe der Erforderlichkeit – die dem gegenwärtigen Verhältnismäßigkeitsgrundsatz entspricht – für ein Handeln der EG (Absatz 3) sowie ausdrücklich das Subsidiaritätsprinzip

---

[10] *Nettesheim*, EuR 1993, 243 (243); *Calliess*, in: Calliess/Ruffert, EUV/AEUV, Art. 5 EUV, Rn. 5; *ter Steeg*, EuZW 2003, 325 (325); *Ritzer*, S. 23.

[11] *Lienbacher*, in: Schwarze, EU-Kommentar, Art. 5 EUV, Rn. 3.

[12] *Ritzer/Ruttloff*, EuR 2006, 116 (116). Zu den Vorwürfen einer Kompetenzüberschreitung *Nettesheim*, EuR 2004, 511 (523 ff.) m. w. N.

[13] *Calliess*, in: Calliess/Ruffert, EUV/AEUV, Art. 5 EUV, Rn. 8 m. w. N.

[14] *Langguth*, in: Lenz/Borchardt, EU-Verträge, Art. 5 EUV, Rn. 2: »Unausgesprochenes Ziel ist die Verhinderung eines europäischen »Superstaates«.«

[15] *Calliess*, S. 35 ff.; vgl. auch *Classen*, GYIL 46 (2003), 323 (340); *von Borries*, EuR 1994, 263 (298).

[16] Insbesondere die deutschen Bundesländer drängten auf die Einführung des Subsidiaritätsprinzips, *Langguth*, in: Lenz/Borchardt, EU-Verträge, Art. 5 EUV, Rn. 2; *Vedder*, in: Vedder/Heintschel v. Heinegg, Europäisches Unionsrecht, Art. 5 EUV, Rn. 3.

[17] *Lienbacher*, in: Schwarze, EU-Kommentar, Art. 5 EUV, Rn. 3.

[18] *Bast*, in: Grabitz/Hilf/Nettesheim, EU, Art. 5 EUV (September 2013), Rn. 2.

(Absatz 2). Jedoch erwiesen sich die getroffenen Regelungen oftmals als nur wenig effektiv und traten hinter den Wunsch und die Idee eines starken Binnenmarktes zurück.[19]

7   Ansätze des Subsidiaritätsprinzips waren schon vor dem Vertrag von Maastricht im Gemeinschaftsprimärrecht zu finden,[20] denn schon zuvor existierte das Bedürfnis der Mitgliedstaaten nach einer kontrollierten Einschränkung und Begrenzung der Gemeinschaftskompetenzen. Jedoch ist **der Subsidiaritätsgedanke in seiner Allgemeinheit neu.**[21] Vor dem Vertrag von Maastricht ließen sich lediglich einige sektorspezifische **Ansätze** des Subsidiaritätsgedankens in den Verträgen finden, bspw. in **Art. 130r Abs. 4 EWGV**, der 1986 durch die EEA für den Bereich der Umweltpolitik eingeführt wurde.[22] Indirekt fand sich der Grundsatz der Subsidiarität zudem in **Art. 100** und **235 EWGV.**[23] Jedoch betrafen diese Vorgaben immer nur einen eingeschränkten Bereich. Das Prinzip der begrenzten Einzelermächtigung[24] und der Grundsatz der Verhältnismäßigkeit[25] in ihrer Geltung für jegliches Handeln aller Gemeinschaftsorgane waren hingegen schon zuvor anerkannt bzw. bestanden schon für die Europäischen Gemeinschaften und wurden durch Maastricht erstmals kodifiziert.[26]

8   Im Rahmen des **Vertrages von Amsterdam** wurde Art. 3 b EGV lediglich in **Art. 5 EGV** neu verortet. Der Inhalt ist wortgleich geblieben. Allerdings wurde mit dem **Protokoll Nr. 30 zum EG-Vertrag über die Anwendung der Grundsätze der Subsidiarität und der Verhältnismäßigkeit** (ABl. 1997, C 340/105) die Anwendung des Subsidiaritätsgrundsatzes präzisiert und konkretisiert. Dieses Vorgehen wurde zum Teil als Stärkung der rechtlichen Verbindlichkeit der beiden Grundsätze gesehen, die zuweilen allerdings auch angezweifelt[27] wurde.[28]

9   Mit dem **Vertrag von Nizza** gingen zunächst keine weiteren Neuerungen oder Verbesserungen dieser Prinzipien einher. Als Ausgleich für die Vertagung dieses Themenbereichs wurde dem Vertrag eine »**Erklärung zur Zukunft der Union**«[29] angefügt.[30] Danach sollte sich eine unmittelbar an Nizza anschließende Reformrunde mit der Klärung der Frage befassen, inwiefern unter Beachtung des Subsidiaritätsprinzips eine genauere Abgrenzung der Zuständigkeiten der Europäischen Union und der Mitgliedstaaten erreicht und aufrechterhalten werden kann. Diese Reformrunde sollte letztendlich in ei-

---

[19] *Calliess*, in: Calliess/Ruffert, EUV/AEUV, Art. 5 EUV, Rn. 1; *Ritzer*, S. 25.

[20] *Lienbacher*, in: Schwarze, EU-Kommentar, Art. 5 EUV, Rn. 3. Siehe dazu auch *Blanke*, ZG 1991, 133 (135 ff.).

[21] *Möschel*, NJW 1993, 3025 (3026).

[22] *Strohmeier*, BayVBl. 1993, 417 (417); *Möschel*, NJW 1993, 3025 (3026); *Stein*, Die Europäische Union nach dem Vertrag von Amsterdam: Subsidiarität, Transparenz, Bürgernähe, in: Hummer (Hrsg.), Die Europäische Union nach dem Vertrag von Amsterdam, 1998, S. 141 (143).

[23] Vgl. *Calliess*, S. 31. *Möschel*, NJW 1993, 3025 (3026) spricht auch von Vorläufern in einzelnen Bestimmungen des EGKS- und des EWG-Vertrages.

[24] *Möschel*, NJW 1993, 3025 (3025) m. w. N.; *Vedder*, in: Vedder/Heintschel v. Heinegg, Europäisches Unionsrecht, Art. 5 EUV, Rn. 3.

[25] *Von Danwitz*, EWS 2003, 393 (393) m. w. N. der ständigen Rechtsprechung des EuGH in Fn. 1.

[26] *Geiger*, Allgemeine Überlegungen zum Begriff der ausschließlichen Gemeinschaftszuständigkeit als Anwendungsgrenze des Subsidiaritätsprinzips, FS Gitter, 1995, S. 267 (267).

[27] *Calliess*, EuGRZ 2003, 181 (181) m. w. N.

[28] *Lienbacher*, in: Schwarze, EU-Kommentar, Art. 5 EUV, Rn. 3. Dazu *Stein* (Fn. 22), S. 143. Ausführlich zu dem Subsidiaritätsprotokoll des Amsterdamer Vertrages *Kenntner*, NJW 1998, 2871 ff.

[29] Erklärung (Nr. 23) der Schlussakte der Konferenz von Nizza zum Tagungsort des Europäischen Rates, ABl. 2001, C 80/85.

[30] *Götz*, S. 84; *Görlitz*, DÖV 2004, 374 (375).

ner Regierungskonferenz münden, was auch geschah.[31] Im Dezember 2001 nahm der Europäische Rat die »Erklärung zur Zukunft der Union« in Laeken an, durch die die Union zu mehr Demokratie, Transparenz und Effizienz verpflichtet wurde. Zugleich setzte er einen Verfassungskonvent (Europäischer Konvent) ein,[32] dem unter anderem die Aufgabe zugewiesen wurde, eine bessere Verteilung und Abgrenzung der Zuständigkeiten der Union und der Mitgliedstaaten zu erzielen, insbesondere die Kompetenzverteilung zwischen der Union und den Mitgliedstaaten zu vereinfachen und zu verdeutlichen. Im Zuge dessen wurde überlegt, ob man die Art. 95 und 308 EGV (Art. 114 und 352 AEUV) wegen ihrer zum Teil »ausufernden« Wirkung abschaffen sollte.[33] Des Weiteren waren Maßnahmen zur Eindämmung einer Ausweitung der Zuständigkeit der Union zum Nachteil der Mitgliedstaaten vorgesehen.[34] Mit der Ausarbeitung auf dem Gebiet der Zuständigkeitsabgrenzung waren insbesondere die Arbeitsgruppe I »Subsidiarität« sowie die Arbeitsgruppe V »Ergänzende Zuständigkeiten« betraut. Hinsichtlich der materiellen Kompetenzverteilung bestand bereits sehr früh Einigkeit darüber, dass keine wesentlichen Änderungen vorgenommen werden sollten.[35] Im Fokus der Ausarbeitungen standen vielmehr eine redaktionelle Neufassung und die Schaffung einer besseren Definition und strukturellen Aufteilung der EU-Kompetenzen.[36]

Im Teil I »Grundlagen der Europäischen Union« des **Vertrages über eine Verfassung**   **10**
für Europa wurde ein Titel III aufgenommen, der ausschließlich die Kompetenzen der Union und die Verteilung der Zuständigkeiten zwischen Union und den Mitgliedstaaten zum Inhalt hatte. Damit sollte der Erklärung Nr. 23 zum Vertrag von Nizza zur Zukunft der Union sowie dem Auftrag des Europäischen Rates von Laeken an den Europäischen Konvent nachgekommen werden.[37] Um dieses Ziel zu erreichen, wurden die drei Grundsätze zur Kompetenzabgrenzung und -ausübung in **Art. I–11 Abs. 1 VVE** übernommen. Der Grundsatz der begrenzten Einzelermächtigung wurde explizit als solcher bezeichnet und in Absatz 2 präzisiert. Das Subsidiaritätsprinzip fand sich nunmehr in Absatz 3 UAbs. 1 wieder und der Verhältnismäßigkeitsgrundsatz wurde in Absatz 4 UAbs. 1 normiert. Eine Neuerung stellte auch das neu abgefasste Protokoll über die Anwendung der Grundsätze der Subsidiarität und der Verhältnismäßigkeit dar. Dieses wurde durch Verweise in den einschlägigen Unterabsätzen (Abs. 3 UAbs. 2, Abs. 4 UAbs. 2) den beiden betroffenen Prinzipien angefügt und inhaltlich eingebunden. Damit wurde insbesondere den nationalen Parlamenten ein sog. Frühwarnsystem bereitgestellt, um vorab aus ihrer Sicht bestehende Verstöße gegen das Subsidiaritätsprinzip zu rügen. Auch wurde den nationalen Parlamenten die Möglichkeit eröffnet, wegen eines Verstoßes gegen das Subsidiaritätsprinzip Nichtigkeitsklage vor dem EuGH zu erheben. Weiter wurde ein Kompetenzkatalog mit einer Einteilung in die unterschiedlichen Kompetenzkategorien aufgestellt.[38]

---

[31] Dazu auch *Calliess*, EuGRZ 2003, 181 (181).

[32] Anlage I zu den Schlussfolgerungen des Vorsitzes v. 14./15.12.2001, Bull EU 12–2001, 25.

[33] *Calliess*, EuGRZ 2003, 181 (182); *Streinz/Ohler/Herrmann*, Vertrag von Lissabon, S. 104. Ausführlicher dazu *Götz*, S. 98 f., wobei dieser anklingen lässt, dass er eine Abschaffung des Art. 95 EGV für sinnvoll erachtet, weil diese Vorschrift ein echtes Problem für die Kompetenzabgrenzung darstelle.

[34] *Calliess*, in: Calliess/Ruffert, EUV/AEUV, Art. 5 EUV, Rn. 1.

[35] *Calliess*, in: Calliess/Ruffert, EUV/AEUV, Art. 5 EUV, Rn. 1. Vgl. ausführlich dazu *Strohmayr*, Kompetenzkollisionen zwischen europäischem und nationalem Recht, 2006, S. 326 ff.

[36] *Görlitz*, DÖV 2004, 374 (375); *Calliess*, in: Calliess/Ruffert, EUV/AEUV, Art. 5 EUV, Rn. 1.

[37] Vgl. dazu auch *Lienbacher*, in: Schwarze, EU-Kommentar, Art. 5 EUV, Rn. 4.

[38] Vgl. dazu auch *Lienbacher*, in: Schwarze, EU-Kommentar, Art. 5 EUV, Rn. 4.

11 Nach dem Scheitern des Verfassungsvertrages wurden die Änderungen, die durch diesen erfolgen sollten, in den **Vertrag von Lissabon** aufgenommen. In **Art. 5 EUV** sind nunmehr das Prinzip der begrenzten Einzelermächtigung, das Subsidiaritätsprinzip sowie der Grundsatz der Verhältnismäßigkeit niedergeschrieben, ergänzt durch das **Protokoll Nr. 2 über die Anwendung der Grundsätze der Subsidiarität und Verhältnismäßigkeit.**[39] Auch existiert mit den Art. 3 ff. AEUV endlich[40] ein geschriebener Kompetenzkatalog auf Unionsebene.[41] Damit kann festgehalten werden, dass das angestrebte Ziel einer besseren Definition der Unionskompetenzen und ihrer strukturellen Aufteilung mit dem Lissabonner Vertrag in großen Teilen erreicht werden konnte. Mängel bestehen hinsichtlich der Transparenz, da sich Ausführungen zum Subsidiaritätsprinzip nicht nur in Art. 5 EUV, sondern auch in Art. 12 Buchst. b EUV, Art. 69 AEUV und Art. 352 II AEUV, im Protokoll Nr. 2 über die Anwendung der Grundsätze der Subsidiarität und der Verhältnismäßigkeit sowie ferner in der Präambel befinden und mithin auf beide Verträge aufgeteilt sind.[42] Auch der Kompetenzkatalog befindet sich in den Art. 2 ff. AEUV. Damit sind die grundlegenden Regelungen der Kompetenzordnung der Union nicht, wie ursprünglich im Verfassungsvertrag vorgesehen, in einem einzigen eigenen Abschnitt zusammengefasst, sondern befinden sich an unterschiedlichen Stellen innerhalb der Verträge.[43] Letztlich enthielt Art. 5 EGV bereits alle Grundsätze des Art. 5 EUV. Auch an den Formulierungen änderten sich nur marginale Aspekte. Insbesondere wurde die bereits bestehende und durch die Rechtsprechung des EuGH geprägte materielle Rechtslage durch die Änderungen des Primärrechts verdeutlicht, sodass bezüglich der Auslegung der genannten Prinzipien weitgehend mit Kontinuität in der Rechtsprechung des EuGH zu rechnen ist.[44]

III. Kontext

12 Art. 5 EUV stellt die **zentrale Kompetenznorm** des Primärrechts zur Kompetenzverteilung zwischen der EU und den Mitgliedstaaten sowie zur Kompetenzausübung durch die EU dar. Die Norm ist allerdings stets im Zusammenhang mit den übrigen Vertragsbestimmungen zu sehen, die Regelungen zu den Kompetenzen enthalten. So wird bspw. durch Art. 4 Abs. 1 EUV mit Verweis auf Art. 5 EUV ausdrücklich festgehalten, dass »alle der Union nicht in den Verträgen übertragenen Zuständigkeiten« bei den Mitgliedstaaten verbleiben.[45] In **Art. 4 EUV** befinden sich darüber hinaus bestimmte **Schutzregeln**, durch die den Interessen der Mitgliedstaaten bei einer Zuständigkeit der Union

---

[39] ABl. 2010, C 83/206.
[40] Dieser Kompetenzkatalog ist zumindest insoweit zu begrüßen, als es bei einigen Kompetenzvorschriften, wie beispielsweise bei Art. 95 EGV, umstritten war, welcher Kompetenzkategorie diese Vorschriften zuzuordnen sind. Siehe dazu Rn. 64.
[41] Einen Überblick über diesen Katalog und die unterschiedlichen Kompetenzkategorien bietet *Härtel*, in: Niedobitek, Europarecht – Grundlagen, § 6, Rn. 50 ff.; *Streinz/Ohler/Herrmann*, Vertrag von Lissabon, S. 106 ff. Dieser enthält jedoch keine abschließende Kompetenzauflistung.
[42] *Langguth*, in: Lenz/Borchardt, EU-Verträge, Art. 5 EUV, Rn. 3; *Streinz/Ohler/Herrmann*, Vertrag von Lissabon, S. 104. Im Verfassungsvertrag sollte dagegen alles unter einem Titel behandelt werden.
[43] *Müller-Graff*, integration 2008, 123 (133).
[44] *Langguth*, in: Lenz/Borchardt, EU-Verträge, Art. 5 EUV, Rn. 4.
[45] Ausführlicher *Härtel*, in: Niedobitek, Europarecht – Grundlagen, § 6, Rn. 17. *Bast*, in: Grabitz/Hilf/Nettesheim, EU, Art. 5 EUV (September 2013), Rn. 2 m. w. N. sieht in dieser »Doppelung« eine Nachwirkung des gescheiterten Verfassungsvertrages.

Rechnung getragen werden soll.[46] Insbesondere hat die Union nach Art. 4 Abs. 2 EUV die **nationale Identität** der Mitgliedstaaten sowie **die grundlegenden Funktionen des Staates** zu achten.[47] Daraus ergibt sich folgendes Zusammenspiel zwischen Art. 5 EUV und Art. 4 Abs. 2 EUV: Bei der Ausübung der Zuständigkeit der Union sind sowohl die Vorgaben des Art. 5 EUV zu beachten als auch auf die nationale Identität der Mitgliedstaaten sowie auf die grundlegenden Funktionen des Staates Rücksicht zu nehmen, die der Zuständigkeitsausübung der Union Grenzen setzen. Andererseits haben die einzelnen Kompetenzzuweisungen an die EU Einfluss auf die nationale Identität der Mitgliedstaaten, auf die mit dieser verbundenen Identitätsgarantie ebenso wie auf die Funktionen des Staates.[48]

Die Art. 2 ff. AEUV enthalten den seit langem geforderten Kompetenzkatalog, der   **13** zusammen mit Art. 5 EUV für größere Klarheit und Erkennbarkeit der Kompetenzverteilung zwischen der EU und den Mitgliedstaaten sorgen soll. Hierzu definiert **Art. 2 AEUV abstrakte Kompetenzkategorien**, unter Rückgriff auf die der EU durch die Art. 3, 4 und 6 AEUV entsprechende Kompetenzen für bestimmte Politik- und Sachgebiete zugewiesen werden. Daneben sieht Art. 5 AEUV die Koordinierung der Wirtschafts-, Beschäftigungs- und Sozialpolitik der Mitgliedstaaten vor. Gleichwohl werden der Union durch die Art. 3 ff. AEUV unmittelbar **keine Kompetenzen zugewiesen**. Die dort aufgestellten Kataloge regeln vielmehr die Art und damit auch den Umfang der Kompetenz, die der EU in den konkreten nachfolgenden Vorschriften des AEUV zugewiesen wird, indem die einzelnen Bereiche der Zuständigkeit der EU den zuvor definierten Kompetenzkategorien zugeordnet werden. Entsprechende Kompetenzkategorien waren auch schon vor dem Vertrag von Lissabon anerkannt, jedoch ist ihre Definition und die Einordnung der unterschiedlichen Sachbereiche in die Kompetenzkategorien nunmehr erstmals in geschriebener Form erfolgt. Insoweit bringt die kodifizierte Zuordnung der Politik- und Sachgebiete mehr Transparenz und Rechtssicherheit mit sich, denn es bestanden in manchen Bereichen Unsicherheiten, welcher Kompetenzkategorie der entsprechende Bereich zuzuordnen war. Die **Kompetenzen zum Handeln** selbst ergeben sich also weiterhin aus den einzelnen **Kompetenzgrundlagen der Verträge**. Als Interpretationshilfe können die Art. 2 ff. AEUV jedoch für die Auslegung und Anwendung der einzelnen Kompetenznormen in den Verträgen eine Rolle spielen.[49] Ein trennscharfer abschließender Katalog der Kompetenzverteilung zwischen Union und Mitgliedstaaten existiert jedoch, trotz entsprechender Forderungen insbesondere von Seiten der deutschen Bundesländer, bis heute nicht.[50]

IV. Regelungsgehalt

Art. 5 EUV ist die »Schlüsselnorm« für die Kompetenzverteilung in der EU.[51] Mit dieser   **14** Norm werden die verfassungsrechtlichen Grenzen des unionalen Handelns aufgezeigt.[52]

---

[46] *Härtel*, in: Niedobitek, Europarecht – Grundlagen, § 6, Rn. 16.

[47] *Ladenburger*, ZEuS 2011, 389 (396) sieht in dieser Vorschrift hauptsächlich eine symbolische Bedeutung.

[48] Ausführlich dazu und zu der nationalen Identität *Pernice*, Der Schutz der nationalen Identität in der Europäischen Union, WHI-PAPER 06/2011, S. 4 ff.

[49] *Classen*, GYIL 46 (2003), 323 (341); *Nettesheim*, EuR 2004, 511 (527); *Calliess*, in: Calliess/Ruffert, EUV/AEUV, Art. 5 EUV, Rn. 3.

[50] *Streinz/Ohler/Herrmann*, Vertrag von Lissabon, S. 105; *Calliess*, in: Calliess/Ruffert, EUV/AEUV, Art. 5 EUV, Rn. 2.

[51] *Calliess*, in: Calliess/Ruffert, EUV/AEUV, Art. 5 EUV, Rn. 4; zu Art. 5 EGV, *Calliess*, Der Bin-

Die Struktur des Art. 5 EUV folgt weitestgehend der des früheren Art. 5 EGV[53] und enthält die **Grundsätze der Kompetenzverteilung und der Kompetenzausübung**.[54] Absatz 1 gibt einen Überblick über die sogenannte »europäische Schrankentrias«[55],[56] bestehend aus dem Prinzip der begrenzten Einzelermächtigung in Absatz 2, dem Subsidiaritätsprinzip in Absatz 3 und dem Verhältnismäßigkeitsgrundsatz in Absatz 4. Diese Prinzipien gelten für jedes Handeln der Union.[57]

15   Die Vorgaben des Art. 5 EUV sind **kumulativ zu beachten**.[58] Folglich muss jede unionsrechtliche Maßnahme dem Grundsatz der begrenzten Einzelermächtigung, im Falle nicht ausschließlicher Kompetenz der EU dem Subsidiaritätsprinzip und schließlich dem Grundsatz der Verhältnismäßigkeit entsprechen. Jedoch verbleibt den handelnden Organen bei der Handhabung dieser Grundsätze ein Beurteilungsspielraum.[59] Steht das Subsidiaritätsprinzip im konkreten Fall einem Tätigwerden der Union entgegen, so sind die Mitgliedstaaten aufgrund der in Art. 4 Abs. 3 EUV verankerten Loyalitätspflicht gehalten, entsprechend tätig zu werden, um das angestrebte Ziel auf mitgliedstaatlicher Ebene zu verfolgen.[60]

16   Für ein kompetenziell rechtmäßiges Handeln der Union ist es also gemäß Art. 5 EUV erforderlich, dass die Union unter Beachtung des Grundsatzes der begrenzten Einzelermächtigung nach Absatz 2 innerhalb der Grenzen der ihr übertragenen Zuständigkeiten handelt. Entsprechend muss eine einschlägige Zuständigkeitsübertragung in Form einer Kompetenzgrundlage für die EU vorliegen. Weiter muss nach den Vorgaben des Absatzes 3 festgestellt werden, ob die Union im konkreten Fall, trotz Vorliegens einer Kompetenzgrundlage, überhaupt handeln darf oder ob die konkrete Zuständigkeit den Mitgliedstaaten zusteht. Weiter kommt es für ein rechtmäßiges Handeln darauf an, auf welche Art, in welcher Intensität und in welchem Umfang die Union tätig wird. Welchen Rahmen sie dabei einzuhalten hat, wird durch das in Absatz 4 verankerte Verhältnismäßigkeitsprinzip konkretisiert. Hinsichtlich dieses Dreischritts wird auch von einer dreistufigen Prüfung gesprochen.[61]

---

nenmarkt, die europäische Kompetenzordnung und das Subsidiaritätsprinzip im Lichte der neuen Europäischen Verfassung, FS Fischer, 2004, S. 3 (3); *Kadelbach*, in: GSH, Europäisches Unionsrecht, Art. 5 EUV, Rn 1, nennt die Norm »die zentrale Kompetenzregelung der Europäischen Union« und hebt hervor, dass sie die Zuordnung der Verbandskompetenz zwischen Union und Mitgliedstaaten zum Gegenstand hat sowie die Kompetenzverteilung in drei Prinzipien der vertikalen Zuständigkeitsordnung »auffächert«.

[52] *Bast*, in: Grabitz/Hilf/Nettesheim, EU, Art. 5 EUV (September 2013), Rn. 2.
[53] *Vedder*, in: Vedder/Heintschel v. Heinegg, Europäisches Unionsrecht, Art. 5 EUV, Rn. 1.
[54] *Lienbacher*, in: Schwarze, EU-Kommentar, Art. 5 EUV, Rn. 1; *Langguth* Lenz/Borchardt, EU-Verträge, Art. 5 EUV, Rn. 1.
[55] *Calliess*, in: Calliess/Ruffert, EUV/AEUV, Art. 5 EUV, Rn. 5; *Calliess*, S. 68 f.; *Merten*, Subsidiarität als Verfassungsprinzip, in: Merten (Hrsg.), Die Subsidiarität Europas, 1994, S. 77 (78).
[56] *Lienbacher*, in: Schwarze, EU-Kommentar, Art. 5 EUV, Rn. 1; *Calliess*, in: Calliess/Ruffert, EUV/AEUV, Art. 5 EUV, Rn. 5.
[57] *Streinz*, in: Streinz, EUV/AEUV, Art. 5 EUV, Rn. 4; *Lienbacher*, in: Schwarze, EU-Kommentar, Art. 5 EUV, Rn. 2.
[58] *Geiger*, in: Geiger/Kahn/Kotzur, EUV/AEUV, Art. 5 EUV, Rn. 2.
[59] Dazu ausführlicher Rn. 99 ff. und Rn. 148 ff.
[60] *Geiger*, in: Geiger/Kahn/Kotzur, EUV/AEUV, Art. 5 EUV, Rn. 2.
[61] Vgl. *Calliess*, in: Calliess/Ruffert, EUV/AEUV, Art. 5 EUV, Rn. 5. Dieser spricht auch von der »Kann-Frage«, der »Ob-Frage« und der »Wie-Frage«.

B. Grundsatz der begrenzten Einzelermächtigung

I. Bedeutung

Der Grundsatz der begrenzten Einzelermächtigung gilt nach Art. 5 Abs. 1 Satz 1 EUV   **17**
für die Abgrenzung der Zuständigkeit der Union. Näher ausgeführt ist dieser in Art. 5
Abs. 2 Satz 1 EUV, wonach die Union nur innerhalb der Grenzen der Zuständigkeiten
tätig wird, welche die Mitgliedstaaten ihr in den Verträgen zur Verwirklichung der darin
niedergelegten Ziele übertragen haben. Nach Art. 5 Abs. 2 Satz 2 EUV verbleiben alle
der Union nicht in den Verträgen übertragenen Zuständigkeiten bei den Mitgliedstaaten. Diese **Vermutung für die Zuständigkeit der Mitgliedstaaten** war schon immer als
Ausfluss des Prinzips der begrenzten Einzelermächtigung anerkannt.[62] Daraus ergibt
sich, dass die EU hinsichtlich ihrer Zuständigkeiten auf deren **Übertragung** durch die
Mitgliedstaaten angewiesen ist.[63] Den Unionsorganen muss daher zum Zeitpunkt des
Erlasses eines Rechtsaktes eine Kompetenzgrundlage zur Verfügung stehen, die in den
Verträgen niedergeschrieben ist oder sich auf diese zurückführen lässt, welche als
Grundlage für den zu erlassenden Rechtsakt herangezogen werden kann.[64] Es muss also
eine Vorschrift existieren, deren Tatbestand und Rechtsfolgen sich mit der zu erlassen-
den Maßnahme decken. Insbesondere muss auch die gewählte Handlungsform von der
Ermächtigungsnorm umfasst sein.[65] Weiter verpflichtet das Prinzip die Union auch dazu,
die **richtige Kompetenzgrundlage** zu wählen, weil diese für die Anwendung des richtigen Rechtsetzungsverfahrens sowie die entsprechende Beteiligung der Unionsorgane
von Bedeutung ist.[66] Damit hat das Prinzip der begrenzten Einzelermächtigung nicht nur
Bedeutung für die vertikale Kompetenzabgrenzung zwischen der Union und den Mitgliedstaaten, sondern ist auch entscheidend für die horizontale Kompetenzabgrenzung,
also für die Frage, welche Organe im konkreten Fall zum Handeln befugt sind.[67] Auch
ergibt sich aus diesem Prinzip, dass nicht von der Zuweisung einer Aufgabe an die Union
auf das Vorhandensein der zur Aufgabenerfüllung erforderlichen Befugnisse geschlossen werden kann. Eine der Union zugewiesene Aufgabe beinhaltet als solche noch keine
Kompetenz zu einem rechtsetzenden oder sonstigen Tätigwerden zur Aufgabenerfüllung. Es bedarf vielmehr stets einer der Aufgabenzuweisung korrespondierenden Ermächtigungsnorm für die EU.[68]

Denn die Union selbst besitzt **keine sog. Kompetenz-Kompetenz**, was sie deutlich   **18**
von einem souveränen Staat unterscheidet.[69] Durch das Prinzip der begrenzten Einzel-

---

[62] *Pieper*, DVBl 1993, 705 (711) m. w. N.; *Calliess*, S. 71 m. w. N.; *Calliess*, in: Calliess/Ruffert, VerfEU, Art. 1–11 VVE, Rn. 9.

[63] *Trstenjak/Beysen*, EuR 2012, 265 (266); *Dashwood*, CML Rev. 2004, 355 (356).

[64] *Bast*, in: Grabitz/Hilf/Nettesheim, EU, Art. 5 EUV (September 2013), Rn. 13; *ter Steeg*, EuZW 2003, 325 (326); *Epiney*, Jura 2006, 755 (756).

[65] *Langguth*, in: Lenz/Borchardt, EU-Verträge, Art. 5 EUV, Rn. 5; *Ritzer*, S. 57; *Kraußer*, S. 24 f. Ausführlich zu der Bedeutung des Prinzips der begrenzten Einzelermächtigung für die Auswahl der Handlungsform *Biervert*, Der Mißbrauch von Handlungsformen im Gemeinschaftsrecht, 1999, S. 90 f.

[66] *Streinz*, in: Streinz, EUV/AEUV, Art. 5 EUV, Rn. 8; *Langguth*, in: Lenz/Borchardt, EU-Verträge, Art. 5 EUV, Rn. 5.

[67] *Trüe*, S. 73; *Streinz*, in: Streinz, EUV/AEUV, Art. 5 EUV, Rn. 9; *Trüe*, ZaöRV 64 (2004), 391 (396); *Schwartz*, S. 26. Ausführlicher: *Kraußer*, S. 23 f.

[68] *Kraußer*, S. 18 ff.; *Trüe*, S. 73; *Jarass*, AöR 121 (1996), 173 (175); *Herchenhan*, BayVBl. 2003, 649 (650). Nur die einzelnen Kompetenznormen und nicht auch die Ziele wirken kompetenzbegründend, *Vedder*, in: Vedder/Heintschel v. Heinegg, Europäisches Unionsrecht, Art. 5 EUV, Rn. 7.

[69] *Frenz/Ehlenz*, EuZW 2011, 623 (623).

ermächtigung wird also für die Mitgliedstaaten sichergestellt, dass sie nicht ihre eigene Souveränität verlieren, indem sich die Union autonom eigene Kompetenzen schafft[70] mit der Folge eines Verlustes der entsprechenden Zuständigkeit der Mitgliedstaaten für diese Bereiche. Allerdings reicht dieses Prinzip der begrenzten Einzelermächtigung allein kaum aus, um einen wirksamen Schutz der mitgliedstaatlichen Kompetenzen zu gewährleisten.[71]

19   Die Mitgliedstaaten sind die »Herren der Verträge«[72] und besitzen die Kompetenz-Kompetenz, haben also allein die Macht, zu entscheiden, inwieweit Kompetenzen und Zuständigkeiten auf die Union verlagert werden sollen bzw. ob es erforderlich ist, der Union eine ihr übertragene und deshalb zustehende Kompetenz für einen bestimmten Bereich wieder zu entziehen.[73] Sowohl die **Übertragung** als auch der **Entzug von Kompetenzen** ist allein durch eine **Vertragsänderung** nach Art. 48 EUV möglich,[74] wobei es dazu gemäß Art. 48 Abs. 4 UAbs. 2 EUV einer Ratifizierung durch alle Mitgliedstaaten bedarf.[75]

20   Dieser Umstand der mangelnden Kompetenz-Kompetenz oder Allzuständigkeit[76] der Union ist die logische Konsequenz ihrer rechtlichen Konstruktion als durch die Mitgliedstaaten begründeter Zweckverband europäischer Integration zur Erledigung gemeinsamer Aufgaben der Mitgliedstaaten mittels der ihr zu diesem Zweck von den Mitgliedstaaten übertragenen bzw. gemeinsam ausgeübten Hoheitsrechte. Die Union war **ursprünglich eine schlichte Internationale Organisation**, die im Wege völkerrechtlicher Verträge durch die ersten Mitgliedstaaten gegründet wurde.[77] Jedoch nahm sie aufgrund der **dynamischen Entwicklung der europäischen Integration** und der integrationsfördernden Judikatur ihrer Gerichtsbarkeit schnell eine **Sonderrolle** ein. Wegen ihrer Fülle an Kompetenzen und den damit verbundenen eigenen – wenn auch nur begrenzten – hoheitlichen Befugnissen sowie wegen der Anerkennung der unmittelbaren Geltung des Unionsrechts in den Mitgliedstaaten mit Vorrang gegenüber entgegenstehendem mitgliedstaatlichem Recht hob sie sich bald von den sonstigen Internationalen Organisationen ab. Es wurde schnell klar, dass es sich bei der EU und ihren Rechtsakten um eine **neue Rechtsordnung des Völkerrechts** handelt, insbesondere weil die Hoheitsausübung der EU im Gegensatz zu den sonstigen Internationalen Organisationen auch unmittelbar die Bürger der Mitgliedstaaten betraf.[78] Dennoch änderten die Besonderheiten der Unionsrechtsordnung grundsätzlich nichts an der fehlenden eigenständigen Souveränität der Union. Das Prinzip der begrenzten Einzelermächtigung hat seinen Ursprung in der rechtlichen Konstruktion der Union als Kreation der Mitgliedstaaten und der hieraus resultierenden mangelnden Kompetenz-Kompetenz.

---

[70] *Trüe*, S. 73; *Epiney*, Jura 2006, 755 (756). Es dient der Wahrung der föderalen Balance zwischen Union und Mitgliedstaaten *Bast*, in: Grabitz/Hilf/Nettesheim, EU, Art. 5 EUV (September 2013), Rn. 15.

[71] *Epiney*, Jura 2006, 755 (756).

[72] *Oppermann*, DVBl 2003, 1165 (1171).

[73] *Wuermeling*, EuR 2004, 216 (224); *Müller-Graff*, integration 2003, 301 (306). *Lienbacher*, in: Schwarze, EU-Kommentar, Art. 5 EUV, Rn. 8; *Calliess*, in: Calliess/Ruffert, EUV/AEUV, Art. 5 EUV, Rn. 6.

[74] *Bast*, in: Grabitz/Hilf/Nettesheim, EU, Art. 5 EUV (September 2013), Rn. 15.

[75] *Calliess*, in: Calliess/Ruffert, EUV/AEUV, Art. 5 EUV, Rn. 6.

[76] *Calliess*, S. 69.

[77] *Ter Steeg*, EuZW 2003, 325 (326).

[78] EuGH, Urt. v. 5.2.1963, Rs. 26/62 (Van Gend en Loos), Slg. 1963, 3, S. 24f.

Es ist als wesentlicher Eckpfeiler[79] für die Verteilung der Zuständigkeiten im europäischen Staaten- und Verfassungsbund zu sehen und ist Grundlage und Grundvoraussetzung für jedwedes Tätigwerden der Union.[80]

II. Historischer Bezug

Der Grundsatz der begrenzten Einzelermächtigung **war schon immer** das grundlegende   21
Konstruktionsprinzip für die Europäischen Gemeinschaften,[81] wie bereits frühzeitig
durch den EuGH bestätigt wurde.[82] Normativ wurde er **aus den Art. 3, 7 Abs. 2, 202, 211**
UAbs. 2 und 249 Abs. 1 EGV abgeleitet.[83] Da es sich bei Fragen nach der Kompetenz
zugleich auch immer um Machtfragen handelt,[84] denn ein Kompetenzzuwachs der
Union geht mit einem Kompetenzverlust der Mitgliedstaaten einher, spielte das Prinzip
der begrenzten Einzelermächtigung schon früh eine tragende Rolle im Gemeinschaftsrecht, was insbesondere auf die Entwicklungsdynamik der EG zurückzuführen ist.[85] An
seiner Existenz gab es also niemals grundsätzliche Zweifel.[86] Schriftlich fixiert wurde
dieses Prinzip jedoch erstmals durch den Vertrag von Maastricht. Durch diesen fand das
Prinzip der begrenzten Einzelermächtigung in **Art. 3 b Abs. 1 EGV** seine **Verankerung**
in den Verträgen, wobei jedoch noch nicht vom Prinzip der begrenzten Einzelermächtigung die Rede war.[87] Auch durch die Neuverortung im Vertrag von Amsterdam wurde
keine einheitliche Terminologie in den Verträgen festgelegt. Erstmals in Art. 5 EUV des
Vertrages von Lissabon wurde dieses Prinzip als Grundsatz der begrenzten Einzelermächtigung bezeichnet.[88]

---

[79] *Calliess*, in: Calliess/Ruffert, EUV/AEUV, Art. 5 EUV, Rn. 7; *Calliess*, in: Calliess/Ruffert, VerfEU, Art. I–11 VVE, Rn. 7; *Bickenbach*, EuR 2013, 523 (539).

[80] CONV 375/1/02 Rev 1, Schlußbericht der Arbeitsgruppe V »Ergänzende Zuständigkeiten«, S. 10. Ausführlich zu den Funktionen dieses Prinzips *Jürgens*, S. 111 ff.

[81] *Möschel*, NJW 1993, 3025 (3025) m. w. N.

[82] *Vedder*, in: Vedder/Heintschel v. Heinegg, Europäisches Unionsrecht, Art. 5 EUV, Rn. 1; *Lienbacher*, in: Schwarze, EU-Kommentar, Art. 5 EUV, Rn. 7; EuGH, Urt. v. 12.7.1957, verb. Rs. C–7/56 u. C–3/57 (Algera), Slg. 1957, 81, Rn. 122 und GA *Lagrange*, Schlussanträge zu verb. Rs. C–7/56 u. C–3/57 (Algera), Slg. 1957, 81, Rn. 142, 167; EuGH, Urt. v. 6.7.1982, verb. Rs. C–188/80 – C–190/80 (Frankreich u.a./Kommission), Slg. 1982, 2545, Rn. 6; Gutachten 2/94 v. 28.3.1996 (EMRK-Beitritt), Slg. 1996, I–1759, Rn. 23 ff.; s. ferner Urt. v. 30.4.2009, verb. Rs. C–393/07 u. C–9/08 (Italien und Beniamino Donnici/EP und Achille Occhetto), Slg. 2009, I–3676, Rn. 59, 67; Urt. v. 1.10.2009, Rs. C–370/07 (Kommission/Rat), Slg. 2009, I–8917, Rn. 46 f.; Urt. v. 28.7.2011, Rs. C–309/10 (Agrana Zucker GmbH), Slg. 2011, I–7333, Rn. 24 ff.

[83] *Lienbacher*, in: Schwarze, EU-Kommentar, Art. 5 EUV, Rn. 7. Ausführlicher dazu *Kraußer*, S. 17 ff.

[84] *Lienbacher*, in: Schwarze, EU-Kommentar, Art. 5 EUV, Rn. 2; *Bast*, in: Grabitz/Hilf/Nettesheim, EU, Art. 5 EUV (September 2013), Rn. 3; *Streinz*, in: Streinz, EUV/AEUV, Art. 5 EUV, Rn. 6. Speziell für das Subsidiaritätsprinzip *Strohmeier*, BayVBl. 1993, 417 (418).

[85] *Nettesheim*, EuR 1993, 243 (243).

[86] *Langguth*, in: Lenz/Borchardt, EU-Verträge, Art. 5 EUV, Rn. 6. Nach *Scholz*, NVwZ 1993, 817 (818) kann jedoch nur noch sehr bedingt von dem Grundsatz der beschränkten Einzelermächtigung ausgegangen werden. Zum Teil wurde jedoch das Prinzip der begrenzten Einzelermächtigung in seiner allgemeinen Geltung abgelehnt, siehe dazu *Kraußer*, S. 19 f. m. w. N.

[87] Die Terminologie war damals nicht in den Verträgen festgehalten, sodass es unterschiedliche Bezeichnungen gab. Manche sprachen von dem »Prinzip der begrenzten Kompetenzzuweisung« (*von Borries*, EuR 1994, 267), andere von dem »Prinzip der Zuweisung von Befugnissen« (Europäischer Rat (Edinburgh), Bull EG, 12–1992, 13). Auch wird der Begriff »Prinzip der begrenzten Ermächtigung« verwendet (*Kraußer*, S. 21 ff.). Vgl. *Jarass*, AöR 121 (1996), 173 (174).

[88] *Calliess*, in: Calliess/Ruffert, EUV/AEUV, Art. 5 EUV, Rn. 6. Dies war bereits im Verfassungsvertrag vorgesehen *Meyer/Hölscheidt*, EuZW 2003, 613 (614); *Wuermeling*, EuR 2004, 216 (224); *Oppermann*, DVBl 2003, 1165 (1169).

III. Der Grundsatz der begrenzten Einzelermächtigung in den Verträgen

22   Das Prinzip der begrenzten Einzelermächtigung **beruht** also **auf der beschränkten Hoheitsübertragung der Mitgliedstaaten** an die Union. Dies wurde mittlerweile innerhalb der Verträge fest durch Art. 5 Abs. 1 Satz 1, Abs. 2 EUV verankert, jedoch wird auch an anderen Stellen in den Verträgen auf dieses Prinzip Bezug genommen. Mit **Art. 1 Abs. 1 Satz 1 EUV** findet bereits an erster Stelle die Klarstellung statt, dass die Mitgliedstaaten ihre Zuständigkeiten an die Union übertragen, wodurch eingangs zum Ausdruck gebracht wird, dass die Union selbst keine originäre Kompetenz besitzt, sondern von einer abgeleiteten Kompetenz der Mitgliedstaaten abhängig ist.[89] Auch **Art. 4 Abs. 1 EUV** greift die primäre Zuständigkeit der Mitgliedstaaten nochmals auf.

23   In **Art. 3 EUV**, der die Ziele der Union bestimmt, wird in Absatz 6 festgehalten, dass die Union ihre Ziele mit geeigneten Mitteln, entsprechend den Zuständigkeiten, die ihr in den Verträgen übertragen sind, verfolgt. In den allgemein geltenden Bestimmungen des AEUV, in **Art. 7 AEUV**, wird das Prinzip nochmals genannt, wonach die Union »unter Einhaltung des Grundsatzes der begrenzten Einzelermächtigung ihren Zielen in ihrer Gesamtheit Rechnung« trägt. In dieser **mehrfachen Betonung** des Prinzips der begrenzten Einzelermächtigung in den Verträgen **spiegelt sich die Angst der Mitgliedstaaten** vor einem weiteren Kompetenzverlust zugunsten der Union **wider**.[90] Auch wird aus der wiederholten Nennung dieses Prinzips zum Teil der Schluss gezogen, dass einer immer größeren Ausweitung der Kompetenzen der EU in der Rechtspraxis durch eine entsprechende Auslegung dieser Normen Grenzen gesetzt werden soll.[91]

IV. Durchbrechung des Prinzips der begrenzten Einzelermächtigung durch generalklauselartige Kompetenzzuweisungen?

24   Die Angst der Mitgliedstaaten vor einem immer weiteren Kompetenzverlust rührt letztendlich auch aus der Art der Kompetenzzuweisung an die EU in den Verträgen her, aus dem Umstand also, dass sich in den Verträgen teilweise final definierte oder **generalklauselartige Kompetenzzuweisungen** befinden, deren Ausübung durch die Verträge keine klaren Grenzen gesetzt zu werden scheinen. Dies hat oftmals die große Breite und scheinbare Unbegrenztheit entsprechender – auf eine derartige Kompetenznorm gestützter – Maßnahmen zur Folge. Um derartige Kompetenzzuweisungen handelt es sich insbesondere bei der sog. Binnenmarktharmonisierungskompetenz des **Art. 114 AEUV** sowie bei der in **Art. 352 AEUV** enthaltenen sog. Flexibilitätsklausel. Im Zusammenhang mit dem Prinzip der begrenzten Einzelermächtigung stellt sich hinsichtlich dieser beiden Kompetenzgrundlagen die Frage, ob hier eine Durchbrechung des Prinzips der begrenzten Einzelermächtigung stattfindet.[92]

25   Denn insbesondere bei der Binnenmarktkompetenz der EU und bei der Kompetenzergänzungs- oder -abrundungsklausel des Art. 352 AEUV wird eine »**schleichende Aus-**

---

[89] *Vedder*, in: Vedder/Heintschel v. Heinegg, Europäisches Unionsrecht, Art. 5 EUV, Rn. 7; *Geiger*, in: Geiger/Kahn/Kotzur, EUV/AEUV, Art. 5 EUV, Rn. 3; *Scholz*, NVwZ 1993, 817 (818).

[90] So auch *Mayer*, ZaöRV 67 (2007), 1141 (1163 ff.). Diesem wohl eher nicht zustimmend *Calliess*, in: Calliess/Ruffert, EUV/AEUV, Art. 5 EUV, Rn. 8.

[91] *Calliess*, in: Calliess/Ruffert, VerfEU, Art. I–11 VVE, Rn. 7 m. w. N.; *Calliess*, in: Calliess/Ruffert, EUV/AEUV, Art. 5 EUV, Rn. 8.

[92] Ausführlich sich auch mit dieser Frage auseinandersetzend *Jarass*, AöR 121 (1996), 173 (176 ff.); *Jarass*, EuGRZ 1994, 209 (208); *Götz*, S. 98 f. *Mayer*, ZaöRV 61 (2001), 577 (586) zeigt auf, dass es sich bei diesen Kompetenznormen nicht um eine völlig unübliche Kompetenzgestaltung handelt.

höhlung der eigenstaatlichen Gestaltungsmöglichkeiten« moniert, da durch die Generalklauselartigkeit sowie die fehlende Trennschärfe der Kompetenzzuweisungen an die EU die Union in Politikbereichen tätig werde, in denen sie keine eigenständige Zuständigkeit besitze.[93] Wegen dieser angeblich ausfernden Wirkung[94] wurde auch schon mehrfach die Überprüfung der beiden Normen angeregt,[95] um sie entweder tatbestandlich einzugrenzen[96] oder gänzlich abzuschaffen.[97] Beide Wege sind allerdings bislang zu Recht nicht beschritten worden, da beide Kompetenznormen sowohl erforderlich als auch mit dem Prinzip der begrenzten Einzelermächtigung vereinbar sind.

1. Art. 114 AEUV

Das Problem bei Art. 114 AEUV besteht darin, dass es sich bei dieser Vorschrift um eine   26 final definierte sog. **Querschnittskompetenz**[98] handelt, die zum Erlass von Maßnahmen zur Errichtung und für das Funktionieren des Binnenmarktes ermächtigt, jedoch auf **keinen bestimmten Sachbereich begrenzt** ist.[99] Dadurch soll die Rechtsangleichung flexibler gestaltet und beschleunigt werden,[100] und von der Binnenmarktkompetenz der EU sollen alle für die Errichtung und das Funktionieren des Binnenmarktes erforderlichen Maßnahmen umfasst sein, auch wenn zum Zeitpunkt der Formulierung der Norm noch überhaupt nicht absehbar war, in wie vielen verschiedenen Sachbereichen derartige Maßnahmen notwendig werden würden. Es kann allerdings aufgrund der fortgeschrittenen Verwirklichung des Binnenmarktes zweifelhaft erscheinen, ob es einer solchen flexiblen Regelung aktuell noch bedarf. Die Norm des Art. 114 AEUV ist für sich gesehen ungeachtet ihrer finalen Ausrichtung und Begrenzung auf Maßnahmen zur Errichtung oder für das Funktionieren des Binnenmarktes sachgegenständlich unbestimmt,[101] denn grundsätzlich kann eine auf der Grundlage dieser Vorschrift erlassene Maßnahme jeden Sachbereich berühren, solange es sich **nicht um binnenmarktneutrale oder binnenmarktbehindernde Maßnahmen** handelt.[102] Die vorhandene funktionale Beschränkung auf den Binnenmarkt wird jedoch zum Teil als ausreichend erachtet, um die Vorschrift nicht als eine mit dem Prinzip der begrenzten Einzelermächtigung unvereinbare generelle Rechtsetzungsermächtigung einzuordnen.[103]

Der **EuGH** hat in den vergangenen Jahren insbesondere durch seine Rechtsprechung   27 im Tabakbereich die **Voraussetzungen** für die Binnenmarktharmonisierungskompetenz **näher konkretisiert**.[104] Jedoch kann durchaus in Frage gestellt werden, ob eine solche

---

[93] *Jennert*, NVwZ 2003, 936 (937) m. w. N.

[94] Dazu *ter Steeg*, EuZW 2003, 325 (325) m. w. N.

[95] *Streinz/Ohler/Herrmann*, Vertrag von Lissabon, S. 104; *Götz*, S. 98. Ausführlicher zu den Forderungen nach Abschaffung oder Neuformulierung *Jennert*, NVwZ 2003, 936 (937).

[96] BR-Drucks. 1081/01.

[97] *Calliess*, EuGRZ 2003, 181 (182).

[98] *Von Bogdandy/Bast*, EuGRZ 2001, 441 (446) sprechen hierbei von einer zielbezogenen Kompetenz mit Querschnittscharakter.

[99] *Ritzer*, S. 205; *Nettesheim*, EuR 2004, 511 (517); *Epiney*, Jura 2006, 755 (756).

[100] *Pipkorn/Bardenhewer-Rating/Taschner*, in: GS, EUV/EGV, Art. 95 EGV, Rn. 2.

[101] *Tietje*, in: Grabitz/Hilf/Nettesheim, EU, Art. 114 AEUV (März 2011), Rn. 3. So wohl auch *Schroeder*, EuR 1999, 452 (456), der Einschränkungen durch den EuGH als notwendig erachtet.

[102] *Jarass*, AöR 121 (1996), 173 (178). Kritisch auch *Schier/Lehmann*, GPR 2007, 68 (69).

[103] *Trüe*, S. 80.

[104] Vgl. dazu bspw. für den Bereich der präventiven Rechtsangleichung EuGH, Urt. v. 13. 6. 1995, Rs. C–350/92 (Spanien/Rat), Slg. 1995, I–1985, Rn. 35; Urt. v. 5. 10. 2000, Rs. C–376/98 (Tabakwerbeurteil), Slg. 2000, I–8419, Rn. 84; Urt. v. 9. 10. 2001, Rs. C–377/98 (Niederlande/Parlament und

Konkretisierung durch den EuGH den Anforderungen des Prinzips der begrenzten Einzelermächtigung genügt.[105] Auch wird zum Teil in Bezug auf die jüngere Rechtsprechung des EuGH Kritik dahingehend geäußert, dass hier eine Abkehr von der früheren eher restriktiven Rechtsprechung erkennbar sei.[106]

2. Art. 352 AEUV

28   Bei Art. 352 AEUV handelt es sich um die sog. **Flexibilitätsklausel**, die den Erlass von Maßnahmen in den Fällen zulässt, in denen zwar in den Verträgen die erforderlichen Befugnisse nicht vorgesehen sind, ein Handeln der Union jedoch im Rahmen der in den Verträgen festgelegten Politikbereiche erforderlich erscheint, um eines der Ziele der Verträge zu verwirklichen.[107] Eine erste Lektüre dieser Vorschrift könnte zu dem Schluss führen, dass es sich hierbei um eine eindeutige Durchbrechung[108] des Prinzips der begrenzten Einzelermächtigung handelt, weil ausweislich des Wortlauts ein **Handeln** auch **in den Bereichen gestattet** wird, **in denen laut den Verträgen keine Befugnis** dazu besteht. Es findet durch diese Norm also grundsätzlich eine Kompetenzbegründung ausdrücklich durch die Ziele der Verträge statt,[109] was nach dem Prinzip der begrenzten Einzelermächtigung gerade nicht zulässig ist.[110] Jedoch stellt die **Vorschrift selbst eine eigenständige Kompetenznorm** dar, durch die eine Übertragung der erforderlichen Kompetenzen erfolgt.[111] Daher sind nicht allein die Ziele Grundlage der Kompetenzbegründung der EU, sondern Grundlage ist die Norm des Art. 352 AEUV selbst. Die mit Blick auf das Prinzip der begrenzten Einzelermächtigung relevante Frage hinsichtlich des Art. 352 AEUV ist daher, ob die Vorschrift als solche zu generalklauselartig formuliert ist, weil sich aus ihr möglicherweise keine klaren Grenzen für die Kompetenzausübung der EU ergeben.

29   Nach Auffassung des EuGH soll eine derartige Vorschrift die Fälle erfassen, in denen ausdrückliche oder implizite Befugnisse aus den Verträgen für ein bestimmtes Handeln fehlen, eine solche Befugnis jedoch zur Erreichung der durch den Vertrag vorgegebenen Ziele erforderlich ist.[112] Zugleich stellte er fest, dass die Grenzen der Norm dann erreicht seien, wenn sie zum Erlass von Regelungen herangezogen wird, die **gemessen an ihren Folgen auf eine Vertragsänderung hinauslaufen,** so dass das für eine Vertragsänderung

---

Rat), Slg. 2001, I–7079, Rn. 15; Urt. v. 10.12.2002, Rs. C–491/01 (British American Tobacco), Slg. 2002, I–11453, Rn. 61. Auch wird bspw. von dem EuGH verlangt, dass es sich um »spürbare« Wettbewerbsverfälschungen handeln müsse, deren Beseitigung angestrebt werden sollen. Vgl. dazu EuGH, Urt. v. 11.6.1991, Rs. C–300/89 (Titandioxid), Slg. 1991, I–2867, Rn. 23; Urt. v. 5.10.2000, Rs. C–376/98 (Tabakwerbeurteil), Slg. 2000, I–8419, Rn. 84.

[105] So wohl aber *Schroeder*, EuR 1999, 452 (456); *Roth*, EWS 2008, 401 (402).

[106] Dazu ausführlich *Calliess*, in: Calliess/Ruffert, EUV/AEUV, Art. 5 EUV, Rn. 14. Siehe beispielsweise dazu auch *Ludwigs*, EuZW 2006, 417 ff. m. w. N., der die Rechtsprechung des EuGH seit der Nichtigerklärung der Tabakwerberichtlinie als ambivalent beschreibt. Auch *Frenz/Ehlenz*, EuZW 2011, 623 ff. sehen die Vereinbarkeit des Art. 114 AEUV mit dem Prinzip der begrenzten Einzelermächtigung eher kritisch. Kritisch diesbezüglich auch *Ambos*, JZ 2009, 468 (471). *Streinz*, BayVBl. 2001, 481 (486) sieht in der Binnenmarktharmonisierungskompetenz eine erhebliche Lockerung dieses Prinzips.

[107] Vgl. ausführlich zu den Funktionen *Bungenberg*, EuR 2000, 879 (885 ff.).

[108] *Ter Steeg*, EuZW 2003, 325 (326) zieht eine Durchbrechung des Prinzips der begrenzten Einzelermächtigung durch diese Vorschrift in Betracht.

[109] *Ter Steeg*, EuZW 2003, 325 (326).

[110] *Vedder*, in: Vedder/Heintschel v. Heinegg, Europäisches Unionsrecht, Art. 5 EUV, Rn. 7.

[111] *Bast*, in: Grabitz/Hilf/Nettesheim, EU, Art. 5 EUV (September 2013), Rn. 22; *Lienbacher*, in: Schwarze, EU-Kommentar, Art. 5 EUV, Rn. 10.

[112] EuGH, Gutachten 2/94 v. 28.3.1996 (EMRK-Beitritt), Slg. 1996, I–1759, Rn. 29.

erforderliche Verfahren umgangen werde.[113] Damit wurde durch den EuGH eine **absolute Grenze** für die Anwendbarkeit des Art. 352 AEUV und für die Kompetenzbegründung der EU auf der Grundlage dieser Bestimmung gezogen.[114] Ob eine solche Grenzziehung durch den EuGH als ausreichend für die Gewährleistung der umfassenden Geltung des Prinzips der begrenzten Einzelermächtigung einzuordnen ist, kann durchaus zweifelhaft erscheinen,[115] da eine konsequente Beibehaltung dieser Rechtsprechung nicht garantiert werden kann. Es existiert aber zusätzlich das **Kriterium der Erforderlichkeit**, das trotz der Formulierung »Erscheint« eingangs der Norm zwingend vorliegen muss.[116] Weiter wurde in Art. 352 Abs. 3 AEUV festgehalten, dass keine Maßnahme auf Grundlage dieser Norm erlassen werden darf, wenn sie Bereiche betrifft, in denen durch die Verträge ein Harmonisierungsverbot festgesetzt wurde.[117] Somit wird Art. 352 AEUV durch den Vertrag von Lissabon zusätzlich in seinem Anwendungsbereich begrenzt.

Auch müssen **Sinn und Zweck der Vorschrift** im Auge behalten werden. Der Union **30** soll in Ausnahmefällen eine **Möglichkeit zur Erreichung ihrer Ziele** eröffnet werden, trotz des Fehlens einer ausdrücklich anderweitig geregelten entsprechenden Befugnis, da es gesetzgeberisch **unmöglich erscheint, für alle denkbaren Konstellationen adäquate konkrete Regelungen zu schaffen**.[118] Die Vorschrift ist jedoch gerade nicht dazu gedacht, der Union durch die »Hintertür« eine Kompetenz-Kompetenz zu verschaffen.[119] Zwar bestand die Angst einer durch diese Norm ermöglichten Verschiebung der vertraglich festgelegten Zuständigkeiten – teilweise besteht sie auch noch heute. Jedoch ist in den letzten Jahren eine Tendenz zur Ausweitung der Kompetenzen der EU durch diese Norm nicht zu erkennen; schon seit längerem wird von Art. 352 AEUV nicht mehr in größerem Umfang Gebrauch gemacht.[120]

Prinzipiell kann man wohl **eher eine Lockerung** als eine Durchbrechung des Prinzips **31** der begrenzten Einzelermächtigung durch diese Norm sehen.[121] Auch ist in diesem Kontext zu beachten, dass sich die **verfahrensrechtlichen Anforderungen** an den Erlass einer auf Art. 352 AEUV gestützten Maßnahme durch den Vertrag von Lissabon **verschärft** haben. Zum einen bedarf es nunmehr zusätzlich zur Einstimmigkeit im Rat der Zustimmung des Europäischen Parlaments,[122] zum anderen wurde durch Art. 353, 3. Spiegelstr. AEUV der Union die Möglichkeit genommen, durch einen vertragsändernden Beschluss nach Art. 48 Abs. 7 EUV in diesem Bereich auf die Mehrheitsentscheidung überzugehen.[123]

---

[113] EuGH, Gutachten 2/94 v. 28. 3. 1996 (EMRK-Beitritt), Slg. 1996, I–1759, Rn. 30.

[114] Ausführlich *Langguth*, in: Lenz/Borchardt, EU-Verträge, Art. 5 EUV, Rn. 6 f.

[115] So wohl aber *Langguth*, in: Lenz/Borchardt, EU-Verträge, Art. 5 EUV, Rn. 7.

[116] *Jarass*, AöR 121 (1996), 173 (177), Fn. 31. So wohl auch *Bast*, in: Grabitz/Hilf/Nettesheim, EU, Art. 5 EUV (September 2013), Rn. 22. Aus diesem lässt sich auch eine Abgrenzungsfunktion zwischen unionalem und mitgliedstaatlichem Handeln entnehmen, *Winkler*, EuR 2011, 384 (393).

[117] *Lienbacher*, in: Schwarze, EU-Kommentar, Art. 5 EUV, Rn. 10.

[118] *Winkler*, in: Grabitz/Hilf/Nettesheim, EU, Art. 352 AEUV (Oktober 2011), Rn. 14.

[119] *Jarass*, AöR 121 (1996), 173 (177); *Rossi*, in: Calliess/Ruffert, EUV/AEUV, Art. 352 AEUV, Rn. 12a, danach verleiht die Vorschrift der Union keine Kompetenz-Kompetenz.

[120] *Nettesheim*, EuR 2004, 511 (520). Durch die Einführung neuer Sachkompetenzen hat die Norm erheblich an Bedeutung verloren, *Trüe*, ZaöRV 64 (2004), 391 (397); *Streinz*, BayVBl. 2001, 481 (483).

[121] *Winkler*, in: Grabitz/Hilf/Nettesheim, EU, Art. 352 AEUV (Oktober 2011), Rn. 14 m. w. N.; *Rossi*, in: Calliess/Ruffert, EUV/AEUV, Art. 352 AEUV, Rn. 12a; *Streinz*, BayVBl. 2001, 481 (486).

[122] *Nettesheim*, EuR 2004, 511 (521); *Lienbacher*, in: Schwarze, EU-Kommentar, Art. 5 EUV, Rn. 10.

[123] *Bast*, in: Grabitz/Hilf/Nettesheim, EU, Art. 5 EUV (September 2013), Rn. 22; *Lienbacher*, in: Schwarze, EU-Kommentar, Art. 5 EUV, Rn. 10.

V. Kompetenzkategorien

32 Die unterschiedlichen Kompetenzen der Union können in verschiedene Kompetenzkategorien eingeteilt werden. Dabei kann eine Einteilung zum einen nach der Art der Kompetenz, zum anderen nach deren Methodik erfolgen. Weiter kann zwischen ausdrücklichen und stillschweigenden Kompetenzen unterschieden werden.

1. Einteilung nach der Art der Kompetenzen

33 Mit dem Vertrag von Lissabon wurde nunmehr ein Kompetenzkatalog[124] geschaffen und in die Verträge integriert,[125] durch den eine Definition und Abgrenzung der unterschiedlichen Kompetenzkategorien der EU sowie eine Zuordnung der einzelnen Politikbereiche der EU zu bestimmten Arten dieser Kompetenzen erfolgt.[126] Dies ist zu begrüßen, da vor dieser ausdrücklichen Zuweisung innerhalb der Verträge für manche Politikbereiche unterschiedlich beurteilt wurde, welcher Kompetenzart sie jeweils angehörten.[127] Weiter werden durch den in den **Art. 2 bis 6 AEUV enthaltenen Kompetenzkatalog** die der Union zugewiesenen Kompetenzen ausgestaltet und systematisiert.[128] Es findet somit eine nähere Konkretisierung der **Verbandskompetenz** der Union statt,[129] indem festgelegt wird, in welchem Umfang und mit welcher Intensität die Union im Verhältnis zu den Mitgliedstaaten von einer ihr zugewiesenen Kompetenz Gebrauch machen darf.[130] Dieser Kompetenzkatalog hat jedoch – anders als derjenige des Grundgesetzes – keinen abschließenden Charakter.[131] Politikbereiche, die nicht in der Auflistung des Katalogs genannt werden, sind dem **Standardtyp der geteilten Zuständigkeit** zuzuordnen.[132] Hervorzuheben ist allerdings, dass durch den Kompetenzkatalog als solchen keine Kompetenzzuweisung an die Union stattfindet. Ob die Union in einem bestimmten Bereich eine Kompetenz besitzt, ergibt sich aus den konkreten Kompetenznormen des Vertrages zu den einzelnen Sachbereichen selbst (vgl. Art. 2 Abs. 6 AEUV).[133] Über ihre sachgegenständliche Reichweite treffen nur die einzelnen Rechtsgrundlagen eine Aussage.[134] Auch vor der Einführung eines Kompetenzkatalogs fand eine Einteilung der unterschiedlichen Kompetenzen in ausschließliche, konkurrierende und parallele Kompetenzen statt.[135] Die Zuordnung einer Kompetenz zu einer dieser Kategorien erfolgte durch

---

[124] Kritisch zu den Vorteilen, die ein derartiger Kompetenzkatalog für die Kompetenzabgrenzung mit sich bringt, *Everling*, EuZW 2002, 357 (357). Ausführlich zu den Vor- und Nachteilen eines Kompetenzkatalogs, *Boeck*, S. 192 ff.

[125] *Kotzur*, in: Geiger/Kahn/Kotzur, EUV/AEUV, Art. 2 AEUV, Rn. 1; *Nettesheim*, in: Grabitz/Hilf/Nettesheim, EU, Art. 2 AEUV (Januar 2014), Rn. 4.

[126] Dieser Katalog knüpft an bundesstaatliche Vorbilder an, vgl. *Calliess*, in: Calliess/Ruffert, EUV/AEUV, Art. 5 EUV, Rn. 41. Vgl. Art. 70 ff. GG.

[127] *Herchenhan*, BayVBl. 2003, 649 (651). Vgl. dazu Rn. 64.

[128] *Nettesheim*, in: Grabitz/Hilf/Nettesheim, EU, Art. 2 AEUV (Januar 2014), Rn. 2.

[129] *Streinz*, in: Streinz, EUV/AEUV, Art. 5 EUV, Rn. 13.

[130] *Nettesheim*, EuZW 2004, 511 (529).

[131] *Streinz/Ohler/Herrmann*, Vertrag von Lissabon, S. 105, dies wurde insbesondere von deutscher Seite gefordert.

[132] *Bast*, in: Grabitz/Hilf/Nettesheim, EU, Art. 5 EUV (September 2013), Rn. 38.

[133] *Streinz*, in: Streinz, EUV/AEUV, Art. 5, Rn. 13; *Bast*, in: Grabitz/Hilf/Nettesheim, EU, Art. 5 EUV (September 2013), Rn. 38.

[134] *Epiney*, Jura 2006, 755 (758).

[135] *Von Bogdandy/Bast*, EuGRZ 2001, 441 (447); *Lienbacher*, in: Schwarze, EU-Kommentar, Art. 5 EUV, Rn. 11; *Zuleeg*, in: GS, EUV/EGV, Art. 5 EGV, Rn. 10 ff.; *Jarass*, AöR 121 (1996), 173 (185 ff.).

Auslegung bzw. Interpretation der jeweiligen Norm bzw. des jeweiligen Bereichs. Der EuGH nahm eine Aufteilung der Kompetenzen in ausschließliche und geteilte Kompetenzen vor.[136]

Art. 2 AEUV gibt zunächst einen **Überblick** darüber, welche Kompetenzarten nunmehr nach dem Vertrag ausdrücklich existieren. Dabei wurde auf die schon zuvor geläufige Gruppeneinteilung zurückgegriffen, sodass es in dieser Hinsicht keine wesentlichen Neuerungen gibt.[137] Es erfolgt grundsätzlich eine Unterteilung in **ausschließliche** Kompetenzen, **geteilte** Kompetenzen und **Unterstützungs-, Koordinierungs- und Ergänzungskompetenzen**. In Art. 2 Abs. 3 und 4 AEUV erfolgt ein Verweis auf die sachbezogene Kompetenz zur Koordinierung der Wirtschafts- und Beschäftigungspolitik und die Kompetenz zur Erarbeitung einer gemeinsamen Außen- und Sicherheitspolitik.[138]

34

In **Art. 3 Abs. 1 AEUV** sind die Sachbereiche aufgezählt,[139] in denen die Union die **ausschließliche Zuständigkeit** besitzt. Absatz 2 weist auch völkerrechtliche Übereinkommen unter bestimmten Voraussetzungen der Materie der ausschließlichen Zuständigkeit zu.[140] Nach Art. 2 Abs. 1 AEUV darf **nur die Union in diesen Bereichen gesetzgeberisch tätig werden**. Ein entsprechendes Tätigwerden der Mitgliedstaaten ist nur dann erlaubt, wenn diese seitens der Union dazu ermächtigt wurden oder wenn es der Durchführung oder Umsetzung eines Rechtsaktes der Union dient. Dabei ist es unerheblich, ob die Union in diesem Bereich bereits tätig geworden ist oder noch keine Tätigkeit entfaltet hat.[141] Bereits die Existenz einer ausschließlichen Zuständigkeit der EU als solche entfaltet eine sog. **Sperrwirkung** für mitgliedstaatliches Handeln.[142] Werden die Mitgliedstaaten dennoch ohne entsprechende Ermächtigung oder nicht zur Umsetzung eines EU-Rechtsaktes tätig,[143] führt dies zwar nicht zur Nichtigkeit des national erlassenen Rechtsaktes, die Mitgliedstaaten verstoßen jedoch gegen ihre Loyalitätspflicht aus Art. 4 Abs. 3 EUV.[144]

35

Art. 4 AEUV enthält die Sachbereiche, die in den Bereich der **geteilten Zuständigkeit** zwischen der Union und den Mitgliedstaaten fallen. Die geteilte Zuständigkeit entspricht der zuvor in der Literatur unter dem Begriff »konkurrierende Zuständigkeit« geläufigen Kompetenzkategorie.[145] Aus Art. 4 Abs. 1 AEUV ergibt sich, dass diese Kom-

36

---

[136] Vgl. EuGH, Gutachten 2/92 v. 24.3.1995 (Avis), Slg. 1995, I–521, Rn. 1; Gutachten 1/3 v. 7.2.2006 (Lugano), Slg. 2006, I–1145, Rn. 115. So auch *Lienbacher*, in: Schwarze, EU-Kommentar, Art. 5, Rn. 11; *Bast*, in: Grabitz/Hilf/Nettesheim, EU, Art. 5 EUV (September 2013), Rn. 41. *Von Bogdandy/Bast*, EuGRZ 2001, 441 (447), gehen mit Verweis auf *Zuleeg*, in: GS, EUV/EGV, Art. 5 EGV, Rn. 12 von einer Unterscheidung des EuGH zwischen ausschließlicher und paralleler Zuständigkeit aus, der auf EuGH, Gutachten 2/92 v. 24.3.1995 (Avis), Slg. 1995, I–521, Rn. 1 verweist.

[137] *Härtel*, in: Niedobitek, Europarecht – Grundlagen, § 6, Rn. 50; *Trüe*, ZaöRV 64 (2004), 391 (413); *David*, DÖV 2004, 146 (147).

[138] *Härtel*, in: Niedobitek, Europarecht – Grundlagen, § 6, Rn. 50.

[139] Kritisch dazu *Trüe*, ZaöRV 64 (2004), 391 (413).

[140] *Streinz/Ohler/Herrmann*, Vertrag von Lissabon, S. 107.

[141] *Calliess*, in: Calliess/Ruffert, EUV/AEUV, Art. 2 AEUV, Rn. 9; *Bast*, in: Grabitz/Hilf/Nettesheim, EU, Art. 5 EUV (September 2013), Rn. 39; beide enthalten Verweise auf eine entsprechende Rechtsprechung des EuGH.

[142] *Härtel*, in: Niedobitek, Europarecht – Grundlagen, § 6, Rn. 52; *Streinz/Ohler/Herrmann*, Vertrag von Lissabon, S. 107.

[143] Zu der Ausnahme der eng begrenzten Reservezuständigkeit als »Sachwalter des gemeinsamen Interesses« *Härtel*, in: Niedobitek, Europarecht – Grundlagen, § 6, Rn. 53. Dazu auch *Jarass*, AöR 121 (1996), 173 (186).

[144] *Streinz/Ohler/Herrmann*, Vertrag von Lissabon, S. 107.

[145] *Calliess*, in: Calliess/Ruffert, EUV/AEUV, Art. 4 AEUV, Rn. 1.

petenzkategorie den Regelfall bildet, denn der Absatz enthält eine Auffangvorschrift, indem er klarstellt, dass alle Zuständigkeiten, die weder dem Art. 3 noch dem Art. 6 AEUV zugeordnet sind, in den Bereich der geteilten Zuständigkeit fallen.[146] Die Mitgliedstaaten und die Union können in den Bereichen, die der geteilten Zuständigkeit unterliegen, beide gesetzgeberisch tätig werden (Art. 2 Abs. 2 Satz 1 AEUV). Nach Art. 2 Abs. 2 Satz 2 AEUV ist ein derartiges **Tätigwerden der Mitgliedstaaten jedoch nur solange und so weit zulässig**, wie die **Union** von ihrer Zuständigkeit nicht **Gebrauch gemacht hat**. Der Union wird dadurch ermöglicht, trotz der grundsätzlich geteilten Zuständigkeit einen Bereich vollumfänglich zu regeln. Den Mitgliedstaaten ist nach Inanspruchnahme dieser Zuständigkeit durch die Union für den unionsrechtlich geregelten Bereich die Möglichkeit zur Rechtsetzung, die nicht auf unionsrechtlicher Veranlassung beruht, versperrt.[147] Die Mitgliedstaaten können jedoch nach Art. 2 Abs. 2 Satz 3 AEUV dann wieder in den entsprechenden Bereichen rechtsetzend tätig werden, sofern und soweit sich die Union dazu entschieden hat, ihre Zuständigkeit dort nicht länger auszuüben.[148] Bei dieser Art von geteilten Kompetenzen wird auch von **konkurrierender Zuständigkeit** gesprochen.[149] Denn in Art. 4 Abs. 3 und 4 AEUV sind Bereiche aufgeführt, für die die soeben genannten Vorgaben des Art. 2 Abs. 2 AEUV nicht gelten. Für diese Bereiche ist demgegenüber ausdrücklich festgesetzt, dass ein Handeln der Mitgliedstaaten und der Union nebeneinander möglich ist. Daher wird bei dieser Variante von einer **parallelen Zuständigkeit** gesprochen.[150] Obwohl in diesen Bereichen keine Sperrwirkung besteht, können der Grundsatz des Vorrangs des Unionsrechts und das Gebot der gegenseitigen Loyalität Auswirkungen auf ein rechtsetzendes Tätigwerden der Mitgliedstaaten haben.[151]

37   Bei den in **Art. 6 AEUV** aufgezählten Bereichen handelt es sich um solche, in denen die Union für die Durchführung von Maßnahmen zur Unterstützung, Koordinierung oder Ergänzung der Maßnahmen der Mitgliedstaaten zuständig ist. Die Aufzählung

---

[146] *Härtel*, in: Niedobitek, Europarecht – Grundlagen, § 6, Rn. 68; *Nettesheim*, in: Grabitz/Hilf/Nettesheim, EU, Art. 4 AEUV (Januar 2014), Rn. 5, der sich aber kritisch zu der geteilten Zuständigkeit als Regelkategorie äußert, vgl. Rn. 7; *Streinz/Ohler/Herrmann*, Der Vertrag von Lissabon, S. 108.

[147] *Bast*, in: Grabitz/Hilf/Nettesheim, EU, Art. 5 EUV (September 2013), Rn. 42; *Streinz/Ohler/Herrmann*, Vertrag von Lissabon, S. 107; *Ritzer*, S. 166; *von Bogdandy/Bast*, EuGRZ 2001, 441 (448); *Jarass*, AöR 121 (1996), 173 (189). Kritisch zu der Feststellung einer solchen Sperrwirkung, *Epiney*, Jura 2006, 755 (759).

[148] Wie dies zu erfolgen hat, bleibt jedoch offen. So auch *Schröder*, JZ 2004, 8 (9).

[149] Vgl. *Härtel*, in: Niedobitek, Europarecht – Grundlagen, § 6, Rn. 70; *Nettesheim*, in: Grabitz/Hilf/Nettesheim, EU, Art. 4 AEUV (Januar 2014), Rn. 5; *Bast*, in: Grabitz/Hilf/Nettesheim, EU, Art. 5 EUV (September 2013), Rn. 42; *Calliess*, in: Calliess/Ruffert, EUV/AEUV, Art. 4 AEUV, Rn. 1; *von Bogdandy/Bast*, EuGRZ 2001, 441 (448). *Streinz/Ohler/Herrmann*, Der Vertrag von Lissabon, S. 107f. spricht von »alternativ-konkurrierenden« und »kumulativ-konkurrierenden« Kompetenzen.

[150] Vgl. *Calliess*, in: Calliess/Ruffert, EUV/AEUV, Art. 4 AEUV, Rn. 1; *von Bogdandy/Bast*, EuGRZ 2001, 441 (448); *Kotzur*, in: Geiger/Khan/Kotzur, Art. 4 AEUV, Rn. 4.

[151] Dazu *Härtel*, in: Niedobitek, Europarecht – Grundlagen, § 6, Rn. 70 sowie *Bast*, in: Grabitz/Hilf/Nettesheim, EU, Art. 5 EUV (September 2013), Rn. 45.

dieser Bereiche ist abschließender Natur.[152] Nach Art. 2 Abs. 5 UAbs. 1 AEUV tritt die Zuständigkeit der Union in diesen Gebieten nicht an die Stelle der Zuständigkeit der Mitgliedstaaten. Die **Mitgliedstaaten** besitzen also weiterhin die **primäre Rechtsetzungszuständigkeit**.[153] In Art. 2 Abs. 5 UAbs. 2 AEUV ist für diese Bereiche ausdrücklich ein Harmonisierungsverbot angeordnet. Ein Handeln der Union innerhalb der in Art. 6 AEUV aufgezählten Gebiete setzt immer ein vorangegangenes Tätigwerden der Mitgliedstaaten voraus, da die Union nur dann unterstützend, koordinierend oder ergänzend tätig werden kann.[154]

Art. 5 AEUV betrifft die Koordinierung der Wirtschafts-, Beschäftigungs- und Sozi-   **38** alpolitik und konkretisiert Art. 2 Abs. 3 AEUV. Die Einordnung dieser Kompetenz in das Kompetenzgefüge ist nicht ganz einfach und wird unterschiedlich gesehen.[155]

2. Einteilung nach dem Ansatz der Kompetenzzuweisung

Weiter kann eine Einteilung der unterschiedlichen Kompetenzen der Verträge nach   **39** Maßgabe des Ansatzes oder der Art und Weise der Kompetenzzuweisung vorgenommen werden. Auch wenn in der Literatur vielfach vertreten wird, dass es sich bei den Kompetenzen auf unionaler Ebene regelmäßig um Querschnittskompetenzen bzw. zielbezogene Kompetenzen handelt, die im Gegensatz zu den innerhalb des deutschen Rechts vorhandenen sachgebietsbezogenen Kompetenzen stehen,[156] existieren auf europäischer Ebene beide Arten der Zuweisung von Kompetenzen an die EU nebeneinander.[157] Folglich kann auf europäischer Ebene zwischen sachgebietsbezogenen Kompetenzen und den final definierten Querschnittskompetenzen unterschieden werden.[158]

a) Sachgebietsbezogene Kompetenzen
Sachgebietsbezogen werden der EU etwa die Kompetenzen für die Sozial- und Agrar-   **40** politik sowie die Gesundheits-[159] und Verbraucherpolitik, innerhalb derer die Union

---

[152] *Streinz/Ohler/Herrmann*, Der Vertrag von Lissabon, S. 109.

[153] *Bast*, in: Grabitz/Hilf/Nettesheim, EU, Art. 5 EUV (September 2013), Rn. 47; *Härtel*, in: Niedobitek, Europarecht – Grundlagen, § 6, Rn. 86.

[154] *Härtel*, in: Niedobitek, Europarecht – Grundlagen, § 6, Rn. 85; *Streinz/Ohler/Herrmann*, Der Vertrag von Lissabon, S. 109.

[155] Vgl. dazu nur *Bast*, in: Grabitz/Hilf/Nettesheim, EU, Art. 5 EUV (September 2013), Rn. 47; *Kotzur*, in: Geiger/Khan/Kotzur, EUV/AEUV, Art. 5 AEUV, Rn. 1 f.; *Calliess*, in: Calliess/Ruffert, EUV/AEUV, Art. 5 AEUV, Rn. 2 f. m. w. N.

[156] Zu dieser Problematik ausführlicher: *Kischel*, Souveränität, Einbindung, Autonomie – die Entwicklung der Kompetenzverteilung zwischen der Europäischen Union und ihren Mitgliedstaaten, in: Erbguth/Masing, Verwaltung unter dem Einfluss des Europarechts, 2006, S. 12 ff. Diesen Unterschied im Vergleich zu Deutschland auch hervorhebend: *Vedder*, Das System der Kompetenzen in der EU unter dem Blickwinkel einer Reform, in: Götz/Martínez Soria, Kompetenzverteilung zwischen der EU und den Mitgliedstaaten, 2002, S. 9 (13).

[157] *Nettesheim*, EuR 2004, 511 (546) befindet die Einteilung der Kompetenzen in sachbezogene und finalbezogene Kompetenzen als eine alte Fehlvorstellung (abweichend von *Nettesheim*, EuR 1993, 243 (248)), da sich alle Kompetenzen auf bestimmte Sachbereiche bezögen, die von sehr unterschiedlicher Breite seien. Auch sei der Grad der Finalbezogenheit unterschiedlich, sodass man nicht in solchen Kategorien denken könne. Diese Einordnung dennoch vornehmend: u. a. *von Danwitz*, in: Dauses, Handbuch des EU-Wirtschaftsrechts, Abschnitt B. II. (Juni 2010), Rn. 140; *Kingreen*, in: Calliess/Ruffert, EUV/AEUV, Art. 168 AEUV, Rn. 30; *Müller-Graff*, Kompetenzen innerhalb der Europäischen Union, in: Weidenfeld, Europa-Handbuch, 2002, S. 782 ff.

[158] *Brühann*, EuZW 2009, 639 spricht in diesem Zusammenhang von sektoralen und horizontalen Kompetenzen.

[159] *Kingreen*, in: Calliess/Ruffert, EUV/AEUV, Art. 168 AEUV, Rn. 30.

eigene Zuständigkeiten besitzt, zugewiesen.[160] In diesem Rahmen steht der Union die **Kompetenz hinsichtlich der jeweiligen tatbestandlich beschriebenen Regelungsgegenstände oder Sachbereiche** zu.[161] Sie darf also nur Regelungen treffen, die den entsprechenden Regelungsgegenstand oder Sachbereich betreffen. Wie weit diese Kompetenz reicht und um welche Art von Kompetenz es sich dabei handelt, wird von den entsprechenden Kompetenzzuweisungsnormen bestimmt.

b) Querschnittskompetenzen

41 Im Gegensatz zu den sachgebietsbezogenen Kompetenzen enthalten die Querschnitts- bzw. finalbezogenen Kompetenzen **keine Eingrenzung ihres Anwendungsbereiches oder Regelungsgegenstandes in sachgegenständlicher Weise**, sondern **der Anwendungsbereich bestimmt sich nach dem Ziel**, das auf Grundlage der entsprechenden Kompetenz verwirklicht werden soll.[162] Zu den wichtigsten Querschnittskompetenzen zählt der Art. 114 AEUV,[163] dessen Anwendungsbereich sich über das Ziel der Errichtung und des Funktionierens des Binnenmarktes bestimmen lässt.[164] Da durch diese finale Ausrichtung auf eine solche Querschnittsklausel gestützt von der Union die unterschiedlichsten Sachbereiche geregelt werden können und die Gefahr besteht, dass die Union Regelungen in Bereichen trifft, an die bei der Formulierung der Querschnittsklausel möglicherweise überhaupt noch nicht gedacht worden ist und in denen ihr auch keine Kompetenz zugewiesen werden sollte, sehen viele Mitgliedstaaten ihre staatliche Souveränität durch derartige nicht eindeutig vorherbestimmbare Anwendungsbereiche entsprechender Kompetenznormen gefährdet.

42 Auch wird die **Gefahr einer Ausweitung der Unionskompetenz** aufgrund des erheblichen Beurteilungsspielraums gesehen, der dem Unionsgesetzgeber bei derartigen Querschnittskompetenzen wie etwa derjenigen des Art. 114 AEUV zukommt, da die Bestimmung des Anwendungsbereiches der Ermächtigungsnorm von einer Prognoseentscheidung abhängig ist. Zu beurteilen ist nämlich, inwiefern eine zu erlassende Maßnahme das auf der Grundlage der in Betracht kommenden finalen Ermächtigungsnorm zu verfolgende Ziel fördert bzw. ob die Maßnahme zur Erreichung des verfolgten Zieles dienlich ist.[165] Dies hat zu heftigen Diskussionen bei der Entwicklung der Europäischen Verfassung geführt, inwieweit man bei derartigen Kompetenzen eine klarere Kompetenzabgrenzung herbeiführen könnte.[166] Ein gesetzgeberisches Tätigwerden seitens der Mitgliedstaaten ist jedoch nicht erfolgt.[167]

---

[160] *Nettesheim*, EuR 2004, 511 (515). Siehe dazu auch *Lippstreu*, Wege der Rechtsangleichung im Vertragsrecht, 2014, S. 48 ff.; *Silny*, Die binnenmarktbezogene Rechtsangleichungskompetenz, S. 127 ff.

[161] *Härtel*, Handbuch Europäische Rechtsetzung, 2006, S. 58.

[162] *Ritzer*, S. 205; *von Bogdandy/Bast*, EuGRZ 2001, 441 (446).

[163] *Remien*, in: Schulze/Zuleeg/Kadelbach, Europarecht, § 14, S. 593 (600), Rn. 7; *Härtel* (Fn. 161), S. 62.

[164] *Tietje*, in: Grabitz/Hilf/Nettesheim, EU, Art. 114 AEUV (März 2011), Rn. 126; *Haus/Cole*, JuS 2002, 1181 (1185).

[165] *Jarass*, AöR 121 (1996), 173 (180); *Müller-Graff*, EuR 1989, 107 (128).

[166] Kritsch zur Weite der Kompetenz u. a.: *Ter Steeg*, EuZW 2003, 325 (29 f.). Diskutiert wurde beispielsweise die Ersetzung von Art. 95 EGV durch spezifische Einzelkompetenzen oder zumindest eine konkrete Eingrenzung des Anwendungsbereichs, *Schwarze*, NJW 2002, 993 (994) m. w. N. Dazu auch *Nettesheim*, EuR 2004, 511 (517) m. w. N. Siehe dazu ausführlich Rn. 24 ff.

[167] *Roth*, EWS 2008, 401 (403).

3. Einteilung nach Art der Zuweisung

Weiter kann eine Einteilung der unterschiedlichen Kompetenzen nach der Art ihrer   **43**
Zuweisung erfolgen. Zum einen können der Union nämlich ausdrücklich Kompetenzen
durch Unionsrecht zugewiesen werden, was den Regelfall darstellt,[168] zum anderen ist
aber auch eine stillschweigende Kompetenzzuweisung möglich. Dabei wird von sog.
implied powers gesprochen. Beide Arten der Kompetenzzuweisung werden von Art. 5
Abs. 2 EUV erfasst.[169]

a) Ausdrückliche Kompetenzzuweisung

Eine ausdrückliche Kompetenzzuweisung an die Union, in der sie zu einem bestimmten   **44**
Handeln ermächtigt wird, ist in der Regel in den Verträgen zu finden. Sie ergibt sich aus
den **einzelnen Vertragsbestimmungen**.[170] Im Rahmen der der EU zugewiesenen Kompetenzen kann eine ausdrückliche Kompetenz zum Handeln für ein bestimmtes Organ
auch durch einen **Sekundärrechtsakt** begründet werden.[171] Bspw. können nach Art. 290
Abs. 1 AEUV Rat und Europäisches Parlament der Kommission durch einen Rechtsakt
die Befugnis übertragen, statt ihrer rechtsetzend tätig zu werden. Man könnte insoweit
von einer abgeleiteten Kompetenzbegründung sprechen. Durch die in den Verträgen
festgelegten Ermächtigungsnormen werden regelmäßig bereits das anzuwendende Verfahren sowie die Rechtsaktform bestimmt, in der die Organe tätig werden dürfen.[172]

b) Implied powers

Neben diesen ausdrücklich an die Union übertragenen Kompetenzen existieren sog.   **45**
implied powers (implizite Kompetenzen), die **stillschweigend,** also ohne schriftliche
Fixierung, **an die Union und deren Organe erteilt werden**. Diese Rechtsfigur ist grundsätzlich anerkannt.[173] Bereits im Jahre 1956 wurde die Theorie der implied powers vom
EuGH gebilligt und für das Unionsrecht anwendbar erklärt. Er ordnete die Figur der
implied powers als **allgemein anerkannte völkerrechtliche Auslegungsregel** ein.[174] Auch
im deutschen Recht existieren im Bereich der Kompetenzabgrenzung zwischen Bund
und Ländern entsprechende Auslegungsregeln wie bspw. die ungeschriebenen Kompetenzen kraft Sachzusammenhangs.[175]

---

[168] *Nettesheim*, in: von Bogdandy/Bast, Europäisches Verfassungsrecht, S. 411.

[169] So auch *Bast*, in: Grabitz/Hilf/Nettesheim, EU, Art. 5 EUV (September 2013), Rn. 19.

[170] *Lienbacher*, in: Schwarze, EU-Kommentar, Art. 5 EUV, Rn. 9; *Bast*, in: Grabitz/Hilf/Nettes-
heim, EU, Art. 5 EUV (September 2013), Rn. 19.

[171] Sog. abgeleitete Rechtsgrundlage *Bast*, in: Grabitz/Hilf/Nettesheim, EU, Art. 5 EUV (September 2013), Rn. 19.

[172] *Lienbacher*, in: Schwarze, EU-Kommentar, Art. 5 EUV, Rn. 9; *Bast*, in: Grabitz/Hilf/Nettes-
heim, EU, Art. 5 EUV (September 2013), Rn. 19.

[173] *Calliess*, in: Calliess/Ruffert, EUV/AEUV, Art. 5 EUV, Rn. 15; *Streinz*, in: Streinz EUV/AEUV,
Art. 5 EUV, Rn. 13; *Langguth*, in: Lenz/Borchardt, EU-Verträge, Art. 5 EUV, Rn. 1; *Geiger*, in: Gei-
ger/Kahn/Kotzur, EUV/AEUV, Art. 5 EUV, Rn. 4; *Lambers*, EuR 1993, 229 (233); *Jarass*, AöR 121,
173 (176). So bereits auch *Nicolaysen*, EuR 1966, 129 ff.

[174] EuGH, Urt. v. 29.11.1956, Rs. 8/55 (»Fédéchar«), Slg. 1955, 56 S. 312. Ausführlich zu der
Auseinandersetzung mit dieser Rechtsfigur, die zunächst aufgrund der bereits existierenden lückenfüllenden Vorschriften kritisch gesehen wurde *Nicolaysen*, EuR 1966, 129 ff. Vgl. dazu auch *Nettesheim*, in: Grabitz/Hilf/Nettesheim, EU, Art. 1 AEUV (Juli 2010), Rn. 13 m. w. N. Zu der allgemeinen
»implied powers«-Lehre *Dörr*, EuZW 1996, 39 (40).

[175] *Nicolaysen*, EuR 1966, 129 (131); *Trüe*, S. 81 m. w. N.

46   Für die Begründung von implied powers ist es zunächst erforderlich, dass eine ausdrückliche Kompetenznorm der Union besteht.[176] Eine implizite Kompetenz kann **nicht
aus Zielen oder Aufgaben hergeleitet** werden,[177] denn sie ist immer in einer ausdrücklichen Kompetenzzuweisung enthalten. Ein anderes Verständnis wäre mit dem Grundsatz der begrenzten Einzelermächtigung nicht zu vereinbaren.[178] Bei den implied
powers geht es um die Fälle, in denen die Union eine ausdrückliche Kompetenz für einen
bestimmten Bereich besitzt, dieser Bereich aber nicht sinnvoll, zweckmäßig oder in
verständlicher Weise ohne die Berührung eines anderen Bereiches geregelt werden
kann, für den die Union keine Kompetenz besitzt, und die Union diesen ihr nicht ausdrücklich zugewiesenen Bereich aufgrund des untrennbaren Zusammenhanges mit dem
ihr ausdrücklich zugewiesenen Bereich als implizit übertragen mitregeln darf.[179] Für die
Begründung einer derartigen Kompetenz wird seitens des EuGH häufig der Gedanke
des »effet utile« der jeweiligen ausdrücklichen Kompetenzvorschrift herangezogen.[180]
Hinsichtlich des Prinzips der begrenzten Einzelermächtigung ist eine Kompetenz aufgrund implied powers unbedenklich, da diese Kompetenzen Bestandteile der ausdrücklich zugewiesenen Kompetenzen darstellen und die Union daher in den Grenzen der
Zuständigkeit tätig wird, die ihr übertragen wurde.[181]

VI.   Bestimmung der richtigen Kompetenzgrundlage

47   Durch die Kompetenzgrundlage selbst werden **Grenzen für das unionale Handeln** aufgestellt. Bspw. wird durch eine Ermächtigungsnorm vorgegeben, in welchem **Sachbereich** die Unionsorgane handeln dürfen. Zugleich trifft sie aber auch Vorgaben hinsichtlich der **Handlungsform**, die für die entsprechende Maßnahme herangezogen werden
darf.[182] Weiter enthält die Vorschrift in der Regel Aussagen hinsichtlich des **Rechtsetzungsverfahrens** und der an diesem zu beteiligenden Organe.[183] Auch enthält eine Ermächtigungsnorm Vorgaben hinsichtlich des **Inhalts**[184] sowie der **Intensität** einer Maßnahme.[185] Bspw. handelt es sich bei Art. 114 AEUV um die »typische Rechtsanglei-
chungsnorm«, die explizit die Angleichung der Rechts- und Verwaltungsvorschriften
der Mitgliedstaaten durch die Union zulässt. Art. 168 Abs. 5 AEUV hingegen schließt
eine Harmonisierung in den dort genannten Bereichen ausdrücklich aus, mit der Folge

---

[176] *Vedder*, in: Vedder/Heintschel v. Heinegg, Europäisches Unionsrecht, Art. 5 EUV, Rn. 11; *Bast*,
in: Grabitz/Hilf/Nettesheim, EU, Art. 5 EUV (September 2013), Rn. 21; *Trüe*, S. 82; *Nicolaysen*, EuR
1966, 129 (132); *Langguth*, in: Lenz/Borchardt, EU-Verträge, Art. 5 EUV, Rn. 6.

[177] *Bast*, in: Grabitz/Hilf/Nettesheim, EU, Art. 5 EUV (September 2013), Rn. 21.

[178] *Schwartz*, in: GS, EUV/EGV, Art. 308 EGV, Rn. 67. Im Ergebnis so auch *Langguth*, in: Lenz/
Borchardt, EU-Verträge, Art. 5 EUV, Rn. 38.

[179] *Nettesheim*, in: Grabitz/Hilf/Nettesheim, EU, Art. 1 AEUV (Juli 2010), Rn. 13; *Calliess*, in:
Calliess/Ruffert, EUV/AEUV, Art. 5 EUV, Rn. 15; *Lienbacher*, in: Schwarze, EU-Kommentar, Art. 5
EUV, Rn. 9; *Nicolaysen*, EuR 1966, 129 (131).

[180] *Jarass*, AöR 121 (1996), 173 (177); *Trüe*, S. 83.

[181] *Ritzer*, S. 66; *Calliess*, in: Calliess/Ruffert, EUV/AEUV, Art. 5 EUV, Rn. 15; *Nettesheim*, in:
Grabitz/Hilf/Nettesheim, EU, Art. 4 AEUV (Juli 2010), Rn. 13; *Dörr*, EuZW 1996, 39 (49); *Schwartz*,
in: GS, EUV/EGV, Art. 308 EGV, Rn. 67; *Trüe*, S. 83. *Boeck*, S. 47; *Kahl*, NVwZ 1996, 865 (867). Im
Ergebnis so auch *Herchenhan*, BayVBl. 2003, 649 (650). Teilweise wird auch von einer weiten Beschränkung dieses Prinzips gesprochen *Berg*, Gesundheitsschutz als Aufgabe der EU, 1997, S. 383.

[182] *Langguth*, in: Lenz/Borchardt, EU-Verträge, Art. 5 EUV, Rn. 5; *Ritzer*, S. 57. *Kraußer*, S. 24 f.

[183] *Streinz*, in: Streinz, EUV/AEUV, Art. 5 EUV, Rn. 8; *Langguth*, in: Lenz/Borchardt, EU-Verträge, Art. 5 EUV, Rn. 5; *Hailbronner*, EuGRZ 1989, 101 (104).

[184] *Kahl*, NVwZ 2009, 265 (267).

[185] Vgl. dazu auch *Bast*, in: Grabitz/Hilf/Nettesheim, EU, Art. 5 EUV (September 2013), Rn. 17.

der primären Zuständigkeit der Mitgliedstaaten in diesen Bereichen. Die Wahl der zutreffenden Kompetenzgrundlage unter mehreren in Betracht kommenden Ermächtigungsgrundlagen hat daher nicht nur Auswirkungen auf die innerunionale Zuständigkeitsverteilung, also auf die horizontale Kompetenzverteilung, sondern sie kann auch von Bedeutung für die **vertikale Zuständigkeitsverteilung** zwischen der Union und den Mitgliedstaaten sein. Daher wird teilweise davon gesprochen, dass die horizontale Kompetenzabgrenzung mit der vertikalen Kompetenzabgrenzung verschwimme, da in besonderen Fällen mit einer derartigen Bestimmung der Organkompetenz zugleich auch die Bestimmung der Verbandskompetenz erfolge.[186] Dies kann dogmatisch jedoch nicht überzeugen, denn vor einer Auseinandersetzung mit der Organkompetenz der EU muss zunächst überhaupt die Verbandskompetenz der Union feststehen. Auch bei der Frage, ob die Union vollumfänglich regeln, harmonisierend tätig werden oder lediglich Fördermaßnahmen erlassen darf, handelt es sich um die der Organzuständigkeit vorgelagerte Frage nach der Reichweite der unionalen Verbandskompetenz.

Die Bestimmung der zutreffenden Rechtsgrundlage muss sich nach der **Rechtspre- 48 chung** des EuGH auf **objektive, gerichtlich nachprüfbare Umstände** stützen, zu denen insbesondere das Ziel sowie der Inhalt der Maßnahme gehören.[187] Hinsichtlich der Bestimmung der richtigen Rechtsgrundlage bei zwei in Betracht kommenden Kompetenzgrundlagen wendet der EuGH zusätzlich die **Schwerpunktmethode** an, wonach es darauf ankommt, welchen Bereich die Unionsmaßnahme schwerpunktmäßig betrifft.[188] Diesem Ergebnis kommt insbesondere in den Fällen Bedeutung zu, in denen das Hauptziel der Maßnahme einen Bereich betrifft, in dem die Union lediglich die Kompetenz zum Erlass von Fördermaßnahmen unter Ausschluss jeglicher Harmonisierung innehat.[189]

Lässt sich anhand dieser Methode **keine eindeutige Zuordnung** treffen, kann die ent- 49 sprechende Maßnahme auf **beide Rechtsgrundlagen** gestützt werden.[190] Dies ist jedoch in den Fällen ausgeschlossen, in denen die beiden Rechtsgrundlagen unterschiedliche Rechtsetzungsverfahren vorsehen, die sich auch nicht miteinander vereinbaren lassen.[191] Kommt der EuGH zu diesem Ergebnis, setzt er sich anschließend mit der Frage auseinander, ob nur eine dieser Kompetenzgrundlagen herangezogen werden kann.

---

[186] *Bast*, in: Grabitz/Hilf/Nettesheim, EU, Art. 5 EUV (September 2013), Rn. 18. So im Ergebnis auch *Götz*, S. 90. Ausführlich dazu *Schwartz*, S. 81 f.

[187] EuGH, Urt. v. 18.12.2007, Rs. C–77/05 (Vereinigtes Königreich/Rat), Slg. 2007, I–11459, Rn. 77; Urt. v. 8.9.2009, Rs. C–411/06 (Abfallverbringungsverordnung), Slg. 2009, I–7585, Rn. 45 ff.; Urt. v. 26.10.2010, C–482/08 (Vereinigtes Königreich/Rat), Slg. 2010, I–10413, Rn. 45.

[188] EuGH, Urt. v. 4.10.1991, Rs. C–70/88 (Parlament/Rat), Slg. 1991, I–4529, Rn. 17; Urt. v. 17.3.1993, Rs. C–155/91 (Abfallrichtlinie), Slg. 1993, I–939, Rn. 19; Urt. v. 8.9.2009, Rs. C–411/06 (Abfallverbringungsverordnung), Slg. 2009, I–7585, Rn. 45 ff. Siehe dazu auch *Ullrich*, ZEuS 2000, 243 (259 ff.).

[189] *Streinz*, in: Streinz, EUV/AEUV, Art. 5 EUV, Rn. 11.

[190] EuGH, Urt. v. 11.6.1991, C–300/89 (Titandioxid), Slg. 1991, I–2867, Rn. 17; Urt. v. 11.9.2003, Rs. C–211/01 (Kommission/Rat), Slg. 2003, I–8913, Rn. 40; Urt. v. 8.9.2009, Rs. C–411/06 (Abfallverbringungsverordnung), Slg. 2009, I–7585, Rn. 47. Vgl. zu der doppelten Rechtsgrundlagenabstützung *Kahl*, Der Rechtsgrundlagenstreit vor dem Gerichtshof – »Fortsetzung folgt...«, FS Scheuing, 2011, S. 92 (101 ff.).

[191] EuGH, Urt. v. 11.6.1991, C–300/89 (Titandioxid), Slg. 1991, I–2867, Rn. 17 ff.; Urt. v. 25.2.1999, verb. Rs. C–164/97 u. C–165/97 (Parlament/Rat), Slg. 1999, I–1139, Rn. 14; Urt. v. 10.1.2006, Rs. C–94/03 (Kommission/Rat), Slg. 2006, I–1, Rn. 52; Urt. v. 6.11.2008, Rs. C–155/07 (Parlament/Rat), Slg. 2008, I–8103, Rn. 37. Vgl. dazu *Epiney*, NVwZ 2006, 407 (408); *Voß/Wenner*, NVwZ 1994, 332 (334).

Zur Beantwortung dieser Frage befasst er sich mit dem Verhältnis der beiden Rechtsgrundlagen zueinander.[192]

50   Von einer Bestimmung der anwendbaren Ermächtigungsgrundlage anhand der **Schwerpunktmethode** machte der EuGH in seiner Rechtsprechung im Rahmen des **Tabakbereichs** jedoch **keinen Gebrauch**. Stattdessen entschied er, dass es irrelevant sei, wenn dem Gesundheitsschutz für eine Maßnahme der EU maßgebende Bedeutung zukomme, solange die Tatbestandsvoraussetzungen des Art. 114 AEUV vorlägen.[193] Hierbei kann jedoch nicht von einer Abkehr der Schwerpunktmethode in der Rechtsprechung des EuGH ausgegangen werden. Denn streng genommen ging es hier nicht um die Abgrenzung zweier Kompetenzgrundlagen und die Bestimmung der Organkompetenz. Art. 168 AEUV kam als Ermächtigungsgrundlage für die entsprechenden Richtlinien von vornherein, wegen des in Art. 168 Abs. 5 AEUV enthaltenen Harmonisierungsverbotes – das den Tabakbereich ausdrücklich in dieses Verbot mit einbezieht – nicht in Betracht. Daher stellte sich vielmehr die Frage, ob die Heranziehung des Art. 114 AEUV als Ermächtigungsgrundlage auch dann möglich ist, wenn nicht der Binnenmarkt, sondern der Gesundheitsschutz das primäre Ziel der Maßnahme darstellt, ob also Art. 114 AEUV auch dann als Ermächtigungsnorm herangezogen werden kann, wenn der Schwerpunkt einer Richtlinie dem Bereich des Gesundheitsschutzes zuzuordnen ist.[194] Hierbei stellt sich wohl eher die Problematik einer **vertikalen Kompetenzabgrenzung**, also einer Kompetenzabgrenzung zwischen der Union und den Mitgliedstaaten, als diejenige der Ermittlung des zuständigen Unionsorgans und Rechtsetzungsverfahrens. Die Nichtanwendung der Schwerpunktmethode im Bereich der vertikalen Kompetenzabgrenzung durch den EuGH überzeugt allerdings nicht.[195] Vielmehr müsste hier gerade die Schwerpunktmethode besonders rigide Anwendung finden, da es hier um die Frage geht, ob ein Handeln der Union überhaupt zulässig ist. Diese Abgrenzung ist insbesondere wegen der nicht unberechtigten Sorge der Mitgliedstaaten vor einer unberechtigten Ausdehnung der Kompetenzen der EU und dem damit einhergehenden Verlust ihrer Souveränität auch im Interesse der Erhaltung und Stärkung der Akzeptanz des Handelns der EU besonders sensibel zu behandeln.

51   In der **Literatur** haben sich unterschiedliche Ansätze für die Bestimmung der richtigen Kompetenzgrundlage entwickelt. Zum Teil wird ein **subjektiver Ansatz** präferiert, nach dem alleine auf den subjektiven Willen des Gesetzgebers und das nach seinen Vorstellungen mit der Maßnahme verfolgte Handlungsziel abzustellen sei.[196] Gegen diesen rein subjektiven Ansatz ist wohl als stärkstes Argument die hieraus folgende gesetzgeberische Steuerbarkeit der einschlägigen Rechtsgrundlage für einen Unionsrechtsakt durch

---

[192] EuGH, Urt. v. 6.11.2008, Rs. C–155/07 (Parlament/Rat), Slg. 2008, I–8103, Rn. 38. Ausführlicher zu dieser Problematik *Lienbacher*, in: Schwarze, EU-Kommentar, Art. 5 EUV, Rn. 12.

[193] EuGH, Urt. v. 10.12.2002, Rs. C–491/01, (British American Tobacco), Slg. 2002, I–11453, Rn. 62; Urt. v. 12.12.2006, Rs. C–380/03 (Tabakwerbeurteil II), Slg. 2006, I–11573, Rn. 39; Urt. v. 14.12.2004, Rs. C–434/02 (Arnold André GmbH & KG), Slg. 2004, I–1185, Rn. 32. Ausführlich zu dieser Rechtsprechung und deren Konsequenzen *Pache*, Gutachten zur Unionsrechtskonformität der geplanten Novellierung der Tabakproduktrichtlinie, in: Pache/Schwarz/Sosnitza, Aktuelle Rechtsfragen der Tabakregulierung in Europa, 2012, S. 9 (68 ff.).

[194] Dazu ausführlich *Pache* (Fn. 193), S. 64 ff.

[195] Gegen die Anwendung der Schwerpunktmethode im Verhältnis von Art. 114 AEUV und Art. 168 Abs. 5 AEUV bspw. *Gundel*, EuR 2007, 251 (253) m. w. N.

[196] *Everling*, Probleme der Rechtsangleichung, FS Steindorff, 1990, S. 1155 (1168). Diesen subjektiven Ansatz befolgen wohl auch *Frenz/Ehlenz*, EuZW 2011, 623 (624).

den Unionsgesetzgeber anzuführen.[197] Die wohl h. M. geht, wie auch die Rechtsprechung des EuGH,[198] grundsätzlich von einem **objektiven Ansatz** aus, nach dem die maßgebliche Rechtsgrundlage für einen Unionsrechtsakt nicht zentral vom Willen des Unionsgesetzgebers abhängig sein könne, sondern grundsätzlich allein anhand objektiver Kriterien zu bestimmen sei.[199] Jedoch lassen sich praktisch beide Ansätze nicht strikt voneinander trennen, da häufig auch das Ziel einer Maßnahme für die Beurteilung der zutreffenden Rechtsgrundlage maßgeblich ist, die Bestimmung dieses Zieles jedoch immer auch oder sogar vor allem nach Maßgabe subjektiver Elemente des jeweiligen Gesetzgebers zu erfolgen hat. Es spricht daher viel für die Kombination beider Ansätze, wie sie auch vom EuGH praktiziert wird, der die einschlägige Rechtsgrundlage anhand objektiver, gerichtlich nachprüfbarer Umstände bestimmt, wobei er zu dieser Bestimmung sowohl den Inhalt als auch das Ziel der Maßnahme heranzieht.[200]

C. Subsidiaritätsprinzip

I. Der allgemeine Grundgedanke und der Grundgedanke des Unionsrechts

Das Subsidiaritätsprinzip[201] gehört seit längerem zu den anerkannten Konstruktionselementen und Grundprinzipien der Europäischen Union.[202] Bei seiner Einführung in die Gemeinschaftsrechtsordnung wurde es dennoch zunächst teilweise als »Kulturbruch« eingeordnet,[203] weil es zuvor in einer solch allgemeinen Form im Gemeinschaftsrecht nicht existierte[204] und sein Bekanntheitsgrad in einigen Mitgliedstaaten sehr gering war.[205] Der Begriff Subsidiarität rührt von dem lateinischen Verb subsidere (»niedersetzen«) und dem Wort **subsidium** her, das übersetzt so viel wie »Schutz, Beistand, Hilfe« bedeutet.[206] Seinen Ursprung hat das **Subsidiaritätsprinzip in seiner heutigen Gestalt**[207]

52

---

[197] So bereits *Breier*, EuR 1995, 46 (52).

[198] Bei dem Ansatz des EuGH kann man wohl von einem gemischt subjektiv-objektiven sprechen, da das Ziel von subjektiven Elementen beherrscht wird, *Schwartz*, S. 98.

[199] *Hailbronner*, EuGRZ 1989, 101 (105). Dazu ausführlich sowie zu den unterschiedlichen Ansätzen *Schwartz*, S. 94 ff.

[200] Im Ergebnis so auch *Schwartz*, S. 136; *Voß/Wenner*, NVwZ 1994, 332 (335) m. w. N. So wohl auch *Kahl*, NVwZ 2009, 265 (266).

[201] Zum Begriff des Subsidiaritätsprinzips *Calliess*, S. 25 m. w. N.

[202] Zur Ideengeschichte des Subsidiaritätsprinzips: *Lecheler*, Das Subsidiaritätsprinzip, 1993, S. 29 ff.; *Moersch*, Leistungsfähigkeit und Grenzen des Subsidiaritätsprinzips, 2001, S. 23 ff.; *Calliess*, S. 28 ff.

[203] *Bast*, in: Grabitz/Hilf/Nettesheim, EU, Art. 5 EUV (September 2013), Rn. 49. Zu der Frage der Geltung des Subsidiaritätsprinzips im Rahmen des Grundgesetzes *Kraußer*, S. 164 f.; *Lecheler* (Fn. 202), S. 46 ff.

[204] *Lienbacher*, in: Schwarze, EU-Kommentar, Art. 5 EUV, Rn. 16. Siehe dazu auch *Stein*, Subsidiarität als Rechtsprinzip?, in: Merten (Hrsg.), Die Subsidiarität Europas, 1994, S. 23 (37 ff.); *Moersch* (Fn. 202), S. 303 ff. Trotz der Verankerung des Subsidiaritätsgedanken bspw. in Art. 130 r Abs. 4 EWG könne das Subsidiaritätsprinzip nicht als allgemeiner Rechtsgrundsatz des Gemeinschaftsrechts angesehen werden, *Heintzen*, JZ 1991, 317 (322).

[205] *Heintzen*, JZ 1991, 317 (317).

[206] Vgl. dazu auch *Härtel*, in: Niedobitek, Europarecht – Grundlagen, § 6, Rn. 115. Ausführlich zu dem Begriff *Calliess*, S. 25 ff.

[207] Der Subsidiaritätsgedanke als solcher hat noch viel früher seinen Ursprung, *Hummer*, ZfRV 1992, 81 (81); *von Borries*, EuR 1994, 263 (265); *Pieper*, DVBl 1993, 705 (706). Ausführlich dazu *Merten* (Fn. 55), S. 77 (91).

in der **katholischen Soziallehre**, innerhalb derer aus ihm die Annahme hergeleitet wird, dass es gegen die Gerechtigkeit verstößt, wenn die weitere und übergeordnete Gemeinschaft das in Anspruch nehme, was die kleineren und untergeordneten Gemeinwesen leisten können.[208] Grundsätzlich sollen also Aufgaben nicht an übergeordnete Einheiten übertragen oder von diesen wahrgenommen werden, wenn sie von den untergeordneten Einheiten hinreichend erledigt werden können.[209] Dieses dort mit universeller Geltung bestehende Prinzip wurde in der Staatslehre auf das Verhältnis von Gesellschaft und Staat sowie auf die Abgrenzung der sich daraus ergebenden Rechts- und Freiheitssphären übertragen und dementsprechend inhaltlich geprägt.[210] Das Ziel des Subsidiaritätsprinzips im Unionsrecht wird zum Teil darin gesehen, die kulturellen, traditionellen sowie historischen Unterschiede zwischen den Mitgliedstaaten zu erhalten und dadurch zum Schutze ihrer Identitäten und Traditionen beizutragen.[211] Daneben wird auch die Förderung von Transparenz und Bürgernähe betont.[212]

53   Grundsätzlich können diese Ziele sowie weitere freiheitssichernde, autonomieschonende, flexibilitätsfördernde oder systementlastende Zielsetzungen durchaus als solche des Subsidiaritätsprinzips angesehen werden,[213] in rechtlicher Hinsicht wirkt sich das Subsidiaritätsprinzip allerdings – zumindest auf Unionsebene – primär als eine **Kompetenzausübungsregel zwischen der Union und den Mitgliedstaaten**[214] bzw. als eine Kompetenzbeschränkung der Union aus.[215] Das Subsidiaritätsprinzip beschäftigt sich mit der Frage, welche Aufgaben von den Mitgliedstaaten und welche von der Union wahrgenommen werden sollen,[216] konkreter damit, ob die Union in einer konkreten Situation eine ihr zustehende nicht ausschließliche Kompetenz ausüben darf oder ob die zugrundeliegende Aufgabe stattdessen durch die Mitgliedstaaten erfüllt werden soll.[217] Im Gegensatz zu dem Prinzip der begrenzten Einzelermächtigung, das Aussagen über die Herleitung sowie den Umfang der Kompetenzen des Unionsgesetzgebers macht, bezieht sich das Subsidiaritätsprinzip auf die Ausübung der Kompetenzen im Verhältnis zwischen der Union und den Mitgliedstaaten.[218] Gemeinsam mit dem kompetenziellen

---

[208] Dazu näher sowie zu dem Begriff der Subsidiarität: *Papier*, Das Subsidiaritätsprinzip – Bremse des europäischen Zentralismus, FS Isensee, 2007, S. 691 (692 ff.) sowie *Ritzer*, S. 72; *Blanke*, ZG 1991, 133 (134).

[209] *Schima*, ÖJZ 1997, 761 (762).

[210] *Von Danwitz*, Subsidiaritätskontrolle in der Europäischen Union, FS Sellner, 2010, S. 37 (38).

[211] *Schelter*, EuZW 1990, 217 (218).

[212] *Pipkorn*, EuZW 1992, 700 (700).

[213] *Calliess*, S. 33 sieht bspw. drei Aspekte bzw. Ziele des Subsidiaritätsprinzips: Der liberalistische Aspekt, das Entlastungsprinzip und das Prinzip der Hilfeleistungspflicht.

[214] So auch schon *Stein* (Fn. 204), S. 26 ff., der das Prinzip »primär als Prinzip für die Aufgabenverteilung zwischen den Mitgliedstaaten und der Gemeinschaft« ansieht. *Härtel*, in: Niedobitek, Europarecht – Grundlagen, § 6, Rn. 114; *Jürgens*, S. 78.

[215] *Streinz*, BayVBl. 2001, 481 (486); *Jickeli*, JZ 1995, 57 (58); *Ritzer*, S. 71; *von Danwitz* (Fn. 210), S. 38. Anders *Schnabel*, BayVBl. 1993, 393 (394), der in dem Subsidiaritätsprinzip eine Erweiterung der EU-Kompetenzen sieht. Auch kritisch hinsichtlich einer Kompetenzerweiterung der EU durch das in Art. 130 r Abs. 4 EWG ehemals verankerte Subsidiaritätsprinzip, *Faber*, DVBl 1991, 1126 (1134 f.). Zu der Frage, ob es sich bei dem Subsidiaritätsprinzip auch um eine Kompetenzverteilungsregel handeln kann *Moersch* (Fn. 202), S. 331 ff. Ausführlich zu den Funktionen des Subsidiaritätsprinzips *Lecheler* (Fn. 202), S. 64 ff.

[216] *Schima*, ÖJZ 1997, 761 (762).

[217] *Langguth*, in: Lenz/Borchardt, EU-Verträge, Art. 5 EUV, Rn. 19; *Bast*, in: Grabitz/Hilf/Nettesheim, EU, Art. 5 EUV (September 2013), Rn. 50 ff.; *Möschel*, NJW 1993, 3025 (3026).

[218] *Bungenberg*, EuR 2000, 879 (891); *Epiney*, AJP-PJA 1993, 950 ff.; *Geiger*, in: Geiger/Khan/Kotzur, EUV/AEUV, Art. 5 EUV, Rn. 9. Es geht dabei also nicht um die Kompetenzverteilung, so wie

Teil des Verhältnismäßigkeitsgrundsatzes stellt das Subsidiaritätsprinzip **Schranken** für die **Kompetenzausübung der Europäischen Union** auf.

Aufgrund dieses Prinzips können **Unterschiede zwischen den nationalen Vorschriften der Mitgliedstaaten erhalten bleiben oder sogar erst entstehen**, die zu einer Bandbreite unterschiedlicher nationaler Normen und somit zu einem stärkeren Systemwettbewerb führen. Allerdings können sich diese Unterschiede auch nachteilig auf den Wettbewerb auswirken, bspw. dann, wenn das Herkunftslandprinzip keine durchgängige Anwendung findet.[219]

54

Auch dem deutschen Recht oder deutschen Institutionen sind das Subsidiaritätsprinzip und seine Anwendung auf das Verhältnis zwischen der EU und den Mitgliedstaaten nicht gänzlich unbekannt. Eine Subsidiaritätsprüfung durch deutsche Behörden findet bspw. durch die Bundesministerien bei Vorschlägen für Sekundärrechtsakte statt.[220]

55

II. Subsidiaritätsprinzip in den Verträgen

Im Rahmen des unionalen Subsidiaritätsprinzips geht es um die Frage, ob es innerhalb des Bereichs einer nicht ausschließlichen Kompetenz der EU eines Handelns der Union bedarf oder ob ein einzelstaatliches Handeln ausreichend ist, um die verfolgten Ziele zu verwirklichen.[221] Ausdrücklich in die Verträge eingefügt wurde das Subsidiaritätsprinzip durch den Maastrichter Vertrag mit Art. 3 b EGV.[222] Aufgrund der Unbestimmtheit[223] der Formulierung dieser Norm wurde kontrovers **diskutiert**, ob es sich bei diesem Prinzip nur um **unverbindliche Vorgaben hinsichtlich der Kompetenzausübung** der Gemeinschaft handele[224] oder ob dieses Prinzip als **rechtlich bindend und justiziabel** anzusehen ist, mit der politisch wie rechtlich bedeutsamen Folge der Überprüfbarkeit der Kompetenzausübung der Gemeinschaftsorgane anhand dieses Prinzips durch den EuGH.[225] Diese Kontroversen rührten sicherlich auch aus dem Umstand her, dass das Subsidiaritätsprinzip vor seiner ausdrücklichen Verankerung in den Verträgen in einer solch allgemeinen Form und mit einem so weiten Anwendungsbereich auf Gemeinschaftsebene nicht existierte.[226] Mittlerweile ist das Subsidiaritätsprinzip als allgemeines Leitprinzip für die Kompetenzausübung durch die EU in Art. 5 Abs. 1, 3 EUV verankert.[227]

56

---

man *Calliess*, S. 37 entnehmen könnte, sondern um die Kompetenzausübung. Dies nun klarstellend *Calliess*, in: Calliess/Ruffert, EUV/AEUV, Art. 5 EUV, Rn. 20.

[219] *Jickeli*, JZ 1995, 57 (58).

[220] Ausführlich *Lienbacher*, in: Schwarze, EU-Kommentar, Art. 5 EUV, Rn. 18.

[221] *Calliess*, in: Calliess/Ruffert, EUV/AEUV, Art. 5 EUV, Rn. 23; *Schwartz*, S. 29.

[222] *Skouris*, Das Subsidiaritätsprinzip und seine Bedeutung in der Rechtsprechung des Gerichtshofes der Europäischen Gemeinschaften, FS Wildhaber, 2007, S. 1547 (1549).

[223] *Heintzen*, JZ 1991, 317 (319 f.) bezeichnete das Subsidiaritätsprinzip bereits vor seiner ausdrücklichen Kodifizierung als allgemeiner Gedanke in Art. 3 b EGV als aussageschwach.

[224] Zu diesem Ergebnis kommen bspw. *Hummer*, ZfRV 1992, 81 (90 f.); *Wimmer/Mederer*, ÖJZ 1991, 586 (589). Anders *Stein* (Fn. 204), S. 40; *von Borries*, EuR 1994, 263 (282 f.) m. w. N., der in der Unbestimmtheit kein grundsätzliches Hindernis für die Anwendbarkeit dieses Prinzips durch den EuGH sieht.

[225] *Lienbacher*, in: Schwarze, EU-Kommentar, Art. 5 EUV, Rn. 16. Siehe dazu auch *Stein* (Fn. 204), S. 37 ff.; *Moersch* (Fn. 202), S. 303 ff.

[226] *Streinz*, in: Streinz, EUV/AEUV, Art. 5 EUV, Rn. 19; *Langguth*, in: Lenz/Borchardt, EU-Verträge, Art. 5 EUV, Rn. 40; *Möschel*, NJW 1993, 3025 (3026).

[227] Eingeführt in die Verträge wurde es durch den Maastrichter Vertrag in Art. 3 b EGV. Zuvor existierte im Bereich des Umweltrechts mit Art. 130 r Abs. 4 S. 1 EWG eine ähnliche Regelung, deren Bedeutung jedoch sehr umstritten war. Dazu *Schröer*, Die Kompetenzverteilung zwischen der Europäischen Wirtschaftsgemeinschaft und ihren Mitgliedstaaten auf dem Gebiet des Umweltschutzes, 1992, S. 71 ff., 80 ff.

In Absatz 1 Satz 2 wird es neben dem Verhältnismäßigkeitsgrundsatz benannt, so dass die Norm vorgibt, dass für die Ausübung der Zuständigkeiten der Union die Grundsätze der Subsidiarität und der Verhältnismäßigkeit gelten. Dadurch kommt zum Ausdruck, dass es sich bei dem Subsidiaritätsprinzip nicht um einen Mechanismus der Kompetenzverteilung handelt, sondern dass es die Frage der Kompetenzausübung bei bestehender Kompetenz der EU regelt.[228]

57   Seine **nähere Ausgestaltung** findet das Subsidiaritätsprinzip in **Absatz 3**. Gemäß Art. 5 Abs. 3 UAbs. 1 EUV »wird die Union in den Bereichen, die nicht in ihre ausschließliche Zuständigkeit fallen, nur tätig, sofern und soweit die Ziele der in Betracht gezogenen Maßnahmen von den Mitgliedstaaten weder auf zentraler noch auf regionaler oder lokaler Ebene ausreichend verwirklicht werden können, sondern vielmehr wegen ihres Umfangs oder ihrer Wirkung auf Unionsebene besser zu verwirklichen sind«. **Präzisiert** wurde dabei durch den Vertrag von Lissabon die »**Ebene der Mitgliedstaaten**«, indem nunmehr von »**zentraler, regionaler und lokaler Ebene**« die Rede ist.

58   Indem das Wort »daher« als Verknüpfung zwischen den beiden Subsidiaritätskriterien durch das Wort »sondern« ersetzt wurde, ist im EUV klargestellt worden, dass für eine Befugnis der EU zur Kompetenzausübung nach dem **Subsidiaritätsprinzip** zwei selbständige, unabhängig voneinander zu beurteilende **Kriterien** vorliegen müssen.[229] Es kann also aus einer nicht ausreichenden Verwirklichung durch die Mitgliedstaaten nicht bereits zwingend auf eine bessere Verwirklichung durch die Union geschlossen werden.[230]

59   Zusätzlich zu den in Art. 5 Abs. 1 und 3 EUV enthaltenen Vorgaben des Subsidiaritätsprinzips existiert ein **Protokoll über die Anwendung der Grundsätze der Subsidiarität und der Verhältnismäßigkeit**,[231] das an die Stelle des bereits seit dem Vertrag von Amsterdam[232] in ähnlicher Form[233] bestehenden früheren Subsidiaritätsprotokolls getreten ist, um das Prinzip der Subsidiarität näher auszugestalten. Gem. Art. 51 EUV hat dieses Protokoll den Rang von primärem Unionsrecht,[234] sodass es in allen seinen Teilen verbindlich und den Regelungen des Art. 5 EUV normhierarchisch gleichwertig ist. Art. 5 Abs. 3 UAbs. 2 EUV nimmt ausdrücklich Bezug auf dieses Protokoll und legt fest, dass die Organe der Union das Subsidiaritätsprinzip nach diesem Protokoll anwenden. Für die nationalen Parlamente wird geregelt, dass sie für die Achtung der Einhaltung des Subsidiaritätsprinzips nach dem in diesem Protokoll vorgesehenen Verfahren Sorge tragen.

60   Neben Art. 5 EUV findet das Subsidiaritätsprinzip in **Art. 12 Buchst. b EUV, Art. 69 und Art. 352 AEUV ausdrückliche Erwähnung**. In Art. 12 Buchst. b EUV wird nochmals auf das Protokoll Bezug genommen. Danach tragen die nationalen Parlamente aktiv zur guten Arbeitsweise der Union bei, indem sie dafür Sorge tragen, dass bei Anwendung

---

[228] *Calliess*, in: Calliess/Ruffert, EUV/AEUV, Art. 5 EUV, Rn. 20; *Koenig/Lorz*, JZ 2003, 167 (167). Anders bspw. *Heintzen*, JZ 1991, 317 (317) nach dem man von dem Subsidiaritätsprinzip eine Orientierung bei der Abgrenzung der Zuständigkeiten von Gemeinschaft und Mitgliedstaaten erwarte.

[229] *Calliess*, in: Calliess/Ruffert, EUV/AEUV, Art. 5 EUV, Rn. 24; *Ludwigs*, ZEuS 2004, 211 (218 f.).

[230] Ausführlicher dazu Rn. 96.

[231] ABl. 2010, C 83/206.

[232] ABl. 1997, C 340/105.

[233] Vgl. dazu *Kenntner*, NJW 1998, 2871 ff.

[234] *Geiger*, in: Geiger/Khan/Kotzur, EUV/AEUV, Art. 5 EUV, Rn. 8.

des Subsidiaritätsgrundsatzes das in dem Protokoll vorgesehene Verfahren Anwendung findet. Diese Regelung wiederholt jedoch lediglich die Vorgaben des Art. 5 Abs. 3 UAbs. 2 Satz 2 EUV.[235]

Auch in **Art. 69 AEUV**, der zu den Bestimmungen des Titels V »Raum der Freiheit, der Sicherheit und des Rechts« gehört, wird die Achtung des Subsidiaritätsprinzips nochmals hervorgehoben. Danach tragen die nationalen Parlamente bei Gesetzgebungsvorschlägen und -initiativen im Bereich der justiziellen Zusammenarbeit in Strafsachen sowie im Rahmen der polizeilichen Zusammenarbeit Sorge für die Achtung des Subsidiaritätsprinzips nach Maßgabe des Protokolls. Dieser Vorschrift kommt jedoch in **erster Linie politisch-deklaratorische Bedeutung** zu, da durch Art. 5 Abs. 3 UAbs. 2 Satz 2 EUV die Einbeziehung der nationalen Parlamente in die Überwachung der Einhaltung des Subsidiaritätsprinzips bereits erfolgt.[236]   **61**

Weiter hat das Subsidiaritätsprinzip in **Art. 352 Abs. 2 AEUV** seinen Niederschlag gefunden. Durch diese Vorschrift wird angeordnet, dass die Kommission die nationalen Parlamente im Rahmen des Verfahrens zur Kontrolle der Einhaltung des Subsidiaritätsprinzips auf Vorschläge, die sich auf diesen Artikel stützen, aufmerksam macht. So soll sichergestellt werden, dass die nationalen Parlamente bereits frühzeitig von entsprechenden Maßnahmen Kenntnis erlangen, um eine Subsidiaritätsprüfung anstreben zu können.[237] Jedoch kommt auch dieser Norm lediglich **deklaratorische Bedeutung** zu.[238]   **62**

Neben diesen Vorschriften, in denen das Prinzip ausdrückliche Erwähnung findet, existieren **in den einzelnen Politik- und Sachbereichen Vorschriften**, in denen das Subsidiaritätsprinzip konkret **zum Ausdruck** kommt.[239] Solche Ausprägungen stellen bspw. Art. 149 Abs. 2, Art. 166 Abs. 4 und Art. 168 Abs. 5 AEUV dar, nach denen die Union lediglich Fördermaßnahmen ergreifen und nicht rechtsangleichend tätig werden darf, was durch diese Normen explizit klargestellt wird.[240]   **63**

III. Anwendungsbereich

1. Keine ausschließliche Zuständigkeit der Union

Wie sich nunmehr ausdrücklich aus Art. 5 Abs. 3 EUV ergibt, greift der Grundsatz der Subsidiarität nur in Bereichen, in denen keine ausschließliche Zuständigkeit der Union besteht.[241] Mangels einer Definition des Begriffs der »ausschließlichen Zuständigkeit« sowie einer ausdrücklichen **Zuordnung der einzelnen Politik- und Sachbereiche** in die unterschiedlichen Kompetenzkategorien herrschten vor dem Inkrafttreten des Vertrages von Lissabon in einigen Bereichen **Meinungsverschiedenheiten** darüber, ob es sich bei verschiedenen Unionskompetenzen um geteilte oder ausschließliche Kompetenzen der Union handelte, und somit über die Anwendung des Subsidiaritätsprinzips.[242]   **64**

---

[235] *Hölscheidt*, in: Grabitz/Hilf/Nettesheim, EU, Art. 12 EUV (September 2013), Rn. 34.

[236] *Pache*, in: Niedobitek, Europarecht – Politiken, § 10, Rn. 63.

[237] Vgl. ausführlich zu dieser Einbeziehung der nationalen Parlamente *Rossi*, in: Calliess/Ruffert, EUV/AEUV, Art. 352 AEUV, Rn. 91 ff.

[238] *Vedder*, in: Vedder/Heintschel v. Heinegg, Europäisches Unionsrecht, Art. 352 AEUV, Rn. 20.

[239] Siehe dazu auch *Calliess*, S. 127 ff. Auch mit den Formulierungen »notwendig« und »erforderlich« kommt in den Normen das Subsidiaritätsprinzip zum Ausdruck.

[240] Vgl. *Geiger*, in: Geiger/Khan/Kotzur, EUV/AEUV, Art. 5 EUV, Rn. 10.

[241] *Schima*, S. 14 spricht sich für eine Erstreckung dieses Prinzips auch auf Bereiche der ausschließlichen Zuständigkeit aus.

[242] Zu den unterschiedlichen Ansätzen: *Calliess*, in: Calliess/Ruffert, EUV/AEUV, Art. 5 EUV, Rn. 26 m. w. N. Dazu auch *Beneyto*, Die Kompetenzverteilung zwischen der Europäischen Union und

65   Insbesondere im Bereich der **Binnenmarktharmonisierungskompetenz** der EU gingen die Ansichten über die Zuordnung zu einer bestimmten Kompetenzkategorie auseinander.[243] GA *Fennelly* vertrat im Streit um die Tabakwerberichtlinie bspw. den Standpunkt, dass es sich bei der Binnenmarktharmonisierungskompetenz ihrer Natur nach um eine ausschließliche Kompetenz der Union handele und daher auch das Subsidiaritätsprinzip für die kompetenzielle Beurteilung dieser Richtlinie keine Geltung beanspruchen könne. Er begründete die ausschließliche Zuständigkeit der Union in diesem Bereich mit dem Argument, dass es »keinen Test einer »vergleichenden Effizienz« zwischen möglichen Vorgehensweisen der Mitgliedstaaten und der Gemeinschaft« gäbe. »Gäbe es ihn, würden sich noch schwierigere Grundsatzfragen stellen. Insbesondere wäre zu fragen, wie der Nutzen einer gemeinschaftlichen Harmonisierungsmaßnahme in Verfolgung des Binnenmarkts mit Bestimmungen der einzelnen Mitgliedstaaten über völlig andere nationale Interessen gegenständlichen Charakters abzuwägen wäre.«[244] Nach dieser Auffassung ist es also den Mitgliedstaaten in der Praxis nicht möglich, Rechts- und Verwaltungsvorschriften, die in den Anwendungsbereich der Verträge fallen, zu harmonisieren, mit der Folge einer ausschließlichen Zuständigkeit der Union bei Harmonisierungsmaßnahmen. Auch GA *Jacobs* teilte die Auffassung von einer ausschließlichen Zuständigkeit der Gemeinschaft in diesem Bereich.[245] Demgegenüber hat der EuGH schließlich die Kompetenz aus Art. 114 AEUV zu einer geteilten Zuständigkeit zwischen der Union und den Mitgliedstaaten erklärt.[246] Damit waren die Meinungsverschiedenheiten über die zutreffende Zuordnung der Binnenmarktkompetenz der EU aber auch noch nicht abschließend geklärt. Mittlerweile entspricht allerdings diese Rechtsprechung des EuGH der durch den Lissabonner Vertrag ausdrücklich kodifizierten Rechtslage gem. Art. 4 Abs. 2 Buchst. a AEUV.

66   Mit **Einführung des Kompetenzkatalogs** der Art. 2 ff. AEUV ins Primärrecht durch den Vertrag von Lissabon sind also diese **Streitigkeiten hinfällig** geworden. In Bezug auf die Zuordnung einer Kompetenz zur geteilten oder ausschließlichen Zuständigkeit der Union bestehen grundsätzlich keine Unklarheiten mehr, denn in Art. 3 AEUV findet sich nunmehr eine Aufzählung der Bereiche der ausschließlichen Zuständigkeit wieder. Zudem wird in Art. 2 Abs. 1 AEUV der Begriff der »ausschließlichen Zuständigkeit« definiert.

67   Trotz der fehlenden Auflistung in Art. 3 AEUV handelt es sich bei den **Zuständigkeiten des Gerichtshofs** um **ausschließliche** Zuständigkeiten der Union, denn allein dieser hat nach Art. 19 Abs. 1 Satz 2 EUV über die Anwendung und Auslegung der Verträge zu urteilen. Eine mit den mitgliedstaatlichen Gerichten geteilte Zuständigkeit existiert insoweit nicht.[247]

---

den Mitgliedstaaten: Thesen und Vorschläge, in: Scheuing, Europäische Verfassungsordnung, 2003, S. 109 f.; *Ritzer/Ruttloff*, EuR 2006, 116 (119 f.). Siehe dazu auch *Moersch* (Fn. 202), S. 284 ff.

[243] Siehe dazu auch *Calliess* (Fn. 51), S. 3 (3).

[244] EuGH, Urt. v. 5. 10. 2000, Rs. C–376/98 (Tabakwerbeurteil), Slg. 2000, I–8423, Rn. 142, GA *Fennelly*, Schlussanträge zu Rs. C–376/98 (Tabakwerbeurteil), Slg. 2000, I–8423.

[245] EuGH, Urt. v. 9. 10. 2001, Rs. C–377/98 (Niederlande/Parlament und Rat), Slg. 2001, I–7079, Rn. 77 ff., GA *Jacobs* Schlussanträge zu Rs. C–377/98 (Niederlande/Parlament und Rat), Slg. 2001, I–7079, (RL über den rechtlichen Schutz biotechnologischer Erfindungen). Ausführlich zu der Frage, ob es sich bei Art. 95 EGV um eine ausschließliche, eine konkurrierende oder eine parallele Kompetenz handelt, *Silny* (Fn. 159), S. 161 ff.

[246] EuGH, Urt. v. 10. 12. 2002, Rs. C–491/01, (British American Tobacco), Slg. 2002, I–11453, Rn. 179. *Schweitzer/Schroeder/Bock*, EG-Binnenmarkt und Gesundheitsschutz, 2002, S. 85.

[247] *Bast*, in: Grabitz/Hilf/Nettesheim, EU, Art. 5 EUV (September 2013), Rn. 53.

In diesem Kontext ist zu beachten, dass mittlerweile von den Verträgen klar vorge- **68** geben wird, in welchen Bereichen eine ausschließliche Zuständigkeit der EU besteht. In den Bereichen, die ausschließlich der Union zugeordnet sind, sollen keine Überlegungen mehr darüber angestellt werden, auf welcher Ebene die anvisierten Ziele realisiert werden sollen.[248] Wichtig ist jedoch, dass die ausschließliche Zuständigkeit der Union **nicht mit den Fällen der geteilten Zuständigkeit nach Art. 2 Abs. 2 Satz 2 AEUV gleich-zusetzen** ist – woran man zunächst denken könnte –, in denen die Union ihre Zuständigkeit ausgeübt hat und es daher den Mitgliedstaaten aufgrund der daraus resultierenden Sperrwirkung nicht mehr möglich ist, selbst rechtsetzend tätig zu werden.[249] Zwar besitzt die Union in diesen Bereichen nach Ausübung ihrer Zuständigkeit grundsätzlich das ausschließliche Recht zur Rechtsetzung, jedoch ist zu beachten, dass dieses Recht und damit diese ausschließliche Zuständigkeit nur eine vorübergehende ist. Denn bei einer Aufhebung der betreffenden EU-Vorschrift, bei ihrem Entfallen durch Zeitablauf, weil sie nur auf einen bestimmten Geltungszeitraum beschränkt war, oder bei einer Aufgabe der Zuständigkeit durch die Union nach Art. 2 Abs. 2 Satz 3 AEUV wird die Sperrwirkung wieder beseitigt, mit der Folge eines wiederum möglichen rechtsetzenden Tätigwerdens durch die Mitgliedstaaten. Deren Zuständigkeit für den betroffenen Bereich lebt dann wieder auf. Dies entspricht aber nicht dem Verständnis der ausschließlichen Zuständigkeit, bei der die Übertragung grundsätzlich vollständig und zeitlich unbeschränkt erfolgt.[250] Auch die in Art. 2 Abs. 1 AEUV enthaltene Definition der ausschließlichen Zuständigkeit spricht gegen diesen Schluss, denn danach dürfen die Mitgliedstaaten in den Bereichen der ausschließlichen Zuständigkeit nur dann handeln, wenn sie von der Union dazu ermächtigt wurden oder wenn ihr Handeln der Durchführung von Unionsrechtsakten dient. Nicht erfasst werden also die Bereiche, in denen die Mitgliedstaaten aufgrund des Entfallens der Sperrwirkung wieder handeln dürfen. Zudem würde bei einer weiteren Auslegung des Begriffs der ausschließlichen Zuständigkeit der Anwendungsbereich des Subsidiaritätsprinzips erheblich geschmälert, dies allerdings dürfte wohl kaum Sinn und Zweck der Sperrwirkung des Art. 2 Abs. 2 Satz 2 AEUV sein. Gegen dieses Zweckargument wird vorgebracht, wenn bei der geteilten Zuständigkeit die Union durch Ausübung dieser Zuständigkeit für die Mitgliedstaaten eine Sperrwirkung herbeiführt, bestehe ohnehin keine Handlungsmöglichkeit der Mitgliedstaaten.[251] Dabei wird jedoch übersehen, dass das Subsidiaritätsprinzip grundsätzlich nur dann greift, wenn die Zuständigkeit der Union positiv feststeht. Als Kompetenzausübungsschranke dient es dazu, Grenzen für eine konkrete Maßnahme der EU im Rahmen einer bestehenden Kompetenz aufzustellen. Eine Schmälerung der konkurrierenden Unionszuständigkeit im Allgemeinen vermag es jedoch nicht herbeizuführen.[252]

Der Grundsatz der Subsidiarität ist auf alle Kompetenzen der **geteilten Zuständigkeit** **69** gem. Art. 2 Abs. 2 i. V. m. Art. 4 AEUV anzuwenden, auf die **Zuständigkeit zur Koordinierung der Wirtschafts-, Beschäftigungs- und Sozialpolitik** nach Art. 2 Abs. 3 i. V. m. Art. 5 AEUV sowie auf die **Unterstützungs-, Koordinierungs- und Ergänzungskompetenzen** nach Art. 2 Abs. 5 i. V. m. Art. 6 AEUV.[253] Hierbei ist zu beachten, dass alle

---

[248] *Bast*, in: Grabitz/Hilf/Nettesheim, EU, Art. 5 EUV (September 2013), Rn. 52.
[249] Dazu Rn. 35.
[250] *Von Borris*, EuR 1994, 263 (274). Ausführlich zu diesem Problemkreis *Calliess*, S. 89 ff. *Schima*, ÖJZ 1997, 761 (762). Ausführlich auch zu diesem Problembereich *Geiger* (Fn. 26), S. 272 ff.
[251] *Schima*, ÖJZ 1997, 761 (762).
[252] *Langguth*, in: Lenz/Borchardt, EU-Verträge, Art. 5 EUV, Rn. 12.
[253] Vgl. *Lienbacher*, in: Schwarze, EU-Kommentar, Art. 5 EUV, Rn. 20.

Sachbereiche, die nicht in den Kompetenzkatalogen aufgeführt sind, nach Art. 4 Abs. 1 AEUV ebenfalls der geteilten Zuständigkeit zuzuordnen sind.

70   In **Art. 2 Abs. 4 AEUV i. V. m. Art. 24 EUV** wird die Zuständigkeit der Union für die **Gemeinsame Außen- und Sicherheitspolitik** sowie für die schrittweise Festlegung einer gemeinsamen Verteidigungspolitik aufgeführt. Auch in diesem Bereich findet der **Grundsatz der Subsidiarität Anwendung.**[254] Hierbei ist jedoch zu beachten, dass aufgrund der Vorschrift des Art. 24 Abs. 1 UAbs. 2 Satz 6 EUV i. V. m. Art. 275 AEUV die Einhaltung dieses Grundsatzes nicht der gerichtlichen Überprüfung durch den Gerichtshof unterliegt,[255] wodurch dem Subsidiaritätsprinzip im Bereich der GASP keine rechtlich durchsetzbare Rolle zukommt. Teilweise wird die Anwendung des Subsidiaritätsgrundsatzes hier jedoch verneint, da dieser Grundsatz nur beim Erlass von Gesetzgebungsakten und deren Vorbereitung zu beachten sei, was sich aus Art. 3 des Subsidiaritätsprotokolls ergebe. Im Bereich der GASP ist der Union jedoch nach Art. 24 Abs. 1 UAbs. 2 Satz 3 EUV der Erlass von Gesetzgebungsakten versagt, was als Folge die Unanwendbarkeit des Subsidiaritätsprinzips mit sich bringe.[256] Zwar ist es richtig, dass das Protokoll der Konkretisierung des Art. 5 EUV dienen soll. Die Art. 2 bis 9 des Protokolls beziehen sich jedoch auf rein verfahrenstechnische Aspekte, auf die sich auch die Definition des Entwurfs eines Gesetzgebungsaktes in Art. 3 bezieht. Dieser konkretisiert also nicht die vom Subsidiaritätsprinzip umfassten Maßnahmen oder Tätigkeiten. Daher kann aus dieser Norm des Protokolls nicht die Schlussfolgerung gezogen werden, der Subsidiaritätsgrundsatz gelte nicht im Rahmen der GASP.

2. Personeller Anwendungsbereich

a) Adressaten

71   Adressat des Subsidiaritätsprinzips ist ausweislich des Wortlauts des Art. 5 Abs. 1 Satz 2 und Abs. 3 EUV die Union, also die **Union** selbst und **ihre Organe**[257] sowie **Institutionen.**[258] Dabei kommt es nicht darauf an, welche Hoheitsfunktion das handelnde Organ ausübt.[259] Im Verhältnis zur Kommission kommt dem Grundsatz der Subsidiarität wegen ihres nach Art. 17 Abs. 2 AEUV bestehenden Initiativrechts eine tragende Rolle zu.[260]

72   Aus der ausschließlichen Zuständigkeit des Gerichtshofs ergibt sich, dass bei Fragen **hinsichtlich der Zuständigkeit des Gerichtshofs** der Subsidiaritätsgrundsatz **keine Anwendung** findet.[261] Dies ist jedoch von der – selbstverständlich positiv zu beantworten-

---

[254] *Calliess*, in: Calliess/Ruffert, EUV/AEUV, Art. 5 EUV, Rn. 27; *Lienbacher*, in: Schwarze, EU-Kommentar, Art. 5 EUV, Rn. 20. A. A. wohl auch *Geiger*, in: Geiger/Khan/Kotzur, EUV/AEUV, Art. 5 EUV, Rn. 11, der lediglich auf die Art. 3 bis 6 AEUV verweist.

[255] *Lienbacher*, in: Schwarze, EU-Kommentar, Art. 5 EUV, Rn. 20.

[256] *Vedder*, in: Vedder/Heintschel v. Heinegg, Europäisches Unionsrecht, Art. 5 EUV, Rn. 15.

[257] *Lienbacher*, in: Schwarze, EU-Kommentar, Art. 5 EUV, Rn. 21; *Langguth*, in: Lenz/Borchardt, EU-Verträge, Art. 5 EUV, Rn. 17.

[258] *Streinz*, in: Streinz, EUV/AEUV, Art. 5 EUV, Rn. 23; *Bast*, in: Grabitz/Hilf/Nettesheim, EU, Art. 5 EUV (September 2013), Rn. 50; Ausführlich zu den Adressaten *Molsberger*, S. 155 ff.

[259] *Bast*, in: Grabitz/Hilf/Nettesheim, EU, Art. 5 EUV (September 2013), Rn. 53.

[260] *Langguth*, in: Lenz/Borchardt, EU-Verträge, Art. 5 EUV, Rn. 17.

[261] *Streinz*, in: Streinz, EUV/AEUV, Art. 5 EUV, Rn. 23; *Bast*, in: Grabitz/Hilf/Nettesheim, EU, Art. 5 EUV (September 2013), Rn. 53; *Lienbacher*, in: Schwarze, EU-Kommentar, Art. 5 EUV, Rn. 21. Ausführlich zur Anwendbarkeit des Subsidiaritätsprinzips auf den EuGH, *Walter*, Rechtsfortbildung durch den EuGH, 2009, S. 259 ff.

den – Frage zu unterscheiden, inwiefern der Gerichtshof bei der Überprüfung des unionalen Handelns die Beachtung des Subsidiaritätsprinzips zu überprüfen hat.[262]

b) Begünstigte

Wenn man im Rahmen des Subsidiaritätsprinzips überhaupt von Begünstigten sprechen kann, sind als solche primär die **Mitgliedstaaten**[263] und **ihre innerstaatlichen Untergliederungen** anzusehen.[264] Diese stellen die untergeordnete Einheit dar, die es zu schützen gilt, damit die Aufgaben, die von ihnen erledigt werden können, nicht auf eine übergeordnete Einheit übertragen werden. Insbesondere wird seit dem Vertrag von Lissabon nunmehr ausdrücklich auch die regionale und lokale Ebene im Rahmen des Art. 5 Abs. 3 EUV angesprochen, wodurch nochmals verdeutlicht werden soll, dass es bei dem Subsidiaritätsprinzip um die Wahrung der nationalen Identität sowie der Handlungsmöglichkeiten und -zuständigkeiten der jeweils kleinstmöglichen Ebene geht.[265]

73

3. Maßnahmen im Anwendungsbereich

Weiter unterfallen nach dem Wortlaut des Art. 5 Abs. 3 EUV **grundsätzlich alle Maßnahmen der Unionsorgane** dem Subsidiaritätsgrundsatz. Aus der Verortung dieses Prinzips im EUV im Kapitel »Gemeinsame Bestimmungen« ergibt sich, dass darunter nicht nur Rechtsakte zu fassen sind, sondern das gesamte Handeln der EU, ihrer Organe und Einrichtungen,[266] also auch Verwaltungsmaßnahmen[267] oder sonstige Formen der Anwendung des Rechts.[268]

74

Teilweise wird aus Art. 3 des Subsidiaritätsprotokolls der Schluss gezogen, dass es sich bei den Maßnahmen, die dem **Anwendungsbereich** des Subsidiaritätsgrundsatzes unterfallen, **ausschließlich** um **Gesetzgebungsakte** handele.[269] Als Konsequenz würden nach der in Art. 289 Abs. 3 AEUV enthaltenen Legaldefinition der Gesetzgebungsakte i. V. m. Art. 289 Abs. 1 und 2 AEUV nur Rechtsakte diesem Prinzip unterliegen, die entweder im ordentlichen oder besonderen Gesetzgebungsverfahren erlassen wurden. Dies hätte insbesondere den Ausschluss von Maßnahmen der delegierten Rechtsetzung nach Art. 290 AEUV zur Folge. Auch würde das Subsidiaritätsprinzip auf Maßnahmen im Bereich der GASP keine Anwendung finden. Aus den Art. 2 bis 9 des Protokolls wird jedoch ersichtlich, dass diese reine verfahrensrechtliche Regelungen hinsichtlich des Subsidiaritätsprinzips begründen. Eine Konkretisierung der materiellen Regelungen, wie die Konkretisierung des unter das Subsidiaritätsprinzip fallenden Tätigwerdens der Union, ist mit dieser Regelung nicht bezweckt. Auswirkungen hat dies jedoch auf die

75

---

[262] *Streinz*, in: Streinz, EUV/AEUV, Art. 5 EUV, Rn. 23; *Langguth*, in: Lenz/Borchardt, EU-Verträge, Art. 5 EUV, Rn. 28. Dazu ausführlicher Rn. 126 ff.

[263] *Langguth*, in: Lenz/Borchardt, EU-Verträge, Art. 5 EUV, Rn. 28.

[264] *Härtel*, in: Niedobitek, Europarecht – Grundlagen, § 6, Rn. 119; *Streinz*, in: Streinz, EUV/AEUV, Art. 5 EUV, Rn. 24.

[265] *Vedder*, in: Vedder/Heintschel v. Heinegg, Europäisches Unionsrecht, Art. 5 EUV, Rn. 17; *Härtel*, in: Niedobitek, Europarecht – Grundlagen, § 6, Rn. 119.

[266] *Bast*, in: Grabitz/Hilf/Nettesheim, EU, Art. 5 EUV (September 2013), Rn. 50; *von Borries*, EuR 1994, 263 (276).

[267] *Bast*, in: Grabitz/Hilf/Nettesheim, EU, Art. 5 EUV (September 2013), Rn. 53, worunter jedoch nicht die Vollzugshandlungen fallen.

[268] *Langguth*, in: Lenz/Borchardt, EU-Verträge, Art. 5 EUV, Rn. 23.

[269] *Vedder*, in: Vedder/Heintschel v. Heinegg, Europäisches Unionsrecht, Art. 5 EUV, Rn. 15.

Regelungen des Protokolls. Dieses findet nur auf Gesetzgebungsakte im vorgenannten Sinne Anwendung.[270]

4. Zeitlicher Anwendungsbereich

76   Das gegenwärtig in den Verträgen verankerte Subsidiaritätsprinzip und das dazugehörige Protokoll traten mit dem Vertrag von Lissabon am **1. 12. 2009** in Kraft. Seit diesem Zeitpunkt gilt es in seiner gegenwärtigen Fassung für das Tätigwerden der Union. Der Subsidiaritätsgrundsatz hat jedoch **keine Rückwirkung**. Rechtsakte, die noch auf der Grundlage des EGV geschlossen wurden, sind noch an Art. 5 Abs. 2 EGV und dem damaligen Subsidiaritätsprotokoll zu messen, da es für die Rechtmäßigkeit eines Rechtsaktes auf die Rechtslage ankommt, die zum Zeitpunkt seines Erlasses bestand.[271]

77   Für das im Vertrag von Maastricht verankerte Subsidiaritätsprinzip wurde zum Teil gefordert, dass dies auch auf Rechtsakte, die vor dem Vertrag erlassen wurden, Anwendung finden sollte.[272] Sowohl das EuG als auch der EuGH lehnten jedoch eine solche Anwendung und damit die Überprüfung des Rechtsaktes anhand dieser Regelung ab.[273]

IV.   Vorgaben für die Kompetenzausübung

78   **Art. 5 Abs. 3 UAbs. 1 EUV** legt die **Vorgaben** des Subsidiaritätsprinzips fest, die vorliegen müssen, damit eine Handlung der EU den Anforderungen des Subsidiaritätsprinzips genügt. Nach dieser Vorschrift darf die Union nur tätig werden, sofern und soweit die Ziele der in Betracht gezogenen Maßnahmen von den Mitgliedstaaten weder auf zentraler noch auf regionaler oder lokaler Ebene ausreichend verwirklicht werden können, sondern vielmehr wegen ihres Umfangs oder ihrer Wirkungen auf Unionsebene besser zu verwirklichen sind. Daraus ergeben sich folgende zwei Voraussetzungen: Zum einen darf keine ausreichende Zielverwirklichung auf einzelstaatlicher Ebene möglich sein, zum anderen müssen die Ziele auf Unionsebene besser verwirklicht werden können. Es bedarf also des **kumulativen**[274] **Vorliegens beider Voraussetzungen**.[275] Andernfalls würde eine nicht ausreichende Zielverwirklichung durch die Mitgliedstaaten bereits auf eine bessere Verwirklichung durch die Union hinweisen.[276] Ein Tätigwerden der Union ist danach grundsätzlich schon dann nicht mit dem Subsidiaritätsprinzip vereinbar, wenn die Mitgliedstaaten die Ziele zwar schlechter verwirklichen können, als dies auf Unionsebene der Fall wäre, das mitgliedstaatliche Tätigwerden zur Zielverwirklichung jedoch ausreichend ist.[277] Das Erfordernis des kumulativen Vorliegens wurde durch den

---

[270] Ausführlicher zu dem Protokoll und zu den in diesem enthaltenen Regelungen Rn. 104 ff.

[271] *Lienbacher*, in: Schwarze, EU-Kommentar, Art. 5 EUV, Rn. 22. Nach *Koenig/Lorz*, JZ 2003, 167 (168) sind auch bereits erlassene Rechtsakte am Grundsatz der Subsidiarität zu prüfen. Sie lassen dabei aber offen, ob die Prüfung anhand der gegenwärtigen oder anhand der alten Rechtslage zu erfolgen hat.

[272] *Stein* (Fn. 22), S. 141 (145).

[273] Ausführlich dazu *Lienbacher*, in: Schwarze, EU-Kommentar, Art. 5 EUV, Rn. 22.

[274] *Calliess*, S. 110; *Kenntner*, NJW 1998, 2871 (2873); *Koenig/Lorz*, JZ 2003, 167 (167); *Pieper*, DVBl 1993, 705, (709); *Wuermling*, EuR 2004, 216 (224); *Altmaier*, S. 308. Dies wurde bereits durch das Amsterdamer Protokoll Nr. 30 über die Anwendung der Grundsätze der Subsidiarität und Verhältnismäßigkeit, ABl. 1997, C 340/140 Ziffer 5, festgestellt.

[275] *Calliess*, in: Calliess/Ruffert, EUV/AEUV, Art. 5 EUV, Rn. 30; *Jürgens*, S. 78.

[276] *Pieper*, DVBl 1993, 705 (709).

[277] *Kenntner*, NJW 1998, 2871 (2873).

Lissabon Vertrag im Vergleich zu Art. 5 EGV durch die **Ersetzung** der Formulierung »**und daher**« durch »**sondern vielmehr**« verdeutlicht.[278]

In dem früheren **Amsterdamer Subsidiaritätsprotokoll** waren Leitlinien zu der Frage   **79** des nicht ausreichenden Erreichens durch die Mitgliedstaaten und des besseren Erreichens der Ziele durch die Gemeinschaft enthalten. Diese **Konkretisierung der materiellen Gehalte** des Subsidiaritätsprinzips wurde jedoch in das Subsidiaritätsprotokoll zu dem Vertrag von Lissabon nicht übernommen. Dies wird teilweise als Entmaterialisierung bezeichnet.[279] Die materiellen Vorgaben des Amsterdamer Protokolls können dennoch weiterhin als Orientierungshilfe zur Konkretisierung der entsprechenden Vorgaben des Subsidiaritätsprinzips herangezogen werden. Dieses Protokoll ist zwar rechtlich nicht länger verbindlich, weil es mit dem Lissabonner Vertrag durch das neue Subsidiaritätsprotokoll ersetzt worden ist. Wegen des fehlenden materiellen Gehalts des Subsidiaritätsprotokolls von Lissabon ist eine Heranziehung des materiellen Gehalts des Subsidiaritätsprotokolls von Amsterdam als interpretatorische Leitlinie für die materiellen Gehalte des Subsidiaritätsprinzips als solchen jedoch unbedenklich.[280]

1. Keine ausreichende Zielverwirklichung auf einzelstaatlicher Ebene möglich

Nach dem ersten der beiden Kriterien müssen die Ziele, die mit der geplanten Maßnahme verfolgt werden, nicht ausreichend durch die Mitgliedstaaten, und zwar weder auf   **80** deren zentraler noch regionaler oder lokaler Ebene, verwirklicht werden können.[281] Es wird also ein **Regelungsdefizit** in einem bestimmten Bereich innerhalb der Mitgliedstaaten vorausgesetzt, das mit den Mitteln, die den Mitgliedstaaten zur Verfügung stehen, voraussichtlich **nicht beseitigt werden** kann.[282]

Dabei wurde die ausdrückliche Nennung der **regionalen und lokalen Ebene** erst durch   **81** den Vertrag von Lissabon **neu eingeführt**.[283] Dies wurde insbesondere von den deutschen Bundesländern als wesentlicher Fortschritt gesehen,[284] aber auch in der Literatur wird diese Einführung als positiv bewertet.[285] Zuvor ließ sich die Einbeziehung der

---

[278] *Ludwigs*, ZEuS 2004, 211 (219). Die frühere Formulierung wurde zum Teil als unglücklich angesehen. So bspw. *Merten* (Fn. 55), S. 83; *Kischel* (Fn. 156), S. 31. Zur besseren Handhabung in der Praxis wurden Leitlinien, Tests und Ähnliches entwickelt. Dazu: *Streinz*, in: Streinz, EUV/AEUV, Art. 5 EUV, Rn. 25.

[279] *Calliess*, in: Calliess/Ruffert, EUV/AEUV, Art. 5 EUV, Rn. 32. Diese Entmaterialisierung bemängeln *Koch/Kullas*, cepStudie, Subsidiarität nach Lissabon, 2010, S. 6. Kritsch auch *Wuermling*, EuR 2004, 216 (224 f.).

[280] Dazu: *Ladenburger*, ZEuS 2011, 389 (397); *Streinz*, in: Streinz, EUV/AEUV, Art. 5 EUV, Rn. 26; *Stein/Rauber*, Rechtliche Grenzen der Bekämpfung des Tabakkonsums im Mehrebenensystem, 2011, S. 24 ff. Im Ergebnis so auch *Pache* (Fn. 193), S. 89; *Calliess*, in: Calliess/Ruffert, EUV/AEUV, Art. 5 EUV, Rn. 32, der eine effektive Kontrolle ohne materielle Leitlinien für schwer möglich hält.

[281] Teilweise wird dieses Negativkriterium (auch Insuffizienzkriterium, vgl. *Bast*, in: Grabitz/Hilf/Nettesheim, EU, Art. 5 EUV (September 2013), Rn. 54, *Molsberger*, S. 163 oder Effizienztest genannt, vgl. *Lienbacher*, in: Schwarze, EU-Kommentar, Art. 5 EUV, Rn. 26) des Subsidiaritätsgrundsatzes im Sinne von »Erforderlichkeit« ausgelegt; siehe: *Stein* (Fn. 204), S. 29 f.; *Schima*, S. 112; *von Borries*, EuR 1994, 263 (277); *Lienbacher*, in: Schwarze, EU-Kommentar, Art. 5 EUV, Rn. 26.

[282] *Bast*, in: Grabitz/Hilf/Nettesheim, EU, Art. 5 EUV (September 2013), Rn. 54.

[283] *Ludwigs*, ZEuS 2004, 211 (218).

[284] *Molsberger*, S. 165.

[285] *Calliess*, in: Calliess/Ruffert, EUV/AEUV, Art. 5 EUV, Rn. 33; *Schröder*, JZ 2004, 8 (11); *Ritzer*, S. 84.

regionalen und lokalen Ebene durch Auslegung ermitteln,[286] so dass auch schon vor dem Vertrag von Lissabon die regionalen und lokalen Ebenen im Rahmen der Subsidiaritätsprüfung Berücksichtigung fanden.[287]

82   **Große Teile** in der Literatur hingegen gingen im Rahmen von Art. 5 Abs. 2 EGV davon aus, dass dieser **lediglich das Verhältnis zwischen der Union und den Mitgliedstaaten** regelt und daher die **Einbeziehung der regionalen und lokalen Ebene** in diesen Bereich **verfehlt** sei.[288] Dies wurde zum einen damit begründet, dass die innerstaatliche Organisationsgewalt immer noch den Mitgliedstaaten obliege[289] und eine Beurteilung der Länderkompetenzen durch die Union bereits einen offensichtlichen Verstoß gegen das Subsidiaritätsprinzip darstelle.[290] Auch sei die Einbeziehung der regionalen Ebene aufgrund der schwachen regionalen Ausprägung einiger Mitgliedstaaten nachteilig, denn bei einer Beurteilung ihrer Kapazitäten durch die Union könne diese wohl fast immer zu dem Schluss kommen, dass ein unionales Handeln erforderlich sei.[291]

83   Durch die Einbeziehung der regionalen und lokalen Handlungsebenen findet jedoch **kein Eingriff in die innerstaatliche Organisationsgewalt** statt. Die Union bekommt durch diese Einbeziehung keine Befugnis erteilt, die innerstaatliche Kompetenzverteilung und ausübung zu regeln. Diese Befugnis verbleibt allein bei den Mitgliedstaaten.[292] Vielmehr wird durch die Einbeziehung weiterhin lediglich das Verhältnis zwischen Union und Mitgliedstaaten geregelt, zu denen lediglich auch ausdrücklich anerkannt die jeweiligen Untergliederungen gehören. Die Möglichkeit der Mitgliedstaaten zur Zielverwirklichung wird also erweitert und nicht verringert,[293] oder jedenfalls werden ausdrücklich zusätzliche Handlungsmöglichkeiten der Mitgliedstaaten angesprochen und als für eine ausreichende Zielverwirklichung auf mitgliedstaatlicher Ebene hinreichend eingeordnet, denn die Zielverwirklichung muss nunmehr ausdrücklich nicht zwingend auf der zentralen Ebene erfolgen, sondern kann genauso auf der regionalen und lokalen Ebene unternommen werden.

84   In diesem Zusammenhang stellt sich weiter die Frage, was unter der regionalen oder lokalen Ebene zu verstehen ist. Für **Deutschland** stellt sich die Beantwortung dieser Frage als recht simpel dar, da der deutsche Staatsaufbau dabei nicht viele Alternativen zur Verfügung stellt. Die regionale Ebene bezieht sich auf die einzelnen **Bundesländer,** und die lokale Ebene umfasst alle **kommunalen Gebietskörperschaften** in Form von Städten, Gemeinden und Kreisen.[294]

85   Die ausdrückliche Nennung der regionalen und lokalen Ebenen erlangt auch hinsichtlich **völkerrechtlicher Abkommen** zwischen den Mitgliedstaaten und der Frage nach deren Auswirkungen im Rahmen des Subsidiaritätsprinzips Bedeutung. Denn damit wird ausdrücklich klargestellt, dass die Ziele auf mitgliedstaatlicher Ebene und nicht

---

[286] *Schröder*, JZ 2004, 8 (11). Ausführlich dazu *Calliess*, S. 172 ff.

[287] *Ritzer*, S. 84; *Streinz*, in: Streinz, EUV/AEUV, Art. 5 EUV, Rn. 24; *Vedder*, in: Vedder/Heintschel v. Heinegg, EVV, Art. I–11 VVE, Rn. 13; *Bast*, in: Grabitz/Hilf/Nettesheim, EU, Art. 5 EUV (September 2013), Rn. 56.

[288] *Ludwigs*, ZEuS 2004, 211 (218), Fn. 30 m. w. N.

[289] *Von Borries*, EuR 1994, 263 (276) m. w. N.

[290] *Schima*, S. 158.

[291] *Schima*, S. 158.

[292] *Bast*, in: Grabitz/Hilf/Nettesheim, EU, Art. 5 EUV (September 2013), Rn. 56; *Herchenhan*, BayVBl. 2003, 649 (651).

[293] So auch *Frenz*, Jura 2010, 641 (642).

[294] Vgl. *Molsberger*, S. 166.

durch intergouvernementale Zusammenarbeit erreicht werden sollen.[295] Dies ist auch sinnvoll, denn der Sinn und Zweck des unionalen Subsidiaritätsprinzips würde damit unterlaufen,[296] da es bei diesem im Wesentlichen um die Erhaltung der mitgliedstaatlichen Eigenständigkeit[297] und Bürgernähe[298] geht. Auf diese beiden Aspekte wird seitens der Mitgliedstaaten bei dem Abschluss eines völkerrechtlichen Abkommens aber gerade verzichtet. Das Ausweichen der Mitgliedstaaten auf die völkerrechtliche Ebene macht vielmehr deutlich, dass die Mitgliedstaaten gerade nicht die Fähigkeit besitzen, die entsprechende Materie innerstaatlich zu regeln.[299]

Weiter wird durch den Vertrag von Lissabon das zuvor in Art. 5 Abs. 2 EGV enthaltene Verb »erreicht« durch das Wort **»verwirklicht«** ersetzt. Diese Veränderung hat jedoch keinen Einfluss auf die materiellen Voraussetzungen des Subsidiaritätsgrundsatzes.[300] Durch das Wort »verwirklicht« kommt, wie schon zuvor durch »erreicht«, zum Ausdruck, dass der Zustand, der erzielt werden soll, nicht bereits in den Mitgliedstaaten bestehen muss.[301]   **86**

Im Hinblick auf die **Zielverwirklichung** muss auf ein konkretes Ziel abgestellt werden, also auf das Ziel, das durch die zu untersuchende Maßnahme geregelt und erreicht werden soll. Unbeachtlich sind hingegen abstrakte Ziele[302] wie bspw. die Verbesserung des Gesundheitsschutzes oder die Förderung des Binnenmarktes. Aus der Formulierung »ausreichend« lässt sich entnehmen, dass im Rahmen dieses Kriteriums **keine vollumfängliche oder optimale** Zielverwirklichung durch die Mitgliedstaaten verlangt wird.[303] Auch müssen die Maßnahmen der unterschiedlichen Mitgliedstaaten nicht einheitlich sein,[304] denn durch das Subsidiaritätsprinzip sollen nicht unterschiedliche Vorschriften vereinheitlicht, sondern die Möglichkeit zu deren Erlass oder Fortbestand aufrechterhalten werden.[305]   **87**

Eine ausreichende Zielverwirklichung auf einzelstaatlicher Ebene kann bspw. in Anlehnung an das Subsidiaritätsprotokoll von Amsterdam dann nicht möglich sein, wenn der Regelungsgegenstand der Maßnahme einen **grenzüberschreitenden Bezug** aufweist.   **88**

Dieser grenzüberschreitende Bezug kann jedoch nur als **Orientierungshilfe**[306] dienen.   **89**

---

[295] *Bast*, in: Grabitz/Hilf/Nettesheim, EU, Art. 5 EUV (September 2013), Rn. 56. Zu einem »Ausweichen« der Mitgliedstaaten auf die völkerrechtliche Ebene siehe auch *Calliess*, in: Calliess/Ruffert, EUV/AEUV, Art. 5 EUV, Rn. 38; *Molsberger*, S. 52. A. A. *Frenz*, Jura 2010, 641 (643), der aus der Formulierung »ausreichend« folgert, dass auch eine mitgliedstaatliche Zusammenarbeit in Betracht kommt.

[296] *Herchenhan*, BayVBl. 2003, 649 (651). Dies auch eher ablehnend *Jarass*, EuGRZ 1994, 209 (211), dieser merkt jedoch an, dass die Möglichkeit einer intergouvernementalen Zusammenarbeit im Rahmen der Verhältnismäßigkeitsprüfung Bedeutung erlangen kann. Zudem würde die intergouvernementale Zusammenarbeit gegen das Loyalitätsgebot aus Art. 4 Abs. 3 EUV verstoßen, *Vedder*, in: Vedder/Heintschel v. Heinegg, Europäisches Unionsrecht, Art. 5 EUV, Rn. 18.

[297] Denn es geht gerade hierbei nicht um eine Vereinheitlichung der Vorschriften, sondern die Fülle der unterschiedlichen Vorschriften soll aufrechterhalten werden, *Lambers*, EuR 1993, 229 (236).

[298] *Calliess*, S. 110.

[299] *Moersch* (Fn. 202), S. 348. Im Ergebnis so auch *Schima*, ÖJZ 1997, 761 (764).

[300] Ausführlich dazu *Molsberger*, S. 163 f.

[301] *Langguth*, in: Lenz/Borchardt, EU-Verträge, Art. 5 EUV, Rn. 32. So bereits schon *Jarass*, EuGRZ 1994, 209 (210).

[302] *Vedder*, in: Vedder/Heintschel v. Heinegg, Europäisches Unionsrecht, Art. 5 EUV, Rn. 18.

[303] *Ritzer*, S. 84.

[304] *Walter* (Fn. 261), S. 264.

[305] *Calliess*, S. 111; *Lambers*, EuR 1993, 229 (236); *Streinz*, in: Streinz, EUV/AEUV, Art. 5 EUV, Rn. 28.

[306] Vgl. Rn. 78.

Für die Annahme einer unzureichenden Zielverwirklichung auf mitgliedstaatlicher Ebene kann dieser Bezug alleine nicht ausreichend sein, ebenso wenig wie der Umstand, dass eine Maßnahme auf Ebene der Union im Vergleich zu einer nationalen oder regionalen Maßnahme einen »europäischen Mehrwert« mit sich bringt.[307] Andernfalls würde es zu einem Leerlauf des Subsidiaritätsprinzips kommen.

90   Daher ist für die Beurteilung einer entsprechenden Maßnahme eine **Gesamtwürdigung der Situation** vorzunehmen. In diesem Zusammenhang stellt sich die Frage, welche Auswirkungen es hat, wenn nur vereinzelt **in einigen Mitgliedstaaten Probleme** hinsichtlich der Einführung entsprechender Regelungen auftauchen. Muss dann schon von einer nicht mehr ausreichenden Zielverwirklichung durch die Mitgliedstaaten gesprochen werden, da diesen insgesamt in einem solchen Fall die Möglichkeit zur ausreichenden Zielverwirklichung fehlt? Grundsätzlich muss ein hinreichendes Tätigwerden jedenfalls der Mehrheit der Mitgliedstaaten, idealiter das entsprechende Tätigwerden sämtlicher Mitgliedstaaten gefordert werden, damit von einer ausreichenden Zielverwirklichung auf mitgliedstaatlicher Ebene ausgegangen werden kann.[308] Problematisch kann daran jedoch der Umstand sein, dass aufgrund der unterschiedlichen Leistungskraft der 28 Mitgliedstaaten ein ausreichendes Handeln aller Mitgliedstaaten nur schwierig zu erreichen sein kann. Denn was in den größeren Mitgliedstaaten auf regionaler oder lokaler Ebene verwirklicht werden könne, sei bei manchen Mitgliedstaaten nicht einmal auf zentraler Ebene möglich.[309] Teilweise wird bereits die **mangelnde Fähigkeit von zwei Mitgliedstaaten**[310] bzw. sogar von **einem Mitgliedstaat** als **maßgeblich** erachtet, um von einer nicht ausreichenden Zielverwirklichung auszugehen.[311] Diese Ansicht scheint in Anbetracht der Existenz von 28 Mitgliedstaaten innerhalb der EU jedoch sehr eng. Grundsätzlich lässt sich vielmehr bei dieser Anforderung des Subsidiaritätsprinzips die Zahl der Mitgliedstaaten, die zur Verwirklichung fähig sein müssen, nicht pauschal beziffern.[312] Es muss auf den jeweiligen Einzelfall abgestellt werden, wobei festgehalten werden kann, dass zumindest **mehr als die Hälfte der Mitgliedstaaten** zur Verwirklichung des entsprechenden Zieles **fähig sein müssen**.

91   Im Rahmen der Prüfung der ausreichenden Zielverwirklichung ist auf das rein **objektive Leistungsvermögen** der Mitgliedstaaten abzustellen.[313] Es ist zu ermitteln, ob den Mitgliedstaaten die rechtlichen,[314] tatsächlichen und finanziellen Mittel zur Verfügung stehen, um das angestrebte Ziel zu erreichen.[315] **Teilweise** wird hierbei noch zusätzlich auf den **subjektiven Leistungswillen** abgestellt.[316] Denn andernfalls könnten einzelne

---

[307] *Schelter*, EuZW 1990, 217 (218). So im Ergebnis auch *Schima*, S. 108 f.

[308] *Everling*, in: von Bogdandy/Bast, Europäisches Verfassungsrecht, S. 984; *Everling*, EuR-Beiheft 1/2009, 71 (77); *Härtel*, in: Niedobitek, Europarecht – Grundlagen, § 6, Rn. 123.

[309] *Everling*, in: von Bogdandy/Bast, Europäisches Verfassungsrecht, S. 984; *Everling*, EuR-Beiheft 1/2009, 71 (77).

[310] *Calliess*, S. 111; *Ritzer*, S. 84 schließt aus dem Plural »den Mitgliedstaaten« die Konsequenz, dass die Möglichkeit zur Verwirklichung mindestens bei zwei Mitgliedstaaten für die Verneinung dieses Kriteriums fehlen müsse.

[311] *Streinz*, in: Streinz, EUV/AEUV, Art. 5 EUV, Rn. 28; *Langguth*, in: Lenz/Borchardt, EU-Verträge, Art. 5 EUV, Rn. 32. Ist jedoch mehr als die Hälfte der Mitgliedstaaten zur Erfüllung der Aufgabe in der Lage, so ist dies im Rahmen der Verhältnismäßigkeit zu berücksichtigen.

[312] So auch *Bast*, in: Grabitz/Hilf/Nettesheim, EU, Art. 5 EUV (September 2013), Rn. 54.

[313] *Calliess*, in: Calliess/Ruffert, EUV/AEUV, Art. 5 EUV, Rn. 37; *Calliess*, S. 111; *Jürgens*, S. 79.

[314] *Ritzer*, S. 85.

[315] *Calliess*, in: Calliess/Ruffert, EUV/AEUV, Art. 5 EUV, Rn. 37. Zur Problematik bei einem Abstellen auf den subjektiven Willen der Mitgliedstaaten: *Ritzer*, S. 85 ff.

[316] *Streinz*, in: Streinz, EUV/AEUV, Art. 5, Rn. 28; *Langguth*, in: Lenz/Borchardt, EU-Verträge,

Mitgliedstaaten durch ihre fehlende Leistungsbereitschaft der Union ein Tätigwerden ermöglichen. Es erscheint jedoch unbillig, das Ausüben der unionalen Kompetenz von dem Willen einzelner Mitgliedstaaten abhängig zu machen.[317] Allenfalls kann eine standhafte Verweigerung des Tätigwerdens mit der Unfähigkeit zum Handeln gleichgesetzt werden.[318]

Ein solches Abstellen auf den **subjektiven Leistungswillen** würde jedoch dem **Wortlaut** des Art. 5 Abs. 3 UAbs. 1 EUV **zuwiderlaufen**, da nach diesem nur auf die rein tatsächliche Möglichkeit der Zielverwirklichung abgestellt wird. Zudem widerspräche dies dem Grundgedanken der Subsidiarität, nach dem bei möglicher Aufgabenerledigung durch die kleinere Einheit die Aufgabe nicht an die größere Einheit übertragen werden soll. Nur die tatsächlichen Gegebenheiten und nicht der subjektive Wille sind deshalb insoweit maßgeblich.[319]   **92**

2. Bessere Zielverwirklichung auf der Ebene der EU

Das zweite Kriterium im Rahmen der Subsidiaritätsprüfung ist die Frage nach einer besseren Zielverwirklichung auf europäischer Ebene.[320] Hierbei muss ein **Vergleich** zwischen der Zielverwirklichung auf **mitgliedstaatlicher Ebene** und auf **Unionsebene** vorgenommen werden, wobei es nicht darauf ankommt, welches Unionsorgan sich mit der Regelungsmaterie zu befassen hat.[321] Es ist nach dem **Effizienzgewinn** oder **Mehrwert** durch die europäische Regelung zu fragen, also ob oder inwiefern das Ziel der entsprechenden Maßnahme aufgrund ihrer Wirkungen und ihres Umfangs besser auf Unionsebene geregelt werden kann oder sollte.[322]   **93**

Durch das Merkmal »**Umfang**« wird auf die Art, die Größe sowie die Schwere des Problems und die Spürbarkeit des Problems innerhalb der Mitgliedstaaten verwiesen.[323] Es geht folglich darum, **wie tiefgreifend das Problem** ist, das mit der Maßnahme gelöst werden soll und ob nur einzelne oder die Mehrzahl der Mitgliedstaaten damit zu kämpfen haben.[324] Soll sich die Zielverwirklichung auf mehrere Mitgliedstaaten erstrecken, liegt der Schluss nahe, dass dies besser von der Union zu bewerkstelligen ist.[325]   **94**

Durch den Begriff »**Wirkung**« wird klargestellt, dass es auf die Auswirkungen der Maßnahmen ankommt,[326] also ob diese durch ihre **Qualität** zu einer besseren Zielverwirklichung beizutragen vermögen.   **95**

Art. 5, Rn. 31; *Zuleeg*, in: GS, EUV/EGV, Art. 5 EGV, Rn. 29. Ausführlicher zu dem Problemkreis *Ritzer*, S. 85.

[317] *Streinz*, in: Streinz, EUV/AEUV, Art. 5 EUV, Rn. 28; *Langguth*, in: Lenz/Borchardt, EU-Verträge, Art. 5 EUV, Rn. 31; *Zuleeg*, in: GS, EUV/EGV, Art. 5 EGV, Rn. 29.

[318] *Schima*, ÖJZ 1997, 761 (764). So im Ergebnis auch *Lambers*, EuR 1993, 229 (236), der in diesen Fällen auf das tatsächliche Handeln der Mitgliedstaaten abstellen möchte.

[319] Ähnlich *Jarass*, EuGRZ 1994, 209 (211).

[320] Dies wird teilweise auch als Kriterium der Effizienzoptimierung (vgl. *Molsberger*, S. 170) bzw. als Positiv- oder Effizienzkriterium bezeichnet, vgl. *Bast*, in: Grabitz/Hilf/Nettesheim, EU, Art. 5 EUV (September 2013), Rn. 57.

[321] *Molsberger*, S. 170.

[322] *Lienbacher*, in: Schwarze, EU-Kommentar, Art. 5 EUV, Rn. 26; *Bast*, in: Grabitz/Hilf/Nettesheim, EU, Art. 5 EUV (September 2013), Rn. 57.

[323] *Calliess*, in: Calliess/Ruffert, EUV/AEUV, Art. 5 EUV, Rn. 41; *Lienbacher*, in: Schwarze, EU-Kommentar, Art. 5 EUV, Rn. 25.

[324] *Ritzer*, S. 87 f. *Calliess*, S. 115.

[325] *Frenz*, Jura 2010, 641 (643).

[326] *Ritzer*, S. 88; *Lienbacher*, in: Schwarze, EU-Kommentar, Art. 5 EUV, Rn. 25.

96   Da eine bessere Zielverwirklichung verlangt wird, muss eine **Abwägung** zwischen dem **Souveränitätsverlust der Mitgliedstaaten** durch die entsprechende Maßnahme und dem **Gewinn**, der mit der **Maßnahme** erreicht werden soll, erfolgen.[327] Dies hat zur Folge, dass die Union dann nicht tätig werden darf, wenn sie zur Zielverwirklichung nicht besser imstande ist oder wenn die Einschränkung der Souveränitätsrechte der Mitgliedstaaten durch die Maßnahme so einschneidend und der Gewinn im Vergleich so marginal ist, dass dieser die Beschneidung der Hoheitsrechte nicht zu rechtfertigen vermag.[328]

97   Wenn jedoch die **Mitgliedstaaten** bereits selbst zur **Zielerreichung imstande** sind, kommt es nicht darauf an, ob der Union die Zielverwirklichung besser gelänge.[329] Nach dem Subsidiaritätsprinzip schließt bereits eine ausreichende Zielverwirklichung durch die Mitgliedstaaten das Handeln der Union aus.[330] Auch kann nicht davon ausgegangen werden, dass eine bessere Zielverwirklichung auf EU-Ebene automatisch gegeben ist, wenn die Ziele nicht auf der Ebene der Mitgliedstaaten verwirklicht werden können,[331] denn die Maßnahme muss auf der Unionsebene auch wirksam sein.[332] Der Union ist es untersagt, zu handeln, wenn die Mitgliedstaaten zwar die Ziele nicht ausreichend verwirklichen können, die Union diese Ziele aber auch nicht besser zu erreichen vermag.[333] Auch ist es nicht ausreichend, wenn lediglich geringfügige Vorteile durch ein Handeln auf Unionsebene entstehen.[334] Das unionale Handeln muss im Vergleich zu einem mitgliedstaatlichen Tätigwerden erhebliche Vorteile mit sich bringen.[335]

98   Nach Art. 5 des Subsidiaritätsprotokolls von Lissabon ist dabei zu berücksichtigen, dass »die finanzielle Belastung und der Verwaltungsaufwand der Union, der nationalen Regierungen, der regionalen und lokalen Behörden, der Wirtschaftsteilnehmer und der Bürger möglichst gering gehalten werden und in einem angemessenen Verhältnis zu dem angestrebten Ziel stehen müssen«.[336]

99   Weiter sind die **negativen Effekte**, die ein Handlungsverzicht der Union mit sich brächte, in die Abwägung einzubeziehen.[337] Auch ist neben dem allgemeinen Mehrwert ein »**europäischer Mehrwert**« zu fordern, wonach sich der positive Gesamteffekt auch auf die europäische Ebene auswirken muss.[338] Dieser ist zwingend erforderlich, da es schließlich um die Ziele der EU geht, die mit der Maßnahme verwirklicht werden sollen. Folglich muss die Maßnahme einen unionalen Nutzen mit sich bringen.[339] Rein

---

[327] *Calliess*, in: Calliess/Ruffert, EUV/AEUV, Art. 5 EUV, Rn. 41; *Calliess*, S. 116; *Härtel*, in: Niedobitek, Europarecht – Grundlagen, § 6, Rn. 125.

[328] *Ress*, Kultur und europäischer Binnenmarkt, 1991, S. 48 f.; *Ress*, DÖV 1992, 948 f.; *Calliess*, in: Calliess/Ruffert, EUV/AEUV, Art. 5 EUV, Rn. 41.

[329] *Pieper*, DVBl 1993, 705 (709); *von Borries*, EuR 1994, 263 (277).

[330] *Molsberger*, S. 171.

[331] *Bast*, in: Grabitz/Hilf/Nettesheim, EU, Art. 5 EUV (September 2013), Rn. 57; *Frenz*, Jura 2010, 641 (643).

[332] *Jarass*, EuGRZ 1994, 209 (211).

[333] *Schima*, S. 109.

[334] *Jarass*, EuGRZ 1994, 209 (211); *Jarass*, Grundfragen der innerstaatlichen Bedeutung des EG-Rechts, 1994, S. 19.

[335] *Härtel*, in: Niedobitek, Europarecht – Grundlagen, § 6, Rn. 125.

[336] ABl. 2010, C 83/206.

[337] *Vedder*, in: Vedder/Heintschel v. Heinegg, Europäisches Unionsrecht, Art. 5 EUV, Rn. 18. *Calliess*, S. 116.

[338] *Calliess*, S. 116.

[339] *Langguth*, in: Lenz/Borchardt, EU-Verträge, Art. 5 EUV, Rn. 35.

nationale Aspekte werden davon nicht erfasst, da der Union die Befugnis fehlt, diese zu regeln.[340]

V. Einschätzungsprärogative des Unionsgesetzgebers

Oftmals und bei vielen Entscheidungen können die Auswirkungen einer Maßnahme **100** nicht mit hundertprozentiger Gewissheit vorhergesehen werden. Auch im Rahmen der Subsidiarität bei der Beurteilung der ausreichenden oder besseren Zielverwirklichung handelt es sich primär um eine solche **Prognoseentscheidung**, die mit den Problemen der Vorhersehbarkeit und Einschätzungsbedürftigkeit behaftet ist.[341] Daher stellt sich die Frage, wie bei **Ungewissheiten** bezüglich der Auswirkungen einer Maßnahme **zu verfahren** ist – ob also bei solchen Ungewissheiten, wenn grundsätzlich die übrigen Voraussetzungen für ein Handeln der EU vorliegen, die Maßnahme durch den Unionsgesetzgeber erlassen werden darf oder nicht. Es geht also um die Frage der Anerkennung einer Einschätzungsprärogative des Unionsgesetzgebers.

In Bezug auf das Subsidiaritätsprinzip ist festzuhalten, dass dem Unionsgesetzgeber **101** bzw. den Organen der EU bei den Prognose- und Wertentscheidungen eine **weite Einschätzungsprärogative** zugebilligt wird und auch zuzubilligen ist, mit der Folge einer eher zurückhaltenden Kontrolle des Subsidiaritätsprinzips durch den Gerichtshof. Denn die prognostische Beurteilung komplexer Lebenssachverhalte fällt nicht immer gleich aus.[342] In der Regel lassen sich kaum objektive Maßstäbe für eine derartige Wertung finden, die die Organe vorzunehmen haben.[343] Es ist für den **Gerichtshof unmöglich, entsprechende Einschätzungen objektiver oder mit höherer Richtigkeitsgewähr als der Unionsgesetzgeber vorzunehmen**, der zusätzlich nach den Vorgaben des Unionsprimärrechts für die Vornahme entsprechender Entscheidungen zuständig und demokratisch legitimiert ist. Angesichts dessen darf es dem Gerichtshof nicht möglich sein, die Entscheidung des Unionsgesetzgebers nachträglich durch eine abweichende eigene Entscheidung zu ersetzen, da dem Unionsgesetzgeber bei Erlass der Maßnahme kein Vorwurf hinsichtlich der Abschätzungen der Auswirkungen der entsprechenden Maßnahme zu machen ist. Es handelt sich vielmehr um »rechtspolitische Gestaltungsentscheidungen«, die auf einer nicht eindeutig feststellbaren Tatsachenebene vom dafür zuständigen und legitimierten Unionsorgan zu treffen sind.[344]

Da dem Unionsgesetzgeber hierbei aufgrund der unterschiedlichen Beurteilungs- **102** möglichkeiten eine Einschätzungsprärogative zuzugestehen ist, muss dieser im Gegenzug jedoch eine hinreichende **Begründung** i. S. d. Art. 296 Abs. 2 AEUV geben, die die **Erwägungsgründe** der Entscheidung deutlich **widerspiegelt**.[345] Wie auch bei der Begründung sonstiger Ermessensentscheidungen sind **erhöhte Anforderungen an Inhalt und Umfang** der Begründung zu stellen. Diese sich bereits aus Art. 296 UAbs. 2 AEUV grundsätzlich ergebende Begründungspflicht[346] wird hinsichtlich des Subsidiaritätsprin-

---

[340] *Walter* (Fn. 261), S. 264 f.

[341] *Härtel*, in: Niedobitek, Europarecht – Grundlagen, § 6, Rn. 126.

[342] *Götz*, S. 91.

[343] *Ludwigs*, ZEuS, 2004, 211 (219).

[344] *Ritzer/Ruttlof*, EuR 2006, 116 (122).

[345] *Streinz*, in: Streinz, EUV/AEUV, Art. 5 EUV, Rn. 31 spricht von einer qualifizierten Begründungspflicht.

[346] Vgl. dazu *Krajewski/Rösslein*, in: Grabitz/Hilf/Nettesheim, EU, Art. 296 AEUV (August 2011), Rn. 30; *Calliess*, in: Calliess/Ruffert, EUV/AEUV, Art. 296 AEUV, Rn. 26; *Müller-Ibold*, Die Begründungspflicht im europäischen Gemeinschaftsrecht und im deutschen Recht, 1990, S. 99 ff.; *Calliess*,

zips nochmals in Art. 5 des Subsidiaritätsprotokolls[347] aufgegriffen. Darin wird eine detaillierte Angabe der für das Subsidiaritätsprinzip wesentlichen Erwägungen gefordert, um eine bessere Überprüfbarkeit zu gewährleisten.[348] Eine ausdrückliche Erwähnung des Subsidiaritätsprinzips in der Begründung ist wohl nicht erforderlich, wenn sich aus der Begründung ergibt, dass diesem Prinzip Beachtung geschenkt wurde.[349]

103   Um der Weite des Subsidiaritätsprinzips und somit auch der Einschätzungsprärogative des Unionsgesetzgebers bzw. der Unionsorgane entgegenzutreten, wurde durch den Lissabonner Vertrag durch das Subsidiaritätsprotokoll zum einen eine **ex-ante-Kontrolle** in Form des sogenannten **Frühwarnsystems** und zum anderen die **Subsidiaritätsklage** für eine bessere **ex-post-Überprüfbarkeit** durch den EuGH eingeführt.[350] Dabei findet im gewissen Rahmen eine Einschränkung der Einschätzungsprärogative des Gesetzgebers bzw. der Organe insbesondere durch die Subsidiaritätsrüge statt, denn durch diese erfolgt eine frühzeitige Einschaltung der nationalen Parlamente in den Gesetzgebungs- und Entscheidungsprozess auf unionaler Seite, indem die Kommission diesen nationalen Parlamenten zeitgleich mit dem Unionsgesetzgeber die Entwürfe für ein Gesetzgebungsvorhaben zukommen lässt[351] und die nationalen Parlamente innerhalb von acht Wochen eine begründete Stellungnahme hinsichtlich der Unvereinbarkeit der entsprechenden Maßnahme mit dem Subsidiaritätsprinzip abgeben können.[352] Die Unionsorgane haben diese Stellungnahme der nationalen Stellen zu berücksichtigen,[353] also in ihren Entscheidungsprozess miteinzubeziehen.[354]

104   Zusätzlich muss die Kommission nach dem Subsidiaritätsprotokoll vor dem Vorschlag eines Gesetzgebungsakts eine **umfangreiche Anhörung** durchführen, bei der sie unter Umständen auch der regionalen sowie lokalen Bedeutung der Maßnahme Rechnung tragen muss.[355]

VI. Protokoll

105   Eine Konkretisierung des Art. 5 Abs. 3 EUV erfolgt durch das mit dem Vertrag von Lissabon erlassene **Protokoll Nr. 2 über die Anwendung der Grundsätze der Subsidiarität und Verhältnismäßigkeit**.[356] Diese **Konkretisierungsfunktion** folgt bereits aus

---

Gerichtliche Kontrolldichte und institutionelle Begründungspflicht im Europarecht – ein Kompensationsverhältnis, FS Götz, 2005, S. 239 (256); *Gassner*, DVBl 1995, 16 (22). Zu dem Begründungserfordernis bei Ermessensentscheidungen im Allgemeinen *Kischel*, Die Begründung – Zur Erläuterung staatlicher Entscheidungen gegenüber dem Bürger, 2003, S. 223 ff. Ausführlich auch *Scheffler*, Die Pflicht zur Begründung von Maßnahmen nach den europäischen Gemeinschaftsverträgen, 1974, S. 135 ff., der sich auch für eine weite Begründungspflicht bei Ermessensentscheidungen seitens der Unionsorgane ausspricht. EuGH, Urt. v. 21.11.1991, C–269/90 (Hauptzollamt München Mitte/TU München), Slg. 1991, I–5469, Rn. 14.

[347] Protokoll über die Anwendung der Grundsätze der Subsidiarität und der Verhältnismäßigkeit, ABl. 2010, C 83/206.

[348] Art. 5 Subsidiaritäts- und Verhältnismäßigkeitsprotokoll, ABl. 2010, C 83/206.

[349] *Krajewski/Rösslein*, in: Grabitz/Hilf/Nettesheim, EU, Art. 296 AEUV (August 2011), Rn. 24 mit Bezugnahme auf EuGH, Urt. v. 13.5.1997, Rs. C–233/94 (Richtlinie über Einlagensicherungssysteme), Slg. 1997, I–2405, Rn. 28.

[350] *Papier* (Fn. 208), S. 699.

[351] Art. 4 Subsidiaritätsprotokoll, ABl. 2010, C 83/206.

[352] Art. 6 Subsidiaritätsprotokoll, ABl. 2010, C 83/206.

[353] Art. 7 Abs. 1 Subsidiaritätsprotokoll, ABl. 2010, C 83/206.

[354] Ausführlicher zur Subsidiaritätsrüge Rn. 110 ff.

[355] Art. 2 Subsidiaritätsprotokoll, ABl. 2010, C 83/206.

[356] ABl. 2010, C 83/206.

Art. 5 Abs. 3 UAbs. 2 EUV, nach dem die Unionsorgane das Subsidiaritätsprinzip nach diesem Protokoll anzuwenden haben. Weiter geht diese Funktion aus Erwägungsgrund 2 des Protokolls hervor, denn danach haben sich die Hohen Vertragsparteien dazu entschlossen, die Bedingungen für die in Art. 5 EUV verankerten Grundsätze der Subsidiarität und der Verhältnismäßigkeit festzulegen und ein System zur Kontrolle ihrer Anwendung zu schaffen.

Diese Zweckumschreibung trügt, denn im Vergleich zu dem Subsidiaritätsprotokoll **106** von Amsterdam sind in diesem Protokoll kaum materielle Gehalte vorhanden – daher wird auch von **Entmaterialisierung** gesprochen.[357] Dieses Protokoll bezieht sich vielmehr überwiegend auf die rein **verfahrensrechtlichen Aspekte** dieser beiden Grundsätze.[358] Im Gegensatz zu dem Protokoll von Amsterdam, das über die Justiziabilität des Subsidiaritätsprinzips keine Aussage traf, lässt sich aus Erwägungsgrund 2 und Art. 8, der eine Zuständigkeitsregelung für den Gerichtshof enthält, nunmehr deutlich entnehmen, dass es sich bei dem Subsidiaritätsprinzip um einen **justiziablen primärrechtlichen Kontrollmaßstab** handelt.[359] Das Subsidiaritätsprotokoll ist im Zusammenhang mit dem Protokoll Nr. 1 über die Rolle der nationalen Parlamente in der Europäischen Union[360] zu sehen, wobei ersteres die lex specialis darstellt, was sich aus Art. 3 des Protokolls über die Rolle der nationalen Parlamente ergibt.[361] Zu beachten ist dabei jedoch, dass sich beide Protokolle nur auf solche Maßnahmen erstrecken, die der Vorbereitung von **Gesetzgebungsakten** i. S. d. Art. 289 Abs. 3 AEUV dienen.[362] Der Anwendungsbereich der Protokolle bezieht sich also nur auf solche Rechtsakte, die entweder nach Art. 289 Abs. 1 AEUV im ordentlichen oder nach Art. 289 Abs. 2 AEUV im besonderen Gesetzgebungsverfahren erlassen werden.[363]

Das Subsidiaritätsprotokoll enthält drei verfahrensrechtliche Gewährleistungen.[364] **107** Zunächst stellt es spezielle Anforderungen hinsichtlich **formaler Aspekte** des Gesetzgebungsprozesses auf. **Art. 2** schreibt der Kommission vor, eine umfangreiche Anhörung durchzuführen, bevor sie von ihrem Initiativrecht Gebrauch macht und einen Gesetzgebungsakt vorschlägt. Dabei hat sie je nach Gegebenheit der regionalen und lokalen Bedeutung der Maßnahme Rechnung zu tragen. Hierbei wird also nochmals ausdrücklich – wie bereits im Rahmen des Art. 5 Abs. 3 UAbs. 1 – auf die lokale und regionale Ebene Bezug genommen und verdeutlicht, dass diese im Rahmen der Subsidiarität Berücksichtigung finden soll. **Art. 5** enthält Anforderungen für die Begründung, die in den Entwürfen der Gesetzgebungsakte enthalten sein müssen.

In **Art. 6 und 7** ist die **Subsidiaritätsrüge** verankert, durch die die nationalen Parla- **108** mente ein Instrument zur Verfügung gestellt bekommen, bereits frühzeitig im Verlauf

---

[357] *Calliess*, in: Calliess/Ruffert, EUV/AEUV, Art. 5 EUV, Rn. 32. *Altmaier*, S. 308 sieht darin keinen Verlust, im Gegenteil, er bezeichnet die Kriterien des Amsterdam-Protokolls als untauglich.

[358] *Molsberger*, S. 175; *Vedder*, in: Vedder/Heintschel v. Heinegg, Europäisches Unionsrecht, Art. 5 EUV, Rn. 21; *Ludwigs*, ZEuS 2004, 211 (224).

[359] *Bast*, in: Grabitz/Hilf/Nettesheim, EU, Art. 5 EUV (September 2013), Rn. 58.

[360] ABl. 2010, C 83/203. Diese beiden Protokolle werden auch als Kernstück der neuen Subsidiaritätsordnung bezeichnet, *Oppermann*, DVBl 2003, 1165 (1171).

[361] So auch *Vedder*, in: Vedder/Heintschel v. Heinegg, Europäisches Unionsrecht, Art. 5 EUV, Rn. 21.

[362] Vgl. Art. 3 Subsidiaritätsprotokoll, ABl. 2010, C 83/206; Art. 2 Abs. 2 Protokoll über die Rolle der nationalen Parlamente.

[363] Vgl. die in Art. 289 Abs. 3 AEUV enthaltene Legaldefinition der Gesetzgebungsakte.

[364] Siehe dazu auch *Molsberger*, S. 191 f.; *Vedder*, in: Vedder/Heintschel v. Heinegg, Europäisches Unionsrecht, Art. 5 EUV, Rn. 22 ff.

eines Gesetzgebungsprozesses Verstöße gegen das Subsidiaritätsprinzip zu rügen. Hierbei spielt auch **Art. 4** eine Rolle, der sicherstellen soll, dass die Gesetzgebungsvorschläge auch an die nationalen Parlamente weitergeleitet werden.

109   **Art. 8** bezieht sich auf die **gerichtliche Kontrolle** des Subsidiaritätsprinzips und sieht hierfür Besonderheiten vor.

VII.   Prozedurale Mechanismen zur Überwachung der Einhaltung des Subsidiaritätsprinzips

110   Durch den Vertrag von Lissabon wurden **zwei prozedurale Mechanismen** für die Überwachung der Einhaltung des Subsidiaritätsprinzips geschaffen – die **Subsidiaritätsrüge** und die **Subsidiaritätsklage**. Diese beiden Mechanismen sind in dem Subsidiaritätsprotokoll und dem Protokoll über die nationalen Parlamente geregelt und kommen auch in Art. 5 Abs. 3 UAbs. 2 Satz 2 EUV zum Ausdruck. Durch die Einführung eines derartigen verfahrensrechtlichen Systems hat der Vertrag von Lissabon zu einer Stärkung des Subsidiaritätsprinzips beigetragen.[365] Denn mangels spezieller Verfahrens- oder Klagearten gestaltete sich die Überprüfung der Einhaltung des Subsidiaritätsprinzips durch nicht unmittelbar am Gesetzgebungsprozess in der EU Beteiligte zuweilen nicht einfach, wodurch es wohl eher einer Selbstkontrolle durch die Unionsorgane unterlag.[366] Diesem Umstand soll nun Rechnung getragen werden, indem den **nationalen Parlamenten** ein **ex-ante-Kontrollrecht** und ein **ex-post-Klagerecht** zugebilligt wird. Aufgrund dessen werden die nationalen Parlamente zum Teil als »Hüter der Kompetenzordnung«[367] bezeichnet.

1.   Subsidiaritätsrüge

111   Mit der Subsidiaritätsrüge soll es den nationalen Parlamenten ermöglicht werden, bereits im Vorfeld des Erlasses eines Unionsrechtsaktes – also **im Gesetzgebungsprozess** –, auf die Einhaltung des Subsidiaritätsprinzips durch die Unionsorgane zu achten und eventuell bestehende Verstöße zu rügen. Es soll dadurch bereits im politischen Willensbildungsprozess auf Unionsebene hinsichtlich der Beachtung des Subsidiaritätsprinzips Einfluss ausgeübt werden können,[368] wodurch auch die Akzeptanz der Union bei den Mitgliedstaaten gestärkt werden soll.[369] Die Prüfungskompetenz und die damit einhergehende Rügemöglichkeit der Parlamente der Mitgliedstaaten beschränken sich dabei ausweislich des Wortlautes von Art. 6 und 7 des Subsidiaritätsprotokolls nur auf das Subsidiaritätsprinzip.[370]

---

[365] *Härtel*, in: Niedobitek, Europarecht – Grundlagen, § 6, Rn. 135. Auch *Oppermann*, DVBl 2003, 1165 (1171) nimmt diese positiv zur Kenntnis.

[366] *Altmaier*, S. 309; *Frenz*, Jura 2010, 641 (644); *Koch/Kullas* (Fn. 279), S. 8.

[367] *Calliess*, in: Calliess/Ruffert, EUV/AEUV, Art. 5 EUV, Rn. 64.

[368] *Schoo*, EuR-Beiheft 2009, 51 (55); *Streinz/Ohler/Herrmann*, Vertrag von Lissabon, S. 74; *Kadelbach*, in: GSH, Europäisches Unionsrecht, Art. 5 EUV; Rn. 44, spricht von einer Verlagerung »der gerichtlichen Auseinandersetzung ins Politische«, wo das Subsidiaritätsprinzip auch seinen Platz habe.

[369] *Müller-Graff*, integration 2008, 123 (143).

[370] *Schoo*, EuR-Beiheft 2009, 51 (55). Dazu ausführlicher Rn. 121 ff.

a) Verfahren

Nach Art. 6 Abs. 1 des Subsidiaritätsprotokolls können die nationalen Parlamente oder **112** ihre Kammern **innerhalb von acht Wochen** nach der Übermittlung eines Entwurfs eines Gesetzgebungsaktes gemäß Art. 4 eine **begründete Stellungnahme** an die Präsidenten des Europäischen Parlaments, des Rates und der Kommission abgeben, in der sie darlegen, warum ihres Erachtens der Entwurf nicht mit dem Subsidiaritätsprinzip zu vereinbaren ist. Dies muss hinreichend substantiiert in der Stellungnahme vorgetragen werden.[371] Dieses explizite Rügerecht für Kammern schließt den Bundesrat mit ein, auch wenn es sich bei diesem streng genommen nicht um eine Kammer des Bundestags handelt. Die Beteiligung von Bundesrat und Bundestag an diesem Verfahren findet ihre Konkretisierung in den nationalen Verfahrensvorschriften.[372]

Diese begründete Stellungnahme ist nach Art. 7 Abs. 1 UAbs. 1 von allen an dem **113** Gesetzgebungsverfahren beteiligten Organen **zu berücksichtigen**. Der Gesetzesentwurf muss hingegen nach Art. 7 Abs. 2 einer **Überprüfung** unterzogen werden, wenn die Anzahl der begründeten Stellungnahmen, die einen Verstoß der Subsidiarität rügen, **mindestens ein Drittel der Gesamtzahl** der den nationalen Parlamenten nach Art. 7 Abs. 1 UAbs. 2 zugewiesenen Stimmen erreicht.[373] Die Zuweisung von je zwei Stimmen an einen Mitgliedstaat nach Abs. 1 UAbs. 2 trägt dem Umstand der unterschiedlichen Unterteilung der mitgliedstaatlichen Parlamente in Einkammer- und Zweikammersysteme Rechnung.[374]

Die nochmalige Prüfung des Entwurfs hat gem. Art. 7 Abs. 2 UAbs. 2 zur Folge, dass **114** darüber beschlossen werden muss, diesen **Entwurf zu ändern**, **zurückzuziehen** oder **beizubehalten**. Die Stellungnahmen der Parlamente sind für die Union also nicht bindend,[375] die Unionsorgane müssen sich jedoch mit der vorgetragenen Subsidiaritätsrüge auseinandersetzen und ihren erneuten Beschluss wiederum begründen. Das vorstehend angesprochene Mehrheitserfordernis und das soeben beschriebene Verfahren haben grundsätzlich für alle Gesetzgebungsakte Geltung.

Für Entwürfe, die Gesetzgebungsakte betreffen, die im **ordentlichen Gesetzgebungs-** **115** **verfahren** nach Art. 289 Abs. 1 i. V. m. Art. 294 AEUV erlassen werden, gelten nach Art. 7 Abs. 3 **Besonderheiten**, wenn die einfache Mehrheit der Mitgliedstaaten eine begründete Stellungnahme abgegeben hat. Wird hierbei weiterhin an dem Entwurf festgehalten, muss eine **explizite Begründung** hinsichtlich der Vereinbarkeit des Entwurfs mit dem Subsidiaritätsprinzip erfolgen. Der Entwurf, die Begründung und die Subsidiaritätsrügen werden dann an den **Rat und das Europäische Parlament weitergeleitet**, damit die Standpunkte durch Rat und Parlament im Rahmen des Gesetzgebungsverfahrens nochmals überprüft werden können.

Da die Kommission nach Art. 17 Abs. 2 EUV das Initiativrecht für Gesetzgebungsak- **116** te besitzt, wird es sich bei dem Unionsorgan, gegen dessen Handeln solche Subsidiaritätsrügen unmittelbar gerichtet sind, zumeist um die Kommission handeln.

---

[371] *Streinz/Ohler/Herrmann*, Vertrag von Lissabon, S. 74.

[372] Vgl. *Vedder*, in: Vedder/Heintschel v. Heinegg, Europäisches Unionsrecht, Art. 5 EUV, Rn. 25.

[373] *Streinz/Ohler/Herrmann*, Vertrag von Lissabon, S. 74 spricht hierbei von einem »suspensiven Veto«.

[374] *Ter Steeg*, EuZW 2003, 325 (328); *Nettesheim*, EuR 2004, 511 (548); *Ludwigs*, ZEuS 2004, 211 (222).

[375] *Ter Steeg*, EuZW 2003, 325 (328).

b) Auswirkungen auf die Praxis

117 Die tatsächliche Bedeutung der Subsidiaritätsrüge und ihre Auswirkungen auf die Praxis hängen grundsätzlich davon ab, inwieweit sich die nationalen Parlamente und Kammern aktiv an der Arbeit der Unionsorgane beteiligen wollen. Denn für die Subsidiaritätsrüge bedarf es einer »**Überwachung**« der Subsidiarität bereits **in der Anfangsphase eines Gesetzgebungsprozesses**. Dieser muss von den nationalen Parlamenten insbesondere deshalb kritisch verfolgt werden, damit sie eine mögliche Subsidiaritätsverletzung auch detailliert vortragen können.[376]

118 Festgehalten werden kann, dass sich durch die Subsidiaritätsrüge **nicht nur** die jeweiligen **Regierungen** der Mitgliedstaaten, **sondern auch ihre nationalen Parlamente** unmittelbar aktiv am Gesetzgebungsprozess beteiligen können. Von diesem Recht ist bislang insbesondere bei Vorschlägen umstrittener Maßnahmen der EU wie bspw. bei der Verordnung über ein einheitliches Kaufrecht, der sog. Monti-II-Verordnung,[377] der Datenschutzgrund-Verordnung[378] sowie bei der Verordnung über die Errichtung einer Europäischen Staatsanwaltschaft Gebrauch gemacht worden. Spezifisch in Deutschland haben sich der Bundestag und vor allem der Bundesrat aktiv daran beteiligt, die nach ihrer Ansicht bestehenden Subsidiaritätsverstöße zu rügen.[379]

2. Subsidiaritätsklage

119 Bei der als Subsidiaritätsklage bezeichneten Klagemöglichkeit nach **Art. 8 des Subsidiaritätsprotokolls** handelt es sich streng genommen um eine **Erweiterung des Kreises der Berechtigten** einer Nichtigkeitsklage nach Art. 263 AEUV für Fälle, in denen ein Verstoß gegen das Subsidiaritätsprinzip durch die Unionsorgane geltend gemacht werden soll. Denn nach dieser Vorschrift ist der Gerichthof neben den Klagen der Mitgliedstaaten – die bereits ausdrücklich in Art. 263 Abs. 1 UAbs. 2 AEUV vorgesehen sind – auch für Klagen wegen Verstoßes eines Gesetzgebungsakts gegen das Subsidiaritätsprinzip zuständig, die entsprechend der jeweiligen innerstaatlichen Rechtsordnung von einem **Mitgliedstaat im Namen seines nationalen Parlaments oder einer Kammer dieses Parlaments** übermittelt wurden. Es handelt sich hierbei also gar **nicht** um eine **eigenständige Klageart**.[380] Das entsprechende Klagerecht besitzen in Deutschland nach Art. 23 Abs. 1a GG der Bundesrat und der Bundestag.[381]

---

[376] *Nettesheim*, EuR 2004, 511 (538).

[377] Vorschlag vom 21.3.2012 für Verordnung über die Ausübung des Rechts auf Durchführung kollektiver Maßnahmen im Kontext der Niederlassungs- und Dienstleistungsfreiheit, COM(2012) 130 final; VO (EU) Nr. 64/2012 der Kommission vom 23.1.2012 zur Änderung der Verordnung (EU) Nr. 582/2011 zur Durchführung und Änderung der Verordnung 595/2009 des Europäischen Parlaments und des Rates hinsichtlich der Emissionen von schweren Nutzfahrzeugen (Euro VI), ABl. 2012, L 28/1.

[378] Zur Subsidiaritätsrüge des Deutschen Bundesrates gegen den Kommissionsvorschlag der Datenschutz-Grundverordnung und zu den Problemen und Fragen der Subsidiaritätsrüge allgemein vgl. *Nguyen*, ZEuS 2012, 277 (278 ff. m. w. N.).

[379] Einen Überblick über die von Bundesrat und Bundestag in den Jahren 2010 bis 2013 erhobenen Subsidiaritätsrügen bietet *Härtel*, in: Niedobitek, Europarecht – Grundlagen, § 6, Rn. 158.

[380] *Bast*, in: Grabitz/Hilf/Nettesheim, EU, Art. 5 EUV (September 2013), Rn. 64; *Koch/Kullas* (Fn. 279), S. 8. Zu der Frage, ob die nationalen Parlamente zu den privilegierten Klagebefugten im Rahmen des Art. 263 AEUV zählen, *Uerpmann-Wittzack/Edenharter*, EuR 2009, 313 (317).

[381] Vgl. zu der nationalen Ausgestaltung im deutschen Recht *Shirvani*, JZ 2010, 753 (756); *Vedder*, in: Vedder/Heintschel v. Heinegg, Europäisches Unionsrecht, Art. 5 EUV, Rn. 33; *Bickenbach*, EuR 2013, 523 (532 ff.).

Aus dem Umstand der fehlenden Eigenständigkeit folgt, dass neben der Subsidiari-   **120**
tätsklage die sonstige Klagemöglichkeit nach Art. 263 AEUV weiter bestehen bleibt.
Die sog. Subsidiaritätsklage kann daher **nicht** als **lex specialis**-Regelung für Klagen, die
einen Verstoß gegen das Subsidiaritätsprinzip geltend machen sollen, mit der Folge der
alleinigen Klageberechtigung der nationalen Parlamente oder ihrer Kammern für diesen
Bereich eingeordnet werden. Die nach Art. 263 AEUV Klagebefugten können daher
den Verstoß gegen das Subsidiaritätsprinzip als Verletzung der Verträge und damit nach
Art. 263 Abs. 2 AEUV als zulässigen Klagegegenstand geltend machen.[382] **Keine Vor-**
aussetzung der Subsidiaritätsklage ist das Einlegen der **vorherigen Subsidiaritätsrüge**.[383]
Die nationalen Parlamente können also unabhängig von der vorherigen Erhebung einer
Subsidiaritätsrüge die Klage erheben.

Nach Art. 8 UAbs. 2 können Klagen, gerichtet auf die Geltendmachung eines Ver-   **121**
stoßes gegen das Subsidiaritätsprinzip, auch von dem **Ausschuss der Regionen** geltend
gemacht werden. Dessen Klagemöglichkeit besteht jedoch nur gegen solche Gesetzgebungsakte, für deren Erlass die Anhörung des Ausschusses der Regionen vorgesehen ist.

Ebenso wie im Rahmen der Subsidiaritätsrüge können im Wege der Subsidiaritäts-   **122**
klage **nur Verstöße gegen das Subsidiaritätsprinzip** und keine Verstöße gegen das Prinzip der begrenzten Einzelermächtigung oder gegen den Verhältnismäßigkeitsgrundsatz
geltend gemacht werden.[384] Durch die Subsidiaritätsklage wird zumindest für Deutschland rein faktisch kaum eine Änderung eintreten, denn in puncto Klageeinreichungen
vor dem EuGH fand bereits vor Lissabon eine rege Abstimmung zwischen Bund und
Ländern und zwischen Bundesregierung, Bundestag und Bundesrat statt, bei der keine
großen Meinungsunterschiede bezüglich der Notwendigkeit der Einreichung einer Klage ausgemacht werden konnten.[385] Bislang wurde **noch keine Subsidiaritätsklage** beim
EuGH **eingereicht**. Die Subsidiaritätsrüge stellt also das deutlich »populärere« verfahrensrechtliche Instrument dar.

3. Prüfungsmaßstab

Nach dem **Wortlaut** von **Art. 6 UAbs. 1** und **Art. 8 Satz 1 des Subsidiaritätsprotokolls**   **123**
dienen sowohl Subsidiaritätsrüge als auch Subsidiaritätsklage dazu, Verstöße gegen das
Subsidiaritätsprinzip geltend zu machen. Daher könnte man daraus die Schlussfolgerung ziehen, der Prüfungsmaßstab sowohl der an den Verfahren der Subsidiaritätsrüge
beteiligten Unionsorgane als auch derjenige des EuGH im Rahmen der Subsidiaritätsklage umfasse nur die Überprüfung des Rechtsaktes auf seine **Vereinbarkeit mit dem**
Grundsatz der Subsidiarität.

Für den Fall der Überprüfung der Gesetzesvorschläge durch die entsprechenden Or-   **124**
gane im Rahmen der **Subsidiaritätsrüge** muss zwischen einer **Prüfungspflicht** und einer
Prüfungsmöglichkeit unterschieden werden. Denn bei der Subsidiaritätsrüge befinden
sich die entsprechenden Gesetzgebungsakte gerade im Entstehungsprozess und unter-

---

[382] Vgl. *Streinz*, in: Streinz, EUV/AEUV, Art. 5 EUV, Rn. 38.

[383] *Bast*, in: Grabitz/Hilf/Nettesheim, EU, Art. 5 EUV (September 2013), Rn. 65; *Vedder*, in: Ved-
der/Heintschel v. Heinegg, Europäisches Unionsrecht, Art. 5 EUV, Rn. 29; *Koch/Kullas* (Fn. 279),
S. 8; *Calliess*, Die neue europäische Union nach dem Vertrag von Lissabon, 2010, S. 203. Ausführlich
dazu *Altmaier*, S. 315 ff.

[384] *Ludwigs*, ZEuS 2004, 211 (222). Dazu ausführlicher Rn. 121 ff.

[385] *Everling*, EuR-Beiheft 2009, 71 (76). Dieser wirft auch die Frage auf, ob die Bundesregierung
zur Klageeinreichung verpflichtet ist, wenn sie diese Klageerhebung aus rechtlichen oder politischen
Gründen für unangebracht hält.

liegen daher noch Überprüfungen und Änderungen, die sich auf sämtliche Aspekte des Unionsrechts beziehen. Daher können die am Rechtsetzungsverfahren beteiligten Unionsorgane anlässlich einer Subsidiaritätsrüge bspw. nochmals überprüfen, ob für den Rechtsakt die richtige Kompetenzgrundlage gewählt wurde oder ob der Rechtsakt auch den Anforderungen des Verhältnismäßigkeitsgrundsatzes gerecht wird. Sie besitzen also eine entsprechende Prüfungsmöglichkeit. Es besteht jedoch keine Pflicht des Unionsorgans zu einer derartigen Prüfung. Die nationalen Parlamente und ihre Kammern haben **keinen Anspruch** darauf, dass sich die **Prüfung über das Subsidiaritätsprinzip hinaus ausweitet.**

125   Anders verhält es sich mit dem **Prüfungsumfang des Gerichtshofs**. Dieser ist auf die Vereinbarkeit des entsprechenden Rechtsaktes mit dem **Subsidiaritätsprinzip beschränkt**. Dies rührt aus dem Umstand her, dass der Gerichtshof nach Art. 19 Abs. 3 EUV nur auf Grund eines Antrags oder einer Klageeinreichung tätig werden kann und dabei nur dazu befugt ist, den Gegenstand der Klage oder des Antrags zu untersuchen und nicht über dessen Inhalt hinausgehen darf. Dies wäre aber der Fall, wenn er neben dem geltend gemachten Verstoß auch Fragen der Rechtsgrundlage oder der Verhältnismäßigkeit überprüfen könnte.[386] Auch würde dies indirekt die Klagemöglichkeiten der nationalen Parlamente erweitern, die – obwohl grundsätzlich nicht dazu berechtigt – einen Rechtsakt vollumfänglich durch den Gerichtshof überprüfen lassen könnten, indem sie einen Verstoß gegen das Subsidiaritätsprinzip geltend machen. Dies würde auch zu der Gefahr des Missbrauchs der Subsidiaritätsklage führen.

126   Dies wird jedoch teilweise anders gesehen. Viele Stimmen in der Literatur sehen die **Prüfung der Kompetenzgrundlage**[387] und auch die **Prüfung der Verhältnismäßigkeit** vom (verbindlichen) Prüfungsumfang der Subsidiaritätsrüge und -klage mitumfasst.[388] Dies wird insbesondere damit begründet, dass die Prüfung der Kompetenzgrundlage eine notwendige Vorfrage für die Anwendbarkeit des Subsidiaritätsprinzips darstelle, da in den Fällen, in denen die Union keine Kompetenz oder eine ausschließliche Kompetenz besitzt, der Subsidiaritätsgrundsatz keine Anwendung findet.[389] Die Einbeziehung der Verhältnismäßigkeit wird zum einen damit begründet, dass die nach Art. 5 des Subsidiaritätsprotokolls vorgesehene Begründung der Gesetzesentwürfe hinsichtlich der Verhältnismäßigkeit sinnlos erschiene, wenn die nationalen Parlamente nicht auch die Verletzung der Verhältnismäßigkeit in ihren begründeten Stellungnahmen rügen könnten.[390] Auch seien Verhältnismäßigkeit und Subsidiarität zum Teil inhaltlich eng miteinander verzahnt und könnten daher nicht streng voneinander getrennt werden, dies zeige auch schon das gemeinsame Protokoll.[391]

---

[386] So im Ergebnis auch *Ludwigs*, ZEuS 2004, 211 (222); *Albin*, NVwZ 2006, 629 (630); *Molsberger*, S. 223 ff.

[387] *Vedder*, in: Vedder/Heintschel v. Heinegg, Europäisches Unionsrecht, Art. 5 EUV, Rn. 33. Auch *Everling*, EuR-Beiheft 2009, 71 (77) spricht sich eher für die Einbeziehung der Prüfung der Kompetenzgrundlage in den Prüfungsmaßstab aus.

[388] Vgl. bspw. *Buschmann/Daiber*, DÖV 2011, 504 (509); *Härtel*, in: Niedobitek, Europarecht – Grundlagen, § 6, Rn. 148 ff.; *Bickenbach*, EuR 2013, 523 (543); *Shirvani*, JZ 2010, 753 (757); *Ritzer/Ruttlof*, EuR 2006, 116 (132); *Calliess* (Fn. 382) S. 206; *Altmaier*, S. 314. Zu der Frage des eigenständigen Charakters des Subsidiaritätsprinzips, der mit der Frage nach dem Prüfungsmaßstab im Zusammenhang steht, vgl. *Calliess*, in: Calliess/Ruffert, EUV/AEUV, Art. 5 EUV, Rn. 72.

[389] *Vedder*, in: Vedder/Heintschel v. Heinegg, Europäisches Unionsrecht, Art. 5 EUV, Rn. 33; *Buschmann/Daiber*, DÖV 2011, 504 (504 ff.); *Shirvani*, JZ 2010, 753 (757).

[390] *Bickenbach*, EuR 2013, 523 (543).

[391] *Härtel*, in: Niedobitek, Europarecht – Grundlagen, § 6, Rn. 151.

Diese Argumente vermögen jedoch nicht zu überzeugen. Die Subsidiarität und die **127** Verhältnismäßigkeit können klar voneinander getrennt werden, auch wenn der EuGH wohl dazu tendiert, sie zumindest teilweise zusammen zu prüfen.[392] Bei der Subsidiarität stellt sich zunächst die Frage, ob die Union überhaupt tätig werden darf. Wenn dies feststeht, muss anhand des Grundsatzes der Verhältnismäßigkeit beurteilt werden, in welchem Umfang dies geschehen darf.[393] Weiter ist es zwar richtig, dass das Subsidiaritätsprinzip das Vorliegen einer Kompetenz voraussetzt, bei der es sich nicht um eine ausschließliche handeln darf. Jedoch würde eine Überprüfung der Kompetenzgrundlage den **zulässigen Prüfungsumfang des EuGH im Rahmen der Subsidiaritätsklage sprengen**.[394] Denn die Frage nach der Kompetenz ist eine Vorfrage der Subsidiarität, sie ist jedoch nicht als deren Voraussetzung zu sehen.[395] Daher bezieht sich der (verpflichtende) Prüfungsumfang sowohl bei der Subsidiaritätsrüge als auch bei der Subsidiaritätsklage nur auf das Subsidiaritätsprinzip als solches. Es muss also lediglich überprüft werden, ob keine ausreichende Zielverwirklichung durch die Mitgliedstaaten möglich ist und ob die Union dieses Ziel besser zu verwirklichen vermag.[396]

VIII. Kontrolldichte

Das Prinzip der Subsidiarität unterliegt grundsätzlich der Kontrolle des EuGH und ist **128** daher **justiziabel**.[397] Die Justiziabilität des Subsidiaritätsprinzips wurde früher oftmals – unter anderem wegen seiner Unbestimmtheit – bestritten.[398] Seit dem Vertrag von Lissabon kann wegen der in **Art. 8 des Subsidiaritätsprotokolls** enthaltenen Subsidiaritätsklage, die eine Klage der nationalen Parlamente oder einer ihrer Kammern speziell für Fälle vorsieht, in denen es um die Einhaltung des Subsidiaritätsprinzips geht, die **gerichtliche Überprüfung** durch den EuGH **nicht mehr angezweifelt** werden.[399]

Die Unionsorgane besitzen jedoch durch die dem Subsidiaritätsgrundsatz eigenen **129** Prognoseentscheidungen einen **Beurteilungs- bzw. Ermessensspielraum**, der durch den Gerichtshof nicht vollumfänglich überprüft werden kann.[400] Dies stellt jedoch nicht die generelle Justiziabilität des Subsidiaritätsprinzips in Frage, sondern betrifft allein die

---

[392] Vgl. bspw. EuGH, Urteil, v. 12.11.1996, Rs. C–84/94 (Arbeitszeitrichtlinie), Slg. 1996, 5755, Rn. 53 f.; Urt. v. 10.12.2002, Rs. C–491/01 (British American Tobacco), Slg. 2002, I–11453, Rn. 180 ff.; Urt. v. 8.10.2010, Rs. C–58/08 (Vodafone u. a.), Slg. 2010, I–4999, Rn. 72 ff.

[393] Kritisch bezüglich der Verschmelzung von Subsidiarität und Verhältnismäßigkeit auch *Calliess*, in: Calliess/Ruffert, EUV/AEUV, Art. 5 EUV, Rn. 43.

[394] *Altmaier*, S. 319 hält es dagegen für möglich, dass der EuGH den entsprechenden Rechtsakt für nichtig erklärt, wenn er das Fehlen einer Kompetenz feststellt.

[395] So auch *Albin*, NVwZ 2006, 629 (630).

[396] Selbstverständlich ist es den nach Art. 263 AEUV Klageberechtigten unbenommen, andere mögliche rechtliche Mängel eines Unionsrechtsaktes im Rahmen einer entsprechenden allgemeinen Nichtigkeitsklage zu rügen, im Rahmen derer stets entsprechende Prüfungsmöglichkeiten des EuGH bestehen.

[397] *Lambers*, EuR 1993, 229 (239 ff.); *Streinz*, BayVBl. 2001, 481 (486); *von Borries*, EuR 1994, 263 (282); *Skouris*, (Fn. 222), S. 1550; *Winter*, EuR 1996, 247 (262); *Streinz*, in: Streinz, EUV/AEUV, Art. 5 EUV, Rn. 38; *Bast*, in: Grabitz/Hilf/Nettesheim, EU, Art. 5 EUV (September 2013), Rn. 58; *Langguth*, in: Lenz/Borchardt, EU-Verträge, Art. 5 EUV, Rn. 39. Vgl. zu den ersten Ansätzen einer gerichtlichen Überprüfung *Schima*, ÖJZ 1997, 761 (764 ff.).

[398] Siehe dazu ausführlich *Lienbacher*, in: Schwarze, EU-Kommentar, Art. 5 EUV, Rn. 29.

[399] *Streinz*, in: Streinz, EUV/AEUV, Art. 5 EUV, Rn. 38; *Lienbacher*, in: Schwarze, EU-Kommentar, Art. 5 EUV, Rn. 28 ff.

[400] *Albin*, NVwZ 2006, 629 (631).

Frage der **Kontrolldichte** des EuGH bei der Überprüfung der Einhaltung dieses Prinzips.[401]

130   Der Gerichtshof kann – wie auch sonst bei Ermessensentscheidungen – nur prüfen, ob die **äußeren Grenzen des Ermessens** eingehalten wurden.[402] Wie in den Bereichen, in denen komplexe politische, wirtschaftliche oder soziale Entscheidungen zu treffen sind, beschränkt sich die Prüfung des Gerichts darauf, ob der Einschätzungsspielraum des Unionsgesetzgebers von diesem **offenkundig fehlerhaft ausgeübt** oder von einem **offensichtlichen Irrtum getragen** wurde.[403] Es ist dem EuGH dagegen verwehrt, eigene Erwägungen anzustellen und diese statt der Erwägungen der Organe in die Beurteilung miteinzubeziehen.[404] Dies hat zur Folge, dass bislang keine Maßnahme wegen eines Verstoßes gegen den Subsidiaritätsgrundsatz durch den EuGH aufgehoben wurde.[405]

131   Aufgrund dieser eingeschränkten Überprüfungsmöglichkeit durch den Gerichtshof wird das Subsidiaritätsprinzip auch als »zahnloses« Instrument bezeichnet.[406] Dies mag zwar zutreffen, es gehört jedoch nicht zu den Aufgaben der Rechtsprechung, statt der für entsprechende Entscheidungen zuständigen und legitimierten Unionsorgane selbst eine Ermessensentscheidung vorzunehmen und diese eigene Entscheidung an die Stelle der Entscheidung der zuständigen Organe zu setzen.[407] Eine **Änderung dieser eingeschränkten Justiziabilität** kann **nur durch den Unionsgesetzgeber** erfolgen, indem er von den unbestimmten Begriffen und Prognoseentscheidungen Abstand nimmt und konkrete materielle Vorgaben für die Beachtung des Subsidiaritätsprinzips aufstellt. Dies dürfte sich jedoch als schwierig erweisen, ohne das Wesen des Subsidiaritätsprinzips zu verändern, denn nach seiner aktuellen Ausgestaltung beruht es in wesentlichen Teilen zwingend auf komplexen Prognoseentscheidungen hinsichtlich zukünftiger Entwicklungen und ihrer komparativen Bewertung ohne diesbezügliche eindeutige rechtliche Steuerungsmöglichkeiten.

D. Verhältnismäßigkeit

I. Allgemeines

132   Auch der Grundsatz der Verhältnismäßigkeit gehört wie das Prinzip der begrenzten Einzelermächtigung und das Subsidiaritätsprinzip zu den **allgemein tragenden Grundsätzen** des Unionsrechts.[408] Bereits vor seiner ausdrücklichen Einfügung in die Verträge

---

[401] *Bast*, in: Grabitz/Hilf/Nettesheim, EU, Art. 5 EUV (September 2013), Rn. 58.

[402] *Everling*, EuR-Beiheft 2009, 71 (77).

[403] EuGH, Urt. v. 12.11.1996, Rs. C–84/94 (Arbeitszeitrichtlinie), Slg. 1996, I–5755, Rn. 58. In diesem Sinne auch Urt. v. 8.10.2010, Rs. C–58/08 (Vodafone u.a.), Slg. 2010, I–4999, Rn. 52; Urt. v. 21.6.2011, Rs. C–15/10 (Etimine), Slg. 2011, I–6681, Rn. 124. *Lienbacher*, in: Schwarze, EU-Kommentar, Art. 5 EUV, Rn. 27 m.w.N.

[404] *Skouris* (Fn. 392), S. 1557.

[405] *Albin*, NVwZ 2006, 629 (630); *Schima*, ÖJZ 1997, 761 (764 ff.). Dabei ergibt sich auch aus einer Durchsicht der neueren Rechtsprechung keine Änderung.

[406] *Albin*, NVwZ 2006, 629 (630).

[407] So wohl aber *Albin*, NVwZ 2006, 629 (634). In diese Richtung auch *Jürgens*, S. 165 ff.

[408] *Pache*, NVwZ 1999, 1033 (1034); EuGH, Urt. v. 7.7.2009, Rs. C–558/07 (S.P.C.M. u.a.), Slg. 2009, I–5783, Rn. 41; Urt. v. 28.7.2011, Rs. C–309/10 (Agrana Zucker GmbH), Slg. 2011, I–7333, Rn. 42. Diese drei Prinzipien werden auch als die »europarechtliche Schrankentrias« bezeichnet, vgl. *Merten* (Fn.55), S. 78.

durch den Vertrag von Maastricht existierte der Verhältnismäßigkeitsgrundsatz als allgemeiner Grundsatz des Unionsrechts.[409] Er fand dabei zunächst nur im Grundrechtsbereich Anwendung,[410] wo er – wie auch noch heute – einen Ausgleich zwischen den Rechtsgütern und Interessen der Allgemeinheit und des Einzelnen schaffen sollte.[411]

Mittlerweile ist der Verhältnismäßigkeitsgrundsatz **in Art. 5 Abs. 1 Satz 2, Abs. 4 EUV** verankert. Nach Art. 5 Abs. 1 Satz 2 EUV gilt er für die **Ausübung der Zuständigkeit** der Union. Art. 5 Abs. 4 UAbs. 1 EUV stellt fest: »Nach dem Grundsatz der Verhältnismäßigkeit gehen die Maßnahmen der Union inhaltlich wie formal nicht über das zur Erreichung der Ziele der Verträge erforderliche Maß hinaus.« Damit wird eine **zwingende Voraussetzung für ein rechtmäßiges unionales Handeln** aufgestellt.[412] Art, Umfang und Intensität der Unionsmaßnahmen werden durch diesen Grundsatz festgelegt.[413] Er stellt also den »Maßstab für die Regulierungsintensität« von Rechtsakten der Union dar.[414]

133

Der Verhältnismäßigkeitsgrundsatz nach Art. 5 EUV besitzt folglich eine **kompetenzbezogene Ausprägung,**[415] die wie das Subsidiaritätsprinzip eine Kompetenzausübungsschranke der Union darstellt.[416] Diese Kompetenzbezogenheit ergibt sich dabei auch aus der systematischen Stellung in Art. 5 EUV neben dem Prinzip der begrenzten Einzelermächtigung und dem Subsidiaritätsprinzip, die rein kompetenzbezogen sind.[417] Anders als das Subsidiaritätsprinzip, das eine Aussage darüber trifft, ob die Union in dem konkreten Fall trotz Kompetenz überhaupt handeln darf, stellt das Verhältnismäßigkeitsprinzip das Handeln der Union nicht generell in Frage, sondern setzt der Ausübung hinsichtlich ihrer Art und ihres Umfanges Grenzen.[418] Neben dieser kompetenzbezogenen Funktion kommt dem Verhältnismäßigkeitsgrundsatz im Unionsrecht – ebenso wie in allen rechtsstaatlichen nationalen Rechtsordnungen[419] – die Funktion eines **allgemeinen, umfassend anwendbaren Rechtmäßigkeitsmaßstabes** auch für das Handeln des Gesetzgebers zu.[420] Ebenfalls dient er als **Schrankenregelung** im Rahmen der **Uni-**

134

---

[409] EuGH, Urt. v. 13. 12. 1979, Rs. 44/79 (Hauer), Slg. 1979, 3727, Rn. 23; Urt. v. 21. 9. 1989, verb. Rs. 46/87 u. 227/88 (Hoechst AG), Slg. 1989, 2859, Rn. 19; Urt. v. 15. 4. 1997, Rs. C–22/94 (Irish Farmer Association/Minister for Agriculture, Food and Forestry), Slg. 1997, I–1809, Rn. 30; *von Danwitz*, EWS 2003, 393 (393). *Hirsch*, Das Verhältnismäßigkeitsprinzip im Gemeinschaftsrecht, 1997, S. 8. Ausführlich zu der Anerkennung als allgemeiner Rechtsgrundsatz durch den EuGH, *Pache*, NVwZ 1999, 1033 (1034 ff.); *Kischel*, EuR 2000, 380 (382).

[410] EuGH, Urt. v. 17. 12. 1970, Rs. C–11/70 (Internationale Handelsgesellschaft), Slg. 1970, 1125; *Hilf*, in: Merten/Papier, Handbuch der Grundrechte in Deutschland Europa, Band VI/1, 2010, § 164, Rn. 22; *Strohmayr* (Fn. 35), S. 303 m. w. N. aus der Rechtsprechung.

[411] *Becker*, in: Schwarze, EU-Kommentar, Art. 52 GRC, Rn. 6.

[412] *Bast*, in: Grabitz/Hilf/Nettesheim, EU, Art. 5 EUV (September 2013), Rn. 66.

[413] *Calliess*, in: Calliess/Ruffert, EUV/AEUV, Art. 5 EUV, Rn. 43; *Jarass*, EuGRZ 1994, 209 (214).

[414] *Langguth*, in: Lenz/Borchardt, EU-Verträge, Art. 5 EUV, Rn. 36. BVerfGE 89, 155 (212).

[415] *Vedder*, in: Vedder/Heintschel v. Heinegg, Europäisches Unionsrecht, Art. 5 EUV, Rn. 35; *Bast*, in: Grabitz/Hilf/Nettesheim, EU, Art. 5 EUV (September 2013), Rn. 67; *Lienbacher*, in: Schwarze, EU-Kommentar, Art. 5 EUV, Rn. 35 f.; *Langguth*, in: Lenz/Borchardt, EU-Verträge, Art. 5 EUV, Rn. 36; *Winter*, EuR 1996, 247 (266).

[416] *Trstenjak/Beysen*, EuR 2012, 265 (266); *Jarass*, AöR 121 (1996), 173 (191 ff.); *Streinz*, BayVBl. 2001, 481 (486).

[417] *Streinz*, in: Streinz, EUV/AEUV, Art. 5 EUV, Rn. 41.

[418] *Langguth*, in: Lenz/Borchardt, EU-Verträge, Art. 5 EUV, Rn. 36.

[419] Ausführlich zu der Ausprägung Verhältnismäßigkeitsgrundsatzes in den Mitgliedstaaten *Emmerich-Fritsche*, Der Grundsatz der Verhältnismäßigkeit als Direktive und Schranke der EG-Rechtsetzung, 2000, S. 140 ff. Siehe dazu auch *von Danwitz*, EWS 2003, 393 (393) m. w. N. in Fn. 4.

[420] Vgl. EuGH, Urt. v. 8. 10. 2010, Rs. C–58/08 (Vodafone u. a.), Slg. 2010, I–4999, Rn. 51 ff.; Urt.

onsgrundrechte.[421] Weiter kommt dem Verhältnismäßigkeitsprinzip Bedeutung als **Auslegungsgrundsatz** des Unionsrechts zu, wobei es zur Auslegung von Unionsrecht jeden Ranges herangezogen werden kann, also nicht nur zur Auslegung der Verträge, sondern auch zur Auslegung von Sekundär- und Tertiärrechtsakten.[422]

135   »Schutzgut« des in Art. 5 EUV verankerten kompetenzbezogenen Verhältnismäßigkeitsgrundsatzes ist also die **mitgliedstaatliche Autonomie,** die nur in dem Maße eine Beeinträchtigung durch die (rechtmäßige) Kompetenzausübung der Union erfahren soll, soweit dies erforderlich ist, um die entsprechende Materie sinnvoll zu regeln.[423] Auf den Schutz von Individualinteressen ist Art. 5 Abs. 4 EUV dagegen nicht angelegt.[424] Dennoch existiert auch im Unionsrecht ein **Verhältnismäßigkeitsgrundsatz,** der dem **Schutz der Individualinteressen** dient und somit auch im Verhältnis von Union und Unionsbürgern Anwendung findet. Dieser lässt sich jedoch nicht unmittelbar dem geschriebenen Vertragsrecht entnehmen, sondern **existiert als allgemeiner Grundsatz des Unionsrechts,** wie durch die Rechtsprechung des EuGH deutlich zum Ausdruck kommt.[425] Zudem ist der Verhältnismäßigkeitsgrundsatz zum Schutze der Individualinteressen in seiner Ausprägung als Grundrechtsschranke in Art. 52 Abs. 1 Satz 2 GRC ausdrücklich kodifiziert, nach dem eine Einschränkung der Grundrechte nur unter Wahrung des Grundsatzes der Verhältnismäßigkeit vorgenommen werden darf.

136   Dieser **Schutz der mitgliedstaatlichen Autonomie** durch den in Art. 5 Abs. 3 EUV verankerten Verhältnismäßigkeitsgrundsatz wurde **zunächst nicht** als **selbstverständlich** angesehen. Denn der durch den EuGH entwickelte Verhältnismäßigkeitsgrundsatz bezog sich zunächst allein oder jedenfalls primär auf das Verhältnis der Gemeinschaft gegenüber Individuen.[426] Auch im deutschen Recht existiert ein solches Verständnis der Verhältnismäßigkeit, das sich lediglich auf den Schutz der individuellen Rechts- und Freiheitssphäre bezieht und nicht die innerstaatliche Kompetenzverteilung oder Kompetenzausübung zwischen dem Bund und den Ländern zum Gegenstand hat.[427] Insbesondere wegen des Schutzes der nationalen Identität – der in gewissen Zügen dem Schutz der individuellen Rechts- und Freiheitssphäre ähnelt – wurde die Ausweitung dieses Grundsatzes auf das Verhältnis zwischen Union und Mitgliedstaaten anerkannt.[428]

---

v. 9.11.2010, Rs. C–92/09 (Schecke), Slg. 2010, I–11063, Rn. 74 ff. Dieser allgemeine Verhältnismäßigkeitsgrundsatz ist jedoch in Art. 5 Abs. 4 EUV nicht verankert. So auch *Koch,* S. 171 für Art. 5 Abs. 3 EGV; *Calliess,* in: Calliess/Ruffert, EUV/AEUV, Art. 5 EUV, Rn. 44. Anders bspw. *Jürgens,* S. 122, der zum einen die Vorschrift des Art. 5 Abs. 4 EUV als rein deklaratorisch ansieht, da er sich bereits aus den Normen der Verträge selbst ergäbe. Zum anderen sieht dieser nicht nur den kompetenziellen Teil der Verhältnismäßigkeit von dieser Norm umfasst.

[421] Vgl. Art. 52 GRC, Rn. 25 ff.

[422] Ausführlich zu den Funktionen des Verhältnismäßigkeitsgrundsatzes *Pache,* NVwZ 1999, 1033 (1036 ff.). Vgl. dazu auch *von Danwitz,* EWS 2003, 393 (394 f.).

[423] *Lienbacher,* in: Schwarze, EU-Kommentar, Art. 5 EUV, Rn. 36; *Bast,* in: Grabitz/Hilf/Nettesheim, EU, Art. 5 EUV (September 2013), Rn. 66 f.; *Jürgens,* S. 81.

[424] *Bast,* in: Grabitz/Hilf/Nettesheim, EU, Art. 5 EUV (September 2013), Rn. 66 f.

[425] Vgl. dazu nur EuGH, Urt. v. 8.10.2010, Rs. C–58/08 (Vodafone u.a.), Slg. 2010, I–4999, Rn. 51 ff.; Urt. v. 9.11.2010, Rs. C–92/09 (Schecke), Slg. 2010, I–11063, Rn. 74 ff.; Urt. v. 8.4.2014, verb. Rs. C–293/12 u. C–594/12 (Digital Rights), ECLI:EU:C:2014:238, Rn. 45 ff. *Winter,* EuR 1996, 247 (266).

[426] Vgl. dazu bspw. EuGH, Urt. v. 13.12.1979, Rs. 44/79 (Hauer), Slg. 1979, 3727, Rn. 23; Urt. v. 21.9.1989, verb. Rs. 46/87 u. 227/88 (Hoechst AG), Slg. 1989, 2859, Rn. 19.

[427] Ausführlicher *Calliess,* in: Calliess/Ruffert, EUV/AEUV, Art. 5 EUV, Rn. 46.

[428] Siehe zu diesem Themenkomplex *Langguth,* in: Lenz/Borchardt, EU-Verträge, Art. 5 EUV, Rn. 37 sowie *Strohmayr* (Fn. 35), S. 303.

Der Zusatz »**inhaltlich wie formal**« im Rahmen des im Primärrecht verankerten Ver-   **137**
hältnismäßigkeitsgrundsatzes wurde erst durch den Lissabonner Vertrag eingeführt und
war in der Vorgängernorm noch nicht enthalten.[429] Durch das Wort »**formal**« ist nun
ausdrücklich festgehalten, dass auch hinsichtlich des Rechtsaktes das **mildeste Mittel** zu
wählen ist.[430] Es wird dadurch ein Bezug zu Art. 296 Abs. 1 AEUV hergestellt.[431] Der
Begriff »**inhaltlich**« stellt klar, dass die Union die Rechte der Mitgliedstaaten auch in
Bezug auf die »**Regelungsbreite bzw. -tiefe**« so gering wie möglich beschneiden darf.[432]

Das Verhältnismäßigkeitsprinzip ist **bei allen Maßnahmen der Union** zu beachten,   **138**
also auch bei denen, die in den Bereich der ausschließlichen Zuständigkeit der Union
fallen.[433] Dies stellt einen gravierenden Unterschied zu dem Subsidiaritätsprinzip dar,
das im Wesentlichen nur bei einer geteilten Zuständigkeit zwischen der Union und den
Mitgliedstaaten zum Tragen kommt.[434]

II. Vorgaben für die Kompetenzausübung

Auf den ersten Blick sind die Voraussetzungen des unionsrechtlichen Verhältnismäßig-   **139**
keitsprinzips zwar die **gleichen Kriterien wie die des deutschen Verfassungsrechts**, jedoch werden sie durch den EuGH **nicht ganz deckungsgleich angewandt**.[435] Insgesamt
gleicht die Prüfung dennoch sehr der deutschen Verhältnismäßigkeitsprüfung.[436] Nach
ständiger Rechtsprechung des Gerichtshofs verlangt der Grundsatz der Verhältnismäßigkeit, »dass die Handlungen der Organe geeignet sind, die mit der fraglichen Regelung
zulässigerweise verfolgten Ziele zu erreichen, und nicht die Grenzen dessen überschreiten, was zur Erreichung dieser Ziele geeignet und erforderlich ist«.[437]

---

[429] Diese Ergänzung hat jedoch lediglich feststellenden Charakter, ohne den Anwendungsbereich
des Verhältnismäßigkeitsgrundsatzes zu verändern. So auch *Becker*, Die vertikale Kompetenzordnung im Verfassungsvertrag, in: Jopp/Matl, Der Vertrag über eine Verfassung für Europa, 2005, S. 187
(194).

[430] *Langguth*, in: Lenz/Borchardt, EU-Verträge, Art. 5 EUV, Rn. 37. So bereits auch schon *Jarass*,
EuGRZ 1994, 209 (214); *Winter*, EuR 1996, 247 (266).

[431] *Bast*, in: Grabitz/Hilf/Nettesheim, EU, Art. 5 EUV (September 2013), Rn. 72.

[432] *Calliess*, in: Calliess/Ruffert, EUV/AEUV, Art. 5 EUV, Rn. 46.

[433] *Koenig/Lorz*, JZ 2003, 167 (168); *Calliess*, in: Calliess/Ruffert, EUV/AEUV, Art. 5 EUV,
Rn. 43; *Jarass*, AöR 121 (1996), 173 (193); *Lienbacher*, in: Schwarze, EU-Kommentar, Art. 5 EUV,
Rn. 37.

[434] *Langguth*, in: Lenz/Borchardt, EU-Verträge, Art. 5 EUV, Rn. 36; *Herchenhan*, BayVBl. 2003,
649 (651). Vgl. Rn. 23 ff. Zu der Frage, ob das Verhältnismäßigkeitsprinzip auch bei nichtlegislativen
Kompetenzen von den Unionsorganen zu beachten ist, sowie zu der Frage, inwiefern dieses Prinzip
auf den Europäischen Rechnungshof oder den Gerichtshof anzuwenden ist: *Trstenjak/Beysen*, EuR
2012, 265 (267) m. w. N.

[435] *Calliess*, in: Calliess/Ruffert, EUV/AEUV, Art. 5 EUV, Rn. 46. Ausführlich *Rösch*, S. 147, nach
der der EuGH die Begriffe »Erforderlichkeit«, »Geeignetheit« und »Notwendigkeit« uneinheitlich
unter einem wechselnden Wortlaut verwendet. So auch ausführlicher: *Emmerich-Fritsche* (Fn. 417),
S. 195 ff.

[436] *Pache*, NVwZ 1999, 1033, (1035 f.); *Heinsohn*, Der öffentlichrechtliche Grundsatz der Verhältnismäßigkeit, 1997, S. 128, die von einer offensichtlichen Orientierung am deutschen Recht ausgeht. Ähnlich auch *Kischel*, EuR 2000, 380 (380).

[437] EuGH, Urt. v. 8.4.2014, verb. Rs. C–293/12 u. C–594/12 (Digital Rights), ECLI:EU:C:
2014:238, Rn. 46. In diesem Sinne auch Urt. v. 7.7.2009, Rs. C–558/07 (S.P.C.M. u.a.), Slg. 2009,
I–5783, Rn. 41; Urt. v. 8.10.2010, Rs. C–343/09 (Afton Chemical), Slg. 2010, I–7027, Rn. 45; Urt. v.
9.11.2010, Rs. C–92/09 (Schecke), Slg. 2010, I–11063, Rn. 74; Urt. v. 23.10.2012, verb. Rs.
C–581/10 u. C–629/10 (Nelson u.a.), ECLI:EU:C:2012:657, Rn. 71; Urt. v. 22.1.2013, Rs. C–283/11
(Sky Österreich), ECLI:EU:C:2013:28, EuZW 2013, 347 (349 f.); Urt. v. 17.10.2013, Rs. C–101/12
(Schaible), Rn. 29.

140   Das erste Kriterium stellt dabei die **Geeignetheit** einer Maßnahme dar. Darüber hinaus ist im Vorfeld zunächst zu prüfen, ob mit der Maßnahme überhaupt ein legitimes Ziel verfolgt wird. Sodann folgt die Untersuchung der **Erforderlichkeit** und der **Proportionalität bzw. der Angemessenheit** der entsprechenden Maßnahme.[438] Die Kriterien Geeignetheit und Erforderlichkeit lassen sich im Gegensatz zur Angemessenheit beide dem Art. 5 Abs. 4 EUV entnehmen.[439] Der EuGH sieht die Angemessenheit jedoch als Prüfungspunkt der Verhältnismäßigkeit, denn nach seiner Rechtsprechung müssen »die dadurch bedingten Nachteile in angemessenem Verhältnis zu den angestrebten Zielen stehen«.[440] In der Praxis des EuGH ist seit längerem eine Tendenz zur **Konzentration** auf die Überprüfung von **Geeignetheit** und **Erforderlichkeit** zu beobachten,[441] wobei der EuGH die Angemessenheit allerdings nicht gänzlich unberücksichtigt lässt. Bei seiner Verhältnismäßigkeitsprüfung **verschmelzen Erforderlichkeit** und **Angemessenheit** unter dem Punkt »Erforderlichkeit« miteinander.[442]

1. Legitimes Ziel

141   Zunächst muss es sich bei dem mit der Maßnahme verfolgten Ziel um ein legitimes Ziel eines Tätigwerdens der EU handeln. Aus dem Prinzip der begrenzten Einzelermächtigung ergibt sich, dass die Union nur insoweit tätig werden darf, wie sie von den Mitgliedstaaten zur Verwirklichung der in den Verträgen niedergelegten Ziele dazu ermächtigt wurde. Daher stellen diejenigen Ziele eines Handelns der EU legitime Ziele dar, die von der EU aufgrund der Ermächtigungsgrundlagen des Primärrechts verfolgt werden dürfen, also die **Ziele der Verträge**, die sich auch aus den **Art. 3 EUV** und **Art. 2 ff. AEUV** ergeben.[443]

2. Geeignetheit

142   Eine Maßnahme kann nur dann erforderlich zur Erreichung eines Zieles sein, wenn die Maßnahme zur Erreichung dieses Zieles überhaupt geeignet ist, denn ein ungeeignetes Mittel kann nicht erforderlich sein. Daher stellt das zweite Element der Verhältnismäßigkeitsprüfung die Geeignetheit einer Maßnahme dar.[444] Eine Maßnahme ist nur dann als geeignet zur Erreichung des angestrebten Ziels anzusehen, »wenn sie **tatsächlich dem Anliegen gerecht wird, dieses Ziel in kohärenter und systematischer Weise zu**

---

[438] *Lienbacher*, in: Schwarze, EU-Kommentar, Art. 5 EUV, Rn. 38; *Hirsch* (Fn. 407), S. 11.

[439] *Trstenjak/Beysen*, EuR 2012, 265 (269).

[440] EuGH, Urt. v. 8.10.2010, Rs. C–343/09 (Afton Chemical), Slg. 2010, I–7027, Rn. 74; Urt. v. 23.10.2012, verb. Rs. C–581/10 u. C–629/10 (Nelson u.a.), ECLI:EU:C:2012:657, Rn. 71; Urt. v. 22.1.2013, Rs. C–283/11 (Sky Österreich), ECLI:EU:C:2013:28, EuZW 2013, 347 (349f.); Urt. v. 17.10.2013, Rs. C–101/12 (Schaible), Rn. 29. In diesem Sinne bspw. auch Urt. v. 28.7.2011, Rs. C–309/10 (Agrana Zucker), Slg. 2011, I–7333, Rn. 42, mit weiteren Verweisen auf seine Rechtsprechung.

[441] *Pache*, NVwZ 1999, 1033 (1036f.); *Trstenjak/Beysen*, EuR 2012, 265 (269f.). Dies wird zum Teil als hauptsächliches Manko des Verhältnismäßigkeitsprinzips gesehen, *ter Steeg*, EuZW 2003, 325 (329).

[442] Vgl. dazu bspw. EuGH, Urt. v. 8.10.2010, Rs. C–58/08 (Vodafone u.a.), Slg. 2010, I–4999, Rn. 53ff.; Urt. v. 12.5.2011, Rs. C–176/09 (Luxemburg/Parlament und Rat), Slg. 2011, I–3727, Rn. 63ff.; *Wolff*, DÖV 2014, 608 (611); *Trstenjak/Beysen*, EuR 2012, 265 (270).

[443] *Lienbacher*, in: Schwarze, EU-Kommentar, Art. 5 EUV, Rn. 39. Ausführlich dazu: *Rösch*, S. 149ff.; *Emmerich-Fritsche* (Fn. 417), S. 198ff.

[444] *Zuleeg*, in: GS, EUV/EGV, Art. 5 EGV, Rn. 38.

erreichen«.[445] Dabei muss jedoch beachtet werden, dass dem Unionsgesetzgeber, im Vergleich zu dem grundrechtlichen und grundfreiheitlichen Verhältnismäßigkeitsprinzip,[446] in den Bereichen ein weites **Ermessen einzuräumen** ist, in denen politische, wirtschaftliche und soziale Entscheidungen zu treffen sind und er daher eine komplexe Beurteilung vornehmen muss. Deshalb kann man in diesen Bereichen nur von einer Ungeeignetheit der Maßnahme zur Erreichung ihres Zieles ausgehen, wenn diese dazu **völlig ungeeignet erscheint**.[447] Durch diesen weiten Entscheidungsspielraum des Gesetzgebers kommt dem Geeignetheitskriterium im Rahmen der Verhältnismäßigkeitsprüfung keine tragende Rolle zu.[448]

3. Erforderlichkeit

Die Erforderlichkeit stellt in der Rechtsprechung des EuGH den wichtigsten Prüfungspunkt dar.[449] Damit die Maßnahme der Anforderung der Erforderlichkeit gerecht wird, muss sie, wenn **mehrere Maßnahmen** zur Erreichung des Zieles in Betracht kommen, diejenige sein, die die am **wenigsten belastende Wirkung** für das durch die Maßnahme betroffene Interesse oder Rechtsgut hervorruft.[450] Bei dem in Art. 5 Abs. 4 EUV enthaltenen kompetenzbeschränkenden Verhältnismäßigkeitsgrundsatz ist primär darauf abzustellen, inwieweit die Maßnahme die mitgliedstaatliche Autonomie berührt und inwiefern den Mitgliedstaaten durch die entsprechende Maßnahme noch ein Gestaltungsspielraum verbleibt.

143

Dabei darf die Maßnahme sowohl »inhaltlich als formal« nicht über das erforderliche Maß hinausgehen. Die Unionsorgane haben also **keine freie Wahl** hinsichtlich **der Form** ihres Handelns, sondern müssen für ihre Handlung den Rechtsakt wählen, der den geringsten Eingriff in die Kompetenzbereiche der Mitgliedstaaten und somit in deren Souveränitätsrechte darstellt.[451]

144

Hinsichtlich des **Inhalts** ist auf die **Regelungsdichte** der entsprechenden Maßnahme abzustellen,[452] denn diese trifft eine Aussage über den bei den Mitgliedstaaten verbleibenden Entscheidungsspielraum. Daher muss die Festlegung von **Mindeststandards**

145

---

[445] EuGH, Urt. v. 10.3.2009, Rs. C–169/07 (Hartlauer), Slg. 2009, I–1721, Rn. 55; Urt. v. 9.9.2010, Rs. C–64/08 (Engelmann), Slg. 2010, I–8219, Rn. 35; Urt. v. 16.12.2010, Rs. C–137/09 (Josemans), Slg. 2010, I–13019, Rn. 70; Urt. v. 21.12.2011, Rs. C–28/09 (Kommission/Österreich), Slg. 2011, I–13525, Rn. 126.

[446] *Vedder*, in: Vedder/Heintschel v. Heinegg, Europäisches Unionsrecht, Art. 5 EUV, Rn. 36. Siehe dazu auch Rn. 150.

[447] EuGH, Urt. v. 13.5.1997, Rs. C–233/94 (Deutschland/Parlament), Slg. 1997, I–2405, Rn. 55 f.; Urt. v. 5.5.1998, Rs. C–157/96 (British American Tobacco), Slg. 1998, I–2211, Rn. 61; Urt. v. 8.2.2000, Rs. C–17/98 (Emesa Sugar), Slg. 2000, I–675, Rn. 53; Urt. v. 14.12.2004, Rs. C–210/03 (Swedish Match), Slg. 2004, I–11893, Rn. 48; Urt. v. 7.7.2009, Rs. C–558/07 (S.P.C.M. u.a.), Slg. 2009, I–5783, Rn. 42; Urt. v. 12.5.2011, Rs. C–176/09 (Luxemburg/Parlament und Rat), Slg. 2011, I–3727, Rn. 62; Urt. v. 21.6.2011, Rs. C–15/10 (Etimine), Slg. 2011, I–6681, Rn. 125; Urt. v. 28.7.2011, Rs. C–309/10 (Agrana Zucker), Slg. 2011, I–7333, Rn. 43.

[448] Zu der praktischen Bedeutung der Eignungsprüfung: *Koch*, S. 205 ff.

[449] *Pache*, NVwZ 1999, 1033 (1036).

[450] EuGH, Urt. v. 8.7.2010, Rs. C–343/09 (Afton Chemical), Slg. 2010, I–7027, Rn. 45; Urt. v. 21.6.2011, C–15/10 (Etimine), Slg. 2011, I–6681, Rn. 124; Urt. v. 21.7.2011, Rs. C–150/10 (Beneo-Orafti), Slg. 2011, I–6843, Rn. 75; Urt. v. 28.7.2011, Rs. C–309/10 (Agran Zucker), Slg. 2011, I–7333, Rn. 42; Urt. v. 22.1.2013, Rs. C–283/11 (Sky Österreich), ECLI:EU:C:2013:28, EuZW 2013, 347 (349 f.).

[451] *Trstenjak/Beysen*, EuR 2012, 265 (272).

[452] *Lienbacher*, in: Schwarze, EU-Kommentar, Art. 5 EUV, Rn. 37.

grundsätzlich dem Erlass vollumfänglicher Regelungen vorgezogen werden.[453] Bei einer Harmonisierungsmaßnahme muss der Harmonisierungstyp verwendet werden, der im konkreten Fall das mildeste Mittel darstellt,[454] wobei hier nicht trennscharf zwischen Inhalt und Form unterschieden werden kann.[455] Auch müssen die finanziellen Folgen,[456] die mit einer Maßnahme einhergehen, sowie der Verwaltungsaufwand im Rahmen der Verhältnismäßigkeit berücksichtigt werden. Dies ergibt sich bereits unmittelbar aus Art. 5 Satz 5 des Protokolls.[457]

146   Mangels Bindungswirkung sind stets **unverbindliche Maßnahmen** in Form von Programmen oder Empfehlungen den für die Mitgliedstaaten verbindlichen Richtlinien oder Verordnungen vorzuziehen, wenn das Ziel der Maßnahme sich mit diesen genauso erreichen lässt, denn diese lassen nationalen Entscheidungen und damit der mitgliedstaatlichen Autonomie den meisten Raum.[458]

147   Hinsichtlich der Form des Rechtsaktes ist dabei **umstritten, ob** eine **Richtlinie grundsätzlich die mildere Form im Vergleich zu einer Verordnung** ist und daran anschließend, ob einer Richtlinie mit einer Mindestharmonisierung gegenüber einer Richtlinie mit Vollharmonisierung Vorrang einzuräumen ist.[459] Zum Teil wird dabei generell die Richtlinie der Verordnung vorgezogen, da sich deren Verbindlichkeit nur auf die Zielsetzung bezieht, die Wahl der Form und der Mittel dabei aber den Mitgliedstaaten obliegt und dadurch den Mitgliedstaaten im Rahmen der Rechtsangleichung ein größerer Gestaltungsspielraum verbleibe.[460]

148   Es lässt sich jedoch **keine generelle Aussage** zu der Frage treffen, ob eine der beiden Rechtsaktformen »formal« weiter in die mitgliedstaatliche Autonomie eingreift und deshalb im Vergleich zu der anderen »über das erforderliche Maß« hinausgeht. In dem Protokoll von Amsterdam über die Grundsätze der Subsidiarität und Verhältnismäßigkeit wird zwar bei gleichen Gegebenheiten vorgeschrieben, dass die Richtlinie der Verordnung vorgezogen werden soll,[461] jedoch dient dieses Protokoll seit dem Vertrag von Lissabon und dem mit diesem ergangenen Protokoll über die Anwendung der Grundsätze der Subsidiarität und Verhältnismäßigkeit[462] lediglich als Auslegungshilfe. Auch aus der Formulierung »unter sonst gleichen Gegebenheiten« kann der Schluss gezogen werden, dass die **Richtlinie nicht immer** als **milderes Mittel** im Vergleich zu der Verordnung in Betracht kommt. Man kann nicht von einem Hierarchieverhältnis zwischen Richtlinie und Verordnung sprechen, wie sich auch aus Art. 288 AEUV ergibt, in dem beide Rechtsaktformen gleichberechtigt nebeneinander aufgeführt werden. Die Richtlinie als solche wirkt sich auch nicht stets weniger beeinträchtigend auf die Eigenstän-

---

[453] *Langguth*, in: Lenz/Borchardt, EU-Verträge, Art. 5 EUV, Rn. 38; *Lienbacher*, in: Schwarze, EU-Kommentar, Art. 5 EUV, Rn. 37.

[454] *Calliess*, in: Calliess/Ruffert, EUV/AEUV, Art. 5 EUV, Rn. 55. Vgl. dazu auch *Jürgens*, S. 81.

[455] Vgl. Rn. 145 ff.

[456] *Langguth*, in: Lenz/Borchardt, EU-Verträge, Art. 5 EUV, Rn. 38.

[457] ABl. 2010, C 83/206.

[458] *Lienbacher*, in: Schwarze, EU-Kommentar, Art. 5 EUV, Rn. 37; *Langguth*, in: Lenz/Borchardt, EU-Verträge, Art. 5 EUV, Rn. 38; *Jürgens*, S. 81.

[459] *Trstenjak/Beysen*, EuR 2012, 265 (272) m. w. N.

[460] So bspw. *Mittwoch*, Vollharmonisierung und Europäisches Privatrecht, 2013, S. 15; *Richter*, »Nationale Alleingänge« – Förderung hoher Regelungsstandards oder Behinderung eines einheitlichen Binnenmarktes?, 2007, S. 25 f., 107 f. m. w. N. Im Ergebnis so auch *Langguth*, in: Lenz/Borchardt, EU-Verträge, Art. 5 EUV, Rn. 38; *Jarass*, EuGRZ 1994, 209 (211); *Jürgens*, S. 81.

[461] ABl. 1997, C 340/105.

[462] ABl. 2007, C 306/150.

digkeit der Mitgliedstaaten aus als die Verordnung. Hier muss differenziert werden, um welche Art von Richtlinie es sich handelt. Bei einer detaillierten Richtlinie, für deren Umsetzung den Mitgliedstaaten kein Umsetzungsspielraum verbleibt, kann die Rechtsform der Verordnung das mildere Mittel für die Mitgliedstaaten darstellen, da ihnen durch die Verordnung der Umsetzungsaufwand genommen wird.[463] Es kommt also für die Frage nach dem mildesten Rechtsetzungsakt auf eine **konkrete Betrachtung des Einzelfalles** an.[464]

4. Angemessenheit bzw. Proportionalität

Bei der Bewertung der Angemessenheit bzw. der Proportionalität der Maßnahme muss   **149** eine Prüfung dahingehend erfolgen, ob die entstandenen **Belastungen** in einem **angemessenen Verhältnis** zu den **Zielen**, die mit dieser Maßnahme erreicht werden sollen, stehen.[465] Hierbei wird die Zweck-Mittel-Relation bewertet.[466] Daher hat in diesem Rahmen eine Abwägung dahingehend zu erfolgen, ob der Nutzen für die Allgemeinheit, der mit der Maßnahme einhergehen soll, es rechtfertigt, dass eine Beeinträchtigung unionsrechtlich geschützter Rechtspositionen erfolgt.[467] Bei einer rein **kompetenziellen Betrachtung** der Verhältnismäßigkeitsprüfung muss hier **primär auf die betroffenen Zuständigkeiten** der Mitgliedstaaten abgestellt werden und inwieweit durch den aus der Verfolgung der Unionsziele resultierenden Eingriff in die Zuständigkeit der Mitgliedstaaten deren nationale Souveränität und Identität berührt wird.[468]

III.   Einschätzungsprärogative des Unionsgesetzgebers

Wie im Rahmen des Subsidiaritätsgrundsatzes stellt sich auch im Rahmen der Verhält-   **150** nismäßigkeit die Frage nach der Einschätzungsprärogative des Unionsgesetzgebers und nach deren Folgen.

Hierbei ist dem Unionsgesetzgeber bzw. dem zum Handeln berufenen Unionsorgan   **151** grundsätzlich ein **weiter Beurteilungsspielraum** und somit eine entsprechende Einschätzungsprärogative zuzugestehen,[469] wenn es um Bereiche geht, in denen die Handlung politische, wirtschaftliche oder soziale Wertungen, Einschätzungen und Entscheidungen erfordert und es daher einer komplexen Beurteilung bedarf.[470]

Etwas anderes gilt allerdings für das Verhältnismäßigkeitsprinzip in seiner rein **Indi-**   **152** **vidualinteressen schützenden Ausprägung.** Hier kann der Gestaltungsspielraum des Unionsorgans wegen des Bestehens von Grundrechtseingriffen bspw. wegen des be-

---

[463] Zur Einordnung Verordnung und Richtlinie auch: *Möschel*, NJW 1993, 3025 (3026 f.). Richtlinien enthalten mittlerweile in der Praxis durchaus häufiger detaillierte Vorgaben, vgl. *Skouris*, ZEuS 2005, 463 (465).

[464] Zu diesem Problemkreis insgesamt ausführlich: *Rösch*, S. 152 ff., 183 ff.

[465] *Lienbacher*, in: Schwarze, EU-Kommentar, Art. 5 EUV, Rn. 39; EuGH, Urt. v. 28. 7. 2011, Rs. C–309/10 (Agrana Zucker), Slg. 2011, I–7333, Rn. 42.

[466] *Jürgens*, S. 128.

[467] *Pache*, NVwZ 1999, 1033 (1036); *Trstenjak/Beysen*, EuR 2012, 265 (272); *Kischel*, EuR 2000, 380 (380 f.). Ausführlich zur Angemessenheit: *Emmerich-Fritsche* (Fn. 417), S. 213 ff.

[468] *Strohmayr* (Fn. 35), S. 310. So auch *Jürgens*, S. 171 f., der diesen Aspekt jedoch nicht ausreichend durch den EuGH aufgrund seiner Evidenzprüfung gewürdigt sieht.

[469] *Zuleeg*, in: GS, EUV/EGV, Art. 5 EGV, Rn. 38.

[470] EuGH, Urt. v. 7. 7. 2009, Rs. C–558/07 (S.P.C.M. u. a.), Slg. 2009, I–5783, Rn. 42; *Lienbacher*, in: Schwarze, EU-Kommentar, Art. 5 Richtlinie 2006/24/EG des Europäischen Parlaments und des Rates vom 15. März 2006 über die Vorratsspeicherung von Daten, Rn. 41.

troffenen Bereichs, des Wesens des Grundrechts und der Art und Schwere des Eingriffs sowie wegen dessen Zwecks **eingeschränkt** sein.[471]

IV. Justiziabilität

153 Hinsichtlich der Justiziabilität des Verhältnismäßigkeitsgrundsatzes bestanden im Gegensatz zu der des Subsidiaritätsprinzips von Anfang an keine Zweifel.[472]

154 Aufgrund des weiten Beurteilungsspielraums der Unionsorgane in Bereichen, die politische, wirtschaftliche und soziale Wertungen, Einschätzungen und Entscheidungen betreffen, darf die Maßnahme durch den EuGH nur darauf überprüft werden, ob das handelnde Organ einem **offensichtlichen Irrtum** unterlegen ist, ein **Ermessensmissbrauch** vorliegt oder eine **offenkundige Überschreitung der Ermessensgrenzen** vorliegt.[473] Nach dem EuGH ist »eine in diesem Bereich erlassene Maßnahme [...] nur dann rechtswidrig, wenn sie zur Erreichung des Ziels, das das zuständige Organ verfolgt, offensichtlich ungeeignet« ist.[474]

155 Etwas anderes gilt im Rahmen des Verhältnismäßigkeitsprinzips in seiner **Individualinteressen schützenden Ausprägung**, wie der EuGH erst kürzlich in der **Rs. Digital Rights** deutlich klarstellte. In dieser Rechtssache ging es um die Gültigkeit der Richtlinie 2006/24/EG des Europäischen Parlaments und des Rates vom 15. März 2006 über die Vorratsspeicherung von Daten,[475] wobei sich der EuGH bezüglich der Grundrechtseingriffe in Art. 7 GRC, der das Grundrecht auf Achtung des Privatlebens enthält, und in das in Art. 8 GRC verankerte Grundrecht des Schutzes personenbezogener Daten mit der Verhältnismäßigkeit dieser Eingriffe durch die Vorratsdatenspeicherungs-Richtlinie zu beschäftigen hatte. Im Rahmen dieser Entscheidung stellte er fest, dass bei dem Verhältnismäßigkeitsprinzip in seiner Individualinteressen schützenden Ausprägung wegen des Bestehens von Grundrechtseingriffen der Gestaltungsspielraum des Unionsgesetzgebers, bspw. wegen des betroffenen Bereichs, des Wesens des Grundrechtsrechts und der Art und Schwere des Eingriffs sowie dessen Zweck, eingeschränkt sein kann. Diese Einschränkung der Einschätzungsprärogative kann je nach Einzelfall sogar zu einer strikten Überprüfung der entsprechenden Maßnahme durch den Gerichtshof führen[476] und damit zu einer vollumfänglichen gerichtlichen Kontrolle der Verhältnismäßigkeit. Damit sind zumindest in diesem Bereich die Bedenken, die mit der »Evidenzkontrolle« des Gerichtshofs im Rahmen der Verhältnismäßigkeit einhergingen, mittlerweile von der Hand zu weisen.[477] Ob der EuGH diese rigidere Kontrolle der Beachtung

[471] EuGH, Urt. v. 8.4.2014, verb. Rs. C–293/12 u. C–594/12 (Digital Rights), ECLI:EU:C:2014:238, Rn. 47.
[472] *Lienbacher*, in: Schwarze, EU-Kommentar, Art. 5, Rn. 39. Vgl. zur Justiziabilität *Pache*, NVwZ 1999, 1033 (1039 ff.).
[473] EuGH, Urt. v. 12.11.1996, Rs. C–84/94 (Arbeitszeitrichtlinie), Slg. 1996, I–5755, Rn. 58; EuGH, Urt. v. 7.7.2009, Rs. C–558/07 (S.P.C.M. u.a.), Slg. 2009, I–5783, Rn. 42; *Calliess*, in: Calliess/Ruffert, EUV/AEUV, Art. 5 EUV, Rn. 51 m.w.N.
[474] EuGH, Urt. v. 8.10.2010, Rs. C–343/09 (Afton Chemical), Slg. 2010, I–7027, Rn. 46. Kritisch dazu *Jürgens*, S. 170 ff.
[475] RL 2006/24/EG vom 15.4.2006 über die Vorratsspeicherung von Daten, die bei der Bereitstellung öffentlich zugänglicher elektronischer Kommunikationsdienste oder öffentlicher Kommunikationsnetze erzeugt oder verarbeitet werden, und zur Änderung der Richtlinie 2002/58/EG, ABl. 2006, L 105/54.
[476] EuGH, Urt. v. 8.4.2014, verb. Rs. C–293/12 u. C–594/12 (Digital Rights), ECLI:EU:C:2014:238, Rn. 47 f.
[477] Vgl. dazu *von Danwitz*, EWS 2003, 393 (396 f.); *Jürgens*, S. 170 ff.

der Vorgaben des Verhältnismäßigkeitsgrundsatzes und die damit einhergehende zunehmende Beschränkung der Einschätzungs- und Beurteilungsspielräume der Unionsorgane vom Individualschutz auch auf den Bereich des Schutzes der Kompetenzordnung der EU und damit die Kontrolle des Subsidiaritätsprinzips übertragen wird, bleibt zunächst abzuwarten.

E. Protokoll

In Art. 5 Abs. 4 UAbs. 2 EUV wird auf das Protokoll über die Anwendung der Grundsätze der Subsidiarität und der Verhältnismäßigkeit[478] Bezug genommen. Dabei beziehen sich die **Art. 1 bis 5** und **Art. 9 des Protokolls** auf den Grundsatz der Verhältnismäßigkeit. Zwar findet das Protokoll grundsätzlich sowohl auf das Subsidiaritätsprinzip als auch den Verhältnismäßigkeitsgrundsatz Anwendung, was auch aus Erwägungsgrund 2 des Protokolls deutlich wird. Jedoch beziehen sich die Regelungen der Art. 6 und 7 über die Subsidiaritätsrüge und die Regelungen des Art. 8 bezüglich der Subsidiaritätsklage ausweislich ihres Wortlauts ausschließlich auf das Subsidiaritätsprinzip.[479]   **156**

Nach **Art. 2 Abs. 1 Satz 1** hat die Kommission, bevor sie einen Gesetzgebungsakt erlässt, **umfangreiche Anhörungen** durchzuführen, wobei gegebenenfalls der regionalen und lokalen Bedeutung der in Betracht gezogenen Maßnahme Rechnung zu tragen ist.   **157**

Durch **Art. 4** wird der Kommission aufgegeben, ihre Entwürfe und ihre geänderten Entwürfe der Gesetzgebungsakte den **nationalen Parlamenten** und dem Unionsgesetzgeber gleichzeitig **zuzuleiten**.   **158**

Art. 5 Satz 1, 2 sieht vor, dass der Gesetzgebungsakt hinsichtlich der Verhältnismäßigkeit eine **detaillierte Begründung** zu enthalten hat. Konkretere Angaben dieses Begründungserfordernisses enthalten die Sätze 3 bis 5. Diese Erfordernisse der Begründung sollen die **Beurteilung erleichtern**, ob die Anforderungen des Verhältnismäßigkeitsgrundsatzes eingehalten wurden. Dies ergibt sich explizit aus Art. 5 Satz 2. In diesem Rahmen sind insbesondere die Begründung der finanziellen Belastungen und des Verwaltungsaufwandes sowie das Verhältnis von Ziel und Mittel von Interesse (Satz 5).[480]   **159**

Zu beachten ist dabei, dass sich das **Protokoll** nach **Art. 3** auf solche Maßnahmen **beschränkt**, die den **Erlass eines Gesetzgebungsaktes**, also einen Rechtsakt, der nach Art. 289 Abs. 3 i. V. m. Abs. 1 und 2 AEUV entweder im ordentlichen oder in einem besonderen Gesetzgebungsverfahren erlassen wird, zum Ziel haben.   **160**

---

[478] ABl. 2010, C 83/206.
[479] Vgl. ausführlich dazu Rn. 121 ff.
[480] *Lienbacher*, in: Schwarze, EU-Kommentar, Art. 5 EUV, Rn. 42; *Bast*, in: Grabitz/Hilf/Nettesheim, EU, Art. 5 EUV (September 2013), Rn. 75.

Artikel 6 EUV [Grundrechte-Charta und EMRK]

(1) Die Union erkennt die Rechte, Freiheiten und Grundsätze an, die in der Charta der Grundrechte der Europäischen Union vom 7. Dezember 2000 in der am 12. Dezember 2007 in Straßburg angepassten Fassung niedergelegt sind; die Charta der Grundrechte und die Verträge sind rechtlich gleichrangig.

Durch die Bestimmungen der Charta werden die in den Verträgen festgelegten Zuständigkeiten der Union in keiner Weise erweitert.

Die in der Charta niedergelegten Rechte, Freiheiten und Grundsätze werden gemäß den allgemeinen Bestimmungen des Titels VII der Charta, der ihre Auslegung und Anwendung regelt, und unter gebührender Berücksichtigung der in der Charta angeführten Erläuterungen, in denen die Quellen dieser Bestimmungen angegeben sind, ausgelegt.

(2) [1]Die Union tritt der Europäischen Konvention zum Schutz der Menschenrechte und Grundfreiheiten bei. [2]Dieser Beitritt ändert nicht die in den Verträgen festgelegten Zuständigkeiten der Union.

(3) Die Grundrechte, wie sie in der Europäischen Konvention zum Schutz der Menschenrechte und Grundfreiheiten gewährleistet sind und wie sie sich aus den gemeinsamen Verfassungsüberlieferungen der Mitgliedstaaten ergeben, sind als allgemeine Grundsätze Teil des Unionsrechts.

Literaturübersicht

Alber, Die Selbstbindung der europäischen Organe an die Europäische Charta der Grundrechte, EuGRZ 2001, 350; *Bahlmann*, Der Grundrechtsschutz in der EG, EuR 1982, 3; *Brecht*, Änderungen an der EU-Grundrechtecharta, ZEuS 2005, 355; *Breuer*, »Wasch mir den Pelz, aber mach mich nicht nass!« Das zweite Gutachten des EuGH zum EMRK-Beitritt der Europäischen Union, EuR 2015, 330; *Callewaert*, Die EMRK und die EU-Grundrechtecharta/Bestandsaufnahme einer Harmonisierung auf halbem Weg, EuGRZ 2003, 198; *Dougan*, The Treaty of Lisbon 2007, Winning Minds, not Hearts, CMLRev. 45 (2008), 617; *Frenz*, Annährung von europäischen Grundrechten und Grundfreiheiten, NVwZ 2011, 961; *Geiß*, Europäischer Grundrechtsschutz ohne Grenzen?, DÖV 2014, 265; *Goldsmith*, A Charter of Rights, Freedoms and Principles, CMLRev. 38 (2001), 1205; *Grabenwarter*, Die Charta der Grundrechte für die Europäische Union, DVBl 2001, 1; *ders.*, Die Menschenrechtskonvention und Grundrechte-Charta in der europäischen Verfassungsentwicklung, FS Steinberger, 2002; *Härtel*, Die Europäische Grundrechteagentur: unnötige Bürokratie oder gesteigerter Grundrechtsschutz?, EuR 2008, 489; *dies.*, Die Grundrechte im Verfassungsvertrag der Europäischen Union, FS Öhlinger, 2004, 469; *Hector*, Der Europäische Verfassungsprozess – rechtliche Wege aus der Krise, ZEuS 2006, 466; *Iliopoulos-Strangas/Pereira da Silva/Potacs* (Hrsg.), Der Beitritt der Europäischen Union zur EMRK, 2013; *Jarass*, Das Verhältnis von Grundrechtecharta und sonstigem Recht, EuR 2013, 29; *Kahl/Schwind*, Europäische Grundrechte und Grundfreiheiten – Grundbausteine einer Interaktionslehre, EuR 2014, 170; *Klein*, Scheitert der Beitritt der Europäischen Union zur EMRK? Zum Verhältnis von EuGH und EGMR, https://www.fernuni-hagen.de/imperia/md/content/rewi/iev/db-klein-dtiev-online_nr._2.pdf (16.5.2016); *Krüger/Polakiewicz*, Vorschläge für ein kohärentes System des Menschenrechtsschutzes in Europa, EuGRZ 2001, 92; *Lenaerts*, Die EU-Grundrechtecharta: Anwendbarkeit und Auslegung, EuR, 2012, 3; *Lindner*, Grundrechtsschutz in Europa – System einer Kollisionsdogmatik, EuR 2007, 160; *Ludwig*, Zum Verhältnis zwischen Grundrechtcharta und allgemeinen Grundsätzen – die Binnenstruktur des Art. 6 EUV n. F., EuR 2011, 715; *Magiera*, Die Grundrechtecharta der Europäischen Union, DÖV 2000, 1017; *Manger-Nestler/Noack*: Europäische Grundfreiheiten und Grundrechte, JuS 2013, 503; *Mayer*, Die Rückkehr der Europäischen Verfassung? Ein Leitfaden zum Vertrag von Lissabon, ZaöRV 2007, 1141; *Mehde*, Gespaltener Grundrechtsschutz in der EU? / Zur Bedeutung der Sonderregelung für Polen und das Vereinigte Königreich, EuGRZ 2008, 269; *Merten/Papier*, Handbuch der Grundrechte in Deutschland und Europa, Bd. III, VI/1, 2009, 2010; *Meyer/Hölscheidt*, Die Europäische Verfassung des Europäischen Konvents, EuZW 2003, 613; *Nettesheim*, Normhierarchien im EU-Recht, EuR 2006, 737; *Nicolaysen*, Die gemeinschaftsrechtliche Begründung von Grundrechten, EuR 2003, 719; *Obwexer*, Der Beitritt der EU zur EMRK: Rechts-

Eckhard Pache

grundlagen, Rechtsfragen und Rechtsfolgen, EuR 2012, 115; *Pache*, Die Europäische Grundrechte-charta – ein Rückschritt für den Grundrechtsschutz in Europa?, EuR 2001, 475; *Pache/Rösch*, Die neue Grundrechtsordnung der EU nach dem Vertrag von Lissabon, EuR 2009, 769; *dies.*, Die Grundrechte der EU nach Lissabon, EWS 2009, 393; *Pache/Rösch*: Europäischer Grundrechtsschutz nach Lissabon – die Rolle der EMRK und der Grundrechtecharta in der EU, EuZW 2008, 519; *Philippi*, Divergenzen im Grundrechtsschutz zwischen EuGH und EGMR, ZEuS 2000, 97; *Polakiewicz*, Der Abkommens-entwurf über den Beitritt der Europäischen Union zur Europäischen Menschenrechtskonvention, EuGRZ 2013, 472; *Riedel*, Der Konvent zur Zukunft Europas – Die Erklärung von Laeken zur Zukunft der Europäischen Union, ZRP 2002, 241; *Schmahl*, Grundrechtsschutz im Dreieck von EU, EMRK und nationalem Verfassungsrecht, EuR-Beiheft 1/2008, 7; *Schmitz*, Die Grundrechtecharta als Teil der Verfassung der Europäischen Union, EuR 2004, 691; *Schulte-Herbrüggen*: Der Grundrechtsschutz in der Europäischen Union nach dem Vertrag von Lissabon, ZEuS, 2009, 343; *Spiekermann*, Die Folgen des Beitritts der EU zur EMRK für das Verhältnis des EuGH zum EGMR und den damit einhergehen-den Individualrechtsschutz, Diss. iur., Baden-Baden, 2013; *Streinz*, Europarecht: EuGH blockiert den Beitritt der EU zur EMRK, JuS 2015, 567; *Tomuschat*, Der Streit um die Auslegungshoheit: Die Autonomie der EU als Heiliger Gral, EuGRZ 2015, 133.

Leitentscheidungen

EuGH, Urt. v. 12.11.1969, Rs. C–29/69 (Stauder), Slg. 1969, 419
EuGH, Urt. v. 17.12.1970, Rs. C–11/70 (Internationale Handelsgesellschaft), Slg. 1970, 1125
EuGH, Urt. v. 14.5.1974, Rs. C–4/73 (Nold), Slg. 1974, 491
EuGH, Urt. v. 12.10.1978, Rs. C–10/78 (Belbouab), Slg. 1978, 1915
EuGH, Urt. v. 13.7.1989, Rs. C–5/88 (Wachauf), Slg. 1989, 2609
EuGH, Urt. v. 18.6.1991, Rs. C–260/89 (ERT/DEP), Slg. 1991, I–2925
EuGH, Gut. 2/94 v. 28.3.1996 (EMRK-Beitritt), Slg. 1996, I–1759
EuGH, Urt. v. 26.6.1997, Rs. C–368/95 (Familiapress/Bauer Verlag), Slg. 1997, I–3689
EuGH, Urt. v. 25.6.1997, Rs. C–114/96 (Kieffer und Thill), Slg. 1997, I–3629
EuGH, Urt. v. 6.3.2001, Rs. C–274/99 (Conolly/Kommission), Slg. 2001, I–1611
EuGH, Urt. v. 26.6.2007, Rs. C–305/05 (Ordre des Barreaux), Slg. 2007, I–5305
EuGH, Urt. v. 26.2.2013, Rs. C–399/11 (Melloni), ECLI:EU:C:2012:600
EuGH, Urt. v. 26.2.2013, Rs. C–617/10 (Åkerberg Fransson), ECLI:EU:C:2013:105
EuGH, Urt. v. 8.4.2014, verb. Rs. C–293/12 u. C–594/12 (Digital Rights), ECLI:EU:C:2014:238
EuGH, Gut. 2/13 v. 18.12.2014 (EMRK-Beitritt), ECLI:EU:C:2014:2454

Inhaltsübersicht

A. Einführung/Vorbemerkungen

1   Art. 6 EUV ist **die Zentral- und Fundamentalnorm des europäischen Grundrechtsschutzes** in der EU. Er bildet mit seinem Absatz 1 die primärrechtliche Grundlage innerhalb des EUV für die den Verträgen gleichrangige **Anerkennung und rechtsverbindliche Geltung der Grundrechtecharta** als Kodifikation der umfassenden grundrechtlichen Bindung, Verpflichtung und Verfasstheit der EU und die unionsgrundrechtliche Bindung der Mitgliedstaaten bei der Durchführung des Unionsrechts. Er ermächtigt in seinem Absatz 2 die EU zu dem seit langem diskutierten und im Sinne eines weiteren Ausbaus der Kohärenz des Grundrechtsschutzes in Europa über die EU hinaus erforderlichen **Beitritt zur EMRK** und begründet zugleich den entsprechenden **Auftrag**, eine **Zielvorgabe** und **Verpflichtung**. Und er bestätigt in seinem Absatz 3 die Fortgeltung der ungeschriebenen, vom EuGH schon vor dem Inkrafttreten des Lissabonner Vertrages über Jahrzehnte entfalteten, aus den Rechtserkenntnisquellen der EMRK und der gemeinsamen Verfassungsüberlieferungen der Mitgliedstaaten abgeleiteten **Grundrechte als allgemeine Grundsätze des Unionsrechts**, die auch in Zukunft neben den geschriebenen Grundrechten der Grundrechtecharta fortgelten und die sich parallel zur Fortentwicklung ihrer Rechtserkenntnisquellen auch weiterhin selbst fortentwickeln können. Zusammen mit Art. 2 EUV, der den **Menschenrechtsschutz als einen der fundamentalen Werte der EU** herausstellt, auf die diese sich gründet, die allen Mitgliedstaaten gemein sind, deren schwerwiegende Verletzung durch einen Mitgliedstaat die Folgen des Art. 7 EUV nach sich ziehen kann und deren Achtung und Förderung nach Art. 49 EUV **Voraussetzung für einen Beitritt zur EU** ist, bringt Art. 6 EUV die **überragende Bedeutung des Grundrechtsschutzes für die EU als politische, als Rechts- und als Wertegemeinschaft** ebenso wie die im Bereich des Grundrechtsschutzes mittlerweile weitreichende und fruchtbare **Verflechtung und wechselseitige Beeinflussung nationaler, unionsrechtlicher und völkerrechtlicher Grund- und Menschenrechtsschutzsysteme** und deren Integration und Akzeptanz in der Rechtsordnung der EU an prominenter Stelle des EUV deutlich zum Ausdruck.

I. Entwicklung der Vorschrift

Die **Gründungsverträge** der drei Europäischen Gemeinschaften in ihrer ursprünglichen   **2** Fassung haben **Grundrechte und Grundrechtsschutz überhaupt nicht thematisiert.**[1] Vielmehr blieb es zunächst dem **EuGH** überlassen, die **ungeschriebenen Grundrechte der Gemeinschaftsrechtsordnung** als allgemeine Grundsätze des Gemeinschafts- bzw. des Unionsrechts ohne konkrete Normierung in den Verträgen zu entfalten.[2] Der **Grundrechtsschutz** wurde durch den Vertrag von **Maastricht** erstmals **im geschriebenen Primärrecht verankert**, durch den **Amsterdamer Vertrag bestätigt** und findet seither in Art. 6 EUV seinen Niederschlag. Ein Neuentwurf mit grundlegenden Änderungen durch den Europäischen Konvent für den Vertrag über eine Verfassung für Europa diente später als Grundlage für die Ausgestaltung des Art. 6 EUV im Vertrag von Lissabon, die zuletzt durch die Regierungskonferenz im Jahre 2007 geändert wurde.[3]

Im Gegensatz zur heutigen Fassung des Art. 6 EUV, der ausschließlich die **Regelung**   **3** **und Ausgestaltung des Grundrechtsschutzes in der EU** zum Gegenstand hat, griff der Art. 6 EUV a. F. weiter und wurde aufgrund dessen auch als der »Verfassungskern« der Europäischen Union bezeichnet, der u. a. in seinem Absatz 1 die wesentlichen Grundprinzipien des gemeinsamen Grundwerteverständnisses aufführte (Freiheit, Demokratie, Achtung der Menschenrechte und Grundfreiheiten sowie der Rechtsstaatlichkeit), während in Abs. 2 die Achtung der Grundrechte, wie sie in der EMRK gewährleistet sind und wie sie sich aus den gemeinsamen Verfassungsüberlieferungen der Mitgliedstaaten ergeben, als allgemeine Grundsätze des Gemeinschaftsrechts normiert war.[4] Vorangegangene Bemühungen, insbesondere durch das Europäische Parlament,[5] zur Verankerung von Grundrechten im Primärrecht waren noch nicht konsensfähig. Auch die Frage des Beitritts der EU zur EMRK scheiterte nicht zuletzt am damaligen negativen Gutachten des EuGH.[6] **Maßgebliche** vertragliche **Rechtsgrundlage** des Grundrechtsschutzes war somit **bis zum Vertrag von Lissabon Art. 6 Abs. 2 EUV a.F.**

Der Reformprozess zum Entwurf eines Vertrages über eine Verfassung für Europa   **4** stand hinsichtlich des Grundrechtsschutzes und mit Blick auf den neu zu fassenden Art. 6 EUV einer neuen Herausforderung gegenüber. Der Europäische Rat von Köln setzte **1999** einen **Grundrechtekonvent** mit dem Auftrag der Sichtbarmachung der ge-

---

[1] Zu den Gründen vgl. *Nicolaysen*, in: Heselhaus/Nowak, Handbuch der Europäischen Grundrechte, § 1, Rn. 1 ff.

[2] Für einen Überblick vgl. nur *Pache*, in: Heselhaus/Nowak, Handbuch der Europäischen Grundrechte, § 4, Rn. 106 ff.

[3] Dazu ausführlicher *Schorkopf*, in: Grabitz/Hilf/Nettesheim, EU, Art. 6 EUV (September 2013), Rn. 2.

[4] *Beutler*, in: GS, EUV/EGV, Art. 6 EUV, Rn. 1 f.

[5] ABl. 1982, C 304/253; ABl. 1989, C 120/373 u. 158/373; ABl. 1994, C 61/155.

[6] EuGH, Gut. 2/94 v. 28. 3. 1996 (EMRK-Beitritt), Slg. 1996, I–1759, 1763.

meinsamen Grundrechte und ihrer Bedeutung und Tragweite, die die Mitgliedstaaten der Union verbinden und von der Gemeinschaftsgewalt zu beachten sind, ein.[7] Die Grundrechtecharta wurde zwar vom Europäischen Rat von Nizza als Maßstab für das Handeln der Gemeinschaftsorgane angenommen,[8] verblieb aber dennoch bis zum Vertrag von Lissabon letztlich rechtlich unverbindlich.[9]

5   Bei der Ausarbeitung des Verfassungsvertrages wurde vom Konvent eine **Arbeitsgruppe** mit der **Vorformulierung des Art. 6 EUV** (»Charta der Grundrechte«) beauftragt. Die Empfehlungen der Arbeitsgruppe[10] sahen vor, den Text der Charta rechtsverbindlich auf Verfassungsrang zu integrieren und zusätzlich der Union den Beitritt zur EMRK zu ermöglichen. Das Präsidium des Konvents sah allerdings in seinem Entwurf eines Art. 5 VVE lediglich den fakultativen Beitritt der Union zur EMRK vor und verzichtete zudem darauf, die Form der Einbeziehung der Charta endgültig festzulegen. Nach einer Reihe weiterer Änderungsbemühungen wurden eben diese beiden letztgenannten Elemente des Entwurfs des späteren Art. I–9 VVE entscheidend geändert. Hinsichtlich des Beitritts zur EMRK sollte vorerst nur das Bestreben der Union, der EMRK beizutreten, in den Vordergrund gestellt werden. Letztendlich wurde mit der Regierungskonferenz 2003 die Formulierung durch den Beitrittsimperativ ersetzt, um auch den Charakter der Norm als Rechtsgrundlage zum EMRK-Beitritt zu verdeutlichen.[11] Zudem sah der Entwurf vor, dass die Charta als ein eigenständiger zweiter Teil in die Verfassung integriert und somit primärrechtlich verankert werden sollte.

6   Den letzten Schritt zu der seit dem Vertrag von Lissabon geltenden Fassung des Art. 6 EUV unternahm die Regierungskonferenz von 2007. Der von ihr **vorgelegte Entwurf beruhte inhaltlich weitestgehend auf Art. I–9 VVE**. Der Wortlaut der Absätze 2 und 3 wurde übernommen, und die Grundrechtecharta sollte durch einen Querverweis unter Bezugnahme auf ihre Rechtsverbindlichkeit, der später abweichend durch die Gleichrangigkeit der Charta mit den Verträgen ersetzt wurde, sowie ihren Geltungsbereich aus Absatz 1 in die Verträge integriert werden.[12] Endgültig erhielt Art. 6 EUV seine heute gültige Form am 3.12.2007 mit der Übernahme der vorgenannten Änderungen.

II. Normstruktur

7   Die Vorschrift spiegelt die **Entwicklungslinien** und die **Fortentwicklung** des **Grundrechtsschutzes** bis zur heutigen Europäischen Union wider und verschafft gleichzeitig einen Überblick über die einzelnen Elemente und Ebenen des unionalen Grundrechtsschutzes.[13] Die **jüngsten Entwicklungsstufen** finden sich dabei in den **ersten beiden Ab-**

---

[7] Vgl. den Anhang IV der Schlussfolgerungen des Europäischen Rates von Köln, 3./4.6.1999.

[8] Feierliche Proklamation der Grundrechtecharta, ABl. 2000, C 364/1. Ausführlicher zu der Proklamation *Alber*, EuGRZ 2001, 17 (19).

[9] Zu der rechtlichen Bindungswirkung der Charta vor dem Vertrag von Lissabon *Schmitz*, EuR 2004, 691 (696 f.) m.w.N.

[10] *Schorkopf*, in: Grabitz/Hilf/Nettesheim, EU, Art. 6 EUV (September 2013), Rn. 5, Fn. 7; CONV 354/02 v. 22.10.2002, S. 2, 11; vgl. auch die Berichte über die Anhörung von Sachverständigen CONV 221/02 v. 26.7.2002, CONV 223/02 v. 31.7.2002 und CONV 295/02 v. 26.9.2002; der Bericht des Lenkungsausschusses Menschenrechte des Europarates (Rn. 82) lag der Arbeitsgruppe vor, Arbeitsgruppe II, Working Document 8 v. 12.7.2002.

[11] Vgl. auch dazu *Schorkopf*, in: Grabitz/Hilf/Nettesheim, EU, Art. 6 EUV (September 2013), Rn. 6 ff.

[12] Mandat für die Regierungskonferenz 2007, POLGEN 74, Dok. 11218/07 v. 26.6.2007, S. 4, Anlage 12 f.

[13] *Hatje*, in: Schwarze, EU-Kommentar, Art. 6 EUV, Rn. 1; *Kingreen*, in: Calliess/Ruffert, EUV/AEUV, Art. 6 EUV, Rn. 1.

sätzen. Zum einen wurde mit dem Vertrag von Lissabon die Europäische Grundrechte – Charta als ausformulierter Grundrechtekatalog rechtsverbindlich in das europäische Primärrecht integriert (Abs. 1). Zum anderen werden ein Auftrag an die Organe
der EU zum Beitritt zur EMRK und die primärrechtliche Voraussetzung[14] dazu geschaffen (Abs. 2). Schließlich werden die vom EuGH seit seiner Entscheidung Stauder[15] im
Wege wertender Rechtsvergleichung aus den gemeinsamen Verfassungstraditionen und
aus den gemeinsamen internationalen Verpflichtungen der Mitgliedstaaten, insbesondere der EMRK, entwickelten Grundrechte als allgemeine Rechtsgrundsätze und deren
Fortgeltung neben den geschriebenen Grundrechten der Grundrechtecharta ausdrücklich primärrechtlich bekräftigt (Abs. 3).

Neben dem **anachronistischen Aufbau,** der den historischen Ausgangspunkt des uni-   8
onalen Grundrechtsschutzes in Absatz 3 platziert, gibt die Norm auch nicht klar die
unterschiedlichen Ebenen des unionalen Grundrechtsschutzes zu erkennen. Denn das
System des europäischen supranationalen Grundrechtsschutzes, das aus den Grundrechten der Charta und den vom EuGH entwickelten Grundrechten als allgemeinen
Grundsätzen des Unionsrechts besteht, wird in den Absätzen 1 und 3 normiert, wohingegen Abs. 2 die primärrechtliche Grundlage für eine künftige völkerrechtliche Grundrechtsbindung der Union vorsieht.[16]

III.   Ziel der Vorschrift: Konsolidierung eines europäischen Grundrechtsraums

Die Europäischen Gemeinschaften und die Europäische Union sind seit Anbeginn, seit   9
ihrer Gründung, **Rechtsgemeinschaften.**[17] Eine solche Rechtsgemeinschaft, so verdeutlichte es der EuGH hinreichend in seiner Rechtsprechung, wurde von den Mitgliedstaaten durch die Gründungsverträge geschaffen, und innerhalb dieser Rechtsgemeinschaft
haben die Mitgliedstaaten zu Gunsten der Union ihre Souveränitätsrechte eingeschränkt. Rechtssubjekte dieser Rechtsgemeinschaft sind jedoch nicht nur die Mitgliedstaaten, sondern eben auch deren Bürger.[18] Mit dieser Charakterisierung wird zum einen
die fundamentale Bedeutung des Rechts als **maßgebliches Integrationsinstrument** deutlich, zum anderen werden gleichzeitig gewisse materielle Gehalte vorausgesetzt, die
dem Schutz – in Form eines wirksamen Grundrechtsschutzes – der Rechtsunterworfenen dienen.[19] Die Union ist somit auch eine **Grundrechtsgemeinschaft.**

Art. 6 EUV dient dabei der **primärrechtlichen Konsolidierung eines europäischen**   10
Grundrechtsraumes. Ausgehend von der klassischen Bindungsformel[20] aus Art. 6 Abs. 3
EUV, nach der die Union an die Grundrechte, wie sie in der Europäischen Konvention

---

[14] So gefordert vom EuGH, Gut. 2/94 v. 28. 3. 1996 (EMRK-Beitritt), Slg. 1996, I–1759.

[15] EuGH, Urt. v. 12. 11. 1969, Rs. C–29/69 (Stauder), Slg. 1969, 419.

[16] *Kingreen*, in: Calliess/Ruffert, EUV/AEUV, Art. 6 EUV, Rn. 5.

[17] So bereits ausführlich *Hallstein*, Die Europäische Gemeinschaft, 5. Aufl., 1979, S. 53 ff.; zu
Bedeutung und Dimensionen der Rechtsgemeinschaftlichkeit vgl. auch *Pache*, Der Schutz der finanziellen Interessen der Europäischen Gemeinschaften, 1994, S. 21 ff.; *Zuleeg*, NJW 1994, 545 (545).

[18] EuGH, Urt. v. 23. 4. 1986, Rs. C–294/83 (Les Verts/Parlament), Slg. 1986, 1339, 1365 ff. ; ebenso nunmehr erneut deutlich EuGH, Gutachten 2/13 vom 18. 12. 2014 (Beitritt der EU zur EMRK),
ECLI:EU:C:2014:2454, Rn. 157.

[19] Zu den Wesenszügen der (heutigen) Union als Rechtsgemeinschaft unter Bezugnahme auf den
Geltungsgrund der Unionsgrundrechte, ausführlich: *Pache*, in: Heselhaus/Nowak, Handbuch der Europäischen Grundrechte, § 4, Rn. 93 ff.

[20] *Schorkopf*, in: Grabitz/Hilf/Nettesheim, EU, Art. 6 EUV (September 2013), Rn. 6, 10.

zum Schutz der Menschenrechte und Grundfreiheiten gewährleistet sind und wie sie sich aus den gemeinsamen Verfassungsüberlieferungen der Mitgliedstaaten ergeben, als allgemeine Grundsätze als Teil des Unionsrechts gebunden ist, komplementiert die Grundrechtecharta das Gesamtziel eines europäischen Grundrechtsraumes in Gestalt der Querverweisung aus Art. 6 Abs. 1 EUV.[21] Erweitert werden kann das Grundrechtesystem zukünftig auf der Grundlage der neu geschaffenen unionsverfassungsrechtlichen Rechtsgrundlage für einen Beitritt der EU zur EMRK, wodurch die Union die Möglichkeit für – und zugleich ihre eigene Verpflichtung zum Bemühen um – ihre dann auch formale Einbindung in das System des gemeineuropäischen völkerrechtlichen Menschenrechtsschutzes begründet.

B.   Der unionsrechtliche Grundrechtsschutz (Art. 6 Abs. 1 und 3 EUV)

I.   Allgemeine Lehren zu den Unionsgrundrechten

1. Begriffsbestimmung

11   Eine allgemein gültige oder verbindlich normativ fixierte Begriffsbestimmung der Grundrechte existiert weder auf nationaler noch auf europäischer Ebene.[22] Auf mitgliedstaatlicher Ebene werden für die Bestimmung eines Grundrechtsbegriffes verschiedene Ansätze vertreten. Wesentlich und den vertretenen Auffassungen weitgehend gemein ist hierbei, dass Grundrechte die Beziehungen des Einzelnen gegenüber ausgeübter Hoheitsgewalt als Ausdruck der Anerkennung der Menschenwürde bestimmen und überwiegend verfassungskräftig in Form von subjektiven Ansprüchen (u.a. Freiheits- und Gleichheitsrechte oder politische Rechte) gewährleistet werden.[23] Auf europäischer Ebene entwickelte der EuGH in seiner Rechtsprechung zur Anerkennung der Geltung von Grundrechten und in der anschließenden jahrzehntelangen, einzelfallbezogenen Grundrechtejudikatur keine allgemeine, einheitliche Definition. Zwar sprach er ausdrücklich von »**Grundrechten der Person**«, die als allgemeine Rechtsgrundsätze im Unionsrecht enthalten sind[24] und die von den Verfassungsüberlieferungen[25] der Mitgliedstaaten und deren grundrechtsrelevanten völkerrechtlichen Verträgen[26] getragen werden, von »**fundamentalen Grundsätzen**«[27] oder von »**persönlichen Grundrechten**«,[28] unterließ aber eine genauere Konkretisierung, weshalb eine von der Rechtsprechung geprägte Definition des Grundrechtsbegriffes nicht vorliegt.[29]

12   **Formal** betrachtet kommt zwar in Betracht, die **Gesamtheit der in der Charta der Grundrechte verbürgten Rechte** als die Europäischen Grundrechte einstufen, allerdings

---

[21] *Kingreen*, in: Calliess/Ruffert, EUV/AEUV, Art. 6 EUV, Rn. 10; ebenso *Schorkopf*, in: Grabitz/Hilf/Nettesheim, EU, Art. 6 EUV (September 2013), Rn. 10.

[22] *Ehlers*, in: *ders.*, Grundrechte und Grundfreiheiten, § 14, Rn. 1.

[23] *Dreier*, in: Dreier, GG, Vorb. vor Art. 1 GG, Rn. 1.

[24] EuGH, Urt. v. 12.11.1969, Rs. C–29/69 (Stauder), Slg. 1969, 419, Rn. 7.

[25] EuGH, Urt. v. 17.12.1970, Rs. C–11/70 (Internationale Handelsgesellschaft), Slg. 1970, 1125, Rn. 3f.

[26] EuGH, Urt. v. 14.5.1974, Rs. C–4/73 (Nold), Slg. 1974, 491, Rn. 13.

[27] EuGH, Urt. v. 11.11.1987, Rs. C–259/85 (Frankreich/Kommission), Slg. 1987, 4393, Rn. 12.

[28] EuGH, Urt. v. 12.10.1978, Rs. C–10/78 (Belbouab), Slg. 1978, 1915, Rn. 10.

[29] Ausschlaggebend ist hierfür vor allem, dass die Wahrung des Grundrechtsschutzes durch den EuGH punktuell und einzelfallbezogen und die Entwicklung einer präzisen Grundrechtedogmatik diesbezüglich für die Rechtsprechung nicht entscheidungsrelevant war.

ist dieser Katalog nicht als zwingend abschließende Aufzählung der Unionsgrundrechte anzusehen, und die Charta enthält neben den Grundrechten auch »Grundsätze«, die nach den Vorgaben der Charta selbst von den Grundrechten zu trennen sind.[30] **Materiell** werden demgegenüber auf Unionsebene **subjektiv – öffentliche Rechte** gegenüber Hoheitsträgern und gegenüber der Ausübung von Hoheitsgewalt u. a. auch durch die Grundfreiheiten (Art. 28 ff. AEUV), die Unionsbürgerschaft (Art. 20 AEUV, 9 Satz 2 EUV) oder die Vertragsgrundrechte (z. B. das allgemeine Diskriminierungsverbot aus Art. 18 AEUV) gewährleistet. Entsprechend der bereits dargestellten charakterisierenden Begriffsbestimmung von Unionsgrundrechten durch die zentralen Elemente der Schutzrichtung und der Begründung subjektiver Rechte sind diese subjektiv-öffentlichen Rechte eher als **grundrechtsähnliche Verbürgungen** einzuordnen, da sie primär an die Mitgliedstaaten und nicht an die Organe der Union gerichtet sind.[31] Vor diesem Hintergrund sind **Unionsgrundrechte** die **fundamentalen subjektiv – öffentlichen Rechte auf höchster Stufe der Normenhierarchie der Union**, die **Maßstabsfunktion für abgeleitetes Recht** besitzen und als **primären Adressaten die Union** selbst in ihrer supranationalen Hoheitsgewalt begrenzen, einbinden und legitimieren. Darüber hinaus sind sie auch von jeder öffentlichen Gewalt bei der Durchführung von Unionsrecht zu beachten und bedürfen im Falle einer Einschränkung der Rechtfertigung.[32]

2. Abgrenzung der Unionsgrundrechte zu den Grundfreiheiten

Von den **Unionsgrundrechten** zu unterscheiden sind die **Grundfreiheiten** in Form des 13 freien Waren- (Art. 34 ff. AEUV), Personen- (Arbeitnehmer, Art. 45 ff. AEUV, und Niederlassung, Art. 49 ff. AEUV), Dienstleistungs- (Art. 56 ff. AEUV) sowie Kapital- und Zahlungsverkehrs (Art. 63 ff. AEUV).[33] Diese wurden zunächst als Diskriminierungsverbote[34] gesehen, um unterschiedliche Behandlungen der aus anderen Mitgliedstaaten stammenden Waren, Dienstleistungen und Arbeitnehmer entgegenzuwirken und die Herstellung eines Europäischen Binnenmarktes zu ermöglichen. Durch die Rechtsprechung des EuGH erfuhren die Grundfreiheiten gleichwohl eine Ausformung zu umfassenden **Wirtschaftsfreiheiten**. Die frühzeitige Anerkennung der Grundfreiheiten als subjektiv – öffentliche Rechte[35] und die Weiterentwicklung zu allgemeinen Beschränkungsverboten[36] durch den EuGH führte zu Diskussionen, ob sie als Grundrechte oder

---

[30] Vgl. hierzu näher Art. 52 GRC, Rn. 5 f.; 32 ff.

[31] Zur Abgrenzung der Unionsgrundrechte von u. a. den Menschenrechten, rechtsstaatlichen Grundsätzen, Unionsbürgerschaft vgl. *Ehlers*, in: *ders.*, Grundrechte und Grundfreiheiten, § 14, Rn. 22 ff. sowie *Pache*, in: Heselhaus/Nowak, Handbuch der Europäischen Grundrechte, § 4, Rn. 28 ff.

[32] Ausführlich zu dem Begriff der Grundrechte *Pache*, in: Heselhaus/Nowak, Handbuch der Europäischen Grundrechte, § 4, Rn. 5 ff.; zum adressatenbezogenen Anwendungsbereich der Unionsgrundrechte vgl. Art. 51 GRC, Rn. 10 ff.

[33] Ausführlich zu der Abgrenzung *Skouris*, DÖV 2006, 89 ff.

[34] Die Grundfreiheiten sind als Diskriminierungsverbote, konzipiert für bestimmte wirtschaftliche Tätigkeiten, leges speciales zum allgemeinen Diskriminierungsverbot aus Art. 18 AEUV, der bereits nach seinem Wortlaut (»unbeschadet besonderer Bestimmungen dieses Vertrages«) subsidiär hinter den Grundfreiheiten zurücktritt.

[35] EuGH, Urt. v. 5. 2. 1963, Rs. C–26/62 (van Gend & Loos), Slg. 1963, 3, 12.

[36] Dies kam durchaus bereits durch den Wortlaut der damaligen Vertragsbestimmungen zum Ausdruck. EuGH, Urt. v. 11. 7. 1974, Rs. C–8/74 (Dassonville), Slg. 1974, 837, Rn. 5.

Rechte mit Grundrechtsgehalten einzustufen seien, was selbstverständlich grundlegende und erhebliche Auswirkungen auf ihre rechtliche Behandlung zur Folge hätte.[37]

14   Der **EuGH** selbst **grenzt** zwischen den beiden Rechtsinstituten **nicht immer trennscharf ab**.[38] Zwar sind die Grundfreiheiten den Grundrechten insoweit ähnlich, als sie unmittelbar anwendbare, primärrechtliche Abwehrrechte sind und dem Einzelnen eine rechtlich geschützte Position gewähren und bei möglichen Einschränkungen einer besonderen Rechtfertigung bedürfen (z. B. durch den Verhältnismäßigkeitsgrundsatz). Zudem können sie als auf derselben normhierarchischen Ebene stehende Rechtsinstitute gegenseitige Beschränkungen rechtfertigen,[39] aber auch wechselseitig die jeweilige Schutzintensität verstärken.[40] Darüber hinaus bestehen auch enge faktische Zusammenhänge zwischen diesen beiden Rechten. So unterfallen Waren als Gegenstand der Warenverkehrsfreiheit auch dem Schutzbereich des Eigentumsgrundrechts (Art. 17 GRC) als eines fundamentalen Grundrechts auf (nationaler wie) europäischer Ebene. Auch werden die Arbeitnehmerfreizügigkeit, die Niederlassungs- und die Dienstleistungsfreiheit in Art. 15 Abs. 2 GRC als Teilgewährleistungen der Berufs- bzw. Unternehmerfreiheit besonders hervorgehoben.[41] Es gibt also sehr wohl beachtliche Berührungen und Überschneidungen.[42]

15   Dennoch bestehen aber relevante Unterschiede, die für eine Beibehaltung der Trennung von Grundrechten und Grundfreiheiten und gegen eine Einordnung der Grundfreiheiten als Grundrechte sprechen. Zunächst weisen sie **unterschiedliche Wirkrichtungen** auf. Die Grundfreiheiten sind als Grundlagen des Binnenmarktes und als Folge der historischen Wurzeln der Union als eine politisch – programmatische Institution einzustufen, die auf den Abbau mitgliedschaftlicher Beschränkungen zielt und somit primär gegen die Mitgliedstaaten gerichtet ist.[43] Ausschlaggebend ist dabei nicht etwa eine größere mitgliedschaftliche Gefährdung des Binnenmarktes, denn auch die Union hat die Grundfreiheiten (z. B. in ihrer Sekundärrechtsetzung) zu beachten,[44] sondern, dass es systematisch der Grundfreiheiten zur Begrenzung der Unionsrechtsetzung nicht bedarf, da insoweit die Unionsgrundrechte Anwendung finden und ausreichend Schutz bieten.[45] Die Unionsgrundrechte dienen daher in erster Linie der Begrenzung der su-

---

[37] Einen ausführlichen Überblick dazu bieten *Schindler*, Die Kollision von Grundfreiheiten und Gemeinschaftsgrundrechten, 2001 sowie *Kahl/Schwind*, EuR 2014, 170 (170 ff.), die präzise die dogmatische Verzahnung von Europäischen Grundrechten und Grundfreiheiten darstellen.

[38] Der EuGH bezeichnete mehrfach Grundfreiheiten ausdrücklich als Grundrechte und behandelte beide in einem engen rechtlichen Zusammenhang; so u. a. EuGH, Urt. v. 15. 10. 1987, Rs. C–222/86 (Unectef/Heylens), Slg. 1987, 4097, Rn. 14; Urt. v. 15. 12. 1995, Rs. C–415/93 (Bosman), Slg. 1995, I–4921, Rn. 79, 129.

[39] EuGH, Urt. v. 12. 6. 2003, Rs. C–112/00 (Schmidberger), Slg. 2003, I–5659; *Frenz*, NVwZ 2011, 961 (961). Dazu auch *Gramlich*, DÖV 1996, 801 (801 ff.); *Ehlers*, in: *ders.*, Grundrechte und Grundfreiheiten, § 14, Rn. 23.

[40] So hat z. B. der EuGH in der Sache Carpenter eine Beeinträchtigung der Dienstleistungsfreiheit für unionsrechtswidrig erklärt, weil diese dem Grundrecht auf Achtung des Familienlebens widersprach; EuGH, Urt. v. 11. 7. 2002, Rs. C–60/00 (Carpenter), Slg. 2002, I–6279, Rn. 39.

[41] *Kahl/Schwind*, EuR 2014, 170 (171).

[42] *Manger-Nestler/Noack*, JuS 2013, 503 (506).

[43] *Ehlers*, in: *ders.*, Grundrechte und Grundfreiheiten, § 7, Rn. 52; *Kugelmann*, Grundrechte in Europa, 1997, S. 13; *Pache*, in: Heselhaus/Nowak, Handbuch der Europäischen Grundrechte, § 4, Rn. 43 ff.; *Rengeling*, Grundrechtsschutz in der Europäischen Gemeinschaft, 1993, S. 172.

[44] EuGH, Urt. v. 25. 6. 1997, Rs. C–114/96 (Kieffer und Thill), Slg. 1997, I–3629.

[45] *Pache*, in: Heselhaus/Nowak, Handbuch der Europäischen Grundrechte, § 4, Rn. 48; a. A. *Möstl*, EuR 2002, 318 (333).

pranationalen Hoheitsgewalt und sind wegen dieser Zielrichtung nicht primär an die Mitgliedstaaten, sondern an die Unionsorgane adressiert und dienen der Rechtsprechung vor allem zur Kontrolle unionaler Rechtsakte.[46] Ein weiterer wesensmäßiger Unterschied besteht auch darin, dass **Grundrechte** bereits für sich allein, **als objektive Werteordnung und Institutsgarantie**, einen fundamentalen Wert besitzen. Die Grundfreiheiten dagegen entfalten ihre Bedeutung nicht als Ausdruck einer überpositiven Werteordnung, sondern erst unter Bezugnahme auf ein übergeordnetes, nach politischer Maßgabe gesetztes Ziel, namentlich der Herstellung und Funktionsfähigkeit des Binnenmarktes. Auch ist die Funktion der beiden Arten von Rechten eine andere, während nämlich bei den Grundfreiheiten die wirtschaftlichen Allgemeininteressen im Vordergrund stehen, steht bei den Grundrechten der Schutz des einzelnen Individuums stärker im Vordergrund.[47] Gewichtigstes Argument für einen Wesensunterschied der beiden Rechtsinstitute ist allerdings die zentrale Funktion, die Grundrechte und Grundfreiheiten im Zusammenhang mit der europäischen Integration und dem rechtlichen Kontext zukommt. Die Europäischen Grundrechte sind dazu bestimmt und als Elemente der Rechtsstaatlichkeit der EU erforderlich, die supranationale europäische Hoheitsgewalt grundrechtlich zu binden, einzugrenzen und zu legitimieren (**supranationale Legitimationsfunktion**). Die Grundfreiheiten hingegen waren und sind in erster Linie Diskriminierungsverbote, die, ohne übergreifende Legitimation zu vermitteln, auf eine transnationale Integration zielen.[48] Im Ergebnis sind somit, trotz gewisser Vergleichbarkeiten und Annäherungen in der jüngsten Rechtsprechung,[49] Grundrechte und Grundfreiheiten aufgrund ihrer unterschiedlichen funktionalen Ausrichtung, Anwendungsbereiche und Wirkrichtung wesensverschiedene Rechtsinstitute.[50]

3. Notwendigkeit und Geltungsgrund der Unionsgrundrechte

Die Gründungsverträge der Europäischen Gemeinschaften enthielten keine grundrechtlichen Garantien. Zurückzuführen ist dies schlichtweg darauf, dass die Gemeinschaftsverträge zunächst als **traditionelle völkerrechtliche Verträge** abgeschlossen und eingeordnet wurden und die Grundrechtsrelevanz der durch die Verträge konstituierten supranationalen Hoheitsgewalt unerkannt blieb.[51] Erst durch die Rechtsprechung des EuGH zur unmittelbaren Wirkung[52] und zum Vorrang des Gemeinschaftsrechts[53] mehrten sich die grundrechtlichen Reibungsflächen,[54] und der Bedarf nach einer grundrecht- **16**

---

[46] *Hirsch*, Gemeinschaftsgrundrechte als Gestaltungsaufgabe, in: Kreuzer/Scheuing/Sieber (Hrsg.), Europäischer Grundrechtsschutz, 1998, S. 9 (15); *Feger*, Die Grundrechte im Recht der europäischen Gemeinschaften, 1984, S. 62; *Pache*, in: Heselhaus/Nowak, Handbuch der Europäischen Grundrechte, § 4, Rn. 49 ff.

[47] *Manger-Nestler/Noack*, JuS 2013, 503 (506).

[48] Dazu ausführlicher *Pache*, in: Heselhaus/Nowak, Handbuch der Europäischen Grundrechte, § 4, Rn. 93 ff. in Bezug auf die Erforderlichkeit eigener europäischer Grundrechte sowie nachfolgend Rn. 13 ff. Zur supranationalen Legitimation der Grundrechte *Kingreen*, EuGRZ 2004, 570 (574).

[49] *Frenz*, NVwZ 2011, 961 (965).

[50] *Pache*, in: Heselhaus/Nowak, Handbuch der Europäischen Grundrechte, § 4, Rn. 59; a.A. *Walter/Ehlers*, in: Ehlers, Grundrechte und Grundfreiheiten, § 1, Rn. 53, § 14, Rn. 22, der Grundfreiheiten als besondere Formen des grundrechtlichen Gleichbehandlungsgebots und der grundrechtlichen Freiheitsrechte ansieht.

[51] *Kingreen*, in: Calliess/Ruffert, EUV/AEUV, Art. 6 EUV, Rn. 4.

[52] EuGH, Urt. v. 5.2.1963, Rs. C–26/62 (van Gend & Loos), Slg. 1963, 3, 25. Zur Auswirkung des Urteils van Gend & Loos auf die Grundrechtsentwicklung *Cremer*, EnzEuR, Bd. 2, § 1, Rn. 13 ff.

[53] EuGH, Urt. v. 15.7.1964, Rs. C–6/64 (Costa/E.N.E.L.), Slg. 1964, 1141.

[54] Dazu ausführlicher *Kühling*, in: v. Bogdandy/Bast, Europäisches Verfassungsrecht, S. 657 ff.

lichen Einhegung und Bindung der neuen supranationalen Hoheitsrechtsausübung wurde erkennbar. Daher begannen die Mitgliedstaaten das Handeln der Gemeinschaften an den nationalen Grundrechten zu messen,[55] da es sich bei der Gemeinschaftsrechtsordnung nicht mehr um einen schlichten völkerrechtlichen Vertrag zwischen Staaten handelte, sondern auch die Bürger der beteiligten Mitgliedstaaten unmittelbar durch die neue Rechtsordnung betroffen wurden.[56] Die Forderung nach einem europäischen Grundrechtsschutz korreliert also mit den zunehmenden, qualitativ neuartigen Befugnissen von Gemeinschaft und Union. Gefordert und notwendig wurde eine gemeinschaftliche Grundrechtskontrolle, die die mitgliedstaatlich grundrechtlichen Verbürgungen angemessen ergänzt und gegebenenfalls ersetzt.[57] Der EuGH hingegen widersprach strikt der Bindung von Gemeinschaftsrecht an nationale Rechtsordnungen, sodass die Lösung nur in der Gewährleistung eines effektiven Grundrechtsschutzes auf Gemeinschaftsebene bestehen konnte.[58] Dem kam der EuGH auf Grundlage seiner Kompetenz zur Wahrung des Rechts durch die Entwicklung von grundrechtlichen Garantien in Gestalt **ungeschriebener allgemeiner Rechtsgrundsätze**[59] nach.[60] In der Grundsatzentscheidung im Fall Stauder[61] sprach der EuGH erstmals von Grundrechten der Person, die in den folgenden Entscheidungen (im Detail siehe Rn. 43) konsolidiert und dem Einzelfall entsprechend ausgeformt wurden.[62] Trotz der Entwicklung der Grundrechte auf Basis der Rechtsprechung des EuGH wurde weiterhin von verschiedenen Seiten ein eindeutiger, effektiver und umfassend kodifizierter Grundrechtekatalog, wie er mit der Charta der Grundrechte nun besteht, gefordert.[63]

17   Mit dem Inkrafttreten des Vertrags von Lissabon ist nunmehr die allgemeine Geltung von Grundrechten im geschriebenen Primärrecht ausdrücklich geregelt.[64] Die Grundrechtecharta als geschriebener Grundrechtekatalog ist gem. Art. 6 Abs. 1 EUV norm-

---

[55] So u. a. die italienische Corte Costituzionale (EuR 1974, 255 (262)) und das Bundesverfassungsgericht in der berühmten Solange I – Entscheidung (BVerfGE 37, 271 (277 ff.)), das explizit einen von einem Parlament beschlossenen und in Geltung stehenden formulierten Katalog von Grundrechten fordert, der dem Grundrechtskatalog des Grundgesetzes adäquat ist. Die wesentliche Streitfrage in der Entwicklung des unionalen Grundrechtsschutzes, die geprägt ist von der Rechtsprechung des EuGH und des BVerfG, war, ob nationale Grundrechte Maßstab für die Anwendbarkeit von sekundären Gemeinschafts- bzw. Unionsrecht sind. Mit Inkrafttreten der Charta drängt nunmehr zudem die Frage in den Vordergrund, wann Handlungen der Mitgliedstaaten an den Unionsgrundrechten zu messen sind; vgl. Rn. 31, 33 f.

[56] *Cremer*, EnzEuR, Bd. 2, § 1 Rn. 13 ff.; *Ehlers*, in: *ders.*, Grundrechte und Grundfreiheiten, § 14, Rn. 3; *Schindler* (Fn. 37), S. 118.

[57] Zuletzt bekräftigte das Bundesverfassungsgericht in seinem Maastricht-Urteil, dass keine (grundgesetzwidrige) Rechtsschutzlücke entstehen darf; BVerfGE 89, 155 (159).

[58] *Ehlers*, in: *ders.*, Grundrechte und Grundfreiheiten, § 14, Rn. 4; *Kingreen*, in: Calliess/Ruffert, EUV/AEUV, Art. 6 EUV, Rn. 5.

[59] EuGH, Urt. v. 12. 11. 1969, Rs. C–29/69 (Stauder), Slg. 1969, 419, 425.

[60] *Ehlers*, in: *ders.*, Grundrechte und Grundfreiheiten, § 14, Rn. 4.

[61] EuGH, Urt. v. 12. 11. 1969, Rs. C–29/69 (Stauder), Slg. 1969, 419, 425.

[62] Obwohl der EuGH der Notwendigkeit eines ausreichenden Grundrechtsschutzes gegenüber der Gemeinschaftsgewalt durch seine Rechtsprechung Rechnung getragen hat, spielten die Unionsgrundrechte verglichen mit den Grundfreiheiten in der Rechtsprechung lediglich eine ungleich geringere Rolle (so *Ehlers*, in: *ders.*, Grundrechte und Grundfreiheiten, § 14, Rn. 4). Selten wurden insbesondere Rechtsakte des Gemeinschaftsgesetzgebers, im Gegensatz zu Vollzugsakten der Kommission, für nichtig erklärt, da sie mit Unionsgrundrechten kollidierten.

[63] *Beutler*, in: GS, EUV/EGV, Art. 6 EUV, Rn. 40.

[64] Zu den bereits zuvor bestehenden Kodifikationen im EUV a. F. seit dem Vertrag von Maastricht vgl. bereits oben Rn. 2 f.

hierarchisch mit dem sonstigen Primärrecht der Verträge als gleichrangig anzusehen, wie dies durch die Vorschrift ausdrücklich angeordnet wird. Zuvor beruhte allerdings nur ein ganz geringer Teil der Grundrechtsbindung der Europäischen Union auf geschriebenem Primärrecht, andere Grundlagen waren für die Grundrechtsgeltung im Unionsrecht maßgeblich.

Im Primärrecht kodifiziert wurde das Bekenntnis zu den Grundrechten zum ersten **18** Mal in der Präambel der **Einheitlichen Europäischen Akte**, indem die Mitgliedstaaten erklärten, gemeinsam für Demokratie, gestützt auf die Verfassungen und Gesetze der Mitgliedstaaten, die EMRK und die Grundrechte der Europäischen Sozialcharta, insbesondere Freiheit, Gleichheit und soziale Gerechtigkeit, einzustehen.[65] Diese Ausführungen wurden in die **Präambel des Vertrages von Maastricht** aufgenommen. Neben der Erwähnung in der Präambel (heute in der Form des vierten Erwägungsgrundes), erlangte die Normierung der Grundrechte im Vertragstext mit dem Vertrag von Amsterdam eine neue rechtliche Qualität. Art. 6 Abs. 2 EUV a. F. transformierte die in der Judikatur des EuGH (hierzu genauer Rn. 42 ff.) anerkannte Geltung der Grundrechte ins Primärrecht, indem er die Achtung der Grundrechte, wie sie in der EMRK gewährleistet sind und wie sie sich aus den gemeinsamen Verfassungsüberlieferungen der Mitgliedstaaten als allgemeine Rechtsgrundsätze ergeben, durch die Union kodifizierte.[66] Über diese vertraglichen Grundlagen und die Entfaltung der Unionsgrundrechte durch die Rechtsprechung hinaus besteht der Geltungsgrund der Grundrechte in der Qualität der Union als **Rechtsgemeinschaft**.[67] Die Union stützt sich auf eine eigenständige Rechtsordnung und deren Rechtsakte, die unmittelbare Geltung in den Mitgliedstaaten und Vorrang vor entgegenstehendem nationalem Recht beanspruchen. Ausgehend davon und weil die Europäische Union von den rechtsstaatlich verfassten Mitgliedstaaten begründet wurde, deren nationale Hoheitsgewalten selbst grundrechtlich begrenzt sind, ist eine grundrechtliche Einbindung und Begrenzung der Hoheitsgewalt der Union, und zwar in der autonomen Unionsrechtsordnung selbst und nicht durch nationale Grundrechtsgarantien, unumgänglich erforderlich.[68]

II. Die Grundrechtecharta im Unionsrecht: Regelungsgehalt von Art. 6 Abs. 1 EUV

1. Anerkennung der Charta (Art. 6 Abs. 1 UAbs. 1 EUV)

Zu Beginn des Art. 6 Abs. 1 EUV ist, entsprechend dem siebten Erwägungsgrund der **19** Präambel der Charta, die Anerkennung der Rechte, Freiheiten und Grundsätze, die in der Charta der Grundrechte der Europäischen Union vom 7.12.2000 in der am

---

[65] ABl. 1987, L 169/2. Bereits vorher gab es zahlreiche, aber lediglich politische Bekenntnis der Organe und Institutionen zur Achtung der Grundrechte, die allerdings als solche nicht eine unmittelbar rechtliche Grundrechtsgeltung herbeiführten. Zwar kam der Präambel ebenfalls nur rechtlich begrenzt Bindungswirkung zu, dennoch wurde sie vom EuGH bestätigend zu einer Grundrechtsrechtsprechung herangezogen; EuGH, Urt. v. 18.5.1989, Rs. C–249/86 (Kommission/Deutschland), Slg. 1989, 1263, Rn. 10.

[66] *Kingreen*, JuS 2000, 857 (859). *Pache*, in: Heselhaus/Nowak, Handbuch der Europäischen Grundrechte, § 4, Rn. 90.

[67] *Hirsch*, (Fn. 46), S. 13; *Schindler* (Fn. 37), S. 118; *Zuleeg*, NJW 1994, 545 (547). Zum Begriff der Europäischen Gemeinschaften als Rechtsgemeinschaften, *Pache*, Der Schutz der finanziellen Interessen der Europäischen Gemeinschaften, 1994, S. 21 f. m. w. N.

[68] Ausführlich hierzu: *Pache*, in: Heselhaus/Nowak, Handbuch der Europäischen Grundrechte, § 4, Rn. 93 ff.

12.12.2007 in Straßburg angepassten Fassung niedergelegt sind, normiert.[69] Die Charta wurde durch den Vertrag von Lissabon, insbesondere aufgrund des Widerstandes des Vereinigten Königreichs,[70] **nicht**, wie im Verfassungsvertrag vorgesehen, **unmittelbar in die Verträge aufgenommen**, sondern ist über Art. 6 Abs. 1 UAbs. 1 EUV in Form eines direkten Verweises im Gründungsvertrag der Europäischen Union verankert. Die Formulierung »Die Union erkennt…an« darf nicht darüber hinwegtäuschen, dass die Charta für die Europäische Union unbedingt und voraussetzungslos rechtsverbindlich werden sollte,[71] gibt aber dennoch zu erkennen, dass zwischen den Verträgen und der Charta gem. Art. 1 Abs. 3 EUV rechtskonstruktiv streng zu trennen ist und dass die **Charta** ein **eigenständiger Rechtsakt** ist,[72] der zwar außerhalb der Verträge steht, der aber als diesen gleichrangiges, zentrales Grundrechtsdokument zu werten ist, dessen Geltungsanordnung und Rangzuweisung unmittelbar im Gründungsvertrag der EU Art. 6 Abs. 1 UAbs. 1 EUV vornimmt und klarstellt.[73] Zwar mag die unterbliebene direkte Integration in den Vertragstext symbolisch die politische Anerkennung und Bedeutung der Charta mindern und erfüllt auch nicht völlig den ihr zugedachten bedeutsamen Beitrag für die Identifikation der Bürger mit der Union und für die Akzeptanz ihres Handelns,[74] dennoch hat ihre eigenständige **Stellung** im Unionsprimärrecht **keinerlei Auswirkungen auf ihre rechtliche Bindungswirkung**. Für die Erkennbarkeit und Übersichtlichkeit der europäischen Grundrechtsordnung und -bindung kann ihre Selbständigkeit sogar durchaus als Vorteil gewertet werden.[75]

20   Allgemein ist festzustellen, dass die Schaffung der Grundrechtecharta, ihre in Art. 6 Abs. 1 UAbs. 1 EUV proklamierte Anerkennung durch die Union als **verbindlicher Maßstab** der europäischen Politik und die prominent sichtbare Integration ihres ausformulierten, eigenständigen Grundrechtskataloges in das EU-Primärrecht nicht nur die gemeinsame Wertebasis der Union und der Mitgliedstaaten festigt, sondern zugleich auch deutlich sichtbar macht, dass in der Union rechtliche Beziehungen nicht nur zwischen ihr und ihren Mitgliedstaaten, sondern, über das allgemeine Völkerrecht hinausgehend, auch ein **unmittelbares Rechtsverhältnis** zwischen den Bürgern und der Union begründet wird.[76] Insoweit kann die Grundrechtecharta – wohl unabhängig von der Frage ihrer Stellung innerhalb oder außerhalb der Gründungsverträge – durchaus den Beitrag zur Stärkung der grundrechtlichen, rechtsstaatlichen und demokratischen Legitimation und politischen Akzeptanz des Handelns der EU leisten, der im Rahmen des Verfassungsprojektes ihrer Aufnahme unmittelbar in die EU – Verfassung zugedacht war.[77]

---

[69] ABl. 2007, C–303/1.

[70] *Mayer*, ZaöRV 67 (2007), 1141 (1155); *Pache/Rösch*, EuR 2009, 769 (775).

[71] Letztendlich bestätigte die Regierungskonferenz im Jahre 2007 (vgl. Rn. 6, 22) den Willen, die Charta rechtsverbindlich zu machen.

[72] *Schorkopf*, in: Grabitz/Hilf/Nettesheim, EU, Art. 6 EUV (September 2013), Rn. 20.

[73] *Pache*, Die Ausgestaltung des Grundrechtsschutzes unter besonderer Berücksichtigung des Beitritts der Union zur EMRK, in: Eilmansberger/Griller/Obwexer (Hrsg.), Rechtsfragen der Implementierung des Vertrags von Lissabon, 2010, S. 121 (124). Zu der Frage, ob durch Abs. 1 die Charta als Ganzes oder lediglich Einzelrechtssätze dieser verbindlich gemacht wurden, *Schorkopf*, in: Grabitz/Hilf/Nettesheim, EU, Art. 6 EUV (September 2013), Rn. 21.

[74] *Pache/Rösch*, EWS 2009, 393 (396).

[75] In diesem Sinne auch *Schulte-Herbrüggen*, ZEuS 2009, 343 (347 f.); *Streinz/Ohler/Herrmann*, Vertrag von Lissabon, S. 42. Zum Teil wird in dem Verweis auch ein »Schönheitsfehler« gesehen, Terhechte, Konstitutionalisierung und Normativität der europäischen Grundrechte, 2011, S. 66.

[76] *Pernice*, EuZW 2008, 65 (65).

[77] *Pache/Rösch*, EuR 2009, 769 (775).

2. Entstehungsgeschichte und Charta in der Fassung vom 12.12.2007

a) Entstehungsgeschichte

Schon seit den 1970er Jahren existierten Bemühungen zur Schaffung eines einheitlichen **21** und kodifizierten Grundrechtekatalogs für die Europäischen Gemeinschaften.[78] Im Jahre 1999 erklärte die deutsche Ratspräsidentschaft die Ausarbeitung einer Grundrechtecharta zu ihrem obersten Ziel,[79] und im Rahmen des **Europäischen Rats von Köln** wurde das dem Entstehungsprozess der Charta zugrunde liegende Mandat erteilt, das den Auftrag enthielt, die überragende Bedeutung der geltenden Grundrechte, die der EuGH durch seine Rechtsprechung auf Grundlage der Verfassungsüberlieferungen der Mitgliedstaaten und ihrer völkerrechtlichen Verträge (insb. der EMRK) entwickelt hatte, und deren Tragweite für die Unionsbürger zusammenzufassen und sichtbar zu machen.[80] Der **Europäische Rat von Tampere** betraute daraufhin ein Gremium, bestehend aus 62 Mitgliedern (fünfzehn Beauftragte der Staats– und Regierungschefs, sechzehn Mitglieder des Europäischen Parlaments, dreißig Mitglieder nationaler Parlamente und ein Beauftragter der Kommission),[81] unter dem Vorsitz von *Roman Herzog*, das sich selbst als **Konvent**[82] bezeichnete. Der Auftrag an den Konvent enthielt auch die Vorgabe, die Ausarbeitung zügig durchzuführen, so dass bereits die im Oktober 2000 vom Konvent im Konsens angenommene Charta im Rahmen des Europäischen Rats von Nizza am 7.12.2000 durch die Präsidenten von Rat, Parlament und Kommission feierlich proklamiert werden konnte.[83] Zwar repräsentierte die Charta die in der Union akzeptierten Werte und Überzeugungen, wie sie auch als allgemeine Rechtsgrundsätze gem. Art. 6 EUV a. F. gelten. Zusätzlich kann in der feierlichen Proklamation der Charta durch die Präsidenten der beteiligten Organe eine Selbstverpflichtung zur Achtung der in der Charta garantierten Rechte, Freiheiten und Grundsätze gesehen werden.[84] Dennoch konnte zunächst mangels entsprechenden Vertragsschlusses durch die Mitgliedstaaten **keine unmittelbare Rechtsverbindlichkeit** und keine unmittelbare gerichtliche Anrufbarkeit der vom Grundrechtekonvent unter breiter Beteiligung von Vertretern der mitgliedstaatlichen Regierungen, der nationalen Parlamente und des Europäischen Parlamentes unter weitgehender Einbeziehung der europäischen Öffentlichkeit erarbeiteten Grundrechtecharta erreicht werden.[85]

Die Frage nach der Verbindlichkeit der Charta wurde, vorbereitet vom Konvent zur **22** Zukunft Europas,[86] innerhalb des **Europäischen Rates von Laeken** im Dezember 2001

---

[78] *Nicolaysen*, in: Heselhaus/Nowak, Handbuch der Europäischen Grundrechte, § 1, Rn. 70 m. w. N.; *Schmitz*, EuR 2004, 691 (691) m. w. N.

[79] *Mayer*, in: Grabitz/Hilf/Nettesheim, EU, Grundrechtsschutz und rechtsstaatliche Grundsätze (nach Art. 6 EUV; Juli 2010), Rn. 32.

[80] Schlussfolgerungen des Vorsitzes des Europäischen Rats von Köln, 3./4.6.1999, Nr. 44.

[81] Schlussfolgerungen des Vorsitzes des Europäischen Rats von Tampere, 15./16.10.1999, Anlage, Buchst. A.

[82] Der Vertrag von Lissabon schreibt heute in Art. 48 EUV die Konventmethode für das ordentliche Änderungsverfahren fest.

[83] *Knecht*, Die Charta der Grundrechte der Europäischen Union, 2005, S. 70, 98.

[84] Vgl. hierzu *Alber*, EuGRZ 2001, 350 (350). Beachtlich ist zudem, dass die Charta trotz ihrer Unverbindlichkeit bereits in den Jahren 2001 und 2002 vom EuG (u.a. EuG, Urt. v. 20.2.2001, Rs. T–112/98 (Mannesmannröhren-Werke/Kommission), Slg. 2001, II–729, Rn. 76) und auch vom EGMR (EGMR, Urt. v. 11.7.2002, Beschwerde-Nr. 28975/95 (Goodwin/Vereinigtes Königreich), RJD 2002 – VI, Rn. 58) herangezogen wurde, was zumindest faktisch die Wirkung der Charta festigte.

[85] *Nicolaysen*, in: Heselhaus/Nowak, Handbuch der Europäischen Grundrechte, § 1, Rn. 70.

[86] Zu einer prägnanten Zusammenfassung der Zusammensetzung und Aufgaben des Konvents zur Zukunft Europas vgl. *Riedel*, ZRP 2002, 241 (241 ff.).

erneut thematisiert. Inhaltliche Neuerungen blieben dabei aus. Entscheidend ist jedoch, dass Einigkeit darüber bestand, dass die Charta nunmehr rechtliche Verbindlichkeit erlangen[87] und sie zudem Verfassungsstatus durch eine vollständige Integration in die Verträge[88] erhalten solle. Wie konkret die Form der Einbeziehung der Charta aussehen sollte, blieb indes offen. Erwogen wurde u. a. eine Aufnahme des Textes der Charta – Artikel am Anfang des Verfassungsvertrages in einen Titel oder ein Kapitel dieses Vertrages, aber auch dass die Charta dem Vertrag als Anhang beigefügt werden könne, sei es als spezifischer Teil dieses Vertrages oder als Protokoll.[89]

23   In Umsetzung der ersten Option fand die Charta schließlich Eingang in den Entwurf eines **Vertrags über eine Verfassung für Europa**, nach dem die Union gem. Teil 1, Art. 7 Abs. 1 die Rechte, Freiheiten und Grundsätze, die in der Charta der Grundrechte als einem Teil II (Art. II–1 bis II–54 VVE) der Verfassung enthalten sind, zu wahren hatte. Nach der Ablehnung des Verfassungsvertrages nach den Volksabstimmungen in Frankreich und den Niederlanden im Jahre 2005[90] und einer Phase der Reflexion, die eine (zumindest formelle) Abkehr[91] von der Verfassungsidee nach sich zog, wurde nach dem Beschluss des Europäischen Rates in Brüssel 2007 und bereits vorangegangenen Reformbemühungen eine Regierungskonferenz zur alsbaldigen Ausarbeitung eines **Europäischen Reformvertrages** einberufen.[92] Das Mandat zur Regierungskonferenz sah vor, dass der Reformvertrag einen Querverweis auf die vereinbarte Fassung der Charta der Grundrechte enthalten solle, damit dieser damit Rechtsverbindlichkeit verliehen werde, sowie die Festlegung ihres Geltungsbereichs erfolgen solle.[93] Bereits am 12. 12. 2007, einen Tag vor Unterzeichnung des Vertrages von Lissabon, wurde die Charta, da sie insbesondere auf britisches Drängen im Konvent bzw. der Regierungskonferenz 2003/2004 im Hinblick auf ihre Rechtsverbindlichkeit und ihre allgemeinen Bestimmungen angepasst worden war,[94] noch einmal in ihrer neuen Fassung feierlich proklamiert.[95]

b) Anpassungen der Grundrechtecharta

24   Aus dem Wortlaut des Art. 6 Abs. 1 Satz 1 EUV ergibt sich nun, dass die Union die Rechte, Freiheiten und Grundsätze anerkennt, die in der Charta der Grundrechte der

---

[87] CONV 354/02 v. 22. 10. 2002, S. 7.

[88] CONV 354/02 v. 22. 10. 2002, S. 3. Die Aufnahme der fast unveränderten Charta in die Verfassung ist die größte Errungenschaft des Konvents, denn sie macht die modernste Normierung eines Grundrechtskatalogs rechtsverbindlich, so *Meyer/Hölscheidt*, EuZW 2003, 613 (613 ff.).

[89] Im Einzelnen hierzu: Die Empfehlungen der Form der Einbeziehung der Charta, CONV 354/02 v. 22. 10. 2002, S. 2 f.

[90] Die Ablehnung führte u. a. zu einer Infragestellung des gesamten Verfassungsprozesses und auch zu einem Nachdenken über potentielle Alternativen, so Frenz, Handbuch Europarecht, Band 4, § 1, Rn. 15. Änderungen hinsichtlich der Charta wurden dennoch u. a. aufgrund ihrer bedeutenden Funktionen abgelehnt, siehe *Hector*, ZEuS 2006, 466 (480), der es als indiskutabel ansieht, wenn gerade durch Referenden im Mutterland der Menschenrechte (Frankreich) und in den traditionell menschenrechtsfreundlichen Niederlanden ein weiterer Schritt im europäischen Grundrechtsschutz scheitern würde.

[91] *Mayer*, ZaöRV 67 (2007), 1141 (1184).

[92] *Frenz*, Handbuch Europarecht, Bd. 4, § 1, Rn. 16.

[93] Mandat für die Regierungskonferenz 2007, POLGEN 74, Dok. 11218/07 v. 26. 7. 2007, S. 4, Ziff. 9.

[94] *Mayer*, ZaöRV 67 (2007), 1141 (1155).

[95] Zu Änderungen und erneuter feierlicher Proklamation der Grundrechtecharta vgl. *Pache/ Rösch*, EuZW 2008, 519 (519 f. m. w. N.).

Europäischen Union vom 7.12.2000 in der am 12.12.2007 in Straßburg angepassten Fassung niedergelegt sind. Die EU hat also **nicht die ursprünglich vom Konvent**[96] **erarbeitete Grundrechtecharta** rechtsverbindlich ins Unionsrecht integriert, sondern eine in **einigen Einzelpunkten veränderte Fassung** dieser Grundrechtecharta. Diese Anpassung erfolgte formal durch eine feierliche Neuverkündung der geänderten Charta in einer Plenarsitzung des europäischen Parlaments durch die Präsidenten des Parlaments, des Rates und der Kommission und die anschließende Veröffentlichung im Amtsblatt der Europäischen Union,[97] einschließlich der angepassten Erläuterungen[98] zur Charta der Grundrechte. Bereits zuvor hatten der Verfassungskonvent und die sich an diesen anschließende Regierungskonferenz einige Änderungen der vom Grundrechtekonvent erarbeiteten Charta vorgesehen.[99] Diese betrafen einerseits erforderliche Angleichungen der Grundrechtecharta an die ursprünglich anberaumte Integration in den Verfassungsvertrag, die nunmehr hinfällig geworden sind, andererseits aber auch inhaltliche Änderungen oder Ergänzungen der Grundrechtecharta. Letztere sind durch die Anpassung der Grundrechtecharta in den Grundrechtekatalog der Union übernommen worden.[100]

Die wesentlichen Anpassungen sind die folgenden: Zum einen wurde der **Begriff** 25 **»Person«** in den einschlägigen Charta – Bestimmungen (z.B. Art. 2 Abs. 1 GRC) **durch den Begriff »Mensch« ersetzt**, um Missverständnisse hinsichtlich potentieller Differenzierungen vorzubeugen.[101] Darüber hinaus wurde in der Präambel, die durch ihre vorangestellte, selbstständige Stellung außerhalb des Vertragstextes eine bedeutsamere Stellung erhielt,[102] der **Hinweis auf die Erläuterungen des Präsidiums**[103] des **Konvents als Auslegungshilfe** für die Grundrechte der Charta hinzugefügt.[104] Weiter wurde der **Wortlaut von Art. 42 GRC**, das Recht auf Zugang zu Dokumenten, dahingehend ergänzt, dass dieses Recht nunmehr hinsichtlich der Dokumente der Organe, Einrichtungen und sonstigen Stellen der Union, und zwar unabhängig von der Form der für diese Dokumente verwendeten Träger, besteht. Abschließend wurden **vier neue Absätze (Abs. 4 bis 7) in den Art. 52 GRC** eingeführt, die die Tragweite und Auslegung der Rechte und Grundsätze der Grundrechtecharta regeln. Alle drei neu eingefügten Absätze des Art. 52 GRC sind tendenziell auf die Begrenzung und engere Anbindung der Inhalte der Grundrechte der Charta an die nationalen Verfassungsüberlieferungen, Rechtsordnungen und Gepflogenheiten gerichtet. Die Auslegungsregel, die Charta im Einklang mit den Verfassungsüberlieferungen der Mitgliedstaaten auszulegen, soweit sie Grundrechte anerkennt, wie sie sich aus den gemeinsamen Verfassungsüberlieferungen der Mitgliedstaaten ergeben, die der **Art. 52 Abs. 4 GRC** aufstellt, sowie die Berücksichtigungs-

---

[96] Zu diesem Gremium, seiner Zusammensetzung und seiner Funktion vgl. Rn. 21 m.w.N.

[97] Charta der Grundrechte der Europäischen Union, ABl. 2007, C 303/01.

[98] Erläuterungen zur Charta der Grundrechte, ABl. 2007, C 303/02.

[99] *Brecht*, ZEuS 2005, 355 (385 ff.)

[100] *Pache/Rösch*, EWS 2009, 393 (396).

[101] *Borowsky*, in: Meyer, GRCh, Art. 2 GRC, Rn. 28 ff.

[102] *Streinz/Ohler/Herrmann*, Vertrag von Lissabon, S. 120.

[103] Vgl. hierzu auch Art. 52 Abs. 6 GRC; Erläuterungen zur Charta der Grundrechte, ABl. 2007, C 303/02, S. 17 ff.

[104] Hier wurde insbesondere im vierten Absatz der Satz eingefügt: »In diesem Zusammenhang erfolgt die Auslegung der Charta durch die Gerichte der Union und der Mitgliedstaaten unter gebührender Berücksichtigung der Erläuterungen, die unter der Leitung des Präsidiums des Konvents zur Ausarbeitung der Charta formuliert und unter der Verantwortung des Präsidiums des Europäischen Konvents aktualisiert wurden«.

regel des **Art. 52 Abs. 6 GRC**, nach der den einzelstaatlichen Rechtsvorschriften und Gepflogenheiten in vollem Umfang Rechnung zu tragen ist, wie es in der Charta bestimmt ist, sind dabei wohl eher deklaratorisch[105] zu verstehen und dienen der Beruhigung mitgliedstaatlicher Besorgnisse[106] hinsichtlich einer möglichen Einschränkung ihrer Kompetenzen.[107] Demgegenüber entwickelt **Art. 52 Abs. 5 GRC** durchaus rechtliche Bedeutung. Diese Vorschrift ordnet an, dass »**Grundsätze**« der Grundrechtecharta nur durch Gesetzgebung oder durch Vollzugsmaßnahmen der Union oder der Mitgliedstaaten in Ausübung ihrer jeweiligen Zuständigkeiten umgesetzt werden dürfen und dass sich die Judikatur des EuGH und der nationalen Gerichte allein auf die Auslegung und Rechtmäßigkeitskontrolle dieser Gesetzgebung und Vollzugsmaßnahmen zu beschränken hat. Dass durch diese Ergänzung insbesondere der Rechtsprechung des EuGH zu den Grundsätzen und der Möglichkeit zu deren rechtsfortbildender Entfaltung enge Grenzen gezogen werden sollen, liegt auf der Hand.[108] Vor diesem Hintergrund ist die Einordnung der für die Mitgliedstaaten eher als unbequem empfundenen Grundrechte,[109] wie etwa der sozialen Gewährleistungen aus dem Titel IV (Solidarität) als Grundsätze i. S. d. Art. 52 Abs. 5 GRC, nicht unproblematisch. So stellt deren Aufnahme in die Charta einerseits eine bedenkliche Lösung im Hinblick auf eine hierdurch erfolgende, mögliche Infragestellung der grundsätzlichen Unverbrüchlichkeit und des unbedingten Geltungsanspruches von Grundrechten dar. Sicher ist jedenfalls, dass den als Grundsätze eingeordneten sozialen Gewährleistungen nicht dieselbe Verbindlichkeit und Durchsetzbarkeit wie den ebenfalls in der Charta normierten Freiheits-, Gleichheits- und Unionsbürgerrechten zukommt.[110] Andererseits wurde durch die Normierung der sozialen Grundrechte die Befürchtung einzelner Mitgliedstaaten vor einer ausufernden Grundrechtsrechtsprechung der europäischen wie möglicherweise auch nationaler Gerichte verstärkt.[111] Der EuGH könnte zukünftig indes versucht sein, den Anwendungsbereich des Art. 52 Abs. 5 GRC eng zu begrenzen, indem er die Bestimmungen der Charta, die nicht eindeutig als Grundsätze oder als Grundrechte zugeordnet sind,[112] als Rechte einordnet.[113] Abschließend wurde mit der Einführung des **Art. 52 Abs. 7 GRC** festgelegt, dass die Erläuterungen,[114] die als Anleitung für die Auslegung der Charta

---

[105] *Pache/Rösch*, EuR 2009, 769 (777).

[106] So auch *Kingreen*, in: Calliess/Ruffert, EUV/AEUV, Art. 52 GRC, Rn. 41, der den Hinweis in Abs. 6 auf die einzelstaatlichen Rechtsvorschriften und Gepflogenheiten als eine schlichte Angstklausel deklariert.

[107] Siehe bereits: Erläuterungen des Präsidiums des Europäischen Konvents, ABl. 2004, C 310/459, die den Zweck der Norm in der Aufrechterhaltung des durch das Recht der Union, das Recht der Mitgliedstaaten und das Völkerrecht in seinem jeweiligen Anwendungsbereich gegenwärtig gewährleisteten Schutzniveaus begründet.

[108] *Pache/Rösch*, EuR 2009, 769 (777).

[109] *Kingreen*, in: Calliess/Ruffert, EUV/AEUV, Art. 52 GRC, Rn. 16.

[110] *Grabenwarter*, DVBl 2001, 1 (12).

[111] *Pache/Rösch*, EuR 2009, 769 (777).

[112] Dies ist dann der Fall, wenn die Erläuterungen zur Grundrechtecharta keine Angaben zur Einordnung einer Bestimmung enthalten oder diese unklar oder unvollständig sind. Hierbei bleibt die genaue Zuteilung der künftigen Rechtsprechung überlassen (*Borowsky*, in: Meyer, GRCh, Art. 52 GRC, Rn. 45d). Dies wurde auch im Schlussbericht der Arbeitsgruppe zur Grundrechtecharta (CONV 354/02 v. 22. 10. 2002, S. 8) im Verfassungskonvent betont.

[113] *Streinz/Ohler/Herrmann*, Vertrag von Lissabon, S. 120. Dies fordert auch *Riedel*, in: Meyer, GRCh, Vor. Art. 27 GRC, Rn. 27.

[114] Den Erläuterungen kommt unstreitig keine rechtliche Verbindlichkeit zu. Umstritten ist allerdings ihr Status insbesondere vor dem Hintergrund der ausdrücklichen Erwähnung in Art. 6 Abs. 1 UAbs. 3 EUV. Siehe hierzu *Borowsky*, in: Meyer, GRCh, Art. 52 GRC, Rn. 4 sowie Art. 52 GRC, Rn. 59ff.

verfasst und für den Verfassungsvertrag überarbeitet wurden, von den Gerichten der Union und der Mitgliedstaaten gebührend zu berücksichtigen sind. Abs. 7 war schon vor der Regierungskonferenz im Jahre 2004 formuliert und wurde unverändert übernommen. Er normiert eine weitere Bestimmung zur Begrenzung und Bindung der künftigen Grundrechtsjudikatur nationaler und europäischer Gerichte.[115]

3. Rang der Charta im Unionsrecht (Art. 6 Abs. 1 UAbs. 1. Hs. 2 EUV)

Die Charta der Grundrechte und die darin verbürgten Rechte und Grundsätze sowie die Verträge (Art. 1 UAbs. 3 EUV) sind, so ausdrücklich der Wortlaut von Art. 6 Abs. 1 UAbs. 1 Hs. 2 EUV, rechtlich gleichrangig. Hierdurch wird der **Primärrechtsrang der Charta** chartaextern im EUV ausdrücklich normiert. An der Gleichrangigkeit der GRC mit dem EUV und dem AEUV sowie an ihrer primärrechtlichen Einordnung und Rechtskraft ändern offensichtlich auch ihre Stellung außerhalb von EUV und AEUV[116] sowie ihre Bezeichnung als »Charta« nichts. Mit dem Inkrafttreten des Vertrags von Lissabon wurde somit in Form der Grundrechtecharta neben EUV, AEUV und den allgemeinen Rechtsgrundsätzen[117] (Art. 6 Abs. 3 EUV) eine neue Primärrechtskategorie geschaffen.[118] Gleichzeitig erstarkte nunmehr die Charta aufgrund ihrer gesicherten rechtlichen Verbindlichkeit von der einst unterstützend herangezogenen Rechtserkenntnisquelle zur **unmittelbaren Rechtsquelle** für den europäischen Grundrechtsschutz[119] und verkörpert einen wesentlichen freiheitssichernden Teil der materiellen Unionsverfassung.[120]

26

a) Verhältnis zu sonstigem Primärrecht

Die grundsätzliche Gleichrangigkeit der Grundrechtecharta mit dem sonstigen Primärrecht impliziert, dass **keinem Element** ein grundsätzlicher oder genereller **Vorrang** zukommt.[121] Im EU – Vertragsrecht existiert keine prinzipielle normhierarchische Abstufung, und eine Differenzierung zwischen wichtigen oder weniger wichtigen, generellen oder konkreten Normen ist nicht vorgesehen.[122] Eine prinzipiell allein grundrechtskonforme Auslegung von sonstigen Primärrechtsbestimmungen wäre demnach verfehlt. Vielmehr hat in einem Konfliktfall kumulativer Anwendbarkeit mehrerer Primärrechtsbestimmungen mit unterschiedlichen Regelungsgehalten ein harmonisierender Aus-

27

---

[115] Insgesamt ausführlich zu den Vorgaben des Art. 52 GRC und zur Bedeutung der neu eingefügten Absätze Art. 52 GRC, Rn. 35 ff.; 59 ff.

[116] *Jarass*, EuR 2013, 29 (29); *Streinz*, in: Streinz, EUV/AEUV, Art. 6 EUV, Rn. 2; *Terhechte* (Fn. 75), S. 64 f.; anders *Hofmann/Wessels*, integration 2008, 3 (9), die den Text der Charta nicht als Teil des Primärrechts ansehen.

[117] Zu dem Verhältnis der Grundrechte der Charta zu den ungeschriebenen Grundrechten in Form von allgemeinen Rechtsgrundsätzen aus Art. 6 Abs. 3 EUV siehe Rn. 59.

[118] Entsprechend: *Schorkopf*, in: Grabitz/Hilf/Nettesheim, EU, Art. 6 EUV (September 2013), Rn. 28.

[119] *Pache/Rösch*, EuZW 2008, 519 (519); *Weber*, EuZW 2007, 7 (8).

[120] Der zentrale Fortschritt des (gescheiterten) Verfassungsvertrages wird insoweit im Bereich des Grundrechtsschutzes als bewahrt angesehen. Siehe hierzu Auswärtiges Amt, Denkschrift zum Vertrag von Lissabon vom 13.12.2007, AS-RK 2007, S. 11; *Calliess*, Die neue Europäische Union nach dem Vertrag von Lissabon, 2010, S. 310 f.

[121] *Jarass*, EuR 2013, 29 (30); ebenso bereits *Pache/Rösch*, EWS 2009, 393 (395 f.); für einen generellen Vorrang der Grundrechte *Rengeling/Szczekalla*, Grundrechte, § 3, Rn. 255.

[122] Ausführlich zur Normenhierarchie innerhalb des Unionsrechts *Nettesheim*, EuR 2006, 737 (740) m. w. N.; vgl. auch *v. Arnauld*, EuR 2003, 191 (191 ff.).

gleich entsprechend dem Grundsatz der **praktischen Konkordanz** zu erfolgen, um sowohl das jeweilige Grundrecht als auch die sonstige Primärrechtsnorm möglichst optimal zur Wirkung zu bringen. Ist eine Primärrechtsnorm auch nicht in diesem Sinne einschränkbar, kommt ihr, sofern das Grundrecht einschränkbar ist, der Vorrang zu.[123] Allerdings hat die Auslegung der sonstigen Norm im Lichte des Grundrechts zu erfolgen.[124] Handelt es sich aber um Grundrechte, die nicht der Einschränkbarkeit unterliegen, da sie unverzichtbarer Bestandteil des Unionsrechts sind,[125] so ist die Primärrechtsbestimmung restriktiv auszulegen oder findet insoweit keine Anwendung.[126]

28   Festgestellt wurde bereits, dass Grundrechte und Grundfreiheiten zwei voneinander zu trennende Rechtsinstitute darstellen.[127] Auch auf deren Verhältnis sind die vorstehenden Überlegungen anwendbar: Da es sich bei den Grundfreiheiten um in den Verträgen niedergelegtes Primärrecht handelt, gilt für diese grundsätzlich im Verhältnis zu den Unionsgrundrechten nichts anderes als für das übrige Primärrecht.[128]

b)   Verhältnis zu Sekundär- und Tertiärrecht

29   Die Grundrechte der Charta haben als Primärrecht **Vorrang vor dem sekundären Unionsrecht**.[129] Verletzt eine Sekundärrechtsnorm die Rechte der Grundrechtecharta, so ist allein der EuGH, entsprechend den Vorschriften des Primärrechts über den Gerichtshof der Europäischen Union (Art. 251 ff. AEUV, insb. Art. 264, 267 und 277 AEUV), befugt, das Sekundärrecht für unwirksam zu erklären. Vorrangig und rechtspraktisch von deutlich höherer Bedeutung und Relevanz ist grundsätzlich aber stets – als Ausprägung der allgemeinen Verpflichtung zur primärrechtskonformen Auslegung[130] – die grundrechtskonforme Auslegung des Sekundärrechts und der Rechtshandlungen der Organe und Einrichtungen der EU.[131] Gleiches gilt auch für Tertiärrecht.

c)   Änderungen der Grundrechtecharta

30   Aufgrund der Eigenständigkeit der Charta außerhalb der Verträge stellt sich die Frage, ob die Charta hinsichtlich ihrer Änderung auch der Vorschrift des **Art. 48 EUV** unterliegt, der ausweislich seines Wortlautes für die Änderung der Verträge gilt, **oder** ob Änderungen der Charta in einem **abweichenden Verfahren** und unter anderen Voraus-

---

[123] *Jarass*, in: Jarass, GRCh, Einleitung, Rn. 14.

[124] *Ehlers*, in: *ders.*, Grundrechte und Grundfreiheiten, § 7, Rn. 123.

[125] So die Gerichte im Konflikt des Unionsrechts mit dem Völkerrecht: EuGH, Urt. v. 18.6.1991, Rs. C–260/89 (ERT/DEP), Slg. 1991, I–2925, Rn. 41, 303 f.; EuG, Urt. v. 30.9.2010, Rs. T–85/09 (Kadi/Kommission), Slg. 2010, II–5177, Rn. 119.

[126] *Jarass*, EuR 2013, 29 (30).

[127] Ausführlich dazu Rn. 13 f.

[128] Näher dazu und teilweise differenzierend *Pache*, in: Heselhaus/Nowak, Handbuch der Europäischen Grundrechte, § 4, Rn. 53. Anders aber *Ehlers*, in: *ders.*, Grundrechte und Grundfreiheiten, § 14, Rn. 22, der zumindest vor der Rechtsverbindlichkeit der Grundrechtecharta von einem Vorrang der Grundfreiheiten vor den Unionsgrundrechten ausging.

[129] Dies ergibt sich bereits aus Art. 12 Abs. 2 EUV, wonach jedes Organ nach Maßgabe der ihm in diesem Vertrag zugewiesenen Befugnisse handelt. Die Organe werden also erst durch den Vertrag ermächtigt, Sekundärrecht zu schaffen, das notwendigerweise normhierarchisch unter der Ermächtigungsnorm stehen muss, vgl. *Nettesheim*, EUR 2006, 737 (746).

[130] Speziell zur primärrechtskonformen Auslegung in Bezug auf die Grundrechte: EuGH, Urt. v. 26.6.2007, Rs. C–305/05 (Ordre des Barreaux), Slg. 2007, I–5305, Rn. 28 f. Im Übrigen vgl. Urt. v. 21.3.1991, Rs. C–314/89 (Rauh), Slg. 1991, I–1647, Rn. 17; Urt. v. 10.7.1991, Rs. C–90/90 (Neu), Slg. 1991, I–3617, Rn. 12; Urt. v. 27.1.1994, Rs. C–98/91 (Herbrink), Slg. 1994, I–223.

[131] *Jarass*, EuR 2013, 29 (33).

setzungen zu erfolgen haben. Nach Art. 1 Abs. 3 EUV gehören zu den Verträgen der EUV und der AEUV, nicht aber die Grundrechtecharta. Aufgrund der Entstehungsgeschichte der Charta, ihrer Auskoppelung aus den Verträgen und des Fehlens einer ausdrücklichen Regelung für eine Änderung der Charta wird zum Teil ein Rückgriff auf die allgemeinen Vorschriften des Völkerrechts erwogen.[132] Demnach käme **Art. 39 des Wiener Übereinkommens** über das Recht der Verträge zur Anwendung,[133] nach dem ein Vertrag durch Übereinkunft zwischen den Vertragsparteien geändert werden kann. Es bedürfte danach für eine Änderung oder Ergänzung der Charta lediglich einer Übereinkunft der Mitgliedstaaten. Dies hätte jedoch zur Folge, dass für eine Änderung der verschiedenen Schichten des Unionsprimärrechts unterschiedliche Regelungen anzuwenden wären, trotz ihrer ausdrücklich angeordneten rechtlichen Gleichrangigkeit,[134] was durchaus die Gefahr einer Degradierung der Charta zu Primärrecht zweiten Ranges in sich bärge.[135] Zudem fände keine Beteiligung der Unionsorgane bei einer Änderung der Charta statt.[136] Daher sprechen **gewichtige Gründe für die Anwendbarkeit des Art. 48 EUV** auch auf die Charta und für einheitliche Voraussetzungen und Verfahren für eine Änderung aller Bestandteile der kodifizierten Unionsprimärrechtsordnung. Dies gilt ungeachtet des Umstandes, dass sich aus dem Wortlaut des Art. 6 Abs. 1 UAbs. 1 EUV mit seiner Anordnung, »die Charta der Grundrechte und die Verträge sind rechtlich gleichrangig«, gerade folgt, dass die Charta von den Verträgen zu trennen ist und gerade nicht unmittelbar in die Verträge inkorporiert werden sollte. Vielmehr bietet sich eine teleologische Interpretation des Art. 6 Abs. 1 EUV an: Da der Charta laut dieser Norm rechtlich gleichrangiger **Vertragsstatus** zukommen soll, müssen die Regelungen, die für die Verträge gelten, auch für die Charta Anwendung finden, so dass eine Änderung auch der Charta nach Art. 48 EUV zu erfolgen hat.[137]

4. Anwendungsbereich

Soweit sich aus den einzelnen Grundrechten keine speziellen Regelungen hinsichtlich der Grundrechtsverpflichteten ergeben, regelt **Art. 51 Abs. 1 GRC** den Anwendungsbereich der Charta, indem der Kreis der Verpflichteten durch diese Vorschrift bestimmt   **31**

---

[132] *Schulte-Herbrüggen*, ZEuS 2009, 343 (348 f.).

[133] BGBl. II 1985, Nr. 28, S. 926. Art. 39 lautet: Ein Vertrag kann durch Übereinkunft zwischen den Vertragsparteien geändert werden. Teil II findet auf eine solche Übereinkunft insoweit Anwendung, als der Vertrag nichts anderes vorsieht. *Schulte-Herbrüggen*, ZEuS 2009, 343 (349); *Terhechte* (Fn. 75), S. 67; *Pache* (Fn. 73), S. 132.

[134] *Pache* (Fn. 73), S. 132.

[135] *Schulte-Herbrüggen*, ZEuS 2009, 343 (349). Ausführlicher zu den damit verbundenen Folgen *Terhechte* (Fn. 75), S. 67.

[136] *Schulte-Herbrüggen*, ZEuS 2009, 343 (349).

[137] Ausführlicher m. w. N. *Terhechte* (Fn. 75), S. 66 f.; mit dem gleichen Ergebnis auch *Schima*, Grundrechtsschutz, in: Hummer/Obwexer (Hrsg.), Der Vertrag von Lissabon, 2009, S. 328, der konkret zwei Wege zur Änderung der Charta in Betracht zieht: Einerseits könnte Art. 6 Abs. 1 EUV dahingehend geändert werden, dass nunmehr auf eine andere, neue Fassung der Grundrechtecharta verwiesen wird. Es fehlt dann allerdings erneut eine positive Regelung, in welchem Verfahren die neue Fassung der Charta selbst entstehen soll. Andererseits ist durch ein ordentliches Vertragsänderungsverfahren die Möglichkeit gegeben, ein Protokoll anzuhängen, das eine von der Charta abweichende Regelung enthält, die aufgrund des lex-posterior Grundsatzes den Regelungen der Charta vorgine. Bedenken ergeben sich allerdings aus Gesichtspunkten der Rechtssicherheit, weshalb auch eine Änderung von Art. 6 Abs. 1 EUV zu erwägen ist, der seinerseits auf das Protokoll verweisen müsste; vgl. *Hatje*, in: Schwarze, EU-Kommentar, Art. 6 EUV, Rn. 7; *Pache* (Fn. 73), S. 132.

wird.[138] Danach gilt die Charta für die Organe und Einrichtungen der Union und für die Mitgliedstaaten, sofern diese Recht der Union durchführen.

32   Die Bindung der Europäischen Union ist **umfassend**[139] und gilt für **sämtliches unionales Handeln**.[140] So bindet die Charta neben den Organen (Art. 13 Abs. 1 EUV) auch die Einrichtungen und sonstigen Stellen. Unter dem Ausdruck »Einrichtungen und sonstigen Stellen«, der 2007 eingeführt wurde und als Einheit zu verstehen ist,[141] sind solche Stellen der Union zu verstehen, die zwar nicht Organe der Union sind, dennoch aber auf die Grundrechte des Einzelnen Einfluss haben und diese beeinträchtigen können,[142] also hoheitliche Funktionen ausüben. Maßgeblich für die Begründung einer Grundrechtsbindung ist zudem nicht, welchen Rechtscharakter die betreffende Handlung hat.[143]

33   Die Mitgliedstaaten sind dagegen ausschließlich bei der **Durchführung von Unionsrecht** Verpflichtete der Unionsgrundrechte. Handelt ein Mitgliedstaat also ausschließlich im Rahmen der Wahrnehmung seiner nationalen Kompetenzen, so ist er nicht an die Charta gebunden.[144] Zur Bestimmung des Umfangs der Bindungswirkung der EU-Grundrechtecharta gegenüber den Mitgliedstaaten muss also zunächst bestimmt werden, was unter dem »**Recht der Union**« zu verstehen ist. Unter diesen Begriff fallen das gesamte Primärrecht, insbesondere in Form der Grundfreiheiten, das Sekundärrecht und zudem Rechtsakte auf Grundlage sekundärrechtlicher Ermächtigungen. Prinzipiell ist es also irrelevant, welcher normhierarchischen Ebene das Unionsrecht zuzurechnen ist.[145]

34   Was konkret unter »**Durchführung**« des Unionsrechts zu verstehen ist, lässt sich aus der Bestimmung selbst und auch aus den Erläuterungen zur Charta[146] nicht erschließen und ist Gegenstand eines lebhaften Streits.[147] Grundsätzlich kann gesagt werden, dass sich die Tätigkeit der Mitgliedstaaten dann mit der Durchführung des Unionsrechts befasst, wenn die ausgeführten Handlungen ihre Grundlage im Unionsrecht und nicht im jeweiligen nationalen Recht der Mitgliedstaaten haben.[148] Jüngst nahm der EuGH mit den Urteilen in den Rechtssachen Åkerberg Fransson[149] und Melloni[150] eine wegweisende Weichenstellung bezüglich des Anwendungsbereiches der Grundrechtecharta und

---

[138] Dazu ausführlich Art. 51 GRC sowie die Kommentierung ebenda.

[139] So auch *Kingreen*, in: Calliess/Ruffert, EUV/AEUV, Art. 51 GRC, Rn. 5.

[140] Zu den einzelnen Tätigkeitsbereichen vgl. *Jarass*, GRCh, Art. 51 GRC, Rn. 6 f.

[141] Vgl. Erläuterungen zur Charta, Art. 51 GRC, ABl. 2007, C 303/32; *Streinz/Michl*, in: Streinz, EUV/AEUV, Art. 51 GRC, Rn. 3. Zuvor war lediglich die Rede von »Organe und Einrichtungen der Union« vgl. Art. 51 GRC, Charta der Grundrechte der Europäischen Union, Fassung vom 18.12.2000, ABl. 18.12.2000, C 364/21.

[142] *Hatje*, in: Schwarze, EU-Kommentar, Art. 51 GRC, Rn. 11.

[143] *Borowsky*, in: Meyer, GRCh, Art. 51 GRC, Rn. 16; Niedobitek, Entwicklung und allgemeine Grundsätze, in: Merten/Papier (Hrsg.), Bd. VI/1, § 159, Rn. 101; dazu ausführlicher *Kingreen*, in: Calliess/Ruffert, EUV/AEUV, Art. 51 GRC, Rn. 4 f.

[144] *Goldsmith*, CMLRev. 38 (2001), 1205 (1205).

[145] *Jarass*, NVwZ 2012, 458 (458); *Jarass*, GRCh, Art. 51 GRC, Rn. 17; *Kingreen*, in: Calliess/Ruffert, EUV/AEUV, Art. 51 GRC, Rn. 8; *Ohler*, NVwZ 2013, 1433 (1433).

[146] Erläuterungen zur Charta der Grundrechte, ABl. 2007, C 303/17.

[147] Ausführlich dazu Art. 51 GRC, Rn. 19 ff., bei dem auch auf die mögliche unterschiedliche Bindung der Mitgliedstaaten an die Grundrechte der Charta und an die Grundrechte, die als allgemeine Rechtsgrundsätze entwickelt wurden, eingegangen wird.

[148] *Jarass*, GRCh, Art. 51 GRC, Rn. 18; so wohl i.E. auch *Dutheil de la Rochère*, Fordham International Law Journal 33 (2011), 1776 (1784 ff.), die darunter in Übereinstimmung mit dem Fallrecht des Gerichtshofs »acting within the scope of Union law« verstehen will.

[149] EuGH, Urt. v. 26.2.2013, Rs. C–617/10 (Åkerberg Fransson), ECLI:EU:C:2013:105.

[150] EuGH, Urt. v. 26.2.2013, Rs. C–399/11 (Melloni), ECLI:EU:C:2012:600.

des Verhältnisses der Unionsgrundrechte zu den nationalen Grundrechten vor.[151] Obwohl Art. 51 Abs. 1 Satz 1 GRC im Grundsatz restriktiv formuliert ist,[152] positioniert sich der EuGH mit dem Urteil Åkerberg Fransson klar zu einem weitgezogenen Anwendungsbereich der Charta der Grundrechte, indem dieser in allen unionsrechtlich geregelten Fallgestaltungen eröffnet sein soll,[153] also schon dann, wenn Vorschriften betroffen sind, die zwar nicht vom Mitgliedstaat als Verwaltungsaufgabe durchgesetzt werden, die aber im Einzelfall zumindest als zu berücksichtigender Erwägungspunkt in Betracht kommen könnten.[154] Im Urteil Melloni erklärte der EuGH, dass nationale Grundrechte, die einen weitergehenden, intensiveren Schutz gewährleisten als die Grundrechte der Grundrechtecharta, nur zur Anwendung kommen, wenn durch diese Anwendung weder das Schutzniveau der Charta, wie sie vom Gerichtshof ausgelegt wird, noch der Vorrang, die Einheit und die Wirksamkeit des Unionsrechts beeinträchtigt werden.[155] Tragende Bedeutung erlangt die Rechtsprechung im Fall Melloni insbesondere im Zusammenhang mit dem Urteil Åkerberg Fransson. Denn handeln die Mitgliedstaaten im Anwendungsbereich der Unionsgrundrechte, so darf ein Rückgriff auf höhere nationale Grundrechtsstandards fortan nur erfolgen, sofern die dargestellten Bedingungen gewahrt werden.[156]

Für die Anwendbarkeit der Charta ist weiter das **Protokoll Nr. 30** über die Anwendung der Charta der Grundrechte der Europäischen Union auf **Polen** und das **Vereinigte Königreich**[157] von Bedeutung. Art. 6 Abs. 1 EUV begründet die Anerkennung der Charta (vgl. Rn. 19 ff.) und bindet die EU einschließlich ihrer Mitgliedstaaten, sofern diese das Recht der Union durchführen (Art. 51 GRC). Das Protokoll Nr. 30, das gem. Art. 51 EUV wie die Charta Teil der Verträge mit Primärrechtsrang ist, ist darauf gerichtet, in bestimmten Bereichen und unter bestimmten Bedingungen die Anwendbarkeit der Charta für Polen und das Vereinigte Königreich zu begrenzen.[158]

35

5. Allgemeine Kompetenzschutzklausel (Art. 6 Abs. 1 UAbs. 2 EUV)

Art. 6 Abs. 1 UAbs. 2 EUV bestimmt, dass durch die Bestimmungen der Charta die in den Verträgen festgelegten Zuständigkeiten der Union in keiner Weise erweitert werden.[159] Der bereits zur ursprünglichen Fassung des Art. I–9 VVE (dieser enthielt einen einfachen Verweis auf die Grundrechte der Charta in Teil II der Verfassung) angefügte UAbs. 2 stellt eine allgemeine **Kompetenzschutzklausel** dar, die ein entsprechendes Äquivalent innerhalb der Allgemeinen Bestimmungen über die Auslegung und Anwen-

36

---

[151] Vgl. hierzu insb. Art. 51 GRC, Rn. 28 ff. sowie *Geiß*, DÖV 2014, 265 (265 ff.).

[152] *Cremer*, NVwZ 2003, 1452 (1455); *Ruffert*, EuR 2004, 165 (177).

[153] EuGH, Urt. v. 26.2.2013, Rs. C–617/10 (Åkerberg Fransson), ECLI:EU:C:2013:105, Rn. 19.

[154] *Kirchhof*, EuR 2014, 267 (270).

[155] EuGH, Urt. v. 26.2.2013, Rs. C–399/11 (Melloni), ECLI:EU:C:2012:600, Rn. 60.

[156] *Geiß*, DÖV 2014, 265 (271 f.); zu der weiteren Entwicklung in der Rechtsprechung des EuGH sowie zur aktuellen Auslegung siehe Art. 51 GRC, Rn. 19.

[157] Protokoll über die Anwendung der Charta der Grundrechte der Europäischen Union auf Polen und das Vereinigte Königreich, ABl. 2007, C 306/156.

[158] Detailliert zum Regelungsgehalt und den Folgenden dieses Protokolls vgl. Art. 51 GRC, Rn. 32 ff.

[159] Trotz der Neuerung seit Lissabon, dass die Charta der Grundrechte nun bindend ist (vgl. Rn. 17 ff.), schließt Lenaerts, EuR 2012, 3 (3), daher aus, dass die Union zu einer Menschenrechtsorganisation oder der Gerichtshof der Europäischen Union zu einem »Zweiten Europäischen Gerichtshof für Menschenrechte« geworden sei.

dung der Charta in Art. 51 Abs. 2 GRC hat.[160] Die Einführung dieses Unterabsatzes ist auf die **Sorge einiger Mitgliedstaaten zurückzuführen**, dass die Union die Grundrechte – und hier insbesondere die Schutzpflichtendimension der Grundrechte, möglicherweise aus diesen ableitbare Leistungs- oder Teilhabeansprüche oder sonstige Grundrechtsdimensionen, die über die klassische Abwehrfunktion der Grundrechte hinaus auch ein aktives Handeln der grundrechtsgebundenen Hoheitsgewalt erfordern – entweder zur Ausweitung ihrer eigenen Gesetzgebungs- und Handlungskompetenzen nutzen könnte[161] oder um den Mitgliedstaaten weitere Schranken hinsichtlich der Ausübung der mitgliedstaatlichen Kompetenzen zu setzen.[162] Wie bereits die Erläuterungen zur Charta der Grundrechte klarstellen, geht es lediglich darum, explizit auszuführen, was sich nach verbreitetem Verständnis auch aus den bestehenden Vorschriften über die begrenzten Befugnisse der Union ergibt: Die Union darf auch hinsichtlich der Grundrechte der Charta nur über die ihr eigens zugewiesenen Befugnisse verfügen und im Rahmen der in den Verträgen bestimmten Zuständigkeiten handeln,[163] neue Befugnisse sollen durch die ausdrückliche Kodifikation der Grundrechte der EU ausdrücklich nicht begründet werden. Dies ergibt sich auch allgemeiner aus der Zielsetzung der Charta, nach der durch die Charta keine neuen Kompetenztitel begründet werden sollen, sondern die Macht und die Befugnis zur Hoheitsrechtsausübung der Europäischen Union grundrechtlich begrenzt werden soll.[164]

37   Die mehrfach ausdrücklich normierten **Kompetenzvorbehalte** (vgl. auch Art. 6 Abs. 2 Satz 2 EUV) sind demnach offensichtlich von den tiefverwurzelten Ängsten bestimmter Mitgliedstaaten[165] vor einer allzu aktiven EU – Grundrechtspolitik[166] sowie einer damit möglicherweise verbundenen Kompetenzerweiterung seitens der Union getragen[167] und sollen die beschränkte Verbandskompetenz der EU auf der Grundlage des Grundsatzes der begrenzten Einzelermächtigung aus Art. 5 Abs. 1 und 2 EUV sowie die Grundregeln der Zuständigkeitsverteilung in der Union gemäß den Art. 2 bis 6 AEUV auch für den Grundrechtsbereich betonen.[168]

---

[160] *Kingreen*, in: Calliess/Ruffert, EUV/AEUV, Art. 6 EUV, Rn. 13. Dies verdeutlicht erneut, dass die Charta weder den Geltungsbereich des Unionsrechts über die Zuständigkeiten der Union hinaus ausdehnt, noch begründet sie neue Zuständigkeiten oder neue Aufgaben für die Union, und sie ändert nicht die in den Verträgen festgelegten Zuständigkeiten und Aufgaben. Siehe hierzu auch Erklärung Nr. 1 zur Schlussakte des Vertrages von Lissabon, ABl. 2008, C 115/337. Dazu auch Art. 51 GRC, Rn. 39 ff.

[161] *Hatje*, in: Schwarze, EU-Kommentar, Art. 6 EUV, Rn. 7.

[162] So *Hatje/Kindt*, NJW 2008, 1761 (1766) mit Verweis auf die Erklärung Nr. 53 der Tschechischen Republik zur Charta der Grundrechte der Europäischen Union. Misstrauen bzgl. einer Kompetenzerweiterung zeigt auch der Vorbehalt von Polen und dem Vereinigten Königreich, dazu Art. 51 GRC, Rn. 32 ff.

[163] Erläuterungen zur Charta der Grundrechte, ABl. 2007, C 303/02, S. 32.

[164] *Schulte-Herbrüggen*, ZEuS 2009, 343 (350).

[165] Daher wird diese Vorschrift auch als »Angstklausel« bezeichnet, *Kingreen*, in: Calliess/Ruffert, EUV/AEUV, Art. 6 EUV, Rn. 13.

[166] Diese Befürchtungen verschiedener Mitgliedstaaten sind nicht zuletzt auch im Zusammenhang mit der Errichtung der Europäischen Grundrechteagentur sehr deutlich geworden, vgl. hierzu und zu Aufgaben und Befugnissen dieser Agentur *Härtel*, EuR 2008, 489 (489 ff.).

[167] *Streinz/Michl*, in: Streinz, EUV/AEUV, Art. 6 EUV, Rn. 5.

[168] *Pache/Rösch*, EuR 2009, 769 (779 f.) wie auch *Schorkopf*, in: Grabitz/Hilf/Nettesheim, EU, Art. 6 EUV (September 2013), Rn. 55; *Schulte-Herbrüggen*, ZEuS 2009, 343 (350).

6. Die Auslegung der Charta (Art. 6 Abs. 1 UAbs. 3 EUV)

Nach Art. 6 Abs. 1 UAbs. 3 EUV sind die in der Charta niedergelegten Rechte, Frei- **38** heiten und Grundsätze gemäß den allgemeinen Bestimmungen des Titels VII der Charta (Art. 51 bis 54 GRC), die ihre Auslegung und Anwendung regeln, und unter gebührender Berücksichtigung der in der Charta angeführten Erläuterungen, die zusammen mit der Charta selbst am 12.12.2007 neu verkündet wurden[169] und in denen die Quellen dieser Bestimmungen angegeben sind, auszulegen.[170] UAbs. 3 unterteilt sich gemäß seinem Wortlaut in den Verweis auf die **Bestimmungen des Titels VII der Charta** und auf die Berücksichtigung der in der Charta angeführten Erläuterungen. Auf den ersten Blick erscheint ein spezieller Verweis konkret auf den Titel VII der Charta entbehrlich, da bereits Art. 6 Abs. 1 UAbs. 1 EUV die Anerkennung und Gleichrangigkeit der Charta mit den Verträgen anordnet. Diese Regelung bezieht sich allerdings nach ihrem Wortlaut unmittelbar auf die Rechte, Freiheiten und Grundsätze der Charta, die die EU anerkennt, also auf die Geltung der materiellen Regelungsgehalte, so dass ein eigenständiger Gehalt des UAbs. 3 darin gesehen werden kann, auch die formellen Bestimmungen der Art. 51 bis 54 GRC zu einem anerkannten Teil des Primärrechts der Europäischen Union zu machen.[171]

Die **Erläuterungen zur Grundrechtecharta** finden an verschiedenen Stellen Eingang **39** in das Unionsrecht. So enthalten neben **Art. 6 Abs. 1 UAbs. 3 EUV** auch die **Präambel**[172] der Charta der Grundrechte und **Art. 52 Abs. 7 GRC**[173] einen Hinweis auf die Bedeutung der Erläuterungen für die Auslegung der Charta. Die Erläuterungen sind zwar als solche rechtlich nicht verbindlich,[174] stellen jedoch eine nützliche Interpretationshilfe bei der Auslegung der Chartabestimmungen dar.[175] Trotz dieser eindeutigen Einordnung als Auslegungshilfe ist ihr Status nicht unumstritten.[176] Jedoch lässt der eindeutige Wortlaut, der lediglich eine »gebührende Berücksichtigung« vorsieht, wenig Spielraum für die Begründung einer Verpflichtung zur unbedingten oder vorrangigen Beachtung der Erläuterungen bei der Auslegung der Charta.[177] Dies gilt umso mehr, als die Erläuterungen auch inhaltlich hauptsächlich darauf eingehen, wie die Normen der Charta entstanden sind und welche Vorgaben als Grundlage für die Ausgestaltung der jeweiligen Verbürgung herangezogen wurden.[178] Wichtige materielle Fragen wie etwa diejenige nach der

---

[169] Erläuterungen zur Charta der Grundrechte, ABl. 2007, C 303/02, S. 17; *Schorkopf*, in: Grabitz/ Hilf/Nettesheim, EU, Art. 6 EUV (September 2013), Rn. 31.

[170] Hierzu etwa *Streinz/Michl*, in: Streinz, EUV/AEUV, Art. 6 EUV, Rn. 6.

[171] Vgl. hierzu ausführlich *Schulte-Herbrüggen*, ZEuS 2009, 343 (350). So auch *Schorkopf*, in: Grabitz/Hilf/Nettesheim, EU, Art. 6 EUV (September 2013), Rn. 32.

[172] Der Hinweis auf die Erläuterungen der Charta im fünften Erwägungsgrund der Präambel der Charta der Grundrechte.

[173] Zu den folgenden Ausführungen über die Erläuterungen der Charta auf Grundlage des Art. 52 Abs. 7 GRC siehe ausführlich Art. 52 GRC, Rn. 59 ff.

[174] *Wolffgang*, in: Lenz/Borchardt, EU – Verträge, Art. 6 EUV, Rn. 5; *Schorkopf*, in: Grabitz/Hilf/ Nettesheim, EU, Art. 6 EUV (September 2013), Rn. 34.

[175] Erläuterungen zur Charta der Grundrechte, ABl. 2007, C 303/02, S. 17.

[176] Vgl. dazu *Kingreen*, in: Calliess/Ruffert, EUV/AEUV, Art. 52 GRC, Rn. 43, der bei der Anwendung der Erläuterungen zur Vorsicht mahnt. *Borowsky*, in: Meyer, GRCh, Art. 52 GRC, Rn. 47 b. Ausführlich zu den unterschiedlichen Auffassungen *Wendel*, Vertragsauslegung nach Lissabon. Methodische Implikationen des Reformprozesses am Beispiel des detaillierten Mandats und der Erläuterungen zur Charta der Grundrechte, in: Pernice (Hrsg.), Der Vertrag von Lissabon: Reform der EU ohne Verfassung?, 2008, S. 158 (164 f.).

[177] *Knecht*, in: Schwarze, EU-Kommentar, Präambel, Rn. 27.

[178] *Streinz*, in: Streinz, EUV/AEUV, Vor. GR – Charta, Rn. 8.

Drittwirkung oder zu den Konkurrenzen fehlen aber,[179] und auch die Tatsache, dass die Erläuterungen als politisches Zugeständnis an die britische Regierung geschaffen und niemals offiziell vom Konvent angenommen wurden, sprechen gegen ihre zwingende Einbeziehung bei der Chartaauslegung.[180] Die Erläuterungen sind folglich, wie es auch der Vorspann der Charta verdeutlicht, als **Auslegungshilfe ohne Rechtsverbindlichkeit** zu sehen. Diesem Auslegungsmittel kommt daher grundsätzlich **kein Vorrang vor anderen Auslegungsmethoden** zu, sondern es ist in den gesamten Auslegungsprozess miteinzubeziehen und von den Adressaten zu berücksichtigen.[181] Mit einer angemessenen Rechtfertigung ist deshalb auch eine Abweichung von den Erläuterungen der Charta unter Heranziehung anderer Interpretationsmittel denkbar.[182] Jedoch legt das Berücksichtigungsgebot den Adressaten eine höhere Begründungslast im Falle einer materiellen Abweichung von den Erläuterungen auf.[183]

40   Im Gegensatz zu Art. 52 Abs. 7 GRC, der lediglich die Gerichte der Union (Art. 19 Abs. 1 Satz 1 EUV) und der Mitgliedstaaten verpflichtet, enthält Art. 6 Abs. 1 UAbs. 3 EUV keine solche Einschränkung.[184] Demzufolge sind die **Erläuterungen**, entsprechend den dargestellten Grundsätzen, von allen **Organen und Einrichtungen der Europäischen Union** und auch den **Mitgliedstaaten,** sofern diese an die Unionsgrundrechte gebunden sind, bei der Auslegung der Charta zu berücksichtigen.[185] Weiterhin beschränkt Art. 6 Abs. 1 UAbs. 3 a. E. EUV eine Berücksichtigung der Erläuterungen auf solche, in denen die Quellen dieser Bestimmungen angegeben sind und erstreckt sich folglich nicht auf extensive und tiefgreifende Interpretationen der jeweiligen Bestimmung. Demzufolge ist die Intensität der Berücksichtigung der Erläuterungen hinsichtlich der Organe der Europäischen Union unterschiedlich ausgestaltet, wobei die Gerichte den gesamten Gehalt der Erläuterungen bei der Auslegung einbeziehen müssen, die übrigen Organe dagegen im Auslegungsvorgang lediglich zu erfassen und zu berücksichtigen haben, aus welcher Quelle die jeweilige Bestimmung hervorgeht.[186]

---

[179] *Wolffgang*, in: Lenz/Borchardt, EU – Verträge, Art. 52 GRC, Rn. 34.

[180] *Ladenburger*, in: Tettinger/Stern, EuGRCh, Art. 52 GRC, Rn. 113 f.; *Wendel* (Fn. 176), S. 163.

[181] *Wendel*, ZaöRV 68 (2008), 803 (824); vgl. zum Stellenwert der »Erläuterungen« auch Lenaerts, EuR 2012, 3 (16) sowie Schmittmann, Rechte und Grundsätze in der Grundrechtecharta, 2007, S. 29 f., der Abs. 7 eine reine »Hinweisfunktion« auf die »Erläuterungen« zuspricht.

[182] *Borowsky*, in: Meyer, GRCh, Art. 52 GRC, Rn. 47 b; *Wendel* (Fn. 176), S. 165.

[183] Je deutlicher sich eine mögliche Abweichung von den Erläuterungen der Charta gestaltet, desto größer ist der die Abweichung rechtfertigende Begründungsaufwand, so *Borowsky*, in: Meyer, GRCh, Art. 52 GRC, Rn. 47b; vgl. auch Schulte-Herbrüggen, ZEuS 2009, 343 (351); *Schorkopf*, in: Grabitz/Hilf/Nettesheim, EU, Art. 6 EUV (September 2013), Rn. 34.

[184] *Kingreen*, in: Calliess/Ruffert, EUV/AEUV, Art. 6 EUV, Rn. 13.

[185] Schulte-Herbrüggen, ZEuS 2009, 343 (351). So im Ergebnis auch *Schorkopf*, in: Grabitz/Hilf/Nettesheim, EU, Art. 6 EUV (September 2013), Rn. 34; *Kingreen*, in: Calliess/Ruffert, EUV/AEUV, Art. 6 EUV, Rn. 13.

[186] *Schulte-Herbrüggen*, ZEuS 2009, 343 (351 f.), die aus dem gegenüber den Gerichten begrenzten Berücksichtigungsgebot der sonstigen Organe die Frage ableitet, ob die Gerichte, die den Gesamtgehalt der Erläuterungen zu berücksichtigen haben (Art. 52 Abs. 7 GRC), Sekundärrechtsakte, die von Rat und Parlament quellenkonform (Art. 6 Abs. 1 UAbs. 3 EUV) erlassen wurden, jedoch nicht mit dem sonstigen Gehalten der Erläuterungen der jeweiligen Vorschrift in Einklang stehen, für rechtswidrig zu erklären haben oder nur das ordnungsgemäße Ermessen der Organe im Rahmen des Art. 6 Abs. 1 UAbs. 3 EUV überprüfen dürfen. Zur Lösung dieser Problematik erscheint es trotz des eindeutigen Wortlautes des UAbs. 3 angesichts des Zwecks der Erläuterungen zur Charta der Grundrechte, der in einer Vereinfachung der Anwendung, Auslegung und Umsetzung besteht, vorzugswürdig, dass auch die anderen Organe über Art. 6 Abs. 1 UAbs. 3 EUV hinaus den gesamten Gehalt der Erläuterungen zu ihren Abwägungen heranzuziehen haben.

Die Bezugnahme des Art. 6 Abs. 1 UAbs. 3 EUV auf die Quellen der Chartabestim- **41**
mungen, die in der EMRK und in den ungeschriebenen allgemeinen Grundsätzen des
Unionsrechts bestehen, verdeutlicht zuletzt auch, dass die Charta eben **keine vollständige Neuschöpfung**, sondern im Wesentlichen eine **Kodifikation bestehender**, bislang
weitgehend ungeschriebener, europäischer Grundrechte ist.[187] Dadurch wird die ebenso
in Art. 52 GRC aufgestellte Vorgabe, bei der Auslegung von Grundrechten der Charta,
die denen der EMRK entsprechen, diesen auch die Bedeutung und Tragweite zuzumes-
sen, die diese Charta – Vorschriften nach der EMRK haben,[188] sowie diejenigen Charta – Grundrechte, die in den gemeinsamen Verfassungsüberlieferungen der Mitgliedstaaten wurzeln, im Einklang mit diesen auszulegen,[189] auch ausdrücklich im Text des
EUV verankert. Zudem sind die Chartabestimmungen, die auch in den Verträgen geregelt sind, nach den in den Verträgen festgelegten Bedingungen und Grenzen auszulegen.[190]

III. Die Grundrechte als allgemeine Rechtsgrundsätze (Art. 6 Abs. 3 EUV)

Das zweite Element in der Grundrechtsarchitektur der Europäischen Union bilden auch **42**
in Zukunft die Grundrechte als allgemeine Rechtsgrundsätze des Unionsrechts. Gem.
Art. 6 Abs. 3 EUV gelten die Grundrechte, wie sie in **der Europäischen Konvention zum
Schutz der Menschenrechte und Grundfreiheiten** gewährleistet sind und wie sie sich aus
den **gemeinsamen Verfassungsüberlieferungen der Mitgliedstaaten** ergeben, als Teil des
Unionsrechts in Form von allgemeinen Grundsätzen. Diese Vorschrift ähnelt im Wesentlichen Art. 6 Abs. 2 EUV a. F., der bis zum Inkrafttreten des Vertrags von Lissabon die
einzige primärrechtliche Verankerung des Grundrechtsschutzes innerhalb der Union
darstellte und die beiden Rechtserkenntnisquellen – die EMRK und die Verfassungen der
Mitgliedstaaten – des EuGH ausdrücklich benannte, anhand derer der EuGH den
Grundrechtsschutz innerhalb der Europäischen Gemeinschaft entwickelt hat.

1. Entwicklung der Grundrechte als allgemeine Rechtsgrundsätze und
Grundrechterechtsprechung des EuGH

Der Grundrechtsschutz im Rahmen der EU betraf, im Gegensatz zu demjenigen der **43**
EMRK, der auf die Errichtung eines grundrechtlichen Mindeststandards für die Mitglieder des Europarates abzielte, erstmals die einzigartige Konstellation der Gewährleistung von **Grundrechten gegenüber einer nichtstaatlichen Hoheitsgewalt**,[191] nämlich der
als Staatenverbund konstruierten supranationalen Europäischen Union.[192] Jede Ausübung von Hoheitsgewalt und damit gerade auch die Ausübung von Hoheitsgewalt
durch eine überstaatliche, supranationale Organisation bedarf nach rechtsstaatlichen
Grundsätzen neben einer verfassungsmäßigen auch einer grundrechtlichen Einbindung.[193] Eine solche existierte jedoch in den Gründungsverträgen der Europäischen

---

[187] *Schorkopf*, in: Grabitz/Hilf/Nettesheim, EU, Art. 6 EUV (September 2013), Rn. 31.
[188] Dies ergibt sich bereits aus Art. 52 Abs. 3 GRC.
[189] Dies ergibt sich bereits aus Art. 52 Abs. 4 GRC. Zu dieser Schlussfolgerung kommt für den
Gerichtshof auch *Schorkopf*, in: Grabitz/Hilf/Nettesheim, EU, Art. 6 EUV (September 2013), Rn. 33.
[190] Dies ergibt sich bereits aus Art. 52 Abs. 3 GRC.
[191] *Walter*, in: Ehlers, Grundrechte und Grundfreiheiten, § 1, Rn. 25.
[192] So die Bezeichnung des BVerfG im Maastricht Urteil, BVerfGE 89, 155.
[193] *Nicolaysen*, EuR 2003, 719 (719). Die Grundrechte sind heute in Form der allgemeinen Rechtsgrundsätze und der ausdrücklich normierten und rechtsverbindlichen Grundrechtecharta jeweils ein

Gemeinschaften nicht, da die Grundrechtsrelevanz der neu begründeten supranationalen Hoheitsgewalt nicht erkannt[194] und vereinzelt Schutz durch nationale Grundrechte für möglich gehalten wurde.[195] Insbesondere die Annahme, dass Gemeinschaftsgrundrechte aufgrund eines ausreichenden Schutzes durch die nationalen Grundrechtsschutzsysteme nicht von Nöten wären, war letzten Endes mit der Anerkennung des **Vorrangs des Gemeinschaftsrechts** und dessen unmittelbarer Geltung nicht mehr haltbar.[196] Es musste deshalb zwingend auf Gemeinschaftsebene ein **eigener Grundrechtsschutz für das Handeln der Gemeinschaftsorgane** entwickelt werden, damit die Europäische Gemeinschaft ihrem eigenen Anspruch an eine Rechtsgemeinschaft entsprach.[197] Dem kam die Europäische Gemeinschaft dadurch nach, dass der EuGH im Rahmen seiner Aufgabe zur Sicherung der Wahrung des Rechts bei der Auslegung und Anwendung der Verträge (ex Art. 220 EGV, heute Art. 19 Abs. 1 Satz 2 EUV) einen eigenständigen supranationalen Grundrechtsschutz auf Unionsebene entwickelte, indem er Grundrechte als allgemeine Grundsätze des Gemeinschaftsrechts erkannt, erhellt und präzisiert hat.[198] Methodisch verfolgte der EuGH dabei – seiner Rolle und Funktion als allein antragsabhängig tätig werdendes Judikativorgan der EU entsprechend – einen fallrechtlichen Ansatz.[199]

44   Zuvor warf man dem Europäischen Gerichtshof in seiner früheren Rechtsprechung allerdings mangelnde Grundrechtssensibilität vor, da er auf nationale Grundrechte gestützte Verfahren für unzulässig erklärte.[200] Der Gerichtshof berief sich dogmatisch überzeugend[201] darauf, dass bei der Prüfung der Rechtmäßigkeit eines Rechtsaktes der EU weder zur Auslegung noch zur Anwendung nationale Grundrechte herangezogen werden können und somit der EGKS-Vertrag nicht mit diesen im Widerspruch stehen könne.[202] **Grundstein für die Entwicklung des Grundrechtschutzes** auf Gemeinschaftsebene war die Entscheidung in der **Rechtssache Stauder**.[203] In diesem Urteil verwies der

---

grundlegender und integraler Teil des Rechts der Europäischen Union. Sie ist nicht nur als Rechts–, sondern auch seit Langem als Grundrechtsgemeinschaft anerkannt (vgl. Rn. 9 ff.). Sie achtet und schützt die Grundrechte und kräftigt die europäische Idee und das Selbstverständnis der europäischen supranationalen Integration. Vgl. hierzu bereits: *Pache*, in: Heselhaus/Nowak: Handbuch der Europäischen Grundrechte, § 4, Rn. 1 ff.

[194] *Bahlmann*, EuR 1982, 1 (3); *Ehlers*, in: *ders.*, Grundrechte und Grundfreiheiten, § 14, Rn. 3.

[195] *Rasmussen*, On Law and Policy in the European Court of Justice, 1986, S. 391 f. Lediglich einzelne Grundrechte fanden sich von Anfang an in den Gemeinschaftsverträgen, wie u. a. das Gleichheitsgebot, das ein Diskriminierungsverbot aus Gründen der Staatsangehörigkeit festlegte und dessen speziellere Ausformungen.

[196] *Kühling*, in: v. Bogdandy/Bast, Europäisches Verfassungsrecht, S. 662; *Schmitz*, EuR 2004, 691 (692).

[197] *Pache*, in: Heselhaus/Nowak: Handbuch der Europäischen Grundrechte, § 4, Rn. 84–105. Siehe dazu auch *Nettesheim*, in: Oppermann/Classen/Nettesheim, Europarecht, § 10, Rn. 19 ff.

[198] *Hatje*, in: Schwarze, EU-Kommentar, Art. 6 EUV, Rn. 16; *Pache*, in: Heselhaus/Nowak, Handbuch der Europäischen Grundrechte, § 4, Rn. 106 m. w. N. Eine derartige wesentliche Rolle bei der Rechtsschöpfung haben teilweise auch Gerichte in manchen Mitgliedstaaten. Dazu *Kugelmann* (Fn. 43), S. 22 m. w. N.

[199] Dazu ausführlich mit einigen Beispielen *Skouris*, Methoden der Grundrechtsgewinnung in der Europäischen Union, in: Merten/Papier (Hrsg.), Handbuch der Grundrechte, Bd. VI/1, 2010, § 157, Rn. 11.

[200] EuGH, Urt. v. 15. 7. 1960, Rs. C–36/59 (Ruhrkohlen-Verkaufsgesellschaft), Slg. 1960, 885 ff. Dazu auch Skouris (Fn. 199), § 157, Rn. 13.

[201] *Walter*, in: Ehlers, Grundrechte und Grundfreiheiten, § 1, Rn. 26.

[202] EuGH, Urt. v. 15. 7. 1960, Rs. C–36/59 (Ruhrkohlen-Verkaufsgesellschaft), Slg. 1960, 885, 918, 921.

[203] EuGH, Urt. v. 12. 11. 1969, Rs. C–29/69 (Stauder), Slg. 1969, 419.

EuGH erstmals auf die Existenz einer eigenen Grundrechteordnung, die in Form von allgemeinen Rechtsgrundsätzen zur Gemeinschaftsrechtsordnung gehört und deren Wahrung der Gerichtshof zu sichern hat.[204] Heute wird der EuGH – nach langer Diskussion um die Geltung der nationalen Grundrechte für Gemeinschafts- bzw. Unionshandeln im Rahmen der Solange-Rechtsprechung[205] – vom Bundesverfassungsgericht als grundrechtsschützendes (Vertrags-)Verfassungsgericht akzeptiert.[206] Mit der Solange II-Entscheidung[207] erklärte das Bundesverfassungsgericht, dass es sekundäres Gemeinschaftsrecht nicht mehr am Maßstab der Grundrechte des Grundgesetzes überprüfen wird, solange die Europäischen Gemeinschaften, insbesondere der Gerichtshof der Gemeinschaften einen wirksamen Schutz der Grundrechte gegenüber der Hoheitsgewalt der Gemeinschaften generell gewährleistet, der dem vom Grundgesetz als unabdingbar gebotenen Grundrechtsschutz im Wesentlichen gleichzuachten ist, zumal den Wesensgehalt der Grundrechte generell verbürgt.[208] Zwar gab es nach Inkrafttreten des Vertrages von Lissabon und insbesondere der Rechtsverbindlichkeit der Grundrechtecharta zum Teil widersprüchliche Tendenzen, da der EuGH sich einerseits in Anlehnung an die EMRK und die Rechtsprechung des EGMR um eine effiziente Grundrechtsgeltung und Grundrechtsdurchsetzung im Sinne eines einheitlichen hohen Grundrechtsschutzniveaus in Europa bemüht, andererseits der Grundrechtsschutz aufgrund institutioneller Interessen leidet.[209] Jüngst verdeutlichte der EuGH jedoch seine Rolle als durchsetzungskräftiges Grundrechtsgericht durch sein Urteil zur Vorratsdatenspeicherungsrichtlinie,[210] wodurch er den Grundrechtsschutz im vertikalen Verhältnis zu den Mitgliedstaaten, aber insbesondere auch im horizontalen Verhältnis zum Unionsgesetzgeber bekräftigte, indem er deutlich machte, dass er die Unionsgesetzgebung einer weitreichenden grundrechtlichen Kontrolle unterwirft[211] und zudem strenge grundrechtsschützende Vorkehrungen auf Unionsebene verlangt.[212]

---

[204] EuGH, Urt. v. 12.11.1969, Rs. C–29/69 (Stauder), Slg. 1969, 419, Rn. 7. Zur Entstehung der allgemeinen Rechtsgrundsätze siehe auch *Moser*, ZfRV 2012, 4 (6 ff.).

[205] BVerfGE 37, 271 ff.

[206] *Pauly/Beutel*, DÖV 2014, 160 (161).

[207] BVerfGE 73, 339 ff.

[208] BVerfGE 73, 339 ff. In der Bananenmarkt-Entscheidung (BVerfGE 102, 147 ff.) bekräftigte das Bundesverfassungsgericht seine Solange II-Entscheidung und stellte klar, dass Verfassungsbeschwerden und Vorlagen von Gerichten, die eine Verletzung in Grundrechten des Grundgesetzes durch sekundäres Gemeinschaftsrecht geltend machen, von vornherein unzulässig sind, wenn ihre Begründung nicht darlegt, dass die europäische Rechtsentwicklung einschließlich der Rechtsprechung des Europäischen Gerichtshofs nach Ergehen der Solange II-Entscheidung unter den erforderlichen Grundrechtsstandard abgesunken sei.

[209] *Weiß*, EuZW 2013, 287 (287); *Weiß*, EuZW 2012, 201 (201 f.).

[210] EuGH, Urt. v. 8.4.2014, verb. Rs. C–293/12 u. C–594/12 (Digital Rights), ECLI:EU:C: 2014:238.

[211] *Kühling*, NVwZ 2014, 681 (681 f., 684), der das Urteil zur Vorratsdatenspeicherungsrichtlinie begrüßt und hofft, dass bestehende Zweifel (vgl. *Masing*, NJW 2012, 2305 (2310); *Landau/Trésoret*, DVBl 2012, 1329 (1336 f.)) an der Fähigkeit des EuGH als Grundrechtsgericht möglicherweise beseitigt werden können. Insofern haben sich die hoffnungsvollen Anzeichen von Weiß, EuZW 2013, 287 (292) bestätigt, der vorsichtig die gesteigerte Bedeutung der Grundrechte, insb. bei der Kontrolldichte und der Prüfung der Verhältnismäßigkeit in der Grundrechtsjudikatur des EuGH feststellte.

[212] *Priebe*, EuZW 2014, 456 (456).

2. Rechtserkenntnisquellen

a) Verfassungen der Mitgliedstaaten

45 Bereits in der Rechtssache Stauder führte Generalanwalt *Römer* in seinen Schlussanträgen substantiell aus, dass gemeinsame Wertvorstellungen der nationalen Verfassungen, die mittels einer **wertenden Rechtsvergleichung** sichtbar gemacht werden, als ungeschriebener Bestandteil des Gemeinschaftsrechts Beachtung finden müssen.[213] Dass die Verfassungen der Mitgliedstaaten, entsprechend der dargestellten dogmatischen Begründung, nicht als unmittelbare Rechtsquellen, sondern als **Rechtserkenntnisquellen** zur Gewinnung oder Findung der als ungeschriebene allgemeine Grundsätze der Unionsrechtsordnung eigenständigen EU-Grundrechte heranzuziehen sind, bestätigte der EuGH 1970 in seiner Entscheidung zur Internationalen Handelsgesellschaft.[214] Neben der grundsätzlichen Klarstellung, dass keine wie auch immer gearteten innerstaatlichen Rechtsvorschriften, also auch nicht das nationale Verfassungsrecht dem Gemeinschaftsrecht vorgehe, bestätigte der EuGH die Gewährleistung von Grundrechten, die von den gemeinsamen Verfassungsüberlieferungen der Mitgliedstaaten getragen werden.[215] Bemerkenswert kann dabei durchaus der Aspekt erscheinen, dass der EuGH sich meist auf die Feststellung beschränkt, dass ein bestimmtes Recht zu der Kategorie der als ungeschriebene allgemeine Grundsätze garantierten Grundrechte zu zählen ist, ohne ausführliche rechtsvergleichende Überlegungen anzustellen.[216]

b) Internationale Verträge der Mitgliedstaaten

46 Als weitere Rechtserkenntnisquelle ist die EMRK, als internationaler Vertrag zum Schutze der Menschenrechte, neben den Verfassungsüberlieferungen der Mitgliedstaaten in Art. 6 Abs. 3 EUV normiert. Anfangs noch zögerlich bezog sich der EuGH lediglich auf die internationalen Verträge über den Schutz der Menschenrechte, an deren Abschluss die Mitgliedstaaten beteiligt waren oder denen sie beigetreten sind, welche Hinweise geben könnten, die im Gemeinschaftsrecht zu berücksichtigen wären.[217] Mit der Rechtssache Hauer zog der EuGH erstmals die **EMRK** ausdrücklich als Rechtserkenntnisquelle heran und zitierte Art. 1 des Zusatzprotokolls der EMRK im Zusam-

---

[213] GA Roemer, Schlussanträge zu Rs. C–29/69 (Stauder), Slg. 1969, 419, 428. Zu den methodischen Ansätzen der Rechtsprechung des EuGH in der Entwicklung der Grundrechte als allgemeine Rechtsgrundsätze vgl. *Skouris* (Fn. 199), § 157, Rn. 11 ff.

[214] EuGH, Urt. v. 17.12.1970, Rs. C–11/70 (Internationale Handelsgesellschaft), Slg. 1970, 1125.

[215] EuGH, Urt. v. 17.12.1970, Rs. C–11/70 (Internationale Handelsgesellschaft), Slg. 1970, 1125, Rn. 3, 4. Zu der Bezugnahme auf die gemeinsamen Verfassungstraditionen ausführlich *Skouris* (Fn. 199), § 157, Rn. 31 ff.

[216] Bspw. finden sich in der Entscheidung »Hoechst«, EuGH, Urt. v. 21.9.1989, verb. Rs. C–46/87 u. C–227/88 (Hoechst/Kommission), Slg. 1989, 2859, Rn. 48 ff. zumindest Ansätze solcher vergleichenden Überlegungen in den Schlussanträgen der Generalanwälte; so *Kingreen*, in: Calliess/Ruffert, EUV/AEUV, Art. 52 GRC, Rn. 39; ebenso *Walter*, Rechtsfortbildung durch den EuGH, 2009, S. 173; weitere Beispiele der EuGH-Rechtsprechung sind EuGH, Urt. v. 14.5.1974, Rs. C–4/73 (Nold/Kommission), Slg. 1974, 491, Rn. 14; Urt. v. 13.12.1979, Rs. C–44/79 (Hauer), Slg. 1979, 3727, Rn. 17; Urt. v. 10.7.1957, verb. Rs. C–7/56, C–3/57 u. C–7/57 (Algera u. a./Assemblée commune), Slg. 1957, 81 (117 ff.). Dazu auch *Pache*, in: Heselhaus/Nowak, Handbuch der Europäischen Grundrechte, § 4, Rn. 116 m. w. N.

[217] EuGH, Urt. v. 14.5.1974, Rs. C–4/73 (Nold/Kommission), Slg. 1974, 491, Rn. 13. Als weitere internationale Verträge zum Schutz der Menschenrechte kommen z. B. auch die Europäische Sozialcharta, die internationalen Menschenrechtspakte von 1966 oder die Konventionen der Internationalen Arbeitsorganisation, wobei der EuGH diese nur sehr vereinzelt erwähnte.

menhang mit Eigentumsrechten.[218] In der Folgezeit maß ihr der EuGH eine besondere Bedeutung[219] zu und hob diese auch gegenüber den anderen völkerrechtlichen Verträgen hervor.[220]

Es sind also diese beiden Rechtserkenntnisquellen, die gemeinsamen Verfassungs   **47** traditionen der Mitgliedstaaten und die EMRK, die dem Gerichtshof als Quelle zur fallbezogenen Entwicklung eines umfangreichen Grundrechtekatalogs gedient haben,[221] der neben wirtschaftlichen Freiheitsrechten auch etwa die Unverletzlichkeit der Wohnung, die Meinungs- und Informationsfreiheit, die Vereinigungs- und die Religionsfreiheit oder die Achtung des Familienlebens sowie weitreichende Verfahrensrechte wie den Anspruch auf rechtliches Gehör und auf effektiven Rechtsschutz umfasst.[222]

c) Charta der Grundrechte

Vor der Begründung ihrer rechtlichen Verbindlichkeit durch den Vertrag von Lissabon   **48** konnte durchaus auch die Charta der Grundrechte als Ausdruck der gemeinsamen Verfassungsüberlieferungen der Mitgliedstaaten oder der von den Mitgliedstaaten gemeinsam akzeptierten völkerrechtlichen Grundrechtsgewährleistungen als Rechtserkenntnisquelle herangezogen werden.[223] Obwohl sie nicht ausdrücklich in Art. 6 Abs. 2 EUV a. F. erwähnt wurde, maß man ihr bei, als Kodifikation des Standes der Grundrechtsentwicklung in der EU Aufschluss über die Grundrechte zu geben, die in der Unionsrechtsordnung galten.[224] Zum einen besaß die Charta der Grundrechte darüber hinaus mittelbar rechtliche Bedeutung aufgrund der Selbstverpflichtung von Parlament, Rat und Kommission zu ihrer Beachtung,[225] zum anderen wegen ihrer zunehmenden Heranziehung durch die Generalanwälte,[226] das EuG[227] und letztlich auch durch den EuGH[228] als ergänzende Rechtserkenntnisquelle für den Grundrechtsschutz.[229]

---

[218] EuGH, Urt. v. 13.12.1979, Rs. C–44/79 (Hauer), Slg. 1979, 3727, Rn. 15, 17 ff.

[219] EuGH, Urt. v. 21.9.1989, verb. Rs. C–46/87 u. C–227/88 (Hoechst/Kommission), Slg. 1989, 2589, Rn. 13.

[220] EuGH, Urt. v. 15.5.1986, Rs. C–222/84 (Johnston), Slg. 1986, 1651, Rn. 18; Urt. v. 18.6.1991, Rs. C–260/89 (ERT/DEP), Slg. 1991, I–2925, Rn. 41; Urt. v. 18.12.1997, Rs. C–309/96 (Annibaldi), Slg. 1997, I–7493, Rn. 12. Dazu auch *Walter*, in: Ehlers, Grundrechte und Grundfreiheiten, § 1, Rn. 31.

[221] Näher *Magiera*, DÖV 2000, 1017 (1018) m. w. N.

[222] Eine prägnante Darstellung der anerkannten Grundrechte vgl. *Hatje*, in: Schwarze, EU-Kommentar, Art. 6 EUV, Rn. 21 ff., sowie in Detail *Schorkopf/Pünder/Ruffert/Calliess/Kingreen*, in: Ehlers, Grundrechte und Grundfreiheiten, §§ 15–22.

[223] Dazu ausführlicher *Kühling*, in: v. Bogdandy/Bast, Europäisches Verfassungsrecht, S. 666 ff.

[224] Generalanwältin Kokott, EuGH, Schlussantr. v. 14.10.2004, verb. Rs. C–387/02, C–391/02 u. C–403/02 (Berlusconi u. a.), Slg. 2005, I–3565, Rn. 83; *Schmitz*, EuR 2004, 691 (697).

[225] Hierzu bereits *Pache*, EuR 2001, 475 (486).

[226] So ausdrücklich der Generalanwalt Ruiz-Jarabo Colomer, Schlussanträge zu Rs. C–466/00 (Kaba), Slg. 2003, I–2219, Rn. 74.

[227] U.a.: EuG, Urt. v. 30.1.2002, Rs. T–54/99 (max.mobil/Kommission), Slg. 2002, II–313, Rn. 48, 57; Urt. v. 3.5.2002, Rs. T–177/01 (Jégo – Quéré/Kommission), Slg. 2002, II–2365, Rn. 42, 47.

[228] EuGH, Urt. v. 27.6.2006, Rs. C–540/03 (Parlament/Rat), Slg. 2006, I–5769, Rn. 38.

[229] *Streinz/Ohler/Herrmann*, Vertrag von Lissabon, S. 127; *Hatje*, in: Schwarze, EU-Kommentar, Art. 6 EUV, Rn. 4. So auch ausdrücklich GA Ruiz-Jarabo Colomer, Schlussanträge zu Rs. C–466/00 (Kaba), Slg. 2003, I–2219, Rn. 74.

3. Fortgeltung der Grundrechte als allgemeine Rechtsgrundsätze nach Art. 6 Abs. 3 EUV

49 Inhaltlich bezieht sich Art. 6 Abs. 3 EUV auf die maßgebliche Entwicklung der Grundrechte als allgemeine Rechtsgrundsätze durch die Rechtsprechung des EuGH (vgl. Rn. 43 ff.) und entspricht den vorherigen Bestimmungen aus Art. f Abs. 2 (EU – Maastricht) und Art. 6 Abs. 2 (EU – Nizza).[230] Auch nachdem mit der Charta eine Kodifikation der Grundrechte der EU als neues und im aktuellen Art. 6 EUV an erster Stelle genanntes Element zum europäischen Grundrechtsschutz hinzugetreten ist, gilt der **prätorische Grundrechtsschutz**,[231] also der durch die Rechtsprechung des EuGH entwickelte Bestand an unionalen Grundrechten gem. Art. 6 Abs. 3 EUV, fort, und ebenso besteht weiterhin und für die Zukunft die Möglichkeit einer auch künftigen Gewinnung oder Findung von Unionsgrundrechten als ungeschriebene allgemeine Rechtsgrundsätze durch den EuGH.[232]

a) Rang der Grundrechte als allgemeine Rechtsgrundsätze

50 Die Grundrechte, wie sie durch die Rechtsprechung des EuGH entfaltet wurden, gelten fort und sind wie bisher als allgemeine Rechtsgrundsätze des Unionsprimärrechts ungeschriebener Teil der Unionsrechtsordnung. Aus Art. 6 Abs. 1, 3 EUV ergibt sich, dass die unterschiedlich hergeleiteten Unionsgrundrechte **normhierarchisch gleichrangig** sind, sie also beide dem **Unionsprimärrecht** zuzuordnen sind.[233] Deshalb besteht Uneinigkeit, in welchem Anwendungsverhältnis diese beiden Grundrechte zueinander stehen. Nach der hier vertretenen Auffassung herrscht Idealkonkurrenz zwischen den Unionsgrundrechten als allgemeinen Rechtsgrundsätzen und den Grundrechten der Charta.[234]

b) Rechtserkenntnisquellen des Art. 6 Abs. 3 EUV

51 Der EuGH schöpft die Grundrechte im Wege einer wertenden Rechtsvergleichung aus zwei Rechtserkenntnisquellen: den gemeinsamen Verfassungsüberlieferungen der Mitgliedstaaten[235] und der Europäischen Konvention zum Schutze der Menschenrechte und Grundfreiheiten.[236] Erst die **allgemeinen Rechtsgrundsätze** bilden die **Rechtsquellen** der Unionsgrundrechte.[237] Diese Rechtsquellen werden durch die genannten Rechtserkenntnisquellen zwar vorgeprägt und bestimmt, und die Rechtserkenntnisquellen tragen zur Gewinnung der allgemeinen Rechtsgrundsätze bei,[238] sie binden aber – im Gegensatz zur Rechtsquelle – weder den EuGH bei seiner Findung der allgemeinen Rechtsgrundsätze mittels wertender Rechtsvergleichung abschließend, noch entfalten sie

---

[230] *Kingreen*, in: Calliess/Ruffert, EUV/AEUV, Art. 6 EUV, Rn. 3.

[231] *Kühling*, in: v. Bogdandy/Bast, Europäisches Verfassungsrecht, S. 662.

[232] Pache (Fn. 73), S. 133. Anders wohl *Schorkopf*, in: Grabitz/Hilf/Nettesheim, EU, Art. 6 EUV (September 2013), Rn. 50, der diese Art von Grundrechtsgewinnung durch die Rechtsverbindlichkeit der Charta als verdrängt ansieht.

[233] *Pache*, in: Heselhaus/Nowak, Handbuch der europäischen Grundrechte, § 4, Rn. 120; *Schorkopf*, in: Grabitz/Hilf/Nettesheim, EU, Art. 6 EUV (September 2013), Rn. 50.

[234] Dazu ausführlich Rn. 59.

[235] EuGH, Urt. v. 14.5.1974, Rs. C–4/73 (Nold), Slg. 1974, 491.

[236] EuGH, Urt. v. 17.12.1970, Rs. C–11/70 (Internationale Handelsgesellschaft), Slg. 1970, 1125. Zu der wertenden Rechtsvergleichung siehe *Ehlers*, in: *ders.*, Grundrechte und Grundfreiheiten, § 14, Rn. 6, sowie *Kingreen*, JuS 2000, 857 (859) m. w. N.

[237] Ausführlich zu dem Begriff der Rechtsquelle *Rengeling/Szczekalla*, Grundrechte, § 3, Rn. 133 ff.

[238] *Jarass*, EU – GR, § 2, Rn. 1.

unmittelbare unionsrechtsimmanente Wirkung gegenüber den Adressaten der Grundrechte.[239]

c) Dogmatischer Regelungszweck

Die Bedeutung und Notwendigkeit des Art. 6 Abs. 3 EUV, die in der Sicherung des **52** bisherigen Stands der europäischen Grundrechtsentwicklung durch die Rechtsprechung des EuGH bestehen, sind nicht unumstritten und werden teilweise in Frage gestellt.[240] Die Fortbestandsklausel wird zum einen teilweise als eine Bedeutungsreduktion des geschriebenen Grundrechtskatalogs der Charta der Grundrechte empfunden,[241] zum anderen wird ihr aber auch eine **Dynamisierung des Grundrechtsschutzes** zugesprochen.[242] Es bleibt vorab grundsätzlich festzuhalten, dass die ausdrückliche Fortschreibung der Geltung der Grundrechte als allgemeine Grundsätze des Unionsrechts die **Möglichkeit der Fortentwicklung der Grundrechtsordnung** der EU durch den EuGH zur Wahrung des Rechts auf Grundlage ungeschriebener allgemeiner Rechtsgrundsätze auch zukünftig sichert.[243] Dem EuGH ist es also auch weiterhin möglich, an seiner bisherigen Methodik zur Findung und Auslegung von Grundrechten als allgemeinen Grundsätzen des Unionsrechts im Wege wertender Rechtsvergleichung festzuhalten. Auch angesichts der jetzigen Verbindlichkeit der Grundrechtecharta erscheint dies durchaus angebracht, da die Charta, entsprechend dem vierten Erwägungsgrund[244] ihrer Präambel, die bereits existenten Grundrechte sichtbar machen soll,[245] ohne dadurch eine Fortentwicklung der Grundrechtsordnung der EU ohne Textänderung der Charta unbedingt auszuschließen.

Damit konstituiert Art. 6 Abs. 3 EUV eine Dynamisierung des Grundrechtsschutzes **53** in der Europäischen Union[246] oder jedenfalls die primärrechtliche Grundlage für die Möglichkeit der Fortführung der bisherigen, durch die Grundrechtsrechtsprechung des EuGH entfalteten Dynamik ungeachtet der Existenz eines ausformulierten geschriebenen Grundrechtekataloges. Über die ausdrücklich angeordnete Fortgeltung der Dogmatik der allgemeinen Grundsätze wird auch weiterhin eine **Entwicklungsoffenheit der europäischen Grundrechtsordnung** gewährleistet, und dieser eigenständige Weg des Grundrechtsschutzes soll auf europäischer Ebene offengehalten werden.[247]

Bedeutung erlangt die Sicherung des bisherigen Standes der europäischen Grund- **54**

---

[239] *Kingreen*, in: Calliess/Ruffert, EUV/AEUV, Art. 6 EUV, Rn. 7; *Schorkopf*, in: Grabitz/Hilf/Nettesheim, EU, Art. 6 EUV (September 2013), Rn. 51.

[240] *Schmitz*, EuR 2004, 691 (698), der u. a. eine Neuformulierung von Art. 6 Abs. 3 EUV fordert, da dieser die Charta der Grundrechte u. U. relativiere. Die Charta sei, ebenso wie die Grundrechtskataloge in den Staatsverfassungen, eine vollständige, alleinmaßgebliche und daher abschließende Grundrechtsordnung für den primären Grundrechtsschutz in ihrem Herrschaftsverband. Vgl. hierzu auch *Pietsch*, ZRP 2003, 1 (4) oder zu den möglichen Problemen einer zweigleisigen unionsrechtlichen Grundrechtsschutz *Dougan*, CMLRev. 45 (2008), 617 (663 ff.).

[241] *Grabenwarter*, FS Öhlinger, S. 481.

[242] *Obwexer*, ecolex 2004, 674 (685); *Schorkopf*, in: Grabitz/Hilf/Nettesheim, EU, Art. 6 EUV (September 2013), Rn. 52.

[243] *Pache* (Fn. 73), S. 133.

[244] Der vierte Erwägungsgrund der Charta der Grundrechte der Europäischen Union lautet: Zu diesem Zweck ist es notwendig, angesichts der Weiterentwicklung der Gesellschaft, des sozialen Fortschritts und der wissenschaftlichen und technologischen Entwicklungen den Schutz der Grundrechte zu stärken, indem sie in einer Charta sichtbarer gemacht werden.

[245] *Schima* (Fn. 137), S. 330.

[246] *König*, S. 167; *Obwexer*, ecolex 2004, 674 (685).

[247] *Schorkopf*, in: Grabitz/Hilf/Nettesheim, Art. 6 EUV (September 2013), Rn. 52.

rechtsentwicklung nach der Rechtsprechung des EuGH letztlich auch in der Auseinandersetzung mit dem »Opt – out« – Protokoll[248] zur Grundrechtecharta für Polen und das Vereinigte Königreich.[249] In Art. 1 Abs. 1 des Protokolls ist festgelegt, dass »die Charta […] keine Ausweitung der Befugnisse des Gerichtshof der Europäischen Union oder eines Gerichts Polens oder des Vereinigten Königreichs zu der Feststellung (bewirkt), dass die Rechts– und Verwaltungsvorschriften, die Verwaltungspraxis oder Maßnahmen Polens oder des Vereinigten Königreichs nicht mit den durch die Charta bekräftigten Grundrechten, Freiheiten und Grundsätzen im Einklang stehen.« Klargestellt wird zudem auch, dass mit Titel IV der Charta und ihren sozialen Grundrechten keine für Polen oder das Vereinigte Königreich geltenden einklagbaren Rechte geschaffen werden, sofern Polen bzw. das Vereinigte Königreich solche Rechte nicht in ihrem nationalen Recht vorgesehen haben. Entgegen vielfacher Auffassung hat das allerdings nicht zur Folge, dass die Charta der Grundrechte gegenüber den betreffenden Staaten nicht justitiabel ist, man sich grundsätzlich nicht vor deren nationalen Gerichten auf die Charta berufen kann oder, dass sich das nationale Recht nicht an der Charta messen lassen muss.[250] Unabhängig von der Frage der Reichweite des Protokolls im Hinblick auf die Grundrechtecharta begrenzt es jedenfalls in keiner Hinsicht die nach Art. 6 Abs. 3 EUV fortbestehende Grundrechtsbindung der betroffenen Mitgliedstaaten aufgrund der Grundrechte als allgemeine Grundsätze des Unionsrechts.

d) Verpflichtungsadressaten und Grundrechtsträger

55 Wie die geschriebenen Grundrechte der Grundrechtecharta binden und verpflichten die Unionsgrundrechte in Form der allgemeinen Rechtsgrundsätze entsprechend Art. 6 Abs. 3 EUV die **Union, ihre Organe** (vgl. Art. 13 Abs. 1 EUV) sowie die **Einrichtungen und sonstigen Stellen** der Union.[251] Auch durch die ungeschriebenen Unionsgrundrechte als allgemeine Rechtsgrundsätze wird eine Verpflichtung der **Mitgliedstaaten** nur dann begründet, wenn und soweit sie das **Recht der Union durchführen**.[252]

56 Träger der Grundrechte sind **alle natürlichen Personen**, unabhängig von Alter und Einsichtsfähigkeit. Auch eine Unionsbürgerschaft ist nicht zwingend erforderlich.[253]

---

[248] Juristisch betrachtet, handelt es sich dabei nicht um eine »opt – out« – Regelung, da diesem faktisch kaum eine Bedeutung zu Teil wird, sondern um einen politisch motivierten Versuch einer noch weiteren Grundrechtsbindung durch den EuGH zu entkommen. So auch *Kingreen*, in: Calliess/Ruffert, EUV/AEUV, Art. 6 EUV, Rn. 14.

[249] Protokoll über die Anwendung der Charta der Grundrechte der Europäischen Union auf Polen und das Vereinigte Königreich, ABl. 2007, C 306/56. Zu den Beweggründen dieses »Opt-outs« siehe *Mehde*, EuGRZ 2008, 269 (271).

[250] *Pache/Rösch*, EuR 2009, 769 (783), *Pache/Rösch*, EuZW 2008, 519 (520), *Kingreen*, in: Calliess/Ruffert, EUV/AEUV, Art. 6 EUV, Rn. 14. Dazu ausführlicher Art. 51 GRC, Rn. 32 ff.

[251] Vgl. ausführlich zu den Grundrechtsverpflichteten und -adressaten der Grundrechtecharta Art. 51 GRC, Rn. 4 ff. u. Rn. 10 ff.; grundsätzlich ist von einem identischen Berechtigungs- und Verpflichtungsumfang der geschriebenen und der ungeschriebenen Grundrechte des Unionsrechts auszugehen, so dass die Regelungen der Grundrechtecharta inhaltlich auch auf die ungeschriebenen Grundrechte übertragen werden können, auf deren Grundlage sie ja entwickelt worden sind; Abweichungen ergeben sich insbesondere aus dem Protokoll über die Anwendung der Charta der Grundrechte der Europäischen Union auf Polen und das Vereinigte Königreich, ABl. 2007, C 306/56, vgl. hierzu oben Rn. 54 m. w. N.

[252] EuGH, Urt. v. 18. 6. 1991, Rs. C–260/89, (ERT), Slg. 1991, I–2925; *Streinz*, in: Streinz, EUV/AEUV, Art. 6 EUV, Rn. 27.

[253] *Hatje*, in: Schwarze, EU-Kommentar, Art. 6 EUV, Rn. 19. *Kugelmann* sieht Drittstaatsangehörige dann als grundrechtsberechtigt an, wenn sie sich in einer gleichgelagerten grundrechtstypischen Gefährdungslage befinden, *Kugelmann* (Fn. 43), S. 22.

Eine dem Art. 19 Abs. 3 GG entsprechende Regelung existiert innerhalb des Unionsrechts nicht, dennoch können sich **auch juristische Personen des Privatrechts** mit satzungsgemäßem Sitz in der Union[254] auf die Grundrechte berufen, sofern diese sinnvoll für sie anwendbar sind.[255] Die sinnvolle Anwendbarkeit ist bei jedem einzelnen Grundrecht durch Auslegung zu ermitteln,[256] wobei darauf abgestellt werden muss, ob das Grundrecht seinem Wesen nach auch auf juristische Personen und nicht nur auf natürliche Personen zugeschnitten ist.[257] Juristische Personen des öffentlichen Rechts zählen wegen ihrer Zugehörigkeit zur öffentlichen Gewalt grundsätzlich nicht zu den Grundrechtsberechtigten, können sich aber zumindest auf die justiziellen Grundrechte berufen.[258]

e) Anerkannte Unionsgrundrechte und rechtstaatliche Garantien

Die Anzahl der vom EuGH erkannten oder entwickelten Grundrechte entspricht dem Umfang nach einem **vollumfänglichen Grundrechtskatalog**[259] und umfasst etwa die folgenden Unionsgrundrechte: Menschenwürde,[260] allgemeine Handlungsfreiheit,[261] Unversehrtheit der Person,[262] Eigentum,[263] Religions- und Gewissensfreiheit,[264] Meinungsfreiheit,[265] Achtung der Privatsphäre,[266] der Wohnung[267] und Geschäftsräume[268] sowie

57

---

[254] *Frenz*, Handbuch Europarecht, Bd. 4, § 2, Rn. 294; *Hatje*, in: Schwarze, EU-Kommentar, Art. 51 GRC, Rn. 6; *Jarass*, GRCh, Art. 51 GRC, Rn. 52, 540; *Ladenburger*, in: Tettinger/Stern, EuGRCh, Art. 51 GRC, Rn. 3; *Nowak*, in: Heselhaus/Nowak, Handbuch der Europäischen Grundrechte, § 6, Rn. 13 f.; *Winkler*, Die Grundrechte der Europäischen Union, 2006, S. 110 f.

[255] EuGH, Urt. v. 17. 12. 1970, Rs. C–11/70 (Internationale Handelsgesellschaft), Slg. 1970, 1125, Rn. 4.

[256] *Streinz/Michl*, in: Streinz, EUV/AEUV, Art. 51 GRC, Rn. 20.

[257] *Ehlers*, in: *ders.*, Grundrechte und Grundfreiheiten, § 14, Rn. 56; *Kingreen*, in: Calliess/Ruffert, EUV/AEUV, Art. 52 GRC, Rn. 53; *Nowak*, in: Heselhaus/Nowak, Handbuch der Europäischen Grundrechte, § 6, Rn. 14; *Streinz/Michl*, in: Streinz, EUV/AEUV, Art. 51 GRC, Rn. 20.

[258] EuGH, Urt. v. 12. 2. 1992, Rs. C–48/90 u. 66/90 (Niederlande und PTT Nederland), Slg. 1992, I–656, Rn. 40, 44.

[259] Vgl. zu den erarbeiteten Grundrechten des EuGH u. a. *Frenz*, Handbuch Europarecht, Bd. 4, § 1, Rn. 808 ff.; *Geiger*, in: Geiger/Khan/Kotzur, EUV/AEUV, Art. 6 EUV, Rn. 33; *Streinz*, in: Streinz, EUV/AEUV, Art. 6 EUV, Rn. 29; *Schweitzer/Hummer/Obwexer*, Europarecht, Rn. 1117; *Hatje*, in: Schwarze, EU-Kommentar, Art. 6 EUV, Rn. 21 ff.

[260] EuGH, Urt. v. 14. 10. 2004, Rs. C–36/02 (Omega/Bonn), Slg. 2004, I–9609, Rn. 34.

[261] EuGH, Urt. v. 21. 5. 1987, verb. Rs. C–133 – C–136/85 (Rau/BALM), Slg. 1987, 2289, Rn. 15; Urt. v. 17. 10. 1989, verb. Rs. C–97/87 – C–99/87 (Dow Chemical Ibéria u. a./Kommission), Slg. 1989, 2859, Rn. 17.

[262] EuGH, Urt. v. 9. 10. 2001, Rs. C–377/98 (Niederlande/Parlament u. Rat), Slg. 2001, I–7097, Rn. 70, 78.

[263] EuGH, Urt. v. 13. 12. 1979, Rs. C–44/79 (Hauer), Slg. 1979, 727, Rn. 17.

[264] EuGH, Urt. v. 27. 10. 1976, Rs. C–130/75 (Prais/Rat), Slg. 1976, 1589, Rn. 10 f.

[265] EuGH, Urt. v. 26. 6. 1997, Rs. C–368/95 (Familiapress/Bauer Verlag), Slg. 1997, I–3689, Rn. 18; Urt. v. 17. 1. 1984, verb. Rs. C–43/82 u. C–63/82 (VBVB, VBBB/Kommission), Slg. 1984, 19, Rn. 34.

[266] EuGH, Urt. v. 12. 11. 1969, Rs. C–29/69 (Stauder), Slg. 1969, 419.

[267] EuGH, Urt. v. 21. 9. 1989, verb. Rs. C–46/87 u. C–227/88 (Hoechst/Kommission), Slg. 1989, 2859, Rn. 17; Urt. v. 26. 6. 1980, Rs. C–136/79 (National Panasonic/Kommission), Slg. 1980, 2033, Rn. 17.

[268] EuGH, Urt. v. 22. 10. 2002, Rs. C–94/00 (Roquette Frères), Slg. 2002, I–9011 Rn. 29. Zuvor der EuGH noch ablehnend vgl. EuGH, Urt. v. 21. 9. 1989, verb. Rs. C–46/87 u. C–227/88 (Hoechst/Kommission), Slg. 1989, 2859, Rn. 17.

des Briefverkehrs,[269] Schutz von Ehe und Familie,[270] Berufsfreiheit,[271] allgemeiner Gleichheitsgrundsatz,[272] Verbot der Diskriminierung aufgrund des Alters[273] oder des Geschlechts,[274] Handelsfreiheit,[275] Streikrecht,[276] Verbot der Rückwirkung von Strafgesetzen[277] sowie justizielle grundrechtliche Garantien, wie das Recht auf ein faires Verfahren,[278] das Recht auf effektiven Rechtsschutz durch europäische Gerichte,[279] auf Verteidigung,[280] auf rechtliches Gehör[281] sowie das Recht zur Zeugnisverweigerung bei Selbstbelastung.[282]

58   Als **rechtsstaatliche Garantien**,[283] die den gemeinsamen Verfassungsüberlieferungen der Mitgliedstaaten entsprechen, sind vom EuGH unter anderem der Grundsatz der Gesetzmäßigkeit der Verwaltung[284] sowie der allgemeine Rechtsgrundsatz einer guten Verwaltung,[285] der Bestimmtheitsgrundsatz,[286] die rechtsstaatlichen Grundsätze der Rechtssicherheit[287] und des Vertrauensschutzes,[288] das Prinzip der Verhältnismäßig-

---

[269] EuGH, Urt. v. 26.6.1980, Rs. C–136/79 (National Panasonic/Kommission), Slg. 1980, 2033, Rn. 17.

[270] EuGH, Urt. v. 17.2.1998, Rs. C–249/96 (Grant/South – West Trains), Slg. 1998, I–621, Rn. 35. Zu diversen Unterfällen vgl. Hatje, in: Schwarze, EU-Kommentar, Art. 6 EUV, Rn. 24.

[271] EuGH, Urt. v. 8.10.1986, Rs. C–234/85 (Keller), Slg. 1986, 2897, Rn. 8; Urt. v. 15.10.1987, Rs. C–222/86 (Unectef/Heylens), Slg. 1987, 4097, Rn. 14.

[272] EuGH, Urt. v. 27.10.1976, Rs. C–130/75 (Prais/Rat), Slg. 1976, 1589, Rn. 12; Urt. v. 19.10.1977, verb. Rs. C–117/76 u. C–16/77 (Ruckdeschel u. a.), Slg. 1977, 1753, Rn. 7.

[273] EuGH, Urt. v. 22.11.2005, Rs. C–144/04 (Mangold), Slg. 2005, I–9981.

[274] EuGH, Urt. v. 15.6.1978, Rs. C–149/77 (Defrenne/Sabena), Slg. 1978, 1365, Rn. 26 f.

[275] EuGH, Urt. v. 17.12.1970, Rs. C–11/70 (Internationale Handelsgesellschaft), Slg. 1970, 1125, Rn. 2; EuG, Urt. v. 11.9.2002, Rs. T–13/99 (Pfizer Animal Health/Rat), Slg. 2002, II–3305, Rn. 457.

[276] EuGH, Urt. v. 11.12.2007, Rs. C–438/05 (International Transport Workers' Federation/Finnish Seamen's Union), Slg. 2007, I–10779, Rn. 44.

[277] EuGH, Urt. v. 10.7.1984, Rs. C–63/83 (Regina/Kirk), Slg. 1984, 2689, Rn. 22.

[278] EuGH, Urt. v. 5.3.1980, Rs. –98/79 (Pecastaing/Belgien), Slg. 1980, 691, Rn. 21 f.; Urt. v. 10.4.2003, Rs. C–276/01 (Steffensen), Slg. 2003, I–3735, Rn. 72.

[279] EuGH, Urt. v. 15.10.1987, Rs. C–222/86 (Unectef/Heylens), Slg. 1987, 4097, Rn. 14; Urt. v. 1.4.1987, Rs. C–257/85 (Dufay/Parlament), Slg. 1987, 1561, Rn. 10.

[280] EuGH, Urt. v. 17.12.1981, Rs. C–115/80 (Demont/Kommission), Slg. 1981, 3147, Rn. 10 ff.

[281] EuGH, Urt. v. 11.1.2000, Rs. C–174/98 (Niederlande und van der Wal/Kommission), Slg. 2000, I–1, Rn. 14; Urt. v. 18.9.2003, Rs. C–338/00 (Volkswagen/Kommission), Slg. 2003, I–9189, Rn. 106.

[282] EuGH, Urt. v. 18.10.1989, Rs. C–374/87 (Orkem/Kommission), Slg. 1989, 3283, Rn. 32 ff.; Urt. v. 7.1.2004, Rs. C–204/00 (Aalborg Portland/Kommission), Slg. 2004, I–123, Rn. 64.

[283] Vgl. hierzu auch *Geiger*, in: Geiger/Khan/Kotzur, EUV/AEUV, Art. 6 EUV, Rn. 35–41; *Streinz*, in: Streinz, EUV/AEUV, Art. 6 EUV, Rn. 29.

[284] EuGH, Urt. v. 22.3.1961, verb. Rs. 42/59 u. 49/59 (S.N.U.P.A.T./Hohe Behörde), Slg. 1961, 109, 172 ff.; Urt. v. 21.5.1987, verb. Rs. C–133/85– C–135/85 (Rau/BALM), Slg. 1987, 2342.

[285] EuGH, Urt. v. 31.3.1992, Rs. C–255/90 (Burban/Parlament), Slg. 1992, I–2253.

[286] EuG, Urt. v. 21.9.2004, Rs. T–104/02 (Gondrand Frères/Kommission), Slg. 2004, II–3211, 1942; EuGH, Urt. v. 13.2.1996, Rs. C–143/93 (Gebroeders van Es Douane Agenten), Slg. 1996, I–431; Urt. v. 17.11.1992, Rs. C–271/90 (Spanien/Kommission), Slg. 1992, I–5833.

[287] EuGH, Urt. v. 10.7.1957, verb. Rs. C–7/56 u. C–3/57 (Algera u. a./Parlament), Slg. 1957, 83, 117 ff.; Urt. v. 8.4.1976, Rs. C–43/75 (Defrenne/Sabena), Slg. 1976, 455, 480; Urt. v. 16.6.1993, Rs. C–325/91 (Frankreich/Kommission), Slg. 1993, I–3283.

[288] EuGH, Urt. v. 3.5.1978, Rs. C–112/77 (Töpfer/Kommission), Slg. 1978, 1019, 1932; Urt. v. 3.12.1992, Rs. C–264/90 (Wehrs/HZA Lüneburg), Slg. 1992, I–6285.

keit,[289] das Rückwirkungsverbot[290] sowie die Verfahrensgrundsätze des fairen Verwaltungsverfahrens,[291] ne bis in idem[292] und die Gewährung rechtlichen Gehörs[293] anerkannt.

IV. Verhältnis der Grundrechte der Charta zu den Grundrechten als allgemeine Rechtsgrundsätze

Da die Unionsgrundrechte sich aus zwei unterschiedlichen Rechtsquellen – der kodifi- **59** zierten Grundrechtecharta entsprechend Art. 6 Abs. 1 EUV und den nichtkodifizierten allgemeinen Grundsätzen des Unionsrechts entsprechend Art. 6 Abs. 3 EUV – ergeben, stellt sich die Frage, in welchem Verhältnis die Grundrechte der Charta und die ungeschriebenen Grundrechte zueinander stehen.

Einen **Ausgangspunkt** bieten zunächst **Art. 6 Abs. 1 und 3 EUV** selbst, die besagen, **60** dass die unterschiedlich hergeleiteten Unionsgrundrechte grundsätzlich **normhierarchisch auf gleicher Ebene** stehen.[294] Dies wirft allerdings die bedeutsame und nicht selten relevante Frage auf, wie die Handhabung der unterschiedlichen Arten von Unionsgrundrechten im Falle einer **Grundrechtskonkurrenz** zu erfolgen hat. Hinsichtlich des Verhältnisses der Grundrechte der Charta zu den grundrechtlichen Gewährleistungen der Verträge, die ein subjektives Recht verbürgen, wie es auch in der Charta enthalten ist (Parallelrechte),[295] erfolgt eine Regelung bereits durch Art. 52 Abs. 2 GRC, indem klargestellt wird, dass beide nach den gleichen Bestimmungen, nämlich nach den in den Verträgen festgelegten Bedingungen und Grenzen, anzuwenden sind.

Eine ausdrückliche Anwendungsregelung im Verhältnis von Grundrechten der **61** Grundrechtecharta zu Unionsgrundrechten in Form von allgemeinen Rechtsgrundsätzen existiert aber nicht. Bedeutung erlangt diese Problematik insbesondere vor dem Hintergrund, dass sich die Grundrechte der Grundrechtecharta und diejenigen, die als allgemeine Rechtsgrundsätze in der Rechtsprechung des EuGH entfaltet worden sind, zum Teil durchaus unterscheiden, wobei die Charta in einigen Bereichen über das Grundrechtsschutzniveau der als allgemeine Grundsätze entwickelten Grundrechte hinausgeht, wie etwa im Bereich der sozialen Grundrechte.[296] Eine Grundrechtskonkurrenz im obigen Sinne liegt vor, wenn der Schutzbereich mehrerer Grundrechte aus unterschiedlichen Rechtsquellen gleichzeitig eröffnet ist.[297] **Zu unterscheiden** ist diese **Grundrechtskonkurrenz von** den im deutschen Recht als **Grundrechtskollision** betitelten Fällen. Bei Letzteren geht es um den Schutz der Grundrechte unterschiedlicher Grundrechtsträger, die in den entsprechenden Fällen durch die Hoheitsgewalt berührt

---

[289] EuGH, Urt. v. 19.6.1980, Rs. C–41/79 (Testa), Slg. 1980, 1979, 1997; Urt. v. 9.11.1983, Rs. C–322/81 (Michelin/Kommission), Slg. 1983, 3461, Rn. 7; Urt. v. 9.7.1987, Rs. C–182/85 (Lütticke/Denkavit), Slg. 1987, 3159, 3185.

[290] EuGH, Urt. v. 25.1.1979, Rs. C–99/78 (Decker/HZA Landau), Slg. 1979, 101, 111; Urt. v. 1.4.1993, Rs. C–260/91 (Diversinte), Slg. 1993, I–1885.

[291] EuGH, Urt. v. 21.11.1991, Rs. C–269/90 (TU München/HZA München – Mitte), Slg. 1991, I–5469, Rn. 14.

[292] EuGH, Urt. v. 5.5.1966, verb. Rs. C–18 u. C–35/65 (Gutmann), Slg. 1966, 149, 153, 178.

[293] EuGH, Urt. v. 13.2.1979, Rs. C–85/76 (Hoffman – La Roche/Kommission), Slg. 1979, 461, Rn. 9.

[294] *Pache*, in: Heselhaus/Nowak, Handbuch der europäischen Grundrechte, § 4, Rn. 120.

[295] *Jarass*, GRCh, Art. 52 GRC, Rn. 49. Dazu ausführlicher Art. 52 GRCh, Rn. 38 ff.

[296] Vgl. dazu *Ludwig*, EuR 2011, 715 (718).

[297] *Rengeling* (Fn. 43), S. 231.

werden und bei denen sich die jeweiligen Grundrechte im gegenseitigen Verhältnis als verfassungsimmanente Schranken potentiell begrenzen. Gelöst wird diese Grundrechtskollision im Wege der sogenannten praktischen Konkordanz,[298] es muss also ein möglichst schonender Ausgleich zwischen den unterschiedlichen Grundrechtsträgern und ihren Grundrechtspositionen hergestellt werden.[299] Entsprechendes gilt für den Fall einer Grundrechtskollision auch auf europäischer Ebene, es muss also auch dort ein Ausgleich zwischen den unterschiedlichen Grundrechtspositionen durch eine Güterabwägung geschaffen werden.[300] Anders ist jedoch die Problematik einer Grundrechtskonkurrenz zu behandeln, da hier nur ein und derselbe Grundrechtsberechtigte betroffen ist und lediglich die Frage aufgeworfen wird, welches der einschlägigen Grundrechte mit sich überschneidenden Schutzbereichen Anwendung finden soll. Praktisch ist dieser Fall nicht von hoher Relevanz, da bislang die grundrechtlichen Gewährleistungen der Charta den Grundrechten, die durch den EuGH entwickelt wurden, in ihrem Umfang nicht nachstehen.

62   Für die sachgerechte Lösung des Nebeneinanders der beiden Rechtsquellen gibt es zwei Alternativen. Zum einen käme die Lösung der Grundrechtskonkurrenz über die **Idealkonkurrenz** in Betracht. Dies hätte zur Folge, dass die Grundrechtsgewährleistungen der Grundrechtecharta und diejenigen, die als ungeschriebene allgemeine Grundsätze des Unionsrechts gelten, nebeneinander zur Anwendung kommen.[301] Zum anderen kommt ein **Spezialitätsverhältnis** zwischen den konkurrierenden Grundrechtsarten in Betracht, das die Anwendbarkeit des spezielleren Rechts zur Folge hätte,[302] wobei die Charta als Grundrechtskatalog mit geschriebenen Grundrechten gegenüber den ungeschriebenen allgemeinen Grundsätzen, die als solche ja nur – wegen des Fehlens einer kodifizierten Regelung – zur Lückenfüllung haben entwickelt werden können, das speziellere Recht darstelle und deshalb einen Vorrang genieße.[303] Weiter gestützt wird diese Auffassung auch auf Art. 53 GRC, der nach mancher Auffassung selbst voraussetze, dass die Charta eine vorrangige Stellung im Vergleich zu den allgemeinen Rechtsgrundsätzen einnehme.[304] Wäre dem nicht so, ergäbe Art. 53 GRC nach dieser Ansicht keinen Sinn, denn der Betroffene könnte sich das Grundrecht aussuchen, das einen weiteren Schutz gewährleistet. Erst wenn die Charta und nach einem Beitritt der Union zur EMRK diese keinen ausreichenden Grundrechtsschutz gewährleisten könnten, sei auf die allgemeinen Rechtsgrundsätze zurückzugreifen.[305] Ein anderer Ansatz zur Begründung eines Vorranges der Grundrechtecharta wird aus der **Systematik des Art. 6 EUV**

---

[298] Siehe u. a. EuGH, Urt. v. 6. 3. 2001, Rs. C–274/99 (Conolly/Kommission), Slg. 2001, I–1611, 1638 ff., Rn. 48, wobei von einem »angemessenem Gleichgewicht der Grundrechte« gesprochen wird.

[299] Dazu: *Michael/Morlok*, Grundrechte, 4. Aufl., 2014, S. 349 ff.; *Scholz*, in: Maunz/Dürig (Hrsg.), GG, Art. 12 GG (Juni 2006), Rn. 304.

[300] *Bleckmann/Pieper*, in: Dauses, Handbuch des EU-Wirtschaftsrechts, Abschnitt B. I. (Oktober 2013), Rn. 146; *Ehlers*, in: *ders.*, Grundrechte und Grundfreiheiten, § 14, Rn. 94.

[301] Ausführlich zur Idealkonkurrenz: *Berg*, Grundrechtskonkurrenzen, in: Merten/Papier (Hrsg.), Handbuch der Grundrechte, Bd. III/Allgemeine Lehren II, 2009, § 72, Rn. 42 ff.

[302] Zu der Spezialität bei Grundrechtskonflikten im Rahmen des Grundgesetzes *Berg* (Fn. 301), § 72, Rn. 27 ff.

[303] *Kingreen*, in: Calliess/Ruffert, EUV/AEUV, Art. 6 EUV, Rn. 17; *Ludwig*, EuR 2011, 715 (724 ff.).

[304] *Schulte-Herbrüggen*, ZEuS 2009, 343 (356). Diese folgert den Vorrang der Charta auch noch aus ihrer systematischen Stellung in Art. 6 Abs. 1 EUV sowie aufgrund ihrer Legitimation. Vgl. S. 354 ff., zu der systematischen Stellung sogleich.

[305] *Schorkopf*, in: Grabitz/Hilf/Nettesheim, EU, Art. 6 EUV (September 2013), Rn. 56. So im Ergebnis auch *Calliess* (Fn. 120), S. 322.

gefolgert. Danach ergäbe sich aus der Normstruktur und der systematischen Stellung der Anerkennung der Charta in Art. 6 Abs. 1 EUV ein Vorrang dieser Charta vor den erst in Absatz 3 angesprochenen Grundrechten als allgemeinen Grundsätzen des Unionsrechts.[306] Gleichwohl vermag es nicht zu überzeugen, allein die Systematik des Art. 6 EUV heranzuziehen, um den Rechten der Charta als leges speciales gegenüber den allgemeinen Rechtsgrundsätzen eine vorrangige Stellung einzuräumen,[307] denn die Normarchitektur als solche bringt schlichtweg kein Spezialitätsverhältnis zum Ausdruck. Deutlich wird dies an Art. 6 Abs. 2 EUV und dessen systematischer Stellung, der sich mit dem Beitritt zur EMRK befasst und sich weder zeitlich noch konkurrenzrechtlich in eine potentielle Binnensystematik einfügt, weshalb sich insgesamt aus dem Aufbau und der Systematik des Art. 6 EUV kein eindeutiger Aussagegehalt in Bezug auf einen Vorrang der einen Unionsgrundrechtsquelle vor der anderen erkennen lässt.[308] Darüber hinaus gilt es zu beachten, dass im Falle eines Spezialitätsverhältnisses die Funktion des Art. 6 Abs. 3 EUV als eine Entwicklungs- und Sicherungsklausel[309] ins Leere laufen würde, da die mit der Charta konkurrierenden Grundrechte immer hinter diese Charta zurücktreten würden. Daraus ergäbe sich die vollständige Ersetzung der als allgemeine Rechtsgrundsätze entwickelten Grundrechte durch die in der Charta kodifizierten Grundrechte, die dem Wortlaut des Art. 6 Abs. 3 EUV widerspräche. Insbesondere ist die Einordnung der Charta als lex specialis inkonsequent, wenn man angesichts des »opt – out« von Polen und Großbritannien[310] im Hinblick auf die Grundrechtecharta jedenfalls eine fortbestehende vollumfängliche Grundrechtebindung dieser beiden Mitgliedstaaten an die allgemeinen Rechtsgrundsätze annimmt. Denn wenn man zur Einordnung der Charta als lex specialis kommt, kann der Ausschluss der vorrangigen lex-specialis-Regelung nicht zur Anwendung einer von dieser grundsätzlich verdrängten Regelung führen.[311]

Ein Vorrang der Charta könnte auch aus ihrer Eigenschaft als **geschriebenes Recht** der 63 EU und einem gleichzeitigen Verständnis der allgemeinen Rechtsgrundsätze mit einer lediglich **lückenfüllenden Funktion**[312] abgeleitet werden. Insoweit würden die ungeschriebenen Rechtsgrundsätze lediglich als subsidiäre Ergänzung greifen, um bestehende Lücken im Grundrechtsschutz durch richterliche Rechtfortbildung zu schließen.[313] Dagegen spricht allerdings der eindeutige Wortlaut des Art. 6 Abs. 3 EUV, der explizit eine primärrechtliche Kodifizierung der Anerkennung und der Fortgeltung der ungeschriebenen allgemeinen Rechtsgrundsätze auch nach Kodifikation der Grundrechtecharta enthält, sodass es sich bei den Grundrechten als ungeschriebenen Grundsätzen des Unionsrechts nicht um ungeschriebene Rechtssätze im herkömmlichen Sinne handelt, denen es an einer geschriebenen normativen Grundlage mangelt, sondern um allgemeine Rechtsgrundsätze, die durch das geschriebene Recht normhierarchisch expressis verbis mit der Grundrechtecharta auf eine Ebene gestellt werden.

---

[306] *Schulte-Herbrüggen*, ZEuS 2009, 343 (354); *Ludwig*, EuR 2011, 715 (724); *Calliess* (Fn. 120), S. 322; *Schmittmann* (Fn. 181), S. 27.
[307] So im Ergebnis auch *Kizil*, JA 2011, 277 (280).
[308] Auch *Ludwig*, EuR 2011, 715 (724), der im Ergebnis den Vorrang der Chartagrundrechte bejaht, spricht dem Normtext von Art. 6 EUV wenig Erkenntnisgewinn über das Verhältnis zwischen Chartagrundrechten und den allgemeinen Rechtsgrundsätzen zu. Die Binnensystematik ist lediglich »etwas aufschlussreicher« und »deutet lediglich« auf einen Vorrang der Grundrechtecharta hin.
[309] Siehe Rn. 52.
[310] Dazu Art. 51 GRC, Rn. 32.
[311] So aber *Calliess* (Fn. 120), S. 327.
[312] *Calliess* (Fn. 120), S. 326.
[313] *Ludwigs*, EuR 2011, 715 (733).

64   Gegen einen Anwendungsvorrang der Charta spricht zuletzt der Umstand, dass die Charta selbst diesen gerade ausschließt. Denn **Art. 52 Abs. 4 GRC** bestimmt, dass die Bestimmungen der Charta, sofern sie aus den Verfassungsüberlieferungen der Mitgliedstaaten abgeleitet worden sind, entsprechend diesen Verfassungsüberlieferungen auszulegen sind, was insoweit einen Anwendungsvorrang der Charta ausschließt. Entsprechendes gilt gem. Art. 52 Abs. 3 GRC auch für die Grundrechte, bei denen die EMRK als Rechtserkenntnisquelle herangezogen wurde und die nun in der Charta die gleiche Bedeutung und Tragweite besitzen, wie sie ihnen in der genannten Konvention verliehen wird. Durch diese Norm werden nämlich diese Grundrechte mit einer Mindestschutzgarantie ausgestattet, sodass der Schutz der entsprechenden Charta – Rechte nicht hinter diesen zurückbleiben darf. Auch dieser Normgehalt macht daher deutlich, dass den Grundrechten der Charta im Verhältnis zu denen aus den allgemeinen Rechtsgrundsätzen kein Anwendungsvorrang zu Teil werden soll.[314] Insgesamt ist ein Spezialitätsverhältnis zwischen den als allgemeine Rechtsgrundsätze entwickelten Grundrechten und den Grundrechten der Charta abzulehnen, vielmehr ist eine **Idealkonkurrenz** dieser beiden Grundrechtskategorien anzunehmen.[315]

C. Völkerrechtlicher Grundrechtsschutz: Der Beitritt zur EMRK (Art. 6 Abs. 3 EUV)

65   Neben der Integration der Charta der Grundrechte in das geltende Unionsprimärrecht durch Art. 6 Abs. 1 EUV bewirkte der Vertrag von Lissabon eine weitere **Innovation im Grundrechtsschutz** der Europäischen Union, indem Art. 6 Abs. 2 EUV die unionsverfassungsrechtlichen Voraussetzungen für einen Beitritt der Europäischen Union zur EMRK im EUV verankert. Neben der eigenen völkerrechtlichen Rechtspersönlichkeit der Union aus Art. 47 EUV wurde durch diese vertragliche Bestimmung entsprechend dem Gutachten 2/94 des EuGH[316] die erforderliche primärrechtliche Grundlage für einen Beitritt der EU zur EMRK geschaffen und gleichzeitig eine Verpflichtung der Europäischen Union zu diesem Beitritt begründet.[317]

I. Bedeutung der EMRK für das Recht der Europäischen Union

66   Trotz der erstmaligen Normierung einer primärrechtlichen Grundlage für einen Beitritt der EU zur EMRK sowie einer Verpflichtung der EU zu einem solchen Beitritt durch den Vertrag von Lissabon existierten Unionsrecht und EMRK auch bislang **nicht isoliert nebeneinander**. Vielmehr hatte die EMRK nachhaltigen Einfluss auf die Europäische Union als Rechtsgemeinschaft.[318] Neben der Rolle der EMRK als Rechtserkenntnisquelle in der Grundrechtsrechtsprechung des EuGH (vgl. Rn. 46 f.) wurde in der EU bereits frühzeitig auch ein Beitritt der EU zur EMRK als Alternative zur Schaffung eines eigenen Grundrechtskatalogs diskutiert,[319] insbesondere nachdem Frankreich im Jahre 1974 der EMRK beitrat, so dass alle Mitgliedstaaten der Europäischen Gemeinschaften

---

[314] So auch *Kokott/Sobotta*, EuGRZ 2010, 265 (267).
[315] So im Ergebnis auch *Kizil*, JA 2011, 277 (280); *Kokott/Sobotta*, EuGRZ 2010, 265 (267).
[316] EuGH, Gut. 2/94 v. 28.3.1996 (EMRK-Beitritt), Slg. 1996, I–1759.
[317] *Pache/Rösch*, EuR 2009, 769 (779).
[318] *Ehlers*, in: *ders.*, Grundrechte und Grundfreiheiten, § 2, Rn. 20.
[319] *Streinz/Michl*, in: Streinz, EUV/AEUV, Art. 6 EUV, Rn. 7.

zugleich auch Konventionsstaaten der EMRK waren und dadurch rein tatsächlich ein **einheitlicher geschriebener Grundrechtekatalog für alle Mitgliedstaaten** der Europäischen Gemeinschaften bestand.[320] 1979 zog die Kommission den Beitritt zur EMRK in Betracht, wodurch die Wahrung und Verteidigung des von den europäischen Staaten für unerlässlich erachteten Bestandes an Grund– und Menschenrechten einheitlich ausgestaltet und deshalb auf eigens hierfür geschaffene Instanzen übertragen werden sollte.[321] Enge Verbindungslinien zwischen EMRK und insbesondere auch dem Europäischen Gerichtshof für Menschenrechte und dem Unionsrecht wurden zudem ausdrücklich vom EuGH geschaffen. Er erklärte, dass die Grundsätze der Konvention im Rahmen des Gemeinschaftsrechts Berücksichtigung finden müssen[322] und Maßnahmen, die den Gewährleistungen der EMRK widersprechen, in der Rechtsgemeinschaft nicht als rechtens anerkannt werden können.[323]

Mittlerweile wurden auch normative Verbindungen zwischen Unionsprimärrecht **67** und der EMRK hergestellt, wie u. a. die sog. **Transferklausel** des Art. 52 Abs. 3 GRC,[324] welche die von EMRK und EGMR gesetzten Standards als zentralen Maßstab für den unionsrechtlichen Grundrechtsschutz bestimmt.[325] Besonders ist auch der darin enthaltene Verweis auf die EGMR – Judikatur hervorzuheben, denn durch diesen wird eine dynamische Auslegung der Charta vorgegeben, in welche die vergangene wie auch die zukünftige Rechtsprechung des EGMR einfließt.[326] Grundsätzlich lässt sich gerade auch an der Ausarbeitung der Charta klar erkennen, dass die EMRK die Grundrechtsverfassung ist, die als Vorbild der Grundrechtecharta fungierte.[327]

Dennoch bleibt bis zu einem Beitritt der Union die EMRK lediglich Rechtserkennt- **68** nisquelle für die weiterhin eigenständigen ungeschriebenen Grundrechte der EU als allgemeine Rechtsgrundsätze und ist nach Art. 52 Abs. 3 GRC von rechtlicher Bedeutung für die Auslegung der Grundrechte der Grundrechtecharta, erzeugt aber gerade **keine unmittelbare Bindung** der Europäischen Union. Auch die Existenz der Beitrittsverpflichtung nach Art. 6 Abs. 2 EUV kann eine solche Bindung der Union an die EMRK nicht begründen. Derzeit besteht also nur eine **mittelbare Bindung der Europäischen Union** über die völkerrechtliche Verantwortlichkeit ihrer Mitgliedstaaten, die allesamt Mitglieder des Europarates und Konventionsstaaten der EMRK und daher an die Ga-

---

[320] *Kingreen*, in: Calliess/Ruffert, EUV/AEUV, Art. 6 EUV, Rn. 20.

[321] Beitritt der Gemeinschaften zur Menschenrechtskonvention. Memorandum der Kommission, Bulletin der Europäischen Gemeinschaften, Beilage 2/79, S. 8, EuGRZ 1979, 330 ff. mit den Anmerkungen von *Bieber*, EuGRZ 1979, 338 ff., *Polakiewicz*, EuGRZ 2013, 472 (472 f.).

[322] EuGH, Urt. v. 15.5.1986, Rs. C–222/84 (Johnston), Slg. 1986, 1651, Rn. 18.

[323] EuGH, Urt. v. 13.7.1989, Rs. C–5/88 (Wachauf), Slg. 1989, 2609, Rn. 17. Der EuGH greift zudem auf die Bestimmungen der EMRK zur Prüfung potentieller Grundrechtsverletzungen zurück, so etwa im Rahmen der Rechtfertigungsprüfung, und stützt seine Ergebnisse mitunter auf Entscheidungen des EGMR. Vgl. hierzu: EuGH, Urt. v. 13.12.1979, Rs. C–44/79 (Hauer), Slg. 1979, 3727, Rn. 19 oder Urt. v. 26.6.1997, Rs. C–368/95 (Familiapress/Bauer Verlag), Slg. 1997, I–3689, Rn. 26.

[324] Zur Transferklausel vgl. Art. 52 GRC, Rn. 43 ff.

[325] *Kingreen*, in: Calliess/Ruffert, EUV/AEUV, Art. 6 EUV, Rn. 21.

[326] Vgl. *v. Danwitz*, in: Tettinger/Stern, EuGRCh, Art. 52 GRC, Rn. 57; *Neukamm*, Bildnisschutz in Europa, Diss. iur., Berlin, 2007, S. 78 f.; zur Frage einer unterschiedlichen Rechtsprechung des EGMR und EuGH und der möglichen Verpflichtung des EuGH, Urteilen des EGMR zu folgen siehe *Lindner*, EuR 2007, 160 (173).

[327] *Grabenwarter*, Europäische Menschenrechtskonvention, 5. Aufl., 2012, S. 23, Rn. 1; Erläuterungen zur Charta, EuGRZ 2000, 559 (569). Vgl. hierzu auch den Entwurf vom 5.5.2000, der die vorgeschlagenen Rechte der Charta den entsprechenden Garantien der EMRK gegenüberstellt, Convent 28, Charta 4284/00.

rantien der EMRK gebunden sind.[328] Die mittelbare Bindung begründet sich darin, dass die Mitgliedstaaten durch die Ratifikation der EMRK völkerrechtliche Pflichten begründet haben, von denen sie sich nicht lösen können, indem sie Hoheitsrechte auf die Europäische Union übertragen,[329] so dass sie weiterhin die Verantwortung für eine konventionskonforme Ausübung dieser Hoheitsbefugnisse tragen.[330]

II. Regelungsgehalt

1. Kompetenzgrundlage (Art. 6 Abs. 2 Satz 1 EUV)

69   Der EuGH forderte in seinem EMRK – Gutachten 2/94 eine primärrechtliche Grundlage für einen Beitritt der EU zur EMRK.[331] Eine Zuständigkeit der Union für einen Beitritt zur EMRK auf der Grundlage der AETR – Rechtsprechung[332] oder nach Art. 308 EGV – Maastricht (jetzt Art. 352 AEUV) bestand derweil nicht.[333] Der EuGH führte ausdrücklich aus, dass ein Beitritt zur EMRK von verfassungsrechtlicher Dimension sei und dass die Einbindung der Gemeinschaft in ein völkerrechtliches, andersartiges institutionelles System und die Übernahme sämtlicher Bestimmungen der Konvention in die Gemeinschaftsrechtsordnung über die Grenzen der Flexibilitätsklausel des Art. 308 EGV – Maastricht hinausgingen und deshalb nur im Wege einer Vertragsänderung vorgenommen werden könnten.[334] Neben der gleichzeitigen Begründung eines Auftrags und einer Verpflichtung der EU zu diesem Beitritt (Rn. 66) beinhaltet Art. 6 Abs. 2 EUV nun die erforderliche Vertragsänderung mit der Festlegung einer **spezifischen Rechtsgrundlage für den Beitritt** der Union zur EMRK.[335]

2. Beitrittsverpflichtung

70   Art. 6 Abs. 2 EUV fordert imperativ den Beitritt der Europäischen Union zur EMRK als bindendes Ziel, durch dessen Vollzug die EU künftig auch formal an die Garantien der EMRK gebunden werden soll.[336] Durch einen Beitritt würde sich die rechtliche Bedeu-

---

[328] *Pache/Rösch*, EuZW 2008, 519 (520).

[329] EGMR, Urt. v. 18.2.1999, Beschwerde-Nr. 24833/94 (Matthews/Vereinigtes Königreich), EuGRZ 1999, 200 ff.; *Grabenwarter* (Fn. 327), S. 25, Rn. 6; *Pernice*, RIW 1986, 353 (356 f.); *Ress*, ZEuS 1999, 471 (481).

[330] EGMR, Urt. v. 18.2.1999, Beschwerde-Nr. 26083/94 (Waite u. Kennedy/Deutschland), EuGRZ 1999, 207 ff.; EGMR, Urt. v. 18.2.1999, Beschwerde-Nr. 24833/94 (Matthews/Vereinigtes Königreich), EuGRZ 1999, 200 ff. *Breitenmoser/Riemer/Seitz*, Praxis des Europarechts, 2006, S. 365 f.

[331] EuGH, Gut. 2/94 v. 28.3.1996 (EMRK-Beitritt), Slg. 1996, I–1759, 1763. Der EuGH sah aber primär die Frage nach der Eigenständigkeit des Unionsrechts, so *Terhechte*, Autonomie und Kohärenz – Die Eigenständigkeit der Unionsgrundrechte im Zuge des EMRK-Beitritts der Europäischen Union, in: Iliopoulos-Strangas/Pereira da Silva/Potacs (Hrsg.), Der Beitritt der Europäischen Union zur EMRK, 2013, S. 23 (36).

[332] EuGH, Urt. v. 31.3.1971, Rs. C–22/70 (Kommission/Rat), Slg. 1971, 263.

[333] *Schorkopf*, in: Grabitz/Hilf/Nettesheim, EU, Art. 6 EUV (September 2013), Rn. 36.

[334] EuGH, Gut. 2/94 v. 28.3.1996 (EMRK-Beitritt), Slg. 1996, I–1759, Rn. 34 ff.; *Obwexer*, EuR 2012, 115 (116).

[335] *Obwexer*, EuR 2012, 115 (116 f.).

[336] *Kingreen*, in: Calliess/Ruffert, EUV/AEUV, Art. 6 EUV, Rn. 25; *Schorkopf*, in: Grabitz/Hilf/Nettesheim, EU, Art. 6 EUV (September 2013), Rn. 37. Zu der Erstreckung der Beitrittsverpflichtung auch zu den Protokollen der EMRK siehe näher *Huber*, Der Beitritt der Europäischen Union zur Europäischen Menschenrechtskonvention, Diss. iur., Hamburg, 2008, S. 80 ff.; *Obwexer*, EuR 2012, 115 (117). Zur Beantwortung dieser Frage durch das Beitrittsabkommen siehe Rn. 83.

tung der EMRK für die EU von der bisherigen Rechtserkenntnisquelle für gemeinsame völkerrechtliche Verpflichtungen der Mitgliedstaaten zur **unmittelbar rechtsverbindlichen Rechtsquelle** unionaler Grundrechte wandeln. Der Beitritt zur EMRK wurde nach früheren Diskussionen, die bereits in den 1970er Jahren begannen, nach der Erklärung der Kommission und dem Gutachten des EuGH im Jahre 1996 im Verfassungsvertrag erstmals normativ in Art. I–9 Abs. 2 VVE konkretisiert. Nach Lissabon gibt nunmehr Art. 6 Abs. 2 EUV, der unverändert übernommen wurde, normativ verbindlich vor, den Beitritt zur EMRK anzustreben und alle erforderlichen und möglichen Schritte in diese Richtung zu unternehmen.[337] Insofern wird neben der erforderlichen Rechtsgrundlage in Art. 6 Abs. 2 EUV auch eine (unions-)verfassungsrechtliche **Selbstverpflichtung der Mitgliedstaaten** zum Beitritt oder jedenfalls zur Förderung eines Beitritts gesehen.[338] Art. 6 Abs. 2 EUV ist allerdings unter Berücksichtigung des **Protokolls Nr. 8**[339] und der Erklärung zu Art. 6 Abs. 2 EUV[340] auszulegen. Danach ist ein Beitritt nicht voraussetzungslos in jedem Fall herbeizuführen, sondern es gilt insbesondere die Besonderheiten der Rechtsordnung der Union zu wahren und diese bei den Beitrittsverhandlungen zu berücksichtigen. Teilweise wird aufgrund dessen auch eine Beitrittsverpflichtung abgelehnt und der Zweck der Beitrittsklausel allein in der Ausräumung jedweden Zweifels an der Existenz einer Rechtsgrundlage für den angestrebten Beitritt gesehen.[341]

a)   Beitrittsgründe

Der Beitritt der Europäischen Union zur EMRK kann und soll materiell zur **Optimierung**[342] sowie zu mehr **Kohärenz und Homogenität**[343] durch eine wechselseitige Verklammerung der unterschiedlichen Grundrechtsregime[344] und Grundrechtsstandards in Europa beitragen.[345] Im Falle eines Beitritts der EU zur EMRK wird den Grundrechtsberechtigten innerhalb der EU gegenüber der Union unmittelbar derselbe Grundrechtsschutz zuteil, wie er bereits gegenüber hoheitlichen Maßnahmen aller Mitgliedstaaten als Konventionsstaaten der EMRK besteht. Ein Beitritt zielt mithin darauf ab, bestehende Lücken im unionalen Grundrechtsschutz wie in der europaweiten un-

71

---

[337] *Pache/Rösch*, EuR 2009, 769 (780); *Calliess* (Fn. 120), S. 328; *Schulte-Herbrüggen*, ZEuS 2009, 343 (351f.); *Grabenwarter/Pabel*, in: Blanke/Mangiameli, TEU, Art. 6 EUV, Rn. 43, die auch von einer Verpflichtung der EU (obligation for the EU to become a party to the ECHR) und auch der Mitgliedstaaten ausgehen, die Beitrittsverpflichtung zu erfüllen (MS are committed to actively support the fulfilment of the Union's obligation to accede to the ECHR).

[338] *Krüger/Polakiewicz*, EuGRZ 2001, 92 (102f.); *Grabenwarter* (Fn. 327), S. 29, Rn. 14; *Pache/Rösch*, EuR 2009, 769 (780); *Weber*, EuZW 2008, 7 (8); *Kingreen*, in: Calliess/Ruffert, EUV/AEUV, Art. 6 EUV, Rn. 26.

[339] ABl. 2008, C 115/273.

[340] ABl. 2008, C 115/337.

[341] So *Schorkopf*, in: Grabitz/Hilf/Nettesheim, EU, Art. 6 EUV (September 2013), Rn. 37; zutreffend an dieser Auffassung ist, dass die aus Art. 6 Abs. 2 EUV folgende Beitrittsverpflichtung keine unbedingte ist, sondern die Fortgeltung der Besonderheiten der Unionsrechtsordnung sicherzustellen hat.

[342] *Terhechte* (Fn.331), S. 23.

[343] Siehe hierzu nun auch ausdrücklich: »The accession of the European Union to the Convention will enhance coherence in human rights protection in Europe« in der Präambel des Entwurf des Beitrittsabkommens der EU zur EMRK, vgl. Rn. 82ff.

[344] *Terhechte* (Fn. 331), S. 23. Jener begründet allerdings auch Zweifel, denn ein Beitritt könnte auch zu einer gewissen »Marginalisierung« der einzelnen Grundrechtsstandards führen sowie die Eigenständigkeit der unionalen Rechtsordnung in Frage stellen.

[345] *Pache/Rösch*, EuR 2009, 769 (775).

mittelbaren Maßstäblichkeit der EMRK zu schließen[346] und die Einheitlichkeit und Widerspruchsfreiheit der jeweiligen Grundrechtsstandards sicherzustellen. Dadurch kann
sowohl formal als auch materiell gewährleistet werden, die EU als durch ihre Mitgliedstaaten geschaffene supranationale Organisation, der hoheitliche Aufgaben zugewiesen
sind, denselben völkerrechtlichen grund- und menschenrechtlichen Bindungen zu unterwerfen, die für sämtliche Mitgliedstaaten dieser Organisation gelten, und somit eine
effektive Anwendung der EMRK sicherzustellen.[347]

72   Nicht zu unterschätzen ist auch die politische Wirkung eines Beitritts zur EMRK.[348]
Mit dem Vertrag von Lissabon (vgl. u. a. ausdrücklich Art. 2 und 3 EUV) hat die Union
mit einer verbindlich geltenden, ins Primärrecht eingefügten Europäischen Grundrechtecharta deutlich ihre **materielle Wertorientierung und rechtsstaatliche Verfasstheit**
zum Ausdruck gebracht und klargestellt, dass im Recht der Europäischen Union Grundrechte und – werte eine entscheidende Bedeutung haben.[349] Davon begleitet rückt auch
in der **Grundrechtsunion**[350] im Rahmen des Integrationsprozesses zunehmend der Unionsbürger und dessen grundrechtlicher Schutz in den Vordergrund, wie sich auch deutlich anhand der Judikatur des EuGH erkennen lässt, der die Grundrechte der Union
verstärkt als grundlegenden Prüfungsmaßstab für die Rechtmäßigkeit unionalen Handels heranzieht.[351]

73   Darüber hinaus kann ein Beitritt unterschiedliche Grundrechtsstandards angleichen,
eine **harmonische Entwicklung der einschlägigen Rechtsprechung von EuGH und
EGMR** befördern und Jurisdiktionskonflikte vermeiden.[352] Hinsichtlich möglicher
Rechtsprechungsdivergenzen[353] ergibt sich die Grundproblematik[354] daraus, dass EuGH
und EGMR jeweils einer anderen, unabhängigen Rechtsordnung angehören, ihr Prüfungsmaßstab deshalb formal unterschiedlich ist und prozessuale Verbindungslinien bislang nicht bestehen.[355] Durch die Kohärenzsicherungsklausel aus Art. 52 Abs. 3 GRC

---

[346] *Polakiewicz*, EuGRZ 2013, 472 (473), der auch den Beitritt der EU zur EMRK als eine »Frage
der Glaubwürdigkeit« ansieht, denn die EU selbst fordert als Voraussetzung einer Mitgliedschaft in der
Union regelmäßig die Ratifizierung der EMRK.

[347] *Terhechte* (Fn. 331), S. 40 f.

[348] *Schilling*, HFR 2011, 83 (86).

[349] *Pache/Rösch*, EuZW 2008, 519 (521).

[350] Zu der Abgrenzung, ob es sich bei der Union um einen Grundrechtsverbund oder um eine
Grundrechtsunion handelt ausführlich *Kingreen*, EuR 2010, 338 (338 ff.); kritisch hierzu: *v. Bogdandy*, JZ 2001, 157 (157 ff.).

[351] *Moser*, ZfRV 2012, 4 (5); *Terhechte* (Fn. 331), S. 41.

[352] *Polakiewicz*, EuGRZ 2013, 472 (473); *Callewaert*, EuGRZ 2003, 198 (201 f.); *Krüger/Pola-
kiewicz*, EuGRZ 2001, 92 (92 ff.).

[353] Klarzustellen ist, dass auch vor einem Beitritt der Europäischen Union zur EMRK bereits Ko-
operationsmechanismen zwischen EuGH und EGMR bestehen, indem diese ihre Rechtsprechung
wechselseitig berücksichtigen, etwa im Wege einer EMRK-konformen Auslegung des Unionsrechts
durch den EuGH (vgl. u. a. EuGH, Urt. v. 17. 2. 2009, Rs. C–465/07 (Elgafaji), Slg. 2009, I–921,
Rn. 28). Diese wird auch in der Literatur befürwortet, die ein Bemühen um Entscheidungsharmonie
bevorzugt, vgl. hierzu: *Hilf*, Europäische Union und Europäische Menschenrechtskonvention, FS
Bernhardt, 1995, S. 1210 oder *Philippi*, ZEuS 2000, 97 (123). Neben dem EuGH bemüht sich auch der
EGMR um Kooperation, der mitunter in seinen Entscheidungen auf die Rechtsprechung des EuGH
verweist und diese als nützliche Orientierungshilfe ansieht, vgl. *Ress*, Konkordanz in der Interpretation von Kompetenzbegriffen durch EuGH und EGMR, FS Hirsch, 2008, S. 155 ff., und der zudem
gewillt ist, Konfrontationen zu vermeiden.

[354] Für eine detaillierte Darstellung des Verhältnisses der europäischen Gerichtshöfe vor und nach
dem Beitritt der EU zur EMRK vgl. *Spiekermann*, S. 113–218.

[355] *Spiekermann*, S. 113.

entsteht zwar eine materielle Verbindung, jedoch bezieht sich diese nur auf einen Mindeststandard, der durch die EMRK gewährleistet wird.[356] Daher ist eine unterschiedliche Grundrechtsrechtsprechung bislang nicht generell auszuschließen, obwohl die tatsächlichen Unterschiede bisher eher marginal erscheinen. Ungeklärt ist auch, wem die Letztentscheidungskompetenz zukommt oder ob eine solche überhaupt einem der beiden Gerichtshöfe zugesprochen werden sollte, und mögliche Überschneidungen in den Aufgabenbereichen sind zu klären.[357]

b) Beitrittsvoraussetzungen im Unionsrecht

Unabhängig von den in einem Beitrittsabkommen festzulegenden Beitrittsbedingungen **74** existieren primärrechtliche Vorgaben zum Beitritt der Union zur EMRK im Lissabonner Vertrag. Das normhierarchisch dem EUV gleichrangige (vgl. Art. 51 EUV) **Protokoll Nr. 8** zum Lissabonner Vertrag über den Beitritt der Union zur Europäischen Konvention zum Schutz der Menschenrechte und Grundfreiheiten[358] legt im Einzelnen verschiedene Vorgaben für die auszuhandelnde Beitrittsübereinkunft fest. Es fordert insofern die **Erhaltung der besonderen Merkmale der Union und des Unionsrechts** auch nach einem Beitritt zur EMRK (Art. 1 Protokoll), insbesondere in Bezug auf die Beteiligung der EU an den Kontrollgremien der EMRK (Art. 1 Buchst. a Protokoll) und auf die Übermittlung von Beschwerden (Art. 1 Buchst. b Protokoll). Zudem wird klargestellt, dass der Beitritt der Union die **Zuständigkeiten der Union, die Befugnisse ihrer Organe (Art. 2 Satz 1 Protokoll)** sowie die besondere Situation der Mitgliedstaaten in Bezug auf die Europäische Menschenrechtskonvention[359] unberührt lassen (Art. 2 Satz 2 Protokoll). Dazu zählt auch ausdrücklich die Pflicht der Mitgliedstaaten aus Art. 344 AEUV, wonach Streitigkeiten hinsichtlich der Anwendung und Auslegung der Verträge ausschließlich nach den Bestimmungen der Verträge zu regeln sind (Art. 3 Protokoll) und eine Staatenbeschwerde im Anwendungsbereich der Verträge demnach ausgeschlossen ist.[360]

Ein weiterer Hinweis zur Berücksichtigung der Wahrung der Rechtsordnung der **75** Union findet sich in der Erklärung zu Artikel 6 Absatz 2 des Vertrags über die Europäische Union.[361] Festgehalten wird darin auch die informelle Verzahnung des Gerichtshofs der Europäischen Union und des Europäischen Gerichtshofs für Menschenrechte in der Form von regelmäßigen Dialogen, die im Falle eines Beitritts vertieft werden können.[362]

---

[356] Dazu ausführlicher Art. 52 GRC, Rn. 44 ff.

[357] Ausführlich dazu auch *Schmahl*, EuR-Beiheft 1/2008, 7 (7 ff.); *Tsiliotis*, Das Verhältnis zwischen den Europäischen Gerichtshöfen in Luxemburg und Straßburg vor und nach dem Beitritt der Europäischen Union zur EMRK, in: Iliopoulos-Strangas/Pereira da Silva/Potacs (Fn. 331), S. 51 ff.; *Uerpmann-Wittzack*, EuR-Beiheft 2/2012, 167 (176 f.).

[358] ABl. 2007, C 306/155 f.

[359] Dies bezieht sich insbesondere auf ihre Protokolle, auf Maßnahmen, die von den Mitgliedstaaten in Abweichung von der Europäischen Konvention nach deren Artikel 15 getroffen werden, und auf Vorbehalte, die die Mitgliedstaaten gegen die Europäische Konvention nach deren Artikel 57 anbringen.

[360] *Schorkopf*, in: Grabitz/Hilf/Nettesheim, EU, Art. 6 EUV (September 2013), Rn. 40, der vor einer über das Unionsrecht vermittelten Bindung der Mitgliedstaaten an Gewährleistungsinhalte der EMRK warnt und zu Recht auf die Verpflichtung der Union (Art. 2 Satz 2 Protokoll Nr. 8) zur Wahrung der mitgliedstaatlichen Vorbehalte aus Art. 57 EMRK, die Möglichkeit zur Derogation im Notstandsfall nach Art. 15 EMRK sowie die Entscheidung der Mitgliedstaaten über die Ratifikation von Zusatzprotokollen hinweist.

[361] ABl. 2008, C 115/335 ff.

[362] ABl. 2008, C 115/337.

76   Art. 6 Abs. 2 Satz 2 EUV bestimmt ebenso wie Art. 2 Satz 1 Protokoll Nr. 8 (Rn. 70) ausdrücklich, dass ein Beitritt der Europäischen Union zur EMRK nicht die in den Verträgen festgelegten Zuständigkeiten der Union ändert. Diese Normierung **bestätigt** nochmals explizit die **Beibehaltung der horizontalen Kompetenzverteilung** für Rechtsetzung, Rechtsprechung und Durchführung in der EU sowie der vertikalen Kompetenzverteilung zwischen EU und Mitgliedstaaten auch bei einem Beitritt der EU zur EMRK.[363] Primär zielt dabei Art. 6 Abs. 2 Satz 2 EUV auf die **Sicherung der Kompetenzen der Mitgliedstaaten** im Verhältnis zur Union ab.[364] Dagegen bestimmt Art. 2 Satz 1 Protokoll Nr. 8, dass der Beitritt der Union die Zuständigkeiten der Union und die Befugnisse ihrer Organe unberührt lässt, und soll somit in erster Linie die Kompetenzen, wie sie im Vertrag bestimmt sind, wahren.[365] Zur Frage der Einhaltung dieser unionsprimärrechtlichen Vorgaben bei einem künftigen Beitritt der Union zur EMRK kann nach Art. 218 Abs. 11 AEUV der EuGH von jedem Mitgliedstaat, dem Europäischen Parlament, dem Rat oder der Europäischen Kommission zur Erstattung eines Gutachtens angerufen werden.[366]

c) Beitrittsvoraussetzungen der EMRK

77   Der Beitritt der Europäischen Union zur EMRK setzt, wie der Lenkungsausschuss »Menschenrechte« des Europarates erarbeitete,[367] auch **Anpassungen der EMRK** voraus. Gemäß Art. 59 Abs. 1 EMRK a. F. konnten nur Mitglieder des Europarates beitreten, der wiederum nur Staaten als Mitglieder aufnehmen kann (nach Art. 4 seiner Satzung).[368] Die für einen Beitritt der EU erforderlichen Anpassungen der EMRK wurden mit dem 14. Zusatzprotokoll zur EMRK geschaffen, aufgrund dessen nunmehr gemäß Art. 59 Abs. 2 EMRK ausdrücklich eine Beitrittsmöglichkeit für die EU vorgesehen ist.[369]

78   Neben den offensichtlich notwendigen sprachlichen Anpassungen im Text der EMRK und der Protokolle bestanden zahlreiche weitere offene Fragen. So war beispielsweise unklar, wie sich die **prozessuale Rolle** der Union in Verfahren gegen einen Mitgliedstaat gestaltet, in denen es um die Durchführung von Unionsrecht geht, sowie der finanzielle Beitrag der Union.[370] Ferner waren die **Art der Einbeziehung eines Richters** der Europäischen Union in das Rechtsschutzsystem der EMRK,[371] die Repräsentation und das

---

[363] *Kingreen*, in: Calliess/Ruffert, EUV/AEUV, Art. 6 EUV, Rn. 28.

[364] *Grabenwarter/Pabel* (Fn. 337), Art. 6 EUV, Rn. 46; *Kingreen*, in: Calliess/Ruffert, EUV/AEUV, Art. 6 EUV, Rn. 28; so auch zudem die Erörterungen der Gruppe II, vgl. CONV 528/03 v. 22.10.2002, S. 13 f.

[365] *Grabenwarter/Pabel* (Fn. 337), Art. 6 EUV, Rn. 45.

[366] So wie dies im Hinblick auf das auf der Grundlage des Art. 6 Abs. 2 EUV ausgehandelte Beitrittsabkommen der EU zur EMRK im Jahre 2013 geschehen ist, vgl. hierzu nachfolgend Rn. 92 ff.

[367] Europarat, Steering Committee for Human Rights (CDDH), Report CDDH (2002) 010 Add. 2 v. 28.6.2002.

[368] BGBl. I 1950 S. 263; BGBl. II 1954 S. 1126.

[369] Nach mehrjähriger Blockade hatte Russland das Protokoll Nr. 14 zur EMRK am 15.1.2010 letztlich ratifiziert. Das in Russland stark umstrittene Zusatzprotokoll sieht neben dem Beitritt der Union zur EMRK auch Maßnahmen zur dringend erforderlichen Entlastung des Europäischen Gerichtshofs für Menschenrechte vor (u.a. Art. 6 des Protokolls).

[370] *Schorkopf*, in: Grabitz/Hilf/Nettesheim, EU, Art. 6 EUV (September 2013), Rn. 44; *Pache/Rösch*, EuR 2009, 769 (781).

[371] So besteht die Möglichkeit einen ad-hoc-Richter oder gar ständigen Richter einzusetzen. Die Frage des Umfangs der Beteiligung dieses Richters schließt sich an: Nur an den Verfahren gegen die EU oder auch an Verfahren gegen andere Vertragsparteien? Dazu bereits *Krüger/Polakiewicz*, EuGRZ 2001, 92 (102).

Stimmrecht der EU im Ministerkomitee des Europarates und die Zulässigkeit von Staatenbeschwerden der Mitgliedstaaten der EU untereinander oder gegenüber der EU zu klären.[372]

d) Gang der Verhandlungen – Erforderliche Modifikationen der Rechtssysteme

Im Juni 2010 erteilte der Rat der Europäischen Union der Kommission das **Mandat zur**   **79**
Aufnahme von Beitrittsverhandlungen. Auf der Grundlage der vom Rat verabschiedeten Verhandlungsleitlinien wurde unter Berücksichtigung unter anderem der vorstehend angesprochenen offenen Fragen und Problemkreise der am 5.4.2013 vorgelegte Entwurf eines Beitrittsabkommens (E – BA) ausgehandelt.[373] Grundlegend und prägend für dieses Abkommen sind die eingangs der Verhandlungen festgelegten **Leitprinzipien**. Diese besagen, dass das gegenwärtige System der Konvention bestehen bleiben soll und die Modifizierungen, die für einen Beitritt der Europäischen Union erforderlich sind, auf das Nötigste zu beschränken sind, die Europäische Union keine Sonderstellung gegenüber den anderen Vertragsparteien einnehmen, sondern auf Augenhöhe mit den bisherigen Konventionsstaaten mit den gleichen Rechten und Pflichten wie diese beitreten soll[374] und dass sich durch einen Beitritt keine Auswirkungen auf die Verpflichtungen anderer Konventionsmitglieder sowie auf die bestehende Kompetenzverteilung[375] zwischen der Union und ihren Mitgliedstaaten ergeben sollen.[376]

e) Umfang des Beitritts

Durch einen Beitritt der Europäischen Union zur EMRK soll die EU **Vertragspartei der**   **80**
EMRK und somit **völkerrechtlich zur Gewährleistung ihrer Garantien verpflichtet werden**, sodass eine **umfassende Bindung** aller Institutionen, Ämter, Agenturen, Personen und sonstiger Einrichtungen der EU an die EMRK begründet wird.[377] Der Wortlaut des Art. 6 Abs. 2 EUV gibt allerdings selbst keinen Aufschluss darüber, in welchem Umfang die Union berechtigt ist, diese Bindung einzugehen.[378] Die teilweise umstrittene Frage, ob eine Kompetenz der EU lediglich zum Beitritt zur EMRK selbst oder auch zu ihren Protokollen bestehe,[379] wird im Entwurf des Beitrittsabkommens im letzteren Sinne

---

[372] *Pache/Rösch*, EuR 2009, 769 (781). Auch hierzu instruktiv Krüger/Polakiewicz, EuGRZ, 2001, 92 (103 ff.); vgl. auch Grabenwarter, FS Steinberger, S. 1129 (1148 ff.).

[373] *Polakiewicz*, EuGRZ 2013, 472 (473); der revidierte Entwurf des Beitrittsübereinkommens ist veröffentlicht als Appendix I zum »Final report to the CDDH – Fifth negotiation meeting between the CDDH ad hoc negotiation group and the European Commission on the accession of the European Union to the European Convention on Human Rights« (im Folgenden »Final Report to the CDDH«), Strasbourg, 3–5.4.2013, 47+1(2013)008rev2, vgl. http://www.coe.int/t/dghl/standardsetting/hrpolicy/Accession/Meeting_reports/47_1(2013)008rev2_EN.pdf (14.3.16).

[374] *Uerpmann-Wittzack*, EuR-Beiheft 2/2012, 167 (168).

[375] Vgl. hierzu auch Art. 2 des Protokolls Nr. 8 zu Art. 6 Abs. 2 EUV, ABl. 2008, C 115/273.

[376] E – BA, Appendix V, Ziff. 7: »As general principles, the Accession Agreement aims to preserve the equal rights of all individuals under the Convention, the rights of applicants in the Convention procedures, and the equality of all High Contracting Parties. [...]The EU should, as a matter of principle, accede to the Convention on an equal footing with the other Contracting Parties, that is, with the same rights and obligations. [...] It is also understood that the existing rights and obligations of the States Parties to the Convention, whether or not members of the EU, should be unaffected by the accession, and that the distribution of competences between the EU and its member States and between the EU institutions shall be respected.« Zu dem Beitrittsabkommen ausführlich Rn. 82 ff.

[377] *Polakiewicz*, EuGRZ 2013, 472 (475).

[378] *Schaller*, EuR 2006, 656 (663).

[379] *Grabenwarter/Pabel* (Fn. 337), Art. 6 EUV, Rn. 44. Im Hinblick auf die Gründe des Beitritts

beantwortet. Art. 1 Abs. 1 E – BA sieht die Ratifikation der Konvention selbst sowie der Protokolle Nr. 1[380] und Nr. 6[381] vor, die bereits von allen Mitgliedstaaten angenommen wurden. Ausdrücklich wird auch der zukünftige Beitritt zu weiteren Protokollen offengehalten. So bestimmt Art. 1 Abs. 2 E – BA die Änderung des Art. 59 Abs. 2 EMRK dahingehend, dass die Europäische Union dieser Konvention und den Protokollen beitreten kann, so dass Entscheidungen über den Beitritt zu weiteren Protokollen in Zukunft getroffen werden können, allerdings dann jeweils eines gesonderten Rechtsaktes bedürfen.[382] Art. 2 Abs. 1 und 2 E – BA i. V. m. Art. 57 EMRK räumen der Union, wie auch jedem anderen Konventionsstaat, zudem die Möglichkeit ein Vorbehalte und Erläuterungen zu formulieren.

3. Regelungen des Entwurfs des Beitrittsabkommens

81   Zur Ermöglichung der Integration der supranationalen Europäischen Union in das auf Mitgliedstaaten des Europarates zugeschnittene System der Europäischen Konvention für Menschenrechte liegt seit dem 5. 4. 2013 der **Entwurf eines Beitrittsabkommens der EU zur EMRK** (E – BA) vor. Dieser Entwurf wird im abschließenden Bericht[383] des Lenkungsausschusses für Menschenrechte (Steering Committee for Human Rights; CDDH) als Anhang I angeführt und von weiteren für den Beitritt nötigen Instrumenten als Anhänge II – V flankiert,[384] mit denen er ein zusammenhängendes und in sich gleichwertiges Paket bildet.[385] Nach dem zu ändernden Art. 59 Abs. 2 EMRK soll das Beitrittsabkommen zum »integralen Bestandteil« der EMRK werden.[386]

---

zur EMRK, zu denen auch die Bestrebungen um mehr Kohärenz zwischen den beiden Rechtssystemen zählen, soll neben der Kompetenz zum Beitritt zur EMRK auch eine Kompetenz der Union bestehen, den Protokollen zur EMRK beizutreten; vgl. auch Art. 52 Abs. 3 GRC, der sich nicht nur auf die EMRK, sondern auch auf ihre Protokolle bezieht, soweit sie von den Mitgliedstaaten ratifiziert wurden, hierzu *Jarass*, GRCh, Art. 52 GRC, Rn. 58.

[380] Gesetz über das Zusatzprotokoll vom 20. 3. 1952 zur Konvention zum Schutze der Menschenrechte und Grundfreiheiten, BGBl. II 1956 S. 1879 (Neufassung: BGBl. II 2002 S. 1054).

[381] Gesetz zu dem Protokoll Nr. 6 vom 28. 4. 1983 zur Konvention zum Schutze der Menschenrechte und Grundfreiheiten über die Abschaffung der Todesstrafe, BGBl. II 1988 S. 662 (Neufassung: BGBl. II 2002 S. 1054).

[382] *Polakiewicz*, EuGRZ 2013, 472 (475).

[383] Final Report to the CDDH (Fn. 369).

[384] Neben dem Abkommen (Appendix I: Draft revised agreement on the accession of the European Union to the Convention for the Protection of Human Rights and Fundamental Freedoms) an sich sind die weiteren für einen Beitritt erforderlichen Instrumente eine bei Unterzeichnung des Abkommens abzugebende Erklärung der EU (Appendix II: Draft declaration by the European Union to be made at the time of signature of the Accession Agreement), eine Regelung, die zusätzlich zu den bestehenden Verfahrensregeln treten soll, sofern das Ministerkomitee die Umsetzung eines Urteils des EGMR gegenüber der oder gütliche Einigungen mit der EU überwacht (Appendix III: Draft rule to be added to the Rules of the Committee of Ministers for the supervision of the execution of judgments and of the terms of friendly settlements in cases to which the European Union is a party), ein Entwurf für ein Memorandum of understanding der EU mit Staaten, die keine Mitgliedstaaten sind (Appendix IV: Draft model of memorandum of understanding between the European Union and X [State which is not a member of the European Union]) sowie abschließend einen erläuternden Bericht zum Beitrittsabkommen (Appendix V: Draft explanatory report to the Agreement on the Accession of the European Union to the Convention for the Protection of Human Rights and Fundamental Freedoms).

[385] »They all form a package and are equally necessary for the accession of the EU to the Convention« (Fn. 369), Ziff. 9.

[386] Final Report to the CDDH (Fn. 369), Appendix I, Art. 1, Abs. 2; Appendix V, Ziff. 21.

Der Entwurf des Beitrittsabkommens regelt nach der Präambel, die u. a. die Beitritts- **82**
gründe[387] sowie die Bedeutung des zusätzlichen Rechtschutzes vor dem EGMR hervorhebt, zunächst den **Umfang des Beitritts** der Union (*Scope of the accession and amendments to Article 59 of the Convention*). So bestimmt Art. 1 Abs. 1 E – BA neben der
Ratifikation der Konvention selbst auch die Ratifikation der Protokolle Nr. 1[388] und
Nr. 6.[389] Ausdrücklich wird auch der zukünftige Beitritt zu weiteren Protokollen[390] offengehalten, denn Art. 1 Abs. 2 E – BA regelt die Änderung des Art. 59 Abs. 2 EMRK
dahingehend, dass die Europäische Union dieser Konvention und eben den Protokollen
beitreten kann, weshalb auch Entscheidungen über den Beitritt zu weiteren Protokollen
in Zukunft getroffen werden können, die dann allerdings jeweils eines gesonderten
Rechtsaktes bedürfen.[391] Art. 2 Abs. 1 und 2 E – BA i. V. m. Art. 57 EMRK räumen der
Union wie auch jedem anderen Konventionsstaat schließlich die Möglichkeit ein, **Vorbehalte und Erläuterungen** zu formulieren. Hinsichtlich möglicher Kompetenzbeein-
trächtigungen stellt Art. 1 Abs. 3 E – BA in Übereinstimmung mit Art. 2 des Protokolls
Nr. 8 zum Vertrag von Lissabon erneut klar, dass der Beitritt zur EMRK keine Auswirkungen auf die Kompetenzen der Europäischen Union hat.

Eine Besonderheit findet sich in Art. 1 Abs. 4 E – BA in Form einer **Zurechnungs-** **83**
klausel. Die Notwendigkeit einer solchen Klausel ergibt sich aus der Besonderheit der
Union als supranationale Organisation, deren Rechtssystem nicht unabhängig von, sondern verschränkt mit den Rechtsordnungen der Mitgliedstaaten besteht und in dem
staatliche und internationale Strukturelemente vermischt werden.[392] In Art. 1 Abs. 4
E – BA (und den Erläuterungen zum Beitrittsentwurf) wird deshalb durch die Zurech-
nungsklausel klargestellt, dass im Recht der Europäischen Union die Handlungen der
Mitgliedstaaten auch dann denselben zugerechnet werden, sofern und soweit sie Unionsrecht durchführen.[393]

Eine weitere wichtige Änderung soll gem. Art. 3 E – BA erfolgen, wonach Art. 36 **84**
EMRK insoweit geändert werden soll, als ein neu einzufügender Abs. 4 eine Regel für
»**Mitbeklagte oder Mitbeschwerdegegner**«[394] enthalten wird. Diese Regel ist nötig, um
der besonderen Situation der Europäischen Union als Staatenverbund und dessen besonderem Rechtssystem Rechnung zu tragen. Denn (je nach Einzelfall) werden einer-

---

[387] Vgl. auch Rn. 71.

[388] Gesetz über das Zusatzprotokoll vom 20. 3. 1952 zur Konvention zum Schutze der Menschenrechte und Grundfreiheiten, BGBl. II 1956 S. 1879 (Neufassung: BGBl. II 2002 S. 1054).

[389] Gesetz zu dem Protokoll Nr. 6 vom 28. 4. 1983 zur Konvention zum Schutze der Menschenrechte und Grundfreiheiten über die Abschaffung der Todesstrafe, BGBl. II 1988 S. 662 (Neufassung:
BGBl. II 2002 S. 1054).

[390] Final Report to the CDDH (Fn. 369), Appendix V, Ziff. 35. Der Grund warum bisher nur die
Protokolle Nr. 1 und 6 mit aufgenommen wurden, ist unklar. Vermutet wird allerdings, dass nicht die
Rechtstellung der Mitgliedstaaten zum Recht der Union bezüglich eines Protokolls, das sie bisher nicht
ratifizierten, in Frage gestellt werden sollte, sodass nur die Protokolle Nr. 1 und 6, die von allen
Mitgliedstaaten der EU bereits ratifiziert wurden, in den Entwurf mitaufgenommen wurden.

[391] Final Report to the CDDH (Fn. 369), Appendix V, Ziff. 17; *Polakiewicz*, EuGRZ 2013, 472
(475).

[392] *Oppermann/Classen/Nettesheim*, Europarecht, § 4, Rn. 7.

[393] Final Report to the CDDH (Fn. 369), Appendix V, Ziff. 23. Hierzu ergeben sich im Rahmen der
GASP besondere Schwierigkeiten, die aus ihrer Sonderstellung herrühren; vgl. dazu detailliert *Polakiewicz*, EuGRZ 2013, 472 (475 f.).

[394] Das Beitrittsabkommen spricht von Co-respondent mechanism. *Polakiewicz*, EuGRZ 2013,
472 (476) übersetzt dies als »Mechanismus der Mitbeschwerde bzw. Mitbeklagten« oder »Co-
Verteidigung« und stellt einen Vergleich mit der notwendigen Beteiligung im Verwaltungsprozess
her.

seits Maßnahmen der Union durch die Mitgliedstaaten umgesetzt, andererseits erfolgen aber auch Rechtsakte und sonstige Handlungen von Organen und Einrichtungen der Union nach den Vorschriften der Verträge, die durch Vereinbarungen der Mitgliedstaaten entstanden sind.[395] Es kann also dazu kommen, dass nach dem Beitritt der Union zur EMRK eine Vertragspartei der Konvention einen Akt erlässt, der letztlich von einer anderen umgesetzt wird.[396] Deshalb wird sowohl in Verfahren gegen die Union (Art. 3 Abs. 3 E-BA) als auch in solchen, die gegen einen oder mehrere Mitgliedstaaten (Art. 3 Abs. 2 E-BA) gerichtet sind, die Möglichkeit eröffnet, den jeweils anderen (sei es die EU oder seien es ein bzw. mehrere Mitgliedstaaten) als Mitbeklagten und damit als Partei in das Verfahren einzubeziehen.[397] Wann der Mechanismus anzuwenden ist, wird in Art. 3 Abs. 2 und 3 E – BA sowie im Anhang V[398] näher erläutert. Danach wäre beispielsweise die EU in einem Verfahren, das gegen einen Mitgliedstaat geführt wird, hinzuzuziehen, sofern der Mitgliedstaat eine Verletzung der Konvention nur hätte unterlassen können, indem er eine Verpflichtung aus dem EU – Recht missachtet hätte.[399] Somit bewirkt die Mitbeklagtenstellung, und zwar ohne dass der EGMR Details der unionsinternen Zuständigkeitsverteilung klären muss,[400] entsprechend ihrem primären Zweck insbesondere, dass ein vom EGMR getroffenes Urteil – da dies gegenüber allen Parteien des Rechtsstreits verbindlich ist – sowohl die Union als auch die weitere Partei bzw. die weiteren Parteien bindet und so eine einheitliche Entscheidung mit umfassender Bindungswirkung gegenüber allen Beteiligten ergeht.[401]

85   Im Vordergrund steht also das Bedürfnis, auch in Verfahren mit Beteiligung der EU potentiellen Lücken der Rechtskraft der Entscheidungen des EGMR wegen der Supranationalität des Rechtssystems der EU und wegen aus dieser möglicherweise folgender fehlender Beteiligung möglicher Grundrechtsverletzungsverantwortlicher zu begegnen, die **effektive Durchsetzbarkeit** der Entscheidungen des EGMR im System der Konvention zu sichern sowie die jeweils (richtigen) Vertragsstaaten bzw. die Union zur Verantwortlichkeit heranzuziehen und nicht etwa der Union oder ihren Mitgliedstaaten ein prozessuales Privileg einzuräumen.[402] Um zu verhindern, dass aus der Teilnahme eines Mitbeklagten weitergehende Zulässigkeitshindernisse erwachsen, als sie ohne diese Beteiligung bestehen würden, wird nach dem neu einzufügenden Art. 36 Abs. 4 EMRK die Teilnahme bzw. die Mitbeklagtenstellung bei der Bewertung der Zulässigkeit außenvorgelassen.[403]

---

[395] Ein Beschwerde gegen die Europäische Union, wodurch ihre Mitgliedstaaten zu Mitbeschwerdegegnern werden können, ist dann der Fall, wenn die Union einen Verstoß gegen die Konvention nur hätte vermeiden können, wenn sie die Verpflichtungen aus den Verträgen nicht berücksichtigt hätte. In Frage stehen also Verpflichtungen der Union im primären Unionsrecht, die eben nur durch die Mitgliedstaaten geändert werden können, vgl. hierzu *Polakiewicz*, EuGRZ 2013, 472 (478), der auch auf den Fall *Matthews* verweist, dem diese Problematik zu Grunde liegt, siehe EGMR, Urt. v. 18. 2. 1999, Beschwerde-Nr. 24833/94 (Matthews/Vereinigtes Königreich), EuGRZ 1999, 200 ff.; EuGH, Urt. v. 12. 9. 2006, Rs. C–145/04 (Spanien/Vereinigtes Königreich), Slg. 2006, I–7917, Rn. 90 ff.
[396] Final Report to the CDDH (Fn. 369), Appendix V, Ziff. 38.
[397] Final Report to the CDDH (Fn. 369), Appendix I, Art. 3 Abs. 2, 3; Appendix V, Ziff. 39, in Ziff. 42 ff. werden die weiteren Anwendungsfälle bzw. die Nichtanwendung genannt.
[398] Final Report to the CDDH (Fn. 369), Appendix V, Ziff. 47 ff. Siehe auch *Uerpmann-Wittzack*, EuR-Beilage 2012, 167 (168 ff.).
[399] Dieses Beispiel wird im Final Report to the CDDH (Fn. 369), Appendix V, Ziff. 48 genannt.
[400] Vgl. auch Rn. 86 sowie *Uerpmann-Wittzack*, EuR-Beilage 2012, 167 (168).
[401] Final Report to the CDDH (Fn. 369), Appendix V, Ziff. 39.
[402] So auch klarstellend der Entwurf des Beitrittsabkommens, vgl. Final Report to the CDDH (Fn. 369), Appendix V, Ziff. 39.
[403] Final Report to the CDDH (Fn. 369), Appendix I, Art. 3 Abs. 1 b; Appendix V, Ziff. 40.

Weiterhin sollte sichergestellt werden, dass der EGMR **keine Entscheidungen über** 86
Kompetenzverteilungen zwischen der EU und den Mitgliedstaaten im Rahmen dieses
einzufügenden Art. 36 Abs. 4 EMRK treffen kann und muss.[404] Denn mit einer Entscheidung über eine Verpflichtung zum Beitritt zu einem Verfahren, also darüber, ob
und wann die in Frage stehende Vorschrift hinsichtlich der EU bzw. ihrer Mitgliedstaaten anzuwenden ist, würde vom EGMR inzident auch über die Kompetenzverteilung
entschieden werden.[405] Daher soll der EGMR nur befugt sein, die EU oder einen Mitgliedstaat aufzufordern, sich als Mitbeklagter zu beteiligen. Er kann diese jedoch nicht
dazu zwingen (Art. 3 Abs. 5 E – BA) und führt bei der Prüfung, ob die Voraussetzungen
für eine »Mitbeklagtenstellung« vorliegen, nur eine **Plausibilitätskontrolle** durch.[406] Im
Gegenzug soll sich die Union nach Anhang II des Beitrittsabkommens verpflichten,
sofern die Voraussetzungen des Art. 3 Abs. 2 E – BA vorliegen, auch einen entsprechenden Antrag auf Beteiligung zu stellen.[407] Wird ein Verfahren sowohl gegen die EU
als auch gegen einen oder mehrere Mitgliedstaaten angestrengt, besteht unter der Voraussetzung des Art. 3 Abs. 2 oder 3 E-BA die Möglichkeit, nach Antrag an den Gerichtshof eine der Parteien zur »Mitbeklagten« erklären zu lassen.[408] Stellt der EGMR eine
Verletzung der EMRK fest, so sind sowohl der Beklagte als auch der Mitbeklagte gemeinsam dafür verantwortlich,[409] was dem EGMR möglicherweise komplizierte Abgrenzungen zur jeweiligen Verantwortlichkeit erspart.[410] Besonders hervorzuheben ist
auch das in Art. 3 Abs. 6 E – BA vorgesehene sog. **»Vorabbefassungsverfahren«**, das zur
Anwendung kommt, wenn die Union als Mitbeschwerdegegner vor dem EGMR auftritt.
Ist dies der Fall und konnte der EuGH sich noch nicht mit der Prüfung befassen, ob eine
relevante Bestimmung des Unionsrechts mit der EMRK in Einklang steht, insbesondere
weil ein Vorabentscheidungsverfahren gem. Art. 267 AEUV noch nicht erfolgte, so wird
durch das Vorabbefassungsverfahren ein Kooperationsverfahren zwischen EuGH und
EGMR begründet, das dem EuGH vorab die notwendige Zeit zur Prüfung einräumt.[411]
Konkret soll verhindert werden, dass der EGMR über die Vereinbarkeit von primärem
oder sekundärem Unionsrecht ohne vorherige Beteiligung des EuGH entscheidet und
somit Unionsrecht einer externen Kontrolle unterworfen wird, ohne dass der EuGH
selbst vorher die Gelegenheit zur eigenen Überprüfung der Grundrechtskonformität
der streitgegenständlichen Rechtsakte oder Maßnahmen hatte.[412] Es erscheint naheliegend, dass für die Einführung dieses Vorabbefassungsverfahrens eine entsprechende
Änderung des Unionsprimärrechts erforderlich ist, denn ein Vorabbefassungsverfahren
stellt eine Erweiterung des bisherigen unionsrechtlichen Rechtsschutzsystems dar. Gemäß der abschließenden Aufzählung des Art. 19 Abs. 3 EUV sowie den Vorgaben der
Art. 252 ff. AEUV entscheidet der Gerichtshof nach Maßgabe der Verträge in den Ver-

---

[404] *Polakiewicz*, EuGRZ 2013, 472 (478).

[405] Final Report to the CDDH (Fn. 369), Appendix V, Ziff. 62.

[406] Final Report to the CDDH (Fn. 369), Appendix I, Art. 3 Abs. 5; *Polakiewicz*, EuGRZ 2013, 472
(478).

[407] Vgl. Final Report to the CDDH (Fn. 369), Appendix II, Ziff. a.

[408] Final Report to the CDDH (Fn. 369), Appendix I, Art. 3 Abs. 4; Appendix V, Ziff. 56 ff.

[409] Final Report to the CDDH (Fn. 369), Appendix I, Art. 3 Abs. 7.

[410] *Polakiewicz*, EuGRZ 2013, 472 (478). Nur in Ausnahmefällen kann nur einer der Beiden (Partei oder Mitbeklagtem) die Verantwortung zugeschrieben werden, vgl. Final Report to the CDDH
(Fn. 369), Appendix V, Ziff. 62.

[411] Vgl. zu dieser in Art. 3 Abs. 6 E – BA enthaltenen Regel ausführlicher Final Report to the CDDH
(Fn. 369), Appendix V, Ziff. 65 ff.

[412] *Obwexer*, EuR 2012, 115 (132).

fahren gem. Art. 19 Abs. 3 Buchst. a und b EUV sowie nach der Generalklausel in Buchst. c auch in allen anderen in den Verträgen vorgesehenen Fällen, zu denen das Vorabbefassungsverfahren bislang allerdings nicht zählt.[413]

87   Beachtenswert ist noch, dass die Regel zum »Mitbeklagten« nach Art. 36 Abs. 4 EMRK n. F. von der Intervention Dritter gem. Art. 36 Abs. 2 EMRK zu unterscheiden ist. Bei der Intervention Dritter besteht lediglich die Möglichkeit für einen Dritten, sich schriftlich zum Verfahren zu äußern oder an der mündlichen Verhandlung teilzunehmen, während nach dem neuen Abs. 4 der »Dritte« als mitbeklagte Partei durch das Urteil gebunden wird. Die Möglichkeit einer Drittintervention wird auch weiterhin bestehen und kann manchmal unter besonderen Umständen sogar zielführender sein.[414]

88   Nach Art. 6 E – BA wird dem Europäischen Parlament auch bei der Wahl der Richter des EGMR nach Art. 22 EMRK eine Beteiligung zugestanden.[415] In diesem Zusammenhang wurde allerdings nicht ausführlich geregelt, wie die Stellung des **EGMR – Richters** für die EU ausgestaltet sein soll. Nach Anhang V war diese Normierung in Art. 6 E – BA auch nicht nötig, da nach Art. 22 EMRK für jede Hohe Vertragspartei ein Richter gewählt wird, so also auch für die Union.[416]

89   Wichtige und notwendige Bestimmungen zur **Beteiligung der EU im Ministerkomitee** werden in Art. 7 E – BA getroffen. So ist Art. 54 EMRK dahingehend abzuändern, dass das Ministerkomitee Protokolle zur Konvention beschließt, was es der EU ermöglichen wird, an diesem Prozess gleichberechtigt beteiligt zu werden.[417] Nach Art. 7 Abs. 3 E – BA wird die EU vor bestimmten Entscheidungen konsultiert[418] und besitzt gem. Art. 7 Abs. 2 E – BA zukünftig ein Stimmrecht[419] u. a. hinsichtlich Art. 26 Abs. 2 EMRK oder Art. 39, 46 EMRK.[420] Dem **Ministerkomitee** obliegen verschiedene Aufgaben. Insbesondere überwacht es die Durchführung der Urteile des Gerichtshofs (Art. 46 Abs. 2 EMRK). Um diese Aufgabe weiterhin effektiv durchzuführen, sind auf die Union abgestimmte Normierungen unerlässlich, denn es besteht die Gefahr, dass die Union und ihre Mitgliedstaaten zusammenwirken (da beide nach Unionsrecht zur Solidarität verpflichtet sind und so die Gefahr von »block votes« besteht)[421] und so unerwünschte Entscheidungen des Gerichtshofs abwenden könnten.[422] Vor diesem Hintergrund trifft Art. 7

---

[413] *Uerpmann-Wittzack*, EuR-Beilage 2012, 167 (178 ff.). Klarzustellen ist dabei, dass Art. 19 Abs. 3 Buchst. c EUV keine eigenständige Kompetenzgrundlage darstellt. Gleichwohl trägt die Norm ihre Bedeutung in ihrer Offenheit für zukünftige Vertragsänderungen; *Schwarze*, in: Schwarze, EU-Kommentar, Art. 19 EUV, Rn. 57.

[414] *Obwexer*, EuR 2012, 115 (132); Final Report to the CDDH (Fn. 369), Appendix V, Ziff. 45; vgl. *Polakiewicz*, EuGRZ 2013, 472 (478).

[415] Wählt die parlamentarische Versammlung des Europarates gem. Art. 22 EMRK die Richter, so kann das Europäische Parlament so viele Vertreter entsenden, wie Art. 26 der Satzung des Europarates den größten Mitgliedsstaaten zuweist (also 18 Vertreter), die an den Sitzungen teilnehmen; Art. 6 Abs. 1 E-BA.

[416] Vgl. Final Report to the CDDH (Fn. 369), Appendix V, Ziff. 77. *Obwexer*, EuR 2012, 115 (138).

[417] Final Report to the CDDH (Fn. 369), Appendix I, Art. 7 Abs. 1 Ziff. 1; Appendix V, Ziff. 79.

[418] Final Report to the CDDH (Fn. 369), Appendix I, Art. 7 Abs. 3; Appendix V, Ziff. 80 f.

[419] Die Union enthält dabei gem. Art. 14 der Satzung des Europarats wie alle anderen Mitglieder eine Stimme. Insgesamt besitzen die Union und ihre Mitgliedstaaten bei erfolgtem Beitritt 28 von 48 Stimmen.

[420] Final Report to the CDDH (Fn. 369), Appendix I, Art. 7 Abs. 2; Appendix V, Ziff. 78.

[421] Zusammen könnten Union und ihre Mitgliedstaaten durch 28 von 48 Stimmen Beschlüsse des Ministerkommitees mit einfacher oder auch qualifizierter Mehrheit verhindern.

[422] Final Report to the CDDH (Fn. 369), Appendix V, Ziff. 82; *Polakiewicz*, EuGRZ 2013, 472 (480).

Abs. 4a E – BA die Anordnung, dass die Regeln des Ministerkomitees zur Überwachung der Durchführung der EGMR – Urteile (»Rules of the Committee of Ministers for the supervision of the execution of judgments and of the terms of friendly settlements«[423]) entsprechend abzuändern sind. Dies gilt für Fälle, in denen es sich um Urteile in Bezug auf die EU sowie die EU und einen oder mehrere Mitgliedstaaten handelt,[424] die von den Fällen der Überwachung von Urteilen, die gegen Nicht – EU – Staaten ergehen, unterschieden werden,[425] sodass weiterhin eine effektive Überwachung durch das Ministerkomitee sichergestellt werden kann.[426]

Allgemein notwendige, technische Änderungen, um die auf souveräne Staaten ausgerichtete EMRK[427] auf den Beitritt abzustimmen, finden sich in Art. 1 Abs. 5–7, Art. 4 und 5 E – BA. Sie beziehen sich vorwiegend darauf, wie der Wortlaut bestimmter Vorschriften nach dem Beitritt der Union zu verstehen ist (oder gegebenenfalls geändert wird, so erfolgt z. B. nach Art. 4 E – BA die Änderung der Überschrift des Art. 33 EMRK von »Staatenbeschwerden« hin zu »Inter – Party cases«, was wohl als »Verfahren zwischen den Parteien« zu übersetzen sein wird[428]).[429] Mit weiteren Abstimmungen befasst sich Art. 9 E – BA, der das Verhältnis zu anderen, mit der Konvention verbundenen, aber selbständigen Übereinkommen des Europarats regelt.[430] Nach Art. 8 E – BA wird sich die Union auch an den Kosten im Rahmen der Konvention beteiligen.[431] Art. 10 bis 12 E – BA treffen schließlich allgemeine Anordnungen zum Beitrittsabkommen wie hinsichtlich seines Inkrafttretens.[432]

90

4. Beitrittsverfahren

Der Beitritt der EU zur EMRK müsste durch den Abschluss eines entsprechenden völkerrechtlichen Vertrages zwischen der EU und den Vertragsparteien der EMRK grundsätzlich nach dem **völkerrechtlichen Vertragsabschlussverfahren** des Art. 218 AEUV zu erfolgen.[433] Demnach ist ein einstimmiger Ratsbeschluss (Art. 218 Abs. 8 UAbs. 2 AEUV) nach Zustimmung des Europäischen Parlamentes erforderlich (Art. 218 Abs. 6 UAbs. 2 Buchst. a (ii) AEUV), wobei der Ratsbeschluss nach Art. 218 Abs. 8 UAbs. 2 Satz 2 AEUV erst dann in Kraft tritt, wenn die Mitgliedstaaten ihn im Einklang mit ihren nationalen Verfassungsbestimmungen ratifiziert haben.[434] Hierin ist eine doppelte Verschärfung der prozeduralen Beitrittsanforderungen zu sehen, die ungeachtet der primärrechtlichen Beitrittsverpflichtung der EU aus Art. 6 Abs. 2 EUV[435] offen lässt, ob

91

---

[423] Angenommen vom Ministerkomitee am 10. 5. 2006 bei seiner 964. Zusammenkunft.
[424] Final Report to the CDDH (Fn. 369), Appendix V, Ziff. 84.
[425] Final Report to the CDDH (Fn. 369), Appendix V, Ziff. 91 f.
[426] Vgl. ausführlicher zu den Änderungen Final Report to the CDDH (Fn. 369), Appendix V, Ziff. 84 ff.
[427] *Obwexer*, EuR 2012, 115 (141).
[428] Final Report to the CDDH (Fn. 369), Appendix I, Art. 4.
[429] Vgl. Final Report to the CDDH (Fn. 369), Appendix I, Art. 1 Abs. 5–7, Art. 4, 5; Appendix V, Ziff. 27 ff., 70 ff.
[430] Vgl. dazu auch Final Report to the CDDH (Fn. 369), Appendix V, Ziff. 100 f.
[431] Final Report to the CDDH (Fn. 369), Appendix I, Art. 8; Appendix V, Ziff. 93 ff.
[432] Final Report to the CDDH (Fn. 369), Appendix I, Art. 10–12.
[433] *Pache/Rösch*, EuR 2009, 769 (782); *Schorkopf*, in: Grabitz/Hilf/Nettesheim, EU, Art. 6 EUV (September 2013), Rn. 38.
[434] *Pache/Rösch*, EuZW 2008, 519 (521).
[435] *Pache/Rösch*, EuR 2009, 769 (782 f.). Insbesondere ist dabei die Gefahr einer innerunionalen Blockade im Vertragsabschlussverfahren durch einzelne Mitgliedstaaten relevant.

überhaupt bzw. wann letztlich ein Beitritt der EU zur EMRK tatsächlich durchgeführt werden kann.

92   Konkret hat die EU-Kommission zwischenzeitlich den ausgehandelten Entwurf eines Beitrittsabkommens gem. Art. 218 Abs. 11 Satz 1 AEUV dem Gerichtshof im Gutachtenverfahren zur Einholung einer Stellungnahme zu dessen Vereinbarkeit mit dem Unionsrecht vorgelegt.[436] In diesem Verfahren hat der EuGH die Unvereinbarkeit des Beitrittsübereinkommens mit den Verträgen, konkret mit Art. 6 Absatz 2 EUV sowie mit dem Protokoll Nr. 8 zu Artikel 6 Absatz 2 EUV festgestellt.[437] Nach dieser ablehnenden Entscheidung des EuGH kann die geplante Übereinkunft nur in Kraft treten, wenn entweder sie oder die Verträge entsprechend geändert werden. Damit hat der EuGH aufgrund seiner im Rahmen des Gutachtenverfahrens bestehenden Prüfungsmöglichkeit[438] vor der innerunionalen Fortführung des Beitrittsverfahrens jedenfalls vorerst nicht nur den Beitritt der EU zur EMRK auf der Grundlage des ausgehandelten Beitrittsabkommens verhindert, sondern es auch mehr als unwahrscheinlich gemacht, dass in näherer Zukunft überhaupt weitere Schritte in Richtung eines Beitritts der EU zur EMRK getan werden können. Für die nähere Zukunft erscheint damit zumindest – wie so häufig bei Rückschlägen im Prozess der europäischen Integration – eine längere Reflexionsphase über die Möglichkeiten und die Ausgestaltung eines EMRK-Beitritts der EU wahrscheinlich.[439]

93   Die Ablehnung der Vereinbarkeit des EMRK-Beitritts der EU auf der Grundlage des ausgehandelten Beitrittsübereinkommens mit dem EU-Primärrecht hat der EuGH gleich auf mehrere Gesichtspunkte gestützt: Zunächst hat der EuGH in einer Vorbemerkung zu seiner rechtlichen Bewertung des Entwurfs des Beitrittsübereinkommens die Besonderheiten der Unionsrechtsordnung und die aus diesen hergeleiteten Bedingungen für einen Beitritt hervorgehoben. Insoweit benennt er ausdrücklich das in Art. 6 Abs. 2 EUV aufgestellte Verbot einer Änderung der »in den Verträgen festgelegten Zuständigkeiten der Union«[440] und die Vorgaben des Protokolls Nr. 8, die besonderen Merkmale der Union und des Unionsrechts zu erhalten sowie dafür Sorge zu tragen, dass der Beitritt die Zuständigkeiten der Union und die Befugnisse ihrer Organe, die besondere Situation der Mitgliedstaaten in Bezug auf die EMRK sowie Art. 344 AEUV unberührt lässt.[441]

94   Diese Vorgaben sieht der EuGH als durch das Beitrittsabkommen mehrfach verletzt an: Die besonderen Merkmale und die Autonomie des Unionsrechts seien dadurch verletzt, dass das Abkommen weder eine Regelung für die Abstimmung der Regelungsgehalte von Art. 53 GRC und Art. 53 EMRK[442] noch Vorkehrungen zur Berücksichtigung

---

[436] Vgl. hierzu *Polakiewicz*, EuGRZ 2013, 472 (474).

[437] EuGH Gut. 2/13 v. 18.12.2014 (Beitritt der EU zur EMRK), ECLI:EU:C:2014:2454.

[438] Diese Möglichkeit ist grundsätzlich zu begrüßen, denn das vorangestellte Gutachtenverfahren dient der Verhinderung des Auseinanderfallens der völkerrechtlichen und der innerunionalen Rechtsordnung (*vgl.* EuGH, Gut. 1/75 v. 11.11.1975 (Lokale Kosten), Slg. 1975, 1355, 1360; Gut. 1/08 v. 30.11.2009 (GATS), Slg. 2009, I– 11129, Rn. 107) und soll nachträgliche, kassatorische Entscheidungen vermeiden (EuGH, Gut. 3/94 v. 13.12.1995 (Rahmenübereinkommen über Bananen), Slg. 1995, I–4577, Rn. 17 f.; Gut. 2/94 v. 28.3.1996 (EMRK-Beitritt), Slg. 1996, I–1759, Rn. 6).

[439] In diesem Sinne auch *Schorkopf*, JZ 2015, 781 (784).

[440] EuGH Gut. 2/13 v. 18.12.2014 (Beitritt der EU zur EMRK), ECLI:EU:C:2014:2454, Rn. 160.

[441] EuGH Gut. 2/13 v. 18.12.2014 (Beitritt der EU zur EMRK), ECLI:EU:C:2014:2454, Rn. 161; in den nachfolgenden Rn. 162–177 werden diese Bedingungen für den Beitritt noch weiter erläutert und insbesondere die Unberührtheit der im Einzelnen noch näher konkretisierten besonderen Merkmale der Union und des Unionsrechts als zentrale Voraussetzung betont.

[442] Vgl. hierzu näher Art. 53 GRC, Rn. 1 ff. m. w. N.

des für das Unionsrecht fundamentalen Grundsatzes des gegenseitigen Vertrauens zwischen den Mitgliedstaaten vorsieht[443] und da das im Protokoll Nr. 16 zur EMRK vorgesehene Gutachtenverfahren beim EGMR zur Umgehung des Vorabentscheidungsverfahrens nach Art. 267 AEUV führen könne.[444] Art. 344 AEUV werde dadurch beeinträchtigt, dass die Mitgliedstaaten oder die Union die Möglichkeit hätten, beim EGMR Beschwerde zu erheben, und dies lasse sich nur durch einen ausdrücklichen Ausschluss der Zuständigkeit des EGMR nach Art. 33 EMRK für Rechtsstreitigkeiten zwischen den Mitgliedstaaten oder zwischen ihnen und der Union vermeiden.[445] Schließlich seien auch der vorgesehene Mitbeschwerdegegner-Mechanismus und das Verfahren der Vorabbefassung des EuGH mit den besonderen Merkmalen der Union und des Unionsrechts unvereinbar,[446] ebenso wie der Umstand, dass für den Bereich der GASP eine gerichtliche Kontrolle ausschließlich durch den EGMR und damit nur durch ein unionsexternes Organ begründet werde.[447]

Mit diesem Gutachten des EuGH ist das aktuelle Beitrittsverfahren der EU zur EMRK **95** zu einem zumindest vorläufigen Ende gekommen. Der EuGH hat die Frage der Zulässigkeit des Beitritts der EU zur EMRK auf der Grundlage des ausgehandelten Beitrittsvertrages zentral als eine Frage der Kompetenzabgrenzung zwischen sich selbst und dem EGMR eingeordnet und die konkret vorgesehene Kompetenzabgrenzung – und letztlich die externe Kontrolle der EMRK-Konformität von Unionsrecht und Unionshandeln – als nicht mit den Eigenarten des Unionsrechtsordnung vereinbar bewertet.[448] Ob sich der EuGH bewusst außerordentlich kritisch geäußert hat, um ein Scheitern des Beitrittsvorhabens zu bewirken[449], kann vielleicht bezweifelt werden, da die angeführten Positionen ihre Grundlage durchaus im primären Unionsrecht finden können.[450] Allerdings ist deutlich erkennbar, dass der EuGH dem unionsprimärrechtlichen Ziel und Auftrag des Art. 6 Abs. 2 EUV zum Beitritt zur EMRK im Rahmen seiner Überlegungen ein deutlich geringeres Gewicht beigemessen hat als der Wahrung der Autonomie der Unionsrechtsordnung und insbesondere der Wahrung seiner Zuständigkeiten und Kompetenzen.[451] Die Anforderungen, die er aus Art. 6 Abs. 2 EUV und aus dem Protokoll Nr. 8 hergeleitet hat, sind so grundsätzlicher Natur und so wenig auf das Ziel eines kooperativen Grundrechtsschutzverbundes[452] mit dem EGMR ausgerichtet, dass es schwerfällt anzunehmen, in näherer Zukunft könnten Fortschritte in diese Richtung

---

[443] EuGH Gut. 2/13 v. 18. 12. 2014 (Beitritt der EU zur EMRK), ECLI:EU:C:2014:2454, Rn. 191 ff.

[444] EuGH Gut. 2/13 v. 18. 12. 2014 (Beitritt der EU zur EMRK), ECLI:EU:C:2014:2454, Rn. 196 ff.

[445] EuGH Gut. 2/13 v. 18. 12. 2014 (Beitritt der EU zur EMRK), ECLI:EU:C:2014:2454, Rn. 201 ff.

[446] EuGH Gut. 2/13 v. 18. 12. 2014 (Beitritt der EU zur EMRK), ECLI:EU:C:2014:2454, Rn. 215 ff.

[447] EuGH Gut. 2/13 v. 18. 12. 2014 (Beitritt der EU zur EMRK), ECLI:EU:C:2014:2454, Rn. 249 ff.

[448] In diesem Sinne auch *Tomuschat*, EuGRZ 2015, 133 (135 f.); vgl. auch näher *Wendel*, NJW 2015, 921 (921 ff.).

[449] In diesem Sinne *Lock*, Oops!, We did it again – das Gutachten des EuGH zum EMRK-Beitritt der EMRK, verfassungsblog.de/oops-das-gutachten – des-eugh-zum-emrk-beitritt-der-eu/ (16. 5. 2016), der auch deutlich auf die vorgängige Beteiligung des EuGH an den Verhandlungen über das Beitrittsübereinkommen und auf die Berücksichtigung seiner Beiträge hinweist.

[450] So *Terhechte*, in: GSH, Europäisches Unionsrecht, Vorbemerkung zur Charta der Grundrechte, Rn. 13.

[451] Näher zum Gutachten 2/13 des EuGH etwa *Tomuschat*, EuGRZ 2015, 133; *Klein*, Scheitert der Beitritt der Europäischen Union zur EMRK? https://www.fernuni-hagen.de/imperia/md/content/re-wi/iev/db-klein-dtiev-online_nr._2.pdf; *Streinz*, JuS 2015, 567; *Grabenwarter*, EuZW 2015, 180; *Thym*, EuZW 2015, 180; *Wendel*, NJW 2015, 921; *Breuer*, EuR 2015, 330.

[452] Zur Notwendigkeit und Sinnhaftigkeit von Grundrechtsschutz im kooperativen Verbund und zur insoweit fehlenden Einsicht des EuGH vgl. nur *Tomuschat*, EuGRZ 2015, 133 (139 m. w. N.).

erzielt werden. Damit dürfte ein Beitritt der EU zur EMRK auf der Grundlage der
vorhandenen Vorgaben des EU-Primärrechts im Wege weiterer oder erneuter Verhandlungen zunächst in weite Ferne gerückt sein, und die nach dem negativen Gutachten des
EuGH erwogene Änderung des Primärrechts durch die Mitgliedstaaten zur Erleichterung eines EMRK-Beitritts erscheint ebenfalls kaum als realistische Option.[453] Deshalb
müssen die EU und ihre Mitgliedstaaten ungeachtet der primärrechtlichen Beitrittsverpflichtung des Art. 6 Abs. 2 EUV und ungeachtet der weitreichenden materiellen Kongruenz der Grundrechtsordnungen der EU und der EMRK voraussichtlich weiterhin mit
der nur mittelbaren Bedeutung der EMRK für die Grundrechte der EU, mit dem Fehlen
einer unmittelbaren Bindung der EU an die EMRK ebenso wie mit dem Fehlen einer
unionsexternen völkerrechtlichen Kontrolle der Menschenrechtskonformität der
Handlungen der EU leben.

5. Folgen eines Beitritts

96 Sollte je ein Beitritt der EU zur EMRK erfolgen, würde die EMRK neben ihrem bereits
bestehenden Status als Rechtserkenntnisquelle für die Grundrechte als ungeschriebene
allgemeine Rechtsgrundsätze des Unionsrechts zu einer **unmittelbaren Rechtsquelle des
Unionsrechts**,[454] durch die unionsweit ein einheitlicher europäischer Grundrechtsraum
verwirklicht wird,[455] in dem auch für den Unionsbürger auf europäischer Ebene ein
vergleichbarer Schutzstandard wie auf nationaler Ebene gewährleistet wäre.[456]

97   Die Kohärenz und Einheitlichkeit im europäischen Grundrechtsraum sowie die weiter gesteigerte Erkennbarkeit der Union als Werte[457]– und Grundrechtsgemeinschaft
könnten sich zu einem **prägenden Merkmal im europäischen Integrationsprozess** entwickeln und diesen in Zukunft weiter mitbestimmen.[458] Trotz aller bisherigen Koope-
rationsbemühungen würde erst ein endgültiger Beitritt das Verhältnis zwischen Union
und EMRK abschließend klären, erst der Beitritt würde die bisherige rechtliche Schwe-
belage beenden und die Prüfung von Handlungen der Europäischen Union unmittelbar
durch den Europäischen Gerichtshof für Menschenrechte ermöglichen. Die bisherige
ausgesprochen zurückhaltende Kontrolle des EGMR, wie sie gegenwärtig aufgrund des
Bosphorus-Urteils[459] stattfindet, müsste nach erfolgtem Beitritt enden. Durch die Einbindung der Union in das Rechtsschutzsystem der EMRK und des EGMR entstünde,
neben dem fortbestehenden Grundrechtsschutz und der fortbestehenden Kontrolle
durch den EuGH, eine weitere **externe Grundrechtskontrolle durch den EGMR als zusätzliche eigenständige unionsexterne Grundrechtsschutzkontrollinstanz**,[460] wobei zu
erwarten ist, dass die Gewährleistung des gebotenen Grundrechtsschutzes in der EU
weiterhin in erster Linie durch den EuGH erfolgen und die Aufgabe des EGMR primär
darin bestehen wird, dennoch stattfindende eventuelle Verstöße gegen die EMRK festzustellen.[461] Im Rahmen einer künftigen externen Kontrolle der Einhaltung der Vorga-

---

[453] In diesem Sinne etwa *Wendel*, NJW 2015, 921, 926.
[454] *Huber* (Fn. 336), S. 138 f.; *Schulte-Herbrüggen*, ZEuS 2009, 343 (362).
[455] *Polakiewicz*, EuGRZ 2013, 472 (482).
[456] *Schulte-Herbrüggen*, ZEuS 2009, 343 (362).
[457] Zu dem Begriff der Wertegemeinschaft, *v. Bogdandy*, JZ 2004, 53 (58).
[458] *Pache/Rösch*, EuR 2009, 769 (787).
[459] EGMR, Urt. v. 30. 6. 2005, Beschwerde Nr. 45036/98 (Bosphorus), NJW 2006, 197 ff. Ausführlicher zu diesem Urteil *Haratsch*, ZaöRV 66 (2006), 927 (927 ff.).
[460] *Rengeling/Szczekalla*, Grundrechte, § 43, Rn. 1154.
[461] CONV 354/02 v. 22. 10. 2002, S. 12; *Spiekermann*, S. 219; *Schulte-Herbrüggen*, ZEuS 2009,
343 (362 f.).

ben der EMRK durch den EGMR würde der EU auch in Zukunft innerhalb ihrer supranationalen Rechtsordnung ein angemessener Beurteilungsspielraum eingeräumt werden,[462] und der EGMR würde sich nicht als eine Superrevisionsinstanz verstehen,[463] so dass sich das Verhältnis beider Gerichtshöfe nicht strikt hierarchisch, sondern als ein System des nach- bzw. übereinander geschalteten Rechtsschutzes[464] entwickeln dürfte.

Erfolgte tatsächlich ein Beitritt, so würde die EMRK gem. Art. 216 Abs. 1, 218 AEUV **98** in Form eines **völkerrechtlichen Vertrages Eingang in das Unionsrecht** finden. Die Rangstellung[465] bestimmt somit Art. 216 Abs. 2 AEUV, wonach die von der Union geschlossenen Übereinkünfte die Organe der Union binden, so dass die Rechte und Gewährleistungen der EMRK eine Stellung zwischen Primär- und Sekundärrecht einnehmen werden.[466] Im Ergebnis müsste sich aufgrund dieser Nachrangigkeit die EMRK am Primärrecht, also auch an der Charta der Grundrechte, messen lassen und somit formal hinter diese zurücktreten.[467] Gleichwohl wird in Art. 52 Abs. 3 GRC bestimmt, dass die Gewährleistungen der Charta den durch die EMRK garantierten Rechten entsprechen, die gleiche Bedeutung und Tragweite, wie sie ihnen in der genannten Konvention verliehen wird, haben und dass das Recht der Union einen weiter gehenden Schutz gewähren darf. Insofern würde die EMRK trotz ihrer formellen normhierarchischen Nachrangigkeit in materieller Hinsicht einen zu beachtenden **Auslegungsmaßstab** darstellen.[468] Unabhängig von der rechtlichen Stellung der Konvention innerhalb des Rechtssystems der Union ist die logische Konsequenz der Mitgliedschaft der Europäischen Union in der EMRK die volle Überprüfbarkeit von Primär- und Sekundärrecht am Maßstab der EMRK durch den EGMR,[469] worin vor allem aufgrund der Möglichkeit der Individualbeschwerde zum EGMR eine besondere Bedeutung des Beitritts liegt. Denn in der Union besteht ein Grundrechtsschutz, der entscheidend durch den EuGH entwickelt, an der EMRK ausgerichtet und mit der Rechtsprechung des EGMR harmonisiert wurde. Was bislang fehlte, war gleichwohl ein Individualbeschwerdeverfahren, mit dem gegebenenfalls eine behauptete Verletzung von Grundrechten aus der EMRK unmittelbar gegenüber der EU geltend gemacht werden konnte, das nun jedoch durch einen Beitritt der Union zur EMRK eingeführt werden kann.[470] Eine solche unionsexterne gerichtliche Kontrolle der Beachtung der grundlegenden völkerrechtlichen Grund- und Menschenrechte der EMRK – wie sie für jeden Mitgliedstaat der EU ebenso wie für zahlreiche weitere europäische Staaten schon seit vielen Jahren besteht – stünde auch heute noch der Europäischen Union als Rechtsgemeinschaft überaus gut zu Gesicht.

---

[462] *Polakiewicz*, EuGRZ 2013, 472 (482).

[463] *Huber* (Fn. 336), S. 238.

[464] *Paeffgen*, ZStW 2006, 275 (350).

[465] Vereinzelt wird auch auf Art. 6 Abs. 2 EUV abgestellt und hieraus hergeleitet, dass die EMRK als Primärrecht Einzug in das Recht der Union findet, so u. a. *Knauff*, Der Regelungsverbund: Recht und Soft Law im Mehrebenensystem, 2010, S. 148.

[466] *Pache/Rösch*, EuR 2009, 769 (785).

[467] *Weiß*, ZEuS 2005, 348 (348 f).

[468] *Schwartmann*, Europäischer Grundrechtsschutz nach dem Verfassungsvertrag, AVR 43 (2005), 129 (135); *Schulte-Herbrüggen*, ZEuS 2009, 343 (363 f.).

[469] *Grabenwarter/Pabel* (Fn. 337), Art. 6 EUV, Rn. 65.

[470] *Uerpmann-Wittzack*, Rechtsfragen und Rechtsfolgen des Beitritts der Europäischen Union zur EMRK, EuR-Beilage 2012, 167 (185 f.).

Artikel 7 EUV [Schwerwiegende Verletzung der Werte der Union durch Mitgliedstaaten]

(1) ¹Auf begründeten Vorschlag eines Drittels der Mitgliedstaaten, des Europäischen Parlaments oder der Europäischen Kommission kann der Rat mit der Mehrheit von vier Fünfteln seiner Mitglieder nach Zustimmung des Europäischen Parlaments feststellen, dass die eindeutige Gefahr einer schwerwiegenden Verletzung der in Artikel 2 genannten Werte durch einen Mitgliedstaat besteht. ²Der Rat hört, bevor er eine solche Feststellung trifft, den betroffenen Mitgliedstaat und kann Empfehlungen an ihn richten, die er nach demselben Verfahren beschließt.

Der Rat überprüft regelmäßig, ob die Gründe, die zu dieser Feststellung geführt haben, noch zutreffen.

(2) Auf Vorschlag eines Drittels der Mitgliedstaaten oder der Europäischen Kommission und nach Zustimmung des Europäischen Parlaments kann der Europäische Rat einstimmig feststellen, dass eine schwerwiegende und anhaltende Verletzung der in Artikel 2 genannten Werte durch einen Mitgliedstaat vorliegt, nachdem er den betroffenen Mitgliedstaat zu einer Stellungnahme aufgefordert hat.

(3) ¹Wurde die Feststellung nach Absatz 2 getroffen, so kann der Rat mit qualifizierter Mehrheit beschließen, bestimmte Rechte auszusetzen, die sich aus der Anwendung der Verträge auf den betroffenen Mitgliedstaat herleiten, einschließlich der Stimmrechte des Vertreters der Regierung dieses Mitgliedstaats im Rat. ²Dabei berücksichtigt er die möglichen Auswirkungen einer solchen Aussetzung auf die Rechte und Pflichten natürlicher und juristischer Personen.

Die sich aus den Verträgen ergebenden Verpflichtungen des betroffenen Mitgliedstaats sind für diesen auf jeden Fall weiterhin verbindlich.

(4) Der Rat kann zu einem späteren Zeitpunkt mit qualifizierter Mehrheit beschließen, nach Absatz 3 getroffene Maßnahmen abzuändern oder aufzuheben, wenn in der Lage, die zur Verhängung dieser Maßnahmen geführt hat, Änderungen eingetreten sind.

(5) Die Abstimmungsmodalitäten, die für die Zwecke dieses Artikels für das Europäische Parlament, den Europäischen Rat und den Rat gelten, sind in Artikel 354 des Vertrags über die Arbeitsweise der Europäischen Union festgelegt.

Literaturübersicht

Ahtisaari/Frowein/Oreja, Österreich-Bericht für 14 Mitgliedstaaten der Europäischen Union – angenommen am 8. September 2000 in Paris, EuGRZ 2000, 404; *Andrée*, Zielverpflichtende Gemeinwohlklauseln im AEU-Vertrag – Merkmale, Rechtswirkungen und kompetenzielle Bedeutung der sogenannten »Querschnittsklauseln« in einer Europäischen Wertegemeinschaft, 2014; *Bitter*, Die Sanktion im Recht der Europäischen Union – Der Begriff und seine Funktion im europäischen Rechtsschutzsystem, 2011; *v. Bogdandy/v. Bernstorff*, Die Europäische Agentur für Grundrechte in der europäischen Menschenrechtsarchitektur und ihre Fortentwicklung durch den Vertrag von Lissabon, EuR 2010, 141; *v. Bogdandy/Ioannidis*, Das systemische Defizit – Merkmale, Instrumente und Probleme am Beispiel der Rechtsstaatlichkeit und des neuen Rechtsstaatlichkeitsaufsichtsverfahrens, ZaöRV 2014, 283; *Borowsky*, Wertegemeinschaft Europa, DRiZ 2001, 275; *Calliess*, Europa als Wertegemeinschaft – Integration und Identität durch europäisches Verfassungsrecht, JZ 2004, 1033; *Cassebohm*, Die Agentur der Europäischen Union für Grundrechte – überflüssige Bürokratie oder echter Mehrwert im europäischen Grundrechtsschutzsystem?, ZEuS 2010, 189; *Gerlich*, Auf dem Weg zur Normalität? – Anmerkungen zu den Maßnahmen der EU–14, in: Karlhofer/Melchior/Sickinger (Hrsg.), Anlassfall Österreich – Die Europäische Union auf dem Weg zu einer Wertegemeinschaft, 2001, S. 27; *Ginther*, Der engere und der weitere Kontext der Causa prima: Anmerkungen zur Konkurrenz zwischen einem state- und community-oriented approach im Umgang mit Grundfragen der Europäischen Union, in: *ders.*/Benedek/Isak/Kicker (Hrsg.), Völker- und Europarecht – 25. Österreichischer Völkerrechtstag, 2001, S. 101; *Härtel*, Die Europäische Grundrechteagentur: unnötige Bürokratie oder gesteigerter Grundrechtsschutz?, EuR 2008, 489; *Harbo*, The Function of the Proportionality Principle in EU Law, ELJ 16 (2010), 158; *Hau*, Sanktionen und Vorfeldmaßnahmen zur Absicherung der europäischen Grundwerte – Rechtsfragen zu Art. 7 EUV, 2002; *Herdegen*, Die Europäische Union als Wertegemeinschaft: aktuelle Herausforderungen, FS Scholz, 2007, S. 139; *Heyde*, Grundrechtsentwicklung in der Europäischen Union – vom Netzwerk unabhängiger Grundrechtsexperten zur Grundrechteagentur, FS Sellner, 2010, S. 3; *Hofmeister*, Polen als erster Anwendungsfall des neuen »EU-Rahmens zur Stützung des Rechtsstaatsprinzips«, DVBl 2016, 869; *Holterhus/Kornack*, Die materielle Struktur der Unionsgrundwerte – Auslegung und Anwendung des Art. 2 EUV im Lichte aktueller Entwicklungen in Rumänien und Ungarn, EuGRZ 2014, 389; *Hummer*, Ungarn erneut am Prüfstand der Rechtsstaatlichkeit und Demokratie. Wird Ungarn dieses Mal zum Anlassfall des neu konzipierten »Vor-Artikel 7 EUV«-Verfahrens?, EuR 2015, 625; *Hummer/Obwexer*, Österreich unter »EU-Kuratel« – Die EU als Wertegemeinschaft: vom völkerrechtlichen Interventionsverbot zum gemeinschaftsrechtlichen Interventionsverbot, Europablätter 2000, 52 (Teil I) u. 93 (Teil II); *dies.*, Die Wahrung der »Verfassungsgrundsätze« der EU – Rechtsfragen der »EU-Sanktionen« gegen Österreich, EuZW 2000, 485; *Joas/Mandry*, Europa als Werte- und Kulturgemeinschaft, in: Schuppert/Pernice/Haltern (Hrsg.), Europawissenschaft, 2005, S. 541; *Kassner*, Die Unionsaufsicht – Ausmaß und Bedeutung des Überwachungsmechanismus' nach Artikel 7 des Vertrags über die Europäische Union, 2003; *Köck*, Die Maßnahmen der EU–14 gegen Österreich, in: Ginther/Benedek/Isak/Kicker (Hrsg.), Völker- und Europarecht – 25. Österreichischer Völkerrechtstag, 2001, S. 109; *Kulmhofer*, Der Verfassungscoup – Ungarns Weg zum verfassungsrechtlichen Umbruch, juridikum 2015, 462; *Lindner*, Was ist und wozu braucht man die EU-Grundrechteagentur?, BayVBl. 2008, 129; *Mandry*, Europa als Wertegemeinschaft – Eine theologisch-ethische Studie zum politischen Selbstverständnis der Europäischen Union, 2009; *Merli*, EU-Erweiterung und Nachbarschaftspolitik, in: Fastenrath/Nowak (Hrsg.), Der Lissabonner Reformvertrag – Änderungsimpulse in einzelnen Rechts- und Politikbereichen, 2009, S. 259; *Müller*, Should the EU Protect Democracy and the Rule of Law inside Member States?, ELJ 21 (2015), 141; *Neisser*, Anlassfall Österreich – Die europäische Perspektive, in: Karlhofer/Melchior/Sickinger (Hrsg.), Anlassfall Österreich – Die Europäische Union auf dem Weg zu einer Wertegemeinschaft, 2001, S. 141; *Nicolaysen*, Rechtsgemeinschaft, Gemeinschaftsgerichtsbarkeit und Individuum, in: Nowak/Cremer (Hrsg.), Individualrechtsschutz in der EG und der WTO, 2002, S. 17; *Nowak*, Die Nachbarschaftspolitik der Europäischen Union: Mittelmeerraum und Osteuropa, in: Odendahl/Giegerich (Hrsg.), Räume im Völker- und Europarecht, 2015, S. 105; *Pernthaler/Hilpold*, Sanktionen als Instrument der Politikkontrolle – der Fall Österreich, integration 2000, 105; *Pforr*, Die Allgemeine Unionsaufsicht, 2004; *Puntscher Riekmann*, Österreich und die Europäische Union – Ein Blick zurück auf die Maßnahmen der Vierzehn, in: Karlhofer/Melchior/Sickinger (Hrsg.), Anlassfall Österreich – Die Europäische Union auf dem Weg zu einer Wertegemeinschaft, 2001, S. 131; *Rensmann*, Grundwerte im Prozeß der europäischen Konstitutionalisierung. Anmerkungen zur Europäischen Union als Wertegemeinschaft, in: Blumenwitz (Hrsg.), Die Europäische Union als Wertegemeinschaft, 2005, S. 49; *Salzborn*, Schleichende Transformation zur Diktatur – Ungarns Abschied von der Demokratie, KJ 2015, 71; *Saurer*, Der kompetenzrechtliche Verhältnismäßigkeitsgrundsatz im Recht der Europäischen Union, JZ 2014, 281; *Schlichting/Pietsch*, Die Europäische Grundrechteagentur: Aufgaben – Organisation – Unionskompetenz, EuZW 2005, 587; *Schmahl*, Die Reaktionen auf den Einzug der Freiheitlichen Partei Österreichs in das österreichische Regierungskabinett – Eine europa- und völkerrechtliche Analyse, EuR 2000, 819; *Schneider*, Österreich in Acht und Bann – ein Schritt zur politisch integrierten »Wertegemeinschaft?«, integration 2000, 120; *Schorkopf*, Homogenität in der Europäischen Union – Ausgestaltung und Gewährleistung durch Art. 6 Abs. 1 und Art. 7 EUV, 2000; *ders.*, Verletzt Österreich die Homogenität in der Europäischen Union? – Zur Zulässigkeit der »bilateralen« Sanktionen gegen Österreich, DVBl 2000, 1036; *ders.*, Die Maßnahmen der XIV EU-Mitgliedstaaten gegen Österreich – Möglichkeiten und Grenzen einer »streitbaren Demokratie« auf europäischer Ebene, 2001; *ders.*, Wertesicherung in der Europäischen Union. Prävention, Quarantäne und Aufsicht als Bausteine eines Rechts der Verfassungskrise?, EuR 2016, 147; *Schroth*, Sanktionen gegen EU-Mitgliedstaaten, GS Vogler, 2004, S. 93; *Serini*, Sanktionen der Europäischen Union bei Verstoß eines Mitgliedstaats gegen das Demokratie- oder Rechtsstaatsprinzip, 2009; *Speer*, Die Europäische Union als Wertegemeinschaft, DÖV 2001, 980; *Stein*, Die rechtlichen Reaktionsmöglichkeiten der Europäischen Union bei schwerwiegender und anhaltender Verletzung der demokratischen und rechtsstaatlichen Grundsätze in einem Mitgliedstaat, FS Jaenicke, 1998, S. 871; *Stöbener*, Institutionelles: Kommissionsvorschlag für einen neuen Rahmen zum Schutz der Rechtsstaatlichkeit in der EU, EuZW 2014, 246; *Streinz*, Die Europäische Union als Rechtsgemeinschaft – Rechtsstaatliche Anforderungen an einen Staatenverbund, FS Merten, 2007, S. 395; *Träbert*, Sanktionen der Europäischen Union gegen ihre Mitgliedstaaten – Die Sanktionsverfahren nach Art. 228 Abs. 2 EGV und Art. 7 EUV, 2010; *Trstenjak/Beysen*, Das Prinzip der Verhältnismäßigkeit in der Unionsrechtsordnung, EuR 2012, 265; *Winkler/Schauer*, Die Maßnahmen von 14 EU-Mitglied-staaten gegen Österreich, in: Ginther/Benedek/Isak/Kicker (Hrsg.), Völker- und Europarecht – 25. Österreichischer Völkerrechtstag, 2001, S. 123; *Yamato/Stephan*, Eine Politik der Nichteinmischung – Die Folgen des zahnlosen Art. 7 EUV für das Wertefundament der EU am Beispiel Ungarns, DÖV 2014, 58; *Zuleeg*, Die Europäische Gemeinschaft als Rechtsgemeinschaft, NJW 1994, 545.

Leitentscheidungen

EuGH, Urt. v. 15.7.1964, Rs. 6/64 (Costa/E.N.E.L.), Slg. 1964, 1253
EuGH, Urt. v. 17.12.1970, Rs. 11/70 (Internationale Handelsgesellschaft), Slg. 1970, 1125
EuGH, Urt. v. 23.4.1986, Rs. 294/83 (Parti écologiste »Les Verts«/Europäisches Parlament), Slg. 1986, 1339
EuGH, Urt. v. 29.6.2010, Rs. C–550/09 (Strafsache gegen E u. F), Slg. 2010, I–6213
EuG, Urt. v. 6.9.2013, Rs. T–42/12 u. T–181/12 (Batemi/Rat der EU), ECLI:EU:T:2013:409
EuGH, Urt. v. 3.10.2013, Rs. C–583/11 P (Inuit Tapiriit Kanatami u. a./Europäisches Parlament und Rat der EU), ECLI:EU:C:2013:625
EuGH, Gutachten 2/13 v. 18.12.2014 (EMRK-Beitritt II), ECLI:EU:C:2014:2454

Wesentliche sekundärrechtliche Vorschriften und sonstige einschlägige Dokumente

Verordnung (EG) Nr. 1035/97 des Rates vom 2.6.1997 zur Einrichtung einer Europäischen Stelle zur Beobachtung von Rassismus und Fremdenfeindlichkeit, ABl. 1997, L 151/1
Entscheidung der Kommission zur Errichtung eines Verfahrens für die Zusammenarbeit und die Über-prüfung der Fortschritte Rumäniens bei der Erfüllung bestimmter Vorgaben in den Bereichen Ju-stizreform und Bekämpfung der Korruption vom 13.12.2006, K (2006) 6569 endg.
Entscheidung der Kommission vom 13.12.2006 zur Errichtung eines Verfahrens für die Zusammen-arbeit und die Überprüfung der Fortschritte Bulgariens bei der Erfüllung bestimmter Vorgaben in den Bereichen Justizreform und Bekämpfung der Korruption und des organisierten Verbrechens, K (2006) 6570 endg.
Verordnung (EG) Nr. 168/2007 des Rates vom 15.2.2007 zur Errichtung einer Agentur der Europäi-schen Union für Grundrechte, ABl. 2007, L 53/1
Mitteilung der Kommission an den Rat und an das Europäische Parlament »zu Artikel 7 des Vertrags über die Europäische Union. Wahrung und Förderung der Grundwerte der Europäischen Union«, KOM (2003) 606 endg.
Mitteilung der Kommission an das Europäische Parlament, den Rat, die Europäische Zentralbank, den Europäischen Wirtschafts- und Sozialausschuss und den Ausschuss der Regionen »Das EU-Justiz-barometer – Ein Instrument für eine leistungsfähige, wachstumsfördernde Justiz«, COM(2013) 160 final
Mitteilung der Kommission an das Europäische Parlament und den Rat » Ein neuer EU-Rahmen zur Stärkung des Rechtsstaatsprinzips«, COM(2014) 158 final
Entschließung des Europäischen Parlaments vom 11.6.2015 zur Lage in Ungarn in Bezug auf die dortige Debatte über die mit Art. 2 EUV nicht zu vereinbarende Wiedereinführung der Todes-strafe, EuGRZ 2015, 442

Inhaltsübersicht

A. Überblick

Der zu den in Titel I des EU-Vertrags enthaltenen »Gemeinsamen Bestimmungen« ge-   **1**
hörende Art. 7 EUV besteht aus fünf Absätzen, deren »Herzstück« der in Absatz 1
durch ein Frühwarnverfahren bzw. einen Präventionsmechanismus und in Absatz 5
durch eine ergänzende Regelung zu bestimmten Abstimmungsmodalitäten im Rat, im
Europäischen Rat und im Europäischen Parlament flankierte Sanktionsmechanismus in
Gestalt des in Art. 7 Abs. 2–4 EUV geregelten Sanktions- bzw. Suspendierungsverfahrens darstellt. Den gemeinsamen und zentralen Gegenstand der beiden vorgenannten
Mechanismen bildet der **Schutz der in Art. 2 EUV niedergelegten Werte** vor drohenden
und/oder bereits eingetretenen (schwerwiegenden bzw. schwerwiegenden und anhaltenden) Verletzungen dieser Werte durch einen oder mehrere EU-Mitgliedstaaten. Nach
Art. 2 Satz 1 EUV gründet sich die Europäische Union auf sechs Werte in Gestalt der
Achtung der Menschenwürde, der Freiheit, der Demokratie, der Gleichheit, der Rechtsstaatlichkeit und der Wahrung der Menschenrechte einschließlich der Rechte der Personen, die Minderheiten angehören. Diese Werte sind nach Art. 2 Abs. 2 EUV auch allen
EU-Mitgliedstaaten in einer Gesellschaft gemeinsam, die sich durch Pluralismus, Nicht-
diskriminierung, Toleranz, Gerechtigkeit, Solidarität und die Gleichheit von Frauen und
Männern auszeichnet.

Die bereits in den beiden vorgenannten Sätzen des Art. 2 EUV hinreichend klar zum   **2**
Ausdruck kommende **Wertegebundenheit der Europäischen Union und ihrer Mitgliedstaaten**, die insbesondere auch im zweiten und vierten Erwägungsgrund der Präambel
des EU-Vertrags (s. Präambel EUV, Rn. 12 ff.), in den ersten drei Absätzen der Charta
der Grundrechte der Europäischen Union (s. Präambel GRC, Rn. 7 ff.), im nachbarschaftspolitischen Art. 8 EUV,[1] im (»Beitritts«)-Art. 49 EUV[2] sowie in diversen weiteren Einzelbestimmungen des primären Unionsrechts[3] unterstrichen wird, hat der Europäischen Union zwar längst den Ruf einer Wertegemeinschaft bzw. einer Werteunion
eingebracht.[4] Diesem offenbar auch von der Kommission bereits seit vielen Jahren für

---

[1] Zur Wertegebundenheit der EU in spezieller Ansehung des in Art. 8 Abs. 1 EUV angesprochenen
Raums des Wohlstands und der guten Nachbarschaft vgl. etwa *Merli*, S. 259 (267); *Nowak*, S. 105
(116 ff.); sowie die Kommentierung zu Art. 8 EUV.

[2] Zur bedeutsamen Rolle der Unionswerte im Anwendungsbereich dieser Bestimmung vgl. etwa
Merli, S. 259 (260 ff.); *Pechstein*, in: Streinz, EUV/AEUV, Art. 49 EUV, Rn. 4; sowie die Kommentierung zu Art. 49 EUV.

[3] Vgl. etwa Art. 3 Abs. 1 und Abs. 5 Satz 1 EUV, Art. 13 Abs. 1 EUV sowie Art. 21 Abs. 1 UAbs. 1
EUV.

[4] Zur weit verbreiteten Einordnung der EU als Wertegemeinschaft oder Werteunion vgl. statt
vieler *Andrée*, S. 289 ff.; *Borowsky*, DRiZ 2001, 275 ff.; *Calliess*, JZ 2004, 1033 ff.; *ders.*, in: Calliess/
Ruffert, EUV/AEUV, Art. 2 EUV, Rn. 3; *Herdegen*, S. 139 ff.; *Holterhus/Kornack*, EuGRZ 2014, 389
(389); *Joas/Mandry*, S. 541 ff.; *Mandry*, S. 49 ff.; *Rensmann*, S. 49 ff.; *Speer*, DÖV 2001, 980 ff.;
Streinz, in: Streinz, EUV/AEUV, Präambel GR-Charta, Rn. 7.

gerechtfertigt gehaltenen Ruf[5] kann die zugleich als Rechtsgemeinschaft[6] bzw. als Rechtsunion einzuordnende Europäische Union[7] jedoch nur dann wirklich gerecht werden, wenn sie im Bedarfsfall in der Lage ist, in hinreichend wirksamer Weise gegen schwerwiegende Verletzungen der vorgenannten Werte durch einen oder mehrere ihrer Mitgliedstaaten vorzugehen, auch wenn die Art. 2 und 7 EUV zunächst einmal eine dahingehende Vermutung begründen, dass die EU-Mitgliedstaaten den hier in Rede stehenden Werten bzw. den daraus resultierenden Anforderungen genügen.[8] Zu genau diesem Zweck ist Art. 7 EUV, den es in der Maastrichter Ursprungsfassung des Vertrags über die Europäische Union vom 7.2.1992[9] noch nicht gab, durch den am 1.5.1999 in Kraft getretenen **Änderungsvertrag von Amsterdam** (s. Art. 1 EUV, Rn. 25) als ein neuer Bestandteil des unionalen Sanktionsrechts[10] in das primäre Unionsrecht eingefügt[11] und durch den am 1.2.2003 in Kraft getretenen **Änderungsvertrag von Nizza** (s. Art. 1 EUV, Rn. 25) um einen weiteren Absatz ergänzt worden, bei dem es sich um den durch den Reformvertrag von Lissabon nur leicht modifizierten Art. 7 Abs. 1 EUV handelt. Mit dieser Ergänzung hat der Änderungsvertrag von Nizza den bis dato in Art. 7 EUV vorgesehenen Sanktionsregelungen ein neuartiges – gelegentlich auch als Präventionsmechanismus bezeichnetes (s. Rn. 1) – Frühwarnsystem hinzugefügt, welches den in Art. 16 EUV angesprochenen Rat unter gewissen Voraussetzungen dazu ermächtigt, mit bestimmten Vorfeldmaßnahmen auf die eindeutige Gefahr einer schwerwiegenden Verletzung der in Art. 2 EUV genannten Werte zu reagieren (s. Rn. 6 ff.).

---

[5] Vgl. dazu etwa die Mitteilung der Kommission vom 15.10.2013 an den Rat und an das Europäische Parlament »zu Artikel 7 des Vertrags über die Europäische Union. Wahrung und Förderung der Grundwerte der Europäischen Union«, KOM (2003) 606 endg. (nachfolgend: »Kommissionsmitteilung zu Art. 7 EUV«), wo es auf S. 14 heißt: »Die Europäische Union ist zuallererst eine Union der Werte«.

[6] Zur Einordnung der damaligen EG als Rechtsgemeinschaft vgl. nur EuGH, Urt. v. 23.4.1986, Rs. 294/83 (Parti écologiste »Les Verts«/Europäisches Parlament), Slg. 1986, 1339, Rn. 23; Gutachten 1/91 v. 14.12.1991, Slg. 1991, I–6079, Rn. 21; Urt. v. 3.9.2008, verb. Rs. C–402/05 P u. C–415/05 P (Kadi u. a./Rat u. Kommission), Slg. 2008, I–6351, Rn. 281; ausführlich zu dem hier in Rede stehenden Konzept der Rechtsgemeinschaft vgl. statt vieler *Everling*, in: v. Bogdandy/Bast, Europäisches Verfassungsrecht, S. 961 (990 ff.); *Nicolaysen*, S. 17 ff.; *Nowak*, Rechtsschutz im europäischen Verwaltungsrecht, in: Terhechte, Verwaltungsrecht der EU, § 13, Rn. 4 f.; *Streinz*, FS Merten, S. 395 ff.; *Zuleeg*, NJW 1994, 545 ff.

[7] Zur nunmehr gebotenen – insbesondere mit der in Art. 1 Abs. 3 Satz 3 EUV enthaltenen Rechtsnachfolgeregelung zusammenhängenden – Verwendung des jüngeren und mit dem vorgenannten Begriff der Rechtsgemeinschaft in inhaltlicher Hinsicht weitgehend deckungsgleichen Begriffs der »Rechtsunion« vgl. etwa EuGH, Urt. v. 29.6.2010, Rs. C–550/09 (Strafsache gegen E u. F), Slg. 2010, I–6213, Rn. 44; EuG, Urt. v. 6.9.2013, Rs. T–42/12 u. T–181/12 (Batemi/Rat der EU), ECLI:EU:T: 2013:409, Rn. 41; EuGH, Urt. v. 3.10.2013, Rs. C–583/11 P (Inuit Tapiriit Kanatami u. a./Europäisches Parlament und Rat der EU), ECLI:EU:C:2013:625, Rn. 91; Urt. v. 19.12.2013, Rs. C–274/12 (Telefónica SA/Kommission), ECLI:EU:C:2013:852, Rn. 56.

[8] Zu dieser Vermutung vgl. auch *v. Bogdandy/Ioannidis*, ZaöRV 2014, 283 (284); sowie die Kommissionsmitteilung zu Art. 7 EUV (Fn. 5), wo es auf S. 14 in Ansehung der EU als Werteunion heißt: »Die Kommission hält an ihrer Überzeugung fest, dass die Verhängung von Sanktionen gemäß Artikel 7 EU-Vertrag und Art. 309 EG-Vertrag [jetzt: Art. 354 AEUV] in dieser Union der Werte nicht notwendig ist«.

[9] ABl. 1992, C 191/1.

[10] Instruktiv zum unionsrechtlichen Sanktionsbegriff sowie zu den verschiedenen Bestandteilen und Ausprägungen des unionalen Sanktionsrechts vgl. insbesondere *Bitter*, S. 37 ff.; *Träbert*, S. 20 ff.; näher dazu vgl. ferner *Kassner*, S. 200 ff.; *Schroth*, S. 93 ff.

[11] Ausführlich zu den Motiven, die seinerzeit hinter der Einfügung dieser Norm standen, vgl. *Schorkopf*, in: Grabitz/Hilf/Nettesheim, EU, Art. 7 EUV (Juli 2010), Rn. 1 ff.; näher zur Genese des Art. 7 EUV in der damaligen Fassung des Amsterdamer Vertrags vgl. ferner *Schorkopf*, Homogenität in der Europäischen Union, S. 135 ff.; *Stein*, S. 871 ff.

Den maßgeblichen Hintergrund der Einrichtung des vorgenannten Frühwarnsystems[12] bilden die im Jahre 2000 von den seinerzeit vierzehn anderen EU-Mitgliedstaaten gegen Österreich ergriffenen Sanktionen, die sich damals gegen die Regierungsbeteiligung bzw. gegen die Aufnahme der seinerzeit unter anderem als »rechtspopulistische Partei mit extremistischer Ausdrucksweise« eingestuften[13] Freiheitlichen Partei Österreichs (FPÖ) in die österreichische Regierungskoalition richteten[14] und zu dieser Zeit noch nicht auf Art. 7 EUV in seiner damaligen Fassung von Amsterdam stützen ließen. Da es für diese damaligen **Sanktionsmaßnahmen gegen Österreich** auch keine andere gemeinschafts- oder unionsrechtliche Ermächtigungsgrundlage gab, wurden sie in großen Teilen des einschlägigen Schrifttums als rechtswidrig und/oder als (rechts-)anmaßend eingestuft.[15] Ähnliche Maßnahmen gegen andere EU-Mitgliedstaaten sind in der Folge nicht mehr ergriffen worden. Auf Art. 7 EUV gestützte Sanktionsmaßnahmen ist bislang sogar ausnahmslos verzichtet worden, obwohl es durchaus Vorgänge in einzelnen EU-Mitgliedstaaten gab und gibt, die eine Aktivierung der in dieser Norm geregelten Präventions- und Sanktionsmechanismen möglicherweise hätten rechtfertigen können bzw. ermöglichen würden.[16] Insoweit lässt sich zwar feststellen, dass die **praktische Bedeutung des Art. 7 EUV** bislang äußerst gering geblieben ist;[17] die unionsverfassungspolitische Symbolik dieser Norm und ihre abschreckende bzw. disziplinierende Wirkung dürfen oder sollten jedoch nicht unterschätzt werden.

3

Die bislang unterbliebene Aktivierung des gelegentlich auch unter dem Rechtsbegriff der »(Allgemeinen) Unionsaufsicht« thematisierten Art. 7 EUV[18] führt zwar dazu, dass diese Norm gelegentlich als »zahnloser Tiger« bezeichnet wird.[19] Dies liegt aber nicht an einer vollkommen übertriebenen (politischen) Rücksichtnahme der nach Art. 7 Abs. 1 und 2 EUV vorschlagsberechtigten Akteure (s. Rn. 12 u. 17) gegenüber der nach Art. 4

4

---

[12] Ausführlich zur Genese und zum Zustandekommen des hier in Rede stehenden Art. 7 Abs. 1 EUV bzw. des darin geregelten Frühwarnsystems vgl. etwa *Hau*, S. 321 ff.; *Pforr*, S. 187 ff.; *Serini*, S. 181 ff.

[13] Vgl. *Ahtisaari/Frowein/Oreja*, EuGRZ 2000, 404 (413).

[14] Ausführlich zu diesen Sanktionen der »Vierzehn« bzw. der »EU-14« und zur Chronologie der diesbezüglichen Ereignisse vgl. *Gerlich*, S. 27 ff.; *Ginther*, S. 101 ff.; *Hau*, S. 225 ff.; *Hummer/Obwexer*, Europablätter 2000, 52 ff. u. 93 ff.; *dies.*, EuZW 2000, 485; *Neisser*, S. 141 ff.; *Pernthaler/Hilpold*, integration 2000, 105 ff.; *Puntscher Riekmann*, S. 131 ff.; *Schmahl*, EuR 2000, 819; *Schneider*, integration 2000, 120 ff.; *Schorkopf*, Die Maßnahmen der XIV EU-Mitgliedstaaten gegen Österreich, S. 15 ff.; *Serini*, S. 137 ff.; *Winkler/Schauer*, S. 123 ff.

[15] So etwa von *Köck*, S. 109 (119 ff.); *Schorkopf*, DVBl 2000, 1036.

[16] Exemplarisch zur partiellen Kollision jüngerer Verfassungsreformen in Ungarn mit einzelnen in Art. 2 Satz 1 EUV genannten Werten der EU vgl. etwa *Yamato/Stephan*, DÖV 2014, 58 ff.; näher zu diesem speziellen »Problemfall« vgl. auch *Kulmhofer*, juridikum 2015, 462; *Müller*, ELJ 21 (2015), 141 ff., sowie *Hummer*, EuR 2015, 625; *Salzborn*, KJ 2015, 71 ff. Darüber hinaus wurden mit Art. 7 EUV immer wieder auch einzelne Vorgänge in Verbindung gebracht, die sich in Italien während der Amtszeit von *Berlusconi* abgespielt haben, vgl. nur *Calliess*, JZ 2004, 1033 (1036); *Serini*, S. 202 ff.; entsprechend für Rumänien in spezieller Ansehung des Amtsenthebungsverfahrens gegen den Präsidenten vgl. *Holterhus/Kornack*, EuGRZ 2014, 389 (394 f.). Aktuell stellt sich darüber hinaus beispielsweise die Frage, ob nicht auch der Umgang mit bestimmten Minderheiten in Rumänien ein denkbarer Fall für Art. 7 EUV sein könnte. Zur aktuell ebenfalls diskutierten Relevanz des Art. 7 EUV für Polen vgl. schließlich *v. Bogdandy*, Die EU im polnischen Kampf um demokratische Rechtsstaatlichkeit, EuZW 2016, 441; sowie *Hofmeister*, DVBl 2016, 869.

[17] Zu daran anknüpfenden Reformüberlegungen und -vorschlägen aus jüngerer Zeit vgl. etwa *Müller*, ELJ 21 (2015), 141 ff.; *Yamato/Stephan*, DÖV 2014, 58 ff.

[18] Vgl. nur *Kassner*, S. 37 ff.; sowie *Pforr*, S. 25 ff.

[19] So etwa von *Holterhus/Kornack*, EuGRZ 2014, 389 (400); ähnlich *Yamato/Stephan*, DÖV 2014, 58 ff.

Abs. 2 Satz 1 EUV in den grundlegenden politischen und verfassungsmäßigen Strukturen einschließlich der regionalen und lokalen Selbstverwaltung zum Ausdruck kommenden nationalen **Identität der Mitgliedstaaten**. Vielmehr beruht die bisherige Nichtaktivierung des Art. 7 EUV im Wesentlichen darauf, dass die Durchführung des in Art. 7 Abs. 1 EUV geregelten Frühwarnverfahrens und/oder des in Art. 7 Abs. 2–4 EUV geregelten Sanktionsverfahrens von den recht strengen Voraussetzungen des Bestehens einer eindeutigen Gefahr einer schwerwiegenden Verletzung der in Art. 2 Abs. 1 EUV genannten Werte (s. Rn. 7 ff.) bzw. des Vorliegens einer schwerwiegenden und anhaltenden Verletzung dieser Werte durch einen Mitgliedstaat (s. Rn. 16) abhängt, deren Annahme geradezu **systematische Defizite in dem betreffenden Mitgliedstaat**[20] und insofern – beispielsweise in spezieller Ansehung der nach Art. 2 Satz 1 EUV zu den maßgeblichen Werten gehörenden Rechtsstaatlichkeit – weit aus mehr als die Feststellung etwa eines einzelnen Verstoßes eines Mitgliedstaats gegen ein bestimmtes Grund- oder Menschenrecht voraussetzt. Insofern kann es durchaus eine Vielzahl mitgliedstaatlicher – und dabei möglicherweise sogar einzelne der in Art. 2 EUV genannten Werte tangierender – Unionsrechtsverstöße geben, die sich bereits durch die in Art. 258 und 259 AEUV geregelten Vertragsverletzungsverfahren (s. Rn. 24) ahnden lassen, ohne dabei zugleich in die Nähe der in Art. 7 Abs. 1 und 2 EUV angesprochenen (drohenden oder tatsächlichen) »Verletzung der in Art. 2 EUV genannten Werte« zu gelangen. Darüber hinaus verlangt Art. 7 EUV ziemlich hohe Quoren insbesondere im Rat (s. Rn. 12) und im Europäischen Rat (s. Rn 17). Vor diesem Hintergrund überrascht es nicht, dass sich die Kommission nunmehr für die **Einführung eines dem Art. 7 EUV vorgeschalteten Frühwarnmechanismus zum Schutz der Rechtsstaatlichkeit** entschieden hat,[21] welches im Verbund etwa mit den rechtsstaatssichernden Aufgaben und Tätigkeiten der im Jahre 1997 errichteten Europäischen Beobachtungsstelle für Rassismus und Fremdenfeindlichkeit[22] und der im Jahre 2007 errichteten Agentur für Grundrechte[23] sowie im Verbund mit weiteren Instrumenten etwa in Gestalt des von der Kommission im Jahre 2013

---

[20] Ausführlicher zu der insbesondere auch im Anwendungsbereich des Art. 7 EUV relevanten Kategorie des »systemischen Defizits« auf EU-mitgliedstaatlicher Ebene vgl. m. w. N. *v. Bogdandy/ Ioannidis*, ZaöRV 2014, 283 ff.

[21] Vgl. dazu insbesondere die Mitteilung der Kommission an das Europäische Parlament und den Rat: Ein neuer EU-Rahmen zur Stärkung des Rechtsstaatsprinzips, COM(2014) 158 final; näher dazu sowie zu dem hierdurch geschaffenen Frühwarnmechanismus zum Schutz der Rechtsstaatlichkeit in der EU bzw. in ihren Mitgliedstaaten vgl. *v. Bogdandy/Ioannidis*, ZaöRV 2014, 283 (322 ff.); *Hofmeister*, DVBl 2016, 869 (872 ff.); *Holterhus/Kornack*, EuGRZ 2014, 389 (400); *Schorkopf*, EuR 2016, 147 (152 f.); *Stöbener*, EuZW 2014, 246. Zu jüngsten Initiativen, die in diesem Zusammenhang nicht nur die Rechtsstaatlichkeit, sondern auch die Demokratie und den Schutz der Grundrechte in den Blick nehmen, vgl. die Pressemitteilung des Europäischen Parlaments vom 11. 2. 2015, EuZW 2015, 164, sowie die Entschließung des Europäischen Parlaments vom 11. 6. 2015 zur Lage in Ungarn in Bezug auf die dortige Debatte über die mit Art. 2 EUV nicht zu vereinbarende Wiedereinführung der Todesstrafe, EuGRZ 2015, 442 f. (dort unter Punkt J. Nr. 12); zu dieser Entschließung vgl. *Hummer*, EuR 2015, 625.

[22] Vgl. dazu insbesondere die Verordnung (EG) Nr. 1035/97 des Rates vom 2. 6. 1997 zur Einrichtung einer Europäischen Stelle zur Beobachtung von Rassismus und Fremdenfeindlichkeit, ABl. 1997, L 151/1.

[23] Vgl. dazu insbesondere die Verordnung (EG) Nr. 168/2007 des Rates vom 15. 2. 2007 zur Errichtung einer Agentur der Europäischen Union für Grundrechte, ABl. 2007, L 53/1; ausführlicher zur Struktur und zu den rechtsstaatssichernden Aufgaben und Tätigkeiten dieser aus mancherlei Gründen nicht unumstrittenen Agentur vgl. *v. Bogdandy/v. Bernstorff*, EuR 2010, 141; *Cassebohm*, ZEuS 2010, 189; *Frenz*, Handbuch Europarecht, Bd. 4, Rn. 790 ff.; *Härtel*, EuR 2008, 489; *Heyde*, S. 3 ff.; *Lindner*, BayVBl. 2008, 129 ff.; *Schlichting/Pietsch*, EuZW 2005, 587 ff.

eingeführten EU-Justizbarometers[24] und des auf Bulgarien und Rumänien bezogenen **Kooperations- und Überprüfungsmechanismus**,[25] der bis zuletzt regelmäßige Fortschrittsberichte der Kommission nach sich gezogen hat,[26] zur Vermeidung einer vorschnellen Aktivierung des Art. 7 EUV beiträgt und damit zugleich die jedenfalls in praktischer Hinsicht bislang zu konstatierende Bedeutungslosigkeit dieser Norm (s. Rn. 3) noch weiter zementiert.

Der durch den am 1.12.2009 in Kraft getretenen Lissabonner Reformvertrag (s. **5** Art. 1 EUV, Rn. 33 ff.) zum Zwecke der Anpassung an andere vertragliche Änderungen leicht überarbeitete Art. 7 EUV besteht insgesamt aus fünf Absätzen, von denen der erste den vorgenannten Frühwarnmechanismus bzw. das so genannte **Frühwarnverfahren** zum Gegenstand hat (B.). Das »Herzstück« des Art. 7 EUV bildet sodann das in den Absätzen 2 bis 4 geregelte **Sanktions- bzw. Suspendierungsverfahren** (C.), dem sich im fünften und letzten Absatz dieser Bestimmung schließlich ein auf die normspezifischen **Abstimmungsmodalitäten** im Europäischen Parlament, im Europäischen Rat und im Rat bezogener Verweis auf Art. 354 AEUV anschließt (D.). Keine Antwort gibt Art. 7 EUV indes auf die zum Teil äußerst kontrovers diskutierte Abschlussfrage, in welchem **Verhältnis** das in dieser Norm geregelte Sanktionsregime **zu anderen** unionsrechtlichen **Sanktionsmöglichkeiten** insbesondere in Gestalt der in Art. 258 und 259 AEUV geregelten Vertragsverletzungsverfahren sowie zu weiteren – möglicherweise durch das allgemeine Völkerrecht eröffneten – Reaktionsmöglichkeiten steht (E.).

B. Vorfeldmaßnahmen im Frühwarnverfahren (Absatz 1)

Der **Hauptzweck** des in Art. 7 Abs. 1 EUV geregelten Präventionsmechanismus bzw. **6** Frühwarnverfahrens, das erst mit dem Änderungsvertrag von Nizza eingeführt worden

---

[24] Zur Einführung und zur Bedeutung dieses sog. EU-Justizbarometers, das im Wesentlichen als Vergleichsinstrument für das Funktionieren der Justizsysteme der EU-Mitgliedstaaten zu dienen bestimmt ist, vgl. die Mitteilung der Kommission an das Europäische Parlament, den Rat, die Europäische Zentralbank, den Europäischen Wirtschafts- und Sozialausschuss und den Ausschuss der Regionen »Das EU-Justizbarometer – Ein Instrument für eine leistungsfähige, wachstumsfördernde Justiz«, COM(2013) 160 final, i.V.m. dem jüngsten »EU-Justizbarometer 2015« bzw. dem »2015 EU Justice Scoreboard«, COM(2015) 116 final.

[25] Vgl. insbesondere Art. 37 u. 38 der Akte über die Bedingungen des Beitritts der Republik Bulgariens und Rumäniens und die Anpassungen der Verträge, auf denen die Europäische Union beruht, ABl. 2005, L 157/203, jeweils i.V.m. der Entscheidung der Kommission zur Errichtung eines Verfahrens für die Zusammenarbeit und die Überprüfung der Fortschritte Bulgariens bei der Erfüllung bestimmter Vorgaben in den Bereichen Justizreform und Bekämpfung der Korruption und des organisierten Verbrechens vom 13.12.2006, K (2006) 6570 endg., und mit der Entscheidung der Kommission zur Errichtung eines Verfahrens für die Zusammenarbeit und die Überprüfung der Fortschritte Rumäniens bei der Erfüllung bestimmter Vorgaben in den Bereichen Justizreform und Bekämpfung der Korruption vom 13.12.2006, K (2006) 6569 endg.: näher zu diesem Mechanismus vgl. *v. Bogdandy/Ioannidis*, ZaöRV 2014, 283 (313 ff.).

[26] Exemplarisch dazu vgl. den Bericht der Kommission an das Europäische Parlament und den Rat über Rumäniens Fortschritte im Rahmen des Kooperations- und Überprüfungsmechanismus vom 22.1.2014, COM (2013) 37 final, und den gleichlautenden Fortschrittsbericht der Kommission vom 28.1.2015, COM (2015) 35 final, sowie den Bericht der Kommission an das Europäische Parlament und den Rat über Bulgariens Fortschritte im Rahmen des Kooperations- und Überprüfungsmechanismus vom 22.1.2014, COM (2013) 36 final, und den gleichlautenden Fortschrittsbericht der Kommission vom 28.1.2015, COM (2015) 36 final.

ist (s. Rn. 2), besteht im Sinne einer **Warnfunktion**[27] darin, dem betroffenen EU-Mitgliedstaat frühzeitig den Ernst der Lage zu verdeutlichen und dabei zugleich die anderen Mitgliedstaaten und vor allem die Union vor voreiligen Maßnahmen zu bewahren.[28] Zu diesem Zweck bestimmt Art. 7 Abs. 1 UAbs. 1 Satz 1 EUV zunächst einmal, das der in Art. 16 EUV angesprochene Rat auf begründeten Vorschlag eines Drittels der Mitgliedstaaten, des Europäischen Parlaments oder der Europäischen Kommission mit der Mehrheit von vier Fünfteln seiner Mitglieder nach Zustimmung des Europäischen Parlaments feststellen kann, dass die eindeutige Gefahr einer schwerwiegenden Verletzung der in Art. 2 EUV genannten Werte durch einen Mitgliedstaat besteht. Ergänzend sieht Art. 7 Abs. 1 UAbs. 1 Satz 2 EUV vor, dass der Rat den betroffenen Mitgliedstaat hört, bevor er die vorgenannte **Feststellung** des Bestehens einer eindeutigen Gefahr einer schwerwiegenden Verletzung der in Art. 2 EUV genannten Werte durch einen Mitgliedstaat trifft, und dass er an diesen Mitgliedstaat **Empfehlungen** richten kann, die er nach demselben Verfahren beschließt. Ob die Gründe, die zu der vorgenannten Feststellung geführt haben, anschließend noch vorliegen, hat der Rat schließlich nach Art. 7 Abs. 1 UAbs. 2 EUV regelmäßig zu überprüfen. In inhaltlicher Hinsicht knüpfen die in Art. 7 Abs. 1 EUV angesprochenen Handlungen des Rates an das Bestehen oder Vorliegen einer eindeutigen Gefahr einer schwerwiegenden Verletzung der in Art. 2 EUV genannten Werte an (I.). Für diesen Fall sieht Art. 7 Abs. 1 UAbs. 1 EUV ein formalisiertes Verfahren vor, das dem Rat bestimmte Reaktionsmöglichkeiten eröffnet, um in angemessener Weise auf die vorgenannte Gefahr reagieren zu können (II.). Die damit zusammenhängenden Rechtsfolgen und Rechtsschutzfragen werden in einem gesonderten Abschnitt behandelt (III.).

I. Die Tatbestandsmerkmale der eindeutigen Gefahr einer schwerwiegenden Verletzung der in Art. 2 EUV genannten Werte

7   Die in Art. 7 Abs. 1 UAbs. 1 Satz 1 EUV enthaltenen Tatbestandsmerkmale der eindeutigen Gefahr einer schwerwiegenden Verletzung der in Art. 2 EUV genannten Werte, bei denen es sich nach Art. 2 Satz 1 EUV um die Achtung der Menschenwürde, der Freiheit, der Demokratie, der Gleichheit, der Rechtsstaatlichkeit und der Wahrung der Menschenrechte einschließlich der Rechte der Personen, die Minderheiten angehören, handelt, werfen zunächst einmal die in der bisherigen Rechtsprechung des Unionsrichters unbeantwortet gebliebene Frage auf, ob ein Einschreiten des Rates auf der Grundlage dieser Vertragsbestimmung eine drohende (schwerwiegende) Verletzung aller oder mehrerer der in Art. 2 EUV genannten Werte durch einen Mitgliedstaat voraussetzt (1. Option) oder ob dafür bereits die eindeutige Gefahr einer schwerwiegenden Verletzung nur eines dieser Werte durch einen Mitgliedstaat ausreicht (2. Option). Der Wortlaut des Art. 7 Abs. 1 UAbs. 1 Satz 1 EUV (»Werte«) spricht zwar für die 1. Option; im einschlägigen Schrifttum hat sich jedoch die der 2. Option entsprechende Auffassung durchgesetzt, dass in diesem Kontext die Gefahr einer schwerwiegenden Verletzung »nur« eines der in Art. 2 EUV aufgeführten Werte durch einen Mitgliedstaat ausreichen

---

[27] Zu dieser dem Art. 7 Abs. 1 EUV immanenten Hauptfunktion vgl. auch *Becker*, in: Schwarze, EU-Kommentar, Art. 7 EUV, Rn. 4; *Heintschel von Heinegg*, in: Vedder/Heintschel von Heinegg, Europäisches Unionsrecht, Art. 7 EUV, Rn. 3; *Voet van Vormizeele*, in: GSH, Europäisches Unionsrecht, Art. 7 EUV, Rn. 4 u. 6.

[28] Zu diesem allgemein anerkannten Hauptzweck des hier in Rede stehenden Frühwarnverfahrens oder -systems vgl. auch *Pechstein*, in: Streinz, EUV/AEUV, Art. 1 EUV, Rn. 5.

muss[29]. Dieser Auffassung ist auf Grund der fundamentalen Bedeutung jedes einzelnen der in der vorgenannten Bestimmung genannten Werte zuzustimmen. Dass die etwaige Verletzung eines dieser Werte ohnehin in der Regel zugleich mit der **Verletzung eines** anderen **oder mehrerer** anderer **der in Art. 2 EUV genannten Werte** einhergehen dürfte,[30] steht dabei auf einem anderen Blatt.

Unter welchen genauen Voraussetzungen von einer »Verletzung« eines oder mehrerer der in Art. 2 EUV genannten Werte gesprochen werden kann, ist in Teilen unklar, da es für den in Art. 7 Abs. 1 UAbs. 1 Satz 1 EUV enthaltenen **Verletzungsbegriff**, dessen Auslegung und Anwendung durch den Rat angesichts des Art. 269 AEUV ebenfalls nicht der gerichtlichen Kontrolle durch den Unionsrichter unterliegt, keine primärrechtliche Definition gibt. Ausgehend von der – insbesondere mit Blick auf die in Art. 258 und 259 AEUV geregelten Vertragsverletzungsverfahren durchaus nachvollziehbaren – Annahme, dass die in Art. 7 EUV geregelten Präventions- und Sanktionsmechanismen nicht auf die Lösung problematischer Einzelfälle ausgerichtet seien, vertritt beispielsweise die Kommission die Auffassung, dass eine Verletzung im Sinne von Art. 7 EUV nur festgestellt werden kann, wenn sich der Gegenstand der Verletzung unmittelbar auf die gemeinsamen Werte bezieht, und dass eine solche Verletzung folglich über einen besonderen Umstand hinausgehen und die Dimension eines systemischen Problems aufweisen müsse.[31] Dies ist im Grundsatz weitgehend konsensfähig, auch wenn sich die im einschlägigen Schrifttum angebotenen Definitionen des in Art. 7 EUV enthaltenen Verletzungsbegriffs zum Teil erheblich voneinander unterscheiden.[32]

Weitgehende Einigkeit besteht darin, dass die Anwendbarkeit der in **Art. 7 EUV** geregelten Präventions- und Sanktionsmechanismen **nicht auf den Anwendungsbereich des Unionsrechts beschränkt** ist, so dass die Union nicht nur bei einer Verletzung der in Art. 2 EUV genannten Werte in diesem beschränkten Rahmen, sondern auch dann auf der Grundlage des Art. 7 EUV tätig werden kann, wenn die Verletzung in einem Bereich erfolgt, der aus dem Anwendungsbereich des Unionsrechts herausfällt bzw. von der Handlungsautonomie der Mitgliedstaaten erfasst wird.[33] Auf die **Form der Verletzung**, die rechtsförmig oder faktisch sowohl durch ein Tun als auch durch ein Unterlassen bewirkt werden kann, kommt es im Anwendungsbereich des Art. 7 EUV ebenfalls nicht

8

9

---

[29] So auch *Pechstein*, in: Streinz, EUV/AEUV, Art. 1 EUV, Rn. 6; *Ruffert*, in: Calliess/Ruffert, EUV/AEUV, Art. 7 EUV, Rn. 5; *Schorkopf*, in: Grabitz/Hilf/Nettesheim, EU, Art. 7 EUV (Juli 2010), Rn. 30; sowie die Kommissionsmitteilung zu Art. 7 EUV (Fn. 5), S. 9.

[30] In diesem zutr. Sinne vgl. etwa *Pechstein*, in: Streinz, EUV/AEUV, Art. 1 EUV, Rn. 6.

[31] Vgl. dazu die Kommissionsmitteilung zu Art. 7 EUV (Fn. 5), S. 8; in eine ähnliche Richtung weisend vgl. die Entschließung des Europäischen Parlaments vom 11.6.2015 zur Lage in Ungarn in Bezug auf die dortige Debatte über die mit Art. 2 EUV nicht zu vereinbarende Wiedereinführung der Todesstrafe, EuGRZ 2015, 442 f. (dort unter Punkt J. Nr. 11); zu dieser Entschließung vgl. *Hummer*, EuR 2015, 625.

[32] Exemplarisch vgl. zum einen *Holterhus/Kornack*, EuGRZ 2014, 389 (397), wonach »ein Verstoß gegen einen in Art. 2 EUV niedergelegten Wert erst dann anzunehmen« sei, »wenn die Rechtsordnung eines Mitgliedstaats in ihrer Gesamtheit diesen Wert nicht mehr gewährleistet«, zum anderen vgl. *Schorkopf*, in: Grabitz/Hilf/Nettesheim, EU, Art. 7 EUV (Juli 2010), Rn. 30 u. 32, wonach eine Verletzung der Werte durch einen Mitgliedstaat dann vorliege, wenn der betroffene Mitgliedstaat von den Inhalten der Werte negativ abweicht, und wonach diese Verletzung im Sinne des Art. 7 Abs. 1 u. 2 EUV »schwerwiegend« sei, »wenn sie über eine einfache Vertragsverletzung hinausgehend eine finale Beeinträchtigung der Werte des Art. 2 EUV darstellt, die vor dem Hintergrund des Sinns und Zwecks von Art. 7 EUV die europäische Integration als solche in Frage stellt«.

[33] In diesem Sinne vgl. die Kommissionsmitteilung zu Art. 7 EUV (Fn. 5), S. 5.

an.[34] Entscheidend ist vielmehr, dass die Verletzung dem betreffenden Mitgliedstaat zurechenbar ist.[35] Unerheblich ist in diesem Kontext insbesondere, welchem Organ bzw. welcher der drei Gewalten (Legislative; Exekutive; Judikative) des betreffenden Mitgliedstaats oder welchen mitgliedstaatlichen Untergliederungen der jeweils in Rede stehende Unionsrechtsverstoß konkret vorzuwerfen ist; deren Verhalten wird diesem Staat zugerechnet.

10   Der in Art. 7 Abs. 1 UAbs. 1 Satz 1 EUV enthaltene **Gefahrenbegriff** wird weder in dieser Norm noch anderswo im primären Unionsrecht definiert. Eine nähere Konkretisierung dieses Gefahrenbegriffs durch den Unionsrichter ist ebenfalls nicht zu erwarten, solange an der in Art. 269 AEUV enthaltenen Regelung festgehalten wird, wonach der Gerichtshof bei der Kontrolle der Rechtmäßigkeit eines nach Art. 7 EUV erlassenen Rechtsakts lediglich im Hinblick auf die Einhaltung der in dieser Norm vorgesehenen Verfahrensbestimmungen zuständig ist (s. Art. 269 AEUV, Rn. 1 ff.). Abstrakt ist von einer eindeutigen Gefahr im Sinne des Art. 7 Abs. 1 UAbs. 1 Satz 1 EUV dann auszugehen, wenn keine Zweifel daran bestehen, dass bei unveränderter Lage in absehbarer Zeit eine Verletzung eines oder mehrerer der in Art. 2 EUV genannten Werte eintritt.[36] Da die Gefahrfeststellung des Rates insoweit nicht der gerichtlichen Kontrolle durch den Unionsrichter unterliegt, verfügt der Rat an dieser Stelle über ein politisches Ermessen[37] bzw. über einen überaus weiten politischen Einschätzungs- oder Beurteilungsspielraum,[38] der eigentlich nur durch das in Art. 7 Abs. 1 UAbs. 1 Satz 1 EUV niedergelegte Begründungserfordernis (s. Rn. 12) sowie durch das ebenfalls in dieser Bestimmung geregelte **Kriterium der Eindeutigkeit** (»eindeutige Gefahr«) etwas begrenzt wird, welches an die in gewisser Weise als eine Prognose-Entscheidung einzuordnende Gefahrfeststellung des Rates immerhin erhöhte Anforderungen stellt[39] und zumindest dafür sorgt, dass eventuelle Gefahren vom Anwendungsbereich des in Art. 7 Abs. 1 EUV geregelten Präventionsmechanismus ausgeschlossen sind.[40]

11   Soweit Art. 7 Abs. 1 UAbs. 1 Satz 1 EUV eine eindeutige **Gefahr einer schwerwiegenden Verletzung** eines oder mehrerer (s. Rn. 7) der in Art. 2 EUV genannten Werte verlangt, verfügt der Rat auch hinsichtlich des hier in Rede stehenden Schweregrades über ein Ermessen bzw. über einen recht weiten politischen Einschätzungsspielraum,[41] dessen Wahrnehmung nach Art. 269 AEUV nicht der gerichtlichen Kontrolle durch den Unionsrichter unterliegt. Unter welchen Voraussetzungen von einer schwerwiegenden Verletzung im vorgenannten Sinne gesprochen werden kann, lässt sich in abstrakter Weise nicht genau beschreiben. Richtig, aber wenig hilfreich ist dabei insbesondere die Aussage, dass eine Verletzung im Sinne des Art. 7 EUV deutlich mehr als nur marginal

---

[34] Näher dazu vgl. m. w. N. *Pechstein*, in: Streinz, EUV/AEUV, Art. 1 EUV, Rn. 13.

[35] In diesem zutr. Sinne vgl. statt vieler *Heintschel von Heinegg*, in: Vedder/Heintschel von Heinegg, Europäisches Unionsrecht, Art. 7 EUV, Rn. 11; sowie *Pechstein*, EnzEuR, Bd. 1, § 15, Rn. 25.

[36] Jeweils recht ähnlich vgl. auch *Becker*, in: Schwarze, EU-Kommentar, Art. 7 EUV, Rn. 5; *Heintschel von Heinegg*, in: Vedder/Heintschel von Heinegg, Europäisches Unionsrecht, Art. 7 EUV, Rn. 9; *Voet van Vormizeele*, in: GSH, Europäisches Unionsrecht, Art. 7 EUV, Rn. 7.

[37] In diesem Sinne vgl. auch die Kommissionsmitteilung zu Art. 7 EUV (Fn. 5), S. 6; sowie *Ruffert*, in: Calliess/ders., EUV/AEUV, Art. 7 EUV, Rn. 8.

[38] In diesem Sinne vgl. *Schorkopf*, in: Grabitz/Hilf/Nettesheim, EU, Art. 7 EUV (Juli 2010), Rn. 21.

[39] Zutr. *Pechstein*, in: Streinz, EUV/AEUV, Art. 1 EUV, Rn. 7; *Ruffert*, in: Calliess/Ruffert, EUV/AEUV, Art. 7 EUV, Rn. 8.

[40] In diesem Sinne vgl. auch die Kommissionsmitteilung zu Art. 7 EUV (Fn. 5), S. 8.

[41] In diesem Sinne vgl. auch *Pechstein*, in: Streinz, EUV/AEUV, Art. 1 EUV, Rn. 14.

sein muss.[42] Als Beispiele für eine solche (schwerwiegende) Verletzung werden im einschlägigen Schrifttum Staatsstreiche bzw. Militärputsche, fortgesetzte institutionalisierte Rassendiskriminierungen und/oder die Schaffung totalitärer Strukturen angeführt.[43] Von entscheidender Bedeutung bei der Beurteilung der Schwere einer Verletzung sind in jedem Fall die Kriterien ihres Gegenstands (z. B. Teile der Bevölkerung) und ihrer Folgen, wobei die gleichzeitige Verletzung mehrerer der in Art. 2 EUV genannten Werte unter Umständen ein Indikator für die Schwere der Verletzung sein kann.[44]

II. Verfahren und Reaktionsmöglichkeiten des Rates

Das in Art. 7 Abs. 1 EUV geregelte Frühwarnverfahren ist ein **förmliches Verfahren**, **12** welches nach Satz 1 des ersten Unterabsatzes dieser Bestimmung mit einem begründeten und insoweit zu begründenden **Vorschlag** eines Drittels der Mitgliedstaaten,[45] des Europäischen Parlaments oder der Europäischen Kommission beginnt.[46] Auf Grund dieses in Art. 7 Abs. 1 UAbs. 1 Satz 1 EUV niedergelegten Begründungserfordernisses sind in dem vorgenannten Vorschlag die ihn tragenden Tatsachen und Erwägungen schlüssig und hinreichend substantiiert darzulegen.[47] Mit diesem das Verfahren rationalisierenden Begründungserfordernis soll nicht nur der Unsicherheit begegnet werden, die mit der bei einem Feststellungsbeschluss im Sinne dieser Bestimmung anzustellenden Prognose (s. Rn. 10) verbunden ist, sondern auch ein willkürliches Vorgehen ausgeschlossen werden.[48] Auf einen solchen Vorschlag kann der Rat sodann mit der Mehrheit von vier Fünfteln seiner Mitglieder[49] nach Zustimmung des Europäischen Parlaments[50] feststellen, dass die eindeutige Gefahr einer schwerwiegenden Verletzung eines oder mehrerer der in Art. 2 EUV genannten Werte durch den betreffenden Mitgliedstaat besteht. Bevor der Rat eine solche **Feststellung** im Beschlusswege[51] trifft, hat er den betroffenen Mitgliedstaat nach Art. 7 Abs. 1 UAbs. 1 Satz 2 EUV anzuhören. Dies kann als bereichsspezifische Ausprägung des in Art. 4 Abs. 3 EUV niedergelegten Grundsatzes der loyalen Zusammenarbeit und des unionsverfassungsrechtlichen Grundsatzes rechtlichen

---

[42] In diesem Sinne vgl. etwa *Pechstein*, EnzEuR, Bd. 1, § 15, Rn. 26.

[43] Vgl. etwa *Schorkopf*, DVBl 2000, 1036 (1038); *Stein*, S. 871 (893).

[44] In diesem Sinne vgl. die Kommissionsmitteilung zu Art. 7 EUV (Fn. 5), S. 9.

[45] Der betreffende Mitgliedstaat wird bei der Berechnung des hier angesprochenen Drittels nicht mitgezählt, vgl. Art. 7 Abs. 5 EUV i. V. m. Art. 354 Abs. 1 Satz 1 AEUV.

[46] Dem können allerdings auch bestimmte Maßnahmen noch früherer Art – wie etwa die Entschließungen des Europäischen Parlaments, mit denen es die Kommission zur Aktivierung des dem Art. 7 EUV vorgeschalteten Frühwarnmechanismus zum Schutz der Rechtsstaatlichkeit (s. o. Rn. 4) auffordert – vorausgehen; exemplarisch dazu vgl. die Entschließung des Europäischen Parlaments vom 11. 6. 2015 zur Lage in Ungarn in Bezug auf die dortige Debatte über die mit Art. 2 EUV nicht zu vereinbarende Wiedereinführung der Todesstrafe, EuGRZ 2015, 442 f.

[47] Zutr. *Schorkopf*, in: Grabitz/Hilf/Nettesheim, EU, Art. 7 EUV (Juli 2010), Rn. 20.

[48] So auch vgl. *Becker*, in: Schwarze, EU-Kommentar, Art. 7 EUV, Rn. 6; *Voet van Vormizeele*, in: GSH, Europäisches Unionsrecht, Art. 7 EUV, Rn. 8.

[49] Bei der Berechnung dieser vier Fünftel wird der betreffende Mitgliedstaat nicht berücksichtigt, vgl. Art. 7 Abs. 5 EUV i. V. m. Art. 354 Abs. 1 Satz 1 AEUV.

[50] Diese Zustimmung des Europäischen Parlaments bedarf der Mehrheit von zwei Dritteln der abgegebenen Stimmen und der Mehrheit seiner Mitglieder, vgl. Art. 7 Abs. 5 EUV i. V. m. Art. 354 Abs. 4 AEUV; näher dazu vgl. *Schorkopf*, in: Grabitz/Hilf/Nettesheim, EU, Art. 7 EUV (Juli 2010), Rn. 24.

[51] Zum mehrheitlich angenommenen Beschlusscharakter der hier in Rede stehenden Feststellung vgl. nur *Pechstein*, in: Streinz, EUV/AEUV, Art. 1 EUV, Rn. 8; *Ruffert*, in: Calliess/ders., EUV/AEUV, Art. 7 EUV, Rn. 11.

Gehörs[52] eingeordnet werden, auf den sich die EU-Mitgliedstaaten gegenüber der unionalen Hoheitsgewalt auch in anderen unionsrechtlichen Sachzusammenhängen berufen können.[53] Die in Art. 7 Abs. 1 UAbs. 1 Satz 2 EUV angesprochene Anhörung dürfte schriftlich oder mündlich erfolgen können,[54] da Art. 7 Abs. 1 EUV dem Rat diesbezüglich keine Vorgaben macht. Ob der betreffende Mitgliedstaat von dem hier in Rede stehenden Anhörungsrecht Gebrauch macht oder davon Abstand nimmt, ist für den weiteren Fortgang des in Art. 7 Abs. 1 EUV geregelten Frühwarnverfahrens unerheblich. Macht der betreffende Mitgliedstaat indes von diesem Anhörungsrecht Gebrauch, so ist zu verlangen, dass sich der Rat mit den von diesem Staat vorgebrachten Argumenten in angemessener Weise auseinandersetzt und diese entsprechend ihrem Gewicht bei der weiteren Beschlussfassung berücksichtigt.[55]

13   Darüber hinaus sieht Art. 7 Abs. 1 UAbs. 1 Satz 2 EUV vor, dass der Rat an den betroffenen Mitgliedstaat **Empfehlungen** richten kann, die er nach demselben – d.h. nach dem in Art. 7 Abs. 1 UAbs. 1 Satz 1 EUV geregelten – Verfahren beschließt. Mit diesen Empfehlungen können dem betreffenden Mitgliedstaat zwar Wege aufgezeigt bzw. nahe gelegt werden, wie die Gefahr einer schwerwiegenden Verletzung eines oder mehrerer der in Art. 2 EUV genannten Werte aus der Sicht des Rates abgewendet werden kann;[56] eine rechtlich relevante Bindungswirkung vermögen derartige Empfehlungen indes nicht zu entfalten.[57] Abweichend von dem auf das Suspendierungsverfahren bezogenen Art. 7 Abs. 4 EUV sieht Art. 7 Abs. 1 EUV für das Frühwarnverfahren keine Regelung über die Aufhebung eines auf der Grundlage des Art. 7 Abs. 1 UAbs. 1 Satz 1 EUV getroffenen Feststellungsbeschlusses und damit einhergehender Empfehlungen im Sinne des Art. 7 Abs. 1 UAbs. 1 Satz 2 EUV vor. Stattdessen ist der Rat nach Art. 7 Abs. 1 UAbs. 2 EUV dazu verpflichtet, regelmäßig zu überprüfen, ob die Gründe, die zu einer Feststellung im Sinne des Art. 7 Abs. 1 UAbs. 1 Satz 1 EUV geführt haben, noch zutreffen. Die zwischen solchen **regelmäßigen Überprüfungen** liegenden Zeitabstände[58] werden durch Art. 7 Abs. 1 EUV ebenso wenig vorgegeben wie die Art und Weise deren Durchführung.

---

[52] Näher zu diesem Grundsatz vgl. m.w.N. *Nowak*, Europäisches Verwaltungsrecht und Grundrechte, in: Terhechte, Verwaltungsrecht der EU, § 14, Rn. 37f.

[53] Zur höchstrichterlich anerkannten – u.a. auch im Anwendungsbereich des EU-Beihilfenrechts bedeutsamen – Möglichkeit der Mitgliedstaaten, sich gegenüber den Unionsorganen auf die unionsverfassungsrechtlichen Verfahrens- und Verteidigungsrechte insbesondere in Gestalt des Rechts oder Anspruchs auf rechtliches Gehör zu berufen, vgl. nur EuGH, Urt. v. 5.10.2000, Rs. C–288/96 (Deutschland/Kommission), Slg. 2000, I–8237, Rn. 99f.; Urt. v. 29.6.2010, Rs. C–139/07 P (Kommission/Technische Glaswerke Ilmenau), Slg. 2010, I–5885, Rn. 57f.

[54] Anders offenbar *Ruffert*, in: Calliess/Ruffert, EUV/AEUV, Art. 7 EUV, Rn. 10, wonach die hier in Rede stehende Anhörung »parallel zum Mahnverfahren nach Art. 258 AEUV« verlaufe. Zu den Parallelen, die jedenfalls zwischen dem in Art. 258 Abs. 1 AEUV geregelten Stellungnahme- bzw. Äußerungsrecht und dem in Art. 7 Abs. 2 EUV geregelten Stellungnahmerecht bestehen, s.u. unter Rn. 18.

[55] Zutr. *Heintschel von Heinegg*, in: Vedder/Heintschel von Heinegg, Europäisches Unionsrecht, Art. 7 EUV, Rn. 12.

[56] In diesem Sinne vgl. auch *Becker*, in: Schwarze, EU-Kommentar, Art. 7 EUV, Rn. 6; *Pechstein*, in: Streinz, EUV/AEUV, Art. 1 EUV, Rn. 9; *Schorkopf*, in: Grabitz/Hilf/Nettesheim, EU, Art. 7 EUV (Juli 2010), Rn. 26; *Voet van Vormizeele*, in: GSH, Europäisches Unionsrecht, Art. 7 EUV, Rn. 8.

[57] Dies ist unstreitig, vgl. nur *Becker*, in: Schwarze, EU-Kommentar, Art. 7 EUV, Rn. 6; *Voet van Vormizeele*, in: GSH, Europäisches Unionsrecht, Art. 7 EUV, Rn. 8.

[58] Diesbezüglich jeweils eine jährliche Überprüfung für »mindestens erforderlich« haltend vgl. *Becker*, in: Schwarze, EU-Kommentar, Art. 7 EUV, Rn. 7; *Voet van Vormizeele*, in: GSH, Europäisches Unionsrecht, Art. 7 EUV, Rn. 9.

III. Rechtsfolgen und Rechtsschutz

Die in Art. 7 Abs. 1 UAbs. 1 Satz 2 EUV angesprochenen **Empfehlungen** sind weder 14
bindend (s. Rn. 13) noch mit der Nichtigkeitsklage nach Art. 263 AEUV angreifbar, da
Empfehlungen durch Absatz 1 der vorgenannten Bestimmung aus dem Kreis anfecht-
barer Handlungen ausgegrenzt werden. Empfehlungen im Sinne des Art. 7 Abs. 1
UAbs. 1 Satz 2 EUV setzen zwar zwingend einen vom Rat auf der Grundlage des Art. 7
Abs. 1 UAbs. 1 Satz 1 EUV zu erlassenden Feststellungsbeschluss über das Bestehen
einer eindeutigen Gefahr einer schwerwiegenden Verletzung eines oder mehrerer der in
Art. 2 EUV genannten Werte voraus. Für die Durchführung des nachfolgend anzusprechenden und in Art. 7 Abs. 2–4 EUV geregelten Suspendierungsverfahrens ist die
Durchführung des in Art. 7 Abs. 1 EUV geregelten Frühwarnverfahrens jedoch keine
zwingende oder notwendige Voraussetzung.[59] Ob ein **Feststellungsbeschluss** im Sinne
des Art. 7 Abs. 1 UAbs. 1 Satz 1 EUV zu den mit der Nichtigkeitsklage nach Art. 263
AEUV angreifbaren Handlungen gehört, ist bislang nicht vom Unionsrichter entschieden worden und zumindest zweifelhaft, da ein solcher Beschluss – anders als ein auf der
Grundlage des Art. 7 Abs. 2 EUV zu erlassener Feststellungsbeschluss (s. Rn. 17 f.) –
jedenfalls keine operativen Folgen hat,[60] zumal dessen Erlass noch nicht einmal eine
zwingende Voraussetzung für die Durchführung des in Art. 7 Abs. 2–4 EUV geregelten
Sanktions- bzw. Suspendierungsverfahrens darstellt.[61] Würde sich der Unionsrichter
hingegen bei passender Gelegenheit etwa auf Grund der anprangernden Wirkung eines
auf der Grundlage des Art. 7 Abs. 1 UAbs. 1 Satz 1 EUV erlassenen Feststellungsbeschlusses für dessen Anfechtbarkeit aussprechen, so wäre in diesem Fall Art. 269 AEUV
zu beachten, wonach der Gerichtshof für Entscheidungen über die Rechtmäßigkeit eines
nach Art. 7 EUV erlassenen Rechtsakts lediglich im Hinblick auf die Einhaltung der in
der vorgenannten Bestimmung vorgesehenen Verfahrensbestimmungen zuständig ist.

C. Sanktionsmaßnahmen im Sanktions- bzw. Suspendierungsverfahren (Absätze 2–4)

Der **Hauptzweck** des in Art. 7 Abs. 2–4 EUV geregelten Sanktions- bzw. Suspendie- 15
rungsverfahrens besteht darin, einer schwerwiegenden und anhaltenden Verletzung der
in Art. 2 EUV genannten Werte durch einen Mitgliedstaat möglichst effektiv entgegentreten zu können und den betreffenden Mitgliedstaat zur Wiederherstellung einer mit
Art. 2 EUV vereinbaren Lage zu veranlassen.[62] In inhaltlicher Hinsicht knüpfen die
darauf bezogenen Verfahrensregelungen – anders als Art. 7 Abs. 1 EUV – nicht an eine
eindeutige Gefahr (s. Rn. 10), sondern an das tatsächliche Vorliegen einer schwerwiegenden und anhaltenden Verletzung der in Art. 2 EUV genannten Werte an (I.). Für
diesen Fall sieht Art. 7 EUV ein formalisiertes Verfahren vor, das dem Europäischen Rat
und dem Rat bestimmte Reaktionsmöglichkeiten eröffnet. Hierbei ist im Wesentlichen
zwischen dem in Art. 7 Abs. 2 EUV geregelten Feststellungsbeschluss (II.) und der nach

---

[59] Dies ist unstreitig, vgl. nur *Ruffert*, in: Calliess/ders., EUV/AEUV, Art. 7 EUV, Rn. 14; *Voet van Vormizeele*, in: GSH, Europäisches Unionsrecht, Art. 7 EUV, Rn. 6.

[60] So auch *Pechstein*, in: Streinz, EUV/AEUV, Art. 1 EUV, Rn. 9.

[61] Siehe dazu m. w. N. bereits Fn. 59.

[62] Ähnlich vgl. *Heintschel von Heinegg*, in: Vedder/Heintschel von Heinegg, Europäisches Unionsrecht, Art. 7 EUV, Rn. 4 u. 18.

Art. 7 Abs. 3 EUV ebenfalls im Beschlusswege realisierbaren Aussetzung bestimmter Rechte des betroffenen Mitgliedstaats (III.) zu unterscheiden, die nach Maßgabe des Art. 7 Abs. 4 EUV später unter bestimmten Voraussetzungen abgeändert oder aufgehoben werden kann (IV.). Rechtsschutzlos steht der betroffene Mitgliedstaat den auf der Grundlage des Art. 7 Abs. 2–4 EUV getroffenen Maßnahmen nicht gegenüber (V.).

I. Die Tatbestandsmerkmale einer schwerwiegenden und anhaltenden Verletzung der in Art. 2 Abs. 1 EUV genannten Werte

16 Das in Art. 7 Abs. 2–4 EUV geregelte Sanktions- bzw. Suspendierungsverfahren hat eine schwerwiegende und anhaltende Verletzung der in Art. 2 EUV genannten Werte durch einen Mitgliedstaat zum Gegenstand. Anders als im Anwendungsbereich des Art. 7 EUV geht es hier nicht um das Vorliegen einer eindeutigen Gefahr einer schwerwiegenden Verletzung der in Art. 2 EUV genannten Werte (s. Rn. 7 ff.), sondern um das tatsächliche Vorliegen einer schwerwiegenden und zugleich anhaltenden Verletzung dieser Werte durch einen Mitgliedstaat. Diese beiden Voraussetzungen müssen kumulativ gegeben sein.[63] Die in Art. 7 Abs. 2 EUV enthaltenen Tatbestandsmerkmale der schwerwiegenden Verletzung der in Art. 2 EUV genannten Werte sind mit den gleichlautenden Tatbestandsmerkmalen in Art. 7 Abs. 1 UAbs. 1 Satz 1 EUV identisch.[64] Soweit Art. 7 Abs. 2 EUV darüber hinaus eine **anhaltende Verletzung** eines oder mehrerer der in Art. 2 EUV genannten Werte verlangt, auf die es im Anwendungsbereich des Art. 7 Abs. 1 EUV nicht ankommt, ist hiermit eine fortbestehende Verletzung[65] bzw. eine über einen längeren Zeitraum durchgängige Verletzung dieser Werte gemeint;[66] eine einmalige oder vereinzelte Verletzung eines oder mehrerer der in Art. 2 EUV genannten Werte reicht im Anwendungsbereich des Art. 7 Abs. 2 EUV insoweit nicht aus.[67]

II. Verfahren und Feststellungsbeschluss des Europäischen Rates

17 Das in Art. 7 EUV geregelte Sanktions- bzw. Suspendierungsverfahren ist ein förmliches Verfahren, welches nach Absatz 2 dieser Bestimmung mit einem **Vorschlag** eines Drittels der Mitgliedstaaten[68] oder der Europäischen Kommission beginnt. Dieser Vorschlag bedarf – anders als der in Art. 7 Abs. 1 UAbs. 1 Satz 1 EUV angesprochene Vorschlag (s. Rn. 12) – keiner Begründung. Auf einen solchen Vorschlag kann der in Art. 15 EUV angesprochene Europäische Rat gemäß Art. 7 Abs. 2 EUV nach Zustimmung des Europäischen Parlaments,[69] das – anders als im Anwendungsbereich des in

---

[63] Zutr. vgl. statt vieler *Pechstein*, in: Streinz, EUV/AEUV, Art. 1 EUV, Rn. 14.

[64] Insoweit kann an dieser Stelle auf obige Ausführungen unter Rn. 7–11 verwiesen werden.

[65] In diesem Sinne vgl. die Kommissionsmitteilung zu Art. 7 EUV (Fn. 5), S. 9; ähnlich vgl. auch *Voet van Vormizeele*, in: GSH, Europäisches Unionsrecht, Art. 7 EUV, Rn. 10.

[66] In diesem Sinne vgl. statt vieler *Becker*, in: Schwarze, EU-Kommentar, Art. 7 EUV, Rn. 8; *Pechstein*, in: Streinz, EUV/AEUV, Art. 1 EUV, Rn. 14.

[67] In diesem Sinne vgl. auch *Heintschel von Heinegg*, in: Vedder/Heintschel von Heinegg, Europäisches Unionsrecht, Art. 7 EUV, Rn. 10 u. 18; *Pechstein*, EnzEuR, Bd. 1, § 15, Rn. 26; *Ruffert*, in: Calliess/Ruffert, EUV/AEUV, Art. 7 EUV, Rn. 5; *Schorkopf*, in: Grabitz/Hilf/Nettesheim, EU, Art. 7 EUV (Juli 2010), Rn. 34.

[68] Der betreffende Mitgliedstaat wird bei der Berechnung des hier angesprochenen Drittels nicht mitgezählt, vgl. Art. 7 Abs. 5 EUV i. V. m. Art. 354 Abs. 1 Satz 1 AEUV.

[69] Diese Zustimmung des Europäischen Parlaments bedarf der Mehrheit von zwei Dritteln der abgegebenen Stimmen und der Mehrheit seiner Mitglieder, vgl. Art. 7 Abs. 5 EUV i. V. m. Art. 354 Abs. 4 AEUV.

Art. 7 Abs. 1 EUV geregelten Frühwarnverfahrens – in dem hier in Rede stehenden Sanktions- bzw. Suspendierungsverfahren über kein Vorschlagsrecht verfügt, einstimmig[70] feststellen, dass eine schwerwiegende und anhaltende Verletzung eines oder mehrerer der in Art. 2 EUV genannten Werte (s. Rn. 16) durch den betreffenden Mitgliedstaat besteht. Bevor der Europäische Rat eine solche **Feststellung** im Beschlusswege[71] trifft, hat er den betroffenen Mitgliedstaat nach Art. 7 Abs. 2 EUV zu einer Stellungnahme aufzufordern. Ob das vorgenannte Stellungnahme- oder Äußerungsrecht des betroffenen Mitgliedstaats durch ein **Anhörungsrecht der Kommission** in solchen Fällen flankiert wird, in denen das hier in Rede stehende Sanktions- bzw. Suspendierungsverfahren nicht durch einen von ihr unterbreiteten Vorschlag, sondern durch einen Vorschlag eines Drittels der Mitgliedstaaten initiiert wird, ist zumindest denkbar.[72]

Das in Art. 7 Abs. 2 EUV geregelte **Stellungnahmerecht des betroffenen Mitgliedstaats** kann – ebenso wie die in Art. 7 Abs. 1 UAbs. 1 Satz 2 EUV angesprochene Anhörung des von einem Frühwarnverfahren betroffenen Mitgliedstaats – als bereichsspezifische Ausprägung des in Art. 4 Abs. 3 EUV niedergelegten Grundsatzes der loyalen Zusammenarbeit und des unionsverfassungsrechtlichen Grundsatzes rechtlichen Gehörs eingeordnet werden (s. Rn. 12). Die in Art. 7 Abs. 2 EUV geregelte Verpflichtung des Europäischen Rates, den betroffenen Mitgliedstaat vor Erlass des oben genannten Feststellungsbeschlusses zu einer Stellungnahme aufzufordern, dürfte in Anlehnung an die im Vorverfahren des in Art. 258 AEUV geregelten Vertragsverletzungsverfahrens geltenden Gepflogenheiten[73] im Wege der Zusendung eines nicht isoliert mit der Nichtigkeitsklage nach Art. 263 AEUV anfechtbaren Schreibens zu erfüllen sein. Zu den inhaltlichen **Mindestanforderungen**, denen ein solches Schreiben genügen muss, dürfte gehören, dass der Europäische Rat den betroffenen Mitgliedstaat von den gegen ihn erhobenen Vorwürfen in Kenntnis setzt,[74] dass er hinreichend deutlich macht, mit diesem Schreiben im Anwendungsbereich des Art. 7 Abs. 2 EUV zu agieren, und dass er den betroffenen Mitgliedstaat bei dieser Gelegenheit zugleich auffordert, sich innerhalb der vom Europäischen Rat festzusetzenden Frist zu dem hier in Rede stehenden Vorgang zu äußern. Diese Frist muss angemessen sein,[75] wobei die Angemessenheit mit Blick auf die zu ähnlichen Fristsetzungen in anderen unionsrechtlichen Sachzusammenhängen ergangene Rechtsprechung des Unionsrichters nach allen für den jeweiligen Einzelfall maßgeblichen Umständen zu beurteilen ist.[76] Im Vorverfahren des in Art. 258 AEUV

18

---

[70] Der betreffende Mitgliedstaat wird auch hier gemäß Art. 7 Abs. 5 EUV i. V. m. Art. 354 Abs. 1 Satz 1 AEUV nicht mitgezählt. Die Stimmenthaltung von anwesenden oder vertretenen Mitgliedern steht dem Zustandekommen der hier in Rede stehenden Einstimmigkeit nach Art. 7 Abs. 5 EUV i. V. m. Art. 354 Abs. 1 Satz 2 AEUV nicht entgegen.

[71] Zum mehrheitlich angenommenen Beschlusscharakter der hier in Rede stehenden Feststellung vgl. etwa *Geiger*, in: Geiger/Khan/Kotzur, EUV/AEUV, Art. 7 EUV, Rn. 11; *Pechstein*, in: Streinz, EUV/AEUV, Art. 1 EUV, Rn. 16; *Ruffert*, in: Calliess/Ruffert, EUV/AEUV, Art. 7 EUV, Rn. 17; *Schorkopf*, in: Grabitz/Hilf/Nettesheim, EU, Art. 7 EUV (Juli 2010), Rn. 29; *Voet van Vormizeele*, in: GSH, Europäisches Unionsrecht, Art. 7 EUV, Rn. 11.

[72] Diese Frage bejahend vgl. *Geiger*, in: Geiger/Khan/Kotzur, EUV/AEUV, Art. 7 EUV, Rn. 9, wonach sich ein solches Anhörungsrecht aus der durch das Vorschlagsrecht charakterisierten Rechtsstellung der Kommission ergeben soll.

[73] Ausführlich dazu vgl. *Nowak*, EnzEuR, Bd. 3, § 10, Rn. 26 ff.

[74] In diesem Sinne vgl. auch *Voet van Vormizeele*, in: GSH, Europäisches Unionsrecht, Art. 7 EUV, Rn. 12.

[75] Zutr. vgl. statt vieler *Pechstein*, in: Streinz, EUV/AEUV, Art. 1 EUV, Rn. 15.

[76] Vgl. nur EuGH, Urt. v. 2. 7. 1996, Rs. C–473/93 (Kommission/Luxemburg), Slg. 1996, I–3207, Rn. 20; Urt. v. 28. 10. 1999, Rs. C–328/96 (Kommission/Österreich), Slg. 1999, I–7479, Rn. 51.

geregelten Vertragsverletzungsverfahrens wird für die Stellungnahme des betroffenen Mitgliedstaats im Regelfall eine Frist von zwei Monaten festgesetzt und für angemessen gehalten;[77] an dieser Fristlänge wird sich auch der Europäische Rat im Anwendungsbereich des Art. 7 Abs. 2 EUV orientieren dürfen und müssen. Ob sich der betreffende Mitgliedstaat innerhalb der vom Europäischen Rat festgesetzten Frist äußert oder darauf verzichtet, ist für den weiteren Fortgang des hier in Rede stehenden Sanktions- bzw. Suspendierungsverfahrens irrelevant,[78] solange diese Frist nicht unangemessen kurz ist.

III. Aussetzung bestimmter Rechte des betroffenen Mitgliedstaats durch den Rat

19   Hat der Europäische Rat von seiner in Art. 7 Abs. 2 EUV geregelten Befugnis Gebrauch gemacht, das Vorliegen einer schwerwiegenden und anhaltenden Verletzung der in Art. 2 EUV genannten Werte festzustellen (s. Rn. 17), so kann[79] der in Art. 16 EUV angesprochene Rat gemäß Art. 7 Abs. 3 UAbs. 1 Satz 1 EUV mit qualifizierter Mehrheit[80] beschließen, bestimmte Rechte auszusetzen, die sich aus der Anwendung der Verträge – d. h. aus dem EU-Vertrag und aus dem Vertrag über die Arbeitsweise der EU (s. Art. 1 EUV, Rn. 61) – auf den betroffenen Mitgliedstaat herleiten, einschließlich der Stimmrechte des Vertreters der Regierung dieses Mitgliedstaats im Rat.[81] Ein solcher Beschluss, der auf jeden Fall nicht die Aussetzung der durch Art. 269 AEUV vorgeprägten Klagerechte des betroffenen Mitgliedstaats (s. Rn. 21) zum Gegenstand haben darf,[82] kann nach dem Wortlaut des Art. 7 Abs. 3 EUV ohne Zustimmung des Europäischen Parlaments erfolgen, dessen Beteiligung vor Erlass der in Art. 7 Abs. 1 UAbs. 1 Satz 1 und Abs. 2 EUV angesprochenen Feststellungsbeschlüsse unverzichtbar ist (s. Rn. 12 u. 17). Zwingende bzw. konstitutive Voraussetzung für den auf Art. 7 Abs. 3 UAbs. 1 Satz 1 EUV gestützten **Erlass eines Aussetzungs- bzw. Suspendierungsbeschlusses des Rates** ist insoweit lediglich ein vom Europäischen Rat auf der Grundlage des Art. 7 Abs. 2 EUV erlassener Feststellungsbeschluss. Ist diese Voraussetzung erfüllt und macht der Rat in der Folge von seiner in Art. 7 Abs. 3 UAbs. 1 Satz 1 EUV geregelten Befugnis zum Erlass eines solchen Aussetzungs- bzw. Suspendierungsbeschlusses Gebrauch, so hat er dabei nach Art. 7 Abs. 3 UAbs. 1 Satz 2 EUV, dessen Regelungsgehalt vereinzelt als »Unionsbürger-Schutzklausel« bezeichnet wird,[83] die möglichen Auswirkungen einer solchen Aussetzung auf die Rechte und Pflichten natürlicher und juristischer Personen zu berücksichtigen. Im Übrigen ist der Rat bei der Auswahl der von ihm in diesem Kontext auszusetzenden Rechte des betroffenen Mitgliedstaats an den

---

[77] Näher dazu vgl. m. w. N. *Nowak*, EnzEuR, Bd. 3, § 10, Rn. 30.

[78] In diesem Sinne vgl. auch *Pechstein*, in: Streinz, EUV/AEUV, Art. 1 EUV, Rn. 15.

[79] Näher zum diesbezüglichen Entschließungsermessen des Rates vgl. *Pechstein*, in: Streinz, EUV/AEUV, Art. 1 EUV, Rn. 17.

[80] Die Bestimmung bzw. Berechnung dieser qualifizierten Mehrheit richtet sich nach Art. 7 Abs. 5 EUV i. V. m. Art. 354 Abs. 2 AEUV i. V. m. Art. 238 Abs. 3 Buchst. b AEUV.

[81] Näher zu den in diesem Kontext möglichen oder denkbaren Sanktionen, deren Auswahl im politischen Ermessen des Rates liegt, vgl. *Heintschel von Heinegg*, in: Vedder/Heintschel von Heinegg, Europäisches Unionsrecht, Art. 7 EUV, Rn. 24; *Pechstein*, in: Streinz, EUV/AEUV, Art. 1 EUV, Rn. 19; *Ruffert*, in: Calliess/Ruffert, EUV/AEUV, Art. 7 EUV, Rn. 24; *Schorkopf*, in: Grabitz/Hilf/Nettesheim, EU, Art. 7 EUV (Juli 2010), Rn. 43; *Voet van Vormizeele*, in: GSH, Europäisches Unionsrecht, Art. 7 EUV, Rn. 13.

[82] Zutr. *Pechstein*, in: Streinz, EUV/AEUV, Art. 1 EUV, Rn. 19; *ders.*, EnzEuR, Bd. 1, § 15, Rn. 31.

[83] So etwa von *Schorkopf*, in: Grabitz/Hilf/Nettesheim, EU, Art. 7 EUV (Juli 2010), Rn. 44.

unionsverfassungsrechtlichen **Verhältnismäßigkeitsgrundsatz** gebunden,[84] nach dem insbesondere Handlungen der Unionsorgane und anderer Einrichtungen oder Stellen der Union nicht über die Grenzen dessen hinausgehen dürfen, was zur Erreichung des verfolgten Ziels geeignet und erforderlich ist, wobei – wenn mehrere geeignete Maßnahmen zur Auswahl stehen – die am wenigsten belastende Maßnahme zu wählen ist.[85] Die sich aus den vorgenannten Verträgen ergebenden Verpflichtungen des betroffenen Mitgliedstaats verlieren durch einen Aussetzungs- bzw. Suspendierungsbeschluss des Rates gemäß Art. 7 Abs. 3 UAbs. 2 EUV nicht an Verbindlichkeit.

IV. Möglichkeiten zur Abänderung und Aufhebung des Aussetzungsbeschlusses

Hat der Rat von seiner in Art. 7 Abs. 3 UAbs. 1 Satz 1 EUV geregelten Befugnis zum Erlass eines Aussetzungs- bzw. Suspendierungsbeschlusses Gebrauch gemacht, so kann er gemäß Art. 7 Abs. 4 EUV zu einem späteren Zeitpunkt mit qualifizierter Mehrheit[86] beschließen, nach Art. 7 Abs. 3 EUV getroffene Maßnahmen abzuändern oder aufzuheben, wenn in der Lage, die zur Verhängung dieser Maßnahmen geführt hat, Änderungen eingetreten sind. Abänderungen der vorgenannten Art können – je nach Sachlage – entweder **Verschärfungen oder Reduzierungen der zuvor beschlossenen Sanktionen** zum Gegenstand haben.[87] Hinsichtlich der Aufhebung der vorgenannten Maßnahmen, zu der der Rat im Falle der vollständigen Rückkehr des betroffenen Mitgliedstaats zu den in Art. 2 EUV genannten Werten verpflichtet ist,[88] verfügt der Rat über ein recht weites (politisches) Entschließungsermessen, dem im Falle der Änderung dieser Maßnahmen ein nicht minder weites Auswahlermessen hinzutritt.[89] **Aufhebungs- und Änderungsbeschlüsse** der vorgenannten Art können vom Rat nach dem Wortlaut des Art. 7 Abs. 4 EUV ohne Zustimmung des Europäischen Parlaments erlassen werden, dessen Beteiligung vor Erlass der in Art. 7 Abs. 1 UAbs. 1 Satz 1 und Abs. 2 EUV angesprochenen Feststellungsbeschlüsse unverzichtbar ist (s. Rn. 12 u. 17).

V. Rechtsschutzmöglichkeiten des betroffenen Mitgliedstaats

Nach Art. 269 Abs. 1 AEUV ist der Gerichtshof für Entscheidungen über die Rechtmäßigkeit eines nach Art. 7 EUV erlassenen Rechtsakts des Europäischen Rates oder des Rates auf Antrag des von einer Feststellung des Europäischen Rates oder des Rates

20

21

---

[84] So auch *Becker*, in: Schwarze, EU-Kommentar, Art. 7 EUV, Rn. 11; *Pechstein*, EnzEuR, Bd. 1, § 15, Rn. 31; *Voet van Vormizeele*, in: GSH, Europäisches Unionsrecht, Art. 7 EUV, Rn. 8 m. w. N.

[85] Vgl. nur EuGH, Urt. v. 14.7.2005, Rs. C–180/00 (Niederlande/Kommission), Slg. 2005, I–6603, Rn. 103; EuG, Urt. v. 8.3.2007, Rs. T–339/04 (France Télécom/Kommission), Slg. 2007, II–521, Rn. 117; ausführlicher zu diesem Verhältnismäßigkeitsgrundsatz vgl. statt vieler und jeweils m. w. N. *Harbo*, ELJ 16 (2010), 158 ff.; *Szczekalla*, in: Heselhaus/Nowak, Handbuch der Europäischen Grundrechte, § 7, Rn. 41 ff.; *Trstenjak/Beysen*, EuR 2012, 265. Speziell zur kompetenzrechtlichen Bedeutung des in Art. 5 Abs. 4 EUV niedergelegten Verhältnismäßigkeitsgrundsatzes vgl. m. w. N. *Saurer*, JZ 2014, 281 ff.

[86] Die Bestimmung bzw. Berechnung dieser qualifizierten Mehrheit richtet sich ebenfalls nach Art. 7 Abs. 5 EUV i. V. m. Art. 354 Abs. 2 AEUV i. V. m. Art. 238 Abs. 3 Buchst. b AEUV.

[87] Zutr. *Becker*, in: Schwarze, EU-Kommentar, Art. 7 EUV, Rn. 13; *Voet van Vormizeele*, in: GSH, Europäisches Unionsrecht, Art. 7 EUV, Rn. 15.

[88] In diesem Sinne vgl. auch *Becker*, in: Schwarze, EU-Kommentar, Art. 7 EUV, Rn. 14; *Pechstein*, EnzEuR, Bd. 1, § 15, Rn. 33; *Ruffert*, in: Calliess/Ruffert, EUV/AEUV, Art. 7 EUV, Rn. 23.

[89] Näher zu diesem Komplex vgl. auch *Pechstein*, in: Streinz, EUV/AEUV, Art. 1 EUV, Rn. 21.

betroffenen Mitgliedstaats zuständig. Dieser gemäß Art. 269 Abs. 2 Satz 1 AEUV binnen eines Monats nach der jeweiligen Feststellung zu stellende Antrag kann sowohl den Rechtsschutz des betroffenen Mitgliedstaats gegen einen vom Europäischen Rat auf der Grundlage des Art. 7 Abs. 2 EUV erlassenen **Feststellungsbeschluss** (s. Rn. 17 f.) als auch den Rechtsschutz des betroffenen Mitgliedstaats gegen einen vom Rat auf der Grundlage des Art. 7 Abs. 3 UAbs. 1 Satz 1 EUV erlassenen **Aussetzungs- bzw. Suspendierungsbeschluss** (s. Rn. 19) zum Gegenstand haben.[90] Die hier angesprochenen Klagerechte des betroffenen Mitgliedstaats dürfen zwar nicht vom Rat ausgesetzt bzw. suspendiert werden (s. Rn. 19); die Durchschlagskraft dieser Rechte ist jedoch begrenzt, da der Gerichtshof in diesem Kontext nach Art. 269 Abs. 1 AEUV nur über die Zuständigkeit verfügt, auf die Einhaltung der in Art. 7 EUV vorgesehenen Verfahrensbestimmungen zu wachen.[91] Diese starke Beschränkung der dem Gerichtshof in diesem Bereich zustehenden Jurisdiktionskompetenz unterstreicht den politischen Charakter der in Art. 7 EUV geregelten Präventions- und Sanktionsmechanismen und sorgt zugleich dafür, dass die dem Europäischen Rat und dem Rat im Anwendungsbereich des Art. 7 EUV zur Verfügung stehenden Ermessensspielräume ungewöhnlich weit sind.

D. Abstimmungsmodalitäten unter Verweis auf Art. 354 AEUV (Absatz 5)

22   Im Hinblick auf die Abstimmungsmodalitäten, die für die Zwecke des Art. 7 EUV für das Europäische Parlament, den Europäischen Rat und den Rat gelten, verweist Art. 7 Abs. 5 EUV schließlich auf **Art. 354 AEUV**, in dem die vorgenannten Abstimmungsmodalitäten im Einzelnen festgelegt sind (s. Art. 354 AEUV, Rn. 1 ff.).

E. Verhältnis zu anderen Sanktionsmöglichkeiten

23   Unbeantwortet lässt Art. 7 EUV die zum Teil äußerst kontrovers diskutierte Zusatzfrage, in welchem Verhältnis das in dieser Norm geregelte Sanktions- bzw. Suspendierungsverfahren zu anderen unionsrechtlichen Sanktionsmöglichkeiten insbesondere in Gestalt der in Art. 258 und 259 AEUV geregelten Vertragsverletzungsverfahren (I.) sowie zu weiteren – möglicherweise durch das allgemeine Völkerrecht eröffneten – Reaktionsmöglichkeiten steht (II.).

I. Verhältnis zu den in Art. 258 und 259 AEUV geregelten Vertragsverletzungsverfahren

24   Die Frage, ob das in Art. 7 Abs. 2–4 EUV geregelte Sanktions- bzw. Suspendierungsverfahren gerichtliche Rechtsbehelfe insbesondere in Gestalt der in Art. 258 und 259

---

[90] So i. E. auch *Heintschel von Heinegg*, in: Vedder/Heintschel von Heinegg, Europäisches Unionsrecht, Art. 7 EUV, Rn. 28.

[91] Zu dieser Beschränkung der hier in Rede stehenden Rechtsschutzmöglichkeiten und der dem Gerichtshof im vorliegenden Bereich anvertrauten Jurisdiktionskompetenz vgl. auch *Schorkopf*, in: Grabitz/Hilf/Nettesheim, EU, Art. 7 EUV (Juli 2010), Rn. 50 ff.; *Voet van Vormizeele*, in: GSH, Europäisches Unionsrecht, Art. 7 EUV, Rn. 16.

AEUV geregelten Vertragsverletzungsklagen[92] verdrängt, was bejahendenfalls dazu führen würde, dass eine mitgliedstaatliche Verletzung der in Art. 2 EUV genannten Werte durch einen Mitgliedstaat keinen statthaften Klagegegenstand der hier in Rede stehenden Vertragsverletzungsklagen bilden könnte, wird im einschlägigen Schrifttum nach wie vor uneinheitlich beantwortet.[93] Im Ergebnis ist diese Frage zu verneinen und insoweit von einem grundsätzlichen Nebeneinander der vorgenannten Verfahren auszugehen, da die Verträge nichts für eine Verdrängung der Art. 258 und 259 AEUV durch das in Art. 7 Abs. 2–4 EUV geregelte Sanktions- bzw. Suspendierungsverfahren hergeben.

II. Verhältnis zu etwaigen Reaktionsmöglichkeiten völkerrechtlicher Art

Kontrovers diskutiert wird seit langer Zeit schließlich auch die in der Rechtsprechung des Unionsrichters bislang unbeantwortet gebliebene Frage, ob der Union neben den in Art. 7 EUV geregelten Sanktionsmechanismen im Falle einer schwerwiegenden und anhaltenden Verletzung der in Art. 2 EUV genannten Werte durch einen Mitgliedstaat weitere Reaktionsmöglichkeiten zur Verfügung stehen, die ihre Grundlage im allgemeinen Völkerrecht finden. Im Mittelpunkt steht dabei die Frage nach der Zulässigkeit einer vornehmlich mit Blick auf Art. 60 Abs. 2 WVK völkerrechtlich begründeten Suspendierung der Mitgliedschaft oder gar eines Ausschlusses des betroffenen Mitgliedstaats aus der EU,[94] die entgegen einer starken bzw. weitverbreiteten Literaturmeinung[95] auf Grund der Existenz unionsverfassungsrechtlicher Spezialregelungen[96] und der ständigen Rechtsprechung des Unionsrichters zur Autonomie der Unionsrechtsordnung[97] zu verneinen ist.[98]   25

---

[92] Ausführlich zu diesen beiden Klagearten vgl. m. w. N. *Nowak*, EnzEuR, Bd. 3, § 10, Rn. 1 ff.

[93] Diese Frage explizit bejahend vgl. *Heintschel von Heinegg*, in: Vedder/Heintschel von Heinegg, Europäisches Unionsrecht, Art. 7 EUV, Rn. 29; a. A. bzw. für ein Nebeneinander der in Art. 7 EUV und Art. 258 AEUV geregelten Verfahren vgl. *Pechstein*, in: Streinz, EUV/AEUV, Art. 7 EUV, Rn. 22; sowie *Ruffert*, in: Calliess/Ruffert, EUV/AEUV, Art. 7 EUV, Rn. 29.

[94] Ausführlicher hierzu vgl. statt vieler *Hau*, S. 110 ff.; *Kassner*, S. 219 ff.; *Ruffert*, in: Calliess/ Ruffert, EUV/AEUV, Art. 7 EUV, Rn. 30 f.

[95] Vgl. etwa *Geiger*, in: Geiger/Khan/Kotzur, EUV/AEUV, Art. 7 EUV, Rn. 3; *Pechstein*, in: Streinz, EUV/AEUV, Art. 7 EUV, Rn. 23; *Schmahl*, EuR 2000, 819 (828 ff.).

[96] Hiermit sind neben Art. 7 EUV und Art. 258 f. AEUV auch das in Art. 50 EUV niedergelegte Austrittsrecht sowie Art. 53 EUV gemeint.

[97] Vgl. nur EuGH, Urt. v. 15.7.1964, Rs. 6/64 (Costa/E.N.E.L.), Slg. 1964, 1253 (1269 f.); Urt. v. 17.12.1970, Rs. 11/70 (Internationale Handelsgesellschaft), Slg. 1970, 1125, Rn. 3; Gutachten 2/13 v. 18.12.2014 (EMRK-Beitritt II), ECLI:EU:C:2014:2454, Rn. 166 u. 170.

[98] So bzw. recht ähnlich vgl auch *Becker*, in: Schwarze, EU-Kommentar, Art. 7 EUV, Rn. 3; *Hofmeister*, DVBl 2016, 869 (872); *Schorkopf*, in: Grabitz/Hilf/Nettesheim, EU, Art. 7 EUV (Juli 2010), Rn. 54; *Voet van Vormizeele*, in: GSH, Europäisches Unionsrecht, Art. 7 EUV, Rn. 5.

Artikel 8 [Nachbarschaftspolitik]

(1) Die Union entwickelt besondere Beziehungen zu den Ländern in ihrer Nachbarschaft, um einen Raum des Wohlstands und der guten Nachbarschaft zu schaffen, der auf den Werten der Union aufbaut und sich durch enge, friedliche Beziehungen auf der Grundlage der Zusammenarbeit auszeichnet.

(2) ¹Für die Zwecke des Absatzes 1 kann die Union spezielle Übereinkünfte mit den betreffenden Ländern schließen. ²Diese Übereinkünfte können gegenseitige Rechte und Pflichten umfassen und die Möglichkeit zu gemeinsamem Vorgehen eröffnen. ³Zur Durchführung der Übereinkünfte finden regelmäßige Konsultationen statt.

Literaturübersicht

Dashwood/Maresceau (Hrsg.), Law and Practice of EU External Relations, 2008; *Ghazaryan*, The European Neighbourhood Policy and the Democratic Values of the EU, 2014; *Hanf*, The ENP in the Light of the New «Neighbourhood clause« (Article 8 TEU), College of Europe Research Paper in Law No 2/2011; *Hummer*, Die Union und ihre Nachbarn – Nachbarschaftspolitik vor und nach dem Verfassungsvertrag, integration 2005, 233; *Nowak*, Multilaterale und bilaterale Elemente der EU-Assoziations-, Partnerschafts- und Nachbarschaftspolitik, EuR 2010, 746; *Van Elsuwege/Petrov* (Hrsg.), Legislative Approximation and Application of EU Law in the Eastern Neighbourhood of the European Union, 2014; *Van Vooren*, EU External Relations Law and the European Neighbourhood Policy, 2012.

Inhaltsübersicht

A. Normgenese

1   Mit dem Vertrag von Lissabon hat die Europäische Nachbarschaftspolitik (ENP) in Art. 8 EUV erstmals eine **primärrechtliche Verankerung** erfahren. Zuvor war die ENP ohne eine solche Grundlage entwickelt worden, und zwar in Reaktion auf die EU-Osterweiterung 2004, durch die sich die EU einer Vielzahl neuer Nachbarstaaten gegenüber sah. Die Kommission skizzierte daraufhin 2003/2004 in ihrer Mitteilung »Größeres Europa – Nachbarschaft: Ein neuer Rahmen für die Beziehungen der EU zu ihren

östlichen und südlichen Nachbarn«[1] sowie dem Strategiepapier »Europäische Nachbarschaftspolitik«[2] die Grundlinien einer noch näher auszugestaltenden Nachbarschaftspolitik. Diese Normgenese gilt es zu berücksichtigen, will man Art. 8 EUV richtig verstehen. Viele der Auslegungsschwierigkeiten um Art. 8 EUV resultieren daraus, dass
nicht hinreichend zwischen den primärrechtlichen Vorgaben und der bis dato praktizierten ENP unterschieden wird (Rn. 6). Art. 8 EUV schreibt nicht etwa in Gänze die bis
dahin ohne Grundlage im Primärrecht praktizierte ENP fest. Vielmehr zeichnet sich die
Norm durch eine besonders große Anzahl unbestimmter Rechtsbegriffe aus. Die normative Direktivkraft der Vorschrift ist dementsprechend gering (Rn. 4).

Die Aufnahme des ENP-Artikels in das Primärrecht geht auf die Arbeiten des **Ver-**   2
fassungskonvents zurück. In zeitlicher Parallele zu den ENP-Vorschlägen der Kommission (Rn. 1) brachte das Präsidium des Konvents einen Textentwurf in die Konvents-
debatte ein, der in wesentlichen Teilen bereits mit dem heutigen Art. 8 EUV übereinstimmte.[3] Ohnehin geht die Aufnahme des ENP-Artikels offenbar maßgeblich auf das
Betreiben von Konventspräsident *Giscard d'Estaing* und dessen Überzeugung zurück,
dass der Prozess der EU-Erweiterung nicht endlos fortgesetzt werden könne.[4]

Eine Veränderung führte der Vertrag von Lissabon im Vergleich zum VVE allerdings   3
insofern ein, als er die **Platzierung der Vorschrift** veränderte. Im VVE war der ENP ein
eigenständiges Kapitel »Die Union und ihre Nachbarn« gewidmet, dessen einzige Bestimmung Art. I–57 VVE war. Daran schloss sich das Kapitel über die Zugehörigkeit zur
Union an. Der Sinn dieser Verortung bestand offenbar darin, den Charakter der ENP als
privilegierte Beziehung, die jedoch keine Beitrittsperspektive eröffnet (Rn. 9), zu unterstreichen.[5] Der Vertrag von Lissabon hat die Bestimmung – unter Beibehaltung des
Wortlauts – an den Beginn des EU-Vertrags verschoben. Die jetzige Lozierung in unmittelbarem Anschluss an Art. 6 und 7 EUV, die jeweils das Wertefundament der EU
betreffen, dürfte dem Umstand geschuldet sein, dass die ENP gem. Art. 8 Abs. 1 EUV
»auf den Werten der Union aufbaut«.[6] Es besteht weitgehende Einigkeit darüber, dass
die jetzige Verortung in den Grundlagenbestimmungen (nicht zuletzt auch wegen der
operativen Kompetenzen, welche Art. 8 EUV verleiht) regelungstechnisch misslungen
ist.[7]

---

[1] Mitteilung der Kommission vom 11. 3. 2003 an den Rat und das Europäische Parlament »Größeres Europa – Nachbarschaft: Ein neuer Rahmen für die Beziehungen der EU zu ihren östlichen und
südlichen Nachbarn«, KOM (2003) 104 endgültig.

[2] Mitteilung der Kommission vom 9. 12. 2004 an den Rat über die Vorschläge der Kommission für
Aktionspläne im Rahmen der Europäischen Nachbarschaftspolitik (ENP), KOM (2004) 373 endgültig.

[3] Europäischer Konvent, Vermerk des Präsidiums vom 2. 4. 2003 für den Konvent, Die Union und
ihre Nachbarn, CONV 649/03; *Thym*, in: Grabitz/Hilf/Nettesheim, EU, Art. 8 EUV (Juli 2010), Rn. 2.

[4] *Kellerhals/Uebe*, in: Schwarze, EU-Kommentar, Art. 8 EUV, Rn. 9; *Thym*, in: Grabitz/Hilf/Net-
tesheim, EU, Art. 8 EUV (Juli 2010), Rn. 2.

[5] *Van Elsuwege/Petrov*, E. L.Rev. 36 (2011), 688 (690).

[6] Ähnlich *Kotzur*, EnzEuR, Bd. 10, § 7, Rn. 19; anders *Geiger*, in: Geiger/Kahn/Kotzur,
EUV/AEUV, Art. 8 EUV, Rn. 1.

[7] Vgl. *Geiger*, in: Geiger/Kahn/Kotzur, EUV/AEUV, Art. 8 EUV, Rn. 1 (für Verortung in Teil V
EUV); *Kotzur*, EnzEuR, Bd. 10, § 7, Rn. 19; *Schmalenbach*, in: Calliess/Ruffert, EUV/AEUV, Art. 8
EUV, Rn. 2 (für Verortung in Teil V AEUV); positiver hingegen die Einschätzung von *Hillion*, Ana-
tomy of EU Norm Export Towards the Neighbourhood: The impact of Article 8 TEU, in: Van Elsuwege/
Petrov, S. 13 (15 f.).

B. Nachbarschaftspolitik

I. Länder in der EU-Nachbarschaft

4   Der in Art. 8 Abs. 1 EUV verwendete Begriff der »Nachbarschaft« (engl. »neighbouring countries«, frz. »pays de son voisinage«) zählt zu den vielen die Vorschrift prägenden **unbestimmten Rechtsbegriffen**. Er lässt verschiedene Deutungsmöglichkeiten zu, neben geographischen etwa auch politische oder kulturelle.[8] Selbst bei Zugrundelegung eines primär geographischen Begriffsverständnisses kann zwischen der unmittelbaren Nachbarschaft und der Nachbarschaft im weiteren Sinne (verstanden als »nicht weit entfernt«) unterschieden werden.[9] Klar ist immerhin, dass es sich bei den »Nachbarstaaten« i. S. d. Art. 8 EUV nicht um »europäische« Staaten i. S. d. Art. 49 EUV handeln muss, da mit der Nachbarschaftspolitik eine Beitrittsperspektive gerade nicht einhergeht (Rn. 9).[10]

5   In der praktischen Ausgestaltung der ENP haben die Unionsorgane einen **weiten Nachbarschaftsbegriff** zugrunde gelegt. Während noch in der Kommissionsmitteilung »Größeres Europa« aus dem Jahr 2003 von »Ländern, die an den neuen Land- oder Seeaußengrenzen liegen« gesprochen wurde,[11] bezog bereits das Strategiepapier von 2004 den südlichen Kaukasus unter Hinweis auf das »starke Interesse [der EU] an der Stabilität und Entwicklung« in der Region in die ENP mit ein.[12] Dementsprechend umfasst die ENP derzeit 16 Länder (Ägypten, Algerien, Armenien, Aserbaidschan, Georgien, Israel, Jordanien, Libanon, Libyen, Marokko, die Republik Moldau, Palästina, Syrien, Tunesien, die Ukraine und Weißrussland).[13] **Russland**, obwohl in der Kommissionsmitteilung von 2003 noch mit einbezogen, ist derzeit nicht Teil der ENP. Einer Teilnahme Russlands an der ENP stand dessen weltpolitisches Selbstverständnis entgegen.[14] Die Beziehungen zwischen der EU und Russland beruhen daher – neben dem Kooperations- und Partnerschaftsabkommen[15] von 1997 – vor allem auf der strategischen Partnerschaft, wie sie auf dem Gipfel von St. Petersburg im Mai 2003 vereinbart wurde.[16] Darin einigte man sich auf die Errichtung von vier sog. gemeinsamen Räumen

---

[8] *Kotzur*, EnzEuR, Bd. 10, § 7, Rn. 12 ff.

[9] *Hanf*, 2 f.; *Hummer*, in: Vedder/Heintschel v. Heinegg, Europäisches Unionsrecht, Art. 8 EUV, Rn. 7.

[10] *Kotzur*, EnzEuR, Bd. 10, § 7, Rn. 9; *Thym*, in: Grabitz/Hilf/Nettesheim, EU, Art. 8 EUV (Juli 2010), Rn. 7.

[11] KOM (2003) 104 endgültig, S. 3.

[12] KOM (2004) 373 endgültig, S. 11.

[13] Gemeinsame Mitteilung der Kommission und der Hohen Vertreterin für Außen- und Sicherheitspolitik vom 25.5.2011 an das Europäische Parlament, den Rat, den Europäischen Wirtschafts- und Sozialausschuss und den Ausschuss der Regionen, Eine neue Antwort auf eine Nachbarschaft im Wandel, KOM (2011) 303; während in diesem Dokument noch von den »Palästinensischen Gebieten« gesprochen wird, verwendet die Kommission in neueren Dokumenten den Begriff »Palästina«, ohne hieraus freilich eine Anerkennung als Staat herzuleiten, vgl. Gemeinsame Mitteilung der Kommission und der Hohen Vertreterin für Außen- und Sicherheitspolitik vom 20.3.2013 an das Europäische Parlament, den Rat, den Europäischen Wirtschafts- und Sozialausschuss und den Ausschuss der Regionen, Europäische Nachbarschaftspolitik: auf dem Weg zu einer verstärkten Partnerschaft, JOIN (2013) 4 final, S. 5 mit Fn. 3.

[14] *Schmalenbach*, in: Calliess/Ruffert, EUV/AEUV, Art. 8 EUV, Rn. 7.

[15] Abkommen vom 24.6.1994 über Partnerschaft und Zusammenarbeit zur Gründung einer Partnerschaft zwischen den Europäischen Gemeinschaften und ihren Mitgliedstaaten einerseits und der Russischen Föderation andererseits, ABl. 1997, L 327/3.

[16] Gemeinsame Erklärung vom 31.5.2003, 300th anniversary of St. Petersburg – celebrating three centuries of common European history and culture, Press 154 Nr. 9937/03.

(gemeinsamer Wirtschaftsraum; gemeinsamer Raum der Freiheit, der Sicherheit und des Rechts; gemeinsamer Raum der äußeren Sicherheit; gemeinsamer Raum der Forschung und Bildung).[17]

Von der ENP in ihrer derzeitigen Praxis nicht erfasst sind die **EFTA-Staaten** (Island, Liechtenstein, Norwegen, Schweiz) sowie europäische **Mikrostaaten** (Andorra, Monaco, San Marino, Vatikanstaat). Das wirft die Frage auf, ob diese Rechtspraxis auf die Auslegung des Art. 8 Abs. 1 EUV zurückwirkt. Ausgehend vom Begriff der Nachbarschaft (Rn. 4) erscheint zunächst nichts dafür ersichtlich, diese Staaten vom Anwendungsbereich des Art. 8 EUV auszuschließen,[18] zumal das Primärrecht nicht von der rechtspraktischen Handhabung der ENP determiniert werden kann. Andererseits kommt der ENP aber ein gewisser die Beitrittsperspektive exkludierender Charakter zu (Rn. 9). Vor diesem Hintergrund erschiene es problematisch, Staaten, denen der Beitritt zweifellos offen steht, die sich aber einstweilen gegen eine EU-Mitgliedschaft entschieden haben – wie Island[19], Norwegen[20] oder die Schweiz[21] – in den Anwendungsbereich der Norm mit einzubeziehen. Das gilt insbesondere, wenn man bedenkt, dass Art. 8 Abs. 1 EUV aufgrund seiner indikativischen Formulierung (»entwickelt besondere Beziehungen«) es den Unionsorganen gerade nicht freistellt, ob sie überhaupt Beziehungen im Rahmen der ENP zu den Nachbarstaaten aufnehmen (Rn. 11). Damit geht zwar keine Pflicht zum Abschluss eines Abkommens gem. Art. 8 Abs. 2 EUV einher,[22] ein gänzlicher Ausschluss bestimmter Nachbarstaaten von der ENP verstieße aber gegen den primärrechtlichen Handlungsauftrag aus Art. 8 Abs. 1 EUV. Insofern sprechen letztlich die besseren Argumente dafür, tatsächliche oder potentielle Beitrittskandidaten vom Anwendungsbereich des Art. 8 Abs. 1 EUV auszunehmen.[23]

Nichts anderes folgt aus der **Erklärung Nr. 3** betreffend Art. 8 EUV. Darin heißt es zwar, die EU trage »der besonderen Lage der Länder mit geringer territorialer Ausdehnung Rechnung, die spezifische Nachbarschaftsbeziehungen zur Union unterhalten«. Daraus folgt aber nicht zwingend, dass die in Rn. 6 genannten Mikrostaaten überhaupt vom Anwendungsbereich des Art. 8 EUV erfasst sein müssten.[24] Denkbar ist auch ein Verständnis, dass die Union mit dieser Erklärung auf Befürchtungen der Mikrostaaten reagierte, gegenüber großen strategischen Partnerschaften zurückgesetzt zu werden.[25]

---

[17] Weiterführend *Van Elsuwege*, The four common spaces: New Impetus to the EU-Russia Strategic Partnership?, in: Dashwood/Maresceau (Hrsg.), S. 334 ff.

[18] *Van Elsuwege/Petrov*, E.L.Rev. 36 (2011), 688 (692); *Kotzur*, EnzEuR, Bd. 10, § 7, Rn. 15; *Nowak*, in: GSH, Europäisches Unionsrecht, Art. 8 EUV, Rn. 6; *Thym*, in: Grabitz/Hilf/Nettesheim, EU, Art. 8 EUV (Juli 2010), Rn. 7.

[19] Die Beitrittsverhandlungen wurden durch die isländische Regierung im Mai 2013 zunächst nur ausgesetzt, im März 2015 erfolgte dann die offizielle Rücknahme des Beitrittsgesuchs; näher *Steppbacher*, Die EFTA-Staaten, der EWR und die Schweiz, in: Weidenfeld/Wessels, Jahrbuch der europäischen Integration 2015, 2015, S. 315 (316 f.).

[20] Hierzu *Mech*, EWR und europäische Integration, 2007, S. 57 ff.

[21] Hierzu *Schwok/Bloetzer*, integration 2005, 201; *Kaddous*, The relations between the EU and Switzerland, in: Dashwood/Maresceau, S. 227 ff.

[22] Zutreffend *Thym*, in: Grabitz/Hilf/Nettesheim, EU, Art. 8 EUV (Juli 2010), Rn. 7.

[23] Im Ergebnis wie hier *Kellerhals/Uebe*, in: Schwarze, EU-Kommentar, Art. 8 EUV, Rn. 12; *Schmalenbach*, in: Calliess/Ruffert, EUV/AEUV, Art. 8 EUV, Rn. 4.

[24] Siehe aber *Van Elsuwege/Petrov*, E.L.Rev. 36 (2011), 688 (692); *Maresceau*, The relations between the EU and Andorra, in: Dashwood/Maresceau, S. 270 (305).

[25] In diesem Sinne *Hummer*, in: Vedder/Heintschel v. Heinegg, Europäisches Unionsrecht, Art. 8 EUV, Rn. 37.

II. Entwicklung besonderer Beziehungen

1. Besondere Beziehungen

8   Der Begriff der durch die ENP zu entwickelnden »besonderen Beziehungen« enthält zunächst einmal Anklänge an das Assoziationsrecht (Art. 217 AEUV).[26] Dort sprach der EuGH davon, dass ein Assoziierungsabkommen »besondere und privilegierte Beziehungen mit einem Drittstaat« schaffe.[27] Um eine hinreichende Anreizstruktur zur Eingehung privilegierter Beziehungen im Rahmen der ENP zu schaffen, muss mit den in Art. 8 Abs. 1 EUV genannten »besonderen Beziehungen« politisch offenbar ein qualitatives Mehr[28] verbunden sein. Die ENP bewegt sich insoweit freilich in einem **nicht auflösbaren Dilemma**:

9   Von Seiten der EU war die ENP als ein Instrument zur Aufwertung der Beziehungen mit den daran beteiligten Staaten gedacht. Die ENP sollte helfen, die drohende Trennungslinie an den EU-Außengrenzen (von manchen EU-Nachbarn bereits als neuer »Eiserner Vorhang« empfunden)[29] zu vermeiden. Andererseits wohnt der ENP aber auch ein exkludierendes Element inne, indem sie als ein »**Surrogat**«[30] zur Vollmitgliedschaft fungiert. Dieser **Aliud-Charakter** der ENP im Verhältnis zur Mitgliedschaft war unter dem Verfassungsvertrag besonders offensichtlich, da hier Nachbarschaftspolitik und Beitritt in zwei separaten, einander folgenden Kapiteln geregelt waren (Rn. 3). Die veränderte Lozierung durch den Vertrag von Lissabon hat an diesem Charakter aber nichts geändert.

10   Insofern liegt eine Parallele zur »privilegierten Partnerschaft« nahe, die der Türkei als Ersatz für eine Vollmitgliedschaft angeboten worden ist:[31] Ebenso wie dieses Angebot von türkischer Seite durchaus nicht als eine Privilegierung, sondern vielmehr als eine Herabsetzung verstanden worden ist, haben auch ENP-Staaten mit Ablehnung reagiert, da sie hierdurch die **Beitrittsperspektive gefährdet** sahen (z. B. Ukraine, Rn. 30).[32] Es ist daher auch kein Zufall, dass von dem Instrument der Nachbarschaftsabkommen gem. Art. 8 Abs. 2 EUV bis heute kein Gebrauch gemacht worden ist (Rn. 19).

2. Handlungspflicht

11   Indem Art. 8 Abs. 1 EUV im Indikativ formuliert, dass die EU besondere Beziehungen zu ihren Nachbarstaaten »entwickelt« (engl. »shall establish«, frz. »développe«), wird

---

[26] *Van Elsuwege/Petrov*, E.L.Rev. 36 (2011), 688 (692).

[27] EuGH, Urt. v. 30.9.1987, Rs. 12/86 (Demirel/Stadt Schwäbisch Gmünd), Slg. 1987, 3719, Rn. 9.

[28] Begriff nach *Schmalenbach*, in: Calliess/Ruffert, EUV/AEUV, Art. 8 EUV, Rn. 10.

[29] *Kempe*, Nachbarschaftspolitik: Russland, Ukraine, Moldau und Belarus, in: Weidenfeld/Wessels (Hrsg.), Jahrbuch der Europäischen Integration 2003/04, 2004, S. 259 (261).

[30] *Hummer*, in: Vedder/Heintschel v. Heinegg, Europäisches Unionsrecht, Art. 8 EUV, Rn. 27 ff.; *Streinz*, in: Streinz, EUV/AEUV, Art. 8 EUV, Rn. 8; siehe auch *Dannreuther*, EFAR 11 (2006), 183; a. A. *Thym*, in: Grabitz/Hilf/Nettesheim, EU, Art. 8 EUV (Juli 2010), Rn. 5 (Einstufung als Nachbar impliziere weder positive noch negative Konsequenzen für die Beitrittsperspektive); dem folgend *Hanf*, 7; gegen eine Ausschlusswirkung auch *Nowak*, in: GSH, Europäisches Unionsrecht, Art. 8 EUV, Rn. 3.

[31] Siehe auch *Kotzur*, EnzEuR, Bd. 10, § 7, Rn. 18.

[32] *Hummer*, in: Vedder/Heintschel v. Heinegg, Europäisches Unionsrecht, Art. 8 EUV, Rn. 42; *Kotzur*, EnzEuR, Bd. 10, § 7, Rn. 18; *Thym*, in: Grabitz/Hilf/Nettesheim, EU, Art. 8 EUV (Juli 2010), Rn. 5.

eine **Handlungspflicht** für die EU begründet.[33] Teilweise wird allerdings die Auffassung vertreten, der Union stünde ein außenpolitischer Einschätzungs- und Beurteilungsspielraum auch hinsichtlich des »Ob« der Aufnahme von Beziehungen zu.[34] Dem kann nicht gefolgt werden. Wenngleich die normative Direktivkraft des Art. 8 Abs. 1 EUV insofern relativ schwach ist, als es eine Vielzahl von Ausgestaltungsmöglichkeiten der Nachbarschaftspolitik geben kann, verpflichtet die Norm doch zumindest dazu, überhaupt Beziehungen zu entwickeln. Grundvoraussetzung ist allerdings, dass es sich um einen Nachbarstaat i. S. d. Art. 8 Abs. 1 EUV handelt. Diesbezüglich steht den Unionsorganen eine gewisse Konkretisierungsbefugnis zu, der durch das Primärrecht lediglich äußerste Grenzen gezogen sind (Rn. 4 ff.). Handelt es sich um einen Nachbarstaat in diesem Sinne, besteht jedoch eine Handlungspflicht.

Nach einer anderen Auffassung besteht eine Pflicht zur Beziehungsaufnahme nur **12** gegenüber solchen Staaten, die die **Werte der Union** teilen oder sie zumindest nicht ablehnen.[35] Ein solches Verständnis überdehnt indes die für die ENP prägende Wertekonditionalität (Rn. 16). Bei dieser handelt es sich um das mit der ENP zu verfolgende Ziel, wie schon aus der Formulierung (»um … zu schaffen«) hervorgeht. Hingegen kann nicht verlangt werden, dass die Nachbarstaaten bereits diese Werte der Union teilen. Die Handlungspflicht aus Art. 8 Abs. 1 EUV besteht daher unabhängig von der Werteorientierung der Nachbarstaaten.

Das lässt sich besonders gut am **Beispiel Weißrusslands** demonstrieren. Weißrussland **13** als die letzte verbliebene Diktatur in Europa ist der einzige östliche ENP-Staat, mit dem die EU in den 1990er Jahren kein Partnerschafts- und Kooperationsabkommen geschlossen hat.[36] Aufgrund der fortgesetzten Menschenrechtsverstöße hat der Ministerrat im Juni 2011 das ohnehin schon bestehende Sanktionssystem sogar noch verschärft.[37] Das bedeutete andererseits aber nicht, dass die EU keinerlei Anstrengungen im Rahmen der ENP unternommen hätte, die Verhältnisse in Weißrussland zu verbessern. Unter anderem durch den EU-Modernisierungsdialog mit der weißrussischen Gesellschaft ist hier seit 2012 ein Forum geschaffen worden, um den freien Ideenaustausch mit dem modernen Weißrussland zu unterstützen.[38]

---

[33] *Hillion*, in: Van Elsuwege/Petrov, 13 (16 f.); *Thym*, in: Grabitz/Hilf/Nettesheim, EU, Art. 8 EUV (Juli 2010), Rn. 10.

[34] *Schmalenbach*, in: Calliess/Ruffert, EUV/AEUV, Art. 8 EUV, Rn. 9; wohl auch *Kotzur*, EnzEuR, Bd. 10, § 7, Rn. 21.

[35] *Hanf*, 6 f.; a. A. *Schmalenbach*, in: Calliess/Ruffert, EUV/AEUV, Art. 8 EUV, Rn. 6. Die Möglichkeit eines »Schleifenlassens« der Beziehungen befürwortet *Nowak*, in: GSH, Europäisches Unionsrecht, Art. 8 EUV, Rn. 8.

[36] *Nowak*, EuR 2010, 746 (756); *Schmalenbach*, in: Calliess/Ruffert, EUV/AEUV, Art. 8 EUV, Rn. 6.

[37] Beschluss 2011/357/GASP des Rates vom 20.6.2011 zur Änderung des Beschlusses 2010/639/GASP über restriktive Maßnahmen gegen einzelne belarussische Amtsträger, ABl. 2011, L 161/25; zuletzt Beschluss (GASP) 2015/1957 des Rates vom 29.10.2015 zur Änderung des Beschlusses 2012/642/GASP über restriktive Maßnahmen gegen Belarus, ABl. 2015, L 284/149.

[38] Joint Staff Working Document of the European Commission and the High Representative of the European Union for Foreign Affairs and Security Policy from 27.3.2014, Implementation of the European Neighbourhood Policy in 2013, Regional Report: Eastern Partnership, SWD (2014) 99 final, 6; siehe auch die Fortführung des Menschenrechtsdialogs mit Weißrussland im Jahr 2015: *Böttger*, Die Europäische Union und die Länder der Östlichen Partnerschaft, in: Weidenfeld/Wessels (Hrsg.), Jahrbuch der Europäischen Integration 2015, 2015, 333 (334).

III. Ziele der ENP

1. Raum des Wohlstands und der guten Nachbarschaft

14   Bereits in der Kommissionsmitteilung »Größeres Europa« aus dem Jahr 2003 taucht die Wendung von der anzustrebenden »Zone des Wohlstands und der guten Nachbarschaft« auf, seinerzeit ergänzt durch die viel zitierte Formulierung vom »Ring befreundeter Staaten«.[39] Im weiteren Verlauf der Mitteilung wird das Ziel »Wohlstand« mit dem Ziel »Stabilität« verbunden, da »politische Instabilität, wirtschaftliche Verwundbarkeit, institutionelle Mängel, Konflikte und Armut und soziale Ausgrenzung« stark miteinander zusammenhängen.[40] In ganz ähnlicher Weise tauchte der Gedanke in der nahezu zeitgleich entstandenen Europäischen Sicherheitsstrategie auf, wo es heißt: »Wir müssen darauf hinarbeiten, dass östlich der Europäischen Union und an den Mittelmeergrenzen ein Ring verantwortungsvoll regierter Staaten entsteht, mit denen wir enge, auf Zusammenarbeit gegründete Beziehungen pflegen können.«[41] Das Ziel, einen Raum des Wohlstands zu schaffen, ist daher eng mit den **Sicherheitsinteressen der EU** verknüpft.[42] Das Europäische Parlament hat jüngst im Zuge der Überarbeitung der ENP eine stärkere Koordinierung von Nachbarschaftspolitik und Europäischer Sicherheitsstrategie angemahnt.[43] Dem trägt die Ende 2015 verabschiedete gemeinsame Erklärung von Kommission und Hoher Vertreterin zur abermaligen Überarbeitung der ENP Rechnung, indem innerhalb der ENP ein neuer Fokus auf Sicherheit etabliert wird.[44]

15   Mit dem Begriff der »guten Nachbarschaft« greift Art. 8 Abs. 1 EUV zwar ein dem allgemeinen Völkerrecht entstammendes Konzept auf.[45] Im EU-Kontext diente das **Kriterium »gutnachbarlicher Beziehungen«** seit dem Europäischen Rat von Essen im Jahr 1994[46] als Voraussetzung für den Beitritt der Staaten Mittel- und Osteuropas. Damit verband sich die Erwartungshaltung, dass Grenzstreitigkeiten mit friedlichen Mitteln beigelegt würden. Art. 8 Abs. 1 EUV übernimmt diesen Gedanken für die ENP, die ganz allgemein stark auf Elementen der früheren Heranführungsstrategie (pre-accession strategy) der Staaten Mittel- und Osteuropas aufbaut.[47]

---

[39] KOM (2003) 104 endgültig, S. 4.

[40] KOM (2003) 104 endgültig, S. 6 f.

[41] Rat der Europäischen Union, Ein sicheres Europa in einer besseren Welt. Europäische Sicherheitsstrategie vom 12.12.2013, PESC 787, 15895/03, S. 10.

[42] Siehe auch *Van Elsuwege/Petrov*, E.L.Rev. 36 (2011), 688 (696); *Hummer*, integration 2005, 233.

[43] EP, Überprüfung der Europäischen Nachbarschaftspolitik, Entschließung vom 9.7.2015, P8 TA-PROV (2015) 0272, Ziff. 37.

[44] Kommission/Hohe Vertreterin, Review of the European Neighbourhood Policy, JOIN (2015) 50 final, S. 12 ff.

[45] *Kotzur*, EnzEuR, Bd. 10, § 7, Rn. 14, unter Verweis auf die Friendly-Relations-Declaration der UN-Generalversammlung.

[46] Europäischer Rat in Essen vom 9./10.12.1994, Schlussfolgerungen des Vorsitzes, Bull. EU 12/1994, 7.

[47] *Van Elsuwege/Petrov*, E.L.Rev. 36 (2011), 688 (695); zum Vorbildcharakter der Heranführungsstrategie vgl. auch *Baracani*, Preaccession and Neighbourhood: The European Union's democratic conditionality in Turkey and Morocco, in: Jünemann/Knodt (Hrsg.), Externe Demokratieförderung durch die Europäische Union, 2007, S. 335 ff.; *Ghazaryan*, S. 74 ff.; *Tulmets*, Osteuropa 2007, S. 105 ff.

2. Wertekonditionalität

Ein hervorstechendes Merkmal der ENP ist ihre Wertekonditionalität. Der anzustre-   **16**
bende Raum des Wohlstands und der guten Nachbarschaft soll »auf den Werten der
Union aufbauen« (Art. 8 Abs. 1 EUV). Das erscheint zunächst einmal vergleichsweise
banal, ist doch das auswärtige Handeln der EU generell auf die Förderung und Verwirklichung ihrer Werte ausgerichtet (Art. 23 i. V. m. Art. 21 Abs. 2 EUV).[48] Bei näherem
Hinsehen offenbart dieser Passus – der im Übrigen in dem ursprünglichen Entwurf des
Konventspräsidiums (Rn. 2) noch nicht enthalten war – jedoch ein **erhebliches Span-
nungspotential**.

Die Dokumente der Kommission verwendeten insoweit die Formulierung von den   **17**
»gemeinsamen Werten« als Grundlage der ENP.[49] Dieses **Konzept der »joint owner-
ship«**, im Deutschen etwas blass mit dem Terminus der »gemeinsamen Verantwortung«
wiedergegeben,[50] verschleierte allerdings eher die Tatsache, dass es sich bei der ENP
wenn schon nicht um einen Werteoktroi,[51] so doch um eine im Wesentlichen einseitige
Vorgabe von Werten durch die EU handelt.[52] In der Formulierung des Art. 8 Abs. 1 EUV
tritt dieser Aspekt deutlicher zutage, allerdings um den Preis, dass bei den ENP-Partnern
möglicherweise Abwehrreflexe hervorgerufen werden. Diese **Asymmetrie der ENP**
wird nur ein Stück weit wieder dadurch relativiert, dass sich die EU bisweilen auf die
Standards und Werte anderer internationaler Organisationen, insbesondere von Europarat, OSZE oder Vereinten Nationen, bezieht.[53]

IV. Instrumente der ENP

1. Völkerrechtliche Verträge

a) Der Typus Nachbarschaftsabkommen

Art. 8 Abs. 2 EUV sieht eine spezielle Kompetenzgrundlage[54] für den Abschluss sog.   **18**
Nachbarschaftsabkommen vor. Das bedeutet nicht, dass derartige Abkommen das ein-
zig mögliche Instrument zur Umsetzung der ENP wären. Im Gegenteil zeichnet sich die
ENP in der Handhabung vor dem Inkrafttreten des Vertrags von Lissabon durch den
vermehrten Einsatz von Soft law-Instrumenten und den erst allmählichen Übergang zu
Hard law-Regelungen aus.[55] Art. 8 Abs. 2 EUV will dieses breite Instrumentarium nicht
beschränken, sondern eine **zusätzliche Rechtsgrundlage** für die Etablierung der in
Abs. 1 genannten »besonderen Beziehungen« zur Verfügung stellen.

Art. 8 Abs. 2 EUV ist im Wortlaut weitgehend Art. 217 AEUV nachgebildet, aller-   **19**
dings ohne das für das Assoziationsrecht charakteristische Instrument der »besonderen
Verfahren«. Die damit in Bezug genommenen **Assoziationsräte** sind somit für Nachbar-

---

[48] *Streinz*, in: Streinz, EUV/AEUV, Art. 8 EUV, Rn. 9; *Thym*, in: Grabitz/Hilf/Nettesheim, EU,
Art. 8 EUV (Juli 2010), Rn. 8.

[49] KOM (2003) 104 endgültig, S. 4; KOM (2004) 373 endgültig, S. 8; zur Ambiguität dieses Begriffs
Leino/Petrov, ELJ 15 (2009), 654 ff.

[50] KOM (2004) 373 endgültig, S. 8.

[51] Verneinend *Kotzur*, EnzEuR, Bd. 10, § 7, Rn. 10.

[52] *Van Elsuwege/Petrov*, E. L. Rev. 36 (2011), 688 (694); siehe auch *Ghazaryan*, S. 81 ff.; *Thym*, in:
Grabitz/Hilf/Nettesheim, EU, Art. 8 EUV (Juli 2010), Rn. 9 (»Werteexport«); krit. *Bobitski*, EFAR 13
(2008), 449.

[53] *Van Elsuwege/Petrov*, E. L. Rev. 36 (2011), 688 (694).

[54] Näher *Thym*, in: Grabitz/Hilf/Nettesheim, EU, Art. 8 EUV (Juli 2010), Rn. 12.

[55] *Van Vooren*, E. L. Rev. 34 (2009), 696; *ders.*, S. 201 ff.

schaftsabkommen gem. Art. 8 Abs. 2 EUV nicht vorgesehen – fraglich erscheint, ob sie auf dieser Rechtsgrundlage ausgeschlossen sein sollen.[56] Wenn in Art. 8 Abs. 2 Satz 3 statt von »besonderen Verfahren« von »regelmäßigen Konsultationen« die Rede ist, so deutet dies nach hiesigem Verständnis auf die für die bisherige ENP prägenden eher weichen Mechanismen (Rn. 33) hin.[57] Jedenfalls in der Praxis ist der Typus des Nachbarschaftsabkommens durch die neue Generation von Assoziierungsabkommen unter Einschluss einer vertieften und umfassenden Freihandelszone (Rn. 30) gleichsam »überholt« worden. Praktische Relevanz hat Art. 8 Abs. 2 EUV daher bislang nicht entfalten können.

20   Damit ist bereits angedeutet, dass Art. 8 Abs. 2 EUV **keine lex specialis** gegenüber Art. 217 AEUV (oder gegenüber anderen Rechtsgrundlagen, Rn. 30) darstellt.[58] Auch nach dem Inkrafttreten des Vertrags von Lissabon ist es der Union nicht verwehrt, mit den ENP-Staaten Assoziierungsabkommen zu schließen. Die Abgrenzung der Rechtsgrundlagen liegt dabei im Wesentlichen im politischen Ermessen der Unionsorgane.[59]

21   Teilweise wird ein Vorzug der Nachbarschaftsabkommen gem. Art. 8 Abs. 2 EUV darin gesehen, dass sie **ohne Beteiligung der Mitgliedstaaten** – also nicht wie die Assoziierungsabkommen als **gemischte Abkommen** – abgeschlossen werden könnten.[60] Bei näherem Zusehen erweist sich diese These jedoch als nicht haltbar. Allein die Tatsache, dass der EU in Art. 8 Abs. 2 EUV eine eigenständige Rechtsgrundlage für den Abschluss der Nachbarschaftsabkommen zur Verfügung steht, führt noch nicht dazu, dass der EU auch die alleinige Vertragsschlusskompetenz zustünde. Das wäre vielmehr nur dann der Fall, wenn es sich bei der Kompetenz aus Art. 8 Abs. 2 EUV um eine ausschließliche handelte, was jedoch ausweislich des Zuständigkeitskatalogs in Art. 3 Abs. 1 AEUV nicht zutrifft.[61] Vielmehr kommt es auf die jeweiligen Sachkompetenzen an.[62] Das bloße Bestehen einer geteilten Zuständigkeit genügt für sich genommen jedenfalls nicht, um der Union die umfassende Kompetenz für den Abschluss des völkerrechtlichen Vertrags zu verschaffen.[63] Bei Regelungen aus dem Bereich der ausschließlichen mitgliedstaatlichen Kompetenz ist der Union ohnehin der Vertragsschluss ohne Beteiligung der Mitgliedstaaten verwehrt. Daran ändert Art. 8 Abs. 2 EUV nichts.

22   Die »gegenseitigen Rechte und Pflichten«, die gem. Art. 8 Abs. 2 Satz 2 EUV durch die Nachbarschaftsabkommen begründet werden können, schließen bewusst[64] an das Assoziationsrecht und die dazu ergangene EuGH-Rechtsprechung an. Danach ist ein

---

[56] In diese Richtung *Schmalenbach*, in: Calliess/Ruffert, VerfEU, Art. I–57 VVE, Rn. 11; vorsichtiger *dies.*, in: Calliess/Ruffert, EUV/AEUV, Art. 8 EUV, Rn. 12; dagegen *Nowak*, in: GSH, Europäisches Unionsrecht, Art. 8 EUV, Rn. 13.

[57] Anders *Hummer*, integration 2005, 233 (244): Betonung des Kontrollcharakters durch die Union; *ders.*, in: Vedder/Heintschel v. Heinegg, Europäisches Unionsrecht, Art. 8 EUV, Rn. 27: »gewisser Manuduktionscharakter«.

[58] Ebenso *Kotzur*, EnzEuR, Bd. 10, § 7, Rn. 27; *Schmalenbach*, in: Calliess/Ruffert, EUV/AEUV, Art. 8 EUV, Rn. 13; *Thym*, in: Grabitz/Hilf/Nettesheim, EU, Art. 8 EUV (Juli 2010), Rn. 12; unentschieden *Streinz*, in: Streinz, EUV/AEUV, Art. 8 EUV, Rn. 10; a. A. *Hummer*, in: Vedder/Heintschel v. Heinegg, Europäisches Unionsrecht, Art. 8 EUV, Rn. 28.

[59] *Schmalenbach*, in: Calliess/Ruffert, EUV/AEUV, Art. 8 EUV, Rn. 13; *Thym*, in: Grabitz/Hilf/Nettesheim, EU, Art. 8 EUV (Juli 2010), Rn. 12.

[60] *Kotzur*, EnzEuR, Bd. 10, § 7, Rn. 26.

[61] *Thym*, in: Grabitz/Hilf/Nettesheim, EU, Art. 8 EUV (Juli 2010), Rn. 18.

[62] *Streinz*, in: Streinz, EUV/AEUV, Art. 8 EUV, Rn. 10; *Thym*, in: Grabitz/Hilf/Nettesheim, EU, Art. 8 EUV (Juli 2010), Rn. 18.

[63] Vgl. – wenn auch in anderem Zusammenhang – *Breuer/Riegger*, EurUP 2014, 293 (304).

[64] *Thym*, in: Grabitz/Hilf/Nettesheim, EU, Art. 8 EUV (Juli 2010), Rn. 13.

Ungleichgewicht zwischen den Verpflichtungen der EU und denen der assoziierten Staaten **nicht ausgeschlossen**.[65]

b) Tatsächliche Ausgestaltung der völkervertraglichen Beziehungen

Ungeachtet des einheitlichen Rahmens, den die ENP zu schaffen beabsichtigte,[66] ist   23
aufgrund der unterschiedlichen Regelungsmodalitäten zwischen der östlichen und der südlichen Dimension der ENP zu unterscheiden.[67] Von den nachfolgenden Ausführungen unberührt bleibt die Möglichkeit, einzelne Sachbereiche durch sektorale völkerrechtliche Verträge zu regeln.[68]

aa) Südliche ENP-Dimension

Mit den heute der südlichen ENP-Dimension zuzurechnenden Staaten wurde bereits   24
Mitte der 1970er Jahre eine **erste Generation** von Verträgen in Gestalt sog. Kooperationsabkommen geschlossen. Daran beteiligt waren die Maghreb-Staaten (Algerien, Marokko, Tunesien)[69] sowie wenig später die Mashrik-Staaten (Ägypten, Jordanien, Libanon, Syrien)[70]. Rechtsgrundlage der Abkommen war jeweils Art. 238 EWGV (= Art. 217 AEUV).[71] Diese Abkommen zielten auf eine Liberalisierung des Warenverkehrs, teilweise auch auf eine Verbesserung der Arbeitnehmerfreizügigkeit; Niederlassungs- und Dienstleistungsfreiheit waren nicht geregelt.[72]

---

[65] EuGH, Urt. v. 5. 2. 1976, Rs. 87/75 (Bresciani/Italienische Finanzverwaltung), Slg. 1976, 129, Rn. 22/23.

[66] KOM (2003) 104 endgültig, S. 9.

[67] Ebenso *Kotzur*, EnzEuR, Bd. 10, § 7, Rn. 31 ff., 37 ff.; *Nowak*, EuR 2010, 746 (749 f.).

[68] *Thym*, in: Grabitz/Hilf/Nettesheim, EU, Art. 8 EUV (Juli 2010), Rn. 14.

[69] Algerien: Kooperationsabkommen zwischen der Europäischen Wirtschaftsgemeinschaft und der Demokratischen Volksrepublik Algerien, ABl. 1978, L 263/2; Marokko: Kooperationsabkommen zwischen der Europäischen Wirtschaftsgemeinschaft und dem Königreich Marokko, ABl. 1978, L 264/2; Tunesien: Kooperationsabkommen zwischen der Europäischen Wirtschaftsgemeinschaft und der Tunesischen Republik, ABl. 1978, L 265/2.

[70] Ägypten: Kooperationsabkommen zwischen der Europäischen Wirtschaftsgemeinschaft und der Arabischen Republik Ägypten, ABl. 1978, L 266/2; Jordanien: Kooperationsabkommen zwischen der Europäischen Wirtschaftsgemeinschaft und dem Haschemitischen Königreich Jordanien, ABl. 1978, L 268/2; Libanon: Kooperationsabkommen zwischen der Europäischen Wirtschaftsgemeinschaft und der Libanesischen Republik, ABl. 1978, L 267/2; Syrien: Kooperationsabkommen zwischen der Europäischen Wirtschaftsgemeinschaft und der Arabischen Republik Syrien, ABl. 1978, L 269/2.

[71] Ägypten: VO (EWG) Nr. 2213/78 vom 26. 9. 1978 über den Abschluss des Kooperationsabkommens zwischen der Europäischen Wirtschaftsgemeinschaft und der Arabischen Republik Ägypten, ABl. 1978, L 266/1; Algerien: VO (EWG) Nr. 2210/78 vom 26. 9. 1978 über den Abschluss eines Kooperationsabkommens zwischen der Europäischen Wirtschaftsgemeinschaft und der Demokratischen Volksrepublik Algerien, ABl. 1978, L 263/1; Jordanien: VO (EWG) Nr. 2215/78 vom 26. 9. 1978 über den Abschluss des Kooperationsabkommens zwischen der Europäischen Wirtschaftsgemeinschaft und dem Haschemitischen Königreich Jordanien, ABl. 1978, L 268/1; Libanon: VO (EWG) Nr. 2214/78 vom 26. 9. 1978 über den Abschluss des Kooperationsabkommens zwischen der Europäischen Wirtschaftsgemeinschaft und der Libanesischen Republik, ABl. 1978, L 267/1; Marokko: VO (EWG) Nr. 2211/78 vom 26. 9. 1978 über den Abschluss des Kooperationsabkommens zwischen der Europäischen Wirtschaftsgemeinschaft und dem Königreich Marokko, ABl. 1978, L 264/1; Syrien: VO (EWG) Nr. 2216/78 vom 26. 9. 1978 über den Abschluss des Kooperationsabkommens zwischen der Europäischen Wirtschaftsgemeinschaft und der Arabischen Republik Syrien, ABl. 1978, L 269/1; Tunesien: VO (EWG) 2212/78 vom 26. 9. 1978 über den Abschluss eines Kooperationsabkommens zwischen der Europäischen Wirtschaftsgemeinschaft und der Tunesischen Republik, ABl. 1978, L 265/1.

[72] *Vöneky/Beylage-Haarmann*, in: Grabitz/Hilf/Nettesheim, EU, Art. 217 AEUV (April 2015), Rn. 100 f.

25   Im Zuge des 1995 eingeleiteten sog. Barcelona-Prozesses[73] wurde diese erste Generation von Verträgen durch eine **zweite Generation** sog. Europa-Mittelmeer-Abkommen ersetzt.[74] Als Rechtsgrundlage diente jeweils Art. 310 i. V. m. Art. 300 Abs. 2 Satz 2, Abs. 3 UAbs. 2 EG (= Art. 217 i. V. m. Art. 218 Abs. 6 UAbs. 2 Buchst. a, Abs. 8 UAbs. 2 Satz 1 AEUV).[75] Diese Abkommen zielen auf die schrittweise Errichtung einer Freihandelszone auf Grundlage des GATT während einer Übergangszeit von höchstens zwölf Jahren. Arbeitnehmer-, Niederlassungs-, Dienstleistungs- und Kapitalverkehrsfreiheit sind in die Abkommen mit einbezogen, werden allerdings nicht voll gewährleistet.[76] Zudem sehen die Abkommen mit der Errichtung von Assoziationsräten und

---

[73] Durch die Abschlusserklärung der Ministerkonferenz Europa-Mittelmeer vom 27./28. 11.1995 (Bull. EG 11/1995, 88) wurde die sog. Partnerschaft Europa-Mittelmeer der damaligen 15 EU-Mitgliedstaaten mit 12 Mittelmeeranrainerstaaten (Ägypten, Algerien, Israel, Jordanien, Libanon, Malta, Marokko, Syrien, Tunesien, Türkei, Zypern sowie Palästinensische Autonomiebehörde) ins Leben gerufen.

[74] Ägypten: Europa-Mittelmeer-Abkommen zur Gründung einer Assoziation zwischen den Europäischen Gemeinschaften und ihren Mitgliedstaaten einerseits und der Arabischen Republik Ägypten andererseits, ABl. 2004, L 304/39; Algerien: Europa-Mittelmeer-Abkommen zur Gründung einer Assoziation zwischen der Europäischen Gemeinschaft und ihren Mitgliedstaaten einerseits und der Demokratischen Volksrepublik Algerien andererseits, ABl. 2005, L 265/2; Israel: Europa-Mittelmeer-Abkommen zur Gründung einer Assoziation zwischen den Europäischen Gemeinschaften und ihren Mitgliedstaaten einerseits und dem Staat Israel andererseits, ABl. 2000, L 147/3; Jordanien: Europa-Mittelmeer-Abkommen zur Gründung einer Assoziation zwischen den Europäischen Gemeinschaften und ihren Mitgliedstaaten einerseits und dem Haschemitischen Königreich Jordanien andererseits, ABl. 2002, L 129/3; Libanon: Europa-Mittelmeer-Abkommen zur Gründung einer Assoziation zwischen den Europäischen Gemeinschaften und ihren Mitgliedstaaten einerseits und der Libanesischen Republik andererseits, ABl. 2006, L 143/2; Marokko: Europa-Mittelmeer-Abkommen zur Gründung einer Assoziation zwischen den Europäischen Gemeinschaften und ihren Mitgliedstaaten einerseits und dem Königreich Marokko andererseits, ABl. 2000, L 70/2; Tunesien: Europa-Mittelmeer-Abkommen zur Gründung einer Assoziation zwischen der Europäischen Gemeinschaft und ihren Mitgliedstaaten einerseits und der Tunesischen Republik andererseits, ABl. 1998, L 97/2.

[75] Ägypten: Beschluss des Rates 2004/635/EG vom 21.4.2004 über den Abschluss des Europa-Mittelmeer-Abkommens zur Gründung einer Assoziation zwischen den Europäischen Gemeinschaften und ihren Mitgliedstaaten einerseits und der Arabischen Republik Ägypten andererseits, ABl. 2004, L 304/38; Algerien: Beschluss des Rates 2005/690/EG vom 18.7.2005 über den Abschluss des Europa-Mittelmeer-Abkommens zur Gründung einer Assoziation zwischen der Europäischen Gemeinschaft und ihren Mitgliedstaaten einerseits und der Demokratischen Volksrepublik Algeriens andererseits, ABl. 2005, L 265/1; Israel: Beschluss 2000/384/EG, EGKS des Rates und der Kommission vom 19.4.2000 über den Abschluss des Europa-Mittelmeer-Abkommens zur Gründung einer Assoziation zwischen den Europäischen Gemeinschaften und ihren Mitgliedstaaten einerseits und dem Staat Israel andererseits, ABl. 2000, L 147/1; Jordanien: Beschluss 2002/357/EG, EGKS des Rates und der Kommission vom 26.3.2002 über den Abschluss des Europa-Mittelmeer-Abkommens zur Gründung einer Assoziation zwischen den Europäischen Gemeinschaften und ihren Mitgliedstaaten einerseits und dem Haschemitischen Königreich Jordanien andererseits, ABl. 2002, L 129/1; Libanon: Beschluss 2006/356/EG des Rates vom 14.2.2006 über den Abschluss des Europa-Mittelmeer-Assoziationsabkommens zwischen der Europäischen Gemeinschaft und ihren Mitgliedstaaten einerseits und der Libanesischen Republik andererseits, ABl. 2006. L 143/1; Marokko: Beschluss 2000/204/EG, EGKS des Rates und der Kommission über den Abschluss des Europa-Mittelmeer-Abkommens zur Gründung einer Assoziation zwischen den Europäischen Gemeinschaften und ihren Mitgliedstaaten einerseits und dem Königreich Marokko andererseits, ABl. 2000, L 70/1; Tunesien: Beschluss 98/238/EG, EGKS des Rates und der Kommission vom 26.1.1998 über den Abschluss des Europa-Mittelmeer-Abkommens zur Gründung einer Assoziation zwischen den Europäischen Gemeinschaften und ihren Mitgliedstaaten einerseits und der Tunesischen Republik andererseits, ABl. 1998, L 97/1.

[76] Näher *Andreoli*, Drittstaatsangehörige in der Europäischen Union, 1999, S. 44 ff.; *Nowak*, EuR 2010, 746 (752 f.); *Vöneky/Beylage-Haarmann*, in: Grabitz/Hilf/Nettesheim, EU, Art. 217 AEUV (April 2015), Rn. 106 ff.

-ausschüssen auch jeweils einen institutionellen Rahmen vor. Mit Syrien kam kein entsprechendes Abkommen zustande, so dass heute noch immer das Kooperationsabkommen von 1977 fortgilt. Mit Libyen ist noch nicht einmal ein Abkommen der ersten Generation geschlossen worden, so dass eine Förderung lediglich aufgrund einseitiger unionsrechtlicher Instrumente (Rn. 34) möglich ist. 1999 ist mit Israel ein Europa-Mittelmeer-Abkommen geschlossen worden.[77] Mit der Palästinensischen Autonomiebehörde kam 1997 ein Europa-Mittelmeer-Interimsabkommen zustande, das allerdings nicht als Assoziationsabkommen ausgestaltet war, sondern im Wesentlichen auf die Handelskompetenz aus Art. 133 EG (= Art. 207 AEUV) gestützt wurde.[78] Da es sich bei der Handelskompetenz um eine ausschließliche Kompetenz handelt (heute Art. 3 Abs. 1 Buchst. e AEUV), ist das Abkommen ausnahmsweise nicht unter Einbeziehung der Mitgliedstaaten als gemischtes Abkommen, sondern als ein Abkommen allein zwischen der damaligen EG und der Autonomiebehörde geschlossen worden.

Seit 2008 wird das bilaterale Beziehungsgeflecht zwischen der EU und den südlichen ENP-Partnern zusätzlich überwölbt durch die **Mittelmeerunion**.[79] Dieses in seiner rechtlichen Konstruktion unklare Gebilde (nicht geklärt ist, ob es sich um eine Internationale Organisation handelt oder nicht)[80] vereint derzeit neben den 28 EU-Mitgliedstaaten weitere 15 Mittelmeeranrainer[81] und bezieht so teilweise Staaten mit ein, die nicht der ENP, sondern der Erweiterungs- und Assoziierungspolitik zuzurechnen sind.[82] Während nach der ursprünglichen Konzeption der Vorsitz jeweils zwischen einem EU-Mitgliedstaat und einem südlichen Mittelmeerstaat geteilt war,[83] wird der nördliche Co-Vorsitz seit März 2012 von der EU (je nach Konstellation vom Hohen Vertreter für Außen- und Sicherheitspolitik, von der Kommission oder vom Europäischen Auswärtigen Dienst) übernommen.[84] Die Mittelmeerunion hat es insbesondere im sog. arabischen Frühling nicht vermocht, die in sie gesetzten Hoffnungen zu erfüllen.[85] Momentan wird versucht, der Institution wieder neues Leben einzuhauchen.[86]

Die **dritte Generation** (Assoziierungsabkommen unter Einschluss einer vertieften und umfassenden Freihandelszone), wie sie mit einigen Staaten der östlichen ENP-Dimension bereits abgeschlossen worden sind (Rn. 30), befinden sich hinsichtlich der

26

27

---

[77] Europa-Mittelmeer-Abkommen zur Gründung einer Assoziation zwischen den Europäischen Gemeinschaften und ihren Mitgliedstaaten einerseits und dem Staat Israel andererseits, ABl. 2000, L 147/3; hierzu *Hauswaldt*, EJIL 14 (2003), 591.

[78] Europa-Mittelmeer-Interimsassoziationsabkommen über Handel und Zusammenarbeit zwischen der Europäischen Gemeinschaft einerseits und der Palästinensischen Befreiungsorganisation (PLO) zugunsten der Palästinensischen Behörde für das Westjordanland und den Gaza-Streifen andererseits, ABl. 1997, L 187/3.

[79] Mitteilung der Kommission vom 23.5.2008 an den Rat und das Europäische Parlament »Barcelona-Prozess: Union für den Mittelmeerraum«, KOM (2008) 319 endgültig; Joint Declaration of the Paris Summit for the Mediterranean vom 13.7.2008; hierzu *Reiterer*, EFR 14 (2009), 313.

[80] *Nowak*, EuR 2010, 746 (754).

[81] Ägypten, Albanien, Algerien, Bosnien-Herzegowina, Israel, Jordanien, Libanon, Marokko, Mauretanien, Monaco, Montenegro, Palästina, Syrien (derzeit suspendiert), Tunesien, Türkei.

[82] *Nowak*, EuR 2010, 746 (754f.).

[83] *Nowak*, EuR 2010, 746 (755).

[84] Ratsdok. 6981/12 vom 27.2.2012; *Lippert*, Europäische Nachbarschaftspolitik, in: Weidenfeld/Wessels (Hrsg.), Jahrbuch der Europäischen Integration 2012, 2012, 269 (278).

[85] *Kotzur*, EnzEuR, Bd. 10, § 7, Rn. 35.

[86] Kommission/Hohe Vertreterin, Implementation of the European Neighbourhood Policy in 2013. Regional Report: A Partnership for Democracy and Shared Prosperity with the Southern Mediterranean Partners, SWD (2014) 100 final, S. 4f.; *Lippert*, Europäische Nachbarschaftspolitik, in: Weidenfeld/Wessels (Hrsg.), Jahrbuch der Europäischen Integration 2013, 2013, 261 (269f.).

Staaten der südlichen ENP-Dimension noch in der Anbahnungs- oder Aushandlungs-phase.[87]

bb) Östliche ENP-Dimension

28 Mit den der östlichen ENP-Dimension zuzurechnenden Staaten sind seit Mitte der 1990er Jahre **Abkommen über Partnerschaft und Zusammenarbeit** abgeschlossen wor-den, die weitgehend parallele Strukturen aufweisen.[88] Als Rechtsgrundlage dienten je-weils die Art. 44 Abs. 2, Art. 47 Abs. 2 letzter Satz, Art. 55, Art. 57 Abs. 2, Art. 71, Art. 80 Abs. 2, Art. 93, Art. 94, Art. 133 und Art. 308 i. V. m. Art. 300 Abs. 2 Satz 2 und Abs. 3 UAbs. 2 EG (= Art. 50 Abs. 2, Art. 62, Art. 64 Abs. 2, Art. 91, Art. 100 Abs. 2, Art. 113, Art. 115, Art. 207, Art. 352 i. V. m. Art. 217 i. V. m. Art. 218 Abs. 6 UAbs. 2 Buchst. a, Abs. 8 UAbs. 2 Satz 1 AEUV),[89] mithin nicht das Assoziationsrecht. Die Abkommen regeln u. a. eine Liberalisierung des Warenverkehrs, Arbeitsbedingun-gen (nicht: Arbeitnehmerfreizügigkeit), Bedingungen für die Niederlassung und Ge-schäftstätigkeit von Gesellschaften, die schrittweise Öffnung des Dienstleistungssektors u. v. m.[90] Eine institutionelle Verfestigung ist in Form der Schaffung von Kooperations-räten und -ausschüssen vorgesehen, im Gegensatz zu den Europa-Mittelmeer-Abkom-men[91] ist auch eine Zusammenarbeit auf parlamentarischer Ebene (EP-Abgeordnete

---

[87] Kommission/Hohe Vertreterin, Europäische Nachbarschaftspolitik: auf dem Weg zu einer ver-stärkten Partnerschaft, JOIN (2013) 4 final, Rn. 36; dies., Implementation of the European Neighbour-hood Policy in 2013. Regional Report: A Partnership for Democracy and Shared Prosperity with the Southern Mediterranean Partners, SWD (2014) 100 final, S. 13; dies., Review of the European Neigh-bourhood Policy, JOIN (2015) 50 final, S. 8.

[88] Armenien: Abkommen über Partnerschaft und Zusammenarbeit zwischen den Europäischen Gemeinschaften und ihren Mitgliedstaaten einerseits und der Republik Armenien andererseits, ABl. 1999, L 239/3; Aserbaidschan: Abkommen über Partnerschaft und Zusammenarbeit zwischen den Europäischen Gemeinschaften und ihren Mitgliedstaaten einerseits und der Republik Aserbaidschan andererseits, ABl. 1999, L 246/3; Georgien: Abkommen über Partnerschaft und Zusammenarbeit zwischen den Europäischen Gemeinschaften und ihren Mitgliedstaaten einerseits und Georgien ande-rerseits, ABl. 1999, L 205/3; Republik Moldau: Abkommen über Partnerschaft und Zusammenarbeit zwischen den Europäischen Gemeinschaften und ihren Mitgliedstaaten einerseits und der Republik Moldau andererseits, ABl. 1998, L 181/3; Ukraine: Abkommen über Partnerschaft und Zusammen-arbeit zwischen den Europäischen Gemeinschaften und ihren Mitgliedstaaten und der Ukraine, ABl. 1998, L 49/3.

[89] Armenien: Beschluss 1999/602/EG, EGKS, Euratom des Rates und der Kommission vom 31. 5. 1999 über den Abschluss des Abkommens über Partnerschaft und Zusammenarbeit zwischen den Europäischen Gemeinschaften und ihren Mitgliedstaaten einerseits und der Republik Armenien andererseits, ABl. 1999, L 239/1; Aserbaidschan: Beschluss 1999/614/EG, EGKS, Euratom des Rates und der Kommission vom 31. 5. 1999 über den Abschluss des Abkommens über Partnerschaft und Zusammenarbeit zwischen den Europäischen Gemeinschaften und ihren Mitgliedstaaten einerseits und der Republik Aserbaidschan andererseits, ABl. 1999, L 246/1; Georgien: Beschluss 1999/515/EG, EGKS, Euratom des Rates und der Kommission vom 31. 5. 1999 über den Abschluss des Abkommens über Partnerschaft und Zusammenarbeit zwischen den Europäischen Gemeinschaften und ihren Mitgliedstaaten einerseits und Georgien andererseits, ABl. 1999, L 205/1; Republik Mol-dau: Beschluss 98/401/EG, EGKS, Euratom des Rates und der Kommission vom 28. 5. 1998 über den Abschluss des Abkommens über Partnerschaft und Zusammenarbeit zwischen den Europäischen Ge-meinschaften und ihren Mitgliedstaaten einerseits und der Republik Moldau andererseits, ABl. 1998, L 181/1; Ukraine: Beschluss 98/149/EG, EGKS, Euratom des Rates und der Kommission vom 26. 1. 1998 über den Abschluss des Abkommens über Partnerschaft und Zusammenarbeit zwischen den Europäischen Gemeinschaften und ihren Mitgliedstaaten einerseits und der Ukraine andererseits, ABl. 1998, L 49/1.

[90] Siehe auch *Nowak*, EuR 2010, 746 (757 f.).

[91] *Vöneky/Beylage-Haarmann*, in: Grabitz/Hilf/Nettesheim, EU, Art. 217 AEUV (April 2015), Rn. 46.

und Parlamentarier des betreffenden ENP-Partners) in Form von Parlamentarischen Kooperationsausschüssen geregelt. Weißrussland ist der einzige östliche ENP-Partner, mit dem kein derartiges Abkommen zustande gekommen ist (Rn. 13).

Ebenso wie bei der südlichen ENP-Dimension ist auch die östliche Dimension mitt- **29** lerweile multilateral überdacht.[92] Auf Initiativen Polens und Schwedens hin kam es – gleichsam als Gegengewicht zur Mittelmeerunion – 2009 zur Einrichtung der sog. **Östlichen Partnerschaft**.[93] Dazu gehören derzeit neben den 28 EU-Mitgliedstaaten Armenien, Aserbeidschan, Georgien, die Republik Moldau, die Ukraine sowie Weißrussland.[94] Bereits in der Mitteilung der Kommission aus dem Jahr 2008 ist von der »Erweiterung der vertraglichen Beziehungen [mit den östlichen ENP-Partnern] im Hinblick auf die Einrichtung von Assoziierungsabkommen« und von der angestrebten »Schaffung von weitreichenden und umfassenden Freihandelszonen mit jedem Land« die Rede, die »langfristig zur Schaffung eines Netzwerks von Freihandelszonen führen [sollen], das gegebenenfalls in eine Wirtschaftsgemeinschaft zwischen Nachbarländern mündet«.[95]

Auf diesem Weg ist die EU mit einigen östlichen ENP-Partnern durch den Abschluss **30** einer neuen Generation von **Assoziierungsabkommen unter Einschluss einer vertieften und umfassenden Freihandelszone** (Deep and Comprehensive Free Trade Area – DCFTA) bereits vorangekommen.[96] Als Rechtsgrundlage dient jeweils Art. 31 Abs. 1, Art. 37 EUV i.V.m. Art. 218 Abs. 5, Abs. 8 UAbs. 2 AEUV.[97] Das ist in mehrfacher Hinsicht bemerkenswert: Zum einen bestätigt sich hier der obige (Rn. 20) Befund, dass Art. 8 Abs. 2 EUV auch für umfassende Verträge mit ENP-Staaten keine lex specialis darstellt. Zum anderen stützt die EU die neue Abkommengeneration indes nicht wie

---

[92] Hierzu *Nowak*, EuR 2010, 746 (759f.).

[93] Vgl. Mitteilung der Kommission vom 5.12.2008 an das Europäische Parlament und den Rat, Östliche Partnerschaft, KOM (2008) 823 endgültig; Gemeinsame Erklärung des Prager Gipfeltreffens zur Östlichen Partnerschaft vom 7.5.2009, 8435/09 (Presse 78); dazu *Korosteleva*, International Relations 25 (2011), 243; *Kotzur*, EnzEuR, Bd. 10, § 7, Rn. 37ff.; *Lippert*, Europäische Nachbarschaftspolitik, in: Weidenfeld/Wessels (Hrsg.), Jahrbuch der Europäischen Integration 2009, 2009, S. 223 (236f.).

[94] Kommission/Hohe Vertreterin, Implementation of the European Neighbourhood Policy in 2013. Regional Report: Eastern Partnership, SWD (2014) 99 final, S. 1.

[95] KOM (2008) 823 endgültig, S. 3f.

[96] Georgien: Assoziierungsabkommen zwischen der Europäischen Union und der Europäischen Atomgemeinschaft und ihren Mitgliedstaaten einerseits und Georgien andererseits, ABl. 2014, L 261/4; Republik Moldau: Assoziierungsabkommen zwischen der Europäischen Union und der Europäischen Atomgemeinschaft und ihren Mitgliedstaaten einerseits und der Republik Moldau andererseits, ABl. 2014, L 260/4; Ukraine: Assoziierungsabkommen zwischen der Europäischen Union und ihren Mitgliedstaaten einerseits und der Ukraine andererseits, ABl. 2014, L 161/3.

[97] Georgien: Beschluss des Rates vom 16.6.2014 über die Unterzeichnung des Assoziierungsabkommens zwischen der Europäischen Union und der Europäischen Atomgemeinschaft und ihren Mitgliedstaaten einerseits und Georgien andererseits im Namen der Europäischen Union und über die vorläufige Anwendung des Abkommens, ABl. 2014, L 261/1; Republik Moldau: Beschluss des Rates vom 16.6.2014 über die Unterzeichnung des Assoziierungsabkommens zwischen der Europäischen Union und der Europäischen Atomgemeinschaft und ihren Mitgliedstaaten einerseits und der Republik Moldau andererseits im Namen der Europäischen Union und über die vorläufige Anwendung dieses Abkommens, ABl. 2014, L 260/1; Ukraine: Beschluss des Rates vom 17.3.2014 über die Unterzeichnung und die vorläufige Anwendung des Assoziierungsabkommens zwischen der Europäischen Union, der Europäischen Atomgemeinschaft und ihren Mitgliedstaaten einerseits und der Ukraine andererseits im Namen der Europäischen Union hinsichtlich der Präambel, Artikel 1 und der Titel I, II und VII des Abkommens, ABl. 2014, L 161/1.

---

bisher auf Art. 217 AEUV,[98] sondern auf Art. 37 EUV, betrachtet sie also als einen Teil der GASP. Das ist erstaunlich, ist die ENP doch allein schon durch die Stellung in Art. 8 EUV systematisch deutlich von der GASP (Art. 21 ff. EUV) unterschieden. Eine Erklärung mag in den Vertragsverhandlungen mit der Ukraine zu suchen sein: So stieß die Bezeichnung als »Nachbarschaftsabkommen« bei der Ukraine von Beginn an auf vehemente Ablehnung. Andererseits bestanden auf europäischer Seite Vorbehalte gegen den Abschluss eines Assoziationsabkommens strictu sensu, da dieser Abkommenstypus zwar nicht rechtlich, aber doch faktisch regelmäßig als Vorstufe für einen Beitritt fungiert.[99] Hier scheint der Kompromiss darin bestanden zu haben, das Abkommen zwar als »Assoziierungsabkommen« zu bezeichnen, es innerunional aber auf Art. 37 EUV als Rechtsgrundlage zu stützen und so die Wesensverschiedenheit von Assoziierungsabkommen i. e. S. kenntlich zu machen.[100] Interessanterweise ist diese Regelungstechnik bei den anderen Staaten beibehalten worden.

31   Inhaltlich sehen die Assoziierungsabkommen eine Öffnung des europäischen Marktes in bislang unbekanntem Ausmaß vor, allerdings unter der Bedingung einer entsprechenden **Übernahme des unionalen acquis**. Auf diese Weise wird es der EU ermöglicht, ihre eigene Gesetzgebung in die entsprechenden ENP-Staaten zu erstrecken, ohne diese institutionell einbinden zu müssen. Die bislang in der ENP dominierenden Soft-law-Instrumente werden so durch Hard-law-Regelungen abgelöst.[101] Zugleich ermöglicht es dieser Ansatz, die fehlende Beitrittsperspektive (Rn. 9) durch Anreize ökonomischer Art (die »drei M«: Märkte, Mittel finanzieller Art und Mobilität)[102] zu ersetzten. Institutionell ist die Einrichtung von Assoziationsräten, -ausschüssen sowie Parlamentarischen Assoziationsausschüssen vorgesehen.

32   Nicht zuletzt wegen der stark integrierenden Wirkung der AA/DCFTA entfalten diese bisweilen auch ungewollt **desintegrative Effekte**: So war das neue Assoziierungsabkommen mit der Ukraine, das von Russland offenbar als Bedrohung empfunden wurde, Auslöser des Streits um die Ost- oder Westorientierung der Ukraine, der – gipfelnd in der völkerrechtswidrigen Annexion der Krim durch Russland[103] – zu einer massiven Destabilisierung der Region geführt hat.[104] Nicht zuletzt vor diesem Hintergrund war die (vorläufige) Anwendung der Handelsbestimmungen des AA/DCFTA im Nachhinein bis zum 1. 1. 2016 aufgeschoben worden.[105] Russland reagierte auf die nunmehrige vorläufige Anwendung äußerst gereizt durch Aussetzen des Freihandels mit der Ukraine.[106] Über das AA/DCFTA mit der Ukraine hat im Übrigen am 6. 4. 2016 ein Referendum in den Niederlanden stattgefunden, bei dem das Abkommen mehrheitlich abgelehnt wurde. Die Auswirkungen dieser Ablehnung sind noch ungewiss.[107] Das AA/DCFTA mit

---

[98] Für ex-Art. 310 EG als Rechtsgrundlage noch *Hillion*, EFAR 12 (2007), 169 (174 ff.); zurückhaltend *Petrov*, EUI Working Papers MWP 2008/17.

[99] *Van Elsuwege/Petrov*, E. L. Rev. 36 (2011), 688 (697 f.).

[100] Ein anderer möglicher Erklärungsansatz ist der säulenübergreifende Charakter des Abkommens, vgl. *Hillion*, EFAR 12 (2007), 169 (177).

[101] *Van der Loo*, Legal obstacles on the road towards a Neighbourhood Economic Community, in: Van Elsuwege/Petrov, S. 63 ff.

[102] *Lippert* (Fn. 84), S. 261 (266).

[103] *Grant*, AJIL 109 (2015), 68; *Luchterhand*, AVR 52 (2014), 137; *Merezhko*, ZaöRV 75 (2015), 167; a. A. *Geistlinger*, AVR 52 (2014), 175.

[104] Vgl. *Böttger/Jopp*, Plädoyer für ein Ende der Naivität: Die Ukraine-Krise und ihre Lehren für die Ostpolitik, in: Weidenfeld/Wessels (Hrsg.), Jahrbuch der Europäischen Integration 2014, 49.

[105] Beschluss des Rates 2014/691/EU vom 29. 9. 2014, ABl. 2014, L 289/1.

[106] Ukraine rückt näher an die Europäische Union, faz.net vom 1. 1. 2016.

[107] *Van Elsuwege*, What will happen if the Dutch vote 'No' in the Referendum on the EU-Ukraine Association Agreement?, Verfassungsblog vom 10. 2. 2016.

Armenien war 2013 bereits fertig ausgehandelt, die Ankündigung Armeniens, der Eurasischen Zollunion mit Russland, Weißrussland und Kasachstan beitreten zu wollen, führte dann aber dazu, dass das Abkommen nicht unterzeichnet wurde.[108]

2. Sekundärrechtliche Instrumente

a) Bilaterale Instrumente

Das typische Instrument zur Umsetzung der ENP stellen die sog. **Aktionspläne** dar.[109] Sie **33** stellen »politische Dokumente« dar,[110] in der Sache handelt es sich also um soft law. Sie sind das Ergebnis bilateraler Verhandlungen zwischen der EU und dem jeweiligen ENP-Partner, in denen Reformpläne für das betreffende Land festgelegt werden. Die Kommission evaluiert die jeweiligen Fortschritte. Dabei orientierte sich die EU seit Abschluss der Überprüfung der ENP im Jahr 2012 an dem Prinzip des »mehr für mehr«:[111] Reformwillige Staaten wurden finanziell belohnt, reformunwilligen Staaten dagegen Mittel gekürzt. Dieser Ansatz wird in Zukunft allerdings wohl eine geringere Rolle spielen. In der Ende 2015 verabschiedeten gemeinsamen Erklärung von Kommission und Hoher Vertreterin zur abermaligen Überarbeitung der ENP heißt es, dass sich der Ansatz »mehr für mehr« bei reformunwilligen Staaten nicht bewährt habe und daher effektivere Wege zur Unterstützung von Reformen gesucht würden.[112]

b) Einseitige Instrumente

Als wichtigstes einseitiges Instrument zur Umsetzung der ENP ist das sog. **Europäische** **34** **Nachbarschaftsinstrument** (ENI) zu nennen.[113] Es löste 2014 das Vorgängerinstrument (Europäische Nachbarschafts- und Partnerschaftsinstrument, ENPI[114]) ab, welches wiederum diverse Einzelverordnungen (insbesondere MEDA und TACIS) zusammengefasst hatte.[115] Im Rahmen des ENI stehen für den Zeitraum von 2014–2020 insgesamt 15,4 Mrd. Euro zur Verfügung, die nach den Grundsätzen der Differenzierung und des incentive based approach verausgabt werden.[116] Im Gegensatz zum Vorgängerinstrument ist Russland im ENI nicht mehr erwähnt. Unter dem ENPI hingegen konnte Russland, obwohl nominell nicht Teil der ENP, finanzielle Unterstützung erhalten.[117]

---

[108] Kommission/Hohe Vertreterin, Implementation of the European Neighbourhood Policy in 2013. Regional Report: Eastern Partnership, SWD (2014) 99 final, S. 2 f.; *Ghazaryan/Hakobyan*, Legislative approximation and application of EU law in Armenia, in: Van Elsuwege/Petrov, S. 191 (201 ff.).

[109] Näher *Kotzur*, EnzEuR, Bd. 10, § 7, Rn. 22 ff.; *Van Vooren*, S. 192 ff.

[110] KOM (2003) 104 endgültig, 17; *Kotzur*, EnzEuR, Bd. 10, § 7, Rn. 23.

[111] Kommission/Hohe Vertreterin, Europäische Nachbarschaftspolitik: auf dem Weg zu einer verstärkten Partnerschaft, JOIN (2013) 4 final, Rn. 19; *Lippert* (Fn. 84), 269 (270 f.).

[112] Kommission/Hohe Vertreterin, Review of the European Neighbourhood Policy, JOIN (2015) 50 final, 5.

[113] VO (EU) Nr. 232/2014 vom 11. 3. 2014 zur Schaffung eines Europäischen Nachbarschaftsinstruments, ABl. 2014, L 77/27.

[114] VO (EG) Nr. 1638/2006 vom 24. 10. 2006 zur Festlegung allgemeiner Bestimmungen zur Schaffung eines Europäischen Nachbarschafts- und Partnerschaftsinstruments, ABl. 2006, L 310/1; dazu näher *Kotzur*, EnzEuR, Bd. 10, § 7, Rn. 28.

[115] *Kotzur*, EnzEuR, Bd. 10, § 7, Rn. 28 m. w. N.

[116] http://eeas.europa.eu/enp/how-is-it-financed/index_en.htm (22. 1. 16).

[117] *Schmalenbach*, in: Calliess/Ruffert, EUV/AEUV, Art. 8 EUV, Rn. 15.

Titel II
Bestimmungen über die demokratischen Grundsätze

Artikel 9 EUV [Gleichheit, Unionsbürgerschaft]

[1]Die Union achtet in ihrem gesamten Handeln den Grundsatz der Gleichheit ihrer Bürgerinnen und Bürger, denen ein gleiches Maß an Aufmerksamkeit seitens der Organe, Einrichtungen und sonstigen Stellen der Union zuteil wird. [2]Unionsbürger ist, wer die Staatsangehörigkeit eines Mitgliedstaats besitzt. [3]Die Unionsbürgerschaft tritt zur nationalen Staatsangehörigkeit hinzu, ersetzt sie aber nicht.

Literaturübersicht

Augustin, Das Volk der Europäischen Union, 2000; *Calliess*, Das Demokratieprinzip im europäischen Staaten- und Verfassungsverbund, FS Ress, 2005, S. 399; *Di Fabio*, Demokratie im System des Grundgesetzes, FS Badura, 2004, S. 77; *Epiney*, Europäische Verfassung und Legitimation durch den Unionsbürger, in: Kadelbach, Europäische Verfassung und direkte Demokratie, 2006, S. 33; *Friauf*, Zur Problematik rechtsstaatlicher und demokratischer Strukturelemente in zwischenstaatlichen Gemeinschaften, DVBl 1964, 781; *Grimm*, Braucht Europa eine Verfassung?, JZ 1995, 581; *Héritier*, Elements of democratic legitimation in Europe, Journal of European Public Policy 6 (1999), 269; *Höreth*, Die Europäische Union im Legitimationstrilemma, 1999; *Huber*, Demokratische Legitimation in der Europäischen Union, ZSE 2009, 364; *Kohler-Koch/Rittberger*, Charting Crowded Territory: Debating the Democratic Legitimacy of the European Union, in: dies., Debating the Democratic Legitimacy of the European Union, 2007, S. 1; *Lübbe-Wolff*, Europäisches und nationales Verfassungsrecht, VVDStRL 60 (2001), 246; *Mross*, Bürgerbeteiligung am Rechtsetzungsprozess in der Europäischen Union, 2010; *Nettesheim*, Demokratisierung der Europäischen Union und Europäisierung der Demokratietheorie, in: Bauer/Huber/Sommermann, Demokratie in Europa, 2005, S. 143; *Oeter*, Demokratie im europäischen Verfassungsverbund, in: Zuleeg, Die neue Verfassung der Europäischen Union, 2006, S. 69; *Peters*, Elemente einer Theorie der Verfassung Europas, 2001; *Petersen*, The Democracy Concept of the European Union: Coherent Constitutional Principle or Prosaic Declaration of Intent?, GLJ 6 (2005),1507; *Peuker*, Das Wahlrecht zum Europäischen Parlament als Achillesferse der europäischen Demokratie, ZEuS 2008, 453; *Randelzhofer*, Marktbürgerschaft, Unionsbürgerschaft, Staatsbürgerschaft, GS Grabitz, 1995, S. 581; *Rosanvallon*, La légitimité démocratique, 2008; *Sattler*, Allgemeiner Gleichheitssatz und spezielle Gleichheitssätze in der Rechtsprechung des Europäischen Gerichtshofs, FS Rauschning, 2001, S. 251; *Schimmelfennig*, Legitimate Rule in the European Union, 1996; *Schliesky*, Der lange Weg von Athen nach Thessaloniki: Welches Demokratiemodell folgt der Entwurf des Europäischen Verfassungsvertrages?, EuR 2004, 124; *Selmayr*, Endstation Lissabon? – Zehn Thesen zum »Niemals«-Urteil des Bundesverfassungsgerichts vom 30. Juni 2009, ZEuS 2009, 637; *S. Smismans*, The constitutional labelling of »The democratic life of the EU«, in: Dobson/Follesdal, Political Theory and the European Constitution, 2004, S. 122; *Sommermann*, Verfassungsperspektiven für die Demokratie in der erweiterten Europäischen Union: Gefahr der Entdemokratisierung oder Fortentwicklung im Rahmen europäischer Supranationalität?, DÖV 2003, 1009; *Tomuschat*, Staatsbürgerschaft – Unionsbürgerschaft – Weltbürgerschaft, in: Drexl, Europäische Demokratie, 1999, S. 73; *Zuleeg*, Der Verfassungsgrundsatz der Demokratie und die Europäischen Gemeinschaften, Der Staat 1978, 27.

Leitentscheidungen

EuGH, Urt. v. 29.10.1980, Rs. 138/79 (Roquette/Rat), Slg. 1980, 3333
EuGH, Urt. v. 11.6.1991, Rs. C–300/89 (Kommission/Rat (Titandioxid)), Slg. 1991, I–2867
EuGH, Urt. v. 10.1.2006, Rs. C–94/03 (Kommission/Rat (Rotterdamer Übereinkommen)), Slg. 2006, I–1

Wesentliche sekundärrechtliche Vorschrift

Beschluss und Akt zur Einführung allgemeiner unmittelbarer Wahlen der Abgeordneten des Europäischen Parlaments vom 20.9.1976, BGBl. 1977 II S. 733/734, zuletzt geändert durch Beschluss des Rates vom 25.6.2002 und 23.9.2002, BGBl. 2003 II S. 810; 2004 II S. 520

A. Bedeutung und systematischer Überblick

Art. 9 EUV enthält in seinen drei Sätzen **zwei fundamentale primärrechtliche Konzep-**   1
te.[1] Zum einen führt die Vorschrift erstmals ausdrücklich einen **Grundsatz demokratischer Gleichheit** in die Verträge ein (s. Rn. 14 ff.).[2] Darin liegt eine beträchtliche Weiterentwicklung des Primärrechts, war doch die Aufnahme eines solchen Grundsatzes über Jahrzehnte von Vertragsrevisionen zwischen den Mitgliedstaaten heftig umstritten gewesen (s. Rn. 10). Zutreffend wird die Verbürgung als »**Schlüsselnorm** des unionalen **Demokratiekonzepts**« eingestuft.[3] Zum anderen ist die Vorschrift nach dem Scheitern des Vertrags über eine Europäische Verfassung (EVV) um die bereits im AEU-Vertrag enthaltene Bestimmung der **Unionsbürgerschaft** ergänzt worden.[4] Offensichtlich sollte dies wie in anderen Bereichen der Revision des EVV mögliche Befürchtungen der Vertragsgegner vor einem zu großen Schritt in der europäischen Integration ausräumen. Trotz der damit hergestellten Redundanz zum AEU-Vertrag kommt der Ergänzung aufgrund des neuen systematischen Zusammenhangs **zusätzliche Bedeutung** zu (Rn. 26). Zum einen unterstreicht die Aufnahme im EU-Vertrag die Bedeutung des Konzeptes der Unionsbürgerschaft, die über die **Staatsangehörigkeit in den Mitgliedstaaten** vermittelt wird. Zum anderen stellt sie klar, dass die im EVV eingeführte Begrifflichkeit der »Bürgerinnen und Bürger«, die neben die Mitgliedstaaten gestellt worden war,[5] **keine Abkehr** vom Konzept der (abgeleiteten) Unionsbürgerschaft darstellt.

Der Wortlaut des ersten Satzes ist kurz, die **Formulierung** im Vergleich mit anderen   2
Vorschriften des Primärrechts **wenig vertraut** und lässt daher Raum für verschiedene Interpretationen. In der Literatur hat die Vorschrift heftige **Kritik** hervorgerufen: Sie sei

---

[1] *Haag*, in: GSH, Europäisches Unionsrecht, Art. 9 EUV, Rn. 3; *Schönberger*, in: Grabitz/Hilf/Nettesheim, EU, Art. 9 EUV (Juli 2011), Rn. 8 f.; *Ruffert*, in: Calliess/Ruffert, EUV/AEUV, Art. 9 EUV, Rn. 23.

[2] *Haag*, in: GSH, Europäisches Unionsrecht, Art. 9 EUV, Rn. 4.

[3] *Ruffert*, in: Calliess/Ruffert, EUV/AEUV, Art. 9 Rn. 22.

[4] Näher dazu *Borgmann-Prebil/Ross*, in: Blanke/Mangiameli, TEU, Art. 9 EUV, Rn. 2.

[5] Art. I–1 EVV.

»redaktionell völlig misslungen« und zwar in Bezug auf ihre systematische Stellung im Titel II des EU-Vertrages, auf das Verhältnis der beiden niedergelegten Rechtskonzepte zueinander und auf die »Einbettung« des Grundsatzes demokratischer Gleichheit in eine »paternalistische Floskel«.[6] Auch wenn der Text der Vorschrift juristisch »wenig fassbar erscheint«,[7] fördert eine eingehende Analyse den Sinn der **differenzierten Formulierung** in Bezug auf Systematik und Inhalt zutage.

3   Nach zutreffender Auffassung garantiert Art. 9 Satz 1 EUV den **Grundsatz demokratischer Gleichheit**, der im Lissabonner Vertrag erstmals ausdrücklich in die Verträge aufgenommen worden ist.[8] Zwar war sich die EU immer ihrer demokratischen Wurzeln bewusst, doch erreicht ihr **demokratisches Legitimationsniveau** nicht vollends dasjenige in ihren Mitgliedstaaten.[9] Dies spiegelt sich in der Präambel des EU-Vertrages, wenn die EU sich einerseits zum Grundsatz der Demokratie bekennt[10] und andererseits wünscht, »Demokratie […] in der Arbeit der Organe weiter zu stärken«.[11] In der Literatur und der Rechtsprechung des BVerfG wird in diesem Zusammenhang vom »**Demokratiedefizit**« der EU gesprochen,[12] das mehrere Problempunkte berührt, von denen einer das Fehlen eines Grundsatzes demokratischer Gleichheit gewesen ist.[13] Für die Gesamtbewertung ist jedoch grundsätzlich festzuhalten, dass sich in der EU die Wahrung der elementaren Prinzipien des demokratischen Rechtsstaates nicht allein auf Unionsebene gewährleisten lässt, sondern immer nur im **Verbund** mit den Mitgliedstaaten, die wesentliche Kompetenzen, insbesondere in der Durchführung des Rechts behalten haben.[14] So wie die derzeitige Erscheinung der europäischen Integration als Staatenverbund[15] oder als Verfassungsverbund[16] beschrieben wird, so sehr ist sie in legitimatorischer Hinsicht not-

---

[6] So die Kritik von *Ruffert*, in: Calliess/Ruffert, EUV/AEUV, Art. 9 EUV, Rn. 22; *v. Bogdandy*, in: v. Bogdandy/Bast, Europäisches Verfassungsrecht, S. 13, 64; *Meyer/Hölscheidt*, EuZW 2003, 613, 617; *Calliess*, S. 399, 415. Vgl. *Haag*, in: GSH, Europäisches Unionsrecht, Art. 9 EUV, Rn. 3 zum Inhalt der Norm, zustimmend aber zur systematischen Stellung ebd., Rn. 10; etwas zurückhaltender *Schönberger*, in: Grabitz/Hilf/Nettesheim, Art. 9 EUV (Juli 2011), Rn. 4 und 8; *Kaufmann-Bühler*, in: Lenz/Borchardt, EU-Verträge, Art. 9 EUV, Rn. 5. Zu Möglichkeiten der redaktionellen Korrektur in der Zukunft *Schönberger*, in: Grabitz/Hilf/Nettesheim, EU, Art. 9 EUV (Juli 2011), Rn. 36.

[7] *Kaufmann-Bühler*, in: Lenz/Borchardt, EU-Verträge, Art. 9 EUV, Rn. 5.

[8] *Magiera*, in: Streinz, EUV/AEUV, Art. 9 EUV, Rn. 1; a.A. *Kaufmann-Bühler*, in: Lenz/Borchardt, EU-Verträge, Art. 9 EUV, Rn. 4, der die Vorschrift im Sinne eines allgemeinen Gleichheitssatzes für das gesamte Handeln der Union interpretiert.

[9] Ausführlich *Nettesheim*, in: Grabitz/Hilf/Nettesheim, EU, Art. 10 EUV (Januar 2011), Rn. 65 ff.; s. auch *Ruffert*, in: Calliess/Ruffert, EUV/AEUV, Art. 9 EUV, Rn. 7.

[10] Abs. 4 Präambel EUV.

[11] Abs. 7 Präambel EUV.

[12] *Ruffert*, in: Calliess/Ruffert, EUV/AEUV, Art. 9 EUV, Rn. 1, der zutreffend in Rn. 4 auf die spezifischen Problemlagen einer supranationalen Integration hinweist. Nach BVerfGE 123, 267 (351 ff.) braucht die EU den Anforderungen des Demokratieprinzips nicht vollständig zu genügen, »da und soweit sie aber selbst nur abgeleitete öffentliche Gewalt ausübt«. Vgl. *Di Fabio*, S. 77 (94). Kritisch zum Demokratiedefizit *Nettesheim*, in: Grabitz/Hilf/Nettesheim, EU, Art. 10 EUV (Januar 2015), Rn. 115 ff.

[13] S. *Ruffert*, in: Calliess/Ruffert, EUV/AEUV, Art. 9 EUV, Rn. 7 zur »Wahlrechtsungleichheit«.

[14] Vgl. BVerfGE 123, 267, Rn. 351 ff., zu den Begrenzungen der Vermittlung demokratischer Legitimation über die supranationale Schiene (Europäisches Parlament) und zum Kontrast zu den Schwächen einer Legitimationsvermittlung allein über die Völker der Mitgliedstaaten und ihre Regierungen im Rat bzw. Europäischen Rat *Nettesheim*, in: Grabitz/Hilf/Nettesheim, EU, Art. 10 EUV (Januar 2015), Rn. 65 ff.

[15] Ausführlich *Scholz*, in: Maunz/Dürig, GG, Art. 23 GG (Oktober 2009), Rn. 45 m.w.N.

[16] So schon *Pernice*, EuR 1996, 27; vgl. auch *Calliess*, in: Calliess/Ruffert, EUV/AEUV, Art. 222 AEUV, Rn. 4.

wendig als ein **Demokratieverbund** zu verstehen.[17] Diese Konzeption liegt dem Mechanismus des Art. 7 EUV zur Absicherung der Grundwerte der EU auch in den Mitgliedstaaten zugrunde[18] und wird vom BVerfG[19] in seiner Entscheidung zum Lissabonner Vertrag und den Aufgaben der nationalen Parlamente anerkannt. Jedes Defizit der Demokratie auf der unionalen Ebene ist damit zugleich ein Demokratiedefizit der und in den Mitgliedstaaten. Es gibt **kein** von den Mitgliedstaaten **separiertes Demokratiedefizit der Union**, da Erstere das Unionsrecht intern zur Anwendung bringen (müssen). Ungeachtet der Kritik und der Auseinandersetzung hat der EuGH relativ früh, wenn auch begrenzt, die Geltung eines **demokratischen Prinzips** auf Unionsebene **anerkannt**.[20] Das Bekenntnis zur demokratischen Gleichheit in Art. 9 EUV lässt als Grundsatz einen Spielraum bei seiner Umsetzung, der kein freies Ermessen gewährt, aber die **Berücksichtigung der Besonderheiten der supranationalen Union** ermöglicht (s. Rn. 24).[21] Die Konzeption des Demokratieverbundes spiegelt sich ferner darin wieder, dass sich Art. 9 EUV zwar ausschließlich an die EU und ihre Einrichtungen wendet, die Demokratie in den Mitgliedstaaten aber in Art. 2 und Art. 7 EUV angesprochen und geschützt wird. Hinzu tritt in systematischer Hinsicht Art. 12 EUV, auch wenn dessen Wortlaut das nicht deutlich wiedergibt, weil im Handeln der nationalen Parlamente lediglich ein Beitrag »zur guten Arbeitsweise« der Union anstatt ausdrücklich zur demokratischen Legitimation gesehen wird.[22]

Die späte ausdrückliche Aufnahme des Grundsatzes demokratischer Gleichheit in die **4** Verträge geht vor allem auf die **Mängel** bei der **Erfolgswertgleichheit** bei den Wahlen zum Europäischen Parlament wegen der **degressiv proportionalen Berücksichtigung** der Bevölkerungszahlen der Mitgliedstaaten zurück. Angesichts dessen wurde einerseits befürchtet, dass die Aufnahme eines Grundsatzes demokratischer Gleichheit dazu verwendet werden könnte, den größeren Mitgliedstaaten mehr Gewicht im Europäischen Parlament zuzuerkennen. Andererseits war aus Sicht der größeren Mitgliedstaaten zu befürchten gewesen, dass die Aufnahme eines solchen Grundsatzes die bestehende Erfolgswertgleichheit endgültig absegnen könnte. In Art. 9 EUV ist die Lösung gefunden worden, einen Grundsatz demokratischer Gleichheit rechtlich anzuerkennen, ihm aber die Regelung der degressiven Sitzverteilung im Parlament nach Art. 14 Abs. 2 EUV als speziellere Norm vorgehen zu lassen. Dies erklärt teilweise die ungewöhnliche Wortwahl.[23]

Art. 9 EUV enthält ferner die **basale Norm** für die **demokratische Legitimation** der **5** Unionsgewalt. Mit dem Rekurs auf »ihre Bürgerinnen und Bürger« entscheiden sich die Verträge für ein **bürgerschaftliches Legitimationsfundament** der Union, nicht für ein kollektivistisches Demokratiekonzept.[24] Nach unbestrittener Ansicht fehlt es an einem »europäischen Volk«, das als solches Ausgangspunkt der demokratischen Legitimation

---

[17] Vgl. *Huber*, in: Streinz, EUV/AEUV, Art. 10 EUV, Rn. 25 f. zum »Legitimationsverbund der EU«.

[18] Die Demokratie ist ein in Art. 2 EUV aufgeführter Wert gemäß Art. 7 EUV, vgl. BVerfGE 123, 267, Rn. 332.

[19] BVerfGE 123, 267, Rn. 332, 351 ff.

[20] EuGH, Urt. v. 29.10.1980, Rs. 138/79 (Roquette/Rat), Slg. 1980, 3333, Rn. 33.

[21] Zu den Funktionsbedingungen des Demokratieprinzips im Mehrebenensystem *Bieber*, in: Bieber/Epiney/Haag, Die EU, § 3, Rn. 15 f.

[22] Zur Bedeutung dieser »institutionellen Anerkennung der Parlamente der Mitgliedstaaten« BVerfGE 123, 267 (Rn. 293). Vgl. *Dann*, Parlamente im Exekutivföderalismus, 2004, S. 397 ff.

[23] S. zum Begriff »achten« unten Rn. 15.

[24] *Ruffert*, in: Calliess/Ruffert, EUV/AEUV, Art. 9 EUV, Rn. 21, 24.

sein könnte.[25] Damit wird zugleich eine Aussage über den Souverän – sofern von einem solchen im supranationalen Verfassungsverbund gesprochen werden kann – getroffen. Die Rückbindung an die **Unionsbürgerschaft** in Art. 9 EUV verwirft eine in Art. I–1 EVV noch angeklungene »Konkurrenz« von Bürgerschaft und den Mitgliedstaaten in der Union (s. Rn. 26).[26] Auch der EuGH hatte kurze Zeit ein Demokratiekonzept etablieren wollen, das die Beteiligung des Europäischen Parlaments aus Gründen des Demokratieprinzips höher gewichten wollte als die Einstimmigkeit im Rat – und die damit verbundene **demokratische Legitimation über die Mitgliedstaaten**.[27] Dies war zu Recht auf erhebliche Kritik gestoßen[28] und ist später vom EuGH fallen gelassen worden.[29] Es muss allerdings angemerkt werden, dass auch die demokratische **Legitimation über die Mitgliedstaaten** für den erreichten Integrationsstand allein **nicht** mehr **ausreichend** ist.[30] Unter dem weithin geltenden Mehrheitsprinzip im Rat kann ein in der Abstimmung unterlegenes Staatsvolk (via seine Regierungsvertreter) die Mehrheit der anderen Mitgliedstaaten nicht demokratisch zur Rechenschaft ziehen, insbesondere nicht deren Regierungen abwählen. Zudem kann das Versprechen der Demokratie, dass die Minderheit auch einmal Mehrheit werden kann, über den Rat nur eingelöst werden, wenn man eine **transnationale Perspektive** einnimmt und auf grenzüberschreitende Mehrheiten abstellt. Diese transnationale Perspektive wird aber gerade für das Europäische Parlament von den Kritikern der demokratischen Legitimation über jenes Parlament in Frage gestellt. Hinzu kommt, dass in den Bereichen der ausschließlichen Zuständigkeiten der EU bzw. der konkurrierenden Zuständigkeiten im Falle des Anwendungsvorrangs bereits erlassenen Sekundärrechts ein Mitgliedstaat und sein Volk ohne die Zustimmung der (Mehrheit der) anderen nicht mehr handeln kann. Die Problematik wird durch den Ansatz des BVerfG, dass dem nationalen Parlament noch wesentliche Befugnisse verbleiben müssen,[31] nicht wirklich gelöst, weil das Demokratieprinzip grundsätzlich das gesamte hoheitliche Handeln umfasst.

6   Stellt Art. 9 Satz 1 EUV somit das **demokratische Fundament** des Handelns auf der Unionsebene dar, ist seine **systematische Stellung** zu Beginn des Titels II »Bestimmungen über die demokratischen Grundsätze« durchaus **sinnvoll**.[32] Es entspricht einem bottom up-Ansatz, wenn erst danach in Art. 10 EUV der **Grundsatz der repräsentativen Demokratie** als Regelung der Ausübung demokratisch legitimierter Macht in der EU

---

[25] *Ruffert*, in: Calliess/Ruffert, EUV/AEUV, Art. 9 EUV, Rn. 24. Vgl. kritisch zur »no-demos«-These *Nettesheim*, in: Grabitz/Hilf/Nettesheim, EU, Art. 10 EUV (Januar 2011), Rn. 25; anders der Ansatz von *Augustin*, passim.

[26] Kritisch dazu *Heintschel v. Heinegg*, in: Vedder/Heintschel v. Heinegg, EVV, Art. I–1, Rn. 3. *Haag*, in: GSH, Europäisches Unionsrecht, Art. 9 EUV, Rn. 10, weist auf die gemeinsame Bezugnahme von Union und Mitgliedstaaten auf die Unionsbürger hin.

[27] EuGH, Urt. v. 11.6.1991, Rs. C–300/89 (Titandioxid), Slg. 1991, I–2867.

[28] *Voß*, NVwZ 1994, 332, 335 ff.

[29] EuGH, Urt. v. 10.1.2006, Rs. C/94/03 (Kommission/Rat (Rotterdam Übereinkommen)), Slg. 2006, I–1, Rn. 52 ff. begrenzt die aus dem Demokratieprinzip abgeleitete Stärkung der Rechte des Parlaments auf Fälle, in denen die Rechte der Mitgliedstaaten im und über den Rat nicht tangiert werden.

[30] BVerfGE 123, 267, Rn. 293.

[31] BVerfGE 123, 267, Rn. 351.

[32] Vgl. zur systematischen Stellung am Anfang des Titels II *Haag*, in: GSH, Europäisches Unionsrecht, Art. 9 EUV, Rn. 1; kritisch *Ruffert*, in: Calliess/Ruffert, EUV/AEUV, Art. 9 EUV, Rn. 22, für den Art. 10 EUV an diese Position gehört hätte, obgleich er selbst Art. 9 EUV als »Schlüsselnorm des unionalen Demokratiekonzepts«, ebd. Rn. 22, bezeichnet.

thematisiert wird.[33] Diesem zweiten zentralen Grundsatz werden in Art. 11 EUV ergänzend Elemente eines **Grundsatzes der partizipativen Demokratie** zur Seite gestellt.[34] Letzterer zeigt den Anspruch der EU, die Anforderungen eines **Grundsatzes responsiver Demokratie**[35] erfüllen zu wollen. Schließlich komplettiert Art. 12 EUV mit seiner **Einbeziehung der nationalen Parlamente** die umfassende Entfaltung des Grundsatzes der Demokratie in der EU, der auf einen **Demokratieverbund** abzielt.

Der **Grundsatz der responsiven Demokratie** wird des Weiteren im zweiten Teil des   7 ersten Satzes in Art. 9 EUV angesprochen (s. Rn. 19). »**Aufmerksamkeit**« wird den Unionsbürgerinnen und -bürgern zuteil, wenn sie beim Handeln der Unionsorgane **partizipativ eingebunden** werden. **Konkretisiert** worden ist dieser Ansatz in den partizipativen Elementen des Art. 11 EUV. Responsivität drückt das Bedürfnis nach einer **besonderen, zu aktualisierenden Rückbindung** an die Unionsbürgerinnen und -bürger aus, das systematisch in ähnlicher Weise im **Grundsatz der Bürgernähe** nach Art. 1 Abs. 2 und Art. 10 Abs. 3 EUV zum Ausdruck kommt.[36] Responsivität ist auf eine **Rückkopplung** ausgerichtet und damit einem Paternalismus gerade entgegengesetzt. Aber nicht nur in der Sache geht der Vorwurf des Paternalismus fehl, sondern auch in der Bewertung der Formulierung. Die in Art. 9 Satz 1 EUV verwendete Formulierung, eher im Sinne einer Tatsache als einer Rechtspflicht gehalten, ist dem Umstand geschuldet, dass man die Responsivität als solche gerade **nicht** grundsätzlich über eine rechtliche **unmittelbare Anwendbarkeit** absichern wollte (s. Rn. 19).

Nach zutreffender Ansicht verbürgt Art. 9 Satz 1 EUV den **Grundsatz demokrati-**   8 **scher Gleichheit** in Bezug auf die **politische Willensbildung** im Gemeinwesen, insbesondere über Abstimmungen und Wahlen (s. Rn. 16 ff.).[37] Er schützt die **Unionsbürgerinnen und -bürger**, nicht aber EU-Ausländer, auch wenn sie in den Mitgliedstaaten wohnen (s. Rn. 22).[38] Er betrifft die **Rechte auf politische Teilhabe**, d. h. die Teilnahme an Wahlen und Abstimmungen, **nicht** aber die allen Personen zustehenden **Grundrechte** auf freie politische Willensäußerung, wie insbesondere die Meinungs- oder Demonstrationsfreiheit, denen eine besondere demokratische Funktion zukommt.[39] Ferner ist dieser **besondere Gleichheitssatz** von anderen Verbürgungen von Gleichbehandlung und Nichtdiskriminierung in den Verträgen zu unterscheiden (s. Rn. 25).[40] Sofern nicht ihrerseits

---

[33] Vgl. die grundsätzlichen Ausführungen von *Huber*, in: Streinz, EUV/AEUV, Art. 10 EUV, Rn. 14 ff., zur Konkretisierung der demokratischen Grundsätze, der dabei zuerst auf Art. 9 EUV eingeht.

[34] S. *Nettesheim*, in: Grabitz/Hilf/Nettesheim, EU, Art. 10 EUV (Januar 2011), Rn. 41; zu eng *Huber*, in: Streinz, EUV/AEUV, Art. 10 EUV, Rn. 23, für eine enge Auslegung der partizipativ-demokratischen Formen, denn die grundsätzliche Würdigung derselben in Art. 9 Satz 1 EUV und in Art. 11 EUV spricht gegen ein Regel-Ausnahme-Verhältnis jenseits der Vorgaben von Art. 10 EUV bezüglich des Grundsatzes repräsentativer Demokratie.

[35] Zur responsiven Demokratie s. *Uppendahl*, Zeitschrift für Parlamentsfragen, 12 (1981), 440.

[36] *Adonis/Jones*, StWuStP 1991, 179 (188), *Klein*, in: HK EUV, Art. A, Rn. 70; *Calliess*, in: Calliess/Ruffert, EUV/AEUV, Art. 1 EUV, Rn. 82; *Magiera*, in: Streinz, EUV/AEUV, Art. 9 EUV, Rn. 1.

[37] *Haag*, in: GSH, Europäisches Unionsrecht, Art. 9 EUV, Rn. 4, spricht von der Gleichheit »im politischen Prozess«; *Ruffert*, in: Calliess/Ruffert, EUV/AEUV, Art. 9 EUV, Rn. 26, enger von der Partizipation an der Ausübung supranationaler Herrschaft.

[38] Einhellige Meinung, s. *Haag*, in: GSH, Europäisches Unionsrecht, Art. 9 EUV, Rn. 4; *Ruffert*, in: Calliess/Ruffert, EUV/AEUV, Art. 9 EUV, Rn. 24; *Magiera*, in: Streinz, EUV/AEUV, Art. 9 EUV, Rn. 8.

[39] *Kühling*, in: Heselhaus/Nowak, Handbuch der Europäischen Grundrechte, § 23, Rn. 8 ff.; *Mann*, in: Heselhaus/Nowak, Handbuch der Europäischen Grundrechte, § 27, Rn. 6 ff.

[40] *Magiera*, in: Streinz, EUV/AEUV, Art. 9 EUV, Rn. 5.

spezielle Regelungen für die **Wahl zum Europäischen Parlament** im Primärrecht bestehen, kommt Art. 9 EUV als **subsidiäre** Gewährleistung zum Tragen (s. Rn. 21 a. E.).[41]

9   Die Norm ist nicht umfassend **unmittelbar anwendbar und justiziabel**, sondern nur im Hinblick auf die Gewährleistung demokratischer Gleichheit **bei der Mitwirkung im politischen Willensbildungsprozess** im Rahmen des Tätigwerdens der EU-Organe und -Einrichtungen (s. Rn. 24).[42] Daher können partizipativ- oder responsiv-demokratische Elemente nicht allein unter Berufung auf Art. 9 EUV vor Gericht geltend gemacht werden.

B.   Entwicklung

10   Obwohl der europäische Integrationsprozess mit einem starken **Übergewicht der nationalen Exekutiven** im Rat und zunächst vielfach basierend auf dem **Einstimmigkeitsprinzip** begann, wurde von Beginn an ein Bedarf für eine weitere demokratisch-legitimatorische Abstützung gesehen.[43] Dementsprechend wird der Begriff der Demokratie bis Anfang der 1990er Jahre in den Verträgen nicht ausdrücklich erwähnt.[44] Doch ist **1979** über die **Direktwahl** die legitimatorische Basis des **Europäischen Parlaments** (ehemals »Versammlung«) erweitert worden. Im Direktwahlakt wurden die **Wahlrechtsgrundsätze** bis auf den Grundsatz der gleichen Wahl festgeschrieben.[45] Dies hat sich auch in der aktuellen Fassung des Direktwahlakts nicht geändert; dieselbe Regelungslücke findet sich auch in Art. 39 Abs. 2 GRC über die Grundsätze für die Wahl zum Europäischen Parlament. Vor diesem Hintergrund entwickelte der **EuGH** bereits 1980 das **Demokratieprinzip** als einen **ungeschriebenen Grundsatz** des (damals) Gemeinschaftsrechts und hat ihn zur Absicherung und Weiterentwicklung der Rechte des Europäischen Parlaments angewendet.[46] Dabei hatte er kurzzeitig den Fokus allein auf die demokratische

---

[41] Vgl. *Magiera*, in: Streinz, EUV/AEUV, Art. 9 EUV, Rn. 7. Daher können Abstimmungen im Europäischen Parlament nicht erfolgreich mit der Rüge eines Verstosses gegen Art. 9 EUV angegriffen werden; a. A. aber *Ruffert*, in: Calliess/Ruffert, EUV/AEUV, Art. 9 EUV, Rn. 30.

[42] A.A. *Folz*, in: Vedder/Heintschel v. Heinegg, EVV, Art. I–45, Rn. 2 zur Vorgängernorm im Verfassungsvertrag. Sofern in der Literatur für eine umfassende unmittelbare Anwendbarkeit plädiert wird, ist jeweils zu prüfen, ob nicht eine enge Auslegung der Vorschrift im Sinne einer Begrenzung auf die politische Teilhaberechte vertreten wird, vgl. *Magiera*, in: Streinz, EUV/AEUV, Art. 9 EUV, Rn. 11, der aber einen weiten Einschätzungs- und Gestaltungsspielraum der Unionsinstitutionen anerkennen möchte.

[43] *Nettesheim*, in: Grabitz/Hilf/Nettesheim, EU, Art. 10 (Januar 2011), Rn. 3, vgl. aber Rn. 36. Abgesehen von der Diskussion um die Ausgestaltung des Direktwahlaktes 1979 wird der Kern des Diskurses über die Demokratie in der EU in der Zeit von 1986–2009 verortet, *Ruffert*, in: Calliess/Ruffert, EUV/AEUV, Art. 9 EUV, Rn. 1.

[44] *Magiera*, in: Streinz, EUV/AEUV, Art. 9 EUV, Rn. 1; vgl. auch *Kaufmann-Bühler*, in: Lenz/Borchardt, EU-Verträge, Art. 9 EUV, Rn. 4.

[45] Art. 1 Abs. 3 Beschluss und Akt zur Einführung allgemeiner unmittelbarer Wahlen der Abgeordneten des Europäischen Parlaments vom 20. 9. 1976, BGBl. 1977 II S. 733/734, zuletzt geändert durch Beschluss des Rates vom 25. 6. 2002 und 23. 9. 2002, BGBl. 2003 II S. 810; 2004 II S. 520.

[46] Zum Schutz der Beteiligungsrechte des EP s. EuGH, Urt. v. 29. 10. 1980, Rs. 138/79 (Roquette/Rat), Slg. 1980, 03333, Rn. 33; zur Bedeutung des Demokratieprinzips in den Rechtsetzungsverfahren zunächst extensiv EuGH, Urt. v. 11. 6. 1991, Rs. C–300/89 (Titandioxid), Slg. 1991, I–2867, Rn. 20, deutlich limitiert hingegen in EuGH, Urt. v. 10. 6. 1997, Rs. C–392/95 (Parlament/Rat), Slg. 1997, I–3213, Rn. 14; vgl. auch EuG, Urt. v. 17. 6. 1998, Rs. T–135/96 (UEAPME/Rat), Slg. 1998, II–2335, Rn. 89.

Legitimation über das Europäische Parlament gelegt, diese Auffassung in der Folgezeit aber revidiert.[47]

Erstmals im **Maastricht Vertrag** fand der Begriff der Demokratie zaghaft Eingang in den Vertragstext. Auch vor dem Hintergrund der absehbaren Osterweiterung stellte Art. F Abs. 1 EUV in **Bezug auf die Mitgliedstaaten** fest, dass »deren Regierungssysteme auf demokratischen Grundsätzen beruhen«. Bezüglich der EU-Organe wies der Maastricht Vertrag hingegen lediglich in der Präambel auf den »Wunsch« hin, »**Demokratie** […] in der Arbeit der EU-Organe weiter **zu stärken**«. Inhaltlich sind diese Regelungen im Amsterdamer Vertrag in Art. 6 Abs. 1 EUV zusammengeführt worden. Ohne wesentliche Änderung bestimmt im **Lissabonner Vertrag** Art. 2 EUV, dass die Union u. a. auf dem **Grundsatz der Demokratie** beruht und dieser Wert den Mitgliedstaaten gemeinsam ist. **11**

Zuvor war im **Vertrag über eine Verfassung der Union** (EVV) – in der Formulierung etwas prosaisch – das erste Mal ein eigener Abschnitt Titel VI »Das demokratische Leben der Union«[48] vorgesehen. Dieser enthielt in Art. I–45 den **Grundsatz der demokratischen Gleichheit**, wie er später in Art. 9 Satz 1 EUV des Lissabonner Vertrages beibehalten wurde, allerdings noch ohne den Hinweis auf die Unionsbürgerschaft.[49] Dieser Zusatz ist erst nach dem Scheitern des Verfassungsvertrages auf Vorschlag des Europäischen Parlaments aufgenommen worden.[50] Im Anschluss normierte Art. I–46 EVV den Grundsatz der **repräsentativen Demokratie**, der um **partizipativ-demokratische** Elemente in Art. I–47 EVV ergänzt wurde.[51] Beide Vorschriften sind in den Lissabonner Vertrag übernommen worden. Ohne Vorbild im EVV ist Art. 12 EUV zur **Zusammenarbeit mit den nationalen Parlamenten**. Ihre Aufnahme zeigt – wie die Ergänzung um den Hinweis auf die Unionsbürgerschaft in Art. 9 Satz 2 und 3 EUV –, dass man die Bezüge zu den Mitgliedstaaten im Lissabonner Vertrag deutlicher herausstellen wollte. Des Weiteren war der Titel VI im EVV mit weiteren Normen aufgebläht worden,[52] die mehrheitlich nur einen **indirekten Zusammenhang** mit dem Demokratieprinzip aufweisen, wie die Vorschriften über die Beteiligung der Sozialpartner,[53] den Bürgerbeauftragten,[54] das Transparenzgebot,[55] den damit in Zusammenhang stehenden Datenschutz[56] sowie die kirchlichen und weltanschaulichen Gemeinschaften.[57] Zu Recht sind **12**

---

[47] EuGH, Urt. v. 11.6.1991, Rs. C–300/89 (Titandioxid), Slg. 1991, I–2867; später aufgegeben insbesondere in EuGH, Urt. v. 10.1.2006, Rs. C/94/03 (Kommission/Rat), Slg. 2006, I–1 (Rotterdamer Übereinkommen).

[48] Kritisch zur Formulierung *Ruffert*, in: Calliess/Ruffert, EUV/AEUV, Art. 9 EUV, Rn. 20, der überzeugend darauf hinweist, dass es jedenfalls um das demokratische Leben »in der« Union gehe.

[49] *Haag*, in: GSH, Europäisches Unionsrecht, Art. 9 EUV, Rn. 4; *Schönberger*, in: Grabitz/Hilf/ Nettesheim, EU, Art. 9 EUV (Juli 2011), Rn. 4f.; *Kaufmann-Bühler*, in: Lenz/Borchardt, EU-Verträge, Art. 9 EUV, Rn. 5. Ausführungen zur Unionsbürgerschaft waren an dieser Stelle im Verfassungsvertrag noch nicht enthalten, *Magiera*, in: Streinz, EUV/AEUV, Art. 9 EUV, Rn. 2. Zur Genese der Bestimmung über die Unionsbürgerschaft *Schönberger*, in: Grabitz/Hilf/Nettesheim, EU, Art. 9 EUV (Juli 2011), Rn. 4, 6.

[50] *Schrauwen*, Maastricht Journal of European and Comparative Law 1 (2008), 55, 59f.; *Schönberger*, in: Grabitz/Hilf/Nettesheim, EU, Art. 9 EUV (Juli 2011), Rn. 6.

[51] Positiv bewertet von *Mross*, S. 191ff.

[52] Kritisch dazu *Streinz/Ohler/Herrmann*, Die neue Verfassung, S. 57; *v. Bogdandy*, in: v. Bogdandy/Bast, Europäisches Verfassungsrecht, S. 13 (63).

[53] Art. I–48 EVV.

[54] Art. I–49 EVV.

[55] Art. I–50 EVV.

[56] Art. I–51 EVV.

[57] Art. I–52 EVV.

die letztgenannten Vorschriften im Lissabonner Vertrag aus dem einschlägigen Titel II entfernt worden und in den besser geeigneten Zusammenhang mit den Rechten aus der Unionsbürgerschaft zu Beginn des AEU-Vertrages gestellt worden.

C. Gewährleistungsgehalte

13 Art. 9 enthält in seinem ersten Satz die Verbürgung des **Grundsatzes demokratischer Gleichheit**, der um den **Grundsatz der responsiven Demokratie** ergänzt wird, sowie in den nachfolgenden beiden Sätzen die Regelung über die **Unionsbürgerschaft**, die die Vorgaben des Art. 20 AEUV repetiert, aber in einen neuen systematischen Zusammenhang stellt. Die Aufnahme der Unionsbürgerschaft ist eine autoritative Erläuterung des persönlichen Schutzbereichs in Satz 1, »ihre Bürgerinnen und Bürger«, die kraft systematischen Zusammenhangs auch für die nachfolgenden Vorschriften gilt.[58]

I. Grundsatz der demokratischen Gleichheit

1. Umfang

14 Der Wortlaut von Art. 9 Satz 1 EUV spricht lediglich von einem Grundsatz der Gleichheit der Bürgerinnen und Bürger. Eine ausdrückliche **Bezugnahme auf** die **demokratische Gleichheit** fehlt. Auch ist die Vorschrift nicht mehr mit »Grundsatz der demokratischen Gleichheit« wie im EVV betitelt, weil der Lissabonner Vertrag insgesamt auf solche Normüberschriften verzichtet. Doch steht sie an prominenter Stelle in dem mit »Die demokratischen Grundsätze« betitelten Titel II des EU-Vertrages. Daraus wird überwiegend gefolgert, dass in Art. 9 ein **Grundsatz demokratischer Gleichheit** verbürgt wird und nicht ein allgemeiner Gleichheitssatz.[59] Dafür spricht ferner, dass die Gewährleistung in der EU »ihre Bürgerinnen und Bürger« schützt, d. h. die **Unionsbürgerinnen und -bürger** (s. Rn. 22). Dieser begrenzte persönliche Schutzbereich spricht für eine spezifische inhaltliche Verbürgung im Sinne der Gleichbehandlung bei der **politischen Teilhabe**, während der allgemeine Gleichheitssatz grundsätzlich als Menschenrecht, wie auch in Art. 20 GRC, formuliert ist.[60] Nach dem Wortlaut achtet die Union den Grundsatz »in ihrem gesamten Handeln«. Dies ist Hinweis auf eine **umfassende Bindung aller drei Gewalten**, der rechtsetzenden, ausführenden und der rechtsprechenden Gewalt zu verstehen.

15 Gemäß Art. 9 Satz 1 »**achtet**« die Union den Grundsatz demokratischer Gleichheit. In der Literatur wird diese Formulierung grundsätzlich als **rechtliche Bindung** verstanden.[61] Dem ist im Ergebnis zuzustimmen, doch ist die Begründung nicht selbstverständlich. Vielmehr kannte die Entwicklungsgeschichte der Verträge seit dem Maastricht Vertrag die Verwendung des Begriffs »achten« in Art. 6 EUV a. F. für die Beschreibung der

---

[58] S. aber den Vorwurf bei *Ruffert*, in: Calliess/Ruffert, EUV/AEUV, Art. 9 EUV, Rn. 22 f., dass die beiden Regelungskomplexe nicht aufeinander bezogen wären.

[59] *Magiera*, in: Streinz, EUV/AEUV, Art. 9 EUV, Rn. 7; *Ruffert*, in: Calliess/Ruffert, EUV/AEUV, Art. 9 EUV, Rn. 26 ff.; *Haag*, in: GSH, Europäisches Unionsrecht, Art. 9 EUV, Rn. 4 ff.; wohl auch *Schönberger*, in: Grabitz/Hilf/Nettesheim, EU, Art. 9 EUV (Juli 2011), Rn. 30 ff., der diese inhaltliche Ausrichtung aber nicht als abschliessend begreift (»in erster Linie«), Art. 9 EUV (Juli 2011), Rn. 31.

[60] S. Rn. 4 ff. zu Art. 20 GRC.

[61] *Haag*, in: GSH, Europäisches Unionsrecht, Art. 9 EUV, Rn. 6; *Magiera*, in: Streinz, EUV/AEUV, Art. 9 EUV, Rn. 7; a. A. *Folz*, in: Vedder/Heintschel v. Heinegg, EVV, Art. I–45, Rn. 2.

Bindung der EU an die EMRK. In der Literatur wurde zwar für eine relativ strikte Bindung an die EMRK plädiert,[62] doch hat der EuGH in seinem Gutachten zum Beitritt der EU zur EMRK 2013 klargestellt, dass die EU-Organe vor einem solchen Beitritt nicht unmittelbar rechtlich an die Entscheidungen des EGMR gebunden seien.[63] Im Lissabonner Vertrag ist der Beitritt der Union zur EMRK vorgesehen und unabhängig davon die Erfüllung der Schutzanforderungen der EMRK im Ergebnis gemäß Art. 52 Abs. 3 GRC. Damit ist eine **rechtliche**, wenn auch **indirekte Bindung** bejaht worden.[64] In systematischer Hinsicht liegt ferner ein Vergleich mit Art. 4 Abs. 2 EUV nahe, wonach die Union die »Gleichheit der Mitgliedstaaten vor den Verträgen« ebenfalls »achtet«. Während noch unter dem Nizza-Vertrag die entsprechende Vorschrift im Sinne lediglich einer Bemühenspflicht interpretiert worden ist, wird der im Lissabonner Vertrag erfolgten Konkretisierung in der Literatur nunmehr der Rang einer **Rechtspflicht** zuerkannt, die jedoch nur in »Extremsituationen« eingreife.[65] Dementsprechend ist auch Art. 9 Satz 1 EUV so zu lesen, dass »achten« grundsätzlich eine **rechtliche Bindung** ausdrückt, wobei allerdings wie bei der Beachtung der EMRK Raum bleibt, die Besonderheiten der supranationalen Integration zu berücksichtigen. Folgt man dieser Sichtweise, so ist die besondere **Wortwahl** in der Vorschrift (»achten«) **begründet**. Insofern besteht gerade kein redaktioneller Mangel. Demgegenüber bejahen manche Autoren in der Literatur zwar eine rechtliche Bindungspflicht, wollen diese dann aber durch das Postulat eines weiten Ermessens- und Beurteilungsspielraums (kritisch dazu Rn. 17) eingrenzen.[66] Dieser Ansatz steht in einer gewissen Spannung zur Bejahung der unmittelbaren Anwendbarkeit.[67]

Die **inhaltliche Reichweite** der Verbürgung in Art. 9 Satz 1 EUV ist umstritten. Sofern **16** darin ein allgemeiner Gleichheitssatz gesehen wird,[68] müsste dieser umfassend auf alle rechtlich relevanten Situationen angewendet werden können. Die überwiegende Ansicht richtet hingegen den Anwendungsbereich auf demokratisch relevante Situationen aus und plädiert für einen Schutz in Situationen der **politischen Willensbildung**.[69] Dabei bleibt aber unklar, ob der Schutz lediglich die politische Teilhabe im Sinne der Mitwirkung an der hoheitlichen Willensbildung, d. h. im Wege der politischen Rechte insbesondere über Wahlen und Abstimmungen erfasst oder auch die politische Willensbildung der Gesellschaft, etwa über die Ausübung der Rechte auf freien Meinungsäuße-

---

[62] *Hilf/Schorkopf*, in: Grabitz/Hilf, EU, Art. 6 EUV (Nizza-Fassung), Rn. 61. Die Auslegung des »Achtens« als »um einen Ausgleich bemüht sein« fand sich aber im Nizza Vertrag in Art. 6 Abs. 3 (Achtung der nationalen Identität), siehe z. B. *Puttler*, in: Calliess/Ruffert, VerfEU, Art. 6 EUV Rn. 49.

[63] EuGH, Gutachten 2/13, Rn. 181.

[64] Vgl. EuGH, Gutachten 2/13 vom 6. 2. 2014 (EMRK-Beitritt), ECLI:EU:C:2014:2454, Rn. 179.

[65] *Calliess/Kahl/Puttler*, in: Calliess/Ruffert, EUV/AEUV, Art. 4 EUV, Rn. 22; vgl. auch *v. Bogdandy/Schill*, in: Grabitz/Hilf/Nettesheim, EU, Art. 4 EUV (September 2013), Rn. 35: untersagt der Union nur unverhältnismäßige Eingriffe, insbesondere Eingriffe in den jeweiligen Kernbereich.

[66] Ohne nähere Begründung *Magiera*, in: Streinz, EUV/AEUV, Art. 9 EUV, Rn. 11; ihm folgend *Haag*, in: GSH, Europäisches Unionsrecht, Art. 9 EUV, Rn. 6.; dagegen für eine relativ strikte Bindung *Ruffert*, in: Calliess/Ruffert, EUV/AEUV, Art. 9 EUV, Rn. 29. Für eine Begrenzung auf eine offenkundige oder erhebliche Missachtung *Magiera*, in: Streinz, EUV/AEUV, Art. 9 EUV, Rn. 11.

[67] Vgl. *Magiera*, in: Streinz, EUV/AEUV, Art. 9 EUV, Rn. 11. Nach den Grundsätzen der Rechtsprechung kann eine unmittelbare Anwendbarkeit nur dort bejaht werden, wo kein Ermessensspielraum mehr besteht.

[68] In diese Richtung wohl *Kaufmann-Bühler*, in: Lenz/Borchardt, EU-Verträge, Art. 9 EUV, Rn. 4.

[69] *Haag*, in: GSH, Europäisches Unionsrecht, Art. 9 EUV, Rn. 4, zu einer Gleichheit »im politischen Prozess«; *Ruffert*, in: Calliess/Ruffert, EUV/AEUV, Art. 9 EUV, Rn. 26, enger zur Partizipation an der Ausübung supranationaler Herrschaft.

rung oder Demonstrationsfreiheit. Erstere Auffassung ist vorzugswürdig, weil sie mit der Begrenzung des persönlichen Schutzbereichs korrespondiert, wohingegen die politischen Freiheitsrechte in der EU als Menschenrechte konzipiert sind.[70] Sie wird ferner dadurch gestützt, dass im Lissabonner Vertrag die zuvor im EVV vorgesehenen Grundrechte aus dem Titel II entfernt worden sind. Ergänzend tritt zu den Teilhaberechten ein Gebot der Gleichbehandlung im Rahmen responsiv-demokratischer Elemente hinzu (s. Rn. 20).

17   Der Grundsatz demokratischer Gleichheit nach Art. 9 Satz 1 EUV erfasst die **politischen Teilhaberechte und Mitwirkungsmöglichkeiten** (s. Rn. 16). Obwohl die EU in Art. 14 Abs. 3 EUV in Bezug auf die sog. Europawahlen zum Europäischen Parlament bei den anerkannten Wahlrechtsgrundsätzen den Grundsatz der Gleichheit nicht erwähnt, ist Art. 9 Satz 1 EUV **ohne einen Vorbehalt** anderer Vorschriften gefasst. Kernproblem der Wahlrechtsgleichheit in der EU ist die **Erfolgswertgleichheit**, weil bei der geltenden **degressiven Proportionalität** in Deutschland 12,8 mal mehr Stimmen für einen Sitz benötigt werden als in Malta.[71] Daher wird in der deutschen Literatur und Rechtsprechung weitgehend davon ausgegangen, dass es an der demokratischen Wahlrechtsgleichheit in der EU fehle.[72] Zutreffend wird zwar gesehen, dass dieser Umstand einem Kompromiss zwischen der völkerrechtlichen **Staatengleichheit**[73] und der **Gleichheit der Wähler** geschuldet sei. Doch sind weitere Argumente zu beachten. Je nach Anwendungsbereich entfaltet der Grundsatz demokratischer Gleichheit nach Art. 9 EUV eine stärkere oder weniger starke Steuerungswirkung. Im Bereich der politischen Teilhabe, insbesondere durch Wahlen, gilt in Übereinstimmung mit den **verfassungsrechtlichen Überlieferungen der Mitgliedstaaten**, dass Einschränkungen der Gleichheit der **Rechtfertigung** bedürfen und diese nur zu Gunsten **überragender Unionsgüter** gerechtfertigt sein können.[74] Nun ist es mit der Erfolgswertgleichheit so, dass diese kaum jemals vollständig garantiert wird. In einem freiheitlichen Zusammenschluss von Staaten zu einem Bundesstaat wird kein Gliedstaat auf seinen Einfluss in beiden i. d. R. bestehenden Kammern des Parlaments völlig verzichten. So verfügt in der Schweiz jeder Kanton über mindestens einen Sitz im Nationalrat, auch wenn der größte Kanton Zürich mit seinen 34 Sitzen damit deutlich unterrepräsentiert ist.[75] Vergleichbares gilt in den USA für die Besetzung des Repräsentantenhauses.[76] Ein solcher Kompromiss ist somit kein Eingriff, sondern ein **Gründungsbaustein einer supranationalen Demokratie**. Danach wäre eine Mitgliedschaft Maltas ohne wenigstens einen Sitz im Europäischen Parlament nicht denkbar. Dann reduziert sich die noch zu rechtfertigende Degression auf ein Verhältnis von 1:4. Hinzuzufügen ist, dass auch in Deutschland die bei der Bundestagswahl zum Einsatz kommenden Landeswahllisten zu einer **Privilegierung der**

---

[70] So für die Meinungsfreiheit Art. 11 GRC und für die Versammlungsfreiheit Art. 12 GRC.

[71] Berechnung nach *Nettesheim*, Grabitz/Hilf/Nettesheim, EU, Art. 10 EUV (Januar 2011), Rn. 69; vgl. *Ruffert*, in: Calliess/Ruffert, EUV/AEUV, Art. 9 EUV, Rn. 7, der von einem Verhältnis von 1:16 ausgeht.

[72] S. nur *Calliess*, in: Calliess/Ruffert, EUV/AEUV, Art. 2 EUV, Rn. 23, BVerfGE 123, 267 (371 ff.); vgl. *Peuker*, ZEuS 2008, 453 ff.

[73] Vgl. auch Art. 4 Abs. 2 EUV.

[74] *Huber*, in: Streinz, EUV/AEUV, Art. 10 EUV, Rn. 16; vgl. für Deutschland BVerfG, NVwZ 2002, 71. Vgl. zu den übrigen Wahlrechtsgrundsätzen Art. 14 EUV, Rn. 25 ff.

[75] Art. 149 Abs. 4 BV; ausführlich zur Problematik aus rechtsvergleichender Sicht *Schönberger*, GLJ 10 (2009) 1201 (1215); *Selmayr*, ZEuS 2009, 637 (653).

[76] U.S. Constitution, Art. I § 2 Cl. 3; vgl. dazu *Schönberger*, in: Grabitz/Hilf/Nettesheim, EU, Art. 9 EUV (Juli 2011), Rn. 34.

kleineren Bundesländer führen.[77] Des Weiteren ist anerkannt, dass der **Zuschnitt von Wahlkreisen** die Erfolgswertgleichheit beeinträchtigt und oft bewusst zugunsten der zahlenmäßig geringeren Landbevölkerung erfolgt.[78] Diese Ausnahme ist nicht unähnlich der **Privilegierung struktureller Minderheiten**, wie etwa der dänischen Minderheit in Schleswig-Holstein.[79] Dabei handelt es sich nicht um eine Ausnahme vom Demokratieprinzip, sondern um eine Modifizierung. Denn im Falle struktureller Minderheiten versagt das Versprechen der Demokratie, dass die Minderheit auch die Chance haben muss, einmal Mehrheit werden zu können. Nun können aber in der EU alle Mitgliedstaaten als strukturelle Minderheiten gegenüber der Gesamtheit der Mitgliedstaaten angesehen werden. Aus diesen **demokratietheoretischen Überlegungen** rechtfertigt sich die bedenkliche Verzerrung der Erfolgswertgleichheit bei den Wahlen zum Europäischen Parlament in der EU in Folge der Repräsentation des kleinsten Mitgliedstaates mit 4 Sitzen, wenn man ein **integrationspolitisches Argument** hinzunimmt. Die breitere Repräsentation politischer Stimmen aus kleinen Mitgliedstaaten führt dazu, dass diese in der politischen Mitwirkung im Europäischen Parlament nicht als ein Block und als Vertreter ihres Mitgliedstaates auftreten, sondern als Vertreter verschiedener politischen Interessen, die staatenübergreifend mit anderen politischen Interessen kooperieren können. Der Erfolg der sog. **Konventsmethode** bei der Ausarbeitung der Grundrechtecharta hat die Effektivität eines solchen Konzepts belegt.[80] Zusammenfassend ist festzustellen, dass die bestehende Degression nach Art. 14 Abs. 2 EUV bei den Wahlen zum Europäischen Parlament zum einen Art. 9 EUV als speziellere Vorschrift vorgeht, zum anderen aber keinen Verstoß gegen den Grundsatz der Wahlrechtsgleichheit darstellt, sondern dass diese Modifikation des Grundsatzes durch überragende Interessen der europäischen Integration gerechtfertigt ist.[81]

Besteht in Bezug auf die Degressivität der **Sitzverteilung** zwischen den Mitgliedstaaten **im Europäischen Parlament** in Art. 14 Abs. 2 EUV eine **Spezialnorm**, stellt sich die Frage nach dem **verbleibenden Anwendungsbereich** des Grundsatzes demokratischer Gleichheit nach Art. 9 EUV. Dieser wird für alle weiteren Fragen, die die Zählwert- oder die Erfolgswertgleichheit bei der Stimmabgabe für die Wahlen zum Europäischen Parlament betreffen, bedeutsam.   **18**

Während der Hauptsatz in Art. 9 Satz 1 EUV einen Grundsatz demokratischer Gleichheit postuliert, wird im Nebensatz quasi faktisch festgestellt, dass den Bürgerinnen und Bürgern »ein gleiches Maß an **Aufmerksamkeit** seitens der [Union] zuteil wird«.   **19**

---

[77] § 6 BWG. Vgl. BVerfGE 95, 335.

[78] Bei der Einteilung der Wahlkreise lag die zulässige Abweichung von der durchschnittlichen Bevölkerungszahl der Wahlkreise in Deutschland nach § 3 Abs. 3 S. 2 BWG a. F. bei 1/3. Das BVerfG sah diese Regelung als verfassungskonform an, BVerfGE 16, 130. Gem. § 3 Abs. 1 S. 1 Nr. 3 soll die Abweichung nunmehr nicht mehr als 15 % betragen. Die alte BVerfG-Rechtsprechung ist damit nicht mehr maßgeblich, *Klein*, in: Maunz/Dürig, GG, Art. 38 GG (Januar 2013), Rn. 124.

[79] § 6 Abs. 3 S. 2 BWG erklärt die 5 %-Klausel für Parteien nationaler Minderheiten für nicht anwendbar. Diese Regelung ist verfassungskonform, vgl. zur entsprechenden Regelung in der Schleswig-Holsteinischen Landesverfassung SchlHVerfG, Urt. v. 13. 9. 2013, LVerfG 9/12.

[80] Vgl. die positive Bewertung der Konventsmethode bei *Meyer*, in: Meyer, GRCh, Präambel, Rn. 8.

[81] In diesem Sinne wohl auch *Schönberger*, in: Grabitz/Hilf/Nettesheim, EU, Art. 9 EUV (Juli 2011), Rn. 35; auch BVerfGE 123, 267, Rn. 284 ff. erkennt an, dass es derzeit keine realistische Alternative zur degressiven Proportionalität bei den Wahlen zum Europäischen Parlament gibt. Daraus wird dann aber ein Vorbehalt für weitere Integrationsschritte abgeleitet, ohne dass das Defizit für die bereits erfolgten, beträchtlichen Integrationsschritte für verfassungswidrig erachtet wird.

Diese Formulierung ist als »paternalistische Floskel« in der Literatur gegeißelt worden.[82] Dazu ist zunächst zu bemerken, dass **andere Sprachfassungen** neutraler formulieren im Sinne von Aufmerksamkeit erhalten (Englisch »shall receive attention«). Grundlegender ist jedoch einzuwenden, dass der Nebensatz seinem Inhalt nach nicht recht auf die Mitwirkung an der politischen Willensbildung passt. Denn in Wahlen und Abstimmungen wird nicht dem Bürger Aufmerksamkeit zuteil, sondern der Bürger schenkt seine Aufmerksamkeit den zur Abstimmungen bzw. Wahl stehenden Fragen bzw. Personen. Die Systematik des Titels II EUV spricht dafür, dass sich »Aufmerksamkeit« auf die **partizipativ-demokratischen Elemente** in Art. 11 EUV bezieht, d. h. die Einbeziehung der Betreffenden in Entscheidungs- und sonstige Willensbildungsverfahren der EU-Organe und -Einrichtungen. Diese Interpretation im Sinne einer (ergänzenden) **responsiven Demokratiekonzeption** findet eine weitere Stütze in der Verpflichtung der Union auf Bürgernähe in Art. 10 Abs. 3 EUV.[83] Ihr steht nicht entgegen, dass Art. 9 nur Unionsbürgerinnen und -bürger schützt, während die Anhörungen und Partizipation nach Art. 11 EUV aber auch Personen aus Drittstaaten offenstehen kann, sofern sie in der EU von möglichen Maßnahmen betroffen sind.[84] Denn ähnlich wie beim Recht auf Zugang zu Dokumenten kann die **demokratietheoretische Begründung** auf die Stimmbürgerinnen und -bürger abstellen, die praktische Anwendbarkeit aber für eine Ausweitung des einzubeziehenden Personenkreises sprechen.[85] Nach der hier vertretenen Interpretation ergibt sich eine Erklärung für die etwas gewundene Ausdrucksweise in der Vorschrift. Ähnlich Art. 2 Satz 2 EUV in Bezug auf die Werte in den Mitgliedstaaten wird der normative Gehalt quasi in einer **faktischen Feststellung** ausgedrückt, anstatt in einer klaren rechtlichen Verpflichtung. Geschieht dies in Art. 2 EUV, weil die EU den Mitgliedstaaten nicht unmittelbar vorschreiben kann, welche Werte sie in ihren Verfassungen vorsehen,[86] so liegt der Grund in Art. 9 Satz 1 EUV darin, dass der systematisch in Bezug genommene Art. 11 EUV **keine unmittelbar einklagbare Rechtspflichten** in seinen ersten drei Absätzen vorsieht[87] und diese auch nicht über Art. 9 EUV eingeführt werden sollen. Redaktionell ist der Nebensatz in Art. 9 Satz 1 EUV also weder paternalistisch gemeint, noch liegt ein Redaktionsmangel vor.

20   In der Literatur wird die Auffassung vertreten, dass der Grundsatz der demokratischen Gleichheit den Unionsorganen und anderen Verpflichteten einen weiten Ermessens- und Beurteilungsspielraum eröffne.[88] Diesbezüglich ist zunächst festzuhalten, dass die in der Rechtsprechung anerkannten Grundsätze des Unionsrechts **keinen geringeren**

---

[82] *Ruffert*, in: Calliess/Ruffert, EUV/AEUV, Art. 9 EUV, Rn. 22.

[83] Als weitere Beispiele sind das Konsultationsgebot bezüglich Vertretern der Zivilgesellschaft aus Art. 11 Abs. 2 EUV, das Petitionsrecht und das Recht zur Anrufung des Bürgerbeauftragten aus Art. 24 AEUV sowie die Europäische Bürgerinitiative aus Art. 11 Abs. 4 EUV zu nennen. Vgl. hierzu *Haag*, in: GSH, Europäisches Unionsrecht, Art. 10 EUV, Rn. 18.

[84] So für das Petitionsrecht bzw. die Anrufung des Bürgerbeauftragten ausdrücklich Art. 227, 228 Abs. 1 AEUV.

[85] Vgl. auch Art. 1 Abs. 2 EUV.

[86] Sie kann aber das Vorliegen bestimmter Werte zu Beitrittsvoraussetzungen machen oder an einen Verlust an solchen Werten Sanktionen, wie im Fall des Art. 7 EUV, knüpfen.

[87] Vgl. *Nettesheim*, in: Grabitz/Hilf/Nettesheim, EU, Art. 11 EUV (Januar 2015), Rn. 10 f.; *Bieber*, in: GSH, Europäisches Unionsrecht, Art. 11 EUV, Rn. 2; *Huber*, in: Streinz, EUV/AEUV, Art. 11 EUV, Rn. 11.

[88] *Magiera*, in: Streinz, EUV/AEUV, Art. 9 EUV, Rn. 11; *Haag*, in: GSH, Europäisches Unionsrecht, Art. 9 EUV, Rn. 6; anders hingegen *Ruffert*, in: Calliess/Ruffert, EUV/AEUV, Art. 9 EUV, Rn. 30.

Bindungsgrad als Normen aufweisen. So sind die ungeschriebenen Grundrechte vom EuGH als Grundsätze des Gemeinschaftsrechts entwickelt worden.[89] Daher könnte sich die erwähnte Einschränkung nur aus besonderen Gründen ergeben.[90] Es ist allgemein anerkannt, dass die Vorgaben des Grundsatzes demokratischer Gleichheit wie in Art. 9 Satz 1 EUV je nach Anwendungsbereich eine **abgestufte Rechtfertigung** vorsehen.[91] Eingriffe in die Zählwertgleichheit sind z. B. gar nicht zu rechtfertigen. Bei der Erfolgswertgleichheit ist eine Rechtfertigung nur durch überwiegende Unionsinteressen möglich (s. Rn. 17). Dagegen sind im Bereich der responsiv-demokratischen Elemente auch Differenzierungen aufgrund von Effizienzerwägungen nicht ausgeschlossen.[92] Nur in dem letztgenannten Bereich kann ein Ermessensspielraum bejaht werden. Davon zu unterscheiden sind Modifikationen des Grundsatzes, die die Vertragsparteien in den Verträgen ausdrücklich vornehmen, wie die degressive Proportionalität nach Art. 14 EUV.

Fraglich ist in Bezug auf den **Umfang** der Verbürgung, welche **Gewährleistungsge-** **21** **halte** anzuerkennen sind. In der Literatur wird eine »bloße **Unterlassungspflicht**« grundsätzlich bejaht und vorsichtig eine Pflicht zum **Schutz vor Beeinträchtigungen** durch Dritte abgeleitet.[93] Der Begriff »achten« in Art. 9 EUV bezieht sich auf die rechtliche Bindungswirkung, nicht aber auf eine Differenzierung bei den Gewährleistungsgehalten. Daher ist auf der Basis der für die Grundrechte nach der Grundrechtecharta entwickelten Dogmatik davon auszugehen, dass neben der **abwehrrechtlichen Komponente** (Unterlassen von Beeinträchtigungen) auch eine **Schutzpflicht** durch positives Tun (eventuell ausreichende Information der Betreffenden) anzuerkennen ist.[94] Mit der gleichen Überlegung ist eine Pflicht zum **Schutz vor Beeinträchtigungen durch Private** anzuerkennen.[95] Charakteristisch für die primär erfassten Rechte auf politische Teilhabe ist ein korrespondierender **Anspruch auf Teilhabe**.[96] Ob darüber hinaus auch ein Auftrag zur **Beseitigung bestehender faktischer Ungleichheiten** anzuerkennen ist, könnte fraglich erscheinen.[97] Doch ist diesbezüglich auf den Auftrag zur Beseitigung von Ungleichheiten zwischen Männern und Frauen hinzuweisen, der die subjektiv-rechtlichen Bestim-

---

[89] EuGH, Urt. v. 17. 12. 1970, Rs. C–11/70 (Internationale Handelsgesellschaft), Slg. 1970, 01125, Rn. 4: »[…] die Beachtung der Grundrechte gehört zu den allgemeinen Rechtsgrundsätzen, deren Wahrung der Gerichtshof zu sichern hat.« Vgl. zum allgemeinen Gleichheitssatz EuGH, Urt. v. 19. 10. 1976, Rs. 117/76 (Ruckdeschel u. a.), Slg. 1977, 01753, Rn. 7.

[90] *Haag*, in: GSH, Europäisches Unionsrecht, Art. 9 EUV, Rn. 6 beruft sich auf die im Nebensatz von Art. 9 Satz 1 EUV zum Ausdruck kommende abgeschwächte Formulierung hinsichtlich einer Bindungswirkung. Nach hier vertretener Auffassung bezieht sich dies aber auf die inhaltlich gemeinten responsiv-demokratischen Elemente.

[91] Vgl. *Huber*, in: Streinz, EUV/AEUV, Art. 10 EUV, Rn. 16.

[92] Vgl. zur Abstufung nach dem Nebensatz in Art. 9 Satz. 1 EUV *Haag*, in: GSH, Europäisches Unionsrecht, Art. 9 EUV, Rn. 6.

[93] *Magiera*, in: Streinz, EUV/AEUV, Art. 9 EUV, Rn. 10; *Ruffert*, in: Calliess/Ruffert, EUV/AEUV, Art. 9 EUV, Rn. 29 leitet positive Vorgaben für die Rechtsetzung aus der Vorschrift ab.

[94] So zur GRCh *Jarass*, GRCh, Einl., Rn. 49; Art. 1 GRC mit der Ausdifferenzierung im Wortlaut von »achten« und »schützen« steht dem nicht entgegen, vgl. aber *Magiera*, in: Streinz, EUV/AEUV, Art. 9 EUV, Rn. 10.

[95] Vgl. *Magiera*, in: Streinz, EUV/AEUV, Art. 9 EUV, Rn. 10, der zusätzlich auf die Pflicht zur Aufmerksamkeit nach Art. 9 Satz 1 EUV abstellt.

[96] Vgl. zu den Wahlrechten Art. 39 f. GRC.

[97] In diese Richtung wohl *Magiera*, in: Streinz, EUV/AEUV, Art. 9 EUV, Rn. 10.

mungen in der Grundrechtecharta ergänzt.[98] Diese Vorschrift erfasst grundsätzlich auch die Wahlen zum Europäischen Parlament nach Art. 223 AEUV.[99]

2. Begünstigte

22 Nach dem Wortlaut des Art. 9 Satz 1 EUV werden durch den Grundsatz der demokratischen Gleichheit in der Union »ihre Bürgerinnen und Bürger« begünstigt. Darunter sind die **Unionsbürgerinnen und -bürger** zu verstehen.[100] Das folgt bereits aus dem Wortlaut. Während man unter dem deutschen Wortlaut noch überlegen kann, ob die Bürger in einer Differenzierung von Staat und (bürgerlicher) Gesellschaft gedacht werden sollen, belegen die englische und die französische Fassung (»citizen« bzw. »citoyen«), dass es um Teilhabe des Bürgers an der hoheitlichen Willensbildung geht. Letztlich folgt dies auch unter systematischen Aspekten aus der insoweit erläuternden **Beifügung** der Sätze zur **Unionsbürgerschaft** (s. Rn. 5). Dem steht für den Bereich der responsiv-demokratischen Elemente (s. Rn. 7) nicht entgegen, dass diese in der Umsetzung, etwa nach Art. 11 Abs. 1–3 EUV auch zur Beteiligung von EU-Ausländern führen können. Die Formulierung weist darauf hin, dass diese responsiven Elemente aus demokratietheoretischen Überlegungen gewährt werden. Ferner kann der Zusatz »ihre« bei den Bürgerinnen und Bürgern nicht überzeugend auf EU-Ausländer bezogen werden.

3. Verpflichtete

23 Die Vorschrift richtet sich ausschließlich an die **Union**, deren Organe, Einrichtungen und sonstigen Stellen umfassend einbezogen werden. Sie richtet sich **nicht** primär an die **Mitgliedstaaten**,[101] doch sind diese indirekt bei der Umsetzung etwa des Europawahlakts einzubeziehen. Das ist für die im Europawahlakt niedergelegten anderen vier Wahlrechtsgrundsätze anerkannt.[102] Sofern noch kein einheitliches Wahlrecht seitens der EU vorliegt, darf dies nicht zu Lasten der demokratischen Gleichheit gehen.

4. Unmittelbare Anwendbarkeit und Justiziabilität

24 In der Literatur wird die Frage nach der **unmittelbaren Anwendbarkeit** von Art. 9 Satz 1 EUV und seiner **Justiziabilität** überwiegend **bejaht**,[103] zum Teil aber auch abgelehnt.[104] Sofern die bejahende Ansicht zugleich einen weiten Ermessens- und Beurteilungsspielraum konstatiert,[105] müsste die positive Antwort nach den Grundsätzen der unmittelbaren Wirkung in der Union auf den zwingenden Teil der Verbürgung begrenzt werden. Nach der hier vertretenen Auffassung kommt aber Art. 9 Satz 1 EUV grundsätzliche Bindungswirkung im Sinne eines **Rechtfertigungserfordernisses** für Einschränkungen

---

[98] *Rossi*, in: Calliess/Ruffert, EUV/AEUV, Art. 8 AEUV, Rn. 1.

[99] Zur Bedeutung bei der Schaffung von Sekundärrecht, insbesondere im Bereich der politischen Teilhabe, *Haag*, in: GSH, Europäisches Unionsrecht, Art. 9 EUV, Rn. 7.

[100] Im Ergebnis allgemeine Ansicht, s. nur *Magiera*, in: Streinz, Art. 9 EUV, Rn. 8; *Ruffert*, in: Calliess/Ruffert, EUV/AEUV, Art. 9 EUV, Rn. 26.

[101] So aber *Kaufmann-Bühler*, in: Lenz/Borchardt, EU-Verträge, Art. 9 EUV, Rn. 5.

[102] Vgl. *Huber*, in: Streinz, EUV/AEUV, Art. 14 EUV, Rn. 56.

[103] *Magiera*, in: Streinz, EUV/AEUV, Art. 9 EUV, Rn. 11; vgl. *Ruffert*, in: Calliess/Ruffert, EUV/AEUV, Art. 9 EUV, Rn. 30.

[104] A.A. zur Vorgängernorm im letztlich gescheiterten EVV *Folz*, in: Vedder/Heintschel v. Heinegg, EVV, Art. I-45, Rn. 2.

[105] *Magiera*, in: Streinz, EUV/AEUV, Art. 9 EUV, Rn. 11.

des Grundsatzes zu.[106] Soweit in der Abwägung Ermessensspielräume eröffnet werden, ist die Gewährleistung nur bei Überschreiten derselben unmittelbar anwendbar.

5. Abgrenzung zu anderen Verbürgungen

Der Grundsatz demokratischer Gleichheit ist **von anderen Gleichheitssätzen** und Diskriminierungsverboten in den Verträgen **abzugrenzen**. Vom **allgemeinen Gleichheitssatz**, wie er in Art. 20 GRC niedergelegt ist, unterscheidet er sich über seinen inhaltlichen Fokus auf das Demokratieprinzip und den kleineren Kreis der geschützten Personen. Die Gewährleistung tritt zum **allgemeinen Diskriminierungsverbot** aufgrund der **Staatsangehörigkeit** nach Art. 18 AEUV hinzu, weil sie den Bereich der dort ausgeklammerten Bestimmungen betrifft. Weitere **spezielle Gleichheitssätze** finden sich in Art. 10, 19 AEUV sowie Art. 21 GRC zur Nichtdiskriminierung, in den wirtschaftlichen Grundfreiheiten (Art. 28 ff., Art. 34 f., Art. 45 ff., Art. 56, Art. 63 AEUV) und im Freizügigkeitsrecht nach Art. 21 AEUV sowie in verschiedenen Unionspolitiken (Art. 40 Abs. 2, Art. 92, Art. 114 Abs. 6 UAbs. 1 AEUV).[107]

25

II. Unionsbürgerschaft

Dem Grundsatz demokratischer Gleichheit sind mit dem Lissabonner Vertrag in Art. 9 Satz 2 und 3 EUV die **Grundsätze der Unionsbürgerschaft** zur Seite gestellt worden. In der Literatur wird teilweise moniert, dass die beiden Konzepte in der Norm nicht ausreichend aufeinander bezogen wären.[108] Dem ist aber entgegenzuhalten, dass das in Satz 2 und 3 enthaltene Konzept der Unionsbürgerschaft die in Satz 1 gebrauchten Begriffe »ihre Bürgerinnen und Bürger« **definiert**. Zwar hätte sich eine solche Interpretation bereits aus dem systematischen Hinweis auf den gleichlautenden Art. 20 Abs. 1 Satz 2 und 3 AEUV ergeben, doch sah man nach dem Scheitern des EVV offenbar eine Verstärkung dieses Zusammenhangs als notwendig. Dafür spricht, dass es sich bei Art. 9 EUV um eine Bestimmung über die demokratische Legitimation der Union handelt. Zwar gibt es auch in Art. 14 Abs. 2 EUV über das Europäische Parlament eine Bezugnahme auf die Unionsbürgerinnen und -bürger, die die frühere Bindung an die Völker der Mitgliedstaaten abgelöst hat und dem Wortlaut nach eine unmittelbare Legitimation zwischen Union und den Unionsbürgerinnen und -bürgern betrifft.[109] Diese Bindung wird aber im Wortlaut von Art. 9 Satz 1 EUV um eine Nuance verstärkt, indem »**ihre**« Bürgerinnen und Bürger der EU zugewiesen werden. Auch Art. 10 und 11 Abs. 1 EUV beziehen sich auf die Bürgerinnen und Bürger, während lediglich in Art. 11 Abs. 4 EUV über die Bürgerinitiative ausdrücklich auf den Begriff der Unionsbürgerinnen und -bürger abgestellt wird. Diese Formulierungen sind **Überbleibsel aus dem EVV**, der in Art. I–1 EVV die »Bürgerinnen und Bürger« den Mitgliedstaaten gegenüberstellte. Dieses Konzept eines stärkeren Zugriffs der Union auf »ihre« Bürgerinnen und Bürger wollte man im Lissabonner Vertrag vermeiden,[110] zugleich aber offenbar nicht die Dis-

26

---

[106] Vgl. *Huber*, in: Streinz, EUV/AEUV, Art. 10 EUV, Rn. 16.

[107] S. dazu *Magiera*, in: Streinz, EUV/AEUV, Art. 9 EUV, Rn. 5.

[108] *Ruffert*, in: Calliess/Ruffert, EUV/AEUV, Art. 9 EUV, Rn. 22; *Schönberger*, in: Grabitz/Hilf/Nettesheim, EU, Art. 9 EUV (Juli 2011), Rn. 6, 8.

[109] Vgl. *Haag*, in: GSH, Europäisches Unionsrecht, Rn. 9 f.; *Schönberger*, in: Grabitz/Hilf/Nettesheim, EU, Art. 9 EUV (Juli 2011), Rn. 9, 19, 21; vgl. auch *Kaufmann-Bühler*, in: Lenz/Borchardt, EU-Verträge, Art. 9 EUV, Rn. 2.

[110] Zur Bestimmung der Bürgerinnen und Bürger über die Staatsangehörigkeit in den Mitgliedstaaten *Nettesheim*, in: Grabitz/Hilf/Nettesheim, EU, Art. 10 EUV (Januar 2011), Rn. 52.

kussion um den Wortlaut der Art. 10 ff. EUV wieder aufleben lassen. Vergleichbar dem Verzicht auf Bestimmungen über Flagge und Hymne hat man mit der Einfügung der Unionsbürgerschaft klarstellen wollen, dass ein Konzept der »Bürgerinnen und Bürger« nicht weiter reicht als die über die Staatsangehörigkeit in den Mitgliedstaaten vermittelte Unionsbürgerschaft nach Art. 20 Abs. 1 AEUV. Darüber hinaus wird die Konzeption der Unionsbürgerschaft durch Aufnahme in den EUV weiter abgesichert und **aufgewertet**. Für die Einzelheiten kann auf die Kommentierung zu Art. 20 AEUV verwiesen werden.[111]

D. Bewertung

27   Art. 9 EUV betrifft einen **elementaren Grundsatz der Demokratie** in der Union, der nachvollziehbar zu Beginn des Titels II über die Bestimmungen über die »demokratischen Grundsätze der Union« aufgeführt ist.[112] Seine besondere sprachliche Fassung im Vergleich zu ähnlichen Verbürgungen ist rechtlichen Besonderheiten geschuldet, deren Fortexistenz wahrscheinlich ist. Daher ist auch in Zukunft kaum mit einer bloß redaktionellen Überarbeitung zu rechnen.

---

[111] Ebenso *Magiera*, in: Streinz, EUV/AEUV, Art. 9 EUV, Rn. 12; *Haag*, in: GSH, Europäisches Unionsrecht, Art. 9 EUV, Rn. 9; vgl. auch *Ruffert*, in: Calliess/Ruffert, EUV/AEUV, Art. 9 EUV, Rn. 31; *Kaufmann-Bühler*, in: Lenz/Borchardt, EU-Verträge, Art. 9 EUV, Rn. 7.

[112] Zur systematischen Stellung am Anfang des Titels »Bestimmungen über die demokratischen Grundsätze« *Haag*, in: GSH, Europäisches Unionsrecht, Art. 9 EUV, Rn. 1; kritisch *Ruffert*, in: Calliess/Ruffert, EUV/AEUV, Art. 9 EUV, Rn. 22, für den Art. 10 an diese Position gehört hätte.

Artikel 10   EUV [Demokratische Grundsätze]

(1) Die Arbeitsweise der Union beruht auf der repräsentativen Demokratie.

(2) Die Bürgerinnen und Bürger sind auf Unionsebene unmittelbar im Europäischen Parlament vertreten.

Die Mitgliedstaaten werden im Europäischen Rat von ihrem jeweiligen Staats- oder Regierungschef und im Rat von ihrer jeweiligen Regierung vertreten, die ihrerseits in demokratischer Weise gegenüber ihrem nationalen Parlament oder gegenüber ihren Bürgerinnen und Bürgern Rechenschaft ablegen müssen.

(3) ¹Alle Bürgerinnen und Bürger haben das Recht, am demokratischen Leben der Union teilzunehmen. ²Die Entscheidungen werden so offen und bürgernah wie möglich getroffen.

(4) Politische Parteien auf europäischer Ebene tragen zur Herausbildung eines europäischen politischen Bewusstseins und zum Ausdruck des Willens der Bürgerinnen und Bürger der Union bei.

Literaturübersicht:

von Achenbach, Theoretische Aspekte des dualen Konzepts demokratischer Legitimation für die Europäische Union, in: Vöneky/Hagedorn/Clados/v. Achenbach (Hrsg.), Legitimation ethischer Entscheidungen im Recht, 2009, S. 191; *von Arnim/Schurig*, Die EU-Verordnung über die Parteienfinanzierung, 2004; *Bauer/Huber/Sommermann* (Hrsg.), Demokratie in Europa, 2005; *Bellamy/Kröger*, Domesticating the Democratic Deficit? The Role of National Parliaments and Parties in the EU's System of Governance, Parliamentary Affairs 2014, S. 437; *von Bogdandy*, Parlamentarismus in Europa: eine Verfalls- oder Erfolgsgeschichte?, AöR 130 (2005), 445; *ders.*, Zur Übertragbarkeit staatsrechtlicher Figuren auf die Europäische Union, FS Badura, 2004, S. 1033; *Bredt*, Prospects and Limits of Democratic Governance in the EU, ELJ 2011, 35; *Bröhmer*, Transparenz als Verfassungsprinzip, Grundgesetz und Europäische Union, 2004; *Calliess*, Demokratieprinzip im europäischen Staaten- und Verfassungsverbund, FS Ress, 2005, S. 399; *ders.*, Die neue Europäische Union nach dem Vertrag von Lissabon, 2010; *ders./Hartmann*, Zur Demokratie in Europa: Unionsbürgerschaft und europäische Öffentlichkeit, 2014; *Constantinesco*, Les parties politiques au niveau européen: vers un comblement du déficit démocratique?, FS Bieber, 2007, S. 95; *Cuesta Lopez*, The Lisbon Treaty's Provisions on Democratic Principles, European Public Law 16 (2010), 123; *Damm*, Die europäischen politischen Parteien: Hoffnungsträger europäischer Öffentlichkeit zwischen nationalen Parteien und europäischen Fraktionsfamilien, ZParl 1999, 395; *Dann*, Europäisches Parlament und Exekutivföderalismus, Der Staat 42 (2003), 355; *Dettke*, Voranschreitende Demokratisierung der Europäischen Union, 2010; *Eberhard/Lachmayer*, Europäische politische Parteien und deren Finanzierung als Aspekte des europäischen Demokratisierungsprozesses, in: Manssen (Hrsg.), Die Finanzierung von politischen Parteien in Europa, 2008, S. 215; *Frowein*, Die rechtliche Bedeutung des Verfassungsprinzips der parlamentarischen Demokratie für den europäischen Integrationsprozeß, EuR 1984, 301; *Gerkrath*, Die Bedingungen der Demokratie in der Europäischen Union, EuGRZ 2006, 371; *Goerig*, Le principe de la démocratie représentative: entre renforcement et contresens, in: Constantinesco/ Gautier/Michel (Hrsg.), Le Traité établissant une Constitution pour l'Europe, 2005, S. 383; *Heitsch*, Die Transparenz der Entscheidungsprozesse als Element demokratischer Legitimation der EU, EuR 2001, 809; *Hilf*, Die rechtliche Bedeutung des Verfassungsprinzips der parlamentarischen Demokratie für den europäischen Integrationsprozeß, EuR 1984, 9; *Huber*, Die politischen Parteien als Partizipationsinstrument auf Unionsebene, EuR 1999, 579; *ders.*, Das institutionelle Gleichgewicht zwischen Rat und Europäischem Parlament in der künftigen Verfassung für Europa, EuR 2003, 574; *ders.*, Demokratische Legitimation in der Europäischen Union, ZSE 7 (2009), 364; *Jansen*, Zur Entwicklung eines europäischen Parteiensystems, integration 1995, 157; *Kadelbach*, (Hrsg.), Europäische Integration und parlamentarische Demokratie, 2009; *Kaufmann*, Europäische Integration und Demokratieprinzip, 1997; *Kersten*, Europäisches Parteienrecht, in: *ders.*/Rixen (Hrsg.), Parteiengesetz (PartG) und europäisches Parteienrecht, 2009, S. 604; *Koch*, Die europäischen politischen Parteien und ihre Finanzierung, FS Rengeling, 2008, S. 307; *Kohler-Koch/Rittberger* (Hrsg.), Debating the Democratic Legitimacy of the European Union, 2007; *Koß*, Staatliche Parteienfinanzierung und politischer Wettbewerb, 2008; *Kröger/Friedrich* (Hrsg.), The challenge of democratic representation in the European Union, 2012; *Leinen*, Europäische Parteien: Aufbruch in eine neue demokratische EU, integration 2006, 229; *Lord/Pollak*, The EU's many representative modes: Colliding? Cohering?, Journal of European Public Policy 2010, 117; *Löwer*, Parteiverbote aus der Sicht des Europäischen Rechts, Sellner, 2010, S. 51; *Magiera*, Das Europäische Parlament als Garant demokratischer Legitimation in der Europäischen Union, FS Everling, 1995, S. 789; *ders.*, Die Arbeit des europäischen Verfassungskonvents und der Parlamentarismus, DÖV 2003, 578; *Mair/Thomassen*, Political representation and government in the European Union, Journal of European Public Policy 2010, 20; *Majone*, Europe's ‚Democratic Deficit': The Question of Standards, ELJ 4 (1998), 5; *Mittag*, Europäische Parteien im Wandel, APuZ 2009, 42; *ders./Steuwer*, Politische Parteien in der EU, 2010; *Peuker*, Das Wahlrecht zum Europäischen Parlament als Achillesferse der europäischen Demokratie, ZEuS 2008, 453; *Poguntke/Morlok/Merten* (Hrsg.), Auf dem Weg zu einer europäischen Parteiendemokratie, 2013; *Rittberger*, Building Europe's Parliament: Democratic Representation beyond the Nation State, 2007; *ders.*, Institutionalizing Representative Democracy: The Case of the European Parliament, in: JCMS 2012, 18; *Sack*, Die EU als Demokratie, ZEuS 2007, 457; *Schoo*, Das neue institutionelle Gefüge der EU, EuR-Beiheft 1/2009, 51; *Schulenberg*, Die Energiepolitik der Europäischen Union: Eine kompetenzrechtliche Untersuchung unter besonderer Berücksichtigung finaler Kompetenznormen, 2009; *Shirvani*, Das Parteienrecht und der Strukturwandel im Parteiensystem: staats- und europarechtliche Untersuchungen zu den strukturellen Veränderungen im bundesdeutschen und europäischen Parteiensystem, 2010; *ders.*, Neuere Entwicklungen im europäischen Parteienfinanzierungsrecht, EuZW 2008, 364; *Siedentop*, Democracy in Europe, 2001; *Sommermann*, Verfassungsperspektiven für die Demokratie in der erweiterten Europäischen Union: Gefahr der Entdemokratisierung oder Fortentwicklung im Rahmen europäischer Supranationalität?, DöV 2003, 1009; *Stein*, Demokratische Legitimierung auf supranationaler und internationaler Ebene, ZaöRV 64 (2004), 563; *Stentzel*, Der normative Gehalt des Art. 138 a EGV – Rechtlicher Grundstein eines europäischen Parteiensystems?, EuR 1997, 174; *Tiedtke*, Demokratie in der Europäischen Union, Berlin 2005; *Tsatsos*, Europäische politische Parteien?, EuGRZ 1994, 45; *Weber*, Europäischer Verfassungsvertrag und partizipative Demokratie, FS Rengeling, 2008, S. 661; *Zotti*, Politische Parteien auf europäischer Ebene: Grundzüge der politischen und rechtlichen Entwicklung des europäischen Parteiensystems, 2010.

Leitentscheidungen

EuGH, Urt. v. 29.10.1980, Rs. C–138/79 (Roquette/Rat), Slg. 1980, 3333
EuGH, Urt. v. 29.10.1980, Rs. C–139/79 (Maizena/Rat), Slg. 1980, 3393
EuGH, Urt. v. 11.6.1991, Rs. C–300/89 (Kommission/Rat), Slg. 1991, I–2867
EuGH, Urt. v. 10.1.2006, Rs. C–344/04 (IATA und ELFAA), Slg. 2006, I–403
EuGH, Urt. v. 10.1.2006, Rs. C–94/03 (Kommission/Rat), Slg. 2006, I–1
EuGH, Urt. v. 1.7.2008, verb. Rs. C–39/05 P u. C-52/05 P (Schweden und Turco/Rat), Slg. 2008, I–4723
EuGH, Urt. v. 9.3.2010, Rs. C–518/07 (Kommission/Deutschland), Slg. 2010, I–1885
EuGH, Urt. v. 21.9.2010, verb. Rs. C–514/07 P, C–528/07 u. C–532/07 P (Schweden u.a./API und Kommission), Slg. 2010, I–8533

Wesentliche sekundärrechtliche Vorschriften

Richtlinie 93/109/EG des Rates vom 6. Dezember 1993 über die Einzelheiten der Ausübung des aktiven und passiven Wahlrechts bei den Wahlen zum Europäischen Parlament für Unionsbürger mit Wohnsitz in einem Mitgliedstaat, dessen Staatsangehörigkeit sie nicht besitzen, ABl. 1993, L 329, S. 34
Verordnung (EG) Nr. 1049/2001 des Europäischen Parlaments und des Rates vom 30. Mai 2001 über den Zugang der Öffentlichkeit zu Dokumenten des Europäischen Parlaments, des Rates und der Kommission, ABl. 2001, L 145, S. 43
Richtlinie 2013/1/EU des Rates vom 20. Dezember 2012 zur Änderung der Richtlinie 93/109/EG über die Einzelheiten der Ausübung des passiven Wahlrechts bei den Wahlen zum Europäischen Parlament für Unionsbürger mit Wohnsitz in einem Mitgliedstaat, dessen Staatsangehörigkeit sie nicht besitzen, ABl. 2013, L 26, S. 27
Verordnung (EU, EURATOM) Nr. 1141/2014 über das Statut und die Finanzierung europäischer politischer Parteien und europäischer politischer Stiftungen, ABl. 2014, L 317, S. 1

Inhaltsübersicht   Rn.

A. Bedeutung und systematischer Überblick

Art. 10 EUV schreibt für die Union den **Grundsatz der repräsentativen Demokratie** als   1
primär maßgebliche demokratische Legitimationsvermittlung vor.[1] Der Vorschrift
kommt damit für die Ausgestaltung der demokratischen Vermittlung in der EU eine
zentrale Bedeutung zu.[2] Ihre systematische Stellung nach **Art. 9 EUV** zeigt, dass die
Vertragsstaaten Wert darauf gelegt haben, zunächst die **Basis der demokratischen Legitimation** der Union, die Unionsbürgerinnen und -bürger, zu bestimmen, um darauf
aufbauend in **Art. 10 EUV** die **Formen der Ableitung demokratischer Legitimation** festzulegen. Inhaltlich und systematisch ist dabei die Form der repräsentativen Demokratie
zentral, während **partizipative Elemente** in Art. 10 Abs. 3 EUV und Art. 11 EUV **ergänzend** dazu treten.[3] Das späte Bekenntnis zur repräsentativen Demokratie im Prozess
der europäischen Integration ist nicht unterschiedlichen Ausprägungen demokratischer
Legitimation in den Mitgliedstaaten geschuldet, denn diese gründen im Wesentlichen

---

[1] In Art. I–46 EVV war die Vorschrift bei exakt gleichem Inhalt mit »Grundsatz der repräsentativen Demokratie« überschrieben, näher dazu *Folz*, Art. I–46, Rn. 1. Daran hat sich im Lissabonner Vertrag inhaltlich trotz des formalen Verzichts auf Überschriften für Primärrechtsnormen nichts geändert. Näher dazu *Calliess*, FS Ress, 399 ff.; *Cuesta Lopez*, European Public Law 16 (2010), 123 ff.; *Gerkrath*, EuGRZ 2006, 371 ff.; *Goerig*, S. 383 ff.

[2] *Ruffert*, in: Calliess/Ruffert, EUV/AEUV, Art. 10 EUV, Rn. 1, betont die herausragende Bedeutung. Auch *Kaufmann-Bühler*, in: Lenz/Borchardt, EU-Verträge, Art. 10 EUV, Rn. 1 hält sie für die grundlegende Vorschrift über die parlamentarische Demokratie in der EU. Nach *Huber*, in: Streinz, EUV/AEUV, Art. 10 EUV, Rn. 21, liegt eine Grundentscheidung der EU für diese Regierungsform vor.

[3] BVerfGE 123, 267 (369); *Huber*, in: Streinz, EUV/AEUV, Art. 10 EUV, Rn. 45. Daher werden direkt-demokratische Elemente in der Union als wichtige Ergänzung qualifiziert und sind keine »eng begrenzte, besonders rechtfertigungsbedürftige Ausnahme«, so aber *Huber*, in: Streinz, EUV/AEUV, Art. 10 EUV, Rn. 23. Zu einer echten »plebiszitären Selbstverwaltung« vgl. *Nettesheim*, in: Grabitz/Hilf/Nettesheim, EU, Art. 10 EUV (Januar 2015), Rn. 56. Umgekehrt zu den Problemen repräsentativer Demokratie aufgrund der Bevölkerungszahl *Nettesheim*, in: Grabitz/Hilf/Nettesheim, EU, Art. 10 EUV (Januar 2015), Rn. 53.

alle auf der repräsentativen Demokratie[4], so dass diese als **gemeinsame Verfassungstradition** im Sinne des Art. 2 Satz 2 EUV bezeichnet werden kann. Grund ist vielmehr, dass die Ausdifferenzierung des repräsentativ-demokratischen Systems in einer supranationalen Union unweigerlich die **Machtfrage im Mehrebenensystem** berührt. Jeder Zugewinn an Legitimation des Europäischen Parlaments stärkt die Vermittlung demokratischer Legitimation über dasselbe und damit auch die supranationale Ebene im **Verhältnis zu den Mitgliedstaaten**. Da ein solcher Zugewinn bislang mit einer Zurückdrängung des Einstimmigkeitsprinzips im Rat tendenziell verbunden war, wurde damit gleichzeitig die Vermittlung demokratischer Legitimation über die Völker der Mitgliedstaaten und ihrer Regierungsvertreter im Rat geschwächt.[5] Zugleich wird die Frage der **Machtverhältnisse zwischen den Mitgliedstaaten** tangiert, da das **Prinzip demokratischer Gleichheit**, das im Gegensatz zum Prinzip der souveränen Gleichheit der Staaten auf den Einzelnen bezogen ist, tendenziell für eine Stärkung des Einflusses der bevölkerungsstärkeren Mitgliedstaaten plädiert. So ist es kein Zufall, dass die Vereinbarkeit der in Art. 14 Abs. 2 EUV vorgeschriebenen **degressiven Proportionalität** bei der Sitzverteilung im Europäischen Parlament in Deutschland als dem bevölkerungsreichsten Mitgliedstaat besonders heftig diskutiert wird: Mit einem Zuwachs an Sitzen für Deutschland würde auch der politische Einfluss dieses Mitgliedstaates steigen. Jedoch zeigt Art. 14 Abs. 2 EUV, dass es beim **derzeitigen Stand der europäischen Integration** noch an einer ausreichend starken **Verbundenheit** zwischen den Mitgliedstaaten und ihren Völkern bzw. grenzüberscheitend zwischen den Unionsbürgerinnen und -bürgern **fehlt**, die im Sinne einer weitreichenden Akzeptanz von Mehrheitsentscheidungen belastbar wäre.[6] Der damit angesprochene Zusammenhang zwischen dem Selbstverständnis eines demokratischen Kollektivs und der **Akzeptanz von** – im Sinne einer effektiven Integration unverzichtbaren – **Mehrheitsentscheidungen** dürfte unbestritten sein und scheint gerade in der Argumentation der Vertreter der sog. no-demos-These[7] auf. Daraus folgt, dass in der Ausdifferenzierung des Demokratieprinzips – die immer auch die Machtverteilung auf und zwischen den verschiedenen hoheitlichen Ebenen berührt – in der Union auf lange Zeit hin nicht eins zu eins die parlamentarisch-demokratischen Strukturen in den Mitgliedstaaten nachgebaut werden können.[8] Vielmehr ist eine **Modifikation** unausweichlich, die dem erreichbaren Kompromiss in den aufgeworfenen politischen Machtfragen gerecht werden muss.[9] Die Notwendigkeit der Modifikation der auf nationaler Ebene eingeübten demokratischen Legitimationsvermittlung in der

---

[4] *Bellamy/Kröger*, Parliamentary Affairs 2014, 437 ff.; *v. Bogdandy*, AöR 130 (2005), 445 ff.; *Huber*, VVDStRL 60 (2001), 194 (223 f.).

[5] Vgl. *Nettesheim*, in: Grabitz/Hilf/Nettesheim, EU, Art. 10 EUV (Januar 2015), Rn. 2.

[6] Vgl. *Nettesheim*, in: Grabitz/Hilf/Nettesheim, EU, Art. 10 EUV (Januar 2015), Rn. 22.

[7] Zur Analyse der »no-demos«-These *Volkmann*, AöR 127 (2002), 575; vgl. BVerfGE 89, 155 ff.

[8] *Nettesheim*, in: Grabitz/Hilf/Nettesheim, EU, Art. 10 EUV (Januar 2015), Rn. 5. Hält die »Vorstellung, dass sich die normativen Erwartungen und Standards, die sich im nationalstaatlichen Kontext herausgebildet haben, unmittelbar und unverändert im supranationalen Umfeld verwenden lassen, [für] unhistorisch.« Vgl. auch *ders.*, a.a.O., Rn. 71, 116; *Haag*, in: GSH, Europäisches Unionsrecht, Art. 10 EUV, Rn. 9. Nach *Huber*, in: Streinz, EUV/AEUV, Art. 10 EUV, Rn. 3 ff. ist Art. 10 EUV von erheblicher Bedeutung, weil grundsätzlich kein einheitliches Demokratieverständnis existiert. Doch besteht gerade in den Mitgliedstaaten ein großer Konsens über die Essentialia einer Demokratie.

[9] Grundsätzlich ist die Notwendigkeit einer Modifikation der nationalstaatlich eingeübten Praxis auf der Unionsebene wohl allgemeine Ansicht, vgl. *Huber*, in: Streinz, EUV/AEUV, Art. 10 EUV, Rn. 2; *Ruffert*, in: Calliess/Ruffert, EUV/AEUV, Art. 10 EUV, Rn. 3; *Calliess*, in: Calliess/Ruffert, EUV/AEUV, Art. 2 EUV, Rn. 20; *Lienbacher/Kröll*, Art. 10 EUV, Rn. 9.; *Kaufmann-Bühler*, in: Lenz/Borchardt, EU-Verträge, Art. 10 EUV, Rn. 2; vgl. BVerfGE 123, 267 (365 f.).

supranationalen Union erlaubt aber nicht jede Abweichung. Denn sie behält die **gemeinsamen Verfassungsüberlieferungen der Mitgliedstaaten** im Hinblick auf das Demokratieprinzip als Bezugspunkt.[10] Jede **Abweichung** von den gemeinsamen Verfassungsüberlieferungen der Mitgliedstaaten in Bezug auf das Demokratieprinzip bedarf kritischer Begleitung und der **Rechtfertigung**.

Als **Grundsatznorm** regelt Art. 10 EUV die **Art und Weise** der repräsentativen Demokratie nicht im Detail. Vielmehr werden in dieser Vorschrift **Essentialia**, Eckpunkte der demokratischen Legitimationsvermittlung **festgelegt**, deren genauer Inhalt sich erst in der systematischen Zusammenschau mit den konkretisierenden Normen, nicht zuletzt Art. 14 EUV zur Direktwahl des Europäischen Parlaments, ergibt. Gleichwohl bleibt die Regelung insgesamt **fragmentarisch**, sind einzelne Bezüge **zum Teil vage** formuliert.[11] Die über den Vertrag verstreuten, teilweise spröden Aussagen zu Elementen der repräsentativen Demokratie reizen dazu, rechtswissenschaftlich einem zugrundeliegenden Gesamtverständnis nachzuspüren.[12] Doch besteht im Streben nach Entwicklung eines in sich geschlossen Modells demokratischer Legitimation die Gefahr, das erwähnte Spannungsverhältnis beim derzeitigen Stand der Integration aus dem Blick zu verlieren und sich in der rechtlich-argumentativ möglichen Deduktion zu weit vom **politisch möglichen Konsens** unter den Mitgliedstaaten zu entfernen.[13]

Art. 10 EUV enthält **rechtsverbindliche Grundsätze und Vorgaben**, die sich nicht lediglich in einer **programmatischen Aussage** erschöpfen.[14] Zutreffend enthält die Norm zum einen ein **rechtlich verbindliches Fundament** für repräsentative Demokratie in der Union[15], aus dem auch konkrete **subjektive Rechte** abgeleitet werden können[16], zum anderen aber auch, wie etwa in Abs. 3 über die Bürgernähe, ein weiterweisendes Programm, das dem vielzitierten **Demokratiedefizit des Demokratieverbundes** in der EU entgegenwirken soll.[17] Diese Konzeption spiegelt sich in der **Präambel**, wenn sich die EU in Abs. 4 **zum Grundsatz** der Demokratie **bekennt** und zugleich in Abs. 7 den Wunsch äußert, die »Demokratie […] in der Arbeit der Organe weiter zu **stärken**«. Sie gilt

2

3

---

[10] Das folgt aus Art. 2 EUV und beinhaltet eine Absage an früher geäußerte Ansichten eines möglichen Verzichts auf eine umfangreiche Absicherung demokratischer Legitimation unter Berufung auf den Charakter der Integration als Fortsetzung der auswärtigen Politik.

[11] Etwa der Rekurs auf die Bürgerinnen und Bürger in den Art. 9 EUV ff. im Unterschied zu den Unionsbürgerinnen und -bürgern.

[12] Ansätze in diese Richtung bei *Ruffert*, in: Calliess/Ruffert, EUV/AEUV, Art. 10 EUV, Rn. 4 ff.

[13] Vgl. zu dieser Gefahr *Nettesheim*, in: Grabitz/Hilf/Nettesheim, EU, Art. 10 EUV (Januar 2015), Rn. 34. Vgl. *Ruffert*, in: Calliess/Ruffert, EUV/AEUV, Art. 9 EUV, Rn. 30, der aus Art. 9 EUV einen strikten Gleichheitssatz folgert, welcher der degressiven Proportionalität in Art. 14 Abs. 2 EUV entgegenstehen soll. Dem wiederum steht aber die Gleichrangigkeit beider Vorschriften des Primärrechts entgegen.

[14] Zur normativen Bedeutung *Lienbacher/Kröll*, Art. 10 EUV, Rn. 10; für Prinzipiencharakter der Demokratie in den Verträgen *Ruffert*, in: Calliess/Ruffert, EUV/AEUV, Art. 10 EUV, Rn. 5; vgl. *Kaufmann-Bühler*, in: Lenz/Borchardt, EU-Verträge, Art. 10 EUV, Rn. 1 und 3.

[15] *Ruffert*, in: Calliess/Ruffert, EUV/AEUV, Art. 10 EUV, Rn. 1 und 4; *Huber*, in: Streinz, EUV/AEUV, Art. 10 EUV, Rn. 22 zur Anerkennung der Mindestanforderungen an die repräsentative Demokratie; zur Berücksichtigung bei der sekundärrechtlichen Konkretisierung *Haag*, in: GSH, Europäisches Unionsrecht, Art. 10 EUV, Rn. 4; zur Beachtung bei der Auslegung EuGH, Urt. v. 29.10.1980, Rs. C–138/79 (Roquette/Rat), Slg. 1980, 3333, Rn. 339, sowie EuGH, Urt. v. 29.10.1980, Rs. C–139/79 (Maizena/Rat), Slg. 1980, 3393, Rn. 34; vgl. kritisch zur Gefahr, das normativ in den Verträgen angelegte Legitimationskonzept als ausreichend zu erachten *Nettesheim*, in: Grabitz/Hilf/Nettesheim, EU, Art. 10 EUV (Januar 2015), Rn. 54.

[16] Vgl. *Haag*, in: GSH, Europäisches Unionsrecht, Art. 10 EUV, Rn. 2 a.E.

[17] Vgl. *Kaufmann-Bühler*, in: Lenz/Borchardt, EU-Verträge, Art. 10 EUV, Rn. 1.

sowohl für die Ausgestaltung der Demokratie **auf EU-Ebene** als auch für die Vermittlung demokratischer Legitimation **über die Mitgliedstaaten** im Rat, denn Art. 10 Abs. 2 EUV führt diese beiden Stränge demokratischer Legitimation zusammen.[18] Damit einher geht ein grundsätzliches Bekenntnis der Union zu einem **Demokratieverbund**. In Anlehnung an die Figuren des Staatenverbundes und des Verfassungsverbundes bedarf eine ausreichende demokratische Legitimation in der EU des Zusammenwirkens entsprechender legitimationsvermittelnder Ansätze auf Unionsebene und der Legitimationsvermittlung in den Mitgliedstaaten über die nationalen Parlamente in einem gemeinsamen Verbund; keiner der beiden Legitimationsstränge ist für sich allein genommen ausreichend.[19] Kann damit erst das **Zusammenspiel der verschiedenen Legitimationselemente** – inklusive der partizipativen Elemente nach Art. 11 EUV – ein ausreichendes Legitimationsniveau sicherstellen, kann aber auch ein **Demokratiedefizit** nicht separat für die Unionsebene ausgewiesen werden, sondern ist immer ein Defizit im Demokratieverbund **von Union und Mitgliedstaaten**.[20]

4   Die **Rechtsprechung des BVerfG** zur demokratischen Legitimation in der EU ist vielschichtig, betont aber die **Legitimation über die Parlamente der Mitgliedstaaten** (über die Handlungen der nationalen Regierungen im Rat).[21] In der Maastricht-Entscheidung stellt es das **Fehlen eines europäischen Volkes** und einer **europäischen Öffentlichkeit** heraus und folgert daraus überzeugend Limitierungen der Legitimationsvermittlung über das Europäische Parlament.[22] In der Entscheidung zum Lissabonner Vertrag wird diese Mängelliste um die Kritik an einer **nicht dem Gleichheitssatz entsprechenden Wahl** zum Europäischen Parlament ergänzt.[23] Letzterer Ansatz vernachlässigt die rechtsvergleichend zu beobachtenden Modifikationen in der Proportionalität bei der Repräsentation der Bevölkerung eines Bundeslandes (Kantons).[24] Aus diesen Mängeln folgert das BVerfG die **Notwendigkeit** der Legitimationsvermittlung über die **Parlamente der Mitgliedstaaten**.[25] Dies wird um den **Vorbehalt substanzieller Zuständigkeiten** der Parlamente der Mitgliedstaaten für die Zukunft ergänzt.[26] Der Übergang in der Argumentation von der kritischen Bewertung des supranationalen Legitimationsstrangs zur Bewertung der dem Bundestag verbliebenen Kompetenzen findet seinen inhaltlichen Zusammenhalt in den – nicht ausdrücklich thematisierten – Mängeln des Legitimationsstrangs über die mitgliedstaatlichen Parlamente. Denn die Schlussfolgerung setzt voraus, dass das zweigleisige Modell der Vermittlung demokratischer Legitimation insgesamt als nicht ausreichend für einen angemessenen Einfluss der nationalen Parlamente angesehen wird. Diese Gleichung geht aber nur auf, wenn auch die Vermittlung

---

[18] Vgl. Art. 12 EUV zur Vermittlung demokratischer Legitimation auch über die nationalen Parlamente.

[19] Vgl. BVerfGE 89, 155 (185 ff.), hält den Legitimationsstrang über die Parlamente der Mitgliedstaaten für »notwendig«. In der Begrenzung einer weiteren Übertragung von Kompetenzen, BVerfGE 89, 155 (186), wird aber das Wissen um die Schwächen dieser Legitimationskette deutlich.

[20] Vgl. zum notwendigen Zusammenspiel von (Teil-)Regimen zur Erreichung demokratischer Legitimität *Nettesheim*, in: Grabitz/Hilf/Nettesheim, EU, Art. 10 EUV (Januar 2015), Rn. 7.

[21] BVerfGE 89, 155 (185 ff.). S. zum Lissabon-Urteil des BVerfG und dessen Aussagen zur demokratischen Legitimation der EU *Kaufmann-Bühler*, in: Lenz/Borchardt, EU-Verträge, Art. 10 EUV, Rn. 2.

[22] BVerfGE 89, 155, (184 ff.).

[23] BVerfGE 123, 267 (380).

[24] Ausführlich dazu die Kommentierung zu Art. 9 EUV Rn. 17.

[25] BVerfGE 89, 155 (186 ff.); BVerfGE 123, 267 (381).

[26] BVerfGE 123, 267 (299 f.); s. bereits BVerfGE 89, 155 (186).

demokratischer Legitimation über **die Mitgliedstaaten nicht** als **ausreichend** erachtet wird. Dementsprechend fordert das BVerfG eine **zusätzliche »Legitimationsabstützung«** des zur Anwendung gelangenden Unionsrechts durch das Europäische Parlament.[27]

Die **hervorgehobene Bedeutung** von Art. 10 EUV kommt innerhalb des Titel II »Bestimmungen über die demokratischen Grundsätze« durch die Systematik zum Ausdruck. Nach der Identifizierung des **demokratischen Fundaments** der Union als die Unionsbürgerinnen und -bürger in **Art. 9 EUV**[28], stellt Art. 10 EUV als erste Norm über die **Art und Weise der Ableitung der demokratischen Legitimation** den Grundsatz der repräsentativen Demokratie auf. Dessen zentrale Position wird durch die alleinige Erwähnung im 1. Absatz der Vorschrift festgelegt. Diese strukturelle Aussage wird dann im 2. Absatz in **zwei Stränge demokratisch-parlamentarischer Legitimation** ausdifferenziert: zuerst über das Europäische Parlament und dann über die Mitgliedstaaten in ihrer Verantwortung gegenüber dem nationalen Parlament oder den Bürgerinnen und Bürgern. Allerdings enthält die Vorschrift keine nähere Konkretisierung dieser grundsätzlichen Vorgaben. Insofern ist auf die **speziellen Regelungen** im EU- und im AEU-Vertrag hinsichtlich der betreffenden Organe, insbesondere der Wahl ihrer Mitglieder und ihrer Kompetenzen zu verweisen.[29] Diese Konzeption der repräsentativen Demokratie wird im 3. Absatz zum einen über die damit notwendig verbundenen **Rechte** der Unionsbürgerinnen und -bürger **flankiert**, zum anderen wird zur **Ergänzung** der Auftrag zu **möglichst offener und bürgernaher Entscheidungsfindung** erteilt. Damit werden die **partizipativ-demokratischen Elemente** nicht als Ausnahme von einem Grundsatz repräsentativer Demokratie, sondern als dessen **notwendige Ergänzung** anerkannt.[30] Dieser Teil der Vorschrift steht in unmittelbarem Zusammenhang mit dem nachfolgenden Art. 11 EUV, der konkretisierend bestimmte partizipative Elemente aufzählt. **Ergänzend** anerkennt Art. 10 Abs. 4 EUV die Bedeutung der **politischen Parteien** auf europäischer Ebene. Damit wird ein wichtiger **Modus** angesprochen, wie Repräsentation im Europäischen Parlament im Sinne des Abs. 2 UAbs. 1 EUV im Rahmen der Direktwahlen und in der Zusammenarbeit im Parlament erzeugt werden kann. Der Absatz steht in systematischem Zusammenhang mit der **Versammlungs- und Vereinigungsfreiheit** nach Art. 12 GRCh, die den **korrelierenden Freiheitsraum** für den Einzelnen gewährleistet. Eine **Rechtsetzungskompetenz** in Bezug auf europäische Parteien wird in Art. 224 AEUV bereit gestellt. Ebenfalls **ergänzende Funktion** hat Art. 12 EUV, der eine bessere Einbeziehung der **nationalen Parlamente** in die Entscheidungsabläufe auf Unionsebene fordert.

Innerhalb der Verträge ist Art. 10 EUV vielfältig systematisch vernetzt. Dem **Grundsatz der Demokratie** verpflichtet sich die EU neben den Art. 9 EUV ff. in **Abs. IV Präambel EUV** sowie in **Abs. 2 Präambel GRCh**. Der Grundsatz ist zugleich **gemeinsamer Wert** der EU und ihrer Mitgliedstaaten gemäß Art. 2 EUV. In Abs. 7 Präambel EUV kommt der **Optimierungsansatz** zum Ausdruck, wenn »in der Arbeit der Organe« Demokratie weiter gestärkt werden soll. Die etwas technische Ausdrucksweise korrespondiert mit dem Wortlaut von Art. 10 Abs. 1 EUV, der die Arbeitsweise der Union dem

---

[27] BVerfGE 89, 155 (184), BVerfGE 123, 267 (364, 368); vgl. *Huber*, in: Streinz, EUV/AEUV, Art. 10 EUV, Rn. 36.
[28] S. die Kommentierung zu Art. 9 EUV Rn. 26.
[29] S. insbesondere Art. 14 Abs. 2 und 3 EUV zur Wahl des Europäischen Parlaments und Art. 15 Abs. 1 und 2 EUV sowie Art. 16 Abs. 1 und 2 EUV bezüglich des Europäischen Rates bzw. des Rates.
[30] A.A. *Huber*, in: Streinz, EUV/AEUV, Art. 10 EUV, Rn. 23.

Grundsatz der Demokratie unterstellt. **Funktional** wird die Arbeitsweise in den Vorschriften über die **Direktwahl des Europäischen Parlaments** und der dabei anzuwendenden **Wahlrechtsgrundsätze** sowie in den Vorschriften über die Zusammensetzung und Abstimmungsmodi in **Rat und Europäischem Rat** konkretisiert.[31] Die Bezugnahme auf die **Bürgerinnen und Bürger** entspricht derjenigen in Art. 9 Abs. 1 EUV, worüber die Verbindung zur **Unionsbürgerschaft** nach Art. 9 Abs. 2 und 3 EUV und Art. 20 Abs. 1 AEUV zum Tragen kommt. Des Weiteren bestehen zahlreiche Bezüge zu konkreten subjektiven Rechten auf Partizipation, wie der Bürgerinitiative[32], dem Petitionsrecht zum Europäischen Parlament[33], dem Recht auf Beschwerde an den Bürgerbeauftragten[34] und nicht zuletzt das Recht auf Kommunikation mit den EU-Behörden[35]. **Offenheit** und **Bürgernähe** werden in Art. 15 AEUV adressiert, insbesondere im Recht auf Zugang zu Dokumenten.[36]

B. Entwicklung

7   Die **Diskussion** um die demokratische Legitimation der EU reicht bis in deren **Anfangsjahre** zurück.[37] Doch erschien die Situation vielen Mitgliedstaaten bis in die 1970er Jahre hinein angesichts der damals noch **begrenzten Kompetenzen** der Gemeinschaften und dem **faktisch** noch praktizierten **Einstimmigkeitsprinzip**, das jedem Mitgliedstaat eine Veto-Position zuwies, nicht prekär.[38] Dennoch waren sich die Mitgliedstaaten jederzeit ihrer gemeinsamen Wurzeln im **Demokratieprinzip** bewusst.[39] Deutlich wird dies in der **Erweiterungspolitik**, die nur Demokratien die Teilnahme an der europäischen Integration gestattete.[40] **Intern** ergaben sich erste Ansätze zu einer stärkeren Demokratisierung **1976** mit der Einführung der **Direktwahlen zum Europäischen Parlament**. Politisch wurde diese Entwicklung allerdings durch eine **Verbindung** von Demokratisierungsanliegen mit dem Ziel einer weiteren Vertiefung der **Integration** gefördert.[41]

8   Mit dem Zuwachs an Kompetenzen im **Maastricht Vertrag** konnte die Demokratiefrage nicht mehr ausgewichen werden.[42] Immerhin gelangte der Begriff der Demokratie

---

[31] Art. 14 Abs. 2 und 3 EUV.

[32] Art. 11 Abs. 4 EUV i. V. mit Art. 24 Abs. 1 AEUV.

[33] Art. 20 Abs. 2 Buchst. d i. V. mit Art. 24 Abs. 3 und Art. 228 AEUV sowie Art. 43 GRCh.

[34] Art. 20 Abs. 2 Buchst. d i. V. mit Art. 24 Abs. 2 und Art. 227 AEUV sowie Art. 44 GRCh.

[35] Art. 20 Abs. 2 Buchst. d i. V. mit Art. 24 Abs. 4 AEUV sowie Art. 41 Abs. 4 GRCh.

[36] S. auch Art. 42 GRCh.

[37] Zur Historie der Forderungen nach einer stärkeren demokratischen Legitimation der Union ausführlich *Nettesheim*, in: Grabitz/Hilf/Nettesheim, EU, Art. 10 EUV (Januar 2015), Rn. 3 f.

[38] *Oeter*, ZaöRV 55/1995, 659; *Nettesheim*, BerkeleyJIL 2005, 358.

[39] Art. 10 Abs. 1 EUV im Lissabonner Vertrag steht in der Verfassungstradition der Mitgliedstaaten, *Kaufmann-Bühler*, in: Lenz/Borchardt, EU-Verträge, Art. 10 EUV, Rn. 2; vgl. auch *Nettesheim*, in: Grabitz/Hilf/Nettesheim, EU, Art. 10 EUV (Januar 2015), Rn. 44; deutlich *Ruffert*, in: Calliess/Ruffert, EUV/AEUV, Art. 10 EUV, Rn. 4: »ein in der politischen Ideengeschichte Europas [...] tief verwurzeltes Herrschaftsmodell«.

[40] So mussten Griechenland, Portugal und Spanien auf einen Beitritt warten, bis sie ihre autoritären Regime abgeschüttelt hatten.

[41] Vgl. aber *Nettesheim*, in: Grabitz/Hilf/Nettesheim, EU, Art. 10 EUV (Januar 2015), Rn. 3, der im Integrationsaspekt die treibende Kraft erblickt.

[42] S. zur gesteigerten »Legitimationslast« der EU im Vergleich zu herkömmlichen internationalen Organisationen *Nettesheim*, in: Grabitz/Hilf/Nettesheim, EU, Art. 10 EUV (Januar 2015), Rn. 1 ff., 35. Zu Unterschieden zum Nationalstaat *Huber*, in: Streinz, EUV/AEUV, Art. 10 EUV, Rn. 8.

zweimal in die Präambel des neuen EU-Vertrages: in dem noch heute gültigen Bekenntnis zu den **gemeinsamen Grundsätzen**, inklusive der Demokratie, und »dem Wunsch, Demokratie … in der Arbeit der Organe weiter zu stärken«. Hinzu trat die **Achtung der nationalen Identität** der Mitgliedstaaten, mit der »Bestätigung«, dass deren »Regierungssysteme auf demokratischen Grundsätzen beruhen«.[43] Diese Klausel ist auch im Hinblick auf die damals bevorstehende Osterweiterung um die ehemals sozialistisch geführten Staaten zu sehen. Im **Amsterdamer Vertrag** wurde das Bekenntnis der EU zur Demokratie in Art. 6 Abs. 1 EUV verstärkt: Die Union »beruhte« jetzt auf **gemeinsamen Grundsätzen**, insbesondere der Demokratie. Deutlich auf die Mitgliedstaaten ausgerichtet war der neue Art. 7 EUV, der einen bis heute gültigen **Sanktionsmechanismus** einführte für den Fall, dass ein Mitgliedstaat »schwerwiegend und anhaltend« die Grundsätze nach Art. 6 EUV, insbesondere das Demokratieprinzip, verletzen würde. Wann die **Voraussetzungen** für die Auslösung dieses Mechanismus' vorliegen, ist bislang **ungeklärt**.[44]

Eine Konstante in der Entwicklung der europäischen Integration ist die **kontinuierliche Stärkung des Europäischen Parlaments** und damit des supranationalen Strangs demokratischer Legitimation. War die frühere parlamentarische Versammlung in der Regel auf das **Recht auf Anhörung** begrenzt, gilt im Lissabonner Vertrag das **Mitentscheidungsrecht** auf Augenhöhe mit dem Rat als das »ordentliche Gesetzgebungsverfahren«, das in der überwiegenden Zahl der Kompetenzen zur Anwendung kommt. Schon im Amsterdamer Vertrag hatte das Parlament im **Haushaltsverfahren** eine dominante Position erhalten. Zudem hat es sich politisch eine enorme Bedeutung bei der **Wahl der Kommission** erkämpft. Formal auf die Zustimmung en bloc beschränkt[45], führt es mittlerweile **umfangreiche Anhörungen** zu jedem Personalvorschlag für einen Kommissar durch und nimmt so Einfluss auf die Zusammensetzung der Kommission.[46] **Intern** gliedert sich das Plenum des Parlaments in länderübergreifende **Fraktionen** und trägt so zur Herausbildung eines europaweiten politischen Dialoges als Grundvoraussetzung einer effektiven Demokratie in der EU bei. Die Bestimmungen über die Fraktionen finden sich in der **Geschäftsordnung**, die sich das Parlament aufgrund seiner Organkompetenz gibt.[47] Bereits im **Maastricht Vertrag** ist die bedeutende **Rolle politischer Parteien** auf europäischer Ebene im Primärrecht anerkannt worden.[48] Diese Bestimmung ist im Lissabonner Vertrag in Art. 10 EUV gewandert und damit aufgewertet worden.

Ebenfalls auf den **Maastricht Vertrag** geht die Einführung der **Unionsbürgerschaft** zurück. Sie ist an die **Staatsangehörigkeit** in den Mitgliedstaaten gekoppelt. Der Maastricht Vertrag fügte in einem Kapitel die **Rechte** aus der Unionsbürgerschaft zusammen, die nur **teilweise exklusiv** sind, wie das Recht auf Teilnahme an Kommunal- oder Europawahlen in anderen Mitgliedstaaten.[49] Dieses Konzept war ein Kompromiss, der es

9

10

---

[43] Art. F Abs. 1 EUV in der Fassung des Maastricht Vertrages.

[44] 2016 teilte die Kommission mit, dass sie ein solches Verfahren gegen Polen wegen der Einflussnahme auf die Zusammensetzung und die Kompetenzen des polnischen Verfassungsgerichts einleiten wolle, s. dazu http://europa.eu/rapid/press-release_MEMO–16–62_de.htm.

[45] Art. 17 Abs. 7 UAbs. 1 S. 2 EUV.

[46] Zur Wahl der Juncker Kommission siehe http://www.europarl.europa.eu/news/de/top-stories/20140714TST52338/Die-neue-EU-Kommission.

[47] Art. 232 Abs. 1 AEUV.

[48] Art. 138 a EGV i. d. F. des Maastricht Vertrages; vgl. *Haag*, in: GSH, Europäisches Unionsrecht, Art. 10 EUV, Rn. 19.

[49] Dagegen steht etwa das Recht auf Beschwerde an den Bürgerbeauftragten auch Drittstaatlern mit Wohnsitz in der EU zu, Art. 228 Abs. 1 AEUV.

Sebastian Heselhaus

der Union erlaubte, in der Formulierung der einschlägigen Bestimmungen eine **direkte Legitimationskette** zu den Unionsbürgerinnen und -bürgern zu bilden, ohne den Rekurs auf die fragmentierten Völker der Mitgliedstaaten[50] zu benötigen. Der Kompromisscharakter kommt darin zum Ausdruck, dass die Unionsbürgerschaft grundsätzlich über die Staatsangehörigkeit in den Mitgliedstaaten vermittelt wird. Der später gescheiterte **EVV** setzte diese gefundene Balance unter Druck, indem er im Abschnitt über das »Demokratische Leben der Union« auf »ihre Bürgerinnen und Bürger« rekurrierte. Diese Formulierung ist bis in den Lissabonner Vertrag erhalten geblieben und steht teilweise innerhalb einer Norm dem Konzept der Unionsbürgerschaft gegenüber.[51] Doch spricht die auf Betreiben des Europäischen Parlaments in Art. 9 EUV eingefügte **Bezugnahme auf die Unionsbürgerschaft** dafür, dass es sich nicht um ein konkurrierendes Konzept der Bürgerschaft in der Union handelt.[52]

11   Der Titel II des **Lissabonner Vertrags** übernimmt in Art. 10 und 11 EUV wortgleich die entsprechenden Bestimmungen des EVV.[53] Art. 9 EUV unterscheidet sich von der Fassung im EVV durch die **zusätzliche** Bezugnahme auf die **Unionsbürgerschaft**, die für den ganzen Titel Wirkung entfaltet. Die Absätze 1–3 Art. 10 EVV (vgl. Art. 10 Abs. 1–3 EUV) waren neu, der vierte Absatz enthielt die Bestimmung über die Parteien, die zuvor im EG-Vertrag verankert gewesen war.[54] Art. 12 EUV über die **Rolle der nationalen Parlamente** ist **neu** hinzugekommen. **Entfallen** sind die im EVV noch vorgesehenen Vorschriften über die Sozialpartner und den autonomen sozialen Dialog[55], den Europäischen Bürgerbeauftragten[56], die Transparenz der Arbeit der Organe inklusive des Rechts auf Zugang zu Dokumenten[57], den Schutz personenbezogener Daten[58] sowie den Status der Kirchen und weltanschaulichen Gemeinschaften[59]. Sofern es sich dabei um Bürgerrechte handelte, wurden diese in den Bestimmungen über die Grundrechtecharta in den Art. II–99 ff. EVV wiederholt. Im Lissabonner Vertrag wurde hingegen der Titel über die »Demokratischen Grundsätze der Union« um diese eher dem Freiheitsbereich zuzuordnenden Rechte entschlackt. Damit erscheint der Abschnitt nicht mehr so aufgebläht und es wird insbesondere eine Vermengung von auf die Allgemeinheit der Aktivbürgerinnen und -bürger abzielenden demokratischen Grundnormen mit Partizipationsrechten spezifischer Gruppen vermieden.

---

[50] Vgl. Art. 189 Abs. 1 EGV in der Fassung des Maastricht Vertrages. Ausführlich zum Verzicht auf die Bezugnahme auf ein »europäisches Volk« *Nettesheim*, in: Grabitz/Hilf/Nettesheim, EU, Art. 10 EUV (Januar 2015), Rn. 43. Vgl. auch *Huber*, in: Streinz, EUV/AEUV, Art. 10 EUV, Rn. 14.

[51] Art. 9 EUV und Art. 11 Abs. 1–3 EUV einerseits und Abs. 4 andererseits.

[52] S. die Kommentierung zu Art. 9 EUV, Rn. 22.

[53] Zu Art. I–46 des Verfassungsvertragsentwurfs *Kaufmann-Bühler*, in: Lenz/Borchardt, EU-Verträge, Art. 10 EUV, Rn. 1; *Haag*, in: GSH, Europäisches Unionsrecht, Art. 10 EUV, Rn. 1.

[54] Vorläufer des Art. I–46 Abs. 4 EVV war der frühere Art. 191 EGV, *Kaufmann-Bühler*, in: Lenz/Borchardt, EU-Verträge, Art. 10 EUV, Rn. 1. Der weitere Inhalt von Art. 191 EGV wurde im Lissabonner Vertrag in Art. 224 AEUV verlagert, *Haag*, in: GSH, Europäisches Unionsrecht, Art. 10 EUV, Rn. 2.

[55] Art. I–48 EVV.

[56] Art. I–49 EVV.

[57] Art. I–50 EVV.

[58] Art. I–51 EVV.

[59] Art. I–52 EVV.

C. Inhalt

I. Allgemeines

Art. 10 EUV enthält in vier Absätzen **sechs grundlegende Vorgaben** für die demokra-   **12** tische Legitimation in der EU. Die ersten drei Absätze wurden im Lissabonner Vertrag neu eingefügt und enthalten den **Grundsatz der repräsentativen Demokratie** als zentrales Organisationselement der Vermittlung demokratischer Legitimation in der EU. Dieser wird in Abs. 2 in **zwei Legitimationsstränge** aufgespalten, einen **supranationalen** über das Europäische Parlament und einen **nationalen** über die Vertreter der Regierungen der Mitgliedstaaten im Europäischen Rat sowie im Rat und letztlich die Parlamente der Mitgliedstaaten. Abs. 3 stellt in seinem Satz 1 die Verbindung zum **Souverän**, den Bürgerinnen und Bürgern heraus, denen ein **Recht auf Teilnahme** am demokratischen Leben gewährt wird. Satz 2 enthält die bereits zuvor in den Verträgen niedergelegten **Grundsätze der Offenheit und Transparenz**. Abs. 4 bringt ein Bekenntnis zur **Bedeutung der politischen Parteien** auf europäischer Ebene, das zuvor im Titel über die »Vorschriften über die Organe« bei den das Europäische Parlament betreffenden Normen enthalten gewesen war.[60] Nach einhelliger Auffassung sind alle in Art. 10 EUV enthaltenen Vorgaben **rechtsverbindlich**, auch wenn sie vielfach in anderen Normen der Verträge **konkretisiert** werden. **Teilweise** werden aus ihnen auch **subjektive Rechte** abgeleitet.[61]

II. Repräsentative Demokratie (Abs. 1)

Nach Art. 10 Abs. 1 EUV beruht die Arbeitsweise der Union auf der **repräsentativen**   **13** **Demokratie**. Nach Art. 2 EUV zählt die Demokratie zu den **Grundwerten** der Union und ihrer Mitgliedstaaten. Wenn sie in Art. 10 Abs. 1 EUV als **Fundament** ausgewiesen wird, auf dem alle Tätigkeiten der EU beruhen, dann erhält sie die Bedeutung eines **Strukturmerkmals**. Es muss insbesondere in den Vorschriften über die Wahl und Aufgaben der Organe inklusive ihre Beteiligung am Rechtsetzungsverfahren umgesetzt werden. Das ist im Grundsatz soweit ersichtlich unbestritten, Streit besteht lediglich in der Bewertung der **degressiven Proportionalität** bei der Verteilung der Sitze im Europäischen Parlament auf die Mitgliedstaaten (s. Rn. 18).[62] In der Verbindung von Grundwert und Strukturmerkmal der Union ist die rechtliche Geltung des **Demokratieprinzips** anzuerkennen.[63]

Bereits **1980** hat der EuGH die Geltung eines **Demokratieprinzips** im (damaligen)   **14** Gemeinschaftsrecht anerkannt. In diesem Fall folgerte der Gerichtshof u. a. aus dem Demokratieprinzip, dass das **Anhörungsrecht** des **Europäischen Parlaments** eine wesentliche Verfahrensvorschrift sei, deren Verletzung zur Nichtigkeit eines Rechtsakts

---

[60] Art. 138 a EGV i. d. Fassung des Maastricht Vertrages, Art. 191 EGV in der Fassung des Amsterdamer Vertrages.

[61] *Ruffert*, in: Calliess/Ruffert, EUV/AEUV, Art. 10 EUV, Rn. 12, zu Art. 10 Abs. 3 EUV; *Haag*, in: GSH, Europäisches Unionsrecht, Art. 10 EUV, Rn. 11; vgl. *Kaufmann-Bühler*, in: Lenz/Borchardt, EU-Verträge, Art. 10 EUV, Rn. 8.

[62] Nach überzeugender Ansicht ist dies aufgrund des derzeitigen Standes des Integrationsprozesses und Fehlen eines ausreichenden gesamteuropäischen Solidaritätsverständnisses gerechtfertigt und in der Praxis wohl auch nicht behebbar, s unten Rn. 18 auch zur anderen Ansicht.

[63] Bereits EuGH, Urt. v. 29.10.1980, Rs. C–138/79 (Roquette/Rat), Slg. 1980, 3333, Rn. 33, spricht von der Existenz eines »grundlegenden demokratischen Prinzips« in der EU.

führe.[64] 10 Jahre später sprach der EuGH dem Europäischen Parlament unter Berufung auf das Demokratieprinzip ein **privilegiertes Klagerecht** zu, um die Wahrung seines Anhörungsrechts durchsetzen zu können.[65] Auch in späteren Entscheidungen ist das Demokratieprinzip vor allem in Bezug auf die Verteidigung der Rechte des Europäischen Parlaments von der Rechtsprechung herangezogen worden, etwa bei der **Kompetenzabgrenzung**[66] oder der Bewertung der **Beteiligung** des Europäischen Parlaments **im Vermittlungsverfahren** des Gesetzgebungsverfahrens.[67] Im letzten Fall forderte der EuGH die Beachtung der »Grundsätze der repräsentativen Demokratie«. In einem späteren Fall wurde das Demokratieprinzip auch zur Auslegung von Sekundärrecht in Bezug auf relativ **unabhängige Verwaltungseinheiten** herangezogen.[68]

15   Das **Demokratieprinzip** fußt als gemeinsamer, von der Union und ihren Mitgliedstaaten geteilter Wert gemäß Art. 2 EUV auf den **gemeinsamen Verfassungsüberlieferungen der Mitgliedstaaten**. Dieses mitgliedstaatliche Fundament wird in Art. 7 EUV durch den **Sanktionsmechanismus** im Falle einer eindeutigen Gefahr, dass die Werte nach Art. 2 EUV schwerwiegend verletzt werden, abgesichert. Trotz dieser Verankerung in den Mitgliedstaaten ist es allgemein anerkannt, dass die im nationalen Kontext eines Staates entwickelten **Kriterien** und Charakteristika des Demokratieprinzips nicht eins zu eins auf die EU **übertragen** werden können. Zum einen kennen auch die Mitgliedstaaten eine Bandbreite **verschiedener Ausprägungen** des Demokratieprinzips. Zum anderen **fehlt** es der EU an der Staatsqualität und insbesondere an einem **einheitlichen Unionsvolk**, in welchem ein solche innere Verbundenheit herrscht, dass die bekannten Mechanismen parlamentarisch-demokratischer Legitimationsvermittlung umfassend zum Einsatz kommen könnten. Das gilt insbesondere für die Anwendung des **Mehrheitsprinzips** in grenzüberschreitenden Sachverhalten. Bereits 1973 hat das italienische Verfassungsgericht, der Corte costituzionale erkannt, dass die Einhaltung des Demokratieprinzips in der Organisation der EU nicht an den Vorgaben der italienischen Verfassung gemessen werden könne. In der Sache hielt es das Verfassungsgericht für ausreichend, dass das Handeln auf EU-Ebene der Kontrolle der nationalen Parlamente und des Europäischen Parlaments unterlägen.[69] 2009 hat das deutsche **Bundesverfassungsgericht** in seinem Urteil zum Lissabonner Vertrag ebenfalls festgestellt, dass das Projekt der europäischen Integration eine **andere** »Gestaltung politischer Willensbildung« erlaube als das Grundgesetz. Nationale Konzepte der Demokratie könnten nicht »schematisch« oder »umstandslos« auf die EU-Ebene übertragen werden.[70] Vielmehr ist eine für die EU angemessene Konzeption demokratischer Legitimation zu entwickeln.[71] Doch folgt aus der Zurückweisung einer schematischen Übertragung nationaler Demokratiekonzeptionen **kein Freibrief** für die Ausgestaltung auf EU-Ebene. Aus Art. 2 EUV lassen sich verfassungsvergleichend Essentialia der demokratischen Legitimati-

---

[64] EuGH, Urt. v. 29.10.1980, Rs. C–138/79 (Roquette/Rat), Slg. 1980, 3333, Rn. 339; Urt. v. 29.10.1980, Rs. C–139/79 (Maizena/Rat), Slg. 1980, 3393, Rn. 34.

[65] EuGH, Urt. v. 4.10.1991, Rs. C–70/88 (Parlament/Rat), Slg. 1991, I–4529, Rn. 22.

[66] EuGH, Urt. v. 11.6.1991, Rs. C–300/89 (Kommission/Rat), Slg. 1991, I–2867; vgl. die Beschränkung ohne ausdrückliche Berufung auf das Demokratieprinzip in EuGH, Urt. v. 10.1.2006, Rs. C–94/03 (Kommission/Rat), Slg. 2006, I–1, Rn. 53f.

[67] EuGH, Urt. v. 10.1.2006, Rs. C–344/04 (IATA und ELFAA), Slg. 2006, I–403, Rn. 61.

[68] EuGH, Urt. v. 9.3.2010, Rs. C–518/07 (Kommission/Deutschland), Slg. 2010, I–1885, Rn. 41.

[69] Corte costituzionale, Rs. 183/73, EuGRZ 1975, 311 (313); s. dazu *Kröll*, ZfV 2010, 162 (165).

[70] BVerfGE 123, 267 (344).

[71] Vgl. *Nettesheim*, in: Grabitz/Hilf/Nettesheim, EU, Art. 10 EUV (Januar 2015), Rn. 115ff.

onsvermittlung ableiten, von denen auf EU-Ebene nicht ohne **Rechtfertigung** abgewichen werden darf.[72] Das gilt uneingeschränkt für eine Konkretisierung im (normhierarchisch untergeordneten) **Sekundärrecht** (vgl. Rn. 52 f.). Aber auch für die konkrete Ausgestaltung in **anderen Primärrechtsnormen** ist zu prüfen, ob und wie weit sich diese eventuell von dem gemeinsamen Verfassungskonsens entfernen.[73] Beispielhaft ist der Streit um die Wahlrechtsgleichheit (s. Rn. 1, 28). Zwar kann deren Geltung formal nicht in Frage gestellt werden, doch kann deren Legitimationsfähigkeit hinterfragt werden.

Für die **Legitimation** des Handelns der Union insgesamt ist die **demokratische** Legitimation zwar ein **unverzichtbarer** Bestandteil, doch allein nicht ausreichend. Vielmehr müssen **weitere Legitimationswirkungen** hinzutreten, wie sie in Art. 2 EUV aufgezählt werden, insbesondere die Achtung der **Freiheit** und **Gleichheit** sowie der **Rechtsstaatlichkeit**. In den Sozialwissenschaften wird ferner auf die Möglichkeit einer sog. **Output-Legitimation** hingewiesen[74], d. h. einer Rechtfertigung über Ergebnisse. Dieser Aspekt ist für die Union von zentraler Bedeutung, wie die positiven Auswirkungen der Jahrzehnte des Wachstums einerseits und die negativen Folgen der derzeitigen Finanz- und Wirtschaftskrise und der weiteren Herausforderungen, wie der Flüchtlingskrise seit 2015 zeigen. Die Idee der supranationalen Einigung basiert auf einem **Zugewinn an Steuerungsfähigkeit** (in Gemeinschaft). Im Sinne des **politischen Konzeptes der Subsidiarität** ist politisch zu zeigen, dass auf EU-Ebene Probleme »besser« gelöst werden können als auf der nationalen Ebene. Doch wirft auch die Output-Legitimation im Staatenverbund **besondere Probleme** auf, da Ergebnisse gefördert werden können, die zwar die Zustimmung mancher Mitgliedstaaten erhalten, aber nicht notwendig aller. In dieser Perspektive kann die Erreichung ausreichender Output-Legitimation insbesondere für kleinere Mitgliedstaaten problematisch sein, die auf ihre Sicht weit weniger gewichtig hinweisen können, als die größeren.[75]

Der **Anwendungsbereich** des Demokratieprinzips nach Art. 10 Abs. 1 EUV ist **umfassend**. Aufgrund seiner **systematischen Stellung** vor den **Tätigkeitsbereichen** im EU- bzw. im AEU-Vertrag werden alle Bereiche umfassend einbezogen.[76] Der Hinweis auf die »Arbeitsweise« der Union im Wortlaut ist nicht als eine Begrenzung des Anwendungsbereichs auf den AEU-Vertrag zu interpretieren. Diese Formulierung geht auf Abs. 5 Präambel des Maastricht Vertrages zurück, in der der Wunsch ausgedrückt wurde, die Demokratie in der Arbeit der Organe zu stärken. Zu dieser Zeit bestand noch kein Konzept eines Vertrags über die »Arbeitsweise« der Union.[77] Ferner beansprucht

16

17

---

[72] Es muss in diesem Zusammenhang vor der Gefahr gewarnt werden, Mängel in der demokratischen Legitimation der EU mit einer gewissen Sorglosigkeit zu begegnen. Das könnte zwar Strategie sein, um aus einem festgestellten Demokratiedefizit eine Begrenzung des Integrationsprozesses zu fordern, vgl. zu dieser Gefahr BVerfGE 123, 267, doch ist darauf hinzuweisen, dass jedes Demokratiedefizit in der Union auch ein solches in den Mitgliedstaaten ist (s. Rn. 22).

[73] Vgl. *Nettesheim*, in: Grabitz/Hilf/Nettesheim, EU, Art. 10 EUV (Januar 2015), Rn. 43 (dort Fn. 1), der von einem »geschichtlichen Test« spricht.

[74] *Scharpf*, Regieren in Europa: effektiv und demokratisch? 1999. Zu anderen Legitimationsquellen als dem Demokratieprinzip *Haag*, in: GSH, Europäisches Unionsrecht, Art. 10 EUV, Rn. 3.

[75] So kann denn die degressive Proportionalität in der Verteilung der Sitze im Europäischen Parlament auf die Mitgliedstaaten auch als ein Korrektiv dieses strukturellen Nachteils gedeutet werden.

[76] Wohl allgemeine Auffassung; ohne weitere Begründung bezieht *Haag*, in: GSH, Europäisches Unionsrecht, Art. 10 EUV, Rn. 4, die Norm auf die »Unionsverträge«, *Ruffert*, in: Calliess/Ruffert, EUV/AEUV, Art. 10 EUV, Rn. 1 auf das »EU-Recht«. *Kaufmann-Bühler*, in: Lenz/Borchardt, EU-Verträge, Art. 10 EUV, Rn. 1 f. sieht »jegliches hoheitliches Handeln der EU« als erfasst an.

[77] Vgl. im Ergebnis *Haag*, in: GSH, Europäisches Unionsrecht, Art. 10 EUV, Rn. 5; *Ruffert*, in: Calliess/Ruffert, EUV/AEUV, Art. 10 EUV, Rn. 4.

das Demokratieprinzip **auch** Geltung **für den EAG-Vertrag**.[78] Dies folgt zum einen aus dem Umstand, dass im EAG-Vertrag die Vorschriften über die Organe aus den EU-Verträgen zur Anwendung kommen und diesen das Demokratieprinzip zugrunde liegt. Zum anderen besteht seit dem **Amsterdamer Vertrag**, der noch den EAG-Vertrag umfasste, die Anerkennung der Demokratie als **gemeinsamer Wert von Union und Mitgliedstaaten**. Es ist nicht ersichtlich, dass die Ausgliederung der materiellen Vorschriften des EAG-Vertrages aus dem Lissabonner Vertrag in dieser Beziehung zu einem Rückschritt führen sollte. Vielmehr bekräftigt dessen **Präambel** weiterhin die **Verpflichtung** zu einer Verbesserung der Demokratie in der Arbeit der Organe.[79]

18   Art. 10 EUV wie auch das weitere Primärrecht enthalten zwar **Konkretisierungen** der repräsentativen Demokratie in der EU, jedoch **keine Definition**. Aus den Verfassungsüberlieferungen der Mitgliedstaaten lassen sich jedoch **Essentialia** einer repräsentativen Demokratie extrahieren. Zunächst steht Demokratie als Herrschaftsform für ein **Verbot der Fremdherrschaft**.[80] Dies gilt im europäischen Demokratieverbund sowohl für die **Union** als auch für die **Mitgliedstaaten**.[81] Historisch ist das durchaus bedeutsam gewesen. So ist die **Süderweiterung** zeitlich verzögert worden, weil Portugal, Spanien und Griechenland ihre diktatorischen Regime erst abschütteln mussten. Für die Zukunft ist der **Sanktionsmechanismus nach Art. 7 EUV** vorgesehen, um rechtzeitig den **europäischen Demokratieverbund** vor der Einflussnahme von Regimen zu schützen, die drohen, die gemeinsamen Werte nach Art. 2 EUV anhaltend zu verletzen. Als weiteres Kriterium ist die **zeitliche Begrenzung von Herrschaft** und Legitimation zu nennen. Dazu zählen **wiederkehrende Wahlen**, wie sie auch in der **EMRK** vorgeschrieben werden.[82] Ferner zählt dazu die **Verantwortlichkeit gegenüber den Parlamenten**, wie dies in Art. 10 Abs. 2 EUV ausgeführt wird, sowie letztlich gegenüber den Unionsbürgerinnen und -bürgern, wie es in Art. 9 EUV zum Ausdruck kommt.[83] Das für den EVV vorgesehene Motto hob die **Geltung des Mehrheitsprinzips** in der Demokratie hervor.[84] Dieses Motto war kritisch und es ist im Lissabonner Vertrag zu Recht fallen gelassen worden. Denn gerade die Anwendung des Mehrheitsprinzips ist in der supranationalen Union problematisch. Seine Geltung ist keineswegs so selbstverständlich wie in den Demokratien der Mitgliedstaaten, deren Völker auf eine lange Tradition gewachsener Verbundenheit und Solidarität zurückblicken können, die das Fundament dafür bildet, dass die Minderheit den Abstimmungssieg der Mehrheit anerkennt. Zudem stellt das Mehrheitsprinzip die über den Rat unter Bezug auf die nationalen Parlamente vermittelte demokratische Legitimation in Frage.[85] Denn ein im Rat überstimmter Staat und sein Parlament können keine **Verantwortung** von den Regierungen der Mehrheitsstaaten einfordern, geschweige denn sie abwählen. Deshalb ist jenes Motto im Lissabonner Vertrag zu Recht

---

[78] Insofern sind die in Fn. 73 aufgeführten Stellungnahmen nicht aussagekräftig; vgl. von einer funktionalen Einheit des EUV/AEUV und des EAG spricht *Schulenberg*, Die Energiepolitik der Europäischen Union, 360.

[79] Abs. 7 Präambel EUV in der Fassung des Lissabonner Vertrages.

[80] *Ruffert*, in: Calliess/Ruffert, EUV/AEUV, Art. 10 EUV, Rn. 2.

[81] Dies folgt aus den gemeinsamen Werten nach Art. 2 EUV.

[82] Art. 3 ZP 1 EMRK, s. EGMR, Urt. v. 18.2.1999, Beschwerde-Nr. 24833/94 (Matthews/Vereinigtes Königreich), EuZW 1999, 308.

[83] S. die Kommentierung zu Art. 9 EUV, Rn. 26.

[84] Art. I–8 EVV »In Vielfalt geeint«, s. dazu Konferenz der Vertreter der Regierungen der Mitgliedstaaten: Vertrag über eine Verfassung für Europa, Dok. Nr. CIG 87/04, Rev. 1, Brüssel, 6.8.2004.

[85] Dagegen gilt für Abstimmungen im Europäischen Rat grundsätzlich das Konsensprinzip nach Art. 15 Abs. 4 EUV.

fallen gelassen worden. Des Weiteren zählt zu den Essentialia der ausdrücklich in Art. 10 Abs. 1 EUV vorgeschriebene **Modus der Repräsentation** für die Herrschaftsausübung in der Union. Zur Konkretisierung sind zwar im Primärrecht insbesondere die **Grundsätze der allgemeinen und freien Wahl** enthalten, doch keine Entscheidung für das **Verhältniswahlrecht**. Daher war die lange im Direktwahlakt vorgesehene Akzeptanz auch des Mehrheitswahlrechts in Mitgliedstaaten kein Verstoß gegen die Verträge, obwohl dabei weniger gesellschaftliche Gruppen im Parlament repräsentiert werden. Seit 1999 hat auch das Vereinigte Königreich für die Wahlen zum Europäischen Parlament das Verhältniswahlrecht eingeführt.[86] Damit hat sich ein mitgliedstaatlicher Konsens etabliert, hinter den angesichts des Optimierungsauftrags für die demokratische Legitimation in der EU ein Rückschritt nicht mehr zulässig erscheint.[87] Ferner folgt aus Art. 10 Abs. 1 EUV grundsätzlich auch die Vorgabe, dass die Bürgerinnen und Bürger der Mitgliedstaaten im Europäischen Parlament ausreichend repräsentiert sein müssen. Diesbezüglich schreibt Art. 14 Abs. 2 EUV den Modus der **degressiven Proportionalität** mit der Mindestsitzzahl sechs und der Höchstzahl 96 vor. Damit wird zum einen eine ausreichende Repräsentation gesellschaftlicher Gruppen in den kleinsten Mitgliedstaaten gewährleistet, zugleich sind aber die größeren Mitgliedstaaten unterrepräsentiert. Art. 14 Abs. 2 EUV geht Art. 10 Abs. 1 EUV als **speziellere Norm** vor und ist daher primärrechtlich formal **kein Verstoß** gegen das Demokratieprinzip nach den Verträgen. Gemessen an den Verfassungsüberlieferungen demokratischer Bundesstaaten (s. Rn. 28), ist dies – entgegen einer bedeutenden Gegenansicht in Deutschland – auch **rechtfertigbar** (s. Rn. 28).

Der Regelungsgehalt von Art. 10 Abs. 1 EUV erschöpft sich nicht in Vorgaben für **19** eine Konkretisierung der Europawahl.[88] Eine Frage der repräsentativen Demokratie ist es auch, wenn im Sekundärrecht von den EU-Organen weitgehend **unabhängig agierende Agenturen** und sonstige Einrichtungen errichtet werden.[89] Je stärker deren Regelungs- und Eingriffsbefugnisse sind, umso dringlicher wird eine Antwort. In Deutschland wird vom **BVerfG** zum einen eine personelle Legitimation gefordert, wonach die Ernennung der Mitglieder der betreffenden Verwaltungseinheit auf ein letztlich dem Parlament verantwortliches Organ zurückgeführt werden können muss. Ferner bedarf es einer gewissen Steuerung des Aufgabenbereichs jedenfalls im Wege der Aufsicht.[90] Der EuGH hatte im Rahmen des Datenschutzes Gelegenheit zu dieser Frage Stellung zu nehmen.[91] Die Kommission hatte gerügt, dass die in Deutschland eingeführte Aufsicht über die nach Richtlinie 95/64 vorgesehenen Kontrollstellen, die über die Einhaltung der grundrechtlichen Gewährleistungen des Datenschutzes wachen sollen, gegen deren vorgeschriebene Unabhängigkeit[92] verstoße. Der **EuGH** ging auf das Argument eines Verstoßes gegen das **Demokratieprinzip** ein und entschied, dass unabhängige öffentliche Stellen, deren Handeln der politischen Einflussnahme gerade entzogen sein soll, **zulässig** seien, soweit sie an das **Gesetz gebunden** und der **Kontrolle der Gerichte** unterworfen

---

[86] *Busek/Hummer*, Etappen auf dem Weg zu einer europäischen Verfassung, 350 ff.

[87] *Busek/Hummer*, Etappen auf dem Weg zu einer europäischen Verfassung, 350 ff.

[88] Vgl. aber *Kaufmann-Bühler*, in: Lenz/Borchardt, EU-Verträge, Art. 10 EUV, Rn. 3.

[89] In diese Richtung *Ruffert*, in: Calliess/Ruffert, EUV/AEUV, Art. 10 EUV, Rn. 2, demzufolge eine »Expertokratie« ausgeschlossen sein soll.

[90] BVerfGE 123, 267 (320 ff., 364 ff.); vgl. BVerfGE 107, 59 (91 f.).

[91] EuGH, Urt. v. 9.3.2010, Rs. C–518/07 (Kommission/Deutschland), Slg. 2010, I–1885, Rn. 41.

[92] EuGH, Urt. v. 9.3.2010, Rs. C–518/07 (Kommission/Deutschland), Slg. 2010, I–1885, Rn. 23.

seien.[93] Zudem dürfe aber **nicht** jeglicher **parlamentarischer Einfluss** auf die Stellen **ausgeschlossen** sein. Dafür hielt es der EuGH für ausreichend, wenn das **Leitungspersonal** der Kontrollstellen vom Parlament oder der Regierung **bestellt** werde, dessen **Kompetenzen** vom Gesetzgeber festgelegt würden und sie verpflichtet seien, dem Parlament **Rechenschaft** über ihre Tätigkeit, etwa über regelmäßige Berichte, abzulegen.[94]

20   Es ist in der Rechtsprechung anerkannt, dass der Grundsatz der Demokratie in der Union **rechtsverbindlich** ist.[95] Er ist bei der **Auslegung** des Primär- und Sekundärrechts heranzuziehen[96] und das **Sekundärrecht** muss dessen Vorgaben **einhalten**, sonst sind entsprechende Maßnahmen nichtig.[97] Doch ist bei der Anwendung des Grundsatzes der Demokratie darauf zu achten, dass auch die Konkretisierungen von Art. 10 Abs. 1 EUV und in anderen Primärrechtsvorschriften, insbesondere in Art. 14 Abs. 2 EUV beachtet werden.[98]

III.   Demokratische Legitimation (Abs. 2)

21   Art. 10 Abs. 2 EUV enthält eine »**verfassungs**«-**rechtliche Grundentscheidung** für die **parlamentarisch-demokratische** Repräsentation und zwar im Wege einer **dualen Legitimation**.[99] Zur Konkretisierung werden die entsprechenden Organe bezeichnet: auf der Unionsebene zum einen das **Europäische Parlament** als unmittelbares Vertretungsorgan der »Bürgerinnen und Bürger« (UAbs. 1) und zum anderen die Vertretung der Mitgliedstaaten in **Rat** bzw. **Europäischem Rat**, deren **Verantwortlichkeit** gegenüber den **nationalen Parlamenten** oder ihren Bürgerinnen und Bürgern als Pflicht festgehalten wird (UAbs. 2). Beide Unterabsätze beziehen sich auf die **Unionsebene**, wie einleitend im 1. UAbs. aufgeführt. Denn inhaltlich betrifft die Repräsentation der Mitgliedstaaten im Rat bzw. Europäischen Rat die Unionsebene. So wird die demokratische Legitimation des Handelns der Union primär über zwei Legitimationsstränge gewährleistet. **Ergänzend**, nicht als Ausnahme, treten partizipativ-demokratische Elemente nach Art. 10 Abs. 3, Art. 9 und Art. 11 EUV hinzu.[100]

22   Damit wird die demokratische Legitimation des Handelns der Union in einem

---

[93] EuGH, Urt. v. 9.3.2010, Rs. C–518/07 (Kommission/Deutschland), Slg. 2010, I–1885, Rn. 41 f.

[94] EuGH, Urt. v. 9.3.2010, Rs. C–518/07 (Kommission/Deutschland), Slg. 2010, I–1885, Rn. 44 u. 45.

[95] EuGH, Urt. v. 29.10.1980, Rs. C–138/79 (Roquette/Rat), Slg. 1980, 3333, Rn. 339; Urt. v. 29.10.1980, Rs. C–139/79 (Maizena/Rat), Slg. 1980, 3393, Rn. 34.

[96] EuGH, Urt. v. 4.10.1991, Rs. C–70/88 (Parlament/Rat), Slg. 1991, I–4529, Rn. 22. Zur Auslegung der Verträge *Haag*, in: GSH, Europäisches Unionsrecht, Art. 10 EUV, Rn. 4.

[97] Ständige Rechtsprechung, s. nur EuGH, Urt. v. 9.3.2010, Rs. C–518/07 (Kommission/Deutschland), Slg. 2010, I–1885, Rn. 41; *Ruffert*, in: Calliess/Ruffert, EUV/AEUV, Art. 10 EUV, Rn. 1, sind »Verfahren, Handlungen und Entscheidungen, die dem demokratischen Prinzip widersprechen, [...] primärrechtswidrig.«

[98] Daher nicht überzeugend *Ruffert*, in: Calliess/Ruffert, EUV/AEUV, Art. 9 EUV, Rn. 30, der im Falle, dass die unterrepräsentierten Mitgliedstaaten eine Abstimmung gerade aufgrund der geringeren Zahl an Sitzen im Europäischen Parlament verlieren sollten, einen Verfahrensverstoß konstatieren möchte.

[99] Zum Begriff *Huber*, in: Streinz, EUV/AEUV, Art. 10 EUV, Rn. 25; ebenso *Kaufmann-Bühler*, in: Lenz/Borchardt, EU-Verträge, Art. 10 EUV, Rn. 5; *Haag*, in: GSH, Europäisches Unionsrecht, Art. 10 EUV, Rn. 9; *Ruffert*, in: Calliess/Ruffert, EUV/AEUV, Art. 10 EUV, Rn. 5 ff.; ausführlich *Nettesheim*, in: Grabitz/Hilf/Nettesheim, EU, Art. 10 EUV (Januar 2015), Rn. 40, 55, 65 ff.

[100] Vgl. BVerfGE 123, 267 (369); *Huber*, in: Streinz, EUV/AEUV, Art. 10 EUV, Rn. 45 (anders aber in Rn. 23); vgl. *Nettesheim*, in: Grabitz/Hilf/Nettesheim, EU, Art. 10 EUV (Januar 2015), Rn. 56.

Verbund von EU-Organen und mitgliedstaatlichen Organen geleistet,[101] der sich letztlich auf die Unionsbürgerinnen und -bürger als Grundlage bezieht. Insofern ist den Begriffen des Staatenverbundes und Verfassungsverbundes derjenige des **Demokratieverbundes** zur Seite zu stellen. Sofern demnach in der Literatur ein **Demokratiedefizit** in Bezug auf das Handeln der Union festgestellt wird, ist dieses auf den Demokratieverbund zu beziehen. Jedes Defizit in der demokratischen Legitimation der EU ist auch ein solches **in den Mitgliedstaaten**, die die EU-Rechtsakte zur Anwendung bringen. Als »Herren der Verträge« tragen schlussendlich die Mitgliedstaaten Verantwortung für das Legitimationsniveau in der Union. In den Stellungnahmen in der Literatur wird oft die Legitimation des Europäischen Parlaments zunächst kritisch gewürdigt, bevor im Anschluss die Repräsentation über Rat bzw. Europäischen Rat – oft wohlwollend – gewürdigt wird.[102] In dieser Reihenfolge besteht die Gefahr der Suggestion, dass ein Defizit in der Legitimation des Europäischen Parlaments über den zweiten Legitimationsstrang kompensiert werden könnte. Dem entgegen ist darauf hinzuweisen, dass die Legitimation über die Mitgliedstaaten in der EU mit der Zunahme der Anwendung des Mehrheitsprinzips im Rat allein nicht mehr als ausreichend angesehen werden kann.[103] Aus dieser Not speist sich zumindest teilweise das Konzept der Vermittlung demokratischer Legitimation über das **Europäische Parlament**.[104]

Den Legitimationsstrang über die mitgliedstaatlichen Staats- und Regierungschefs bzw. Regierungen bei ihrem Handeln im Europäischen Rat bzw. Rat nennt Art. 10 Abs. 2 EUV erst an zweiter Stelle. Diese **Reihenfolge** folgt der Systematik des Abschnitts über die Organe, indem ebenfalls das Europäische Parlament aufgrund seiner **unmittelbaren Legitimation** an erster Stelle genannt wird.[105] Sie findet zwar eine Stütze in der Differenzierung und demokratietheoretisch unterschiedlichen Gewichtung von »unmittelbarer« und »mittelbarer« Repräsentation, doch zeigt die Kritik an der Bezugnahme auf die Bürgerinnen und Bürger, dass das erstere Konzept keinen Vorrang vor dem zweiten beanspruchen kann. Eine solche Auslegung hat der **EuGH** nur singulär vertreten[106] und in seiner späteren Rechtsprechung zur Kompetenzabgrenzung **korrigiert**.[107] Vielmehr erscheinen beide Legitimationsstränge je für sich als nicht ausreichend und können nur im wechselseitigen Zusammenwirken ausreichend Legitimation vermitteln.   **23**

In den Anfangsjahren der (damaligen) Gemeinschaft hat der Rat in der Übergangszeit und später noch lange de facto **einstimmig** entschieden. In diesem Modus kann jeder Mitgliedstaat über die Vertreter seiner Regierung eine Entscheidung auf supranationaler Ebene blockieren. Damit war jede positive **Maßnahme** immer **allen Mitgliedstaaten**   **24**

---

[101] Vgl. *Nettesheim*, in: Grabitz/Hilf/Nettesheim, EU, Art. 10 EUV (Januar 2015), Rn. 7.

[102] Vgl. *Ruffert*, in: Calliess/Ruffert, EUV/AEUV, Art. 10 EUV, Rn. 6 und 7.

[103] Nach BVerfGE 89, 155 (184), BVerfGE 123, 267 (364, 368) ist eine zusätzliche »Legitimationsabstützung« notwendig; s. auch *Huber*, in: Streinz, EUV/AEUV, Art. 10 EUV, Rn. 36.

[104] BVerfGE 89, 155 (184); BVerfGE 123, 267 (364, 368).

[105] Ausführlich zu den »Legitimationsbeiträgen« des EP, des ER und des Rates *Huber*, in: Streinz, EUV/AEUV, Art. 10 EUV, Rn. 27 ff.

[106] In EuGH, Urt. v. 11.6.1991, Rs. C–300/89 (Kommission/Rat), Slg. 1991, I–2867, hatte der Gerichtshof die Beteiligung des Europäischen Parlaments stärker gewichtet als die Einstimmigkeit im Rat und damit den supranationalen Legitimationsstrang in der Bedeutung über den Strang via die nationalen Parlamente gestellt. Das hat er später korrigiert.

[107] EuGH, Urt. v. 10.1.2006, Rs. C–94/03 (Kommission/Rat), Slg. 2006, I–1, Rn. 53 f., sieht nur noch eine besondere Gewichtung stärkerer Beteiligungsrechte des Parlaments vor, wenn dabei nicht vom Beschlussverfahren im Rat abgewichen wird.

zuzurechnen und die jeweiligen Regierungsvertreter mussten sich dafür nach den innerstaatlichen Vorschriften vor dem nationalen Parlament rechtfertigen. Hinzuzufügen ist, dass die Mitgliedstaaten damals bei fehlendem Konsens aufgrund des noch wenig entwickelten Sekundärrechts regelmäßig selbst hätten tätig werden können. Insofern waren sie in ihrer demokratischen Regelungsbefugnis (noch) wenig beschränkt. Mit der **Ausweitung des Mehrheitsprinzips** bis hin zum Regelmodus im ordentlichen Gesetzgebungsverfahren im Lissabonner Vertrag ist diese Legitimationskette immer brüchiger geworden. Die Grundproblematik besteht darin, dass jede Regierung nur ihrem Volk letztlich verantwortlich ist und daher eine **Mehrheit von Mitgliedstaaten** im Rat sich **nicht demokratisch** vor den Völkern der unterlegenen Mitgliedstaaten **verantworten** muss. Hinzu kommt, dass die letztgenannten Völker nicht die Mehrheitsverhältnisse im Rat beeinflussen können. Zwar könnte man in der Theorie eine transnationale Konzeption vertreten, wonach jeder Mitgliedstaat auch immer einer Mehrheit im Rat angehören kann, doch stehen solchen Konzeptionen die gleichen Argumente entgegen, die eine transnationale Legitimation des Europäischen Parlaments mit guten Gründen kritisieren. Für die kleineren Mitgliedstaaten wird diese Problematik unter dem Aspekt einer **Output-Legitimation** noch dadurch verstärkt, dass sie de facto **weniger politischen Einfluss** als die großen Mitgliedstaaten haben. Dies wird im Lissabonner Vertrag noch dadurch verstärkt, dass nunmehr auch im **Rat** die **Stimmengewichtung** anhand der **Bevölkerungszahl** nach Art. 16 Abs. 4 EUV erfolgt. Insoweit ist die Legitimationsvermittlung über die Mitgliedstaaten in der EU brüchig geworden. Sie funktioniert jedoch noch immer in den Bereichen, in denen Einstimmigkeit verlangt wird. Dazu zählt die sog. **Vertragsabrundungskompetenz** nach Art. 352 AEUV sowie die sog. **Vertragsergänzungen**, wie etwa beim Beschluss über die Eigenmittel der Union, der zusätzlich die Zustimmung der nationalen Parlamente im Rahmen der innerstaatlichen Ratifikationsvorgaben verlangt,[108] oder bei den verschiedenen Modi der **Vertragsänderung**.

25   Der **Europäische Rat** entscheidet in der Regel im **Konsens**, d. h. mit Einstimmigkeit. Auch insofern kann eine ausreichende Legitimation über die Mitgliedstaaten vermittelt werden (s. Rn. 24). Allerdings besitzt der Europäische Rat **keine Legislativbefugnisse**, so dass dieser Weg nicht für eine demokratische Legitimation rechtserheblicher Handlungen in Frage kommt.[109] Der **politische Einfluss** des Europäischen Rates auf die Rahmenausrichtung der Politik der EU, die dann von der Kommission durchzuführen ist, ist allerdings unter dem Lissabonner Vertrag ausgeweitet worden.[110]

26   Wegen der Brüchigkeit der Vermittlung demokratischer Legitimation über den Rat und die Regierungen der Mitgliedstaaten musste eine Ergänzung mit einem **weiteren Strang** demokratischer Legitimation über das **Europäische Parlament** entwickelt werden. Zugleich wurde in dieser Konzeption die **Integration** vorangetrieben, weil das Parlament in der Folge mehr und mehr Kompetenzen erhielt, bis schließlich im Lissabonner Vertrag das **Verfahren der Mitentscheidung** zum regelmäßig anzuwenden »ordentlichen« Gesetzgebungsverfahren ausgebaut worden ist.[111] Dies geschah aber zugleich mit der Ausweitung des Mehrheitsprinzips im Rat in den entsprechenden Kompetenzvorschriften, wodurch der Legitimationsstrang über den Rat weiter ausgedünnt

---

[108] Art. 311 Abs. 3 AEUV.
[109] So ausdrücklich Art. 15 Abs. 1 S. 2 EUV.
[110] S. BVerfG 123, 267 (380 f.) zur zwischen Kommission, Rat und Europäischem Rat geteilten Verantwortung als europäische Regierung.
[111] Art. 289 Abs. 1 AEUV.

worden ist.[112] Daher ist bereits im Grundsatz nicht jeder **Zuwachs von Kompetenzen** des Europäischen Parlaments mit einer entsprechenden Stärkung der demokratischen Legitimation insgesamt gleichzusetzen.

Darüber hinaus leidet die **demokratische Legitimation des Europäischen Parlaments** 27 an zwei Mängeln. Erstens wird das Parlament zwar direkt gewählt, so dass in Art. 10 Abs. 2 zutreffend von einer unmittelbaren Repräsentation gesprochen wird. Bezugssubjekt dieser Repräsentation sind die Bürgerinnen und Bürger, d.h. eingedenk der Erklärung in Art. 9 Satz 2 und 3 EUV die **Unionsbürgerinnen und -bürger**. Doch fehlt es diesen in ihrer Gesamtheit an einer **kollektiven Qualität**, die man als ein Europäisches Volk bezeichnen könnte[113] und die ein Gemeinschafts- und Solidaritätsverständnis hätte entstehen lassen können, das die Akzeptanz einer transnationalen Mehrheit sichern könnte. Zwar organisieren sich die Parteien im Europäischen Parlament in **transnationalen Fraktionen**, doch findet die **Direktwahl** nach den **Bedingungen der einzelnen Mitgliedstaaten** statt, auch wenn mit der umfassenden Anwendung des Verhältniswahlrechts seit 1999 eine wichtige Angleichung erfolgt ist. Wird aber die Bezugsgröße des Parlaments nicht als ein einheitliches Volk gedacht, gilt auch hier, wie beim Rat, dass die Wahlbevölkerung eines Mitgliedstaates, dessen Abgeordnete in einer Abstimmung unterlegen sind, die **Mehrheit der Abgeordneten** – wenn sie aus anderen Mitgliedstaaten stammt – nicht demokratisch zur **Rechenschaft** ziehen kann, etwa durch Abwahl.

Zweitens ist die **Qualität der Repräsentation** durch das Europäische Parlament kritisch zu sehen. Denn das Erfordernis **degressiv proportionaler Repräsentation** führt dazu, dass die **Erfolgswertgleichheit** der Stimmen zwischen den Mitgliedstaaten um den Faktor von ca. 1:12 verzerrt wird.[114] Dem kleinsten Mitgliedstaat stehen nach Art. 14 Abs. 2 EUV sechs Sitze zur Verfügung, während der größte Mitgliedstaat nicht mehr als 96 Sitze erhält. **Rechtsvergleichend** kennen aber auch Bundesstaaten bei der Besetzung der ersten Kammer, wie etwa die Schweiz im Nationalrat, deutliche Unterschiede in der Erfolgswertgleichheit. Diese werden in der Regel damit gerechtfertigt, dass ohne die Zuerkennung von mindestens einem Sitz für einen Kanton eine **Vereinigung von Staaten auf freiwilliger Basis** nicht möglich gewesen wäre. Auch in der EU ist die degressive Proportionalität der freiwilligen bottom-up-Entwicklung der europäischen Integration geschuldet. In der EU kann die **zusätzliche Verzerrung** aufgrund der Mindestzahl von sechs Sitzen mit dem **Gebot der Integration** gerechtfertigt werden[115], weil dadurch Abstimmungen nach mitgliedstaatlicher Zugehörigkeit anstelle von transnationalen Parteien zurückgedrängt werden. Zudem ist diese Privilegierung kleinerer Mitgliedstaaten ein Ausgleich für die geringere politische Partizipation derselben an einer Output-Legitimation. Daher kann die Differenzierung beim Erfolgswert **gerechtfertigt** werden. Gleichwohl bleibt aufgrund dieser Verzerrung die Repräsentation im Vergleich zu der in Bundesstaaten **prekär**. Daher ist die Union auf die duale Legitimation, d.h. auf beiden in Art. 10 Abs. 2 EUV genannten Wegen angewiesen. Das Gesamtbild wird auch nicht dadurch verbessert, dass nach Ansicht des **BVerfG** den Mitgliedstaaten und ihren Par-

---

[112] Vgl. *Huber*, in: Streinz, EUV/AEUV, Art. 10 EUV, Rn. 39 ff., der sich gegen pauschale Forderungen nach einer Stärkung des Europäischen Parlaments zulasten des Rates wendet.

[113] Das ist nahezu unbestritten, s. BVerfGE 89, 155 (184 f.).

[114] *Nettesheim*, in: Grabitz/Hilf/Nettesheim, EU, Art. 10 EUV (Januar 2015), Rn. 65 ff. nennt einen Faktor von 12,8, *Ruffert*, in: Calliess/Ruffert, EUV/AEUV, Art. 9 EUV, Rn. 27, spricht gar von 1:16.

[115] Vgl. dazu *Magiera*, in: Meyer, GRCh, Art. 39, Rn. 28 ff.

lamenten nennenswerte Befugnisse verbleiben müssen[116], denn dies hat keine positive Auswirkung auf die bereits übertragenen Kompetenzen. Diese Bestandsaufnahme öffnet den Blick dafür, warum die demokratische Legitimation in der Union **vielschichtig** angelegt ist und neben den zwei repräsentativ-demokratischen Legitimationssträngen auch auf partizipativ-demokratische Elemente setzt.

IV.   Teilnahme der Bürger, Transparenz und Bürgernähe (Abs. 3)

1.   Partizipative Demokratie

29   Art. 10 Abs. 3 Satz 1 EUV anerkennt ein »**Recht**« der Bürgerinnen und Bürger auf **Teilnahme am demokratischen Leben** der Union und weist diesen damit grundsätzlich einen **status activus** zu.[117] Die Unionsbürgerinnen und -bürger werden in Übereinstimmung mit ihrer Bedeutung nach Art. 9 EUV als **Bezugssubjekte** des unionalen **Demokratiekonzeptes** anerkannt.[118] Darin wird zum einen das normative **Fundament der repräsentativen Demokratie** in der EU deutlich, zum anderen wird diese zugleich um **partizipativ-demokratische** Elemente ergänzt. Diese **Ergänzung** ist notwendig zur Erreichung eines ausreichenden demokratischen Legitimationsniveaus und hat nicht bloß den Charakter einer Ausnahme.[119] Die Sätze 2 und 3 der Vorschrift sind ebenso gleichzeitig auf die repräsentative Demokratie wie auf die partizipativ-demokratischen Elemente ausgerichtet. **Offenheit** ermöglicht und fördert Information, die notwendig ist, um **effektiv** am demokratischen Leben **teilzunehmen** (s. Rn. 35). **Bürgernähe** ist eine Vorgabe für den Modus und das Ergebnis der Teilnahme: Sie verlangt, dass diese Teilnahme in Verfahren und Ergebnissen möglichst nah beim Bürger erfolgen soll (s. Rn. 39). Die **Verbindung zum Transparenzgebot** ergibt sich daraus, dass die Zuständigkeit der unteren Hoheitsebenen tendenziell auch für einen besseren Informationsfluss und eine leichtere Nachvollziehbarkeit sorgen.

2.   Das »Recht« auf Teilnahme

30   Das **Recht auf Teilnahme** nach Art. 10 Abs. 3 Satz 1 EUV ist nach allgemeiner Ansicht **weit** gefasst.[120] Auch wenn es zuweilen als demokratisches[121] oder politisches Recht[122] bezeichnet wird, zeigt der Katalog der es konkretisierenden Rechte in den Verträgen eine große Bandbreite.[123] Erfasst werden sowohl der status activus, d. h. das Recht auf

---

[116] BVerfGE 89, 155 (186 ff.).

[117] *Huber*, in: Streinz, EUV/AEUV, Art. 10 EUV, Rn. 42 ff.; *Haag*, in: GSH, Europäisches Unionsrecht, Art. 10 EUV, Rn. 11; in der Sache ebenso *Ruffert*, in: Calliess/Ruffert, EUV/AEUV, Art. 10 EUV, Rn. 12.

[118] *Haag*, in: GSH, Europäisches Unionsrecht, Art. 10 EUV, Rn. 11.

[119] Vgl. aber die Wertung von *Huber*, in: Streinz, EUV/AEUV, Art. 10 EUV, Rn. 45; *ders.*, in: Bauer/Huber/Sommermann, 491 (498 f.).

[120] Die Weite ergibt sich aus den breit gefächerten Konkretisierungen, die aus dem Recht abgeleitet werden, s. *Haag*, in: GSH, Europäisches Unionsrecht, Art. 10 EUV, Rn. 11; *Huber*, in: Streinz, EUV/AEUV, Art. 10 EUV, Rn. 43; *Lienbacher/Kröll*, Art. 10 EUV, Rn. 17; *Kaufmann-Bühler*, in: Lenz/Borchardt, EU-Verträge, Art. 10 EUV, Rn. 8; vgl. wohl etwas enger *Ruffert*, in: Calliess/Ruffert, EUV/AEUV, Art. 10 EUV, Rn. 12, der lediglich auf das aktive und passive Wahlrecht sowie die Partizipationsrechte nach Art. 11 EUV hinweist.

[121] *Ruffert*, in: Calliess/Ruffert, EUV/AEUV, Art. 10 EUV, Rn. 11 spricht von einem demokratischen Grundrecht.

[122] So wohl *Kaufmann-Bühler*, in: Lenz/Borchardt, EU-Verträge, Art. 10 EUV, Rn. 8.

[123] Vgl. die Aufzählungen bei *Kaufmann-Bühler*, in: Lenz/Borchardt, EU-Verträge, Art. 10 EUV,

Mitwirkung am politischen Meinungsbildungs- und Entscheidungsprozess in der Union, insbesondere das Wahlrecht zum Europäischen Parlament[124], als auch **ergänzende Rechte** auf Kontrolle der Organe sowie **demokratische Grundrechte**, die im status negativus insbesondere vor Eingriffen der Hoheitsträger in Freiheitsrechte schützen.[125] Zum **status activus** zu zählen sind das **Wahlrecht** zum europäischen Parlament nach Art. 14 Abs. 3 EUV[126], sowie das **aktive und passive Wahlrecht** zum Europäischen Parlament **in** einem **anderen Mitgliedstaat** als dem Heimatstaat nach Art. 22 Abs. 2 AEUV, Art. 39 GRCh. Ferner können die Unionsbürgerinnen und -bürger im Rahmen der in Art. 11 Abs. 3 EUV vorgesehenen **Europäischen Bürgerinitiative** auf den Rechtsetzungsprozess Einfluss nehmen. Ferner ist das **Petitionsrecht zum Parlament** nach Art. 24 Abs. 2, Art. 227 AEUV dazuzurechnen, weil es auch der politischen Einflussnahme dienen kann. Schließlich sind noch die **Konsultationsrechte** nach Art. 11 Abs. 1 EUV zu nennen.[127] **Nicht** dazu zählt hingegen das Recht auf **Teilnahme an Kommunalwahlen** in einem anderen Mitgliedstaat gemäß Art. 22 Abs. 1 bzw. Art. 40 GRCh, weil es nicht die politische Teilnahme auf Unionsebene betrifft. Es fördert aber die Integration und die Herausbildung einer europäischen Zivilgesellschaft und hat somit eine **ergänzende Funktion**.[128]

Art. 10 Abs. 3 Satz 1 EUV wird ferner in verschiedenen **Rechten** mit **unterstützender Funktion** konkretisiert, die nicht unmittelbar Einfluss auf die politischen Entscheidungsprozesse gewähren.[129] Dazu zählen **Kontrollrechte**, wie das Recht auf Eingaben an den **Europäischen Bürgerbeauftragten** (Art. 24 Abs. 3, 228 AEUV), **Rechte auf Information**, wie das Recht auf Zugang zu Dokumenten (Art. 15 AEUV, Art. 42 GRC) und **Rechte mit übergreifenden Funktionen**, wie das Recht auf schriftliche Kommunikation mit den Unionsorganen (Art. 24 Abs. 4 AEUV, Art. 41 Abs. 4 GRC). Des Weiteren werden nach übereinstimmender Auffassung auch **Freiheitsrechte mit demokratischer Funktion** dazu

31

Rn. 8; *Nettesheim*, in: Grabitz/Hilf/Nettesheim, EU, Art. 10 EUV (Januar 2015), Rn. 96 ff.; *Haag*, in: GSH, Europäisches Unionsrecht, Art. 10 EUV, Rn. 11; *Huber*, in: Streinz, EUV/AEUV, Art. 10 EUV, Rn. 43.

[124] *Haag*, in: GSH, Europäisches Unionsrecht, Art. 10 EUV, Rn. 11, sieht darin die zentrale Konkretisierung. Nach *Huber*, in: Streinz, EUV/AEUV, Art. 10 EUV, Rn. 42, entscheidet der »status activus« des Unionsbürgers über das Legitimationsniveau der EU.

[125] Vgl. die Aufzählungen bei *Haag*, in: GSH, Europäisches Unionsrecht, Art. 10 EUV, Rn. 11; *Huber*, in: Streinz, EUV/AEUV, Art. 10 EUV, Rn. 43; *Lienbacher/Kröll*, Art. 10 EUV, Rn. 17; *Kaufmann-Bühler*, in: Lenz/Borchardt, EU-Verträge, Art. 10 EUV, Rn. 8; *Ruffert*, in: Calliess/Ruffert, EUV/AEUV, Art. 10 EUV, Rn. 12, bezieht neben dem aktiven und passiven Wahlrecht die Partizipationsrechte nach Art. 11 EUV ein, und umreißt damit den Schutzbereich im Sinne seiner Auslegung als »demokratisches Grundrecht«, d.h. auf den status activus beschränkt.

[126] Die normative Verortung ist strittig, alternativ wird auch Art. 223 AEUV i.V. mit dem Direktwahlakt angeboten, vgl. *Haag*, in: GSH, Europäisches Unionsrecht, Art. 10 EUV, Rn. 11.

[127] Zu den Bezügen zu Art. 11 EUV (Teilnahme der Bürger) bzw. Art. 15, 24 Abs. 4 AEUV (Transparenz) s. *Kaufmann-Bühler*, in: Lenz/Borchardt, EU-Verträge, Art. 10 EUV, Rn. 8 f.; *Haag*, in: GSH, Europäisches Unionsrecht, Art. 10 EUV, Rn. 15.

[128] Nach *Haag*, in: GSH, Europäisches Unionsrecht, Art. 10 EUV, Rn. 11 dehnt es den unionsbürgerlichen status activus auf die politische Mitwirkung in den Mitgliedstaaten aus. Das ist in der Sache zutreffend, eröffnet aber noch nicht den Anwendungsbereich des status activus unter Art. 10 Abs. 2 EUV, der auf die Teilnahme auf der Unionsebene abzielt.

[129] S. die Aufstellung bei *Haag*, in: GSH, Europäisches Unionsrecht, Art. 10 EUV, Rn. 11; *Huber*, in: Streinz, EUV/AEUV, Art. 10 EUV, Rn. 43; *Lienbacher/Kröll*, Art. 10 EUV, Rn. 17; *Kaufmann-Bühler*, in: Lenz/Borchardt, EU-Verträge, Art. 10 EUV, Rn. 8; dagegen erwähnt *Ruffert*, in: Calliess/Ruffert, EUV/AEUV, Art. 10 EUV, Rn. 12, weder Rechte mit unterstützender Funktion noch demokratische Freiheitsrechte.

gezählt, wie die Grundrechte auf **Meinungsfreiheit** (Art. 11 GRC) und auf Gründung von **politischen Parteien** (Art. 10 Abs. 4 EUV und Art. 12 Abs. 2 GRC).

32   Nach allgemeiner Ansicht ist die **Gewährleistung** des Rechts auf Teilnahme in Art. 10 Abs. 3 EUV **rechtsverbindlich**.[130] Umstritten ist hingegen seine Qualität als subjektives Recht. Die Befürworter stellen auf den Wortlaut der Vorschrift (»Recht«) ab.[131] Das Recht werde in verschiedenen anderen Rechten im Primärrecht konkretisiert (s. Rn. 30, 31) die leges speciales seien.[132] Es sei »nur ausnahmsweise allein anwendbar«. An dieser Stelle setzt die Kritik an. Denn der Wortlaut der Vorschrift ist so vage, dass nach allgemeiner Ansicht ein breites Spektrum an Rechten erfasst wird (Rn. 30, 31). Daher fehlt es aber an Anhaltspunkten, einzelne konkrete Rechte daraus zwingend abzuleiten.[133] Es ist hinzuzufügen, dass auch die **systematische Auslegung** gegen die Ableitung neuer subjektiver Rechte allein aus Art. 10 Abs. 3 EUV spricht. Denn für die Ergänzung der dabei wohl regelmäßig tangierten Unionsbürgerrechte nach Art. 21 ff. AEUV sieht Art. 25 AEUV ein **spezielles Vertragsergänzungsverfahren** vor.

33   Überzeugend ist die Deutung der Vorschrift als ein **rechtsverbindlicher Grundsatz** auf Teilnahme, auf Partizipation am demokratischen Leben.[134] Für die **Anerkennung** spezifischer **subjektiver Rechte** auf Teilnahme bedarf dieser Grundsatz der Konkretisierung, die in zahlreichen Vorschriften des Primärrechts geschehen ist (s. Rn. 30, 31).[135] Seine Bedeutung erschöpft sich aber nicht darin, sondern er wirkt auf die **Auslegung** des Primärrechts wie auch des Sekundärrechts ein. Insbesondere streitet er dafür, dass Gewährleistungen entsprechender Teilnahmemöglichkeiten für die Unionsbürgerinnen und -bürger regelmäßig und im Zweifel als **subjektive Rechte** zu interpretieren sind.[136] In dieser Interpretation wird dem Wortlaut von Art. 10 Abs. 3 Satz 1 EUV Rechnung getragen, der auf »Rechte« abzielt.

34   **Berechtigt** werden durch Art. 10 Abs. 3 Satz 1 EUV alle **Unionsbürgerinnen und -bürger**. Dies folgt aus der Gleichsetzung der Begriffe »Bürgerinnen und Bürger« in Art. 9 EUV mit den Unionsbürgerinnen und -bürgern für den gesamten Titel II.[137] **Drittstaatsangehörige** werden nicht erfasst, auch wenn eine Reihe der als Konkretisierung der Vorschrift zu verstehenden subjektiven Rechte auch ihnen offenstehen.[138] Diese Öffnung entspricht einer **modernen Konzeption** der politisch relevanten Grundrechte,

---

[130] *Kaufmann-Bühler*, in: Lenz/Borchardt, EU-Verträge, Art. 10 EUV, Rn. 8; für eine objektiv-rechtliche Verpflichtung *Lienbacher/Kröll*, Art. 10 EUV, Rn. 16; vgl. *Huber*, in: Streinz, EUV/AEUV, Art. 10 EUV, Rn. 43; *Ruffert*, in: Calliess/Ruffert, EUV/AEUV, Art. 10 EUV, Rn. 11, für ein demokratisches Grundrecht; *Haag*, in: GSH, Europäisches Unionsrecht, Art. 10 EUV, Rn. 12, sieht ein subjektives Recht.

[131] *Ruffert*, in: Calliess/Ruffert, EUV/AEUV, Art. 10 EUV, Rn. 11 spricht von einem demokratischen Grundrecht; Haag sieht ein subjektives Recht, *Haag*, in: GSH, Europäisches Unionsrecht, Art. 10 EUV, 12.

[132] *Haag*, in: GSH, Europäisches Unionsrecht, Art. 10 EUV, Rn. 12.

[133] Vgl. *Lienbacher/Kröll*, Art. 10 EUV, Rn. 16; *Huber*, in: Streinz, EUV/AEUV, Art. 10 EUV, Rn. 43.

[134] S. *Huber*, in: Streinz, EUV/AEUV, Art. 10 EUV, Rn. 43; vgl. *Lienbacher/Kröll*, Art. 10 EUV, Rn. 16, für eine objektiv-rechtliche Verbürgung.

[135] *Huber*, in: Streinz, EUV/AEUV, Art. 10 EUV, Rn. 43.

[136] Vgl. vorsichtig *Lienbacher/Kröll*, Art. 10 EUV, Rn. 16.

[137] Im Ergebnis wohl allgemeine Ansicht, s. nur *Haag*, in: GSH, Europäisches Unionsrecht, Art. 10 EUV, Rn. 12; *Huber*, in: Streinz, EUV/AEUV, Art. 10 EUV, Rn. 45; *Lienbacher/Kröll*, Art. 10 EUV, Rn. 16; wohl auch *Kaufmann-Bühler*, in: Lenz/Borchardt, EU-Verträge, Art. 10 EUV, Rn. 8 und *Ruffert*, in: Calliess/Ruffert, EUV/AEUV, Art. 10 EUV, Rn. 12.

[138] *Haag*, in: GSH, Europäisches Unionsrecht, Art. 10 EUV, Rn. 12.

welche aber überwiegend nicht dem status activus im engeren Sinn zuzuordnen sind, im Hinblick auf die Migrationsbewegungen innerhalb der EU.[139] **Verpflichtet** werden primär die **Unionsorgane** und **–einrichtungen**, da die Vorschrift auf das demokratische Leben »der Union« abzielt. Sofern aber die **Mitgliedstaaten zur Umsetzung** verpflichtet sind, wie etwa bei den Ausführungsgesetzen zum Direktwahlakt, sind auch sie und ihre Organe und Behörden **umfassend** verpflichtet.[140]

3. Das Transparenzgebot

Nach Art. 10 Abs. 3 Satz 2 EUV müssen Entscheidungen so **offen wie möglich** getroffen   35
werden. Nach allgemeiner Auffassung ist dieses Gebot **rechtsverbindlich**.[141] Es statuiert einen **Grundsatz der Transparenz**, der zwar selbst keine subjektiv-rechtlichen Gehalte aufweist, aber auf **Konkretisierung** durch andere Normen, insbesondere subjektive Rechte angelegt ist.[142] Dieser ist in den Art. 1 EUV, Art. 10 EUV sowie in Art. 15 AEUV verankert.[143] Der Grundsatz der Transparenz ist nicht nur auf das **Demokratieprinzip** bezogen, sondern auch auf das **Rechtsstaatsprinzip**.[144] Im Rahmen des Rechtsstaatsprinzips geht es insbesondere darum, Entscheidungen und ihre Entstehungsprozesse nachvollziehbar zu machen, um eine objektive **Rechtskontrolle** zu ermöglichen.[145] Die demokratische Funktion des Grundsatzes zielt darauf ab, **Verantwortlichkeiten** sichtbar zu machen und dadurch Kontrolle und **bewusste Entscheidungen** durch die Bürgerinnen und Bürger zu ermöglichen.[146] Dieser Ansatz ist weitergehender als der rechtsstaatliche, weil es nicht nur auf die abschließende Entscheidung ankommt, sondern auch auf die Auseinandersetzung unter den Verfahrensbeteiligten auf dem Weg dorthin, wie etwa die Diskussionen im Rat und im Europäischen Parlament, aber auch die Beteiligungen im Verfahren vor Verwaltungsbehörden. In der **Rechtsprechung** ist der **demokratische Charakter** des Transparenzgrundsatzes in der EU **anerkannt**.[147] Er ermögliche eine bessere Beteiligung der Bürger am Entscheidungsprozess und gewährleiste eine größere **Legitimität**, **Effizienz** und **Verantwortung** der Verwaltung gegenüber dem Bürger in einem demokratischen System.[148]

---

[139] S. dazu grundsätzlich die Kommentierung zu Art. 20 Rn. 31. Allerdings ist das Wahlrecht zum Europäischen Parlament nach Art. 39 dem status activus zuzurechnen.

[140] *Haag*, in: GSH, Europäisches Unionsrecht, Art. 10 EUV, Rn. 12.

[141] S. nur *Lienbacher/Kröll*, Art. 10 EUV, Rn. 18 und 20.

[142] *Lienbacher/Kröll*, Art. 10 EUV, Rn. 18; *Haag*, in: GSH, Europäisches Unionsrecht, Art. 10 EUV, Rn. 14 f.; *Huber*, in: Streinz, EUV/AEUV, Art. 10 EUV, Rn. 46; *Ruffert*, in: Calliess/Ruffert, EUV/AEUV, Art. 10 EUV, Rn. 13 spricht mit der gleichen Bedeutung vom Prinzip der Transparenz.

[143] EuGH, Urt. v. 9.11.2010, verb. Rs. C–92/09 u. C–93/09 (Volker und Markus Schecke und Eifert), Slg. 2010, I–11063, Rn. 68; Urt. v. 6.3.2003, Rs. C–41/00 P (Interporc/Kommission), Slg. 2003, I–2125, Rn. 39, Urt. v. 29.6.2010, Rs. C–28/08 P (Kommission/Bavarian Lager), Slg. 2010, I–6055, Rn. 54.

[144] *Haag*, in: GSH, Europäisches Unionsrecht, Art. 10 EUV, Rn. 14.

[145] Vgl. *Huber*, in: Streinz, EUV/AEUV, Art. 10 EUV, Rn. 46.

[146] *Magnette*, in: ders. (Hrsg.), La constitution de l'Europe, S. 135 (141 ff.); *v. Bogdandy*, in: v. Bogdandy/Bast, Europäisches Verfassungsrecht, S. 13 (66 ff.); *Ruffert*, in: Calliess/Ruffert, EUV/AEUV, Art. 10 EUV, Rn. 13; nach *Huber*, in: Streinz, EUV/AEUV, Art. 10 EUV, Rn. 46, leidet ohne eine gewisse Informiertheit der Bürger das demokratische Legitimationsniveau.

[147] EuGH, Urt. v. 21.9.2010, verb. Rs. C–514/07 P, C–528/07 u. C–532/07 P (Schweden u. a./API und Kommission), Slg. 2010, I–8533, Rn. 68; Urt. v. 1.7.2008, verb. Rs. C–39/05 P u. C- 52/05 P (Schweden und Turco/Rat), Slg. 2008, I–4723, Rn. 34.

[148] EuGH, Urt. v. 21.9.2010, verb. Rs. C–514/07 P, C–528/07 u. C–532/07 P (Schweden u. a./API und Kommission), Slg. 2010, I–8533, Rn. 68; Urt. v. 1.7.2008, verb. Rs. C–39/05 P u. C- 52/05 P (Schweden und Turco/Rat), Slg. 2008, I–4723, Rn. 34.

36   Der **Anwendungsbereich** des Transparenzgrundsatzes ist **weit** gefasst. Der Begriff der Entscheidung betrifft kein spezifisches Handlungsinstrument im Sinne des Art. 288 AEUV, sondern umfasst das **gesamte Handeln der EU**,[149] neben der **Verwaltungstätigkeit** insbesondere auch die Rechtsetzung.[150] Der Grundsatz verlangt ferner sowohl die **prozeduralen** als auch die **materiellen Aspekte** einer Entscheidung nachvollziehbar offenzulegen, d. h. er kommt von der Bestimmung der Kompetenzgrundlagen über die Entscheidungsprozesse bis zur Entscheidungsfindung zur Anwendung.[151] Inhaltlich erfasst er auch das **außenpolitische Handeln**.[152] Die Kommission erkennt den Grundsatz der Transparenz als ein wichtiges Element der **Grundsätze des Guten Regierens** an.[153]

37   In Konsequenz seines weiten Anwendungsbereiches ist der Grundsatz der Transparenz in vielfältiger Weise **im Primär- und Sekundärrecht umgesetzt** worden. Dazu zählen insbesondere die Rechte auf **Zugang zu Dokumenten** bei den EU-Organen (Art. 15 Abs. 3 AEUV, Art. 42 GRC, umgesetzt durch Verordnung 1049/2001[154]) und auf **Eingaben an die EU-Organe** (Art. 24 Abs. 4 AEUV, Art. 41 Abs. 4 GRC). In Bezug auf die Rechtsetzung bestehen zum einen die **Partizipationsrechte** nach Art. 11 EUV sowie die **Grundsätze der Offenheit** der Verhandlungen des Europäischen Parlaments und der Beratungen des Rates. Für alle Rechtsakte greift zudem eine **Begründungspflicht** nach Art. 296 Abs. 2 AEUV, Art. 41 Abs. 2 Buchst. c GRC sowie für individuell-konkrete Akte nach Art. 41 Abs. 2 Buchst. a GRC zusätzlich eine **Anhörungspflicht**. Da es in der Sache regelmäßig um eine Kommunikation mit den Organen und Einrichtungen geht, kommt der **Sprachenfrage** in der EU eine große Bedeutung zu. Allen Unionsbürgerinnen und -bürgern wird ein **Recht auf** eine **schriftliche Antwort in der Amtssprache** ihres Mitgliedstaates gewährleistet.[155] Der Zusammenhang mit dem Grundsatz der Teilnahme nach Art. 11 Abs. 3 Satz 1 EUV spricht dafür, dass Verbürgungen der Offenheit **im Zweifel** als **subjektive Rechte** auszulegen sind (s. Rn. 33). Das kommt vor allem bei den als Pflichten formulierten Rechten auf Begründung zum Tragen.[156]

38   Der Grundsatz der Transparenz gilt **nicht uneingeschränkt**. Dies zeigt der Wortlaut von Art. 10 Abs. 3 EUV (»so offen wie möglich«) und von Art. 15 Abs. 1 AEUV (»unter weitestgehender Beachtung des Grundsatzes der Offenheit«).[157] Dementsprechend enthält die Verordnung Nr. 1049/2001 über den Zugang zu Dokumenten einen umfangreichen Katalog von **Ausnahmen**. Da aber das Recht auf Zugang zu Dokumenten weit auszulegen ist, wie dies durch Art. 10 Abs. 3 EUV bestätigt wird, sind die Ausnahmen grundsätzlich **eng auszulegen**.[158]

---

[149] *Haag,* in: GSH, Europäisches Unionsrecht, Art. 10 EUV, Rn. 16; vgl. *Lienbacher/Kröll,* Art. 10 EUV, Rn. 20.

[150] *Haag,* in: GSH, Europäisches Unionsrecht, Art. 10 EUV, Rn. 15 und 16.

[151] Nach *Haag,* in: GSH, Europäisches Unionsrecht, Art. 10 EUV, Rn. 14; müssen »die prozeduralen und materiellen Grundlagen des Handelns der Unionsorgane und -einrichtungen offen gelegt werden und nachvollziehbar« sein.

[152] EuGH, Urt. v. 3.7.2014, Rs. C–350/12 P (Rat/in't Veld), ECLI:EU:C:2014:2039, Rn. 107. Dies folgt aus einem Schluss von den Ausnahmen in Art. 4 Verordnung 1049/2009.

[153] Kommission, Weißbuch »Europäisches Regieren«, KOM (2001) 428 endg.

[154] ABl. 2001, L 145, S. 43.

[155] Näher dazu die Kommentierung zu Art. 342 AEUV Rn. 17.

[156] Vgl. Art. 41 Abs. 4 GRCh, Art. 24 Abs. 4 AEUV.

[157] S. *Haag,* in: GSH, Europäisches Unionsrecht, Art. 10 EUV, Rn. 16.

[158] Näher dazu die Kommentierung von Art. 15 AEUV Rn. 46.

4. Das Gebot der Bürgernähe

Der **Grundsatz der Bürgernähe** umfasst **zwei Aspekte**, die beide **primär prozeduralen**   **39**
Charakter haben.[159] Zum einen steht er in engem Zusammenhang mit dem **Subsidiari-**
tätsprinzip (s. Rn. 40) und stellt kraft seiner systematischen Stellung dessen demokratietheoretische Bedeutung heraus. Die Betonung der Subsidiarität führt zu einer Fokussierung auf die bürgernähere Entscheidungsebene. Dadurch wird die Distanz in einem territorial so großen Entscheidungsträger wie der Union tendenziell verringert.[160]
So werden Entscheidungen zugleich **transparenter** und eine **Einflussnahme** der Bürgerinnen und Bürger wird erleichtert.[161] Zum anderen verlangt der Grundsatz der Bürgernähe zusätzliche Mechanismen der **Rückkopplung** der Herrschaftsausübung, insbesondere durch Betonung **partizipativ-demokratischer Elemente** (s. Rn. 41).

Erstmals ist der Grundsatz der Bürgernähe im **Maastricht Vertrag** in das Primärrecht   **40**
eingeführt worden und dort in einen inhaltlichen **Zusammenhang mit dem Subsidiari-**
tätsprinzip gestellt worden.[162] Das wird im Lissabonner Vertrag in Abs. 13 der Präambel
EUV und in Art. 1 Abs. 2 EUV übernommen. Dieser Zusammenhang wird vor allem
verfahrensrechtlich über die Bestimmung der zuständigen Hoheitsebene umgesetzt.[163]
Durch die zusätzliche Aufnahme in Art. 10 Abs. 3 EUV im Lissabonner Vertrag wird der
demokratische Aspekt des Subsidiaritätsprinzips, das tendenziell die **Transparenz** von
Entscheidungen verbessert und eine **Rückkopplung** erleichtert[164], betont. Wenn in der
Literatur vertreten wird, dass Art. 10 Abs. 3 EUV das Subsidiaritätsprinzip »subjekti-
viere«[165], ist das missverständlich. Nach allgemeiner Ansicht enthält Art. 10 Abs. 3 Satz
2 EUV einen **Grundsatz** der Bürgernähe und **kein** entsprechendes **subjektives Recht**.[166]
Der Grundsatz kann aber durch subjektive Rechte konkretisiert werden.[167] Dazu zählen
all jene Rechte, die mittelbar auch der Umsetzung des Transparenzgebotes dienen, weil
Transparenz eine notwendige Voraussetzung für Verständnis ist, welches Nähe erzeugen kann.[168]

Die Erwähnung des Grundsatzes der Bürgernähe in Art. 10 Abs. 3 EUV erschöpft   **41**
sich nicht in einer bloßen Wiederholung des Subsidiaritätsaspektes.[169] Eine solche rein
repetierende Bedeutung würde der Auslegung nach dem Grundsatz des **effet utile** nicht

---

[159] Zu materiellen Aspekten s. unten Rn. 41.

[160] Zu den Problemen bürgernaher Entscheidungen in der EU *Nettesheim*, in: Grabitz/Hilf/Net-
tesheim, EU, Art. 10 EUV (Januar 2015), Rn. 83; ähnlich *Ruffert*, in: Calliess/Ruffert, EUV/AEUV,
Art. 10 EUV, Rn. 13 a. E.

[161] Vgl. in diese Richtung *Ruffert*, in: Calliess/Ruffert, EUV/AEUV, Art. 10 EUV, Rn. 13.

[162] Abs. 11 Präambel EUV i. d. F. des Maastricht Vertrages verlangt, dass »Entscheidungen entsprechend dem Subsidiaritätsprinzip möglichst bürgernah getroffen werden«. Diese Formulierung
wird in Abs. A EUV wiederholt.

[163] S. Art. 4 Abs. 2 EUV sowie Abs. 2 Präambel Protokoll Nr. 2 über die Anwendung der Grundsätze der Subsidiarität und der Verhältnismäßigkeit.

[164] Vgl. die Ansätze bei *Haag*, in: GSH, Europäisches Unionsrecht, Art. 10 EUV, Rn. 18, *Ruffert*, in:
Calliess/Ruffert, EUV/AEUV, Art. 10 EUV, Rn. 13.

[165] So *Huber*, in: Streinz, EUV/AEUV, Art. 10 EUV, Rn. 47.

[166] Auch *Huber*, in: Streinz, EUV/AEUV, Art. 10 EUV, Rn. 47, konkretisiert die »Subjektivierung« nicht näher im Sinne einer Klagebefugnis.

[167] *Huber*, in: Streinz, EUV/AEUV, Art. 10 EUV, Rn. 47, folgert insofern auch keine Klageberechtigung aus Art. 10 Abs. 3 EUV.

[168] S. die Auflistung oben in Rn. 37.

[169] So aber wohl *Huber*, in: Streinz, EUV/AEUV, Art. 10 EUV, Rn. 47; *Ruffert*, in: Calliess/Ruffert,
EUV/AEUV, Art. 10 EUV, Rn. 13; wohl auch *Lienbacher/Kröll*, Art. 10 EUV, Rn. 19 f.

gerecht werden.[170] Zutreffend wird daher in der Literatur der **partizipativ-demokratische Aspekt** des Grundsatzes der Bürgernähe herausgestellt.[171] Bürgernähe verlangt, dass Entscheidungen sich **auch inhaltlich** soweit wie möglich an den Interessen der Unionsbürgerinnen und -bürger orientieren. Dies geschieht **institutionell** in erster Linie über die **demokratisch legitimierten Organe** gemäß dem Grundsatz der repräsentativen Demokratie in Art. 10 Abs. 1 EUV. **Ergänzend** tritt Abs. 3 hinzu und verlangt, dass den Unionsbürgerinnen und -bürgern weitere Möglichkeiten zur Einflussnahme auf den Entscheidungsprozess gegeben werden, wie sie insbesondere in Art. 11 EUV zur Verfügung gestellt werden. Bürgernähe wird durch **Einbeziehung** aller Interessen und durch deren ausreichende **Berücksichtigung** erreicht.[172] Sie steht aber nicht in Konkurrenz zum Entscheidungsergebnis der demokratisch legitimierten Organe, denn deren Entscheidungen repräsentieren die Unionsbürgerinnen und -bürger in ihrer Gesamtheit. Somit wird auch dieser zweite Aspekt des Grundsatzes der Bürgernähe primär prozedural über **Verfahrensregelungen** verwirklicht.

42   Unbestritten entfaltet der Grundsatz der Bürgernähe **Rechtswirkungen**.[173] Zwar hat der **EuGH** bislang noch nicht Gelegenheit gehabt, zu dieser Frage unmittelbar Stellung zu nehmen, doch hat er die Rechtsverbindlichkeit des **Subsidiaritätsprinzips**, das als ein Aspekt in dem Grundsatz enthalten ist, bejaht.[174] Verschiedene **Generalanwälte** plädieren für eine Rechtsverbindlichkeit des Grundsatzes der Bürgernähe, der sich nicht im Aspekt der Subsidiarität erschöpfe.[175]

V. Politische Parteien (Abs. 4)

1. Bedeutung und Systematik

43   Art. 10 Abs. 4 EUV erwähnt die **politischen Parteien auf europäischer Ebene** und deren Bedeutung für die **politische Willensbildung** und die Herausbildung eines **europäischen politischen Bewusstseins**. Effektive demokratische Repräsentation bedarf der **Vermittlung** zwischen Bürgerschaft und Hoheitsebenen. Dies gilt umso mehr für eine Repräsentation, die jenseits der nationalen Ebene erfolgt, wie auf der Unionsebene. Zu diesem Zweck sind politische Parteien in der Union unverzichtbar.[176] Ihre Tätigkeit stärkt die

---

[170] Vgl. *GA Fenelly*, Schlussanträge zu verb. Rs. C–376/98 u. C–74/99 (Deutschland/Parlament und Rat), Slg. 2000, I–8419, Rn. 133; *GA Fenelly*, Schlussanträge zu Rs. C–428/07 (Horvath), Slg. 2009, I–6355, Rn. 93. S. auch *GA Sharpston*, Schlussanträge zu Rs. C–28/08 P (Kommission/Bavarian Lager), Slg. 2010, I–6055, Rn. 212.

[171] *Haag*, in: GSH, Europäisches Unionsrecht, Art. 10 EUV, Rn. 18.

[172] Vgl. *Haag*, in: GSH, Europäisches Unionsrecht, Art. 10 EUV, Rn. 17, der verlangt, »dass die Unionsbürger die Entscheidungsprozesse auf EU-Ebene und ihre Ergebnisse im Einzelfall nachvollziehen können müssen und dass ihre Belange und Bedürfnisse in die Entscheidungsfindung mit einbezogen werden.«

[173] *Lienbacher/Kröll*, Art. 10 EUV, Rn. 19 f.; vgl. *Huber*, in: Streinz, EUV/AEUV, Art. 10 EUV, Rn. 47.

[174] EuG, Urt. v. 12.7.2006, Rs. T–253/02 (Ayadi/Rat), Slg. 2006, II–2139, Rn. 107; s. *Ritzer/Ruttloff*, EuR 2006, 116 (125); EuGH, Urt. v. 10.12.2002, Rs. C–491/01 (British American Tobacco (Investments) und Imperial Tobacco), Slg. 2002, I–11453, Rn. 180 ff.; Urt. v. 8.6.2010, Rs. C–58/08 (Vodafone u. a), Slg. 2010, I–4999.

[175] *GA Fenelly*, Schlussanträge zu verb. Rs. C–376/98 u. C–74/99 (Deutschland/Parlament und Rat), Slg. 2000, I–8419, Rn. 133; *GA Fenelly*, Schlussanträge zu Rs. C–428/07 (Horvath), Slg. 2009, I–6355, Rn. 93. S. auch *GA Sharpston*, Schlussanträge zu Rs. C–28/08 P (The Bavarian Lager Co. Ltd), Slg. 2010, I–6055, Rn. 212.

[176] *Leinen*, integration 2006, 229 ff.; näher dazu *Ruffert*, in: Calliess/Ruffert, EUV/AEUV, Art. 10

Transparenz und die **Bürgernähe**, indem europäische Politik kritisch begleitet und formuliert wird. Auch die **Verfassungswirklichkeit aller Mitgliedstaaten** hat sich als **Parteiendemokratie** entwickelt.[177] Die Arbeit der politischen Parteien in der Union erfüllt die Funktion, zum Ausdruck des **politischen Willens** der Bürgerinnen und Bürger beizutragen.[178] Zwar ist die Anzahl der verschiedenen Parteien überschaubar, doch decken sie ein **breites Meinungsspektrum** ab. Allerdings sind die Parteien realiter durchweg nicht als transnationale Zusammenschlüsse von Bürgerinnen und Bürgern organisiert, sondern als **Bündnisse** aus zunächst national gegründeten Parteien.[179] Darin spiegelt sich die **Fragmentierung der Direktwahlen** nach nationalen Wahlgesetzen in den Mitgliedstaaten. Die Verbindungen zwischen den Parteien aus verschiedenen Mitgliedstaaten beruhen eher auf den Vorteilen, die eine entsprechende Organisation in Fraktionen im Europäischen Parlament bietet.[180]

Die politischen Parteien wurden auf europäischer Ebene erstmals im **Vertrag von**   **44** **Maastricht** im Abschnitt über das Europäische Parlament erwähnt.[181] Damals enthielt der 1. Satz noch eine Würdigung der politischen Parteien als »**Faktor der Integration in der Union**«. Diese Aussage ist im letztlich gescheiterten **Verfassungsvertrag** (EVV) fallen gelassen worden, während die Erwähnung des **Beitrags zu einem europäischen Bewusstsein und zur politischen Willensbildung** beibehalten wurde. Letztere Aussage ist ohne Änderung in Art. 10 Abs. 4 EUV des Lissabonner Vertrages übernommen worden. Im Nizza Vertrag ist die Bestimmung in Art. 191 EGV um eine **Rechtsetzungskompetenz** in Bezug auf die **Finanzierung** von Parteien ergänzt worden. Dieser Zusatz ist im EVV abgespalten worden und im Kapitel über das Europäische Parlament verblieben. Dies hat der Lissabonner Vertrag in Art. 224 AEUV übernommen. In der **Grundrechtecharta** wird in Art. 12 Abs. 2 GRC lediglich der Aspekt des Beitrags zur politischen Willensbildung erwähnt und systematisch in den Rahmen der **Vereinigungsfreiheit** nach Art. 12 Abs. 1 GRCh gestellt.

Art. 10 Abs. 4 EUV wird in Art. 224 AEUV um eine Rechtsetzungskompetenz er-   **45** gänzt. In Konkretisierung der primärrechtlichen Vorgaben war 2003 auf Basis des damaligen Art. 191 EGV die **Verordnung Nr. 2004/2003** über die **Regelungen** für die politischen Parteien auf europäischer Ebene und ihre **Finanzierung** erlassen worden[182], die 2007 überarbeitet worden war.[183] Sie ist in der Literatur teilweise kritisch bewertet worden, weil sie indirekt Parteien bzw. Bündnisse privilegiert, die grundsätzlich integrationsfreundlich ausgerichtet sind (s. Rn. 52 f.). Die sekundärrechtliche Ausgestaltung

---

EUV, Rn. 14. Zur historischen Entwicklung der europäischen Parteien *Nettesheim*, in: Grabitz/Hilf/Nettesheim, EU, Art. 10 EUV, Rn. 106.

[177] *Poguntke/Morlok/Merten* (Hrsg.), Auf dem Weg zu einer europäischen Parteiendemokratie, 2013.

[178] Vgl. *Zotti*, Politische Parteien auf europäischer Ebene: Grundzüge der politischen und rechtlichen Entwicklung des europäischen Parteiensystems, 2010.

[179] Siehe dazu: http://www.europarl.europa.eu/atyourservice/de/20150201PVL00036/Wahlen. Bislang existieren auch noch keine einheitlichen europäischen Wahllisten, obwohl dies rechtlich möglich wäre, *Kaufmann-Bühler*, in: Lenz/Borchardt, EU-Verträge, Art. 10 EUV, Rn. 12. Zur noch geringen Bedeutung der europäischen Parteien *Nettesheim*, in: Grabitz/Hilf/Nettesheim, EU, Art. 10 EUV, Rn. 114.

[180] Grundsätzlich dazu *Damm*, ZParl 1999, 395 ff.

[181] Art. 138a EGV i. d. F. des Maastricht Vertrages.

[182] ABl. 2003, L 297, S. 1.

[183] Verordnung (EG) Nr. 1524/2007 zur Änderung der Verordnung (EG) Nr. 2004/2003 über die Regelungen für die politischen Parteien auf europäischer Ebene und ihre Finanzierung, ABl. 2007, L 343, S. 5.

war primär auf die Parteienfinanzierung auf europäischer Ebene ausgerichtet gewesen. 2012 hatte die Kommission einen auf Art. 224 AEUV gestützten Verordnungsvorschlag vorgelegt[184], der 2014 mit **Verordnung Nr. 1141/2014** angenommen worden ist.[185] Die neue Regelung stellt auch ein **Statut für politische Parteien** auf europäischer Ebene wie für entsprechende **Stiftungen** zur Verfügung. Ferner bringt sie einige Neuerungen bei den Begriffsbestimmungen, kann aber die an der Vorgängerregelung geäußerte Kritik nicht ausräumen (s. Rn. 52 f.). Es ist festzuhalten, dass die Verordnung zwar den Begriff der Parteien auf europäischer Ebene konkretisiert, dies aber **keine Vorgabe für die Teilnahme an den Direktwahlen** zum Europäischen Parlament ist.[186] Zunächst erhalten diese Parteien die Möglichkeit sich **eintragen** zu lassen.[187] Sie werden in ein **Register** aufgenommen.[188] Die Eintragung ist einerseits Voraussetzung für eine **Teilfinanzierung** aus dem Haushalt der EU (s. Rn. 54 f.). Andererseits erhalten diese Parteien gewisse weitere Privilegien, nämlich die »rechtliche **Anerkennung** und **Handlungsfähigkeit** in allen Mitgliedstaaten«[189] sowie eine »**europäische Rechtspersönlichkeit**«[190].

46   Die Bestimmung des Art. 10 Abs. 4 EUV über die politischen Parteien ist nach überzeugender Ansicht **rechtsverbindlich**.[191] Sie ist Maßstab der sekundärrechtlichen Umsetzung. Vereinzelt wird den Rechtsetzungsorganen bei der Umsetzung ein weiter »politischer« Ermessensspielraum eingeräumt.[192] Für eine solche besondere Ermessenskonzeption gibt der Wortlaut jedoch keine Anhaltspunkte. Die Systematik spricht vielmehr dagegen. Denn mit der Erwähnung der politischen Parteien in Art. 12 Abs. 2 GRC werden deren Gründung und ihre Betätigung unter den Schutz der **Vereinigungsfreiheit** nach Art. 12 Abs. 1 GRC gestellt. Mit der grundrechtlichen Gewährleistung greift aber das Erfordernis einer **Rechtfertigung für hoheitliche Eingriffe**. Damit verträgt sich ein politisches Ermessen für Eingriffe nicht. In diesem Sinne ist die sekundärrechtliche Konkretisierung in Verordnung Nr. 1141/2014 an den primärrechtlichen Vorgaben von Art. 10 Abs. 4 EUV und Art. 12 Abs. 2 GRCh zu messen.[193]

47   Umstritten ist der **Grundrechtscharakter** der Vorschrift.[194] Die bejahende Ansicht[195]

---

[184] KOM (2012) 499 endg.

[185] Verordnung (EU, EURATOM) Nr. 1141/2014 über das Statut und die Finanzierung europäischer politischer Parteien und europäischer politischer Stiftungen, ABl. 2014, L 317, S. 1.

[186] Die Verordnung 1141/2014 (FN. 185) stellt nicht die Voraussetzungen für eine Teilnahme einer Partei an den Direktwahlen zum Europäischen Parlament auf, weil dies erstens in die Kompetenz der Mitgliedstaaten nach dem Direktwahlakt fiele. Zweitens setzt Art. 3 Abs. 1 Buchst. b, dass das betreffende Bündnis bereits an den Wahlen zum Europäischen Parlament teilgenommen hat.

[187] Art. 3 und 8 Verordnung (EU, EURATOM) Nr. 1141/2014 (Fn. 185).

[188] Art. 7 Verordnung (EU, EURATOM) Nr. 1141/2014 (Fn. 185).

[189] Art. 13 Verordnung (EU, EURATOM) Nr. 1141/2014 (Fn. 185).

[190] Art. 15 Verordnung (EU, EURATOM) Nr. 1141/2014 (Fn. 185).

[191] Implizit *Lienbacher/Kröll*, Art. 10 EUV, Rn. 24; implizit *Ruffert*, in: Calliess/Ruffert, EUV/AEUV, Art. 10 EUV, Rn. 19; vgl. *Huber*, in: Streinz, EUV/AEUV, Art. 10 EUV, Rn. 53 zur »normativen« Zielvorgabe; unklar *Kaufmann-Bühler*, in: Lenz/Borchardt, EU-Verträge, Art. 10 EUV, Rn. 10, wonach die Vorschrift »eher eine politische Aussage als eine Regelung mit greifbarem rechtlichen Inhalt« darstelle.

[192] *Lienbacher/Kröll*, Art. 10 EUV, Rn. 23, geben aber keinen Grund für dieses besondere Ermessensverständnis an.

[193] S. zur Vorgängervorschrift insbesondere *Huber*, in: Streinz, EUV/AEUV, Art. 10 EUV, Rn. 58, der die insofern im Wesentlichen gleichlautende Vorgänger-Verordnung Nr. 2004/2003 (FN. 182) in Teilen für primärrechtswidrig hält.

[194] Ablehnend *Bernsdorff*, in: Meyer, GRCh, Art. 12 Rn. 21; *Frenz*, HEU 4, Rn. 2259.

[195] Nach *Haag*, in: GSH, Europäisches Unionsrecht, Art. 10 EUV, Rn. 24; *Huber*, in: Streinz, EUV/AEUV, Art. 10 EUV, Rn. 51 a. E. enthält Art. 10 Abs. 4 EUV ein subjektives Recht der Parteienfreiheit.

spricht sich teilweise zusätzlich für eine **institutionelle Garantie** aus[196], die andere als
»überflüssig« erachten.[197] Überzeugend lässt sich aus der Systematik der Verträge der
Grundrechtscharakter, allerdings ohne eine institutionelle Garantie, begründen. Ansatzpunkt ist die **Vereinigungsfreiheit** nach Art. 12 Abs. 1 GRC, die nach dem Wortlaut
insbesondere auch auf den »**politischen** Bereich« bezogen ist. Mit der zusätzlichen Erwähnung der **Bedeutung der politischen Parteien auf europäischer Ebene** in Art. 12
Abs. 2 GRC ist die grundrechtliche Gewährleistung der freien Gründung und Betätigung von politischen Parteien eindeutig gewährleistet. Da Art. 10 Abs. 4 EUV jene
Würdigung **aufgreift**, muss auch diese Vorschrift als grundrechtliche Verbürgung gelesen
werden. Allerdings besteht zwischen beiden Vorschriften eine Diskrepanz im persönlichen Schutzbereich. Denn während Art. 10 Abs. 4 EUV auf die »Bürgerinnen und
Bürger der Union« verweist, ist Art. 12 Abs. 1 GRC als Menschenrecht konzipiert. Dem
waren intensive Beratungen im Grundrechtekonvent vorausgegangen, weil eine solche
Konzeption nicht allen Mitgliedstaaten eigen ist. In **Deutschland** verlangt das **Parteiengesetz** lediglich, dass Ausländer nicht die Mehrheit in einer Partei oder in ihrem Vor-
stand stellen dürfen.[198] Als Gründungsmitglieder scheiden sie damit aber nicht aus, auch
wenn die Funktion der Parteien vor allem auf die Mitwirkung an Wahlen ausgerichtet ist,
an denen auf Landes- und Bundesebene nur deutsche Staatsangehörige teilnehmen können. Diese Diskrepanz ist im Sinne der **freiheitlicheren Konzeption** des Art. 12 Abs. 1
GRC aufzulösen, der auch in seinem Abs. 2 eine freiheitlichere Konzeption aufweist (s.
Rn. 53). Denn erstens kommt der Grundrechtscharakter im Wortlaut von Art. 10 Abs. 4
EUV nicht zum Ausdruck, sodass die primäre Verortung in Art. 12 GRC erfolgen muss.
Zweitens kennen die Verträge mehrere Rechte, die in manchen Vorschriften Unions-
bürgerinnen und -bürgern zugewiesen werden, obwohl sie in anderen primärrechtli-
chen Vorschriften auch für Drittstaatsangehörige geöffnet werden.[199] Bleibt es damit im
Ergebnis bei der **menschenrechtlichen Verbürgung** des Art. 12 GRC, ist die Frage der
institutionellen Garantie zu klären. Die Gründe für die Befürworter dürften in der wichtigen, wenn nicht überragenden **Bedeutung** der politischen Parteien für eine **effektive
Vermittlung demokratischer Legitimation** in der Union liegen.[200] Indes folgt nicht aus
jeder wichtigen Bedeutung eine institutionelle Garantie. Vielmehr ist es nicht ausgeschlossen, dass ein Niedergang europäischer Parteien ein legitimer Ausdruck einer In-
tegrationsverdrossenheit oder einer generellen Entwicklung parlamentarischer Demokratien im digitalen Zeitalter sein könnte.

2. Begriff und Funktion

a) Grundanforderungen nach Art. 10 Abs. 4 EUV

Art. 10 Abs. 4 EUV wie auch die anderen primärrechtlichen Vorschriften enthalten   **48**
keine Definition des Begriffs der politischen Parteien auf europäischer Ebene, doch
führt sie **zwei Funktionen** auf: den Beitrag zur Herausbildung eines **europäischen Be-**

---

[196] *Haag*, in: GSH, Europäisches Unionsrecht, Art. 10 EUV, Rn. 24.

[197] *Huber*, in: Streinz, EUV/AEUV, Art. 10 EUV, Rn. 51, der aber den Grundrechtscharakter nach
Art. 12 GRCh bejaht; *Kersten*, in: Kersten/Rixen, PartG, Art. 191 EGV, Rn. 33, 40.

[198] § 2 Abs. 3 Nr. 1 PartG, s. *Morlok*, PartG, § 2, Rn. 13.

[199] S. das Recht auf Beschwerde zum Bürgerbeauftragten und das Recht auf Petition zum Europäischen Parlament nach Art. 24 Abs. 2 und 3 AEUV einerseits und Art. 43 und 44 GRCH andererseits.

[200] S. 4. Begründungserwägung Verordnung (EU, EURATOM) Nr. 1141/2014, (Fn. 185).

wusstseins und zum Ausdruck des **Willens** der Unionsbürgerinnen und -bürger. Die **Verordnung Nr. 1141/2014** enthält wie bereits ihre Vorgängerin eine Definition, die aber in der Literatur auf Kritik gestoßen ist (s. Rn. 52). Die Ausgestaltung im Sekundärrecht kann zwar Hinweise auf das Begriffsverständnis geben, ist aber aufgrund des tieferen Ranges keine autoritative Interpretation. Der Begriff der politischen Partei auf europäischer Ebene ist nach den allgemeinen Regeln **autonom** aus dem Unionsrecht zu ermitteln.[201]

49   Die Verordnung Nr. 1141/2014 definiert eine »**politische Partei**« als eine **Vereinigung von Bürgern**, die **politische Ziele** verfolgt und nach der Rechtsordnung mindestens eines Mitgliedstaates **anerkannt** ist **oder** in Übereinstimmung mit dieser **gegründet** worden ist.[202] Diese Vorgaben erscheinen unproblematisch. Auch in Deutschland wird eine Partei nach dem Parteiengesetz als eine **Vereinigung** von Bürgerinnen und Bürgern beschrieben, die darauf ausgerichtet ist, auf die **politische Willensbildung** einzuwirken.[203] Die politische Ausrichtung dient insbesondere der Abgrenzung von wirtschaftlichen Vereinigungen. Dies steht in Übereinstimmung mit der in Art. 10 Abs. 4 EUV ausdrücklich genannten Funktion des Beitrags »zum **Ausdruck des Willens** der Bürgerinnen und Bürger« und der in Art. 12 Abs. 2 GRC hervorgehobenen Beschreibung als »**politische Parteien**«. Die relativ weite Formulierung des dritten Merkmals in Verordnung 1141/2014 ermöglicht es, den unterschiedlichen Vorgaben in den Mitgliedstaaten gerecht zu werden.[204]

50   Verordnung 1141/2014 führt den Begriff der »**europäischen politischen Partei**« ein, der wohl als **Konkretisierung** des Begriffs der »Partei auf europäischer Ebene« in Art. 10 Abs. 4 EUV angelegt ist. Eine solche Partei wird als ein »**politisches Bündnis**« definiert, das politische Ziele verfolgt und aus einer »strukturierten **Zusammenarbeit zwischen** politischen **Parteien** und/oder **Bürgern** besteht.[205] Die erste Variante bildet die Realität im Europäischen Parlament ab, die zweite zielt in Abgrenzung zu Art. 2 Ziff. 1 Verordnung 1141/2014 auf eine transnationale Verbindung von Bürgerinnen und Bürgern. Derzeit sind in der EU die aktuell realen europäischen Parteien ausnahmslos Bündnisse von nationalen Parteien.[206] Es ist nicht davon auszugehen, dass man bei der Einführung der Vorgängervorschrift von Art. 10 Abs. 4 EUV im **Maastricht Vertrag** kontrafaktisch ein schwer zu überwindendes Hindernis für alle damals agierenden Parteien hatte aufstellen wollen. Daher wird Art. 10 Abs. 4 EUV überzeugend dahin interpretiert, dass der Begriff der politischen Partei **Vereinigungen von Bürgerinnen und Bürgern** als auch **Bündnisse von Parteien** umfasst.[207] Die Verordnung 1141/2014 enthält **fünf weitere**

---

[201] S. grundsätzlich zur Auslegung EuGH, Urt. v. 16.6.2011, Rs. C–536/09 (Omejc), Slg. 2011, I–5367, Rn. 19; *Lienbacher/Kröll*, Art. 10 EUV, Rn. 23.

[202] Art. 2 Ziff. 1 Verordnung (EU, EURATOM) Nr. 1141/2014 (Fn. 185).

[203] § 2 Abs. 1 S. 1 PartG verlangt zudem die Teilnahme an den Parlamentswahlen, s. *Morlok*, PartG, § 2, Rn. 6.

[204] So werden in Deutschland Parteien in der Regel nicht als eingetragene Vereine gegründet, s. § 2 Abs. 1 PartG.

[205] Art. 2 Ziff. 3 und 2 Verordnung (EU, EURATOM) Nr. 1141/2014 (Fn. 185).

[206] Die Europaparteien sind im Wesentlichen Zusammenschlüsse nationaler Parteien und nicht Zusammenschlüsse individueller Mitglieder, *Haag*, in: GSH, Europäisches Unionsrecht, Art. 10 EUV, Rn. 28; *Huber*, in: Streinz, EUV/AEUV, Art. 10 EUV, Rn. 61. Auch solche Parteienzusammenschlüsse fallen unter den Parteibegriff des Art. 10 Abs. 4, *Haag*, in: GSH, Europäisches Unionsrecht, Art. 10 EUV, Rn. 21. Die Parteien schließen sich in der Praxis zu Fraktionen zusammen, *Kaufmann-Bühler*, in: Lenz/Borchardt, EU-Verträge, Art. 10 EUV, Rn. 12.

[207] *Haag*, in: GSH, Europäisches Unionsrecht, Art. 10 EUV, Rn. 21, vgl. *Lienbacher/Kröll*, Art. 10 EUV, Rn. 24.

Voraussetzungen, von denen drei relativ unproblematisch sind, während die übrigen zwei besondere Beachtung verdienen (s. Rn. 51 ff.). Zu den ersteren zählt das Erfordernis eines **Sitzes** in einem Mitgliedstaat und einer **Satzung**.[208] Die Verordnung macht weiter Vorgaben zu den **internen Entscheidungsstrukturen** nach den einschlägigen Satzungen.[209] Inhaltlich dürften diese von demokratischen Parteien ohne größere Probleme erfüllt werden. Ferner muss das politische Bündnis an den **Wahlen zum Europäischen Parlament** teilgenommen haben oder dies wollen.[210] Das kann als **Konkretisierung** der Funktionen nach **Art. 10 Abs. 4 EUV**, zur Herausbildung eines **europäischen politischen Bewusstseins** und zum Ausdruck des Willens der Bürger, aufgefasst werden.[211] Des Weiteren dürfen keine »Gewinnzwecke« verfolgt werden.[212] Dies steht in Übereinstimmung mit dem Merkmal »politisch« nach Art. 10 Abs. 4 EUV.

b) Einhaltung der Grundwerte der EU

Nach Art. 3 Abs. 1 lit. c Verordnung 1141/2014 müssen europäische politische Parteien **51** die **Werte der Union** nach Art. 2 EUV achten, d.h. die Achtung der Menschenwürde, Freiheit, Demokratie, Gleichheit, Rechtsstaatlichkeit und Wahrung der Menschenrechte, einschließlich der Rechte von Personen, die Minderheiten angehören.[213] Diese Vorgabe ist in Art. 10 Abs. 4 EUV nicht ausdrücklich aufgeführt, wird in der Literatur aber als unproblematisch erachtet.[214] Darin liegt zwar eine **Exklusion** von Parteien, die nicht alle diese Ziele, eventuell aber einen Austritt ihres Mitgliedstaates aus der EU verfolgen, von den Vorteilen nach Verordnung Nr. 1141/2014 (s. Rn. 45). Jedoch bekennt sich die Union in Art. 2 und 7 EUV zu einer **Werteunion**, die auch **Sanktionen** bei einem anhaltenden Abweichen von Mitgliedstaaten vorsieht. Insofern erscheint diese Exklusivität im Primärrecht abgesichert. Sie hat keine Auswirkung auf das nach den Verträgen zulässige Ziel eines Austritts, weil darüber politisch in den nationalen Wahlen bzw. Abstimmungen in einem Mitgliedstaat entschieden wird.[215]

c) Transnationale Bündnisse (Vereinigungen)

Demgegenüber wird die weitere Voraussetzung nach Art. 3 Abs. 1 lit. b Verordnung **52** 1141/2014 in der Literatur kritisch gesehen.[216] Sie verlangt, dass eine europäische Partei in mindestens **einem Viertel der Mitgliedstaaten** in nationalen oder regionalen Parlamenten **vertreten** ist oder in einem Viertel der Mitgliedstaaten **mindestens 3 Prozent** der abgegebenen Stimmen bei den **Wahlen zum Europäischen Parlament** erreicht hat. Darin liegt ein **transnationales Element**,[217] das die integrationsfreundlichen Parteien bevor-

---

[208] Art. 3 Abs. 1 lit. a Verordnung (EU, EURATOM) Nr. 1141/2014 (Fn. 185).

[209] Art. 4 Verordnung (EU, EURATOM) Nr. 1141/2014 (Fn. 185).

[210] Art. 4 Abs. 1 lit. d Verordnung (EU, EURATOM) Nr. 1141/2014 (Fn. 185).

[211] *Haag*, in: GSH, Europäisches Unionsrecht, Art. 10 EUV, Rn. 25; *Huber*, in: Streinz, EUV/AEUV, Art. 10 EUV, Rn. 53, sehen darin einen normativen Auftrag.

[212] Art. 4 Abs. 1 lit. e Verordnung (EU, EURATOM) Nr. 1141/2014 (Fn. 185).

[213] Das Programm der Parteien muss mit diesen Werten im Einklang stehen, Art. 3 Abs. 1 lit. c Verordnung (EU, EURATOM) Nr. 1141/2014 (Fn. 185).

[214] *Haag*, in: GSH, Europäisches Unionsrecht, Art. 10 EUV, Rn. 22 f.

[215] Vgl. die Abstimmung 2015 im Vereinigten Königreich über den sog. Brexit.

[216] Vgl. zur Vorgängerregelung *Ruffert*, in: Calliess/Ruffert, EUV/AEUV, Art. 10 EUV, Rn. 19; *Huber*, in: Streinz, EUV/AEUV, Art. 10 EUV, Rn. 57 f.; *Bieber*, in: GSH, Europäisches Unionsrecht, Art. 224, Rn. 10; a. A. *Haag*, in: GSH, Europäisches Unionsrecht, Art. 10 EUV, Rn. 10.

[217] Zum Erfordernis des transnationalen Zusammenschlusses *Nettesheim*, in: Grabitz/Hilf/Nettesheim, EU, Art. 10 EUV (Januar 2015), Rn. 110 f.; *Haag*, in: GSH, Europäisches Unionsrecht, Art. 10 EUV, Rn. 23; *Ruffert*, in: Calliess/Ruffert, EUV/AEUV, Art. 10 EUV, Rn. 19 f.

teilt. Zu Recht wird daran in der Literatur Kritik geübt.[218] Die Befürworter verweisen darauf, dass auch Art. 10 Abs. 4 EUV »die Herausbildung eines europäischen politischen Bewusstseins« verlange.[219] Doch ist dem entgegenzuhalten, dass auch **integrationskritische** Parteien zu einem **europäischen Bewusstsein** in einem weiten Sinne beitragen können. Eine enge Interpretation im Sinne einer integrationsfreundlichen Haltung würde das Gebot der hoheitlichen Neutralität verletzen und gegen das **Gebot demokratischer Gleichheit** nach Art. 9 EUV verstoßen. Eine Benachteiligung von Parteien, die eventuell den Austritt ihres Mitgliedstaates zum Ziel haben, kann nicht den demokratischen Grundsätzen eines Verbandes entsprechen, der einen Austritt ausdrücklich zulässt.[220] Für die weite Interpretation der Vorgabe in Art. 10 Abs. 4 EUV ist ergänzend darauf hinzuweisen, dass der für das **Grundrecht auf Parteienbildung** maßgebliche Art. 12 GRC in seinem zweiten Absatz auf diesen umstrittenen Passus verzichtet und **allein** den Beitrag, den **politischen Willen** der Unionsbürgerinnen und -bürger zum Ausdruck zu bringen, ausreichen lässt. Auch ist im Lissabonner Vertrag der frühere Hinweis in Art. 138a EGV **entfallen**, wonach »politische Parteien auf europäischer Ebene (...) wichtig als **Faktor der Integration** in der Union« seien. Demgegenüber fällt nicht ins Gewicht, dass die Privilegierung bei der Finanzierung im Ergebnis primärrechtskonform erscheint (s. Rn. 54 f.) und die weiteren Privilegierungen einer europäischen Rechtspersönlichkeit nicht besonders gravierend erscheinen. Es muss leider darauf hingewiesen werden, dass es sich bei der in Art. 3 Abs. 1 lit. b Verordnung 1141/2014 vorgesehenen Benachteiligung integrationskritischer Ansichten nicht um einen Einzelfall handelt, politische Gegner auch mit undemokratischen Mitteln zu bekämpfen. Ein weiteres Beispiel ist der Versuch der Kommission gewesen, die Europäische Bürgerinitiative inhaltlich auf eine Fortentwicklung, d.h. Förderung der Integration zu beschränken.[221]

53   Daher kann die in Art. 10 Abs. 4 EUV enthaltene Aufgabe, zur Herausbildung eines europäischen Bewusstseins beizutragen – auf die in Art. 12 Abs. 2 GRC verzichtet worden ist –, eingedenk des Gebotes demokratischer Gleichheit nach Art. 9 EUV nur in dem Sinne ausgelegt werden, dass eine **Teilnahme an Diskursen** über oder innerhalb der europäischen Integration **ausreichend** ist, auch wenn sie eine **integrationskritische Sicht** beinhalten. Jede inhaltliche Privilegierung integrationsfreundlicher Sichtweisen verstieße gegen das Neutralitätsgebot für hoheitliche Stellen unter dem Demokratieprinzip.[222] Somit verlangt Art. 10 Abs. 4 EUV lediglich, dass ein **Beitrag zur politischen**

---

[218] *Huber*, in: Streinz, EUV/AEUV, Art. 10 EUV, Rn. 57 f., 64; s. auch eine »proeuropäische Zielvorgabe« ablehnend *Nettesheim*, in: Grabitz/Hilf/Nettesheim, EU, Art. 10 EUV (Januar 2015), Rn. 113.

[219] *Stentzel*, EuR 1997, 174 (182 f.) und *Tsatsos*, EuGRZ 1994, 45 (50 f.), halten die transnationale Kooperation für begriffsnotwendig für eine europäische politische Partei; s. ferner *Kaufmann-Bühler*, in: Lenz/Borchardt, EU-Verträge, Art. 10 EUV, Rn. 11 a. E., und *Ruffert*, in: Calliess/Ruffert, EUV/AEUV, Art. 10 EUV, Rn. 19 f. wollen Parteien, die sich als Europagegner definieren, von der europäischen Parteienfamilie und der Parteifinanzierung ausschließen. Tatsächlich bestehen aber die nationalistische »Allianz der Europäischen nationalen Bewegungen« und die rechtspopulistische, europaskeptische »Europäischen Allianz für Freiheit« im Europäischen Parlament, die teilweise über den EU-Haushalt finanziert werden, vgl. *Haag*, in: GSH, Europäisches Unionsrecht, Art. 10 EUV, Rn. 27.

[220] Die Möglichkeit des Austritts ist erst im Lissabonner Vertrag in Art. 50 Abs. 1 EUV ausdrücklich eingeführt worden.

[221] S. die Kommentierung zu Art. 11 EUV, Rn. 56.

[222] Vgl. wie hier *Huber*, in: Streinz, EUV/AEUV, Art. 10 EUV, Rn. 64; auch *Ruffert*, in: Calliess/Ruffert, EUV/AEUV, Art. 10 EUV, Rn. 21, wendet sich gegen eine »indoktrinationsorientierte Deu-

Willensbildung der Bürgerinnen und Bürger geleistet wird. Darin kommen die sog. **Transmissionsriemenfunktion** bzw. die **Rückkopplungsfunktion** zum Ausdruck.[223] Insofern kann der Wille zur Teilnahme an den Direktwahlen, wie in Art. 3 Abs. 1 lit. d Verordnung aufgeführt, als ausreichender Beleg gewertet werden.

3. Finanzierung

Nicht alle Mitgliedstaaten der EU kennen eine **staatliche Parteienfinanzierung**.[224] Die   **54**
Nachteile liegen auf der Hand: Regelmäßig erfolgt die Parteienfinanzierung proportional nach der Größe. Damit erhalten **große Parteien** mehr Finanzmittel und die von der Demokratie verbriefte Möglichkeit der Minderheiten, einmal Mehrheit werden zu können, wird aktiv durch ein hoheitliches Handeln **erschwert**. Als Vorteil wird insbesondere genannt, dass auf diese Weise Parteien unterstützt werden können, die aufgrund ihrer politischen Ansichten weniger von finanzstarken Spendern unterstützt werden.[225] In der EU ist die grundsätzliche **Entscheidung für eine Parteienfinanzierung** mit der Einführung von Art. 191 EGV in den Nizza Vertrag gefallen, der die Kompetenz der EU zur Regelung der europäischen Parteien insbesondere auf deren **Finanzierung** bezog. Die Vorschrift findet sich heute in **Art. 224 AEUV.**

Die **Voraussetzungen** für die Finanzierung stellt die Verordnung (EU, EURATOM)   **55**
Nr. 1141/2014 auf. Dass dabei u. a. ein **Quorum von 3 Prozent** der abgegebenen Stimmen bei der letzten Europawahl verlangt wird[226], entspricht den Bestrebungen in manchen Mitgliedstaaten, die Parteienfinanzierung erst ab einem gewissen Erfolg anzubieten. Dies ist vor dem Demokratieprinzip bedenklich und rechtsvergleichend ist festzustellen, dass das BVerfG die Mindestvorgaben für die Parteienfinanzierung in Deutschland nach unten korrigiert hat.[227] Für die EU erscheint die Vorgabe von 3 Prozent als relativ hoch und nicht unbedenklich. Die anspruchsberechtigten Parteien erhalten 15 % der Mittel linear und 85 % im Verhältnis der von ihnen gestellten Mitglieder des Parlaments.[228] Ferner setzt die Finanzierung voraus, dass die Parteien in mindestens einem Viertel der Mitgliedstaaten zur Wahl angetreten sind (s. Rn. 51).[229] Damit geht eine **Benachteiligung von Parteien** einher, die auf einen Mitgliedstaat beschränkt sind, und eventuell für dessen Austritt aus der Union eintreten. Doch erscheint dies **gerechtfertigt**, da die Finanzierung für die **Teilnahme an der Direktwahl** vorgesehen ist und **nicht** Parteien auf nationaler Ebene finanzieren soll. Ansonsten wäre die Gefahr gegeben, dass eine Partei sich nur formal an der Direktwahl beteiligt, um in den Genuss der Finanzierung zu kommen.

---

tung« der genannten Aufgabe in Art. 10 Abs. 4 EUV. – Zur offenen EU-Gegnerschaft von Teilen der Bevölkerung *Nettesheim*, in: Grabitz/Hilf/Nettesheim, EU, Art. 10 EUV (Januar 2015), Rn. 63.

[223] *Huber*, in: Streinz, EUV/AEUV, Art. 10 EUV, Rn. 50; *Nettesheim*, in: Grabitz/Hilf/Nettesheim, EU, Art. 10 EUV (Januar 2015), Rn. 49; *Haag*, in: GSH, Europäisches Unionsrecht, Art. 10 EUV, Rn. 26.

[224] Bspw. Luxemburg, dazu *Koß*, Staatliche Parteienfinanzierung und politischer Wettbewerb, S. 313. Eine sehr beschränkte Parteienfinanzierung in Großbritannien, s. *Shirvani*, Das Parteienrecht und der Strukturenwandel, S. 360.

[225] *v. Arnim*, Die EU-Politikfinanzierung ignoriert europarechtliche Grundsätze, NJW 2014, 2250 (2250 ff.); *ders.*, Die Strategien der Macht und das Problem ihrer Kontrolle, NVwZ 2014, 846 (848).

[226] Art. 3 Abs. 1 lit. b Verordnung (EU, EURATOM) Nr. 1141/2014 (Fn. 185).

[227] BVerfGE 104, 14.

[228] Art. 19 Verordnung (EU, EURATOM) Nr. 1141/2014 (Fn. 185).

[229] Art. 3 Abs. 1 lit. b Verordnung (EU, EURATOM) Nr. 1141/2014 (Fn. 185).

Artikel 11 EUV [Bürgerbeteiligung]

(1) Die Organe geben den Bürgerinnen und Bürgern und den repräsentativen Verbänden in geeigneter Weise die Möglichkeit, ihre Ansichten in allen Bereichen des Handelns der Union öffentlich bekannt zu geben und auszutauschen.

(2) Die Organe pflegen einen offenen, transparenten und regelmäßigen Dialog mit den repräsentativen Verbänden und der Zivilgesellschaft.

(3) Um die Kohärenz und die Transparenz des Handelns der Union zu gewährleisten, führt die Europäische Kommission umfangreiche Anhörungen der Betroffenen durch.

(4) Unionsbürgerinnen und Unionsbürger, deren Anzahl mindestens eine Million betragen und bei denen es sich um Staatsangehörige einer erheblichen Anzahl von Mitgliedstaaten handeln muss, können die Initiative ergreifen und die Europäische Kommission auffordern, im Rahmen ihrer Befugnisse geeignete Vorschläge zu Themen zu unterbreiten, zu denen es nach Ansicht jener Bürgerinnen und Bürger eines Rechtsakts der Union bedarf, um die Verträge umzusetzen.

Die Verfahren und Bedingungen, die für eine solche Bürgerinitiative gelten, werden nach Artikel 24 Absatz 1 des Vertrags über die Arbeitsweise der Europäischen Union festgelegt.

Literaturübersicht

Bauer/Huber/Sommermann (Hrsg.), Demokratie in Europa, 2005; *Bernard*, La démocratie participative sous l'angle du dialogue civil et du dialogue social, in: Constantinesco/Gautier/Michel (Hrsg.), Le Traité établissant une Constitution pour l'Europe, 2005, S. 365; *Bieber/Maiani*, Bringing the Union Closer to its Citizens? »Participatory Democracy« and the Potential Contributions of the Lisbon Treaty, Schweizerisches Jahrbuch für Europarecht 2009/2010, 2010, S. 229; *Boysen*, Transparenz im europäischen Verwaltungsverbund, Die Verwaltung 42 (2009), 215; *Cilo*, Europäische Bürgerinitiative und demokratische Legitimität der EU, 2014; *Crum*, Tailoring Representative Democracy to the European Union: Does the European Constitution Reduce the Democratic Deficit?, ELJ 11 (2005), 453; *Cuesta Lopez*, The Lisbon Treaty's Provisions on Democratic Principles: A Legal Framework for Participatory Democracy, European Public Law 16 (2010), 123; *Dehousse*, European Institutional Architecture After Amsterdam: Parliamentary System or Regulatory Structure, CMLRev. 35 (1998), 595; *Dutoit*, Parlement Européen et Société Civile, 2009; Editorial Comments, Direct democracy and the European Union... is that a threat or a promise?, CMLRev. 45 (2008), 929; *Epiney*, Europäische Verfassung und Legitimation durch die Unionsbürger, in: Kadelbach (Hrsg.), Europäische Verfassung und direkte Demokratie, 2006, S. 33; *Fossum/Menéndez*, The Constitution's Gift? A Deliberative Democratic Analysis of Constitution Making in the European Union, ELJ 11 (2005), 380; *Franzius*, Regieren durch »besseren« Instrumenteneinsatz: Zur Idee der Koregulierung im Regierungsweißbuch der Kommission, in: Bruha/Nowak (Hrsg.), Die Europäische Union nach Nizza: Wie Europa regiert werden soll, 2003, S. 155; *Franzius/Preuß*, Die Zukunft der europäischen Demokratie, 2012; *Geiger*, EU-Lobbying und Demokratieprinzip, EWS 2008, 257; *Guckelberger*, Die Europäische Bürgerinitiative, DÖV 2010, 745; *Heitsch*, Die Verordnung über den Zugang zu Dokumenten der Gemeinschaftsorgane im Lichte des Transparenzprinzips, 2003; *Hieber*, Die Europäische Bürgerinitiative nach dem Vertrag von Lissabon: Rechtsdogmatische Analyse eines neuen politischen Rechts der Unionsbürger, 2014; *Heselhaus*, Die Ausgestaltung der Europäischen Bürgerinitiative – eine vertane Chance?, EUZ 2013, S. 4; *Höreth*, Die Europäische Union im Legitimationstrilemma, 1999; *Huber*, Demokratie ohne Volk oder Demokratie der Völker? Zur Demokratiefähigkeit der Europäischen Union, in: Drexl/Kreuzer/Scheuing/Sieber (Hrsg.), Europäische Demokratie, 1999, S. 27; *Huget*, Demokratisierung der EU, 2007; *Kaufmann*, Direkte Demokratie auf transnationaler Ebene. Zur Entstehungsgeschichte der Europäischen Bürgerinitiative, in: Feld/Huber/Jung/Welzel/Wittreck (Hrsg.), Jahrbuch für direkte Demokratie 2010, 2011, S. 201; *Hüller*, Playground or Democratisation? New Participatory Procedures at the European Commission, Swiss Political Science Review 16 (2010), 77; *Kohler-Koch/Finke*, The Institutional Shaping of EU – Society Relations: A Contribution to Democracy via Participation? Journal of Common Market Studies 2007, 205; *von Komorowski*, Demokratieprinzip und Europäische Union, 2010; *Ladeur*, »Deliberative Demokratie« und »Dritter Weg« –

Eine neue Sackgasse?, Der Staat 41 (2002), 3; *Leinen/Kreutz*, Herausforderung partizipative europäische Demokratie: Zivilgesellschaft und direkte Demokratie im Vertrag von Lissabon, integration 2008, 241; *Levrat*, L'initiative citoyenne européenne: une réponse au déficit démocratique, CDA 2011, 53; *Maurer/Vogel*, Die Europäische Bürgerinitiative, 2009; *Mader*, Bürgerinitiative, Petitionsrecht, Beschwerde zum Bürgerbeauftragten – unionsrechtliche Formen direktdemokratischer Partizipation und ihre gerichtliche Durchsetzbarkeit, EuR 2013, 348; *Mross*, Bürgerbeteiligung am Rechtsetzungsprozeß in der Europäischen Union, 2010; *Nettesheim*, Demokratisierung der Europäischen Union und Europäisierung der Demokratietheorie, in: Bauer/Huber/Sommermann (Hrsg.), Demokratie in Europa, 2005, S. 143; *Obwexer/Villotti*, Die Europäische Bürgerinitiative, JRP 18 (2010), 108; *Peters*, Elemente einer Theorie der Verfassung Europas, 2001; *dies.*, European Democracy after the 2003 Convention, CMLRev. 41 (2003), 37; *Petersen*, The Democracy Concept of the European Union: Coherent Constitutional Principle or Prosaic Declaration of Intent?, GLJ 6 (2005), 1507; *Piesbergen*, Die Europäische Bürgerinitiative nach Art. 11 Abs. 4 EUV, 2011; *Robertson*, Elemente der direkten Demokratie im Vertrag von Lissabon, JRP 18 (2010), 133; *Rossen-Stadtfeld*, Demokratische Staatlichkeit in Europa: ein verblassendes Bild, JböR n. F. 53 (2005), 45; *Rumler-Korinek*, Kann die Europäische Union demokratisch ausgestaltet werden?, EuR 2003, 327; *Scharpf*, Demokratie in der transnationalen Politik, in: Beck (Hrsg.), Politik der Globalisierung, 1998, S. 228; *Schmitt Glaeser*, Gibt es eine europäische Öffentlichkeit, JR 2000, 188; *Schuppert*, Assoziative Demokratie – zum Platz des organisierten Menschen in der Demokratietheorie, in: Klein/Schmalz-Bruns (Hrsg.), Politische Beteiligung und Bürgerengagement in Deutschland, 1997, S. 114; *Settembri*, Transparency and the EU Legislator, JCMSt 43 (2005), 637; *Wahl*, Erklären staatstheoretische Leitbegriffe die Europäische Union?, JZ 2005, 916; *Weber*, Europäischer Verfassungsvertrag und partizipative Demokratie, FS Rengeling, 2008, S. 661.

Wesentliche sekundärrechtliche Vorschrift

Verordnung (EU) Nr. 211/2011 des Europäischen Parlamentes und des Rates vom 16. 2. 2011 über die Bürgerinitiative, ABl. 2011, L 65/1

Inhaltsübersicht

A. Bedeutung und systematischer Überblick

1   Art. 11 EUV betrifft die **Beteiligung gesellschaftlicher Kräfte am** gesellschaftlichen **Diskurs über die Union** und mit den Unionsorganen, d. h. um eine **europäische politische Öffentlichkeit**. Der Vorschrift kommt für das **Demokratiekonzept** der Union eine wesentliche Bedeutung zu, in dem die Vorschrift **partizipativ-demokratische Elemente** im Primärrecht der Union verankert.[1] Zutreffend wird sie als **dritter Pfeiler** der **Demokratiekonzeption der Union** bezeichnet.[2] Sie **ergänzt** das demokratietheoretisch basale **Wahlrecht** der Unionsbürgerinnen und -bürger[3] sowie das für die Vermittlung des demokratischen Willens zentrale Modell der **repräsentativen Demokratie** nach Art. 10 Abs. 1 und 2 EUV um Elemente des Diskurses und Feedback im Sinne einer **responsiven Demokratie**.[4] Es handelt sich um eine **notwendige Ergänzung** des repräsentativ-demokratischen Konzeptes nach Art. 10 Abs. 1 und 2 EUV, dessen Kapazität zur Vermittlung demokratischer Legitimation im Mehrebenensystem der EU an seine Grenzen stößt.[5]

2   Es ist die Erfahrung der **Grenzen der Legitimationsvermittlung** über den Rat und das Europäische Parlament im Sinne des Art. 10 EUV, die einen Konsens zur Öffnung für partizipativ- und – ansatzweise – direkt-demokratische Elemente[6] ermöglicht haben. Insofern ist die gleichlautende Vorschrift in Art. I–47 des letztlich nicht zustande gekommenen Vertrages über eine Verfassung für Europa zutreffend mit »**Grundsatz der partizipativen Demokratie**« betitelt gewesen. Im Lissabonner Vertrag hat man zwar auf solche Normüberschriften insgesamt verzichtet, den Inhalt der Norm aber keineswegs geschmälert. In den Kommentaren findet sich insbesondere die informelle Bezeichnung »Bürgerbeteiligung«. Diese ist nicht ganz zutreffend, da Abs. 3 der Vorschrift die **Beteiligung von Betroffenen** vorsieht, zu denen auch Drittstaatler zählen (s. Rn. 52).

3   Auch wenn die partizipativ-demokratische Bedeutung der Vorschrift im Mittelpunkt steht, darf nicht übersehen werden, dass sie eine weitere Thematik betrifft. Da es um die **Kommunikation mit den EU-Organen** geht, setzt die Vorschrift eine entsprechende Kompetenz der EU zur **Informationspolitik** voraus bzw. akzeptiert diese **implizit**.[7] Zum

---

[1] Näher dazu *Peters*, Elemente einer Theorie der Verfassung Europas, S. 631 ff.; *Ruffert*, in: Calliess/Ruffert, EUV/AEUV, Art. 11 EUV, Rn. 1 f.

[2] Vgl. aber insgesamt zurückhaltend zur Bedeutung des Art. 11 EUV *Nettesheim*, in: Grabitz/Hilf/Nettesheim, EU, Art. 11 EUV (Januar 2015), Rn. 5, 7, vgl. aber *ders.*, a. a. O., Rn. 29 zur symbolischen Wirkung.

[3] S. Art. 14 Abs. 2 und 3 EUV und die grundlegende Gewährleistung demokratischer Gleichheit nach Art. 9 EUV.

[4] Zum Aspekt des Dialogs *Ruffert*, in: Calliess/Ruffert, EUV/AEUV, Art. 11 EUV, Rn. 7. Vgl. zur weiteren Legitimation des Handelns der Union *Kaufmann-Bühler*, in: Lenz/Borchardt, EU-Verträge, Art. 11 EUV, Rn. 1; *Ruffert*, in: Calliess/Ruffert, EUV/AEUV, Art. 11 EUV, Rn. 2; *Huber*, in: Streinz, EUV/AEUV, Art. 11 EUV Rn. 2, und der Bekämpfung der Politikverdrossenheit *Kaufmann-Bühler*, in: Lenz/Borchardt, EU-Verträge, Art. 11 EUV, Rn. 4; vgl. auch *Huber*, in: Streinz, EUV/AEUV, Art. 11 EUV, Rn. 2.

[5] S. die Kommentierung zu Art. 10 EUV, Rn. 29; Vgl. die Wertung von *Huber*, in: Streinz, EUV/AEUV, Art. 10 EUV, Rn. 45; *ders.*, in: Bauer/Huber/Sommermann, S. 491 (498 f.). Zur Erkenntnis, »dass Demokratie mehr bedeutet als Institution, Kompetenz und Verfahren *Nettesheim*, in: Grabitz/Hilf/Nettesheim, EU, Art. 11 EUV (Januar 2015), Rn. 1; vgl. auch *Bieber*, in: GSH, Europäisches Unionsrecht, Art. 11 EUV, Rn. 3, 14.

[6] Zu den partizipatorischen (Abs. 1–3) und direktdemokratischen (Abs. 4) Elementen *Kaufmann-Bühler*, in: Lenz/Borchardt, EU-Verträge, Art. 11 EUV, Rn. 1.

[7] *Bieber*, in: GSH, Europäisches Unionsrecht, Art. 11 EUV, Rn. 12 a. E.; s. dazu die Gemeinsame Erklärung von Europäischem Parlament, Rat und Kommission, Anhang XIX zur GO des Europäischen Parlaments, ABl. 2011, L 116, S. 144.

einen wirft das die Frage auf, welches Organ wie stark in diese Aufgabe eingebunden ist bzw. von dieser Aufgabe profitiert (s. Rn. 26). Zum anderen stellt sich damit wie in demokratischen Staaten die Frage, inwieweit die Organe auf die gesellschaftliche Willensbildung **einwirken** dürfen (s. Rn. 16). Für die Union stellt sich zusätzlich die besondere Problematik, dass sie zwar zum Ziel hat, den Prozess der Schaffung einer **immer engeren Union** der Völker Europas […] weiterzuführen«,[8] im Gegensatz zu manchen Bundesstaaten aber auch das Ausscheiden aus dem Integrationsprozess ausdrücklich zulässt.[9] Daher bedarf der Umgang **mit integrationskritischen Ansätzen** besonderer Beachtung. Aus rechtlicher Sicht ist diesbezüglich der Zusammenhang mit dem **Grundsatz der demokratischen Gleichheit** in **Art. 9 EUV** entscheidend. Danach dürfen Integrationserfolge zwar kommuniziert werden, doch dürfen die kritischen Stimmen **nicht diskriminiert** werden. Die Vertiefung der Integration ist den Unionsorganen aufgegeben, doch müssen sie dabei gegenüber den politischen Stimmen aus der Gesellschaft neutral handeln.[10]

Dass es sich bei Art. 11 EUV um einen **Grundsatz** handelt, folgt aus dem systematischen Zusammenhang. Zum einen steht die Vorschrift im Abschnitt über die demokratischen Grundsätze der Union. Zum anderen belegt Art. 11 EUV, dass sich das in **Art. 10 Abs. 3 EUV** aufgeführte **Recht** der Unionsbürgerinnen und -bürger **auf Teilnahme** nicht in der Teilnahme an Wahlen erschöpft.[11] Art. 11 EUV **ergänzt** das Wahlrecht um Aspekte der Rückkopplung mit der Bevölkerung gerade auch **zwischen** den Wahlen, um Beteiligungs- und Einflussnahmerechte, die die Grundlage für eine **kommunikative Konzeption von Demokratie** bilden.[12] Während die demokratischen Freiheitsrechte insbesondere den politischen Diskurs **in** der Gesellschaft schützen, fördert Art. 11 EUV einen Diskurs der gesellschaftlichen Kräfte **mit** den Unionsorganen und eröffnet so einen gewichtigen Zugang zu einer **europäischen Öffentlichkeit**.[13] Jede Konkretisierung dieses Ansatzes muss zudem den Grundsatz **demokratischer Gleichheit** nach Art. 9 EUV beachten. Darin kommt die **bürgerschaftliche Konzeption** des unionalen Demokratiekonzeptes zum Ausdruck.[14] Danach bedarf jede Beschränkung auf bestimmte Gruppen, Verbände usw. der **Rechtfertigung**.[15] Insofern ist es folgerichtig, dass Art. 11 EUV Abs. 1 und 2 EUV ausdrücklich die »repräsentativen Verbände« erwähnt.[16] In diesem Sinn enthält Art. 11 EUV drei wichtige Grundentscheidungen: für die Notwendigkeit einer **Ergänzung** des repräsentativ-demokratischen Modells um partizipativ-demokratische Elemente, für eine **Förderung** europäischer Öffentlichkeit im Dialog mit den Unionsor-

4

---

[8] Abs. 13 Präambel EUV.

[9] Art. 50 Abs. 1 EUV.

[10] Ansätze in dieser Richtung bei *Huber*, in: Streinz, EUV/AEUV, Art. 10 EUV, Rn. 64.

[11] S. die Kommentierung zu Art. 10 EUV, Rn. 30. *Bieber*, in: GSH, Europäisches Unionsrecht, Art. 11 EUV, Rn. 9 spricht von einem »allgemeinen Prinzip«.

[12] Vgl. *Bieber*, in: GSH, Europäisches Unionsrecht, Art. 11 EUV, Rn. 2, 4; vgl. *Ruffert*, in: Calliess/Ruffert, EUV/AEUV, Art. 11 EUV, Rn. 5.

[13] Vgl. zur Schaffung einer »europäischen Öffentlichkeit« *Bieber*, in: GSH, Europäisches Unionsrecht, Art. 11 EUV, Rn. 3. Daher besteht gerade kaum Anlass für Überschneidungen zwischen den Freiheitsrechten und Art. 11 EUV, a. A. *Huber*, in: Streinz, EUV/AEUV, Art. 11 EUV, Rn. 7.

[14] *Petersen*, GLJ 6 (2005), 1507; s. auch *Epiney*, S. 33.

[15] Vgl. den Wortlaut von Art. 11 Abs. 1 EUV, der repräsentative Verbände und die Unionsbürgerinnen und -bürger in gleicher Weise schützt.

[16] S. Art. 11 Abs. 1 und 2 EUV. Näher *Huber*, in: Streinz, EUV/AEUV, Art. 11 EUV, Rn. 12 f.; das assoziativ-demokratische Element betont *Ruffert*, in: Calliess/Ruffert, EUV/AEUV, Art. 11 EUV, Rn. 9.

ganen sowie eine Bestätigung der grundsätzlichen Ausrichtung der unionalen Demokratiekonzeption auf das **Individuum**, die jede Entfernung von demselben in Übereinstimmung mit dem Grundsatz der Bürgernähe[17] rechtfertigungsbedürftig macht.

5   Die **vier Absätze** des Art. 11 EUV stehen in einem **funktionalen Verhältnis** zueinander. Man kann zwar grundsätzlich **zwei Typen** der aufgeführten Beteiligungsformen unterscheiden: die Bürger- und Betroffenenbeteiligung in den ersten drei Absätzen sowie die – verhaltene – direkt-demokratische Bürgerinitiative im 4. Absatz.[18] Doch sollte diese Differenzierung nicht den Blick für die **systematische Anlage** der gesamten Vorschrift verstellen, die die Beteiligungsformen von 1. bis zum 4. Absatz graduell verdichtet. Abs.1 verpflichtet die EU-Organe, den **freien Diskurs** der gesellschaftlichen Kräfte sowie der Einzelnen zu **fördern**. Hier geht es zwar auch um den Diskurs zwischen den besagten gesellschaftlichen Kräften, doch zielt die Ausrichtung auf »alle Bereiche des Handelns der Union« inhaltlich auf einen Austausch gerade **auch mit** den EU-Organen.[19] Abs. 2 verdichtet diesen Ansatz zu einem **regelmäßigen Diskurs**, und zwar **mit den EU-Organen**, verlangt also eine instrumentelle Absicherung, eine gewisse Institutionalisierung. Dementsprechend ist der Diskurs stärker auf die Kommunikation **mit** den Organen ausgerichtet.[20] Abs. 3 führt zum einen die Zahl der Verpflichteten eng auf die **Kommission** und macht dieser zum anderen noch konkretere Vorgaben im Hinblick auf Umfang und Funktion der Kommunikation.[21] Schließlich bringt Abs. 4 mit der **Europäischen Bürgerinitiative** ein sehr begrenztes direkt-demokratisches Element ein, das auf das Initiativrecht der Kommission abzielt.[22] Im Vergleich bleibt es damit bei der Engführung auf die **Kommission** als verpflichtetes EU-Organ.[23] Ferner wird das einschlägige Instrument noch stärker konkretisiert und der Diskurs mit den Unionsbürgerinnen und -bürgern wird nunmehr unmittelbar auf den **Rechtsetzungsprozess** bezogen. Die Qualifizierung der Beteiligungsformen nach Art. 11 EUV als **subjektive Rechte** ist für alle vier Absätze **umstritten**.[24] Diese systematische Betrachtung eröffnet eine Perspektive, die allen aufgeführten Verbürgungen umfassend gerecht wird und nicht vorschnell in einer – weit verbreiteten – Dichotomie von Bürgerinitiative und den anderen Beteiligungsformen verharrt.[25]

---

[17] Zur Geltung dieses Grundsatzes für das Recht auf Teilnahme s. Art. 10 Abs. 3 S. 2 EUV.

[18] S. zu einer solchen Differenzierung *Bieber*, in: GSH, Europäisches Unionsrecht, Art. 11 EUV, Rn. 9 ff. einerseits und Rn. 14 ff. andererseits.

[19] *Ruffert*, in: Calliess/Ruffert, EUV/AEUV, Art. 11 EUV, Rn. 7, weist darauf hin, dass der Dialog mit den EU-Organen auf konkretes Organhandeln ausgerichtet sei. Zum Ziel einer »funktionierenden Öffentlichkeit *Huber*, in: Streinz, EUV/AEUV, Art. 11 EUV, Rn. 8.

[20] *Bieber*, in: GSH, Europäisches Unionsrecht, Art. 11 EUV, Rn. 13, sieht in erster Linie formalisierte Zusammentreffen mit Bediensteten der Kommission; zum Aspekt des Lobbyismus *Ruffert*, in: Calliess/Ruffert, EUV/AEUV, Art. 11 EUV, Rn. 9.

[21] *Huber*, in: Streinz, EUV/AEUV, Art. 11 EUV, Rn. 26; zur Bedeutung für die Transparenz des Handelns der Kommission Settembri, JCMSt 43 (2005), 637 (643 f.).

[22] Vgl. *Ruffert*, in: Calliess/Ruffert, EUV/AEUV, Art. 11 EUV, Rn. 14, zum plebiszitären Aspekt mit einem verfassungspolitischen Vorbehalt gegenüber Referenden.

[23] S. zur indirekten Bedeutung für Rat und Europäisches Parlament unten Rn. 81.

[24] *Huber*, in: Streinz, EUV/AEUV, Art. 11 EUV, Rn. 55 f.; skeptisch gegenüber einem Klagerecht noch *Ruffert*, in: Calliess/Ruffert, EUV/AEUV, Art. 11 EUV, Rn. 19 in der 4. Aufl., anders jetzt aber in der 5. Aufl., a. a. O., Rn. 22. Insgesamt ablehnend *Bieber*, in: GSH, Europäisches Unionsrecht, Art. 11 EUV, Rn. 2.

[25] *Huber*, in: Streinz, EUV/AEUV, Art. 11 EUV, Rn. 8 ff. einerseits und Rn. 32 ff. andererseits, s. auch *Bieber*, in: GSH, Europäisches Unionsrecht, Art. 11 EUV, Rn. 9 ff. bzw. 14 ff., der sich in Rn. 2 dezidiert gegen eine funktionale Verknüpfung der verschiedenen Absätze in Art. 11 EUV wendet; *Ruffert*, in: Calliess/Ruffert, EUV/AEUV, Art. 11 EUV, Rn. 6 ff. und 14 ff. differenziert nach Partizipation und direkter Demokratie.

Art. 11 EUV berührt verschiedene **Demokratiekonzepte**.[26] Insgesamt behandelt die **6**
Vorschrift **Beteiligungsmöglichkeiten und -rechte** für den Einzelnen, allein oder in Verbindungen. Insofern wird die Vorschrift zutreffend als **partizipativ-demokratisches Element** qualifiziert.[27] Dabei geht es **nicht** um eine **Entscheidungskompetenz**, sondern um die **Kommunikationsfunktion** im Sinne einer responsiven Demokratie, die ein ständiges Feedback zu den Unionsbürgerinnen und -bürgern fördert. Dabei sind auch **assoziativ-demokratische Elemente** enthalten,[28] wenn in den ersten beiden Absätzen der Inklusion »repräsentativer Verbände« besondere Beachtung geschenkt wird. Doch wird daneben nicht die **individuale Konzeption** verlassen.[29] Schließlich eröffnet die Vorschrift über ihre Ausrichtung auf Kommunikation Ansätze für **deliberative Demokratiemodelle**.[30]

Die ausdrückliche positive **Akzeptanz** von demokratischen Partizipations- und Beteiligungsformen innerhalb des repräsentativ-demokratischen Konzeptes der Union ist **7**
ein **qualitativer Entwicklungsschritt** auf dem Wege zu einem **umfassenden Demokratiekonzept** der EU. Allerdings sind in diesem ersten Schritt die einzelnen Verbürgungen teilweise noch wenig konkretisiert, teilweise sehr zurückhaltend ausgestaltet. So hat von der Vielzahl an Vorschlägen für direkt-demokratische Elemente nur die **Bürgerinitiative** überlebt, die lediglich zu einer Aufforderung zu einem Rechtsetzungsvorschlag führt und inhaltlich weit vom allgemeinen Verständnis einer Volksinitiative entfernt ist.[31] Wie politisch brisant Art. 11 EUV insgesamt ist, lässt sich an dem Umstand ablesen, dass er von vielen Teilen in der Literatur noch weiter abschwächend **interpretiert** wird. Die dafür angebotenen grundsätzlichen Argumente vermögen jedoch nicht zu überzeugen. So wird in der Literatur herausgestellt, dass die Vorschrift mehr auf politikwissenschaftlichen Erkenntnissen beruhe als auf verfassungsrechtlichen Überlegungen.[32] Dem ist entgegenzuhalten, dass allein die ideengeschichtliche Herkunft einer Verfassungsnorm nicht deren Charakter als eine solche in Frage stellen kann. Die primärrechtliche Normierung entsprechender politikwissenschaftlicher Ansätze basiert gerade auf verfassungsrechtlichen Überlegungen. Andere Autoren sehen viele **Überschneidungen** der Verbürgungen in Art. 11 EUV mit anderen Normen des Primärrechts, woraus sie auf eine schwächere normative Wirkung schließen.[33] Dem ist erstens zu entgegnen, dass es kaum Überschneidungen gibt (s. Rn. 4), und dass zweitens Überschneidungen in den Verträgen regelmäßig für eine **Verstärkung der normativen Wirkung** sprechen, wie etwa die Überschneidung des Wahlrechts mit dem Recht auf Teilhabe nach Art. 10 Abs. 3 EUV oder der Unionsbürgerrechte in Art. 20ff. AEUV mit den Bürgerrechten in der GRC.[34] Vereinzelt wird versucht, die Bedeutung der ersten drei

---

[26] Zu entsprechenden Governance-Konzepten *Nettesheim*, in: Grabitz/Hilf/Nettesheim, EU, Art. 11 EUV (Januar 2015), Rn. 2 ff.; *Ruffert*, in: Calliess/Ruffert, EUV/AEUV, Art. 11 EUV, Rn. 1 ff.
[27] *Huber*, in: Streinz, EUV/AEUV, Art. 11 EUV, Rn. 3; vgl. *Ruffert*, in: Calliess/Ruffert, EUV/AEUV, Art. 11 EUV, Rn. 6.
[28] Näher dazu *Ruffert*, in: Calliess/Ruffert, EUV/AEUV, Art. 11 EUV, Rn. 4 und 9.
[29] Abs. 1 erwähnt die Bürgerinnen und Bürger und Abs. 2 die Zivilgesellschaft. Letzterer Begriff ist von dem engeren Begriff der organisierten Zivilgesellschaft zu unterscheiden.
[30] *Ruffert*, in: Calliess/Ruffert, EUV/AEUV, Art. 11 EUV, Rn. 5.
[31] *Heselhaus*, EUZ 2013, S. 4 (5); *Hieber*, Die europäische Bürgerinitiative nach dem Vertrag von Lissabon, S. 3 ff.; vgl. *Puttler*, EuR 2004, S. 669 (673).
[32] *Kaufmann-Bühler*, in: Lenz/Borchardt, EU-Verträge, Art. 11 EUV, Rn. 3; vgl. u den Governance-Konzepten *Ruffert*, in: Calliess/Ruffert, EUV/AEUV, Art. 11 EUV, Rn. 1 f.
[33] Zu Abgrenzungsschwierigkeiten gegenüber anderen unionsrechtlichen Grundsätzen *Huber*, in: Streinz, EUV/AEUV, Art. 11 EUV, Rn. 7; s. dazu Rn. 4.
[34] S. die Kommentierung zu Art. 20 AEUV, Rn. 37.

Absätze der Vorschrift auf »Optionen und Chancen« herunterzuspielen.[35] Dieser Interpretationsansatz stößt auf grundsätzliche Bedenken, denn Organen werden im Verfassungsrecht keine »Rechte« zur freien Verfügung zugewiesen, sondern **Aufgaben und Kompetenzen**, die sie pflichtgemäß wahrzunehmen haben. Ein solcher Ansatz würde in der Sache das zuweilen wahrnehmbare institutionelle Interesse der Kommission unterstützen, das insbesondere im Streit um die **sekundärrechtliche Ausgestaltung der Bürgerinitiative** zum Ausdruck gekommen ist (s. Rn. 54 ff.). In diesem Zusammenhang versucht die Kommission die Bürgerinitiative auch inhaltlich eingeschränkt zu interpretieren. Das beinhaltet die Gefahr einer Instrumentalisierung der Bürgerbeteiligung für die Zwecke eines Organs. Stattdessen ist die Bedeutung von Art. 11 EUV als eines Grundsatzes hervorzuheben, der – im vorgegebenen primärrechtlichen Rahmen – auf Optimierung ausgerichtet ist[36] und dessen einzelne Elemente normativ verdichtet werden können. Die Vorgaben von Art. 11 EUV sind nach wohl übereinstimmender Auffassung **rechtsverbindlich**.[37] Sie sind einerseits Bestandteile des **objektiven Primärrechts**.[38] Andererseits enthalten sie – nach umstrittener Ansicht[39] – in Abs. 4 in Verbindung mit Verordnung 211/2011 ein **subjektives Recht**[40] und können in den Abs. 1–3 zu subjektiven Rechten **verdichtet werden**. Zwar steht die **inhaltliche Offenheit** der Gewährleistungen in Abs. 1 und 2 der Bejahung von Ansprüchen auf bestimmte Beteiligungsformen entgegen, gleichwohl folgen aus ihnen im Falle der Bereitstellung entsprechender Beteiligungsformen Ansprüche auf einen **gleichberechtigten Zugang** in Verbindung mit Art. 9 EUV.[41] Zudem ist das **Untermaßverbot** zu beachten.[42]

B.   Entwicklung

8   Der Inhalt von Art. 11 EUV entspricht nahezu **wortgleich** der entsprechenden Vorschrift im **Vertrag über eine Verfassung für Europa** (Art. I–47 EVV) zum »**Grundsatz der partizipativen Demokratie**«.[43] Der einzige Unterschied ist die Anpassung der **Rechtset-**

---

[35] *Kaufmann-Bühler*, in: Lenz/Borchardt, EU-Verträge, Art. 11 EUV, Rn. 6.

[36] Zurückhaltender wohl *Huber*, in: Streinz, EUV/AEUV, Art. 11 EUV, Rn. 4, demzufolge Art. 11 EUV kein echtes Optimierungsgebot enthalte, aber »dynamische Elemente« aufweise.

[37] Wie hier *Huber*, in: Streinz, EUV/AEUV, Art. 11 EUV, Rn. 4; so wohl auch *Bieber*, in: GSH, Europäisches Unionsrecht, Art. 11 EUV, Rn. 1 f., und *Kaufmann-Bühler*, in: Lenz/Borchardt, EU-Verträge, Art. 11 EUV, Rn. 6, der aber individuelle Rechte kategorisch ausschließt; offengelassen bei *Biervert*, in: Schwarze, EU-Kommentar, Art. 11 EUV, Rn. 1 ff.

[38] Zu Pflichten der Unionsorgane zur Beteiligung der Zivilgesellschaft *Kaufmann-Bühler*, in: Lenz/Borchardt, EU-Verträge, Art. 11 EUV, Rn. 6; vgl. *Nettesheim*, in: Grabitz/Hilf/Nettesheim, EU, Art. 11 EUV (Januar 2015), Rn. 10; »Dies zwingt die Unionsorgane in geeigneten Fällen zur Anhörung der Verbände und impliziert im Einzelfall sogar eine Holschuld«. *Ruffert*, in: Calliess/Ruffert, EUV/AEUV, Art. 11 EUV, Rn. 7 f.: Pflicht der Organe zur Entwicklung geeigneter Verfahren; *Huber*, in: Streinz, EUV/AEUV, Art. 11 EUV, Rn. 10: Untermaßverbot.

[39] Ablehnend wegen der »Konturlosigkeit« der Vorschrift *Folz*, in: Vedder/Heintschel v. Heinegg, EVV, Art. I–47 EVV, Rn. 2, zu den Abs. 1–3. – Ablehnend zu Art. 11 Abs. 1, Abs. 2 EUV *Kaufmann-Bühler*, in: Lenz/Borchardt, EU-Verträge, Art. 11 EUV, Rn. 6; *Bieber*, in: GSH, Europäisches Unionsrecht, Art. 11 EUV, Rn. 2; *Ruffert*, in: Calliess/Ruffert, EUV/AEUV, Art. 11 EUV, Rn. 8. Zu einem Recht auf diskriminierungsfreie Teilhabe an von den Unionsorganen geschaffenen Partizipationsverfahren *Huber*, in: Streinz, EUV/AEUV, Art. 11 EUV, Rn. 11.

[40] *Huber*, in: Streinz, EUV/AEUV, Art. 11 EUV, Rn. 56.

[41] *Huber*, in: Streinz, EUV/AEUV, Art. 11 EUV, Rn. 11.

[42] *Huber*, in: Streinz, EUV/AEUV, Art. 11 EUV, Rn. 10.

[43] *Bieber*, in: GSH, Europäisches Unionsrecht, Art. 11 EUV, Rn. 1; *Huber*, in: Streinz, EUV/AEUV, Art. 11 EUV, Rn. 1.

zungskompetenz für die Bestimmungen über die Verfahren und Bedingungen der Bürgerinitiative. In Abs. 4 des Art. I–47 EVV war ein »Europäisches Gesetz« vorgesehen gewesen, das Äquivalent zur Verordnung unter dem Lissabonner Vertrag und den früheren Verträgen. Während im Verfassungsvertrag damit das ordentliche Gesetzgebungsverfahren nach Art. III–396 EVV zur Anwendung gekommen wäre, findet sich die Ermächtigungsgrundlage unter dem Lissabonner Vertrag gemäß des ausdrücklichen Verweises in Art. 11 Abs. 4 UAbs. 2 EUV in Art. 24 Abs. 1 AEUV. Nach dieser Vorschrift wird auf **Verordnungen** im Rahmen des **ordentlichen Gesetzgebungsverfahrens** zurückgegriffen.

Zutreffend wird in der Literatur darauf hingewiesen, dass der Inhalt von Art. 11 EUV **9** **zuvor** in den geltenden Verträgen **nicht vorhanden** gewesen sei,[44] doch zeigt die konkrete Analyse der einzelnen Absätze ein differenzierteres Bild, in dem **Vorläufer** in den Verträgen und **in der Praxis der Organe** zu erkennen sind (s. Rn. 10 ff.). Insbesondere darf nicht verkannt werden, dass alle in Art. 11 EUV aufgeführten Instrumente zur Umsetzung des **Gebotes der Bürgernähe** dienen, wie es in Abs. 13 Präambel EUV und Art. 1 Abs. 2 EUV niedergelegt ist. Im Einzelnen ist festzustellen:

Die **Bürgerinitiative** nach Art. 11 Abs. 4 EUV ist in der Tat **ohne Vorbild in den Verträgen**. **10** Sie ist auch nicht in den Konzepten eines »Europas der Bürger« und eines »Dialogs mit dem Bürger« aus den 1980er bzw. 1990er Jahren enthalten gewesen.[45] Sie geht auf Vorbilder im **österreichischen und italienischen Verfassungsrecht** zurück.[46] In den Vertragsverhandlungen hat das Konzept der Bürgerinitiative insbesondere **Unterstützung vom Europäischen Parlament** erhalten, während die Kommission für eine engere Ausgestaltung eingetreten ist.[47] Sie ist im **systematischen** Zusammenhang mit den Möglichkeiten von Rat und Europäischem Parlament zu sehen, die Kommission unverbindlich zur Vorlage eines **Rechtsetzungsvorschlags aufzufordern**.[48]

Abs. 3 betrifft »**umfangreiche Anhörungen der Betroffenen**«. Der **rechtsstaatliche** **11** **Aspekt** der Anhörung Betroffener bei für sie »nachteiligen individuellen Maßnahmen« ist in der Rechtsprechung als ungeschriebener **Grundsatz des Unionsrechts** entwickelt worden[49] und hat Eingang in die entsprechende grundrechtliche Verbürgung in das **Grundrecht auf gute Verwaltung** nach Art. 41 Abs. 2 Buchst. a GRC gefunden.[50] Art. 11 Abs. 3 EUV stellt demgegenüber den **demokratischen Aspekt** der Anhörungen heraus[51] und geht **inhaltlich weiter**, indem konsequent alle Handlungsformen, insbesondere auch abstrakt-generelle Regelungen in Verordnungen oder Richtlinien erfasst werden.[52] Seit geraumer Zeit ist die Anhörung der Betroffenen oder auch interessierter Kreise vor

---

[44] *Kaufmann-Bühler*, in: Lenz/Borchardt, EU-Verträge, Art. 11 EUV, Rn. 1; *Bieber*, in: GSH, Europäisches Unionsrecht, Art. 11 EUV, Rn. 1.

[45] Näher zu diesen Konzepten *Nettesheim*, in: Grabitz/Hilf/Nettesheim, EU, Art. 11 EUV (Januar 2015), Rn. 9.

[46] *Hieber*, S. 54 f.; *Heselhaus*, EUZ 2013, 4 (5).

[47] Ausführlich dazu *Hieber*, S. 6 ff.

[48] Vgl. Art. 225 AEUV und Art. 241 AEUV, S. dazu *Huber*, in: Streinz, EUV/AEUV, Art. 11 EUV, Rn. 32.

[49] S. zur Rechtsprechung *Lenaerts/Vanhamme*, CMLRev. 34 (1997), 531 (533 f.); *Heselhaus*, in: Heselhaus/Nowak, Handbuch der Europäischen Grundrechte, § 57, Rn. 79.

[50] *Heselhaus*, in: Heselhaus/Nowak, Handbuch der Europäischen Grundrechte, § 57, Rn. 79 ff.

[51] *Ruffert*, in: Calliess/Ruffert, EUV/AEUV, Art. 11 EUV, Rn. 8; Vgl. *Huber*, in: Streinz, EUV/AEUV, Art. 11 EUV, Rn. 30 f., der in Rn. 31 den rechtsstaatlichen Aspekt von Art. 11 Abs. 3 EUV völlig ausblenden will.

[52] *Ruffert*, in: Calliess/Ruffert, EUV/AEUV, Art. 11 EUV, Rn. 8; *Huber*, in: Streinz, EUV/AEUV, Art. 11 EUV Rn. 30.

einem Rechtsetzungsvorschlag der Kommission übliche Praxis.[53] Dies ist im **Weißbuch**
der Kommission »**Europäisches Regieren**« von 2001 bestätigt worden[54] und prägt auch
die Aktualisierung im Konzept »**Intelligente Regulierung**« von 2010[55] und »**Bessere
Rechtsetzung**« von 2015.[56]

12   In Abs. 2 wird ein **regelmäßiger Dialog** mit den repräsentativen Verbänden und der
Zivilgesellschaft gefordert. Zur Vorgeschichte kann auf die Konzepte eines »Europa der
Bürger« und eines »Dialogs mit dem Bürger« aus den 1980er bzw. 1990er Jahren verwiesen werden.[57] Indes ist dieses Konzept in der Zwischenzeit maßgeblich vom **WSA**
weiterentwickelt worden. Um seiner nachlassenden Bedeutung für die gesellschaftlichen Gruppen entgegenzuwirken, hat der WSA seit Längerem darauf gesetzt, sich selbst
als eine Plattform für einen kontinuierlichen Dialog mit den organisierten gesellschaftlichen Kräften zu etablieren.[58] Dieses **Konzept** ist **von der Kommission übernommen**
worden.[59] Sie ist auch im Vergleich mit Rat und Europäischem Parlament das Organ, das
am meisten von einem solchen Dialog profitiert (s. Rn. 26).[60]

13   Auch die Vorgabe der **Kommunikationsförderung** nach Abs. 1 kann bis zum Konzept
des »Europas der Bürger«, wie es mit dem Ansatz des »Dialogs mit dem Bürger« fortgeführt worden ist, zurückverfolgt werden.[61] Es ist nach den negativen Referenden in
den Niederlanden und Frankreich zum Vertrag über eine Europäische Verfassung 2005
überarbeitet worden.[62] Auf dieser Basis ist die **Kommunikationspolitik** der Kommission
ausgebaut worden und ist die **interinstitutionelle politische Erklärung** »Europa partnerschaftlich kommunizieren« (s. Rn. 15) beschlossen worden.[63]

C. Inhalt und Gewährleistungen

I. Vorbemerkung

14   Wohl unbestritten ist der **Rechtscharakter** aller vier Gewährleistungen in Art. 11 EUV.[64]
Ungeachtet dieser Gemeinsamkeit haben aber alle vier Regelungen eine **eigenständige**

---

[53] *Nettesheim*, in: Grabitz/Hilf/Nettesheim, EU, Art. 11 EUV (Januar 2015), Rn. 3.
[54] Europäische Kommission, Europäisches Regieren. Ein Weissbuch, KOM (2001) 428; s. zu den
Vorüberlegungen im Weißbuch der Kommission »Europäisches Regieren« *Kaufmann-Bühler*, in:
Lenz/Borchardt, EU-Verträge, Art. 11 EUV Rn. 3; *Nettesheim*, in: Grabitz/Hilf/Nettesheim, EU,
Art. 11 EUV (Januar 2015), Rn. 3; *Ruffert*, in: Calliess/Ruffert, EUV/AEUV, Art. 11 EUV, Rn. 2;
Huber, in: Streinz, EUV/AEUV, Art. 11 EUV, Rn. 6.
[55] Europäische Kommission, Intelligente Regulierung in der Europäischen Union, KOM (2010)
543.
[56] Europäische Kommission, Bessere Ergebnisse durch bessere Rechtsetzung – Eine Agenda der
EU, KOM (2015) 215.
[57] *Nettesheim*, in: Grabitz/Hilf/Nettesheim, EU, Art. 11 EUV (Januar 2015), Rn. 9.
[58] WSA, Der EWSA: Brücke zwischen Europa und der organisierten Zivilgesellschaft, 2008.
[59] Vgl. *Smismans*, ELJ 9 (2003), S. 473 (478 ff.).
[60] *Bieber*, in: GSH, Europäisches Unionsrecht, Art. 11 EUV, Rn. 13.
[61] S. Bericht des Ad-hoc-Ausschusses für das Europa der Bürger, Bull. EG 1985, Nr. 3, S. 128–134.
[62] *Brüggemann*, Europäische Öffentlichkeit durch Öffentlichkeitsarbeit? Die Informationspolitik
der Europäischen Kommission, 2008, S. 145; Europäische Kommission, Aktionsplan für eine bessere
Kommunikationsarbeit der Kommission zu Europa, SEC/2005/985 endg., S. 3.
[63] GO EP 2011, Anlage XIX; vgl. Europäische Kommission, EU-Institutionen vereinbaren gemeinsame Vorgehensweise für eine bessere Kommunikation mit den Bürgern, 2008, IP/08/1568.
[64] *Huber*, in: Streinz, EUV/AEUV, Art. 11 EUV, Rn. 4; so wohl auch *Bieber*, in: GSH, Europäisches
Unionsrecht, Art. 11 EUV, Rn. 1 f., *Kaufmann-Bühler*, in: Lenz/Borchardt, EU-Verträge, Art. 11

Bedeutung. Daher ist eine Einzelanalyse angezeigt,[65] die insbesondere die Abgrenzung der verschiedenen Beteiligungsvorschriften thematisieren kann. Deshalb können auch der genaue Rechtscharakter und eine mögliche unmittelbare Wirkung nur konkret für jeden der vier Absätze untersucht werden.

II. Förderung des öffentlichen Diskurses (Abs. 1)

1. Sachlicher Gewährleistungsbereich

Bereits in den Konzepten eines »Europas der Bürger« und eines »Dialogs mit dem Bürger« hat die Kommission in den 1980er und 1990er Jahren auf die **Notwendigkeit einer verstärkten Kommunikation** mit den Bürgerinnen und Bürgern hingewiesen.[66] Im Zuge des Ratifikationsprozesses zum Vertrag über eine Verfassung für Europa hatte die Kommission **2005** intern einen **Aktionsplan** für eine verbesserte Kommunikationsarbeit zu Europa ausgearbeitet. Darin erklärte sie die politische Kommunikation zu einem **eigenständigen Politikbereich** und zu einem strategischen Ziel.[67] Zunächst stieß dieser Aktionsplan auf internen Widerstand, der erst mit dem Scheitern des Vertrages über eine Verfassung für Europa in den Referenden in Frankreich im Mai und in den Niederlanden im Juni 2005 überwunden werden konnte.[68] Im selben Jahr veröffentlichte die Kommission den »**Plan D für Demokratie, Dialog und Diskussion**«.[69] 2006 folgte das **Weißbuch** über eine **europäische Kommunikationspolitik**.[70] Dieser Ansatz sollte 2008 zu einer interinstitutionellen Vereinbarung zwischen Kommission, Europäischem Parlament und dem Rat führen.[71] Schließlich kam es aber lediglich zu einer entsprechenden **politischen Erklärung »Europa partnerschaftlich kommunizieren«.**[72] In der Folge ist die **interinstitutionelle Gruppe Information (IGI)** gegründet worden.[73] 2015 umfasst die **Kommunikationsstrategie** u. a. Bürgerdialoge, die Nutzung der elektronischen sozialen Medien sowie die Europe Direct Information Center.[74] Während die Kommission ihre Strategie auf die drei Pfeiler »Zuhören, Vermitteln, Go Local« stützt,[75] priorisiert die interinstitutionelle Erklärung eher den Bedarf, eine gemeinsame Abstimmung zu finden, insbesondere durch die jährliche Festlegung von **Kommunikationsprioritäten**.[76]

15

EUV, Rn. 6, der aber individuelle Rechte kategorisch ausschließt; offengelassen bei *Biervert*, in: Schwarze, EU-Kommentar, Art. 11 EUV, Rn. 1. Vgl. *Nettesheim*, in: Grabitz/Hilf/Nettesheim, EU, Art. 11 EUV (Januar 2015), Rn. 10.

[65] Vgl. *Huber*, in: Streinz, EUV/AEUV, Art. 11 EUV, Rn. 8 ff.

[66] Zum Begriff der Kommunikationsförderung *Huber*, in: Streinz, EUV/AEUV, Art. 11 EUV, Rn 8.

[67] Europäische Kommission, Aktionsplan für eine bessere Kommunikationsarbeit der Kommission zu Europa, SEC/2005/985 endg., S. 3.

[68] *Brüggemann* (Fn. 62), S. 145; Europäische Kommission, Aktionsplan für eine bessere Kommunikationsarbeit der Kommission zu Europa, SEC/2005/985 endg., S. 145.

[69] Europäische Kommission, KOM (2005) 494.

[70] Europäische Kommission, KOM (2006) 35.

[71] Europäische Kommission, Vorschlag für eine interinstitutionelle Vereinbarung – Partnerschaft für die Kommunikation über Europa, KOM (2007) 569.

[72] Interinstitutionelle politische Erklärung, abgedruckt in GO EP 2011, Anlage XIX; vgl. Europäische Kommission, EU-Institutionen vereinbaren gemeinsame Vorgehensweise für eine bessere Kommunikation mit den Bürgern, 2008, IP/08/1568.

[73] S. dazu Ziff. 8 der interinstitutionellen politischen Erklärung (Fn. 72).

[74] S. die Homepage der Europäischen Kommission, http://ec.europa.eu/dgs/communication/take-part/consultations/index_de.htm (26. 6. 16).

[75] Europäische Kommission, KOM (2006) 35.

[76] Ziff. 9 ff. Interinstitutionelle politische Erklärung (Fn. 72).

16   Die Kommission stellt diesen informationspolitischen Ansatz in die Nähe der **Grundrechte**, insbesondere der **Meinungs- und Informationsfreiheit**.[77] Zwar ist zutreffend, dass die EU-Organe einen Diskurs über Europa nicht erzwingen können, sondern nur Angebote an die Bürgerinnen und Bürger machen können, auf dass diese ihre Grundrechte entsprechend nutzen. Doch ist dieser Zusammenhang für die **Informationspolitik** der EU nicht zentral, denn Art. 11 Abs. 1 EUV ist darauf ausgerichtet, diese bereits bestehenden Möglichkeiten der Bürgerinnen und Bürger zu **ergänzen** und ihre Ansichten »**öffentlich**« bekannt zu machen und auszutauschen. Die Bezugnahme auf die Grundrechte sollte nicht verdecken, dass es – wie bei jeder Informationspolitik einer Regierung – um die Abgrenzung zur einseitigen **Beeinflussung des öffentlichen Dialogs** geht. Der rechtlich im Vordergrund stehende Zusammenhang besteht mit dem **Recht** der Bürger **auf Teilhabe am politischen Leben nach Art. 10 Abs. 3 EUV**. Das wird in der interinstitutionellen Erklärung von 2008 anerkannt.[78] Darin kommt die **bürgerschaftliche Konzeption** des Demokratiemodells in der EU zum Ausdruck.[79] Zugleich ist der **Grundsatz der demokratischen Gleichheit** nach Art. 9 EUV zu beachten. Danach ist es den Organen gestattet, über ihre Politik, d. h. den Fortgang der europäischen Integration, zu informieren. Doch müssen die von den Organen vorgesehenen Möglichkeiten der öffentlichen Kommunikation den Ansichten der Bürgerinnen und Bürger, auch wenn sie dem Integrationsprozess **kritisch** gegenüberstehen, **gleichberechtigt** und in **nichtdiskriminierender Weise** offenstehen.

17   Art. 11 Abs. 1 EUV ist inhaltlich auf eine **Verpflichtung der Organe** ausgerichtet, den Bürgerinnen und Bürgern in **Ergänzung** ihrer Freiheitsrechte »die Möglichkeit« zu geben, öffentlich ihre Ansichten bekanntzugeben und auszutauschen. Rechtlich handelt es sich daher zunächst um eine **objektive Pflicht**.[80] Ihrem Wortlaut nach ist die Vorschrift zwar nicht verpflichtend, sondern feststellend (»geben die Möglichkeit«) abgefasst. Vergleichbare Formulierungen finden sich aber in Art. 9 EUV, Art. 10 Abs. 1 EUV sowie in Art. 11 Abs. 2 EUV, ohne dass damit der verpflichtende Charakter in Frage gestellt würde. Daher ist eine Handlungspflicht zu bejahen,[81] bei der allerdings ein großer **Gestaltungsspielraum** besteht (s. Rn. 20).

18   Die Handlungspflicht bezieht sich ausdrücklich auf **alle Bereiche des Handelns** der Union«.[82] Erfasst werden demnach alle **Politikbereiche**, nach dem Sinn und Zweck inklusive der **Grundfreiheiten**. Auch wenn in der Praxis die **Rechtsetzungstätigkeit** im Zentrum des Interesses stehen dürfte,[83] ist der Begriff des Handelns weit zu verstehen. Er umschließt Maßnahmen auch der **Verwaltung**[84] sowie **jedwede Art** von Maßnahmen, nicht nur rechtverbindliche.

---

[77] Europäische Kommission, Vorschlag für eine interinstitutionelle Vereinbarung: Partnerschaft für die Kommunikation über Europa, KOM (2007) 569, S. 2; vgl. zu den Bezügen zu den Freiheitsrechten *Huber, in: Streinz*, EUV/AEUV, Art. 11 EUV, Rn. 7. Die eigenständige Konzeption eines europäischen Dialogs wird hingegen in KOM (2006) 35, S. 4 ff., deutlich.

[78] Ziff. 1 Erklärung »Europa partnerschaftlich kommunizieren« (Fn. 72).

[79] Vgl. *Ruffert*, in: Calliess/Ruffert, EUV/AEUV, Art. 11 EUV, Rn. 6 ff.

[80] Vgl. *Huber*, in: Streinz, EUV/AEUV, Art. 11 EUV, Rn. 8 f., wohl auch *Ruffert*, in: Calliess/Ruffert, EUV/AEUV, Art. 11 EUV, Rn. 7.

[81] Vgl. *Huber*, in: Streinz, EUV/AEUV, Art. 11 EUV, Rn. 8.

[82] Art. 11 Abs. 1 EUV.

[83] *Nettesheim*, in: Grabitz/Hilf/Nettesheim, EU, Art. 11 EUV (Januar 2015), Rn. 10 a. E.; *Ruffert*, in: Calliess/Ruffert, EUV/AEUV, Art. 11 EUV, Rn. 7, der für eine Beschränkung der Kommunikation auf konkretes Organhandeln plädiert. Dies erscheint aber wenig überzeugend im Hinblick auf Abs. 3 der Vorschrift, die den Bereich des konkreten Organhandelns intensiver abdeckt.

[84] *Kaufmann-Bühler*, in: Lenz/Borchardt, EU-Verträge, Art. 11 EUV, Rn. 5 a. E.

Inhaltlich ist die Handlungsverpflichtung zwar auf die Ermöglichung öffentlicher Be-   **19**
kanntgabe und eines Austausches ausgerichtet. Darunter fällt nicht nur eine entsprechende Nutzungsmöglichkeit des **Internet**, sondern erfasst wird auch der öffentliche
Austausch vor Ort, etwa bei Bürgerforen, ganz im Sinne der »go local«-Strategie der
Kommission.[85] Über den Umfang der Maßnahmen schweigt sich die Vorschrift jedoch
aus. Gesichert ist, dass ein Minimum an Möglichkeiten im Sinne des **Untermaßverbotes**
geboten werden muss.[86] Allerdings wird angesichts des Gestaltungsspielraums teilweise
davon ausgegangen, dass die Organe lediglich »überhaupt im Interesse der Kommunikationsförderung« tätig werden müssten.[87] Sinn und Zweck der Vorschrift sprechen
jedoch eher dafür, dass **kein Rückschritt** hinter den im Lissabonner Vertrag erreichten
Standard in einer Gesamtbetrachtung zulässig ist. Darüber hinaus ist aber fraglich, ob
die Vorschrift auf eine **Optimierung** ausgelegt ist, ob sie nach einer stetigen Verbesserung der Möglichkeiten verlangt. Die Literatur sieht in ihr teilweise kein Optimierungsgebot enthalten, akzeptiert gleichzeitig aber ein »dynamisches Verständnis«.[88] Zutreffend ist, dass der Wortlaut der Vorschrift nicht nach optimalen Möglichkeiten der Förderung verlangt. Doch ist es ihr als einem **Grundsatz des Unionsrechts** eigen, dass im
Zweifel entsprechende Möglichkeiten geboten werden müssen und damit auch jeweils
eine Berücksichtigung des technischen Fortschritts bei den möglichen Kommunikati-
onsmitteln zu verlangen ist.

Die Vorschrift eröffnet den verpflichteten Organen einen beträchtlichen **Spielraum**   **20**
für die Umsetzung, da die entsprechenden Möglichkeiten in »**geeigneter Weise**« geboten werden müssen. Ihnen kommt mithin ein **Gestaltungsspielraum** zu, der maßgeblich
durch einen Einschätzungs- und Prognosespielraum abgesichert wird.[89] So wird man der
Vorschrift im Normalfall keine Pflicht zur Ergreifung bestimmter Maßnahmen entnehmen können.[90] Damit ist aber nicht ausgeschlossen, dass diese Spielräume sich im Einzelfall verdichten können, so dass eine Maßnahme gewählt werden muss. Zudem folgt
aus der Formulierung »in geeigneter Weise« nicht nur ein Spielraum bei der Umsetzung,
sondern auch eine Festlegung auf eine **effektive Umsetzung**. Insofern wird in der Literatur davon ausgegangen, dass die Formulierung »in geeigneter Weise« auf eine **möglichst frühzeitige Beteiligung** hindeutet.[91]

Die objektiv-rechtliche Dimension der Vorschrift schließt nicht aus, dass ihr auch   **21**
subjektive Rechte entnommen werden können.[92] Solche können aus der Verbindung mit
Art. 10 Abs. 3 EUV hergeleitet werden.[93] Entsprechend der inhaltlichen Offenheit der
Norm kommt ein **Leistungsanspruch** nur in besonderen Fällen in Frage.[94] Ein Verweis auf

---

[85] Europäische Kommission, Aktionsplan für eine bessere Kommunikationsarbeit der Kommission
zu Europa, SEC/2005/985 endg., S. 3.
[86] *Huber*, in: Streinz, EUV/AEUV, Art. 11 EUV, Rn. 10.
[87] So *Huber*, in: Streinz, EUV/AEUV, Art. 11 EUV, Rn. 10.
[88] *Huber*, in: Streinz, EUV/AEUV, Art. 11 EUV, Rn. 4.
[89] *Huber*, in: Streinz, EUV/AEUV, Art. 11 EUV, Rn. 10.
[90] *Huber*, in: Streinz, EUV/AEUV, Art. 11 EUV, Rn. 10.
[91] *Kaufmann-Bühler*, in: Lenz/Borchardt, EU-Verträge, Art. 11 EUV, Rn. 5.
[92] A.A. *Kaufmann-Bühler*, in: Lenz/Borchardt, EU-Verträge, Art. 11 EUV, Rn. 6; *Bieber*, in: GSH,
Europäisches Unionsrecht, Art. 11 EUV, Rn. 2; *Ruffert*, in: Calliess/Ruffert, EUV/AEUV, Art. 11
EUV, Rn. 8. Vgl. aber zum Recht auf diskriminierungsfreie Teilhabe an von den Unionsorganen geschaffenen Partizipationsverfahren *Huber*, in: Streinz, EUV/AEUV, Art. 11 EUV, Rn. 11.
[93] S. die Kommentierung zu Art. 10 EUV, Rn. 33.
[94] A.A. *Huber*, in: Streinz, EUV/AEUV, Art. 11 EUV, Rn. 11, der originäre Leistungsansprüche
kategorisch ausschließt.

die subjektiven Rechte nach Art. 15 AEUV[95] wäre nicht ausreichend, da sich ein solcher Anspruch nur auf die Informationserlangung, nicht aber auf den öffentlichen Austausch von Meinungen bezieht. Praktisch relevanter ist die Ausprägung als **Teilhaberecht**, vor allem als Anspruch auf eine diskriminierungsfreie Teilnahme an den von den Organen vorgesehenen Maßnahmen.[96]

22   Werden die Möglichkeiten zum öffentlichen Kommunikationsaustausch gegeben, stellt sich die Frage, inwieweit die Organe den geäußerten Ansichten **Beachtung** schenken müssen. In der Literatur wird festgestellt, dass Art. 11 EUV keine Pflicht der Unionsorgane statuiere, die geäußerten Ansichten auch tatsächlich zu »verwerten«.[97] Diese Interpretation bedarf jedoch der Klarstellung. Aus dem Wortlaut ergeben sich keine Hinweise darauf, dass die Organe die geäußerten Ansichten, die sich inhaltlich auch widersprechen können, berücksichtigen müssten, geschweige denn an sie gebunden wären. Dem steht schon entgegen, dass es sich regelmäßig nur um einen **Ausschnitt der Meinungen** in der Bevölkerung handelt. Andererseits zeigt der **systematische Zusammenhang**, dass Art. 11 EUV nicht auf eine Ein-Weg-Kommunikation ausgerichtet ist, sondern einen **Austausch** auch **mit** den **EU-Organen** anstrebt. Zudem spricht die Vorgabe **effektiver** (»geeigneter«) Möglichkeiten dafür, dass die Äußerungen nicht unbeachtet bleiben dürfen. Überzeugend erscheint es danach, eine grundsätzliche **Berücksichtigungspflicht** im Sinne einer **Kenntnisnahme** anzunehmen, die aber nicht formell belegt werden muss.

2. Subjektive Berechtigung

23   **Berechtigt** werden in subjektiver Hinsicht ausweislich des Wortlauts alle Bürgerinnen und Bürger. Wie in Art. 9 EUV sind darunter die **Unionsbürgerinnen und -bürger** zu verstehen.[98] Sie sollen in die Lage versetzt werden, von den durch die Organe angebotenen Möglichkeiten des öffentlichen Austausches von Meinungen Gebrauch zu machen. Hier kommt die **bürgerschaftliche Konzeption** des Demokratiemodells in der Union zum Ausdruck. Die Gegenauffassung verneint eine Pflicht zur »direkten Einbindung der Bürger in den politischen Prozess«. Eine Stimme erhielten die Bürger erst »vermittelt über die organisierte Zivilgesellschaft«.[99] Zur Begründung wird auf die Konzeption der Kommission »Europäisches Regieren« von 2001 verwiesen. Dem ist aber der eindeutige Wortlaut des Art. 11 Abs. 1 EUV entgegenzuhalten, der ausdrücklich die Bürgerinnen und Bürger erwähnt. Sodann hat sich die Vorschrift gerade **nicht**, wie auch Art. 11 Abs. 2 EUV, für eine Engführung auf die »**organisierte Zivilgesellschaft**« entschieden. Ist es allemal bedenklich, primärrechtliche Vorschriften unter Rückgriff auf einseitige Organvorstellungen, die nicht einmal rechtsverbindlich sind, auszulegen, kommt hinzu, dass der von der Kommission in ihrem Konzept verwendete Begriff der »organisierten Zivilgesellschaft« gerade keinen Eingang in Art. 11 EUV gefunden hat. Im systematischen Vergleich zeigt auch Art. 302 Abs. 2 AEUV über die Zusammensetzung des WSA, dass die Verträge zwischen der Zivilgesellschaft und ihren »Organisationen« unterscheiden.

24   Eine formelle Ausdehnung der Berechtigung auf **Drittstaatler** ist nicht vorgesehen. Dies entspricht der systematischen Stellung im Abschnitt über die demokratischen

---

[95] So *Kaufmann-Bühler*, in: Lenz/Borchardt, EU-Verträge, Art. 11 EUV, Rn. 6.
[96] *Huber*, in: Streinz, EUV/AEUV, Art. 11 EUV, Rn. 11.
[97] *Nettesheim*, in: Grabitz/Hilf/Nettesheim, EU, Art. 11 EUV (Januar 2015), Rn. 4 a. E.
[98] *Huber*, in: Streinz, EUV/AEUV, Art. 11 EUV, Rn. 12.
[99] *Nettesheim*, in: Grabitz/Hilf/Nettesheim, EU, Art. 11 EUV (Januar 2015), Rn. 10.

Grundsätze, da Drittstaatler nicht zum demokratischen Souverän in der Union zählen. Allerdings ist es unproblematisch, wenn die Beteiligungsformen **faktisch** auch Drittstaatlern **offenstehen**, wenn diese ihren **Wohnsitz** in der Union haben. Denn vergleichbar dem Recht auf Zugang zu Informationen sollen die Beteiligungsrechte **effektiv**, und das heißt möglichst unkompliziert gewährt werden. Daher wird regelmäßig keine Kontrolle der Unionsbürgerschaft vor einer Beteiligung erfolgen.

Des Weiteren werden auch die »**repräsentativen Verbände**« berechtigt. Die Vor-   **25** schrift enthält, auch in Abs. 2, **keine Definition** dieses Begriffs. In der Literatur wird ausgehend vom Ziel der Vorschrift, der Herstellung einer europäischen Öffentlichkeit, für eine **weite Auslegung** plädiert.[100] Ergänzend ist auf den systematischen Zusammenhang mit Art. 9 und Art. 10 Abs. 3 EUV hinzuweisen, der dafür spricht, dass die assoziativ-demokratischen Elemente nicht die grundsätzliche bürgerschaftliche Konzeption überspielen können. Aus der Gesamtsicht aller Argumente ist zu folgern, dass grundsätzlich **jeder Zusammenschluss** von Bürgerinnen und Bürgern, der **nicht nur vorübergehender Art** ist, ausreichend ist.[101] Insbesondere werden zwar **auch** die **Parteien**, aber eben nicht nur diese erfasst. Auch kommt es eingedenk des Grundsatzes demokratischer Gleichheit nach Art. 9 EUV grundsätzlich **nicht** auf eine Bewertung der **inhaltlichen Ausrichtung** der Verbände an. Allerdings deutet das Adjektiv »repräsentativ« auch auf eine **Eingrenzung** bei der Beteiligung der Verbände hin. Ergeben die bereitgestellten Möglichkeiten der Teilnahme Engpässe, so ist bei der Auswahl der berechtigten Verbände auf die **Repräsentativität** zu achten und zwar in zweierlei Hinsicht: zum einen im Hinblick auf die Abbildung der Interessen der vertretenen Stakeholder sowie zum anderen in Bezug auf die Repräsentativität **in der Gesamtsicht** der Interessen im betreffenden Diskurs. Damit sind **auch** repräsentative **kritische Stimmen** zu beachten.[102]

3. Verpflichtete

Die Vorschrift verpflichtet die **EU-Organe**.[103] Diese werden in **Art. 13 Abs. 1 EUV** ab-   **26** schließend aufgeführt. Ein weiter gehendes Verständnis ist auch nach der Funktion der Vorschrift nicht angezeigt, weil erstens nicht alle Einrichtungen der EU in der Lage sind, entsprechende Möglichkeiten zu bieten, und zweitens eine solche Ausweitung erhebliche Koordinationsprobleme aufwerfen würde.[104] **Faktisch** ist offensichtlich, dass die entsprechenden Maßnahmen am ehesten von den drei am **Rechtsetzungsprozess** beteiligten Organen ergriffen werden können. Damit werden aber die anderen Organe nicht aus ihrer Pflicht entlassen. Obgleich auch das europäische Parlament und der Rat eine eigene Informationspolitik gegenüber den Bürgerinnen und Bürgern verfolgen, ist nicht zu übersehen, dass die Vorschrift am ehesten auf die **Kommission** zugeschnitten ist.[105] Im

---

[100] *Huber*, in: Streinz, EUV/AEUV, Art. 11 EUV, Rn. 13.

[101] *Huber*, in: Streinz, EUV/AEUV, Art. 11 EUV, Rn. 13.

[102] Zweifelhaft *Ruffert*, in: Calliess/Ruffert, EUV/AEUV, Art. 11 EUV, Rn. 7, der für eine funktionale Ausrichtung auf Kompromisse in einem Konkordanzmodell statt in einem Konkurrenzmodell plädiert.

[103] Als Adressat kommt vor allem die Kommission in Betracht, *Kaufmann-Bühler*, in: Lenz/Borchardt, EU-Verträge, Art. 11 EUV, Rn. 5; vgl. zu Abs. 2 auch *Nettesheim*, in: Grabitz/Hilf/Nettesheim, EU, Art. 11 EUV (Januar 2015), Rn. 14; *Huber*, in: Streinz, EUV/AEUV, Art. 11 EUV, Rn. 25. Kritisch zur Formulierung des Adressatenkreises in Art. 11 Abs. 1, Abs. 2 EUV *Bieber*, in: GSH, Europäisches Unionsrecht, Art. 11 EUV, Rn. 9.

[104] Vgl. die interinstitutionelle politische Erklärung (Fn. 72), die sich auf die Koordination der Informationspolitik der Organe Kommission, Europäisches Parlaments und Rat beschränkt.

[105] *Bieber*, in: GSH, Europäisches Unionsrecht, Art. 11 EUV, Rn. 13.

Rat kommen die Interessen der Mitgliedstaaten gebündelt über die Vertreter der Regierungen zusammen. Eine ergänzende Einbeziehung von Bürgerinnen und Bürgern im Sinne einer Beteiligung verträgt sich kaum mit diesem **Repräsentationsanspruch**. Das **Europäische Parlament** bildet grundsätzlich Repräsentation über die politischen Parteien ab. Aus dieser Sicht wäre die Einbeziehung der anderweitig organisierten Interessen sinnvoll, um Repräsentationsmängeln vorzubeugen.[106] Demgegenüber fehlt es der Kommission an einer institutionellen Rückbindung an die gesellschaftlichen Kräfte im täglichen politischen Geschäft. Sie kann ihre Vorschläge durch eine umfassende Einbeziehung gesellschaftlicher Kräfte **politisch aufwerten**. Es ist darauf hinzuweisen, dass die Kommission diesen Ansatz vom WSA übernommen hat, der damit seinen schwindenden Einfluss nachhaltig hat wieder stärken können.[107]

III.   Pflege eines regelmäßigen Dialogs (Abs. 2)

1. Gewährleistungsgehalte

27   Abs. 2 scheint die am wenigsten fassbare Bestimmung im Rahmen des Art. 11 EUV zu sein.[108] Teilweise wird sie als eine verfassungsrechtliche Absicherung des Lobbyismus gewertet – und dafür kritisiert[109] – oder es wird gänzlich ihre Aufnahme in die Verträge problematisiert.[110] Von anderer Seite wird auf die **Gefahr des Korporatismus** hingewiesen.[111] Zu ergänzen wäre die Gefahr der Abwertung des WSA, der als beratendes Organ die regelmäßige Zusammenarbeit mit den »Organisationen« und »Vertretern der Zivilgesellschaft« pflegt. Doch zeigt eine Interpretation unter ausreichender Berücksichtigung der Systematik, dass diesen Gefahren in den Verträgen entgegengetreten worden ist, so dass sich die Vorschrift letztlich als ein interessantes **Korrektiv korporatistischer Ansätze** und des **tradierten Lobbyismus** entpuppt.

28   Die Vorschrift legt in einem zurückhaltenden, eher feststellenden Duktus die **Aufgabe der Organe** fest, einen **regelmäßigen Dialog** mit den gesellschaftlichen Gruppierungen zu pflegen, der **offen** und **transparent** sein muss. Im Vergleich zu Abs. 1 enthält die Vorschrift **Spezialisierungen sowie Überschneidungen**. Wie alle Beteiligungsformen in Art. 11 EUV setzt auch Abs. 2 auf eine **Förderung der Kommunikation** zwischen Organen und gesellschaftlichen Kräften, die Gewinne im Sinne einer pragmatischen **deliberativen Demokratiekonzeption** generieren möchte.[112] Mit dem regelmäßigen Dialog ist die Norm instrumentell enger als Abs. 1 gefasst und unterscheidet sich von den spezifischen Instrumenten nach Abs. 3 und 4. Sie kennt inhaltliche Vorgaben (Transparenz und Offenheit), deren Funktion im Vergleich zu Abs. 1 deutlich wird (s. Rn. 33 f.). Ihre Kernproblematik ist aber die relativ unbestimmte Angabe der **Berechtigten** (s. Rn. 38).

29   **Ziel** der Vorschrift ist, wie die Funktion des Art. 11 EUV insgesamt, die Förderung und Entwicklung einer **europäischen Öffentlichkeit** in einem Diskurs zu europäischen

---

[106] Das Europäische Parlament veranstaltet über seine Informationsbüros in einzelnen Mitgliedstaaten Bürgerforen.

[107] S. oben Rn. 12.

[108] *Huber*, in: Streinz, EUV/AEUV, Art. 11 EUV, Rn. 15, spricht von »erheblichen Unschärfen«.

[109] *Huber*, in: Streinz, EUV/AEUV, Art. 11 EUV, Rn. 17 f.

[110] Zur Frage, ob man den Inhalt von Abs. 2 wirklich in das Primärrecht aufnehmen musste *Nettesheim*, in: Grabitz/Hilf/Nettesheim, EU, Art. 11 EUV (Januar 2015), Rn. 12.

[111] *Ruffert*, in: Calliess/Ruffert, EUV/AEUV, Art. 11 EUV, Rn. 12 f.

[112] Grundsätzlich zu Aspekt der deliberativen Governance *Ruffert*, in: Calliess/Ruffert, EUV/AEUV, Art. 11 EUV, Rn. 5.

Themen. Ihre Besonderheit liegt in der **Kontinuität** des geforderten Dialogs. Systematisch ist deshalb die Konkurrenzsituation zum WSA nach Art. 300 AEUV bei der Auslegung zu beachten. Ihr deliberativer Ansatz folgt nicht der »utopischen Vorstellung eines interessenlosen Diskurses«,[113] sondern einer **pragmatischen Deliberationskonzeption**, die über **Offenheit**, **Transparenz** und **Repräsentation** die in systematischer Hinsicht zu beachtenden Vorgaben der **Beteiligungsrechte** nach Art. 10 Abs. 3 EUV und der **demokratischen Gleichheit** nach Art. 9 EUV konkretisiert.

Der in Abs. 2 anvisierte Dialog muss die **inhaltlichen und verfahrensrechtlichen Vorgaben** der Regelmäßigkeit, Offenheit und Transparenz erfüllen.[114] Das erste Merkmal ist das Unterscheidungskriterium gegenüber dem Dialog nach Abs. 1, die beiden anderen Merkmale dienen der Abwehr möglicher Fehlentwicklungen, die hier stärker als unter Abs. 1 auftreten könnten.   **30**

Der Dialog nach Abs. 2 zielt auf einen **Austausch mit gesellschaftlichen Multiplikatoren**. Das ähnelt zunächst der bisherigen Strategie der Kommission, sich ein **Feedback** von relevanten, durchsetzungsstarken gesellschaftlichen Stakeholdern zu verschaffen. Das steht in Übereinstimmung mit dem primärrechtlichen Ziel der **Bürgernähe**. Das Erfordernis der Regelmäßigkeit dient der Vertiefung dieser Rückbindung, die nicht nur schlaglichtartig im Falle gesellschaftlich besonders umstrittener Projekte erfolgen soll, sondern kontinuierlich. Erforderlich ist dazu, dass der Dialog über die Zeit aufrechterhalten wird,[115] nicht notwendig aber, dass die einzelnen in diesem Zusammenhang eingesetzten Instrumente, Ausschüsse oder Beratungsgremien in jedem Fall kontinuierlich tagen müssen. Entscheidend ist die Gesamtsicht der Aktivitäten aller Organe. Daraus ergibt sich ein gewisser **Gestaltungsspielraum** der Organe, der der **Koordination** bedarf.[116] In Frage kommen neben der Einbeziehung in Ausschüssen und Beratungsgremien, Tagungen und der Aufbau von Netzwerken.[117] **Ad-hoc-Kontakten** fehlt es zwar an sich an der Regelmäßigkeit, doch können sie als Ergänzung zur Erzielung der vorgegebenen Offenheit und Transparenz sinnvoll sein.[118] Der Gestaltungsspielraum wird zum einen durch das **Untermaßverbot** begrenzt.[119] Die Organe trifft eine **Rechtspflicht** zur Pflege eines regelmäßigen Dialogs. Zum anderen wird der Gestaltungsspielraum durch die Vorgaben der Offenheit und Transparenz gesteuert. Im Einzelfall kann sich aus diesen die **Pflicht zur Beteiligung bestimmter Gruppierungen** ergeben (s. Rn. 33 f.).[120]   **31**

Eine weitere Begrenzung ergibt sich aus der notwendigen **Abgrenzung zum WSA**, der sich nach Art. 300 Abs. 2 AEUV aus Vertretern von Organisationen der Arbeitnehmer und Arbeitgeber sowie »anderen Vertretern der Zivilgesellschaft« zusammensetzt. Diese entsenden Mitglieder in den Ausschuss, der damit eine gewisse Institutionalisierung der gesellschaftlichen Kräfte herbeiführt. Darüber hinaus hat der WSA ein Konzept des   **32**

---

[113] S. dazu *Ruffert*, in: Calliess/Ruffert, EUV/AEUV, Art. 11 EUV, Rn. 12.

[114] Zu den Anforderungen an einen »offenen, transparenten und regelmäßigen Dialog« im Sinne des Abs. 2 *Huber*, in: Streinz, EUV/AEUV, Art. 11 EUV, Rn. 19 ff.

[115] Grundsätzlich ebenso *Huber*, in: Streinz, EUV/AEUV, Art. 11 EUV, Rn. 24.

[116] S. die interinstitutionelle politische Erklärung (Fn. 72). *Nettesheim*, in: Grabitz/Hilf/Nettesheim, EU, Art. 11 EUV (Januar 2015), Rn. 10, weist darauf hin, dass die Vorschrift im Übrigen keine Vorgaben zu Form und Umfang der Beteiligung enthalte.

[117] S. dazu *Huber*, in: Streinz, EUV/AEUV, Art. 11 EUV, Rn. 15, *ders.*, in: Rengeling, EUDUR I, § 19 Rn. 69 ff.

[118] Grundsätzlich einbeziehend *Huber*, in: Streinz, EUV/AEUV, Art. 11 EUV Rn. 15.

[119] Vgl. *Huber*, in: Streinz, EUV/AEUV, Art. 11 EUV, Rn. 10 zu Abs. 1.

[120] In Verbindung mit Art. 9 und 10 Abs. 3 EUV.

Dialogs mit den zivilgesellschaftlichen Kräften entwickelt,[121] das von der Kommission in vieler Hinsicht kopiert worden ist. Es entspricht der Auslegung nach dem **effet utile**, wenn Art. 11 Abs. 2 EUV als verfassungsrechtliche Aufforderung zu einer Ergänzung des Konzepts des WSA angesehen wird und nicht als ein Auftrag zur Verdrängung desselben durch schlichte Duplizierung.

33   Die Vorgabe der **Offenheit** des Dialogs ist **umfassend** zu verstehen. Sie bezieht sich sowohl auf die **Auswahl** der einzubeziehenden gesellschaftlichen **Gruppierungen** als auch auf die betreffenden **inhaltlichen Themen** sowie den **Prozess der Kommunikation** und ihrer Verarbeitung.[122] Art. 11 Abs. 2 EUV eröffnet im Rahmen des regelmäßigen Dialogs **Beteiligungsmöglichkeiten** im Rahmen der demokratischen Grundsätze der Union. Damit erhält die Vorschrift demokratische Weihen[123] und muss daher insbesondere die sich aus der Systematik ergebenden Vorgaben der **demokratischen Grundsätze** in der EU erfüllen. In diesem Sinne stellen diese Beteiligungsmöglichkeiten Ausprägungen des **Rechts auf Teilhabe** nach Art. 10 Abs. 3 EUV dar. Ferner ist der Grundsatz der **demokratischen Gleichheit** im Hinblick auf die zu beteiligenden Gruppen oder Personen sowie in Bezug auf die einbezogenen Inhalte zu beachten. Insbesondere folgt daraus auch das Gebot einer angemessenen Berücksichtigung kritischer Stimmen. Über diese demokratischen Grundsätze wird gewährleistet, dass nicht lediglich bereits etablierte Praktiken eines Organs, die hauptsächlich der Effektuierung von dessen Arbeit dienen, anerkannt werden,[124] sondern dass solche Praktiken, soweit notwendig für die demokratischen Vorgaben, **korrigiert** werden, um die Voraussetzungen zu erfüllen. Aus dem gleichen Grund ist der Dialog nach Abs. 2 nicht darauf angelegt, bereits getroffene Entscheidungen oder entwickelte Politiken den Bürgerinnen und Bürgern zu vermitteln oder gar für diese zu werben.[125] Offenheit bezieht sich insofern notwendig auch auf den **Kommunikationsprozess** und die **Einstellung** der Organe. Offenheit für unterschiedliche Inputs ist notwendiger Weise mit einer **Offenheit im Ergebnis** verbunden. Es setzt eine ausreichend **frühe Beteiligung** voraus, bevor Entscheidungen bereits gefällt sind. Es erfordert die inhaltliche **Zurkenntnisnahme** der verschiedenen Inputs und eine Bereitschaft zur **inhaltlichen Verarbeitung**, auch wenn diese nicht formell verfahrensrechtlich abgesichert wird, etwa über Begründungsvorgaben.[126] Jedoch besteht **keine inhaltliche Bindung**.[127]

34   Das Gebot der **Transparenz** ist funktional auf die Vorgabe der Offenheit bezogen. Ihm kommt eine grundlegende **Bedeutung in der Demokratie** für die Meinungsbildung, die **Verantwortlichkeit** und die **Effektivität des Handelns** zu.[128] In den Worten des **EuGH** ermöglicht Transparenz grundsätzlich eine »bessere Beteiligung der Bürger am Entscheidungsprozess und gewährleistet eine größere Legitimität, Effizienz und Verantwortung der Verwaltung gegenüber dem Bürger in einem demokratischen System«.[129]

---

[121] *Smismans*, ELJ 9 (2003), S. 473 (478 ff.).
[122] Vgl. *Huber*, in: Streinz, EUV/AEUV, Art. 11 EUV, Rn. 23 zum Gebot der Transparenz.
[123] *Huber*, in: Streinz, EUV/AEUV, Art. 11 EUV, Rn. 15.
[124] Zu dieser Gefahr *Huber*, in: Streinz, EUV/AEUV, Art. 11 EUV, Rn. 20.
[125] S. *Huber*, in: Streinz, EUV/AEUV, Art. 11 EUV, Rn. 20.
[126] *Huber*, in: Streinz, EUV/AEUV, Art. 11 EUV, Rn. 20.
[127] In diesem Sine wohl *Nettesheim*, in: Grabitz/Hilf/Nettesheim, EU, Art. 11 EUV (Januar 2015), Rn. 4, der keine Pflicht der Unionsorgane sieht, die dabei geäußerten Ansichten auch tatsächlich zu verwerten.
[128] Näher dazu *Huber*, in: Streinz, EUV/AEUV, Art. 11 EUV, Rn. 22.
[129] EuGH, Urt. v. 9.11.2011, verb. Rs. C–92/09 u. C–93/09 (Schecke GbR und Eifert), Slg. 2010, I–11063, Rn. 68.

Art. 11 Abs. 3 EUV ist umfassend auf das **Handeln der Union**,[130] insbesondere auch auf die **Rechtsetzungstätigkeit** bezogen. Das **Transparenzgebot** stellt in der EU ein eigenes Verfassungsprinzip dar,[131] insbesondere ist es nicht nur auf die demokratische Legitimation bezogen, sondern unterstützt auch das Rechtsstaatsprinzip. In Art. 11 Abs. 2 EUV kommt indes sein demokratischer Aspekt zur Anwendung, der auch in Art. 10 Abs. 3 in der Vorgabe der »Offenheit« zum Ausdruck kommt.[132]

Die Vorgabe der Transparenz **ergänzt** die **Vorschriften über Transparenz** an anderer   **35** Stelle in den Verträgen. Es ist eine Konkretisierung des **Zieles** einer möglichst **offenen Union** nach Art. 1 Abs. 2 EUV und entsprechender **Rechte auf Beteiligung** gemäß Art. 10 Abs. 3 EUV, insbesondere im Hinblick auf das Treffen von Entscheidungen. Es ergänzt die **objektiv-rechtliche Verpflichtung** der Organe der Union nach Art. 15 Abs. 1 AEUV auf das Prinzip der »Offenheit« und das **subjektive Recht auf Zugang zu Dokumenten** nach Art. 15 Abs. 3 AEUV. Im Rahmen von Art. 11 Abs. 2 EUV ist das Gebot der Transparenz in Parallele zur Vorgabe der Offenheit sowohl auf den **Prozess der Auswahl** der im Dialog zu **Beteiligenden**[133] als auch der dort **verhandelten Themen** sowie auf die Transparenz des **Umgangs** seitens der Organe mit den Diskursbeiträgen aus dem gesellschaftlichen Bereich anzuwenden.[134] Letzteres verlangt nach grundsätzlichen **Hinweisen auf die Prozessierung** der erhaltenen Informationen, auch wenn dies nicht förmlich im Rahmen etwa von Begründungsvorgaben abgesichert ist. Die Kommission und das Europäische Parlament haben zu Art. 11 Abs. 1 und 2 EUV 2011 ein sog. Transparenz-Register beschlossen.[135] Darin werden Personen und private Organisationen registriert, die regelmäßig mit den EU-Organen in Kontakt treten. Das Register enthält ferner Pflichten zur Offenlegung finanzieller Interessen sowie einen Verhaltenskodex und ein Beschwerdeverfahren.[136]

Der regelmäßige Dialog nach Abs. 2 dient der **Korrektur** bedenklicher Folgen des   **36** **Lobbyismus**, nicht aber dessen verfassungsrechtlicher Absicherung.[137] Lobbyismus gehört als Phänomen zur parlamentarischen Demokratie. Positiv gewährleistet er eine **Rückkopplung** an wichtige Stakeholder im politischen Prozess.[138] Bedenklich erscheint

---

[130] Insofern ist auf die ausdrückliche Vorgabe in Art. 11 Abs. 1 EUV zu verweisen.

[131] S. die Kommentierung zu Art. 15 AEUV, Rn. 1.

[132] Vgl. *Calliess*, in: Calliess/Ruffert, EUV/AEUV, Art. 1 EUV, Rn. 84 f. m. w. N.

[133] Zu Defiziten in der Transparenz bei der Auswahl *Leinen/Kreutz*, integration 2008, 241 (246).

[134] Vgl. *Huber*, in: Streinz, EUV/AEUV, Art. 11 EUV, Rn. 23.

[135] Interinstitutionelle Vereinbarung, ABl. 2011, L 191/29. Der Online-Zugang ist unter http://ec.europa.eu/transparencyregister/public/homePage.do?locale=de eröffnet (26. 6. 16).

[136] *Bieber*, in: GSH, Europäisches Unionsrecht, Art. 11 EUV, Rn. 10.

[137] So aber *Kaufmann-Bühler*, in: Lenz/Borchardt, EU-Verträge, Art. 11 EUV, Rn. 7, *Huber*, in: Streinz, EUV/AEUV, Art. 11 EUV, Rn. 17, kritisch in Rn. 23, unter Hinweis auf die Transparenzinitiative der Kommission, Grünbuch KOM (2006) 194. Zum faktischen Gewicht des Lobbyismus *Ruffert*, in: Calliess/Ruffert, EUV/AEUV, Art. 11 EUV, Rn. 9. Zu den Chancen und Problemen sowie den primärrechtlichen Grenzen des Lobbyismus auch *Nettesheim*, in: Grabitz/Hilf/Nettesheim, EU, Art. 11 EUV (Januar 2015), Rn. 14, 18 ff.; *Ruffert*, in: Calliess/Ruffert, EUV/AEUV, Art. 11 EUV, Rn. 10 ff.

[138] Nach Ansicht der Kommission ist die Lobbyarbeit der Verbände zu begrüßen, *Nettesheim*, in: Grabitz/Hilf/Nettesheim, EU, Art. 11 EUV (Januar 2015), Rn. 20 unter Verweis auf das Grünbuch Europäische Transparenzinitiative. Trotz der Einbeziehung von Partikularinteressen im Rahmen der Beteiligung der Zivilgesellschaft sind die Unionsorgane weiterhin den gemeinsamen und allgemeinen Interessen der Union (vgl. Art. 17 Abs. 1 S. 1 EUV) verpflichtet, *Kaufmann-Bühler*, in: Lenz/Borchardt, EU-Verträge, Art. 11 EUV Rn. 7 a. E.; vgl. auch *Nettesheim*, in: Grabitz/Hilf/Nettesheim, EU, Art. 11 EUV (Januar 2015), Rn. 22.

deren Einflussnahme unter dem Aspekt **demokratischer Gleichheit**. Der Lobbyismus in der Union bedient sich vielfältiger Instrumente, von denen einige auch im Rahmen eines regelmäßigen Dialogs zum Einsatz kommen können, viele andere aber nicht dessen Vorgaben der Offenheit und Transparenz erfüllen. Daher wird der Lobbyismus durch Art. 11 Abs. 2 EUV **nicht insgesamt anerkannt**.[139] Vielmehr muss im Rahmen der Kommunikation mit der Zivilgesellschaft nach Art. 11 Abs. 1 und 2 EUV insgesamt eine Offenheit und Transparenz gewährleistet werden. Informelle und verdeckte Einflussnahme kann über dieses Instrument durch Beteiligung **konkurrierender Interessen ausgeglichen** werden.

37   Die Vorgabe der Pflege eines regelmäßigen Dialogs ist eine **objektiv-rechtliche Verpflichtung** der Organe. Sie ist verbindlich und, jedenfalls mit Blick auf das Untermaßverbot, ist ihre Einhaltung auch gerichtlich überprüfbar.[140] Die Pflicht zur Pflege des kontinuierlichen Dialogs verlangt nicht zwingend nach einer Verrechtlichung des Dialogs, nicht nach einer rechtlichen Ordnung eines strukturierten Dialogs.[141] Der damit einhergehenden Formalisierung stünden mögliche Verluste an Effektivität und Effizienz gegenüber. In der Literatur wird eine Ableitung **subjektiver Rechtspositionen** aus Art. 11 Abs. 2 EUV verbreitet abgelehnt.[142] Diese Ansicht stützt sich vor allem auf die Unbestimmtheit mancher Vorgaben in der Vorschrift. Dem ist aber entgegenzuhalten, dass diese nicht ausschließt, dass sich im Einzelfall ein **subjektives Recht auf Teilhabe** ergeben kann. Da Art. 11 Abs. 2 EUV auch der Umsetzung des Rechts auf Teilhabe nach Art. 10 Abs. 3 EUV dient, muss in einem solchen Fall in der Verbindung beider Normen ein subjektives Teilhaberecht anerkannt werden. So wird von anderer Seite im Einzelfall durchaus eine »Holschuld« der Organe für möglich gehalten.[143]

2. Berechtigte

38   Die Vorschrift **berechtigt** nach ihrem Wortlaut die **repräsentativen Verbände** sowie die **Zivilgesellschaft** zur Teilnahme an dem regelmäßigen Dialog. Beiden Begriffen wird in der Literatur eine **inhaltliche Unschärfe** attestiert,[144] die als maßgebliches Argument gegen eine unmittelbare Wirkung und die Ableitung subjektiver Rechte dient. Die Interpretation steht im Zentrum der Auseinandersetzung um die Verortung der Vorschrift im Kraftfeld von korporativen Ansätzen, assoziationsdemokratischen Konzepten und demokratischer Gleichheit. Ausgangspunkt ist die Vorgabe **demokratischer Gleichheit**, die aus der systematischen Stellung im Titel II »Bestimmungen über die demokratischen Grundsätze« und den Bezug zu Art. 9 und Art. 10 Abs. 3 EUV folgt. Diese grundsätzlich bürgerschaftliche Demokratiekonzeption gerät im Rahmen des Art. 11 Abs. 2 EUV unter einen gewissen **faktischen Druck**, als Einzelpersonen in der Regel nicht über die Ressourcen verfügen, um kontinuierlich am Dialog teilzunehmen und effektive Beiträge zu leisten. Das findet normativ darin seinen Ausdruck, dass die Vorschrift den Begriff

---

[139] *A.A. Kaufmann-Bühler*, in: Lenz/Borchardt, EU-Verträge, Art. 11 EUV, Rn. 7.

[140] Vgl. *Huber*, in: Streinz, EUV/AEUV, Art. 11 EUV, Rn. 10 zu Art. 11 Abs. 1 EUV.

[141] So aber *Nettesheim*, in: Bauer/Huber/Sommermann, S. 143 (182 f.); *Huber*, in: Streinz, EUV/AEUV, Art. 11 EUV, Rn. 24.

[142] *Kaufmann-Bühler*, in: Lenz/Borchardt, EU-Verträge, Art. 11 EUV, Rn. 6; *Bieber*, in: GSH, Europäisches Unionsrecht, Art. 11 EUV, Rn. 2; offengelassen bei *Huber*, in: Streinz, EUV/AEUV, Art. 11 EUV, Rn. 24.

[143] Vgl. *Nettesheim*, in: Grabitz/Hilf/Nettesheim, EU, Art. 11 EUV (Januar 2015), Rn. 10.

[144] *Huber*, in: Streinz, EUV/AEUV, Art. 11 EUV, Rn. 15.

der **Zivilgesellschaft** verwendet[145] und nicht wie Abs. 1 auf die Bürgerinnen und Bürger abstellt. Damit wird aber die Rückbindung der demokratischen Legitimation der Union an die Bürgerinnen und Bürger nach Art. 9 EUV in diesem Bereich nicht in Frage gestellt.[146] Sie bleibt ein Ziel, sofern deren Einbeziehung im Rahmen des Dialogs sinnvoll möglich ist. Das kann insbesondere durch die **Inklusion** von **lockeren Zusammenschlüssen** der Zivilgesellschaft geschehen, die noch nicht den Organisationsgrad eines Verbandes erreichen.[147] Der Begriff der Zivilgesellschaft wird in der sozialwissenschaftlichen Literatur von dem der »**organisierten Zivilgesellschaft**« unterschieden.[148] Zwar stellt Art. 300 Abs. 2 AEUV im Hinblick auf den WSA die Vertreter der Arbeitgeber- und Arbeitnehmerorganisationen anderen **Vertretern der Zivilgesellschaft** gegenüber, doch ist dies funktional durch die auf einen höheren Grad der Organisation und Institutionalisierung angelegte Struktur des WSA bedingt. Da nach dem effet utile Art. 11 Abs. 2 EUV nicht die Repräsentation im WSA doppeln soll, sondern ergänzen muss, liegt eine **weite Interpretation** des Begriffs der Zivilgesellschaft nahe. Dies entspricht dem Ziel der Vorschrift, eine **europäische Öffentlichkeit** zu fördern.[149] Damit wird deutlich, dass die Vorschrift zwar mit den Verbänden korporative Elemente aufnimmt, diese aber nicht zur bestimmenden Größe macht, sondern um assoziativdemokratische Beteiligungsformen ergänzt. In diesem Sinne werden grundsätzlich alle gesellschaftlichen Gruppierungen erfasst, die nicht völlig unbedeutend sind.[150]

Die in Abs. 2 erwähnten Verbände[151] sind **repräsentativ**, wenn sie funktional auf den **39** konkreten Dialog bezogen für relevante Interessen der Stakeholder und in der Gesamtsicht der beteiligten Kräfte für ein spezifisches Interesse – eventuell auch unionskritischer Provenienz – stehen.

3. Verpflichtete

Nach ihrem Wortlaut **verpflichtet** die Vorschrift **alle EU-Organe**. Diese sind abschlie- **40** ßend in Art. 13 Abs. 1 EUV **aufgelistet**. Zutreffend wird in der Literatur festgestellt, dass die Vorschrift zentral aber auf die **Verpflichtung der Kommission** zielt.[152] Sie verfügt am ehesten über die erforderlichen Strukturen und Ressourcen, um einen kontinuierlichen

---

[145] Zu den normativen Erwartungen an die Zivilgesellschaft *Nettesheim*, in: Grabitz/Hilf/Nettesheim, EU, Art. 11 EUV (Januar 2015), Rn. 17.

[146] Zur Einbeziehung der Bürgerinnen und Bürger *Bieber*, in: GSH, Europäisches Unionsrecht, Art. 11 EUV, Rn. 5. A. A. *Nettesheim*, in: Grabitz/Hilf/Nettesheim, EU, Art. 11 EUV (Januar 2015), Rn. 10, wonach die Bürger gemäß Abs. 2 grundsätzlich nur über die organisierte Zivilgesellschaft eingebunden werden sollen; kritisch dazu *Huber*, in: Streinz, EUV/AEUV, Art. 11 EUV, Rn. 16.

[147] Als Organisationen der Zivilgesellschaft werden bspw. NGOs, Gewerkschaften, Religionsgemeinschaften oder lokale Bürgervereinigungen genannt, *Nettesheim*, in: Grabitz/Hilf/Nettesheim, EU, Art. 11 EUV (Januar 2015), Rn. 15; *Huber*, in: Streinz, EUV/AEUV, Art. 11 EUV, Rn. 15.

[148] *Smismans*, ELJ 9 (2003), S. 473 ff.

[149] *Huber*, in: Streinz, EUV/AEUV, Art. 11 EUV, Rn. 12 zum gleichlautenden Begriff in Art. 11 Abs. 1 EUV.

[150] *Huber*, in: Streinz, EUV/AEUV, Art. 11 EUV, Rn. 15.

[151] Zum Verbandsbegriff *Bieber*, in: GSH, Europäisches Unionsrecht, Art. 11 EUV, Rn. 10; *Huber*, in: Streinz, EUV/AEUV, Art. 11 EUV, Rn. 13, 15. Von den ca. 3500 Interessenverbänden, die derzeit in Brüssel vertreten sind, gehören mehr als drei Viertel dem Arbeitgeberspektrum an, *Nettesheim*, in: Grabitz/Hilf/Nettesheim, EU, Art. 11 EUV (Januar 2015), Rn. 13. Der Austausch mit Verbänden ist beispielsweise in Art. 155 AEUV (Dialog der Sozialpartner) genauer geregelt, *Kaufmann-Bühler*, in: Lenz/Borchardt, EU-Verträge, Art. 11 EUV, Rn. 6.

[152] *Geiger*, EWS 2008, 257 (259); *Bieber*, in: GSH, Europäisches Unionsrecht, Art. 11 EUV, Rn. 13; *Huber*, in: Streinz, EUV/AEUV, Art. 11 EUV, Rn. 25.

Dialog zu pflegen. Ein solcher würde auch ihre Stellung unter den Organen insbesondere im Hinblick auf konkrete Politik- und Rechtsetzungsvorschläge stärken. Fraglich ist, ob **alle Organe** separat den geforderten Dialog pflegen müssen oder ob eine Gesamtsicht aller Organe ausreichend ist. Zwar unterscheiden sich die Organe beträchtlich im Hinblick auf entsprechende Möglichkeiten. Doch schließt das nicht aus, dass sie sich **jeweils im Rahmen ihrer Möglichkeiten** an der Pflege des kontinuierlichen Dialogs beteiligen müssen. Es liegt allerdings nahe, schon allein um Ineffizienzen zu vermeiden, dass dies in Abstimmung mit den anderen Organen geschehen sollte, so dass im Endeffekt die Beurteilung des arbeitsteiligen Vorgehens der Organe insgesamt entscheidend sein dürfte.

41   **Faktisch** wird mit der Vorgabe der Pflege des kontinuierlichen Dialogs die Position der **Kommission aufgewertet**. Es ist aber darauf hinzuweisen, dass Art. 11 Abs. 2 EUV nicht einfach die bisherige Praxis der Kommission verfassungsrechtlich unterfüttert, sondern auch inhaltlich **Korrektive** anbringt, wie die Erfordernisse der Offenheit und Transparenz.[153] Im Verhältnis zum WSA folgt aus der Auslegung nach dem effet utile, dass der von der Kommission gepflegte Dialog nicht den WSA überflüssig machen oder dessen Arbeit konterkarieren darf. Diesbezüglich muss der Dialog eine **ergänzende Funktion** übernehmen. Ferner ist prozedural eine **konzeptionelle Abstimmung** mit dem WSA zu fordern.

IV.   Die Anhörung Betroffener (Abs. 3)

1.   Gewährleistungsgehalte

42   Sinn und Zweck der **Anhörung Betroffener** durch die **Kommission** nach Art. 11 Abs. 3 EUV sind im Grunde unbestritten,[154] Differenzen ergeben sich aber in Bezug auf die **Abgrenzung** zu vergleichbaren anderen Vorschriften, insbesondere Art. 2 Protokoll 2 und Art. 41 Abs. 2 Buchst. a GRC (s. Rn. 45 ff.). Die Betroffenenanhörung in Abs. 3 dient der Umsetzung **partizipativ-demokratischer Aspekte**[155] und damit der Förderung von Akzeptanz, Transparenz, höherer Legitimität als auch einer besseren Rechtsetzung und Verwaltung.[156] Ausdrücklich wird in Abs. 3 neben der **Transparenz** auch die **Kohärenz** des Handelns der EU erwähnt. Letzterer Begriff enthält noch stärker als ersterer[157] neben der Ausrichtung auf subjektiv-demokratische Belange Betroffener auch **objektive Zielvorgaben** im Hinblick auf ein **effektives und effizientes Handeln** der EU. Dieses Ziel steht auch im Zusammenhang mit den Anforderungen des **Subsidiaritäts-** und des **Verhältnismäßigkeitsprinzips** nach Art. 2 Protokoll 2.[158]

43   Die Vorschrift bezieht sich auf das **Handeln der Union**. Dieser Begriff wird auch in Abs. 1 verwendet und ist grundsätzlich **weit** zu verstehen. Daher werden sowohl die **Rechtsetzung**, d.h. generell-abstrakte Maßnahmen, als auch der Erlass von **Verwal-**

---

[153] *Huber*, in: Streinz, EUV/AEUV, Art. 11 EUV, Rn. 20.

[154] Die Anhörung ist »die stärkste der Dialogformen«, *Kaufmann-Bühler*, in: Lenz/Borchardt, EU-Verträge, Art. 11 EUV, Rn. 7.

[155] Vgl. *Kaufmann-Bühler*, in: Lenz/Borchardt, EU-Verträge, Art. 11 EUV, Rn. 8.

[156] S. grundsätzlich zur Bedeutung von Transparenz EuGH, Urt. v. 9.11.2010, verb. Rs. C–92/09 u. C–93/09 (Schecke GbR und Eifert), Slg. 2010 I –11063, Rn. 68 –.

[157] S. aber *Kaufmann-Bühler*, in: Lenz/Borchardt, EU-Verträge, Art. 11 EUV, Rn. 8, der Transparenz allein auf die demokratischen Aspekte bezieht. Dem ist aber entgegenzuhalten, dass Transparenz auch der Sicherung des Subsidiaritäts- und Verhältnismäßigkeitsprinzips dienen kann.

[158] Vgl. im Ergebnis ebenso *Kaufmann-Bühler*, in: Lenz/Borchardt, EU-Verträge, Art. 11 EUV Rn. 8.

tungsmaßnahmen, individuell-konkreten Akten, erfasst.[159] In Abgrenzung zur allgemeinen Kommunikation in Abs. 1 und dem regelmäßigen Dialog in Abs. 2 geht es in Abs. 3 um **konkrete Vorhaben**.[160] Zudem dürfte die Anhörung nur in Bezug auf **Rechtsakte** von Bedeutung sein. Das wird in der Engführung auf die Kommission als alleinige Verpflichtete (s. Rn. 53) bestätigt, da diese die entsprechenden Maßnahmen vorschlägt bzw. selbst durchführen kann.

In der **Praxis** hat die Kommission die Vorgaben des Abs. 3 schon **vor** Inkrafttreten des **44** Lissabonner Vertrages** umgesetzt.[161] In Bezug auf individuell-konkrete Akte folgte sie den **Vorgaben der Rechtsprechung**, auf denen Art. 41 Abs. 2 Buchst. a GRC basiert.[162] Bezüglich allgemein-abstrakter Regelungen setzte sie Anhörungen einerseits zur Erfüllung ihrer Vorgaben aufgrund des **Subsidiaritäts- und Verhältnismäßigkeitsprinzips** um.[163] Beide verlangen detaillierte Begründungen eines Rechtsaktes, zu denen die Anhörungen beitragen. Andererseits setzte die Kommission schon seit Längerem auf das Instrument der umfangreichen Anhörung von Stakeholdern, um die Rechtsetzung in der EU zu optimieren. 2001 legte sie diese Praxis in ihrem Weißbuch »**Europäisches Regieren**« nieder, in dem die Grundsätze der Offenheit, Partizipation, Verantwortlichkeit, Effektivität und Kohärenz festgelegt wurden.[164] Partizipation umfasst danach die Einbeziehung der »Akteure« von der **Konzipierung bis zur Durchführung** des EU-Rechts. Dieser Ansatz ist 2002 bestätigt[165] und 2015 in der Mitteilung »Besser regieren« nochmals verstärkt worden.[166]

In Bezug auf den **Inhalt** der Anhörungen nennt Abs. 3 die weit gefassten Ziele der **45** **Offenheit und Kohärenz**. Letztere zielt dies auch auf eine bessere Effektivität. Weiter sind aufgrund des systematischen Zusammenhangs **Partizipation und Verantwortlichkeit** zu nennen.[167] Die Vorgabe »**umfangreicher** Anhörungen« deckt sich mit Art. 2 Protokoll 2 im Hinblick auf die Einhaltung des Subsidiaritäts- und Verhältnismäßigkeitsprinzips. Dabei kommt der Kommission ein **Ermessensspielraum** zu, der je nach Materie unterschiedlich weit sein kann. Die Kommission hat 2002 **Grundsätze** für die Konsultationen niedergelegt.[168] Eine Ausweitung und Intensivierung ist 2010 im Rahmen des

---

[159] In der Sache implizit ebenso *Huber*, in: Streinz, EUV/AEUV, Art. 11 EUV, Rn. 31; *Bieber*, in: GSH, Europäisches Unionsrecht, Art. 11 EUV, Rn. 7; *Ruffert*, in: Calliess/Ruffert, EUV/AEUV, Art. 11 EUV, Rn. 8, betont den legislativen Aspekt.

[160] *Ruffert*, in: Calliess/Ruffert, EUV/AEUV, Art. 11 EUV, Rn. 8; *Bieber*, in: GSH, Europäisches Unionsrecht, Art. 11 EUV, Rn. 11, spricht von »Projekten«; unklar *Huber*, in: Streinz, EUV/AEUV, Art. 11 EUV, Rn. 26, der die Anhörungen teilweise dem zivilgesellschaftlichen Dialog zuordnen möchte. Dem dürfte aber die Auslegung nach dem effet utile entgegenstehen, da ansonsten die Vorschrift ihre Bedeutung gegenüber Art. 11 Abs. 2 EUV teilweise verlieren würde.

[161] *Nettesheim*, in: Grabitz/Hilf/Nettesheim, EU, Art. 11 EUV (Januar 2015), Rn. 11.

[162] *Heselhaus*, in: Heselhaus/Nowak, Handbuch der Europäischen Grundrechte, § 57, Rn. 79 ff.

[163] S. Kommission, Mitteilung, Europäisches Regieren: Bessere Rechtsetzung, KOM (2002) 275, S. 2.

[164] Kommission, Mitteilung, Europäisches Regieren, Ein Weissbuch, KOM (2001) 428, S. 13.

[165] Kommission, Mitteilung, Europäisches Regieren: Bessere Rechtsetzung, KOM (2002) 275, S. 2.

[166] Europäische Kommission, Better regulation for better results – An EU agenda, KOM (2015) 215, S. 4, setzt als ein wichtiges Ziel: »consulting more, listening better«.

[167] Vgl. bereits Kommission, Mitteilung, Europäisches Regieren, Ein Weissbuch, KOM (2001) 428, S. 13.

[168] Europäische Kommission, Hin zu einer verstärkten Kultur der Konsultation und des Dialogs – Allgemeine Grundsätze und Mindeststandards für die Konsultation betroffener Parteien durch die Kommission, KOM (2002) 704.

Konzeptes »Intelligente Regulierung« erfolgt.[169] In der Aktualisierung ihres Ansatzes von 2015 setzt die Kommission auf sehr weit gehende Anhörungen.[170]

46   Abs. 3 **ergänzt** den **regelmäßigen Dialog** nach Abs. 2 und ist kein Unterfall desselben.[171] Im Gegensatz zu Letzterem setzt die Anhörung eine relativ weit fortgeschrittene Politikkonzeption voraus, die in einen **konkreten Vorschlag** münden soll. Deshalb wird auch nur die Kommission aufgrund ihres **Initiativmonopols** adressiert. Dementsprechend unterscheidet sich auch der Kreis der **Berechtigten** (s. Rn. 50). Demgegenüber gibt Abs. 2 eher einen Rahmen, in dem dann Anhörungen zu konkreten Vorhaben erfolgen.

47   Im **Verhältnis zu** Art. 2 **Protokoll 2** ist Abs. 3 die **allgemeinere Vorschrift**. Denn während Erstere nur auf die Umsetzung des Subsidiaritäts- und Verhältnismäßigkeitsprinzips ausgerichtet ist und damit auf **Rechtsakte** auf Grundlage der **nichtausschließlichen Kompetenzen**, erfasst Art. 11 Abs. 3 das **gesamte** Handeln der EU, insbesondere auch auf Grundlage der **ausschließlichen** Kompetenzen. Daher wird die in Art. 2 Protokoll 2 enthaltene **Ausnahme** für »außergewöhnlich dringende Fälle« durch Art. 11 EUV nicht angetastet. Die Kommission muss das Vorliegen eines Ausnahmefalls begründen.[172] Fraglich ist, ob auch unter Art. 11 Abs. 3 eine solche Ausnahme zuzulassen wäre. Sie könnte jedenfalls in Bezug auf Rechtsetzungsakte auf die Auslegung nach dem effet utile gestützt werden. Sie dürfte nur zur Anwendung kommen, wenn ansonsten ein rechtzeitiges Tätigwerden der Union nicht mehr möglich wäre.

48   Umstritten ist die **Abgrenzung zur Anhörungspflicht** im Fall von individuell-konkreten Maßnahmen. Hier können sich Anhörungspflichten unmittelbar aus den Grundrechten ergeben und aus dem Recht auf gute Verwaltung nach Art. 41 Abs. 2 Buchst. a GRC. In der Literatur wird teilweise Art. 11 Abs. 3 **kein subjektives Recht** auf Anhörung entnommen,[173] so dass insofern die Grundrechte allein einschlägig wären. Zum Teil wird – offenbar in Parallele zur Konzeption des Verwaltungsrechtsschutzes in Deutschland – danach unterschieden, ob Personen in ihren Rechten betroffen sind. Dann sollen die Grundrechte einschlägig sein, bei Betroffenheit in Interessen hingegen Art. 11 Abs. 3 EUV.[174] Dieser Ansicht steht aber entgegen, dass viele Mitgliedstaaten nicht das enge deutsche Modell der Klageberechtigung verfolgen, sodass Art. 41 Abs. 2 Buchst. a GRC durchaus auch auf Personen zu beziehen ist, die in ihren **Interessen** beeinträchtigt sind. In jener Vorschrift werden lediglich unspezifizierte »Nachteile« verlangt.[175] Aus jener Sicht dürfte dann Art. 11 Abs. 3 EUV gar nicht für individuell-konkrete Akte zur Anwendung kommen. Das widerspräche aber dessen weiter Konzeption, die das gesamte Handeln der EU umfasst. Überzeugender ist es, **beide Ansätze nebeneinander** bestehen zu lassen, da sie unterschiedliche Ziele, dort Rechtsstaatlichkeit und Grundrechtsschutz, hier partizipativ-demokratische Teilhabe verfolgen.[176] So deckt Art. 11 Abs. 3 EUV z. B.

---

[169] Europäische Kommission, Intelligente Regulierung in der Europäischen Union, KOM (2020) 543.

[170] Europäische Kommission, Better regulation for better results – An EU agenda, KOM (2015) 215, S. 4, setzt als ein wichtiges Ziel: »consulting more, listening better«.

[171] So aber *Huber*, in: Streinz, EUV/AEUV, Art. 11 EUV, Rn. 27.

[172] Art. 2 Protokoll 2.

[173] *Ruffert*, in: Calliess/Ruffert, EUV/AEUV, Art. 11 EUV, Rn. 8.

[174] *Huber*, in: Streinz, EUV/AEUV, Art. 11 EUV, Rn. 30 und 31.

[175] *Heselhaus*, in: Heselhaus/Nowak, Handbuch der Europäischen Grundrechte, § 57, Rn. 82 m. w. N.

[176] Weitere einzelne Anhörungsformen sind in den Verträgen speziell geregelt, z. B. die Anhörung des AdR im Rechtsetzungsverfahren oder die Anhörung der Sozialpartner in Art. 154 AEUV, *Kaufmann-Bühler*, in: Lenz/Borchardt, EU-Verträge, Art. 11 EUV, Rn. 7.

die Anhörung von Umweltverbänden ab, wie sie insbesondere in Umsetzung der Aarhus-Konvention vorgesehen ist. Allerdings ist die partizipativ-demokratische Berechtigung nicht so eindeutig, wie eine rechtliche Anhörungsberechtigung. Insofern ist der Kommission nur unter Art. 11 Abs. 3 ein **Ermessensspielraum** eingeräumt. Daher sind die grundrechtlichen Anhörungspflichten **spezieller** im Verhältnis zu Art. 11 Abs. 3 EUV.

Der Vergleich mit Art. 2 Protokoll 2 spricht für die **Rechtsverbindlichkeit** der Vorgabe   **49** »umfangreicher Anhörungen«. Ansonsten wäre die **Begründungspflicht** im Falle von Ausnahmen kaum verständlich. Demensprechend wird Art. 11 Abs. 3 EUV wohl übereinstimmend zum **objektiven EU-Recht** gezählt.[177] Allerdings kommt eine erfolgte Anhörung nicht einer demokratischen Mehrheitsentscheidung gleich, weshalb die Kommission den in einer Anhörung geäußerten Ansichten nicht folgen muss.[178] Umstritten ist hingegen, ob aus der Vorschrift auch **subjektive Rechte** folgen können. Das wird zum Teil verneint, weil nach dieser – hier nicht geteilten Auffassung – die subjektiven Anhörungsrechte allein aus den Grundrechten folgen würden.[179] Aus Art. 11 Abs. 3 EUV soll sich jedoch die Pflicht ergeben, Verfahren zu entwickeln, um eine gleichberechtigte Teilhabe zu ermöglichen.[180] Nach der hier vertretenen Auffassung bleibt hingegen ein Anwendungsspielraum für Art. 11 Abs. 3 EUV **neben** den grundrechtlichen Anhörungspflichten. In diesem können im Einzelfall **subjektive Rechte auf Teilhabe** bestehen.

2. Begünstigte

Begünstigte sind nach dem Wortlaut von Abs. 3 alle »**Betroffenen**«. Dieser Begriff wird   **50** sowohl in Bezug auf **in ihren Rechten** Betroffene als auch bei der sog. Betroffenenpartizipation[181] als **in ihren Interessen** Betroffene verwendet. Nach Sinn und Zweck der Vorschrift ist der Begriff **weit** auszulegen. Daher werden nicht nur in ihren Rechten, sondern auch in ihren Interessen Betroffene erfasst. Der Begriff des Interesses ist nicht so eng zu fassen, wie dies im Hinblick auf materielle Klagerechte geschieht. Vielmehr deckt Art. 11 Abs. 3 EUV auch die Beteiligung von Umweltverbänden an konkreten Genehmigungsentscheiden ab. Allerdings bedarf der Begriff in dieser Hinsicht der **Konkretisierung** im Sekundärrecht, wie bei den Beteiligungsrechten der Umweltverbände geschehen, oder in der Anhörungspraxis der Kommission.

Die Vorschrift erfasst auch die **Vorbereitung von Rechtsetzungsakten**. Doch ist der   **51** Begriff der »Betroffenen« auf das individuell-konkrete Handeln bezogen. Daher ist in dieser Hinsicht eine **funktionale Auslegung** vorzunehmen, wonach der Begriff mit dem der »**interessierten Kreise**«, wie er im deutschen Verwaltungsrecht bekannt ist, gleichgesetzt werden kann.[182]

---

[177] *Bieber*, in: GSH, Europäisches Unionsrecht, Art. 11 EUV, Rn. 2, sieht eine Verpflichtung der Kommission; unklar *Kaufmann-Bühler*, in: Lenz/Borchardt, EU-Verträge, Art. 11 EUV, Rn. 6, der einerseits von »Pflichten«, andererseits von »Chancen und Optionen« spricht.

[178] *Bieber*, in: GSH, Europäisches Unionsrecht, Art. 11 EUV, Rn. 13.

[179] *Huber*, in: Streinz, EUV/AEUV, Art. 11 EUV, Rn. 31; auch *Ruffert*, in: Calliess/Ruffert, EUV/AEUV, Art. 11 EUV, Rn. 8.

[180] *Ruffert*, in: Calliess/Ruffert, EUV/AEUV, Art. 11 EUV, Rn. 8; *Calliess*, Das Demokratieprinzip im europäischen Staaten- und Verfassungsverbund: Eine Analyse mit Blick auf den Konventsentwurf für einen Europäischen Verfassungsvertrag, in: Internationale Gemeinschaft und Menschenrechte: Festschrift für Georg Ress zum 70. Geburtstag am 21. Januar 2005, S. 399 (416).

[181] S. dazu *Huber*, in: Streinz, EUV/AEUV, Art. 11 EUV, Rn. 30.

[182] *Huber*, in: Streinz, EUV/AEUV, Art. 11 EUV, Rn. 28.

52   Hervorzuheben ist, dass die Betroffenenpartizipation nach Abs. 3 nicht auf Unionsbürgerinnen und -bürger begrenzt ist. Da es um Personen geht, die in ihren Rechten oder
Interessen betroffen sind, kommen auch **Drittstaatler** in Betracht, die diese Voraussetzungen im Hoheitsgebiet der Union erfüllen. Dem steht die systematische Stellung unter
den demokratischen Grundsätzen der Union nicht entgegen, weil es zum einen **nicht** um
Entscheidungsbefugnisse geht und zum anderen der Grundsatz der partizipativen Demokratie für eine solche Ausdehnung des Kreises der Berechtigten grundsätzlich offen
ist.

3.   Verpflichtete

53   Im Gegensatz zu Art. 11 Abs. 1 und 2 EUV wird **allein** die **Kommission** verpflichtet.[183]
Schon darin wird deutlich, dass die Vorschrift nicht in den beiden vorangehenden Absätzen aufgeht. Die besondere Verpflichtung der Kommission ist vor dem Hintergrund
ihres **Initiativmonopols** in der Rechtsetzung und ihrer **Verwaltungskompetenzen** zu
sehen. Darüber hinaus bedarf sie nach ihrer Konzeption, unabhängig von den Mitgliedstaaten und dem Europäischen Parlament, in besonderer Weise einer **Rückbindung** an
die Unionsbürgerinnen und -bürger in Bezug auf die Gewährleistung eines **effektiven
und effizienten Handelns**. Während die Kommission in ihrer Bedeutung zum WSA
durch die Berücksichtigung in den Abs. 1 und 2 aufgewertet wird, ist dies bei Abs. 3
nicht der Fall. Denn die Vorbereitung der konkreten Akte ist ihre spezifische Kompetenz, der WSA wird dann gemäß dem Primärrecht im Rechtsetzungsverfahren angehört.

V.   Bürgerinitiative (Abs. 4)

1.   Bedeutung und Entstehung

54   Nach Abs. 4 UAbs. 1 können **Unionsbürgerinnen und -bürger** die **Kommission** zu **Vorschlägen** für Maßnahmen zur Umsetzung der Verträge **auffordern**, sofern ihre Zahl
mindestens eine Million beträgt und sich auf eine erhebliche Anzahl von Mitgliedstaaten
verteilt. In der Sache handelt es sich bei dieser Europäischen Bürgerinitiative (EBI) um
ein **Aufforderungsrecht**,[184] vergleichbar jenen von Rat und Europäischem Parlament,
nicht aber um ein Entscheidungsrecht. Die Europäische Bürgerinitiative ist also **keine
Volksinitiative** im traditionellen Sinn. Obgleich es sich damit um ein deutlich **limitiertes
direkt-demokratisches Element** handelt (s. Rn. 54 f., 81 f.), ist es in seiner Ausgestaltung
heftig umkämpft gewesen. Seine verfassungspolitische Brisanz wird im systematischen
Vergleich deutlich, denn dieses Instrument enthält tendenziell einen kritischen Aspekt
gegenüber der Kommission. Während die Abs. 1 bis 3 des Art. 11 EUV die Organe der
EU, insbesondere die Kommission mit einem Feedback vor einem konkreten Handeln
versorgen und mit der Schaffung dieser Informationsgrundlage eine unterstützende
Wirkung entfalten, wird eine Aufforderung nach Abs. 4 nur erforderlich, wenn die
Kommission eigentlich **nicht** bzw. in anderer Weise **handeln möchte**.[185] Zum anderen ist
das Instrument brisant, weil es als Aufforderungsrecht nur ein in Relation gesehen **ge-**

---

[183] *Ruffert*, in: Calliess/Ruffert, EUV/AEUV, Art. 11 EUV, Rn. 8; *Huber*, in: Streinz, EUV/AEUV,
Art. 11 EUV, Rn. 26.
[184] *Biervert*, in: Schwarze, EU-Kommentar, Art. 11 EUV Rn. 3; *Ruffert*, in: Calliess/Ruffert,
EUV/AEUV, Art. 11 EUV, Rn. 21.
[185] Vgl. für die zweite Alternative die Initiative zum Recht auf Wasser.

ringes Quorum verlangt, sein Inhalt aber nicht allen Unionsbürgerinnen und -bürgern zur Abstimmung vorgelegt wird. So transportiert es einen **prima-facie-Anschein** einer möglichen Mehrheit von Unionsbürgerinnen und -bürgern, ohne dass dieser sich effektiv der Kontrolle durch eben jene demokratische Mehrheit stellen müsste. Kurz gesprochen enthält dieses **kupierte direkt-demokratische Element** eine **überschießende Tendenz** demokratischer Legitimität.[186]

Die Aufnahme eines derart kupierten direkt-demokratischen Elements wie die Bürgerinitiative in die Verträge ist aus der **Entstehungsgeschichte** zu erklären. Die Bestimmung ist (bis auf die nunmehr in Art. 24 Abs. 1 AEUV enthaltene Kompetenzgrundlage) **unverändert** aus dem letztlich gescheiterten **Vertrag über eine Verfassung für Europa** (VVE) übernommen worden.[187] Bei den Arbeiten zum VVE ist eine **Vielzahl direktdemokratischer Elemente** im Verfassungskonvent diskutiert worden. Insbesondere waren Vorschläge für obligatorische Referenden für Vertragsänderungen oder die Aufnahme neuer Mitgliedstaaten eingebracht worden.[188] Die Europäische Bürgerinitiative war **ergänzend** gedacht gewesen. Die Idee eines solchen relativ schwachen direkt-demokratischen Instruments geht auf Erfahrungen in Österreich und Italien zurück, wo vergleichbare Aufforderungsrechte ebenfalls eine ergänzende Funktion haben.[189]

Die Aufnahme der EBI in den VVE erfolgte nicht im ersten Anlauf. Vielmehr ist sie der Hartnäckigkeit einiger **Parlamentarier im Verfassungskonvent** geschuldet.[190] Unter den EU-Organen fand die Idee eine starke **Partnerin** in Gestalt des **Europäischen Parlaments**, das sich mehrfach für eine Effektuierung der Vorschriften über die EBI einsetzte.[191] Politische **Gegenspielerin** war damals wie auch bei der Umsetzung ins Sekundärrecht die **Kommission**.[192] Hintergrund dürfte die für die Kommission tendenziell kritische Ausrichtung der EBI sein (s. Rn. 54).

Systematisch stellt die EBI im Rahmen des Art. 11 EUV sozusagen die »Krönung« der **partizipativ-demokratischen Elemente**, die unterhalb der Entscheidungsrechte angesiedelt sind.[193] Die Einflussmöglichkeiten einer allgemeinen europäischen Öffentlichkeit nach Abs. 1 werden in Abs. 2 durch Regelmäßigkeit im weiteren Sinne institutionalisiert und münden in Abs. 3 in Anhörungen zu konkreten Maßnahmen. Abs. 4 bringt in dieser Konzeption das **Korrektiv**, wenn die Kommission nicht die von den Unionsbürgerinnen und -bürgern für erforderlich erachteten Maßnahmen zur Umsetzung der Verträge ergreift. Zugleich wird der **Kreis der Verpflichteten** von Abs. 1 bis Abs. 4 zunehmend enger, von allen EU-Organen bis zur alleinigen Adressierung der **Kommission**.

    55

    56

    57

---

[186] Vgl. *Kaufmann-Bühler*, in: Lenz/Borchardt, EU-Verträge, Art. 11 EUV, Rn. 4 und Rn. 9, der von einem »Minderheitenrecht« spricht. Dem ist aber entgegenzuhalten, dass die Initiatoren auch für eine Mehrheit unter den unionsbürgerinnen und -bürgern sprechen können.

[187] S. dazu *Folz*, in: Vedder/Heintschel v. Heinegg, EVV, Art. I–47 EVV, Rn. 3.

[188] *Heselhaus*, EUZ 2013, S. 4 (5).

[189] Näher dazu *Hieber*, S 54.

[190] *Hrbek*, integration 2012, S. 35 (39 f.) ausführlich zu den politischen Widerständen.

[191] Ausführlich dazu *Hieber*, S. 6 ff.

[192] Näher dazu *Hieber*, S. 19 ff.

[193] S. *Huber*, in: Streinz, EUV/AEUV, Art. 11 EUV, Rn. 32, der darauf hinweist, dass den Unionsbürgerinnen und -bürgern damit erstmals eine Möglichkeit des »politischen Agenda-Settings eingeräumt wird. *Bieber*, in: GSH, Europäisches Unionsrecht, Art. 11 EUV, Rn. 14. Zur Qualifizierung als Instrument der partizipatorischen und direkten Demokratie *Kaufmann-Bühler*, in: Lenz/Borchardt, EU-Verträge, Art. 11 EUV, Rn. 9; *Nettesheim*, in: Grabitz/Hilf/Nettesheim, EU, Art. 11 EUV (Januar 2015), Rn. 23, 30. Zu Zusammenhängen mit anderen Partizipationsrechten *Huber*, in: Streinz, EUV/AEUV, Art. 11 EUV, Rn. 34.

58   Die Bürgerinitiative steht in einem engen systematischen **Zusammenhang mit den Unionsbürgerrechten**.[194] Denn Art. 11 Abs. 4 UAbs. 2 EUV verweist für die **Festlegung der Verfahren und Bedingungen** auf Art. 24 Abs. 1 AEUV.[195] Dort steht die Bürgerinitiative im Zusammenhang mit dem Petitionsrecht, dem Recht auf Beschwerde an den Bürgerbeauftragten sowie dem Recht auf Eingaben an Organe und Einrichtungen der EU. Diese Verbindung weist auf eine grundsätzlich **subjektiv-rechtliche Konzeption** der Bürgerinitiative hin.[196] Sie wird zwar nicht ausdrücklich im Katalog der Unionsbürgerrechte nach Art. 20 Abs. 2 AEUV genannt, doch ist dessen Aufzählung nicht abschließend.[197] Im **Vergleich** zu den in Art. 24 AEUV angesprochenen Bürgerrechten bestehen Gemeinsamkeiten und Unterschiede. Hervorzuheben ist, dass all jene Bürgerrechte in der Konzeption der EU ein **Recht auf Antwort** enthalten.[198] Das **Petitionsrecht** nach Art. 24 Abs. 2 AEUV erlaubt auch Aufforderungen,[199] es ist aber an das Europäische Parlament adressiert und erreicht die Kommission höchstens nur indirekt. In der politischen Wirkung wäre die Bürgerinitiative einer großen **Sammelpetition** vergleichbar, die in der Union allerdings keine so hohen Hürden wie die Bürgerinitiative kennt.[200] Die **Beschwerde an den Bürgerbeauftragten** betrifft hingegen primär **Missstände** in der EU. Es ist aber nicht ausgeschlossen, dass diese auf ein Rechtsetzungsdefizit hindeuten, welches der Bürgerbeauftragte dann im Dialog mit der Kommission thematisieren könnte.[201] Schließlich kann jeder Einzelne eine **Eingabe an die Kommission** nach Art. 24 Abs. 3 AEUV richten, doch hätte eine solche **nicht** die **Öffentlichkeit** und damit die politische Kraft einer Bürgerinitiative.[202]

59   Die **politische Wirkungskraft** der Bürgerinitiative ist noch nicht abschließend ausgelotet worden. Ihrem Vorbild in Österreich ist keine große Wirkung beschieden gewesen.[203] Denn allzu oft haben die Rechtsetzungsorgane den Aufforderungen keine Bedeutung beigemessen. Dies ist allerdings vor dem Hintergrund alternativer, stärkerer direkt-demokratischer Elemente in Österreich zu sehen. So verwundert es nicht, wenn die Bedeutung der Europäischen Bürgerinitiative in der Literatur ebenfalls eher kritisch gesehen wird.[204] Doch bleibt die Entwicklung der Praxis abzuwarten. Als einer der ersten Erfolge gilt die Initiative **Right2Water** (»Wasser und sanitäre Grundversorgung sind ein Menschenrecht! Wasser ist ein öffentliches Gut und keine Handelsware!«) auf ein Recht auf Wasser und eine Ablehnung der Anwendung der Binnenmarktregeln auf

---

[194] *Obwexer/Villotti*, JRP 18 (2010), 108 (112), sprechen von einem »exklusiven Unionsbürgerrecht«. *Huber*, in: Streinz, EUV/AEUV, Art. 11 EUV, Rn. 34, sieht die Bürgerinitiative als »Teil des Petitionsrechts«.

[195] Die inhaltlichen Anforderungen an die Ausführungsbestimmungen finden sich aber allesamt in Art. 11 Abs. 4 EUV, *Kaufmann-Bühler*, in: Lenz/Borchardt, EU-Verträge, Art. 11 EUV Rn. 9.

[196] *Huber*, in: Streinz, EUV/AEUV, Art. 11 EUV Rn. 33.

[197] S. die Kommentierung zu Art. 20 AEUV, Rn. 16. Zur Qualifizierung als Unionsbürgerrecht *Obwexer/Villotti*, JRP 18 (2010), 108 (112).

[198] *Heselhaus*, EUZ 2013, S. 4 (9); insofern besteht ein deutlicher Unterschied zur Interpretation des Petitionsrechts nach der tradierten Auffassung in Deutschland.

[199] S. näher dazu *Guckelberger*, DÖV 2010, S. 745 (747).

[200] S. Art. 227 AEUV sieht ausdrücklich vor, dass Petitionen alleine oder zusammen mit anderen eingereicht werden können, vgl. *Gaitanides*, in: Heselhaus/Nowak, Handbuch der Europäischen Grundrechte, § 49, Rn. 9.

[201] *Guckelberger*, DÖV 2010, S. 745 (747).

[202] *Heselhaus*, EUZ 2013, S. 4 (9).

[203] S. dazu *Hieber*, S. 54.

[204] *Heselhaus*, EUZ 2013, S. 4 ff.

die Wasserversorgung.[205] Sie erfolgte vor dem Hintergrund von Überlegungen in der Kommission die Wasserversorgung in der Union stärker zu privatisieren. Nach dem überraschend erfolgreichen Abschluss der Bürgerinitiative teilte die Kommission mit, dass die Binnenmarktregeln die Aufgabe der nationalen Behörden, die Wasserversorgung sicherzustellen, nicht beeinträchtigen würden.[206] Ferner ist 2014 die Bürgerinitiative »**Einer von uns**« für einen stärkeren Embryonenschutz zustande gekommen.[207] In ihrer Mitteilung verteidigte die Kommission die bisherige Rechtsetzung und versprach, unnötige negative Auswirkungen nach Möglichkeit zu unterbinden.[208] Ebenfalls erfolgreich zustande gekommen ist die Bürgerinitiative »**Stop Vivisection**« mit einem »Vorschlag für ein Gesetz auf Europäischer Ebene mit dem Ziel des Ausstiegs aus der tierexperimentellen Forschung«. In ihrer Stellungnahme wies die Kommission auf die bereits bestehenden Anstrengungen für einen Verzicht auf Tierversuche in der EU hin. Sie lehnte die geforderte völlige Abschaffung ab, erklärte sich aber bereit, verstärkt alternative Maßnahmen zu prüfen.[209] Das **Europäische Parlament** hat jeweils **öffentliche Anhörungen** zu den erfolgreichen Bürgerinitiativen veranstaltet.[210] Zurzeit sind weitere Bürgerinitiativen hängig. Einen **Überblick** gibt die Webseite der Kommission.[211] Politisch brisant erscheint insbesondere die Bürgerinitiative gegen das geplant transatlantische Handels- und Investitionsschutzabkommen (Stop TTIP) zwischen der EU und den USA.[212] Die Kommission hat die Bürgerinitiative nicht zugelassen, weil die geforderte Einwirkung auf den Rat während der Verhandlungen außerhalb ihrer Kompetenzen für Rechtsetzungsvorschläge liege. Dagegen ist im November 2014 Nichtigkeitsklage nach Art. 263 Abs. 4 AEUV vor dem Europäischen Gericht erhoben worden.[213]

2. Inhalt und Voraussetzungen

a) Allgemeines

Die Europäische Bürgerinitiative ist in Art. 11 Abs. 4 EUV rechtsverbindlich verankert.   **60**
Die »**Verfahren und Bedingungen**« müssen aber gemäß Art. 11 Abs. 4 UAbs. 2 EUV im **Sekundärrecht** festgelegt werden, welcher dazu auf **Art. 24 Abs. 1 AEUV** verweist. Insoweit legt die Vorschrift eine **rechtliche Verpflichtung der Rechtsetzungsorgane** fest.[214] Obgleich der Wortlaut des UAbs. 1 bezüglich der Voraussetzungen relativ klar ist

---

[205] S. die Informationen der Kommission unter http://ec.europa.eu/citizens-initiative/public/initiatives/successful/details/2012/000003/de (26.6.16).

[206] Europäische Kommission, Mitteilung über die Europäische Bürgerinitiative »Wasser und sanitäre Grundversorgung sind ein Menschenrecht! Wasser ist ein öffentliches Gut, keine Handelsware, KOM (2014) 177, S. 5.

[207] Europäische Kommission, Mitteilung über die europäische Bürgerinitiative »Einer von uns« (2014) 355.

[208] Europäische Kommission, Mitteilung über die europäische Bürgerinitiative »Einer von uns« (2014) 355, S. 17 ff.

[209] Europäische Kommission, Mitteilung über die Europäische Bürgerinitiative »Stop Vivisection«, KOM (2015) 3773, S. 8 f.

[210] Europäische Kommission, Bericht über die Anwendung der Verordnung (EU) Nr. 211/2011 über die Bürgerinitiative, KOM (2015) 145.

[211] S. unter http://ec.europa.eu/citizens-initiative/public/initiatives/open (26.6.16).

[212] Einsehbar unter http://ec.europa.eu/citizens-initiative/public/initiatives/non-registered/details/2041 (26.6.16).

[213] Die Klageschrift ist einsehbar unter https://stop-ttip.org/de/wp-content/uploads/sites/4/2014/11/EuGH-Klageschrift_Kempen_EBI.pdf (26.6.16).

[214] *Huber*, in: Streinz, EUV/AEUV, Art. 11 EUV, Rn. 55.

und nur Interpretationsspielraum im Hinblick auf die geforderte »erhebliche Anzahl« von Mitgliedstaaten lässt, wird in der Literatur weit verbreitet angenommen, dass die Vorschrift als solche **nicht unmittelbar anwendbar** sei.[215] Dementsprechend wird ihr nicht der Rang eines subjektiv-öffentlichen Rechts beigemessen.[216] Nachdem aber der Unionsgesetzgeber seiner diesbezüglichen Pflicht mit der **Verordnung (EU) Nr. 211/2011** nachgekommen ist,[217] können die Unionsbürgerinnen und -bürger die darin in **Konkretisierung** von Art. 11 Abs. 4 EUV sekundärrechtlich festgelegte Rechtsstellung als ein **subjektives Recht** einklagen.[218] Dies folgt aus der Verordnung i. V. mit Art. 11 Abs. 4 und Art. 10 Abs. 3 EUV sowie aus der Einbeziehung der Bürgerinitiative in die Unionsbürgerrechte nach Art. 24 AEUV.[219]

61   Als sekundärrechtliche Umsetzung von Art. 11 Abs. 4 EUV ist die **Verordnung (EU) Nr. 211/2011** am **Primärrecht** zu messen. Zwar ist davon auszugehen, dass die wenigen Vorgaben in Art. 11 EUV dem Unionsgesetzgeber einen weiten **Gestaltungsspielraum** belassen,[220] doch werden manche der Regelungen in der Verordnung in der Literatur für primärrechtswidrig gehalten.[221] Sofern diese rechtswidrige Beschränkungen des Art. 11 EUV darstellen, können sich die Betroffenen dagegen auf ihre subjektiven Rechte nach Art. 10 Abs. 3 EUV i. V. mit den nicht betroffenen Vorschriften der Verordnung 211/2011 berufen.

62   Die Verordnung (EU) Nr. 211/2011 hat als Datum ihrer Geltung den April 2012 festgelegt und damit den Mitgliedstaaten einen Anpassungszeitraum gewährt.[222] Die Verordnung enthält in ihrem **Anhang I** die näheren Bestimmungen zur **Mindestanzahl von Unterstützern** in den einzelnen Mitgliedstaaten, in den weiteren Anhängen eine Reihe von technischen Vorgaben. Die **Kommission** wird **ermächtigt**, die Anhänge durch **delegierte Rechtsetzung** zu ändern.[223] Ab 2015 muss die Kommission alle drei Jahre einen **Bericht** über die Anwendung der Verordnung vorlegen.[224] Der erste Bericht ist 2015 erschienen und gibt einen Überblick über die bisherigen Erfahrungen.[225] Insgesamt sind 38 Bürgerinitiativen vorgeschlagen worden, von denen 18 registriert worden sind. Nur drei haben in der vorgesehen Frist das Unterschriftenquorum erreicht (s. Rn. 59). Für die Zukunft hat die Kommission keine konkreten Veränderungen vorgeschlagen. Gleichzeitig haben das **Europäische Parlament** eine **Studie**[226] und der **Europäische**

---

[215] *Huber*, in: Streinz, EUV/AEUV, Art. 11 EUV, Rn. 55, der aber in Rn. 34 von einer »subjektiv-grundrechtlichen Ausrichtung« spricht.

[216] *Huber*, in: Streinz, EUV/AEUV, Art. 11 EUV, Rn. 55.

[217] Verordnung (EU) Nr. 211/2011 über die Bürgerinitiative, ABl. 2011, L 65/1.

[218] *Huber*, in: Streinz, EUV/AEUV, Art. 11 EUV, Rn. 56, ähnlich im Ergebnis wohl *Bieber*, in: GSH, Europäisches Unionsrecht, Art. 11 EUV, Rn. 22; ablehnend *Kaufmann-Bühler*, in: Lenz/Borchardt, EU-Verträge, Art. 11 EUV, Rn. 9, vgl. aber dort Rn. 11 zur Ablehnung einer Klage (nur) gegen das Verlangen, eine Bürgerinitiative in der Sache umzusetzen.

[219] In der Sache ebenso *Huber*, in: Streinz, EUV/AEUV, Art. 11 EUV, Rn 55.

[220] Vgl. *Bieber*, in: GSH, Europäisches Unionsrecht, Art. 11 EUV, Rn. 18.

[221] S. *Huber*, in: Streinz, EUV/AEUV, Art. 11 EUV, Rn. 36, 51 zur Verpflichtung, einen Bürgerausschuss zu bilden.

[222] Vgl. das Gesetz zur Bürgerinitiative in Deutschland.

[223] Art. 16 Verordnung 211/2011.

[224] Art. 22 Verordnung 211/2011.

[225] Europäische Kommission, Bericht über die Anwendung der Verordnung (EU) Nr. 211/2011 über die Bürgerinitiative, KOM (2015) 145.

[226] S. Europäisches Parlament, Entschließung des Europäischen Parlaments vom 28. Oktober 2015 zur europäischen Bürgerinitiative (2014/2257(INI)).

Bürgerbeauftragte eine **Initiativuntersuchung** vorgenommen.[227] Die Studie sieht größere Probleme im organisatorischen Bereich. Zur Verbesserung enthält sie eine Reihe von Vorschlägen.[228] Sie zeigt auf, dass die Zahl der jährlich eingereichten Bürgerinitiativen deutlich zurückgeht. Es ist aber zu früh, der Europäischen Bürgerinitiative das Schicksal des vergleichbaren Aufforderungsrechts in Österreich zu prognostizieren.[229]

b) Ziel

Die Bürgerinitiative hat zum **Ziel** die **Kommission aufzufordern**, **Vorschläge** für einen   63
Rechtsakt zur Umsetzung der Verträge zu unterbreiten. Der Begriff des **Rechtsakts** wird in Art. 11 Abs. 4 EUV nicht näher ausgeführt und in der Verordnung (EU) Nr. 211/2011 ohne nähere Definition übernommen.[230] In systematischer Sicht werden alle in **Art. 288 AEUV aufgeführten Rechtshandlungen**, also Verordnungen, Richtlinien wie auch Beschlüsse erfasst.[231] Dies gilt jedenfalls, soweit die Kommission entsprechende **Vorschläge** im Rechtsetzungsverfahren einbringen kann. **Nicht** erfasst werden hingegen Maßnahmen zur Umsetzung der Verträge, bei denen die Kommission **kein Vorschlagsrecht** zusteht, sondern anderen Organen wie in Art. 223 Abs. 2 und Art. 228 Abs. Abs. 4 AEUV.[232] Die Bürgerinitiative setzt grundsätzlich voraus, dass die Kommission ein Vorschlagsrecht hat.[233]

Fraglich ist, ob auch **Rechtsakte der Kommission** nach **Art. 290 bzw. Art. 291 AEUV**   64
erfasst werden. Dagegen könnte sprechen, dass diese **formal** kein Vorschlagsrecht der Kommission vorsehen, sondern dass die Kommission dort unmittelbar rechtsetzend tätig werden kann. Das ist für die Zwecke des Art. 11 Abs. 4 EUV jedoch ausreichend: das selbständige Rechtsetzungsrecht wird im **Erst-Recht-Schluss** erfasst. Denn Art. 11 Abs. 4 EUV setzt nicht ausdrücklich ein Rechtsetzungsverfahren mit verschiedenen Organen voraus. Die Verpflichtung, Vorschläge zu unterbreiten, ist sinnvoll auch auf **delegierte Rechtsetzungsakte** und **Durchführungsrechtsakte** zu beziehen. Die Effektuierung der Rechtsetzung nach Art. 290 und 291 AEUV soll nicht die Rechte der Unionsbürgerinnen und -bürger nach Art. 11 Abs. 4 EUV schmälern.

Ein vergleichbares Problem wirft die Frage auf, ob Art. 11 Abs. 4 auch auf **Beschlüsse**   65
der Kommission in ihrer Eigenschaft als **Verwaltungsbehörde** erfasst, wie etwa Beihilfenentscheide oder Sanktionsentscheidungen im Rahmen der Kontrolle des Wettbewerbs. Die Frage ist ebenfalls im Erst-Recht-Schluss (s. Rn. 64) zu **bejahen**.[234]

Dagegen ist die Bürgerinitiative **nicht** anwendbar auf **Akte** der Kommission **ohne**   66
Rechtscharakter, wie etwa die Außenvertretung der Union oder die Entscheidung über die Einleitung eines Vertragsverletzungsverfahrens.[235] Daher kann sich eine Bürgerin-

---

[227] S. die Schlussfolgerungen des Europäischen Bürgerbeauftragten OI/9/2013/TN.

[228] Europäisches Parlament, ECI – First Lessons of Implementation« (EBI – erste Lehren aus der Umsetzung), siehe: http://www.europarl.europa.eu/thinktank/en/document.html?reference=IPOL_STU(2014)509982 (26.6.16).

[229] Kritisch die Bewertung bei *Heselhaus*, EUZ 2013, S. 4 (15).

[230] S. die Erwähnung in Art. 2 Ziff. 1, Art. 4 Abs. 2 lit. b Verordnung 211/2011.

[231] Wohl allg. Ansicht, vgl. *Huber*, in: Streinz, EUV/AEUV, Art. 11 EUV, Rn 37 f.

[232] *Huber*, in: Streinz, EUV/AEUV, Art. 11 EUV, Rn. 38.

[233] A.A. *Bieber*, in: GSH, Europäisches Unionsrecht, Art. 11 EUV, Rn. 17.

[234] Unklar *Huber*, in: Streinz, EUV/AEUV, Art. 11 EUV, Rn. 41, der auf Rechtsetzungsakte abstellt.

[235] Bsp. nach *Huber*, in: Streinz, EUV/AEUV, Art. 11 EUV, Rn. 41. Auch eine verbesserte Anwendung bestehenden Rechts kann nicht verlangt werden, *Kaufmann-Bühler*, in: Lenz/Borchardt, EU-Verträge, Art. 11 EUV, Rn. 10.

itiative nicht gegen die Verhandlungen über ein TTIP-Abkommen mit den USA richten, wohl aber gegen einen Beschluss zur Annahme des ausgehandelten Abkommens.[236]

67   Ferner ist zu klären, ob eine Bürgerinitiative nur positiv auf eine Fortentwicklung des EU-Rechts ausgerichtet sein darf oder auch die Aufhebung eines Rechtsakts bzw. den Verzicht auf einen Rechtsakt zum Ziel haben darf.[237] Für Ersteres könnte auf die Formulierung »zur **Umsetzung** der Verträge« verwiesen werden, die ein Handeln **im Rahmen des** vorgesehenen **Integrationsprogramms** verlangt.[238] Jedoch ist das Integrationsprogramm nicht so eng vorgegeben und umfasst auch das **Subsidiaritätsprinzip**, welches auch zur Aufhebung eines Rechtsakts führen kann. Des Weiteren ist die Bürgerinitiative den demokratischen Grundsätzen der Union zugeordnet und muss insbesondere den **Grundsatz der demokratischen Gleichheit** nach Art. 9 EUV achten. Damit wäre es nicht vereinbar, EU-kritische oder andere Bürgerinitiativen, die gegen geplante Rechtsakte gerichtet sind, auszuschließen.[239] Ein Beispiel ist die Bürgerinitiative »**Stop Vivisection**«, die sich gegen bestehendes EU-Sekundärrecht gewendet hat (s. Rn. 59).[240]

68   Streit besteht auch im Hinblick auf die Frage, ob mit der Bürgerinitiative auch eine **Änderung der Verträge** angestrebt werden kann. Während das vereinzelt für zulässig erachtet wird,[241] verweist die Gegenmeinung überzeugend auf den Wortlaut, der von »Umsetzung der Verträge« spricht,[242] nicht von deren Änderung[243] und deutlich auf das Sekundärrecht bezogen ist. Zwar kann die Kommission nach Art. 48 EUV »Entwürfe« für eine Vertragsänderung vorlegen. Doch handelt es sich bei der Vertragsänderung nicht um einen »Rechtsakt der **Union**« nach Art. 11 Abs. 4 EUV, sondern um einen gemeinsamen Rechtsakt der **Mitgliedstaaten**.[244]

c) Zulässiger Inhalt

69   Da das Ziel der Bürgerinitiative ein Sekundärrechtsakt ist, muss dieser das **Primärrecht einhalten**.[245] Nur weil eine aktive politische Minderheit einen Antrag auf Vorschlag eines Rechtsaktes stellt, kann dieser nicht von dem von den Mitgliedstaaten vereinbarten **Integrationsrahmen** abweichen. Zunächst ist erforderlich, dass für den vorzuschlagenden Rechtsakt gemäß dem **Prinzip begrenzter Einzelermächtigung** eine ausreichende Kompetenzgrundlage in den Verträgen besteht. Er muss in den **Zuständigkeitsbereich der Union** und der einschlägigen **EU-Organe** fallen.[246] Selbstverständlich sind auch die Grundrechte der Union und die Grundfreiheiten zu beachten.[247] Ferner muss der Rechts-

---

[236] Diese Frage liegt dem EuGH vor, s. oben Rn. 57.

[237] Bejahend *Bieber*, in: GSH, Europäisches Unionsrecht, Art. 11 EUV, Rn. 15.

[238] *Huber*, in: Streinz, EUV/AEUV, Art. 11 EUV, Rn. 37.

[239] Vgl. im Ergebnis *Bieber*, in: GSH, Europäisches Unionsrecht, Art. 11 EUV, Rn. 15.

[240] Europäische Kommission, Bericht über die Anwendung der Verordnung (EU) Nr. 211/2011 über die Bürgerinitiative, KOM (2015) 145.

[241] *Bieber*, in: GSH, Europäisches Unionsrecht, Art. 11 EUV, Rn. 15.

[242] *Nettesheim*, in: Grabitz/Hilf/Nettesheim, EU, Art. 11 EUV (Januar 2015), Rn. 26.

[243] Vgl. *Guckelberger*, DÖV 2010, 745 (752); *Robertson*, JRP 18 (2010), 133 (141), *Kaufmann-Bühler*, in: Lenz/Borchardt, EU-Verträge, Art. 11 EUV Rn. 10; *Huber*, in: Streinz, EUV/AEUV, Art. 11 EUV Rn. 39; *Kaufmann-Bühler*, in: Lenz/Borchardt, EU-Verträge, Art. 11 EUV, Rn. 10; *Nettesheim*, in: Grabitz/Hilf/Nettesheim, EU, Art. 11 EUV (Januar 2015), Rn. 26 a. E.; *Huber*, in: Streinz, EUV/AEUV, Art. 11 EUV, Rn. 39.

[244] Im Ergebnis ebenso *Obwexer/Villotti*, JRP 18 (2010), 108 (111).

[245] *Huber*, in: Streinz, EUV/AEUV, Art. 11 EUV, Rn. 40; vgl. *Bieber*, in: GSH, Europäisches Unionsrecht, Art. 11 EUV, Rn. 18.

[246] *Huber*, in: Streinz, EUV/AEUV, Art. 11 EUV, Rn. 37.

[247] *Huber*, in: Streinz, EUV/AEUV, Art. 11 EUV, Rn. 40.

akt im Bereich der **nicht ausschließlichen Zuständigkeiten** die Vorgaben des **Subsidia-ritats- und Verhältnismäßigkeitsprinzips** einhalten. Deutlich enger formuliert Art. 4 Abs. 2 lit. d **Verordnung (EU) Nr. 211/2011**, dass der Rechtsakt nicht »offenkundig« gegen die **Grundwerte nach Art. 2 EUV** verstoßen dürfe. Die zurückhaltende Formu-lierung in der Verordnung, insbesondere die Beschränkung auf offenkundige Verstöße, könnte darauf hindeuten, dass die Kommission nicht in einem frühen Stadium eine volle Rechtskontrolle ausüben soll, die im Streitfall letztlich dem **EuGH** vorbehalten sein wird. Dem ist aber entgegenzuhalten, dass der Vertrag an mehreren Stellen der Kom-mission eine **Rechtskontrolle** zuweist,[248] und dass damit dem Instrument der Bürger-initiative ein schlechter Dienst erwiesen werden würde. Zum einen würde ansonsten ein primärrechtswidriges Vorhaben längere Zeit die Unionsbürgerinnen und -bürger be-schäftigen. Zum anderen wäre die Enttäuschung nach einem erfolgreichen Abschluss des Verfahrens groß, wenn dann die Umsetzung der Initiative von der Kommission wegen ihrer **Primärrechtswidrigkeit** abgelehnt würde. Insofern ist die Bestimmung in der Verordnung (EU) Nr. 211/2011 verbesserungsfähig.

Die Verordnung (EU) Nr. 211/2011 schließt ferner Bürgerinitiativen aus, die »offen- **70** kundig missbräuchlich, unseriös oder schikanös« sind. Während **Rechtsmissbrauch** im Unionsrecht als Grenze bekannt ist, ist der rechtliche Gehalt der beiden anderen Be-griffe sehr **interpretationsfähig**. Angesichts der Bedeutung der Bürgerinitiative nach Art. 11 Abs. 4 und Art. 10 Abs. 3 EUV ist eine sehr enge Auslegung dieser Begriffe zu fordern.[249]

Die Verordnung (EU) Nr. 211/2011 sieht in Art. 4 eine **Rechtskontrolle durch die** **71** **Kommission** vor der Registrierung der Bürgerinitiative vor. Diese ist auf **offenkundige** **Rechtsmängel** begrenzt (s. Rn. 69). Die **Vorabkontrolle** erscheint primärrechtlich gut vertretbar, weil sie die **Effektivität und Effizienz** des Instrumentes gewährleistet und hilft, unnötige Ausgaben der Initiatoren zu vermeiden. Die Zurückhaltung bei der Über-prüfung ist primärrechtlich nicht geboten und sollte in Zukunft überdacht werden. Bei Streit um die Zulässigkeit einer Weigerung der Kommission, die beantragte Registrie-rung vorzunehmen, steht der Rechtsweg offen (s. Rn. 83 ff.).

d) Antragsberechtigung

Antragsberechtigt sind ausschließlich (wahlberechtigte[250]) **Unionsbürgerinnen und -bür-** **72** **ger**. Mit dieser Begrenzung folgt die Vorschrift der demokratischen Konzeption in den Art. 9 ff. EUV, die insgesamt – bis auf die Ausnahme der Betroffenenbeteiligung (s. Rn. 60 f.) – an die Staatsbürgerschaft in einem Mitgliedstaat, also die **Aktivbürgerschaft** anknüpft. **Juristische Personen** sind **nicht** antragsberechtigt.

Art. 11 Abs. 4 EUV verlangt als **Mindestquorum** ausdrücklich **eine Million** Unter- **73** stützende. Relativ gesehen ist die Vorgabe gering, denn es handelt sich lediglich um 0,2 % der Gesamtbevölkerung der Union.[251] In absoluten Zahlen stellt sie aber eine

---

[248] S. Art. 114 und Art. 193 AEUV.

[249] Kritisch *Bieber*, in: GSH, Europäisches Unionsrecht, Art. 11 EUV, Rn. 18. *Nettesheim*, in: Gra-bitz/Hilf/Nettesheim, EU, Art. 11 EUV (Januar 2015), Rn. 25; kritisch auch *Ruffert*, in: Calliess/Ruf-fert, EUV/AEUV 4. Aufl., 2011, Art. 11 EUV, Rn. 22.

[250] *Kaufmann-Bühler*, in: Lenz/Borchardt, EU-Verträge, Art. 11 EUV Rn. 9; *Nettesheim*, in: Gra-bitz/Hilf/Nettesheim, EU, Art. 11 EUV (Januar 2015), Rn. 23; *Ruffert*, in: Calliess/Ruffert, EUV/AEUV, Art. 11 EUV, Rn. 17.

[251] KOM (2009) 622, S. 6; *Guckelberger*, DÖV 2010, 745 (749); *Huber*, in: Streinz, EUV/AEUV, Art. 11 EUV, Rn. 35; *Nettesheim*, in: Grabitz/Hilf/Nettesheim, EU, Art. 11 EUV (Januar 2015), Rn. 23.

vergleichsweise **hohe Herausforderung** für die Initiatoren dar. Ferner muss sich die Zahl der Unterstützenden auf »eine **erhebliche Anzahl** von Mitgliedstaaten« verteilen.[252] Die Interpretation dieser Vorgabe ist umstritten. Art. 24 Abs. 1 AEUV verlangt ausdrücklich, dass die Anzahl im **Umsetzungsrechtsakt** angegeben wird. In der Diskussion zeigten sich einmal mehr die unterschiedlichen Positionen: hier die Unterstützung durch das **Europäische Parlament**, das unter Hinweis auf Art. 76 Buchst. b AEUV für ein Quorum von einem Viertel (sieben Mitgliedstaaten) plädierte;[253] dort die **Kommission**, die mit einem Drittel (neun Mitgliedstaaten) strengere Vorgaben wollte.[254] Erst nachdem das Parlament sogar ein Quorum von einem Fünftel (sechs Mitgliedstaaten) gefordert hatte, lenkte die Kommission ein. Aus Sicht des Primärrechts besteht für die Umsetzung nach Art. 24 Abs. 1 AEUV ein **Ermessensspielraum**. Dessen **Grenzen** für »erheblich« liegen zwischen drei Mitgliedstaaten und einer Mehrheit von Mitgliedstaaten (fünfzehn). Zu beachten ist ferner der **Zweck** der Vorgabe, der allgemein darin gesehen wird, zu **verhindern**, dass eine Bürgerinitiative ein **Partikularinteresse** eines Mitgliedstaates aufgreift.[255] Aus der Regelung über die Stimmengewichtung im Rat nach Art. 16 Abs. 4 EUV ist primärrechtlich anerkannt, dass auch ein **Übergewicht** weniger **großer Mitgliedstaaten** vermieden werden soll.[256] Insofern erscheint die gefundene Lösung als angemessen. Interessant an der Auseinandersetzung ist die **Ambivalenz** höherer Hürden. Sie würden zwar nicht so häufig von den Initiatoren genommen werden, aber dafür erhielten erfolgreiche Bürgerinitiativen durch sie ein **höheres politisches Gewicht**.

74   Das **Ziel**, ein **Übergewicht großer Mitgliedstaaten** zu vermeiden, ist auch für die Frage relevant, ob bei der **Verteilung** der vorgeschriebenen Million von Unterstützenden **auf die sieben Mitgliedstaaten** einheitlich das Quorum von 0,2 % zugrunde gelegt werden sollte.[257] Darin wurde aber eine Benachteiligung der großen Mitgliedstaaten gesehen.[258] Zudem ist darauf hinzuweisen, dass bei einer solchen Arithmetik eine Bürgerinitiative ohne Unterstützung aus den großen Mitgliedstaaten kaum zustande kommen könnte.[259] Daher hat man sich für einen Schlüssel entschieden, der sich an der Anzahl der Abgeordneten zum Europäischen Parlament eines Mitgliedstaates und dem Faktor 750 orientiert.[260] Dadurch wird eine **degressiv proportionale Verteilung** festgelegt.[261] Die Berücksichtigung solcher Faktoren ist primärrechtskonform, da entsprechende Ziele auch bei der Sitzverteilung im Parlament und der Stimmengewichtung im Rat beachtet werden. Sie entsprechen einer auf Freiwilligkeit beruhenden Union von großen und kleinen Staaten, die einen Ausgleich zwischen **Effektivität** und **souveräner Staatengleichheit** finden muss.[262]

---

[252] So die ausdrückliche Vorgabe in Art. 11 Abs. 4 EUV.

[253] Europäisches Parlament, EP, P6_TA(2009)0389, lit. L.

[254] KOM (2010) 119, s. dort Art. 7 Abs. 1.

[255] *Obwexer/Villotti*, JRP 18 (2010), 108 (111); *Bieber*, in: GSH, Europäisches Unionsrecht, Art. 11 EUV Rn. 19. *Huber*, in: Streinz, EUV/AEUV, Art. 11 EUV Rn. 36.

[256] Vgl. *Bieber*, in: GSH, Europäisches Unionsrecht, Art. 11 EUV, Rn. 20; *Huber*, in: Streinz, EUV/AEUV, Art. 11 EUV, Rn. 47.

[257] So das Europäische Parlament, EP, P6_TA(2009)0389, lit. M, N.

[258] *Huber*, in: Streinz, EUV/AEUV, Art. 11 EUV, Rn. 48.

[259] Fern liegen dürfte der Gedanke, einen Ausgleich für die Gewichtung bei der Sitzverteilung im Europäischen Parlament zu erzielen; so aber *Bieber*, in: GSH, Europäisches Unionsrecht, Art. 11 EUV, Rn. 20.

[260] Art. 7 Abs. 2 Verordnung (EU) Nr. 211/2011.

[261] Die genauen Zahlen sind in Anhang I der Verordnung (EU) Nr. 211/2011 für jeden Mitgliedstaat angegeben.

[262] Vgl. *Huber*, in: Streinz, EUV/AEUV, Art. 11 EUV, Rn. 48.

Die **Umsetzung** der Vorschrift verlangt auch nach einer **Bestimmung des Wahlalters.**   **75**
Da in den Mitgliedstaaten unterschiedliche Regelungen bestehen, knüpft Art. 3 Abs. 4
Verordnung (EU) Nr. 211/2011 an die entsprechenden Regelungen für die **Wahlen zum**
Europäischen Parlament an. So kann man in Österreich bereits mit 16 Jahren an einer
Europäischen Bürgerinitiative teilnehmen.

e) Verfahren

Das **Verfahren** der Bürgerinitiative wird in der **Verordnung (EU) Nr. 211/2011** geregelt.   **76**
Es umfasst im Wesentlichen fünf Schritte. Die Bürgerinitiative ist bei der Kommission
anzumelden, diese **prüft und registriert** sie, dann beginnt die **Sammlung** der Unterstützungsbekundungen. Danach werden Letztere in den jeweiligen Mitgliedstaaten **über-**
prüft. Schließlich kann die Bürgerinitiative der Kommission **vorgelegt** werden. Zu Beginn müssen die Initiatoren einen **Bürgerausschuss** bilden, der aus mindestens **sieben**
natürlichen Personen aus **sieben** Mitgliedstaaten bestehen muss.[263] Dieses Erfordernis
soll gewährleisten, dass tatsächlich **gesamteuropäische Fragen** verfolgt werden.[264] Doch
erscheint eine solche weitere Absicherung neben dem Quorum von sieben Mitgliedstaaten als **nicht verhältnismäßig**, denn es stellt eine zusätzliche Belastung der Initiatoren dar.[265] Dagegen erscheint die Vorgabe einer gewissen **Organisationsform** als sinnvoll.

Mit der **Anmeldung** müssen die für die Registrierung **erforderlichen Informationen**   **77**
vorgelegt werden. Nach **Anhang II** Verordnung (EU) Nr. 211/2011 umfassen sie die
Bezeichnung der geplanten Bürgerinitiative, ihren **Gegenstand**, eine Beschreibung ihrer
Ziele, in deren Zusammenhang die Kommission aufgefordert wird, die als relevant erachtet Vertragsbestimmungen und die erforderlichen Angaben über die **sieben** Min-
dest-**Mitglieder** des Bürgerausschusses. Die Kommission überprüft die Bürgerinitiative,
insbesondere ob sie die **inhaltlichen Vorgaben** nach Art. 4 Verordnung 211/2011 erfüllt.
Sodann registriert die Kommission die Bürgerinitiative im **Online-Register.**

Nun können die Initiatoren mit der **Sammlung** der Unterschriften, der »Unterstüt-   **78**
zungsbekundungen« beginnen. Innerhalb von **12 Monaten** müssen sie gemäß Art. 5
Abs. 5 Verordnung 211/2011 die **eine Million Unterschriften** gesammelt haben. Sie
können sich dabei eines **Formulars**, das sie selbst bereits stellen müssen, bedienen oder
können ein **elektronisches Online-Sammelsystem** benutzen. Letzteres ist von den erfolgreichen Bürgerinitiativen in der Vergangenheit überwiegend genutzt worden.[266]

Dann müssen die **Mitgliedstaaten** die gesammelten Unterstützungsbekundungen   **79**
überprüfen und **zertifizieren.** Zuständig sind die Behörden des Mitgliedstaates, dessen
Staatsangehöriger der Unterzeichnende ist oder in dem er seinen **Wohnsitz** hat.[267] Für
die Zertifizierung hat der Mitgliedstaat **drei Monate** Zeit.[268] In Deutschland finden sich
die Umsetzungsregelungen im **Gesetz zur Europäischen Bürgerinitiative** von 2012.[269]

---

[263] Art. 3 Abs. 2 Verordnung (EU) Nr. 211/2011.

[264] *Huber*, in: Streinz, EUV/AEUV, Art. 11 EUV Rn. 51.

[265] Überzeugend die Kritik bei *Huber*, in: Streinz, EUV/AEUV, Art. 11 EUV, Rn. 51. Dagegen hält
Nettesheim, in: Grabitz/Hilf/Nettesheim, EU, Art. 11 EUV (Januar 2015), Rn. 26, die Verordnung für
primärrechtskonform.

[266] Europäische Kommission, Bericht über die Anwendung der Verordnung (EU) Nr. 211/2011
über die Bürgerinitiative, KOM (2015) 145.

[267] Art. 8 2 Verordnung (EU) Nr. 211/2011.

[268] Art. 8 Abs. 2 2 Verordnung (EU) Nr. 211/2011.

[269] Gesetz zur Europäischen Bürgerinitiative (EBIG) vom 7. März 2012, BGBl. I S. 446.

80   Anschließend kann die Bürgerinitiative der Kommission **vorgelegt** werden.[270] Diese muss sie im **Register veröffentlichen** und muss die **Organisatoren anhören**. Dann hat sie **drei Monate** Zeit, um in einer Mitteilung ihre politischen und rechtlichen Schlussfolgerungen bekannt zu geben und zu erklären, wie sie mit der Bürgerinitiative verfahren will bzw. ob sie dieser nicht folgen will. Dies ist zu **begründen**.[271]

3. Verpflichtete und Wirkungen

81   Zu den **Wirkungen** einer erfolgreichen Bürgerinitiative verhält sich Art. 11 Abs. 4 EUV nicht konkret. Teilweise ist die Vorschrift im Sinne einer unverbindlichen Aufforderung interpretiert worden.[272] Die Gegenansicht sieht sehr wohl den **Aufforderungscharakter**, zieht aber einen Vergleich zu den ebenfalls auf das Initiativmonopol der Kommission in der Rechtsetzung gerichteten Aufforderungsrechten des Europäischen Parlaments und des Rates nach Art. 225 bzw. 241 AEUV. Da diese im Lissabonner Vertrag gestärkt worden sind, wird auch für die Bürgerinitiative gefordert, dass deren Aufforderung grundsätzlich die Kommission zur **Vorlage** eines entsprechenden Vorschlags **verpflichte**.[273] Dafür spreche die aufwändige und formale Ausgestaltung der Bürgerinitiative.[274] Dem ist aber entgegenzuhalten, dass der korrekte Vergleich mit Art. 225 und Art. 241 AEUV der Kommission sehr wohl das Recht einräumt, **keinen Vorschlag vorzulegen**. Sie trifft dann aber eine **Begründungspflicht**.[275] Dieser Ansatz ist auch für Art. 11 Abs. 4 EUV überzeugend.[276]

82   Von der Verbindlichkeit der Aufforderung ist die Frage zu unterscheiden, inwieweit die Bürgerinitiative die Kommission auch in den Details **inhaltlich binden** kann.[277] Unbestritten wird der Kommission bei der Ausgestaltung des betreffenden Vorschlags ein **Gestaltungsermessen** zuerkannt.[278] Daraus wird teilweise geschlossen, dass die Aufforderung nur in der Form einer Anregung ergehen könne.[279] Eine solche Einschränkung der Rechte der Initiatoren ist aber Art. 11 Abs. 4 EUV nicht zu entnehmen. Doch kann die Kommission vom vorgeschlagenen Inhalt **abweichen**, muss dies aber **begründen** (s. Rn. 81).

83   **Adressat** der Bürgerinitiative ist allein die **Kommission**, denn sie zielt auf das Vorschlagsrecht der Kommission. Soweit mit der Initiative ein Rechtsetzungsverfahren in Gang gesetzt wird, sind **indirekt** auch Rat und Europäisches Parlament betroffen.

---

[270] Art. 10 2 Verordnung (EU) Nr. 211/2011.

[271] Art. 10 Abs. 1 2 Verordnung (EU) Nr. 211/2011.

[272] BVerfGE 123, 267 (377); *Robertson*, JRP 18 (2010), 133 (140); *Folz*, in: Vedder/Heintschel v. Heinegg, EVV, Art. I–47 EVV, Rn. 3.

[273] *Huber*, in: Streinz, EUV/AEUV, Art. 11 EUV, Rn. 42.

[274] *Epiney*, S. 33 (50); *Weber*, S. 661 (671).

[275] S. Art. Vgl. *Ruffert*, in: Calliess/Ruffert, EUV/AEUV, Art. 11 EUV, Rn. 21, der das aber nur in »Extremfällen« zulassen möchte.

[276] Nach *Nettesheim*, in: Grabitz/Hilf/Nettesheim, EU, Art. 11 EUV (Januar 2015), Rn. 27, dürfe die Kommission die Initiative zwar nicht schlechthin ignorieren, sei jedoch auch nicht zu einem bestimmten Handeln gezwungen.

[277] Verneinend *Epiney*, S. 33 (50 f.).

[278] *Nettesheim*, in: Grabitz/Hilf/Nettesheim, EU, Art. 11 EUV (Januar 2015), Rn. 27; *Huber*, in: Streinz, EUV/AEUV, Art. 11 EUV, Rn. 43.

[279] So wohl *Folz*, in: Vedder/Heintschel v. Heinegg, EVV, Art. I–47 EVV, Rn 3.

4. Rechtsschutz

Angesichts der beim Erlass der Verordnung (EU) Nr. 211/2011 zu Tage getretenen **84**
Skepsis der Kommission gegenüber dem Instrument der Bürgerinitiative sind **Recht-**
streitigkeiten über eine solche nicht fernliegend. Mehrfach hat die Kommission bislang
die **Registrierung** von Bürgerinitiativen **verweigert.**[280] Gegen manche Entscheidungen
haben die Initiatoren den Klageweg beschritten.[281] Ausdrücklich legt Art. 4 Abs. 3
UAbs. 2 Verordnung (EU) Nr. 211/2011 fest, dass die Kommission im Falle der Ablehnung der Registrierung die Organisatoren über ihre Gründe und über mögliche Rechtsbehelfe **informieren** muss.[282] Ebenso stellt sich die Frage nach einem Rechtsbehelf bei
Streitigkeiten über die Anerkennung von Unterschriften oder wenn die Kommission
nach Vorlage der Bürgerinitiative nicht tätig werden bzw. keine Begründung für eine
Ablehnung geben sollte. Überraschenderweise enthält die Verordnung (EU)
Nr. 211/2011 keine Hinweise auf die einschlägigen Rechtsbehelfe.

Ausgangspunkt der Lösung ist zunächst die **Umsetzungspflicht** in Art. 11 Abs. 4 **85**
EUV. Aufgrund des dabei eingeräumten **Gestaltungsspielraums** wird der Vorschrift **kei-**
ne unmittelbare Wirkung attestiert.[283] Folglich bestehen ohne Umsetzungsakt keine
subjektiven Rechte und damit Klagemöglichkeiten auf Durchführung einer Bürgerinitiative. Daraus wird in der Literatur geschlossen, dass grundsätzlich der Umsetzungsakt
nicht an Art. 11 Abs. 4 EUV gemessen werden könne.[284] Dem ist aber entgegenzuhalten,
dass jedenfalls die **privilegierten Kläger** nach Art. 263 Abs. 2 AEUV eine Überprüfung
anstrengen können. Ferner können Einzelnen subjektive Rechte mit dem Erlass des
Umsetzungsaktes eingeräumt werden. Nach Art. 10 Abs. 3 EUV handelt es sich um
subjektive Rechtspositionen, für die nach Art. 47 GRC effektiver Rechtsschutz zu gewähren ist. Daher ist es durchaus möglich, dass sich Organisatoren gegen einzelne Regelungen der Verordnung (EU) Nr. 211/2011 wenden können, die ihre durch Art. 11
Abs. 4 EUV i. V. mit Verordnung (EU) Nr. 211/2011 (teilweise) umgesetzten subjektiven Rechte beeinträchtigen können.

In der Literatur wird zum Teil der **Bürgerausschuss** als Vertretungsorgan der Orga- **86**
nisatoren in den Mittelpunkt der Frage nach dem einschlägigen Rechtsbehelf gerückt.[285]
Vorgeschlagen wird, den Bürgerausschuss als EU-Einrichtung im Sinne des Art. 263
Abs. 3 AEUV anzuerkennen und ihm damit eine Klagemöglichkeit zu eröffnen.[286] Dem
dürfte aber entgegenstehen, dass die begrenzte Zeitspanne eines Bürgerausschusses
nicht den Organisationsgrad einer EU-Einrichtung aufweist. Zudem bedarf es keiner
solchen erweiternden Auslegung (s. Rn. 87). Andere Stellungnahmen setzen am Begriff
der »Organisatoren« an, ohne zu klären, ob diese einzeln oder nur in ihrer Gesamtheit
als Bürgerausschuss klagebefugt sind.[287]

---

[280] Nachweise in Europäische Kommission, Bericht über die Anwendung der Verordnung (EU)
Nr. 211/2011 über die Bürgerinitiative, KOM (2015) 145, und im Internet unter http://ec.euro-
pa.eu/citizens-initiative/public/initiatives/non-registered (26.6.16).
[281] S. oben Rn. 57.
[282] *Heselhaus*, EUZ 2013, 4 (13).
[283] *Huber*, in: Streinz, EUV/AEUV, Art. 11 EUV, Rn. 55.
[284] Vgl. *Huber*, in: Streinz, EUV/AEUV, Art. 11 EUV, Rn. 55.
[285] In der Sache wohl *Hieber*, S. 265 ff., der aber von der Klagebefugnis der »Bürgerinitiative«
spricht.
[286] *Hieber*, S. 269.
[287] *Huber*, in: Streinz, EUV/AEUV, Art. 11 EUV, Rn. 56.

87   Überzeugender ist es, die **Nichtigkeitsklage** nach Art. 263[288] bzw. die **Untätigkeits-klage** nach Art. 265 AEUV[289] sowohl für den **Bürgerausschuss** als auch für die **einzelnen Organisatoren** zu eröffnen. Art. 11 Abs. 4 EUV berechtigt die Unionsbürgerinnen und -bürger und setzt damit auf einen **individualrechtlichen Ansatz. Juristische Personen** sind gerade nicht berechtigt (s. Rn. 72). Die (mindestens) eine Million Unterstützer könnten zwar grundsätzlich als Kläger in Frage kommen,[290] da sie sich durch ihre Unterstützung von der Allgemeinheit unterscheiden, doch wäre damit die Grenze zu **unzulässigen Popularklage** überschritten. Überzeugender ist es daher, auf die **Organisatoren** abzustellen. Diese werden durch die an sie adressierten Mitteilungen der Kommission bzw. deren Unterlassen entgegen einer nach der Verordnung (EU) Nr. 211/2011 bestehenden Rechtspflicht **hinreichend individualisiert** im Sinne des Art. 263 Abs. 4 AEUV. Die Verordnung (EU) Nr. 211/2011 selbst adressiert in ihrem Wortlaut immer die Organisatoren, auch wenn diese in einem Bürgerausschuss organisiert sein müssen. Dem steht die Pflicht der Organisatoren, eben jenen Bürgerausschuss zu gründen, nicht entgegen. Denn das würde zu einer unverhältnismäßigen Begrenzung ihrer Rechtsschutzmöglichkeiten führen. Vertretbar ist es aber, dem **Bürgerausschuss**, der in der Verordnung (EU) Nr. 211/2011 als Vertreter der Organisatoren ausgestaltet ist, eine **zusätzliche Klagebefugnis** zuzuerkennen. Dieser kann als Vertreter der Organisatoren als Träger von eigenen Rechten und Pflichten angesehen werden. Damit werden die Voraussetzungen, die die Rechtsprechung an eine juristische Person im Sinne des Art. 263 Abs. 4 AEUV für die Klagebefugnis knüpft,[291] erfüllt.

---

[288] Für die Zulässigkeit einer Nichtigkeitsklage gegen Maßnahmen der Kommission im Zusammenhang mit Bürgerinitiativen *Bieber*, in: GSH, Europäisches Unionsrecht, Art. 11 EUV, Rn. 22 unter Verweis auf EuG, Urt. v. 30.9.2015, Rs. T–450/12 (Anagnostakis/Kommission), ECLI:EU:T:2015: 739. Im Ergebnis ebenso *Huber*, in: Streinz, EUV/AEUV, Art. 11 EUV, Rn. 56.

[289] Die Bedenken gegen die Zulässigkeit einer Untätigkeitsklage hat *Ruffert*, in: Calliess/Ruffert, EUV/AEUV, Art. 11 EUV, 4. Aufl. 2011, Rn. 19, mitlerweile aufgegeben, s. 5. Aufl. a.a.O., Rn. 22. Für die Zulässigkeit *Huber*, in: Streinz, EUV/AEUV, Art. 11 EUV, Rn. 56; *Cilo*, Europäische Bürgerinitiative, S. 178 ff.; *Piesbergen*, Europäische Bürgerinitiative, S. 281 ff. Differenzierend *Bieber*, in: GSH, Europäisches Unionsrecht, Art. 11 EUV, Rn. 22: Zulässig gegen unterlassene erläuternde Mitteilung der Kommission, nicht aber gegen die unterlassene Einleitung eines Gesetzgebungsverfahrens. Vgl. auch *Kaufmann-Bühler*, in: Lenz/Borchardt, EU-Verträge, Art. 11 EUV, Rn. 11, der wohl grundsätzlich eine Zulässigkeit für möglich hält, aber die Voraussetzungen für kaum erfüllbar.

[290] S. rechtsvergleichend zu einer solchen Lösung die Schweiz, *Heselhaus*, EUZ 2013, 4 (14).

[291] *Cremer*, in: Calliess/Ruffert, EUV/AEUV, Art. 263 AEUV, Rn. 36 ff. m. w. N.

Artikel 12 EUV [Beitrag der nationalen Parlamente]

Die nationalen Parlamente tragen aktiv zur guten Arbeitsweise der Union bei, indem sie

a) von den Organen der Union unterrichtet werden und ihnen die Entwürfe von Gesetzgebungsakten der Union gemäß dem Protokoll über die Rolle der nationalen Parlamente in der Europäischen Union zugeleitet werden;

b) dafür sorgen, dass der Grundsatz der Subsidiarität gemäß den in dem Protokoll über die Anwendung der Grundsätze der Subsidiarität und der Verhältnismäßigkeit vorgesehenen Verfahren beachtet wird;

c) sich im Rahmen des Raums der Freiheit, der Sicherheit und des Rechts an den Mechanismen zur Bewertung der Durchführung der Unionspolitiken in diesem Bereich nach Artikel 70 des Vertrags über die Arbeitsweise der Europäischen Union beteiligen und in die politische Kontrolle von Europol und die Bewertung der Tätigkeit von Eurojust nach den Artikeln 88 und 85 des genannten Vertrags einbezogen werden;

d) sich an den Verfahren zur Änderung der Verträge nach Artikel 48 dieses Vertrags beteiligen;

e) über Anträge auf Beitritt zur Union nach Artikel 49 dieses Vertrags unterrichtet werden;

f) sich an der interparlamentarischen Zusammenarbeit zwischen den nationalen Parlamenten und mit dem Europäischen Parlament gemäß dem Protokoll über die Rolle der nationalen Parlamente in der Europäischen Union beteiligen.

Literaturübersicht

Abels/Eppler, Auf dem Weg zum Mehrebenenparlamentarismus?, 2011; *Altmaier*, Die Subsidiaritätskontrolle der nationalen Parlamente nach dem Subsidiaritätsprotokoll zum EU-Verfassungsvertrag, FS-Meyer, 2006, S. 301; *Auel*, Democratic Accountability and National Parliaments, ELJ 13 (2007), 487; *Auel/Benz*, The Europeanization of Parliamentary Democracy, 2006; *Baach*, Parlamentarische Mitwirkung in Angelegenheiten der Europäischen Union, 2008; *Barrett*, »The king is dead, long live the king«: the recasting by the Treaty of Lisbon of the provisions of the Constitutional Treaty concerning national parliaments, E.L.Rev. 33 (2008), 66; *Bußjäger*, Frühlingserwachen? Über die aufkeimende Liebe der regionalen und nationalen Parlamente an der Mitwirkung in der Europäischen Union, Jahrbuch des Föderalismus 2009, 503; *Buzogany/Stuchlik*, Subsidiarität und Mitsprache. Nationale Parlamente nach Lissabon, ZParl 2012, 340; *Calliess*, Nach dem Lissabon-Urteil des Bundesverfassungsgerichts: Parlamentarische Integrationsverantwortung auf europäischer und nationaler Ebene, ZG 2010, 1; *ders./Beichelt*, Auf dem Weg zum Europäisierten Bundestag: Vom Zuschauer zum Akteur, 2013; *Chardon*, Mehr Transparenz und Demokratie, in: Weidenfeld (Hrsg.), Der Vertrag von Lissabon, 2008, 171; *Dann*, Parlamente im Exekutivföderalismus, 2004; *von Danwitz*, Subsidiaritätskontrolle in der Europäischen Union, FS Sellner, 2010, S. 37; *Europäisches Parlament*, Bericht über die Entwicklung der Beziehungen zwischen dem Europäischen Parlament und den nationalen Parlamenten im Rahmen des Vertrags von Lissabon, Dok. A6–0133/2009; *Franzius*, Demokratisierung der Europäischen Union, EuR 2013, 655; *Gröning von Thüna*, Die neuen Begleitgesetze zum Vertrag von Lissabon aus Sicht des Deutschen Bundestages – offene Fragen und neue Herausforderungen, integration 2010, 311; *Groh*, Die Rolle der nationalen Parlamente in: Fastenrath/Nowak (Hrsg.), Der Lissabonner Reformvertrag, 2009, S. 77–111; *Hölscheidt*, Europäischer Konvent, Europäische Verfassung, nationale Parlamente, JöR 2005, 429; *ders.*, Formale Aufwertung – geringe Schubkraft: die Rolle der nationalen Parlamente gemäß dem Lissabonner Vertrag, integration 2008, 253; *Huber*, Die Rolle der nationalen Parlamente bei der Rechtsetzung der Europäischen Union, 2001; *ders.* Der Beitrag der Föderalismusreform zur Europatauglichkeit des Grundgesetzes, ZG 21 (2006), 354; *Kees*, Die Rechtsnatur der Subsidiaritätsklage nach dem Europäischen Verfassungsvertrag, ZEuS 2006, 423; *Kiiver*, The National Parliaments in the European Union, 2006; *Kluth*, Möglichkeiten der Einbindung nationaler Parlamente in die Europäische Gesetzgebung, in: Hofmann/Naumann (Hrsg.), Europäische Demokratie in guter Verfassung?, 2010, S. 47; *Kommission der Europäischen Union*, Jahresberichte über die Beziehungen zwischen der Europäischen Kommission und den nationalen Parlamenten, zuletzt KOM (2011) 345 v. 10. Juni 2011; *Lais*, Die Rolle der nationalen Parlamente in einer künftigen europäischen Verfassung, ZEuS 2003, 187; *Maurer*, Parlamente in der EU, 2012; *ders.*, Optionen und Grenzen der Einbindung der nationalen Parlamente in die künftige EU-Verfassungsstruktur, 2002; *Mayer*, Die Europafunktion der nationalen Parlamente in der Europäischen Union, 2012; *Mellein*, Die Rolle von Bundestag und Bundesrat in der Europäischen Union, EuR-Beiheft 1/2011, 13; *ders.*, Subsidiaritätskontrolle durch nationale Parlamente, 2007; *Molsberger*, Das Subsidiaritätsprinzip im Prozess europäischer Konstitutionalisierung, 2009; *Norton* (Hrsg.), National Parliaments and the European Union, 1995; *O'Brennan/Raunio* (Hrsg.), National Parliaments within the enlarged European Union. From »Victims« of Integration to Competitive Actors, 2007; *Pöhle*, Das Demokratiedefizit der Europäischen Union und die nationalen Parlamente, ZParl 1998, 77; *Ritzer/Ruttloff*, Die Kontrolle des Subsidiaritätsprinzips: Geltende Rechtslage und Reformperspektiven, EuR 2006, 116; *Schäfer/Roth/Thum*, Stärkung der Europatauglichkeit des Bundestages, integration 2007, 44; *Schröder*, Die Mitwirkung des Bundestages in EU – Angelegenheiten nach dem EUZBBG in der Praxis, ZParl 2012, Nr. 2, S. 250–277; *Semmler*, Die Subsidiaritätsrüge nach dem Vertrag von Lissabon, ZEuS 2010, 529; *Shirvani*, Die europäische Subsidiaritätsklage und ihre Umsetzung ins deutsche Recht, JZ 2010, 753; *Uerpmann-Wittzack*, Frühwarnsystem und Subsidiaritätsklage im deutschen Verfassungssystem, EuGRZ 2009, 461; *ders./Edenharter*, Subsidiaritätsklage als parlamentarisches Minderheitenrecht?, EuR 2009, 313.

Inhaltsübersicht

A. Bedeutung und systematischer Überblick

1   Art. 12 EUV ist die **zentrale Vertragsbestimmung** über die Bedeutung der **nationalen Parlamente** für die **Demokratie in der Union**. Ihre Bedeutung wird in der Literatur oftmals unterschätzt, da sie in ihrem Wortlaut auf andere primärrechtliche Vorschriften verweist.[1] Vielmehr **wertet** Art. 12 EUV die Vorgaben in den Normen, auf die verwiesen wird, in systematischer Hinsicht **auf**, indem er sie z. B. aus dem Rang eines Protokolls zu einer **Grundlagennorm der Union** führt.[2] Die Aufnahme in den EU-Vertrag kann zudem eine **politische Absicherung** in späteren Vertragsänderungsverfahren bedeuten. Darüber hinaus folgt aus der systematischen Stellung im Titel II »Bestimmungen über die demokratischen Grundsätze«, dass die nationalen Parlamente **in** die sich entwickelnde **Demokratiekonzeption** der EU **eingebunden** sind, und zwar nicht nur über die Vermittlung repräsentativ-demokratischer Legitimation im Sinne des Art. 10 Abs. 2 EUV, sondern in der in Art. 12 EUV enthalten **Vielfalt** (s. Rn. 4). Ferner kann der Umstand, dass

---

[1] So attestieren ihr *Hölscheidt*, in: Grabitz/Hilf/Nettesheim, EU, Art. 12 EUV (September 2013), Rn. 5; *Bieber*, in: GSH, Europäisches Unionsrecht, Art. 12 EUV, Rn. 10 ff., inhaltlich lediglich eine deklaratorische und symbolische Natur.

[2] Vgl. die einhellige Auffassung zum Bedeutungszuwachs der Integrationsklausel nach Art. 11 AEUV durch Platzierung im allgemeinen Teil des AEU-Vertrages, Art. 11 AEUV, Rn. 4.

im Lissabonner Vertrag die Bedeutung der nationalen Parlamente in den in Bezug genommenen Protokollen über die **Rolle der nationalen Parlamente** in der Europäischen Union (im Folgenden: Parlamenteprotokoll) und im Protokoll über die Anwendung der Grundsätze der Subsidiarität und der Verhältnismäßigkeit (im Folgenden: Subsidiaritätsprotokoll) **verstärkt** worden ist, nicht isoliert von der Aufwertung durch die Aufnahme in den EU-Vertrag gesehen werden. Art. 12 EUV verweist nicht nur auf den Inhalt dieser Protokolle, sondern stellt gleichzeitig einen wichtigen **Grund** für deren weitere Konkretisierung dar. Des Weiteren wird die **Rolle** der nationalen Parlamente in den Verfahren zur **Vertragsänderung** und zum **Beitritt** weiterer Staaten **näher bestimmt**. Dies harmoniert zwar derzeit mit den nationalen Verfassungen, doch ist darauf hinzuweisen, dass damit formal auf Unionsebene den **nationalen Verfassungen** für die einschlägigen Ratifikationsverfahren gewisse **Vorgaben** gemacht werden.[3]

Die **systematische Stellung** des Art. 12 EUV noch vor den Vorschriften über die Unionsorgane unterstreicht die **besondere Bedeutung** der nationalen Parlamente für die Union.[4] Zwar ist mit der fortschreitenden Integration auch die demokratische Legitimation über das Europäische Parlament gestärkt worden,[5] doch fand gleichzeitig eine zunehmende Aufweichung des Einstimmigkeitserfordernisses im Rat statt.[6] Mittlerweile ist die Beschlussfassung im Rat mit qualifizierter Mehrheit gem. Art. 16 Abs. 3 EUV der Regelfall. Einzelne Mitgliedstaaten können somit überstimmt werden und daher nicht mehr garantieren, dass der Wille ihrer Bürger auf Unionsebene verwirklicht wird.[7] Zur **Effektuierung der** verbliebenen **Einwirkungsmöglichkeiten** wird zunehmend die **Kontrollfunktion** der nationalen Parlamente in den Blick genommen. So fordert das **Bundesverfassungsgericht** im Lissabon-Urteil eine ausreichende Mitwirkung der nationalen Parlamente, die im Sinne einer **Sicherungsfunktion** die nationale Integrationsverantwortung auszuüben haben.[8] Während sich diese Kontrollfunktion vorrangig nach dem nationalen Recht richtet,[9] verweist Art. 12 EUV auf die **unionsrechtlichen Kontrollmechanismen**.

2

---

[3] Vgl. zu einer eigenständigen Bedeutung von Art. 12 EUV *Calliess*, in: Calliess/Ruffert, EUV/AEUV, Art. 12 EUV, Rn. 1; *Kaufmann-Bühler*, in: Lenz/Borchardt, EU-Verträge, Art. 12 EUV, Rn. 1 f. A. A. *Bieber*, in: GSH, Europäisches Unionsrecht, Art. 12 EUV, Rn. 7, 10 f.; *Huber*, in: Streinz, EUV/AEUV, Art. 12 EUV, Rn. 6 f., nach deren Auffassung die Norm durchweg auf andere Vertragsbestimmungen verweise und keinen über diese hinausgehenden eigenen Inhalt enthalte.

[4] *Hölscheidt*, in: Grabitz/Hilf/Nettesheim, EU, Art. 12 EUV (September 2013), Rn. 5. Die nationalen Parlamente haben nach Ansicht *Hölscheidts* eine größere Bedeutung für die demokratische Legitimation der Union als das EP; *ders.*, in: Grabitz/Hilf/Nettesheim, EU, Art. 12 EUV (September 2013), Rn. 7 f. An der Legitimation durch die nationalen Parlamente zweifelt *Franzius*, EuR 2013, 655, 658 a. E. Zur Problematik des »fragmentierten Mandats« der nationalen Parlamente im Kontrast zu den »allgemeinen Interessen der Union« *Bieber*, in: GSH, Europäisches Unionsrecht, Art. 12 EUV, Rn. 2.

[5] *Franzius*, EuR 2013, 655, 657.

[6] Von einem Funktionsverlust der nationalen Parlamente sprechen *Huber*, in: Streinz, EUV/AEUV, Art. 12 EUV, Rn. 1; *Hölscheidt*, in: Grabitz/Hilf/Nettesheim, EU, Art. 12 EUV (September 2013), Rn. 102. Ausführlich *Mayer*, Europafunktion, S. 8 ff.

[7] Zu den sich hieraus ergebenden Problemen für die demokratische Legitimation der Union *Nettesheim*, in: Grabitz/Hilf/Nettesheim, EU, Art. 10 EUV (Januar 2015), Rn. 75 f.

[8] BVerfGE 123, 267, Ls. 2, Rn. 238 ff. Zur Integrationsverantwortung der deutschen Verfassungsorgane nach dem Lissabon-Urteil des BVerfG *Hölscheidt*, in: Grabitz/Hilf/Nettesheim, EU, Art. 12 EUV (September 2013), Rn. 10; diese Rspr. ablehnend *Bieber*, in: GSH, Europäisches Unionsrecht, Art. 12 EUV Rn. 1: Nationale Parlamente »nicht im Mittelpunkt des Integrationsprozesses«.

[9] BVerfGE 123, 267, Rn. 239 ff.

3   Der **Inhalt** von Art. 12 EUV lässt sich grob in die Themenkomplexe der **Mitwirkungs-rechte**, der **Informationsrechte** und der **Zusammenarbeit** der nationalen Parlamente einteilen.[10] In **systematischer** Hinsicht beginnt die **Ordnung** bei den Rechten, die **gegen-über den EU-Organen** oder anderen EU-Institutionen als primären Akteuren, etwa in der Rechtsetzung, zur Anwendung kommen. Sie wendet sich dann den Prozessen der Vertragsänderungen und Beitritte zu, in denen EU-Organe zwar beteiligt sind, die **Mit-gliedstaaten** aber die letztlich **maßgeblichen Akteure** sind, und schließt mit der **Ko-operation** zwischen nationalen Parlamenten und Europäischem Parlament. Aufschluss-reicher ist aber eine Betrachtung aus dem Blickwinkel der **Demokratiekonzeption** in der EU. Die Verbürgung der Informationsrechte nach Buchst. a der Vorschrift folgt dem Konzept der **Vermittlung demokratischer Legitimation** über die nationalen Regierungs-vertreter im Rat und deren Kontrolle **durch** die **nationalen Parlamente** im Sinne des Art. 10 Abs. 2 EUV. Demgegenüber wird das Bild nach Buchst. b über das Subsidiari-tätsprotokoll vielschichtiger. Hier kontrollieren nationale Parlamente die Kommission: bei der sog. Subsidiaritätsklage (s. Rn. 17 f.) allein, d. h. in Vermittlung des Willens ihres Staatsvolkes, bei der sog. Subsidiaritätsrüge aber zusammen mit anderen nationalen Parlamenten. Im letzteren Fall geht es strukturell also um eine **transnationale parla-mentarische Kontrollfunktion**. Buchst. c bereichert das Bild um eine transnationale par-lamentarische Kontrolle in Verbindung mit einer **vertikalen parlamentarischen Ko-operation** mit dem **Europäischen Parlament** in der Kontrolle bestimmter EU-Einrich-tungen. Diese Kombination aus transnationaler und vertikaler parlamentarischer Kooperation ist auch Buchst. f über die **interparlamentarische Zusammenarbeit** eigen. In den Buchst. d und e werden schließlich Rechte der nationalen Parlamente im Rahmen der originären – nicht über den Rat erfolgenden – Vermittlung demokratischer **Legiti-mation im Verfahren der Primärrechtsetzung** festgeschrieben. Ähnlich wie bei den par-tizipativ-demokratischen Grundsätzen nach Art. 10 Abs. 3 EUV und Art. 11 EUV ent-steht ein **fragmentarisches Bild** der Funktionen der nationalen Parlamente bei der Ver-mittlung demokratischer Legitimation, das noch kein abschließendes, kohärentes Demokratiekonzept erkennen lässt. Es zeigt aber eine **weitere Option** zur Verstärkung demokratischer Legitimation in der Union auf.[11]

4   Mit Art. 12 EUV werden die **Funktionen nationaler Parlamente** bei der Vermittlung zusätzlicher demokratischer Legitimation in der dort vorgegebenen Vielfalt formal als ein weiteres Element demokratischer Legitimation qualifiziert. Damit ruht die **demo-kratische Legitimation** der Union auf **fünf Grundelementen**: der **direkten** Bezugnahme auf die Unionsbürgerinnen und -bürger (Art. 9 EUV), der Vermittlung **repräsentativ-demokratischer Legitimation** einerseits über das **Europäische Parlament** und anderer-seits über die Vertreter der Mitgliedstaaten im Rat, die ihren **nationalen Parlamenten** verantwortlich sind (Art. 11 Abs. 2 EUV), zusätzlichen **partizipativ-demokratischen Elementen** (Art. 11 EUV) sowie nicht zuletzt **zusätzlichen parlamentarischen Kontroll-rechten** in **transnationaler** und **vertikaler** Kooperation.

5   Die **Aufzählung** der im Primärrecht verankerten Beteiligungsrechte nationaler Par-lamente in Art. 12 EUV ist **nicht vollständig**. Es fehlen Verweise auf die Informations-

---

[10] Vgl. *Bieber*, in: GSH, Europäisches Unionsrecht, Art. 12 EUV, Rn. 7.
[11] Vgl. zur Stärkung der demokratischen Legitimation Müller-Graff, integration 2008, 123 (131); Terhechte, EuR 2008, 143 (158); *Calliess*, in: Calliess/Ruffert, EUV/AEUV, Art. 12 EUV, Rn. 69; skeptisch dagegen *Hölscheidt*, in: Grabitz/Hilf/Nettesheim, EU, Art. 12 EUV (September 2013), Rn. 10, *Kluth*, S. 47 (59 ff.).

rechte nach Art. 71 Satz 1, 352 Abs. 2 AEUV sowie das Mitwirkungsrecht des Art. 81 Abs. 3 UAbs. 3 AEUV.[12] Das ist jedoch kein redaktionelles Versehen, sondern eine bewusste Entscheidung, die die besondere Bedeutung der in Art. 12 EUV aufgeführten Beteiligungsrechte bestätigt. Für zukünftige Vertragsänderungen ist es politisch nicht unerheblich, ob eine Vorschrift lediglich im AEU-Vertrag geändert werden muss oder auch im EU-Vertrag im Zusammenhang mit anderen normativen Grundentscheidungen. Ergänzend ist darauf hinzuweisen, dass im Verhältnis der nationalen Parlamente zu den Unionsorganen neben Art. 12 EUV insbesondere der **Grundsatz der loyalen Zusammenarbeit** aus Art. 4 Abs. 3 EUV zu beachten ist, wonach die nationalen Parlamente mit dem EU-Organen konstruktiv zusammenarbeiten müssen.[13] Im Übrigen ist es die Aufgabe der Mitgliedstaaten, die Beiträge ihrer nationalen Parlamente zur europäischen Integration festzulegen.[14]

Deutschland hat die europäische Integration innerstaatlich zunächst über die allge- 6
meinen völkerrechtsbezogenen Vorschriften der Art. 24, 59 GG bewältigt.[15] Infolge des Maastricht-Vertrages wurde u. a. der **Europaartikel** (Art. 23 GG) eingeführt.[16] Einzelheiten sind mittlerweile im Gesetz über die Zusammenarbeit von Bundesregierung und Deutschem Bundestag in Angelegenheiten der Europäischen Union vom 4. 7. 2013 **(EUZBBG)**,[17] im Gesetz über die Zusammenarbeit von Bund und Ländern in Angelegenheiten der Europäischen Union vom 12. 3. 1993 **(EUZBLG)**[18] sowie im Gesetz über die Wahrnehmung der Integrationsverantwortung des Bundestages und des Bundesrates in Angelegenheiten der Europäischen Union vom 22. 9. 2009 **(IntVG)**[19] geregelt. Letzteres wurde maßgeblich durch das **Lissabon-Urteil** des **Bundesverfassungsgerichts**[20] geprägt.[21] Weitere Bestimmungen finden sich in **Art. 45, 52 Abs. 3a GG** sowie in den **Geschäftsordnungen von Bundestag und Bundesrat**.[22]

B. Entwicklung

Ursprünglich hatten die nationalen Parlamente in Bezug auf die europäischen Institu- 7
tionen die wichtige Funktion, die **Abgeordneten des EP zu benennen**. Diese Funktion fiel mit der **Einführung der Direktwahl** der Abgeordneten des Europäischen Parlaments im Jahre 1979 jedoch weg.[23] Die »Erklärung (Nr. 13) zum Maastricht-Vertrag zur Rolle

---

[12] Vgl. *Bieber*, in: GSH, Europäisches Unionsrecht, Art. 12 EUV, Rn. 7 a. E.

[13] *Hölscheidt*, in: Grabitz/Hilf/Nettesheim, EU, Art. 12 EUV (September 2013), Rn. 11; *Bieber*, in: GSH, Europäisches Unionsrecht, Art. 12 EUV, Rn. 3; *Kaufmann-Bühler*, in: Lenz/Borchardt, EU-Verträge, Art. 12 EUV, Rn. 5.

[14] Vgl. *Buzogany/Stuchlik*, Subsidiarität und Mitsprache. Nationale Parlamente nach Lissabon, ZParl 2012, 340 ff.; *Bieber*, in: GSH, Europäisches Unionsrecht, Art. 12 EUV, Rn. 25.

[15] *Hölscheidt*, in: Grabitz/Hilf/Nettesheim, EU, Art. 12 EUV (September 2013), Rn. 12.

[16] Zur geschichtlichen Entwicklung im Einzelnen *Bieber*, in: GSH, Europäisches Unionsrecht, Art. 12 EUV, Rn. 4 ff.; *Hölscheidt*, in: Grabitz/Hilf/Nettesheim, EU, Art. 12 EUV (September 2013), Rn. 12 ff.

[17] BGBl. 2013 I S. 2170.

[18] BGBl. 1993 I S. 313.

[19] BGBl. 2009 I S. 3022.

[20] BVerfGE 123, 267.

[21] Vgl. *Kaufmann-Bühler*, in: Lenz/Borchardt, EU-Verträge, Art. 12 EUV, Rn. 8.

[22] Ein Überblick zu deutschen Vorschriften, die Art. 12 EUV ergänzen, findet sich bei *Bieber*, in: GSH, Europäisches Unionsrecht, Art. 12 EUV, Rn. 26.

[23] *Groh*, in: Fastenrath/Nowak, Der Lissabonner Reformvertrag, S. 77 (83); *Calliess*, in: Calliess/

der einzelstaatlichen Parlamente in der Europäischen Union«[24] beschränkte sich weitgehend auf **Absichtserklärungen** über eine zukünftige Stärkung der Beteiligung der
nationalen Parlamente.[25] Lediglich die **Unterrichtung** der nationalen Parlamente durch
die mitgliedstaatlichen Regierungen über Vorschläge zu Rechtsakten wurde darin konkret gefordert. Ihr Verhältnis zur Union wurde erstmals mit dem **Vertrag von Amsterdam 1997** im »**Protokoll** (Nr. 9) über die Rolle der einzelstaatlichen Parlamente in der
Europäischen Union«[26] genauer definiert.[27] Dieses sah unter anderem die **Unterrichtung**
der nationalen Parlamente über alle Konsultationsdokumente der Kommission sowie
über Vorschläge für Gesetzgebungsakte vor. Eine im Vorfeld des Amsterdamer Vertrags
vor allem von französischer Seite vorgeschlagene Vertretung der nationalen Parlamente
als »dritte Kammer« der Europäischen Union wurde jedoch nicht eingerichtet.[28]

8   Im **Verfassungsvertragsentwurf von 2004** wurden die Rechte der nationalen Parlamente gestärkt, was zumindest teilweise dem Umstand geschuldet war, dass die Mehrheit der Konventsmitglieder aus den nationalen Parlamenten stammte.[29] Insbesondere
wurde erstmals die **Mitwirkung** der nationalen Parlamente bei der **Subsidiaritätskontrolle** eingeführt.[30]

9   Art. 12 EUV in der Fassung des **Vertrags von Lissabon** übernimmt inhaltlich im Wesentlichen die Bestimmungen des Verfassungsvertragsentwurfs über die nationalen Parlamente.[31] Allerdings waren diese Vorschriften im Verfassungsvertragsentwurf noch auf
13 Artikelabsätze und zwei Protokolle verteilt.[32] Die **Zusammenfassung in einem** prominent platzierten **Artikel** ist gegenüber dem Verfassungsvertragsentwurf daher **neu**.[33]
Erst mit dem Vertrag von Lissabon wurden die **nationalen Parlamente** also endgültig als
unionsrechtliche Akteure[34] mit spezifischen **Funktionen** im Rahmen der **demokratischen Legitimation** der Union anerkannt.[35]

Ruffert, EUV/AEUV, Art. 12 EUV, Rn. 4; vgl. auch *Bieber*, in: GSH, Europäisches Unionsrecht,
Art. 12 EUV, Rn. 3.

[24] ABl. 1991 C 191/100.

[25] Vgl. auch *Bieber*, in: GSH, Europäisches Unionsrecht, Art. 12 EUV, Rn. 4.

[26] BGBl. 1998 II S. 437.

[27] *Hölscheidt*, in: Grabitz/Hilf/Nettesheim, EU, Art. 12 EUV (September 2013), Rn. 1; *Calliess*, in:
Calliess/Ruffert, EUV/AEUV, Art. 12 EUV, Rn. 5; vgl. auch *Kaufmann-Bühler*, in: Lenz/Borchardt,
EU-Verträge, Art. 12 EUV, Rn. 3; *Huber*, in: Streinz, EUV/AEUV, Art. 12 EUV, Rn. 3.

[28] *Bieber*, in: GSH, Europäisches Unionsrecht, Art. 12 EUV, Rn. 4 mit Fn. 13.

[29] *Hölscheidt*, in: Grabitz/Hilf/Nettesheim, EU, Art. 12 EUV (September 2013), Rn. 2. Aus diesem
Grund wundert sich *Huber*, in: Streinz, EUV/AEUV, Art. 12 EUV, Rn. 4 über die im Verfassungsvertragsentwurf noch unterbliebene Einbeziehung der nationalen Parlamente in das institutionelle Gefüge.

[30] *Bieber*, in: GSH, Europäisches Unionsrecht, Art. 12 EUV, Rn. 6.

[31] *Hölscheidt*, in: Grabitz/Hilf/Nettesheim, EU, Art. 12 EUV (September 2013), Rn. 3 f.; *Calliess*,
in: Calliess/Ruffert, EUV/AEUV, Art. 12 EUV, Rn. 7.

[32] *Hölscheidt*, in: Grabitz/Hilf/Nettesheim, EU, Art. 12 EUV (September 2013), Rn. 2.

[33] *Calliess*, in: Calliess/Ruffert, EUV/AEUV, Art. 12 EUV, Rn. 7.

[34] *Huber*, in: Streinz, EUV/AEUV, Art. 12 EUV, Rn. 5.

[35] S. die Aufnahme in den Titel II EUV »Bestimmungen über die demokratischen Grundsätze«.

C. Inhalt

1. Begriff der »nationalen Parlamente«

Der Begriff der »**nationalen Parlamente**« erfasst **demokratisch gewählte Volksvertre-**   **10**
tungen unabhängig davon, ob diese im Einkammer- oder Zweikammersystem organisiert sind.[36] Letzteres ergibt sich ausdrücklich aus Art. 8 Parlamenteprotokoll.[37] Obwohl
der deutsche Bundesrat nach nationalem Verständnis keine »zweite Kammer« ist,[38] wird
er vom Parlamentsbegriff des Art. 12 EUV erfasst.[39] Art. 12 EUV betrifft jedoch **keine**
regionalen Parlamente.[40]

2. Unterrichtung der nationalen Parlamente (Buchst. a)

Für die **Unterrichtung der nationalen Parlamente** verweist Art. 12 Buchst. a EUV auf   **11**
das **Protokoll Nr. 1** zum EUV über die Rolle der nationalen Parlamente in der Europäischen Union (Parlamenteprotokoll).[41] Nach diesem werden den nationalen Parlamenten
Dokumente von der **Kommission**, dem **Europäischen Parlament**, dem **Rat**, dem **Euro-**
päischen Rat und dem **Rechnungshof übermittelt**.[42] Das Parlamenteprotokoll zum EUV
weitet die Informationspflichten im Vergleich zu Protokoll Nr. 9 zum Amsterdamer
Vertrag erheblich **aus** und erstreckt die Unterrichtungspflicht von der Kommission auf
die weiteren genannten Organe.[43]

Nach dem Wortlaut von Art. 12 Buchst. a EUV unterfallen der Übermittlungspflicht   **12**
»Entwürfe von Gesetzgebungsakten«. Dabei handelt es sich gemäß Art. 2 Abs. 2 Protokoll Nr. 1 um »die **Vorschläge** der Kommission, die **Initiativen** einer Gruppe von
Mitgliedstaaten, die Initiativen des **Europäischen Parlaments**, die Anträge des **Gerichts-**
hofs, die Empfehlungen der **Europäischen Zentralbank** und die Anträge der **Europäi-**
schen Investitionsbank, die den Erlass eines **Gesetzgebungsaktes** zum Ziel haben«. Gesetzgebungsakte sind nach der **Legaldefinition** des Art. 289 Abs. 3 AEUV Rechtsakte,
die gemäß einem Gesetzgebungsverfahren angenommen werden.[44] Inhaltlich kommen
die Instrumente der Verordnung, der Richtlinie wie auch des Beschlusses zur Anwendung.[45] Die **Zuleitung** der Entwürfe erfolgt **durch** die **Kommission** bzw. das **Europäische**
Parlament hinsichtlich deren eigener Gesetzgebungsinitiativen und durch den **Rat** hinsichtlich aller übrigen Initiativberechtigten, Art. 2 Abs. 3–5 Parlamenteprotokoll.

Über die Vorgabe von **Art. 12 Buchst. a EUV hinaus** werden gemäß Art. 1 Parla-   **13**

---

[36] *Hölscheidt*, in: Grabitz/Hilf/Nettesheim, EU, Art. 12 EUV (September 2013), Rn. 24; näher
dazu *Groh*, ZaöRV 2003, 29 ff.

[37] ABl. 2012, C 326/203, 205.

[38] BVerfGE 37, S. 363 8380).

[39] *Groh*, S. 80; *Bieber*, in: GSH, Europäisches Unionsrecht, Art. 12 EUV, Rn. 9; *Hölscheidt*, in:
Grabitz/Hilf/Nettesheim, EU, Art. 12 EUV (September 2013), Rn. 25.

[40] *Hölscheidt*, in: Grabitz/Hilf/Nettesheim, EU, Art. 12 EUV (September 2013), Rn. 25 a.E.; *Bie-*
ber, in: GSH, Europäisches Unionsrecht, Art. 12 EUV, Rn. 9.

[41] Fn. 37.

[42] Dazu *Hölscheidt*, in: Grabitz/Hilf/Nettesheim, EU, Art. 12 EUV (September 2013), Rn. 26; *Bie-*
ber, in: GSH, Europäisches Unionsrecht, Art. 12 EUV, Rn. 13.

[43] *Bieber*, in: GSH, Europäisches Unionsrecht, Art. 12 EUV, Rn. 13; vgl. auch *Calliess*, in: Calliess/
Ruffert, EUV/AEUV, Art. 12 EUV, Rn. 8 a.E.

[44] Dies kann im ordentlichen Gesetzgebungsverfahren nach Art. 289 Abs. 1 AEUV oder in einem
besonderen Gesetzgebungsverfahren nach Art. 289 Abs. 2 AEUV geschehen.

[45] Vgl. Art. 289 Abs. 1 AEUV.

menteprotokoll auch die **Konsultationsdokumente** der Kommission (**Grün-** und **Weißbücher** sowie **Mitteilungen**) und das jährliche **Rechtsetzungsprogramm** sowie alle weiteren **Dokumente** für die Ausarbeitung der Rechtsetzungsprogramme oder **politischen Strategien** den nationalen Parlamenten **gleichzeitig** mit der Übermittlung an Rat und Europäisches Parlament zugeleitet. Gleiches gilt nach Art. 7 Parlamenteprotokoll für den **Jahresbericht des Rechnungshofes.**

14   Umstritten ist, ob die in Art. 12 Buchst. a EUV genannten Unterrichtungspflichten **einklagbar** sind.[46] Hierfür spricht der **Wortlaut** dieser Vorschrift sowie des Parlamenteprotokolls Nr. 1 («indem sie [...] unterrichtet werden«, »werden [...] zugeleitet«). Diese Formulierungen deuten nicht auf eine bloße Zielvorgabe hin. Auch die sehr **konkrete Ausgestaltung** der Unterrichtungspflicht in Art. 1, 2 Parlamenteprotokoll spricht dafür, dass den Unterrichtspflichten der Organe ein entsprechendes Recht der nationalen Parlamente gegenübersteht.[47] Jedenfalls ist ein Rechtsakt, der unter **Verstoß gegen die Unterrichtungspflicht** zustande kommt, **primärrechtswidrig** und damit fehlerhaft.[48] Gegen die Zulässigkeit einer Klage wird vereinzelt angeführt, dass das Unionsreicht kein Organstreitverfahren kenne.[49] Eines solchen bedarf es jedoch nicht, da die **Untätigkeitsklage** nach Art. 265 Abs. 1 Satz 1 AEUV einschlägig ist.[50] Obwohl der Wortlaut dieser Vorschrift für Klagen der privilegierten Kläger das Unterlassen eines »Beschlusses« fordert, wird mehrheitlich davon ausgegangen, dass mit der Untätigkeitsklage das **Unterlassen jedweder Maßnahme** gerügt werden kann, zu der das Organ unionsrechtlich verpflichtet ist.[51] Dies beruht vor allem auf einem Vergleich mit den **übrigen Sprachfassungen**, wo es im Englischen bspw. »fail to act« heißt.[52] Fraglich erscheint einzig, ob unter die **Klageprivilegierung** der »Mitgliedstaaten« auch die nationalen Parlamente fallen. Wäre dies nicht der Fall, stünde den Parlamenten nur die Klagemöglichkeit nach Art. 265 Abs. 3 AEUV zur Verfügung, die sich auf verbindliche Rechtsakte beschränkt.[53] *Dörr* ist insofern der Ansicht, der Begriff der Mitgliedstaaten beziehe sich nur »auf deren zentrale Regierungsebene«.[54] Offenbar ist hiermit jedoch nur gemeint, dass »andere Gebietskörperschaften oder territoriale Untergliederungen« nicht privilegiert sind.[55] Gegen die Einbeziehung der nationalen Parlamente in die Klageprivilegierung des

---

[46] Das verneint *Hölscheidt*, in: Grabitz/Hilf/Nettesheim, EU, Art. 12 EUV (September 2013), Rn. 33; für die Zulässigkeit einer Untätigkeitsklage dagegen *Bieber*, in: GSH, Europäisches Unionsrecht, Art. 12 EUV, Rn. 14 a.E. Vgl. auch *Huber*, in: Streinz, EUV/AEUV, Art. 12 EUV, Rn. 31: »unionsrechtlicher Anspruch der nationalen Parlamente auf rechtzeitige und vollständige Unterrichtung«.

[47] So im Ergebnis auch Huber, in: Streinz, EUV/AEUV, Art. 12 EUV, Rn. 31, ohne sich zur Zulässigkeit einer Klage zu äußern.

[48] *Kaufmann-Bühler*, in: Lenz/Borchardt, EU-Verträge, Art. 12 EUV, Rn. 10.

[49] *Hölscheidt*, in: Grabitz/Hilf/Nettesheim, EU, Art. 12 EUV (September 2013), Rn. 33.

[50] *Bieber*, in: GSH, Europäisches Unionsrecht, Art. 12 EUV, Rn. 14 a.E.

[51] *Cremer*, in: Calliess/Ruffert, EUV/AEUV, Art. 265 AEUV, Rn. 5; *Dörr*, in: Grabitz/Hilf/Nettesheim, EU, Art. 265 AEUV (Mai 2013), Rn. 14; *Gaitanides*, in: GSH, Europäisches Unionsrecht, Art. 265 AEUV, Rn. 9; *Ehricke*, in: Streinz, EUV/AEUV, Art. 265 AEUV, Rn. 15 m. Nachweisen zur Gegenansicht.

[52] Darauf weist bspw. *Dörr*, in: Grabitz/Hilf/Nettesheim, EU, Art. 265 AEUV (Mai 2013), Rn. 14, hin.

[53] *Cremer*, in: Calliess/Ruffert, EUV/AEUV, Art. 265 AEUV, Rn. 6; *Dörr*, in: Grabitz/Hilf/Nettesheim, EU, Art. 265 AEUV (Mai 2013), Rn. 16; *Gaitanides*, in: GSH, Europäisches Unionsrecht, Art. 265 AEUV, Rn. 12; *Ehricke*, in: Streinz, EUV/AEUV, Art. 265 AEUV, Rn. 18.

[54] *Dörr*, in: Grabitz/Hilf/Nettesheim, EU, Art. 265 AEUV (Mai 2013), Rn. 8.

[55] Vgl. *Dörr*, in: Grabitz/Hilf/Nettesheim, EU, Art. 265 AEUV (Mai 2013), Rn. 8.

Art. 265 Abs. 1 AEUV spricht jedoch, dass Art. 8 Subsidiaritätsprotokoll[56] für die Subsidiaritätsklage nach Art. 263 Abs. 2 (dazu unter Rn. 29 ff.) **gesondert** anordnet, dass in diesem Fall die Mitgliedstaaten im Namen ihrer nationalen Parlamente klagen können. Es ist nicht davon auszugehen, dass der Unionsgesetzgeber in Art. 265 AEUV einen anderen Begriff des Mitgliedstaats verwendet hat als in Art. 263 AEUV. Jedenfalls können die nationalen Parlamente ihre **Regierung** dazu bewegen, die Klage an ihrer Stelle zu erheben.

Eine den in Art. 12 Buchst. a EUV genannten **Übermittlungspflichten** ähnliche Bestimmung findet sich auf dem Gebiet des **Familienrechts** in Art. 81 Abs. 3 UAbs. 3 Satz 1 AEUV für Kommissionsbeschlüsse.[57] Daneben finden sich **Informationspflichten** gegenüber den nationalen Parlamenten u. a. in Art. 71 Satz 4, 352 Abs. 2 AEUV,[58] die ebenfalls nicht in Art. 12 EUV aufgenommen worden sind.   **15**

Die **Information** des **Deutschen Bundestages** und des **Bundesrates** über Vorhaben auf Unionsebene ist allgemein in § 13 IntVG geregelt und wird für den Bundestag in §§ 3 ff. EuZBBG und für den Bundesrat in Anlage (zu § 9) Abs. II EuZBLG konkretisiert.[59] Unionsrechtliche Vorlagen werden in Deutschland regelmäßig von den **Europaausschüssen des Bundestages**[60] und des **Bundesrates**[61] geprüft, im Falle des **Euro-Rettungsschirms** wurde die Zuständigkeit ausnahmsweise dem Haushaltsausschuss übertragen.[62]   **16**

3. Beteiligung an der Subsidiaritätskontrolle (Buchst. b)

Zutreffend sieht *Huber* in der **Mitwirkung an der Unionsrechtsetzung** »die **wichtigste Funktion** der nationalen Parlamente im institutionellen Gefüge der EU«.[63] Ein **Kernstück** dieser Mitwirkung ist die Beteiligung der nationalen Parlamente an der **Subsidiaritätskontrolle** nach Art. 12 Buchst. b EUV. Die Vorschrift nimmt hierbei Bezug auf das Protokoll über die Anwendung der Grundsätze der Subsidiarität und der Verhältnismäßigkeit vom 13. 12. 2007 (**Subsidiaritätsprotokoll**).[64] **Daneben** wird die Subsidiaritätskontrolle maßgeblich von den Unterrichtspflichten aus dem in Buchst. a aufgeführten **Parlamenteprotokoll** zum EUV bestimmt.   **17**

Das **Subsidiaritätsprotokoll** sieht in Art. 5 Abs. 1 zunächst vor, dass die **Kommission** in ihren **Gesetzesentwürfen** zu **begründen** hat, weshalb der Unionsrechtsakt das **Subsidiaritätsprinzip** und das **Verhältnismäßigkeitsprinzip** wahrt. Diese Begründungspflicht führt in der **Praxis** jedoch häufig nur zu wenige Sätze umfassenden Floskeln.[65] Ein   **18**

---

[56] Protokoll über die Anwendung der Grundsätze der Subsidiarität und der Verhältnismäßigkeit vom 13. Dezember 2007, ABl. 2007, C 306/150.

[57] Dazu *Hölscheidt*, in: Grabitz/Hilf/Nettesheim, EU, Art. 12 EUV (September 2013), Rn. 31; vgl. auch *Bieber*, in: GSH, Europäisches Unionsrecht, Art. 12 EUV, Rn. 20.

[58] Eine tabellarische Übersicht der Informationspflichten findet sich bei *Bieber*, in: GSH, Europäisches Unionsrecht, Art. 12 EUV, Rn. 17.

[59] *Calliess*, in: Calliess/Ruffert, EUV/AEUV, Art. 12 EUV, Rn. 9; *Kaufmann-Bühler*, in: Lenz/Borchardt, EU-Verträge, Art. 12 EUV, Rn. 8; zu § 6 EuZBBG sowie zur Praxis *Hölscheidt*, in: Grabitz/Hilf/Nettesheim, EU, Art. 12 EUV (September 2013), Rn. 32. Ausführlich zur Rechtslage in Deutschland *Mayer*, Europafunktion, S. 212 ff.

[60] Ausführlich hierzu *Mayer*, Europafunktion, S. 240 ff.

[61] Dazu *Mayer*, Europafunktion, S. 274 ff.

[62] Dazu *Kaufmann-Bühler*, in: Lenz/Borchardt, EU-Verträge, Art. 12 EUV, Rn. 8.

[63] In: Streinz, EUV/AEUV, Art. 12 EUV, Rn. 8.

[64] ABl. 2007, C 306/150.

[65] *Hölscheidt*, in: Grabitz/Hilf/Nettesheim, EU, Art. 12 EUV (September 2013), Rn. 35 mit Fn. 2. So findet sich bspw. im Vorschlag für einen Beschluss des Rates, KOM (2013) 693 endg., lediglich

Beispiel für eine etwas ausführlichere Auseinandersetzung mit dem Subsidiaritäts- und Verhältnismäßigkeitsprinzip findet sich im Vorschlag für eine Richtlinie des Europäischen Parlaments und des Rates zur Förderung der Nutzung von Energie aus erneuerbaren Quellen.[66]

19   Die nationalen Parlamente können innerhalb von **acht Wochen** eine **begründete Stellungnahme** über die Vereinbarkeit des Gesetzgebungsaktes mit dem Subsidiaritätsprinzip an die Präsidenten des Europäischen Parlaments, des Rates und der Kommission **abgeben**, Art. 6 **Subsidiaritätsprotokoll** und Art. 3, 4 **Parlamenteprotokoll** (sog. **Subsidiaritätsrüge**).[67] Ausnahmen von dieser Frist können in dringenden Fällen im Gesetzgebungsakt oder dem Standpunkt des Rates begründet werden, Art. 4 Satz 2 Parlamenteprotokoll. Die Frist beginnt mit dem Tag, an dem der Gesetzgebungsentwurf in sämtlichen Amtssprachen vorliegt.[68] Während der Frist darf außer in begründeten **Dringlichkeitsfällen** keine Einigung über den Gesetzgebungsakt erzielt werden, Art. 4 Satz 3 Parlamenteprotokoll. In der **Praxis** beträgt die Frist meist mehr als acht Wochen.[69] In **Deutschland** wird die Prüfung der Unionsrechtsakte durch die **Europaausschüsse** des Deutschen Bundestages und des Bundesrates vorgenommen (dazu schon oben Rn. 16). Die Stellungnahmen der nationalen Parlamente werden auf der **IPEX-Plattform veröffentlicht**.[70] Art. 4 ff. des Subsidiaritätsprotokolls enthalten weitere Vorschriften zur **Weiterleitung** der Gesetzgebungsentwürfe und Beteiligung der nationalen Parlamente, die im Wesentlichen den Bestimmungen des Parlamenteprotokolls entsprechen.[71]

20   Fraglich ist, ob die nationalen Parlamente mit der **Subsidiaritätsrüge** nach Art. 6 Subsidiaritätsprotokoll nur eine **Verletzung des Subsidiaritätsprinzips** oder auch eine solche des Verhältnismäßigkeitsprinzips rügen können.[72] Gegen eine solche Auslegung sprechen zunächst der **Wortlaut** der Art. 5 Abs. 3, Art. 12 Buchst. b EUV, Art. 6 Subsidiaritätsprotokoll sowie systematische Vergleiche mit anderen Normen des Subsidiaritätsprotokolls. Art. 12 Buchst. b EUV verweist auf die Prüfung des »Grundsatz[es] der Subsidiarität gemäß den in dem Protokoll über die Anwendung der Grundsätze der Subsidiarität und der Verhältnismäßigkeit vorgesehenen Verfahren«. Hätte der Unionsgesetzgeber eine Prüfung auch der Verhältnismäßigkeit beabsichtigt, wäre kaum verständlich, warum nur dic Subsidiarität erwähnt wird, wenn in demselben Satz im Titel des Subsidiaritätsprotokolls auch die Verhältnismäßigkeit genannt wird. Dasselbe gilt für Art. 5 Abs. 3 UAbs. 2 EUV. Der gleiche Befund zeigt sich auch im Subsidiaritätsprotokoll selbst. Dort fordert Art. 5 Satz 1 ausdrücklich die Begründung von Gesetzesentwürfen im Hinblick auf »die **Grundsätze der Subsidiarität** und der Verhältnismäßigkeit«, während für die Rüge durch die nationalen Parlamente in Art. 6 Abs. 1 Satz 1 lediglich das **Subsidiaritätsprinzip** genannt wird. Auch hier hätte es nahe gelegen,

---

folgender Satz zum Verhältnismäßigkeitsprinzip: »Der Vorschlag wahrt den Grundsatz der Verhältnismäßigkeit, denn er geht nicht über das hinaus, was notwendig ist, um die Ziele – reibungsloses Funktionieren des Binnenmarktes und hohes Umweltschutzniveau – zu erreichen.«

[66] KOM (2008) 30 endg.

[67] Die Vorschrift verweist auf das Verfahren nach dem Subsidiaritätsprotokoll.

[68] *Hölscheidt*, in: Grabitz/Hilf/Nettesheim, EU, Art. 12 EUV (September 2013), Rn. 29.

[69] *Kaufmann-Bühler*, in: Lenz/Borchardt, EU-Verträge, Art. 12 EUV, Rn. 8.

[70] *Hölscheidt*, in: Grabitz/Hilf/Nettesheim, EU, Art. 12 EUV (September 2013), Rn. 38, 61.

[71] Dazu *Hölscheidt*, in: Grabitz/Hilf/Nettesheim, EU, Art. 12 EUV (September 2013), Rn. 37.

[72] Für Letzteres sprechen sich *Hölscheidt*, in: Grabitz/Hilf/Nettesheim, EU, Art. 12 EUV (September 2013), Rn. 44; *Calliess*, in: Calliess/Ruffert, EUV/AEUV, Art. 12 EUV, Rn. 32 ff., 37, aus; dagegen ausführlich *Ritzer/Ruttloff*, EuR 2006, 116, 132 ff.; *Huber*, in: Streinz, EUV/AEUV, Art. 12 EUV, Rn. 39.

dieselbe Formulierung wie in Art. 5 zu wählen, wenn eine Rügemöglichkeit auch hinsichtlich des Verhältnismäßigkeitsprinzips beabsichtigt gewesen wäre.[73] Für eine Rügemöglichkeit auch hinsichtlich der Verhältnismäßigkeit wird jedoch angeführt, dass dieses Prinzip kaum trennscharf vom Subsidiaritätsprinzip abgegrenzt werden könne.[74] Teleologisch wird zudem argumentiert, dass eine Verletzung des Verhältnismäßigkeitsprinzips die Kompetenzen der nationalen Parlamente in gleicher Weise verletze wie ein Verstoß gegen das Subsidiaritätsprinzip.[75] Entscheidend spricht gegen eine solche Auslegung jedoch neben Wortlaut und Systematik das Gesetzgebungsverfahren. Im dem Subsidiaritätsprotokoll zugrundeliegenden **Konventsverfahren** wurde offenbar zu keinem Zeitpunkt davon ausgegangen, dass der Begriff des Subsidiaritätsprinzips weiter zu verstehen sei.[76] Dies, obwohl bspw. von Teilen des Konvents gefordert wurde, die Rügemöglichkeit auf die Kompetenzgrundlage zu erstrecken (s Rn. 21).[77] Die besseren Argumente sprechen daher dafür, das Verhältnismäßigkeitsprinzip nicht als von der Rügemöglichkeit erfasst anzusehen.[78] Ergänzend ist darauf hinzuweisen, dass das im Subsidiaritätsprotokoll aufgeführte Verhältnismäßigkeitsprinzip nicht auf eine Beurteilung der Verhältnismäßigkeit von Eingriffen in Grundrechte ausgerichtet ist, sondern von solchen in die mitgliedstaatliche Souveränität.

Die Ausführungen zur Entstehungsgeschichte und zum Konvent (s. Rn. 20) lenken   **21** die Aufmerksamkeit auf die Frage, ob über die Subsidiarität im engeren Sinne hinaus zumindest auch die **fehlende Kompetenzgrundlage gerügt** werden kann.[79] Hiergegen sprechen zunächst, wie soeben zum Verhältnismäßigkeitsprinzip ausgeführt, **Wortlaut und Entstehungsgeschichte** der Art. 12 Buchst. b EUV, 6 Subsidiaritätsprotokoll. Allerdings lassen sich die systematischen Argumente, die aus dem Vergleich mit Art. 5 Subsidiaritätsprotokoll gezogen wurden, gegen eine Rüge der fehlenden Kompetenzgrundlage nicht anführen, da Art. 5 Subsidiaritätsprotokoll diese nicht erwähnt. Zum Verhältnismäßigkeitsprinzip besteht zudem ein entscheidender Unterschied: Während das Verhältnismäßigkeitsprinzip einen über das Subsidiaritätsprinzip hinausgehenden Inhalt hat, wird das Bestehen einer ausreichenden **Kompetenzgrundlage** vom Subsidiaritätsprinzip denknotwendig **vorausgesetzt**.[80] Denn das Subsidiaritätsprinzip greift nur, sofern **keine ausschließliche Unionskompetenz** vorliegt. Dann erfordert ein effektiver Schutz aber, dass das Vorliegen einer ausschließlichen Kompetenz ebenfalls rügefähig

---

[73] *Calliess*, in: Calliess/Ruffert, EUV/AEUV, Art. 12 EUV, Rn. 37, führt die Nennung beider Prinzipien im Protokolltitel und in Art. 5 des Subsidiaritätsprotokolls hingegen für seine Auffassung an, das Verhältnismäßigkeitsprinzip könne ebenfalls gerügt werden.

[74] *Hölscheidt*, in: Grabitz/Hilf/Nettesheim, EU, Art. 12 EUV (September 2013), Rn. 44.

[75] *Calliess*, in: Calliess/Ruffert, EUV/AEUV, Art. 12 EUV, Rn. 37.

[76] *Ritzer/Ruttloff*, EuR 2006, 116, 133 f.

[77] *Wuermeling*, EuR 2004, 216, 225.

[78] So auch *Ritzer/Ruttloff*, EuR 2006, 116, 134.

[79] Dafür *Hölscheidt*, in: Grabitz/Hilf/Nettesheim, EU, Art. 12 EUV (September 2013), Rn. 43; *Calliess*, in: Calliess/Ruffert, EUV/AEUV, Art. 12 EUV, Rn. 32 ff., 35; *Huber*, in: Streinz, EUV/AEUV, Art. 12 EUV, Rn. 34; *Ritzer/Ruttloff*, EuR 2006, 116, 134; dagegen ohne Begründung *Kaufmann-Bühler*, in: Lenz/Borchardt, EU-Verträge, Art. 12 EUV, Rn. 12; dagegen zur Subsidiaritätsklage nach Art. 8 Subsidiaritätsprotokoll offenbar auch *Huber*, in: Streinz, EUV/AEUV, Art. 12 EUV, Rn. 39.

[80] Hierin sehen auch *Ritzer/Ruttloff*, EuR 2006, 116, 134 den entscheidenden Unterschied. Vgl. auch *Hölscheidt*, in: Grabitz/Hilf/Nettesheim, EU, Art. 12 EUV (September 2013), Rn. 43: Kompetenzgrundlage als »notwendiger Bestandteil des Subsidiaritätsprinzips«; *Calliess*, in: Calliess/Ruffert, EUV/AEUV, Art. 12 EUV, Rn. 36: »notwendige Vorfrage«, wobei *Calliess* auch auf Art. 5 Abs. 3 EUV hinweist.

sein muss. Ansonsten entfiele die Subsidiaritätsrüge, wenn gar keine Kompetenzgrundlage vorhanden war.[81] Dies würde zu dem wertungswidersprüchlichen Ergebnis führen, dass der schwerwiegendere Verstoß gegen die Kompetenzordnung nicht gerügt werden könnte. Auch der **Deutsche Bundestag** geht davon aus, dass die Subsidiaritätsrüge die Prüfung der Kompetenzgrundlage als **notwendige Vorfrage** einschließt.[82]

22   Im **Rügeverfahren** stehen jedem nationalen Parlament **zwei Stimmen** zu; bei einem Zweikammersystem hat jede Kammer eine Stimme, Art. 7 Abs. 1 UAbs. 2 Subsidiaritätsprotokoll. Dabei besteht jedoch **keine Pflicht** der beiden Kammern, **einheitlich Stellung zu nehmen**.[83] Die Rechtsfolge der Rügen hängt davon ab, wie viele Stimmen nach dem soeben beschriebenen System für einen Verstoß des Gesetzgebungsentwurfs gegen das Subsidiaritätsprinzip votieren (s. Rn. 23). Festzuhalten bleibt, dass diese Konzeption eine **transnationale parlamentarische Kontrolle** einführt.

23   Erreicht die Stimmzahl **nicht** wenigstens **ein Drittel** der Gesamtstimmen aller nationalen Parlamente, so müssen das Europäische Parlament, der Rat und die Kommission sowie gegebenenfalls die Gruppe von Mitgliedstaaten, der Gerichtshof, die Europäische Zentralbank oder die Europäische Investitionsbank, sofern der Entwurf eines Gesetzgebungsakts von ihnen vorgelegt wurde, die Stellungnahmen gemäß Art. 7 Abs. 1 UAbs. 1 Subsidiaritätsprotokoll bloß »**berücksichtigen**«. Fraglich ist, was unter »berücksichtigen« zu verstehen ist. Jedenfalls wird zu fordern sein, dass sich das betreffende Unionsorgan mit den Argumenten **inhaltlich auseinandersetzen** muss. Eine bloße Kenntnisnahme genügt insofern nach der hier vertretenen Auffassung nicht.[84]

24   Erreichen die kritischen Stellungnahmen **ein Drittel** (bzw. bei einem Gesetzgebungsakt betreffend den Raum der Freiheit, der Sicherheit und des Rechts **ein Viertel**) aller Stimmen, so muss das **Initiativorgan** den Gesetzgebungsentwurf »**überprüfen**«, Art. 7 Abs. 2 Subsidiaritätsprotokoll. Die Überprüfung muss mit einem **begründeten Beschluss** abgeschlossen werden, wonach das Initiativorgan den Entwurf **ändert**, **beibehält** oder **zurückzieht**, Art. 7 Abs. 2 UAbs. 2 Subsidiaritätsprotokoll.

25   Im ordentlichen Gesetzgebungsverfahren findet nach Art. 7 Abs. 3 Subsidiaritätsprotokoll **zusätzlich**[85] zum Verfahren nach Abs. 2 eine detailliertere Überprüfung statt, wenn die kritischen Stellungnahmen die **einfache Mehrheit** der Gesamtstimmen erreichen. In diesem Verfahren beschließt die **Kommission** gem. Art. 7 Abs. 3 UAbs. 1 Satz 2 Subsidiaritätsprotokoll, an dem Vorschlag **festzuhalten**, ihn zu **ändern** oder **zurückzuziehen**. Allerdings beschränkt der Wortlaut von Art. 7 Abs. 3 UAbs. 1 Satz 2 Subsidiaritätsprotokoll die Pflicht zur Begründung nur auf den Fall, dass an dem Vorschlag von der **Kommission** festgehalten wird. In der Literatur wird teilweise kritisiert, dass nur die Kommission und nicht auch alle sonstigen Initiatoren verpflichtet werden.[86] Dies ließe sich nur mit einem Versehen erklären. Indes handelt es sich hier um ein Schein-

---

[81] *Hölscheidt*, in: Grabitz/Hilf/Nettesheim, EU, Art. 12 EUV (September 2013), Rn. 43.
[82] BT-Drs. 16/8917, S. 4.
[83] *Calliess*, in: Calliess/Ruffert, EUV/AEUV, Art. 12 EUV, Rn. 12.
[84] So auch *Hölscheidt*, in: Grabitz/Hilf/Nettesheim, EU, Art. 12 EUV (September 2013), Rn. 46; *Calliess*, in: Calliess/Ruffert, EUV/AEUV, Art. 12 EUV, Rn. 13, für eine inhaltliche Prüfung und eine Auseinandersetzung damit; a. A. *Ritzer/Ruttloff*, EuR 2006, 116, 131; *Kaufmann-Bühler*, in: Lenz/Borchardt, EU-Verträge, Art. 12 EUV, Rn. 11.
[85] Vgl. den Wortlaut: »außerdem«; ebenso *Hölscheidt*, in: Grabitz/Hilf/Nettesheim, EU, Art. 12 EUV (September 2013), Rn. 49; *Calliess*, in: Calliess/Ruffert, EUV/AEUV, Art. 12 EUV, Rn. 19 f.; *Huber*, in: Streinz, EUV/AEUV, Art. 12 EUV, Rn. 37.
[86] *Groh*, S. 77 (92), ihm folgend *Calliess*, in: Calliess/Ruffert, EUV/AEUV, Art. 12 EUV, Rn. 20 a. E.; s. auch *Hölscheidt*, in: Grabitz/Hilf/Nettesheim, EU, Art. 12 EUV (September 2013), Rn. 50.

problem, denn die Autoren übersehen, dass die Vorschrift nur das ordentliche gesetz-gebungsverfahren betrifft, indem *qua definitionem* nur die Kommission initiativ tätig werden kann.[87] Ferner muss die Kommission in Abweichung vom Verfahren nach Abs. 2, (nur) wenn sie an dem Vorschlag **festhalten** möchte, eine begründete Stellung-nahme abgeben, weshalb aus ihrer Sicht das Subsidiaritätsprinzip gewahrt ist (Art. 7 Abs. 3 UAbs. 2 Satz 1 Subsidiaritätsprotokoll). Diese Abweichung von der alle Ent-scheidungsoptionen (festhalten, ändern oder zurückziehen) betreffenden Begrün-dungspflicht in Abs. 2 wird in der Literatur jedenfalls für den Fall einer Abänderung *überzeugend* für »nicht« bzw. »wenig einleuchtend« gehalten.[88] Eine **teleologische Aus-legung** führt zur Erweiterung der Begründungspflicht auf eine Änderung des Vorschlags.

Die **Begründung** wird an den **Gesetzgeber weitergeleitet**, Art. 7 Abs. 3 UAbs. 2 **26** Satz 2 Subsidiaritätsprotokoll. Dieser **prüft vor** Abschluss der **ersten Lesung** die Ein-haltung des Subsidiaritätsprinzips und **berücksichtigt** dabei die Stellungnahmen der na-tionalen Parlamente und der Kommission, Art. 7 Abs. 3 UAbs. 2 Satz 2 Buchst. a Sub-sidiaritätsprotokoll. Gemäß Art. 7 Abs. 3 UAbs. 2 Satz 2 Buchst. b Subsidiaritätspro-tokoll scheitert der Gesetzgebungsvorschlag, wenn der Gesetzgeber mit der Mehrheit von **55 % der Mitglieder des Rates oder** einer **Mehrheit** der abgegebenen Stimmen **im Europäischen Parlament** zu dem Ergebnis kommt, dass der Vorschlag nicht mit dem Subsidiaritätsprinzip vereinbar ist.

Zur **Bedeutung der Subsidiaritätsrüge** lässt sich relativierend anführen, dass der Ge- **27** setzgeber **ohnehin** unionsrechtlich **zur Prüfung** der Subsidiarität **verpflichtet** ist und ein Gesetzgebungsakt **ohne die erforderliche Mehrheit** in Rat und Parlament nicht verab-schiedet werden kann.[89] Allerdings weicht das erforderliche Quorum in Art. 7 Abs. 3 Subsidiaritätsprotokoll (Mehrheit von 55 % der abgegebenen Stimmen) von demjeni-gen nach Art. 294 Abs. 7 Buchst. b AEUV (Mehrheit der Mitglieder) ab.[90] Zudem wird eine **hohe Zahl von kritischen Stellungnahmen** Parlament und Rat hinsichtlich der Sub-sidiaritätsprüfung **sensibilisieren**,[91] weshalb der Subsidiaritätsrüge – trotz der Kritik an ihrer Ausgestaltung[92] – durchaus **praktische Bedeutung** zukommen kann.[93] So wurde der **Vorschlag für** die das **Streikrecht** betreffende Monti-II-Verordnung[94] aufgrund einer Subsidiaritätsrüge 12 nationaler Parlamente von der Kommission **zurückgezogen**.[95]

Die **nationale Implementation** der Subsidiaritätsrüge ist in **Deutschland** in § 11 **IntVG 28** erfolgt.[96] Weitere Regelungen finden sich in §§ 8 f. **EUZBBG** für den Bundestag und

---

[87] S. die Definition in Art. 289 Abs. 1 AEUV: »auf Vorschlag der Kommission«.
[88] *Hölscheidt*, in: Grabitz/Hilf/Nettesheim, EU, Art. 12 EUV (September 2013), Rn. 51; *Calliess*, in: Calliess/Ruffert, EUV/AEUV, Art. 12 EUV, Rn. 21; vgl. *Barett*, E.L.Rev. 33 (2008), 66 (80).
[89] Aus diesen Gründen bezeichnet *Hölscheidt*, in: Grabitz/Hilf/Nettesheim, EU, Art. 12 EUV (Sep-tember 2013), Rn. 53 den Regelungskomplex als »symbolisch«.
[90] *Calliess*, in: Calliess/Ruffert, EUV/AEUV, Art. 12 EUV, Rn. 24.
[91] So auch *Calliess*, in: Calliess/Ruffert, EUV/AEUV, Art. 12 EUV, Rn. 23; *Hölscheidt*, in: Grabitz/Hilf/Nettesheim, EU, Art. 12 EUV (September 2013), Rn. 55 a. E.
[92] So insb. zur acht-Wochen-Frist für die Stellungnahme Uerpmann-Wittzack, EuGRZ 2009, 461 (465). *Hölscheidt*, in: Grabitz/Hilf/Nettesheim, EU, Art. 12 EUV (September 2013), Rn. 55; *Huber*, in: Streinz, EUV/AEUV, Art. 12 EUV, Rn. 42.
[93] Insgesamt eher positiv zur Subsidiaritätskontrolle *Mellein*, Subsidiaritätskontrolle, S. 186; auch *Calliess*, in: Calliess/Ruffert, EUV/AEUV, Art. 12 EUV, Rn. 42 ff.; *Schröder*, EuR, 2002, 301 (312); ausführlich *Bußjäger*, Jahrbuch des Föderalismus 2009, S. 503 (505 ff.).
[94] KOM (2012) 130 endg.
[95] *Schima*, ZÖR 2013, 369 (383 ff.).
[96] Dazu *Kaufmann-Bühler*, in: Lenz/Borchardt, EU-Verträge, Art. 12 EUV, Rn. 13; *Hölscheidt*, in: Grabitz/Hilf/Nettesheim, EU, Art. 12 EUV (September 2013), Rn. 56 f. mit Beispielen von Subsi-diaritätsrügen durch Bundestag und Bundesrat.

Anlage (zu § 9) Abs. IV **EUZBLG** für den Bundesrat.[97] Darüber hinaus ist in Deutschland der sog. **Notbremsemechanismus** des § 9 IntVG zu beachten, wonach der deutsche Vertreter im Rat angewiesen werden kann, den Europäischen Rat mit dem Anliegen zu befassen.[98] Diese Möglichkeit ist aber nur für die Fälle eröffnet, in denen der AEU-Vertrag diese sog. Notbremse für einzelne Mitgliedstaaten vorsieht.[99]

29   Durch den Vertrag von Lissabon **neu** eingeführt wurde die **Subsidiaritätsklage** nach Art. 8 Subsidiaritätsprotokoll, 263[100] AEUV.[101] Diese ist eine **spezielle Form der Nichtigkeitsklage**,[102] die insofern auch denselben **Klagevoraussetzungen** unterliegt.[103] Im Gegensatz zum »Frühwarnsystem« der Subsidiaritätsrüge ist die Subsidiaritätsklage somit erst **nach Erlass des Rechtsakts** zulässig.[104] Durch Art. 8 Subsidiaritätsprotokoll wird Art. 263 AEUV dahingehend modifiziert, dass die **Mitgliedstaaten im Namen ihrer nationalen Parlamente** klagen können, so dass die nationalen Parlamente **indirekt** von der Klageprivilegierung der Mitgliedstaaten aus Art. 263 Abs. 2 AEUV profitieren.[105] Eine vorherige **erfolglose Subsidiaritätsrüge** durch den betreffenden Mitgliedstaat ist **keine Voraussetzung** der Subsidiaritätsklage.[106] Nach den Klagevoraussetzungen kann auch **ein einzelnes Parlament** klagen, eine »kritische Menge« ist nicht erforderlich.[107] Es kommt hier also **nicht** zu einer transnationalen Subsidiaritätskontrolle. Die Klagefrist beträgt nach Art. 8 Subsidiaritätsprotokoll, 263 Abs. 6 AEUV zwei Monate.

30   Zur Frage, ob im Rahmen der Subsidiaritätsklage auch das **Fehlen einer Kompetenzgrundlage** sowie eine Verletzung des Verhältnismäßigkeitsprinzips **gerügt** werden können, wird auf die obigen Ausführungen (s Rn. 20 f.) verwiesen. Die **Erfolgsaussichten** einer Subsidiaritätsklage werden in der Literatur teilweise als gering eingeschätzt,[108] obgleich der EuGH in der Vergangenheit durchaus zum Subsidiaritätsprinzip auch materiell Stellung genommen hat.[109]

31   **Umstritten** ist, ob eine **Pflicht** der nationalen Parlamente **zur Subsidiaritätskontrolle** besteht.[110] Der **Wortlaut** des Art. 12 Buchst. b EUV, wonach die nationalen Parlamente

---

[97] Vgl. *Calliess*, in: Calliess/Ruffert, EUV/AEUV, Art. 12 EUV, Rn. 26.

[98] Dazu *Kaufmann-Bühler*, in: Lenz/Borchardt, EU-Verträge, Art. 12 EUV, Rn. 14.

[99] § 9 IntVG verweist auf Artikels 48 Abs. 2 S. 1, Art. 82 Abs. 3 UAbs. 1 S. 1 und auf Art. 83 Abs. 3 UAbs. 1 S. 1 AEUV.

[100] Der frühere Verweis auf Art. 230 AEUV in Art. 8 Subsidiaritätsprotokoll beruhte auf einem Redaktionsversehen.

[101] *Hölscheidt*, in: Grabitz/Hilf/Nettesheim, EU, Art. 12 EUV (September 2013), Rn. 58.

[102] *Huber*, in: Streinz, EUV/AEUV, Art. 12 EUV, Rn. 38.

[103] Vgl. *Hölscheidt*, in: Grabitz/Hilf/Nettesheim, EU, Art. 12 EUV (September 2013), Rn. 58.

[104] *Calliess*, in: Calliess/Ruffert, EUV/AEUV, Art. 12 EUV, Rn. 27.

[105] *Huber*, in: Streinz, EUV/AEUV, Art. 12 EUV, Rn. 38, *Calliess*, in: Calliess/Ruffert, EUV/AEUV, Art. 12 EUV, Rn. 28 und *Hölscheidt*, in: Grabitz/Hilf/Nettesheim, EU, Art. 12 EUV (September 2013), Rn. 58, gehen insofern davon aus, dass die Klageberechtigung nicht dem Mitgliedstaat, sondern dem Parlament zusteht und der Mitgliedstaat somit nur eine Mittlerrolle einnimmt.

[106] *Calliess*, in: Calliess/Ruffert, EUV/AEUV, Art. 12 EUV, Rn. 30; *Huber*, in: Streinz, EUV/AEUV, Art. 12 EUV, Rn. 38.

[107] *Kaufmann-Bühler*, in: Lenz/Borchardt, EU-Verträge, Art. 12 EUV, Rn. 11 a. E.

[108] *Hölscheidt*, in: Grabitz/Hilf/Nettesheim, EU, Art. 12 EUV (September 2013), Rn. 62.

[109] EuGH, Urt. v. 8. 6. 2010, Rs. C–58/08 (Vodaphone Ltd.), Slg. 2010, I–49999, Rn. 72–79; Urt. v. 12. 7. 2005, verb. Rs. C–154/04 u. C–155/04 (Alliance for Natural Health), Slg. 2005, I–6451, Rn. 105–108; Urt. v. 10. 12. 2002, Rs. C–491/01 (British American Tobacco), Slg. 2002, I–1453; Urt. v. 9. 10. 2001, Rs. C–377/98 (Biopatentrichtlinie), Slg. 2001, I–7079, Rn. 21–33.

[110] Für eine solche Pflicht *Hölscheidt*, in: Grabitz/Hilf/Nettesheim, EU, Art. 12 EUV (September 2013), Rn. 36; *Huber*, in: Streinz, EUV/AEUV, Art. 12 EUV, Rn. 33; dagegen *Bieber*, in: GSH, Europäisches Unionsrecht, Art. 12 EUV, Rn. 18.

für die Beachtung des Subsidiaritätsprinzips »sorgen«, kann für eine solche Pflicht nicht herangezogen werden. Danach erfolgt diese Sorge nämlich nur gemäß dem Subsidiaritätsprotokoll, das sowohl in Art. 6 als auch in Art. 8 lediglich festlegt, dass die nationalen Parlamente (bzw. in Art. 8 Abs. 2 Subsidiaritätsprotokoll der Ausschuss der Regionen) die Rüge bzw. Klage erheben »**können**«. Vielmehr ist aufgrund dieser konkreten Regelung davon auszugehen, dass die nationalen Mitgliedstaaten insofern **keiner Pflicht** unterliegen. **Faktisch** wird eine Rüge durch die nationalen Parlamente jedoch **anzuraten** sein. Unterbleibt diese, kann der EuGH die Klagebefugnis zwar nicht aus diesem Grund ablehnen (dazu schon oben unter Rn. 29). Argumentativ könnte der Gerichtshof den Umstand, dass keine Subsidiaritätsrüge erhoben wurde, jedoch als **prima-facie-Beleg** dafür werten, dass tatsächlich keine Verletzung des Prinzips vorliegt.

Im Gegensatz dazu ist hinsichtlich der **Subsidiaritätsklage im deutschen Recht** in Art. 23 Abs. 1a GG eine **Ausgestaltung als Minderheitenrecht** erfolgt.[111] Hiernach ist der Deutsche Bundestag auf Antrag von ¹/₄ **seiner Mitglieder** gemäß Art. 23 Abs. 1a Satz 2 GG zur Klageerhebung verpflichtet.[112]   **32**

4. Raum der Freiheit, der Sicherheit und des Rechts; Europol/Eurojust (Buchst. c)

Die **Beteiligungsmöglichkeiten** aus Art. 12 Buchst. c EUV bestehen **zusätzlich** zu denjenigen aus Buchst. a, Buchst. b und beruhen auf der **besonderen Sensibilität** der erfassten Politikbereiche.[113]   **33**

Art. 12 Buchst. c EUV verweist zunächst auf **Art. 70 AEUV**, wonach die Mitgliedstaaten in Zusammenarbeit mit der Kommission und nach Maßgabe von Detailregelungen des Rates eine **Bewertung der Unionspolitik** auf dem Gebiet des Raumes der Freiheit, der Sicherheit und des Rechts abgeben können. Das **Europäische Parlament und** die **nationalen Parlamente** sind nach Art. 70 Satz 2 AEUV vom Inhalt und den Ergebnissen dieser Bewertung zu **unterrichten**. Eng damit zusammen hängt die – in Art. 12 EUV allerdings nicht erwähnte – Vorschrift des Art. 71 Satz 4 AEUV, wonach die nationalen Parlamente über die Arbeiten des ständigen Ausschusses im Rat zur inneren Sicherheit laufend unterrichtet werden.[114]   **34**

Hinsichtlich der **Kontrolle von Europol** verweist Buchst. c auf Art. 88 AEUV. Die **Verordnungen**, die nach Art. 88 Abs. 2 UAbs. 2 AEUV u. a. die Kontrolle durch die nationalen Parlamente regeln sollen, sind **noch nicht erlassen** worden.[115] Einem zwischenzeitlichen **Verordnungsvorschlag** zufolge sollen der Vorsitzende des Verwaltungsrates und der Exekutivdirektor auf Verlangen vor dem EP und Vertretern der nationalen Parlamente erscheinen.[116] Mittlerweile ist über einen neuen **Kompromissentwurf** zwischen Rat und Parlament Einigung erzielt worden.[117]   **35**

---

[111] Dazu *Hölscheidt*, in: Grabitz/Hilf/Nettesheim, EU, Art. 12 EUV (September 2013), Rn. 60; *Calliess*, in: Calliess/Ruffert, EUV/AEUV, Art. 12 EUV, Rn. 29.

[112] Kritisch zu dieser Regelung und der Rechtsprechung hierzu im Lissabon-Urteil des BVerfG *Kaufmann-Bühler*, in: Lenz/Borchardt, EU-Verträge, Art. 12 EUV, Rn. 13.

[113] *Hölscheidt*, in: Grabitz/Hilf/Nettesheim, EU, Art. 12 EUV (September 2013), Rn. 63; *Calliess*, in: Calliess/Ruffert, EUV/AEUV, Art. 12 EUV, Rn. 45.

[114] *Hölscheidt*, in: Grabitz/Hilf/Nettesheim, EU, Art. 12 EUV (September 2013), Rn. 64.

[115] *Hölscheidt*, in: Grabitz/Hilf/Nettesheim, EU, Art. 12 EUV (September 2013), Rn. 65; *Bieber*, in: GSH, Europäisches Unionsrecht, Art. 12 EUV, Rn. 19.

[116] Vorschlag für eine Verordnung des Europäischen Parlaments und des Rates über die Agentur der Europäischen Union für die Zusammenarbeit und die Aus- und Fortbildung auf dem Gebiet der Strafverfolgung (Europol) und zur Aufhebung der Beschlüsse 2009/371/JI und 2005/681/JI des Rates v.

36   Bezüglich der **Kontrolle von Eurojust** verweist Buchst. c auf Art. 85 AEUV. Die **Verordnungen**, die nach dessen Abs. 1 UAbs. 3 u. a. auch die Beteiligung der nationalen Parlamente an der Bewertung von Eurojust regeln sollen, wurden ebenfalls **noch nicht erlassen**.[118] Die in Art. 85 Abs. 1 UAbs. 3 AEUV vorgesehene bloße Beteiligung an der Bewertung von Eurojust (anstelle weiterreichender Kontrollbefugnisse) sieht sich Kritik aus der Literatur ausgesetzt.[119]

5. Beteiligung an der Vertragsänderung (Buchst. d)

37   Bei der **Beteiligung an der Vertragsänderung** nach Art. 48 EUV handelt es sich nicht um eine Beteiligungsform,[120] sondern um eine **originäre Zuständigkeit** der **nationalen Parlamente** gemäß den nationalen Ratifikationsvorschriften. Sie wird allerdings über Art. 12 EUV im Unionsrecht nunmehr verankert. Im **ordentlichen Vertragsänderungsverfahren** werden die nationalen Parlamente nach Art. 48 Abs. 2 Satz 3 EUV über die Entwürfe in Kenntnis gesetzt.[121] Die nationalen Parlamente können sich über den Konvent in das ordentliche Vertragsänderungsverfahren einbringen, wenn ein solcher einberufen wird,[122] und verfügen darüber hinaus über eine Veto-Position, da sie die Vertragsänderung ratifizieren müssen.[123]

38   Im **vereinfachten Vertragsänderungsverfahren** nach Art. 48 **Abs. 6** EUV können sich die nationalen Parlamente unionsrechtlich zwar »nur« über das Erfordernis der **Zustimmung** der Mitgliedstaaten einbringen,[124] doch verweist Art. 48 Abs. 6 EUV wiederum auf die nationalen Ratifikationsverfahren. Auch hier handeln die nationalen Parlamente zugleich aus originärer Zuständigkeit. Im **deutschen Recht** ist nach § 2 IntVG die **Zustimmung** in Form eines Gesetzes gem. Art. 23 Abs. 1 GG erforderlich.[125]

39   Im **vereinfachten Vertragsänderungsverfahren** nach Art. 48 **Abs. 7** EUV werden die **Initiativen** gemäß Art. 48 Abs. 7 UAbs. 3 Satz 1 EUV den nationalen Parlamenten **übermittelt**. Wird eine solche Initiative von **einem nationalen Parlament** binnen sechs Monaten nach Übermittlung **abgelehnt**, so wird der Änderungsakt nach Art. 48 Abs. 7 UAbs. 3 Satz 2 EUV nicht erlassen. Da hierbei nach EU-Recht formal nicht die Mitgliedstaaten beteiligt werden, sondern allein der Europäische Rat, war eine ausdrückliche

---

27. März 2013, KOM (2013) 173 endg., dazu *Hölscheidt*, in: Grabitz/Hilf/Nettesheim, EU, Art. 12 EUV (September 2013), Rn. 65.

[117] Das entsprechende Ratsdokument 14713/15 – LIMITE ist nicht veröffentlicht worden, doch ergeben sich Hinweise auf den Inhalt aus Deutscher Bundestag, Status der Parlamentarischen Kontrolle unter der neuen Europol-Verordnung, PE 6–3000–174/15, S. 10, wonach Informationsrechte und die Übermittlung des Jahresberichts vorgesehen sind.

[118] vgl. *Hölscheidt*, in: Grabitz/Hilf/Nettesheim, EU, Art. 12 EUV (September 2013), Rn. 66; *Bieber*, in: GSH, Europäisches Unionsrecht, Art. 12 EUV, Rn. 19.

[119] Siehe *Hölscheidt*, in: Grabitz/Hilf/Nettesheim, EU, Art. 12 EUV (September 2013), Rn. 66.

[120] So aber *Hölscheidt*, in: Grabitz/Hilf/Nettesheim, EU, Art. 12 EUV (September 2013), Rn. 67; *Bieber*, in: GSH, Europäisches Unionsrecht, Art. 12 EUV, Rn. 19 a. E.

[121] *Hölscheidt*, in: Grabitz/Hilf/Nettesheim, EU, Art. 12 EUV (September 2013), Rn. 68.

[122] *Hölscheidt*, in: Grabitz/Hilf/Nettesheim, EU, Art. 12 EUV (September 2013), Rn. 69 f.; *Calliess*, in: Calliess/Ruffert, EUV/AEUV, Art. 12 EUV, Rn. 49; *Huber*, in: Streinz, EUV/AEUV, Art. 12 EUV, Rn. 11 f.

[123] *Hölscheidt*, in: Grabitz/Hilf/Nettesheim, EU, Art. 12 EUV (September 2013), Rn. 70; vgl. auch *Calliess*, in: Calliess/Ruffert, EUV/AEUV, Art. 12 EUV Rn. 49; *Huber*, in: Streinz, EUV/AEUV, Art. 12 EUV Rn. 13 f.

[124] *Hölscheidt*, in: Grabitz/Hilf/Nettesheim, EU, Art. 12 EUV (September 2013), Rn. 71.

[125] Dazu *Hölscheidt*, in: Grabitz/Hilf/Nettesheim, EU, Art. 12 EUV (September 2013), Rn. 72; *Huber*, in: Streinz, EUV/AEUV, Art. 12 EUV, Rn. 18.

Aufnahme eines Vetorechts nationaler Parlamente notwendig, um diese insofern nicht schlechter als bei einer sonstigen Vertragsänderung zu stellen. Dieses **Vetorecht** wurde im deutschen Recht in § 10 IntVG verankert.[126] Trotz dieser Vetomacht jedes einzelnen Parlaments bzw. sogar jeder einzelnen Kammer[127] wird die Position der Mitgliedstaaten im Rahmen des Art. 48 Abs. 7 EUV teilweise für geschwächt erachtet.[128] Das deutsche Bundesverfassungsgericht ist insofern der Ansicht, das Vetorecht nach Art. 48 Abs. 7 UAbs. 3 EUV sei »**kein ausreichendes Äquivalent** zum Ratifikationsvorbehalt«, weshalb in **Deutschland** zur Zustimmung ein **Gesetz** im Sinne des Art. 23 Abs. 1 GG erforderlich sei.[129] Die Umsetzung dieser Vorgabe erfolgte in § 4 IntVG.[130]

Bei sämtlichen Arten von Vertragsänderungen ist in **Deutschland** darüber hinaus § 9   **40** EUZBBG zu beachten, wonach die Bundesregierung den Bundestag auf sein **Recht zur Stellungnahme** nach § 8 EUZBBG **hinzuweisen** hat und vor der endgültigen Entscheidung im Rat oder Europäischen Rat **Einvernehmen** mit dem Bundestag **herstellen** soll.[131]

6. Unterrichtung über Beitrittsanträge (Buchst. e)

Die **Unterrichtungspflicht** über **Beitrittsanträge** in Buchstabe e) verweist auf Art. 49   **41** Abs. 1 Satz 2 EUV.[132] Die Vorschrift wurde durch den Lissabon-Vertrag **neu** eingefügt.[133] Die Unterrichtungspflicht entsteht im Zeitpunkt der Beitrittsgesuchstellung.[134] Adressat der Unterrichtungspflicht ist der Rat.[135] Die **Umsetzung in Deutschland** ist in § 9 Abs. 1 Nr. 1, Abs. 2 EUZBBG für den Bundestag und in Anlage (zu § 9) Abs. VII Nr. 2 EUZBLG erfolgt.[136]

Über Art. 12 Buchst. e EUV hinaus haben die nationalen Parlamente insofern erhebli-   **42** chen Einfluss, als ein Beitritt gem. Art. 49 Abs. 2 Satz 2 EUV die **Ratifikation** durch die Mitgliedstaaten nach ihrem nationalen Verfassungsrecht – und damit in nach der derzeitigen Rechtslage **durch die nationalen Parlamente** – erfordert.[137]

7. Beteiligung an der interparlamentarischen Zusammenarbeit (Buchst. f)

Buchstabe f) verweist zur **interparlamentarischen Zusammenarbeit** auf das Protokoll   **43** Nr. 1 (Parlamenteprotokoll) zum EUV. Die Zusammenarbeit wird nach Art. 9 **Parlamenteprotokoll** gemeinsam vom Europäischen Parlament und den nationalen Parlamenten geregelt. In der Literatur wird dieser Bestimmung vereinzelt lediglich eine sym-

---

[126] Dazu *Hölscheidt*, in: Grabitz/Hilf/Nettesheim, EU, Art. 12 EUV (September 2013), Rn. 77.

[127] *Huber*, in: Streinz, EUV/AEUV, Art. 12 EUV, Rn. 19.

[128] *Hölscheidt*, in: Grabitz/Hilf/Nettesheim, EU, Art. 12 EUV (September 2013), Rn. 75; *Huber*, in: Streinz, EUV/AEUV, Art. 12 EUV, Rn. 20; jeweils unter Verweis auf das Lissabon-Urteil des BVerfG. Anders *Kaufmann-Bühler*, in: Lenz/Borchardt, EU-Verträge, Art. 12 EUV, Rn. 17.

[129] BVerfGE 123, 267, Rn. 319; dazu *Calliess*, in: Calliess/Ruffert, EUV/AEUV, Art. 12 EUV, Rn. 50, 52; *Kaufmann-Bühler*, in: Lenz/Borchardt, EU-Verträge, Art. 12 EUV, Rn. 18.

[130] Dazu *Hölscheidt*, in: Grabitz/Hilf/Nettesheim, EU, Art. 12 EUV (September 2013), Rn. 76.

[131] Vgl. *Hölscheidt*, in: Grabitz/Hilf/Nettesheim, EU, Art. 12 EUV (September 2013), Rn. 67.

[132] *Bieber*, in: GSH, Europäisches Unionsrecht, Art. 12 EUV, Rn. 13, hält die Vorschrift für überflüssig, da sich die Unterrichtungspflicht schon aus Buchstabe a) ergebe.

[133] *Hölscheidt*, in: Grabitz/Hilf/Nettesheim, EU, Art. 12 EUV (September 2013), Rn. 78.

[134] *Kaufmann-Bühler*, in: Lenz/Borchardt, EU-Verträge, Art. 12 EUV, Rn. 19; *Huber*, in: Streinz, EUV/AEUV, Art. 12 EUV, Rn. 24.

[135] *Huber*, in: Streinz, EUV/AEUV, Art. 12 EUV, Rn. 24.

[136] Dazu *Huber*, in: Streinz, EUV/AEUV, Art. 12 EUV, Rn. 25.

[137] Vgl. *Huber*, in: Streinz, EUV/AEUV, Art. 12 EUV, Rn. 26.

bolische Bedeutung attestiert.[138] Diese Kritik vermag nicht zu überzeugen. Zutreffend ist zwar, dass die nationalen Parlamente von sich aus eine Kooperation mit dem Europäischen Parlament suchen können, doch ist dieses nach Art. 9 EUV an das **Gebot demokratischer Gleichbehandlung** gebunden. Es kann somit nicht einzelne Parlamente privilegieren, sondern muss mit allen zusammenarbeiten. Die ausdrückliche Erwähnung des Parlamenteprotokolls in Art. 12 Buchst. f EUV spricht dafür, dass etwaige Änderungen bzw. Fortentwicklungen in der Zusammenarbeit verbindlich über Novellierungen dieses Rechtsinstruments laufen müssen. B

44   Bei der interparlamentarischen Zusammenarbeit wird zwischen der **vertikalen Zusammenarbeit** zwischen dem Europäischen Parlament und den nationalen Parlamenten sowie der **horizontalen Zusammenarbeit** der nationalen Parlamente untereinander unterschieden.[139] Die vertikale interparlamentarische Zusammenarbeit war vor Einführung der Direktwahl zum Europäischen Parlament darüber gesichert, dass die Mitglieder des Europäischen Parlaments aus den nationalen Parlamenten entsandt wurden (Art. 138 Abs. 1 EWGV).[140] Nach dem Wegfall dieses sog. obligatorischen Doppelmandats entstand aus den nationalen Parlamenten heraus der Wunsch, die Zusammenarbeit zu **institutionalisieren**.[141] In der **Erklärung Nr. 14 zum Maastricht-Vertrag**[142] wurden das Europäische Parlament und die nationalen Parlamente ersucht, als Konferenz der Parlamente (»assises«) zusammenzutreten. Diese Assises traten jedoch nach 1990 nicht wieder zusammen und werden im Vertrag von Lissabon nicht mehr erwähnt.[143]

45   In Art. 10 Parlamenteprotokoll ist stattdessen die Einrichtung einer **Konferenz der Europa-Ausschüsse der Parlamente** vorgesehen, die Beiträge an Europäisches Parlament, Rat und Kommission richten kann. Hierbei handelt es sich um die »Conférence des organes spécialisés en affaires communautaires« (**COSAC**).[144] Die Beiträge der COSAC sind **rechtlich nicht bindend**, Art. 10 Satz 4 Parlamenteprotokoll.[145] Sie können zu sämtlichen Themen erfolgen; die Nennung der GASP in Art. 10 Satz 3 Parlamenteprotokoll ist nur beispielhaft (»insbesondere«).[146] Die COSAC wird in der Literatur sehr **unterschiedlich bewertet**. Einige Autoren sehen die Gefahr einer Schwächung der nationalen Europaausschüsse.[147] Auch fehle es der COSAC an Infrastruktur und die nur halbjährlichen Treffen verhinderten einen effektiven Meinungsaustausch.[148] Nach An-

---

[138] *Hölscheidt*, in: Grabitz/Hilf/Nettesheim, EU, Art. 12 EUV (September 2013), Rn. 79.

[139] *Hölscheidt*, in: Grabitz/Hilf/Nettesheim, EU, Art. 12 EUV (September 2013), Rn. 80.

[140] Vgl. *Bieber*, in: GSH, Europäisches Unionsrecht, Art. 12 EUV, Rn. 21. Als »schwach« und faktischen Ausschluss der nationalen Parlamente bezeichnet diese Verbindung dagegen *Mayer*, Europafunktion, S. 119 f.

[141] *Bieber*, in: GSH, Europäisches Unionsrecht, Art. 12 EUV, Rn. 21.

[142] Erklärung zur Konferenz der Parlamente, ABl. 1992, C 191/101.

[143] *Bieber*, in: GSH, Europäisches Unionsrecht, Art. 12 EUV, Rn. 22. Vgl. auch *Kaufmann-Bühler*, in: Lenz/Borchardt, EU-Verträge, Art. 12 EUV, Rn. 22.

[144] Ausführlich zu dieser *Pöhl*, ZParl 1998, 77; *Hölscheidt*, in: Grabitz/Hilf/Nettesheim, EU, Art. 12 EUV (September 2013), Rn. 81 ff.; *Calliess*, in: Calliess/Ruffert, EUV/AEUV, Art. 12 EUV, Rn. 56 f.; vgl. auch *Bieber*, in: GSH, Europäisches Unionsrecht, Art. 12 EUV, Rn. 24; *Kaufmann-Bühler*, in: Lenz/Borchardt, EU-Verträge, Art. 12 EUV, Rn. 20; *Huber*, in: Streinz, EUV/AEUV, Art. 12 EUV, Rn. 46 f.

[145] Vgl. auch *Kaufmann-Bühler*, in: Lenz/Borchardt, EU-Verträge, Art. 12 EUV, Rn. 20; *Hölscheidt*, in: Grabitz/Hilf/Nettesheim, EU, Art. 12 EUV (September 2013), Rn. 89.

[146] *Groh*, S. 77, 106; ihm folgend *Hölscheidt*, in: Grabitz/Hilf/Nettesheim, EU, Art. 12 EUV (September 2013), Rn. 84.

[147] *Hölscheidt*, in: Grabitz/Hilf/Nettesheim, EU, Art. 12 EUV (September 2013), Rn. 89.

[148] *Huber*, in: Streinz, EUV/AEUV, Art. 12 EUV, Rn. 47.

sicht dieser Autoren habe sich die COSAC insgesamt nicht bewährt.[149] Andere Stimmen weisen dagegen darauf hin, dass es sich bei der COSAC um die geeignetste Form der interparlamentarischen Zusammenarbeit handele.[150] Eine weitere Institutionalisierung der COSAC erscheint momentan jedenfalls nicht als wahrscheinlich.[151]

Als weitere Kooperationsformen neben der COSAC zu nennen sind u. a. die **Konfe-**   **46** **renzen der Parlamentspräsidenten**, die **Vereinigung der Senate Europas**, die **Gemischten Parlamentarischen Ausschüsse** sowie die **ständigen interparlamentarischen Delegationen** des Europäischen Parlaments und die **interparlamentarischen Treffen**.[152] Von der Möglichkeit nach Art. 130 Abs. 2 Geschäftsordnung EP, die Bereitstellung von Einrichtungen für die nationalen Parlamente der Mitgliedstaaten auf der Grundlage der Gegenseitigkeit auszuhandeln, wurde bislang kein Gebrauch gemacht.[153] Der **Deutsche Bundestag** unterhält erst seit 2007 ein Verbindungsbüro in Brüssel.[154]

---

[149] *Schulz*, Mitwirkung, S. 200; *Huber*, in: Streinz, EUV/AEUV, Art. 12 EUV, Rn. 47; *Hölscheidt*, in: Grabitz/Hilf/Nettesheim, EU, Art. 12 EUV (September 2013), Rn. 89.

[150] *Kaufmann-Bühler*, in: Lenz/Borchardt, EU-Verträge, Art. 12 EUV, Rn. 22; vgl. auch *Calliess*, in: Calliess/Ruffert, EUV/AEUV, Art. 12 EUV, Rn. 54: »am breitesten verfestigte Form der Zusammenarbeit der Parlamente«.

[151] Kritisch zur Einrichtung eines neuen Unionsorgans ist der Deutsche Bundestag, BT-Drs. 13/9913, BT-Plenarprotokoll 13/222, S. 20291; *Mayer*, S. 551 ff., 553, 555 f.

[152] Ausführlich *Hölscheidt*, in: Grabitz/Hilf/Nettesheim, EU, Art. 12 EUV (September 2013), Rn. 90 ff.; *Calliess*, in: Calliess/Ruffert, EUV/AEUV, Art. 12 EUV, Rn. 58 ff.

[153] *Bieber*, in: GSH, Europäisches Unionsrecht, Art. 12 EUV, Rn. 23 a. E.

[154] *Hölscheidt*, in: Grabitz/Hilf/Nettesheim, EU, Art. 12 EUV (September 2013), Rn. 101.

Titel III
Bestimmungen über die Organe

Artikel 13   EUV [Organe der Union]

(1) Die Union verfügt über einen institutionellen Rahmen, der zum Zweck hat, ihren Werten Geltung zu verschaffen, ihre Ziele zu verfolgen, ihren Interessen, denen ihrer Bürgerinnen und Bürger und denen der Mitgliedstaaten zu dienen sowie die Kohärenz, Effizienz und Kontinuität ihrer Politik und ihrer Maßnahmen sicherzustellen.

Die Organe der Union sind
- das Europäische Parlament,
- der Europäische Rat,
- der Rat,
- die Europäische Kommission (im Folgenden »Kommission«),
- der Gerichtshof der Europäischen Union,
- die Europäische Zentralbank,
- der Rechnungshof.

(2) ¹Jedes Organ handelt nach Maßgabe der ihm in den Verträgen zugewiesenen Befugnisse nach den Verfahren, Bedingungen und Zielen, die in den Verträgen festgelegt sind. ²Die Organe arbeiten loyal zusammen.

(3) Die Bestimmungen über die Europäische Zentralbank und den Rechnungshof sowie die detaillierten Bestimmungen über die übrigen Organe sind im Vertrag über die Arbeitsweise der Europäischen Union enthalten.

(4) Das Europäische Parlament, der Rat und die Kommission werden von einem Wirtschafts- und Sozialausschuss sowie einem Ausschuss der Regionen unterstützt, die beratende Aufgaben wahrnehmen.

Literaturübersicht

Bieber, Der neue institutionelle Rahmen, in: Fastenrath/Nowak (Hrsg.), Der Lissabonner Reformvertrag – Änderungsimpulse in einzelnen Rechts- und Politikbereichen, 2009, S. 47; *Borowsky*, Wertegemeinschaft Europa, DRiZ 2001, 275; *Calliess*, Europa als Wertegemeinschaft – Integration und Identität durch europäisches Verfassungsrecht, JZ 2004, 1033; *ders.*, Die neue Europäische Union nach dem Vertrag von Lissabon – Ein Überblick über die Reformen unter Berücksichtigung ihrer Implikationen für das deutsche Recht, 2010; *Chamon*, Les agences de l'Union européenne: origines, état des lieux et défis, CDE 2015, 293; *ders.*, The Institutional Balance, an Ill-Fated Principle of EU Law?, EPL 21 (2015), 371; *ders.*, Upholding the »Community Method«: Limits to the Commission's Power to Withdraw Legislative Proposals – Council v Commission (C–409/13), E.L.Rev. 40 (2015), 895; *Chiti*, The Emergence of a Community Administration: The Case of European Agencies, CMLRev. 37 (2000), 309; *Chiti*, Decentralisation and Integration into the Community Administrations: A New Perspective on European Agencies, ELJ 10 (2004), 402; *Chiti*, An Important Part of the EU's Institutional Machinery: Features, Problems and Perspectives of European Agencies, CMLRev. 46 (2009), 1395; v. *Danwitz*, Europäisches Verwaltungsrecht, 2008; *Decker*, Die Organe der Europäischen Gemeinschaften und der EU, JuS 1995, 883; *Dederer*, Zur Gewaltenteilung in der Union: Checks and Balances, institutionelles Gleichgewicht oder Konfusion?, in: Hofmann/Naumann (Hrsg.), Europäische Demokratie in guter Verfassung?, 2010, S. 89; *Deutelmoser*, Kennt das Initiativrecht der Europäischen Kommission keine Grenzen?, NVwZ 2015, 1577; *Everson*, The ‚dark hour' of the executive?, in: Hofmann/Türk (Hrsg.), Legal Challenges in EU Administrative Law – Towards an Integrated Administration, 2009, S. 116; *Ferber*, Die demokratische Dynamik des Europäischen Parlaments – Rolle und Kompetenzen nach dem Vertrag von Lissabon, in: Rill (Hrsg.), Die Dynamik der europäischen Institutionen, 2011, S. 7; *Fischer-Appelt*, Agenturen der Europäischen Gemeinschaft –

Eine Studie zu Rechtsproblemen, Legitimation und Kontrolle europäischer Agenturen mit interdisziplinären und rechtsvergleichenden Bezügen, 1999; *Görisch*, Die Agenturen der Europäischen Union, Jura 2012, 42; *Goeters*, Das institutionelle Gleichgewicht – seine Funktion und Ausgestaltung im Europäischen Gemeinschaftsrecht, 2008; *Griller/Orator*, Everything under control? The »way forward« for European agencies in the footsteps of the Meroni doctrine, E.L.Rev. 35 (2010), 3; *Häde*, Die Wirtschafts- und Währungsunion im Vertrag von Lissabon, EuR 2009, 200; *Hanisch/Eisenhut*, Der Vertrag von Lissabon und seine Begleitgesetze: Auswirkungen für Kommunen und Landesparlamente im Hinblick auf den europäischen Rechtsetzungsprozess, BayVBl. 2010, 204; *Haroche*, Le président du conseil européen: histoire d'un myth constitutionnel, RMC 2010, 277; *Hayder*, Der Europäische Wirtschafts- und Sozialausschuss (EWSA) – eine unterschätzte EU-Institution, EuZW 2010, 171; *Herdegen*, Die Europäische Union als Wertegemeinschaft: aktuelle Herausforderungen, FS Scholz, 2007, S. 139; *Herrmann*, Der Vertrag von Lissabon – Ein Überblick, Jura 2010, 161; *Hilf*, Die Organisationsstruktur der Europäischen Gemeinschaften, 1982; *Hix*, Das institutionelle System im Konventsentwurf eines Vertrags über eine Verfassung für Europa – Der Ministerrat und der Europäische Rat, in: Schwarze (Hrsg.), Der Verfassungsentwurf des Europäischen Konvents – Verfassungsrechtliche Grundstrukturen und wirtschaftsverfassungsrechtliches Konzept, 2004, S. 75; *Höreth*, Die EU-Organe nach dem Vertrag von Lissabon, in: Marchetti/Demesmay (Hrsg.), Der Vertrag von Lissabon – Analyse und Bewertung, 2010, S. 167; *Hofmann/Morini*, The Pluralisation of EU Executive – Constitutional Aspects of »Agencification«, E.L.Rev. 37 (2012), 419; *Hofmann/Rowe/Türk*, Administrative Law and Policy of the European Union, 2011; *Holterhus/Kornack*, Die materielle Struktur der Unionsgrundwerte – Auslegung und Anwendung des Art. 2 EUV im Lichte aktueller Entwicklungen in Rumänien und Ungarn, EuGRZ 2014, 389; *Huber*, Das institutionelle Gleichgewicht zwischen Rat und Europäischem Parlament in der künftigen Verfassung für Europa, EuR 2003, 574; *Hummer*, Das »institutionelle Gleichgewicht« als Strukturdeterminante der europäischen Gemeinschaften, FS Verdross, 1980, S. 459; *ders.*, From ‚Interinstitutional Agreements' to ‚Interinstitutional Agencies/ Offices'?, ELJ 13 (2007), 47; *Isak*, Institutionelle Ausgestaltung der Europäischen Union, in: Hummer/ Obwexer (Hrsg.), Der Vertrag von Lissabon, 2009, S. 133; *Jacqué*, Der Vertrag von Lissabon – neues Gleichgewicht oder institutionelles Sammelsurium?, integration 2010, 103; *Joas/Mandry*, Europa als Werte- und Kulturgemeinschaft, in: Schuppert/Pernice/Haltern (Hrsg.), Europawissenschaft, 2005, S. 541; *Kilb*, Europäische Agenturen und ihr Personal – die großen Unbekannten?, EuZW 2006, 268; *Kment*, Das Eigenverwaltungsrecht der Europäischen Union, JuS 2011, 211; *Kovar*, La Commission est en droit de retirer une proposition législative qu'elle ne reconnaît plus comme sienne, CDE 51 (2015), 349; *Kramer/Hinrichsen*, Die Europäische Zentralbank, JuS 2015, 673; *Krapohl*, Credible Commitment in Non-Independent Regulatory Agencies: A Comparative Analysis of the European Agencies for Pharmaceuticals and Foodstuffs, ELJ 10 (2004), 518; *Kühling*, Die Zukunft des Europäischen Agentur(un)wesens – oder: Wer hat Angst vor Meroni?, EuZW 2008, 129; *Läufer*, die Organe der EG – Rechtsetzung und Haushaltsverfahren zwischen Kooperation und Konflikt, 1990; *Lenski*, Rat und Europäischer Rat nach dem Vertrag von Lissabon (Reformvertrag), in: Pernice (Hrsg.), Der Vertrag von Lissabon: Reform der EU ohne Verfassung?, 2008, S. 99; *Mandry*, Europa als Wertegemeinschaft – Eine theologisch-ethische Studie zum politischen Selbstverständnis der Europäischen Union, 2009; *Manger-Nestler*, EU-Agenturen als Ausdruck des europäischen Demokratiemangels?, ZEuS 2015, 315; *Martens*, Wirtschafts- und Währungsunion, in: Hummer/Obwexer (Hrsg.), Der Vertrag von Lissabon, Baden-Baden 2009, S. 343; *Maruhn*, Politisierung, Differenzierung und Parlamentarisierung – Wirtschaft, Währung und Haushalt im Vertrag von Lissabon, in: Weidenfeld (Hrsg.), Lissabon in der Analyse – Der Reformvertrag der Europäischen Union, 2008, S. 115; *Michel*, Institutionelles Gleichgewicht und EU-Agenturen – Eine Analyse unter besonderer Berücksichtigung der European Banking Authority, 2015; *Möllers*, Gewaltengliederung: Legitimation und Dogmatik im nationalen und internationalen Rechtsvergleich, 2005; *Monar*, Interinstitutional Agreements: The Phenomenon and its New Dynamics after Maastricht, CMLRev. 31 (1994), 693; *Noël*, Die Organe der Europäischen Gemeinschaft, 1988; *Obwexer*, Aufbau, Systematik, Struktur und tragende Grundsätze des Vertrags von Lissabon, in: Hummer/Obwexer (Hrsg.), Der Vertrag von Lissabon, 2009, S. 95; *Odendahl*, Die Organe der EU, JA 1995, 121; *Pache/Rösch*, Der Vertrag von Lissabon, NVwZ 2008, 473; *Pechstein*, Die neue Subsidiaritätsklage: Die Interessen nationaler Parlamente in der Hand des EuGH, in: *ders.* (Hrsg.), Integrationsverantwortung, 2012 (Schriften des Frankfurter Instituts für das Recht der Europäischen Union, Bd. 2), S. 135; *Přibáň*, Desiring a Democratic European Polity: The European Union Between the Constitutional Failure and the Lisbon Treaty, in: Blanke/Mangiameli (Hrsg.), The European Union after Lisbon – Constitutional Basis, Economic Order and External Action, 2012, S. 71; *Priebe*, Agenturen der Europäischen Union – Europäische Verwaltung durch eigenständige Behörden, EuZW 2015, 268; *Remmert*, Die Gründung von Einrichtungen der mittelbaren

Gemeinschaftsverwaltung, EuR 2003, 134; *Rensmann*, Grundwerte im Prozeß der europäischen Konstitutionalisierung. Anmerkungen zur Europäischen Union als Wertegemeinschaft, in: Blumenwitz (Hrsg.), Die Europäische Union als Wertegemeinschaft, 2005, S. 49; *Ruffert*, Institutionen, Organe und Kompetenzen, EuR-Beih. 1/2009, 31; *ders.*, Personality under EU Law: A Conceptual Answer towards the Pluralisation of the EU, ELJ 20 (2014), 346; *Schmidt-Aßmann*, Perspektiven der Europäisierung des Verwaltungsrechts, Die Verwaltung Beih. 10 (2010), 263; *Scholz*, Das institutionelle System im Entwurf eines Vertrages über eine Verfassung für Europa, in: Schwarze (Hrsg.), Der Verfassungsentwurf des Europäischen Konvents – Verfassungsrechtliche Grundstrukturen und wirtschaftsverfassungsrechtliches Konzept, 2004, S. 101; *Schoo*, Das institutionelle System aus der Sicht des Europäischen Parlaments, in: Schwarze (Hrsg.), Der Verfassungsentwurf des Europäischen Konvents – Verfassungsrechtliche Grundstrukturen und wirtschaftsverfassungsrechtliches Konzept, 2004, S. 63; *ders.*, Das neue institutionelle Gefüge der EU, EuR-Beih. 1/2009, 51; *Schröder*, Neuerungen im Rechtsschutz der Europäischen Union durch den Vertrag von Lissabon, DÖV 2009, 61; *Schwarze*, Der Reformvertrag von Lissabon – Wesentliche Elemente des Reformvertrages, EuR-Beih. 1/2009, 9; *Seeger*, Die Institutionen- und Machtarchitektur der Europäischen Union mit dem Vertrag von Lissabon, in: Weidenfeld (Hrsg.), Lissabon in der Analyse – Der Reformvertrag der Europäischen Union, 2008, S. 63; *Shirvani*, New Public Management und europäische Agenturen: Transparenzfragen bei der Modernisierung der Verwaltungsorganisation, DÖV 2008, 1; *Simoncini*, The Erosion of the Meroni Doctrine: The Case of the European Aviation Safety Agency, EPL 21 (2015), 309; *Speer*, Die Europäische Union als Wertegemeinschaft, DÖV 2001, 980; *Sydow*, Externalisierung und institutionelle Ausdifferenzierung – Kritik der Organisationsreformen in der EU-Eigenadministration, VerwArch 97 (2006), 1; *Uerpmann*, Mittelbare Gemeinschaftsverwaltung durch gemeinschaftsgeschaffene juristische Personen des öffentlichen Rechts, AöR 125 (2000), 551; *Vetter*, Die Kompetenzen der Gemeinschaft zur Gründung von unabhängigen europäischen Agenturen, DÖV 2005, 721; *Winter*, Institutionelle Strukturen der EU, DÖV 1993, 173; *Wittinger*, »Europäische Satelliten«: Anmerkungen zum Europäischen Agentur(un)wesen und zur Vereinbarkeit Europäischer Agenturen mit dem Gemeinschaftsrecht, EuR 2008, 609; *Zuleeg*, Die Organisationsstruktur der EU, EuR-Beih. 2/1998, 151.

Leitentscheidungen

EuGH, Urt. v. 13.6.1958, Rs. 9/56 (Meroni I), Slg. 1958, 9
EuGH, Urt. v. 13.6.1958, Rs. 10/56 (Meroni II), Slg. 1958, 51
EuGH, Urt. v. 29.10.1980, Rs. 138/79 (Roquette Frères/Rat), Slg. 1980, 3333
EuGH, Urt. v. 3.7.1986, Rs. 34/86 (Rat/Europäisches Parlament), Slg. 1986, 2155
EuGH, Urt. v. 27.9.1988, Rs. 204/86 (Griechenland/Rat), Slg. 1988, I–5323
EuGH, Urt. v. 30.3.1995, Rs. C–65/93 (Europäisches Parlament/Rat), Slg. 1995, I–643
EuGH, Urt. v. 5.7.1995, Rs. C–21/94 (Europäisches Parlament/Rat), Slg. 1995, I–1827
EuGH, Urt. v. 26.5.2005, Rs. C–301/02 P (Tralli), Slg. 2005, I–4071
EuGH, Urt. v. 2.5.2006, Rs. C–217/04 (Vereinigtes Königreich/Europäisches Parlament und Rat), Slg. 2006, I–3771
EuGH, Urt. v. 6.5.2008, Rs. C–133/06 (Europäisches Parlament/Rat), Slg. 2008, I–3189
EuGH, Urt. v. 22.1.2014, Rs. C–270/12 (Vereinigtes Königreich/Europäisches Parlament und Rat), ECLI:EU:C:2014:18
EuGH, Gutachten 2/13 v. 18.12.2014 (EMRK-Beitritt II), ECLI:EU:C:2014:2454
EuGH, Urt. v. 14.4.2015, Rs. C–409/13 (Rat/Kommission), ECLI:EU:C:2015:217

Inhaltsübersicht

A. Überblick

Der im Wesentlichen aus ex-Art. 7 EGV i. V. m. den Art. 3 und 5 EUV a. F. hervorge- **1**
gangene Art. 13 EUV ist die erste der insgesamt sieben »Bestimmungen über die Organe«, die sich in TITEL III des EU-Vertrags befinden. Während sich die in diesem
Vertragstitel untergebrachten Art. 14–19 EUV mit einigen grundlegenden Details im
Zusammenhang mit dem Europäischen Parlament, dem Europäischen Rat, dem Rat, der
Kommission, dem Hohen Vertreter der Union für die Außen- und Sicherheitspolitik
sowie dem Gerichtshof der Europäischen Union befassen, kann Art. 13 EUV mit Blick
auf seine nachfolgend anzusprechenden Regelungsgehalte (B.) gewissermaßen als die
Grundnorm des institutionellen Systems der Union[1] bezeichnet werden, die das in frü-
heren Entwicklungsphasen der europäischen Integration (s. Art. 1 EUV, Rn. 17 ff.) entstandene und Schritt für Schritt fortgebildete Organisationsmodell der Europäischen
Union und der damaligen Europäischen Gemeinschaft[2] nicht gravierend verändert.[3]

B. Regelungsgehalte der Norm

Als Grundnorm des institutionellen Systems der Union erweist sich Art. 13 EUV inso- **2**
weit, als diese Bestimmung zum einen den institutionellen Rahmen der Union konturiert
(I.) und in diesem Zusammenhang im Sinne einer partiellen Neuordnung der unionalen
Organstruktur zugleich definiert, welche Einrichtungen zu den Organen dieser Union
gehören (II.) und in welchem Verhältnis diese Unionsorgane zueinander stehen bzw.
durch welche Kerngrundsätze der unionalen Organordnung dieses Verhältnis geprägt
wird (III.). Zum anderen stellt diese Bestimmung klar, welche Unionsorgane von den
beiden beratenden Einrichtungen in konkreter Gestalt des Wirtschafts- und Sozialausschusses sowie des Ausschusses der Regionen unterstützt werden (IV.).

---

[1] Zu dieser durchaus verbreiteten Charakterisierung des Art. 13 EUV vgl. auch *Calliess*, in: Cal-
liess/Ruffert, EUV/AEUV, Art. 13 EUV, Rn. 1; *Epping*, in: Vedder/Heintschel v. Heinegg, Europäisches Unionsrecht, Art. 13 EUV, Rn. 5; *Streinz*, in: Streinz, EUV/AEUV, Art. 13 EUV, Rn. 2.

[2] Zur Entwicklung und zur Struktur des hier in Rede stehenden Organisationsmodells vgl. *Dann*,
in: v. Bogdandy/Bast, Europäisches Verfassungsrecht, S. 335 ff.; *Decker*, JuS 1995, 883 ff.; *Hilf*, Die
Organisationsstruktur der Europäischen Gemeinschaften, pass.; *Hix*, S. 75 ff.; *Läufer*, pass.; *Lenski*,
S. 99 ff.; *Noël*, pass.; *Odendahl*, JA 1995, 121 ff.; *Ruffert*, EuR-Beih. 1/2009, 31; *Scholz*, S. 101 ff.;
Schoo, Das institutionelle System aus der Sicht des Europäischen Parlaments, S. 63 ff.; *ders.*, EuR-
Beih. 1/2009, 51; *Winter*, DÖV 1993, 173; *Zuleeg*, EuR-Beih. 2/1998, 151.

[3] In diesem zutr. Sinne vgl. auch *Epping*, in: Vedder/Heintschel v. Heinegg, Europäisches Unionsrecht, Art. 13 EUV, Rn. 4; *Jacqué*, in: GSH, Europäisches Unionsrecht, Art. 13 EUV, Rn. 1.

I. Existenz und Zwecke eines institutionellen Rahmens der Union

3   Nach Art. 13 Abs. 1 UAbs. 1 EUV verfügt die Union über einen institutionellen Rahmen,[4] der zunächst einmal alle in Art. 13 EUV genannten **Organe** (s. Rn. 7 ff.) und **Ausschüsse** (s. Rn. 19 ff.) einschließt. Dieser institutionelle Rahmen beschränkt sich jedoch nicht allein auf die vorgenannten Organe und Ausschüsse; vielmehr werden hiervon auch **alle sonstigen Einrichtungen und Stellen der Union** erfasst,[5] zu denen zum einen einige in den Verträgen genannte Einrichtungen, Ausschüsse und Posten etwa in Gestalt des Hohen Vertreters für Außen- und Sicherheitspolitik (s. Art. 18 EUV, Rn. 1 ff.), des in Art. 20 Abs. 2 Buchst. d AEUV, Art. 228 AEUV und Art. 43 GRC angesprochenen Europäischen Bürgerbeauftragten, des Politischen und Sicherheitspolitischen Komitees (s. Art. 38 EUV, Rn. 1 ff.), der in Art. 42 Abs. 3 EUV genannten und bereits durch die Gemeinsame Aktion 2004/551/GASP des Rates vom 12. 7. 2004 über die Einrichtung der Europäischen Verteidigungsagentur[6] errichtete *European Defence Agency* (EDA) mit Sitz in Brüssel, der Europäischen Investitionsbank (s. Art. 308 AEUV, Rn. 1 ff.), der durch den Beschluss 2002/187/JI des Rates vom 28. 2. 2002 über die Errichtung von Eurojust zur Verstärkung der Bekämpfung der schweren Kriminalität[7] errichteten Stelle für justizielle Zusammenarbeit der EU-Mitgliedstaaten namens *Eurojust* (s. Art. 85 AEUV, Rn. 1 ff.) mit Sitz in Den Haag sowie in Gestalt des maßgeblich auf dem Beschluss 2009/371/JI des Rates vom 6. 4. 2009 zur Errichtung des Europäischen Polizeiamtes[8] beruhenden *European Police Office* bzw. »Europol« (s. Art. 88 AEUV, Rn. 1 ff.) ebenfalls mit Sitz in Den Haag gehören.

4   Darüber hinaus schließt der in Art. 13 Abs. 1 UAbs. 1 EUV angesprochene institutionelle Rahmen auch die auf der Grundlage der Verträge geschaffenen Einrichtungen ein. Hierzu zählen insbesondere die zahlreichen – teils auch als Behörden, Ämter, Stiftungen, Institute, Stellen oder Zentren bezeichneten – **Fach- und Regulierungsagenturen der Union**, zu denen neben dem *European Centre for the Development of Vocational Training*[9] mit Sitz in Thessaloniki, der *European Foundation for the Improvement of Living and Working Conditions*[10] mit Sitz in Dublin, der Europäischen Umweltagentur[11]

---

[4] Abweichend davon vgl. aber den achten Absatz der EUV-Präambel, wo von einem »einheitlichen institutionellen Rahmen« die Rede ist; kritisch zum unscharfen Begriff des institutionellen Rahmens vgl. *Bieber*, S. 47 (51); *Nettesheim*, in: Grabitz/Hilf/Nettesheim, EU, Art. 13 EUV (Januar 2015), Rn. 86.

[5] In diesem Sinne vgl. auch *Geiger*, in: Geiger/Khan/Kotzur, EUV/AEUV, Art. 13 EUV, Rn. 1; *Streinz*, in: Streinz, EUV/AEUV, Art. 13 EUV, Rn. 8; anders offenbar *Calliess*, in: Calliess/Ruffert, EUV/AEUV, Art. 13 EUV, Rn. 4, wonach die in Art. 13 Abs. 2 EUV genannten Organe den hier in Rede stehenden institutionellen Rahmen bilden würden. Ferner vgl. in diesem Kontext EuGH, Gutachten 2/13 v. 18. 12. 2014 (EMRK-Beitritt II), ECLI:EU:C:2014:2454, Rn. 165, wonach dieser institutionelle Rahmen in den Art. 13–19 EUV festgelegt sei.

[6] ABl. 2004, L 245/17.

[7] ABl. 2002, L 63/1.

[8] ABl. 2009, L 121/37.

[9] Vgl. dazu insbesondere die Verordnung (EWG) Nr. 337/75 des Rates vom 10. 2. 1975 über die Errichtung eines Europäischen Zentrums für die Förderung der Berufsbildung, ABl. 1975 L 39/1.

[10] Vgl. dazu insbesondere die Verordnung (EWG) Nr. 1365/75 des Rates vom 26. 5. 1975 über die Gründung einer Europäischen Stiftung zur Verbesserung der Lebens- und Arbeitsbedingungen, ABl. 1975, L 139/1.

[11] Vgl. dazu insbesondere die Verordnung (EWG) Nr. 1210/90 des Rates vom 7. 5. 1990 zur Errichtung einer Europäischen Umweltagentur und eines Europäischen Umweltinformations- und Umweltbeobachtungsnetzes, ABl. 1990, L 120/1, sowie als kodifizierte Neufassung die Verordnung (EG) Nr. 401/2009 des Europäischen Parlaments und des Rates vom 23. 4. 2009 über die Europäische Um-

mit Sitz in Kopenhagen, der *European Training Foundation*[12] mit Sitz in Turin, der Europäischen Beobachtungsstelle für Drogen und Drogensucht[13] mit Sitz in Lissabon, dem *Office for Harmonisation in the Internal Market*[14] mit Sitz in Alicante, der Europäischen Agentur für Sicherheit und Gesundheitsschutz am Arbeitsplatz[15] mit Sitz in Bilbao, dem Gemeinschaftlichen Sortenamt bzw. dem *Community Plant Variety Office*[16] mit Sitz in Angers, dem *Translation Centre for the Bodies of the EU*[17] mit Sitz in Luxemburg, der Europäischen Stelle zur Beobachtung von Rassismus und Fremdenfeindlichkeit[18] mit Sitz in Wien, dem *European Union Institut for Security Studies*[19] mit Sitz in Paris, dem Satellitenzentrum der Europäischen Union[20] mit Sitz in Torrejón, der Europäischen Behörde für Lebensmittelsicherheit[21] mit Sitz in Parma, der Europäischen Agentur für die Sicherheit des Seeverkehrs[22] mit Sitz in Lissabon, der Europäischen Agentur für Flugsicherheit[23] mit Sitz in Köln, der *European Network and Information*

weltagentur und das Europäische Umweltinformations- und Umweltbeobachtungsnetz, ABl. 2009, L 126/13.

[12] Vgl. dazu insbesondere die Verordnung (EWG) Nr. 1360/90 des Rates vom 7. 5. 1990 zur Errichtung einer Europäischen Stiftung für Berufsbildung ABl. 1990, L 131/1.

[13] Vgl. dazu insbesondere die Verordnung (EWG) Nr. 302/93 des Rates vom 8. 2. 1993 zur Schaffung einer Europäischen Beobachtungsstelle für Drogen und Drogensucht (EBDD), ABl. 1993, L 36/1; geändert durch die Verordnung (EG) Nr. 1651/2003 des Rates vom 18. 6. 2003 zur Änderung der Verordnung (EWG) Nr. 302/93 zur Schaffung einer Europäischen Beobachtungsstelle für Drogen und Drogensucht, ABl. 2003, L 245/30; zu den vielfältigen Aufgaben dieser Agentur vgl. u. a. die kürzlich vom Rat veröffentlichte »EU-Drogenstrategie (2013–2020)«, ABl. 2012, C 402/1.

[14] Vgl. dazu insbesondere die Verordnung (EG) Nr. 40/94 des Rates vom 20. 12. 1993 über die Gemeinschaftsmarke, ABl. 1994, L 11/1.

[15] Vgl. dazu insbesondere die Verordnung (EG) Nr. 2062/94 des Rates vom 18. 7. 1994 zur Errichtung einer Europäischen Agentur für Sicherheit und Gesundheitsschutz am Arbeitsplatz, ABl. 1994, L 216/1.

[16] Vgl. dazu insbesondere die Verordnung (EG) Nr. 2100/94 des Rates vom 27. 7. 1994 über den gemeinschaftlichen Sortenschutz, ABl. 1994, L 227/1.

[17] Vgl. dazu insbesondere die Verordnung (EG) Nr. 2965/94 des Rates vom 28. 11. 1994 zur Errichtung eines Übersetzungszentrums für die Einrichtungen der Europäischen Union, ABl. 1994, L 314/1.

[18] Vgl. dazu insbesondere die Verordnung (EG) Nr. 1035/97 des Rates vom 2. 6. 1997 zur Einrichtung einer Europäischen Stelle zur Beobachtung von Rassismus und Fremdenfeindlichkeit, ABl. 1997, L 151/1.

[19] Vgl. dazu insbesondere die Gemeinsame Aktion 2001/554/GASP des Rates vom 20. 7. 2001 betreffend die Einrichtung eines Instituts der Europäischen Union für Sicherheitsstudien, ABl. 2001, L 200/1.

[20] Vgl. dazu insbesondere die Gemeinsame Aktion 2001/555/GASP des Rates vom 20. 7. 2001 betreffend die Einrichtung eines Satellitenzentrums der Europäischen Union, ABl. 2001, L 200/ 5.

[21] Vgl. dazu insbesondere die Verordnung (EG) Nr. 178/2002 des Europäischen Parlaments und des Rates vom 28. 1. 2002 zur Festlegung der allgemeinen Grundsätze und Anforderungen des Lebensmittelrechts, zur Errichtung der Europäischen Behörde für Lebensmittelsicherheit und zur Festlegung von Verfahren zur Lebensmittelsicherheit, ABl. 2002, L 31/1.

[22] Vgl. dazu insbesondere die Verordnung (EG) Nr. 1406/2002 des Europäischen Parlaments und des Rates vom 27. 6. 2002 zur Errichtung einer Europäischen Agentur für die Sicherheit des Seeverkehrs, ABl. 2002, L 208/1.

[23] Vgl. dazu insbesondere die Verordnung (EG) Nr. 1592/2002 des Europäischen Parlaments und des Rates vom 15. 7. 2002 zur Festlegung gemeinsamer Vorschriften für die Zivilluftfahrt und zur Errichtung einer Europäischen Agentur für Flugsicherheit, ABl. 2002, L 240/1, i. V. m. der (»Aufhebungs«)-Verordnung (EG) Nr. 216/2008 des Europäischen Parlaments und des Rates vom 20. 2. 2008 zur Festlegung gemeinsamer Vorschriften für die Zivilluftfahrt und zur Errichtung einer Europäischen Agentur für Flugsicherheit, zur Aufhebung der Richtlinie 91/670/EWG des Rates, der Verordnung (EG) Nr. 1592/2002 und der Richtlinie 2004/36/EG, ABl. 2008, L 79/1; zuletzt geändert durch die

Security Agency[24] mit Sitz in Heraklion, der *European Medicines Agency*[25] mit Sitz in London, dem *European Centre for Disease Prevention and Control*[26] mit Sitz in Stockholm und der *European Railway Agency*[27] mit Sitz in Valenciennes auch die *European GNSS Supervisory Authority*[28] mit Sitz in Brüssel, die *European Agency for the Management of Operational Cooperation at the External Borders*[29] – in Kurzform: FRONTEX – mit Sitz in Warschau, die European Fisheries Control Agency[30] mit Sitz in Vigo, das *European Police College*[31] mit Sitz in Bramshill, die *European Chemicals Agency*[32] mit Sitz in Helsinki, das *European Institute for Gender Equality*[33] mit Sitz in Wilna, die so genannte EU-Grundrechteagentur[34] mit Sitz in Wien, das *European Institute of Innovation and Technology*[35] mit Sitz in Budapest, die *Agency for the Cooperation of Energy Regulators*[36] mit Sitz in Ljubljana, der *Body of European Regulators for Elec-*

Verordnung (EU) Nr. 6/2013 der Kommission vom 8.1.2013 zur Änderung der Verordnung (EG) Nr. 216/2008 des Europäischen Parlaments und des Rates zur Festlegung gemeinsamer Vorschriften für die Zivilluftfahrt und zur Errichtung einer Europäischen Agentur für Flugsicherheit, zur Aufhebung der Richtlinie 91/670/EWG des Rates, der Verordnung (EG) Nr. 1592/2002 und der Richtlinie 2004/36/EG, ABl. 2013, L 4/34.

[24] Vgl. dazu insbesondere die Verordnung (EG) Nr. 460/2004 des Europäischen Parlaments und des Rates vom 10.3.2004 zur Errichtung der Europäischen Agentur für Netz- und Informationssicherheit, ABl. 2004, L 77/1.

[25] Vgl. dazu insbesondere die Verordnung (EG) Nr. 726/2004 des Europäischen Parlaments und des Rates vom 31.3.2004 zur Festlegung von Gemeinschaftsverfahren für die Genehmigung und Überwachung von Human- und Tierarzneimitteln und zur Errichtung einer Europäischen Arzneimittel-Agentur, ABl. 2004, L 136/1.

[26] Vgl. dazu insbesondere die Verordnung (EG) Nr. 851/2004 des Europäischen Parlaments und des Rates vom 21.4.2004 zur Errichtung eines Europäischen Zentrums für die Prävention und die Kontrolle von Krankheiten, ABl. 2004, L 142/1.

[27] Vgl. dazu insbesondere die Verordnung (EG) Nr. 881/2004 des Europäischen Parlaments und des Rates vom 29.4.2004 zur Errichtung einer Europäische Eisenbahnagentur, ABl. 2004, L 164/1.

[28] Vgl. dazu insbesondere die Verordnung (EG) Nr. 1321/2004 des Rates vom 12.7.2004 über die Verwaltungsorgane der europäischen Satellitennavigationsprogramme, ABl. 2004, L 246/1.

[29] Vgl. dazu insbesondere die Verordnung (EG) Nr. 2007/2004 des Rates vom 26.10.2004 zur Errichtung einer Europäischen Agentur für die operative Zusammenarbeit an den Außengrenzen der Mitgliedstaaten der Europäischen Union, ABl. 2004, L 349/1.

[30] Vgl. dazu insbesondere die Verordnung (EG) Nr. 768/2005 des Rates vom 26.4.2005 zur Errichtung einer Europäischen Fischereiaufsichtsagentur und zur Änderung der Verordnung (EG) Nr. 2847/93 zur Einführung einer Kontrollregelung für die gemeinsame Fischereipolitik, ABl. 2005, L 128/1.

[31] Vgl. dazu insbesondere den Beschluss 2005/681/JI des Rates vom 20.9.2005 zur Errichtung der Europäischen Polizeiakademie und zur Aufhebung des Beschlusses 2000/820/JI, ABl. 2005, L 256/63.

[32] Vgl. dazu insbesondere die Verordnung (EG) Nr. 1907/2006 des Europäischen Parlaments und des Rates vom 18.12.2006 zur Registrierung, Bewertung, Zulassung und Beschränkung chemischer Stoffe (REACH), zur Schaffung einer Europäischen Agentur für chemische Stoffe, zur Änderung der Richtlinie 1999/45/EG und zur Aufhebung der Verordnung (EWG) Nr. 793/93 des Rates, der Verordnung (EG) Nr. 1488/94 der Kommission, der Richtlinie 76/769/EWG des Rates sowie der Richtlinien 91/155/EWG, 93/67/EWG, 93/105/EG und 2000/21/EG der Kommission, ABl. 2006, L 396/1; berichtigte Fassung im ABl. 2007, L 136/3.

[33] Vgl. dazu insbesondere die Verordnung (EG) Nr. 1922/2006 des Europäischen Parlaments und des Rates vom 20.12.2006 zur Errichtung eines Europäischen Instituts für Gleichstellungsfragen, ABl. 2006, L 403/9.

[34] Vgl. dazu insbesondere die Verordnung (EG) Nr. 168/2007 des Rates vom 15.2.2007 zur Errichtung einer Agentur der Europäischen Union für Grundrechte, ABl. 2007, L 53/1.

[35] Vgl. dazu insbesondere die Verordnung (EG) Nr. 294/2008 des Europäischen Parlaments und des Rates vom 11.3.2008 zur Errichtung des Europäischen Innovations- und Technologieinstituts, ABl. 2008, L 97/1.

[36] Vgl. dazu insbesondere die Verordnung (EG) Nr. 713/2009 des Europäischen Parlaments und

tronic Communications[37] mit Sitz in Riga, das *European Asylum Support Office*[38] mit Sitz in Valetta, die *European Banking Authority*[39] mit Sitz in London, die Europäische Aufsichtsbehörde für das Versicherungswesen und die betriebliche Altersversorgung[40] mit Sitz in Frankfurt am Main, die *European Securities and Markets Authority*[41] mit Sitz in Paris sowie die auch als *European IT Agency* bezeichnete *European Agency for the Operational Management of large-scale IT systems in the area of freedom, security and justice*[42] mit Sitz in Tallinn gehören.

Die vorgenannten Fach- und Regulierungsagenturen der Union bilden im Verbund   5 mit verschiedenen **Exekutivagenturen**[43] der Union in Gestalt der Exekutivagentur Bildung, Audiovisuelles und Kultur,[44] der Exekutivagentur des Europäischen Forschungsrates,[45] der Exekutivagentur für das transeuropäische Verkehrsnetz,[46] der Exekutivagentur für die Forschung,[47] der Exekutivagentur für Gesundheit und Verbrau-

---

des Rates vom 13.7.2009 zur Gründung einer Agentur für die Zusammenarbeit der Energieregulierungsbehörden, ABl. 2009, L 211/1.

[37] Vgl. dazu insbesondere die Verordnung (EG) Nr. 1211/2009 des Europäischen Parlaments und des Rates vom 25.11.2009 zur Einrichtung des Gremiums Europäischer Regulierungsstellen für elektronische Kommunikation (GEREK) und des Büros, ABl. 2009, L 337/1.

[38] Vgl. dazu insbesondere die Verordnung (EU) Nr. 439/2010 des Europäischen Parlaments und des Rates vom 19.5.2010 zur Einrichtung eines Europäischen Unterstützungsbüros für Asylfragten, ABl. 2010, L 132/11.

[39] Vgl. dazu insbesondere die Verordnung (EU) Nr. 1093/2010 des Europäischen Parlaments und des Rates vom 24.11.2010 zur Errichtung einer Europäischen Aufsichtsbehörde (Europäische Bankenaufsichtsbehörde), zur Änderung des Beschlusses Nr. 716/2009/EG und zur Aufhebung des Beschlusses 2009/78/EG der Kommission, ABl. 2010, L 331/12.

[40] Vgl. dazu insbesondere die Verordnung (EU) Nr. 1094/2010 des Europäischen Parlaments und des Rates vom 24.11.2010 zur Errichtung einer Europäischen Aufsichtsbehörde (Europäische Aufsichtsbehörde für das Versicherungswesen und die betriebliche Altersversorgung), zur Änderung des Beschlusses Nr. 716/2009/EG und zur Aufhebung des Beschlusses 2009/79/EG der Kommission, ABl. 2010, L 331/48.

[41] Vgl. dazu insbesondere die Verordnung (EU) Nr. 1095/2010 des Europäischen Parlaments und des Rates vom 24.11.2010 zur Errichtung einer Europäischen Aufsichtsbehörde (Europäische Wertpapier- und Marktaufsichtsbehörde), zur Änderung des Beschlusses Nr. 716/2009/EG und zur Aufhebung des Beschlusses 2009/77/EG der Kommission, ABl. 2010, L 331/84.

[42] Vgl. dazu insbesondere die Verordnung (EU) Nr. 1077/2011 des Europäischen Parlaments und des Rates vom 25.10.2011 zur Errichtung einer Europäischen Agentur für das Betriebsmanagement von IT-Großsystemen im Raum der Freiheit, der Sicherheit und des Rechts, ABl. 2011, L 286/1.

[43] Von grundlegender Bedeutung ist in diesem Kontext die Verordnung (EG) Nr. 58/2003 des Rates vom 19.12.2002 zur Festlegung des Statuts der Exekutivagenturen, die mit bestimmten Aufgaben bei der Verwaltung von Gemeinschaftsprogrammen beauftragt werden, ABl. 2003, L 11/1.

[44] Zur Gründung dieser Agentur vgl. den Beschluss der Kommission vom 20.4.2009 zur Einrichtung der »Exekutivagentur Bildung, Audiovisuelles und Kultur« für die Verwaltung der Gemeinschaftsmaßnahmen in den Bereichen Bildung, Audiovisuelles und Kultur gemäß der Verordnung (EG) Nr. 58/2003 des Rates, ABl. 2009, L 101/26, i.V.m. dem ebenfalls einschlägigen Kommissionsbeschluss vom 14.1.2005, ABl. 2005, L 24/35.

[45] Eingesetzt durch den Beschluss der Kommission vom 14.12.2007 zur Einsetzung der »Exekutivagentur des Europäischen Forschungsrates« für die Verwaltung des spezifischen Gemeinschaftsprogramms »Ideen« auf dem Gebiet der Pionierforschung gemäß der Verordnung (EG) Nr. 58/2003 des Rates, ABl. 2008, L 9/15.

[46] Eingerichtet durch den Beschluss der Kommission vom 26.10.2006 zur Einrichtung der Exekutivagentur für das transeuropäische Verkehrsnetz gemäß der Verordnung (EG) Nr. 58/2003 des Rates, ABl. 2007, L 32/88.

[47] Eingesetzt durch den Beschluss der Kommission vom 14.12.2007 zur Einsetzung der »Exekutivagentur für die Forschung« für die Verwaltung bestimmter Bereiche der spezifischen Gemeinschaftsprogramme »Menschen«, »Kapazitäten« und »Zusammenarbeit« auf dem Gebiet der Forschung« gemäß der Verordnung (EG) Nr. 58/2003 des Rates, ABl. 2008, L 11/9.

cher[48] sowie der Exekutivagentur für Wettbewerbsfähigkeit und Innovation[49] zentrale Bestandteile des mit einem kritischen Unterton gelegentlich auch als »Agenturunwesen«[50] bezeichneten Agentursystems der Union,[51] welches zugleich den Trend einer zunehmenden – vom Unionsrichter grundsätzlich gebilligten[52] – Externalisierung der Aufgabenerfüllung und **institutionellen Ausdifferenzierung im Rahmen der EU-Eigenverwaltung** ganz besonders deutlich zum Vorschein bringt[53] und zugleich mitverantwortlich dafür ist, dass das institutionelle System der EU heute mehr und mehr als ein aus mehreren Schichten oder Ebenen bestehendes System wahrgenommen wird,[54] in dem neben den vorgenannten Agenturen auch noch verschiedenste Netzwerke, Verbünde, Foren, Konsortien und Expertengruppen anzutreffen sind.[55]

6   Der in Art. 13 Abs. 1 UAbs. 1 EUV angesprochene institutionelle Rahmen hat zunächst einmal zum Zweck, den Werten der Union Geltung zu verschaffen. Hiermit sind die in Art. 2 EUV niedergelegten – größtenteils auch bereits in der Präambel dieses Vertrags angesprochenen (s. EUV-Präambel, Rn. 7 ff.) – Werte in Gestalt der Achtung der Menschenwürde, der Freiheit, der Demokratie, der Gleichheit, der Rechtsstaatlichkeit und der Wahrung der Menschenrechte gemeint, auf die sich die Union gründet (s. Art. 2 EUV, Rn. 1 ff.) und die ihr deshalb den Ruf eingebracht haben, eine Wertegemeinschaft bzw. eine **Werteunion** zu sein.[56] Darüber hinaus soll der vorgenannte Rahmen ausweislich des Art. 13 Abs. 1 UAbs. 1 EUV zur Verfolgung bzw. Verwirklichung

---

[48] Vgl. dazu insbesondere den Beschluss der Kommission vom 20.6.2008 zur Änderung des Beschlusses 2004/858/EG zwecks Umwandlung der »Exekutivagentur für das Gesundheitsprogramm« in die »Exekutivagentur für Gesundheit und Verbraucher«, ABl. 2008, L 173/27.

[49] Vgl. dazu insbesondere den Beschluss der Kommission vom 31.5.2007 zur Änderung des Beschlusses 2004/20/EG in Bezug auf die Umwandlung der »Exekutivagentur für intelligente Energie« in die »Exekutivagentur für Wettbewerbsfähigkeit und Innovation«, ABl. 2007, L 140/52.

[50] Zur Verwendung dieses Begriffs vgl. etwa *Kühling*, EuZW 2008, 129; *Wittinger*, EuR 2008, 609.

[51] Ausführlich zur Entstehung, zu den Bestandteilen und kompetenziellen Grundlagen sowie zur Funktionsweise dieses in institutionell-rechtlicher und praktischer Hinsicht überaus bedeutsamen Agenturwesens vgl. *Chamon*, CDE 2015, 293; *Chiti*, CMLRev. 47 (2000), 309; *ders.*, ELJ 10 (2004), 402; *ders.*, CMLRev. 46 (2009), 1395; *Everson*, S. 116 ff.; *Fischer-Appelt*, S. 38 ff.; *Frenz*, Handbuch Europarecht, Bd. 6, Rn. 479 ff.; *Görisch*, Jura 2012, 42; *Griller/Orator*, E.L.Rev. 35 (2010), 3; *Hofmann/Morini*, E.L.Rev. 37 (2012), 419 (423 ff.); *Hofmann/Rowe/Türk*, S. 285 ff.; *Hummer*, ELJ 13 (2007), 47 (66 ff.); *Kilb*, EuZW 2006, 268; *Krapohl*, ELJ 10 (2004), 518; *Manger-Nestler*, ZEuS 2015, 315; *Michel*, S. 92 ff.; *Priebe*, EuZW 2015, 268; *Remmert*, EuR 2003, 134; *Schmidt-Aßmann*, Die Verwaltung Beih. 10 (2010), 263 (273 ff.); *Shirvani*, DÖV 2008, 1; *Simoncini*, EPL 21 (2015), 309; *Sydow*, VerwArch 97 (2006), 1; *Uerpmann*, AöR 125 (2000), 551; *Vetter*, DÖV 2005, 721.

[52] Vgl. dazu insbesondere EuGH, Urt. v. 13.6.1958, Rs. 9/56 (Meroni I), Slg. 1958, S. 9 (36 ff.); Urt. v. 13.6.1958, Rs. 10/56 (Meroni II), Slg. 1958, S. 51 (75 ff.); sowie EuGH, Urt. v. 26.5.2005, Rs. C–301/02 P (Tralli), Slg. 2005, I–4071, Rn. 42 ff.; Urt. v. 2.5.2006, Rs. C–217/04 (Vereinigtes Königreich/Europäisches Parlament und Rat), Slg. 2006, I–3771, Rn. 46 ff.; Urt. v. 22.1.2014, Rs. C–270/12 (Vereinigtes Königreich/Europäisches Parlament und Rat), ECLI:EU:C:2014:18, Rn. 41 ff., mit. Anm. *Bergström*, CMLRev. 52 (2015), 219 ff.

[53] Instruktiv dazu vgl. statt vieler *Kment*, JuS 2011, 211 (212 ff.); *Ruffert*, ELJ 20 (2014), 346; *Sydow*, VerwArch 97 (2006), 1.

[54] Vgl. nur *Hatje*, in: Schwarze, EU-Kommentar, Art. 13 EUV, Rn. 2 f.; *Jacqué*, in: GSH, Europäisches Unionsrecht, Art. 13 EUV, Rn. 2; *Nettesheim*, in: Grabitz/Hilf/Nettesheim, EU, Art. 13 EUV (Januar 2015), Rn. 18 ff.; *Streinz*, in: Streinz, EUV/AEUV, Art. 13 EUV, Rn. 18.

[55] Ausführlich dazu vgl. *Nowak*, EnzEuR, Bd. 3, § 34, Rn. 31 ff.

[56] Zur weit verbreiteten Einordnung der EU als Wertegemeinschaft oder Werteunion vgl. etwa *Borowsky*, DRiZ 2001, 275; *Calliess*, JZ 2004, 1033; *ders.*, in: Calliess/Ruffert, EUV/AEUV, Art. 2 EUV, Rn. 3; *Herdegen*, S. 139 ff.; *Holterhus/Kornack*, EuGRZ 2014, 389 (389); *Joas/Mandry*, S. 541 ff.; *Mandry*, S. 49 ff.; *Rensmann*, in: Blumenwitz, S. 49 ff.; *Speer*, DÖV 2001, 980; *Streinz*, in: Streinz, EUV/AEUV, Präambel GR-Charta, Rn. 7.

der **Ziele der Union** beitragen, die zu einem großen Teil in Art. 3 EUV geregelt sind (s. Art. 3 EUV, Rn. 1 ff.). Der dritte Zweck, den der institutionelle Rahmen im Sinne des Art. 13 Abs. 1 UAbs. 1 EUV verfolgt, besteht sodann darin, den **Interessen der Union, ihrer Bürgerinnen und Bürger sowie der Mitgliedstaaten** zu dienen. Bemerkenswert ist dabei vor allem die der Erwähnung der Mitgliedstaaten vorausgehende Nennung der Bürgerinnen und Bürger, womit diese Norm in gewisser Weise mit dem zweiten Absatz der Präambel der EU-Grundrechtecharta korrespondiert, wonach die Europäische Union den Menschen in den Mittelpunkt ihres Handelns stellt (s. GRC-Präambel, Rn. 12). Im Übrigen dient der institutionelle Rahmen, über den die Union verfügt, ausweislich des Art. 13 Abs. 1 UAbs. 1 EUV der Sicherstellung der Kohärenz, der Effizienz und der Kontinuität ihrer Politik und ihrer Maßnahmen. Der erstgenannte Aspekt der **Kohärenzsicherung**, der sich auf die notwendige ressortübergreifende Abstimmung der jeweiligen Entscheidungsträger im Hinblick auf die gemeinsamen Ziele und die widerspruchslose Politikgestaltung bezieht,[57] wird in ähnlicher Weise in Art. 7 AEUV aufgegriffen, wonach die Union auf die Kohärenz zwischen ihrer Politik und ihren Maßnahmen in den verschiedenen Bereichen achtet und dabei unter Einhaltung des insbesondere in Art. 5 Abs. 1 und 2 EUV niedergelegten Grundsatzes des begrenzten Einzelermächtigung zugleich ihren Zielen in ihrer Gesamtheit Rechnung trägt (s. Art. 7 AEUV, Rn. 1 ff.). Der zweitgenannte Aspekt in Gestalt der **Sicherstellung von Effizienz**, der auch im siebten Absatz der EUV-Präambel eine gewisse Rolle spielt (s. EUV-Präambel, 13), bezieht sich vornehmlich auf die Handlungsfähigkeit der Union,[58] während die drittgenannte Zielrichtung in Gestalt der **Sicherstellung von Kontinuität** dem oben genannten Kohärenzgebot eine zeitliche Dimension verleiht und darauf ausgerichtet ist, dass plötzliche Politikänderungen in einem Bereich, die nicht mit verwandten Politikbereichen abgestimmt sind, grundsätzlich vermieden werden.[59] Ein rechtlich relevantes Rangverhältnis in dem Sinne, dass etwa die vorgenannte Kohärenzsicherung wichtiger wäre als die Sicherstellung von Effizienz oder dass die in Art. 13 Abs. 1 UAbs. 1 EUV angesprochenen Werte der Union bedeutsamer als die in dieser Bestimmung ebenfalls genannten Interessen wären, lässt sich in diese Norm nicht hineinlesen.

II. Organe der Union und dazugehörige AEUV-Bestimmungen

Zu den Organen der damaligen Europäischen Gemeinschaft, die mit dem Inkrafttreten   7
des Lissabonner Reformvertrag vollends in der Europäischen Union aufgegangen ist (s. Art. 1 EUV, Rn. 65 f.), gehörten nach dem seinerzeit geltenden Art. 7 Abs. 1 EGV i. d. F. von Nizza das Europäische Parlament, der Rat, die Kommission, der Gerichtshof und der Rechnungshof, von denen der Rat und die Kommission gemäß dem zweiten Absatz der vorgenannten Bestimmung vom Wirtschafts- und Sozialausschuss sowie vom Ausschuss der Regionen unterstützt werden sollten. Nicht aufgeführt waren im damaligen Organkatalog des Art. 7 EGV i. d. F. von Nizza indes die seinerzeit in zwei nachfolgen-

---

[57] In diesem weitgehend konsensfähigen Sinne vgl. etwa *Streinz*, in: Streinz, EUV/AEUV, Art. 13 EUV, Rn. 9.

[58] So auch *Calliess*, in: Calliess/Ruffert, EUV/AEUV, Art. 13 EUV, Rn. 2; anders vgl. *Geiger*, in: Geiger/Khan/Kotzur, EUV/AEUV, Art. 13 EUV, Rn. 2, wonach das hier in Rede stehende Effizienzgebot den politisch und wirtschaftlich adäquaten Einsatz der Mittel zu den verfolgten Zwecken betreffe; ähnlich vgl. *Streinz*, in: Streinz, EUV/AEUV, Art. 13 EUV, Rn. 11.

[59] Zutr. *Calliess*, in: Calliess/Ruffert, EUV/AEUV, Art. 13 EUV, Rn. 2; ähnlich vgl. auch *Streinz*, in: Streinz, EUV/AEUV, Art. 13 EUV, Rn. 10.

den Vorschriften gesondert angesprochenen Banken in Gestalt der Europäischen Zentralbank und der Europäischen Investitionsbank sowie der seinerzeit in Art. 4 EUV i. d. F. von Nizza angesprochene Europäische Rat, dessen Qualität als EU-Organ angesichts des Umstands, dass die EU zu dieser Zeit noch keine explizite Rechtspersönlichkeit besaß, lange Zeit umstritten war. In Art. 13 Abs. 1 UAbs. 2 EUV werden die vorgenannten Bestimmungen in gewisser Weise synthetisiert und nunmehr **sieben Organe der Europäischen Union** aufgelistet, bei denen es sich um das Europäische Parlament (1.), den Europäischen Rat (2.), den Rat (3.), die Europäische Kommission (4.), den Gerichtshof der Europäischen Union (5.), die Europäische Zentralbank (6.) und den Rechnungshof (7.) handelt. Diese Auflistung prägt auch den Aufbau des ersten Kapitels in TITEL 1 des sechsten Teils des Vertrags über die Arbeitsweise der Europäischen Union, das sich aus den 223–287 AEUV zusammensetzt, und definiert zugleich den unionsverfassungsrechtlichen Organbegriff, der in verschiedenen Bestimmungen der Verträge – wie etwa Art. 11 Abs. 1 und 2 EUV, Art. 339, 341 und 342 AEUV sowie Art. 51 Abs. 1 und 52 Abs. 4 GRC – enthalten ist. Da es sich hierbei um eine **abschließende Auflistung** handelt,[60] können andere Einrichtungen oder Stellen der Union, die – wie etwa die in Art. 13 Abs. 4 EUV angesprochenen Ausschüsse (s. Rn. 19 ff.) – in Art. 13 Abs. 1 UAbs. 2 EUV unerwähnt geblieben sind, nicht als Organe oder jedenfalls nicht als Hauptorgane der Union[61] bezeichnet werden.

1. Europäisches Parlament

8   Zu den sieben (Haupt-)Organen der Union gehört zunächst einmal das in Art. 13 Abs. 1 UAbs. 2, Spstr. 1 EUV angesprochene Europäische Parlament. Die in Art. 13 Abs. 1 UAbs. 2 EUV gewählte Reihenfolge der Nennung der Unionsorgane ändert zwar nicht das Geringste daran, dass sich diese grundsätzlich gleichrangig gegenüberstehen.[62] Gleichwohl entfaltet die anfängliche Erwähnung des Europäischen Parlaments im »Organkatalog« des Art. 13 Abs. 1 UAbs. 2 EUV eine nicht zu unterschätzende **Symbolkraft**, die zugleich das zuletzt mit dem Lissabonner Reformvertrag (s. Art. 1 EUV, Rn. 33 ff.) verfolgte Ziel der insbesondere auch in den Art. 10 und 11 EUV zum Vorschein kommenden Stärkung des demokratischen Prinzips im Rahmen der Unionsrechtsordnung[63] unterstreicht. Die Kernbefugnisse und Kernaufgaben des Europäischen Parlaments, das seinen Sitz in Straßburg hat (s. Art. 341 AEUV, Rn. 9), werden in grundlegender Weise in Art. 14 Abs. 1 EUV skizziert. Demnach wird dieses Parlament, dessen Zusammensetzung in Art. 14 Abs. 2–4 EUV näher geregelt ist,[64] gemeinsam mit

---

[60] In diesem weitgehend unstr. Sinne vgl. auch *Calliess*, in: Calliess/Ruffert, EUV/AEUV, Art. 13 EUV, Rn. 4; *Lenski*, in: Lenz/Borchardt, EU-Verträge, Art. 13 EUV, Rn. 2.

[61] Zu der vielfach praktizierten Bezeichnung der in Art. 13 Abs. 2 EUV aufgeführten Unionsorgane als »Hauptorgane« der Union, vgl. etwa *Calliess*, in: Calliess/Ruffert, EUV/AEUV, Art. 13 EUV, Rn. 4; *Hatje/Förster*, EnzEuR, Bd. 1, § 10, Rn. 9 i. V. m. Rn. 42 ff.

[62] In diesem Sinne vgl. auch *Hatje*, in: Schwarze, EU-Kommentar, Art. 13 EUV, Rn. 9; *Jacqué*, in: GSH, Europäisches Unionsrecht, Art. 13 EUV, Rn. 3; *Nettesheim*, in: Grabitz/Hilf/Nettesheim, EU, Art. 13 EUV (Januar 2015), Rn. 5.

[63] Ausführlicher dazu vgl. statt vieler *Calliess*, S. 163 ff.; *Obwexer*, S. 95 (109 ff.); *Přibáň*, S. 71 ff.; zur damit verbundenen Aufwertung des Europäischen Parlaments vgl. statt vieler *Bieber*, S. 47 (53 f. u. 59 f.); *Ferber*, in: Rill, S. 7 ff.; *Frenz*, Handbuch Europarecht, Bd. 6, Rn. 524 ff.; *Hatje/Förster*, EnzEuR, Bd. 1, § 10, Rn. 42 ff.; *Isak*, S. 133 (167 ff.).

[64] Ergänzend sind in diesem Kontext die auf die Zusammensetzung des Europäischen Parlaments bezogenen Erklärungen Nr. 4 und Nr. 5 zur Schlussakte der Regierungskonferenz zu beachten, die den am 13. 12. 2007 unterzeichneten Vertrag von Lissabon (s. Art. 1 EUV, Rn. 33 ff.) angenommen hat, ABl. 2012, C 326/339.

dem Rat (s. Rn. 10) als **Gesetzgeber** tätig und übt gemeinsam mit ihm die **Haushaltsbefugnisse** aus; ferner erfüllt es die Aufgaben der politischen Kontrolle und Beratungsfunktionen nach Maßgabe der Verträge und wählt den Präsidenten der Kommission.
Alle weiteren wichtigen Details im Zusammenhang mit dem Europäischen Parlament
sind sodann in den Art. 223–234 AEUV geregelt, die zu den »detaillierten Bestimmungen über die übrigen Organe« im Sinne des Art. 13 Abs. 3 EUV gehören.

2. Europäischer Rat

Vor dem Inkrafttreten des Reformvertrags von Lissabon (s. Art. 1 EUV, Rn. 33 ff.) war   9
lange Zeit umstritten, ob der seinerzeit bereits vom einheitlichen institutionellen Rahmen im Sinne des Art. 3 EUV a. F. erfasste Europäische Rat ein echtes Unionsorgan
darstellt, obwohl er nicht zu den in Art. 5 EUV a. F. aufgeführten Unionsorganen gehörte, sondern hiervon in Art. 4 EUV a. F. gewissermaßen separiert wurde. Die in
Art. 13 Abs. 1 UAbs. 2, Spstr. 2 EUV zum Vorschein kommende Aufnahme des Europäischen Rates in den unionalen Organkatalog, die mit Blick auf die durch den Lissabonner Reformvertrag bewerkstelligte Aufgabe der damaligen Säulenstruktur[65] konsequent ist, macht die vorgenannte Kontroverse obsolet und unterstreicht trotz des
Umstands, dass das Europäische Parlament in Art. 13 Abs. 1 UAbs. 2 EUV vor dem
Europäischen Rat aufgeführt wird (s. Rn. 8), zugleich, dass dieser Europäische Rat auch
weiterhin als **das politische Führungs-, Steuerungs- und Leitorgan der Europäischen
Union** fungiert.[66] Dies ergibt sich insbesondere auch aus Art. 15 Abs. 1 EUV, wonach
der Europäische Rat der Union die für ihre Entwicklung erforderlichen Impulse gibt und
die allgemeinen politischen Zielvorstellungen und Prioritäten hierfür festlegt. Zum anderen ist der Europäische Rat auch bei Vertragsänderungen das maßgeblich entscheidende Unionsorgan. Im Rahmen des EU-Rechtsschutzsystems wird der Organqualität
und der besonderen Bedeutung des Europäischen Rates konsequent dadurch begegnet,
dass seine Handlungen, die Rechtswirkungen gegenüber Dritten entfalten, nunmehr mit
der in Art. 263 AEUV geregelten Nichtigkeitsklage und rechtswidriges Unterlassen des
Europäischen Rates mit der in Art. 265 AEUV geregelten Untätigkeitsklage angegriffen
werden können. Der Europäische Rat, der nach Art. 15 Abs. 1 Satz 2 EUV nicht gesetzgeberisch tätig wird und vorbehaltlich der in Art. 235 und 236 AEUV geregelten Abstimmungsmodalitäten grundsätzlich im Konsens entscheidet,[67] setzt sich gemäß Art. 15
Abs. 2 EUV aus den Staats- und Regierungschefs der (gegenwärtig 28) Mitgliedstaaten
sowie aus dem neu geschaffenen Präsidenten des Europäischen Rates[68] und dem Präsidenten der Kommission zusammen. Von einem Präsidenten des Europäischen Rates war
in der Vorgängerregelung des Art. 4 EUV i. d. F. von Nizza noch keine Rede. Dieser wird
nunmehr gemäß Art. 15 Abs. 5 EUV mit qualifizierter Mehrheit für eine Amtszeit von
zweieinhalb Jahren gewählt, wodurch die Kontinuität und Effizienz der im Europäi-

---

[65] Näher dazu vgl. statt vieler *Nowak*, Europarecht, S. 59 f.
[66] Zu dieser Funktion vgl. auch jeweils m. w. N. *Calliess*, S. 119 ff.; *Hatje/Förster*, EnzEuR, Bd. 1,
§ 10, Rn. 91; ausführlich zu den vielfältigen Aufgaben und Befugnissen des Europäischen Rates vgl.
auch statt vieler *Frenz*, Handbuch Europarecht, Bd. 6, Rn. 820 ff.; *Isak*, S. 133 (142 ff.); *Schoo*, EuR-
Beih. 1/2009, 51 (62); *Seeger*, S. 63 (74 ff.).
[67] Vgl. Art. 15 Abs. 4 EUV i. d. F.; ausführlicher zur Willensbildung im Europäischen Rat vgl. etwa
Isak, S. 133 (144).
[68] Zur Schaffung dieses Präsidentenamtes vgl. auch *Calliess*, S. 121 ff.; *Haroche*, RMCUE 2010,
S. 277.

schen Rat erfolgenden Aufgabenerfüllung verbessert wird.[69] Alle weiteren wichtigen Details im Zusammenhang mit dem Europäischen Rat, der in Brüssel tagt (s. Art. 341 AEUV, Rn. 9), sind im Wesentlichen in den Art. 235 und 236 AEUV geregelt, die wiederum zu den »detaillierten Bestimmungen über die übrigen Organe« im Sinne des Art. 13 Abs. 3 EUV gehören.

3. Rat

10 Während das Europäische Parlament (s. Rn. 8) ein Unionsorgan ist, dass die Interessen der Völker Europas bzw. der Unionsbürgerinnen und Unionsbürger vertritt, stellt der einst als »Ministerrat«[70] bzw. als »Rat der EU«[71] bezeichnete Rat, der im Verbund mit dem Europäischen Parlament in erster Linie als **Unionsgesetzgeber** fungiert[72] und dabei von seinem Generalsekretariat und dem Ausschuss der Ständigen Vertreter der Regierungen der Mitgliedstaaten unterstützt wird,[73] ein in Art. 13 Abs. 1 UAbs. 2 Sp.str. 3 EUV aufgeführtes Unionsorgan dar, in dem die Partikularinteressen der Regierungen aller EU-Mitgliedstaaten vertreten und gebündelt werden. Dies ergibt sich insbesondere aus Art. 16 Abs. 2 EUV, wonach der Rat, der seinen Sitz in Brüssel hat (s. Art. 341 AEUV, Rn. 9), aus je einem Vertreter jedes Mitgliedstaats auf Ministerebene besteht, der befugt ist, für die Regierung des von ihm vertretenen Mitgliedstaats verbindlich zu handeln und das Stimmrecht auszuüben. Der Vorsitz im Rat, der als Rat »Allgemeine Angelegenheiten«, als Rat »Auswärtige Angelegenheiten« oder in anderen verschiedenen Zusammensetzungen tagt,[74] wird gemäß Art. 16 Abs. 9 EUV nach einem partiell zur Denationalisierung der **Ratspräsidentschaft** beitragenden »System der gleichberechtigten Rotation« wahrgenommen,[75] dessen wesentliche Eckpunkte in der 9. Schlusserklärung zur Schlussakte der Regierungskonferenz[76] festgehalten wurden. Alle weiteren wichtigen Details im Zusammenhang mit dem hier angesprochenen Rat sind in dem (Vertrags-)Protokoll Nr. 9[77] in Verbindung mit der 7. Schlusserklärung zur Schlussakte der Regierungskonferenz[78] und vor allem in den Art. 237–243 AEUV geregelt, die zu den »detaillierten Bestimmungen über die übrigen Organe« im Sinne des Art. 13 Abs. 3 EUV gehören.

---

[69] Näher dazu vgl. *Isak*, S. 133 (146 ff.); *Jacqué*, integration 2010, 103 (105 ff.); *Lenski*, S. 99 (102 f.); *Ruffert*, EuR-Beih. 1/2009, 31 (42 f.), *Seeger*, S. 63 (77 f.).

[70] Vgl. etwa Art. I–19 Abs. 1 EVV.

[71] Zu dieser Selbstbetitelung vgl. nur den Beschluss 93/591 des Rates vom 8. 11. 1993 über seine Bezeichnung im Anschluss an das Inkrafttreten des Vertrags über die Europäische Union, ABl. 1993, L 281/18.

[72] Vgl. Art. 14 Abs. 1 Satz 1 EUV i. V. m. Art. 16 Abs. 1 Satz 1 EUV; näher dazu sowie zu den weiteren Kernaufgaben und Befugnissen dieses Rates vgl. etwa *Calliess*, S. 121 ff.; *Frenz*, Handbuch Europarecht, Bd. 6, Rn. 920 ff.; *Hatje/Förster*, EnzEuR, Bd. 1, § 10, Rn. 105 ff.

[73] Vgl. Art. 16 Abs. 7 EUV i. V. m. Art. 240 Abs. 1 u. 2 AEUV.

[74] Vgl. Art. 16 Abs. 6 EUV i. V. m. Art. 236 AEUV; ausführlicher zu diesen unterschiedlichen Zusammensetzungen und Formationen vgl. etwa *Seeger*, S. 63 (79 ff).

[75] Ausführlicher dazu vgl. etwa *Bieber*, S. 47 (57); *Isak*, S. 133 (150 ff.); *Lenski*, S. 99 (108 f.); *Seeger*, S. 63 (80 ff).

[76] 9. Erklärung zu [Art. 16 Abs. 9 EUV] betreffend den Beschluss des Europäischen Rates über die Ausübung des Vorsitzes im Rat, ABl. 2012 C 326/343 f.

[77] ABl. 2012, C 326/274.

[78] ABl. 2012, C 326/340.

4. Europäische Kommission

Die Europäische Kommission, die als ein in Art. 13 Abs. 1 UAbs. 2, Spstr. 4 EUV auf- **11**
geführtes Unionsorgan ausschließlich den Unionsinteressen verpflichtet ist,[79] stellt die
maßgebliche – teils auch als Motor der (europäischen) Integration bezeichnete – **Hüterin
der Verträge** dar.[80] Dies verdeutlicht insbesondere Art. 17 Abs. 1 Satz 1 EUV, wonach
die Kommission, die ihren Sitz – ebenso wie der Rat – in Brüssel hat (s. Art. 341 AEUV,
Rn. 9), zum einen die allgemeinen Interessen der Union fördert und zu diesem Zweck
geeignete Initiativen ergreift. Zum anderen sorgt die Kommission gemäß Art. 17 Abs. 1
Satz 2 EUV für die Anwendung der Verträge, wobei Satz 3 dieser Bestimmung ergänzt,
dass die Kommission die Anwendung des Unionsrechts unter der Kontrolle des Gerichtshofs der EU (s. Rn. 12) überwacht. Diese **Überwachungsfunktion** manifestiert sich
unter anderen in ihrer Rolle als bedeutsamste Wettbewerbsbehörde im Rahmen des
European Competition Network (s. Art. 103 AEUV, Rn. 29) sowie darin, dass die Kommission einen vertrags- bzw. unionsrechtswidrig handelnden Mitgliedstaat mit einer
Aufsichts- bzw. Vertragsverletzungsklage im Sinne des Art. 258 AEUV[81] überziehen
und auf diese Weise eine Sanktionierung durch den Gerichtshof der EU herbeiführen
kann. Im Bereich der Gesetzgebung, die im Wesentlichen dem Rat und dem Europäischen Parlament obliegt (s. Rn. 8 u. 10), spielt die Kommission ebenfalls eine wichtige
Rolle, da ein Gesetzgebungsakt der Union gemäß Art. 17 Abs. 2 Satz 1 EUV grundsätzlich nur auf Vorschlag der Kommission erlassen werden darf (**Initiativrecht**),[82] soweit in
den Verträgen nicht ausnahmsweise etwas anderes festgelegt ist.[83] Alle weiteren wichtigen Details im Zusammenhang mit der Kommission sind in den Erklärungen Nr. 10
und 11 zur Schlussakte der Regierungskonferenz[84] und vor allem in den Art. 244–250
AEUV geregelt, die zu den »detaillierten Bestimmungen über die übrigen Organe« im
Sinne des Art. 13 Abs. 3 EUV gehören.

5. Gerichtshof der Europäischen Union

Zu den klassischen Gemeinschafts- bzw. Unionsgerichten gehörten vor dem Inkraft- **12**
treten des Lissabonner Reformvertrags (s. Art. 1 EUV, Rn. 33 ff.) der **Gerichtshof** der
Europäischen Gemeinschaften (EuGH) und das **Gericht** erster Instanz der Europäischen
Gemeinschaften (EuG), dem gemäß Art. 220 Abs. 2 EGV i. d. F. von Nizza nach Maßgabe des Art. 225a EGV i. d. F. von Nizza »gerichtliche Kammern« beigeordnet werden
konnten. Der Lissabonner Reformvertrag hat als Konsequenz der durch ihn bewirkten
Auflösung der damaligen Europäischen Gemeinschaft (s. Art. 1 EUV, Rn. 65 f.) zu-

---

[79] Vgl. dazu insbesondere auch Art. 245 Abs. 1 Satz 2 AEUV, wonach die Mitgliedstaaten die
Unabhängigkeit der Kommission zu achten haben und nicht versuchen dürfen, sie bei der Erfüllung
ihrer Aufgaben zu beeinflussen.
[80] Vgl. dazu statt vieler *Frenz*, Handbuch Europarecht, Bd. 6, Rn. 1079 ff.
[81] Ausführlich dazu vgl. m. w. N. *Nowak*, EnzEuR, Bd. 3, § 10, Rn. 9 ff.
[82] Instruktiv zu diesem Initiativrecht, das unter bestimmten Voraussetzungen auch das Recht zur
Rücknahme von Gesetzgebungsvorschlägen einschließt, vgl. zuletzt EuGH, Urt. v. 14.4.2015, Rs.
C–409/13 (Rat/Kommission), ECLI:EU:C:2015:217, Rn. 73 ff.; näher zu diesem Urteil vgl. *Chamon*,
E. L.Rev. 40 (2015), 895; *Deutelmoser*, NVwZ 2015, 1577; *Kovar*, CDE 51 (2015), 349; *Scharf*, EuZW
2015, 632.
[83] Ausführlicher zu diesem grundsätzlichen Initiativrecht bzw. -monopol der Kommission und zu
den ihr obliegenden Aufgaben vgl. etwa *Calliess*, S. 140 ff.; *Hatje/Förster*, EnzEuR, Bd. 1, § 10,
Rn. 132 ff.; *Höreth*, S. 167 (177 ff.); *Isak*, S. 133 (159 f.).
[84] ABl. 2012, C 326/344.

nächst einmal die Namen der vorgenannten Gerichte und Kammern insoweit geändert, als in Art. 19 Abs. 1 UAbs. 1 Satz 1 EUV nunmehr von einem »Gerichtshof der Europäischen Union« die Rede ist, während das EuG in den Verträgen – wie etwa Art. 256 AEUV verdeutlicht – jetzt durchgängig als **Gericht** bezeichnet wird, dem die in Art. 257 AEUV angesprochenen **Fachgerichte** beigeordnet werden können. Der Umstand, dass Art. 13 Abs. 1 UAbs. 2 EUV neben dem Europäischen Parlament, dem Europäischen Rat, dem Rat, der Europäischen Kommission, der Europäischen Zentralbank und dem Rechnungshof nur den »Gerichtshof der Europäischen Union« explizit als EU-Organ ausweist, das seinen Sitz in Luxemburg hat (s. Art. 341 AEUV, Rn. 9), bedeutet nicht, dass dem Gericht und den Fachgerichten jegliche Organqualität abzusprechen wäre. Dies ergibt sich aus Art. 19 Abs. 1 UAbs. 1 Satz 1 EUV, wonach der Gerichtshof der Europäischen Union, der nach Satz 2 der vorgenannten Bestimmung die **Wahrung des Rechts bei der Auslegung und Anwendung der Verträge** sichert, den Gerichtshof, das Gericht und die Fachgerichte umfasst,[85] die allesamt Organ(teil)qualität besitzen.[86] Alle weiteren wichtigen Details im Zusammenhang mit dem Gerichtshof der Europäischen Union sind im (Vertrags-)Protokoll Nr. 3 über die Satzung des Gerichtshofs der Europäischen Union[87] sowie in den Art. 251–281 AEUV geregelt, die zu den »detaillierten Bestimmungen über die übrigen Organe« im Sinne des Art. 13 Abs. 3 EUV gehören.

6. Europäische Zentralbank

13   Weiter angereichert wird der Kreis der Unionsorgane durch die in Art. 13 Abs. 1 UAbs. 2, Spstr. 6 EUV aufgeführte Europäische Zentralbank, die vor dem Inkrafttreten des Lissabonner Reformvertrags (s. Art. 1 EUV, Rn. 33 ff.) keinen Organstatus besaß[88] und im gescheiterten Verfassungsvertrag aus dem Jahre 2004 (s. Art. 1 EUV, Rn. 28 ff.) ursprünglich noch – wie auch der Rechnungshof (s. Rn. 14) – unter der Kapitelüberschrift »Sonstige Organe und Einrichtungen« von den (Haupt-)Organen etwa in Gestalt des Europäischen Parlaments, des Rates und der Kommission abgegrenzt wurde. Über die Sinnhaftigkeit einer **Aufnahme der Europäischen Zentralbank in den Kreis der Unionsorgane** wurde zuvor recht lange diskutiert. Im Kern ging es bei dieser Diskussion um die auch von Seiten dieser Bank zum Ausdruck gebrachte Befürchtung, dass die Europäische Zentralbank hierdurch ein Stück weit an Unabhängigkeit bzw. Neutralität einbüßen könnte,[89] die nunmehr allerdings unverändert durch die auf dieses Unionsorgan zugeschnittenen Vorschriften des Vertrags über die Arbeitsweise der EU garantiert wird.[90] Die maßgeblichen Regelungen zur Rolle, zu den Aufgaben, zur eigenständigen Rechtspersönlichkeit, zur Unabhängigkeit und zur Arbeitsweise der Europäischen Zentralbank, die als einziges Unionsorgan ihren Sitz in Frankfurt am Main hat (s. Art. 341

---

[85] Ausführlich zu diesen Gerichten, vor allem zu ihren in Art. 19 EUV i. V. m. den Art. 251–281 AEUV geregelten Zusammensetzungen und Zuständigkeiten, vgl. m. w. N. *Nowak*, Europarecht, S. 148 ff.

[86] Zutr. *Bieber*, S. 47 (52); *v. Danwitz*, S. 287; *Schröder*, DÖV 2009, 61 (61); *Nettesheim*, in: Grabitz/Hilf/Nettesheim, EU, Art. 13 EUV (Januar 2015), Rn. 9.

[87] ABl. 2012, C 326/210.

[88] Zutr. *Herrmann*, Jura 2010, S. 161 (163); näher zu dieser Neuerung vgl. *Häde*, EuR 2009, 200 (209 ff.).

[89] Zu entsprechenden Interventionen des damaligen EZB-Präsidenten vgl. nur *Maruhn*, S. 115 (121 f.); *Seeger*, S. 63 (92).

[90] Näher dazu vgl. *Isak*, S. 133 (177); *Kramer/Hinrichsen*, JuS 2015, 673; *Martens*, S. 343 (352); *Maruhn*, S. 115 (122); *Pache/Rösch*, NVwZ 2008, 473 (478).

AEUV, Rn. 9), finden sich zunächst einmal in den Art. 282–284 AEUV, die zu den »Bestimmungen über die Europäische Zentralbank« im Sinne des Art. 13 Abs. 3 EUV gehören. Aus den vorgenannten Bestimmungen ergibt sich insbesondere, dass die Europäische Zentralbank im Verbund mit den nationalen Zentralbanken das **Europäische System der Zentralbanken** (ESZB) bildet.[91] Dessen Ziele (insbesondere in Gestalt der Gewährleistung von Preisstabilität), Aufgaben, Rechte, Zusammensetzung und Arbeitsweise sind in den Art. 127–133 AEUV sowie in den zahlreichen Artikeln des (Vertrags-)Protokolls Nr. 4 über die Satzung des Europäischen Systems der Zentralbanken und der Europäischen Zentralbank[92] geregelt, die im Übrigen auch die spezifischen Aufgaben und Befugnisse der Europäischen Zentralbank im Rahmen des ESZB zum Gegenstand haben. Darüber hinaus bildet die Europäische Zentralbank, die auch Stellungnahmen zu Richtlinienvorschlägen abgeben kann,[93] im Verbund mit den nationalen Zentralbanken der in den Art. 136–138 AEUV noch einmal gesondert gesprochenen Mitgliedstaaten, deren gemeinsame Währung der Euro ist, das im primären Unionsrecht erstmals explizit angesprochene **Eurosystem**[94] und betreibt mit den vorgenannten Zentralbanken die durch den Lissabonner Reformvertrag leicht modifizierte **Währungspolitik der EU.**[95] Eine Gemeinsamkeit teilt die Europäische Zentralbank mit den anderen Unionsorganen insoweit, als auch sie vor dem Gerichtshof der EU verklagt werden und unter leicht abweichenden Voraussetzungen gegen andere Unionsorgane klagen kann.[96] Ergänzend ist in diesem Kontext schließlich auf die erstmals durch Art. 3 Abs. 1 Buchst. c AEUV erfolgte Klarstellung hinzuweisen, dass für die Mitglieder des vorgenannten Eurosystems die Währungspolitik eine ausschließliche Zuständigkeit der Union ist.

7. Rechnungshof

Der Rechnungshof, der einst zu den Organen der damaligen Europäischen Gemein-   **14** schaft gehörte,[97] ist durch Art. 13 Abs. 1 UAbs. 2 Sp.str. 7 EUV in ein Unionsorgan verwandelt worden, das seinen Sitz – genauso wie der Gerichtshof der Europäischen Union (s. Rn. 11) – in Luxemburg hat (s. Art. 341 AEUV, Rn. 9). Den einst im »gescheiterten« Verfassungsvertrag aus dem Jahre 2004 (s. Art. 1 EUV, Rn. 28 ff.) angelegten Plan, den Rechnungshof unter der Kapitelüberschrift »Sonstige Organe und Einrichtungen« zu regeln und ihn insoweit von den vorgenannten (Haupt-)Organen abzugrenzen, hat der Rechnungshof seinerzeit als Degradierung seiner Rolle empfunden[98] und später – wie Art. 13 Abs. 1 UAbs. 2, Spstr. 7 EUV zeigt – erfolgreich abwenden können. Dennoch bleibt der Rechnungshof, der nach wie vor aus einem dem allgemeinen Unionswohl verpflichteten Staatsangehörigen je Mitgliedstaat besteht,[99] in seiner **Bedeutung** deutlich hinter den vorgenannten Unionsorganen zurück. Dies kommt bereits dar-

---

[91] Vgl. Art. 282 Abs. 1 Satz 1 AEUV.
[92] ABl. 2012, C 326/230.
[93] Exempl. dazu vgl. ABl. 2010, C 223/1.
[94] Vgl. dazu auch das (Vertrags-)Protokoll (Nr. 14) betreffend die Euro-Gruppe, ABl. 2010, C 83/283.
[95] Vgl. Art. 282 Abs. 1 Satz 2 AEUV.
[96] Vgl. Art. 263 Abs. 1 u. 3 und 265 Abs. 1 AEUV.
[97] Vgl. Art. 7 Abs. 1 EGV i. V. m. Art. 246–248 EGV jeweils i. d. F. von Nizza.
[98] Ausführlicher dazu vgl. *Seeger*, in: Weidenfeld, S. 63 (93).
[99] Vgl. Art. 285 Abs. 2 AEUV (so auch zuvor Art. 247 Abs. 1 u. 4 EGV i. d. F. von Nizza); zur Auswahl und Ernennung sowie zur Unabhängigkeit und zur etwaigen Ersetzung seiner Mitglieder vgl. Art. 286 AEUV.

in zum Ausdruck, dass die anderen Unionsorgane in Gestalt des Europäischen Rates, des Europäischen Parlaments, des Rates, der Kommission und des Gerichtshofes im direkten Anschluss an deren erstmalige Erwähnung in Art. 13 Abs. 1 UAbs. 2 EUV jeweils in gesonderter Weise auch noch einmal in den Art. 14–19 EUV angesprochen bzw. hervorgehoben werden, während der Rechnungshof in den letztgenannten Bestimmungen unerwähnt bleibt. Die den Rechnungshof betreffenden Details sind stattdessen ausschließlich in den Art. 285–287 AEUV geregelt, die sich schon von ihrer Anzahl her weit von den sehr viel umfangreicheren AEUV-Bestimmungen über die oben thematisierten Unionsorgane unterscheiden, sofern man einmal von dem Europäischen Rat absieht, für den sich im AEUV lediglich zwei organspezifische Vorschriften finden lassen (s. Rn. 9). Die Begrenztheit der auf den Rechnungshof bezogenen Regelungsgehalte des reformierten EU-Vertrags und des Vertrags über die Arbeitsweise der EU ist dem Umstand geschuldet, dass dieses Unionsorgan im Unterschied zu den mit sehr viel umfangreicheren Befugnissen ausgestatteten Unionsorganen etwa in Gestalt des Rates, des Europäischen Parlaments, der Kommission und des Gerichtshofs im Wesentlichen nur dafür zuständig ist, die **Rechungsprüfung der Union** – d. h. die sowohl auf die Recht- und Ordnungsmäßigkeit der zugrundeliegenden Vorgänge als auch auf die Wirtschaftlichkeit der Haushaltsführung ausgerichtete Prüfung der Rechnungen aller Einnahmen und Ausgaben der EU sowie ihrer Einrichtungen und sonstigen Stellen – wahrzunehmen,[100] den Rat und das Europäische Parlament bei der **Kontrolle der Ausführung des Haushaltsplans**[101] zu unterstützen[102] und verschiedene Jahresberichte, Sonderberichte und Stellungnahmen zu erstatten.[103]

III. Verhältnis der Organe und Kerngrundsätze der unionalen Organordnung

15   Im Hinblick auf das zwischen den vorgenannten Unionsorganen bestehende Verhältnis kommt Art. 13 Abs. 2 EUV besondere Bedeutung zu, da die in diesem Absatz enthaltenen Regelungen den unionsverfassungsrechtlichen Grundsatz der begrenzten Organkompetenz (1.) und den nicht minder bedeutsamen Grundsatz der loyalen Zusammenarbeit der Unionsorgane (2.) zum Gegenstand haben, die im Verbund mit dem in Art. 13 EUV nicht explizit angesprochenen Grundsatz des institutionellen Gleichgewichts (3.) zu den Kerngrundsätzen der unionalen Organordnung[104] gehören.

1. Grundsatz der begrenzten Organkompetenz

16   Der zu den Kerngrundsätzen der unionalen Organordnung gehörende Grundsatz der begrenzten Organkompetenz ist in Art. 13 Abs. 2 Satz 1 EUV niedergelegt. Nach dieser Bestimmung handelt jedes der in Art. 13 Abs. 1 UAbs. 2 EUV aufgeführten Unionsorgane nach Maßgabe der ihm in den Verträgen – d. h. im EU-Vertrag und im Vertrag über die Arbeitsweise der Europäischen Union (s. Art. 1 EUV, Rn. 61) – zugewiesenen Befugnisse nach den Verfahren, Bedingungen und Zielen, die in den Verträgen festgelegt sind. Der durch diese Bestimmung zum Ausdruck gebrachte Grundsatz der begrenzten

---

[100] Vgl. Art. 285 Abs. 1 AEUV i. V. m. Art. 287 Abs. 1 u. 2 AEUV.
[101] Zu den entsprechenden Haushaltsbefugnissen des Rates und des Europäischen Parlaments vgl. nur Art. 14 Abs. 1 und 16 Abs. 1 EUV.
[102] Vgl. Art. 287 Abs. 4 UAbs. 4 AEUV.
[103] Vgl. Art. 287 Abs. 4 UAbs. 1–3 AEUV.
[104] Ausführlich zur Organordnung der EU vgl. *Hatje/Förster*, EnzEuR, Bd. 1, § 10, Rn. 1 ff.

Organkompetenz, der sich auf das zwischen den in Art. 13 Abs. 1 UAbs. 2 EUV aufgelisteten Unionsorganen bestehende Verhältnis bezieht und dabei gleichwohl auch die sonstigen Einrichtungen der Union erfassen soll,[105] ergänzt den in Art. 5 Abs. 1 und 2 EUV niedergelegten Grundsatz der begrenzten Einzelermächtigung, der sich auf das kompetenzkonforme Handeln der Europäischen Union im Verhältnis zu den Mitgliedstaaten bezieht. Insoweit darf ein Unionsorgan nur bei gleichzeitigem Vorliegen seiner durch Art. 5 Abs. 1 EUV i. V. m. der jeweiligen Kompetenznorm zu bestimmenden **Verbandskompetenz** und seiner durch Art. 13 Abs. 2 Satz 1 EUV i. V. m. der jeweiligen Kompetenznorm zu bestimmenden **Organkompetenz** handeln,[106] was unter den in Art. 263 und 267 AEUV geregelten Voraussetzungen der gerichtlichen Kontrolle durch den Gerichtshof der EU (s. Rn. 12) unterliegt. Eine partielle Verstärkung erfährt der Grundsatz der begrenzten Organkompetenz, der vereinzelt als ein besonderer **Aspekt des Rechtsstaatsprinzips** eingestuft wird,[107] durch das in Art. 296 Abs. 2 AEUV niedergelegte Begründungserfordernis, das aus Gründen der Rechtssicherheit unter anderen auch die Angabe der einem unionalen Rechtsakt zugrundeliegenden Ermächtigungsgrundlage verlangt.[108]

2. Grundsatz der loyalen Zusammenarbeit der Unionsorgane

Einen weiteren wichtigen Kerngrundsatz der unionalen Organordnung stellt der unionsverfassungsrechtliche Grundsatz der loyalen Zusammenarbeit der Unionsorgane bzw. zwischen den Unionsorganen dar, der nach seiner höchstrichterlichen Anerkennung durch den Unions- bzw. den damaligen Gemeinschaftsrichter[109] erstmals expliziten Eingang in Art. 13 Abs. 2 Satz 2 EUV gefunden hat. Nach dieser Bestimmung, die ebenfalls justiziabel ist,[110] arbeiten die in Art. 13 Abs. 1 UAbs. 2 EUV aufgelisteten Organe (s. Rn. 7 ff.) loyal zusammen. Hiermit werden die vorgenannten Organe zu einer – in weitem Umfang durch so genannte **interinstitutionelle Vereinbarungen**[111] im Sinne des Art. 295 Satz 2 AEUV abgesicherten – loyalen Zusammenarbeit verpflichtet, die neben der Verpflichtung zur **Kooperation** auch die Verpflichtung zur gegenseitigen **Rücksichtnahme** einschließt.[112] Insoweit korrespondiert Art. 13 Abs. 2 Satz 2 EUV, der

17

---

[105] In diesem Sinne vgl. etwa *Calliess*, in: Calliess/Ruffert, EUV/AEUV, Art. 13 EUV, Rn. 19; *Epping*, in: Vedder/Heintschel v. Heinegg, Europäisches Unionsrecht, Art. 13 EUV, Rn. 10; *Hatje*, in: Schwarze, EU-Kommentar, Art. 13 EUV, Rn. 29.

[106] Zutr. *Calliess*, in: Calliess/Ruffert, EUV/AEUV, Art. 13 EUV, Rn. 20; sehr ähnlich vgl. auch *Nettesheim*, in: Grabitz/Hilf/Nettesheim, EU, Art. 13 EUV (Januar 2015), Rn. 85.

[107] So etwa von *Lenski*, in: Lenz/Borchardt, EU-Verträge, Art. 13 EUV, Rn. 14.

[108] Vgl. nur EuGH, Urt. v. 16. 6. 1993, Rs. C–325/91 (Frankreich/Kommission), Slg. 1993, I–3283, Rn. 26; Urt. v. 1. 10. 2009, Rs. C–370/07 (Kommission/Rat), Slg. 2009, I–8917, Rn. 39.

[109] Vgl. nur EuGH, Urt. v. 27. 9. 1988, Rs. 204/86 (Griechenland/Rat), Slg. 1988, I–5323, Rn. 16; Urt. v. 30. 3. 1995, Rs. C–65/93 (Europäisches Parlament/Rat), Slg. 1995, I–643, Rn. 23.

[110] Instruktiv dazu vgl. zuletzt EuGH, Urt. v. 14. 4. 2015, Rs. C–409/13 (Rat/Kommission), ECLI: EU:C:2015:217, Rn. 97 ff., mit Anm. *Scharf*, EuZW 2015, 632 f.

[111] Näher zu derartigen Vereinbarungen vgl. etwa *Calliess*, in: Calliess/Ruffert, EUV/AEUV, Art. 13 EUV, Rn. 25 ff.; *Frenz*, Handbuch Europarecht, Bd. 6, Rn. 365 ff.; *Jacqué*, in: GSH, Europäisches Unionsrecht, Art. 13 EUV, Rn. 15; *Monar*, CMLRev. 31 (1994), 693; zur grundsätzlichen Billigung dieser Vereinbarungen durch den Unions- bzw. den damaligen Gemeinschaftsrichter vgl. etwa EuGH, Urt. v. 3. 7. 1986, Rs. 34/86 (Rat/Europäisches Parlament), Slg. 1986, 2155, Rn. 50.

[112] In diesem Sinne vgl. auch *Calliess*, in: Calliess/Ruffert, EUV/AEUV, Art. 13 EUV, Rn. 28; *Epping*, in: Vedder/Heintschel v. Heinegg, Europäisches Unionsrecht, Art. 13 EUV, Rn. 9; *Hatje*, in: Schwarze, EU-Kommentar, Art. 13 EUV, Rn. 34; *Lenski*, in: Lenz/Borchardt, EU-Verträge, Art. 13 EUV, Rn. 15.

auch mit dem Begriff der **Organtreue** in Verbindung gebracht werden kann,[113] in gewisser Weise mit dem in Art. 4 Abs. 3 EUV niedergelegten Grundsatz der loyalen Zusammenarbeit, der sich auf das zwischen der Union und ihren Mitgliedstaaten bestehende Verhältnis bezieht.

3. Grundsatz, Figur oder Konzept des institutionellen Gleichgewichts

18 Überaus eng verbunden mit den vorgenannten Grundsätzen der begrenzten Organkompetenz (s. Rn. 16) und der loyalen Zusammenarbeit (Rn. 17) ist schließlich das in der Rechtsprechung des damaligen Gemeinschaftsrichters entwickelte und im einschlägigen Schrifttum vieldiskutierte Konzept des institutionellen Gleichgewichts,[114] das in gewisser Weise als eine justiziable Sonderform bzw. als eine **unionsrechtsspezifische Ausprägung des rechtsstaatlichen Gewaltenteilungsprinzips** eingeordnet werden kann. Von einer expliziten Erwähnung der hier in Rede stehenden Figur des institutionellen Gleichgewichts ist zwar in Art. 13 EUV und in sonstigen Bestimmungen des primären Unionsrechts bislang abgesehen worden; gleichwohl schwingt sie partiell in Art. 13 Abs. 2 EUV mit, sofern man davon ausgeht, dass die in dieser Bestimmung angesprochenen Grundsätze der begrenzten Organkompetenz und der loyalen Zusammenarbeit das Prinzip des institutionellen Gleichgewichts zumindest implizit zum Ausdruck bringen.[115] Hierfür spricht mit Blick auf den in Art. 13 Abs. 2 Satz 1 EUV niedergelegten Grundsatz der begrenzten Organkompetenz zumindest die bisherige Rechtsprechung des Unionsrichters, wonach der Grundsatz des institutionellen Gleichgewichts in Art. 13 Abs. 2 Satz 1 EUV zum Ausdruck komme und wonach es dieser Grundsatz gebiete, dass jedes Organ seine Befugnisse unter Beachtung der Befugnisse der anderen Organe ausübt.[116] Ansonsten sind viele Fragen im Zusammenhang mit dem hier in Rede stehenden Grundsatz des institutionellen Gleichgewichts nach wie vor überaus umstritten,[117] was sich exemplarisch bereits daran ablesen lässt, dass im einschlägigen Schrifttum bislang keine Einigkeit daran besteht, ob es sich bei dem Konzept des institutionellen Gleichgewichts wirklich um ein **Verfassungsprinzip** handelt, das bestimmten kompetenziellen Verschiebungen im institutionellen System der Union Grenzen setzt,[118] oder ob mit diesem Konzept lediglich ein **Rechts- oder Verfassungszustand** beschrieben

---

[113] Zutr. *Hatje*, in: Schwarze, EU-Kommentar, Art. 13 EUV, Rn. 34; *Streinz*, in: Streinz, EUV/AEUV, Art. 13 EUV, Rn. 25.

[114] Aus der durchaus reichhaltigen Rechtsprechung zu dem hier in Rede stehenden institutionellen Gleichgewicht vgl. etwa EuGH, Urt. v. 13. 6. 1958, Rs. 9/56 (Meroni I), Slg. 1958, S. 9 (44); Urt. v. 29. 10. 1980, Rs. 138/79 (Roquette Frères/Rat), Slg. 1980, S. 3333, Rn. 33; Urt. v. 5. 7. 1995, Rs. C–21/94 (Europäisches Parlament/Rat), Slg. 1995, I–1827, Rn. 17; Urt. v. 6. 5. 2008, Rs. C–133/06 (Europäisches Parlament/Rat), Slg. 2008, I–3189, Rn. 57; aus der umfangreichen Literatur zum institutionellen Gleichgewicht vgl. etwa *Chamon*, EPL 21 (2015), 371; *Dederer*, S. 89 ff.; *Goeters*, S. 138 ff.; *Huber*, EuR 2003, 574; *Hummer*, FS Verdross, S. 459 ff.; *Michel*, S. 27 ff.

[115] In diesem Sinne vgl. etwa *Jacqué*, in: GSH, Europäisches Unionsrecht, Art. 13 EUV, Rn. 12; *Lenski*, in: Lenz/Borchardt, EU-Verträge, Art. 13 EUV, Rn. 13; ähnlich vgl. *Geiger*, in: Geiger/Khan/Kotzur, EUV/AEUV, Art. 13 EUV, Rn. 13, wonach das Prinzip des institutionellen Gleichgewichts nunmehr in Art. 13 Abs. 2 EUV primärrechtlich verankert sei.

[116] Vgl. EuGH, Urt. v. 6. 5. 2008, Rs. C–133/06 (Europäisches Parlament/Rat), Slg. 2008, I–3189, Rn. 57; Urt. v. 14. 4. 2015, Rs. C–409/13 (Rat/Kommission), ECLI:EU:C:2015:217, Rn. 64, mit Anm. *Scharf*, EuZW 2015, 632 f.

[117] Instruktiv dazu vgl. zuletzt *Chamon*, EPL 21 (2015), 371.

[118] In diesem Sinne vgl. etwa *Calliess*, in: Calliess/Ruffert, EUV/AEUV, Art. 13 EUV, Rn. 10 u. 16; *Möllers*, S. 259; zum institutionellen Gleichgewicht als ein »normatives, justiziables Gestaltungsprinzip« vgl. auch *Streinz*, in: *ders.*, EUV/AEUV, Art. 13 EUV, Rn. 23.

wird, der sich aus der Anwendung aller geschriebenen und ungeschriebenen Normen ergibt, die das Verhalten der Organe zueinander regeln.[119]

IV. Unterstützung des Europäischen Parlaments, des Rates und der Kommission durch den Wirtschafts- und Sozialausschuss sowie durch den Ausschuss der Regionen

In Art. 13 Abs. 4 EUV wird abschließend klargestellt, dass drei bestimmte Unionsorgane – nämlich das Europäische Parlament (s. Rn. 8), der Rat (s. Rn. 10) und die Kommission (s. Rn. 11) – von einem Wirtschafts- und Sozialausschuss sowie von einem Ausschuss der Regionen unterstützt werden, die beratende Aufgaben wahrnehmen. Bei den beiden vorgenannten Ausschüssen handelt es sich somit um beratende Einrichtungen, die keine oder jedenfalls keine echte Organqualität im Sinne des Art. 13 Abs. 1 UAbs. 2 EUV besitzen,[120] auch wenn Art. 13 Abs. 3 EUV auf den ersten Blick den gegenläufigen Eindruck erweckt, indem er die in Art. 13 Abs. 1 UAbs. 2 EUV aufgelisteten Organe nach Erwähnung der beiden vorgenannten Ausschüsse als »die übrigen Organe« bezeichnet. Die **fehlende (Haupt-)Organqualität** dieser Ausschüsse ergibt sich insbesondere aus deren Nichterwähnung in Art. 13 Abs. 1 UAbs. 2 EUV. Da Art. 13 Abs. 4 EUV sowie der gleichlautende – und insoweit eigentlich unnötige – Art. 300 Abs. 1 AEUV bestimmen, dass das Europäische Parlament, der Rat und die Kommission vom Wirtschafts- und Sozialausschuss sowie von einem Ausschuss der Regionen mit jeweils beratenden Aufgaben unterstützt werden, könnten diese beiden Ausschüsse möglicherweise zwar in die Nähe dienender »Hilfsorgane« gerückt oder als »Nebenorgane« bezeichnet werden. Diese vor und nach dem Inkrafttreten des Lissabonner Reformvertrags zum Teil verwendete Terminologie[121] ist heute jedoch fragwürdiger denn je, da der Wirtschafts- und Sozialausschuss sowie der Ausschuss der Regionen in der über Art. 300 AEUV platzierten Kapitelüberschrift ausdrücklich als **beratende Einrichtungen der Union** bezeichnet werden, was in zusätzlicher Weise gegen eine Organqualität dieser Ausschüsse spricht. Insoweit dürften der Wirtschafts- und Sozialausschuss sowie der Ausschuss der Regionen zu den so genannten Einrichtungen zu zählen sein, die in diversen Einzelbestimmungen des primären Unionsrechts – wie etwa in Art. 263 Abs. 1 Satz 2 AEUV, 265 Abs. 1 Satz 2, 266 und 267 Abs. 1 Buchst. b AEUV sowie in Art. 51 Abs. 1 Satz 1 und 52 Abs. 5 Satz 1 GRC – neben den »Organen« und den »sonstigen Stellen« der Union angesprochen werden.   **19**

Der Wirtschafts- und Sozialausschuss, der höchstens 350 Mitglieder hat,[122] setzt sich gemäß Art. 300 Abs. 2 AEUV aus Vertretern der Organisationen der Arbeitgeber und   **20**

---

[119] So etwa *Hatje*, in: Schwarze, EU-Kommentar, Art. 13 EUV, Rn. 33; *ders./Förster*, EnzEuR, Bd. 1, § 10, Rn. 27; jeweils recht ähnlich vgl. *Frenz*, Handbuch Europarecht, Bd. 6, Rn. 379; *Nettesheim*, in: Grabitz/Hilf/Nettesheim, EU, Art. 13 EUV (Januar 2015), Rn. 31 ff.

[120] Zutr. vgl. statt vieler *Frenz*, Handbuch Europarecht, Bd. 6, Rn. 1291 f.; *Lenski*, in: Lenz/Borchardt, EU-Verträge, Art. 13 EUV, Rn. 2; *Schwarze*, EuR-Beih. 1/2009, 9 (15).

[121] Exempl. vgl. *Hatje/Förster*, EnzEuR, Bd. 1, § 10, Rn. 190; *Jacqué*, in: GSH, Europäisches Unionsrecht, Art. 13 EUV, Rn. 11; *Nettesheim*, in: Grabitz/Hilf/Nettesheim, EU, Art. 13 EUV (Januar 2015), Rn. 10.

[122] Vgl. Art. 301 Abs. 1 AEUV; zu einer damit zusammenhängenden Übergangsregelung vgl. Art. 7 des (Vertrags-)Protokolls Nr. 38 über die Übergangsbestimmungen, ABl. 2012, C 326/325; zur Weisungsungebundenheit und Unabhängigkeit dieser dem allgemeinen Wohl der Union verpflichteten Mitglieder vgl. Art. 300 Abs. 4 AEUV; zur Ernennung der einzelnen Mitglieder vgl. Art. 302 AEUV.

Arbeitnehmer sowie aus anderen Vertretern der Zivilgesellschaft zusammen. Während der **Wirtschafts- und Sozialausschuss** auf europäischer Ebene die beratende und unterstützende Einflussnahme der Tarifpartner und anderer zivilgesellschaftlicher Gruppen institutionalisiert,[123] bündelt der **Ausschuss der Regionen** im Rahmen des institutionellen Systems der Europäischen Union die vielfältigen Partikularinteressen der unterschiedlichen Regionen in dieser Union,[124] die insbesondere im Lichte des in Art. 5 Abs. 3 EUV konkretisierten Subsidiaritätsprinzips und der gebotenen Achtung der gemäß Art. 4 Abs. 2 Satz 1 EUV gerade auch in der regionalen und lokalen Selbstverwaltung[125] zum Ausdruck kommenden nationalen Identität der Mitgliedstaaten angemessenes Gehör verdienen. Der Ausschuss der Regionen, der nach Art. 8 Abs. 2 des (Vertrags-)Protokolls Nr. 2 über die Grundsätze der Subsidiarität und der Verhältnismäßigkeit[126] unter bestimmten Umständen auch von der Erhebung der so genannten Subsidiaritätsklage[127] Gebrauch machen kann, hat gemäß Art. 305 Abs. 1 AEUV ebenfalls 350 Mitglieder,[128] wobei es sich um Vertreter der regionalen und lokalen Gebietskörperschaften aus den EU-Mitgliedstaaten handelt, die entweder ein auf Wahlen beruhendes Mandat in einer solchen Gebietskörperschaft innehaben oder gegenüber einer gewählten Versammlung politisch verantwortlich sind.[129] Sowohl der Wirtschafts- und Sozialausschuss als auch der Ausschuss der Regionen, die beide auch nach Maßgabe einzelner Sonderbestimmungen mit Berichten einzelner Unionsorgane zu versorgen sind,[130] werden vom Europäischen Parlament, vom Rat oder von der Kommission in den in den Verträgen vorgesehenen Fällen angehört.[131] Darüber hinaus können sie von den beiden vorgenannten Unionsorganen auch in anderen Fällen angehört werden, in denen diese eine solche Anhörung für zweckmäßig halten.[132] Die weitere Befugnis beider Ausschüsse, von sich aus **Stellungnahmen** in solchen Fällen abzugeben, in denen sie dies selbst für zweckmäßig erachten,[133] bleibt davon unberührt.

---

[123] Ausführlicher zur Bedeutung, Struktur und Arbeitsweise des Wirtschafts- und Sozialausschusses vgl. *Frenz*, Handbuch Europarecht, Bd. 6, Rn. 1298 ff.; *Hatje/Förster*, EnzEuR, Bd. 1, § 10, Rn. 191 ff.; *Hayder*, EuZW 2010, 171.

[124] Ausführlich dazu vgl. etwa *Frenz*, Handbuch Europarecht, Bd. 6, Rn. 1358 ff.

[125] Zur begrenzten Bedeutung der vorgenannten Bestimmung speziell für deutsche Kommunen vgl. etwa *Hanisch/Eisenhut*, BayVBl. 2010, 204 (205).

[126] ABl. 2012, C 326/206.

[127] Näher zu dieser noch recht jungen Subsidiaritätsklage vgl. etwa *Nowak*, Europarecht, S. 114 f., S. 118 f. und S. 167 f.; *Pechstein*, S. 135 ff.

[128] Zur diesbezüglichen Übergangsregelung vgl. Art. 8 des (Vertrags-)Protokolls Nr. 38 über die Übergangsbestimmungen, ABl. 2012, C 326/325.

[129] Vgl. dazu auch *Isak*, S. 133 (178 f.).

[130] Vgl. dazu beispielsweise Art. 9 Satz 2 des (Vertrags-)Protokolls Nr. 2 über die Grundsätze der Subsidiarität und der Verhältnismäßigkeit, ABl. 2012, C 326/206.

[131] Vgl. Art. 304 Abs. 1 Satz 1 AEUV und Art. 307 Abs. 1 Satz 1 AEUV; exemplarisch zu den in den Verträgen explizit vorgesehenen Anhörungen des Wirtschafts- und Sozialausschusses vgl. Art. 46, 50 Abs. 1 und 91 Abs. 1 AEUV; entsprechend für den Ausschuss der Regionen vgl. etwa Art. 90 Abs. 1 AEUV.

[132] Vgl. Art. 304 Abs. 1 Satz 2 AEUV und Art. 307 Abs. 1 Satz 1 AEUV.

[133] Zu dieser sowohl dem Wirtschafts- und Sozialausschuss als auch dem Ausschuss der Regionen eingeräumten Möglichkeit vgl. Art. 304 Abs. 1 Satz 3 AEUV und Art. 307 Abs. 4 AEUV.

Artikel 14   EUV [Europäisches Parlament]

(1) ¹Das Europäische Parlament wird gemeinsam mit dem Rat als Gesetzgeber tätig und übt gemeinsam mit ihm die Haushaltsbefugnisse aus. ²Es erfüllt Aufgaben der politischen Kontrolle und Beratungsfunktionen nach Maßgabe der Verträge. ³Es wählt den Präsidenten der Kommission.

(2) ¹Das Europäische Parlament setzt sich aus Vertretern der Unionsbürgerinnen und Unionsbürger zusammen. ²Ihre Anzahl darf 750 nicht überschreiten, zuzüglich des Präsidenten. ³Die Bürgerinnen und Bürger sind im Europäischen Parlament degressiv proportional, mindestens jedoch mit sechs Mitgliedern je Mitgliedstaat vertreten. ⁴Kein Mitgliedstaat erhält mehr als 96 Sitze.

Der Europäische Rat erlässt einstimmig auf Initiative des Europäischen Parlaments und mit dessen Zustimmung einen Beschluss über die Zusammensetzung des Europäischen Parlaments, in dem die in Unterabsatz 1 genannten Grundsätze gewahrt sind.

(3) Die Mitglieder des Europäischen Parlaments werden in allgemeiner, unmittelbarer, freier und geheimer Wahl für eine Amtszeit von fünf Jahren gewählt.

(4) Das Europäische Parlament wählt aus seiner Mitte seinen Präsidenten und sein Präsidium.

Literaturübersicht

Augustin, Das Volk der Europäischen Union. Zu Inhalt und Kritik eines normativen Begriffs, 2000; *Bauer/Huber/Sommermann* (Hrsg.), Demokratie in Europa, 2005; *Crum*, Tailoring Representative Democracy to the European Union: Does the European Constitution Reduce the Democratic Deficit?, ELJ 11 (2005), 452; *Cygan*, Accountability, Parliamentarism and Transparency in the EU. The Role of National Parliaments, 2013; *Dann*, Parlamente im Exekutivföderalismus. Eine Studie zum Verhältnis von föderaler Ordnung und parlamentarischer Demokratie in der Europäischen Union, 2004; *Drexl/Kreuzer/Scheuing/Siebert* (Hrsg.), Europäische Demokratie, 1999; *Eberbach-Born/Kropp/Stuchlik/Zeh*, Parlamentarische Kontrolle und Europäische Union, 2013; *Flaig*, Die Mehrheitsentscheidung. Entstehung und kulturelle Dynamik, 2013; *Frenz*, Europäisches Parlament, VR 2011, 193; *Habermas*, Zur Prinzipienkonkurrenz von Bürgergleichheit und Staatengleichheit im supranationalen Gemeinwesen. Eine Notiz aus Anlass der Frage nach der Legitimität der ungleichen Repräsentation der Bürger im Europäischen Parlament, Der Staat 53 (2014), 167 ff.; *Hatje*, Demokratie in der Europäischen Union. Plädoyer für eine parlamentarisch verantwortliche Regierung der EU, EuR Beiheft 2/2015, 39; *Heinig*, Sperrklausel im Direktwahlakt: Darf der Deutsche Bundestag zustimmen?, DVBl 2016, 1141; *Heintzen*, Die Legitimation des Europäischen Parlaments, ZEuS 2000, 377; *Jacqué*, Der Vertrag von Lissabon – neues Gleichgewicht oder institutionelles Sammelsurium, Integration 2010, 103; *Judge/Earnshaw*, The European Parliament, 2003; *Kahl/Bews*, Die Verfassungswidrigkeit der Drei-Prozent-Sperrklausel bei Europawahlen, DVBl 2014, 737; *Kaufmann*, Europäische Integration und Demokratieprinzip, 1997; *Kluth*, Die demokratische Legitimation der Europäischen Union, 1995; *von Komorowski*, Demokratieprinzip und Europäische Union. Staatsverfassungsrechtliche Anforderungen an die demokratische Legitimation der EG-Normsetzung, 2010; *Lenski*, Der Bürgerstatus im Lichte von Migration und europäischer Integration, DVBl 2012, 1057; *M. Mayer*, Die Europafunktion der nationalen Parlamente in der Europäischen Union, 2011; *Peters*, Europäische Öffentlichkeit im europäischen Verfassungsprozess, EuR 2004, 275; *Saalfrank*, Funktionen und Befugnisse des Europäischen Parlaments. Ihre Bedeutung für das Demokratieprinzip des Grundgesetzes, 1995; *F. Sander*, Repräsentation und Kompetenzverteilung. Das Handlungsformensystem des Mehrebenenverbundes als Ausdruck einer legitimitätsorientierten Kompetenzbalance zwischen Europäischer Union und ihren Mitgliedstaaten, 2005; *Seibold*, Die Kontrolle der Europäischen Kommission durch das Europäische Parlament. Inhalt und Umfang, 2004; *Schliesky*, Souveränität und Legitimität von Herrschaftsgewalt. Die Weiterentwicklung von Begriffen der Staatslehre und des Staatsrechts im europäischen Mehrebenensystem, 2002; *Schoo*, Das Europäische Parlament im Institutionsgefüge der Europäischen Union, EuR Beiheft 2/2015, 55; *Suski*, Das Europäische Parlament. Volksvertretung ohne Volk und Macht?, 1996.

Leitentscheidungen

EuGH, Urt. v. 20.10.1980, Rs. 138/79 (Roquette Frères/Rat), Slg. 1980, 3333
EuGH, Urt. v. 10.2.1983, Rs. 230/81 (Luxemburg/EP), Slg. 1983, 255
EuGH, Urt. v. 23.4.1986, Rs. 294/83 (Les Verts/EP), Slg. 1986. 1339
EuGH, Urt. v. 22.3.1990, Rs. C–201/89 (Le Pen), Slg. 1990, I–1183
EuGH, Urt. v. 12.9.2006, Rs. C–145/04 (Spanien/Vereinigtes Königreich), Slg. 2006, I–7917
EuGH, Urt. v. 12.9.2006, Rs. C–300/04 (Eman und Sevinger), Slg. 2006, I–8055
EuG, Urt. v. 2.10.2001, verb. Rs. T–222/99, T–327/99 u. T–329/99 (Martinez und de Gaulle/EP – TGI/TDI), Slg. 2001, II–2823

Wesentliche sekundärrechtliche Vorschriften

Beschluss 76/787/EGKS, EWG, Euratom der im Rat vereinigten Vertreter der Mitgliedstaaten über den Akt und der Akt zur Einführung allgemeiner unmittelbarer Wahlen der Abgeordneten der Versammlung vom 20.9.1976, ABl. 1976, L 278/1 – Direktwahlakt (geändert durch Beschluss 93/81/Euratom, EGKS, EWG des Rates vom 1.2.1993, ABl. 1993, L 33/15, und durch Beschluss 2002/772/EG, Euratom des Rates vom 25.6.2002, ABl. 2002, L 283/1)

Artikel 19 der Akte über die Bedingungen des Beitritts der Republik Kroatien und die Anpassungen des Vertrags über die Europäische Union, des Vertrags über die Arbeitsweise der Europäischen Union und des Vertrags zur Gründung der Europäischen Atomgemeinschaft vom 9.12.2011, ABl. 2012, L 112/21

Geschäftsordnung des Europäischen Parlaments vom 1.3.2011, ABl. 2011, L 116/1 (zuletzt geändert durch Beschl. v. 16.1.2013, ABl. 2013, C 440/116, abrufbar unter http://www.europarl.europa.eu/[8. Wahlperiode – September 2015])

Inhaltsübersicht

A. Allgemeines

Artikel 14 EUV ist der numerisch erste Artikel zu einem der wichtigsten Organe der **1** Europäischen Union. Das Europäische Parlament steht damit ganz am Beginn der übrigen Organe. Dadurch wird der **repräsentativ-demokratische Grundsatz** der Union aus Art. 10 Abs. 1 EUV näher ausformuliert.[1] Gleichzeitig wird Art. 10 Abs. 2 EUV mit seiner **unmittelbaren Vertretung** der Unionsbürger im Europäischen Parlament ebenso akzentuiert.

Schon aus Abs. 1 Satz 1 des Art. 14 EUV folgt indes eine **Einschränkung** der Bedeu- **2** tung des Europäischen Parlaments: Seine Tätigkeit als **Gesetzgeber** und seine Ausübung der **Haushaltsbefugnisse** übt es nämlich nur »gemeinsam mit dem Rat« aus. Schon daraus folgt die besondere Stellung von Parlament und Rat, die in der bisherigen Diskussion immer wieder betont wird: Denn erst der Rat kann und wird etwaige Defizite im Vertragssystem im Hinblick auf das Europäische Parlament ausgleichen. Eine reine parlamentarische Gesetzgebung wie auf nationaler Ebene gibt es damit nach dem gegenwärtigen Stand der Verträge nicht (s. Rn. 8, 13,).[2]

Seine Aufgaben der **politischen Kontrolle** und seine **Beratungsfunktionen** werden **3** demgegenüber nach Maßgabe der Verträge erfüllt, ohne dass ein sonstiges Organ an diesen Aufgaben beteiligt wird (Art. 14 Abs. 1 Satz 2 EUV). Damit wird die Hauptfunktion des Europäische Parlaments als **Arbeits- und Kontrollgremium**[3] deutlich (s. Rn. 16 ff.). Die **Wahl des Präsidenten der Kommission** weist dem Europäischen Parlament schließlich eine besondere Rolle zu (s. Rn. 70). Damit werden dem EP die Befugnisse zur **Rechtsetzung**, zur **Kontrolle** und zur **Wahl** schon in Art. 14 EUV zugeschrieben.[4]

Entstehungsgeschichtlich ist die Vorschrift des Art. 14 EUV **neu** im Vertrag über die **4** Europäische Union. Sie übernimmt indes einige zuvor bereits im Vertrag über die Europäische Gemeinschaft vorgesehene Vorschriften über die Zusammensetzung (Art. 189 EGV) und die Wahl (Art. 190 Absätze 1 bis 3 EGV) sowie zur Wahl des Präsidenten des EP (Art. 197 Abs. 1 EGV) mit wenigen inhaltlichen Änderungen.[5] Zur Vermeidung eines Vertragsänderungsverfahrens ist die Sitzverteilung, die bislang vollständig in Art. 189 EGV geregelt war, aus dem Primärrecht herausgenommen worden

---

[1] Vgl. *Schoo*, in: Schwarze, EU-Kommentar, Art. 14 EUV, Rn. 1, sowie *ders.*, EuR-Beiheft 2/2015, 55 ff. S. auch *Bieber*, in: GSH, Europäisches Unionsrecht, Art. 14 EUV, Rn. 1; *Geiger*, in: Geiger/Kahn/Kotzur (Eds.), European Union Treaties, 2014, Art. 14 TEU, Rn. 1; *Hatje/v. Förster*, EnzEuR, Bd. 1, § 10, Rn. 45. Aus der Perspektive des Verfassungsvertragsentwurfs zu einem neuen Zuschnitt der repräsentativen Demokratie des EP *Crum*, EJL 11 (2005), 452 (453 ff.).
[2] S. *Kluth*, in: Calliess/Ruffert, EUV/AEUV, Art. 14 EUV, Rn. 2.
[3] So *Kluth*, in: Calliess/Ruffert, EUV/AEUV, Art. 14 EUV, Rn. 2.
[4] In diesem Sinne *Hölscheidt*, in: Grabitz/Hilf/Nettesheim, EU, Art. 14 EUV (Juli 2010), Rn. 1, 22.
[5] S. die Übereinstimmungstabellen, ABl. 2012, C 326/363 (364, Fn. 8).

(Art. 14 Abs. 2 EUV). Die sonstigen Regelungen zum Europäischen Parlament finden sich in den Art. 223 ff. AEUV.

5   Dass mit der neuen Vorschrift des Art. 14 EUV das Europäische Parlament zu Beginn der Organe steht, hat auch mit der Geschichte von Europäischer Gemeinschaft für Kohle und Stahl (EGKS), Europäischer Atomgemeinschaft (EAG), Europäischer Wirtschaftsgemeinschaft (EWG), Europäischer Gemeinschaft (EG) und Europäischer Union (EU) zu tun. Denn ursprünglich handelte es sich nicht um ein Parlament, sondern um eine **Versammlung** (Art. 21 EGKSV, Art. 107 EAGV, Art. 137 EWGV). Primärrechtlich[6] zum Europäischen Parlament wurde die Versammlung indes erst durch Art. 3 Abs. 1 der Einheitlichen Europäischen Akte (EEA). Aber der Europäische Gerichtshof hat die Versammlung bereits im Jahr 1963 zum Parlament gemacht.[7] Jedenfalls heute ist die Kritik an der Entwicklung der Bezeichnung entbehrlich.[8]

6   Das **Europäische Parlamentsrecht** baut einerseits auf der Basis der mitgliedstaatlichen Parlamentsrechte auf. Andererseits weist es aber supranationale Besonderheiten auf, die nur bei ihm gegeben sind. **Rechtsquellen** des Europäischen Parlamentsrechts sind das primäre und das sekundäre Unionsrecht. Hinzu kommen interinstitutionelle Vereinbarungen (Art. 295 AEUV, s. Rn. 14) sowie Vereinbarungen der Mitgliedstaaten untereinander. Wegen seines **Selbstorganisationsrechts**[9] zählt auch und gerade die **Geschäftsordnung** des Europäischen Parlaments[10] nach Art. 232 Abs. 1 AEUV zum Europäischen Parlamentsrecht (s. Rn. 12 und Rn. 56).[11]

B. Befugnisse (Absatz 1)

7   Für das Europäische Parlament als Hauptorgan der Europäischen Union im Sinne von Art. 13 EUV gilt auch der »Grundsatz der **begrenzten Einzelermächtigung**« nach Art. 5 Absätze 1 und 2 EUV. Nur die Aufgaben, die ihm in den Verträgen ausdrücklich übertragen worden sind, sind von ihm auszuführen. Daneben gibt es aber auch Zuständigkeiten, die dem Parlament im Wege interinstitutioneller Vereinbarungen nach Art. 295 AEUV zugewiesen sind. Jedenfalls mit Inkrafttreten des Vertrages von Lissabon gibt es keine Organleihe mehr. Denn die Europäische Union ist durch Art. 47 EUV mit Rechtspersönlichkeit ausgestattet.

I. Befugnistypen

8   Nur eine Grobgliederung der Befugnistypen enthält Art. 14 Abs. 1 EUV. Neben der **Gesetzgebung** nach den Art. 289 ff. AEUV werden dem Parlament die **Haushaltsbefugnisse** nach den Art. 314 ff. AEUV übertragen. In diesen beiden Fällen ist diese Befugnis

---

[6] Zu vorherigen Änderungen s. *Kluth*, in: Calliess/Ruffert, EUV/AEUV, Art. 14 EUV, Rn. 4.
[7] S. EuGH, Verfügung v. 13.3.1963, Rs. 15/63 R (Lassalle/EP), Slg. 1964, 125; Urt. v. 20.10.1980, Rs. 138/79 (Roquette Frères/Rat), Slg. 1980, 3333, Rn. 33. Kritisch *Huber*, in: Streinz, EUV/AEUV, Art. 14 EUV, Rn. 1 m.w.N.
[8] Vgl. den rechtsgeschichtlichen Überblick bei *Huber*, in: Streinz, EUV/AEUV, Art. 14 EUV, Rn. 2 ff. Krit. *Niedobitek*, in: Niedobitek, Europarecht – Grundlagen, § 1, Rn. 235, 271 f.
[9] S. EuGH, Urt. v. 10.2.1983, Rs. 230/81 (Luxemburg/EP), Slg. 1983, 255, Rn. 37 f., 56; Urt. v. 23.4.1986, Rs. 294/83 (Les Verts/EP), Slg. 1986, 1339, Rn. 44.
[10] Dieser Bearbeitung liegt die GO der 8. Wahlperiode aus dem September 2015 zu Grunde, im Internet abrufbar unter http://www.europarl.europa.eu/.
[11] S. *Kluth*, in: Calliess/Ruffert, EUV/AEUV, Art. 14 EUV, Rn. 6.

durch die Mitwirkung des **Rates** begrenzt (Art. 14 Abs. 1 Satz 1 EUV). Mit dieser Art der Wahrnehmung der Kompetenzen unterscheidet sich das Europäische Parlament deutlich von den nationalen Parlamenten: Die **fehlende Autonomie** seiner gesetzgeberischen und haushalterischen Befugnisse, sondern deren Ausübung nur »gemeinsam mit dem Rat«, stellt den wesentlichen Unterschied zwischen der unionsrechtlichen und den mitgliedstaatlichen Demokratieprinzipien dar (s. Rn. 2).

Als zweiten Befugnistyp erwähnt Art. 14 Abs. 1 Satz 2 EUV die **Kontrolle** und die **9** **Beratung** »nach Maßgabe der Verträge«. Hier enthalten eine Vielzahl von Einzelbestimmungen entsprechende Vorschriften zur Einbindung des Europäischen Parlaments.

Als dritten Befugnistyp benennt Art. 14 Abs. 1 Satz 3 EUV die **Wahl des Präsidenten** **10** **der Europäischen Kommission**. Mit dieser Befugnisnorm geht der EUV in seiner Lissabonner Fassung deutlich über Art. 214 Abs. 2 EGV in der Fassung von Nizza hinaus. Die dort vorgesehene Bestimmung des Präsidenten durch den Rat war seinerzeit nur an die Zustimmung des Europäischen Parlaments gebunden. Jetzt ist die Ernennung zu einem eigenständigen Wahlrecht erstarkt. Und aus diesem Wahlrecht ergeben sich Folgerungen für den Prozess der Auswahl denkbarer Kandidaten.[12] Schließlich wird das Wahlrecht durch das **Mißtrauensvotum** des Art. 234 AEUV ergänzt. Insgesamt ist die Kommission jetzt auf das politische Vertrauen des Europäischen Parlaments angewiesen.

Aus den drei beschriebenen Haupttypen von Befugnissen des Europäischen Parla- **11** ments werden in der Literatur weitere **Systematisierungen** vorgenommen: Rechtsetzungsbefugnisse, Kontrollbefugnisse, Beratungsbefugnisse sowie Organbildungs- und Organbesetzungsbefugnisse werden entweder allein oder im Wege der Mitentscheidung oder einer sonstigen Mitwirkung über Änderungs- und Vorschlagsrechte, Anhörung, Berichterstattung oder Untersuchung durchgeführt.[13]

II. Rechtsetzungsbefugnisse

Unterscheiden lassen sich zunächst zwei Rechtsetzungsbefugnisse: Einmal die nach in- **12** nen bezogenen Regelungen des Europäischen Parlaments (**Binnenrecht**), zu denen es aufgrund seines **Selbstorganisationsrechts**[14] befugt ist. Hauptbeispiel ist der Erlass der Geschäftsordnung nach Art. 232 Abs. 1 AEUV (s. oben, Rn. 6, und unten, Rn. 56).

Zum anderen ist das EP auch an Regelungen nach außen hin (**Außenrecht**) beteiligt. **13** Das Verfahren der Rechtsetzung ist im Wesentlichen in Art. 289 und Art. 293 ff. AEUV sowie in verschiedenen Einzelbestimmungen geregelt. Ein **direktes Initiativrecht** kommt dem Europäischen Parlament dabei im Regelfall **nicht** zu. Grundsätzlich ist es nämlich die Kommission, die einen Vorschlag zur Rechtsetzung vorlegt (s. Art. 17 Abs. 2 EUV, Art. 294 Abs. 2 AEUV). Nur ein **indirektes** Initiativrecht steht dem EP nach Art. 225 EUV zu. Nach Satz 1 dieser Vorschrift kann das Parlament mit der Mehrheit seiner Mitglieder die Kommission auffordern, »geeignete Vorschläge« zu unterbreiten. Aber die Kommission kann hierzu auch gar keinen Vorschlag vorlegen, wofür sie dem EP indes die Gründe mitteilen muss (Satz 2). Außerdem hat das Europäische Parlament ein Initiativrecht aus Art. 223 Abs. 1 AEUV, von dem bislang allerdings kein Gebrauch gemacht worden ist (s. Rn. 37). Hinzu kommen die beiden Initiativrechte aus Art. 226

---

[12] S. Rn. 70.
[13] So *Kluth*, in: Calliess/Ruffert, EUV/AEUV, Art. 14 EUV, Rn. 9. Ähnlich *Hölscheidt*, in: Grabitz/Hilf/Nettesheim, EU, Art. 14 EUV (Juli 2010), Rn. 22 ff.
[14] S. EuGH, Urt. v. 10. 2. 1983, Rs. 230/81 (Luxemburg/EP), Slg. 1983, 255, Rn. 37 f., 56; Urt. v. 23. 4. 1986, Rs. 294/83 (Les Verts/EP), Slg. 1986, 1339, Rn. 44.

AEUV für die Einzelheiten der Ausübung des Untersuchungsrechts sowie aus Art. 228 Abs. 4 AEUV für die allgemeinen Bedingungen für den Bürgerbeauftragten.

14   Eher im Innenbereich, allerdings mit unter Umständen verbindlicher Wirkung für die beteiligten Organe stehen die **interinstitutionellen Vereinbarungen** nach Art. 295 AEUV. Solche Vereinbarungen können zwischen Parlament, Rat und/oder Kommission abgeschlossen werden. Sie betreffen eine einvernehmliche Regelung der Einzelheiten der Zusammenarbeit. Aus der Vorschrift ergibt sich, dass solche Vereinbarungen auch bindende Wirkung haben können (s. Satz 2). Einzelheiten dazu sieht Art. 140 GO EP vor.

III. Haushaltsbefugnisse

15   Die Haushaltsbefugnisse sind in Art. 314 AEUV geregelt. Hier ist es wiederum das Europäische Parlament gemeinsam mit dem Rat, welches den Haushalt für die Europäische Union auf Vorschlag der Kommission erlässt.

IV. Kontrollbefugnisse

16   Die wesentlichen Befugnisse des Europäischen Parlaments neben Gesetzgebung und Haushalt liegen in der **Kontrolle**. Diese Befugnisse führen dazu, dass das EP als **Kontrollparlament** bezeichnet werden kann (s. Rn. 4). Nur ihm selbst stehen die Kontrollinstrumente zu. Eine aktive Beteiligung des Rates oder der Kommission daran ist ausgeschlossen (s. Art. 14 Abs. 1 Satz 2 EUV). Eine passive Beteiligung der anderen Organe, aber auch der Mitgliedstaaten ist indes zwingend erforderlich.

1. Kontrollmaßstab

17   Kontrolle kann sowohl **politisch** als auch **rechtlich** gemeint sein. Politische Kontrolle ist beim Europäischen Parlament gleichsam grenzenlos möglich. Ihr Maßstab unterliegt indes **grundrechtlichen** Bindungen und Bindungen der **Zuständigkeit** der Europäischen Union, wenn das Thema der Kontrolle nicht die Ausweitung (oder Beschneidung) bestehender Zuständigkeiten sein sollte. Rechtliche Kontrolle bezieht sich auf die gegebene **Unionsrechtsordnung** und deren Einhaltung.

2. Kontrollgegenstand

18   Gegenstand der Kontrolle kann vergangenes, gegenwärtiges oder zukünftiges **Verhalten** anderer **Organe** oder eigenes Verhalten sein. Im Rahmen der Zuständigkeiten können auch das Verhalten von **Mitgliedstaaten** im Anwendungsbereich des Unionsrechts sowie das Verhalten **privater Personen** Kontrollgegenstand sein. Im Regelfall findet die Kontrolle öffentlich statt (s. Rn. 20, 67). Der **Öffentlichkeitsgrundsatz** wird teilweise auch als Ausfluss einer eigenständigen Öffentlichkeitsfunktion des europäischen Parlamentsrechts angesehen.[15] Er folgt unter anderem aus Art. 232 Abs. 2 (Veröffentlichung der Verhandlungsniederschriften) und Art. 233 AEUV (Erörterung des Gesamtberichts der Kommission in öffentlicher Sitzung)[16] und ist ausdrücklich in Art. 15 Abs. 2

---

[15] Vgl. *Hölscheidt*, in: Grabitz/Hilf/Nettesheim, EU, Art. 14 EUV (Juli 2010), Rn. 22, 37.
[16] So *Hölscheidt*, in: Grabitz/Hilf/Nettesheim, EU, Art. 230 AEUV (August 2011), Rn. 7, Art. 233 AEUV, Rn. 1.

AEUV enthalten, der öffentliche Tagungen des EP anordnet.[17] Die Öffentlichkeit kann indes auch beschränkt werden, wenn es um den **Schutz öffentlicher oder privater vertraulicher Informationen** geht.[18]

3. Kontrollmaßnahmen

Die Kontrollmaßnahmen des Europäischen Parlaments sind vielfältig. Zum einen kann **19** eine **informatorische** Kontrolle in Betracht kommen. Zum anderen gibt es auch eine **sanktionierende** Kontrolle.

a) Informatorische Kontrolle

Informatorisch ist die Kontrolle, die sich über **Frage- und Informationsrechte** sowie **20** durch entsprechende **Berichtspflichten** ausüben lässt. Eine besondere Art umfassender Kontrolle ist durch einen nichtständigen **Untersuchungsausschuss** nach Art. 226 AEUV vorgesehen. Einzelheiten sieht dazu Art. 198 GO-EP nebst Anlage VIII vor. Diese Anlage stellt einen Beschluss des EP, des Rates und der Kommission über Einzelheiten der Ausübung des Untersuchungsrechts des Europäischen Parlaments vom 19.4.1995 dar.[19]

Darüber hinaus gibt es ein aktives **Fragerecht** und eine dementsprechend passive **21** **Antwortpflicht** der Kommission nach Art. 230 UAbs. 2 AEUV. Einzelheiten dazu folgen aus den Art. 128ff. GO-EP und Anlagen II und III. Gegenüber dem Rat, dem Europäischen Rat und dem Hohen Vertreter der Union für Außen- und Sicherheitspolitik bestehen entsprechende Fragerechte aus Art. 230 UAbs. 3 AEUV sowie aus Art. 36 Abs. 2 EUV.

Berichtspflichten bestehen insbesondere auf Seiten der **Kommission**: Sie veröffent- **22** licht gemäß Art. 249 Abs. 2 AEUV jährlich einen Gesamtbericht über die Tätigkeit der Union. Außerdem erstellt sie jährlich einen Bericht zur sozialen und demographischen Lage (Art. 159 AEUV), wobei das EP auch ergänzende Berichte zu besonderen sozialen Lagen nach Art. 161 UAbs. 2 AEUV verlangen kann. Ferner muss die Kommission zum Haushaltsplan und zum Vermögen und zu den Schulden der Union nach Art. 318 UAbs. 1 AEUV berichten. Hinzu kommt ein Evaluierungsbericht gemäß Art. 318 UAbs. 2 AEUV. Neben diesen wichtigsten Berichtspflichten gibt es im Primär- und Sekundärrecht zahlreiche weitere Berichtspflichten, von denen große Teile auch den **Mitgliedstaaten** obliegen. Ausgehend von solchen Berichten der Mitgliedstaaten, etwa aus konkreten Richtlinien, erstellt die Kommission sodann einen speziellen Gesamtbericht.

b) Sanktionierende Kontrolle

Sanktionierende Kontrolle kann sowohl bei der informatorischen Kontrolle allein durch **23** die **Art und Weise der parlamentarischen Erörterung** stattfinden. Im Grunde sind mit sanktionierender Kontrolle aber der primärrechtlich vorgesehene **Misstrauensantrag** nach Art. 234 AEUV sowie die **Entlastungsverweigerung** nach Art. 319 AEUV gemeint.[20]

Soweit das Europäische Parlament an gerichtlichen Verfahren vor dem EuGH betei- **24** ligt ist, wird auch dies als Ausübung einer mittelbar sanktionierenden Kontrollbefugnis

---

[17] S. *Hölscheidt*, in: Grabitz/Hilf/Nettesheim, EU, Art. 14 EUV (Juli 2010), Rn. 22.
[18] Vgl. GO-EP Anlage VII (Vertrauliche Dokumente und sensible Informationen).
[19] ABl. 1995, L 113/1.
[20] So etwa *Kluth*, in: Calliess/Ruffert, EUV/AEUV, Art. 14 EUV Rn. 18.

angesehen.[21] Im Verfahren der Nichtigkeitsklage nach Art. 264 AEUV oder der Untätigkeitsklage gemäß Art. 265 AEUV ist es aber der Gerichtshof selbst, der die »Sanktion« auswirft. Und mitunter fällt das Ergebnis auch anders aus als man denkt.[22] Schließlich ist es für das Parlament primärrechtlich (s. Art. 226 UAbs. 1 a. E. AEUV) und parlamentsrechtlich[23] ausgeschlossen, in anhängigen Verfahren seine Kontrollbefugnisse auszuüben. Deshalb scheidet das **Gerichtsverfahren** hier als Ausübung einer nur mittelbar sanktionierenden Kontrollbefugnis aus.

V. Beratungsbefugnisse

25   Neben der politischen Kontrolle spricht Art. 14 Abs. 1 Satz 2 EUV auch von »**Beratungsfunktionen** nach Maßgabe der Verträge«. Damit sind diejenigen Beteiligungen des Europäischen Parlaments an der **Rechtsetzung** gemeint, die **nicht** im Gesetzgebungsverfahren »gemeinsam **mit dem Rat**« erfolgen (Art. 14 Abs. 1 Satz 1 EUV). Solche Rechtsetzungsverfahren sind seit der Vertragsfassung von Lissabon sehr selten geworden.

26   Damit ist aber die Beratung als solche nicht erschöpft: Das EP kann auch in allen anderen Fällen Themen im Wege der Beratung zum Gegenstand von öffentlichen Parlamentssitzungen machen.[24] Teilweise wird in der Literatur hier auch der Begriff der **Konsultation** verwendet.[25] Dieser Begriff taucht auch in der Geschäftsordnung des Europäischen Parlaments im Zusammenhang mit dem **Wirtschafts- und Sozialausschuss** (Art. 137 GO-EP) oder dem **Ausschuss der Regionen** (Art. 138 GO-EP) auf. Bei Europäischen **Agenturen** wird demgegenüber von **Ersuchen** gesprochen (Art. 139 GO-EP). Hier bleibt es indes bei dem Begriff der Beratung, der als umfassender und weiter gehender Oberbegriff gilt.

1. Beratungsmaßstab

27   Der Beratungsmaßstab ist – wie bei der Kontrolle (s. Rn. 17) – sehr weitreichend: Es gibt insoweit ein nur durch die **Zuständigkeit** der Union[26] und durch **Grundrechte** begrenztes **Erfindungsrecht** an Themen parlamentarischer Beratung.

2. Beratungsgegenstand

28   Der Beratungsgegenstand ist ein **Sachverhalt**, über den ein – einheitlicher oder mehrheitlicher – **parlamentarischer Wille gebildet und geäußert** wird.[27] Die Art und Weise der Willensbildung und seiner anschließenden Äußerung findet im Regelfall **öffentlich** statt (s. Rn. 18).

---

[21] In diesem Sinne *Kluth*, in: Calliess/Ruffert, EUV/AEUV, Art. 14 EUV Rn. 18.

[22] Bsp.: EuGH, Urt. v. 30.5.2006, verb. Rs. C–317/04 u. C–318/04 (EP/Rat und Kommission), Slg. 2006, I–4721, m. Anm. *Szczekalla*, DVBl 2006, 896.

[23] Art. 2 des Beschlusses des EP, des Rates und der Kommission über Einzelheiten der Ausübung des Untersuchungsrechts des Europäischen Parlaments vom 19.4.1995 (Fn. 19).

[24] S. *Kluth*, in: Calliess/Ruffert, EUV/AEUV, Art. 14 EUV, Rn. 19.

[25] Vgl. *Dann*, S. 330 ff.; *Kluth*, in: Calliess/Ruffert, EUV/AEUV, Art. 14 EUV, Rn. 19.

[26] S. EuGH, Urt. v. 10.2.1983, Rs. 230/81 (Luxemburg/EP), Slg. 1983, 255, Rn. 39.

[27] Vgl. EuGH, Urt. v. 10.2.1983, Rs. 230/81 (Luxemburg/EP), Slg. 1983, 255, Rn. 39; *Kluth*, in: Calliess/Ruffert, EUV/AEUV, Art. 14 EUV, Rn. 20.

3. Beratungsmaßnahmen

Nach seiner Geschäftsordnung werden zu den Beratungsgegenständen **Entschließungs-** **29**
anträge nach Art. 133 GO-EP gefasst. Eine Sonderform solcher Entschließungsanträge
ist eine **Empfehlung** an den Rat nach Art. 134 GO-EP.

Außerhalb des Erlasses von Unionsrechtsakten wird das Europäische Parlament ent- **30**
weder von anderen Organen mit einzelnen Fragen befasst, oder es entschließt sich aufgrund seiner Beratungskompetenz selbständig zu einem solchen Vorgehen. Für solche
parlamentarischen Tätigkeiten werden die Begriffe **Stellungnahme** (s. Art. 100 und
Art. 108 GO-EP) und **Initiativbericht** (s. Art. 45 GO-EP) verwandt. Unabhängig von
ihrer jeweiligen Benennung handelt es sich um Maßnahmen der Beratung (s. Art. 133
GO-EP).

VI. Organbildungs- und Organbesetzungsbefugnisse

Aus seinem **Selbstorganisationsrecht**[28] folgt auch eine **Organbildungsbefugnis** des Eu- **31**
ropäischen Parlaments, welche nur in Teilen vertraglich, im Übrigen in der Geschäfts-
ordnung geregelt ist (s. Rn. 56 ff). Ausdrücklich vertraglich geregelt ist die Wahl des
Präsidenten und des Präsidiums in Art. 14 Abs. 4 EUV. Einzelheiten dazu finden sich in
Art. 16 GO-EP (Präsident) und Art. 17 f. GO-EP (Vizepräsidenten und Quästoren). Der
Präsident und die (vierzehn) **Vizepräsidenten** werden nach Art. 17 GO-EP ebenso wie
die sogenannten **Quästoren** gemäß Art. 18 GO-EP **für zweieinhalb Jahre** gewählt (s.
Art. 19 GO-EP). Mit dem an die klassische römische Zeit erinnernden Begriff der Quästoren (Art. 18 GO-EP) werden diejenigen fünf Parlamentarier bezeichnet, die gemäß
der vom Präsidium erlassenen Leitlinien mit Verwaltungs- und Finanzaufgaben betraut
sind, welche die Mitglieder des Europäischen Parlaments direkt betreffen (Art. 28
GO-EP). Die Bildung und die Besetzung von ständigen, Sonder- und Untersu-
chungs-**Ausschüssen** ist in den Art. 196 ff. GO-EP geregelt (s. Rn. 65 ff.).

Außerhalb des Europäischen Parlaments steht das Organ des Europäischen **32**
Bürgerbeauftragten nach Art. 228 AEUV. Dessen konkrete Wahl richtet sich nach
Art. 219 GO-EP.

Außerdem hat das Europäische Parlament zusammen mit anderen Organen der EU **33**
Organbesetzungsbefugnisse: So wirkt es an der Ernennung der Mitglieder des **Rech-**
nungshofs nach Art. 286 Abs. 2 AEUV im Wege der **Anhörung** mit. Einem **Zustim-**
mungsvotum haben sich der **Hohe Vertreter** der Union für Außen- und Sicherheitspolitik sowie die übrigen **Kommissionsmitglieder** nach Art. 17 Abs. 7 UAbs. 3 EUV zu
stellen.

VII. Außenbefugnisse

Das Europäische Parlament ist auch am Abschluss von **Übereinkünften** zwischen der **34**
Union und **Drittstaaten** sowie **Internationalen Organisationen** beteiligt (s. Art. 49 EUV,
Art. 218 AEUV). Unabhängig von einer solchen formalisierten Beteiligung wird auf-
grund seines **Selbstorganisationsrechts**[29] ein **Netzwerk** von Kontakten zu (mitgliedstaat-

---

[28] S. EuGH, Urt. v. 10.2.1983, Rs. 230/81 (Luxemburg/EP), Slg. 1983, 255, Rn. 37 f., 56; Urt. v.
23.4.1986, Rs. 294/83 (Les Verts/EP), Slg. 1986, 1339, Rn. 44.
[29] S. EuGH, Urt. v. 10.2.1983, Rs. 230/81 (Luxemburg/EP), Slg. 1983, 255, Rn. 37 f., 56;
23.4.1986, Rs. 294/83 (Les Verts/EP), Slg. 1986, 1339, Rn. 44.

lichen) Parlamenten, Regierungen bzw. Staatsoberhäuptern sowie zu Drittstaaten unter Einschluss der jeweiligen Opposition[30] und zu Internationalen Organisationen aufrecht erhalten.[31]

35   Unabhängig von diesem Netzwerk hat es in der Vergangenheit Versuche gegeben, ein angebliches **Demokratiedefizit** der Europäischen Union durch Kontakte der Parlamente der Mitgliedstaaten und des Europäischen Parlaments zu entschärfen.[32] Zu nennen sind hier die Konferenz der Parlamente (Assises), die Konferenz der Europaausschüsse der nationalen Parlamente und des EP (COSAC[33]), die Konferenz der Parlamentspräsidenten der Mitgliedstaaten, der EU und des Europarates (Große PPK), die Vereinigung der Senate Europas und verschiedene andere mehr.[34] Einzelheiten dazu finden sich in den Art. 142 ff. GO-EP.

36   Mit dem Vertrag von Lissabon hat eine eigene Bestimmung zur **Beteiligung der nationalen Parlamente** in Art. 12 EUV Eingang gefunden. Zusammen mit dem dazugehörigen Protokoll (Nr. 1) über die Rolle der nationalen Parlamente in der Europäischen Union gibt es jetzt jedenfalls eine primärrechtliche Quelle für die wechselseitige Unterrichtung aller Parlamente in der Europäischen Union.[35] Möglicherweise wird es so einigen mitgliedstaatlichen Parlamenten leichter gemacht, ihre **europäische Aufgabenfunktion** eher wahrzunehmen als bislang erkennbar.[36]

C. Zusammensetzung (Absatz 2)

I. Unerfüllter Auftrag

37   Bis heute **unerfüllt** ist der **vertragliche Auftrag** an das Europäische Parlament bzw. die Versammlung, Entwürfe für **allgemeine, unmittelbare Wahlen** nach einem einheitlichen Verfahren zu erarbeiten, der sich aus Art. 138 Abs. 3 EWGV ergab. Diese Regelung entspricht heute Art. 223 Abs. 1 AEUV. Die Frage, warum es bis heute nicht zu einem solchen Entwurf des EP gekommen ist, welcher die erforderliche Zustimmung des Rates erfahren hat, ist insbesondere im deutschen Drei-Prozent-Klausel-Verfahren vor dem Bundesverfassungsgericht wieder thematisiert worden.[37] Jedenfalls hat das EP für die Europawahl 2014 von den Mitgliedstaaten verlangt, »in ihrem Wahlrecht gemäß Arti-

---

[30] Bsp.: Auftreten von zwei MdEP auf der europafreundlich gestimmten Demonstration in der Ukraine Ende 2013, s. die Diskussionsrunde »Beckmann«, ARD v. 12.12.2013, im Internet abrufbar unter: http://www.ardmediathek.de/das-erste/beckmann/aufstand-in-der-ukraine-eskaliert-die-lage-in-kiew?documentId=18616856 (10.7.2014).

[31] Ausführlich *Mayer*, S. 80 ff.

[32] S. *Kluth*, in: Calliess/Ruffert, EUV/AEUV, Art. 14 EUV, Rn. 22.

[33] Gegründet am 16./17.11.1989 in Paris. Die Geschäftsordnung findet sich in ABl. 2011, C 229/1. Im Internet unter abrufbar unter: http://www.cosac.eu/documents/basic-texts/rules-of-procedure-of-the-cosac/DE.pdf (15.3.2016).

[34] S. *Mayer*, S. 152 ff.

[35] Hinzu kommt das Protokoll (Nr. 2) über die Anwendung der Grundsätze der Subsidiarität und der Verhältnismäßigkeit.

[36] Skeptisch *Mayer*, S. 540 ff.

[37] BVerfG, 2 BvE 2/13 u.a. Die mündliche Verhandlung fand am 18.12.2013 statt (s. F.A.Z. Nr. 295 v. 19.12.2013, S. 3). Das Urteil vom 26.2.2014 erging sodann deutlich vor der Europawahl am 25.5.2014 (s. die Festlegung auf den 22. bis 25.5.2014 in Art. 1 des Beschlusses 2013/299/EU, Euratom des Rates v. 14.6.2013 zur Festsetzung des Zeitraums für die achte allgemeine unmittelbare Wahl der Abgeordneten des Europäischen Parlaments, ABl. 2013, L 169/69).

kel 3 des Aktes zur Einführung allgemeiner unmittelbarer Wahlen der Abgeordneten der Versammlung geeignete und angemessene **Mindestschwellen** für die Zuteilung der Sitze festzulegen, um dem in den Wahlen zum Ausdruck gekommenen Wählerwillen gebührend Rechnung zu tragen, bei gleichzeitiger Wahrung der Funktionalität des Parlaments«.[38]

Dem entsprechend war eigentlich zu erwarten, dass die **Drei-Prozent-Klausel** vor dem BVerfG anders als die Fünf-Prozent-Klausel[39] bestätigt werden würde.[40] In einem von den großen, im Bundestag sowie im EP vertretenen Parteien viel kritisierten Urteil hat das Gericht indes **jegliche Prozentklausel** für deutsche Wahlen zum Europäischen Parlament **gegenwärtig** als schwerwiegenden Eingriff in die Grundsätze der Wahlrechtsgleichheit und Chancengleichheit der politischen Parteien aus Art. 3 Abs. 1 und Art. 21 Abs. 1 GG **verworfen**.[41] Die kleineren, nicht im Bundestag vertretenen Parteien jeglicher Richtung haben dieses Urteil zu Recht als Gewinn für sich verbucht.

II. Direktwahlakt

Hinsichtlich der **Zusammensetzung** des Europäischen Parlaments gilt also immer noch der Beschluss 76/787/EGKS, EWG, Euratom der im Rat vereinigten Vertreter der Mitgliedstaaten über den Akt und der **Akt zur Einführung allgemeiner unmittelbarer Wahlen der Abgeordneten** der Versammlung vom 20.9.1976.[42] Art. 1 Abs. 1 des Direktwahlakts in seiner jetzt geltenden Fassung sieht ein **Verhältniswahlsystem** vor. Die Wahl ist nach Art. 1 Abs. 3 des Direktwahlakts **allgemein**, **unmittelbar**, **frei** und **geheim** (Wahlrechtsgrundsätze). Gemäß Art. 8 Abs. 1 richtet sich das Wahlverfahren in jedem Mitgliedstaat nach den innerstaatlichen Vorschriften, soweit der Direktwahlakt keine Vorschriften enthält. Die innerstaatlichen Vorschriften dürfen indes das Verhältniswahlsystem nach Art. 8 Abs. 2 des Direktwahlakts »nicht in Frage stellen«. Auch wenn der Direktwahlakt die Möglichkeit eröffnet, eine **Sperrklausel** von bis zu fünf Prozent der abgegebenen Stimmen festzulegen (Art. 3), sieht das Bundesverfassungsgericht darin weder nach seinem Wortlaut noch durch seine Auslegung eine Bestimmung zur Zulässigkeit einer solchen Klausel nach deutschem Verfassungsrecht (s. Rn. 38).[43]

38

39

---

[38] Entschließung 2012/2829 (RSP) des EP v. 22.11.2012 zu den Wahlen zum Europäischen Parlament im Jahr 2014, P7_TA(2012)0462.

[39] BVerfGE 129, 300 .

[40] § 2 Abs. 7 des Gesetzes über die Wahl der Abgeordneten des Europäischen Parlaments aus der Bundesrepublik Deutschland (Europawahlgesetz – EuWG) i.d.F. v. 8.3.1994, BGBl. I 1994, S. 423, 555, 852, zuletzt geändert durch Artikel I des Gesetzes vom 7.10.2013, BGBl. I 2013, S. 3749.

[41] BVerfGE 135, 259 = DVBl 2014, 507 mit krit. Anm. *Frenz*. Positiver in ihrer Würdigung *Kahl/Bews*, DVBl 2014, 737 (745 f.). Zu neueren Bestrebungen des EP s. die Entschließung v. 11.11.2015 zu der Reform des Wahlrechts der EU (2015/2035(INL)), EP, angenommene Texte P8_TA-PROV(2015)0395, sowie den Bericht über die Reform des Wahlrechts der EU (2015/2035(INL)), Ko-Berichterstatter D.M. Hübner/J. Leinen, A8–0286/2015. Ausf. dazu *Heinig*, DVBl 2016, 1141 ff., der Deutschland nicht durch die BVerfG-Entscheidungen gehindert sieht, die in Art. 3 vorgesehene 3- bis 5-Prozent-Klausel einzuführen (1146 f.).

[42] ABl. 1976, L 278/1 – Direktwahlakt (geändert durch Beschluss 93/81/Euratom, EGKS, EWG des Rates v. 1.2.1993, ABl. 1993, L 33/15, und Beschluss 2002/772/EG, Euratom des Rates v. 25.6.2002, ABl. 2002, L 283/1).

[43] BVerfGE 135, 259. S. die weiteren Nachw. in Fn. 43 sowie – aus juristischer Sicht – *Hatje*, EuR-Beiheft 2/2015, 39 ff., und – aus philosophischer Sicht – *Habermas*, Der Staat 53 (2014), 167 ff.

III. Zusammensetzung im Einzelnen

1. Höchstzahlen der Vertreter der Unionsbürger

40   Art. 14 Abs. 2 EUV sieht zunächst vor, dass sich das Europäische Parlament aus Vertretern der Unionsbürger zusammensetzt (Satz 1). In Satz 2 der Vorschrift wird die Zahl der **Parlamentarier** auf 750 zuzüglich des Präsidenten, also auf **751** Personen beschränkt. Zweck dieser grundsätzlichen Beschränkung ist die Herstellung von **Arbeitsfähigkeit** des Parlaments.[44] Die primärrechtliche Verankerung der konkreten Zahl zulässiger Parlamentarier geht zurück auf den Amsterdamer Vertrag, der in Art. 189 EGV 700 Abgeordnete vorschrieb. Nach einigen Reduktionen aus Anlass von Neuaufnahmen von Mitgliedstaaten[45] steht jetzt die anzustrebende Endzahl europäischer Parlamentarier fest.

41   Ebenso festgelegt ist in Art. 14 Abs. 1 Satz 4 EUV die Höchstzahl der Mitglieder eines Mitgliedstaats auf **96 Parlamentarier**. Diese Zahl erfüllt gegenwärtig nur die Bundesrepublik Deutschland.

2. Wahlrechtsgleichheit

42   Mit dieser zweiten Höchstzahl hängt die Problematik der **Wahlrechtsgleichheit** eng zusammen. Denn während ein Mitglied des Europäischen Parlaments aus Deutschland etwa 820.000 Bürger vertritt, repräsentiert ein maltesischer Abgeordneter nur 80.000. Schon aus dieser unterschiedlichen Auswirkung der Stimmabgabe wird das Europäische Parlament heute vielfach kritisiert. Nicht gesehen wird dabei indes, dass es auch im deutschen Bundesstaat Abstufungen nach der Zahl der **Bevölkerung** jedenfalls im Bundesrat gibt. Und auch im außereuropäischen Ausland, etwa in den Vereinigten Staaten, gibt es solche Abstufungen.[46]

43   Unabhängig von diesem Streit legt Art. 14 Abs. 2 Satz 3 EUV nämlich die **Mindestzahl** von **sechs** Mitgliedern des Europäischen Parlaments fest. Außerdem soll sich die Zahl der Abgeordneten **degressiv proportional** verhalten. Degressive Proportionalität in diesem Sinne meint, dass die Anzahl zusätzlicher Sitze mit der zunehmenden Bevölkerungszahl abnimmt.[47]

44   Damit ist das Problem der **Wahlrechtsgleichheit** primärrechtlich in einer **noch grundrechtskonformen Art und Weise** gelöst (s. Art. 39 GRC): Mit weniger als mit sechs Parlamentariern lassen sich nach der nachvollziehbaren Einschätzung der Urheber des Vertrages nicht die Befugnisse nach Absatz 1 des Art. 14 EUV erfüllen (s. Rn. 8 ff.). Zwar mag es in manchen Mitgliedstaaten Probleme mit der Höchstzahl an Mandaten geben. Aber auch diese Begrenzung ist letztlich noch zulässig.[48] Dass größere Mitgliedstaaten zugunsten kleinerer auf eine höhere Mandatszahl verzichten, ist jedenfalls nicht zu beanstanden.[49]

---

[44] *Kluth*, in: Calliess/Ruffert, EUV/AEUV, Art. 14 EUV, Rn. 23.

[45] S. *Kluth*, in: Calliess/Ruffert, EUV/AEUV, Art. 14 EUV, Rn. 23.

[46] Zu beiden Beispielen *Frenz*, VR 2011, 193 (195).

[47] So *Streinz/Ohler/Herrmann*, Der Vertrag von Lissabon, S. 63.

[48] S. *Rengeling/Szczekalla*, Grundrechte, § 35, § 36.

[49] Für zukünftige Entwicklungen anders BVerfGE 123, 267 (367 ff.), welches dem Demokratieprinzip der EU gegenwärtig eine »nicht staatsanalog[e]« (368 f.) Ausgestaltung zubilligt. S. dazu in diesem Band *Heselhaus*, Art. 9 EUV, insbes. Rn. 14 ff., Art. 10 EUV, insbes. Rn. 21 ff. Vgl. *ders.*, Art. 39 GRC, Rn. 32 ff. mit rechtsvergleichenden Hinweisen zur Schweiz (Rn. 33).

D. Wahlen (Absatz 3)

I. Wahlperiode

Art. 14 Abs. 3 EUV enthält die allgemeinen Wahlrechtsgrundsätze für die Wahlen zum **45** Europäischen Parlament und eine Bestimmung seiner Wahlperiode. Die **Wahlperiode** wird auf **fünf Jahre** festgelegt. Damit hat man sich für eine längere Wahlperiode als die des deutschen Bundestages entschieden, bei dem eine Verfassungsänderung von vier auf fünf Jahre immer noch an den Konflikten unter anderem der die so genannte Große Koalition bildenden Parteien scheitert.[50]

Die Wahlperiode des Europäischen Parlaments beginnt nach Art. 5 Abs. 1 des **46** Direktwahlakts mit der Eröffnungssitzung, welche in der Regel am ersten Dienstag im Juli stattfindet. Es gilt eine besondere **Diskontinuitätsregelung** dergestalt, dass zu Beginn einer jeden Wahlperiode die Konferenz der Präsidenten nach Art. 229 Abs. 2 GO-EP darüber entscheiden kann, welche unerledigten Angelegenheiten fortgesetzt oder von vorn begonnen werden sollen.[51]

II. Wahlrechtsgrundsätze

Unter bewusster Ausklammerung der Wahlrechtsgleichheit (s. Rn. 42 ff.) sieht die Vor- **47** schrift des Art. 14 Abs. 3 AEUV die **Grundsätze allgemeiner, unmittelbarer, freier und geheimer Wahl** vor. Für die Wahlrechtsgleichheit ist Art. 14 Abs. 2 EUV mit seiner degressiven Proportionalität als die speziellere Regelung anzusehen.[52] Die Wahlrechtsgrundsätze sind grundrechtlich durch Art. 39 Abs. 2 GRC geschützt und von den jeweiligen Gesetzgebern in den ausführenden Rechtsakten zu beachten.

Die **Auslegung** der Wahlrechtsgrundsätze entspricht wie bei den **allgemeinen Rechts-** **48** **grundsätzen** auch den **gemeinsamen Verfassungstraditionen** und insbesondere der Europäischen **Menschenrechtskonvention**. Heranzuziehen sind also Rechtsprechung und Literatur zu Art. 3 ZP I EMRK[53] sowie – pars pro toto – zu Art. 38 Abs. 1 GG[54].

1. Allgemeinheit der Wahl

Der Grundsatz der **Allgemeinheit** der Wahl setzt voraus, dass **alle Unionsbürger** wählen **49** und gewählt werden können (aktives und passives Wahlrecht).[55] Soweit die Mitgliedstaaten nach dem Direktwahlakt noch zuständig sind, dürfen sie ein Mindestwahlalter vorsehen, Beschränkung bei Krankheiten psychischer Art einführen sowie Inkompatibilitäten festsetzen.[56] So ist es etwa zulässig, dass Österreich anders als Deutschland das Wahlalter auf **sechzehn Jahre** gesenkt hat.

---

[50] Die CDU/CSU ist für eine Erhöhung, die SPD (sowie die nicht regierungsbeteiligten Grünen und die Linkspartei) indes nur im Zusammenhang mit einer Stärkung der direktdemokratischen Elemente auf Bundesebene.

[51] S. *Kluth*, in: Calliess/Ruffert, EUV/AEUV, Art. 14 EUV, Rn. 28.

[52] Vgl. *Kluth*, in: Calliess/Ruffert, EUV/AEUV, Art. 14 EUV, Rn. 26.

[53] S. etwa EGMR, Urt. v. 2.3.1987, Beschwerde-Nr. 9267/81 (Mathieu-Mohin/Belgien), Ser. A no. 113; Urt. v. 18.2.1999, Beschwerde-Nr. 24833/94 (Matthews/Vereinigtes Königreich), Rep. 1999-I, 251 = EuGRZ 1999, 200; m. Anm. *C. Lenz*, EuZW 1999, 308 (311 ff.). Aus jüngster Zeit *D. Richter*, in: Dörr/Grothe/Marauhn, EMRK/GG, Kap. 25.

[54] Jüngstes Bsp.: BVerfGE 135, 259.

[55] Vgl. *Jarass*, GRCh, Art. 39 GRC, Rn. 10.

[56] S. *Jarass* GRCh, Art. 39 GRC, Rn. 10.

50   Anders als in einigen Mitgliedstaaten der EU wie Österreich, den Niederlanden und dem Vereinigten Königreich werden die Ausschlüsse nach dem deutschen Europawahlgesetz in § 6a Abs. 1 Nr. 2 und 3[57] aus Sicht der Bundesvereinigung Lebenshilfe und des Bundesverbandes Caritas Behindertenhilfe und Psychiatrie kritisiert. Diese **Wahlrechtsausschlüsse** seien willkürlich. Gerade der Wahlrechtsausschluss als Folge einer Betreuerbestellung zur »Besorgung aller seiner Angelegenheiten« oder der Unterbringung in einem psychiatrischen Krankenhaus treffe lediglich volljährige Menschen mit einer psychischen Krankheit oder einer Behinderung, welche damit gegenüber anderen, möglicherweise gleich Betroffenen unzulässig diskriminiert werden würden. Solche Wahlrechtsausschlüsse bezögen sich also auf eine bestimmte Gruppe **von Menschen mit Behinderungen** und seien deshalb unvereinbar mit Art. 29 der Behindertenrechtskonvention, mit Art. 3 ZP I EMRK[58] und mit Art. 25 des Internationalen Paktes über bürgerliche und politische Rechte[59]. Die genannten Einschränkungen dürften sich indes noch im Rahmen des **Einschätzungsspielraums** des Gesetzgebers halten, selbst wenn dieser Spielraum durch den Einfluss anderer Mitgliedstaaten eingeengt worden ist.

51   Auch dürfen die Mitgliedstaaten einerseits das aktive und passive Wahlrecht bestimmten **Personen** zuerkennen, die **enge Verbindungen** mit ihnen aufweisen, ohne eigene Staatsangehörige oder in ihrem Hoheitsgebiet ansässige Unionsbürger zu sein. Deshalb dürfen Einwohner von Gibraltar, genauer: Qualifying Commonwealth Citizen (QCC), das Europäische Parlament mitwählen.[60] Andererseits dürfen die Mitgliedstaaten das Wahlrecht grundsätzlich vom **Wohnsitz** des Unionsbürgers abhängig machen.[61]

2. Unmittelbarkeit der Wahl

52   Mit dem Kriterium der **Unmittelbarkeit** der Wahl ist gemeint, dass die Wahl direkt durch die Unionsbürger erfolgen muss. Ein zwischengeschaltetes Gremium, wie etwa bei der Wahl des US-Präsidenten, ist ausgeschlossen. Zulässig bleiben indes die **Listenwahlen**.[62]

3. Freiheit der Wahl

53   Die Wahlrechtsgrundsätze umfassen auch die **Freiheit** der Wahl. Rechtliche Hindernisse oder faktische Beeinträchtigungen durch die öffentliche Gewalt oder – über die grundrechtlichen Schutzpflichten – durch private Dritte[63] können die Wahlen unfrei machen.

---

[57] Fn. 40.

[58] S. etwa EGMR, Urt. v. 2.3.1987, Beschwerde-Nr. 9267/81 (Mathieu-Mohin/Belgien), Ser. A no. 113; Urt. v. 18.2.1999, Beschwerde-Nr. 24833/94 (Matthews/Vereinigtes Königreich), Rep. 1999-I, 251 = EuGRZ 1999, 200; m. Anm. *C. Lenz*, EuZW 1999, 308 (311 ff.). Aus jüngster Zeit *D. Richter*, in: Dörr/Grothe/Marauhn, EMRK/GG, Kap. 25.

[59] S. etwa EGMR, Urt. v. 2.3.1987, Beschwerde-Nr. 9267/81 (Mathieu-Mohin/Belgien), Ser. A no. 113; Urt. v. 18.2.1999, Beschwerde-Nr. 24833/94 (Matthews/Vereinigtes Königreich), Rep. 1999-I, 251 = EuGRZ 1999, 200; m. Anm. *C. Lenz*, EuZW 1999, 308 (311 ff.). Aus jüngster Zeit *D. Richter*, in: Dörr/Grothe/Marauhn, EMRK/GG, Kap. 25.

[60] EuGH, Urt. v. 12.9.2006, Rs. C–145/04 (Spanien/Vereinigtes Königreich), Slg. 2006, I–7917, Rn. 78.

[61] EuGH, Urt. v. 12.9.2006, Rs. C–300/04 (Eman und Sevinger), Slg. 2006, I–8055, Rn. 61.

[62] Vgl. *Jarass*, GRCh, Art. 39 GRC, Rn. 12.

[63] Zur Schutzfunktion beim Wahlrecht s. *Szczekalla*, Die sogenannten grundrechtlichen Schutzpflichten im deutschen und europäischen Recht, 2002, S. 131 f., 149 f., 345, 527 f., 857 f.

Eine **Wahlpflicht**, die in einigen Mitgliedstaaten bekannt ist, dürfte die Wahl noch **54** nicht unfrei machen.[64] Denn eine bewusste Nichtentscheidung zur Wahl ist immer noch möglich, wenngleich der Zwang zum Erscheinen an der Grenze faktischer Beeinträchtigungen liegen mag.[65]

4. Geheimheit der Wahl

Der vierte und letzte Wahlrechtsgrundsatz liegt in der **Geheimheit** der Wahl. Hier ist **55** jeder Wähler davor geschützt, den Inhalt seiner Wahlentscheidung zu offenbaren.[66]

E. Organisation (Absatz 4)

Der vierte und letzte Absatz des Art. 14 EUV beschäftigt sich ausschnittsweise mit der **56** **Organisation** des Europäischen Parlaments. Das EP wählt nämlich nach dieser Bestimmung seinen **Präsidenten** und sein **Präsidium**. Die näheren Details zu diesen Wahlen und die weiteren selbstorganisatorischen Vorschriften[67] finden sich im parlamentarischen Innenrecht, der Geschäftsordnung nach Art. 232 Abs. 1 AEUV (s. Rn. 6,12).

I. Plenum

Das Hauptorgan des Europäischen Parlaments ist das **Plenum**. Im Plenum sind alle **57** Abgeordneten des Parlaments versammelt. Alle dem Parlament durch Primär- oder Sekundärrecht übertragenen Zuständigkeiten sind grundsätzlich vom Plenum selbst auszuüben. Ob es darüber hinaus unechte oder echte Delegationen gibt, ist unklar.[68] Jedenfalls dürfte eine echte Delegation, also eine Übertragung der Entscheidungsbefugnis ohne Rückholrecht, nicht geben.

II. Präsident und Präsidium

Gemäß Art. 14 Abs. 4 EUV wählt das Parlament aus seiner Mitte seinen **Präsidenten** **58** und sein **Präsidium**. Das Präsidium umfasst nach Art. 15 Abs. 1 GO-EP den Präsidenten und die vierzehn **Vizepräsidenten**. Die **Quästoren** haben im Präsidium nach Art. 24 Abs. 2 GO-EP beratende Stimme (s. Rn. 31). Bei Stimmengleichheit folgt aus Art. 24 Abs. 3 GO-EP, dass die Stimme des Präsidenten den Ausschlag gibt.

III. Konferenz der Präsidenten

Die **Konferenz der Präsidenten** besteht nach Art. 26 Abs. 1 Satz 1 GO-EP aus dem **59** **Präsidenten** und den **Vorsitzenden der Fraktionen**. Letztere können sich nach Satz 2 der

---

[64] Zweifelnd *Hobe*, in: Tettinger/Stern, EuGRCh, Art. 39 GRC, Rn. 32; *Magiera*, in: Meyer, GRCh, Art. 39 GRC, Rn. 27.

[65] Zutreffend *Haratsch*, in: Heselhaus/Nowak, Handbuch der Europäischen Grundrechte, § 47 Rn. 35; im Ergebnis ebenso *Jarass*, GRCh, Art. 39 GRC, Rn. 12; *Richter* (Fn. 40), in: Dörr/Grothe/Marauhn, EMRK/GG, Kap. 25, Rn. 88. A. A. *Grabenwarter*, European Convention on Human Rights. Commentary, 2014, S. 403.

[66] S. *Jarass*, GRCh, Art. 39 GRC, Rn. 14.

[67] S. EuGH, Urt. v. 10. 2. 1983, Rs. 230/81 (Luxemburg/EP), Slg. 1983, 255, Rn. 37 f., 56; Urt. v. 23. 4. 1986, Rs. 294/83 (Les Verts/EP), Slg. 1986, 1339, Rn. 44.

[68] S. *Kluth*, in: Calliess/Ruffert, EUV/AEUV, Art. 14 EUV, Rn. 29.

genannten Bestimmung durch Mitglieder ihrer Fraktion vertreten lassen. Außerdem gehört eines der **fraktionslosen Mitglieder** nach Art. 26 Abs. 2 GO-EP mit beratender Stimme der Konferenz der Präsidenten an (s. Rn. 63). Die Arbeit verläuft nach Art. 26 Abs. 3 GO-EP im Konsens. Lässt sich kein Konsens herstellen, so erfolgen Abstimmungen entsprechend der Mitgliederstärke jeder Fraktion. Die Aufgaben der Konferenz der Präsidenten betreffen im Wesentlichen die **Arbeitsorganisation** des Parlaments (s. Art. 27 GO-EP). Darüber hinaus ist die Konferenz der Präsidenten zuständig für die Beziehungen zu den anderen **Organen** und Einrichtungen der Europäischen Union sowie zu den **nationalen Parlamenten** der Mitgliedstaaten. Das Gleiche gilt für die Beziehungen zu **Drittländern** und zu Institutionen oder Organisationen außerhalb der Europäischen Union.

60   Die **Konferenz der Ausschussvorsitze** kann nach Art. 29 Abs. 2 GO-EP der Konferenz der Präsidenten Vorschläge für die Arbeit der Ausschüsse und zur Aufstellung der Tagesordnung der Plenartagung unterbreiten. Gleiches gilt nach Art. 30 Abs. 2 GO-EP für die **Konferenz der Delegationsvorsitze**, allerdings ohne Vorschläge für die Aufstellung der Tagesordnung.

IV.   Fraktionen

61   Im Zusammenhang mit der Konferenz der Präsidenten war bereits von **Fraktionen** die Rede. Bislang waren es immer zwei Fraktionen, die untereinander die Besetzung wichtiger Posten wie des Präsidenten des EP für jeweils zweieinhalb Jahre ausmachten. Auch aus diesem Grund wäre zumindest die Drei-Prozent-Regelung in Deutschland wichtig gewesen, welche das BVerfG indes Anfang 2014 als verfassungswidrig verworfen hat.[69] Verändert hat sich das Verhältnis der beiden größeren Fraktionen nach den Wahlen indes noch nicht.

62   Zweck der Fraktionen ist eine **Vorfilterung** der unterschiedlichen mitgliedstaatlichen Interessen innerhalb einer gemeinsamen europäischen politischen Richtung. Fraktionen stellen einen mit eigenen Kompetenzen ausgestatteten **Organteil** des Europäischen Parlaments dar. Ihre Bildung und ihre Tätigkeit sind in Art. 32 f. GO-EP geregelt.

63   Für **interfraktionelle Arbeitsgruppen** gibt es eine Regelung in Art. 34 GO-EP. Eine Mitgliedschaft in zwei oder mehr Fraktionen ist nach Art. 32 Abs. 4 GO-EP nicht möglich. **Fraktionslose Abgeordnete** haben auch eigene Rechte über die beratende Stimme in der Konferenz der Präsidenten hinaus (s. Rn. 59): Ihnen steht nach Art. 35 Abs. 1 GO-EP unter anderem ein Sekretariat zur Verfügung.

64   Voraussetzung für die Gründung einer Fraktion im EP ist nach Art. 32 Abs. 1 GO-EP die **gemeinsame politische Zugehörigkeit**, die vom Parlament grundsätzlich hingenommen wird, es sei denn, es erhebt sich Widerspruch im Plenum.[70] Die weiteren Voraussetzungen folgen aus Art. 32 Abs. 2 GO-EP (Wahl in mindestens einem Viertel der Mitgliedstaaten, Mindestgröße von 25 Mitgliedern[71]). Im Innenverhältnis sind die Frak-

---

[69] BVerfGE 135, 259.

[70] Vgl. dazu EuG, Urt. v. 2. 10. 2001, verb. Rs. T–222/99, T–327/99 u. T–329/99 (Martinez und de Gaulle/EP – TGI/TDI), Slg. 2001, II–2823, Rn. 80 ff.

[71] Übergangsregelungen für ein Abgleiten unter die Zahl 25 enthält Art. 32 Abs.3 GO-EP.

tionen zumindest **teilrechtsfähig**.[72] Ihr Handeln kann jedenfalls nicht dem Parlament als solchem zugerechnet werden.[73]

V.   Ausschüsse

Wie in nationalen Parlamenten auch findet die fachliche Hauptarbeit in Unterorganen   **65** des Plenums, den so genannten **Ausschüssen**, statt. Sie dienen als **Unterorgane** im Wesentlichen der Entlastung der Plenararbeit. Einzelne Parlamentarier können sich in den Ausschüssen ihren Ruf als Fachpolitiker erarbeiten – oder aber auch verspielen.

Neben den **ständigen Ausschüssen** nach Art. 196 GO-EP in Verbindung mit Anla-   **66** ge VI können nach Art. 197 GO-EP auch nichtständige **Sonderausschüsse** eingesetzt werden. Hinzu kommen nach Art. 198 GO-EP die **Untersuchungsausschüsse**. Die Zusammensetzung richtet sich nach Art. 199 Abs. 1 GO-EP grundsätzlich nach dem Proporzprinzip.

Die Tagungen aller Ausschüsse finden nach dem selbst gewählten **Grundsatz der**   **67** **Transparenz** gemäß Art. 115 Abs. 3 GO-EP grundsätzlich öffentlich statt. Ausnahmen sind aber nach den Sätzen 2 bis 4 dieser Vorschrift möglich (s. Rn. 18 ff.).

VI.   Generalsekretariat

Die Arbeit des Europäischen Parlaments wird durch ein **Generalsekretariat** unterstützt.   **68** Der Generalsekretär stellt nach Art. 222 GO-EP kein Teil des Organs dar, sondern schafft die Voraussetzungen dafür, dass die Parlamentsarbeit im technischen und administrativen Zusammenhang funktioniert. Die wichtigste Bedeutung kommt hier dem **Sprachendienst** zu. Dessen Notwendigkeit führt im Rahmen der Bewertung des Europäischen Parlaments zu einem der beiden unvermeidbaren Elemente einer Funktionsschwäche des europäischen Parlamentarismus:

F.   Bewertung

Eine Bewertung der Funktionen des Europäischen Parlaments zu wagen, ist schwierig.[74]   **69** Angesichts der Vielzahl von Änderungsanträgen zu Vorlagen und einer häufigen namentlichen Abstimmung wird dem Parlament jedenfalls heute eine **Funktionsschwäche** attestiert. Diese Funktionsschwäche resultiert indes zum einen aus Umständen, für die das Parlament nichts kann, namentlich die **Vielfalt der Sprachen** und die wechselnden **Arbeitsorte**. Zum anderen gibt es aber auch Umstände, die es sehr wohl durch das Parlament selbst zu beseitigen gilt, etwa die **Beschäftigung mit wesentlichen Gesichtspunkten** der Europäischen Entwicklung einerseits und der **Überarbeitung der Geschäftsordnung** andererseits.

Immerhin gibt es eine Einigung mit den übrigen Beteiligten über den neuen **Haushalt**   **70** (Finanzrahmen 2014 bis 2020). Finanziell gesehen ist die Europäische Union also derzeit auf einem guten Weg.

---

[72] Vgl. dazu EuG, Urt. v. 2.10.2001, verb. Rs. T–222/99, T–327/99 u. T–329/99 (Martinez und de Gaulle/EP – TGI/TDI), Slg. 2001, II–2823, Rn. 65 ff.
[73] So EuGH, Urt. v. 22.3.1990, Rs. C–201/89 (Le Pen), Slg. 1990, I–1183, Rn. 14.
[74] Ebenso *Hölscheidt*, in: Grabitz/Hilf/Nettesheim, EU, Art. 14 EUV (Juli 2010), Rn. 92 m. w. N.

71   Unklar bleibt indes, wie das Ergebnis der Europawahlen in die Besetzung anderer Organe, namentlich der Europäischen Kommission, einfließt.[75] Hier haben jedenfalls die Sozialdemokraten »ihren« **Spitzenkandidaten** bereits Ende 2013 aufgestellt, einen Kandidaten mit reichhaltigen parlamentarischen Erfahrungen als letzter Präsident des Europäischen Parlaments. Ob der Rat diese Verfahrensweise goutieren wird, war demgegenüber unklar. Jedenfalls hat auch die Europäische Volkspartei im März 2014 einen entsprechenden Kandidaten benannt, der lange Jahre als Ministerpräsident eines kleineren Mitgliedstaats auch auf europäischer Ebene und als Präsident der Eurogruppe aktiv war.[76] Diese von beiden großen politischen Parteigruppen vorgesehene Vermischung von parlamentarischer und exekutivischer oder gar gubernatorischer Funktion ist zwar aus manchen Mitgliedstaaten bekannt. Sie widerspricht indes der bisherigen Zuständigkeitsverteilung in der EU. Möglicherweise ist eine derartige Kandidatenwahl für die größeren Parteien die Chance, die Demokratisierung über das geltende Vertragswerk hinaus fortzuentwickeln. Trotz der bisher dafür nicht vorgesehenen Änderung des Vertrages könnte diese Vorgehensweise Anlass sein, bei der nächsten Europawahl im nationalen Recht wieder eine Sperrklausel einzuführen (s. Rn. 74). Jedenfalls haben die Europawahlen im Jahr 2014 gezeigt, dass das geplante System zunächst funktioniert hat: *Jean-Claude Juncker* ist seit dem 1.11.2014 Präsident der Kommission, während *Martin Schulz* wiederum seit dem 1.7.2014 Präsident des EP geworden ist.

72   Auch lässt sich mit einem früheren Präsidenten der Europäischen Zentralbank eine mangelnde demokratische Fundierung der neuen **fiskalischen und wirtschaftlichen Regelmechanismen in der Eurozone** kritisieren. Hier solle das Europäische Parlament mehr eingebunden werden, etwa ein Mitspracherecht bei Verfahren wegen »makroökonomischen Ungleichgewichten«. Dabei gehe es um die Kontrolle von Leistungsbilanzen, Lohnstückkosten und Haushalts- und anderen Indikatoren, welche die Kommission seit zwei Jahren beobachte. Anstatt hier Sanktionen bei Fehlentwicklungen zu verhängen, könnte solche Fälle besser vor das Europäische Parlament gebracht werden.[77] Ob dieser Vorschlag angesichts der oben genannten Probleme wirklich Sinn ergibt, ist offen. Denn es geht um Rechtsfragen und nicht um Schlichtung. Und **Schlichtung** ist eine gegenwärtig **unbekannte Funktion** des Parlaments.

73   Das größte Problem des Europäischen Parlaments resultiert indes aus seiner **Wahl** selbst. Denn diese Wahl ist nach den herkömmlichen Wahlrechtsgrundsätzen **ungleich**, weil sie Rücksicht nehmen muss auf einzelne, kleinere Mitgliedstaaten. Dies zu **beseitigen** ist jedenfalls gegenwärtig **unmöglich**. Außerdem ist eine vollständige Gleichheit auch **nicht** unbedingt **erforderlich**, wie ein Vergleich mit vielen Rechtsordnungen im europäischen und außereuropäischen Raum ergibt.

74   Möglich ist es indes, die Wahlvoraussetzungen, die gegenwärtig von den Mitgliedstaaten aufzustellen sind, nicht anders zu behandeln als die Voraussetzungen für die Wahl der eigenen Parlamente auch. Für Deutschland ist jedenfalls nach dem Jahr **2011**, als der zuständige Bundesverfassungsgerichts-Senat die **Fünf-Prozent-Klausel** mit fünf zu drei Stimmen verworfen hatte,[78] im Jahr **2014** auch die **Drei-Prozent-Klausel** mit gleichem Stimmenergebnis für **verfassungswidrig** erklärt worden.[79] Je mehr man das

---

[75] Skeptisch *V. Hellmann*, Der Vertrag von Lissabon, 2009, S. 36.
[76] S.F.A.Z. Nr. 57 v. 8.3.2014, S. 1f., 8.
[77] *Trichet*, zit. nach F.A.Z. Nr. 283 v. 5.12.2013, S. 10.
[78] BVerfGE 129, 300.
[79] BVerfGE 135, 259.

Europäische Parlament in der Zukunft gestärkt sehen will, desto eher sollte auch die Anwendung einer **Sperrklausel** wieder erwogen werden. Ausschließen will die Mehrheit des Bundesverfassungsgerichts-Senats diesen Weg ja auch nicht. Nur entspricht es nicht der dargelegten Entwicklung von der Europäischen Versammlung zum Parlament mit einer deutlichen Ausweitung seiner Befugnisse im Rahmen der Gesetzgebung, dass man die jetzigen Kompetenzen noch nicht für ausreichend erachtet, um eine Sperrklausel zu rechtfertigen. Der Grad der Gewißheit, den das BVerfG hierfür verlangt, namentlich »hinreichend belastbare[...] tatsächliche[...] Anhaltspunkte«,[80] greift jedenfalls zu stark in den **Einschätzungsspielraum des Gesetzgebers** ein. Vielleicht kann ja unter anderem die Benennung der Spitzenkandidaten der beiden großen europäischen Parteien für die Europawahlen 2014 (s. Rn. 71) hier eine Änderung des nationalen Wahlrechts für die nächsten **Europawahlen** im Jahr **2019** bewirken.

---

[80] BVerfGE 135, 259, Ls. 2.

Artikel 15 EUV [Europäischer Rat]

(1) ¹Der Europäische Rat gibt der Union die für ihre Entwicklung erforderlichen Impulse und legt die allgemeinen politischen Zielvorstellungen und Prioritäten hierfür fest. ²Er wird nicht gesetzgeberisch tätig.

(2) ¹Der Europäische Rat setzt sich zusammen aus den Staats- und Regierungschefs der Mitgliedstaaten sowie dem Präsidenten des Europäischen Rates und dem Präsidenten der Kommission. ²Der Hohe Vertreter der Union für Außen- und Sicherheitspolitik nimmt an seinen Arbeiten teil.

(3) ¹Der Europäische Rat tritt zweimal pro Halbjahr zusammen; er wird von seinem Präsidenten einberufen. ²Wenn es die Tagesordnung erfordert, können die Mitglieder des Europäischen Rates beschließen, sich jeweils von einem Minister oder – im Fall des Präsidenten der Kommission – von einem Mitglied der Kommission unterstützen zu lassen. ³Wenn es die Lage erfordert, beruft der Präsident eine außerordentliche Tagung des Europäischen Rates ein.

(4) Soweit in den Verträgen nichts anderes festgelegt ist, entscheidet der Europäische Rat im Konsens.

(5) ¹Der Europäische Rat wählt seinen Präsidenten mit qualifizierter Mehrheit für eine Amtszeit von zweieinhalb Jahren; der Präsident kann einmal wiedergewählt werden. ²Im Falle einer Verhinderung oder einer schweren Verfehlung kann der Europäische Rat ihn im Wege des gleichen Verfahrens von seinem Amt entbinden.

(6) Der Präsident des Europäischen Rates

a) führt den Vorsitz bei den Arbeiten des Europäischen Rates und gibt ihnen Impulse,

b) sorgt in Zusammenarbeit mit dem Präsidenten der Kommission auf der Grundlage der Arbeiten des Rates »Allgemeine Angelegenheiten« für die Vorbereitung und Kontinuität der Arbeiten des Europäischen Rates,

c) wirkt darauf hin, dass Zusammenhalt und Konsens im Europäischen Rat gefördert werden,

d) legt dem Europäischen Parlament im Anschluss an jede Tagung des Europäischen Rates einen Bericht vor.

Der Präsident des Europäischen Rates nimmt auf seiner Ebene und in seiner Eigenschaft, unbeschadet der Befugnisse des Hohen Vertreters der Union für Außen- und Sicherheitspolitik, die Außenvertretung der Union in Angelegenheiten der Gemeinsamen Außen- und Sicherheitspolitik wahr.

Der Präsident des Europäischen Rates darf kein einzelstaatliches Amt ausüben.

Literaturübersicht

Bainczyk/Ernst, Kompetenzstreit zwischen Staats- und Regierungschefs über die Vertretung im Europäischen Rat, EuR 2010, 415; *Bribosia*, The Main Institutional Innovations in the Lisbon Treaty, in: Griller/Ziller (Hrsg.), The Lisbon Treaty, 2008, S. 57; *Calliess*, Die neue Europäische Union nach dem Vertrag von Lissabon, 2010; *Capotorti*, Le statut juridique du Conseil européen à la lumière de l'Acte unique, FS Pescatore, 1987, S. 79; *Everling*, Überlegungen zur Struktur der Europäischen Union und zum neuen Europa-Artikel des Grundgesetzes, DVBl 1993, 936; *Frenz*, Europäischer Rat, VR 2011, 263; *Glaesner*, Der Europäische Rat, EuR 1994, 22; *ders.*, Willensbildung und Beschlußverfahren in der Europäischen Union, EuR-Beiheft 1/1994, 25; *Isak*, Institutionelle Ausgestaltung der Europäischen Union, in: Hummer/Obwexer (Hrsg.), Der Vertrag von Lissabon, 2009, S. 133; *Johnston*, The European Council. Gatekeeper of the European Community, 1994; *Kleinke*, Die Außenvertretung der Europäischen Union, 2012; *Lenski*, Rat und Europäischer Rat nach dem Vertrag von Lissabon (Reformvertrag), in: Pernice (Hrsg.), Der Vertrag von Lissabon: Reform der EU ohne Verfassung?, 2008, S. 99; *Lindner*, Der Vertrag von Lissabon zur Reform der EU, BayVBl. 2008, 421; *Oppermann*, Europäischer Rat und Europäische Politische Zusammenarbeit nach der Einheitlichen Europäischen Akte, in: FS Pescatore, 1987, S. 537; *Pahre*, Das Recht des Europäischen Rates, 2008; *Piris*, The Lisbon Treaty, 2010; *Thym*, Die neue institutionelle Struktur europäischer Außen- und Sicherheitspolitik, AVR 42 (2004), 44; *Weber*, Vom Verfassungsvertrag zum Vertrag von Lissabon, EuZW 2008, 7; *Werts*, The European Council, 2008; *Wessels/Traguth*, Der hauptamtliche Präsident des Europäischen Rates: ‚Herr' oder ‚Diener' im Haus Europa?, integration 2010, 297.

Wesentliche sekundärrechtliche Vorschriften

Beschluss 2009/882/EU des Europäischen Rates vom 1. 12. 2009 zur Festlegung seiner Geschäftsordnung, ABl. 2009, L 315/51

Beschluss 2009/909/EU des Rates vom 1. 12. 2009 über die Beschäftigungsbedingungen des Präsidenten des Europäischen Rates, ABl. 2009, L 322/35

Beschluss 2014/638/EU des Europäischen Rates vom 30. 8. 2014 zur Wahl des Präsidenten des Europäischen Rates, ABl. 2014, L 262/5

Inhaltsübersicht

A. Entstehung und Entwicklung des Europäischen Rates

1   Vorläufer des Europäischen Rates waren die seit 1961 in zunächst unregelmäßigen Abständen abgehaltenen **Gipfeltreffen der Staats- und Regierungschefs** der Mitgliedstaaten der damaligen Europäischen Gemeinschaften.[1] Erst im Jahr 1974 erfolgt auf dem Gipfeltreffen in Paris (9./10. 12. 1974) eine Institutionalisierung der Gipfelkonferenzen, wobei man sich auf einen Tagungsrhythmus von drei Treffen pro Jahr einigte.[2] Die Staats- und Regierungschefs, die dabei sowohl als Rat der Europäischen Gemeinschaften als auch im Rahmen der Europäischen Politischen Zusammenarbeit (EPZ) handeln sollten,[3] sollten der europäischen Integration durch regelmäßige Zusammenkünfte neue und stetige Impulse verleihen. Auch wenn das Kommuniqué des Pariser Gipfeltreffens den Begriff »Europäischer Rat« nicht verwendete, bürgerte er sich in der Folgezeit ein, nachdem der damalige französische Staatspräsident *Valérie Giscard d'Estaing* den Begriff im Rahmen einer Pressekonferenz geprägt hatte.[4] Eine Beteiligung des Kommissionspräsidenten an den Arbeiten des Europäischen Rates war damals allerdings noch nicht vorgesehen. In der Stuttgarter Feierlichen Deklaration zur Europäischen Union vom 19. 6. 1983 wurde diese Bedeutung des Europäischen Rates als Leitungs- und Initiativgremium ausdrücklich betont.[5] Durch die Einheitliche Europäische Akte (EEA) von 1986 erhielt der Europäische Rat erstmals eine ausdrückliche völkerrechtliche Grundlage.[6] Die Beteiligung des Kommissionspräsidenten war nunmehr ausdrücklich vorgesehen. Art. 2 EEA hatte allerdings nur noch zwei Treffen pro Jahr vorgeschrieben. Weitere außerordentliche Tagungen waren jedoch bereits damals üblich. Abgelöst wurde diese Bestimmung durch Art. 4 EUV/Maastricht, der dem Europäischen Rat eine zentrale Steuerungsfunktion in der Europäischen Union zuwies. Durch den Vertrag von Lissabon erhielt der Europäische Rat, nicht zuletzt durch die Einführung des Amtes eines Präsidenten des Europäischen Rates, ein neues Gepräge. Zudem wurde der Europäische Rat in Art. 13 Abs. 1 UAbs. 2 EUV in den Status eines Organs der Europäischen Union erhoben. Der vorgeschriebene Tagungsrhythmus hat sich erhöht, da nunmehr zwei Tagungen pro Halbjahr vorgeschrieben sind.

B. Zusammensetzung des Europäischen Rates

I. Mitglieder des Europäischen Rates

1. Staats- und Regierungschefs der Mitgliedstaaten

2   Mitglieder des Europäischen Rates sind gemäß Art. 15 Abs. 2 Satz 1 EUV die **Staats- und Regierungschefs** der Mitgliedstaaten, der Präsident des Europäischen Rates sowie der Präsident der Kommission. Entgegen dem Wortlaut der deutschen Fassung der

---

[1] *Glaesner*, EuR 1994, 22 (23); zu den Ursprüngen des Europäischen Rates vgl. insb. *Werts*, S. 9 ff.; *Oppermann*, S. 539 ff.

[2] Vgl. den Text des Kommuniqués, EA 1975 D 41 ff.; vgl. dazu die Aufstellung der Gipfeltreffen bei *Johnston*, S. 148 ff.

[3] *Glaesner*, EuR 1994, 22 (24).

[4] Dazu *Pahre*, S. 34.

[5] Text der Erklärung, EA 1983 D 420 ff.

[6] *Capotorti*, S. 80; vgl. dazu auch *Oppermann*, S. 537 ff.; *Calliess*, S. 119.

Norm, der dies zuzulassen scheint, ist eine **gleichzeitige Teilnahme** des Staatschefs sowie des Regierungschefs eines Mitgliedstaates **ausgeschlossen**.[7] Dies belegt bereits ein Blick in die französische sowie die englische Fassung von Art. 15 EUV, die beide davon sprechen, dass entweder der Staats- oder der Regierungschef teilnehmen kann. Die Differenzierung zwischen Staatschefs und Regierungschefs nimmt nach ihrem Sinn und Zweck auf die Strukturen in den Mitgliedstaaten Rücksicht, insbesondere auf Präsidialdemokratien wie etwa Frankreich, in denen der Staatschef nicht lediglich repräsentative Aufgaben wahrnimmt, sondern in die Regierungstätigkeit maßgeblich eingebunden ist. Diesen Mitgliedstaaten wird ermöglicht, sich im Europäischen Rat durch ihren Staatschef vertreten zu lassen. Die Frage, ob sich ein Mitgliedstaat im Europäischen Rat durch den Staats- und den Regierungschef gemeinsam vertreten lassen konnte, hatte sich in der Praxis seit 1986 während der ersten Phase der sogenannten »Cohabitation« in Frankreich gestellt, einer Phase, in der der französische Staatspräsident und der Regierungschef unterschiedlichen politischen Lagern angehört hatten. Zur damaligen Zeit galt allerdings noch die Praxis, dass jedem Staat zwei Sitze im Europäischen Rat zukamen. Dies war auch in Art. 2 Abs. 1 EEA ab 1987 so vorgesehen. Jeder Staats- und Regierungschef wurde bei den Zusammenkünften gemäß Art. 2 Abs. 1 Satz 2 EEA von seinem Außenminister unterstützt. Für Frankreich ergaben sich – infolge einer großzügigen Auslegung – in der Praxis dadurch mehrere Optionen. Es konnte entweder durch seinen Staatschef und seinen Regierungschef vertreten sein, durch seinen Staatschef und seinen Außenminister oder durch seinen Regierungschef und seinen Außenminister.[8] Da heute ein Mitgliedstaat regelmäßig nur noch einen Vertreter in den Europäischen Rat entsenden kann und die Hinzuziehung des Außenministers gemäß Art. 15 Abs. 3 Satz 2 EUV lediglich gestattet ist, wenn die Tagesordnung dies erfordert und der Europäische Rat die Hinzuziehung beschließt, kommt eine gleichzeitige Vertretung sowohl durch den Staats- als auch durch den Regierungschef nicht mehr in Betracht.

Wenn Art. 15 Abs. 2 Satz 1 EUV es zwar gestattet, entweder mit dem Staats- oder   3
dem Regierungschef im Europäischen Rat aufzutreten, ist diese Option für die Bundesrepublik Deutschland gleichwohl aus verfassungsrechtlichen Gründen verschlossen. Eine Teilnahme des Bundespräsidenten als Staatschef der Bundesrepublik Deutschland ist grundgesetzlich ausgeschlossen, da der Bundespräsident aufgrund seiner nur begrenzten Kompetenzen dem politischen Tagesgeschäft entzogen ist und der **Bundeskanzler** die Richtlinien der Politik bestimmt.

2. Präsident des Europäischen Rates

Neu seit dem Vertrag von Lissabon ist das **Amt des Präsidenten** des Europäischen Rates,   4
der nicht zugleich Staats- oder Regierungschef eines Mitgliedstaates ist. Zuvor hatte der Vorsitz im Europäischen Rat zwischen den Staats- und Regierungschefs der Mitgliedstaaten in einem Halbjahresrhythmus gewechselt, wobei der Staats- oder Regierungschef des Mitgliedstaates dem Europäischen Rat vorgesessen hatte, der gerade die Präsidentschaft in der Europäischen Union innehatte. Der Präsident ist gemäß dem Wortlaut von Art. 15 Abs. 2 Satz 1 EUV (»setzt sich zusammen aus«) Mitglied des Europäischen Rates; er ist jedoch bei förmlichen Abstimmungen gemäß Art. 235 Abs. 1

---

[7] *Kumin*, in: Grabitz/Hilf/Nettesheim, EU, Art. 15 EUV (August 2011), Rn. 6; vgl. auch *Bainczyk/Ernst*, EuR 2010, 415 (415 ff.).

[8] *Glaesner*, EuR 1994, 22 (25).

UAbs. 2 Satz 2 AEUV nicht stimmberechtigt. Entscheidet der Europäische Rat im Konsens, was nach Art. 15 Abs. 4 EUV den Regelfall darstellt, wirkt sich die fehlende Stimmberechtigung des Präsidenten nicht aus, da hier gerade keine förmliche Abstimmung stattfindet.[9]

3. Präsident der Kommission

5   Gemäß Art. 15 Abs. 2 Satz 1 EUV ist auch der **Präsident der Kommission** Mitglied des Europäischen Rates. Ebenso wie der Präsident des Europäischen Rates ist auch der Kommissionspräsident ungeachtet seiner Mitgliedstellung bei Abstimmungen im Europäischen Rat gemäß Art. 235 Abs. 1 UAbs. 2 Satz 2 AEUV nicht stimmberechtigt. Vor Inkrafttreten des Vertrags von Lissabon, der diese ausdrückliche Regelung getroffen hat, war die Frage der Stimmberechtigung des Kommissionspräsidenten im Schrifttum umstritten. Während teilweise argumentiert wurde, dem Kommissionspräsidenten müsse ein gleichberechtigtes Stimmrecht zukommen, da der Europäische Rat sich ansonsten vom Rat in seiner höchstrangigen Zusammensetzung der Staats- und Regierungschefs nicht unterscheide,[10] lehnten andere ein Stimmrecht des Kommissionspräsidenten ab. Diese Auffassung war zutreffend, da die Gegenansicht übersah, dass es sich beim Rat in der höchsten Zusammensetzung um ein Organ der Europäischen Gemeinschaften handelt, dem eine völlig andere Funktion zukam als dem Europäischen Rat als Vertragsorgan der seinerzeit noch nicht rechtsfähigen Europäischen Union.[11] Dieser Streit wird durch Art. 235 Abs. 1 UAbs. 2 Satz 2 AEUV entschieden.

4. Vertretung verhinderter Mitglieder

a) Kein Ausschluss der Vertretungsmöglichkeit

6   Art. 15 EUV enthält keine Regeln darüber, ob sich ein verhindertes Mitglied des Europäischen Rates vertreten lassen kann. Für den Fall der Verhinderung eines Staats- oder Regierungschefs stellt sich die Frage, ob eine Vertretung durch den nach innerstaatlichem Recht zu bestimmenden stellvertretenden Staats- oder Regierungschef zulässig ist. Für die Bundesrepublik Deutschland wäre dies der gemäß Art. 69 Abs. 1 GG durch den Bundeskanzler zu ernennende Vizekanzler.[12] Für den Kommissionspräsidenten könnte eine Vertretung durch einen der gemäß Art. 17 Abs. 6 UAbs. 1 Buchst. c EUV durch den Präsidenten zu ernennenden Vizepräsidenten in Betracht gezogen werden oder eine Vertretung durch den Hohen Vertreter der Union für Außen- und Sicherheitspolitik, der kraft Amtes gemäß Art. 18 Abs. 4 Satz 1 EUV einer der Kommissionsvizepräsidenten ist. Für den Präsidenten des Europäischen Rates könnte eine Vertretung durch ein anderes Mitglied des Europäischen Rates in Betracht kommen.

7   Aus dem **Fehlen einer ausdrücklichen Vertretungsregelung** in Art. 15 EUV sowie aus Art. 235 Abs. 1 UAbs. 1 AEUV, wonach die Übertragung des Stimmrechts eines Mitglieds des Europäischen Rates auf ein anderes Mitglied möglich ist, wird teilweise gefolgert, dass eine Vertretung von verhinderten Mitgliedern des Europäischen Rates nicht gewollt ist und bei Staats- und Regierungschefs lediglich eine Stimmrechtsübertragung

---

[9] Vgl. *Pechstein*, in: Streinz, EUV/AEUV, Art. 15 EUV, Rn. 8; a. A. *Isak*, S. 143.

[10] So *Wichard*, in: Calliess/Ruffert (Hrsg.), Kommentar zu EU-Vertrag und EG-Vertrag, 1999, Art. 4 EUV, Rn. 7.

[11] Vgl. *Pechstein/Koenig*, Die Europäische Union, 3. Aufl., 2000, Rn. 167.

[12] Siehe dazu *Herzog*, in: Maunz/Dürig (Hrsg.), GG, Art. 69 GG (Oktober 2008), Rn. 2.

in Betracht kommt.[13] Begründet wird dieses Vertretungsverbot mit der in den Verträgen angelegten »protokollarisch-rangmäßigen« Trennung der beiden Organe »Rat« und »Europäischer Rat« sowie mit dem Argument, dass in Art. 15 Abs. 2 Satz 1 EUV das Anliegen zum Ausdruck komme, eine höchstrangige Vertretung jedes Mitgliedstaates zu gewährleisten.

Diese Argumente vermögen in letzter Konsequenz nicht zu überzeugen. Nähme man   **8**
an, dass ein Mitglied des Europäischen Rates im Falle der Verhinderung sein Stimmrecht gemäß Art. 235 Abs. 1 UAbs. 1 AEUV auf ein anderes Ratsmitglied übertragen kann, aber im Übrigen keine Vertretung möglich wäre, bedeutete dies, dass ein Mitgliedstaat in einem solchen Fall nicht mehr in der Lage wäre, an den Debatten im Europäischen Rat mitzuwirken und seine beratende Stimme und sein politisches Gewicht einzubringen.[14] Richtig ist zwar, dass im Europäischen Rat eine höchstrangige Vertretung jedes Mitgliedstaates stattfinden soll. Wer in einem Mitgliedstaat das für eine Mitwirkung im Europäischen Rat qualifizierende Amt, Staatschef oder Regierungschef, innehat, bestimmt sich aber allein nach dem innerstaatlichen Recht. Wenn das innerstaatliche Recht eine Vertretungsregel vorsieht und bestimmt, wer die Aufgaben des Staats- oder Regierungschefs im Fall von dessen Verhinderung wahrnehmen soll, muss diese innerstaatliche Festlegung auch für die europäische Ebene gelten. Für die Möglichkeit einer Vertretung im Falle der Verhinderung spricht auch, dass der Europäische Rat für seinen Präsidenten eine Vertretung in Art. 2 Abs. 4 in seiner Geschäftsordnung[15] vorsieht.[16]

b) Vertretung eines verhinderten Staats- und Regierungschefs

Art. 15 Abs. 2 Satz 1 EUV stellt erkennbar auf die innerstaatliche Funktion des Mit-   **9**
glieds des Europäischen Rates ab, nicht auf die konkrete Person des Amtsinhabers. Wenn daher nach innerstaatlichem Recht vorgesehen ist, dass eine andere Person im Falle der Verhinderung des Staats- oder Regierungschefs die Amtsgeschäfte an dessen Stelle wahrnimmt, übt der Vertreter vorübergehend diese Funktion aus und kann daher als Mitglied im Europäischen Rat auftreten. Ein Mitgliedstaat ist auch in diesem Fall höchstrangig vertreten, wie Art. 15 Abs. 2 Satz 1 EUV dies fordert. Die Vertretung eines Regierungschefs durch einen Minister, der innerstaatlich keine Stellvertreterfunktion innehat, kommt jedoch nicht in Betracht. Allein aus Art. 235 Abs. 1 UAbs. 1 AEUV auf das Verbot einer Vertretung zu schließen, überzeugt angesichts der Parallelbestimmung des Art. 239 AEUV für den Rat nicht. Auch im Rat ist eine Stimmrechtsübertragung auf ein anderes Mitglied vorgesehen, ohne dass dadurch die Möglichkeit der Vertretung ausgeschlossen ist. Selbst wenn in der Praxis des Europäischen Rates von der Möglichkeit der Vertretung bislang kein Gebrauch gemacht worden ist, kann daraus nicht geschlossen werden, sie sei rechtlich unzulässig.

---

[13] So etwa *Kumin*, in: Grabitz/Hilf/Nettesheim, EU, Art. 15 EUV (August 2011), Rn. 7; vgl. auch *Lenski*, in: GSH, Europäisches Unionsrecht, Art. 15 EUV, Rn. 11.

[14] Dies erkennt auch *Kumin*, in: Grabitz/Hilf/Nettesheim, EU, Art. 235 AEUV (August 2011), Rn. 2.

[15] Beschluss 2009/882/EU des Europäischen Rates vom 1.12.2009 zur Festlegung seiner Geschäftsordnung, ABl. 2009, L 315/51.

[16] Dazu unten Rn. 11.

c) Vertretung des verhinderten Kommissionspräsidenten

10   Ist die Vertretung eines Staats- oder Regierungschefs im Falle von dessen Verhinderung möglich, muss dies auch für den Präsidenten der Kommission gelten. Ein an der Ausübung seiner Amtsgeschäfte gehinderter Kommissionspräsident kann auch im Europäischen Rat durch einen seiner Vizepräsidenten vertreten werden. Mit Ausnahme des Hohen Vertreters der Außen- und Sicherheitspolitik, dem das Vizepräsidentenamt gemäß Art. 18 Abs. 4 Satz 1 EUV kraft Amtes zukommt, ernennt der Präsident der Kommission seine Vizepräsidenten **auf der Grundlage von Art. 17 Abs. 6 UAbs. 1 Buchst. c EUV**. Hat der Präsident mehrere Vizepräsidenten bestimmt, erfolgt die Vertretung in der Reihenfolge, die vom Präsidenten festgesetzt wird. In der Praxis ausgenommen von der Aufgabe, den Kommissionspräsidenten zu vertreten, ist der Hohe Vertreter der Union für Außen- und Sicherheitspolitik mit Rücksicht auf den besonderen Status und die besonderen Aufgaben dieses Amtes sowie vor dem Hintergrund der hohen Reisebelastung, die eine effektive Vertretung des Präsidenten durch den Hohen Vertreter kaum praktikabel erscheinen lässt.[17] Eine Vertretung des Kommissionspräsidenten im Europäischen Rat durch den Hohen Vertreter der Union für Außen- und Sicherheitspolitik wäre aber auch bereits aufgrund dessen Sonderrolle im Europäischen Rat ausgeschlossen. Der Hohe Vertreter nimmt gemäß Art. 15 Abs. 2 Satz 2 EUV ohnehin an den Arbeiten des Europäischen Rates teil. Würde er zusätzlich den Kommissionspräsidenten vertreten, käme ihm im Europäischen Rat eine so nicht gewollte Doppelrolle zu. Daher kommt eine Vertretung des Kommissionspräsidenten im Europäischen Rat nur durch die vom Kommissionspräsidenten selbst ernannten Vizepräsidenten in Betracht. Deren Vertretungsmacht ist nicht inhaltlich, etwa auf die Fortführung lediglich der laufenden Geschäfte, beschränkt. Sie erfasst daher auch die Vertretung im Europäischen Rat. Auch hier gilt, dass Art. 15 Abs. 2 Satz 1 EUV nicht an die Person des Amtsinhabers, sondern an die wahrgenommene Funktion anknüpft.

d) Vertretung des verhinderten Präsidenten des Europäischen Rates

11   Art. 15 EUV enthält zwar für den Präsidenten des Europäischen Rates ebenfalls keine explizite Vertretungsregelung. Jedoch ist eine solche Regelung in Art. 2 Abs. 4 GO ER normiert. Danach wird der Präsident bei krankheitsbedingter Verhinderung, im Falle des Todes oder bei Entbindung von seinem Amt gemäß Art. 15 Abs. 5 EUV bis zur Wahl seines Nachfolgers von dem **Mitglied des Europäischen Rates** vertreten, das den Mitgliedstaat vertritt, der den halbjährlichen Vorsitz des Rates wahrnimmt.

II. Weitere Teilnehmer an den Sitzungen des Europäischen Rates

1. Teilnahme des Hohen Vertreters der Union für Außen- und Sicherheitspolitik

12   Der Hohe Vertreter der Union für Außen- und Sicherheitspolitik nimmt gemäß Art. 15 Abs. 2 Satz 2 EUV an den Arbeiten des Europäischen Rates teil. Er ist jedoch **nicht Mitglied** des Europäischen Rates, da er in Art. 15 Abs. 2 Satz 1 EUV, der die Zusammensetzung des Europäischen Rates regelt, nicht genannt ist.[18] Er ist daher bei Abstimmungen im Europäischen Rat **nicht stimmberechtigt**. Die Funktion des Hohen Vertreters

---

[17] Vgl. *Martenczuk*, in: Grabitz/Hilf/Nettesheim, EU, Art. 17 EUV (Juli 2010), Rn. 99.

[18] *Bribosia*, S. 64; *Biervert*, in: Schwarze, EU-Kommentar, Art. 15 EUV, Rn. 3; *Kumin*, in: Grabitz/Hilf/Nettesheim, EU, Art. 15 EUV (August 2011), Rn. 10; *Calliess*, S. 120; *Lenski*, in: GSH, Europäisches Unionsrecht, Art. 15 EUV, Rn. 12.

im Europäischen Rat besteht darin, als hochrangiger Experte mit seinem außen- und sicherheitspolitischen Sachverstand den Staats- und Regierungschefs der Mitgliedstaaten mit Rat und Tat assistierend zur Seite zu stehen und den gemeinsamen außenpolitischen Interessen der Mitgliedstaaten in den Beratungen zusätzliches Gewicht zu verleihen.

2. Teilnahme von Ministern und eines Kommissionsmitglieds

Die Einheitliche Europäische Akte, die dem Europäischen Rat im Jahr 1987 erstmals **13** eine völkervertragsrechtliche Grundlage gegeben hatte, hatte in ihrem Art. 2 Abs. 1 Satz 2 noch vorgesehen, dass die Staats- und Regierungschefs der Mitgliedstaaten von den Ministern für auswärtige Angelegenheiten der Mitgliedstaaten unterstützt werden. Der Kommissionspräsident wurde danach von einem weiteren Kommissionsmitglied unterstützt. Dies galt bis zum Inkrafttreten des Reformvertrags von Lissabon und war davor zuletzt in Art. 4 Abs. 2 Satz 2 EUV/Nizza geregelt. Von dieser Regelung ist der Vertrag von Lissabon abgegangen. Die Unterstützung, die die Staats- und Regierungschefs im Europäischen Rat erhalten, ist nicht mehr nur auf den jeweiligen Außenminister beschränkt. Vielmehr kommt nach Art. 15 Abs. 3 Satz 1 EUV die Unterstützung durch einen Minister in Betracht, wobei keine Festlegung auf ein bestimmtes Ressort erfolgt. Zudem ist nunmehr in Art. 15 Abs. 3 Satz 1 EUV vorgesehen, dass die Staats- und Regierungschefs der Mitgliedstaaten nur noch dann von einem ihrer Minister unterstützt werden und der Kommissionspräsident von einem Kommissionsmitglied, wenn die Tagesordnung dies erfordert und der Europäische Rat die Hinzuziehung der Minister und eines Kommissionsmitglieds ausdrücklich beschließt. Bei den hinzugezogenen Ministern der Mitgliedstaaten sowie dem Kommissionsmitglied handelt es sich nicht um Mitglieder des Europäischen Rates, sondern schlicht um Teilnehmer der Tagungen.[19]

III. Begleitende Delegationen

Die Mitglieder des Europäischen Rates sowie die sonstigen Teilnehmer an den Ratssit- **14** zungen werden regelmäßig von einem Mitarbeiterstab begleitet. Die Geschäftsordnung des Europäischen Rates begrenzt in Art. 4 Abs. 4 UAbs. 3 GO ER die Größe der begleitenden Delegationen. Danach ist die Gesamtgröße der Delegationen, die Zugang zum Tagungsgebäude erhalten, auf zwanzig Personen begrenzt für die Mitgliedstaaten sowie die Kommission. Die Delegation des Hohen Vertreters der Union für die Außen- und Sicherheitspolitik ist auf fünf Personen begrenzt. Nicht eingerechnet sind dabei das technische Personal, das mit spezifischen sicherheitsrelevanten Aufgaben oder mit der logistischen Unterstützung betraut ist (Art. 4 Abs. 4 UAbs. 3 Satz 2 GO ER). Name und Dienststellung der Mitglieder der Delegationen sind vor Beginn der Tagung dem Generalsekretär des Rates gemäß Art. 4 Abs. 4 UAbs. 3 Satz 3 GO ER) mitzuteilen.

---

[19] *Bitterlich*, in: Lenz/Borchardt, EU-Verträge, Art. 15 EUV, Rn. 3.

C. Funktionsweise des Europäischen Rates

I. Tagungen des Europäischen Rates

1. Tagungsrhythmus

15   Der Europäische Rat tritt gemäß Art. 15 Abs. 3 Satz 1, Hs. 1 EUV **zweimal pro Halbjahr** zusammen. Dieser vorgeschriebene Tagungsrhythmus spiegelt die Praxis des Europäischen Rates wider, die sich in den vergangenen Jahren etabliert hatte. Bereits seit dem Jahr 2002 war in den »Regeln für die Organisation der Beratungen des Europäischen Rates«[20], die sich der Europäische Rat auf seiner Tagung in Sevilla am 21./22. 6. 2002 selbst gegeben hat, vorgesehen, dass der Europäische Rat grundsätzlich viermal pro Jahr, d. h. zweimal pro Halbjahr, zusammentritt. In den Verträgen war bis dahin nur geregelt, dass mindestens zwei Tagungen pro Jahr stattzufinden hatten.[21] Der Vertrag von Lissabon hat die Rechtslage nunmehr der bis dahin geübten Praxis angepasst. Einberufen werden die **ordentlichen Tagungen** des Europäischen Rates gemäß Art. 15 Abs. 3 Satz 1 Hs. 2 EUV von dessen Präsidenten.[22] Gemäß Art. 1 Abs. 1 UAbs. 2 GO ER gibt der Präsident des Europäischen Rates spätestens ein Jahr vor Beginn jedes Halbjahres und in enger Zusammenarbeit mit dem Mitgliedstaat, der während des betreffenden Halbjahres den Vorsitz im Rat wahrnehmen wird, die geplanten Termine für die Tagungen des Europäischen Rates in diesem Halbjahr bekannt.

16   Neben die ordentlichen Tagungen können, wenn es die Lage erfordert, gemäß Art. 15 Abs. 3 Satz 3 EUV außerordentliche Tagungen treten. Auch die **außerordentlichen Tagungen** des Europäischen Rates werden gemäß Art. 15 Abs. 3 Satz 3 EUV von seinem Präsidenten einberufen.[23] Eine spezielle Regelung findet sich in Art. 26 Abs. 1 UAbs. 2 EUV für den Bereich der Gemeinsamen Außen- und Sicherheitspolitik, wonach der Präsident des Europäischen Rates eine außerordentliche Tagung einberufen kann, wenn die internationale Entwicklung es erfordert, um die strategischen Vorgaben für die Politik der Union angesichts dieser Entwicklung festzulegen. Ob der Präsident eine außerordentliche Tagung des Europäischen Rates einberuft, steht in seinem Ermessen.

17   Daneben können die Mitglieder des Europäischen Rates auch zu **informellen Treffen** zusammenkommen, um wichtige tagesaktuelle Fragen zu beraten. So haben etwa im Zuge der Bewältigung der Staatsschuldenkrise und später in Rahmen der Einhegungsversuche der Ukrainekrise neben den ordentlichen und außerordentlichen Tagungen des Europäischen Rates auch informelle Treffen der Mitglieder des Europäischen Rates stattgefunden.[24] Eine formelle Beschlussfassung ist im Rahmen dieser informellen Treffen ausgeschlossen.

2. Tagungsort

18   Tagungsort des Europäischen Rates ist gemäß Art. 1 Abs. 1 UAbs. 1 GO-ER **Brüssel**. Damit ist der Europäische Rat von der früher geübten Praxis abgekommen, jeweils in

---

[20] Europäischer Rat (Sevilla), Tagung vom 21. und 22. 6. 2002, Schlussfolgerungen des Vorsitzes, Ratsdokument 13463/02 POLGEN 52, Anhang I, S. 19 ff.
[21] Vgl. etwa Art. 2 Abs. 2 EEA sowie Art. 4 Abs. 2 Satz 3 EUV/Nizza.
[22] S. Rn. 21.
[23] S. Rn. 21.
[24] Vgl. dazu die Übersicht über die Tagungen auf der Internetseite des Europäischen Rates: http://www.european-council.europa.eu/council-meetings?lang=de (1. 3. 2016).

dem Mitgliedstaat zu seinen Tagungen zusammenzutreten, der im Rat gerade den Vorsitz geführt hatte. Aufgrund sich ständig verschärfender Sicherheitsvorkehrungen bei Zusammenkünften des Europäischen Rates hatte sich dies jedoch logistisch und protokollarisch als unpraktikabel und – zumindest für einige der Mitgliedstaaten – als zu kostenaufwendig erwiesen.[25] Daher hatte bereits die Erklärung Nr. 22 zum Vertrag von Nizza[26] die Absicht der Mitgliedstaaten der Europäischen Union zum Ausdruck gebracht, dass ab dem Jahr 2002 jeweils eine Tagung des Europäischen Rates unter jedem Vorsitz in Brüssel stattfinden soll. Sobald die Europäische Union achtzehn Mitglieder zählt, sollten alle Tagungen des Europäischen Rates in Brüssel einberufen werden. Dies bedeutete, dass seit dem Beitritt von zehn mittel- und osteuropäischen Staaten zum 1.5.2004 alle Tagungen des Europäischen Rates in Brüssel stattfanden.

Ausnahmsweise kann der Präsident des Europäischen Rates gemäß Art. 1 Abs. 2 **19** UAbs. 2 GO-ER unter einstimmiger Zustimmung entweder des Rates »Allgemeine Angelegenheiten« oder des Ausschusses der Ständigen Vertreter (AStV) entscheiden, dass bei Vorliegen außergewöhnlicher Umstände an einem anderen Ort als Brüssel getagt wird. Die Konzentration auf Brüssel als Tagungsort des Europäischen Rates ist vor dem Hintergrund der organisatorischen Probleme, die sich bei der Durchführung solch hochrangig besetzter Gipfeltreffen stellen, sicher zu begrüßen. Allerdings darf nicht übersehen werden, dass die Europäische Union damit zugleich eines ihrer föderalen Elemente eingebüßt hat. Nicht zuletzt die verstärkte Wahrnehmung von Tagungen des Europäischen Rates in den Medien der jeweiligen Mitgliedstaaten geht verloren. Die Möglichkeit, ausnahmsweise außerhalb Brüssels zu tagen, stellt dafür keinen adäquaten Ausgleich dar.

3. Vorbereitung der Tagungen

Ein eigenständiger organisatorischer Unterbau des Europäischen Rates, etwa in Form **20** eines eigenen Sekretariats, existiert nicht. Logistisch und organisatorisch wird der Europäische Rat dabei gemäß Art. 235 Abs. 4 EUV vom Generalsekretariat des Rates unterstützt. Die Vorbereitung der Tagungen obliegt gemäß Art. 15 Abs. 6 UAbs. 1 Buchst. b und Art. 16 Abs. 6 UAbs. 2 Satz 2 EUV dem **Präsidenten des Europäischen Rates** in Zusammenarbeit mit dem **Präsidenten der Kommission** und dem **Rat »Allgemeine Angelegenheiten«**. Mindestens vier Wochen vor jeder ordentlichen Tagung legt der Präsident des Europäischen Rates dem Rat »Allgemeine Angelegenheiten« den Entwurf einer erläuterten Tagesordnung vor. Er hat sich dabei eng mit dem Mitglied des Europäischen Rates, welches den Mitgliedstaat vertritt, der den halbjährlichen Vorsitz des Rates wahrnimmt, und mit dem Präsidenten der Kommission abzustimmen (Art. 3 Abs. 1 UAbs. 1 GO-ER). Beiträge anderer Ratsformationen zu den Beratungen des Europäischen Rates sind dem Rat »Allgemeine Angelegenheiten« spätestens zwei Wochen vor der Tagung zu unterbreiten (Art. 3 Abs. 1 UAbs. 2 GO-ER). Weiter erstellt der Präsident des Europäischen Rates wiederum in enger Zusammenarbeit mit dem Vorsitzmitgliedstaat und dem Kommissionspräsidenten einen Entwurf von Leitlinien für die Schlussfolgerungen des Europäischen Rates und gegebenenfalls die Entwürfe dieser Schlussfolgerungen sowie die Entwürfe von Beschlüssen des Europäischen Rates (Art. 3 Abs. 1 UAbs. 3 GO-ER). Innerhalb der letzten fünf Tage vor der Tagung des Europäi-

---

[25] *Kumin*, in: Grabitz/Hilf/Nettesheim, EU, Art. 15 EUV (August 2011), Rn. 31.
[26] ABl. 2002, C 80/85.

schen Rates hat der Rat »Allgemeine Angelegenheiten« gemäß Art. 3 Abs. 1 UAbs. 4 GO-ER zusammenzukommen, um die vorläufige Tagesordnung zu erstellen. Danach darf – außer aus zwingendem und unvorhersehbarem Anlass – keine andere Ratsformation und kein anderes Vorbereitungsgremium mehr zusammentreten (Art. 3 Abs. 2 GO-ER).

21   Die **Einberufung** sowohl der ordentlichen wie der außerordentlichen Tagungen des Europäischen Rates erfolgt durch den Präsidenten (Art. 15 Abs. 3 Satz 1 Hs. 2 und Satz 3 EUV). Der Europäische Präsident richtet zu diesem Zweck ein persönliches Einladungsschreiben an die Mitglieder des Europäischen Rates. Dieses Schreiben, im EU-Diplomatenjargon als »Hirtenbrief« bezeichnet, legt die zur Beratung anstehenden Punkte sowie den voraussichtlichen Ablauf der Tagung dar und deutet die angestrebten Ergebnisse der Tagung an.

4. Durchführung der Tagungen

22   Die endgültige **Tagesordnung** einer Tagung des Europäischen Rates setzt der Europäische Rat selbst zu Beginn seiner Tagung fest (Art. 3 Abs. 3 UAbs. 1 GO-ER), wobei in der Regel alle auf die Tagesordnung gesetzten Themen zuvor das geschilderte Vorbereitungsverfahren durchlaufen haben sollen (Art. 3 Abs. 3 UAbs. 2 GO-ER). Gleichwohl bleibt die kurzfristige Aufnahme neuer Tagungsordnungspunkte durch den Europäischen Rat ausnahmsweise möglich.

23   Jede ordentliche Tagung des Europäischen Rates soll sich gemäß Art. 4 Abs. 1 UAbs. 1 GO-ER höchstens über zwei Tage erstrecken. Allerdings können der Europäische Rat oder der Rat »Allgemeine Angelegenheiten« auf Veranlassung des Präsidenten des Europäischen Rates eine andere **Tagungsdauer** im Einzelfall beschließen. Die Tagungen des Europäischen Rates sind nicht öffentlich (Art. 4 Abs. 3 GO-ER). Den Vorsitz führt gemäß Art. 15 Abs. 6 UAbs. 1 Buchst. a EUV der Präsident des Europäischen Rates.[27] Zu Beginn der Tagungen findet ein Gedankenaustausch mit dem Rat und gegebenenfalls mit dem Europäischen Parlament statt. Gemäß Art. 4 Abs. 1 UAbs. 2 GO-ER erstattet das Mitglied des Europäischen Rates, welches den Mitgliedstaat vertritt, der im Rat den halbjährlichen Vorsitz wahrnimmt, dem Europäischen Rat im Benehmen mit dessen Präsidenten Bericht über die Arbeiten des Rates. Auch der Präsident des Europäischen Parlaments kann gemäß Art. 235 Abs. 2 EUV vom Europäischen Rat gehört werden. Für gewöhnlich erhält er Gelegenheit, den Standpunkt des Parlaments zu wesentlichen Tagesordnungspunkten darzulegen. Nur in Ausnahmefällen und nach vorheriger einstimmiger Zustimmung des Europäischen Rates können am Rande der Tagungen Treffen mit Vertretern von Drittstaaten oder von anderen internationalen Organisationen stattfinden. Diese in Art. 4 Abs. 2 UAbs. 2 GO-ER getroffene Regelung soll eine möglichst unbeeinflusste Beratung und Beschlussfassung des Europäischen Rates gewährleisten.

24   Die Ergebnisse jeder – ordentlichen oder außerordentlichen – Tagung werden in den vom Europäischen Rat gebilligten **Schlussfolgerungen** festgehalten. Über jede Tagung wird gemäß Art. 8 GO-ER ein Entwurf eines Protokolls durch den Generalsekretär des Rates binnen 15 Tagen erstellt. Dieser Entwurf wird dem Europäischen Rat zur Genehmigung vorgelegt und anschließend vom Generalsekretär des Rates unterzeichnet. Das Protokoll verzeichnet die dem Europäischen Rat vorgelegten Schriftstücke, die Schluss-

---

[27] Dazu *Wessels/Traguth*, integration 2010, 297 (303 f.).

folgerungen des Europäischen Rates, die gefassten Beschlüsse sowie die vom Europäischen Rat abgegebenen Erklärungen und die Erklärungen, deren Aufnahme von einem Mitglied des Europäischen Rates beantragt worden ist.

5. Beschlussfassung

Gemäß Art. 15 Abs. 4 EUV entscheidet der Europäische Rat, vorbehaltlich abweichender Regelungen, im **Konsens**. Dies bedeutet, dass das – im Völkerrecht praktizierte[28] – sogenannte consensus-Verfahren zur Anwendung gelangt. Hierbei wird auf eine förmliche Abstimmung verzichtet. Der Vorsitz stellt am Ende einer Beratung lediglich das Fehlen von Gegenstimmen fest.[29] Die Anwendung dieses Verfahrens war bereits vor Inkrafttreten des Vertrags von Lissabon im Europäischen Rat die gängige Praxis. Art. 15 Abs. 4 EUV bekräftigt dies.[30] Das Konsenserfordernis gemäß Art. 15 Abs. 4 EUV darf nicht mit einer vertraglich vorgeschriebenen Einstimmigkeit gleichgesetzt werden.[31] Dies würde den vertraglich angelegten Unterschied zu der in einer Reihe von Vertragsbestimmungen vorgesehenen Einstimmigkeit verwischen.[32] Im Konsens entscheidet der Europäische Rat jedoch nur, sofern in den Verträgen nicht etwas Anderweitiges bestimmt wird. Spezifische Mehrheitserfordernisse finden sich z. B. in Art. 7 Abs. 2 EUV, Art. 14 Abs. 2 UAbs. 2 EUV, Art. 31 Abs. 2 und 3 EUV, Art. 48 Abs. 6 UAbs. 2 EUV, wo ausdrücklich **Einstimmigkeit** gefordert wird. Eine **qualifizierte Mehrheit** sehen etwa Art. 15 Abs. 5 EUV, Art. 18 Abs. 1 EUV und Art. 236 AEUV vor. Eine **einfache Mehrheit** im Europäischen Rat genügt z. B. gemäß Art. 48 Abs. 3 UAbs. 1 und UAbs. 2 Satz 1 EUV und Art. 235 Abs. 3 AEUV. Für eine Beschlussfassung im Europäischen Rat ist gemäß Art. 6 Abs. 3 GO-ER die Anwesenheit von mindestens zwei Dritteln der Mitglieder des Europäischen Rates erforderlich, wobei die Präsidenten von Kommission und Europäischem Rat nicht mitgerechnet werden. Die **Beschlussfähigkeit** wird vom Präsidenten des Europäischen Rates festgestellt. Üblicherweise werden Beschlüsse des Europäischen Rates im Rahmen einer Tagung gefasst. Über dringende Angelegenheiten kann der Europäische Rat ausnahmsweise schriftlich abstimmen, wenn der Präsident des Europäischen Rates dieses Verfahren vorschlägt und alle stimmberechtigten Mitglieder sich mit diesem Verfahren einverstanden erklären (Art. 7 Abs. 1 GO-ER). Die Beschlüsse des Europäischen Rates werden nach Art. 12 Abs. 1 GO-ER von seinem Präsidenten und vom Generalsekretär des Rates unterzeichnet. Sind die Beschlüsse an einen **Adressaten** gerichtet, werden sie vom Generalsekretär des Rates dem Adressaten notifiziert. Sind sie an keinen bestimmten Adressaten gerichtet, werden die **Beschlüsse** im Amtsblatt der Europäischen Union veröffentlicht.

25

---

[28] Vgl. zur Abstimmungspraxis in der Generalversammlung der Vereinten Nationen *Klein/Schmahl*, Die Internationalen und die Supranationalen Organisationen, in: Graf Vitzthum/Proelß (Hrsg.), Völkerrecht, 6. Aufl., 2013, S. 237, Rn. 135.

[29] *Frenz*, VR 2011, 263 (265); *Calliess*, in: Calliess/Ruffert, EUV/AEUV, Art. 15 EUV, Rn. 5; *Pechstein*, in: Streinz, EUV/AEUV, Art. 15 EUV, Rn. 11; *Epping*, in: Vedder/Heintschel v. Heinegg, Europäisches Unionsrecht, Art. 15 EUV, Rn. 9.

[30] *Lindner*, BayVBl. 2008, 421 (430).

[31] So aber *Isak*, S. 143.

[32] So auch *Kumin*, in: Grabitz/Hilf/Nettesheim, EU, Art. 15 EUV (August 2011), Rn. 40.

II. Der Präsident des Europäischen Rates

1. Stellung des Präsidenten

26   Die Position eines **hauptamtlichen** Präsidenten des Europäischen Rates ist eine Neuerung des Lissabonner Vertrags, die in gleicher Form bereits im gescheiterten Vertrag über eine Verfassung für Europa (Art. I–22 EVV) vorgesehen war. Bis dahin war in Art. 4 Abs. 2 Satz 3 EUV/Nizza vorgesehen, dass den Vorsitz im Europäischen Rat der Staats- oder Regierungschefs des Mitgliedstaats führte, der im Rat den halbjährlichen Vorsitz innehatte. Mit der Einführung eines hauptamtlichen Präsidenten wird eine größere Kontinuität der Arbeit des Europäischen Rates angestrebt, was auch in Art. 15 Abs. 6 UAbs. 1 Buchst. b EUV ausdrücklich betont wird. Bestimmte Qualitätsanforderungen für das Amt stellt Art. 15 EUV nicht auf. Da der Präsident jedoch den Tagungsvorsitz über die Staats- und Regierungschefs der Mitgliedstaaten der Europäischen Union führt, wird man bei der Besetzung des Amtes darauf zu achten haben, das die betreffende Person über ein nicht unerhebliches politisches Gewicht verfügt. Da der Präsident gemäß Art. 15 Abs. 6 UAbs. 3 EUV kein einzelstaatliches Amt innehaben darf, kann er nicht zugleich Staats- oder Regierungschef eines Mitgliedstaates sein. Verhindert werden sollen dadurch Interessenkonflikte, die aus doppelten Loyalitäten zur Europäischen Union einerseits und zu einem Mitgliedstaat andererseits entstehen könnten. Vor dem Hintergrund dieser Überlegung ist es gemäß Art. 15 Abs. 6 UAbs. 3 EUV nicht möglich, ein innerstaatliches Amt zwar innezuhaben, aber nicht auszuüben.[33] Möglich ist jedoch die Berufung eines ehemaligen Staats- oder Regierungschefs; dies stellt auch die bisherige Praxis dar.[34] Die Beschäftigungsbedingungen, insbesondere die Besoldung, des Präsidenten des Europäischen Rates hat der Rat durch Beschluss vom 1.12.2009 festgelegt.[35]

2. Wahl des Präsidenten des Europäischen Rates

27   Gewählt wird der Präsident des Europäischen Rates gemäß Art. 15 Abs. 5 EUV durch die übrigen Mitglieder des Europäischen Rates, wobei auch hier dem Kommissionspräsidenten gemäß Art. 235 Abs. 1 UAbs. 2 Satz 2 AEUV kein Stimmrecht zukommt. Erforderlich ist eine **qualifizierte Mehrheit**, wobei über Art. 235 Abs. 2 UAbs. 2 Satz 1 AEUV die Regelungen der Art. 16 Abs. 4 EUV und Art. 238 Abs. 2 AEUV entsprechend gelten. Der Präsident wird für eine **Amtszeit** von zweieinhalb Jahren, also jeweils für die Hälfte einer Legislaturperiode des Europäischen Parlaments, gewählt. Eine einmalige Wiederwahl ist gemäß Art. 15 Abs. 5 Satz 1 Hs. 2 EUV möglich, womit wiederum ein Gleichlauf mit der Legislaturperiode des Parlaments und der Amtsdauer der Kommission hergestellt werden kann.[36]

28   In der Erklärung Nr. 6 zum Vertrag von Lissabon[37] haben die Mitgliedstaaten ihre

---

[33] *Kumin*, in: Grabitz/Hilf/Nettesheim, EU, Art. 15 EUV (August 2011), Rn. 18; anders aber *Epping*, in: Vedder/Heintschel v. Heinegg, Europäisches Unionsrecht, Art. 15 EUV, Rn. 17.

[34] Vgl. Art. 1 des Beschlusses des Europäischen Rates 2009/879/EU vom 1.12.2009 zur Wahl des Präsidenten des Europäischen Rates, ABl. 2009, L 315/48; Art. 1 des Beschlusses 2014/638/EU des Europäischen Rates vom 30.8.2014 zur Wahl des Präsidenten des Europäischen Rates, ABl. 2014, L 262/5.

[35] Beschluss 2009/909/EU des Rates vom 1.12.2009 über die Beschäftigungsbedingungen des Präsidenten des Europäischen Rates, ABl. 2009, L 322/35.

[36] *Piris*, S. 207.

[37] ABl. 2008, C 115/338.

Absicht bekundet, dass bei der Auswahl der Personen, die das Amt des Präsidenten des Europäischen Rates, des Präsidenten der Kommission und des Hohen Vertreters der Union für Außen- und Sicherheitspolitik ausüben sollen, die geografische und demografische Vielfalt der Union und ihrer Mitgliedstaaten gebührend zu berücksichtigen ist. Darin kommt zugleich der politische Wille der Mitgliedstaaten zum Ausdruck, diese Ämter nicht in einer Person zu vereinen. Rechtlich ausgeschlossen scheint dies zumindest gemäß Art. 15 Abs. 6 UAbs. 3 EUV nicht, da dort nur die Ausübung innerstaatlicher Ämter für mit dem Amt des Präsidenten des Europäischen Rates inkompatibel erklärt wird.[38] Die Ausübung eines Amtes auf internationaler Ebene, etwa auch im Rahmen der Europäischen Union, ist nicht ausdrücklich ausgenommen worden. Eine Wahrnehmung der Ämter des Präsidenten der Kommission und des Präsidenten des Europäischen Rates würde zwar das politische Gewicht durch eine personelle Konzentration stärken, dürfte aber aufgrund der doch unterschiedlichen Aufgabenstellung praktisch nur schwer zu bewerkstelligen sein.[39] Zudem steht Art. 245 Abs. 2 Satz 1 AEUV einer solchen Personalunion entgegen.[40] Kommissionsmitglieder, also auch der Präsident der Kommission, dürfen danach während ihrer Amtszeit keine andere entgeltliche oder unentgeltliche Berufstätigkeit ausüben. Das hauptberufliche Amt des Präsidenten des Europäischen Rates wird von dieser Bestimmung umfasst.

3. Amtsenthebung

Nach Art. 15 Abs. 5 Satz 2 EUV ist eine Amtsenthebung des Präsidenten des Europäischen Rates möglich, sofern dieser **an der Ausübung seines Amtes verhindert** ist oder ihm eine **schwere Verfehlung** zur Last fällt. Die Entscheidung über die Amtsenthebung trifft der Europäische Rat im Wege des gleichen Verfahrens wie seine Wahl, d.h., sie kann nur mit einer qualifizierten Mehrheit von den Staats- und Regierungschefs beschlossen werden. Eine Verhinderung im Sinne von Art. 15 Abs. 5 Satz 2 EUV muss eine dauerhafte und nicht nur eine vorübergehende sein.[41] Eine schwere Verfehlung verlangt eine erhebliche Verletzung der Amtspflichten des Präsidenten. Eine solche kann z. B. in der Annahme von Vergünstigungen zu sehen sein oder vorliegen, wenn aufgrund anderer Vorkommnisse die Gewähr für die Unabhängigkeit der Amtsführung nicht mehr gegeben ist.[42] Notwendig ist jedenfalls ein schuldhaftes Verhalten.[43] Für den Fall der Amtsenthebung des Präsidenten des Europäischen Rates wird dieser gemäß Art. 2 Abs. 4 GO-ER bis zur Wahl eines Nachfolgers durch den Staats- oder Regierungschef des Mitgliedstaates vertreten, der den halbjährlichen Vorsitz im Rat innehat.

29

4. Aufgaben und Kompetenzen des Präsidenten des Europäischen Rates

Art. 15 Abs. 6 UAbs. 1 und 2 EUV umreißen die Aufgaben und Kompetenzen des Präsidenten des Europäischen Rates. Ihm kommt im Europäischen Rat eine aktive Rolle zu,

30

---

[38] So *Epping*, in: Vedder/Heintschel v. Heinegg, Europäisches Unionsrecht, Art. 15 EUV, Rn. 17; *Lenski*, S. 102.

[39] Ebenso *Pechstein*, in: Streinz, EUV/AEUV, Art. 15 EUV, Rn. 14.

[40] So zutreffend *Kumin*, in: Grabitz/Hilf/Nettesheim, EU, Art. 15 EUV (August 2011), Rn. 18; *Lenski*, in: GSH, Europäisches Unionsrecht, Art.15 EUV, Rn. 37.

[41] *Epping*, in: Vedder/Heintschel v. Heinegg, Europäisches Unionsrecht, Art. 15 EUV, Rn. 12; *Pechstein*, in: Streinz, EUV/AEUV, Art. 15 EUV, Rn. 15.

[42] *Epping*, in: Vedder/Heintschel v. Heinegg, Europäisches Unionsrecht, Art. 15 EUV, Rn. 12.

[43] *Pechstein*, in: Streinz, EUV/AEUV, Art. 15 EUV, Rn. 15.

da er gemäß Art. 15 Abs. 6 UAbs. 1 Buchst. b EUV für die Vorbereitung der Tagungen des Europäischen Rates in Zusammenarbeit mit dem Präsidenten der Kommission zuständig ist.[44] Während der Tagungen führt er gemäß Art. 15 Abs. 6 UAbs. 1 Buchst. a EUV den **Vorsitz** bei den Arbeiten des Europäischen Rates und er gibt ihnen Impulse. Er trägt nach der Geschäftsordnung die Verantwortung für die Anwendung derselben und sorgt für den ordnungsgemäßen Ablauf der Arbeiten (Art. 4 Abs. 4 UAbs. 4 GO-ER). Eine echte Führungs- und Lenkungsrolle dürfte damit in der Praxis kaum verbunden sein, zumal der Präsident bei Abstimmungen im Europäischen Rat kein Stimmrecht besitzt (Art. 235 Abs. 1 UAbs. 2 Satz 2 AEUV). Insbesondere ist der Präsident des Europäischen Rates den übrigen Mitgliedern nicht hierarchisch übergeordnet.[45] Ungeachtet dessen überträgt ihm Art. 15 Abs. 6 UAbs. 1 Buchst. c EUV die Aufgabe, auf Zusammenhalt und Konsens im Europäischen Rat hinzuwirken. Dies kann so verstanden werden, dass es ihm obliegt, bei den Beratungen auf Kompromisse zu drängen und nach Lösungen zu suchen, die auf eine möglichst breite Akzeptanz bei den Staats- und Regierungschefs der Mitgliedstaaten hoffen dürfen.[46]

31   Im Anschluss an jede Tagung des Europäischen Rates ist es gemäß Art. 15 Abs. 6 UAbs. 1 Buchst. d EUV die Aufgabe des Präsidenten, dem **Europäischen Parlament** einen **Bericht** vorzulegen. Dem Europäischen Parlament wird dadurch die Möglichkeit eröffnet, die Ergebnisse der Tagungen des Europäischen Rates öffentlich zu diskutieren.[47] Eine echte politische Verantwortlichkeit des Europäischen Rates gegenüber dem Europäischen Parlament wird allein dadurch aber nicht begründet.[48] Das demokratische Defizit im Hinblick auf den intergouvernemental strukturierten Europäischen Rat wird nicht vermindert, allenfalls kaschiert.

32   Dem Präsidenten kommt nach Art. 15 Abs. 6 UAbs. 2 EUV die Aufgabe und Befugnis zu, auf seiner Ebene und in seiner Eigenschaft die **Außenvertretung der Union in Angelegenheiten der Gemeinsamen Außen- und Sicherheitspolitik** wahrzunehmen. Unterstützt wird der Präsident des Europäischen Rates dabei vom Europäischen Auswärtigen Dienst (EAD).[49] Die Befugnis zur Außenvertretung im Bereich der GASP steht dem Präsidenten des Europäischen Rates jedoch nur unbeschadet der Befugnisse des Hohen Vertreters der Union für Außen- und Sicherheitspolitik zu. Dieser vertritt die Union gemäß Art. 27 Abs. 2 Satz 1 EUV in den Bereichen der Gemeinsamen Außen- und Sicherheitspolitik. Dies bedeutet, dass es sich bei der Befugnis des Präsidenten des Europäischen Rates um eine eng auszulegende Ausnahme handelt.[50] Eine inhaltliche Festlegung von Positionen der Europäischen Union im Rahmen der GASP ist dem Präsidenten nicht möglich. Ihm kommt, und dies verdeutlicht die Formulierung »auf seiner Ebene und in seiner Funktion«, lediglich dann die Aufgabe der Außenvertretung zu, wenn protokollarisch eine höchstrangige Vertretung der Union – also auf Ebene der Staats- und Regierungschefs – gefordert ist.[51] In der Regel wird sich dies auf rein repräsentative

---

[44] Dazu oben Rn. 20 f.
[45] *Calliess*, S. 122.
[46] *Wessels/Traguth*, integration 2010, 297 (304).
[47] So bereits *Glaesner*, EuR 1994, 22 (33).
[48] *Pechstein*, in: Streinz, EUV/AEUV, Art. 15 EUV, Rn. 17.
[49] Vgl. Art. 2 Abs. 2 Beschluss 2010/427/EU des Rates vom 26. 7. 2010 über die Organisation und die Arbeitsweise des Europäischen Auswärtigen Dienstes, ABl. 2010, L 201/30.
[50] *Kumin*, in: Grabitz/Hilf/Nettesheim, EU, Art. 15 EUV (August 2011), Rn. 24.
[51] *Thym*, AVR 42 (2004), 44 (63); *Calliess*, in: Calliess/Ruffert, EUV/AEUV, Art. 15 EUV, Rn. 35, 38.

Aufgaben beschränken.[52] Es ist der hauptamtliche Präsident des Europäischen Rates, der auswärtige Staats- oder Regierungschefs im Namen der Europäischen Union empfängt und besucht.[53] Zugegeben ist die Abgrenzung der Aufgaben im Bereich der Außenvertretung zwischen dem Präsidenten des Europäischen Rates und dem Hohen Vertreter sehr unscharf geraten, so dass ein gewisses Konfliktpotential verbleibt.[54]

D.   Aufgaben und Befugnisse des Europäischen Rates

I.   Politische Leitung der Europäischen Union

Dem Europäischen Rat kommt gemäß Art. 15 Abs. 1 Satz 1 EUV die Aufgabe zu, der   **33** Union die für ihre Entwicklung erforderlichen Impulse zu geben und die allgemeinen politischen Zielvorstellungen und Prioritäten hierfür festzulegen. Der Europäische Rat kann somit **politische Leitentscheidungen** für alle Sachbereiche der Europäischen Union treffen. Für den Bereich der Gemeinsamen Außen- und Sicherheitspolitik wird dieses Recht, politische Grundsatzentscheidungen treffen zu dürfen, nochmals ausdrücklich in Art. 26 Abs. 1 UAbs. 1 Satz 1 EUV bekräftigt. Der Europäische Rat bestimmt danach die strategischen Interessen der Union und legt die Ziele und die allgemeinen Leitlinien der Gemeinsamen Außen- und Sicherheitspolitik fest, und zwar auch bei Fragen mit verteidigungspolitischen Bezügen. Auch für die gesetzgeberische und operative Programmplanung im Raum der Freiheit, der Sicherheit und des Rechts legt der Europäische Rat gemäß Art. 68 AEUV die strategischen Leitlinien fest. Bei seiner Leitungsaufgabe steht ihm ein Selbstbefassungsrecht zu,[55] d. h., er kann selbst entscheiden, was er für bedeutsam erachtet,[56] und er kann selbst und ohne Vorschlag der Kommission Initiativen ergreifen.[57] Inhaltlich besitzt der Europäische Rat ein sehr weites politisches Ermessen.[58] Rechtliche Bindungen für den Europäischen Rat ergeben sich allerdings aus den Zielvorgaben des Art. 3 EUV. Zudem darf der Europäische Rat nicht das institutionelle Gleichgewicht innerhalb der Europäischen Union antasten und andere Unionsorgane zu einem Handeln auffordern, das diese kompetenzrechtlich nicht vornehmen dürfen.[59]

Art. 15 Abs. 1 Satz 2 EUV bringt zum Ausdruck, dass dem Europäischen Rat der   **34** **Erlass von Gesetzgebungsakten verwehrt** ist. Die Rechtsaktform des Beschlusses wird ihm allerdings für den Bereich der Gemeinsamen Außen- und Sicherheitspolitik gemäß Art. 26 Abs. 1 UAbs. 1 Satz 2 EUV an die Hand gegeben. Im Übrigen nimmt der Europäische Rat seine politische Leitungsaufgabe in der Regel durch die Schlussfolgerungen wahr, welche als Ende jeder Tagung des Europäischen Rates veröffentlicht werden. Umstritten ist, ob und inwieweit den politischen Leitentscheidungen des Europäischen Rates eine rechtliche oder politische Bindungswirkung zukommt. Die **politische Verbindlichkeit der Leitentscheidungen** dürfte dabei außer Frage stehen.[60] Soweit der Eu-

---

[52] *Pechstein*, in: Streinz, EUV/AEUV, Art. 15 EUV, Rn. 18.
[53] *Wessels/Traguth*, integration 2010, 297 (306).
[54] Eingehend zur Frage der Abgrenzung der Befugnisse vgl. *Kleinke.*
[55] *Kumin*, in: Grabitz/Hilf/Nettesheim, EU, Art. 15 EUV (August 2011), Rn. 63; *Pechstein*, in: Streinz, EUV/AEUV, Art. 15 EUV, Rn. 2.
[56] *Capotorti*, S. 87; *Calliess*, in: Calliess/Ruffert, EUV/AEUV, Art. 15 EUV, Rn. 7.
[57] *Kumin*, in: Grabitz/Hilf/Nettesheim, EU, Art. 15 EUV (August 2011), Rn. 63.
[58] *Pechstein*, in: Streinz, EUV/AEUV, Art. 15 EUV, Rn. 2.
[59] *Pechstein*, in: Streinz, EUV/AEUV, Art. 15 EUV, Rn. 3.
[60] *Bribosia*, S. 66; *Lenski*, S. 106; *Calliess*, in: Calliess/Ruffert, EUV/AEUV, Art. 15 EUV, Rn. 12; zur früheren Rechtslage vgl. *Everling*, DVBl 1993, 936 (940).

ropäische Rat, wie in Art. 26 Abs. 1 UAbs. 1 EUV, bei seinen Leitentscheidungen auf die Rechtsaktform des Beschlusses zurückgreifen kann, kommt ihnen jedenfalls Rechtsverbindlichkeit zu. Übt er seine Steuerungsaufgabe in anderer Weise aus, etwa im Wege von Schlussfolgerungen, dürfte diesen keine rechtlich bindende Wirkung zukommen.[61] Der Vertrag von Lissabon zählt die Materien, in welchen der Europäische Rat rechtsverbindlich durch Beschlüsse handeln kann, abschließend auf. Art. 15 Abs. 1 EUV stellt keine Kompetenznorm dar, die es dem Europäischen Rat erlauben würde, rechtlich verbindlich zu handeln.[62] Dies gilt ungeachtet der Aufwertung des Europäischen Rates zu einem Organ der Europäischen Union.[63]

II.   Organisationsaufgaben

35   Neben die allgemeinen Leitungsaufgaben des Europäischen Rates treten weitere Aufgaben, wie etwa **Organisationsaufgaben**. So legt der Europäische Rat gemäß Art. 14 Abs. 2 UAbs. 2 EUV einstimmig auf Initiative des Europäischen Parlaments und mit dessen Zustimmung die Zusammensetzung des Europäischen Parlaments fest. In Art. 17 Abs. 5 UAbs. 1 EUV ist vorgesehen, dass der Europäische Rat einstimmig eine Änderung der Zusammensetzung der Kommission beschließen kann. Nach Art. 244 AEUV legt er das System der Rotation der Kommissionsmitglieder zwischen den Mitgliedstaaten fest. Nach Art. 236 AEUV kann der Europäische Rat mit qualifizierter Mehrheit die Zusammensetzungen des Rates, mit Ausnahme des Rates »Allgemeine Angelegenheiten« und des Rates »Auswärtige Angelegenheiten«, festlegen sowie den Vorsitz im Rat in allen seinen Zusammensetzungen mit Ausnahme des Rates »Auswärtige Angelegenheiten« regeln.

III.   Ernennungsbefugnisse

36   Auch **personalpolitische Entscheidungen** im Rahmen der Europäischen Union sind dem Europäischen Rat übertragen. So wählt der Europäische Rat gemäß Art. 15 Abs. 5 EUV seinen Präsidenten. Er unterbreitet gemäß Art. 17 Abs. 7 UAbs. 1 EUV dem Europäischen Parlament mit qualifizierter Mehrheit einen Vorschlag für das Amt des Präsidenten der Kommission. Die Kommission insgesamt wird vom Europäischen Rat mit qualifizierter Mehrheit nach Zustimmung des Europäischen Parlaments gemäß Art. 17 Abs. 7 UAbs. 3 Satz 2 EUV ernannt. Weiterhin ernennt der Europäische Rat mit qualifizierter Mehrheit und mit Zustimmung des Präsidenten der Kommission den Hohen Vertreter der Union für Außen- und Sicherheitspolitik, dessen Amtszeit er im gleichen Verfahren auch beenden kann (Art. 18 Abs. 1 EUV). Auch der Präsident, der Vizepräsident und die weiteren Mitglieder des Direktoriums der Europäischen Zentralbank werden gemäß Art. 283 Abs. 2 UAbs. 2 AEUV vom Europäischen Rat auf Empfehlung des Rates mit qualifizierter Mehrheit ausgewählt und ernannt.

---

[61] *Calliess*, in: Calliess/Ruffert, EUV/AEUV, Art. 15 EUV, Rn. 12; so auch zur früheren Rechtslage *Glaesner*, EuR-Beiheft 1/1994, 25 (25).

[62] *Calliess*, S. 125; *Weber*, EuZW 2008, 7 (9).

[63] Anderer Auffassung aber *Pechstein*, in: Streinz, EUV/AEUV, Art. 15 EUV, Rn. 3.

Andreas Haratsch

IV. Vertragsänderungsbefugnisse

In einer Reihe von Vertragsbestimmungen ist dem Europäischen Rat sogar die Befugnis   **37**
zu **punktuellen Vertragsänderungen** im vereinfachten Verfahren übertragen. So kann
der Europäische Rat etwa gemäß Art. 86 Abs. 4 AEUV unter Änderung von Art. 86
Abs. 1 AEUV eine Ausweitung der Zuständigkeiten der Europäischen Staatsanwalt-
schaft beschließen. Gemäß Art. 48 Abs. 6 EUV kann der Europäische Rat einen Beschluss zur Änderung aller oder eines Teils der Bestimmungen des Dritten Teils des AEU-
Vertrags betreffend die internen Politiken der Europäischen Union erlassen. Ein solcher
Beschluss bedarf allerdings noch der Zustimmung durch alle Mitgliedstaaten (Art. 48
Abs. 6 UAbs. 2 Satz 3 EUV). Auf der Grundlage der Brückenklausel (»Passerelle«) des
Art. 48 Abs. 7 EUV kann der Europäische Rat einstimmig mit Zustimmung des Europäischen Parlaments für einzelne Bereiche der internen Politiken oder der Gemeinsa-
men Außen- und Sicherheitspolitik den Übergang von der Einstimmigkeit im Rat zur
qualifizierten Mehrheit beschließen sowie die Einführung des ordentlichen Gesetzgebungsverfahrens anstelle eines besonderen Gesetzgebungsverfahrens vorschreiben. Insoweit hat jedoch jedes nationale Parlament die Möglichkeit, derartige Beschlüsse des
Europäischen Rates durch einen Einspruch zu verhindern (Art. 48 Abs. 7 UAbs. 3
EUV).

V. Aufgabe als politische Revisionsinstanz

In bestimmten Fällen kommen dem Europäischen Rat auch Aufgaben einer **politischen**   **38**
Revisionsinstanz zu.[64] Es handelt sich hierbei um sogenannte »Notbremsemechanismen«, in denen der Europäische Rat Gesetzgebungsverfahren auf Antrag eines Mitgliedstaates aussetzen und ggf. die Kommission um einen neuen Gesetzgebungsvorschlag ersuchen kann. Dies gilt etwa für Gesetzgebungsvorhaben hinsichtlich der sozi-
alversicherungsrechtlichen Behandlung von Arbeitnehmern (Art. 48 Abs. 2 AEUV),
des Strafrechts (Art. 83 Abs. 3 AEUV) und des Strafprozessrechts (Art. 82 Abs. 3
AEUV). Ähnliches gilt im Bereich der Gemeinsamen Außen- und Sicherheitspolitik
gemäß Art. 31 Abs. 2 UAbs. 2 EUV, wenn ein Ratsmitglied erklärt, dass es aus wesentlichen Gründen der nationalen Politik die Absicht hat, einen mit qualifizierter Mehrheit
zu fassenden Beschluss abzulehnen. Der Rat kann dann veranlassen, dass die Frage im
Hinblick auf einen einstimmigen Beschluss an den Europäischen Rat verwiesen wird.

---

[64] *Pechstein*, in: Streinz, EUV/AEUV, Art. 15 EUV, Rn. 6; *Isak*, S. 146.

Artikel 16 EUV [Rat]

(1) ¹Der Rat wird gemeinsam mit dem Europäischen Parlament als Gesetzgeber tätig und übt gemeinsam mit ihm die Haushaltsbefugnisse aus. ²Zu seinen Aufgaben gehört die Festlegung der Politik und die Koordinierung nach Maßgabe der Verträge.

(2) Der Rat besteht aus je einem Vertreter jedes Mitgliedstaats auf Ministerebene, der befugt ist, für die Regierung des von ihm vertretenen Mitgliedstaats verbindlich zu handeln und das Stimmrecht auszuüben.

(3) Soweit in den Verträgen nichts anderes festgelegt ist, beschließt der Rat mit qualifizierter Mehrheit.

(4) Ab dem 1. November 2014 gilt als qualifizierte Mehrheit eine Mehrheit von mindestens 55 % der Mitglieder des Rates, gebildet aus mindestens 15 Mitgliedern, sofern die von diesen vertretenen Mitgliedstaaten zusammen mindestens 65 % der Bevölkerung der Union ausmachen.

Für eine Sperrminorität sind mindestens vier Mitglieder des Rates erforderlich, andernfalls gilt die qualifizierte Mehrheit als erreicht.

Die übrigen Modalitäten für die Abstimmung mit qualifizierter Mehrheit sind in Artikel 238 Absatz 2 des Vertrags über die Arbeitsweise der Europäischen Union festgelegt.

(5) Die Übergangsbestimmungen für die Definition der qualifizierten Mehrheit, die bis zum 31. Oktober 2014 gelten, sowie die Übergangsbestimmungen, die zwischen dem 1. November 2014 und dem 31. März 2017 gelten, sind im Protokoll über die Übergangsbestimmungen festgelegt.

(6) Der Rat tagt in verschiedenen Zusammensetzungen; die Liste dieser Zusammensetzungen wird nach Artikel 236 des Vertrags über die Arbeitsweise der Europäischen Union angenommen.

¹Als Rat »Allgemeine Angelegenheiten« sorgt er für die Kohärenz der Arbeiten des Rates in seinen verschiedenen Zusammensetzungen. ²In Verbindung mit dem Präsidenten des Europäischen Rates und mit der Kommission bereitet er die Tagungen des Europäischen Rates vor und sorgt für das weitere Vorgehen.

Als Rat »Auswärtige Angelegenheiten« gestaltet er das auswärtige Handeln der Union entsprechend den strategischen Vorgaben des Europäischen Rates und sorgt für die Kohärenz des Handelns der Union.

(7) Ein Ausschuss der Ständigen Vertreter der Regierungen der Mitgliedstaaten ist für die Vorbereitung der Arbeiten des Rates verantwortlich.

(8) ¹Der Rat tagt öffentlich, wenn er über Entwürfe zu Gesetzgebungsakten berät und abstimmt. ²Zu diesem Zweck wird jede Ratstagung in zwei Teile unterteilt, von denen der eine den Beratungen über die Gesetzgebungsakte der Union und der andere den nicht die Gesetzgebung betreffenden Tätigkeiten gewidmet ist.

(9) Der Vorsitz im Rat in allen seinen Zusammensetzungen mit Ausnahme des Rates »Auswärtige Angelegenheiten« wird von den Vertretern der Mitgliedstaaten im Rat unter Bedingungen, die gemäß Artikel 236 des Vertrags über die Arbeitsweise der Europäischen Union festgelegt werden, nach einem System der gleichberechtigten Rotation wahrgenommen.

Andreas Haratsch

Literaturübersicht

von Alemann, Der Rat der Europäischen Union, 2009; *Bribosia*, The Main Institutional Innovations in the Lisbon Treaty, in: Griller/Ziller (Hrsg.), The Lisbon Treaty, 2008, S. 57; *Calliess*, Die neue Europäische Union nach dem Vertrag von Lissabon, 2010; *Dashwood/Johnston*, The institutions of the enlarged EU under the regime of the Constitutional Treaty, CMLRev. 41 (2004), 1481; *Everling*, Mehrheitsabstimmung im Rat der EU nach dem Verfassungsvertrag – Rückkehr zu Luxemburg und Ioannina?, FS Zuleeg, 2005, S. 158; *Frenz*, Rat der Europäischen Union, VR 2011, 233; *Hayes-Renshaw/Wallace*, The Council of Ministers, 2. Aufl. 2006; *Hofmann/Wessels*, Der Vertrag von Lissabon – eine tragfähige und abschließende Antwort auf konstitutionelle Grundfragen?, integration 2008, 3; *Hummer/Obwexer*, Die »EU-Präsidentschaft«, EuR 1999, 409; *Isak*, Institutionelle Ausgestaltung der Europäischen Union, in: Hummer/Obwexer (Hrsg.), Der Vertrag von Lissabon, 2009, S. 133; *Leeuw*, Openness in the legislative process in the European Union, E.L.Rev. 2007, 295; *Lenski*, Rat und Europäischer Rat nach dem Vertrag von Lissabon (Reformvertrag), in: Pernice (Hrsg.), Der Vertrag von Lissabon: Reform der EU ohne Verfassung?, 2008, S. 99; *Pache/Rösch*, Der Vertrag von Lissabon, NVwZ 2008, 473; *Piris*, The Lisbon Treaty, 2010; *Streinz*, Die Luxemburger Vereinbarung, 1984; *Stumpf*, Mitglieder von Regionalregierungen im EU-Ministerrat – Ein Vergleich zwischen den Rahmenbedingungen nach europäischem, deutschem und britischem Recht, EuR 2002, 275; *Wedemeyer*, Mehrheitsbeschlussfassung im Rat der Europäischen Union, 2008.

Wesentliche sekundärrechtliche Vorschriften

Beschluss 2009/857/EU vom 13.12.2007 über die Anwendung des Artikels 16 Absatz 4 des Vertrags über die Europäische Union und des Artikels 238 Absatz 2 des Vertrags über die Arbeitsweise der Europäischen Union zwischen dem 1.11.2014 und dem 31.3.2017 einerseits und ab dem 1.4.2017 andererseits, ABl. 2009, L 314/73

Beschluss 2009/878/EU des Rates (Allgemeine Angelegenheiten) vom 1.12.2009 zur Festlegung der Liste der Zusammensetzungen des Rates, die zu den in Artikel 16 Abs. 6 Unterabsätze 2 und 3 des Vertrags über die Europäische Union genannten Zusammensetzungen hinzukommen, ABl. 2009, L 315/46

Beschluss 2009/881/EU des Europäischen Rates vom 1.12.2009 über die Ausübung des Vorsitzes im Rat, ABl. 2009, L 315/50

Beschluss 2009/908/EU des Rates vom 1.12.2009 zur Festlegung von Maßnahmen für die Durchführung des Beschlusses des Europäischen Rates über die Ausübung des Vorsitzes im Rat und über den Vorsitz in den Vorbereitungsgremien des Rates, ABl. 2009, L 322/28, geändert durch Beschluss (EU) 2016/1316 des Rates vom 26.7.2016, ABl. 2016, L 208/42

Beschluss 2009/937/EU des Rates vom 1.12.2009 zur Annahme seiner Geschäftsordnung, ABl. 2009, L 325/35; zuletzt geändert durch Beschluss (EU/Euratom) 2015/2393 des Rates vom 8.12.2015, ABl. 2015, L 332/133

Beschluss 2010/594/EU des Europäischen Rates vom 16.9.2010 zur Änderung der Liste der Zusammensetzungen des Rates, ABl. 2010, L 263/12

Leitentscheidung

EuGH, Urt. v. 19.3.1996, Rs. C–25/94 (Kommission/Rat), Slg. 1996, I–1469

Inhaltsübersicht

A. Allgemeines

1   Art. 16 EUV enthält die grundlegenden Vorschriften über den Rat. Er benennt seine wesentlichen Aufgaben, regelt seine Zusammensetzung sowie die Grundlagen seiner Arbeit. Ergänzt und konkretisiert wird Art. 16 EUV durch die Bestimmungen der Art. 237 bis Art. 243 AEUV. Der Rat besitzt als **Entscheidungsgremium** die größte Kompetenzfülle auf der Ebene der Europäischen Union.[1] Im Rat kommen mitgliedstaatliche Regierungsvertreter zusammen, weswegen er als **föderales Organ der Europäischen Union** qualifiziert werden kann. Aufgrund seiner Struktur ist der Rat politisch das Forum des Ausgleichs nationaler Interessen.[2] Ihm kommt eine »Scharnierfunktion« zwischen der Europäischen Union und den Mitgliedstaaten zu.[3] Die Mitglieder des Rates haben als Vertreter der Mitgliedstaaten einerseits und als Angehörige eines Organs der Europäischen Union andererseits eine Doppelfunktion.[4] Sie unterliegen als weisungsgebundene Vertreter der Mitgliedstaaten dem jeweiligen nationalen Recht und bringen nationale Interessen in den Entscheidungsfindungsprozess der Europäischen Union ein. Sie sind zugleich aber als Unionsorgan auf die Wahrung der Unionsinteressen verpflichtet. Als Organ der Europäischen Union unterliegt der Rat den verfahrens- und materiellrechtlichen Vorgaben des Unionsrechts.[5]

---

[1] *Calliess*, in: Calliess/Ruffert, EUV/AEUV, Art. 16 EUV, Rn. 1.
[2] *Frenz*, VR 2011, 233 (234).
[3] *Epping*, in: Vedder/Heintschel v. Heinegg, Europäisches Unionsrecht, Art. 16 EUV, Rn. 2; ähnlich *Hatje/v. Förster*, EnzEuR, Bd. 1, § 10, Rn. 104.
[4] *Calliess*, in: Calliess/Ruffert, EUV/AEUV, Art. 16 EUV, Rn. 6.
[5] *Hix*, in: Schwarze, EU-Kommentar, Art. 16 EUV, Rn. 11.

B. Aufgaben des Rates

I. Mitgesetzgeber und Mithaushaltsgesetzgeber der Europäischen Union

Art. 16 Abs. 1 EUV umreißt die grundlegenden Aufgaben des Rates. Der Rat wird ge- **2**
meinsam mit dem Europäischen Parlament als Gesetzgeber tätig und übt gemeinsam mit
ihm die Haushaltsbefugnisse aus. Er ist eines der beiden **Hauptrechtsetzungsorgane** der
Europäischen Union. Im Regelfall ist er – gemeinsam mit dem Europäischen Parlament –
zuständig für den Erlass von Verordnungen, Richtlinien und Beschlüssen. Hierdurch
wirken die Mitgliedstaaten als Träger der Europäischen Union dauerhaft und dominant
an ihrer Fortentwicklung mit. Überdies übt der Rat nach Art. 16 Abs. 1 Satz 1 EUV
zusammen mit dem Europäischen Parlament **Haushaltsbefugnisse** aus.

II. Festlegung und Koordinierung der Unionspolitik

Zu seinen Aufgaben gehören die Festlegung der Politik und die Koordinierung nach **3**
Maßgabe der Verträge. Mit dem Europäischen Rat und dem Rat sind somit zwei Uni-
onsorgane formal beauftragt, politisch richtungsweisend tätig zu werden. Während der
Europäische Rat indes die »allgemeinen politischen Zielvorgaben« festlegt (vgl. Art. 15
Abs. 1 Satz 1 EUV), kommt dem Rat infolge der Möglichkeit, spezielle Ausschüsse einzurichten, insbesondere eine **fachspezifische Leitungs- und Koordinationskompetenz**
zu.[6] Konkret bestimmt etwa Art. 16 Abs. 6 UAbs. 2 Satz 1 EUV, dass der Rat als Rat
»Allgemeine Angelegenheiten« für die Kohärenz der Arbeiten des Rates in seinen ver-
schiedenen Zusammensetzungen zu sorgen hat. Als Rat »Auswärtige Angelegenheiten«
hat er das auswärtige Handeln der Union entsprechend den strategischen Vorgaben des
Europäischen Rates zu gestalten und für kohärentes Handeln der Union zu sorgen
(Art. 16 Abs. 6 UAbs. 3 EUV).

III. Organisationsaufgaben

Daneben kommen dem Rat auch unionsinterne Organisationsaufgaben zu. Er setzt die **4**
Gehälter, **Vergütungen** und **Ruhegehälter** für den Präsidenten des Europäischen Rates,
für den Präsidenten der Kommission, für den Hohen Vertreter der Union für Außen- und
Sicherheitspolitik, für die Mitglieder der Kommission, für die Präsidenten, die Mitglieder und die Kanzler des Gerichtshofs der Europäischen Union sowie für den Generalsekretär des Rates fest (Art. 243 Satz 1 AEUV).

IV. Ernennungsbefugnisse

Zudem sind dem Rat auch **personalpolitische Entscheidungen** übertragen. Der Rat hat **5**
die Aufgabe, im Einvernehmen mit dem gewählten Kommissionspräsidenten, die Liste
jener Persönlichkeiten anzunehmen, die er als weitere Mitglieder der Kommission vorschlägt (Art. 17 Abs. 7 UAbs. 2 Satz 1 EUV). Der Rat ernennt die Mitglieder des Wirt-
schafts- und Sozialausschusses (Art. 302 Abs. 1 Satz 2 AEUV), des Ausschusses der
Regionen (Art. 305 Abs. 3 Satz 3 AEUV) und des Rechnungshofs (Art. 286 Abs. 2
Satz 2 AEUV).

---

[6] Vgl. auch *Streinz/Ohler/Herrmann*, Vertrag von Lissabon, S. 66.

V. Abschluss völkerrechtlicher Abkommen

6 Eine weitere Aufgabe kommt dem Rat im Bereich der Außenbeziehungen der Union zu. Er ist zuständig für den **Abschluss von Übereinkünften der Europäischen Union** mit Drittländern oder internationalen Organisationen. Er erteilt die Ermächtigung zur Aufnahme von Verhandlungen, legt Verhandlungsrichtlinien fest, genehmigt die Unterzeichnung und schließt die Übereinkünfte (Art. 218 Abs. 2 AEUV).

C. Mitglieder des Rates

I. Vertreter eines Mitgliedstaates

7 Gemäß Art. 16 Abs. 2 EUV besteht der Rat aus je einem Vertreter jedes Mitgliedstaats auf Ministerebene, der befugt ist, für die Regierung des von ihm vertretenen Mitgliedstaats verbindlich zu handeln und das Stimmrecht auszuüben. Da jeder Mitgliedstaat je einen Vertreter in den Rat entsendet, besteht der Rat bei derzeit 28 Mitgliedstaaten aus 28 Mitgliedern. Wesentlich ist dabei zunächst, dass es sich um je einen **Vertreter eines Mitgliedstaates** handelt, der befugt ist, für die Regierung des von ihm vertretenen Mitgliedstaates verbindlich zu handeln. Es handelt sich um Vertreter, die an nationale Weisungen, etwa ihrer Regierung, ihres Staats- oder Regierungschefs oder des nationalen Parlaments gebunden sind. Sowohl die Vertretungsbefugnis als auch die Art und der Umfang der Weisungsgebundenheit richten sich nach nationalem Recht.[7] Mitglieder der Bundesregierung, die in den Rat entsandt werden, sind ohne Weiteres befugt, für die Regierung zu handeln. Anders stellt sich die Rechtslage dar, wenn sich die Bundesrepublik im Rat durch einen Minister einer Landesregierung vertreten lässt. Die **Vertretungsbefugnis** für den Gesamtmitgliedstaat ergibt sich in diesen Fällen aus Art. 23 Abs. 6 GG i.V.m. § 6 Abs. 2 EUZBLG[8], wobei die Bundesregierung die Verhandlungsführung im Rat nur auf ein Mitglied einer Landesregierung im Ministerrang übertragen darf, das vom Bundesrat zuvor benannt worden ist.

II. Weisungsgebundenheit

8 Im Hinblick auf die **Weisungsgebundenheit** gilt, dass Mitglieder der Bundesregierung intern regelmäßig den **Weisungen des Bundeskanzlers** unterliegen, der gemäß Art. 65 Satz 1 GG die Richtlinien der Politik bestimmt,[9] oder an Beschlüsse des Kabinetts gebunden sind.[10] Eine Gebundenheit des deutschen Ratsmitglieds an **Vorgaben der Legislative** kann sich nach der Rechtsprechung des Bundesverfassungsgerichts unmittelbar aus Art. 23 Abs. 1 Satz 2 GG ergeben. Diese Bestimmung ist nicht allein auf formelle, sondern auch auf immanente Vertragsänderungen anwendbar, die kein innerstaatliches Ratifikationsverfahren vorsehen. Dies gilt bei der künftigen Anwendung der allgemeinen Brückenklausel des Art. 48 Abs. 7 EUV, die einen Übergang vom Einstimmigkeits-

---

[7] *Ziegenhorn*, in: Grabitz/Hilf/Nettesheim, EU, Art. 16 EUV (September 2013), Rn. 32; *Hix*, in: Schwarze, EU-Kommentar, Art. 16 EUV, Rn. 16; *Hatje/v. Förster*, EnzEuR, Bd. 1, § 10, Rn. 113.

[8] Gesetz über die Zusammenarbeit von Bund und Ländern in Angelegenheiten der Europäischen Union vom 12.3.1993, BGBl. 1993 I S. 313, zuletzt geändert durch Art. 1 des Gesetzes vom 22.9.2009, BGBl. 2009 I S. 3031.

[9] Vgl. *Oldiges*, in: Sachs, GG, Art. 65, Rn. 14 ff.

[10] Vgl. *Oldiges*, in: Sachs, GG, Art. 65, Rn. 32 ff.

erfordernis bei Abstimmungen im Rat hin zu Mehrheitsentscheidungen ermöglicht.[11] Daneben soll Art. 23 Abs. 1 Satz 2 GG einschlägig sein bei immanenten Kompetenzausweitungen im Bereich der Justiziellen Zusammenarbeit in Strafsachen (Art. 82 Abs. 2 UAbs. 2 Buchst. d; Art. 83 Abs. 1 UAbs. 3 AEUV)[12] sowie beim Gebrauchmachen von der Flexibilitätsklausel des Art. 352 AEUV.[13] Soweit spezielle Brückenklauseln zu hinreichend bestimmten immanenten Vertragsänderungen ermächtigen oder der AEUV künftig so genannte Notbremsemechanismen einzelner Mitgliedstaaten vorsieht (vgl. Art. 48 Abs. 2; Art. 82 Abs. 3; Art. 83 Abs. 3 AEUV), verlangt das Bundesverfassungsgericht zwar kein Gesetz im Sinne von Art. 23 Abs. 1 Satz 2 GG,[14] nimmt aber aufgrund der Integrationsverantwortung von Bundestag und Bundesrat[15] Weisungsrechte gegenüber dem deutschen Ratsvertreter an. Das **Integrationsverantwortungsgesetz** (IntVG)[16] zeichnet diese Grundzüge der höchstrichterlichen Rechtsprechung nach.

Im Übrigen hat die Bundesregierung gemäß Art. 23 Abs. 3 Satz 2 GG bei den Verhandlungen im Rat über Rechtsetzungsakte der Europäischen Union die Stellungnahmen des Bundestages zu berücksichtigen. Hier besteht keine rechtliche Bindung an die Auffassung des Bundestages, sondern die Regierung hat sich mit der Ansicht des Bundestages inhaltlich auseinanderzusetzen.[17] Detailregelungen finden sich im **Gesetz über die Zusammenarbeit von Bundesregierung und Deutschem Bundestag in Angelegenheiten der Europäischen Union (EUZBBG)**.[18] Sind in einem Bereich ausschließlicher Zuständigkeiten des Bundes Interessen der Länder berührt oder handelt es sich um einen Bereich, der innerstaatlich der konkurrierenden Gesetzgebung von Bund und Ländern unterfällt, und hat der Bund von seiner Gesetzgebungsbefugnis Gebrauch gemacht, hat die Bundesregierung nach Art. 23 Abs. 5 Satz 1 GG die Stellungnahmen des Bundesrates zu berücksichtigen. Sind hingegen im Schwerpunkt Gesetzgebungsbefugnisse der Länder, die Einrichtung ihrer Behörden oder ihre Verwaltungsverfahren betroffen, hat die Bundesregierung gemäß Art. 23 Abs. 5 Satz 2 GG bei ihrer Willensbildung die Auffassung des Bundesrates maßgeblich zu berücksichtigen. Hier ist die Bundesregierung an die vom Bundesrat vorgegebene Richtung der deutschen Position bei den Verhandlungen im Rat gebunden.[19] Die Einzelheiten regelt das **Gesetz über die Zusammenarbeit von Bund und Ländern in Angelegenheiten der Europäischen Union (EUZBLG)**.[20]

9

---

[11] BVerfGE 123, 267 (390 f., 435).

[12] BVerfGE 123, 267 (436).

[13] BVerfGE 123, 267 (436).

[14] BVerfGE 123, 267, 391 f.

[15] Zum Begriff der Integrationsverantwortung s. *Nettesheim*, »Integrationsverantwortung« – Verfassungsrechtliche Verklammerung politischer Räume, in: Pechstein (Hrsg.), Integrationsverantwortung, 2012, S. 11 ff.

[16] Gesetz über die Wahrnehmung der Integrationsverantwortung des Bundestages und des Bundesrates in Angelegenheiten der Europäischen Union vom 22. 9. 2009, BGBl. 2009 I S. 3022; geändert durch Art. 1 des Gesetzes vom 1. 12. 2009, BGBl. 2009 I S. 3822.

[17] *Schmahl*, in: Sodan (Hrsg.), Grundgesetz, 3. Aufl., 2015, Art. 23 GG, Rn. 27 ff.; *Pernice*, in: Dreier (Hrsg.), Grundgesetz, Kommentar, Bd. II., 2. Aufl., 2006, Art. 23 GG, Rn. 105.

[18] Gesetz über die Zusammenarbeit von Bundesregierung und Deutschem Bundestag in Angelegenheiten der Europäischen Union vom 4. 7. 2013, BGBl. 2013 I S. 2170.

[19] *Pernice* (Fn. 17), Art. 23 GG, Rn. 113.

[20] Gesetz über die Zusammenarbeit von Bund und Ländern in Angelegenheiten der Europäischen Union vom 12. 3. 1993, BGBl. 1993 I S. 313, zuletzt geändert durch Art. 1 des Gesetzes vom 22. 9. 2009, BGBl. 2009 I S. 3031.

III. Vertreter auf Ministerebene

10 Vorgeschrieben ist, dass es sich jeweils um Vertreter eines Mitgliedstaates auf **Minister-ebene** handeln muss. Es muss sich um ein Mitglied einer Regierung handeln, das inner-staatlich für seinen Politikbereich die Verantwortung trägt und das insoweit auch dem innerstaatlichen Parlament verantwortlich ist.[21] Wer in einem Mitgliedstaat Mitglied einer Regierung ist und damit im Ministerrang steht, bemisst sich nach innerstaatlichem Recht.[22] Der Grund für diese hochrangige Besetzung des Rates liegt darin, dass es sich um ein Organ handelt, das abschließende Entscheidungsbefugnisse besitzt und das zur Si-cherung seiner Funktionsfähigkeit mit Personen besetzt sein muss, die ihrerseits über ausreichende politische Autorität und Entscheidungsbefugnisse verfügen.[23]

11   Art. 16 Abs. 2 EUV schreibt nicht vor, dass sich ein Mitgliedstaat im Rat durch einen Minister der Zentralregierung vertreten lassen muss. Es kann sich auch um den **Minister einer Region oder eines (Bundes-)Landes** handeln.[24] Für Deutschland bestimmt Art. 23 Abs. 6 Satz 1 GG, das die Wahrnehmung der Rechte, die der Bundesrepublik Deutsch-land als Mitgliedstaat der Europäischen Union zustehen, vom Bund auf einen vom Bun-desrat benannten Vertreter der Länder übertragen werden kann, wenn im Schwerpunkt ausschließliche Gesetzgebungsbefugnisse der Länder auf den Gebieten der schulischen Bildung, der Kultur oder des Rundfunks betroffen sind. Gemäß § 6 Abs. 2 Satz 1 EUZBLG[25] erfolgt die Übertragung der Verhandlungsführung im Rat durch die Bundes-regierung auf den jeweils vom Bundesrat benannten Landesminister. Benennt der Bun-desrat einen Vertreter zu Verhandlungen über Vorhaben im Rahmen der Europäischen Union, so sind diese Vertreter gemäß § 45l Abs. 1 Satz 1 GO BR[26] an Beschlüsse des Bundesrates gebunden. Ungeachtet dieses imperativen Mandats erfolgt die Wahrneh-mung der Rechte der Bundesrepublik Deutschland im Rat gemäß Art. 23 Abs. 6 Satz 2 GG aber unter Beteiligung und in Abstimmung mit der Bundesregierung, wobei die gesamtstaatliche Verantwortung des Bundes zu wahren ist. Die Vertretungsbefugnis im Rat durch einen Ländervertreter gilt nach innerstaatlichem Recht nicht für die Rechte, die der Bundesrepublik Deutschland als Vorsitz im Rat zustehen. Bei der Ausübung dieser Rechte muss sich die Bundesregierung, soweit Vorhaben im Sinne von Art. 23 Abs. 6 GG betroffen sind, aber mit dem Vertreter der Länder ins Benehmen setzen (§ 6 Abs. 3 EUZBLG). Eine Vertretung im Rat durch einen Ländervertreter ist ebenso aus-geschlossen für Tagesordnungspunkte, die der Rat ohne Aussprache genehmigt. Hier muss die Behandlung dieser Punkte aber zuvor mit dem Vertreter der Länder abge-stimmt worden sein (§ 6 Abs. 4 EUZBLG).

12   Gewohnheitsrechtlich anerkannt ist die Möglichkeit, dass sich ein Mitgliedstaat im Rat auch durch einen Staatssekretär vertreten lassen kann, selbst wenn **Staatssekretäre**,

---

[21] *Stumpf*, EuR 2002, 275 (279); *Obwexer*, in: Streinz, EUV/AEUV, Art. 16 EUV, Rn. 25; *Jacqué*, in: GSH, Europäisches Unionsrecht, Art. 16 EUV, Rn. 8.
[22] *Epping*, in: Vedder/Heintschel v. Heinegg, Europäisches Unionsrecht, Art. 16 EUV, Rn. 6.
[23] *Ziegenhorn*, in: Grabitz/Hilf/Nettesheim, EU, Art. 16 EUV (September 2013), Rn. 30.
[24] *Stumpf*, EuR 2002, 275 ff.
[25] Gesetz über die Zusammenarbeit von Bund und Ländern in Angelegenheiten der Europäischen Union vom 12. 3. 1993, BGBl. 1993 I S. 313, zuletzt geändert durch Art. 1 des Gesetzes vom 22. 9. 2009, BGBl. 2009 I S. 3031.
[26] Geschäftsordnung des Bundesrates (GO BR) i. d. F. der Bekanntmachung vom 26. 11. 1993, BGBl. 1993 I S. 2007, zuletzt geändert durch Beschluss des Bundesrates vom 8. 6. 2007, BGBl. 2007 I S. 1057.

wie nach deutschem Recht,[27] nicht Mitglieder der Regierung und damit nicht Minister sind.[28] Dies widerspricht an sich dem Wortlaut von Art. 16 Abs. 2 EUV und war auch mit dem Wortlaut der Vorläuferbestimmungen nicht zu vereinbaren. Diese Praxis geht auf den Besonderen Ministerrat der EGKS zurück. In einer vom damaligen deutschen Bundeswirtschaftsminister initiierten gemeinsamen Erklärung aller Ratsmitglieder zum Protokoll des Rates vom März 1958 hatten diese ihr Einverständnis dazu erklärt, dass sich Mitgliedstaaten im Rat auch durch einen Staatssekretär vertreten lassen durften.[29] Diese Praxis ist in Anhang I der Geschäftsordnungen des Rates aus den Jahren 2002[30] und 2006[31] ausdrücklich bestätigt worden. Dort hieß es, dass sich jede Regierung im Rat »Allgemeine Angelegenheiten und Außenbeziehungen« auf den verschiedenen Tagungen dieser Ratsformation von dem Minister oder Staatssekretär ihrer Wahl vertreten lassen kann. Die derzeit geltende Geschäftsordnung des Rates (GO-Rat)[32] enthält eine solche Formulierung nicht mehr. Dort wird in Anhang I lediglich ausgeführt, dass jeder Mitgliedstaat selbst darüber entscheidet, auf welche Weise er sich gemäß Art. 16 Abs. 2 EUV vertreten lässt. Ein Abweichen von der bisherigen Praxis ist darin aber nicht zu sehen.[33] Rechtfertigen lässt sich diese Praxis damit, dass es in zahlreichen Staaten innerstaatlich möglich ist, dass sich ein verhinderter Minister durch seinen Staatssekretär vertreten lässt,[34] und dass auf europäischer Ebene eine langjährige Übung existiert, die von der allseitigen Überzeugung getragen wird, dass das Auftreten von Staatssekretären anstelle von Ministern rechtens ist. In diesem Fall handelt es sich um eine gewohnheitsrechtliche Abweichung vom geschriebenen Vertragsrecht.[35]

Nicht von Art. 16 Abs. 2 EUV gedeckt ist es allerdings, wenn Mitgliedstaaten im Rat **13** durch **Ministerialbeamte** oder ihre Ständigen Vertreter auftreten. Zwar besteht gemäß Art. 4 der Geschäftsordnung des Rates (GO-Rat) die Möglichkeit, dass sich ein Ratsmitglied vertreten lassen kann, wenn es verhindert ist, an der Tagung teilzunehmen. Insoweit kann auch ein Ministerialbeamter an einer Ratssitzung teilnehmen, er rückt aufgrund von Art. 4 GO-Rat jedoch nicht in die Stellung eines Mitgliedes des Rates ein, da diese Vertretungsmöglichkeit nur »vorbehaltlich der Bestimmungen über die Übertragung des Stimmrechts« gilt. Das bedeutet, dass sich ein Ministerialbeamter zwar an den Aussprachen im Rat beteiligen kann, er jedoch kein Stimmrecht besitzt.[36] Sein Stimmrecht im Rat kann ein Mitgliedstaat in einem solchen Fall jedoch auf ein anderes Ratsmitglied gemäß Art. 239 AEUV übertragen.

---

[27] Vgl. Art. 62 GG.

[28] *Ziegenhorn*, in: Grabitz/Hilf/Nettesheim, EU, Art. 16 EUV (September 2013), Rn. 33.

[29] Vgl. *Hix*, in: Schwarze, EU-Kommentar, Art. 16 EUV, Rn. 14; *Epping*, in: Vedder/Heintschel v. Heinegg, Europäisches Unionsrecht, Art. 16 EUV, Rn. 11.

[30] Beschluss 2002/682/EG, Euratom des Rates vom 22.7.2002 zur Festlegung seiner Geschäftsordnung, ABl. 2002, L 230/7.

[31] Beschluss 2006/683/EG, Euratom des Rates vom 15.9.2006 zur Festlegung seiner Geschäftsordnung, ABl. 2006, L 285/47.

[32] Beschluss 2009/937/EU des Rates vom 1.12.2009 zur Annahme seiner Geschäftsordnung, ABl. 2009, L 325/35; zuletzt geändert durch Beschluss (EU/Euratom) 2015/2393 des Rates vom 8.12.2015, ABl. 2015, L 332/133.

[33] *Epping*, in: Vedder/Heintschel v. Heinegg, Europäisches Unionsrecht, Art. 16 EUV, Rn. 11; *Ziegenhorn*, in: Grabitz/Hilf/Nettesheim, EU, Art. 16 EUV (September 2013), Rn. 33.

[34] *Breier*, in: Lenz/Borchardt, EU-Verträge, Art. 16 EUV, Rn. 6.

[35] *Breier*, in: Lenz/Borchardt, EU-Verträge, Art. 16 EUV, Rn. 6; *Ziegenhorn*, in: Grabitz/Hilf/Nettesheim, EU, Art. 16 EUV (September 2013), Rn. 33; *Epping*, in: Vedder/Heintschel v. Heinegg, Europäisches Unionsrecht, Art. 16 EUV, Rn. 11; kritisch allerdings *Stumpf*, EuR 2002, 275 (279).

[36] *Breier*, in: Lenz/Borchardt, EU-Verträge, Art. 16 EUV, Rn. 6; *Calliess*, in: Calliess/Ruffert, EUV/AEUV, Art. 16 EUV, Rn. 10; *Jacqué*, in: GSH, Europäisches Unionsrecht, Art. 16 EUV, Rn. 10.

D. Formationen des Rates

I. Primärrechtliche Anerkennung unterschiedlicher Zusammensetzungen des Rates

14   Art. 16 Abs. 6 EUV anerkennt erstmals primärrechtlich, dass der Rat in verschiedenen Formationen, der Vertrag spricht von »Zusammensetzungen«, zusammentreten kann. Da Art. 16 Abs. 2 EUV nur vorschreibt, dass die Mitgliedstaaten im Rat durch einen Vertreter im Ministerrang auftreten müssen, wird nicht festgelegt, welcher Ressortminister dies ist. Bereits nach früherer Rechtslage war es gängige Praxis, dass die Politikbereiche, die im Rat verhandelt wurden, von den innerstaatlich für das jeweilige Ressort zuständigen Fachministern beraten und beschlossen wurden. Dies führte dazu, dass der Rat **in unterschiedlicher personeller Zusammensetzung** gleichzeitig tagen und sich mit unterschiedlichen Materien befassen konnte.[37] Die unterschiedlichen Ratsformationen waren jedoch bislang nicht vertraglich verankert. Lediglich die Geschäftsordnung des Rates ließ nach früherer Rechtslage die Festlegung mehrerer Ratsformationen zu.[38] Der Vertrag von Lissabon sieht nun erstmals auf der Ebene des Primärrechts zwei besondere Ratsformationen vor, nämlich den Rat »Allgemeine Angelegenheiten« (Art. 16 Abs. 6 UAbs. 2 EUV) sowie den Rat »Auswärtige Angelegenheiten« (Art. 16 Abs. 6 UAbs. 3 EUV). Die Festlegung weiterer Ratsformationen wird durch Art. 16 Abs. 6 UAbs. 1 EUV i. V. m. Art. 236 Buchst. a AEUV in die Hände des Europäischen Rates gelegt.

15   Ungeachtet der unterschiedlichen Ratsformationen handelt es sich gleichwohl um ein einheitliches Organ und bei den Ratsformationen nicht etwa um Teilorgane des Rates.[39] Es gibt nur einen Rat, der die ihm zugewiesenen Befugnisse ausübt und zwar unabhängig davon, in welcher seiner Zusammensetzungen der Rat zusammentritt.[40] Art. 16 Abs. 6 EUV lässt diesen Grundsatz von der **Einheit des Rates** unberührt.[41] Eine Ratsformation kann daher wirksam über Gegenstände entscheiden, die eigentlich dem Politikbereich einer anderen Ratsformation zugeordnet sind.[42] Etwas anderes gilt nur, wenn es sich um primärrechtlich zugewiesene Zuständigkeiten einer Ratsformation handelt, wie dies im Hinblick auf die beiden ausdrücklich in Art. 16 Abs. 6 EUV genannten Ratszusammensetzungen der Fall ist.[43]

---

[37] *Haratsch/Koenig/Pechstein*, Europarecht, Rn. 245.

[38] Vgl. Art. 2 Abs. 1 der Geschäftsordnung des Rates aus dem Jahr 2002, Beschluss 2002/682/EG, Euratom des Rates vom 22.7.2002 zur Festlegung seiner Geschäftsordnung, ABl. 2002, L 230/7, sowie Art. 2 Abs. 1 der Geschäftsordnung des Rates aus dem Jahr 2006, Beschluss 2006/683/EG, Euratom des Rates vom 15.9.2006 zur Festlegung seiner Geschäftsordnung, ABl. 2006, L 285/47. Beide Geschäftsordnungen enthielten in ihrem jeweiligen Anhang I Listen der unterschiedlichen Ratsformationen, auf die man sich geeinigt hatte.

[39] *Ziegenhorn*, in: Grabitz/Hilf/Nettesheim, EU, Art. 16 EUV (September 2013), Rn. 65.

[40] *Edward/Lane*, European Union Law, 2013, Rn. 3.36; *Hix*, in: Schwarze, EU-Kommentar, Art. 16 EUV, Rn. 45; *Epping*, in: Vedder/Heintschel v. Heinegg, Europäisches Unionsrecht, Art. 16 EUV, Rn. 31.

[41] *Pache/Rösch*, NVwZ 2008, 473 (476); *Hatje/v. Förster*, EnzEuR, Bd. 1, § 10, Rn. 110; a.A. *Streinz/Ohler/Herrmann*, Vertrag von Lissabon, S. 66.

[42] *Calliess*, in: Calliess/Ruffert, EUV/AEUV, Art. 16 EUV, Rn. 35.

[43] *Ziegenhorn*, in: Grabitz/Hilf/Nettesheim, EU, Art. 16 EUV (September 2013), Rn. 65.

II. Rat »Allgemeine Angelegenheiten«

Vertraglich ausdrücklich verankert ist in Art. 16 Abs. 6 UAbs. 2 EUV der Rat »Allge-   **16**
meine Angelegenheiten«. In ihm kommen die für europäische Angelegenheiten zuständigen Minister zusammen, also entweder die **Europaminister** oder, sofern es kein spezielles Europaressort gibt, die **Außenminister** der Mitgliedstaaten. Aufgabe des Rates
»Allgemeine Angelegenheiten« ist es gemäß Art. 16 Abs. 6 UAbs. 2 Satz 1 EUV, für die
Kohärenz der Arbeiten des Rates in seinen verschiedenen Zusammensetzungen zu sor-
gen. Die Geschäftsordnung des Rates präzisiert dies in ihrem Art. 2 Abs. 2 Satz 3 GO-
Rat dahingehend, dass der Rat »Allgemeine Angelegenheiten« verantwortlich ist für die
Gesamtkoordinierung der Politiken, für institutionelle und administrative Fragen, für
Querschnittsthemen mit Bezug zu mehreren Politikbereichen, wie den mehrjährigen
Finanzrahmen und die Erweiterung, sowie für alle sonstigen Themen, mit denen er vom
Europäischen Rat befasst wird. Zudem bereitet der Rat »Allgemeine Angelegenheiten«
gemäß Art. 16 Abs. 6 UAbs. 2 Satz 2 EUV in Verbindung mit dem Präsidenten des
Europäischen Rates und dem Präsidenten der Kommission die Tagungen des Europä-
ischen Rates vor und sorgt für das weitere Vorgehen, ist also auch zuständig für die
Nachbereitung der Tagungen des Europäischen Rates.[44]

Der Rat »Allgemeine Angelegenheiten« besitzt danach eine übergreifende **Koordi-**   **17**
nierungs- und Lenkungsfunktion, die sich auf das gesamte Spektrum der Unionszuständigkeiten erstreckt.[45] Gleichwohl besteht keine hierarchische Überordnung des Rates
»Allgemeine Angelegenheiten« über die übrigen Ratsformationen.[46] Ein anderes Verständnis widerspräche dem Prinzip der Einheit des Rates, wonach es nur einen Rat gibt,
der ungeachtet seiner jeweiligen Zusammensetzung die diesem Organ zugewiesenen
Befugnisse ausübt. Alle Ratsformationen stehen gleichrangig nebeneinander.[47]

III. Rat »Auswärtige Angelegenheiten«

Art. 16 Abs. 6 UAbs. 3 EUV konstituiert primärrechtlich die Formation des Rates »Aus-   **18**
wärtige Angelegenheiten«. Er gestaltet das auswärtige Handeln der Europäischen
Union entsprechend den Vorgaben des Europäischen Rates und sorgt für die **Kohärenz**
des auswärtigen Handelns der Union. Er ist nach Art. 2 Abs. 5 GO-Rat verantwortlich
für die Durchführung sämtlichen auswärtigen Handelns der Europäischen Union, nämlich der Gemeinsamen Außen- und Sicherheitspolitik, der Gemeinsamen Sicherheits-
und Verteidigungspolitik, der gemeinsamen Handelspolitik sowie der Entwicklungszusammenarbeit und der humanitären Hilfe. Dem Rat »Auswärtige Angelegenheiten«
gehören die Außenminister der Mitgliedstaaten an. Je nachdem, welche Fragen zur
Beratung anstehen, nehmen an der Tagung gegebenenfalls auch andere Minister teil.
Werden Fragen der Gemeinsamen Sicherheits- und Verteidigungspolitik behandelt, sind
dies die Verteidigungsminister. Geht es um Entwicklungszusammenarbeit, können auch
die Entwicklungshilfeminister hinzugezogen werden. Bei Fragen der Gemeinsamen
Handelspolitik können die Handelsminister an den Beratungen teilnehmen. An den
Treffen des Rates »Auswärtige Angelegenheiten« nimmt auch der **Hohe Vertreter der**
Union für Außen- und Sicherheitspolitik teil, dem der Vorsitz über diese Ratsformation

---

[44] S. dazu Art. 15 EUV, Rn. 20.
[45] *Calliess*, in: Calliess/Ruffert, EUV/AEUV, Art. 16 EUV, Rn. 34.
[46] *Calliess*, in: Calliess/Ruffert, EUV/AEUV, Art. 16 EUV, Rn. 35.
[47] *Ziegenhorn*, in: Grabitz/Hilf/Nettesheim, EU, Art. 16 EUV (September 2013), Rn. 64.

durch Art. 18 Abs. 3 EUV zugewiesen ist. Dieses Amt soll zur Kontinuität des Unions-handelns beitragen und die Chancen einer langfristigen Politikplanung und Durchfüh-rung in den auswärtigen Beziehungen erhöhen.[48] Der Hohe Vertreter besitzt im Rat »Auswärtige Angelegenheiten« jedoch kein Stimmrecht, da er gemäß Art. 16 Abs. 2 EUV nicht Mitglied des Rates ist.

IV. Weitere Ratsformationen

19 Der Rat kann über die beiden ausdrücklich in Art. 16 Abs. 6 UAbs. 2 und 3 EUV ge-nannten Ratsformationen hinaus auch in anderen Zusammensetzungen zusammentre-ten. Die Liste aller übrigen Zusammensetzungen des Rates soll vom Europäischen Rat auf der Grundlage von Art. 236 Buchst. a AEUV angenommen werden. Von dieser Kompetenz hat der Europäische Rat bislang allerdings noch nicht in vollständiger Weise Gebrauch gemacht. Daher kommt derzeit noch Art. 4 des Lissabonner Protokolls Nr. 36 über die Übergangsbestimmungen[49] zur Anwendung. Danach kann der Rat »Allgemei-ne Angelegenheiten« bis zu einer Regelung durch den Europäischen Rat die Liste der verschiedenen Zusammensetzungen des Rates mit einfacher Mehrheit beschließen. Von dieser Möglichkeit hat der Rat »Allgemeine Angelegenheiten« mit dem **Beschluss 2009/878/EU** vom 1.12.2009[50] Gebrauch gemacht, wobei er die beiden in Art. 16 Abs. 6 UAbs. 2 und 3 EUV genannten Ratsformationen deklaratorisch in seine Liste aufgenommen hat. Der Europäische Rat seinerseits hat auf der Grundlage von Art. 16 Abs. 6 UAbs. 1 EUV und Art. 236 Buchst. a AEUV diese Liste durch Beschluss 2010/594/EU vom 16.9.2010[51] geringfügig modifiziert. Derzeit sind folgende Ratszu-sammensetzungen vorgesehen: 1. der Rat »Allgemeine Angelegenheiten«, 2. der Rat »Auswärtige Angelegenheiten«, 3. der Rat »Wirtschaft und Finanzen«, 4. der Rat »Ju-stiz und Inneres«, 5. der Rat »Beschäftigung, Sozialpolitik, Gesundheit und Verbrau-cherschutz«, 6. der Rat »Wettbewerbsfähigkeit (Binnenmarkt, Industrie, Forschung und Raumfahrt)«, 7. der Rat »Verkehr, Telekommunikation und Energie«, 8. der Rat »Land-wirtschaft und Fischerei«, 9. der Rat »Umwelt« sowie 10. der Rat »Bildung, Jugend, Kultur und Sport«. Im Anhang I zur Geschäftsordnung des Rates[52] ist diese Liste noch-mals abgedruckt, wobei es dort heißt, dass jeder Mitgliedstaat selbst darüber entschei-det, auf welche Weise er sich gemäß Art. 16 Abs. 2 EUV vertreten lässt. Zudem ist es danach möglich, dass an derselben Ratsformation mehrere Minister teilnehmen können.

V. Kein Rat in der Zusammensetzung der Staats- und Regierungschefs

20 Vor dem Inkrafttreten des Vertrags von Lissabon war in den Unionsverträgen lediglich eine besondere Konfiguration des Rates ausdrücklich vorgesehen. Es handelte sich um den Rat in der Zusammensetzung der Staats- und Regierungschefs (vgl. Art. 7 Abs. 2

---

[48] *Calliess*, in: Calliess/Ruffert, EUV/AEUV, Art. 16 EUV, Rn. 36.
[49] ABl. 2012, C 326/322.
[50] Beschluss 2009/878/EU des Rates (Allgemeine Angelegenheiten) vom 1.12.2009 zur Festle-gung der Liste der Zusammensetzungen des Rates, die zu den in Artikel 16 Abs. 6 Unterabsätze 2 und 3 des Vertrags über die Europäische Union genannten Zusammensetzungen hinzukommen, ABl. 2009, L 315/46.
[51] Beschluss 2010/594/EU des Europäischen Rates vom 16.9.2010 zur Änderung der Liste der Zusammensetzungen des Rates, ABl. 2010, L 263/12.
[52] Beschluss 2009/937/EU des Rates vom 1.12.2009 zur Annahme seiner Geschäftsordnung, ABl. 2009, L 325/35.

EUV a. F., Art. 121 Abs. 2, 3 und 4 EGV, Art. 122 Abs. 2 Satz 2 EGV sowie Art. 214 Abs. 2 UAbs. 1 EGV). Diese Ratsformation ist in den derzeitigen Unionsverträgen **nicht mehr vorgesehen**, was damit erklärt werden kann, dass der Europäische Rat durch den Vertrag von Lissabon formell in den Rang eines Organs der Europäischen Union aufgestiegen ist und nunmehr die früheren Aufgaben des Rates in seiner höchstrangigen Zusammensetzung übernommen hat (vgl. etwa früher Art. 214 Abs. 2 UAbs. 1 EGV sowie jetzt Art. 17 Abs. 7 UAbs. 1 Satz 1 EUV).[53] Da die Formation des Rates in der Zusammensetzung der Staats- und Regierungschefs in den Verträgen beseitigt worden ist, muss man davon ausgehen, dass ein Rückgriff auf sie systemwidrig und nicht mehr zulässig ist.[54]

VI. Abgrenzung von den im Rat vereinigten Vertretern der Regierungen der Mitgliedstaaten

Der Rat ist streng zu unterscheiden von den im »Rat vereinigten Vertretern der Regie- **21** rungen der Mitgliedstaaten«. Die im Rat vereinigten Vertreter der Regierungen der Mitgliedstaaten können anlässlich einer Ratstagung als **Ministerkonferenz** zusammentreten. Bei ihren Beschlüssen handelt es sich um völkerrechtliche Vereinbarungen zwischen den Mitgliedstaaten. Derartige Beschlüsse sind in einigen Bestimmungen des AEU-Vertrags ausdrücklich vorgesehen, wie etwa in Art. 253 Abs. 1, Art. 254 Abs. 2 Satz 2 und Art. 341 AEUV. Dabei handeln die Mitglieder des Rates nicht als Unionsorgan, sondern als Konferenz der Staatenvertreter.[55] Die Beschlüsse dieses Gremiums beruhen auf der völkerrechtlichen Handlungsfähigkeit der Mitgliedstaaten und sind somit völkerrechtlicher Herkunft.[56] Diese sogenannten »uneigentlichen Ratsbeschlüsse« gehören dem Unionsrecht nur insofern an, als sie teilweise in den EU-Verträgen vorgesehen sind.[57] Handeln der Rat und die im Rat vereinigten Vertreter der Regierungen der Mitgliedstaaten gemeinsam,[58] spricht man von Beschlüssen nach der »gemischten Formel«.[59] Dabei bringen Europäische Union und Mitgliedstaaten ihre Kompetenzen gemeinsam ein, um eine bestimmte Regelung zustande zu bringen.

[53] *Ziegenhorn*, in: Grabitz/Hilf/Nettesheim, EU, Art. 16 EUV (September 2013), Rn. 37; *Obwexer*, in: Streinz, EUV/AEUV, Art. 16 EUV, Rn. 33.
[54] *Hix*, in: Schwarze, EU-Kommentar, Art. 16 EUV, Rn. 15.
[55] *Haratsch/Koenig/Pechstein*, Europarecht, Rn. 445.
[56] *Geiger*, in: Geiger/Khan/Kotzur, EUV/AEUV, Art. 16 EUV, Rn. 3; *Frenz*, VR 2011, 233 (235).
[57] So wohl auch *Oppermann/Classen/Nettesheim*, Europarecht, § 9, Rn. 147.
[58] Vgl. z. B. Beschluss 2006/682/EG des Rates und der im Rat vereinigten Vertreter der Mitgliedstaaten der Europäischen Union vom 9. 6. 2006 über die Unterzeichnung und vorläufige Anwendung des Übereinkommens zwischen der Europäischen Gemeinschaft und ihren Mitgliedstaaten, der Republik Albanien, Bosnien und Herzegowina, der Republik Bulgarien, der ehemaligen jugoslawischen Republik Mazedonien, der Republik Island, der Republik Kroatien, der Republik Montenegro, dem Königreich Norwegen, Rumänien, der Republik Serbien und der Übergangsverwaltung der Vereinten Nationen in Kosovo zur Schaffung eines gemeinsamen europäischen Luftverkehrsraums, ABl. 2006, L 285/1.
[59] *Ziegenhorn*, in: Grabitz/Hilf/Nettesheim, EU, Art. 16 EUV (September 2013), Rn. 36; *v. Alemann*, S. 56.

E. Vorsitz

I. Festlegung des Vorsitzes

22   Art. 16 Abs. 9 EUV regelt den Vorsitz im Rat mit Ausnahme des Rates »Auswärtige Angelegenheiten«. Für diese Zusammensetzung des Rates ist in Art. 18 Abs. 3 EUV und Art. 27 Abs. 1 EUV primärrechtlich festgelegt, dass der Hohe Vertreter der Union für Außen- und Sicherheitspolitik den Vorsitz führt. Für alle übrigen Ratsformationen schreibt Art. 16 Abs. 9 EUV vor, dass die Bestimmung des Vorsitzes nach Art. 236 Buchst. b AEUV durch den Europäischen Rat erfolgt, wobei der Vorsitz nach einem **System der gleichberechtigten Rotation der Mitgliedstaaten** wahrgenommen werden soll.

23   Auf der Grundlage von Art. 16 Abs. 9 EUV und Art. 236 Buchst. b AEUV hat der Europäische Rat durch den **Beschluss 2009/881/EU** vom 1. 12. 2009[60] eine Regelung bezüglich des Vorsitzes im Rat getroffen. Der Erlass dieses Beschlusses war dem Europäischen Rat durch die dem Vertrag von Lissabon beigefügte Erklärung Nr. 9[61] aufgegeben. Die Erklärung enthielt bereits den vorformulierten Entwurf des Beschlusses, der vom Europäischen Rat am Tag des Inkrafttretens des Vertrags von Lissabon zu fassen war. Art. 1 Abs. 1 des Beschlusses 2009/881/EU bestimmt, dass der Vorsitz im Rat – mit Ausnahme der Formation »Auswärtige Angelegenheiten« – von zuvor festgelegten **Gruppen von drei Mitgliedstaaten** für einen Zeitraum von jeweils **18 Monaten** wahrgenommen wird. Bei der Besetzung dieser Gruppen muss das System der gleichberechtigten Rotation ebenso berücksichtigt werden wie die Verschiedenheit der Mitgliedstaaten und das geografische Gleichgewicht innerhalb der Europäischen Union. Art. 1 Abs. 2 des Beschlusses sieht vor, dass jedes Mitglied der Dreiergruppe den Vorsitz für sechs Monate wahrnehmen soll, wobei er von den anderen Mitgliedern der Dreiergruppe unterstützt werden soll. Den Dreiergruppen soll es möglich sein, untereinander eine abweichende Regelung zu treffen.[62]

24   Eine konkrete Festlegung der Reihenfolge des Vorsitzes und eine Einteilung der Dreiergruppen hat der Europäische Rat nicht getroffen. Diese Entscheidungen hat er gemäß Art. 4 des Beschlusses 2009/881/EU dem Rat übertragen, der von seiner Ermächtigung durch den **Beschluss 2009/908/EU** vom 1. 12. 2009[63] Gebrauch gemacht. Danach belässt es der Rat gemäß Art. 1 des Beschlusses 2009/908/EU zunächst bei der noch nach alter Rechtslage festgelegten Reihenfolge, in welcher die Mitgliedstaaten den halbjährlichen Vorsitz im Rat wahrnehmen sollten und verwies insoweit auf seinen Beschluss aus dem Jahr 2007.[64] Großbritannien sollte danach eigentlich den Vorsitz in der zweiten Jahreshälfte 2017 übernehmen. Es hat in der Folge des sog. »Brexit«-Referendums vom 23. 6. 2016 jedoch seinen Austritt aus der Europäischen Union angekündigt und zu-

---

[60] Beschluss 2009/881/EU des Europäischen Rates vom 1. 12. 2009 über die Ausübung des Vorsitzes im Rat, ABl. 2009, L 315/50.

[61] Erklärung Nr. 9 zu Artikel 16 Absatz 9 des Vertrags über die Europäische Union betreffend den Beschluss des Europäischen Rates über die Ausübung des Vorsitzes im Rat, ABl. 2012, C 326/343.

[62] Zu Einzelheiten s. Art. 236 AEUV, Rn. 7.

[63] Beschluss 2009/908/EU des Rates vom 1. 12. 2009 zur Festlegung von Maßnahmen für die Durchführung des Beschlusses des Europäischen Rates über die Ausübung des Vorsitzes im Rat und über den Vorsitz in den Vorbereitungsgremien des Rates, ABl. 2009, L 322/28, berichtigt ABl. 2009, L 344/56.

[64] Beschluss 2007/5/EG, Euratom des Rates vom 1. 1. 2007 zur Festlegung der Reihenfolge für die Wahrnehmung des Vorsitzes im Rat, ABl. 2007, L 1/11.

gleich darum gebeten, den Vorsitz während der anstehenden Austrittsverhandlungen nicht übernehmen zu müssen. Daher hat der Rat am 26. 7. 2016 die zunächst bis in das Jahr 2020 festgelegte Reihenfolge des Vorsitzes und die Einteilung der Dreiergruppen geändert. Im modifizierten Anhang I des Beschlusses 2009/908/EU werden nunmehr die Reihenfolge des Vorsitzes und die Einteilung in die vom Europäischen Rat geforderten Dreiergruppen bis Ende 2030 vorgenommen.[65] Der Vorsitz und die Dreiergruppen sind wie folgt festgelegt:

– Niederlande (Januar bis Juni 2016), Slowakei (Juli bis Dezember 2016), Malta (Januar bis Juni 2017)
– Estland (Juli bis Dezember 2017), Bulgarien (Januar – Juni 2018), Österreich (Juli – Dezember 2018)
– Rumänien (Januar – Juni 2019), Finnland (Juli – Dezember 2019), Kroatien (Januar – Juni 2020)
– Deutschland (Juli – Dezember 2020), Portugal (Januar – Juni 2021), Slowenien (Juli – Dezember 2021)
– Frankreich (Januar – Juni 2022), Tschechien (Juli – Dezember 2022), Schweden (Januar – Juni 2023)
– Spanien (Juli – Dezember 2023), Belgien (Januar – Juni 2024), Ungarn (Juli – Dezember 2024)
– Polen (Januar – Juni 2025), Dänemark (Juli – Dezember 2025), Zypern (Januar – Juni 2026)
– Irland (Juli – Dezember 2026), Litauen (Januar – Juni 2027), Griechenland (Juli – Dezember 2027)
– Italien (Januar – Juni 2028), Lettland (Juli – Dezember 2028), Luxemburg (Januar – Juni 2029)
– Niederlande (Juli – Dezember 2029), Slowakei (Januar – Juni 2030), Malta (Juli – Dezember 2030).

II. Aufgaben des Vorsitzes

Konkrete Aufgaben werden dem Ratsvorsitz durch Art. 16 EUV nicht übertragen. Aufgabenzuweisungen finden sich aber in der Geschäftsordnung des Rates und anderen Vertragsbestimmungen. Dem Vorsitz obliegt danach die innere Organisation und Leitung der Arbeit des Rates,[66] wobei er aufgrund des Grundsatzes der loyalen Zusammenarbeit aus Art. 4 Abs. 3 EUV einer **Verpflichtung zur Neutralität** bei der Ausübung seiner Vorsitztätigkeit unterliegt.[67] Die Person, die einer bestimmten Ratsformation vorsitzt, wird im primären wie sekundären Unionsrechts als Präsident bezeichnet (vgl. Art. 1 Abs. 5 UAbs. 2 GO-Rat).[68] Die zuvor festgelegte Gruppe von drei Mitgliedstaaten, die den Vorsitz des Rates während eines Zeitraums von 18 Monaten wahrnehmen,

25

---

[65] Beschluss (EU) 2016/1316 des Rates vom 26. 7. 2016 zur Änderung des Beschlusses 2009/908/EU des Rates vom 1. 12. 2009 zur Festlegung von Maßnahmen für die Durchführung des Beschlusses des Europäischen Rates über die Ausübung des Vorsitzes im Rat und über den Vorsitz in den Vorbereitungsgremien des Rates, ABl. 2016, L 208/42.

[66] *Calliess*, in: Calliess/Ruffert, EUV/AEUV, Art. 16 EUV, Rn. 50; *Hix*, in: Schwarze, EU-Kommentar, Art. 16 EUV, Rn. 69.

[67] *Calliess*, in: Calliess/Ruffert, EUV/AEUV, Art. 16 EUV, Rn. 50; *Hix*, in: Schwarze, EU-Kommentar, Art. 16 EUV, Rn. 72.

[68] Vgl. auch *Hummer/Obwexer*, EuR 1999, 409 (410).

erstellt den **Entwurf eines Programms für die Tätigkeiten des Rates** in diesem Zeitraum.[69] Für die Tätigkeiten des Rates »Auswärtige Angelegenheiten« in diesem Zeitraum wird der Entwurf zusammen mit dem Präsidenten dieser Zusammensetzung des Rates erstellt. Der Programmentwurf wird in enger Zusammenarbeit mit der Kommission und dem Präsidenten des Europäischen Rates und nach entsprechenden Konsultationen erstellt. Er wird spätestens einen Monat vor dem betreffenden Zeitraum in einem einheitlichen Dokument vorgelegt, das vom Rat »Allgemeine Angelegenheiten« gebilligt wird (Art. 2 Abs. 6 GO-Rat). Der Vorsitz teilt nach den entsprechenden Konsultationen sieben Monate vor dem Beginn des betreffenden Halbjahres für alle Zusammensetzungen des Rates die Termine mit, die er für die Tagungen vorsieht, zu denen der Rat zusammentreten muss, um seine Aufgabe als Gesetzgeber zu erfüllen oder operative Entscheidungen zu treffen. Diese Termine werden in einem einheitlichen Dokument zusammengefasst, das für alle Zusammensetzungen des Rates gilt (Art. 1 Abs. 2 GO-Rat). Gemäß Art. 2 Abs. 7 GO-Rat erstellt der Vorsitz für jede Zusammensetzung des Rates und nach entsprechenden Konsultationen **indikative Tagesordnungsentwürfe** für die im kommenden Halbjahr vorgesehenen Tagungen des Rates unter Angabe der geplanten Rechtsetzungsschritte und operativen Entscheidungen. Diese Entwürfe werden spätestens eine Woche vor dem Beginn des betreffenden Halbjahres auf der Grundlage des Achtzehnmonatsprogramms des Rates und in Absprache mit der Kommission erstellt. Sie werden in einem einheitlichen Dokument zusammengefasst, das für alle Zusammensetzungen des Rates gilt.

26   Unter Berücksichtigung des Achtzehnmonatsprogramms des Rates stellt der Präsident die **vorläufige Tagesordnung** jeder Tagung auf. Diese wird den anderen Ratsmitgliedern und der Kommission spätestens 14 Tage vor Beginn der Tagung übersandt. Sie wird gleichzeitig den nationalen Parlamenten der Mitgliedstaaten zugeleitet. (Art. 3 Abs. 1 GO-Rat). Der Rat wird nach Art. 237 AEUV und Art. 1 Abs. 1 GO-Rat von seinem Präsidenten aus eigenem Entschluss oder auf Antrag eines seiner Mitglieder oder der Kommission einberufen. Die **Sitzungsleitung** obliegt dem jeweiligen Präsidenten des Rates, also dem Ratsmitglied, das den Mitgliedstaat vertritt, der den halbjährlichen Vorsitz führt. Der Vorsitz sorgt für die Anwendung der Geschäftsordnung und für den ordnungsgemäßen Ablauf der Aussprachen (Art. 20 Abs. 1 UAbs. 1 Satz 1 GO-Rat) und der Abstimmungen im Rat (Art. 11 Abs. 1 GO-Rat). Nach Art. 15 GO-Rat werden die vom Rat, ggf. gemeinsam mit dem Parlament, angenommenen Rechtsakte vom amtierenden Ratspräsidenten unterzeichnet.

27   Weiterhin gehört es zu den Aufgaben des Vorsitzes, die Sitzungen des Ausschusses der Ständigen Vertreter (AStV), der anderen Ausschüsse und Arbeitsgruppen des Rates zu organisieren (vgl. Art. 19 Abs. 4, Art. 21 GO-Rat). Der Vorsitz sorgt dabei für die **Kohärenz zwischen den Arbeitsebenen** der vorbereitenden Ratsgremien.

28   Der Vorsitz ist auch zuständig für den **interinstitutionellen Dialog**, d. h., er vertritt den Rat gegenüber den anderen Unionsorganen.[70] So vertritt er den Rat gemäß Art. 26 Abs. 1 GO-Rat vor dem Europäischen Parlament und dessen Ausschüssen. Der Vorsitz erstattet gemäß Art. 121 Abs. 4 AEUV vor dem Europäischen Parlament Bericht und nimmt gemäß Art. 284 Abs. 1 AEUV an den Sitzungen des EZB-Rates teil. Auch im

---

[69] Vgl. das Achtzehnmonatsprogramm des Rates (1. 1. 2016–30. 6. 2017) erstellt von den künftigen Vorsitzen Niederlande, Slowakei und Malta, Dok. 15258/15 POLGEN 178 vom 11. 12. 2015.
[70] *Calliess*, in: Calliess/Ruffert, EUV/AEUV, Art. 16 EUV, Rn. 50; *Hix*, in: Schwarze, EU-Kommentar, Art. 16 EUV, Rn. 70.

Rahmen des sogenannten »informellen Trilogs« zwischen dem Europäischen Parlament, dem Rat und der Kommission, der in der Praxis das ordentliche Gesetzgebungsverfahren gelegentlich ergänzt,[71] tritt der Vorsitz für den Rat auf.[72] Da der Ratsvorsitz auch in die Vorbereitung der Tagungen des Europäischen Rates eingebunden ist,[73] kommt ihm auch insoweit eine koordinierende Funktion zu.

F. Ausschuss der Ständigen Vertreter

Gemäß Art. 16 Abs. 7 EUV ist der Ausschuss der Ständigen Vertreter (AStV) der Regierungen der Mitgliedstaaten für die Vorbereitung der Arbeiten des Rates verantwortlich. Nähere Regelungen zum Ausschuss der Ständigen Vertreter finden sich in Art. 240 Abs. 1 AEUV. Die für diesen Ausschuss – neben »AStV« – häufig gebrauchte Abkürzung »COREPER« steht für die französische Bezeichnung »Comité des représentants permanents«. Der Ausschuss der Ständigen Vertreter ist ein **Hilfsorgan des Rates**.[74] Er setzt sich zusammen aus hochrangigen Beamten der Mitgliedstaaten, die den Rang von Botschaftern der Mitgliedstaaten bei der Europäischen Union haben. Der AStV kann seinerseits in zwei Zusammensetzungen zusammentreten. Als AStV I tagen die Stellvertreter der Ständigen Vertreter. Der AStV I beschäftigt sich mit fachspezifischen Fragen. Im AStV II treten die Botschafter selbst zusammen, die sich mit politischen, wirtschaftlichen und institutionellen sowie Handelsfragen befassen. Der AStV ist für alle Tätigkeitsbereiche des Rates außer der Landwirtschaft zuständig. Für diesen Bereich existiert ein »Sonderausschuss Landwirtschaft« der die Tagungen des Rates »Landwirtschaft« vorbereitet.[75] Den Vorsitz im AStV führt der Mitgliedstaat, der auch den Ratsvorsitz innehat (Art. 19 Abs. 4 UAbs. 1 GO-Rat).

29

Alle Tagesordnungspunkte, über die der Rat verhandeln und abstimmen soll, müssen, nachdem sie in einer der zahlreichen unterhalb des AStV angesiedelten Arbeitsgruppen (vgl. Art. 19 Abs. 3 GO-Rat)[76] diskutiert worden sind, im Ausschuss der Ständigen Vertreter vorab geprüft werden (Art. 19 Abs. 2 GO-Rat). Der AStV hat dabei insbesondere die Aufgabe, soweit wie möglich bereits Einigkeit zwischen den Mitgliedstaaten herzustellen. Gelingt dies, so werden diese Tagesordnungspunkte als sogenannte »A-Punkte« vom Rat ohne Aussprache genehmigt. Der Rat verhandelt regelmäßig selbst dann nur noch über die im AStV strittig gebliebenen sogenannten »B-Punkte« der Tagesordnung (vgl. Art. 3 Abs. 6 UAbs. 2 GO-Rat). Der Rat ist an ein im AStV vorab erzieltes Einvernehmen allerdings nicht gebunden und kann sich darüber hinwegsetzen.[77]

30

---

[71] Vgl. dazu *Grupp*, Trilog, in: Bergmann (Hrsg.), Handlexikon der Europäischen Union, 4. Aufl., 2012.

[72] *Obwexer*, in: Streinz, EUV/AEUV, Art. 16 EUV, Rn. 104.

[73] Vgl. dazu Art. 15 EUV, Rn. 20.

[74] EuGH, Urt. v. 19.3.1996, Rs. C–25/94 (Kommission/Rat), Slg. 1996, I–1469, Rn. 26; *Epping*, in: Vedder/Heintschel v. Heinegg, Europäisches Unionsrecht, Art. 16 EUV, Rn. 39; *Calliess*, in: Calliess/Ruffert, EUV/AEUV, Art. 16 EUV, Rn. 43.

[75] *Frenz*, VR 2011, 233 (235).

[76] Zu den Arbeitsgruppen vgl. *v. Alemann*, S. 26 f.

[77] *Calliess*, in: Calliess/Ruffert, EUV/AEUV, Art. 16 EUV, Rn. 44.

G. Beschlussfassung

I. Regelfall der qualifizierten Mehrheit

31   Beschlüsse werden im Rat gemäß Art. 16 Abs. 3 EUV, soweit in den Verträgen nichts anderes festgelegt ist, mit qualifizierter Mehrheit gefasst. Der Vertrag von Lissabon hat damit das Regel-Ausnahme-Verhältnis umgekehrt. Zuvor war in Art. 205 Abs. 1 EGV vorgesehen, dass Beschlüsse mit einfacher Mehrheit zu fassen waren, soweit im EG-Vertrag keine anderweitige Regelung getroffen wurde. Nunmehr stellt die **Beschlussfassung mit qualifizierter Mehrheit** den **Regelfall** dar. Nur ausnahmsweise findet im Rat eine Beschlussfassung entweder mit einfacher Mehrheit oder mit Einstimmigkeit statt. Eine einfache Mehrheit ist beispielsweise in Art. 150 Abs. 1 Satz 1, Art. 160 Abs. 1 Satz 1, Art. 240 Abs. 2 UAbs. 2, Abs. 3, Art. 241 Satz 1, Art. 242 AEUV vorgeschrieben. Bedarf es für einen Beschluss nur der einfachen Mehrheit, beschließt der Rat gemäß Art. 238 Abs. 1 AEUV mit der Mehrheit der Mitglieder. In einer ganzen Reihe von Fällen schreibt der Vertrag darüber hinaus ausdrücklich Einstimmigkeit vor (vgl. z.B. Art. 24 Abs. 1 UAbs. 2 Satz 2, Art. 31 Abs. 1 UAbs. 1 Satz 1 EUV; Art. 19 Abs. 1, Art. 21 Abs. 3 Satz 2, Art. 22 Abs. 1 Satz 2, Abs. 2 Satz 2, Art. 25 Abs. 2 Satz 1, Art. 64 Abs. 3, Art. 65 Abs. 4 Satz 2, Art. 77 Abs. 3 Satz 2, Art. 81 Abs. 3 UAbs. 1 Satz 2 und UAbs. 2 Satz 2, Art. 86 Abs. 1 UAbs. 1 Satz 2, Art. 87 Abs. 3 UAbs. 1 Satz 2, Art. 89 Satz 2; Art. 115 AEUV). Bei einstimmiger Beschlussfassung steht eine Stimmenthaltung dem Zustandekommen eines Beschlusses gemäß Art. 238 Abs. 4 AEUV nicht entgegen.

II. Definition der qualifizierten Mehrheit

32   Bis zum Vertrag von Lissabon fand bei einer Abstimmung im Rat mit qualifizierter Mehrheit stets eine Stimmenwägung (Ponderierung) statt, bei der den Mitgliedstaaten abhängig von ihrer Bevölkerungszahl und ihrer wirtschaftlichen und politischen Bedeutung unterschiedlich viele Stimmen zustanden, die von jedem Mitgliedstaat nur einheitlich abgegeben werden konnten. Die qualifizierte Mehrheit war durch das Erreichen einer bestimmten Stimmenzahl definiert. Die Stimmgewichte und die zu erreichende Stimmenzahl wurden bei jeder Vertragsänderung und in jedem Beitrittsprozess neu ausgehandelt, was aufgrund der dabei gefundenen Kompromissformeln jeweils zu komplexen Regelungen führte. Dieses Verfahren wurde zunehmend als unbefriedigend empfunden, zumal es im Jahr 2003 im Rahmen der Verhandlungen über den Beitritt von zehn Staaten Mittel- und Osteuropas zu einer überproportionalen Stimmgewichtung von Polen und Spanien gekommen war. Die folgenden Beratungen über eine Vereinfachung der Abstimmungsregeln im Vertrag über eine Verfassung für Europa[78] sowie später im Lissabonner Reformvertrag[79] verliefen überaus kontrovers. Es ist gelungen, die Definition der qualifizierten Mehrheit nunmehr auch von einem objektiven Kriterium, nämlich von einem **Bevölkerungsquorum**, und nicht mehr wie zuvor vom Verhandlungsgeschick der Vertreter der Mitgliedstaaten oder von politischen Einflüssen abhängig zu machen. Das überproportionale Stimmgewicht kleinerer Mitgliedstaaten hat sich dadurch reduziert. Der von Polen propagierte Gegenentwurf ging von einem Quadratwurzelsystem aus, wonach jeder Mitgliedstaat ein Stimmgewicht entsprechend

---

[78] Vgl. *Dashwood/Johnston*, CMLRev. 41 (2004), 1481 (1493) *Everling*, S. 165.
[79] Vgl. *Isak*, S. 152 f.; *Lenski*, S. 110 ff.; *Piris*, S. 213 ff.

der Quadratwurzel seiner Bevölkerungszahl erhalten sollte.[80] Ein Beschluss mit qualifizierter Mehrheit sollte danach zustande kommen, wenn 61,6 % der gewichteten Stimmen sowie die Mehrheit der Mitgliedstaten ihm zustimmen.[81] Die Mehrheit der Mitgliedstaaten sprach sich jedoch gegen eine derartige Regelung aus. Die neuen Regelungen
über Definition und Verfahrensweise bei Beschlüssen, die mit qualifizierter Mehrheit zu
fassen sind, sind freilich hochkomplex und verfehlen damit eines der Ziele des Vertrags
von Lissabon.[82] Dieser war mit dem Anspruch ausgehandelt worden, mehr Transparenz
auch für die Bürgerinnen und Bürger zu schaffen. Der letztlich gefundene **Kompromiss**
sieht **drei zeitliche Phasen** vor: (1) den Zeitraum vom Inkrafttreten des Vertrags von
Lissabon bis zum 31.10.2014, (2) die Übergangsphase vom 1.11.2014 bis zum
31.3.2017 und schließlich (3) den Zeitraum ab dem 1.4.2017.

1. Zeitraum vom 1.12.2009 bis zum 31.10.2014

Bis zum 31.10.2014 galt gemäß Art. 16 Abs. 5 EUV i.V.m. Art. 3 Abs. 3 des Protokolls   33
Nr. 36 über die Übergangsbestimmungen[83] die alte Regelung gemäß Art. 205 Abs. 2
EGV weiter. War eine qualifizierte Mehrheit gefordert, fand eine **Stimmenwägung** gemäß Art. 205 Abs. 2 EGV a.F. statt. Die Mitgliedstaaten verfügten bei einem Beschluss,
der eine qualifizierte Mehrheit erfordert, über folgende Stimmenzahlen: Deutschland,
Frankreich, Italien, Vereinigtes Königreich je 29 Stimmen, Polen, Spanien je 27 Stim-
men, Rumänien 14 Stimmen, Niederlande 13 Stimmen, Belgien, Griechenland, Portugal, Tschechien, Ungarn je 12 Stimmen, Bulgarien, Österreich, Schweden je 10 Stim-
men, Dänemark, Finnland, Irland, Kroatien, Litauen, Slowakei je 7 Stimmen, Estland,
Lettland, Luxemburg, Slowenien, Zypern je 4 Stimmen und Malta 3 Stimmen. Die
Gesamtstimmenzahl im Rat betrug somit seit der letzten Erweiterung der Europäischen
Union 352 Stimmen. Ein Beschluss des Rates mit qualifizierter Mehrheit kam unter
folgenden Voraussetzungen zustande: Für die Annahme eines Ratsbeschlusses war eine
Mindestzahl von 260 Stimmen erforderlich.[84]. Erging ein Ratsbeschluss auf Vorschlag
der Kommission, musste die Zustimmung zusätzlich die Mehrheit der Mitgliedstaaten
umfassen. Erging ein Ratsbeschluss nicht auf Vorschlag der Kommission, mussten die für
eine qualifizierte Mehrheit erforderlichen Stimmen die Zustimmung von mindestens
zwei Dritteln der Mitgliedstaaten umfassen.

Art. 3 Abs. 3 UAbs. 4 des Protokolls Nr. 36 über die Übergangsbestimmungen   34
schrieb zusätzlich vor, dass ein Mitglied des Europäischen Rates oder des Rates beantragen konnte, bei dem Erlass eines Rechtsaktes des Europäischen Rates oder des Rates
mit qualifizierter Mehrheit überprüfen zu lassen, ob die Mitgliedstaaten, die diese qualifizierte Mehrheit bilden, mindestens 62 % der Gesamtbevölkerung der Union repräsentieren. Falls sich erwies, dass diese Bedingung nicht erfüllt war, wurde der entsprechende Rechtsakt nicht erlassen. Um dieses **Quorum von 62 % der Gesamtbevölkerung**
der Europäischen Union berechnen zu können, ist gemäß Art. 11 Abs. 3 Satz 1 GO-Rat

---

[80] *Isak*, S. 153.
[81] Dazu *Lenski*, S. 110f.
[82] *Haratsch/Koenig/Pechstein*, Europarecht, Rn. 263; *Edward/Lane*, European Union Law, 2013,
Rn. 3.42.
[83] ABl. 2012, C 326/322; geändert durch Art. 20 der Akte über die Bedingungen des Beitritts der
Republik Kroatien und die Anpassungen des Vertrags über die Europäische Union, des Vertrags über
die Arbeitsweise der Europäischen Union und des Vertrags zur Gründung der Europäischen Atomgemeinschaft, ABl. 2012, L 112/21.
[84] Art. 20 der Beitrittsakte Kroatien, ABl. 2012, L 112/21.

die im Anhang III der Geschäftsordnung zu findende Aufstellung der Bevölkerungszahlen der Mitgliedstaaten heranzuziehen.[85] Die Bevölkerungszahlen ergeben sich aus den Daten, die die Mitgliedstaaten dem Statistischen Amt der Europäischen Union jeweils übermittelt haben.

2. Zeitraum vom 1.11.2014 bis zum 31.3.2017

a) Stimmenwägung auf Antrag eines Mitgliedstaates

35   Ab dem 1.11.2014 gilt bis zum 31.3.2017 gemäß Art. 16 Abs. 5 EUV i.V.m. Art. 3 Abs. 2 des Protokolls Nr. 36 über die Übergangsbestimmungen der **bisherige Abstimmungsmodus** weiter, sofern ein Mitgliedstaat dies für eine Abstimmung beantragt.

b) Prinzip der doppelten Mehrheit

36   Wird ein Antrag auf Anwendung des alten Abstimmungsmodus nicht gestellt, findet ab dem 1.11.2014 **keine Stimmenwägung** mehr statt, d.h., jeder Mitgliedstaat soll über eine Stimme verfügen. Als qualifiziert gilt gemäß Art. 16 Abs. 4 UAbs. 1 EUV eine **doppelte Mehrheit**, also eine Mehrheit von mindestens **55 % der Mitglieder des Rates**, gebildet aus mindestens 15 Mitgliedern, die zugleich zusammen mindestens 65 % der Bevölkerung der Union vertreten müssen (Art. 16 Abs. 4 UAbs. 1 EUV). Diese Regelung gilt, wie sich aus einem Umkehrschluss zu Art. 238 Abs. 2 AEUV ergibt, aber nur, wenn ein Ratsbeschluss entweder auf Vorschlag der Kommission oder des Hohen Vertreters der Union für Außen- und Sicherheitspolitik ergeht. Das Quorum von 15 Mitgliedern, die mindestens 55 % der Mitglieder des Rates ausmachen müssen, ist durch den Beitritt weiterer Mitgliedstaaten überholt worden und hat keine eigenständige Bedeutung mehr, da bei nunmehr 28 Mitgliedstaaten das erforderliche 55 %-Quorum ohnehin erst mit der Zustimmung von 16 Ratsmitgliedern erreicht wird.[86]

37   Für die Berechnung des **Bevölkerungsquorums** ist wiederum die im Anhang III der Geschäftsordnung des Rates zu findende Aufstellung der Bevölkerungszahlen der Mitgliedstaaten heranzuziehen.[87] Nach diesen Daten wäre es möglich, dass drei große Mitgliedstaaten, die gemeinsam mehr als 35 % der Bevölkerung der Europäischen Union repräsentieren, das Zustandekommen eines Ratsbeschlusses mit qualifizierter Mehrheit verhindern könnten. Um diese Schwelle anzuheben und damit das Blockadepotential der großen Mitgliedstaaten zu verringern, sieht Art. 16 Abs. 4 UAbs. 2 EUV vor, dass für das Erreichen einer **Sperrminorität** mindestens **vier Ratsmitglieder** erforderlich sind.[88] Ein Beschluss kommt daher auch dann zustande, wenn drei Mitgliedstaaten, die zusammen mehr als 35 % der Gesamtbevölkerung der Union repräsentieren, nicht für einen Beschluss stimmen, obwohl in einem solchen Fall das Bevölkerungsquorum von 65 % an sich verfehlt wird.

---

[85] Vgl. die Aktualisierung der Aufstellung durch Beschluss (EU/Euratom) 2015/2393 des Rates vom 8.12.2015, ABl. 2015, L 332/133.

[86] Entsprechend für die Europäische Union mit 27 Mitgliedstaaten *Calliess*, S. 132.

[87] Vgl. Beschluss (EU/Euratom) 2015/2393 des Rates vom 8.12.2015 zur Änderung seiner Geschäftsordnung, ABl. 2015, L 332/133.

[88] *Isak*, S. 154; *Hofmann/Wessels*, integration 2008, 3 (15).

c) »Ioannina-Mechanismus«

Um den polnischen Widerstand gegen diese Abstimmungsregeln zu überwinden, hat die   **38**
Regierungskonferenz dem Vertrag von Lissabon eine Erklärung beigefügt,[89] wonach der
Rat einen Beschluss über die Anwendung von Art. 16 Abs. 4 EUV und Art. 238 Abs. 2
AEUV zu fassen und anzunehmen hatte. Dieser Beschluss ist gemeinsam mit dem Vertrag von Lissabon in Kraft getreten.[90] Danach wird in **Anlehnung an die Kompromisse
von Luxemburg**[91] **und von Ioannina**[92] für die Übergangsphase vom 1.11.2014 bis zum
31.3.2017 zum Zwecke eines verstärkten Minderheitenschutzes eine **Pflicht zur Neuverhandlung** im Rat unter bestimmten Voraussetzungen festgeschrieben. Gemäß dem
sogenannten »Ioannina-Mechanismus«[93], der inhaltlich an den Kompromiss von Ioannina aus dem Jahr 1994 erinnert, hat der Rat nach Art. 2 des Beschlusses 2009/857/EU
»alles in seiner Macht Stehende zu tun, um innerhalb einer angemessenen Zeit und
unbeschadet der durch das Unionsrecht vorgegebenen Fristen eine zufriedenstellende
Lösung« für die von den jeweiligen Mitgliedern vorgebrachten Anliegen zu finden. Eine
solche Neuverhandlungspflicht besteht gemäß Art. 1 des Beschlusses 2009/857/EU,
wenn Mitglieder des Rates, die mindestens drei Viertel der Sperrminoritätsbevölkerung
von 35,1 %, also mindestens 26,32 % der Bevölkerung der Union vertreten, oder Mitglieder, die mindestens drei Viertel der für eine Sperrminorität erforderlichen Anzahl
von Mitgliedstaaten bilden, also derzeit mindestens zehn Mitgliedstaaten, die Annahme
eines Rechtsakts ablehnen, der mit qualifizierter oder doppelt qualifizierter Mehrheit zu
fassen ist. Dieser »Ioannina-Mechanismus« ist allerdings nicht anwendbar, wenn ein
Mitgliedstaat die Abstimmung nach dem früher geltenden Modus beantragt hat.[94]

Mit dem »Ioannina-Mechanismus« wird der frühere sogenannte »**Luxemburger**   **39**
Kompromiss« vom 29.1.1966 endgültig bedeutungslos.[95] Mit ihm hatten sich die Mitgliedstaaten über die im Vertragstext damals ausdrücklich vorgesehenen Fälle einer
einstimmigen Beschlussfassung hinaus darauf geeinigt, sich in Fragen, bei denen »sehr
wichtige Interessen eines oder mehrerer Partner« auf dem Spiel stehen, zu bemühen, zu
Lösungen zu gelangen, die von allen Mitgliedern des Rates angenommen werden können.[96] Parallelen des Beschlusses 2009/857/EU zum Luxemburger Kompromiss können
darin gesehen werden, dass es sich jeweils um eine **außervertragliche politische Absprache** handeln dürfte. Für den Erlass des Beschlusses 2009/857/EU ist keine Rechtsgrundlage in den Verträgen zu finden. Konsequenterweise nennt der Beschluss selbst
auch keine Rechtsgrundlage.[97] Teilweise wird vertreten, es handele sich um einen

---

[89] Erklärung Nr. 7 zu Artikel 16 Abs. 4 des Vertrags über die Europäische Union und zu Artikel 238 Abs. 2 des Vertrags über die Arbeitsweise der Europäischen Union, ABl. 2008, C 115/338.

[90] Beschluss 2009/857/EU vom 13.12.2007 über die Anwendung des Artikels 16 Absatz 4 des
Vertrags über die Europäische Union und des Artikels 238 Absatz 2 des Vertrags über die Arbeitsweise der Europäischen Union zwischen dem 1.11.2014 und dem 31.3.2017 einerseits und ab dem
1.4.2017 andererseits, ABl. 2009, L 314/73.

[91] Text abgedruckt in: EuR 1966, 73 ff.

[92] Beschluss 94/C 105/01 des Rates vom 29.3.1994 über die Beschlussfassung mit qualifizierter
Mehrheit, ABl. 1994, C 105/1; dazu *Calliess*, S. 135.

[93] Vgl. *Breier*, in: Lenz/Borchardt, EU-Verträge, Art. 16 EUV, Rn. 18; *Epping*, in: Vedder/Heint-
schel v. Heinegg, Europäisches Unionsrecht, Art. 16 EUV, Rn. 27; *Hix*, in: Schwarze, EU-Kommentar,
Art. 16 EUV, Rn. 40; ähnlich *Calliess*, in: Calliess/Ruffert, EUV/AEUV, Art. 16 EUV, Rn. 20.

[94] *Breier*, in: Lenz/Borchardt, EU-Verträge, Art. 16 EUV, Rn. 18; *Epping*, in: Vedder/Heintschel v.
Heinegg, Europäisches Unionsrecht, Art. 16 EUV, Rn. 28.

[95] *Calliess*, in: Calliess/Ruffert, EUV/AEUV, Art. 16 EUV, Rn. 26.

[96] Vgl. dazu eingehend *Wedemeyer*, S. 123 ff.; *Streinz*, S. 1 ff.

[97] *Everling*, S. 173.

Rechtsakt, den der Rat aufgrund seines Selbstorganisationsrechts erlassen durfte.[98] Dagegen spricht allerdings, dass es sich um eine vom Primärrecht abweichende Regelung handelt, die sekundärrechtlich nicht rechtswirksam getroffen werden kann.

40   Da die Verträge auch keine Regelungen über eine etwaige **Aufhebung oder Änderung** des Beschlusses liefern können, haben die Mitgliedstaaten beim Abschluss des Lissabonner Vertrags im Protokoll Nr. 9[99] selbst für derartige Regelungen Sorge getragen.[100] Im einzigen Artikel des Protokolls Nr. 9 sind die Mitgliedstaaten übereingekommen, dass eine Änderung oder Aufhebung des Beschlusses 2009/857/EU durch den Rat erst erfolgen darf, wenn der Entwurf der Neuregelung zuvor im Europäischen Rat behandelt worden ist und der Europäische Rat ihn im Konsens gemäß Art. 15 Abs. 4 EUV[101] gebilligt hat. Damit kann jeder Mitgliedstaat der Europäischen Union durch ausdrücklichen Widerspruch im Europäischen Rat verhindern, dass es zu einer Änderung oder Aufhebung des Beschlusses kommt.[102]

3. Zeitraum ab dem 1.4.2017

41   Ab dem 1.4.2017 besteht die Möglichkeit, eine Abstimmung mit Stimmenwägung zu beantragen, für die Mitgliedstaaten nicht mehr. Es gelten dann **zwingend die Regelungen gemäß Art. 16 Abs. 4 EUV** im Fall einer qualifizierten Mehrheit. Allerdings wird der im Beschluss 2009/857/EU[103] geregelte »**Ioannina-Mechanismus**« mit seiner Pflicht zur Neuverhandlung im Gegenzug an erleichterte Voraussetzungen geknüpft. Eine Neuverhandlungspflicht soll gemäß Art. 4 des Beschlusses 2009/857/EU bereits bestehen, wenn Mitglieder des Rates, die mindestens 55 % der Sperrminoritätsbevölkerung von 35,1 %, also mindestens 19,3 % der Bevölkerung der Union vertreten, oder die mindestens 55 % der für eine Sperrminorität erforderlichen Anzahl von Mitgliedstaaten bilden, also derzeit acht Mitgliedstaaten, die Annahme eines Rechtsakts, der mit qualifizierter Mehrheit zu fassen ist, ablehnen.

H. Öffentlichkeit der Ratssitzungen

42   Art. 16 Abs. 8 Satz 1 EUV bestimmt, dass der Rat öffentlich tagt, soweit er über Entwürfe zu Gesetzgebungsakten berät oder abstimmt. Diese Regelung geht über die bisherige Verpflichtung zur Öffentlichkeit hinaus. In Art. 207 Abs. 3 UAbs. 2 Satz 3 EGV war lediglich vorgeschrieben, dass die Abstimmungsergebnisse, die Erklärungen zur Stimmabgabe sowie die Protokollerklärungen zu veröffentlichen waren, sofern der Rat gesetzgeberisch tätig wurde. Lediglich in der Geschäftsordnung des Rates war vorgesehen, dass Tagungen des Rates in bestimmten Fällen öffentlich abzuhalten waren.[104] Nunmehr ergibt sich diese **Verpflichtung zur Öffentlichkeit** unmittelbar aus dem Pri-

---

[98] So *Obwexer*, in: Streinz, EUV/AEUV, Art. 16 EUV, Rn. 51.

[99] Protokoll Nr. 9 über den Beschluss des Rates über die Anwendung des Artikels 16 Absatz 4 des Vertrags über die Europäische Union und des Artikels 238 Absatz 2 des Vertrags über die Arbeitsweise der Europäischen Union zwischen dem 1.11.2014 und dem 31.3.2017 einerseits und ab dem 1.4.2017 anderseits, ABl. 2012, C 326/274.

[100] *Bribosia*, S. 72.

[101] Vgl. Art. 15 EUV, Rn. 25.

[102] *Hix*, in: Schwarze, EU-Kommentar, Art. 16 EUV, Rn. 43.

[103] S. Rn. 38.

[104] Vgl. dazu *Leeuw*, E.L.Rev. 2007, 295 (300 ff.)

märrecht. Art. 16 Abs. 8 EUV korrespondiert mit Art. 15 Abs. 2, Hs. 2 AEUV und konkretisiert den sich aus Art. 15 AEUV ergebenden **Grundsatz der Transparenz** des Handelns der Europäischen Union.

Ratstagungen sind öffentlich abzuhalten, sofern der Rat über **Entwürfe zu Gesetz-   43
gebungsakten** berät und abstimmt. Als Gesetzgebungsakte definiert Art. 289 Abs. 3
AEUV solche Rechtsakte, die in einem Gesetzgebungsverfahren angenommen werden.[105] Es kann sich dabei um das ordentliche Gesetzgebungsverfahren nach Art. 289
Abs. 1 AEUV oder um ein besonderes Gesetzgebungsverfahren im Sinne von Art. 289
Abs. 2 AEUV handeln. Die primärrechtliche Verpflichtung zur Öffentlichkeit gilt nicht
für Beratungen und Abstimmungen über andere Gegenstände. Um diese Differenzierung praktisch durchführen zu können, schreibt Art. 16 Abs. 8 Satz 2 EUV vor, dass
jede Ratstagung in zwei Teile zu unterteilen ist, von denen der eine den Beratungen über
die Gesetzgebungsakte dient und der andere den nicht die Gesetzgebung betreffenden
Tätigkeiten gewidmet ist. Gemäß Art. 7 Abs. 3 UAbs. 1 GO-Rat wird die Öffentlichkeit
der Tagungen betreffend den Teil »Beratungen über Gesetzgebungsakte« durch eine
öffentliche audiovisuelle Übertragung sichergestellt, insbesondere in einen »Mithör-
saal« und durch die Übertragung in allen Amtssprachen der Organe der Europäischen
Union per Video-Stream sichergestellt. Eine Aufzeichnung verbleibt mindestens einen
Monat lang auf der Website des Rates. Auch die dem Rat vorgelegten Dokumente, die
unter einem Punkt im Teil »Beratungen über Gesetzgebungsakte« aufgeführt sind, sowie die Abschnitte des Ratsprotokolls, die diesen Teil der Tagesordnung betreffen, werden gemäß Art. 7 Abs. 2 GO-Rat veröffentlicht. Ebenso sind die Abstimmungsergebnisse und die Erklärungen zur Stimmabgabe der Ratsmitglieder oder ihrer Vertreter in
dem nach dem ordentlichen Gesetzgebungsverfahren vorgesehenen Vermittlungsausschuss sowie die Erklärungen für das Ratsprotokoll und die im Ratsprotokoll enthaltenen und die Sitzung des Vermittlungsausschusses betreffenden Punkte zu publizieren
(Art. 7 Abs. 4 GO-Rat).

Im Hinblick auf die **nicht gesetzgeberischen Tätigkeiten des Rates** trifft Art. 8 GO-Rat   44
eine differenzierte Regelung über die Öffentlichkeit der Beratungen und Aussprachen
im Rat. Öffentlich sind nach Art. 8 Abs. 1 UAbs. 1 Satz 1 GO-Rat die ersten Beratungen
über wichtige Rechtsakte ohne Gesetzescharakter, wobei der Vorsitz zunächst festlegt,
welche Vorschläge als wichtig einzustufen sind. Der Rat oder der Ausschuss der Ständigen Vertreter kann jedoch Abweichendes beschließen (Art. 8 Abs. 1 UAbs. 1 Satz 2
GO-Rat). Öffentlich zugänglich gemacht werden in diesen Fällen die Abstimmungsergebnisse, die Erklärungen der Ratsmitglieder zur Stimmabgabe sowie die Erklärungen
für das Ratsprotokoll und die im Ratsprotokoll enthaltenen und die Verabschiedung
solcher Akte betreffenden Punkte. (Art. 9 Abs. 1 GO-Rat).

Öffentliche Aussprachen im Rat finden auch statt über **wichtige Fragen**, die die In-   45
teressen der Europäischen Union und ihrer Bürger berühren, sofern der Rat oder der
Ausschuss der Ständigen Vertreter dies mit qualifizierter Mehrheit beschließen (Art. 8
Abs. 2 GO-Rat). Öffentlich sind weiterhin die **Orientierungsaussprachen** im Rat »Allgemeine Angelegenheiten« über das Achtzehnmonatsprogramm des Rates sowie Orientierungsaussprachen in anderen Zusammensetzungen des Rates über ihre Prioritäten.
Auch die Vorstellung des Fünfjahresprogramms der Kommission, ihres Jahresarbeits-
programms und ihrer jährlichen Strategieplanung sowie die daran anschließende Aussprache im Rat sind öffentlich (Art. 8 Abs. 3 GO-Rat).

---

[105] Anders, ohne Bezugnahme auf Art. 289 Abs. 3 AEUV, aber *Breier*, in: Lenz/Borchardt, EU-
Verträge, Art. 16 EUV, Rn. 23, der auf die Rechtsaktform abstellen will.

Artikel 17 EUV [Kommission]

(1) ¹Die Kommission fördert die allgemeinen Interessen der Union und ergreift geeignete Initiativen zu diesem Zweck. ²Sie sorgt für die Anwendung der Verträge sowie der von den Organen kraft der Verträge erlassenen Maßnahmen. ³Sie überwacht die Anwendung des Unionsrechts unter der Kontrolle des Gerichtshofs der Europäischen Union. ⁴Sie führt den Haushaltsplan aus und verwaltet die Programme. ⁵Sie übt nach Maßgabe der Verträge Koordinierungs-, Exekutiv- und Verwaltungsfunktionen aus. ⁶Außer in der Gemeinsamen Außen- und Sicherheitspolitik und den übrigen in den Verträgen vorgesehenen Fällen nimmt sie die Vertretung der Union nach außen wahr. ⁷Sie leitet die jährliche und die mehrjährige Programmplanung der Union mit dem Ziel ein, interinstitutionelle Vereinbarungen zu erreichen.

(2) ¹Soweit in den Verträgen nichts anderes festgelegt ist, darf ein Gesetzgebungsakt der Union nur auf Vorschlag der Kommission erlassen werden. ²Andere Rechtsakte werden auf der Grundlage eines Kommissionsvorschlags erlassen, wenn dies in den Verträgen vorgesehen ist.

(3) Die Amtszeit der Kommission beträgt fünf Jahre.

Die Mitglieder der Kommission werden aufgrund ihrer allgemeinen Befähigung und ihres Einsatzes für Europa unter Persönlichkeiten ausgewählt, die volle Gewähr für ihre Unabhängigkeit bieten.

¹Die Kommission übt ihre Tätigkeit in voller Unabhängigkeit aus. ²Die Mitglieder der Kommission dürfen unbeschadet des Artikels 18 Absatz 2 Weisungen von einer Regierung, einem Organ, einer Einrichtung oder jeder anderen Stelle weder einholen noch entgegennehmen. ³Sie enthalten sich jeder Handlung, die mit ihrem Amt oder der Erfüllung ihrer Aufgaben unvereinbar ist.

(4) Die Kommission, die zwischen dem Zeitpunkt des Inkrafttretens des Vertrags von Lissabon und dem 31. Oktober 2014 ernannt wird, besteht einschließlich ihres Präsidenten und des Hohen Vertreters der Union für Außen- und Sicherheitspolitik, der einer der Vizepräsidenten der Kommission ist, aus je einem Staatsangehörigen jedes Mitgliedstaats.

(5) Ab dem 1. November 2014 besteht die Kommission, einschließlich ihres Präsidenten und des Hohen Vertreters der Union für Außen- und Sicherheitspolitik, aus einer Anzahl von Mitgliedern, die zwei Dritteln der Zahl der Mitgliedstaaten entspricht, sofern der Europäische Rat nicht einstimmig eine Änderung dieser Anzahl beschließt.

¹Die Mitglieder der Kommission werden unter den Staatsangehörigen der Mitgliedstaaten in einem System der strikt gleichberechtigten Rotation zwischen den Mitgliedstaaten so ausgewählt, dass das demografische und geografische Spektrum der Gesamtheit der Mitgliedstaaten zum Ausdruck kommt. ²Dieses System wird vom Europäischen Rat nach Artikel 244 des Vertrags über die Arbeitsweise der Europäischen Union einstimmig festgelegt.

(6) Der Präsident der Kommission

a) legt die Leitlinien fest, nach denen die Kommission ihre Aufgaben ausübt,

b) beschließt über die interne Organisation der Kommission, um die Kohärenz, die Effizienz und das Kollegialitätsprinzip im Rahmen ihrer Tätigkeit sicherzustellen,

c) ernennt, mit Ausnahme des Hohen Vertreters der Union für Außen- und Sicherheitspolitik, die Vizepräsidenten aus dem Kreis der Mitglieder der Kommission.

¹Ein Mitglied der Kommission legt sein Amt nieder, wenn es vom Präsidenten dazu aufgefordert wird. ²Der Hohe Vertreter der Union für Außen- und Sicherheitspolitik legt

sein Amt nach dem Verfahren des Artikels 18 Absatz 1 nieder, wenn er vom Präsidenten dazu aufgefordert wird.

(7) [1]Der Europäische Rat schlägt dem Europäischen Parlament nach entsprechenden Konsultationen mit qualifizierter Mehrheit einen Kandidaten für das Amt des Präsidenten der Kommission vor; dabei berücksichtigt er das Ergebnis der Wahlen zum Europäischen Parlament. [2]Das Europäische Parlament wählt diesen Kandidaten mit der Mehrheit seiner Mitglieder. [3]Erhält dieser Kandidat nicht die Mehrheit, so schlägt der Europäische Rat dem Europäischen Parlament innerhalb eines Monats mit qualifizierter Mehrheit einen neuen Kandidaten vor, für dessen Wahl das Europäische Parlament dasselbe Verfahren anwendet.

[1]Der Rat nimmt, im Einvernehmen mit dem gewählten Präsidenten, die Liste der anderen Persönlichkeiten an, die er als Mitglieder der Kommission vorschlägt. [2]Diese werden auf der Grundlage der Vorschläge der Mitgliedstaaten entsprechend den Kriterien nach Absatz 3 Unterabsatz 2 und Absatz 5 Unterabsatz 2 ausgewählt.

[1]Der Präsident, der Hohe Vertreter der Union für Außen- und Sicherheitspolitik und die übrigen Mitglieder der Kommission stellen sich als Kollegium einem Zustimmungsvotum des Europäischen Parlaments. [2]Auf der Grundlage dieser Zustimmung wird die Kommission vom Europäischen Rat mit qualifizierter Mehrheit ernannt.

(8) [1]Die Kommission ist als Kollegium dem Europäischen Parlament verantwortlich. [2]Das Europäische Parlament kann nach Artikel 234 des Vertrags über die Arbeitsweise der Europäischen Union einen Misstrauensantrag gegen die Kommission annehmen. [3]Wird ein solcher Antrag angenommen, so müssen die Mitglieder der Kommission geschlossen ihr Amt niederlegen, und der Hohe Vertreter der Union für Außen- und Sicherheitspolitik muss sein im Rahmen der Kommission ausgeübtes Amt niederlegen.

Literaturübersicht

Brauneck, EU-Kommission: Ist die neue Macht der Vizepräsidenten unionsrechtswidrig?, DÖV 2015, 904; *Bribosia*, The Main Institutional Innovations in the Lisbon Treaty, in: Griller/Ziller (Hrsg.), The Lisbon Treaty, 2008, S. 57; *von Buttlar*, Das Initiativrecht der Europäischen Kommission, 2003; *Calliess*, Die neue Europäische Union nach dem Vertrag von Lissabon, 2010; *Chaltiel*, La première Commission sous le régime du traité de Lisbonne, RMC 2010, 73; *Craig*, The Treaty of Lisbon. Process, Architecture and Substance, E. L. Rev. 33 (2008), 137; *Curtin*, Executive Power of the European Union, 2009, *Göler/Jopp*, Die Europawahl 2014 und das Konzept der Spitzenkandidaten – ein Kommentar, integration 2014, 152; *Holzner*, Das Europäische Parlament im Institutionengefüge der EU – Verschiebung der Kräfteverhältnisse infolge der Durchsetzung eines »Spitzenkandidaten« als Kommissionspräsident?, EuR 2015, 525; *Hummer/Obwexer*, Die neue »Europäische Kommission« 1995–2000 – Benennung, Investitur und Zusammensetzung, EuR 1995, 129; *dies.*, Der »kollektive« Rücktritt der Europäischen Kommission – Ein Rechtsirrtum?, EWS 1999, 161; *Isak*, Institutionelle Ausgestaltung der Europäischen Union, in: Hummer/Obwexer (Hrsg.), Der Vertrag von Lissabon, 2009, S. 133; *Kurth*, Der Fall Bangemann – ein möglicher Präzedenzfall für Art. 213 II EGV?, ZRP 2010, 251; *Müller-Graff*, Der Vertrag von Lissabon auf der Systemspur des Europäischen Primärrechts, integration 2008, 123; *Nickel*, Wahl- und Kreationsfunktion des Europäischen Parlaments – unter besonderer Berücksichtigung der Einsetzung der Kommission, EuR 2016, 28; *Schild*, Barrosos »blind date« in Brüssel – Auf dem Weg zu einer Parlamentarisierung der Kommissionsinvestitur, integration 2005, 33; *Schmitt von Sydow*, Organe der erweiterten Europäischen Gemeinschaften – Die Kommission, 1980; *Schoo*, Das neue institutionelle Gefüge der EU, EuR-Beiheft 1/2009, 51; *Schwarze*, Der Reformvertrag von Lissabon – Wesentliche Elemente des Reformvertrags, EuR-Beiheft 1/2009, 9; *Spence/Edwards*, The European Commission, 3. Aufl., 2006; *Wonka*, Die Europäische Kommission, 2008.

Wesentliche sekundärrechtliche Vorschriften

Geschäftsordnung der Kommission (K(2000) 3614), ABl. 2000, L 308/26; zuletzt geändert durch
  Beschluss 2011/737/EU, Euratom der Kommission vom 9.11.2011, ABl. 2011, L 296/58
Rahmenvereinbarung über die Beziehungen zwischen dem Europäischen Parlament und der Euro-
  päischen Kommission vom 20.10.2010, ABl. 2010, L 304/47
Beschluss 2013/272/EU des Europäischen Rates vom 22.5.2013 über die Anzahl der Mitglieder der
  Kommission, ABl. 2013, L 165/98
Beschluss 2014/716/EU, Euratom des Rates – im Einvernehmen mit dem gewählten Präsidenten der
  Kommission – vom 15.10.2014 zur Annahme der Liste der anderen Persönlichkeiten, die der Rat
  als Mitglieder der Kommission vorschlägt, und zur Aufhebung und Ersetzung des Beschlusses
  2014/648/EU, Euratom, ABl. 2014, L 299/29
Beschluss 2014/749/EU des Europäischen Rates vom 23.10.2014 zur Ernennung der Europäischen
  Kommission, ABl. 2014, L 311/36

Leitentscheidungen

EuGH, Urt. v. 23.9.1986, Rs. 5/85 (AKZO Chemie/Kommission), Slg. 1986, 2607
EuGH, Urt. v. 15.6.1994, Rs. C–137/92 P (Kommission/BASF u.a.), Slg. 1994, I–2629
EuGH, Urt. v. 11.7.2006, Rs. C–432/04 (Kommission/Cresson), Slg. 2006, I–6426

Inhaltsübersicht

A. Allgemeines

Art. 17 EUV enthält die grundlegenden Vorschriften über die Kommission. Er benennt   **1**
ihre wesentlichen Aufgaben und regelt ihre Zusammensetzung sowie das Verfahren zu
ihrer Einsetzung. Anders als der Rat, in dem sich die mitgliedstaatlichen Interessen
bündeln, ist die Kommission die **Vertreterin der allgemeinen Interessen der Europäischen Union.**[1] Dies kommt in der in Art. 17 Abs. 3 UAbs. 2 und 3 EUV normierten
Unabhängigkeit zum Ausdruck. Die Kommission ist **Regierungs- und Exekutivorgan** der
Europäischen Union.[2]

B. Aufgaben der Kommission

Art. 17 Abs. 1 EUV umreißt die maßgeblichen Aufgaben der Kommission in allgemei-   **2**
ner Form. Es handelt sich dabei aber nicht um eine erschöpfende Beschreibung der
Kommissionsaufgaben.[3] Der Schwerpunkt der Aufgaben der Kommission liegt in den
Bereichen des Regierens und Verwaltens.[4] Die Kommission verfügt jedoch in begrenztem Umfang auch über originäre Rechtsetzungsbefugnisse,[5] die in der Aufgabenbeschreibung von Art. 17 Abs. 1 EUV allerdings nicht aufscheinen.[6] Art. 17 Abs. 1 EUV
selbst stellt keine eigenständige Rechtsgrundlage für ein rechtlich verbindliches Handeln der Kommission dar.

I. Förderung der allgemeinen Unionsinteressen

Nach Art. 17 Abs. 1 Satz 1 EUV fördert die Kommission die allgemeinen Interessen der   **3**
Europäischen Union und ergreift hierzu die geeigneten Initiativen. Darin kommt zum
Ausdruck, dass sich in der Kommission als weisungsunabhängigem Organ[7] das gemein-
same supranationale Interesse abbildet. Der Kommission wird durch Art. 17 Abs. 1
Satz 1 EUV zugleich die Rolle eines »**Motors der Integration**« zugewiesen.[8] Das Uni-
onsinteresse gewinnt die Kommission unter Heranziehung der Werte der Union (Art. 2
EUV) und ihrer Ziele (Art. 3 EUV),[9] wobei ihr ein weiter politischer Beurteilungsspielraum zukommt.

 Zur Förderung des allgemeinen Unionsinteresses soll die Kommission die geeigneten   **4**
Initiativen ergreifen. Dies kann bereits im Vorfeld der Unionsgesetzgebung geschehen
durch die Erarbeitung von sogenannten **Weißbüchern** und **Grünbüchern**, die im Zuge

---

[1] *Isak*, S. 162.
[2] *Martenczuk*, in: Grabitz/Hilf/Nettesheim, EU, Art. 17 EUV (Juli 2010), Rn. 1.
[3] *Epping*, in: Vedder/Heintschel v. Heinegg, Europäisches Unionsrecht, Art. 17 EUV, Rn. 4; *Martenczuk*, in: Grabitz/Hilf/Nettesheim, EU, Art. 17 EUV (Juli 2010), Rn. 7; anders *Ruffert*, in: Calliess/Ruffert, EUV/AEUV, Art. 17 EUV, Rn. 3.
[4] *Ruffert*, in: Calliess/Ruffert, EUV/AEUV, Art. 17 EUV, Rn. 3; *Kugelmann*, in: Streinz, EUV/AEUV, Art. 17 EUV, Rn. 31.
[5] *Schmitt v. Sydow*, S. 55 ff.
[6] *Martenczuk*, in: Grabitz/Hilf/Nettesheim, EU, Art. 17 EUV (Juli 2010), Rn. 7.
[7] Vgl. Rn. 26.
[8] *Schmidt/Schmitt v. Sydow*, in: GSH, Europäisches Unionsrecht, Art. 17 EUV, Rn. 17; *Nemitz*, in: Schwarze, EU-Kommentar, Art. 17 EUV, Rn. 4; *Martenczuk*, in: Grabitz/Hilf/Nettesheim, EU, Art. 17 EUV (Juli 2010), Rn. 10; *Geiger*, in: Geiger/Khan/Kotzur, EUV/AEUV, Art. 17 EUV, Rn. 5.
[9] *Ruffert*, in: Calliess/Ruffert, EUV/AEUV, Art. 17 EUV, Rn. 4; *Kugelmann*, in: Streinz, EUV/AEUV, Art. 17 EUV, Rn. 34.

ihrer Ausarbeitung in der Regel intensiv mit dem Rat und dem Europäischen Parlament diskutiert werden.[10] In Grünbüchern stellt die Kommission zumeist eine umfassende neue Konzeption für bestimmte Bereiche der Unionspolitik vor und diskutiert Optionen.[11] Weißbücher sind demgegenüber konkreter und enthalten für einen bestimmten Politikbereich detaillierte Maßnahmenkataloge.[12] Darüber hinaus kann die Kommission Mitteilungen, Erklärungen und Stellungnahmen abgeben, die auch zur Vorbereitung künftiger Rechtsetzungsvorhaben dienen können. Wichtigstes Instrument zur Förderung des Unionsinteresses ist das **Initiativrecht** der Kommission im Bereich der Unionsgesetzgebung.[13]

II. Hüterin des Verträge

5   Zu den vornehmsten Aufgaben der Kommission gehört es, für die Anwendung des Unionsrechts zu sorgen (Art. 17 Abs. 1 Satz 2 EUV) und über die Anwendung des Unionsrechts unter der Kontrolle des Gerichtshofs der Europäischen Union zu wachen (Art. 17 Abs. 1 Satz 3 EUV). Aufgrund dieser Kontrollfunktion wird die Kommission gemeinhin als »**Hüterin der Verträge**« charakterisiert.[14] Um ihre Kontrollfunktion ausüben zu können, überträgt das Unionsrecht der Kommission eine Reihe von Befugnissen. Zu nennen ist etwa das Recht der Kommission gemäß Art. 337 AEUV alle erforderlichen **Auskünfte** einzuholen und alle erforderlichen **Nachprüfungen** vorzunehmen. Vor allem im Bereich des Wettbewerbsrechts verfügt die Kommission zudem über eigene **Sanktionsbefugnisse**, indem sie Rechtsverstöße durch Unternehmen feststellen und mit Geldbußen und Zwangsgeldern sanktionieren kann (vgl. etwa Art. 103 Abs. 2 Buchst. a AEUV).

6   Gemäß Art. 258 AEUV kann die Kommission auch den Europäischen Gerichtshof im Wege eines **Vertragsverletzungsverfahrens** anrufen, wenn sie der Auffassung ist, ein Mitgliedstaat habe gegen eine Verpflichtung aus den Verträgen verstoßen. Hierauf spielt Art. 17 Abs. 1 Satz 3 EUV an, wenn er ausführt, die Kommission überwache die Anwendung des Unionsrechts unter der Kontrolle des Gerichtshofs der Europäischen Union.

7   Um Kenntnis von Verstößen gegen das Unionsrecht zu erlangen, hat die Kommission ein eigenes **Beschwerdeverfahren** installiert. Danach kann jede Person bei der Kommission unentgeltlich Beschwerde gegen eine Maßnahme eines Mitgliedstaats einlegen, die nach ihrer Auffassung gegen eine Bestimmung oder einen Grundsatz des Unionsrechts verstößt. Zu diesem Zweck hat die Kommission eigens ein Standardformular entworfen, welches für solche Beschwerden genutzt werden kann.[15] Die Einzelheiten des Beschwerdeverfahrens hat die Kommission in einer Mitteilung niedergelegt.[16]

---

[10] Vgl. *Nemitz*, in: Schwarze, EU-Kommentar, Art. 17 EUV, Rn. 5f.

[11] Eine Liste aller Grünbücher der Kommission seit 1993 ist abrufbar unter: http://ec.europa.eu/green-papers/index_de.htm (1.3.2016).

[12] Eine Liste aller Grünbücher der Kommission seit 1993 ist abrufbar unter: http://ec.europa.eu/white-papers/index_de.htm (1.3.2016).

[13] S. dazu Rn. 12ff.

[14] Vgl. etwa *Spence/Edwards*, S. 116ff.; *Haratsch/Koenig/Pechstein*, Europarecht, Rn. 282; *Nemitz*, in: Schwarze, EU-Kommentar, Art. 17 EUV, Rn. 11; *Kugelmann*, in: Streinz, EUV/AEUV, Art. 17 EUV, Rn. 35; *Martenczuk*, in: Grabitz/Hilf/Nettesheim, EU, Art. 17 EUV (Juli 2010), Rn. 15.

[15] Nichtbeachtung des Gemeinschaftsrechts durch einen Mitgliedstaat: Standardformular zwecks Einreichung einer Beschwerde bei der Kommission der Europäischen Gemeinschaften, ABl. 1999, C 119/5.

[16] Mitteilung der Kommission an das Europäische Parlament und den Europäischen Bürgerbe-

III. Ausführung des Haushaltsplans und Verwaltung der Programme

Nach Art. 17 Abs. 1 Satz 4 EUV führt die Kommission den Haushaltsplan der Europäi- **8**
schen Union. Einzelheiten regelt diesbezüglich Art. 317 AEUV. Die Zuständigkeit bezieht sich auf den gesamten Haushalt der Europäischen Union einschließlich der Ausgaben für die Gemeinsame Außen- und Sicherheitspolitik. Die Durchführung des Haushalts erfolgt auf der Grundlage der **Haushaltsordnung für den Gesamthaushaltsplan der
Europäischen Union.**[17] Weiterhin verwaltet die Kommission gemäß Art. 17 Abs. 1
Satz 4 EUV auch die Programme. Hierunter sind die Programme der Europäischen
Union zu verstehen, die die Verwaltung von Finanzmitteln zur Förderung bestimmter
Ziele im Rahmen der Unionspolitiken beinhalten.[18] Hierunter fallen die in die verschie-
denen **Fonds der Europäischen Union** eingestellten Mittel.[19]

IV. Koordinierungs-, Exekutiv- und Verwaltungsaufgaben

Die Kommission übt gemäß Art. 17 Abs. 1 Satz 5 EUV nach Maßgabe der Verträge **9**
Koordinierungs-, Exekutiv- und Verwaltungsaufgaben aus. Hiermit wird generalklauselartig die Tätigkeit der Kommission als **Exekutivorgan** umschrieben.[20] Koordinierungsaufgaben fallen der Kommission in erster Linie in Politikbereichen zu, in welchen
die Europäische Union gemäß Art. 6 AEUV ohnehin nur koordinierend tätig werden
darf.[21] Darüber hinaus kann Koordinierung auch so verstanden werden, dass die Kommission ausgleichend und vermittelnd bei der Gestaltung europäischer Politik tätig
wird.[22] Unter Exekutivfunktionen ist die Summe aller der Kommission übertragenen
Ausführungsbefugnisse zu verstehen, worunter auch die Befugnisse zum Erlass von
delegierten Rechtsakten nach Art. 290 AEUV und von Durchführungsrechtsakten nach
Art. 291 AEUV fällt.[23] Die Verwaltungsfunktionen umfassen den Bereich des direkten
Vollzugs des Unionsrechts durch die Kommission etwa im Bereich der Eigenverwaltung,
aber auch gegenüber den Mitgliedstaaten, z. B. im Beihilfenrecht, und gegenüber

---

auftragten über die Beziehungen zum Beschwerdeführer bei Verstößen gegen das Gemeinschaftsrecht, ABl. 2002, C 244/5.
   [17] Verordnung (EU, Euratom) Nr. 966/2012 des Europäischen Parlaments und des Rates vom
25. 10. 2012 über die Haushaltsordnung für den Gesamthaushaltsplan der Union und zur Aufhebung
der Verordnung (EG, Euratom) Nr. 1605/2002 des Rates, ABl. 2012, L 298/1; zuletzt geändert durch
Verordnung (EU, Euratom) 2015/1929, ABl. 2015, L 286/1.
   [18] *Martenczuk*, in: Grabitz/Hilf/Nettesheim, EU, Art. 17 EUV (Juli 2010), Rn. 36; *Schmidt/
Schmitt v. Sydow*, in: GSH, Europäisches Unionsrecht, Art. 17 EUV, Rn. 66.
   [19] Vgl. dazu die Verordnung (EU) Nr. 1303/2013 des Europäischen Parlaments und des Rates vom
17. 12. 2013 mit gemeinsamen Bestimmungen über den Europäischen Fonds für regionale Entwicklung, den Europäischen Sozialfonds, den Kohäsionsfonds, den Europäischen Landwirtschaftsfonds für
die Entwicklung des ländlichen Raums und den Europäischen Meeres- und Fischereifonds sowie mit
allgemeinen Bestimmungen über den Europäischen Fonds für regionale Entwicklung, den Europäischen Sozialfonds, den Kohäsionsfonds und den Europäischen Meeres- und Fischereifonds und zur
Aufhebung der Verordnung (EG) Nr. 1083/2006 des Rates, ABl. 2013, L 347/320; geändert durch
Verordnung (EU) des Europäischen Parlaments und des Rates vom 14. 10. 2015, ABl. 2015, L 270/1.
   [20] *Kugelmann*, in: Streinz, EUV/AEUV, Art. 17 EUV, Rn. 41.
   [21] *Schmidt/Schmitt v. Sydow*, in: GSH, Europäisches Unionsrecht, Art. 17 EUV, Rn. 68; *Nemitz*,
in: Schwarze, EU-Kommentar, Art. 17 EUV, Rn. 41.
   [22] *Kugelmann*, in: Streinz, EUV/AEUV, Art. 17 EUV, Rn. 41.
   [23] *Ruffert*, in: Calliess/Ruffert, EUV/AEUV, Art. 17 EUV, Rn. 13; *Nemitz*, in: Schwarze, EU-
Kommentar, Art. 17 EUV, Rn. 40; *Kugelmann*, in: Streinz, EUV/AEUV, Art. 17 EUV, Rn. 43 ff.

Individuen in den Mitgliedstaaten, etwa im Bereich des Kartellrechts und der Fusionskontrolle.[24]

V. Außenvertretung der Europäischen Union

10 Gemäß Art. 17 Abs. 1 Satz 6 EUV obliegt der Kommission die Außenvertretung der Europäischen Union. Dies gilt allerdings nicht für den Bereich der Gemeinsamen Außen- und Sicherheitspolitik, in dem der Hohe Vertreter der Union für Außen- und Sicherheitspolitik (Art. 27 Abs. 2 Satz 1 EUV) sowie auf seiner Ebene der Präsident des Europäischen Rates (Art. 15 Abs. 6 UAbs. 2 EUV) die Außenvertretung der Europäischen Union übernehmen. Nach Art. 220 Abs. 2 AEUV obliegt die **Pflege der Beziehungen zu internationalen Organisationen** der Kommission, soweit nicht auch hier vorrangig der Hohe Vertreter der Union für Außen- und Sicherheitspolitik zuständig ist. Einer der Schwerpunkte der Tätigkeiten der Kommission im Bereich der Außenvertretung liegt im Bereich der Gemeinsamen Handelspolitik. Hier ist die Kommission nicht nur zur Vorlage von Empfehlungen hinsichtlich der beabsichtigten Abkommen zuständig (vgl. Art. 218 Abs. 3 AEUV), sondern führt die **Vertragsverhandlungen** im Auftrag des Rates (Art. 207 Abs. 3 UAbs. 2 AEUV). Auch bei sonstigen Abkommen kann die Kommission bei den Verhandlungen federführend sein (vgl. Art. 218 Abs. 3 AEUV). Eine wesentliche Rolle spielt die Kommission auch im Beitrittsprozess nach Art. 49 EUV, wo die Kommission die **Beitrittsverhandlungen** faktisch im Auftrag der Mitgliedstaaten führt.[25]

VI. Programmplanung der Europäischen Union

11 Nach Art. 17 Abs. 1 Satz 7 EUV liegt die Einleitung der jährlichen und den mehrjährigen Programmplanungen in den Händen der Kommission. Auf der Grundlage der Leitlinien, die der Präsident der Kommission zu Beginn der Amtszeit der Kommission erarbeitet, formuliert die Kommission eine **jährliche Strategieplanung**, welche die politischen Prioritäten für das folgende Jahr enthält (Art. 2 GO-Kommission). Der Kommissionspräsident stellt diese jährliche Strategieplanung dem Rat und dem Europäischen Parlament vor. Auf der Grundlage des dadurch angestoßenen Dialogs legt die Kommission anschließend ihr **Arbeitsprogramm**[26] für das betreffende Jahr fest.[27] In interinstitutionelle Vereinbarungen zwischen den Unionsorganen, wie Art. 17 Abs. 1 Satz 7 EUV dies vorsieht, münden die Strategieplanungen der Kommission in der Praxis bislang jedoch nicht.

C. Initiativrecht der Kommission

I. Initiativmonopol bei Gesetzgebungsakten

12 Art. 17 Abs. 2 EUV regelt das Initiativrecht der Kommission beim Erlass von Unionsrechtsakten, wobei zwischen Gesetzgebungsakten (Satz 1) und anderen Rechtsakten

---

[24] *Kugelmann*, in: Streinz, EUV/AEUV, Art. 17 EUV, Rn. 46.

[25] *Martenczuk*, in: Grabitz/Hilf/Nettesheim, EU, Art. 17 EUV (Juli 2010), Rn. 46.

[26] Vgl. Mitteilung der Kommission vom 27. 10. 2015 an das Europäische Parlament, den Rat, den Europäischen Wirtschafts- und Sozialausschuss und den Ausschuss der Regionen, Arbeitsprogramm der Kommission 2016, COM (2015) 610 final.

[27] *Breier*, in: Lenz/Borchardt, EU-Verträge, Art. 17 EUV, Rn. 4.

(Satz 2) unterschieden wird. **Gesetzgebungsakte** dürfen, soweit die Verträge keine abweichende Regelung treffen, nach Art. 17 Abs. 2 Satz 1 EUV nur auf Vorschlag der Kommission erlassen werden. Insoweit besitzt die Kommission ein **Initiativmonopol**.[28] Gesetzgebungsakte sind gemäß Art. 289 Abs. 3 AEUV Rechtsakte die in einem Gesetzgebungsverfahren angenommen werden. Es kann sich dabei um das ordentliche Gesetzgebungsverfahren gemäß Art. 289 Abs. 1 AEUV i. V. m. Art. 294 AEUV oder um ein besonderes Gesetzgebungsverfahren im Sinne von Art. 289 Abs. 2 AEUV handeln. Da das ordentliche Gesetzgebungsverfahren nach Art. 294 Abs. 4 AEUV durch einen Vorschlag der Kommission in Gang gesetzt wird, hat Art. 17 Abs. 2 Satz 1 EUV insoweit nur deklaratorischen Charakter.[29] Anders stellt sich dies im Hinblick auf besondere Gesetzgebungsverfahren dar, da hier nicht durchgehend geregelt ist, wer das Verfahren einleitet. Hier besitzt Art. 17 Abs. 2 Satz 1 EUV konstitutive Wirkung.[30]

Besitzt die Kommission das alleinige Vorschlagsrecht, kann ein Gesetzgebungsakt **13** ohne einen Kommissionsvorschlag nicht zustande kommen. Das Vorschlagsrecht der Kommission umfasst auch das Recht, keinen Vorschlag zu unterbreiten oder einen einmal vorgelegten Vorschlag wieder zurückzuziehen (vgl. auch Art. 293 Abs. 2 AEUV).[31] In der Rahmenvereinbarung über die Beziehungen zwischen dem Europäischen Parlament und der Europäischen Kommission vom 20. 10. 2010 hat sich die Kommission dazu verpflichtet, die Gründe für die **Rücknahme eines Vorschlags** ausführlich zu erläutern, sofern das Europäische Parlament in erster Lesung bereits einen Standpunkt angenommen hat.[32]

Das Initiativmonopol der Kommission in Bezug auf Gesetzgebungsakte gilt nur vor- **14** behaltlich einer **anderweitigen Regelung** in den Verträgen. Eine Ausnahme ist beispielsweise in Art. 76 AEUV, der bei Maßnahmen auf der Grundlage von Art. 74 AEUV sowie von Art. 82 bis Art. 89 AEUV neben dem Vorschlagsrecht der Kommission Initiativen auch durch ein Viertel der Mitgliedstaaten ermöglicht. Daneben bestehen Ausnahmen bei organbezogenen Regelungen. Hier besitzt regelmäßig das betroffene Organ selbst ein Vorschlagsrecht. Bei Änderungen der Satzung der ESZB und der EZB besitzt neben der Kommission auch die Europäische Zentralbank ein Initiativrecht gemäß Art. 129 Abs. 3 Satz 2 AEUV. Ein Vorschlagsrecht des Europäischen Parlaments besteht im Hinblick auf die Regelung des Wahlverfahrens (Art. 223 Abs. 1 UAbs. 1 AEUV), bezüglich des Abgeordnetenstatuts (Art. 223 Abs. 2 Satz 1 AEUV), hinsichtlich des Untersuchungsrechts (Art. 226 Abs. 3 AEUV) und in Bezug auf die Bedingungen für die Ausübung der Aufgaben des Bürgerbeauftragten (Art. 228 Abs. 4 AEUV). Der Europäische Gerichtshof besitzt ein Vorschlagsrecht gemäß Art. 281 Abs. 2 Satz 2 AEUV für Satzungsänderungen und nach Art. 257 Abs. 1 Satz 2 AEUV im Hinblick auf die Einrichtung von Fachgerichten. Die Europäische Investitionsbank kann gemäß Art. 308 Abs. 2 Satz 2 AEUV Änderungen ihrer Satzung vorschlagen.

---

[28] *Craig*, E. L. Rev. 33 (2008), 137 (154).
[29] *Martenczuk*, in: Grabitz/Hilf/Nettesheim, EU, Art. 17 EUV (Juli 2010), Rn. 54.
[30] *Martenczuk*, in: Grabitz/Hilf/Nettesheim, EU, Art. 17 EUV (Juli 2010), Rn. 54.
[31] *Nemitz*, in: Schwarze, EU-Kommentar, Art. 17 EUV, Rn. 45; *Schmidt/Schmitt v. Sydow*, in: GSH, Europäisches Unionsrecht, Art. 17 EUV, Rn. 84; vgl. dazu auch *v. Buttlar*, S. 79 ff.
[32] Vgl. Ziff. 39 Abs. 1 der Rahmenvereinbarung über die Beziehungen zwischen dem Europäischen Parlament und der Europäischen Kommission vom 20. 10. 2010, ABl. 2010, L 304/47.

II. Initiativrecht bei anderen Rechtsakten

15 Bei Rechtsakten, die nicht Gesetzgebungsakte sind, die also nicht in einem Gesetzgebungsverfahren erlassen werden, besitzt die Kommission nach Art. 17 Abs. 2 Satz 2 kein umfassendes Initiativmonopol, sondern lediglich ein **Vorschlagsrecht**, sofern die Verträge dies in den **jeweiligen Rechtsgrundlagen** vorsehen.

D. Amtszeit der Kommission

16 Die Amtszeit der Kommission beträgt gemäß Art. 17 Abs. 3 UAbs. 1 EUV **fünf Jahre**. Gemeint ist damit nicht die Amtszeit der einzelnen Kommissare,[33] sondern die Amtszeit der **Kommission als Kollegium**. Die Amtszeit der Kommissionsmitglieder ist demgegenüber in Art. 246 AEUV geregelt. Beide Vorschriften sind lediglich insofern verknüpft, als die Amtszeit der einzelnen Kommissionsmitglieder gemäß Art. 246 Abs. 1, 1. Alt. AEUV mit der regelmäßigen Neubesetzung der Kommission nach dem Ablauf des Fünfjahreszeitraums endet.

17 Die Amtszeit der Kommission ist an die Dauer der **Legislaturperiode des Europäischen Parlaments** von ebenfalls fünf Jahren gemäß Art. 14 Abs. 3 EUV angepasst. Die ermöglicht bei den regelmäßigen Neubesetzungen der Kommission die Berücksichtigung der Wahlergebnisse der vorangegangenen Wahlen zum Europäischen Parlament.[34] Es hat sich in der Praxis eingebürgert und dürfte mittlerweile gewohnheitsrechtlich anerkannt sein, dass die fünfjährige Amtszeit einer Kommission am 1.11. desselben Jahres beginnt, in welchem im Juni zuvor die Wahlen zum Europäischen Parlament stattgefunden haben. Eine abweichende Regelung im Ernennungsbeschluss für die Kommission ist zwar möglich, bedarf aber eines besonderen Grundes. Die regelmäßige fünfjährige Amtszeit einer Kommission endet damit jeweils nach Ablauf von fünf Jahren zum 31.10. Diese Daten stützt auch die Regelung gemäß Art. 17 Abs. 4 und Abs. 5 UAbs. 1 EUV, die die Amtszeiten der ersten beiden unter dem Vertrag von Lissabon amtierenden Kommissionen festlegt.

18 Die fünfjährige Amtszeit einer Kommission kann gemäß Art. 17 Abs. 8 Satz 3 EUV und Art. 234 Abs. 2 Satz 1 AEUV durch ein erfolgreiches **Misstrauensvotum** des Europäischen Parlaments verkürzt werden. Der Fünfjahresrhythmus wird durch Art. 234 Abs. 2 Satz 3 AEUV aber wiederhergestellt, da die nach einem Misstrauensvotum ins Amt gekommene Kommission nur bis zum Ende der eigentlich fünfjährigen Amtszeit der Vorgängerkommission im Amt bleiben darf.

19 Praktisch kann es ebenfalls zu einer Verkürzung der Amtszeit von fünf Jahren kommen, wenn etwa **Schwierigkeiten bei der Ernennung** einer Kommission eintreten und diese nicht zum 1.11. ernannt werden kann.[35] Dies war im Jahr 2004 der Fall, als die Kommission erst zum 22.11.2004 eingesetzt werden konnte.[36] Diese Kommission wurde für den Zeitraum vom 22.11.2004 bis zum 31.10.2009 ernannt. Auch die folgende

---

[33] So aber wohl *Breier*, in: Lenz/Borchardt, EU-Verträge, Art. 17 EUV, Rn. 15, und *Nemitz*, in: Schwarze, EU-Kommentar, Art. 17 EUV, Rn. 50, die Art. 17 Abs. 3 UAbs. 1 EUV auf die Amtszeit der Kommissare beziehen.

[34] *Ruffert*, in: Calliess/Ruffert, EUV/AEUV, Art. 17 EUV, Rn. 17.

[35] Dazu *Schild*, integration 2005, 33 (36 ff.).

[36] Vgl. Beschluss 2004/780/EG, Euratom des Rates vom 19.11.2004 über die Ernennung des Präsidenten und der Mitglieder der Kommission der Europäischen Gemeinschaften, ABl. 2004, L 344/33.

Kommission, die eigentlich zum 1.11.2009 ernannt worden sollte, konnte erst verspätet, nämlich zum 1.2.2010, eingesetzt werden.[37] Ihre Amtszeit war auf den 31.10.2014 terminiert.[38] Ist die Amtszeit einer Kommission abgelaufen, aber noch keine neue ernannt, bleibt die bisherige Kommission über die Dauer ihrer eigentlichen Amtszeit hinaus geschäftsführend im Amt.[39]

E. Ernennungsvoraussetzungen und Unabhängigkeit der Kommissionsmitglieder

I. Ernennungsvoraussetzungen der Kommissionsmitglieder

Die **Qualifikationen**, die die Mitglieder der Kommission erfüllen müssen, ergeben sich **20** aus Art. 17 Abs. 3 UAbs. 2 EUV sowie aus Art. 17 Abs. 4 und Abs. 5 UAbs. 2 Satz 1 EUV. Es muss sich um Personen handeln, die die allgemeine Befähigung für das Amt eines Kommissionsmitglieds besitzen, die Einsatz für Europa an den Tag gelegt haben, die die volle Gewähr ihre Unabhängigkeit bieten und die die Staatsangehörigkeit eines Mitgliedstaates besitzen. Art. 17 Abs. 3 UAbs. 2 EUV stellt bestimmte **Mindestanforderungen** an die Kandidaten auf, schließt es aber nicht aus, dass der designierte Kommissionspräsident, das Parlament und der Rat im Rahmen ihres **Ermessens** zusätzliche Kriterien aufstellen.[40] So kann etwa auch geschlechtergerechte Besetzung der Kommission ein Kriterium für die Auswahl der Kandidatinnen und Kandidaten sein. Bei Beurteilung, ob die geforderten Kriterien vorliegen, besitzen die am Ernennungsverfahren beteiligten Organe und Akteure zudem einen weiten Beurteilungsspielraum.[41]

Kommissionsmitglieder müssen die **allgemeine Befähigung** für das Amt besitzen, in **21** welches sie berufen werden sollen. Diese ist zu bejahen, wenn ein Kandidat nach vernünftiger Betrachtungsweise in der Lage sein sollte, das Amt eines Kommissars auszufüllen.[42] Eine spezifische Fachkompetenz ist nicht gefordert.[43] Da in der Praxis die Auswahl eines Kandidaten aber bereits im Hinblick auf ein bestimmtes Ressort erfolgt, spielt die fachliche Eignung im Auswahlprozess eine nicht zu unterschätzende Rolle.

Weiterhin werden die Mitglieder der Kommission aufgrund ihres **Einsatzes für Eu** **22** **ropa** ausgewählt. Da die Kommission nach Art. 17 Abs. 1 Satz 1 EUV die allgemeinen Interessen der Europäischen Union zu fördern hat, ist Voraussetzung für das Amt eines Kommissars eine grundsätzlich befürwortende Haltung gegenüber der Union und dem europäischen Integrationsprozess.[44] Eine generell europaskeptische oder gar nationali

---

[37] Dazu *Chaltiel*, RMC 2010, 73.
[38] Beschluss 2010/80/EU des Europäischen Rates vom 9.2.2010 zur Ernennung der Europäischen Kommission, ABl. 2010, L 38/7; unzutreffend insofern *Kugelmann*, in: Streinz, EUV/AEUV, Art. 17 EUV, Rn. 75.
[39] *Martenczuk*, in: Grabitz/Hilf/Nettesheim, EU, Art. 17 EUV (Juli 2010), Rn. 67.
[40] *Kugelmann*, in: Streinz, EUV/AEUV, Art. 17 EUV, Rn. 83; *Nemitz*, in: Schwarze, EU-Kommentar, Art. 17 EUV, Rn. 51.
[41] *Martenczuk*, in: Grabitz/Hilf/Nettesheim, EU, Art. 17 EUV (Juli 2010), Rn. 72.
[42] *Nemitz*, in: Schwarze, EU-Kommentar, Art. 17 EUV, Rn. 51; *Breier*, in: Lenz/Borchardt, EU-Verträge, Art. 17 EUV, Rn. 16.
[43] *Ruffert*, in: Calliess/Ruffert, EUV/AEUV, Art. 17 EUV, Rn. 19.
[44] *Epping*, in: Vedder/Heintschel v. Heinegg, Europäisches Unionsrecht, Art. 17 EUV, Rn. 10.

stische Einstellung ist mit dem Kommissarsamt unvereinbar.[45] Eine kritische Haltung zu Einzelfragen steht einer Ernennung zum Kommissar jedoch nicht entgegen.[46]

23   Weiterhin ist bei der Auswahl der Kommissare gemäß Art. 17 Abs. 3 UAbs. 2 EUV darauf zu achten, dass es sich um Persönlichkeiten handelt, welche die **volle Gewähr für ihre Unabhängigkeit** bieten. Unter Berücksichtigung des bisherigen Verhaltens muss zu erwarten sein, dass ein Kandidat sein Amt künftig im Einklang mit den Pflichten gemäß Art. 17 Abs. 3 UAbs. 3 EUV und Art. 245 AEUV ausüben wird.[47]

24   Aus Art. 17 Abs. 4 und Abs. 5 UAbs. 2 Satz 1 EUV ergibt sich, dass nur **Staatsangehörige der Mitgliedstaaten** Mitglieder der Kommission werden können. Diese Anforderung gilt auch für den Hohen Vertreter der Union für die Außen- und Sicherheitspolitik.

II.   Unabhängigkeit der Kommission und der Kommissionsmitglieder

25   Nach Art. 17 Abs. 3 UAbs. 3 Satz 1 EUV hat die Kommission ihre Tätigkeit in voller Unabhängigkeit auszuüben. Die geforderte Unabhängigkeit folgt aus ihrer Aufgabe, die Interessen der Europäischen Union zu fördern (Art. 17 Abs. 1 Satz 1 EUV) und über die Anwendung des Unionsrechts zu wachen (Art. 17 Abs. 1 Satz 3 EUV). Aus dieser Pflicht zur Unabhängigkeit der **Kommission als Organ** leiten sich bestimmte **Pflichten der Kommissionsmitglieder** ab, die in Art. 17 Abs. 3 UAbs. 3 Satz 2 und 3 EUV niedergelegt sind und die in Art. 245 AEUV ergänzt und teilweise präzisiert werden.

1.   Weisungsunabhängigkeit der Kommissionsmitglieder

26   Die Kommissionsmitglieder dürfen gemäß Art. 17 Abs. 3 UAbs. 3 Satz 2 EUV von einer Regierung, einem Organ, einer Einrichtung oder jeder anderen Stelle Weisungen weder einholen noch entgegennehmen. Dies bedeutet zunächst eine Weisungsunabhängigkeit **gegenüber den Mitgliedstaaten**. Insbesondere sind die Kommissare nicht Vertreter ihres Mitgliedstaates.[48] Das an die Kommissionsmitglieder gerichtete Verbot, Weisungen anzunehmen oder einzuholen, korrespondiert mit dem an die Mitgliedstaaten gerichteten Verbot, die Mitglieder der Kommission bei der Erfüllung ihrer Aufgaben zu beeinflussen (Art. 245 Abs. 1 Satz 2 AEUV). Dies schließt freilich nicht aus, dass sich ein Kommissionsmitglied die Auffassung eines Mitgliedstaates zu eigen macht, wenn er der Meinung ist, dass dies dem Interesse der Europäischen Union am besten dient. Die Weisungsfreiheit besteht nicht nur gegenüber den Mitgliedstaaten, sondern auch **gegenüber den anderen Organen und Einrichtungen der Europäischen Union** selbst.[49] Eine Besonderheit gilt insoweit gemäß Art. 17 Abs. 3 UAbs. 3 Satz 2 EUV für den Hohen Vertreter der Union für Außen- und Sicherheitspolitik, der einer der Vizepräsidenten der Kommission ist (Art. 18 Abs. 4 Satz 1 EUV) und der gemäß Art. 18 Abs. 2 Satz 2 EUV die gemeinsame Außen- und Sicherheitspolitik im Auftrag des Rates ausführt. Das Weisungsverbot gemäß Art. 17 Abs. 3 UAbs. 3 Satz 2 EUV gilt daher nur unbeschadet des Art. 18 Abs. 2 EUV. Die Weisungsunabhängigkeit der Mitglieder der Kommission gilt

[45] *Schmidt/Schmitt v. Sydow*, in: GSH, Europäisches Unionsrecht, Art. 17 EUV, Rn. 96; *Martenczuk*, in: Grabitz/Hilf/Nettesheim, EU, Art. 17 EUV (Juli 2010), Rn. 71.

[46] *Breier*, in: Lenz/Borchardt, EU-Verträge, Art. 17 EUV, Rn. 16.

[47] *Martenczuk*, in: Grabitz/Hilf/Nettesheim, EU, Art. 17 EUV (Juli 2010), Rn. 71.

[48] *Nemitz*, in: Schwarze, EU-Kommentar, Art. 17 EUV, Rn. 53.

[49] *Epping*, in: Vedder/Heintschel v. Heinegg, Europäisches Unionsrecht, Art. 17 EUV, Rn. 13.

auch gegenüber jeder anderen Stelle und damit auch **gegenüber Privaten**.[50] Um dies zu sichern, besteht während der Amtszeit gemäß Art. 245 Abs. 2 Satz 1 AEUV ein Verbot für Mitglieder der Kommission, jedwede andere entgeltliche oder unentgeltliche Berufstätigkeit auszuüben.

2. Unterlassung amtswidriger Handlungen

Art. 17 Abs. 3 UAbs. 3 Satz 3 EUV gebietet – in Übereinstimmung mit Art. 245 Abs. 1   **27** Satz 1 AEUV – das Unterlassen jeder Handlung, die mit dem Amt oder der Aufgabenerfüllung eines Kommissionsmitglieds unvereinbar ist. Nach der Rechtsprechung des Europäischen Gerichtshofs gehört es zu den **Pflichten der Kommissionsmitglieder**, jederzeit dem allgemeinen Wohl der Union Vorrang nicht nur vor nationalen Interessen, sondern auch vor persönlichen Interessen einzuräumen.[51] Art. 245 Abs. 2 Satz 1 und 2 AEUV ergänzt Art. 17 Abs. 3 UAbs. 3 Satz 3 EUV, indem er die Amtspflichten eines Kommissionsmitglieds präzisiert. Danach dürfen Mitglieder der Kommission während ihrer Amtszeit keine andere entgeltliche oder unentgeltliche berufliche Tätigkeit ausüben.

Auch nach ihrer Amtszeit müssen Kommissionsmitglieder bei der Annahme gewisser   **28** Tätigkeiten oder Vorteile ehrenhaft und zurückhaltend sein.[52] So kann die Unabhängigkeit eines Kommissars etwa dadurch gefährdet sein, dass eine sachliche Nähe von **Folgebeschäftigungen** zu den aktuellen Zuständigkeiten innerhalb der Kommission besteht.[53] Eine Kandidatur für ein Abgeordnetenmandat im Europäischen Parlament oder für ein politisches Amt, um dieses nach Ende der Amtszeit als Kommissionsmitglied anzutreten, gefährdet die Unabhängigkeit hingegen nicht, sofern das Kommissionsmitglied keinen aktiven Wahlkampf führt.[54] Nach dem 2011 von der Kommission im Jahr 2011 beschlossenen Verhaltenskodex,[55] der die Amtspflichten weiter konkretisiert, müssen die Kommissionsmitglieder ihr Amt ruhen lassen, solange sie aktiv an einem Wahlkampf teilnehmen.[56] Die bloße Zugehörigkeit zu einer politischen Partei bedeutet keinen Verlust der Unabhängigkeit.[57]

Der **Verhaltenskodex**, der eine Selbstverpflichtung der Kommission darstellt und der   **29** zur Auslegung von Art. 17 Abs. 3 UAbs. 3 EUV und Art. 245 Abs. 2 AEUV herangezogen werden kann,[58] sieht weiter vor, dass die Kommissionsmitglieder sowie deren Ehepartner in jedem Jahr eine Erklärung über frühere und aktuelle Tätigkeiten, finanzielle Interessen und Vermögenswerte abzugeben haben, die veröffentlicht wird.

---

[50] *Ruffert*, in: Vedder/Heintschel v. Heinegg, Europäisches Unionsrecht, Art. 17 EUV, Rn. 54.

[51] EuGH, Urt. v. 11. 7. 2006, Rs. C–432/04 (Kommission/Cresson), Slg. 2006, I–6426, Rn. 71.

[52] Dazu Art. 245 AEUV, Rn. 8 f.

[53] Vgl. die Auffassung der Kommission im Fall des Kommissars Bangemann, EuG, Urt. v. 28. 2. 2002, verb. Rs. T–227/99 u. T–134/00 (Kvaerner Warnow Werft/Kommission), Slg. 2002, II–1205, Rn. 65. Dazu auch *Kurth*, ZRP 2000, 251.

[54] EuG, Urt. v. 28. 2. 2002, verb. Rs. T–227/99 u. T–134/00 (Kvaerner Warnow Werft/Kommission), Slg. 2002, II–1205, Rn. 75; *Nemitz*, in: Schwarze, EU-Kommentar, Art. 17 EUV, Rn. 54.

[55] Vgl. den Verhaltenskodex vom 20. 4. 2011 für Kommissionsmitglieder, K (2011) 2904.

[56] Vgl. Ziff. 1.1. des Verhaltenskodex vom 20. 4. 2011 für Kommissionsmitglieder, K (2011) 2904.

[57] EuG, Urt. v. 28. 2. 2002, verb. Rs. T–227/99 u. T–134/00 (Kvaerner Warnow Werft/Kommission), Slg. 2002, II–1205, Rn. 75.

[58] *Kurth*, ZRP 2000, 251 (252); *Ruffert*, in: Calliess/Ruffert, EUV/AEUV, Art. 17 EUV, Rn. 54.

F. Zusammensetzung der Kommission

I. Übergangsregelung bis zum 31.10.2014

30 Art. 17 Abs. 4 EUV regelt die Zusammensetzung der Kommission, die zwischen dem Zeitpunkt des Inkrafttretens des Vertrags von Lissabon und dem 31.10.2014 ernannt worden war. Danach bestand die Kommission, einschließlich des Präsidenten und des Hohen Vertreters der Union für Außen- und Sicherheitspolitik, aus je **einem Staatsangehörigen jedes Mitgliedstaates**. Bei 28 Mitgliedstaaten hatte die Kommission demzufolge 28 Mitglieder. Der Hohe Vertreter war gemäß Art. 17 Abs. 4 und Art. 18 Abs. 4 Satz 1 EUV einer der Vizepräsidenten der Kommission.

II. Zusammensetzung ab dem 1.11.2014

1. Reduzierung der Anzahl der Kommissionsmitglieder

31 Angesichts der Zahl von 28 Mitgliedstaaten strebt der Vertrag von Lissabon eine Reduzierung der Anzahl der Kommissionsmitglieder an, um die Arbeits- und Funktionsfähigkeit des Organs zu erhöhen.[59] Die große Anzahl der Kommissare könnte zu einer Zersplitterung der Ressorts führen, die einer sinnvollen Arbeitsteilung zuwiderlaufen könnte.[60] Ab dem 1.11.2014 soll die Kommission daher gemäß Art. 17 Abs. 5 UAbs. 1 EUV, einschließlich des Präsidenten und des Hohen Vertreters der Union für Außen- und Sicherheitspolitik, aus einer Anzahl von Mitgliedern bestehen, die zwei Dritteln der Zahl der Mitgliedstaaten entspricht. Bei 28 Mitgliedstaaten sind dies 19 Kommissare. Da in dieser Konstellation nicht jeder Mitgliedstaat ein Kommissionsmitglied stellt, sieht Art. 17 Abs. 5 UAbs. 2 Satz 1 EUV vor, dass die Kommissionsmitglieder unter den Staatsangehörigen der Mitgliedstaaten in einem **System der strikt gleichberechtigten Rotation** zwischen den Mitgliedstaaten so ausgewählt werden, dass das demografische und geografische Spektrum der Gesamtheit der Mitgliedstaaten zum Ausdruck kommt. Dieses System soll vom Europäischen Rat auf der Grundlage von Art. 244 AEUV und nach dessen inhaltlichen Vorgaben einstimmig beschlossen werden (Art. 17 Abs. 5 UAbs. 2 Satz 2 EUV).[61]

32 Um der Gefahr zu begegnen, dass Mitgliedstaaten, die zeitweilig nicht in der Kommission vertreten sind, nicht ausreichend über Handlungen der Kommission informiert werden, hat die Kommission besonders zu beachten, »dass in den Beziehungen zu allen Mitgliedstaaten **vollständige Transparenz** gewährleistet sein muss«[62]. Dies soll dadurch gewährleistet werden, dass die Kommission enge Verbindungen zu allen Mitgliedstaaten zu unterhalten hat, unabhängig davon, ob einer ihrer Staatsangehörigen Mitglied der Kommission ist.[63] Überdies hat die Kommission alle notwenigen Maßnahmen zu ergreifen, um sicherzustellen, dass die politischen, sozialen und wirtschaftlichen Gegebenheiten in allen Mitgliedstaaten, auch in Mitgliedstaaten, die kein Kommissionsmitglied stellen, in vollem Umfang berücksichtigt werden.[64] Durch geeignete organisa-

---

[59] *Bribosia*, S. 74; *Calliess*, S. 143; *Müller-Graff*, integration 2008, 123 (129).
[60] *Calliess*, S. 143.
[61] S. dazu Art. 244 AEUV, Rn. 4 ff.
[62] Vgl. Erklärung Nr. 10 zu Artikel 17 des Vertrags über die Europäische Union, ABl. 2008, C 115/342.
[63] Vgl. Abs. 1 der Erklärung Nr. 10, ABl. 2008, C 115/342.
[64] Abs. 2 der Erklärung Nr. 10, ABl. 2008, C 115/342.

torische Maßnahmen soll schließlich gewährleistet werden, dass auch der Standpunkt dieser Mitgliedstaaten Berücksichtigung findet.

2. Abweichende Regelung durch den Europäischen Rat

Der Europäische Rat kann allerdings einstimmig eine **Änderung der Zahl der Kommis-** **33** **sare** beschließen (Art. 17 Abs. 5 UAbs. 1 EUV). Nachdem ein erstes Referendum in Irland über eine die Ratifikation des Vertrags von Lissabon ermöglichende Verfassungsänderung am 12. 6. 2008 einen negativen Ausgang hatte, ist der Europäische Rat in der Folge Irland in mehreren Punkten entgegengekommen.[65] Eines dieser Zugeständnisse ist, dass Irland auch künftig ein Kommissionsmitglied stellen soll. Dies wird dadurch erreicht, dass der Europäische Rat nach Inkrafttreten des Vertrags von Lissabon einen Beschluss gemäß Art. 17 Abs. 5 UAbs. 1 EUV fasst, wonach weiterhin ein Staatsangehöriger jedes Mitgliedstaats der Kommission angehört.[66] Einen entsprechenden Beschluss hat der Europäische Rat am 22. Mai 2013 gefasst.[67] Die Absicht, die Arbeitsfähigkeit der Kommission durch ihre Verkleinerung zu verbessern, ist dadurch bis auf Weiteres durchkreuzt worden.[68]

G. Präsident der Kommission

I. Aufgaben des Präsidenten

1. Leitlinienkompetenz

Art. 17 Abs. 6 UAbs. 1 EUV regelt die Stellung des Präsidenten der Kommission, indem **34** er dessen wesentliche Befugnisse normiert. Bis zum Inkrafttreten des Vertrags von Amsterdam war der Kommissionspräsident lediglich »primus inter pares«. Seine Leitungsfunktion bestand nur in organisatorischer Hinsicht (z. B. Einberufung der gemeinsamen Sitzungen, Festlegung der Tagesordnung). Weisungsrechte gegenüber den anderen Kommissionsmitgliedern hatte er nicht. Seit Inkrafttreten des Amsterdamer Vertrags übt die Kommission ihre Tätigkeit unter der politischen Führung ihres Präsidenten aus. Nach Art. 17 Abs. 6 UAbs. 1 Buchst. a EUV besitzt der Kommissionspräsident eine **politische Leitlinienkompetenz**. Er legt die Ziele und Prioritäten für das Handeln der Kommission fest.[69] Gemäß Art. 3 Abs. 1 Satz 2 der Geschäftsordnung der Kommission (GO-Kommission)[70] lenkt er deren Arbeiten und kann gemäß Art. 3 Abs. 2 UAbs. 3 GO-Kommission die Kommissionsmitglieder bitten, besondere Maßnahmen durchzuführen, um die Umsetzung der von ihm festgelegten politischen Leitlinien zu gewährleisten. Der Präsident nimmt auch die Vertretung der Kommission wahr und benennt die Kommissare, die ihn bei dieser Tätigkeit unterstützen (Art. 3 Abs. 3 GO-Kommission). Gleich-

---

[65] Dazu *Haratsch/Koenig/Pechstein*, Europarecht, Rn. 35.
[66] Schlussfolgerungen des Vorsitzes des Europäischen Rates vom 11./12.2008, Dok. 17271/1/08, REV 1, CONCL 5, Ziff. I.2.
[67] Beschluss 2013/272/EU des Europäischen Rates vom 22. 5. 2013 über die Anzahl der Mitglieder der Kommission, ABl. 2013, L 165/98.
[68] *Curtin*, S. 98; *Calliess*, S. 143 f.
[69] *Martenczuk*, in: Grabitz/Hilf/Nettesheim, EU, Art. 17 EUV (Juli 2010), Rn. 93.
[70] Geschäftsordnung der Kommission (K(2000) 3614), ABl. 2000, L 308/26; zuletzt geändert durch Beschluss 2011/737/EU, Euratom der Kommission vom 9. 11. 2011, ABl. 2011, L 296/58.

wohl errichtet Art. 17 Abs. 6 UAbs. 1 EUV kein Präsidialregime,[71] da zugleich die Geltung des **Kollegialitätsprinzips** in Art. 17 Abs. 6 UAbs. 1 Buchst. b EUV betont wird. So verfügt der Präsident bei Mehrheitsentscheidungen der Kommission weder über besondere Stimmrechte, etwa über ein Vetorecht, noch gibt seine Stimme bei Stimmengleichheit den Ausschlag. Die Leitlinienkompetenz des Präsidenten und das Kollegialitätsprinzip stehen in einem ständig zu justierenden Spannungsverhältnis.

2. Organisationskompetenz

35   Art. 17 Abs. 6 UAbs. 1 Buchst. b EUV weist dem Präsidenten der Kommission eine **Organisationskompetenz** zu. Er legt die interne Organisation der Kommission fest. Seine Kompetenz umfasst gemäß Art. 248 AEUV die Festlegung und Aufteilung der Zuständigkeiten der Kommissionsmitglieder.[72] Der Präsident kann gemäß Art. 3 Abs. 4 GO-Kommission unter den Mitgliedern der Kommission Arbeitsgruppen oder Projektteams bilden, deren Vorsitzende er benennt, deren Auftrag und Arbeitsweise er bestimmt und deren Zusammensetzung und Bestandsdauer er festlegt.

36   In Ausübung seiner Organisationsgewalt hat der Präsident die Kohärenz und Effizienz des Kommissionshandelns sowie die Wahrung des **Kollegialitätsprinzips** sicherzustellen. Das Kollegialitätsprinzip beruht auf dem Gedanken der Gleichheit der Kommissionsmitglieder, die gemeinsam die politische Verantwortung für alle Kommissionsentscheidungen tragen.[73] Dies setzt die gleichberechtigte Teilnahme aller Kommissionsmitglieder an der Entscheidungsfindung der Kommission, also auch eine gemeinsame Beratung von Initiativen voraus.[74] Bestätigt wird das Kollegialitätsprinzip in Art. 1 GO-Kommission, wonach die Kommission als Kollegium handelt. Ausdruck des Prinzips ist, dass nach Art. 17 Abs. 7 EUV die Kommission nur als Kollegium ernannt werden kann und ihr nach Art. 17 Abs. 8 EUV nur als Kollegium das Misstrauen ausgesprochen werden kann. Zudem trifft die Kommission gemäß Art. 250 Abs. 1 AEUV Entscheidungen grundsätzlich mit der Mehrheit ihrer Mitglieder. Die Sicherstellung des Kollegialitätsprinzips ist mit den Anforderungen an die Kohärenz und Effizienz des Kommissionshandelns abzuwägen.[75] Nur in Ausnahmefällen können nach Maßgabe der Geschäftsordnung Entscheidungsbefugnisse der Kommission auf ein oder mehrere Kommissionsmitglieder zur Sicherstellung der Effizienz des Kommissionshandelns übertragen werden (vgl. Art. 13 GO Kommission). Aber auch dabei bleibt der Grundsatz der kollegialen Verantwortlichkeit der Kommission gewahrt.

3. Ernennung der Vizepräsidenten der Kommission

37   Nach Art. 17 Abs. 6 UAbs. 1 Buchst. c EUV ernennt der Kommissionspräsident aus der Mitte der Kommission die Vizepräsidenten, mit Ausnahme des Hohen Vertreters für Außen- und Sicherheitspolitik. Der Hohe Vertreter der Union für Außen- und Sicherheitspolitik ist kraft seines Amtes einer der Vizepräsidenten der Kommission (Art. 18 Abs. 4 Satz 1 EUV). Hinsichtlich der Zahl der Vizepräsidenten enthält der Vertrag keine

---

[71] *Kugelmann*, in: Streinz, EUV/AEUV, Art. 17 EUV, Rn. 88; anders aber *Nemitz*, in: Schwarze, EU-Kommentar, Art. 17 EUV, Rn. 60.

[72] S. Art. 248 AEUV, Rn. 2 ff.

[73] *Kugelmann*, in: Streinz, EUV/AEUV, Art. 17 EUV, Rn. 107.

[74] EuGH, Urt. v. 23.9.1986, Rs. 5/85 (AKZO Chemie/Kommission), Slg. 1986, 2607, Rn. 30; Urt. v. 15.6.1994, Rs. C–137/92 P (Kommission/BASF u. a.), Slg. 1994, I–2629, Rn. 63.

[75] *Martenczuk*, in: Grabitz/Hilf/Nettesheim, EU, Art. 17 EUV (Juli 2010), Rn. 96.

Festlegung. Der Präsident kann die Zahl seiner Vizepräsidenten im Rahmen seines **Er-messens** bestimmen.[76] Er kann zugleich eine Rangfolge innerhalb des Kreises der Vize-präsidenten festlegen (vgl. Art. 3 Abs. 3 GO-Kommission). Aufgabe der Vizepräsiden-ten ist gemäß Art. 25 GO-Kommission den Präsidenten in einer zuvor festgelegten Rei-henfolge zu vertreten. Der Präsident kann aber auch ein anderes Kommissionsmitglied mit seiner **Vertretung** beauftragen. Den Vizepräsidenten können durch den Präsidenten im Rahmen von dessen Organisationsgewalt[77] auch bestimmte **weitere Aufgaben** zuge-wiesen werden. Möglich ist es, einen der Vizepräsidenten zum »Ersten Vizepräsiden-ten« zu bestimmen, der als »rechte Hand« des Kommissionspräsidenten diesen bei der Wahrnehmung seiner Leitungsaufgabe unterstützt.[78] So kann der Präsident festlegen, dass die Vizepräsidenten Arbeitsgruppen oder Projektteams der Kommission leiten und dabei die Arbeit einer Reihe von Kommissaren leiten und koordinieren.[79] Dem Ersten Vizepräsidenten ein Vetorecht in Bezug auf Initiativen der übrigen Kommissionsmit-glieder einzuräumen, würde jedoch gegen das Kollegialitätsprinzip verstoßen, wonach alle Kommissare gleichberechtigt an der Entscheidungsfindung der Kommission zu be-teiligen sind.[80]

II. Entlassungsrecht des Kommissionspräsidenten

Nach Art. 17 Abs. 6 UAbs. 2 Satz 1 EUV hat ein Mitglied der Kommission sein Amt **38** niederzulegen, wenn es vom Präsidenten dazu aufgefordert wird. Diese Regelung stellt eine Reaktion auf eine **Krise der Kommission** unter Kommissionspräsident Jacques San-ter im Jahr 1999 dar, als Kommissionsmitglieder sich weigerten, freiwillig von ihren Ämtern zurückzutreten, obwohl massive erhebliche Vorwürfe amtspflichtwidrigen Ver-haltens im Raum standen. Letztlich trat die Kommission kollektiv zurück.[81] Der nach-folgende Kommissionspräsident Romano Prodi ließ sich daraufhin von allen Kommis-sionsmitgliedern zusichern, dass die im Fall einer Aufforderung durch den Präsidenten von ihren Ämtern zurücktreten würden. Durch den Vertrag von Nizza wurde schließlich in Art. 217 Abs. 4 EGV/Nizza eine Regelung in das Primärrecht aufgenommen, wonach ein Kommissionsmitglied seinen Rücktritt zu erklären hatte, wenn der Präsident dies nach Billigung durch das Kollegium der Kommission verlangte.

Die derzeitige Regelung nach dem Vertrag von Lissabon legt die Entscheidung über **39** die Amtsniederlegung von Kommissionsmitgliedern allein in die Hände des Kommis-sionspräsidenten, da eine Billigung durch die Kommission insgesamt nicht mehr ver-langt wird. Es handelt sich um eine **politische Entscheidung des Präsidenten**, die an keine inhaltlichen Voraussetzungen geknüpft ist.[82] Gründe für ein Gebrauchmachen von sei-nem Aufforderungsrecht können schwere Verfehlungen eines Mitglieds der Kommissi-on sein.[83] Der Präsident kann sein Entlassungsrecht allerdings auch als Mittel der poli-tischen Disziplinierung der Kommissionsmitglieder einsetzen.[84] Das aufgeforderte Mit-

[76] *Nemitz*, in: Schwarze, EU-Kommentar, Art. 17 EUV, Rn. 68.
[77] S. Rn. 35 f.
[78] Vgl. die Pressemitteilung der Kommission IP/14/984 vom 10. 9. 2014.
[79] Vgl. die Pressemitteilung der Kommission IP/14/984 vom 10. 9. 2014.
[80] *Brauneck*, DÖV 2015, 904 (908, 912 ff.).
[81] Dazu *Hummer/Obwexer*, EWS 1999, 161.
[82] *Martenczuk*, in: Grabitz/Hilf/Nettesheim, EU, Art. 17 EUV (Juli 2010), Rn. 101; *Schmidt/ Schmitt v. Sydow*, in: GSH, Europäisches Unionsrecht, Art. 17 EUV, Rn. 142.
[83] *Kugelmann*, in: Streinz, EUV/AEUV, Art. 17 EUV, Rn. 104.
[84] *Nemitz*, in: Schwarze, EU-Kommentar, Art. 17 EUV, Rn. 69.

glied trifft nach einer entsprechenden Aufforderung durch den Präsidenten die **Pflicht zur Amtsniederlegung**. Ein Amtsniederlegungsermessen besteht nicht.

40   Eine **Sonderregelung** gilt gemäß Art. 17 Abs. 6 UAbs. 2 Satz 2 EUV für den **Hohen Vertreter der Union für Außen- und Sicherheitspolitik**. Danach legt der Hohe Vertreter sein Amt nach dem Verfahren des Art. 18 Abs. 1 EUV nieder. Die Pflicht zur Amtsniederlegung trifft den Hohen Vertreter, wenn er vom Kommissionspräsidenten dazu aufgefordert worden ist und der **Europäische Rat** die Beendigung der Amtszeit mit **qualifizierter Mehrheit** beschlossen hat.

H. Einsetzung der Kommission

41   Art. 17 Abs. 7 EUV regelt das Verfahren zur Einsetzung der Kommission. In diesem Verfahren spiegelt sich die besondere supranationale Struktur des Staatenverbundes der Europäischen Union, da die Kommission ihre **demokratische Legitimation** sowohl – vermittelt über die Regierungsvertreter der Mitgliedstaaten im Rat – von den nationalen Parlamenten herleitet als auch vom Europäischen Parlament. Die derzeitige Regelung ist das Resultat einer langjährigen Entwicklung hin zu einer immer stärkeren **Einbindung der supranationalen Ebene** in das Verfahren. Während zuvor die Kommissionsmitglieder allein von den Regierungen der Mitgliedstaaten im gegenseitigen Einvernehmen ernannt worden waren, hatte der Vertrag von Maastricht die Ernennung der Kommission von der Zustimmung des Europäischen Parlaments abhängig gemacht. Zugleich hatte der Vertrag von Maastricht Mitwirkungsrechte des designierten Kommissionspräsidenten in das Verfahren der Kommissionsernennung eingeführt. Der Vertrag von Amsterdam hatte nicht nur die Ernennung der Kommission als Kollegium, sondern bereits die Auswahl des Kommissionspräsidenten von der Zustimmung des Europäischen Parlaments abhängig gemacht. Nach dem Vertrag von Nizza erfolgte die Ernennung der Kommission nicht mehr durch die im Rat vereinigten Vertreter der Regierungen der Mitgliedstaaten, sondern – nach Zustimmung durch das Europäische Parlament – durch den Rat. Der Vertrag von Lissabon geht wiederum einen Schritt weiter und sieht die Wahl des Kommissionspräsidenten durch das Europäische Parlament vor.

42   Die Ernennung der Kommissionsmitglieder erfolgt in einem **mehrstufigen Verfahren**. Zunächst erfolgt die Wahl des Kommissionspräsidenten durch das Parlament, bevor die Auswahl der übrigen Mitglieder der Kommission erfolgt. Abschließend erfolgt die Ernennung der Kommission als Kollegium durch das Europäische Parlament und den Europäischen Rat.

I. Wahl des Präsidenten der Kommission

43   Nach Art. 17 Abs. 7 UAbs. 1 Satz 1 EUV schlägt zunächst der Europäische Rat dem Europäischen Parlament mit qualifizierter Mehrheit die Persönlichkeit vor, die zum Kommissionspräsidenten gewählt werden soll. Zu berücksichtigen ist gemäß der Erklärung Nr. 6 zur Schlussakte der Lissabonner Regierungskonferenz[85] bei der Auswahl der Personen, die das Amt des Präsidenten des Europäischen Rates, des Präsidenten der Kommission und des Hohen Vertreters der Union für Außen- und Sicherheitspolitik

---

[85] Erklärung Nr. 6 zu Artikel 15 Absätze 5 und 6, Artikel 17 Absätze 6 und 7 und Artikel 18 des Vertrags über die Europäische Union, ABl. 2012, C 326/340.

ausüben sollen, die geografische und demografische Vielfalt der Mitgliedstaaten. Die genannten Ämter sollen mit Personen unterschiedlicher Staatsangehörigkeit besetzt werden.[86] Vor einem **Vorschlag des Europäischen Rates** sollen **Konsultationen mit dem Europäischen Parlament** durchgeführt werden. Gemäß der Lissabonner Erklärung Nr. 11 betreffen diese Konsultationen das Profil der Kandidaten für das Amt des Kommissionspräsidenten, wobei das Ergebnis der Wahlen zum Europäischen Parlament zu berücksichtigen ist.[87] Nach Möglichkeit soll eine Persönlichkeit vorgeschlagen werden, die die parlamentarische Mehrheit hinter sich vereint. Eine Pflicht des Europäischen Rates, den Kandidaten aus der jeweils stärksten Parteienfamilie des Europäischen Parlaments zu rekrutieren besteht jedoch nicht.[88] Vor dem Hintergrund dieser Regelungen hatten sich die bei den Wahlen zum Europäischen Parlament im Jahr 2014 angetretenen transnationalen Parteienbündnisse dazu entschlossen, sogenannte »**Spitzenkandidaten**« für das Amt des Kommissionspräsidenten aufzustellen.[89] Dem öffentlichen und medialen Druck, der hierdurch aufgebaut worden war, konnte sich der Europäische Rat bei seiner Entscheidung über einen Kandidaten für das Präsidentenamt letztlich nicht entziehen.[90] Dieser Schachzug bedeutet eine stärkere Parlamentarisierung der Europäischen Union und schwächt den Einfluss des Europäischen Rates auf die Besetzung des Amtes des Kommissionspräsidenten.

Hat der Europäische Rat eine Person für das Amt des Präsidenten der Kommission **44** vorgeschlagen, fordert der Präsident des Europäischen Parlaments die kandidierende Person auf, vor dem Europäischen Parlament eine Erklärung abzugeben und ihre politischen Zielvorstellungen zu erläutern (Art. 117 Abs. 1 UAbs. 1 GO-EP). An die Erklärung schließt sich eine Aussprache an, wobei der Europäische Rat eingeladen ist, an der Aussprache teilzunehmen. Im Anschluss wird der Präsident der Kommission gemäß Art. 17 Abs. 7 UAbs. 1 Satz 2 EUV vom **Europäischen Parlament** mit der **Mehrheit seiner Mitglieder** gewählt. Wird diese Mehrheit nicht erreicht und scheitert die Wahl des Kommissionspräsidenten, schlägt der Europäische Rat binnen eines Monats einen neuen Kandidaten vor, für dessen Wahl dasselbe Verfahren angewendet wird (Art. 17 Abs. 7 UAbs. 1 Satz 3 EUV).

II. Auswahl der übrigen Mitglieder der Kommission

Nach der Wahl des Präsidenten der Kommission folgt die Auswahl der weiteren Kom- **45** missionsmitglieder. Die Mitgliedstaaten besitzen hier gemäß Art. 17 Abs. 7 UAbs. 2 Satz 2 EUV ein **Vorschlagsrecht**, wobei sie bei ihrer Auswahl die Kriterien gemäß Art. 17 Abs. 3 UAbs. 2 und Art. 17 Abs. 5 UAbs. 2 EUV anzulegen haben. Die Auswahl der Kommissionsmitglieder hat im **Einvernehmen mit dem Kommissionspräsidenten** zu erfolgen (Art. 17 Abs. 7 UAbs. 2 Satz 1 EUV). Der Kommissionspräsident kann von den Mitgliedstaaten vorgeschlagene Kandidaten ablehnen, was zur Folge hat, dass andere Persönlichkeiten vorgeschlagen werden müssen. Die Liste der Kandidaten liegt anschließend dem Rat vor, der diese Liste mit qualifizierter Mehrheit beschließt.[91] Lehnt

---

[86] *Epping*, in: Vedder/Heintschel v. Heinegg, Europäisches Unionsrecht, Art. 17 EUV, Rn. 28.
[87] Erklärung Nr. 11 zu Artikel 17 Abs. 6 und 7 des Vertrags über die Europäische Union, ABl. 2008, C 115/342.
[88] *Holzner*, EuR 2015, 525 (531, 534).
[89] Dazu *Nickel*, EuR 2016, 28 (45 ff.).
[90] Vgl. dazu *Göler/Jopp*, integration 2014, 152 (157 ff.); so auch bereits *Schoo*, EuR-Beiheft 1/2009, 51 (66); *Schwarze*, EuR-Beiheft 1/2009, 9 (13).
[91] Vgl. den Beschluss 2014/716/EU, Euratom des Rates – im Einvernehmen mit dem gewählten

der Rat die Liste ab, ist eine neue Liste zu erarbeiten und dem **Rat zur Abstimmung** vorzulegen.[92]

III. Zustimmungsvotum des Europäischen Parlaments

46   In einem nächsten Schritt stellen sich die Vorgeschlagenen, zusammen mit dem Kommissionspräsidenten und dem Hohen Vertreter für Außen- und Sicherheitspolitik gemäß Art. 17 Abs. 7 UAbs. 3 Satz 1 EUV einem **Zustimmungsvotum des Europäischen Parlaments**. Nach Art. 118 Abs. 2 GO-EP fordert der Präsident des Europäischen Parlaments den gewählten Präsidenten der Kommission auf, das Parlament über die Aufteilung der Geschäftsbereiche im vorgeschlagenen Kollegium der Kommissionsmitglieder gemäß seinen politischen Leitlinien zu unterrichten. Solchermaßen informiert fordert der Präsident die Kandidaten auf, sich entsprechend ihren in Aussicht genommenen Zuständigkeitsbereichen den zuständigen Ausschüssen vorzustellen. Diese **Anhörungen** finden öffentlich statt. Hier hat das Parlament die Möglichkeit, die fachliche Eignung der einzelnen Kandidaten für das ihnen zugedachte Amt zu überprüfen.[93] Der jeweilige Parlamentsausschuss gibt nach der Anhörung ein Votum zu jedem Kandidaten ab. Das in der Geschäftsordnung des Europäischen Parlaments vorgesehene Anhörungsverfahren ist nicht rechtswidrig, auch wenn es nicht in den Verträgen geregelt ist. Insbesondere ist kein Verstoß gegen Art. 17 Abs. 7 UAbs. 3 Satz 1 EUV zu erkennen, wonach das Europäische Parlament über das Kollegium insgesamt abzustimmen hat.[94] Es ist das Recht des Parlaments, sich vor seinem Votum über die Kommission ein Bild von den vorgeschlagenen Persönlichkeiten zu machen.[95] Zeigt sich, dass sich im Parlament Widerstand gegen einzelne Persönlichkeiten formiert, ist es ein Gebot politischer Klugheit, die vom Rat vorgelegte Liste zu überdenken und gegebenenfalls abzuändern.[96] Im Anschluss an die Einzelanhörungen stellt der gewählte Präsident der Kommission das Kollegium der Kommissionsmitglieder und ihr Programm in einer Sitzung des Parlaments vor (Art. 118 Abs. 4 GO-EP). Zu dieser Sitzung werden der Präsident des Europäischen Rates und der Präsident des Rates eingeladen. An die Erklärung schließt sich eine Aussprache an. Danach stimmt das Europäische Parlament über das Kollegium der Kommission ab, wobei es das Kollegium nur insgesamt ablehnen oder dem Vorschlag zustimmen kann (Art. 17 Abs. 7 UAbs. 3 Satz 1 EUV).

Präsidenten der Kommission – vom 15. 10. 2014 zur Annahme der Liste der anderen Persönlichkeiten, die der Rat als Mitglieder der Kommission vorschlägt, und zur Aufhebung und Ersetzung des Beschlusses 2014/648/EU, Euratom, ABl. 2014, L 299/29.

[92] *Kugelmann*, in: Streinz, EUV/AEUV, Art. 17 EUV, Rn. 115.

[93] Vgl. *Wonka*, 95 f.

[94] So aber *Ruffert*, in: Calliess/Ruffert, EUV/AEUV, Art. 17 EUV, Rn. 51.

[95] *Hummer/Obwexer*, EuR 1995, 129 (135); *Epping*, in: Vedder/Heintschel v. Heinegg, Europäisches Unionsrecht, Art. 17 EUV, Rn. 29; *Kugelmann*, in: Streinz, EUV/AEUV, Art. 17 EUV, Rn. 116.

[96] *Martenczuk*, in: Grabitz/Hilf/Nettesheim, EU, Art. 17 EUV (Juli 2010), Rn. 110; vgl. auch den Beschluss 2014/716/EU, Euratom des Rates – im Einvernehmen mit dem gewählten Präsidenten der Kommission – vom 15. 10. 2014 zur Annahme der Liste der anderen Persönlichkeiten, die der Rat als Mitglieder der Kommission vorschlägt, und zur Aufhebung und Ersetzung des Beschlusses 2014/648/EU, Euratom, ABl. 2014, L 299/29.

IV. Ernennung durch den Europäischen Rat

Erst nach der parlamentarischen Zustimmung erfolgt die Ernennung der Kommission als   **47**
Kollegium durch den **Europäischen Rat mit qualifizierter Mehrheit** (Art. 17 Abs. 7
UAbs. 3 Satz 2 EUV).[97]

I. Parlamentarische Verantwortlichkeit der Kommission

Art. 17 Abs. 8 Satz 1 EUV legt fest, dass die Kommission als Kollegium dem Europäi-   **48**
schen Parlament verantwortlich ist. Die **parlamentarische Verantwortlichkeit** der Kommission manifestiert sich z. B. im Fragerecht des Europäischen Parlaments an die Kommission gemäß Art. 230 Abs. 2 AEUV, in der Erörterung des Gesamtberichts der Kommission gemäß Art. 233 AEUV und in der Entlastung der Kommission zur Ausführung
des Haushaltsplans gemäß Art. 319 AEUV.

Schärfstes Instrument der parlamentarischen Kontrolle der Kommission ist das **Miss-**   **49**
trauensvotum des Europäischen Parlaments gemäß Art. 17 Abs. 8 Satz 2 und 3 AEUV.
Weitere Einzelheiten des Misstrauensvotums sind in Art. 234 AEUV geregelt. Wird ein
Misstrauensantrag gegen die Kommission vom Europäischen Parlament angenommen,
müssen die Mitglieder der Kommission geschlossen ihre Ämter niederlegen (Art. 17
Abs. 8 Satz 2 AEUV). Ein Misstrauensvotum gegen einzelne Mitglieder der Kommission
ist nicht zulässig.[98] Auch der Hohe Vertreter der Union für Außen- und Sicherheitspolitik
muss sein Kommissionsamt niederlegen, behält jedoch das Amt des Hohen Vertreters.
Die Kommissionsmitglieder bleiben nach einem erfolgreichen Misstrauensvotum geschäftsführend im Amt, bis eine neue Kommission gemäß Art. 17 Abs. 7 EUV ernannt
worden ist (Art. 234 Abs. 2 Satz 2 AEUV).

---

[97] Vgl. den Beschluss 2014/749/EU des Europäischen Rates vom 23. 10. 2014 zur Ernennung der
Europäischen Kommission, ABl. 2014, L 311/36.
[98] *Martenczuk*, in: Grabitz/Hilf/Nettesheim, EU, Art. 17 EUV (Juli 2010), Rn. 116; *Schmidt/
Schmitt v. Sydow*, in: GSH, Europäisches Unionsrecht, Art. 17 EUV, Rn. 185.

Artikel 18 EUV [Hoher Vertreter für Außen- und Sicherheitspolitik]

(1) ¹Der Europäische Rat ernennt mit qualifizierter Mehrheit und mit Zustimmung des Präsidenten der Kommission den Hohen Vertreter der Union für Außen- und Sicherheitspolitik. ²Der Europäische Rat kann die Amtszeit des Hohen Vertreters nach dem gleichen Verfahren beenden.

(2) ¹Der Hohe Vertreter leitet die Gemeinsame Außen- und Sicherheitspolitik der Union. ²Er trägt durch seine Vorschläge zur Festlegung dieser Politik bei und führt sie im Auftrag des Rates durch. ³Er handelt ebenso im Bereich der Gemeinsamen Sicherheits- und Verteidigungspolitik.

(3) Der Hohe Vertreter führt den Vorsitz im Rat »Auswärtige Angelegenheiten«.

(4) ¹Der Hohe Vertreter ist einer der Vizepräsidenten der Kommission. ²Er sorgt für die Kohärenz des auswärtigen Handelns der Union. ³Er ist innerhalb der Kommission mit deren Zuständigkeiten im Bereich der Außenbeziehungen und mit der Koordinierung der übrigen Aspekte des auswärtigen Handelns der Union betraut. ⁴Bei der Wahrnehmung dieser Zuständigkeiten in der Kommission und ausschließlich im Hinblick auf diese Zuständigkeiten unterliegt der Hohe Vertreter den Verfahren, die für die Arbeitsweise der Kommission gelten, soweit dies mit den Absätzen 2 und 3 vereinbar ist.

Literaturübersicht

Cremer, Die Gemeinsame Außen-, Sicherheits- und Verteidigungspolitik im Spannungsfeld zwischen Souveränität der Mitgliedstaaten und Supranationalität der EU, in: Fastenrath/Nowak (Hrsg.), Der Lissaboner Reformvertrag, 2009, S. 275; *De Baere*, Constitutional Principles of EU External Relations, 2008; *Epping*, Die Verfassung Europas?, JZ 2003, 812; *Frisch*, Der Hohe Vertreter für die GASP – Aufgaben und erste Schritte, 2000; *Heusgen*, Der »Mister GASP« und die Strategieplanungs- und Frühwarneinheit, in: Hummer, Rechtsfragen in der Anwendung des Amsterdamer Vertrags, 2001, S. 162; *Jopp/Regelsberger*, GASP und ESVP im Verfassungsvertrag – eine neue Angebotsvielfalt mit Chancen und Mängeln, integration 2003, 550; *Kaddous*, Role and Position of the High Representative of the Union for Foreign Affairs and Security Policy under the Lisbon Treaty, in: Griller/Ziller (Hrsg.), The Lisbon Treaty, EU Constitutionalism without a Constitutional Treaty?, 2008, S. 206; *Karalus*, Die diplomatische Vertretung der Europäischen Union, 2009; *Klein/Wessels*, Eine Stimme, zwei Hüte – viele Pioniere? Die GASP nach dem EU-Konvent, WeltTrends 2004, 11; *Kugelmann*, »Kerneuropa« und der EU-Außenminister – die verstärkte Zusammenarbeit in der GASP, EuR 2004, 322; *Martenczuk*, The External Representation of the European Union: From Fragmentation to a Single European Voice, FS Bothe, 2008, S. 941; *Schulz*, Die Außenpolitik der EU im 21. Jahrhundert: Vision, Ambition und Wirklichkeit, integration 2013, 138; *Vedder*, Außenbeziehungen und Außenvertretung, in: Hummer/Obwexer (Hrsg.), Der Vertrag von Lissabon, 2009, S. 267.

Wesentliche sekundärrechtliche Vorschriften

Verordnung 2009/937/EU des Rates zur Änderung seiner Geschäftsordnung vom 1. 12. 2009, ABl. 2009, L 325/35

Beschluss 2009/910/EU des Rates vom 1. 12. 2009 über die Beschäftigungsbedingungen des Hohen Vertreters der Union für Außen- und Sicherheitspolitik, ABl. 2009, L 322/36

Beschluss 2009/880/EU des Europäischen Rates mit Zustimmung des Präsidenten der Kommission vom 1. 12. 2009 zur Ernennung von Baroness Catherine Margaret Ashton of Upholland zur Hohen Vertreterin der Union für Außen- und Sicherheitspolitik bis zum Ende der Amtszeit der amtierenden Kommission, ABl. 2009, L 315/49

Beschluss 2009/950/EU des Europäischen Rates mit Zustimmung des Präsidenten der Kommission vom 4. 12. 2009 der die Amtszeit der Hohen Vertreterin der Union für Außen- und Sicherheitspolitik auf den 31. 10. 2014 festlegte, ABl. 2009, L 328/69

Beschluss 2010/80/EU des Europäischen Rates vom 9. 2. 2010 zur Ernennung der Europäischen Kommission, einschließlich der Hohen Vertreterin als Vizepräsident in der Kommission, ABl. 2010, L 38/7

Beschluss 2014/639/EU des Europäischen Rates v. 30.8.2014 zur Ernennung des Hohen Vertreters der Union für Außen- und Sicherheitspolitik, ABl. 2014, L262/66

A. Entwicklung und Ziele der Vorschrift

Das Amt des Hohen Vertreters für die Gemeinsame Außen- und Sicherheitspolitik (im 1 Folgenden: HV) wurde mit dem Vertrag von Amsterdam eingeführt. Dessen Vorschriften über die Stellung und die Aufgaben des HV wurden im Vertrag von Nizza bestätigt. Danach sollte der Generalsekretär des Rates zugleich die Aufgabe eines HV wahrnehmen. Nach Art. 18 Abs. 3 EUV a.F. sollte der HV den Vorsitz und nach Art. 26 EUV a.F. den Rat in Angelegenheiten der GASP **unterstützen**. Wenngleich diese Doppelhutlösung eine Einbettung in den institutionellen Rahmen bedeutete, wurde das Ziel, der GASP in Person eines »**Mr. GASP**«/»**Monsieur PESC**« ein Gesicht zu geben und so auch zu einer größeren Kontinuität der GASP beizutragen, nur im Ansatz erreicht, da die Vertretung der Union in Angelegenheiten der GASP nach Art. 18 Abs. 1 EUV a.F. dem jeweiligen Ratsvorsitz vorbehalten und der HV auf eine unterstützende Rolle beschränkt blieb.[1] Auch die Sicherstellung der Kohärenz des auswärtigen Handelns der Union war nur bedingt gewährleistet, blieb doch der HV dem Rat zu- und untergeordnet, so dass er sich stets dann gesondert mit der Kommission abstimmen musste, wenn deren Zuständigkeitsbereiche tangiert waren. Nachdem das Vorhaben eines Europäischen Verfassungsvertrags auch deshalb gescheitert war, weil Vorbehalte gegenüber staatsähnlichen Symbolen und Amtsbezeichnungen (»Europäischer Außenminister«) bestanden, wurden im Vertrag von Lissabon die Vorschriften über den HV und seine Aufgaben neu gefasst, decken sich aber weitgehend mit denen des Verfassungsvertrags.[2]

Im Vergleich zur überkommenen Rechtslage wird mit Art. 18 EUV die Stellung des 2 HV merklich aufgewertet. Die Ernennung durch den Europäischen Rat und die Stellung als ständiger Vorsitzender im Rat »Auswärtige Angelegenheiten« stärken seine **Unabhängigkeit** und verhelfen ihm im Verhältnis zum Rat sowie zu den Mitgliedstaaten zu

---

[1] *Marquarst/Gaedtke*, in: GSH, Europäisches Unionsrecht, Art. 18, Rn. 1.
[2] Zu den Einzelheiten der Entstehungsgeschichte, insbesondere zu den Vorschlägen der 1994 eingesetzten Reflexionsgruppe und zu den Vorschriften des Verfassungsvertrags, vgl. *Kaufmann-Bühler*, in: Grabitz/Hilf/Nettesheim, EU, Art. 18 EUV (September 2013), Rn. 2 ff. Zur weitgehenden Übernahme der Vorschriften des Verfassungsvertrags vgl. auch *Cremer*, in: Calliess/Ruffert, EUV/AEUV, Art. 18 EUV, Rn. 1.

höherer Autorität. Der HV bleibt nicht mehr auf eine unterstützende Rolle beschränkt und ist angesichts der allgemeinen Aufgabenbeschreibung, die durch eine Vielzahl weiterer Vorschriften in den Verträgen konkretisiert wird, nunmehr mit hinreichenden Befugnissen ausgestattet, um zu einer größeren **Sichtbarkeit** und **Kontinuität** der GASP beizutragen. Zudem wird durch seine Doppelfunktion als HV und zugleich Vizepräsident der Kommission die **Kohärenz des auswärtigen Handelns** der Union gewährleistet.[3]

3   Die mit dem Vertrag von Lissabon erreichten Fortschritte dürfen freilich nicht überbewertet werden. Während der zur Sicherstellung der Kohärenz des auswärtigen Handelns beschrittene Weg trotz praktischer Schwierigkeiten keinen Anlass zu durchgreifender Kritik bietet,[4] bleibt die Ausgestaltung der außen- und sicherheitspolitischen Rolle des HV deutlich hinter der eines klassischen Außenministers zurück. Ob der HV zur Erreichung der Ziele größerer Sichtbarkeit und Kontinuität beiträgt, hängt zweifellos von der Persönlichkeit des Amtsinhabers ab sowie von dem außen- und sicherheitspolitischen Spielraum, der dem HV durch die Mitgliedstaaten eingeräumt wird. Der erste HV, *Javier Solana*, hat vor Augen geführt, dass eine primärrechtlich schwache Position einem sichtbaren und erfolgreichen Handeln im Bereich der GASP nicht entgegensteht, wenn der Amtsinhaber über hinreichende Expertise und Autorität verfügt. Nach dem Vertrag von Lissabon verfügt die gegenwärtige Amtsinhaberin, *Frederica Mogherini*, ebenso wie ihre Vorgängerin, *Baroness Ashton*, über weiter reichende Befugnisse und hat eine deutlich stärkere Stellung, ohne jedoch in merklich größerem Umfang als ihr Vorgänger die Sichtbarkeit und Relevanz der Union auf der internationalen Ebene gestärkt zu haben. Dies liegt auch darin begründet, dass einzelne Mitgliedstaaten insbesondere in Krisen einem nationalen Alleingang größere Erfolgsaussichten zuzuerkennen scheinen. Abgesehen von diesen Aspekten darf aber nicht unberücksichtigt bleiben, dass bei genauerer Betrachtung die außen- und sicherheitspolitischen Kompetenzen des HV keineswegs im Sinne einer umfassenden »Ressortzuständigkeit« ausgestaltet worden sind. Vielmehr liegt ein deutlicher Schwerpunkt der Befugnisse des HV weiterhin auf der **Durchführungsebene**, so dass der HV auch nach dem Vertrag von Lissabon in nur eingeschränktem Maße über einen eigenständigen außen- und sicherheitspolitischen Handlungs- und Gestaltungsspielraum verfügt.

B. Ernennung, Amtszeit und Abberufung (Abs. 1)

I. Ernennung (Satz 1)

4   Die Ernennung des HV erfolgt durch einen **Beschluss des Europäischen Rates** (Abs. 1 Satz 1). Obgleich der HV sich somit auf die höchste politische Autorität im institutionellen Gefüge der Union stützen können soll, so dass seine Stellung gegenüber dem Rat merklich gestärkt wird, ist ein einstimmiger Beschluss des Europäischen Rates nicht erforderlich. Ausreichend ist vielmehr die **qualifizierte Mehrheit**, die sich gemäß Art. 235 Abs. 1 UAbs. 2 Satz 1 AEUV nach Art. 16 Abs. 4 EUV und Art. 238 Abs. 2

---

[3] S. auch *Epping*, in: Vedder/Heintschel v. Heinegg, Europäisches Unionsrecht, Art. 18 EUV, Rn. 1 ff. Vgl. ferner *Regelsberger*, in: Streinz, EUV/AEUV, Art. 18 EUV, Rn. 1 f.; *Marquarst/Gaedtke*, in: GSH, Europäisches Unionsrecht, Art. 18, Rn. 1.

[4] Dazu *Cremer*, in: Calliess/Ruffert, EUV/AEUV, Art. 18 EUV, Rn. 2.

AEUV bestimmt, da der Beschluss des Europäischen Rates nach Abs. 1 keinen Vorschlag der Kommission oder des amtierenden HV voraussetzt.[5]

Die Ernennung des HV durch den Europäischen Rat ist von der **Zustimmung des** **5** **Präsidenten der Kommission** abhängig, so dass eine Kandidatin/ein Kandidat durch diesen aus politischen oder persönlichen Gründen abgelehnt werden kann. Der Kommissionspräsident ist nicht verpflichtet, Gründe für die Verweigerung der Zustimmung zu geben, er wird sich aber den politischen Mehrheitsverhältnissen schwerlich verschließen können. Das Zustimmungserfordernis ist dem Umstand geschuldet, dass der HV nach Abs. 4 Satz 1 auch einer der Vizepräsidenten der Kommission ist, aber wegen seiner Doppelfunktion nicht vom Kommissionspräsidenten ernannt wird (Art. 17 Abs. 6 UAbs. 1 Buchst. c) EUV). Die Doppelfunktion des HV bringt es zudem mit sich, dass er sich gemäß Art. 17 Abs. 7 UAbs. 3 EUV zusammen mit dem Kommissionspräsidenten und den übrigen Mitgliedern der Kommission als Kollegium einem **Zustim-** **mungsvotum des Europäischen Parlaments** stellen muss.[6]

Während Art. 18 EUV keine Bestimmungen über die **Qualifikation** der zu ernennen- **6** den Person enthält, muss wegen der Stellung als Vizepräsident der Kommission gewährleistet sein, dass die Person des HV aufgrund ihrer »allgemeinen Befähigung« und ihres »Einsatzes für Europa« die »volle Gewähr« für die Unabhängigkeit der Kommission bietet (Art. 17 Abs. 3 UAbs. 2 EUV), und Weisungen nur insoweit entgegennimmt, als dies in Art. 18 Abs. 2 EUV und den diesen konkretisierenden Vorschriften ausdrücklich vorgesehen ist. Zudem muss Art. 17 Abs. 5 UAbs. 2 EUV berücksichtigt werden, wonach seit dem 1. 11. 2014 bei der Zusammensetzung der Kommission »das demografische und geografische Spektrum der Gesamtheit der Mitgliedstaaten zum Ausdruck« kommen muss.[7]

Eine **Wiederernennung** ist zulässig, da weder der EUV noch die Protokolle und Er- **7** klärungen Bestimmungen zu dieser Frage enthalten.[8] Freilich hängt die Wiederernennung nicht allein vom Erfolg der Tätigkeit des Amtsinhabers oder seiner Anerkennung durch die Mitgliedstaaten ab, sondern eben auch von den Mehrheitsverhältnissen sowie dem demografischen, geografischen und parteipolitischen Spektrum. Nicht ausgeschlossen werden kann zudem eine fehlende Bereitschaft der Mitgliedstaaten, eine durchsetzungsfähige Persönlichkeit mit dem Amt des HV zu betrauen, um so ihren nationalen außen- und sicherheitspolitischen Handlungsspielraum zu schützen.

Am 1. 12. 2009 ernannte der Europäische Rat *Baroness Catherine Ashton* zur Hohen **8** Vertreterin als Nachfolgerin von *Javier Solana*.[9] Die **Beschäftigungsbedingungen** (Ge-

---

[5] Vgl. auch die Bestimmungen des Art. 3 des Protokolls (Nr. 36) über die Übergangsbestimmungen und des Protokolls (Nr. 9) über den Beschluss des Rates über die Anwendung des Art. 16 Abs. 4 EUV.

[6] Vgl. auch Abs. 1 der Erklärung Nr. 12, wonach bei den Vorbereitungsarbeiten zur Ernennung des HV zum Tag des Inkrafttretens des Vertrags von Lissabon »geeignete Kontakte zum Europäischen Parlament erfolgen« sollten. Vgl. ferner *Kaufmann-Bühler*, in: Grabitz/Hilf/Nettesheim, EU, Art. 18 EUV (September 2013), Rn. 11.

[7] Vgl. die Erklärung Nr. 6, in der betont wird, dass bei der Auswahl des Präsidenten des Europäischen Rates, des Kommissionspräsidenten und des HV »gebührend zu berücksichtigen« ist, dass »die geografische und demografische Vielfalt der Union und ihrer Mitgliedstaaten angemessen geachtet werden muss.« Ferner kommt in der Praxis dem parteipolitischen Proporz eine maßgebliche Bedeutung zu. Vgl. dazu *Kaufmann-Bühler*, in: Grabitz/Hilf/Nettesheim, EU, Art. 18 EUV (September 2013), Rn. 12.

[8] Vgl. allein *Kaufmann-Bühler*, in: Grabitz/Hilf/Nettesheim, EU, Art. 18 EUV (September 2013), Rn. 13.

[9] Beschluss 2009/880/EU des Europäischen Rates mit Zustimmung des Präsidenten der Kommis-

halt und Ruhegehalt) wurden in einem auf Art. 243 AEUV gestützten Beschluss des Rates festgelegt.[10] Die Ernennung der Kommission, einschließlich *Catherine Ashtons* als HV, durch den Europäischen Rat erfolgte am 9. 2. 2010.[11] Mit Beschluss vom 30. 8. 2014 wurde *Frederica Mogherini* mit Wirkung zum 1. 11. 2014 das Amt des HV übertragen.[12]

II. Dauer und Beendigung der Amtszeit (Satz 2)

9   Weder Art. 18 EUV noch andere Vorschriften des EUV enthalten ausdrückliche Bestimmungen über die **Dauer der Amtszeit** des HV. Art. 6 Satz 1 des Protokolls (Nr. 36) über die Übergangsbestimmungen hat sich mit Inkrafttreten des Vertrags von Lissabon erledigt.[13] Die Doppelfunktion des HV, der zugleich einer der Vizepräsidenten der Kommission ist, spricht für eine Angleichung an die Amtszeit der Kommission, die nach Art. 17 Abs. 3 UAbs. 1 EUV fünf Jahre beträgt. Dagegen spricht zunächst die Vorschrift des Art. 234 Abs. 2 AEUV. Wenngleich Art. 17 Abs. 8 Satz 3 EUV und Art. 234 Abs. 2 Satz 1 AEUV für den Fall eines **Misstrauensantrags** des Europäischen Parlaments gegen die Kommission vorsehen, dass die Mitglieder der Kommission geschlossen ihr Amt niederlegen, betrifft dies den HV allein insoweit, als »sein im Rahmen der Kommission ausgeübtes Amt« betroffen ist. Ziel dieser Bestimmungen ist es, dem Europäischen Parlament die Möglichkeit zu verwehren, durch einen Misstrauensantrag auch die Kontinuität und Funktionsfähigkeit der weitgehend intergouvernementalen GASP zu beeinträchtigen. Das Parlament soll mithin auf seine im Rahmen der GASP deutlich reduzierte Rolle beschränkt bleiben und über den Umweg über die Kommission nicht zugleich den Rat »Auswärtige Angelegenheiten« seines Vorsitzes berauben dürfen.[14] Darin erschöpfen sich aber die Vorschriften der Art. 17 Abs. 8 Satz 3 EUV und Art. 234 Abs. 2 Satz 1 AEUV, so dass aus ihnen **kein Verbot der Gleichsetzung der Amtszeiten** von HV und Kommission hergeleitet werden kann. Ob sich die Dauer der Amtszeit des HV nach Art. 17 Abs. 3 UAbs. 1 EUV bestimmt, ist aber fraglich. Nun trifft es zu, dass Art. 246 Abs. 5 AEUV für den Fall des Rücktritts, der Amtsenthebung oder den Tod des HV vorsieht, dass »für die verbleibende Amtszeit« nach Art. 18 Abs. 1 EUV ein Nachfolger ernannt wird. Dies bedeutet jedoch nicht zwingend, dass dies die Amtszeit der Kommission nach Art. 17 Abs. 3 UAbs. 1 EUV ist.[15] Vielmehr kann dies auch die im Ernennungsbeschluss des Europäischen Rates festgelegte Amtszeit des HV sein. Allerdings darf bei der Auslegung der Vorschriften der Verträge die **Erklärung Nr. 12** nicht unberücksichtigt bleiben, da es sich um eine sich auf die Verträge beziehende Übereinkunft handelt, die zwischen allen Vertragsparteien anlässlich des Vertragsschlusses getroffen wurde.[16] Nach deren Abs. 1 soll die Amtszeit des Hohen Vertreters am Tag des

sion vom 1. 12. 2009 zur Ernennung des Hohen Vertreters der Union für Außen- und Sicherheitspolitik, ABl. 2009, L 315/49.

[10] Beschluss 2009/910/EU des Rates vom 1. 12. 2009 über die Beschäftigungsbedingungen des Hohen Vertreters der Union für Außen- und Sicherheitspolitik, ABl. 2009, L 322/36.

[11] Beschluss 2010/80/EU des Europäischen Rates vom 9. 2. 2010 zur Ernennung der Europäischen Kommission, ABl. 2010, L 38/7.

[12] Beschluss 2014/639/EU des Europäischen Rates v. 30. 8. 2014 zur Ernennung des Hohen Vertreters der Union für Außen- und Sicherheitspolitik, ABl. 2014, L262/66.

[13] Danach endete die Amtszeit des Generalsekretärs des Rates und Hohen Vertreters für die Gemeinsame Außen- und Sicherheitspolitik zum Zeitpunkt des Inkrafttretens des Vertrags von Lissabon.

[14] So auch *Cremer*, in: Calliess/Ruffert, EUV/AEUV, Art. 18 EUV, Rn. 6.

[15] So *Cremer*, in: Calliess/Ruffert, EUV/AEUV, Art. 18 EUV, Rn. 7. Vgl. ferner *Kaufmann-Bühler*, in: Grabitz/Hilf/Nettesheim, EU, Art. 18 EUV (September 2013), Rn. 13.

[16] Vgl. Art. 31 Abs. 2 Buchst. a des Wiener Übereinkommens über das Recht der Verträge vom 23. 5. 1969, UNTS, vol. 1155, p. 331, BGBl. II 1985, S. 926.

Inkrafttretens des Vertrags von Lissabon beginnen »und bis zum Ende der Amtszeit der an diesem Tag amtierenden Kommission dauern.« In Abs. 2 erinnert die Konferenz daran, »dass die Ernennung desjenigen Hohen Vertreters der Union für Außen- und Sicherheitspolitik, dessen Amtszeit im November 2009 zum gleichen Zeitpunkt wie die Amtszeit der nächsten Kommission beginnen und dieselbe Dauer wie diese haben wird, nach den Artikeln 17 und 18 des Vertrags über die Europäische Union erfolgen wird.« Der Willen der Mitgliedstaaten als Herren der Verträge lässt mithin keinen Zweifel daran, dass die Amtszeit des HV **mit der Amtszeit der Kommission synchronisiert** sein muss. Demgemäß hatte der Europäische Rat mit Zustimmung des Kommissionspräsidenten das Ende der Amtszeit der HV *Ashton* auf den 31. 10. 2014 festgelegt.[17]

Eine **vorzeitige Beendigung** der Amtszeit tritt durch **Rücktritt, Amtsenthebung** oder **10** **Tod** des HV ein (Art. 246 Abs. 5 AEUV). Angesicht seiner Doppelfunktion ist es dem HV verwehrt, allein »von seinem im Rahmen der Kommission ausgeübten Amt« zurückzutreten. Auch die Amtsenthebung nach Art. 247 AEUV bewirkt eine Beendigung beider Ämter.[18] Zudem kann die Amtszeit des HV nach Abs. 1 Satz 2 jederzeit **durch Beschluss des Europäischen Rates** mit qualifizierter Mehrheit und mit Zustimmung des Kommissionspräsidenten, mithin »nach dem gleichen Verfahren« wie für die Ernennung, beendet werden. Ein darauf gerichteter Antrag kann von jedem Mitgliedstaat in den Europäischen Rat eingebracht werden.[19] Mit dem Beschluss nach Abs. 2 Satz 2 wird die Mitgliedschaft des Amtswalters in der Kommission nicht automatisch beendet, da sich die Kommission als Kollegium ja auch auf die Zustimmung des Europäischen Parlaments stützen kann.[20] Daher wird der Kommissionspräsident den Amtswalter nach Art. 17 Abs. 6 UAbs. 2 EUV zum Rücktritt auffordern. Daraufhin ist dieser verpflichtet, sein Amt als Mitglied und Vizepräsident der Kommission niederzulegen. Da der HV kraft Primärrechts eine Doppelfunktion ausübt, mithin zwingend auch einer der Vizepräsidenten der Kommission ist, besteht ein Verbot der Aufteilung dieser beiden Ämter auf verschiedene Personen. Will der Kommissionspräsident die betreffende Person in der Kommission halten, bleibt ihm allein eine Umstrukturierung der Kommission.[21] Unklar ist, welche Rechtsfolgen eine Rücktrittsaufforderung nach Art. 17 Abs. 6 UAbs. 2 EUV zeitigt, die allein auf **Initiative des Kommissionspräsidenten** erfolgt. In Satz 2 dieser Vorschrift ist vorgesehen, dass der HV »sein Amt nach dem Verfahren des Artikels 18 Absatz 1« niederlegt. Daraus folgt, dass der Kommissionspräsident zwar auf die Zusammensetzung der Kommission Einfluss zu nehmen berechtigt ist, die Abberufung aus dem Amt des HV aber dem Europäischen Rat vorbehalten bleiben soll. Aus dem Verweis auf Art. 18 Abs. 1 EUV folgte jedoch selbst dann keine Rechtspflicht des Europäischen Rates zur Abberufung des HV, wenn man dem Kommissionspräsidenten ein Initiativrecht mit Blick auf einen Abberufungsbeschluss nach Abs. 1 Satz 2 zuzugestehen bereit wäre. Art. 17 Abs. 6 UAbs. 2 Satz 2 EUV verpflichtet allein den HV zur

---

[17] Beschluss 2009/950/EU des Europäischen Rates mit Zustimmung des Präsidenten der Kommission vom 4. 12. 2009 zur Ernennung des Hohen Vertreters der Union für Außen- und Sicherheitspolitik, ABl. 2009, L 328/69.
[18] So auch *Cremer*, in: Calliess/Ruffert, EUV/AEUV, Art. 18 EUV, Rn. 7. Vorsichtiger: *Kaufmann-Bühler*, in: Grabitz/Hilf/Nettesheim, EU, Art. 18 EUV (September 2013), Rn. 19.
[19] *Cremer*, in: Calliess/Ruffert, EUV/AEUV, Art. 18 EUV, Rn. 8.
[20] S. auch *Epping*, in: Vedder/Heintschel v. Heinegg, Europäisches Unionsrecht, Art. 18 EUV, Rn. 9.
[21] Vgl. dazu *Kaufmann-Bühler*, in: Grabitz/Hilf/Nettesheim, EU, Art. 18 EUV (September 2013), Rn. 15.

Niederlegung seines Amtes. Nun trifft es zu, dass sich dieses Problem in der Regel nur politisch lösen lassen wird.[22] Allerdings ist es auch möglich, das Zusammenspiel der Art. 17 Abs. 6 UAbs. 2 und Art. 18 Abs. 1 EUV dahin zu deuten, dass der HV zunächst nur sein im Rahmen der Kommission ausgeübtes Amt niederlegt, gleichzeitig aber das Verfahren zur Ernennung eines Nachfolger nach Abs. 1 Satz 1 einleiten muss, so dass er bis zur Ernennung eines neuen HV vorläufig im Amt bleibt.[23]

C. Aufgaben in den Bereichen der GASP und der GSVP (Abs. 2)

11 Abs. 2 enthält eine **allgemeine Beschreibung der Aufgaben** des HV in den Bereichen der GASP und der GSVP. Wenngleich diese in einem Absatz erfolgt, darf die Aufteilung dieses Absatzes in drei Sätze nicht unberücksichtigt bleiben. Zudem darf die Aufgaben-beschreibung nach Abs. 1 nicht isoliert betrachtet werden, sondern muss stets im Zusammenhang mit den nachfolgenden Vorschriften ausgelegt werden, aus denen sich die konkreten Kompetenzen des HV ergeben. Erst so werden die Konturen der dem HV überantworteten Befugnisse und Aufgaben hinreichend deutlich. Die geforderte systematische Auslegung belegt, dass die mitunter übersteigerten Erwartungen an den HV als »Europäischer Außenminister« mit einer eigenständigen Ressortzuständigkeit und entsprechenden Kompetenzen unbegründet sind. Das Primärrecht bleibt merklich hinter dem zurück, was einige in die Vorschrift hineinzulesen bereit sind. Von einem Auseinanderfallen von Anspruch und Wirklichkeit kann daher keine Rede sein.[24]

I. Leitung der GASP (Satz 1)

12 Aus Abs. 1 Satz 1 wird in der Regel der Schluss gezogen, der HV verfüge im Bereich der GASP und der GSVP über eine »Leitungsfunktion«.[25] Demgemäß beziehe sich Satz 1 nicht allein auf den Vorsitz im Rat »Auswärtige Angelegenheiten«, sondern schließe »eine Vielzahl politischer und diplomatischer Tätigkeiten ein«, so dass mit der dem HV »überantworteten Leitungsfunktion ein hoher Anspruch verbunden [sei] mit dem Ziel, inhaltlich und konzeptionell die außenpolitischen Linien für die GASP zu entwickeln, hierfür intern die Billigung der Mitgliedstaaten zu erwirken und die gefundene Linie nach außen zu vertreten.«[26] Gegen dieses Verständnis spricht jedoch, dass so die in den Sätzen 2 und 3 beschriebenen Aufgaben miteinander vermengt und die nachfolgenden Vorschriften über die Befugnisse und Aufgaben des HV unberücksichtigt bleiben.

13   Zunächst fällt auf, dass in den nachfolgenden Vorschriften der Begriff »leiten« nicht wieder verwendet wird.[27] Aus der Entstehungsgeschichte folgt aber, dass der HV nicht mehr auf eine bloß unterstützende Funktion beschränkt bleiben soll.[28] Soll es sich aber bei Satz 1 nicht um eine letztlich redundante Vorschrift handeln, die allein einen Oberbegriff für die in Satz 2 umschriebenen Aufgaben einführt, so ist es wenig hilfreich,

---

[22] So *Kaufmann-Bühler*, in: Grabitz/Hilf/Nettesheim, EU, Art. 18 EUV (September 2013), Rn. 17.
[23] So der Vorschlag von *Cremer*, in: Calliess/Ruffert, EUV/AEUV, Art. 18 EUV, Rn. 9.
[24] So *Schulz*, integration 2013, 138.
[25] So etwa *Kaufmann-Bühler*, in: Grabitz/Hilf/Nettesheim, EU, Art. 18 EUV (September 2013), Rn. 20; *Cremer*, in: Calliess/Ruffert, EUV/AEUV, Art. 18 EUV, Rn. 10.
[26] So *Kaufmann-Bühler*, in: Grabitz/Hilf/Nettesheim, EU, Art. 18 EUV (September 2013), Rn. 20.
[27] So zutreffend auch *Cremer*, in: Calliess/Ruffert, EUV/AEUV, Art. 18 EUV, Rn. 10.
[28] S. o. Rn. 1.

wenn ihr zugleich ein materieller Gehalt in dem Sinne zugesprochen wird, damit solle der HV berechtigt sein, auf »Ratsbeschlüsse politisch-inhaltlichen Einfluß zu nehmen«,[29] da so wiederum die zu fordernde Unterscheidung zwischen Satz 1 und 2 aufgehoben wird.

Der Begriff »leiten« könnte daher im Sinne von »führen«, »anführen« oder »bestim-   **14** men« ausgelegt werden. Dagegen spricht jedoch der gleichermaßen authentische englische Wortlaut. Das Verb »conduct« wird zwar auch mit »leiten« übersetzt, wird aber nicht notwendig mit einer Führungsfunktion verbunden, sondern grundsätzlich im Sinne von »ausführen« verstanden, da andernfalls der Begriff »direct« verwendet worden wäre. Auch aus der nachfolgenden Praxis folgt, dass die Führung (und Gestaltung) der GASP keineswegs vorrangig oder gar ausschließlich in den Händen des HV liegen soll. Wie die jüngste Krise in der Ukraine gezeigt hat, sind die Mitgliedstaaten auch dann nicht bereit, das Heft aus der Hand zu geben, wenn gemeinsame Interessen der Union betroffen sind, sondern für sich das Recht reklamieren, am HV vorbei den wesentlichen außen- und sicherheitspolitischen Kurs zu bestimmen. Daher beschränkt sich die »Leitungsfunktion« des HV nach Satz 1 auf die Bereiche, in denen er eine **organisationsrechtliche Führungsrolle** einnimmt.[30] Gemäß Art. 27 Abs. 3 Satz 1 EUV ist ihm der Europäische Auswärtige Dienst unterstellt. Er übt die Aufsicht über die Sonderbeauftragten aus (Art. 33 EUV) und trägt die Verantwortung für das Politische und Sicherheitspolitische Komitee (Art. 38 Abs. 2 EUV).

Die Leitungsfunktion des HV – ob in dem hier vertretenen oder in einem weiteren   **15** Sinne – erstreckt sich **nicht auf die GSVP**.[31] Dagegen spricht nicht allein der besonders ausgeprägte intergouvernementale Charakter der GSVP, sondern die systematische Stellung von Satz 3. Der Begriff »ebenso« bezieht sich allein auf das Vorschlagsrecht und die Durchführungsbefugnis nach Satz 2. Im Bereich der GSVP beschränken sich die Befugnisse des HV auf Vorschläge für Ratsbeschlüsse (Art. 42 Abs. 4 EUV), auf Koordinierungsaufgaben (Art. 43 Abs. 2 Satz 2 EUV) sowie auf Unterrichtungs- und Anhörungsrechte (Art. 46 Abs. 1, Abs. 2 Satz 2, Abs. 3 EUV). Lediglich insoweit, als der Europäische Auswärtige Dienst und das Politische und Sicherheitspolitische Komitee (PSK) in die Planung und Durchführung eines operativen Vorgehens der Union zur Krisenbewältigung eingebunden sind, kommt dem HV eine indirekte Leitungsfunktion auch im Bereich der GSVP zu.

II. Mitgestaltung und Durchführung der GASP einschließlich der GSVP (Satz 2 und 3)

Die wesentlichen Befugnisse des HV betreffen daher die Mitgestaltung und Durchfüh-   **16** rung der GASP und der GSVP nach Maßgabe der nachfolgenden Vorschriften. Das Mitgestaltungsrecht nimmt der HV durch **Vorschläge an den Rat** wahr. In diesem Zusammenhang ist zu beachten, dass er nicht nur nach Abs. 2 den Vorsitz im Rat »Auswärtige Angelegenheiten« führt und diesen nach Art. 30 Abs. 1 EUV mit GASP-Fragen befassen darf, sondern er gemäß Art. 15 Abs. 2 Satz 2 EUV auch an den Sitzungen des Europäischen Rates teilnimmt, ohne jedoch berechtigt zu sein, dem Europäischen Rat

---

[29] So *Cremer*, in: Calliess/Ruffert, EUV/AEUV, Art. 18 EUV, Rn. 10.

[30] So wohl auch *Epping*, in: Vedder/Heintschel v. Heinegg, Europäisches Unionsrecht, Art. 18 EUV, Rn. 10; *Marquarst/Gaedtke*, in: GSH, Europäisches Unionsrecht, Art. 18, Rn. 5.

[31] So aber *Cremer*, in: Calliess/Ruffert, EUV/AEUV, Art. 18 EUV, Rn. 10; *Kaufmann-Bühler*, in: Grabitz/Hilf/Nettesheim, EU, Art. 18 EUV (September 2013), Rn. 20.

unmittelbar, d. h. unter Umgehung des Rates, Vorschläge zu unterbreiten. Nach Art. 22 Abs. 2 EUV kann der HV gemeinsam mit der Kommission dem Rat Vorschläge mit Blick auf Empfehlungen des Rates zur Festlegung der strategischen Interessen und Ziele durch den Europäischen Rat unterbreiten. Weiterhin erstreckt sich das Vorschlagsrecht des HV auf Beschlüsse des Rates zur Festlegung der GASP (Art. 27 Abs. 1 EUV), über den EAD (Art. 27 Abs. 3 Satz 4 EUV), zur Ausweitung von Beschlüssen mit qualifizierter Mehrheit (Art. 31 Abs. 2 UAbs. 1 EUV), zur Einsetzung eines Sonderbeauftragten (Art. 33 EUV), über den Anschubfonds (Art. 41 Abs. 3 UAbs. 3) sowie zur GSVP, einschließlich der Beschlüsse über die Einleitung und Durchführung von Krisenbewältigungsoperationen (Art. 42 Abs. 4 EUV).

17   Die Befugnisse des HV zur **Durchführung der Ratsbeschlüsse** werden in den Vorschriften der Art. 24 Abs. 1 UAbs. 2 Satz 4 und Art. 26 Abs. 3 EUV (Durchführung der GASP mit den Mitgliedstaaten), Art. 27 Abs. 1 EUV (Sicherstellung der Durchführung der Beschlüsse des Europäischen Rates und des Rates), Art. 27 Abs. 2 Satz 2 EUV (politischer Dialog mit Dritten und Vertretung der Standpunkte der Union in internationalen Organisationen und auf internationalen Konferenzen), Art. 34 Abs. 2 UAbs. 3 EUV (Vortragen eines Standpunkts der Union im UN-Sicherheitsrat) und Art. 41 Abs. 3 UAbs. 4 EUV (Inanspruchnahme des Anschubfonds nach Ermächtigung durch den Rat) konkretisiert.[32] Bei der Durchführung der GASP und GSVP kann sich der HV auf den EAD (Art. 27 Abs. 3 Satz 1 EUV) und das PSK (Art. 38 EUV) stützen sowie auf weitere Einrichtungen und Arbeitsgruppen.[33] Darüber hinaus fallen dem HV **weitere Aufgaben** zu, mit denen eine kohärente und effektive Durchführung der GASP und der GSVP sichergestellt werden soll.[34] Diese weiteren Aufgaben betreffen die Koordination nach Art. 32 Abs. 3, Art. 34 Abs. 1 Satz 2 und Art. 43 Abs. 2 Satz 2 EUV. Zudem soll sich der HV nach Art. 31 Abs. 2 UAbs. 2 Satz 2 EUV um eine Lösung der Probleme bemühen, die durch das Votum eines Mitgliedstaats gegen einen Beschluss des Rates mit qualifizierter Mehrheit entstehen. Schließlich trägt er nach Art. 24 Abs. 3 UAbs. 3 EUV für die Einhaltung der Loyalitäts- und Solidaritätspflichten und nach Art. 26 Abs. 2 UAbs. 2 EUV für ein einheitliches, kohärentes und wirksames Vorgehen der Union Sorge.

D. Vorsitz im Rat »Auswärtige Angelegenheiten« (Abs. 3)

18   Nach Abs. 3 (und Art. 27 Abs. 1 EUV) führt der HV den Vorsitz im Rat »Auswärtige Angelegenheiten«. Diese Funktion nimmt der HV ständig wahr, so dass der Vorsitz in dieser Ratsformation nicht dem Rotationsprinzip unterliegt.[35] Auch in dieser Vorschrift kommt die im Vergleich zur überkommen Rechtslage gestärkte Position des HV zum Ausdruck. Die Stellung als Vorsitzender des Rates »Auswärtige Angelegenheiten« nach

---

[32] *Kaufmann-Bühler*, in: Grabitz/Hilf/Nettesheim, EU, Art. 18 EUV (September 2013), Rn. 33 ff.
[33] Vgl. dazu Art. 27 EUV, Rn. 16 ff.; Art. 38 EUV, Rn. 6 f.; Art. 43 EUV, Rn. 14 ff.; ferner *Epping*, in: Vedder/Heintschel v. Heinegg, Europäisches Unionsrecht, Art. 18 EUV, Rn. 4 f.
[34] S. auch *Kaufmann-Bühler*, in: Grabitz/Hilf/Nettesheim, EU, Art. 18 EUV (September 2013), Rn. 28 ff.
[35] Demgemäß finden die Vorschriften des Beschlusses 2009/881/EU des Europäischen Rates vom 1. 12. 2009 über die Ausübung des Vorsitzes im Rat, ABl. 2009, L 315/50, auf den Rat »Auswärtige Angelegenheiten« keines Anwendung. Vgl. ferner *Kaufmann-Bühler*, in: Grabitz/Hilf/Nettesheim, EU, Art. 18 EUV (September 2013), Rn. 22; *Marquarst/Gaedtke*, in: GSH, Europäisches Unionsrecht, Art. 18, Rn. 10.

Abs. 3 ändert indes nichts an der Grundsatzbestimmung des Art. 16 Abs. 2 EUV. Danach sind allein die Mitglieder des Rates, mithin die mit der Befugnis zu verbindlichen Handeln ausgestatteten Vertreter der Mitgliedstaaten, berechtigt, das Stimmrecht auszuüben, so dass der HV trotz seiner Stellung als Vorsitzender im Rat »Auswärtige Angelegenheiten« **nicht stimmberechtigt** ist. Damit wird verhindert, dass der HV einen einstimmigen Beschluss des Rates durch Verweigerung der Zustimmung verhindern kann. Der HV kann den Rat mit jeder Frage aus dem Bereich der GASP befassen (Art. 30 Abs. 1 EUV),[36] bleibt ihm aber untergeordnet. Wenngleich ihm bei der Durchführung der GASP ein gewisser Ermessenspielraum zusteht, bleibt der HV an die Beschlüsse des Rates und die sonstigen Vorgaben gebunden; er ist mithin **weisungsabhängig**.[37]

Zu den Aufgaben des Vorsitzes im Rat »Auswärtige Angelegenheiten« gehört zu- **19** nächst die **Einberufung** des Rates »Auswärtige Angelegenheiten« aus eigener Initiative des HV oder auf Antrag eines Mitgliedstaats. Ein Antragsrecht der Kommission zur Einberufung dieser Ratsformation besteht nicht.[38] Das grundsätzliche Antragsrecht der Kommission nach Art. 237 AEUV ist auf die Einberufung des Rates »Auswärtige Angelegenheiten« nicht anwendbar, da die Kommission nach Art. 30 Abs. 1 EUV keine eigenständigen Initiativen im Bereich der GASP zu ergreifen berechtigt ist.[39] Demgemäß bleibt es der Kommission gemäß Art. 30 Abs. 2 EUV auch verwehrt, die Einberufung einer außerordentlichen Tagung des Rates zu beantragen. Gehört die Einberufung zu den Aufgaben des Vorsitzes, so gilt dies naturgemäß für die **inhaltliche und organisatorische Vorbereitung** der Ratssitzungen, einschließlich der Festlegung des Verfahrens und der Tagesordnung, sowie für die Protokollierung der Ratssitzung.[40]

E. Stellung und Aufgaben des HV in der Kommission (Abs. 4)

I. Vizepräsident der Kommission (Satz 1)

Die besondere Stellung des HV kommt auch darin zum Ausdruck, dass er gemäß Abs. 4 **20** Satz 1 **kraft Primärrechts** zugleich einer der Vizepräsidenten der Kommission ist. Dies wird durch Art. 17 Abs. 6 UAbs. 1 Buchst. c EUV unterstrichen, wonach der HV anders als die anderen aus dem Kreis der Mitglieder Kommission zu ernennenden Vizepräsidenten nicht vom Kommissionspräsidenten ernannt wird.[41]

II. Kohärenz und Koordination (Satz 2 und 3)

Die Pflicht des HV nach Abs. 4 Satz 2, Sorge für die **Kohärenz** des auswärtigen Handelns **21** zu tragen, betrifft die Stellung des HV in seiner Funktion als einer der Vizepräsidenten

---

[36] Vgl. dazu Art. 30 EUV, Rn. 4.
[37] Vgl. Art. 26 EUV, Rn. 20; ferner *Cremer*, in: Calliess/Ruffert, EUV/AEUV, Art. 18 EUV, Rn. 15.
[38] So aber *Kaufmann-Bühler*, in: Grabitz/Hilf/Nettesheim, EU, Art. 18 EUV (September 2013), Rn. 21, der meint, es handele sich um einen »Restbestand der Rechte der Kommission, in vollem Umfang an der GASP beteiligt zu werden.«
[39] Wie hier *Cremer*, in: Calliess/Ruffert, EUV/AEUV, Art. 18 EUV, Rn. 13.
[40] Zu den Einzelheiten vgl. die Kommentierung zu Art. 17 EUV sowie die Geschäftsordnung des Rates, Verordnung 2009/937/EU des Rates vom 1.12.2009 zur Änderung seiner Geschäftsordnung, ABl. 2009, L 325/35.
[41] Vgl. auch *Kaufmann-Bühler*, in: Grabitz/Hilf/Nettesheim, EU, Art. 18 EUV (September 2013), Rn. 37.

der Kommission.[42] Dies folgt nicht allein aus der Stellung in Abs. 4, sondern auch aus dem Zusammenhang mit den nachfolgenden Vorschriften des V. Titels des EUV. Nach Art. 22 Abs. 3 UAbs. 2 Satz 2 EUV unterstützt der HV den Rat und die Kommission bei der Sicherstellung der Kohärenz zwischen dem auswärtigen Handeln der Union und den übrigen Politikbereichen. Nach Art. 26 Abs. 2 UAbs. 2 EUV trägt der HV gemeinsam mit dem Rat »für ein einheitliches, kohärentes und wirksames Vorgehen der Union Sorge.«[43]

22   Im Rahmen seiner kommissionsinternen Zuständigkeit für die Außenbeziehungen, die nicht durch einen Akt interner Organisationsgewalt des Kommissionspräsidenten begründet wird,[44] obliegt dem HV nach Abs. 4 Satz 3 die Aufgabe der **Koordinierung** der »übrigen Aspekte des auswärtigen Handelns der Union«. Aus dem Wortlaut sowie dem Zusammenhang mit den supranationalen Unionskompetenzen folgt, dass der HV mit der Koordinierung der gemeinsamen Handelspolitik (Art. 206 f. AEUV), der Entwicklungszusammenarbeit (Art. 208 ff. AEUV), der wirtschaftlichen, finanziellen und technischen Zusammenarbeit mit Drittstaaten (Art. 212 f. AEUV) sowie der humanitären Hilfe (Art. 214 AEUV) betraut ist.[45]

III.   Bindung an das für die Kommission geltende Verfahren (Satz 4)

23   Als Mitglied des Kollegialorgans Kommission unterliegt der HV gemäß Abs. 4 Satz 4 den »Verfahren, die für die Arbeitsweise der Kommission gelten«. Daraus folgt die Bindung an Art. 250 AEUV, mithin an das für Beschlüsse der Kommission geltende Mehrheitsprinzip, und an die Geschäftsordnung der Kommission.[46] Aus Art. 17 Abs. 6 UAbs. 1 Buchst. a EUV i. V. mit Art. 1 und Art. 2 GO-Kommission gilt auch für den HV das Kollegialprinzip sowie die Pflicht zur Achtung der vom Kommissionspräsidenten festgelegten **politischen Leitlinien**.

24   Das für die Kommission geltende Verfahren bindet den HV **allein hinsichtlich seines im Rahmen der Kommission ausgeübten Amtes** (»ausschließlich im Hinblick auf diese Zuständigkeiten«), mithin lediglich insoweit, als er innerhalb der Kommission mit deren Zuständigkeiten im Bereich der Außenbeziehungen und mit der Koordinierung der übrigen Aspekte des auswärtigen Handelns der Union betraut ist. Zudem steht die Bindung an das Kommissionsverfahren unter dem Vorbehalt der Vereinbarkeit mit den Abs. 2 und 3, so dass weder die Leitung, Mitgestaltung und Durchführung der GASP noch die Ausübung des Vorsitzes im Rat durch die Verfahrensvorschriften beeinträchtigt werden dürfen.[47]

---

[42] So auch *Epping*, in: Vedder/Heintschel v. Heinegg, Europäisches Unionsrecht, Art. 18 EUV, Rn. 12.

[43] Zu den weiteren Einzelheiten vgl. *Kaufmann-Bühler*, in: Grabitz/Hilf/Nettesheim, EU, Art. 18 EUV (September 2013), Rn. 40 ff.; *Marquarst/Gaedtke*, in: GSH, Europäisches Unionsrecht, Art. 18, Rn. 14.

[44] Nach Art. 248 Satz 1 AEUV bleibt Art. 18 Abs. 4 EUV von der Befugnis des Kommissionspräsidenten zur Ressortverteilung ausgenommen.

[45] Vgl. dazu auch *Cremer*, in: Calliess/Ruffert, EUV/AEUV, Art. 18 EUV, Rn. 19 f.; *Epping*, in: Vedder/Heintschel v. Heinegg, Europäisches Unionsrecht, Art. 18 EUV, Rn. 12; *Marquarst/Gaedtke*, in: GSH, Europäisches Unionsrecht, Art. 18, Rn. 14.

[46] Beschluss 2010/138/EU, Euratom der Kommission vom 24. 2. 2010 zur Änderung ihrer Geschäftsordnung, ABl. 2010, L 55/60.

[47] Vgl. *Cremer*, in: Calliess/Ruffert, EUV/AEUV, Art. 18 EUV, Rn. 22; *Marquarst/Gaedtke*, in: GSH, Europäisches Unionsrecht, Art. 18, Rn. 15.

Artikel 19 EUV [Gerichtshof der Europäischen Union]

(1) ¹Der Gerichtshof der Europäischen Union umfasst den Gerichtshof, das Gericht und Fachgerichte. ²Er sichert die Wahrung des Rechts bei der Auslegung und Anwendung der Verträge.

Die Mitgliedstaaten schaffen die erforderlichen Rechtsbehelfe, damit ein wirksamer Rechtsschutz in den vom Unionsrecht erfassten Bereichen gewährleistet ist.

(2) ¹Der Gerichtshof besteht aus einem Richter je Mitgliedstaat. ²Er wird von Generalanwälten unterstützt.

Das Gericht besteht aus mindestens einem Richter je Mitgliedstaat.

¹Als Richter und Generalanwälte des Gerichtshofs und als Richter des Gerichts sind Persönlichkeiten auszuwählen, die jede Gewähr für Unabhängigkeit bieten und die Voraussetzungen der Artikel 253 und 254 des Vertrags über die Arbeitsweise der Europäischen Union erfüllen. ²Sie werden von den Regierungen der Mitgliedstaaten im gegenseitigen Einvernehmen für eine Amtszeit von sechs Jahren ernannt. ³Die Wiederernennung ausscheidender Richter und Generalanwälte ist zulässig.

(3) Der Gerichtshof der Europäischen Union entscheidet nach Maßgabe der Verträge
a) über Klagen eines Mitgliedstaats, eines Organs oder natürlicher oder juristischer Personen;
b) im Wege der Vorabentscheidung auf Antrag der einzelstaatlichen Gerichte über die Auslegung des Unionsrechts oder über die Gültigkeit der Handlungen der Organe;
c) in allen anderen in den Verträgen vorgesehenen Fällen.

Literaturhinweise

Classen, Die Unterwerfung demokratischer Hoheitsgewalt unter eine Schiedsgerichtsbarkeit, EuZW 2014, 611; *ders.*, Der EuGH und die Schiedsgerichtsbarkeit in Investitionsschutzabkommen, EuR 2012, 611; *Fleischer*, Europäische Methodenlehre: Stand und Perspektiven, RabelsZ 75 (2011), 700; *Hindelang*, Repellent Forces: The CJEU and Investor-State Dispute Settlement, AVR 53 (2015), 68; *Kulick*, Electrabel locuta, causa finita? Intra-EU-Investitionsstreitigkeiten unter dem Energiecharta-Vertrag, SchiedsVZ 2013, 81; *Kutscher*, Thesen zu den Methoden der Auslegung des Gemeinschaftsrechts, aus der Sicht eines Richters, in: Begegnungen von Justiz und Hochschule, 1976, S. I–6; *Müller*, Die Errichtung des Europäischen Patentgerichts – Herausforderung für die Autonomie des EU-Rechtssystems?, EuZW 2010, 851; *Pechstein/Drechsler*, Die Auslegung und Fortbildung des Primärrechts, in: Riesenhuber (Hrsg.), Europäische Methodenlehre, 3. Aufl., 2015; *Roth*, Europäische Verfassung und europäische Methodenlehre, RabelsZ 75 (2011), 788; *Schill*, Luxembourg Limits: Conditions for Investor-State Dispute Settlement under Future EU Investment Agreements, in: Bungenberg/Reinisch/Tietje (Hrsg.), EU and Investment Agreements, 2013, S. 37; *Schwarze*, Die Wahrung des Rechts als Aufgabe und Verantwortlichkeit des Europäischen Gerichtshofs, FS Hollerbach, 2001, S. 169; *Streinz*, Die Auslegung des Gemeinschaftsrechts durch den EuGH. Eine kritische Betrachtung, ZEuS 2004, 387; *Thiele*, Europäisches Prozessrecht, 2. Aufl., 2014; *Ukrow*, Richterliche Rechtsfortbildung durch den EuGH, 1995.

Leitentscheidungen

EuGH, Urt. v. 16.12.1976, Rs. 33/76 (Rewe/Landwirtschaftskammer Saarland), Slg. 1976, 1989
EuGH, Urt. v. 11.11.1981, Rs. 60/81 (IBM/Kommission), Slg. 1981, 2640
EuGH, Urt. v. 23.4.1986, Rs. 294/83 (Les Verts/Parlament), Slg. 1986, I–1357
EuGH, Urt. v. 22.5.1990, Rs. C–70/88 (Parlament/Rat), Slg. 1990, I–2067
EuGH, Urt. v. 19.11.1991, verb. Rs. C–6/90 u. C–9/90 (Francovich u.a./Italien), Slg. 1991, I–5357
EuGH, Gutachten 1/91 v. 14.12.1991 (EWR I), Slg. 1991, I–6099
EuGH, Gutachten 1/92 v. 10.4.1992 (EWR II), Slg. 1992, I–2838
EuGH, Gutachten 1/00 v. 18.4.2002 (GELR), Slg. 2002, I–3498
EuGH, Urt. v. 25.7.2002, Rs. C–50/00 P (Unión de Pequeños Agricultores), Slg. 2002, I–6677

EuGH, Urt. v. 1.4.2004, Rs C–263/02 P (Jégo-Quéré), Slg. 2004, I–3443
EuGH, Urt. v. 3.9.2008, verb. Rs. C–405/05 P u. C–415/05 P (Kadi und Al Barakat), Slg. 2008, I–6351
EuGH, Gutachten 1/09 v. 8.3.2011 (Europäisches Patentgericht), Slg. 2011, I–1137
EuGH, Gutachten 2/13 v. 18.12.2014 (EMRK II), ECLI:EU:C:2014:2454

Inhaltsübersicht

A. Einführung

1   Art. 19 EUV ist nicht nur die zentrale Vertragsbestimmung für das Organ »Gerichtshof der Europäischen Union«, sondern zugleich **Grundnorm für die Unionsgerichtsbarkeit als solche**. Innerhalb dieser kommt dem EU-Organ und dort insbesondere dem »Gerichtshof« zwar die bestimmende Rolle zu. Weiterer Bestandteil und verantwortlich für die dezentrale Umsetzung der Aufgabe, »die Wahrung des Rechts bei der Auslegung und Anwendung der Verträge« zu sichern (siehe Art. 19 Abs. 1 UAbs. 1 Satz 2 EUV), sind indes auch die nationalen Gerichte als »funktionale Unionsgerichte« (vgl. Rn. 19 ff.).[1] Die Bedeutung dieser Komponente der Unionsgerichtsbarkeit wird nun erstmals in Art. 19 Abs. 1 Satz 3 EUV ausdrücklich angedeutet, wonach die Mitgliedstaaten verpflichtet werden, die erforderlichen Rechtsbehelfe für einen wirksamen (Unions-)Rechtsschutz zu schaffen.

2   Neben dem Auftrag zur »Rechtswahrung« als Aufgabenbeschreibung der Unionsgerichtsbarkeit enthält Art. 19 EUV grundlegende Aussagen zur Organstruktur (siehe Art. 19 Abs. 1 UAbs. 1 Satz 1 EUV; vgl. Rn. 5 ff.) und zur personellen Besetzung (siehe Art. 19 Abs. 2 EUV, vgl. Rn. 58 ff.). Eine weitgehend deklaratorische Neuerung ist schließlich der Überblick über die grundlegenden Verfahrenszuständigkeiten des EU-Gerichtshofs (siehe Art. 19 Abs. 3 EUV, vgl. Rn. 62 ff.).

---

[1] EuGH, Gutachten 1/09 v. 8.3.2011 (Europäisches Patentgericht), Slg. 2011, I–1137, Rn. 66, 69: »Nach Art. 19 Abs. 1 EUV wachen der Gerichtshof und die Gerichte der Mitgliedstaaten über die Wahrung dieser Rechtsordnung und des Gerichtssystems der Union.« (Rn. 66).

In seiner Genese geht Art. 19 EUV auf den nahezu wortgleichen Art. I–29 des ge-   3
scheiterten Verfassungsvertrags zurück. Lediglich die Bezugnahmen auf den Verfassungsvertrag wurden an die Lissabonner Vertragskonstruktion angepasst und verweisen
an den entsprechenden Stellen nunmehr auf die »Verträge« (EUV und AEUV). Inhaltlich
beruhte die Verfassungsvertragsbestimmung auf Regelungen des EG-Vertrags zum
Rechtswahrungsauftrag (vgl. Art. 220 Abs. 1 EG) und zur Richter- und Generalanwalts-
besetzung (vgl. Art. 221 und 222 EG). Die übrigen Elemente wurden durch den Verfassungskonvent erarbeitet.[2]

Hierzu zählt auch die begriffliche Unterscheidung zwischen dem EU-Organ und den   4
sich hinter ihm verbergenden Gerichten. Diese Systematisierung ist vom Ansatz her zu
begrüßen. Sie ist allerdings rein formaler Natur (vgl. Rn. 5 ff.). Zudem wird sie im Hinblick auf ihre terminologische Umsetzung zurecht als misslungen angesehen. Dies gilt
vor allem für die Organbezeichnung »Gerichtshof der Europäischen Union« einerseits
und den »Gerichtshof« als dem wichtigsten der Gerichte andererseits. Wenig aussagekräftig ist ferner die Bezeichnung »Gericht« für den ehemals als »Gericht erster Instanz«
bezeichneten Gerichtskörper. Nicht zuletzt vor diesem Hintergrund werden im Folgenden die bisher eingebürgerten Abkürzungen »EuGH« für den Gerichtshof und »EuG«
für das Gericht verwendet. Im Schrifttum ist die Bezeichnung »EuGH« darüber hinaus
in Zusammenhängen gebräuchlich, in denen korrekterweise vom »Gerichtshof der Europäischen Union« die Rede sein müsste, bspw. bei dem Begriff »EuGH-Satzung«.

B. Struktur der zentralen Unionsgerichtsbarkeit (Abs. 1 UAbs. 1 Satz 1)

Art. 13 Abs. 1 UAbs. 2 EUV benennt die Organe der Union und führt dabei den Ge-   5
richtshof der Europäischen Union, nicht aber den Gerichtshof, das Gericht oder die
Fachgerichte an. Art. 19 Abs. 1 UAbs. 1 Satz 1 EUV knüpft hieran an und stellt klar,
dass es **in organschaftlicher Hinsicht nur ein »Rechtsprechungsorgan«**[3] gibt – den Gerichtshof der Europäischen Union i. S. d. Art. 13 Abs. 1 UAbs. 2 EUV. Gemäß Art. 19
Abs. 1 UAbs. 1 Satz 1 EUV umfasst dieses Organ sodann »den Gerichtshof, das Gericht
und die Fachgerichte.«

Daraus ergibt sich zunächst, dass diese gerichtlichen Einrichtungen im Hinblick auf   6
die Organstruktur der Union als **unselbständige Teilorgane** des einheitlichen Unionsorgans »Gerichtshof der Europäischen Union« anzusehen sind.[4] Fragt man jedoch nach
der Bedeutung und Funktion des Gesamtorgans, so lässt es sich nur aus seinen Teilorganen heraus beschreiben. Allein diese handeln nach außen, vor allem als jeweils zuständige Unionsgerichte (zur Zuständigkeitsverteilung im Einzelnen, vgl. Art. 256
AEUV), oder auf der Inter-Organ-Ebene (vgl. Art. 281 AEUV, dort allerdings nur das
Teilorgan »Gerichtshof«). Es bestehen zudem **keine übergreifenden, intra-institutio-
nellen Strukturen für das Gesamtorgan** (gemeinsamer Präsident, gemeinsame Kammern o. ä.). Mit der Bezeichnung »Gerichtshof der Europäischen Union« wird vor die-

---

[2] Vgl. die durch den Verfassungskonvent vorgelegte Version des Verfassungsvertrags, ABl. 2003, C
169/1, dort Art. 28.
[3] So die Eigenbezeichnung im Internet unter http://curia.europa.eu/jcms/jcms/Jo2_6999/
(30. 9. 2016).
[4] So zutreffend *Wegener*, DVBl 2001, 1258 (1260).

sem Hintergrund weniger das Organ einer Internationalen Organisation umschrieben als vielmehr die auf Unionsebene aus den Teilorganen bestehende Unionsgerichtsbarkeit angesprochen (zur Bedeutung nationaler Gerichte für die Unionsgerichtsbarkeit, vgl. Rn. 19 ff.).[5] Im weiteren Vertragskontext fungiert dieser Begriff entsprechend nur als Sammelbezeichnung für die organtechnisch unselbständigen Unionsgerichte.

7   Die Unterscheidung dreier Teilorgane weist ferner auf einen abstrakt **dreiteiligen Aufbau der zentralen Unionsgerichtsbarkeit** hin.[6] Dieser ist allerdings kein dreistufiger, sondern in sachlicher, verfahrensrechtlicher und instanzieller Hinsicht differenziert zu betrachten. Grund hierfür ist vor allem der Umstand, dass die erstinstanzliche Zuständigkeit – in Abhängigkeit vom Verfahren, Gegenstand und Kläger – auf alle Teilorgane verteilt ist. Zudem wurde von den vertraglich vorgesehenen Möglichkeiten, begrenzte Sachmaterien auf EuG oder Fachgerichte zu übertragen (vgl. Art. 256 Abs. 3 UAbs. 1 AEUV und Art. 257 Abs. 1 Satz 1 AEUV), bisher (noch) kein Gebrauch gemacht, mit Ausnahme der dienstrechtlichen Streitigkeiten der EU nach Art. 270 AEUV. Diese waren bis September 2016 dem bis jetzt einzigem Fachgericht, dem Gericht für den öffentlichen Dienst der Europäischen Union (EuGöD), zugewiesen. Diese Zuständigkeitszuweisung wurde jedoch dahingehend geändert, dass seit September 2016 die erstinstanzliche Zuständigkeit für dienstrechtliche Streitsachen beim EuG liegt, dem gleichzeitig auch die sieben Richterstellen des EuGöD übertragen wurden.

8   Ausgangspunkt für den Aufbau der zentralen Unionsgerichtsbarkeit ist daher weiterhin Art. 256 Abs. 1 Satz 1 AEUV, der die Verfahren im Ergebnis zwischen EuG und EuGH verteilt. Ersteres ist für die meisten Direktklagen zuständig, soweit bestimmte Klagekonstellationen nicht dem Gerichtshof vorbehalten sind (siehe zu Einzelheiten die Kommentierung in Art. 256 AEUV). Letzterem sind Vorabentscheidungs- (Art. 267 AEUV) und Vertragsverletzungsverfahren (Art. 258 bis 260 AUV) zugewiesen sowie einige Direktklagekonstellationen. Die damit einhergehende sachliche (erstinstanzliche) Zuständigkeit der beiden Teilorgane erstreckt sich auf alle Materien, die jeweils Gegenstand der einzelnen Verfahren sein können. Für den EuGH folgt hieraus insbesondere mit Blick auf das Vorabentscheidungsverfahren eine nahezu umfassende sachliche Zuständigkeit. Beim EuG überwiegen wegen der dort vor allem umfassend anhängigen Individualklagen hingegen Streitigkeiten, die nach deutschem Verständnis als verwaltungsrechtliche zu betrachten sind.[7] Eine Konsequenz dieses verfahrensrechtlichen Ansatzes ist es, dass die ihm jeweils folgende sachliche Zuständigkeit keine exklusive ist. Vor allem wegen des Vorabentscheidungsverfahrens sind Überschneidungen zwischen EuGH und EuG möglich.[8]

9   Den hieraus potentiell möglichen Rechtsprechungsdisparitäten begegnet der Vertrag durch ein zweistufiges Instanzenregime. Bei erstinstanzlicher Verfahrenszuständigkeit des Gerichts ist der EuGH nach Art. 256 Abs. 1 UAbs. 2 AEUV Rechtsmittelgericht; bei erstinstanzlicher Verfahrenszuständigkeit eines Fachgerichts (vormals das EuGöD) ist

---

[5] *Schwarze*, in: Schwarze, EU-Kommentar, Art. 19 EUV, Rn. 11.
[6] Zur Genese der Unionsgerichtsbarkeit vgl. *Huber*, in: Streinz, EUV/AEUV, Art. 19 EUV, Rn. 8 ff., der die Überlastung als Triebfeder der Entwicklung ansieht.
[7] Vgl. *Huber*, in: Streinz, EUV/AEUV, Art. 19 EUV, Rn. 7.
[8] Beispielhaft sei auf das Beihilfenrecht nach Art. 107 f. AEUV verwiesen. Beschlüsse der Kommission nach Art. 108 AEUV können sowohl Gegenstand einer Gültigkeitsfrage nach Art. 267 Abs. 1 Buchst. b Var. 1 AEUV als auch einer Direktklage vor dem Gericht nach Art. 263 Abs. 2 oder Abs. 4 AEUV sein (zu den Ausnahmen nach der TWD-Rechtsprechung siehe die Kommentierung zu Art. 267 AEUV).

es das Gericht nach Art. 256 Abs. 2 UAbs. 1 AEUV. Zur Sicherung der »Einheit und Kohärenz« der Unionsrechtsprechung bleibt dem EuGH in der letztgenannten Konstellation nur eine auf Ausnahmefälle beschränkte Überprüfungsmöglichkeit, vgl. Art. 256 Abs. 2 UAbs. 2 AEUV. Entscheidungen des EuGH selbst unterliegen dagegen keinen (unionsrechtlichen) Rechtsmitteln (zur zukünftigen Bindung an die EMRK, vgl. Art. 6 Abs. 2 EUV).

Fasst man dies zusammen, so ragt aus dem dreiteilig angelegten, bisher aber im Wesentlichen nur zweiteilig ausgebauten System der zentralen Unionsgerichtsbarkeit der EuGH deutlich heraus. Soweit er verfahrensrechtlich nicht ausschließlich zuständig ist, fungiert er für das EuG als Rechtsmittelinstanz oder als Rechtsprechungskontrollorgan in Streitigkeiten, in denen letzteres als Rechtsmittelinstanz für die bei den Fachgerichten angesiedelten erstinstanzlichen Streitigkeiten tätig wird. Daneben unterstreicht die (bisher) alleinige Zuständigkeit des EuGH für Vorabentscheidungsverfahren seine hervorgehobene Bedeutung bei der Aufgabe, die Wahrung des Rechts bei der Auslegung und Anwendung der Verträge zu sichern. Hierdurch steht nämlich der EuGH zugleich an der Spitze der im Übrigen aus nationalen Gerichten als funktionalen Unionsgerichten bestehenden dezentralen Unionsgerichtsbarkeit.

C. Die Aufgabe des Gerichtshofs der Europäischen Union (Art. 19 Abs. 1 UAbs. 1 Satz 2 EUV)

Der Gerichtshof der EU hat die **Wahrung des Rechts bei der Auslegung und Anwendung der Verträge** zu sichern. Die rechtliche Bedeutung des Art. 19 Abs. 1 UAbs. 1 Satz 2 EUV erschöpft sich jedoch nicht nur in dieser Aufgabenbeschreibung (siehe sogleich). Die Vorschrift legitimiert nach wohl allgemeiner Auffassung zuvörderst die hierfür notwendigen richterlichen Tätigkeiten (siehe hierzu unter Rn. 23 ff.). Lediglich über deren Umfang (Reichweite) im Einzelnen (bei der Auslegung bzw. Rechtsfortbildung) besteht Uneinigkeit. Darüber hinaus dient die Aufgabe vor allem dem EuGH zum einen als Auslegungsmaxime (siehe unter Rn. 31 ff.) und zum anderen als materieller Rechtmäßigkeitsmaßstab für die Beurteilung völkervertraglicher Gerichtssysteme, die seitens der EU mit anderen Völkerrechtssubjekten eingerichtet werden sollen oder denen die EU beitritt (siehe unter Rn. 36 ff.).

I. Aufgabeninhalt und -maßstab

1. Rechtskontrolle der EU-Organe und der Mitgliedstaaten

Die etwas umständlich formulierte Aufgabe, die Wahrung des Rechts bei der Auslegung und Anwendung der Verträge zu sichern, versteht der EuGH als **Rechtskontrolle der (übrigen) EU-Organe und der Mitgliedstaaten.**[9] Vor allem sie sind es, die die »Verträge«

---

[9] EuGH, Urt. v. 23.4.1986, Rs. 294/83 (Les Verts/Parlament), Slg. 1986, I–1357, Rn. 23, 25; Beschl. v. 13.7.1990, C–2/88 (Zwartfeld u.a.), Slg. 1990, I–3367, Rn. 16; Urt. v. 5.10.2000, Rs. C–376/98 (Deutschland/Parlament und Rat, »Tabakwerberichtlinie I«), Slg. 2000, I–8498, Rn. 84; Gutachten 1/00 v. 18.4.2002 (GELR), Slg. 2002, I–3498, Rn. 11; Urt. v. 3.9.2008, verb. Rs. C–405/05 P u. C–415/05 P (Kadi und Al Barakat), Slg. 2008, I–6351, Rn. 281; vgl. auch *Wegener*, in: Calliess/Ruffert, EUV/AEUV, Art. 19 EUV, Rn. 10; *Huber*, in: Streinz, EUV/AEUV, Art. 19 EUV, Rn. 11, spricht mit Blick auf die Mitgliedstaaten von »Implementationskontrolle«; *Gaitanides*, in: GS, EUV/EGV, Art. 220 EG, Rn. 1.

– zu verstehen als Unionsrecht[10] – auslegen und anwenden. Bei den EU-Organen erfolgt dies insbesondere durch den Erlass von Sekundärrecht,[11] aber auch durch Abschluss völkerrechtlicher Verträge. Die Auslegung und Anwendung seitens der Mitgliedstaaten kommt zum einen in dem weit verstandenen Vollzug des Unionsrechts zum Ausdruck, zum anderen in der Beachtung zahlreicher unmittelbar wirkender Verpflichtungen vor allem des primären Unionsrechts (etwa Grundfreiheiten und Unionsbürgerrechte) bei der Ausübung der ihnen verbliebenen Zuständigkeiten. Die dem Wortlaut des Art. 19 Abs. 1 UAbs. 1 Satz 2 EUV nach bestehende Pflicht zur »Wahrung des Rechts« bei der Auslegung und Anwendung der Verträge trifft somit bereits die EU-Organe und Mitgliedstaaten als primäre Rechtsanwender.[12] Zu einer effektiven Rechtsgemeinschaft, in der – so der EuGH in ständiger Rechtsprechung – weder die Mitgliedstaaten noch die Organe der Kontrolle daraufhin entzogen sind, ob ihre Handlungen mit den Verträgen vereinbar sind,[13] ist ursprünglich die EWG, sodann die EG und nun die EU als Rechtsnachfolgerin der letztgenannten (vgl. Art. 1 Abs. 2 UAbs. 3 EUV) erst durch den Gerichtshof der EU geworden,[14] der die »Wahrung des Rechts« als Rechtsprechungsorgan in Gestalt seiner drei Teilorgane sicherstellt.[15]

13   **Ausnahmen von der Rechtskontrolle** bestehen nur, soweit sie sich aus dem Primärrecht ergeben. Nach früherer Rechtslage resultierten sie vor allem aus der Säulen- bzw. Vertragsstruktur der EU, nach der die GASP und in Teilen auch die PZJS mangels entsprechender Vorschriften im alten EU-Vertrag der nur im EG-Vertrag geregelten Gerichtsbarkeit nicht unterlag. Nach der Lissabonner Vertragsreform und der damit ein-

[10] Der Inhalt des Begriffs »Verträge« wird im Schrifttum nicht einheitlich verstanden, soweit er überhaupt einer ausdrücklichen Definition zugeführt wird. Zum Teil wird insoweit nur auf das Primärrecht Bezug genommen, so etwa bei *Schwarze*, in: Schwarze, EU-Kommentar, Art. 19 EUV, Rn. 22; *Mayer*, in: Grabitz/Hilf/Nettesheim, EU, Art. 19 EUV (Juli 2010), Rn. 49. Zum Teil – wie hier – wird hierunter das gesamte Unionsrecht gefasst, vgl. etwa auch *Gaitanides*, in: GS, EUV/EG, Art. 220 EG, Rn. 11, 46, 48, sowie (implizit) an anderer Stelle bei *Schwarze*, in: Schwarze, EU-Kommentar, Art. 19 EUV, Rn. 30 f. Der EuGH hat – soweit ersichtlich – diesen Begriff bisher nicht weiter definiert. Vgl. hierzu auch unter Rn. 14 ff.
[11] Zur Auslegung der »Verträge« durch die (übrigen) EU-Organe und zur dadurch erfolgenden Beeinflussung der Auslegung seitens des Gerichtshofs der EU, *W.-H. Roth*, RabelsZ 75 (2011), 788 (811 ff.).
[12] *Schwarze*, in: Schwarze, EU-Kommentar, Art. 19 EUV, Rn. 12; *Wegener*, in: Calliess/Ruffert, EUV/AEUV, Art. 19 EUV, Rn. 4; *Pache*, in: Vedder/Heintschel v. Heinegg, Europäisches Unionsrecht, Art. 19 EUV, Rn. 8; vgl. auch *Gaitanides*, in: GS, EUV/EGV, Art. 220 EG, Rn. 3.
[13] Zum Begriff der so verstandenen Rechtsgemeinschaft siehe EuGH, Urt. v. 23.4.1986, Rs. 294/83 (Les Verts/Parlament), Slg. 1986, I–1357, Rn. 23; Beschl. v. 13.7.1990, C–2/88 (Zwartfeld u.a.), Slg. 1990, I–3367, Rn. 16; Urt. v. 3.9.2008, verb. Rs. C–405/05 P u. C–415/05 P (Kadi und Al Barakat), Slg. 2008, I–6351, Rn. 281; vgl. auch Urt. v. 25.7.2002, C–50/00 P (Unión de Pequeños Agricultores), Slg. 2002, I–6677, Rn. 38; Urt. v. 19.12.2013, C–274/12 P (Telefónica SA/Kommission), Rn. 56. Kritisch zu diesem engen Verständnis der Rechtsgemeinschaft, *Mayer*, Europa als Rechtsgemeinschaft, in: Schuppert/Pernice/Haltern, Europawissenschaft, 2005, § 14, S. 430.
[14] Vgl. *Rengeling/Middeke/Gellermann*, Rechtsschutz in der EU, § 1, Rn. 5 f., die zu den Wesensmerkmalen einer Rechtsgemeinschaft ein »funktionierendes Rechtsschutzsystem« zählen mit »einer qualitativ und quantitativ allen Anforderungen gerecht werdenden Gerichtsbarkeit«; siehe auch *Schwarze*, in: Schwarze, EU-Kommentar, Art. 19 EUV, Rn. 14; *ders.*, Die Wahrung des Rechts als Aufgabe und Verantwortlichkeit des Europäischen Gerichtshofs, FS Hollerbach, 2001, S. 169 (171 f.); *Frenz*, Handbuch Europarecht, Bd. 5, Rn. 2182.
[15] Vgl. insbesondere EuGH, Urt. v. 23.4.1986, Rs. 294/83 (Les Verts/Parlament), Slg. 1986, I–1357, Rn. 22 u. 23; Beschl. v. 13.7.1990, C–2/88 (Zwartfeld u.a.), Slg. 1990, I–3367, Rn. 16; Urt. v. 25.7.2002, C–50/00 P (Unión de Pequeños Agricultores), Slg. 2002, I–6677, Rn. 40; Urt. v. 3.9.2008, verb. Rs. C–405/05 P u. C–415/05 P (Kadi und Al Barakat), Slg. 2008, I–6351, Rn. 286.

hergehenden Auflösung der Säulenstruktur bedürfen Ausnahmen hingegen der ausdrücklichen Anordnung. In der Sache hat sich jedoch wenig geändert. Die Ausnahmen betreffen weiterhin die im EUV geregelte Gemeinsame Außen- und Sicherheitspolitik (GASP – Art. 23 bis 46 EUV) und diejenigen Teile des AEUV-Titels über den Raum der Freiheit, der Sicherheit und Rechts, welche die Bestimmungen der ehemaligen Polizeilichen und Justiziellen Zusammenarbeit in Strafsachen (PJZS) enthalten.[16] Vgl. hierzu näher die Kommentierungen zu Art. 275 und 276 AEUV. In prozessualer Hinsicht fehlt es in diesen Fällen an der (Verbands-)Zuständigkeit des Gerichtshofs der Europäischen Union.

2. Maßstab der Rechtskontrolle

Ebenfalls aus dem Wortlaut des Art. 19 Abs. 1 UAbs. 1 Satz 2 EUV ergibt sich, dass **14** Maßstab der Rechtskontrolle nicht die auszulegenden und anzuwendenden »Verträge« sind, sondern das dabei zu wahrende »Recht«. Mit dieser – bewusst oder unbewusst gewählten – terminologischen Differenzierung haben die Mitgliedstaaten als Herren der Verträge dem Gerichtshof der EU den normativen Boden bereitet, um die Unionsrechtsordnung über das geschriebene »Vertragsregime« hinaus fort entwickeln zu können (siehe hierzu unter Rn. 27 ff).[17] Diese Möglichkeit hat der EuGH vielfach genutzt, indem er etwa den unionsrechtlichen Prüfungsmaßstab vor allem für die Kontrolle des (übrigen) Organhandelns um ungeschriebenes Unionsrecht erweitert hat. Zu nennen ist hier insbesondere die Rechtsprechung zu den Unionsgrundrechten als allgemeine Rechtsgrundsätze,[18] aber auch weitere, rechtshistorisch weniger bedeutsame Fälle.[19]

Vor diesem Hintergrund wird im Schrifttum zu Recht geschlossen, dass der **Begriff** **15** **»Recht« im Sinne dieser Vorschrift** das geschriebene und das ungeschriebene Unionsrecht, also insbesondere auch die allgemeinen Grundsätze (insb. unmittelbare Wirkung und Vorrang etc.) und die allgemeinen Rechtsgrundsätze des Unionsrecht (insb. Grundrechte) umfasst.[20] In diesem, auf den Bestand des verbindlichen Unionsrechts bezoge-

---

[16] Vgl. *Streinz/Ohler/Herrmann*, Vertrag von Lissabon, S. 133 ff.

[17] Vgl. *W.-H. Roth*, RabelsZ 75 (2011), 788 (821); *Frenz*, Handbuch Europarecht, Bd. 5, Rn. 2167 f.; *Gaitanides*, in: GS, EUV/EGV, Art. 220 EG, Rn. 18.

[18] EuGH, Urt. v. 12.11.1969, Rs. 29/69 (Stauder/Ulm), Slg. 1969, 419, Rn. 7 (»…enthält die streitige Vorschrift nichts, was die in den allgemeinen Grundsätzen der Gemeinschaftsrechtsordnung, deren Wahrung der Gerichtshof zu sichern hat, enthaltenen Grundrechte der Person in Frage stellen könnte.«); EuGH, Urt. v. 17.12.1970, Rs. 11/70 (Intern. Handelsgesellschaft), Slg. 1970, 1126, Rn. 4 (»…denn die Beachtung der Grundrechte gehört zu den allgemeinen Rechtsgrundsätzen, deren Wahrung der Gerichtshof zu sichern hat.«).

[19] Vgl. EuGH, Urt. v. 29.9.1976, Rs. 54/75 (de Dapper u.a./Europäisches Parlament), Slg. 1976, 1381, Rn. 20/25, in der der Gerichtshof im Rahmen einer Beamtenrechtsstreitigkeit nach Art. 179 EWGV (heute Art. 270 AEUV) mit der Prüfung der Rechtmäßigkeit von Personalvertretungswahlen befasst wurde. In diesem Zusammenhang stellte sich unter anderem die Frage nach dem Prüfungsmaßstab für die zu dem Zeitpunkt ungeregelte Beurteilung der Rechtmäßigkeit der Wahlen. Der EuGH führt insoweit aus, dass er hierbei »in Übereinstimmung mit der ihm in Art. 164 EWG-Vertrag [insoweit jetzt Art. 19 EUV, Anm. der Bearbeiter; …] zugewiesenen allgemeinen Aufgabe alle Anfechtungsgründe nachprüfen [kann], die gegen die Wahlen bei Berücksichtigung der dem Wahlrecht aller Mitgliedstaaten gemeinsamen freiheitlichen und demokratischen Grundsätze geltend gemacht werden können.«

[20] *Frenz*, Handbuch Europarecht, Bd. 5, Rn. 2168; *Gaitanides*, in: GS, EUV/EGV, Art. 220 EG, Rn. 11, zur Unterscheidung von allgemeinen Grundsätzen und allgemeinen Rechtsgrundsätzen, Rn. 18 ff.; *Schwarze*, in: Schwarze, EU-Kommentar, Art. 19 EUV, Rn. 21; *Thiele*, Europäisches Prozessrecht, 2. Auflage, 2014, § 1, Rn. 13 ff.

nen Verständnis erschöpft sich der Begriffsinhalt jedoch nicht.[21] Insoweit besteht vielmehr **eine Übereinstimmung mit dem Begriff »Verträge«**. Denn auch die allgemeinen Rechtsgrundsätze sind – ebenso wie das geschriebene primäre und sekundäre Recht – von den Mitgliedstaaten und Organen als Teil des darunter zu verstehenden Unionsrechts auszulegen und anzuwenden. Wie der Blick auf die Rechtserkenntnisquellen des EuGH, die gemeinsamen Verfassungsüberlieferungen der Mitgliedstaaten und auch die EMRK (vgl. insoweit explizit für die Unionsgrundrechte als allgemeine Rechtsgrundsätze, Art. 6 Abs. 3 EUV)[22] deutlich macht, erstreckt sich der Begriff »Recht« dagegen weitergehend auf eine **sich aus den Verfassungen der Mitgliedstaaten speisende gemeineuropäische Verfassungstradition**.[23] Diese stellt die Quelle dar, aus welcher der Gerichtshof der EU bei der ihm übertragenen Aufgabe der Rechtskontrolle schöpfen kann, um – soweit erforderlich – den Bestand des Unionsrechts rechtsfortbildend zu erweitern (zu den Grenzen der Rechtsfortbildung, siehe unten Rn. 27ff.).[24] Ob hierfür angesichts der mittlerweile durch den Vertrag von Lissabon erreichten Integrationsstufe und -dichte sowie im Hinblick auf einen möglichen Beitritt der EU zur EMRK (vgl. Art. 6 Abs. 2 EUV) noch Bedarf besteht, bleibt allerdings abzuwarten.

3. Subjektiver Rechtsschutz und Rechtskontrolle Privater

16 Rechtssubjekte der Unionsrechtsordnung sind nicht nur die Mitgliedstaaten, sondern auch deren Bürger im Sinne natürlicher und juristischer, der Union an- bzw. zugehöriger Personen.[25] Es stellt sich daher die Frage, welche Bedeutung »Private« für die dem Gerichtshof der EU obliegende Aufgabe der Rechtskontrolle haben. Dabei gilt es zu unterscheiden zwischen den durch das Unionsrecht gewährten subjektiven Rechten einerseits und den – in deutlich geringerem Umfang bestehenden – Individualverpflichtungen andererseits.

17 Bei der Umschreibung der dem EU-Gerichtshof obliegenden Aufgabe wird nicht selten auch der **Schutz subjektiver Rechte** erwähnt.[26] Zutreffend erscheint diese Verortung allerdings nur insoweit, als zum einen subjektive Unionsrechte Bestandteil des zu wahrenden materiellen EU-Rechts sind. Zum anderen fördern sie über ihre Einklagbarkeit die Rechtskontrolle vor allem mitgliedstaatlichen Handelns. Prozedural erfolgt individueller Rechtsschutz jedoch über die nationalen Gerichte und ggf. das gerade nicht individualschützend ausgestaltete Vorabentscheidungsverfahren.[27] Denn weder ist der

---

[21] Ähnlich *Mayer*, in: Grabitz/Hilf/Nettesheim, EU, Art. 19 EUV (Juli 2010), Rn. 23.

[22] Siehe etwa EuGH, Urt. v. 17.12.1970, Rs. 11/70 (Intern. Handelsgesellschaft), Slg. 1970, 1126, Rn. 4; Urt. v. 14.5.1974, Rs. 4/73 (Nold), Slg. 1974, 492, Rn. 13; Urt. v. 15.12.1993, Rs. C–415/93 (Bosman), Slg. 1993, I–5040, Rn. 79; Urt. v. 13.3.2007, Rs. C–432/05 (Unibet), Slg. 2007, I–2271, Rn. 37.

[23] Vgl. *Mayer*, in: Grabitz/Hilf/Nettesheim, EU, Art. 19 EUV (Juli 2010), Rn. 23, der insoweit vom »Inbegriff der Gerichtigkeitsidee der abendländischen Verfassungskultur« spricht und einem Verschmelzen der nationalen Rechtstraditionen »zu einem einheitlichen Normgefüge«; *Schwarze*, (Fn. 14), S. 169 (174f.: »Inbegriff der europäischen Verfassungskultur«).

[24] Siehe auch *Schwarze* (Fn. 14), S. 169 (175).

[25] Grundlegend EuGH, Urt. v. 5.2.1963, Rs. 26/62 (van Gend & Loos), Slg. 1963, 3 (25); Gutachten 1/09 v. 8.3.2011 (Europäisches Patentgericht), Slg. 2011, I–1137, Rn. 65.

[26] Siehe etwa *Wegener*, in: Calliess/Ruffert, EUV/AEUV, Art. 19 EUV, Rn. 11; *Frenz*, Handbuch Europarecht, Bd. 5, Rn. 2186; *Huber*, in: Streinz, EUV/AEUV, Art.19 EUV, Rn. 11; *Thiele*, Europäisches Prozessrecht, 2.Auflage, 2014, § 1, Rn. 10.

[27] Im Schrifttum finden sich allerdings häufig Hinweise auf die individualschützende Funktion bzw. Bedeutung des Vorabentscheidungsverfahrens, so etwa bei *Thiele* (Fn. 20), § 9, Rn. 5; *Schwarze*, in: Schwarze, EU-Kommentar, Art. 267 AEUV, Rn. 5.

Einzelne in der Lage das Vorabentscheidungsersuchen zu erzwingen[28], noch kann er von unionsrechtswegen her separat die Verletzung der Vorlagepflicht sanktionieren lassen.[29] Auch die beiden Individualverfahren vor dem EuG (Nichtigkeitsklage nach Art. 263 Abs. 4 AEUV und Untätigkeitsklage nach Art. 265 Abs. 3 AEUV) erfordern für die Zulässigkeit nicht die Geltendmachung subjektiver Rechtsverletzungen, sondern stellen – bei fehlender Adressatenstellung – in Anlehnung an das französische Rechtsschutzsystem auf eine qualifizierte Interessensbeeinträchtigung ab.[30] Einer erweiternden Auslegung des hierfür entscheidenden Merkmals der individuellen Betroffenheit ist der EuGH ungeachtet des EU-Grundrechts auf effektiven Rechtsschutz ausdrücklich entgegen getreten.[31] Das unionale Rechtskontrollsystem war von Beginn an und ist weiterhin in seiner zentralen Ausgestaltung objektiv-rechtlich angelegt.[32] Dies kommt auch in der Formulierung des Art. 19 Abs. 1 UAbs. 1 EUV zum Ausdruck. Hierdurch unterscheidet sich der unionale Ansatz grundlegend zumindest von dem deutschen Rechtsschutzsystem, welches im Wesentlichen um Art. 19 Abs. 4 GG und den im Rechtsstaatsprinzip verorteten Justizgewährleistungsanspruch herum aufgebaut ist.[33] Umso bedeutender ist im unionsrechtlichen Zusammenhang die Rolle nationaler Gerichte und des durch sie vermittelten dezentralen Unionrechtsschutzes.[34] Nur auf dieser Ebene wird der subjektive Rechtsschutz der aus dem Unionsrecht fließenden Gewährleistungen auch prozedural eingelöst.

Individualverpflichtungen ergeben sich auf primärrechtlicher Ebene vor allem aus **18** der unmittelbaren Drittwirkung der Grundfreiheiten, aus Art. 157 AEUV und dem Wettbewerbsrecht (bspw. Art. 101 f. AEUV). Anders als bei mitgliedstaatlichem Handeln ist die Einhaltung dieser Unionspflichten jedoch nicht eigenständiger Gegenstand der aus Art. 19 Abs. 1 UAbs. 1 Satz 2 EUV folgenden Rechtskontrollaufgabe. Dies folgt aus den Kontrollverfahren, die dem Gerichtshof der EU zur Verfügung stehen. Mit Ausnahme des Vorabentscheidungsverfahrens in Auslegungsfragen haben diese ausnahmslos nur mitgliedstaatliches oder organschaftliches Handeln zum Gegenstand, nicht aber privates Tätigwerden.[35] Nur soweit letzteres auf Grundlage entsprechender nationaler Rechtsstreitigkeiten zum Inhalt eines Auslegungsersuchens gemacht wird,

---

[28] *Pechstein*, EU-Prozessrecht, Rn. 751; *Streinz*, EuZW 2014, 17 (21).

[29] Vgl. *Pechstein*, EU-Prozessrecht, Rn. 837, 838; *Karpenstein*, in: Grabitz/Hilf/Nettesheim, EU, Art. 267 AEUV (Mai 2013), Rn. 71 f. Eine Sanktionierung allein der Vorlagepflichtverletzung über den mitgliedstaatlichen Staatshaftungsanspruch scheitert daran, dass die Vorlagepflicht nach der Rechtsprechung des EuGH nicht bezweckt, dem Einzelnen Rechte zu gewähren. Ihre Verletzung ist lediglich ein Umstand, der bei der Feststellung eines hinreichend qualifizierten Verstoßes von Bedeutung ist, vgl. EuGH, Urt. v. 30.9.2003, Rs. C–224/01 (Köbler), Slg. 2003, I–10239, Rn. 51, 55; Urt. v. 13.6.2006, Rs. C–173/03 (Traghetti del Mediterano), Slg. 2006, I–5177, Rn. 43. Nur soweit das betreffende nationale Gericht subjektive (Unions-)Rechte des Einzelnen durch das Urteil verletzt, spielt die Vorlagepflichtverletzung für den Staatshaftungsanspruch eine Rolle.

[30] Nicht auszuschließen ist, dass diese zugleich eine (mögliche) Rechtsverletzung darstellt bzw. in einer Rechtsverletzung zu sehen ist. Keinesfalls ist dies jedoch zwingend.

[31] EuGH, Urt. v. 25.7.2002, Rs. C-50/00 (Unión de Pequeños Agricultores), Slg. 2002, I–6677, Rn. 39 ff., insb. 44.

[32] *Schwarze* (Fn. 14), S. 169 (171 f.); *ders.*, in: Schwarze, EU-Kommentar, Art. 19 EUV, Rn. 13.

[33] Vgl. *Papier*, Rechtsschutz, FS P. Kirchhof, Band I, 2013, § 85, Rn. 1 ff.

[34] Siehe EuGH, Gutachten 1/09 v. 8.3.2011 (Europäisches Patentgericht), Slg. 2011, I–1137, Rn. 68; Urt. v. 13.3.2007, Rs. C–432/05 (Unibet), Slg. 2007, I–2271, Rn. 38. Vgl. *Mayer*, Grabitz/Hilf/Nettesheim, EU, Art. 19 EUV (Juli 2010), Rn. 9.

[35] Eine Ausnahme hiervon besteht nur insoweit, als das Handeln Privater durch die Mitgliedstaaten »beherrscht« wird, vgl. EuGH, Urt. v. 24.11.1982, Rs. 249/81 (Kommission/Irland »Buy Irish«), Slg. 1982, 4005, Rn. 15.

erfolgt über das Vorabentscheidungsersuchen eine mittelbare Rechtskontrolle, die un-mittelbar aber nur durch nationale Gerichte umgesetzt werden kann. Auf unionaler Ebene könnte im Zusammenhang mit der Nichteinhaltung von EU-rechtlichen Indivi-dualverpflichtungen lediglich an ein Unterlassen der EU-Organe bezüglich der Durch-setzung dieser Pflichten angeknüpft werden (z. B. im Rahmen der Art. 101 f. AEUV).[36] Gegenüber den Mitgliedstaaten wäre dies ebenfalls möglich, wenn im Einzelfall ein Gleichlauf von Individualverpflichtung einerseits und mitgliedstaatlicher Handlungs-pflicht andererseits bestünde. Ein solcher könnte sich etwa im Fall grundfreiheitlicher Drittwirkung und einer zugleich bestehenden Schutzpflicht ergeben.[37]

4. Dezentrale Rechtskontrolle durch mitgliedstaatliche Gerichte

19   Die vorstehenden Ausführungen zum subjektiven Rechtsschutz und zur Rechtskon-trolle Privater unterstreichen die Bedeutung der dezentralen Rechtskontrolle durch nationale Gerichte als »funktionale Unionsgerichte«. Die Einbeziehung Privater in den Kreis der Unionsrechtssubjekte, die unmittelbare Wirkung und der Anwendungsvor-rang des Unionsrechts sowie der (bisher) weit überwiegend durch mitgliedstaatliche Behörden verantwortete Vollzug des Unionsrechts haben zwingend zur Folge, dass **nur EU-Gerichtshof und nationale Gerichte der Mitgliedstaaten gemeinsam eine effektive Rechtskontrolle gewährleisten können**. Zentrale und dezentrale Ebene bilden somit erst zusammen ein vollständiges (unionales) Rechtskontrollsystem.

20   Verbunden sind beide Ebenen durch das Vorabentscheidungsverfahren nach Art. 267 AEUV. Dieses ist einerseits Instrument der Zusammenarbeit zwischen EU-Gerichtshof (bzw. dem insoweit bisher ausschließlich sachlich zuständigen EuGH) und den natio-nalen Gerichten.[38] Das Vorabentscheidungsverfahren verdeutlicht andererseits aber auch, dass allein der zentralen Ebene die letztverbindliche Entscheidungskompetenz über Gültigkeitsfeststellung und Auslegung des Unionsrechts und damit über seine Ein-heit und Einhaltung zukommt.[39] Letzteres ist als Funktionsbedingung für eine dauer-hafte Autonomie der Unionsrechtsordnung ebenso essentiell wie die Mitwirkung der dezentralen Ebene für eine im Rahmen dieser Ordnung gewährleistete effektive Rechts-kontrolle.[40] Hieraus resultiert ein **Spannungsverhältnis**, denn das Vorabentscheidungs-verfahren steht mit Ausnahme der Vorlagepflicht im Belieben der nationalen Gerichte. Und selbst insoweit ist der EuGH auf den Willen zur Nutzung dieses Instrument ange-wiesen. Zwar ist bei Verstößen gegen die Vorlagepflicht eine Sanktionierung mittels

---

[36] So etwa im Zusammenhang mit Individualkonkurrentenklagen im Kartell- und Antidumping-recht, vgl. dazu *Pechstein*, EU-Prozessrecht, Rn. 638 ff.

[37] Bisher werden beide Rechtswirkungen der Grundfreiheiten jedoch wohl überwiegend als kom-plementär betrachtet, die Schutzpflicht entsprechend auf Konstellationen beschränkt, in denen eben keine Drittwirkung besteht, vgl. etwa *Haratsch/Koenig/Pechstein*, Europarecht, Rn. 833; *Leible/ T.Streinz*, in: Grabitz/Hilf/Nettesheim, EU, Art. 34 AEUV (Januar 2015), Rn. 38. Ob dies nach EuGH, Urt. v. 12.7.2012, Rs. C–171/11 (DVGW), ECLI:EU:C:2012:453, Rn. 21 ff., noch aufrecht erhalten werden kann, bleibt abzuwarten. In dieser Rechtssache hatte der EuGH ausdrücklich die Bindung einer privaten Einrichtung an die Warenverkehrsfreiheit bestätigt. Hieraus folgt allerdings noch nicht, dass Drittwirkung und Schutzpflicht zwingend parallel laufen. Siehe zum Verhältnis beider Rechtswir-kungen *Ludwigs/Weidermann*, JURA 2014, 152 (162 f.).

[38] EuGH, Gutachten 1/09 v. 8.3.2011 (Europäisches Patentgericht), Slg. 2011, I–1137, Rn. 84.

[39] Vgl. EuGH, Urt. v. 22.10.87, 314/85 (Foto-Frost), Slg. 1987, I–4225, Rn. 15 ff.; Urt. v. 22.2.1990, C–221/88 (EGKS/Busseni), Slg. 1990, I–519, Rn. 13, 16.

[40] EuGH, Gutachten 2/13 v. 18.12.2014 (EMRK II), ECLI:EU:C:2014:2454, Rn. 176 (Vorabent-scheidungsverfahren als »Schlüsselelement« des unionalen Gerichtssystems).

Vertragsverletzungsverfahren denkbar,[41] rechtlich aber wenig praktikabel[42] und dem »judiziellen Dialog«[43] zwischen den Ebenen sicherlich kaum zuträglich.[44] Es liegt somit im Wesentlichen am EU-Gerichtshof bzw. am EuGH, die Zusammenarbeit mit den nationalen Gerichten so auszugestalten, dass diese in Anerkennung der Letztentscheidungskompetenz des EuGH aktiv an der unionalen Rechtskontrolle mitwirken.

Existenz und Bedeutung der dezentralen Ebene für das Rechtskontrollsystem der EU   **21** kommen im Wortlaut des Art. 19 EUV – mit Ausnahme der neu eingeführten mitgliedstaatlichen Verpflichtung zur Schaffung erforderlicher Rechtsbehelfe für einen wirksamen Unionsrechtsschutz – ebenso wenig zum Ausdruck wie in den Vorgängerbestimmungen dieser Vorschrift. Die fehlende positive Regelung ist auf den zweiten Blick allerdings nicht weiter verwunderlich, beruht doch die dezentrale Rechtskontrolle letztlich auf einer Vereinnahmung der nationalen Judikativen für die Zwecke der Durchsetzung der Unionsrechtsordnung in den Mitgliedstaaten. Dass die Mitgliedstaaten als Herren der Verträge diesen Befund – soweit sie sich dessen zumindest anfangs überhaupt bewusst gewesen sind – ausdrücklich im Primärrecht verankern würden, war und ist auch in Zukunft kaum zu erwarten.

Die **Anerkennung der Rolle nationaler Gerichte für die unionale Rechtskontrollauf-**   **22** **gabe** spiegelt sich jedoch in der jüngeren Rechtsprechung des EuGH. Betont wird darin nicht mehr nur die aus dem Loyalitätsgebot des Art. 4 Abs. 3 UAbs. 1 EUV folgende Verpflichtung nationaler Gerichte zur Anwendung und Wahrung des Unionsrechts.[45] In seinem Gutachten zum Europäischen Patentgericht führt der EuGH erstmals aus, dass »nach Art. 19 Abs. 1 EUV der Gerichtshof und die Gerichte der Mitgliedstaaten über die Wahrung dieser Rechtsordnung und des Gerichtssystems der Union [wachen].«[46] Bei dieser Nobilitierung handelt es sich auch nicht nur um ein obiter dictum. Das dieser Aussage beigemessene materielle Gewicht verdeutlicht der Umstand, dass der EuGH für die negative Beurteilung des Übereinkommensentwurfs zum Europäischen Patentgericht entscheidend auf die Bedeutung nationaler Gerichte und ihrer Kompetenzen im unionalen Rechtskontrollsystem abstellt.[47] Denn die vorgesehene ausschließliche Zuständigkeit des Europäischen Patentgerichts, über zahlreiche Individualklagen im Zusammenhang mit dem Gemeinschaftspatent und über Auslegung und Anwendung von Unionsrecht in diesem Bereich zu entscheiden, hätte nach seiner Ansicht den mitgliedstaatlichen Gerichten ihre Zuständigkeit genommen, insoweit bei der Auslegung und Anwendung des Unionsrechts mitzuwirken (und den EuGH über das Vorabentscheidungsverfahren daran zu beteiligen).[48]

---

[41] Vgl. EuGH, Gutachten 1/09 v. 8.3.2011 (Europäisches Patentgericht), Slg. 2011, I–1137, Rn. 87, wobei es hierbei allgemein um Verstöße mitgliedstaatlicher Gerichte gegen Unionsrecht geht.

[42] Vgl. *Pechstein*, EU-Prozessrecht, Rn. 837.

[43] Begriff nach *Pernice*, EuR 1996, 27 (29), zitiert bei *Mayer*, in: Grabitz/Hilf/Nettesheim, EU, Art. 19 EUV (Juli 2010), Rn. 43.

[44] Vgl. *Müller*, EuR 2011, 575 (578), wenngleich in einem anderen Kontext.

[45] EuGH, Urt. v. 13.3.2007, C–432/05 (Unibet), Slg. 2007, I–2271, Rn. 38 mit weiteren Nachweisen. Siehe auch EuGH, Gutachten 1/09 v. 8.3.2011 (Europäisches Patentgericht), Slg. 2011, I–1137, Rn. 68.

[46] EuGH, Gutachten 1/09 v. 8.3.2011 (Europäisches Patentgericht), Slg. 2011, I–1137, Rn. 66. Urt. v. 19.12.2013, C–274/12 P (Telefónica SA/Kommission), Rn. 57. Vgl. auch EuGH, Gutachten 2/13 v. 18.12.2014 (EMRK II), ECLI:EU:C:2014:2454 Rn. 175. Weniger deutlich dagegen noch in EuGH, Beschl. v. 13.7.1990, C–2/88 (Zwartveld u. a.), Slg. 1990, I–3367, Rn. 18.

[47] Vgl. EuGH, Gutachten 1/09 v. 8.3.2011 (Europäisches Patentgericht), Slg. 2011, I–1137, Rn. 79 ff., 89.

[48] Vgl. EuGH, Gutachten 1/09 v. 8.3.2011 (Europäisches Patentgericht), Slg. 2011, I–1137,

II. Aufgabe als Legitimation der richterlichen Tätigkeiten

23   Die dem EU-Gerichtshof in Art. 19 Absatz 1 UAbs. 1 Satz 2 EUV zugewiesene Rechts-kontrollaufgabe dient vor allem der Legitimation der hierfür notwendigen richterlichen Tätigkeiten.[49] Um dieser Aufgabe nachzukommen, müssen die drei originären Unions-gerichte und die nationalen Gerichte als funktionale Unionsgerichte das Unionsrecht selbst auslegen und anwenden (dürfen).[50]

1. Auslegung und Anwendung des Unionsrechts

24   Die Auslegung und Anwendung des Unionsrechts durch die Unionsgerichte unter-scheidet sich von der durch die EU-Organe und Mitgliedstaaten im Grunde nur dadurch, dass erstere die Auslegung und Anwendung des Unionsrechts lediglich nachgelagert im Rahmen ihres Kontrollauftrags betreiben können, soweit sie hiermit in den entspre-chenden Verfahren befasst werden.[51] Insoweit besteht **kein Unterschied zur mitglied-staatlichen Judikative**. Eine (optionale) vorgelagerte Kontrolle besteht lediglich im Zu-sammenhang mit dem Abschluss völkerrechtlicher Abkommen. Nach Art. 218 Abs. 11 AEUV kann der EuGH angerufen werden, um ein Gutachten zur Vereinbarkeit einer geplanten Übereinkunft mit den Verträgen zu erstellen (siehe zu Einzelheiten die Kom-mentierung bei Art. 218 AEUV). Eine solche Abweichung vom Grundsatz der nachge-lagerten Kontrolle ist auch den mitgliedstaatlichen Rechtsschutzsystemen bekannt. In Deutschland besteht eine solche Möglichkeit im Rahmen der abstrakten Normenkon-trolle nach Art. 93 Abs. 1 Nr. 2 GG.[52]

25   Die (gerichtliche) Auslegung und Anwendung von Recht wirft immer auch Fragen nach der Methodik auf. Dies gilt für die Tätigkeit der Unionsgerichte in gleicher Weise wie für nationale Gerichte.[53] Die im europarechtlichen Schrifttum in ihrer Gesamtheit oftmals als **Europäische Methodenlehre** umschriebene Herangehensweise unterschei-det sich dabei im Grundsatz nicht von der Methodik nationaler Gerichte.[54] Erkennbar wird dies insbesondere an dem auf unionsrechtlicher Ebene ebenfalls zur Anwendung kommenden tradierten Auslegungskanon.[55] Dies ist rechtlich konsequent, da sich die Entwicklung einer europäischen Methodenlehre nur in Anlehnung an die gemeineuro-päisch-mitgliedstaatliche Verfassungs- und damit auch Methodentradition,[56] an die die Unionsgerichte durch den Begriff des »Rechts« nach Art. 19 Abs. 1 UAbs. 1 Satz 2 EUV gebunden sind (vgl. oben Rn. 15), vollziehen konnte und weiterhin vollzieht.[57] In tat-sächlicher Hinsicht ist zusätzlich zu bedenken, dass die Unionsrichter allen mitglied-staatlichen Rechtsordnungen entstammen und ihre Tätigkeit insoweit auch durch das jeweilige nationale Methodenverständnis zumindest (mit-)geprägt wird.

Rn. 89. Kritisch zu dieser Entscheidung *Gaster*, EuZW 2011, 394 (396); *Müller*, EuR 2011, 575 (577 ff.). Siehe dazu auch unter Rn. 42.

[49] Vgl. *Huber*, in: Streinz, EUV/AEUV Art. 19 EUV, Rn. 12.

[50] Vgl. *Mayer*, in: Grabitz/Hilf/Nettesheim, EU, Art. 19 EUV (Juli 2010), Rn. 27.

[51] *Mayer*, in: Grabitz/Hilf/Nettesheim, EU, Art. 19 EUV (Juli 2010), Rn. 32.

[52] Siehe etwa BVerfGE 1, 396 (410 ff.); 36, 1 (15).

[53] Vgl. *Pechstein/Drechsler*, § 7, Rn. 1.

[54] Vgl. etwa *Kutscher*, S. I–6; *Wegener*, in: Calliess/Ruffert, Art. 19 EUV, Rn. 12; *Schwarze*, in: Schwarze, EU-Kommentar, Art. 19 EUV, Rn. 36; *Thiele* (Fn. 20), § 3, Rn. 1.

[55] Siehe etwa EuGH, Urt. v. 19.11.2009, verb. C–402/07 u. C–432/07 (Sturgeon u.a.), Slg. 2009, I–10923, Rn. 41, 42, mit weiteren Nachweisen. Vgl. allgemein *W.-H. Roth*, RabelsZ 75 (2011), S. 787 (798).

[56] Vgl. *Fleischer*, RabelsZ 75 (2011), S. 700 (710).

[57] Vgl. *Fleischer*, RabelsZ 75 (2011), S. 700 (704 f.).

Gleichwohl weist die europäische Methodenlehre notwendigerweise Besonderheiten **26** auf, die dem Unionsrecht als autonomer Rechtsordnung und seinen Eigenheiten geschuldet sind.[58] Hierzu gehören etwa die **geringere Bedeutung der Wortlautauslegung** aufgrund der mittlerweile 23 verbindlichen Sprachfassungen[59] oder **das Auslegungspostulat der praktischen Wirksamkeit** (effet-utile), mit welchem der Gerichtshof Rechtsfiguren wie die unmittelbare Richtlinienwirkung begründet hat.[60] Mit Ausnahme des nachfolgenden Abschnitts zur Rechtsfortbildung und den damit zusammenhängenden kompetentiellen Fragen soll an dieser Stelle von weitergehenden Ausführungen zur Methodik der Unionsgerichte abgesehen und auf einschlägiges Schrifttum verwiesen werden.[61]

2. Insbesondere: Rechtsfortbildung

Die Grenzen zwischen der rechtswahrenden Kontrolle im Sinne von Art. 19 Abs. 1 **27** UAbs. 1 Satz 2 EUV und der Rechtserzeugung, für welche dem Gerichtshof in den Verträgen keine Zuständigkeit eingeräumt worden ist, sind in der Praxis des Gerichtshofs oft fließend.[62] Die **Grauzone zwischen kompetentiell zugewiesener Rechtswahrung und nicht zugewiesener Rechtserzeugung** findet ihren Begriff in der schillernden Figur der **richterlichen Rechtsfortbildung**.[63] Letztere hat sich in der Rechtsprechung des EuGH als besonders integrationsfördernd erwiesen. Mit ihr wuchs der Gerichtshof zunehmend über die Funktion des »Wahrers des Unionsrechts« hinaus und in die Rolle des »Motors der fortschreitenden Integration« hinein. Dabei sind gelegentlich die im Wege der Rechtsfortbildung gewonnenen Rechtsprechungsergebnisse nicht frei von Bedenken. So erscheint der Vorwurf durchaus nicht fernliegend, der Gerichtshof habe mit einigen Urteilen die auch seiner Rechtsprechung gesetzten Grenzen richterlicher Rechtsfortbildung überschritten.[64]

Mit seiner aktiven Rechtsfortbildung setzt sich der EuGH auch der Gefahr einer **Kon- 28 frontation mit dem Bundesverfassungsgericht** aus. Dieses hat unmissverständlich im Maastricht-Urteil vom 12.10.1993 auf die durch das Prinzip der begrenzten Einzelermächtigung auch dem EuGH gezogene Grenze zwischen erlaubter Vertragsauslegung und unerlaubter Vertragserweiterung hingewiesen:
»Wenn eine dynamische Erweiterung der bestehenden Verträge sich bisher auf eine großzügige Handhabung des Art. 235 EWGV [Art. 352 AEUV] im Sinne einer »Ver-

[58] *Thiele* (Fn. 20), § 3, Rn. 1; *Fleischer*, RabelsZ 75 (2011), S. 700 (710); *W.-H. Roth*, RabelsZ 75 (2011), S. 787 (801 ff.). Vgl. insoweit auch das durch den Gerichtshof formulierte Selbstverständnis in EuGH, Gutachten 2/13 v. 18.12.2014, (EMRK II), ECLI:EU:C:2014:2454 Rn. 157 f.

[59] Vgl. etwa EuGH, Urt. v. 19.9.2013, C–140/12 (Brey), ECLI:EU:C:2013:565, Rn. 74, mit weiteren Nachweisen.

[60] Vgl. EuGH, Urt. v. 19.1.1982, 8/81 (Becker/Finanzamt Münster-Innenstadt), Slg. 1982, 53, Rn. 21 ff. (25).

[61] Siehe etwa *Riesenhuber*, Europäische Methodenlehre, 3. Auflage, 2015; *Martens*, Methodenlehre des Unionsrechts, 2013; *Fleischer*, RabelsZ 75 (2011), S. 700 ff.; *W.-H. Roth*, RabelsZ 75 (2011), S. 787 ff.; *Streinz*, ZEuS 2004, 387.

[62] Für einen Überblick über die »terminologia confusa« in der Richterrechtsdiskussion, vgl. *Biaggini*, Verfassung und Richterrecht, 1991, S. 51 ff.; vgl. auch *Pechstein/Drechsler*, S. 224 ff.

[63] Für einen Überblick vgl. etwa *Bernhardt*, Rechtsfortbildung durch internationale Richter, insbesondere im Bereich der Menschenrechte, in: Juristische Fakultät der Universität Heidelberg (Hrsg.), Richterliche Rechtsfortbildung, 1986, S. 527 ff.; *Donner*, AöR 106 (1981), 1 ff.; *Lenaerts*, Le juge, 2003, S. 1 ff. Vgl. auch *Steiner*, NJW 2001, 2919 ff.

[64] Kritisch *Schlemmer-Schulte*, EuZW 1991, 307 (309 f.); *Gornig*, JZ 1992, 39 f. (40).

tragsabrundungskompetenz«, auf den Gedanken der inhärenten Zuständigkeiten der Europäischen Gemeinschaften (»implied powers«) und auf eine Vertragsauslegung im Sinne einer größtmöglichen Ausschöpfung der Gemeinschaftsbefugnisse (effet utile) gestützt hat, so wird in Zukunft bei der Auslegung von Befugnisnormen durch Einrichtungen und Organe der Gemeinschaften zu beachten sein, dass der Unions-Vertrag grundsätzlich zwischen der Wahrnehmung einer begrenzt eingeräumten Hoheitsbefugnis und der Vertragsänderung unterscheidet, seine Auslegung deshalb in ihrem Ergebnis nicht einer Vertragserweiterung gleichkommen darf; eine solche Auslegung von Befugnisnormen würde für Deutschland keine Bindungswirkung entfalten.«[65]

29   Die Kompetenz des EuGH zur »Wahrung des Rechts bei der Auslegung und Anwendung der Verträge« (Art. 19 Abs. 1 Satz 2 EUV) schließt allerdings nicht etwa die Rechtsfortbildung aus. Ohnehin wäre jede strikte Trennung zwischen Auslegung und Rechtsfortbildung in ihrer praktischen Durchführung zweifelhaft. Die weite Fassung des Art. 19 Abs. 1 UAbs. 1 Satz 2 EUV verdeutlicht gerade, dass die Mitgliedstaaten den Gerichtshof mit jenen Rechtsfindungsmethoden kompetentiell ausgestattet haben, welche sich über sehr lange Zeit des nachbarlichen Nebeneinanders – vor allem römischrechtlich geprägter – mitgliedstaatlicher Rechtsordnungen aufgrund deren wertender Vergleichung zu einer gemeineuropäischen, insbesondere kontinentaleuropäischen, Rechts- und Auslegungskultur verdichtet haben.[66] Die Mitgliedstaaten haben den EuGH also **keinem numerus clausus von Rechtserkenntnis-, Rechtsfindungs- oder Auslegungsmethoden** unterworfen. Soweit die Unionsrechtsordnung systemwidrige Lücken aufweist, welche das Funktionieren dieser Rechtsordnung gefährden oder grundrechtsbzw. rechtsstaatswidrige Zustände herbeiführen würden, hat der Gerichtshof die Kompetenz, solche Lücken zu schließen.[67] Eine »Rechtsverweigerung« (»déni de justice«) ist dem EuGH nach Art. 19 Abs. 1 UAbs. 1 Satz 2 EUV verboten. Vor allem im Rahmen des Grundrechtsschutzes sowie bei der Gewährleistung von rechtsstaatlichen Grundsätzen entsprechenden unionsrechtlichen Verwaltungsverfahren hat sich – unbeschadet der nunmehr rechtsverbindlichen Grundrechte-Charta (Art. 6 Abs. 1 EUV) – die **Methode der wertenden Rechtsvergleichung zur Ermittlung allgemeiner Rechtsgrundsätze »aus den gemeinsamen Verfassungsüberlieferungen der Mitgliedstaaten«** bewährt (Art. 6 Abs. 3 EUV). Ebenso geboten ist die Rechtsfortbildung bei der unmittelbaren Wirkung von Richtlinien.[68]

30   Ebenso wenig wie sich eine praktikable Trennlinie zwischen Rechtsfortbildung und Auslegung ziehen lässt, ist eine **trennscharfe und zugleich allgemeingültige Abgrenzung in der Grauzone zwischen erlaubter Rechtsfortbildung und grundsätzlich unerlaubter Rechtserzeugung** möglich.[69] Aus mitgliedstaatlicher Perspektive wäre es in diesem Zusammenhang naheliegend, die Reichweite des mit den nationalen Zustimmungsgesetzen akzeptierten Integrationsprogramms heranzuziehen. In diesem Sinne hat das Bundesverfassungsgericht in seinem *Kloppenburg*-Beschluss vom 8.4.1987 darauf abgestellt, ob die Rechtsfindungsmethoden des EuGH, »mit der er diese Rechtsauffassung entwickelt hat, sich im Rahmen des durch das Zustimmungsgesetz zum EWG-Vertrag

---

[65] BVerfGE 89, 155 (210).
[66] BVerfGE 75, 223 (241 ff.).
[67] *Bleckmann*, S. 61 ff.; *Ukrow*, S. 24 ff.
[68] Seit EuGH, Urt. v. 6.10.1970, Rs. 9/70 (Grad/Finanzamt Traunstein [Leberpfennig]), Slg. 1970, 825 ff., st. Rspr.; zustimmend BVerfGE 75, 223 ff.
[69] Zur Richterrechtsdebatte allgemein, vgl. insbesondere *Picker*, JZ 1988, 62 ff.

abgesteckten Integrationsprogramms halten«.[70] Letzteres wäre angesichts des – nach Maßgabe der mitgliedstaatlichen Rechtstraditionen – ausfüllungsbedürftigen Wortlauts von Art. 19 Abs. 1 UAbs. 1 Satz 2 EUV jedenfalls zu bejahen, wenn eine wertende Vergleichung der Rechtsfortbildungskompetenzen nationaler Gerichte ergäbe, dass diesen, soweit in der Konstellation überhaupt vergleichbar, eine entsprechende Rechtsfortbildung erlaubt wäre. Diesem Test neigt offenbar auch der EuGH zu, wenn er darauf hinweist, »dass in einer großen Anzahl von nationalen Rechtsordnungen das Staatshaftungsrecht entscheidend im Wege der Rechtsprechung entwickelt worden ist«.[71]

III. Aufgabe als Auslegungspostulat

Die dem EU-Gerichtshof zugewiesene Rechtkontrollaufgabe erschöpft sich nicht nur in der Legitimation der dafür notwendigen richterlichen Tätigkeiten, der Auslegung und Anwendung des Unionsrechts (vgl. oben unter Rn. 23 ff.). Obgleich darin zweifelsohne die Kernfunktion der Aufgabenzuweisung zu sehen ist, nutzt vor allem der EuGH sie gelegentlich auch als Argument im Rahmen der Auslegung, um das verfolgte Auslegungsergebnis zumindest zusätzlich normativ abzustützen. Die **Rechtkontrollaufgabe fungiert insoweit als Auslegungspostulat.** 31

Zum Tragen gekommen ist diese Aufgabenfunktion (bisher) nur bei der Auslegung prozessualer Vorschriften und zwar insbesondere bei der Nichtigkeitsklage und deren Zulässigkeitsvoraussetzungen. So hat der EuGH etwa seine ständige Rechtsprechung, wonach bei der Feststellung, ob eine angefochtene Maßnahme eine Handlung im Sinne des Art. 263 Abs. 1 AEUV darstellt, nicht auf die Form, sondern ihr Wesen abzustellen ist und die Frage, ob sie verbindliche Rechtwirkungen gegenüber Dritten erzeugt, vor allem mit der Funktion der Nichtigkeitsklage im Lichte seiner Rechtskontrollaufgabe begründet.[72] In diesem Zusammenhang führt er aus, dass eine einschränkende Auslegung der Zulässigkeitsvoraussetzungen, nach der die Nichtigkeitsklage nur gegen die in Art. 288 AEUV bezeichneten Handlungen statthaft wäre, dieser Aufgabe zuwiderlaufen würde.[73] 32

Ein vergleichbares Argumentationsmuster verwandte der EuGH auch zur Erweiterung der passiven Parteifähigkeit und zwar im Hinblick auf die Urheber der mit der Nichtigkeitsklage angreifbaren Handlungen. Anders als bei dem soeben beschriebenen Beispiel gingen der EuGH bzw. das EuG hierbei allerdings über die damals geltenden Wortlautfassungen des heutigen Art. 263 AEUV hinaus. So ließ der EuGH in der Rechtssache *Les Verts* eine Klage gegen eine Handlung des EP zu, obwohl nach damaligem Wortlaut nur Handlungen der Kommission und des Rates anfechtbar waren.[74] Vor allem unter Berufung auf dieses Urteil argumentierte das EuG in gleicher Weise im Zusammenhang mit der Anfechtbarkeit von Handlungen einer EU-Agentur.[75] Auch deren Handlungsurheberschaft war weder in der damals geltenden Version des Art. 263 AEUV vorgesehen, noch sekundärrechtlich berücksichtigt.[76] In beiden Fällen führten 33

---

[70] BVerfGE 75, 223 (234 ff.).

[71] EuGH, Urt. v. 5. 3. 1996, verb. Rs. C–46/93 u. C–48/93 (Brasserie du Pêcheur/Deutschland und The Queen/Secretary of State for Transport, ex parte: Factortame u. a.), Slg. 1996, I–1029, Rn. 30.

[72] EuGH, Urt. v. 11. 11. 1981, Rs. 60/81 (IBM/Kommission), Slg. 1981, 2640, Rn. 8 f.; Urt. v. 13. 2. 2014, C–31/13 P (Ungarn/Kommission), Rn. 54 f.

[73] EuGH, Urt. v. 11. 11. 1981, Rs. 60/81 (IBM/Kommission), Slg. 1981, 2640, Rn. 8.

[74] EuGH, Urt. v. 23. 4. 1986, Rs. 294/83 (Les Verts/Parlament), Slg. 1986, I–1357, Rn. 24, 25.

[75] EuG, Urt. v. 8. 10. 2008, Rs. T–411/06 (Sogelma), Slg. 2006, II–2771, Rn. 36.

[76] EuG, Urt. v. 8. 10. 2008, Rs. T–411/06 (Sogelma), Slg. 2006, II–2771, Rn. 33 f. In den Grün-

die Gerichte aus, dass es auch »dem Geist des Vertrages, wie er in Art. [19 EUV] Ausdruck gefunden hat, [...] zuwiderliefe«, wenn die Handlungen dieser Urheber nicht anfechtbar wären.[77]

34   Unter anderem auf die ihm obliegende Rechtskontrollaufgabe stützte der EuGH auch das vor der Maastrichter Vertragsreform nicht bestehende aktive Klagerecht des EP im Rahmen der Nichtigkeitsklage, damals allerdings noch beschränkt auf den Schutz seiner Befugnisse.[78]

35   Die über den jeweils gültigen Wortlaut hinausgehenden Fälle der erweiternden Auslegung der Nichtigkeitsklage haben mittlerweile im Rahmen der drei Vertragsrevisionen seit Maastricht sukzessive Eingang gefunden in die jeweiligen Fassungen des heutigen Art. 263 AEUV – zuletzt die durch den Lissaboner Vertrag erfolgte ausdrückliche Aufnahme der Einrichtungen und sonstigen Stellen der Union in Bezug auf deren Handlungen mit Rechtswirkungen gegenüber Dritten. Vor diesem Hintergrund stellt sich die Frage nach der fortbestehenden Bedeutung der Rechtskontrollaufgabe in ihrer Funktion als Auslegungspostulat. Und in der Tat erscheint die heutige Fassung der Nichtigkeitsklage alle denkbaren Konstellationen der Überprüfung von rechtsverbindlichen, der EU zurechenbaren Handlungen zu erfassen. Ob dies allerdings auch für die anderen Verfahrensarten gilt, muss sich noch zeigen, wenngleich die praktische Bedeutung der anderen direkt zum EU-Gerichtshof führenden Verfahren im Vergleich zur Nichtigkeitsklage sicherlich geringer ist. Im Übrigen hat der EuGH die ihm obliegende Rechtskontrollaufgabe als Auslegungspostulat auch außerhalb des bestehenden verfahrensrechtlichen Rahmens fruchtbar gemacht. In der Rechtssache *Zwartveld* nahm er u. a. auf Art. 19 EUV gestützt ein Rechtshilfeersuchen eines niederländischen Gerichts an und verurteilte die Kommission (antragsgemäß) zur Übermittlung von Dokumenten und zur Erteilung von Aussagegenehmigungen für ihre Bediensteten im Zusammenhang mit einer strafgerichtlichen Voruntersuchung des hilfeersuchenden Gerichts.[79]

IV.   Aufgabe als Rechtmäßigkeitsmaßstab

36   Eine dritte Facette der Aufgabenzuweisung in Art. 19 Abs. 1 UAbs. 1 Satz 2 EUV betrifft ihre **Funktion als materieller Rechtmäßigkeitsmaßstab für völkerrechtliche Abkommen der EU, die ein eigenes (externes) Rechtskontroll- oder Rechtsschutzsystem vorsehen**. Entwürfe derartiger (und sonstiger) Abkommen können dem EuGH im Rahmen des Gutachtenverfahrens nach Art. 218 Abs. 11 AEUV vorgelegt werden (siehe dazu allgemein unter Art. 218 AEUV). Mehrmals schon hat der Gerichtshof diese Gelegenheit genutzt, um anhand der konkreten Vertragsvorhaben die Bedingungen für den Beitritt der EU (bzw. vorher der EG und der EWG) in ein völkervertraglich geschaffenes Gerichtssystem auszudifferenzieren. An diesen Bedingungen scheiterten der erste Entwurf des EWR-Abkommens,[80] der Übereinkommensentwurf zum Europäischen Patent-

---

dungsverordnungen der Agenturen sind oftmals – nicht zuletzt aufgrund der prozessualen Rechtslage bis zum Inkrafttreten des Vertrags von Lissabon – Bestimmungen zum Rechtsschutz und zur Begründung der Zuständigkeit des EU-Gerichtshofs enthalten.

[77] EuGH, Urt. v. 23.4.1986, Rs. 294/83 (Les Verts/Parlament), Slg. 1986, I–1357, Rn. 25; EuG, Urt. v. 8.10.2008, Rs. T–411/06 (Sogelma), Slg. 2006, II–2771, Rn. 36.

[78] EuGH, Urt. v. 22.5.1990, Rs. C–70/88 (Parlament/Rat), Slg. 1990, I–2067, Rn. 23, 24 ff.

[79] EuGH, Beschl. v. 13.7.1990, C–2/88 (Zwartveld u. a.), Slg. 1990, I–3367, Rn. 23 sowie den Beschlusstenor.

[80] EuGH, Gutachten 1/91 v. 14.12.1991 (EWR I), Slg. 1991, I–6099.

gericht[81] sowie auch der Entwurf des Beitrittsübereinkommens zur EMRK[82] (siehe dazu unter Rn. 43 ff.). Relevant sind die dabei entwickelten Voraussetzungen zudem für die Verankerung von Schiedsgerichtsklauseln in Investitionsschutzabkommen der EU (siehe dazu unter Rn. 51 ff.).

Der Gerichtshof betont in diesem Zusammenhang regelmäßig, dass Abkommen, in   **37** denen ein eigens eingerichteter Gerichtshof über die Streitigkeiten der Vertragsparteien und damit über die Auslegung des Abkommens entscheidet, mit Unionsrechts grundsätzlich vereinbar sind.[83] Die EU-Kompetenz zum Abschluss derartiger völkerrechtlicher Verträge umfasse auch notwendig die Unterwerfung unter die Entscheidungen eines solchen Gerichts im Hinblick auf die Auslegung und Anwendung des Abkommens.[84] Ob und in welchem Umfang sich hieraus Wechselwirkungen mit dem (autonomen) Unionsrecht ergeben und dementsprechend rechtliches Konfliktpotential begründet wird, hängt maßgeblich von Art und Inhalt der betreffenden völkerrechtlichen Verträge und der darin vorgesehenen Ausgestaltung der (externen) Rechtskontrolle bzw. des Rechtsschutzes ab. Die bisher entschiedenen Fälle wiesen unterschiedliche Eigenheiten auf: Zum Teil zeichneten sie sich dadurch aus, dass die Verträge ehemalige Gemeinschaftsrechtsnormen im Gleichlaut übernahmen (siehe Gutachten zum EWR[85] und zum Abkommen über den Gemeinsamen Europäischen Luftraum[86]). Im Fall des Europäischen Patentgerichts war kennzeichnend, dass das völkervertraglich eingesetzte Gericht über privatrechtlichen Streitigkeiten auch am Maßstab des Unionsrechts zu befinden hatte (siehe Gutachten zum Europäischen Patentgericht).[87] Die Besonderheit des EMRK-Beitritts liegt vor allem darin, dass sich sein alleiniger (rechtlicher) Zweck in einer externen Rechtmäßigkeitskontrolle des Unionsrechts am Maßstab der Konventionsrechte erschöpft.[88]

1. Inhalt des Rechtsmäßigkeitsmaßstab

Im Hinblick auf die Bedingungen der Unionsrechtsmäßigkeit eines für die EU verbind-   **38** lichen völkerrechtlich geschaffenen Gerichtssystems kommt Art. 19 Abs. 1 UAbs. 1 Satz 2 EUV maßgebliche Bedeutung zu. Zwar lässt sich dies der einschlägigen Rechtsprechung des EuGH nicht immer eindeutig entnehmen. Denn in einigen Verfahren fragt der Gerichtshof nicht direkt oder ausschließlich nach der Beachtung dieser Vertragsvorschrift oder allgemeiner des unionalen Gerichtssystems.[89] Er untersucht vielmehr

---

[81] EuGH, Gutachten 1/09 v. 8.3.2011 (Europäisches Patentgericht), Slg. 2011, I–1137.

[82] EuGH, Gutachten 2/13 v. 18.12.2014 (EMRK II), ECLI:EU:C:2014:2454.

[83] EuGH, Gutachten 1/91 v. 14.12.1991 (EWR I), Slg. 1991, I–6099, Rn. 39 f.; Gutachten 1/09 v. 8.3.2011 (Europäisches Patentgericht), Slg. 2011, I–1137, Rn. 74; EuGH, Gutachten 2/13 v. 18.12.2014 (EMRK II), Rn. 182 (»grundsätzlich nicht mit dem Unionsrecht unvereinbar«).

[84] EuGH, Gutachten 1/91 v. 14.12.1991 (EWR I), Slg. 1991, I–6099, Rn. 40; Gutachten 1/09 v. 8.3.2011 (Europäisches Patentgericht), Slg. 2011, I–1137, Rn. 74.

[85] EuGH, Gutachten 1/91 v. 14.12.1991 (EWR I), Slg. 1991, I–6099 sowie Gutachten 1/92 v. 10.4.1992, 1/92 (EWR II), Slg. 1992, I–2838.

[86] EuGH, Gutachten 1/00 v. 18.4.2002 (GELR), Slg. 2002, I–3498.

[87] EuGH, Gutachten 1/09 v. 8.3.2011 (Europäisches Patentgericht), Slg. 2011, I–1137, Rn. 72. EuGH, Gutachten 2/13 v. 18.12.2014, 2/13 (EMRK II), Rn. 181.

[88] Vgl. EuGH, Gutachten 2/13 v. 18.12.2014 (EMRK II), ECLI:EU:C:2014:2454, Rn. 181.

[89] Vgl. aber EuGH, Gutachten 2/94 v. 28.3.1996 (EMRK I), Slg. 1996, I–1783, Rn. 20; sowie EuGH, Gutachten 1/92 v. 10.4.1992 (EWR II), Slg. 1992, I–2838, Rn. 20; EuGH, Gutachten 1/91 v. 14.12.1991 (EWR I), Slg. 1991, I–6099, Rn. 71; EuGH, Gutachten 2/13 v. 18.12.2014 (EMRK II), Rn. 178, 170.

weitergehend, ob durch das geplante Abkommen die **Autonomie der Unionsrechtsordnung** berührt wird.[90] Betrachtet man jedoch die Voraussetzungen, die sich dem EuGH zufolge dahinter verbergen, so wird schnell deutlich, dass die Stellung des EU-Gerichtshofs und seine Rechtskontrollaufgabe eines der wesentlichen Elemente dieser Autonomie sind.[91] Betroffen ist letztere nämlich zum einen dann, wenn infolge der Ausgestaltung des völkervertraglichen Rechtkontrollsystems der Union und ihren Organen bei der Ausübung ihrer internen Zuständigkeiten eine bestimmte Auslegung des (autonomen)[92] Unionsrechts vorgegeben wird.[93] Zum anderen dürfen durch ein Abkommen nicht die vertraglich festgelegten Zuständigkeiten der Union und ihrer Organe verfälscht werden.[94] In Bezug auf den EuGH verbirgt sich dahinter erstens das Monopol für die Rechtmäßigkeitskontrolle der Organhandlungen[95] sowie zweitens – bei Übertragung von Zuständigkeiten durch das Abkommen – die Wahrung der Verbindlichkeit seiner Entscheidungen.[96]

39   Diese drei Elemente – letztverbindliche Auslegung des (autonomen) Unionsrechts, Monopol der Rechtmäßigkeitskontrolle von Organhandlungen und verbindliche Entscheidungsgewalt – stellen die Grundbedingungen dafür dar, dass der EU-Gerichtshof der ihm zugewiesenen Rechtskontrollaufgabe gerecht werden kann. Sie prägen somit bereits den normativen Gehalt des Art. 19 Abs.1 UAbs. 1 Satz 2 EUV als Rechtmäßigkeitsmaßstab und zwar ungeachtet des Umstandes, dass sich die Ausgestaltung dieser Elemente im Einzelnen und ihre rechtspraktische Umsetzung erst in den vertraglich vorgesehenen Verfahren verwirklichen, insbesondere in Art. 263 AEUV und Art. 267 AEUV.

40   Zusammen mit Art. 344 AEUV, wonach sich die Mitgliedstaaten verpflichten, Streitigkeiten über die Auslegung oder Anwendung der Verträge untereinander nicht anders als hierin vorgesehen zu regeln, folgt daraus auch, dass die unionale Rechtskontrolle nach Art. 19 Abs. 1 UAbs. 1 Satz 2 EUV dem EU-Gerichtshof als ausschließliche Zuständigkeit zugewiesen wurde.[97] Zwar wird in Bezug auf diese Feststellung zutreffend darauf hingewiesen, dass diese ausschließliche Zuständigkeit grundsätzlich nur im Rahmen der vertraglich vorgesehenen Verfahren ausgeübt werden kann und insoweit einer Begrenzung unterliegt.[98] Für den Rechtmäßigkeitsmaßstab im Hinblick auf die Bewer-

---

[90] EuGH, Gutachten 2/94 v. 28.3.1996 (EMRK I), Slg. 1996, I–1783, Rn. 30; Gutachten 1/00 v. 18.4.2002 (GELR), Slg. 2002, I–3498, Rn. 11, f.; weniger deutlich bei Gutachten 1/09 v. 8.3.2011 (Europäisches Patentgericht), Slg. 2011, I–1137, Rn. 76; Gutachten 2/13 v. 18.12.2014 (EMRK II), ECLI:EU:C:2014:2454, Rn. 178 (ergänzt durch Abstellen auf die »besonderen Merkmale des Unionsrechts«, Rn. 183.

[91] Vgl. auch *Classen*, EuR 2012, 611 (615): »Aufgaben des EuGH [dürfen] nicht beeinträchtigt werden«. Sehr deutlich in EuGH, Gutachten 2/13 v. 18.12.2014 (EMRK II), ECLI:EU:C:2014:2454, Rn. 183.

[92] Völkerrechtliche Abkommen der EU müssen – obgleich »integrierender Bestandteil« des Unionsrechts – hiervon ausgenommen bleiben, da ansonsten keinerlei Raum für den Abschluss von Verträgen, die eigene Gerichtssysteme vorsehen, bestehen würde. Vgl. dazu auch *Müller*, EuZW 2010, 851 (853 f.).

[93] Vgl. EuGH, Gutachten 1/00 v. 18.4.2002 (GELR), Slg. 2002, I–3498, Rn. 13; Gutachten 2/13 vom 18.12.2014, (EMRK II), ECLI:EU:C:2014:2454, Rn. 184.

[94] EuGH, Gutachten 1/00 v. 18.4.2002 (GELR), Slg. 2002, I–3498, Rn. 12; Gutachten 1/09 v. 8.3.2011 (Europäisches Patentgericht), Slg. 2011, I–1137, Rn. 75.

[95] EuGH, Gutachten 1/00 v. 18.4.2002 (GELR), Slg. 2002, I–3498, Rn. 24.

[96] EuGH, Gutachten 1/00 v. 18.4.2002, (GELR), Slg. 2002, I–3498, Rn. 25.

[97] Vgl. EuGH, Gutachten 1/91 v. 14.12.1991 (EWR I), Slg. 1991, I–6099, Rn. 35 f.; siehe auch *Gerster*, EuZW 2010, 851 (852 f.).

[98] Vgl. *Karpenstein*, in: Grabitz/Hilf/Nettesheim, EU, Art. 274 AEUV (Mai 2013), Rn. 4 ff.; *Ger-*

tung völkerrechtlicher Abkommen mit eigenen Rechtskontrollsystemen ist diese Begrenzung aber nicht von Bedeutung. Denn sie entfaltet ihre Wirkung nur im Verhältnis zur mitgliedstaatlichen Gerichtsbarkeit, wie sich aus Art. 274 AEUV ergibt. Fehlt es nämlich an einer (Verfahrens-)Zuständigkeit des EU-Gerichtshofs, so sind allein die mitgliedstaatlichen Gerichte zur Auslegung und Anwendung von Unionsrecht, ggf. unter Nutzung des Vorabentscheidungsverfahrens, berufen. Für das Außenverhältnis und damit für Art. 19 Abs. 1 UAbs. 1 Satz 2 EUV als Rechtmäßigkeitsmaßstab ist darüber hinaus entscheidend, dass der EuGH die nationalen Gerichte in ihrer Rolle als dezentrale Rechtskontrollorgane in seine Aufgabenwahrnehmung einbezieht.[99] Einschränkungen ihrer Zuständigkeiten im Hinblick auf Unionsrecht versteht der EuGH entsprechend als Beeinträchtigungen des Art. 19 Abs. 1 UAbs. 1 Satz 2 EUV. So waren die geplanten Einschränkungen der Kompetenzen mitgliedstaatlicher Gerichte im Zusammenhang mit zivilrechtlichen Streitigkeiten über das Gemeinschaftspatent zugunsten des Europäischen Patentgerichts im einschlägigen Übereinkommensentwurf mitentscheidend für die Unvereinbarkeit dieses Abkommens mit Unionsrecht.[100] Der EU-Gerichtshof selbst besaß insoweit keine originäre (Verfahrens-)Zuständigkeit, da von der Übertragungsmöglichkeit in Art. 262 AEUV (bisher) kein Gebrauch gemacht wurde.

Aus diesen durch den Gerichtshof aufgestellten Vorgaben folgt, dass jedenfalls eine **41** direkte Beteiligung völkervertragsrechtlich berufener Gerichte an der Rechtskontrollaufgabe ausgeschlossen ist. Wie insbesondere das Gutachten zum Europäischen Patentgericht deutlich macht, sind die unmittelbare Auslegung und Anwendung des Unionsrechts und vor allem die Rechtmäßigkeitskontrolle am Maßstab des Unionsrechts – auch wenn beides vermittelt über mitgliedstaatliche Gerichte als funktionale Unionsgerichte erfolgt – Kernbestand der ausschließlichen Zuständigkeit des EU-Gerichtshofs. Die Übertragung dieser Befugnisse führt stets zu einer Verfälschung der Zuständigkeiten der Union und ihrer Organe und damit zu einer Verletzung der Autonomie der Unionsrechtsordnung.[101] Letztere hat nicht nur gegenüber den einzelnen Mitgliedstaaten Bestand, die über die Autonomie nur »zur gesamten Hand« als Herren der Verträge disponieren können.[102] Sie gilt erst Recht gegenüber dritten Völkerrechtssubjekten, wie sich nicht zuletzt aus der unterhalb des Primärrechts angesiedelten Stellung völkerrechtlicher Verträge der EU ergibt (vgl. Art. 216 Abs. 2 AEUV).

Raum für den Abschluss von Abkommen mit eigenen Gerichtssystemen bleibt somit **42** im Grundsatz nur in den Fällen, in denen völkervertraglich eingerichtete Gerichte allein über Streitigkeiten der Vertragsparteien und damit über die Auslegung des jeweiligen Abkommens entscheiden.[103] Doch auch hier bestehen unionsrechtliche Grenzen, die es

---

ster, EuZW 2010, 851 (852 f.). Dass der EuGH gewillt ist, in begründeten Fällen auch über den vertraglich festgelegten verfahrensrechtlichen Rahmen hinauszugehen, hat der EuGH in der Rs. Zwartveld (siehe oben Rn. 36) unter Beweis gestellt. Betroffen war hierbei allerdings die Rechtskontrolle der EU-Organe, nicht der Mitgliedstaaten.

[99] EuGH, Gutachten 1/09 v. 8.3.2011 (Europäisches Patentgericht), Slg. 2011, I–1137, Rn. 69, Urt. v. 19.12.2013, C–274/12 P (Telefónica SA/Kommission), ECLI:EU:C:2013:852, Rn. 57.

[100] EuGH, Gutachten 1/09 v. 8.3.2011 (Europäisches Patentgericht), Slg. 2011, I–1137, Rn. 80, 89. Betroffen waren die Zuständigkeiten nationaler (ordentlicher) Gerichte über Streitigkeiten zwischen Privaten im Zusammenhang mit dem Gemeinschaftspatent.

[101] Vgl. EuGH, Gutachten 1/09 v. 8.3.2011 (Europäisches Patentgericht), Slg. 2011, I–1137, Rn. 78 ff., 89; EuGH, Gutachten 1/00 v. 18.4.2002 (GELR), Slg. 2002, I–3498, Rn. 23, 24, 26. Siehe auch EuGH, Gutachten 1/91 v. 14.12.1991 (EWR I), Slg. 1991, I–6099, Rn. 46; Gutachten 2/13 v. 18.12.2014 (EMRK II), Rn. 239, 246.

[102] Vgl. EuGH, Urt. v. 15.6.1964, Rs. 6/64 (Costa/ENEL), Slg. 1964, 1251, 1269.

[103] EuGH, Gutachten 1/91 v. 14.12.1991 (EWR I), Slg. 1991, I–6099, Rn. 39 f.; Gutachten 1/09 v. 8.3.2011 (Europäisches Patentgericht), Slg. 2011, I–1137, Rn. 74.

im Hinblick auf die Autonomie der Unionsrechtsordnung zu wahren gilt. Haben die Streitigkeiten der Vertragsparteien nämlich die Vereinbarkeit ihrer autonomen Rechtsetzung mit dem Abkommen zum Gegenstand – was regelmäßig der Fall sein wird –, so bleiben entsprechende Entscheidungen aufgrund ihrer völkervertraglichen Bindung nicht ohne Auswirkungen auf das Unionsrecht. Der Gerichtshof akzeptiert auch derartige mittelbare Einflüsse nur, »sofern die wesentlichen Voraussetzungen für die Wahrung des Wesens [seiner] Zuständigkeiten erfüllt sind und folglich die Autonomie der Unionsrechtsordnung nicht beeinträchtigt wird«.[104]

2. Insbesondere: Gutachten zum EMRK-Beitritt

43   Der geplante Beitritt der EU zur EMRK stellt vor diesem Hintergrund besondere Herausforderungen an das betreffende völkerrechtliche Abkommen. Denn obgleich seit dem Lissabonner Vertrag in Art. 6 Abs. 2 EUV primärrechtlich vorgegeben, wird durch den EU-Beitritt potentiell das gesamte Unionsrecht der externen Kontrolle des EGMR am Maßstab der Konventionsrechte unterworfen. Die daraus folgenden völkervertraglichen Bindungen berühren zwangsläufig sowohl das Monopol des EU-Gerichtshofs für die Rechtmäßigkeitskontrolle als auch seine Kompetenz für die letztverbindliche Auslegung des Unionsrechts und insbesondere derjenigen EU-Grundrechte, die denen der EMRK entsprechen (vgl. Art. 52 Abs. 3 GRC). Der (erste) Entwurf einer Übereinkunft über den Beitritt der EU zur EMRK[105] ist den daraus erwachsenden Herausforderungen nach Ansicht des EuGH nicht gerecht geworden und wurde Ende 2014 als unvereinbar »mit den besonderen Merkmalen und der Autonomie des Unionsrechts« verworfen.[106]

44   In seinen gutachterlichen Erwägungen begründet der Gerichtshof die Unvereinbarkeit mit verschiedenen Aspekten. Zum Teil sind diese auf die Besonderheiten des Beitritts gerade zu diesem völkervertraglichen Rechtskontrollsystem zurückzuführen – nämlich der Überlagerung des EU-Grundrechtsschutzsystems durch das Konventionsregime der EMRK und die daraus folgende potentiell umfassende externe Grundrechtskontrolle.[107] Insoweit lassen sich die Erwägungen des EuGH nur bedingt verallgemeinern und auf künftige Abkommen mit externen Rechtskontrollsystemen übertragen.[108] Auf diese Punkte soll an dieser Stelle daher nicht weiter eingegangen werden; verwiesen wird diesbezüglich auf die Kommentierung zu Art. 6 EUV sowie einschlägige Urteilsanmerkungen und -aufsätze.[109]

45   Neben den EMRK-spezifischen Argumentationslinien lassen sich dem EuGH-Gutachten aber auch drei Aussagen entnehmen, die genereller Natur sind und als weitere

---

[104] Vgl. EuGH, Gutachten 1/09 v. 8.3.2011 (Europäisches Patentgericht), Slg. 2011, I–1137, Rn. 76; Gutachten 1/00 v. 18.4.2002 (GELR), Slg. 2002, I–3498, Rn. 20. Vgl. ferner Gutachten 2/13 v. 18.12.2014 (EMRK II), ECLI:EU:C:2014:2454, Rn. 183.

[105] Draft revised agreement on the accession of the European Union to the Convention for the Protection of Human Rights and Fundamental Freedoms, Council of Europe, 47+1(2013)008rev2, online abrufbar unter http://www.coe.int/t/dghl/standardsetting/hrpolicy/Accession/Meeting_reports/47_1(2013)008rev2_EN.pdf (30.9.2016). Siehe zu den dem EuGH ferner vorgelegten Dokumenten EuGH, Gutachten 2/13 vom 18.12.2014 (EMRK II), ECLI:EU:C:2014:2454, Rn. 2.

[106] EuGH, Gutachten 2/13 v. 18.12.2014 (EMRK II), ECLI:EU:C:2014:2454, Rn. 258.

[107] Vgl. allgemein EuGH, Gutachten 2/13 v. 18.12.2014 (EMRK II), ECLI:EU:C:2014:2454, Rn. 154ff., 178ff.

[108] Dies betrifft vor allem die aus dem Nebeneinander von Art. 53 GRC und Art. 53 EMRK herrührenden Probleme des Abweichens der grundrechtlichen Schutzstandards, siehe dazu EuGH, Gutachten 2/13 v. 18.12.2014 (EMRK II), ECLI:EU:C:2014:2454, Rn. 184ff.

[109] Vgl. etwa *Tomuschat*, EuGRZ 2015, 133 sowie *Wendel*, NJW 2015, 921.

Konturierung der Rechtsprechung zur unionsrechtskonformen Beteiligung an externen völkervertraglichen Rechtskontrollsystemen angesehen werden können:

Eine erste bezieht sich auf die bereits in früheren Entscheidungen relevant gewordene **46** **vertikale Zuständigkeitsverteilung zwischen der EU und ihren Mitgliedstaaten, die durch völkervertragliche Bindungen nicht beeinträchtigt werden darf.**[110] Die Entscheidung darüber, wer auf Seiten der EU und ihren Mitgliedstaaten in den das Unionsrecht betreffenden Angelegenheiten als Verfahrensbeteiligter auftritt und für einen festgestellten Vertragsverstoß haftet, ist allein am Maßstab des Unionsrechts zu treffen und obliegt nur den EU-Organen; beides wiederum unterliegt der ausschließlichen Kontrolle durch den EU-Gerichtshof.[111] Diesen Anforderungen genügte der im EMRK-Beitrittsabkommen in Art. 3 vorgesehene sog. Ko-Verteidigungsmechanismus nicht.[112] Denn zum einen war darin vorgesehen, dass der Antrag auf (Mit-)Beteiligung der EU an Verfahren, die in Unionsrechtsangelegenheiten gegen einen Mitgliedstaat gerichtet sind, begründet werden muss und der EGMR insoweit eine Plausibilitätskontrolle vornehmen darf.[113] Zum anderen sah der Mechanismus für den Fall eines festgestellten Vertragsverstoßes eine Ausnahme von dem Grundsatz der gemeinsamen Haftung vor, die zwar durch die Verfahrensbeteiligten vorgetragen werden, über die aber letztlich der EGMR entscheiden musste.[114] Die in beiden Fällen drohenden völkervertraglichen Bindungen berührten die Autonomie des Unionsrechts und insbesondere die ausschließliche Zuständigkeiten des EU-Gerichtshofs.[115]

Eine zweite, in der Entscheidung zum Europäischen Patentgericht bereits angeklungene Aussage betrifft die zulässige **Reichweite externer völkervertraglicher Rechtskontrolle des Unionsrechts.**[116] Diese darf – vorbehaltlich einer unionsrechtskonformen Ausgestaltung im Übrigen – nur soweit reichen, wie auch eine interne Rechtskontrolle durch den EU-Gerichtshof und ggf. mitgliedstaatliche Gerichte als funktionale Unionsgerichte gewährleistet ist. Von letzterer nicht erfasste Bereiche dürfen »nicht ausschließlich einem außerhalb des institutionellen und gerichtlichen Rahmens der Union stehenden internationalen Gericht übertragen werden.«[117] Relevant wurde dieser Aspekt für die GASP, die als EU-Politikbereich im Fall eines EMRK-Beitritts der umfassenden Kontrolle durch den EGMR am Maßstab der Konventionsrechte unterlegen hätte, obgleich eine Zuständigkeit des EU-Gerichtshofs nur in den Grenzen des Art. 275 Abs. 2 AEUV besteht.[118] Hierdurch wird die EU bzw. werden die Mitgliedstaaten als Herren der Ver-

---

[110] Vgl. EuGH, Gutachten 1/91 v. 14.12.1991, (EWR I), Slg. 1991, I–6099, Rn. 34 f.

[111] EuGH, Gutachten 2/13 v. 18.12.2014 (EMRK II), ECLI:EU:C:2014:2454, siehe Rn. 220 f. bezgl. der Verfahrensbeteiligung sowie Rn. 234 bzgl. der Haftung.

[112] EuGH, Gutachten 2/13 v. 18.12.2014, 2/13 (EMRK II), ECLI:EU:C:2014:2454, Rn. 225, 234, 235.

[113] EuGH, Gutachten 2/13 v. 18.12.2014, 2/13 (EMRK II), ECLI:EU:C:2014:2454, Rn. 221 ff., insbesondere 224.

[114] EuGH, Gutachten 2/13 v. 18.12.2014, 2/13 (EMRK II), ECLI:EU:C:2014:2454, Rn. 229 ff., insbesondere 233 f.

[115] EuGH, Gutachten 2/13 v. 18.12.2014 (EMRK II), ECLI:EU:C:2014:2454, Rn. 224 f.; 234. Vgl. bereits Vgl. EuGH, Gutachten 1/91 v. 14.12.1991 (EWR I), Slg. 1991, I–6099, Rn. 34 f. In dieser Entscheidung hatte der EuGH eine ähnliche Befugnis des ursprünglich geplanten EWR-Gerichtshofs als Verstoß gegen die vertraglich vorgesehene Zuständigkeitsordnung und damit Autonomie des gemeinschaftlichen Rechtssystems angesehen.

[116] EuGH, Gutachten 2/13 v. 18.12.2014 (EMRK II), ECLI:EU:C:2014:2454, Rn. 256 mit Verweis auf Gutachten 1/09 v. 8.3.2011 (Europäisches Patentgericht), Slg. 2011, I–1137, Rn. 78, 80, 90.

[117] Vgl. EuGH, Gutachten 2/13 v. 18.12.2014 (EMRK II), ECLI:EU:C:2014:2454, Rn. 256.

[118] EuGH, Gutachten 2/13 v. 18.12.2014 (EMRK II), ECLI:EU:C:2014:2454, Rn. 249 ff.

träge de jure gezwungen, entsprechende Bereiche entweder aus dem Anwendungsbereich zukünftiger Abkommen auszunehmen oder die Zuständigkeiten des EU-Gerichtshofs spätestens zeitgleich parallel zu erweitern.

48   Von zentraler Bedeutung ist schließlich eine dritte Aussage betreffend die **Notwendigkeit einer Einbindung des EU-Gerichtshofs in das externe Rechtskontroll- oder Rechtsschutzsystem im Hinblick auf die Auslegung und Gültigkeitsprüfung des in Streit stehenden EU-Rechts.** Bereits im zweiten EWR-Gutachten hob der EuGH diesen Umstand ausdrücklich als eines der drei Merkmale hervor, die den zweiten, mit dem damaligen Gemeinschaftsrecht zu vereinbarenden Entwurf des EWR-Streitbeilegungssystems von dem ersten, gemeinschaftsrechtswidrigen Entwurf unterschieden.[119] Im Vorfeld der Verhandlungen zum EMRK-Beitritt forderte der Gerichtshof die Verankerung einer entsprechenden Beteiligung seiner selbst sogar ausdrücklich in einem Reflexionspapier.[120] Darin führte er aus, dass »Vorkehrungen getroffen werden [müssen], die zu gewährleisten vermögen, dass der Gerichtshof in effektiver Weise mit der Frage der Gültigkeit einer Unionshandlung befasst werden kann, bevor der Europäische Gerichtshof für Menschenrechte über die Vereinbarkeit dieser Handlung mit der Konvention entscheidet«.[121] Eine solche Vorabbefassung sei nicht nur im Hinblick auf den der EMRK innewohnenden Subsidiaritätsgrundsatz erforderlich,[122] sondern sie entspreche auch dem Erfordernis, »die Zuständigkeiten der Union und die Befugnisse ihrer Organe, insbesondere des Gerichtshofs, zu wahren [...].«[123]

49   Der dem EuGH vorgelegte Entwurf des EMRK-Beitrittsabkommen sah zwar eine entsprechende Prozedur in Art. 3 Abs. 6 im Zusammenhang mit dem sog. Ko-Verteidigungsmechanismus[124] für die Fälle vor, in denen die EU einem Verfahren gegen einen Mitgliedstaat als Partei beitritt, wenn der gerügte EMRK-Verstoß die Frage nach der Vereinbarkeit des Unionsrechts mit der EMRK aufwirft.[125] Der Gerichtshof beanstandete jedoch u.a., dass die Vorabbefassung auf Gültigkeitsfragen sowie Auslegungsfragen bezüglich des Primärrechts beschränkt war und damit Fragen nach der Auslegung des sekundären Unionsrechts ausschloss.[126] Hierdurch würde dem EMRK bei mehreren möglichen Auslegungen der betreffenden Organhandlung die Möglichkeit eingeräumt, sich selbst für eine plausible Auslegung zu entscheiden und so »der Grundsatz der aus-

---

[119] Vgl. EuGH, Gutachten 1/92 v. 10.4.1992 (EWR II), Slg. 1992, I–2838, Rn. 14.

[120] Reflexionspapier des Gerichtshofs der Europäischen Union zu bestimmten Aspekten des Beitritts der Europäischen Union zur Europäischen Konvention zum Schutz der Menschenrechte und Grundfreiheiten, online abrufbar unter http://curia.europa.eu/jcms/upload/docs/application/pdf/2010–05/convention_de_2010–05–21_08–58–25_999.pdf (30.9.2016), vgl. Rn. 9, 12.

[121] Reflexionspapier, Rn. 12, vgl. auch Rn. 8, 9.

[122] Reflexionspapier, Rn. 12, 6f.; vgl. ebenso EuGH, Gutachten Avis 2/13 v. 18.12.2014 (EMRK II), ECLI:EU:C:2014:2454, Rn. 236.

[123] EuGH, Gutachten 2/13 v. 18.12.2014 (EMRK II), ECLI:EU:C:2014:2454, Rn. 237; vgl. auch Reflexionspapier, Rn. 8f.

[124] Für die Mitgliedstaaten ist eine solche Möglichkeit bei Verfahren gegen die EU ebenfalls vorgesehen, vgl. Art. 3 Abs. 3 des geplanten Beitrittsabkommens.

[125] In Konventionsverfahren, die sich direkt gegen die EU richten, also v.a. in Fällen, in denen es um Handlungen der Organe oder sonstige Stellen und Einrichtungen der EU mit Rechtswirkungen gegenüber Dritten geht, bedarf es bereits nach Art. 35 Abs. 1 EMRK einer Rechtswegerschöpfung, die sich in diesen Fällen unmittelbar auf die Verfahren vor dem EU-Gerichtshof bezieht, insbesondere auf die Individualnichtigkeitsklage. Die Vorabbefassung des EU-Gerichtshofs ist in den Fällen des direkten Unionsrechtsvollzugs somit bereits nach EMRK Zulässigkeitsvoraussetzung eines Individualbeschwerdeverfahrens.

[126] Vgl. EuGH, Gutachten 2/13 v. 18.12.2014 (EMRK II), ECLI:EU:C:2014:2454, Rn. 242ff.

schließlichen Zuständigkeit des Gerichtshofs für die verbindliche Auslegung des Unionsrechts fraglos verletzt.«[127]

Ob eine derart ausgeformte Vorabbefassung des Gerichtshofs stets als zwingende   **50**
Voraussetzung für die unionsrechtliche Zulässigkeit von Abkommen mit externen
Rechtskontroll- oder Rechtsschutzsystemen anzusehen ist, lässt sich den Ausführungen
des EuGH im EMRK-Gutachten nicht mit Sicherheit entnehmen. Es ist vielmehr nicht
auszuschließen, dass die Ausgestaltung im Einzelnen den oben erwähnten Besonderheiten gerade des EMRK-Beitritts geschuldet war und – je nach Abkommen und darin
vorgesehenem Rechtskontrollsystem – auch andere, etwa nachgelagerte Beteiligungsmechanismen ausreichend wären. Die Einbindung des EU-Gerichtshofs an sich kann
nach dem EMRK-Gutachten allerdings als Grundvoraussetzung angesehen werden, soweit nach dem betreffenden Abkommen auch autonomes Unionsrecht zum Prüfungsgegenstand entsprechender Verfahren vor externen Gerichtskörpern gemacht werden
kann. Zwar wird hierdurch kein Entscheidungsgleichklang gewährleistet, so dass ein
Auseinanderfallen der völkerrechtlichen Bindung durch (externe) Gerichtsentscheidungen einerseits und der interne (Vorab-)Rechtskontrolle andererseits möglich bleibt.
Die daraus folgenden (mittelbaren) Einschränkungen der letztverbindlichen Auslegungskompetenz des EU-Gerichtshofs sowie seines Monopols der Rechtmäßigkeitskontrolle sind jedoch hinzunehmen. Denn sie folgen aus jeder Unterwerfung unter völkervertraglich eingerichteten Gerichtssysteme, die der EU-Gerichtshof für die EU als im
Grundsatz mit EU-Recht vereinbar ansieht.

3. Schiedsgerichtsklauseln in Investitionsschutzabkommen

Ein bisher vom EuGH hinsichtlich seiner Unionsrechtmäßigkeit nicht entschiedener   **51**
Bereich externer Rechtskontrolle betrifft Schiedsgerichtsklauseln, die vor allem im Zusammenhang mit Investitionsschutzabkommen der EU von Bedeutung sind.[128] Möglich
ist der Einsatz derartiger Instrumente für die EU jedenfalls seit dem Lissabonner Vertrag, der die (ausschließliche) Zuständigkeit für die Gemeinsame Handelspolitik in
Art. 207 Abs. 1 AEUV u.a. um das Element der ausländischen Direktinvestitionen erweitert hat.[129] Hiervon werden nach allgemeiner Ansicht im Schrifttum auch Streitbeilegungsmechanismen umfasst.[130] Für die Nutzung der sich hierdurch bietenden Möglichkeiten hat sich die Kommission bereits 2010 in einer Mitteilung stark gemacht und sich
im Zusammenhang mit Fragen der Durchsetzung von investitionsbezogenen Verpflichtungen nicht nur für verbindliche Mechanismen zur Streitbeilegung zwischen (Vertrags-)Staaten und der EU, sondern auch zwischen Investoren und (Vertrags-)Staaten
bzw. der EU ausgesprochen.[131]

---

[127] Vgl. EuGH, Gutachten 2/13 v. 18.12.2014 (EMRK II), ECLI:EU:C:2014:2454, Rn. 246.

[128] Siehe hierzu allgemein die im Auftrag des Europäischen Parlaments erstellte Studie »Investor-State Dispute Settlement in the EU's International Investment Agreements«, Volume 2 – Studies, online abrufbar unterhttp://www.europarl.europa.eu/RegData/etudes/STUD/2014/534979/EXPO_STU(2014)534979(ANN01)_EN.pdf (30.9.2016). Siehe ferner *Herdegen*, Internationales Wirtschaftsrecht, 10. Aufl., 2014, § 23.

[129] Vorgesehen sind solche Klauseln auch in der 1994 unterzeichneten und 1998 in Kraft getretenen sog. Energiecharta (vgl. dort Art. 26), die als gemischtes EU-Abkommen v.a. mit den damals noch nicht der EU beigetretenen Staaten Mittel- und Osteuropas geschlossen wurde (vgl. ABl. 1998, L 69/26). Vgl. hierzu *Kulick*, SchiedsVZ 2013, S. 81.

[130] *Weiß*, in: Grabitz/Hilf/Nettesheim, EU, Art. 207 AEUV (März 2011), Rn. 40, mit weiteren Nachweisen; *Osteneck*, in: Schwarze, EU-Kommentar, Art. 207 AEUV, Rn. 15.

[131] Kommissionsmitteilung KOM (2010) 343, S. 11 (»zentrales Merkmal, dass die Union aus mitgliedstaatlichen BIT [Bilateral Investment Treaty] übernommen hat«).

52   Im letztgenannten, in der Praxis bedeutsameren Fall bedient man sich hierzu bestehender internationaler Schiedsinstitutionen oder Schiedsordnungen wie v. a. dem bei der Weltbank angesiedelten International Center for Settlement of Investment Disputes (ICSID)[132] oder den Schlichtungsregeln der Kommission der Vereinten Nationen für internationales Handelsrecht (UNICITRAL), auf die in den jeweiligen Abkommen dann (alternativ) verwiesen wird. In den Fokus einer größeren (kritischen) Öffentlichkeit ist insbesondere das Investor-Staat-Schiedsverfahren durch seine geplante Verankerung in der Transatlantischen Handels- und Investitionspartnerschaft (TTIP) mit den USA[133] gerückt. Zu diesem Zeitpunkt bereits ausgehandelt war seine Berücksichtigung im Comprehensive Economic and Trade Agreement (CETA), welches mit Kanada geschlossen werden soll.[134]

53   Ob Schiedsgerichtsklauseln mit der Autonomie der Unionsrechtordnung vereinbar sind, wird im Schrifttum überwiegend im Hinblick auf die Investor-Staat-Streitverfahren erörtert.[135] Einer der wohl entscheidenden Punkte in diesem Zusammenhang betrifft Staat-Staat-Schiedsverfahren jedoch in gleicher Weise, nämlich die Frage nach einer **Einbindung des EU-Gerichtshofs, soweit es um unionssekundärrechtliche Verstöße gegen die Abkommen geht.** Eine Beteiligung staatlicher oder im Fall der EU auch supranationaler Gerichte ist den gängigen Schiedsverfahrenssystemen bisher jedoch fremd und würde auch deren Sinn und Zweck zuwiderlaufen. Dieser liegt gerade darin, ein effektives und zeitlich überschaubares Rechtsschutzsystem außerhalb und unabhängig von klassischen staatlichen bzw. im Fall der EU auch supranationalen Strukturen zu etablieren.[136] In dem bereits ausgehandelten CETA-Abkommen ist eine Beteiligung des EuGH jedenfalls weder bei Investor-Staat/EU- noch bei Staat-Staat/EU-Schiedsverfahren vorgesehen. Gleichwohl wäre eine Verankerung entsprechender Mitwirkungsmechanismen, sei es in Form einer Vorlagepflicht der Schiedsgerichte[137] oder – ähnlich wie im EMRK-Beitrittsabkommen – einer auf Antrag erfolgenden Beteiligung des EU-Gerichtshofs vor dem Erlass eines Schiedsspruchs,[138] möglich, da die in Bezug genommenen Schiedssysteme der Ausgestaltung durch das auf sie verweisende (Freihandels-)Abkommen offen stehen.

---

[132] Siehe unter https://icsid.worldbank.org/ICSID/Index.jsp (30. 9. 2016).

[133] Siehe hierzu die Angaben auf den Seiten der EU-Kommission unter http://ec.europa.eu/trade/policy/in-focus/ttip/index_de.htm (30. 9. 2016).

[134] Der ausgehandelte Text kann abgerufen werden unter http://eur-lex.europa.eu/resource.html? uri=cellar:e2e0caa3-4356-11e6-9c64-01aa75ed71a1.0022.02/DOC_2&format=PDF (30. 9. 2016). Vgl. S. 164 ff. des Dokuments.

[135] *Hindelang*, Der primärrechtliche Rahmen einer EU-Investitionsschutzpolitik: Zulässigkeit und Grenzen von Investor-Staat-Schiedsverfahren aufgrund künftiger EU-Abkommen, in: Bungenberg/ Herrmann (Hrsg.), Die gemeinsame Handelspolitik der Europäischen Union nach Lissabon, 2011, S. 173 ff.; *Fischer-Lescano/Horst*, Europa- und verfassungsrechtliche Vorgaben für das Comprehensive Economic and Trade Agreement der EU und Kanada, Kurzgutachten, online abrufbar unter http://www.mehr-demokratie.de/fileadmin/pdf/CETA-Rechtsgutachten.pdf (30. 9. 2016); *Pernice*, in: Europäisches Parlament, »Investor-State Dispute Settlement in the EU's International Investment Agreements, Volume 2, 2014; *Classen*, EuR 2012, S. 611 (616 ff.); *Mayer/Ermes*, ZRP 2014, 237 (239 f.).

[136] Vgl. etwa *Classen*, EuZW 2014, 611 (613).

[137] Vgl. *Hindelang*, Der primärrechtliche Rahmen einer EU-Investitionsschutzpolitik: Zulässigkeit und Grenzen von Investor-Staat-Schiedsverfahren aufgrund künftiger EU-Abkommen, in: Bungenberg/Herrmann (Hrsg.), Die gemeinsame Handelspolitik der Europäischen Union nach Lissabon, 2011, S. 173 (182 f.); *Classen*, EuR 2012, 611 (618); *Schill*, Luxembourg Limits: Conditions for Investor-State Dispute Settlement under Future EU Investment Agreements, in: Bungenberg/Reinisch/ Tietje (Hrsg.), EU and Investment Agreements, 2013, S. 37 (51).

[138] Vgl. *Pernice* (Fn. 135), S: 157; *Hindelang*, AVR 53 (2015), 68 (83 f.).

Entscheidend für die unionsrechtliche Zulässigkeit von völkervertraglich vereinbar- **54**
ten Schiedsgerichtsklauseln wird daher letztlich deren Ausgestaltung im Einzelnen
sein.[139] Neben der eben angesprochenen Beteiligungsproblematik lassen sich ohne weiteres sowohl Vorkehrungen treffen für die Unberührtheit der vertikalen Zuständigkeitsverteilung zwischen EU und ihren Mitgliedstaaten in verfahrens- und haftungsrechtlicher Hinsicht (siehe oben Rn. 46) als auch Begrenzungen des materiellen Kontrollum-
fangs vornehmen (siehe oben Rn. 47).[140]

In rechtspolitischer Hinsicht stellt sich allerdings die Frage, ob nicht insbesondere die **55**
Gewährleistung einer Beteiligung des EU-Gerichtshofs letztlich dazu führt, dass die
(vermeintlichen) Vorteile von Schiedsverfahren gegenüber staatlichen bzw. im Fall der
EU supranationalen Rechtskontrollsystemen in einem Umfang eingeebnet werden, der
die Verankerung erstgenannter de facto obsolet erscheinen lässt.

Ungeachtet der rechtspolitischen Sinnhaftigkeit wäre es angesichts der zahlreichen **56**
rechtlichen Unwägbarkeiten im Hinblick auf die Verankerung von Schiedsklauseln in
Freihandelsabkommen der EU wünschenswert und der Rechtssicherheit dienlich, wenn
der EuGH im Rahmen des Gutachtenverfahrens hiermit alsbald befasst werden könnte.

D. Die Verpflichtung der Mitgliedstaaten, effektiven Rechtsschutz im Bereich des Unionsrechts zu gewährleisten (Abs. 1 UAbs. 2)

Ebenso wie der nationale Vollzug des Unionsrechts obliegt auch die darauf bezogene **57**
Ausgestaltung des Rechtsschutzes den mitgliedstaatlichen Rechtsordnungen. Letztere
haben – in Ermangelung unionsrechtlicher Vorgaben – selbst für einen wirksamen gerichtlichen Schutz unionsrechtlich gewährter Rechte Sorge zu tragen.[141] In diesem Zusammenhang betont der EuGH in ständiger Rechtsprechung, dass die mitgliedstaatlichen Prozessordnungen den gerichtlichen Schutz unionsrechtlich gewährleisteter Rechte nicht ungünstiger gestalten dürfen als bei entsprechenden Klagen, die nur
innerstaatliches Recht betreffen (**Äquivalenzgrundsatz**), und sie dürfen die Ausübung
der durch die Unionsrechtsordnung verliehenen Rechte nicht praktisch unmöglich machen oder übermäßig erschweren (**Effektivitätsgrundsatz**).[142] Es ist auch daran zu erin-

---

[139] *Schill* (Fn. 137), S. 37 (39, 41); *Classen*, EuR 2012, 611 (621 f.); *Hindelang*, AVR 53 (2015), 63
(87 f.).

[140] Siehe zu letzterem für CETA *Schill*, Auswirkungen der Bestimmungen zum Investitionsschutz
und zu den Investor-Staat-Schiedsverfahren im Entwurf des Freihandelsabkommens der EU und Kanada auf den Handlungsspielraum des Gesetzgebers, Kurzgutachten im Auftrag des BMWi, S. 8 ff.,
21 f.; online abrufbar unter http://www.bmwi.de/BMWi/Redaktion/PDF/C-D/ceta-gutachten-
investitionsschutz,property=pdf,bereich=bmwi2012,sprache=de,rwb=true.pdf (30.9.2016).

[141] EuGH, Urt. v. 5.3.1980, Rs. 265/78 (Ferwerda/Produktschap voor vee en vlees), Slg. 1980,
617, Rn. 10; *Rengeling/Middeke/Gellermann*, Rechtsschutz in der EU, § 34, Rn. 1.

[142] EuGH, Urt. v. 16.12.1976, Rs. 33/76 (Rewe/Landwirtschaftskammer Saarland), Slg. 1976,
1989, Rn. 5; Urt. v. 16.12.1976, Rs. 45/76 (Comet/Produktschaap vor Siergewassen), Slg. 1976,
2043, Rn. 11–18; Urt. v. 27.2.1980, Rs. 68/79 (Just/Ministerium für das Steuerwesen), Slg. 1980,
501, Rn. 25; Urt. v. 9.11.1983, Rs. 199/82 (Amministrazione delle finanze dello Stato/San Georgio),
Slg. 1983, 3595, Rn. 14; Urt. v. 25.2.1988, verb. Rs. 331/85, 376/85 u. 378/85 (Bianco und Girard/
Directeur Général des douanes et droits indirects), Slg. 1988, 1099, Rn. 12; Urt. v. 24.3.1988, Rs.
104/86 (Kommission/Italien), Slg. 1988, 1799, Rn. 7; Urt. v. 14.7.1988, verb. Rs. 123/87 u. 330/87
(Jeunehomme und EGI/Belgien), Slg. 1988, 4517, Rn. 17; Urt. v. 9.6.1992, Rs. C–96/91 (Kommis-
sion/Spanien), Slg. 1992, I–3789, Rn. 12; Urt. v. 19.11.1991, verb. Rs. C–6/90 u. C–9/90 (Francovich
u. a./Italien), Slg. 1991, I–5357, Rn. 43.

nern, dass der EuGH bereits entschieden hat, dass eine Vorschrift des nationalen Rechts, die der Durchführung des in Art. 267 AEUV vorgesehenen Verfahrens entgegensteht, unangewendet bleiben muss.[143] Für die Anwendung dieser Grundsätze ist jeder Fall, in dem sich die Frage stellt, ob eine nationale Verfahrensvorschrift die Anwendung des Unionsrechts unmöglich macht oder übermäßig erschwert, unter Berücksichtigung der Stellung dieser Vorschrift im gesamten Verfahren, des Verfahrensablaufs und der Besonderheiten des Verfahrens vor den verschiedenen nationalen Stellen zu prüfen. Dabei sind gegebenenfalls die Grundsätze zu berücksichtigen, die dem nationalen Rechtsschutzsystem zugrunde liegen.«[144] In den Rechtssachen *Unión de Pequeños Agricultores* und *Jégo-Quéré*[145] hat der Gerichtshof die Verantwortung der Mitgliedstaaten für ein System von Rechtsbehelfen und Verfahren, mit denen das Recht auf effektiven gerichtlichen Rechtsschutz bzgl. unionsrechtlicher Rechtspositionen noch einmal in besonderer Weise betont und damit die Formulierung des Art. 19 Abs. 1 Satz 3 AEUV veranlasst.

E. Die Besetzung von Gerichtshof und Gericht (Art. 19 Abs. 2 EUV)

58   Gemäß Art. 19 Abs. 2 UAbs. 1 EUV ist vorgesehen, dass der Gerichtshof aus je einem Richter pro Mitgliedstaat besteht. Der Gerichtshof besteht demgemäß derzeit aus achtundzwanzig Richtern. Im Unterschied hierzu legt Art. 19 Abs. 2 UAbs. 2 EUV für das Gericht lediglich eine Mindestrichterzahl fest, die durch Änderung der EuGH-Satzung erhöht werden kann. Vgl. hierzu näher Art. 253 AEUV ff.

59   Das Verfahren der Richterernennung ist in Art. 253 i. V. m. Art. 255 AEUV geregelt. Danach werden die Richter »von den Regierungen der Mitgliedstaaten im gegenseitigen Einvernehmen nach Anhörung des in Artikel 255 vorgesehenen Ausschusses auf sechs Jahre ernannt« (Art. 253 Abs. 1 AEUV). Diese einvernehmliche Richterbestellung kann durch die Regierungen der Mitgliedstaaten sowohl im Rat als auch im Europäischen Rat erfolgen. Die Richter sollen jedoch nicht ihren Heimatmitgliedstaat vertreten, vielmehr tragen sie in tatsächlicher Hinsicht dafür Sorge, dass die Identitäten und Eigenheiten »ihrer« Heimatrechtsordnungen und -kulturen berücksichtigt werden[146].

60   Die **Unabhängigkeit der Richter** wird durch verschiedene Bestimmungen in der EuGH-Satzung sowie durch das Protokoll über Vorrechte und Befreiungen der Europäischen Gemeinschaften vom 8. 4. 1965 gesichert. Die Richter genießen Immunität, d. h. sie sind keiner Gerichtsbarkeit unterworfen. Sie dürfen keine politischen Ämter oder Berufstätigkeiten ausüben; nur ausnahmsweise kann der Rat eine Befreiung von dieser Inkompatibilitätsregelung erteilen. Zudem sind die Richter noch nach Beendigung ihres Amtes zur angemessenen Ehrenhaftigkeit und Zurückhaltung bei der Annahme von Tätigkeiten oder Vorteilen verpflichtet (Art. 4 EuGH-Satzung). Zudem wird die Unabhängigkeit der Richter, insbesondere gegenüber ihren Heimatstaaten durch die

---

[143] EuGH, Urt. v. 16. 1. 1974, Rs. 166/73 (Rheinmühlen/Einfuhr- und Vorratsstelle Getreide), Slg. 1974, 33, Rn. 2 ff.

[144] EuGH, Urt. v. 14. 12. 1995, Rs. C–312/93 (Peterbroeck, Van Campenhout & Cie/Belgien), Slg. 1995, I–4599, Rn. 12 ff.

[145] EuGH, Urt. v. 25. 7. 2002, Rs. C–50/00 P (Unión de Pequeños Agricultores/Rat), Slg. 2002, I–6677, Rn. 41; Urt. v. 1. 4. 2004, Rs C–263/02 P (Jégo-Quéré), Slg. 2004, I–3443, Rn. 31.

[146] *Everling*, DRiZ 1993, S. 5, 6; *Rengeling/Middeke/Gellermann*, Rechtsschutz in der EU, § 3, Rn. 10.

Geheimhaltung der Beratungen sowie – im Falle der Mehrheitsbeschlussfassung im Richterkollegium – des Abstimmungsverhaltens abgesichert. Weder das Abstimmungsverhalten noch abweichende Meinungen werden der Öffentlichkeit preisgegeben.

Eine quasi gutachterliche Unterstützung erfahren die Richter des EuGH von acht **61** **Generalanwälten** (Art. 252 Abs. 1 Satz 1 AEUV), denen die eigentümliche Rolle von – gegenüber dem Richterkollegium – unabhängigen, nur dem Unionsrecht verpflichteten Berichterstattern zukommt.[147] Um den evtl. Erweiterungen der Europäischen Union Rechnung zu tragen, kann nach Art. 252 Abs. 1 Satz 2 AEUV »auf Antrag des Gerichtshofs« eine Erhöhung der Anzahl der Generalanwälte durch einstimmigen Beschluss des Rates bestimmt werden. Vgl. näher hierzu Art. 252 AEUV).

F. Verfahrenszuständigkeiten des Gerichtshofs der Europäischen Union (Art. 19 Abs. 3 EUV)

Art. 19 Abs. 3 EUV enthält erstmals einen Überblick über die grundlegenden Verfah- **62** renszuständigkeiten des EU-Gerichtshofs: Klagen (lit. a), Vorabentscheidungsverfahren (lit. b) und alle anderen vertraglich vorgesehenen Verfahren (lit. c). Ob dieser Dreiteilung eine **relevante Systematisierung der gerichtlichen Verfahren** entnommen werden kann, ist fraglich. Möglich wäre sie nur, wenn man den Begriff des Organs in lit. a weit auslegt und auch alle Einrichtungen und sonstigen Stellen der EU einbezieht. Dann ließe sich den Buchstaben a und b die Unterscheidung des direkten (Klagen) und indirekten Zugangs (Vorabentscheidungsverfahren) zum EU-Gerichtshof entnehmen, die für die verfahrensmäßige Ausgestaltung der unionalen Rechtskontrolle in der Tat charakteristisch ist.[148] Buchstabe c würde dann alle Verfahren erfassen, die aus einem bestimmten Grund nicht in dieses Raster passen, wie etwa das Gutachtenverfahren nach Art. 218 Abs. 11 AEUV, welches ein Verfahren der vorgelagerten (und vorbeugenden) Rechtskontrolle darstellt.

Welche **normative Bedeutung** dieser Absatz ansonsten haben dürfte, ist noch unge- **63** klärt. Keinesfalls begründet diese Vorschrift – auch in Verbindung mit dem Rechtskontrollauftrag nach Absatz 1 – eine Einzelzuständigkeit des Gerichtshofs für bestimmte Verfahren noch eine allumfassende Zuständigkeit für sämtliche Rechtsstreitigkeiten, die das Unionsrecht betreffen.[149] Maßgeblich sind und bleiben die einzelnen (Verfahrens-) Zuständigkeiten, die dem EU-Gerichtshof in Konkretisierung des Art. 19 EUV ausdrücklich im AEU-Vertrag oder in den auf dessen Grundlage erlassenen Vorschriften eingeräumt werden (»compétence d'attribution«). Diese formelle Beschränkung des unionsgerichtlichen Rechtsschutzauftrags folgt insbesondere aus dem in Art. 13 Abs. 2 Satz 1 EUV, Art. 5 Abs. 2 EUV niedergelegten Prinzip der begrenzten Einzelermächtigung, wonach jedes Organ nur »nach Maßgabe der ihm in diesem Vertrag zugewiesenen Befugnisse« handeln darf.[150]

---

[147] *Lenz*, EuZW 1993, S. 10, 12; *Rengeling/Middeke/Gellermann*, Rechtsschutz in der EU, § 3, Rn. 12.

[148] Anders hingegen *Schwarze*, in: Schwarze, EU-Kommentar, Art. 19 EUV, Rn. 60, der alle Klagen von Einrichtungen und sonstigen Stellen der EU mangels deren Organeigenschaft unter lit. c verortet.

[149] *Schwarze*, in: Schwarze, EU-Kommentar, Art. 19 EUV, Rn. 57; siehe auch *Mayer*, in: Grabitz/Hilf/Nettesheim, EU, Art. 19 EUV (Juli 2010), Rn. 4.

[150] Der Geltung des Prinzips der begrenzten Einzelermächtigung auch für den Gerichtshof steht

64   Im Hinblick auf Buchstabe c wird im Schrifttum die Auffassung vertreten, dass darin eine Art Generalklausel zu sehen sei, die eine Ausweitung oder Modifizierung der Verfahrenszuständigkeiten des EU-Gerichtshofs auch allein durch Änderung des AEUV ermögliche, welche ansonsten »an den verfassungsrechtlichen Vorgaben des Art. 19 EUV« hätte scheitern könnte.[151] Eine solche rechtliche Bedeutung unterstellend, löst Art. 19 Abs. 3 Buchst. c EUV letztlich ein Problem, welches es ohne Regelung dieses neuen Absatzes wohl nicht gegeben hätte. Denkt man sich alleine den Buchstaben c hinweg, so wären Änderungen im AEUV betreffend die Zuständigkeiten des EU-Gerichtshofs im Lichte dieser Auffassung auf Klagen im Sinne des Buchstaben a und das Vorabentscheidungsverfahren im Sinne des Buchstaben b beschränkt.

65   Von größerem Interesse als die Frage nach einer ggf. bestehenden Öffnung für Zuständigkeitsausweitungen durch Änderungen des AEUV ist hingegen die Bedeutung der Buchstaben a und b dieses Absatzes. Beiden könnte eine **normative Bestandschutzregelung zumindest für die Grundlagen des bestehenden unionalen Rechtskontrollsystems** entnommen werden, insbesondere die Gewährleistung eines direkten und indirekten Zugangs zum EU-Gerichtshof und die über letzteres zugleich gewährleistete Einbeziehung der nationalen Gerichte als funktionale Unionsgerichte in die unionale Rechtskontrollaufgabe. Vertragsänderungen, die die aktuelle Ausgestaltung so grundlegend antasten könnten, sind bei dem derzeitigen (politischen) Stand der Integration allerdings eher fernliegend, so dass eine solche Facette des Art. 19 Abs. 3 EUV in praktischer Hinsicht nicht relevant werden dürfte.

---

nicht entgegen, dass es im Gegensatz zu den Art. 14, 16, 17 EUV in den Bestimmungen über den Gerichtshof nicht ausdrücklich wiederholt wird. Dieser für die anderen Unionsorgane maßgeblichen Wiederholung entsprechen die Einzelregelungen über die besonderen Verfahrensarten, die in Art. 258 AEUV enthalten sind.

[151] So *Schwarze*, in: Schwarze, EU-Kommentar, Art. 19 EUV, Rn. 57.

Titel IV
Bestimmungen über eine Verstärkte Zusammenarbeit

Artikel 20 EUV [Beschlussfassung]

(1) Die Mitgliedstaaten, die untereinander eine Verstärkte Zusammenarbeit im Rahmen der nicht ausschließlichen Zuständigkeiten der Union begründen wollen, können, in den Grenzen und nach Maßgabe dieses Artikels und der Artikel 326 bis 334 des Vertrags über die Arbeitsweise der Europäischen Union, die Organe der Union in Anspruch nehmen und diese Zuständigkeiten unter Anwendung der einschlägigen Bestimmungen der Verträge ausüben.

[1]Eine Verstärkte Zusammenarbeit ist darauf ausgerichtet, die Verwirklichung der Ziele der Union zu fördern, ihre Interessen zu schützen und ihren Integrationsprozess zu stärken. [2]Sie steht allen Mitgliedstaaten nach Artikel 328 des Vertrags über die Arbeitsweise der Europäischen Union jederzeit offen.

(2) [1]Der Beschluss über die Ermächtigung zu einer Verstärkten Zusammenarbeit wird vom Rat als letztes Mittel erlassen, wenn dieser feststellt, dass die mit dieser Zusammenarbeit angestrebten Ziele von der Union in ihrer Gesamtheit nicht innerhalb eines vertretbaren Zeitraums verwirklicht werden können, und sofern an der Zusammenarbeit mindestens neun Mitgliedstaaten beteiligt sind. [2]Der Rat beschließt nach dem in Artikel 329 des Vertrags über die Arbeitsweise der Europäischen Union vorgesehenen Verfahren.

(3) [1]Alle Mitglieder des Rates können an dessen Beratungen teilnehmen, aber nur die Mitglieder des Rates, die die an der Verstärkten Zusammenarbeit beteiligten Mitgliedstaaten vertreten, nehmen an der Abstimmung teil. [2]Die Abstimmungsmodalitäten sind in Artikel 330 des Vertrags über die Arbeitsweise der Europäischen Union vorgesehen.

(4) [1]An die im Rahmen einer Verstärkten Zusammenarbeit erlassenen Rechtsakte sind nur die an dieser Zusammenarbeit beteiligten Mitgliedstaaten gebunden. [2]Sie gelten nicht als Besitzstand, der von beitrittswilligen Staaten angenommen werden muss.

Literaturübersicht

Becker, Differenzierungen der Rechtseinheit durch »abgestufte Integration«, EuR-Beiheft 1/1998, 29; *Bender*, Die verstärkte Zusammenarbeit nach Nizza. Anwendungsfelder und Bewertung im Spiegel historischer Präzedenzfälle der differenzierten Integration, ZaöRV 61 (2001), 729; *von Buttlar*, Rechtsprobleme der »verstärkten Zusammenarbeit« nach dem Vertrag von Nizza, ZEuS 2001, 649; *Cach*, Die Verstärkte Zusammenarbeit und ihre Bedeutung für die Errichtung der Europäischen Staatsanwaltschaft, EuR 2014, 716; *Constantinesco*, Les causes de »coopération renforcée« – Le protocole sur l'application des principes de subsidiarité et de proportionnalité, RTDE 33 (1997), 751; *Dahrendorf*, Plädoyer für die Union, 1973; *Ehlermann*, Engere Zusammenarbeit nach dem Amsterdamer Vertrag: Ein neues Verfassungsprinzip?, EuR 1997, 362; *Epiney/Abt/Mosters*, Der Vertrag von Nizza, DVBl 2001, 941 ; *Fischer-Lescano/Kommer*, Verstärkte Zusammenarbeit in der EU, Politikanalyse FES, September 2011; *Gaja*, How Flexible is Flexibility under the Amsterdam Treaty?, CMLRev. 35 (1998), 855; *Giering*, Vertiefung durch Differenzierung – Flexibilitätskonzepte in der aktuellen Reformdebatte, integration 1997, 72; *Grieser*, Flexible Integration in der Europäischen Union. Neue Dynamik oder Gefährdung der Rechtseinheit?, 2003; *Herwig*, Europa der unterschiedlichen Geschwindigkeiten, 2014; *Hofmann*, Wieviel Flexibilität für welches Europa? Gedanken zur künftigen Entwicklung der europäischen Integration, EuR 1999, 713; *Jaeger*, Einheitspatent – Zulässigkeit der Verstärkten Zusammenarbeit ohne Spanien und Italien, NJW 2013, 1998; *Kellerbauer*, Von Maastricht bis Nizza. Neuformen differenzierter Integration in der Europäischen Union, 2003; *Mar-*

tenczuk, Die differenzierte Integration nach dem Vertrag von Amsterdam, ZEuS 1998, 447; *ders.*, Die differenzierte Integration und die föderale Struktur der Europäischen Union, EuR 2000, 351; *Ost*, Flexibilität des Gemeinschaftsrechts – Vom Notantrieb zum Vertragsprinzip?, DÖV, 495; *Schäuble/Lamers*, Überlegungen zur europäischen Politik, Blätter für deutsche und internationale Politik 1994, 1271; *Schauer*, Schengen – Maastricht – Amsterdam. Auf dem Weg zu einer flexiblen Union, 2000; *Schneider*, »Kerneuropa« – Ein aktuelles Schlagwort und seine Bedeutung, JRP 2004, 136; *Solar*, Neues totes Recht? Die »verstärkte Zusammenarbeit im Entwurf einer Verfassung für Europa, FS Fischer, 2004, S. 511; *Streinz*, Die Verstärkte Zusammenarbeit: Eine realistische Form abgestufter Integration, JuS 2013, 892; *Stubb*, A Categorisation of Differentiated Integration, JCMSt 34 (1996), 283; *Thun-Hohenstein*, Der Vertrag von Amsterdam, 1997; *Tsatsos*, Memorandum (Entwurf) für die SPE-Fraktion über die Möglichkeiten und Grenzen der Verfahren partieller Integration, in: *ders.* (Hrsg.), Verstärkte Zusammenarbeit, 1999, S. 13; *Wiedmann*, Der Vertrag von Nizza – Genesis einer Reform, EuR 2001, 185; *Thym*, Ungleichzeitigkeit und europäisches Verfassungsrecht, 2004; *ders.*, Supranationale Ungleichzeitigkeit im Recht der europäischen Integration, EuR 2006, 637; *ders.*, Flexible Integration: Garant oder Gefahr für die Einheit und die Legitimation des Unionsrechts?, EuR-Beiheft 2/2013, 23; *Zeitzmann*, Das Verfahren der Verstärkten Zusammenarbeit und dessen erstmalige Anwendung: Ein Ehescheidungs- und Trennungsrecht für Europa, ZEuS 2011, 87.

Wesentliche sekundärrechtliche Vorschriften

Beschluss 2010/405/EU des Rates vom 12. 7. 2010 über die Ermächtigung zu einer Verstärkten Zusammenarbeit im Bereich des auf die Ehescheidung und Trennung ohne Auflösung des Ehebandes anzuwendenden Rechts, ABl. 2010, L 189/12

Beschluss 2011/167/EU des Rates vom 10. 3. 2011 über die Ermächtigung zu einer Verstärkten Zusammenarbeit im Bereich der Schaffung eines einheitlichen Patentschutzes, ABl. 2011, L 76/53

Beschluss 2013/52/EU des Rates vom 22. 1. 2013 über die Ermächtigung zu einer Verstärkten Zusammenarbeit im Bereich der Finanztransaktionssteuer, ABl. 2013, L 22/11

Leitentscheidungen

EuGH, Urt. v. 16. 4. 2013, Rs. C–274/11 u. C–295/11 (Spanien u. Italien/Rat), ECLI:EU:C:2013:240
EuGH, Urt. 30. 4. 2014, Rs. C–209/13 (Vereinigtes Königreich/Rat), ECLI:EU:C:2014:283

Inhaltsübersicht

A. Allgemeines

Art. 20 EUV regelt den **rechtlichen Rahmen des Instruments der Verstärkten Zusam-**   1
menarbeit, insbesondere Voraussetzungen der Begründung einer Verstärkten Zusammenarbeit sowie die daraus resultierenden Rechtsfolgen. Detailregelungen finden sich in Art. 326 bis Art. 334 AEUV, auf die Art. 20 EUV auch verweist. Art. 20 EUV i. V. m. Art. 326 bis Art. 334 AEUV wollen integrationswilligen Mitgliedstaaten die Möglichkeit eröffnen, sich im Rahmen der institutionellen Struktur der Europäischen Union in einzelnen Politikbereichen zu einer intensiveren Integration zusammenzufinden. Dieses Voranschreiten einer Gruppe von Mitgliedstaaten bleibt dabei auf die Ziele der Europäischen Union insgesamt ausgerichtet.[1] Den teilnehmenden Mitgliedstaaten wird zugleich der Zugriff auf die rechtliche, personelle und gegenständliche Infrastruktur der Europäischen Union gestattet, was einerseits die intensivere Zusammenarbeit fördert und erleichtert und andererseits Transparenz für die übrigen Mitgliedstaaten der Europäischen Union herstellt, denen ein späteres Hinzustoßen zum Kreis der stärker integrationswilligen Staaten leichter möglich wird. Art. 20 Abs. 1 UAbs. 2 Satz 2 EUV normiert daher den Grundsatz der Offenheit einer Verstärkten Zusammenarbeit für alle Mitgliedstaaten. Eine Verstärkte Zusammenarbeit soll keinen Dauerzustand schaffen, sondern ist als **Übergangsstadium** gedacht, das durch die Teilnahme aller Mitgliedstaaten der Europäischen Union letztlich überwunden werden soll.[2]

Grundsätzlich liegt der Europäischen Union das **Leitbild einer einheitlichen Inte-**   2
gration zugrunde,[3] da die Effizienz dieses supranationalen Zusammenschlusses in hohem Maße von der Verfolgung einheitlicher politischer Ziele durch alle Beteiligten abhängig ist.[4] Das Integrationskonzept beruht auf der Idee einer Einheitsbildung durch einheitliche rechtliche Regelungen, die für alle Mitgliedstaaten gleichermaßen verbindlich sind.[5] Formen einer differenzierten oder abgestuften Integration, die auf unterschiedliche rechtliche Regime abzielen, bilden demgegenüber **Ausnahmen vom Prinzip der Einheitlichkeit.**[6] Gründe für eine differenzierte Integration können darin zu sehen sein, dass nicht alle Mitgliedstaaten ein konkret angestrebtes Ziel entweder aus tatsächlichen Gründen erreichen können oder aus politischen Gründen erreichen wollen.[7]

Durchbrechungen des Prinzips der Einheitlichkeit bedürfen immer einer besonderen   3
Rechtfertigung.[8] So kann eine differenzierte Integration etwa die Chance bieten, Entscheidungsblockaden einiger Mitgliedstaaten und eingetretene Stagnationen im Prozess der Integration zu überwinden, indem man verstärkt integrationswilligen Mitgliedstaaten die Möglichkeit einräumt, rascher und weiter voranzuschreiten.[9] Zum anderen kann eine Differenzierung auch insofern **integrationsfördernd** wirken, als sie eine Vorbild-

---

[1] *Pechstein*, in: Streinz, EUV/AEUV, Art. 20 EUV, Rn. 6.
[2] *Pechstein*, in: Streinz, EUV/AEUV, Art. 20 EUV, Rn. 6.
[3] *Solar*, S. 513; *Streinz*, JuS 2013, 862 (862); *Blanke*, in: Grabitz/Hilf/Nettesheim, EU, Art. 20 EUV (Juli 2010), Rn. 5.
[4] *Heintschel v. Heinegg*, in: Vedder/Heintschel v. Heinegg, Europäisches Unionsrecht, Art. 20 EUV, Rn. 2.
[5] *Becker*, EuR-Beiheft 1/1998, 29 (42); *Bender*, ZaöRV 61 (2001), 729 (730f., 735f.); *Giering*, integration 1997, 72 (72f.).
[6] *Ehlermann*, EuR 1997, 362 (368); *Blanke*, in: Grabitz/Hilf/Nettesheim, EU, Art. 20 EUV (Juli 2010), Rn. 6.
[7] *Streinz*, JuS 2013, 862 (862).
[8] *Streinz*, JuS 2013, 862 (862).
[9] *Tsatsos*, S. 13; *Hatje*, in: Schwarze, EU-Kommentar, Art. 20 EUV, Rn. 3.

funktion ausübt. Zurückbleibende, vorerst noch skeptische Mitgliedstaaten können den Erfolg einer Verstärkten Zusammenarbeit abwarten, um später mit stärkerem Rückhalt und größerer Akzeptanz hinzuzustoßen. Letztlich kann eine differenzierte Integration auch helfen, eine ökonomische Heterogenität innerhalb der Europäischen Union zu bewältigen.[10]

4   Diskutiert wurden und werden eine **Vielzahl unterschiedlicher Konzepte** und Ideen.[11] Schlagwortartig sei hier verwiesen auf die Begriffe eines »Europas à la carte«[12], eines »Europas der variablen Geometrie«[13], eines »Europas der konzentrischen Kreise«[14] oder eines »Kerneuropas«.[15] Alle diese Konzepte lassen sich mehr oder weniger genau zwei unterschiedlichen Grundgedanken zuordnen. Zum einen kann differenzierte Integration das Ziel haben, zeitlich begrenzt einen Kreis von Mitgliedstaaten voranschreiten zu lassen, um später die übrigen Mitgliedstaaten nachzuziehen. Dies lässt sich treffend mit dem Terminus eines »Europas der unterschiedlichen Geschwindigkeiten« beschreiben.[16] Zum anderen kann eine differenzierte Integration zeitlich unbefristete Ausnahmeregelungen vorsehen. Hier bietet es sich an, von einem »Europa der variablen Geometrie« zu sprechen.[17] Die Verstärkte Zusammenarbeit ist dabei der Idee von einem »Europa der unterschiedlichen Geschwindigkeiten« zuzuordnen.

5   Bereits in den 1970er Jahren waren Divergenzen in den Zielvorstellungen der Mitgliedstaaten über die politische Finalität der damaligen Europäischen Gemeinschaften erkennbar und erste Ideen einer abgestuften europäischen Integration wurden diskutiert.[18] Die Sorge vor einer Zersplitterung überwog jedoch zunächst das Interesse an der Ermöglichung von Differenzierungen. Erst die bevorstehende Osterweiterung der Europäischen Union ließ die Notwendigkeit einer Flexibilisierung im **Spannungsverhältnis von Erweiterung der Union und Vertiefung der Integration** so deutlich hervortreten, dass eine Bereitschaft zu einer vertraglichen Regelung eines Flexibilisierungsinstruments erkennbar war.[19] Durch den Vertrag vom Amsterdam[20] wurden erstmals Regelungen über eine Verstärkte Zusammenarbeit in das Vertragswerk aufgenommen. Sie gehen zurück auf eine gemeinsame Initiative des damaligen deutschen Bundeskanzler Helmut Kohl und des damaligen französischen Staatspräsidenten Jacques Chirac, die in einem gemeinsamen Brief vom 6.12.1995 an den Präsidenten des Europäischen Rates den Wunsch geäußert haben, »in den Vertrag eine allgemeine Klausel einzufügen, die Staaten, die dies wünschen und dazu in der Lage sind, die Möglichkeit eröffnet, unter Wahrung des einheitlichen institutionellen Rahmen der Union eine verstärkte Zusam-

---

[10] *Thym*, EuR-Beiheft 2/2013, 23 (42 f.); *Blanke*, in: Grabitz/Hilf/Nettesheim, EU, Art. 20 EUV (Juli 2010), Rn. 5.

[11] Hierzu *Herwig*, S. 45 ff., *Stubb*, JCMSt 34 (1996), 283 (287 f.).

[12] Vgl. *Dahrendorf*, S. 58 ff.

[13] Vgl. *Ehlermann*, EuR 1997, 362 (364).

[14] Vgl. *Giering*, integration 1997, 72 (73); *Grieser*, S. 36.

[15] *Schäuble/Lamers*, Überlegungen zur europäischen Politik, Blätter für deutsche und internationale Politik, 1994, 1271; vgl. dazu *Schneider*, JRP 2004, 136.

[16] *Martenczuk*, EuR 2000, 351 (353); anders aber *Ehlermann*, EuR 1997, 362 (363).

[17] *Ost*, DÖV 1997, 495 (496); *Martenczuk*, EuR 2000, 351 (353).

[18] Dazu *Herwig*, S. 42 ff.

[19] *Thym*, EuR 2006, 637 (652 f.); *Ruffert*, in: Calliess/Ruffert, EUV/AEUV, Art. 20 EUV, Rn. 2; *Pechstein*, in: Streinz, EUV/AEUV, Art. 20 EUV, Rn. 3; *Wiedmann*, EuR 2001, 185 (214 f.).

[20] ABl. 1997, C 340/1.

menarbeit zu entwickeln«.[21] Die Verträge von Nizza[22] und Lissabon[23] haben dieses Instrument redaktionell sowie substanziell reformiert, praktikabler gemacht und ihm seine heutige Form gegeben. Bislang ist in drei Fällen zum Instrument der Verstärkten Zusammenarbeit gegriffen worden. Es handelt sich um die Verstärkte Zusammenarbeit im Bereich des Ehescheidungs- und Trennungsrechts,[24] die Verstärkte Zusammenarbeit im Bereich der Schaffung eines einheitlichen Patentschutzes[25] sowie die Verstärkte Zusammenarbeit im Bereich der Finanztransaktionssteuer.[26]

B. Voraussetzungen der Verstärkten Zusammenarbeit

I. Materielle Voraussetzungen

1. Nicht ausschließliche Zuständigkeit der Europäischen Union

Eine Verstärkte Zusammenarbeit ist nach Art. 20 Abs. 1 UAbs. 1 EUV nur zulässig im   6
Rahmen der nicht ausschließlichen Zuständigkeiten der Europäischen Union. Das bedeutet zunächst, dass es sich die Verstärkte Zusammenarbeit **innerhalb des Kompetenzrahmens der Europäischen Union** halten muss.[27] Bestätigt wird dies durch Art. 329 AEUV, der in seinem Abs. 1 Satz 1 von einer Verstärkten Zusammenarbeit »in einem Bereiche der Verträge« spricht.

Es darf sich jedoch nicht um eine ausschließliche Zuständigkeit der Europäischen   7
Union handeln. Diese **Herausnahme der Bereiche der ausschließlichen Unionskompetenz** findet ihren Grund darin, dass die mittels einer ausschließlichen Unionskompetenz angestrebte Unitarisierung der Rechtsetzung innerhalb der Union nicht durch eine Verstärkte Zusammenarbeit unterlaufen werden soll.[28] Art. 20 Abs. 1 UAbs. 1 EUV verweist auf Art. 2 Abs. 1 i. V. m. Art. 3 AEUV, die die ausschließliche Zuständigkeit definieren und die Bereiche aufzählen, in welchen die Union ausschließlich zuständig ist. Für eine verstärkte Zusammenarbeit verbleiben damit die übrigen Zuständigkeitsbereiche der Union gemäß Art. 2 Abs. 2 bis Abs. 5 AEUV.[29] In der Praxis relevant geworden ist die Frage, wieweit die ausschließlichen Unionskompetenzen gemäß Art. 2 Abs. 1 i. V. m. Art. 3 Abs. 1 Buchst. b AEUV reichen. Hier hat der Europäische Gerichtshof in seinem Urteil über die Zulässigkeit einer Verstärkten Zusammenarbeit im Bereich des Patentrechts entschieden, dass unter den für das Funktionieren des Binnenmarktes erforderlichen Wettbewerbsregeln nach Art. 3 Abs. 1 Buchst. b AEUV nur die Bestimmungen des Wettbewerbsrecht der Europäischen Union gemäß Art. 101 bis 109 AEUV

---

[21] Der Text des Briefes ist abgedruckt in: Internationale Politik 1996, 80 f.

[22] ABl. 2001, C 80/1.

[23] ABl. 2007, C 306/1.

[24] Beschluss 2010/405/EU des Rates vom 12. 7. 2010 über die Ermächtigung zu einer Verstärkten Zusammenarbeit im Bereich des auf die Ehescheidung und Trennung ohne Auflösung des Ehebandes anzuwendenden Rechts, ABl. 2010, L 189/12.

[25] Beschluss 2011/167/EU des Rates vom 10. 3. 2011 über die Ermächtigung zu einer Verstärkten Zusammenarbeit im Bereich der Schaffung eines einheitlichen Patentschutzes, ABl. 2011, L 76/53.

[26] Beschluss 2013/52/EU des Rates vom 22. 1. 2013 über die Ermächtigung zu einer Verstärkten Zusammenarbeit im Bereich der Finanztransaktionssteuer, ABl. 2013, L 22/11.

[27] *Geiger*, in: Geiger/Khan/Kotzur, EUV/AEUV, Art. 20 EUV, Rn. 7; *Pechstein*, in: Streinz, EUV/AEUV, Art. 20 EUV, Rn. 11; *Zeitzmann*, ZEuS 2011, 87 (93).

[28] *Blanke*, in: Grabitz/Hilf/Nettesheim, EU, Art. 20 EUV (Juli 2010), Rn. 33.

[29] *Pechstein*, in: Streinz, EUV/AEUV, Art. 20 EUV, Rn. 11.

zu verstehen sind, nicht hingegen auf die Bestimmung über das Recht des geistigen Eigentums gemäß Art. 118 AEUV.[30]

2. Förderung des Integrationsprogramms der Europäischen Union

a) Förderung der Unionsziele

8 Weitere materielle Voraussetzung für die Begründung einer Verstärkten Zusammenarbeit ist, dass die nach Art. 20 Abs. 1 UAbs. 2, 1. Alt. EUV darauf gerichtet sein muss, die Verwirklichung der Ziele der Europäischen Union zu fördern. Das Förderungsgebot bezieht sich zunächst auf die in Art. 3 EUV niedergelegten allgemeinen Ziele der Union. Hinzu treten die sektoralen Unionsziele im Rahmen der jeweiligen Politikbereiche. Eine Verstärkte Zusammenarbeit muss der Union zugutekommen, d. h., es muss sich aus ihr ein Mehrwert im Hinblick auf die Zielverwirklichung der gesamten Europäischen Union ergeben.[31]

b) Schutz der Unionsinteressen

9 Nach Art. 20 Abs. 1 UAbs. 2, 2. Alt. EUV muss eine Verstärkte Zusammenarbeit weiterhin darauf ausgerichtet sein, die Interessen der Europäischen Union zu schützen. Insofern besteht eine inhaltliche Überschneidung mit der Förderung der Ziele der Union, da sich Unionsinteressen bereits unmittelbar aus ihren Zielen ableiten lassen. Darüber hinaus erfolgt im Rahmen der vertraglich vorgegebenen Ziele aber auch eine politische Definition der Interessen der Europäischen Union bei der Ausübung ihrer Zuständigkeiten.[32] Die Verfolgung dieser politisch festgelegten Unionsinteressen darf im Wege einer Verstärkten Zusammenarbeit nicht beeinträchtigt werden.

c) Stärkung des Integrationsprozesses

10 Zugleich muss eine Verstärkte Zusammenarbeit gemäß Art. 20 Abs. 1 UAbs. 2, 3. Alt. EUV der Stärkung des Integrationsprozesses dienen. Dies bedeutet, dass sie von dem einmal gebilligten Integrationsprogramm nicht abweichen darf.[33] Daraus folgt jedenfalls ein Rückschrittsverbot.[34] Darüber hinausgehend soll die Verstärkte Zusammenarbeit den Integrationsprozess nicht nur nicht schwächen, sondern stärken und will einer Gruppe von Mitgliedstaaten ein schnelleres Voranschreiten auf dem Integrationspfad ermöglichen. Dies bedeutet ein Fortschrittsgebot, wenn sich Mitgliedstaaten auf eine Verstärkte Zusammenarbeit einigen.

3. Ultima ratio

11 Nach Art. 20 Abs. 2 Satz 1 EUV kommt die Begründung einer Verstärkten Zusammenarbeit erst als letztes Mittel, als ultima ratio, in Betracht, wenn die mit der Zusammenarbeit angestrebten Ziele von der Union in ihrer Gesamtheit nicht innerhalb eines ver-

---

[30] EuGH, Urt. v. 16.4.2013, Rs. C–274/11 u. C–295/11 (Spanien u. Italien/Rat), ECLI:EU:C: 2013:240, Rn. 22 ff.; vgl. auch *Streinz*, JuS 2013, 892 (894); kritisch allerdings *Jaeger*, NJW 2013, 1998 (1999).

[31] *Schauer*, S. 160.

[32] Ähnlich *Blanke*, in: Grabitz/Hilf/Nettesheim, EU, Art. 20 EUV (Juli 2010), Rn. 36.

[33] *Hatje*, in: Schwarze, EU-Kommentar, Art. 20 EUV, Rn. 23.

[34] *Epiney/Abt/Mosters*, DVBl 2001, 941 (946); *Pechstein*, in: Streinz, EUV/AEUV, Art. 20 EUV, Rn. 12; *Ruffert*, in: Calliess/Ruffert, EUV/AEUV, Art. 20 EUV, Rn. 17; *Constantinesco*, RTDE 33 (1997), 751 (758); *Ehlermann*, EuR 1997, 362 (372).

tretbaren Zeitraums verwirklicht werden können. Diese Voraussetzung verdeutlicht, dass die Verstärkte Zusammenarbeit die Ausnahme bleiben soll und der Druck auf den Unionsgesetzgeber, zu einer gemeinsamen Lösung zu gelangen, nicht verringert werden soll.[35] Anhand welcher Kriterien das Vorliegen einer Lage gemäß Art. 20 Abs. 2 Satz 1 EUV zu bestimmen ist, wird nicht weiter konkretisiert. Man muss daher davon ausgehen, dass dem Rat, dem die Beurteilung nach Art. 20 Abs. 2 Satz 1 EUV obliegt, ein gewisser **Einschätzungsspielraum** zukommt.[36] Dem Europäischen Gerichtshof ist es gemäß seiner Rechtsprechung bei der Überprüfung der Entscheidung des Rates verwehrt, seine eigene Beurteilung an die Stelle der Beurteilung des Rates zu setzen. Der Europäische Gerichtshof kann daher lediglich überprüfen, ob der Rat sorgfältig und unparteiisch alle relevanten Gesichtspunkte geprüft hat und ob das Ergebnis, zu dem der Rat gelangt ist, hinreichend begründet ist.[37]

Verlangt werden muss jedenfalls, dass es einen erfolglos gebliebenen Einigungsversuch über ein konkretes Gesetzgebungsvorhaben unter Beteiligung aller Mitgliedstaaten gegeben haben muss.[38] Unbeachtlich ist es dabei, ob der Vorschlag in den Abstimmungen im Rat oder im Europäischen Parlament gescheitert ist oder zuvor aufgrund seiner offensichtlichen Aussichtslosigkeit von der Kommission zurückgezogen worden ist.[39] Ein erfolgloser Einigungsversuch allein reicht nach der Rechtsprechung des Europäischen Gerichtshofs jedoch nicht aus.[40] Zudem muss die Suche nach einem Minimalkonsens über wesentliche Teile eines Vorhabens unter Ausklammerung der streitigen Fragen gescheitert sein.[41] Der **vertretbare Zeitraum** innerhalb dessen nach einer Einigung auf Unionsebene gesucht werden muss, hängt einerseits von der Komplexität der zu regelnden und zu verhandelnden Materie ab. Andererseits kann bei der Beurteilung der Vertretbarkeit des Zeitraums aber die Frage eine Rolle spielen, wie entschieden sich andere Mitgliedstaaten einer Einigung widersetzen oder ob sie Kompromissbereitschaft signalisieren.[42] Nach der Rechtsprechung des Europäischen Gerichtshofs kann bereits ein fehlendes Interesse von Mitgliedstaaten an der angestrebten Regelung genügen.[43] Ist zu erwarten, dass weitere Verhandlungen nach menschlichem Ermessen in absehbarer Zukunft keinen weiteren Einigungsfortschritt bringen würden, kann an die Begründung einer Verstärkten Zusammenarbeit gedacht werden.[44]

12

---

[35] *Streinz*, JuS 2013, 892 (895).

[36] *Cach*, EuR 2014, 716 (722); *v. Buttlar*, ZEuS 2001, 649 (666); *Streinz*, JuS 2013, 892 (895); *Ruffert*, in: Calliess/Ruffert, EUV/AEUV, Art. 20 EUV, Rn. 19; *Pechstein*, in: Streinz, EUV/AEUV, Art. 20 EUV, Rn. 13.

[37] EuGH, Urt. v. 16.4.2013, Rs. C–274/11 u. C–295/11 (Spanien u. Italien/Rat), ECLI:EU:C:2013:240, Rn. 54.

[38] *Becker*, EuR-Beiheft 1/1998, 29 (49); *ders.*, in: GSH, Europäisches Unionsrecht, Art. 20 EUV, Rn. 51; *Fischer-Lescano/Kommer*, S. 9; *Pechstein*, in: Streinz, EUV/AEUV, Art. 20 EUV, Rn. 13; anders aber *Blanke*, in: Grabitz/Hilf/Nettesheim, EU, Art. 20 EUV (Juli 2010), Rn. 40.

[39] *Hatje*, in: Schwarze, EU-Kommentar, Art. 20 EUV, Rn. 26.

[40] EuGH, Urt. v. 16.4.2013, Rs. C–274/11 u. C–295/11 (Spanien u. Italien/Rat), ECLI:EU:C:2013:240, Rn. 49.

[41] *Pechstein*, in: Streinz, EUV/AEUV, Art. 20 EUV, Rn. 13.

[42] EuGH, Urt. v. 16.4.2013, Rs. C–274/11 u. C–295/11 (Spanien u. Italien/Rat), ECLI:EU:C:2013:240, Rn. 53.

[43] EuGH, Urt. v. 16.4.2013, Rs. C–274/11 u. C–295/11 (Spanien u. Italien/Rat), ECLI:EU:C:2013:240, Rn. 36.

[44] EuGH, Urt. v. 16.4.2013, Rs. C–274/11 u. C–295/11 (Spanien u. Italien/Rat), ECLI:EU:C:2013:240, Rn. 50.

4. Mindestteilnehmerzahl

13   Art. 20 Abs. 2 Satz 1 EUV setzt weiter voraus, dass eine Verstärkte Zusammenarbeit erst ab einer Mindestteilnehmerzahl von **neun Mitgliedstaaten** zulässig ist. Nach dem Vertrag von Nizza hatte die Mindestteilnehmerzahl noch bei acht gelegen (vgl. Art. 43 Buchst. g EUV/Nizza). Die Festlegung einer Mindestanzahl von teilnehmenden Mitgliedstaaten soll eine übermäßige **Rechtszersplitterung verhindern**. Zudem soll die Chance erhöht werden, im Rahmen einer Verstärkten Zusammenarbeit getroffene Regelungen später in eine allgemeine Unionspolitik zu überführen. Geographische Kriterien werden nicht zusätzlich errichtet, so dass auch Mitgliedstaaten aus nur einer geographischen Region sich zu einer Verstärkten Zusammenarbeit zusammenfinden könnten.[45] Ebenso wenig wird verlangt, dass eine Verstärkte Zusammenarbeit ein demographisches Spektrum der Union abbilden muss. Die Größe der sich zusammenfindenden Staaten ist daher belanglos.

II. Ermächtigung durch den Rat

14   In formeller Hinsicht setzt eine Verstärkte Zusammenarbeit zwischen einer Gruppe von mindestens neun Mitgliedstaaten einen **Ermächtigungsbeschluss des Rates** gemäß Art. 20 Abs. 2 Satz 1 EUV voraus. Die Entscheidung des Rates erfolgt in der Form eines Beschlusses gemäß Art. 288 Abs. 4 AEUV.[46] Das Ermächtigungsverfahren regelt Art. 329 AEUV.[47] Der Ermächtigungsbeschluss kann, wie sich aus Art. 328 Abs. 1 UAbs. 1 Satz 1 AEUV ergibt, weitere Teilnahmevoraussetzungen an einer Verstärkten Zusammenarbeit aufstellen.[48] Mit dem Ermächtigungsbeschluss wird den an einer Verstärkten Zusammenarbeit beteiligten Mitgliedstaaten die Befugnis erteilt, Kompetenzen wahrzunehmen, die ansonsten der Europäischen Union zustehen. Die Ermächtigung durch den Rat muss dem **Bestimmtheitsgrundsatz** entsprechen. Es muss hinreichend bestimmt sein, welche Maßnahmen im Rahmen einer Verstärkten Zusammenarbeit zulässig sein sollen.[49] Bislang hat der Rat in drei Fällen die Ermächtigung zu einer Verstärkten Zusammenarbeit erteilt. Es handelt sich um die Fälle der Verstärkten Zusammenarbeit im Bereich des Ehescheidungs- und Trennungsrechts[50], im Bereich der Schaffung eines einheitlichen Patentschutzes[51] sowie im Bereich der Finanztransaktionssteuer.[52]

---

[45] *Ruffert*, in: Calliess/Ruffert, EUV/AEUV, Art. 20 EUV, Rn. 20.

[46] Anders aber *Hatje*, in: Schwarze, EU-Kommentar, Art. 20 EUV, Rn. 31, der von einem Akt sui generis ausgeht.

[47] Vgl. Art. 329 AEUV, Rn. 1 ff.

[48] *Thym*, S. 56.

[49] *Hatje*, in: Schwarze, EU-Kommentar, Art. 20 EUV, Rn. 31.

[50] Beschluss 2010/405/EU des Rates vom 12.7.2010 über die Ermächtigung zu einer Verstärkten Zusammenarbeit im Bereich des auf die Ehescheidung und Trennung ohne Auflösung des Ehebandes anzuwendenden Rechts, ABl. 2010, L 189/12.

[51] Beschluss 2011/167/EU des Rates vom 10.3.2011 über die Ermächtigung zu einer Verstärkten Zusammenarbeit im Bereich der Schaffung eines einheitlichen Patentschutzes, ABl. 2011, L 76/53.

[52] Beschluss 2013/52/EU des Rates vom 22.1.2013 über die Ermächtigung zu einer Verstärkten Zusammenarbeit im Bereich der Finanztransaktionssteuer, ABl. 2013, L 22/11.

C. Rechtsfolgen der Ermächtigung zu einer Verstärkten Zusammenarbeit

I. Inanspruchnahme der Unionsorgane

Hat der Rat einen Ermächtigungsbeschluss gefasst, erlaubt Art. 20 Abs. 1 UAbs. 1 EUV, **15** die Inanspruchnahme der Organe der Europäischen Union im Rahmen der Verstärkten Zusammenarbeit. Wenn Art. 20 Abs. 1 UAbs. 1 EUV davon spricht, dass die beteiligten Mitgliedstaaten auf die Organe der Union zurückgreifen »können«, soll damit zum Ausdruck gebracht werden, dass sie dies »dürfen«. Die Einräumung eines Ermessens kann nicht gewollt sein,[53] da kaum davon ausgegangen werden kann, dass Mitgliedstaaten eine Verstärkte Zusammenarbeit beantragen, um anschließend nicht auf die Unionsstrukturen zurückzugreifen. Rechtlich stellt die Inanspruchnahme der Unionsorgane durch die an einer Verstärkten Zusammenarbeit beteiligten Mitgliedstaaten eine **Organleihe** dar.[54] Die beteiligten Mitgliedstaaten können nicht nur auf die funktionsfähigen Organe der Europäischen Union, sondern auch auf deren **Organisations-, Geschäftsordnungs- und Verfahrensordnungsrechts** zurückgreifen.[55] Dieser Rückgriff auf die Organisationsstrukturen der Europäischen Union bietet den beteiligten Mitgliedstaaten unabweisbare Vorteile gegenüber einer völkerrechtlichen Kooperation außerhalb der Europäischen Union.[56] Zugleich wird die Gewährleistung der Kohärenz einer Verstärkten Zusammenarbeit mit den Unionspolitiken ebenso erleichtert[57] wie eine spätere Überleitung der im Rahmen einer Verstärkten Zusammenarbeit beschlossenen Regelungen in die allgemeinen Unionspolitiken.

Die durch Art. 20 Abs. 1 EUV ermöglichte Inanspruchnahme der Unionsorgane bezieht sich nicht nur auf die **am Rechtsetzungsverfahren beteiligten Organe** (Kommission, Rat, Europäisches Parlament), sondern auch auf den **Gerichtshof der Europäischen Union**, der somit über die Einhaltung der Grenzen der Verstärkten Zusammenarbeit wacht. Gerichtlich angreifbar sind daher sowohl die jeweiligen Ermächtigungsbeschlüsse des Rates[58] gemäß Art. 20 Abs. 2 Satz 1 EUV[59] als auch die im Rahmen einer Verstärkten Zusammenarbeit beschlossenen Rechtsakte.[60] Klagemöglichkeiten bestehen jedenfalls für die teilnehmenden Mitgliedstaaten. Für die abseits stehenden Mitgliedstaaten kommt eine Klage in Betracht, wenn diese geltend machen, Maßnahmen der Verstärkten Zusammenarbeit verletzten das Unionsrecht. Eine Überprüfung durch den Gerichtshof der Europäischen Union ist freilich nur im Rahmen der begrenzten Einzelermächtigung des Gerichtshofs möglich, so dass eine Überprüfung von Maßnahmen im Bereich der Gemeinsamen Außen- und Sicherheitspolitik ausgeschlossen ist (vgl. Art. 275 AEUV). **16**

---

[53] So aber *Hatje*, in: Schwarze, EU-Kommentar, Art. 20 EUV, Rn. 36.

[54] *Pechstein*, in: Streinz, EUV/AEUV, Art. 20 EUV, Rn. 10; ähnlich *Hatje*, in: Schwarze, EU-Kommentar, Art. 20 EUV, Rn. 31.

[55] *Pechstein*, in: Streinz, EUV/AEUV, Art. 20 EUV, Rn. 10; *Geiger*, in: Geiger/Khan/Kotzur, EUV/AEUV, Art. 20 EUV, Rn. 4.

[56] *Pechstein*, in: Streinz, EUV/AEUV, Art. 20 EUV, Rn. 10.

[57] *Geiger*, in: Geiger/Khan/Kotzur, EUV/AEUV, Art. 20 EUV, Rn. 4; *Blanke*, in: Grabitz/Hilf/Nettesheim, EU, Art. 20 EUV (Juli 2010), Rn. 29.

[58] Vgl. dazu Rn. 14.

[59] Vgl. EuGH, Urt. 30. 4. 2014, Rs. C–209/13 (Vereinigtes Königreich/Rat), ECLI:EU:C:2014:283.

[60] *Blanke*, in: Grabitz/Hilf/Nettesheim, EU, Art. 20 EUV (Juli 2010), Rn. 30.

17   Ist eine Verstärkte Zusammenarbeit bereits begründet worden, ist für die beteiligten Mitgliedstaaten, soweit die Verstärkte Zusammenarbeit reicht, eine **Kooperation außerhalb des unionsrechtlichen Rahmens** auf völkerrechtlicher Basis ausgeschlossen. Die bloße Möglichkeit, eine Verstärkte Zusammenarbeit gemäß Art. 20 EUV zukünftig zu begründen, beschränkt die völkerrechtliche Handlungsfähigkeit der Mitgliedstaaten jedoch noch nicht.[61] Auch aus dem Grundsatz der Unionstreue lässt sich ein derartiges Verbot anderer Handlungsformen jenseits der Verstärkten Zusammenarbeit nicht begründen.[62] Das Unionsrecht eröffnet die Option, einer Verstärkten Zusammenarbeit unter Nutzung der Organisationsstruktur, verengt das Handlungsspektrum der verstärkt integrationswilligen Mitgliedstaaten jedoch nicht auf dieses Instrument.[63] Ist noch keine Verstärkte Zusammenarbeit begründet worden, sind die Mitgliedstaaten daher frei, außerhalb der Unionsverträge auf der Ebene des Völkerrechts zu kooperieren.[64] Dies gilt selbstverständlich nur, soweit keine ausschließliche Unionskompetenz besteht.[65] Insoweit kommt aber nach Art. 20 Abs. 1 UAbs. 1 EUV auch keine Verstärkte Zusammenarbeit in Betracht.[66]

II. Anwendung der einschlägigen Vertragsbestimmungen

18   Art. 20 Abs. 1 UAbs. 1 EUV gestattet nicht nur die Inanspruchnahme der Unionsorgane, sondern erlaubt den beteiligten Mitgliedstaaten auch, die Zuständigkeiten unter Anwendung der einschlägigen Bestimmungen der Verträge auszuüben. Das bedeutet, dass es ihnen ermöglicht wird, im Rahmen der durch den Rat erteilten Ermächtigung Zuständigkeiten wahrzunehmen, die ansonsten der Europäischen Union zustehen. Jede im Rahmen einer Verstärkten Zusammenarbeit erlassene Maßnahme bedarf daher einer Ermächtigungsgrundlage in den Verträgen. Für die Durchführung einer Verstärkten Zusammenarbeit gilt daher auch das **Prinzip der begrenzten Einzelermächtigung** (vgl. Art. 5 Abs. 2 EUV).[67]

III. Abstimmungsmodalitäten im Rahmen einer Verstärkten Zusammenarbeit

19   Art. 20 Abs. 3 EUV enthält eine Regelung über die Abstimmungsmodalitäten im Rat bei der Durchführung einer Verstärkten Zusammenarbeit. Die detaillierten Einzelheiten über die Besonderheiten des Beschlussfassungsverfahrens sind in **Art. 330 AEUV** niedergelegt, auf den Art. 20 Abs. 3 Satz 2 EUV verweist. Art. 20 Abs. 3 Satz 1 EUV enthält eine Regelung über die **Stimmberechtigung** bei der Beschlussfassung im Rat bei Maßnahmen, die im Rahmen einer Verstärkten Zusammenarbeit angenommen werden

---

[61] *Kellerbauer*, S. 254 f.

[62] *Blanke*, in: Grabitz/Hilf/Nettesheim, EU, Art. 20 EUV (Juli, 2010), Rn. 26; anders jedoch *Constantinesco*, RTDE 33 (1997), 751 (755); *Martenczuk*, ZEuS 1998, 447 (464).

[63] Ebenso *Bender*, ZaöRV 61 (2001), 729 (765); *Hatje*, in: Schwarze, EU-Kommentar, Art. 20 EUV, Rn. 36; *Pechstein*, in: Streinz, EUV/AEUV, Art. 20 EUV, Rn. 17; *Gaia*, CMLRev. 35 (1998), 855 (869 f.); *Hofmann*, EuR 1999, 713 (728).

[64] *Streinz*, JuS 2013, 892 (893); *Hofmann*, EuR 1999, 713 (727 f); *Ehlermann*, EuR 1997, 362 (372).

[65] *Pechstein*, in: Streinz, EUV/AEUV, Art. 20 EUV, Rn. 17.

[66] S. oben Rn. 6 f.

[67] *Thym*, Supranationale Ungleichzeitigkeit im Recht der europäischen Integration, EuR 2006, 637 (646); *Blanke*, in: Grabitz/Hilf/Nettesheim, EU, Art. 20 EUV (Juli, 2010), Rn. 29.

sollen. Stimmberechtigt sind danach nur die Vertreter derjenigen Mitgliedstaaten, die **Teilnehmer einer Verstärkten Zusammenarbeit** sind. Verlangt eine Rechtsgrundlage, auf die ein Rechtsakt im Rahmen einer Verstärkten Zusammenarbeit gestützt werden soll, eine einstimmige Beschlussfassung, bezieht sich dieses Erfordernis lediglich auf die an der Verstärkten Zusammenarbeit beteiligten Staaten.[68]

Zugleich ermöglicht Art. 20 Abs. 3 Satz 1 EUV, dass auch die Vertreter der **nicht an   20 einer Verstärkten Zusammenarbeit beteiligten Mitgliedstaaten** an den Beratungen im Rat teilnehmen können. Dieses **Teilnahmerecht an den Beratungen** gewährleistet die **Transparenz** aller zur Durchführung einer Verstärkten Zusammenarbeit getroffenen Maßnahmen.[69] Die nichtbeteiligten Mitgliedstaaten erhalten so alle nötigen Informationen über die Entwicklung dieser Zusammenarbeit und erleichtert damit deren Entscheidung über eine mögliche spätere Beteiligung.[70] Zudem gewinnt das Teilnahmerecht Bedeutung bei der Herstellung von der **Kohärenz** zwischen den zu beschließenden Maßnahmen mit dem übrigen Unionsrecht.[71]

IV. Verbindlichkeit der Rechtsakte im Rahmen einer Verstärkten Zusammenarbeit

1. Partikulares sekundäres Unionsrecht

Art. 20 Abs. 4 Satz 1 EUV enthält eine Regelung über die Reichweite der Verbindlich-   21 keit von Rechtsakten, die im Rahmen einer Verstärkten Zusammenarbeit erlassen worden sind. Klargestellt wird, dass an diese Rechtsakte **nur die beteiligten Mitgliedstaaten** gebunden sind. Haben sich Staaten zu einer Teilnahme an einer Verstärkten Zusammenarbeit entschieden, sind sie an alle im Rahmen dieser Zusammenarbeit getroffenen Maßnahmen gebunden; es besteht keine Möglichkeit für die Teilnehmerstaaten zu einem partiellen »opting out«.[72] Bei dem im Rahmen einer Verstärkten Zusammenarbeit erlassenen Recht handelt es sich um **partikulares sekundäres Unionsrecht**.[73] Manche sprechen insoweit auch von »Sekundär-Sonderrecht«.[74]

Diesem partikularen Sekundärrecht kommt die **gleiche Wirkweise** zu wie dem re-   22 gulären Sekundärrecht der Europäischen Union.[75] Ihm kommt in gleicher Weise **Anwendungsvorrang** vor nationalem Recht zu.[76] Verordnungen im Rahmen einer Verstärkten Zusammenarbeit entfalten für die und in den beteiligten Mitgliedstaaten die gleichen Rechtswirkungen wie Verordnungen im Rahmen des allgemeinen Unionsrechts für alle und in allen Mitgliedstaaten. Richtlinien im Rahmen einer Verstärkten Zusammenarbeit sind in gleicher Weise für die Teilnehmerstaaten verbindlich wie Richtlinien des allge-

---

[68] EuGH, Urt. v. 16.4.2013, Rs. C–274/11 u. C–295/11 (Spanien u. Italien/Rat), ECLI:EU:C: 2013:240, Rn. 35.

[69] *Hatje*, in: Schwarze, EU-Kommentar, Art. 20 EUV, Rn. 32.

[70] *Heintschel v. Heinegg*, in: Vedder/Heintschel v. Heinegg, Europäisches Unionsrecht, Art. 20 EUV, Rn. 8; *Blanke*, in: Grabitz/Hilf/Nettesheim, EU, Art. 20 EUV (Juli 2010), Rn. 44; *Pechstein*, in: Streinz, EUV/AEUV, Art. 20 EUV, Rn. 15.

[71] *Pechstein*, in: Streinz, EUV/AEUV, Art. 20 EUV, Rn. 15.

[72] *Hatje*, in: Schwarze, EU-Kommentar, Art. 20 EUV, Rn. 33.

[73] *Blanke*, in: Grabitz/Hilf/Nettesheim, EU, Art. 20 EUV (Juli 2010), Rn. 49.

[74] So *Pechstein*, in: Streinz, EUV/AEUV, Art. 20 EUV, Rn. 16.

[75] *Geiger*, in: Geiger/Khan/Kotzur, EUV/AEUV, Art. 20 EUV, Rn. 11; *Pechstein*, in: Streinz, EUV/AEUV, Art. 20 EUV, Rn. 16.

[76] *Blanke*, in: Grabitz/Hilf/Nettesheim, EU, Art. 20 EUV (Juli 2010), Rn. 46; *Pechstein*, in: Streinz, EUV/AEUV, Art. 20 EUV, Rn. 16.

meinen Unionsrechts für alle Mitgliedstaaten. Diese Richtlinien entfalten auch unter den gleichen Voraussetzungen eine unmittelbare Wirkung in den beteiligten Mitgliedstaaten wie reguläre Richtlinien in allen Mitgliedstaaten.[77]

23   Das partikulare Sekundärrecht einer Verstärkten Zusammenarbeit gehört gemäß Art. 20 Abs. 4 Satz 2 EUV allerdings nicht zum gemeinsamen Besitzstand der Europäischen Union; es ist **nicht Teil des acquis communautaire**. Es ist daher von Staaten, die der Europäischen Union beitreten, nicht zwingend zu übernehmen. Es steht diesen Staaten jedoch frei, sich einer bereits bestehenden Verstärkten Zusammenarbeit anzuschließen (vgl. Art. 20 Abs. 1 UAbs. 2 Satz 2 EUV).

2. Verhältnis zum allgemeinen Sekundärrecht der Europäischen Union

24   Im Fall einer Kollision zwischen regulärem Unionsrecht und dem partikularen Unionsrecht der Verstärkten Zusammenarbeit gilt weder die lex posterior-Regel noch die lex specialis-Regel, da die Gesetzgeber beider Normbestände nicht identisch sind.[78] Aus Art. 326 AEUV, wonach eine Verstärkte Zusammenarbeit die Unionsverträge ebenso achtet wie das sekundäre Unionsrecht, lässt sich allerdings schließen, dass dem **allgemeinen sekundären Unionsrecht Vorrang** vor dem partikularen sekundären Unionsrecht einer Verstärkten Zusammenarbeit zukommt.[79]

3. Verstärkte Zusammenarbeit und Außenkompetenzen

25   Umstritten ist, ob infolge des Gebrauchmachens von Kompetenzen im Rahmen einer Verstärkten Zusammenarbeit durch die beteiligten Mitgliedstaaten der sogenannte »AETR-Effekt« ausgelöst wird. Nach der **AETR-Rechtsprechung des Europäischen Gerichtshofs** bewirkt die Ausübung einer im inneren bestehenden Kompetenz durch die Europäische Union, dass der Union insoweit eine ausschließliche Außenkompetenz, d.h. die Kompetenz zu einem völkerrechtlichen Vertragsschluss mit Drittstaaten, zuwächst.[80] Diese Rechtsprechung ist mittlerweile in Art. 3 Abs. 2 AEUV kodifiziert. Sicher wird man nicht davon ausgehen können, dass die Ausübung einer Innenkompetenz im Rahmen einer Verstärkten Zusammenarbeit den Verlust der entsprechenden Außenkompetenz für alle Mitgliedstaaten der Union bewirkt.[81] Dies wäre eine überschießende Wirkung, die eine ungewollte verbindliche Rechtswirkung von Maßnahmen im Rahmen einer Verstärkten Zusammenarbeit gegenüber nichtbeteiligten Mitgliedstaaten hervorrufen würde. Eine solche Verbindlichkeit für nichtbeteiligte Mitgliedstaaten wird durch Art. 20 Abs. 4 EUV gerade ausgeschlossen.

26   Es könnte jedoch denkbar sein, dass die Ausübung einer Innenkompetenz im Rahmen einer Verstärkten Zusammenarbeit, die zur Entstehung von partikularem Sekundärrecht verbunden ist, eine ebenso weit reichende partikulare Außenkompetenz der

---

[77] *Pechstein*, in: Streinz, EUV/AEUV, Art. 20 EUV, Rn. 16.

[78] *Becker*, in: GSH, Europäisches Unionsrecht, Art. 20 EUV, Rn. 67; *Hatje*, in: Schwarze, EU-Kommentar, Art. 20 EUV, Rn. 34; *Blanke*, in: Grabitz/Hilf/Nettesheim, EU, Art. 20 EUV (Juli 2010), Rn. 50; *Pechstein*, in: Streinz, EUV/AEUV, Art. 20 EUV, Rn. 16.

[79] *Hatje*, in: Schwarze, EU-Kommentar, Art. 20 EUV, Rn. 34; *Blanke*, in: Grabitz/Hilf/Nettesheim, EU, Art. 20 EUV (Juli 2010), Rn. 50; *Pechstein*, in: Streinz, EUV/AEUV, Art. 20 EUV, Rn. 16.

[80] EuGH, Urt. v. 31.3.1971, Rs. 22/70 (Rat/Kommission), Slg. 1971, 263, Rn. 15/19 ff.; Urt. v. 14.7.1976, verb. Rs. 3/76, 4/76 u. 6/76 (Kramer u. a.), Slg. 1976, 1279, Rn. 30/31; Urt. v. 5.11.2002, Rs. C–476/98 (Kommission/Deutschland), Slg. 2002, I–9855, Rn. 109.

[81] *Pechstein*, in: Streinz, EUV/AEUV, Art. 20 EUV, Rn. 11.

Union nach sich zieht, die jedoch die Kompetenz der nichtbeteiligten Mitgliedstaaten, in diesem Bereich völkerrechtliche Abkommen zu schließen, unberührt lassen würde.[82] Dies ist jedoch im völkerrechtlichen Verkehr mit Drittstaaten praktisch kaum durchführbar, da für Drittstaaten nur schwer erkennbar wäre, welcher Kreis von Mitgliedstaaten der Europäischen Union an einen mit der Union abgeschlossenen völkerrechtlichen Vertrag gebunden wäre. Bereits im Interesse der Rechtseinheit ist daher nicht davon auszugehen, dass die Ausübung einer Innenkompetenz im Rahmen einer Verstärkten Zusammenarbeit zu einer ausschließlichen partikularen Außenkompetenz führt.[83] Zudem spricht gegen eine Entstehung einer partikularen Außenkompetenz, von der im Rahmen einer Verstärkten Zusammenarbeit durch Inanspruchnahme der Unionsstrukturen Gebrauch gemacht werden könnte, dass es sich insoweit um eine ausschließliche Außenkompetenz handeln würde. Eine Verstärkte Zusammenarbeit ist im Bereich ausschließlicher Unionskompetenzen gemäß Art. 20 Abs. 1 UAbs. 1 EUV aber gerade unzulässig. Zusammenfassend lässt sich somit festhalten, dass die Ausübung von Innenkompetenzen durch die beteiligten Mitgliedstaaten **weder eine allgemeine Außenkompetenz der Union noch eine partikulare Außenkompetenz** begründet.[84]

D. Offenheit für andere Mitgliedstaaten

Art. 20 Abs. 1 UAbs. 2 Satz 2 EUV stellt klar, dass eine Verstärkte Zusammenarbeit   **27** allen Mitgliedstaaten jederzeit offensteht. Mit diesem **Prinzip der Offenheit** soll sichergestellt werden, dass sich keine Gruppe enger zusammenarbeitender Mitgliedstaaten auf Dauer vom Rest der Mitgliedstaaten der Europäischen Union absondern.[85] Letztlich steht auch hinter einer Verstärkten Zusammenarbeit das Leitbild einer einheitlichen Integration, das davon ausgeht, dass es sich bei der durch eine Verstärkte Zusammenarbeit geschaffenen rechtlichen Uneinheitlichkeit um einen **Übergangszustand** auf dem Weg zu einer insgesamt vertieften Integration handelt.[86] Art. 20 Abs. 1 UAbs. 2 Satz 2 EUV verweist auf Art. 328 AEUV, der den Inhalt des Prinzips der Offenheit weiter ausdifferenziert und der ergänzend verdeutlicht, dass eine Verstärkte Zusammenarbeit sowohl bei ihrer Begründung als auch zu jedem späteren Zeitpunkt für die Teilnahme weiterer Mitgliedstaaten offensteht. Das **Verfahren** für den Beitritt von weiteren Mitgliedstaaten regelt Art. 331 AEUV.

Schließt sich ein Mitgliedstaat einer bestehenden Verstärkten Zusammenarbeit an,   **28** trifft ihn die **Pflicht zur Übernahme aller Rechtsakte**, die bereits im Rahmen dieser Verstärkten Zusammenarbeit erlassen worden sind. Das neue Mitglied treffen nach dem Beitritt die gleichen Rechte und Pflichten wie die bisherigen Mitglieder der Verstärkten Zusammenarbeit.[87] Die Möglichkeit einer Teilmitgliedschaft besteht nicht.[88]

---

[82] So etwa *Ehlermann*, EuR 1997, 362 (379 f.); *Gaia*, CMLRev. 35 (1998), 855 (868).
[83] *Blanke*, in: Grabitz/Hilf/Nettesheim, EU, Art. 20 EUV (Juli 2010), Rn. 35.
[84] So auch *Martenczuk*, ZEuS 1998, 447 (468); *Becker*, EuR-Beiheft 1/1998, 29 (33 ff.); *Ruffert*, in: Calliess/Ruffert, EUV/AEUV, Art. 20 EUV, Rn. 16.
[85] *Hatje*, in: Schwarze, EU-Kommentar, Art. 20 EUV, Rn. 27.
[86] *Pechstein*, in: Streinz, EUV/AEUV, Art. 20 EUV, Rn. 5; 12.
[87] *Blanke*, in: Grabitz/Hilf/Nettesheim, EU, Art. 20 EUV (Juli 2010), Rn. 52.
[88] *Kellerbauer*, S. 229.

E. Austritt aus einer Verstärkten Zusammenarbeit

29   Eine ausdrückliche Regelung über einen Austritt aus einer Verstärkten Zusammenarbeit enthalten die Verträge nicht. Vor dem Hintergrund der Überlegung, dass es sich bei einer Verstärkten Zusammenarbeit nicht um einen Dauerzustand handeln soll, wird teilweise vertreten, sie müsse unter entsprechender Anwendung der Regelungen über eine nachträgliche Teilnahme an eine Verstärkten Zusammenarbeit als actus contrarius zulässig sein.[89] Einer anderen Auffassung zufolge soll jedenfalls eine einvernehmliche Entlassung aus einer Verstärkten Zusammenarbeit möglich sein.[90] Beide Lösungen überzeugen nicht, wenn man sich vor Augen führt, dass die Zielsetzung einer Verstärkten Zusammenarbeit darin besteht, ein Voranschreiten eines Teils der Mitgliedstaaten im Interesse der gesamten Europäischen Union zu ermöglichen.[91] Eine Verstärkte Zusammenarbeit ist auf Vertiefung und Vergrößerung ihres Teilnehmerkreises angelegt, nicht auf Rückschritt und Verkleinerung. Eine Rückkehr für die beteiligten Mitgliedstaaten zum früheren Zustand einer weniger vertieften Integration wäre daher zweckwidrig und kann jedenfalls nicht über eine analoge Anwendung der Bestimmungen über die Begründung einer oder über die nachträgliche Teilnahme an einer Verstärkten Zusammenarbeit erreicht werden. Auch eine analoge Anwendung der generellen Austrittsklausel aus der Europäischen Union des Art. 50 EUV kommt nicht in Betracht. Ein Teilaustritt aus der Union ist nicht vorgesehen. Es besteht mithin **keine Austritts- oder Entlassungsmöglichkeit** aus einer einmal begründeten Verstärkten Zusammenarbeit.[92]

F. Beendigung einer Verstärkten Zusammenarbeit

30   Ebenso enthalten die Verträge keine Regelung über die Beendigung einer Verstärkten Zusammenarbeit. Auf jeden Fall tritt dann die Beendigung einer Verstärkten Zusammenarbeit ein, sobald sich ihr alle Mitgliedstaaten der Europäischen Union angeschlossen haben. In diesem Zeitpunkt geht eine Verstärkte Zusammenarbeit in eine reguläre Unionspolitik über und das Sonderregime fällt weg.[93] Zugleich mit der **Zielerreichung der Verstärkten Zusammenarbeit** geht ihr bestehendes partikulares Sekundärrecht in den gemeinsamen Besitzstand, den acquis communautaire, über.[94]

Eine anderweitige, etwa **einvernehmliche Beendigung** einer einmal begründeten Verstärkten Zusammenarbeit durch Aufhebungsbeschluss des Rates mit den Stimmen der beteiligten Staaten kommt aus den gleichen Gründen nicht in Betracht, die gegen einen Austritt oder gegen eine Entlassung sprechen.[95] Die Präambel des EU-Vertrags betont dessen Grundanliegen, eine »immer engere Union der Völker Europas« anzustreben. Ein gravierender Integrationsrückschritt, wenn auch nur eines Teils der Mitgliedstaaten der Europäischen Union, ist damit nicht vereinbar.

---

[89] So etwa *Thun-Hohenstein*, S. 126.
[90] So *Herwig*, S. 85; *Blanke*, in: Grabitz/Hilf/Nettesheim, EU, Art. 20 EUV (Juli 2010), Rn. 53; *Becker*, in: GSH, Europäisches Unionsrecht, Art. 20 EUV, Rn. 74.
[91] *Hatje*, in: Schwarze, EU-Kommentar, Art. 20 EUV, Rn. 37.
[92] So auch *Pechstein*, in: Streinz, EUV/AEUV, Art. 20 EUV, Rn. 17.
[93] *Hatje*, in: Schwarze, EU-Kommentar, Art. 20 EUV, Rn. 37.
[94] *Blanke*, in: Grabitz/Hilf/Nettesheim, EU, Art. 20 EUV (Juli 2010), Rn. 54.
[95] Anderer Auffassung aber *Becker*, EuR-Beiheft 1/1998, 29 (55); *Blanke*, in: Grabitz/Hilf/Nettesheim, EU, Art. 20 EUV (Juli 2010), Rn. 54; *Hatje*, in: Schwarze, EU-Kommentar, Art. 20 EUV, Rn. 37; *Herwig*, S. 85.

Andreas Haratsch

Titel V
Allgemeine Bestimmungen über das auswärtige Handeln der Union und besondere Bestimmungen über die Gemeinsame Außen- und Sicherheitspolitik

Kapitel 1
Allgemeine Bestimmungen über das auswärtige Handeln der Union

Artikel 21 EUV [Grundsätze und Ziele des auswärtigen Handelns der Union]

(1) Die Union lässt sich bei ihrem Handeln auf internationaler Ebene von den Grundsätzen leiten, die für ihre eigene Entstehung, Entwicklung und Erweiterung maßgebend waren und denen sie auch weltweit zu stärkerer Geltung verhelfen will: Demokratie, Rechtsstaatlichkeit, die universelle Gültigkeit und Unteilbarkeit der Menschenrechte und Grundfreiheiten, die Achtung der Menschenwürde, der Grundsatz der Gleichheit und der Grundsatz der Solidarität sowie die Achtung der Grundsätze der Charta der Vereinten Nationen und des Völkerrechts.
[1]Die Union strebt an, die Beziehungen zu Drittländern und zu regionalen oder weltweiten internationalen Organisationen, die die in Unterabsatz 1 aufgeführten Grundsätze teilen, auszubauen und Partnerschaften mit ihnen aufzubauen. [2]Sie setzt sich insbesondere im Rahmen der Vereinten Nationen für multilaterale Lösungen bei gemeinsamen Problemen ein.

(2) Die Union legt die gemeinsame Politik sowie Maßnahmen fest, führt diese durch und setzt sich für ein hohes Maß an Zusammenarbeit auf allen Gebieten der internationalen Beziehungen ein, um

a) ihre Werte, ihre grundlegenden Interessen, ihre Sicherheit, ihre Unabhängigkeit und ihre Unversehrtheit zu wahren;

b) Demokratie, Rechtsstaatlichkeit, die Menschenrechte und die Grundsätze des Völkerrechts zu festigen und zu fördern;

c) nach Maßgabe der Ziele und Grundsätze der Charta der Vereinten Nationen sowie der Prinzipien der Schlussakte von Helsinki und der Ziele der Charta von Paris, einschließlich derjenigen, die die Außengrenzen betreffen, den Frieden zu erhalten, Konflikte zu verhüten und die internationale Sicherheit zu stärken;

d) die nachhaltige Entwicklung in Bezug auf Wirtschaft, Gesellschaft und Umwelt in den Entwicklungsländern zu fördern mit dem vorrangigen Ziel, die Armut zu beseitigen;

e) die Integration aller Länder in die Weltwirtschaft zu fördern, unter anderem auch durch den schrittweisen Abbau internationaler Handelshemmnisse;

f) zur Entwicklung von internationalen Maßnahmen zur Erhaltung und Verbesserung der Qualität der Umwelt und der nachhaltigen Bewirtschaftung der weltweiten natürlichen Ressourcen beizutragen, um eine nachhaltige Entwicklung sicherzustellen;

g) den Völkern, Ländern und Regionen, die von Naturkatastrophen oder von vom Menschen verursachten Katastrophen betroffen sind, zu helfen; und

h) eine Weltordnung zu fördern, die auf einer verstärkten multilateralen Zusammenarbeit und einer verantwortungsvollen Weltordnungspolitik beruht.

(3) Die Union wahrt bei der Ausarbeitung und Umsetzung ihres auswärtigen Handelns in den verschiedenen unter diesen Titel und den Fünften Teil des Vertrags über die Arbeitsweise der Europäischen Union fallenden Bereichen sowie der externen Aspekte der übrigen Politikbereiche die in den Absätzen 1 und 2 genannten Grundsätze und Ziele.

¹Die Union achtet auf die Kohärenz zwischen den einzelnen Bereichen ihres auswärtigen Handelns sowie zwischen diesen und ihren übrigen Politikbereichen. ²Der Rat und die Kommission, die vom Hohen Vertreter der Union für Außen- und Sicherheitspolitik unterstützt werden, stellen diese Kohärenz sicher und arbeiten zu diesem Zweck zusammen.

Literaturübersicht

Bungenberg, Außenpolitik und Außenwirtschaftsrecht, in: Schwarze/Hatje (Hrsg.), Der Reformvertrag von Lissabon, 2009, S. 195; *Cremona*, The Draft Constitutional Treaty: External Relations and External Action, CMLRev. 40 (2003), 1347; *dies.*, The Union as Global Actor: Roles, Models and Identity, CMLRev. 41 (2004), 553; *Eeckhout*, EU External Relations Law, 2. Aufl., 2011; *Everling*, Folgerungen aus dem Amsterdamer Vertrag für die Einheit der Europäischen Union und Gemeinschaften, in: von Bogdandy/Ehlermann (Hrsg.), Konsolidierung und Kohärenz des Primärrechts nach Amsterdam, 1998, S. 185; *Gaedtke*, Europäische Außenpolitik, 2009; *Martenczuk*, Außenbeziehungen und Außenvertretung, in: Hummer/Obwexer (Hrsg.), Der Vertrag über eine Verfassung für Europa, 2007, S. 177; *Müller-Graff*, Die primärrechtlichen Grundlagen der Außenbeziehungen, in: Müller-Graff (Hrsg.), Die Rolle der erweiterten Europäischen Union in der Welt, 2006, S. 11; *Naert*, International Law Aspects of the EU's Security and Defence Policy, 2010; *Pechstein*, Das Kohärenzprinzip als entscheidende Integrationsdimension der Europäischen Union, EuR 1995, 247; *Piris*, The Lisbon Treaty: A Legal and Political Analysis, 2010; *Tietje*, The Concept of Coherence in the Treaty on the European Union – Some Basic Assessments on the Common Foreign and Security Policy, EFAR 1997, 211.

Leitentscheidungen

EuGH, Urt. v. 19. 7. 2012, Rs. C–130/10 (Parlament/Rat), ECLI:EU:C:2012:472
EuGH, Urt. v. 18. 7. 2013, verb. Rs. C–584/10 P, C–593/10 P u. C–595/10 P (Kadi), ECLI:EU:C: 2013:518
GA *Bot*, Schlussanträge zu verb. Rs. C–584/10 P, C–593/10 P u. C–595/10 P (Kadi), ECLI:EU:C: 2013:176

Wesentliche sekundärrechtliche Vorschriften

Beschluss 2004/860/EG des Rates vom 25. 10. 2004 über die Unterzeichnung – im Namen der Europäischen Gemeinschaft – des Abkommens zwischen der Europäischen Union, der Europäischen Gemeinschaft und der Schweizerischen Eidgenossenschaft über die Assoziierung der Schweizerischen Eidgenossenschaft bei der Umsetzung, Anwendung und Entwicklung des Schengen-Besitzstands und die vorläufige Anwendung einiger Bestimmungen dieses Abkommens, ABl. 2004, L 370/78
Beschluss 2004/849/EG des Rates vom 25. 10. 2004 über die Unterzeichnung – im Namen der Europäischen Union – des Abkommens zwischen der Europäischen Union, der Europäischen Gemeinschaft und der Schweizerischen Eidgenossenschaft über die Assoziierung der Schweizerischen Eidgenossenschaft bei der Umsetzung, Anwendung und Entwicklung des Schengen-Besitzstands und die vorläufige Anwendung einiger Bestimmungen dieses Abkommens, ABl. 2004, L 368/26
Beschluss 2012/768/GASP des Rates vom 9. 3. 2012 über die Unterzeichnung und den Abschluss des Abkommens zwischen der Europäischen Union und der ehemaligen jugoslawischen Republik Mazedonien über die Schaffung eines Rahmens für die Beteiligung der ehemaligen jugoslawischen Republik Mazedonien an Krisenbewältigungsoperationen der Europäischen Union – Abkommen zwischen der Europäischen Union und der ehemaligen jugoslawischen Republik Mazedonien über die Schaffung eines Rahmens für die Beteiligung der ehemaligen jugoslawischen Republik Mazedonien an Krisenbewältigungsoperationen der Europäischen Union, ABl. 2012, L 338/1

Beschluss 2013/269/GASP des Rates vom 27.5.2013 zur Ermächtigung der Mitgliedstaaten, im Interesse der Europäischen Union den Vertrag über den Waffenhandel zu unterzeichnen, ABl. 2013, L 155/9

Inhaltsübersicht   Rn.

A.   Das auswärtige Handeln der Union

I.   Entwicklung und Ziele des Art. 21 EUV

Die Europäische Verteidigungsgemeinschaft und damit auch die Europäische Politische **1** Gemeinschaft konnten nicht verwirklicht werden, nachdem die französische Nationalversammlung am 30.8.1954 die Ratifizierung des **EVG-Vertrags** abgelehnt hatte.[1] Die Außenpolitik, einschließlich der Sicherheits- und Verteidigungspolitik, verblieb, sieht man von den in den Gründungsverträgen ausdrücklich oder implizit angelegten Außenwirtschaftskompetenzen der Gemeinschaften ab, grundsätzlich im Souveränitätsbereich der Mitgliedstaaten. Die Mitgliedstaaten und die Gemeinschaften mussten aber erkennen, dass Außenwirtschaftspolitik nicht isoliert betrieben werden kann. Außenwirtschaftliche Erfolge konnten nur erzielt werden, wenn die Mitgliedstaaten ihr auswärtiges Handeln stärker aufeinander abstimmten und nicht weiter vorrangig nationale Interessen verfolgten. Nur so war es möglich, die Errungenschaften des Binnenmarkts zu verteidigen und die gemeinsamen Interessen zu wahren. Wollten sie im globalen Wettbewerb bestehen, mussten die Mitgliedstaaten mit einer Stimme, mit einer einheitlichen Position in weiteren Bereichen ihrer Außenbeziehungen Einfluss zu nehmen

---

[1] Dazu sowie zum Folgenden vgl. *Naert*, S. 15 ff.; *Kaufmann-Bühler*, in: Grabitz/Hilf/Nettesheim, EU, Art. 23 EUV (Juli 2010), Rn. 6 ff.

versuchen, um von den auswärtigen Partnern und Konkurrenten ernst genommen zu werden. Die Erkenntnis der Notwendigkeit einer gemeinsamen Außenpolitik auch in den nicht den Gemeinschaften überantworteten Bereichen bewirkte jedoch nicht eine Erweiterung der Gemeinschaftskompetenzen. Vielmehr blieb es 1970 mit der **Europäischen Politischen Zusammenarbeit (EPZ)** zunächst nur bei einem rechtlich unverbindlichen zwischenstaatlichen Kooperationsmechanismus, der erst im weiteren Verlauf auf den Bereich der Sicherheitspolitik ausgedehnt wurde. Parallel dazu wurden sicherheits- und verteidigungspolitische Fragen im Rahmen der Westeuropäischen Union (WEU) behandelt. Eine vertragliche Grundlage erhielt die EPZ erst im Jahr 1986 durch Titel III der **Einheitlichen Europäischen Akte (EEA),**[2] mit der die EPZ bestätigt und ergänzt wurde und in der sich die Mitgliedstaaten verpflichteten, sich erst nach gemeinsamen Konsultationen auf außenpolitische Positionen festzulegen.[3] Freilich blieb die EPZ ein vom institutionellen Gefüge der Gemeinschaften unabhängiger Bereich. Der Befund, Europa sei ein wirtschaftlicher Riese, aber ein **außenpolitischer Zwerg**, behielt somit weitgehend Gültigkeit.

2   Gleichwohl war allen Akteuren bewusst, wie sehr sich das Fehlen einer gemeinsamen Außenpolitik nicht nur auf die außenpolitischen Gestaltungsmöglichkeiten, sondern auch auf die Kernbereiche gemeinschaftlichen Außenhandels negativ auswirkte. Begünstigt durch das Ende des Kalten Krieges wurde es mit dem **Vertrag von Maastricht** möglich, die EPZ auf die Gemeinsame Außen- und Sicherheitspolitik (GASP) zu erstrecken, die freilich weiterhin intergouvernemental konzipiert war, so dass sich die auswärtigen Kompetenzen der Gemeinschaften einerseits und der Europäischen Union andererseits trotz ihrer inhaltlichen Verflechtung und politischen Bedingtheit weiterhin voneinander unterschieden.[4] Die rechtliche Ausgestaltung der Außenbeziehungen der Union in den **Verträgen von Maastricht** und **Nizza** wurde daher zu Recht als unzureichend empfunden.[5] Mit dem Europäischen Verfassungs-Vertrag (EVV) von 2004 sollte das gesamte auswärtige Handeln der Union einen einheitlichen Rechtsrahmen erhalten, um die zwischenzeitlich deutlich gewordenen Schwierigkeiten, insbesondere beim Abschluss völkerrechtlicher Verträge, zu überwinden.[6]

---

[2] Einheitliche Europäische Akte, ABl. 1987, L 169/1.

[3] *Giegerich/W. Wallace*, Foreign and Security Policy, in: H. Wallace/Pollack/A. Young, Policy-Making in the European Union, 2010, S. 433 f.

[4] Zu diesen Entwicklungen vgl. *Regelsberger/Kugelmann*, in: Streinz, EUV/AEUV, vor Art. 21 EUV, Rn. 4 ff.

[5] Vgl. etwa die Schlussfolgerungen des Europäischen Rates, Erklärung von Laeken zur Zukunft der Europäischen Union v. 14./15. 12. 2001, SN 300/01; Mitteilung der Kommission »Ein Projekt für die Europäische Union«, KOM (2002) 247 endg. v. 22. 5. 2002.

[6] Der einzige von der EG und der EU gemeinsam ausgehandelte Vertrag war das Abkommen zur Assoziierung der Schweiz an den Schengen-Besitzstand. Vgl. Beschluss des Rates 2004/849/EG vom 25. 10. 2004 über die Unterzeichnung – im Namen der Europäischen Union – des Abkommens zwischen der Europäischen Union, der Europäischen Gemeinschaft und der Schweizerischen Eidgenossenschaft über die Assoziierung der Schweizerischen Eidgenossenschaft bei der Umsetzung, Anwendung und Entwicklung des Schengen-Besitzstands und die vorläufige Anwendung einiger Bestimmungen dieses Abkommens, ABl. 2004, L 368/26, und Beschluss 2004/860/EG des Rates vom 25. 10. 2004 über die Unterzeichnung – im Namen der Europäischen Gemeinschaft – des Abkommens zwischen der Europäischen Union, der Europäischen Gemeinschaft und der Schweizerischen Eidgenossenschaft über die Assoziierung der Schweizerischen Eidgenossenschaft bei der Umsetzung, Anwendung und Entwicklung des Schengen-Besitzstands und die vorläufige Anwendung einiger Bestimmungen dieses Abkommens ABl. 2004, L 370/78.

Mit dem Vertrag von Lissabon, der ja lediglich die Gemeinschaftsverträge und den 3
EUV fortentwickelt, bleibt es bei der ursprünglichen **Aufteilung des auswärtigen Handelns** auf mehrere Verträge, mithin auf den EUV und den AEUV.[7] Allerdings wird der
Rechtsrahmen des auswärtigen Handelns der Union stärker vereinheitlicht, indem mit
Art. 21 (und 22) EUV gemeinsame Vorschriften für alle Bereiche des auswärtigen Handelns der Union zur Anwendung gelangen. Ob sich in Art. 21 EUV eine »horizontale
Gesamtsicht des auswärtigen Handelns der Union« niederschlägt,[8] mag man angesichts
der fortbestehenden Divergenz der außenpolitischen Interessen (und Maßnahmen) der
Mitgliedstaaten bezweifeln.[9] Zudem eignen sich die Grundsätze angesichts ihrer Offenheit schwerlich als objektive Maßstäbe. Vielmehr handelt es sich um **Zielvorgaben**, die
nicht eins zu eins verwirklicht, sondern bestenfalls »im Wege der Annäherung verfolgt
werden« können.[10] Immerhin wird mit Abs. 3 das Neben- und Gegeneinander der verschiedenen Bereiche außenpolitischen Handelns einem Kohärenzgebot unterworfen,
für dessen Verwirklichung dem Rat, der Kommission und dem Hohen Vertreter besondere Verantwortung übertragen wird.

II. Bereiche und Akteure des auswärtigen Handelns

1. Handeln auf internationaler Ebene

Das Handeln der Union »auf internationaler Ebene«, das sich an den Grundsätzen des 4
Abs. 1 orientieren muss, umfasst nicht allein die GASP, einschließlich der Gemeinsamen Sicherheits- und Verteidigungspolitik (GSVP), sondern **alle Bereiche des auswärtigen Handelns der Union**. Dies folgt aus der Stellung von Art. 21 EUV in Kapitel 1 des
V. Titels des Vertrags, dessen Anwendungsbereich nicht auf die Vorschriften der Art. 23
bis 46 EUV begrenzt ist.

Die Verwendung des Begriffs »internationale Ebene« ist etwas missglückt, lassen sich 5
doch durchaus verschiedene »Ebenen« der internationalen Beziehungen voneinander
unterscheiden. Besser wäre es gewesen, auf die »internationalen Beziehungen der
Union« abzustellen. In jedem Fall wird mit dem Adjektiv »**international**« deutlich gemacht, dass sich der Anwendungsbereich von Art. 21 Abs. 1 EUV auf alle Situationen
erstreckt, in denen die Union mit anderen Völkerrechtssubjekten, also mit Drittstaaten,
anderen internationalen Organisationen oder Staatenverbindungen, in Beziehungen
tritt. Diese Beziehungen müssen nicht völkerrechtlich verfestigt sein. Vielmehr ist es
ausreichend, dass ein Verhalten der Union Wirkungen außerhalb der Union entfaltet
oder sich auf den völkerrechtlich geschützten Bereich eines anderen Völkerrechtssubjekts auswirkt.[11]

Demnach zählen zum **auswärtigen Handeln der Union** neben der GASP (Art. 23–46 6
EUV) die im 5. Teil des AEUV geregelten Bereiche, mithin die gemeinsame Handelspolitik (Art. 206 f. AEUV), die Entwicklungszusammenarbeit (Art. 208 ff. AEUV), die
wirtschaftliche, finanzielle und technische Zusammenarbeit mit Drittländern (Art. 212
AEUV) und die humanitäre Hilfe (Art. 214 AEUV). Ebenso verhält es sich mit Blick auf

---

[7] Dazu *Regelsberger/Kugelmann*, in: Streinz, EUV/AEUV, vor Art. 21 EUV, Rn. 15 ff.
[8] So *Kaufmann-Bühler*, in: Grabitz/Hilf/Nettesheim, EU, Art. 21 EUV (Juli 2010), Rn. 2.
[9] Zu den damit verbundenen Problemen vgl. *Hummer*, in: Vedder/Heintschel v. Heinegg, Europäisches Unionsrecht, Art. 21 EUV, Rn. 13 ff.
[10] *Kaufmann-Bühler*, in: Grabitz/Hilf/Nettesheim, EU, Art. 21 EUV (Juli 2010), Rn. 2; *Marquardt/Gaedtke*, in: GSH, Europäisches Unionsrecht, Art. 21, Rn. 1.
[11] So auch Bieber/Epiney/Haag, Die EU, § 35, Rn. 6.

die restriktiven Maßnahmen (Art. 215 AEUV), die einen engen Bezug zur GASP aufweisen. Des Weiteren gehören zum auswärtigen Handeln der Union der Abschluss internationaler Übereinkünfte (Art. 216 AEUV), von Assoziierungsabkommen (Art. 217 AEUV) und von Währungsabkommen (Art. 219 AEUV) sowie allgemein die Beziehungen der Union zu internationalen Organisationen und Drittländern (Art. 220 AEUV) und die Delegationen der Union in Drittländern und bei internationalen Organisationen (Art. 221 AEUV). Auch die Unterstützung bei Terroranschlägen und Katastrophen (Art. 222 AEUV) kann dann dem Bereich des auswärtigen Handelns zugeordnet werden, wenn der Ursprung des Anschlags oder der Katastrophe jenseits der äußeren Grenzen der Union und ihrer Mitgliedstaaten liegt oder die Beistandsmaßnahmen sich auf andere Völkerrechtssubjekte direkt oder indirekt auswirken. Auswärtige Handlungsbefugnisse bestehen zudem im Rahmen der Agrar- und Fischereipolitik (Art. 40 Abs. 3, 43 AEUV), des Kapital- und Zahlungsverkehrs (Art. 64, 66 AEUV), der Grenzkontroll-, Asyl- und Einwanderungspolitik (Art. 77 ff. AEUV), der Verkehrspolitik (Art. 91 Abs. 1 Buchst. a AEUV), der Bildungs- und Jugendpolitik (Art. 165 Abs. 3, 166 Abs. 3 AEUV), der Kulturpolitik (Art. 167 Abs. 3 AEUV), der Gesundheitspolitik (Art. 168 Abs. 3 AEUV), der transeuropäischen Netze (Art. 171 Abs. 3 AEUV), der Forschungs- und Technologiepolitik (Art. 186 AEUV), der Umweltpolitik (Art. 191 Abs. 4 AEUV), des Katastrophenschutzes (Art. 196 AEUV) und der allgemeinen Wirtschaftspolitik (Art. 120, 121 AEUV), soweit auch auswärtige Aspekte einer Koordinierung bedürfen. Schließlich können aus Binnenkompetenzen auch auswärtige Befugnisse der Union hergeleitet werden.[12]

2. Akteure

7   Ausweislich des Wortlauts von Abs. 1 finden die Grundsätze auf das – in einem umfassenden Sinne zu verstehende – auswärtige Handeln der Union Anwendung. Unmittelbar verpflichtet wird mithin die mit Völkerrechtssubjektivität ausgestattete Europäische Union (Art. 47 EUV), die gemäß Art. 1 UAbs. 3 Satz 3 EUV Rechtsnachfolgerin der Europäischen Gemeinschaft ist.[13] Diese Union ist, soweit die Außenbeziehungen betroffen sind, eine **internationale Organisation**, die allein mittels ihrer dazu ermächtigten Organe (oder Funktionsträger)[14] zu handeln in der Lage ist. Akteure des Handelns auf internationaler Ebene sind mithin neben dem Europäischen Rat (Art. 15 EUV), dem Rat (Art. 16 EUV) und der Kommission (Art. 17 EUV) vornehmlich der Präsident des Europäischen Rates (Art. 15 Abs. 6 EUV) und der Hohe Vertreter für Außen- und Sicherheitspolitik (Art. 18 EUV).

8   Insbesondere angesichts des intergouvernementalen Charakters der GASP, aber auch wegen der Notwendigkeit der Durchführung der Unionspolitik auf nationaler Ebene sowie der weitgehend autonomen Stellung der Mitgliedstaaten in internationalen Organisationen, darf nicht unberücksichtigt bleiben, dass **Träger und Akteure des auswärtigen Handelns** der Union nicht allein deren Organe und Funktionsträger sind, sondern auch die Mitgliedstaaten. Insbesondere können die Mitgliedstaaten besonders ermächtigt werden, im Interesse der Union außenpolitisch relevante Maßnahmen zu

---

[12] Wie hier Bieber/Epiney/Haag, Die EU, § 33, Rn. 3 f.

[13] Lediglich hingewiesen sei auf die Fortexistenz der EAG als eigenständige internationale Organisation, die ebenfalls auswärtige Beziehungen zu pflegen berechtigt ist. Vgl. dazu Art. 1 EUV, Rn. 62.

[14] Zu dieser Differenzierung s. a. *Kaufmann-Bühler*, in: Grabitz/Hilf/Nettesheim, EU, Art. 21 EUV (Juli 2010), Rn. 3.

ergreifen.[15] Mitunter werden in diesem Zusammenhang auch Nicht-Mitgliedstaaten als potentielle »Akteure in den EU-Außenbeziehungen« in den Blick genommen, so dass Art. 21 EUV »insofern eine Lücke aufweise«.[16] Die faktische oder vertragliche Einbeziehung von Drittstaaten in bestimmte außenpolitische Aktivitäten der Union[17] oder die Notwendigkeit einer Einbindung anderer Staaten oder internationaler Organisationen machen diese aber nicht zu Akteuren des auswärtigen Handelns der Union. Die in Außenbeziehungen stets notwendige Einbeziehung Dritter ändert nichts an der Einordnung als Handeln der Union, die aus der Sicht des EUV alleiniger Träger des auswärtigen Handelns bleibt. Daher kann von einer Lücke in Art. 21 EUV keine Rede sein.

B. Grundsätze des auswärtigen Handelns (Abs. 1, UAbs. 1)

I. »Grundsätze« oder »Werte«?

Bereits der Verweis auf die Maßgeblichkeit der Grundsätze für die Entstehung, Entwick-   9
lung und Erweiterung der Union, nicht zuletzt aber der nahezu identische Wortlaut machen den engen Zusammenhang zwischen Abs. 1 UAbs. 1 und Art. 2 EUV deutlich. Daher mag es verwundern, wenn trotz weitgehender wörtlicher Übereinstimmung für den Bereich der auswärtigen Beziehungen nicht mehr von »Werten«, sondern von »Grundsätzen« die Rede ist. Allerdings ist zweifelhaft, ob mit der unterschiedlichen Bezeichnung eine materielle Änderung einhergeht. Art. 2 EUV ist binnengerichtet und enthält eine abschließende Aufzählung des Wertekatalogs und der wesentlichen Strukturprinzipien der Union, denen auch die Mitgliedstaaten verpflichtet sind (Art. 49 EUV). Daher ist es durchaus möglich, die Begriffe »Werte« und »Grundsätze« als **weitgehend synonym** anzusehen, zumal deren materieller Gehalt aus ihnen selbst und nicht nach Maßgabe ihrer Einordnung als »Werte« oder »Grundsätze« zu bestimmen ist.[18] Abgesehen davon ist es ein Zeichen politischer Klugheit, im Bereich der auswärtigen Beziehungen auf die Verwendung eines wegen der unterschiedlichen ideologischen Ansätze so missverständlichen Begriffs wie dem der »Werte« bewusst zu verzichten. All zu leicht könnte sich die Union dem Vorwurf eines Kulturimperialismus ausgesetzt sehen.

---

[15] Vgl. etwa Beschluss 2013/269/GASP des Rates vom 27.5.2013 zur Ermächtigung der Mitgliedstaaten, im Interesse der Europäischen Union den Vertrag über den Waffenhandel zu unterzeichnen, ABl. 2013, L 155/9; Beschluss 2014/165/EU des Rates vom 3.3.2014 zur Ermächtigung der Mitgliedstaaten, im Interesse der Europäischen Union den Vertrag über den Waffenhandel zu ratifizieren ABl. 2014, L 89/44 (Anmerkung: nahezu wortgleich mit dem Beschluss 2013/269/GASP, wichtigste Änderung ist, dass der Beschluss nach Zustimmung des Europäischen Parlaments gefasst wurde).

[16] *Kaufmann-Bühler*, in: Grabitz/Hilf/Nettesheim, EU, Art. 21 EUV (Juli 2010), Rn. 5.

[17] So etwa durch Beschluss 2012/768/GASP des Rates vom 9.3.2012 über die Unterzeichnung und den Abschluss des Abkommens zwischen der Europäischen Union und der ehemaligen jugoslawischen Republik Mazedonien über die Schaffung eines Rahmens für die Beteiligung der ehemaligen jugoslawischen Republik Mazedonien an Krisenbewältigungsoperationen der Europäischen Union – Abkommen zwischen der Europäischen Union und der ehemaligen jugoslawischen Republik Mazedonien über die Schaffung eines Rahmens für die Beteiligung der ehemaligen jugoslawischen Republik Mazedonien an Krisenbewältigungsoperationen der Europäischen Union, ABl. 2012, L 338/1.

[18] Ähnlich auch *Marquardt/Gaedtke*, in: GSH, Europäisches Unionsrecht, Art. 21, Rn. 2.

II. Verbindlichkeit

10 Die Bezeichnung als »Grundsätze« sowie der materielle Gehalt im Einzelnen rechtfertigen ihre Einordnung als **rechtlich verbindliche Leitlinien** der auswärtigen Beziehungen der Union. Freilich sind die Grundsätze teilweise recht abstrakt und bedürfen daher der Konkretisierung, insbesondere bei der Festlegung der strategischen Interessen und Ziele der Union durch den Europäischen Rat nach Art. 22 EUV. Zudem handelt es sich ausweislich des Wortlauts keineswegs um absolute Maßstäbe, denen das auswärtige Handeln der Union uneingeschränkt entsprechen muss. Zum einen bestimmt Abs. 1 UAbs. 1 lediglich, die Union lasse sich von den Grundsätzen »leiten«. Sie dienen mithin lediglich als **Orientierungspunkte** und enthalten keine straffen Rechtmäßigkeitsvoraussetzungen. Zum anderen ist die Realität der internationalen Beziehungen zu berücksichtigen. Aus der Sicht der Union und ihrer Mitgliedstaaten stellen die Grundsätze entweder gemeinsame Verfassungsüberlieferungen[19] dar, zumindest aber Strukturmerkmale, denen europäische Staaten und damit die Union entsprechen müssen. In anderen Regionen werden diese Errungenschaften des Abendlandes aber durchaus kritisch gesehen und keineswegs in gleichem Maße gewürdigt. Wollte man die Union verbindlich darauf festlegen, im Rahmen ihrer auswärtigen Beziehungen die Grundsätze vollständig zu verwirklichen, würde dies eine Verpflichtung zum Erreichen des Unmöglichen gleichkommen, können doch insbesondere souveräne Drittstaaten schwerlich dazu gezwungen werden, den Wertekanon der Union und ihrer Mitgliedstaaten anzuerkennen. Daher beschränkt sich die Leitfunktion der Grundsätze darauf, ihnen im Rahmen des praktisch Möglichen die **größtmögliche Geltung** zu verschaffen.

11 Der vorstehende Befund ändert jedoch nichts an der Rechtsverbindlichkeit der Grundsätze und Werte, soweit außenpolitische Vorgaben in unionsinternes Recht umgesetzt werden. Dies gilt auch dann, wenn gemäß Art. 25 i. V. m. Kapitel VII der Charta der Vereinten Nationen verbindliche Zwangsmaßnahmen des Sicherheitsrats in Unionsrecht umgesetzt werden. Völkerrechtliche Verpflichtungen der Union und der Mitgliedstaaten entbinden die Union und ihre Organe nicht von der Pflicht zur Beachtung der in Art. 21 EUV niedergelegten Grundsätze, insbesondere der Menschenrechte.[20] Diese Rechtswirkungen folgen jedoch nicht unmittelbar aus Art. 21 EUV und sie beschränken sich auf den Binnenbereich der Union.

12 Schließlich sei auf die potentielle Außenwirkung von Art. 21 EUV hingewiesen, die freilich weniger im rechtlichen denn im politischen Sinne von Bedeutung ist. Art. 21 EUV ist ein **klares Bekenntnis** dazu, den binnenrelevanten Strukturprinzipien auch im Bereich der Außenbeziehungen eine maßgebliche Bedeutung zuzuerkennen. Drittstaaten und internationalen Organisationen wird so deutlich vor Augen geführt, dass die Prinzipien nicht ohne weiteres der Realität der internationalen Beziehungen geopfert werden, sondern dass es sich die Union zur Aufgabe gemacht hat, ihnen auch auf internationaler Ebene größtmögliche Wirksamkeit zu verschaffen.[21] Damit geht jedenfalls eine Absage an eine allein an Machtoptionen oder an wirtschaftlicher Opportunität ausgerichteten Außenpolitik einher. Fraglich ist jedoch, ob Art. 21 EUV zugleich Ausdruck einer opinio iuris mit Blick auf die universelle Geltung der Grundsätze als bestehendem Völkergewohnheitsrecht ist.[22] Wenn überhaupt ist das Bekenntnis zu den

---

[19] So auch *Cremer*, in: Calliess/Ruffert, EUV/AEUV, Art. 21 EUV, Rn. 5.
[20] EuGH, Urt. v. 3. 8. 2008, Rs. C–402/05 P (Kadi), Slg. 2008, I–6351, Rn. 284 ff.
[21] *Marquardt/Gaedtke*, in: GSH, Europäisches Unionsrecht, Art. 21, Rn. 3.
[22] So aber *Cremer*, in: Calliess/Ruffert, EUV/AEUV, Art. 21 EUV, Rn. 5.

Grundsätzen der Charta der Vereinten Nationen und des Völkerrechts deklaratorischer Natur, wird doch von keinem Staat deren universelle Verbindlichkeit ernsthaft in Zweifel gezogen. Hinsichtlich der Menschenrechte und der Menschenwürde mag man Art. 21 Abs. 1 EUV als **Ausdruck einer opinio iuris** anerkennen. Höchst zweifelhaft ist dies jedoch hinsichtlich Demokratie und Rechtsstaatlichkeit, Gleichheit und Solidarität und erst Recht hinsichtlich der Grundfreiheiten, deren Geltung und Verbindlichkeit vorerst auf den Unionsbereich beschränkt bleiben.

III. Die Grundsätze im Einzelnen

1. Demokratie und Rechtsstaatlichkeit

Demokratie und Rechtsstaatlichkeit sind **keine Strukturprinzipien der internationalen**   **13** **Beziehungen**. Über den Grundsatz der souveränen Gleichheit der Staaten und der damit eng verbundenen formalen Gleichheit der Staaten hinaus gibt es keine völkerrechtliche Norm, die eine demokratische Verfassungsstruktur der internationalen Beziehungen fordert. Das Rechtsstaatsprinzip beschränkt sich auf die Verpflichtung der **Achtung geltenden Völkerrechts**.[23] Daher ist auszuschließen, dass mit Art. 21 EUV das Völkerrecht um die Grundsätze der Demokratie und Rechtsstaatlichkeit erweitert werden soll. Vielmehr handelt es sich um Strukturmerkmale, die nicht allein die Mitgliedstaaten (und die Union), sondern idealiter auch andere Staaten prägen sollen. Allerdings bleiben die völkerrechtlichen Beziehungen vom **Souveränitätsgrundsatz** bestimmt, so dass es Staaten grundsätzlich unbenommen bleibt, wie sie sich nach innen organisieren. Dem Völkerrecht ist kein Gebot zu entnehmen, wonach die politische Struktur der Staaten bestimmten Grundsätzen zu entsprechen hat. Daher stellte jeder Versuch, Demokratie und Rechtsstaatlichkeit in einem anderen Staat zwangsweise zu verwirklichen eine nach dem Völkerrecht verbotene **Intervention** in den domaine réservé dar, es sei denn, sie erfolgt auf der Grundlage einer Ermächtigung des Sicherheitsrats der Vereinten Nationen nach Kapitel VII der Charta. Da in Abs. 1 auch die Grundsätze der Charta der Vereinten Nationen und des Völkerrechts genannt werden, ist die Vorschrift dahin zu verstehen, dass die Union andere Staaten davon zu überzeugen beabsichtigt, sich nach Maßgabe von Demokratie und Rechtsstaatlichkeit zu organisieren, mithin sie »zu festigen und zu fördern« (Abs. 2 Buchst. b), ohne dabei verbotenen Zwang auszuüben. Aus der Relativität der Grundsätze folgt zudem keine Verpflichtung, in jedem Fall auf die Abschaffung undemokratischer oder willkürlicher Strukturen in anderen Staaten hinzuarbeiten.

2. Menschenwürde und Menschenrechte

Die Menschenwürde und die zu ihrem Schutz bestehenden Menschenrechte stellen in   **14** der Tat universell gültige und unteilbare Individualrechte dar, die jedem Menschen kraft seines Menschseins inhärent sind und nicht von einem staatlichen oder sonstigen Verleihungsakt abhängen.[24] Die völkerrechtlich so anerkannten Individualrechte »**zu fe-**

---

[23] Für das Völkervertragsrecht gilt der Grundsatz »pacta sunt servanda«, der in Art. 26 des Wiener Übereinkommens über das Recht der völkerrechtlichen Verträge ausdrücklich anerkannt worden ist; Wiener Übereinkommen über das Recht der völkerrechtlichen Verträge vom 23.5.1969, UNTS, vol 1155, p. 331; vgl. auch *Lavalle*, ÖZöRV 33 (1982), 9; *Daillier/Forteau/Pellet*, Droit International Public, 2009, Rn. 139.
[24] *Donnelly*, Universal Human Rights in Theory and Practice, 2013, S. 28ff.

stigen und zu fördern« (Abs. 2 Buchst. b), ohne sie zwangsweise durchzusetzen, stellt daher weder eine verbotene Intervention noch eine sonstige unzulässige Einmischung in die inneren Angelegenheiten anderer Staaten dar. Allerdings gilt auch insoweit die Relativität der Grundsätze und der Vorbehalt des praktisch Möglichen.

3. Grundfreiheiten

15   Zweifelhaft ist die Richtigkeit der Feststellung der universellen Gültigkeit und Unteilbarkeit der Grundfreiheiten, haben diese doch allein im unionsinternen Bereich rechtliche Anerkennung erlangt. Andere regionale Wirtschaftsorganisationen haben bislang bei weitem nicht den Integrationsstand erreicht, der für eine unteilbare Gültigkeit der Grundfreiheiten Voraussetzung ist. Berücksichtigt man jedoch die Bedeutung der Grundfreiheiten für den Binnenbereich der Union und die **Vorbildfunktion** des Binnenmarktes für andere Regionen, und ordnet man, beschränkt auf den Bereich der Außenbeziehungen, auch die Grundfreiheiten lediglich als Orientierungspunkte oder Leitlinien ein, so spricht nichts dagegen, sie als zu erreichende Ziele den die Außenbeziehungen der Union leitenden Grundsätzen zuzuordnen, die im Falle des Erfolgs dem völkerrechtlichen Normbestand zukünftig zugehören könnten.

4. Gleichheit und Solidarität

16   Schwierig gestaltet sich die rechtliche Einordnung der Grundsätze der Gleichheit und der Solidarität. Wegen der ausdrücklichen Einbeziehung der Grundsätze der Charta der Vereinten Nationen und des Völkerrechts kann sich die Gleichheit, soll ihr eine eigenständige Bedeutung zukommen, nicht mit der souveränen Gleichheit der Staaten gemäß Art. 2 Ziff. 1 UN-Charta gleichgesetzt werden. Vielmehr steht die hier in Bezug genommene Gleichheit in engem Zusammenhang mit den **völkerrechtlich geschützten Individualrechten** und umfasst neben der Gleichheit vor dem Recht und dem damit eng verbundenen Willkürverbot die Gleichheit der Geschlechter sowie die sonstigen Diskriminierungsverbote. Der Grundsatz der Solidarität erschließt sich erst aus dem Zusammenhang mit Abs. 2 Buchst. g, wonach zu den außenpolitischen Zielen der Union auch die **Hilfe für Völker, Länder und Regionen** zählt, »die von Naturkatastrophen oder von vom Menschen verursachten Katastrophen betroffen sind«.

5. Grundsätze der Charta der Vereinten Nationen und des Völkerrechts

17   Demgegenüber steht die (völker-)rechtliche Verbindlichkeit der Grundsätze der Charta der Vereinten Nationen und des Völkerrechts außer Frage. Dazu zählen zuvörderst die in Art. 2 der Charta aufgeführten Grundsätze, die auch gewohnheitsrechtlich gelten.[25] Zu diesen verfestigten völkerrechtlichen Grundsätzen gehören die **souveräne Gleichheit der Staaten**, das daraus resultierende **Interventionsverbot**, das **Gewaltverbot**, das **Selbstverteidigungsrecht** und das **Gebot friedlicher Streitbeilegung**[26] Wegen der grundlegenden Bedeutung dieser Grundsätze für das System kollektiver Sicherheit der Vereinten Nationen dürften auch die **Befugnisse des Sicherheitsrats** zur Wahrung und Wie-

---

[25] *Heintschel von Heinegg*, in: Ipsen, Völkerrecht, 2013, § 51, Rn. 38 und Rn. 42 ff.; *Epping*, (Fn. 25), § 55, Rn. 2; *Randelzhofer*, in: Simma, The Charter of the United Nations, A Commentary, 1995, Art. 2, Rn. 1 f., 9 ff.
[26] *Heintschel von Heinegg*, (Fn. 25), § 51, Rn. 38 ff. und Rn. 42 ff.; *Epping*, (Fn. 25) § 55, Rn. 2; *Daillier/Forteau/Pellet* (Fn. 23), Rn. 275, Rn. 564, 566.

derherstellung des Weltfriedens den Grundsätzen der Charta und des Völkerrechts zugerechnet werden. Darüber hinaus zählen zu den Grundsätzen des Völkerrechts die Verbote des Völkermordes, der Verbrechen gegen die Menschlichkeit, der Kriegsverbrechen, des Sklavenhandels und der Piraterie.[27] Da die Union entschlossen ist, ihr auswärtiges Handeln, einschließlich der sicherheits- und verteidigungspolitischen Maßnahmen, streng am geltenden Völkerrecht auszurichten, ist es entscheidend, dass das Völkerrecht eine Rechtsgrundlage für bestimmte Maßnahmen, insbesondere solcher militärischer Natur, vorhält. Während dies für die Zulässigkeit der Rettung von Unionsbürgern aus Krisenregionen mittlerweile unstrittig sein dürfte,[28] ist dies hinsichtlich der **humanitären Intervention** höchst zweifelhaft.[29] Die Entschließung des EP aus dem Jahre 1994,[30] wonach die humanitäre Intervention mit militärischen oder nicht-militärischen Mitteln als ultima ratio unter bestimmten engen Voraussetzungen auch dann zulässig sein soll, wenn der Sicherheitsrat keine dahingehende Ermächtigung erteilt hat, deckt sich mit den Stellungnahmen einiger Staaten.[31] Gleichwohl indiziert die – rechtlich irrelevante – Stellungnahme des EP lediglich einen Trend.[32] Zahlreiche Staaten stehen der humanitären Intervention weiterhin skeptisch bis ablehnend gegenüber. In Ermangelung einer einheitlichen und hinreichend verbreiteten Staatenpraxis handelt es sich bei der humanitären Intervention (noch) nicht um eine weitere gewohnheitsrechtliche Ausnahme vom Interventions- und Gewaltverbot.[33]

C. Internationale Partnerschaften (Abs. 1, UAbs. 2)

Das in Abs. 1 UAbs. 2 Satz 1 enthaltene Ziel, internationale Partnerschaften mit anderen (regionalen oder universalen) internationalen Organisationen und Drittstaaten aus- oder aufzubauen, ist auf solche Völkerrechtssubjekte beschränkt, die die Grundsätze des UAbs. 1 teilen. Dieser **selektive Ansatz** ist durchaus berechtigt, machte es doch wenig Sinn, mit Staaten oder Organisationen, die diesen Grundsätzen ablehnend gegenüberstehen, Partnerschaften einzugehen. Der Begriff **Partnerschaft** beinhaltet mehr als die bloße internationale Kooperation, so dass von einer solchen Partnerschaft nur dann die Rede sein kann, wenn gemeinsame Ziele in den Blick genommen werden und die Beteiligten nicht allein in Verfolgung egoistischer Ziele an der Erreichung der Ziele mitarbeiten.[34] Fraglich ist jedoch, anhand welcher Kriterien festzustellen ist, ob ein in den Blick genommener Partner sich tatsächlich die Grundsätze zu Eigen macht. Bloße Lippenbekenntnisse sind schwerlich ausreichend, so dass die Verfassung oder der Gründungsvertrag bestenfalls erste Anhaltspunkte geben können. Entscheidend kommt es

18

---

[27] *Heintschel von Heinegg*, (Fn. 25), § 17, Rn. 43.

[28] *Heintschel von Heinegg*, (Fn. 25), § 52, Rn. 45.

[29] *Heintschel von Heinegg*, (Fn. 25), § 52, Rn. 50.

[30] Entschließung des Europäischen Parlaments, ABl. 1994, C 128/225.

[31] Vgl. etwa die Stellungnahme des britischen Premierministers Tony Blair vom 24.3.1999: »We are taking this action for one simple reason: to damage Serb forces sufficiently to prevent Milosevic from continuing to perpetrate is vile oppression against the Kosovo Albanian people«, abgedruckt in: *Weller* (Hrsg.), The Crisis in Kosovo 1989–1999, Band 1, 1999, S. 499.

[32] Anders wohl *Kaufmann-Bühler*, in: Grabitz/Hilf/Nettesheim, EU, Art. 21 EUV (Juli 2010), Rn. 15.

[33] *Heintschel von Heinegg*, (Fn. 25), § 52, Rn. 50.

[34] *Marquardt/Gaedtke*, in: GSH, Europäisches Unionsrecht, Art. 21, Rn. 4.

auf das tatsächliche Verhalten des potentiellen Partners an. Mit der Beschränkung auf so qualifizierte Staaten und internationale Organisationen ist nicht ausgeschlossen, dass die Union auch mit Staaten oder internationalen Organisationen unterhalb der Schwelle einer Partnerschaft zusammenarbeitet, die die Grundsätze nicht teilen.

19   Das **Forum**, in dem sich die Union für multilaterale Lösungen einzusetzen beabsichtigt, soll, wie der Wortlaut (»insbesondere«) verdeutlicht, die **Organisation der Vereinten Nationen** sein. Allerdings kommt ihr als universalem System kollektiver Sicherheit eine Sonderstellung zu. Zudem decken die Organisation und ihre zahlreichen Sonderorganisationen nahezu das gesamte Spektrum der Bereiche ab, in denen sich die Union international betätigt. Daher wird auch nicht die Organisation der Vereinten Nationen in Bezug genommen, sondern die »Vereinten Nationen«.

20   Nicht eindeutig ist die Bedeutung des Begriffs der »**gemeinsamen Probleme**«. Wegen des Zusammenhangs mit Satz 1 könnte es sich um Probleme mit gleichgesinnten Staaten oder internationalen Organisationen handeln. Dann aber machte das Bekenntnis zu einer intensivierten, d. h. partnerschaftlichen, Zusammenarbeit mit diesen Akteuren wenig Sinn. Zudem sind die angestrebten Partnerschaften in aller Regel bilateraler Natur, so dass eine multilaterale Lösung grundsätzlich ausgeschlossen ist. Daher bezieht sich Satz 2 auf alle Probleme, die zwischen der Union und mehr als einem anderen Völkerrechtssubjekt bestehen und die sie unter Beachtung des Gebots der friedlichen Streitbeilegung multilateral zu lösen gedenkt. Ob die Bereitschaft zur multilateralen Lösung gemeinsamer Probleme sich in praktische Politik umsetzen lassen wird, ist keineswegs ausgemacht. Vor dem Hintergrund der gegenwärtigen Zusammensetzung des Sicherheitsrats der Vereinten Nationen und der mangelnden Bereitschaft der Hauptakteure, die Charta zu ändern, ist wohl eher zu erwarten, dass die Union weiterhin nur in weniger wichtigen Fragen mit einer Stimme sprechen wird.[35] Die Fälle Libyens und Syriens haben dies mehr als deutlich vor Augen geführt.

D. Ziele des auswärtigen Handelns (Abs. 2)

I. Festlegung der außenpolitischen Ziele und Maßnahmen

21 Jegliches auswärtiges Handeln der Union muss gemäß Abs. 3 auf einer **vorherigen Festlegung** der Außenpolitik der Union beruhen und so weit wie möglich vorab konkretisiert worden sein, wenn es um die Erreichung der in Buchst. a bis h aufgeführten Ziele geht. Damit sind ad hoc-Maßnahmen in anderen Bereichen der auswärtigen Beziehungen nicht ausgeschlossen, sie werden aber außerhalb der GASP eher die Ausnahme bleiben.

22   Hervorzuheben ist die im Einleitungssatz zum Ausdruck gebrachte Bereitschaft der Union, sich »auf allen Gebieten der internationalen Beziehungen« für ein »hohes Maß an Zusammenarbeit« einzusetzen. Dieses klare **Bekenntnis zum Multilateralismus** bedeutet keine vollständige Absage an ein einseitiges Vorgehen, es schließt einseitige Maßnahmen grundsätzlich aber immer dann aus, wenn und soweit die Kooperation mit anderen Akteuren hinreichend geeignet ist, die außenpolitischen Zielen der Union zu verwirklichen.

---

[35] Vgl. auch *Hummer*, in: Vedder/Heintschel v. Heinegg, Europäisches Unionsrecht, Art. 21 EUV, Rn. 44, der an der Bereitschaft Frankreich und des Vereinigten Königreichs zweifelt, ihre Vorrangstellung im Sicherheitsrat zu Gunsten der Union aufzugeben oder zurückzunehmen.

II. Die Ziele im Einzelnen

Die außenpolitischen Ziele des Abs. 2 decken sich weitgehend mit den Zielen des Art. 3   **23**
Abs. 5 EUV. Da sie ohne Ausnahme im Kontext der internationalen Zusammenarbeit
genannt werden, liegt es nicht nahe, ihnen auch eine Binnenwirkung zuzusprechen.[36]
Ebenso wie die Grundsätze zeichnen sich die Ziele durch eine weitgehende Offenheit
aus, so dass sie den politischen Handlungsspielraum der Union im auswärtigen Bereich
nicht merklich einzuschränken geeignet sind (s. Rn. 3).

1. Abs. 2 Buchst. a

Demgemäß wird in Abs. 2 Buchst. a durchaus selbstbewusst die Bereitschaft der Union   **24**
bekundet, ihre Werte, grundlegenden Interessen, ihre Sicherheit, ihre Unabhängigkeit
und Unversehrtheit zu wahren,[37] d. h. alle Maßnahmen zu ergreifen, die erforderlich
sind, um Auswirkungen von außen, die diese Rechtsgüter zu beeinträchtigen geeignet
sind, zurückzudrängen oder zu neutralisieren. Die »Werte« der Union sind in Art. 3
EUV niedergelegt und entsprechen weitgehend den in Abs. 1 genannten Grundsätzen
der Außenpolitik. Mit der Sicherheit ist die **Außensicherheit der Union** angesprochen,
die es vorrangig im Rahmen der GASP zu wahren gilt, die aber auch Bezüge zur Unabhängigkeit und Unversehrtheit aufweist. Die »Unabhängigkeit« bezieht sich auf das
Recht der Union, ihre »**inneren Angelegenheiten**« und auswärtigen Beziehungen unabhängig von Zwang oder Druck durch Dritte zu regeln. Mit der »Unversehrtheit« kann
allein die **territoriale Integrität der Mitgliedstaaten** der Union gemeint sein, die es vor
Angriffen oder Annexionen anderer Staaten zu schützen gilt. Davon zu unterscheiden
ist der in Buchst. c aufgeführte Schutz der Außengrenzen, bei dem es um andere Einwirkungen geht.[38]

2. Abs. 2 Buchst. b

Soweit die Festigung und Förderung von **Demokratie**, **Rechtsstaatlichkeit** und der **Men-**   **25**
schenrechte betroffen sind, betrifft dies Maßnahmen der Union, die darauf gerichtet
sind, andere Staaten davon zu überzeugen, ihre innere Struktur nach Maßgabe dieser
Grundsätze auszugestalten.[39] Wegen des Bekenntnisses zu den Grundsätzen der Charta
der Vereinten Nationen und des Völkerrechts dürfen diese Maßnahmen nicht mit der
Ausübung von Zwang oder gar der Anwendung bewaffneter Gewalt einhergehen, es sei
denn, der Sicherheitsrat hat eine entsprechende Zwangsmaßnahme auf der Grundlage
von Kapitel VII der Charta beschlossen (s. Rn. 11). Anzumerken bleibt, dass sich auch
die Union mittlerweile bewusst geworden sein dürfte, wie ambitioniert dieses außenpolitische Ziel ist. Die Erfahrungen nicht allein im Irak und in Afghanistan, sondern auch
innerhalb Europas (z. B. Kosovo, Albanien) und selbst innerhalb der Union (z. B. Ru-

---

[36] So aber *Kaufmann-Bühler*, in: Grabitz/Hilf/Nettesheim, EU, Art. 21 EUV (Juli 2010), Rn. 9 f.
Wie hier *Cremer*, in: Calliess/Ruffert, EUV/AEUV, Art. 21 EUV, Rn. 10, der zutreffend von einer
Selbstbezogenheit der Ziele ausgeht.

[37] Vgl. auch *Regelsberger/Kugelmann*, in: Streinz, EUV/AEUV, Art. 21 EUV, Rn. 3 f.

[38] Dazu sowie zum Vorstehenden s. a. *Cremer*, in: Calliess/Ruffert, EUV/AEUV, Art. 21 EUV,
Rn. 9 f.

[39] Vgl. etwa den Gemeinsamen Standpunkt 98/350/GASP vom 25. 5. 1998 – vom Rat aufgrund von
Artikel J.2 des Vertrags über die Europäische Union festgelegt – betreffend die Menschenrechte, die
demokratischen Grundsätze, die Rechtsstaatlichkeit und die verantwortungsvolle Staatsführung in
Afrika, ABl. 1998, L 158/1.

mänien, Bulgarien), sind nicht unbedingt geeignet, den Optimismus zu teilen, der in der Vergangenheit Staaten und internationale Organisationen zu dem Glauben verleitet hat, ein an diesen Grundsätzen orientierter **Regimewechsel** sei möglich und werde von den Zielstaaten akzeptiert.

26   Hinsichtlich der Grundsätze des Völkerrechts wird deutlich, dass die Union sich nicht darauf zu beschränken beabsichtigt, die geltende Völkerrechtsordnung zu erhalten. Vielmehr ist sie bereit, die **fortschreitende Entwicklung des Völkerrechts** aktiv mitzugestalten. Dass insoweit allein die Grundsätze (s. Rn. 9 f.), nicht aber das Völkerrecht als solches, in Bezug genommen werden, bedeutet lediglich, dass die Grundsätze im Mittelpunkt der völkerrechtspolitischen Aktivitäten der Union stehen sollen, da ihnen naturgemäß eine besondere Bedeutung zukommt.

3. Abs. 2 Buchst. c

27   In Buchst. c wird die Bereitschaft der Union betont, sich aktiv an friedenserhaltenden und friedensschaffenden Maßnahmen zu beteiligen, um den **Weltfrieden und die internationale Sicherheit** zu wahren oder wiederherzustellen. Diese insbesondere die in Art. 43 Abs. 1 EUV aufgezählten Missionen umfassenden Maßnahmen müssen mit den Grundsätzen der Charta der Vereinten Nationen im Einklang stehen. Daher kommt insbesondere eine Anwendung militärischer Mittel nur in Betracht, wenn entweder ein bewaffneter Angriff auf einen oder mehrere Mitgliedstaaten erfolgt ist oder unmittelbar bevorsteht (kollektive Selbstverteidigung) oder wenn der Sicherheitsrat auf der Grundlage von Kapitel VII der Charta dazu ausdrücklich ermächtigt hat. Weitere Rechtfertigungsgründe sind die Rettung von Unionsbürgern und eventuell die humanitäre Intervention (s. Rn. 17). Friedenssichernde Maßnahmen unterhalb der Schwelle der Gewaltanwendung bedürfen ebenfalls einer Ermächtigung durch den Sicherheitsrat oder der Zustimmung des betroffenen Staates.

28   Weitere Schranken ergeben sich aus der **Schlussakte von Helsinki**[40] und der **Charta von Paris,**[41] denen sich die europäischen Staaten naturgemäß verpflichtet sehen, obgleich diese Vereinbarungen eher politischer denn rechtlicher Natur sind. Der besonderen Erwähnung der die Außengrenzen betreffenden Grundsätze kommt keine nennenswerte eigenständige Bedeutung zu, da der Schutz vor einseitigen Grenzänderungen bereits Gegenstand der in Buchst. a aufgeführten Ziele ist. Das Verbot der einseitigen Änderung von Staatsgrenzen zählt zu den in Buchst. b genannten Grundsätzen des Völkerrechts. Gleichwohl hatte Griechenland auf diesen Zusatz mit Blick auf die Grenzstreitigkeiten in der Ägäis besonderen Wert gelegt.[42]

4. Abs. 2 Buchst. d – h

29   Die Ziele, zur **nachhaltigen Entwicklung**, zur **Integration in die Weltwirtschaft** und zum **internationalen Umweltschutz** beizutragen, werden zwar isoliert behandelt, sie stehen aber in einem engen materiellen Zusammenhang. Der Fokus liegt auf den **Entwicklungsländern**, die langfristig in die Lage versetzt werden sollen, sich aus eigener Kraft, d.h. ohne auswärtige Unterstützung, zu versorgen und gleichberechtigte Mitglieder der in-

---

[40] Konferenz für Sicherheit und Zusammenarbeit in Europa (KSZE), Schlußakte von Helsinki, Bull.BReg Nr. 102 vom 5.8.1975.

[41] Charta von Paris für ein neues Europa vom 21.11.1990, abgedruckt in: EuGRZ 1990, 517.

[42] So *Kaufmann-Bühler*, in: Grabitz/Hilf/Nettesheim, EU, Art. 21 EUV (Juli 2010), Rn. 9.

ternationalen Wirtschaftsbeziehungen zu werden. Unabhängig davon ist die Union stets bereit, Katastrophen- und humanitäre Hilfe zu leisten. Freilich stellen der Ausbau der Weltwirtschaftsordnung und des internationalen Schutzes der natürlichen Umwelt auch eigenständige Ziele dar, die es unabhängig von entwicklungspolitischen Erwägungen zu verfolgen gilt. Der Abbau von Handelshemmnissen zählt zu den ureigenen Zielen der Union, obgleich es ihr mitunter schwer fällt, etwa den Bestimmungen des Welthandelsrechts vollständige unionsinterne Wirksamkeit zu verleihen, da die Gegenseitigkeit noch immer nicht in ausreichendem Maße gewährleistet ist.[43] Das Ziel einer **verantwortungsvollen Weltordnungspolitik** ist demgegenüber wenig greifbar, es sei denn, es wird als salvatorische Klausel verstanden, die die Offenheit der Ziele des Abs. 2 betonen soll. Letztlich kann man sich aber nicht vollends des Eindrucks erwehren, dass mit Buchst. h eher denen Genüge getan werden sollte, die besonderen Wert auf die berüchtigte »Brüsseler Lyrik« legen.

E.   Wahrung der Grundsätze und Ziele, Kohärenz (Abs. 3)

I.   Verwirklichung der Grundsätze und Ziele (UAbs. 1)

Gemäß Abs. 3 UAbs. 1 haben sich alle außenpolitischen Maßnahmen der Union (s. **30** Rn. 21 f.) an den Grundsätzen des Abs. 1 UAbs. 1 und die Ziele des Abs. 2 auszurichten. Dies folgt aus dem Wortlaut und der Stellung in Kapitel 1 des 5. Titels des EUV. Sie gelten mithin nicht allein für das in Titel V des EUV ausdrücklich geregelten auswärtigen Handelns der Union, einschließlich der GASP, sondern auch für die im 5. Teil des AEUV geregelten Außenkompetenzen sowie für die auswärtigen Aspekte der anderen Politikbereiche. Die Grundsätze und Ziele bewirken jedoch **keine Einengung auf bestimmte Maßnahmen**, noch stellen sie Rechtmäßigkeitsvoraussetzungen dar, denen stets in vollem Umfang zu entsprechen ist. Dagegen spricht bereits die Tatsache, dass in den auswärtigen Beziehungen in der Regel ein Ausgleich widerstreitender Interessen versucht werden muss, da es im Verhältnis zu souveränen Staaten grundsätzlich ausgeschlossen ist, sie einem bestimmten Willen zu unterwerfen. Angesichts ihrer Offenheit und Abstraktheit bedürfen die Grundsätze und Ziele zudem der Konkretisierung durch Festlegung der Politik und der zu ergreifenden Maßnahmen, so dass der Union ein beachtlicher außenpolitischer Gestaltungsspielraum verbleibt.[44]

II.   Kohärenz (UAbs. 2)

Abs. 3 UAbs. 2 Satz 1 stellt eine Konkretisierung des allgemeinen Kohärenzgebots des **31** Art. 7 AEUV dar,[45] indem das gesamte auswärtige Handeln erfasst wird. Auf den ersten Blick scheint sich die Vorschrift auf ein **horizontales**, d. h. auf die verschiedenen Politikbereiche erstreckendes, Kohärenzgebot zu beschränken. Hält man sich jedoch vor Augen, dass den Mitgliedstaaten auch im Bereich der Außenkompetenzen der Union weiterhin eine mitunter entscheidende Rolle zukommt, ist es unerlässlich, dem Kohärenz-

---

[43] *Nettesheim*, in: Oppermann/Classen/Nettesheim, Europarecht, § 40, Rn. 47; *Schwarze*, Europäisches Wirtschaftsrecht, 2007, Rn. 347 (a.E.); *von Bogdandy/Smrkolj*, European Community and Union Law and International Law, MPEPIL, Februar 2011, Rn. 26.

[44] So auch *Cremer*, in: Calliess/Ruffert, EUV/AEUV, Art. 21 EUV, Rn. 12.

[45] Vgl. dazu *Pechstein*, EuR 1995, 247 ff.; *Tietje*, EFAR 1997, 211 ff.

gebot des Abs. 3 UAbs. 2 auch eine **vertikale** Geltung, d. h. zwischen der Union und den Mitgliedstaaten, zuzuerkennen.[46]

32   Das Kohärenzgebot lässt sich trotz aller Schwierigkeiten dahin verstehen, dass es das Ziel der Akteure sein muss, das gesamte außenpolitische und das sonstige Handeln der Union (und das damit in direktem Zusammenhang stehende Handeln der Mitgliedstaaten) in den Blick zu nehmen, um sicherzustellen, dass es **frei von Widersprüchen**, mithin in sich schlüssig bleibt.[47] Abgesehen von den praktischen Schwierigkeiten, die diese Aufgabe mit sich bringt, so dass eine vollständige Verwirklichung mehr als zweifelhaft erscheinen muss, folgt bereits aus dem Wortlaut von UAbs. 1 Satz 1 – »achtet« –, dass es sich bei dem Kohärenzgebot eher um eine **Bemühens**- denn um eine absolute Erfüllungspflicht handelt. An diesem Befund ändert auch nichts die in Satz 2 statuierte Pflicht zur Sicherstellung der Kohärenz, da auch damit keine absolut geltende Verpflichtung geschaffen wird. Nicht zuletzt aus diesen Gründen, aber auch wegen des intergouvernementalen Charakters der GASP, ist das Kohärenzgebot »nur eingeschränkt justiziabel«.[48]

33   **Adressaten** und damit besonders verantwortlich für die Erfüllung des Kohärenzgebots sind gemäß UAbs. 2 Satz 2 der Rat und die Kommission. Dies ist angesichts der eigenständigen Kompetenzen dieser Organe auch im Bereich der auswärtigen Beziehungen durchaus folgerichtig. Während der Rat nach Maßgabe des 5. Titels des EUV im Rahmen der GASP eine weitgehend eigenständige Rolle spielt,[49] behält die Kommission in den anderen Politikbereichen ihre maßgebliche Funktion als Initiatorin der Unionspolitiken. Da sich das Kohärenzgebot auf alle Politikbereiche der Union erstreckt, ist es erforderlich, möglichst früh die Stimmigkeit der verschiedenen Maßnahmen zu überprüfen. Die Rolle des Hohen Vertreters bleibt auf eine Unterstützungsfunktion beschränkt, ist aber angesichts seiner Hauptverantwortung für die GASP und seiner weiteren Rolle als Vizepräsident der Kommission für die (weitgehende) Sicherstellung der Kohärenz wesentlich.[50]

---

[46] *Marquardt/Gaedtke*, in: GSH, Europäisches Unionsrecht, Art. 21, Rn. 9.

[47] So unter Heranziehung des authentischen englischen Wortlauts (»consistency«) und der lateinischen Wurzel des Begriffs *Cremer*, in: Calliess/Ruffert, EUV/AEUV, Art. 21 EUV, Rn. 13. Vgl. ferner *Regelsberger/Kugelmann*, in: Streinz, EUV/AEUV, Art. 21 EUV, Rn. 16; *Marquardt/Gaedtke*, in: GSH, Europäisches Unionsrecht, Art. 21, Rn. 9.

[48] *Regelsberger/Kugelmann*, in: Streinz, EUV/AEUV, Art. 21 EUV, Rn. 19.

[49] Das Recht der Kommission nach Art. 22 Abs. 1 EUV a. F., den Rat mit einer Frage der GASP zu befassen und Vorschläge zu unterbreiten, besteht nicht mehr.

[50] *Marquardt/Gaedtke*, in: GSH, Europäisches Unionsrecht, Art. 21, Rn. 10.

Artikel 22   EUV [Festlegung der strategischen Interessen und Ziele der Union]

(1) Auf der Grundlage der in Artikel 21 aufgeführten Grundsätze und Ziele legt der Europäische Rat die strategischen Interessen und Ziele der Union fest.
¹Die Beschlüsse des Europäischen Rates über die strategischen Interessen und Ziele der Union erstrecken sich auf die Gemeinsame Außen- und Sicherheitspolitik sowie auf andere Bereiche des auswärtigen Handelns der Union. ²Sie können die Beziehungen der Union zu einem Land oder einer Region betreffen oder aber ein bestimmtes Thema zum Gegenstand haben. ³Sie enthalten Bestimmungen zu ihrer Geltungsdauer und zu den von der Union und den Mitgliedstaaten bereitzustellenden Mitteln.
¹Der Europäische Rat beschließt einstimmig auf Empfehlung des Rates, die dieser nach den für den jeweiligen Bereich vorgesehenen Regelungen abgibt. ²Die Beschlüsse des Europäischen Rates werden nach Maßgabe der in den Verträgen vorgesehenen Verfahren durchgeführt.
(2) Der Hohe Vertreter der Union für Außen- und Sicherheitspolitik und die Kommission können dem Rat gemeinsame Vorschläge vorlegen, wobei der Hohe Vertreter für den Bereich der Gemeinsamen Außen und Sicherheitspolitik und die Kommission für die anderen Bereiche des auswärtigen Handelns zuständig ist.

Literaturübersicht

s. Art. 21 EUV

A.   Sinn und Zweck der Vorschrift

Angesichts der Komplexität der internationalen Beziehungen kann sich die Union nicht   1
vornehmlich auf die Außenwirtschaftsbeziehungen konzentrieren, sondern muss, will sie im globalen Wettbewerb bestehen, in allen Bereichen der internationalen Beziehungen ihre Interessen vertreten und gegebenenfalls auch verteidigen.[1] Außenwirtschaftliche und -politische Erfolge lassen sich nur erzielen, wenn die Union von anderen als

---

[1] S. o. Art. 21 EUV, Rn. 1.

relevanter Akteur wahr- und ernstgenommen wird. Dies aber setzt voraus, dass die Union in ihren auswärtigen Beziehungen möglichst **mit einer Stimme** spricht. Daher ist es nur folgerichtig, dem Europäischen Rat mit Art. 22 Abs. 1 UAbs. 1 und 2 EUV die Befugnis zu verleihen, die strategischen Interessen und Ziele der Union für alle Bereiche des auswärtigen Handelns der Union verbindlich festzulegen, so dass er nunmehr »die strategische und politische Leitungsfunktion für das gesamte auswärtige Handeln der Union« übernimmt.[2] Zugleich soll mit Art. 22 Abs. 1 UAbs. 3 und Abs. 2 EUV aber auch sichergestellt werden, dass das Kompetenzgefüge innerhalb der Union und zu den Mitgliedstaaten nicht ausgehebelt wird.

B.   Strategische Interessen und Ziele (Abs. 1 UAbs. 1 und 2)

I.   Begriff und Inhalt

1.   Begriff (Abs. 1 UAbs. 1)

2   Der Begriff der »strategischen Interessen und Ziele« ist als solcher schwer greifbar, er erschließt sich aber teilweise aus dem Zusammenhang mit den in Art. 21 EUV aufgeführten Grundsätzen und Zielen. Wenngleich die Grundsätze und Ziele des Art. 21 EUV als Grundlage dienen sollen, bedeutet dies aber nicht, dass die »Interessen« mit den Grundsätzen des Art. 21 Abs. 1 EUV und die »Ziele« mit denen des Art. 21 Abs. 2 EUV in jedem Fall deckungsgleich sind.[3] Während die Grundsätze und Ziele des Art. 21 EUV »der höchsten Stufe«[4] der Willensbildung zuzuordnen sind, gehört die Festlegung der strategischen Interessen und Ziele der zweiten Stufe an. Die Festlegung nach Art. 22 Abs. 1 EUV stellt sich mithin als eine **erste Konkretisierung der Vorgaben des Art. 21 EUV** dar.[5] Mit dem Adjektiv »strategisch« wird ausgeschlossen, dass der Europäische Rat detaillierte Vorgaben in Form eines Mikro-Managements macht. Gleichwohl ist es angesichts des Zusammenhangs mit Abs. 1 UAbs. 2, wonach die Festlegungen ein Land, eine Region oder ein bestimmtes Thema betreffen können, zu hoch gegriffen, wenn das Adjektiv »**strategisch**« mit dem Nomen »Strategie« gleichgesetzt wird.[6] Angesichts der Unvorhersehbarkeit und Dynamik internationaler Entwicklungen sowie der Diversität der politisch relevanten Akteure dürfte eine umfassende Planung zur Verwirklichung von Grundvorstellungen schwerlich möglich sein. Daher ist das Adjektiv »strategisch« dahin zu verstehen, dass es die der Durchführung in Form von Einzelmaßnahmen vorgelagerte politische Ebene der Entscheidungsfindung bezeichnet. Es geht mithin um die Beantwortung zweier grundsätzlicher Fragen, die das auswärtige Handeln der Union in konkreten Fällen leiten soll: (1) Aus welchem Grunde ist es erforderlich, dass die Union in ihrer Beziehung zu einem Drittstaat oder einer Region bzw. in Bezug auf ein bestimmtes Thema eine einheitliche außenpolitische Position vertritt? (2) Welches ist das gewünschte Endstadium oder Ergebnis, das es zu erreichen gilt?

---

[2] *Regelsberger/Kugelmann*, in: Streinz, EUV/AEUV, Art. 22 EUV, Rn. 1; *Marquardt/Gaedtke*, in: GSH, Europäisches Unionsrecht, Art. 22, Rn. 3.

[3] So scheinbar *Kaufmann-Bühler*, in: Grabitz/Hilf/Nettesheim, EU, Art. 22 EUV (Juli 2010), Rn. 4.

[4] So *Cremer*, in: Calliess/Ruffert, EUV/AEUV, Art. 22 EUV, Rn. 3.

[5] *Marquardt/Gaedtke*, in: GSH, Europäisches Unionsrecht, Art. 22, Rn. 2.

[6] So aber *Cremer*, in: Calliess/Ruffert, EUV/AEUV, Art. 22 EUV, Rn. 2, der meint, es gehe um »eine umfassende Planung zur Verwirklichung von Grundvorstellungen« bzw. um »Planungen zur Verwirklichung eines Ziels mittels aufeinander einwirkender dynamischer Systeme«.

2. Inhalt (Abs. 1 UAbs. 2)

So verstanden, ermöglicht eine Festlegung der strategischen Interessen und Ziele nicht   **3**
unbedingt eine »umfassend konzeptionelle Außenpolitik der Union«,[7] sondern eine auf
den jeweiligen Einzelfall abgestimmte **einheitliche Positionierung der Union.** Vor diesem Hintergrund ist es auch müßig, aus einem Vergleich mit den »gemeinsamen Strategien« nach Art. 13 EUV a.F. auf die inhaltliche Ausrichtung einer Festlegung nach
Art. 22 Abs. 1 UAbs. 1 EUV zu schließen,[8] selbst wenn ihnen gewisse Anhaltspunkte
entnommen werden können. Zum einen ist dieses Konzept nicht übernommen worden,
weil es sich in der Praxis nicht bewährt hatte.[9] Zum anderen war es auf wichtige gemeinsame Interessen der Mitgliedstaaten beschränkt. Demgegenüber folgt aus dem Wortlaut
und Zusammenhang, dass der Europäische Rat einen möglichst großen Entscheidungsspielraum bei der Bestimmung der außenpolitischen Ausrichtung der Union haben soll,
die nicht auf die GASP beschränkt ist, sondern die sich auf alle Bereiche der auswärtigen
Handelns der Union erstreckt (UAbs. 2 Satz 1). Bereits angesichts dieses weiten Anwendungsbereichs sollte auch ein Vergleich mit den »allgemeinen Leitlinien« nach
Art. 26 EUV vermieden werden. Insbesondere ist fraglich, ob es keinen »rechtlich relevanten Unterschied hinsichtlich des zulässigen Inhalts«[10] gibt. Bereits aus der Verwendung verschiedener Begriffe wird der Wille der Vertragsparteien deutlich, zwischen den
strategischen Beschlüssen, die alle Bereiche der auswärtigen Beziehungen der Union
erfassen können, und den allgemeinen Leitlinien der GASP zu differenzieren. Letztere
zeichnen sich durch eine höheren Konkretisierungsgrad aus, indem sie den Akteuren
der GASP als Orientierung für Aktionen dienen sollen.

Obgleich die Festlegungsbefugnis des Europäischen Rates sich nicht auf die GASP   **4**
beschränkt, sondern sich nach UAbs. 2 Satz 1 auch »auf andere Bereiche des auswärtigen Handelns der Union« erstreckt, sollen nach einer im Schrifttum vertretenen Auffassung die auswärtigen Aspekte sonstiger Politikfelder vom Anwendungsbereich des
Art. 22 Abs. 1 EUV ausgeschlossen bleiben.[11] Dafür könnte sprechen, dass anders als in
Art. 21 EUV nicht auf das »Handeln auf internationaler Ebene« abgestellt wird. Ist es
aber Sinn und Zweck der Vorschrift, eine einheitliche Position der Union in ihren Außenbeziehungen verbindlich festzulegen, so machte es angesichts der Verflochtenheit
der genuin politischen mit den genuin wirtschaftlichen Politikbereichen der Außenbeziehungen wenig Sinn, dem Europäischen Rat die strategische und politische Leitungsfunktion in anderen Politikbereichen zu versagen, obwohl sie einen hinreichenden Außenbezug haben. Zudem ist der Begriff »**andere Bereiche des auswärtigen Handelns**«
auch mit Blick auf seine Stellung in Kapitel 1 des 5. Titels des EUV und in seinem
Zusammenhang mit Abs. 2 so weit, dass eine Eingrenzung auf genuin auswärtiges Handeln nur mit großen Mühen zu rechtfertigen wäre. Daher bestehen zwischen dem »Han-

---

[7] So *Kaufmann-Bühler*, in: Grabitz/Hilf/Nettesheim, EU, Art. 22 EUV (Juli 2010), Rn. 15.

[8] So aber *Kaufmann-Bühler*, in: Grabitz/Hilf/Nettesheim, EU, Art. 22 EUV (Juli 2010), Rn. 12f.

[9] Es wurden lediglich drei gemeinsame Strategien beschlossen, deren Geltung im Jahr 2004 endete; Gemeinsame Strategie der Europäischen Union vom 4.6.1999 für Russland, ABl. 1999, L 157/1;
Gemeinsame Strategie des Europäischen Rates vom 11.12.1999 für die Ukraine, ABl. 1999, L 331/1;
Gemeinsame Strategie des Europäischen Rates vom 19.6.2000 für den Mittelmeerraum, ABl. 2000, L
183/5.

[10] So *Kaufmann-Bühler*, in: Grabitz/Hilf/Nettesheim, EU, Art. 22 EUV (Juli 2010), Rn. 4.

[11] *Regelsberger/Kugelmann*, in: Streinz, EUV/AEUV, Art. 22 EUV, Rn. 1; *Kaufmann-Bühler*, in:
Grabitz/Hilf/Nettesheim, EU, Art. 22 EUV (Juli 2010), Rn. 3.

deln auf internationaler Ebene« einerseits sowie der GASP und den »anderen Bereichen des auswärtigen Handelns« andererseits keine Unterschiede.[12]

5   Gemäß UAbs. 2 Satz 2 können die Festlegungen nach Abs. 1 UAbs. 1 »die Beziehungen der Union zu einem **Land** oder einer **Region** betreffen oder ein bestimmtes **Thema** zum Gegenstand haben«. Angesichts ihres »strategischen« Charakters geht es mithin darum zu bestimmen, welche Unionsinteressen in Frage stehen, die eine einheitliche Position erfordern, und wie die Beziehungen zu anderen Staaten oder Regionen mittelfristig gestaltet sein sollen. Geht es um ein bestimmtes Thema, so verhält es sich ähnlich. Wie das dem Bereich der GASP zuzuordnende Beispiel der Verhütung der Proliferation von Massenvernichtungswaffen[13] verdeutlicht, geht es ebenfalls darum, einen Bereich zu identifizieren, der eine einheitliche Positionierung der Union erforderlich macht, und um das gewünschte Ziel, nämlich die Proliferation solcher Waffen zu kontrollieren und langfristig einzudämmen.[14]

6   Die Festlegungen nach Abs. 1 UAbs. 1 sollen zudem die **Geltungsdauer** bestimmen und Aussagen über die von der Union und den Mitgliedstaaten bereitzustellenden Mitteln enthalten (UAbs. 2 Satz 3). Die Festlegung der Geltungsdauer macht durchaus Sinn, ist es doch auch im Verhältnis zu einem einzelnen Staat schwerlich möglich, die Interessen der Union und das von ihr gewünschte Endziel quasi zu zementieren. Zudem wird mit der zeitlichen Befristung gewährleistet, dass der Europäische Rat seine Festlegungen regelmäßig überprüft und, falls erforderlich, modifiziert. Die Kompetenz des Europäischen Rates, auch über die von der Union und den Mitgliedstaaten bereitzustellenden **Mittel** zu bestimmen, darf nicht dahin missverstanden werden, der Europäische Rat sei bei der Festlegung nicht mehr an die grundsätzliche Kompetenzordnung gebunden. Daher können Bestimmungen über die bereitzustellenden Mittel die Mitgliedstaaten »zu nichts verpflichten, was von ihnen nicht kraft der vertraglich bestehenden Unionskompetenzen ohnehin verlangt werden könnte«.[15]

II.   Bedeutung und Wirkung

1.   Gestufte Willensbildung

7   Art. 22 EUV ist Ausdruck der gestuften Willensbildung im Bereich des auswärtigen Handelns der Union.[16] Wenngleich dem Europäischen Rat eine **Führungsrolle** zukommt, so dass er im Bereich der Außenbeziehungen eine weitergehende Funktion ausübt als in

---

[12] Wie hier *Kaufmann-Bühler*, in: Grabitz/Hilf/Nettesheim, EU, Art. 22 EUV (Juli 2010), Rn. 3.

[13] Strategie der Europäischen Union gegen die Verbreitung von Massenvernichtungswaffen (2003), Dok. 15708/03.

[14] Vgl. auch Europäische Sicherheitsstrategie – Ein sicheres Europa in einer besseren Welt, Dok. 15895/03; Strategie der Europäischen Union zur Bekämpfung des illegalen Handels mit Kleinwaffen, Dok. 13066/05; Strategie der Europäischen Union für Afrika, KOM (2005) 489; Strategie der Europäischen Union zur Terrorismusbekämpfung, Dok. 14469/4/05/REV 4; Strategie der Europäischen Union für maritime Sicherheit, Dok. 11205/14; European Union Maritime Security Strategy (EUMSS) – Action Plan, Doc. 15658/14; Joint Staff Working Docment – On the implementation of the EU Maritime Security Strategy Action Plan, SWD (2016) 217 final; Cybersicherheitsstrategie der Europäischen Union – ein offener, sicherer und geschützter Cyberraum, JOIN (2013) 1 final; Die Europäische Sicherheitsagenda, COM (2015) 185 final; *Federica Mogherini*: Shared Vision, Common Action: A Stronger Europe – A Global Strategy for the European Union's Foreign and Security Policy, June 2016.

[15] So zutreffend *Cremer*, in: Calliess/Ruffert, EUV/AEUV, Art. 22 EUV, Rn. 5.

[16] *Cremer*, in: Calliess/Ruffert, EUV/AEUV, Art. 22 EUV, Rn. 3; *Kaufmann-Bühler*, in: Grabitz/Hilf/Nettesheim, EU, Art. 22 EUV (Juli 2010), Rn. 2; *Hummer*, in: Vedder/Heintschel v. Heinegg, Europäisches Unionsrecht, Art. 22 EUV, Rn. 6.

der allgemeinen Funktionsbeschreibung des Art. 15 EUV vorgesehen,[17] er mithin nicht auf die Funktion eines Impulsgebers beschränkt ist, bleiben die Konkretisierung sowie die Durchführung seiner Beschlüsse insbesondere dem Rat, der Kommission und dem Hohen Vertreter vorbehalten, denen mithin ein nicht unerheblicher Gestaltungsspielraum verbleibt.[18] Zudem sei auf das Vorschlagsrecht gemäß Abs. 2 hingewiesen.

2. Verbindlichkeit und Wirkungen

Wenngleich der Europäische Rat gemäß Art. 15 Abs. 1 Satz 2 EUV »nicht gesetzgeberisch tätig« wird[19], kommt seinen Beschlüssen nach Art. 22 EUV **Rechtsverbindlichkeit** zu. Die Verwehrung gesetzgeberischer Aktivitäten steht einer ausdrücklichen Sonderermächtigung in anderen Vorschriften der Verträge nicht entgegen.[20] Der Begriff »gesetzgeberische Tätigkeit« ist in einem formellen Sinne zu verstehen und betrifft lediglich solche Rechtsakte, »die gemäß einem Gesetzgebungsverfahren angenommen werden« (Art. 289 Abs. 3 AEUV).[21] Da der Begriff des Beschlusses in den Verträgen zudem keiner Differenzierung zugänglich ist, entfalten Beschlüsse auf der Grundlage von Art. 22 EUV folglich gemäß Art. 288 Abs. 4 AEUV rechtsverbindliche Wirkung, die sich auch auf die Mitgliedstaaten erstreckt.[22] Zutreffend wird darauf hingewiesen, dass die »erhebliche konzeptionelle Tragweite dieser Bindungswirkung […] durch das Erfordernis der Einstimmigkeit abgemildert« wird.[23] **8**

Die Beachtung der nach Art. 22 EUV festgelegten strategischen Interessen und Ziele wird für den Bereich der GASP durch Art. 23 EUV sichergestellt. Für die sonstigen Bereiche des auswärtigen Handelns ergibt sich dies aus Art. 205 AEUV. **9**

Im Lichte der bisherigen Praxis werden förmliche Beschlüsse nach Art. 22 EUV aber eher die Ausnahme denn die Regel bilden. Vielmehr ist zu erwarten, dass sich die Entscheidungen über strategische Interessen und Ziele wie bislang vor allem in den – rechtlich unverbindlichen – **Schlussfolgerungen** des Europäischen Rates finden werden.[24] Dem steht Art. 22 EUV nicht entgegen, da dieser Vorschrift keine Rechtspflicht des Europäischen Rates zur Festlegung der strategischen Interessen und Ziele entnommen werden kann. Der weite Entscheidungsspielraum des Europäischen Rates[25] betrifft daher nicht allein das Wie, sondern auch das Ob eines Tätigwerdens nach Art. 22 EUV. Folglich setzt ein Tätigwerden der Union insbesondere im Bereich der GASP keine Leitentscheidung auf der Grundlage von Art. 22 EUV voraus. Liegt ein solcher Beschluss des Europäischen Rates aber vor, so ist er selbstverständlich zu beachten.[26] **10**

---

[17] Vgl. *Kaufmann-Bühler*, in: Grabitz/Hilf/Nettesheim, EU, Art. 22 EUV (Juli 2010), Rn. 3.

[18] *Cremer*, in: Calliess/Ruffert, EUV/AEUV, Art. 22 EUV, Rn. 5.

[19] Dies wird in Art. 24 Abs. 1 UAbs. 2 Satz 3 EUV für die GASP nochmals bekräftigt.

[20] So auch *Calliess*, in: Calliess/Ruffert, EUV/AEUV, Art. 15 EUV, Rn. 11 ff. Zweifelnd *Hummer*, in: Vedder/Heintschel v. Heinegg, Europäisches Unionsrecht Art. 22 EUV, Rn. 9.

[21] Vgl. auch *Regelsberger/Kugelmann*, in: Streinz, EUV/AEUV, Art. 24 EUV, Rn. 6.

[22] *Regelsberger/Kugelmann*, in: Streinz, EUV/AEUV, Art. 22 EUV, Rn. 3.

[23] *Regelsberger/Kugelmann*, in: Streinz, EUV/AEUV, Art. 22 EUV, Rn. 3.

[24] Dazu *Kaufmann-Bühler*, in: Grabitz/Hilf/Nettesheim, EU, Art. 22 EUV (Juli 2010), Rn. 6.

[25] *Regelsberger/Kugelmann*, in: Streinz, EUV/AEUV, Art. 22 EUV, Rn. 4.

[26] *Cremer*, in: Calliess/Ruffert, EUV/AEUV, Art. 22 EUV, Rn. 9.

C. Beschlussfassung und Durchführung (Abs. 1 UAbs. 3, Abs. 2)

I. Zustandekommen von Beschlüssen nach Art. 22 EUV

1. Empfehlung des Rates

11   Ein Beschluss des Europäischen Rates ergeht auf **Empfehlung des Rates**. Insoweit ist unklar, ob die Empfehlung des Rates **zwingende Voraussetzung** ist oder ob der Europäische Rat, insbesondere im Eilverfahren, auch ohne eine Vorgabe des Rates die strategischen Interessen und Ziele festlegen darf.[27] Zwar trifft es zu, dass die Vorschrift des UAbs. 3 Satz 1 »rechtssystematisch [nicht] den üblichen Beschlussfassungsbestimmungen der Verträge« nachgebildet worden ist und dass »die Empfehlungen des Rates [nicht] in einen unmittelbaren Zusammenhang mit der Bestimmung über die Beschlussfassung im ER« gesetzt worden ist.[28] Diese Argumente rechtfertigen jedoch angesichts des eindeutigen Wortlauts von UAbs. 3 Satz 1 nicht die Schlussfolgerung, der Europäische Rat sei auch ohne eine Empfehlung des Rates berechtigt, einen Beschluss nach Art. 22 EUV zu fassen.

12   Mit der Empfehlung ist die **schwächste Form der Beteiligung** des Rates gewählt worden, da dieser Rechtsakt gemäß Art. 288 UAbs. 5 AEUV nicht verbindlich ist. Somit bleibt es dem Europäischen Rat unbenommen, der Empfehlung zu folgen, sie zu modifizieren oder vollständig zu ignorieren.[29] Diese weitreichende Entscheidungsautonomie des Europäischen Rates ändert aber nichts an dem Erfordernis einer Ratsempfehlung.

13   Das Recht des Rates nach UAbs. 3 Satz 1 bleibt auf die Abgabe einer Empfehlung beschränkt. Im Gegensatz zur überkommenen Rechtslage[30] ist eine Unterstützung der Staats- und Regierungschefs durch die **Außenminister** nicht mehr vorgesehen. Damit ist nicht ausgeschlossen, dass die Außenminister von Fall zu Fall hinzugezogen werden. Ob dies geschieht, liegt aber im Ermessen der Staats- und Regierungschefs. Insoweit ist kritisiert worden, der Ausschluss der Außenminister sei »unter strukturellen und integrationspolitischen Aspekten nicht sachgerecht«.[31] Dies ist angesichts der den Staats- und Regierungschefs zukommenden Machtbefugnisse aber wenig überzeugend, da die Außenminister kaum in der Lage sein dürften, die befürchtete Obstruktionspolitik auf Dauer zu betreiben.

14   Die Empfehlung des Rates wird »nach den für den jeweiligen Bereich vorgesehenen Regelungen« abgegeben. Das Beschlussverfahren richtet sich somit entweder nach den besonderen GASP-Bestimmungen der Art. 30 und 31 EUV (mit dem grundsätzlichen Erfordernis der Einstimmigkeit) oder nach der allgemeinen Bestimmung des Art. 292 AEUV (mit dem grundsätzlichen Erfordernis der qualifizierten Mehrheit). Im Falle des Art. 292 AEUV beschließt der Rat auf Vorschlag der Kommission.[32]

---

[27] Nach *Kaufmann-Bühler*, in: Grabitz/Hilf/Nettesheim, EU, Art. 22 EUV (Juli 2010), Rn. 7, sowie *Marquardt/Gaedtke*, in: GSH, Europäisches Unionsrecht, Art. 22, Rn. 6, ist eine Empfehlung entbehrlich. Andere gehen von einem zwingenden Erfordernis aus. Vgl. *Cremer*, in: Calliess/Ruffert, EUV/AEUV, Art. 22 EUV, Rn. 11; *Regelsberger/Kugelmann*, in: Streinz, EUV/AEUV, Art. 22 EUV, Rn. 5.

[28] So *Kaufmann-Bühler*, in: Grabitz/Hilf/Nettesheim, EU, Art. 22 EUV (Juli 2010), Rn. 7.

[29] Dazu *Kaufmann-Bühler*, in: Grabitz/Hilf/Nettesheim, EU, Art. 22 EUV (Juli 2010), Rn. 7.

[30] Art. 2 EEA; Art. 4 Abs. 2 EUV a. F.

[31] *Kaufmann-Bühler*, in: Grabitz/Hilf/Nettesheim, EU, Art. 22 EUV (Juli 2010), Rn. 9, ähnlich *Marquardt/Gaedtke*, in: GSH, Europäisches Unionsrecht, Art. 22, Rn. 6.

[32] Vgl. auch *Cremer*, in: Calliess/Ruffert, EUV/AEUV, Art. 22 EUV, Rn. 11.

2. Vorschlagsrecht des Hohen Vertreters und der Kommission

Das Vorschlagsrecht des Hohen Vertreters und der Kommission nach Abs. 2 betrifft die **15**
Empfehlung des Rates nach Abs. 1 UAbs. 3 Satz 1. Ein auf die Festlegung strategischer
Interessen und Ziele gerichteter Vorschlag muss **gemeinsam** vorgelegt werden, so dass
trotz der fortbestehenden Zuständigkeiten des Hohen Vertreters für die GASP und der
Kommission für die anderen Bereiche des auswärtigen Handelns ein einseitiger Vor-
schlag ausgeschlossen ist.[33] Wie sich aus dem eindeutigen Wortlaut ergibt, bleiben diese
Zuständigkeiten gleichwohl gewahrt, so dass die inhaltliche Ausarbeitung je nach Sach-
gebiet entweder in der Hand des Hohen Vertreters liegt oder aber der Kommission.[34]
Dabei gilt, dass der Hohe Vertreter für strategische Fragen der GASP allein zuständig ist.
Für alle sonstigen Bereiche des auswärtigen Handelns liegt die Zuständigkeit bei der
Kommission als Kollegium. Dabei ist zu beachten, dass der Hohe Vertreter wegen seiner
Doppelfunktion – er ist zugleich einer der Vizepräsidenten der Kommission (Art. 18
Abs. 4 EUV) – auch an der Beschlussfassung der Kommission beteiligt ist. Diese Auf-
teilung der Zuständigkeiten macht vor dem Hintergrund der ebenfalls geteilten Durch-
führungskompetenzen durchaus Sinn. Freilich findet auch das Kohärenzgebot des
Art. 21 Abs. 3 UAbs. 2 Satz 2 EUV Anwendung, so dass stets ein intensiver Austausch
zwischen Hohem Vertreter und Kommission erforderlich ist.[35]

3. Einstimmiger Beschluss des Europäischen Rates

Der Beschluss des Europäischen Rates über die Festlegung der strategischen Interessen **16**
und Ziele der Union in den Bereichen des auswärtigen Handelns (s. Rn. 10) erfolgt
einstimmig, so dass es stets einer **förmlichen Abstimmung** bedarf und der Beschluss in
Abkehr vom Regelfall des Art. 15 Abs. 4 EUV nicht im Konsens gefasst werden darf.[36]

II. Durchführung (Abs. 1 UAbs. 3 Satz 2)

Die Durchführung eines Beschlusses über die strategischen Interessen und Ziele erfolgt **17**
»nach Maßgabe der in den Verträgen vorgesehenen Verfahren«. Auch insoweit wird
deutlich, dass der Europäische Rat nicht befugt ist, die bestehende Kompetenzordnung
durch strategische Vorgaben aufzuweichen oder gar zu umgehen.[37] Folglich darf der
Europäische Rat mit seinen Beschlüssen nach Art. 22 EUV nur zu einem Handeln anregen, für das die betreffenden Organe nach den Verträgen zuständig sind. Dabei ist
auch der den Mitgliedstaaten verbleibende Bereich autonomer Politik zu achten.

Mit dem Verweis auf die »in den Verträgen vorgesehenen Verfahren« soll sicherge- **18**
stellt werden, dass die besonderen Verfahrensbestimmungen des EUV und AEUV eingehalten werden. Bedarf es beispielsweise zur Durchführung eines Beschlusses nach
Art. 22 EUV des **Abschlusses eines völkerrechtlichen Vertrages**, so finden die Vorschriften über den Abschluss völkerrechtlicher Verträge Anwendung (Art. 218
AEUV).[38] Ist für die Durchführung ein **Beschluss** im Rahmen der GASP erforderlich, so

---

[33] Daher ist es zumindest missverständlich, wenn die Vorschläge des Hohen Vertreters als unabhängig von denen der Kommission bezeichnet werden. So aber *Kaufmann-Bühler*, in: Grabitz/Hilf/
Nettesheim, EU, Art. 22 EUV (Juli 2010), Rn. 7.
[34] Vgl. dazu sowie zum Folgenden *Cremer*, in: Calliess/Ruffert, EUV/AEUV, Art. 22 EUV, Rn. 12.
[35] *Marquardt/Gaedtke*, in: GSH, Europäisches Unionsrecht, Art. 22, Rn. 3.
[36] *Cremer*, in: Calliess/Ruffert, EUV/AEUV, Art. 22 EUV, Rn. 10.
[37] *Cremer*, in: Calliess/Ruffert, EUV/AEUV, Art. 22 EUV, Rn. 5.
[38] Dabei ist zu beachten, dass gemäß Art. 218 Abs. 3 und 9 AEUV besondere Vorschriften für den
Abschluss von Übereinkünften gelten, die sich auf die GASP beziehen.

ist dieser grundsätzlich einstimmig zu fassen (Art. 31 Abs. 1 UAbs. 1 EUV). Eine Ausnahme, wonach der Rat mit qualifizierter Mehrheit beschließt, besteht gemäß Art. 31 Abs. 2 UAbs. 1, 1. Gedstr. EUV aber dann, wenn er »auf der Grundlage eines Beschlusses des Europäischen Rates über die strategischen Interessen und Ziele der Union nach Artikel 22 Absatz 1 einen Beschluss erlässt, mit dem eine Aktion oder ein Standpunkt der Union festgelegt wird«.[39] Freilich kann ein Beschluss mit qualifizierter Mehrheit durch einen Mitgliedstaat verhindert werden, indem er von der Möglichkeit nach Art. 31 Abs. 2 UAbs. 2 EUV Gebrauch macht.

---

[39] Dazu sowie zum Vorstehenden vgl. auch *Kaufmann-Bühler*, in: Grabitz/Hilf/Nettesheim, EU, Art. 22 EUV (Juli 2010), Rn. 10f.

Kapitel 2
Besondere Bestimmungen über die Gemeinsame Außen- und Sicherheitspolitik

Abschnitt 1
Gemeinsame Bestimmungen

Artikel 23 EUV [Grundsätze des Handels der Union im Rahmen der GASP]

Das Handeln der Union auf internationaler Ebene im Rahmen dieses Kapitels beruht auf den Grundsätzen des Kapitels 1, verfolgt die darin genannten Ziele und steht mit den allgemeinen Bestimmungen jenes Kapitels im Einklang.

Literaturübersicht

s. Art. 21 EUV.

Inhaltsübersicht

A. GASP als integraler Bestandteil des auswärtigen Handelns der Union

Entgegen einer im Schrifttum vertretenen Position handelt es sich bei Art. 23 EUV keineswegs um eine entbehrliche Vorschrift, der keine rechtsbegründende Bedeutung zukommt.[1] Zum einen wird mit der Formulierung »im Rahmen dieses Kapitels« klargestellt, dass die Gemeinsame Außen- und Sicherheitspolitik, einschließlich der Gemeinsamen Sicherheits- und Verteidigungspolitik, trotz ihres immer noch intergouvernementalen Charakters[2] und trotz der speziellen Vorschriften der Art. 24 ff. EUV integraler Bestandteil des »Handelns der Union auf internationaler Ebene« ist, die zuvor bestehende Säulenstruktur der Union mithin aufgehoben worden ist.[3] Zum anderen werden die Akteure dazu verpflichtet, die Vorgaben der Art. 21 und 22 EUV zu beachten, wozu neben den Grundsätzen und Zielen des auswärtigen Handelns auch die vom Europäischen Rat durch Beschluss festgelegten strategischen Interessen und Ziele sowie das Kohärenzgebot zählen. Ebenfalls verbindlich sind die Vorschriften des Art. 22 Abs. 1 UAbs. 3 und Abs. 2 EUV.

1

---

[1] So aber *Kaufmann-Bühler*, in: Grabitz/Hilf/Nettesheim, EU, Art. 23 EUV (Juli 2010), Rn. 2; *Marquardt/Gaedtke*, in: GSH, Europäisches Unionsrecht, Art. 23, Rn. 1.

[2] *Pechstein*, JZ 2010, 425.

[3] *Regelsberger/Kugelmann*, in: Streinz, EUV/AEUV, Art. 23 EUV, Rn. 1.

B. Verbindlichkeit der Grundsätze und Ziele

2   Die Maßnahmen im Bereich der GASP »beruhen« auf den Grundsätzen des Art. 21 Abs. 1 EUV und sie müssen die in Art. 21 Abs. 2 EUV genannten Ziele verfolgen. Aus einem Vergleich mit dem englischen Wortlaut der Vorschrift[4] wird wegen der Verwendung des Wortes »shall«[5] deutlich, dass mit Art. 23 EUV durchaus eine Rechtspflicht begründet wird.[6] Zugleich erhellt sich die Bedeutung des Begriffs »beruht«. Demgemäß kommt den Grundsätzen eine **Leitfunktion** (»shall be guided by the principles«) für die GASP zu. Sie geben mithin die grobe Richtung des außen- und sicherheitspolitischen Handelns vor. Freilich folgt dies bereits aus der Offenheit der Grundsätze und der Notwendigkeit des Erhalts eines möglichst weiten außenpolitischen Gestaltungsspielraums (s. Art. 21 EUV, Rn. 10).

3   Die Ziele, die mit der GASP verfolgt werden müssen, sind zum einen die des Art. 21 Abs. 2 EUV, zum anderen, da der Verweis auf Kapitel 1 sich selbstverständlich auch auf Art. 22 EUV erstreckt, die vom Europäischen Rat durch Beschluss festgelegten strategischen Interessen und Ziele, denen ja bereits angesichts ihrer Rechtsnatur Verbindlichkeit zukommt (s. Art. 22 EUV, Rn. 8). In diesem Zusammenhang darf Art. 26 EUV nicht unerwähnt bleiben, werden doch mit dieser Vorschrift dem Europäischen Rat in Ergänzung von Art. 22 Abs. 1 UAbs. 1 EUV weitergehende Befugnisse eingeräumt.[7]

C. Vereinbarkeit mit den allgemeinen Bestimmungen

4   Die »allgemeinen Bestimmungen«, die gemäß Art. 23 EUV im Rahmen der GASP ebenfalls verbindlich gelten (»shall [...] be conducted in accordance with the general provisions«), beziehen sich auf das Kohärenzgebot des Art. 21 Abs. 3 UAbs. 2 EUV sowie auf die Verfahrensvorschriften in Art. 22 Abs. 1 UAbs. 2, 3 und Abs. 2.[8]

---

[4] »The Union's action on the international scene, pursuant to this Chapter, shall be guided by the principles, shall pursue the objectives of, and be conducted in accordance with, the general provisions laid down in Chapter 1«.

[5] In der englischen Rechtssprache bezeichnet »shall« eine Rechtspflicht und darf daher nicht mit »sollen« übersetzt werden.

[6] So auch *Cremer*, in: Calliess/Ruffert, EUV/AEUV, Art. 23 EUV, Rn. 3, der ebenfalls auf den englischen Wortlaut verweist.

[7] *Regelsberger/Kugelmann*, in: Streinz, EUV/AEUV, Art. 23 EUV, Rn. 4; *Cremer*, in: Calliess/Ruffert, EUV/AEUV, Art. 23 EUV, Rn. 2.

[8] *Regelsberger/Kugelmann*, in: Streinz, EUV/AEUV, Art. 23 EUV, Rn. 4; *Marquardt/Gaedtke*, in: GSH, Europäisches Unionsrecht, Art. 23, Rn. 4.

Artikel 24 EUV [Zuständigkeit der Union, Verfahren und Ziele des Handelns im Bereich der GASP, Pflichten der Mitgliedstaaten]

(1) Die Zuständigkeit der Union in der Gemeinsamen Außen- und Sicherheitspolitik erstreckt sich auf alle Bereiche der Außenpolitik sowie auf sämtliche Fragen im Zusammenhang mit der Sicherheit der Union, einschließlich der schrittweisen Festlegung einer gemeinsamen Verteidigungspolitik, die zu einer gemeinsamen Verteidigung führen kann.

[1]Für die Gemeinsame Außen- und Sicherheitspolitik gelten besondere Bestimmungen und Verfahren. [2]Sie wird vom Europäischen Rat und vom Rat einstimmig festgelegt und durchgeführt, soweit in den Verträgen nichts anderes vorgesehen ist. [3]Der Erlass von Gesetzgebungsakten ist ausgeschlossen. [4]Die Gemeinsame Außen- und Sicherheitspolitik wird vom Hohen Vertreter der Union für Außen- und Sicherheitspolitik und von den Mitgliedstaaten gemäß den Verträgen durchgeführt. [5]Die spezifische Rolle des Europäischen Parlaments und der Kommission in diesem Bereich ist in den Verträgen festgelegt. [6]Der Gerichtshof der Europäischen Union ist in Bezug auf diese Bestimmungen nicht zuständig; hiervon ausgenommen ist die Kontrolle der Einhaltung des Artikels 40 dieses Vertrags und die Überwachung der Rechtmäßigkeit bestimmter Beschlüsse nach Artikel 275 Absatz 2 des Vertrags über die Arbeitsweise der Europäischen Union.

(2) Die Union verfolgt, bestimmt und verwirklicht im Rahmen der Grundsätze und Ziele ihres auswärtigen Handelns eine Gemeinsame Außen- und Sicherheitspolitik, die auf einer Entwicklung der gegenseitigen politischen Solidarität der Mitgliedstaaten, der Ermittlung der Fragen von allgemeiner Bedeutung und der Erreichung einer immer stärkeren Konvergenz des Handelns der Mitgliedstaaten beruht.

(3) Die Mitgliedstaaten unterstützen die Außen- und Sicherheitspolitik der Union aktiv und vorbehaltlos im Geiste der Loyalität und der gegenseitigen Solidarität und achten das Handeln der Union in diesem Bereich.

[1]Die Mitgliedstaaten arbeiten zusammen, um ihre gegenseitige politische Solidarität zu stärken und weiterzuentwickeln. [2]Sie enthalten sich jeder Handlung, die den Interessen der Union zuwiderläuft oder ihrer Wirksamkeit als kohärente Kraft in den internationalen Beziehungen schaden könnte.

Der Rat und der Hohe Vertreter tragen für die Einhaltung dieser Grundsätze Sorge.

Literaturübersicht

Algieri, Die Gemeinsame Außen- und Sicherheitspolitik der EU, 2010; *Aschenbrenner*, Menschenrechte in den Außenbeziehungen der Europäischen Union: Gemeinschaftspolitik versus GASP, 2000; *Bailes*, Die Europäische Sicherheitsstrategie: Programmatische und praktische Perspektiven für GASP und ESVP, integration 2005, 107; *Bosse-Platiere/Flaesch-Mougin*, Relations extérieures de l'Union européene, RTDE 2010, 745; *Bungenberg*, Außenpolitik und Außenwirtschaftsrecht, in: Schwarze/Hatje (Hrsg.), Der Reformvertrag von Lissabon, 2009, S. 195; *Cremona*, The Draft Constitutional Treaty: External Relations and External Action, CMLRev. 40 (2003), 1347; *De Baere*, Constitutional Principles of EU External Relations, 2008; *Eeckhout*, EU External Relations Law, 2. Aufl., 2011; *Gaedtke*, Europäische Außenpolitik, 2009; *Gosalbo*, Some Reflections on the CFSP Legal Order, CMLRev. 43 (2006), 337; *Gottschald*, Die GASP von Maastricht bis Nizza: die Ergebnisse und Beschlüsse der Gemeinsamen Außen- und Sicherheitspolitik der EU seit ihrer Entstehung bis zum Vertrag von Nizza, 2001; *Hatje*, Loyalität als Rechtsprinzip in der Europäischen Union, 2001; *Laursen*, The EU as a Foreign and Security Policy Actor, 2010; *Lopandic*, Les Mémorandums d'entente. Des instruments juridiques spécifiques de la politique étrangère et de sécurité de l'Union européenne. Les cas de l'Ex Yougoslavie, RMC 1995, 557; *Martenczuk*, The External Representation of the European Union: From Fragmentation to a Single European Voice, FS Bothe, 2008, S. 941; *Missiroli*, The New EU ‚Foreign Policy' System after Lisbon: A Work in Progress, EFAR 2010, 385; *Naert*, International Law Aspects of the EU's Security and Defence Policy, 2010; *Pechstein*, Die Intergouvernementalität der GASP nach Lissabon, JZ 2010, 425; *Van Elsuwege*, EU External Action After the Collapse of the Pillar Structure: In Search of a New Balance Between Delimitation and Consistency, CMLRev. 47 (2010), 987; *Zielonka*, The EU an International Actor: Unique or Ordinary?, EFAR 2011, 281.

Leitentscheidungen

EuGH, Urt. v. 19.7.2012, Rs. C–130/10 (Europäisches Parlament/Rat), ECLI:EU:2012:472

EuGH, Urt. v. 24.6.2014, Rs. C–658/11 (Europäisches Parlament/Rat der Europäischen Union), ECLI:EU:C:2014:2025

EuGH, Rs. C–263/14 (Europäisches Parlament/Rat der Europäischen Union) Verfahren noch anhängig

Schlussanträge zu Rs. C–263/14 (Europäisches Parlament/Rat der Europäischen Union) ECLI:EU:C: 2015:729

A. Sinn und Zweck der Vorschrift

1 Obgleich Art. 24 EUV den intergouvernementalen Charakter der GASP widerspiegelt, wird mit dieser Vorschrift die Grundlage für ein möglichst einheitliches Auftreten der Union im Bereich der Außen- und Sicherheitspolitik geschaffen. Anders als nach den Vorgängerregelungen ist die GASP nicht auf einen verfahrensrechtlichen Rahmen für das außenpolitische Verhalten der Mitgliedstaaten beschränkt. Über die Einbettung der GASP in den institutionellen Rahmen hinaus, werden die Mitgliedstaaten zunehmend auf eine an gemeinsamen Zielen und Inhalten ausgerichtete europäische Außenpolitik verpflichtet.[1] Damit besteht noch keine einheitliche und umfassende Außen- und Sicherheitspolitik der Union. Gemäß Art. 4 Abs. 2 Satz 2 EUV ist die Union verpflichtet, die »grundlegenden Funktionen des Staates [zu achten], insbesondere die Wahrung der territorialen Unversehrtheit, die Aufrechterhaltung der öffentlichen Ordnung und den Schutz der nationalen Sicherheit.« Nach Art. 4 Abs. 2 Satz 3 EUV fällt »insbesondere die nationale Sicherheit […] weiterhin in die alleinige Verantwortung der einzelnen

---

[1] *Kaufmann-Bühler*, in: Grabitz/Hilf/Nettesheim, EU, Art. 24 EUV (Juli 2010), Rn. 9; *Regelsberger/Kugelmann*, in: Streinz, EUV/AEUV, Art. 24 EUV, Rn. 1.

Mitgliedstaaten.« Da die Union somit lediglich »eine« Gemeinsame Außen- und Sicherheitspolitik verfolgt, bestimmt und verwirklicht, bleiben die **Mitgliedstaaten** weiterhin die **Hauptakteure**.[2] Zugleich folgt aber aus Art. 24 EUV, dass das außen- und sicherheitspolitische Handeln sowohl der Union als auch der Mitgliedstaaten eine Angelegenheit der Union ist, die daher grundsätzlich berechtigt sein soll, sich mit allen Aspekten der Außen- und Sicherheitspolitik zu befassen,[3] wenn die Mitgliedstaaten einen dahingehenden Konsens entwickeln. Art. 24 EUV begründet mithin eine **potentiell umfassende »Befassungskompetenz«** der Union,[4] die grundsätzlich aber auf Fragen von allgemeiner Bedeutung (Art. 24 Abs. 2 EUV) begrenzt ist.

Aufgrund des intergouvernementalen Charakters der GASP finden »besondere Bestimmungen und Verfahren« Anwendung, so dass sie sich auch nach Abschaffung der Säulenkonstruktion weiterhin von den übrigen Politiken deutlich unterscheidet. Dies wird auch dadurch unterstrichen, dass wesentliche Akteure der GASP der Europäische Rat, der Rat und der Hohe Vertreter sind, und die Kommission, das Parlament und der Gerichtshof eine merklich geringere Rolle spielen sollen. Zudem verbleibt den Mitgliedstaaten ein weiter Handlungs- und Gestaltungsspielraum im Bereich ihrer Außen- und Sicherheitspolitik, der durch Förderungs- und Loyalitätspflichten lediglich teilweise eingeschränkt wird. **2**

B. Reichweite der Gemeinsamen Außen- und Sicherheitspolitik (Abs. 1 UAbs. 1)

I. Entwicklung

In ihren Anfängen war die gemeinsame Außenpolitik (EPZ) nicht umfassend angelegt. Die Einbeziehung der Sicherheitspolitik durch die Stuttgarter Erklärung von 1983 bezog sich auf die politischen und wirtschaftlichen Aspekte der Sicherheit. Erst mit dem Vertrag von Maastricht wurden diese Einschränkungen aufgegeben, und im weiteren Verlauf wurde die GASP auf alle außen- und sicherheitspolitischen Fragen ausgeweitet, die auch eine gemeinsame Verteidigungspolitik, einschließlich der Abrüstung und Rüstungskontrolle, umfasst. Trotz dieser grundsätzlich umfassenden Ausrichtung verblieb die GASP weitgehend in der Hand der Mitgliedstaaten.[5] **3**

Auch der Vertrag von Lissabon hat, wie insbesondere durch Art. 4 Abs. 2 EUV deutlich wird, am grundsätzlich intergouvernementalen Charakter der GASP nichts geändert. In den Erklärungen Nr. 13 und 14 zur GASP, die zwar als solche nicht rechtsverbindlich sind, aber als gemeinsame Erklärungen anlässlich des Vertragsschlusses bei der Auslegung des Vertrags zu berücksichtigen sind, wird daher die fortbestehende **4**

---

[2] So auch *Cremer*, in: Calliess/Ruffert, EUV/AEUV, Art. 24 EUV, Rn. 1; *Kaufmann-Bühler*, in: Grabitz/Hilf/Nettesheim, EU, Art. 24 EUV (Juli 2010), Rn. 12.

[3] *Regelsberger/Kugelmann*, in: Streinz, EUV/AEUV, Art. 24 EUV, Rn. 5; *Cremer*, in: Calliess/Ruffert, EUV/AEUV, Art. 24 EUV, Rn. 1; *Kaufmann-Bühler*, in: Grabitz/Hilf/Nettesheim, EU, Art. 24 EUV (Juli 2010), Rn. 9f.

[4] So auch *Cremer*, in: Calliess/Ruffert, EUV/AEUV, Art. 24 EUV, Rn. 1.

[5] Zu den Entwicklungslinien der GASP vgl. *Naert*, S. 15ff.; *Kaufmann-Bühler*, in: Grabitz/Hilf/Nettesheim, EU, Art. 24 EUV (Juli 2010), Rn. 6ff., s. Art. 24 EUV, Rn. 1ff.

außen- und sicherheitspolitische Handlungsautonomie der Mitgliedstaaten nochmals betont.[6]

II. Begriff der gemeinsamen Außen- und Sicherheitspolitik

5   Im Allgemeinen bezieht sich Außenpolitik auf die Aufnahme und Gestaltung der Beziehungen zu anderen Völkerrechtssubjekten und die zu diesem Zweck eingesetzten (diplomatischen) Mittel. Auch in ihrer Ausgestaltung durch den EUV ist Außenpolitik in einem umfassenden Sinne zu verstehen, so dass eine Begrenzung auf die wirtschaftlichen Kernbereiche der Union ausgeschlossen ist. Dem Bereich der Außenpolitik zuzuordnen ist zunächst die **grundsätzliche Stellung der Union** (oder der gemeinsam handelnden Mitgliedstaaten) in den internationalen Beziehungen, so dass sie von anderen als maßgeblicher Akteur erkannt und anerkannt wird. Zu diesem Zweck ist es unabdingbar, dass die Union ihre **Handlungsfähigkeit** und **Unabhängigkeit** wahrt und in der Lage ist, ihre Interessen, Wertvorstellungen und Ziele im Rahmen des außenpolitisch Möglichen zu vertreten und gegebenenfalls durchzusetzen. Eine gewisse Konkretisierung des Begriffs der Außenpolitik erfolgt in Gestalt der Ziele des Art. 21 Abs. 2 EUV sowie durch die Festlegung der strategischen Interessen und Ziele nach Art. 22 EUV. Die Union wird zu außenpolitisch relevantem Handeln nicht allein durch Verleihung der Völkerrechtssubjektivität (Art. 47 EUV) und der damit eng verbundenen Kompetenz zum Abschluss völkerrechtlicher Verträge befähigt, sondern insbesondere auch durch die Instrumente der GASP (Art. 25 EUV) und durch das koordinierte Vorgehen der Mitgliedstaaten in internationalen Organisationen (Art. 34 EUV).[7]

6   Der vertragliche Begriff der »gemeinsamen Außenpolitik« erschließt sich nicht allein in abstrakter Weise. Zum einen gilt es die fortbestehenden und zu achtenden außenpolitischen Kompetenzen der Mitgliedstaaten auszunehmen.[8] Damit ist nicht ausgeschlossen, dass ursprünglich den Mitgliedstaaten vorbehaltene Bereiche der gemeinsamen Außenpolitik zugeordnet werden. Dies setzt aber einen dahingehenden Konsens der Mitgliedstaaten voraus. Zudem ist es vor dem Hintergrund der Kompetenzordnung grundsätzlich ausgeschlossen, die »gemeinsame Außenpolitik« mit den anderen Politikbereichen, die einen Außenbezug aufweisen, vollständig gleichzusetzen, so dass insbesondere die Außenwirtschafts- und die Entwicklungspolitik nicht der GASP und ihren besonderen Kompetenz- und Verfahrensvorschriften zugerechnet werden können.[9]

7   Ebenfalls in einem weiten Sinne zu verstehen ist der Begriff der Sicherheitspolitik, die sich als Teilbereich der Außenpolitik grundsätzlich nicht auf die innere Sicherheit i. e. S. erstreckt, diese Aspekte aber teilweise einbeziehen kann. Sie ist in ihrer Konzeption nach dem EUV, wie sich aus dem Gesamtzusammenhang ergibt, nicht auf die **militärische Sicherheit**, also Verteidigung gegen bewaffnete Angriffe, oder **verteidigungspolitische Maßnahmen**, wie sie in Art. 43 Abs. 1 EUV umrissen werden, beschränkt. Freilich bleibt die gemeinsame Verteidigung solange ausgeschlossen, bis der Europäische Rat dies gemäß Art. 42 Abs. 2 UAbs. 1 Satz 2 EUV beschließt. So verstanden umfasst Sicherheitspolitik die Erhaltung des Friedens, Konfliktverhütung, Krisenbewältigung und

---

[6] *Marquardt/Gaedtke*, in: GSH, Europäisches Unionsrecht, vor Art. 23–46, Rn. 7.

[7] Vgl. dazu *Kaufmann-Bühler*, in: Grabitz/Hilf/Nettesheim, EU, Art. 24 EUV (Juli 2010), Rn. 9, 35 ff.; *Cremer*, in: Calliess/Ruffert, EUV/AEUV, Art. 24 EUV, Rn. 8 ff.

[8] S. o. Rn. 1 f.

[9] *Regelsberger/Kugelmann*, in: Streinz, EUV/AEUV, Art. 24 EUV, Rn. 4; *Cremer*, in: Calliess/Ruffert, EUV/AEUV, Art. 24 EUV, Rn. 2.

ganz allgemein die Abwehr und Vermeidung aller erdenklichen auswärtigen, unterhalb der Schwelle des bewaffneten Angriffs verbleibenden **Bedrohungen der Unionsinteressen** durch staatliche oder nicht-staatliche Akteure sowie die zum Einsatz kommenden – zivilen oder militärischen – Mittel/Maßnahmen.[10] Auch insoweit ermöglicht ein Rückgriff auf die Ziele des Art. 21 Abs. 2 EUV eine weitere Konkretisierung, tragen diese doch im Falle ihrer Verwirklichung zur Stabilität in den internationalen Beziehungen und damit zu einer Verringerung potentieller Bedrohungen der Unionsinteressen bei. Freilich ist auch insoweit die Kompetenzordnung zu beachten.

Zusammenfassend stellt sich die GASP als ein Politikbereich der Union dar, der einerseits **entwicklungsoffen** angelegt ist, andererseits aber den Mitgliedstaaten weitreichenden Handlungsspielraum belässt, so dass die Union vornehmlich auf eine **Koordinierungs- und Forumsfunktion** beschränkt bleibt. Die gemeinsame Sicherheits- und Verteidigungspolitik (GSVP) ist integraler Bestandteil der GASP (Art. 42 Abs. 1 Satz 1 EUV). Wie der Wortlaut von Abs. 1 UAbs. 1 aber vor Augen führt, befindet sich die gemeinsame Verteidigungspolitik noch in einem Zwischenstadium, ist sie doch noch »schrittweise« festzulegen. Daher bezieht sich die GSVP gegenwärtig lediglich auf Maßnahmen zur Friedenssicherung, Konfliktverhütung und Stärkung der internationalen Sicherheit mit zivilen und militärischen Mitteln. Dabei liegt ein Schwerpunkt auf der Terrorismusbekämpfung. Damit verfügt die Union über die wesentlichen Voraussetzungen eines **regionalen Systems kollektiver Sicherheit**. Wiewohl in Art. 42 Abs. 7 EUV für den Fall eines bewaffneten Angriffs auf einen Mitgliedstaat eine Beistandspflicht begründet wird, bleibt die militärische Verteidigung eine Angelegenheit der Mitgliedstaaten und insbesondere der NATO. Allerdings sind mit Art. 24 Abs. 1 UAbs. 1 und Art. 42 Abs. 2 EUV die Anlagen eines **Europäischen Verteidigungsbündnisses** geschaffen worden.[11]

8

C. Besondere Bestimmungen und Verfahren (Abs. 1 UAbs. 2)

I. Einführung

Der intergouvernementale Charakter der GASP wird durch Abs. 1 UAbs. 2 unterstrichen, wonach auf die GASP die Kompetenz- und Verfahrensvorschriften der anderen Politikbereiche der Union keine Anwendung finden sollen, sondern eben nur die auf die GASP zugeschnittenen »besonderen Bestimmungen und Verfahren«. Mit der Koordinierungsfunktion des Europäischen Rates, des Rates und des Hohen Vertreters wird die GASP zwar in den institutionellen Rahmen des Art. 13 EUV eingebettet, sie bleibt aber ein **eigenständiger Politikbereich der Union**. Daher gelten besondere Verfahrensvorschriften, so dass in Umkehrung des Grundsatzes der qualifizierten Mehrheit für die Mehrheit der GASP-Beschlüsse Einstimmigkeit erforderlich ist (Art. 31 Abs. 1 UAbs. 1 EUV). Darüber hinaus wird die Rolle der anderen Unionsorgane erheblich eingeschränkt, so dass im Bereich der GASP kein »institutionelles Gleichgewicht« besteht.[12]

9

Gemäß Abs. 1 UAbs. 2 Satz 3 ist der **Erlass von Gesetzgebungsakten** ausgeschlossen. Diese Regelung wird in Art. 31 Abs. 1 EUV nochmals betont. Diese Vorschriften schlie-

10

---

[10] Vgl. auch *Kaufmann-Bühler*, in: Grabitz/Hilf/Nettesheim, EU, Art. 24 EUV (Juli 2010), Rn. 7 f.
[11] *Marquardt/Gaedtke*, in: GSH, Europäisches Unionsrecht, Art. 24, Rn. 2.
[12] *Kaufmann-Bühler*, in: Grabitz/Hilf/Nettesheim, EU, Art. 24 EUV (Juli 2010), Rn. 23.

ßen den Erlass rechtsverbindlicher Akte nicht aus, ist es im Rahmen der GASP doch möglich, verbindliche Beschlüsse über die strategischen Interessen und Ziele der Union (Art. 22 Abs. 1, 26 Abs. 1 EUV), über Aktionen und Standpunkte (Art. 28 f. EUV) und den Datenschutz (Art. 39 EUV) zu fassen und internationale Übereinkommen zu schließen (Art. 37 EUV). Daher bezieht sich der Ausschluss von Gesetzgebungsakten allein auf die Unanwendbarkeit der Vorschriften der Art. 289 ff. AEUV über das unionsrechtliche Gesetzgebungsverfahren.[13]

II. Zuständigkeiten

1. Europäischer Rat, Rat, Hoher Vertreter und Mitgliedstaaten

a) Europäischer Rat und Rat

11   Innerhalb des institutionellen Rahmens der EU sind gemäß Abs. 1 UAbs. 2 Satz 2 **Hauptakteure der GASP** der Europäische Rat und der Rat (als Rat »Auswärtige Angelegenheiten«, Art. 16 Abs. 6 UAbs. 3 EUV). Der Europäische Rat legt die strategischen Interessen, Ziele und allgemeinen Leitlinien fest (Art. 22 Abs. 1, Art. 26 Abs. 1 EUV). Obgleich der Wortlaut die Schlussfolgerung stützen könnte, der Rat sei in gleichem Maße wie der Europäische Rat zur Festlegung der GASP befugt, so ist er an der Festlegung der strategischen Interessen und Ziele nur insoweit beteiligt, als er dem Europäischen Rat entsprechende Empfehlungen zu unterbreiten berechtigt ist (Art. 22 Abs. 1 UAbs. 3 EUV). Auf der Grundlage der vom Europäischen Rat festgelegten allgemeinen Leitlinien und strategischen Vorgaben gestaltet der Rat die GASP und fasst die für die Festlegung und Durchführung dieser Politik erforderlichen Beschlüsse (Art. 26 Abs. 2 UAbs. 1, Art. 16 Abs. 6 UAbs. 3 EUV). Im Zusammenwirken mit dem Hohen Vertreter trägt er zudem für ein einheitliches, kohärentes und wirksames Vorgehen der Union (Art. 26 Abs. 2 UAbs. 2, Art. 16 Abs. 6 UAbs. 3 EUV) sowie für die Einhaltung der Grundsätze des Abs. 3 Sorge. Das Verhältnis zwischen Europäischem Rat und Rat lässt sich dahin zusammenfassen, dass der Europäische Rat die grundsätzlichen strategischen Vorgaben macht und der Rat diese konkretisiert, indem er die GASP »gestaltet« und die zur Durchführung erforderlichen Beschlüsse fasst. Dabei gilt es zu betonen, dass der Rat auch aus eigenem Recht, d. h. ohne strategische Vorgaben des Europäischen Rates, die GASP gestalten und durchzuführen berechtigt ist.[14] Hat der Europäische Rat aber die strategischen Interessen und Ziele sowie die allgemeinen Leitlinien der GASP beschlossen, ist der Rat an diese selbstverständlich gebunden.

12   Die Einschränkung »soweit in den Verträgen nichts anderes vorgesehen ist« darf nicht als allgemeine Handlungsermächtigung verstanden werden. Vielmehr wird mit ihr einem Wunsch der Mitgliedstaaten entsprochen, im Bereich der GASP für die Beschlussfassung im Europäischen Rat und im Rat das **Einstimmigkeitsprinzip** zu betonen,[15] so dass sich die Einschränkung auf die in den Verträgen ausdrücklich bestimmte ausnahmsweise Zulässigkeit von Beschlüssen mit qualifizierter Mehrheit bezieht. Diese **Ausnahmen** finden sich in Art. 15 Abs. 5 EUV (Wahl des Präsidenten des Europäischen Rates),

---

[13] *Regelsberger/Kugelmann*, in: Streinz, EUV/AEUV, Art. 24 EUV, Rn. 6; *Cremer*, in: Calliess/Ruffert, EUV/AEUV, Art. 24 EUV, Rn. 5; *Kaufmann-Bühler*, in: Grabitz/Hilf/Nettesheim, EU, Art. 24 EUV (Juli 2010), Rn. 24.

[14] Wie hier *Kaufmann-Bühler*, in: Grabitz/Hilf/Nettesheim, EU, Art. 24 EUV (Juli 2010), Rn. 25.

[15] *Cremer*, in: Calliess/Ruffert, EUV/AEUV, Art. 24 EUV, Rn. 4; *Kaufmann-Bühler*, in: Grabitz/Hilf/Nettesheim, EU, Art. 24 EUV (Juli 2010), Rn. 23.

Art. 18 Abs. 1 EUV (Ernennung des Hohen Vertreters durch den Europäischen Rat) sowie insbesondere in Art. 31 Abs. 2 EUV. Darüber hinaus kann der Rat gemäß Art. 31 Abs. 3 EUV einstimmig beschließen, dass er in anderen als den in Art. 31 Abs. 2 EUV genannten Fällen mit qualifizierter Mehrheit beschließt. Die letztgenannten Ausnahmen vom Einstimmigkeitsprinzip gelten aber nicht für Beschlüsse mit militärischen oder verteidigungspolitischen Bezügen (Art. 31 Abs. 4 EUV).

b) Hoher Vertreter und Mitgliedstaaten

Der Hohe Vertreter und die Mitgliedstaaten sind ausweislich von Abs. 1 UAbs. 2 Satz 4 **13** auf die **Durchführung der GASP** beschränkt. Dies wird in Art. 26 Abs. 3 EUV wiederholt. Allerdings ist angesichts der präziseren Aufgabenbeschreibung in Art. 27 Abs. 1 EUV davon auszugehen, dass der Hohe Vertreter vornehmlich berufen ist, die Durchführung der Beschlüsse des Europäischen Rates und des Rates »sicherzustellen«, er mithin auf der faktischen Implementierungsebene agiert.[16] Allerdings ist der Hohe Vertreter berechtigt, dem Rat gemeinsam mit der Kommission Vorschläge zu unterbreiten, die dieser in seinen Empfehlungen an den Europäischen Rat zur Festlegung der strategischen Interessen und Ziele einfließen lassen kann (Art. 22 Abs. 3 EUV). Zudem führt er im Rat »Auswärtige Angelegenheiten« den Vorsitz und trägt durch seine Vorschläge zur Festlegung der Gemeinsamen Außen- und Sicherheitspolitik bei (Art. 27 Abs. 1 EUV). Schließlich obliegt dem Hohen Vertreter die Außenvertretung der Union in Angelegenheiten der GASP (Art. 27 Abs. 2 EUV), was ihm durchaus einen gewissen außenpolitischen Handlungsspielraum eröffnet.

Da die Union in nur begrenztem Maße über eigene operative Fähigkeiten verfügt, **14** werden GASP-Beschlüsse in der Regel von den Mitgliedstaaten durchgeführt.[17] Das bedeutet nicht, dass sich alle Mitgliedstaaten in gleichem Maße aktiv an der Durchführung beteiligen müssen. Insbesondere kann ein Mitgliedstaat durch konstruktive Enthaltung nach Art. 31 Abs. 1 UAbs. 2 EUV eine Teilnahme an der Durchführung für sich ausschließen.

2. Europäisches Parlament

Gemäß UAbs. 2 Satz 5 ist die »**spezifische Rolle**« der Europäischen Parlaments und der **15** Kommission »in den Verträgen festgelegt«. Mit dem Adjektiv »spezifisch« wird klargestellt, dass das Europäische Parlament auf eine besondere, d.h. eingeschränkte Mitwirkung im Bereich der GASP verwiesen wird. In der bei der Auslegung zu berücksichtigenden Erklärung Nr. 14 wird festgestellt, dass die Bestimmungen zur GASP »die Rolle des Europäischen Parlaments nicht erweitern«. Vor dem Hintergrund des Ausschlusses einer gesetzgeberischen Tätigkeit im Rahmen der GASP bedeutet dies zunächst, dass GASP-Beschlüsse ohne Mitwirkung des Europäischen Parlaments zustande kommen, da die jeweiligen Vorschriften des EUV weder ein Initiativrecht noch ein Mitentscheidungsrecht vorsehen. Grundsätzlich bleibt das Parlament daher auf die in Art. 36 und Art. 27 Abs. 3 Satz 4 EUV näher bestimmten Beteiligungsrechte (Anhörung, regelmäßige Unterrichtung, Anfragen und Empfehlungen, Aussprache) beschränkt.

---

[16] So auch *Kaufmann-Bühler*, in: Grabitz/Hilf/Nettesheim, EU, Art. 24 EUV (Juli 2010), Rn. 25.
[17] Selbstverständlich wird die Willensbildung im Europäischen Rat und im Rat von den Mitgliedstaaten wesentlich bestimmt.

16   Weitere »spezifische« Einschränkungen ergeben sich aus Art. 218 AEUV, wenn es um den **Abschluss eines internationalen Übereinkommens** im Rahmen der GASP geht. Nach Art. 218 Abs. 6 AEUV bedarf es für den Beschluss über der Abschluss einer Übereinkunft nicht der vorherigen Zustimmung des Europäischen Parlaments, wenn die Übereinkunft »ausschließlich die Gemeinsame Außen- und Sicherheitspolitik betrifft«. Aus dem Zusammenhang mit Art. 218 Abs. 3 AEUV folgt, dass eine Zustimmung aber stets dann erforderlich ist, wenn das Übereinkommen die GASP »hauptsächlich« oder nur teilweise betrifft. Damit dürfte sich das Recht des Europäischen Parlaments, ein Gutachten des Europäischen Gerichtshofs über die Vereinbarkeit einer geplanten Übereinkunft mit den Verträgen einzuholen, nicht auf solche Übereinkünfte erstrecken, die ausschließlich die GASP betreffen. Angesichts dieser Regelungen dürfte das Verhältnis zwischen Art. 36 EUV und Art. 218 AEUV hinreichend klar sein.[18]

17   Trotz seiner Beschränkung auf die ihm zugedachte »spezifische Rolle« verbleibt dem Europäischen Parlament die Möglichkeit einer indirekten Einwirkung auf die GASP, indem es über die Haushaltsansätze auch über die GASP entscheidet und darüber hinaus allgemeine Entschließungen etwa zur Menschenrechtslage in anderen Staaten erlassen kann. Zudem hat das Europäische Parlament nach dem **Protokoll (Nr. 1)** über die Rolle der nationalen Parlamente in der Europäischen Union die Möglichkeit, im Rahmen der in Art. 10 des Protokolls vorgesehenen interparlamentarischen Konferenzen Fragen der GASP, einschließlich der GSVP, zu erörtern.

3. Kommission

18   Auch die Kommission wird auf eine »spezifische Rolle« reduziert, so dass sie im Bereich der GASP nicht mehr »in vollem Umfang« an den Arbeiten beteiligt ist.[19] Diese erklärt sich auch vor dem Hintergrund der Doppelfunktion des Hohen Vertreters, der ja auch einer der Vizepräsidenten der Kommission ist (Art. 18 Abs. 4 Satz 1 EUV) und innerhalb der Kommission »mit deren Zuständigkeiten im Bereich der Außenbeziehungen und mit der Koordinierung der übrigen Aspekte des auswärtigen Handelns der Union betraut« ist (Art. 18 Abs. 4 Satz 3 EUV). Die »spezifische Rolle« der Kommission umfasst die in den Verträgen ausdrücklich vorgesehen Beteiligungsrechte (z. B. Art. 22 Abs. 2, Art. 27 Abs. 3 Satz 4, Art. 30 Abs. 1, Art. 42 Abs. 4 Satz 2, Art. 45 Abs. 2 Satz 5 EUV). Mit Blick auf den **Abschluss internationaler Übereinkünfte** geht das Empfehlungsrecht von der Kommission auf den Hohen Vertreter über, wenn sich die geplante Übereinkunft »ausschließlich oder hauptsächlich« auf die GASP bezieht (Art. 218 Abs. 3 AEUV). Ebenso verhält es sich gemäß Art. 218 Abs. 9 AEUV hinsichtlich des Vorschlags zur Aussetzung einer bestehenden internationalen Übereinkunft und zur Festlegung eines Standpunkts in einem durch einen völkerrechtlichen Vertrag geschaffenen Gremium.

19   Freilich verbleiben der Kommission Einwirkungsmöglichkeiten über ihre **Haushaltskompetenzen** nach den Art. 314 und 317 AEUV. Zudem lässt gemäß Art. 40 Abs. 1 EUV die Durchführung der GASP die Befugnisse der Kommission nach dem AEUV unberührt. Dies kommt insbesondere dann zum Tragen, wenn ein Rechtsakt nicht allein

---

[18] Anders *Kaufmann-Bühler*, in: Grabitz/Hilf/Nettesheim, EU, Art. 24 EUV (Juli 2010), Rn. 26, der von einer »offenen Frage« ausgeht.

[19] So aber nach der überkommenen Rechtslage zur EPZ und nach Art. 27 EUV a. F.

der GASP zugeordnet werden kann, sondern auch den anderen Politikbereichen der Union.[20]

4. Europäischer Gerichtshof

Der Europäische Gerichtshof ist gemäß Abs. 1 UAbs. 2 Satz 6 »in Bezug auf diese Be- **20**
stimmungen« **nicht zuständig**. Dies bedeutet, dass die Ausgestaltung der GASP, Rechtsakte der GASP und die Einhaltung der besonderen Bestimmungen, einschließlich der
über das Verfahren, durch den Gerichtshof nicht überprüft werden dürfen.[21] Ausdrücklich ausgenommen werden die Kontrolle der Einhaltung des **Art. 40 EUV** und die Überwachung der Rechtmäßigkeit gewisser Beschlüsse nach **Art. 275 Abs. 2 AEUV**. Letztere
betreffen »Beschlüsse über restriktive Maßnahmen gegenüber natürlichen oder juristischen Personen, die der Rat auf der Grundlage von Titel V Kapitel 2 EUV erlassen
hat«.[22]

D. Ausrichtung und Inhalt der GASP (Abs. 2)

In Abs. 2 wird nicht allein die Entwicklungsoffenheit der GASP deutlich, sondern auch **21**
das Fehlen einer einheitlichen und umfassenden Außen- und Sicherheitspolitik der
Union. Daher ist es Aufgabe der Union, eine gemeinsame Außen- und Sicherheitspolitik
nicht nur schrittweise zu verfolgen und zu bestimmen, sondern auch zu verwirklichen.
Die **Bestimmung** der GASP erfolgt vornehmlich auf der Grundlage der Grundsätze und
Ziele der Art. 21 und 22 EUV. Die Instrumente zur **Verfolgung** der GASP sind die
allgemeinen Leitlinien, die Beschlüsse zur Festlegung von Aktionen und Standpunkten,
einschließlich der Einzelheiten zu ihrer Durchführung, sowie die systematische Zusammenarbeit der Mitgliedstaaten (Art. 25 EUV). Die **Verwirklichung** betrifft vor allem die
Durchführung der GASP durch den Rat, den Hohen Vertreter und die Mitgliedstaaten.
   Vorbehaltlich der Pflicht zur Beachtung der Grundsätze und Ziele der Art. 21 und 22 **22**
EUV und der weiteren in Abs. 2 genannten Grundlagen geht mit dieser Vorschrift **keine
inhaltliche Festlegung der GASP** einher. Mit der Bezugnahme auf »Fragen von allgemeiner Bedeutung«, wird lediglich klargestellt, dass sich die GASP auf grundsätzliche,
alle Mitgliedstaaten betreffende Fragen konzentrieren soll[23], ohne dass damit der Gegenstand dieser Fragen präjudiziert wird. Zugleich soll der den Mitgliedstaaten vorbehaltene Bereich autonomer Außen- und Sicherheitspolitik unangetastet bleiben. Bei der
Entwicklung der gegenseitigen politischen Solidarität der Mitgliedstaaten und der Erreichung einer immer stärkeren Konvergenz ihres Handelns handelt es sich um zu erreichende Ziele, deren Verwirklichung für ein möglichst weitreichendes einheitliches
Auftreten der Union und, soweit Fragen allgemeiner Bedeutung betroffen sind, der
Mitgliedstaaten wesentlich ist. Die Union soll mithin auch darauf hinwirken, dass die
Mitgliedstaaten in ihrem auswärtigen Handeln Alleingänge zu Lasten anderer, insbesondere weniger mächtiger Mitgliedstaaten vermeiden, ihr außen- und sicherheitspoli-

---

[20] Vgl. dazu auch EuGH, Urt. v. 20.5.2008, Rs. C–91/05 (Kommission/Rat), Slg. 2008, I–3708.
[21] Vgl. auch *Kaufmann-Bühler*, in: Grabitz/Hilf/Nettesheim, EU, Art. 24 EUV (Juli 2010), Rn. 31.
[22] Vgl. auch *Cremer*, in: Calliess/Ruffert, EUV/AEUV, Art. 24 EUV, Rn. 7; *Marquardt/Gaedtke*,
in: GSH, Europäisches Unionsrecht, vor Art. 23–46, Rn. 16.
[23] So auch *Hummer*, in: Vedder/Heintschel v. Heinegg, Europäisches Unionsrecht, Art. 24 EUV,
Rn. 27; *Kaufmann-Bühler*, in: Grabitz/Hilf/Nettesheim, EU, Art. 24 EUV (Juli 2010), Rn. 37.

tisches Handeln aufeinander abzustimmen und nach Möglichkeit an gleichen Zielen ausrichten.

E.   Loyalität und Solidarität (Abs. 3)

23   Da die Bereiche der Außen- und Sicherheitspolitik mehrheitlich innerhalb des Souveränitätsbereichs der Mitgliedstaaten verbleiben, besteht ein Spannungsverhältnis zur GASP[24], das es aufzulösen gilt. In Konkretisierung des allgemeinen Gebots des Art. 4 Abs. 3 EUV werden die Mitgliedstaaten daher nach Abs. 3 UAbs. 1 in ihrem Verhältnis zur Union zu einer **aktiven und vorbehaltlosen Unterstützung der GASP** verpflichtet. Diese Unterstützung soll sich nicht auf die bloße Erfüllung der Vertragspflichten beschränken. Vielmehr sollen sich die Mitgliedstaaten mit der GASP identifizieren und sich Spitzfindigkeiten und aller sonstigen Maßnahmen enthalten, die die GASP zu konterkarieren oder die Stellung der Union auf internationaler Ebene zu schaden geeignet sind (UAbs. 2).[25] Darüber hinaus sollen die Loyalitäts- und Solidaritätspflichten des Abs. 3 auch das Verhältnis der Mitgliedstaaten zueinander prägen. UAbs. 2 Satz 1 zielt mithin auf die Vermeidung von »Blockbildungen und Frontstellungen zwischen den großen und kleinen Mitgliedstaaten«.[26]

24   Gemäß UAbs. 3 haben der Rat und der Hohe Vertreter für die Einhaltung der Grundsätze der Loyalität und Solidarität Sorge zu tragen. Dies kann dadurch geschehen, dass die Mitgliedstaaten zu einem unionsfreundlichen Verhalten angehalten werden oder ihnen nahegelegt wird, mit anderen Mitgliedstaaten Konsultationen aufzunehmen, um deren Interessen besser gerecht werden zu können.

---

[24] So auch *Regelsberger/Kugelmann*, in: Streinz, EUV/AEUV, Art. 24 EUV, Rn. 8; *Cremer*, in: Calliess/Ruffert, EUV/AEUV, Art. 24 EUV, Rn. 12 f.

[25] *Kaufmann-Bühler*, in: Grabitz/Hilf/Nettesheim, EU, Art. 24 EUV (Juli 2010), Rn. 41; *Regelsberger/Kugelmann*, in: Streinz, EUV/AEUV, Art. 24 EUV, Rn. 8; *Cremer*, in: Calliess/Ruffert, EUV/AEUV, Art. 24 EUV, Rn. 12 f.; *Marquardt/Gaedtke*, in: GSH, Europäisches Unionsrecht, Art. 24, Rn. 11.

[26] So *Cremer*, in: Calliess/Ruffert, EUV/AEUV, Art. 24 EUV, Rn. 12.

Artikel 25 EUV [Instrumente der GASP]

Die Union verfolgt ihre Gemeinsame Außen- und Sicherheitspolitik, indem sie
a) die allgemeinen Leitlinien bestimmt,
b) Beschlüsse erlässt zur Festlegung
    i) der von der Union durchzuführenden Aktionen,
    ii) der von der Union einzunehmenden Standpunkte,
    iii) der Einzelheiten der Durchführung der unter den Ziffern i und ii genannten Beschlüsse, und
c) die systematische Zusammenarbeit der Mitgliedstaaten bei der Führung ihrer Politik ausbaut.

Literaturübersicht

s. Art. 24 EUV

Inhaltsübersicht

A. Entwicklungslinien

Das Instrumentarium der Europäischen Politischen Zusammenarbeit (**EPZ**) war auf im Wesentlichen informelle Handlungsformen beschränkt. Dazu gehörten neben der gegenseitigen Unterrichtung, Konsultationen und der Abstimmung der Vertragsparteien auch gemeinsame Maßnahmen und Standpunkte der Mitgliedstaaten, deren Wirkungen aber auf das Binnenverhältnis begrenzt waren. Mit dem **Vertrag von Maastricht** wurde die GASP in das institutionelle Gefüge der Union eingebettet und die vormals eher punktuelle außenpolitische Zusammenarbeit der Mitgliedstaaten verstetigt. Erst dadurch wurde insbesondere mittels der gemeinsamen Aktionen ein einheitliches außenpolitisches Handeln in konkreten Situationen ermöglicht, das diese Bezeichnung verdient. Eine Weiterentwicklung des Instrumentariums erfolgte durch die **Verträge von Amsterdam** und **von Nizza**, die die Union befähigten, durch gemeinsame Strategien einen bestimmten außenpolitischen Kurs gegenüber bestimmten Staaten oder mit Blick auf ein bestimmtes Thema einzunehmen[1] oder mit gemeinsamen Aktionen zivile oder

[1] Gemeinsame Strategie der Europäischen Union vom 4. 6. 1999 für Russland, ABl. 1999, L 157/1; Gemeinsame Strategie des Europäischen Rates vom 11. 12. 1999 für die Ukraine, ABl. 1999, L 331/1; Gemeinsame Strategie des Europäischen Rates vom 19. 6. 2000 für den Mittelmeerraum, ABl. 2000, L 183.

militärische Krisenoperationen durchzuführen. Mit dem Vertrag von Lissabon wurde das GASP-Instrumentarium nicht merklich verändert. Lediglich die gemeinsamen Strategien, die sich in der Praxis nicht bewährt hatten, gehören nicht mehr zum Instrumentarium der GASP.[2]

B.   Sinn und Zweck der Vorschrift

2   Die Funktion des Art. 25 EUV beschränkt sich weitgehend auf eine **Typisierung** der wesentlichen Instrumente zur Verwirklichung der außen- und sicherheitspolitischen Ziele der Union.[3] Wegen des **nicht abschließenden** Charakters bleiben andere, auch unterhalb der Rechtsverbindlichkeit verbleibende Handlungsformen möglich. Eine inhaltliche Festlegung geht mit der Vorschrift, die keine Rechtsgrundlage für den Erlass von Beschlüssen darstellt, nicht einher. Die dahingehenden Konkretisierungen finden sich vielmehr in den Art. 24, 26, 28, 29, 38 und 43 EUV. Zugleich spiegelt Art. 25 EUV das hierarchische Verhältnis der aufgezählten Instrumente wider, das auch in den jeweils anwendbaren Verfahrensvorschriften zum Ausdruck kommt.

3   Mit der Benennung der wesentlichen GASP-Instrumente geht auch eine gewisse **Disziplinierung** und **Straffung** des außen- und sicherheitspolitischen Handelns der Union einher. Da es sich zudem auf Fragen von allgemeiner Bedeutung sowie auf konkrete Staaten, Regionen oder Themen konzentrieren soll, dürften die oftmals blumigen außenpolitischen Erklärungen der Anfangsjahre der EPZ endgültig der Vergangenheit angehören.[4]

C.   Instrumente der GASP

I.   Allgemeines

4   Art. 25 EUV enthält eine Aufzählung des **sekundärrechtlichen Instrumentariums** der GASP,[5] erfolgt doch die Bestimmung der allgemeinen Leitlinien ebenso in Form des **Beschlusses** wie die Festlegung der Aktionen, der Standpunkte und der Einzelheiten ihrer Durchführung. Die Einbeziehung der systematischen Zusammenarbeit in Buchst. c ist daher ein Fremdkörper, weil sie als solche keine Rechtswirkungen zu zeitigen vermag. Obgleich die systematische Zusammenarbeit somit nicht der Sekundärrechtsebene zugeordnet werden kann, wird mit ihrer Einbeziehung in den Katalog des Art. 25 EUV ihre grundlegende Bedeutung für eine erfolgreiche GASP unterstrichen. Die systematische Zusammenarbeit knüpft an die Loyalitäts- und Solidaritätspflichten des Art. 24 Abs. 3 EUV an und wird in Art. 32 EUV konkretisiert.

5   Aus der Hierarchie des Art. 25 EUV und aus dem Zusammenhang mit Art. 31 EUV folgt, dass Beschlüsse nach Buchst. a und Buchst. b Ziff. i) und ii) **einstimmig** zu fassen sind, es sei denn, ein Beschluss des Rates nach Buchst. b Ziff. i) oder ii) erfolgt auf der

---

[2] Dazu sowie zum Vorstehenden vgl. allein *Kaufmann/Bühler*, in: Grabitz/Hilf/Nettesheim, EU, Art. 25 EUV (Juli 2010), Rn. 1 f.

[3] *Hummer*, in: Vedder/Heintschel v. Heinegg, Europäisches Unionsrecht, Art. 25 EUV, Rn. 1; *Cremer*, in: Calliess/Ruffert, EUV/AEUV, Art. 25 EUV, Rn. 1.

[4] So auch *Kaufmann/Bühler*, in: Grabitz/Hilf/Nettesheim, EU, Art. 25 EUV (Juli 2010), Rn. 15.

[5] *Hummer*, in: Vedder/Heintschel v. Heinegg, Europäisches Unionsrecht, Art. 25 EUV, Rn. 2.

Grundlage eines Beschlusses des Europäischen Rates nach Art. 22 Abs. 1 EUV (Art. 32 Abs. 2, 1. Gedstr. EUV). Demgegenüber können Beschlüsse nach Ziff. iii) mit **qualifizierter Mehrheit** gefasst werden (Art. 32 Abs. 2, 3. Gedstr. EUV).

Mit Art. 25 EUV werden der Union **andere Instrumente** der Gestaltung ihrer Außen- und Sicherheitspolitik nicht vorenthalten. Der nicht abschließende Charakter der Vorschrift folgt bereits aus dem Zusammenhang mit Art. 37 EUV, wonach die Union im Bereich der GASP mit anderen Staaten oder internationalen Organisationen völkerrechtliche Verträge abzuschließen berechtigt ist, denen zweifellos Rechtsverbindlichkeit zukommt. Auch die Möglichkeit der Ernennung von Sonderbeauftragten nach Art. 33 EUV spricht gegen einen abschließenden Charakter des Art. 25 EUV. Zudem ist weder Art. 25 EUV noch den anderen Vorschriften über die GASP ein Wille der Mitgliedstaaten zu entnehmen, das außen- und sicherheitspolitische Instrumentarium der Union auf die formalisierten Handlungsformen des Art. 25 EUV zu begrenzen. Das außen- und sicherheitspolitische Handeln ist grundsätzlich umfassend angelegt und zielt auf die Stärkung der Rolle der Union als außenpolitisch relevanter Akteur.[6] Dann aber muss es ihr möglich sein, sich aller in den internationalen Beziehungen üblichen Handlungsformen zu bedienen, zu denen neben den einseitigen Rechtsakten (z. B. Protest) auch unterhalb der Schwelle der Rechtserheblichkeit verbleibende Maßnahmen (z. B. Erklärungen, politischer Dialog, Teilnahme an internationalen Konferenzen) gehören. **6**

II. Rechtswirkungen der Beschlüsse

Die Beschlüsse des Europäischen Rates über die allgemeinen Leitlinien (Art. 25 Buchst. a i. V. mit Art. 26 Abs. 1 UAbs. 1 Satz 2 EUV) und die Beschlüsse des Rates nach Buchst. b entfalten **Rechtsverbindlichkeit** (Art. 288 Abs. 4 AEUV). Ebenfalls Rechtswirkungen zeitigen die Beschlüsse des Politischen und Sicherheitspolitischen Komitees (im Folgenden: PSK) nach Art. 38 UAbs. 3 EUV. Beschlüsse sind dem Rechtssubjekt Europäische Union zuzurechnen,[7] Adressaten sind vornehmlich die Mitgliedstaaten, die ihr außen- und sicherheitspolitisches Handeln an den Beschlüssen auszurichten haben. Beschlüsse im Rahmen der GASP stellen aber **keine Gesetzgebungsakte** dar (Art. 24 Abs. 1 UAbs. 2 Satz 3 EUV), so dass die Vorschriften des AEUV auf sie keine Anwendung finden und eine Beteiligung des Europäischen Parlaments ausgeschlossen ist.[8] **7**

Beschlüsse im Rahmen der GASP bedürfen der Umsetzung. Sie sind **nicht unmittelbar anwendbar** und sie begründen für natürliche oder juristische Personen weder Rechte noch Pflichten.[9] Da sie keine Gesetzgebungsakte darstellen, genießen sich auch **keinen Anwendungsvorrang**.[10] Dies folgt auch daraus, dass mit der Begründung der potentiell umfassenden Zuständigkeit der Union im Bereich der GASP nach Art. 24 Abs. 1 EUV keine Übertragung von Hoheitsrechten einhergeht. Vielmehr wird aus dem intergouvernementalen Charakter der GASP deutlich, dass die Mitgliedstaaten lediglich in eine Beschränkung ihres Souveränitätsbereichs eingewilligt haben.[11] Der Ausschluss eines Anwendungsvorrangs ändert indes nichts an der Rechtsverbindlichkeit von Beschlüssen **8**

---

[6] Vgl. dazu Art. 24 EUV, Rn. 5 ff.

[7] *Cremer*, in: Calliess/Ruffert, EUV/AEUV, Art. 25 EUV, Rn. 6.

[8] Vgl. allein *Regelsberger/Kugelmann*, in: Streinz, EUV/AEUV, Art. 25 EUV, Rn. 4.

[9] *Cremer*, in: Calliess/Ruffert, EUV/AEUV, Art. 25 EUV, Rn. 6; *Regelsberger/Kugelmann*, in: Streinz, EUV/AEUV, Art. 25 EUV, Rn. 8.

[10] Vgl. allein *Pechstein*, JZ 2010, 425 ff.

[11] A.A. anscheinend *Regelsberger/Kugelmann*, in: Streinz, EUV/AEUV, Art. 25 EUV, Rn. 8.

im Rahmen der GASP und der ihnen zweifellos zuzuerkennenden politischen Vorrangstellung.

III. Instrumente des Art. 25 EUV

1. Allgemeine Leitlinien

9   Die allgemeinen Leitlinien stehen in engem Zusammenhang zu den Grundsätzen und
Zielen der Art. 21, 22 und 26 EUV. Dies folgt bereits daraus, dass die Leitlinien ein
Instrument zur »Verfolgung« der GASP darstellen und die Union gemäß Art. 24 Abs. 2
EUV eine GASP »im Rahmen der Grundsätze und Ziele ihres auswärtigen Handelns« zu
verfolgen verpflichtet ist. Gleichwohl sind die allgemeinen Leitlinien von den strategischen Interessen und Zielen zu unterscheiden, da sie in Art. 26 Abs. 1 UAbs. 1 Satz 1
EUV gesondert aufgeführt werden. Gleichwohl begegnet die inhaltliche Abgrenzung
gewissen Schwierigkeiten. Den Interessen und Zielen gemein dürfte ihre im Vergleich zu
den Aktionen und Standpunkten geringere Regelungsdichte und -tiefe sein, so dass sich
aus den allgemeinen Leitlinien konkrete Verhaltenspflichten nicht unmittelbar ergeben.
Aus einem Vergleich mit Art. 12 und 13 EUV a.F. mag man sie mit den aufgegebenen
»Grundsätzen« gleichsetzen[12] oder annehmen, sie reihten sich »als ein gegenüber der
›gemeinsamen Strategie‹ offenbar weniger anspruchsvolles, gleichwohl strategisches,
nicht bloß ›taktisches‹, praktisch bewährtes Instrument ein«.[13] Derartige Gleichsetzun-
gen unter Rückgriff auf die Entstehungsgeschichte und überkommene Rechtsbegriffe
verbieten sich jedoch, wenn im Wege einer grammatikalischen, systematischen und
teleologischen Auslegung der Begriff konkretisiert werden kann. Die Bestimmung der
strategischen Interessen und Ziele nach Art. 26 Abs. 1 UAbs. 1 Satz 1 EUV[14] ist eine
Grundsatzentscheidung über das Warum und über das zu erreichende Endstadium/Ziel
eines außen- und sicherheitspolitischen Handelns der Union. Damit bleibt nicht nur
offen, welche konkreten Maßnahmen zu ergreifen sind, sondern auch, welchen grundsätzlichen Kurs die mit der Durchführung betrauten Akteure einschlagen und an welchen Kriterien sie sich orientieren sollen. Zudem mag es Aspekte geben, die grundsätzlich ausgeblendet bleiben sollen oder denen besonderes Augenmerk geschenkt werden
soll. Diese – notwendigerweise offene – Funktion kommt auch in der Bezeichnung als
»Leitlinien« zum Ausdruck, so dass es sich bei den allgemeinen Leitlinien um **Führungs-
und Orientierungsinstrumente** handelt, die es bei der Verfolgung der Interessen und
Ziele zu beachten gilt.[15]

10   Die allgemeinen Leitlinien werden vom Europäischen Rat **einstimmig** beschlossen
(Art. 26 Abs. 1 UAbs. 1 i.V. mit Art. 31 Abs. 1 UAbs. 1 Satz 1 EUV). Sie bilden dann
zusammen mit den Interessen und Zielen die Grundlage für die Gestaltung und Durchführung der GASP durch den Rat (Art. 26 Abs. 2 UAbs. 1 EUV).

---

[12] So scheinbar *Kaufmann-Bühler*, in: Grabitz/Hilf/Nettesheim, EU, Art. 25 EUV (Juli 2010),
Rn. 7.

[13] So *Cremer*, in: Calliess/Ruffert, EUV/AEUV, Art. 25 EUV, Rn. 2.

[14] Zu den strategischen Zielen des Art. 22 Abs. 1 UAbs. 1 EUV s. Art. 22 EUV, Rn. 2.

[15] Ähnlich *Cremer*, in: Calliess/Ruffert, EUV/AEUV, Art. 26 EUV, Rn. 1, der feststellt, die allgemeinen Leitlinien unterschieden sich von den Zielen dadurch, dass sie nicht lediglich »etwas zu Er-
reichendes als ›outcome‹ bestimmen, sondern auch den Weg dorthin weisen, mithin die Art und Weise
des Vorgehens, obgleich konkretisierungsbedürftig, ansprechen.«

2. Aktionen und Standpunkte

Die Aktionen und Standpunkte sind der übergeordneten Durchführungsebene zuzu-   **11**
ordnen. Die Regelung der Einzelheiten der Durchführung bleibt den Beschlüssen nach
Buchst. b Ziff. iii) vorbehalten. Die Aktionen und Standpunkte werden nicht mehr durch
das Adjektiv »gemeinsam« qualifiziert, sondern als außen- und sicherheitspolitische
Handlungsformen »der Europäischen Union«. Damit wird zum einen eine ausschließliche Verortung auf der Ebene der Mitgliedstaaten,[16] zum anderen wohl auch eine Ver-
wechslung mit den »Standpunkten« des Gesetzgebungsverfahrens (Art. 294 AEUV)[17]
ausgeschlossen.[18]

Die Aktionen werden »schwerpunktmäßig« von Art. 28 EUV erfasst.[19] Sie sind mit-   **12**
hin in der Regel darauf gerichtet, ein **operatives Vorgehen der Union** zu ermöglichen. In
dem Beschluss über eine Aktion sind »Ziele, Umfang, die der Union zur Verfügung zu
stellen Mittel sowie die Bedingungen und erforderlichenfalls der Zeitraum für ihre
Durchführung festzulegen« (Art. 28 Abs. 1 UAbs. 1 Satz 2 EUV). Sie werden vom Rat
beschlossen (Art. 28 Abs. 1 UAbs. 1 Satz 1 EUV).

Darüber hinaus kann der Rat **verteidigungspolitische Missionen** nach Art. 42 und 43   **13**
EUV beschließen, die eine besondere Form der Aktionen darstellen.

Die Standpunkte werden insbesondere von Art. 29 EUV erfasst. Sie bestimmen den   **14**
»Standpunkt der Union zu einer bestimmten Frage geografischer oder thematischer
Art« (Art. 29 Satz 1 EUV)[20] und sie zeitigen, obgleich auch sie auf die internationale
Ebene einwirken sollen, Konsequenzen auf Unionsebene. Auch die Standpunkte wer-
den vom Rat beschlossen (Art. 29 Satz 1 EUV).

3. Durchführungsbeschlüsse

Die von der strategischen (Interessen, Ziele und allgemeine Leitlinien) und operativen   **15**
(Aktionen) zu unterscheidende taktische Ebene der Verfolgung der GASP erfolgt mittels
der Durchführungsbeschlüsse nach Buchst. b Ziff. iii), werden mit ihnen doch die »Einzelheiten« der Aktionen und Standpunkte bestimmt. Die dahingehenden Beschlüsse
werden in der Regel vom Rat gefasst. Dieser entscheidet nach Maßgabe von Art. 31
Abs. 2 UAbs. 1 EUV und vorbehaltlich von Art. 32 Abs. 2 UAbs. 2 EUV mit qualifizierter Mehrheit. Durchführungsbeschlüsse können aber auch vom PSK gefasst werden,
wenn das Komitee vom Rat ermächtigt worden ist, »geeignete Beschlüsse hinsichtlich
der politischen Kontrolle und strategischen Leitung« einer Operation zur Krisenbewältigung zu fassen (Art. 38 UAbs. 3 EUV).[21]

---

[16] So wohl auch *Cremer*, in: Calliess/Ruffert, EUV/AEUV, Art. 25 EUV, Rn. 1.
[17] So *Kaufmann-Bühler*, in: Grabitz/Hilf/Nettesheim, EU, Art. 25 EUV (Juli 2010), Rn. 8.
[18] Eine Zusammenfassung der GASP-Rechtsakte findet sich unter: http://eur-lex.europa.eu
(3.3.2016).
[19] *Regelsberger/Kugelmann*, in: Streinz, EUV/AEUV, Art. 25 EUV, Rn. 2.
[20] Vgl. Art. 29 EUV, Rn. 1ff.
[21] Vgl. z.B. Beschluss 2013/511/GASP EUPOL RD Congo/1/2013 des Politischen und Sicherheitspolitischen Komitees vom 8.10.2013 zur Verlängerung des Mandats des Leiters der Polizeimission der
Europäischen Union im Rahmen der Reform des Sicherheitssektors und ihre Schnittstelle zur Justiz in
der Demokratischen Republik Kongo (EUPOL RD Congo), ABl. 2013, L 279/66; Beschluss
2013/697/GASP EUTM Mali/3/2013 des Politischen und Sicherheitspolitischen Komitees vom
12.11.2013 über die Annahme von Beiträgen von Drittstaaten zur Militärmission der Europäischen
Union als Beitrag zur Ausbildung der malischen Streitkräfte (EUTM Mali), ABl. 2013, L 320/33.

4. Systematische Zusammenarbeit

16 Die systematische Zusammenarbeit der Mitgliedstaaten nach Buchst. c soll ausweislich des Wortlauts »von der Union« »ausgebaut« werden. Damit wird der Union jedoch kein besonderes Instrument an die Hand gegeben, mit dem sie den Mitgliedstaaten verbindliche Vorgaben hinsichtlich des Ob und des Wie ihrer Zusammenarbeit im Bereich der GASP zu machen berechtigt wäre. Dem steht der vom Souveränitätsgrundsatz beherrschte intergouvernementale Charakter der GASP eindeutig entgegen.

17 Gleichwohl sind die Mitgliedstaaten hinsichtlich der Aufnahme und der Ausgestaltung ihrer Zusammenarbeit im außen- und sicherheitspolitischen Bereich nicht vollends frei. Es ist nicht mehr, wie in der Fassung von Nizza noch vorgesehen, ausreichend, »regelmäßig« die Zusammenarbeit zu suchen, da die Mitgliedstaaten nunmehr auf eine »**systematische**« Zusammenarbeit verpflichtet werden. Damit erschöpft sie sich auch nicht in der Achtung der Loyalitäts- und Solidaritätspflichten des Art. 24 Abs. 3 EUV. Die Festlegung auf eine »systematische Zusammenarbeit« bedeutet vielmehr, dass die Zusammenarbeit **planmäßig** und an den außen- und sicherheitspolitischen Zielen ausgerichtet sein muss, wobei die Interessen der Union stets in den Blick zu nehmen sind. Dies setzt eine **Strukturierung der Zusammenarbeit** voraus, die sich nicht auf organisatorische Aspekte oder auf einen regelmäßigen Meinungsaustausch beschränken darf. Die Zusammenarbeit der Mitgliedstaaten muss insbesondere auf die Verwirklichung und Förderung der außen- und sicherheitspolitischen Grundsätze, Interessen und Ziele der GASP ausgerichtet sein.

18 **Foren** der so qualifizierten Kooperationspflicht sind der Europäische Rat und der Rat (Art. 32 EUV). Die Mitgliedstaaten werden so verpflichtet, sich mit Blick auf Fragen von allgemeiner Bedeutung mit den anderen Mitgliedstaaten abzustimmen und diese vor einem Tätigwerden auf internationaler Ebene zu konsultieren. Ist ein gemeinsames Vorgehen der Union beschlossen worden, so müssen die Außenminister die Tätigkeiten der Mitgliedstaaten im Rat gemeinsam mit dem Hohen Vertreter koordinieren.

IV. Sonstige Instrumente der GASP

19 Art. 25 EUV enthält keine abschließende Aufzählung. Ebenfalls den förmlichen GASP-Instrumenten zuzurechnen sind der Abschluss völkerrechtlicher Verträge (Art. 37 EUV) und die Ernennung von Sonderbeauftragten (Art. 33 EUV). In einem weiteren Sinne gilt dies auch für den Europäischen Auswärtigen Dienst nach Art. 27 Abs. 3 EUV und die Abstimmung der diplomatischen und konsularischen Vertretungen nach Art. 35 EUV. Daneben darf es der Union mit Blick auf die Gewährleistung der Handlungsfreiheit auf internationaler Ebene nicht verwehrt bleiben, sich der **üblichen Gestaltungsmittel der internationalen Beziehungen** zu bedienen. Dazu gehören einseitige Akte, Empfehlungen, Erklärungen, der politische Dialog mit anderen Staaten und internationalen Organisationen, der Austausch mit relevanten nichtstaatlichen Akteuren, die Mitarbeit in internationalen Organisationen und Vertragsorganen sowie die Teilnahme an internationalen Konferenzen.[22]

20 Einen Bezug zur GASP weisen auch weitere Beschlüsse auf, die einer unionsinternen Rechtsgrundlage bedürfen, mithin die Finanzierungsbeschlüsse nach Art. 41 Abs. 2 EUV, und Beschlüsse über den Datenschutz nach Art. 39 EUV. Ebenfalls eng mit der

---

[22] So auch *Regelsberger/Kugelmann*, in: Streinz, EUV/AEUV, Art. 25 EUV, Rn. 11 ff.; *Cremer*, in: Calliess/Ruffert, EUV/AEUV, Art. 25 EUV, Rn. 8.

GASP verbunden sind Beschlüsse über Wirtschaftssanktionen nach den Art. 75 und 215 AEUV, deren Implementierung im Zuständigkeitsbereich der Gemeinschaft liegt.[23] Lediglich hingewiesen sei auf Art. 352 Abs. 4 AEUV, wonach die Flexibilitätsklausel nicht als Grundlage für die Verwirklichung von Zielen der GASP dienen kann.[24]

V. Transparenz

Da es sich bei den Beschlüssen im Rahmen der GASP um Rechtsakte handelt, werden sie   **21**
im Amtsblatt der Europäischen Union **veröffentlicht**. Dies gilt auch für Beschlüsse über Aktionen und Standpunkte sowie für Durchführungsbeschlüsse. Grundsätzlich werden die strategischen Interessen und Ziele nicht in förmlichen Beschlüssen festgelegt, sondern finden sich in den Schlussfolgerungen des Europäischen Rates oder in sonstigen außen- und sicherheitspolitischen Verlautbarungen der Union. Auch diese unterliegen dem Transparenzgebot, so dass sie frei zugänglich sein müssen, es sei denn, es besteht, wie etwa für den Bereich der GSVP-Operationen, ein überwiegendes Geheimhaltungsinteresse.[25]

---

[23] Eingehend dazu *Kaufmann-Bühler*, in: Grabitz/Hilf/Nettesheim, EU, Art. 25 EUV (Juli 2010), Rn. 13 f.

[24] Vgl. dazu Art. 352 AEUV, Rn. 42.

[25] Vgl. etwa EuG, Urt. v. 19.7.1999, Rs. T–14/98 (Hautala), Slg. 1999, II–2489.

Artikel 26 EUV [Gestaltung und Durchführung der GASP]

(1) [1]Der Europäische Rat bestimmt die strategischen Interessen der Union und legt die Ziele und die allgemeinen Leitlinien der Gemeinsamen Außen- und Sicherheitspolitik fest, und zwar auch bei Fragen mit verteidigungspolitischen Bezügen. [2]Er erlässt die erforderlichen Beschlüsse.

Wenn eine internationale Entwicklung es erfordert, beruft der Präsident des Europäischen Rates eine außerordentliche Tagung des Europäischen Rates ein, um die strategischen Vorgaben für die Politik der Union angesichts dieser Entwicklung festzulegen.

(2) Der Rat gestaltet die Gemeinsame Außen- und Sicherheitspolitik und fasst die für die Festlegung und Durchführung dieser Politik erforderlichen Beschlüsse auf der Grundlage der vom Europäischen Rat festgelegten allgemeinen Leitlinien und strategischen Vorgaben.

Der Rat und der Hohe Vertreter der Union für Außen- und Sicherheitspolitik tragen für ein einheitliches, kohärentes und wirksames Vorgehen der Union Sorge.

(3) Die Gemeinsame Außen- und Sicherheitspolitik wird vom Hohen Vertreter und von den Mitgliedstaaten mit einzelstaatlichen Mitteln und den Mitteln der Union durchgeführt.

Literaturübersicht

s. Art. 24 EUV

Leitentscheidung

EuG, Urt. v. 25. 4. 2012, Rs. T–509/10, (Manufacturing Support & Procurement Kala Naft/Rat), ECLI: EU:T:2012:201, (Rechtsmittel: beim EuGH anhängige Rs. C–348/12 P)

Wesentliche sekundärrechtliche Vorschriften

Beschluss 2011/428/GASP des Rates vom 18. 7. 2011 zur Unterstützung der Tätigkeiten des Büros der Vereinten Nationen für Abrüstungsfragen hinsichtlich der Umsetzung des Aktionsprogramms der Vereinten Nationen zur Verhütung, Bekämpfung und Beseitigung des unerlaubten Handels mit Kleinwaffen und leichten Waffen unter allen Aspekten, ABl. 2012, L 188/37

Beschluss 2011/871/GASP des Rates vom 19. 12. 2011 über einen Mechanismus zur Verwaltung der Finanzierung der gemeinsamen Kosten der Operationen der Europäischen Union mit militärischen oder verteidigungspolitischen Bezügen (ATHENA), ABl. 2012, L 343/55

Beschluss 2012/121/GASP des Rates vom 27. 2. 2012 zur Unterstützung von Maßnahmen zur Förderung des Dialogs und der Zusammenarbeit EU-China-Afrika im Bereich der konventionellen Rüstungskontrolle, ABl. 2012, L 54/8

Beschluss 2012/166/GASP des Rates vom 23. 3. 2012 zur Unterstützung von Maßnahmen der Organisation für das Verbot chemischer Waffen (OVCW) im Rahmen der Umsetzung der Strategie der Europäischen Union gegen die Verbreitung von Massenvernichtungswaffen, ABl. 2012, L 87/49

Beschluss 2012/281/GASP des Rates vom 29. 5. 2012 im Rahmen der Europäischen Sicherheitsstrategie zur Unterstützung des Vorschlags der Union für einen Internationalen Verhaltenskodex für Weltraumtätigkeiten, ABl. 2012, L 140/68

Beschluss 2012/421/GASP des Rates vom 23. 7. 2012 zur Unterstützung des Übereinkommens über das Verbot von biologischen Waffen und Toxinwaffen (BWÜ) im Rahmen der Strategie der EU gegen die Verbreitung von Massenvernichtungswaffen, ABl. 2012, L 196/61

Beschluss 2012/662/GASP des Rates vom 25. 10. 2012 zur Unterstützung von Maßnahmen zur Verringerung der Gefahr des illegalen Handels mit Kleinwaffen und leichten Waffen und der übermäßigen Anhäufung dieser Waffen im Raum der Organisation für Sicherheit und Zusammenarbeit in Europa (OSZE), ABl. 2012, L 297/29

Beschluss 2012/700/GASP des Rates vom 13. 11. 2012 im Rahmen der Europäischen Sicherheitsstrategie zur Unterstützung der Durchführung des von den Vertragsstaaten des Übereinkommens von 1997 über das Verbot des Einsatzes, der Lagerung, der Herstellung und der Weitergabe von Antipersonenminen und über deren Vernichtung verabschiedeten Aktionsplans von Cartagena 2010–2014, ABl. 2012, L 314/40

Beschluss 2012/699/GASP des Rates vom 13. 11. 2012 über die Unterstützung der Union für die Tätigkeiten der Vorbereitungskommission der Organisation des Vertrags für das umfassende Verbot von Nuklearversuchen zur Stärkung ihrer Überwachungs- und Verifikationsfähigkeiten im Rahmen der Umsetzung der Strategie der EU gegen die Verbreitung von Massenvernichtungswaffen, ABl. 2012, L 314/27

Beschluss 2012/698/GASP des Rates vom 13. 11. 2012 über die Einrichtung eines Vorratslagers für zivile Krisenbewältigungsmissionen, ABl. 2012, L 314/25

Beschluss 2013/43/GASP des Rates vom 22. 1. 2013 zur Fortsetzung der Maßnahmen der Union zur Unterstützung der Verhandlungen über den Vertrag über den Waffenhandel im Rahmen der Europäischen Sicherheitsstrategie, ABl. 2013, L 20/53

Beschluss 2013/391/GASP des Rates 22. 7. 2013 zur Unterstützung der konkreten Umsetzung der Resolution 1540 (2004) des Sicherheitsrats der Vereinten Nationen über die Nichtverbreitung von Massenvernichtungswaffen und ihren Trägersystemen, ABl. 2013, L 198/40

Beschluss 2013/517/GASP des Rates vom 21. 10. 2013 über die Unterstützung der Union für die Tätigkeiten der Internationalen Atomenergie-Organisation in den Bereichen nukleare Sicherung und Verifikation im Rahmen der Umsetzung der Strategie der EU gegen die Verbreitung von Massenvernichtungswaffen, ABl. 2013, L281/6

Beschluss 2013/698/GASP des Rates vom 25. 11. 2013 zur Unterstützung eines globalen Berichterstattungsmechanismus für illegale Kleinwaffen und leichte Waffen und andere illegale konventionelle Waffen und Munition zur Minderung des Risikos ihres illegalen Handels, ABl. 2013, L329/34

Beschluss 2013/726/GASP des Rates vom 9. 12. 2013 zur Unterstützung der Resolution 2118 (2013) des Sicherheitsrats der Vereinten Nationen und des Beschlusses EC-M–33/Dec 1 des Exekutivrats der OVCW im Rahmen der Umsetzung der Strategie der Europäischen Union gegen die Verbreitung von Massenvernichtungswaffen, ABl. 2013, L 329/41

Beschluss 2013/730/GASP des Rates vom 9. 12. 2013 zur Unterstützung der auf Abrüstung und Waffenkontrolle ausgerichteten Tätigkeiten der Zentralstelle Südost- und Osteuropa für die Kontrolle von Kleinwaffen und leichten Waffen (SEESAC) in Südosteuropa im Rahmen der EU-Strategie zur Bekämpfung der Anhäufung von Kleinwaffen und leichten Waffen und zugehöriger Munition sowie des unerlaubten Handels damit, ABl. 2013, L 332/19

Beschluss 2013/768/GASP des Rates vom 16. 12. 2013 über Maßnahmen der EU zur Unterstützung der Durchführung des Vertrags über den Waffenhandel im Rahmen der Europäischen Sicherheitsstrategie, ABl. 2013, L 341/56

Strategie der Europäischen Union für maritime Sicherheit (EUMSS) – Aktionsplan, Dok. 17002/14

Beschluss 2014/129/GASP des Rates vom 10. 3. 2014 zur Förderung des europäischen Netzes unabhängiger Reflexionsgruppen für Nichtverbreitungsfragen zur Unterstützung der Umsetzung der Strategie der EU gegen die Verbreitung von Massenvernichtungswaffen, ABl. 2014, L 71/3

Beschluss 2014/912/GASP des Rates vom 15. 12. 2014 zur Unterstützung von Maßnahmen zur physischen Sicherung und Verwaltung von Lagerbeständen, um die Gefahr des unerlaubten Handels mit Kleinwaffen und leichten Waffen (SALW) und der dazugehörigen Munition in der Sahel-Region zu verringern, ABl. 2014, L 360/30

Beschluss 2014/913/GASP des Rates vom 15. 12. 2014 zur Unterstützung des Haager Verhaltenskodex und der Nichtverbreitung ballistischer Flugkörper im Rahmen der Umsetzung der Strategie der EU gegen die Verbreitung von Massenvernichtungswaffen, ABl. 2014, L 360/44

Beschluss 2015/1521/GASP des Rates vom 14. 9. 2015 zur Aufhebung des Beschlusses 2013/320/GASP des Rates zur Unterstützung von Maßnahmen zur physischen Sicherung und Verwaltung von Lagerbeständen, um die Gefahr des unerlaubten Handels mit Kleinwaffen und leichten Waffen und der dazugehörigen Munition in Libyen und in der Region zu verringern, ABl. 2015, L 239/142

Beschluss 2015/1837/GASP des Rates vom 12. 10. 2015 über die Unterstützung der Union für die Tätigkeiten der Vorbereitungskommission der Organisation des Vertrags für das umfassende Verbot von Nuklearversuchen (CTBTO) zur Stärkung ihrer Überwachungs- und Verifikationsfähigkeiten sowie im Rahmen der Umsetzung der Strategie der EU gegen die Verbreitung von Massenvernichtungswaffen, ABl. 2015, L 266/83

Beschluss 2015/1908/GASP des Rates vom 22. 10. 2015 zur Unterstützung eines globalen Berichterstattungsmechanismus für illegale Kleinwaffen und leichte Waffen und andere illegale konventionelle Waffen und Munition zur Minderung des Risikos ihres illegalen Handels (»iTrace II«), ABl. 2015, L 278/15

Beschluss 2015/2215/GASP des Rates vom 30.11.2015 zur Unterstützung der Resolution 2235 (2015) des VN-Sicherheitsrats zur Einrichtung eines Gemeinsamen Untersuchungsmechanismus der OVCW und der Vereinten Nationen zur Ermittlung der Personen, die in der Arabischen Republik Syrien Angriffe mit Chemiewaffen verübt haben, ABl. 2015, L 314/51

Beschluss 2015/2309/GASP des Rates vom 10.12.2015 über die Förderung wirksamer Waffenausfuhrkontrollen, ABl. 2015, L 326/56

A. Sinn und Zweck der Vorschrift

1   Art. 26 EUV enthält **keine Ermächtigungsgrundlage** für den Erlass von rechtsverbindlichen Beschlüssen im Rahmen der GASP. Die Vorschrift beschränkt sich vielmehr auf eine **Verteilung der Zuständigkeiten** und spiegelt das hierarchische Verhältnis zwischen den Unionsorganen wider. Zugleich gibt sie Zeugnis von der Abhängigkeit der GASP von den operativen Fähigkeiten der Mitgliedstaaten.

2   Dem **Europäischen Rat** kommt auf der strategischen Ebene, d.h. bei der Bestimmung der strategischen Interessen, Ziele und allgemeinen Leitlinien, eine **Führungsrolle** zu, die er unter grundsätzlichem Ausschluss der Außenminister wahrnimmt, was angesichts der damit einhergehenden Aufgabe der grundsätzlichen Kursbestimmung der GASP durchaus Sinn macht. Die gewachsene Bedeutung des Europäischen Rats – und damit auch der Staats- und Regierungschefs – weist dieses Organ der Union als wesentlichen Impulsgeber für die GASP aus. Der Europäische Rat bleibt nicht auf politische Vorgaben beschränkt, sondern er verfügt in Übereinstimmung mit Art. 22 EUV über das Recht (nicht: die Pflicht) der rechtsverbindlichen Festlegung der grundsätzlichen Ausrichtung der GASP, einschließlich der GSVP. Zudem folgt aus dem Recht zur Festlegung der allgemeinen Leitlinien und in gewisser Weise auch aus der Möglichkeit, spontan auf Krisensituationen zu reagieren, die Befugnis zu einem zunehmenden Einwirken auf die operativ-taktische Ebene.

3   Auf der **operativ-taktischen Ebene** ist der **Rat** für die Gestaltung und Durchführung der Vorgaben des Europäischen Rates zuständig. Allerdings bleibt er nicht auf die Rolle eines Ausführungsorgans beschränkt, wirkt er doch weiterhin auf die Willensbildung im Europäischen Rat ein. Gemeinsam mit dem Hohen Vertreter wacht er über die Sicherstellung der Kohärenz.

Auf der **Ebene der faktischen Durchführung** der GASP-Beschlüsse kommt neben dem **4** **Hohen Vertreter,** der von besonderen GASP-Einrichtungen unterstützt wird, den **Mitgliedstaaten** trotz der Einbettung der GASP in das institutionelle Gefüge der Union weiterhin eine entscheidende Rolle zu, die sie weitgehend eigenständig auszufüllen berechtigt sind.

B. Europäischer Rat (Abs. 1)

I. Führungsrolle des Europäische Rates (Abs. 1 UAbs. 1)

1. Strategische Interessen, Ziele und allgemeine Leitlinien (Abs. 1 UAbs. 1 Satz 1)

Das Recht zur Bestimmung der strategischen Interessen und der Ziele sowie der allge- **5** meinen Leitlinien verdeutlicht die hervorgehobene Funktion des Europäischen Rates als **Impulsgeber,** der damit nicht allein den politischen Kurs der GASP vorgibt, sondern mittels seiner Beschlüsse auch berechtigt ist, die nachgeordneten Ebenen und die Mitgliedstaaten auf diesen Kurs rechtsverbindlich festzulegen. Wenngleich der Europäische Rat als Organ der Union an die primärrechtlich verankerten Grundsätze und Ziele des Art. 21 EUV gebunden ist, wird damit das Recht nach Abs. 1 UAbs. 1 zur Bestimmung der Interessen und Ziele nicht hinfällig.[1] Auch wäre es zu kurz gegriffen, den Europäischen Rat lediglich darauf zu verpflichten, »die Interessen mit Blick auf die GASP besonders aufmerksam« zu definieren.[2] Zum einen bedürfen die Grundsätze und Ziele des Art. 21 EUV der Konkretisierung. Zum anderen darf nicht unberücksichtigt bleiben, dass es keine umfassende und einheitliche GASP der Union gibt (und wohl auch nicht geben soll). Der Europäische Rat muss vielmehr die internationale Lage ständig beobachten und mit Bezug auf bestimmte Staaten, Regionen oder Themen die Fragen beantworten, ob und welche außen- und sicherheitspolitischen Interessen der Union betroffen sind und ob es einer einheitlichen Positionierung oder Reaktion der Union bedarf, um diese Interessen zu wahren oder gegebenenfalls zu verteidigen.[3] Da Außen- und Sicherheitspolitik zudem nicht um ihrer selbst willen betrieben wird, sondern auf die Gestaltung der internationalen Beziehungen gerichtet sein muss, obliegt es dem Europäischen Rat auch, das gewünschte Endstadium, die Ziele, des außen- und sicherheitspolitischen Handelns der Union mit Blick auf einen bestimmten Staat, eine bestimmte Region oder in bestimmtes Thema festzulegen. Diese strategische Gestaltungsfunktion des Europäischen Rates erstreckt sich auf die GSVP.[4] Die in jüngerer Zeit verabschiedeten Sicherheitsstrategien geben Zeugnis davon, wie die Union ihre Interessen bestimmt und ihre Ziele festlegt.[5]

---

[1] So scheinbar aber *Hummer,* in: Vedder/Heintschel v. Heinegg, Europäisches Unionsrecht, Art. 26 EUV, Rn. 4.

[2] So aber *Cremer,* in: Calliess/Ruffert, EUV/AEUV, Art. 26 EUV, Rn. 1, der dies aus dem Zusammenhang mit Art. 22 Abs. 1 EUV herleitet.

[3] Vgl. dazu Art. 22 EUV, Rn. 2; Art. 25 EUV, Rn. 9.

[4] *Cremer,* in: Calliess/Ruffert, EUV/AEUV, Art. 26 EUV, Rn. 1; *Marquardt/Gaedtke,* in: GSH, Europäisches Unionsrecht, Art. 26, Rn. 2.

[5] Vgl. auch Europäische Sicherheitsstrategie – Ein sicheres Europa in einer besseren Welt, Dok. 15895/03; Strategie der Europäischen Union zur Bekämpfung des illegalen Handels mit Kleinwaffen, Dok. 13066/05; Strategie der Europäischen Union für Afrika, KOM (2005) 489; Strategie der Europäischen Union zur Terrorismusbekämpfung, Dok. 14469/4/05/REV 4; Strategie der Europäischen Union für maritime Sicherheit, Dok. 11205/14; European Union Maritime Security Strategy (EUMSS)

6   Mit dem Recht auch zur Festlegung der allgemeinen Leitlinien, das auch für den Bereich der GSVP zur Verfügung steht,[6] bleibt der Europäische Rat nicht auf die Rolle eines Impulsgebers oder strategischen Gestalters beschränkt. Bei den allgemeinen Leitlinien handelt es sich um ein **Führungs und Orientierungsinstrument**, mit dem der Europäische Rat vorgibt, welchen grundsätzlichen Kurs die mit der Durchführung betrauten Akteure einschlagen und an welchen Kriterien sie sich orientieren sollen.[7] Damit bleibt der Europäische Rat nicht auf die strategische Ebene eingeengt, sondern er verfügt auch über ein Instrument, um auf die operativ-taktische Ebene einzuwirken.

2. Erforderliche Beschlüsse (Abs. 1 UAbs. 1 Satz 2)

7   Gemäß Abs. 1 UAbs. 1 Satz 2 erlässt der Europäische Rat die erforderlichen Beschlüsse. Die Erforderlichkeit bezieht sich auf die strategischen Interessen, Ziele und allgemeinen Leitlinien. Obgleich der Indikativ dies nahezulegen scheint, begründet Abs. 1 UAbs. 1 Satz 2 **keine Pflicht** des Europäischen Rates. Vielmehr verfügt der Rat über ein umfassendes Ermessen hinsichtlich des Ob und des Wie. Dies erklärt sich vor dem Hintergrund des intergouvernementalen Charakters der GASP und dem Erfordernis der Einstimmigkeit.

8   Umstritten ist, ob der Europäische Rat auf förmliche Beschlüsse beschränkt ist, wenn er die strategischen Interessen bestimmen oder die Ziele und allgemeinen Leitlinien festzulegen beabsichtigt. Dafür spricht auf den ersten Blick der Wortlaut von Abs. 1 UAbs. 1 Satz 2.[8] Aus dem Gesamtzusammenhang sowie aus der grundsätzlichen Ausgestaltung der GASP, insbesondere aber aus der Natur der Außen- und Sicherheitspolitik, ergibt sich jedoch die **Notwendigkeit einer größtmöglichen Flexibilität** und eines möglichst weiten politischen Ermessensspielraums, da der Europäische Rat nur so in der Lage ist, die ihm übertragenen Aufgaben im Rahmen der GASP wirksam wahrzunehmen. Eine Festlegung auf den Rechtsakt des förmlichen Beschlusses würde den außen- und sicherheitspolitischen Spielraum des Europäischen Rates erheblich einengen und insbesondere eine schnelle Reaktion auf eine Krisensituation erschweren oder gar unmöglich machen. Daher steht es dem Europäischen Rat frei, nicht nur über das Ob und Wie der Bestimmung bzw. Festlegung der Interessen, Ziele und allgemeinen Leitlinien zu entscheiden, sondern auch über den Grad der Verbindlichkeit seiner strategischen Vorgaben.[9] Damit bleibt es ihm weiterhin unbenommen, die strategischen Vorgaben in seinen Schlussfolgerungen zu verankern.

– Action Plan, Doc. 15658/14; Joint Staff Working Docment – On the implementation of the EU Maritime Security Strategy Action Plan, SWD (2016) 217 final; Cybersicherheitsstrategie der Europäischen Union – ein offener, sicherer und geschützter Cyberraum, JOIN (2013) 1 final; Die Europäische Sicherheitsagenda, COM (2015) 185 final; *Federica Mogherini*: Shared Vision, Common Action: A Stronger Europe – A Global Strategy for the European Union's Foreign and Security Policy, June 2016.

    [6] *Hummer*, in: Vedder/Heintschel v. Heinegg, Europäisches Unionsrecht, Art. 26 EUV, Rn. 6; *Cremer*, in: Calliess/Ruffert, EUV/AEUV, Art. 26 EUV, Rn. 1. Hingewiesen sei auch auf das Protokoll Nr. 22 über die Position Dänemarks, nach dessen Art. 5 sich Dänemark »nicht an der Ausarbeitung und Durchführung Beschlüssen und Maßnahmen der Union [beteiligt], die verteidigungspolitische Bezüge haben.«

    [7] Vgl. dazu Art. 25 EUV, Rn. 9; ferner *Cremer*, in: Calliess/Ruffert, EUV/AEUV, Art. 26 EUV, Rn. 1.

    [8] So *Cremer*, in: Calliess/Ruffert, EUV/AEUV, Art. 26 EUV, Rn. 2.

    [9] Wie hier *Kaufmann-Bühler/Meyer-Landrut*, in: Grabitz/Hilf/Nettesheim, EU, Art. 26 EUV (Juli 2010), Rn. 13.

Entschließt sich der Europäische Rat auf Grund einer entsprechenden Empfehlung   9
des Rates[10] zum Erlass eines Beschlusses nach Abs. 1 UAbs. 1 Satz 2, so muss dieser
einstimmig gefasst werden.[11] Dazu bedarf es einer förmlichen Abstimmung, so dass der
Europäische Rat nicht im Konsens-Verfahren beschließen darf.[12] Gemäß Art. 12 GO-ER
finden die Vorschriften über die Rechtakte des Rates entsprechende Anwendung.

II.   Außerordentliche Sitzungen des Europäischen Rates (Abs. 1 UAbs. 2)

Gemäß Art. 15 Abs. 3 Satz 1 EUV tritt der Europäische Rat zweimal pro Halbjahr zu-   10
sammen. Wenn es die Lage erfordert, kann der Präsident nach Art. 15 Abs. 3 Satz 3
EUV aber auch eine außerordentliche Sitzung einberufen. Eigentlich hätte es einer erneuten Regelung der außerordentlichen Sitzungen daher nicht bedurft. Allerdings ist die
Vorschrift des Abs. 1 UAbs. 2 keineswegs überflüssig, wird so doch den Eigenheiten und
der **Dynamik der internationalen Beziehungen** besonders Rechnung getragen, indem
für die GASP, einschließlich der GSVP, das Recht zur Einberufung außerordentlicher
Sitzungen des Europäischen Rates nochmals ausdrücklich bekräftigt wird. Diese Son-
dersitzungen dienen allein dem Zweck, die angesichts der internationalen Entwicklung
erforderlichen strategischen Vorgaben festzulegen.[13]

Die außerordentlichen Sitzungen nach Abs. 1 UAbs. 2 müssen sich mit einer »**inter-**   11
nationalen Entwicklung« befassen und sich darauf beschränken. Dies kann die Situation
in einem Drittstaat oder in einer bestimmten Region sein oder aber ein sonstiges Ereignis
auf internationaler Ebene, das sich auf die Interessen der Union auswirken könnte.
Vorgänge innerhalb der Union oder in einzelnen Mitgliedstaaten sind für die Einberufung einer Sondersitzung des Europäischen Rates nach Abs. 1 UAbs. 2 nicht ausreichend, es sei denn, sie betreffen die Beziehungen zu anderen Staaten oder internationalen Organisationen. Zudem muss die internationale Entwicklung so bedeutsam oder
weitreichend sein, dass die Notwendigkeit einer Sondersitzung zur Festlegung der strategischen Vorgaben nicht von vornherein ausgeschlossen ist. Freilich besteht hinsichtlich der Feststellung der **Eilbedürftigkeit** eine weiter Beurteilungsspielraum.[14]

Einberufen werden außerordentliche Sitzungen durch den Präsidenten, ohne dass es   12
einer vorherigen Empfehlung des Rates bedarf. Berechtigt, einen entsprechenden Antrag an den Präsidenten zu richten, sind neben den Mitgliedstaaten der Hohe Vertreter
und der Präsident der Kommission.[15]

C.   Gestaltung und Durchführung der GASP durch den Rat (Abs. 2 UAbs. 1)

Abs. 2 UAbs. 1 knüpft an die allgemeine Aufgabe des Rates »Auswärtige Angelegen-   13
heiten« nach Art. 16 Abs. 6 UAbs. 3 EUV an, »das auswärtige Handeln der Union ent-

---

[10] Vgl. Art. 22 Abs. 1 UAbs. 2 EUV; ferner *Cremer*, in: Calliess/Ruffert, EUV/AEUV, Art. 26 EUV,
Rn. 2.

[11] Art. 22 Abs. 1 UAbs. 2 EUV.

[12] *Hummer*, in: Vedder/Heintschel v. Heinegg, Europäisches Unionsrecht, Art. 26 EUV, Rn. 3.

[13] *Kaufmann-Bühler/Meyer-Landrut*, in: Grabitz/Hilf/Nettesheim, EU, Art. 26 EUV (Juli 2010),
Rn. 14.

[14] Dazu sowie zum Vorstehenden vgl. *Kaufmann-Bühler/Meyer-Landrut*, in: Grabitz/Hilf/Net-
tesheim, EU, Art. 26 EUV (Juli 2010), Rn. 14.

[15] *Cremer*, in: Calliess/Ruffert, EUV/AEUV, Art. 26 EUV, Rn. 3.

sprechend den strategischen Vorgaben des Europäischen Rates« zu gestalten. Darüber hinaus fasst er die für die Festlegung und Durchführung dieser Politik erforderlichen Beschlüsse.

I. Umsetzung der strategischen Vorgaben des Europäischen Rates

14   Mit dieser Aufgabenzuweisung wird der Rat grundsätzlich auf die **operativ-taktische Ebene** verwiesen. Allerdings würde es seiner Rolle nicht gerecht, ihn als bloßes Exekutivorgan des Europäischen Rates anzusehen. Die strategischen Vorgaben des Europäischen Rates mögen im Einzelfall, in Form der allgemeinen Leitlinien, auf die operativ-taktische Ebene einwirken, sie bleiben aber in der Regel konkretisierungsbedürftig, so dass der Rat die Vorgaben des Europäischen Rates nicht lediglich exekutiert, sondern auch nach eigenen Vorstellungen »**gestalten**« kann. Freilich wird dem Rat damit nur ein begrenzter Gestaltungsspielraum eingeräumt, bleibt er doch an die strategischen Vorgaben insoweit gebunden, als er sich zu ihnen nicht in Widerspruch setzen darf.[16]

15   Ebenfalls über Ermessen verfügt der Rat hinsichtlich der Frage der **Erforderlichkeit** von Durchführungsbeschlüssen. Dies sind insbesondere die Beschlüsse nach Art. 25 Buchst. b EUV, mithin Beschlüsse über Aktionen (Art. 28 EUV) und Standpunkte (Art. 29 EUV), aber auch Beschlüsse über verteidigungspolitische Missionen nach Art. 42 Abs. 1 und 43 EUV. Grundsätzlich beschließt der Rat einstimmig, es sei denn, eine der Ausnahmen nach Art. 31 Abs. 2 EUV lässt eine qualifizierte Mehrheit ausreichen.

16   Entgegen einer im Schrifttum vertretenen Position bedarf es für ein Tätigwerden des Rates **keines förmlichen Beschlusses des Europäischen Rates** nach Abs. 1 UAbs. 1 Satz 2.[17] Dagegen spricht bereits das Recht des Europäischen Rates, über den Grad der Verbindlichkeit seiner strategischen Vorgaben frei zu entscheiden.[18] Wegen der in Art. 26 EUV zum Ausdruck kommenden Hierarchie und seiner Bindung an die strategischen Vorgaben ist es dem Rat aber verwehrt, die GASP unabhängig von strategischen Vorgaben des Europäischen Rates zu gestalten und durchzuführen.[19]

II. Keine Beschränkung auf die operativ-taktische Ebene

17   Der Rat bleibt aber nicht allein wegen seines Gestaltungsrechts keineswegs auf die operativ-taktische Ebene, mithin auf die Rolle einer »zentralen Entscheidungsinstanz für die laufenden Geschäfte der GASP«[20], beschränkt. Eine solche Einordnung würde den Blick darauf verstellen, dass der Rat auch auf der **strategischen Ebene** eine bedeutende Rolle spielt, indem er nicht allein die Arbeit des Europäischen Rates vorbereitet (Art. 16 Abs. 6 UAbs. 2 EUV), sondern mittels seiner Empfehlungen nach Art. 22 Abs. 1 UAbs. 3 EUV dem Europäischen Rat auch Impulse zur Bestimmung der strategischen Interessen und der Festlegung der mit der GASP zu verfolgenden Ziele zu geben berechtigt ist. Zudem obliegt ihm gemäß Art. 3 GO-ER die Vorprüfung der Schlussfolgerungen des Europäischen Rates.

---

[16] Wie hier *Cremer*, in: Calliess/Ruffert, EUV/AEUV, Art. 26 EUV, Rn. 4.
[17] So aber *Cremer*, in: Calliess/Ruffert, EUV/AEUV, Art. 26 EUV, Rn. 4.
[18] S. o. Rn. 8.
[19] *Cremer*, in: Calliess/Ruffert, EUV/AEUV, Art. 26 EUV, Rn. 4.
[20] So *Regelsberger/Kugelmann*, in: Streinz, EUV/AEUV, Art. 26 EUV, Rn. 2.

D. Kohärenz (Abs. 2 UAbs. 2)

Abs. 2 UAbs. 2 knüpft an das allgemeine Kohärenzgebot des Art. 7 AEUV an, ohne dass   **18**
ihm eine konstitutive Wirkung zukommt. Wenngleich Abs. 2 UAbs. 2 für den Bereich
der GASP die Pflichten von Rat und Hohem Vertreter konkretisiert und näher ausgestaltet, verleiht ihnen diese Vorschrift keine eigenständige Kompetenz zur Sicherstellung der Kohärenz.[21] Diese ergeben sich vielmehr aus Art. 21 Abs. 3 und Art. 24 Abs. 3
UAbs. 3 EUV. Zwar ist nicht geklärt, ob Art. 21 Abs. 3 EUV allein die Unionsebene
(horizontale Kohärenz) und Art. 24 Abs. 3 UAbs. 3 EUV allein das Verhältnis zwischen
der Union und den Mitgliedstaaten betrifft (vertikale Kohärenz)[22], so besteht doch darüber Einigkeit, dass das Kohärenzgebot des Abs. 2 UAbs. 2 sowohl horizontal als auch
vertikal gilt.[23] Freilich bleibt es dabei, dass es sich auch hier eher um eine Bemühens-
denn um eine absolute Erfüllungspflicht handelt.[24]

E. Faktische Durchführung der GASP (Abs. 3)

I. Allgemeines

Bereits aus seiner Stellung in Art. 26 EUV wird deutlich, dass Abs. 3 nicht die Gestaltung   **19**
der GASP auf strategischer und operativ-taktischer Ebene betrifft, sondern allein den
Aspekt der faktischen Implementierung der GASP durch die Mitgliedstaaten und den
Hohen Vertreter. Insbesondere werden dem Hohen Vertreter keine über die an anderen
Stellen des EUV hinausgehende Kompetenzen verliehen. Abs. 3 beschränkt sich damit
auf eine Bestätigung des Art. 24 Abs. 1 UAbs. 2 Satz 4 und eine allgemeine Aufgabenbeschreibung der faktischen Durchführungsebene. Zugleich wird deutlich, dass es sich
bei der GASP nicht um eine gemeinsame Politik der Union i. e. S., um eine ausschließliche Zuständigkeit der Union, handelt, sondern um »die von der Union und den gesamt-
händerisch und solidarisch handelnden Mitgliedstaaten gemeinsame Durchführung«.[25]

II. Rolle des Hohen Vertreters

Das Völkerrechtssubjekt Europäische Union wird im Bereich der GASP vom Hohen   **20**
Vertreter repräsentiert, der gemäß Art. 18 Abs. 2 EUV die GASP leitet und sie (sowie
die GSVP) im Auftrag des Rates durchführt. Damit wird deutlich, dass der Hohe Ver-
treter auch auf der faktischen Implementierungsebene weiterhin weisungsabhängig ist.
Gemäß Art. 27 Abs. 2 EUV vertritt der Hohe Vertreter die Union im Bereich der GASP
und führt im Namen der Union den politischen Dialog auf internationaler Ebene.[26]
Wenngleich gemäß Art. 15 Abs. 6 EUV auch der Präsident des Europäischen Rates »die
Außenvertretung der Union in Angelegenheiten der Gemeinsamen Außen und Sicher-

[21] *Hummer*, in: Vedder/Heintschel v. Heinegg, Europäisches Unionsrecht, Art. 26 EUV, Rn. 11;
Cremer, in: Calliess/Ruffert, EUV/AEUV, Art. 26 EUV, Rn. 6.
[22] S. o. Art. 21 EUV, Rn. 31.
[23] *Cremer*, in: Calliess/Ruffert, EUV/AEUV, Art. 26 EUV, Rn. 7.
[24] S. o. Art. 21 EUV, Rn. 32.
[25] *Hummer*, in: Vedder/Heintschel v. Heinegg, Europäisches Unionsrecht, Art. 26 EUV, Rn. 14.
[26] *Cremer*, in: Calliess/Ruffert, EUV/AEUV, Art. 27 EUV, Rn. 17.

heitspolitik« wahrnimmt, so ist das mögliche Spannungsverhältnis zu den außenpolitischen Aufgaben des Hohen Vertreters dadurch abgemildert, dass der Präsident des Europäischen Rates auf »seine Ebene«, d. h. die strategische Ebene des Europäischen Rates, beschränkt sein und er seine Aufgabe »unbeschadet der Befugnisse des Hohen Vertreters« wahrnehmen soll.[27] Zur Erfüllung dieser Aufgaben, d. h. auch hinsichtlich der in Art. 26 Abs. 3 EUV vorgesehenen (faktischen) Durchführung der GASP, steht dem Hohen Vertreter das gesamte Spektrum außenpolitischer Handlungsformen zur Verfügung, die unterhalb der Schwelle der Rechtsverbindlichkeit verbleiben.

21   Bei der Durchführung der GASP kann sich der Hohe Vertreter nicht allein auf den EAD stützen (Art. 27 Abs. 3 EUV), sondern auch auf das Politische und Sicherheitspolitische Komitee (PSK, Art. 38 EUV), die Politische Einheit,[28] das Satellitenzentrum der Europäischen Union,[29] das Kommunikationszentrum, den Militärausschuss[30] sowie den Ausschuss für zivile Aspekte des Krisenmanagements. Das »Zentrum für Informationsgewinnung und -analyse« (EU Intelligence Analysis Center, INTCENT) – das ist das frühere Gemeinsame Lagezentrum – und der Militärstab[31] sind im EAD aufgegangen.[32] Mit Blick auf das PSK gilt es zu beachten, dass es gemäß Art. 38 UAbs. 2 EUV zwar unter der Verantwortung des Rates und des Hohen Vertreters steht, mithin weisungsabhängig ist, es gemäß Art. 38 UAbs. 1 EUV aber auch berechtigt ist, »von sich aus durch an den Rat gerichtete Stellungnahmen zur Festlegung der Politiken« beizutragen.[33] Im Übrigen kann der Rat nach Art. 33 EUV Sonderbeauftragte ernennen, die ihre Mandate unter der Verantwortung des Hohen Vertreters ausüben. Schließlich obliegen dem Hohen Vertreter verschiedene **Koordinierungsaufgaben** (Art. 32 Abs. 2, Art. 34 Abs. 1 UAbs. 1 Satz 3, Art. 44 Abs. 1 Satz 2 sowie als Besonderheit Art. 31 Abs. 2 UAbs. 2 Satz 2 EUV) und er fungiert als »Informationsknotenpunkt« in Angelegenheiten der GASP.[34]

III. Mittel

22   Die in Abs. 3 genannten Mittel der Mitgliedstaaten betreffen vor allem die Bereitstellung ziviler oder militärischer **operativer Fähigkeiten** durch Sachmittel und Personal, für deren Finanzierung die Mitgliedstaaten zuständig bleiben. Mittel der Union sind zunächst Haushaltsmittel der Union, insbesondere solche für Verwaltungsausgaben, operative Ausgaben und Sofortfinanzierungen nach den Abs. 1 bis 3 des Art. 41 EUV.

---

[27] Vgl. dazu auch *Regelsberger/Kugelmann*, in: Streinz, EUV/AEUV, Art. 26 EUV, Rn. 1.

[28] Hervorgegangen aus der Strategieplanungs- und Frühwarneinheit, ABl. 1997, C 340/132.

[29] Gemeinsame Aktion 2001/555/GASP des Rates vom 20.7.2001 betreffend die Einrichtung eines Satellitenzentrums der Europäischen Union, ABl. 2001, L 200/5; zul. geändert durch Beschluss des Rates 2011/297/GASP vom 23.5.2011 zur Änderung der Gemeinsamen Aktion 2001/555/GASP betreffend die Einrichtung eines Satellitenzentrums der Europäischen Union, ABl. 2011, L 136/62.

[30] Beschluss des Rates 2001/79/GASP vom 22.1.2001 zur Einsetzung des Militärausschusses der Europäischen Union, ABl. 2001, L 27/4.

[31] Beschluss des Rates 2001/80/GASP vom 22.1.2001 zur Einsetzung des Militärstabs der Europäischen Union, ABl. 2001, L 27/7; zul. geändert durch Beschluss des Rates 2005/395/GASP vom 10.5.2005 zur Änderung des Beschlusses 2001/80/GASP zu Einsetzung des Militärstabs der Europäischen Union, ABl. 2005, L 132/17.

[32] Vgl. dazu den Anhang zum Beschluss des Rates 2010/427/EU vom 26.7.2010 über die Organisation und Arbeitsweise des Europäischen Auswärtigen Dienstes, ABl. 2010, L 201/30.

[33] Vgl. auch *Cremer*, in: Calliess/Ruffert, EUV/AEUV, Art. 26 EUV, Rn. 13.

[34] Eingehend dazu *Cremer*, in: Calliess/Ruffert, EUV/AEUV, Art. 26 EUV, Rn. 16 ff.

Wegen der Übertragung der faktischen Durchführung der GASP auf den Hohen Vertreter fallen unter den Begriff »Mittel der Union« aber auch die oben (Rn. 20 f.) erwähnten Aktivitäten des Hohen Vertreters und der ihn unterstützenden Einrichtungen der Union.

Artikel 27 EUV [Aufgaben des Hohen Vertreters, Europäischer Auswärtiger Dienst]

(1) Der Hohe Vertreter der Union für Außen- und Sicherheitspolitik, der im Rat »Auswärtige Angelegenheiten« den Vorsitz führt, trägt durch seine Vorschläge zur Festlegung der Gemeinsamen Außen- und Sicherheitspolitik bei und stellt sicher, dass die vom Europäischen Rat und vom Rat erlassenen Beschlüsse durchgeführt werden.

(2) ¹Der Hohe Vertreter vertritt die Union in den Bereichen der Gemeinsamen Außen- und Sicherheitspolitik. ²Er führt im Namen der Union den politischen Dialog mit Dritten und vertritt den Standpunkt der Union in internationalen Organisationen und auf internationalen Konferenzen.

(3) ¹Bei der Erfüllung seines Auftrags stützt sich der Hohe Vertreter auf einen Europäischen Auswärtigen Dienst. ²Dieser Dienst arbeitet mit den diplomatischen Diensten der Mitgliedstaaten zusammen und umfasst Beamte aus den einschlägigen Abteilungen des Generalsekretariats des Rates und der Kommission sowie abgeordnetes Personal der nationalen diplomatischen Dienste. ³Die Organisation und die Arbeitsweise des Europäischen Auswärtigen Dienstes werden durch einen Beschluss des Rates festgelegt. ⁴Der Rat beschließt auf Vorschlag des Hohen Vertreters nach Anhörung des Europäischen Parlaments und nach Zustimmung der Kommission.

Literaturübersicht

Denza, The role of the High Representative of the Union for foreign affairs and security policy, in: Blanke/Mangiameli (Hrsg.), The European Union after Lisbon, 2012, S. 481; Duke, The European external action service antidote against incoherence?, EFAR 2012, 45; *Erkelens*, Setting up the European External Action Service – An Act of institutional balance, EuConst 8 (2012) 2, 246; Furness, Who controls the European External Action Service? Agent autonomy in EU external policy, EFAR 2013, 103; *Grevi*, The Institutional Framework of External Action, in: Amato u. a. (Hrsg.): Genèse et destinée de la Constitution européenne, 2007, S. 773; *Heusgen*, Nach den gescheiterten Referenden: Was wird aus dem Außenminister der Union und dem EAD?, integration 2005, 336; *Karalus*, Die diplomatische Vertretung der Europäischen Union, 2009; *Müller-Brandeck-Bocquet* (Hrsg.), The high representative for the EU foreign and security policy – review and prospects, 2011; *ders.*, Zehn Jahre Hoher Vertreter – Lehren für die EU-Außen- und Sicherheitspolitik nach Lissabon, integration 2011, 24; *Murdoch*, Negotiating the European External Action Service (EEAS) – analyzing the external effects of internal (dis)agreement, JCMSt 50 (2012) 6, 1011; *Pleszka*, High Representative of the Union for Foreign Affairs and Security Policy, analysis of the Lisbon Treaty provisions, Yearbook of Polish European studies, 13 (2010), 81; *Santos*, The establishment of the European external action service – the EU in search of a stronger role on the international stage, Croatian yearbook of European law & policy 7 (2011), 109; *Vanhoonacker*, The European External Action Service – living forwards by understanding backwards, EFAR 2010, 1; *Van Vooren*, A legal-institutional perspective on the European External Action Service, CMLRev. 48 (2011), 475; *Wisniewski*, The influence of the European Parliament on the European External Action Service, EFAR 2013, 81.

Wesentliche sekundärrechtliche Vorschriften

Beschluss 2000/178/GASP des Rates vom 28.2.2000 über die Regelung für zum Generalsekretariat des Rates abgeordnete nationale Sachverständige im Militärbereich während der Übergangszeit, ABl. 2000, L 57/1

Beschluss 2002/845/GASP des Rates vom 30.9.2002 über den Abschluss des Abkommens zwischen der Europäischen Union und Bosnien und Herzegowina über die Tätigkeit der Polizeimission der Europäischen Union (EUPM) in Bosnien und Herzegowina, ABl. 2002, L 293/1

Beschluss 2003/432/GASP des Rates vom 12.6.2003 über die Einleitung der militärischen Operation der Europäischen Union in der Demokratischen Republik Kongo, ABl. 2003, L 147/42

Beschluss 2003/211/GASP des Rates vom 24.2.2003 über den Abschluss des Abkommens zwischen der Europäischen Union und der Nordatlantikvertrags-Organisation über den Geheimschutz, ABl. 2003, L 80/35

Beschluss des Rates 210/427/EU vom 26.7.2010 über die Organisation und Arbeitsweise des Europäischen Auswärtigen Dienstes, ABl. 2010, L 201/30

Beschluss 2009/908/EU des Rates vom 1.12.2009 zur Festlegung von Maßnahmen für die Durchführung des Beschlusses des Europäischen Rates über die Ausübung des Vorsitzes im Rat und über den Vorsitz in den Vorbereitungsgremien des Rates, ABl. 2009, L 322/28

Verordnung 1081/2010 des Europäischen Parlaments und des Rates vom 24.11.2010 zur Änderung der Verordnung (EG, Euratom) Nr. 1605/2002 des Rates über die Haushaltsordnung für den Gesamthaushaltsplan der Europäischen Gemeinschaften in Bezug auf den Europäischen Auswärtigen Dienst, ABl. 2010, L 311/9

Verordnung 1080/2010 des Europäischen Parlaments und des Rates vom 24.11.2010 zur Änderung des Statuts der Beamten der Europäischen Gemeinschaften und der Beschäftigungsbedingungen für die sonstigen Bediensteten der Europäischen Gemeinschaften, ABl. 2010, L 311/1

A. Entwicklung und Ziele der Vorschrift

Nach den Verträgen von Amsterdam und Nizza lag die Außenvertretung der Union bei **1** der sog. »Troika«, bestehend aus der Ratspräsidentschaft, dem Hohen Vertreter und der Kommission. Der Außenminister der jeweiligen Ratspräsidentschaft war der auswärtige Repräsentant der Union. Der Hohe Vertreter war auf die Unterstützung des Ratsvorsitzes beschränkt (Art. 18 Abs. 3, Art. 27 EUV a. F.). Die GASP wurde gemeinsam vom Ratsvorsitz und dem Hohen Vertreter (»Mister GASP«) ausgeführt. Diese Konstruktion stand zu dem erklärten Willen der Union, ihr in ihren Außenbeziehungen ein »Gesicht zu geben«, sowie einer kohärenten und strukturierten GASP in sichtlichem Widerspruch. Unbeschadet der Zuständigkeiten des Europäischen Rates, des Präsidenten des Europäischen Rates und des Rates obliegt die Leitung der GASP nunmehr dem Hohen Vertreter, der wegen der Vorbehalte einiger Mitgliedstaaten zwar nicht als »**Außenminister**« bezeichnet wird, sehr wohl aber insoweit die klassischen Aufgaben eines Außenministers wahrnimmt, als er insbesondere den politischen Dialog mit Drittstaaten führt und die Union in internationalen Organisationen und auf internationalen Konferenzen vertritt. Bei der Erfüllung seiner Aufgaben steht dem Hohen Vertreter ein **Europäischer Auswärtiger Dienst** (EAD) zur Seite, der sich aus Mitarbeitern der Union und der Mitgliedstaaten zusammensetzt. Damit kann der Hohe Vertreter auf einen deutlich verbesserten **Verwaltungsunterbau** zurückgreifen, der ihn im Rahmen seiner Zuständigkeiten in die Lage versetzt, die Außen- und Sicherheitspolitik der Union effizient, sichtbar und kontinuierlich zu gestalten und zu leiten.[1] Die auswärtigen Aufgaben der früheren Troika sind damit merklich gebündelt worden.

B. Der Hohe Vertreter der Union für Außen- und Sicherheitspolitik

I. Einführung

2   Die Leitung der GASP liegt gemäß Art. 18 Abs. 2 EUV beim Hohen Vertreter der Union für Außen- und Sicherheitspolitik. Er wird vom Europäischen Rat mit qualifizierter Mehrheit und mit Zustimmung des Präsidenten der Kommission ernannt (Art. 18 Abs. 1 EUV). Der Hohe Vertreter führt den Vorsitz im Rat »Auswärtige Angelegenheiten« (Art. 18 Abs. 3, Art. 27 Abs. 1 EUV), er ist zugleich aber einer der Vizepräsidenten der Kommission (Art. 18 Abs. 4 EUV). Das Amt des Hohen Vertreters bekleidete zunächst Javier Solana (1999–2009), der anfänglich noch als Generalsekretär der WEU fungierte. Ihm folgte die am 1.12.2009 vom Europäischen Rat ernannte *Baroness Catherine Ashton*.[2] Am 1. November 2014 übernahm *Frederica Mogherini* das Amt des Hohen Vertreters.[3]

3   Art. 27 Abs. 1 und 2 EUV stellt **keine Ermächtigungsgrundlage** für Maßnahmen des Hohen Vertreters im Bereich der GASP dar, sondern beschränkt sich auf eine allgemeine Aufgabenbeschreibung. Die einzelnen Befugnisse des Hohen Vertreters sind den über den EUV und den AEUV verstreuten Vorschriften zu entnehmen.

II. Aufgaben im Bereich der GASP

1. Mitwirkung an der Festlegung der GASP (Abs. 1)

4   Eine wesentliche Aufgabe des Hohen Vertreters besteht in der Mitwirkung an der Festlegung der GASP. Damit wird deutlich, dass der Hohe Vertreter nicht auf die Rolle eines bloßen Exekutivorgans beschränkt ist, sondern in Wahrnehmung seiner Initiativrechte auch als Impulsgeber zur Fortentwicklung der GASP aktiv beitragen soll.[4]

5   Wie bereits eingangs bemerkt (s. Rn. 3), bestimmt sich die Reichweite dieses **Initiativrechts** nach besonderen Vorschriften des EUV und des AEUV:[5]
–   Auf der strategischen Ebene kann der Hohe Vertreter nach Art. 22 Abs. 2 i. V. mit Art. 22 Abs. 1 UAbs. 3 EUV mit Kommission gemeinsame Vorschläge für **Empfehlungen** des Rates **zur Festlegung der strategischen Interessen und Ziele** durch den Europäischen Rat vorlegen.[6]

---

[1] Zur Regelung des Europäischen Verfassungsvertrags, die in den Lissaboner Vertrag übernommen wurde vgl. *Grevi*, S. 788 ff. Vgl. ferner *Kaufmann-Bühler*, in: Grabitz/Hilf/Nettesheim, EU, Art. 27 EUV (September 2013), Rn. 1.

[2] Beschluss 2009/880/EU des Europäischen Rates mit Zustimmung des Präsidenten der Kommission v. 1.12.2009 zur Ernennung des Hohen Vertreters der Union für Außen- und Sicherheitspolitik, ABl. 2009, L 315/49.

[3] Beschluss 2014/639/EU des Europäischen Rates v. 30.8.2014 zur Ernennung des Hohen Vertreters der Union für Außen- und Sicherheitspolitik, ABl. 2014, L 262/66.

[4] Vgl. statt vieler *Kaufmann-Bühler*, in: Grabitz/Hilf/Nettesheim, EU, Art. 27 EUV (September 2013), Rn. 3.

[5] Vgl. auch *Cremer*, in: Calliess/Ruffert, EUV/AEUV, Art. 27 EUV, Rn. 2 ff.

- Gemäß Art. 31 Abs. 2 UAbs. 1, 2. Gedstr. EUV kann der Hohe Vertreter »auf spezielles Ersuchen des Europäischen Rats, das auf dessen eigene Initiative oder auf eine Initiative des Hohen Vertreters zurückgeht«, dem Rat einen Vorschlag für den Erlass eines Beschlusses zu unterbreiten, mit »dem eine **Aktion oder ein Standpunkt** der Union festgelegt wird«.
- Gemäß Art. 30 Abs. 1 EUV kann der Hohe Vertreter allein oder mit Unterstützung der Kommission den Rat mit einer Frage der Gemeinsamen Außen- und Sicherheitspolitik **befassen** und ihm **Initiativen** beziehungsweise **Vorschläge** unterbreiten. Insoweit ist hervorzuheben, dass die Kommission auf eine Unterstützung des Hohen Vertreters beschränkt bleibt. Anders verhält es sich freilich hinsichtlich restriktiver Maßnahmen (Wirtschaftssanktionen), die einen gemeinsamen Vorschlag von Hohem Vertreter und Kommission voraussetzen (Art. 215 Abs. 1 AEUV).[7]
- **Sonderbeauftragte** können gemäß Art. 33 Satz 1 EUV vom Rat nur auf Vorschlag des Hohen Vertreters ernannt werden.
- Beschlüsse über den **Anschubfonds** nach Art. 41 Abs. 3 UAbs. 3 EUV bedürfen ebenfalls eines Vorschlags des Hohen Vertreters.
- Mit Blick auf den Beitritt eines Mitgliedstaates zu einer bestehenden **Verstärkten Zusammenarbeit** kann der Hohe Vertreter dem Rat einen Vorschlag für einen Beschluss über die notwendigen **Übergangsmaßnahmen** zur Anwendung der im Rahmen der Verstärkten Zusammenarbeit bereits erlassenen Rechtsakte unterbreiten (Art. 331 Abs. 2 UAbs. 2 Satz 2 AEUV).
- Gemäß Art. 218 Abs. 3 AEUV legt der Hohe Vertreter dem Rat Empfehlungen zur **Aufnahme von Verhandlungen** über den Abschluss eines völkerrechtlichen Vertrages vor, »wenn sich die geplante Übereinkunft ausschließlich oder hauptsächlich« auf die GASP bezieht.
- Schließlich kann der Hohe Vertreter dem Rat vorschlagen, einen Beschluss über die **Aussetzung einer Übereinkunft**[8] und zur Festlegung der in einem durch diese Übereinkunft eingesetzten Gremium zu vertretenden Standpunkte der Union festzulegen, »sofern dieses Gremium rechtswirksame Akte, mit Ausnahme von Rechtsakten zur Ergänzung oder Änderung des institutionellen Rahmens der betreffenden Übereinkunft, zu erlassen hat« (Art. 218 Abs. 9 AEUV).

2. Verantwortung für die Durchführung der Beschlüsse des Europäischen Rates und des Rates (Abs. 1)

Nach der 2. Alternative von Abs. 1 gehört zu den weiteren Aufgaben des Hohen Vertreters die Sicherstellung der Durchführung der vom Europäischen Rat und vom Rat erlassenen Beschlüsse. Diese Aufgabenzuweisung schließt an Art. 26 Abs. 3 EUV an und betrifft damit die Ebene der faktischen Implementierung der GASP-Beschlüsse.[9] Zunächst hat der Hohe Vertreter dafür Sorge zu tragen, dass die in einem Beschluss vorgesehenen Mittel der Union und der Mitgliedstaaten tatsächlich zur Verfügung ste-

6

---

[6] Vgl. Art. 22 EUV, Rn. 15; ferner *Cremer*, in: Calliess/Ruffert, EUV/AEUV, Art. 27 EUV, Rn. 11.

[7] *Cremer*, in: Calliess/Ruffert, EUV/AEUV, Art. 27 EUV, Rn. 5.

[8] So etwa Beschluss 2011/523/EU des Rates vom 2.9.2011 zur teilweisen Aussetzung des Kooperationsabkommens zwischen der Europäischen Wirtschaftsgemeinschaft und der Arabischen Republik Syrien, ABl. 2011, L 228/19; zul. geändert durch Beschluss 2012/123/GASP des Rates vom 27.2.2012, ABl. 2012, L 54/18.

[9] Vgl. allein Art. 26 EUV, Rn. 22.

hen, die wesentlich für ein zielgerichtetes und wirksames Auftreten nach außen sind.[10] Darüber hinaus ist der Hohe Vertreter verpflichtet, das Handeln der Union und der Mitgliedstaaten zu koordinieren, die gegebenenfalls erforderlichen Vorbereitungsmaßnahmen in Drittstaaten oder internationalen Organisationen zu ergreifen und einen effizienten Informationsfluss zwischen allen beteiligten Akteuren sicherzustellen.[11] Diese durchaus entscheidende Rolle des Hohen Vertreters auf der Ebene der faktischen Implementierung darf nicht den Blick auf die fortbestehenden Mitsprache- und Mitwirkungsrechte der Mitgliedstaaten verstellen, die sich vor dem Hintergrund des intergouvernementalen Charakters der GASP erklären.

3. Vertretung der Union im Bereich der GASP (Abs. 2)

a) Verhältnis zum Präsidenten des Europäischen Rates

7   Die dem Hohen Vertreter nach Abs. 2 und Art. 18 Abs. 2 EUV zugewiesene Aufgabe der Vertretung der Union im Bereich der GASP, einschließlich der GSVP, hat zweifellos das Potential, **Spannungen** im Verhältnis zum Präsidenten des Europäischen Rates zu erzeugen, da dieser nach Art. 15 Abs. 6 EUV ja ebenfalls »die Außenvertretung der Union in Angelegenheiten der Gemeinsamen Außen- und Sicherheitspolitik« wahrnimmt.[12] Gleichwohl bleibt für eine effektive und eigenständige Wahrnehmung der Außenvertretung durch den Hohen Vertreter durchaus Raum, ist doch der Präsident des Europäischen Rates auf »seine Ebene«, d. h. die strategische Ebene des Europäischen Rates, beschränkt und soll er seine Aufgabe doch »unbeschadet der Befugnisse des Hohen Vertreters« wahrnehmen.[13]

b) Inhalt und Reichweite der Außenvertretungsbefugnis

8   Da Art. 27 EUV lediglich eine **allgemeine Aufgabenbeschreibung** enthält, begründet Abs. 2 weder ein Recht des Hohen Vertreters für ein allgemeines Tätigwerden in außen- und sicherheitspolitischen Fragen noch eine Zuständigkeit zum Abschluss völkerrechtlicher Verträge. Vielmehr muss sich der Hohe Vertreter innerhalb des Rahmens der der Union grundsätzlich übertragenen Zuständigkeiten halten und er darf nicht über das hinausgehen, was durch die Beschlüsse des Europäischen Rates und des Rates, insbesondere die über Aktionen und Standpunkte, vorgegeben worden ist.[14] Das Aushandeln und der Abschluss völkerrechtlicher Verträge ist grundsätzlich[15] dem Rat vorbehalten, der freilich berechtigt ist, den Hohen Vertreter eine Verhandlungs- oder eine Abschlussvollmacht zu erteilen.[16]

9   Die besondere Erwähnung der außenpolitischen Gestaltungsmittel des **politischen Dialogs** und der **Vertretung der Standpunkte** der Union in internationalen Organisatio-

---

[10] *Kaufmann-Bühler*, in: Grabitz/Hilf/Nettesheim, EU, Art. 27 EUV (September 2013), Rn. 2.

[11] Vgl. auch *Cremer*, in: Calliess/Ruffert, EUV/AEUV, Art. 27 EUV, Rn. 14.

[12] *Haratsch/Koenig/Pechstein*, Europarecht, Rn. 1294; *Cremer*, in: Calliess/Ruffert, EUV/AEUV, Art. 27 EUV, Rn. 16.

[13] Vgl. dazu Art. 26, Rn. 20; ferner *Regelsberger/Kugelmann*, in: Streinz, EUV/AEUV, Art. 26, Rn. 1.

[14] *Kaufmann-Bühler*, in: Grabitz/Hilf/Nettesheim, EU, Art. 27 EUV (September 2013), Rn. 6; *Cremer*, in: Calliess/Ruffert, EUV/AEUV, Art. 27 EUV, Rn. 15; *Marquardt/Gaedtke*, in: GSH, Europäisches Unionsrecht, Art. 27, Rn. 5.

[15] Ausnahmen bestehen dann, wenn der Hohe Vertreter durch einen Beschluss des Rates zum Abschluss einer internationalen Übereinkunft ermächtigt worden ist. Vgl. dazu unten Rn. 18.

[16] *Cremer*, in: Calliess/Ruffert, EUV/AEUV, Art. 27 EUV, Rn. 15.

nen und auf internationalen Konferenzen in Abs. 2 Satz 2 soll lediglich hervorheben, dass sie entscheidend dazu beizutragen geeignet sind, dass die Union auf internationaler Ebene sichtbar wird und mit einer Stimme spricht.[17] Somit bleiben dem Hohen Vertreter die **sonstigen Handlungsformen der internationalen Beziehungen** nicht vorenthalten. Zugleich ist aber zu betonen, dass die Mitgliedstaaten, die Mitglieder internationaler Organisationen oder Teilnehmer an internationalen Konferenzen sind, angesichts der gleichzeitigen Anwesenheit des Hohen Vertreters nicht zum Schweigen verurteilt sind. Solange sie sich im Rahmen der Unionsvorgaben halten, bleiben eigene Beiträge der Mitgliedstaaten somit jederzeit möglich und zulässig.[18] Nach Maßgabe der Art. 34 und 35 EUV bleiben die Mitgliedstaaten aber verpflichtet, ihr Verhalten in internationalen Organisationen und auf internationalen Konferenzen zu koordinieren und abzustimmen.

Die bedeutendste internationale Organisation im Bereich der GASP ist die **Organi-** **10** **sation der Vereinten Nationen**, da sie das einzige universelle System kollektiver Sicherheit ist und zu ihren Aufgaben die Wahrung und die Wiederherstellung des Weltfriedens und der internationalen Sicherheit durch präventive und repressive Maßnahmen zählen. Der UN-Sicherheitsrat trägt insoweit die Hauptverantwortung, der er insbesondere mittels des Instrumentariums des Kapitels VII der Charta gerecht werden soll. Dazu gehören für die Mitgliedstaaten der UN verbindliche Beschlüsse über nicht-militärische oder militärische Zwangsmaßnahmen. Allerdings ist die Mitgliedschaft in der UNO auf Staaten beschränkt, so dass andere internationale Organisationen wie die Union in den Einrichtungen und Organen der UNO kein Recht auf aktive Mitwirkung beanspruchen können. Die Union hat in der Generalversammlung der Vereinten Nationen lediglich den Status eines Beobachters. Eine Teilnahme insbesondere an den Sitzungen des Sicherheitsrats bleibt ihr versagt. Folglich kann der Hohe Vertreter einen Standpunkt der Union innerhalb der UNO nur dann vertreten, wenn einer der Mitgliedstaaten oder mehrere Mitgliedstaaten einen erfolgreichen Antrag auf Erteilung des Rederechts stellen.[19]

C. Der Europäische Auswärtige Dienst (EAD)

I. Entwicklung

Nach überkommener Rechtslage verfügte der Hohe Vertreter zunächst allein in Form **11** der im Generalsekretariat des Rates angesiedelten Strategieplanungs- und Frühwarneinheit (auch: Politischer Stab) über einen eigenen Verwaltungsunterbau. Angesichts der stetig wachsenden Aufgaben im Bereich der GASP wurden die dem Hohen Vertreter zugeordneten Einrichtungen um das Politische und Sicherheitspolitische Komitee (Art. 38 EUV), die Politische Einheit,[20] das Satellitenzentrum der Europäischen Union,[21]

---

[17] *Kaufmann-Bühler*, in: Grabitz/Hilf/Nettesheim, EU, Art. 27 EUV (September 2013), Rn. 3, 16.

[18] *Kaufmann-Bühler*, in: Grabitz/Hilf/Nettesheim, EU, Art. 27 EUV (September 2013), Rn. 14.

[19] Vgl. dazu sowie zum Vorstehenden *Kaufmann-Bühler*, in: Grabitz/Hilf/Nettesheim, EU, Art. 27 EUV (September 2013), Rn. 10, 12; *Marquardt/Gaedtke*, in: GSH, Europäisches Unionsrecht, Art. 27, Rn. 7 ff.

[20] Hervorgegangen aus der Strategieplanungs- und Frühwarneinheit, ABl. 1997, C 340/132.

[21] Gemeinsame Aktion 2001/555/GASP des Rates vom 20.7.2001 betreffend die Einrichtung eines Satellitenzentrums der Europäischen Union, ABl. 2001, L 200/5, zul. geändert durch Beschluss

das Kommunikationszentrum, den Militärausschuss[22] sowie den Ausschuss für zivile Aspekte des Krisenmanagements ergänzt. Das Gemeinsame Lagezentrum, das seit 2012 »Zentrum für Informationsgewinnung und -analyse« (EU Intelligence Analysis Center, INTCENT) heißt, und der Militärstab[23] sind nunmehr im EAD aufgegangen.[24] Erstmals ausdrücklich vorgesehen war die Errichtung eines EAD in dem – gescheiterten – Verfassungsvertrag. Diese Vorgaben wurden in den Vertrag von Lissabon übernommen. Danach ist der Europäische Auswärtige Dienst (EAD) eine Einrichtung, die dem Hohen Vertreter unterstellt ist und die diesen bei der Erfüllung seiner Aufgaben unterstützt. So dass nach dessen Inkrafttreten und nach Maßgabe der Erklärung Nr. 15 zu Artikel 27 des Vertrags über die Europäische Union mit dem Aufbau des EAD begonnen werden konnte.

12   Allerdings begegnete die Implementierung der Art. 27 Abs. 3 EUV nicht unerheblichen Schwierigkeiten. Eine politische Einigung auf der Ebene der Außenminister wurde erst im April 2010 erzielt. Am 21. 6. 2010 einigten sich das Europäische Parlament, die Kommission und der Europäische Rat über die Organisation und die Arbeitsweise des EAD, so dass der Rat am 26. 7. 2010 den nach Art. 27 Abs. 3 Satz 3 EUV geforderten **Beschluss über die Organisation und Arbeitsweise des EAD** fassen konnte.[25] Gleichwohl blieben grundsätzliche Fragen des **Status der Mitarbeiter** des EAD und der **Finanzierung** umstritten. Erst nachdem diese Punkte geklärt waren, erklärte das Europäische Parlament am 20. 10. 2010 seine Bereitschaft, die erforderlichen Beschlüsse zur Änderung des Beamtenstatuts und des Finanzstatuts der Union zu verabschieden. Der von der Kommission bereits am 9. 6. 2010 auf der Grundlage von Art. 336 AEUV vorgelegte Vorschlag zur Änderung des Beamtenstatuts und der Beschäftigungsbedingungen für die sonstigen Bediensteten wurde vom Rat am 17. 11. 2010 und vom Europäischen Parlament am 20. 11. 2010 angenommen.[26] Ebenfalls am 17. 11. 2010 kam es nach Zustimmung des Europäischen Parlaments vom 20. 10. 2010 zur Annahme des auf Art. 322 AEUV gestützten Vorschlags der Kommission durch den Rat über die Einbeziehung des EAD in den Unionshaushalt.[27] Der EAD wurde über den zehnten Teilbereich des EU-Haushalts mit einem eigenen Haushaltsplan ausgestattet und damit der

des Rates 2011/297/GASP vom 23. 5. 2011 zur Änderung der Gemeinsamen Aktion 2001/555/GASP betreffend die Einrichtung eines Satellitenzentrums der Europäischen Union, ABl. 2011, L 136/62.

[22] Beschluss des Rates 2001/79/GASP vom 22. 1. 2001 zur Einsetzung des Militärausschusses der Europäischen Union, ABl. 2001, L 27/4.

[23] Beschluss der Rates 2001/80/GASP vom 22. 1. 2001 zur Einsetzung des Militärstabs der Europäischen Union, ABl. 2001, L 27/7; zul. geändert durch Beschluss des Rates 2005/395/GASP vom 10. 5. 2005 zur Änderung des Beschlusses 2001/80/GASP zu Einsetzung des Militärstabs der Europäischen Union, ABl. 2005, L 132/17.

[24] Vgl. dazu den Anhang zum Beschluss des Rates 2010/427/EU vom 26. 7. 2010 über die Organisation und Arbeitsweise des Europäischen Auswärtigen Dienstes, ABl. 2010, L 201/30.

[25] Beschluss des Rates 210/427/EU (Fn. 24), im Folgenden: »Beschluss EAD«. Zu den Einzelheiten des Zustandekommens dieses Beschlusses vgl. *Kaufmann-Bühler*, in: Grabitz/Hilf/Nettesheim, EU, Art. 27 EUV (September 2013), Rn. 26 ff.; *Marquardt/Gaedtke*, in: GSH, Europäisches Unionsrecht, Art. 27, Rn. 13.

[26] Verordnung 1080/2010 des Europäischen Parlaments und des Rates vom 24. 11. 2010 zur Änderung des Statuts der Beamten der Europäischen Gemeinschaften und der Beschäftigungsbedingungen für die sonstigen Bediensteten der Europäischen Gemeinschaften, ABl. 2010, L 311/1.

[27] Verordnung 1081/2010 des Europäischen Parlaments und des Rates vom 24. 11. 2010 zur Änderung der Verordnung (EG, Euratom) Nr. 1605/2002 des Rates über die Haushaltsordnung für den Gesamthaushaltsplan der Europäischen Gemeinschaften in Bezug auf den Europäischen Auswärtigen Dienst, ABl. 2010, L 311/9.

vollständigen Haushaltskontrolle durch das Europäische Parlament unterworfen.[28] Erst mit der Verabschiedung dieser beiden Rechtsakte waren die für die Einsetzung des EAD unerlässlichen personal- und haushaltsrechtlichen Voraussetzungen geschaffen. Offizieller Arbeitsbeginn des EAD war der 1.12.2010. Am 1.1.2011 wurde die Versetzung von insgesamt 1.525 Beamten von der Kommission und vom Generalsekretariat des Rats zum EAD vollzogen.

II. Stellung des EAD im institutionellen Gefüge der Union

Die sich von der deutschen Fassung unterscheidenden primärrechtlichen Bezeichnungen des EAD im Englischen – »European External Action Service« – und im Französischen – »service européen pour l'action extérieure« – sind Ausdruck der fortdauernden Zurückhaltung einiger Mitgliedstaaten gegenüber einer aus ihrer Sicht zu weit gehenden Integration. Gleichwohl sollte die unterschiedliche Etikettierung nicht überbewertet werden, besteht doch, wie der Beschluss über die Organisation und Arbeitsweise des EAD[29] hinreichend verdeutlicht, trotz aller Vorbehalte Einigkeit über die grundsätzliche Notwendigkeit des EAD und über die ihm übertragenen Aufgaben.[30] **13**

Der EAD ist weder Organ der Union noch eine nachgeordnete Verwaltungseinheit, sondern ausweislich von Art. 1 Abs. 2 Beschluss EAD eine »**funktional eigenständige Einrichtung der Europäischen Union**, die vom Generalsekretariat des Rates und von der Kommission getrennt ist und über die erforderliche Rechts- und Geschäftsfähigkeit verfügt, um ihre Aufgaben auszuführen und ihre Ziele zu erreichen.« Bereits die Bezeichnung als »Einrichtung«, aber auch die Verleihung der Rechts- und Geschäftsfähigkeit, spricht gegen eine Organstellung des EAD.[31] Diese negative Abgrenzung ist jedoch in nur eingeschränktem Maße geeignet, den EAD im institutionellen Gefüge der Union hinreichend klar zu verorten. Wenngleich es zutrifft, dass der EAD angesichts seiner Besonderheiten durchaus als Einrichtung sui generis[32] bezeichnet werden könnte, bringt auch dies keine weitere Klarheit. Daher muss es ausreichen, an der grundsätzlichen Einordnung durch den Beschluss EAD anzuknüpfen. Danach **untersteht** der EAD dem Hohen Vertreter (Art. 1 Abs. 3 Beschluss EAD), so dass der EAD in einem klaren Weisungsverhältnis steht und vorrangig verpflichtet ist, den Hohen Vertreter bei der Erfüllung seiner insbesondere in Art. 18 und 27 EUV niedergelegten Aufgaben zu unterstützen. Die **Eigenständigkeit** des EAD beschränkt sich auf den funktionalen Aufgabenbereich des EAD, mithin auf die Wahrnehmung der Unionsinteressen auf internationaler Ebene. Zur Erfüllung dieser Aufgaben bedarf es eines hinreichenden Handlungsspielraums, der wegen der Diversität und Dynamik der internationalen Beziehungen nicht unnötig eingeengt werden darf. Daher verfügt der EAD auch über **Haushaltsautonomie**.[33] Zudem wird in dem Beschluss EAD deutlich, dass der EAD weder mit dem Generalsekretariat des Rates noch mit der Kommission gleichgesetzt wer- **14**

---

[28] *Hummer*, in: Vedder/Heintschel v. Heinegg, Europäisches Unionsrecht, Art. 27 EUV, Rn. 45 f.

[29] S. o. Fn. 24.

[30] So auch *Kaufmann-Bühler*, in: Grabitz/Hilf/Nettesheim, EU, Art. 27 EUV (September 2013), Rn. 24.

[31] Vgl. auch *Kaufmann-Bühler*, in: Grabitz/Hilf/Nettesheim, EU, Art. 27 EUV (September 2013), Rn. 22; *Marquardt/Gaedtke*, in: GSH, Europäisches Unionsrecht, Art. 27, Rn. 16.

[32] So *Haratsch/Koenig/Pechstein*, Europarecht, Rn. 1295.

[33] *Kaufmann-Bühler*, in: Grabitz/Hilf/Nettesheim, EU, Art. 27 EUV (September 2013), Rn. 22; *Marquardt/Gaedtke*, in: GSH, Europäisches Unionsrecht, Art. 27, Rn. 16.

den darf. Diese »Trennung« bedeutet freilich nicht »Unabhängigkeit«, ist doch insbesondere die Kommission berechtigt, dem EAD in den in ihren Zuständigkeitsbereich fallenden Bereichen Weisungen zu erteilen. Die **Rechts- und Geschäftsfähigkeit** des EAD ist eine beschränkte, da sie ausweislich von Art. 1 Abs. 2 Beschluss EAD auf die Erfüllung der Aufgaben und die Erreichung der Ziele begrenzt ist.

15   Der EAD ersetzt nicht die diplomatischen und konsularischen Dienste der Mitgliedstaaten. Nach Art. 4 Abs. 2 Satz 3 EUV fällt »insbesondere« die nationale Sicherheit »weiterhin in die alleinige Verantwortung« der einzelnen Mitgliedstaaten. Zudem ist in der **Erklärung Nr. 13** klargestellt, dass die Bestimmungen über den EAD »weder die derzeit bestehenden Zuständigkeiten der Mitgliedstaaten für die Formulierung und Durchführung ihrer Außenpolitik noch ihre nationale Vertretung in Drittländern und internationalen Organisationen berühren«. Dies wird in der **Erklärung Nr. 14** nochmals betont.[34]

III.   Struktur und Personal des EAD

1.   Struktur

16   Nach Art. 1 Abs. 4 Beschluss EAD besteht der EAD aus einer **Zentralverwaltung** und den **Delegationen der Union** in Drittstaaten und bei internationalen Organisationen. Die Zentralverwaltung mit Sitz in Brüssel (Art. 1 Abs. 2 Beschluss EAD) wird von einem Geschäftsführenden Direktor geleitet, der dem Hohen Vertreter unterstellt ist (Art. 4 Abs. 1 Beschluss EAD) und der von zwei Stellvertretenden Generalsekretären unterstützt wird (Art. 4 Abs. 2 Beschluss EAD). Gemäß Art. 4 Abs. 3 Buchst. a Beschluss EAD ist die Zentralverwaltung in **Generaldirektionen** untergliedert, deren Aufgabenbereiche in Referaten geografisch (Asien, Europa/Russland/Zentralasien, Mittlerer Osten, Nord-/Mittel-/Südamerika, Afrika) und thematisch (u.a. Krisenprävention und Sicherheitspolitik, Menschenrechte, Personal, Finanzen) gegliedert sind. Hinzu kommen die **Direktion Krisenmanagement und Planung**, der **Stab für die Durchführung ziviler Operationen**, der **Militärstab** und das **EU-Zentrum für Informationsgewinnung und -analyse**, die der unmittelbaren Aufsicht und Verantwortung des Hohen Vertreters unterstehen. Ferner umfasst die Zentralverwaltung einen strategischen Planungsstab, eine Rechtsabteilung sowie eine Abteilung für interinstitutionelle Beziehungen (Art. 4 Abs. 3 Buchst. b Beschluss EAD).[35]

17   Die Zusammensetzung und die Aufgaben der insgesamt **140 Delegationen der Union** in anderen Staaten und bei internationalen Organisationen ergeben sich aus Art. 5 Beschluss EAD. Ihnen stehen vom Hohen Vertreter ernannte Delegationsleiter vor, die gemäß Art. 5 Abs. 3 dem **Weisungsrecht** des Hohen Vertreters und des EAD unterstehen und die für die Ausführung ihrer Vorgaben verantwortlich sind. Damit ist ein Weisungsrecht der Kommission in Bereichen, für die sie zuständig ist, nicht ausgeschlossen. Vielmehr kann sie im Einklang mit Art. 221 Abs. 2 AEUV den Delegationen ebenfalls Weisungen erteilen.[36]

---

[34] Vgl. auch *Hummer*, in: Vedder/Heintschel v. Heinegg, Europäisches Unionsrecht, Art. 27 EUV, Rn. 31; *Kaufmann-Bühler*, in: Grabitz/Hilf/Nettesheim, EU, Art. 27 EUV (September 2013), Rn. 23.

[35] Vgl. dazu auch *Marquardt/Gaedtke*, in: GSH, Europäisches Unionsrecht, Art. 27, Rn. 14.

[36] Vgl. statt vieler *Hummer*, in: Vedder/Heintschel v. Heinegg, Europäisches Unionsrecht, Art. 27 EUV, Rn. 30; *Marquardt/Gaedtke*, in: GSH, Europäisches Unionsrecht, Art. 27, Rn. 17.

Der **Hohe Vertreter** trifft die notwendigen Maßnahmen im Empfangsstaat oder bei 18
der jeweiligen internationalen Organisation, um die Arbeitsfähigkeit der Delegationen
zu gewährleisten. Dazu zählen neben den erforderlichen Vereinbarungen insbesondere
die Gewährung der Vorrechte und Immunitäten nach dem Wiener Übereinkommen
über diplomatische Beziehungen vom 18. 4. 1961 (Art. 5 Abs. 6 Beschluss EAD). Insoweit ist der Beschluss EAD ein Beispiel für eine vom Rat auf den Hohen Vertreter
übertragene **Vertragsschlusskompetenz**.[37]

2. Personal

Das Personal des EAD besteht aus **Beamten und sonstigen Bediensteten der Union**, d. h. 19
des Ratssekretariats und der Kommission, sowie aus den zu Bediensteten auf Zeit ernannten Mitgliedern des **Personals der diplomatischen Dienste der Mitgliedstaaten**
(Art. 27 Abs. 3 Satz 2 EUV, Art. 6 Abs. 2 Beschluss EAD). Das Personal kann zudem
einer begrenzte Zahl abgeordneter nationaler Sachverständiger (»ANS«) umfassen
(Art. 6 Abs. 3 Beschluss EAD).[38]

Angesichts der dem EAD übertragenen Aufgaben und der damit einhergehenden 20
Möglichkeiten des EAD, aktiv an der Gestaltung der internationalen Beziehungen mitzuwirken, waren die Mitgliedstaaten nicht bereit, eine Rekrutierung des Personals des
EAD ausschließlich den Organen der Union zu überlassen. Daher wird in Erwägungsgrund 10 der Präambel des Beschlusses EAD eine »bedeutsame Personalpräsenz aller
Mitgliedstaaten« gefordert. Dies wird in Art. 6 Abs. 9 Beschluss EAD dahin konkretisiert, dass, wenn der EAD seine volle Stärke erreicht hat, das Personal aus den Mitgliedstaaten »mindestens ein Drittel des gesamten EAD-Personals auf AD-Ebene ausmachen« sollte.[39] Ebenso »sollten« die Beamten der Union »mindestens 60 % des gesamten
EAD-Personals auf AD-Ebene ausmachen«.[40] Somit ist nicht nur gesichert, dass sich das
Personal des EAD mehrheitlich aus den Beamten und sonstigen Bediensteten des Ratssekretariat und der Kommission rekrutiert, die anders als das abgeordnete Personal der
Mitgliedstaaten dem EAD nicht nur auf Zeit angehören, sondern es fehlt auch an einer
strikten Rechtspflicht, die Stärke des abgeordneten Personals der Mitgliedstaaten auf
ein Drittel des Personalbestands zu bringen.

Freilich sollte das Recht der Mitgliedstaaten, den EAD mit ihrem diplomatischen 21
Personal auszustatten, nicht überbewertet werden. In Erwägungsgrund 9 der Präambel
und in Art. 6 Abs. 4 Beschluss EAD wird das gesamte Personal des EAD darauf verpflichtet, »sich bei der Erfüllung seiner Pflichten und in seinem Verhalten ausschließlich
von den Interessen der Union leiten [zu] lassen.« Daher sind einer an nationale Interessen ausgerichteten Einflussnahme klare Schranken gesetzt.

IV. Aufgaben

Die Aufgaben des EAD werden in Art. 2 Beschluss EAD konkretisiert. Gemäß Art. 2 22
Abs. 1 Beschluss EAD **unterstützt** der EAD den Hohen Vertreter im Bereich der GASP,
einschließlich der GSVP, sowie in seiner Eigenschaft als Vorsitzender des Rates »Aus-

---

[37] *Marquardt/Gaedtke*, in: GSH, Europäisches Unionsrecht, Art. 27, Rn. 17.
[38] *Marquardt/Gaedtke*, in: GSH, Europäisches Unionsrecht, Art. 27, Rn. 14.
[39] *Marquardt/Gaedtke*, in: GSH, Europäisches Unionsrecht, Art. 27, Rn. 14.
[40] Nach Erwägungsgrund 12 der Präambel Beschluss EAD bezeichnet »AD-Ebene« die Ebene der
Funktionsgruppe Administration.

wärtige Angelegenheiten« und als Vizepräsident der Kommission. Zudem unterstützt der EAD den »Präsidenten des Europäischen Rates, den Präsidenten der Kommission und die Kommission bei der Wahrnehmung ihrer jeweiligen Aufgaben im Bereich der Außenbeziehungen« (Art. 2 Abs. 2 Beschluss EAD).[41] Zu den Aufgaben zählt aber auch die Unterstützung der diplomatischen Dienste der Mitgliedstaaten, des Generalsekretariats des Rates und der Dienststellen der Kommission (Art. 3 Abs. 1 Beschluss EAD). Die allgemeine politische Koordination obliegt gemäß Art. 9 Abs. 2 Beschluss EAD dem Hohen Vertreter.

23   Die Aufgabenzuweisung durch den operativen Teil des Beschlusses EAD ist nicht notwendig abschließend. Daher ist in Erwägungsgrund 7 Beschluss EAD vorgesehen, dass der Hohe Vertreter oder sein Vertreter auch die in den jeweiligen Gründungsakten der Europäischen Verteidigungsagentur,[42] des Satellitenzentrums der Europäischen Union,[43] des Instituts der Europäischen Union für Sicherheitsstudien[44] und des Europäischen Sicherheits- und Verteidigungskollegs[45] vorgesehenen Zuständigkeiten ausüben sollte.

---

[41] Vgl. dazu *Kaufmann-Bühler*, in: Grabitz/Hilf/Nettesheim, EU, Art. 27 EUV (September 2013), Rn. 21; *Marquardt/Gaedtke*, in: GSH, Europäisches Unionsrecht, Art. 27, Rn. 15.
[42] Gemeinsame Aktion 2004/551/GASP des Rates vom 12.7.2004 über die Einrichtung der Europäischen Verteidigungsagentur, ABl. 2004, L 245/17; Art. 45 EUV.
[43] Gemeinsame Aktion 2001/555/GASP des Rates vom 20.7.2001 betreffend die Einrichtung eines Satellitenzentrums der Europäischen Union, ABl. 2001, L 200/5.
[44] Gemeinsame Aktion 2001/554/GASP des Rates vom 20.7.2001 betreffend die Einrichtung eines Instituts der Europäischen Union für Sicherheitsstudien, ABl. 2001, L 200/1.
[45] Gemeinsame Aktion 2008/550/GASP des Rates vom 23.6.2008 zur Errichtung eines Europäischen Sicherheits- und Verteidigungskollegs (ESVK), ABl. 2008, L 176/20.

Artikel 28 EUV [Beschlüsse bei operativem Vorgehen der Union]

(1) [1]Verlangt eine internationale Situation ein operatives Vorgehen der Union, so erlässt der Rat die erforderlichen Beschlüsse. [2]In den Beschlüssen sind ihre Ziele, ihr Umfang, die der Union zur Verfügung zu stellenden Mittel sowie die Bedingungen und erforderlichenfalls der Zeitraum für ihre Durchführung festgelegt.

Tritt eine Änderung der Umstände mit erheblichen Auswirkungen auf eine Angelegenheit ein, die Gegenstand eines solchen Beschlusses ist, so überprüft der Rat die Grundsätze und Ziele dieses Beschlusses und erlässt die erforderlichen Beschlüsse.

(2) Die Beschlüsse nach Absatz 1 sind für die Mitgliedstaaten bei ihren Stellungnahmen und ihrem Vorgehen bindend.

(3) [1]Jede einzelstaatliche Stellungnahme oder Maßnahme, die im Rahmen eines Beschlusses nach Absatz 1 geplant ist, wird von dem betreffenden Mitgliedstaat so rechtzeitig mitgeteilt, dass erforderlichenfalls eine vorherige Abstimmung im Rat stattfinden kann. [2]Die Pflicht zur vorherigen Unterrichtung gilt nicht für Maßnahmen, die eine bloße praktische Umsetzung der Beschlüsse des Rates auf einzelstaatlicher Ebene darstellen.

(4) [1]Bei zwingender Notwendigkeit aufgrund der Entwicklung der Lage und falls eine Überprüfung des Beschlusses des Rates nach Absatz 1 nicht stattfindet, können die Mitgliedstaaten unter Berücksichtigung der allgemeinen Ziele des genannten Beschlusses die erforderlichen Sofortmaßnahmen ergreifen. [2]Der betreffende Mitgliedstaat unterrichtet den Rat sofort über derartige Maßnahmen.

(5) [1]Ein Mitgliedstaat befasst den Rat, wenn sich bei der Durchführung eines Beschlusses nach diesem Artikel größere Schwierigkeiten ergeben; der Rat berät darüber und sucht nach angemessenen Lösungen. [2]Diese dürfen nicht im Widerspruch zu den Zielen des Beschlusses nach Absatz 1 stehen oder seiner Wirksamkeit schaden.

Literaturübersicht

Algieri, Die Gemeinsame Außen- und Sicherheitspolitik der EU, 2010; *Bailes*, Die Europäische Sicherheitsstrategie: Programmatische und praktische Perspektiven für GASP und ESVP, integration 2005, 107; *Burkard*, Die Gemeinsame Außen- und Sicherheitspolitik und ihre Berührungspunkte mit der Europäischen Gemeinschaft, 2001; *Dashwood*, The Legal Framework of the Common Foreign and Security Policy, in: Emiliou/O'Keeffe (Hrsg.), Legal Aspects of Integration in the European Union, 1997, S. 225; *Eeckhout*, EU External Relations Law, 2. Aufl., 2011; *Epping*, Rechtliche Rahmenbedingungen der Gemeinsamen Außen- und Sicherheitspolitik der Europäischen Union, NZWehr 2002, 90; *Gaedtke*, Europäische Außenpolitik, 2009; *Garbagnati*, The Jurisdiction of the European Court of Justice in Respect of the Common Foreign and Security Policy, I. C. L. Q. 55 (2006), 77; *Gosalbo*, Some Reflections on the CFSP Legal Order, CMLRev. 43 (2006), 337; *Gottschald*, Die GASP von Maastricht bis Nizza: die Ergebnisse und Beschlüsse der Gemeinsamen Außen- und Sicherheitspolitik der EU seit ihrer Entstehung bis zum Vertrag von Nizza, 2001; *Marchesi*, The EU Common Foreign and Security Policy in the UN Security Council: Between Representation and Coordination, EFAR 2010, 91; *Marquardt*, Kompetenzgefüge und Handlungsinstrumentarium der Gemeinsamen Außen- und Sicherheitspolitik (GASP): Neuere Entwicklungen und Perspektiven, in: Bruha/Nowak (Hrsg.), Die Europäische Union: Innere Verfasstheit und globale Handlungsfähigkeit, 2006, S. 195; *Missiroli*, The New EU ,Foreign Policy' System after Lisbon: A Work in Progress, EFAR 2010, 385; *Münch*, Die gemeinsame Aktion im Rahmen der GASP: Inhalt, Rechtsnatur und Reformbedürftigkeit, EuR 1996, 415; *Münch*, Die gemeinsame Aktion als Mittel der gemeinsamen Außen- und Sicherheitspolitik, 1997; *Nitoiu*, Shaping the Common Foreign and Security Policy of the EU: What kind of International Actor?, 2011; *Pechstein*, Die Intergouvernementalität der GASP nach Lissabon, JZ 2010, 425; *Rummel*, Die Gemeinsame Außen- und Sicherheitspolitik der Europäischen Union, 2012; *Schütze*, Die Gemeinsame Außen- und Sicherheitspolitik (GASP) und die Europäische Sicherheits- und Verteidigungspolitik (ESVP), 2009; *Thym*, Die neue institutionelle Architektur europäischer Außen- und

Sicherheitspolitik, AVR 42 (2004), 44; *Van Elsuwege*, EU External Action After the Collapse of the Pillar Structure: In Search of a New Balance Between Delimitation and Consistency, CMLRev. 47 (2010), 987; *Van Vooren*, A Legal-Institutional Perspective on the European External Action Service, CMLRev. 48 (2011), 475; *von Bogdandy/Bast/Arndt*, Handlungsformen im Unionsrecht: Empirische Analysen und dogmatische Strukturen in einem vermeintlichen Dschungel, ZaöRV 62 (2002), 77; *Yakemtchouk*, La politique étrangère de l'Union européenne, RMC 2009, 217; *Zielonka*, The EU an International Actor: Unique or Ordinary?, EFAR 2011, 281.

Wesentliche sekundärrechtliche Vorschriften

s. Rn. 23

Inhaltsübersicht   Rn.

A. Ziele der Vorschrift

1 Die Vorschrift knüpft an die gemeinsamen Aktionen der Verträge von Maastricht, Amsterdam und Nizza an, ohne diesen Begriff zu übernehmen.[1] Den gemeinsamen Aktionen alter Prägung gemein ist das Ziel, der Union ein **aktives Einwirken** auf die Situation in anderen Staaten oder Regionen zu ermöglichen, indem Personal der Union, vornehmlich aber der Mitgliedstaaten, in Drittstaaten entsendet wird, um dort die für eine Veränderung der Lage erforderlichen Maßnahmen zu ergreifen. Das operative Vorgehen soll mithin eine Außen- und Sicherheitspolitik »nicht nur des Wortes, sondern der Tat ermöglichen«.[2] Wegen der Ausrichtung auf Situationen in anderen Staaten oder Regionen, d.h. Krisensituationen in anderen Staaten, soll der Rat nicht auf eine Umsetzung bestehender strategischer Vorgaben des Europäischen Rates beschränkt bleiben, sondern in die Lage versetzt werden, auf internationale Entwicklungen **schnell und flexibel zu reagieren**, so dass er beispielsweise auch Beschlüsse des Sicherheitsrats der Vereinten Nationen in ein operatives Vorgehen der Union umsetzen kann.[3] Mittels des Instruments des operativen Vorgehens, zu dem sich die Mitgliedstaaten nicht in Widerspruch setzen dürfen, wird die Union ein **sichtbarer Akteur auf internationaler Ebene**[4]

---

[1] Dazu sowie zum Folgenden vgl. *Kaufmann-Bühler*, in: Grabitz/Hilf/Nettesheim, EU, Art. 28 EUV (Juli 2010), Rn. 1f.
[2] So *Cremer*, in: Calliess/Ruffert, EUV/AEUV, Art. 28 EUV, Rn. 2.
[3] So auch *Kaufmann-Bühler*, in: Grabitz/Hilf/Nettesheim, EU, Art. 28 EUV (Juli 2010), Rn. 3.
[4] So auch *Hummer*, in: Vedder/Heintschel v. Heinegg, Europäisches Unionsrecht, Art. 28 EUV,

und dazu befähigt, aktiv auf die Förderung ihrer Werte und Ziele nach Art. 22 EUV hinzuwirken und ihre Werte, grundlegenden Interessen, ihre Sicherheit, ihre Unabhängigkeit und ihre Unversehrtheit zu wahren (Art. 22 Abs. 2 Buchst. a EUV) und erforderlichenfalls zu verteidigen.

Den Mitgliedstaaten soll bei der Durchführung der für sie verbindlichen Beschlüsse **2** ein hinreichender **Handlungs- und Gestaltungsspielraum** verbleiben, so dass sie sich nicht auf die bloße praktische Umsetzung der Ratsbeschlüsse zu beschränken brauchen, sondern in Ausübung ihrer fortbestehenden außenpolitischen Souveränität selbst darüber entscheiden können, welche Stellungnahmen oder Maßnahmen sie für zweckdienlich erachten. Allerdings ist die Autonomie der Mitgliedstaaten insoweit eingeschränkt, als der Rat über die einzelstaatlichen Maßnahmen so rechtzeitig unterrichtet werden muss, dass eine Abstimmung innerhalb des Rates möglich bleibt. Bei einer grundlegenden Änderung der internationalen Situation vergrößert sich der Handlungs- und Gestaltungsspielraum der Mitgliedstaaten merklich. Freilich bleiben sie auch dann verpflichtet, den Rat über die von ihnen ergriffenen Sofortmaßnahmen unverzüglich zu unterrichten.

Schließlich soll ein einheitliches operatives Vorgehen nicht dadurch in Frage gestellt **3** oder gar unmöglich werden, dass sich für einen Mitgliedstaat bei der Durchführung eines Beschlusses größere Schwierigkeiten ergeben.

B. Beschlüsse über ein operatives Vorgehen der Union (Abs. 1 und 2)

Die Beschlüsse nach Abs. 1 sind Beschlüsse zur Verfolgung der GASP durch Festlegung **4** der von der Union durchzuführenden Aktionen i. S. von Art. 25 Buchst. b Ziff. i) EUV und daher der **operativ-taktischen Ebene** zuzuordnen. Sie unterscheiden sich von den konzeptionellen und mittel- oder langfristig angelegten strategischen Interessen und Zielen nach den Art. 22 und 26 EUV und von den entsprechenden Umsetzungsbeschlüssen durch ihren auf eine konkrete internationale Situation ausgerichteten **reaktiven Charakter**, die größere Bestimmtheit der den Mitgliedstaaten auferlegten Pflichten und durch ihre zeitliche Befristung.[5] Waren vor dem Inkrafttreten des Vertrags von Lissabon die Unterschiede zu den »gemeinsamen Standpunkten« unklar, können im Lichte der Praxis nach dem Vertrag von Lissabon die Standpunkte nach Art. 29 EUV von dem operativen Vorgehen wie folgt abgegrenzt werden:[6] Den Standpunkten nach Art. 29 EUV gemein ist dem operativen Vorgehen das Ziel, auf eine konkrete internationale Situation zu reagieren und auf diese einzuwirken. Der wesentliche Unterschied besteht in der **Entsendung von Personal**, das für ein operatives Vorgehen charakteristisch ist. Demgegenüber sind die Standpunkte vornehmlich darauf gerichtet, Rechtswirkungen auf Unionseben zu entfalten, die es dann auf internationaler Ebene zu vertreten gilt.

Rn. 3, wonach die Mitgliedstaaten »mit einem operativen Vorgehen in einem konkreten Fall nunmehr nach außen sichtbar geschlossen und einheitlich auftreten« wollen.

  [5] *Regelsberger/Kugelmann*, in: Streinz, EUV/AEUV, Art. 28 EUV, Rn. 5.

  [6] Immer noch zweifelnd aber *Regelsberger/Kugelmann*, in: Streinz, EUV/AEUV, Art. 28 EUV, Rn. 2.

I. »Operatives Vorgehen«

5   Die deutsche Fassung unterscheidet sich von der englischen (»operational action«) und französischen (»action opérationnelle«) Fassung dadurch, dass entgegen der Vorgabe des Art. 25 Buchst. b Ziff. i) EUV der Begriff der »Aktion« nicht verwendet wird. Abgesehen davon, dass eine deutsche Übersetzung mit »operationelle Aktion« sprachlich nicht gerade geglückt gewesen wäre und auch nicht unbedingt zu mehr Klarheit beigetragen hätte, kommt diesen unterschiedlichen Begrifflichkeiten ohnehin keine entscheidende Bedeutung zu, ist es doch möglich, eine gemeinsame Bedeutung festzustellen.[7] »Operativ« bedeute, dass konkrete Maßnahmen getroffen werden, die unmittelbar Wirkungen entfalten sollen. Ebenso wie »operational action« oder »action opérationnelle« handelt es sich bei dem »operativen Vorgehen« mithin um die einem bestimmten Zweck dienenden, aufeinander abgestimmten und konkreten Maßnahmen der Union (und ihrer Mitgliedstaaten), die eine bestimmte Wirkung zeitigen sollen. Aus der Praxis unter dem Vertrag von Lissabon wird zudem deutlich, dass das operative Vorgehen durch die **Entsendung von Personal** der Union und/oder der Mitgliedstaaten in andere Staaten oder Regionen gekennzeichnet ist.[8]

6   Aus dem Zusammenhang mit der »internationalen Situation« sowie im Lichte der Praxis unter der Geltung des Vertrags von Lissabon wird deutlich, dass das operative Vorgehen sich durch eine grundsätzlich **reaktive Natur** auszeichnet, die Union mithin schnell und flexibel auf internationale Entwicklungen, insbesondere Krisen in anderen Staaten, reagieren können soll, um die Entwicklung aktiv zu beeinflussen oder die Krise zu neutralisieren. Vor diesem Hintergrund erklärt sich auch die grundsätzliche zeitliche Befristung eines operativen Vorgehens, wobei die Dauer in der Regel mit Blick auf das zu erreichende Ziel/Endstadium bestimmt wird. Damit ist nicht ausgeschlossen, dass ein operatives Vorgehen, das in der Regel den Missionen oder den Sonderbeauftragten anvertraut wird, auch mittel- oder gar langfristig angelegt ist und sich auf eine allgemeine, geografisch nicht eingrenzbare Thematik bezieht. So hat der Rat einen Sonderbeauftragten für Menschenrechte[9] ernannt, der nicht für einen bestimmten Staat oder eine bestimmte Region zuständig ist.

II. Erforderlichkeit eines operativen Vorgehens (Abs. 1 UAbs. 1 Satz 1)

7   Bei der Feststellung, ob eine internationale Situation ein operatives Vorgehen verlangt, verfügt der Rat (u.U. auch der Europäische Rat) grundsätzlich über einen weiten Ermessensspielraum, der aber in zweierlei Hinsicht eingeschränkt ist. Zum einen muss es sich um eine »**internationale**« Situation handeln, mithin um die Lage in einem anderen Staat oder in einer anderen Region. Situationen innerhalb der Union oder innerhalb eines Mitgliedstaates bleiben daher vom Anwendungsbereich des Art. 28 EUV ausgenommen. Zum anderen darf die internationale Situation (besser: ihre Entwicklung) nicht lediglich im allgemeinen öffentlichen Interesse stehen. Vielmehr muss sie das Potential in sich bergen, sich auf die **Interessen der Union** auszuwirken, so dass die Erforderlichkeit eines außen- und sicherheitspolitischen operativen Vorgehens der Union sich auch danach bestimmt, ob es zur Verwirklichung der Ziele des Art. 21 EUV geeignet ist.[10]

---

[7] So im Ergebnis auch *Cremer*, in: Calliess/Ruffert, EUV/AEUV, Art. 28 EUV, Rn. 1.

[8] Vgl. u. Rn. 22 f.

[9] Beschluss 2012/440/GASP des Rates vom 25.7.2012 zur Ernennung des Sonderbeauftragten der Europäischen Union für Menschenrechte, ABl. 2012, L 200/21.

[10] So auch *Kaufmann-Bühler*, in: Grabitz/Hilf/Nettesheim, EU, Art. 28 EUV (Juli 2010), Rn. 4.

Ist es Sinn und Zweck von Abs. 1, der Union ein aktives Einwirken auf andere   **8**
Staaten zu ermöglichen, indem sie schnell und flexibel auf eine internationale Entwicklung reagieren können soll, um ihre Werte und Interessen zu wahren und gegebenenfalls zu verteidigen (s. Rn. 1), so bestimmt sich die Erforderlichkeit eines operativen
Vorgehens allein an diesen Voraussetzungen. Es ist mithin nicht gefordert, dass der
Europäische Rat sich der Situation zuvor angenommen oder strategische Vorgaben
gemacht hat.[11]

Freilich kann die **Initiative**, den Rat zu einem Beschluss nach Abs. 1 zu bewegen, von   **9**
allen in Art. 30 EUV genannten Akteuren ausgehen. Ausgenommen von diesem Initiativrecht bleibt jedoch die Kommission, die anders als nach Art. 22 EUV a. F. kein
eigenes Initiativrecht in GASP-Angelegenheiten hat. Die mitunter vertretene Auffassung, die unter Hinweis auf Art. 22 EUV auch der Kommission ein Initiativrecht im
Rahmen des Abs. 1 zuspricht,[12] verkennt, dass ich das gemeinsame Vorschlagsrecht von
Hohem Vertreter und Kommission allein auf die Empfehlungen bezieht, die der Rat dem
Europäischen Rat zur Festlegung der strategischen Interessen und Ziele der Union un-
terbreiten kann (s. Art. 22 EUV, Rn. 15). Allerdings kann der Rat die Kommission um
Vorschläge ersuchen (Art. 241 AEUV).[13] So wird vermieden, dass ein operatives Vorge-
hen der Union durch ungeklärte Fragen der Kohärenz zwischen der Unions- und der
Gemeinschaftsebene in Frage gestellt oder erheblich erschwert wird. Ist die Kommission
nicht bereit, dem Ersuchen des Rates zu entsprechen, so ist sie gemäß Art. 241 Satz 2
AEUV verpflichtet, die Gründe der Ablehnung mitzuteilen.

III.   Inhalt und Rechtsverbindlichkeit der Beschlüsse (Abs. 1 UAbs. 1 Satz 2, Abs. 2)

1.   Form, Verfahren und Inhalt

Da den Verträgen ein einheitlicher Begriff des Beschlusses zugrunde liegt, handelt es   **10**
sich bei den Beschlüssen nach Abs. 1 um Sekundärrechtsakte der Union, die mithin dem
Rechtssubjekt Union zuzurechnen sind.[14] Wie alle Beschlüsse im Rahmen der GASP
stellen sie aber keine Gesetzgebungsakte dar (Art. 24 Abs. 1 UAbs. 2 Satz 3 EUV), so
dass die Vorschriften des AEUV auf sie keine Anwendung finden und eine Beteiligung
des Europäischen Parlaments ausgeschlossen ist.[15] Allerdings sind auch GASP-Beschlüsse in der Form eines Rechtsaktes zu erlassen, so dass die Rechtsgrundlage benannt
werden muss. Zudem sind dem operativen Teil die Erwägungsgründe voranzustellen.

Beschlüsse über ein operatives Vorgehen sind grundsätzlich **einstimmig** zu fassen, es   **11**
sei denn, sie ergehen auf der Grundlage eines Beschlusses des Europäischen Rates nach
Art. 22 Abs. 1 UAbs. 1 EUV (Art. 31 Abs. 2 UAbs. 1, 1. Gedstr. EUV).[16] In diesem
Zusammenhang ist aber zu beachten, dass in diesem Fall für einen Ratsbeschluss auch
Art. 26 Abs. 2 EUV als Rechtsgrundlage herangezogen wird.[17] Eine qualifizierte Mehr-
heit ist auch ausreichend, wenn die Voraussetzungen von Art. 31 Abs. 2 UAbs. 1, 2.
Gedstr. EUV erfüllt sind. Gemäß Art. 31 Abs. 2 UAbs. 1, 3. Gedstr. EUV ist für Be-

---

[11] *Kaufmann-Bühler*, in: Grabitz/Hilf/Nettesheim, EU, Art. 28 EUV (Juli 2010), Rn. 3.
[12] So *Kaufmann-Bühler*, in: Grabitz/Hilf/Nettesheim, EU, Art. 28 EUV (Juli 2010), Rn. 5.
[13] *Kaufmann-Bühler*, in: Grabitz/Hilf/Nettesheim, EU, Art. 28 EUV (Juli 2010), Rn. 6.
[14] Vgl. statt vieler *Cremer*, in: Calliess/Ruffert, EUV/AEUV, Art. 25 EUV, Rn. 6.
[15] *Regelsberger/Kugelmann*, in: Streinz, EUV/AEUV, Art. 28 EUV, Rn. 7.
[16] Dazu *Regelsberger/Kugelmann*, in: Streinz, EUV/AEUV, Art. 28 EUV, Rn. 13.
[17] Vgl. o. Art. 26 EUV, Rn. 17.

schlüsse zur Durchführung eines Beschlusses nach Abs. 1 die qualifizierte Mehrheit ebenfalls ausreichend.[18]

12   Nach Abs. 1 UAbs. 1 Satz 2 sind in den Beschlüssen die Ziele des operativen Vorgehens, der Umfang, die der Union zur Verfügung zu stellenden Mittel sowie die Bedingungen und erforderlichenfalls die Dauer festzulegen. Insoweit sei darauf hingewiesen, dass der deutsche Text schon deshalb missglückt ist, weil das Possessivpronomen »ihr/ihre« zwar den »Beschlüssen« zugeordnet zu sein scheint, es letztlich aber an einem eindeutigen Bezugswort fehlt.[19] Dies liegt wohl darin begründet, dass Gegenstand des Art. 14 EUV a. F. noch die »gemeinsamen Aktionen« waren. Dies ändert indes nichts an dem vorstehenden Befund über den notwendigen Inhalt eines Beschlusses nach Abs. 1. In Beschlüssen über ein operatives Vorgehen ist die jeweilige internationale Situation zu beschreiben, und sie müssen Aufschluss über die Erforderlichkeit und die **Ziele** des operativen Vorgehens geben,[20] d. h. dass hinreichende Klarheit darüber bestehen muss, welcher Endzustand mit der Mission oder der sonstigen Entsendung von Personal hergestellt werden soll. In der Regel ist es ausreichend wenn die Ziele in den Erwägungsgründen genannt werden. Im operativen Teil der Beschlüsse ist die geografische und funktionale Reichweite (**Umfang**) eines operativen Vorgehens zu bestimmen.[21] Dies gilt auch hinsichtlich der Spezifizierung der der Union zur Verfügung zu stellenden **Mittel**, sind es doch vornehmlich die Mitgliedstaaten, die durch Personal- und Sachmittel den wesentlichen Beitrag zu Missionen leisten sollen. Bei der Bestimmung der Mittel sind die unterschiedlichen Fähigkeiten der Mitgliedstaaten zu berücksichtigen. Da mit einem operativen Vorgehen auf eine internationale Situation reagiert werden soll, wird sich in den Beschlüssen in aller Regel auch eine Aussage über die **Dauer** einer Mission finden. Dies ist schon aus dem Grunde unerlässlich, weil sich die Mitgliedstaaten andernfalls schwerlich dazu bereit erklären würden, den geforderten Beitrag zu leisten. Nicht notwendiger Bestandteil des operativen Teils eines Beschlusses sind die **Bedingungen** eines operativen Vorgehens, sind dies in der Regel doch die erforderlichen Vereinbarungen mit dem Ziel- oder Empfangsstaat, so dass es ausreicht, sie in den Erwägungsgründen zu nennen.[22]

13   Darüber hinaus muss sich ein operatives Vorgehen der Union innerhalb der **Schranken des Völkerrechts** halten.[23] Da ein operatives Vorgehen den völkerrechtlich geschützten Souveränitätsbereich anderer Staaten beeinträchtigen kann, bedarf es einer Vereinbarung mit dem Ziel- bzw. Empfangsstaat, in der auch die Einzelheiten der Mission geregelt werden sollten. Dazu zählt u. a. die Immunität des entsendeten Personals von der Jurisdiktion des Empfangsstaats oder die Gewährleistung eines möglichst freien und sicheren Umfelds. Abgesehen von der Selbstverteidigung gegen bewaffnete Angriffe, bedarf es einer Zustimmung des Empfangsstaats auch dann, wenn ein operatives Vorgehen auf eine Entscheidung des UN-Sicherheitsrats gestützt werden kann, die zur Durchführung einer Operation zur Friedenssicherung (peacekeeping) ermächtigt, da auch dies eine Zustimmung des betroffenen Staates voraussetzt. Anders verhält es sich

----

[18] Vgl. auch *Cremer*, in: Calliess/Ruffert, EUV/AEUV, Art. 28 EUV, Rn. 9.

[19] So auch *Cremer*, in: Calliess/Ruffert, EUV/AEUV, Art. 28 EUV, Rn. 3.

[20] *Kaufmann-Bühler*, in: Grabitz/Hilf/Nettesheim, EU, Art. 28 EUV (Juli 2010), Rn. 13.

[21] *Hummer*, in: Vedder/Heintschel v. Heinegg, Europäisches Unionsrecht, Art. 28 EUV, Rn. 10; *Regelsberger/Kugelmann*, in: Streinz, EUV/AEUV, Art. 28 EUV, Rn. 6.

[22] Vgl. dazu sowie zum Vorstehenden *Kaufmann-Bühler*, in: Grabitz/Hilf/Nettesheim, EU, Art. 28 EUV (Juli 2010), Rn. 11 ff.

[23] So auch *Cremer*, in: Calliess/Ruffert, EUV/AEUV, Art. 28 EUV, Rn. 13.

nur, wenn der UN-Sicherheitsrat zu militärischen Zwangsmaßnahmen (peace enforcement) nach Art. 42 UN-Charta ermächtigt.

2. Verbindlichkeit (Abs. 2)

Bereits aus der Bezeichnung als Beschlüsse folgt die grundsätzliche Rechtsverbindlichkeit (Art. 288 Abs. 4 AEUV) der Beschlüsse über ein operatives Vorgehen. Wenn mit Abs. 2 die Verbindlichkeit eines Beschlusses für die Mitgliedstaaten besonders festgestellt wird, so scheint der normative Gehalt dieser Vorschrift nicht über Art. 288 Abs. 4 AEUV hinauszugehen.   **14**

Dagegen spricht jedoch, dass sich Art. 288 Abs. 4 Satz 1 AEUV allein auf die Verbindlichkeit des Inhalts von Beschlüssen (»Beschlüsse sind in allen ihren Teilen verbindlich.«) bezieht und die Bestimmung des so gebundenen Adressatenkreises dem jeweiligen Beschluss überlässt. Sieht man in Abs. 2 eine primärrechtliche **Eingrenzung des Adressatenkreises** von Beschlüssen über ein operatives Vorgehen, so bedeutete dies eine Eingrenzung dahin, dass grundsätzlich alle Mitgliedstaaten gebunden sein sollen, nicht jedoch die Union.[24] Die Union bliebe lediglich durch den Grundsatz der Unionstreue verpflichtet.   **15**

Auch wenn man Abs. 2 eine andere Bedeutung beizumessen bereit ist, erschöpfte sich der normative Gehalt der Vorschrift nicht in einer bloßen Wiedergabe der in Art. 288 Abs. 4 AEUV bestimmten Rechtsverbindlichkeit. Geht man davon aus, dass Beschlüsse der mit Rechtspersönlichkeit ausgestatteten Union nicht allein die Mitgliedstaaten, sondern auch die Union, d.h. ihre Organe, binden, so könnte Abs. 2 dahin verstanden werden, dass mit dieser Vorschrift eine besondere, über die unmittelbare Bindung an die Vorgaben des Beschlusses hinausgehende Verpflichtung der Mitgliedstaaten geschaffen werden soll. Immerhin besteht für ein eigenständiges außen- und sicherheitspolitisches Handeln der Mitgliedstaaten kein großer Spielraum, wenn und soweit die Union ein operatives Vorgehen beschlossen hat. Während die Pflicht der Mitgliedstaaten, eine Mission oder ein sonstiges operatives Vorgehen nur in Übereinstimmung mit den im Ratsbeschluss enthaltenen Vorgaben durchzuführen, Folge der grundsätzlichen Rechtsverbindlichkeit von Beschlüssen wäre, würden die Mitgliedstaaten durch Abs. 2 dazu verpflichtet, sich auch bei ihrem sonstigen außenpolitischen Handeln, nicht über die Beschlüsse nach Abs. 1 hinwegzusetzen. Zwar trifft es zu, dass sich Abs. 2 ebenso wie Abs. 3 auf »Stellungnahmen« und »Vorgehen« der Mitgliedstaaten bezieht, dies bedeutet aber nicht zwingend, dass die Bindungswirkung nach Abs. 2 allein für Stellungnahmen und ein Vorgehen der Mitgliedstaaten in Ausführung eines Beschlusses nach Abs. 1 gelten soll. Für diese Auslegung spricht der trotz der Einbindung in die GASP fortbestehende weite außen- und sicherheitspolitische Handlungsspielraum der Mitgliedstaaten, innerhalb dessen sie durch ihr Verhalten den Erfolg eines operativen Vorgehens gefährden könnten, obgleich sie sich bei der Durchführung des Beschlusses streng an dessen Vorgaben halten.   **16**

Unabhängig von der jeweiligen Lesart des Abs. 2 steht außer Frage, dass grundsätzlich alle Mitgliedstaaten verpflichtet sind, sich aktiv an einem vom Rat beschlossenen operativen Vorgehen zu beteiligen. Freilich bedeutet dies nicht, dass die Beiträge der   **17**

---

[24] Wohl h.M. Vgl. *Kaufmann-Bühler*, in: Grabitz/Hilf/Nettesheim, EU, Art. 28 EUV (Juli 2010), Rn. 26; *Cremer*, in: Calliess/Ruffert, EUV/AEUV, Art. 28 EUV, Rn. 12; *Hummer*, in: Vedder/Heintschel v. Heinegg, Europäisches Unionsrecht, Art. 28 EUV, Rn. 12.

Mitgliedstaaten gleich oder gleichwertig sein müssen. Vielmehr sind die unterschiedlichen Fähigkeiten der Mitgliedstaaten bereits bei der Bestimmung der der Union zur Verfügung zu stellenden Mittel zu berücksichtigen, so dass der Beitrag der einzelnen Mitgliedstaaten durchaus unterschiedlich ausfallen kann. Zudem besteht Einigkeit, dass sich die Mitgliedstaaten nicht nur bei der unmittelbaren Durchführung von Beschlüssen nach Abs. 1 an die Vorgaben durch den Rat halten müssen, es sei denn, sie sind wegen einer grundlegenden Änderung der Umstände gezwungen, Sofortmaßnahmen zu ergreifen, die in dem Beschluss nicht vorgesehen sind (Abs. 4). Vielmehr sind sie auch verpflichtet, alles zu unterlassen, was den Beschlüssen zuwiderlaufen könnte, und ihre nationale Politik an dem operativen Vorgehen auszurichten.[25] Die **Unterlassungspflicht** gilt auch für den Fall einer konstruktiven Enthaltung bei einstimmigen Beschlüssen, durch die ein Mitgliedstaat zwar eine Teilnahme an der Durchführung vermeiden, sich aber nicht der Pflicht entziehen kann, alles zu unterlassen, »was dem auf diesem Beschluss beruhenden Vorgehen der Union zuwiderlaufen oder es behindern könnte« (Art. 31 Abs. 1 Satz 4 EUV).[26] Bei Beschlüssen, für die nach Art. 31 Abs. 2 UAbs. 1 EUV eine qualifizierte Mehrheit ausreichend ist, kann sich ein Mitgliedstaat einer möglichen Bindung nur dadurch entziehen, dass er unter Berufung auf »wesentliche Gründe der nationalen Politik« eine Abstimmung verhindert. Bei Beschlüssen mit verteidigungspolitischen Bezügen ist das Protokoll Nr. 22 zu berücksichtigen, mit dem Dänemark eine Teilnahme an verteidigungspolitischen Operationen der Union grundsätzlich ausgeschlossen hat.[27]

18   Vorbehaltlich ihrer Vereinbarkeit mit Art. 40 EUV unterfallen GASP-Beschlüsse nicht der **Jurisdiktion des EuGH**. Grundsätzlich ist auch die Vereinbarkeit des Verhaltens eines Mitgliedstaates mit einem Beschluss nach Abs. 1 der gerichtlichen Kontrolle entzogen, es sei denn, das Verhalten eines Mitgliedstaates stellt zugleich eine Verletzung eines anderen Politikbereichs der Union dar.[28]

IV.   Grundlegende Änderung der Umstände (Abs. 1 UAbs. 2)

19   Im Grunde ist es eine Selbstverständlichkeit, dass der Rat auf eine grundlegende Änderung der Umstände, die für den Erlass eines Beschlusses über ein operatives Vorgehen maßgeblich waren, reagiert, seinen Beschluss überprüft und gegebenenfalls an die veränderten Umstände anpasst. Die Vorschrift des Abs. 1 UAbs. 2 erschöpft sich jedoch nicht in einer bloßen Bestätigung dieses selbstverständlichen Rechts des Rates.

20   Einerseits ist der Rat, wie der Indikativ verdeutlicht, im Falle einer grundlegenden Änderung der Umstände nicht nur berechtigt, sondern **verpflichtet**, seinen Beschluss zu überprüfen und, falls erforderlich, anzupassen.[29] Freilich verfügt der Rat bei der Feststellung, ob die Änderung der Umstände »erhebliche Auswirkungen« hat, über einen **Beurteilungsspielraum**. Steht jedoch fest, dass das operative Vorgehen in seiner ursprünglichen Konzeption keinen Sinn mehr macht, weil entweder die angeforderten Mittel unzureichend sind, das beabsichtigte Ziel/Endstadium nicht erreichbar ist oder sich die »Bedingungen« dadurch geändert haben, dass der Empfangs-/Zielstaat nicht mehr bereit oder in der Lage ist, seine Zusagen einzuhalten, wird sich der Rat schwerlich

[25] *Kaufmann-Bühler*, in: Grabitz/Hilf/Nettesheim, EU, Art. 28 EUV (Juli 2010), Rn. 24.
[26] *Kaufmann-Bühler*, in: Grabitz/Hilf/Nettesheim, EU, Art. 28 EUV (Juli 2010), Rn. 25.
[27] *Kaufmann-Bühler*, in: Grabitz/Hilf/Nettesheim, EU, Art. 28 EUV (Juli 2010), Rn. 25.
[28] Vgl. statt vieler *Cremer*, in: Calliess/Ruffert, EUV/AEUV, Art. 28 EUV, Rn. 20 f.
[29] *Kaufmann-Bühler*, in: Grabitz/Hilf/Nettesheim, EU, Art. 28 EUV (Juli 2010), Rn. 27.

auf einen fortbestehenden Beurteilungsspielraum berufen können. Aus dem Zusammenhang mit Abs. 5 folgt, dass größere Schwierigkeiten eines einzelnen Mitgliedstaates bei der Durchführung eines Beschlusses keine grundlegende Änderung der Umstände i. S. von Abs. 1 UAbs. 2 darstellen.

Andererseits bewirkt eine grundlegende Änderung der Umstände keinen automatischen Wegfall der Bindungswirkung eines Beschlusses, so dass eine Anwendung der **clausula rebus sic stantibus** ausgeschlossen ist. Vielmehr bleibt es allein dem Rat vorbehalten, seinen Beschluss zu überprüfen und, falls er dies für erforderlich hält, an die geänderten Umstände anzupassen oder aber das operative Vorgehen vorzeitig zu beenden. Eine Änderung oder Aufhebung des ursprünglichen Beschlusses setzt aber Einstimmigkeit voraus (Art. 31 Abs. 1 UAbs. 1 Satz 1 EUV).[30] Die damit einhergehende Bindung der Mitgliedstaaten an den ursprünglichen Beschluss wird freilich dadurch abgemildert, dass sie auf eine grundlegende Änderung der Umstände reagieren können, indem sie gemäß Abs. 4 die »zwingend notwendigen Sofortmaßnahmen« zu ergreifen berechtigt bleiben.

21

V. Beispiele für auf Abs. 1 UAbs. 1 gestützte Beschlüsse

Nach der überkommenen Rechtslage lag ein Schwerpunkt der mit dem operativen Vorgehen vergleichbaren »gemeinsamen Aktionen« im Bereich der Abrüstung und Rüstungskontrolle.[31] Unter der Geltung des Vertrags von Lissabon werden die Beschlüsse zur Abrüstung und Rüstungskontrolle nunmehr aber wegen bestehender strategischer Vorgaben durch den Europäischen Rat mehrheitlich auf Art. 26 Abs. 2 EUV gestützt. Heute umfasst ein operatives Vorgehen der Union vorrangig die Entsendung von Personal. Ein deutliches Gewicht liegt auf den verteidigungspolitischen Missionen nach Art. 42 Abs. 4 und 43 Abs. 2 EUV, die allerdings durch Beschlüsse nach Art. 28 Abs. 1 EUV ergänzt werden können, soweit es nicht allein um ein genuin verteidigungspolitisches operatives Vorgehen der Union geht. Ein (auch) auf Art. 28 Abs. 1 EUV gestütztes operatives Vorgehen der Union besteht zudem in der Entsendung von Rechtsstaatlichkeitsmissionen und von Sonderbeauftragten. Folglich bilden ausschließlich auf Art. 28 EUV gestützte Beschlüsse eher die Ausnahme.

22

Im Zeitraum von 2010 bis 2015 hat der Rat die folgenden Beschlüsse nicht ausschließlich, aber jedenfalls auch, auf Art. 28 Abs. 1 UAbs. 1 EUV gestützt:[32]

23

– Beschluss 2010/113/GASP des Rates vom 22. 2. 2010 zur Verlängerung des Mandats des **Sonderbeauftragten** der Europäischen Union für die **afrikanische Region der Großen Seen**;[33]
– Beschluss 2010/274/GASP des Rates vom 12. 5. 2010 zur Änderung und Verlängerung der Gemeinsamen Aktion 2005/889/GASP zur Einrichtung einer **Mission** der Europäischen Union zur Unterstützung des Grenzschutzes am **Grenzübergang Rafah** (EU BAM Rafah);[34]

---

[30] Vgl. dazu sowie zum Vorstehenden *Hummer*, in: Vedder/Heintschel v. Heinegg, Europäisches Unionsrecht, Art. 28 EUV, Rn. 11; *Cremer*, in: Calliess/Ruffert, EUV/AEUV, Art. 28 EUV, Rn. 15 ff.

[31] Vgl. dazu *Kaufmann-Bühler*, in: Grabitz/Hilf/Nettesheim, EU, Art. 28 EUV (Juli 2010), Rn. 18.

[32] Vgl. dazu sowie zu den früheren »gemeinsamen Aktionen« die unter http://eur-lex.europa.eu (6. 3. 2014) abrufbare und ständig aktualisierte Übersicht.

[33] ABl. 2010, L 246/30, zul. geändert durch Beschluss 2010/440/GASP des Rates vom 11. 8. 2010, ABl. 2010, L 211/10.

[34] ABl. 2013, L 185/16, zul. geändert durch Beschluss 2015/1065/GASP des Rates vom 2. 7. 2015, ABl. 2015, L 174/23.

– Beschluss 2010/279/GASP des Rates vom 18.5.2010 über die **Polizeimission** der Europäischen Union in **Afghanistan** (EUPOL AFGHANISTAN);[35]
– Beschluss 2010/330/GASP des Rates vom 14.6.2010 betreffend die integrierte **Rechtsstaatlichkeitsmission** der Europäischen Union für **Irak** (EUJUST LEX-IRAQ);[36]
– Beschluss 2010/439/GASP des Rates vom 11.8.2010 zur Verlängerung des Mandats des **Sonderbeauftragten** der Europäischen Union für **Afghanistan**;[37]
– Beschluss 2010/441/GASP des Rates vom 11.8.2010 zur Verlängerung des Mandats des **Sonderbeauftragten** der Europäischen Union für die **Afrikanische Union**;[38]
– Beschluss 2010/452/GASP des Rates vom 12.8.2010 über die **Beobachtermission** der Europäischen Union in **Georgien** (EUMM Georgia);[39]
– Beschluss 2010/565/GASP des Rates vom 21.9.2010 über die **Beratungs- und Unterstützungsmission** der Europäischen Union im Zusammenhang mit der Reform des Sicherheitssektors in der **Demokratischen Republik Kongo** (EUSEC RD Congo);[40]
– Beschluss 2010/576/GASP des Rates vom 23.9.2010 über die **Polizeimission** der Europäischen Union im Rahmen der Reform des Sicherheitssektors und ihre Schnittstelle zur Justiz in der **Demokratischen Republik Kongo** (EUPOL RD Congo);[41]
– Beschluss 2010/619/GASP des Rates vom 15.10.2010 zur Änderung der Gemeinsamen Aktion 2008/124/GASP über die **Rechtsstaatlichkeitsmission** der Europäischen Union im **Kosovo** (EULEX KOSOVO);[42]
– Beschluss 2011/424/GASP des Rates vom 18.7.2011 zur Ernennung eines **Sonderbeauftragten** der Europäischen Union für den **südlichen Mittelmeerraum**;[43]
– Beschluss 2011/426/GASP des Rates vom 18.7.2011 zur Ernennung des **Sonderbeauftragten** der Europäischen Union in **Bosnien und Herzegowina**;[44]
– Beschluss 2011/518/GASP des Rates vom 25.8.2011 zur Ernennung des **Sonderbeauftragten** der Europäischen Union für den **Südkaukasus** und die Krise in **Georgien**;[45]
– Beschluss 2011/819/GASP des Rates vom 8.12.2011 zur Ernennung eines **Sonderbeauftragten** der Europäischen Union für das **Horn von Afrika**;[46]

---

[35] ABl. 2010, L 123/4, zul. geändert durch Beschluss 2015/2336/GASP des Rates vom 14.12.2015, ABl. 2015, L 329/16.

[36] ABl. 2010, L 149/12, zul. geändert durch Beschluss 2013/364/GASP des Rates vom 8.7.2013, ABl. 2013, L 188/9.

[37] ABl. 2010, L 211/17, zul. geändert durch Beschluss 2015/2005/GASP des Rates vom 10.11.2015, ABl. 2015, L 295/53.

[38] ABl. 2010, L 211/23, zul. geändert durch Beschluss 2013/383/GASP des Rates vom 15.7.2013, ABl. 2013, L 193/25.

[39] ABl. 2010, L 213/43, zul. geändert durch Beschluss 2015/2008/GASP des Rates vom 10.11.15, ABl. 2015, L 295/69.

[40] ABl. 2010, L 248/59, zul. geändert durch Beschluss 2015/883/GASP des Rates vom 8.6.2015, ABl. 2015, L 143/14.

[41] ABl. 2010, L 254/33, zul. geändert durch Beschluss 2013/467/GASP des Rates vom 23.9.2013, ABl. 2013, L 252/27.

[42] ABl. 2010, L 272/19, zul. geändert durch Beschluss 2016/947/GASP des Rates vom 14.6.2016, ABl. 2016, L 157/26.

[43] ABl. 2011, L 188/24, zul. geändert durch Beschluss 2013/307/GASP des Rates vom 24.6.2013, ABl. 2013 L 172/28.

[44] ABl. 2011, L 188/30, zul. geändert durch Beschluss 2014/384/GASP des Rates vom 23.6.2014, ABl. 2014, L 183/65.

[45] ABl. 2011, L 221/5, zul. geändert durch Beschluss 2015/2118/GASP des Rates vom 23.11.2015, ABl. 2015, L 306/26.

[46] ABl. 2011, L 327/62, zul. geändert durch Beschluss 2015/2006/GASP des Rates vom 10.11.2015, ABl. 2015, L 294/58.

– Beschluss 2012/33/GASP des Rates vom 23.1.2012 zur Ernennung des **Sonderbe-auftragten** der Europäischen Union für den **Nahost-Friedensprozess**;[47]
– Beschluss 2012/39/GASP des Rates vom 25.1.2012 zur Ernennung des **Sonderbe-auftragten** der Europäischen Union im **Kosovo**;[48]
– Beschluss 2012/328/GASP des Rates vom 25.6.2012 zur Ernennung der **Sonderbe-auftragten** der Europäischen Union für **Zentralasien**;[49]
– Beschluss 2012/389/GASP des Rates vom 16.7.2012 über die **Mission** der Europäi-schen Union zum Ausbau der regionalen maritimen Kapazitäten am **Horn von Afrika** (EUCAP NESTOR);[50]
– Beschluss 2012/392/GASP des Rates vom 16.7.2012 über die **GSVP-Mission** der Europäischen Union in **Niger** (EUCAP Sahel Niger);[51]
– Beschluss 2012/440/GASP des Rates vom 25.7.2012 zur Ernennung des **Sonderbe-auftragten** der Europäischen Union für **Menschenrechte**;[52]
– Beschluss 2013/133/GASP des Rates vom 18.3.2013 zur Ernennung des **Sonderbe-auftragten** der Europäischen Union für die **Sahelzone**;[53]
– Beschluss 2013/233/GASP des Rates vom 22.5.2013 über die **Mission** der Europäi-schen Union zur Unterstützung des integrierten Grenzmanagements in **Libyen** (EU-BAM Libyen);[54]
– Beschluss 2013/354/GASP des Rates vom 3.7.2013 über die **Polizeimission** der Eu-ropäischen Union für die **Palästinensischen Gebiete** (EUPOL COPPS);[55]
– Beschluss 2013/391/GASP des Rates vom 22.7.2013 zur Unterstützung der kon-kreten Umsetzung der **Resolution 1540 (2004)** des Sicherheitsrats der Vereinten Na-tionen über die **Nichtverbreitung von Massenvernichtungswaffen und ihren Träger-systemen**;[56]
– Beschluss 2014/219/GASP des Rates vom 15.4.2014 über die **GSVP-Mission** der Europäischen Union in **Mali** (EUCAP Sahel Mali);[57]
– Beschluss 2014/486/GASP des Rates vom 22.7.2014 über die **Beratende Mission** der Europäischen Union für eine Reform des zivilen Sicherheitssektors in der **Ukraine** (EUAM Ukraine);[58]

[47] ABl. 2012, L 19/17, zul. geändert durch Beschluss 2014/23/GASP des Rates vom 20.1.2014, ABl. 2014, L 16/31.
[48] ABl. 2012, L 23/5, zul. geändert durch Beschluss 2013/366/GASP des Rates vom 9.7.2013, ABl. 2013, L 189/9.
[49] ABl. 2012, L 165/59, zul. geändert durch Beschluss 2013/306/GASP des Rates vom 24.6.2013, ABl. 2013, L 172/25.
[50] ABl. 2012, L 187/40, zul. geändert durch Beschluss 2015/2275/GASP des Rates vom 7.12.2015, ABl. 2015, L 322/50.
[51] ABl. 2012, L 187/48, zul. geändert durch Beschluss 2015/1780/GASP des Rates vom 5.10.2015, ABl. 2015, L 259/21.
[52] ABl. 2012, L 200/21, zul. geändert durch Beschluss 2015/331/GASP des Rates vom 17.2.2015, ABl. 2015, L 43/29.
[53] ABl. 2013, L 75/29, zul. geändert durch Beschluss 2015/2274/GASP des Rates vom 7.12.2015, ABl. 2015, L 322/44.
[54] ABl. 2013, L 138/15, zul. geändert durch Beschluss 2015/2276/GASP des Rates vom 7.12.2015, ABl. 2015, L 322/51.
[55] ABl. 2013, L 185/12, zul. geändert durch Beschluss 2015/1064/GASP des Rates vom 2.7.2015; ABl. 2015, L 174/21.
[56] ABl. 2013, L 198/40, zul. geändert durch Beschluss 2015/1838/GASP des Rates vom 12.10.2015, ABl. 2015, L 266/96.
[57] ABl. 2014, L 113/21.
[58] ABl. 2014, L 217/42, zul. geändert durch Beschluss 2016/712/GASP des Rates vom 12.5.2016, ABl. 2016, L 125/11.

– Beschluss 2015/203/GASP des Rates vom 9.2.2015 zur Unterstützung des Vorschlags der **Union für einen internationalen Verhaltenskodex für Weltraumtätigkeiten** als Beitrag zu transparenzschaffenden und vertrauensbildenden Maßnahmen bei Weltraumtätigkeiten;[59]

– Beschluss 2015/259/GASP des Rates vom 17.2.2015 zur Unterstützung von Maßnahmen der Organisation für das Verbot chemischer Waffen (OVCW) im Rahmen der **Umsetzung der Strategie der EU gegen die Verbreitung von Massenvernichtungswaffen;**[60]

– Beschluss 2016/610/GASP des Rates vom 19.4.2016 über eine militärische Ausbildungsmission im Rahmen der GSVP der Europäischen Union in der Zentralafrikanischen Republik (EUTM RCA) 1.[61]

C. Unterrichtungspflichten (Abs. 3–5)

I. Allgemeine Unterrichtungspflicht (Abs. 3)

24 Weil sie die Hauptlasten bei einem operativen Vorgehen der Union tragen und zudem nicht vollständig in ihrer außen- und sicherheitspolitischen Handlungsfreiheit eingeschränkt werden sollen, bleiben die Mitgliedstaaten nicht auf eine bloße Exekution (»bloße praktische Umsetzung«) der Beschlüsse über ein operatives Vorgehen der Union beschränkt. Vielmehr soll auch jenseits der faktischen Durchführungsebene weiterhin die Möglichkeit bestehen, die Durchführung des operativen Vorgehens nach den außen- und sicherheitspolitischen Vorstellungen der einzelnen Mitgliedstaaten zu gestalten. Dies bedeutet nicht, dass sie jederzeit von den Vorgaben des zugrundeliegenden Beschlusses abweichende Stellungnahmen abgeben oder Maßnahmen ergreifen dürften. Vielmehr sind sie nach Abs. 3 Satz 1 verpflichtet, den Rat über von ihnen geplante Stellungnahmen und Maßnahmen zu unterrichten, die sich nicht in einer bloßen faktischen Implementierung eines Beschlusses nach Abs. 1 erschöpfen. Die Unterrichtung muss **rechtzeitig** erfolgen. Bei der Bestimmung der Rechtzeitigkeit kommt es auf den Umfang des geplanten Vorgehens an sowie auf die Kapazitäten des Rates. Mit der Pflicht zur rechtzeitigen Unterrichtung soll ein einseitiges, zu den Grundsätzen und Zielen eines Beschlusses potentiell im Widerspruch stehendes Verhalten einzelner Mitgliedstaaten verhindert und der Rat in die Lage versetzt werden, das geplante Verhalten auf seine Vereinbarkeit mit den Zielen und Grundsätzen des Beschlusses zu überprüfen.[62] Nur dann, wenn ein Widerspruch besteht oder nicht ausgeschlossen werden kann, ist eine Abstimmung erforderlich. Diese kann dazu führen, dass das geplante Vorgehen modifiziert oder, falls sich dies als nicht hinreichend zur Wahrung der Grundsätze und Ziele erweist, gänzlich ausgeschlossen werden.[63]

---

[59] ABl. 2015, L 33/38.
[60] ABl. 2015, L 43/14.
[61] ABl. 2016, L 104/21.
[62] *Marquardt/Gaedtke*, in: GSH, Europäisches Unionsrecht, Art. 28, Rn. 13.
[63] Vgl. dazu sowie zum Vorstehenden *Regelsberger/Kugelmann*, in: Streinz, EUV/AEUV, Art. 28 EUV, Rn. 10; *Kaufmann-Bühler*, in: Grabitz/Hilf/Nettesheim, EU, Art. 28 EUV (Juli 2010), Rn. 28; *Hummer*, in: Vedder/Heintschel v. Heinegg, Europäisches Unionsrecht, Art. 28 EUV, Rn. 14 f.

II. Unterrichtungspflicht bei Sofortmaßnahmen (Abs. 4)

Abs. 4 Satz 1 betrifft die in Abs. 1 UAbs. 2 geregelte Situation, dass sich die für den   25
Erlass eines Beschlusses über ein operatives Vorgehen der Union maßgeblichen Umstände grundlegend geändert haben. Aus dem Zusammenhang der beiden Vorschriften
wird deutlich, dass ein Mitgliedstaat von den Vorgaben des Beschlusses nur abweichen
können soll, wenn **drei Voraussetzungen** erfüllt sind: (1) das Abweichen durch Ergreifen
von Sofortmaßnahmen muss »zwingend notwendig« sein, um angemessen auf die
grundlegende Änderung der Umstände reagieren zu können; (2) der Rat ist nicht (rechtzeitig) in der Lage, gemäß Abs. 1 UAbs. 2 auf die grundlegende Änderung der Umstände zu reagieren und die erforderlichen Anpassungsbeschlüsse zu erlassen; und (3) die
Mitgliedstaaten müssen beim Ergreifen der Sofortmaßnahmen die allgemeinen Ziele des
Beschlusses berücksichtigen.[64] Sofortmaßnahmen kommen mithin nur als letztes Mittel
(ultima ratio) in Betracht und nicht bereits dann, wenn sie sich lediglich als generell
geeignet erweisen, um auf eine grundlegende Änderung der Umstände zu reagieren. Die
Pflicht zur weiteren Berücksichtigung der allgemeinen Ziele des Beschlusses soll insbesondere verhindern, dass mit den Sofortmaßnahmen ein zukünftiges operatives Vorgehen der Union erheblich erschwert oder gar unmöglich wird. Sinn und Zweck der
Unterrichtungspflicht nach Abs. 4 Satz 2 ist die Sicherstellung dieser Voraussetzungen.[65]

III. Schwierigkeiten eines Mitgliedstaates bei der Durchführung eines Beschlusses (Abs. 5)

Obgleich bei der Beschlussfassung über ein operatives Vorgehen die unterschiedlichen   26
Fähigkeiten der Mitgliedstaaten berücksichtigt werden müssen (s. o. Rn. 12), kann nicht
ausgeschlossen werden, dass sich für einen Mitgliedstaat bei der Durchführung unvor-
hergesehene Schwierigkeiten ergeben, die eine weitere Teilnahme dieses Mitgliedstaates entweder im vorgesehenen Umfang oder aber gänzlich in Frage zu stellen geeignet
sind. Wegen der Begrenzung des Anwendungsbereichs von Abs. 5 auf »**größere Schwierigkeiten**« sind die bei jedem operativen Vorgehen zu erwartenden Schwierigkeiten
nicht ausreichend. Schließlich soll ja auf Krisen oder eine bedenkliche Entwicklung in
anderen Staaten oder Regionen reagiert werden, so dass stets damit gerechnet werden
muss, dass sich ein operatives Vorgehen nicht wie geplant realisieren lässt. Zudem müssen die größeren Schwierigkeiten **nur einen Mitgliedstaat** betreffen. Schwierigkeiten,
die sich für alle an dem operativen Vorgehen beteiligten Mitgliedstaaten ergeben, fallen
selbst dann nicht in den Anwendungsbereich von Abs. 5, wenn sie geeignet erscheinen,
den Erfolg des operativen Vorgehens insgesamt in Frage zu stellen. Vielmehr dürfte es
sich dann um einen Anwendungsfall von Abs. 1 UAbs. 2 handeln, so dass darauf mit
einer Änderung oder Aufhebung des Beschlusses durch den Rat reagiert werden muss.
»Größere Schwierigkeiten« eines Mitgliedstaates sind beispielsweise dann anzunehmen, wenn das von einem Mitgliedstaat zur Verfügung gestellte Personal größere Ver-

[64] Vgl. *Marquardt/Gaedtke*, in: GSH, Europäisches Unionsrecht, Art. 28, Rn. 14, die allerdings nur
die ersten beiden Voraussetzungen verlangen.
[65] Vgl. dazu auch *Hummer*, in: Vedder/Heintschel v. Heinegg, Europäisches Unionsrecht, Art. 28
EUV, Rn. 16 f.; *Kaufmann-Bühler*, in: Grabitz/Hilf/Nettesheim, EU, Art. 28 EUV (Juli 2010), Rn. 28;
Cremer, in: Calliess/Ruffert, EUV/AEUV, Art. 28 EUV, Rn. 17 f.; *Regelsberger/Kugelmann*, in:
Streinz, EUV/AEUV, Art. 28 EUV, Rn. 11.

luste erleidet oder sich der finanzielle Aufwand in einem Maße vergrößert, so dass der ursprüngliche Rückhalt in der Heimat merklich schwindet oder in grundlegende Ablehnung umschlägt. Solche oder vergleichbare Schwierigkeiten berechtigen einen Mitgliedstaat nicht zu einer einseitigen Änderung des von ihm geforderten Beitrags oder gar zu einem einseitigen Ausscheren aus einem operativen Vorgehen. Vielmehr muss er den Rat mit dieser Angelegenheit »befassen«, mithin über die Schwierigkeiten unterrichten. Erst dann soll der Rat insbesondere nach Lösungen suchen, die dem betroffenen Mitgliedstaat dabei helfen, die größeren Schwierigkeiten zu überwinden. Da diese Lösungsvorschläge gemäß Abs. 5 Satz 1 aber nicht im Widerspruch zu den Zielen des Beschlusses stehen oder seiner Wirksamkeit schaden dürfen, kommt eine Entlassung des betroffenen Mitgliedstaates aus dem operativen Vorgehen nur in seltenen Ausnahmefällen in Betracht.[66]

---

[66] Dazu sowie zum Vorstehenden vgl. *Kaufmann-Bühler*, in: Grabitz/Hilf/Nettesheim, EU, Art. 28 EUV (Juli 2010), Rn. 29; *Hummer*, in: Vedder/Heintschel v. Heinegg, Europäisches Unionsrecht, Art. 28 EUV, Rn. 18 f.

Artikel 29 EUV [Beschlüsse zu Standpunkt der Union in bestimmter Frage]

[1]Der Rat erlässt Beschlüsse, in denen der Standpunkt der Union zu einer bestimmten Frage geografischer oder thematischer Art bestimmt wird. [2]Die Mitgliedstaaten tragen dafür Sorge, dass ihre einzelstaatliche Politik mit den Standpunkten der Union in Einklang steht.

Literaturübersicht

Aust/Kadi, Ignoring international Legal obligations, IOLawRev. 2009, 293; *Borghi*, La législation de l'Union européenne en matière de sanctions internationales et sa compatibilité avec les droits fondamentaux, RTDE 2008, 1095; *Brandl*, Die Umsetzung der Sanktionsresolutionen des Sicherheitsrats in der EU, AVR 2000, 376; *Haltern*, Gemeinschaftsgrundrechte und Antiterrormaßnahmen der UNO, JZ 2007, 537; *Kämmerer*, Das Urteil des EuGH im Fall »Kadi«: Ein Triumph der Rechtsstaatlichkeit?, EuR 2009, 114; *Labayle/Mehdi*, Le control, le juridictionnel de la lutte contre le terrorisme: les black lists de l'Union dans la prétoire de la Cour de justice, RTDE 2009, 231; *Lebeck*, UN Security Council Anti-Terrorism Measures Implemented Via EC/EU Law, Irish Journal of European Law 2007, 3; *Meyer*, Lost in Complexity: Gedanken zum Rechtsschutz gegen Smart Sanctions in der EU, ZEuS 2007, 1; *Nettesheim*, U. N. Sanctions against Individuals: a Challenge to the Architecture of European Union Governance, CMLRev. 44 (2007), 567; *Schmalenbach*, Bedingt kooperationsbereit: Der Kontrollanspruch des EuGH bei gezielten Sanktionen, JZ 2009, 1; *Vandepoorter*, L'application communautaire des décisions du Conseil de Sécurité, AFDI 2006, 102.

Leitentscheidungen

EuGH, Urt. v. 28.11.2013, Rs. C–348/12 P (Rat/Manufacturing Support & Procurement Kala Naft), ECLI:EU:C:2013:776
EuGH, Urt. v. 28.11.2013, Rs. C–280/12 P (Rat/Fulmen und Mahmoudian), ECLI:EU:C:2013:775
EuG, Urt. v. 12.6.2013, Rs. T–128/12 u. T–182/12 (HTTS/Rat), ECLI:EU:T:2013:312
EuG, Urt. v. 6.9.2013, Rs, T–42/12 u. T–181/12 (Bateni/Rat), ECLI:EU:T:2013:409

Wesentliche sekundärrechtliche Vorschriften

S. Rn. 8.

Inhaltsübersicht

A. Entwicklung und Ziele der Vorschrift

Die exakte Einordnung der »Gemeinsamen Standpunkte« gemäß Art. 15 EUV a. F., an 1 den Art. 29 EUV anknüpft,[1] war umstritten. Insbesondere über ihre Rechtsverbindlich-

---

[1] Vgl. dazu auch *Kaufmann-Bühler*, in: Grabitz/Hilf/Nettesheim, EU, Art. 29 EUV (Juli 2010), Rn. 1.

keit bestand keine Einigkeit. Mehrheitlich wurden »Gemeinsame Standpunkte« als thematisch und regional breite »Positionsbestimmungen«[2] der Union angesehen, denen eine lediglich völkerrechtliche Bindungswirkung zuerkannt wurde und die den Mitgliedstaaten weite politische Spielräume ließen.[3] Wenngleich es nahe zu liegen scheint, die Standpunkte nach Art. 29 EUV ebenso einzuordnen wie die »Gemeinsamen Standpunkte« nach Art. 15 EUV a. F., so würde dies der Vorschrift des Art. 29 EUV im Lichte der nachfolgenden Praxis schwerlich gerecht. Nun trifft es zu, dass auch unter der Geltung des Vertrags von Lissabon die Standpunkte **Positionsbestimmungen der Union** zu bestimmten Themen oder zu der Situation in einem Drittstaat enthalten, so gehen sie in ihrer Mehrheit doch darüber hinaus, werden die Mitgliedstaaten doch nicht lediglich auf bestimmte konzeptionelle Vorstellungen festgelegt, an denen sie ihr außenpolitisches Verhalten orientieren sollen. Vielmehr werden in den Standpunkten neuer Prägung, insbesondere wenn sie auf **restriktive Maßnahmen** gegen bestimmte Staaten gerichtet sind, konkrete Rechtspflichten der Mitgliedstaaten niedergelegt, die sich auch auf die anderen Politikbereiche der Union erstrecken können. Daher sind auch Befürchtungen, der Wegfall der Qualifizierung als »gemeinsam« indiziere eine »Einbuße an Integrationskraft«,[4] die die Union daran hindern werde, mit einer Stimme zu sprechen, unbegründet.

B.   Standpunkte (Satz 1)

I.   Begriff und Abgrenzung

2   Der Begriff »Standpunkt« scheint dafür zu sprechen, dass Art. 29 EUV lediglich als Grundlage für eine gemeinsame, d. h. einheitliche außen- und sicherheitspolitische Positionierung der Union zu bestimmten geografischen oder thematischen Fragen dienen soll, der keine nennenswerte Rechtsbindungswirkung zukommt und die weitgehend der politischen Ebene, bestenfalls der völkerrechtlichen Ebene, zuzuordnen ist.[5] Auch ein Vergleich mit dem operativen Vorgehen nach Art. 28 EUV scheint für eine solche Charakterisierung zu sprechen, wird doch in Art. 28 Abs. 2 EUV die Rechtsbindung der Mitgliedstaaten an einen Beschluss über ein operatives Vorgehen ausdrücklich festgestellt. Art. 29 Satz 2 beschränkt sich demgegenüber auf eine recht schwach ausgestaltete (»tragen dafür Sorge«) Pflicht der Mitgliedstaaten, »ihre einzelstaatliche Politik mit den Standpunkten der Union in Einklang zu bringen«. Schließlich scheinen auch Beispiele aus der Praxis der Union zu belegen, dass die Standpunkte der Union nach Art. 29 EUV lediglich breite konzeptionelle Vorstellungen über bestimmte außen- und sicherheitspolitische Fragen enthalten.[6] Beispielsweise wird in dem Beschluss des Rates über den von der Union im Rahmen der Überprüfungskonferenz des Übereinkommens über Biologische Waffen[7] lediglich festgelegt, welche Position die Mitgliedstaaten mit Blick diese

---

[2] So auch heute noch *Hummer*, in: Vedder/Heintschel v. Heinegg, Europäisches Unionsrecht, Art. 29 EUV, Rn. 3 ff.
[3] *Hummer*, in: Vedder/Heintschel v. Heinegg, Europäisches Unionsrecht, Art. 29 EUV, Rn. 4.
[4] So aber *Kaufmann-Bühler*, in: Grabitz/Hilf/Nettesheim, EU, Art. 29 EUV (Juli 2010), Rn. 1.
[5] So scheinbar *Hummer*, in: Vedder/Heintschel v. Heinegg, Europäisches Unionsrecht, Art. 29 EUV, Rn. 3; *Regelsberger/Kugelmann*, in: Streinz, EUV/AEUV, Art. 29 EUV, Rn. 2.
[6] *Oppermann/Classen/Nettesheim*, Europarecht, § 39, Rn. 19.
[7] Beschluss 2011/429/GASP des Rates vom 18. 7. 2011 zum Standpunkt der Europäischen Union

Massenvernichtungswaffen einnehmen und wie sie auf die damit im Widerspruch stehenden Verhaltensweisen anderer Staaten reagieren sollen.

Aus dem Zusammenhang mit Art. 28 EUV und im Lichte der Praxis unter dem Vertrag von Lissabon wird aber erkennbar, dass die Standpunkte nach Art. 29 EUV nicht auf eine grundsätzliche Positionierung zu bestimmten geografischen oder thematischen Fragen beschränkt sein sollen.[8] Ebenso wie das operative Vorgehen nach Art. 28 EUV zielen die Standpunkte darauf, nicht nur in grundsätzlicher Weise die Außenbeziehungen zu gestalten (z. B. durch eine auf die Festigung oder fortschreitende Entwicklung des Völkerrechts gerichtete gemeinsame Position), sondern auch auf die Situation in bestimmten Staaten oder Regionen **einzuwirken**, um die fremden Akteure zu veranlassen, ihr innen- oder außenpolitisches Verhalten entsprechend den Werten, Grundsätzen, Interessen und Zielen der GASP zu ändern.[9] Während die **Verwirklichung dieser Ziele** beim operativen Vorgehen mittels der Entsendung von Personal (Missionen und Sonderbeauftragte) erreicht werden soll, das dann vor Ort die erforderlichen Maßnahmen ergreift, verhält es sich bei den Stellungnahmen anders. In den Stellungnahmen wird zwar ebenfalls das gewünschte Ziel identifiziert. Auch soll auf andere Staaten oder Akteure gegebenenfalls Druck ausgeübt werden. Die zu ergreifenden Maßnahmen werden jedoch nicht vor Ort, sondern **allein auf Unionsebene** und auf der Ebene der Mitgliedstaaten ergriffen. Beispielsweise kann ein Standpunkt Grundlage für eine gegen einen Drittstaat gerichtete wirtschaftliche Zwangsmaßnahme nach Art. 215 AEUV ein.[10]

Damit wird zugleich der Unterschied zu den sonstigen außen- und sicherheitspolitischen **Erklärungen** der Union erkennbar, soll mit diesen doch nicht unmittelbar und durch konkrete Maßnahmen auf die internationalen Beziehungen eingewirkt werden.[11]

II. Voraussetzungen und Verfahren

1. Voraussetzungen

Bereits der Wortlaut verdeutlicht, dass Stellungnahmen nicht auf eine allgemeine Positionierung der Union im Bereich der GASP gerichtet sein dürfen, sondern »bestimmte Fragen« betreffen müssen. Standpunkte sind daher mit Blick auf einen bestimmten Drittstaat, eine bestimmte Region oder ein bestimmtes Thema zu fassen, wenn und

---

zur Siebten Konferenz zur Überprüfung des Übereinkommens über das Verbot der Entwicklung, Herstellung und Lagerung bakteriologischer (biologischer) Waffen und von Toxinwaffen sowie über die Vernichtung solcher Waffen (BWÜ), ABl. 2011, L 188/42. Vgl. auch Beschluss 2012/712/GASP des Rates vom 19. 11. 2012 in Bezug auf die Überprüfungskonferenz 2013 zum Übereinkommen über das Verbot der Entwicklung, Herstellung, Lagerung und des Einsatzes chemischer Waffen und über die Vernichtung solcher Waffen (CWÜ), ABl. 2011, L 321/68.

[8] So scheinbar aber *Kaufmann-Bühler*, in: Grabitz/Hilf/Nettesheim, EU, Art. 29 EUV (Juli 2010), Rn. 2 f., der die Standpunkte nach Art. 29 EUV als »ein Instrument zur Festlegung ihrer politischen Position zu einem Drittstaat, einem politischen Ereignis oder einer internationalen Frage von allgemeiner Bedeutung« einordnet.

[9] Dies wird auch von *Kaufmann-Bühler*, in: Grabitz/Hilf/Nettesheim, EU, Art. 29 EUV (Juli 2010), Rn. 5, eingeräumt, obgleich er weiterhin daran festzuhalten scheint, das Schwergewicht der Standpunkte liege auf einer grundsätzlichen außen- und sicherheitspolitischen Positionierung der Union.

[10] Vgl. allein *Regelsberger/Kugelmann*, in: Streinz, EUV/AEUV, Art. 29 EUV, Rn. 5; *Marquardt/Gaedtke*, in: GSH, Europäisches Unionsrecht, Art. 29, Rn. 4.

[11] Noch zweifelnd *Kaufmann-Bühler*, in: Grabitz/Hilf/Nettesheim, EU, Art. 29 EUV (Juli 2010), Rn. 4.

soweit die konkrete Situation oder das konkrete Thema von allgemeiner Bedeutung ist und ein Standpunkt erforderlich ist, um die Grundsätze und Ziele gemäß Art. 21 EUV zu wahren oder zu verwirklichen. Eine strikte Trennung zwischen Fragen geografischer und thematischer Art ist nicht erforderlich. Wie die Praxis zeigt, werden Standpunkte häufig beschlossen, um etwa auf die Menschenrechtslage in einem anderen Staate zu reagieren. Ebenso wie das operative Vorgehen sind die Standpunkte somit **reaktiver** Natur.

6   Es ist nichts dafür ersichtlich, dass mit Art. 29 EUV der außen- und sicherheitspolitische Handlungsspielraum des Rates eingeschränkt werden soll. Vielmehr dienen auch die Standpunkte dem Zweck, dem Rat ein Instrument zur Verfügung zu stellen, um **schnell** und **flexibel** auf konkrete internationale Situationen und Entwicklungen reagieren zu können. Dies ist insbesondere dann von Bedeutung, wenn etwa der UN-Sicherheitsrat wirtschaftliche Zwangsmaßnahmen gegen einen bestimmten Staat oder bestimmte Individuen (»smart sanctions«) beschlossen hat, und der Rat zu der Auffassung gelangt, die Union müsse sich mit Blick auf die Grundsätze und Ziele des Art. 21 EUV daran beteiligen. Daher bedarf es für den Beschluss eines Standpunkts keiner strategischen Vorgaben durch den Europäischen Rat.[12]

2. Verfahren

7   Da gemäß Satz 1 ein Beschluss erforderlich ist, findet auf die Festlegung der Standpunkte Art. 31 EUV Anwendung. Danach beschließt der **Rat** grundsätzlich **einstimmig**, es sei denn, eine der Ausnahmen nach Art. 31 Abs. 2 UAbs. 1 EUV kommt zur Anwendung, so dass eine qualifizierte Mehrheit ausreichend ist.

III.   Beispiele für auf Art. 29 EUV gestützte Beschlüsse

8   Wie die nachfolgende Übersicht über die auf Art. 29 EUV gestützten Beschlüssen über Standpunkte des Zeitraums von 2010 bis 2015 verdeutlicht, betreffen Standpunkte nicht lediglich eine grundsätzliche konzeptionelle Positionierung der Union zu konkreten Fragen geografischer thematischer Art, sondern insbesondere restriktive Maßnahmen gegen bestimmte Staaten:[13]

- Beschluss 2010/127/GASP des Rates vom 1.3.2010 über restriktive Maßnahmen gegen **Eritrea**;[14]
- Beschluss 2010/212/GASP des Rates vom 29.3.2010 über den Standpunkt der Europäischen Union für die im Jahr 2010 vorgesehene **Konferenz** der Vertragsparteien zur Überprüfung des Vertrags über die Nichtverbreitung von Kernwaffen;[15]
- Beschluss 2010/231/GASP des Rates vom 26.4.2010 über restriktive Maßnahmen gegen **Somalia** und zur Aufhebung des Gemeinsamen Standpunkts 2009/138/GASP;[16]

---

[12] *Kaufmann-Bühler*, in: Grabitz/Hilf/Nettesheim, EU, Art. 29 EUV (Juli 2010), Rn. 3.

[13] Vgl. auch die Übersichten bei *Regelsberger/Kugelmann*, in: Streinz, EUV/AEUV, Art. 29 EUV, Rn. 9 ff.; *Cremer*, in: Calliess/Ruffert, EUV/AEUV, Art. 29 EUV, Rn. 10 ff.

[14] ABl. 2010, L 51/19; zuletzt geändert durch Beschluss 2012/632/GASP des Rates vom 15.10.2012, ABl. 2012, L 282/46.

[15] ABl. 2010, L 90/8.

[16] ABl. 2010, L 105/17; zuletzt geändert durch Beschluss 2015/335/GASP des Rates vom 2.3.2015, ABl. 2015, L 58/77.

– Beschluss 2010/413/GASP des Rates vom 26. 7. 2010 über restriktive Maßnahmen gegen **Iran** und zur Aufhebung des Gemeinsamen Standpunkts 2007/140/GASP;[17]
– Beschluss 2010/573/GASP des Rates vom 27. 9. 2010 betreffend restriktive Maßnahmen gegen die Führung der transnistrischen Region der **Republik Moldau**;[18]
– Beschluss 2010/638/GASP des Rates vom 25. 10. 2010 über restriktive Maßnahmen gegen die **Republik Guinea**;[19]
– Beschluss 2010/656/GASP des Rates vom 29. 10. 2010 zur Verlängerung der restriktiven Maßnahmen gegen **Côte d'Ivoire**;[20]
– Beschluss 2010/677/GASP des Rates vom 8. 11. 2010 zur Aufhebung des Gemeinsamen Standpunkts 98/409/GASP betreffend **Sierra Leone**;[21]
– Beschluss 2010/788/GASP des Rates vom 20. 12. 2010 über restriktive Maßnahmen gegen die **Demokratische Republik Kongo** und zur Aufhebung des Gemeinsamen Standpunkts 2008/369/GASP;[22]
– Beschluss 2011/72/GASP des Rates vom 31. 1. 2011 über restriktive Maßnahmen gegen bestimmte Personen und Organisationen angesichts der Lage in **Tunesien**;[23]
– Beschluss 2011/101/GASP des Rates vom 15. 2. 2011 über restriktive Maßnahmen gegen **Simbabwe**;[24]
– Beschluss 2011/168/GASP des Rates vom 21. 3. 2011 über den **Internationalen Strafgerichtshof** und zur Aufhebung des Gemeinsamen Standpunktes 2003/444/GASP;[25]
– Beschluss 2011/172/GASP des Rates vom 21. 3. 2011 über restriktive Maßnahmen gegen bestimmte Personen, Organisationen und Einrichtungen angesichts der Lage in **Ägypten**;[26]
– Beschluss 2011/173/GASP des Rates vom 21. 3. 2011 über restriktive Maßnahmen angesichts der Lage in **Bosnien und Herzegowina**;[27]
– Beschluss 2011/235/GASP des Rates vom 12. 4. 2011 über restriktive Maßnahmen gegen bestimmte Personen und Organisationen angesichts der Lage in **Iran**;[28]
– Beschluss 2011/429/GASP des Rates vom 18. 7. 2011 zum Standpunkt der Europäischen Union zur Siebten **Konferenz** zur Überprüfung des Übereinkommens über das

---

[17] ABl. 2010, L 195/39; zuletzt geändert durch Beschluss 2015/2216/GASP des Rates vom 30. 11. 2015, ABl. 2015, L 314/58.
[18] ABl. 2010, L 253/54; zuletzt geändert durch den Beschluss 2015/1925/GASP des Rates vom 26. 10. 2015, ABl. 2015, L 281/12.
[19] ABl. 2010, L 280/10; zuletzt geändert durch Beschluss 2015/1923/GASP des Rates vom 26. 10. 2015, ABl. 2015, L 281/9.
[20] ABl. 2010, L 285/28; zuletzt geändert durch Beschluss 2015/202/GASP des Rates vom 9. 2. 2015, ABl. 2015, L 33/37.
[21] ABl. 2010, L 292/39.
[22] ABl. 2010, L 336/30; zuletzt geändert durch Beschluss 2015/620/GASP des Rates vom 20. 4. 2015, ABl. 2015, L 102/43.
[23] ABl. 2011, L 28/62; zuletzt geändert durch Beschluss 2015/157/GASP des Rates vom 30. 1. 2015, ABl. 2015. L 26/29.
[24] ABl. 2011, L 42/6; zuletzt geändert durch Beschluss 2015/1924/GASP des Rates vom 26. 10. 2015, ABl. 2015, L 281/10.
[25] ABl. 2011, L 76/56.
[26] ABl. 2011, L 76/63; zuletzt geändert durch den Beschuss 2015/486/GASP des Rates vom 20. 3. 2015, ABl. 2015, L 77/16.
[27] ABl. 2011, L 76/68; zuletzt geändert durch den Beschluss 2015/487/GASP des Rates vom 20. 3. 2015, ABl. 2015, L 77/17.
[28] ABl. 2011, L 100/51; zuletzt geändert durch den Beschluss 2015/555/GASP des Rates vom 7. 4. 2015, ABl. 2015, L 92/91.

Verbot der Entwicklung, Herstellung und Lagerung bakteriologischer (biologischer) Waffen und von Toxinwaffen sowie über die Vernichtung solcher Waffen (BWÜ);[29]
– Beschluss 2011/486/GASP des Rates vom 1. 8. 2011 über restriktive Maßnahmen gegen bestimmte Personen, Gruppen, Unternehmen und Einrichtungen angesichts der Lage in **Afghanistan**;[30]
– Beschluss 2012/285/GASP des Rates vom 31. 5. 2012 über restriktive Maßnahmen gegen bestimmte den Frieden, die Sicherheit und die Stabilität in der **Republik Guinea-Bissau** gefährdende Personen, Organisationen und Einrichtungen und zur Aufhebung des Beschlusses 2012/237/GASP;[31]
– Beschluss 2012/642/GASP des Rates vom 15. 10. 2012 über restriktive Maßnahmen gegen **Belarus**;[32]
– Beschluss 2012/712/GASP des Rates vom 19. 11. 2012 in Bezug auf die **Überprüfungskonferenz** 2013 zum Übereinkommen über das Verbot der Entwicklung, Herstellung, Lagerung und des Einsatzes chemischer Waffen und über die Vernichtung solcher Waffen (CWÜ);[33]
– Beschluss 2013/183/GASP des Rates vom 22. 4. 2013 über restriktive Maßnahmen gegen die **Demokratische Volksrepublik Korea** und zur Aufhebung des Beschlusses 2010/800/GASP;[34]
– Beschluss 2013/184/GASP des Rates vom 22. 4. 2013 betreffend restriktive Maßnahmen gegen **Myanmar/Birma** und zur Aufhebung des Beschlusses 2010/232/GASP;[35]
– Beschluss 2013/255/GASP des Rates vom 31. 5. 2013 über restriktive Maßnahmen gegen **Syrien**;[36]
– Beschluss 2013/798/GASP des Rates vom 23. 12. 2013 über restriktive Maßnahmen gegen die **Zentralafrikanische Republik**;[37]
– Beschluss 2014/72/GASP des Rates vom 10. 2. 2014 zur Aktualisierung und Änderung der Liste der Personen, Vereinigungen und Körperschaften, für die die Artikel 2, 3 und 4 des Gemeinsamen Standpunkts 2001/931/GASP über die Anwendung besonderer **Maßnahmen zur Bekämpfung des Terrorismus** gelten, und zur Aufhebung des Beschlusses 2013/395/GASP;[38]
– Beschluss 2014/119/GASP des Rates vom 5. 3. 2014 über restriktive Maßnahmen gegen bestimmte Personen, Organisationen und Einrichtungen angesichts der Lage in der **Ukraine**;[39]

---

[29] ABl. 2011, L 188/42.
[30] ABl. 2011, L 199/57.
[31] ABl. 2012, L 142/36.
[32] ABl. 2012, L 285/1; zuletzt geändert durch Beschluss 2015/1957/GASP des Rates vom 29. 10. 2015, ABl. 2015, L 284/149.
[33] ABl. 2012, L 321/68.
[34] ABl. 2013, L 111/52; zuletzt geändert durch den Beschluss 2016/849/GASP des Rates vom 27. 5. 2016, ABl. 2016, L 141/79.
[35] ABl. 2013, L 111/75; zuletzt geändert durch den Beschluss 2016/627/GASP des Rates vom 21. 4. 2016, ABl. 2016, L 106/23.
[36] ABl. 2013, L 147/14; zuletzt geändert durch Beschluss 2015/1836/GASP des Rates vom 12. 10. 2015, ABl. 2015, L 266/75.
[37] ABl. 2013, L 352/51; zuletzt geändert durch Beschluss 2015/739/GASP des Rates vom 7. 5. 2015, ABl. 2015, L 117/49.
[38] ABl. 2014, L 40/56.
[39] ABl. 2014, L66/26; zuletzt geändert durch den Beschluss 2016/318/GASP des Rates vom 4. 3. 2016, ABl. 2016, L 60/76.

– Beschluss 2014/145/GASP des Rates vom 17.3.2014 über restriktive Maßnahmen angesichts von Handlungen, die die territoriale Unversehrtheit, Souveränität und Unabhängigkeit der **Ukraine** untergraben oder bedrohen;[40]
– Beschluss 2014/386/GASP des Rates vom 23.6.2014 über Beschränkungen für Waren mit Ursprung auf der **Krim oder in Sewastopol** als Reaktion auf die rechtswidrige Eingliederung der Krim und Sewastopols durch Annexion;[41]
– Beschluss 2014/450/GASP des Rates vom 10.7.2014 über restriktive Maßnahmen angesichts der Lage in **Sudan** und zur Aufhebung des Beschlusses 2011/423/GASP;[42]
– Beschluss 2014/512/GASP des Rates vom 31.7.2014 über restriktive Maßnahmen angesichts der Handlungen **Russlands**, die die Lage in der Ukraine destabilisieren;[43]
– Beschluss 2014/932/GASP des Rates vom 18.12.2014 über restriktive Maßnahmen angesichts der Lage in **Jemen**;[44]
– Beschluss 2015/740/GASP des Rates vom 7.5.2015 über restriktive Maßnahmen angesichts der Lage in **Südsudan** und zur Aufhebung des Beschlusses 2014/449/GASP;[45]
– Beschluss 2015/1333(GASP des Rates vom 31.7.2015 über restriktive Maßnahmen angesichts der Lage in **Libyen** und zur Aufhebung des Beschlusses 2011/137/GASP;[46]
– Beschluss 2015/1763/GASP des Rates vom 1.10.2015 über restriktive Maßnahmen angesichts der Lage in **Burundi**;[47]
– Beschluss 2015/1782/GASP des Rates vom 5.10.2015 zur Aufhebung des Gemeinsamen Standpunkts 2004/487/GASP über weitere restriktive Maßnahmen gegen Liberia und zur Änderung des Gemeinsamen Standpunkts 2008/109/GASP über restriktive Maßnahmen gegen **Liberia**;[48]
– Beschluss 2015/2096/GASP des Rates vom 16.11.2015 über den Standpunkt der Europäischen Union zur Achten **Konferenz** zur Überprüfung des Übereinkommens über das Verbot der Entwicklung, Herstellung und Lagerung bakteriologischer (biologischer) Waffen und von Toxinwaffen sowie über die Vernichtung solcher Waffen (BWÜ);[49]
– Beschluss 2015/2430/GASP des Rates vom 21.12.2015 zur Aktualisierung der Liste der Personen, Vereinigungen und Körperschaften, für die die Artikel 2, 3 und 4 des Gemeinsamen Standpunkts 2001/931/GASP über die Anwendung besonderer **Maßnahmen zur Bekämpfung des Terrorismus** gelten, und zur Aufhebung des Beschlusses (GASP) 2015/1334;[50]

---

[40] ABl. 2014, L 78/16; zuletzt geändert durch den Beschluss 2015/1524/GASP des Rates vom 14.9.2015, ABl. 2015, L 239/157.
[41] ABl. 2014, L 183/70; zuletzt geändert durch den Beschluss 2015/959/GASP des Rates vom 19.6.2015, ABl. 2015, L 156/25.
[42] ABl. 2014, L 203/106.
[43] ABl. 2014, L 229/13; zuletzt geändert durch den Beschluss 2015/2431/GASP des Rates vom 21.12.2015, ABl. 2015, L 334/22.
[44] ABl. 2014, L365/147; zuletzt geändert durch den Beschluss 2015/882/GASP des Rates vom 8.6.2015, ABl. 2015, L 142/11.
[45] ABl. 2015, L 117/52.
[46] ABl. 2015, L 206/34; zuletzt geändert durch den Beschluss 2016/478/GASP des Rates vom 31.3.2016, ABl. 2016, L 85/48.
[47] ABl. 2015, L 257/37.
[48] ABl. 2015, L 259/25.
[49] ABl. 2015, L303/13.
[50] ABl. 2015, L 334/18; zuletzt geändert durch den Beschluss 2016/628/GASP des Rates vom 21.4.2016, ABl. 2016, L 106/24.

– Beschluss 2016/608/GASP des Rates vom 18. 4. 2016 über die vorübergehende Aufnahme bestimmter **Palästinenser** in Mitgliedstaaten der Europäischen Union.[51]

C. Rechtswirkungen (Satz 2)

9   Bereits die Tatsache, dass Standpunkte durch Beschluss festzulegen sind, spricht für ihre **Rechtsverbindlichkeit** (Art. 288 Abs. 4 AEUV). Ebenso wie im Falle des Art. 28 Abs. 2 EUV kann Satz 2 dahin verstanden werden, diese Vorschrift begrenze den Adressatenkreis von Beschlüssen nach Satz 1 auf die Mitgliedstaaten, so dass sich die Bindungswirkung eines Standpunkts nicht auf die Union und ihre Organe erstreckt.[52] Schließt man sich dieser Auslegung nicht an, so folgt die Bindung der Mitgliedstaaten (und der Union) bereits aus der Form als Beschluss. Der Anwendungsbereich von Satz 2 wäre dann auf das sonstige, d. h. nicht in der Umsetzung des Standpunktes bestehende, außen- und sicherheitspolitische Handeln der Mitgliedstaaten begrenzt.[53]

10   Unabhängig davon steht die **Bindung der Mitgliedstaaten** an die Standpunkte außer Frage. Der Wortlaut von Satz 2 ist zwar weniger eindeutig als etwa Art. 28 Abs. 2 EUV. Es besteht aber vor dem Hintergrund der bisherigen Praxis grundsätzliche Einigkeit, dass sich Satz 2 nicht in einer Bemühungspflicht erschöpft,[54] so dass diese Vorschrift auch nicht als bloße Konkretisierung des Kohärenzgebots und der mitgliedstaatlichen Loyalitätspflichten qualifiziert werden kann.[55] Vielmehr sind die Mitgliedstaaten verpflichtet, nicht nur ihr politisches Verhalten mit einem bestehenden Standpunkt in Einklang zu bringen, sondern, falls dies für eine wirksame Umsetzung erforderlich ist, auch ihr nationales Recht.[56] Freilich gilt auch insoweit, dass die Frage der Vereinbarkeit der Maßnahmen eines Mitgliedstaates mit den Vorgaben der GASP von der Jurisdiktion des EuGH grundsätzlich ausgenommen bleibt.

11   Soweit es zur Umsetzung eines Standpunktes einer unionsrechtlichen Umsetzung bedarf, so folgen die zu ergreifenden Maßnahmen auf **Unionsebene** nicht unmittelbar aus dem Standpunkt. Vielmehr ist auch insoweit das Kompetenzgefüge zu beachten, so dass insbesondere restriktive Maßnahmen gegen einen Drittstaat oder gegen bestimmte nicht-staatliche Akteure nicht unmittelbar gelten und anwendbar sind, sondern gemäß Art. 40 EUV in Gemeinschaftsrecht umgesetzt werden müssen.[57]

12   Standpunkte nach Art. 29 EUV entfalten für **Dritte** keine unmittelbaren Rechtswirkungen, selbst wenn in ihnen Sanktionen gegen bestimmte Individuen beschlossen werden.[58] Dies schließt freilich nicht aus, dass die Betroffenen sich gegen den gemeinschafts-

---

[51] ABl. 2016, L 104/18.

[52] Vgl. etwa *Cremer*, in: Calliess/Ruffert, EUV/AEUV, Art. 29 EUV, Rn. 4.

[53] Vgl. o. Art. 28 EUV, Rn. 14 ff.; ferner *Regelsberger/Kugelmann*, in: Streinz, EUV/AEUV, Art. 29 EUV, Rn. 7.

[54] *Kaufmann-Bühler*, in: Grabitz/Hilf/Nettesheim, EU, Art. 29 EUV (Juli 2010), Rn. 19; *Cremer*, in: Calliess/Ruffert, EUV/AEUV, Art. 29 EUV, Rn. 6; *Marquardt/Gaedtke*, in: GSH, Europäisches Unionsrecht, Art. 29, Rn. 7.

[55] So scheinbar aber *Hummer*, in: Vedder/Heintschel v. Heinegg, Europäisches Unionsrecht, Art. 29 EUV, Rn. 10.

[56] *Cremer*, in: Calliess/Ruffert, EUV/AEUV, Art. 29 EUV, Rn. 6.

[57] Vgl. dazu *Kaufmann-Bühler*, in: Grabitz/Hilf/Nettesheim, EU, Art. 29 EUV (Juli 2010), Rn. 7 f.; *Marquardt/Gaedtke*, in: GSH, Europäisches Unionsrecht, Art. 29, Rn. 7.

[58] Vgl. statt vieler *Cremer*, in: Calliess/Ruffert, EUV/AEUV, Art. 29 EUV, Rn. 9.

rechtlichen Umsetzungsakt, der in der Regel durch Verordnung erfolgt und daher unmittelbar Rechtswirkungen erzeugt, zur Wehr setzen.[59]

---

[59] Vgl. etwa EuGH, Urt. v. 3. 9. 2008, verb. Rs. C–402/05 P u. C–415/05 P (Kadi und al Barakaat), Slg. 2008, I–6351. Allgemein zum Rechtsschutz gegen gemeinschaftsrechtliche Umsetzungsakte vgl. *Kaufmann-Bühler*, in: Grabitz/Hilf/Nettesheim, EU, Art. 29 EUV (Juli 2010), Rn. 13 f.; *Regelsberger/Kugelmann*, in: Streinz, EUV/AEUV, Art. 29 EUV, Rn. 8.

Artikel 30 EUV [Initiativ- und Vorschlagsrecht, Eilentscheidung]

(1) Jeder Mitgliedstaat, der Hohe Vertreter der Union für Außen- und Sicherheitspolitik oder der Hohe Vertreter mit Unterstützung der Kommission kann den Rat mit einer Frage der Gemeinsamen Außen- und Sicherheitspolitik befassen und ihm Initiativen beziehungsweise Vorschläge unterbreiten.

(2) In den Fällen, in denen eine rasche Entscheidung notwendig ist, beruft der Hohe Vertreter von sich aus oder auf Antrag eines Mitgliedstaats innerhalb von 48 Stunden, bei absoluter Notwendigkeit in kürzerer Zeit, eine außerordentliche Tagung des Rates ein.

Literaturübersicht

Martenczuk, The External Representation of the European Union: From Fragmentation to a Single European Voice, FS Bothe, 2008, S. 941; *Pechstein*, Die Intergouvernementalität der GASP nach Lissabon, JZ 2010, 425; *Regelsberger*, Von Nizza nach Lissabon, integration 2008, 266.

Inhaltsübersicht

A. Entwicklung und Ziele der Vorschrift

1   Art. 30 EUV ist Art. 22 EUV a. F. nachgebildet, unterscheidet sich von der Vorgängerregelung aber zum einen dadurch, dass die Kommission nicht mehr zum Kreis der Antragsberechtigten gehört, sondern auf die bloße Unterstützung des Hohen Vertreters verwiesen bleibt. Zum anderen durften die Antragsberechtigten nach der überkommenen Rechtslage lediglich Vorschläge unterbreiten, nicht jedoch auch Initiativen. Schließlich werden außerordentliche Tagungen des Rates allein vom Hohen Vertreter als Vorsitzender einberufen. Mit diesen Änderungen soll lediglich dem neuen institutionellen Gefüge der Union im Bereich der GASP entsprochen werden.[1] Eine nennenswerte oder gar bedenkliche Rechtsänderung geht mit ihnen nicht einher.[2]

2   Abs. 1 betrifft die Einleitungsphase eines außen- und sicherheitspolitischen Vorgehens der Union und begrenzt den Kreis der Akteure, die den Rat »Auswärtige Angelegenheiten« mit einer GASP-Frage befassen und ihn so zu einem Beschluss nach Art. 25 Buchst. b EUV anregen können sollen, auf den Hohen Vertreter und jeden Mitgliedstaat. Mit dem Wegfall eines eigenen Vorschlagsrechts der Kommission und der Reduzierung ihrer Rolle auf eine Unterstützung des Hohen Vertreters wird nicht allein

---

[1] *Marquardt/Gaedtke*, in: GSH, Europäisches Unionsrecht, Art. 30, Rn. 1.
[2] A.A. *Kaufmann-Bühler*, in: Grabitz/Hilf/Nettesheim, EU, Art. 30 EUV (Juli 2010), Rn. 1, der befürchtet, die Änderungen könnten sich »als Rechtseinbuße auswirken«.

dem intergouvernementalen Charakter der GASP entsprochen. Vielmehr sollen auch zueinander im Widerspruch stehende Initiativen oder Vorschläge des Hohen Vertreters einerseits und der Kommission andererseits ausgeschlossen werden.[3] Die Erweiterung des Antragsrechts auf Initiativen ist darauf gerichtet, dass die Antragsberechtigten dem Rat nicht allein Vorschläge für einen Beschluss nach Art. 25 Buchst. b EUV unterbreiten können sollen, sondern auch einen ersten Anstoß zu einer Meinungsbildung im Rat geben zu können. Die in Abs. 2 vorgesehenen außerordentlichen Tagungen des Rates sollen diesen in die Lage versetzen, auf eine neu entstandene internationale Situation, die für die GASP von allgemeiner Bedeutung ist, möglichst schnell und effektiv reagieren zu können.

B.   Initiativ- und Vorschlagsrecht (Abs. 1)

I.   Antragsberechtigte

Das Recht eines **jeden Mitgliedstaates**, den Rat mit einer außen- und sicherheitspolitischen Frage zu befassen und ihm Vorschläge oder Initiativen zu unterbreiten, unterstreicht die weiterhin tragende Rolle der Mitgliedstaaten im Bereich der **intergouvernementalen** Außen- und Sicherheitspolitik. Gemäß Art. 4 Abs. 2 Satz 3 EUV bleiben die Mitgliedstaaten für Fragen insbesondere der nationalen Sicherheit allein verantwortlich. Auch in den Erklärungen Nr. 13 und 14 wird klar zum Ausdruck gebracht, dass sie keineswegs bereit sind, ihre Außen- und Sicherheitspolitik vorrangig innerhalb des Rahmens der GASP zu verfolgen. Es obliegt daher zuvörderst jedem Mitgliedstaat, in Ausübung seiner Souveränität darüber zu entscheiden, ob eine außen- und sicherheitspolitische Frage nicht mehr allein auf nationaler, sondern auf Unionsebene behandelt werden soll.[4]

   Die Einbeziehung des **Hohen Vertreters** in den Kreis der Antragsberechtigten ist vor dem Hintergrund der ihm für den Bereich der GASP übertragenen »Leitungsfunktion« (Art. 18 Abs. 2 EUV) nur folgerichtig. Dies gilt auch für den Wegfall eines eigenständigen Vorschlagsrechts der Kommission, die nunmehr auf eine Unterstützung des Hohen Vertreters beschränkt bleibt. Dies bedeutet, dass die **Kommission** als Kollegialorgan kein eigenes Befassungs-, Vorschlags- oder Initiativrecht hat. Dieses Recht soll grundsätzlich allein dem Hohen Vertreter zustehen. Eine **Unterstützung** des Hohen Vertreters durch die Kommission als Kollegialorgan (Art. 40 EUV) kommt daher lediglich dann in Betracht, wenn ein Vorschlag aus dem Bereich der GASP auch eine gemeinschaftsrechtliche Zuständigkeit betrifft.[5] So sollen etwa bestehende Meinungsunterschiede zwischen Hohem Vertreter und Kommission ausgeräumt werden, bevor sich der Rat »Auswärtige Angelegenheiten« mit einem Vorschlag oder einer Initiative befasst.[6] Zugleich wird durch die geforderte Unterstützung durch die Kommission die Kohärenz zwischen

3

4

---

[3] So auch *Kaufmann-Bühler*, in: Grabitz/Hilf/Nettesheim, EU, Art. 30 EUV (Juli 2010), Rn. 2.
[4] Zurückhaltender *Kaufmann-Bühler*, in: Grabitz/Hilf/Nettesheim, EU, Art. 30 EUV (Juli 2010), Rn. 3.
[5] *Cremer*, in: Calliess/Ruffert, EUV/AEUV, Art. 30, Rn. 3; *Kaufmann-Bühler*, in: Grabitz/Hilf/Nettesheim, EU, Art. 30 EUV (Juli 2010), Rn. 4; *Hummer*, in: Vedder/Heintschel v- Heinegg, Europäisches Unionsrecht, Art. 30 EUV, Rn. 4.
[6] *Marquardt/Gaedtke*, in: GSH, Europäisches Unionsrecht, Art. 30, Rn. 2.

den verschiedenen Politikbereichen gewährleistet.[7] Mit der Beschränkung auf die bloße Unterstützung des Hohen Vertreters werden die Möglichkeiten der Kommission, auf den Rat im Bereich der GASP einzuwirken, im Vergleich zur überkommenen Rechtslage erheblich reduziert. Dies ist weniger dramatisch, als es auf den ersten Blick zu sein scheint, ist doch der Hohe Vertreter zugleich einer der Vizepräsidenten der Kommission (Art. 18 Abs. 4 Satz 1 EUV).[8]

II. Gegenstand eines Antrags nach Abs. 1

5   Gegenstand des Initiativ- und Vorschlagsrechts nach Abs. 1 ist eine »Frage der Gemeinsamen Außen- und Sicherheitspolitik«. Die Verwendung des Begriffs »Frage« ist wenig gelungen, Auch in der englischen (»any question relating to the common foreign and security policy«) und in der französischen Fassung (»toute question relevant de la politique étrangère et de sécurité commune«) wird dieser Begriff verwendet, aber dadurch etwas klarer, als es sich um Fragen handeln muss, die sich auf die GASP »beziehen«. Das Initiativ- und Vorschlagsrecht ist aber nicht darauf gerichtet, einem Informationsbedürfnis eines der Antragsberechtigten zu genügen, sondern auf die Einleitung eines Vorgehens der Union durch Festlegung eines Beschlusses nach Art. 25 Buchst. b EUV. Daher ist zulässiger Gegenstand nicht eine »Frage«, sondern eine »Angelegenheit« der GASP.[9] Ein Blick auf die englische (»any«) und französische (»toute«) Fassung verdeutlicht zudem, dass sich das Initiativ- und Vorschlagsrecht auf jeden Bereich der GASP erstrecken kann. Da die GASP jedoch nicht als umfassender und eigenständiger Politikbereich der Union ausgestaltet ist, die Mitgliedstaaten vielmehr für weite Bereiche der Außen- und Sicherheitspolitik weiterhin allein verantwortlich bleiben (s. a. Art. 4 Abs. 3 Satz 2 EUV), muss Gegenstand einer Initiative oder eines Vorschlags eine Frage von **allgemeiner Bedeutung** i. S. von Art. 24 Abs. 2 EUV sein.[10] Genuin bilaterale außenpolitische Angelegenheiten eines Mitgliedstaates sollen damit von einem Antrag nach Abs. 1 grundsätzlich ausgenommen bleiben, es sei denn, sie wirken sich auf die Interessen auch der anderen Mitgliedstaaten oder auf die Grundsätze und Werte der Union nachteilig aus.

6   Ein Antrag nach Abs. 1 kann unterschiedliche Ziele verfolgen. Zunächst ist der Rat zu **befassen**. Dies bedeutet, dass ihm eine bestimmte Angelegenheit der GASP zur Kenntnis gebracht wird und der Rat diese auf die Tagesordnung setzt und sich mit ihr inhaltlich auseinandersetzt.[11] Aus dem Wortlaut (»und«) sowie aus Sinn und Zweck von Abs. 1 (Initiierung eines Beschlusses nach Art. 25 Buchst. b EUV) folgt aber, dass ein Antrag nach Abs. 1 nicht allein darauf gerichtet sein darf, eine GASP-Angelegenheit im Rat lediglich zu erörtern. Vielmehr muss dem Rat auch eine Initiative oder ein Vorschlag unterbreitet werden. **Vorschläge** sind beschlussfähige Vorlagen, die mithin schriftlich

---

[7] *Regelsberger/Kugelmann*, in: Streinz, EUV/AEUV, Art. 30 EUV Rn. 4; *Kaufmann-Bühler*, in: Grabitz/Hilf/Nettesheim, EU, Art. 30 EUV (Juli 2010), Rn. 4.

[8] Wie hier, aber etwas vorsichtiger *Cremer*, in: Calliess/Ruffert, EUV/AEUV, Art. 30 EUV, Rn. 3; *Marquardt/Gaedtke*, in: GSH, Europäisches Unionsrecht, Art. 30, Rn. 2.

[9] So auch *Kaufmann-Bühler*, in: Grabitz/Hilf/Nettesheim, EU, Art. 30 EUV (Juli 2010), Rn. 6.

[10] S. o. Art. 24 EUV, Rn. 22; vgl. auch *Hummer*, in: Vedder/Heintschel v. Heinegg, Europäisches Unionsrecht, Art. 30 EUV, Rn. 2.

[11] So auch *Cremer*, in: Calliess/Ruffert, EUV/AEUV, Art. 30 EUV, Rn. 2, der allerdings davon auszugehen scheint, das Befassungsrecht stehe selbständig neben dem Recht, Vorschläge oder Initiativen zu unterbreiten. Vgl. ferner *Regelsberger/Kugelmann*, in: Streinz, EUV/AEUV, Art. 30 EUV, Rn. 3.

eingereicht und so formuliert sein müssen, dass der Rat sie, sollte er sich dazu entschließen, ohne weiteres zu einem Beschluss machen kann. Demgemäß muss der Vorschlag wie ein Rechtsakt – Nennung der Rechtsgrundlage, Erwägungsgründe, operativer Teil – ausgestaltet sein.[12] Nicht vollends klar ist, wie sich eine **Initiative** von einem Befassen oder von einem Vorschlag unterscheidet. »Initiative« bedeutet einen ersten Anstoß zu einer Handlung, der Beginn einer Handlung oder auch das Recht zur Einbringung einer Vorlage. Da der letztgenannte Aspekt aber bereits durch das Vorschlagsrecht erfasst wird, kommt nur eine der beiden anderen Wortbedeutungen in Betracht. Demgemäß soll die Initiative »den allerersten Schritt für die Meinungsbildung in der Union über eine konkrete außenpolitische Frage [bilden], einen Denkanstoß« und einen noch formlosen »Einstieg für Beratungen im Rat« darstellen.[13] Dagegen spricht jedoch, dass ein Antrag nach Abs. 1 nicht darauf gerichtet sein darf, den Rat auf ein Diskussionsforum zu reduzieren. Da vielmehr das Verfahren über einen Beschluss nach Art. 25 Buchst. b EUV eingeleitet werden soll, unterscheidet sich die durch den Vertrag von Lissabon eingeführte Initiative von einem »Befassen« und von einem »Vorschlag« dadurch, dass mit der Unterbreitung einer Initiative lediglich die **»grobe Zielrichtung«** eines möglichen außen- und sicherheitspolitischen Vorgehens der Union vorgegeben wird, so dass im Rat zunächst das für den Erfolg eines solchen Vorgehens erforderliche Einvernehmen erzielt werden kann. Für dieses Verständnis des Begriffs »Initiative« spricht auch, dass so jeder Mitgliedstaat den Rat mit einer Angelegenheit der GASP befassen kann, ohne sich notwendigerweise zuvor mit anderen Mitgliedstaaten abstimmen zu müssen.[14]

C. Außerordentliche Tagung des Rates (Abs. 2)

I. Dringlichkeit

Eine Entscheidung über ein außen- und sicherheitspolitisches Vorgehen der Union soll   7
grundsätzlich den ordentlichen Sitzungen des Rates vorbehalten bleiben, damit das Beschlussverfahren mit der erforderlichen Sorgfalt vorbereitet und durchgeführt werden kann. Nur ausnahmsweise sollen Beschlüsse nach Art. 25 Buchst. b EUV im Wege der Eilentscheidung, also auf einer außerordentlichen Tagung des Rates nach Abs. 2 gefasst werden können. So soll der Rat in die Lage versetzt werden, auf plötzliche oder unerwartete internationale Entwicklungen zu reagieren, die einen Bereich der GASP betreffen.

Voraussetzung ist die Notwendigkeit einer **»raschen«** Entscheidung. Dies ist immer   8
dann anzunehmen, wenn ein Zuwarten die Interessen und Werte der Union merklich beeinträchtigen würde. Die Entscheidung über die Dringlichkeit liegt beim Hohen Vertreter, der aber dem Antrag eines Mitgliedstaates auf Einberufung einer außerordentlichen Sitzung stets entsprechen wird, wenn der Mitgliedstaat die Dringlichkeit nachvollziehbar begründet hat.[15] Die Steigerung der »absoluten« Notwendigkeit ist keine Voraussetzung für eine außerordentliche Sitzung des Rates, sondern ist lediglich Voraussetzung für eine Verkürzung der Einberufungsfrist.

---

[12] *Kaufmann-Bühler*, in: Grabitz/Hilf/Nettesheim, EU, Art. 30 EUV (Juli 2010), Rn. 7.
[13] So *Kaufmann-Bühler*, in: Grabitz/Hilf/Nettesheim, EU, Art. 30 EUV (Juli 2010), Rn. 7.
[14] Anders *Marquardt/Gaedtke*, in: GSH, Europäisches Unionsrecht, Art. 30, Rn. 3. Demnach besteht die Unterscheidung zwischen Initiativen und Vorschlägen lediglich darin, dass Erstere von den Mitgliedstaaten und Letztere vom Hohen Vertreter vorgelegt werden.
[15] *Cremer*, in: Calliess/Ruffert, EUV/AEUV, Art. 30 EUV, Rn. 4.

II. Gegenstand

9   Gegenstand einer außerordentlichen Ratssitzung muss der **Beschluss** über ein außen-
und sicherheitspolitisches Vorgehen der Union sein, muss es doch um eine »Entscheidung« des Rates gehen. Dafür spricht zudem der enge Zusammenhang mit Abs. 1. Freilich ist es für eine Beschlussfassung nicht erforderlich, dass der Hohe Vertreter oder ein
Mitgliedstaat bereits mit der Einberufung eine beschlussfähige Vorlage unterbreitet.

10   Auch für eine Eilentscheidung nach Abs. 2 gilt, dass es sich trotz aller Dringlichkeit
nicht um eine allein im Interesse eines Mitgliedstaates liegende außen- und sicherheitspolitische Angelegenheit geografischer oder thematischer Art handeln darf. Voraussetzung ist auch hier eine **Frage von allgemeiner Bedeutung** i. S. von Art. 24 Abs. 2 EUV.

III. Einberufung

11   Außerordentliche Sitzungen des Rates werden vom **Hohen Vertreter** einberufen. Die
Initiative kann von ihm selbst oder von einem Mitgliedstaat ausgehen. Anders als nach
Art. 22 Abs. 2 EUV a. F. hat die Kommission kein eigenes Recht mehr, die Einberufung
einer außerordentlichen Ratssitzung zu beantragen. Dies ist angesichts der eingeschränkten Rolle der Kommission im Bereich der GASP nur folgerichtig.

12   Die Einberufung einer außerordentlichen Sitzung des Rates soll grundsätzlich innerhalb einer Frist von **48 Stunden** erfolgen. Damit soll einerseits sichergestellt werden,
dass der Rat möglichst »rasch« die erforderlichen Entscheidungen fasst. Andererseits
soll trotz der Dringlichkeit noch genügend Zeit für eine hinreichende **Vorbereitung** der
Ratssitzung zur Verfügung stehen, so dass alle Beteiligten mit den notwendigen Informationen versehen und die Beratungen strukturiert und diszipliniert sowie, wenn und
soweit dies praktisch möglich ist, auf der Grundlage eines Beschlussentwurfs durchgeführt werden können.[16] Eine Verkürzung der Frist kommt nur in Fällen »**absoluter Notwendigkeit**« in Betracht, wenn also die 48-Stunden-Frist nicht mehr abgewartet werden
kann, ohne dass grundlegende Interessen und Werte der Union nachhaltig beeinträchtigt
werden. Diese gesteigerte Dringlichkeit entbindet den Hohen Vertreter aber nicht von
seiner Pflicht, die notwendigen Vorbereitungen zu treffen. Insbesondere in Fällen absoluter Notwendigkeit wird es nicht zu einer Sitzung des Rates kommen, an der die
Minister in Person teilnehmen. Vielmehr werden die erforderlichen Beschlüsse dann in
aller Regel im schriftlichen Verfahren[17] über das COREU gefasst werden.[18]

---

[16] *Cremer*, in: Calliess/Ruffert, EUV/AEUV, Rn. 5.
[17] Art. 12 Abs. 1 Satz 1 GO-Rat, ABl. 2009, L 325/35.
[18] Art. 12 Abs. 2 Buchst. d GO-Rat. Vgl. auch *Regelsberger/Kugelmann*, in: Streinz, EUV/AEUV,
Art. 30 EUV, Rn. 6; *Cremer*, in: Calliess/Ruffert, EUV/AEUV, Art. 30 EUV Rn. 5.

Artikel 31 EUV [Verfahren der Beschlussfassung]

(1) ¹Beschlüsse nach diesem Kapitel werden vom Europäischen Rat und vom Rat einstimmig gefasst, soweit in diesem Kapitel nichts anderes festgelegt ist. ²Der Erlass von Gesetzgebungsakten ist ausgeschlossen.

¹Bei einer Stimmenthaltung kann jedes Ratsmitglied zu seiner Enthaltung eine förmliche Erklärung im Sinne dieses Unterabsatzes abgeben. ²In diesem Fall ist es nicht verpflichtet, den Beschluss durchzuführen, akzeptiert jedoch, dass der Beschluss für die Union bindend ist. ³Im Geiste gegenseitiger Solidarität unterlässt der betreffende Mitgliedstaat alles, was dem auf diesem Beschluss beruhenden Vorgehen der Union zuwiderlaufen oder es behindern könnte, und die anderen Mitgliedstaaten respektieren seinen Standpunkt. ⁴Vertreten die Mitglieder des Rates, die bei ihrer Stimmenthaltung eine solche Erklärung abgeben, mindestens ein Drittel der Mitgliedstaaten, die mindestens ein Drittel der Unionsbevölkerung ausmachen, so wird der Beschluss nicht erlassen.

(2) Abweichend von Absatz 1 beschließt der Rat mit qualifizierter Mehrheit, wenn er

– auf der Grundlage eines Beschlusses des Europäischen Rates über die strategischen Interessen und Ziele der Union nach Artikel 22 Absatz 1 einen Beschluss erlässt, mit dem eine Aktion oder ein Standpunkt der Union festgelegt wird;

– auf einen Vorschlag hin, den ihm der Hohe Vertreter der Union für Außen- und Sicherheitspolitik auf spezielles Ersuchen des Europäischen Rates unterbreitet hat, das auf dessen eigene Initiative oder auf eine Initiative des Hohen Vertreters zurückgeht, einen Beschluss erlässt, mit dem eine Aktion oder ein Standpunkt der Union festgelegt wird;

– einen Beschluss zur Durchführung eines Beschlusses, mit dem eine Aktion oder ein Standpunkt der Union festgelegt wird, erlässt,

– nach Artikel 33 einen Sonderbeauftragten ernennt.

¹Erklärt ein Mitglied des Rates, dass es aus wesentlichen Gründen der nationalen Politik, die es auch nennen muss, die Absicht hat, einen mit qualifizierter Mehrheit zu fassenden Beschluss abzulehnen, so erfolgt keine Abstimmung. ²Der Hohe Vertreter bemüht sich in engem Benehmen mit dem betroffenen Mitgliedstaat um eine für diesen Mitgliedstaat annehmbare Lösung. ³Gelingt dies nicht, so kann der Rat mit qualifizierter Mehrheit veranlassen, dass die Frage im Hinblick auf einen einstimmigen Beschluss an den Europäischen Rat verwiesen wird.

(3) Der Europäische Rat kann einstimmig einen Beschluss erlassen, in dem vorgesehen ist, dass der Rat in anderen als den in Absatz 2 genannten Fällen mit qualifizierter Mehrheit beschließt.

(4) Die Absätze 2 und 3 gelten nicht für Beschlüsse mit militärischen oder verteidigungspolitischen Bezügen.

(5) In Verfahrensfragen beschließt der Rat mit der Mehrheit seiner Mitglieder.

Literaturübersicht

s. Art. 30 EUV

Leitentscheidung

EuGH, Urt. v. 28. 11. 2013, Rs. C–280/12 P (Rat/Fulmen und Mahmoudian), ECLI:EU:C:2013:775.

Wesentliche sekundärrechtliche Vorschriften

Beschluss des Rates 2009/1012/GASP vom 22. 12. 2009 zur Unterstützung der Maßnahmen der Europäischen Union zur Förderung der Waffenausfuhrkontrolle und der Anwendung der Grundsätze und Kriterien des Gemeinsamen Standpunkts 2008/944/GASP in Drittländern, ABl. 2009, L 348/16

Beschluss 2010/461/GASP des Rates vom 26. 7. 2010 zur Unterstützung der Tätigkeiten der Vorbereitungskommission der Organisation des Vertrags für das umfassende Verbot von Nuklearversuchen (CTBTO) zur Stärkung ihrer Überwachungs- und Verifikationsfähigkeiten im Rahmen der Umsetzung der Strategie der EU gegen die Verbreitung von Massenvernichtungswaffen, ABl. 2010, L 219/7

Beschluss 2011/428/GASP des Rates vom 18. 7. 2011 zur Unterstützung der Tätigkeiten des Büros der Vereinten Nationen für Abrüstungsfragen hinsichtlich der Umsetzung des Aktionsprogramms der Vereinten Nationen zur Verhütung, Bekämpfung und Beseitigung des unerlaubten Handels mit Kleinwaffen und leichten Waffen unter allen Aspekten, ABl. 2011, L 188/37

Beschluss 2011/845/GASP des Rates vom 16. 12. 2011 über die vorübergehende Aufnahme bestimmter Palästinenser in Mitgliedstaaten der Europäischen Union, ABl. 2011, L 335/78

Beschluss 2012/423/GASP des Rates vom 23. 7. 2012 zur Unterstützung der Nichtverbreitung ballistischer Flugkörper im Rahmen der Umsetzung der Strategie der Europäischen Union gegen die Verbreitung von Massenvernichtungswaffen und der Umsetzung des Gemeinsamen Standpunkts 2003/805/GASP des Rates, ABl. 2012, L 196/74

Beschluss 2012/422/GASP des Rates vom 23. 7. 2012 zur Unterstützung eines Prozesses zur Schaffung einer von Kernwaffen und allen anderen Massenvernichtungswaffen freien Zone im Nahen Osten, ABl. 2012, L 196/67

Beschluss 2012/421/GASP des Rates vom 23. 7. 2012 zur Unterstützung des Übereinkommens über das Verbot von biologischen Waffen und Toxinwaffen (BWÜ) im Rahmen der Strategie der EU gegen die Verbreitung von Massenvernichtungswaffen, ABl. 2012, L 196/61

Beschluss 2012/712/GASP des Rates vom 19. 11. 2012 in Bezug auf die Überprüfungskonferenz 2013 zum Übereinkommen über das Verbot der Entwicklung, Herstellung, Lagerung und des Einsatzes chemischer Waffen und über die Vernichtung solcher Waffen (CWÜ), ABl. 2012, L 321/68

Beschluss 2013/391/GASP des Rates vom 22. 11. 2013 zur Unterstützung der konkreten Umsetzung der Resolution 1540 (2004) des Sicherheitsrats der Vereinten Nationen über die Nichtverbreitung von Massenvernichtungswaffen und ihren Trägersystemen, ABl. 2013, L 198/40

Beschluss 2013/517/GASP des Rates vom 21. 10. 2013 über die Unterstützung der Union für die Tätigkeiten der Internationalen Atomenergie-Organisation in den Bereichen nukleare Sicherung und Verifikation im Rahmen der Umsetzung der Strategie der EU gegen die Verbreitung von Massenvernichtungswaffen, ABl. 2013, L 281/6

Beschluss 2013/698/GASP des Rates vom 25. 11. 2013 zur Unterstützung eines globalen Berichterstattungsmechanismus für illegale Kleinwaffen und leichte Waffen und andere illegale konventionelle Waffen und Munition zur Minderung des Risikos ihres illegalen Handels, ABl. 2013, L 320/34

Beschluss 2013/726/GASP des Rates vom 9. 12. 2013 zur Unterstützung der Resolution 2118 (2013) des Sicherheitsrats der Vereinten Nationen und des Beschlusses EC-M–33/Dec 1 des Exekutivrats der OVCW im Rahmen der Umsetzung der Strategie der Europäischen Union gegen die Verbreitung von Massenvernichtungswaffen, ABl. 2013, L 329/41

Beschluss 2013/730/GASP des Rates vom 9. 12. 2013 zur Unterstützung der auf Abrüstung und Waffenkontrolle ausgerichteten Tätigkeiten der Zentralstelle Südost- und Osteuropa für die Kontrolle von Kleinwaffen und leichten Waffen (SEESAC) in Südosteuropa im Rahmen der EU-Strategie zur Bekämpfung der Anhäufung von Kleinwaffen und leichten Waffen und zugehöriger Munition sowie des unerlaubten Handels damit, ABl. 2013, L 332/19

Beschluss 2013/768/GASP des Rates vom 16. 12. 2013 über Maßnahmen der EU zur Unterstützung der Durchführung des Vertrags über den Waffenhandel im Rahmen der Europäischen Sicherheitsstrategie, ABl. 2013, L 341/56

Beschluss 2014/129/GASP des Rates vom 10. 3. 2014 zur Förderung des europäischen Netzes unabhängiger Reflexionsgruppen für Nichtverbreitungsfragen zur Unterstützung der Umsetzung der Strategie der EU gegen die Verbreitung von Massenvernichtungswaffen, ABl. 214, L 71/3

Beschluss 2014/912/GASP des Rates vom 15. 12. 2014 zur Unterstützung von Maßnahmen zur physischen Sicherung und Verwaltung von Lagerbeständen, um die Gefahr des unerlaubten Handels mit Kleinwaffen und leichten Waffen (SALW) und der dazugehörigen Munition in der Sahel-Region zu verringern, ABl. 2014, L 360/30

Beschluss 2015/1837/GASP des Rates vom 12. 10. 2015 über die Unterstützung der Union für die Tätigkeiten der Vorbereitungskommission der Organisation des Vertrags für das umfassende Verbot von Nuklearversuchen (CTBTO) zur Stärkung ihrer Überwachungs- und Verifikationsfähigkeiten sowie im Rahmen der Umsetzung der Strategie der EU gegen die Verbreitung von Massenvernichtungswaffen, ABl. 2015, 266/83

Beschluss 2015/1908/GASP des Rates vom 22. 10. 2015 zur Unterstützung eines globalen Berichterstattungsmechanismus für illegale Kleinwaffen und leichte Waffen und andere illegale konventionelle Waffen und Munition zur Minderung des Risikos ihres illegalen Handels (»iTrace II«), ABl. 2015, L 278/15

Beschluss 2015/2215/GASP des Rates vom 30. 11. 2015 zur Unterstützung der Resolution 2235 (2015) des VN-Sicherheitsrats zur Einrichtung eines Gemeinsamen Untersuchungsmechanismus der OVCW und der Vereinten Nationen zur Ermittlung der Personen, die in der Arabischen Republik Syrien Angriffe mit Chemiewaffen verübt haben, ABl. 2015, L 314/51

Beschluss (GASP) 2015/2309 des Rates vom 10. 12. 2015 über die Förderung wirksamer Waffenausfuhrkontrollen, ABl. 2015, L 326/56

Beschluss 2016/51/GASP des Rates vom 18. 1. 2016 zur Unterstützung des Übereinkommens über das Verbot von biologischen Waffen und Toxinwaffen (BWÜ) im Rahmen der Strategie der EU gegen die Verbreitung von Massenvernichtungswaffen, ABl. 2016, 12/50.

A. Ziele der Vorschrift

Obgleich Art. 31 EUV lediglich Vorschriften über das Verfahren der Beschlussfassung **1** enthält, ist sie für die GASP von zentraler Bedeutung, hängt die Handlungsfähigkeit der Union im Bereich der Außen- und Sicherheitspolitik, einschließlich der Gemeinsamen Sicherheits- und Verteidigungspolitik, doch entscheidend davon ab, ob sich die Mitgliedstaaten im Europäischen Rat und im Rat »Auswärtige Angelegenheiten« auf ein Vorgehen der Union zu einigen vermögen. Daher ist es zu begrüßen, dass mit Art. 31 EUV eine »**einheitliche Regelung für die Willensbildung in der GASP**«[1] geschaffen worden ist.

2   Art. 31 EUV stellt den vorläufigen Endpunkt einer langen Entwicklung dar, die mit der informellen Zusammenarbeit der EPZ ihren Anfang nahm und mit der die GASP nach und nach durch verbindliche Vertragsvorschriften fortentwickelt wurde.[2] Ein Charakteristikum dieser Entwicklung ist die **schrittweise Aufgabe** des vom Souveränitätsgrundsatz beherrschten Einstimmigkeitsprinzips zu Gunsten des Mehrheitsprinzips für das Beschlussverfahren im Rat (nicht: im Europäischen Rat). Wenn in diesem Zusammenhang festgestellt wird, das Festhalten am Einstimmigkeitsprinzip sei »Ausdruck eines herkömmlichen nationalstaatlichen Souveränitätsdenkens«,[3] so sollen damit das Beharren der Mitgliedstaaten auf ihre Souveränität und ihr Festhalten am Einstimmigkeitsprinzip anscheinend als rückwärtsgewandt und integrationsfeindlich kritisiert werden. Eine solche Kritik ist jedoch nicht gerechtfertigt. Die Außen- und Sicherheitspolitik gehört seit jeher zum Kernbereich der staatlichen Souveränität. Von den Staaten zu erwarten, sich in diesem besonders sensiblen Bereich ohne weiteres und innerhalb eines vergleichsweise kurzen Zeitraums einer Mehrheitsentscheidung zu unterwerfen, würde die fortdauernde Bedeutung des Souveränitätsgrundsatzes verkennen, an dem nicht allein die beiden ständigen Mitglieder des UN-Sicherheitsrats festhalten, sondern insbesondere auch die mittel- und südosteuropäischen Staaten, konnten diese ihre Souveränität doch erst nach Jahrzehnten der Fremdbestimmung zurückgewinnen. Zudem wäre es naiv zu glauben, die GASP würde allein mit einem weiteren Abbau des Einstimmigkeitsprinzips effizienter. Es mag sein, dass das immer noch vorherrschende Einstimmigkeitsprinzip eine Beschlussfassung mitunter unnötig erschwert, insbesondere wenn ein einzelner Mitgliedstaat seine Zustimmung allein aus dem Grunde verweigert, weil er in anderen Bereichen Vorteile zu erlangen beabsichtigt. Dies ist aber solange hinzunehmen, bis hinreichende Einigkeit über die außen- und sicherheitspolitischen Interessen der Union besteht, die mithin deutlicher bestimmt und artikuliert werden müssen als dies in Art. 21 EUV geschehen ist. Ohne ein Minimum an nachhaltigem Interessengleichklang ist eine auf dem Mehrheitsprinzip beruhende GASP undenkbar. Daran fehlt es bislang nicht zuletzt auch deshalb, weil die **Interessengegensätze** innerhalb der Union auf Grund der unterschiedlichen historischen Erfahrungen und Entwicklungen in den einzelnen Mitgliedstaaten noch zu groß sind. Gerade vor diesem Hintergrund ist es durchaus bemerkenswert, dass sich die »Herren der Verträge« auf einen schrittweisen Abbau des Einstimmigkeitsprinzips zu einigen vermochten. Das bislang Erreichte mag einigen nicht genügen, es ist aber das gegenwärtig bestmögliche.

3   Abgesehen von Verfahrensfragen bleibt für Beschlüsse im Rahmen der GASP das Einstimmigkeitsprinzip als Grundregel bestehen. Die Stimmenthaltung einzelner Mitgliedstaaten ist grundsätzlich unschädlich. Allerdings können Mitgliedstaaten, die sich der Stimme enthalten, eine Mitwirkung an der Durchführung eines Beschlusses für sich ausschließen, wenn sie eine dahingehende förmliche Erklärung abgeben. In **Ausnah-**

---

[1] *Regelsberger/Kugelmann*, in: Streinz, EUV/AEUV, Art. 31 EUV, Rn. 1.
[2] Zur Entwicklung der GASP im Allgemeinen und das Beschlussverfahren im Rat im Besonderen vgl. *Naert*, International Law Aspects of the EU's Security and Defence Policy 2010, S. 15 ff.; *Gaedtke*, Europäische Außenpolitik, 2009, S. 12 ff., 26 ff.; *Kaufmann-Bühler/Meyer-Landrut*, in: Grabitz/Hilf/Nettesheim, EU, Art. 31 EUV (Juli 2010), Rn. 1 ff.
[3] So *Kaufmann-Bühler/Meyer-Landrut*, in: Grabitz/Hilf/Nettesheim, EU, Art. 31 EUV (Juli 2010), Rn. 3, 8.

mefällen wird das Einstimmigkeitsprinzip vom Prinzip der qualifizierten Mehrheit abgelöst, wobei für die Berechnung der qualifizierten Mehrheit nach Art. 16 Abs. 4 EUV
die Übergangsbestimmungen des **Protokolls Nr. 36** gelten.[4] Nach dem geltenden Primärrecht findet das Mehrheitsprinzip vor allem auf der Durchführungsebene Anwendung. Der Europäische Rat kann aber einstimmig die Geltung des Mehrheitsprinzips für
weitere Fälle beschließen. Da es jedoch um den sensiblen Bereich der Außen- und Sicherheitspolitik geht, findet das Mehrheitsprinzip keine Anwendung, wenn eine qualifizierte Minderheit der Mitgliedstaaten einen Beschluss nicht ausdrücklich mittragen
kann und sich der Stimme enthält, wenn ein Mitgliedstaat unter ausdrücklicher Berufung auf wesentliche Gründe der nationalen Politik eine Mehrheitsentscheidung nicht
hinzunehmen vermag oder wenn es um die höchst sensiblen Beschlüsse mit militärischen oder verteidigungspolitischen Bezügen geht. Im Zusammenhang mit der aus-
nahmslosen Fortgeltung des Einstimmigkeitsprinzips im militärischen oder verteidigungspolitischen Bereich darf die Einbindung der Mehrheit der Mitgliedstaaten in die
NATO nicht unberücksichtigt bleiben. Wären sie verpflichtet, sich einem Mehrheitsbeschluss zu unterwerfen, könnte dies eine Verdoppelung ihrer verteidigungspolitischen Anstrengungen bedeuten oder im schlimmsten Fall eine Abkoppelung von der
NATO und ihren Strukturen, die sich in den vergangenen Jahrzehnten bewährt haben.
Allerdings soll das für den militärischen und verteidigungspolitischen Bereich ausnahmslos geltende Einstimmigkeitsprinzip einer »Ständigen Strukturierten Zusammenarbeit« nach Art. 42 Abs. 6, Art. 46 EUV nicht entgegenstehen.

B. Kein Gesetzgebungsverfahren (Abs. 1 UAbs. 1 Satz 2)

Mit der Vorschrift des Abs. 1 UAbs. 1 Satz 2, die ebenso wie Art. 24 Abs. 1 UAbs. 2 **4**
Satz 3 EUV den Erlass von Gesetzgebungsakten ausschließt, wird nochmals klargestellt,
dass für die GASP »besondere Bestimmungen und Verfahren« gelten (Art. 24 Abs. 1
UAbs. 2 Satz 1 EUV) und Beschlüsse im Rahmen der GASP allein nach Maßgabe des
Art. 31 EUV und weiterer besonderer Vorschriften zu fassen sind. Mit dem Ausschluss
von Gesetzgebungsakten durch Abs. 1 UAbs. 1 Satz 2 wird mithin die Anwendbarkeit
der Vorschriften der Art. 289 ff. AEUV über das unionsrechtliche **Gesetzgebungsverfahren** im Rahmen der GASP ausgeschlossen, nicht jedoch der Erlass rechtsverbindlicher Akte.[5] Wie auch Art. 40 EUV verdeutlicht, lässt das Beschlussverfahren im Rahmen der GASP das Gesetzgebungsverfahren unberührt. Gleiches gilt in umgekehrter
Richtung. Die Eigenständigkeit der Verfahren kann ein »zweistufiges Vorgehen auf
Unionsebene«[6] zur Folge haben, etwa wenn im Rahmen der GASP Zwangsmaßnahmen
gegen einen bestimmten Staat beschlossen werden, für deren Durchsetzung auf Unionsebene aber ein Gesetzgebungsakt (Verordnung) erforderlich ist. Zudem haben die
Mitgliedstaaten in der **Erklärung Nr. 41** betont, Abs. 1 UAbs. 1 Satz 2 schließe auch auf
Art. 352 AEUV gestützte Maßnahmen im Rahmen der GASP aus.

---

[4] Ausweislich der Präambel des Protokolls Nr. 9 war es für die Billigung des Vertrags von Lissabon
»von grundlegender Bedeutung [...], dass eine Einigung [...] über die Anwendung des Artikels 16
Absatz 4 des Vertrags über die Europäische Union [...] zustande kommt.«

[5] Vgl. statt vieler *Kaufmann-Bühler/Meyer-Landrut*, in: Grabitz/Hilf/Nettesheim, EU, Art. 31
EUV (Juli 2010), Rn. 10 f.

[6] *Kaufmann-Bühler/Meyer-Landrut*, in: Grabitz/Hilf/Nettesheim, EU, Art. 31 EUV (Juli 2010),
Rn. 11.

C. Beschlussfassung

I. Einstimmigkeit als Grundregel (Abs. 1 UAbs. 1)

1. Anwendungsbereich des Einstimmigkeitsprinzips

5   In Abs. 1 UAbs. 1 wird das Einstimmigkeitsprinzip als Grundregel für Beschlüsse sowohl des Rates als auch des Europäischen Rates festgelegt.[7] Diese besondere Verfahrensvorschrift findet auf Beschlüsse des Europäischen Rates »nach diesem Kapitel« Anwendung, mithin auf das 2. Kapitel über die GASP (Art. 23 bis 46 EUV).[8] Folglich müssen
Beschlüsse des Europäischen Rates nach Art. 26 Abs. 1 EUV über die Bestimmung der
strategischen Interessen der Union und über die Festlegung der **Ziele** und der **allgemeinen Leitlinien** der GASP **stets einstimmig** gefasst werden, da weder in Abs. 2 UAbs. 1,
der allein auf Beschlüsse des Rates anwendbar ist, noch in anderen Vorschriften des 2.
Kapitels eine Entscheidung des Europäischen Rates mit qualifizierter Mehrheit vorgesehen ist.[9] Beschlüsse des Rates nach dem 2. Kapitel, die grundsätzlich ebenfalls dem
Einstimmigkeitsprinzip unterliegen, sind die Durchführungsbeschlüsse nach Art. 26
Abs. 2 EUV[10] sowie Beschlüsse über ein operatives Vorgehen (Art. 28 Abs. 1 EUV),
einen Standpunkt (Art. 29 EUV), die Übertragung von Entscheidungskompetenzen auf
das Politische und Sicherheitspolitische Komitee (PSK, Art. 38 UAbs. 3), den Datenschutz (Art. 39) und über verteidigungspolitische Missionen (Art. 42 Abs. 4, Art. 43
Abs. 2 EUV). Darüber hinaus sind auch Beschlüsse des Rates über den Abschluss einer
internationalen Übereinkunft, die ausschließlich die GASP betrifft (Art. 218 Abs. 6
AEUV) und über die Begründung einer verstärkten Zusammenarbeit (Art. 20 Abs. 2
Satz 2 EUV i. V. mit Art. 329 Abs. 2 UAbs. 2 AEUV) einstimmig zu erlassen.

2. Ausdrückliche Ausnahmen vom Einstimmigkeitsprinzip

6   Ausweislich des Wortlauts von Abs. 1 UAbs. 1 Satz 1 gilt das Einstimmigkeitsprinzip,
»soweit in diesem Kapitel nichts anderes festgelegt ist«. Solche ausdrücklichen Ausnahmen vom Einstimmigkeitsprinzip finden sich im 2. Kapitel nicht allein in Abs. 2 UAbs. 1,
wonach der Rat ausnahmsweise mit qualifizierter Mehrheit entscheidet (s. Rn.15), und
in Abs. 5, der für Beschlüsse in Verfahrensfragen die einfache Mehrheit ausreichen lässt
(s. Rn. 33). Eine qualifizierte Mehrheit ist auch ausreichend, wenn der Rat gemäß
Art. 46 Abs. 2 bis 4 EUV über eine Ständige Strukturierte Zusammenarbeit[11] oder gemäß Art. 42 Abs. 3 EUV über den Anschubfonds zur rechtzeitigen Durchführung von
Krisenoperationen beschließt.[12]

---

[7] S.a. die nahezu wortgleiche Vorschrift des Art. 24 Abs. 1 UAbs. 2 Satz 2 EUV über die Festlegung und Durchführung der GASP.

[8] Ähnlich *Marquardt/Gaedtke*, in: GSH, Europäisches Unionsrecht, Art. 31, Rn. 5. Er sieht jedoch
auch bei Beschlüssen des Europäischen Rates die Möglichkeit der Enthaltung.

[9] Dies schließt nicht aus, dass der Europäische Rat gemäß außerhalb des 2. Kapitels liegender
Vorschriften, wie beispielsweise durch Art. 18 Abs. 1 Satz 1 EUV mit Blick auf die Ernennung des
Hohen Vertreters, ermächtigt wird, mit qualifizierter Mehrheit zu beschließen.

[10] Vgl. z. B. Beschluss 2012/699/GASP des Rates vom 13. 11. 2012 über die Unterstützung der
Union für die Tätigkeiten der Vorbereitungskommission der Organisation des Vertrags für das umfassende Verbot von Nuklearversuchen zur Stärkung ihrer Überwachungs- und Verifikationsfähigkeiten
im Rahmen der Umsetzung der Strategie der EU gegen die Verbreitung von Massenvernichtungswaffen, ABl. 2012, L 314/27.

[11] Vgl. dazu *Regelsberger/Kugelmann*, in: Streinz, EUV/AEUV, Art. 31 EUV, Rn. 18 ff.; *Kauf-
mann-Bühler/Meyer-Landrut*, in: Grabitz/Hilf/Nettesheim, EU, Art. 31 EUV (Juli 2010), Rn. 34.

3. Einstimmigkeit durch Beschluss

Einstimmigkeit bedeutet, dass alle stimmberechtigten Mitglieder des Europäischen Ra-   7
tes oder des Rates ihrer Zustimmung durch förmlichen Beschluss Ausdruck verleihen
müssen, so dass eine **Abstimmung** durchgeführt werden muss. Eine Entscheidung des
Europäischen Rates im Konsens (Art. 15 Abs. 4 EUV) ist somit ausgeschlossen.[13] An
Abstimmungen im Europäischen Rat nehmen der Präsident des Europäischen Rates und
der Präsident der Kommission nicht teil (Art. 235 Abs. 1 UAbs. 2 Satz 2 AEUV).[14] Im
Rat »Auswärtige Angelegenheiten« führt der Hohe Vertreter zwar den Vorsitz (Art. 18
Abs. 3 EUV), er ist aber nicht stimmberechtigtes Mitglied des Rates (Art. 16 Abs. 2
EUV).

Einstimmige Beschlüsse können nicht zustande kommen, sobald ein stimmberechtig-   8
tes Mitglied des Europäischen Rates oder des Rates **abwesend** ist. Allerdings können
Mitglieder des Europäischen Rates[15] und des Rates,[16] die an einer Abstimmung nicht
teilnehmen können, ihr Stimmrecht einem anderen Mitglied übertragen. Dabei ist zu
beachten, dass sich ein Mitglied das Stimmrecht höchstens eines anderen Mitglieds übertragen lassen kann.

II.   Enthaltung (Abs. 1 UAbs. 2)

1. Einfache Enthaltung

Abs. 1 enthält keine Aussagen über die Frage, ob eine Stimmenthaltung dem Zustan-   9
dekommen der Einstimmigkeit entgegensteht, so dass auf die Vorschrift des Art. 235
Abs. 1 UAbs. 3 AEUV zurückgegriffen werden muss. Danach steht die »Stimmenthal-
tung von anwesenden oder vertretenen Mitgliedern [...] dem Zustandekommen von
Beschlüssen des Europäischen Rates, zu denen Einstimmigkeit erforderlich ist, nicht
entgegen.« Gemäß Art. 238 Abs. 4 AEUV gilt dies auch bei Stimmenthaltung eines im
Rat anwesenden oder vertretenen Mitglieds. Dies folgt aber auch aus dem Wortlaut von
Abs. 1 UAbs. 2, soll doch danach der Stimmenthaltung eines Mitglieds oder mehrerer
Mitglieder nur dann Bedeutung zukommen, wenn die Stimmenthaltung mit einer förmlichen Erklärung verknüpft wird. Aus dem Umkehrschluss folgt, dass eine einfache
Stimmenthaltung ohne förmliche Erklärung unschädlich ist und dem Zustandekommen
der Einstimmigkeit nicht entgegensteht. Dabei macht es keinen Unterschied, ob sich ein
einzelner Mitgliedstaat oder mehrere Mitgliedstaaten der Stimme enthalten.

Kommt ein Beschluss zustande, so folgt aus dem Umkehrschluss zu Abs. 1 UAbs. 2   10
Satz 2, dass sich auch die Mitgliedstaaten, die sich der Stimme enthalten haben, an seiner
Durchführung beteiligen müssen.

2.   »Konstruktive Enthaltung« (Abs. 1 UAbs. 2)

a)   Durch einzelne Mitgliedstaaten (Satz 1–3)
Im Bereich der GASP fällt es den Mitgliedstaaten naturgemäß schwer, sich mit einer   11
Beschränkung ihrer Souveränität einverstanden zu erklären. Dem wird durch das Er-

---

[12] Vgl. dazu *Kaufmann-Bühler/Meyer-Landrut*, in: Grabitz/Hilf/Nettesheim, EU, Art. 31 EUV
(Juli 2010), Rn. 36.

[13] Vgl. Art. 6 Abs. 2 GO-Europäischer Rat, ABl. 2009, L 315/51.

[14] Vgl. auch Art. 6 Abs. 4 UAbs. 2 GO-Europäischer Rat.

[15] Vgl. Art. 235 Abs. 1 UAbs. 1 AEUV; Art. 6 Abs. 4 UAbs. 1 GO-Europäischer Rat.

[16] Vgl. Art. 239 AEUV; Art. 11 Abs. 3 GO-Rat, ABl. 2009, L 325/35.

fordernis der Einstimmigkeit Rechnung getragen, so dass jeder Mitgliedstaat berechtigt ist, einen Beschluss, der Einstimmigkeit erfordert, durch ausdrückliche Ablehnung zu verhindern. Der damit einhergehenden Gefahr einer Lähmung der GASP zu begegnen ist Sinn und Zweck der sog. »**konstruktiven Enthaltung**« nach Abs. 1 UAbs. 2, die aber allein auf die Beschlussfassung im Rat, nicht im Europäischen Rat, anwendbar ist. Dies schließt nicht nur die Beschlüsse des Rates auf der Grundlage des 2. Kapitels ein, sondern gilt auch bei Beschlüssen des Rates nach Art. 218 Abs. 6 UAbs. 1 AEUV über den Abschluss einer internationalen Übereinkunft. Aus dem Wortlaut des Art. 218 Abs. 6 UAbs. 2 AEUV und dem Zusammenhang mit Art. 218 Abs. 8 UAbs. 2 AEUV wird die Sonderstellung von internationalen Übereinkünften deutlich, die »ausschließlich die GASP« betreffen. An deren Abschluss wird das Europäische Parlament grundsätzlich nicht beteiligt, so dass die Mitgliedstaaten die wesentlichen Akteure bleiben sollen. Daher ist ihrer Souveränität dadurch Rechnung zu tragen, dass Beschlüsse des Rates über den Abschluss einer internationalen Übereinkunft einstimmig zu fassen sind.[17] Gleichzeitig darf es ihnen in Ausübung ihrer Souveränität aber nicht verwehrt werden, die Beschlussfassung durch konstruktive Enthaltung zu ermöglichen.[18]

12   Als Alternative zur Verhinderung eines Beschlusses soll ein Mitgliedstaat gemäß Abs. 1 UAbs. 2 die Möglichkeit haben, sich der **Stimme zu enthalten**, so dass der Beschluss zustande kommen kann, aber durch Abgabe einer **förmlichen Erklärung** zugleich zu verhindern, dass er sich an der Durchführung des Beschlusses beteiligen muss. Damit wird den Interessen des betreffenden Mitgliedstaates ebenso Genüge getan wie den Interessen der anderen Ratsmitglieder an einem Vorgehen der Union in der Außen- und Sicherheitspolitik. Der Mitgliedstaat wahrt so seine nationalen Interessen, ohne sich dem Vorwurf einer Blockade- oder gar Obstruktionspolitik auszusetzen.[19] Er nimmt daher hin, dass der Beschluss »für die Union bindend ist«. Daraus folgt zugleich, dass der sich konstruktiv enthaltende Mitgliedstaat nicht von seinen Beitragspflichten entbunden wird, wenn Ausgaben zur Durchführung des Beschlusses aus dem Unionshaushalt beglichen werden.[20] Zudem bleibt er nach Satz 3 verpflichtet, alles zu unterlassen, »was dem Vorgehen der Union zuwiderlaufen oder es behindern könnte«. Diese **Loyalitätspflicht** gegenüber den anderen Mitgliedstaaten ist nicht auf ein bloßes Obstruktionsverbot beschränkt, da andernfalls die Bezugnahme auf die »gegenseitige Solidarität« wenig Sinn machte.[21] Freilich bleibt unklar, wie weit diese Loyalitätspflicht reicht.

13   Nach Satz 3 »**respektieren**« die anderen Mitgliedstaaten den Standpunkt des Mitgliedstaates, der sich konstruktiv enthalten hat. Sie dürfen ihn daher nicht allein aus dem Grunde kritisieren oder ihm gar destruktives Verhalten vorwerfen, weil er von seinem Recht nach Abs. 1 UAbs. 2 Gebrauch gemacht hat. In diesem Zusammenhang stellt sich die Frage, ob ein **systematischer (persistenter) Rückgriff** eines Mitgliedstaates auf das Instrument der konstruktiven Enthaltung ebenfalls respektiert werden müsste. Insoweit

---

[17] Freilich kann ein Beschluss des Rates über den Abschluss einer internationalen Übereinkunft dann nach Abs. 2 UAbs. 1, 3. Gedstr. mit qualifizierter Mehrheit gefasst werden, wenn die Übereinkunft eine Maßnahme zur Durchführung eines operativen Vorgehens darstellt.

[18] Vgl. dazu *Regelsberger/Kugelmann*, in: Streinz, EUV/AEUV, Art. 31 EUV, Rn. 8.

[19] *Regelsberger/Kugelmann*, in: Streinz, EUV/AEUV, Art. 31 EUV, Rn. 6; *Kaufmann-Bühler/ Meyer-Landrut*, in: Grabitz/Hilf/Nettesheim, EU, Art. 31 EUV (Juli 2010), Rn. 17; *Marquardt/Gaedtke*, in: GSH, Europäisches Unionsrecht, Art. 31, Rn. 6.

[20] *Cremer*, in: Calliess/Ruffert, EUV/AEUV, Art. 31 EUV, Rn. 6; *Regelsberger/Kugelmann*, in: Streinz, EUV/AEUV, Art. 31 EUV, Rn. 7.

[21] So anscheinend auch *Regelsberger/Kugelmann*, in: Streinz, EUV/AEUV, Art. 31 EUV, Rn. 7.

liegt die Annahme nahe, ein solches Verhalten sei mit der Treuepflicht nach Art. 24 Abs. 3 EUV und dem Kohärenzgebot unvereinbar.[22] Ebenfalls vertretbar wäre es, Abs. 1 UAbs. 2 als eng auszulegende Ausnahmevorschrift einzuordnen, so dass ein regelmäßiger oder gar systematischer Rückgriff auf die konstruktive Enthaltung gleichermaßen ausgeschlossen wäre. Allerdings fehlen der Treuepflicht und dem Kohärenzgebot die Konturen, die erforderlich wären, um einem Mitgliedstaat den Rückgriff auf Abs. 1 UAbs. 2 zu versagen. Zudem ist es ja gerade Sinn und Zweck der Vorschrift, dass ein einstimmiger Beschluss zustande kommen soll, obgleich ein Mitgliedstaat erhebliche Vorbehalte hat. Soll diese Alternative zu einer ausdrücklichen Ablehnung nicht gänzlich ins Leere laufen, ist hinzunehmen, dass ein Mitgliedstaat durch regelmäßige konstruktive Enthaltungen dazu beiträgt, dass die Union auf internationaler Ebene nicht vollends einheitlich auftritt.

b) Durch eine Sperrminorität (Satz 4)

Aus Abs. 1 UAbs. 2 Satz 4 folgt zunächst, dass eine einfache Enthaltung durch mehrere   **14** Mitgliedstaaten dem Zustandekommen eines Beschlusses, für den Einstimmigkeit erforderlich ist, nicht entgegensteht (s. Rn.9). Anders verhält es sich aber, wenn sich eine »qualifizierte Minderheit« der Stimme enthält und die betreffenden Mitgliedstaaten eine förmliche Erklärung gemäß Abs. 1 UAbs. 2 abgeben. Vertreten diese Mitglieder des Rates ein Drittel der Mitgliedstaaten, die mindestens ein Drittel der Unionsbevölkerung ausmachen, wird mithin die **Sperrminorität** erreicht, so wird der Beschluss nicht erlassen«.[23] Diese Vorschrift macht vor dem Hintergrund der Ziele der GASP durchaus Sinn, soll die Union doch möglichst einheitlich auftreten, um insbesondere von anderen Staaten als ernstzunehmender Akteur wahrgenommen zu werden. Wenn sich aber neun Mitgliedstaaten, die mindestens ein Drittel der Unionsbevölkerung repräsentieren, nicht an der Durchführung eines Beschlusses beteiligen, dürfte es schwerlich gelingen, dieses Ziel in glaubhafter Weise zu erreichen.

III. Beschlussfassung mit qualifizierter Mehrheit (Abs. 2 und 3)

Nach den Absätzen 2 und 3 wird das Einstimmigkeitsprinzip vom Prinzip der qualifi-   **15** zierten Mehrheit abgelöst, wenn der Rat Beschlüsse auf der operativ-taktischen Ebene fasst (Abs. 2) oder wenn der Europäische Rat dies einstimmig beschließt (Abs. 3). Ausgenommen von dieser Öffnung bleiben jedoch Beschlüsse mit militärischen oder verteidigungspolitischen Bezügen (Abs. 4).[24] Zu Recht wird mit Blick auf diese Vorschriften festgestellt: »Die bisherige Praxis der GASP lässt den Schluss zu, dass keine andere Bestimmung des Unionsrechts in diesem Maße toter Buchstabe geblieben ist wie jene über die Beschlussfassung in der GASP mit Mehrheitsvoten.«[25] Angesichts des verständlichen, wenn auch für manche ärgerlichen, Festhaltens der Mitgliedstaaten an ihrer Souveränität in außen- und sicherheitspolitischen Fragen sind nicht allein in Abs. 2

---

[22] So *Cremer*, in: Calliess/Ruffert, EUV/AEUV, Art. 31 EUV, Rn. 5.

[23] Vgl. dazu *Regelsberger/Kugelmann*, in: Streinz, EUV/AEUV, Art. 31 EUV, Rn. 9; *Cremer*, in: Calliess/Ruffert, EUV/AEUV, Art. 31 EUV, Rn. 7; *Marquardt/Gaedtke*, in: GSH, Europäisches Unionsrecht, Art. 31, Rn. 7.

[24] Insoweit wird zutreffend darauf hingewiesen, dass nach Abs. 2 auch Beschlüsse im Rahmen der GSVP dann mit qualifizierter Mehrheit gefasst werden können, wenn sie allein den Einsatz ziviler Mittel zum Gegenstand haben. Vgl. *Cremer*, in: Calliess/Ruffert, EUV/AEUV, Art. 31 EUV, Rn. 8.

[25] *Regelsberger/Kugelmann*, in: Streinz, EUV/AEUV, Art. 31 EUV, Rn. 3.

UAbs. 2 Vorkehrungen getroffen worden, die es eher unwahrscheinlich machen, dass eine nennenswerte Anzahl von Beschlüssen im Rahmen der GASP mit einer qualifizierten Mehrheit gefasst werden.

1. Erklärung Nr. 7

16   Die Vorschriften über die Berechnung der qualifizierten Mehrheit sind das Ergebnis langwieriger Verhandlungen, deren erfolgreicher Abschluss conditio sine qua non für die Einigung auf den Vertrag von Lissabon war.[26] Gleichwohl beharrten einige Mitgliedstaaten darauf, die Beschlussfassung mit qualifizierter Mehrheit weiteren Einschränkungen zu unterwerfen, so dass in der **Erklärung Nr. 7** der in der Tradition des Luxemburger Kompromisses[27] stehende **Kompromiss von Ioannina**[28] eine Renaissance erlebte.[29]

17   Die Erklärung Nr. 7 betrifft den Zeitraum vom 1.11.2014 bis zum 31.3.2017, sie geht aber insoweit über das Protokoll Nr. 36 hinaus, als in der Erklärung Nr. 7 auch ab dem 1.3.2017 geltende Bestimmungen enthalten sind:
   – Für den Zeitraum vom 1.11.2014 bis zum 31.3.2017 gilt, dass ein Beschluss nicht mit qualifizierter Mehrheit gefasst wird, wenn Mitgliedstaaten, die mindestens drei Viertel der Bevölkerung oder mindestens drei Viertel der Anzahl der Mitgliedstaaten vertreten, die Annahme des Rechtsaktes durch den Rat mit qualifizierter Mehrheit ablehnen (Art. 1 Erklärung Nr. 7). In diesem Fall muss die Frage vom Rat erörtert werden, der Rat muss »alles in seiner Macht Stehende« tun, um eine »zufrieden stellende Lösung zu finden« (Art. 2 Erklärung Nr. 7) und »alle erforderlichen Schritte« unternehmen, um im Rat »eine breitere Einigungsgrundlage« zu ermöglichen (Art. 3 Erklärung Nr. 7).
   – Ab dem 1.4.2017 soll ein Beschluss mit qualifizierter Mehrheit bereits dann ausgesetzt werden, wenn die ablehnenden Mitgliedstaaten mindestens 55 % der Bevölkerung oder mindestens 55 % der Mitgliedstaaten vertreten, die für die Bildung einer Sperrminorität erforderlich sind (Art. 4 Erklärung Nr. 7). Die vom Rat nach den Art. 5 und 6 der Erklärung Nr. 7 zu unternehmenden Schritte (Art. 5 und 6 Erklärung Nr. 7) entsprechen denen nach den Art. 2 und 3 der Erklärung.

18   Die **rechtliche Relevanz** der Kompromisse von Luxemburg und von Ioannina war höchst umstritten. Auch die Erklärung Nr. 7 wird als rechtlich unverbindlich eingeordnet.[30] Freilich darf ein wesentlicher Unterschied nicht außer Acht gelassen werden, der gegen eine rechtliche Bedeutungslosigkeit der Erklärung Nr. 7 spricht. Bei dieser steht nämlich außer Frage, dass es sich um eine gemeinsame Erklärung aller Vertragsparteien anlässlich des Abschlusses des Vertrags von Lissabon handelt, so dass sie gemäß der gewohnheitsrechtlichen Auslegungsregel völkerrechtlicher Verträge als eine »auf den Vertrag beziehende Übereinkunft« im Rahmen der systematischen Auslegung be-

---

[26] Vgl. dazu die Präambel des Protokolls Nr. 9.
[27] Beschluss vom 29.1.1966, Bull. EWG 1966 Nr. 3, S. 9.
[28] Beschluss des Rates vom 29.3.1994 über die Beschlussfassung des Rates mit qualifizierter Mehrheit, ABl. 1994, C 105/1; zuletzt geändert durch Beschluss des Rates vom 1.1.1995, ABl. 1995, C 1/1.
[29] Am 27.9.2001 wurde in Beantwortung einer parlamentarische Anfrage festgestellt, der »Ioannina-Kompromiss« werde ab dem 1.1.2005 nicht mehr gelten, ABl. 2001, C 364/48.
[30] Vgl. statt vieler *Kaufmann-Bühler/Meyer-Landrut*, in: Grabitz/Hilf/Nettesheim, EU, Art. 31 EUV (Juli 2010), Rn. 23.

rücksichtigt werden muss.[31] Doch auch wenn man sich dieser Einordnung nicht anzuschließen vermag, steht die politische Bedeutung der Erklärung Nr. 7 außer Zweifel, so
dass es kaum möglich sein dürfte, sich über sie hinwegzusetzen. Die daraus resultierenden Schwierigkeiten, eine Abstimmung mit qualifizierter Mehrheit erfolgreich durchzuführen, liegen auf der Hand, sind aber vorerst hinzunehmen.

2.   Verhinderung eines Beschlusses mit qualifizierter Mehrheit (Abs. 2 UAbs. 2)

Gemäß Abs. 2 UAbs. 2 kann ein Mitglied des Rates die Abstimmung über einen Be-   **19**
schluss, für den eine qualifizierte Mehrheit ausreichend ist, ebenfalls verhindern. Voraussetzung ist, dass das Mitglied des Rates den Beschluss aus »wesentlichen Gründen der
nationalen Politik, dies es auch nennen muss«, ablehnt.[32] Mit dieser auch als **Notbremse«,**[33] **»Vetorecht«**[34] oder **»Blockadeoption«**[35] bezeichneten Möglichkeit soll ein einzelner Mitgliedstaat in die Lage versetzt werden, ein »Abgleiten in supranationale Entscheidungsstrukturen«[36] zu verhindern. Auch insoweit scheint der Luxemburger Kompromiss (s. Rn. 16) seine Spuren hinterlassen zu haben.

  Welche **Gründe der nationalen Politik** als so »wesentlich« anzusehen sind, dass unter **20**
Berufung auf sie ein grundsätzlicher und im Primärrecht bereits verankerter Konsens
über eine qualifizierte Mehrheit wieder aufgebrochen werden kann, dürfte sich schwerlich in abstrakt-genereller Weise feststellen lassen. Überhaupt entzieht sich dieser Begriff einer objektiven Bewertung, da keine Einigkeit über die Beurteilungskriterien besteht. Zuvörderst berufen zur Entscheidung über die Gründe der nationalen Politik und
ihre Wesentlichkeit ist der Mitgliedstaat, der sich auf sie beruft. Diese Gründe mögen
anderen als banal erscheinen. Wenn der betreffende Mitgliedstaat aber in Ausübung
seiner Souveränität einen Grund als wesentlich einordnet, so ist dies zu respektieren.[37]
Eine Einschränkung folgt auch nicht aus der Pflicht des Mitgliedstaates, die Gründe der
nationalen Politik zu nennen. Diese Pflicht dient der Information der anderen Ratsmitglieder und soll den Hohen Vertreter in die Lage versetzen, »sich in engem Benehmen
mit den betroffenen Mitgliedstaaten um eine für diesen Mitgliedstaat annehmbare Lösung« zu bemühen.[38] Daher besteht für den sich auf Abs. 2 UAbs. 2 berufenden Mitgliedstaat auch nicht die Notwendigkeit einer »faktischen Überzeugungskraft«[39] oder
gar ein Rechtfertigungszwang.[40] Der Wortlaut ist eindeutig und gibt nichts dafür her,
dass die vorgetragenen Gründe der nationalen Politik den anderen Mitgliedstaaten, dem
Hohen Vertreter oder dem Europäischen Rat einleuchten müssen. Dieses zweifellos
unbefriedigende Ergebnis ist von den »Herren der Verträge« gewollt oder bewusst in

---

[31] Vgl. Art. 31 EUV, Abs. 2 Buchst. a des Wiener Übereinkommens über das Recht der Verträge
vom 23.5.1969, UNTS, vol. 1155, p. 331; BGBl. II 1985, S. 926.
  [32] *Marquardt/Gaedtke*, in: GSH, Europäisches Unionsrecht, Art. 31, Rn. 11.
  [33] *Cremer*, in: Calliess/Ruffert, EUV/AEUV, Art. 31 EUV, Rn. 13; *Hummer*, in: Vedder/Heintschel
v. Heinegg, Europäisches Unionsrecht, Art. 31 EUV, Rn. 9.
  [34] *Kaufmann-Bühler/Meyer-Landrut*, in: Grabitz/Hilf/Nettesheim, EU, Art. 31 EUV (Juli 2010),
Rn. 24.
  [35] *Regelsberger/Kugelmann*, in: Streinz, EUV/AEUV, Art. 31 EUV, Rn. 12.
  [36] *Cremer*, in: Calliess/Ruffert, EUV/AEUV, Art. 31 EUV, Rn. 13.
  [37] So auch *Cremer*, in: Calliess/Ruffert, EUV/AEUV, Art. 31 EUV, Rn. 13, der meint, eine »freie
Einschätzungsprärogative des notbremsenden Staates« liege nahe.
  [38] *Marquardt/Gaedtke*, in: GSH, Europäisches Unionsrecht, Art. 31, Rn. 11.
  [39] So *Cremer*, in: Calliess/Ruffert, EUV/AEUV, Art. 31 EUV, Rn. 13.
  [40] So *Regelsberger/Kugelmann*, in: Streinz, EUV/AEUV, Art. 31 EUV, Rn. 13.

Kauf genommen worden. Es mag schwer fallen, dies so hinzunehmen. Dies allein rechtfertigt jedoch nicht das Postulieren – politisch gewünschter – Schranken, für die sich im Text der Vorschrift keine Anhaltspunkte ergeben.

21   Wenn ein Mitgliedstaat auf den von ihm vorgetragenen Gründen beharrt, obgleich ihnen von anderen die Wesentlichkeit abgesprochen wird, so muss sich der Hohe Vertreter um eine Lösung bemühen. Gelingt ihm dies nicht, so kann der Rat mit qualifizierter Mehrheit die Sache an den Europäischen Rat überweisen, so dass über die Frage auf der höchsten politischen Ebene entschieden wird.

3. Bestimmung der qualifizierten Mehrheit

22   Anders als in Art. 23 EUV a. F. finden sich die Kriterien zur Berechnung der qualifizierten Mehrheit nicht in Art. 31 EUV, sondern in den Art. 16 EUV und Art. 238 AEUV, die jedoch erst seit dem 1. 11. 2014 Anwendung finden. Nach dem **Protokoll Nr. 36** gelten zudem Übergangsbestimmungen, so dass das System gewogener Stimmen nach Art. 23 Abs. 2 UAbs. 3 EUV a. F. voraussichtlich bis zum 31. 3. 2017 in Kraft bleiben wird.

23   Nach Art. 23 Abs. 2 UAbs. 3 EUV a. F. können Beschlüsse mit einer Mindestzahl von 232 Stimmen zustande kommen, wenn sie die Zustimmung von mindestens zwei Dritteln der Mitglieder umfassten. Auf besonderen Antrag eines Mitgliedstaates muss überprüft werden, ob die die qualifizierende Mehrheit bildenden Mitgliedstaaten mindestens 62 % der Gesamtbevölkerung der Union repräsentieren. Ist dies nicht der Fall, kommt der Beschluss nicht zustande. Dieses **System gewogener Stimmen** des Vertrags von Nizza galt gemäß Art. 16 Abs. 4 EUV bis zum 31. 10. 2014. Nach Art. 3 Abs. 2 des Protokolls Nr. 36 kann ein Mitglied des Rates bis zum 31. 3. 2017 beantragen, dass die qualifizierte Mehrheit bis zum 31. 3. 2017 von Fall zu Fall nach dem System des Vertrags von Nizza bestimmt wird. Folglich müssen bis zum 31. 10. 2014 (gegebenenfalls bis zum 31. 3. 2017) für Beschlüsse im Rahmen der GASP die für eine qualifizierte Mehrheit erforderlichen 260 Stimmen[41] von mindestens zwei Dritteln der Mitgliedstaaten, mithin 19 oder mehr, stammen.

24   Seit dem 1. 11. 2014 bzw. ab dem 1. 4. 2017 bestimmt sich die qualifizierte Mehrheit für Beschlüsse im Rahmen der GASP nach dem **System der doppelten Mehrheit** gemäß Art. 16 Abs. 4 EUV und Art. 238 Abs. 2 AEUV, in dem jeder Mitgliedstaat eine Stimme hat:

– Wird ein Beschluss auf Antrag des Hohen Vertreters gefasst, so gilt als qualifizierte Mehrheit eine Mehrheit von mindestens 55 % der Mitglieder des Rates – das sind auch nach dem Beitritt Kroatiens 15 Mitgliedstaaten – mit mindestens 65 % der Gesamtbevölkerung der Union.

– Wird ein Beschluss auf Antrag eines Mitgliedstaates gefasst, gilt als qualifizierte Mehrheit eine Mehrheit von mindestens 72 % der Mitglieder des Rates – das sind seit dem Beitritt Kroatiens 20 Mitgliedstaaten –, sofern die von ihnen vertretenen Mitgliedstaaten zusammen mindestens 65 % der Bevölkerung der Union ausmachen.

4. Durchführungs- und Ernennungsbeschlüsse (Abs. 2 UAbs. 1)

25   Ratsbeschlüsse, die gemäß Abs. 2 UAbs. 1 ausnahmsweise mit qualifizierter Mehrheit gefasst werden können, soweit sie nicht militärische oder verteidigungspolitische Bezüge haben, sind für vier Fälle vorgesehen, die der **operativ-taktischen Ebene** der

---

[41] Vor dem Beitritt Kroatiens waren für eine qualifizierte Mehrheit 255 Stimmen erforderlich.

Durchführung der GASP zugeordnet werden können. Dabei ist den ersten drei Fällen gemein, dass die Beschlüsse des Rates auf vorherigen Entscheidungen des Europäischen Rates oder eigenen Entscheidungen des Rates aufbauen, so dass bereits ein hinreichender Konsens existiert, der eine Ausnahme vom Einstimmigkeitsprinzip zulässt.

Abs. 2 UAbs. 1, 1. Gedstr. betrifft den Fall, dass der Rat auf der Grundlage eines **26** einstimmigen Beschlusses des Europäische Rates über die strategischen Interessen und Ziele der Union nach Art. 22 Abs. 1 EUV einen Beschluss über ein operatives Vorgehen (Art. 28 EUV) oder einen Standpunkt (Art. 29 EUV) erlässt.[42]

Auch im zweiten Fall (Abs. 2 UAbs. 1, 2. Gedstr.) gründet der Ratsbeschluss auf einer **27** Vorgabe durch den Europäischen Rat, ohne dass dieser jedoch einen förmlichen Beschluss gefasst haben muss. Ausreichend ist vielmehr ein Konsens innerhalb des Europäischen Rates dahingehend, dass der Hohe Vertreter in einem konkreten Einzelfall ersucht wird, dem Rat einen Vorschlag über ein operatives Vorgehen oder einen Standpunkt zu unterbreiten. Dabei kann die Initiative sowohl vom Europäischen Rat als auch vom Hohen Vertreter ausgehen.[43]

Im dritten Fall (Abs. 2 UAbs. 1, 3. Gedstr.) geht es darum, dass der Rat bereits ein- **28** stimmig (oder auf der Grundlage eines Beschlusses des Europäischen Rates nach Art. 22 Abs. 1 EUV mit qualifizierter Mehrheit) ein operatives Vorgehen oder einen Standpunkt beschlossen hat und nunmehr lediglich Einzelheiten der Durchführung dieser Beschlüsse festzulegen beabsichtigt. Allerdings begegnet die Abgrenzung zu Änderungsbeschlüssen mitunter Schwierigkeiten. Wenn der Grundlagen- oder Basisbeschluss bereits detaillierte Vorgaben enthält, die mit dem Folgebeschluss geändert werden sollen, so handelt es sich nicht lediglich um eine Konkretisierung. In einem solchen Fall kann der Folgebeschluss grundsätzlich nicht mit qualifizierter Mehrheit gefasst werden.[44]

Der vierte Fall (Abs. 2 UAbs. 1, 4. Gedstr.) betrifft die Ernennung eines Sonderbe- **29** auftragten nach Art. 33 EUV.[45] Freilich bleibt für eine Entscheidung des Rates mit qualifizierter Mehrheit dann kein Raum, wenn ein Sonderbeauftragter im Zusammenhang mit einem Beschluss über ein operatives Vorgehen oder einen Standpunkt ernannt wird, für den Einstimmigkeit erforderlich ist.[46]

5. Brückenklausel (Abs. 3)

Auf der Grundlage der sog. »Brückenklausel« oder auch »passerelle« des Abs. 3 ist der **30** Europäische Rat berechtigt, durch einstimmigen Beschluss zu bestimmen, dass der Rat auch in anderen als den in Abs. 2 UAbs. 1 aufgeführten Fällen mit qualifizierter Mehrheit beschließt. Ausgenommen von der Brückenklausel bleiben gemäß Abs. 4 Beschlüsse mit militärischen oder verteidigungspolitischen Bezügen. Zudem gilt es zu beachten, dass eine Erweiterung der Fälle von Beschlüssen mit qualifizierter Mehrheit allein für das Verfahren im Rat, nicht aber im Europäischen Rat in Betracht kommt.

---

[42] Vgl. auch *Cremer*, in: Calliess/Ruffert, EUV/AEUV, Art. 31 EUV, Rn. 9.

[43] Vgl. auch *Kaufmann-Bühler/Meyer-Landrut*, in: Grabitz/Hilf/Nettesheim, EU, Art. 31 EUV (Juli 2010), Rn. 29.

[44] Vgl. *Kaufmann-Bühler/Meyer-Landrut*, in: Grabitz/Hilf/Nettesheim, EU, Art. 31 EUV (Juli 2010), Rn. 30 f.

[45] Vgl. dazu *Cremer*, in: Calliess/Ruffert, EUV/AEUV, Art. 31 EUV, Rn. 11; ferner u. Art. 33 EUV, Rn. 4.

[46] *Cremer*, in: Calliess/Ruffert, EUV/AEUV, Art. 31 EUV, Rn. 12.

31   Diese Befugnis des Europäischen Rates ist auf eine Änderung des Beschlussverfah-
     rens im Rat angelegt, ohne dass dazu die Durchführung eines vereinfachten Änderungs-
     verfahrens unter Beteiligung des Europäischen Parlaments nach Art. 48 Abs. 7 UAbs. 1
     EUV erforderlich wäre. Zum einen ist das Recht des Europäischen Rates zur Ausweitung
     der Ratsbeschlüsse mit qualifizierter Mehrheit in Abs. 3 bereits so hinreichend be-
     stimmt, dass eine Anwendung dieser Vorschrift lediglich eine Ausgestaltung einer be-
     reits bestehenden primärrechtlichen Vorgabe darstellen würde.[47] Zum anderen soll
     Abs. 3 dazu beitragen, die ja noch nicht vollständig entwickelte GASP nach und nach
     auszubauen, indem flexiblere Mechanismen zur Verfolgung außen- und sicherheitspo-
     litischer Ziele zur Verfügung stehen. Dann aber wäre es nicht folgerichtig, das Europäi-
     sche Parlament einerseits weitgehend aus dem Bereich der GASP zu verdrängen, ihm
     andererseits mit der Anwendung des vereinfachten Vertragsänderungsverfahrens aber
     ein Mitgestaltungsrecht einzuräumen, wenn es um Beschlüsse des Rates im Bereich der
     GASP geht.[48]

32   Eine Anwendung der Brückenklausel setzt aber eine Beteiligung des Deutschen Bun-
     destages (und des Bundesrates) voraus, die vor dem Hintergrund der Lissabon-Ent-
     scheidung des Bundesverfassungsgerichts[49] und nach Maßgabe des Gesetzes über die
     Wahrnehmung der Integrationsverantwortung nicht in Form eines Gesetzes erfolgen
     muss. Allerdings darf der deutsche Vertreter im Europäischen Rat einen Beschluss nach
     Abs. 3 nur mittragen, wenn Bundestag und Bundesrat zuvor ausdrücklich zugestimmt
     haben.[50]

IV.   Beschlussfassung mit einfacher Mehrheit (Abs. 5)

33   Im Einklang mit einer weit verbreiteten internationalen Praxis bestimmt Abs. 5, dass
     der Rat in Verfahrensfragen mit einfacher Mehrheit, d. h. mit der Mehrheit seiner Mit-
     glieder,[51] beschließt. Aus dem Zusammenhang mit Abs. 2 UAbs. 1, 3. Gedstr. folgt eine
     enge Bedeutung des Begriffs Verfahrensfragen, muss doch das Verfahren von der Durch-
     führung unterschieden werden, die nur mit qualifizierter Mehrheit beschlossen werden
     darf. Daher geht es in Abs. 5 allein um den **»ratsinternen Geschäftsgang«**.[52] Damit ist
     nicht ausgeschlossen, dass der Rat in besonderen Fällen zu Gunsten des Einstimmig-
     keitsprinzips vom Prinzip der einfachen Mehrheit Abstand nimmt, etwa wenn es sich um
     sensible Themen wie die Veröffentlichung von Beschlüssen im Bereich der GSVP han-
     delt.[53]

---

[47] Vgl. auch *Marquardt/Gaedtke*, in: GSH, Europäisches Unionsrecht, Art. 31, Rn. 12, die jedoch
von einer Vertragsänderung ausgehen.

[48] Wie hier *Cremer*, in: Calliess/Ruffert, EUV/AEUV, Art. 31 EUV, Rn. 18 m. w. N.

[49] BVerfGE 123, 267 (391 f.).

[50] Vgl. dazu *Kaufmann-Bühler/Meyer-Landrut*, in: Grabitz/Hilf/Nettesheim, EU, Art. 31 EUV
(Juli 2010), Rn. 38; *Regelsberger/Kugelmann*, in: Streinz, EUV/AEUV, Art. 31 EUV, Rn. 15.

[51] Art. 238 Abs. 1 AEUV.

[52] *Cremer*, in: Calliess/Ruffert, EUV/AEUV, Art. 31 EUV, Rn. 20.

[53] Vgl. Art. 9 Abs. 2 und 17 Abs. 3 GO-Rat (Fn. 15); ferner *Regelsberger/Kugelmann*, in: Streinz,
EUV/AEUV, Art. 31 EUV, Rn. 17.

Artikel 32 EUV [Zusammenarbeit der Mitgliedstaaten im Europäischen Rat und Rat]

¹Die Mitgliedstaaten stimmen sich im Europäischen Rat und im Rat zu jeder außen- und sicherheitspolitischen Frage von allgemeiner Bedeutung ab, um ein gemeinsames Vorgehen festzulegen. ²Bevor ein Mitgliedstaat in einer Weise, die die Interessen der Union berühren könnte, auf internationaler Ebene tätig wird oder eine Verpflichtung eingeht, konsultiert er die anderen Mitgliedstaaten im Europäischen Rat oder im Rat. ³Die Mitgliedstaaten gewährleisten durch konvergentes Handeln, dass die Union ihre Interessen und ihre Werte auf internationaler Ebene geltend machen kann. ⁴Die Mitgliedstaaten sind untereinander solidarisch.

Hat der Europäische Rat oder der Rat ein gemeinsames Vorgehen der Union im Sinne des Absatzes 1 festgelegt, so koordinieren der Hohe Vertreter der Union für Außen- und Sicherheitspolitik und die Minister für auswärtige Angelegenheiten der Mitgliedstaaten ihre Tätigkeiten im Rat.

Die diplomatischen Vertretungen der Mitgliedstaaten und die Delegationen der Union in Drittländern und bei internationalen Organisationen arbeiten zusammen und tragen zur Festlegung und Durchführung des gemeinsamen Vorgehens bei.

Literaturübersicht

s. Art. 30 EUV

Inhaltsübersicht

A. Ziele der Vorschrift

Da noch keine einheitliche und umfassende Außen- und Sicherheitspolitik der Union existiert, müssen die Fragen von allgemeiner Bedeutung zunächst ermittelt werden, um sodann, falls dies gewünscht ist, ein gemeinsames Vorgehen der Union festzulegen. Art. 32 EUV zielt aber nicht allein auf die **Phase der Meinungsbildung** auf Unionsebene, indem den Mitgliedstaaten umfassende Konsultations- und Abstimmungspflichten auferlegt werden, sondern mittels eines Koordinierungsmechanismus auch auf die **Phase der Implementierung** eines festgelegten gemeinsamen Vorgehens. Darüber hinaus soll das außenpolitische Verhalten der Mitgliedstaaten grundsätzlich so ausgerichtet sein, dass die Union auf internationaler Ebene als selbstbewusster und ernstzunehmender Akteur wahrgenommen wird. Die zur Erreichung dieses Ziels unabdingbare Pflicht der Mitgliedstaaten zu einem konvergenten und solidarischen Handeln betrifft ihr Verhältnis zur Union ebenso wie das Verhältnis der Mitgliedstaaten untereinander. Schließlich soll die **Koordinierung des außenpolitischen Handelns** nicht allein auf Unionsebene

1

erfolgen, sondern auch auf der Arbeitsebene der diplomatischen Dienste der Mitgliedstaaten und des Europäischen Auswärtigen Dienstes (EAD).[1]

B.   Abstimmung auf Unionsebene

I.   Konsultations- und Abstimmungspflichten (Abs. 1)

2   Abs. 1 knüpft an Art. 24 Abs. 2 EUV an und dient der »Entwicklung der gegenseitigen politischen Solidarität der Mitgliedstaaten, der Ermittlung der Fragen von allgemeiner Bedeutung und der Erreichung einer immer stärkeren Konvergenz des Handelns der Mitgliedstaaten«. Die zur Erreichung dieser Ziele unabdingbaren Konsultations- und Abstimmungspflichten des Abs. 1 gelten für die **gesamte Phase der Meinungsbildung** auf Unionsebene.[2]

3   Nach Satz 1 sind die Mitgliedstaaten verpflichtet, sich im Europäischen Rat oder im Rat zu »jeder außen- und sicherheitspolitischen Frage« **abzustimmen**. Im Einklang mit der umfassend angelegten Befassungskompetenz der Union (Art. 24 Abs. 1 EUV) betrifft die Abstimmungspflicht grundsätzlich alle Bereiche der Außen- und Sicherheitspolitik.[3] Aus der Beschränkung auf »**Fragen von allgemeiner Bedeutung**« wird deutlich, dass sich die GASP auf grundsätzliche, alle Mitgliedstaaten betreffende Fragen konzentrieren soll. Da damit aber der Gegenstand dieser Fragen nicht präjudiziert werden soll, verbleibt ein weiter **Ermessensspielraum** der Mitgliedstaaten.[4] Die Abstimmung soll auf die Festlegung eines gemeinsamen Vorgehens gerichtet sein. Daher soll sie im Europäischen Rat und im Rat stattfinden, da nur so die Beteiligung aller Mitglieder gewährleistet ist.[5] Mit Blick auf die Eigenheiten der Außenpolitik ist damit aber nicht ausgeschlossen, dass sich ein Mitgliedstaat zunächst mit anderen Mitgliedstaaten abstimmt, um zu sondieren, ob es Sinn macht, eine Frage in den Europäischen Rat oder den Rat einzubringen. Die mitunter beschworene Gefahr der Bildung kleinerer Zirkel und von Vorabsprachen ist daher weniger bedenklich als dies den Anschein haben mag.[6] Abstimmung setzt voraus, dass sich die Akteure über ihre jeweiligen außen- und sicherheitspolitischen Positionen im Klaren sind, so dass der Abstimmungspflicht eine **Unterrichtungspflicht** immanent ist.[7] Zudem sind die Mitgliedstaaten verpflichtet, ihre divergierenden Positionen einander anzunähern, mithin einen außen- und sicherheitspolitischen Gleichklang herbeizuführen, was allein im Wege der **Konsultation** möglich ist.[8] Dabei können sie sich auch der Hilfe des Politischen und Sicherheitspolitischen Komitees (PSK), des Europäischen Auswärtigen Dienstes (EAD) und der weiteren Einrichtungen der Ar-

---

[1] *Marquardt/Gaedtke*, in: GSH, Europäisches Unionsrecht, Art. 32, Rn. 1.

[2] So auch *Regelsberger/Kugelmann*, in: Streinz, EUV/AEUV, Art. 32 EUV, Rn. 2 f.

[3] *Kaufmann-Bühler*, in: Grabitz/Hilf/Nettesheim, EU, Art. 32 EUV (Juli 2010), Rn. 6, 9; *Marquardt/Gaedtke*, in: GSH, Europäisches Unionsrecht, Art. 32, Rn. 2.

[4] So auch *Cremer*, in: Calliess/Ruffert, EUV/AEUV, Art. 32 EUV, Rn. 5; vgl. ferner *Kaufmann-Bühler*, in: Grabitz/Hilf/Nettesheim, EU, Art. 32 EUV (Juli 2010), Rn. 6; *Marquardt/Gaedtke*, in: GSH, Europäisches Unionsrecht, Art. 32, Rn. 2.

[5] Dies schließt aber nicht aus, dass die Konsultationen zwischen den MS über das COREU geführt. Vgl. *Cremer*, in: Calliess/Ruffert, EUV/AEUV, Art. 32 EUV, Rn. 4.

[6] A.A. anscheinend *Regelsberger/Kugelmann*, in: Streinz, EUV/AEUV, Art. 32 EUV, Rn. 10.

[7] *Cremer*, in: Calliess/Ruffert, EUV/AEUV, Art. 32 EUV, Rn. 3; *Marquardt/Gaedtke*, in: GSH, Europäisches Unionsrecht, Art. 32, Rn. 3.

[8] *Marquardt/Gaedtke*, in: GSH, Europäisches Unionsrecht, Art. 32, Rn. 3.

beitsebene (z. B. Militärausschuss, Militärstab, Politischer Stab, Lagezentrum, Sonderbeauftragte) bedienen.[9]

Ist eine außen- und sicherheitspolitische Frage so Gegenstand der Beratungen im Europäischen Rat oder im Rat geworden, wird der Handlungsspielraum der Mitgliedstaaten merklich eingeengt. Nach Abs. 1 Satz 2, der die allgemeine Pflicht zur Zusammenarbeit (Art. 25 Abs. 3 UAbs. 2 Satz 1, Art. 25 Buchst. c EUV) konkretisiert,[10] müssen sie **vor jedem Tätigkeitwerden** auf internationaler Ebene, einschließlich der Übernahme völkerrechtlicher Verpflichtungen, zunächst prüfen, ob es die »Interessen der Union berühren könnte«. Das ist immer dann zu bejahen, wenn das geplante Tätigwerden einen Bereich der Außen- und Sicherheitspolitik betrifft, über den im Europäischen Rat oder im Rat beraten wird. Es ist nicht notwendig, dass das Tätigwerden eines Mitgliedstaats geeignet ist, sich auf ein geplantes gemeinsames Vorgehen negativ auszuwirken. Plant ein Mitgliedstaat beispielsweise den Abschluss eines bilateralen Vertrags mit einem Staat, der Gegenstand eines operativen Vorgehens werden könnte, so »berührt« dies möglicherweise die Interessen der Union selbst dann, wenn der Vertrag eine von dem geplanten Vorgehen losgelöste Materie betreffen sollte. In diesem Fall ist der Mitgliedstaat verpflichtet, von dem geplanten Handeln zunächst abzusehen und im Europäischen Rat oder im Rat die anderen Mitgliedstaaten zu konsultieren. Auch dies setzt, sollen Konsultationen Sinn machen, eine **umfassende Unterrichtung** voraus, so dass die anderen Mitgliedstaaten auch über die relevanten Einzelheiten des geplanten Tätigwerdens zu informieren sind. Die Konsultationen sind grundsätzlich **ergebnisoffen**, können aber dazu führen, dass der Mitgliedstaat von seinem geplanten Tätigwerden Abstand nehmen muss. Doch auch wenn das außen- und sicherheitspolitische Handeln der Mitgliedstaaten nicht geeignet ist, die Interessen der Union zu berühren, bleiben sie nach Satz 3 und der allgemeinen Loyalitätspflicht nach Art. 24 Abs. 3 UAbs. 1, UAbs. 2 Satz 2 EUV verpflichtet, die Interessen und Werte der Union im Blick zu behalten und insbesondere alles zu unterlassen, was einem Tätigwerden der Union auf internationaler Ebene entgegenstehen könnte. Dies betrifft in besonderem Maße die Bereiche, in denen die Union nicht selbst handeln kann. Schließlich sind die Mitgliedstaaten nach Satz 3 zur gegenseitigen Solidarität verpflichtet, so dass gewährleistet bleibt, dass die Mitgliedstaaten auf internationaler Ebene nicht als individuelle Akteure, sondern als Mitglieder des Völkerrechtssubjekts Europäische Union wahrgenommen werden, die gemeinsame Ziele verfolgen.

II. Koordination zwischen Hohem Vertreter und den Mitgliedstaaten (Abs. 2)

Hat der Europäische Rat oder der Rat ein gemeinsames Vorgehen festgelegt, so steht außer Zweifel, dass die Mitgliedstaaten daran gebunden und zu einem loyalen und kohärenten Verhalten verpflichtet sind.[11] Daher bedurfte es in Abs. 2, der ja nicht die Phase der Meinungsbildung, sondern die **Implementierungsphase** betrifft, nicht eines nochmaligen Eingehens auf die Loyalitäts- und Solidaritätspflichten sowie auf das Kohärenzgebot. In diesem Zusammenhang ist zu betonen, dass ein gemeinsames Vorgehen nicht notwendig in Form eines Rechtsakts festgelegt worden sein muss.[12] Wenngleich der

4

5

---

[9] *Kaufmann-Bühler*, in: Grabitz/Hilf/Nettesheim, EU, Art. 32 EUV (Juli 2010), Rn. 8.

[10] *Cremer*, in: Calliess/Ruffert, EUV/AEUV, Art. 32 EUV, Rn. 2; *Kaufmann-Bühler*, in: Grabitz/Hilf/Nettesheim, EU, Art. 32 EUV (Juli 2010), Rn. 4.

[11] *Regelsberger/Kugelmann*, in: Streinz, EUV/AEUV, Art. 32 EUV, Rn. 6.

[12] *Cremer*, in: Calliess/Ruffert, EUV/AEUV, Art. 32 EUV, Rn. 7.

Europäische Rat und der Rat im Rahmen der GASP die Kompetenz zum Erlass rechtsverbindlicher Beschlüsse besitzen, sind sie darauf nicht beschränkt. Insbesondere der Europäische Rat bedient sich häufig des Instruments der Schlussfolgerung, in dem er seine Vorstellungen über ein gemeinsames Vorgehen artikuliert. Daher besteht eine Notwendigkeit zur Koordination zwischen Hohem Vertreter und den Außenministern nach Abs. 2 auch dann, wenn ein politisches Vorgehen lediglich in einer **politischen Verlautbarung** festgelegt worden ist.[13] Dies erklärt sich vor dem Hintergrund, dass auch die politischen Verlautbarungen selbstverständlich von Dritten wahrgenommen werden. Würde das Agieren der Union und der Mitgliedstaaten nicht im Einklang mit diesen Vorgaben gebracht, wäre dies einem überzeugenden Agieren der Union auf internationaler Ebene abträglich.

6   Ziel der Koordinierung nach Abs. 2 ist die Sicherstellung eines kohärenten Verhaltens der Mitgliedstaaten, die ja gemäß Art. 24 Abs. 3 UAbs. 1 EUV verpflichtet sind, »die Außen- und Sicherheitspolitik der Union aktiv und vorbehaltlos« zu unterstützen und »das Handeln der Union in diesem Bereich« zu achten. **Koordination** setzt voraus, dass der Hohe Vertreter und die Außenminister über alle wesentlichen Informationen verfügen. Daher besteht auch während der Implementierungsphase eine umfassende Pflicht zur gegenseitigen Unterrichtung.[14] Da zudem das gesamte gemeinsame Vorgehen Gegenstand der Koordinierung sein muss, sind auch das PSK, der EAD und die weiteren Einrichtungen der Arbeitsebene einzubeziehen, falls dies erforderlich ist. Der Hohe Vertreter bleibt bei der Erfüllung seiner Koordinierungspflicht nicht auf den unionsinternen Bereich beschränkt, sondern ist gemäß Art. 27 Abs. 2 und Art. 18 EUV berechtigt, auch auf internationaler Ebene die notwendigen Maßnahmen zu ergreifen.[15]

C. Kooperation der diplomatischen Vertretungen (Abs. 3)

7   Die Festlegung und Durchführung eines gemeinsamen Vorgehens soll nicht ausschließlich auf der strategisch-politischen Ebene, sondern auch auf der **nachgeordneten Arbeitsebene** erfolgen. Demgemäß werden nach Abs. 3 auch die diplomatischen Vertretungen der Mitgliedstaaten sowie die Delegationen des EAD (Art. 27 Abs. 3 EUV) bei Drittstaaten und bei internationalen Organisationen einbezogen.[16] Diese sind zur Zusammenarbeit verpflichtet, so dass durch ein Handeln im nachgeordneten Bereich nicht der Eindruck eines uneinheitlichen Auftretens der Mitgliedstaaten und der Union auf internationaler Ebene entsteht. Die Zusammenarbeit muss auf der Grundlage eines **einheitlichen Informationsstandes** erfolgen und den gemeinsamen Zielen und Interessen der Union im Bereich der GASP dienen. Eine Konkretisierung dieser Kooperationspflicht auf der diplomatischen Ebene enthält Art. 35 EUV. Darüber hinaus müssen die diplomatischen Vertretungen und Delegationen insbesondere dadurch zu einem gemeinsamen Vorgehen der Union beitragen, dass sie der jeweils übergeordneten Ebene, d.h. dem jeweiligen Außenminister und dem Hohen Vertreter, **alle relevanten In-**

---

[13] *Marquardt/Gaedtke*, in: GSH, Europäisches Unionsrecht, Art. 32, Rn. 5.
[14] *Kaufmann-Bühler*, in: Grabitz/Hilf/Nettesheim, EU, Art. 32 EUV (Juli 2010), Rn. 11.
[15] *Cremer*, in: Calliess/Ruffert, EUV/AEUV, Art. 32 EUV, Rn. 9; *Marquardt/Gaedtke*, in: GSH, Europäisches Unionsrecht, Art. 32, Rn. 5.
[16] Vgl. dazu auch *Kaufmann-Bühler*, in: Grabitz/Hilf/Nettesheim, EU, Art. 32 EUV (Juli 2010), Rn. 12; *Cremer*, in: Calliess/Ruffert, EUV/AEUV, Art. 32 EUV, Rn. 10.

formationen und Einschätzungen zur Kenntnis bringen. Dies ist wegen der besonderen Nähe der Delegationen und Vertretungen zu dem Empfangsstaat oder der internationalen Organisation häufig von entscheidender Bedeutung für die Festlegung und Durchführung eines gemeinsamen Vorgehens, aber auch für eine wirksame Koordination nach Abs. 2.[17]

---

[17] *Marquardt/Gaedtke*, in: GSH, Europäisches Unionsrecht, Art. 32, Rn. 6.

Artikel 33 EUV [Ernennung eines Sonderbeauftragten]

¹Der Rat kann auf Vorschlag des Hohen Vertreters der Union für Außen und Sicherheitspolitik einen Sonderbeauftragten für besondere politische Fragen ernennen. ²Der Sonderbeauftragte übt sein Mandat unter der Verantwortung des Hohen Vertreters aus.

Literaturübersicht

Adebahr, Learning and Change in European Foreign Policy. The Case of the EU Special Representatives, 2009; *Algieri*, Die Gemeinsame Außen- und Sicherheitspolitik der EU, 2010; *Grevi*, Pioneering Foreign Policy: The EU Special Representatives, 2007, *Kaddous*, Role and Position of the High Representative of the Union for Foreign Affairs and Security Policy under the Lisbon Treaty, in: Griller/Ziller (Hrsg.), The Lisbon Treaty, EU Constitutionalism without a Constitutional Treaty?, 2008, S. 206; *Raube*, The Emerging Relationship between the European Parliament, the High Representative and the External Action Service, 2011; *Tolksdorf*, The Role of EU Special Representatives in the Post-Lisbon Foreign Policy System: A Renaissance?, Institute for European Studies, Policy Brief Issue 2012/02 (June 2012).

Wesentliche sekundärrechtliche Vorschriften

S. Art. 28 EUV, Rn. 23.

Inhaltsübersicht

A. Entwicklung

1 Seit 1996 sind Sonderbeauftragte der Union regelmäßig eingesetzt worden, um die kritische Entwicklung in einem Drittstaat oder einer Region aufmerksam zu verfolgen und aktiv zur Krisenbewältigung beizutragen.[1] Darüber hinaus sollen sie die Union repräsentieren, deren Interessen wahrnehmen und einen Beitrag zur Durchführung eines gemeinsamen Vorgehens der Union leisten. Die Sonderbeauftragten sind ein wichtiges **Instrument des Krisenmanagements**, da mit ihrem Einsatz schnell und flexibel auf internationale Entwicklungen reagiert werden kann.

2 Angesichts der Einführung des Europäischen Auswärtigen Dienstes (EAD, Art. 27 Abs. 3 EUV) sah es zunächst so aus, als würden die den Sonderbeauftragten übertragenen Aufgaben zunehmend vom EAD übernommen werden. Mit den Ereignissen des »Arabischen Frühlings« wurde aber schnell klar, dass der EAD nicht über die erforderliche Personalstärke verfügen würde, um zusätzlich zu der Erfüllung seiner regulären Aufgaben auch das besonders aufwändige Krisenmanagement zu betreiben. Zudem zeigte sich, dass die Finanzierung von Sonderbeauftragten aus dem vom Dienst der Kommission für außenpolitische Dienste verwalteten Haushaltstitel sehr viel einfacher

---

[1] Vgl. dazu die Übersicht über die Sonderbeauftragten der Union bei *Regelsberger/Kugelmann*, in: Streinz, EUV/AEUV, Art. 33 EUV, Rn. 4.

und schneller zu bewerkstelligen war als die Finanzierung eines besonderen Krisenmanagements durch den EAD. Daher ist auch unter der Geltung des Vertrags von Lissabon weiterhin von dem Instrument des Sonderbeauftragten Gebrauch gemacht worden.[2]

Nachdem über die Ernennung von Sonderbeauftragten zunächst allein der Rat ent- **3** schieden hatte, können Sonderbeauftragte seit 1999 vom Rat nur auf Vorschlag des Hohen Vertreters ernannt werden.[3] Sie üben ihr Mandat zwar unter der Verantwortung des Hohen Vertreters aus, sie werden grundsätzlich aber nicht in den EAD integriert, sondern arbeiten weitgehend unabhängig. Daher ist stets befürchtet worden, die Mitgliedstaaten könnten mit der Ernennung von Sonderbeauftragten eine Nebenaußenpolitik betreiben, so dass das zu erwartende Kompetenzgerangel zwischen dem Sonderbeauftragten und dem EAD (und der Kommission) sich nachteilig auf die GASP auswirken könnte.[4] Tatsächlich haben einige Mitgliedstaaten immer wieder den Versuch unternommen, auf die Ernennung von Sonderbeauftragten Einfluss zu nehmen, weil sie an bestimmten Regionen besondere – historisch gewachsene oder aktuelle – Interessen haben und deshalb vorrangig nationale Ziele zu verfolgen beabsichtigen. Vor dem Hintergrund der den Sonderbeauftragten in den vergangenen Jahren erteilten Mandate und Aufgaben[5] dürften sich diese Befürchtungen jedoch als grundlos erweisen.

B. Ernennung und Stellung der Sonderbeauftragten

I. Ernennung durch Ratsbeschluss

Die Ernennung der Sonderbeauftragten erfolgt durch einen Beschluss des Rates, den **4** dieser nur auf Vorschlag des Hohen Vertreters erlässt. Allerdings ist der Rat nicht verpflichtet, dem Vorschlag des Hohen Vertreters zu entsprechen, da ihm durch Art. 33 EUV ein **Ermessen** (»kann«) eingeräumt wird. Damit behalten die Mitgliedstaaten letztlich die Kontrolle nicht allein über die grundsätzliche Einsetzung, sondern auch über die Person des zu ernennenden Sonderbeauftragten. Gemäß Art. 31 Abs. 2 UAbs. 1, 4. Gedstr. EUV ist für den Ratsbeschluss eine **qualifizierte Mehrheit** ausreichend, es sei denn, die Ernennung erfolgt in engem Zusammenhang mit einem Beschluss über ein operatives Vorgehen der Union, für den Einstimmigkeit erforderlich ist.[6] In dem Beschluss wird eine bestimmte Person – dabei handelt es sich in aller Regel um hochrangige Politiker, von denen zu erwarten ist, dass sie wegen ihrer Stellung, Expertise und Autorität gehört und respektiert werden – zu einem Sonderbeauftragten der Europäischen Union für ein bestimmtes Einsatzgebiet ernannt. Mitunter werden Sonderbeauftragte beauftragt, sich eines besonderen Sachgebiets anzunehmen.[7] Wie die bisherige Praxis verdeutlicht, werden darüber hinaus die mit der Ernennung verfolgten politischen Ziele ebenso definiert wie das Mandat des Sonderbeauftragten, die Dauer des Mandats und

---

[2] Vgl. dazu die Übersicht über die Ernennungsbeschlüsse Art. 28 EUV, Rn. 23.

[3] Vgl. dazu *Kaufmann-Bühler*, in: Grabitz/Hilf/Nettesheim, EU, Art. 33 EUV (Juli 2010), Rn. 1; *Marquardt/Gaedtke*, in: GSH, Europäisches Unionsrecht, Art. 33, Rn. 2.

[4] Vgl. dazu *Tolksdorf*, Institute for European Studies, Policy Brief Issue 2012/02, 3.

[5] Vgl. dazu die Übersicht über die Ernennungsbeschlüsse Art. 28 EUV, Rn. 23.

[6] Vgl. *Cremer*, in: Calliess/Ruffert, EUV/AEUV, Art. 31 EUV, Rn. 12f.

[7] Vgl. Beschluss 2012/440/GASP des Rates vom 25. 7. 2012 zur Ernennung des Sonderbeauftragten der Europäischen Union für Menschenrechte, ABl. 2012, L 200/21.

die Einzelheiten der Mandatsausübung.[8] Schließlich enthalten die Ernennungsbeschlüsse Vorschriften über die Finanzierung und über weitere für die erfolgreiche Mandatsausübung notwendigen Voraussetzungen (Vorrechte und Immunitäten, Zugang zu Informationen).[9]

II. Stellung der Sonderbeauftragten

5   Da die Sonderbeauftragten ihr Mandat unter der Verantwortung des Hohen Vertreters ausüben, sind sie dem Hohen Vertreter untergeordnet. Mit dem Ernennungsbeschluss werden sie Teil der Außenvertretung der Union, sie werden aber nur selten in den EAD integriert, so dass sie innerhalb des institutionellen Gefüges der GASP eine **Sonderstellung** einnehmen. Mitunter kommt es aber vor, dass die Sonderbeauftragten eine Doppelfunktion erfüllen, indem sie zugleich Leiter der Unionsdelegationen, und insoweit dann auch in den EAD integriert sind.[10] Trotz ihrer Sonderstellung sind die Sonderbeauftragten bei der Ausübung ihres Mandats keineswegs frei. Bereits aus ihrer Unterordnung unter den Hohen Vertreter folgt, dass sie **weisungsgebunden** sind.[11] Zudem hält das PSK zu den Sonderbeauftragten eine enge Verbindung, und das PSK erteilt ihnen strategische Leitlinien und politische Vorgaben. Daher sind die Sonderbeauftragten auch verpflichtet, dem Hohen Vertreter und dem PSK regelmäßig Bericht zu erstatten.[12] Darüber hinaus sollen die Sonderbeauftragten in enger Absprache mit dem EAD arbeiten, so dass die Kohärenz ihres außen- und sicherheitspolitischen Handelns hinreichend gewährleistet ist und ein Gegeneinander von Sonderbeauftragten und EAD weitgehend ausgeschlossen werden kann. Freilich dürfen die Vorgaben durch den Hohen Vertreter und das PSK nicht so weit gehen, dass dem Sonderbeauftragten kein eigener Gestaltungsspielraum mehr bleibt. Schließlich soll er kraft seiner Autorität auf eine konkrete Krisensituation einwirken. Dazu bedarf es eines gewissen Maßes an Flexibilität. Die Sonderstellung der Sonderbeauftragten kommt auch darin zum Ausdruck, dass sie mit einem eigenen **Budget** ausgestattet werden und mit diesen Mitteln einen eigenen Arbeitsstab einrichten können. Selbstverständlich sind die Sonderbeauftragten gegenüber der Kommission rechenschaftspflichtig.[13]

C. Aufgaben der Sonderbeauftragten

6   Sind die Sonderbeauftragten Teil des auswärtigen Handelns der Union, sind sie den Grundsätzen und Zielen der GASP ebenso verpflichtet wie ihrem durch Ratsbeschluss festgelegten Mandat und den **Weisungen** durch den Hohen Vertreter und durch das PSK. Wenngleich die Aufgaben der Sonderbeauftragten auf die Besonderheiten ihres jeweiligen Einsatzgebietes zugeschnitten sein müssen, ist es im Lichte der jüngeren Praxis[14]

---

[8] *Marquardt/Gaedtke*, in: GSH, Europäisches Unionsrecht, Art. 33, Rn. 6.

[9] Vgl. dazu sowie zum Vorstehenden *Kaufmann-Bühler*, in: Grabitz/Hilf/Nettesheim, EU, Art. 33 EUV (Juli 2010), Rn. 6.

[10] *Kaufmann-Bühler*, in: Grabitz/Hilf/Nettesheim, EU, Art. 33 EUV (Juli 2010), Rn. 8; *Marquardt/Gaedtke*, in: GSH, Europäisches Unionsrecht, Art. 33, Rn. 2.

[11] *Regelsberger/Kugelmann*, in: Streinz, EUV/AEUV, Art. 33 EUV, Rn. 3.

[12] *Marquardt/Gaedtke*, in: GSH, Europäisches Unionsrecht, Art. 33, Rn. 6.

[13] *Kaufmann-Bühler*, in: Grabitz/Hilf/Nettesheim, EU, Art. 33 EUV (Juli 2010), Rn. 11.

[14] Vgl. dazu die Übersicht über die Ernennungsbeschlüsse Art. 28 EUV, Rn. 23.

möglich, die den Sonderbeauftragten typischerweise übertragenen Aufgaben wie folgt zu skizzieren.

Die Sonderbeauftragten repräsentieren die Union in Krisenstaaten oder -regionen, in   7
denen die Union eine besondere außen- und sicherheitspolitische Verantwortung zu übernehmen bereit ist. Ihr Mandat beruht in der Regel auf strategischen oder operativen Vorgaben und es ist darauf gerichtet, einen **aktiven Beitrag** zu den internationalen Bemühungen um Frieden, Sicherheit oder Entwicklung in dem Zielstaat oder in der Zielregion zu leisten und die Position der Union in dem Gebiet zu stärken. Zugleich sollen die Sonderbeauftragten durch Ratschläge dabei helfen, dass das gemeinsame Vorgehen der Union der Situation im Einsatzgebiet angemessen ist und bleibt. Daher sollen sie die Entwicklung im Einsatzgebiet beobachten und verfolgen, politische Kontakte unterhalten, lokale Akteure bei ihren Bemühungen zur Krisenbewältigung unterstützen, und die erforderlichen Informationen zusammentragen und bewerten.[15] Dies erfordert häufige eine enge Koordinierung mit den Vertretern anderer Staaten und internationaler Organisationen, aber auch mit anderen Sonderbeauftragten, wenn es eines regionalen Ansatzes zur Krisenbewältigung bedarf. Zunehmend ist den Sonderbeauftragten aber auch die Aufgabe übertragen worden, zivile oder militärische Missionen der Union zu begleiten und diese vor Ort bei der Durchführung ihrer Operationen zu unterstützen.

Wenn sie nicht ausnahmsweise vorrangig in Brüssel stationiert sind, sondern vor Ort   8
tätig werden sollen, müssen die Sonderbeauftragten mit den zur Erfüllung ihrer Aufgaben erforderlichen **Vorrechten und Immunitäten** ausgestattet werden. Dazu bedarf es stets einer Vereinbarung mit den Empfangsstaaten, so dass die Mitgliedstaaten und der EAD die hierfür erforderliche Unterstützung gewähren müssen. Des Weiteren stellen die Mitgliedstaaten, die Kommission, der EAD und das Generalsekretariat des Rates sicher, dass die Sonderbeauftragten Zugang zu allen erforderlichen **Informationen** haben. Schließlich müssen der EAD und die Mitgliedstaaten **logistische Unterstützung** in der Region leisten.

---

[15] Vgl. auch *Kaufmann-Bühler*, in: Grabitz/Hilf/Nettesheim, EU, Art. 33 EUV (Juli 2010), Rn. 9.

Artikel 34 EUV [Koordiniertes Handeln der Mitgliedstaaten in internationalen Organisationen und auf internationalen Konferenzen]

(1) ¹Die Mitgliedstaaten koordinieren ihr Handeln in internationalen Organisationen und auf internationalen Konferenzen. ²Sie treten dort für die Standpunkte der Union ein. ³Der Hohe Vertreter der Union für Außen- und Sicherheitspolitik trägt für die Organisation dieser Koordinierung Sorge.

In den internationalen Organisationen und auf internationalen Konferenzen, bei denen nicht alle Mitgliedstaaten vertreten sind, setzen sich die dort vertretenen Mitgliedstaaten für die Standpunkte der Union ein.

(2) Nach Artikel 24 Absatz 3 unterrichten die Mitgliedstaaten, die in internationalen Organisationen oder auf internationalen Konferenzen vertreten sind, die dort nicht vertretenen Mitgliedstaaten und den Hohen Vertreter laufend über alle Fragen von gemeinsamem Interesse.

¹Die Mitgliedstaaten, die auch Mitglieder des Sicherheitsrats der Vereinten Nationen sind, stimmen sich ab und unterrichten die übrigen Mitgliedstaaten sowie den Hohen Vertreter in vollem Umfang. ²Die Mitgliedstaaten, die Mitglieder des Sicherheitsrats sind, setzen sich bei der Wahrnehmung ihrer Aufgaben unbeschadet ihrer Verantwortlichkeiten aufgrund der Charta der Vereinten Nationen für die Standpunkte und Interessen der Union ein.

Wenn die Union einen Standpunkt zu einem Thema festgelegt hat, das auf der Tagesordnung des Sicherheitsrats der Vereinten Nationen steht, beantragen die dort vertretenen Mitgliedstaaten, dass der Hohe Vertreter gebeten wird, den Standpunkt der Union vorzutragen.

Literaturübersicht

Rasch, The European Union at the United Nations: The Functioning and Coherence of EU External Representation in a State-centric Environment, 2008; *Tsakaloyannis/Bourantonis*, European Union's Common Foreign and Security Policy and the Reform of the Security Council, EFAR 1997, 197; *Wewers*, Die Pflicht zur Koordinierung in internationalen Organisationen und auf internationalen Konferenzen, 2009; *Winkelmann*, Europäische und mitgliedstaatliche Interessenvertretung in den Vereinten Nationen, ZaöRV 60 (2000), 413.

Leitentscheidungen

EuGH, Urt. v. 3.9.2008, Rs. C–402/05 P, (Kadi/Rat und Kommission), Slg. 2008, I–6351
EuG, Urt. v. 21.9.2005, Rs. T–315/01 (Kadi/Rat und Kommission), Slg. 2005, II–3649
EuG, Urt. v. 21.9.2005, Rs. T–306/01 (Yusuf und Al Barakaat International/Rat und Kommission), Slg. 2002, II–2387

Inhaltsübersicht

Wolff Heintschel von Heinegg

A. Ziele der Vorschrift

Art. 34 EUV erstreckt die **Abstimmungs- und Koordinierungspflichten** auf Unionsebene   **1**
nach Art. 32 EUV auf die multilaterale Ebene. Wenngleich die Union über Völkerrechts-
fähigkeit verfügt (Art. 47 EUV), bleiben ihr eine Mitgliedschaft in anderen internationalen Organisationen oder eine Teilnahme an internationalen Konferenzen häufig versagt, da der Kreis der Teilnahme- und Stimmberechtigten auf Staaten begrenzt ist. Soll
auch auf multilateraler Ebene das Ziel einer überzeugenden GASP erreicht werden,
müssen die Mitgliedstaaten, die in internationalen Organisationen oder auf internationalen Konferenzen vertreten sind, möglichst einheitlich auftreten und sich insbesondere
für die von der Union festgelegten Standpunkte einsetzen.[1] Sind nur einige Mitgliedstaaten Mitglieder einer internationalen Organisation oder Teilnehmer einer internationalen Konferenz, so muss sichergestellt werden, dass die nicht vertretenen Mitgliedstaaten und der Hohe Vertreter stets über das Geschehen informiert sind, soweit dort
Fragen von gemeinsamem Interesse behandelt werden.

  Besonderes Augenmerk ist auf den **Sicherheitsrat der Vereinten Nationen** zu richten,   **2**
da dieser die Hauptverantwortung für den Weltfrieden und die internationale Sicherheit
trägt und er allein über die Kompetenz verfügt, in rechtlich bindender Weise über nicht-
militärische und militärische Zwangsmaßnahmen zu entscheiden. Die Weichenstellung
für internationales Krisenmanagement, einschließlich der Wiederherstellung von Frieden und Sicherheit, erfolgt im Sicherheitsrat, dem aber nur Frankreich und das Vereinigte Königreich als ständige Mitglieder angehören. Turnusmäßig können andere Mitgliedstaaten dem Sicherheitsrat ebenfalls angehören, ihre Mitgliedschaft ist aber auf
zwei Jahre begrenzt und sie verfügen als nicht-ständige Mitglieder nicht über ein Vetorecht. Angesichts der herausragenden Rolle des Sicherheitsrats im Bereich der Sicherheitspolitik ist es von entscheidender Bedeutung, dass die in diesem Hauptorgan der
Vereinten Nationen vertretenen Mitgliedstaaten sich abstimmen, die anderen Mitgliedstaaten und den Hohen Vertreter unterrichten und sich für die von der Union festgelegten Standpunkte einsetzen, um so auf die Weichenstellung im Sicherheitsrat Einfluss zu
nehmen.

---

[1] So auch *Kaufmann-Bühler*, in: Grabitz/Hilf/Nettesheim, EU, Art. 34 EUV (Juli 2010), Rn. 2.
Cremer, in: Calliess/Ruffert, EUV/AEUV, Art. 34 EUV, Rn. 2, bezeichnet die Mitgliedstaaten in diesem Zusammenhang als »Sprachrohr und Agenten der Union« und weist zutreffend darauf hin, dass
die Pflichten der Mitgliedstaaten bereits aus Art. 29 Satz 2 EUV folgen.

B. Handeln der Mitgliedstaaten in internationalen Organisationen und auf internationalen Konferenzen

I. Teilnahme aller Mitgliedstaaten (Abs. 1 UAbs. 1)

3   Die Koordinierungspflicht gemäß Abs. 1 UAbs. 1 Satz 1 betrifft den Fall, dass zwar nicht die Union als partielles Völkerrechtssubjekt, wohl aber alle Mitgliedstaaten in einer internationalen Organisation oder auf einer internationalen Konferenz vertreten sind. Dies folgt aus dem Zusammenhang von UAbs. 1 mit UAbs. 2 und Abs. 2 UAbs. 1.

1. Koordinierungspflicht

4   Die Koordinierung des Handelns der Mitgliedstaaten muss darauf gerichtet sein, dass sie einem gemeinsamen Ziel folgend einheitlich oder in einander ergänzender Weise auftreten. Dies setzt naturgemäß eine vorherige gegenseitige **Unterrichtung** über die jeweiligen Positionen voraus, so dass möglicherweise bestehende Differenzen vor einem Auftreten auf multilateraler Ebene beseitigt werden. Da insbesondere auf internationalen Konferenzen zahlreiche, auch den Gegenstand der Verhandlungen betreffende Vorarbeiten vor dem Zusammentritt der Plenarsitzungen stattfinden, beschränkt sich die Koordinierungspflicht nicht auf den eigentlichen Konferenzverlauf, sondern gilt auch während der **Vorbereitungsphase**. Zudem münden internationale Vertragskonferenzen nicht unmittelbar in den Abschluss völkerrechtlicher Verträge, so dass eine Koordinierung auch nach Abschluss einer internationalen Konferenz erforderlich sein kann, um das Konferenzergebnis umzusetzen.[2] Gemäß UAbs. 1 Satz 3 ist es Aufgabe des Hohen Vertreters, für die Koordinierung Sorge zu tragen.

2. Eintreten für die Standpunkte der Union

5   Ergänzt und verstärkt wird die Koordinierungspflicht durch die besondere Pflicht der Mitgliedstaaten nach Satz 2, für die Standpunkte der Union »einzutreten«. Hinsichtlich der »Standpunkte« liegt es auf den ersten Blick nahe, darunter allein solche **Standpunkte** der Union zu verstehen, die gemäß Art. 29 EUV durch Beschluss festgelegt worden sind. Im Schrifttum wird demgegenüber betont, der Begriff sei »untechnisch« zu verstehen und beziehe sich auf alle gemeinsam in der Union entwickelten Positionen oder Verhandlungslinien.[3] Gegen diese Auffassung spricht, dass ein Rechtsbegriff grundsätzlich einheitlich auszulegen ist und dass die Mitgliedstaaten in der Regel nur dann bereit sind, ihre außen- und sicherheitspolitische Handlungsfreiheit einzuschränken, wenn mit der erforderlichen Einstimmigkeit oder qualifizierten Mehrheit eine gemeinsame Position verbindlich festgelegt worden ist. Für eine **weite Auslegung** des Begriffs »Standpunkte« in Abs. 1 sprechen aber nicht allein Sinn und Zweck der Vorschrift – die Mitgliedstaaten sollen auch auf multilateraler Ebene mit einer Stimme sprechen und die Interessen der Union vertreten. Vielmehr folgt auch aus dem Zusammenhang mit Abs. 2 UAbs. 3, der ja allein auf die von der Union »festgelegten« Standpunkte verweist

---

[2] Vgl. dazu *Kaufmann-Bühler*, in: Grabitz/Hilf/Nettesheim, EU, Art. 34 EUV (Juli 2010), Rn. 5 f. Zudem weist *Kaufmann-Bühler* (ebd., Rn. 3) darauf hin, dass die Koordinierungspflicht besonders stark ausgeprägt ist, wenn es um den Abschluss eines völkerrechtlichen Vertrages oder einen Beschluss mit Rechtsbindungswirkung geht.

[3] *Kaufmann-Bühler*, in: Grabitz/Hilf/Nettesheim, EU, Art. 34 EUV (Juli 2010), Rn. 4.

(»when the Union has defined a position«; »Lorsque l'Union a défini une position«), dass die Standpunkte, für die die Mitgliedstaaten nach Abs. 1 einzutreten haben, mehr umfassen als die nach Art. 29 EUV förmlichen beschlossenen Standpunkte.[4]

»Eintreten« bedeutet, dass die Stellungnahmen und das Abstimmungsverhalten der   6
Mitgliedstaaten mit den Standpunkten übereinstimmen müssen und dass sie alles unternehmen müssen, notfalls auch darauf zu beharren, dem Standpunkt Geltung zu verschaffen. Dies wird auch in der englischen Fassung (»uphold«) deutlich, was bedeutet, dass ein Standpunkt aufrechterhalten werden muss, so dass sich die Pflicht nicht darin erschöpft, einen Standpunkt lediglich vorzutragen. Freilich geht damit keine Erfolgshaftung in dem Sinne einher, dass die Beschlüsse der internationalen Organisation oder der internationalen Konferenz mit den Unionsstandpunkten identisch sein oder ihnen weitgehend entsprechen müssen. Auf multilateraler Ebene bilden die Mitgliedstaaten häufig eine zahlenmäßige Minderheit. Die Standpunkte der Union werden sich häufig nicht mit denen anderer Akteure decken oder diesen gar entgegenlaufen. Daher handelt es sich bei dem Eintreten um eine **gesteigerte Bemühenspflicht** der Mitgliedstaaten.

Während außer Frage steht, dass die Mitgliedstaaten gegenüber anderen Staaten, die   7
ebenfalls in der internationalen Organisation oder auf der internationale Konferenz vertreten sind, für die Standpunkte der Union eintreten müssen, ist fraglich, ob dies auch im Verhältnis zu nicht-regierungsamtlichen Organisationen (**NGOs**) gilt. Da der Einfluss der NGOs in der jüngeren Zeit in erheblichem Maße zugenommen hat, entspricht es dem Gebot **politischer Klugheit**, auch auf diese nichtstaatlichen Akteure einzuwirken, um einem Unionsstandpunkt auf multilateraler Ebene Geltung zu verschaffen. Da die Vertreter der NGOs in internationalen Organisationen oder auf internationalen Konferenzen aber nicht in die Abstimmungen einbezogen werden, sondern in der Regel auf einen Beobachterstatus verwiesen bleiben, sind die Mitgliedstaaten nicht rechtlich verpflichtet,[5] sondern bestenfalls politisch gehalten, auch diesen Akteuren gegenüber für die Unionsstandpunkte einzutreten.

II. Teilnahme einer begrenzten Zahl von Mitgliedstaaten (Abs. 1 UAbs. 2, Abs. 2 UAbs. 1)

Abs. 1 UAbs. 2 und Abs. 2 UAbs. 1 betreffen den Fall, dass nur einige Mitgliedstaaten in   8
einer internationalen Organisation oder auf einer internationalen Konferenz vertreten sind. In diesem Fall beschränken sich ihre Pflichten darauf, sich für die Standpunkte der Union einzusetzen und die nicht vertretenen Mitgliedstaaten sowie den Hohen Vertreter laufend über alle Fragen von gemeinsamem Interesse zu unterrichten.

1. »Einsetzen« oder »Eintreten«?

Der deutsche Wortlaut deutet darauf hin, dass zwischen einem »Eintreten« nach Abs. 1   9
UAbs. 1 und einem »Einsetzen« nach UAbs. 2 ein Unterschied besteht. Dies könnte bedeuten, dass es sich beim »Einsetzen« um eine schwächere Form des »Eintretens« handelt, wofür auch angeführt werden könnte, dass ja nicht alle, sondern nur einige Mitgliedstaaten vertreten sind. Allerdings scheint es sich bei der deutschen Fassung eher

---

    [4] I.E. ebenso *Cremer*, in: Calliess/Ruffert, EUV/AEUV, Art. 34 EUV, Rn. 6; Anders *Marquardt/ Gaedtke*, in: GSH, Europäisches Unionsrecht, Art. 33, Rn. 6 wonach eine Bindung lediglich an die nach Art. 29 Abs. 2 EUV förmlich geschlossenen Standpunkte besteht.
    [5] So aber *Kaufmann-Bühler*, in: Grabitz/Hilf/Nettesheim, EU, Art. 34 EUV (Juli 2010), Rn. 4.

um ein Redaktionsversehen zu handeln denn um eine bewusste Abschwächung der Pflichten der Mitgliedstaaten, wird doch in der englischen Fassung sowohl in UAbs. 1 als auch in UAbs. 2 der Begriff »uphold« verwendet. Auch in der französischen Fassung wird nicht unterschieden (»défendent«). Daher unterscheidet sich das »Einsetzen« nicht von dem »Eintreten« (s. o. Rn. 5).

10   In Abs. 1 UAbs. 2 und Abs. 2 UAbs. 1 werden die Mitgliedstaaten nicht ausdrücklich zu einer **Koordinierung** oder **Abstimmung** ihres Handelns in der internationalen Organisation oder auf der Konferenz verpflichtet. Wenn sie sich aber für einen Standpunkt der Union einsetzen müssen, setzt dies eine Abstimmung untereinander voraus, damit eine einheitliche und überzeugende Position eingenommen werden kann.[6]

2. Unterrichtungspflicht

11   Die Pflicht nach Abs. 2 UAbs. 1 zur laufenden Unterrichtung der in einer internationalen Organisation oder auf einer internationalen Konferenz nicht vertretenen Mitgliedstaaten und des Hohen Vertreters ist **keine allgemeine Berichtspflicht** über das Geschehen auf multilateraler Ebene, sondern beschränkt sich auf »**Fragen von allgemeinem Interesse**«. Werden solche Fragen aber von einer internationalen Organisation oder internationalen Konferenz behandelt, so sind die dort vertretenen Mitgliedstaaten zu einer umfassenden Unterrichtung verpflichtet. Der Begriff »Fragen von allgemeinem Interesse« ist nicht identisch mit dem der »Fragen von allgemeiner Bedeutung« nach Art. 24 Abs. 2 EUV. Insoweit wird zu Recht hervorgehoben, dass die Fragen von allgemeinem Interesse alles umfassen, »was im Lichte der Ziele und Grundsätze des auswärtigen Handelns (Art. 21 Abs. 1 und 2) und der vom Europäischen Rat festgelegten strategischen Interessen und Ziele der Union (Art. 22, 26) sowie der Ziele und allgemeinen Leitlinien der GASP (Art. 26 Abs. 1) bedeutsam ist oder Bezug hat zu Aktionen (Art. 28) oder Standpunkten der Union (Art. 29)«.[7]

C. Handeln der im Sicherheitsrat der Vereinten Nationen vertretenen Mitgliedstaaten (Abs. 2 UAbs. 2 und 3)

12   Abs. 2 UAbs. 2 regelt die Pflichten der im Sicherheitsrat der Vereinten Nationen vertretenen Mitgliedstaaten. Dies sind nicht allein die ständigen, mit einem Vetorecht ausgestatteten Sicherheitsratsmitglieder Frankreich und Vereinigtes Königreich, sondern auch jeder Mitgliedstaat, der für zwei Jahre dem Sicherheitsrat als nicht-ständiges Mitglied (ohne Vetorecht) angehört. Die besondere Regelung der Pflichten dieser Staaten erklärt sich vor dem Hintergrund der Hauptverantwortung des Sicherheitsrats für den Weltfrieden und die internationale Sicherheit und der allein ihm übertragenen Kompetenz zum Erlass rechtsverbindlicher Beschlüsse über nicht-militärische oder militärische Zwangsmaßnahmen nach Kapitel VII der Charta. Insbesondere für Krisenoperationen in fremden Staaten oder Regionen werden im Sicherheitsrat wichtige Weichenstellungen vorgenommen, an denen außer Frankreich und dem Vereinigten Königreich in der Regel nur ein weiterer Mitgliedstaat beteiligt ist.

---

[6] So auch *Kaufmann-Bühler*, in: Grabitz/Hilf/Nettesheim, EU, Art. 34 EUV (Juli 2010), Rn. 10.
[7] *Cremer*, in: Calliess/Ruffert, EUV/AEUV, Art. 34 EUV, Rn. 3.

I. Abstimmung, Unterrichtung und Eintreten

Müssen sich die Mitgliedstaaten, die Mitglieder des Sicherheitsrats sind, **abstimmen**, so **13** bedeutet dies, dass sie sich vor einer Stellungnahme oder Stimmabgabe im Sicherheitsrat über ihre Positionen austauschen und nach Wegen zu einem einheitlichen Handeln im Sicherheitsrat suchen müssen. Allerdings zeigt sich in der Praxis allzu häufig, dass es den im Sicherheitsrat vertretenen Mitgliedstaaten nicht immer gelingt, einheitlich aufzutreten, weil ihre außen- und sicherheitspolitischen Interessen zu stark divergieren. Ein Beispiel ist die Enthaltung des deutschen Vertreters bei dem Beschluss über die Sicherheitsratsresolution 1973 zu den militärischen Zwangsmaßnahmen gegen Libyen. Die Uneinigkeit der Mitgliedstaaten in diesem Fall ist umso bemerkenswerter, als es sich bei dem Konflikt an der Südgrenze der Union zweifellos um eine Frage von allgemeiner Bedeutung handelte, so dass es angesichts der Ziele und Interessen der Union in der Region nicht nur wünschenswert gewesen wäre, wenn die Mitgliedstaaten eine einheitliche Position eingenommen hätten. Für die Ziele der GASP war das unterschiedliche Verhalten der Mitgliedstaaten im Sicherheitsrat höchst abträglich, da die Union auf internationaler Ebene wieder einmal weder einheitlich noch überzeugend aufgetreten war. Wenngleich Deutschland aus der rein völkerrechtlichen Sicht berechtigt war, im Sicherheitsrat im Einklang mit seinen nationalen Interessen abzustimmen, wäre die Bundesregierung nach den Regeln und Grundsätzen der GASP verpflichtet gewesen, sich intensiv um eine Abstimmung mit den anderen Mitgliedstaaten zu bemühen.

Die im Sicherheitsrat vertretenen Mitgliedstaaten müssen die anderen Mitgliedstaa- **14** ten und den Hohen Vertreter »in vollem Umfang« **unterrichten**. Diese besondere Unterrichtungspflicht ist nicht ausdrücklich auf »Fragen von allgemeinem Interesse« beschränkt. Vielmehr folgt aus dem Zusammenhang mit den besonderen Kompetenzen des Sicherheitsrats, dass alle dort behandelten Fragen die GASP betreffen und daher von der Unterrichtungspflicht erfasst werden sollen.

Darüber hinaus sind die im Sicherheitsrat vertretenen Mitgliedstaaten verpflichtet, **15** sich für die Standpunkte und Interessen der Union **einzusetzen** Auch hier fällt der Unterschied zu der englischen (»defend«) und der französischen (»défendront«) Fassung auf. Während »Einsetzen«/»Eintreten« als Pflicht zu einem Tätigwerden aus eigener Initiative verstanden werden könnte, wäre das »Verteidigen« darauf beschränkt, auf das Verhalten anderer, die einen Unionsstandpunkt nicht teilen oder ihm ablehnend gegenüberstehen, zu reagieren. Nach dem allgemeinen Grundsatz der Auslegung mehrsprachiger völkerrechtlicher Verträge, besteht aber eine Vermutung, dass »die Ausdrücke des Vertrags in jedem authentischen Text dieselbe Bedeutung haben«.[8] Dabei ist von Bedeutung, dass in der französischen Fassung stets der Begriff »défend« und in der deutschen Fassung jedenfalls in Abs. 1 UAbs. 2 und Abs. 2 UAbs. 2 der Begriff »Einsetzen« verwendet wird. Zudem folgt aus Sinn und Zweck, dass auch im Sicherheitsrat die Standpunkte und Interessen der Union nicht nur zur Kenntnis genommen werden, sondern sich, soweit dies praktisch möglich ist, in den Maßnahmen des Sicherheitsrats widerspiegeln sollen. Daher spricht alles dafür, zwischen den die Standpunkte der Union betreffenden Pflichten der Mitgliedstaaten nicht zu differenzieren. Allerdings darf nicht aus dem Blick geraten, dass sich die Mitgliedstaaten für die Standpunkte und Interessen der Union »unbeschadet ihrer Verantwortlichkeiten aufgrund der Charta der

---

[8] Vgl. Art. 33 Abs. 3 des Wiener Übereinkommens über das Recht der Verträge, UNTS, vol. 1155, p. 331; BGBl. II 1985, S. 926.

Vereinten Nationen« einsetzen sollen. Dies ist nicht dahin zu verstehen, dass sie nicht verpflichtet sind, den Standpunkten vollständige Geltung zu verschaffen. Vielmehr geht dieser Teil der Vorschrift über den allgemeinen Vorbehalt des auf multilateraler Ebene praktisch Möglichen[9] hinaus, so dass **Wahrung und Wiederherstellung von Weltfrieden und internationaler Sicherheit** im Zweifel Vorrang vor den Standpunkten und Interessen der Union haben sollen.

II. Einbeziehung des Hohen Vertreters

16   Abs. 2 UAbs. 3 ergänzt die Pflichten des UAbs. 2 um eine Bemühenspflicht, dem Hohen Vertreter die Gelegenheit zu geben, im Sicherheitsrat einen von der Union festgelegten Standpunkt zu vertreten. Zu diesem Zweck sollen sie die erforderlichen Anträge stellen bzw. eine darauf gerichtete Bitte äußern (»request«). Diese mitunter als »wichtigste Änderung«[10] bezeichnete Pflicht der im Sicherheitsrat vertretenen Mitgliedstaaten ist auf die von der Union »festgelegten« Standpunkte beschränkt, mithin auf die nach Art. 29 EUV **förmlich beschlossenen Standpunkte** (s. o. Art. 29 EUV, Rn 2).

---

[9] So anscheinend aber *Cremer*, in: Calliess/Ruffert, EUV/AEUV, Art. 34 EUV, Rn. 8.
[10] *Kaufmann-Bühler*, in: Grabitz/Hilf/Nettesheim, EU, Art. 34 EUV (Juli 2010), Rn. 1.

Artikel 35 EUV [Abstimmung der diplomatischen und konsularischen Vertretungen]

Die diplomatischen und konsularischen Vertretungen der Mitgliedstaaten und die Delegationen der Union in dritten Ländern und auf internationalen Konferenzen sowie ihre Vertretungen bei internationalen Organisationen stimmen sich ab, um die Einhaltung und Durchführung der nach diesem Kapitel erlassenen Beschlüsse, mit denen Standpunkte und Aktionen der Union festgelegt werden, zu gewährleisten.

Sie intensivieren ihre Zusammenarbeit durch Informationsaustausch und gemeinsame Bewertungen.

Sie tragen zur Verwirklichung des in Artikel 20 Absatz 2 Buchstabe c des Vertrags über die Arbeitsweise der Europäischen Union genannten Rechts der Unionsbürgerinnen und Unionsbürger auf Schutz im Hoheitsgebiet von Drittländern und zur Durchführung der nach Artikel 23 des genannten Vertrags erlassenen Maßnahmen bei.

Literaturübersicht

Karalus, Die diplomatische Vertretung der EU, 2009; *Fernandez Pasarin*, Les Etats membres et la représentation extérieure de l'UE, AFRI 2009, 583; *Kommission der Europäischen Gemeinschaften*, Grünbuch – Der diplomatische und konsularische Schutz des Unionsbürgers in Drittländern, 28. 11. 2006, KOM (2006) 712 endgültig.

Wesentliche sekundärrechtliche Vorschrift

Beschluss des Rates 210/427/EU vom 26. 7. 2010 über die Organisation und Arbeitsweise des Europäischen Auswärtigen Dienstes, ABl. 2010, L 201/30

Inhaltsübersicht

A. Ziele der Vorschrift

Art. 35 EUV kommt eine doppelte Funktion zu. Zum einen erstreckt die Vorschrift **1** ebenso wie Art. 34 EUV die nach innen gerichteten Abstimmung-, Koordinierungs- und Kooperationspflichten nach Art. 32 EUV auf die internationale Ebene, indem auch die den Außenministerien der Mitgliedstaaten und der Zentrale des Europäischen Auswärtigen Dienstes (EAD) nachgeordnete **diplomatische Arbeitsebene** einbezogen wird. Dabei steht die Gewährleistung der Einhaltung und Durchführung der Beschlüsse über ein operatives Vorgehen und über Standpunkte der Union im Vordergrund, ohne dass die Kooperationspflichten darauf beschränkt werden. Zum anderen werden die Kooperationspflichten der diplomatischen Vertretungen der Mitgliedstaaten und der Delegationen des EAD nach Art. 32 Abs. 3 EUV konkretisiert sowie um die Ausübung des **diplomatischen und konsularischen Schutzes** zu Gunsten der Unionsbürger ergänzt. Es ist daher zutreffend, wenn im Zusammenhang mit dieser Vorschrift festgestellt wird, sie ziele auf die »Vernetzung der GASP bis in die Peripherie« der diplomatischen und konsularischen Vertretungen und Delegationen.[1]

B. Kooperation der Vertretungen und Delegationen

2   Die in Art. 35 EUV in Bezug genommenen Vertretungen der Mitgliedstaaten sind zunächst die ständigen diplomatischen Missionen und konsularischen Vertretungen der Mitgliedstaaten in Drittländern. Die Aufnahme diplomatischer und konsularischer Beziehungen sowie die Errichtung ständiger diplomatischer Missionen und konsularischer Vertretungen erfolgt stets in gegenseitigem Einvernehmen zwischen dem Entsende- und dem Empfangsstaat.[2] Mitunter kommt es vor, dass insbesondere kleinere Mitgliedstaaten in einem Drittstaat keine diplomatischen Missionen oder konsularischen Vertretungen errichtet haben, weil ihnen Personal fehlt oder die Kosten zu hoch sind. Falls sie nicht von der Möglichkeit der Bestellung für mehrere Staaten[3] Gebrauch gemacht haben, können sie einen anderen Mitgliedstaat bitten, ihre Interessen in einem Drittstaat wahrzunehmen. Freilich setzt dies die **Zustimmung durch den Empfangsstaat** voraus.[4] Das diplomatische und konsularische Personal genießt im Empfangsstaat Vorrechte und Immunitäten.[5] Ihre üblichen Aufgaben werden in den Wiener Übereinkommen in nicht abschließender Weise definiert.[6] Vertretungen der Mitgliedstaaten bei internationalen Organisationen haben einen den diplomatischen Missionen vergleichbaren Rechtsstatus, der sich vorrangig nach dem Abkommen der internationalen Organisation mit dem Sitzstaat bestimmt. Delegationen der Mitgliedstaaten auf internationalen Konferenzen können aus Mitgliedern des diplomatischen Corps sowie aus sonstigen Mitgliedern bestehen, die jedenfalls für die Dauer ihres Auslandsaufenthalts Vorrechte und Immunitäten genießen. Ihre Befugnisse auf der internationalen Konferenz bestimmen sich nach den ihnen erteilten Vollmachten.

3   Die **Rechtspersönlichkeit der Union** befähigt sie auch zur Aufnahme diplomatischer und konsularischer Beziehungen mit Drittstaaten. Dies ist auch in der Errichtung des EAD (Art. 27 Abs. 3 EUV, s. Art. 27 EUV, Rn. 11) zum Ausdruck gekommen. Allerdings finden die Vorschriften der auf Staaten beschränkten Wiener Übereinkommen keine Anwendung. In der erforderlichen Vereinbarung mit dem jeweiligen Empfangsstaat wird daher nicht allein die Aufnahme diplomatischer oder konsularischer Beziehung vereinbart. Vielmehr muss der Hohe Vertreter alle erforderlichen Maßnahmen ergreifen, »um sicherzustellen, dass die Aufnahmeländer den Delegationen der Union sowie ihrem Personal und ihrem Besitz Vorrechte und Immunitäten einräumen, die den im Wiener Übereinkommen über diplomatische Beziehungen […] genannten […] gleichwertig sind.«[7] Delegationen der Union bei internationalen Organisationen setzen

---

[1] So *Cremer*, in: Calliess/Ruffert, EUV/AEUV, Art. 35 EUV, Rn. 2.

[2] Vgl. Art. 2 des Wiener Übereinkommens über diplomatische Beziehungen vom 18.4.1961, UNTS, vol 500, p. 95, BGBl. II 1964, S. 959 (im Folgenden: WÜD); Art. 2 Abs. 1 und Art. 4 Abs. 1 des Wiener Übereinkommens über konsularische Beziehungen vom 24.4.1963, UNTS, vol. 596, p. 261, BGBl. II 1969, S. 1585 (im Folgenden: WÜK).

[3] Vgl. Art. 5 WÜD und Art. 7 WÜK.

[4] Vgl. Art. 6 WÜD und Art. 8 WÜK. Vgl. auch Art. 46 WÜD über den zeitweiligen Schutz der Interessen von Drittstaaten.

[5] Art. 22 ff. WÜD, Art. 28 ff. WÜK.

[6] Art. 3 WÜD, Art. 5 WÜK.

[7] Art. 5 Abs. 6 des Beschlusses 2010/427/EU des Rates vom 26.7.2010 über die Organisation und die Arbeitsweise des Europäischen Auswärtigen Dienstes, ABl. 2010, L 201/30.

nicht zwingend voraus, dass die Union Vertragspartei des Gründungsabkommens geworden ist. Dies ist in vielen Fällen schon deshalb ausgeschlossen, weil allein Staaten Mitglieder werden können. Gleichviel, wie die Beziehungen zwischen der Union und einer internationalen Organisation ausgestaltet sind, es bedarf stets einer **Vereinbarung**, die auch den Status und die Aufgaben der Delegation definiert. Delegationen der Union auf internationalen Konferenzen unterscheiden sich nicht von denen der Mitgliedstaaten, es sei denn, es handelt sich um reine Staatenkonferenzen, an denen Unionsdelegationen grundsätzlich nur als Beobachter teilnehmen können.

I. Abstimmungspflicht (Abs. 1)

Die Pflicht der diplomatischen Missionen, konsularischen Vertretungen und Delegationen der Mitgliedstaaten und der Delegationen der Union, sich abzustimmen, betrifft ausweislich des Wortlauts von Abs. 1 allein die **förmlich erlassenen Beschlüsse** über ein operatives Vorgehen (s. Art. 28 EUV, Rn. 4) oder einen Standpunkt (s. Art. 29 EUV, Rn. 2) der Union. Wie sich aus dem Zusammenhang mit UAbs. 2 ergibt, werden damit andere Formen der Zusammenarbeit nicht ausgeschlossen. Es soll lediglich betont werden, dass es sich hierbei um eine aus der Sicht der GASP besonders wichtige Aufgabe handelt.   4

Abstimmung bedeutet, dass sich die Missionen, Vertretungen und Delegationen regelmäßig **gegenseitig unterrichten** und sich auf ein gemeinsames oder einander ergänzendes Vorgehen einigen. Die Abstimmung soll darauf gerichtet sein, die »Einhaltung und Durchführung« der Aktionen oder Standpunkte »zu gewährleisten«.[8] Dies bedeutet nicht eine Kontrolle der Unionsmaßnahmen. Vielmehr geht es vor allem darum sicherzustellen, dass in dem Drittstaat, in der internationalen Organisation oder auf der internationalen Konferenz die für die Einhaltung und Durchführung erforderlichen Rahmenbedingungen geschaffen oder erhalten werden. Insbesondere bei einem operativen Vorgehen der Union in dem Empfangsstaat müssen die Vertretungen und Delegationen die für den Erfolg notwendigen flankierenden Maßnahmen vor Ort treffen, die erforderlichen Vereinbarungen schließen und aufmerksam verfolgen, ob sich die Behörden des Empfangsstaats an diese Vorgaben halten. Sollte dies nicht der Fall sein, müssen sie bei dem Empfangsstaat vorstellig werden und darauf drängen, dass die nationalen Behörden die Vereinbarungen achten und umsetzen. Zu diesem Zweck kann es geboten sein, den Missionschef eines Mitgliedstaats mit dieser Aufgabe zu betrauen, wenn der Mitgliedstaat besondere Beziehungen zu dem Empfangsstaat unterhält. Da die Missionen, Vertretungen und Delegationen der nachgeordneten Arbeitsebene zuzuordnen sind, gehört die Gestaltung der GASP nicht zu ihren Aufgaben. Allerdings können sie angesichts ihrer besonderen Kenntnisse und Präsenz vor Ort durch Vorschläge dazu beitragen, dass der Rat seine Beschlüsse überprüft und gegebenenfalls modifiziert.   5

II. Intensivierte Zusammenarbeit (Abs. 2)

Die Pflicht zur Intensivierung der Zusammenarbeit soll gemäß Abs. 2 durch einen **Informationsaustausch und gemeinsame Bewertungen** erfolgen.[9] Sie geht über die Ge-   6

---

[8] *Marquardt/Gaedtke*, in: GSH, Europäisches Unionsrecht, Art. 35, Rn. 4.
[9] Vgl. auch Art. 5 Abs. 9 des Beschlusses über den EAD (Fn. 7): »Die Delegationen der Union arbeiten eng mit den diplomatischen Diensten der Mitgliedstaaten zusammen und tauschen mit ihnen Informationen aus«.

währleistung der Einhaltung und Durchführung der Beschlüsse hinaus und betrifft alle Aspekte, die einen Bezug zur GASP aufweisen. Die diplomatische Arbeitsebene soll über den gleichen Informationsstand verfügen und ihre gemeinsame Präsenz vor Ort dazu nutzen, sich unmittelbar auszutauschen, ohne dass ein Umweg über die jeweiligen Zentralen genommen wird. Wegen ihrer Präsenz vor Ort und der daraus resultierenden besonderen Expertise sind sie zuvorderst berufen, die Lage im Empfangsstaat oder die Situation in der internationalen Organisation oder auf der internationalen Konferenz einzuordnen und zu bewerten. Mit der gemeinsamen Bewertung, wird eine wichtige **Voraussetzung für die unionsinterne Meinungsbildung** geschaffen.[10]

III. Ausübung des diplomatischen und konsularischen Schutzes (Abs. 3)

7   Die Pflicht nach Abs. 3 dient der Gewährleistung des **Rechts der Unionsbürgerinnen und Unionsbürger** nach Art. 20 Abs. 2 Satz 2 Buchst. c AEUV auf diplomatischen oder konsularischen Schutz durch die Missionen oder Vertretungen aller Mitgliedstaaten, wenn der Mitgliedstaat, dessen Staatsangehörigkeit sie besitzen, in dem jeweiligen Drittstaat nicht vertreten ist.[11] Nach dem Diplomaten- und Konsularrecht können die Missionen und Vertretungen den diplomatischen oder konsularischen Schutz zu Gunsten der Staatsangehörigen eines anderen Mitgliedstaats aber nur ausüben, wenn der **Empfangsstaat** dem **zugestimmt** hat.[12] Daher müssen zwischen den vertretenen Mitgliedstaaten und dem Empfangsstaat besondere Vereinbarungen geschlossen werden. Die Mitgliedstaaten sind gemäß Art. 23 Satz 2 AEUV verpflichtet, die »notwendigen Vorkehrungen« zu treffen und »die für diesen Schutz erforderlichen Verhandlungen« einzuleiten. Die Delegationen der Union »unterstützen die Mitgliedstaaten […] auf Verlangen und ressourcenneutral in ihren diplomatischen Beziehungen und bei ihrer Rolle, konsularischen Schutz für Bürger der Union in Drittländern bereitzustellen«.[13]

---

[10] So auch *Regelsberger/Kugelmann*, in: Streinz, EUV/AEUV, Art. 35 EUV, Rn. 5; *Marquardt/Gaedtke*, in: GSH, Europäisches Unionsrecht, Art. 35, Rn. 5.

[11] Vgl. dazu *Kaufmann-Bühler*, in: Grabitz/Hilf/Nettesheim, EU, Art. 35 EUV (Juli 2010), Rn. 15; *Marquardt/Gaedtke*, in: GSH, Europäisches Unionsrecht, Art. 35, Rn. 8.

[12] Vgl. die Nachweise in Fn. 4.

[13] Art. 5 Abs. 10 des Beschlusses über den EAD (Fn. 7): »Die Delegationen der Union unterstützen die Mitgliedstaaten im Einklang mit Artikel 35 Absatz 3 EUV auf Verlangen und ressourcenneutral in ihren diplomatischen Beziehungen und bei ihrer Rolle, konsularischen Schutz für Bürger der Union in Drittländern bereitzustellen«.

Artikel 36 EUV [Beteiligung des Europäischen Parlaments]

[1]Der Hohe Vertreter der Union für Außen- und Sicherheitspolitik hört das Europäische Parlament regelmäßig zu den wichtigsten Aspekten und den grundlegenden Weichenstellungen der Gemeinsamen Außen- und Sicherheitspolitik und der Gemeinsamen Sicherheits- und Verteidigungspolitik und unterrichtet es über die Entwicklung der Politik in diesen Bereichen. [2]Er achtet darauf, dass die Auffassungen des Europäischen Parlaments gebührend berücksichtigt werden. [3]Die Sonderbeauftragten können zur Unterrichtung des Europäischen Parlaments mit herangezogen werden.

[1]Das Europäische Parlament kann Anfragen oder Empfehlungen an den Rat und den Hohen Vertreter richten. [2]Zweimal jährlich führt es eine Aussprache über die Fortschritte bei der Durchführung der Gemeinsamen Außen- und Sicherheitspolitik, einschließlich der Gemeinsamen Sicherheits- und Verteidigungspolitik.

Literaturübersicht

s. Art. 23, 24 EUV.

Inhaltsübersicht

A. Entwicklung und Ziele der Vorschrift

Art. 36 EUV entspricht weitgehend Art. 21 EUV a. F. Anstelle des Vorsitzes hört nunmehr der Hohe Vertreter das Europäische Parlament. Die Anhörung ist nicht mehr auf die »grundlegenden Weichenstellungen« der GASP beschränkt. Vielmehr muss es darüber hinaus um die »wichtigsten Aspekte« der GASP, einschließlich der GSVP, gehen. Der Hohe Vertreter muss wie seinerzeit der Vorsitz das Parlament regelmäßig über die Entwicklungen in der GASP unterrichten und darauf achten, dass die Auffassungen des Europäischen Parlaments gebührend berücksichtigt werden. Neu im Zusammenhang mit der Unterrichtung des Europäischen Parlaments ist die Möglichkeit der Heranziehung der Sonderbeauftragten. Das Recht des Europäischen Parlaments, Anfragen oder Empfehlungen an den Rat zu richten, ist auf den Hohen Vertreter ausgeweitet worden. Die Aussprache des Parlaments über die Fortschritte bei der Durchführung der GASP wird nicht mehr einmal, sondern zweimal jährlich geführt. Diese Änderungen sind dem neuen institutionellen Gefüge geschuldet, haben die Rolle des Europäischen Parlaments in der GASP aber nicht merklich gestärkt. Dass es nunmehr auch zu Fragen der GSVP gehört und auch über die Entwicklungen in diesem Bereich regelmäßig zu unterrichten ist, ändert nichts an diesem Befund. Es bleibt dabei, dass die Außen- und Sicherheitspolitik eine Prärogative der Exekutive und der Mitgliedstaaten ist und dass das Parlament auf eine **beratende und begleitende Rolle** beschränkt bleiben soll.[1] Allerdings stellt

1

---

[1] Ebenso *Cremer*, in: Calliess/Ruffert, EUV/AEUV, Art. 36 EUV, Rn. 1, der meint, das Parlament besitze »lediglich ein Beobachtungs- und Kommentierungsrecht«.

Art. 36 EUV **keine abschließende Regelung der Beteiligungsrechte** des Europäischen Parlaments im Bereich der GASP dar, enthalten doch sowohl der EUV (z. B. Art. 15 Abs. 6 Buchst. d; Art. 41) als auch der AEUV (z. B. Art. 218) weitere Bestimmungen, auf Grund derer das Parlament auf die GASP zumindest indirekt einwirken kann.[2]

B.   Beteiligungsrechte des Europäischen Parlaments an der GASP

2   Durch den Vertrag von Lissabon hat sich am intergouvernementalen Charakter der GASP nichts geändert. In der bei der Auslegung der Vorschriften der Verträge zu berücksichtigenden[3] Erklärung Nr. 14 ist u. a. festgestellt worden, dass die Bestimmungen zur GASP »die Rolle des Europäischen Parlaments nicht erweitern«. Das Parlament bleibt daher grundsätzlich darauf beschränkt, über Fragen der GASP zu konsultieren und regelmäßig unterrichtet und gehört zu werden. Ein Mitentscheidungs- und Mitgestaltungsrecht bleibt dem Parlament versagt, was in Kapitel 2 des EUV auch durch den **Ausschluss von Gesetzgebungsakten** deutlich zum Ausdruck gebracht wird.[4] Naturgemäß ist dem immer selbstbewusster werdenden Europäischen Parlament der intergouvernementale Charakter der GASP ein Dorn im Auge. Wenn die Vorschriften über die GASP, insbesondere Art. 36 EUV, mitunter wohlwollend ausgelegt werden, um dem Parlament eine weitergehende Einflussnahme auf die GASP zu ermöglichen,[5] so ist dies mit Blick auf die intendierte Stärkung der Rolle des Parlaments verständlich. Es ist aber keineswegs ausgemacht, dass die rechtspolitische Forderung nach einer stärkeren Einbindung des Parlaments im Erfolgsfalle zu einer stärkeren demokratischen Legitimation der GASP führen würde. Dies soll hier dahingestellt bleiben. Jedenfalls sind rechtspolitische Forderungen und wohlmeinende Interpretationen nicht geeignet, die **Eindeutigkeit der primärrechtlichen Grundlagen** in Frage zu stellen, an die auch das Europäische Parlament gebunden ist.

3   Sieht man von dem Recht (und der Pflicht) des Europäischen Parlaments nach Abs. 3 Satz 2 zur Aussprache über die Fortschritte der GASP ab, betrifft Art. 36 EUV allein das Verhältnis zwischen dem EP einerseits und Rat und Hohen Vertreter andererseits. Die unter der Verantwortung des Hohen Vertreters stehenden Sonderbeauftragten können in Einzelfällen herangezogen werden, sie werden aber nicht selbst verpflichtet, sondern lediglich im Einzelfall herangezogen. Obgleich der Europäische Rat keine Erwähnung findet, darf nicht unberücksichtigt bleiben, dass der Präsident des Europäischen Rates gemäß Art. 15 Abs. 6 Buchst. d EUV verpflichtet ist, »dem Europäischen Parlament im Anschluss an jede Tagung des Europäischen Rates einen Bericht [vorzulegen]«.

---

[2] Vgl. dazu *Kaufmann-Bühler*, in: Grabitz/Hilf/Nettesheim, EU, Art. 36 EUV (Juli 2010), Rn. 15, 23 f.; 29 ff.; *Regelsberger/Kugelmann*, in: Streinz, EUV/AEUV, Art. 36 EUV, Rn. 4; *Cremer*, in: Calliess/Ruffert, EUV/AEUV, Art. 36 EUV, Rn. 8.

[3] Gemäß Art. 31 Abs. 2 des Wiener Übereinkommens über das Recht der Verträge v. 23. 5. 1969, UNTS, vol. 1155, p. 331, BGBl. II 1985, S. 926, sind solche Erklärungen im Rahmen der systematischen Auslegung zu berücksichtigen. A. A. wohl *Kaufmann-Bühler*, in: Grabitz/Hilf/Nettesheim, EU, Art. 36 EUV (Juli 2010), Rn. 9, der von einem grundsätzlichen Vorrang des Wortlauts auszugehen scheint.

[4] Art. 24 Abs. 1 UAbs. 2 Satz 3 und Art. 31 Abs. 1 UAbs. 1 Satz 2 EUV.

[5] Vgl. z. B. *Kaufmann-Bühler*, in: Grabitz/Hilf/Nettesheim, EU, Art. 36 EUV (Juli 2010), Rn. 28; *Cremer*, in: Calliess/Ruffert, EUV/AEUV, Art. 36 EUV, Rn. 7.

I. Anhörung und Unterrichtung

Die Pflicht des Hohen Vertreters nach Abs. 1 Satz 1 ist insofern merkwürdig formuliert, **4** als im Grunde ja zunächst eine Unterrichtung erfolgen und dem Parlament die Gelegenheit zur Meinungsbildung gegeben werden müsste, um es sodann anzuhören. Mit dieser Reihung geht jedoch keine verbindliche Vorgabe über den zeitlichen Ablauf einher. Das Parlament beschäftigt sich insbesondere in den zuständigen Ausschüssen ständig auch mit Aspekten der GASP und verfügt nach Abs. 2 Satz 1 über ein Fragerecht, so dass während einer Sitzungsperiode zahlreiche Möglichkeiten bestehen, ein Informationsbedürfnis zu stillen und eine Position zu generieren. Folglich steht in Abs. 1 Satz 1 die **Pflicht des Hohen Vertreter** im Vordergrund, das Parlament regelmäßig zu hören und zu unterrichten, die das Recht des Parlaments auf eine Unterrichtung im konkreten Einzelfall unberührt lässt.

Die **Unterrichtung** des Parlaments erfolgt im Plenum, vorrangig aber in den zuständi- **5** gen Ausschüssen. Ausweislich seiner Geschäftsordnung[6] geht das Europäische Parlament davon aus, eine »regelmäßige« Unterrichtung erfordere eine viermal jährliche Anwesenheit des Hohen Vertreters im Plenum sowie in den Ausschüssen. In Art. 96 Abs. 2 Satz 1 GO-EP wird die »Erwartung« zum Ausdruck gebracht, dass der Hohe Vertreter regelmäßige und rechtzeitige Informationen über die Entwicklung und Durchführung der GASP übermittelt und darüber hinaus, wenn ein mit Ausgaben verbundener Beschluss in diesem Bereich angenommen wird. In Art. 96 Abs. 4 GO-EP wird der Hohe Vertreter zudem »aufgefordert«, bei jeder Aussprache im Plenum anwesend zu sein, bei der Themen der GASP behandelt werden. Bereits die Wortwahl verdeutlicht die fehlende Rechtsverbindlichkeit dieser Vorschriften für den Hohen Vertreter. Freilich entspricht es den Geboten politischer Klugheit, diesen Wünschen des Parlaments grundsätzlich nachzukommen.

Die Unterrichtung ist nicht auf eine **mündliche Informationsvermittlung** beschränkt, **6** so dass dem Parlament grundsätzlich auch alle **relevanten Dokumente** übermittelt werden müssen. Das Unterrichtungsrecht des Parlaments kann aber eingeschränkt und im Einzelfall gar ausgeschlossen werden, wenn die Beziehungen zu anderen Staaten oder höchst sensible Materien betroffen sind, zu denen nicht öffentlich Stellung genommen werden kann.[7] Gemäß Art. 96 Abs. 2 Satz 2 GO-EP kann daher auf Ersuchen des Hohen Vertreters ein Ausschuss seine Sitzung ausnahmsweise unter **Ausschluss der Öffentlichkeit** abhalten. Auch mit der Interinstitutionellen Vereinbarung vom 20.11.2002[8] wird dem besonderen Charakter und dem besonders sicherheitsrelevanten Inhalt bestimmter **hochvertraulicher Informationen** im Bereich der GSVP entsprochen, indem besondere Regelungen über die Behandlung von Dokumenten, die solche Informationen enthalten, vereinbart werden. Dies betrifft vor allem Informationen, die von einem Drittstaat oder einer internationalen Organisation stammen und mit deren Zustimmung übermittelt werden.

Die regelmäßige Unterrichtung des Parlaments nach Abs. 1 Satz 1 erfolgt in der Regel **7** **im Nachhinein**. Bereits der Wortlaut der Vorschrift rechtfertigt diese Praxis, ist es doch schwerlich möglich, das Parlament über die wichtigsten Aspekte und die grundlegenden Weichenstellungen der GASP zu unterrichten, ohne dass zuvor im Europäischen Rat

---

[6] Europäisches Parlament, Geschäftsordnung, 7. Wahlperiode (März 2011), ABl. 2011, L 116/1.
[7] Vgl. auch EuGH, Urt. v. 19.7.1999, Rs. T–14/98 (Hautala), Slg. 1999, II–2489.
[8] ABl. 2002, C 298/1. Die Vereinbarung ist als Anlage VIII Bestandteil der aktuellen GO-EP.

und im Rat eine dahingehende Willensbildung erfolgt ist. Da das Parlament auf eine beratende und begleitende Rolle im Bereich der intergouvernementalen GASP beschränkt bleibt, ist der Hohe Vertreter nicht zu einer vorherigen Unterrichtung des Parlaments verpflichtet.[9] Dies wird mitunter kritisiert, weil das Europäische Parlament so auf eine bloße Beobachterrolle reduziert werde.[10] Abgesehen davon, dass Forderungen nach einer möglichst auch vorherigen Unterrichtung des Parlaments rechtspolitischer Natur sind und nicht den primärrechtlichen Vorgaben entsprechen, darf nicht unberücksichtigt bleiben, dass das Parlament ja auch noch das Frage- und Empfehlungsrecht hat und es ihm so möglich ist, sein Informationsbedürfnis auch jenseits der regelmäßigen Unterrichtungen durch den Hohen Vertreter zu stillen.

8   Die regelmäßige **Anhörung** durch den Hohen Vertreter bedeutet, dass dem Parlament während einer Sitzungsperiode wiederholt Gelegenheit gegeben werden muss, sich gegenüber dem Hohen Vertreter über die GASP zu äußern. Dies erfolgt in der Regel in Form der Empfehlungen nach Abs. 2 Satz 1, die das Parlament in Entschließungen formuliert und dem Hohen Vertreter übermittelt, kann aber auch durch mündliche Stellungnahmen im Plenum oder in den Ausschüssen geschehen.

9   Die Pflicht des Hohen Vertreters zur Anhörung und Unterrichtung des Parlaments ist auf die »**wichtigsten Aspekte und grundlegende Weichenstellungen**« beschränkt, so dass jedenfalls die einfachen Geschäfte der laufenden GASP vom Anhörungs- und Unterrichtungsrecht grundsätzlich ausgenommen bleiben sollen. Ebenfalls ausgenommen werden aktuelle Aspekte der GASP, selbst wenn sie als wichtig eingeordnet werden können. Erfasst werden mithin allein »die Kernfragen und Grundausrichtungen der GASP«,[11] zu denen neben der Festlegung der Ziele und Leitlinien nach Art. 26 Abs. 1 UAbs. 1 EUV aber auch die Beschlüsse über ein operatives Vorgehen nach Art. 28 EUV oder einen Standpunkt nach Art. 29 EUV gehören können, wenn die Union dadurch ihre grundsätzliche Einstellung zu einem anderen Staat, zu einer anderen Region oder zu einem wichtigen Sachthema (z.B. zum transnationalen Terrorismus oder zu den Menschenrechten) definiert. Letztlich liegt die Entscheidung über die Einordnung als »wichtig« oder »grundlegend« aber im politischen Entscheidungsermessen des Hohen Vertreters und des Europäischen Parlaments.[12]

II.   Gebührende Berücksichtigung der Auffassungen des Parlaments

10   Nach Abs. 1 Satz 2 sind die Auffassungen des Europäischen Parlaments zu den wichtigsten Aspekten und grundlegenden Weichenstellungen der GASP »gebührend zu berücksichtigen«. Die Verwendung des Plurals darf nicht dahin missverstanden werden, dass jede im Parlament vertretene Auffassung, also auch die einzelner Mitglieder, berücksichtigt werden muss. Vielmehr muss es sich um Auffassungen handeln, auf die sich das Parlament im Wege eines Mehrheitsbeschlusses festgelegt hat. Dies geschieht durch Entschließungen, die insbesondere Empfehlungen nach Abs. 2 Satz 1 enthalten.

11   Nicht vollständig geklärt ist, welche Maßnahmen der Hohe Vertreter ergreifen muss, um der Forderung nach einer »gebührenden Berücksichtigung« zu entsprechen.

---

[9] So auch *Regelsberger/Kugelmann*, in: Streinz, EUV/AEUV, Art. 36 EUV, Rn. 3.
[10] So *Cremer*, in: Calliess/Ruffert, EUV/AEUV, Art. 36 EUV, Rn. 7; Vgl. auch *Kaufmann-Bühler*, in: Grabitz/Hilf/Nettesheim, EU, Art. 36 EUV (Juli 2010), Rn. 28.
[11] *Cremer*, in: Calliess/Ruffert, EUV/AEUV, Art. 36 EUV, Rn. 3.
[12] So auch *Cremer*, in: Calliess/Ruffert, EUV/AEUV, Art. 36 EUV, Rn. 3.

Zutreffend wird auf den **prozeduralen** Charakter dieser Pflicht hingewiesen.[13] Daher ist der Hohe Vertreter verpflichtet, die Auffassungen des Parlaments zur Kenntnis zu nehmen sowie den Rat und, soweit er seine Befugnisse nach Art. 22 und 26 EUV wahrnimmt, in vollem Umfang zu unterrichten. Der Hohe Vertreter, der ja auch Vorsitzender des Rates »Auswärtige Angelegenheiten« ist, muss dem Rat die Auffassungen des Parlaments darlegen und erläutern. Auch bei der Vorlage eines Vorschlags an den Europäischen Rat über die Festlegung der strategischen Interessen und Ziele der Union nach Art. 22 Abs. 2 EUV muss der Hohe Vertreter die Aufmerksamkeit des Europäischen Rates auf die Auffassungen des Parlaments richten. Der Hohe Vertreter ist aber nicht verpflichtet, dafür Sorge zu tragen, dass die Auffassungen des Parlaments in Beschlüsse oder sonstige Entscheidungen im Bereich der GASP einfließen. Da das Parlaments ja gerade nicht über ein Mitentscheidungs- und Mitgestaltungsrecht verfügt, geht es entschieden zu weit, wenn vom Hohen Vertreter gefordert wird, die Auffassungen des Parlaments so im Rat einzuführen, dass sie »Sachentscheidungen zu beeinflussen vermögen«. Das wäre nur dann richtig, wenn es auf den Zeitpunkt bezogen wäre, zu dem der Rat über die Auffassungen des Parlaments in Kenntnis zu setzen ist.

III. Fragen und Empfehlungen

Das **Fragerecht** gehört zu den grundlegenden Rechten jedes Parlaments. Es ist, obgleich **12** es den intergouvernementalen Bereich der Außen- und Sicherheitspolitik betrifft, ausweislich des Wortlauts von Abs. 2 Satz 1 nicht auf die »wichtigsten Aspekte und grundlegenden Weichenstellungen« dieses Politikbereichs beschränkt, sondern **umfassend**.[14] Dem Fragerecht immanent ist ein Anspruch auf eine **Antwort**. Freilich haben der Rat und der Hohe Vertreter bei der Beantwortung einen weiten Ermessensspielraum. Die Weitergabe hochvertraulicher oder als streng geheim eingestufter Informationen kann abgelehnt oder unter Ausschluss der Öffentlichkeit auf einen kleinen Kreis begrenzt werden.[15] Zudem kann der Hohe Vertreter eine Frage nur dann inhaltlich beantworten, wenn der Rat sich auf eine bestimmte Position festgelegt hat. Fehlt es daran, wird sich die Antwort des Hohen Vertreters darauf beschränken müssen, dass eine Festlegung durch den Rat noch aussteht.[16]

Vor diesem Hintergrund nimmt es nicht wunder, dass das Europäische Parlament **13** nicht auf die Informationsvermittlung durch den Hohen Vertreter beschränkt zu bleiben beabsichtigt, sondern sich durch Entsendung einzelner seiner Mitglieder und über interparlamentarische Delegationen einen direkten Zugang zu Informationen zu verschaffen sucht.[17] Dies ist stets dann problematisch, wenn das Parlament mit diesen Aktivitäten eine »**Nebenaußenpolitik**« zu betreiben versuchen sollte. Auch die Präsenz einzelner Parlamentarier und ihre Äußerungen werden im Ausland nicht selten als Unionsmaßnahmen im Bereich der GASP missverstanden. Zudem darf nicht unberücksichtigt bleiben, dass die interparlamentarischen Konferenzen nach Art. 10 des Protokoll (Nr. 1) zwar auch Fragen der GASP, einschließlich der GSVP, erörtern können, diese Konferenzen aber auf die Parlamente der Mitgliedstaaten und das Europäische Parlament beschränkt bleiben müssen.

---

[13] *Kaufmann-Bühler*, in: Grabitz/Hilf/Nettesheim, EU, Art. 36 EUV (Juli 2010), Rn. 26.
[14] *Marquardt/Gaedtke*, in: GSH, Europäisches Unionsrecht, Art. 36, Rn. 5.
[15] Vgl. dazu auch *Kaufmann-Bühler*, in: Grabitz/Hilf/Nettesheim, EU, Art. 36 EUV (Juli 2010), Rn. 18 ff.
[16] *Kaufmann-Bühler*, in: Grabitz/Hilf/Nettesheim, EU, Art. 36 EUV (Juli 2010), Rn. 7.
[17] Vgl. dazu *Kaufmann-Bühler*, in: Grabitz/Hilf/Nettesheim, EU, Art. 36 EUV (Juli 2010), Rn. 23.

14　　Auch das Recht des Parlaments, **Empfehlungen** an den Rat oder den Hohen Vertreter zu richten, unterliegt keinen inhaltlichen Schranken, so dass die Empfehlungen jeden Aspekt der GASP betreffen können. Empfehlungen des Parlaments werden vorbehaltlich der Genehmigung durch die Konferenz der Präsidenten[18] – in dringenden Eilfällen erfolgt die Genehmigung durch den Präsidenten[19] – in dem zuständigen Ausschuss ausgearbeitet und werden durch Mehrheitsbeschluss in Form einer Entschließung artikuliert. Sie haben keine rechtsverbindliche Kraft, so dass sie gemäß Abs. 1 Satz 2 lediglich gebührend zu berücksichtigen sind (s. Rn. 10 f.).[20]

IV. Beratungen

15　　Abs. 2 Satz 2 bestätigt das Recht des Parlaments, alle die Union betreffenden Fragen, also auch die GASP und die GSVP, zum Gegenstand seiner Erörterungen zu machen. Auch insoweit bleibt das Parlament nicht auf die wichtigsten Aspekte und grundlegenden Weichenstellungen beschränkt. Mit der Festschreibung auf eine zweimalige Erörterung im Jahr wird die Bedeutung der begleitenden und beratenden Funktion des Parlaments im Bereich der GASP betont, ohne es auf diese zwei Sitzungen zu beschränken.[21]

---

[18] Art. 97 Abs. 1 GO-EP.
[19] Art. 97 Abs. 2 GO-EP.
[20] *Marquardt/Gaedtke*, in: GSH, Europäisches Unionsrecht, Art. 36, Rn. 6.
[21] Vgl. auch *Cremer*, in: Calliess/Ruffert, EUV/AEUV, Art. 36 EUV, Rn. 10.

Artikel 37 EUV [Übereinkünfte mit Drittstaaten und internationalen Organisationen]

Die Union kann in den unter dieses Kapitel fallenden Bereichen Übereinkünfte mit einem oder mehreren Staaten oder internationalen Organisationen schließen.

Literaturübersicht

de Baere, Constitutional Principles of EU External Relations, 2008; *Bernhardt*, Diskussionsbeitrag, in: Geiger (Hrsg.), Völkerrechtlicher Vertrag und staatliches Recht vor dem Hintergrund zunehmender Verdichtung der internationalen Beziehungen, 2000, S. 47; *Cremona*, Defining competence in EU external relations: lessons from the Treaty reform process, in: Law and practice of EU external relations, 2008, S. 34; *Eeckhout*, EU External Relations Law, 2011; *Fassbender*, Die Völkerrechtssubjektivität der Europäischen Union nach dem Entwurf des Verfassungsvertrages, AVR 42 (2004), 26; *Georgopoulos*, What kind of treaty making power for the EU?, E. L. Rev. 30 (2005), 190; *Hilmes*, Die Europäische Union als Partei völkerrechtlicher Verträge, 2006; *Hillion/Wessell*, Restraining External Competences of EU Member States under CFSP, in: Cremona/de Witte (Hrsg.), EU Foreign Relations Law, 2008, S. 79; *Kaddos*, Effects of International Agreements in the EU Legal Order, in: Cremona/de Witte (Hrsg.), EU Foreign Relations Law, 2008, S. 291; *Koutrakos*, EU International Relations Law, 2006; *Pechstein*, Die Intergouvernementalität der GASP nach Lissabon, JZ 2010, 425; *Sari*, The Conclusion of International Agreements by the EU in the Context of the ESDP, I. C. L. Q. 57 (2008), 53; *Thym*, Die völkerrechtlichen Verträge der Europäischen Union, ZaöRV 66 (2006), 863; *Wessel*, The EU as a Party to International Agreements: Shared Competences, Mixed Competences, in: Dashwood/Maresceau (Hrsg.), Law and Practice of EU External Relations, 2008, S. 152.

Leitentscheidungen

EuGH, Urt. v. 24.6.2014, Rs. C–658/11 (Europäisches Parlament/Rat der Europäischen Union), ECLI:EU:C:2014:2025
EuGH, Rs. C–263/14 (Europäisches Parlament/Rat der Europäischen Union) Verfahren noch anhängig
Schlussanträge zu Rs. C–263/14 (Europäisches Parlament/Rat der Europäischen Union), ECLI:EU:C:2015:729

Wesentliche sekundärrechtliche Vorschriften

s. Rn. 14.

Inhaltsübersicht

A. Ziele der Vorschrift

Mit Art. 37 EUV wird der Union die **Verbandskompetenz** zum Abschluss völkerrechtlicher Verträge im Bereich der GASP, einschließlich der GSVP, übertragen. Vor dem   **1**

Hintergrund der ihr nach Art. 47 EUV verliehenen Rechtspersönlichkeit ist die Fähigkeit, Verträge mit anderen Völkerrechtssubjekten zu schließen, im Grunde eine Selbstverständlichkeit, da andernfalls eine Rechte- und Pflichtenträgerschaft auf das völkerrechtliche Gewohnheitsrecht beschränkt und die Union in nur eingeschränktem Maße in der Lage wäre, ihren Werten und Zielen Geltung zu verschaffen und auf die fortschreitende Entwicklung des Völkerrechts Einfluss zu nehmen. Da aber nach der überkommenen Rechtslage (Art. 24 EUV a. F.) höchst umstritten war, ob die Union oder die Mitgliedstaaten Parteien eines internationalen Übereinkommens im Bereich der GASP waren, kommt Art. 37 EUV eine wichtige **Klarstellungsfunktion** zu.[1] Zugleich wird so deutlich, dass auch die internationalen Übereinkünfte der Union im Bereich der GASP, obgleich sie in Art. 25 EUV nicht ausdrücklich genannt werden, zu den **Instrumenten der GASP** zählen.

2   Die unionsinterne Verleihung der Vertragsschlusskompetenz spiegelt das geltende Völkerrecht wider, das die Fähigkeit, Verträge zu schließen, nicht auf Staaten beschränkt, sondern auf internationale Organisationen erstreckt.[2] Freilich bestimmt sich die **Reichweite** sowohl der unionsinternen als auch der völkerrechtlichen Vertragsschlusskompetenz der Union nach dem EUV und dem AEUV. Die unionsinterne Kompetenzzuweisung des Art. 37 EUV betrifft allein die GASP. Die Vertragsschlusskompetenz der Union in anderen Politikbereichen folgt aus anderen Vorschriften. Darüber hinaus wird Art. 37 EUV durch die Vorschriften der Art. 216 ff. AEUV ergänzt.

B. Anwendungsbereich und Voraussetzungen

I. Vertragsschlusskompetenz der Union im Bereich der GASP

3   Die Verleihung der Vertragsschlusskompetenz durch Art. 37 EUV entfaltet **nur unionsintern** unmittelbare Wirkungen. Wenngleich sich gemäß dem Völkerrecht die Fähigkeit einer internationalen Organisation, Verträge zu schließen, nach den Vorschriften dieser Organisation, d. h. nach ihrem Gründungsvertrag, bestimmt, so bedeutet dies für die Ebene des Völkerrechts zunächst nur, dass internationale Organisationen über eine partielle Völkerrechtssubjektivität und damit auch nur über eine auf die ihr von den Mitgliedstaaten übertragenen Kompetenzen beschränkte Vertragsschlussfähigkeit verfügen. Für Drittstaaten und andere internationale Organisationen sind die entsprechenden Vorschriften des EUV und des AEUV eine **res inter alios acta**, die für sie keine Rechtswirkungen entfalten.[3] Daher bleibt es ihnen überlassen, ob sie mit der Union einen völkerrechtlichen Vertrag schließen. Häufig bleibt es der Union daher selbst in einem Bereich ihrer ausschließlichen Zuständigkeiten versagt, Partei eines internationalen Übereinkommens zu werden, da zahlreiche völkerrechtliche Verträge immer noch auf Staaten beschränkt werden. Im Falle einer solchen **Inkongruenz von Innen-**

---

[1] Vgl. dazu sowie zum Vorstehenden auch *Cremer*, in: Calliess/Ruffert, EUV/AEUV, Art. 37 EUV, Rn. 1; *Kaufmann-Bühler*, in: Grabitz/Hilf/Nettesheim, EU, Art. 37 EUV (Juli 2010), Rn. 4; *Marquardt/Gaedtke*, in: GSH, Europäisches Unionsrecht, Art. 37, Rn. 1.

[2] Vgl. allein Art. 6 des Wiener Übereinkommens über das Recht der Verträge zwischen Staaten und Internationalen Organisationen oder zwischen Internationalen Organisationen vom 21.3.1986, UN Doc. A/CONF.129/15, BGBl. II 1990, S. 1414 (im Folgenden: WVKIO).

[3] Dies folgt aus dem umfassenden Verbot der Drittwirkung völkerrechtlicher Verträge. Vgl. allein Art. 34 ff. WVKIO.

und Außenkompetenzen bleibt der Union allein der Weg, die Mitgliedstaaten dazu zu ermächtigen, ein auf Staaten begrenztes internationales Übereinkommen im Interesse der Union abzuschließen.[4]

Art. 37 EUV ist Ausdruck des Grundsatzes der **begrenzten Einzelermächtigung** **4** (Art. 5 Abs. 1 Satz 1 EUV). Die Vertragsschlussfähigkeit der Union ist danach auf die unter Kapitel 2 fallenden Bereiche beschränkt. Da die Kompetenzzuweisung für den Bereich der GASP aber ohne weitere Einschränkungen erfolgt, umfasst die Vertragsschlussfähigkeit in Übereinstimmung mit Art. 24 Abs. 1 UAbs. 1 EUV »alle Bereiche der Außenpolitik« sowie »sämtliche Fragen im Zusammenhang der Sicherheit der Union, einschließlich der schrittweisen Festlegung einer gemeinsamen Verteidigungspolitik, die zu einer gemeinsamen Verteidigung führen kann«.[5] Freilich kann sich eine Begrenzung aus den **Erklärungen Nr. 13 und 14** ergeben, wird in ihnen doch betont, dass die Bestimmungen über die GASP »die Zuständigkeiten und Befugnisse der einzelnen Mitgliedstaaten in Bezug auf die Formulierung und Durchführung ihrer Außenpolitik, ihre nationalen diplomatischen Dienste, ihre Beziehungen zu Drittländern und ihre Beteiligung an internationalen Organisationen, einschließlich der Mitgliedschaft eines Mitgliedstaats im Sicherheitsrat der Vereinten Nationen, nicht berühren«.[6] Zudem wird daran erinnert, dass die Bestimmungen über die GSVP »den besonderen Charakter der Sicherheits- und Verteidigungspolitik unberührt lassen«. Mit Blick auf die GSVP wird in **Protokoll (Nr. 11)** darauf hingewiesen, dass »die Verpflichtungen einiger Mitgliedstaaten, die ihre gemeinsame Verteidigung in der NATO verwirklicht sehen, aus dem Nordatlantikvertrag« zu achten sind.

Nicht von der Vertragsschlusskompetenz nach Art. 37 EUV erfasst werden Beitritts- **5** verträge (Art. 49 EUV), Assoziierungsabkommen (Art. 217 AEUV), Nachbarschaftsabkommen (Art. 8 EUV) und Handelsabkommen (Art. 207 AEUV).[7]

II. Erforderlichkeit

Auch der Abschluss einer internationalen Übereinkunft im Bereich der GASP ist »stets **6** **akzessorisch** zu einer intern beschlossenen Politik«.[8] Dies folgt aus der Art. 37 EUV ergänzenden Vorschrift des Art. 216 Abs. 1 AEUV, der für den Abschluss einer internationalen Übereinkunft Erforderlichkeit voraussetzt. Wenngleich die Entscheidung über die Erforderlichkeit einer internationalen Übereinkunft im Ermessen des Rates steht,[9] wird sie immer dann zu bejahen sein, wenn die Ziele der GASP oder die strategischen Vorgaben durch den Europäischen Rat nicht unilateral, sondern am besten im Wege der Kooperation mit anderen Völkerrechtssubjekten umgesetzt werden können. Auch ein Standpunkt nach Art. 29 EUV oder ein operatives Vorgehen der Union nach Art. 28 EUV werden ohne eine völkerrechtliche Vereinbarung häufig schwerlich verwirklicht werden können.

---

[4] Vgl. z. B. Beschluss 2013/269/GASP des Rates vom 27. 5. 2013 zur Ermächtigung der Mitgliedstaaten, im Interesse der Europäischen Union den Vertrag über den Waffenhandel zu unterzeichnen, ABl. 2013, L 155/9.

[5] Vgl. *Kaufmann-Bühler*, in: Grabitz/Hilf/Nettesheim, EU, Art. 37 EUV (Juli 2010), Rn. 6; ferner s. Art. 24 EUV, Rn. 5 ff.

[6] S.a. *Cremer*, in: Calliess/Ruffert, EUV/AEUV, Art. 37 EUV, Rn. 8.

[7] *Kaufmann-Bühler*, in: Grabitz/Hilf/Nettesheim, EU, Art. 37 (Juli 2010), EUV, Rn. 10.

[8] *Kaufmann-Bühler*, in: Grabitz/Hilf/Nettesheim, EU, Art. 37 (Juli 2010), EUV, Rn. 4; *Cremer*, in: Calliess/Ruffert, EUV/AEUV, Art. 37 EUV, Rn. 9.

[9] *Kaufmann-Bühler*, in: Grabitz/Hilf/Nettesheim, EU, Art. 37 EUV (Juli 2010), Rn. 14.

C. Verfahren

7   Anders als Art. 24 EUV a. F. enthält Art. 37 EUV keine Vorschriften über das Verfahren zur Aushandlung und zum Abschluss völkerrechtlicher Verträge im Bereich der GASP, so dass auf die Vorschriften der Art. 216 ff. AEUV und Art. 31 EUV zurückgegriffen werden muss. Art. 218 AEUV über das auf die Aushandlung und den Abschluss internationaler Übereinkünfte der Union anwendbare Verfahren enthält **besondere Vorschriften** für Übereinkünfte im Bereich der GASP. Wegen des intergouvernementalen Charakters der GASP, die auch dadurch unterstrichen wird, dass die Beschlüsse des Rates im Bereich der GASP keine Gesetzgebungsakte sind,[10] bleibt das **Europäische Parlament** weitgehend ausgeschlossen, es sei denn, die Übereinkunft hat »erhebliche finanzielle Folgen für die Union« (Art. 218 Abs. 6 Buchst. a Ziff. iv) AEUV). Die allgemeine Pflicht nach Art. 218 Abs. 10 AEUV, das Europäische Parlament »in allen Phasen des Verfahrens unverzüglich und umfassend« zu unterrichten, wird durch die lex specialis des Art. 36 EUV verdrängt, so dass das Parlament auf die grundsätzlich nachträgliche Unterrichtung und Anhörung verwiesen bleibt.[11]

I. Beschlüsse des Rates

8   Die nach Art. 218 AEUV zur Aufnahme von Verhandlungen und zum Abschluss einer internationalen Übereinkunft erforderlichen Beschlüsse des Rates sind **grundsätzlich einstimmig** zu fassen (Art. 31 Abs. 1 UAbs. 1 Satz 1 EUV), es sei denn, Art. 31 Abs. 2 UAbs. 1 EUV lässt **ausnahmsweise** eine qualifizierte Mehrheit ausreichen. Letzteres betrifft insbesondere internationale Abkommen zur Durchführung vorheriger Beschlüsse des Europäischen Rates und des Rates.[12] Hat eine internationale Übereinkunft militärische oder verteidigungspolitische Bezüge, so müssen die entsprechenden Beschlüsse stets einstimmig gefasst werden (Art. 31 Abs. 4 EUV). In diesem Zusammenhang ist zu betonen, dass es sich bei der Aushandlung und beim Abschluss internationaler Übereinkommen im Rahmen der GASP nicht um Verfahrensfragen i. e. S. handelt, sondern um weitreichende außen- und sicherheitspolitische Entscheidungen, so dass Art. 31 Abs. 5 EUV, der in Verfahrensfragen eine einfache Mehrheit ausreichen lässt, auch nicht über Art. 218 Abs. 8 AEUV anwendbar ist.[13]

9   Aus der Anwendbarkeit des Art. 31 EUV folgt zugleich, dass eine **konstruktive Enthaltung** (Art. 31 Abs. 1 UAbs. 2) dem Zustandekommen eines einstimmigen Beschlusses nicht entgegensteht, es sei denn, die sich konstruktiv enthaltenden Mitgliedstaaten vertreten ein Drittel der Mitgliedstaaten, die mindestens ein Drittel der Unionsbevölkerung ausmachen (**Sperrminorität**).[14] Ist eine qualifizierte Mehrheit ausreichend, so kann eine Beschlussfassung im Rat entweder nach Maßgabe der Erklärung Nr. 7[15] oder nach Art. 31 Abs. 2 UAbs. 2 EUV (**Vetorecht**) verhindert werden.[16]

---

[10] Art. 24 Abs. 1 UAbs. 2 Satz 3 und Art. 31 Abs. 1 UAbs. 1 Satz 2 EUV.
[11] *Kaufmann-Bühler*, in: Grabitz/Hilf/Nettesheim, EU, Art. 37 EUV (Juli 2010), Rn. 22. Vgl. ferner *Cremer*, in: Calliess/Ruffert, EUV/AEUV, Art. 37 EUV, Rn. 2.
[12] S. Art. 31 EUV, Rn. 25 ff.
[13] So auch *Kaufmann-Bühler*, in: Grabitz/Hilf/Nettesheim, EU, Art. 37 EUV (Juli 2010), Rn. 17.
[14] S. Art. 31 EUV, Rn. 11 ff.
[15] S. Art. 31 EUV, Rn. 16 ff.
[16] S. Art. 31 EUV, Rn. 19 ff.

II. Aufnahme und Durchführung von Verhandlungen

Über die Aufnahme und Durchführung von Verhandlungen über eine internationale 10
Übereinkunft mit einem oder mehreren Staaten oder internationalen Organisationen ist
nach Maßgabe von Art. 218 AEUV zu beschließen, der für den Fall, dass eine Übereinkunft ausschließlich oder hauptsächlich die GASP betrifft, besondere Vorschriften enthält. Diese Besonderheiten betreffen das **Initiativrecht des Hohen Vertreters** nach
Art. 218 Abs. 3 AEUV und die Verhandlungsführung, die durch Ratsbeschluss ebenfalls
dem Hohen Vertreter oder einer von ihm vorgeschlagenen Persönlichkeit (z. B. einem
Sonderbeauftragten nach Art. 33 EUV) überantwortet wird. Der Beschluss des Rates
soll auch den Gegenstand der Verhandlungen bezeichnen und kann auch Richtlinien für
den Verhandlungsführer enthalten.

III. Unterzeichnung und Abschluss

In Art. 218 Abs. 5 und 6 AEUV wird des Weiteren zwischen der Unterzeichnung und 11
dem Abschluss einer internationalen Übereinkunft unterschieden. In beiden Fällen ist
ein Ratsbeschluss auf der Grundlage eines Vorschlags des Verhandlungsführers erforderlich. Diese Unterscheidung knüpft an das völkerrechtliche Verfahren zum Abschluss
multilateraler Verträge an. Es werden aber Begriffe verwendet, die nicht mit den völkerrechtlichen Vorgaben im Einklang zu stehen scheinen. Aus dem Zusammenhang
ergibt sich, dass die Unterzeichnung nach Art. 218 Abs. 5 AEUV ein Rechtsakt ist, mit
dem das Verhandlungsergebnis angenommen[17] oder der Text eines Vertrages als au-
thentisch und endgültig festgelegt wird.[18] Damit wird aber nicht notwendig allein die
Zustimmung der Union bezeichnet, durch den Vertrag gebunden zu sein.[19] Letztere wird
gemäß Art. 218 Abs. 6 AEUV unter dem allgemeinen Begriff des »Abschlusses« behandelt. In diesem Zusammenhang ist es wichtig, dass die **Zustimmung** einer internationalen Organisation, **durch einen völkerrechtlichen Vertrag gebunden zu sein**, auf unterschiedliche Weise zum Ausdruck gebracht werden kann.[20] Welche Art der Zustimmung
erforderlich ist, richtet sich nach den Bestimmungen des betreffenden Vertrags. Ist danach eine Unterzeichnung nicht ausreichend, so bedarf es noch einer völkerrechtlichen
Ratifikation oder eines anderen Aktes der förmlichen Bestätigung.[21] Die Zustimmung,
durch einen Vertrag gebunden zu sein, kann aber, soweit der Vertrag dies vorsieht,
bereits durch Unterzeichnung ausgedrückt werden.[22] Daraus folgt, dass von dem Begriff
des Abschlusses in Art. 218 Abs. 6 AEUV alle Rechtsakte erfasst werden, mit denen die
Union ihre Zustimmung zu Ausdruck bringt, durch den Vertrag gebunden zu sein. Demgegenüber bezeichnet der Begriff »Unterzeichnung« in Art. 218 Abs. 5 AEUV alle unterhalb der Erklärung der völkerrechtlichen Verbindlichkeit verbleibenden Rechtsakte,
wozu die Unterzeichnung nur dann zählt, wenn es darüber hinaus noch einer Ratifikation oder eines sonstigen Aktes der förmlichen Zustimmung bedarf. Schließlich darf
nicht übersehen werden, dass insbesondere bilaterale Verträge grundsätzlich durch bloße Unterzeichnung oder durch Austausch der einen Vertrag bildenden Urkunden abge-

---

[17] Art. 9 WVKIO.
[18] Art. 10 WVKIO.
[19] Art. 11 und 12 WVKIO.
[20] Art. 11 Abs. 2 WVKIO.
[21] Art. 14 Abs. 2 WVKIO.
[22] Art. 12 WVKIO.

schlossen werden, so dass auch dann »Unterzeichnung« und »Abschluss« zusammen-
fallen können. Diesen Besonderheiten ist dadurch Rechnung zu tragen das der Rat in
seinen Beschlüssen deutlich zum Ausdruck bringt, welche Phase des Vertragsschlussverfahrens abgeschlossen werden soll. Mitunter kann ein einziger Beschluss des Rates
ausreichend sein, obgleich nach Art. 218 Abs. 5 und 6 AEUV stets zwei getrennte Ratsbeschlüsse gefordert zu sein scheinen.

IV. Änderung und Suspendierung bestehender Übereinkünfte

12   Das vorstehend skizzierte Verfahren findet auch auf jede Änderung bestehender internationaler Übereinkünfte im Bereich der GASP Anwendung, da die Änderung eines
völkerrechtlichen Vertrags stets der **Zustimmung aller Vertragsparteien** bedarf.[23] Etwas
anderes gilt nur, wenn der völkerrechtliche Vertrag besondere Vorschriften über seine
Änderung enthält. Auf diesen Ausnahmefall ist Art. 218 Abs. 7 AEUV anwendbar,
wonach der Rat durch einen Vorratsbeschluss den Verhandlungsführer ermächtigen
kann, Änderungen eines bestehenden Vertrages zu billigen, »wenn die Übereinkunft
vorsieht, dass diese Änderungen im Wege eines vereinfachten Verfahrens oder durch ein
durch die Übereinkunft eingesetztes Gremium anzunehmen sind«.[24] Einen **Sonderfall**
stellt demgegenüber die Suspendierung einer internationalen Übereinkunft nach
Art. 218 Abs. 9 AEUV dar.[25] Diese Vorschrift ist nicht dahin zu verstehen, dass es der
Union verwehrt wäre, einen völkerrechtlichen Vertrag nach Maßgabe der allgemein
anerkannten Gründe zu beenden oder zu suspendieren.[26]

D. Rechtsbindung

13   Die nach Maßgabe von Art. 37 EUV i. V. mit Art. 218 AEUV abgeschlossenen internationalen Übereinkünfte sind gemäß Art. 216 Abs. 2 AEUV für die **Organe der Union**
und die **Mitgliedstaaten** bindend.[27] Freilich setzt diese interne Bindungswirkung voraus,
dass die internationale Übereinkunft auch völkerrechtlich in Kraft getreten ist, da andernfalls die Union und ihre Mitgliedstaaten gegenüber den anderen Vertragsparteien in
Vorleistung treten würden, ohne dass hinreichende Gewissheit darüber besteht, ob die
Übereinkunft jemals in Kraft treten wird (**Prinzip der Gegenseitigkeit**). In diesem Zusammenhang ist zu betonen, dass diese Bindungswirkung sich auch auf einen Mitgliedstaat erstreckt, der sich nach Maßgabe von Art. 31 Abs. 1 UAbs. 2 EUV »konstruktiv
enthalten« hat.

E. Vertragspraxis der Union im Bereich der GASP

14   Wie die nachstehende Übersicht zeigt, betreffen die internationalen Übereinkünfte, die
die Union in jüngerer Zeit im Rahmen der GASP abgeschlossen hat, vornehmlich Kri-

---

[23] Art. 39 ff. WVKIO.
[24] *Kaufmann-Bühler*, in: Grabitz/Hilf/Nettesheim, EU, Art. 37 EUV (Juli 2010), Rn. 27.
[25] Vgl. dazu Art. 218 AEUV, Rn. 155 ff.
[26] Art. 54 ff. WVKIO.
[27] Dazu *Cremer*, in: Calliess/Ruffert, EUV/AEUV, Art. 37 EUV, Rn. 3.

senbewältigungsoperationen, mithin ein operatives Vorgehen in Drittstaaten oder die Beteiligung von Drittstaaten an diesen Operationen. Im Zeitraum von 2011 bis 2015 hat die Union die folgenden völkerrechtlichen Verträge geschlossen:[28]

– Abkommen zwischen der Europäischen Union und Montenegro über die Schaffung eines Rahmens für die Beteiligung Montenegros an Krisenbewältigungsoperationen der Europäischen Union;[29]
– Kooperationsvereinbarung NAT-I–9406 zwischen den Vereinigten Staaten von Amerika und der Europäischen Union;[30]
– Rahmenabkommen zwischen den Vereinigten Staaten von Amerika und der Europäischen Union über die Beteiligung der Vereinigten Staaten von Amerika an Krisenbewältigungsoperationen der Europäischen Union;[31]
– Abkommen zwischen der Europäischen Union und der Republik Serbien über die Schaffung eines Rahmens für die Beteiligung der Republik Serbien an Krisenbewältigungsoperationen der Europäischen Union;[32]
– Abkommen zwischen der Europäischen Union und Neuseeland über die Schaffung eines Rahmens für die Beteiligung Neuseelands an Krisenbewältigungsoperationen der Europäischen Union;[33]
– Abkommen zwischen der Europäischen Union und der Republik Albanien über die Schaffung eines Rahmens für die Beteiligung der Republik Albanien an Krisenbewältigungsoperationen der Europäischen Union;[34]
– Abkommen zwischen der Europäischen Union und der ehemaligen jugoslawischen Republik Mazedonien über die Schaffung eines Rahmens für die Beteiligung der ehemaligen jugoslawischen Republik Mazedonien an Krisenbewältigungsoperationen der Europäischen Union;[35]
– Abkommen zwischen der Europäischen Union und der Republik Moldau über die Schaffung eines Rahmens für die Beteiligung der Republik Moldau an Krisenbewältigungsoperationen der Europäischen Union;[36]
– Abkommen zwischen der Europäischen Union und der Republik Mali über die Rechtsstellung der Militärmission der Europäischen Union als Beitrag zur Ausbildung der malischen Streitkräfte (EUTM Mali) in der Republik Mali;[37]
– Abkommen zwischen der Europäischen Union und der Republik Niger über die Rechtsstellung der GSVP-Mission der Europäischen Union in Niger (EUCAP Sahel Niger);[38]

---

[28] Quelle: http://eur-lex.europa.eu (3.3.2016). Hier finden sich auch die vor 2011 geschlossenen internationalen Übereinkünfte sowie eine Liste der Beschlüsse über die GASP-Aktionen und GASP-Standpunkte.
[29] ABl. 2011, L 57/2.
[30] ABl. 2011, L 89/3.
[31] ABl. 2011, L 143/2.
[32] ABl. 2011, L 163/2.
[33] ABl. 2012, L 160/2.
[34] ABl. 2012, L 169/2.
[35] ABl. 2012, L 338/3.
[36] ABl. 2013, L 8/2.
[37] ABl. 2013, L 106/2.
[38] ABl. 2013, L 242/2.

– Abkommen zwischen der Europäischen Union und Georgien über die Schaffung ei-
nes Rahmens für die Beteiligung Georgiens an Krisenbewältigungsoperationen der
Europäischen Union;[39]
– Abkommen zwischen der Europäischen Union und der Republik Chile über die
Schaffung eines Rahmens für die Beteiligung der Republik Chile an Krisenbewälti-
gungsoperationen der Europäischen Union;[40]
– Abkommen in Form eines Briefwechsels zwischen der Europäischen Union und der
Zentralafrikanischen Republik über die Rechtsstellung – in der Zentralafrikanischen
Republik – der Militärmission der Europäischen Union in der Zentralafrikanischen
Republik (EUFOR RCA);[41]
– Abkommen zwischen der Europäischen Union und der Vereinigten Republik Tansa-
nia über die Bedingungen für die Überstellung mutmaßlicher Seeräuber sowie die
Übergabe von damit in Verbindung stehenden beschlagnahmten Gütern durch die
EU-geführte Seestreitkraft an die Vereinigte Republik Tansania;[42]
– Abkommen zwischen der Europäischen Union und der Schweizerischen Eidgenos-
senschaft über die Beteiligung der Schweizerischen Eidgenossenschaft an der Mili-
tärmission der Europäischen Union als Beitrag zur Ausbildung der malischen Streitkräfte (EUTM Mali);[43]
– Abkommen zwischen der Europäischen Union und der Republik Korea über die
Schaffung eines Rahmens für die Beteiligung der Republik Korea an Krisenbewältigungsoperationen der Europäischen Union;[44]
– Beteiligungsabkommen zwischen der Europäischen Union und der Schweizerischen
Eidgenossenschaft über die Beteiligung der Schweizerischen Eidgenossenschaft an
der Mission der Europäischen Union zur Unterstützung des integrierten Grenzmanagements in Libyen (EUBAM Libya);[45]
– Abkommen zwischen der Europäischen Union und der Zentralafrikanischen Republik über die Modalitäten der Überstellung von Personen, denen von der militärischen Operation der Europäischen Union (EUFOR RCA) im Rahmen der Erfüllung
ihres Mandats die Freiheit entzogen wurde, an die Zentralafrikanische Republik und
die für diese Personen geltenden Garantien;[46]
– Abkommen zwischen der Europäischen Union und der Republik Kolumbien über die
Schaffung eines Rahmens für die Beteiligung der Republik Kolumbien an Krisenbewältigungsoperationen der Europäischen Union;[47]
– Abkommen in Form eines Briefwechsels zwischen der Republik Kamerun und der
Europäischen Union über die Rechtsstellung der unionsgeführten Einsatzkräfte bei
der Durchreise durch das Hoheitsgebiet der Republik Kamerun;[48]

---

[39] ABl. 2014, L 14/2.
[40] ABl. 2014, L 40/2.
[41] ABl. 2014, L 98/3.
[42] ABl. 2014, L 108/3.
[43] ABl. 2014, L 151/18.
[44] ABl. 2014, L 166/3.
[45] ABl. 2014, L 205/3.
[46] ABl. 2014, L 251/3.
[47] ABl. 2014, L 251/8.
[48] ABl. 2014, L 332/3.

– Abkommen in Form eines Briefwechsels zwischen der Europäischen Union und der Republik Mali über die Rechtsstellung der GSVP-Mission der Europäischen Union in Mali (EUCAP Sahel Mali);[49]

– Abkommen in Form eines Briefwechsels zwischen der Europäischen Union und der Zentralafrikanischen Republik über die Rechtsstellung – in der Zentralafrikanischen Republik – der militärischen Beratungsmission der Europäischen Union im Rahmen der GSVP in der Zentralafrikanischen Republik (EUMAM RCA);[50]

– Abkommen zwischen der Europäischen Union und Australien über die Schaffung eines Rahmens für die Beteiligung Australiens an Krisenbewältigungsoperationen der Europäischen Union;[51]

– Abkommen zwischen der Europäischen Union und Bosnien und Herzegowina über die Schaffung eines Rahmens für die Beteiligung Bosnien und Herzegowinas an Krisenbewältigungsoperationen der Europäischen Union;[52]

– Beteiligungsabkommen zwischen der Europäischen Union und der Schweizerischen Eidgenossenschaft über die Beteiligung der Schweizerischen Eidgenossenschaft an der GSVP-Mission der Europäischen Union in Mali (EUCAP Sahel Mali);[53]

– Beteiligungsabkommen zwischen der Europäischen Union und der Schweizerischen Eidgenossenschaft über die Beteiligung der Schweizerischen Eidgenossenschaft an der Beratenden Mission der Europäischen Union für eine Reform des zivilen Sicherheitssektors in der Ukraine (EUAM Ukraine)[54].

---

[49] ABl. 2014, L 334/3.
[50] ABl. 2015, L 108/3.
[51] ABl. 2015, L 149/3.
[52] ABl. 2015, L 288/4.
[53] ABl. 2016, L 105/3.
[54] ABl. 2016, L 104/3.

Artikel 38 EUV [Politisches und Sicherheitspolitisches Komitee]

[1]Unbeschadet des Artikels 240 des Vertrags über die Arbeitsweise der Europäischen Union verfolgt ein Politisches und Sicherheitspolitisches Komitee die internationale Lage in den Bereichen der Gemeinsamen Außen- und Sicherheitspolitik und trägt auf Ersuchen des Rates, des Hohen Vertreters der Union für Außen- und Sicherheitspolitik oder von sich aus durch an den Rat gerichtete Stellungnahmen zur Festlegung der Politiken bei. [2]Ferner überwacht es die Durchführung vereinbarter Politiken; dies gilt unbeschadet der Zuständigkeiten des Hohen Vertreters.

Im Rahmen dieses Kapitels nimmt das Politische und Sicherheitspolitische Komitee unter der Verantwortung des Rates und des Hohen Vertreters die politische Kontrolle und strategische Leitung von Krisenbewältigungsoperationen im Sinne des Artikels 43 wahr.

Der Rat kann das Komitee für den Zweck und die Dauer einer Operation zur Krisenbewältigung, die vom Rat festgelegt werden, ermächtigen, geeignete Beschlüsse hinsichtlich der politischen Kontrolle und strategischen Leitung der Operation zu fassen.

Literaturübersicht

Adam, Die Gemeinsame Außen- und Sicherheitspolitik der Europäischen Union nach dem Vertrag von Nizza, in: Müller-Brandeck-Bocquet (Hrsg.), Europäische Außenpolitik, 2002, S. 134; *Duke*, The role of committees and working groups in the CFSP area, in: Christiansen/Larsson (Hrsg.), The Role of Committees in the Policy-Process of the European Union, 2007, S. 120; *Müller-Brandeck-Bocquet*, Das neue Entscheidungssystem in der Gemeinsamen Außen- und Sicherheitspolitik der Europäischen Union, in: Müller-Brandeck-Bocquet (Hrsg.), Europäische Außenpolitik, 2002, S. 9; *Regelsberger*, Die gemeinsame Außen- und Sicherheitspolitik nach ‚Nizza' – begrenzter Reformeifer und außervertragliche Dynamik, in: Jopp/Lippert/Schneider (Hrsg.), Das Vertragswerk von Nizza und die Zukunft der Europäischen Union, 2001, S. 112.

Wesentliche sekundärrechtliche Vorschriften

Beschluss 2000/143/GASP des Rates vom 14. 2. 2000 zur Schaffung des Politischen und Sicherheitspolitischen Interimskomitees, ABl. 2000, L 49/1

Beschluss 2000/354/GASP des Rates vom 22. 5. 2000 zur Einsetzung eines Ausschusses für die nichtmilitärischen Aspekte der Krisenbewältigung, ABl. 2000, L 127/1

Beschluss 2001/80/GASP des Rates vom 22. 1. 2001 zur Einsetzung des Militärstabs der Europäischen Union, ABl. 2001, L 27/7; zuletzt geändert durch Beschluss 2005/395/GASP des Rates vom 10.05.2005 zur Änderung des Beschlusses 2001/80/GASP zu Einsetzung des Militärstabs der Europäischen Union, ABl. 2005, L 132/17

Beschluss 2001/79/GASP des Rates vom 22.1.2001 zur Einsetzung des Militärausschusses der Europäischen Union, ABl. 2001, L 27/4

Beschluss 2001/78/GASP des Rates vom 22.1.2001 zur Einsetzung des Politischen und Sicherheitspolitischen Komitees (PSK), ABl. 2001, L 27/1

Beschlüsse des Politischen und Sicherheitspolitischen Komitees s. Rn. 14

Inhaltsübersicht

A. Entwicklung und Ziele der Vorschrift

Nachdem die Bemühungen der Mitgliedstaaten zur Schaffung einer sicherheits- und   **1**
verteidigungspolitischen Dimension lange Zeit ohne nennenswerten Erfolg geblieben
waren, ging ein erster starker Impuls von der französisch-britischen Erklärung von Saint
Malo vom 4. 12. 1998 aus, so dass auf der Kölner Tagung des Europäischen Rates die
Absicht bekundet wurde, der »Europäischen Union die notwendigen Mittel und Fähigkeiten an die Hand zu geben, damit sie ihrer Verantwortung im Zusammenhang mit
einer gemeinsamen europäischen Sicherheits- und Verteidigungspolitik gerecht werden
kann.« Insbesondere wurde betont, dass der Rat bei der Verfolgung der Ziele der GASP
und der schrittweisen Festlegung einer gemeinsamen Verteidigungspolitik die Möglichkeit haben sollte, über die gesamte Palette der Aufgaben der Konfliktverhütung und der
Krisenbewältigung, der sogenannten »Petersberg-Aufgaben«, Beschlüsse zu fassen. Die
Union sollte die Fähigkeit zur **Durchführung autonomer und glaubwürdiger militärischer Aktionen** erhalten, um gegebenenfalls auch ohne die NATO auf internationale
Krisensituationen reagieren zu können. Im Bericht des Vorsitzes wurden die Grundzüge
der militärischen und politisch-militärischen Fähigkeiten, Gremien, Strukturen und Instrumente festgelegt, die für eine effektive Beschlussfassung der Union im Hinblick auf
die Krisenbewältigung im Rahmen der Petersberg-Aufgaben und für die Umsetzung auf
Grundlage der europäischen nationalen und multinationalen Mittel oder auch der Mittel
und Kapazitäten der NATO erforderlich sind. Auf dem Gipfel des Europäischen Rates
von Helsinki vom 10. und 11. 12. 1999 wurde beschlossen, die EU mit einer eigenständigen Entscheidungs- und Handlungskapazität zur Krisenbewältigung auszustatten.
Dazu sollte u. a. auch die Schaffung ständiger politischer und militärischer Gremien
beitragen, so dass am 14. 2. 2000 in Fortentwicklung des Politischen Komitees ein Politisches und Sicherheitspolitisches Komitee (im Folgenden: PSK), ein Militärausschuss
sowie ein Militärstab als Interimsgremien eingesetzt wurden.[1] Im Verlauf seiner Tagung
von Nizza (7. bis 11. 12. 2000) erzielte der Europäische Rat Einvernehmen über die
Einsetzung des ständigen PSK und legte dessen Rolle, Modalitäten und Funktionen fest.[2]
Auch der Militärausschuss und der Militärstab wurden zu ständigen Einrichtungen[3],
allerdings wurde der Militärstab später dem EAD zugeordnet. Der Beschluss über das
PSK wurde sodann in das Primärrecht (Art. 25 EUV a. F.) übernommen. Im Vertrag von

---

[1] Beschluss 2000/143/GASP des Rates vom 14. 2. 2000 zur Schaffung des Politischen und Sicherheitspolitischen Interimskomitees, ABl. 2000, L 49/1.
[2] Beschluss 2001/78/GASP des Rates vom 22. 1. 2001 zur Einsetzung des Politischen und Sicherheitspolitischen Komitees (PSK), ABl. 2001, L 27/1.
[3] Beschluss 2001/79/GASP des Rates vom 22. 1. 2001 zur Einsetzung des Militärausschusses der
Europäischen Union, ABl. 2001, L 27/4. Beschluss 2001/80/GASP des Rates vom 22. 1. 2001 zur
Einsetzung des Militärstabs der Europäischen Union, ABl. 2001, L 27/7; zuletzt geändert durch Beschluss 2005/395/GASP des Rates vom 10. 5. 2005 zur Änderung des Beschlusses 2001/80/GASP zu
Einsetzung des Militärstabs der Europäischen Union, ABl. 2005, L 132/17.

Lissabon sind Stellung und Aufgaben des PSK weitgehend unverändert geblieben und lediglich dem neuen institutionellen Gefüge angepasst worden.[4]

2   Mit dem PSK wird dem Rat ein Gremium zur Verfügung gestellt, das ihn bei der Festlegung der GASP, einschließlich der GSVP, berät und unterstützt. Es ist das »**maßgebliche außenpolitische Gremium des Rates unterhalb der Ministerebene**«,[5] indem es als Schnittstelle zwischen der politischen Ebene und den Fachgruppen[6] einen entscheidenden Beitrag zur Ausarbeitung und Durchführung der GASP und der GSVP leistet. Die Union wird so in die Lage versetzt, adäquat, flexibel, schnell, effektiv und auf der Grundlage einer hinreichend tiefen Analyse auf Entwicklungen in den internationalen Beziehungen zu reagieren, selbst wenn sich eine Situation als höchst komplex darstellen sollte. Dabei liegt ein eindeutiger Schwerpunkt der Aufgaben des PSK auf Krisenoperationen, deren Ziele, Aufgaben und Strukturen in an den Rat gerichteten Stellungnahmen festgelegt werden.[7] Zudem soll durch die politische Kontrolle und strategische Leitung von Krisenbewältigungsoperationen nach Art. 43 EUV sichergestellt werden, dass sie im Einklang mit den Ratsbeschlüssen und den Grundsätzen und Zielen der Union erfolgreich durchgeführt werden. Zu diesem Zweck kann der Rat das PSK auch ermächtigen, eigene Beschlüsse zu fassen. Allerdings bleibt das PSK auf diese **politisch-strategische Kontroll- und Leitungsfunktion** beschränkt. Die operativ-taktische Ebene liegt in der Hand des Militärausschusses und der zu einer Operation beitragenden Mitgliedstaaten.

B.   Stellung und Zusammensetzung des PSK

I.   Stellung im institutionellen Gefüge der GASP

3   Das Politische und Sicherheitspolitische Komitee (PSK) ist ein **ständiges Gremium des Rates** und ihm unterstellt. Dies folgt auch daraus, dass vorbehaltlich der Kompetenzen des Europäischen Rates die Festlegung der Politik im Bereich der GASP sowie die Beschlüsse über Standpunkte und über ein operatives Vorgehen beim Rat liegen, und das PSK den Rat bei der Wahrnehmung dieser Aufgaben unterstützen soll, indem es ihm in Form von Stellungnahmen Vorschläge unterbreitet und seine Entscheidungen vorbereitet.[8] Da der Hohe Vertreter die GASP leitet und durch seine Vorschläge ebenfalls zur Festlegung der GASP beizutragen berechtigt ist (Art. 18 Abs. 2 Satz 2 EUV), ist das PSK auch dem Hohen Vertreter zugeordnet. Da dieser aber im Bereich der GASP den Vorsitz im Rat »Auswärtige Angelegenheiten« führt (Art. 18 Abs. 3 EUV), bedarf es mit Blick auf die Arbeiten des PSK zur Vorbereitung der Festlegung der GASP keiner weiteren Differenzierung.[9] Eine Unterscheidung zwischen der Zuordnung zum Rat und der Zu-

---

[4] Zur Entwicklung vgl. auch *Kaufmann-Bühler/Meyer-Landrut*, in: Grabitz/Hilf/Nettesheim, EU, Art. 38 EUV (Juli 2010), Rn. 1 ff.

[5] *Kaufmann-Bühler/Meyer-Landrut*, in: Grabitz/Hilf/Nettesheim, EU, Art. 38 EUV (Juli 2010), Rn. 6.

[6] *Regelsberger/Kugelmann*, in: Streinz, EUV/AEUV, Art. 38 EUV, Rn. 1.

[7] Daher ist es durchaus zutreffend, wenn das PSK als »Motor« der GSVP bezeichnet wird. Vgl. *Cremer*, in: Calliess/Ruffert, EUV/AEUV, Art. 38 EUV, Rn. 2.

[8] *Kaufmann-Bühler/Meyer-Landrut*, in: Grabitz/Hilf/Nettesheim, EU, Art. 38 EUV (Juli 2010), Rn. 16.

[9] So auch *Cremer*, in: Calliess/Ruffert, EUV/AEUV, Art. 38 EUV, Rn. 1.

ordnung zum Hohen Vertreter ist ausweislich des Wortlauts von Abs. 1 Satz 2 und Abs. 2 aber immer dann erforderlich, wenn die Durchführungsebene betroffen ist. Gemäß Art. 18 Abs. 2 EUV führt der Hohe Vertreter die GASP zwar im Auftrag des Rates durch, ihm verbleibt aber ein nicht unerheblicher Entscheidungs- und Handlungsspielraum, indem es ihm überlassen bleibt, wie er die Durchführung der Ratsbeschlüsse sicherstellt. Vor diesem Hintergrund erklärt sich, dass das PSK nach Abs. 1 Satz 2 die Durchführung vereinbarter Politiken »unbeschadet der Zuständigkeiten« des Hohen Vertreters überwacht und gemäß Abs. 2 die politische Kontrolle und die strategische Leitung von Krisenbewältigungsoperationen nach Art. 43 EUV unter der Verantwortung nicht nur des Rates, sondern auch des Hohen Vertreters wahrnimmt.

Das PSK erfüllt die ihm übertragenen Aufgaben »unbeschadet des Art. 240 AEUV«,   **4** so dass das Komitee, wenn es eine Entscheidung des Rates vorbereitet, den **Ausschuss der Ständigen Vertreter** (im Folgenden: AStV) nicht umgehen darf. Dies bedeutet, dass es dem PSK verwehrt ist, seine Stellungnahmen dem Rat unmittelbar zu unterbreiten, und dass es stets den Weg über den AStV gehen muss.[10] Dadurch soll die zentrale Rolle des AStV als Vorbereitungsgremium gewahrt bleiben. Soll das PSK aber die ihm durch Art. 38 EUV übertragenen Aufgaben wirksam wahrnehmen können, ohne mit den vergleichbaren Aufgaben des AStV in Konflikt zu geraten, bedarf es einer engen Abstimmung zwischen den beiden Gremien bereits während der Ausarbeitung von Vorschlägen und Stellungnahmen. Dies wird dadurch gewährleistet, dass der Vorsitzende des PSK bei Bedarf an den Sitzungen des AStV teilnimmt und dass sich PSK und AStV auf eine Aufgabenteilung dahingehend geeinigt haben, dass sich unter stetiger Abstimmung der AStV vornehmlich mit den GASP-Beschlüssen über Standpunkte und Aktionen befasst und das PSK sich auf Fragen der außenpolitischen Aktualität konzentriert.[11]

II. Zusammensetzung des PSK

Das PSK, das seit den Beschlüssen des Europäischen Rates von Nizza (s. Rn. 1) seinen   **5** Sitz in Brüssel hat, setzt sich aus den Leitern der politischen Abteilungen der Ständigen Vertretungen der Mitgliedstaaten im Rang eines Botschafters zusammen, sowie im Bedarfsfall aus einem ständigen Vertreter der Kommission, einem Vertreter des Militärausschusses und einem Vertreter des Ratssekretariats. Mit dieser »**Brüsseler Formation**« wird zum einen der intergouvernementale Charakter der GASP gewahrt und zum anderen sichergestellt, dass das PSK stets vor Ort ist und insbesondere bei eilbedürftigen Entscheidungen über Krisenoperationen die erforderlichen vorbereitenden Maßnahmen rechtzeitig und ohne den Umweg über das jeweilige Außenministerium ergreifen kann. Das PSK tritt zweimal wöchentlich zusammen, bei Bedarf auch öfter. Da Art. 38 EUV zu der Zusammensetzung des PSK keine konkreten Vorgaben enthält, ist es weiterhin zulässig, dass das Komitee auch in seiner »**Hauptstadt-Formation**« zusammentritt. In diesem Fall setzt es sich aus den politischen Direktoren der Außenministerien der Mitgliedstaaten zusammen. Die Treffen finden aber lediglich zwei- bis viermal im Halbjahr statt.[12]

---

[10] Vgl. dazu *Regelsberger/Kugelmann*, in: Streinz, EUV/AEUV, Art. 38 EUV, Rn. 4; *Kaufmann-Bühler/Meyer-Landrut*, in: Grabitz/Hilf/Nettesheim, EU, Art. 38 EUV (Juli 2010), Rn. 14 f.; *Cremer*, in: Calliess/Ruffert, EUV/AEUV, Art. 38 EUV, Rn. 3.

[11] *Kaufmann-Bühler/Meyer-Landrut*, in: Grabitz/Hilf/Nettesheim, EU, Art. 38 EUV (Juli 2010), Rn. 15.

[12] Vgl. dazu *Kaufmann-Bühler/Meyer-Landrut*, in: Grabitz/Hilf/Nettesheim, EU, Art. 38 EUV (Juli 2010), Rn. 9; *Cremer*, in: Calliess/Ruffert, EUV/AEUV, Art. 38 EUV, Rn. 2.

III. Vorbereitungsgremien

6   Das PSK kann die ihm übertragenen Aufgaben der Verfolgung der internationalen Lage, der Vorbereitung von GASP- und GSVP-Beschlüssen des Rates, der Überwachung der Durchführung vereinbarter Politiken sowie der politischen Kontrolle und strategischen Leitung von Operationen zur Krisenbewältigung naturgemäß nur dann wirksam erfüllen, wenn ihm weitere Gremien zur Seite stehen, die über die erforderliche Expertise verfügen, damit außen- und sicherheitspolitische Maßnahmen der Union der Komplexität der internationalen Beziehungen angemessen sind und ihr Erfolg hinreichend gewährleistet ist. Bereits in den Beschlüssen von Helsinki und Nizza (s. Rn. 1) war vorgesehen, dass der **Militärausschuss** das PSK in militärischen Belangen berät, und dass der **Militärstab** insbesondere für Krisenbewältigungsoperationen militärisches Fachwissen bereitstellt.[13] Ein erfolgreiches Krisenmanagement kann sich jedoch nicht allein auf militärische Operationen und Fähigkeiten stützen, sondern setzt hinreichend tiefe Kenntnisse über die politischen, wirtschaftlichen und kulturellen Eigenheiten der jeweiligen Region voraus, da nur dann sichergestellt werden kann, dass ein operatives Vorgehen der Union erfolgreich zur Beilegung der Krise beitragen wird. Aber auch die Beobachtung der internationalen Lage kann sich nicht auf das Sammeln von Fakten beschränken, wenn sie die Grundlage für an den Rat und den Hohen Vertreter gerichtete Ratschläge zur Festlegung der GASP und der GSVP bilden soll. Vielmehr bedarf es einer fachkundigen Auswertung.

7   Gegenwärtig existieren mehrere **Vorbereitungsgremien**, die das PSK bei der Wahrnehmung seiner Aufgaben nach Art. 38 EUV unterstützen. Ihnen ist gemein, dass es sich um Arbeitsgruppen des Rates handelt.[14] Im Bereich der **GASP im Allgemeinen** stehen dem PSK die Gruppe der Referenten für Außenbeziehungen (RELEX)[15] zur Seite, in der die außenpolitischen Berater der Ständigen Vertretungen versammelt sind,[16] sowie weitere Gruppen, die sich mit besonderen Themenbereichen der GASP befassen. Zu diesen »horizontalen Vorbereitungsgremien« gehören u. a.: Gruppe »Terrorismus (Internationale Aspekte)« (COTER), Gruppe »Anwendung spezifischer Maßnahmen zur Bekämpfung des Terrorismus« (COCOP), Gruppe »Globale Abrüstung und Rüstungskontrolle« (CODUN), Gruppe »Nichtverbreitung« (CONOP), Gruppe »Ausfuhr konventioneller Waffen« (COARM), Gruppe »Menschenrechte« (COHOM), Gruppe »OSZE und Europarat« (COSCE), Gruppe »Vereinten Nationen« (CONUN) sowie die Ad-hoc-Gruppe »Nahost Friedensprozess« (COMEP). Im **Bereich der GSVP**, insbesondere mit Blick auf die Durchführung von Operationen zur Krisenbewältigung, wird das PSK weiterhin vom **Militärausschuss** (EUMC)[17] unterstützt, der sich aus den Generalstabschefs der

---

[13] Zu der Einbeziehung des Militärausschusses und des Militärstabes in die Planung von Krisenbewältigungsoperationen vgl. Art. 43 EUV, Rn. 13 ff.

[14] Eine Zusammenstellung der Vorbereitungsgremien findet sich in Anhang II des Beschlusses 2009/908/EU des Rates vom 1.12.2009 zur Festlegung von Maßnahmen für die Durchführung des Beschlusses des Europäischen Rates über die Ausübung des Vorsitzes im Rat und über den Vorsitz in den Vorbereitungsgremien des Rates, ABl. 2009, L 322/28.

[15] Beschluss 2003/479/EG des Rates vom 16.6.2003 über die Regelung für zum Generalsekretariat des Rates abgeordnete nationale Sachverständige und Militärexperten und zur Aufhebung der Entscheidungen vom 25.6.1997 und vom 22.3.1999 sowie des Beschlusses 2001/41/EG und des Beschlusses 2001/496/GASP, ABl. 2003, L 160/72.

[16] Zutreffend weisen *Regelsberger/Kugelmann*, in: Streinz, EUV/AEUV, Art. 38 EUV, Rn. 5, darauf hin, die RELEX-Gruppe habe sich als »wirksame Klammer zwischen PSK und AStV« erwiesen.

[17] S. o. Fn. 3.

Mitgliedstaaten zusammensetzt und der die militärische Leitung von Operationen wahrnimmt. Der Militärausschuss unterbreitet dem PSK Stellungnahmen und Vorschläge. Bei der Durchführung von Krisenbewältigungsoperationen entscheidet er über die operativ-taktischen Aspekte der Operation, ist aber an die Leitlinien des PSK gebunden, da dieses ja die Verantwortung für die politische Kontrolle und die strategische Leitung solcher Operationen trägt. Der Militärausschuss fungiert zudem als Schnittstelle zum **Militärstab** (EUMS),[18] der aus Militärexperten der Mitgliedstaaten besteht und nunmehr dem Europäischen Auswärtigen Dienst (EAD) zugeordnet ist.[19] Dem Militärausschuss arbeitet auch die Arbeitsgruppe des EU-Militärausschusses (EUMCWG) zu. Weitere Vorbereitungsgremien im Bereich der GSVP sind die Gruppe »Politisch-Militärische Angelegenheiten« (PMG), die mitunter auch als Politisch-Militärischer Lenkungsausschuss oder Ad-hoc-Gruppe für Zusammenarbeit in der Friedenserhaltung bezeichnet wird, die Gruppe »Europäische Rüstungspolitik« sowie insbesondere der Ausschuss für die zivilen Aspekte der Krisenbewältigung (CIVCOM).[20] Schließlich bedient sich das PSK der Hilfe des **Zentrums der Europäischen Union für Informationsgewinnung und –analyse, des früheren Lagezentrums**, das nunmehr ebenfalls dem EAD zugeordnet ist[21] und das dem PSK Informationen und Analysen im Zusammenhang mit dem Krisenmanagement bereitstellt.[22]

C.   Aufgaben des PSK

I.   Unterstützung des Rates bei der Festlegung der GASP

Gemäß Abs. 1 Satz 1 verfolgt das PSK die internationale Lage im Bereich der GASP,   8 einschließlich der GSVP. **Verfolgung** bedeutet nicht allein die Beobachtung der internationalen Lage, sondern auch Zusammenstellung und Bewertung von Fakten mit Blick auf die grundsätzlichen Ziele der GASP.[23] Da die Verfolgung der internationalen Lage kein Selbstzweck ist, sondern gegebenenfalls in Empfehlungen an den Rat münden soll, ist stets die Frage zu beantworten, ob eine internationale Entwicklung die außen- und sicherheitspolitischen Interessen der Union berührt und ob mit Blick auf die Interessen und Ziele der GASP nach Art. 21 EUV oder die strategischen Vorgaben des Europäischen Rates nach Art. 22 Abs. 1 und 26 Abs. 1 EUV ein Tätigwerden der Union im Bereich der GASP erforderlich ist, und wie die Union auf der internationalen Bühne agieren soll. Demgemäß muss das PSK alle in Betracht kommenden Handlungsoptionen berücksichtigen, gegeneinander abwägen und auf dieser Grundlage dem Rat Vorschläge über die zu verfolgenden Ziele und die zu ergreifenden Maßnahmen unterbreiten. Da sich das PSK der genannten Vorbereitungsgremien (s. Rn. 7) bedient, gehört es auch zu

---

[18] S. o. Fn. 3.

[19] Vgl. dazu den Anhang zum Beschluss des Rates 2010/427/EU vom 26.7.2010 über die Organisation und Arbeitsweise des Europäischen Auswärtigen Dienstes, ABl. 2010, L 201/30.

[20] Beschluss 2000/354/GASP des Rates vom 22.5.2000, ABl. 2000, L 127/1.

[21] Vgl. dazu den Anhang zum Beschluss des Rates 2010/427/EU.

[22] Vgl. dazu sowie zum Vorstehenden auch *Regelsberger/Kugelmann*, in: Streinz, EUV/AEUV, Art. 38 EUV, Rn. 2 f.; *Kaufmann-Bühler/Meyer-Landrut*, in: Grabitz/Hilf/Nettesheim, EU, Art. 38 EUV (Juli 2010), Rn. 10 ff.; *Cremer*, in: Calliess/Ruffert, EUV/AEUV, Art. 38 EUV, Rn. 4.

[23] *Cremer*, in: Calliess/Ruffert, EUV/AEUV, Art. 38 EUV, Rn. 3; *Kaufmann-Bühler/Meyer-Landrut*, in: Grabitz/Hilf/Nettesheim, EU, Art. 38 EUV (Juli 2010), Rn. 7.

seinen Aufgaben, über deren Tätigkeiten zu wachen und diese zu koordinieren. Aufgrund der Unterstützung durch die Vorbereitungsgremien ist das PSK durchaus in der Lage, seiner komplexen und anspruchsvollen Aufgabe gerecht zu werden und dem Rat in Form von Stellungnahmen Vorschläge zu unterbreiten, ob und wie er auf eine internationale Entwicklung reagieren soll. Dabei muss, wie der Wortlaut verdeutlicht, die Initiative nicht vom Rat oder vom Hohen Vertreter ausgehen. Vielmehr soll das PSK auch von sich aus Ratschläge zur Festlegung der GASP erteilen können, so dass es nicht allein Erwägungen politischer Opportunität vorbehalten bleibt, ob sich der Rat mit einer internationalen Situation befasst und ein Tätigwerden der Union in den Blick nimmt.

9   Zugleich folgt aus dieser grundsätzlichen Aufgabenzuweisung, dass das PSK bei der vorbereitenden Unterstützung des Rates **nicht auf den unionsinternen Bereich beschränkt** bleiben darf. Eine Bewertung der Angemessenheit eines Tätigwerdens der Union ist häufig nur möglich, wenn Klarheit über die Positionen und Absichten anderer Akteure besteht, so dass das PSK auch in den politischen Dialog mit Drittstaaten und internationalen Organisationen, vor allem mit den Vereinten Nationen und der NATO, aber auch mit anderen regionalen Organisationen (z.B. Afrikanische Union), treten können muss.[24]

II. Aufgaben auf der Durchführungsebene

10   Nach Abs. 1 Satz 2 überwacht das PSK die Durchführung vereinbarter Politiken, so dass es auch zu seinen Aufgaben gehört, die Entwürfe der Ratsbeschlüsse darauf zu überprüfen, ob sie einer konkreten internationalen Situation angemessen sind, und ob die mit der Durchführung betrauten Akteure sich im Einklang mit den jeweiligen Vorgaben verhalten. Im Rahmen dieser Überwachung muss auch eine Bewertung der Wirkungen der Maßnahmen erfolgen, damit das PSK dem Rat gegebenenfalls Vorschläge zu einer Anpassung seiner Beschlüsse unterbreiten kann.

11   Gemäß Abs. 2 besteht eine Hauptaufgabe des PSK in der **politischen Kontrolle und der strategischen Leitung** von Operationen zur Krisenbewältigung nach Art. 43 EUV. Insoweit wird mit Blick auf die Entwicklung von einem Politischen Komitee zutreffend festgestellt, die »Aufgabenstellung des PSK [habe sich] in einer erweiterten und stärker handlungsorientierten Rolle niedergeschlagen«.[25] Wenngleich Kontrolle und Leitung »unter der Verantwortung des Rates und des Hohen Vertreters« erfolgen, wird dem PSK mit dieser Aufgabe auch die politische Verantwortung für Operationen zur Krisenbewältigung übertragen.[26]

12   Da sich diese Operationen naturgemäß durch ein **starkes militärisches Element** auszeichnen, erfolgen die politische Kontrolle und die strategische Leitung auf der Grundlage von Stellungnahmen und Empfehlungen des Militärausschusses, aber auch anderer Vorbereitungsgremien.[27] Das PSK muss zunächst die strategischen Optionen bewerten und sodann das Operationskonzept (CONOPS) festlegen, das in der Regel eine Beschreibung der konkreten Situation enthält und den mit der Durchführung betrauten Akteuren die mit der Operation verfolgten Ziele und das intendierte Endstadium er-

---

[24] So auch *Kaufmann-Bühler/Meyer-Landrut*, in: Grabitz/Hilf/Nettesheim, EU, Art. 38 EUV (Juli 2010), Rn. 19 ff.

[25] *Kaufmann-Bühler/Meyer-Landrut*, in: Grabitz/Hilf/Nettesheim, EU, Art. 38 EUV (Juli 2010), Rn. 7.

[26] *Cremer*, in: Calliess/Ruffert, EUV/AEUV, Art. 38 EUV, Rn. 5.

[27] Zur den Phasen der Planung von Krisenbewältigungsoperationen vgl. Art. 43 EUV, Rn. 13 ff.

klärt. Diese politisch-strategischen Vorgaben werden in einem nächsten Schritt in einem Operationsplan (OPLAN) konkretisiert. Operationskonzept und Operationsplan werden dem Rat vorgelegt, der dann den Beschluss zur Durchführung der Operation fasst. Darüber hinaus gibt der Hohe Vertreter auf der Grundlage der Arbeiten des PSK Leitlinien für die vom Einsatzzentrum aus geführten Maßnahmen vor. Das PSK ist bei der Wahrnehmung seiner Aufgaben nach Abs. 2 somit berechtigt, weitreichende politische und strategische Vorgaben für eine konkrete Operation zur Krisenbewältigung zu machen, damit sichergestellt ist, dass sie im Rahmen der Vorgaben des Rates und in Übereinstimmung mit den Zielen der Union durchgeführt wird. Die politische und strategische Leitung einer Krisenoperation schließt aber die militärische Leitung nicht ein. Vielmehr liegt die operativ-taktische Führung einer Operation beim Militärausschuss sowie bei den militärischen Befehlshabern.[28]

III. Beschlüsse des PSK nach Abs. 3

Um die Aufgabe der politischen Kontrolle und strategischen Leitung von Krisenbewältigungsoperationen wirksam und schnell erfüllen zu können, wird durch Abs. 3 dem Rat die Befugnis verliehen, das PSK mit **eigenen Entscheidungskompetenzen** auszustatten. Dies ist durchaus bemerkenswert, da das PSK das einzige untergeordnete Gremium ist, das eigene Beschlüsse fassen können soll. Da es gerade im Zusammenhang mit Operationen zur Krisenbewältigung, die ja in einem höchst volatilen Umfeld stattfinden können, unerlässlich ist, schnell und sachkundig auf eine Veränderung der Umstände reagieren zu können, ist diese Sonderstellung des PSK durchaus gerechtfertigt.[29] Im Übrigen darf nicht unberücksichtigt bleiben, dass die Entscheidungskompetenz des PSK vom Rat abgeleitet ist und auf die Dauer einer Operation beschränkt bleibt. Zudem darf das PSK keine Beschlüsse fassen, die in den Bereich der anderen Unionspolitiken fallen.[30] **13**

Von 2013 bis zum Dezember 2015 hat das PSK auf der Grundlage von Art. 38 Abs. 3 EUV i. V. mit einer durch Ratsbeschluss erteilten Ermächtigung die folgenden Beschlüsse zur politischen Kontrolle und strategischen Leitung von Operationen zur Krisenbewältigung gefasst. Dazu die folgende Übersicht:[31] **14**

– 2013/41/GASP: Beschluss EUCAP NESTOR/1/2013 des Politischen und Sicherheitspolitischen Komitees vom 11. 1. 2013 zur Einsetzung des Ausschusses der beitragenden Länder für die Mission der Europäischen Union zum Ausbau der regionalen maritimen Kapazitäten am Horn von Afrika (EUCAP NESTOR);[32]
– 2013/42/GASP: Beschluss EUCAP NESTOR/2/2013 des Politischen und Sicherheitspolitischen Komitees vom 11. 1. 2013 über die Annahme von Beiträgen von Drittstaaten zur Mission der Europäischen Union zum Ausbau der regionalen maritimen Kapazitäten am Horn von Afrika (EUCAP NESTOR);[33]
– 2013/216/GASP: Beschluss BiH/20/2013 des Politischen und Sicherheitspolitischen Komitees vom 24. 4. 2013 zur Ernennung des Leiters des EU-Führungselements in

---

[28] Vgl. auch *Kaufmann-Bühler/Meyer-Landrut*, in: Grabitz/Hilf/Nettesheim, EU, Art. 38 EUV (Juli 2010), Rn. 22 ff.; *Cremer*, in: Calliess/Ruffert, EUV/AEUV, Art. 38 EUV, Rn. 5.
[29] *Brühmann*, in: GSH, Europäisches Unionsrecht, Art. 39, Rn. 8.
[30] *Kaufmann-Bühler/Meyer-Landrut*, in: Grabitz/Hilf/Nettesheim, EU, Art. 38 EUV (Juli 2010), Rn. 22 ff.; *Cremer*, in: Calliess/Ruffert, EUV/AEUV, Art. 38 EUV, Rn. 6.
[31] Quelle: http://eur-lex.europa.eu (3. 3. 2016).
[32] ABl. 2013, L 20/50.
[33] ABl. 2013, L 20/52.

Neapel für die militärische Operation der Europäischen Union in Bosnien und Herzegowina;[34]

– 2013/399/GASP: Beschluss EUTM Mali/1/2013 des Politischen und Sicherheitspolitischen Komitees vom 19. 7. 2013 zur Ernennung eines Befehlshabers der Militärmission der Europäischen Union als Beitrag zur Ausbildung der malischen Streitkräfte (EUTM Mali);[35]

– 2013/511/GASP: Beschluss EUPOL RD Congo/1/2013 des Politischen und Sicherheitspolitischen Komitees vom 8. 10. 2013 zur Verlängerung des Mandats des Leiters der Polizeimission der Europäischen Union im Rahmen der Reform des Sicherheitssektors und ihre Schnittstelle zur Justiz in der Demokratischen Republik Kongo (EUPOL RD Congo);[36]

– 2013/696/GASP: Beschluss EUTM Mali/2/2013 des Politischen und Sicherheitspolitischen Komitees vom 12. 11. 2013 zur Einsetzung des Ausschusses der beitragenden Länder für die Militärmission der Europäischen Union als Beitrag zur Ausbildung der malischen Streitkräfte (EUTM Mali);[37]

– 2013/697/GASP: Beschluss EUTM Mali/3/2013 des Politischen und Sicherheitspolitischen Komitees vom 12. 11. 2013 über die Annahme von Beiträgen von Drittstaaten zur Militärmission der Europäischen Union als Beitrag zur Ausbildung der malischen Streitkräfte (EUTM Mali);[38]

– 2014/16/GASP: Beschluss EUBAM Libya/1/2014 des Politischen und Sicherheitspolitischen Komitees vom 14. 1. 2014 zur Einsetzung des Ausschusses der beitragenden Länder für die Mission der Europäischen Union zur Unterstützung des integrierten Grenzmanagements in Libyen (EUBAM Libya);[39]

– 2014/17/GASP: Beschluss EUBAM Libya/2/2014 des Politischen und Sicherheitspolitischen Komitees vom 14. 1. 2014 über die Annahme von Beiträgen von Drittstaaten zur Mission der Europäischen Union zur Unterstützung des integrierten Grenzmanagements in Libyen (EUBAM Libya);[40]

– 2014/138/GASP: Beschluss EUFOR RCA/2/2014 des Politischen und Sicherheitspolitischen Komitees vom 11. 3. 2014 zur Einsetzung des Ausschusses der beitragenden Länder für die Militäroperation der Europäischen Union in der Zentralafrikanischen Republik (EUFOR RCA);[41]

– 2014/139/GASP: Beschluss EUFOR RCA/3/2014 des Politischen und Sicherheitspolitischen Komitees vom 11. 3. 2014 über die Annahme von Beiträgen von Drittstaaten zur militärischen Operation der Europäischen Union in der Zentralafrikanischen Republik (EUFOR RCA);[42]

– 2014/244/GASP: Beschluss ATALANTA/2/2014 des Politischen und Sicherheitspolitischen Komitees vom 29. 4. 2014 über die Annahme des Beitrags eines Drittstaats zur Militäroperation der Europäischen Union als Beitrag zur Abschreckung, Verhütung und Bekämpfung von seeräuberischen Handlungen und bewaffneten Raub-

---

[34] ABl. 2013, L 127/26.
[35] ABl. 2013, L 202/22.
[36] ABl. 2013, L 279/66.
[37] ABl. 2013, L 320/31.
[38] ABl. 2013, L 320/33.
[39] ABl. 2014, L 14/13.
[40] ABl. 2014, L 14/15.
[41] ABl. 2014, L 76/39.
[42] ABl. 2014, L 76/41.

überfällen vor der Küste Somalias (Atalanta) und zur Änderung des Beschlusses Ata-
lanta/3/2009;[43]
– 2014/258/GASP: Beschluss EUBAM Libya/3/2014 des Politischen und Sicherheitspolitischen Komitees vom 30. 4. 2014 zur Verlängerung des Mandats des Leiters der
  Mission der Europäischen Union zur Unterstützung des integrierten Grenzmanagements in Libyen (EUBAM Libya);[44]
– 2014/285/GASP: Beschluss EUTM Mali/2/2014 des Politischen und Sicherheitspolitischen Komites vom 13. 5. 2014 über die Annahme von Beiträgen von Drittstaaten
  zur Militärmission der Europäischen Union als Beitrag zur Ausbildung der malischen
  Streitkräfte (EUTM Mali);[45]
– 2014/466/GASP: Beschluss EUFOR RCA/4/2014 des Politischen und Sicherheitspolitischen Komitees vom 10. 7. 2014 über die Annahme eines Beitrags eines Drittstaates zur militärischen Operation der Europäischen Union in der Zentralafrikanischen Republik (EUFOR RCA);[46]
– 2014/642/GASP: Beschluss EUCAP NESTOR/1/2014 des Politischen und Sicherheitspolitischen Komitees vom 24. 7. 2014 zur Verlängerung des Mandats des Missionsleiters der Mission der Europäischen Union zum Ausbau der regionalen maritimen Kapazitäten am Horn von Afrika (EUCAP NESTOR);[47]
– 2014/645/GASP: Beschluss EUCAP NESTOR/2/2014 des Politischen und Sicherheitspolitischen Komitees vom 24. 7. 2014 über die Annahme von Beiträgen von
  Drittstaaten zur Mission der Europäischen Union zum Ausbau der regionalen maritimen Kapazitäten am Horn von Afrika (EUCAP NESTOR);[48]
– 2014/646/GASP: Beschluss EUFOR RCA/5/2014 des Politischen und Sicherheitspolitischen Komitees vom 24. 7. 2014 über die Annahme von Beiträgen von Drittstaaten zur militärischen Operation der Europäischen Union in der Zentralafrikanischen Republik (EUFOR RCA);[49]
– 2014/894/GASP: Beschluss EUTM Mali/4/2014 des Politischen und Sicherheitspolitischen Komitees vom 9. 12. 2014 über die Annahme des Beitrags eines Drittstaats
  zur Militärmission der Europäischen Union als Beitrag zur Ausbildung der malischen
  Streitkräfte (EUTM Mali);[50]
– 2014/951/EU: Beschluss EUFOR RCA/6/2014 des Politischen und Sicherheitspolitischen Komitees vom 16. 12. 2014 zur Ernennung des Befehlshabers der EU-Einsatzkräfte für die militärische Operation der Europäischen Union in der Zentralafrikanischen Republik (EUFOR RCA) und zur Aufhebung des Beschlusses EUFOR
  RCA/1/2014;[51]
– 2015/67/GASP: Beschluss des EUCAP Sahel Mali/1/2015 Politischen und Sicherheitspolitischen Komitees vom 14. 1. 2015 zur Verlängerung des Mandats des Missionsleiters der GSVP-Mission der Europäischen Union in Mali (EUCAP Sahel Mali);[52]

---

[43] ABl. 2014, L 132/63.
[44] ABl. 2014, L 136/25.
[45] ABl. 2014, L 147/70.
[46] ABl. 2014, L 212/11.
[47] ABl. 2014, L 267/4.
[48] ABl. 2014, L 267/7.
[49] ABl. 2014, L 267/8.
[50] ABl. 2014, L 355/50.
[51] ABl. 2014, L 369/76.
[52] ABl. 2015, L 11/72.

– 2015/317/GASP: Beschluss Atalanta/2/2015 des Politischen und Sicherheitspolitischen Komitees vom 24. 2. 2015 über die Annahme des Beitrags eines Drittstaats zur Militäroperation der Europäischen Union als Beitrag zur Abschreckung, Verhütung und Bekämpfung von seeräuberischen Handlungen und bewaffneten Raubüberfällen vor der Küste Somalias (Atalanta);[53]

– 2015/610/GASP: Beschluss EUCAP Sahel Mali/2/2015 des Politischen und Sicherheitspolitischen Komitees vom 15. 4. 2015 zur Verlängerung des Mandats des Missionsleiters der GSVP-Mission der Europäischen Union in Mali (EUCAP Sahel Mali);[54]

– 2015/611/GASP: Beschluss EUCAP Sahel Niger/1/2015 des Politischen und Sicherheitspolitischen Komitees vom 15. 4. 2015 zur Verlängerung des Mandats des Missionsleiters der GSVP-Mission der Europäischen Union in Niger (EUCAP Sahel Niger);[55]

– 2015/664/GASP: Beschluss EUMAM RCA/1/2015 des Politischen und Sicherheitspolitischen Komitees vom 21. 4. 2015 zur Einsetzung des Ausschusses der beitragenden Länder für die militärische Beratungsmission der Europäischen Union im Rahmen der GSVP in der Zentralafrikanischen Republik (EUFOR RCA);[56]

– 2015/665/GASP: Beschluss EUMAM RCA/2/2015 des Politischen und Sicherheitspolitischen Komitees vom 21. 4. 2015 über die Annahme von Beiträgen von Drittstaaten zur militärischen Beratungsmission der Europäischen Union im Rahmen der GSVP in der Zentralafrikanischen Republik (EUMAM RCA);[57]

– 2015/711/GASP: Beschluss ATALANTA/4/2015 des Politischen und Sicherheitspolitischen Komitees vom 28. 4. 2015 über die Annahme des Beitrags eines Drittstaats zur Militäroperation der Europäischen Union als Beitrag zur Abschreckung, Prävention und Bekämpfung von seeräuberischen Handlungen und bewaffneten Raubüberfällen vor der Küste Somalias (Atalanta);[58]

– 2015/874/GASP: Beschluss EUTM Mali/1/2015 des Politischen und Sicherheitspolitischen Komitees vom 27. 5. 2015 über die Annahme des Beitrags eines Drittstaats zur Militärmission der Europäischen Union als Beitrag zur Ausbildung der malischen Streitkräfte (EUTM Mali);[59]

– 2015/875/GASP: Beschluss EUMAM RCA/3/2015 des Politischen und Sicherheitspolitischen Komitees vom 2. 6. 2015 über die Annahme von Beiträgen von Drittstaaten zur militärischen Beratungsmission der Europäischen Union im Rahmen der GSVP in der Zentralafrikanischen Republik (EUMAM RCA);[60]

– 2015/927/GASP: Beschluss EUSEC/1/2015 des Politischen und Sicherheitspolitischen Komitees vom 9. 6. 2015 zur Ernennung des Leiters der Beratungs- und Unterstützungsmission der Europäischen Union im Zusammenhang mit der Reform des Sicherheitssektors in der Demokratischen Republik Kongo (EUSEC RD Congo) und zur Aufhebung des Beschlusses EUSEC/1/2012;[61]

– 2015/956/GASP: Beschluss EUAM Ukraine/1/2015 des Politischen und Sicherheits-

[53] ABl. 2015, L 56/75.
[54] ABl. 2015, L 101/60.
[55] ABl. 2015, L 101/61.
[56] ABl. 2015, L 110/11.
[57] ABl. 2015, L 110/13.
[58] ABl. 2015, L 113/58.
[59] ABl. 2015, L 142/28.
[60] ABl. 2015, L 142/29.
[61] ABl. 2015, L 150/21.

politischen Komitees vom 17.6.2015 zur Einsetzung des Ausschusses der beitragenden Länder für die Beratende Mission der Europäischen Union für eine Reform des
zivilen Sicherheitssektors in der Ukraine (EUAM Ukraine);[62]
- 2015/957/GASP: Beschluss EUAM Ukraine/2/2015 des Politischen und Sicherheitspolitischen Komitees vom 17.6.2015 über die Annahme von Beiträgen von Drittstaaten zur Beratenden Mission der Europäischen Union für eine Reform des zivilen
  Sicherheitssektors in der Ukraine (EUAM Ukraine);[63]
- 2015/969/GASP: Beschluss des Politischen und Sicherheitspolitischen Komitees vom
  19.6.2015 zur Verlängerung des Mandats des Missionsleiters der Rechtsstaatlichkeitsmission der Europäischen Union im Kosovo (EULEX KOSOVO);[64]
- 2015/1128/GASP: Beschluss EU BAM Rafah/1/2015 des Politischen und Sicherheitspolitischen Komitees vom 7.7.2015 zur Ernennung des Missionsleiters der Mission
  der Europäischen Union zur Unterstützung des Grenzschutzes am Grenzübergang
  Rafah (EU BAM Rafah);[65]
- 2015/1129/GASP: Beschluss EUPOL COPPS/2/2015 des Politischen und Sicherheitspolitischen Komitees vom 7.7.2015 zur Verlängerung des Mandats des Missionsleiters der Polizeimission der Europäischen Union für die Palästinensischen Gebiete (EUPOL COPPS);[66]
- 2015/1496/GASP: Beschluss EUAM Ukraine/3/2015 des Politischen und Sicherheitspolitischen Komitees vom 23.7.2015 zur Verlängerung des Mandats des Missionsleiters der Beratenden Mission der Europäischen Union für eine Reform des
  zivilen Sicherheitssektors in der Ukraine (EUAM Ukraine);[67]
- 2015/1772/GASP Beschluss EUNAVFOR MED/2/2015 des Politischen und Sicherheitspolitischen Komitees vom 28.9.2015 betreffend den Übergang in die zweite
  Phase der Operation EUNAVFOR MED gemäß Artikel 2 Absatz 2 Buchstabe b Ziffer i des Beschlusses (GASP) 2015/778 über eine Militäroperation der Europäischen
  Union im südlichen zentralen Mittelmeer (EUNAVFOR MED);[68]
- 2015/1916/GASP: Beschluss EUCAP Sahel Mali/3/2015 des Politischen und Sicherheitspolitischen Komitees vom 20.10.2015 zur Einsetzung des Ausschusses der beitragenden Länder für die GSVP-Mission der Europäischen Union in Mali (EUCAP
  Sahel Mali);[69]
- 2015/1917/GASP: Beschluss EUCAP Sahel Mali/4/2015 des Politischen und Sicherheitspolitischen Komitees vom 20.10.2015 über die Annahme des Beitrags der
  Schweiz zur GSVP-Mission der Europäischen Union in Mali (EUCAP Sahel Mali);[70]
- 2015/1965/GASP: Beschluss EUAM Ukraine/4/2015 des Politischen und Sicherheitspolitischen Komitees vom 27.10.2015 über die Annahme des Beitrags der
  Schweiz zur Beratenden Mission der Europäischen Union für eine Reform des zivilen
  Sicherheitssektors in der Ukraine (EUAM Ukraine);[71]

---

[62] ABl. 2015, L 156/21.
[63] ABl. 2015, L 156/23.
[64] ABl. 2015, L 157/44.
[65] ABl. 2015, L 184/16.
[66] ABl. 2015, L 184/17.
[67] ABl. 2015, L 233/7.
[68] ABl. 2015, L 258/5.
[69] ABl. 2015, L 280/28.
[70] ABl. 2015, L 280/30.
[71] ABl. 2015, L 287/67.

– 2015/2200/GASP: Beschluss EUMM Georgia/1/2015 des Politischen und Sicherheitspolitischen Komitees vom 13.11.2015 zur Verlängerung des Mandats des Leiters der Beobachtermission der Europäischen Union in Georgien (EUMM Georgia);[72]

– 2015/2201/GASP: Beschluss EUAM Ukraine/5/2015 des Politischen und Sicherheitspolitischen Komitees vom 13.11.2015 über die Annahme von Beiträgen von Drittstaaten zur Beratenden Mission der Europäischen Union für eine Reform des zivilen Sicherheitssektors in der Ukraine (EUAM Ukraine);[73]

– 2015/2413/GASP: Beschluss EUPOL Afghanistan/2/2015 des Politischen und Sicherheitspolitischen Komitees vom 9.12.2015 zur Verlängerung des Mandats des Missionsleiters der Polizeimission der Europäischen Union in Afghanistan (EUPOL AFGHANISTAN).;[74]

– 2016/49/GASP: Beschluss EUAM UKRAINE/1/2016 des Politischen und Sicherheitspolitischen Komitees vom 7.1.2016 zur Ernennung des Missionsleiters der Beratenden Mission der Europäischen Union für eine Reform des zivilen Sicherheitssektors in der Ukraine (EUAM Ukraine);[75]

– 2016/118/GASP: Beschluss EUNAVFOR MED Operation SOPHIA/1/2016 des Politischen und Sicherheitspolitischen Komitees vom 20.1.2016 betreffend die Umsetzung der Resolution 2240 (2015) des Sicherheitsrats der Vereinten Nationen durch die EUNAVOR MED Operation SOPHIA;[76]

– 2016/332/GASP: Beschluss BiH/23/2016 des Politischen und Sicherheitspolitischen Komitees vom 23.2.2016 zur Ernennung des Befehlshabers der EU-Einsatzkräfte für die militärische Operation der Europoäischen Union in Bosnien und Herzegowina und zur Aufhebung des Beschlusses BiH/22/2014;[77]

– 2016/396/GASP: Beschluss EUTM Somalia/1/2016 des Politischen und Sicherheitspolitischen Komitees vom 15.3.2016 zur Ernennung des Befehlshabers der Militärmission der Europoäischen Union als Beitrag zur Ausbildung somalischer Sicherheitskräfte (EUTM Somalia) und zur Aufhebung des Beschlusses (GASP) 2015/173;[78]

– 2016/563/GASP: Beschluss EUAM Ukraine/2/2016 des Politischen und Sicherheitspolitischen Komitees vom 15.3.2016 über die Annahme des Beitrags der Türkei zur Beratenden Mission der Europäischen Union für eine Reform des zivilen Sicherheitssektors in der Ukraine (EUAM Ukraine);[79]

– 2016/808/GASP: Beschluss ATLANTA/2/2016 des Politischen und Sicherheitspolitischen Komitees vom 18.5.2016 zur Ernennung des Befehlshabers der EU-Operation für die Militäroperation der Europoäischen Union als Beitrag zur Abschreckung, Verhütung und Bekämpfung von seeräuberischen Handlungen und bewaffneten Raubüberfällen vor der Küste Somalias (Atalanta);[80]

– 2016/938/GASP: Beschluss EUCAP Sahel Mali/1/2016 des Politischen und Sicherheitspolitischen Komitees vom 31.5.2016 zur Verlängerung des Mandats des Missionsleiters der GSVP-Mission der Europoäischen Union in Mali (EUCAP Sahel Mali);[81]

---

[72] ABl. 2015, L 313/40.
[73] ABl. 2015, L 313/41.
[74] ABl. 2015, L 333/118.
[75] ABl. 2016, L 12/47.
[76] ABl. 2016, L 23/63.
[77] ABl. 2016, L 62/14.
[78] ABl. 2016, L 73/99.
[79] ABl. 2016, L 96/37.
[80] ABl. 2016, L 132/103.

– 2016/939/GASP: Beschluss EUTM Mali/1/2016 des Politischen und Sicherheitspolitischen Komitees vom 8.6.2016 zur Ernennung des Befehlshabers der Militärmission der Europoäischen Union als Beitrag zur Ausbildung malischer Streitkräfte (EUTM Mali) und zur Aufhebung des Beschlusses (GASP) 2015/2298;[82]

– 2016/940/GASP: Beschluss ATLANTA/3/2016 des Politischen und Sicherheitspolitischen Komitees vom 9.6.2016 zur Ernennung des Befehlshabers der EU-Einsatzkräfte für die Militäroperation der Europäischen Union als Beitrag zur Abschreckung, Verhütung und Bekämpfung von seeräuberischen Handlungen und bewaffneten Raubüberfällen vor der Küste Somalias (Atalanta) und zur Aufhebung des Beschlusses (GASP) 2016/395;[83]

– 2016/1079/GASP Beschluss EUNAVFOR MED/2/2016 des Politischen und Sicherheitspolitischen Komitees vom 23.6.2016 zur Ernennung des Befehlshabers der EU-Einsatzkräfte für die Militäroperation der Europäischen Union im südlichen zentralen Mittelmeer (EUNAVFOR MED Operation SOPHIA) und zur Aufhebung des Beschlusses EUNAVOR MED/1/2015.[84]

---

[81] ABl. 2016, L 155/23.
[82] ABl. 2016, L 155/25.
[83] ABl. 2016, L 155/27.
[84] ABl. 2016, L 179/31.

Artikel 39 EUV [Datenschutz]

[1]Gemäß Artikel 16 des Vertrags über die Arbeitsweise der Europäischen Union und abweichend von Absatz 2 des genannten Artikels erlässt der Rat einen Beschluss zur Festlegung von Vorschriften über den Schutz natürlicher Personen bei der Verarbeitung personenbezogener Daten durch die Mitgliedstaaten im Rahmen der Ausübung von Tätigkeiten, die in den Anwendungsbereich dieses Kapitels fallen, und über den freien Datenverkehr. [2]Die Einhaltung dieser Vorschriften wird von unabhängigen Behörden überwacht.

Literaturübersicht

s. Art. 16 AEUV

Leitentscheidungen

EuGH, Urt. v. 9.11.2010, verb. Rs. C–92/09 u. C–93/09 (Volker und Markus Schecke und Hartmut Eifert), Slg. 2010, I–11063
EuGH, Urt. v. 3.9.2008, verb. Rs. C–402/05 P u. C–415/05 P (Kadi u.a.), Slg. 2008, I–6315

Wesentliche sekundärrechtliche Vorschriften

Richtlinie 95/46/EG des Europäischen Parlaments und des Rates vom 24.10.1995 zum Schutz natürlicher Personen bei der Verarbeitung personenbezogener Daten und zum freien Datenverkehr, ABl. 1995, L 281/31
Verordnung 45/2001/EG des Europäischen Parlaments und des Rates vom 18.12.2000 zum Schutz natürlicher Personen bei der Verarbeitung personenbezogener Daten durch die Organe und Einrichtungen der Gemeinschaft und zum freien Datenverkehr, ABl. 2001, L 8/1
Beschluss 2003/211/GASP des Rates vom 24.2.2003 über den Abschluss des Abkommens zwischen der Europäischen Union und der Nordatlantikvertrags-Organisation über den Geheimschutz, ABl. 2003, L 80/35
Rahmenbeschluss 2008/977/JI des Rates vom 27.11.2008 über den Schutz personenbezogener Daten, die im Rahmen der polizeilichen und justiziellen Zusammenarbeit in Strafsachen verarbeitet werden, ABl. 2008, L 350/60
Beschluss 2010/16/GASP/JI des Rates vom 30.11.2009 über die Unterzeichnung – im Namen der Europäischen Union – des Abkommens zwischen der Europäischen Union und den Vereinigten Staaten von Amerika über die Verarbeitung von Zahlungsverkehrsdaten und deren Übermittlung aus der Europäischen Union an die Vereinigten Staaten für die Zwecke des Programms zu Aufspüren der Finanzierung des Terrorismus, ABl. 2010, L 8/9
Beschluss 2011/292/EU des Rates vom 31.3.2011 über die Sicherheitsvorschriften für den Schutz von EU-Verschlusssachen, ABl. 2011, L 141/17
Beschluss 2012/472/EU des Rates vom 26.4.2012 über den Abschluss des Abkommens zwischen den Vereinigten Staaten von Amerika und der Europäischen Union über die Verwendung von Fluggastdatensätzen und deren Übermittlung an das United States Department of Homeland Security, ABl. 2012, L 215/4
Beschluss 2012/381/EU des Rates vom 13.12.2012 über den Abschluss des Abkommens zwischen der Europäischen Union und Australien über die Verwendung von Fluggastdatensätzen (Passenger Name Records – PNR) und deren Übermittlung durch die Fluggesellschaften an den Australian Customs and Border Protection Service, ABl. 2012, L 186/3
Beschluss 2013/488/EU des Rates vom 23.9.2013 über die Sicherheitsvorschriften für den Schutz von EU-Verschlusssachen, ABl. 2013, L 274/1

A. Ziele der Vorschrift

Mit Art. 39 EUV, der keine Entsprechung im EUV a. F. hat, wird der Rat ermächtigt, **1** einen **einheitlichen Rechtsrahmen** für den freien Datenverkehr und den Schutz personenbezogener Daten zu schaffen. Der **Austausch von Informationen und Daten** ist eine wesentliche Voraussetzung für die Durchführung und den Erfolg außen- und sicherheitspolitischer Operationen. Dieser Austausch kann naturgemäß nicht auf die Mitgliedstaaten und die Organe und Einrichtungen der Union beschränkt bleiben, sondern muss Drittstaaten und internationale Organisationen einbeziehen. Allerdings hat sich in der Vergangenheit gezeigt, dass einem effektiven Informations- und Datenaustausch die unterschiedlichen nationalen Vorschriften der Mitgliedstaaten entgegenstehen und den Erfolg einer außen- und sicherheitspolitischen Aktion in Frage stellen können. Daher ist ein einheitlicher Rechtsrahmen für die Mitgliedstaaten unabdingbar. Freilich muss bei der Schaffung dieses einheitlichen Rechtsrahmens auch der **Schutz personenbezogener Daten** gebührend berücksichtigt werden. Außen- und sicherheitspolitische Operationen betreffen nicht allein Staaten und internationale Organisationen, sondern sind insbesondere im Rahmen der Terrorismusbekämpfung zunehmend gegen natürliche Personen gerichtet (sog. »smart sanctions«) oder sie erfordern die Verarbeitung und Weitergabe personenbezogener Daten. Da die Union auch im Rahmen der GASP an die Menschenrechte gebunden ist, muss auch für diesen Bereich sichergestellt werden, dass Art. 8 Abs. 1 GRC und die völkerrechtlichen Vorschriften über den Schutz der Privatsphäre (Art. 8 Abs. 1 EMRK) Beachtung finden. Art. 39 EUV dient daher zugleich der Gewährleistung der Bindung des außen- und sicherheitspolitischen Handelns der Mitgliedstaaten an diese Individualrechte.

B. Gegenstand der Ermächtigung

I. Beschluss des Rates

Art. 39 EUV ist eine **besondere Rechtsgrundlage** für den Erlass eines Beschlusses des **2** Rates über den Schutz personenbezogener Daten und den freien Datenverkehr im Bereich der GASP.[1] Der Ausschluss der Anwendbarkeit von Art. 16 Abs. 2 AEUV ist vor dem Hintergrund des generellen Ausschlusses von Gesetzgebungsakten im Bereich der

---

[1] *Kingreen*, in: Calliess/Ruffert, EUV/AEUV, Art. 39 EUV, Rn. 1; *Kaufmann-Bühler*, in: Grabitz/Hilf/Nettesheim, Art. 39 EUV (Juli 2010), Rn. 4.

intergouvernementalen GASP[2] nur folgerichtig. Daher bleibt das Europäische Parlament ausgeschlossen, so dass der Rat den Beschluss allein zu fassen berechtigt ist.[3] Damit wird zugleich eine »Vergemeinschaftung« der GASP durch die Hintertür des Datenschutzes verhindert.[4] Gemäß Art. 31 Abs. 1 UAbs. 1 Satz 1 ist der Beschluss einstimmig zu fassen. Regelt der Beschluss nicht allein den Schutz personenbezogener Daten, sondern auch den freien Datenverkehr, kommt eine der Ausnahmen des Art. 31 Abs. 2 UAbs. 1 EUV schwerlich in Betracht, da sich der Beschluss voraussichtlich auch auf militärische und verteidigungspolitische Maßnahmen erstrecken wird, für den stets Einstimmigkeit erforderlich ist (Art. 31 Abs. 4 EUV).

3   Bislang (Stand: 31. 1. 2014) hat der Rat von der Ermächtigung keinen Gebrauch gemacht, sondern sich auf Einzelmaßnahmen zur Gewährleistung des Informations- und Datenaustauschs, einschließlich des Geheimschutzes, beschränkt.[5] Wenn in diesem Zusammenhang vorgeschlagen wird, der Rat könne von der Ermächtigung nach Satz 1 durch einen Beschluss über die Anwendbarkeit der Datenschutz-Richtlinie[6] auch für den Bereich der GASP Gebrauch machen,[7] so würde dies schwerlich ausreichen, den Zielen der Ermächtigung gerecht zu werden. Ein auf Art. 39 EUV gestützter Beschluss muss nicht allein den Schutz personenbezogener Daten zum Gegenstand haben, sondern auch den **besonderen Erfordernissen der Außen- und Sicherheitspolitik**, die in der Regel Drittstaaten mit einbezieht, entsprechen. Gerade im Bereich der GASP ist ein maßgeschneiderter einheitlicher Rechtsrahmen unabdingbar, weil nur so ein hinreichender Ausgleich der unterschiedlichen Interessen – möglichst freier und schneller Datenaustausch und möglichst wirksamer Schutz personenbezogener Daten – gewährleistet werden kann. Daher wird der Rat nicht umhin kommen, von der Ermächtigung des Art. 39 EUV möglichst bald Gebrauch zu machen und einen eigenständigen Beschluss zu erlassen.

II. Freier Datenverkehr

4   Wie die jüngere Vergangenheit deutlich vor Augen geführt hat, ist es im Bereich der Sicherheits- und Verteidigungspolitik nicht ausreichend, dass Informationen ausgetauscht werden. Vielmehr ist es angesichts der stetig zunehmenden Abhängigkeit von modernen Informations- und Kommunikationssystemen unabdingbar, dass die entsprechenden Datensätze möglichst schnell an alle Akteure weitergegeben werden, um einen **einheitlichen Informationsstand** zu gewährleisten. Ein operatives Vorgehen in Drittstaaten wird schwerlich gelingen, wenn die daran beteiligten Mitgliedstaaten wegen des Fehlens einheitlicher Regeln und Standards nicht in der Lage sind, die erforderlichen Daten auszutauschen. In der Vergangenheit haben unterschiedliche nationale

---

[2] Art. 24 Abs. 1 UAbs. 2 Satz 3 und Art. 31 Abs. 1 UAbs. 1 Satz 2 EUV.

[3] Vgl. auch *Kaufmann-Bühler*, in: Grabitz/Hilf/Nettesheim, Art. 39 EUV (Juli 2010), Rn. 3, 5; *Brühmann*, in: GSH, Europäisches Unionsrecht, Art. 39, Rn. 8.

[4] In diesem Zusammenhang sei auf die Erklärung Nr. 20 zu Art. 16 AEUV hingewiesen, aus der deutlich hervorgeht, dass die Mitgliedstaaten unter Hinweis auf ihre nationale Sicherheit auch im Bereich der anderen Politikbereichen einem zu weitreichenden Schutz personenbezogener Daten ablehnend gegenüberstehen.

[5] S. Rn. 4, 8.

[6] Richtlinie 95/46/EG des Europäischen Parlaments und des Rates vom 24. 10. 1995 zum Schutz natürlicher Personen bei der Verarbeitung personenbezogener Daten und zum freien Datenverkehr, ABl. 1995, L 281/31.

[7] So *Kugelmann*, in: Streinz, EUV/AEUV, Art. 39 EUV, Rn. 6.

Regeln über den Datenaustausch eine effektive Kommunikation verhindert, weil die Kommunikationssysteme nicht kompatibel waren oder weil ein unterschiedliches Schutzniveau galt. Aber auch in den Beziehungen zu Drittstaaten und internationalen Organisationen muss ein möglichst freier Datenverkehr sichergestellt sein. Im Bereich der Terrorismusbekämpfung ist dies offensichtlich, hat doch die Union eine Reihe bilateraler Abkommen über den Austausch personenbezogener Daten abgeschlossen.[8] Aber auch bei einem operativen Vorgehen der Union handeln die Mitgliedstaaten nicht immer allein, sondern kooperieren mit Drittstaaten oder sie greifen auf die Fähigkeiten der NATO oder einer anderen internationalen Organisation zurück.[9] Beispielsweise operieren im Einsatzgebiet der Operation Atalanta nicht allein die Kriegsschiffe der Mitgliedstaaten, sondern auch Einheiten aus Drittstaaten. Eine effektive Kooperation aller Akteure zur Bekämpfung der Piraterie setzt einen möglichst raschen und umfassenden Informations- und Datenaustausch voraus, der nicht an unterschiedlichen nationalen Regelungen scheitern darf.

III. Schutz personenbezogener Daten

Wie der Verweis auf Art. 16 AEUV verdeutlicht, muss der Beschluss des Rates **in besonderem Maße** auf den Schutz personenbezogener Daten gerichtet sein.[10] Dieses Individualrecht, das auch in Art. 8 Abs. 1 GRC und in Art. 8 Abs. 1 EMRK garantiert wird, soll mithin nicht allein im unionsinternen Bereich geachtet werden, sondern auch das Tätigwerden der Mitgliedstaaten im Bereich der GASP leiten. Zugleich wird aber anerkannt, dass die Verarbeitung personenbezogener Daten ein wichtiger Bestandteil des mitgliedstaatlichen Handelns in diesem Politikbereich ist.

1. Schutzbereich und Adressaten

Personenbezogene Daten sind alle Informationen über eine bestimmte oder bestimmbare natürliche Person. Da in Satz 1 ausdrücklich auf den Schutz natürlicher Personen abgestellt wird, ist die im Zusammenhang mit Art. 16 Abs. 1 AEUV diskutierte Streitfrage, ob auch juristische Personen geschützt werden,[11] im Kontext des Art. 39 EUV ohne Bedeutung. »**Verarbeitung**« ist mit Blick auf die Bedeutung des Schutzes personenbezogener Daten in einem umfassenden Sinne zu verstehen, so dass davon die Er-

5

6

---

[8] Vgl. z. B. Beschluss 2012/472/EU des Rates vom 26. 4. 2012 über den Abschluss des Abkommens zwischen den Vereinigten Staaten von Amerika und der Europäischen Union über die Verwendung von Fluggastdatensätzen und deren Übermittlung an das United States Department of Homeland Security, ABl. 2012, L 215/4; Beschluss 2012/381/EU des Rates vom 13. 12. 2012 über den Abschluss des Abkommens zwischen der Europäischen Union und Australien über die Verwendung von Fluggastdatensätzen (Passenger Name Records – PNR) und deren Übermittlung durch die Fluggesellschaften an den Australian Customs and Border Protection Service, ABl. 2012, L 186/3; Beschluss 2010/16/GASP/JI des Rates vom 30. 11. 2009 über die Unterzeichnung – im Namen der Europäischen Union – des Abkommens zwischen der Europäischen Union und den Vereinigten Staaten von Amerika über die Verarbeitung von Zahlungsverkehrsdaten und deren Übermittlung aus der Europäischen Union an die Vereinigten Staaten für die Zwecke des Programms zu Aufspüren der Finanzierung des Terrorismus, ABl. 2010, L 8/9.
[9] Beschluss 2003/211/GASP des Rates vom 24. 2. 2003 über den Abschluss des Abkommens zwischen der Europäischen Union und der Nordatlantikvertrags-Organisation über den Geheimschutz ABl. 2003, L 80 /35.
[10] *Kaufmann-Bühler*, in: Grabitz/Hilf/Nettesheim, Art. 39 EUV (Juli 2010), Rn. 6 ff.
[11] Vgl. dazu die Nachweise bei *Herrmann*, in: Streinz, EUV/AEUV, Art. 16 AEUV, Rn. 7.

hebung, Speicherung und Verwendung erfasst wird.[12] Grundsätzlich muss der Beschluss des Rates darauf gerichtet sein, dass ein hohes, einheitliches Datenschutzniveau in diesem Bereich gewährleistet ist. Zugleich ist den Erfordernissen eines möglichst freien Datenverkehrs zwischen den Mitgliedstaaten sowie zwischen den Mitgliedstaaten und Drittstaaten oder internationalen Organisationen Rechnung zu tragen, um die Zusammenarbeit der Behörden zu stärken und zu erleichtern. Ebenso wie in anderen Politikbereichen kann das Recht auf Schutz der personenbezogenen Daten mithin **keine uneingeschränkte Geltung** beanspruchen, sondern muss im Hinblick auf seine gesellschaftliche Funktion gesehen[13] und mit anderen wichtigen Interessen in Einklang werden.

7   Adressaten des Beschlusses sollen **allein die Mitgliedstaaten** sein. Dies bedeutet nicht, dass die Union nicht auf den Schutz der personenbezogenen Daten verpflichtet sein soll.[14] Allerdings besteht ein Bedarf für einen Ratsbeschluss über einen einheitlichen Rechtsrahmen im Bereich der intergouvernementalen GASP hinsichtlich der Verarbeitung dieser Daten durch die Mitgliedstaaten.

2. Schranken

8   Wenngleich Art. 16 Abs. 1 EUV und Art. 39 EUV keine Bestimmung über die Schranken des Rechts auf Schutz der personenbezogenen Daten enthalten, folgt aus Art. 52 Abs. 1 GRC, dass dieses Recht eingeschränkt werden kann, sofern diese Einschränkungen gesetzlich vorgesehen sind, den Wesensgehalt dieser Rechte und Freiheiten achten, unter Wahrung des Grundsatzes der Verhältnismäßigkeit erforderlich sind und den von der Union anerkannten dem Gemeinwohl dienenden Zielsetzungen oder den Erfordernissen des Schutzes der Rechte und Freiheiten anderer tatsächlich entsprechen. Zu den anerkannten Interessen, die eine verhältnismäßige Einschränkung rechtfertigen können, gehört seit jeher das Interesse am **Geheimschutz**.[15] Gerade dann, wenn von Drittstaaten oder internationalen Organisationen zur Verfügung gestellte Daten aus dem sensiblen Bereich der äußeren Sicherheit verarbeitet werden, kommt dem Geheimschutz eine erhebliche Bedeutung zu, so dass ein Ratsbeschluss nach Art. 39 EUV dieses Interesse berücksichtigen darf. Drittstaaten und internationale Organisationen sind grundsätzlich nur dann zu einer engen Kooperation im sicherheitspolitischen Bereich bereit, wenn ihr Geheimschutzinteresse gebührend berücksichtigt wird.[16] Zudem fehlt es an einheitlichen Regelungen der Mitgliedstaaten über die Einschränkung des freien Datenverkehrs durch Geheimschutzvorschriften, so dass auch aus diesem Grunde eine einheitliche Vorgabe durch den Rat von besonderer Wichtigkeit ist.[17] Dabei wird der Rat

---

[12] Vgl. allein *Herrmann*, in: Streinz, EUV/AEUV, Art. 16 AEUV, Rn. 7.

[13] Vgl. allein EuGH, Urt. v. 9. 11. 2010, verb. Rs. C–92/09 u. C–93/09 (Volker und Markus Schecke und Hartmut Eifert), Slg. 2010, I–11063.

[14] Vgl. *Kugelmann*, in: Streinz, EUV/AEUV, Art. 39 EUV, Rn. 4, der zutreffend darauf hinweist, dass die Organe der Union, mithin auch der Hohe Vertreter, hinsichtlich des Datenschutzes an die Verordnung 45/2001/EG des Europäischen Parlaments und des Rates vom 18. 12. 2000 zum Schutz natürlicher Personen bei der Verarbeitung personenbezogener Daten durch die Organe und Einrichtungen der Gemeinschaft und zum freien Datenverkehr, ABl. 2001, L 8/1, gebunden sind.

[15] Vgl. dazu Beschluss 2011/292/EU des Rates vom 31. 3. 2011 über die Sicherheitsvorschriften für den Schutz von EU-Verschlusssachen, ABl. 2011, L 141/17; Beschluss 2013/488/EU des Rates vom 23. 9. 2013 über die Sicherheitsvorschriften für den Schutz von EU-Verschlusssachen, ABl. 2013, L 274/1.

[16] Vgl. z. B. das Abkommen zwischen der Europäischen Union und der Nordatlantikvertrags-Organisation über den Geheimschutz, ABl. 2003, L 80/36.

[17] S.a. *Kugelmann*, in: Streinz, EUV/AEUV, Art. 39 EUV, Rn. 7.

insbesondere auch Vorgaben für den Auskunfts- und Berichtigungsanspruch nach Art. 8 Abs. 2 Satz 2 GRC machen müssen.

3. Überwachung

Nach Satz 2 wird die »Einhaltung dieser Vorschriften von unabhängigen Behörden über-   **9** wacht.« Da der Beschluss nur an die Mitgliedstaaten gerichtet sein soll und zudem der Begriff »**Behörde**« im Plural verwendet wird, soll die Überwachung der Vereinbarkeit der Datenverarbeitung mit den Vorgaben des Ratsbeschlusses auf der Ebene der Mitgliedstaaten, **nicht auf Unionsebene**, erfolgen.[18] Welchen Behörden die Überwachung überantwortet wird, braucht in dem Ratsbeschluss nicht geregelt zu werden, da Satz 2 hinreichend klar und bestimmt ist. Allerdings muss die Überwachung durch staatliche Einrichtungen oder Einrichtungen unter staatlicher Aufsicht erfolgen, da andernfalls der Begriff »Behörden« keinen Sinn machte. Die Unabhängigkeit umfasst insbesondere die Weisungsfreiheit, die freilich im staatlichen Bereich nicht schrankenlos gewährleistet werden kann.[19]

---

[18] *Brühmann*, in: GSH, Europäisches Unionsrecht, Art. 39, Rn. 16.
[19] Vgl. dazu sowie zum Vorstehenden *Kugelmann*, in: Streinz, EUV/AEUV, Art. 39 EUV, Rn. 9; *Kingreen*, in: Calliess/Ruffert, EUV/AEUV, Art. 16 AEUV, Rn. 8.

Artikel 40 EUV [Verfahrens- und Kompetenzabgrenzung bei Durchführung der GASP]

Die Durchführung der Gemeinsamen Außen- und Sicherheitspolitik lässt die Anwendung der Verfahren und den jeweiligen Umfang der Befugnisse der Organe, die in den Verträgen für die Ausübung der in den Artikeln 3 bis 6 des Vertrags über die Arbeitsweise der Europäischen Union aufgeführten Zuständigkeiten der Union vorgesehen sind, unberührt.

Ebenso lässt die Durchführung der Politik nach den genannten Artikeln die Anwendung der Verfahren und den jeweiligen Umfang der Befugnisse der Organe, die in den Verträgen für die Ausübung der Zuständigkeiten der Union nach diesem Kapitel vorgesehen sind, unberührt.

Literaturübersicht

de Baere, Constitutional Principles of EU External Relations, 2008; *Bartelt*, The Institutional Interplay Regarding the New Architecture for the EC's External Assistance, ELJ 14 (2008), 655; *Corthaut*, An Effective Remedy for all?, Tilburg Foreign Law Review 12 (2005), 110; *Cremona* (Hrsg.), Developments in EU External Relations Law, 2008; *Frenz*, Die neue GASP, ZaöRV 70 (2010), 487; *Dashwood*, The Law and Practice of the CFSP Joint Actions, in: Cremona/de Witte (Hrsg.), EU Foreign Relations Law, 2008, S. 53; *Görisch*, Demokratische Verwaltung durch Unionsagenturen, 2009; *Herrmann*, Much Ado About Pluto? The ‚Unity of the European Union Legal Order' Revisited, in: Cremona/de Witte (Hrsg.), EU Foreign Relations Law, 2008, S. 20; *Hillion/Wessel*, Competence distribution in EU external relations after ECOWAS: Clarification or continued fuzziness?, CMLRev. 46 (2009), 551; *Hillion/Wessel*, Restraining External Competences of EU Member States under CFSP, in: Cremona/de Witte (Hrsg.), EU Foreign Relations Law, 2008, 79; *Koutrakos*, EU International Relations Law, 2006; *Koutrakos*, Legal Basis and Delimation of Competence in EU External Relations, in: Cremona/de Witte (Hrsg.), EU Foreign Relations Law, 2008, S. 171; *Pechstein*, Die Intergouvernementalität der GASP nach Lissabon, JZ 2010, 425; *Scheffler*, Die Europäische Union als rechtlich-institutioneller Akteur im System der Vereinten Nationen, 2011; *Terhechte*, Wettbewerb der Regulierungen als Integrationsstrategie in der Europäischen Union?, in: Blanke/Scherzberg/Wegner (Hrsg.), Dimensionen des Wettbewerbs, 2010, S. 279; *ders.*, Rechtsangleichung zwischen Gemeinschafts- und Unionsrecht – die Richtlinie über die Vorratsdatenspeicherung vor dem EuGH, EuZW 2009, 199; *Vranes*, Gemischte Abkommen und die Zuständigkeit des EuGH – Grundfragen und neuere Entwicklungen in den Außenbeziehungen, EuR 2009, 44.

Leitentscheidungen

EuGH, Urt. v. 3.9.2008, verb. Rs. C–402/05 P u. C–415/05 P (Kadi u.a.), Slg. 2008, I–6315
EuGH, Urt. v. 20.5.2008, Rs. C–91/05 (Kommission/Rat (ECOWAS)), Slg. 2008, I–3651
EuGH, Urt. v. 12.5.1998, Rs. C–170/96 (Kommission/Rat (Flughafentransit)), Slg. 1998, I–2763

Inhaltsübersicht

A. Entwicklung und Ziele der Vorschrift

Art. 47 EUV a. F. war allein darauf gerichtet sicherzustellen, dass die »Verträge zur   **1**
Gründung der Europäischen Gemeinschaften sowie die nachfolgenden Verträge und
Akte zur Änderung oder Ergänzung der genannten Verträge« durch den EUV a. F. unberührt blieben. Mit dieser Bestimmung des Verhältnisses zwischen der EU und den
Gemeinschaften sollte eine »**Flucht in die Intergouvernementalität**« ausgeschlossen
werden, so dass eine Maßnahme im Bereich der GASP immer dann unzulässig war,
wenn sie der Sache nach auf eine Gemeinschaftskompetenz hätte gestützt werden können. Betraf eine Maßnahme sowohl die GASP als auch eine Gemeinschaftskompetenz,
erfolgte eine Zuordnung, indem auf den Hauptzweck oder Schwerpunkt abgestellt wurde. War dies nicht möglich, weil sich ein solcher Schwerpunkt oder Hauptzweck nicht
feststellen ließ, musste die Maßnahme unterbleiben.

Auch nach Art. 40 EUV soll eine »Flucht in die Intergouvernementalität« weiterhin   **2**
ausgeschlossen bleiben (Abs. 1), sollen doch die Kompetenzen in den Bereichen der
Art. 3 bis 6 AEUV nicht durch GASP-Maßnahmen ausgehebelt werden. Allerdings unterscheidet sich die Vorschrift in einem wesentlichen Punkt von der Vorgängerregelung
durch die weitere Kompetenzabgrenzung nach Abs. 2. Die Durchführung der Politik
nach den Art. 3 bis 6 AEUV muss die GASP-Kompetenzen und -Verfahren unberührt
lassen. Da allein die GASP, nicht aber das gesamte auswärtige Handeln der Union, vom
Schutzbereich des Abs. 2 umfasst ist, wird für die anderen Politikbereiche ein außenpolitisches Handeln nicht vollends ausgeschlossen, sehr wohl soll aber verhindert werden, dass unter dem Deckmantel der Wahrnehmung gemeinschaftsrechtlicher Kompetenzen eine **Neben-Außen- und Sicherheitspolitik** betrieben wird. Art. 40 EUV ist vor
dem Hintergrund der grundsätzlichen Gleichrangigkeit des EUV und des AEUV (Art. 1
UAbs. 3 Satz 2 EUV), der mit dem Vertrag von Lissabon erfolgten Neugründung einer
rechtsfähigen Europäischen Union, der Überführung vormals intergouvernementaler
Politikbereiche in supranationale Strukturen und des weiterhin intergouvernementalen
Charakters der GASP durchaus folgerichtig.[1] Wenngleich die GASP zu den originären
Zuständigkeiten der Union zählt und sich nicht in einer bloßen Bündelung der Außen-
und Sicherheitspolitik der Mitgliedstaaten erschöpft, werden doch diese in ein unions-
rechtliches Pflichtengeflecht eingebunden, gelten für die GASP nach Art. 24 Abs. 1
UAbs. 2 Satz 1 EUV besondere Bestimmungen und Verfahren.[2] Andere Organe (Kom-
mission, Europäisches Parlament, Gerichtshof) bleiben weitgehend ausgeschlossen.[3] Im
Schrifttum wird insoweit festgestellt, mit der wechselseitigen Unberührtheit nach
Art. 40 EUV werde eine »**vertragliche Trennwand**«[4] oder »Scheidewand«[5] errichtet.
Dieses sprachliche Bild ist durchaus zutreffend, handelt es sich doch bei Art. 40 EUV in
der Tat um eine »vertragsimmanente Isolierung der GASP von den anderen Politikbereichen«.[6] Freilich darf das Bild der »Wand« nicht dahin missverstanden werden, sie sei
aus beiden Richtungen undurchdringlich. Die Kompetenzen werden zwar klar vonein-

---

[1] *Regelsberger/Kugelmann*, in: Streinz, EUV/AEUV, Art. 40 EUV, Rn. 1; *Cremer*, in: Calliess/
Ruffert, EUV/AEUV, Art. 40 EUV, Rn. 1.

[2] S. o. Art. 24 EUV, Rn. 9 ff.

[3] *Pechstein*, JZ 2010, 425; *Dörr*, in: Grabitz/Hilf/Nettesheim, EU, Art. 40 EUV (Oktober 2011),
Rn. 2, 9 f.

[4] *Dörr*, in: Grabitz/Hilf/Nettesheim, EU, Art. 40 EUV (Oktober 2011), Rn. 1.

[5] *Cremer*, in: Calliess/Ruffert, EUV/AEUV, Art. 40 EUV, Rn. 1.

[6] *Dörr*, in: Grabitz/Hilf/Nettesheim, EU, Art. 40 EUV (Oktober 2011), Rn. 1, 8.

ander abgegrenzt, es bleibt aber durchaus Raum für ein begrenztes Einwirken der GASP auf die anderen Politikbereiche.

B. Wechselseitige Unberührtheit

I. Unberührtheit der Befugnisse nach den Art. 3 bis 6 AEUV (Abs. 1)

3   Nach Abs. 1 lässt die Durchführung der GASP die Anwendung der Verfahren und den jeweiligen Umfang der Befugnisse nach den Art. 3 bis 6 AEUV unberührt. Zum Zwecke der Wahrung des erreichten Integrationsstandes soll verhindert werden, dass mit den Instrumenten der GASP auf Politikbereiche eingewirkt wird, die zu den ausschließlichen (Art. 3 AEUV) oder geteilten (Art. 4 AEUV) Zuständigkeiten der Union gehören oder in denen die Union koordinierende (Art. 5 AEUV) bzw. unterstützende, koordinierende und ergänzende (Art. 6 AEUV) Maßnahmen zu ergreifen berechtigt ist.[7] Wie nach überkommener Rechtslage soll mithin eine Flucht in den intergouvernementalen Bereich verhindert werden, so dass immer dann, wenn eine Maßnahme auf Befugnisse aus den supranationalen Politikbereichen gestützt und in einem Gemeinschaftsverfahren erlassen werden muss,[8] die Verfahren und Organbefugnisse aus diesen Politikbereichen »berührt« werden und daher eine Anwendung der Bestimmungen und Verfahren der GASP ausschließen.[9]

4   Allerdings werden die Befugnisse nach den Art. 3 bis 6 AEUV damit **nicht zu einem impermeablen Politikbereich**. Vielmehr folgt bereits aus Art. 218 AEUV, dass mit Instrumenten der GASP sehr wohl in einen supranationalen Politikbereich eingewirkt werden darf. Die mitunter beschworene »Scheidewand«[10] ist somit für Maßnahmen aus dem Bereich der GASP durchlässig.

5   Zudem darf Abs. 1 nicht isoliert betrachtet werden. Aus dem Zusammenhang mit Abs. 2 folgt, dass durch Art. 40 EUV eine **wechselseitige Unberührtheit** gewährleistet werden soll, so dass grundsätzlich stets eine eindeutige Zuordnung entweder zu einer Kompetenzgrundlage der GASP oder zu einer Kompetenzgrundlage aus den integrierten Politikbereichen (einschließlich der anwendbaren Verfahren) erfolgen muss.[11] Nach Art. 47 EUV a. F. konnte sich der EuGH darauf beschränken, auf die **Zielsetzung** einer Maßnahme abzustellen, um so beurteilen zu können, ob sie nach den Kompetenz- und Verfahrensvorschriften eines supranationalen Politikbereichs hätte erlassen werden können.[12] Nach Art. 40 EUV aber kann die »Abgrenzung zwischen einer Maßnahme in der GASP und einer sonstigen Maßnahme [...] nur aufgrund des **Inhalts der Maßnahme**

---

[7] *Cremer*, in: Calliess/Ruffert, EUV/AEUV, Art. 40 EUV, Rn. 2, 7. Vgl. ferner *Dörr*, in: Grabitz/ Hilf/Nettesheim, EU, Art. 40 EUV (Oktober 2011), Rn. 14, der unter Hinweis auf den Wortlaut betont, es würden allein die »prozeduralen und kompetenzrechtlichen Elemente des supranationalen Unionsrechts, die Regeln über Handlungsbefugnisse und Verfahren der Beschlussfassung« geschützt.

[8] Vgl. EuGH, Urt. v. 20.5.2008, Rs. C–91/05 (Kommission/Rat (ECOWAS)), Slg. 2008, I–3651; Urt. v. 12.5.1998, Rs. C–170/96 (Kommission/Rat [Flughafentransit]), Slg. 1998, I–2763.

[9] *Haratsch/Koenig/Pechstein*, Europarecht, Rn. 472; *Dörr*, in: Grabitz/Hilf/Nettesheim, EU, Art. 40 EUV (Oktober 2011), Rn. 15.

[10] Vgl. die Nachweise Fn. 5.

[11] *Cremer*, in: Calliess/Ruffert, EUV/AEUV, Art. 40 EUV, Rn. 5; *Regelsberger/Kugelmann*, in: Streinz, EUV/AEUV, Rn. 5; *Marquarst/Gaedtke*, in: GSH, Europäisches Unionsrecht, Art. 40, Rn. 5.

[12] EuGH, Urt. v. 12.5.1998, Rs. C–170/96 (Kommission/Rat [Flughafentransit]), Slg. 1998, I–2763.

und den benötigten Handlungsformen, nicht aber nach deren Zielsetzung erfolgen«.[13] Der Ausschluss der Zielsetzung als Abgrenzungskriterium folgt aus Art. 21 EUV, der die Ziele für das gesamte außenpolitische Handeln der Union enthält und nicht zwischen der GASP und den anderen Politikbereichen differenziert, so dass die außenpolitischen Ziele sowohl mit den Instrumenten und Verfahren der GASP als auch mit denen der integrierten Politikbereiche verfolgt werden dürfen.

Somit begegnet im Anwendungsbereich des Abs. 1 eine eindeutige Zuordnung insbesondere dann Schwierigkeiten, wenn eine Maßnahme nach Maßgabe der Bestimmungen und Verfahren sowohl der GASP als auch der anderen Politikbereiche erlassen werden kann. Da nicht mehr auf die Zielsetzung abgestellt werden darf,[14] scheint es auch nicht mehr möglich, die **Schwerpunkt-Rechtsprechung** des EuGH[15] aufrecht zu erhalten.[16] Mitunter wird diese Konsequenz gezogen, wenn festgestellt wird, eine »Grenzziehung nach dem Schwerpunkt von Inhalt und Zielsetzung« scheide aus, so dass immer dann wenn eine eindeutige Zuordnung nicht möglich ist, notfalls einander ergänzende oder parallele Rechtsakte in beiden Politikbereichen gesondert erlassen werden müssten.[17] Dagegen spricht jedoch, dass es nicht ausgeschlossen ist, nach dem inhaltlichen Schwerpunkt eines Rechtsakts zu bestimmen, ob entweder die Kompetenzen der GASP oder sonstige Kompetenzen ausgeübt werden sollen.[18] Daher muss nach Abs. 1 der integrierte Politikbereich immer dann vor einem Eindringen durch GASP-Maßnahmen geschützt bleiben, wenn der so bestimmte Schwerpunkt einer Maßnahme nicht ausschließlich oder hauptsächlich im Bereich der GASP liegt.

II. Unberührtheit der Bestimmungen und Verfahren der GASP (Abs. 2)

Gemäß Abs. 2 muss die Wahrnehmung der Kompetenzen nach den Art. 3 bis 6 AEUV die Zuständigkeiten und Verfahren im Rahmen der GASP unberührt lassen. Damit soll ein **Eindringen aus dem supranationalen Bereich** in den Bereich der intergouvernementalen GASP verhindert werden.[19] In diesem Zusammenhang wird die Auffassung vertreten, Abs. 2 schließe lediglich eine »Usurpation von Organbefugnissen und Beschlussverfahren« aus, Abs. 2 bedinge »keine materiell-rechtliche Isolation vom übrigen Unionsrecht«, sondern erschöpfe sich »in einem Schutz vor Kompetenz- und Verfahrensusurpation«.[20] Nun trifft es zu, dass nach dem Wortlaut in der Tat die jeweiligen Verfahren und der Umfang der Befugnisse aus dem Bereich der GASP unberührt bleiben sollen.[21] Jedoch würde der Ausschluss einer auch **materiell-rechtlichen Isolation der**

6

7

---

[13] *Regelsberger/Kugelmann*, in: Streinz, EUV/AEUV, Rn. 4. So auch *Cremer*, in: Calliess/Ruffert, EUV/AEUV, Art. 40 EUV, Rn. 10.

[14] A.A. *Dörr*, in: Grabitz/Hilf/Nettesheim, EU, Art. 40 EUV (Oktober 2011), Rn. 16, der weiterhin auf Haupt- und Nebenzweck abstellt und die Schwerpunkt-Rechtsprechung des EuGH für weiterhin anwendbar hält.

[15] S. o. Fn. 8.

[16] *Hummer*, in: Vedder/Heintschel v. Heinegg, Europäisches Unionsrecht, Art. 40 EUV, Rn. 7; *Cremer*, in: Calliess/Ruffert, EUV/AEUV, Art. 40 EUV, Rn. 10.

[17] So *Cremer*, in: Calliess/Ruffert, EUV/AEUV, Art. 40 EUV, Rn. 10.

[18] So wohl auch *Regelsberger/Kugelmann*, in: Streinz, EUV/AEUV, Art. 40 EUV, Rn. 5.

[19] *Regelsberger/Kugelmann*, in: Streinz, EUV/AEUV, Art. 40 EUV, Rn. 3.

[20] *Dörr*, in: Grabitz/Hilf/Nettesheim, EU, Art. 40 EUV (Oktober 2011), Rn. 19, 21.

[21] Vgl. auch *Cremer*, in: Calliess/Ruffert, EUV/AEUV, Art. 40 EUV, Rn. 4, der auf den Zusammenhang mit Art. 24 Abs. 1 UAbs. 2 Satz 1 EUV hinweist und feststellt, das Prinzip der begrenzten Einzelermächtigungen, aber auch das Prinzip der begrenzten Organermächtigungen erführen durch Art. 40 und Art. 24 Abs. 1 UAbs. 2 Satz 1 eine »Betonung und Zuspitzung«.

GASP vom übrigen Unionsrecht dem besonderen Charakter der GASP als »im wesentlichen intergouvernementalen Sonderbereich«[22] nicht gerecht. Wenngleich die Erklärungen Nr. 13 und 14 vordergründig allein darauf abzielen, die nationale Außen- und Sicherheitspolitik der Mitgliedstaaten zu erhalten, so wird doch auch deutlich, dass die Außenpolitik nur insoweit zum supranationalen Bereich gehören soll, als Regelungsbefugnisse ausdrücklich zuerkannt worden sind. Ihr Anliegen war es stets, die Außen- und Sicherheitspolitik zu isolieren und der Kommission, dem Parlament und dem Gerichtshof ein Einwirken zu versagen. Ebenso wird deutlich, dass durch die GASP die Außen- und Sicherheitspolitik der Mitgliedstaaten »nur behutsam durch Unionsaktivitäten ergänzt, im wesentlichen aber lediglich koordiniert werden.«[23] So verstanden dient Abs. 2 »dem Schutz eines **außen- und sicherheitspolitischen Kompetenzreservats**« der Mitgliedstaaten.[24] In diesem Politikbereich soll die Ausübung von Unionskompetenzen aus anderen Politikbereichen vollends ausgeschlossen bleiben. Eine Neben-Außen- und Sicherheitspolitik in Ausübung von Kompetenzen und gemäß den Verfahren aus den anderen Politikbereichen soll verhindert werden, so dass Abs. 2 zugleich ein Verbot enthält, gemischte Ziele zu verfolgen.[25] Die GASP soll somit abgeschirmt bleiben, die beschworene Scheidewand bleibt somit allein aus der Perspektive des supranationalen Bereichs undurchlässig.[26]

8   Der Charakterisierung der GASP als **impermeabler Sonderbereich** steht auch die Unterscheidung in Art. 218 AEUV zwischen internationalen Übereinkünften, die die GASP ausschließlich oder hauptsächlich betreffen, nicht entgegen. Zwar bleibt das Parlament weiter eingebunden, soweit es sich nicht um ausschließliche Abkommen handelt. Allerdings geht auch bei diesen Abkommen die Initiative allein vom Hohen Vertreter aus, so dass für einen Schutz der besonderen Bestimmungen und Verfahren der GASP nach Abs. 2 kein Bedürfnis besteht.

9   Sollen die anderen Unionsorgane in den Außenbeziehungen nur soweit tätig werden dürfen, als ihnen in den integrierten Politikbereichen eine ausdrückliche Kompetenz eingeräumt wird oder sie ausnahmsweise einbezogen werden, verbietet sich eine Abgrenzung nach dem **Schwerpunkt einer Maßnahme**.[27] Erforderlich ist, dass nach außen gerichtete Maßnahmen im Bereich der GASP allein auf der Grundlage von Kapitel 2 EUV ergehen. Wenn es mit Blick auf das Binnenverhältnis einer internen Umsetzung bedarf, so muss ein paralleler Unionsrechtsakt erlassen werden. Kommt dieser nicht zustande, fallen Außen- und Binnenpflichten auseinander, was aber keine unionsrechtliche Besonderheit darstellt.[28]

[22] *Regelsberger/Kugelmann*, in: Streinz, EUV/AEUV, Art. 40 EUV, Rn. 3.
[23] *Cremer*, in: Calliess/Ruffert, EUV/AEUV, Art. 40 EUV, Rn. 6.
[24] *Cremer*, in: Calliess/Ruffert, EUV/AEUV, Art. 40 EUV, Rn. 6.
[25] So auch *Regelsberger/Kugelmann*, in: Streinz, EUV/AEUV, Art. 40 EUV, Rn. 5.
[26] So wohl auch *Cremer*, in: Calliess/Ruffert, EUV/AEUV, Art. 40 EUV, Rn. 12, der meint, die Scheidewand des Art. 40 sei damit lediglich dem Binnenrecht der Union eingezogen.
[27] A.A. *Dörr*, in: Grabitz/Hilf/Nettesheim, EU, Art. 40 EUV (Oktober 2011), Rn. 20, der auch im Rahmen von UAbs. 2 auf den Hauptzweck abstellt. Zugleich geht aber auch er davon aus, mit UAbs. 2 solle verhindert werden, dass Unionsrechtsakte Zwecke verfolgen oder Regelungen enthalten, die Gegenstand einer GASP-Maßnahme sein können.
[28] So auch *Cremer*, in: Calliess/Ruffert, EUV/AEUV, Art. 40 EUV, Rn. 12.

III. Justiziabilität

Wenngleich der EuGH nicht befugt ist, die Vorschriften des 2. Kapitels auszulegen oder Sekundärrechtsakte aus dem Bereich der GASP auf ihre Vereinbarkeit mit dem Primärrecht zu überprüfen, ist er nach Art. 275 Abs. 2 AEUV **ausnahmsweise** »für die Kontrolle der Einhaltung« von Art. 40 EUV zuständig. Damit kann der Gerichtshof »im Wege der Nichtigkeitsklage GASP-Maßnahmen aufheben, die der Sache nach auf eine eigene Zuständigkeit der Union nach den Art. 3 bis 6 AEUV hätten gestützt werden müssen«.[29] Ebenso verhält es sich, wenn in Wahrnehmung der Kompetenzen nach den Art. 3 bis 6 AEUV außenpolitische Maßnahmen ergriffen werden, die nach Abs. 2 dem 2. Kapitel des EUV vorbehalten sind.   **10**

Wenngleich für eine Beibehaltung der Schwerpunkt-Rechtsprechung des EuGH allein im Rahmen des Abs. 1 und nur insoweit Raum bleibt, als nicht mehr auf die Zielrichtung einer Maßnahme abgestellt werden kann,[30] ist nicht absehbar, ob sich der Gerichtshof dieser Auslegung des Art. 40 EUV anschließen wird. Es ist jedoch absehbar, dass er von seiner weiteren Befugnis nach Art. 275 Abs. 2 AEUV, mithin zur Rechtmäßigkeitskontrolle von Beschlüssen über restriktive Maßnahmen gegenüber natürlichen oder juristischen Personen, weiterhin umfassend Gebrauch machen wird. In der Rs. Kadi sah der Gerichtshof in einer Überprüfung eines Unionsrechtsaktes keine unzulässige inzidente Überprüfung eines umgesetzten Beschlusses des UN-Sicherheitsrats, so dass er für sich das Recht einer **umfassenden Grundrechtskontrolle** beanspruchte.[31] Daher ist auch für die Zukunft ein Widerspruch zwischen dem Binnen- und dem Außenverhältnis nicht ausgeschlossen, weil einer durch eine GASP-Maßnahme umgesetzten völkerrechtlichen Vorgabe auf Unionsebene keine Wirksamkeit verschafft werden kann. Der Gerichtshof ist stets bestrebt gewesen, ein Einwirken des Völkerrechts auf den unionsinternen Bereich zu erschweren. Dies zielt weniger auf die GASP als auf das Welthandelsrecht, dessen Binnenwirkungen dem Gerichtshof nur dann akzeptabel erscheinen, wenn eine hinreichende Gegenseitigkeit gewährleistet ist. Da der Gerichtshof aber mit Blick auf das Recht der internationalen Sicherheit nicht andere Maßstäbe anlegen kann als auf das Welthandelsrecht, ist es nur folgerichtig, wenn er an diesem Kurs festhält.   **11**

---

[29] *Haratsch/Koenig/Pechstein*, Europarecht, Rn. 472.
[30] S. o. Rn. 6.
[31] EuGH, Urt. v. 3. 9. 2008, verb. Rs. C–402/05 P u. C–415/05 P (Kadi u. a.), Slg. 2008, I–6315. Vgl. auch *Haratsch/Koenig/Pechstein*, Europarecht, Rn. 695 f.

Artikel 41 EUV [Finanzierung]

(1) Die Verwaltungsausgaben, die den Organen aus der Durchführung dieses Kapitels entstehen, gehen zulasten des Haushalts der Union.

(2) Die operativen Ausgaben im Zusammenhang mit der Durchführung dieses Kapitels gehen ebenfalls zulasten des Haushalts der Union, mit Ausnahme der Ausgaben aufgrund von Maßnahmen mit militärischen oder verteidigungspolitischen Bezügen und von Fällen, in denen der Rat einstimmig etwas anderes beschließt.
¹In Fällen, in denen die Ausgaben nicht zulasten des Haushalts der Union gehen, gehen sie nach dem Bruttosozialprodukt-Schlüssel zulasten der Mitgliedstaaten, sofern der Rat nicht einstimmig etwas anderes beschließt. ²Die Mitgliedstaaten, deren Vertreter im Rat eine förmliche Erklärung nach Artikel 31 Absatz 1 Unterabsatz 2 abgegeben haben, sind nicht verpflichtet, zur Finanzierung von Ausgaben für Maßnahmen mit militärischen oder verteidigungspolitischen Bezügen beizutragen.

(3) ¹Der Rat erlässt einen Beschluss zur Festlegung besonderer Verfahren, um den schnellen Zugriff auf die Haushaltsmittel der Union zu gewährleisten, die für die Sofortfinanzierung von Initiativen im Rahmen der Gemeinsamen Außen- und Sicherheitspolitik, insbesondere von Tätigkeiten zur Vorbereitung einer Mission nach Artikel 42 Absatz 1 und Artikel 43 bestimmt sind. ²Er beschließt nach Anhörung des Europäischen Parlaments.
Die Tätigkeiten zur Vorbereitung der in Artikel 42 Absatz 1 und in Artikel 43 genannten Missionen, die nicht zulasten des Haushalts der Union gehen, werden aus einem aus Beiträgen der Mitgliedstaaten gebildeten Anschubfonds finanziert.
Der Rat erlässt mit qualifizierter Mehrheit auf Vorschlag des Hohen Vertreters der Union für Außen-und Sicherheitspolitik die Beschlüsse über
a) die Einzelheiten für die Bildung und die Finanzierung des Anschubfonds, insbesondere die Höhe der Mittelzuweisungen für den Fonds;
b) die Einzelheiten für die Verwaltung des Anschubfonds;
c) die Einzelheiten für die Finanzkontrolle.
¹Kann die geplante Mission nach Artikel 42 Absatz 1 und Artikel 43 nicht aus dem Haushalt der Union finanziert werden, so ermächtigt der Rat den Hohen Vertreter zur Inanspruchnahme dieses Fonds. ²Der Hohe Vertreter erstattet dem Rat Bericht über die Erfüllung dieses Mandats.

Literaturübersicht

Burkard, Die Gemeinsame Außen- und Sicherheitspolitik und ihre Berührungspunkte mit der Europäischen Gemeinschaft, 2001; *Hölscheidt/Brökelmann*, Die Finanzierung der Gemeinsamen Außen- und Sicherheitspolitik, Finanzreform 2004, 23; *v. Kielmansegg*, Die Verteidigungspolitik der Europäischen Union, 2005; *Sautter*, The Financing of Common Foreign and Security Policy, in: Blanke/ Mangiameli (Hrsg.), The European Union after Lisbon, 2012, S. 567; *Wilms*, Die Reform des EU-Haushaltes im Lichte der Finanziellen Vorausschau 2007–2013 und des Vertrages von Lissabon, EuR 2007, 707.

Leitentscheidungen

EuGH, Urt. v. 30.6.1993, verb. Rs. C–181/91 u. C–248/91 (Parlament/Rat), Slg. 1993, I–3685
EuGH, Urt. v. 2.3.1994, Rs. C–316/91 (Parlament/Rat), Slg. 1994, I–625
EuG, Urt. v. 19.7.1999, Rs. T–14/98 (Hautala), Slg 1999, II–2489
EuGH, Urt. v. 20.5.2008, Rs. C–91/05 (Kommission/Rat), Slg. 2008, I–3651

Wesentliche sekundärrechtliche Vorschriften

Interinstitutionelle Vereinbarung vom 2.12.2013 zwischen dem Europäischen Parlament, dem Rat
und der Kommission über die Haushaltsdisziplin, die Zusammenarbeit im Haushaltsbereich und die
wirtschaftliche Haushaltsführung, ABl. 2013, C 373/1
Beschluss 2011/871/GASP des Rates vom 19.12.2011 über einen Mechanismus zur Verwaltung der
Finanzierung der gemeinsamen Kosten der Operationen der Europäischen Union mit militärischen
oder verteidigungspolitischen Bezügen (ATHENA), ABl. 2011, L 343/35

A. Entwicklung und Ziele der Vorschrift

Art. 41 Abs. 1 und 2 EUV entspricht Art. 28 Abs. 2 und 3 EUV a.F. Neu sind die Vor- **1**
schriften des Abs. 3 zur Sofortfinanzierung und zu einem Anschubfonds für Missionen
mit militärischen oder verteidigungspolitischen Bezügen. Wegen der grundsätzlichen
Aufgabe der Säulenstruktur und des nunmehr bestehenden einheitlichen institutionellen Rahmens bedarf es einer konstitutiven Anwendbarkeitserklärung der Vorschriften
über die Organe (so aber noch Art. 28 Abs. 1 EUV a.F.) nicht mehr. Für diese gelten die
allgemeinen Vorschriften der Art. 13–19 EUV und Art. 223–287 AEUV, es sei denn, es
gelten ausdrückliche Ausnahmen (z.B. Art. 36 EUV hinsichtlich der Rolle des EP).
Ebenfalls erübrigt hat sich die Vorschrift des Art. 28 Abs. 4 EUV a.F. über die Anwendbarkeit des Haushaltsverfahrens, da nunmehr die Art. 310–325 AEUV sowie die Haushaltsordnung anwendbar sind, soweit die Finanzierung aus Haushaltsmitteln der Union
erfolgt.[1]

Mit der Vorschrift soll die Finanzierung von GASP-Maßnahmen auf eine **sichere** **2**
Grundlage gestellt werden, um zu vermeiden, dass in jedem Einzelfall über die Finanzierung entschieden (und gestritten) werden muss.[2] Dies betrifft nicht allein die Aufteilung der von der Union oder den Mitgliedstaaten zu tragenden Kosten, sondern auch die
Festsetzung der von den Mitgliedstaaten zu leistenden Beiträge für Operationen, die

---

[1] Vgl. auch *Cremer*, in: Calliess/Ruffert, EUV/AEUV, Art. 41 EUV, Rn. 1 f.; *Regelsberger/Kugel-
mann*, in: Streinz, EUV/AEUV, Art. 41 EUV, Rn. 3.
[2] *Kaufmann-Bühler/Meyer-Landrut*, in: Grabitz/Hilf/Nettesheim, EU, Art. 41 EUV (Juli 2010),
Rn. 4.

nicht aus dem Unionshaushalt finanziert werden können. Zudem soll die **Handlungs-fähigkeit der Union** im Bereich der GASP dadurch gewährleistet werden, dass im Falle nicht-militärischer Operationen ein schneller Zugriff auf Haushaltsmittel der Union möglich ist oder die Vorbereitungsphase einer Operation mit militärischen oder vertei-digungspolitischen Bezügen aus einen Anschubfonds finanziert werden kann.

B. Finanzierung aus dem Unionshaushalt (Abs. 1, Abs. 2 UAbs. 1)

I. Verwaltungsausgaben und Ausgaben für operatives Vorgehen mit zivilen Mitteln

3 Da die Außenbeziehungen der Union nicht auf die GASP beschränkt sind, gilt es zu-nächst genau zu bestimmen, auf welcher Rechtsgrundlage eine Maßnahme basiert. Da gemäß Art. 40 EUV eine Maßnahme eindeutig entweder dem supranationalen oder aber dem GASP-Bereich zugeordnet werden muss, so dass »Mischakte« ausgeschlossen sind,[3] kommt auch eine **Mischfinanzierung** aus verschiedenen Kapiteln des Haushalts-plans der Union nicht in Betracht.[4] Daher gilt der Grundsatz: die Kompetenz bestimmt die Finanzierungsquelle.[5]

4 Soweit eine Zuordnung zur GASP erfolgt, gehen die den Unionsorganen aus der Durchführung der GASP entstehenden Verwaltungsausgaben zu Lasten des Unions-haushalts (Abs. 1). Vorbehaltlich eines anderslautenden einstimmigen Ratsbeschlusses (Abs. 2 UAbs. 1) gilt dies auch für die operativen Ausgaben für ein **operatives Vorgehen mit zivilen Mitteln**. Da zudem die Kosten für Operationen mit militärischen oder ver-teidigungspolitischen Bezügen solange von den Mitgliedstaaten zu tragen sind, bis der Rat nach Abs. 2 UAbs. 2 Satz 1 einstimmig etwas anderes beschließt, ist die grundsätz-liche Aufteilung der Finanzlasten für GASP-Maßnahmen insoweit hinreichend geklärt, als das Verhältnis zwischen der Union einerseits und den Mitgliedstaaten andererseits betroffen ist. Allerdings bleibt das unionsinterne Problem der Zuordnung zu entweder den Verwaltungsausgaben oder zu den operativen Kosten bestehen. Einigkeit besteht lediglich insoweit, als die Verwaltungskosten zu Lasten der Institution gehen, bei der sie anfallen.[6] Da aber aus dem Verwaltungshaushalt des Rates keine operativen Ausgaben beglichen werden dürfen, ist eine Abgrenzung unumgänglich. Grundsätzlich zählen zu den **Verwaltungsausgaben** die Personal- und Reisekosten der mit GASP-Aufgaben be-trauten Mitarbeiter der jeweiligen Institution. Angesichts der jüngeren Praxis gilt dies jedoch nicht mit Blick auf die Sonderbeauftragten (Art. 33 EUV), werden diese doch im Haushaltsplan gesondert ausgewiesen,[7] so dass die mit ihrem Einsatz anfallenden Ko-sten den operativen Ausgaben zuzuordnen sind. Zu den **operativen Ausgaben** zählen alle mit einer zivilen Operation anfallenden Kosten, mithin auch die vorbereitenden Maßnahmen und Folgemaßnahmen.[8]

---

[3] Vgl. Art. 40 EUV, Rn. 5.
[4] A.A. augenscheinlich *Regelsberger/Kugelmann*, in: Streinz, EUV/AEUV, Art. 41 EUV, Rn. 4.
[5] *Kaufmann-Bühler/Meyer-Landrut*, in: Grabitz/Hilf/Nettesheim, EU, Art. 41 EUV (Juli 2010), Rn. 16 ff.; *Cremer*, in: Calliess/Ruffert, EUV/AEUV, Art. 41 EUV, Rn. 8.
[6] *Kaufmann-Bühler/Meyer-Landrut*, in: Grabitz/Hilf/Nettesheim, EU, Art. 41 EUV (Juli 2010), Rn. 8.
[7] Vgl. unten Rn. 9; ferner *Cremer*, in: Calliess/Ruffert, EUV/AEUV, Art. 41 EUV, Rn. 7.
[8] Vgl. unten Rn. 9.

II. Interinstitutionelle Vereinbarung und Ausweisung im Haushaltsplan

GASP-Ausgaben, die zu Lasten des Unionshaushalts gehen, müssen **im Haushalt der** 5
Union ausgewiesen sein und unterliegen den Grundsätzen der Haushaltseinheit und
-vollständigkeit.[9] Ein Sonderhaushalt ist ausgeschlossen. Zudem gelten die Vorschriften
über die Wirtschaftlichkeit der Haushaltsführung (Art. 317 AEUV), die Entlastung
durch das Europäische Parlament (Art. 319 AEUV), die Rechnungsprüfung durch den
Europäischen Rechnungshof (Art. 287 AEUV) sowie die Vorschriften über Betrugsbekämpfung (OLAF).

Die Frage der Finanzierung von GASP-Maßnahmen aus dem Unionshaushalt war 6
Gegenstand langwieriger Auseinandersetzungen zwischen dem Europäischen Parlament, der Kommission und dem Rat, da das Parlament nicht bereit war, von seinen
Rechten im Haushaltsverfahren zurückhaltend Gebrauch zu machen. Naturgemäß sahen der Rat und die Kommission dadurch ihren außenpolitischen Handlungsspielraum
zu stark eingeengt. Ein modus vivendi wurde erst im Jahr 1997 durch eine Interinstitutionelle Vereinbarung[10] erreicht, die sodann in den Jahren 1999,[11] 2006[12] und zuletzt
2013[13] durch umfassendere Regelungen ersetzt wurde.

In der Interinstitutionellen Vereinbarung aus dem Jahr 2013 ist wie in den vorherigen 7
Vereinbarungen ein »**Konzertierungsverfahren**«[14] vorgesehen, das allein auf die operativen Ausgaben für die GASP Anwendung findet, die zu Lasten des Unionshaushalts
gehen. So soll sichergestellt werden, dass über den Finanzbedarf möglichst früh Klarheit
besteht und der supranationale vom GASP-Bereich abgegrenzt wird. Zudem werden
Vorgaben für die einzelnen Positionen des auf die GASP anwendbaren Teils des Haushaltsplans gemacht, so dass sich der Streit über die Zuordnung zu den Verwaltungsausgaben oder den operativen Ausgaben in Teilen erledigt haben dürfte.[15] Schließlich wird
die für die Außenpolitik notwendige Flexibilität insbesondere dadurch gewährleistet,
dass **Mittel für Sofortmaßnahmen** ausgewiesen werden und die Kommission berechtigt
ist, innerhalb des GASP-Kapitels Mittelübertragungen autonom vorzunehmen.

Die für die GASP-Ausgaben relevanten Bestimmungen der Vereinbarung lauten: 8

»23. Der Gesamtbetrag der operativen Ausgaben für die GASP wird in ein Kapitel des Haushaltsplans mit der Überschrift GASP eingesetzt. Dieser Betrag deckt den bei der Aufstellung des
Haushaltsentwurfs auf der Grundlage der jährlichen Vorausschätzungen des Hohen Vertreters […]
tatsächlich vorhersehbaren Mittelbedarf und bietet einen angemessenen Spielraum für unvorher-
gesehene Maßnahmen. Es werden keine Mittel in eine Reserve eingestellt.

24. Was die GASP-Ausgaben angeht, die gemäß Artikel 41 […] zu Lasten des Gesamthaushalts der
Union gehen, bemühen sich die Organe, jedes Jahr im Vermittlungsausschuss auf der Grundlage des

---

[9] *Kaufmann-Bühler/Meyer-Landrut*, in: Grabitz/Hilf/Nettesheim, EU, Art. 41 EUV (Juli 2010),
Rn. 5.

[10] ABl. 1997, C 286/80.

[11] ABl. 1999, C 172/8.

[12] ABl. 2006, C 139/1.

[13] Interinstitutionelle Vereinbarung vom 2. 12. 2013 zwischen dem Europäischen Parlament, dem
Rat und der Kommission über die Haushaltsdisziplin, die Zusammenarbeit im Haushaltsbereich und
die wirtschaftliche Haushaltsführung, ABl. 2013, C 373/1.

[14] *Kaufmann-Bühler/Meyer-Landrut*, in: Grabitz/Hilf/Nettesheim, EU, Art. 41 EUV (Juli 2010),
Rn. 14. Vgl. ferner *Cremer*, in: Calliess/Ruffert, EUV/AEUV, Art. 41 EUV, Rn. 9.

[15] So war mit Blick auf die Kosten für die Vorbereitungsphase der Aufbaumission in Mostar (1994)
strittig, ob es sich um Verwaltungsausgaben oder aber um operative Ausgaben handelte. Vgl. dazu
Kaufmann-Bühler/Meyer-Landrut, in: Grabitz/Hilf/Nettesheim, EU, Art. 41 EUV (Juli 2010), Rn. 9.

von der Kommission erstellten Entwurfs des Haushaltsplans zu einer Einigung über den Betrag der operativen Ausgaben, der zu Lasten des Gesamthausgalts der Union geht, und über die Aufteilung dieses Betrags auf die in Absatz 4 dieser Nummer vorgeschlagenen Artikel des GASP-Kapitels des Haushaltsplans zu gelangen. Kommt keine Einigung zustande, setzen das Europäische Parlament und der Rat den im Vorjahr eingesetzten oder – falls dieser niedriger ist – den im Entwurf des Haushaltsplans veranschlagten Betrag ein.

Der Gesamtbetrag der operativen GASP-Ausgaben verteilt sich nach dem in Absatz 4 vorgeschlagenen Ansatz auf verschiedene Artikel des GASP-Kapitels. Jeder Artikel umfasst die bereits angenommenen Instrumente sowie alle anderen künftigen – d. h. unvorhergesehenen – Instrumente, die der Rat während des betreffenden Haushaltsjahres annehmen wird.

Die Kommission ist aufgrund der Haushaltsordnung befugt, innerhalb des GASP-Kapitels des Haushaltsplans Mittelübertragungen von Artikel zu Artikel autonom vorzunehmen, so dass die Flexibilität, die für eine rasche Durchführung der GASP-Maßnahmen als erforderlich gilt, gewährleistet ist. Sollte sich im Laufe des Haushaltsjahres zeigen, dass die GASP-Mittel zur Deckung der notwendigen Ausgaben nicht ausreichen, bemühen sich das Europäische Parlament und der Rat, auf der Grundlage eines Vorschlags der Kommission mit Dringlichkeit um die Herbeiführung einer Lösung nach Maßgabe von Artikel 3 der MFR [Mehrjähriger Finanzrahmen]-Verordnung sowie Nummer 10 dieser Vereinbarung.

Innerhalb des GASP-Kapitels es Haushaltsplan könnten die Artikel, in die die GASP-Aktionen aufzunehmen sind, wie folgt lauten:
– Wichtigste Einzelmissionen im Sinne des Artikels 49 Abs. 1 Buchstabe g der Haushaltsordnung;
– Krisenmanagementoperationen, Konfliktverhütung, Konfliktbeilegung und Stabilisierung sowie Monitoring und Umsetzung von Friedens- und Sicherheitsprozessen;
– Nichtverbreitung und Abrüstungsmaßnahmen;
– Sofortmaßnahmen;
– Vorbereitende Maßnahmen und Folgemaßnahmen;
– Sonderbeauftrage der europäischen Union. 25. Der Hohe Vertreter hört das Europäische Parlament alljährlich zu einem bis zum 15. Juni des jeweiligen Jahres zu übermittelnden zukunftsorientierten Dokument über die Hauptaspekte und grundlegenden Optionen der GASP, einschließlich der finanziellen Auswirkungen auf den Gesamthaushaltsplan der Union, einer Bewertung der im Jahr n–1 eingeleiteten Maßnahmen sowie einer Bewertung der Koordinierung und Komplementarität der GASP mit anderen externen Finanzierungsinstrumenten der Union an. Außerdem unterrichtet der Hohe Vertreter das Europäische Parlament regelmäßig im Wege gemeinsamer Beratungssitzungen, die mindestens fünfmal jährlich im Rahmen des regelmäßigen politischen Dialogs über die GASP stattfinden und die spätestens im Vermittlungsausschuss festgelegt werden. Die Teilnahme an diesen Sitzungen wird jeweils vom Europäischen Parlament bzw. vom Rat unter Berücksichtigung des Ziels und der Art der Informationen, die in diesen Sitzungen ausgetauscht werden, festgelegt.

Die Kommission wird zur Teilnahme an diesen Sitzungen eingeladen.

Der Hohe Vertreter teilt dem Europäischen Parlament bei jedem kostenwirksamen Ratsbeschluss im Bereich der GASP unverzüglich, spätestens jedoch binnen fünf Arbeitstagen mit, wie hoch die geplanten Kosten (Finanzbogen), insbesondere die Kosten betreffend den zeitlichen Rahmen, das eingesetzte Personal, die Nutzung von Räumlichkeiten und sonstiger Infrastruktur, die Transporteinrichtungen, Ausbildungserfordernisse und Sicherheitsvorkehrungen, veranschlagt werden.

Die Kommission unterrichtet das Europäische Parlament und den Rat vierteljährlich über die Durchführung der GASP-Aktionen und die Finanzprognosen für die verbleibende Zeit des Haushaltsjahres.«

Im Haushaltsplan für 2014[16] waren insgesamt € 314 Millionen für die GASP vorgese-   9
hen. Davon entfielen € 355.000 auf Unterstützungsausgaben für die GASP sowie € 226
Millionen auf stabilitätsfördernde Maßnahmen durch Missionen im Rahmen der GASP
und Sonderbeauftragte, wovon € 35 Millionen für Sofortmaßnahmen sowie € 7 Millionen für vorbereitende Maßnahmen und Folgemaßnahmen ausgewiesen waren. Für Sonderbeauftragte waren € 25 Millionen, für Nichtverbreitungs- und Abrüstungsmaßnahmen waren € 18 Millionen vorgesehen.

C. Ausgaben, die nicht zu Lasten des Unionshaushalts gehen (Abs. 2 UAbs. 2)

I. Grundsätzliche Verteilung der Kosten

Ausgaben, die nicht zu Lasten des Haushalts der Union gehen, sind solche die bei **Ope-**   10
rationen mit militärischen oder verteidigungspolitischen Bezügen anfallen. Diese Ausgaben gehen zu Lasten der Mitgliedstaaten. Wenngleich der Rat nach Abs. 1 UAbs. 2
Satz 1 durch einstimmigen Beschluss etwas anderes beschließen kann, ist mit einem
solchen Beschluss solange nicht zu rechnen, bis der Europäische Rat nach Art. 42 Abs. 2
UAbs. 1 Satz 2 EUV einstimmig eine »gemeinsame Verteidigung« beschließt.

Grundsätzlich sind **alle Mitgliedstaaten** verpflichtet, sich an der Finanzierung von Ope-   11
rationen mit militärischen oder verteidigungspolitischen Bezügen zu beteiligen. Es gelten jedoch zwei Ausnahmen. Zum einen beteiligt sich **Dänemark** nach Art. 5 des Protokoll Nr. 22 nicht an der Ausarbeitung und Durchführung von Beschlüssen und Maßnahmen der Union, die militärische oder verteidigungspolitische Bezüge haben, so dass
sich Dänemark auch nicht an der Finanzierung dieser Maßnahmen beteiligen muss. Zum
anderen steht es gemäß Abs. 1 UAbs. 2 Satz 2 jedem Mitgliedstaat offen, sich durch
konstruktive Enthaltung nach Art. 31 Abs. 1 UAbs. 2 EUV[17] nicht nur der Teilnahme,
sondern auch der Finanzierung solcher Maßnahmen zu entziehen.

II. ATHENA-Mechanismus

Grundsätzlich bestimmt sich der auf die einzelnen Mitgliedstaaten entfallende Beitrag   12
nach dem **Bruttosozialprodukt-Schlüssel**. Der Rat hat aber von dieser Befugnis nach
Abs. 2 UAbs. 2 Satz 1 zur Verteilung der den Mitgliedstaaten zur Last fallenden Ausgaben Gebrauch gemacht. Seit dem Jahr 2004 besteht der ATHENA-Mechanismus[18] zur
Verwaltung der Finanzierung der gemeinsamen Kosten von Operationen mit militärischen oder verteidigungspolitischen Bezügen sowie von militärischen Unterstützungsaktionen. Der entsprechende Ratsbeschluss ist mehrfach geändert und im Dezember
2011 durch einen, auf Art. 26 Abs. 2 und 41 Abs. 2 EUV gestützten, neuen ATHENA-
Beschluss aufgehoben worden.[19] Mit dem ATHENA-Mechanismus soll die Union in die

---

[16] Abrufbar unter http://ec.europa.eu/budget/annual/index_de.cfm?year=2014 (3.3.2016).
[17] Vgl. dazu Art. 31 EUV, Rn. 11 ff.
[18] Beschluss 2004/197/GASP des Rates vom 23.2.2004, ABl. 2004, L 63/68; zuletzt geändert
durch Beschluss 2008/975/GASP des Rates, ABl. 2008, L 345/96.
[19] Beschluss 2011/871/GASP des Rates vom 19.12.2011 über einen Mechanismus zur Verwaltung
der Finanzierung der gemeinsamen Kosten der Operationen der Europäischen Union mit militärischen
oder verteidigungspolitischen Bezügen (ATHENA), ABl. 2011, L 343/35.

Lage versetzt werden, »die Finanzierung der gemeinsamen Kosten von Militäroperationen jeglicher Größe, Komplexität oder Dringlichkeit«[20] zu verwalten. Dabei geht es nicht allein um Einsätze der Union mit militärischen oder verteidigungspolitischen Bezügen, sondern auch um »militärische Unterstützungsaktionen« mithin um »Einsätze der Europäischen Union oder Teile solcher Einsätze, die der Rat zur Unterstützung eines Drittstaats oder einer internationalen Organisation beschließt und die militärische oder verteidigungspolitische Bezüge haben, aber nicht einem Hauptquartier der Europäischen Union unterstellt sind«.[21]

1. Struktur des Mechanismus

13 Der ATHENA-Mechanismus besitzt Rechts- und Geschäftsfähigkeit (Art. 3 des Beschlusses). ATHENA steht unter Aufsicht eines »Sonderausschusses« und wird von einem Verwalter, dem Befehlshaber der jeweiligen Operation und dem Rechnungsführer verwaltet (Art. 5 des Beschlusses). Der **Sonderausschuss** setzt sich aus je einem Vertreter jedes teilnehmenden Mitgliedstaates zusammen. Dies sind alle Mitgliedstaaten der Europäischen Union mit Ausnahme Dänemarks, das sich gemäß Art. 5 des Protokolls Nr. 22 an der Ausarbeitung und Durchführung von Beschlüssen und Maßnahmen der Union mit militärischen oder verteidigungspolitischen Bezügen nicht beteiligt und sich daher auch nicht an der Finanzierung dieser Operationen beteiligen muss. An den Sitzungen des Sonderausschusses können Vertreter des Europäischen Auswärtigen Dienstes (EAD) und der Kommission teilnehmen. Sie sind jedoch nicht stimmberechtigt. Da die von ATHENA verwalteten Finanzmittel unter Umständen auch von Drittstaaten aufgebracht werden, sind Vertreter der beitragenden Drittstaaten ebenfalls berechtigt, an den Sitzungen teilzunehmen. Auch sie nehmen nicht an den Abstimmungen teil (Art. 6 des Beschlusses).

14 Der vom Generalsekretär des Rates ernannte **Verwalter** stellt die Entwürfe der Haushaltspläne auf (Art. 7 Abs. 3 Buchst. a des Beschlusses) und stellt die Haushaltspläne fest (Art. 7 Abs. 3 Buchst. b, Art. 18 ff. des Beschlusses), nachdem diese vom Sonderausschuss gebilligt worden sind (Art. 5 Abs. 9 des Beschlusses). Nach der Festsetzung ist der Verwalter Anweisungsbefugter für die Einnahmen sowie für bestimmte »gemeinsame Kosten« (Art. 7 Abs. 3 Buchst. c des Beschlusses). Während der Verwalter für die Anweisung der »bei der Vorbereitung von oder im Anschluss an Operationen anfallenden gemeinsamen Kosten« sowie der außerhalb der aktiven Operation anfallenden »gemeinsamen operativen Kosten« zuständig ist (Art. 31 des Beschlusses), ist der **Befehlshaber der jeweiligen Operation** Anweisungsbefugter für die sonstigen dem Mechanismus zur Verfügung stehenden Mittel (Art. 8 Abs. 2 Buchst. b des Beschlusses).

15 Der **Rechnungsführer** ist u.a. zuständig für die ordnungsgemäße Ausführung der Zahlungen, Annahme der Einnahmen und Einziehung der festgestellten Forderungen (Art. 9 Abs. 3 Buchst. a des Beschlusses). Er erstellt den Jahresabschluss von ATHENA und die Abschlussrechnung jeder einzelnen Operation. Zudem obliegt ihm die Rechnungsführung. Gemäß Art. 14 Abs. 1 des Beschlusses ist für jede Zahlung von dem ATHENA-Konto die gemeinsame Unterschrift des Verwalters und des Rechnungsführers (bzw. ihrer jeweiligen Stellvertreter) erforderlich.

---

[20] Erwägungsgrund 5 des Beschlusses.
[21] Art. 1 Buchst. d des Beschlusses.

2. Beiträge und gemeinsame Kosten

a) Beiträge

Da es sich um Operationen mit militärischen oder verteidigungspolitischen Bezügen handelt, können sie nicht aus dem Unionshaushalt finanziert werden. Daher stammen die dem ATHENA-Mechanismus zur Verfügung stehenden Mittel aus **Beiträgen der MS**, die sich nach Art. 41 Abs. 2 EUV an der Finanzierung der jeweiligen Militäroperation beteiligen, sowie von **Drittstaaten**, die sich aufgrund eines Abkommens mit der Union an der Finanzierung der jeweiligen Operation beteiligen. Zu Beschaffung dieser Beiträge können Verwaltungsvereinbarungen und Rahmenverträge (Art. 11 des Beschlusses) sowie ständige oder ad-hoc-Verwaltungsvereinbarungen mit Drittstaaten (Art. 12 des Beschlusses) geschlossen werden. **16**

Hinsichtlich der von den Mitgliedstaaten zu entrichtenden Beiträgen unterscheidet der Beschluss zwischen den **verschiedenen Phasen** einer Operation mit militärischen oder verteidigungspolitischen Bezügen. Nach Art. 24 Abs. 1 des Beschlusses sind die Kosten zur Deckung der bei der **Vorbereitung** von Operationen oder im **Anschluss** daran anfallenden gemeinsamen Kosten von allen Mitgliedstaaten zu finanzieren. Demgegenüber gehen die gemeinsamen **operativen Kosten einer Militäroperation** allein zu Lasten der MS, die sich »aufgrund der zwischen ihnen und der Europäischen Union geschlossenen Abkommen an der Finanzierung der gemeinsamen Kosten beteiligen« (Art. 24 Abs. 2 in Verbindung mit Art. 1 Buchst. b des Beschlusses). **17**

Anders als in Abs. 2 UAbs. 2 Satz 1 vorgesehen, werden die Kosten einer Militäroperation nicht als Gesamtposten nach Maßgabe des Bruttosozialprodukt-Schlüssels auf die einzelnen Mitgliedstaaten aufgeteilt. Vielmehr bestimmt sich die Aufteilung der Beiträge auf die Mitgliedstaaten zunächst danach, ob sie sich an der Finanzierung der jeweiligen Operation vollständig oder nur teilweise beteiligen. Erst die so **gesondert bestimmten Kosten** werden nach dem BSP-Schlüssel auf die einzelnen Mitgliedstaaten verteilt (Art. 24 Abs. 4 des Beschlusses). **18**

b) Gemeinsame Kosten

Zu Lasten des ATHENA-Mechanismus gehen die »**gemeinsamen Kosten**« (Art. 15 des Beschlusses) sowie gemeinsame Übungskosten (Art. 16 des Beschlusses). Mit Blick auf die »gemeinsamen Kosten« ist hinsichtlich der Art und der Zuordnungszeiträume zu differenzieren. Nach Art. 15 Abs. 1 in Verbindung mit Anhang I des Beschlusses zählen zu den gemeinsamen Kosten, die von ATHENA unabhängig vom Zeitpunkt ihres Entstehens übernommen werden, u. a. Dienstreisekosten, Schadensersatzzahlungen und Kosten für die Lagerung von Material. Ebenfalls zu Lasten von ATHENA gehen die gemeinsamen operativen Kosten für die Vorbereitungsphase einer Operation (Art. 15 Abs. 2 des Beschlusses). Dazu zählen gemäß Anhang II insbesondere die Kosten für Erkundungsmissionen sowie für ärztliche Dienste. Ebenso verhält es sich gemäß Art. 15 Abs. 5 in Verbindung mit Anhang IV mit Blick auf die gemeinsamen operativen Kosten im Rahmen der endgültigen Abwicklung einer Operation. Auf die während der aktiven Phase einer Operation anfallenden gemeinsamen operativen Kosten finden die differenzierten Regelungen des Art. 15 Abs. 3 in Verbindung mit Anhang III Teil A bis C des Beschlusses Anwendung. Während die in Anhang III Teil A aufgeführten gemeinsamen operativen Kosten (Mehrkosten für die Errichtung oder Verlegung der verschiedenen Hauptquartiere) stets von ATHENA übernommen werden (Art. 15 Abs. 3 Buchst. a des Beschlusses), fallen die in Anhang III Teil B aufgeführten Kosten (z. B. Kosten für den Transport in das Einsatzgebiet) nur zu Lasten von ATHENA, sofern der Rat einen ent- **19** sprechenden Beschluss fasst (Art. 15 Abs. 3 Buchst. b des Beschlusses). Gemäß Art. 15 Abs. 3 Buchst. c des Beschlusses werden die in Anhang III Teil C aufgeführten Kosten (z. B. für Unterkünfte, Ausrüstung, Informationsgewinnung oder kritische Fähigkeiten im Einsatzgebiet) nur dann von ATHENA übernommen, wenn der Befehlshaber der jeweiligen Operation dies beantragt und der Sonderausschuss dies genehmigt.

3. Rechnungsprüfung

20   Da die von ATHENA verwalteten Mittel von den Mitgliedstaaten sowie ggfs. von Drittstaaten bereitgestellt werden und nicht aus dem Unionshaushalt stammen, liegt die Rechnungsprüfung **nicht beim Europäischen Rechnungshof,**[22] sondern sie erfolgt nach Maßgabe der besonderen Bestimmungen der Art. 36 ff. des Beschlusses. Danach obliegt die Rechnungsprüfung dem Sonderausschuss und dem Verwalter, sie kann gemäß Art. 38 Abs. 2 des Beschlusses aber auch externen Rechnungsprüfern übertragen werden. Darüber hinaus ernennt der Generalsekretär des Rates zum Zwecke der internen Rechnungsprüfung einen internen Rechnungsprüfer und mindestens einen Stellvertreter, deren Mandatszeit drei Jahre beträgt (Art. 39 des Beschlusses)

D.   Sofortfinanzierung und Anschubfonds (Abs. 3)

21   Unabhängig davon, ob die Kosten einer Mission dem Haushalt der Union oder dem der Mitgliedstaaten zur Last fallen, besteht in beiden Fällen das Problem einer gewissen **Schwerfälligkeit,** die eine schnelle Reaktion der Union auf eine internationale Krisensituation im schlimmsten Fall unmöglich machen kann. Daher sind in Abs. 3 zwei Wege vorgesehen, die einen möglichst raschen Zugriff auf die benötigten Finanzmittel ermöglichen sollen. Während die Sofortfinanzierung nach UAbs. 1 auf Operationen Anwendung finden soll, die zu Lasten des Unionshaushalts gehen, finden die Vorschriften der UAbs. 2 bis 4 über den noch zu schaffenden Anschubfonds auf Operationen Anwendung, die aus Mitteln der Mitgliedstaaten zu finanzieren sind. Dies sind insbesondere die Operationen mit militärischen oder verteidigungspolitischen Bezügen. Allerdings bleibt der Rat nach Abs. 2 UAbs. 1 befugt, durch einstimmigen Beschluss den Mitgliedstaaten auch die Kosten ziviler Operationen aufzubürden, so dass nichts dagegen spricht, die Vorschriften über den Anschubfonds auch auf diesen Fall anzuwenden.[23]

I.   Sofortfinanzierung (Abs. 3 UAbs. 1)

22   Gemäß Abs. 3 UAbs. 1 ist der Rat berechtigt, nach Anhörung des Europäischen Parlament einen Beschluss zur Festlegung besonderer Verfahren zu erlassen, um den schnellen Zugriff auf Haushaltsmittel der Union zu gewährleisten, »die für die Sofortfinanzierung von Initiativen im Rahmen der GASP« bestimmt sind. Wenngleich die Vorbereitung einer zivilen[24] Operation nach den Art. 42 Abs. 1 und 43 EUV ausdrücklich

---

[22] Zur möglichen Einbeziehung des Rechnungshofes vgl. *Kaufmann-Bühler/Meyer-Landrut*, in: Grabitz/Hilf/Nettesheim, EU, Art. 41 EUV (Juli 2010), Rn. 32.

[23] So auch *Cremer*, in: Calliess/Ruffert, EUV/AEUV, Art. 41 EUV, Rn. 12.

[24] Die Operationen nach Art. 42 Abs. 1 und 43 EUV haben nicht zwingend militärische oder verteidigungspolitische Ziele. Dies folgt bereits aus dem Zusammenhang zwischen Abs. 3 UAbs. 1 und UAbs. 2, aber auch aus Art. 42 Abs. 1 Satz 2 EUV. Wenn sie aber mit zivilen Mitteln durchgeführt werden, fallen die operativen Kosten zu Lasten des Unionshaushalts.

genannt wird, ist nicht hinreichend klar, was im Übrigen unter dem Begriff »**Initiative**« zu verstehen ist. Allerdings dürfte dieser Begriff bewusst gewählt worden sein, um alle Aktivitäten der Union im Vorfeld einer möglichen oder später tatsächlich beschlossenen Mission erfassen zu können. Daher fallen alle Sofortmaßnahmen, die angesichts einer entstandenen oder sich abzeichnenden Krisensituation ergriffen werden, unter den Begriff der »Initiative«.

Bislang (Stand: 31.1.2014) hat der Rat von der Ermächtigung nach Abs. 3 UAbs. 1   **23** keinen Gebrauch gemacht. Ob er dies in naher Zukunft tun wird, ist fraglich. Mit der Interinstitutionellen Vereinbarung von 2013[25] ist ein tragbarer Kompromiss zwischen dem Europäischen Parlament, der Kommission und dem Rat erzielt worden. Als Folge sind im Haushaltsplan[26] gesonderte Mittel nicht allein für **vorbereitende Maßnahmen**, sondern auch für **Sofortmaßnahmen** (und darüber hinaus für Sonderbeauftragte) ausgewiesen. Daher dürfte ein besonderes, vom Rat festzulegendes Verfahren über den Abruf dieser im Haushalt vorgesehenen Haushaltsmittel entbehrlich geworden sein.

II. Anschubfonds (Abs. 3 UAbs. 2–4)

Mit Blick auf die Vorbereitung von Operationen der Union **mit militärischen oder ver-**   **24** **teidigungspolitischen Bezügen** ist in Abs. 3 UAbs. 2 bis 4 die Schaffung eines Anschubfonds vorgesehen, der aus Beiträgen der Mitgliedstaaten gebildet werden soll. Dieser Fonds würde nicht der Haushaltskontrolle durch das Europäische Parlament unterliegen. Da zudem der Hohe Vertreter durch den Rat ermächtigt werden könnte, diesen Fonds in Anspruch zu nehmen, wäre ein merklich erhöhtes Maß an Flexibilität erreicht. Anders als nach dem ATHENA-Mechanismus wäre es nicht mehr erforderlich, mit Blick auf eine konkrete Operation die Beiträge der Mitgliedstaaten einzutreiben und nach Maßgabe der einschlägigen Vorschriften zur Verfügung zu stellen. Obgleich ein auf die Bildung des Anschubfonds gerichteter Beschluss des Rates nicht einstimmig erfolgen müsste, sondern mit **qualifizierter Mehrheit** gefasst werden könnte, ist auch hier zweifelhaft, ob der Rat von seiner Ermächtigung nach Abs. 3 UAbs. 2 in absehbarer Zeit Gebrauch machen wird. Die Mitgliedstaaten dürften wegen der ständig unter Druck stehenden nationalen Verteidigungshaushalte, aber auch aus grundsätzlicher Abneigung gegen eine »**Vorfinanzierung**« von Militäroperationen der Union, schwerlich bereit sein, einen entsprechenden Ratsbeschluss passieren zu lassen.[27] Vielmehr ist davon auszugehen, dass einzelne Mitgliedstaaten von der »Blockadeoption« nach Art. 31 Abs. 2 UAbs. 2 EUV[28] Gebrauch machen werden, so dass ein Beschluss nach Abs. 3 UAbs. 2 wohl nur im Konsens zustande kommen wird.[29]

---

[25] Vgl. oben Fn. 13.
[26] Vgl. oben Fn. 16.
[27] Vgl. auch *Cremer*, in: Calliess/Ruffert, EUV/AEUV, Art. 41 EUV, Rn. 12.
[28] Vgl. dazu Art. 31 EUV, Rn. 19 ff.
[29] So auch *Regelsberger/Kugelmann*, in: Streinz, EUV/AEUV, Art. 41 EUV, Rn. 5.

Abschnitt 2
Bestimmungen über die Gemeinsame Sicherheits- und Verteidigungspolitik

Artikel 42 EUV [Grundlagen der Gemeinsamen Verteidigungspolitik]

(1) [1]Die Gemeinsame Sicherheits- und Verteidigungspolitik ist integraler Bestandteil der Gemeinsamen Außen- und Sicherheitspolitik. [2]Sie sichert der Union eine auf zivile und militärische Mittel gestützte Operationsfähigkeit. [3]Auf diese kann die Union bei Missionen außerhalb der Union zur Friedenssicherung, Konfliktverhütung und Stärkung der internationalen Sicherheit in Übereinstimmung mit den Grundsätzen der Charta der Vereinten Nationen zurückgreifen. [4]Sie erfüllt diese Aufgaben mit Hilfe der Fähigkeiten, die von den Mitgliedstaaten bereitgestellt werden.

(2) [1]Die Gemeinsame Sicherheits- und Verteidigungspolitik umfasst die schrittweise Festlegung einer gemeinsamen Verteidigungspolitik der Union. [2]Diese führt zu einer gemeinsamen Verteidigung, sobald der Europäische Rat dies einstimmig beschlossen hat. [3]Er empfiehlt in diesem Fall den Mitgliedstaaten, einen Beschluss in diesem Sinne im Einklang mit ihren verfassungsrechtlichen Vorschriften zu erlassen.

Die Politik der Union nach diesem Abschnitt berührt nicht den besonderen Charakter der Sicherheits- und Verteidigungspolitik bestimmter Mitgliedstaaten; sie achtet die Verpflichtungen einiger Mitgliedstaaten, die ihre gemeinsame Verteidigung in der Nordatlantikvertrags-Organisation (NATO) verwirklicht sehen, aus dem Nordatlantikvertrag und ist vereinbar mit der in jenem Rahmen festgelegten gemeinsamen Sicherheits- und Verteidigungspolitik.

(3) [1]Die Mitgliedstaaten stellen der Union für die Umsetzung der Gemeinsamen Sicherheits- und Verteidigungspolitik zivile und militärische Fähigkeiten als Beitrag zur Verwirklichung der vom Rat festgelegten Ziele zur Verfügung. [2]Die Mitgliedstaaten, die zusammen multinationale Streitkräfte aufstellen, können diese auch für die Gemeinsame Sicherheits- und Verteidigungspolitik zur Verfügung stellen.

[1]Die Mitgliedstaaten verpflichten sich, ihre militärischen Fähigkeiten schrittweise zu verbessern. [2]Die Agentur für die Bereiche Entwicklung der Verteidigungsfähigkeiten, Forschung, Beschaffung und Rüstung (im Folgenden »Europäische Verteidigungsagentur«) ermittelt den operativen Bedarf und fördert Maßnahmen zur Bedarfsdeckung, trägt zur Ermittlung von Maßnahmen zur Stärkung der industriellen und technologischen Basis des Verteidigungssektors bei und führt diese Maßnahmen gegebenenfalls durch, beteiligt sich an der Festlegung einer europäischen Politik im Bereich der Fähigkeiten und der Rüstung und unterstützt den Rat bei der Beurteilung der Verbesserung der militärischen Fähigkeiten.

(4) [1]Beschlüsse zur Gemeinsamen Sicherheits- und Verteidigungspolitik, einschließlich der Beschlüsse über die Einleitung einer Mission nach diesem Artikel, werden vom Rat einstimmig auf Vorschlag des Hohen Vertreters der Union für Außen- und Sicherheitspolitik oder auf Initiative eines Mitgliedstaats erlassen. [2]Der Hohe Vertreter kann gegebenenfalls gemeinsam mit der Kommission den Rückgriff auf einzelstaatliche Mittel sowie auf Instrumente der Union vorschlagen.

(5) [1]Der Rat kann zur Wahrung der Werte der Union und im Dienste ihrer Interessen eine Gruppe von Mitgliedstaaten mit der Durchführung einer Mission im Rahmen der Union beauftragen. [2]Die Durchführung einer solchen Mission fällt unter Artikel 44.

(6) [1]Die Mitgliedstaaten, die anspruchsvollere Kriterien in Bezug auf die militärischen Fähigkeiten erfüllen und die im Hinblick auf Missionen mit höchsten Anforderungen untereinander weiter gehende Verpflichtungen eingegangen sind, begründen eine Ständige Strukturierte Zusammenarbeit im Rahmen der Union. [2]Diese Zusammenarbeit erfolgt nach Maßgabe von Artikel 46. [3]Sie berührt nicht die Bestimmungen des Artikels 43.

(7) [1]Im Falle eines bewaffneten Angriffs auf das Hoheitsgebiet eines Mitgliedstaats schulden die anderen Mitgliedstaaten ihm alle in ihrer Macht stehende Hilfe und Unterstützung, im Einklang mit Artikel 51 der Charta der Vereinten Nationen. [2]Dies lässt den besonderen Charakter der Sicherheits- und Verteidigungspolitik bestimmter Mitgliedstaaten unberührt.

Die Verpflichtungen und die Zusammenarbeit in diesem Bereich bleiben im Einklang mit den im Rahmen der Nordatlantikvertrags-Organisation eingegangenen Verpflichtungen, die für die ihr angehörenden Staaten weiterhin das Fundament ihrer kollektiven Verteidigung und das Instrument für deren Verwirklichung ist.

Literaturübersicht

Blanck, Die ESVP im Rahmen der europäischen Sicherheitsarchitektur, 2005; *Böcker/Schwarz*, Das doppelte Demokratiedefizit europäischer Sicherheits- und Verteidigungspolitik: Paradox eines kontrafaktischen Legitimitätsmodells parlamentarischer Kontrolle?, ZParl 2013, 59; *Dietrich*, Europäische Sicherheits- und Verteidigungspolitik, 2005; *ders.*, Die rechtlichen Grundlagen der Verteidigungspolitik der EU, ZaöRV 66 (2006), 663; *Gerbener*, Europäische Außenpolitik, Europäische Sicherheitspolitik – Europäische Verteidigungspolitik? NZWehr 2011, 103; *Heise*, Zehn Jahre Europäische Sicherheits- und Verteidigungspolitik, SWP-Studie, 2009; *von Kielmannsegg*, The EU's Competences in Defence Policy: Scope and Limits, CMLRev. 44 (2007), 213; *ders.*, The Meaning of Petersberg: Some Considerations on the Legal Scope of ESDP Operations, CMLRev. 44 (2007), 629; *ders.*, Die verteidigungspolitischen Kompetenzen der Europäischen Union, EuR 2006, 182; *Krieger*, Common European Defence: Competition or Compatibility with NATO, in: European Security Law, 2007, S. 174; *Missiroli*, The Impact of the Lisbon Treaty on ESDP, EurParl. 2008, abrufbar unter:http://www.europarl.europa.eu/activities/expert/eStudies.do?languageEN; *Naert*, International Law Aspects of the EU's Security and Defence Policy, 2010; *Orosca/Cats*, Le traité de Lisbonne: un tournant pour l'Europe de la défense? RMC 2008, 420; *Regelsberger*, Von Nizza nach Lissabon – das neue konstitutionelle Angebot für die GASP, integration 2008, 266; *Thym*, Die Begründung einer europäischen Verteidigungspolitik. Anforderungen des europäischen und des deutschen Verfassungsrechts, DVBl 2000, 676; *ders.*, Außenverfassungsrecht nach dem Lisabonner Vertrag in: Pernice (Hrsg.), Der Vertrag von Lissabon: Reform der EU ohne Verfassung?, 2008, 173; *ders.*, Integrationsziel europäische Armee? Verfassungsrechtliche Grundlagen der deutschen Beteiligung an der Gemeinsamen Sicherheits- und Verteidigungspolitik, EuR-Beiheft 2010, 171.

Wesentliche sekundärrechtliche Vorschriften

Beschluss 2010/336/GASP des Rates vom 14. 6. 2010 zu EU-Maßnahmen zur Unterstützung des Vertrags über den Waffenhandel im Rahmen der Europäischen Sicherheitsstrategie, ABl. 2010, L 152/14

Entschließung des Europäischen Parlaments vom 7. 7. 2011 zu der Vorgehensweise des Europäischen Parlaments bei der Umsetzung der Artikel 9 und 10 des Protokolls Nr. 1 zum Vertrag von Lissabon über die Zusammenarbeit der Parlamente im Bereich der GASP/GSVP, ABl. 2013, C 33 E/186

Beschluss 2011/871/GASP des Rates vom 19. 12. 2011 über einen Mechanismus zur Verwaltung der Finanzierung der gemeinsamen Kosten für Operationen der Europäischen Union mit militärischen oder verteidigungspolitischen Bezügen (ATHENA), ABl. 2011, L 343/35

Beschluss 2012/698/GASP des Rates vom 13. 11. 2012 über die Einrichtung eines Vorratslagers für zivile Krisenbewältigungsmissionen, ABl. 2012, L 314/25

Beschluss 2015/1835/GASP des Rates vom 12. 10. 2015 über die Rechtsstellung, den Sitz und die Funktionsweise der Europäischen Verteidigungsagentur, ABl. 2015, L 266/55

Beschluss 2016/51/GASP des Rates vom 18. 1. 2016 zur Unterstützung des Übereinkommens über das Verbot von biologischen Waffen und Toxinwaffen (BWÜ) im Rahmen der Strategie der EU gegen die Verbreitung von Massenvernichtungswaffen, ABl. 2016, 12/50

Vgl. auch die Liste im Anhang zu Art. 43 EUV

Inhaltsübersicht   Rn.

A. Entwicklungslinien der Gemeinsamen Sicherheits- und Verteidigungspolitik (GSVP)

1 Der am 17.3.1948 zwischen Belgien, Frankreich, Luxemburg, den Niederlanden und dem Vereinigten Königreich geschlossene **Brüsseler Vertrag**[1] war der erste Versuch westeuropäischer Staaten, ihre gemeinsame Verteidigung mit weiteren Aspekten der Sicherheit zu verknüpfen. Mit der Gründung der NATO am 4.4.1949 wurden jedoch die militärischen Strukturen des Brüsseler Vertrags in die NATO überführt. Gleichwohl verfolgten die westeuropäischen Staaten weiterhin das Ziel einer europäischen Verteidigung und gemeinsamen Verteidigungspolitik. Nachdem die Europäische Verteidigungsgemeinschaft am Widerstand des französischen Parlaments am 30.8.1954 gescheitert war, musste ein anderer Weg zur Schaffung eines westeuropäischen Sicherheitsrahmens beschritten werden. Bereits am 23.10.1954 wurde der Brüsseler Vertrag geändert und die

---

[1] Treaty on Economic, Social and Cultural Collaboration and Collective Self-Defence (Vertrag über wirtschaftliche soziale und kulturelle Zusammenarbeit und über kollektive Selbstverteidigung), Brüssel, 17.3.1947, UNTS, vol 19, p. 51.

Westeuropäische Union (WEU) errichtet.[2] Da die WEU der NATO jedoch nachgeordnet war, führte sie lange Zeit ein Schattendasein. Hauptpfeiler der westeuropäischen Verteidigung und zunehmend auch der Verteidigungspolitik blieb die NATO.[3]

Sieht man von einem nicht erfolgreichen Versuch der Wiederbelebung der WEU im   **2** Jahr 1984 ab, wurde der WEU erst nach dem Ende des Kalten Krieges wieder größere Aufmerksamkeit zuteil. Nach dem **Vertrag von Maastricht** sollte eine GSVP »auf längere Sicht« festgelegt werden.[4] Zu diesem Zweck wurde die WEU in die zweite Säule der GASP eingebunden und sollte als »integraler Bestandteil« der Union den Zugang zu operativen Fähigkeiten eröffnen. Nach Art. J.4 des Vertrags von Maastricht sollte die Union die WEU »ersuchen«, verteidigungspolitische Maßnahmen auszuarbeiten und durchzuführen, so dass der WEU eine tragende Rolle bei der Entwicklung der europäischen Sicherheits- und Verteidigungsidentität zukommen sollte. Die WEU begann daraufhin, ihre militärischen und verteidigungspolitischen Fähigkeiten auszubauen, indem es ein Satellitenzentrum und später eine Europäische Rüstungsagentur errichtete. Die Mitgliedstaaten der Union erklärten sich bereit, der WEU Streitkräfte und Hauptquartiere zur Verfügung zu stellen (»Forces Answerable to the WEU« – FAWEU). Am 19.6.1992 nahm der WEU-Ministerrat auf seiner Bonner Tagung den sog. **Petersberg-Beschluss** an, nach dem WEU-geführte Operationen mit den von den Mitgliedstaaten zur Verfügung gestellten Streitkräften humanitäre Aufgaben, Rettungseinsätze, friedenserhaltende Aufgaben sowie Kampfeinsätze bei der Krisenbewältigung umfassen sollten. Freilich waren die Strukturen und Fähigkeiten der WEU nicht ausreichend, um komplexe Operationen autonom durchführen zu können. Daher einigte sich die WEU am 11.1.1994 mit der NATO auf das Konzept der **Alliierten Streitkräfte-Kommandos** (»Combined Joint Task Forces«, CJTF)[5], mit dem der WEU der Zugriff auf NATO-Einrichtungen und -Fähigkeiten ermöglicht wurde. Die Kooperation zwischen der WEU und der NATO wurde weiterentwickelt und durch die Ministertagungen des Nordatlantikrates vom 3.6.1996 (Berlin)[6] und 10.12.1996 (Brüssel)[7] wurde das CJTF-Konzept förmlich bestätigt[8] (sog. »**Berlin-Plus-Vereinbarung**«).[9]

---

[2] Vgl. dazu *Bloed/Wessel* (Hrsg.), The Changing Functions of the Western European Union (WEU): Introduction and Basic Documents, 1994, S. xiv ff.

[3] Vgl. dazu *Dumoulin/Remacle*, L'Union de l'Europe occidentale. Phénix de la défense européene, 1998, S. 14 ff.

[4] Zutreffend wird daher festgestellt, der Vertrag von Maastricht sei auf eine »programmatische Zielvorstellung« beschränkt gewesen. Vgl. *Kaufmann-Bühler*, in: Grabitz/Hilf/Nettesheim, EU, Art. 42 EUV (März 2011), Rn. 1.

[5] »CJTF« bedeutet, dass verschiedene Teilstreitkräfte (»joint«), mithin Land-, Luft- und Seestreitkräfte sowie Spezialeinheiten) aus mehreren Staaten (»combined«) an einer Operation beteiligt sind.

[6] Kommuniqué der Ministertagung des Nordatlantikrates am 12.6.1996 in Berlin, Bull. BReg. Nr. 57 vom 12.6.1996, S. 505.

[7] Kommuniqué der Ministertagung des Nordatlantikrates am 10.12.1996 in Brüssel, Bull. BReg. Nr. 3 vom 9.1.1997, S. 17.

[8] Absatz 17 des Brüsseler Kommuniqués: »Wir begrüßen [...] die Schritte, die zur Umsetzung des Konzepts trennbarer, jedoch nicht getrennter Fähigkeiten eingeleitet worden sind: – die Entscheidungen des Ständigen Rates über politische Leitlinien zur Erarbeitung europäischer Führungsvorkehrungen in der NATO, die zur Vorbereitung und Durchführung WEU-geführter Operationen geeignet sind; – die Entscheidungen des Ständigen Rates über die Vorkehrungen zur Identifizierung von Fähigkeiten und Kräften der NATO, die der WEU für eine WEU-geführte Operation zur Verfügung gestellt werden können; – die Entscheidung des Ständigen Rates zu den Modalitäten der Zusammenarbeit mit der WEU; – den Arbeitsfortschritt in der Planung und Durchführung von Übungen für WEU-geführte Operationen nach der Bereitstellung von illustrativen Modellen für typische WEU-Missionen.«

[9] Vgl. dazu: EU-NATO: The Framework for Permanent Relations and Berlin Plus, http://www.

3   Mit dem **Vertrag von Amsterdam** wurde die GSVP merklich umgestaltet. Zum einen wurde der Europäische Rat ermächtigt, eine gemeinsame Verteidigungspolitik »schrittweise« festzulegen, die »zu einer gemeinsamen Verteidigung führen könnte«. Zum anderen wurden die »Petersberg-Aufgaben« in das Primärrecht einbezogen.[10] Die **WEU** wurde wiederum als »integraler Bestandteil« der Entwicklung der Union bezeichnet, und es war vorgesehen, dass sie der Union Zugang zu einer operativen Kapazität insbesondere für die »Petersberg-Aufgaben« eröffnet. Zudem wurde die Möglichkeit eröffnet, die WEU in die Union zu integrieren. Bis zu dieser Integration sollte die WEU aber nicht mehr nur »ersucht«, sondern »in Anspruch genommen« werden können, so dass sie nicht mehr auf Augenhöhe mit der Union stehen sollte.[11] Der WEU-Ministerrat nahm am 22. 7.1997 in seiner »Erklärung zur Rolle der Westeuropäischen Union und zu ihren Beziehungen zur Europäischen Union und zur Atlantischen Allianz« diese Bestimmungen des Amsterdamer Vertrags zustimmend zur Kenntnis und erklärte sich bereit, die der WEU zugedachte Rolle bei der Ausarbeitung und Durchführung von verteidigungspolitischen Maßnahmen zu übernehmen und sich dabei an die entsprechenden Leitlinien des Europäischen Rates zu halten. Jedoch zeitigten die Bemühungen zu einer Aktivierung der WEU und zur Schaffung einer sicherheits- und verteidigungspolitischen Dimension, die diesen Namen verdient hätte, kaum konkrete Ergebnisse. Ein nennenswerter Impuls ging erst von der französisch-britischen Erklärung von Saint Malo vom 4.12.1998 aus, die der Europäische Rat auf seiner Tagung in Wien ausdrücklich begrüßte und feststellte, dass »sich die GASP auf ein glaubwürdiges operatives Potential stützen können muß, wenn die EU in der Lage sein soll, auf der internationalen Bühne uneingeschränkt mitzuspielen.«

4   Entsprechend der anglo-französischen Initiative wurde auf dem **Kölner Tagung** des Europäischen Rates (3./4. 6.1999) die Absicht bekundet, der »Europäischen Union die notwendigen Mittel und Fähigkeiten an die Hand zu geben, damit sie ihrer Verantwortung im Zusammenhang mit einer gemeinsamen europäischen Sicherheits- und Verteidigungspolitik gerecht werden kann.«[12] Insbesondere wurde betont, dass der Rat bei der Verfolgung der Ziele der GASP und der schrittweisen Festlegung einer gemeinsamen Verteidigungspolitik die Möglichkeit haben sollte, über die gesamte Palette der im EUV definierten Aufgaben der Konfliktverhütung und der Krisenbewältigung, der sogenannten »Petersberg-Aufgaben«, Beschlüsse zu fassen. Die Union sollte mithin die Fähigkeit zur Durchführung autonomer und glaubwürdiger militärischer Aktionen erhalten, um gegebenenfalls auch ohne die NATO auf internationale Krisensituationen reagieren zu können. Im Bericht des Vorsitzes wurden die Grundzüge der militärischen und politisch-militärischen Fähigkeiten, Gremien, Strukturen und Instrumente festgelegt, die »für eine effektive Beschlußfassung der EU im Hinblick auf die Krisenbewältigung im Rahmen der Petersberg-Aufgaben« und für die Umsetzung auf der Grundlage der europäischen nationalen und multinationalen Mittel oder auch der Mittel und Kapazitäten der NATO erforderlich sind. Die Rolle der WEU wurde so merklich geschwächt.[13]

---

consilium.europa.eu/uedocs/cmsUpload/03–11–11%20Berlin%20Plus%20press%20note%20BL. pdf (11. 3.2014).

[10] Vgl. dazu *Pagani*, A New Gear in the CFSP Machinery: Integration of the Petersberg Tasks in the Treaty on the European Union, EJIL 9 (1998), 737.

[11] Vgl. auch *Kaufmann-Bühler*, in: Grabitz/Hilf/Nettesheim, EU, Art. 42 EUV (März 2011), Rn. 2.

[12] Schlussfolgerungen des Vorsitzes, Europäischer Rat in Köln, 3. und 4.6.1999, Dok. Nr. 150/1/99 REV 1, Abs. 55 f und Anhang III.

[13] Vgl. auch *Naert*, S. 47, m. w. N.

Auf der Tagung des Europäischen Rates in **Helsinki** (10./11. 12. 1999) wurde be-   5
schlossen, die EU mit einer eigenständigen Entscheidungs- und Handlungskapazität zur
Krisenbewältigung auszustatten: »Der Europäische Rat unterstreicht seine Entschlos-
senheit, die Union in die Lage zu versetzen, autonom Beschlüsse zu fassen und in den
Fällen, in denen die NATO als Ganzes nicht einbezogen ist, als Reaktion auf internationale Krisen EU-geführte militärische Operationen einzuleiten und durchzuführen.«[14]
Wenngleich in dem Beschluss von Helsinki wiederholt betont wurde, dass dieser Prozess
nicht die Schaffung einer europäischen Armee impliziere, wurden zugleich folgende
Grundsatzbeschlüsse gefasst:
– Spätestens im Jahr 2003 müssen die Mitgliedstaaten im Rahmen der freiwilligen Zusammenarbeit bei EU-geführten Operationen in der Lage sein, innerhalb von 60 Tagen Streitkräfte im Umfang von 50.000 bis 60.000 Personen, die imstande sind, den
  Petersberg-Aufgaben in ihrer ganzen Bandbreite gerecht zu werden, zu verlegen und
  dafür zu sorgen, dass diese Kräfte für mindestens ein Jahr im Einsatz gehalten werden
  können (= »**headline goal**«).
– Innerhalb des Rates werden neue politische und militärische Gremien und Strukturen
  geschaffen, um die Union in die Lage zu versetzen, unter Wahrung des einheitlichen
  institutionellen Rahmens die notwendige politische und strategische Leitung dieser
  Operationen zu gewährleisten
  Zugleich waren aber Befürchtungen der NATO und der nicht der Union angehören-   6
den NATO-Mitgliedstaaten vor einer **Abkoppelung der Europäer von der NATO** auszuräumen. Daher wurde beschlossen, »Regelungen für eine umfassende Konsultation
und Zusammenarbeit zwischen der EU und der NATO und für die Transparenz in deren
gegenseitigen Beziehungen« zu entwickeln und Vorkehrungen zu treffen, »die es nicht
der EU angehörenden europäischen NATO-Mitgliedstaaten und anderen interessierten
Ländern unter Wahrung der Beschlußfassungsautonomie der Union erlauben, zur militärischen Krisenbewältigung der EU beizutragen.« Der Vorsitz stellte in seinem Bericht zudem fest, dass effizientere europäische militärische Fähigkeiten auf der Grundlage der bestehenden nationalen, bi-nationalen oder multinationalen Fähigkeiten entwickelt werden, die für EU-geführte Krisenbewältigungsoperationen mit oder ohne
Rückgriff auf Mittel und Fähigkeiten der NATO gebündelt werden. Besonderes Augenmerk sollte den Fähigkeiten gelten, die für eine wirksame Krisenbewältigung notwendig
sind: Verlegbarkeit, Durchhaltefähigkeit, Interoperabilität, Flexibilität, Mobilität,
Überlebensfähigkeit sowie Streitkräfteführung, wobei den Ergebnissen der von der
WEU durchgeführten Überprüfung der Mittel und Fähigkeiten und ihrer Auswirkungen
auf EU-geführte Operationen Rechnung getragen werden sollte. Ferner wurde beschlossen, rasch kollektive Fähigkeitsziele in den Bereichen Streitkräfteführung, strategische Aufklärung und strategischer Transport zu entwickeln – mithin in Bereichen,
die auch im Rahmen der WEU-Bestandsaufnahme benannt worden waren. In diesem
Zusammenhang wurden die bereits von einigen Mitgliedstaaten angekündigten Entscheidungen begrüßt, die darauf gerichtet waren, Mittel für die Überwachung und die
militärische Frühwarnung zu entwickeln und zu koordinieren, den Offizieren aus anderen Mitgliedstaaten den Zugang zu den bestehenden Teilstreitkräfte-übergreifenden
nationalen Hauptquartieren zu eröffnen, die Fähigkeiten der bestehenden europäischen
multinationalen Streitkräfte zur Krisenreaktion zu verstärken, die Schaffung eines eu-

---

[14] Schlussfolgerungen des Vorsitzes, Europäischer Rat in Helsinki, 10. und 11. 12. 1999, Dok. Nr.
SN 300/99, Abs. 27.

ropäischen Lufttransportkommandos vorzubereiten, die schnell verlegbaren Truppen zahlenmäßig zu verstärken und die strategische Seetransportkapazität zu verbessern. Schließlich wurde in Helsinki auch beschlossen, innerhalb des Rates die folgenden neuen ständigen politischen und militärischen Gremien zu schaffen: ein politisches und sicherheitspolitisches Komitee (PSK), einen Militärausschuss (MA) und einen Militärstab (MS).

7   Im **Vertrag von Nizza** wurde die WEU nur noch in Absatz 4, also im Zusammenhang mit der Möglichkeit einer engeren Zusammenarbeit einzelner Mitgliedstaaten erwähnt. Die WEU war damit nicht mehr integraler Bestandteil der Union und sollte von dieser auch nicht mehr in Anspruch genommen werden. Dies war durchaus folgerichtig, da die Union die Funktionen und Aufgaben der WEU ja selbst wahrzunehmen gedachte. Die WEU wurde damit, nachdem sie durch Maastricht und Amsterdam zunächst aus ihrem Dornröschenschlaf erweckt worden war, wieder zunehmend bedeutungslos.[15]

8   Mit den Beschlüssen von Köln und Helsinki ging die Union weit über vorherige Stellungnahmen und Beschlüsse zur europäischen Sicherheits- und Verteidigungspolitik hinaus. Diese Entwicklung lässt sich dahin zusammenfassen, dass die Union schrittweise mit Mitteln ausgestattet wurde, um auf der internationalen Bühne eine gewichtigere Rolle wahrnehmen und insbesondere auf internationale Krisen reagieren zu können. Das ihr nach den Verträgen von Maastricht und von Amsterdam zur Verfügung stehende Instrumentarium wurde um eine **autonome Entscheidungs- und Handlungsfähigkeit** im Bereich der Sicherheit und der Verteidigung erweitert. Im Krisenfall verfügt die Union seither über die Fähigkeit, eine breite Palette nicht allein ziviler, sondern auch militärischer Mittel und Instrumente bereitzustellen.[16] Durch die Entwicklung der Fähigkeit, eigenständige Beschlüsse zu fassen und in den Fällen, in denen die NATO als Ganzes nicht beteiligt ist, EU-geführte militärische Operationen einzuleiten und – falls erforderlich, **unter Rückgriff auf Einrichtungen und Fähigkeiten der NATO** (»Berlin Plus«)[17] – durchzuführen, ist die Union in der Lage, das gesamte Spektrum der »Petersberg-Aufgaben« eigenständig zu bewältigen.[18] Im Jahr 2003 führte die Union erste zivile und militärische GSVP-Operationen durch.[19] Bis zum Abschluss des Vertrags von Lissabon wurden 22 GSVP-Operationen beschlossen und durchgeführt.[20]

---

[15] Vgl. dazu *Wessel*, The EU as a Black Widow: Devouring the WEU to Give Birth to a European Security and Defence Policy, in: Kronenberger (Hrsg.), The European Union and the International Legal Order: Discord or Harmony?, 2001, S. 405; *Dumoulin/Remacle* (Fn. 3), S. 39 ff.

[16] *Kaufmann-Bühler*, in: Grabitz/Hilf/Nettesheim, EU, Art. 42 EUV (März 2011), Rn. 4.

[17] Vgl. dazu auch die Erklärung der NATO und der Europäischen Union über die Europäische Sicherheits- und Verteidigungspolitik vom 16. 12. 2002 sowie die Berlin-Plus-Vereinbarungen vom 17. 3. 2003, beide Dokumente abrufbar unter: eur-lex.europa.eu/legal-content/DE/TXT/?uri=URISERV%3Al33243 (3. 3. 2016)

[18] In den Schlussfolgerungen des Europäischen Rates von Thessaloniki (19./20. 6. 2003), Dok. Nr. SN 200/03, wurde demgemäß in Abs. 6 festgestellt: »Der Europäische Rat begrüßt die Schlussfolgerungen des Rates (Allgemeine Angelegenheiten und Außenbeziehungen) vom 19. Mai und nimmt mit Befriedigung Kenntnis von den im Bereich der militärischen Fähigkeiten erzielten Fortschritten. Die EU ist nun im gesamten Spektrum der Petersbergaufgaben einsatzfähig.«

[19] Operation ARTEMIS in der Demokratischen Republik Kongo.

[20] Vgl. dazu die Übersicht über laufende und abgeschlossene Operationen: http://www.eeas.europa.eu/csdp/missions-and-operations/ (3. 3. 2016).

Im Jahr 2003 verabschiedete die Union eine umfassende **Europäische Sicherheits-**   **9**
strategie[21] und es wurde ein »**Military Headline Goal 2010**«[22] beschlossen.[23] Das neue
Planziel sieht insbesondere die Aufstellung von schnell verlegbaren Krisenreaktions-
kräften (»EU battle groups«) vor und zielt auf Verbesserungen beim strategischen Luft-
transport und die Errichtung der **Europäischen Verteidigungsagentur**. Diese Gefechtsverbände bestehen aus bis zu 1.500 Soldaten, einschließlich der Unterstützungskräfte,
Hauptquartiere und Transportkapazitäten, und sollen innerhalb von zehn Tagen in ein
Krisengebiet verlegt werden können. Die Dauer des Einsatzes, der nicht auf eine endgültige Konfliktlösung zielt, soll zunächst auf 30 Tage begrenzt sein, kann aber auf bis zu
120 Tage verlängert werden, um spätestens dann durch eine Friedensmission oder einen
anderen Gefechtsverband abgelöst zu werden. Mit diesem Konzept soll die Union in die
Lage versetzt werden, mehrere Operationen in verschiedenen Krisengebieten gleichzeitig durchzuführen. Da die Union aber nicht allein militärische, sondern auch zivile
Operationen zur Krisenbewältigung durchzuführen beabsichtigte, war es erforderlich,
auch in diesem Bereich die Einsatzfähigkeit zu verbessern, so dass der Rat am
19. 11. 2007 auch das »**Civilian Headline Goal 2010**« bestätigte.[24]

Obgleich die GSVP nach dem **Vertrag von Lissabon** »integraler Bestandteil« der   **10**
GASP ist, sind die seit Helsinki bestehenden Grundzüge der GSVP im Wesentlichen
erhalten geblieben.[25] Dies gilt insbesondere für das Einstimmigkeitserfordernis für
GSVP-Beschlüsse. Zudem bleibt es dabei, dass eine gemeinsame Verteidigungspolitik
schrittweise festgelegt wird und dass eine gemeinsame Verteidigung lediglich eine Option darstellt. Allerdings besteht nach Art. 42 Abs. 7 EUV für den Fall eines bewaffneten
Angriffs auf einen Mitgliedstaat nunmehr eine **gegenseitige Beistandspflicht**. Die besonderen Verpflichtungen der Mitgliedstaaten, die ihre gemeinsame Verteidigung in der
NATO verwirklicht sehen, werden weiterhin geachtet. Die Mitgliedstaaten werden aber
ausdrücklich verpflichtet, der Union zivile und militärische Fähigkeiten zur Verfügung
zu stellen und ihre militärischen Fähigkeiten schrittweise zu verbessern. Die zivilen und
militärischen Missionen im Rahmen der GSVP umfassen nunmehr neben den »Petersberg-Aufgaben« auch Operationen zur Stabilisierung der Lage nach Konflikten, gemeinsame Abrüstungsmaßnahmen sowie Operationen zur Terrorismusbekämpfung
(Art. 43 Abs. 1 EUV).[26] Der Rat kann die Durchführung einer beschlossenen Mission
einer Gruppe von Mitgliedstaaten übertragen (Art. 44 Abs. 1 EUV). Zudem sind die
Mitgliedstaaten, die anspruchsvollere Kriterien in Bezug auf die militärischen Fähigkeiten erfüllen, berechtigt, eine **Ständige Strukturierte Zusammenarbeit** auch im Be-

---

[21] Europäische Sicherheitsstrategie – Ein sicheres Europa in einer besseren Welt, Dok. 15895/03.
Vgl. dazu auch den Bericht über die Umsetzung der Europäischen Sicherheitsstrategie vom
11. 12. 2008, Dok. S407/08, http://www.consilium.europa.eu/ueDocs/cms_Data/docs/pressdata/DE/
reports/104634.pdf (3. 3. 2016).
[22] Abrufbar unter: https://www.consilium.europa.eu/uedocs/cmsUpload/2010%20Headline%20
Goal.pdf (3. 3. 2016). Die grundsätzliche Festlegung erfolgte auf dem Europäischen Rat von Brüssel
(11./12. 12. 2003). Die endgültige Festlegung erfolgte im Rat am 17. 5. 2004 und durch den Europäischen Rat am 17./18. 6. 2004.
[23] Vgl. dazu *Heise*, S. 17 ff.
[24] http://consilium.europa.eu/uedocs/cmsUpload/Civilian_Headline_Goal_2010.pdf (3. 3. 2016).
[25] Zu den Vorschlägen des Verfassungskonvents und den Bestimmungen des Verfassungsvertrags,
die weitgehend in den Vertrag von Lissabon übernommen worden sind, vgl. *Kaufmann-Bühler*, in:
Grabitz/Hilf/Nettesheim, EU, Art. 42 EUV (März 2011), Rn. 5 ff.
[26] Vgl. dazu auch *Grevi*, ESDP Institutions, in: Grevi/Helly/Keohane (Hrsg.), European Security
and Defence Policy, 2009, S. 19, 62 ff.

reich der GSVP zu begründen (Art. 42 Abs. 6, Art. 46 EUV). Schließlich werden die Aufgaben der **Europäischen Verteidigungsagentur** präzisiert (Art. 45 EUV). Lediglich der Vollständigkeit halber sei darauf verwiesen, dass die **WEU** nach Kündigung des Vertrags durch die Mitgliedstaaten am 30.6.2011 endgültig aufgelöst wurde.[27]

B. Ziele der Vorschrift

11   Mit der Integration der GSVP in die GASP wird in Übereinstimmung mit Art. 24 Abs. 1 UAbs. 1 EUV nochmals unterstrichen, dass »sämtliche Fragen der Sicherheit der Union, einschließlich der schrittweisen Festlegung einer gemeinsamen Verteidigungspolitik, die zu einer gemeinsamen Verteidigung führen kann«, zur GASP gehören, so dass auch die sicherheits- und verteidigungspolitischen Maßnahmen der Union auf den Grundsätzen des Art. 21 EUV beruhen und die darin genannten Ziele verfolgen müssen. Die Union soll nicht auf politische und diplomatische Handlungsformen beschränkt bleiben, sondern über eine **autonome sicherheits- und verteidigungspolitische operative Handlungsfähigkeit** verfügen, um auf der internationalen Ebene überzeugend agieren und ihre Interessen und Werte verteidigen zu können.[28] Wenngleich die »Petersberg-Aufgaben« im Vordergrund stehen, soll mit der GSVP ein **umfassender sicherheitspolitischer Ansatz** verfolgt werden, so dass neben militärischen Operationen, einschließlich Kampfeinsätzen, in gleichem Maße zivile Missionen, Abrüstungsmaßnahmen und Stabilisierungsoperationen zur Verfolgung der Ziele der GSVP beitragen sollen. Die GSVP ist wie die GASP im Allgemeinen **entwicklungsoffen** angelegt. Gleichwohl soll die Union (noch) nicht über eine eigenständige Operationsfähigkeit verfügen, sondern weiterhin von den Mitgliedstaaten abhängig bleiben. Zugleich werden diese aber verpflichtet, ihre militärischen Fähigkeiten zu verbessern.

12   Die Mitgliedstaaten werden nicht gleichermaßen in die GSVP eingebunden. Vielmehr sollen die militärisch neutralen Staaten berechtigt bleiben, den von ihnen seit geraumer Zeit verfolgten sicherheits- und verteidigungspolitischen Kurs weiterhin zu verfolgen. Dies gilt insbesondere auch für die Mitgliedstaaten, die ihre gemeinsame Verteidigung in der **NATO** verwirklicht sehen, so dass die GSVP nicht zu einer **Entkoppelung** von diesem aus europäischer Sicht wichtigsten Verteidigungsbündnis und regionalen System kollektiver Sicherheit führen soll. Daher bleibt die gemeinsame Verteidigung lediglich eine Option; die Beistandspflicht ist recht vage gehalten. Die Verteidigung soll weiterhin vorrangig im Rahmen der NATO erfolgen, so dass die Union und die NATO einander allein in verteidigungspolitischer Hinsicht ergänzen (»**Konzept trennbarer, jedoch nicht getrennter Fähigkeiten**«)[29].

13   Schließlich zielt die Vorschrift auf eine Verbesserung der **Flexibilität** sicherheits- und verteidigungspolitischer Maßnahmen, indem eine Gruppe von Mitgliedstaaten entweder mit der Durchführung einer Operation betraut werden oder im Rahmen einer Ständigen Strukturierten Zusammenarbeit weiter gehende Verpflichtungen eingehen kann.

---

[27] Vgl. auch Beschluss 2011/297/GASP des Rates vom 23.5.2011 zur Änderung der Gemeinsamen Aktion 2001/555/GASP betreffend die Einrichtung eines Satellitenzentrums der Europäischen Union, ABl. 2011, L 136/62.
[28] Zu den Zielen der Vorschrift vgl. auch *Kaufmann-Bühler*, in: Grabitz/Hilf/Nettesheim, EU, Art, 42 EUV (März 2011), Rn. 10 f.
[29] So die Erklärung der NATO und der Europäischen Union über die Europäische Sicherheits- und Verteidigungspolitik vom 16.12.2002 (Fn. 17).

Damit wird nicht zwingend die Grundlage für ein »sicherheitspolitisches Kerneuropa« geschaffen.[30] Allerdings soll verhindert werden, dass die unterschiedlichen militärischen Fähigkeiten der Mitgliedstaaten der schrittweisen Entwicklung der GSVP entgegenstehen.

C. GSVP als integraler Bestandteil der GASP (Abs. 1)

I. GASP und GSVP

Ist die GSVP »integraler Bestandteil« der GASP, so wird deutlich, dass sie nicht zu den **14** supranationalen Politikbereichen der Union gehört, sondern **intergouvernementaler Natur** ist. Auf die GSVP finden die besonderen Bestimmungen und Verfahren des 2. Kapitels des V. Titels des EUV Anwendung, die durch spezielle Vorschriften in den Art. 42 bis 46 EUV ergänzt bzw. modifiziert werden. Der Erlass von Gesetzgebungsakten ist ausgeschlossen, die Kommission und das Europäische Parlament bleiben weitgehend ausgeschlossen. Die Verteidigungspolitik (und erst recht die Verteidigung) gehört zum **Kernbereich der Souveränität der Mitgliedstaaten** und wird daher auf absehbare Zeit nicht in den supranationalen Bereich überführt werden.[31] Gleichwohl geht auch die GSVP über eine bloße Bündelung mitgliedstaatlicher Maßnahmen im Bereich der Sicherheits- und Verteidigungspolitik hinaus. Vielmehr erstreckt sich die **Zuständigkeit der Union** »auf sämtliche Fragen im Zusammenhang mit der Sicherheit der Union, einschließlich der schrittweisen Festlegung einer gemeinsamen Verteidigungspolitik, die zu einer gemeinsamen Verteidigung führen kann« (Art. 24 Abs. 1 UAbs. 1 EUV). Das Handeln im Bereich der GSVP muss auf den Grundsätzen des Art. 21 EUV beruhen und die darin genannten Ziele verfolgen. Daher ist auch die GSVP ist in den institutionellen Rahmen eingebunden, was nicht zuletzt in der Rolle des Rates sowie des Hohen Vertreters und des ihm unterstellten Europäischen Auswärtigen Dienstes (EAD) deutlich wird.[32]

Obgleich die GSVP lediglich ein Teilbereich der GASP ist und für sie die Grundsätze **15** und Ziele des Art. 21 EUV gelten, ist es nicht allein wegen der Sensibilität dieses Politikbereichs gerechtfertigt, ihr einen eigenen Abschnitt zu widmen. Wie aus Abs. 1 Satz 2 deutlich wird, geht es vornehmlich um die Schaffung und Sicherung einer auf zivile und militärische Mittel gestützten **Operationsfähigkeit**. Die Union soll mithin auf der internationalen Ebene nicht nur mit einer Stimme sprechen, sondern ihren Worten auch Taten folgen lassen können, um als ernstzunehmender Akteur wahrgenommen zu werden, der erforderlichenfalls seine Interessen aktiv verteidigt und seinen Werten Geltung verschafft. Allerdings bedeutet dies nicht, dass die Union über eigene Fähigkeiten verfügt oder verfügen soll. Vielmehr muss sie auf die zivilen und militärischen Fähigkeiten zurückgreifen, die von den Mitgliedstaaten bereitgestellt werden (Abs. 1 Satz 4, Abs. 3 UAbs. 1 Satz 1), so dass die Operationsfähigkeit der Union von den – freiwilligen[33] – Beiträgen der Mitgliedstaaten abhängig bleibt.

---

[30] So *Kaufmann-Bühler*, in: Grabitz/Hilf/Nettesheim, EU, Art, 42 EUV (März 2011), Rn. 66.
[31] Vgl. allein die Erklärungen Nr. 13 und 14.
[32] Vgl. dazu sowie zum Vorstehenden *Kaufmann-Bühler*, in: Grabitz/Hilf/Nettesheim, EU, Art. 42 EUV (März 2011), Rn. 14.
[33] Dazu u. Rn. 32.

II. GSVP-Missionen

16   Die Missionen, mit denen die Union aktiv auf die internationalen Beziehungen (»**au-ßerhalb der Union«**)[34] einzuwirken beabsichtigt, sollen auf »Friedenssicherung, Kon-fliktverhütung und Stärkung der internationalen Sicherheit« zielen.[35] Sie umfassen ge-mäß Art. 43 Abs. 1 EUV »gemeinsame Abrüstungsmaßnahmen, humanitäre Aufgaben und Rettungseinsätze, Aufgaben der militärischen Beratung und Unterstützung, Auf-gaben der Konfliktverhütung und der Erhaltung des Friedens sowie Kampfeinsätze im Rahmen der Krisenbewältigung einschließlich Frieden schaffender Maßnahmen und Operationen zur Stabilisierung der Lage nach Konflikten«. Mit diesen Missionen soll auch ein Beitrag zur Terrorismusbekämpfung geleistet werden können. GSVP-Missio-nen sind besondere Formen eines operativen Vorgehens nach i. S. von Art. 28 Abs. 1 EUV. Sie sind nicht auf die »Petersberg-Aufgaben« beschränkt und können das **gesamte Spektrum** sicherheits- und verteidigungspolitischer Maßnahmen umfassen.[36] GSVP-Missionen können daher militärischer, ziviler oder zivil-militärischer Natur sein.

17   Die ersten GSVP-Missionen der Union wurden im Jahr 2003 durchgeführt. Seitdem hat die Zahl ziviler und militärischer Operationen vornehmlich auf dem afrikanischen Kontinent, aber auch innerhalb Europas und in Asien, ständig zugenommen.[37] Gegen-wärtig (Stand: Dezember 2015) sind es 17 zivile und militärische Missionen, von denen drei bereits 2004 bzw. 2005 beschlossen wurden:

– ALTHEA: Gemeinsame Aktion 2004/570/GASP DES RATES vom 12.7.2004 über die militärische Operation der Europäischen Union in Bosnien und Herzegowina (ALTHEA);[38]

– EUPOL COPPS: Gemeinsame Aktion 2005/797/GASP des Rates vom 14.11.2005 zur Polizeimission der Europäischen Union für die Palästinensischen Gebiete;[39]

– EUBAM Rafah: Gemeinsame Aktion 2005/889/GASP des Rates vom 25.11.2005 zur Einrichtung einer Mission der Europäischen Union zur Unterstützung des Grenz-schutzes am Grenzübergang Rafah (EU BAM Rafah);[40]

– EUPOL Afghanistan: Gemeinsame Aktion 2007/369/GASP des Rates vom 30.5.2007 über die Einrichtung einer Polizeimission der Europäischen Union in Af-ghanistan (EUPOL AFGANISTAN);[41]

– EULEX Kosovo: Gemeinsame Aktion 2008/124/GASP des Rates vom 4.2.2008 über die Rechtsstaatlichkeitsmission der Europäischen Union im Kosovo (EULEX KO-SOVO);[42]

---

[34] Dies bedeutet nicht, dass damit alle Gebiete jenseits des Geltungsbereichs der Verträge nach Art. 355 AEUV (i.V. mit Art. 52 Abs. 2 EUV) gemeint sind. Vielmehr bedeutet »außerhalb der Union« alle Gebiete, auf die sich die territoriale Souveränität der Mitgliedstaaten nicht erstreckt. Vgl. auch *Cremer*, in: Calliess/Ruffert, EUV/AEUV, Art. 42 EUV, Rn. 5.

[35] Dazu *Cremer*, in: Calliess/Ruffert, EUV/AEUV, Art. 42 EUV, Rn. 4ff.

[36] Vgl. dazu *Kaufmann-Bühler*, in: Grabitz/Hilf/Nettesheim, EU, Art. 42 EUV (März 2011), Rn. 37ff.; *Cremer*, in: Calliess/Ruffert, EUV/AEUV, Art. 42 EUV, Rn. 19ff.

[37] Vgl. dazu die Übersicht über laufende und abgeschlossene Operationen unter: http://www.eeas.europa.eu/csdp/missions-and-operations/ (3.3.2016); ferner *Naert*, S. 97ff.

[38] ABl. 2004, L 252/10.

[39] ABl. 2005, L 200/65.

[40] ABl. 2005, L 327/28.

[41] ABl. 2007, L 139/33.

[42] ABl. 2008, L 42/92.

- EUMM Georgien: Gemeinsame Aktion 2008/736/GASP des Rates vom 15. 9. 2008 über die Beobachtermission der Europäischen Union in Georgien (EUMM Georgia);[43]
- EU NAVFOR ATALANTA: Gemeinsame Aktion 2008/851/GASP des Rates vom 10. 11. 2008 über die Militäroperation der Europäischen Union als Beitrag zur Abschreckung, Verhütung und Bekämpfung von seeräuberischen Handlungen und bewaffneten Raubüberfällen vor der Küste Somalias (EU NAVFOR);[44]
- EUTM Somalia: Beschluss 2010/96/GASP des Rates vom 15. 2. 2010 über eine Militärmission der Europäischen Union als Beitrag zur Ausbildung somalischer Sicherheitskräfte;[45]
- EUCAP Sahel Niger: Beschluss 2012/392/GASP des Rates vom 16. 7. 2012 über die GSVP-Mission der Europäischen Union in Niger (EUCAP Sahel Niger);[46]
- EUCAP NESTOR: Beschluss 2012/389/GASP des Rates vom 16. 7. 2012 über die Mission der Europäischen Union zum Ausbau der regionalen maritimen Kapazitäten am Horn von Afrika (EUCAP NESTOR);[47]
- EUTM Mali: Beschluss 2013/34/GASP des Rates vom 17. 1. 2013 über eine Militärmission der Europäischen Union als Beitrag zur Ausbildung der malischen Streitkräfte (EUTM Mali);[48]
- EUBAM Libyen: Beschluss 2013/233/GASP des Rates vom 22. 5. 2013 über die Mission der Europäischen Union zur Unterstützung des integrierten Grenzmanagements in Libyen (EUBAM Libyen);[49]
- EUAM Ukraine: Beschluss 2014/486/GASP des Rates vom 22. 7. 2014 über die Beratende Mission der Europäischen Union für eine Reform des zivilen Sicherheitssektors in der Ukraine (EUAM Ukraine);[50]
- EUBAM Moldau und Ukraine: Gemeinsame Aktion 2005/776/GASP des Rates vom 7. 11. 2005 zur Änderung des Mandats des Sonderbeauftragten der Europäischen Union für Moldau;[51]
- EUCAP Sahel Mali: Beschluss 2014/219/GASP des Rates vom 15. 4. 2014 über die GSVP-Mission der Europäischen Union in Mali (EUCAP Sahel Mali);[52]
- EUNAVFOR MED: Beschluss 2015/972/GASP des Rates vom 22. 6. 2015 über die Einleitung der Militäroperation der Europäischen Union im südlichen zentralen Mittelmeer (EUNAVFOR MED);[53]
- EUTM RCA: Beschluss (GASP) 2016/610 des Rates vom 19. 4. 2016 über eine militärische Ausbildungsmission im Rahmen der GSVP der Europäischen Union in der Zentralafrikanischen Republik (EUTM RCA).[54]

---

[43] ABl. 2008, L 248/26.
[44] ABl. 2008, L 301/33.
[45] ABl. 2010, L 44/16.
[46] ABl. 2012, L 158/17.
[47] ABl. 2012, L 187/40.
[48] ABl. 2013, L 14/19.
[49] ABl. 2013, L 138/15.
[50] ABl. 2014, L 217/42.
[51] ABl. 2005, L 292/13.
[52] ABl. 2014, L 113/21.
[53] ABl. 2015, L 157/51.
[54] ABl. 2016, L 104/21.

III. Verhältnis zu den Vereinten Nationen

18 Gemäß Abs. 1 Satz 3 sollen die Missionen »in Übereinstimmung mit den **Grundsätzen der Charta der Vereinten Nationen**« stehen. Damit wird einer der Grundsätze des Art. 21 Abs. 1 EUV für die GSVP nochmals besonders betont. Dies bedeutet zunächst, dass die Union den Grundsätzen der souveränen Gleichheit der Staaten, der friedlichen Streitbeilegung und des Verbots der Androhung oder Anwendung von Gewalt verpflichtet ist (Art. 2 Ziff. 1, 3 und 4 UN-Charta). Missionen und Operationen in fremden Staaten sollen mithin grundsätzlich nur mit Zustimmung der betreffenden Staaten oder auf der Grundlage einer Ermächtigung des Sicherheitsrats der Vereinten Nationen nach Maßgabe von Kapitel VII der Charta zulässig sein. Dies gilt nicht nur für Frieden schaffende Kampfeinsätze, sondern für jede Form der Friedenssicherung mit zivilen oder militärischen Mitteln. Freilich gilt es in diesem Zusammenhang zu beachten, dass nach Maßgabe des geltenden Völkerrechts bestimmte Operationen auch ohne Zustimmung oder Ermächtigung zulässig sind. Dies gilt nicht allein für die Ausübung des Rechts der individuellen oder kollektiven Selbstverteidigung nach Art. 51 der Charta, sondern auch für die Rettung von Unionsbürgern aus Krisenregionen.[55] Ob das Völkerrecht auch eine humanitäre Intervention als zulässig anerkennt, bleibt jedoch umstritten.[56]

19 Des Weiteren wird die **Hauptverantwortung des Sicherheitsrats** für die Wahrung des Weltfriedens und die internationale Sicherheit anerkannt, wie dies bereits in der Gemeinsamen Erklärung von 2003[57] betont wurde.[58] In dieser Erklärung bekräftigt die Europäische Union ihre Entschlossenheit, zur Verwirklichung der Ziele der Vereinten Nationen im Bereich der Krisenbewältigung beizutragen, und sie erklärt sich zu weiteren Maßnahmen zur Verbesserung der beiderseitigen Koordinierung und Kompatibilität in den Bereichen der Planung, der Ausbildung, der Kommunikation und der bewährten Praktiken bereit.[59]

20 Es wäre aber zumindest verfrüht, wollte man daraus sowie aus der jüngsten Entwicklung schließen, die Union sei bereit, sich als »**regionale Abmachung oder Einrichtung**« im Sinne von Kapitel VIII der Charta der Vereinten Nationen zu verstehen. Weder die WEU noch gar die NATO waren zu einem solchen Schritt bereit, auch wenn sie unter diese Begriffe hätten subsumiert werden können. Die Union würde die Voraussetzungen ebenfalls erfüllen, ist es doch durchaus vertretbar, sie als ein **regionales System kollektiver Sicherheit** einzuordnen. Allerdings stellt sich angesichts der Erfahrungen mit der Situation im ehemaligen Jugoslawien die Frage, ob die Mitgliedstaaten bereit sind, sich gemäß Art. 53 Abs. 1 Satz 1 der Charta vom Sicherheitsrat in Anspruch nehmen zu lassen oder die von ihnen als erforderlich angesehenen militärischen Operationen in jedem Fall von einer Ermächtigung des Sicherheitsrats abhängig zu machen. Der **Kosovo-Einsatz** (1999) verdeutlicht, dass ein militärisches Eingreifen in oder auch außer-

---

[55] Vgl. dazu Art. 21 EUV, Rn. 17.

[56] S. aber die Entschließung des Europäischen Parlaments vom 20.4.1994 zum Recht auf Intervention aus humanitären Gründen, ABl. 1994, C 128/225, wonach die humanitäre Intervention mit militärischen oder nicht-militärischen Mitteln als ultima ratio unter bestimmten engen Voraussetzungen auch dann zulässig sein soll, wenn der Sicherheitsrat keine dahingehende Ermächtigung erteilt hat.

[57] Gemeinsame Erklärung des UN-Generalsekretärs und des Vorsitzes des Rates der Europäischen Union vom 24.9.2003 über die VN-EU-Zusammenarbeit bei der Krisenbewältigung, abrufbar unter: http://www.consilium.europa.eu/uedocs/cms_data/docs/pressdata/de/misc/77387.pdf (3.3.2016).

[58] Vgl. auch Abs. 3 der Erklärung Nr. 13.

[59] Vgl. auch *Naert*, S. 72 ff.; *Kaufmann-Bühler*, in: Grabitz/Hilf/Nettesheim, EU, Art. 42 EUV (März 2011), Rn. 47.

halb Europas als unumgänglich angesehen werden könnte, der notwendige Konsens der ständigen Mitglieder des Sicherheitsrats aber aus welchen Gründen auch immer nicht zustande kommt. Ob die Europäer im Falle einer Wiederholung solcher Ereignisse in ihrer unmittelbaren Nachbarschaft tatsächlich untätig bleiben können, ohne die Glaubhaftigkeit der GASP und GSVP nachhaltig zu beschädigen, ist mehr als fraglich. Es ist daher keineswegs ausgeschlossen, dass die Union künftig – ebenso wie die NATO bzw. ihre Mitgliedstaaten – einzelne Operationen nicht von den Vereinten Nationen und ihren Organen abhängig machen wird, sondern auf der Grundlage einer eigenständigen Bewertung ihrer Sicherheitsinteressen auch militärische Operationen beschließen und durchführen wird. Die damit einhergehende Problematik der rechtlichen Vereinbarkeit mit den Grundsätzen der Charta ist zudem keineswegs unlösbar. Selbstverständlich wäre es wünschenswert, wenn die Union in der Regel nur mit einer Ermächtigung des Sicherheitsrats militärisch eingreifen würde. Der Sicherheitsrat wird indes nur in wenigen Ausnahmefällen, d. h. bei einer Konvergenz der politischen Interessen seiner ständigen Mitglieder, entsprechende Beschlüsse zu fassen in der Lage sein. Die jüngsten Ereignisse (Syrien) lassen dies eher unwahrscheinlich erscheinen. Eine Revision der Charta mag nicht ausgeschlossen sein, wird aber schwerlich eine Aufgabe des sog. Vetorechts mit sich bringen. Die einzige Möglichkeit, der Problematik zu entrinnen, wenn diplomatisch-präventive und nicht-militärische Maßnahmen nicht greifen, liegt somit in der Anerkennung eines regionalen Systems kollektiver Sicherheit, das sich parallel zu dem universellen Sicherheitssystem der Vereinten Nationen entwickelt. Dieses würde sich nicht allein durch eine große Eigenständigkeit auszeichnen, sondern auch durch die Herausbildung von Normen, die zugleich das geltende Recht der Charta ergänzen. Ob und inwieweit es gelingen wird, den dafür erforderlichen Konsens zu erzielen, der sicherlich niemals vertraglich fixiert werden wird, ist eine andere Frage.

D. Gemeinsame Verteidigungspolitik und gemeinsame Verteidigung (Abs. 2)

I. Gemeinsame Verteidigungspolitik und Verteidigung (UAbs. 1)

1. Begriff der Verteidigungspolitik

Wenngleich es möglich ist, die Verteidigungspolitik als einen Unterfall der Sicherheitspolitik anzusehen, ist eine trennscharfe Abgrenzung nicht ohne weiteres möglich, sollen sie doch gleichermaßen auf den Grundsätzen des Art. 21 EUV beruhen und die darin genannten Ziele verfolgen. Daher hilft auch eine Verortung der Sicherheitspolitik in Abs. 1 und der Verteidigungspolitik in Abs. 2 nur bedingt weiter.[60] Auch der 11. Erwägungsgrund der Präambel (Stärkung der »Identität und Unabhängigkeit Europas, um Frieden, Sicherheit und Fortschritt in der Welt zu fördern«), die allgemeine Zielbestimmung in Art. 3 Abs. 5 EUV sowie die besonderen GASP-Ziele des Art. 21 Abs. 2 EUV sind nicht geeignet, die Begriffe hinreichend voneinander abzugrenzen.[61] Aus diesem und dem Zusammenhang mit Art. 43 EUV wird lediglich deutlich, dass die GSVP insgesamt auf einem umfassenden Ansatz beruhen und dass der Union ein breites Maß-

21

---

[60] So aber *Cremer*, in: Calliess/Ruffert, EUV/AEUV, Art. 42 EUV, Rn. 2 f.
[61] So aber *Kaufmann-Bühler*, in: Grabitz/Hilf/Nettesheim, EU, Art. 42 EUV (März 2011), Rn. 18.

nahmenspektrum zur Verfügung stehen, sie mithin nicht auf die »Petersberg-Aufgaben« beschränkt bleiben soll. Auch die Sicherheitsstrategien der Union[62] spiegeln den umfassenden Ansatz wider und geben wenig Aufschluss über die Unterschiede zwischen Sicherheitspolitik einerseits und Verteidigungspolitik andererseits. Da im EUV zudem zwischen »militärischen« und »verteidigungspolitischen Bezügen« unterschieden wird,[63] scheint es auch nicht möglich zu sein, eine Abgrenzung danach vorzunehmen, ob zivile oder militärische Mittel eingesetzt werden. Allerdings darf diese Unterscheidung nicht überbewertet werden, da sie allein für das Beschlussverfahren von Bedeutung ist. Sie ist nur deswegen so gefasst, damit Beschlüsse mit qualifizierter Mehrheit in diesem sensiblen Bereich verhindert werden. Daher handelt es sich um verteidigungspolitische Fragen immer dann, wenn Streitkräfte sowie Mittel und Methoden der Kriegführung, mithin militärische Fähigkeiten, zum Einsatz kommen und ein militärischer Oberbefehlshaber die Operation führt.[64] Das betrifft nicht allein **Kampfeinsätze** im Rahmen Frieden schaffender Maßnahmen und **Rettungseinsätze**, sondern auch **Friedenssicherungsoperationen unter Einsatz militärischer Mittel**, die Bekämpfung des **Terrorismus** und der **Piraterie** sowie Missionen zur **Ausbildung fremder Streitkräfte**.

2. Schrittweise Festlegung einer Verteidigungspolitik

22   Die Union verfügt noch nicht über eine umfassende gemeinsame Verteidigungspolitik, ihr ist aber die Kompetenz verliehen worden, sie schrittweise festzulegen. Damit ist auch die Verteidigungspolitik **entwicklungsoffen**. Ihr Ausbau und ihre Konkretisierung bleibt aber einem politischen Prozess vorbehalten, der sich wie in der Vergangenheit daran orientieren wird, welche internationalen Entwicklungen ein Bedrohungspotential aufweisen, das nicht von den Mitgliedstaaten allein, sondern nur im institutionellen Rahmen der Union neutralisiert werden kann. Bereits vor Inkrafttreten des Vertrags von Lissabon hat die Union beständig darauf hingearbeitet, ihre militärische, mithin verteidigungspolitische, **Operationsfähigkeit zu verbessern und auszubauen**.[65] Diese Schritte erfolgten in der Regel in Reaktion auf internationale Krisen und waren der Erkenntnis geschuldet, dass die Union nicht über die militärischen Mittel und Fähigkeiten verfügte, um angemessen und effektiv reagieren zu können, und daher auch von anderen nicht als ernstzunehmender Akteur wahrgenommen wurde.

---

[62] Vgl. auch Europäische Sicherheitsstrategie – Ein sicheres Europa in einer besseren Welt, Dok. 15895/03; Strategie der Europäischen Union zur Bekämpfung des illegalen Handels mit Kleinwaffen, Dok. 13066/05; Strategie der Europäischen Union für Afrika, KOM (2005) 489; Strategie der Europäischen Union zur Terrorismusbekämpfung, Dok. 14469/4/05/REV 4; Strategie der Europäischen Union für maritime Sicherheit, Dok. 11205/14; European Union Maritime Security Strategy (EUMSS) – Action Plan, Doc. 15658/14; Joint Staff Working Docment – On the implementation of the EU Maritime Security Strategy Action Plan, SWD (2016) 217 final; Cybersicherheitsstrategie der Europäischen Union – ein offener, sicherer und geschützter Cyberraum, JOIN (2013) 1 final; Die Europäische Sicherheitsagenda, COM (2015) 185 final; *Federica Mogherini*: Shared Vision, Common Action: A Stronger Europe – A Global Strategy for the European Union's Foreign and Security Policy, June 2016.
[63] Vgl. etwa Art. 31 Abs. 3 EUV.
[64] Wie hier *Cremer*, in: Calliess/Ruffert, EUV/AEUV, Art. 42 EUV, Rn. 13.
[65] Vgl. dazu Rn. 15.

3. Gemeinsame Verteidigung

Die gemeinsame Verteidigung gehört **nicht zur gemeinsamen Verteidigungspolitik** und 23 wird daher auch nicht von der Kompetenz zur schrittweisen Festlegung einer gemeinsamen Verteidigungspolitik umfasst. Der Wortlaut von Abs. 2 UAbs. 1 Satz 2 stellt zwar einen Zusammenhang zwischen Verteidigungspolitik und Verteidigung her. Auch scheint die Beistandspflicht nach Abs. 7 für eine Einordnung der gemeinsamen Verteidigung als ein Aspekt der gemeinsamen Verteidigungspolitik zu sprechen. Allerdings steht einer solchen Einordnung der gemeinsamen Verteidigung nicht allein die Entstehungsgeschichte der Norm entgegen.[66] Die bei der Auslegung des EUV maßgeblich zu berücksichtigende Praxis der Mitgliedstaaten[67] führt deutlich vor Augen, dass sie (noch) nicht bereit sind, die Union in ein Verteidigungsbündnis umzuwandeln, und dass sie zwischen der gemeinsamen Verteidigungspolitik und der gemeinsamen Verteidigung weiterhin streng zu unterscheiden gedenken, was durch Abs. 2 UAbs. 2 sowie durch die Erklärungen Nr. 13 und 14 unterstrichen wird. Zudem setzte eine gemeinsame Verteidigung die Schaffung integrierter Führungs- und Befehlsstrukturen voraus sowie eine grundsätzliche Rechtspflicht der Mitgliedstaaten zur Teilnahme an militärischen Operationen.[68] Darin unterscheidet sie sich von der auf dem Grundsatz der Freiwilligkeit beruhenden Verteidigungspolitik. Wenngleich der Europäische Rat berechtigt ist, eine gemeinsame Verteidigung durch einstimmigen Beschluss einzuführen, bedeutet dies nicht, dass die Unionsorgane ohne einen solchen Beschluss, der zudem von den Mitgliedstaaten ratifiziert werden müsste, auf der Grundlage von Abs. 2 UAbs. 1 Satz 1 Maßnahmen zur Errichtung ständiger integrierter Befehls- und Führungsstrukturen ergreifen dürften.[69]

II. »Irische Klausel« (UAbs. 2 Hs. 1)

Die GSVP lässt »den besonderen Charakter der Sicherheits- und Verteidigungspolitik 24 bestimmter Mitgliedstaaten« unberührt. Mit dieser auf Betreiben Irlands[70] in die Vorschrift eingefügten Klausel steht es den Mitgliedstaaten, die sich zu einer **Politik der militärischen Neutralität** verpflichtet haben, weiterhin frei, sich grundsätzlich nicht an verteidigungspolitischen Missionen der Union zu beteiligen. Dies sind neben **Irland Finnland**, **Malta**, **Österreich**, **Schweden** und **Zypern**.[71] Damit stehen diese Staaten nicht außerhalb der GSVP. Sie bleiben gleichberechtigt und mit denselben Pflichten eingebunden wie die übrigen Mitgliedstaaten, so dass sie sich an der Fassung der erforderlichen GSVP-Beschlüsse ebenso beteiligen wie an der Finanzierung und an den nichtmilitärischen Aspekten der Operationen.

---

[66] *Cremer*, in: Calliess/Ruffert, EUV/AEUV, Art. 42 EUV, Rn. 8, weist zutreffend darauf hin, dass der Konventionsentwurf zur Verfassung die Beistandspflicht der gemeinsamen Verteidigung zugeordnet hat.

[67] Vgl. Art. 31 Abs. 3 Buchst. b des Wiener Übereinkommens über das Recht der Verträge.

[68] *Marquardt/Gaedtke*, in: GSH, Europäisches Unionsrecht, Art. 42, Rn. 7.

[69] Wie hier *Cremer*, in: Calliess/Ruffert, EUV/AEUV, Art. 42 EUV, Rn. 9 ff.

[70] Zur Anerkennung der militärischen Neutralität Irlands vgl. Europäischer Rat von Sevilla vom 21./22. 6. 2002, Dok. Nr. SN 200/02.

[71] Vgl. dazu die Nachweise bei *Kaufmann-Bühler*, in: Grabitz/Hilf/Nettesheim, EU, Art. 42 EUV (März 2011), Rn. 29 ff.; ferner *Regelsberger/Kugelmann*, in: Streinz, EUV/AEUV, Art. 42 EUV, Rn. 7.

25   Die Sonderstellung **Dänemarks** im Bereich der GSVP beruht nicht auf der »irischen Klausel«, sondern insbesondere auf Art. 5 des Protokolls Nr. 22. Danach beteiligt sich Dänemark nicht »an der Ausarbeitung und Durchführung von Beschlüssen und Maßnahmen der Union, die verteidigungspolitische Bezüge haben. Dänemark nimmt daher nicht an der Annahme dieser Maßnahmen teil [und] ist nicht verpflichtet, zur Finanzierung operativer Ausgaben beizutragen, die als Folge solcher Maßnahmen anfallen, oder der Union militärische Fähigkeiten zur Verfügung zu stellen.«

III.   Verhältnis zur NATO (UAbs. 2 Hs. 2)

1.   Achtung der Verwirklichung der gemeinsamen Verteidigung im Rahmen der NATO

26   Mit dem 2. Halbsatz von UAbs. 2 wird unterstrichen, dass die Union weder die Pflichten der Mitgliedstaaten, die zugleich Mitglieder der NATO sind, in Frage zu stellen noch eine Verteidigungspolitik festzulegen beabsichtigt, die mit der im Rahmen der NATO festgelegten Sicherheits- und Verteidigungspolitik unvereinbar wäre. Von den gegenwärtig 28 Mitgliedstaaten der Union gehören lediglich Finnland, Irland, Malta, Österreich, Schweden und Zypern nicht auch der NATO an.[72] Die anderen 22 Mitgliedstaaten haben sich in die NATO-Strukturen integriert und sehen ihre gemeinsame Verteidigung allein im Rahmen der NATO gewährleistet.

2.   Verhältnis zwischen der Union und der NATO

27   Trotz ihrer durchaus erfolgreichen Bemühungen zur Entwicklung operativer militärischer Fähigkeiten verfügt die Union nicht über eigene Fähigkeiten zur Durchführung verteidigungspolitischer Missionen, sondern ist auf die Beiträge der Mitgliedstaaten und auf die Hilfe der NATO angewiesen, da nur sie über ständige integrierte Befehls- und Führungsstrukturen sowie über die für den Erfolg verteidigungspolitischer Missionen unerlässlichen Planungsfähigkeiten verfügt. Daher ist die Union in der Mehrheit der Fälle von einem Zugriff auf die Fähigkeiten und Einrichtungen der NATO abhängig. Mit den »**Berlin-Plus-Vereinbarungen**« von 1996[73] und 2003[74] wurde der Union der Zugriff auf die Planungsinstrumente und der Zugang zu Fähigkeiten und Einrichtungen der NATO unter der Voraussetzung garantiert, dass der Nordatlantikrat durch einstimmigen Beschluss zustimmt. Zudem behält sich die NATO das Recht vor, diese Mittel und Fähigkeiten im Bedarfsfall zurückzufordern. Diese Absprachen konnten erst nach Überwindung des Widerstands insbesondere der Türkei[75] getroffen werden und nachdem in einem Sicherheitsabkommen Einigkeit über den Austausch von geheimen Informationen unter Einhaltung von Bestimmungen über den gegenseitigen Schutz erzielt worden war.[76]

28   Mit den Berlin-Plus-Vereinbarungen ist das zuvor eher antagonistische Verhältnis zwischen der Union und der NATO merklich verbessert worden. Zudem hat die NATO erkannt, dass sie in der Union einen durchaus kompetenten und verlässlichen Partner im

---

[72] Der NATO, nicht der Union, angehören: Albanien, Island, Kanada, Norwegen, Türkei und die USA.

[73] Vgl. dazu Rn. 5 f.

[74] Vgl. dazu Rn. 9 und Fn. 22.

[75] Vgl. dazu *Varwick*, Die NATO: Vom Verteidigungsbündnis zur Weltpolizei?, 2008, S. 135.

[76] Vgl. dazu sowie zum Folgenden *Naert*, S. 66 ff.; *Kaufmann-Bühler*, in: Grabitz/Hilf/Nettesheim, EU, Art. 42 EUV (März 2011), Rn. 48 ff.

Bereich der Terrorismusbekämpfung hat und die beiden Organisationen in zahlreichen Bereichen der Sicherheits- und Verteidigungspolitik einander ergänzen. Gleichwohl bleibt das Verhältnis nicht gänzlich ungetrübt, sondern wird auch heute noch durch die drei »Ds« gekennzeichnet; duplication, decoupling, discrimination – also **Duplizierung**, **Entkoppelung** und **Diskriminierung**.

Nun erweist sich die **Duplizierung** bei näherer Betrachtung nicht als unüberwindbares Problem. Zwar betont die Union ihre Beschlussfassungsautonomie und ihre Bereitschaft, EU-geführte militärische Operationen einzuleiten und durchzuführen. Die Union hat aber stets auch festgestellt, dass eine unnötige Duplizierung zu vermeiden ist und dieser Prozess nicht auf die Schaffung europäischer Streitkräfte zielt. Zudem ist die Union übereingekommen, die bestehenden Verfahren der Verteidigungsplanung weiter anzuwenden, gegebenenfalls einschließlich der Verfahren im Rahmen der NATO und des Planungs- und Überprüfungsprozesses (PARP) der Partnerschaft für den Frieden (PfP). Diese Ziele wie auch die Ziele, die sich für die betreffenden Länder aus der NATO-Initiative zur Verteidigungsfähigkeit (DCI) ergeben, werden einander verstärken. Zwar trifft es zu, dass die NATO-Initiative zur Verteidigungsfähigkeit (DCI) die bestehenden Defizite der europäischen Rüstung, insbesondere ihre fehlende Kompatibilität mit der amerikanischen, keineswegs beseitigen wird. Vielmehr bleibt es eine genuin europäische Aufgabe, sich den amerikanischen Standards zu nähern. Ob die politische Einigung auf Konvergenzkriterien zur Verteidigung ausreichen wird, mag ebenfalls bezweifelt werden, da diese ja national umgesetzt werden müssen. Man mag in diesem Zusammenhang bedauern, dass augenscheinlich wieder einmal ein überzogenes Souveränitätsdenken einer multinationalen und damit effektiven Lösung entgegensteht. In jedem Fall scheint den Europäern aber klar zu sein, dass sie, wenn sie es mit der GSVP ernst meinen, nicht umhin kommen, die Kriterien möglichst genau zu formulieren und dabei kurz-, mittel- und langfristige Ziele miteinander in Einklang zu bringen. Darin liegt in der Tat die Gefahr einer Duplizierung der Anstrengungen, was angesichts schrumpfender Verteidigungsbudgets wenig wünschenswert sein dürfte. Doch selbst wenn es zu einer Duplizierung kommen sollte, können davon jedenfalls die Bereiche nur profitieren, in denen sämtliche Partner Defizite aufweisen, also in den Bereichen Lufttransportkapazitäten, Überwindung gegnerischer Luftverteidigung (SEAD), offensive elektronische Kriegführung, Cyber Defence, Luftbetankung, GPS, Lenkwaffen und konventionelle luftgestützte cruise missiles. **29**

Auch das zweite »D«, die **Entkoppelung**, bereitet weniger gravierende Probleme, als manche herbeizuwünschen scheinen. Wenngleich nicht übersehen werden darf, dass die USA den Prozess der Ausbildung einer Europäischen Sicherheits- und Verteidigungsidentität vielleicht argwöhnisch, zumindest aber aufmerksam verfolgen, wird die Mehrheit der Europäer alles daran setzen, die transatlantischen Bande zu erhalten. Freilich darf nicht außer Betracht bleiben, dass insbesondere Frankreich mitunter recht singuläre Interessen, insbesondere im Hinblick auf Afrika, verfolgt. Ob diese stets mit denen seiner europäischen Partner oder gar der USA kompatibel sind, ist zumindest fraglich. **30**

Das eigentliche Problem besteht somit in Bezug auf das dritte »D«, die **Diskriminierung** von Nicht-EU-Alliierten. Es wird weiterhin schwierig sein, einerseits die volle Entscheidungsautonomie der Union zu erhalten, andererseits aber die Nicht-EU-Alliierten vollständig in die Entscheidungsprozesse einzubeziehen. Während lediglich Kanada eine durchaus privilegierte Stellung zukommt, bleiben andere Allianzpartner weitgehend außen vor. Dies trifft in besonderem Maße auf die Türkei zu. Diese hat aber mehrfach deutlich zu erkennen gegeben, dass sie nicht hinzunehmen bereit ist, durch die **31**

Europäische Union vor vollendete Tatsachen gestellt zu werden, wenn sie der Union Streitkräfte zur Verfügung stellen soll. Auch im Übrigen ist mehr als wahrscheinlich, dass die Türkei keineswegs ein leicht zu handhabender Partner sein wird. An diesem Befund ändert auch ihr Kandidatenstatus nichts. Die Kriterien von Kopenhagen haben immer noch Gültigkeit, und die Türkei ist keineswegs bereit, sich der Union um jeden Preis anzuschließen.

E. Pflichten der Mitgliedstaaten (Abs. 3)

I. Bereitstellung ziviler und militärischer Fähigkeiten (UAbs. 1)

1. Art und Umfang der bereitzustellenden Fähigkeiten

32   Augenscheinlich sind die Mitgliedstaaten nach Abs. 3 UAbs. 1 Satz 1 rechtlich verpflichtet, der Union zivile oder militärische Fähigkeiten zur Verfügung zu stellen, so dass sie einem entsprechenden Begehren der Union nach Abs. 1 Satz 3 entsprechen müssten. Für eine echte Rechtspflicht spricht insbesondere der englische Wortlaut der Vorschrift (»Member States shall make civilian and military capabilities available to the Union«). Allerdings belegt die bisherige Vertragspraxis der Mitgliedstaaten, dass es sich wegen des die GSVP beherrschenden Grundsatzes der Freiwilligkeit lediglich um eine **politische Verpflichtung** handelt.[77] Weder das Primärrecht noch ein einstimmiger Beschluss sind daher geeignet, die Mitgliedstaaten zur Bereitstellung ziviler oder militärischer Fähigkeiten zu verpflichten.[78]

33   Wenn die Mitgliedstaaten bereit sind, der Union zivile (z.B. Polizeieinheiten) oder militärische Fähigkeiten zur Verfügung zu stellen, so schließt dies selbstverständlich auch **multinationale Streitkräfte** (z.B. das Eurokorps) ein. Satz 2 ist daher lediglich deklaratorischer Natur.[79]

34   Obgleich es grundsätzlich stets auf den jeweiligen Einzelfall ankommt, welche zivilen oder militärischen Fähigkeiten in welchem Umfang zur Durchführung einer Operation erforderlich sind, hat die Union mit den Planzielen über die militärischen (»**Military Headline Goal**«)[80] und zivilen Fähigkeiten (»**Civilian Headline Goal**«)[81] sehr konkrete Feststellungen darüber getroffen, welche Fähigkeiten in welchem Umfang grundsätzlich vorhanden sein müssen, damit die Union auf internationale Krisen mit militärischen und/oder zivilen Operationen reagieren kann. Diese grundsätzlichen Vorgaben können von den Mitgliedstaaten erfüllt werden, dies aber angesichts der unzureichenden Verteidigungsetats nur unter zunehmenden Schwierigkeiten.

---

[77] Wie hier *Cremer*, in: Calliess/Ruffert, EUV/AEUV, Art. 42 EUV, Rn. 11, 20. Vgl. auch BVerfGE 123, 267 (424): »Das bisherige Verständnis der Mitgliedstaaten im Rahmen der Gemeinsamen Außen- und Sicherheitspolitik spricht allerdings gegen diese Sichtweise. Danach waren militärische Beiträge niemals rechtlich, sondern allenfalls politisch ‚geschuldet'.« Nicht eindeutig *Kaufmann-Bühler*, in: Grabitz/Hilf/Nettesheim, EU, Art. 42 EUV (März 2011), Rn. 26.

[78] A.A. *von Kielmansegg*, Verteidigungspolitik der Union, 2005, S. 487; *Kaufmann-Bühler*, in: Grabitz/Hilf/Nettesheim, EU, Art. 42 EUV (März 2011), Rn. 27.

[79] *Cremer*, in: Calliess/Ruffert, EUV/AEUV, Art. 42 EUV, Rn. 23.

[80] S. o. Fn. 22. Vgl. dazu auch *Kaufmann-Bühler*, in: Grabitz/Hilf/Nettesheim, EU, Art. 42 EUV (März 2011), Rn. 38 ff.

[81] S. o. Fn. 24. Vgl. dazu auch *Kaufmann-Bühler*, in: Grabitz/Hilf/Nettesheim, EU, Art. 42 EUV (März 2011), Rn. 41 ff.

2. Zurechenbarkeitsproblematik

Für den Fall, dass die Mitgliedstaaten der Union zivile oder militärische Fähigkeiten zur   **35** Verfügung stellen, stellt sich die **aus haftungsrechtlicher Sicht** interessante Frage, ob das Handeln der zivilen oder militärischen Kräfte auch der mit Rechtspersönlichkeit ausgestatteten Union zugerechnet werden kann. In diesem Zusammenhang wird mitunter auf die Entscheidung des Europäischen Gerichtshofs für Menschenrechte im Fall Behrami und Saramati[82] hingewiesen,[83] in der der Gerichtshof das Handeln eines norwegischen Offiziers der UNO, nicht aber dem truppenstellenden Staat zugerechnet hat. Der Gerichtshof hat jedoch die völkerrechtlichen Zurechenbarkeitskriterien missverstanden. Bei der Organleihe kommt eine Zurechnung zu einer internationalen Organisation (oder zu einem anderen Staat) nur in Betracht, wenn ein Staat seine Organe derart überstellt, dass der Entleiher die **vollständige Dispositionsbefugnis** erhält.[84] Bei GSVP-Operationen wird aber nicht die für eine Zurechenbarkeit erforderliche vollständige Befehlsgewalt (»full command«) übertragen, sondern lediglich »operational control« oder »operational command«.[85] Daher wird das Handeln des der Union im Rahmen der GSVP zur Verfügung gestellten zivilen oder militärischen Personals allein dem stellenden Mitgliedstaat, nicht aber der Union zugerechnet.

II. Verbesserung der militärischen Fähigkeiten (UAbs. 2)

Der Erfolg militärischer Operationen hängt nicht allein davon ab, dass Streitkräfte der   **36** Mitgliedstaaten in hinreichender Zahl vorgehalten werden, sondern auch von einer – in der Regel sehr kostspieligen – **militärischen Infrastruktur und Ausrüstung**. Zudem muss die Interoperabilität der an einer GSVP-Mission beteiligten Streitkräfte gewährleistet sein. Dies betrifft sowohl die verschiedenen Beiträge zu der Mission als auch die technische Ausrüstung, insbesondere im Bereich des Informations- und Datenaustauschs. Daher ist es durchaus folgerichtig, wenn sich die Mitgliedstaaten nach UAbs. 2 Satz 1 »verpflichten, ihre militärischen Fähigkeiten schrittweise zu verbessern«. Freilich ist diese Verpflichtung recht vage gehalten, so dass es schwerlich möglich sein dürfte, ihr konkrete Handlungspflichten in Bezug auf einen konkreten Mitgliedstaat zu entnehmen.[86] Angesichts der Finanz- und Wirtschaftskrise haben die Mitgliedstaaten in der jüngsten Vergangenheit keine besonderen Anstrengungen unternommen, ihre **Verteidigungsausgaben** zu erhöhen. Aus der regelmäßigen Erhebung der Europäischen Ver-

---

[82] EGMR, Urt. v. 2.5.2007, Beschwerde-Nr. 71412/01 (Behrami & Saramati), EuGRZ 2007, 522, Rn. 134 ff.

[83] So *Cremer*, in: Calliess/Ruffert, EUV/AEUV, Art. 42 EUV, Rn. 24.

[84] Vgl. Art. 6 des ILC-Entwurfs über die Verantwortlichkeit der Staaten für völkerrechtswidriges Verhalten und die nahezu identische Vorschrift des Entwurfs über die Verantwortlichkeit internationaler Organisationen; ferner *Naert*, S. 434 ff.

[85] Im NATO Glossary of Terms and Definitions (2010) werden diese Führungsformen wie folgt definiert. Operational Command: »The authority granted to a commander to assign missions or tasks to subordinate commanders, to deploy units, to reassign forces, and to retain or delegate operational and/or tactical control as the commander deems necessary.« Operational Control: »The authority delegated to a commander to direct forces assigned so that the commander may accomplish specific missions or tasks which are usually limited by function, time, or location; to deploy units concerned, and to retain or assign tactical control of those units. It does not include authority to assign separate employment of components of the units concerned. Neither does it, of itself, include administrative or logistic control.«

[86] So auch *Cremer*, in: Calliess/Ruffert, EUV/AEUV, Art. 42 EUV, Rn. 25.

teidigungsagentur über die Verteidigungsausgaben geht hervor, dass die Mitgliedstaaten im Jahr 2012 mehrheitlich deutlich weniger als 2 % ihres Bruttosozialproduktes für Verteidigung ausgegeben haben.[87]

37   Zudem scheitert eine echte Rüstungskooperation allzu häufig an nationalen Egoismen. Auch aus diesem Grunde wird mit Abs. 3 UAbs. 2 Satz 2 i. V. mit Art. 45 EUV der **Europäischen Verteidigungsagentur**[88] die Aufgabe übertragen, die Rüstungsanstrengungen der Mitgliedstaaten zu begleiten und zu fördern. Zudem hat die Kommission im Jahr 2011 eine »Task Force« eingerichtet, die Vorschläge zur Vollendung des europäischen Rüstungsmarktes und zur Stärkung der Wettbewerbsfähigkeit der **europäischen Verteidigungsindustrie** zu unterbreiten. Am 24. 7. 2013 hat die Kommission eine Mitteilung angenommen, die u. a. darauf gerichtet ist, die Effizienz und Wettbewerbsfähigkeit des europäischen Sicherheits- und Verteidigungssektors zu steigern.[89]

F.   Beschlussverfahren im Rahmen der GSVP (Abs. 4)

I.   Einstimmigkeitsprinzip

38   In Abs. 4 wird der bereits in Art. 31 Abs. 1 und 4 EUV enthaltene Grundsatz bekräftigt, dass die vom Rat erlassenen Beschlüsse im Rahmen der GSVP einschließlich der Beschlüsse über die Einleitung einer Mission, einstimmig zu erlassen sind. Beschlüsse mit qualifizierter Mehrheit, wie in Art. 31 Abs. 2 UAbs. 1 EUV vorgesehen, sind daher ausgeschlossen. Dies gilt jedenfalls für Beschlüsse mit militärischen oder verteidigungspolitischen Bezügen. Da GSVP-Missionen jedoch auch rein ziviler Natur sein können (z. B. Polizeimissionen), ist es grundsätzlich möglich, dass der Europäische Rat nach Art. 31 Abs. 3 EUV mit einem einstimmigen Beschluss den Rat ermächtigt, Beschlüsse für diese Missionen mit qualifizierter Mehrheit zu erlassen. Allerdings ist ein solcher Beschluss des Europäischen Rates angesichts der Zurückhaltung der Mitgliedstaaten wenig wahrscheinlich.[90] Zudem ist nicht ausgeschlossen, dass gemäß Art. 31 Abs. 2 UAbs. 1 EUV **Beschlüsse zur Durchführung ziviler GSVP-Operationen** mit qualifizier-

---

[87] Quelle: European Defence Agency, Defence Data Portal, http://www.eda.europa.eu/infohub/defence-data-portal (3. 3. 2016). Belgien: 1,09 % (€ 4,094 Mrd.); Bulgarien: 1,42 % (€ 0,562 Mrd.); Deutschland: 1,23 % (€ 32,49 Mrd.); Estland: 2,00 % (€ 0,34 Mrd.); Finnland: 1,47 % (€ 2,857 Mrd.); Frankreich: 1,93 % (€ 39,105); Griechenland: 1,69 % (€ 3,272 Mrd.); Irland: 0,55 % (€ 0,9 Mrd.); Italien: 1,32 % (€ 20,6 Mrd.); Lettland: 0,90 % (€ 0,201 Mrd.); Litauen: 0,78 % (€ 0,256 Mrd.); Luxemburg: 0,38 % (€ 0,167 Mrd.); Malta: 0,58 % (€ 0,039 Mrd.); Niederlande: 1,34 % (€ 8,067 Mrd.); Österreich: 0,80 % (€ 2,481 Mrd.); Polen: 1,77 % (€ 6,754 Mrd.); Portugal: 1,43 % (€ 2,366 Mrd.); Rumänien: 1,24 % (€ 1,636 Mrd.); Schweden: 1,13 % (€ 4,632 Mrd.); Slowakische Republik: 1,11 % (€ 0,790 Mrd.); Slowenien: 1,19 % (€ 0,422 Mrd.); Spanien: 1,03 % (€ 10,828 Mrd.); Tschechische Republik: 1,08 % (€ 1,651 Mrd.); Ungarn: 1,05 % (€ 1,029 Mrd.); Vereinigtes Königreich: 2,30 % (€ 43,696 Mrd.); Zypern: 1,81 % (€ 0,323 Mrd.). Dänemark macht grundsätzlich keine Angaben. Zu Kroatien liegen naturgemäß keine Zahlen für das Jahr 2012 vor.

[88] Beschluss 2011/411/GASP des Rates vom 12. 7. 2011 über die Rechtsstellung, den Sitz und die Funktionsweise der Europäischen Verteidigungsagentur und zur Aufhebung der Gemeinsamen Aktion 2004/551/GASP, ABl. 2011, L 183/16.

[89] Mitteilung der Kommission an das Europäische Parlament, den Rat, den Europäischen Wirtschafts- und Sozialausschuss und den Ausschuss der Regionen, Auf dem Weg zu einem wettbewerbsfähigeren und effizienteren Verteidigungs- und Sicherheitssektor, 24. 7. 2013, COM (2013) 542 final.

[90] So auch *Cremer*, in: Calliess/Ruffert, EUV/AEUV, Art. 42 EUV, Rn. 26. Vgl. ferner *Kaufmann-Bühler*, in: Grabitz/Hilf/Nettesheim, EU, Art. 42 EUV (März 2011), Rn. 24.

ter Mehrheit erlassen werden können. Allerdings ist auch insoweit zweifelhaft, ob ein Ratsmitglied dann nicht von seinem »Vetorecht« nach Art. 31 Abs. 2 UAbs. 2 EUV Gebrauch machen würde. Letztlich erübrigt es sich aber, darüber zu spekulieren. GSVP-Beschlüsse sind in aller Regel so detailliert, dass für einen eigenständigen Durchführungsbeschluss kein Raum bleibt, weil er sich notwendig auf den substantiellen Inhalt des Grundsatzbeschlusses auswirken würde.[91]

Einstimmigkeit bedeutet, dass alle stimmberechtigten Mitglieder des Rates ihrer Zustimmung durch förmlichen Beschluss Ausdruck verleihen müssen, so dass eine **Abstimmung** durchgeführt werden muss. Einstimmige Beschlüsse können nicht zustande kommen, sobald ein stimmberechtigtes Mitglied des Rates abwesend ist. Allerdings können Mitglieder des Rates[92], die verhindert sind, ihr Stimmrecht einem anderen Mitglied übertragen. Dabei ist zu beachten, dass sich ein Mitglied das Stimmrecht höchstens eines anderen Mitglieds übertragen lassen kann. Nach Art. 238 Abs. 4 AEUV steht die **Stimmenthaltung** von anwesenden oder vertretenen Mitgliedern dem Zustandekommen von Beschlüssen des Rates, zu denen Einstimmigkeit erforderlich ist, nicht entgegen. Will ein Ratsmitglied das Zustandekommen eines Beschlusses im Rahmen der GSVP nicht verhindern, so kann es sich gemäß Art. 31 Abs. 1 UAbs. 1 Satz 1 EUV **konstruktiv enthalten** und ist dann nicht verpflichtet, den Beschluss durchzuführen.[93] **39**

II. Vorschlagsrecht

Das Vorschlagsrecht für GSVP-Beschlüsse liegt zunächst beim **Hohen Vertreter** (Art. 18 EUV). Dies spiegelt seine hervorgehobene Stellung im Rahmen sowohl der GASP als auch der GSVP wider. Allerdings bedarf es immer dann eines gemeinsamen Vorschlags mit der **Kommission**, wenn ein Rückgriff auf Mittel der Union ins Auge gefasst wird. In diesen Fällen ist ein einseitiger Vorschlag des Hohen Vertreters ausgeschlossen, da die Kommission als Kollegium einzubeziehen ist. **40**

Nach Abs. 4 Satz 1 ist aber auch **jeder Mitgliedstaat** berechtigt, einen Vorschlag für einen GSVP-Beschluss zu unterbreiten. Damit wird der intergouvernementale Charakter der GSVP und die bedeutende Rolle der Mitgliedstaaten unterstrichen.[94] Wenngleich in der Vorschrift der Begriff »Initiative« verwendet wird, ändert dies nichts daran, dass diese auf einen GSVP-Beschluss des Rates zielen und daher so weit konkretisiert werden muss, dass der Rat in der Lage ist, auf dieser Grundlage zu beraten und gegebenenfalls eine Beschluss zu fassen. **41**

G. Durchführung einer Mission durch eine Gruppe von Mitgliedstaaten und Ständige Strukturierte Zusammenarbeit

I. Durchführung durch eine Gruppe von Mitgliedstaaten (Abs. 5)

Gemäß Abs. 5 kann der Rat durch **einstimmigen Beschluss** eine Gruppe von Mitgliedstaaten mit der Durchführung einer GSVP-Mission beauftragen. Mit diesem Element der **42**

---

[91] *Kaufmann-Bühler*, in: Grabitz/Hilf/Nettesheim, EU, Art. 42 EUV (März 2011), Rn. 24.
[92] Vgl. Art. 239 AEUV; Art. 11 Abs. 3 GO-Rat, ABl. 2009, L 325/35.
[93] Vgl. o. Art. 31 EUV Rn. 12 f.; ferner *Kaufmann-Bühler*, in: Grabitz/Hilf/Nettesheim, EU, Art. 42 EUV (März 2011), Rn. 23 ff.
[94] So auch *Cremer*, in: Calliess/Ruffert, EUV/AEUV, Art. 42 EUV, Rn. 27.

Flexibilisierung der GSVP soll die Union in die Lage versetzt werden, auch dann eine konkrete GSVP-Mission zu beschließen, wenn nur einige der Mitgliedstaaten über die dafür erforderlichen Fähigkeiten verfügen. Aus dem Zusammenhang mit Art. 44 Abs. 1 EUV folgt, dass die Beauftragung nicht einseitig, sondern **nur auf Wunsch** der betreffenden Mitgliedstaat erfolgen darf. Zudem müssen sie »über die für eine derartige Mission erforderlichen Fähigkeiten verfügen«. Aus dem Zweck der Beauftragung – »zur Wahrung der Werte der Union und im Dienste ihrer Interessen« – wird deutlich, dass von diesem Instrument der Flexibilisierung der GSVP nur Gebrauch gemacht werden darf, wenn die mit der Mission verfolgten Ziele im Interesse der Union, mithin nicht allein im Interesse der Koalition der willigen Mitgliedstaaten liegen.[95] Das Handeln der Gruppe ist daher, obgleich es sich als »**Hybridform**«[96] darstellt, ein Handeln für die Union, so dass die beauftragten Mitgliedstaaten gemäß Art. 44 Abs. 2 EUV dem Rat unterstellt bleiben.

II.   Ständige Strukturierte Zusammenarbeit (Abs. 6)

43   Auch die Ständige Strukturierte Zusammenarbeit nach Abs. 6 dient der Flexibilisierung der GSVP. Anders als die Beauftragung einer Gruppe nach Abs. 5 ist sie aber **grundsätzlich auf Dauer** angelegt. Die Mitgliedstaaten sind im Protokoll Nr. 10 übereingekommen, dass nur einige von ihnen in der Lage sind, die zur Stärkung der GSVP erforderlichen Anstrengungen zu unternehmen, mithin beim Ausbau ihrer nationalen Beiträge, insbesondere durch Aufstellung nationaler oder multinationaler Gefechtsverbände sowie von Unterstützungs- und Transportkapazitäten, so dass Missionen nach Art. 43 EUV »innerhalb von 5 bis 30 Tagen« aufgenommen und zunächst für eine Dauer von zunächst 30 Tagen, die bis auf 120 Tage ausgedehnt werden kann«, aufrechterhalten werden können. Damit ist das »**military headline goal 2010**«[97] Bestandteil der Primärrechts geworden, wenngleich beschränkt auf den Fall der Begründung der Ständigen Strukturierten Zusammenarbeit. Freilich haben sich bislang keine Mitgliedstaaten zur Begründung einer solchen Zusammenarbeit bereit erklärt. Bemerkenswert ist, dass der Rat nach Art. 46 Abs. 2 Satz 2 EUV über die Begründung einer Ständigen Strukturierten Zusammenarbeit im Bereich der GSVP **mit qualifizierter Mehrheit** entscheidet. Die Einzelheiten des Verfahrens zur Begründung der Ständigen Strukturierten Zusammenarbeit sind in Art. 46 EUV geregelt.

H.   Gegenseitige Beistandspflicht (Abs. 7)

44   Die gegenseitige Beistandspflicht nach Abs. 7, die im Falle eines bewaffneten Angriffs auf einen Mitgliedstaat gelten soll, scheint ein **Fremdkörper** zu sein. Ihre Konturen sind vage und scheinen wegen der Nähe zur gemeinsamen Verteidigung[98] nicht in den Rahmen des vorrangig der Verteidigungspolitik gewidmeten Art. 42 EUV zu passen. Angesichts der ausdrücklichen Bezugnahme auf das Selbstverteidigungsrecht nach Art. 51 UN-Charta ist es durchaus vertretbar, die Beistandspflicht als »vorweggenommenen

---

[95] *Kaufmann-Bühler*, in: Grabitz/Hilf/Nettesheim, EU, Art. 42 EUV (März 2011), Rn. 64; *Regelsberger/Kugelmann*, in: Streinz, EUV/AEUV, Art. 42 EUV, Rn. 14.
[96] So *Kaufmann-Bühler*, in: Grabitz/Hilf/Nettesheim, EU, Art. 42 EUV (März 2011), Rn. 64.
[97] Vgl. Fn. 22.
[98] Vgl. Rn. 23.

Teil einer gemeinsamen Verteidigung«[99] einzuordnen. Dagegen sprechen jedoch der Zusammenhang sowie die **erheblich eingeschränkte Reichweite** der Beistandspflicht. Die Errichtung einer gemeinsamen Verteidigung setzt einen einstimmigen Beschluss des Europäischen Rates voraus, der von allen Mitgliedstaaten ratifiziert werden muss. Bis dahin gehört die gemeinsame Verteidigung, mithin auch ein »vorweggenommener Teil«, nicht zum Bereich der GSVP. Zudem begründet Abs. 7 **keine Rechtspflicht zur kollektiven Selbstverteidigung i. e. S.**, mithin zur Anwendung bewaffneter Gewalt zur Unterstützung des betroffenen Mitgliedstaates. Zum einen sind die neutralen Mitgliedstaaten[100] und die Mitgliedstaaten, die ihre gemeinsame Verteidigung im Rahmen der NATO verwirklicht sehen,[101] von einer Pflicht zum militärischen Beistand ohnehin ausgenommen. Zum anderen folgt aus dem keineswegs klaren Wortlaut, dass ein Beistand nicht in Form des Einsatzes militärischer Mittel geleistet werden muss. Nun mag man angesichts des in der deutschen Fassung verwendeten Verbs »schulden« die Rechtsverbindlichkeit der Beistandspflicht grundsätzlich verneinen.[102] Allerdings sind die Mitgliedstaaten nach der englischen Fassung gegenüber dem Opfer eines bewaffneten Angriffs zur Hilfeleistung rechtlich verpflichtet – »the other Member States shall have towards it an obligation of aid and assistance«. Daher ist es zutreffend, wenn Abs. 7 als »echte Rechtspflicht« bezeichnet wird.[103] Dieser Widerspruch zwischen gleichermaßen authentischen Fassungen lässt sich aber auflösen, wenn man die im Rahmen der Beistandspflicht zu leistende »Hilfe und Unterstützung« so versteht, dass sie zwar rechtlich geboten ist, aber **unterhalb der Schwelle einer militärischen Verteidigung** des Opfers eines bewaffneten Angriffs verbleibt. Dafür spricht auch der Zusammenhang mit Art. 51 UN-Charta. Danach darf auf einen bewaffneten Angriff gegen einen anderen Staat nur dann im Wege der kollektiven Selbstverteidigung reagiert werden, wenn das Opfer des bewaffneten Angriffs um Hilfe ersucht hat.[104] Auch Art. 5 des NATO-Vertrags begründet keinen Automatismus. Beschränkt man die Reichweite der Beistandspflicht auf die Hilfeleistung unterhalb der Schwelle des militärischen Eingreifens, gilt sie für alle Mitgliedstaaten, wenngleich begrenzt durch ihre individuellen Fähigkeiten, so dass von einer Asymmetrie der Beistandspflicht[105] nach Abs. 7 keine Rede sein kann.

---

[99] So *Cremer*, in: Calliess/Ruffert, EUV/AEUV, Art. 42 EUV, Rn. 8.

[100] Vgl. Rn. 24.

[101] Vgl. Rn. 26.

[102] So *Kaufmann-Bühler*, in: Grabitz/Hilf/Nettesheim, EU, Art. 42 EUV (März 2011), Rn. 68 f., m. w. N. Vgl. ferner *Regelsberger/Kugelmann*, in: Streinz, EUV/AEUV, Art. 42 EUV, Rn. 11.

[103] So *Cremer*, in: Calliess/Ruffert, EUV/AEUV, Art. 42 EUV, Rn. 16; anders *Marquardt/Gaedtke*, in: GSH, Europäisches Unionsrecht, Art. 42, Rn. 106.

[104] Vgl. dazu statt vieler *Dinstein*, War, Aggression and Self-Defence, 5. Aufl., 2011, S. 294 ff.

[105] So aber *Kaufmann-Bühler*, in: Grabitz/Hilf/Nettesheim, EU, Art. 42 EUV (März 2011), Rn. 68, m. w. N.

Artikel 43 EUV [Missionen der Union nach Art. 42 Abs. 1 EUV]

(1) ¹Die in Artikel 42 Absatz 1 vorgesehenen Missionen, bei deren Durchführung die Union auf zivile und militärische Mittel zurückgreifen kann, umfassen gemeinsame Abrüstungsmaßnahmen, humanitäre Aufgaben und Rettungseinsätze, Aufgaben der militärischen Beratung und Unterstützung, Aufgaben der Konfliktverhütung und der Erhaltung des Friedens sowie Kampfeinsätze im Rahmen der Krisenbewältigung einschließlich Frieden schaffender Maßnahmen und Operationen zur Stabilisierung der Lage nach Konflikten. ²Mit allen diesen Missionen kann zur Bekämpfung des Terrorismus beigetragen werden, unter anderem auch durch die Unterstützung für Drittländer bei der Bekämpfung des Terrorismus in ihrem Hoheitsgebiet.

(2) ¹Der Rat erlässt die Beschlüsse über Missionen nach Absatz 1; in den Beschlüssen sind Ziel und Umfang der Missionen sowie die für sie geltenden allgemeinen Durchführungsbestimmungen festgelegt. ²Der Hohe Vertreter der Union für Außen- und Sicherheitspolitik sorgt unter Aufsicht des Rates und in engem und ständigem Benehmen mit dem Politischen und Sicherheitspolitischen Komitee für die Koordinierung der zivilen und militärischen Aspekte dieser Missionen.

Literaturübersicht

Fischer-Lescano/Kreck, Piraterie und Menschenrechte: Rechtsfragen der Bekämpfung der Piraterie im Rahmen der europäischen Operation Atalanta, AVR 134 (2009), 481; *Kuhn*, The System of EU Crisis Management, Max-Planck Yearbook of UN Law, 2009, 247; *Naert*, International Law Aspects of the EU's Security and Defence Policy, 2010; *Odendahl*, Die Beteiligung der EU an UN-Missionen im Kosovo, SZIER 2009, 359; *Tsagourias*, EU Peacekeeping Operations: Legal and Theoretical Issues, in: European Security Law, 2007, S. 102; *Wouters*, The UN, the EU and Conflict Prevention: Interconnecting the Global and Regional Levels, in: Kronenberger/Wouters (Hrsg.), The European Union and Conflict Prevention, Policy and Legal Aspects, 2004, S. 369.

Wesentliche sekundärrechtliche Vorschriften

Gemeinsame Aktion 2005/889/GASP vom 12. 12. 2005 zur Einrichtung einer Mission der Europäischen Union zur Unterstützung des Grenzschutzes am Grenzübergang Rafah (EU BAM Rafah), ABl. 2005, L 327/28

Beschluss 2009/906/GASP des Rates vom 8. 12. 2009 über die Polizeimission der Europäischen Union (EUPM) in Bosnien und Herzegowina, ABl. 2009, L 322/22

Beschluss 2009/907/GASP des Rates vom 8. 12. 2009 zur Änderung der Gemeinsamen Aktion 2008/851/GASP des Rates über die Militäroperation der Europäischen Union als Beitrag zur Abschreckung, Verhütung und Bekämpfung von seeräuberischen Handlungen und bewaffneten Raubüberfällen vor der Küste Somalias, ABl. 2009, L 322/27

Beschluss 2010/96/GASP des Rates vom 15. 2. 2010 über eine Militärmission der Europäischen Union als Beitrag zur Ausbildung somalischer Sicherheitskräfte, ABl. 2010, L 44/16.

Beschluss 2010/197/GASP des Rates vom 31. 3. 2010 über die Einleitung einer Militärmission der Europäischen Union als Beitrag zur Ausbildung somalischer Sicherheitskräfte (EUTM Somalia), ABl. 2010, L 087/33

Beschluss 2010/279/GASP des Rates vom 18. 5. 2010 über die Polizeimission der Europäischen Union in Afghanistan (EUPOL AFGHANISTAN), ABl. 2010, L 123/4

Beschluss 2010/330/GASP des Rates vom 14. 6. 2010 betreffend die integrierte Rechtsstaatlichkeitsmission der Europäischen Union für Irak, EUJUST LEX-IRAQ, ABl. 2010, L 149/12

Beschluss 2010/452/GASP des Rates vom 12. 8. 2010 über die Beobachtermission der Europäischen Union in Georgien, EUMM Georgia, ABl. 2010, L 213/43

Beschluss 2010/565/GASP des Rates vom 21. 9. 2010 über die Beratungs- und Unterstützungsmission der Europäischen Union im Zusammenhang mit der Reform des Sicherheitssektors in der Demokratischen Republik Kongo (EUSEC RD Congo), ABl. 2010, L 248/59

Beschluss 2012/389/GASP des Rates vom 16. 7. 2012 über die Mission der Europäischen Union zum

Ausbau der regionalen maritimen Kapazitäten am Horn von Afrika (EUCAP NESTOR), ABl. 2012, L 187/40

Beschluss 2012/392/GASP des Rates vom 16. 7. 2012 über die GSVP-Mission der Europäischen Union in Niger (EUCAP Sahel Niger), ABl. 2012, L 187/48

Beschluss 2012/698/GASP des Rates vom 13. 11. 2012 über die Einrichtung eines Vorratslagers für zivile Krisenbewältigungsmissionen, ABl. 2012, L 314/25

Beschluss 2013/34/GASP des Rates vom 17. 1. 2013 über eine Militärmission der Europäischen Union als Beitrag zur Ausbildung der malischen Streitkräfte (EUTM Mali), ABl. 2013, L 14/19

Beschluss 2013/354/GASP des Rates vom 3. 7. 2013 über die Polizeimission der Europäischen Union für die Palästinensischen Gebiete (EUPOL COPPS), ABl. 2013, L 185/12

Beschluss 2014/73/GASP des Rates vom 10. 12. 2014 über eine militärische Operation der Europäischen Union in der Zentralafrikanischen Republik (EUFOR RCA), ABl. 2014, L 40/59

Beschluss 2014/219/GASP des Rates vom 15. 4. 2014 über die GSVP-Mission der Europäischen Union in Mali (EUCAP Sahel Mali), ABl. 2014, L 113/21

Beschluss 2014/486/GASP des Rates vom 22. 7. 2014 über die Beratende Mission der Europäischen Union für eine Reform des zivilen Sicherheitssektors in der Ukraine (EUAM Ukraine), ABl. 2014, L 217/42

Beschluss 2015/78/GASP des Rates vom 19. 1. 2015 über eine militärische Beratungsmission der Europäischen Union im Rahmen der GSVP in der Zentralafrikanischen Republik (EUMAM RCA), ABl. 2015, L 13/8

Beschluss 2015/778/GASP des Rates vom 18. 5. 2015 über eine Militäroperation der Europäischen Union im südlichen zentralen Mittelmeer (EUNAVFOR MED), ABl. 2015, L 122/31

Beschluss 2015/972/GASP des Rates vom 22. 6. 2015 über die Einleitung der Militäroperation der Europäischen Union im südlichen zentralen Mittelmeer (EUNAVFOR MED), ABl. 2015, L 157/51

Inhaltsübersicht

A.   Entwicklung und Ziele der Vorschrift

Die Union wurde erstmals durch den **Vertrag von Amsterdam** zu einer schrittweisen   **1** Festlegung einer Verteidigungspolitik ermächtigt. Zu diesem Zweck sollte sie über die Westeuropäische Union (im Folgenden: WEU) Zugang zu operativen Fähigkeiten erhalten, die dann die sog. »Petersberg-Aufgaben« wahrnehmen sollte. Mit dem Vertrag von Nizza wurde diese Konstruktion aufgegeben (Art. 17 Abs. 2 EUV a. F.). Seitdem ist die Union berechtigt, selbständig **autonome** Rettungseinsätze sowie Missionen zur Friedenssicherung durchzuführen. Durch den Vertrag von Lissabon wurden die Petersberg-Aufgaben übernommen, aber um weitere Missionen und Operationen ergänzt.[1]

---

[1] Zu der Entwicklung der GSVP vgl. Art. 42 EUV, Rn. 3 ff.; ferner *Kaufmann-Bühler*, in: Grabitz/ Hilf/Nettesheim, EU, Art. 43 EUV (März 2011), Rn. 1.

2   Art. 43 EUV ergänzt als lex specialis Art. 28 EUV (»operatives Vorgehen der Union«)
und präzisiert die in Art. 42 Abs. 1 EUV lediglich allgemein umschriebenen »Missionen
außerhalb der Union zur Friedenssicherung, Konfliktverhütung und Stärkung der internationalen Sicherheit«. Zudem wird klargestellt, dass diese Missionen auch zur Bekämpfung des Terrorismus beitragen können. Allerdings soll die Union nicht auf diesen
Katalog eines operativen GSVP-Vorgehens beschränkt bleiben, so dass sie auf neuartige
Herausforderungen im Bereich der Sicherheits- und Verteidigungspolitik auch mit anderen als den in Abs. 1 aufgeführten Missionen reagieren darf. Des Weiteren regelt die
Vorschrift das Verfahren der GSVP-Beschlüsse, ohne jedoch zu detaillierte Vorgaben zu
machen. Dabei gilt es zu beachten, dass Missionen außerhalb der Union regelmäßig die
Souveränität anderer Staaten berühren oder gar beeinträchtigen und dass sie häufig in
Kooperation mit Drittstaaten durchgeführt werden. In diesen Fällen muss die Ausfüh-
rungsvorschrift des Art. 43 EUV durch Abkommen mit Drittstaaten nach Art. 37 EUV
ergänzt werden.

B. Spektrum der GSVP-Missionen und -Operationen (Abs. 1)

3   Die Missionen nach Art. 43 Abs. 1 EUV sind besondere Spielarten eines »**operativen
Vorgehens**« nach Art. 28 Abs. 1 EUV.[2] Wesensmerkmal des operativen Vorgehens ist
die Entsendung von Personal in Staaten oder Regionen außerhalb der Union.[3] Dient die
Entsendung zivilen oder militärischen Personals der Friedenssicherung, Konfliktverhütung oder Stärkung der internationalen Sicherheit, kommt Art. 43 EUV zur Anwendung.

4   Wenn in Abs. 1 wie in Art. 42 Abs. 1 Satz 3 EUV auf das **Rückgriffsrecht** der Union
auf zivile und militärische Mittel Bezug genommen wird, so sind dies vorrangig die von
den Mitgliedstaaten nach Art. 42 Abs. 3 UAbs. 1 Satz 1 EUV freiwillig der Union zur
Verfügung gestellten Mittel. Allerdings darf nicht unberücksichtigt bleiben, dass die
Union nach Maßgabe der »Berlin-Plus«-Vereinbarung[4] und dem Alliierten-Streitkräfte-
Konzept (CJTF) auch auf Strukturen und Fähigkeiten der NATO zurückzugreifen berechtigt ist, wenn der Nordatlantikrat dies billigt.

5   Wenngleich in der Vorschrift durchgehend der Begriff »Missionen« Verwendung findet, werden diese Missionen in Art. 38 Abs. 2 und 3 EUV als »Krisenbewältigungsoperationen« bzw. »Operationen zur Krisenbewältigung« bezeichnet. Dieser Zusammenhang scheint zu belegen, dass sich diese beiden Formen eines operativen Vorgehens
nicht wesentlich voneinander unterscheiden. Allerdings differenziert die Praxis zwischen **zivilen »Missionen«** und **militärischen »Operationen«**. Diese Differenzierung ist
durchaus sinnvoll, da sie auch zur Klärung der Finanzierung eines operativen Vorgehens
im Bereich der GSVP beiträgt.[5]

---

[2] Zutreffend weist *Cremer*, in: Calliess/Ruffert, EUV/AEUV, Art. 43 EUV, Rn. 17, darauf hin, dass
aus diesem Grunde in der Ratspraxis GSVP-Beschlüsse auch auf Art. 28 EUV gestützt werden und dass
auf die lex generalis des Art. 28 EUV stets dann zurückgegriffen werden muss, wenn die lex specialis
des Art. 43 EUV keine Regelungen enthält.

[3] Vgl. Art. 28 EUV, Rn. 5.

[4] Vgl. die Berlin-Plus-Vereinbarungen zwischen der NATO und der Union vom 17.3.2003,
http: // www.consilium.europa.eu/uedocs/cmsUpload/03–11–11 %20Berlin%20Plus%20press%20
note%20BL.pdf (3.3.2016).

[5] Vgl. Art. 41 EUV, Rn. 3 ff.

I. Erweiterte »Petersberg-Aufgaben«

1. »Petersberg-Aufgaben«

Nach Art. 17 Abs. 2 EUV a. F. umfassten die Missionen und Operationen im Rahmen der   **6**
GSVP »humanitäre Aufgaben und Rettungseinsätze, friedenserhaltende Aufgaben sowie Kampfeinsätze bei der Krisenbewältigung einschließlich friedensschaffender Maßnahmen«. Da diese Vorschrift hinreichend offen gefasst und zudem nicht abschließend (»schließen […] ein«) war, stand der Union bereits nach der überkommenen Rechtslage ein bemerkenswert breites Maßnahmenspektrum zur Verfügung. In Abs. 1 werden diese Aufgaben übernommen, aber explizit um Abrüstungsmaßnahmen, Aufgaben der militärischen Beratung und Unterstützung sowie um Operationen zur Stabilisierung der Lage nach Konflikten ergänzt.

Humanitäre Aufgaben umfassen insbesondere Hilfsmaßnahmen für die notleidende   **7**
Zivilbevölkerung in Konfliktgebieten oder nach Natur- und Hungerkatastrophen. **Rettungseinsätze** werden in der Regel mit militärischen Mitteln durchgeführt, um Unionsbürger oder die Angehörigen befreundeter Staaten aus einer lebensbedrohenden Situation in einem anderen Staat zu befreien. **Konfliktverhütung und Friedenserhaltung** werden im Rahmen von sog. Peacekeeping-Operationen verfolgt und setzen die Zustimmung des Aufnahmestaats voraus. Häufig wird auch eine Resolution des UN-Sicherheitsrats eine zusätzliche Rechtsgrundlage schaffen, was im Falle robuster Einsätze zur Friedenssicherung, wenn es also um den Einsatz militärischer Mittel zur Erreichung des Ziels der Operation geht, regelmäßig der Fall sein wird. Demgegenüber bedürfen **Kampfeinsätze** und »**Frieden schaffende Maßnahmen**« nicht der Zustimmung eines anderen Staates, aber einer völkerrechtlichen Rechtsgrundlage, regelmäßig also einer verbindlichen Entscheidung des UN-Sicherheitsrats nach Kapitel VII UN-Charta. Die Maßnahmen zur **Stabilisierung der Lage nach Konflikten** sind vor dem Hintergrund der Erfahrungen im Kosovo, im Irak und in Afghanistan eingefügt worden, die hinreichend deutlich vor Augen geführt haben, dass allein ein militärischer Einsatz schwerlich ausreicht, einen wirksamen und nachhaltigen Beitrag zur internationalen Sicherheit zu leisten. Auch aus diesem Grunde sind die **militärische Beratung und Unterstützung** sowie die Abrüstungsmaßnahmen in den Katalog des Abs. 1 aufgenommen worden. Nachhaltige Sicherheit setzt voraus, dass die Krisenstaaten selbst in der Lage sind, für ihre innere und äußere Sicherheit Sorge zu tragen. Daher ist es erforderlich, die Fähigkeiten der nationalen Sicherheitskräfte der Krisenstaaten auszubilden und ihnen dabei zugleich die Werte der Union (insbesondere Achtung der Menschenrechte) zu vermitteln. Auch die **Abrüstungsmaßnahmen** sollen dazu beitragen, dass insbesondere die Verfügbarkeit von Kleinwaffen deutlich reduziert wird. Allerdings dürfen die Maßnahmen der Union im Bereich der Abrüstung und Rüstungskontrolle nicht mit den in Abs. 1 genannten Abrüstungsmaßnahmen gleichgesetzt werden. Während die ersteren der GASP zuzurechnen sind und in der Regel auf Art. 26 Abs. 2 EUV gestützt werden,[6]

---

[6] Vgl. z. B. Beschluss 2013/730/GASP des Rates vom 9.12.2013 zur Unterstützung der auf Abrüstung und Waffenkontrolle ausgerichteten Tätigkeiten der Zentralstelle Südost- und Osteuropa für die Kontrolle von Kleinwaffen und leichten Waffen (SEESAC) in Südosteuropa im Rahmen der EU-Strategie zur Bekämpfung der Anhäufung von Kleinwaffen und leichten Waffen und zugehöriger Munition sowie des unerlaubten Handels damit, ABl. 2013, L 332/19; Beschluss 2013/726/GASP des Rates vom 9.12.2013 zur Unterstützung der Resolution 2118 (2013) des Sicherheitsrats der Vereinten Nationen und des Beschlusses EC–M–33/Dec 1 des Exekutivrats der OVCW im Rahmen der Umsetzung der Strategie der Europäischen Union gegen die Verbreitung von Massenvernichtungswaffen, ABl. 2013, L 329/41.

betreffen die letzteren nicht diese sicherheitspolitischen Maßnahmen, sondern allein ein **operatives Vorgehen**, das beispielsweise darin bestehen kann, Waffen aus einem anderen Staat zu entfernen und zu vernichten.

2. Einsatz ziviler oder militärischer Mittel

8   Sowohl aus Abs. 1 Satz 1 als auch aus Art. 42 Abs. 3 UAbs. 1 Satz 1 EUV wird deutlich, dass die Union sich keineswegs auf ein militärisches Vorgehen beschränkt. Vielmehr basiert die GSVP auf einem **umfassenden Ansatz**, so dass zivile Missionen gleichberechtigt neben militärischen Operationen stehen. Aus diesem Grunde ist der vereinzelt erhobene Vorwurf, die Union sei eine »militaristische Organisation« mehr als abwegig. Dies umso mehr, als die Mehrheit der gegenwärtig laufenden Einsätze mit zivilen Mitteln durchgeführt wird.[7]

9   **Missionen mit zivilen Mitteln** sind insbesondere Polizei-, Rechtsstaats- und Beobachtermissionen sowie Missionen zur Unterstützung des Grenzschutzes.[8] Gegenwärtig führt die Union 12 zivile Missionen in Europa,[9] Afrika[10] und Asien[11] durch. **Militärische Operationen**[12] sind solche, an denen Mitglieder der Streitkräfte beteiligt sind und die unter dem Oberbefehl eines militärischen Kommandeurs stehen.[13] Dies bedeutet keineswegs, dass mit ihnen zwingend ein Kampfeinsatz einhergeht, da auch die Ausbildung der Streitkräfte eines Drittstaats als militärische Operation einzuordnen ist. Gegenwär-

---

[7] Von den gegenwärtigen 18 Einsätzen sind 12 ziviler und lediglich 6 militärischer Natur. Vgl. dazu die nachstehenden Nachweise.

[8] Vgl. dazu *Cremer*, in: Calliess/Ruffert, EUV/AEUV, Art. 43 EUV Rn. 7 ff.; *Kaufmann-Bühler*, in: Grabitz/Hilf/Nettesheim, EU, Art. 43 EUV (März 2011), Rn. 16 ff.

[9] Gemeinsame Aktion 2008/124/GASP des Rates vom 4. 2. 2008 über die Rechtsstaatlichkeitsmission der Europäischen Union im Kosovo (EULEX KOSOVO), ABl. 2008, L 42/92; Beschluss 2014/486/GASP des Rates vom 22. 7. 2014 über die Beratende Mission der Europäischen Union für eine Reform des zivilen Sicherheitssektors in der Ukraine (EUAM Ukraine), ABl. 2014, L 217/42; Gemeinsame Aktion 2005/776/GASP des Rates vom 7. 11. 2005 zur Änderung des Mandats des Sonderbeauftragten der Europäischen Union für Moldau, (EUBAM Moldau und Ukraine), ABl. 2005, L 292/13.

[10] Gemeinsame Aktion 2005/355/GASP des Rates vom 2. 5. 2005 betreffend die Beratungs- und Unterstützungsmission der Europäischen Union im Zusammenhang mit der Reform des Sicherheitssektors in der Demokratischen Republik Kongo (EUSEC DR Kongo), ABl. 2005, L 112/20; Beschluss 2012/392/GASP des Rates vom 16. 7. 2012 über die GSVP-Mission der Europäischen Union in Niger (EUCAP Sahel Niger), ABl. 2012, L 158/17; Beschluss 2012/389/GASP des Rates vom 16. 7. 2012 über die Mission der Europäischen Union zum Ausbau der regionalen maritimen Kapazitäten am Horn von Afrika (EUCAP NESTOR), ABl. 2012, L 187/40; Beschluss 2013/233/GASP des Rates vom 22. 5. 2013 über die Mission der Europäischen Union zur Unterstützung des integrierten Grenzmanagements in Libyen (EUBAM Libyen), ABl. 2013, L 138/15; Beschluss 2014/219/GASP des Rates vom 15. 4. 2014 über die GSVP-Mission der Europäischen Union in Mali (EUCAP Sahel Mali), ABl. 2014, L 113/21.

[11] Gemeinsame Aktion 2005/797/GASP des Rates vom 14. 11. 2005 zur Polizeimission der Europäischen Union für die Palästinensischen Gebiete (EUPOL COPPS), ABl. 2005, L 200/65; Gemeinsame Aktion 2005/889/GASP des Rates vom 25. 11. 2005 zur Einrichtung einer Mission der Europäischen Union zur Unterstützung des Grenzschutzes am Grenzübergang Rafah (EU BAM Rafah), ABl. 2005, L 327/28; Gemeinsame Aktion 2007/369/GASP des Rates vom 30. 5. 2007 über die Einrichtung einer Polizeimission der Europäischen Union in Afghanistan (EUPOL AFGANISTAN), ABl. 2007, L 139/33; Gemeinsame Aktion 2008/736/GASP des Rates vom 15. 9. 2008 über die Beobachtermission der Europäischen Union in Georgien (EUMM Georgia), ABl. 2008, L 301/33.

[12] Vgl. dazu *Cremer*, in: Calliess/Ruffert, EUV/AEUV, Art. 43 EUV, Rn. 6 ff.; *Kaufmann-Bühler*, in: Grabitz/Hilf/Nettesheim, EU, Art. 43 EUV (März 2011), Rn. 19 ff.

[13] Vgl. dazu Art. 42 EUV, Rn. 21.

tig führt die Union 6 militärische Operationen durch.[14] Schließlich kommen auch Einsätze mit sowohl zivilen als auch militärischen Mitteln in Betracht.[15] Dies ist etwa der Fall, wenn militärische Berater und Ausbilder für die Streitkräfte sowie zivile Berater und Ausbilder für die Polizeikräfte eines Drittstaates entsendet werden. Allerdings wird in der Regel die Sicherheitslage zunächst mit militärischen Mitteln stabilisiert. Erst dann folgen die zivilen Aufbau- und Rechtsstaatsmissionen Dies schließt nicht aus, dass die Union eine zivile Mission parallel zu den militärischen Operationen etwa der NATO (z. B. Kosovo) oder anderer Akteure (z. B. Afghanistan) durchführt.

II. Terrorismusbekämpfung

Gemäß Abs. 1 Satz 2 ist die Union berechtigt, durch ein **operatives Vorgehen** einen   **10** Beitrag zur Bekämpfung des Terrorismus zu leisten, indem sie auch Drittländer auf ihrem Hoheitsgebiet unterstützt. Eine Einbeziehung in den Katalog des Satzes 1 kam bereits aus dem Grunde nicht in Betracht, weil es sich bei der Terrorismusbekämpfung um eine **Querschnittsaufgabe** handelt, die nicht allein mit operativen Fähigkeiten erfüllt werden kann. Gleichwohl wird deutlich, dass die Union durchaus bereit ist, von den ihr zur Verfügung stehenden operativen Fähigkeiten Gebrauch zu machen, um auch jenseits ihrer Außengrenzen[16] den internationalen und nationalen Terrorismus zu bekämpfen.

Mitunter ergeben sich im Einzelfall **Abgrenzungsschwierigkeiten**, da keine hinrei-   **11** chende Einigkeit über den **Begriff des Terrorismus** besteht (»Des einen Freiheitskämpfer ist des anderen Terrorist«). Auch das Übereinkommen des Europarats zur Verhütung des Terrorismus[17] enthält keine Definition. Vielmehr wird in Art. 1 Abs. 1 hinsichtlich des Begriffs der »terroristischen Straftat« lediglich auf die im Anhang aufgeführten internationalen Übereinkommen gegen den Terrorismus verwiesen,[18] so dass lediglich

---

[14] Gemeinsame Aktion 2004/570/GASP des Rates vom 12. 7. 2004 über die militärische Operation der Europäischen Union in Bosnien und Herzegowina (ALTHEA), ABl. 2004, L 252/10; ATALANTA: Gemeinsame Aktion 2008/851/GASP des Rates vom 10. 11. 2008 über die Militäroperation der Europäischen Union als Beitrag zur Abschreckung, Verhütung und Bekämpfung von seeräuberischen Handlungen und bewaffneten Raubüberfällen vor der Küste Somalias (EU NAVFOR ATALANTA), ABl. 2008, L 301/33; Beschluss 2010/96/GASP des Rates vom 15. 2. 2010 über eine Militärmission der Europäischen Union als Beitrag zur Ausbildung somalischer Sicherheitskräfte (EUTM Somalia), ABl. 2010, L 44/16; Beschluss 2013/34/GASP des Rates vom 17.1.2013 über eine Militärmission der Europäischen Union als Beitrag zur Ausbildung der malischen Streitkräfte (EUTM Mali), ABl. 2013, L 14/19; Beschluss 2015/78/GASP des Rates vom 19. 1. 2015 über eine militärische Beratungsmission der Europäischen Union im Rahmen der GSVP in der Zentralafrikanischen Republik (EUMAM RCA), ABl. 2015, L 13/8; Beschluss 2015/972/GASP des Rates vom 22.6.2015 über die Einleitung der Militäroperation der Europäischen Union im südlichen zentralen Mittelmeer (EUNAVFOR MED), ABl. 2015, L 157/51.

[15] Zu Beispielen aus der Vergangenheit vgl. *Kaufmann-Bühler*, in: Grabitz/Hilf/Nettesheim, EU, Art. 43 EUV (März 2011), Rn. 25; *Cremer*, in: Calliess/Ruffert, EUV/AEUV, Art. 43 EUV, Rn. 4. Bislang ist noch nicht abzusehen, ob der Einsatz in der Zentralafrikanischen Republik (Fn. 13) nicht nur mit militärischen, sondern auch mit zivilen Mitteln durchgeführt werden wird. Gegenwärtig liegt der Schwerpunkt eindeutig auf einer militärischen Operation.

[16] Innerhalb der Union gehört die Terrorismusbekämpfung zum »Raum der Sicherheit, der Freiheit und des Rechts«.

[17] Übereinkommen des Europarats zur Verhütung des Terrorismus vom 16. 6. 2005, SEV-Nr. 196, BGBl. II 2011, S. 300.

[18] Dies sind u. a. die Übereinkommen gegen widerrechtliche Eingriffe in den Luft- und Schiffsverkehr sowie die gegen Nuklearterrorismus. Vgl. dazu die Sammlung völkerrechtlicher Verträge unter www.vilp.de (3. 3. 2016).

Einzelaspekte des Terrorismus erfasst werden. Auch in dem Übereinkommen der Vereinten Nationen zur Bekämpfung der Finanzierung des Terrorismus[19] wird auf andere internationale Übereinkommen verwiesen (Art. 2 Abs. 1 Buchst. a). Darüber hinaus enthält Art. 2 Abs. 1 Buchst. b dieses Übereinkommens aber eine **allgemeine Definition**. Danach ist eine terroristische Straftat eine Handlung, »die den Tod oder eine schwere Körperverletzung einer Zivilperson oder einer anderen Person, die in einem bewaffneten Konflikt nicht aktiv an den Feindseligkeiten teilnimmt, herbeiführen soll, wenn diese Handlung auf Grund ihres Wesens oder der Umstände darauf abzielt, eine Bevölkerungsgruppe einzuschüchtern oder eine Regierung oder eine internationale Organisation zu einem Tun oder Unterlassen zu nötigen.« Wenngleich diese allgemeine Begriffsbestimmung auf die Finanzierungsbekämpfung beschränkt ist, so enthält sie doch die Elemente, die nach Auffassung der Staaten eine terroristische Straftat von anderen kriminellen Handlungen unterscheidet, so dass sie jedenfalls Anhaltspunkte dafür gibt, auf welchen Gegenstand die Terrorismusbekämpfung ausgerichtet sein soll.

III.   Nicht-abschließende Aufzählung

12   Unter Hinweis auf den Wortlaut, der sich in der Tat von Art. 17 Abs. 2 EUV a. F. unterscheidet, wird geltend gemacht, der Katalog der »Krisenbewältigungsoperationen« in Abs. 1 sei abschließend.[20] Dagegen spricht jedoch bereits der Umstand, dass das Verb »**umfassen**« durchaus dahin ausgelegt werden kann, dass die nachstehende Aufzählung keineswegs abschließend ist. Zieht man zudem den gleichermaßen authentischen englischen (»shall include«) und französischen (»incluent«) Wortlaut hinzu, so wird deutlich, dass das Verb »umfassen« im Sinne von »einschließen« zu verstehen ist, so dass die Union auch nach der heutigen Rechtslage nicht auf den Maßnahmenkatalog des Abs. 1 beschränkt ist. Dies mag gegenwärtig praktisch wenig bedeutsam sein, sollte aber angesichts der Dynamik der internationalen Beziehungen und der jederzeit zu erwartenden neuartigen Herausforderungen an die internationale Sicherheit nicht unterschätzt werden. Daher ist es zu begrüßen, dass auch das operative Vorgehen der Union im Bereich der GSVP **entwicklungsoffen** angelegt ist.

C.   Planung, Beschlussfassung, Implementierung und Koordinierung (Abs. 2)

13   In Abs. 2 Satz 1 wird das Verfahren zur Beschlussfassung über ein operatives Vorgehen im Rahmen der GASP nur **rudimentär** geregelt. In der Unionspraxis sind aber Verfahren entwickelt worden, die der Komplexität der Materie durchaus gerecht werden. Dies gilt in besonderem Maße für den Planungsprozess von GSVP-Missionen und -Operationen, an dem zahlreiche Einrichtungen und Arbeitsgruppen der Union beteiligt sind.

I.   Planung von GSVP-Missionen

14   Die Einrichtungen der Union, die zur Verwirklichung der GSVP beitragen, sind nicht darauf beschränkt, eine konkrete Krisensituation abzuwarten. Vielmehr befassen sie

---

[19] Internationales Übereinkommen zur Bekämpfung der Finanzierung des Terrorismus vom 9.1.2000, UNTS, vol. 2178, p. 197, BGBl. II 2003, S. 1923.
[20] So *Cremer*, in: Calliess/Ruffert, EUV/AEUV, Art. 43 EUV, Rn. 2.

sich kontinuierlich mit der Beobachtung der internationalen Lage und entwerfen Pläne für potentielle Reaktionen der Union. Diese Aufgabe liegt beim Politischen und Sicherheitspolitischen Komitee (PSK),[21] das insbesondere vom **Zentrum für Informationsgewinnung und -analyse** (früher: Lagezentrum),[22] der Gruppe »Politisch-Militärische Angelegenheiten« (**PMG**), dem Satellitenzentrum[23] und dem Ausschuss für die zivilen Aspekte der Krisenbewältigung (**CIVCOM**) unterstützt wird.[24] Durch diese vorgezogene Planung (»advance planning«) wird die Union in die Lage versetzt, im Falle einer internationalen Krisensituation schneller zu reagieren.[25] Davon zu unterscheiden ist die Krisenreaktionsplanung (»crisis response planning«). Diese Phase beginnt, nachdem das PSK entweder als Ergebnis einer langfristigen Beobachtung oder mit Blick auf eine spontan entstandene Krisensituation zu dem Schluss gekommen ist, ein Handeln der Union sei geboten.

Bei der **Krisenreaktionsplanung** wird in einem ersten Schritt ein strategisches **Konzept zum Krisenmanagement** (»Crisis Management Concept«, CMC) ausgearbeitet, in dem die politische und militärische Bewertung einer Krisensituation erfolgt und die politischen Ziele identifiziert werden. Der Entwurf des CMC wird von der beim Ratssekretariat angesiedelten Direktion »Krisenbewältigung und Planung« (»Crisis Management Planning Directorate«, **CMPD**) ausgearbeitet. Da das Konzept neben einer Lagebewertung vor allem die verschiedenen Optionen für ein Handeln der Union aufzeigen soll, wird die Direktion von allen relevanten Arbeitsgruppen unterstützt. Zu dem Entwurf nehmen sodann der Militärausschuss (»EU Military Committee«, **EUMC**)[26] zu den militärischen und der Ausschuss für die zivilen Aspekte der Krisenbewältigung (»Committee on Civilian Aspects of Crisis Management«, **CIVCOM**)[27] zu den zivilen Aspekten Stellung. Das CMC wird sodann vom PSK angenommen und über den Ausschuss der Ständigen Vertreter (im Folgenden: AStV) dem Rat zugeleitet.[28]

In einem zweiten Schritt werden aus dem CMC die strategischen Optionen in ziviler, militärischer oder politischer Hinsicht abgeleitet, die für die Erreichung der strategischen Ziele in Betracht kommen. Dabei entwickelt der Militärstab (»EU Military Staff«, **EUMS**)[29] die militär-strategischen Optionen und der zivile Planungs- und Durchfüh-

15

16

---

[21] Art. 38 EUV.

[22] Das Zentrum ist beim Europäischen Auswärtigen Dienst angesiedelt. Vgl. dazu den Anhang zum Beschluss des Rates 2010/427/EU vom 26.7.2010 über die Organisation und Arbeitsweise des Europäischen Auswärtigen Dienstes, ABl. 2010, L 201/30.

[23] Beschluss 2011/297/GASP des Rates vom 23.5.2011 zur Änderung der Gemeinsamen Aktion 2001/555/GASP betreffend die Einrichtung eines Satellitenzentrums der Europäischen Union, ABl. 2011, L 136/62.

[24] Beschluss 2000/354/GASP des Rates vom 22.5.2000, ABl. 2000, L 127/1.

[25] Die folgenden Ausführungen beruhen im Wesentlichen auf *Mattelaer*, The CSDP Mission Planning Process of the European Union: Innovations and Shortfalls, in: Vanhoonacker/Dijkstra/Maurer (Hrsg.), Understanding the Role of Bureaucracy in the European Security and Defence Policy, European Integration online Papers, Special Issue 1, Vol. 14 (2010), http://eiop.or.at/eiop/texte/2010–009a.htm (3.3.2016).

[26] Beschluss 2001/79/GASP des Rates vom 22.1.2001 zur Einsetzung des Militärausschusses der Europäischen Union, ABl. 2001, L 27/4.

[27] Beschluss 2000/354/GASP des Rates vom 22.5.2000 zur Einsetzung eines Ausschusses für die nichtmilitärischen Aspekte der Krisenbewältigung, ABl. 2000, L 127/1.

[28] Zur notwendigen Übermittlung über den AStV vgl. auch Art. 38 EUV, Rn. 4.

[29] Beschluss 2001/80/GASP des Rates vom 22.1.2001 zur Einsetzung des Militärstabs der Europäischen Union, ABl. 2001, L 27/7; zuletzt geändert durch Beschluss 2005/395/GASP des Rates vom 10.5.2005 zur Änderung des Beschlusses 2001/80/GASP zu Einsetzung des Militärstabs der Europäischen Union, ABl. 2005, L 132/17.

rungsstab (»Civilian Planning and Conduct Capability«, **CPCC**) die politisch-/zivil-strategischen Optionen. Dabei kann die Kommission beteiligt werden, soweit ein supranationaler Politikbereich mitbetroffen ist. Nach Stellungnahme durch den Militärausschuss und des Ausschusses für die zivilen Aspekte der Krisenbewältigung (CIVCOM) werden die strategischen Optionen dem PSK zugeleitet, das auf dieser Grundlage eine Beschlussvorlage über die verschiedenen Optionen formuliert. Dieser Vorschlag wird wiederum über den AStV dem Rat zugeleitet. Der Rat kann dann auf dieser Grundlage ein gemeinsames Vorgehen beschließen, also einen Beschluss über die Einrichtung der Mission fassen, den zivilen oder militärischen Befehlshaber der Operation ernennen und, falls erforderlich, über die Verteilung der gemeinsamen Kosten entscheiden.

17   Der dritte Schritt, in dem die strategisch-operative Planung erfolgt, ist unterschiedlich ausgestaltet, je nachdem, ob es sich um eine zivile Mission oder militärische Operation handelt. Militärische Operationen werden vom Militärausschuss durch eine militärische Grundsatzanweisung (»initiating military directive«, IMD) initiiert, die mit Unterstützung des Militärstabs entworfen und vom PSK zustimmend zur Kenntnis genommen wird. Mit der militärischen Grundsatzanweisung werden dem im Ratsbeschluss ernannten Oberbefehlshaber der Operation wesentliche Leitlinien an die Hand gegeben, aus denen er und sein Stab ein Operations-/Einsatzkonzept (»Concept of Operations«, **CONOPS**) und einen Operationsplan (Operations Plan, **OPLAN**) entwickeln. In dem Operationskonzept legt der Oberbefehlshaber dar, wie er die Mission zu erfüllen beabsichtigt und welches Endstadium erreicht werden soll. Der Operationsplan setzt das Operationskonzept um, indem in sehr detaillierter Weise die einzelnen Phasen der gesamten Operation beschrieben werden. Zugleich werden **Einsatzregeln** (Rules of Engagement, RoE) entwickelt, insbesondere wenn der Einsatz militärischer Gewalt in Betracht gezogen werden muss. Das Einsatzkonzept, der Operationsplan und gegebenenfalls die Einsatzregeln müssen vom Militärausschuss, vom PSK und vom Rat angenommen werden. Im Falle ziviler Operationen wird das Einsatzkonzept vom zivilen Planungs- und Durchführungsstab (**CPCC**) entwickelt, bevor der Rat einen Beschluss fasst, da zunächst Klarheit über die finanziellen Aspekte erzielt werden muss. Gemäß Art. 41 Abs. 2 EUV werden zivile Operationen aus dem Unionshaushalt finanziert, so dass der vorgesehene Betrag im Ratsbeschluss angegeben werden muss.[30] Nach Beschlussfassung des Rates ist es Aufgabe des Missionschefs, einen Einsatzplan zu entwickeln, der dann vom Ausschuss für die zivilen Aspekte der Krisenbewältigung (CIVCOM), vom PSK und vom Rat angenommen werden muss. Die Voraussetzungen des Einsatzes bewaffneter Gewalt oder sonstiger Zwangsmaßnahmen werden in den Rules on the Use of Force (RUF) festgelegt. In diesem Zusammenhang sei betont, dass es sich bei den RUF, ebenso wie bei den RoE, um **Führungs- und Kontrollinstrumente** handelt und dass sie hinsichtlich des Einsatzes von Gewalt in der Regel unterhalb dessen verbleiben, was rechtlich zulässig ist.

18   Zeitgleich mit dem Planungsprozess, aber unabhängig davon, erfolgt die Aufstellung der zivilen oder militärischen Kräfte. Dieser Prozess wird im militärischen Sprachgebrauch auch als Streitkräfteaufwuchs oder als **Kräftegenerierung** (»force generation«) bezeichnet. Letztlich geht es darum, die für die Operation erforderlichen zivilen oder militärischen Einheiten zusammenzustellen. Dies erfolgt auf der Grundlage einer vorläufigen Aufstellung von Anforderungen, die eine Übersicht über die zur Erfüllung der Mission erforderlichen Mittel und Fähigkeiten enthält. In den **Verhandlungen** über die

---

[30] Vgl. Art. 41 EUV, Rn. 3 ff.

Zusammenstellung der Kräfte verpflichten sich die Mitgliedstaaten sodann zu konkreten Beiträgen. Bei zivilen Missionen kann auf ein vom Rat eingerichtetes Vorratslager zurückgegriffen werden.[31]

Ist der Planungsprozess abgeschlossen und stehen die erforderlichen militärischen   **19**
und/oder zivilen Kräfte und Fähigkeiten zur Verfügung, erlässt der Rat einen **Beschluss über die Einleitung** der Mission, in dem er auch das Einsatzkonzept, den Einsatzplan und die Einsatzregeln billigt. In aller Regel folgt nach Abschluss der Implementierungsphase eine umfassende Bewertung der konkreten Operation, aus der auch Lehren für zukünftige Operationen gezogen werden.

II. Ratsbeschlüsse

1. Grundsatz- und Einleitungsbeschluss; flankierende Maßnahmen

Bereits aus den verschiedenen Phasen des Planungsprozesses, aber auch aus dem Zu-   **20**
sammenhang mit Art. 42 Abs. 4 Satz 1 EUV, folgt, dass sich der Rat bei einem operativen Vorgehen im Rahmen der GSVP nicht auf einen Grundsatzbeschluss über die Durchführung einer zivilen Mission oder militärischen Operation beschränken darf. Nach Abschluss des Planungsprozesses bedarf es stets eines **gesonderten Beschlusses** über die Einleitung einer Mission oder Operation.[32] Beide Beschlüsse sind gemäß Art. 42 Abs. 4 Satz 1 EUV einstimmig zu fassen.

Darüber hinaus ist es angesichts der Tatsache, dass ziviles oder militärisches Personal   **21**
in Drittstaaten entsendet wird, unumgänglich, den Rechtsstatus dieses Personals in einem nach Art. 37 EUV abzuschließenden Abkommen oder in einem Memorandum of Understanding (MoU) mit dem jeweiligen Aufnahmestaat zu klären. Dies ist nicht allein der Staat, auf dessen Territorium Missionen oder Operationen durchgeführt werden, sondern gegebenenfalls auch ein Nachbarstaat, dessen Territorium genutzt werden muss (z. B. zum Transit).[33] Da es sich bei dem zivilen und militärischen Personal in aller Regel um Organe der Mitgliedstaaten handelt, ist genau zu regeln, welche Maßnahmen der Vertragspartner hinzunehmen bereit ist. Dabei geht es nicht allein um Jurisdiktionsfragen, sondern auch um schwierige Detailfragen, wie etwa das Tragen von Waffen oder die Entbindung von Abgabepflichten bei der Einfuhr von Ausrüstungsgegenständen. Für diesen Zweck stehen Musterabkommen zur Verfügung, die für zivile Missionen (»Status of Mission Agreement«, **SOMA**) und militärische Operationen (»Status of Forces Agreement«, **SOFA**) Verwendung finden und, falls erforderlich, der konkreten Situation angepasst werden.[34]

---

[31] Beschluss 2012/698/GASP des Rates vom 13. 11. 2012 über die Einrichtung eines Vorratslagers für zivile Krisenbewältigungsmissionen, ABl. 2012, L 314/25.

[32] Vgl. z.B. den Beschluss 2013/87/GASP des Rates vom 18. 2. 2013 über die Einleitung einer Militärmission der Europäischen Union als Beitrag zur Ausbildung der malischen Streitkräfte (EUTM Mali), ABl. 2013, L 46/27.

[33] Vgl. dazu auch *Kaufmann-Bühler*, in: Grabitz/Hilf/Nettesheim, EU, Art. 43 EUV (März 2011), Rn. 31, 33.

[34] Aus jüngerer Zeit zu nennen sind: Abkommen zwischen der Europäischen Union und der Islamischen Republik Afghanistan über die Rechtsstellung der Polizeimission der Europäischen Union in Afghanistan (EUPOL AFGHANISTAN), ABl. 2010, L 294/2; Abkommen zwischen der Europäischen Union und der Republik Mali über die Rechtsstellung der Militärmission der Europäischen Union als Beitrag zur Ausbildung der malischen Streitkräfte (EUTM Mali) in der Republik Mali, ABl. 2013, L 106/2; Abkommen zwischen der Europäischen Union und der Republik Niger über die Rechtsstellung der GSVP-Mission der Europäischen Union in Niger (EUCAP Sahel Niger), ABl. 2013, L 242/2.

22   Schließlich setzt auch die Einbeziehung eines Drittstaates in eine konkrete GSVP-Operation ein bilaterales Abkommen mit diesem Staat nach Art. 37 EUV oder ein MoU voraus. Mit einer Reihe von Drittstaaten hat die Union Rahmenabkommen geschlossen, auf deren Grundlage dann für konkrete Operationen weitere Abkommen mit den jeweiligen Drittstaaten geschlossen werden.[35]

2. Notwendiger Inhalt

23   Nach Abs. 2 Satz 1 Hs. 2 sind in dem Grundsatzbeschluss **Ziel** und Umfang sowie die allgemeinen Durchführungsbestimmungen festzulegen. Es ist mithin Aufgabe des Rates als höchstes politisches Leitungsgremium, genau zu bestimmen, welches **Endstadium** mit einem Auslandseinsatz erreicht werden soll. Dies ist besonders wichtig, da nur so die Missionsleiter oder militärischen Oberbefehlshaber in der Lage sind, das Einsatzkonzept zu entwickeln und die Mission bzw. Operation entsprechend den politischen Vorgaben zu führen. Die Festlegung des **Umfangs** einer Mission oder Operation muss nicht notwendigerweise detailliert sein. Vielmehr kann sich der Rat darauf beschränken, die Aufgaben zu beschreiben und bestimmte Maßnahmen, z. B. Kampfeinsätze, auszuschließen. Zudem wird der Rat die **Dauer** des Auslandseinsatzes bestimmen.

24   Zu den **allgemeinen Durchführungsbestimmungen** gehören die Ernennung des Missionsleiters oder Oberbefehlshabers, bei militärischen Operationen die Bestimmung des Hauptquartiers,[36] Festlegungen zur politischen Kontrolle – PSK – und zur Leitung der Mission oder Operation – Militärstab oder Planungs- und Durchführungsstab (CPCC) – sowie zur Weitergabe von vertraulichen oder geheimen Informationen.[37]

25   In den Grundsatzbeschlüssen über militärische Operationen kann sich der Rat hinsichtlich der **Finanzierung** auf einen allgemeinen Hinweis auf den ATHENA-Mechanis-

---

[35] Abkommen zwischen der Europäischen Union und Montenegro über die Beteiligung Montenegros an der Militäroperation der Europäischen Union als Beitrag zur Abschreckung, Verhütung und Bekämpfung von seeräuberischen Handlungen und bewaffneten Raubüberfällen vor der Küste Somalias (Operation Atalanta), ABl. 2010, L 88/3; Abkommen zwischen der Europäischen Union und Montenegro über die Schaffung eines Rahmens für die Beteiligung Montenegros an Krisenbewältigungsoperationen der Europäischen Union, ABl. 2011, L 57/2; Rahmenabkommen zwischen den Vereinigten Staaten von Amerika und der Europäischen Union über die Beteiligung der Vereinigten Staaten von Amerika an Krisenbewältigungsoperationen der Europäischen Union, ABl. 2011, L 143/2; Abkommen zwischen der Europäischen Union und der Republik Serbien über die Schaffung eines Rahmens für die Beteiligung der Republik Serbien an Krisenbewältigungsoperationen der Europäischen Union, ABl. 2011, L 163/2; Abkommen zwischen der Europäischen Union und Neuseeland über die Schaffung eines Rahmens für die Beteiligung Neuseelands an Krisenbewältigungsoperationen der Europäischen Union, ABl. 2012, L 160/2; Abkommen zwischen der Europäischen Union und der Republik Albanien über die Schaffung eines Rahmens für die Beteiligung der Republik Albanien an Krisenbewältigungsoperationen der Europäischen Union, ABl. 2012, L 169/2; Abkommen zwischen der Europäischen Union und der ehemaligen jugoslawischen Republik Mazedonien über die Schaffung eines Rahmens für die Beteiligung der ehemaligen jugoslawischen Republik Mazedonien an Krisenbewältigungsoperationen der Europäischen Union, ABl. 2012, L 338/3; Abkommen zwischen der Europäischen Union und der Republik Moldau über die Schaffung eines Rahmens für die Beteiligung der Republik Moldau an Krisenbewältigungsoperationen der Europäischen Union, ABl. 2013, L 8/2; Abkommen zwischen der Europäischen Union und Georgien über die Schaffung eines Rahmens für die Beteiligung Georgiens an Krisenbewältigungsoperationen der Europäischen Union, ABl. 2014, L 14/2.

[36] Zivile Missionen werden in der Regel von Brüssel aus geführt.

[37] Vgl. auch *Kaufmann-Bühler*, in: Grabitz/Hilf/Nettesheim, EU, Art. 43 EUV (März 2011), Rn. 41.

mus[38] beschränken, da die Kosten von den Mitgliedstaaten zu tragen sind. Da zivile Missionen grundsätzlich aus dem Unionshaushalt finanziert werden, ist die Regelung dieser Frage ebenfalls notwendiger Inhalt des Ratsbeschlusses.[39]

Gemäß Art. 38 EUV kann der Rat das **PSK** »für die Dauer einer Operation zur Kri- **26** senbewältigung […] **ermächtigen**, geeignete Beschlüsse hinsichtlich der politischen Kontrolle und strategischen Leitung der Operation zu fassen«. Wie die Ratspraxis zeigt, wird das PSK in den Grundsatzbeschlüssen regelmäßig ermächtigt, über die Ernennung von Missionsleitern oder Oberbefehlshabern[40] zu entscheiden oder weitere Durchführungsmaßnahmen zu treffen.[41]

In seinen **Beschlüssen über die Einleitung** einer Mission oder Operation kann sich der **27** Rat damit begnügen, den Einsatzplan und die Einsatzregeln zu billigen, den Beginn des Einsatzes zu verkünden und den Missionsleiter oder Befehlshaber zur Ausführung zu ermächtigen.

III. Implementierung

Mit Erlass des Einleitungsbeschlusses oder zu dem in dem Beschluss genannten Datum **28** beginnt die Implementierungsphase.[42] Dabei ist zu beachten, dass die Mitgliedstaaten ihre zivilen oder militärischen Mittel auf der Grundlage des Ergebnisses mitunter langwieriger Verhandlungen zur Verfügung stellen und ihre Beiträge höchst unterschiedlich ausfallen. Zudem kann der Rat nach Art. 42 Abs. 5 i. V. mit Art. 44 Abs. 1 EUV durch einstimmigen Beschluss die Durchführung einer Mission oder Operation einer **Gruppe von willigen und fähigen Mitgliedstaaten** übertragen.

Wenngleich die Mehrheit der gegenwärtigen GSVP-Missionen und -Operationen von **29** der Union **autonom** durchgeführt werden, werden auch **Drittstaaten** nach Maßgabe der mit ihnen geschlossenen bilateralen Verträge in die Auslandseinsätze eingebunden.[43] Wenn die Union zur Durchführung autonomer Operationen nicht in der Lage ist, sondern auf **Strukturen und Fähigkeiten der NATO** zurückgreifen muss, kommen zudem

---

[38] Beschluss 2011/871/GASP des Rates vom 19. 12. 2011 über einen Mechanismus zur Verwaltung der Finanzierung der gemeinsamen Kosten der Operationen der Europäischen Union mit militärischen oder verteidigungspolitischen Bezügen (ATHENA), ABl. 2011, L 343/35. Vgl. dazu Art. 41 EUV, Rn. 12 ff.

[39] Vgl. z. B. Art. 13 des Beschlusses 2013/233/GASP des Rates vom 22. 5. 2013 über die Mission der Europäischen Union zur Unterstützung des integrierten Grenzmanagements in Libyen (EUBAM Libyen), ABl. 2013, L 138/15.

[40] Vgl. z. B. Beschluss EUTM Somalia/1/2013 des Politischen und Sicherheitspolitischen Komitees vom 17. 12. 2013 zur Ernennung eines Befehlshabers der Militärmission der Europäischen Union als Beitrag zur Ausbildung somalischer Sicherheitskräfte (EUTM Somalia), ABl. 2013, L 346/53.

[41] Vgl. z. B. Beschluss EUTM Mali/2/2013 des Politischen und Sicherheitspolitischen Komitees vom 12. 11. 2013 zur Einsetzung des Ausschusses der beitragenden Länder für die Militärmission der Europäischen Union als Beitrag zur Ausbildung der malischen Streitkräfte (EUTM Mali), ABl. 2013, L 320/31.

[42] Zur Praxis ziviler Missionen und militärischer Operation vgl. die Nachweise Fn. 8 ff. sowie Art. 42 EUV, Rn. 17; ferner die Übersicht über laufende und abgeschlossene Operationen unter: http://www.eeas.europa.eu/csdp/missions-and-operations/ (3. 3. 2016); *Naert*, S. 97 ff.; *Cremer*, in: Calliess/Ruffert, EUV/AEUV, Art. 43 EUV, Rn. 4 ff.; *Kaufmann-Bühler*, in: Grabitz/Hilf/Nettesheim, EU, Art. 43 EUV (März 2011), Rn. 15 ff.

[43] Vgl. die Nachweise Fn. 33; ferner *Kaufmann-Bühler*, in: Grabitz/Hilf/Nettesheim, EU, Art. 43 EUV (März 2011), Rn. 32.

die Regelungen und Mechanismen der »Berlin-Plus«-Vereinbarungen zur Anwendung.[44]

IV. Koordinierung durch den Hohen Vertreter

30 Dem Hohen Vertreter obliegt wegen seiner Doppelfunktion als Vorsitzender des Rates »Auswärtige Angelegenheiten« und als Vizepräsident der Kommission nicht allein die allgemeine Leitung der GASP und der GSVP, sondern gemäß Abs. 2 Satz 2 auch die Koordinierung der zivilen und militärischen Aspekte der Missionen und Operationen. Diese Koordinierungspflicht gilt nicht allein für gemischt zivil-militärische Auslandseinsätze,[45] sondern für alle Missionen und Operationen nach Abs. 1,[46] da auch bei militärischen Operationen stets zivile Aspekte zu berücksichtigen sind, wie z.B. die Zusammenarbeit mit Drittstaaten und anderen internationalen Organisationen oder mit dem Aufnahmestaat.

31   Bei der Erfüllung der Koordinierungsaufgabe steht der Hohe Vertreter unter der Aufsicht des Rates und ist damit an dessen Weisungen gebunden. Wenngleich das PSK gemäß Art. 38 UAbs. 2 EUV seine Aufgaben unter der Verantwortung sowohl des Rates als auch des Hohen Vertreters wahrnimmt, soll der Hohe Vertreter die Koordinierung »in engem und ständigem Benehmen« mit dem PSK vornehmen. Damit soll sichergestellt werden, dass das PSK die politische Kontrolle und strategische Leitung von Krisenbewältigungsoperationen nach Abs. 1 nicht verliert, sondern in vollem Umfang eingebunden bleibt.[47]

---

[44] Vgl. die Berlin-Plus-Vereinbarungen vom 17.3.2003, http://www.consilium.europa.eu/ue-docs/cmsUpload/03–11–11 %20Berlin%20Plus%20press%20note%20BL.pdf (3.3.2016).

[45] Vgl. dazu das Beispiel bei *Kaufmann-Bühler*, in: Grabitz/Hilf/Nettesheim, EU, Art. 43 EUV (März 2011), Rn. 42.

[46] *Regelsberger/Kugelmann*, in: Streinz, EUV/AEUV, Art. 43 EUV, Rn. 4; *Marquardt/Gaedtke*, in: GSH, Europäisches Unionsrecht, Art. 44, Rn. 9.

[47] So auch *Cremer*, in: Calliess/Ruffert, EUV/AEUV, Art. 43 EUV, Rn. 18.

Artikel 44 EUV [Übertragung der Durchführung von Missionen]

(1) ¹Im Rahmen der nach Artikel 43 erlassenen Beschlüsse kann der Rat die Durchführung einer Mission einer Gruppe von Mitgliedstaaten übertragen, die dies wünschen und über die für eine derartige Mission erforderlichen Fähigkeiten verfügen. ²Die betreffenden Mitgliedstaaten vereinbaren in Absprache mit dem Hohen Vertreter der Union für Außen- und Sicherheitspolitik untereinander die Ausführung der Mission.

(2) ¹Die an der Durchführung der Mission teilnehmenden Mitgliedstaaten unterrichten den Rat von sich aus oder auf Antrag eines anderen Mitgliedstaats regelmäßig über den Stand der Mission. ²Die teilnehmenden Mitgliedstaaten befassen den Rat sofort, wenn sich aus der Durchführung der Mission schwerwiegende Konsequenzen ergeben oder das Ziel der Mission, ihr Umfang oder die für sie geltenden Regelungen, wie sie in den in Absatz 1 genannten Beschlüssen festgelegt sind, geändert werden müssen. ³Der Rat erlässt in diesen Fällen die erforderlichen Beschlüsse.

Literaturübersicht

s. Art. 43 EUV.

Wesentliche sekundärrechtliche Vorschriften

Gemeinsame Aktion des Rates 2004/551/GASP vom 12.7.2004 über die Einrichtung der Europäischen Verteidigungsagentur [Gemeinsame Aktion EDA], ABl. 2004, L 245/17, basiert auf Art. 14 EUV a.F.

Beschluss 2011/871/GASP des Rates vom 19.12.2011 über einen Mechanismus zur Verwaltung der Finanzierung der gemeinsamen Kosten der Operationen der Europäischen Union mit militärischen oder verteidigungspolitischen Bezügen (ATHENA), ABl. 2011, L 343/35

Inhaltsübersicht

A. Ziele der Vorschrift

Mit der **Durchführungsvorschrift** des Art. 44 EUV, die an Art. 42 Abs. 5 EUV anknüpft, wird dem Umstand Rechnung getragen, dass trotz einer grundsätzlichen Einigung über ein operatives Vorgehen der Union nach Art. 43 EUV einige Mitgliedstaaten faktisch oder aus innenpolitischen Gründen gehindert sind, sich an einem zivilen oder militärischen Auslandseinsatz zu beteiligen. Mit der Übertragung der Durchführung einer nach Art. 43 EUV beschlossenen Mission auf eine Gruppe williger Mitgliedstaaten soll mithin die operative Handlungsfähigkeit der Union erhalten bleiben, eine **Fähigkeitslücke** zwischen den Mitgliedstaaten überbrückt werden. Wenngleich es zutrifft, dass die Mitgliedstaaten, die eine solche Übertragung wünschen, in der Regel über im Vergleich zu den anderen Mitgliedstaaten besondere Fähigkeiten in sächlicher oder personeller Hinsicht 1 verfügen werden, sollte die Missionsübertragung nach Art. 44 EUV nicht als Instrument der verstärkten Zusammenarbeit eingeordnet werden.[1] Die verstärkte Zusammenarbeit und die ständige strukturierte Zusammenarbeit nach Art. 46 EUV sind grundsätzlich auf eine gewisse Dauer angelegt und stehen anderen Mitgliedstaaten offen. Demgegenüber ist die Übertragung nach Art. 44 EUV stets **auf den jeweiligen Einzelfall**[2] und die Gruppe der willigen Mitgliedstaaten beschränkt.

2   Zielt die Vorschrift darauf, ein vom Konsens aller Mitgliedstaaten getragenes operatives Vorgehen der Union zu ermöglichen, selbst wenn nicht alle Mitgliedstaaten willens oder in der Lage sind, sich an der Durchführung zu beteiligen, handelt die mit der Durchführung beauftragte Gruppe nicht als multinationale Staatengruppe. Vielmehr führt sie die zivile Mission oder militärische Operation **für die Union als Ganzes** durch. Aus diesem Grunde müssen der Rat und der Hohe Vertreter ständig eingebunden bleiben.

B. Übertragung der Durchführung von Krisenbewältigungsoperationen

3   Die Übertragung nach Art. 44 EUV findet nicht auf jeden Fall Anwendung, in dem sich nur einige Mitgliedstaaten aktiv an der Durchführung einer nach Art. 43 EUV beschlossenen zivilen Mission oder militärischen Operation beteiligen. Dies ist gerade bei militärischen Operationen durchaus üblich,[3] etwa weil einige Mitgliedstaaten eine Politik der militärischen Zurückhaltung verfolgen, andere schlicht nicht über die erforderlichen Fähigkeiten verfügen, um mehr als einen symbolischen Beitrag leisten zu können. Trotz **unterschiedlicher Beteiligung der Mitgliedstaaten** erfolgt die Durchführung der Mission aber durch die Union, so dass das Politische und Sicherheitspolitische Komitee (PSK) sowie die anderen Einrichtungen der Union den Einsatz planen, leiten und ständig begleiten.[4]

4   Anders verhält es sich bei der Übertragung der Durchführung auf eine Gruppe von Mitgliedstaaten nach Art. 44 EUV. In diesem Fall werden **allein der Gruppe** operationelle Befugnisse übertragen.[5] Wenngleich die Gruppe weiterhin an die Vorgaben des Ratsbeschlusses gebunden und dem Rat untergeordnet, mithin in den institutionellen Rahmen der Union eingebunden bleibt, wird die »Ausführung« der Mission durch Vereinbarung der betreffenden Mitgliedstaaten festgelegt. Daran ist zwar der Hohe Vertreter im Wege der »Absprache« zu beteiligen. Das PSK und die sonstigen Unionseinrichtungen werden aber an der Planung, Leitung und Ausführung der Mission nicht beteiligt. Darüber wird, wenngleich innerhalb der Vorgaben des Ratsbeschlusses, in einem **zwischenstaatlichen Verfahren** entschieden.[6]

---

[1] So aber *Kaufmann-Bühler*, in: Grabitz/Hilf/Nettesheim, EU, Art. 44 EUV (März 2011), Rn. 1, 5.

[2] *Cremer*, in: Calliess/Ruffert, EUV/AEUV, Art. 44 EUV, Rn. 1.

[3] *Von Kielmansegg*, Verteidigungspolitik der Union, 2005, S. 412; *Cremer*, in: Calliess/Ruffert, EUV/AEUV, Art. 44 EUV, Rn. 1.

[4] Zum Planungsprozess und zu den beteiligten Einrichtungen und Ausschüssen vgl. Art. 43 EUV, Rn. 14 ff.

[5] Vgl. auch *Cremer*, in: Calliess/Ruffert, EUV/AEUV, Art. 44 EUV, Rn. 4.

[6] So auch *Kaufmann-Bühler*, in: Grabitz/Hilf/Nettesheim, EU, Art. 44 EUV (März 2011), Rn. 11; *Cremer*, in: Calliess/Ruffert, EUV/AEUV, Art. 44 EUV, Rn. 4.

Bislang (Stand: 31. 1. 2016) ist von der Möglichkeit einer Missionsübertragung nach **5** Art. 44 EUV kein Gebrauch gemacht worden, so dass sich auch noch keine besondere (Unions-)Praxis herausbilden konnte. Allerdings ist angesichts der besonderen Lasten, die die beauftragte Gruppe zu tragen haben würde, eine über die Vorgaben des Art. 44 EUV hinausreichende Einbindung in den institutionellen Rahmen wenig wahrscheinlich.[7]

I. Voraussetzungen (Abs. 1 Satz 1)

1. Qualifizierung als Gruppe

Nach Maßgabe von Abs. 1 Satz 1 kann die Durchführung einer nach Art. 43 EUV be- **6** schlossenen Mission oder Operation allein auf eine **Gruppe von Mitgliedstaaten** übertragen werden, mithin nicht mehreren Mitgliedstaaten, die einzeln vorzugehen beabsichtigen. Eine Gruppe zeichnet sich durch einen gewissen inneren Zusammenhalt und durch gemeinsame Ziele aus. Voraussetzung ist daher, dass **mindestens drei Mitgliedstaaten** (arg. e »Gruppe«)[8] zu einem kooperativen Vorgehen bei der gemeinsamen Durchführung des operativen Vorgehens bereit sind. Daher und weil es sich bei der Übertragung nach Abs. 1 Satz 1 nicht um eine Form der verstärkten Zusammenarbeit handelt,[9] ist die Gruppe, sobald sie sich konstituiert hat und ihr die Durchführung einer Mission oder Operation übertragen worden ist, für einen Beitritt weiterer Mitgliedstaaten **nicht offen**.[10] Ein späterer Anschluss, insbesondere während einer bereits laufenden Mission, wäre auch praktisch nur unter größten Schwierigkeiten zu bewerkstelligen, müsste dann doch die gesamte Einsatzplanung angepasst werden.

Die Gruppe muss die Übertragung durch den Rat »wünschen« (Grundsatz der **Frei- 7 willigkeit**), so dass eine einseitige Beauftragung durch den Rat ausgeschlossen ist.[11] Damit ist nicht ausgeschlossen, dass der Rat insbesondere diejenigen Mitgliedstaaten anregt, einen entsprechenden Wunsch zu äußern, die bereits über gemeinsame Einrichtungen und Fähigkeiten (z. B. in Form von multinationalen Verbänden) verfügen.

Ausweislich des Wortlauts muss die Gruppe über die für die Durchführung einer **8** zivilen Mission oder militärischen Operation »**erforderlichen Fähigkeiten**« verfügen. Aus dem Zusammenhang mit Art. 43 und 42 EUV wird klar, dass damit allein zivile oder militärische Fähigkeiten gemeint sein können. Ob die Gruppe auch über die »erforderlichen« Fähigkeiten verfügt, bleibt dem jeweiligen Einzelfall und einer Entscheidung des Rates überlassen. Dabei kann sich der Rat beispielsweise auf die Erhebungen durch die Europäische Verteidigungsagentur stützen, aber auch auf Angaben der in der Gruppe vereinten Mitgliedstaaten, falls er dies für erforderlich hält.

Schließlich muss die Gruppe der Mitgliedstaaten bereit sein, »zur Wahrung der Werte **9** der Union und im Dienste ihrer Interessen« (Art. 42 Abs. 5 EUV) zu handeln. Damit ist

---

[7] *Von Kielmansegg* (Fn. 3), S. 418 f.
[8] Wenngleich es zutrifft, dass Art. 44 EUV keine zahlenmäßigen Vorgaben enthält, kann bei lediglich zwei Mitgliedstaaten schwerlich von einer »Gruppe« ausgegangen werden. So aber *Kaufmann-Bühler*, in: Grabitz/Hilf/Nettesheim, EU, Art. 44 EUV (März 2011), Rn. 6.
[9] S. o. Rn. 1.
[10] A. A. *Kaufmann-Bühler*, in: Grabitz/Hilf/Nettesheim, EU, Art. 44 EUV (März 2011), Rn. 14.
[11] *Kaufmann-Bühler*, in: Grabitz/Hilf/Nettesheim, EU, Art. 44 EUV (März 2011), Rn. 8; *Cremer*, in: Calliess/Ruffert, EUV/AEUV, Art. 44 EUV, Rn. 4.

die Verfolgung allein nationaler Interessen oder von Interessen, die von den anderen Mitgliedstaaten nicht geteilt werden, ausgeschlossen.[12]

2. Ratsbeschluss

10   Die Übertragung nach Abs. 1 kann »im Rahmen« eines Beschlusses des Rates nach Art. 43 EUV vorgenommen werden. Daher und weil Art. 44 zu Art. 43 EUV akzessorisch ist, eine Übertragung mithin nicht ohne Grundsatzbeschluss denkbar ist, können Grundsatz- und Übertragungsbeschluss in einem Beschluss zusammengefasst werden. Gleichwohl handelt es sich rechtlich um **zwei Ratsbeschlüsse,**[13] die gemäß Art. 42 Abs. 4 EUV **einstimmig** gefasst werden müssen.[14]

11   Da mit der Übertragung nach Abs. 1 allein die Gruppe mit operationellen Befugnissen ausgestattet wird, und da die Gruppe im Wege der zwischenstaatlichen Vereinbarung über die Ausführung der Mission entscheidet, wirkt sich dies notwendigerweise auch auf den **Inhalt des Grundsatzbeschlusses** aus. Wenngleich sich Abs. 1 zu dieser Frage nicht verhält, so dass der notwendige Inhalt des Grundsatzbeschlusses grundsätzlich Art. 43 Abs. 2 Satz 1 Hs. 2 EUV[15] entsprechen müsste, machte es wenig Sinn, wenn der Rat auch die **allgemeinen Durchführungsbestimmungen** festlegte. Vielmehr bleibt es einer Vereinbarung der in der Gruppe zusammengeschlossenen Mitgliedstaaten überlassen, den Missionsleiter oder Oberbefehlshaber zu ernennen, das Hauptquartier zu bestimmen sowie das Einsatzkonzept, den Einsatzplan und die Einsatzregeln festzulegen. Auch werden zivile Missionen, deren Durchführung einer Gruppe übertragen wird, schwerlich von Brüssel aus geführt werden können.

II.   Pflichten der Gruppe der Mitgliedstaaten

1.   Absprache (Abs. 1 Satz 2)

12   Da die Gruppe die vom Rat beschlossenen zivile Missionen oder militärische Operation für die Union als Ganzes durchführt, d.h. »zur Wahrung der Werte der Union und im Dienste ihrer Interessen« (Art. 42 Abs. 5 EUV), ist sie vorbehaltlich der die operative Ausführung betreffenden Fragen an die Vorgaben des Ratsbeschlusses gebunden. Darüber hinaus ist die Gruppe nach Abs. 1 Satz 2 verpflichtet, sich bei der Vereinbarung über die Einzelheiten der Ausführung mit dem Hohen Vertreter »abzusprechen«. Die genaue Bedeutung des durchaus ungewöhnlichen Begriffs der »**Absprache**« ist unklar. Da der Hohe Vertreter offenbar nicht auf ein Anhörungsrecht beschränkt, sondern – wie der englische Wortlaut (»in association with«) verdeutlicht – eingebunden sein soll,[16] muss die Gruppe den Hohen Vertreter rechtzeitig darüber unterrichten, wie sie den Grundsatzbeschluss auszuführen beabsichtigt, dem Hohen Vertreter Gelegenheit zur Stellungnahme geben und, sollte der Hohe Vertreter Bedenken äußern, sich mit diesen auseinandersetzen und mit ihm in einen Dialog treten. Da eine Zustimmung des Hohen Vertreters nicht erforderlich ist, ist es ausreichend, wenn sich die Gruppe auf dieses Maß

---

[12] *Cremer*, in: Calliess/Ruffert, EUV/AEUV, Art. 44 EUV, Rn. 2; *Kaufmann-Bühler*, in: Grabitz/Hilf/Nettesheim, EU, Art. 44 EUV (März 2011), Rn. 10.

[13] A.A. scheinbar *Cremer*, in: Calliess/Ruffert, EUV/AEUV, Art. 44 EUV, Rn. 3, der meint, der Übertragungsbeschluss sei »Teil des Inhalts eines Beschlusses über eine Mission«.

[14] Vgl. dazu Art. 42 EUV, Rn. 38 f.

[15] Vgl. Art. 43 EUV, Rn. 23 ff.

[16] So wohl auch *Cremer*, in: Calliess/Ruffert, EUV/AEUV, Art. 44 EUV, Rn. 4.

an Kommunikation mit dem Hohen Vertreter beschränkt. Sollte der Hohe Vertreter weiterhin Bedenken haben, bleibt es ihm unbenommen, dem Rat die Aufhebung des Übertragungsbeschlusses vorzuschlagen.

2. Unterrichtung und Befassung des Rates (Abs. 2)

Die Mission oder Operation, die die Gruppe durchführt, ist eine Krisenbewältigungs- **13** operation der Union und beruht auf einem Ratsbeschluss. Daher ist die Gruppe nach Abs. 2 Satz 1 verpflichtet, den Rat regelmäßig über den Stand der Mission zu unterrichten, da dieser die politische Verantwortung trägt und darüber wachen können soll, ob die mit dem Grundsatzbeschluss verfolgten Ziele erreicht werden. Über die Häufigkeit der Unterrichtung entscheidet die Gruppe »von sich aus«, hat also grundsätzlich **Ermessen** bei der Bestimmung der Regelmäßigkeit. Freilich kommt eine Unterrichtung des Rates stets dann in Betracht, wenn wesentliche Phasen der Mission abgeschlossen sind. Kein Ermessen besteht, wenn ein **anderer Mitgliedstaat** eine Unterrichtung beantragt. Bleibt der politische Konsens aller Mitgliedstaaten wesentliche Grundlage, müssen auch die nicht der Gruppe zugehörigen Mitgliedstaaten jederzeit berechtigt sein, eine Unterrichtung über den Stand einer Krisenbewältigungsoperation einzufordern.

Ebenfalls kein Ermessen besteht bei einer **grundlegenden Änderung** der beim Rats- **14** beschluss bestehenden Umstände (Abs. 2 Satz 2).[17] In diesem Fall muss die Gruppe den Rat sofort, d. h. ohne schuldhaftes Zögern, **befassen**. Sie dürfen sich mithin nicht auf eine Unterrichtung beschränken, sondern müssen dem Rat darüber hinaus Vorschläge für eine Aufhebung oder Änderung seiner Beschlüsse unterbreiten. Aus dem Zusammenhang folgt, dass die Änderung der Umstände sich auf den Grundsatz- oder den Übertragungsbeschluss auswirken können muss, also eine Änderung der Ratsbeschlüsse geboten ist. Daher ist bereits dann davon auszugehen, dass sich aus der Durchführung »schwerwiegende Konsequenzen ergeben«, wenn die Fähigkeiten der beauftragten Gruppe nicht mehr ausreichen, die Ziele zu erreichen, oder wenn das Personal erhebliche Verluste erleidet oder zu erleiden droht. Ist es angesichts der Änderung der Umstände erforderlich, Ziel, Umfang oder die sonstigen für die Mission geltenden Regelungen zu ändern, so kann darüber allein der Rat beschließen. Will die beauftragte Gruppe ihre Maßnahmen weiterhin auf eine unionsrechtliche Rechtsgrundlage stützen, muss sie dem Rat sofort Gelegenheit geben, einen entsprechenden Änderungsbeschluss zu fassen.

---

[17] Vgl. auch *Cremer*, in: Calliess/Ruffert, EUV/AEUV, Art. 44 EUV, Rn. 5; *Marquardt/Gaedtke*, in: GSH, Europäisches Unionsrecht, Art. 44, Rn. 4.

Artikel 45 EUV [Aufgaben der Europäischen Verteidigungsagentur]

(1) Aufgabe der in Artikel 42 Absatz 3 genannten, dem Rat unterstellten Europäischen Verteidigungsagentur ist es,

a) bei der Ermittlung der Ziele im Bereich der militärischen Fähigkeiten der Mitgliedstaaten und der Beurteilung, ob die von den Mitgliedstaaten in Bezug auf diese Fähigkeiten eingegangenen Verpflichtungen erfüllt wurden, mitzuwirken;

b) auf eine Harmonisierung des operativen Bedarfs sowie die Festlegung effizienter und kompatibler Beschaffungsverfahren hinzuwirken;

c) multilaterale Projekte zur Erfüllung der Ziele im Bereich der militärischen Fähigkeiten vorzuschlagen und für die Koordinierung der von den Mitgliedstaaten durchgeführten Programme sowie die Verwaltung spezifischer Kooperationsprogramme zu sorgen;

d) die Forschung auf dem Gebiet der Verteidigungstechnologie zu unterstützen, gemeinsame Forschungsaktivitäten sowie Studien zu technischen Lösungen, die dem künftigen operativen Bedarf gerecht werden, zu koordinieren und zu planen;

e) dazu beizutragen, dass zweckdienliche Maßnahmen zur Stärkung der industriellen und technologischen Basis des Verteidigungssektors und für einen wirkungsvolleren Einsatz der Verteidigungsausgaben ermittelt werden, und diese Maßnahmen gegebenenfalls durchzuführen.

(2) ¹Alle Mitgliedstaaten können auf Wunsch an der Arbeit der Europäischen Verteidigungsagentur teilnehmen. ²Der Rat erlässt mit qualifizierter Mehrheit einen Beschluss, in dem die Rechtsstellung, der Sitz und die Funktionsweise der Agentur festgelegt werden. ³Dieser Beschluss trägt dem Umfang der effektiven Beteiligung an den Tätigkeiten der Agentur Rechnung. ⁴Innerhalb der Agentur werden spezielle Gruppen gebildet, in denen Mitgliedstaaten zusammenkommen, die gemeinsame Projekte durchführen. ⁵Die Agentur versieht ihre Aufgaben erforderlichenfalls in Verbindung mit der Kommission.

Literaturübersicht

Ferraro, The European Defence Agency: Facilitating Defence Reform or Forming Fortress Europe? TLCP 2007, 549; *Trybus*, The New European Defence Agency, CMLRev. 43 (2006), 667.

Wesentliche sekundärrechtliche Vorschriften

Beschluss 2011/411/GASP des Rates vom 12.7.2011 über die Rechtsstellung, den Sitz und die Funktionsweise der Europäischen Verteidigungsagentur und zur Aufhebung der Gemeinsamen Aktion 2004/551/GASP, ABl. 2011, L 183/16
Beschluss 2015/1835/GASP des Rates vom 12.10.2015 über die Rechtsstellung, den Sitz und die Funktionsweise der Europäischen Verteidigungsagentur, ABl. 2015, L 226/55

Inhaltsübersicht

A. Entwicklung und Ziele der Vorschrift

Vorgängerin der Europäischen Verteidigungsagentur (im Folgenden: EVA) war die von **1** der Westeuropäischen Union (im Folgenden: WEU) errichtete Europäische Rüstungs- agentur.[1] Nach Übernahme der WEU-Aufgaben durch die Union billigte der Europäi- sche Rat am 12. 12. 2003 die Einrichtung einer »Rüstungsagentur« und am 12. 7. 2004 beschloss der Rat die Errichtung der Europäischen Verteidigungsagentur,[2] deren Auf- gabe darin bestand, dem Rat und den Mitgliedstaaten bei der Verbesserung der Vertei- digungsfähigkeiten der Union im Bereich der Krisenbewältigung zu helfen und die GSVP, wie sie sich gegenwärtig darstellt und in Zukunft entwickelt, zu unterstützen.[3] Angesichts der mit dem Vertrag von Lissabon vorgenommenen Änderungen wurde es erforderlich, die Bestimmungen des Beschlusses aus dem Jahr 2004 anzupassen. Am 12. 7. 2011 erließ der Rat daher einen auf die Art. 42 und 45 EUV gestützten Beschluss, mit dem der Beschluss von 2004 aufgehoben, die EVA aber fortgeführt wurde.[4] An den grundsätzlichen Aufgaben der EVA hat dieser Beschluss nichts geändert.

Art. 45 EUV knüpft an Art. 42 Abs. 3 UAbs. 2 EUV an. In beiden Vorschriften wird **2** die Existenz der **auf der Grundlage von Sekundärrecht errichteten EVA** als gegeben vorausgesetzt.[5] Die Kompetenz des Rates beschränkt sich auf die Festlegung der Rechts- stellung, den Sitz und die Funktionsweise sowie auf die Aufsicht über die EVA. Art. 45 EUV unterstellt die EVA der Aufsicht des Rates und **präzisiert** die in Art. 42 Abs. 3 UAbs. 2 EUV genannten Aufgaben. Ihre Strukturen, ihr grundsätzlicher Auftrag, ihre Aufgaben, ihre Einbindung in den institutionellen Rahmen sowie die Grundsätze ihrer Finanzierung werden im EVA-Beschluss umfassend geregelt. Mit Art. 45 EUV soll si- chergestellt werden, dass der EVA eine entscheidende Rolle bei der Ermittlung des operativen Bedarfs und der Stärkung der industriellen und technologischen Basis des europäischen Verteidigungssektors zukommt, so dass die Union und die Mitgliedstaaten über kompatible und effektive militärische Fähigkeiten verfügen und die Mitgliedstaa- ten ihre **Rüstungsanstrengungen nicht mehr vorrangig im nationalen Alleingang** verfol- gen, sondern aufeinander abstimmen oder im Rahmen multilateraler Projekte zusam- menführen.[6] Dabei muss die EVA die nationale Sicherheits- und Verteidigungspolitik der Mitgliedstaaten achten.[7]

---

[1] Vgl. Art. 42 EUV, Rn. 2.

[2] Gemeinsame Aktion 2004/551/GASP des Rates vom 12. 7. 2004 über die Einrichtung der Eu- ropäischen Verteidigungsagentur, ABl. 2004, L 245/17.

[3] Vgl. dazu auch *von Kielmansegg*, Verteidigungspolitik der Europäischen Union, 2005, S. 169; *Kaufmann-Bühler*, in: Grabitz/Hilf/Nettesheim, EU, Art. 45 EUV (März 2011), Rn. 2.

[4] Beschluss 2011/411/GASP des Rates vom 12. 7. 2011 über die Rechtsstellung, den Sitz und die Funktionsweise der Europäischen Verteidigungsagentur und zur Aufhebung der Gemeinsamen Ak- tion 2004/551/GASP, ABl. 2011, L 183/16 (im Folgenden: EVA-Beschluss).

[5] So auch *Kaufmann-Bühler*, in: Grabitz/Hilf/Nettesheim, EU, Art. 45 EUV (März 2011), Rn. 2.

[6] S. auch *Cremer*, in: Calliess/Ruffert, EUV/AEUV, Art. 45 EUV, Rn. 2.

[7] Vgl. Erwägungsgrund 20 der Präambel des EVA-Beschlusses.

B. Aufgaben und Strukturen

I. Auftrag und Aufgaben (Abs. 1)

3   Nach Art. 45 Abs. 1 EUV i. V. mit Art. 2 Abs. 2 des EVA-Beschlusses umfasst der **Auftrag** der EVA (1) die Ermittlung des operativen Bedarfs, (2) die Förderung von Maßnahmen zur Bedarfsdeckung, (3) die Stärkung der industriellen und technologischen Basis des europäischen Verteidigungssektors sowie (4) die Beteiligung an der Festlegung einer europäischen Politik im Bereich der Fähigkeiten und der Rüstung. Die ihr grundsätzlich nach Abs. 1 Buchst. a bis e übertragenen Aufgaben werden in Art. 5 Abs. 3 des EVA-Beschlusses konkretisiert. Ihren Auftrag und ihre Aufgaben erfüllt die EVA nach Maßgabe eines **integrierten und umfassenden Ansatzes**, der zu einer nachhaltigen und kohärenten Entwicklung von militärischen Fähigkeiten beitragen soll, indem Angebot und Bedarf aufeinander abgestimmt werden, um so die Verteidigungshaushalte der Mitgliedstaaten besser nutzen zu können. Freilich bleibt die Agentur auf eine beratende und unterstützende Funktion beschränkt. Ihre Entscheidungen haben lediglich **empfehlenden Charakter**.[8]

4   Gemäß Art. 5 Abs. 3 Buchst. a des EVA-Beschlusses stützt sich die EVA bei der **Ermittlung der Ziele** im Bereich der militärischen Fähigkeiten der Mitgliedstaaten und bei der **Beurteilung der Rüstungsanstrengungen der Mitgliedstaaten** in Zusammenarbeit mit dem Militärausschuss (EUMC) auf den Mechanismus zur Entwicklung der Fähigkeiten (»Capability Development Mechanism«, CDM) und setzt den Plan zur Fähigkeitenentwicklung (»Capability Development Plan«, CDP) um. Der CDP enthält Aussagen zum Stand, zu den Entwicklungen und zu den gegenwärtigen, mittel- und langfristigen Anforderungen im Bereich der militärischen Fähigkeiten, so dass die Mitgliedstaaten ihre Investitionsplanung daran ausrichten können.[9] Zudem werden Bereiche einer potentiellen Rüstungskooperation identifiziert. Im Rahmen des CDP-Prozesses werden die Beitragszusagen der Mitgliedstaaten beurteilt. Mit Blick auf die **Harmonisierung** des operativen Bedarfs und die Festlegung effizienter und kompatibler Beschaffungsverfahren obliegen der EVA nach Art. 5 Abs. 3 Buchst. b des EVA-Beschlusses vornehmlich Förderungs- und Koordinierungsaufgaben.

5   Ein weiterer Schwerpunkt besteht in der Förderung und Unterstützung der europäischen Rüstungskooperation sowie der Forschung auf dem Gebiet der Verteidigungstechnologie.[10] Dabei soll die europäische **Rüstungskooperation** darauf gerichtet sein, die Zusammenarbeit der Mitgliedstaaten am Bedarf der GSVP auszurichten. Die EVA unterbreitet den Mitgliedstaaten Vorschläge, wie sie unter Anwendung bewährter Praktiken ihre gemeinsamen Rüstungsanstrengungen wirksamer und effizienter gestalten können. Dabei sollen auch die Europäische Weltraumorganisation (ESA) und die Gemeinsame Organisation für die Rüstungskooperation (»Organisation Conjointe de Coopération en Matière d'Armament«, OCCAR)[11] eingebunden werden. Einen wesentli-

---

[8] Vgl. dazu auch *Kaufmann-Bühler*, in: Grabitz/Hilf/Nettesheim, EU, Art. 45 EUV (März 2011), Rn. 12.

[9] S. auch *Regelsberger/Kugelmann*, in: Streinz, EUV/AEUV, Art. 45 EUV, Rn. 2.

[10] Art. 45 Abs. 1 Buchst. c und d EUV i. V. mit Art. 5 Abs. 3 Buchst. c und d des EVA-Beschlusses.

[11] OCCAR ist eine internationale Organisation zur Durchführung kooperativer Rüstungsprogramme, die durch zwischenstaatliche Vereinbarung vom 9. 9. 1998 errichtet wurde. Ihr gehören Belgien, Deutschland, Frankreich, Italien, Spanien und das Vereinigte Königreich an. Finnland, Luxemburg, die Niederlande, Polen, Schweden und die Türkei nehmen an einzelnen Programmen teil.

chen Beitrag zu einer effizienteren Rüstungskooperation soll das Konzept der **Bündelung und gemeinsamen Nutzung** (»pooling & sharing) leisten, das von den europäischen
Verteidigungsministern im September 2010 beschlossen und dessen Entwicklung der
EVA übertragen wurde.[12] Die europäische **Rüstungsforschung** und -technologie soll sich
auf bestimmte Schlüsselbereiche konzentrieren. Zu diesem Zweck zeigt die EVA den
Mitgliedstaaten Wege zur wirksamen Finanzierung und Implementierung der For-
schungsprogramme auf.

Die **industrielle und technologische Basis** des Verteidigungssektors soll stärker inte- 6
griert werden, so dass Verdoppelungen vermieden werden und die europäische Rüs-
tungsindustrie unabhängiger und wettbewerbsfähiger wird.

Schließlich soll die EVA eine **Ständige Strukturierte Zusammenarbeit** nach Art. 46 7
EUV unterstützen, indem sie »größere gemeinsame oder europäische Initiativen zur
Entwicklung der Fähigkeiten fördert« und »zur regelmäßigen Beurteilung« der Beiträge
der beteiligten Mitgliedstaaten beiträgt.[13]

Bei der Erfüllung dieser Aufgaben ist die EVA verpflichtet, die sonstigen Zuständig- 8
keiten der Union und der EU-Organe zu achten.[14] Damit soll vermieden werden, dass
ihre Aktivitäten in den supranationalen Bereich einwirken, ohne dass die **Kommission**
und die anderen Organe entsprechend ihrer Zuständigkeiten beteiligt werden. Tatsächlich gibt es aber auch Überschneidungen in umgekehrter Richtung. 2011 hat die Kommission eine »Task Force« eingerichtet, die Vorschläge zur Vollendung des europäischen
Rüstungsmarktes und zur Stärkung der Wettbewerbsfähigkeit der **europäischen Verteidigungsindustrie** zu unterbreiten. Am 24.7.2013 hat die Kommission eine Mitteilung
angenommen, die u. a. darauf gerichtet ist, die Effizienz und Wettbewerbsfähigkeit des
europäischen Sicherheits- und Verteidigungssektors zu steigern.[15]

II. Strukturen (Abs. 2)

An der Arbeit der mit Rechtspersönlichkeit[16] ausgestatteten EVA, die ihren Sitz in Brüs- 9
sel[17] hat, nehmen nach Maßgabe des Prinzips der Freiwilligkeit alle Mitgliedstaaten mit
Ausnahme Dänemarks[18] teil.[19] Die EVA ist als Einrichtung der Union durch Unterstel-
lung unter die **Aufsicht des Rates** in das institutionelle Gefüge der Union eingebunden.[20]
Gemäß Art. 4 Abs. 3 des EVA-Beschlusses gibt der Rat »jährlich einstimmig Leitlinien
für die Tätigkeit der Agentur und insbesondere für ihr Arbeitsprogramm« vor. Zudem
billigt der Rat jedes Jahr einstimmig einen Finanzrahmen für die kommenden drei Jah-

[12] Schwerpunkte bilden dabei maritime Aufklärungssysteme, Satelliten- und Lufttransportkapazitäten sowie gemeinsame Manöver.
[13] Art. 5 Abs. 3 Buchst. f des EVA-Beschlusses.
[14] Art. 5 Abs. 1 des EVA-Beschlusses.
[15] Mitteilung der Kommission an das Europäische Parlament, den Rat, den Europäischen Wirt-
schafts- und Sozialausschuss und den Ausschuss der Regionen, Auf dem Weg zu einem wettbewerbsfähigeren und effizienteren Verteidigungs- und Sicherheitssektor, 24.7.2013, COM (2013) 542 final.
[16] Vgl. Art. 6 des EVA-Beschlusses. Die Rechtspersönlichkeit ist auf die Durchführung der Aufgaben und die Erreichung der Ziele beschränkt. Die Mitgliedsstaaten sind verpflichtet sicherzustellen,
dass die EVA »die weitestgehende Rechts- und Geschäftsfähigkeit besitzt.«
[17] Art. 1 Abs. 5 des EVA-Beschlusses.
[18] Vgl. Art. 5 des Protokolls Nr. 22.
[19] Zudem können gemäß Art. 24 des EVA-Beschlusses berechtigt, mit Drittstaaten und anderen
internationalen ad-hoc-Vereinbarungen zu schließen.
[20] Art. 45 Abs. 1 EUV i. V. mit Art. 1 Abs. 2 des EVA-Beschlusses. Vgl. ferner *Kaufmann-Bühler*,
in: Grabitz/Hilf/Nettesheim, EU, Art. 45 EUV (März 2011), Rn. 4.

re.[21] Darüber hinaus wird durch Abs. 2 Satz 5 eine Einbeziehung der **Kommission** immer dann sichergestellt, wenn supranationale Politikbereiche und Zuständigkeiten der Kommission berührt werden.[22]

10   **Leiter** der EVA ist der **Hohe Vertreter**,[23] das Entscheidungsgremium ist der unter dem Vorsitz des Hohen Vertreters stehende **Lenkungsausschuss**, dem je ein Vertreter jedes beteiligten Mitgliedstaats angehört, der für seine Regierung verbindlich handeln können muss.[24] Der Lenkungsausschuss tritt auf der Ebene der Verteidigungsminister oder ihrer Vertreter zusammen.[25] Zudem gehört dem Lenkungsausschuss ein Mitglied der Kommission an, das aber nicht stimmberechtigt ist.[26] Die Aufgaben und Befugnisse des Lenkungsausschusses ergeben sich aus Art. 9 Abs. 1 des EVA-Beschlusses. Hervorzuheben ist, dass der Ausschuss grundsätzlich mit **qualifizierter Mehrheit** beschließt,[27] es sei denn, in dem Beschluss ist etwas anderes bestimmt.[28] Gemäß Art. 9 Abs. 3 des EVA-Beschlusses, der Art. 31 Abs. 2 UAbs. 2 EUV entspricht, kann ein Vertreter eines beteiligten Mitgliedstaats das Zustandekommen eines Beschlusses mit qualifizierter Mehrheit unter Berufung auf »wichtige Gründe der nationalen Politik, die er auch nennen muss«, verhindern. Die einfachen Geschäfte der laufenden Verwaltung werden einem **Hauptgeschäftsführer** übertragen.[29]

11   Der EVA-Beschluss enthält keine ausdrückliche Bestimmung über die nach Abs. 2 Satz 4 innerhalb der Agentur zu bildenden **speziellen Gruppen** von Mitgliedstaaten, die gemeinsame Projekte durchführen. Allerdings ist in Art. 20 des EVA-Beschlusses die Billigung von Ad-hoc-Projekten oder Ad-hoc-Programmen der Kategorie B (»Opt in«) und der dazugehörigen Haushaltspläne vorgesehen. Diese Projekte oder Programme werden nur von einigen Mitgliedstaaten durchgeführt, sollen aber für andere beteiligte Mitgliedstaaten offen sein.

---

[21] Vgl. Art. 4 Abs. 4 Satz 1 des EVA-Beschlusses. Im Jahr 2013 betrug das Budget der EVA € 30,5 Millionen.

[22] Vgl. auch Art. 23 des EVA-Beschlusses über die Beteiligung der Kommission an der Arbeit der Agentur; ferner *Kaufmann-Bühler*, in: Grabitz/Hilf/Nettesheim, EU, Art. 45 EUV (März 2011), Rn. 8; *Cremer*, in: Calliess/Ruffert, EUV/AEUV, Art. 45 EUV, Rn. 4.

[23] Art. 7 Abs. 1 des EVA-Beschlusses.

[24] Art. 8 Abs. 1 des EVA-Beschlusses.

[25] Art. 8 Abs. 2 des EVA-Beschlusses. Gemäß Art. 8 Abs. 5 kann der Ausschuss in besonderen Zusammensetzungen (z. B. Nationale Rüstungsdirektoren oder für Fähigkeitsentwicklung, F&T oder Verteidigungspolitik zuständige Direktoren) tagen.

[26] Dies folgt aus Art. 9 Abs. 2 Satz 2 des EVA-Beschlusses, wonach nur »die Vertreter der beteiligten Mitgliedstaaten stimmberechtigt« sind.

[27] Art. 9 Abs. 2 Satz 1des EVA-Beschlusses

[28] So etwa nach Art. 13 Abs. 5 und Art. 18 Abs. 1 Satz 2 des EVA-Beschlusses mit Blick auf den Entwurf bzw. die Änderung des Gesamthaushaltsplans der Agentur.

[29] Art. 10 des EVA-Beschlusses. Vgl. auch *Regelsberger/Kugelmann*, in: Streinz, EUV/AEUV, Art. 45 EUV, Rn. 3; *Marquardt/Gaedtke*, in: GSH, Europäisches Unionsrecht, Art. 45, Rn. 7.

Artikel 46 EUV [Ständige Strukturierte Zusammenarbeit]

(1) Die Mitgliedstaaten, die sich an der Ständigen Strukturierten Zusammenarbeit im Sinne des Artikels 42 Absatz 6 beteiligen möchten und hinsichtlich der militärischen Fähigkeiten die Kriterien erfüllen und die Verpflichtungen eingehen, die in dem Protokoll über die Ständige Strukturierte Zusammenarbeit enthalten sind, teilen dem Rat und dem Hohen Vertreter der Union für Außen- und Sicherheitspolitik ihre Absicht mit.

(2) ¹Der Rat erlässt binnen drei Monaten nach der in Absatz 1 genannten Mitteilung einen Beschluss über die Begründung der Ständigen Strukturierten Zusammenarbeit und über die Liste der daran teilnehmenden Mitgliedstaaten. ²Der Rat beschließt nach Anhörung des Hohen Vertreters mit qualifizierter Mehrheit.

(3) Jeder Mitgliedstaat, der sich zu einem späteren Zeitpunkt an der Ständigen Strukturierten Zusammenarbeit beteiligen möchte, teilt dem Rat und dem Hohen Vertreter seine Absicht mit.

¹Der Rat erlässt einen Beschluss, in dem die Teilnahme des betreffenden Mitgliedstaats, der die Kriterien und Verpflichtungen nach den Artikeln 1 und 2 des Protokolls über die Ständige Strukturierte Zusammenarbeit erfüllt beziehungsweise eingeht, bestätigt wird. ²Der Rat beschließt mit qualifizierter Mehrheit nach Anhörung des Hohen Vertreters. ³Nur die Mitglieder des Rates, die die teilnehmenden Mitgliedstaaten vertreten, sind stimmberechtigt.

Die qualifizierte Mehrheit bestimmt sich nach Artikel 238 Absatz 3 Buchstabe a des Vertrags über die Arbeitsweise der Europäischen Union.

(4) Erfüllt ein teilnehmender Mitgliedstaat die Kriterien nach den Artikeln 1 und 2 des Protokolls über die Ständige Strukturierte Zusammenarbeit nicht mehr oder kann er den darin genannten Verpflichtungen nicht mehr nachkommen, so kann der Rat einen Beschluss erlassen, durch den die Teilnahme dieses Staates ausgesetzt wird.

¹Der Rat beschließt mit qualifizierter Mehrheit. ²Nur die Mitglieder des Rates, die die teilnehmenden Mitgliedstaaten mit Ausnahme des betroffenen Mitgliedstaats vertreten, sind stimmberechtigt.

Die qualifizierte Mehrheit bestimmt sich nach Artikel 238 Absatz 3 Buchstabe a des Vertrags über die Arbeitsweise der Europäischen Union.

(5) Wünscht ein teilnehmender Mitgliedstaat, von der Ständigen Strukturierten Zusammenarbeit Abstand zu nehmen, so teilt er seine Entscheidung dem Rat mit, der zur Kenntnis nimmt, dass die Teilnahme des betreffenden Mitgliedstaats beendet ist.

(6) ¹Mit Ausnahme der Beschlüsse nach den Absätzen 2 bis 5 erlässt der Rat die Beschlüsse und Empfehlungen im Rahmen der Ständigen Strukturierten Zusammenarbeit einstimmig. ²Für die Zwecke dieses Absatzes bezieht sich die Einstimmigkeit allein auf die Stimmen der Vertreter der an der Zusammenarbeit teilnehmenden Mitgliedstaaten.

Literaturübersicht

Schmidt-Radefeldt, Die parlamentarische Dimension der Europäischen Sicherheits- und Verteidigungspolitik – Pluralität von demokratischer Legitimation in einer europäischen Mehrebenendemokratie, ZParl 2009, 773; vgl. auch Art. 42 EUV.

Inhaltsübersicht

A.　Entwicklung und Ziele der Vorschrift

1　Von der verstärkten Zusammenarbeit nach dem Vertrag von Nizza (Art. 27a ff. EUV a. F.) waren Fragen mit militärischen oder verteidigungspolitischen Bezügen ausgenommen.[1] In Art. 17 Abs. 4 EUV a. F. war lediglich vorgesehen, dass die Gemeinsame Verteidigungspolitik »der Entwicklung einer engeren Zusammenarbeit zwischen zwei oder mehr Mitgliedstaaten auf zweiseitiger Ebene sowie im Rahmen der Westeuropäischen Union (WEU) und der NATO nicht« entgegensteht, »soweit sie der nach diesem Titel vorgesehenen Zusammenarbeit nicht zuwiderläuft und diese nicht behindert.« Die engere Zusammenarbeit von zwei oder mehreren Mitgliedstaaten blieb damit auf die **zwischenstaatliche Ebene** verwiesen und sollte nicht im Rahmen des institutionellen Gefüges der Union erfolgen. Nunmehr wird mit Art. 46 EUV eine Ständige Strukturierte Zusammenarbeit im verteidigungspolitischen Bereich innerhalb des institutionellen Gefüges ausdrücklich anerkannt.[2]

2　Art. 46 EUV knüpft an die Vorschrift des Art. 42 Abs. 6 EUV an, die es den Mitgliedstaaten, die »anspruchsvollere Kriterien in Bezug auf die militärischen Fähigkeiten erfüllen und die im Hinblick auf Missionen mit höchsten Anforderungen untereinander weiter gehende Verpflichtungen eingegangen sind«, freistellt, eine Ständige Strukturierte Zusammenarbeit zu begründen.[3] Die Regelungen der **Ausführungsbestimmung**[4] des Art. 46 EUV beschränken sich daher unter Einbeziehung des Protokolls Nr. 10 auf die Konkretisierung der Teilnahmevoraussetzungen sowie auf das Verfahren zur Begründung, Erweiterung und Beendigung der Ständigen Strukturierten Zusammenarbeit. Art. 42 Abs. 6, Art. 46 EUV und das Protokoll Nr. 10 zielen auf eine **Flexibilisierung der GSVP** durch Ermöglichung eines verteidigungspolitischen Kerneuropas.[5] Zugleich soll mit der Einbindung in das institutionelle Gefüge der Union und der Offenheit der Stän-

---

[1] Art. 27b Satz 2 EUV a. F.
[2] Dazu *Cremer*, in: Calliess/Ruffert, EUV/AEUV, Art. 46 EUV, Rn. 2.
[3] Vgl. oben Art. 42 EUV, Rn. 43.
[4] Vgl. statt vieler *Regelsberger/Kugelmann*, in: Streinz, EUV/AEUV, Art. 46 EUV, Rn. 1.
[5] So auch *Kaufmann-Bühler*, in: Grabitz/Hilf/Nettesheim, EU, Art. 46 EUV (März 2011), Rn. 6, der aber von einem »sicherheitspolitischen Kerneuropa« spricht.

digen Strukturierten Zusammenarbeit im Bereich der GSVP eine **Abkoppelung** der an ihr beteiligten Mitgliedstaaten von der Union und von den anderen Mitgliedstaaten verhindert werden. Die militärischen Fähigkeiten der Mitgliedstaaten sind unterschiedlich entwickelt. Zudem stehen die Folgen der Finanz- und Wirtschaftskrise einem stärkeren Engagement im Bereich der Verteidigungsausgaben immer noch entgegen. Daher sollen die Mitgliedstaaten, die willens und fähig sind, die Voraussetzungen zu erfüllen, berechtigt sein, im kleineren Kreis voranzuschreiten. Dies mag dazu führen, dass sich andere Mitgliedstaaten nach und nach anschließen werden. Letztlich ist die Ständige Strukturierte Zusammenarbeit aber der durchaus pragmatischen Einsicht geschuldet, dass die Union nur dann über die erforderliche operative militärische Handlungsfähigkeit verfügen und dringende militärische Operationen durchführen können wird, wenn sie auch im Bereich der GSVP ein **Europa der zwei Geschwindigkeiten** zu akzeptieren bereit ist.

Freilich ist es bislang (Stand: 31. 1. 2016) noch nicht zur Begründung einer Ständigen   **3** Strukturierten Zusammenarbeit gekommen. Die Mitgliedstaaten, die über besondere militärische Fähigkeiten verfügen, haben es vorgezogen, auf zwischenstaatlicher Ebene oder im Rahmen der NATO zusammenzuarbeiten. Dies betrifft vor allem Frankreich und das Vereinigte Königreich. Dass die seit einiger Zeit geforderte Aufgabe der Politik der militärischen Zurückhaltung Deutschlands in ein stärkeres Engagement der Bundeswehr münden wird, ist nicht ausgeschlossen, wird aber wohl nicht zur Begründung einer Ständigen Strukturierten Zusammenarbeit führen. Vielmehr ist zu erwarten, dass sich Deutschland wie bislang lediglich im Einzelfall an militärischen Operationen der Union beteiligen wird.

B. Begründung der Ständigen Strukturierten Zusammenarbeit

Die Ständige Strukturierte Zusammenarbeit ist eine **Sonderform der verstärkten Zu-**   **4** **sammenarbeit** nach Art. 20 EUV.[6] Die Begründung der Ständigen Strukturierten Zusammenarbeit durch Mitgliedstaaten, die zu einem schnelleren Ausbau militärischer Fähigkeiten bereit sind, ist an die Voraussetzungen der Art. 42 Abs. 6 und Art. 46 EUV sowie des Protokolls Nr. 10 geknüpft. Damit gelten einerseits weniger strenge Anforderungen als an die Begründung einer verstärkten Zusammenarbeit (kein »ultima-ratio«-Prinzip, keine Mindestzahl teilnehmender Mitgliedstaaten, keine Einstimmigkeit bei Beschlüssen über die Begründung), andererseits strengere Voraussetzungen, weil bestimmte militärische Fähigkeiten sowie die Bereitschaft zur rüstungspolitischen Kooperation gefordert werden. Die Ständige Strukturierte Zusammenarbeit nach Art. 46 EUV schließt eine verstärkte Zusammenarbeit im militärischen und verteidigungspolitischen nach Art. 20 EUV nicht aus.[7] Dies ist aber wenig wahrscheinlich, müssten sich doch mindestens neun Mitgliedstaaten an ihr beteiligen (Art. 20 Abs. 2 EUV).

I. Teilnahmevoraussetzungen (Abs. 1)

Die Begründung einer Ständigen Strukturierten Zusammenarbeit setzt gemäß Art. 42   **5** Abs. 6 Satz 1 EUV voraus, dass die teilnehmenden Mitgliedstaaten »anspruchsvollere

---

[6] *Kaufmann-Bühler*, in: Grabitz/Hilf/Nettesheim, EU, Art. 46 EUV (März 2011), Rn. 7.
[7] So auch *Cremer*, in: Calliess/Ruffert, EUV/AEUV, Art. 46 EUV, Rn. 2.

Kriterien in Bezug auf die militärischen Fähigkeiten erfüllen und […] im Hinblick auf Missionen mit höchsten Anforderungen untereinander weiter gehende Verpflichtungen eingegangen sind«. Diese Vorgaben werden in den Art. 1 und 2 des Protokoll Nr. 10 präzisiert.[8] Darüber hinaus ergeben sich weitere Voraussetzungen aus Art. 42 Abs. 6 Satz 1 und 3 EUV.

1. Erfüllung der Vorgaben des Protokolls Nr. 10

6   Die von den Mitgliedstaaten zu erfüllenden »**anspruchsvolleren Kriterien**« lassen sich dahin zusammenfassen, dass sie die Vorgaben des 2003 beschlossenen »**Military Headline Goal 2010**«[9] umgesetzt haben müssen. Mithin muss jeder Mitgliedstaat, der sich an einer Ständigen Strukturierten Zusammenarbeit zu beteiligen gedenkt, bis »spätestens 2010 über die Fähigkeit verfügen, entweder als nationales Kontingent oder als Teil von multinationalen Truppenverbänden bewaffnete Einheiten bereitzustellen, die auf die in Aussicht genommenen Missionen ausgerichtet sind, taktisch als **Gefechtsverband** konzipiert sind, über Unterstützung unter anderem für Transport und Logistik verfügen und fähig sind, innerhalb von fünf bis 30 Tagen Missionen nach Artikel 43 des Vertrags über die Europäische Union aufzunehmen, um insbesondere Ersuchen der Organisation der Vereinten Nationen nachzukommen, und diese Missionen für eine Dauer von zunächst 30 Tagen, die bis auf 120 Tage ausgedehnt werden kann, aufrechtzuerhalten.«[10] Darüber hinaus verlangt Art. 1 Buchst. a des Protokolls Nr. 10, dass sich jeder Mitgliedstaat ab dem Zeitpunkt des Inkrafttretens des Vertrags von Lissabon verpflichtet haben muss, »seine Verteidigungsfähigkeiten durch Ausbau seiner nationalen Beiträge und gegebenenfalls durch Beteiligung an multinationalen Streitkräften, an den wichtigsten europäischen Ausrüstungsprogrammen und an der Tätigkeit der Agentur für die Bereiche Entwicklung der Verteidigungsfähigkeiten, Forschung, Beschaffung und Rüstung (Europäische Verteidigungsagentur) intensiver zu entwickeln«.

7   Weitergehende Anforderungen an die an der Ständigen Strukturierten Zusammenarbeit teilnehmenden Mitgliedstaaten ergeben sich aus Art. 2 des Protokolls Nr. 10.[11] Dies sind **Kooperationsverpflichtungen** mit Blick auf (1) die Investitionsausgaben für Verteidigungsgüter, (2) die möglichst weit gehende Angleichung ihres Verteidigungsinstrumentariums, (3) die Stärkung der Verfügbarkeit, Interoperabilität, Flexibilität und Verlegefähigkeit ihrer Streitkräfte, (4) die Schließung von Lücken im Bereich ihrer Verteidigungsfähigkeiten sowie (5) die eventuelle Mitwirkung an der Entwicklung gemeinsamer oder europäischer Programme für wichtige Güter im Rahmen der Europäischen Verteidigungsagentur. Schließlich ist in Art. 3 des Protokolls Nr. 10 vorgesehen, dass die Europäische Verteidigungsagentur die Voraussetzungen nach Art. 1 des Protokolls und die Beiträge nach Art. 2 des Protokolls regelmäßig beurteilt und darüber Bericht erstattet.

---

[8] *Cremer*, in: Calliess/Ruffert, EUV/AEUV, Art. 46 EUV, Rn. 6 f.; *Marquardt/Gaedtke*, in: GSH, Europäisches Unionsrecht, Art. 46, Rn. 5.

[9] https://www.consilium.europa.eu/uedocs/cmsUpload/2010 %20Headline%20Goal.pdf   (3.3. 2016). Die grundsätzliche Festlegung erfolgte auf dem Europäischen Rat von Brüssel am 11./12.12.2003. Die endgültige Festlegung erfolgte im Rat am 17.5.2004 und durch den Europäischen Rat am 17./18.6.2004.

[10] Art. 1 Buchst. a des Protokolls Nr. 10.

[11] Vgl. dazu *von Kielmansegg*, Die Verteidigungspolitik der Europäischen Union, 2005, S. 421 ff.; *Cremer*, in: Calliess/Ruffert, EUV/AEUV, Art. 46 EUV, Rn. 7.

2. Weitere Voraussetzungen

Weder aus Art. 42 Abs. 6 EUV noch aus Art. 46 EUV oder dem Protokoll Nr. 10 ergibt **8**
sich das Erfordernis einer **Mindestzahl von Mitgliedstaaten** als Voraussetzung für die
Begründung einer Ständigen Strukturierten Zusammenarbeit. Dies ist durchaus gewollt, da eine numerische Festlegung der beabsichtigten Entwicklung einer flexiblen
und effektiven Operationsfähigkeit entgegenstehen würde. Daher verbietet sich auch
ein Rückgriff auf die Bestimmung des Art. 20 Abs. 2 EUV über die allgemeine verstärkte
Zusammenarbeit. Wenngleich somit zwei Mitgliedstaaten ausreichen würden, dürften
die Vorgaben des Protokolls Nr. 10 eher eine größere Zahl teilnehmender Mitgliedstaaten erfordern.

Darüber hinaus muss die Ständige Strukturierte Zusammenarbeit gemäß Art. 42 **9**
Abs. 6 Satz 1 EUV »**im Rahmen der Union**« begründet werden, so dass sie allein der
Verfolgung der Ziele des Art. 22 EUV, der vom Europäischen Rat nach Art. 26 Abs. 1
EUV bestimmten Interessen und festgelegten Ziele sowie nach Maßgabe der vom Europäischen Rat beschlossenen allgemeinen Leitlinien durchgeführt werden darf.
Schließlich darf sie nach Art. 42 Abs. 6 Satz 3 EUV nicht Art. 43 EUV berühren. Damit
soll sichergestellt werden, dass es dem Rat vorbehalten bleibt, in jedem Einzelfall über
ein operatives militärisches Vorgehen zu entscheiden und der Eindruck einer gespalte-
nen Union im Bereich des militärischen Krisenmanagements vermieden wird.[12]

II. Ratsbeschluss (Abs. 2)

Die Begründung einer Ständigen Strukturierten Zusammenarbeit erfolgt nach Maßgabe **10**
des Grundsatzes der **Freiwilligkeit**. Wenngleich insbesondere der englische Wortlaut des
Art. 42 Abs. 6 Satz 1 EUV (»shall establish permanent structured cooperation«) auf eine
Rechtspflicht hindeutet, ist die Begründung einer Ständigen Strukturierten Zusammenarbeit freiwillig. Dies folgt bereits aus Art. 46 Abs. 1 EUV (»die […] sich beteiligen
möchten«). Zudem würde eine Rechtspflicht im Widerspruch zu den Grundsätzen des
Art. 42 Abs. 2 UAbs. 2 EUV stehen, wonach die GSVP weder die Stellung der **militärisch neutralen Staaten** noch die Verpflichtungen der Mitgliedstaaten berühren darf, die
ihre gemeinsame Verteidigung in der **NATO** verwirklicht sehen.[13]

Erfüllen Mitgliedstaaten die Voraussetzungen nach Abs. 1, haben sie sich untereinan- **11**
der, d.h. zwischenstaatlich, zu den Kooperationen nach Art. 2 des Protokolls Nr. 10
verpflichtet und sind sie bereit, ihre besonderen Fähigkeiten in den institutionellen
Rahmen der Union einzufügen, so teilen sie diese **Absicht** dem Rat und dem Hohen
Vertreter mit. Diese Mitteilung kann als **Antrag** (Art. 42 Abs. 4 Satz 1 EUV) für den
Erlass eines Ratsbeschlusses gewertet werden, wenn dies aus dem Inhalt der Mitteilung
folgt. Die Mitteilung kann aber auch dem Hohen Vertreter als Grundlage für einen
Beschlussvorschlag dienen.

Gemäß Abs. 2 Satz 1 erlässt der Rat binnen drei Monaten einen Beschluss über die **12**
Begründung der Ständigen Strukturierten Zusammenarbeit. Der deutsche wie auch der
englische (»the Council shall adopt a decision«) Wortlaut scheint für eine Rechtspflicht
des Rates und einen korrespondierenden Anspruch der den Antrag stellenden Mitglied-

---

[12] So auch *Kaufmann-Bühler*, in: Grabitz/Hilf/Nettesheim, EU, Art. 46 EUV (März 2011), Rn. 30;
Cremer, in: Calliess/Ruffert, EUV/AEUV, Art. 46 EUV, Rn. 5.
[13] So auch *Kaufmann-Bühler*, in: Grabitz/Hilf/Nettesheim, EU, Art. 46 EUV (März 2011),
Rn. 16 f.

staaten zu sprechen, sobald die Voraussetzungen nach Abs. 1 erfüllt sind. Dagegen spricht jedoch der vornehmlich politische Charakter der GSVP, so dass der Erlass eines Beschlusses nach Abs. 2 Satz 1 im **Ermessen** des Rates steht.[14] Die **Dreimonatsfrist** dient allein dem Zweck, dass der Rat seine Entscheidung möglichst zügig trifft, zugleich aber hinreichend Zeit hat, die Voraussetzungen zu prüfen, über die Vereinbarkeit mit den Zielen der GSVP zu befinden und sich mit der Position des vor Erlass des Beschlusses anzuhörenden Hohen Vertreters auseinanderzusetzen. Gelangt der Rat zu dem Ergebnis, die Begründung einer Ständigen Strukturierten Zusammenarbeit sei politisch nicht opportun, steht es ihm frei, den Antrag abzulehnen.

13   Der Beschluss über die Begründung der Ständigen Strukturierten Zusammenarbeit erfolgt mit **qualifizierter Mehrheit** (Abs. 2 Satz 2).[15] Diese Abkehr von dem die GSVP beherrschenden Einstimmigkeitsprinzip ist durchaus bemerkenswert. Während eine militärische Operation nach Art. 43 EUV stets einstimmig beschlossen werden muss, obgleich in der Regel von vornherein feststeht, dass sich nur einige Mitgliedstaaten aktiv an der Durchführung beteiligen werden, soll ein Beschluss nach Abs. 2 nicht dieser strengen Voraussetzung unterliegen. Geht es jedoch darum, die operativen militärischen Fähigkeiten der Union zu verbessern, was einen entsprechenden Willen sowie erhebliche Fähigkeiten und Anstrengungen der Mitgliedstaaten voraussetzt, machte es wenig Sinn, die Begründung der Ständigen Strukturierten Zusammenarbeit dem Veto eines einzelnen Mitgliedstaates zu unterwerfen. Will ein einzelner Mitgliedstaat einen Beschluss nach Abs. 2 verhindern, muss er sein **Vetorecht** nach Maßgabe von Art. 31 Abs. 2 UAbs. 2 EUV ausüben, mithin zuvor »wesentliche Gründe der nationalen Politik« nennen.[16]

14   An den **Inhalt** des Ratsbeschlusses über die Begründung einer Ständigen Strukturierten Zusammenarbeit stellt Abs. 2 Satz 1 keine nennenswerten Voraussetzungen, da dies den Zielen des Art. 46 EUV zuwiderlaufen würde und die Mitgliedstaaten davon abhalten könnte, einen entsprechenden Antrag zu stellen. Lehnt der Rat den Antrag nicht ab, so kann er sich darauf beschränken, die beantragte Ständige Strukturierte Zusammenarbeit zu begründen und dem Beschluss eine Liste der daran teilnehmenden Mitgliedstaaten beizufügen. Entsprechend seiner Praxis wird der Rat seinem Beschluss aber Erwägungsgründe voranstellen, in denen er auch die Erfüllung der Teilnahmevoraussetzungen feststellen wird, und die mit der Begründung der Ständigen Strukturierten Zusammenarbeit verfolgten Ziele festlegen. Eine Bestimmung über die Dauer und über weitere Aspekte wird der Rat nur dann in den Beschluss aufnehmen, wenn dies von den teilnehmenden Mitgliedstaaten ausdrücklich gewünscht wird.[17]

---

[14] *Kaufmann-Bühler*, in: Grabitz/Hilf/Nettesheim, EU, Art. 46 EUV (März 2011), Rn. 23.
[15] Vgl. auch *von Kielmansegg* (Fn 11), S. 474.
[16] Vgl. dazu Art. 31 EUV, Rn. 19 ff.
[17] Vgl. dazu auch *Kaufmann-Bühler*, in: Grabitz/Hilf/Nettesheim, EU, Art. 46 EUV (März 2011), Rn. 24.

C. Erweiterung der Ständigen Strukturierten Zusammenarbeit (Abs. 3)

I. Voraussetzungen

Ebenso wie die allgemeine verstärkte Zusammenarbeit muss auch eine einmal begründete Ständige Strukturierte Zusammenarbeit jedem Mitgliedstaat **offen stehen**, der sich an ihr zu beteiligen wünscht (Abs. 3 UAbs. 1). Freilich gelten, wie sich aus UAbs. 2 Satz 1 ergibt, die Voraussetzungen nach Abs. 1 und dem Protokoll Nr. 10 auch für die beitrittswilligen Mitgliedstaaten. Voraussetzung ist daher, dass ein zur Teilnahme bereiter Mitgliedstaat die »**anspruchsvolleren Kriterien**« nach Art. 1 des Protokolls Nr. 10 erfüllt und die nach Art. 2 des Protokolls Nr. 10 **Verpflichtungen** eingegangen ist. Dies gilt auch hinsichtlich der **zeitlichen Vorgaben** des Protokolls Nr. 10. Sind diese Voraussetzungen erfüllt, darf dem beitrittswilligen Mitgliedstaat die Teilnahme **nicht verweigert** werden.[18]

15

II. Ratsbeschluss

Die Aufnahme eines Mitgliedstaates in eine bestehende Ständige Strukturierte Zusammenarbeit setzt nach UAbs. 2 Satz 1 einen Ratsbeschluss voraus, in dem der Rat die Erfüllung der Teilnahmevoraussetzungen bestätigt. Nach Anhörung des Hohen Vertreters fasst der Rat den Beschluss mit **qualifizierter Mehrheit**, wobei die Bestimmung der qualifizierten Mehrheit nach Art. 238 Abs. 3 Buchst. a AEUV erfolgt. **Stimmberechtigt** sind jedoch allein die Mitglieder des Rates, die die an der Ständigen Strukturierten Zusammenarbeit teilnehmenden Mitgliedstaaten vertreten. Damit wird sichergestellt, dass der Kreis der an der an der Ständigen Strukturierten Zusammenarbeit teilnehmenden Mitgliedstaaten nicht gegen den Willen der Mehrheit der Mitgliedstaaten erfolgt, die sie ursprünglich begründet haben.

16

D. Aussetzung und Beendigung der Teilnahme an der Ständigen Strukturierten Zusammenarbeit

Obgleich die Abs. 4 und 5 zwei unterschiedliche Fälle zum Gegenstand haben, ist ihnen gemein, dass auch die Beendigung der Teilnahme eines Mitgliedstaates an einer Ständigen Strukturierten Zusammenarbeit auf dem Grundsatz der **Freiwilligkeit** beruht, so dass ein teilnehmender Mitgliedstaat selbst dann nicht gegen seinen Willen ausgeschlossen werden darf, wenn er die Teilnahmevoraussetzungen nicht mehr erfüllt.

17

I. Aussetzung der Teilnahme eines Mitgliedstaates (Abs. 4)

Erfüllt ein Mitgliedstaat, der auf der Grundlage eines Ratsbeschlusses nach Abs. 2 an einer Ständigen Strukturierten Zusammenarbeit teilnimmt, nicht mehr die Voraussetzungen nach Art. 1 des Protokolls Nr. 10 oder die nach Art. 2 des Protokolls Nr. 10 eingegangenen Verpflichtungen im Bereich der Rüstungskooperation, machte eine weitere Teilnahme dieses Mitgliedstaates wenig Sinn. Aus diesem Grund soll der Rat nach

18

---

[18] *Cremer*, in: Calliess/Ruffert, EUV/AEUV, Art. 46 EUV, Rn. 9.

Abs. 4 berechtigt sein, die Teilnahme dieses Mitgliedstaates **auszusetzen**, nicht aber zu beenden. Daher wird der betreffende Mitgliedstaat nur vorübergehend von der Mitwirkung an der Durchführung der Ständigen Strukturierten Zusammenarbeit ausgeschlossen, bleibt aber weiterhin durch die Vorschriften des Protokolls Nr. 10 verpflichtet. Die Aussetzung erfolgt nach **vorheriger Anhörung** des betreffenden Mitgliedstaates[19] durch Ratsbeschluss mit qualifizierter Mehrheit. Stimmberechtigt sind wiederum allein die an der Ständigen Strukturierten Zusammenarbeit teilnehmenden Mitgliedstaaten, jedoch mit Ausnahme des betroffenen Mitgliedstaates. Naturgemäß ist die Aussetzung zeitlich befristet, so dass der Rat seine Entscheidung in regelmäßigen Abständen **überprüfen** und gegebenenfalls durch erneuten Beschluss bestätigen muss.

II.　Beendigung der Teilnahme eines Mitgliedstaates (Abs. 5)

19　Die Beendigung der Teilnahme eines Mitgliedstaates an der Ständigen Strukturierten Zusammenarbeit nach Abs. 5 erfolgt im **Einvernehmen** zwischen dem Rat und dem austrittswilligen Mitgliedstaat. Nach Abs. 5 ist es ausreichend, dass der Rat zur Kenntnis nimmt, dass die Teilnahme des betreffenden Mitgliedstaates beendet ist. Nicht vollends klar ist, ob die Beendigung der Teilnahme auch dann eintritt, wenn der Rat die Mitteilung des austrittswilligen Mitgliedstaates unbeachtet lässt.[20] Abgesehen von der eher theoretischen Natur dieser Frage, ist zwar ein Einvernehmen erforderlich, so dass eine Willensübereinstimmung zu fordern ist. Allerdings ist es ausreichend, wenn der Rat Gelegenheit hatte, die Mitteilung zur Kenntnis zu nehmen. Eine förmliche Bestätigung ist nicht erforderlich.

III.　Aufhebung der Ständigen Strukturierten Zusammenarbeit

20　Wenngleich Art. 46 EUV keine Vorschriften über die Aufhebung einer Ständigen Strukturierten Zusammenarbeit enthält, so folgt aus dem Zusammenhang mit Abs. 1 und dem darin bestätigten Freiwilligkeitsprinzip, dass sie **einvernehmlich** erfolgt, mithin immer dann, wenn es die teilnehmenden Mitgliedstaaten wünschen. Allerdings ist es anders als im Fall des Abs. 5 nicht ausreichend, dass der Rat diesen Wunsch lediglich zur Kenntnis nimmt. Vielmehr ist für die Aufhebung einer Ständigen Strukturierten Zusammenarbeit ein **Ratsbeschluss** erforderlich.[21]

E.　Beschlussfassung im Rahmen der Ständigen Strukturierten Zusammenarbeit (Abs. 6)

21　Beschlüsse und Empfehlungen des Rates im Rahmen einer begründeten Ständigen Strukturierten Zusammenarbeit werden gemäß Abs. 6 Satz 1 **einstimmig** gefasst. Dabei bezieht sich die Einstimmigkeit allein auf die Stimmen der Vertreter der an der Zusam-

---

[19] So auch *Cremer*, in: Calliess/Ruffert, EUV/AEUV, Art. 46 EUV, Rn. 11, der zutreffend auf »rechtsstaatliche Gründe« verweist.
[20] Dafür *Kaufmann-Bühler*, in: Grabitz/Hilf/Nettesheim, EU, Art. 46 EUV (März 2011), Rn. 27. Demgegenüber geht *Cremer*, in: Calliess/Ruffert, EUV/AEUV, Art. 46 EUV, Rn. 12, davon aus, die Teilnahme ende »spätestens […] mit einer förmlichen Zur-Kenntnisnahme durch den Rat«.
[21] So auch *Kaufmann-Bühler*, in: Grabitz/Hilf/Nettesheim, EU, Art. 46 EUV (März 2011), Rn. 27, der den Aufhebungsbeschluss zutreffend als actus contrarius des Begründungsbeschlusses bezeichnet.

menarbeit teilnehmenden Mitgliedstaaten. Mit dieser Vorschrift wird nicht notwendig allein das die GSVP beherrschende Einstimmigkeitsprinzip bestätigt. Vielmehr wird auch dem Umstand Rechnung getragen, dass die Begründung der Ständigen Strukturierten Zusammenarbeit einen Konsens aller teilnehmenden Mitgliedstaaten zwingend voraussetzt und sie untereinander weitreichende Verpflichtungen übernommen haben. Eine effektive Durchführung der Ständigen Strukturierten Zusammenarbeit ist ohne **vollständige Einigkeit** der teilnehmenden Mitgliedstaaten schwerlich denkbar.

Titel VI
Schlussbestimmungen

Artikel 47 EUV [Rechtspersönlichkeit der Union]

Die Union besitzt Rechtspersönlichkeit.

Literaturübersicht

Bernhardt, Die Europäische Gemeinschaft als neuer Rechtsträger im Geflecht der traditionellen zwischenstaatlichen Beziehungen, EuR 1983, 199; *Bezemek*, 19 Jahre, und nichts für die Unsterblichkeit getan – Anmerkungen zum Verhältnis von Art. 53 EMRK und Art. 53 GRC anlässlich des Gutachtens 2/13 des EuGH, ZfRV 2015, 52; *v. Bogdandy/Bast*, Die vertikale Kompetenzordnung der Europäischen Union, EuGRZ 2001, 441; *v. Bogdandy/Nettesheim*, Die Verschmelzung der Europäischen Gemeinschaften in der Europäischen Union, NJW 1995, 2324; *Borchardt*, Die rechtlichen Grundlagen der Europäischen Union, 4. Aufl., 2010; *Bothe*, Die Stellung der Europäischen Gemeinschaften im Völkerrecht, ZaöRV 1977, 122; *Busse*, Die völkerrechtliche Einordnung der Europäischen Union, 1999; *Calliess*, Die neue Europäische Union nach dem Vertrag von Lissabon – Ein Überblick über die Reformen unter Berücksichtigung ihrer Implikationen für das deutsche Recht, 2010; *Craig*, The Lisbon Treaty, Law, Politics and Treaty Reform, 2010; *Dörr*, Zur Rechtsnatur der Europäischen Union, EuR 1995, 334; *Epiney*, Zur Stellung des Völkerrechts in der EU, EuZW 1999, 5; *Erlbacher*, Rechtspersönlichkeit und Rechtsnachfolge, in: Hummer/Obwexer (Hrsg.), Der Vertrag von Lissabon, 2009, S. 123; *Geiger*, Außenbeziehungen der Europäischen Wirtschaftsgemeinschaft und auswärtige Gewalt der Mitgliedstaaten, ZaöRV 1977, 640; *Gilsdorf*, Die Außenkompetenzen der EG im Wandel – Eine kritische Auseinandersetzung mit Praxis und Rechtsprechung, EuR 1996, 145; *Graf Vitzthum*, Völkerrecht, 6. Aufl., 2013; *Hartwig*, Die Haftung der Mitgliedstaaten für Internationale Organisationen, 1993; *Hoffmeister*, Die Bindung der Europäischen Gemeinschaft an das Völkergewohnheitsrecht der Verträge, EWS 1998, 365; *Ipsen*, Völkerrecht, 6. Aufl., 2014; *Jacqué*, Pride and/or Prejudice? – Les Lectures Possibles de l'Avis 2/13 de la Cour de Justice, CDE 2015, 19; *Karalus*, Die diplomatische Vertretung der Europäischen Union, 2009; *Klein/Pechstein*, Das Vertragsrecht internationaler Organisationen, 1985; *Lambrecht*, The Sting is in the Tail: CJEU opinion 2/13 objects to draft agreement on accession of the EU to the European Convention on Human Rights, EHRLR 2015, 185; *Lecheler*, Die Pflege der auswärtigen Beziehungen in der Europäischen Union, AVR 32 (1994), 1; *Manin*, The European Communites and the Vienna Convention on the Law of Treaties between States and International Organizations or between International Organizations, CMLRev. 24 (1987), 457; *Meng*, Internationale Organisationen im völkerrechtlichen Deliktsrecht, ZaöRV 1985, 324; *Mosler*, Die Erweiterung des Kreises der Völkerrechtssubjekte, ZaöRV 1962, 1; *Nicolaysen*, Zur Theorie von den implied powers in den Europäischen Gemeinschaften, EuR 1966, 129; *Nöll*, Die Völkerrechtssubjektivität der Europäischen Gemeinschaften und deren Bindung an das allgemeine Völkerrecht, 1986; *Nowak*, Multilaterale und bilaterale Elemente der EU-Assoziations-, Partnerschafts- und Nachbarschaftspolitik, EuR 2010, 746; *Nowak/Masuhr*, »EU only«: Die ausschließlichen impliziten Außenkompetenzen der Europäischen Union, EuR 2015, 189; *Pechstein*, Rechtssubjektivität für die Europäische Union?, EuR 1996, 137; *Pernice*, Völkerrechtliche Verträge internationaler Organisationen, ZaöRV 1988, 229; *ders.*, L'adhesion de l'Union européenne à la convention européenne des droits de l'homme est suspendue – Remarques à propos d'un avis surprenant de la Cour de justice de l'Union européenne du 18 décembre 2014, CDE 2015, 47; *Ruffert*, Personality under EU Law: A Conceptual Answer towards the Pluralisation of the EU, ELJ 20 (2014), 346; *Ruffert/Walter*, Institutionalisiertes Völkerrecht, 2009; *Sattler*, Gemischte Abkommen und gemischte Mitgliedschaften der EG und ihrer Mitgliedstaaten, 2007; *Schwarze*, Das allgemeine Völkerrecht in den innergemeinschaftlichen Rechtsbeziehungen, EuR 1983, 1; *Steinbach*, Kompetenzkonflikte bei der Änderung gemischter Abkommen durch die EG und ihre Mitgliedstaaten – Konsequenz aus der parallelen Mitgliedschaft in internationalen Organisationen, EuZW 2007, 109; *Storost*, Diplomatischer Schutz durch EG und EU?, 2005; *Terhechte*, Der Vertrag von Lissabon: Grundlegende Verfassungsurkunde der europäischen Rechtsgemeinschaft oder technischer Änderungsvertrag?, EuR 2008, 143; *Thiele*, Der vorerst gescheiterte Beitritt der EU zur EMRK – Zum Gutachten 2/13 des EUGH vom 18.12.2014, fireu-Newsletter

Nr. 22, 1/2015, 1; *Thürer/Marro*, The Union's Legal Personality: Ideas and Questions Lying Behind the Concept, in: Blanke/Mangiameli (Hrsg.), The European Union after Lisbon – Constitutional Basis, Economic Order and External Action, 2012, S. 47; *Thym*, Die völkerrechtlichen Verträge der Europäischen Union, ZaöRV 2006, 863; *Tomuschat*, die Europäische Union und ihre völkerrechtliche Bindung, EuGRZ 2007, 1; *ders.*, Der Streit um die Auslegungshoheit: Die Autonomie der EU als Heiliger Gral – das EuGH-Gutachten gegen den Beitritt der EU zur EMRK, EuGRZ 2015, 133; *Trüe*, Rechtspersönlichkeit der Europäischen Union nach den Vertragsänderungen von Amsterdam: Wer handelt in GASP und PJZS, ZEuS 2000, 127; *Verdross/Simma*, Universelles Völkerrecht: Theorie und Praxis, 1984; *Wendel*, Der EMRK-Beitritt als Unionsrechtsverstoß – Zur völkerrechtlichen Öffnung der EU und ihren Grenzen, NJW 2015, 921; *Winkler*, Art. 308 im Kompetenzgefüge des EGV, JA 2008, 572.

Leitentscheidungen

EuGH, Urt. vom 31.3.1971, Rs. 22/70 (Kommission/Rat), Slg. 1971, 263
EuGH, Urt. vom 14.7.1976, Rs. 3, 4 und 6/76 (Kramer), Slg. 1976, 1279
EuGH, Gutachten 1/76 vom 26.4.1977 (Stilllegungsfonds), Slg. 1977, 741
EuGH, Gutachten 2/91 vom 19.3.1993 (IAO-Übereinkommen), Slg. 1993, I–1061
EuGH, Urt. vom 9.8.1994, Rs. C–327/91 (Frankreich/Kommission), Slg. 1994, I–3641
EuGH, Gutachten 1/94 vom 15.11.1994 (WTO), Slg. 1994, I–5267
EuGH, Urt. vom 19.3.1996, Rs. C–25/94 (Kommission/Rat), Slg. 1996, I–1469
EuGH, Gutachten 2/94 vom 28.3.1996 (EMRK-Beitritt I), Slg. 1996, I–1759
EuGH, Urt. vom 14.12.2000, verb. Rs. C–300/98 und C–392/98 (Dior), Slg. 2000, I–11307
EuGH, Gutachten 2/00 vom 6.12.2001 (Cartagena-Protokoll), Slg. 2001, I–9713
EuGH, Urt. vom 5.11.2002, Rs. C–476/98 (Kommission/Deutschland), Slg. 2002, I–9855
EuGH, Gutachten 1/03 vom 7.2.2006 (Übereinkommen von Lugano), Slg. 2006, I–1145
EuGH, Gutachten 1/08 vom 30.11.2009 (GATS), Slg. 2009, I–11129
EuGH, Urt. vom 4.9.2014, Rs. C–114/12 (Kommission/Rat), EuZW 2014, 859
EuGH, Gutachten 1/13 v. 14.10.2014 (Abkommen zur Kindesentführung), ECLI:EU:C:2014:2303
EuGH, Gutachten 2/13 v. 18.12.2014 (EMRK-Beitritt II), ECLI:EU:C:2014:2454

Inhaltsübersicht

A. Überblick

Mit Art. 47 EUV hat die **Rechtspersönlichkeit der Europäischen Union** erstmals Ausdruck in einer primärrechtlichen Regelung des Unionsrechts gefunden. Dies erklärt sich vor dem Hintergrund, dass die Europäische Union durch den Lissabonner Reformvertrag (s. Art. 1 EUV, Rn. 33 ff.) zur Rechtsnachfolgerin der damaligen Europäischen Gemeinschaft bestimmt worden ist (s. Art. 1 EUV, Rn. 65 f.), die nach ex-Art. 281 EGV und dessen Vorgängerbestimmungen von Anfang an Rechtspersönlichkeit besaß.[1] Der aus lediglich einem kurzen Satz bestehende Art. 47 EUV besagt schlicht und einfach, dass die Union Rechtspersönlichkeit besitzt. Hinfällig geworden ist damit zunächst einmal der klassische Streit über die seit jeher umstrittene Frage, ob die Europäische Union trotz des Fehlens einer entsprechenden Regelung im damaligen EU-Vertrag i.d.F. von Nizza schon vor dem Inkrafttreten des Lissabonner Reformvertrags über eine eigenständige Rechtspersönlichkeit bzw. völkerrechtliche Rechtsfähigkeit verfügt hat oder nicht.[2] Die in Art. 47 EUV angesprochene Rechtspersönlichkeit der Europäischen Union ist in erster Linie im Sinne ihrer Völkerrechtspersönlichkeit bzw. Völkerrechtssubjektivität zu deuten (B.), die im Hinblick auf ihre Reichweite (C.) sowie im Hinblick auf ihre verschiedenen Ausprägungen, Elemente und Folgen (D.) näher zu konturieren ist.

B. Rechtspersönlichkeit im Sinne des Art. 47 EUV als Völkerrechtspersönlichkeit bzw. Völkerrechtssubjektivität der Europäischen Union

2   Die in Art. 47 EUV angesprochene Rechtspersönlichkeit bezieht sich ausschließlich oder jedenfalls größtenteils auf die Völkerrechtspersönlichkeit bzw. die Völkerrechtssubjektivität der EU.[3] Dies ergibt sich vor allem aus einem systematischen Vergleich mit Art. 335 AEUV, der seinerseits die Rechts- und Geschäftsfähigkeit der Union in ihren Mitgliedstaaten zum Gegenstand hat. Mit Art. 47 EUV haben die Mitgliedstaaten der Union somit in erster Linie Völkerrechtssubjektivität verliehen. Da die Europäische Union aus völkerrechtlicher Sicht kein Staat ist,[4] stellt sie nach völkerrechtlichen Grundsätzen kein originäres Völkerrechtssubjekt dar.[5] Während Staaten als »geborene« Völkerrechtssubjekte bezeichnet werden können,[6] erlangen internationale Organisationen ihre Völkerrechtssubjektivität bzw. Völkerrechtspersönlichkeit allein nach dem Willen ihrer jeweiligen Mitgliedstaaten.[7] Dieser Wille wird in Art. 47 EUV explizit zum Ausdruck gebracht, soweit es um die **Völkerrechtspersönlichkeit der Europäischen Union**

---

[1] Instruktiv dazu vgl. statt vieler *Thürer/Marro*, S. 47 ff.

[2] Ausführlicher zu diesem klassischen und nunmehr weitgehend obsoleten Meinungsstreit vgl. *v. Bogdandy/Nettesheim*, NJW 1995, 2324 (2327); *Busse*, Die völkerrechtliche Einordnung der Europäischen Union, 1999, 37 ff.; *Dörr*, EuR 1995, 334 (337 ff.); *Dörr*, in: Grabitz/Hilf/Nettesheim, EU, Art. 47 EUV (Mai 2011), Rn. 3; *Erlbacher*, S. 123 (124 ff.); *Pechstein*, EuR 1996, 137 ff.; *Thym*, ZaöRV 2006, 863 (865 ff.); *Trüe*, ZEuS 2000, 127 (136 ff.).

[3] Vgl. auch *Booß*, in: Lenz/Borchardt, EU-Verträge, Art. 47 EUV, Rn. 2 f.; *Calliess*, S. 82 f.; *Erlbacher*, S. 123 (126 ff.); *Dörr*, in: Grabitz/Hilf/Nettesheim, EU, Art. 47 EUV (Mai 2011), Rn. 23; *Geiger*, in: Geiger/Khan/Kotzur, EUV/AEUV, Art. 47 EUV, Rn. 1; *Heintschel von Heinegg*, in: Vedder/Heintschel v. Heinegg, Europäisches Unionsrecht, Art. 47 EUV, Rn. 3; *Kokott*, in: Streinz, EUV/AEUV, Art. 47 EUV, Rn. 1; *Lecheler*, AVR 32 (1994), 1 (7); *Meng*, in: GSH, Europäisches Unionsrecht, Art. 47 EUV, Rn. 2; *Nowak*, Europarecht, S. 88 ff.; *Terhechte*, in: Schwarze, EU-Kommentar, Art. 47 EUV, Rn. 2.

[4] In diesem vollkommen unstr. Sinne vgl. etwa auch EuGH, Gutachten 2/13 v. 18.12.2014 (EMRK-Beitritt II), ECLI:EU:C:2014:2454, Rn. 156.

[5] Vgl. *Epping*, Der Staat als die Normalperson des Völkerrechts, in: Ipsen, Völkerrecht, § 5, Rn. 7; *Mosler*, ZaöRV 1962, 1 (23).

[6] Vgl. *Epping* (Fn. 5), § 5, Rn. 7; *Pernice*, ZaöRV 1988, 229 (230); *Verdross/Simma*, § 376.

[7] Vgl. *Epping* (Fn. 5), § 5, Rn. 6, 63; *Klein/Schmahl*, Die Internationalen und die Supranationalen Organisationen, in: Graf Vitzthum, Völkerrecht, S. 275; *Pernice*, ZaöRV 1988, 229 (230 f.); *Ruffert/Walter*, Rn. 152.

als Verband geht; den Unionsorganen (s. Art. 13 EUV, Rn. 7 ff.) wird durch diese Bestimmung nämlich keine Rechtspersönlichkeit verliehen.[8]

Die Völkerrechtspersönlichkeit bzw. Völkerrechtssubjektivität beschreibt die Fähig- **3**
keit, Träger völkerrechtlicher Rechte und Pflichten zu sein.[9] In diesem Kontext ist die **EU als ein funktional beschränktes Völkerrechtssubjekt** einzuordnen.[10] Dies bedeutet, dass die Europäische Union in ihrer Völkerrechtspersönlichkeit auf die ihr nach dem Primärrecht eingeräumten Befugnisse und Aufgaben beschränkt ist,[11] wobei zum einen dem in Art. 5 Abs. 1 und 2 EUV niedergelegten Grundsatz der begrenzten Einzelermächtigung Bedeutung zukommt, wonach die Union nur in den Grenzen der vertraglich festgelegten Zuständigkeiten tätig werden darf. Zum anderen ist in diesem Kontext auf die 24. Erklärung zur Rechtspersönlichkeit der Europäischen Union[12] hinzuweisen, wo es heißt: »Die Konferenz bestätigt, dass der Umstand, dass die Europäische Union Rechtspersönlichkeit hat, die Union keinesfalls ermächtigt, über die ihr von den Mitgliedstaaten in den Verträgen übertragenen Zuständigkeiten hinaus gesetzgeberisch tätig zu sein oder über diese Zuständigkeiten hinaus zu handeln«.

Darüber hinaus ist die **Europäische Union als ein partikulares Völkerrechtssubjekt** **4**
einzustufen, das auf der Grundlage des Unionsrechts zunächst einmal nur gegenüber den Mitgliedstaaten wirksam ist.[13] Dies gründet auf der Tatsache, dass der völkerrechtliche Vertrag, mit dem die Mitgliedstaaten der Union eben jene Völkerrechtspersönlichkeit verliehen haben, gegenüber Dritten keine Rechtswirkungen entfalten kann.[14] Insoweit ist die Union hinsichtlich ihrer Völkerrechtssubjektivität im Verhältnis zu Drittstaaten und internationalen Organisationen auf deren ausdrückliche oder implizite Anerkennung durch Letztere angewiesen.[15] Diesbezüglich kann aber mittlerweile von einer nahezu **universellen Völkerrechtspersönlichkeit der Europäischen Union** ausgegangen werden,[16] da mittlerweile die große Mehrheit der Staaten diese Union im Wege der Aufnahme vertraglicher Beziehungen oder auf andere Weise[17] als internationale Organisation und Völkerrechtssubjekt anerkannt hat.[18]

---

[8] So auch vgl. statt vieler *Booß*, in: Lenz/Borchardt, EU-Verträge, Art. 47 EUV, Rn. 3; *Dörr*, in: Grabitz/Hilf/Nettesheim, EU, Art. 47 EUV (Mai 2011), Rn. 23; sowie unter Bezugnahme auf ex-Art. 281 EGV EuGH, Urt. v. 9. 8. 1994, Rs. C–327/91 (Frankreich/Kommission), Slg. 1994, I–3641, Rn. 24.

[9] Vgl. nur *Dörr*, in: Grabitz/Hilf/Nettesheim, EU, Art. 47 EUV (Mai 2011), Rn. 4; *Meng*, in: GSH, Europäisches Unionsrecht, Art. 47 EUV, Rn. 3; *Ruffert/Walter*, Rn. 150; sowie *Epping*, Völkerrechtssubjekte, Grundlagen, in: Ipsen, Völkerrecht, 2014, § 4, Rn. 6 f.; *Verdross/Simma*, § 375.

[10] Vgl. dazu auch *Dörr*, in: Grabitz/Hilf/Nettesheim, EU, Art. 47 EUV (Mai 2011), Rn. 24; *Epping* (Fn. 9), § 4, Rn. 6; *Kokott*, in: Streinz, EUV/AEUV, Art. 47 EUV, Rn. 7 f.

[11] Vgl. *Dörr*, in: Grabitz/Hilf/Nettesheim, EU, Art. 47 EUV (Mai 2011), Rn. 24; *Heintschel v. Heinegg*, in: Vedder/Heintschel v. Heinegg, Europäisches Unionsrecht, Art. 47 EUV, Rn. 3; näher zum Ganzen vgl. auch *Ruffert*, ELJ 20 (2014), 346 ff.

[12] ABl. 2012, C 326/348.

[13] Vgl. *Terhechte*, in: Schwarze, EU-Kommentar, Art. 47 EUV, Rn. 7.

[14] Vgl. *Heintschel v. Heinegg*, in: Vedder/Heintschel v. Heinegg, Europäisches Unionsrecht, Art. 47 EUV, Rn. 4; *Nöll*, S. 146; sowie Art. 34 WVK.

[15] Vgl. *Ruffert/Walter*, Rn. 174; *Terhechte*, in: Schwarze, EU-Kommentar, Art. 47 EUV, Rn. 7.

[16] In diesem Sinne vgl. auch *Kokott*, in: Streinz, EUV/AEUV, Art. 47 EUV, Rn. 6.

[17] Näher dazu vgl. etwa *Manin*, CMLRev. 24 (1987), 457 (479); *Meng*, ZaöRV 1985, 324 (328); sowie den Report by the High Representative to the European Parliament, the Council and the Commission, 22. 12. 2011, S. 2.

[18] Vgl. *Kokott*, in: Streinz, EUV/AEUV, Art. 47 EUV, Rn. 6; *Terhechte*, in: Schwarze, EU-Kommentar, Art. 47 EUV, Rn. 7.

C.   Reichweite der Völkerrechtspersönlichkeit der Union

5   Aufgrund des in Art. 5 Abs. 1 und 2 EUV niedergelegten Grundsatzes der begrenzten Einzelermächtigung (s. Rn. 3) bestimmt sich der Umfang der durch Art. 47 EUV verliehenen Völkerrechtspersönlichkeit vorrangig nach den der Union im EU-Vertrag und im Vertrag über die Arbeitsweise der EU zugewiesenen Kompetenzen.[19] Insofern stellt **Art. 47 EUV** im Gegensatz etwa zu Art. 8 Abs. 2 EUV (nachbarschaftliche Übereinkünfte), Art. 37 EUV (Übereinkünfte im Rahmen der GASP), Art. 191 Abs. 4 AEUV (umweltrechtliche Übereinkünfte) oder Art. 207 AEUV (Übereinkünfte im Rahmen der Gemeinsamen Handelspolitik) **keine Kompetenznorm** dar.[20]

6   Abgesehen von den vorgenannten Kompetenzen kann die Union gemäß Art. 216 Abs. 1 AEUV im Übrigen auch dann völkerrechtliche Übereinkünfte schließen, wenn dies in den Verträgen vorgesehen ist oder wenn der Abschluss einer Übereinkunft im Rahmen der Politik der Union entweder zur Verwirklichung eines der in den Verträgen festgesetzten Ziele erforderlich oder in einem verbindlichen Rechtsakt der Union vorgesehen ist oder aber gemeinsame Vorschriften beeinträchtigen oder deren Anwendungsbereich ändern könnte. In diesem Fall fällt die Übereinkunft nach Art. 3 Abs. 2 AEUV regelmäßig in die ausschließliche Zuständigkeit der Union.[21] Durch diese Regelungen wurde die seit dem vieldiskutierten Urteil in der Rechtssache AETR[22] entwickelte **EuGH-Rechtsprechung zu den impliziten Außenkompetenzen** kodifiziert; die bisherige Rechtsprechung des Unionsrichters zu diesen Kompetenzen hat damit nach wie vor Relevanz für die Auslegung des Art. 216 Abs. 1 AEUV und des Art. 3 Abs. 2 AEUV.[23] Diese nunmehr geschriebenen impliziten Kompetenzen können jedoch nicht uneingeschränkt mit den Kompetenzen im Sinne der völkerrechtlichen »implied powers«-Lehre[24] gleichgesetzt werden. Nach dieser Lehre werden nicht nur Rechte bzw. Kompetenzen aus den Gründungsverträgen hergeleitet, sondern auch weitere Rechte, die für die internationale Organisation erforderlich sind, um ihre Aufgaben zweckgemäß erfüllen zu können.[25] Somit sind diese impliziten Kompetenzen ein Bestandteil ausdrücklich übertragener Befugnisse und daher auch in den Verträgen vorgesehen.[26] Das *Kra-*

---

[19] Vgl. *Erlbacher*, S. 123 (128); *Meng*, in: GSH, Europäisches Unionsrecht, Art. 47 EUV, Rn. 5; vgl. auch EuGH, Gutachten 2/94 v. 28.3.1996 (Beitritt zur EMRK), Slg. 1996, I–1759, Rn. 23; Gutachten 1/03 v. 7.2.2006 (Übereinkommen von Lugano), Slg. 2006, I–1145, Rn. 124.

[20] Vgl. dazu auch *Dörr*, in: Grabitz/Hilf/Nettesheim, EU, Art. 47 EUV (Mai 2011), Rn. 24; *Ruffert*, in: Calliess/Ruffert, EUV/AEUV, Art. 47 EUV, Rn. 7; *Terhechte*, EuR 2008, 143 (147); sowie die Erklärung Nr. 24 zur Rechtspersönlichkeit der Europäischen Union, ABl. 2012, C 326/348.

[21] Kritisch hierzu vgl. etwa *Craig*, S. 379 ff.; *Dörr*, in: Grabitz/Hilf/Nettesheim, EU, Art. 47 EUV (Mai 2011), Rn. 45.

[22] EuGH, Urt. v. 31.3.1971, Rs. 22/70 (Kommission/Rat), Slg. 1971, S. 263 ff.

[23] Vgl. EuGH, Urt. v. 4.9.2014, Rs. C–114/12 (Kommission/Rat), EuZW 2014, 859 (860), Rn. 66 f.; Gutachten 1/13 v. 14.10.2014 (Abkommen zur Kindesentführung), ECLI:EU:C:2014:2303, Rn. 69 ff.; *Nowak/Masuhr*, EuR 2015, 189 ff.; *Kokott*, in: Streinz, EUV/AEUV, Art. 47 EUV, Rn. 7; *Meng*, in: GSH, Europäisches Unionsrecht, Art. 47 EUV, Rn. 5.

[24] Vgl. dazu insbesondere ICJ, Effect of Awards of Compensation Made by the United Nations Administrative Tribunal, ICJ Rep. 1954, 47 (58).

[25] Vgl. dazu *Epping*, Internationale Organisationen, in: Ipsen, Völkerrecht, 2014, § 6, Rn. 67; *Nicolaysen*, EuR 1966, 129 (132); *Winkler*, JA 2008, 572 (574); sowie ICJ, Reparation for Injuries Suffered in the Service of the United Nations, ICJ Rep. 1949, 174 (182): »Under international law, the Organization must be deemed to have those powers which, though not expressly provided in the Charter, are conferred upon it by necessary implication as being essential to the performance of its duties«.

[26] *Borchardt*, Die rechtlichen Grundlagen der Europäischen Union, 2010, Rn. 485; *Geiger*, ZaöRV

mer-Urteil des Gerichtshofs[27] und sein Gutachten 1/76 zu den so genannten Stilllegungs-fonds[28] wiesen zwar zunächst in die Richtung, dass eine Vertragsschlusskompetenz der damaligen EWG bereits dann bestehen könnte, wenn der Abschluss eines internatio-nalen Abkommens zur Zielerreichung erforderlich ist.[29] Der EuGH hat jedoch seit sei-nem WTO-Gutachten 1/94 wiederholt klargestellt, dass diese Zuständigkeit nur gege-ben ist, wenn die intern zugewiesene Kompetenz »wirksam nur zugleich mit der Au-ßenkompetenz ausgeübt werden kann« bzw. wenn sich die Ziele der Verträge gerade nur durch den Abschluss der völkerrechtlichen Vereinbarung erreichen lassen.[30] Bei den nun in Art. 216 Abs. 1 AEUV kodifizierten Außenkompetenzen handelt es sich somit gerade nicht um »implied powers« im völkerrechtlichen Sinn, weil allein der Umstand, dass eine Übereinkunft zur zweckgemäßen Aufgabenerfüllung erforderlich ist, keine Kompetenz begründen kann.

Sollte die EU einmal außerhalb der ihr zugewiesenen Kompetenzen völkerrechtlich   7
tätig werden und somit ein sogenanntes **ultra vires-Handeln** festzustellen sein, das ei-gentlich nicht zu erwarten ist,[31] so würde dies nicht die völkerrechtliche Bindung be-einflussen, die sie eingegangen ist.[32] Dies beruht darauf, dass es dem jeweiligen Vertrags-partner nicht zuzumuten ist, das komplexe Kompetenzverteilungssystem der Europäi-schen Union zu durchschauen, und dass der Vertrauensschutz des Vertragspartners insoweit überwiegt.[33] Etwas anderes gilt nur, wenn die Kompetenzüberschreitung of-fensichtlich bzw. offenkundig und die Zuständigkeitsnorm von grundlegender Bedeu-tung ist.[34]

D. Ausprägungen, Elemente und Folgen der Völkerrechtspersönlichkeit der Union

Aus der durch Art. 47 EUV verliehenen Völkerrechtspersönlichkeit ergeben sich für die   8
Europäische Union, deren völkerrechtliche Vertretung vorab zu skizzieren ist (I.), ver-schiedene Befugnisse und Folgen, wobei zwischen der Vertragsschlusskompetenz der

---

1977, 640 (650); *Gilsdorf*, EuR 1996, 145 (147 ff.); *Nicolaysen*, EuR 1966, 129 (132); *Schröder*, in: GSH, Europäisches Unionsrecht, Art. 352 AEUV, Rn. 19; *Streinz*, in: Streinz, EUV/AEUV, Art. 352 AEUV, Rn. 9; *Winkler*, in: Grabitz/Hilf/Nettesheim, EU, Art. 352 AEUV (Oktober 2011), Rn. 79.

[27] EuGH, Urt. v. 14.7.1976, Rs. 3/76, 4/76 u. 6/76 (Kramer), Slg. 1976, 1279 ff.

[28] EuGH, Gutachten 1/76 v. 26.4.1977 (Stilllegungsfonds), Slg. 1977, 741 ff.

[29] EuGH, Urt. v. 14.7.1976, Rs. 3/76, 4/76 u. 6/76 (Kramer), Slg. 1976, 1279, Rn. 19/20; Gutach-ten 1/76 v. 26.4.1977 (Stilllegungsfonds), Slg. 1977, 741, Rn. 3 f.

[30] Vgl. EuGH, Gutachten 1/94 v. 15.11.1994 (WTO), Slg. 1994, I–5267, Rn. 85 f.; dies präzisie-rend und bestätigend vgl. Urt. v. 5.11.2002, Rs. C–476/98 (Kommission/Deutschland), Slg. 2002, I–9855, Rn. 83; näher dazu vgl. *Nowak/Masuhr*, EuR 2015, 189, 192 f.

[31] Zutr. *Kokott*, in: Streinz, EUV/AEUV, Art. 47 EUV, Rn. 8.

[32] Vgl. *Meng*, in: GSH, Europäisches Unionsrecht, Art. 47 EUV, Rn. 7; sowie Art. 46 Abs. 2 des Wiener Übereinkommens über das Recht der Verträge zwischen Staaten und internationalen Orga-nisationen oder zwischen internationalen Organisationen v. 21.3.1986 (nachfolgend: WVKIO), BGBl. 1990 II S. 1414.

[33] Vgl. *Bothe*, ZaöRV 1977, 122 (136); *Klein/Pechstein*, Das Vertragsrecht internationaler Orga-nisationen, 1985, S. 26; *Klein/Schmahl* (Fn. 7), S. 318 f.; *Meng*, in: GSH, Europäisches Unionsrecht, Art. 47 EUV, Rn. 7; sowie EuGH, Urt. v. 9.8.1994, Rs. C–327/91 (Frankreich/Kommission), Slg. 1994, I–3641, Rn. 23 ff.

[34] Vgl. *Bernhardt*, EuR 1983, 199 (206); *Booß*, in: Lenz/Borchardt, EU-Verträge, Art. 47 EUV, Rn. 6; *Kokott*, in: Streinz, EUV/AEUV, Art. 47 EUV, Rn. 8; sowie Art. 46 Abs. 2 WVKIO.

Union (II.), ihrer aktiven und passiven Deliktsfähigkeit (III.), dem Gesandtschaftsrecht und dem diplomatischen Schutz (IV.) sowie bestimmten Privilegien und Immunitäten (V.) zu unterscheiden ist.

I. Völkerrechtliche Vertretung der Union

9   Um völkerrechtlich handlungsfähig zu sein, benötigt die EU – ebenso wie Staaten – vertretungsbefugte Organe oder Stellen. In den Verträgen findet sich allerdings keine generelle Regelung über die Außenvertretung der EU. Vielmehr verteilen sich die Vertretungsbefugnisse über die Verträge.[35] So richtet sich beispielsweise die völkerrechtliche **Vertretung im Bereich der Aushandlung und des Abschlusses völkerrechtlicher Verträge** nach Art. 207 AEUV und Art. 218 AEUV. Die Vertretung der Union bei Abkommen, welche die Gemeinsame Handelspolitik betreffen, obliegt gemäß Art. 207 Abs. 3 und 4 AEUV der Kommission für die Aushandlung und dem Rat für den Abschluss des Abkommens. Für alle anderen völkerrechtlichen Übereinkünfte sieht Art. 218 AEUV vor, dass die Kommission als Verhandlungsführerin fungiert, sofern das Abkommen nicht in den Bereich der GASP fällt, in dem der Hohe Vertreter für Außen- und Sicherheitspolitik nach Art. 218 Abs. 3 AEUV als Verhandlungsführer in Erscheinung tritt. Der Rat erlässt hingegen gemäß Art. 218 Abs. 2, 5 und 6 AEUV den jeweiligen Beschluss zum Abschluss der Übereinkunft. Für die **Außenvertretung der EU im Rahmen der Gemeinsamen Außen- und Sicherheitspolitik** (GASP) ist indes nach Art. 27 Abs. 2 Satz 1 EUV der Hohe Vertreter für Außen- und Sicherheitspolitik zuständig. Zusätzlich und unbeschadet der Befugnisse des Hohen Vertreters für Außen- und Sicherheitspolitik nimmt gemäß Art. 15 Abs. 6 UAbs. 2 EUV der Präsident des Europäischen Rates auf seiner Ebene und in seiner Eigenschaft die Außenvertretung der Union in Angelegenheiten der GASP wahr. Im Übrigen bestimmt Art. 17 Abs. 1 Satz 6 EUV, dass außerhalb der GASP und den übrigen in den Verträgen vorgesehenen Fällen die Kommission die Vertretung der Union nach außen wahrnimmt.

10   Der Hohe Vertreter für Außen- und Sicherheitspolitik (s. Rn. 9) ist nach Art. 220 Abs. 2 AEUV auch für die **Pflege der Beziehungen zu anderen internationalen Organisationen** zuständig, da ihm und der Kommission nach der vorgenannten Bestimmung die Durchführung des Art. 220 AEUV obliegt, wonach die Union jede zweckdienliche Zusammenarbeit mit den Organen der Vereinten Nationen und ihrer Sonderorganisationen, dem Europarat, der Organisation für Sicherheit und Zusammenarbeit in Europa und der Organisation für wirtschaftliche Zusammenarbeit und Entwicklung betreibt und – soweit zweckdienlich – Beziehungen zu anderen internationalen Organisationen unterhält. Dies umfasst jedoch nicht den Abschluss völkerrechtlicher Abkommen und somit auch nicht den Beitritt zu anderen internationalen Organisationen, da diese Befugnisse in Art. 207 AEUV und Art. 218 AEUV gesondert geregelt sind (s. Rn. 9). Im Übrigen sorgen die der Leitung des Hohen Vertreters für Außen- und Sicherheitspolitik unterstehenden **Delegationen der Union** gemäß Art. 221 Abs. 1 AEUV für die Vertretung der Union in Drittländern und bei internationalen Organisationen.

11   Die **Vertretungsbefugnis für einseitige Erklärungen der Union** (z. B. Vorbehalt; Anfechtung; Anerkennung; Protest) wird in den Verträgen nicht ausdrücklich geregelt. Zutreffend wird aber darauf hingewiesen, dass sich einseitige Erklärungen, die sich – wie

---

[35] *Dörr*, in: Grabitz/Hilf/Nettesheim, EU, Art. 47 EUV (Mai 2011), Rn. 34; *Kokott*, in: Streinz, EUV/AEUV, Art. 47 EUV, Rn. 9.

etwa ein Vorbehalt – im Rahmen von Vertragsabschlüssen bewegen, nach dem Verfahren des Art. 218 AEUV richten und daher auch die dort benannten Organe vertretungsbefugt sind.[36] Dies kann sich jedoch nicht auf einseitige Akte außerhalb vertraglicher Beziehungen beziehen. Gemäß Art. 27 Abs. 2 EUV i. V. m. Art. 34 EUV führt der Hohe Vertreter für Außen- und Sicherheitspolitik hinsichtlich der GASP den politischen Dialog mit Dritten und vertritt den Standpunkt der Union in internationalen Organisationen und auf internationalen Konferenzen. Da einseitige Erklärungen außerhalb völkervertraglicher Sachbereiche (z. B. die Anerkennung) zumeist politischen Charakter haben,[37] dürfte die Abgabe dieser Erklärungen innerhalb anderer internationaler Organisationen und auf internationalen Konferenzen in die Befugnis des Hohen Vertreters für Außen- und Sicherheitspolitik fallen, der hierbei aber die in Art. 4 Abs. 3 EUV und Art. 13 Abs. 2 Satz 2 EUV niedergelegten **Grundsätze der loyalen Zusammenarbeit** zu beachten hat.

II. Vertragsabschlusskompetenz

Ein wichtiges Element der Völkerrechtspersönlichkeit stellt die Fähigkeit zum Abschluss völkerrechtlicher Verträge dar, die im Falle ihres Abschlusses nach Art. 216 Abs. 2 AEUV sowohl die Unionsorgane als auch die EU-Mitgliedstaaten binden. Mit Art. 47 EUV erhält die Union somit die Fähigkeit, völkerrechtliche Übereinkünfte mit Staaten und internationalen Organisationen schließen zu können, wobei sie angesichts der in Art. 1 Abs. 3 Satz 3 EUV enthaltenen Rechtsnachfolgeregelung auch an die zahlreichen Verträge gebunden ist, die von der damaligen EG abgeschlossen worden sind.[38] Auf Grund des in Art. 5 Abs. 1 und 2 EUV niedergelegten Grundsatzes der begrenzten Einzelermächtigung sind dafür allerdings vertraglich gewährte Handlungskompetenzen notwendig (s. Rn. 3 u. 5). Dabei regelt Art. 216 Abs. 1 AEUV zunächst einmal die **Verbandskompetenz** der Union zum Abschluss völkerrechtlicher Abkommen,[39] die auch die Befugnis einschließt, eingegangene Bindungen aus den jeweiligen Übereinkünften aufzuheben oder einzuschränken.[40] Konkretisierungen dieser Vertragsschlusskompetenz und partielle Modifikationen des Vertragsschlussverfahrens sind allerdings in den Verträgen verstreut. Das Verfahren zum Abschluss eines völkerrechtlichen Vertrages ist grundsätzlich in Art. 218 AEUV geregelt. Dabei weist Art. 218 AEUV die **Organkompetenz** bezüglich der Aushandlung der Abkommen der Kommission oder im Rahmen der GASP dem Hohen Vertreter für Außen- und Sicherheitspolitik und bezüglich des Abschlusses der jeweiligen Übereinkunft dem Rat zu (s. Rn. 9). Dies geschieht unter abgestufter Mitwirkung des Europäischen Parlaments. Ergänzende Regelungen finden sich etwa für die Gemeinsame Handelspolitik in Art. 207 AEUV sowie für die Aushandlung und den Abschluss von Assoziierungsabkommen in Art. 217 AEUV.

12

---

[36] Vgl. *Dörr*, in: Grabitz/Hilf/Nettesheim, EU, Art. 47 EUV (Mai 2011), Rn. 35.

[37] Vgl. *Heintschel v. Heinegg*, Quellenübergreifende Probleme, in: Ipsen, § 19, Rn. 2, 20.

[38] Exemplarisch dazu in spezieller Ansehung der zahlreichen Verträge, die von der damaligen EG auf den zum Teil sehr eng miteinander verbundenen Gebieten der Assoziations-, Nachbarschafts- und Partnerschaftspolitik mit unterschiedlichsten Drittstaaten abgeschlossen wurden, vgl. *Nowak*, EuR 2010, 746 ff.

[39] Vgl. auch *v. Bogdandy/Bast*, EuGRZ 2001, 441 (444 f.); *Dörr*, in: Grabitz/Hilf/Nettesheim, EU, Art. 47 EUV (Mai 2011), Rn. 43; *Meng*, in: GSH, Europäisches Unionsrecht, Art. 47 EUV, Rn. 11. *Ruffert*, in: Calliess/Ruffert, EUV/AEUV, Art. 47 EUV, Rn. 9 f.; *Terhechte*, in: Schwarze, EU-Kommentar, Art. 47 EUV, Rn. 8.

[40] Vgl. nur EuGH, Gutachten 1/08 v. 30. 11. 2009 (GATS), Slg. 2009, I–11129, Rn. 129.

13   In den Fällen, in denen das völkerrechtliche Abkommen gleichzeitig Zuständigkeiten der Union und der Mitgliedstaaten betrifft, ist der **Abschluss eines gemischten Abkommens** erforderlich.[41] Beim Abschluss solcher Abkommen gibt die EU regelmäßig eine Erklärung über die Verteilung der Zuständigkeit ab,[42] die vor allem die interne Zuständigkeitsverteilung und somit die rechtlichen Bindungen der EU und der Mitgliedstaaten darlegt.[43] Wenn eine solche Zuständigkeitserklärung unterbleibt und in dem Abkommen selbst keine haftungsbeschränkende Regelung enthalten ist, kann sich die Union nicht auf eine etwaige Unzuständigkeit berufen, um auf diese Weise ihrer Haftung zu entgehen.[44] Vielmehr geht die vorherrschende Auffassung davon aus, dass in einem solchen Fall sowohl die Union als auch ihre Mitgliedstaaten im Außenverhältnis haften,[45] solange die Zuständigkeitsverletzung nicht offensichtlich bzw. offenkundig ist und keine Regelung von grundlegender Bedeutung betrifft (s. Rn. 7). Sollten Zweifel an der Kompetenz bestehen, können die Mitgliedstaaten, das Europäische Parlament, der Rat und/oder die Kommission gemäß Art. 218 Abs. 11 AEUV beim Gerichtshof ein Gutachten über die Vereinbarkeit des geplanten Abkommens mit den Verträgen einholen.[46] Für die vorgenannten Fälle und für alle weiteren Situationen, in denen die EU und ihre Mitgliedstaaten etwa wegen unterschiedlicher Kompetenzen auf internationaler Ebene nebeneinander tätig werden, hebt der Unionsrichter in ständiger Rechtsprechung hervor, dass eine einheitliche völkerrechtliche Vertretung notwendig ist und dass insoweit eine **Kooperationspflicht zwischen der Union und ihren Mitgliedstaaten** besteht.[47] Diese aus Art. 4 Abs. 3 AEUV hergeleitete Kooperationspflicht verlangt bei der Aushandlung und bei dem Abschluss eines völkerrechtlichen Vertrages nach einer loyalen Zusammenarbeit, die das **Gebot der gegenseitigen Rücksichtnahme** einschließt.[48]

14   Durch die der EU zugewiesene Vertragsschlusskompetenz steht es ihr im Übrigen frei, anderen internationalen Organisationen beizutreten oder den Beobachterstatus in diesen zu erwerben, da diese Rechte jeweils durch Verträge begründet werden.[49] Ver-

---

[41] Ausführlicher dazu vgl. etwa *Bernhardt*, EuR 1983, 199 (207); *Gilsdorf*, EuR 1996, 145 (160); *Meng*, in: GSH, Europäisches Unionsrecht, Art. 47 EUV, Rn. 13; *Sattler*, S. 32 ff.

[42] Exemplarisch für das Seerechtsübereinkommen (United Nations Convention on the Law of the Sea, 1833 U.N.T.S. 397, BGBl. 1994 II, 1798 ff.) vgl. die Erklärung zur Zuständigkeit der Europäischen Gemeinschaft für die durch das Seerechtsübereinkommen der Vereinten Nationen vom 10.12.1982 und das Übereinkommen vom 28.7.1994 zur Durchführung des Teils XI des Seerechtsübereinkommens geregelten Angelegenheiten, ABl. 1998, L 179/129 ff.

[43] Näher dazu vgl. auch *Bernhardt*, EuR 1983, 199 (208); *Dörr*, in: Grabitz/Hilf/Nettesheim, EU, Art. 47 EUV (Mai 2011), Rn. 47; *Meng*, in: GSH, Europäisches Unionsrecht, Art. 47 EUV, Rn. 13.

[44] Vgl. *Dörr*, in: Grabitz/Hilf/Nettesheim, EU, Art. 47 EUV (Mai 2011), Rn. 47; *Meng*, in: GSH, Europäisches Unionsrecht, Art. 47 EUV, Rn. 13.

[45] Vgl. *Sattler*, S. 225 f.; *Schmalenbach*, in: Calliess/Ruffert, EUV/AEUV, Art. 216 AEUV, Rn. 7; *Steinbach*, EuZW 2007, 109 (112); a. A. *Nettesheim*, in: v. Bogdandy/Bast, Europäisches Verfassungsrecht, S. 433.

[46] Exemplarisch dazu vgl. EuGH, Urt. v. 4.9.2014, Rs. C–114/12 (Kommission/Rat), EuZW 2014, 859 ff.; mit Anm. *Nowak/Masuhr*, EuR 2015, 189 ff.

[47] Vgl. etwa EuGH, Gutachten 2/91 v. 19.3.1993 (IAO-Übereinkommen), Slg. 1993, I–1061, Rn. 36 ff.; Gutachten 1/94 v. 15.11.1994 (WTO), Slg. 1994, I–5267, Rn. 108; Urt. v. 19.3.1996, Rs. C–25/94 (Kommission/Rat), Slg. 1996, I–1469, Rn. 48; Gutachten 2/00 v. 6.12.2001 (Cartagena-Protokoll), Slg. 2001, I–9713, Rn. 18; Urt. v. 14.12.2000, verb. Rs. C–300/98 u. C–392/98 (Dior), Slg. 2000, I–11307, Rn. 36.

[48] Vgl. *Dörr*, in: Grabitz/Hilf/Nettesheim, EU, Art. 47 EUV (Mai 2011), Rn. 49; *Meng*, in: GSH, Europäisches Unionsrecht, Art. 47 EUV, Rn. 12; *Nettesheim*, in: v. Bogdandy/Bast, Europäisches Verfassungsrecht, S. 434.

[49] Näher dazu vgl. auch EuGH, Gutachten 1/76 v. 26.4.1977 (Stilllegungsfonds), Slg. 1977, 741,

bunden mit der **Möglichkeit des Beitritts zu internationalen Organisationen**, die der Gerichtshof in spezieller Ansehung des in Art. 6 Abs. 2 Satz 1 EUV anvisierten Beitritts der EU zur EMRK vorerst zunichte gemacht hat,[50] ist die Kompetenz zur Übertragung von Hoheitsrechten auf die jeweilige internationale Organisation.[51] Falls ein solcher Beitritt zu einer internationalen Organisation nur Staaten vorbehalten sein sollte, besteht für die EU-Mitgliedstaaten bei einer Teilnahme an dieser Organisation eine **Verpflichtung zur Wahrung der Unionsinteressen.**[52] So kann die Europäische Union derzeit zwar nicht dem IMF-Abkommen[53] beitreten, da nach Art. II der Beitritt nur Staaten vorbehalten ist. Hier besteht jedoch nicht nur die allgemeine Pflicht der einheitlichen Vertretung und der loyalen Zusammenarbeit (s. Rn. 13); vielmehr sieht Art. 138 Abs. 2 Satz 1 AEUV explizit vor, dass der Rat geeignete Maßnahmen erlassen kann, um eine einheitliche Vertretung bei den internationalen Einrichtungen und Konferenzen im Finanzbereich sicherzustellen.

III. Deliktsfähigkeit

Die völkerrechtliche Deliktsfähigkeit wird auch völkerrechtliche Verantwortlichkeit **15** genannt und folgt unmittelbar der Völkerrechtspersönlichkeit.[54] Wer Träger von Rechten und/oder Pflichten sein kann, kann auch (aktiv) völkerrechtliche Pflichten verletzen (1.) und (passiv) Opfer entsprechender Verletzungen werden (2.).

1. Aktive Deliktsfähigkeit

Da die Europäische Union ein Völkerrechtssubjekt ist, kann sie auch aktiv deliktsfähig **16** sein; von der Anerkennung der Union als Völkerrechtssubjekt durch das verletzte Völkerrechtssubjekt hängt ihre aktive Deliktsfähigkeit nicht ab.[55] Die aktive Deliktsfähigkeit der Union bedeutet, dass sie völkerrechtliche Delikte selbst begehen kann und sie

---

Rn. 5; sowie *Dörr*, in: Grabitz/Hilf/Nettesheim, EU, Art. 47 EUV (Mai 2011), Rn. 46; *Meng*, in: GSH, Europäisches Unionsrecht, Art. 47 EUV, Rn. 12; *Ruffert*, in: Calliess/Ruffert, EUV/AEUV, Art. 47 EUV, Rn. 10; *Terhechte*, in: Schwarze, EU-Kommentar, Art. 47 EUV, Rn. 9.

[50] Vgl. dazu EuGH, Gutachten 2/13 v. 18.12.2014 (Beitritt zur EMRK), ECLI:EU:C:2014:2454, worin der EuGH die Übereinkunft für den Beitritt der Union zur EMRK als unvereinbar mit Art. 6 Abs. 2 EUV und dem Protokoll Nr. 8 zu Art. 6 Abs. 2 EUV erklärt, da unter anderem die besonderen Merkmale und die Autonomie des Unionsrechts sowie Art. 344 AEUV beeinträchtigt würden; näher dazu vgl. *Bezemek*, ZfRV 2015, 52; *Lambrecht*, EHRLR. 2015, 185; *Thiele*, fireu-Newsletter Nr. 22, 1/2015, 1; *Tomuschat*, EuGRZ 2015, 133; *Wendel*, NJW 2015, 921.

[51] Vgl. EuGH, Gutachten 1/76 v. 26.4.1977 (Stilllegungsfonds), Slg. 1977, 741, Rn. 5; sowie *Dörr*, in: Grabitz/Hilf/Nettesheim, EU, Art. 47 EUV (Mai 2011), Rn. 46; *Terhechte*, in: Schwarze, EU-Kommentar, Art. 47 EUV, Rn. 9.

[52] Vgl. EuGH, Gutachten 2/91 v. 19.3.1993 (IAO-Übereinkommen), Slg. 1993, I–1061, Rn. 5; Urt. v. 31.3.1971, Rs. 22/70 (Kommission/Rat), Slg. 1971, 263, Rn. 77/78; sowie *Ruffert*, in: Calliess/Ruffert, EUV/AEUV, Art. 47 EUV, Rn. 10.

[53] Articles of Agreement of the International Monetary Fund, 2 U.N.T.S. 39, BGBl. 1952 II S. 637 ff.

[54] Näher dazu vgl. auch *Hartwig*, S. 45; *Dörr*, in: Grabitz/Hilf/Nettesheim, EU, Art. 47 EUV (Mai 2011), Rn. 65 ff.; *Heintschel v. Heinegg*, in: Vedder/Heintschel v. Heinegg, Europäisches Unionsrecht, Art. 47 EUV, Rn. 14; *Kokott*, in: Streinz, EUV/AEUV, Art. 47 EUV, Rn. 31 ff.; *Meng*, ZaöRV 1985, 324 ff.; *ders.*, in: GSH, Europäisches Unionsrecht, Art. 47 EUV, Rn. 15 f.; *Nöll*, 103; *Ruffert*, in: Calliess/Ruffert, EUV/AEUV, Art. 47 EUV, Rn. 15 f.; *Terhechte*, in: Schwarze, EU-Kommentar, Art. 47 EUV, Rn. 10.

[55] *Meng*, ZaöRV 1985, 324 (326 f.); *Terhechte*, in: Schwarze, EU-Kommentar, Art. 47 EUV, Rn. 13.

somit eine Haftung gegenüber Drittstaaten und anderen internationalen Organisationen für das ihr zurechenbare Unrecht trifft.[56] In diesem Sinne hat der Ständige Internationale Gerichtshof bereits im Jahre 1928 entschieden, dass jede (primäre) völkerrechtliche Verletzung eine (sekundäre) Rechtspflicht zur Wiedergutmachung einschließt.[57] Grundsätzlich löst jedes völkerrechtswidrige Verhalten eines Organs oder des Personals der EU die völkerrechtliche Verantwortlichkeit dieser aus.[58] Im Rahmen der **außervertraglichen Haftung** ist die Union verantwortlich, soweit die verletzten Regeln oder Grundsätze die Union binden;[59] in Betracht kommt dabei vor allem eine Verletzung von Völkergewohnheitsrecht und allgemeiner Rechtsgrundsätze.[60] Eine ergänzende Haftung der Mitgliedstaaten kann möglicherweise in Fällen eines ihnen zurechenbaren Organisationsverschuldens bzw. unterlassener Kontrollen relevant werden.[61] Im Bereich der **vertraglichen Haftung** haftet die Union grundsätzlich allein, sofern die Verpflichtungen aus einem völkerrechtlichen Vertrag allein sie treffen; ein Durchgriff auf die Mitgliedstaaten ist in einem solchen Fall nicht möglich, da diese grundsätzlich nicht für eigenständiges Handeln der Unionsorgane verantwortlich gemacht werden können.[62] Dieser Sichtweise steht auch Art. 216 Abs. 2 AEUV nicht entgegen, da dieser ausschließlich unionsinterne Wirkungen der völkerrechtlichen Abkommen der Union normiert.[63] Bei gemischten Abkommen der Union und der Mitgliedstaaten haften diese grundsätzlich gleichermaßen im Außenverhältnis, sofern eine davon abweichende Zuständigkeitserklärung unterbleibt (s. Rn. 13).

2. Passive Deliktsfähigkeit

17   Weiterhin kann die Union als Völkerrechtssubjekt auch Opfer völkerrechtlicher Delikte werden und insoweit Ansprüche auf Wiedergutmachung erlangen.[64] Dabei stehen ihr die völkerrechtlich zulässigen **Sanktionsinstrumente** zur Verfügung (z. B. Retorsionsmaßnahmen oder Repressalien).[65] Im Falle der Verletzung einer völkervertraglich be-

---

[56] Vgl. auch *Heintschel v. Heinegg*, in: Vedder/Heintschel v. Heinegg, Europäisches Unionsrecht, Art. 47 EUV, Rn. 14; *Meng*, in: GSH, Europäisches Unionsrecht, Art. 47 EUV, Rn. 15.

[57] Vgl. PCIJ, Case Concerning the Factory at Chorzów (Germany v. Poland), PCIJ Ser. A., No. 17 (1928), 29; sowie *Dörr*, in: Grabitz/Hilf/Nettesheim, EU, Art. 47 EUV (Mai 2011), Rn. 17; *Ipsen*, Träger des Selbstbestimmungsrechts der Völker, in: Ipsen, Völkerrecht, 2014, § 28, Rn. 6; *Schwarze*, EuR 1983, 1 (25).

[58] Vgl. *Bothe*, ZaöRV 1977, 122 (136); *Dörr*, in: Grabitz/Hilf/Nettesheim, EU, Art. 47 EUV (Mai 2011), Rn. 18.

[59] Vgl. *Terhechte*, in: Schwarze, EU-Kommentar, Art. 47 EUV, Rn. 13; sowie aus früherer Zeit *Bernhardt*, EuR 1983, 199 (212); *Bothe*, ZaöRV 1977, 122 (126).

[60] Vgl. *Terhechte*, in: Schwarze, EU-Kommentar, Art. 47 EUV, Rn. 12; näher zur Bindung der Union an das Völkergewohnheitsrecht und an allgemeine Rechtsgrundsätze vgl. *Epiney*, EuZW 1999, 5 (6); *Hoffmeister*, EWS 1998, 365 (366 f.); *Meng*, ZaöRV 1985, 324 (342); *Tomuschat*, EuGRZ 2007, 1 (3 ff.).

[61] Vgl. EGMR, Urt. v. 18. 2. 1999, Rs. 24833/94 (Matthews/Vereinigtes Königreich), EuZW 1999, 308 (309); sowie *Kokott*, in: Streinz, EUV/AEUV, Art. 47 EUV, Rn. 34; *Meng*, in: GSH, Europäisches Unionsrecht, Art. 47 EUV, Rn. 16; *Meng*, ZaöRV 1985, 324 (342).

[62] Vgl. dazu auch *Heintschel v. Heinegg*, in: Vedder/Heintschel v. Heinegg, Europäisches Unionsrecht, Art. 47 EUV, Rn. 14; *Terhechte*, in: Schwarze, EU-Kommentar, Art. 47 EUV, Rn. 11.

[63] So auch vgl. statt vieler *Kokott*, in: Streinz, EUV/AEUV, Art. 47 EUV, Rn. 31.

[64] Vgl. *Dörr*, in: Grabitz/Hilf/Nettesheim, EU, Art. 47 EUV (Mai 2011), Rn. 22; *Meng*, in: GSH, Europäisches Unionsrecht, Art. 47 EUV, Rn. 15; *Meng*, ZaöRV 1985, 324 (344 ff.); *Nöll*, S. 104 f.

[65] Vgl. *Dörr*, in: Grabitz/Hilf/Nettesheim, EU, Art. 47 EUV (Mai 2011), Rn. 22; *Terhechte*, in: Schwarze, EU-Kommentar, Art. 47 EUV, Rn. 12.

gründeten Pflicht wird das Abkommen regelmäßig selbst die zulässigen Instrumente oder Mittel ausweisen. Voraussetzung für den **Anspruch auf Wiedergutmachung** ist jedoch, dass die Union selbst in ihren Rechten verletzt wurde und nicht die Rechte anderer geltend macht.[66]

IV.   Gesandtschaftsrecht und diplomatischer Schutz

Aus der Völkerrechtssubjektivität der Union erwächst ferner das Gesandtschaftsrecht,   **18** das die Fähigkeit umfasst, diplomatische Vertreter zu empfangen und zu entsenden.[67] Bei internationalen Organisationen wird diesbezüglich regelmäßig auf eine Sitzvereinbarung mit einem Mitgliedstaat abgestellt.[68] Im Fall der Europäischen Union, die über kein eigenes Hoheitsgebiet verfügt (s. Art. 52 EUV, Rn. 5), wird das **passive Gesandtschaftsrecht** in erster Linie in Brüssel wahrgenommen.[69] Diesem Recht kommt in der Praxis eine erhebliche Bedeutung zu, da gegenwärtig rund 170 Staaten mit ihren Vertretern bei der Europäischen Union akkreditiert sind.[70] Das **aktive Gesandtschaftsrecht**, das sich in der Fähigkeit zur Entsendung diplomatischer Vertreter manifestiert, ist von der Europäischen Union bis zum Inkrafttreten des Reformvertrags von Lissabon (s. Art. 1 EUV, Rn. 33 ff.) kaum bzw. nur sehr begrenzt wahrgenommen worden.[71] Bisher hat vornehmlich die Europäische Kommission zahlreiche Vertretungen in Drittstaaten; diese stellen aber Außenstellen der Kommission und keine Vertretungen der EU dar.[72] Mit den Art. 27 und 35 EUV sowie mit Art. 221 AEUV verfügt die Union nun aber über eine primärrechtlich verankert Grundlage für das aktive Gesandtschaftsrecht.[73]

Eng verbunden mit dem vorgenannten Gesandtschaftsrecht ist schließlich der **diplo-**   **19** **matische und konsularische Schutz von Unionsbürgern**, der nach Art. 23 AEUV und Art. 46 GRC in erster Linie durch die Mitgliedstaaten und deren Vertretungen sichergestellt wird. Diplomatischer Schutz durch die Union selbst kommt vornehmlich dann in Betracht, wenn es zu einer Verletzung einer individualgerichteten Bestimmung aus einem Abkommen mit der Union durch den vertragsgebundenen Drittstaat kommen sollte.[74]

---

[66] Vgl. *Booß*, in: Lenz/Borchardt, EU-Verträge, Art. 47 EUV, Rn. 8; *Dörr*, in: Grabitz/Hilf/Nettesheim, EU, Art. 47 EUV (Mai 2011), Rn. 68.

[67] Näher dazu vgl. auch *Dörr*, in: Grabitz/Hilf/Nettesheim, EU, Art. 47 EUV (Mai 2011), Rn. 57 ff.; *Karalus*, S. 93 ff.; *Meng*, in: GSH, Europäisches Unionsrecht, Art. 47 EUV, Rn. 17.

[68] Vgl. *Heintze*, Die Gemeinschaft unabhängiger Staaten, in: Ipsen, Völkerrecht, 2014, S. 531.

[69] Vgl. dazu auch *Karalus*, S. 95; *Terhechte*, in: Schwarze, EU-Kommentar, Art. 47 EUV, Rn. 15.

[70] Vgl. dazu insbesondere den sogenannten *Protocol Service* der Europäischen Kommission, abrufbar unter: http://ec.europa.eu/dgs/secretariat_general/corps/index.cfm?go=search.search&missions =1; Informationen zum hiermit zusammenhängenden Akkreditierungsverfahren sind abrufbar: http://ec.europa.eu/dgs/secretariat_general/corps/index.cfm?go=vademecum.vademecum.

[71] Vgl. dazu auch *Dörr*, in: Grabitz/Hilf/Nettesheim, EU, Art. 47 EUV (Mai 2011), Rn. 59; *Terhechte*, in: Schwarze, EU-Kommentar, Art. 47 EUV, Rn. 16.

[72] Vgl. *Meng*, in: GSH, Europäisches Unionsrecht, Art. 47 EUV, Rn. 17; *Odendahl*, EnzEuR, Bd. 10, § 5, Rn. 122; *Ruffert*, in: Calliess/Ruffert, EUV/AEUV, Art. 47 EUV, Rn. 13.

[73] Vgl. *Odendahl*, EnzEuR, Bd. 10, § 5, Rn. 122; *Ruffert/Walter*, Rn. 171; *Terhechte*, in: Schwarze, EU-Kommentar, Art. 47 EUV, Rn. 16.

[74] Näher dazu vgl. *Dörr*, in: Grabitz/Hilf/Nettesheim, EU, Art. 47 EUV (Mai 2011), Rn. 73; *Storost*, S. 74 ff.

V.　Privilegien und Immunitäten

20　Gewährte Privilegien und Immunitäten, die auch als **Vorrechte und Befreiungen** bezeichnet werden, führen dazu, dass die EU und ihre Untergliederungen in den Rechtsordnungen der gewährenden Drittstaaten von deren Gerichtsbarkeit und von einzelnen belastenden Regeln ausgenommen werden.[75] Dadurch soll die Funktionsfähigkeit der EU gegenüber staatlichen Eingriffen geschützt werden.[76] Diese Privilegien und Immunitäten gegenüber Drittstaaten werden zumeist durch völkerrechtliche Abkommen der EU mit dem betreffenden Drittstaat gewährt und näher ausgestaltet.[77] Strittig ist zwar, ob internationalen Organisationen solche Vorrechte und Befreiungen auf der Grundlage des Völkergewohnheitsrechts zustehen können.[78] Gleichwohl kann die Gewährung dieser Privilegien und Immunitäten zumindest konkludent aus dem Einverständnis des Drittstaats folgen, mit der Union internationale Beziehungen einzugehen.[79] Die Figur der **Immunität** hindert die Gerichte und Behörden des Drittstaats, ihre nationale Rechtsordnung in uneingeschränkter Weise auf die Union anzuwenden und durchzusetzen. Diese Immunität wird allerdings nicht grenzenlos gewährt. Zum einen wird teilweise darauf verwiesen, dass sich diese Form der Befreiung nur auf Akte oder Maßnahmen **auf dem Gebiet des hoheitlichen Handelns der Union** (acta iure imperii) beziehen und somit privatwirtschaftliches Auftreten der Union (acta iure gestionis) nicht erfassen soll.[80] Zum anderen soll die Immunität nur für solche Handlungen gelten, die zur Erfüllung der Aufgaben der Union notwendig sind.[81] Dies wird damit begründet, dass bei einer funktionalen Beschränkung der Immunität auf Handlungen, die der Erfüllung der Aufgaben dienen, keine Unterscheidung mehr nach acta iure imperii und acta iure gestionis vorzunehmen sei.[82]

21　Im Verhältnis zu den Mitgliedstaaten gilt vor allem Art. 343 AEUV, welcher besagt, dass die Union im Hoheitsgebiet ihrer Mitgliedstaaten die zur Erfüllung ihrer Aufgaben erforderlichen Vorrechte und Befreiungen genießt. Diesbezüglich verweist Art. 343 AEUV auf das **Protokoll (Nr. 7) über die Vorrechte und Befreiungen der Europäischen Union**,[83] welches nach Art. 51 EUV Bestandteil der Verträge ist (s. Art. 51 EUV, Rn. 4). In diesem Protokoll werden verschiedene Privilegien wie etwa die Unverletzlichkeit der Räumlichkeiten der Union und der Mitglieder ihrer Organe gegenüber den Mitglied-

---

[75] Vgl. *Dörr*, in: Grabitz/Hilf/Nettesheim, EU, Art. 47 EUV (Mai 2011), Rn. 61; *Nöll*, S. 110.

[76] Vgl. *Dörr*, in: Grabitz/Hilf/Nettesheim, EU, Art. 47 EUV (Mai 2011), Rn. 16; *Ruffert/Walter*, Rn. 182.

[77] Vgl. *Dörr*, in: Grabitz/Hilf/Nettesheim, EU, Art. 47 EUV (Mai 2011), Rn. 61 u. 64; *Karalus*, S. 135; *Kokott*, in: Streinz, EUV/AEUV, Art. 47 EUV, Rn. 30; *Ruffert/Walter*, Rn. 183; *Terhechte*, in: Schwarze, EU-Kommentar, Art. 47 EUV, Rn. 17.

[78] Dies teilweise mit einer funktionalen Einschränkung (insbesondere in Bezug auf die Erfüllung der Aufgaben der Union) bejahend vgl. etwa *Booß*, in: Lenz/Borchardt, EU-Verträge, Art. 47 EUV, Rn. 12; *Epping*, in: Ipsen, Völkerrecht, 2014, § 6, Rn. 82; *Kokott*, in: Streinz, EUV/AEUV, Art. 47 EUV, Rn. 30; *Terhechte*, in: Schwarze, EU-Kommentar, Art. 47 EUV, Rn. 17; diesbezüglich mit Blick auf die Praxis eher skeptisch, vgl. *Dörr*, in: Grabitz/Hilf/Nettesheim, EU, Art. 47 EUV (Mai 2011), Rn. 16; *Ruffert/Walter*, Rn. 184.

[79] Vgl. *Heintschel v. Heinegg*, in: Vedder/Heintschel v. Heinegg, Europäisches Unionsrecht, Art. 47 EUV, Rn. 15.

[80] Vgl. *Heintschel v. Heinegg*, in: Vedder/Heintschel v. Heinegg, Europäisches Unionsrecht, Art. 47 EUV, Rn. 15.

[81] Vgl. *Ruffert/Walter*, Rn. 183.

[82] Vgl. *Epping* (Fn. 25), § 6, Rn. 83; *Ruffert/Walter*, Rn. 183.

[83] ABl. 2012, C 326/266.

staaten geregelt. Gleichwohl sind die Vorrechte und Befreiungen der Union auch in diesem Zusammenhang nicht schrankenlos. Dies ergibt sich insbesondere aus Art. 274 AEUV, wonach Streitsachen, bei denen die Union Partei ist, nicht der Zuständigkeit der einzelstaatlichen Gerichte entzogen ist.

Artikel 48 EUV [Vertragsänderungsverfahren]

(1) ¹Die Verträge können gemäß dem ordentlichen Änderungsverfahren geändert werden. ²Sie können ebenfalls nach vereinfachten Änderungsverfahren geändert werden.

Ordentliches Änderungsverfahren

(2) ¹Die Regierung jedes Mitgliedstaats, das Europäische Parlament oder die Kommission kann dem Rat Entwürfe zur Änderung der Verträge vorlegen. ²Diese Entwürfe können unter anderem eine Ausdehnung oder Verringerung der der Union in den Verträgen übertragenen Zuständigkeiten zum Ziel haben. ³Diese Entwürfe werden vom Rat dem Europäischen Rat übermittelt und den nationalen Parlamenten zur Kenntnis gebracht.

(3) ¹Beschließt der Europäische Rat nach Anhörung des Europäischen Parlaments und der Kommission mit einfacher Mehrheit die Prüfung der vorgeschlagenen Änderungen, so beruft der Präsident des Europäischen Rates einen Konvent von Vertretern der nationalen Parlamente, der Staats- und Regierungschefs der Mitgliedstaaten, des Europäischen Parlaments und der Kommission ein. ²Bei institutionellen Änderungen im Währungsbereich wird auch die Europäische Zentralbank gehört. ³Der Konvent prüft die Änderungsentwürfe und nimmt im Konsensverfahren eine Empfehlung an, die an eine Konferenz der Vertreter der Regierungen der Mitgliedstaaten nach Absatz 4 gerichtet ist.

¹Der Europäische Rat kann mit einfacher Mehrheit nach Zustimmung des Europäischen Parlaments beschließen, keinen Konvent einzuberufen, wenn seine Einberufung aufgrund des Umfangs der geplanten Änderungen nicht gerechtfertigt ist. ²In diesem Fall legt der Europäische Rat das Mandat für eine Konferenz der Vertreter der Regierungen der Mitgliedstaaten fest.

(4) Eine Konferenz der Vertreter der Regierungen der Mitgliedstaaten wird vom Präsidenten des Rates einberufen, um die an den Verträgen vorzunehmenden Änderungen zu vereinbaren.

Die Änderungen treten in Kraft, nachdem sie von allen Mitgliedstaaten nach Maßgabe ihrer verfassungsrechtlichen Vorschriften ratifiziert worden sind.

(5) Haben nach Ablauf von zwei Jahren nach der Unterzeichnung eines Vertrags zur Änderung der Verträge vier Fünftel der Mitgliedstaaten den genannten Vertrag ratifiziert und sind in einem Mitgliedstaat oder mehreren Mitgliedstaaten Schwierigkeiten bei der Ratifikation aufgetreten, so befasst sich der Europäische Rat mit der Frage.

Vereinfachte Änderungsverfahren

(6) Die Regierung jedes Mitgliedstaats, das Europäische Parlament oder die Kommission kann dem Europäischen Rat Entwürfe zur Änderung aller oder eines Teils der Bestimmungen des Dritten Teils des Vertrags über die Arbeitsweise der Europäischen Union über die internen Politikbereiche der Union vorlegen.

¹Der Europäische Rat kann einen Beschluss zur Änderung aller oder eines Teils der Bestimmungen des Dritten Teils des Vertrags über die Arbeitsweise der Europäischen Union erlassen. ²Der Europäische Rat beschließt einstimmig nach Anhörung des Europäischen Parlaments und der Kommission sowie, bei institutionellen Änderungen im Währungsbereich, der Europäischen Zentralbank. ³Dieser Beschluss tritt erst nach Zustimmung der Mitgliedstaaten im Einklang mit ihren jeweiligen verfassungsrechtlichen Vorschriften in Kraft.

Der Beschluss nach Unterabsatz 2 darf nicht zu einer Ausdehnung der der Union im Rahmen der Verträge übertragenen Zuständigkeiten führen.

Claudio Franzius

(7) [1]In Fällen, in denen der Rat nach Maßgabe des Vertrags über die Arbeitsweise der Europäischen Union oder des Titels V dieses Vertrags in einem Bereich oder in einem bestimmten Fall einstimmig beschließt, kann der Europäische Rat einen Beschluss erlassen, wonach der Rat in diesem Bereich oder in diesem Fall mit qualifizierter Mehrheit beschließen kann. [2]Dieser Unterabsatz gilt nicht für Beschlüsse mit militärischen oder verteidigungspolitischen Bezügen.

In Fällen, in denen nach Maßgabe des Vertrags über die Arbeitsweise der Europäischen Union Gesetzgebungsakte vom Rat gemäß einem besonderen Gesetzgebungsverfahren erlassen werden müssen, kann der Europäische Rat einen Beschluss erlassen, wonach die Gesetzgebungsakte gemäß dem ordentlichen Gesetzgebungsverfahren erlassen werden können.

[1]Jede vom Europäischen Rat auf der Grundlage von Unterabsatz 1 oder Unterabsatz 2 ergriffene Initiative wird den nationalen Parlamenten übermittelt. [2]Wird dieser Vorschlag innerhalb von sechs Monaten nach der Übermittlung von einem nationalen Parlament abgelehnt, so wird der Beschluss nach Unterabsatz 1 oder Unterabsatz 2 nicht erlassen. [3]Wird die Initiative nicht abgelehnt, so kann der Europäische Rat den Beschluss erlassen.

Der Europäische Rat erlässt die Beschlüsse nach den Unterabsätzen 1 oder 2 einstimmig nach Zustimmung des Europäischen Parlaments, das mit der Mehrheit seiner Mitglieder beschließt.

Literaturübersicht

v. Arnauld, »Unions(ergänzungs)völkerrecht«, FS Klein, 2013, S. 509; *Bast*, The Constitutional Treaty as a Reflexive Constitution, GLJ 6 (2005), 1433; *Bieber*, Wandel und Unveränderlichkeit als Strukturmerkmale des Europarechts, ZSR 112 (1993) I, 327; *Calliess*, Die neue Europäische Union nach dem Vertrag von Lissabon, 2010; *Da Cruz-Vilaça/Piçarra*, Y a-t-il des limites matérielles à la revision des traités instituant les Communautés européenes?, CDE 1993, 3; *Grimm*, Die Zukunft der Verfassung II, 2012; *Heintzen*, Hierarchisierungsprozesse innerhalb des Primärrechts der EG, EuR 1994, 35; *Hofmann/Konow*, Die neue Stabilitätsarchitektur der Europäischen Union, ZG 2012, 138; *Klinger*, Der Konvent. Ein neues Institut des europäischen Verfassungsrechts, 2007; *Koenig/Pechstein*, Die EU-Vertragsänderung, EuR 1998, 130; *Kumin*, Vertragsänderungsverfahren und Austritt, in: Hummer/Obwexer (Hrsg.), Der Vertrag von Lissabon, 2009, S. 302 ff.; *Lorz/Sauer*, Ersatzunionsrecht und Grundgesetz, DÖV 2012, 573; *F. Mayer*, Verfassung im Nationalstaat: Von der Gesamtordnung zur europäischen Teilordnung?, VVDStRL 75 (2016), 7; *ders.*, Regelungen des Artikels 23 GG, in: Morlok/Schliesky/Wiefelspütz (Hrsg.), Parlamentsrecht, 2016, § 43; *ders./Kollmeyer*, Sinnlose Gesetzgebung? Die Europäische Bankenunion im Bundestag, DVBl 2013, 1158; *M. Mayer*, Die Europafunktion der nationalen Parlamente in der Europäischen Union, 2012; *Mellein*, Die Rolle von Bundestag und Bundesrat in der Europäischen Union, EuR-Beiheft 1/2011, 13; *Möllers*, Demokratische Ebenengliederung, FS Wahl, 2011, S. 759; *Nettesheim*, Normenhierarchien im EU-Recht, EuR 2006, 737; *ders.*, Integrationsverantwortung – Verfassungsrechtliche Verklammerung politischer Räume, in: Pechstein (Hrsg.), Integrationsverantwortung, 2012, S. 11; *Pechstein*, Die Justiziabilität des Unionsrechts, EuR 1999, 1; *Peters*, Elemente einer Theorie der Verfassung Europas, 2001; *Puttler*, Sind die Mitgliedstaaten noch »Herren« der EU? Stellung und Einfluss der Mitgliedstaaten nach dem Entwurf des Verfassungsvertrages der Regierungskonferenz, EuR 2004, 669; *Rathke*, Materielle Vertragsänderungen, in: v. Arnauld/Hufeld (Hrsg.), Systematischer Kommentar zu den Lissabon-Begleitgesetzen, 2011, S. 179; *Sichert*, Grenzen der Revision des Primärrechts in der Europäischen Union, 2005; *Steyns*, Grenzen der Vertragsänderung, 2006.

Leitentscheidungen

EuGH, Urt. v. 8.4.1976, Rs. 43/75 (Defrenne), Slg. 1976, 455
EuGH, Urt. v. 29.10.1980, Rs. 138/79 (Roquettes Frères), Slg. 1980, I–3333
EuGH, Gutachten 1/91 v. 14.12.1991, (EWR), Slg. 1991, I–6079
EuGH, Gutachten 2/94 v. 28.3.1996 (EMRK I), Slg. 1996, I–1759

EuGH, Urt. v. 27. 11. 2012, Rs. C–370/12 (Pringle), ECLI:EU:C:2012:756
BVerfGE 123, 267 (Lissabon)
BVerfGE 126, 286 (Honeywell)
BVerfGE 132, 195 (ESM- und Fiskalvertrag)
BVerfGE 134, 366 (OMT-Vorlage)

Inhaltsübersicht

A. Bedeutung

I. Vertragsänderung

1   Art. 48 EUV regelt das Vertragsänderungsverfahren. Die Verträge sind durch eine Statik geprägt, was einen Flexibilitätsbedarf erzeugt (s. Rn. 2 ff.). In die Verfahren der Vertragsänderung werden die Unionsorgane eingebunden (s. Rn. 6 ff.) Jedoch bleiben die **Mitgliedstaaten maßgebliche Akteure** der Vertragsänderung (s. Rn. 9 ff.).

1. Statik und Flexibilität

In seiner heutigen Gestalt ist die Vorschrift durch den Vertrag von Lissabon eingeführt 2
worden. Die Vorgängerregelung bzw. Art. 236 EWGV war seit dem Inkrafttreten der
Römischen Verträge über Jahrzehnte nahezu unverändert geblieben. Nunmehr führt
Art. 48 EUV das nach Auffassung der Vertragsparteien erfolgreich praktizierte **Konventsverfahren** ein. Im Übrigen wird auf die Statik der Verträge reagiert, die mit der
Erweiterung auf 28 Mitgliedstaaten immer schwerer zu ändern sind. Denn für Änderungen der Verträge wird eine doppelte Einstimmigkeit verlangt: Zum einen politisch
bei der Beschlussfassung durch die Regierungen, zum anderen rechtlich bei der Ratifikation nach den verfassungsrechtlichen Vorgaben in den Mitgliedstaaten (Abs. 4 Satz
2). Die Vertragsänderung hängt von der Zustimmung aller Mitgliedstaaten ab. Verweigert auch nur ein Mitgliedstaat die Ratifikation, sei es aus politischen oder aus verfassungsrechtlichen Gründen, tritt der Änderungsvertrag nicht in Kraft. Dieser »doppelte«
Einstimmigkeitsvorbehalt wirft die Frage nach flexibleren Anpassungen auf, was auf der
Ebene der unionsrechtlichen Verfahrensanforderungen in der Gestalt der »vereinfachten« Änderungsverfahren (Abs. 6 und Abs. 7) zum Ausdruck kommt. Für diese Änderungen entfällt die Einschaltung von Konvent und Regierungskonferenz. Demgegenüber wird das Europäische Parlament aufgewertet.

    Vergleicht man die Regelung mit den Vorgängerregelungen, so fällt auf, dass sie er- 3
heblich umfangreicher ausfällt. Übernommen wird im Wesentlichen die Regelung des
Verfassungsvertrags. Abs. 2–5 entsprechen Art. IV–443 EVV, Abs. 6 entspricht Art. IV–
445 EVV und Abs. 7 Art. IV–444 EVV. Neu ist Abs. 1, dem die Aussage entnommen
wird, jede Änderung der Verträge auf die in Art. 48 EUV vorgesehenen Verfahren festzulegen. Ein **numerus clausus** der Änderungsverfahren ist Art. 48 EUV jedoch nicht zu
entnehmen. Vorrangig – im Sinne spezieller Regelungen – sind Sonderregelungen, die
teilweise ohne Ratifikationsvorbehalt ausgestaltet sind und der Union teilweise sogar
eine »autonome« Vertragsänderung erlauben.

    Art. 48 EUV normiert **drei Verfahren**.[1] Neben dem ordentlichen Änderungsverfah- 4
ren nach Abs. 2 (s. Rn. 33 ff.) bestehen zwei vereinfachte Änderungsverfahren nach
Abs. 6 und Abs. 7 (s. Rn. 49 ff.). Materielle Vertragsänderungen setzen eine völkerrechtliche Übereinkunft der Mitgliedstaaten voraus, welche die Änderung herbeiführt
oder zu einer späteren Änderung ermächtigt. Im Übrigen unterscheiden sich die Änderungsverfahren durch das zur Entscheidung berufene Organ und der Frage, ob die
mitgliedstaatliche Zustimmung eine Ratifikation voraussetzt oder diese Zustimmung
»vorlaufend antizipiert« wird.[2] Insoweit haben sich die Mitgliedstaaten zur Einhaltung
der Änderungsverfahren verpflichtet und der Bindung an das Unionsrecht unterworfen,
mag es einen **änderungsfesten Kern des Unionsrechts** nach dem Vorbild der deutschen
»Ewigkeitsgarantie« des Art. 79 Abs. 3 GG auch nicht geben. Unionsrechtlich dürfen
die Verträge nicht außerhalb der hierfür vorgesehenen Verfahren von den Mitgliedstaaten geändert werden. Und die Unionsorgane dürfen von ihren Kompetenzen nicht in
einer Weise Gebrauch machen, die in der Sache eine Vertragsänderung bewirken (s.
Rn. 69 ff.).

    Diese Statik des vergleichsweise dichten Primärrechts erschwert Anpassungen der 5
rechtlichen Grundlagen an neue Herausforderungen. In der EU 28 ist die Vertragsän-

---

[1] *Streinz/Ohler/Herrmann*, Vertrag von Lissabon, S. 52 f.
[2] *Rathke*, S. 182.

derung ein außerordentlich schwerfälliger Prozess, der – wie die ablehnenden Referenden in Frankreich und in den Niederlande zum Verfassungsvertrag zeigten – dem Risiko des Scheiterns eines aufwendigen, erhebliche Ressourcen bündelnden Verfahrens ausgesetzt ist. Um einer **Versteinerung des Unionsverfassungsrechts** zu begegnen, erlauben die Verträge ihre Änderung unter erleichterten Voraussetzungen wie etwa zur Schaffung einer klaren Rechtsgrundlage für den Vertrag über den Europäischen Stabilitätsmechanismus.[3] Die eine Statik begünstigende Schwerfälligkeit des Vertragsänderungsverfahrens zeigte sich auch beim Fiskalvertrag, der ohne das Vereinigte Königreich und die Tschechische Republik im Unionsrecht nicht realisiert werden konnte, sondern als völkerrechtlicher Vertrag formell neben das Unionsrecht getreten ist.[4] Nicht nur, dass die Verträge durch **Änderungs-, Öffnungs- oder Brückenklauseln** eine vereinfachte Modifikation des Primärrechts erlauben (s. Rn. 78 ff.). Art. 48 ist auch keine abschließende Vorschrift. Zum einen erlauben Sondervorschriften wie Art. 49 EUV für den Beitritt neuer Mitgliedstaaten oder Art. 42 Abs. 2 UAbs. 1 EUV für die Einbeziehung der gemeinsamen Verteidigung den Mitgliedstaaten den Abschluss von Änderungsvereinbarungen unter einem vorgeschalteten Unionsverfahren. Zum anderen gestattet das Primärrecht autonome Änderungen durch Unionsorgane, etwa nach Art. 17 Abs. 5 UAbs. 1 EUV durch einstimmigen Ratsbeschluss die Festlegung der Zahl der Kommissionsmitglieder oder nach Art. 252 Abs. 1 AEUV die Benennung der Zahl der Generalanwälte beim EuGH.[5] Diese Flexibilisierung stellt die besondere Rolle der Mitgliedstaaten als »Herren« der vertraglichen Grundlagen[6] nicht in Frage, macht aber deutlich, dass sich die Änderungsverfahren vom völkerrechtlichen Vorbild emanzipiert haben (s. Rn. 87 ff.).

2. Einbeziehung der Parlamente

6   Die Änderung des Primärrechts erfolgt durch die Mitgliedstaaten im Wege eines völkerrechtlichen Vertragsschlusses. Im ordentlichen Änderungsverfahren steht den Mitgliedstaaten gemeinschaftlich – und nicht der Union – die Entscheidung über Vertragsänderungen zu.[7] Das ist jedoch nur die halbe Wahrheit.[8] Denn die **Initiativberechtigung** zur Einleitung des Verfahrens haben nicht nur die Regierungen der Mitgliedstaaten, sondern auch das Europäische Parlament und die Kommission. Über die Zulassung der Initiative entscheidet mit dem Europäischen Rat ebenfalls ein Unionsorgan, dessen Präsidenten die Entscheidung obliegt, einen Konvent einzuberufen oder direkt das Mandat für die Regierungskonferenz der Mitgliedstaaten festzulegen. Änderungsentwürfe sind den nationalen Parlamenten zur Kenntnis zu bringen, um diese frühzeitig in den politischen Prozess einzubeziehen. Das entspricht der »Logik« der neueren Vertragsentwicklung: Die **Mitwirkung der nationalen Parlamente** ist nicht auf die Ratifikationsphase beschränkt.

---

[3] Art. 136 Abs. 3 AEUV.

[4] Krit. *Kadelbach*, EuR 2013, 489 (494).

[5] Vgl. *Geiger*, in: Geiger/Khan/Kotzur, EUV/AEUV, Art. 48 EUV, Rn. 17 f.; *Cremer*, in: Calliess/Ruffert, EUV/AEUV, Art. 48 EUV, Rn. 2.

[6] Sehr entschieden *Grimm*, in: *ders.*, Europa ja, aber welches?, 2016, S. 49 (57 ff.) gegen *Habermas*, in: *ders.*, Zur Verfassung Europas, 2011, S. 39 (48 ff.). Zum »pouvoir constituant mixte« *Peters*, Elemente einer Theorie der Verfassung Europas, 2001, S. 390 ff.; *Franzius*, Europäisches Verfassungsrechtsdenken, 2010, S. 57; *Niesen*, Der pouvoir constituant mixte als Theorie der Föderation, in: Hausteiner (Hrsg.), Föderalismen. Traditionen und Modelle jenseits des Bundesstaates, im Erscheinen.

[7] *Cremer*, in: Calliess/Ruffert, EUV/AEUV, Art. 48 EUV, Rn. 6.

[8] *Herrnfeld*, in: Schwarze, EU-Kommentar, Art. 48 EUV, Rn. 4.

Noch deutlicher wird die Einbeziehung der Unionsorgane im vereinfachten Änderungsverfahren. Zwar tritt ein entsprechender Beschluss des Europäischen Rates nach Abs. 6 UAbs. 2 Satz 1 EUV erst nach Zustimmung der Mitgliedstaaten im Einklang mit ihren jeweiligen verfassungsrechtlichen Vorschriften in Kraft. Es bleibt also bei der Form des völkerrechtlichen Vertragsschlusses. Aber auch hier sind die Unionsorgane in das Verfahren einbezogen. Abs. 7 UAbs. 3 verlangt die **Zustimmung des Europäischen Parlaments** und die Übermittlung jeder Änderungsinitiative des Europäischen Rates an die nationalen Parlamente, die kraft Primärrecht ein Ablehnungsrecht erhalten haben. Das Unionsverfassungsrecht verlangt keinen positiven Zustimmungsakt aller Mitgliedstaaten, womit sich das Änderungsverfahren vom völkerrechtlichen Vertragsschluss entfernt.[9] Die verfassungsrechtlichen Anforderungen bleiben davon unberührt.[10] Mag für die eine Verfassungsordnung das **Ablehnungsrecht der nationalen Parlamente** zu weit gehen und wie in Frankreich eine Verfassungsänderung erforderlich gemacht haben, geht es in anderen Mitgliedstaaten nicht weit genug, um als funktionales Äquivalent zum Ratifikationsvorbehalt akzeptiert werden zu können.[11] So verlangt das Bundesverfassungsgericht zur Realisierung der Integrationsverantwortung des Bundestags für die Zustimmung des deutschen Regierungsvertreters im Europäischen Rat ein Gesetz im Sinne des Art. 23 Abs. 1 Satz 2 bzw. Satz 3 GG. In anderen Fällen genügt ein Beschluss.

Mit anderen Worten: Dem völkerrechtlichen Vertragsschluss durch die Mitgliedstaaten über eine formelle Vertragsänderung ist ein »**unionsrechtliches Vorverfahren**« mit der Beteiligung der Unionsorgane vorgeschaltet, welches die Einhaltung der Unionsziele bei der Vertragsänderung gewährleisten soll.[12] Zwar sind die Stellungnahmen für den Rat und den Europäischen Rat ebenso wie die Empfehlung des Konvents für die Regierungskonferenz nicht verbindlich. Das darf jedoch nicht über die politische Bedeutung hinwegtäuschen, die mit der differenzierten Einbeziehung der Unionsorgane in die Vertragsänderung auf die nationalen Verfassungsordnungen zurückwirkt[13] und das Änderungsverfahren vom völkerrechtlichen Vorbild entfernt.[14] Eine Loslösung des primären Unionsrechts vom Willen der Mitgliedstaaten erfolgt jedoch auch mit dem vereinfachten, keiner positiven Zustimmung der nationalen Parlamente unterliegenden Änderungsverfahren nach Abs. 7 nicht.[15] Hier mag ein Grund liegen, warum das nationale Verfassungsrecht dem in Art. 48 EUV angelegten Flexibilisierungsbedürfnis von Vertragsänderungen mit Zurückhaltung begegnet.

---

[9] *Cremer*, in: Calliess/Ruffert, EUV/AEUV, Art. 48 EUV, Rn. 14.

[10] Ob aus dem (unionsrechtlichen) Ablehnungsrecht des nationalen Parlaments eine (verfassungsrechtliche) Zustimmungspflicht gemacht werden kann, ist unsicher. Ein Verstoß gegen den Vorrang des Unionsrechts liegt aber nicht vor, weil Art. 48 Abs. 7 UAbs. 3 EUV weitergehenden Rechten nationaler Parlamente kraft nationalem Verfassungsrecht nicht entgegensteht, vgl. *Ohler*, in: Grabitz/Hilf/Nettesheim, EU, Art. 48 EUV (August 2011), Rn. 49; zweifelnd *Classen*, JZ 2009, 881 (888); s. Rn. 67 f.

[11] Zur »Revision vor Integration« *Hufeld*, in: Hufeld/Epiney (Hrsg.), Europäisches Verfassungsrecht, 2. Aufl., 2010, S. 33 ff.

[12] *Geiger*, in: Geiger/Khan/Kotzur, EUV/AEUV, Art. 48 EUV, Rn. 4.

[13] *Cremer*, in: Calliess/Ruffert, EUV/AEUV, Art. 48 EUV, Rn. 14.

[14] *Herrnfeld*, in: Schwarze, EU-Kommentar, Art. 48 EUV, Rn. 2.

[15] *Streinz/Ohler/Herrmann*, Vertrag von Lissabon, S. 53; *Ohler*, in: Grabitz/Hilf/Nettesheim, EU, Art. 48 EUV (August 2011), Rn. 16, argumentiert stellvertretend für viele mit der Dichotomie von Staatenbund und Bundesstaat. Danach sei eine »Loslösung« von der mitgliedstaatlichen Zustimmung erst in einer bundesstaatlichen Ordnung denkbar. Aus dem »Fehlen eines bundesstaatlichen Willens« lässt sich für die Verbundstruktur aber wenig herleiten, vgl. *Schönberger*, AöR 129 (2004), 81 ff.; ähnlich *Mayer*, VVDStRL 75 (2016), 23 ff.

3. Mitgliedstaaten als Vertragsparteien: Bisherige Vertragsänderungen

9   Art. 48 EUV verdeutlicht die bleibende Bedeutung der Mitgliedstaaten bei Vertragsänderungen, verdrängt aber die allgemeinen völkerrechtlichen Bestimmungen für das Verfahren zur Änderung der Verträge. Als Verfahrensbestimmung ersetzt die Vorschrift die durch den Vertrag von Maastricht eingeführte Bestimmung des Art. 48 EUV a. F., mit dessen Inkrafttreten die weitgehend gleichlautenden Vorgängerregelungen des Art. 236 EWGV und Art. 204 EAGV ihre Gültigkeit verloren hatten.

10   Auf Art. 236 EWGV beruhte beispielsweise die Vertragsänderung durch den Fusionsvertrag (1965), durch den der Rat und die Kommission als einheitliche Organe für die Gemeinschaften von EGKS, EAG und EWG eingesetzt wurden.[16] Als grundlegende Vertragsänderungen sind ferner zu nennen die Einheitliche Europäische Akte (1986)[17] und der Vertrag von Maastricht (1992), mit dem die ambivalente Säulenstruktur von EU und EG[18] eingeführt wurde.[19] Art. 48 EUV a. F. war die Grundlage für die Vertragsrevisionen von Amsterdam (1997)[20] und Nizza (2001).[21] Das gilt auch für den gescheiterten Verfassungsvertrag (2004)[22] und den Vertrag von Lissabon, der am 1. 12. 2009 in Kraft getreten ist.[23] Zwar ist die **Aufhebung der Union** keine den Fortbestand der Verträge voraussetzende Vertragsänderung und unterfällt nicht Art. 48 EUV. Wenn die Auflösung der EG durch den Vertrag von Lissabon gleichwohl auf der Grundlage des Art. 48 EUV a. F. zulässig war, dann deshalb, weil die neue Union ihre Rechtsnachfolgerin geworden und ihre Kompetenzen übernommen hat.[24]

11   Nicht dem ordentlichen Vertragsänderungsverfahren des Art. 48 EUV unterliegen beitrittsbedingte Vertragsanpassungen (Art. 49 EUV) und das an keine substanziellen Voraussetzungen gebundene Austrittsrecht (Art. 50 EUV). Eine Änderung von Beitrittsverträgen kann dem Änderungsverfahren unterliegen, soweit dies im Beitrittsvertrag angeordnet ist.[25] Im Übrigen gilt Art. 49 EUV als lex specialis gegenüber Art. 48 Abs. 2 Satz 1 EUV. Für den Austritt existieren keine vergleichbaren Regelungen.[26] Die

---

[16] ABl. 1967, Nr. 152/2.

[17] ABl. 1987, L 169/1.

[18] *v. Bogdandy*, Der Staat 2001, 3 (33 f.).

[19] ABl. 1992, C 191/1.

[20] ABl. 1997, C 340/1.

[21] ABl. 2001, C 80/1.

[22] ABl. 2004, C 310/1; dazu *Puttler*, EuR 2004, 669 (674 ff.). Überblick zu den bis 2004 in Kraft gebliebenen Vertragsänderungen: Art. IV–437 EVV und Art. 1 des Protokolls Nr. 33 zum Vertrag über eine Verfassung für Europa, ABl. 2004, C 310/379.

[23] ABl. 2010, C 83/13.

[24] Vgl. *Pechstein*, in: Streinz, EUV/AEUV, Art. 48 EUV, Rn. 5; *Ohler*, in: Grabitz/Hilf/Nettesheim, EU, Art. 48 EUV (August 2011), Rn. 21, demzufolge ein Aufhebungsvertrag zwischen den Mitgliedstaaten der actus contrarius ihrer Errichtung wäre und damit nicht der Zustimmung der Unionsorgane bedürfe, sondern lediglich der Zustimmung der nationalen Parlamente nach Maßgabe des nationalen Verfassungsrechts.

[25] Vgl. etwa Art. 7 der Beitrittsakte 1995, ABl. 1994, C 241/21; *Herrnfeld*, in: Schwarze, EU-Kommentar, Art. 48 EUV, Rn. 2; *Ohler*, in: Grabitz/Hilf/Nettesheim, EU, Art. 48 EUV (August 2011), Rn. 22, will das Verfahren nach Art. 48 EUV für spätere Änderungen von Beitrittsverträgen anwenden, soweit in diesen nicht spezielle Änderungsregeln enthalten sind.

[26] Deshalb hält *Meng*, in: GSH, Europäisches Unionsrecht, Art. 48 EUV, Rn. 30 für Anpassungen des Primärrechts, die durch den Austritt eines Mitgliedstaates nach Art. 50 EUV erforderlich werden, die in Art. 48 EUV normierten Änderungsverfahren für einschlägig. Die Schwerfälligkeit des ordentlichen Änderungsverfahrens erhöht das Erpressungspotential eines angekündigten Austrittswunschs. Der Austritt des Vereinigten Königreichs aus der Europäischen Union (»Brexit«) wirft eine Reihe an Fragen auf, denn wenn »Brexit means Brexit, what will Brexit really mean«?

Änderung des territorialen Geltungsbereichs des Unionsrechts (Art. 52 EUV) kann die Einleitung eines förmlichen Vertragsänderungsverfahrens erfordern, etwa im Fall des **Ausschlusses von Teilen des Hoheitsgebietes** eines Mitgliedstaates aus dem Geltungsbereich der Verträge. So ist ein förmliches Änderungsverfahren zum Austritt Grönlands unter gleichzeitiger Einbeziehung in den Anwendungsbereich der Assoziation nach Art. 188 EGV durchgeführt worden.[27]

Das vereinfachte Änderungsverfahren nach Abs. 6 hat einen ersten Test im Fall der **12** Ergänzung des neuen Art. 136 Abs. 3 AEUV zur Absicherung der Schaffung des Europäisches Stabilisierungsmechanismus (ESM) bestanden. Der EuGH hält sich für zuständig, einen Beschluss des Europäischen Rates nach Abs. 6 auf die Einhaltung der **Kompetenzgrenzen** zu überprüfen.[28] Obwohl unsicher ist, inwieweit Art. 136 Abs. 3 AEUV nur deklaratorische oder konstitutive Bedeutung zukommt, konnte der Gerichtshof eine kompetenzrelevante Strukturveränderung der Wirtschafts- und Währungsunion hinsichtlich der No-Bail-Out-Klausel des Art. 125 Abs. 1 AEUV nicht erkennen.[29] Seine Auslegung des Art. 125 Abs. 1 AEUV ist von der »Konditionalität« der Finanzhilfen nach Art. 136 Abs. 3 AEUV geleitet, was es erlaubte, einen Gleichklang mit den Vorgaben des Bundesverfassungsgerichts[30] herzustellen.[31]

Die **Euro-Krise** war und ist eine Herausforderung für das Vertragsänderungsverfah- **13** ren. Dass es eine politische Grenze darstellt, zeigte der Fiskalvertrag, der in Ermangelung der Zustimmung aller Mitgliedstaaten außerhalb des Unionsrechts geschlossen worden ist. Zwar ändert der völkerrechtliche Fiskalvertrag nicht das Unionsprimärrecht. Mit der Einbeziehung der Kommission in die Definition der Verpflichtungen und den Vorgaben zu einem bestimmten Abstimmungsverhalten der Mitgliedstaaten stößt der Fiskalvertrag jedoch wegen der **Umgehung des Art. 48 EUV** auf rechtliche Bedenken.[32] Der Einsatz des Völkerrechts droht die Verfahrensrechte der Unionsorgane zu verkürzen, zeigt aber, dass die Mitgliedstaaten zentrale Akteure der Integration bleiben, die beim Einsatz von Verträgen, die abweichend von Art. 48 EUV geschlossen werden, über das Loyalitätsprinzip des Art. 4 Abs. 3 EUV an die Beachtung des Unionsrechts zurückgebunden sind. Art. 48 EUV darf nicht als abschließende Vorschrift verstanden werden, die den Mitgliedstaaten den Einsatz des Völkerrechts zur Ergänzung des Unionsrechts[33] untersagt.

II. Integrationspolitischer Hintergrund

Diese Vervielfältigung der vertragsändernden Akteure ist Ausdruck der bündischen **14** Verfasstheit der Union (s. Rn. 15 ff.). Art. 48 EUV schließt den Einsatz völkerrechtlicher Änderungsverträge nicht prinzipiell aus (s. Rn. 24 ff.). Die Statik der Vertragsänderungsverfahren wirkt sich jedoch auch auf das Verständnis der Kompetenzordnung aus (s. Rn. 27 ff.).

---

[27] ABl. 1985, L 29/1.

[28] EuGH, Urt. v. 27.11.2012, Rs. C–370/12 (Pringle), ECLI:EU:C:2012:756, Rn. 36.

[29] EuGH, Urt. v. 27.11.2012, Rs. C–370/12 (Pringle), ECLI:EU:C:2012:756, Rn. 129 ff.

[30] BVerfGE 132, 195 (248 f.).

[31] Vgl. *Calliess*, NVwZ 2013, 97 (103 ff.); krit. *Rathke*, DÖV 2011, 753.

[32] *Booß*, in: Lenz/Borchardt, EU-Verträge, Art. 48 EUV, Rn. 8.

[33] *Häde*, Euro-Rettung zwischen Exekutivprimat und Parlamentsvorbehalt, 2012, S. 15, spricht von einer »Flucht« ins Völkerrecht; *Uerpmann-Wittzack*, EuR-Beiheft 2/2013, 49 ff., von Völkerrecht als »Ausweichordnung«; *v. Arnauld*, S. 509, von »Unions(ergänzungs)völkerrecht« und *Gröpl*, Der Staat 2013, 1 (9), von »paraunionalen« Maßnahmen. Der Sache nach ist dasselbe gemeint.

1. Bündische Verfasstheit der Europäischen Union

15 Die Einstimmigkeit des Zustimmungserfordernisses zur Vertragsänderung mag als Ausweis der Rechtfertigung von Beschränkungen staatlicher Souveränität durch den Rückgriff auf das »Souveränitätsargument« gedeutet werden. Nach der Rechtsprechung des Bundesverfassungsgerichts sichert die Ausgestaltung des Art. 48 EUV die in den Mitgliedstaaten verankerte, parlamentarisch legitimierte Integrationsverantwortung.[34] Anders als Art. 108 UN-Charta mit der Ermöglichung von Mehrheitsentscheidungen zur Änderung der UN-Charta droht das Festhalten am Einstimmigkeitserfordernisses für Vertragsänderungen den status quo zu versteinern und provoziert die Flucht in das Völkerrecht, wodurch europarechtliche Bindungen nicht abgestreift werden können, aber verfassungsrechtlich leichter gerechtfertigt zu werden scheinen.

16 Wer mit den »Herren der Verträge« und dem Verbleib der »Kompetenz-Kompetenz« auf mitgliedstaatlicher Ebene argumentiert, kann als Fluchtpunkt demokratischer Legitimation nur die »Staatswerdung« der Union sehen, was auf der Grundlage des Grundgesetzes aber verboten ist und nur über eine neue Verfassung – auf nationaler Ebene – für erreichbar erklärt wird.[35] Die Union könne sich nicht über die Volkssouveränität, sondern allein durch die Staatensouveränität legitimieren. Jedoch zeigen bereits Art. 10 ff. EUV und die Ausdifferenzierung der Änderungsverfahren, dass zur Fremdlegitimierung durch die Mitgliedstaaten – etwa durch den Ratifikationsvorbehalt – eine Eigenlegitimierung durch die Einbeziehung der Unionsorgane hinzutritt und die Union nicht länger nur Objekt, sondern auch **Subjekt** – vor allem über die Aufwertung des Europäischen Rates, aber auch über Zustimmungserfordernisse des Europäischen Parlaments – der Vertragsänderung ist. Das »dürfe« jedoch nicht zu Lasten der nationalen Demokratiestränge gehen. Für die vereinfachte Vertragsänderung nach Abs. 6, aber auch für die Inanspruchnahme der Vertragsabrundungskompetenz nach Art. 354 AEUV verlangt das Bundesverfassungsgericht ein **Gesetz** im Sinne des Art. 23 Abs. 1 Satz 2 GG, gegebenenfalls nach Art. 23 Abs. 1 Satz 3 GG, obwohl diese Änderungsverfahren zu keiner Ausdehnung der Kompetenzen und keiner Übertragung von neuen Zuständigkeiten führen. Man mag dieses Vorgehen mit dem »unpolitischen Modus« der Union rechtfertigen, der auf demokratische Legitimationszufuhr aus dem Mitgliedstaaten angewiesen bleibt.[36]

17 Änderungen der Verträge, die im Einzelfall in einer Weise auf das Grundgesetz zurückwirken, dass es in seinem Bedeutungsgehalt materiell geändert wird, unterliegen den Anforderungen des Art. 23 Abs. 1 Satz 3 GG. Andere Änderungen ohne solche Rückwirkungen lösen lediglich den Gesetzesvorbehalt des Art. 23 Abs. 1 Satz 2 GG aus. Änderungen im Abstimmungsverfahren des Rates ohne Erweiterungen des Verbandskompetenz oder der Wechsel zum ordentlichen Gesetzgebungsverfahren, was in beiden Fällen den Einfluss des deutschen Vertreters im Rat schmälert, bedürfen verfassungsrechtlich ebenfalls eines Gesetzes. Die Zustimmung des Bundestags soll den partiellen

---

[34] Dazu *Mayer*, in: Morlok/Schliesky/Wiefelspütz, Parlamentsrecht, § 43, Rn. 61 ff.

[35] BVerfGE 123, 267 (343). Zur Verfassungsablösung *Michael*, in: Kahl/Waldhoff/Walter (Hrsg.), Bonner Kommentar zum Grundgesetz (November 2013), Art. 146 Rn. 244 ff.

[36] Vgl. *Grimm*, Zum Stand der demokratischen Legitimation der Europäischen Union nach Lissabon, in: Terhechte/Heinig (Hrsg.), Postnationale Demokratie, Postdemokratie, Neoetatismus, 2013, S. 105 ff.; *ders.*, Die Rolle der nationalen Verfassungsgerichte in der europäischen Demokratie, in: Franzius/Mayer/Neyer (Hrsg.), Grenzen der europäischen Integration, 2014, S. 27 (39 f.). So richtig die Diagnose fehlender Politisierung auch ist, so undeutlich bleiben die Vorschläge für die gebotene Repolitisierung des Integrationsprojekts, vgl. *ders.*, Europa ja, aber welches?, 2016.

Kontrollverlust der Bundesregierung auf der Ebene des Rates kompensieren.[37] Ungeachtet der Überzeugungskraft dieser »**Kompensationsthese**« fragt sich, ob die Leistungsfähigkeit der nationalen Parlamente in Europafragen nicht überschätzt wird.[38] Änderungen des Unionsrechts stoßen dort an **verfassungsrechtliche Grenzen**, wo sie Integrationsvorbehalte oder unveränderliche »Identitätsgarantien« berühren. Neben den explizit genannten Strukturanforderungen des Art. 23 Abs. 1 Satz 1 GG soll die Identitätsgarantie des Art. 79 Abs. 3 GG dem Gesetzgeber eine absolut verstandene Grenze ziehen.[39] Dazu gehört die souveräne Staatlichkeit und die Fähigkeit zu selbstverantwortlicher politischer und sozialer Gestaltung der Lebensverhältnisse. Das Bundesverfassungsgericht formuliert einen Katalog, womit das Demokratieprinzip materiell aufgeladen wird.[40] Ein absolutes Übertragungsverbot enthält diese Liste freilich nicht.[41] Seine Warnfunktion scheint sie aber zu erfüllen.

Zwar haben die Mitgliedstaaten ihre völkerrechtliche Vertragsänderungskompetenz **19** nicht verloren. Aber der Umstand, dass dieses Recht nicht der Union zugewachsen ist, vermag die Änderungsverfahren des Art. 48 EUV im **Grenzbegriff der Souveränität**, soweit sie entweder bei den Mitgliedstaaten[42] oder – im Sinne einer Staatsanalogie – bei der Union verortet wird, nicht mehr überzeugend darzustellen.[43] Diese Unsicherheiten spiegeln die gegenwärtige Verfasstheit der Union:

Einerseits ist unbestritten, dass gegen den Willen auch nur eines Mitgliedstaates eine **20** Änderung der Verträge ausgeschlossen ist. Es wird aber gesagt, dass keine Anhaltspunkte dafür bestehen, wonach die Mitgliedstaaten ihre völkerrechtliche Kapazität, eine Änderung der Verträge einvernehmlich an Art. 48 EUV vorbei herbeizuführen, dinglich aufgeben wollten.[44] Ob diese Betrachtung angesichts der Verbundstruktur sinnvoll ist, mag hier dahingestellt bleiben.[45] Richtig ist, dass die Mitgliedstaaten ihre völkerrechtliche Souveränität und unabgeleitete Rechtspersönlichkeit nicht zugunsten der Union aufgegeben haben. Wenn die Mitgliedstaaten die Union einvernehmlich aufheben kön-

[37] Vgl. *Haratsch/Koenig/Pechstein*, Europarecht, Rn. 92; *Ohler*, in: Grabitz/Hilf/Nettesheim, EU, Art. 48 EUV (August 2011), Rn. 17.

[38] Instruktiv *v. Achenbach*, Vorschläge zu einer Demokratietheorie der dualen demokratischen Legitimation europäischer Hoheitsgewalt, ARSP-Beiheft 127/2012, 205 (212 f.); großzügiger *v. Bogdandy*, EJIL 22 (2012), 315 (316 f.). Zum Ganzen Franzius/Mayer/Neyer (Hrsg.), Modelle des Parlamentarismus im 21. Jahrhundert, 2015.

[39] Krit. *Mayer*, in: Morlok/Schliesky/Wiefelspütz, Parlamentsrecht, § 43, Rn. 56, 60.

[40] BVerfGE 123, 267 (358 ff.): Staatsbürgerschaft, staatliches Gewaltmonopol, staatliche Einnahmen und Ausgaben, Strafrechtspflege und Unterbringungsmaßnahmen, Sprache, Gestaltung der Familien- und Bildungsverhältnisse, Meinungs-, Presse- und Versammlungsfreiheit, Umgang mit dem religiösen oder weltanschaulichen Bekenntnis.

[41] Vgl. *Grzeszick*, in: Axer u. a. (Hrsg.), Das Europäische Verwaltungsrecht in der Konsolidierungsphase, Die Verwaltung, Beiheft 10/2010, 95 (112 f.); *Ohler*, in: Grabitz/Hilf/Nettesheim, EU, Art. 48 EUV (August 2011), Rn. 19: kein absolutes Übertragungsverbot, sondern Verbindung von Abwägungsgesichtspunkten, Beispielsfällen und demokratietheoretischen Gesichtspunkten.

[42] Statt vieler *Grimm*, Die Zukunft der Verfassung II, 2012, S. 275 ff.

[43] Für die umstrittene Frage über die Frage, wem das Letztentscheidungsrecht über eine Vertragsänderung zusteht: *Ohler*, in: Grabitz/Hilf/Nettesheim, EU, Art. 48 EUV (August 2011), Rn. 11. Zur Verwandlung der Staaten von den pouvoirs constituants zu pouvoir constitués der internationalen Gemeinschaft *Preuß*, Internationaler Konstitutionalismus, in: Lindemann u. a. (Hrsg.), Erzählungen vom Konstitutionalismus, 2012, S. 74 (83). Man wird die Regelungen des Vertragsänderungsverfahrens heute nicht mehr als »politische Klugheitsregeln« bezeichnen können, so aber noch *Nettesheim*, EuR 2006, 737 (741).

[44] *Haratsch/Koenig/Pechstein*, Europarecht, Rn. 95.

[45] Zurückhaltend *Meng*, in: GSH, Europäisches Unionsrecht, Art. 48 EUV, Rn. 4 f., 31 f.

nen, dann muss ihnen auch die Möglichkeit zugestanden werden, die Union im Konsens zu modifizieren. Solange die Mitgliedstaaten souveräne Staaten sind, können sie sich über die Selbstbindung hinwegsetzen und in den Grenzen des nationalen Verfassungsrechts auf ihre **völkerrechtliche Vertragsfreiheit** zurückgreifen. Darauf beruht bis heute die Union.

21   **Andererseits** unterläuft die Vorstellung, dass sich die Mitgliedstaaten außerhalb des Unionsrechts stellen, um darüber verfügen zu können, die **Idee der Rechtsgemeinschaft**.[46] Sollte ein gemeinsames Handeln der Mitgliedstaaten – genauer: der Regierungen mit Billigung der nationalen Parlamente – eine Abweichung von geltendem Unionsprimärrecht erlauben, würde dies das gesamte System des Unionsrechts in Frage stellen. Selbst wenn man dem »Systemgedanken« skeptisch gegenübersteht[47] und von keiner autonomen, sondern verschränkten Rechtsordnung ausgeht, die vom politischen Willen der Mitgliedstaaten getragen wird, wäre die Rechtsidee als solche erheblich relativiert. Ob gegen eine Änderungsbefugnis der Mitgliedstaaten der Verfassungscharakter der Verträge und deren unbegrenzte Dauer angeführt werden kann, erscheint jedoch ebenso zweifelhaft wie der Rückgriff auf den **Vorrang des Unionsrechts** gegenüber innerstaatlichem Recht. Denn auch der funktionssichernde Vorrang des Unionsrechts gilt nur unionsrechtsimmanent, steht also wie das gesamte Unionsrecht unter dem Vorbehalt der Abänderung durch die Mitgliedstaaten. Dass die Mitgliedstaaten eine solche Änderung bislang nicht vorgenommen haben, dies aber tun könnten, legitimiert den Vorrang als grundlegendes Prinzip der Unionsrechtsordnung.[48]

22   Zutreffend ist darauf hingewiesen worden, dass keine Notwendigkeit besteht, das Änderungsverfahren nach Art. 48 EUV als »Hort der Rechtsstaatlichkeit« zu überhöhen.[49] Der Einwand aber, die unionsrechtliche **Verleihung von Rechten an Dritte**[50] bilde ein zwingendes Hindernis für beliebige Vertragsänderungen durch die Mitgliedstaaten, hat nicht nur eine rechtsstaatliche, sondern auch eine demokratische Komponente. Denn es geht nicht allein um die Unionsbürger, deren individuelle Rechte in Frage gestellt wären, stünde der Bestand des Unionsprimärrechts unter dem Vorbehalt der Bekräftigung durch die Mitgliedstaaten. Mögen die Unionsbürger durch die verfassungsrechtlich vorgesehene Beteiligung der nationalen Parlamente an exekutiven Vertragsänderungen auch beteiligt sein, so gilt das nicht für die Unionsorgane, deren Rechte an Vertragsänderungen umgangen werden, wollte man eine uneingeschränkte Abänderungsbefugnis der Mitgliedstaaten aufgrund der ihnen verbleibenden völkerrechtlichen Souveränität annehmen.[51] Grenzen ergeben sich insoweit aus der demokratischen Legitimationsgrundlage des Unionsrechts, das nicht allein auf der Zustimmung natio-

---

[46] Grundlegend: *Hallstein*, Die EWG – eine Rechtsgemeinschaft, in: Hallstein, Europäische Reden, 1979, S. 341; dazu *Mayer*, Europa als Rechtsgemeinschaft, in: Schuppert/Pernice/Haltern (Hrsg.), Europawissenschaft, 2005, S. 429.

[47] Aus dem deutschsprachigen Schrifttum *Lepsius*, Der Staat 2013, 157 (184 f.).

[48] Vgl. *Mayer*, GLJ 6 (2005), 1497 (1499).

[49] *Cremer*, in: Calliess/Ruffert, EUV/AEUV, Art. 48 EUV, Rn. 20. Die in Deutschland verbreitete Übernormativierung sozialer Ordnungen führt dazu, dem politischen Handeln schnell einen Rechtsbruch zu attestieren. Insoweit setzt sich in der Flüchtlingskrise fort, was bereits in der Euro-Krise zu beobachten war; dazu *Reding*, Europa, das Recht und die deutschen Juristen: ein luxemburgischer Zwischenruf, Rede anlässlich des 69. Deutschen Juristentags in München am 18. 9. 2012, http://europa.eu/rapid/press-release_SPEECH–12–614_en.htm (14. 2. 2016).

[50] Vgl. *Meng*, in: GS, EUV/EGV, Art. 48 EUV, Rn. 30.

[51] Durch »unechte Ratsbeschlüsse« können die Unionsverträge nicht abgeändert werden, vgl. *Meng*, in: GSH, Europäisches Unionsrecht, Art. 48 EUV, Rn. 32.

naler Repräsentationsorgane, sondern auch auf der verfahrensmäßigen Einbindung der **Rechte des Europäischen Parlaments** beruht.[52]

Diese Ambivalenz ist der Verbundstruktur der europäischen Rechtsordnung ge- 23
schuldet. Zwar ist unbestritten, dass es sich um **relative Selbstbindungen** handelt, welche die Mitgliedstaaten unionsrechtlich unter dem Vorbehalt der Abänderung eingegangen sind. Man mag von einem »blinden Fleck« sprechen, den die Mitgliedstaaten als
»Konstrukteure« des europäischen Rechtssystems in dieses selbst eingebaut haben.[53]
Jedoch muss gesehen werden, dass es eine einheitliche Haltung des jeweiligen Mitgliedstaates in Europafragen häufig nicht gibt und die Beachtung des Art. 48 EUV gerade
auch dem Schutz der Beteiligung nationaler Parlamente dient, also Anforderungen des
nationalen Verfassungsrechts flankieren kann. Allerdings behält eine Interpretation, die
Art. 48 EUV zwingenden Charakter abspricht, eine Funktion: Sie erinnert die Akteure
an die **Zerbrechlichkeit der Union**, deren Bestand von dem sie tragenden politischen
Willen der Mitgliedstaaten angewiesen bleibt. Der »Brexit« hat das deutlich gemacht.

2. Keine Kodifikation von ius cogens

Überwiegend wird davon ausgegangen, dass es sich bei den Verfahrensbestimmungen 24
des Art. 48 EUV um keine Kodifikation von *ius cogens* handelt, die Mitgliedstaaten also
nicht gehindert sind, abweichend von Art. 48 EUV und auch dort, wo die Verträge keine
speziellen oder besonderen Verfahren zur Vertragsänderung vorsehen, eine Änderung
oder Ergänzung der Verträge, auf denen die Union beruht, unter Nichtbeachtung der
Verfahrensvorschriften des Art. 48 EUV vorzunehmen.[54] Die Annahme einer verbleibenden Kompetenz zum Abschluss völkerrechtlicher Verträge unter den Mitgliedstaaten ohne Einhaltung des Verfahrens nach Art. 48 EUV ist zutreffend, soweit der Vertrag
nicht in Kompetenzen der Union eingreift und das bestehende Unionsprimärrecht unberührt lässt, also außerhalb des Vertragswerks der Union steht. Das ist freilich schon
beim Fiskalvertrag unsicher. Art. 2 VSKS ordnet ausdrücklich die Geltung der Loyalitätsverpflichtung nach Art. 4 Abs. 3 EUV an und versucht dadurch die Einheit des mit
Vorrang gegenüber »Ergänzungsvölkerrecht« ausgestatteten Unionsrechts zu sichern.
Soweit die Mitgliedstaaten beabsichtigen, durch einen völkerrechtlichen Vertrag eine
Änderung der Verträge herbeizuführen, sind sie zur Einhaltung der Vertragsänderungsverfahren des Unionsrechts verpflichtet. Beschlüsse des Europäischen Rates oder eine
nachfolgende Staatenpraxis der Mitgliedstaaten, die auf eine materielle Änderung oder
Ergänzung der Verträge ohne Beachtung der im Unionsrecht vorgesehenen Verfahren
zielen, sind deshalb als Verstoß gegen förmliche Verfahrensgebote zu werten und **unionsrechtlich unzulässig.**[55]

Umstritten ist jedoch, was daraus folgt. Teilweise wird angenommen, dass die Uni- 25
onsrechtswidrigkeit von Änderungsvereinbarungen deren **völkerrechtliche Wirksamkeit** unberührt lässt. Jedenfalls findet die Selbstverpflichtung der Mitgliedstaaten zur

---

[52] Ob mit *Grimm*, in: *ders.*, Europa ja, aber welches?, 2016, S. 71 (74 ff.) zwischen Fremd- und
Eigenlegitimation unterschieden werden sollte, sei dahingestellt. Die Vertragsänderungsverfahren
zielen auf ihre Verschränkung.

[53] *Cremer*, in: Calliess/Ruffert, EUV/AEUV, Art. 48 EUV, Rn. 21.

[54] Vgl. *Haratsch/Koenig/Pechstein*, Europarecht, Rn. 95; a. A. *Nicolaysen*, Europarecht I, S. 80 f.,
157 f.

[55] *Herrnfeld*, in: Schwarze, EU-Kommentar, Art. 48 EUV, Rn. 22; *Pechstein*, in: Streinz,
EUV/AEUV, Art. 48 EUV, Rn. 14; *Ohler*, in: Grabitz-Hilf/Nettesheim, EU, Art. 48 EUV (August
2011), Rn. 26.

Einhaltung der Änderungsverfahren eine Grenze in der völkerrechtlichen Rechtsmacht der Vertragsparteien, sich von dieser Selbstverpflichtung wieder lösen zu können. Das Verdikt der Unionsrechtswidrigkeit ist freilich nur ein stumpfes Schwert, weil es wegen der begrenzten Zuständigkeit des EuGH zur Überprüfung von Änderungen des Primärrechts gerichtlich nur schwer sanktionierbar ist. Seine Position hat der Gerichtshof verschiedentlich deutlich gemacht. Danach ist ein konkludentes Handeln der mitgliedstaatlichen Regierungen zur Änderung der Verträge unzulässig.[56] Anderenfalls drohe eine Umgehung der Vertragsorgane.[57] Probleme des im Zuge der Euro-Krise geschaffenen völkerrechtlichen »Ersatzunionsrechts« entstehen freilich nicht bloß durch die Umgehung der Unionsorgane, sondern auch mit deren Einbeziehung: So ist die Kontrolle der durch den Fiskalvertrag geschaffenen Verpflichtungen zur Aufnahme einer Schuldenbremse durch den EuGH alles andere als unproblematisch. Sie erstreckt sich indes nur auf ihre Einführung, nicht aber deren Einhaltung im nationalen Recht. Auch die Idee, die Kommission im Wege der Organleihe zur Durchsetzung des Fiskalvertrags in Dienst zu nehmen, ist mangels eigener Organe des Fiskalvertrags verständlich, kann die Geltung des Unionsrechts im Konfliktfall aber nicht behindern und »lebt« letztlich davon, dass der politische Wille zur Befolgung bestehen bleibt.[58]

26   Dass die materielle Änderung von Unionsprimärrecht durch die Mitgliedstaaten außerhalb der Verfahrensanforderungen des Art. 48 EUV **unionsrechtswidrig, aber völkerrechtlich wirksam** ist, kann als Ergebnis kaum befriedigen.[59] Zwar schützt die Unionsrechtswidrigkeit informeller Änderungsabreden die demokratische Legitimationsgrundlage der Unionsrechtsordnung, bestehend aus der Einbeziehung der Unionsorgane und der nationalen Parlamente im Ratifikationsverfahren. Teilweise wird angenommen, aufgrund der Vorrangwirkung bleibe das unveränderte Unionsrecht in den nationalen Rechtsordnungen maßgeblich.[60] Andere sehen in der Disparität zwischen unionsrechtlicher Rechtswidrigkeit und völkerrechtlicher Beachtlichkeit, soweit eine Vertragsrechtswidrigkeit durch alle Mitgliedstaaten beabsichtigt sein sollte, unbeschadet der rechtsstaatlichen Sicherungen wie der Möglichkeit der Einleitung eines Vertragsverletzungsverfahrens nach Art. 258 AEUV[61] eine Frage der politischen Realitäten.[62] Um dieses Ergebnis, also die unionsrechtliche Unwirksamkeit völkerrechtlich wirksamer Änderungsabreden zu vermeiden, ermöglicht der Vertrag durch die vereinfachten Änderungsverfahren ein hohes Maß an **sachgebietsbezogener Flexibilität**.[63] Es nimmt den Druck von den Mitgliedstaaten, wegen eines für notwendig befundenen gemein-

---

[56] EuGH, Urt. v. 8.4.1976, Rs. 43/75 (Defrenne), Slg. 1976, 455, Rn. 56 f.; *v. Bogdandy*, in: v. Bogdandy/Bast, Europäisches Verfassungsrecht, S. 45.

[57] Statt vieler *Peters*, S. 457.

[58] *Mayer*, Das Recht und die Euro-Krise: Teil der Lösung oder Teil des Problems? VerfBlog, 2011/12/19, http://www.verfassungsblog.de/das-recht-der-eurokrise-teil-der-lsung-oder-teil-des-problems (18.2.2014).

[59] Das allgemeine Völkerrecht bleibt nur anwendbar, wenn das Unionsprimärrecht nicht geändert wird: *Meng*, in: GSH, Europäisches Unionsrecht, Art. 48 EUV, Rn. 4.

[60] *Rathke*, S. 183 f.; *Pechstein*, in: Streinz, EUV/AEUV, Art. 48 EUV, Rn. 14: keine unmittelbaren Wirkungen nichtförmlicher Änderungsabreden in den mitgliedstaatlichen Rechtsordnungen.

[61] Überprüft werden können lediglich Verletzungen von Verfahrenspflichten. Die materiellen Änderungsregeln selbst können nur Maßstab, nicht aber Gegenstand der Kontrolle durch den EuGH sein. Näher s. Rn. 69 ff.

[62] *Herrnfeld*, in: Schwarze, EU-Kommentar, Art. 48 EUV, Rn. 23; strenger *Ohler*, in: Grabitz/Hilf/Nettesheim, EU, Art. 48 EUV (August 2011), Rn. 26.

[63] Vgl. *Rathke*, S. 184.

samen Handelns zu völkerrechtlichen Änderungen des Primärrechts zu greifen, was die Unionsrechtsordnung beschädigen würde. Hier liegt ein zentraler Grund für die komplizierter gewordene Vorschrift: Vom ordentlichen Änderungsverfahren kann unter den Voraussetzungen der Abs. 6 und Abs. 7 abgewichen werden. Ohne eine autonome Änderungsbefugnis für die Union zu begründen, erlauben die vereinfachten Änderungsverfahren punktuelle Modifikationen des Primärrechts ohne völkervertragliches Ratifikationsverfahren und die »klassische« Legitimation durch Zustimmungsgesetze. Gesprochen wird von »halbautonomen« und »autonomen« Vertragsänderungen. Sie stoßen auf verfassungsrechtliche Vorbehalte.

3. Kompetenzordnung

Der Vertragsänderungsvorbehalt verbietet sekundärrechtliche Vertragsdurchbrechungen ohne Änderung der vertraglichen Grundlagen. Art. 48 EUV stellt eine **Kompetenzausübungsgrenze** dar: Die Unionsorgane dürfen von ihren Rechtsetzungskompetenzen nicht in einer Weise Gebrauch machen, die in der Sache eine Vertragsänderung bewirken. In der Hand der politischen Akteure wird das Argument des Vertragsänderungsvorbehalts faktisch aber schnell eine **Integrationsgrenze**. Denn eine Änderung der Verträge ist abgesehen von der verfahrensmäßigen Formalisierung, die sich erschwerend auf Vertragsänderungen auswirken kann, wegen des Einstimmigkeitsvorbehalts in der gegenwärtigen EU 28 ein politisch riskantes Unterfangen. Wer in der Euro-Krise auf die Notwendigkeit einer Vertragsänderung hinweist, verteidigt nicht immer nur die Rechtsidee, sondern kann sich mit dem Hinweis auf das Erfordernis einer aus verfassungsrechtlichen Gründen erforderlichen Vertragsänderung auch einer politischen Mehrheit unter den europäischen Regierungen zugunsten des heimischen Publikums entziehen.[64]

Zwischen der Vertragsänderung und der Kompetenzordnung besteht ein wichtiger Zusammenhang. Je schwerer eine Verfassung zu ändern ist, **desto flexibler müssen die bestehenden Kompetenzen** handhabbar sein.[65] Das zeigt das amerikanische Beispiel: Weil die US-Verfassung nur schwer zu ändern ist, kann das Verständnis der Kompetenzen nicht statisch ausfallen. Demgegenüber wird das in Deutschland vorherrschende Bild einer relativ starren Abschichtung der Rechtsetzungskompetenzen durch das Grundgesetz nicht zuletzt dadurch erlaubt, weil die bestehende Kompetenzverteilung durch Verfassungsänderungen vergleichsweise leicht korrigierbar ist. Diese Einsicht auf das Unionsrecht übertragen, bedeutet, sich zu vergegenwärtigen, dass ein Zusammenhang des Vertragsänderungsverfahrens mit dem Grundsatz der begrenzten Einzelermächtigung nicht nur in eine Richtung besteht, es also nicht nur der Vertragsänderung bedarf, wenn eine Kompetenz nicht besteht.[66] Wenn und weil die Vertragsänderung praktisch nur schwer zu überwindenden Hürden ausgesetzt ist, bedarf es einer flexibleren Interpretation der bestehenden Kompetenzen. Hier mag ein Grund liegen, warum die Feststellung eines kompetenzwidrigen und vom deutschen Zustimmungsgesetz

27

28

---

[64] Vgl. Rede des Bundesfinanzministers *Schäuble* v. 30.1.2014, http://www.bundesregierung.de/Content/DE/Bulletin/2014/01/09–2-bmf-bt.html (19.2.2014); Bundesbankpräsident *Weidmann* im Interview mit der Zeitung »Die Welt am Sonntag« v. 9.12.2012, www.welt.de/print/wams/wirtschaft/article111903369/Ich-muss-nicht-von-allen-geliebt-werden.html (19.2.2014); *Zeitler*, Ein weiterer Fall von Selbstermächtigung, FAZ v. 9.8.2013, S. 7.

[65] Vgl. *Möllers*, S. 774f.; *Franzius*, EuR 2013, 655 (666). Zu Kompetenzverschiebungen als Krisenfolge *Mayer*, JZ 2014, 593.

[66] *Ohler*, in: Grabitz/Hilf/Nettesheim, EU, Art. 48 EUV (August 2011), Rn. 4.

nicht mehr gedeckten ultra vires Aktes vom Bundesverfassungsgericht an einen »offen-
kundigen« oder »in hinreichend qualifizierter Weise« vorliegenden Verstoß gebunden
wurde.[67]

29   Dieser Zusammenhang gilt freilich auch umgekehrt: Will man dem Grundsatz der
begrenzten Einzelermächtigung nach Art. 5 Abs. 1 EUV auf Dauer hinreichend Rechnung tragen, muss eine Veränderung der Kompetenzordnung, also eine Veränderung
der Verträge auch möglich und praktisch realisierbar sein. Das erklärt nicht nur die
Ausdifferenzierung der Änderungsverfahren mit dem Ziel vereinfachter Vertragsänderungen. Die Einsicht in den wechselseitigen Zusammenhang von Vertragsänderung
und Kompetenzordnung löst ein Stück weit das »**integrationspolitische Dilemma**« auf,
von dem die Rede ist, weil selbst dort, wo die Union wie im Bereich der Währungspolitik
über ausschließliche Kompetenzen im Sinne des Art. 3 Abs. 1 AEUV verfügt, jenseits
der im Detail enger gefassten ausdrücklichen Ermächtigungsgrundlagen das Vertragsänderungsverfahren durchgeführt werden muss, jedenfalls nicht einfach mit dem Hinweis
auf einen politischen Konsens unter den Regierungen und das praktische Bedürfnis zu
einem gemeinsamen Handeln überspielt werden darf.[68] Insoweit ist die Wahl unsicherer
Rechtsgrundlagen zur Bewältigung der Euro-Krise wie Art. 136 Abs. 1 AEUV für den
Ausbau der Wirtschaftsunion[69] oder Art. 127 Abs. 6 AEUV für die Bankenunion[70] und
außervertragliche Konstruktionen wie der Fiskalvertrag[71] der **Statik des Vertragsänderungsverfahrens** geschuldet. Art. 48 EUV selbst ist zwar nicht änderungsfest. Doch Änderungen des Änderungsverfahrens sind ihrerseits nur in den Verfahren nach Art. 48
EUV möglich.[72]

III.   Sachlicher Anwendungsbereich (Abs. 1)

30   Art. 48 EUV normiert einen **verfahrensrechtlichen Politikvorbehalt**. Änderungsgegen-
stand sind die Verträge mit allen Bestandteilen. Änderung meint ausdrückliche Aufhebung, Ersetzung oder Ergänzung von Vertragsvorschriften. Art. 48 EUV legt ein formelles Verständnis von Änderung zugrunde, schließt die **richterliche Rechtsfortbildung
durch den EuGH**, dem nach Art. 19 Abs. 1 EUV das Auslegungsmonopol über das Primärrecht zukommt, aber nicht aus.[73] Nach Art. 48 EUV ist zu verfahren, wenn ein

---

[67] BVerfGE 126, 286 (303 f.). Zum Verständnis des BVerfG vom Kompetenzgefüge zwischen
Union und Mitgliedstaaten *Häde*, Das Verständnis des Bundesverfassungsgerichts vom Kompetenzgefüge zwischen der EU und den Mitgliedstaaten, in: Möllers/Zeitler (Hrsg.), Europa als Rechtsgemeinschaft – Währungsunion und Schuldenkrise, 2013, S. 245 (251 ff.).

[68] Vgl. *Ohler*, in: Grabitz/Hilf/Nettesheim, EU, Art. 48 EUV (August 2011), Rn. 13.

[69] Das betrifft vor allem das so genannte Six Pack, krit. *Bast/Rödl*, EuGRZ 2012, 269 (270 ff.);
Scharpf, Die Finanzkrise als Krise der ökonomischen und rechtlichen Überintegration, in: Franzius/
Mayer/Neyer (Hrsg.), Grenzen der europäischen Integration, 2014, S. 51 ff.

[70] Betreffend den Single Supervisory Mechanism (SSM), womit die Aufsichtszuständigkeit für
bedeutende Banken auf die EZB übertragen wird. Auch die Abstützung des zur Bankenabwicklung
eingerichteten Single Resolution Mechanism (SRM) auf die Binnenmarktkompetenz nach Art. 114
AEUV war unsicher, krit. *Kämmerer/Starski*, ZG 2013, 318 (325 ff.). Das rechtfertigt aber nicht die
»Flucht« in zwischenstaatliche Lösungen. Überdenkenswert die rechtspolitischen Vorschläge der
»Glienicker Gruppe« von deutschen Ökonomen, Juristen und Politologen für eine Euro-Union, ZRP
2013, 248.

[71] Überblick auf der Grundlage der Zweiteilung von Fiskal- und Wirtschaftsunion: *Calliess*, DÖV
2013, 785.

[72] Vgl. *Pechstein/Koenig*, Die Europäische Union, 3. Aufl., 2000, Rn. 488 f.

[73] Das Spannungsverhältnis, das zur Rechtsprechung nationaler Verfassungsgerichte in deren
Überprüfung der mitgliedstaatlichen Zustimmungsakte entsteht, sollte nicht überhöht werden. Der

völkerrechtliches Abkommen der Union geschlossen werden soll, das der EuGH in einem Gutachten nach Art. 218 Abs. 11 AEUV für mit den Verträgen unvereinbar erklärt hat.[74]

Abs. 1 ist den Verfahrensregelungen in Abs. 2–7 **vorgeschaltet**. Einen numerus clausus der Änderungsverfahren enthält Abs. 1 jedoch nicht.[75] Neben dem ordentlichen Änderungsverfahren (Art. 48 Abs. 2–5 EUV) und den vereinfachten Änderungsverfahren (Art. 48 Abs. 6 und Abs. 7 EUV) enthalten die Verträge eine Vielzahl **besonderer Änderungsermächtigungen** (Art. 42 Abs. 2 UAbs. 1 Satz 1 und Art. 25 Abs. 2 EUV, Art. 218 Abs. 8 UAbs. 2 Satz 2, Art. 223 Abs. 1 UAbs. 2, Art. 262, Art. 311 Abs. 3 AEUV), die teilweise kompetenzerweiternd ausgestaltet sind (Art. 83 Abs. 1 UAbs. 3, Art. 86 Abs. 4, Art. 308 Abs. 2 AEUV) oder spezielle »Brückenklauseln« enthalten (Art. 31 Abs. 3 EUV und Art. 81 Abs. 3 UAbs. 2, Art. 153 Abs. 2 UAbs. 4, Art. 192 Abs. 2 UAbs. 2, Art. 312 Abs. 2 UAbs. 2, Art. 333 Abs. 1 und Abs. 2 AEUV). Auch die neu gefasste Flexibilitätsklausel (Art. 352 AEUV) ist in diesem Zusammenhang zu nennen. **31**

Die Bedeutung des Abs. 1 ist darin zu sehen, die im Vertragsvertrag noch auf mehrere Vorschriften verteilten Änderungsvorgaben (Art. IV-443–445 EVV) in einer Vorschrift zusammenzufassen, zu **inhaltlichen Beschränkungen der Vertragsänderung** aber zu schweigen. Die Mitgliedstaaten haben nicht nur die Rechtsmacht behalten, über die unionsverfassungsrechtlichen Grundlagen in den verfahrensrechtlichen Grenzen des Art. 48 EUV zu verfügen. Das förmliche Vertragsänderungsverfahren steht auch Formen abgestufter Integration nicht entgegen, soweit dauerhafte Ausnahmen wie zum Beispiel die Nichtteilnahme des Vereinigten Königreichs und Dänemarks an der Wirtschafts- und Währungsunion von allen Mitgliedstaaten beschlossen werden.[76] Materielle Grenzen der Vertragsrevision enthält nicht das änderungsoffene Primärrecht, sondern das nationale Europaverfassungsrecht, das mit »änderungsfesten Kernen« der nationalen Verfassung wie Art. 79 Abs. 3 GG zugleich Grenzen der innerstaatlichen Beachtung der Unionsrechtsordnung markieren will.[77] Ob deren Überwindung eine neue Ver- **32**

---

europäische Rechtsraum kann nicht durch die (vergebliche) Suche nach ultimativen Letztentscheidungsrechten gesichert werden. Zu einer pluralistischen Deutung der Verbundordnung v. *Bogdandy*, in: Isensee/Kirchhof, HStR XI, 3. Aufl., 2013, § 232; *Mayer*, VVDStRL 75 (2016), 28 ff. (»kooperativer Verfassungspluralismus«); dazu *Franzius*, Rechtswissenschaft 7 (2016), 62.

[74] *Ohler*, in: Grabitz/Hilf/Nettesheim, EU, Art. 48 EUV (August 2011), Rn. 15. Ein Beispiel ist die Anpassung des Art. 6 Abs. 2 durch den Vertrag von Lissabon zur Ermöglichung des Beitritts der EU zur EMRK, nachdem der EuGH entschieden hatte, die frühere EG sei wegen der weitreichenden Folgen für das Unionsrechtsschutzsystem unzuständig, einen solchen Beitritt zu erklären, vgl. EuGH, Gutachten 2/94 v. 28.3.1996 (EMRK I), Slg 1996, I–1759, Rn. 34 f. Das Gutachten 2/2013 v. 18.12.2014 (EMRK II), EuGRZ 2015, 56 zur Primärrechtswidrigkeit des Beitrittsabkommens der EU zur EMRK – krit. *Tomuschat*, EuGRZ 2015, 133 – macht eine noch stärkere Beitrittsverpflichtung im Primärrecht erforderlich.

[75] A.A. *Heintschel v. Heinegg*, in: Vedder/Heintschel v. Heinegg, Europäisches Unionsrecht, Art. 48 EUV, Rn. 3.

[76] Für die verstärkte Zusammenarbeit nach Art. 326 ff. AEUV gelten die Brückenklauseln des Art. 333 AEUV. Danach kann durch einstimmigen Ratsbeschluss der teilnehmenden Mitgliedstaaten auf Mehrheitsentscheidungen oder das ordentliche Gesetzgebungsverfahren gewechselt werden.

[77] Vgl. *Haratsch/Koenig/Pechstein*, Europarecht, Rn. 94; *Pechstein*, in: Streinz, Art. 48 EUV, Rn. 6; *Ohler*, in: Grabitz/Hilf/Nettesheim, EU, Art. 48 EUV (August 2011), Rn. 24 f.; ausf. *Sichert*, S. 511 ff. Einer Hierarchisierung wird nicht nur im Verhältnis zu den nationalen Rechtsordnungen, sondern auch innerhalb der Unionsrechtsordnung mit Zurückhaltung begegnet, vgl. *Nettesheim*, EuR 2006, 737 (740 ff.). Näher s. Rn. 69 ff.

fassung im Sinne des Art. 146 GG erfordert, kann an dieser Stelle dahingestellt bleiben.[78] Jedenfalls beruht der Änderungsspielraum des Primärrechts auch auf den gegebenenfalls anzupassenden Integrationsermächtigungen der mitgliedstaatlichen Verfassungen wie Art. 23 Abs. 1 GG.[79]

B. Ordentliches Änderungsverfahren

I. Vielzahl der Akteure (Abs. 2)

33   Das ordentliche Änderungsverfahren (Abs. 2–5) ist sachlich unbeschränkt, aber durch
die Einbeziehung einer Vielzahl an Akteuren gekennzeichnet. **Initiativberechtigt** sind
die Regierungen der Mitgliedstaaten, die Kommission und das Europäische Parlament.
Die Aufnahme des Europäischen Parlaments in den Kreis der initiativberechtigten Organe war überfällig[80] und nimmt die Vertragsänderung »ein Stück weit« aus seiner überkommenen intergouvernementalen Prägung heraus. Das Europäische Parlament beschließt über einen Änderungsentwurf mit der Mehrheit der abgegebenen Stimmen
nach Art. 231 Abs. 1 AEUV, die Kommission mit der Mehrheit ihrer Mitglieder gemäß
Art. 250 AEUV. Die Beschlussfassung der Regierungen im Rat richtet sich demgegenüber nach nationalem Recht. Art. 48 EUV adressiert nicht die Unionsbürger, schützt
sie deshalb auch nur mittelbar, nämlich repräsentiert im Europäischen Parlament, vor
einer »Rechte neu verteilenden« Vertragsänderung.[81]

34   Anforderungen an die eingebrachten **Änderungsentwürfe** lassen sich aus den verfahrensrechtlichen Folgen einer Änderungsinitiative bestimmen.[82] Denn der über den weiteren Fortgang des Verfahrens bestimmende Europäische Rat kann einen Entwurf nur
sinnvoll prüfen, wenn dieser hinreichend konkret formuliert ist. Auch die vorgesehene
Befassung der nationalen Parlamente mit dem Änderungsvorschlag setzt voraus, dass
diese erkennen können, welche Vertragsbestimmungen geändert werden sollen.
Schließlich sind die Anhörungsrechte der Kommission und des Europäischen Parlaments nur effektiv wahrzunehmen, wenn Gegenstand, Umfang und Ziel der Vertragsänderung erfasst werden können. Der bloße Wille zur Änderung der Verträge reicht
nicht aus, um als »Entwurf« im Sinne des Art. 48 EUV angesehen werden zu können und
weitere Verfahrensfolgen auszulösen. Nähere inhaltliche Anforderungen stellt Art. 48
Abs. 2 EUV aber nicht auf. Satz 2 stellt klar, dass der Vertragsänderung keine »Integrationsautomatik« zugrundegelegt werden darf. Der Änderungsentwurf kann auf eine
Ausweitung oder den Rückbau von Unionskompetenzen zielen, was jedoch nicht vor-

---

[78] Vgl. BVerfGE 123, 267 (331 f., 349). Mit der Kritik daran – statt vieler *Herbst*, ZRP 2012, 33 –
sollte man es sich nicht zu einfach machen, vgl. *Haug*, AöR 138 (2013), 437. Freilich sind Intergrati-
onsfortschritte nicht von der Schaffung eines europäischen Bundesstaates abhängig zu machen, statt
vieler – in der Sache zutreffend – *Mayer*, VVDStRL 75 (2016), 58 mit Fn. 264: »Es sind die Traditio-
nalisten, die dadurch, dass sie die Europäische Union in Staatswerdungsprozesse treiben, letztlich auf
eine Überwindung der nationalen Verfassungsstrukturen durch analoge Unionsstrukturen hinwirken.«
[79] Überblick: *Grabenwarter*, in: v. Bogdandy/Bast, Europäisches Verfassungsrecht, S. 121
(123 ff.); *Classen*, Nationales Verfassungsrecht in der Europäischen Union, 2013. Zur Funktion der
Integrationsklauseln *Wendel*, Permeabilität im europäischen Verfassungsrecht, 2011, S. 144 ff.
[80] *Herrnfeld*, in: Schwarze, EU-Kommentar, Art. 48 EUV, Rn. 4.
[81] Anders *Meng*, in: GS, EUV/EGV, Art. 48 EUV, Rn. 30 ff.
[82] So auch *Ohler*, in: Grabitz/Hilf/Nettesheim, EU, Art. 48 EUV (August 2011), Rn. 30 f.

schnell als Ermächtigung zur Re-Nationalisierung überhöht werden sollte. Den Initiativberechtigten kommt ein weites **integrationspolitisches Ermessen** zu, das keinen inhaltlichen Beschränkungen unterliegt. Für Vertragsänderungen, die von den Mitgliedstaaten ausgehen, sind freilich Anforderungen des nationalen Verfassungsrechts zu beachten.

Empfänger des Entwurfs ist der Rat, der ihn an den Europäischen Rat weiterleitet und   **35** den nationalen Parlamenten zur Kenntnis bringt (Abs. 2 Satz 3). Ein Recht zur eigenen Stellungnahme hat der Rat nicht, da Art. 48 EUV das inhaltliche Prüfungsrecht dem Europäischen Rat zuweist. Insoweit kommt dem Rat lediglich eine **Botenfunktion** zu, was die im Rat vertretenen Regierungen nicht hindert, den an die nationalen Parlamente übermittelten Änderungsentwurf mit einer eigenen Stellungnahme zu kommentieren. Art. 48 EUV weist die Verfahrensherrschaft dem Europäischen Rat zu, der, obwohl als Unionsorgan nicht initiativberechtigt, auch dort ein ordentliches Änderungsverfahren durchführen kann, wo ein vereinfachtes Änderungsverfahren ohne Ratifikationsvorbehalt möglich wäre.[83] Politisch muss das Risiko, dass das ordentliche Änderungsverfahren am Widerstand eines Mitgliedstaates scheitert, gegen das Risiko einer Fehleinschätzung der Beachtung der Kompetenzgrenzen bei der Durchführung des vereinfachten Änderungsverfahrens abgewogen werden. Letzteres ist justiziabel.[84]

II. Konventsverfahren (Abs. 3 UAbs. 1)

Als Regel sieht Art. 48 EUV für das ordentliche Vertragsänderungsverfahren die Durch-   **36** führung des Konventsverfahrens vor. Nachdem der Änderungsentwurf dem Europäischen Rat übermittelt worden ist, berät dieser über den Entwurf und das weitere Verfahren. Das inhaltliche Prüfungsrecht ist umfangreichen Anhörungspflichten unterworfen. Das betrifft die Kommission, das Europäische Parlament und, soweit der Entwurf institutionelle Änderungen im Währungsbereich vorsieht, die EZB (Abs. 3 UAbs. 1 Satz 2). Wie diesen Verfahrenspflichten nachzukommen ist, lässt sich den Kriterien aus der **Roquettes Frères Rechtsprechung** des EuGH entnehmen.[85] Die Anhörung setzt eine entsprechende Information der zu beteiligenden Organe voraus. Entscheidend ist, dass den Organen Gelegenheit gegeben wird, ihrer Auffassung tatsächlich Ausdruck zu verleihen, so dass der Europäische Rat diese im Rahmen seiner Entscheidungsfindung **berücksichtigen** kann.[86] Der Europäische Rat muss alle Möglichkeiten ausschöpfen, eine Stellungnahme innerhalb angemessener Zeit zu erreichen, bevor das Verfahren fortgesetzt werden kann. Die anzuhörenden Unionsorgane sind nicht verpflichtet, sich zum Änderungsentwurf zu äußern, haben durch die Verweigerung einer Stellungnahme aber auch nicht die Möglichkeit, das weitere Verfahren aufzuhalten und eine Vertragsänderung zu verhindern.

Zur Prüfung der Änderungsvorschläge **kann** der Europäische Rat die Einberufung   **37** eines Konvents durch den Präsidenten des Europäischen Rates beschließen. Dieser Beschluss nach Art. 288 Abs. 4 AEUV bezieht sich auf den Änderungsentwurf und ermächtigt den Konvent zur Ausarbeitung und Vereinbarung einer Empfehlung zur »möglichst umfassenden und möglichst transparenten Vorbereitung der nächsten Regierungs-

---

[83] Allgemeine Meinung, statt vieler *Ohler*, in: Grabitz/Hilf/Nettesheim, EU, Art. 48 EUV (August 2011), Rn. 34.
[84] EuGH, Urt. v. 27. 11. 2012, Rs. C–370/12 (Pringle), ECLI:EU:C:2012:756, Rn. 35 f.
[85] EuGH, Urt. v. 29. 10. 1980, Rs. 138/79 (Roquettes Frères), Slg. 1980, I–3333, Rn. 33 ff.
[86] So auch *Rathke*, S. 190.

konferenz« (Abs. 3 UAbs. 1 Satz 1, 3). Ein solches »**Mandat**« sieht Abs. 4 für die Regierungskonferenz vor, ist aber auch für den Konvent zu fordern, weil dieser über keinen eigenen Organstatus verfügt, sondern von den Vorgaben des Einrichtungsbeschlusses abhängt.[87] Auch nach positiven Stellungnahmen der eine entsprechende Mandatierung befürwortenden Unionsorgane ist der Europäische Rat nicht zur Erteilung eines Mandats verpflichtet. Es steht in seinem **Ermessen**, das weitere Verfahren im Konvent oder direkt in der Regierungskonferenz zu eröffnen, kann es aber auch ganz ablehnen, ein Mandat zu erteilen. Über die Frage der Mandatserteilung an den Konvent entscheidet der Europäische Rat mit einfacher Mehrheit der Stimmen der Staats- und Regierungschefs. Angesichts der weitreichenden Folgen wird aber faktisch Einstimmigkeit vorliegen müssen. Gegen den Widerstand »mächtiger« Mitgliedstaaten dürfte die Einberufung des Konvents oder dessen Ablehnung kaum möglich sein.

38   Abs. 3 Satz 2 sieht die **Prüfung der Änderungsentwürfe** durch den Konvent vor, beschränkt das vom Europäischen Rat zu erteilende Mandat aber nicht darauf. Die Entscheidung über die Reichweite, Prüfungsdichte und inhaltliche Vorgaben des Mandats liegt vielmehr im Ermessen des Europäischen Rates, dem die Verfahrenshoheit für die Steuerung des Änderungsverfahrens bis zum Beginn der Regierungskonferenz zukommt.[88] Danach kann der Europäische Rat das Mandat des Konvents thematisch begrenzen oder über den Änderungsentwurf hinaus erweitern. Wäre es anders, hätten es die Initiativberechtigten in der Hand, durch die Formulierung des Änderungsentwurfs die Aufgabe des Konvents inhaltlich zu bestimmen. Der Stellung des Europäischen Rates, dem gerade im Änderungsverfahren die über eine technische Koordinierungsfunktion hinausgehende Befugnis zur integrationspolitischen Impulsgebung zusteht, würde dies nicht gerecht.

39   **Umstritten** ist, inwieweit der Konvent eigene Vorschläge entwickeln darf, die über die Prüfung der Änderungsentwürfe hinausgehen. Teilweise wird Abs. 3 ein Verbot eigener Gestaltungsbefugnisse entnommen, wodurch sich das Konventsverfahren vom Vorbild des »Verfassungskonvents« unterscheide.[89] Das überzeugt jedoch nicht. Maßgeblich ist auch insoweit das vom Europäischen Rat erteilte Mandat, in dessen Rahmen sich die Beratungen und am Ende die Empfehlung des Konvents bewegen müssen. Nähme man dem Konvent eigene Gestaltungsbefugnisse, wäre der Aufwand des Konventsverfahrens kaum zu rechtfertigen und die Legitimation des Verfahrens beschränkt. Ziel des Konventsverfahrens ist nicht die »Nachprüfung« des eingebrachten Änderungsvorschlags, sondern im Konsens der Beteiligten einen **eigenständigen Änderungsvorschlag** vorzulegen, was eine hinreichende Offenheit des Verfahrens voraussetzt.[90] Den Empfehlungen des Konvents kommt jedoch keine verbindliche Aussage für die anschließende Regierungskonferenz zu. Das betrifft nicht die Frage, ob der Präsident des Europäischen Rates eine Regierungskonferenz einberuft. Mit der Entscheidung über die Einberufung des Konvents ist zugleich eine bindende Entscheidung über die Einberufung der nachfolgenden Regierungskonferenz getroffen. Dass der Konvent lediglich eine rechtlich unverbindliche Empfehlung ausspricht, beschränkt sich darauf, dass **keine inhaltliche Bindung der Regierungskonferenz an das Ergebnis des Konventsverfahrens**

---

[87] *Ohler*, in: Grabitz/Hilf/Nettesheim, EU, Art. 48 EUV (August 2011), Rn. 32.
[88] *Ohler*, in: Grabitz/Hilf/Nettesheim, EU, Art. 48 EUV (August 2011), Rn. 34.
[89] *Pechstein*, in: Streinz, EUV/AEUV, Art. 48 EUV, Rn. 15; *Cremer*, in: Calliess/Ruffert, EUV/AEUV, Art. 48 EUV, Rn. 5.
[90] So auch *Ohler*, in: Grabitz/Hilf/Nettesheim, EU, Art. 48 EUV (August 2011), Rn. 36.

besteht.[91] Insoweit steht die juristisch geringe Wirkung der Konventempfehlung im auffälligen Kontrast zur politischen Bindung, die für die Regierungskonferenz umso stärker ausfällt, desto überzeugender die Vorschläge des Konvents in der Sache ausfallen.[92]

Das soll keiner »output« Legitimation das Wort reden. Abs. 3 UAbs. 1 legt fest, dass **40** sich der Konvent aus Vertretern der nationalen Parlamente, der Staats- und Regierungschefs der Mitgliedstaaten, des Europäischen Parlaments und der Kommission zusammensetzt. Andere Personen oder Interessengruppen haben kein Beteiligungsrecht. Wohl aber können Anhörungen Dritter vorgenommen und deren Stellungnahmen berücksichtigt werden. Insoweit werden die Erfahrungen mit dem »Verfassungskonvent« rechtlich positiviert. Die Zusammensetzung des Konvents soll die direkte Mitwirkung der integrationspolitisch relevanten »Kreise« sichern, die Teilhabe der allgemeinen Öffentlichkeit ermöglichen und damit auch die demokratische **input-Legitimation** stärken, wenngleich schon der »Verfassungskonvent« keine verfassunggebende Versammlung war, sondern auf dem Mandat eines Einrichtungsbeschlusses des Europäischen Rates beruhte.[93] Zwar regelt Abs. 3 nicht, wie viele Mitglieder der Konvent hat und mit welchen Anteilen die relevanten Gruppen am Konvent beteiligt sind. Für die Zusammensetzung hat sich der Europäische Rat – nicht dessen Präsident – an einem Ausgleich zwischen der möglichst breiten Repräsentation der Gruppen und der Arbeitsfähigkeit des Konvents zu orientieren.[94] Ungeachtet des zu beachtenden Grundsatzes der Staatengleichheit[95] haben alle Vertreter im Konvent die gleiche Rechtsstellung und das gleiche Stimmrecht. Die Besonderheit des Konvents liegt in seiner **Öffentlichkeitsfunktion**.[96] Seine Arbeit endet mit der Abgabe der im Konsens getroffenen Empfehlung an die Regierungskonferenz.

III. Kleine Vertragsrevision (Abs. 3 UAbs. 2)

Ein abgekürztes Verfahren sieht Abs. 3 UAbs. 2 vor, indem der Europäische Rat ohne **41** Einschaltung eines Konvents direkt das Mandat für die Regierungskonferenz beschließt. Dafür ist **die Zustimmung des Europäischen Parlaments** erforderlich. Eine rechtlich verbindliche Vorgabe darüber, wann von der Einberufung des Konvents abzusehen ist, lässt sich den Verträgen nicht entnehmen. Der Hinweis auf geringfügige Änderungen hilft nicht weiter, da auch solche Änderungen in der Sache politisch von großer Bedeutung sein können. An Stelle einer materiellen Abgrenzung dürfte die verfahrensrechtliche Position des Europäischen Parlaments ausreichen. Versagt es seine Zustimmung, **muss** der Europäische Rat die Einberufung eines Konvents beschließen. Auch wird man im Fall der kleinen Vertragsrevision nach Abs. 3 UAbs. 2 eine stärkere inhaltliche Bin-

---

[91] *Herrnfeld*, in: Schwarze, EU-Kommentar, Art. 48 EUV, Rn. 5.

[92] Vgl. bereits *Franzius*, Szenarien für die Zukunft der Europäischen Union, http://www.humboldt-forum-recht.de/deutsch/3–2002/index.html (18. 2. 2014).

[93] *Ohler*, in: Grabitz/Hilf/Nettesheim, EU, Art. 48 EUV (August 2011), Rn. 35 f. Zurückhaltend *Cremer*, in: Calliess/Ruffert, EUV/AEUV, Art. 48 EUV, Rn. 9, der eine nachhaltige Stärkung der Akzeptanz der vereinbarten Vertragsinhalte an Volksabstimmungen knüpft. Das aber ist kein Problem des Unionsrechts, sondern des nationalen Verfassungsrechts.

[94] *Ohler*, in: Grabitz/Hilf/Nettesheim, EU, Art. 48 EUV (August 2011), Rn. 35, im Anschluss an *Klinger*, S. 253 ff.

[95] BVerfGE 123, 267 (384).

[96] Vgl. *Peters*, Europäische Öffentlichkeit im europäischen Verfassungsprozess, in: Franzius/Preuß (Hrsg.), Europäische Öffentlichkeit, 2004, S. 271 ff.

dung der Regierungskonferenz an das Mandat[97] annehmen müssen, fällt es auch schwer, eine klare Abgrenzung zur Vertragsänderung im Konventsverfahren vorzunehmen. Sollten weitergehende Änderungen absehbar sein, macht es zumindest politisch Sinn, das Regelverfahren mit der Einberufung eines Konvents durchzuführen.

IV. Einberufung der Regierungskonferenz (Abs. 4)

42 Das Konventsverfahren kann sich in die Länge ziehen, bevor ein Konsens unter der Beteiligten über den Änderungsentwurf erreicht ist. Demgegenüber droht der Regierungskonferenz im abgekürzten Verfahren nach Abs. 3 UAbs. 2 ohne vorgeschalteten Konvent eine »Nacht der langen Messer« mit der Einigung auf dem kleinsten gemeinsamen Nenner.[98] Um eine Vertragsänderung im ordentlichen Änderungsverfahren zu beschließen, bedarf es auf der Grundlage der souveränen Gleichheit der Mitgliedstaaten der Bildung einer Regierungskonferenz, die den Entwurf eines völkerrechtlichen Vertrags nach Abs. 4 aushandelt.[99] In der Vereinbarung der Vertragsänderung ist die Regierungskonferenz an die **Empfehlung des Konvents nicht gebunden**. Wesentliche Abweichungen von dem im Vorverfahren erarbeiteten Änderungsentwurf bedürfen aber der erneuten Beteiligung der Unionsorgane.[100] Beschlüsse der Regierungskonferenz werden in einer Schlussakte zusammengefasst, die neben dem vereinbarten Text der Vertragsänderung auch Protokolle und Erklärungen zum Änderungsvertrag umfassen kann. Durch die Vereinbarung verpflichten sich die Regierungen, innerstaatlich auf die Ratifikation hinzuwirken.

43 Das Inkrafttreten des Änderungsvertrags setzt die **Ratifikation aller Mitgliedstaaten** voraus. Insoweit mag von einer unionsrechtlichen Wirksamkeitsvoraussetzung der Vertragsänderung gesprochen werden.[101] Verlangt wird die völkerrechtlich verbindliche Erklärung des Mitgliedstaates, durch den Änderungsvertrag gebunden zu sein. Das setzt ein innerstaatliches Zustimmungsverfahren voraus, dessen Anforderungen von Mitgliedstaat zu Mitgliedstaat nach Maßgabe des jeweiligen Verfassungsrechts erheblich variieren. Das Grundgesetz fordert für die Zustimmung der Bundesrepublik Deutschland ein Gesetz nach Art. 23 Abs. 1 GG. Ob das innerstaatliche Verfahren ordnungsgemäß durchgeführt worden ist, bleibt aus unionsrechtlicher Sicht jedoch irrelevant. Die Einhaltung der mitgliedstaatlichen Verfassungsanforderungen können, soweit sie dazu ermächtigt sind, die nationalen Verfassungsgerichte überprüfen, nicht aber der EuGH.[102] Unionsrechtlich beachtlich ist allein die Hinterlegung der Ratifikationsurkunde bei der italienischen Regierung als Depositar der Europäischen Union (Art. 54 Abs. 1 EUV), **nicht aber die Einhaltung des innerstaatlichen Verfassungsrechts**. Eine gegenteilige Auffassung wäre mit der Autonomie des nationalen Verfassungsrechts schwer zu vereinbaren. Daran ändert auch die Sorge, dass ein Mitgliedstaat unter Berufung auf Art. 46 WVK die Bindung an den Änderungsvertrag wegen eines Verstoßes gegen die eigene

---

[97] Vgl. *Streinz/Ohler/Herrmann*, Vertrag von Lissabon, S. 56.

[98] Als abschreckendes Beispiel die Regierungskonferenz von Nizza.

[99] Ein fehlender Konsens im Konvent hindert nicht die Einberufung einer Regierungskonferenz, zutreffend *Meng*, in: GSH, Europäisches Unionsrecht, Art. 48 EUV, Rn. 10.

[100] *Geiger*, in: Geiger/Khan/Kotzur, Art. 48 EUV, Rn. 10; *Herrnfeld*, in: Schwarze, EU-Kommentar, Art. 48 EUV, Rn. 6.

[101] *Haratsch/Koenig/Pechstein*, Europarecht, Rn. 90.

[102] A.A. *Koenig/Pechstein*, EuR 1998, 130 (147 f.); richtig *Cremer*, in: Calliess/Ruffert, EUV/AEUV, Art. 48 EUV, Rn. 6 mit Fn. 14; *Meng*, in: GSH, Europäisches Unionsrecht, Art. 48 EUV, Rn. 36.

Verfassungsordnung bestreitet, im Ergebnis nichts. Sollte es zu einer solchen Zuspitzung kommen, ist die Frage auf politischer Ebene zwischen den Mitgliedstaaten oder im Europäischen Rat zu klären.

V. Ratifikationsprobleme (Abs. 5)

Ähnliches gilt für den nicht unwahrscheinlichen Fall, dass sich eine Ratifikation aller   **44** Mitgliedstaaten nicht herbeiführen lässt. Es liegt auf der Hand, dass das Erfordernis der Ratifikation aller Mitgliedstaaten in einer Gemeinschaft mit 6 Mitgliedstaaten leichter realisierbar ist als in der Union mit 28 Mitgliedstaaten. »Schwierigkeiten« bei der Ratifikation sind keine Ausnahme, sondern der in Rechnung zu stellende **Regelfall**. Eine überzeugende Antwort findet der Vertrag darauf nicht.

Die Praxis, einen Mitgliedstaat zu drängen, so lange um Unterstützung zu werben, bis   **45** eine innerstaatliche Zustimmung zu einem Änderungsvertrag erzielt ist, kann abgesehen von der Frage, ob eine solche Strategie nur bei kleineren Mitgliedstaaten verfängt, nicht überzeugen. Hier könnte ein Vorteil völkerrechtlicher Verträge liegen, die wie der **Fiskalvertrag** nach Art. 14 Abs. 2 VSKS in Kraft treten können, sobald eine qualifizierte Mehrheit der Vertragsstaaten den Vertrag ratifiziert haben.[103] Angesichts der zuletzt in der Euro-Krise zu beobachtenden Dynamik der politischen und rechtlichen Entwicklung überrascht das Festhalten am einstimmigen Ratifikationsvorbehalt. Erklärbar ist es mit der Verteidigung des gerade darin zum Ausdruck kommenden **Souveränitätsvorbehalts**, der politisch freilich auch missbraucht werden kann.

Abs. 5 ist bis auf weiteres die Antwort, die auf das Problem gegeben werden kann.   **46** Sollten nach Ablauf von zwei Jahren nicht alle Ratifikationsurkunden vorliegen, haben aber vier Fünftel der Mitgliedstaaten den Vertrag ratifiziert, befasst sich der Europäische Rat mit den **Schwierigkeiten** in dem Mitgliedstaat, wo die Probleme bestehen. Immerhin besteht mit der Zustimmung der Mehrheit der Mitgliedstaaten, darunter gegebenenfalls auch solchen, die dafür eine Volksabstimmung durchgeführt haben, eine nicht zu vernachlässigende Legitimation des noch nicht in Kraft getretenen Änderungsvertrags, was politische Lösungen der Frage, wie mit dem Problem umzugehen ist, als dringlich erscheinen lassen. Allerdings befreit die Befassung des Europäischen Rates nicht vom Erfordernis der Ratifikation aller Mitgliedstaaten, was einem integrationsunwilligen Mitgliedstaat ein politisches **Erpressungspotential** in die Hand gibt.[104]

Die Übernahme eines **Quorums** für das erleichterte Inkrafttreten des Änderungsver-   **47** trags mit der Folge, dass der Änderungsvertrag nur mit Wirkung für die Mitgliedstaaten in Kraft tritt, die den Vertrag ratifiziert haben, sieht Abs. 5 nicht vor. Insoweit ist die Regelung des Abs. 3, wonach unter den mitgliedstaatlichen Staats- und Regierungschefs für den Beschluss des Europäischen Rates, das abgekürzte Verfahren ohne Vorschaltung des Konventsverfahrens einzuleiten, in Abweichung von Art. 15 Abs. 4 EUV kein Kon-

---

[103] Vgl. *Mayer*, Das Recht und die Euro-Krise: Teil der Lösung oder Teil des Problems?, VerfBlog, 2011/12/19, http://www.verfassungsblog.de/das-recht-der-eurokrise-teil-der-lsung-oder-teil-des-problems (18.2.2014).

[104] Art. 50 EUV normiert ein Austrittsrecht, aber keine Austrittpflicht. Neben einer politischen Vereinbarung über die Änderung des »blockierten« Änderungsvertrags kommt als ultima ratio die Aufforderung an den Mitgliedstaat in Betracht, aus der Union auszutreten, vgl. *Booß*, in: Lenz/Borchardt, EU-Verträge, Art. 48 EUV, Rn. 3. Mit Forderungen, einen Mitgliedstaat aus der EU auszuschließen, sollte vorsichtig umgegangen werden, vgl. http://www.euractiv.de/section/eu-innenpolitik/news/eu-ausschluss-von-ungarn-asselborn-erntet-heftige-kritik/.

sens bestehen muss, bewusst nicht übernommen worden. Der Änderungsvertrag bedarf weiterhin der **Zustimmung aller Mitgliedstaaten** nach Maßgabe ihrer verfassungsrechtlichen Vorschriften.[105] Die Einführung von Mehrheitsentscheidungen wäre vor erhebliche Probleme des nationalen Europaverfassungsrechts gestellt, was sich an den Vorgaben für das vereinfachte Änderungsverfahren ohne völkerrechtlichen Ratifikationsvorbehalt deutlich zeigt (s. Rn. 69 ff.). Man wird kaum sagen können, dass dieses Problem im »Verfassungskonvent« keine intensive Erörterung erfahren hätte. Der Vertrag von Lissabon verdeutlicht, dass eine **Reflexionsphase**, wie sie nach den ablehnenden Referenden in Frankreich und den Niederlande zum Verfassungsvertrag ausgerufen wurde, nicht das endgültige Scheitern einer grundlegenden Reform bedeuten muss, sondern in der Form des Änderungsvertrags eine Lösung gefunden werden konnte, in dem zu einem großen Teil die Vorschläge des Konvents übernommen wurden.[106]

48   Unionsrechtlich unbedenklich, aber voraussetzungsvoll ist das Beschreiten der **verstärkten Zusammenarbeit**, die weniger eine Gefährdung als vielmehr auf die Sicherung der Einheit des Unionsrechts in einer zunehmend mehr Heterogenität zu verarbeitenden Union zielt. Zu den Wegen einer differenzierten Integration dürfte es angesichts der politischen Grenzen für Vertragsänderungen **keine Alternative** geben.

C.   Vereinfachte Änderungsverfahren

49   Während das ordentliche Vertragsänderungsverfahren dem völkerrechtlichen Vorbild folgt, aber mit der Positivierung der Erfahrungen der »Konventsmethode« ein innovatives Moment enthält, sind die vereinfachten Änderungsverfahren nach Abs. 6 und Abs. 7 im Prinzip **ohne Vorbild**. Verständlich werden diese Verfahren vor dem Hintergrund der »Hürden« des ordentlichen Änderungsverfahrens, das für Anpassungen des Primärrechts an sich wandelnde politische Herausforderungen schwerfällig ist. Ihre Legitimation erhalten das abgekürzte Änderungsverfahren (s. Rn 50 ff.) und das halbautonome Änderungsverfahren (s. Rn. 57 ff.) durch die unterschiedliche **Verzahnung** von unionaler und mitgliedstaatlicher Ebene, was die Berücksichtigung verfassungsrechtlicher Vorbehalte erlaubt.

I.   Abgekürztes Änderungsverfahren (Abs. 6)

50   Das abgekürzte Änderungsverfahren nach Art. 48 Abs. 6 EUV kommt zur Änderung der Sachpolitiken nach dem **Dritten Teil des AEUV** in Betracht, also für die Politikbereiche nach Art. 26–197 AEUV. Ausgeschlossen sind die Assoziierungspolitik (Art. 198–204 AEUV), das auswärtige Handeln einschließlich des Gemeinsamen Handelspolitik (Art. 205–222 AEUV) sowie die institutionellen Bestimmungen und die Schlussbestimmungen. Abgekürzt ist das Änderungsverfahren deshalb, weil es **keiner Regierungskonferenz** bedarf. Für die Änderung reicht ein einstimmiger Beschluss des

---

[105] Darin unterscheidet sich die Vertragsänderung von Änderungen der UN-Charta, die nach Art. 108 mit qualifizierter Mehrheit der Vertragsstaaten geändert werden kann. Keine Verfassung der Welt dürfte schwerer zu ändern sein als das Unionsprimärrecht.

[106] Das gilt auch für die Vertragsänderungsregeln, was entgegen *Booß*, in: Lenz/Borchardt, EU-Verträge, Art. 48 EUV, Rn. 3 wenig merkwürdig ist, sondern die inhaltliche Kontinuität unterstreicht. Zum »Reparaturbedarf« der Verträge *Mayer*, in: Kadelbach (Hrsg.), Die Europäische Union am Scheideweg: mehr oder weniger Europa?, 2015, S. 187 (195 ff.).

Europäischen Rates, der nach Zustimmung aller Mitgliedstaaten in Kraft treten kann. Das Ratifikationserfordernis wird durch ein **Zustimmungserfordernis** ersetzt, womit die Mitgliedstaaten bekunden, an die Änderung gebunden zu sein.[107] Europapolitisch bemerkenswert ist, dass neben der Kommission auch das Europäische Parlament lediglich anzuhören ist.[108]

Eine Verpflichtung zur Durchführung des abgekürzten Änderungsverfahrens besteht   **51** nicht. Der Europäische Rat kann auch das ordentliche Änderungsverfahren einleiten. Dies dokumentiert die kontinuierlich gewachsene »Herrschaft« des Europäischen Rates, der im Verfahren nach Abs. 6 an **politischer Macht** noch gewinnt. Das Verfahren räumt dem Europäischen Rat zu Lasten der völkerrechtlichen Koordinierung zwischen den Regierungen der Mitgliedstaaten weitgehende Rechte ein, deren Ausübung in seinem Gestaltungsermessen liegt. Der Grund für die erleichterte Änderungsmöglichkeit der Verträge liegt nicht in der geringeren Bedeutung der Vertragsänderungsgegenstände, sondern darin, dass die Anpassung solcher Primärrechtsnormen erleichtert werden soll, die **starker politischer Veränderung** ausgesetzt sind.[109] Dafür senkt Abs. 6 die Verfahrensanforderungen. Einen ersten Test hat das Verfahren mit der Ergänzung des Art. 136 AEUV um einen neuen Abs. 3 erfahren, womit der Europäische Stabilitätsmechanismus (ESM) auf eine klare Primärrechtsgrundlage gestellt wurde.[110]

1. Keine Erweiterung der übertragenen Zuständigkeiten (UAbs. 3)

Eine Grenze für das vereinfachte Änderungsverfahren formuliert Art. 48 Abs. 6   **52** UAbs. 3, wonach der Änderungsbeschluss nicht zu einer Ausdehnung der übertragenen Zuständigkeiten führen darf. In dieselbe Richtung wirkt die sachliche Beschränkung auf den dritten Teil des AEUV. Für das abgekürzte Verfahren ohne formale Ratifizierung kommen nur solche Änderungen in Betracht, die keine inhaltlichen Rückwirkungen auf die anderen Teile des AEUV oder den EUV auslösen. Dass bestehende Hoheitsrechte nicht sachlich erweitert werden dürfen und geänderte Bestimmungen von den Organen nicht zuständigkeitsbegründend oder -erweiternd ausgelegt werden dürfen, rechtfertigt keinen generellen **Ausschluss sekundärrechtlicher Maßnahmen** auf der Grundlage primärrechtlicher Vorschriften, die nach Art. 48 Abs. 6 EUV eingeführt wurden.[111] Einzuräumen ist, dass es nicht immer einfach und häufig umstritten sein wird, ob die Änderung die vertikale Kompetenzverteilung tangiert oder lediglich dem Vollzug vertraglich festgelegter Ziele im Hinblick auf eine wirksame Verfolgung bereits wahrgenommener Aufgaben und ausgeübter Kompetenzen dient.

Exemplarisch steht dafür der Fall **Pringle**. Gerügt wurde, dass mit dem im Verfahren   **53** nach Art. 48 Abs. 6 EUV eingefügten Art. 136 Abs. 3 AEUV für den Europäischen Stabilitätsmechanismus eine Kompetenzverschiebung zu Lasten der Mitgliedstaaten eintrete. Der EuGH misst der neuen Vorschrift für den ESM-Vertrag jedoch keine konstitutive, sondern lediglich deklaratorische Bedeutung zu. Das Recht eines Mitgliedstaates, den ESM-Vertrag abzuschließen und zu ratifizieren, hänge nicht vom Inkrafttreten des Art. 136 Abs. 3 AEUV ab.[112] Die Funktion der neuen Vorschrift wird darin

---

[107] Nur terminologisch anders *Meng*, in: GSH, Europäisches Unionsrecht, Art. 48 EUV, Rn. 18.

[108] *Herrnfeld*, in: Schwarze, EU-Kommentar, Art. 48 EUV, Rn. 9. Art. 48 Abs. 6 UAbs. 2 Satz 2 EUV verlangt für institutionelle Änderungen im Währungsbereich zusätzlich die Anhörung der EZB.

[109] Vgl. *Streinz/Ohler/Herrmann*, Vertrag von Lissabon, S. 55.

[110] Beschluss 2011/199/EU, ABl. 2011, L 91/1.

[111] So aber *Ohler*, in: Grabitz/Hilf/Nettesheim, EU, Art. 48 EUV (August 2011), Rn. 44.

[112] Die Vorschrift verleihe den Mitgliedstaaten keine Zuständigkeit, sondern bestätigt nur deren Bestehen, vgl. EuGH, Urt. v. 27. 11. 2012, Rs. C–370/12 (Pringle), ECLI:EU:C:2012:756, Rn. 184.

gesehen, die Mitgliedstaaten bei der Ausübung der ihnen verbliebenen Kompetenzen zum völkerrechtlichen Abschluss des ESM-Vertrags an das Unionsrecht zu binden[113] und den finanziellen Beistand an notleidende Mitgliedstaaten von **strengen Auflagen** abhängig zu machen. Auf diese Weise fließt der Wortlaut des Art. 136 Abs. 3 AEUV in die Auslegung der No-Bail-Out-Klausel des Art. 125 AEUV ein[114] oder anders gesagt: Neues Primärrecht dient der Interpretation von altem Primärrecht. Finanzielle Hilfen sind mit Art. 125 AEUV nur vereinbar, wenn sie für die Wahrung der Finanzstabilität des gesamten Euro-Raumes unabdingbar sind, der Empfängerstaat haftbar bleibt und die mit der Finanzhilfe verbundenen Auflagen ihn zu solider Haushaltspolitik zu bewegen geeignet erscheinen.[115] Da der ESM-Vertrag auf der Grundlage des Art. 136 Abs. 3 AEUV diese Voraussetzungen erfüllt, verstößt die Beteiligung der Mitgliedstaaten am ESM nicht gegen Art. 125 AEUV. Mit dieser **systematischen Auslegung**, die eine »kompetenzrelevante Strukturveränderung« der Wirtschafts- und Währungspolitik verneint, scheint das Bundesverfassungsgericht, das vom EuGH die Einhaltung methodischer Grundregeln verlangt, leben zu können.[116]

2. Verfassungsrechtliche Anforderungen

54   Das Inkrafttreten der Änderungen setzt einen einstimmigen Beschluss des Europäischen Rates voraus, der der Zustimmung der Mitgliedstaaten im Einklang mit ihren jeweiligen verfassungsrechtlichen Vorschriften bedarf. Art. 48 Abs. 6 UAbs. 2 Satz 3 EUV verweist für die völkerrechtlich als Genehmigung im Sinne von Art. 14 Abs. 2 WVK zu verstehende Zustimmung ausdrücklich auf **nationales Verfassungsrecht**, deren grundlegende Strukturen die Unionsorgane nach Art. 4 Abs. 2 EUV zu achten haben (s. Art. 4 EUV, Rn. 24 ff.).

55   In Deutschland sind die **Gesetzesvorbehalte des Art. 23 Abs. 1 GG** maßgeblich. Ein Vertragsgesetz nach Art. 59 Abs. 2 Satz 1 GG reicht für Änderungen des Primärrechts nicht aus. Wegen des weiten Anwendungsbereichs des abgekürzten Änderungsverfahrens sind die bestehenden Kompetenzen als lediglich »ausfüllende« Vertragsänderungen vom Zustimmungsgesetz zum Vertrag von Lissabon nicht bereits mit umfasst. Denn für den Gesetzgeber waren zum Zeitpunkt der Ermächtigung die potentiellen Vertragsergänzungen nur eingeschränkt bestimmbar und im materiellen Integrationsprogramm kaum voraussehbar umschrieben. Der Begriff des vereinfachten Änderungsverfahrens bedeutet deshalb keine Verringerung der innerstaatlichen Anforderungen an die Integrationsgesetzgebung. Seiner vom Bundesverfassungsgericht angemahnten **Integrationsverantwortung** wird der Gesetzgeber im Fall des vereinfachten Änderungsverfahrens nur durch ein Integrationsgesetz nach Art. 23 Abs. 1 GG gerecht.[117]

---

[113] Verallgemeinernd *v. Arnauld*, S. 515 ff.

[114] Vgl. *Calliess*, NVwZ 2013, 97 (104); *ders.*, DÖV 2013, 785 (786).

[115] EuGH, Urt. v. 27.11.2012, Rs. C–370/12 (Pringle), ECLI:EU:C:2012:756, Rn. 136 f.

[116] Zu apodiktisch BVerfGE 134, 366, Rn. 55 ff., wonach das OMT-Programm der EZB, notfalls unbegrenzt Staatsanleihen aufzukaufen, eine wirtschaftspolitische Maßnahme darstelle, die von ihrem vertraglichen Mandat nicht gedeckt und »offensichtlich« ultra vires sei. Wäre dies so eindeutig, wie der Zweite Senat annimmt, hätte es mangels Entscheidungserheblichkeit keiner Vorlage zum EuGH bedurft, krit. *Heun*, JZ 2014, 331. Der Gerichtshof hat es dann auch anders gesehen, vgl. EuGH, Urt. v. 16.6.2015, Rs. C–62/14 (Gauweiler u. a.), ECLI:EU:C:2015:400, Rn. 46 ff.; dazu *Mayer*, NJW 2015, 1999. Seine Auslegung der Art. 119, 123, 127 AEUV hat das BVerfG dann auch zähneknirschend akzeptiert, vgl. BVerfG, Urt. v. 21.6.2016, 2 BvR 2728/13, Rn. 114 ff.

[117] Zutreffend *Nettesheim*, S. 15 ff. Es geht nicht um die Europäisierung, sondern um die »Verkoppelung« politischer Räume.

§ 2 IntVG lässt mit dem Verweis auf Art. 23 Abs. 1 GG offen, welches Verfahren zu   **56** wählen ist. Maßgeblich ist die konkrete Vertragsänderung. Zwar kann aus der Sicht des Unionsrechts die Änderung nach Art. 48 Abs. 6 EUV zu keiner Kompetenzübertragung führen. Jedoch reicht der Bezug zur Zuständigkeitsordnung aus, die Änderung nach Art. 46 Abs. 6 EUV **wie eine Hoheitsrechtsübertragung nach Art. 23 Abs. 1 Satz 2 GG** zu behandeln und für die Zustimmung ein Gesetz mit einfacher Mehrheit zu verlangen.[118] Das ist heute weitgehend anerkannt.[119] Unsicher ist dagegen, wann das vereinfachte Änderungsverfahren nach Art. 48 Abs. 6 EUV der Zustimmung mit verfassungsändernder Zweidrittel-Mehrheit nach Art. 23 Abs. 1 Satz 3 GG bedarf.[120] Einerseits kann der Umstand, dass es zu keiner Ausdehnung der Zuständigkeiten kommen darf, nicht darüber hinwegtäuschen, dass der Beschluss nach Art. 48 Abs. 6 EUV eine Vertragsänderung bewirken kann, durch die das Grundgesetz seinem Inhalt nach geändert oder ergänzt wird. Das mag dann angenommen werden können, wenn die Vertragsänderung eine Übertragung von Hoheitsrechten verlangt, weil die im Vertrag begründeten Zuständigkeiten »verlängert« werden und qualitativ über das hinausgehen, was durch das Zustimmungsgesetz gedeckt ist.[121] Dann müsste wegen des Ausschlusses der Ausweitung bestehender Zuständigkeiten freilich das ordentliche Änderungsverfahren mit dem Ratifikationsvorbehalt durchgeführt werden. Andererseits wird der Statuierung der **strengen Verfahrensvorgaben des Art. 23 Abs. 1 Satz 3 GG** in der Regel auch der Umstand nicht gerecht, dass mit dem Zustimmungsgesetz zu den Unionsverträgen eine mit verfassungsändernder Mehrheit legitimierte »Grundermächtigung« vorliegt, die eine einfachgesetzliche Konkretisierung ausreichen lässt.

Nach der Rechtsprechung des Bundesverfassungsgerichts steht die Wahl des verein-   **57** fachten Änderungsverfahrens der verfassungsrechtlichen Überprüfung nicht entgegen. Mit der europarechtlichen Beurteilung der Einhaltung der Grenzen, die Art. 48 Abs. 6 UAbs. 3 EUV im Hinblick auf die Wahrung der Kompetenzordnung formuliert, muss die verfassungsrechtliche Beurteilung nicht übereinstimmen. Auch ohne eine Übertragung von Hoheitsrechten kann ein Zustimmungsgesetz nach Art. 23 Abs. 1 Satz 3 GG erforderlich sein, wenn die Realisierung der Vertragsänderung eine Inhaltsänderung des Grundgesetzes bewirkt oder ermöglicht.[122] Jede Vertragsänderung mit verfassungsändernder Wirkung bedarf ein **Integrationsgesetz** gemäß Art. 23 Abs. 1 Satz 3 i. V. m. Art. 79 Abs. 2 GG. Ob eine solche »Verfassungsrelevanz« zu bejahen ist, dürfte häufig unsicher oder umstritten sein. Wegen der vom Bundesverfassungsgericht ermöglichten verfassungsgerichtlichen Kontrolle nahezu jeder europapolitischen Entscheidung[123] sollte der Bundesgesetzgeber darlegen, warum im konkreten Einzelfall keine Notwen-

---

[118] Für Art. 136 Abs. 3 AEUV war ein Gesetz nach Art. 23 Abs. 1 Satz 2 GG erforderlich.

[119] *Jarass*, in: Jarass/Pieroth, GG, Art. 23, Rn. 29; *Franzius*, Leviathan 2010, 429 (434 f.); *Lorz/ Sauer*, DÖV 2012, 573 (576 ff.). Damit ist für Deutschland die mit der Möglichkeit einer vereinfachten Vertragsänderung bezweckte Beschleunigungsmöglichkeit nicht verfügbar, krit. *Mayer*, in: Morlok/ Schliesky/Wiefelspütz, Parlamentsrecht, § 43, Rn. 83, 98.

[120] Zweifelnd *Cremer*, in: Calliess/Ruffert, EUV/AEUV, Art. 48 EUV, Rn. 11; *Rojahn*, in: v. Münch/Kunig, GG, Art. 23, Rn. 42.

[121] *Rathke*, S. 198.

[122] Vgl. BVerfGE 123, 267 (387).

[123] Über Art. 38 Abs. 1 GG, vgl. BVerfGE 89, 155 (171 ff.); 123, 267 (330 ff.); bestätigend und erweiternd BVerfGE 129, 124 (167 f.) Griechenlandhilfe; 132, 195 (234 ff.) ESM- und Fiskalvertrag; nochmals ausdehnend BVerfGE 134, 366, Rn. 50 ff.; abl. die Sondervoten *Lübbe-Wolff*, Rn. 16 ff. und *Gerhardt*, Rn. 6 f. Zur Kritik *Mayer*, in: Morlok/Schliesky/Wiefelspütz, Parlamentsrecht, § 43, Rn. 268 f.

digkeit zur Zustimmung mit verfassungsändernder Mehrheit besteht.[124] Eine anlassunabhängige Erhöhung des Zustimmungserfordernisses ist aber, wie auch die Frage nach den verfassungsrechtlichen Zustimmungsgrundlagen für den ESM- und Fiskalvertrag in der Grauzone von Völker- und Unionsrecht[125] zeigte, nicht unproblematisch. Zustimmungsgesetze »auf Vorrat« sind integrationspolitisch verfehlt[126] und verfassungsrechtlich kein geeignetes Mittel zur Sicherung demokratischer Legitimation.[127]

II. Halbautonome Vertragsänderung (Abs. 7)

57 Anders als im abgekürzten Verfahren nach Abs. 6 ist im Verfahren nach Abs. 7 unionsrechtlich keine Zustimmung der Mitgliedstaaten nach Maßgabe ihrer verfassungsrechtlichen Vorschriften erforderlich. Die Vertragsänderung kann vielmehr durch die Unionsorgane bewirkt werden. Das Verfahren ist aber nur halbautonom, da den nationalen Parlamenten ein **Ablehnungsrecht** eingeräumt ist.[128] Dieses Veto-Recht soll den Wegfall der parlamentarischen Mitwirkung im Ratifikationsprozess kompensieren.[129] Sofern auch nur ein nationales Parlament innerhalb der vorgesehenen Frist von sechs Monaten die vorgesehene Änderung ablehnt, darf der Beschluss vom Europäischen Rat nicht erlassen werden. Anderenfalls fasst der Europäische Rat, nachdem das Europäische Parlament seine Zustimmung[130] erteilt hat, einstimmig den Beschluss zur Änderung der Verträge.

58 Art. 48 Abs. 7 EUV betrifft nicht Verbandskompetenzen, sondern die horizontale Verteilung der Organkompetenzen auf der Grundlage bestehender Zuständigkeiten.[131] Das schränkt den Erklärungswert des »halbautonomen« Änderungsverfahrens für die **Verbundstruktur** ein. Trotz aller Vorbehalte gegenüber der Erstreckung des Verbundmodells von den Gerichten[132] und den Verwaltungen[133] auf die Parlamente[134] ist dieses Änderungsverfahren für die Grundstruktur der Union aufschlussreich. Denn einerseits

[124] So *Rathke*, S. 199.

[125] *Möllers/Reinhardt*, JZ 2012, 693 (694 ff.); *Lorz/Sauer*, DÖV 2012, 573 (578 ff.).

[126] Anders wohl *Ohler*, in: Grabitz/Hilf/Nettesheim, EU, Art. 48 EUV (August 2011), Rn. 45.

[127] Vgl. *Mayer/Kollmeyer*, DVBl 2013, 1158 (1159 ff.); abgeschwächter *Wernsmann/Sandberg*, DÖV 2014, 49 (56 ff.).

[128] *Herrnfeld*, in: Schwarze, EU-Kommentar, Art. 48 EUV, Rn. 10.

[129] Statt vieler *Pechstein*, in: Streinz, EUV/AEUV, Art. 48 EUV, Rn. 18; *Meng*, in: GSH, Europäisches Unionsrecht, Art. 48 EUV, Rn. 22.

[130] Unscharf *Ohler*, in: Grabitz/Hilf/Nettesheim, EU, Art. 48 EUV (August 2011), Rn. 50. Damit der Einfluss des Europäischen Parlaments gesichert ist, reicht eine nachträgliche Zustimmung nicht aus. Nicht das Inkrafttreten, sondern den Erlass des Beschlusses macht Art. 48 Abs. 7 UAbs. 4 EUV von der Zustimmung des Europäischen Parlaments abhängig. Erforderlich ist die vorausgehende Zustimmung, vgl. *Geiger*, in: Geiger/Khan/Kotzur, EUV/AEUV, Art. 48 EUV, Rn. 15.

[131] Vgl. *Ohler*, in: Grabitz/Hilf/Nettesheim, EU, Art. 48 EUV (August 2011), Rn. 46; *Cremer*, in: Calliess/Ruffert, EUV/AEUV, Art. 48 EUV, Rn. 12; relativierend *Rathke*, S. 229.

[132] Vgl. *Voßkuhle*, NVwZ 2010, 1 (»Verfassungsgerichtsverbund«). Wenig überzeugend, weil konturenlos spricht BVerfG, Beschl. v. 15.12.2015, 2 BvR 2735/14 (Europäischer Haftbefehl II), Rn. 44 von einem »Staaten-, Verfassungs-, Verwaltungs- und Rechtsprechungsverbund«.

[133] Grundlegend *Schmidt-Aßmann/Schöndorf-Haubold* (Hrsg.), Der europäische Verwaltungsverbund, 2005.

[134] Von einem »Parlamentsverbund« spricht *Weber*, DÖV 2011, 497; abgeschwächter *Franzius/Preuß*, Die Zukunft der europäischen Demokratie, 2012, S. 51 ff., 141 ff.; abl. *v. Achenbach*, Repräsentative Demokratie in der Europäischen Union: Parlamentarisierung europäischer Politik durch Teilhabe und Kooperation der nationalen Parlamente?, in: Franzius/Mayer/Neyer (Hrsg.), Modelle des Parlamentarismus im 21. Jahrhundert, 2015, S. 207.

knüpft die Änderung nicht nur an einen einstimmigen Beschluss des Europäischen Rates, sondern auch an die **Zustimmung des Europäischen Parlaments**, das mit der Mehrheit seiner Mitglieder, also abweichend von Art. 231 Abs. 1 AEUV mit absoluter Mehrheit beschließt. Andererseits wird das nationale Interesse nicht länger durch die nationale Regierung formuliert, sondern durch die Ermöglichung der Ablehnung durch das nationale Parlament. Festzuhalten ist, dass sich das nationale Parlament gegenüber anderen Verfassungsorganen des Mitgliedstaates unmittelbar auf Art. 48 Abs. 7 UAbs. 3 EUV berufen kann. Dies ist ungeachtet der bislang einzuräumenden Diskrepanz zwischen theoretischer Anlage und praktischer Relevanz **bemerkenswert**.

Das im Verfassungskonvent intensiv diskutierte, auch »Brückenverfahren« (clause   **59** passarele) genannte halbautonome Änderungsverfahren bewirkt zwar keine Loslösung des primären Unionsrechts vom Willen der Mitgliedstaaten. Es bricht die völkerrechtliche »**Einheit**« des Mitgliedstaates aber auf, indem es Änderungen von einem positiven Zustimmungserfordernis der Mitgliedstaaten befreit und das Ablehnungsrecht explizit einem nationalen Verfassungsorgan zuweist, womit unmittelbar auf die mitgliedstaatlichen Verfassungsordnungen eingewirkt wird. Dabei ist unbedeutend, ob die nationale Verfassung ein solches Veto-Recht des nationalen Parlaments kennt. Nach anfänglichen Zweifeln ist für die deutsche Verfassungslage anerkannt, dass auch dem deutschen **Bundesrat** dieses Ablehnungsrecht zusteht, was § 10 Abs. 1 IntVG klarstellt. Insoweit ist der Bundesrat – ähnlich wie infolge der Zuweisung des Klagerechts nach Art. 5 Abs. 3 EUV i. V. m. Art. 8 des Protokolls über die Anwendung der Grundsätze der Subsidiarität und der Verhältnismäßigkeit – europarechtlich in die Nähe einer »zweiten Kammer« gerückt und damit geworden, was ihm unter dem Grundgesetz verwehrt geblieben ist.

1. Anwendungsbereich

Wie sich aus den durch Art. 353 AEUV explizit ausgeschlossenen Regelungsbereichen   **60** ergibt, ist das halbautonome Änderungsverfahren nach Art. 48 Abs. 7 EUV auf alle anderen Regelungen grundsätzlich anwendbar. Das Verfahren betrifft aber keine materiellen Änderungen, sondern allein **Verfahrensänderungen** in zwei Konstellationen des Rechtsetzungsprozesses: Erfasst werden Änderungen der Abstimmungsmodalitäten im Rat (UAbs. 1) oder des anzuwendenden Gesetzgebungsverfahrens (UAbs. 2). Zwar erstreckt sich der Anwendungsbereich des Änderungsverfahrens auch auf den Titel V des Unionsvertrags und damit die Gemeinsame Außen- und Sicherheitspolitik. Ausgenommen ist die Ermöglichung von Mehrheitsentscheidungen im Rat jedoch für Beschlüsse mit militärischen und verteidigungspolitischen Bezügen.[135] Der Übergang zum ordentlichen Gesetzgebungsverfahren durch einen »Brückenbeschluss« nach Art. 48 Abs. 7 UAbs. 2 EUV ist im Bereich der GASP nicht möglich, da dort keine Gesetzgebungsakte erlassen werden.[136]

Es greift zu kurz, in der **thematischen Beschränkung** der Änderungsgegenstände die   **61** Rechtfertigung für Beschlüsse nach Art. 48 Abs. 7 EUV zu sehen. Diesem Änderungsverfahren liegt vielmehr die Vorstellung eines Regelfalls zugrunde. Es verdeutlicht den Willen der Mitgliedstaaten, den im Vertrag von Lissabon »noch nicht« in allen Politikbereichen realisierten Regelfall des Mitentscheidungsverfahrens von Rat und Parlament

---

[135] Die Abgrenzung kann im Einzelfall schwierig sein, vgl. *Cremer*, in: Calliess/Ruffert, EUV/AEUV, Art. 48 EUV, Rn. 16.

[136] Vgl. Art. 24 Abs. 1 UAbs. 2 Satz 3 EUV; *Ohler*, in: Grabitz/Hilf/Nettesheim, EU, Art. 48 EUV (August 2011), Rn. 47; *Kumin*, S. 308.

durch das halbautonome Änderungsverfahren unter erleichterten Verfahrensanforderungen dorthin zu führen.[137] Eine entsprechende Verpflichtung zu Änderungsinitiativen ist Art. 48 Abs. 7 EUV zwar nicht zu entnehmen, mit der Zustimmung zum Vertrag von Lissabon wohl aber die grundsätzliche Bereitschaft der Mitgliedstaaten zur **Rücknahme des nationalen Einflusses** ihrer Vertreter im Rat. Diese selbst eingegangene Bindung wirft die Frage auf, inwieweit der Verzicht auf Einstimmigkeit im Rat oder besondere Gesetzgebungsverfahren durch die Zustimmungspflicht des Europäischen Parlaments nach Art. 48 Abs. 7 UAbs. 4 EUV »kompensiert« werden kann. Hier kann man skeptisch sein. Das gilt aber auch für weitergehende Anforderungen, über das Ablehnungsrecht der nationalen Parlamente hinaus ein vorheriges **Mandatsgesetz für die Zustimmung** oder Enthaltung des Vertreters im Europäischen Rat zu fordern, ohne die ein Brückenbeschluss wegen des Einstimmigkeitsvorbehalts nicht erlassen werden kann.[138] Entgegen der nach einer breiten Diskussion erfolgten Zustimmung der Mitgliedstaaten zum Lissabonner Vertrag, mit dem das gegenüber dem Konventsentwurf verschärfte Änderungsverfahren eingeführt wurde, reicht in Deutschland die Nichtablehnung einer Änderungsinitiative nicht aus. § 4 Abs. 1 IntVG kehrt mit dem Erfordernis eines Zustimmungsgesetzes nach Art. 23 Abs. 1 GG die »Lasten« um, indem keine Mehrheit gegen, sondern *für* die Änderung im Parlament organisiert werden muss. Aus dem negativen Ablehnungsrecht wird eine positive Zustimmungspflicht, wie sie auch für das abgekürzte Änderungsverfahren nach Art. 48 Abs. 6 EUV besteht. Die Unterschiede zwischen den Verfahren ebenen sich ein.[139]

a) Übergang zu Mehrheitsentscheidungen (UAbs. 1)

62   Art. 48 Abs. 7 UAbs. 1 EUV ermöglicht den fall- oder bereichsweisen Übergang vom Einstimmigkeitserfordernis zur qualifizierten Ratsmehrheitsentscheidung im Sinne von Art. 16 Abs. 3–5 EUV bzw. Art. 238 Abs. 2–4 AEUV. Erfasst werden die im AEUV geregelten **Rechtsetzungsverfahren** ohne die durch Art. 353 AEUV angeordneten Ausnahmen für Art. 311 Abs. 3 u. 4 AEUV (Eigenmittelbeschluss), Art. 312 Abs. 2 UAbs. 1 AEUV (mehrjähriger Finanzrahmen), Art. 352 AEUV (Kompetenzergänzung) und Art. 354 AEUV (Stimmrechtsaussetzung). Anwendbar ist das Verfahren auch für Regelungen der Gemeinsamen Außen- und Sicherheitspolitik nach Art. 21–46 EUV vorbehaltlich Beschlüssen mit militärischen oder verteidigungspolitischen Bezügen.

63   Die Änderungsinitiative geht vom Europäischen Rat aus. Sie kann aber auch von anderer Seite, etwa einer nationalen Regierung, ausgehen. Nicht ausgeschlossen ist, dass politischer Druck zu einer Reform vom Europäischen Parlament ausgeübt wird. Die Initiative ist zunächst den mit einem Ablehnungsrecht ausgestatteten nationalen Parlamenten zu übermitteln.[140] Äußert sich ein nationales Parlament innerhalb der Frist von sechs Monaten nicht, kann dies **nicht als Ablehnung** gewertet werden.[141] Ist die Frist des

---

[137] So in der Analyse des Verfassungsvertrags *Bast*, GLJ 6 (2005), 1433 (1434 ff.).

[138] Affirmativ: *Rathke*, S. 230; problematisierend *v. Bogdandy*, NJW 2010, 1 (3 ff.).

[139] Aus der Sicht des deutschen Verfassungsrechts spielt es keine Rolle, dass das Europäische Parlament im halbautonomen Änderungsverfahren nicht nur angehört wird, sondern seine Zustimmung erteilen muss. Das legt eine Differenzierung in den verfassungsrechtlichen Anforderungen zumindest nahe.

[140] Einzelheiten: Art. 8 i. V. m. Art. 6 Protokoll Nr. 1 über die Rolle der nationalen Parlamente in der EU. § 13 IntVG verpflichtet die Bundesregierung zur frühestmöglichen Unterrichtung von Bundestag und Bundesrat, um die Ausübung der Mitwirkungsrechte zu gewährleisten, s. auch BVerfGE 131, 152 (194 ff.).

[141] *Rathke*, S. 226.

Art. 48 Abs. 7 UAbs. 3 EUV verstrichen, ohne dass ein nationales Parlament die Initiative abgelehnt hat, kann der »Brückenbeschluss« vorbehaltlich der Zustimmung des Europäischen Parlaments durch einstimmige Entscheidung des Europäischen Rates ergehen. Der positiven Zustimmung aller Mitgliedstaaten bedarf es nicht.

b) Übergang zum ordentlichen Gesetzgebungsverfahren (UAbs. 2)

Art. 48 Abs. 7 UAbs. 2 EUV erlaubt den Übergang von den besonderen zum ordentlichen **Gesetzgebungsverfahren**. Einzelne Gesetzgebungszuständigkeiten, die bislang ausnahmsweise einem besonderen Gesetzgebungsverfahren nach Art. 289 Abs. 2 AEUV unterliegen, werden in das als Regelfall ausgewiesene allgemeine Gesetzgebungsverfahren nach Art. 289 Abs. 1 i. V. m. Art. 294 AEUV überführt. Ausgenommen sind auch hier die in Art. 353 AEUV genannten Bereiche. Einen dem allgemeinen Brückenverfahren nachgebildeten Sonderfall regelt Art. 81 Abs. 2 UAbs. 2 AEUV für das transnationale Familienrecht.   **64**

Ein Änderungsbeschluss nach Art. 48 Abs. 7 UAbs. 2 EUV hat regelmäßig zur Folge, dass im Rat nicht mehr einstimmig, sondern mit qualifizierter Mehrheit entschieden wird. Die Aktivierung der Brückenklausel führt zu der seit langer Zeit geforderten, aber bislang nicht überall vorgesehenen **Mitentscheidung von Rat von Europäischem Parlament**.[142] Die Entscheidungsfindung wird entsprechend der zweigliedrigen Legitimationsstruktur nach Art. 10 Abs. 2 EUV geteilt: Über Gesetzgebungsinitiativen entscheiden Rat und Europäisches Parlament gleichberechtigt. Das schmälert nicht die Macht der nationalen Vertreter im Rat. Es stärkt aber die Entscheidungsmacht des Europäischen Parlaments, das zumindest nach seiner bisherigen Handlungslogik für Änderungsinitiativen nach Art. 48 Abs. 7 UAbs. 2 EUV regelmäßig seine Zustimmung erteilen dürfte.   **65**

2. Verfassungsrechtliche Vorbehalte

Vor allem am Beispiel der »halbautonomen« Brückenverfahren, die eingeführt wurden, um der Statik des Vertragsänderungsverfahrens zu begegnen, formulierte das Bundesverfassungsgericht seine verfassungsrechtlichen Vorbehalte im Lissabon-Urteil. Dem Zweiten Senat reichte das Ablehnungsrecht des nationalen Parlaments nicht aus, um den sinkenden Einfluss des Regierungsvertreters im Rat zu kompensieren. Weil der gewachsene Einfluss der Unionsorgane die Redeweise von den Mitgliedstaaten als den »Herren der Verträge« nicht zur Beruhigungsvokabel verkümmern lassen dürfe, verlangt das Gericht unter dem Topos der fortlaufenden Integrationsverantwortung ein **Zustimmungsgesetz**, das gegebenenfalls sogar der verfassungsändernden Mehrheit nach Art. 23 Abs. 1 Satz 3 GG bedürfe, um die Vertragsänderung demokratisch zu legitimieren.[143]   **66**

§ 4 Abs. 1 IntVG greift das auf. Danach reichen die beiden Schutzmechanismen – einerseits das Ablehnungsrecht von Bundestag und Bundesrat, andererseits das Einstim-   **67**

---

[142] Statt vieler *Habermas*, Zur Verfassung Europas, 2011, S. 39 (72) unter der Annahme eines verfassunggebenden Subjekts, das in sich gespalten ist: Den europäischen Völkern (vertreten im Rat) und den Unionsbürgern (vertreten im Europäischen Parlament); dazu *Franzius*, Das »Wir der Anderen« in Europa. Wer ist das demokratische Subjekt in der Europäischen Union?, in: *ders.*/Stein (Hrsg.), Recht und Politik. Zum Staatsverständnis von Ulrich K. Preuß, 2015, S. 171.

[143] BVerfGE 123, 267 (385 ff.). Unsicher ist, ob mit den §§ 2 ff. IntVG eine abschließende Umsetzung dieser Vorgaben erfolgt ist.

migkeitserfordernis im Europäischen Rat, das einen Brückenbeschluss nach Art. 48 Abs. 7 EUV an die Zustimmung des deutschen Vertreters bindet, nicht aus, um der **Integrationsverantwortung des Gesetzgebers**[144] Genüge zu tun. Zwar ist der Regelungsinhalt begrenzt und dessen mögliche Auswirkungen mögen für den Integrationsgesetzgeber »zumindest allgemein erkennbar« gewesen sein. Den Grad der Verselbständigung europäischer Entscheidungsverfahren habe der Bundesgesetzgeber jedoch nicht vollständig antizipieren können.[145] Die Möglichkeit des Bundestags, durch die Ausübung seines unionsrechtlich eingeräumten Ablehnungsrechts die Beschlussfassung im Europäischen Rat zu verhindern, reicht nach deutscher Rechtslage zur Sicherung der demokratischen Legitimation des in Rede stehenden Gesetzgebungsverfahrens nicht aus. Reicht für die Wahrnehmung des Ablehnungsrechts nach Art. 23 Abs. 1a GG i. V. m. § 10 IntVG ein **Beschluss**, so benötigt der deutsche Vertreter im Europäischen Rat nach Art. 23 Abs. 1 GG i. V. m. § 4 Abs. 1 IntVG ein **Gesetz**.[146] Ohne ein solches Gesetz muss der deutsche Vertreter im Europäischen Rat den Beschlussvorschlag ablehnen. Das parlamentarische Ablehnungsrecht sei kein ausreichendes Äquivalent zum Ratifikationsvorbehalt.[147]

68   In der Regel dürfte die Ermächtigung nach Art. 23 Abs. 1 Satz 2 GG ausreichen.[148] Zwar werden durch die Änderung von Verfahrensmodalitäten keine neuen Hoheitsrechte übertragen. Aber die bereits übertragenen Hoheitsrechte werden in ihrer Ausübung auf eine andere Legitimationsgrundlage gestellt, die es erlaubt, über die stärkere Einbeziehung des Europäischen Parlaments eine andere Legitimationsquelle, nämlich die der Unionsbürger anzuzapfen. Aus der Sicht des deutschen Verfassungsrechts ist das Zurückdrängen der intergouvernementalen Methode – entgegen der Präambel des Grundgesetzes und der Integrationsermächtigung in Art. 23 Abs. 1 Satz 1 GG – **recht-**

---

[144] Zum Begriff der Integrationsverantwortung *Voßkuhle*, in: Axer u. a. (Hrsg.), Das Europäische Verwaltungsrecht in der Konsolidierungsphase, Die Verwaltung, Beiheft 10/2010, 229; *Calliess*, ZG 2010, 1; *Nettesheim*, S. 30 ff.; *Schmahl*, Integrationsverantwortung, Demokratieprinzip und Gewaltenteilung, FS Knemeyer, 2012, S. 765; *Hölscheidt*, DÖV 2012, 105. In der Euro-Krise schien dessen Funktion der hergebrachte Begriff der Budgetverantwortung zu übernehmen, benennt damit aber eher einen der Integration entzogenen Reservatsbereich »nationaler« Haushaltsautonomie; näher zur Begrifflichkeit *Waldhoff*, Überforderung nationaler Parlamente durch Globalisierung? Grenzen am Beispiel der Budgetverantwortung, in: Franzius/Mayer/Neyer (Hrsg.), Modelle des Parlamentarismus im 21. Jahrhundert, 2015, S. 109. Zur Haushaltsverantwortung im Kontext der Währungsunion *Mayer*, in: Morlok/Schliesky/Wiefelspütz, Parlamentsrecht, § 43, Rn. 99 ff.

[145] Es sei für den mitgliedstaatlichen Vertreter im Europäischen Rat »womöglich nicht immer hinreichend erkennbar […], in welchem Umfang […] für zukünftige Fälle auf die mitgliedstaatliche Veto-Möglichkeit im Rat verzichtet« werde, vgl. BVerfGE 123, 267 (390). Für *Nettesheim*, S. 15, ist »inzwischen weitgehend klar, dass sich europäische Macht nicht durch Konzeptionen legitimieren lässt, die auf Mechanismen antizipierender vertraglicher Steuerung setzen«. Zur politischen Steuerung *Ruffert*, in: Hatje/Terhechte (Hrsg.), Grundgesetz und europäische Integration, EuR-Beiheft 1/2010, 83 (94 f.).

[146] Die Notwendigkeit ein Gesetz zu erarbeiten ist etwas qualitativ anderes als die Freiheit zu einem Parlamentsbeschluss, den mit der Folge der Billigung einer Änderungsinitiative nicht zu erlassen politisch weniger kostet. Gerade dies ruft die Integrationsverantwortung des Gesetzgebers in seiner »fordernden Dimension« auf den Plan, vgl. *Nettesheim*, S. 36 ff.

[147] BVerfGE 123, 267 (391).

[148] Das mag in der Anwendung des halbautonomen Änderungsverfahrens im Raum der Freiheit, der Sicherheit und des Rechts anders sein. Weniger deshalb, weil hier die »souveränitätssensible« Innen- und Rechtspolitik betroffen ist, sondern weil die Modifikation des Verfahrens die Grundzüge der Verfassung tangiert. Hier kann das Demokratieprinzip des Grundgesetzes in den Grenzen des Art. 79 Abs. 3 GG die Zustimmung nach Art. 23 Abs. 1 Satz 3 GG erforderlich machen. Zu konkreten Grundrechtsproblemen *Britz*, JZ 2013, 105 ff.

fertigungsbedürftig. Dafür reicht ein Schweigen des Bundestags zur Änderungsinitiative nach Art. 48 Abs. 7 EUV nicht aus. Erst die ausdrückliche Zustimmung des Gesetzgebers – unter Einhaltung des nicht zuletzt die Rechte der Opposition wahrenden Verfahrens – kann über die Frage entscheiden, ob die bereits erteilte Ermächtigung den Wechsel zum Regelfall der Mehrheitsentscheidung im Gesetzgebungsverfahren trägt. Es steht außer Frage, dass das Erfordernis eines Zustimmungsgesetzes die Verfahrenserleichterungen des Art. 48 Abs. 7 EUV teilweise aufhebt. Umgekehrt ist aber zu sehen, dass dem Änderungsbeschluss durch eine Aktivierung des mitgliedstaatlichen Legitimationsstrangs zum Volk als Kollektivsubjekt[149] erhöhte Wirkungskraft verliehen werden kann, soweit mit dem förmlichen Gesetzgebungsverfahren auch die nationale Öffentlichkeit einbezogen wird.

D.   Eigenarten der Vertragsänderung

Die Vertragsänderung ist ein zutiefst politischer Vorgang, der sich rechtlich nur begrenzt   **69** steuern lässt. Die eine Rationalität (des Politischen) kann durch die andere Rationalität (des Rechts) nicht einfach ersetzt oder simuliert werden. Das aber ist – jedenfalls in Deutschland – schon wegen der abgestuften **Integrationsverantwortung** der primär integrationsverantwortlichen Organe (Parlament und Gesetzgeber) kein Freibrief für beliebige Vertragsänderungen.

I.   Änderungsfester Kern des Unionsrechts?

Ob es einen änderungsfesten Kern des Unionsrechts gibt, wurde in der Vergangenheit   **70** intensiv diskutiert.[150] Inzwischen steht fest: Es gibt kein Unionsrecht, das Änderungen entzogen ist. Dem Vertrag lässt sich weder eine »Integrationsromantik« noch eine »Integrationsautomatik« entnehmen. Art. 48 Abs. 2 Satz 2 EUV stellt – anders als noch Art. IV-443 EVV – klar, dass Gegenstand einer Vertragsänderung auch der Rückbau von Verbandskompetenzen sein kann. Insoweit steht einer Re-Intergouvernementalisierung der Änderungsvorbehalt des Art. 48 EUV nicht entgegen.[151]

Als Verfahrensvorschrift zieht Art. 48 EUV **keine materiellen Grenzen** der Vertrags-   **71** änderung.[152] Auch der EuGH geht von keinem änderungsfesten Kern des Unionsrechts aus.[153] Zwar verneinte der Gerichtshof im ersten EWR-Gutachten die Möglichkeit, auf der Grundlage des Art. 310 EGV einen mit dem Entscheidungsmonopol des EuGH konkurrierenden EWR-Gerichtshof zu errichten. Die Vorschrift könne nicht so verändert werden, dass durch den Abschluss eines Assoziierungsabkommens ein Eingriff in das zu den »Grundlagen der Gemeinschaft« erklärte Rechtsschutzsystem der Art. 220 ff. EGV gestattet würde.[154] In seinem zweiten EWR-Gutachten stellte der Gerichtshof klar, dass

---

[149] Zum Erhalt dieser »Konstruktionsbedingung« *Franzius*, Transnationalisierung des Europarechts, in: G.-P. Calliess (Hrsg.), Transnationales Recht, 2014, S. 403 ff.

[150] Ausf. *Sichert*, S. 557 ff.

[151] *Pechstein*, in: Streinz, EUV/AEUV, Art. 48 EUV, Rn. 5.

[152] Wie hier *Ohler*, in: Grabitz/Hilf/Nettesheim, EU, Art. 48 EUV (August 2011), Rn. 24 (»Schweigen der Verträge«).

[153] *Pechstein*, in: Streinz, EUV/AEUV, Art. 48 EUV, Rn. 6; *Herrnfeld*, in: Schwarze, EU-Kommentar, Art. 48 EUV, Rn. 13; *Heintzen*, EuR 1994, 35; a. A. *da Cruz-Vilaça/Piçarra*, CDE 1993, 3 (26).

[154] EuGH, Gutachten 1/91 v. 14. 12. 1991, Slg. 1991, I–6079, Rn. 46.

die Zuständigkeiten des EuGH nur im Rahmen des Vertragsänderungsverfahrens geändert werden können, also einer Änderung durch den Abschluss eines völkerrechtlichen Vertrags mit Drittstaaten entzogen sind.[155]

72   Befürworter eines änderungsfesten Kerns des Unionsrechts neigen dazu, eine **Art. 79 Abs. 3 GG** vergleichbare Regelung in die Verträge hineinzulesen. Daran fehlt es aber mit gutem Grund, ohne dass hierdurch ein Souveränitätsvorbehalt der Mitgliedstaaten zum Ausdruck gebracht wird.[156] Das gilt auch für die **Strukturprinzipien** und Werte der Union, die in Art. 2 EUV festgelegt sind. Denn diese Werte sind, wie es in der Vorschrift heißt, allen Mitgliedstaaten gemeinsam, werden also durch das Unionsrecht nicht gewährt, sondern anerkannt.[157] Auch grundlegende Prinzipien wie der Vorrang des Unionsrechts gegenüber nationalem Recht bilden keinen änderungsfesten Kern des Unionsrechts, sind vielmehr entwicklungsfähig angelegt und unterliegen der Interpretation durch die zur Rechtsanwendung berufenen Organe. Das Fehlen substanzieller Grenzen der Vertragsänderung darf nicht als Verzicht auf Stabilität missverstanden, sondern muss – neben der Ermöglichung der politischen Vergewisserung über den eingeschlagenen Kurs – als Chance für **Wege flexibler Integration** verstanden werden. In den Verfahren nach Art. 48 EUV können die Mitgliedstaaten im Konsens die Abkehr vom einheitlichen Geltungsanspruch des Unionsrechts beschließen, um die unterschiedliche Geltung von Unionsprimärrecht in den Mitgliedstaaten zu erlauben.[158] Der Euro-Raum ist nur ein Beispiel von vielen. Die Einheit des Unionsrechts hält mehr Vielfalt aus als die frühere Rechtsprechung des Gerichtshofs im Lichte »klassischer« Integrationslehren vermuten lässt.[159] Das setzt freilich die Einhaltung der Vorschriften des Vertragsänderungsverfahrens voraus. Materielle Determinierungen mögen diese Verfahren durch nationales Verfassungsrecht erfahren.[160] Im Kontrast zum Vorbild »fester Grenzen« formuliert das Unionsrecht selbst für seine grundlegenden Inhalte keine Änderungsschranken. Dieser Verzicht mag die Sehnsucht nach unabänderlichen Grenzen nicht befriedigen, ist aber zu begrüßen, weil nur so der Raum für die **Politisierung der Entscheidungsfindung** erhalten bleibt. Schließlich gilt in Erinnerung zu rufen, dass gerade durch die Möglichkeit der Aufhebung der Verträge das geltende Unionsprimärrecht mit Legitimation versehen wird.

II.   Justiziabilität der Vertragsänderung

73   Ein weiterer Unterschied zu Verfassungsordnungen, die wie das Grundgesetz eine verfassungsgerichtliche Überprüfung der Einhaltung der materiellen Anforderungen an

---

[155] EuGH, Gutachten 1/92 v. 10. 4. 1996, Slg. 1992, I–2821, Rn. 32.

[156] *Nettesheim*, EuR 2006, 737 (741); *Geiger*, in: Geiger/Khan/Kotzur, EUV/AEUV, Art. 48 EUV, Rn. 1.

[157] *Pechstein*, in: Streinz, Art. 48 EUV, Rn. 6; *Herrnfeld*, in: Schwarze, EU-Kommentar, Art. 48 EUV, Rn. 14; *Meng*, in: GS, EUV/EGV, Art. 48 EUV, Rn. 65; *Nettesheim*, EuR 2006, 737 (742 f.).

[158] *Herrnfeld*, in: Schwarze, EU-Kommentar, Art. 48 EUV, Rn. 15; *Ohler*, in: Grabitz/Hilf/Nettesheim, EU, Art. 48 EUV (August 2011), Rn. 23.

[159] Vgl. *Franzius*, Europäisches Verfassungsrechtsdenken, 2010, S. 123 ff. Schon dem »konstitutionalistischen« Argument, wonach das Sekundärrecht im Lichte des Primärrechts auszulegen ist, kann entgegen werden, dass Primärrecht müsse sekundärrechtsfreundlich oder -respektierend ausgelegt werden, vgl. *Nettesheim*, EuR 2006, 737 (753 ff.). Auch innerhalb des Sekundärrechts fällt eine Hierarchisierung schwer, vgl. *Bast*, in: v. Bogdandy/Bast, Europäisches Verfassungsrecht, S. 529 ff.

[160] *Haratsch/Koenig/Pechstein*, Europarecht, Rn. 98; *Ohler*, in: Grabitz/Hilf/Nettesheim, EU, Art. 48 EUV (August 2011), Rn. 25.

Verfassungsänderungen erlauben, besteht im Hinblick auf die eingeschränkte Justiziabilität der Vertragsänderung. Die materiellen Änderungen können nur **Maßstab, nicht Gegenstand** der gerichtlichen Kontrolle durch den EuGH sein.[161] Die Wirksamkeit des Änderungsvertrags hängt allein von der Ratifikation aller Mitgliedstaaten ab. Dabei ist aus unionsrechtlicher Sicht unerheblich, ob der Mitgliedstaat sein Verfassungsrecht formell und materiell richtig angewendet hat. Der EuGH ist nicht befugt, die Einhaltung der mitgliedstaatlichen Verfassungsanforderungen zu prüfen.[162] Das folgt zwar nicht daraus, dass die Rechtsräume strikt voneinander getrennt seien.[163] Richtig ist vielmehr, dass die Unionsorgane über keine Befugnis verfügen, die Einhaltung des Verfassungsrechts im jeweiligen Mitgliedstaat zu überwachen.[164]

Zwar unterliegt die Anwendung des Art. 48 EUV der Kontrolle durch den Gerichtshof in den vertraglich vorgesehenen Verfahren. Eine materielle Rechtmäßigkeitskontrolle der Änderungsverträge scheidet im Verfahren nach Art. 263 AEUV aus, da weder das Primärrecht noch die Änderungsverträge (allein) das Ergebnis von Handlungen der Unionsorgane sind.[165] Die Kontrolle ist auf eine **Verfahrenskontrolle** beschränkt. Für zulässig erklärte der EuGH die isolierte Anfechtung eines unter Verstoß gegen die Beteiligungsrechte des Parlaments gefassten Ratsbeschlusses nach Art. 48 Abs. 2 EUV a. F.[166] Nicht unter die Zuständigkeit des Gerichtshofs fällt dagegen die Möglichkeit, die Nichtigkeit einer unter Verstoß gegen Anhörungspflichten des Art. 48 EUV zustande gekommene Vertragsänderung auszusprechen.[167] Auch im Vertragsverletzungsverfahren nach Art. 258 AEUV sind die materiellen Änderungen durch den Änderungsvertrag der gerichtlichen Zuständigkeit des Gerichtshofs entzogen, weil dieser nach Art. 19 Abs. 1 UAbs. 1 EUV zur Auslegung und Anwendung des Primärrechts aufgerufen ist, nicht aber die Gültigkeit von Primärrecht in Frage stellen kann. Diese Konsequenz ergibt sich nicht zuletzt aus dem Fehlen eines – allenfalls dann der gerichtlichen Kontrolle unterworfenen – änderungsfesten Kerns des Unionsrechts.[168] **74**

Darin unterscheidet sich die Kontrolle der Vertragsänderung durch den Gerichtshof von der verfassungsgerichtlichen Kontrolle namentlich durch das Bundesverfassungsgericht, das über die Einhaltung der Integrationsgrenzen wacht. In der Verfassungsarchitektur der Union entsteht eine »Unwucht« mit der Frage, wie die Kontrollansprüche eine angemessene Ausbalancierung finden können. Dafür sieht der Vertrag das **Vorab-** **75**

---

[161] *Ohler*, in: Grabitz/Hilf/Nettesheim, EU, Art. 48 EUV (August 2011), Rn. 27.

[162] A.A. *Koenig/Pechstein*, EuR 1998, 130 (147 f.).

[163] So aber *Ohler*, in: Grabitz/Hilf/Nettesheim, EU, Art. 48 EUV (August 2011), Rn. 39.

[164] Das ist nicht unproblematisch, weil die Verletzung nationalen Verfassungsrechts das Unionsrecht unbeeinflusst lässt, für ein Vorgehen von Unionsorganen gegen innerstaatliche Gefährdungen der Verfassung (Art. 2) aber hohe Hürden (Art. 7) bestehen. Gleichwohl stellt sich die Frage, ob britische Staatsangehörige als Unionsbürger nicht eine Entscheidung des nationalen Parlaments zum »Brexit« verlangen können. Eine förmliche Mitteilung, mit der die Zweijahresfrist des Art. 50 Abs. 3 EUV für das Austrittsverfahren zu laufen beginnt, ist noch nicht abgegbn worden.

[165] EuGH, Urt. v. 13.1.1995, Rs. C–253/94 P (Roujansky), Slg. 1995, I–7, Rn. 11; EuG, Urt. v. 29.1.1998, Rs. T–113/96 (Dubois & Fils), Slg. 1998, II–125, Rn. 41; EuGH, Urt. v. 28.4.1998, verb. Rs. 31/86 u. 35/86 (LAISA), Slg. 1988, 2285, Rn. 18 (für einen Beitrittsvertrag). Nichtigkeitsklagen sind danach »unzulässig, soweit sie sich dem Klagegegenstand nach gegen den Inhalt von primärrechtlichen Regelungen wenden, die in Änderungsverträgen« enthalten sind, so *Ohler*, in: Grabitz/Hilf/Nettesheim, EU, Art. 48 EUV (August 2011), Rn. 27.

[166] EuGH, Urt. v. 29.10.1980, Rs. C–138/79 (Roquettes Frères), Slg. 1980, I–3333, Rn. 33 ff.

[167] *Herrnfeld*, in: Schwarze, EU-Kommentar, Art. 48 EUV, Rn. 16; *Rathke*, S. 191 (Fn. 69); *Nettesheim*, EuR 2006, 737 (740 ff.); a. A. *Meng*, in: GS, EUV/EGV, Art. 48 EUV, Rn. 74.

[168] Siehe auch *Herrnfeld*, in: Schwarze, EU-Kommentar, Art. 48 EUV, Rn. 16.

entscheidungsverfahren nach Art. 267 AEUV vor, worüber auch die Rechtmäßigkeit von Vertragsänderungen einer »dialogischen« Überprüfung unterzogen werden kann. Im Rahmen des vom irischen Supreme Court eingeleiteten Vorlageverfahrens entschied der EuGH über die Einhaltung des in Art. 48 Abs. 6 UAbs. 2 EUV festgelegten »Kompetenzausdehnungsverbotes« für die in das Unionsprimärrecht eingefügte Vorschrift des Art. 136 Abs. 3 AEUV.[169] Insoweit sind Beschlüsse des Europäischen Rates auch in materieller Hinsicht durch den Gerichtshof überprüfbar. Der EuGH zieht die Grenzen der **Entscheidungserheblichkeit der Vorlage** sehr weit, was ihn deshalb auch nicht gehindert hat, die Vorlage des Bundesverfassungsgerichts zur primärrechtlichen Vereinbarkeit des OMT-Beschlusses der EZB[170] für zulässig zu erklären.[171] Dass sich das Bundesverfassungsgericht in diesem Verfahren das »letzte Wort« der Vereinbarkeit mit nationalem Verfassungsrecht vorbehält, ist nicht unproblematisch, zumal der Zweite Senat die ultra vires Rüge in die Nähe einer Popularklage gerückt hat.[172] Auf diese Weise überprüft das Gericht zwar keine Vertragsänderung, fordert mit der Feststellung einer »offensichtlichen« Kompetenzüberschreitung aber faktisch eine Vertragsänderung. Anderenfalls sei das Handeln der Unionsorgane vom Integrationsprogramm, zu dem der deutsche Gesetzgeber seine Zustimmung erteilt hat, nicht gedeckt.

76   Diese Grenze verweist auf die durch Art. 48 EUV nicht gesperrten Möglichkeiten **richterlicher Vertragsänderungen**. Man wird kaum so weit gehen können, das Verhältnis zwischen »politischer« und »richterlicher« Vertragsänderung als ein Verhältnis »kommunizierender Röhren« zu bezeichnen. Dass sich aber durch richterliche Auslegung das Primärrecht ohne Niederschlag im Text verändern kann, ist kaum zu bestreiten. Ebenso wenig die Tatsache, dass darüber ein förmliches Änderungsverfahren – und die hierüber gesicherte politische Auseinandersetzung über die Änderung und mögliche Alternativen – **entbehrlich** werden kann. Der EuGH ist in der Interpretation des Primärrechts in zweifacher Weise gebunden: Zum einen vertikal durch das Verbot der Rechtserzeugung ultra vires: Die Auslegung muss sich als Wahrnehmung übertragener Hoheitsbefugnisse darstellen. Zum anderen horizontal durch die Organkompetenzen der anderen Unionsorgane: Greift der Gerichtshof wegen einer Lücke im Sekundärrecht in die Abwägungs- und Entscheidungsprärogative des Unionsgesetzgebers ein, so verletzt dies das institutionelle Gleichgewicht der Union.[173]

77   In diesen Grenzen sind materielle Vertragsänderungen durch **richterliche Rechtsfortbildung** zulässig. Solche rechtsfortbildenden Änderungen trägt in Deutschland innerhalb der Grenzen der Art. 20 und Art. 79 Abs. 3 GG die Integrationsermächtigung des Art. 23 Abs. 1 GG. Das Bundesverfassungsgericht hat das schon früh mit dem Hinweis auf die gemeineuropäische Rechtskultur zum Ausdruck gebracht, wonach der Richter in Europa niemals nur »la bouche qui prononce les paroles de la loi« gewesen sei.[174] Aber

---

[169]EuGH, Urt. v. 27.11.2012, Rs. C–370/12 (Pringle), ECLI:EU:C:2012:756, Rn. 30ff.

[170]BVerfGE 134, 366.

[171]EuGH, Urt. v. 16.6.2015, Rs. C–62/14 (Gauweiler u. a.), ECLI:EU:C:2015:400, Rn. 29; näher *Franzius*, Recht und Politik in der transnationalen Konstellation, 2014, S. 22, 133, 248ff.

[172]Vgl. BVerfGE 134, 366, Sondervotum *Gerhardt*, Rn. 6f.

[173]Zu Grenzen der richterlichen Rechtsfortbildung auch *Ohler*, AöR 135 (2010), 153 (169ff.). Entgegen landläufiger Auffassung greifen diese Grenzen weniger im Bereich des individuellen Rechtsstatus der Unionsbürger, sondern vielmehr im institutionellen Bereich mit dem »Offenhalten« politischer Prozesse.

[174]BVerfGE 75, 223 (242ff.); siehe auch BVerfGE 123, 267 (351): Danach lässt sich die politische Entwicklung nicht im Detail vorherbestimmen. Wer auf Integration baut, müsse mit der eigenständigen Willensbildung der Unionsorgane rechnen.

die durch die Zustimmungsgesetze dem EuGH erteilte Ermächtigung zur Rechtsfortbildung reicht nur so weit, wie sich deren Ergebnisse innerhalb des primärrechtlich geschaffenen Integrationsprogramms bewegen. Jede Ausweitung der Unionsbefugnisse erfordert förmliche Vertragsänderungen, die von den Mitgliedstaaten mitverantwortet werden müssen. Überschreitet der EuGH diese Grenze, liegt für das Bundesverfassungsgericht ein ausbrechender Rechtsakt vor, der in Deutschland keine Bindungswirkung erzielt und unanwendbar wäre. Diese Grenze ist freilich »europarechtsfreundlich« weit zu bestimmen. Eine Usurpation von Befugnissen durch Unionsorgane zur »autonomen« Vertragsausdehnung[175] kann das Bundesverfassungsgericht erst annehmen, wenn der EuGH über das Vorlageverfahren die Gelegenheit zur Feststellung der Unvereinbarkeit mit dem Primärrecht erhalten hat.[176] Das schließt die Möglichkeit zur **unionsrechtskonformen Auslegung** potentiell vertragsändernder Maßnahmen ein.[177] Im Streit über die Ankündigung unbegrenzter Staatsanleihenkäufe durch die EZB legte das Bundesverfassungsgericht eine verfassungsrechtlich gebotene Auslegung dem Gerichtshof nahe, was wegen seines Auslegungsmonopols über Inhalt und Reichweite der primärrechtlichen Verpflichtungen nur begrenzt zur Konfliktvermeidung beiträgt.[178] Der EuGH akzeptierte die Vorlage, obwohl sie mit einer **ultra vires Warnung**[179] verbunden wurde, konnte im OMT-Programm aber keinen Verstoß gegen Art. 119, 123 Abs. 1 AEUV erkennen.[180] Das Bundesverfassungsgericht hat dieses Ergebnis im Ergebnis mitzutragen vermocht.

E. Sondervorschriften

Eine **Systematik** der vertraglichen Sondervorschriften im Lichte der Regelungen des   78
Art. 48 EUV fällt schwer. Zum einen sind Vertragsanpassungen (s. Rn. 85 ff.) von besonderen Änderungsverfahren (s. Rn. 79 ff.) zu unterscheiden. Letztere können danach unterschieden werden, ob sie als spezielle Regelung dem Verfahren nach Art. 48 EUV vorgehen, aber auch, ob sie ein »Veto-Recht« den nationalen Parlamenten einräumen oder nicht. Schließlich erlaubt der Vertrag in besonderen Fällen andere »autonome« Vertragsänderungen.

---

[175] Zur »constitutional usurpation« *Cohen*, Globalization and Sovereignty: Rethinking Legality, Legitimacy and Constitutionalism, 2012, S. 278 ff. BVerfGE 134, 366, Rn. 46, zufolge dürfen der Deutsche Bundestag und die Bundesregierung »eine offensichtliche und strukturell bedeutsame Usurpation von Hoheitsrechten durch Organe der Europäischen Union nicht einfach geschehen« lassen. Dem ist zu entgegnen, dass, wenn sie wollen, die EZB unmittelbar vor dem EuGH verklagt werden kann, das Verfahren vor dem BVerfG also ein Notbehelf ist. Plastisch das Abschiedssondervotum von *Lübbe-Wolff*, Rn. 23, wonach man sich »auf große Wüstenwanderungen, die zu keiner Quelle führen, gar nicht erst schicken lassen« dürfe.

[176] BVerfGE 126, 286 (303 f.).

[177] BVerfGE 134, 366, Rn. 100.

[178] Anders, aber nicht überzeugend *Klement*, JZ 2015, 754.

[179] Für die Überwindung der Zulässigkeitsgrenzen über ein in das Loyalitätsprinzip des Art. 4 Abs. 3 EUV hineingelesenes Vertrauen in die Folgebereitschaft des BVerfG *Cruz-Villalón*, Schlussanträge v. 14.1.2015, Rs. C–62/14 Gauweiler u. a., ECLI:EU:C:2015:7, Nr. 67; ähnlich *Lenaerts*, EuR 2015, 1 (19 ff.); zust. *Schmidt-Aßmann*, Kohärenz und Konsistenz des Verwaltungsrechtsschutzes, 2015, S. 137 f.

[180] EuGH, Urt. v. 16.6.2015, Rs. C–62/14 (Gauweiler u. a.), ECLI:EU:C:2015:400, Rn. 29, 46 ff., 93 ff.

I. Besondere Änderungsverfahren

1. Beitrittsverfahren (Art. 49 EUV)

79   Ein besonderes Änderungsverfahren ist das Beitrittsverfahren nach Art. 49 EUV. Danach werden die durch die Aufnahme erforderlichen Anpassungen der Verträge mit dem Beitrittsabkommen vorgenommen. Unsicher ist, inwieweit bei dieser Gelegenheit auch nicht durch den Beitritt erforderliche Änderungen beschlossen werden dürfen. Weil das Beitrittsverfahren die Zustimmung des Europäischen Parlaments verlangt und insoweit über die allgemeinen Anforderungen des Vertragsänderungsverfahrens hinausgeht, wird man Art. 49 als **lex specialis** zu Art. 48 EUV behandeln müssen.[181]

2. Abgekürzte Änderungsverfahren

80   Entsprechend Art. 48 Abs. 6 EUV erlauben die Verträge für eine Reihe von Vorschriften ein abgekürztes Verfahren. Solche **Verfahrensvereinfachungen** sehen Art. 42 Abs. 2 UAbs. 1 EUV für die Einführung einer gemeinsamen Verteidigung, Art. 25 Abs. 2 AEUV für die Erweiterung der Rechte der Unionsbürger, Art. 218 Abs. 8 UAbs. 2 Satz 2 AEUV für den Beitritt der Union zur EMRK, Art. 223 Abs. 1 AEUV für das einheitliche Wahlverfahren zum Europäischen Parlament, Art. 262 AEUV für die Zuständigkeit des EuGH in Verfahren über europäische Rechtstitel für geistiges Eigentum und Art. 311 Abs. 3 AEUV für die Eigenmittel der Union vor. In allen diesen Fällen bedarf es in Deutschland dafür ein Gesetz nach Art. 23 Abs. 1 GG. Das stellt im Nachvollzug der Lissabon-Entscheidung des Bundesverfassungsgerichts § 3 IntVG klar.[182]

3. Autonome Vertragsänderungen

81   Einen Vorrang gegenüber Art. 48 Abs. 7 EUV haben die besonderen Brückenklauseln. Art. 81 Abs. 3 UAbs. 2 AEUV ist dem allgemeinen Brückenverfahren angelehnt und erlaubt den Übergang zum ordentlichen Gesetzgebungsverfahren für die Entscheidung des Rates im Bereich des Familienrechts mit grenzüberschreitendem Bezug. Eine Abweichung zum Grundmuster des halbautonomen Änderungsverfahrens besteht nicht. Art. 81 Abs. 3 UAbs. 3 AEUV räumt den nationalen Parlamenten ein **Veto-Recht** ein.

a) Spezielle Brückenklauseln

82   Die Verträge sehen jedoch auch spezielle Brückenklauseln **ohne Veto-Recht der nationalen Parlamente** vor. Solche Änderungsverfahren enthält Art. 31 Abs. 3 EUV für die Gemeinsame Außen- und Sicherheitspolitik und Art. 312 Abs. 2 UAbs. 2 AEUV für die Festlegung des mehrjährigen Finanzrahmens. Hier bedarf es lediglich der **Zustimmung des Europäischen Rates**. Demgegenüber ist in Art. 153 Abs. 2 UAbs. 4 AEUV für den Schutz der Arbeitnehmer, in Art. 192 Abs. 2 UAbs. 2 AEUV für den Schutz der Umwelt und in Art. 333 AEUV für die verstärkte Zusammenarbeit nur die **Zustimmung des Rates** vorgeschrieben. Wegen der Überschaubarkeit ihres Anwendungsbereichs lässt das Bundesverfassungsgericht für das Handeln des deutschen Regierungsvertreters ei-

---

[181] *Herrnfeld*, in: Schwarze, EU-Kommentar, Art. 48 EUV, Rn. 20; *Pechstein*, in: Streinz, EUV/AEUV, Art. 48 EUV, Rn. 8. *Ohler*, in: Grabitz/Hilf/Nettesheim, EU, Art. 48 EUV (August 2011), Rn. 51 hält die Regelung nicht beitrittsbedingter Änderungen für unbedenklich, solange nicht das Konventsverfahren zur Anwendung kommen müsse.
[182] Darstellung: *Rathke*, S. 199 ff.

nen zustimmenden Beschluss des Bundestags und gegebenenfalls des Bundesrates genügen. Einzelheiten für die Beschlussfassung regeln §§ 5 f. IntVG.

b) Sonstige »autonome« Vertragsänderungen

Auf einen Ratifikationsvorbehalt und ein parlamentarisches Ablehnungsrecht verzichten eine Reihe weiterer Verfahren, für die jedoch eine **thematische Begrenzung** kennzeichnend ist.[183] Solche »autonomen« Vertragsänderungen sehen zum Beispiel Art. 82 Abs. 2 UAbs. 2 Buchst. d AEUV für Aspekte des Strafverfahrens, Art. 83 Abs. 1 UAbs. 3 AEUV für Straftaten mit grenzüberschreitender Dimension und Art. 86 Abs. 4 AEUV für die Ausdehnung der Befugnisse der Europäischen Staatsanwaltschaft vor. Ferner finden sich in Art. 129 Abs. 3 AEUV, Art. 40 Abs. 1 ESZB-Satzung, Art. 281 Abs. 2 und Art. 308 Abs. 3 AEUV spezielle Änderungsregeln, nach denen primärrechtliche Vorschriften über die EZB, den EuGH und die EIB durch das Europäische Parlament und den Rat im ordentlichen Gesetzgebungsverfahren geändert werden können.[184]   **83**

Die Besonderheit dieser Verfahren liegt darin, dass die Änderung **autonom**, also ohne Beteiligung der Mitgliedstaaten erfolgt. Insoweit kann auch Art. 7 Abs. 3 EUV mit der Aussetzung der Stimmrechte durch den Rat zur Kategorie der autonomen Vertragsänderung gezählt werden.[185] Ihre innerstaatliche Rechtfertigung erhalten diese Änderungsverfahren durch die Zustimmung zum Vertrag von Lissabon. Darin wird eine antizipierende Zustimmung zu der maßgeblich von den Unionsorganen zu treffende Vertragsänderung gesehen, so dass hierfür in Deutschland kein Gesetz, sondern ein Beschluss ausreicht. Das gilt für die Inanspruchnahme der Kompetenzerweiterungsklausel des Art. 82 Abs. 2 UAbs. 2 Buchst. d AEUV, nicht aber für die Ausdehnung der Unionskompetenzen nach Art. 83 Abs. 1 UAbs. 3 AEUV im Bereich des materiellen Strafrechts und die Vertragsänderung nach Art. 86 Abs. 4 AEUV. § 7 Abs. 1 IntVG fordert dafür jeweils ein Gesetz.[186]   **84**

II. Vertragsanpassungen (Art. 352 AEUV)

Die frühere Kompetenzabrundungsklausel des Art. 308 EGV wurde überwiegend nicht als Ermächtigung zur Vertragsänderung verstanden.[187] Dem Rat wurde dadurch keine »Kompetenz-Kompetenz« zur Änderung der Verträge zugewiesen. Nach den Feststellungen des Bundesverfassungsgerichts habe sich das für die Nachfolgeregelung des Art. 352 AEUV geändert. Die Vorschrift erlaube es, die Vertragsgrundlagen der Union substanziell zu ändern.[188] Das ist jedoch **unzutreffend**.[189] Vielmehr können auf der Grundlage der »Flexibilitätsklausel« keine sekundärrechtliche Bestimmungen erlassen werden, die der Sache nach, gemessen an ihren Folgen, auf eine Vertragsänderung   **85**

---

[183] Zu eng *Pechstein*, in: Streinz, EUV/AEUV, Art. 48 EUV, Rn. 9; wie hier *Herrnfeld*, in: Schwarze, EU-Kommentar, Art. 48 EUV, Rn. 19.

[184] Auch das Protokoll über das Verfahren bei einem übermäßigen Defizit kann gemäß Art. 126 Abs. 14 AEUV in einem besonderen Gesetzgebungsverfahren geändert werden.

[185] So *Herrnfeld*, in: Schwarze, EU-Kommentar, Art. 48 EUV, Rn. 19.

[186] Einzelheiten: *Rathke*, S. 240 ff.

[187] *Herrnfeld*, in: Schwarze, EU-Kommentar, Art. 48 EUV, Rn. 21.

[188] BVerfGE 123, 267 (394 f.).

[189] Krit. *v. Bogdandy*, NJW 2010, 1 (3); *Ruffert*, DVBl 2009, 1197 (1201); *Thym*, CMLRev. 46 (2009), 1795 (1802); zweifelnd auch *Ohler*, in: Grabitz/Hilf/Nettesheim, EU, Art. 48 EUV (August 2011), Rn. 56.

ohne Einhaltung des hierfür vorgesehenen Verfahrens hinausliefen.[190] Erforderlich ist, dass die zu erlassende Maßnahme noch der Verwirklichung der Ziele der Union dient. Die nach Art. 352 AEUV geforderte Einstimmigkeit im Rat und die Zustimmung des Europäischen Parlaments reichen dem Bundesverfassungsgericht zufolge aber nicht aus, die Entscheidung des deutschen Vertreters im Rat für die »vertragsimmanente Fortentwicklung« zu legitimieren.[191] Angesichts der **tatbestandlichen Weite** des Art. 352 AEUV war im Zustimmungsgesetz die Ausweitung der Unionszuständigkeit nicht im Einzelfall vorhersehbar und damit keiner demokratisch-parlamentarischen Legitimation zugänglich.[192] Obwohl die Vertragsabrundungskompetenz keine Zuständigkeitserweiterung impliziert, fordert § 8 IntVG für die Zustimmung des deutschen Regierungsvertreters ein Gesetz nach Art. 23 Abs. 1 Satz 2 GG.[193]

86   Wie problematisch das Erfordernis eines Zustimmungsgesetzes im Gegensatz zu dem für spezielle Vertragsänderungen ausreichenden Beschluss ist, zeigt die Erweiterung im Bereich der **Bankenunion**, wo für den Erlass von sekundärrechtlichen Maßnahmen auf eine primärrechtliche Ermächtigungsgrundlage (Art. 126 Abs. 7 AEUV) zurückgegriffen, aber gleichwohl eine zusätzliche – und insoweit die konsentierte Ermächtigung in Frage stellende[194] – Absicherung in einem Zustimmungsgesetz nach Art. 23 Abs. 1 GG gesucht wurde.[195]

F.   Mitgliedstaaten als »Herren« der vertraglichen Grundlagen

87   Die Frage, ob die Mitgliedstaaten »Herren« der vertraglichen Grundlagen sind, lässt schon begrifflich Zweifel aufkommen. Zum einen können die Staaten verfassungsrechtlich nicht die *pouvoirs constituants* der Union sein. Was für die internationale Gemeinschaft bezweifelt werden mag, kann für das Unionsverfassungsrecht – soweit man diese Begrifflichkeit für angemessen hält[196] – nicht in Frage stehen: In der Union, in der die Nationalstaaten zu **Mitgliedstaaten** transformiert wurden, sind die Staaten als die *pouvoirs constitués* zu verstehen, mag ihnen auch eine zentrale Funktion in den Vertragsänderungsverfahren zuzusprechen sein. Letzteres rechtfertigt es aber nicht, mit der vordemokratischen Begrifflichkeit des Kaiserreichs von den Staaten als den »Herren der Verträge« zu sprechen.[197]

---

[190] EuGH, Gutachten 2/94 v. 28.3.1996 (EMRK I), Slg. 1996, I–1759, Rn. 30; aufgegriffen in Erklärung 42 der Schlussakte v. Lissabon.

[191] BVerfGE 123, 267 (394).

[192] Krit. *Mayer*, in: Morlok/Schliesky/Wiefelspütz, Parlamentsrecht, § 43, Rn. 93.

[193] Soweit mit *Rathke*, S. 251 f. sogar ein verfassungsänderndes Mandatsgesetz nach Art. 23 Abs. 1 Satz 3 GG gefordert wird, droht das Verständnis der unionalen Kompetenzordnung verkannt zu werden. Eine dem BVerfG zugeschriebene »De-facto-Opposition« ist verfehlt, a. A. *Kahl*, DVBl 2013, 197 f.; *Voßkuhle*, Der Spiegel v. 13.11.2015, S. 36 (39).

[194] Zum Problem der Kompetenzgrundlage für die Aufsichtszuständigkeit *Kämmerer*, NVwZ 2013, 830 (832 ff.).

[195] Krit. *Mayer/Kollmeyer*, DVBl 2013, 1158 (1159 ff.) mit dem Hinweis auf das Ausreichen eines Plenarbeschlusses. Der Bundestag selbst sieht im Zustimmungsgesetz zur SSM-Verordnung »keine allgemeine Präzedenzwirkung« für das Erfordernis eines Zustimmungsgesetzes für Sekundärrechtsakte, vgl. BT-Drs. 17/13961, 10.

[196] Dazu *v. Bogdandy/Bast*, in: v. Bogdandy/Bast, Europäisches Verfassungsrecht, S. 1 ff.

[197] Vgl. *Pernice*, Europäisches und nationales Verfassungsrecht, VVDStRL 60 (2001), 148 (171 f.); *Mayer*, VVDStRL 75 (2016), 53 f. mit dem Vorschlag, die souveräne »Herren« Perspektive durch das Konzept der Autonomie zu ersetzen. Auf die Zuordnung einer »absoluten, unitarischen und womöglich transzendentalen Macht« könne verzichtet werden.

Die Rechtsmacht der Mitgliedstaaten, sich über die Vertragsänderungsverfahren hin- **88** wegzusetzen, kann nicht darüber hinwegtäuschen, dass es aufgrund der unionsrechtlichen Selbstverpflichtung der Mitgliedstaaten zur Einhaltung der vertraglichen Änderungsverfahren erschwert wird, außerhalb der vorgesehenen Änderungsverfahren die Verträge abzuändern. Denn ein Vorgehen unter Missachtung der Verfahrensanforderungen des Art. 48 EUV verkürzt die Verfahrensrechte der Unionsorgane, die mit dem Vertrag von Lissabon gestärkt wurden. Ein unter Verstoß gegen die Verfahrensbestimmungen des Art. 48 EUV geschlossenes Abkommen ist, soweit es die Verträge tatsächlich abändert, **unionsrechtswidrig**. Wird es gleichwohl für völkerrechtlich wirksam gehalten, dokumentiert dies die herausragende Rolle der Mitgliedstaaten in der Gestaltung der vertraglichen Grundlagen.[198] Zu »Herren« der Verträge werden die Mitgliedstaaten dadurch aber nicht.

Auszugehen ist vielmehr von **multiplen Trägern der vertragsändernden Gewalt**.[199] **89** Darin liegt die zentrale Funktion des Art. 48 EUV: In das Vertragsänderungsverfahren wird eine Vielzahl von Akteuren einbezogen. Von der »Herrschaft« der Mitgliedstaaten kann nur in einem eingeschränkten Sinne die Rede sein. Gerade mit der unmittelbaren Adressierung der **nationalen Parlamente** emanzipiert sich das Vertragsänderungsverfahren vom völkerrechtlichen Vorbild des nach außen geschlossenen Staates. Das ist jedoch nur die halbe Wahrheit. Die Euro-Krise zeigte, dass es immer weniger gelingt, den Herausforderungen innerhalb des Unionsrechts zu begegnen. Verantwortlich dafür ist die erschwerte Abänderbarkeit der vertraglichen Grundlagen.[200] Die Lösung wird häufig außerhalb des Unionsrechts und seiner strengen Verfahrensanforderungen gesucht. Aber auch in der **Wahl des Völkerrechts** – wie beim ESM oder dem Fiskalvertrag – sind die Mitgliedstaaten nicht im herkömmlichen Sinne die »Herren« ihrer Entscheidungen. Eine souveränitätsfixierte Perspektive mag der Beruhigung dienen, wird den tatsächlichen Bezugnahmen auf das Unionsrecht aber nicht gerecht. Wer die Nabelschnur zu den Mitgliedstaaten für Vertragsänderungen nicht kappen will, darf nicht übersehen, dass dem demokratischen Anliegen an besten durch die Verteidigung der »Gemeinschaftsmethode« gedient ist, weil nur sie die Einbindung der Unionsorgane in den Rechtserzeugungsprozess gewährleistet.[201] Strategien, die in der Not die Flucht in

---

[198] *Herrnfeld*, in: Schwarze, EU-Kommentar, Art. 48 EUV, Rn. 23; *Pechstein*, in: Streinz, EUV/AEUV, Art. 48 EUV, Rn. 9; *Cremer*, in: Calliess/Ruffert, EUV/AEUV, Art. 48 EUV, Rn. 20; *Meng*, in: GSH, Europäisches Unionsrecht, Art. 48 EUV, Rn. 5, hält ergänzendes Vertragsrecht für zulässig, soweit bestehendes Unionsrecht unangetastet bleibt. Darüber herrscht aber häufig Streit.

[199] Ähnlich *Peters*, S. 390 ff.

[200] Eine vertiefte politische Integration, wie im Bericht der fünf Präsidenten zur Vertiefung der Wirtschafts- und Währungsunion v. 22. 6. 2015 – vgl. *Juncker/Tusk/Dijsselbloem/Draghi/Schulz*, Die Wirtschafts- und Währungsunion Europas vollenden, http://ec.europa.eu/priorities/economic-monetary-union/docs/5-presidents-report_de.pdf (13. 11. 2015) – vorgeschlagen wird, stellt freilich auch das nationale Europaverfassungsrecht vor neue Herausforderungen, was die Zustimmung Deutschlands zu erforderlichen Vertragsänderungen unsicher macht. Zur Debatte *Rodi*, JZ 2015, 737.

[201] Exemplarisch der Aufbau der Bankenunion: Weil die deutsche Regierung in Art. 127 Abs. 6 AEUV keine ausreichende Kompetenzgrundlage für die Verordnung des Rates zum Bankenaufsichtsmechanismus (SSM) erkennen konnte, wurde die Mitwirkung an ein Zustimmungsgesetz nach Art. 23 Abs. 1 Satz 2 GG geknüpft, das einen angenommenen Kompetenzverstoß jedoch nicht heilen kann; krit. *Mayer*, in: Morlok/Schliesky/Wiefelspütz, Parlamentsrecht, § 43, Rn. 71 ff. Und obwohl für den Bankenabwicklungsmechanismus (SRM) das ordentliche Gesetzgebungsverfahren nach Art. 114 AEUV eingeleitet wurde, verlagerte der Rat mit Beschluss v. 19. 12. 2013 einen Teil der Änderungen in einen völkerrechtlichen Vertrag, wodurch die Rechte des Europäischen Parlaments umgangen wurden. Das bringt die Rechtsgemeinschaft in Not: *Uerpmann-Wittzack*, EuR Beiheft 2/2013, 49 (53 ff.).

das völkerrechtliche **Ersatzunionsrecht** antreten, bezahlen mit der Distanz zu den vertraglichen Steuerungsmechanismen und der dadurch verminderten Legitimation im europäischen Rechtsraum einen hohen Preis.

90   Die Antwort kann nur begrenzt in der Akzentuierung der **Integrationsverantwortung** gefunden werden. Dass der europäische Rechtserzeugungsprozess im Zeichen dynamischer Vertragsentwicklung eine Abstützung in der gegebenenfalls zu aktualisierenden Integrationsverantwortung ihrer mitgliedstaatlichen Träger finden muss, erklärt sich schon aus der Legitimation, die der Union aus den Willensbekundungen der europäischen Völker zufließt. Insoweit mag die vom Bundesverfassungsgericht namentlich für das vereinfachte Änderungsverfahren eingeforderte Integrationsverantwortung der **Verklammerung politischer Räume** dienen.[202] Nicht weniger wichtig ist es jedoch, das Konzept nicht bloß von den Grenzen aus zu betrachten, sondern auf die Rolle der Unionsorgane auszurichten, die nur zu einem geringen Teil darüber gesteuert werden können.[203] Denn für die Vertragsänderung teilen sich die Mitgliedstaaten die Vertragsänderungskompetenz mit den Unionsorganen. Deren Radius und Verantwortlichkeit reicht weiter als es durch das für die verfassungsrechtliche Perspektive gegebenenfalls unerlässliche, aber letztlich introvertierte Konzept der Integrationsverantwortung umschrieben ist.

91   Abschließend ist anzumerken, dass die rechtlichen Möglichkeiten der Vertragsänderung kaum über den politisch nur schmalen Raum für Änderungen des Primärrechts hinwegtäuschen dürfen. Mit dem bestehenden Unionsprimärrecht wird man vorerst leben müssen, so drängend manche Probleme – wie in der **Wirtschafts- und Fiskalpolitik**[204] – auch sein mögen. Auch die Zugeständnisse zur erfolglosen Vermeidung eines britischen Austritts aus der Union (»Brexit«) haben keinen Niederschlag in Änderungen des Primärrechts gefunden. Aber die erschwerte Abänderbarkeit der vertraglichen Grundlagen muss kein Nachteil sein: Zum einen deshalb, weil es den erreichten Integrationsstand stabilisiert und zu entfalten aufgibt.[205] Zum anderen, weil Flexibilität über das Sekundärrecht zu erreichen ist. Dieses hat den Vorteil einer erhöhten demokratischen Legitimation für die jeweilige Problemlösung. Damit ist Sekundärrecht nicht vor einem Scheitern bewahrt, wie das faktische Leerlaufen der Dublin III-Verordnung in der **Flüchtlingskrise** zeigt. Statt aber die Antwort in Änderungen des Primärrechts zu suchen, an deren Realisierungschancen wegen des doppelten Einstimmigkeitsvorbehalts (s. oben Rn. 2) zu zweifeln ist, bestehen auf der Grundlage des bestehenden Primärrechts durchaus Chancen, zu einer gerechteren Lösung der Migrationsprobleme im Sekundärrecht zu gelangen. Dafür bedarf es eines politischen Willens, den das Unionsrecht nicht erzwingen kann.

---

[202] *Nettesheim*, S. 15 ff.

[203] Zur Regelungsverantwortung des Unionsgesetzgebers EuGH, Urt. v. 8. 4. 2014, Rs. C–293/12 u. C–594/12 (Digital Rights Ireland u. a.), ECLI:EU:C:2014:238, Rn. 54 ff.

[204] Vgl. *Juncker/Tusk/Dijsselbloem/Draghi/Schulz*, Die Wirtschafts- und Währungsunion Europas vollenden (Fn. 200).

[205] Das gilt zum Beispiel für die Konkretisierung der Art. 9 ff. EUV zur Stärkung der demokratischen Legitimation. Im Vergleich zu nationalen Verfassungen verfügt das Unionsprimärrecht über detaillierte Vorgaben zum Demokratieprinzip, deren Potential noch kaum ausgeschöpft ist.

Artikel 49 EUV [Beitritt zur Union]

¹Jeder Europäische Staat, der die in Artikel 2 genannten Werte achtet und sich für ihre Förderung einsetzt, kann beantragen, Mitglied der Union zu werden. ²Das Europäische Parlament und die nationalen Parlamente werden über diesen Antrag unterrichtet. ³Der antragstellende Staat richtet seinen Antrag an den Rat; dieser beschließt einstimmig nach Anhörung der Kommission und nach Zustimmung des Europäischen Parlaments, das mit der Mehrheit seiner Mitglieder beschließt. ⁴Die vom Europäischen Rat vereinbarten Kriterien werden berücksichtigt.

¹Die Aufnahmebedingungen und die durch eine Aufnahme erforderlich werdenden Anpassungen der Verträge, auf denen die Union beruht, werden durch ein Abkommen zwischen den Mitgliedstaaten und dem antragstellenden Staat geregelt. ²Das Abkommen bedarf der Ratifikation durch alle Vertragsstaaten gemäß ihren verfassungsrechtlichen Vorschriften.

Literaturübersicht:

Adamovich, Demokratie und Werte, FS Machacek und Matscher, 2008, S. 39; *Archer*, Norway Outside the European Union, 2005; *Becker*, EU-Enlargements and Limits to Amendments of the E.C. Treaty, 2001; *Bergmann*, Die Osterweiterung der Europäischen Union, ZRP 2001, 18; *Benoît-Rohmer*, Valeurs et droits fondamentaux dans la Constitution, RTDE 2005, 261; *Bieber*, Solidarität als Verfassungsprinzip der Europäischen Union, in: v. Bogdandy/Kadelbach (Hrsg.), Solidarität und Europäische Integration, 2002, S. 51; *Blanke*, Erweiterung ohne Vertiefung? – Zur »Verfassungskrise« der Europäischen Union, EuR 2005, 787; *v. Bogdandy*, Rettungsschirm für europäische Grundrechte, ZaöRV 72 (2012), 45; *Borowsky*, Wertegemeinschaft Europa, DRiZ 2001, 275; *ders.*, Wertkonflikte in der Europäischen Union, FS Meyer, 2006, S. 49; *Brill*, Geopolitische Motive und Probleme des Europäischen Einigungsprozesses, APuZ 32 (2008), 41; *Broß*, Grundrechte und Grundwerte in Europa, JZ 2003, 429; *Bruha/Vogt*, Rechtliche Grundfragen der EU-Erweiterung, VRÜ 30 (1997), 477; *ders./Nowak*, Recht auf Austritt aus der Europäischen Union? Anmerkungen zu Artikel I–59 des Entwurfs eines Vertrages über eine Verfassung für Europa, AVR 42 (2004), 1; *Calliess*, Europa als Wertegemeinschaft – Integration und Identität durch europäisches Verfassungsrecht, JZ 2004, 1033; *Cremona*, EU Enlargement: Solidarity and Conditionality, E. L. Rev. 30 (2005), 3; *Dietz*, Der weite Weg nach Westen: Die verfassungsrechtliche Stellung der türkischen Armee im EU-Beitrittsprozess, DÖV 2010, 638; *Dorau*, Die Öffnung der Europäischen Union für europäische Staaten, EuR 1999, 736; *Ercan*, Zypern, die Türkei und die EU, 2012; *Ehlermann*, Mitgliedschaft in der Europäischen Gemeinschaft, EuR 1984, 113; *Falke/Czauderna*, Serbien vor der Eröffnung von EU-Beitrittsverhandlungen: Herausforderungen an Rechts- und Justizreformen, WiRO 2014, 33; *Gaedtke*, Europäische Außenpolitik, 2009; *Geiger*, Die Mitwirkung des deutschen Gesetzgebers an der Entwicklung der Europäischen Union, JZ 1996, 1093; *ders.*, Zur Beteiligung des Gesetzgebers gemäß Art. 23 Abs. 1 GG bei der Änderung und Erweiterung der Europäischen Union, ZG 2003, 193; *Giamouridis*, »Only through Enlargement«: The New European Myth?, European Foreign Affairs Review (2007), 183; *Habermas*, Warum der Ausbau der Europäischen Union zu einer supranationalen Demokratie nötig und wie er möglich ist, Leviathan 2014, 524; *Hanschel*, Der Rechtsrahmen für den Beitritt, Austritt und Ausschluss zu bzw. aus der Europäischen Union und Währungsunion, NVwZ 2012, 995; *Hanschmann*, Ein Fall methodischer Kapitulation? Zur Auslegung des Begriffs »europäisch« im Sinne des Art. 49 Abs. 1 EUV, in: Müller (Hrsg.), Politik, [Neue] Medien und die Sprache des Rechts, 2007, S. 81; *Hatje*, Die institutionelle Reform der Europäischen Union – der Vertrag von Nizza auf dem Prüfstand, EuR 2001, 143; *ders.*, Grenzen der Flexibilität einer erweiterten Europäischen Union, EuR 2005, 148; *ders.* (Hrsg.), Verfassungszustand und Verfassungsentwicklung der Europäischen Union, EuR-Beiheft 2/2015; *Herrnfeld*, Rechtsreform und Rechtsangleichung in den Beitrittsstaaten Mittel- und Osteuropas, EuR 2000, 454; *Hillion*, EU Enlargement: A Legal Approach, 2004; *ders.*, The European Union is dead. Long live the European Union … a commentary on the Treaty of Accession 2003, E. L. Rev. 29 (2004), 583; *Hölscheidt/Schotten*, Die Erweiterung der Europäischen Union als Anwendungsfall des neuen Europaartikels 23 GG?, DÖV 1995, 187; *Iliopoulos*, Rechtsfragen der EU-Osterweiterung unter besonderer Berücksichtigung des Beitritts der Republik Zypern, EuR 2004, 637;

Inglis, Evolving Practice in EU Enlargement, 2010; *ders.*, The Union's Fifth Accession Treaty: New Means to Make Enlargement Possible, CMLRev. (2004), 937; *Joas/Mandry*, Europa als Werte- und Kulturgemeinschaft, in: Schuppert/Pernice/Haltern (Hrsg.), Europawissenschaft, 2005, S. 569; *Kahil-Wolff/Mosters*, Das Abkommen über die Freizügigkeit EG – Schweiz, EuZW 2001, 5; *Knauff*, Die Erweiterung der Europäischen Union auf Grundlage des Vertrags von Lissabon, DÖV 2010, 631; *Kochenov*, EU Enlargement and the Failure of Conditionality, 2008; *Kolb*, EU-Osterweiterung und ihre Bedeutung für die ostdeutschen Bundesländer, NJ 2003, 225; *Kramer*, Die Beschlüsse von Kopenhagen: Die Erweiterung der Europäischen Union als »Friedensprojekt«, Die Union 2003, 1; *Langenfeld*, Erweiterung ad infinitum? – Zur Finalität der Europäischen Union, ZRP 2005, 73; *Lazowski*, And then they were twenty-seven ... a Legal Appraisal of the Sixth Accession Treaty, CMLRev. 44 (2007), 401; *Leiße/Tryk*, Der Dauerkandidat: die Europäisierung der Türkei unter der AKP, integration 37 (2014), 45; *Lenski*, Turkey and the EU: On the Road to Nowhere?, ZaöRV 63 (2003), 77; *Lippert/Bode*, Die Erweiterung und das EU-Budget: Reformoptionen und ihre politische Durchsetzbarkeit, integration 24 (2001), 369; *dies.*, Der Erweiterungsgipfel von Kopenhagen: Abschluss der Beitrittsverhandlungen und Neubeginn der EU, integration 26 (2003), 48; *Mangiameli*, The Union's Homogeneity and its Values in the Treaty on European Union, in: Blanke/Mangiameli (Hrsg.), The European Union after Lisbon, 2012, S. 21; *Martens*, Das erweiterte Europa, Aus Politik und Zeitgeschichte 17 (2004), 3; *Nass*, Der Beitrittsvertrag, EuR 1972, 102; *Nettesheim*, EU-Beitritt und Unrechtsaufarbeitung, EuR 2003, 36; *Niedobitek*, Tschechien und Polen auf dem Weg in die Europäische Union, DÖV 2003, 67; *ders.*, Völker- und europarechtliche Grundfragen des EU-Beitrittsvertrages, JZ 2004, 369; *Nowak*, EU-Osterweiterung, Personenfreizügigkeit und staatliche Schutzpflichten im Bereich der sozialen Sicherheit, EuZW 2003, 101; *ders.*, Multilaterale und bilaterale Elemente der EU-Assoziations-, Partnerschafts- und Nachbarschaftspolitik, EuR 2010, 746; *Örücü*, Turkey Facing the European Union – Old and New Harmonies, E.L.Rev. 25 (2000), 523; *von Oppeln*, Die Debatte über den EU-Beitritt der Türkei in Deutschland und Frankreich, Leviathan 2005, 391; *Oppermann*, Die Grenzen der Europäischen Union oder das Vierte Kopenhagener Kriterium, FS Zuleeg, 2005, S. 72; *Ott/Inglis* (Hrsg.), Handbook on European Enlargement, 2002; *Pechstein*, Die Justitiabilität des Unionsrechts, EuR 1999, 1; *Priebe*, Beitrittsperspektiven und Verfassungsreformen in den Ländern des Westlichen Balkans, EuR 2008, 301; *Radlgruber/Terle*, Sezession in einem Mitgliedstaat der EU: Analyse der unionsrechtlichen Auswirkungen am Beispiel Schottlands, ZfRV 2014, 148; *Rehn*, Europe's Next Frontiers, 2006; *Rötting*, Das verfassungsrechtliche Beitrittsverfahren zur Europäischen Union, 2009; *Ruffert*, Die Europäische Union als Wertegemeinschaft, DVBl 2006, 1294; *Sack*, Neuartiges System von Schutzklauseln im Beitrittsvertrag 2003, EuZW 2002, 706; *Šarcevic*, EU-Erweiterung nach Art. 49 EUV: Ermessensentscheidungen und Beitrittsrecht, EuR 2002, 461; *Schladebach*, Der Vertrag über den Beitritt zur EU, LKV 2004, 10; *Schübel*, Die EU-Erweiterung: eine Bestandsaufnahme mit Hinblick auf die Vorbeitrittsstrategie der EU, EuZW 2000, 641; *Schübel*, Twinning – ein probates Mittel zum Aufbau der Verwaltungsstrukturen in den Beitrittsländern, EuZW 2000, 226; *Schwok/Bloetzer*, Annäherung statt Mitgliedschaft? Die Schweiz und die EU nach den zweiten bilateralen Abkommen, integration 28 (2005), 201; *Terhechte*, Der Vertrag von Lissabon: Grundlegende Verfassungsurkunde der europäischen Rechtsgemeinschaft oder technischer Änderungsvertrag?, EuR 2008, 143; *ders.*, Wandel klassischer Demokratievorstellungen in der Rechtswissenschaft, in: *ders.*/Heinig (Hrsg.), Postnationale Demokratie, Postdemokratie, Neoetatsimus – Wandel klassischer Demokratievorstellungen in der Rechtswissenschaft, 2013, S. 193; *Tiede/Spiesberger/Bogedain*, Kosovo und Serbien auf dem Weg in die Europäische Union?, EuR 2014, 129; *Tiede/Spiesberger/Bogedain*, Das Assoziierungsabkommen zwischen der EU und der Ukraine – Weichensteller auf dem Weg in die EU?, KritV 2014, 149; *Tiede/Krispenz*, Die Ukraine auf dem Weg in die Europäische Union?, Osteuroparecht 2008, 417; *Wehler*, Ein Türkei-Beitritt zerstört die Europäische Union, in: *ders.*: Notizen zur deutschen Geschichte, 2007, S. 160; *Williams*, Enlargement of the Union and Human Rights Conditionality: A Policy of Distinction?, E.L.Rev. 25 (2000), 601; *Zeh*, Recht auf Austritt, ZEuS 2004, 173; *dies.*, Recht auf Beitritt, Schriften des Europa-Instituts der Universität des Saarlandes, Rechtswissenschaft, Bd. 41, 2002.

Leitentscheidungen

EuGH, Urt. v. 22.11.1978, Rs. 93/78 (Mattheus/Doego), Slg. 1978, 2203
EuGH, Urt. v. 20.3.1979, Rs. 231/78 (Kommission/Großbritannien), Slg. 1979, 1447
EuGH, Urt. v. 10.5.1984, Rs. 58/83 (Kommission/Griechenland), Slg. 1984, 2072
EuGH, Urt. v. 28.4.1988, verb. Rs. 31 u. 35/86 (LAISA), Slg. 1988, 2285

Beitrittsverträge und Beitrittsakten

Vertrag über den Beitritt des Königreichs Dänemark, Irlands, des Königreichs Norwegen und des Vereinigten Königreichs Großbritannien und Nordirland zur Europäischen Wirtschaftsgemeinschaft und zur Europäischen Atomgemeinschaft v. 27.3.1972, ABl. 1972 L 73/5, Akte über die Beitrittsbedingungen und die Anpassungen der Verträge v. 27.3.1972, ABl. 1972 L 73/14

Vertrag über den Beitritt der Republik Griechenland zur Europäischen Wirtschaftsgemeinschaft und zur Europäischen Atomgemeinschaft v. 19.11.1979, ABl. L 291/9; Akte über die Bedingungen des Beitritts der Republik Griechenland und die Anpassungen der Verträge v. 19.11.1979, ABl. 1979, L 291/17

Vertrag (unterzeichnet am 12.6.1985) über den Beitritt des Königreichs Spanien und der Portugiesischen Republik zur Europäischen Wirtschaftsgemeinschaft und zur Europäischen Atomgemeinschaft v. 15.11.1985, ABl. L 302/9; Akte über die Bedingungen des Beitritts des Königreichs Spanien und der Portugiesischen Republik und die Anpassungen der Verträge v. 15.11.1985, ABl. 1985, L 302/23

Vertrag über den Beitritt des Königreichs Norwegen, der Republik Österreich, der Republik Finnland und des Königreichs Schweden zur Europäischen Union, Präambel v. 29.8.1994, ABl. 1994, C 241/9; Akte über die Bedingungen des Beitritts des Königreichs Norwegen, der Republik Österreich, der Republik Finnland und des Königreichs Schweden und die Anpassungen der die Europäische Union begründenden Verträge v. 29.8.1994, ABl. 1994, C 241/21

Vertrag über den Beitritt der Tschechischen Republik, der Republik Estland, der Republik Zypern, der Republik Lettland, der Republik Litauen, der Republik Ungarn, der Republik Malta, der Republik Polen, der Republik Slowenien und der Slowakischen Republik zur Europäischen Union v. 23.9.2003, ABl. 2003, L 236/17.; Akte über die Bedingungen des Beitritts der Tschechischen Republik, der Republik Estland, der Republik Zypern, der Republik Lettland, der Republik Litauen, der Republik Ungarn, der Republik Malta, der Republik Polen, der Republik Slowenien und der Slowakischen Republik und die Anpassungen der die Europäische Union begründenden Verträge v. 23.9.2003, ABl. 2003, L 236/33

Vertrag über den Beitritt der Republik Bulgarien und Rumäniens zur Europäischen Union v. 21.6.2005, ABl. 2005, L 157/11; Akte über die Bedingungen des Beitritts der Bulgarischen Republik und Rumäniens und die Anpassungen der die Europäische Union begründenden Verträge v. 21.6.2005, ABl. 2005, L 157/203

Vertrag über den Beitritt der Republik Kroatien zur Europäischen Union v. 24.4.2012, ABl. 2012, L 112/10; Akte über die Bedingungen des Beitritts der Republik Kroatien und die Anpassungen des Vertrags über die Europäische Union, des Vertrags über die Arbeitsweise der Europäischen Union und des Vertrags zur Gründung der Europäischen Atomgemeinschaft v. 24.4.2012, ABl. 2012, L 112/2

Inhaltsübersicht

A. Die offene Mitgliedschaftsverfassung der EU

I. Allgemeines

1   Die Geschichte der europäischen Integration ist auch eine **Geschichte der stetigen Erweiterung der Gemeinschaften** und dann der EU.[1] Während die EGKS und die EWG/EAG ursprünglich von sechs Mitgliedstaaten gegründet wurden, hat die EU heute 28 Mitgliedstaaten.[2] Und auch hiermit ist noch kein Schlusspunkt gesetzt, vielmehr verhandelt die EU mit einer Reihe von Staaten über eine EU-Mitgliedschaft (dazu ausführlich Rn. 11 ff.). Insofern kann die EU als **offene Gemeinschaft (bzw. offene Union)** charakterisiert werden, der es im Lichte der Werte des Art. 2 EUV offenbar lange Zeit gelang, eine Vielzahl von Staaten zu integrieren.[3] Freilich hat diese stetige territoriale Erweiterung **Grenzen**, die insbesondere auch durch die in Art. 49 EUV bzw. Art. 2 EUV niedergelegten Kriterien, gezogen werden.[4] Darüber hinaus haben die Entwicklungen der letzten Jahre gezeigt, dass die lange Phase der stetigen Expansion zu Ende zu gehen scheint und möglicherweise durch eine Phase der Bewährung des althergebrachten Integrationskonzepts, das sich auch in der unionalen Mitgliedschaftsverfassung niederschlägt, abgelöst wird. Vor diesem Hintergrund sind auch die Diskussionen über **mögliche Austritte aus der** EU zu sehen (dazu Rn. 37).

2   Art. 49 EUV regelt vor diesem Hintergrund die Voraussetzungen und das Verfahren eines Beitritts zur EU und ist damit ein zentraler Baustein der unionalen **Mitgliedschaftsverfassung**.[5] Gem. Art. 49 Abs. 1 EUV können europäische Staaten die Mitgliedschaft in der EU beantragen. Voraussetzung hierfür ist, dass sie die in Art. 2 EUV genannten Werte achten und sich für ihre Förderung einsetzen. Art. 49 Abs. 2 EUV regelt das Verfahren des Beitritts, das in einen institutionellen und einen mitgliedstaatlichen Teil zerfällt (s. Rn. 21 ff.). Neben Art. 49 EUV bilden u. a. Art. 50 EUV (Austrittsrecht), Art. 53 EUV (unbegrenzte Geltung), aber auch der Sanktionsmechanismus des Art. 7 EUV oder das Vertragsverletzungsverfahren gem. Art. 258, 259 AEUV wichtige Bausteine der unionalen Mitgliedschaftsverfassung.[6]

3   Regelungen zum Beitritt waren dem Unions- bzw. Gemeinschaftsrecht schon immer

---

[1] Eingehend dazu etwa *Brunn*, Die Europäische Einigung, 2002, S. 183 ff., 244 ff., 286 ff., 294 ff.; *Hatje/von Förster*, EnzEuR, Bd. 1, § 6, Rn. 42 ff.

[2] Zur Entwicklung s. etwa *Tatham*, The Enlargement of the European Union, 2009; *Lippert*, The Big Easy? Growth, Differentiation and Dynamics of EU-Enlargement, in: Diedrichs/Faber/Tekin/Umbach (Hrsg.), Europe Reloaded, 2011, S. 238 ff.

[3] Schon die EG war in gewisser Weise als eine offene Gemeinschaft gegründet worden, dazu etwa *Thiel*, Die Europäische Union, 1998, S. 26 ff.; *Watrin*, Eine neue Spaltung Europas?, FS Hesse, 1994, S. 131, zum räumlich nicht abgeschlossenen Charakter des europäischen Integrationsprojekts s. auch *Ohler*, in: Grabitz/Hilf/Nettesheim, EU, Art. 49 EUV (August 2011), Rn. 9 f., die Möglichkeit eines Beitritts aller europäischen Staaten zieht *Cremona*, E.L. Rev. 30 (2005), 3 (9) in Betracht.

[4] Zur Genese des Art. 49 EUV s. Rn. 3.

[5] Dazu etwa *Ipsen*, EG-Recht, S. 88 f., der allerdings noch von einer »Mitgliedschaftlichen Ordnung« spricht; s. auch *Pechstein*, EnzEuR, Bd. 1, § 15, dort zum Begriff Rn. 1.

[6] S. dazu auch *Pechstein*, EnzEuR, Bd. 1, § 15, Rn. 1.

bekannt.[7] Während **Art. 237 EWGV** den Beitritt zur EWG regelte, sah **Art. 98 EGKSV** die Möglichkeit zum Beitritt zur EGKS vor.[8] Auch der EAGV enthielt eine eigene Vorschrift über den Beitritt **(Art. 205 EAGV)**, die aber inzwischen aufgehoben wurde. Beitreten können europäische Staaten nämlich nur der EU und der EAG zusammen; die Verträge bilden aus dieser Perspektive eine Einheit (s. dazu auch Rn. 31), sodass heute Art. 49 EUV mangels Regelung im EAGV auch für einen Beitritt zur EAG ausschlaggebend ist.[9] Die historischen Vorgänger des heutigen Art. 49 EUV statuierten zwar die Möglichkeit eines Beitritts zur EU jenseits der Voraussetzung, dass nur europäische Staaten (vgl. Art. 237 Abs. 1 EWGV) beitreten konnten, enthielten aber keine weiteren materiell-rechtlichen Kriterien. In verfahrensrechtlicher Hinsicht brachte der Maastrichter Vertrag eine erste Änderung. Art. O EUV a. F. sah erstmals eine Beteiligung des Parlaments im Rahmen des Beitrittsverfahrens vor. Mit dem Amsterdamer Vertrag wurde der Charakter der Vorschrift als bis dahin reine **Verfahrensvorschrift** geändert; konkret wurden mit einem Verweis auf Art. 6 EUV a. F. (heute Art. 2 EUV) und der damit einhergehenden Bindung an die damals so titulierten **Grundsätze des Unionsrechts** (heute: Werte) **materiell-rechtliche Voraussetzungen** etabliert.[10] Im Vertrag über eine Verfassung für Europa (EVV) war der Beitritt in **Art. I–58 EVV** geregelt. Anders als Art. 49 EUV heute enthielt Art. I–58 EVV keinen Verweis auf die sog. Kopenhagener Kriterien (dazu Rn. 20). Darüber hinaus setzte die Vorschrift voraus, dass die beitretenden europäischen Staaten die Werte der Union achten und sich dazu verpflichten, ihnen gemeinsam Geltung zu verschaffen. Insofern brachte der EVV vielleicht sogar stärker als heute Art. 49 EUV zum Ausdruck, dass der Beitritt zur EU ein Beitritt zu einer Wertegemeinschaft ist, der umfangreiche Pflichten mit sich bringt. Der Lissabonner Vertrag hat aus zwei Perspektiven zu Änderungen des Art. 49 EUV a. F. geführt: Dies gilt zum einen für die Mehrheitserfordernisse im Europäischen Parlament, das nunmehr mit einer einfachen Mehrheit der Annahme eines Beitrittsantrags zustimmen muss, bevor der Rat darüber beschließen kann (s. Art. 49 Abs. 1 Satz 3 EUV). Zudem hat der Rat die Aufgabe, das Europäische Parlament und die nationalen Parlamente lediglich über die Antragsstellung zu unterrichten (s. Art. 49 Abs. 1 Satz 2 EUV). Zum anderen wurde eine Berücksichtigungspflicht hinsichtlich der sog. Kopenhagener Kriterien sowie weiterer Kriterien des Rates etabliert (Art. 49 Abs. 1 Satz 4 EUV).[11]

Freilich vermag Art. 49 EUV **kein Recht auf einen Beitritt** zur EU zu begründen,   **4** selbst wenn alle Voraussetzungen der Vorschrift durch einen Beitrittskandidaten ohne Zweifel erfüllt werden.[12] Bereits Art. 49 Abs. 1 EUV statuiert lediglich ein **Antragsrecht** für europäische Staaten.[13] Darüber hinaus ist es aber zunächst Sache der Unionsorgane

---

[7] *Ohler*, in: Grabitz/Hilf/Nettesheim, EU, Art. 49 EUV (August 2011), Rn 1.

[8] *Ipsen*, EG-Recht, S. 88 f.; zu den Unterschieden der beiden Vorschriften s. *Ohler*, in: Grabitz/Hilf/ Nettesheim, EU, Art. 49 EUV (August 2011), Rn 1.

[9] Zum Verhältnis des Unionsrechts zum Euratom-Recht am Maßstab des Art. 106a Abs. 3 EAGV s. nur *Grunwald*, EnzEuR, Bd. 1, § 16, Rn. 17 ff.

[10] Zur Entwicklung der Vorschrift s. *Ohler*, in: Grabitz/Hilf/Nettesheim, EU, Art. 49 EUV (August 2011), Rn 1 f.

[11] Eingehend zu den Neuerungen in diesem Bereich etwa *Knauff*, DÖV 2010, 631 ff.; *Nowak*, Europarecht nach Lissabon, 2011, S. 90 ff.; *Merli*, EU-Erweiterung und Nachbarschaftspolitik, in: Fastenrath/Nowak (Hrsg.), Der Lissabonner Reformvertrag, 2009, 259 ff.; *Terhechte*, EuR 2008, 143 ff. (150 f.).

[12] *Geiger*, in: ders/Khan/Kotzur, EUV/AEUV, Art. 49 EUV, Rn. 2; *Zeh*, Recht auf Beitritt, S. 40.

[13] *Meng*, in: GSH, Europäisches Unionsrecht, Art. 49 EUV, Rn. 6; *Zeh*, Recht auf Beitritt, S. 40, die allerdings aus Art. 49 EUV deutlich weitergehende Aktionsmöglichkeiten und Verpflichtungen ableitet als weite Teile der Lehre.

und der Mitgliedstaaten in dem in Art. 49 EUV niedergelegten Verfahren (dazu Rn. 21 ff.) eine Entscheidung über einen Antrag zu fällen.[14] Es versteht sich von selbst, dass die Frage des Beitritts eines neuen Mitgliedstaates zunächst **politischer Natur** ist. Deshalb lässt Art. 49 EUV viel Raum für im Kern politische Erwägungen. Diese werden allerdings durch das in Art. 49 EUV niedergelegte Verfahren und materiell-rechtliche Kriterien eingeengt (eingehend dazu Rn. 35 f.).

II.   Beitrittsrunden und Entwicklung der EU

5   Die Entwicklung der EU wurde maßgeblich durch verschiedene **sog. Beitrittsrunden** geprägt.[15] Nach der Gründung der Gemeinschaften durch die ursprünglichen Mitgliedstaaten Belgien, Deutschland, Frankreich, Italien, Luxemburg und den Niederlanden, wurden in der **ersten Erweiterungsrunde** 1973 Großbritannien, Irland und Dänemark Mitglieder der Europäischen Gemeinschaften.[16] Die Verhandlungen zu dieser Beitrittsrunde zogen sich über zehn Jahre hin und scheiterten lange an einem französischen Veto bezüglich des Beitritts Großbritanniens[17]. Der geplante Beitritt **Norwegens** konnte wegen einer negativ ausgefallenen norwegischen Volksabstimmung am 25.9.1972 nicht umgesetzt werden.[18]

6   Die **erste Süderweiterung** erfolgte **1981** mit der Aufnahme von Griechenland. Das Land war von 1967 bis 1974 von einer Militärdiktatur regiert worden. Ein Grund für die anschließend rasch aufgenommenen Beitrittsverhandlungen waren die Bestrebungen, das neue demokratische System des Staates zu stabilisieren.[19] Mit dem Beitritt von Spanien und Portugal 1986 kam es zur **zweiten Süderweiterung**. Portugals Aufnahme war durch die sog. Nelkenrevolution 1974, welche die Diktatur in diesem Land beendete, möglich geworden. Auch **Spanien** wurde nach dem Tod Francos zu einer Demokratie. Ähnlich wie bei der ersten Süderweiterung stand hier der politische Stabilisierungsgedanke im Vordergrund.[20] Die Beitrittsverhandlungen, die schon 1977 begannen, zogen sich allerdings hin, da die gesellschaftlichen und ökonomischen Gegebenheiten sich in starkem Maße von den übrigen Mitgliedstaaten unterschieden.[21] Nachdem 1995 **Finnland, Schweden und Österreich** Teil der Europäischen Union wurden, waren nahezu alle westeuropäischen Länder, bis auf wenige Ausnahmen wie z.B. Island und Norwegen, Mitglieder der EU.[22] Durch diese Beitrittsrunde konnte die EU wirtschaftlich und politisch gestärkt werden.[23]

---

[14] *Bruha/Vogt*, VRÜ 30 (1997), 477 (479).

[15] Dazu ausführlich etwa *Meng*, in: GS, EUV/EGV, Art. 49 EU, Rn. 38 ff.; *Hatje/von Förster*, EnzEuR, Bd. 1, § 6, Rn. 42 ff.; *Krok-Paszkowska/Zielonka*, European Union Enlargement, in: Hay/Menon (Hrsg.), European Politics, 2007, S. 369 ff.; *Schweitzer/Hummer/Obwexer*, Europarecht, 2007, Rn. 110 ff.

[16] Zu den komplexen Fragen rund um den Beitritt des Vereinigten Königreichs s. etwa *Brunn*, Die Europäische Einigung, 2002, S. 148 ff., 190 f.

[17] Zu den Gründen für das französische Veto *Meng*, in: GS, EUV/EGV, Art. 49 EU, Rn. 38; *Brunn*, Die Europäische Einigung, 2002, S. 148 ff.

[18] Eingehend dazu *Archer*, S. 41 ff.

[19] Siehe dazu *Hatje/von Förster*, EnzEuR, Bd. 1, § 6, Rn. 43; *Oppermann/Classen/Nettesheim*, Europarecht, § 42, Rn. 28.

[20] *Oppermann/Classen/Nettesheim*, Europarecht, § 42, Rn. 28.

[21] *Hatje/von Förster*, EnzEuR, Bd. 1, § 6, Rn. 44.

[22] *Brunn*, Die Europäische Einigung, 2002, S. 286 ff.

[23] Schweden und Österreich gehören zu den sogenannten »Netto-Zahlern« s. dazu *Breuss*, Wirtschaftliche Effekte der EU-Mitgliedschaft in Finnland, Österreich und Schweden, in: Luif (Hrsg.) Österreich, Schweden, Finnland – 10 Jahre Mitgliedschaft in der EU, 2007, S. 252.

Mit Aufnahme der fünf mitteleuropäischen Staaten Polen, Slowakei, Slowenien, **7**
Tschechien und Ungarn sowie den drei baltischen Staaten Estland, Lettland und Litauen
sowie dem Beitritt von Malta und Zypern erfolgte 2004 die **erste Osterweiterung** der EU
und somit eine Erhöhung der Zahl der Mitgliedstaaten auf 25.[24] Diese Erweiterung
bedeutete das endgültige Ende der Spaltung zwischen Ost und West in Europa und war
mit der Hoffnung der neuen Mitgliedstaaten auf wirtschaftlichen Wohlstand und politische Stabilität verbunden.[25] Es darf davon ausgegangen werden, dass auch diese Erweiterungsrunde in erster Linie auf Grundlage moralischer und außenpolitischer Ziele
forciert wurde. Ob alle Beitrittskandidaten im Jahr 2004 wirklich bereit für eine EU-
Mitgliedschaft waren, wird inzwischen bezweifelt.[26]

Im Rahmen der **zweiten Osterweiterung 2007** sind schließlich Bulgarien und Rumä- **8**
nien der EU beigetreten. Die Aufnahme der beiden Länder war weitestgehend unstrittig. Tatsächlich sprach man sogar von einer Art »Rückkehr« der beiden Länder. Jedoch
gab es auch hier mitunter gravierende Schwierigkeiten mit der Erfüllung der Beitrittsvoraussetzungen.[27]

Im Jahr 2005 begannen die Beitrittsverhandlungen mit **Kroatien**, das als erstes Land **9**
des westlichen Balkans 2003 einen Beitrittsantrag gestellt hatte. Nach einigen Anfangs-
schwierigkeiten konnte das Land den Beitrittsprozess erfolgreich abschließen und wurde 2013 Mitglied der EU, die somit aktuell 28 Mitgliedstaaten umfasst.[28]

Übersicht 1: Beitritt zur EU

Land	Mitglied seit	Unterschrift Beitrittsvertrag	Beginn der Beitritts- verhandlungen	Datum des Beitrittsantrags
Gründungsmitglieder[29]				
Belgien	1.1.1958	25.3.1957	29.5.1956	–
Deutschland	1.1.1958	25.3.1957	29.5.1956	–
Frankreich	1.1.1958	25.3.1957	29.5.1956	–
Italien	1.1.1958	25.3.1957	29.5.1956	–
Luxemburg	1.1.1958	25.3.1957	29.5.1956	–
Niederlande	1.1.1958	25.3.1957	29.5.1956	–
Erste Erweiterungsrunde[30]				
Dänemark	1.1.1973	22.1.1972	27.10.1970	10.8.1961/ 11.5.1967
Irland	1.1.1973	22.1.1972	27.10.1970	31.7.1961/ 10.5.1967
Vereinigtes Königreich	1.1.1973	22.1.1972	27.10.1970	9.8.1961/ 10.5.1967

[24] Zum Beitrittsprozess der mittel- und osteuropäischen Staaten ausführlich etwa *Herrnfeld*, EuR
2000, 454 ff.; *Iliopoulos*, EuR 2004, 637 ff.; *Berg*, ZRP 2001, 18 ff.; *Niedobitek*, DÖV 2003, 67 ff.; zu
den damit einhergehenden Implikationen insbesondere im Hinblick auf den freien Personenverkehr
Kolb, NJ 2003, 225 ff.; *Nowak*, EuZW 2003, 101 ff.
[25] *Hatje/von Förster*, EnzEuR, Bd. 1, § 6, Rn. 47; zu den Anreizen eines EU-Beitritts für die mittel-
und osteuropäischen Staaten *Schimmelfennig*, Leviathan 2004, 250; *Bergmann*, ZRP 2001, 18.
[26] *Oppermann/Classen/Nettesheim*, Europarecht, § 42, Rn. 30.
[27] Dazu ausführlicher *Meng*, in: GSH, Europäisches Unionsrecht, Art. 49 EUV, Rn. 48; *Opper-
mann/Classen/Nettesheim*, Europarecht, § 42, Rn. 31; *Lazowski*, CMLRev. 44 (2007), 401.
[28] *Oppermann/Classen/Nettesheim*, Europarecht, § 42, Rn. 31.
[29] Präambel i. V. m. Art. 227 EWGV, BGBl. 1957 II S. 766.
[30] Vertrag über den Beitritt des Königreichs Dänemark, Irlands, des Königreichs Norwegen und des
Vereinigten Königreichs Großbritannien und Nordirland zur Europäischen Wirtschaftsgemeinschaft
und zur Europäischen Atomgemeinschaft v. 27.3.1972, ABl. 1972, L 73/5, Akte über die Beitrittsbedingungen und die Anpassungen der Verträge v. 27.3.1972, ABl. 1972, L 73/14.

Land	Mitglied seit	Unterschrift Beitrittsvertrag	Beginn der Beitritts- verhandlungen	Datum des Beitrittsantrags
Zweite Erweiterungsrunde[31]				
Griechenland	1.1.1981	28.5.1979	27.6.1976	12.6.1975
Dritte Erweiterungsrunde[32]				
Portugal	1.1.1986	12.6.1985	17.10.1978	28.3.1977
Spanien	1.1.1986	12.6.1985	5.2.1979	28.7.1977
Vierte Erweiterungsrunde[33]				
Finnland	1.1.1995	24.6.1994	1.2.1993	18.3.1992
Österreich	1.1.1995	24.6.1994	1.2.1993	17.7.1989
Schweden	1.1.1995	24.6.1994	1.2.1993	1.7.1991
Fünfte Erweiterungsrunde[34]				
Estland	1.5.2004	16.4.2003	5.10.1998	28.11.1995
Lettland	1.5.2004	16.4.2003	10./11.12.1999	28.10.1995
Litauen	1.5.2004	16.4.2003	10./11.12.1999	12.12.1995
Malta	1.5.2004	16.4.2003	31.3.1998	3.7.1990
Polen	1.5.2004	16.4.2003	5.10.1998	5.4.1994
Slowakei	1.5.2004	16.4.2003	10./11.12.1999	27.6.1995
Slowenien	1.5.2004	16.4.2003	5.10.1998	10.6.1996
Tschechische Republik	1.5.2004	16.4.2003	5.10.1998	17.1.1996
Ungarn	1.5.2004	16.4.2003	31.3.1998	31.3.1994
Zypern	1.5.2004	16.4.2003	30.3.1998	3.7.1990
Sechste Erweiterungsrunde[35]				
Bulgarien	1.1.2007	25.4.2005	10./11.12.1999	16.12.1995
Rumänien	1.1.2007	25.4.2005	10./11.12.1999	22.6.1995

[31] Vertrag über den Beitritt der Republik Griechenland zur Europäischen Wirtschaftsgemeinschaft und zur Europäischen Atomgemeinschaft v. 19.11.1979, ABl. 1979, L 291/9; Akte über die Bedingungen des Beitritts der Republik Griechenland und die Anpassungen der Verträge v. 19.11.1979, ABl. 1979, L 291/17.

[32] Vertrag (unterzeichnet am 12.6.1985) über den Beitritt des Königreichs Spanien und der Portugiesischen Republik zur Europäischen Wirtschaftsgemeinschaft und zur Europäischen Atomgemeinschaft v. 15.11.1985, ABl. 1985, L 302/9; Akte über die Bedingungen des Beitritts des Königreichs Spanien und der Portugiesischen Republik und die Anpassungen der Verträge v. 15.11.1985, ABl. 1985, L 302/23.

[33] Vertrag über den Beitritt des Königreichs Norwegen, der Republik Österreich, der Republik Finnland und des Königreichs Schweden zur Europäischen Union, Präambel v. 29.8.1994, ABl. 1994, C 241/9; Akte über die Bedingungen des Beitritts des Königreichs Norwegen, der Republik Österreich, der Republik Finnland und des Königreichs Schweden und die Anpassungen der die Europäische Union begründenden Verträge v. 29.8.1994, ABl. 1994, C 241/21.

[34] Vertrag über den Beitritt der Tschechischen Republik, der Republik Estland, der Republik Zypern, der Republik Lettland, der Republik Litauen, der Republik Ungarn, der Republik Malta, der Republik Polen, der Republik Slowenien und der Slowakischen Republik zur Europäischen Union v. 23.9.2003, ABl. 2003, L 236/17; Akte über die Bedingungen des Beitritts der Tschechischen Republik, der Republik Estland, der Republik Zypern, der Republik Lettland, der Republik Litauen, der Republik Ungarn, der Republik Malta, der Republik Polen, der Republik Slowenien und der Slowakischen Republik und die Anpassungen der die Europäische Union begründenden Verträge v. 23.9.2003, ABl. 2003, L 236/33.

[35] Vertrag über den Beitritt der Republik Bulgarien und Rumäniens zur Europäischen Union v. 21.6.2005, ABl. 2005, L 157/11; Akte über die Bedingungen des Beitritts der Bulgarischen Republik und Rumäniens und die Anpassungen der die Europäische Union begründenden Verträge v. 21.6.2005, ABl. 2005, L 157/203.

Land	Mitglied seit	Unterschrift Beitrittsvertrag	Beginn der Beitrittsverhandlungen	Datum des Beitrittsantrags
Siebte Erweiterungsrunde[36] Kroatien	1.7.2013	30.6.2011	4.10.2005	21.2.2003

Neben **Norwegen**, dessen Mitgliedschaft in der EWG 1972 und 1994 in der EU jeweils **10** an negativen Referenden scheiterte,[37] lehnte auch die **Schweiz**, ebenfalls nach einer Volksabstimmung, 1992 einen EU-Beitritt ab.[38] **Grönland** war von 1973 bis 1983 Mitglied der EG, in einem Referendum 1982 wurde der Austritt aus der EG beschlossen. Ein Mitgliedschaftsantrag von **Marokko** wurde von der EG innerhalb weniger Tage im Jahre 1987 abgelehnt.

Übersicht 2: Abgelehnte und zurückgezogene Anträge

Land	Beginn der Beitrittsverhandlungen	Ablehnung	Austritt	Datum des Beitrittsantrags
Grönland	–	–	1.2.1985	–
Marokko	–	14.7.1987 (durch EWG)	–	8.7.1987
Schweiz	–	6.12.1992	–	20.5.1992
Norwegen	5.4.1993	22.1.1971/ 24.6.1994	–	30.4.1962/ 25.11.1992

III. Perspektiven

Albanien hat bereits 2009 die Mitgliedschaft in der EU beantragt[39] und gilt seit 2014 **11** offiziell als Beitrittskandidat.[40] **Mazedonien** hat seinen Beitrittsantrag schon 2004 gestellt[41] und gilt seit 2005 als Beitrittskandidat.[42] Das Haupthindernis der Mitgliedschaft Mazedoniens sind Einwände Griechenlands bezüglich des Namens »Mazedonien«.[43] Diese Probleme sind auch schon bei der Mitgliedschaft des Landes in der UN Thema gewesen, denn gemäß einer Resolution des UN-Sicherheitsrats[44] konnte die Aufnahme nur

---

[36] Vertrag über den Beitritt der Republik Kroatien zur Europäischen Union v. 24.4.2012, ABl. 2012, L 112/10; Akte über die Bedingungen des Beitritts der Republik Kroatien und die Anpassungen des Vertrags über die Europäische Union, des Vertrags über die Arbeitsweise der Europäischen Union und des Vertrags zur Gründung der Europäischen Atomgemeinschaft v. 24.4.2012, ABl. 2012, L 112/21.

[37] Eingehend dazu *Archer*, Norway Outside the European Union, 2005, S. 41 ff.; zur Bedeutung der EFTA für das Verhältnis zwischen Norwegen und der EU s. *Graver*, EnzEuR, Bd. 1, § 19, Rn. 2.

[38] Zu den schweizerischen Motiven s. *Schwok/Bloetzer*, integration 2005, 201 ff.; zum Verhältnis der Schweiz zur EU eingehend *Kaddous*, in: EnzEuR, Bd. 1, § 20 m. w. Nachw.

[39] *Oppermann/Classen/Nettesheim*, Europarecht, § 42, Rn. 33.

[40] Vgl. zu den Beitrittsperspektiven und Verfassungsreformen der westlichen Balkanländer *Priebe*, EuR 2008, 30 ff.

[41] Europäische Kommission (Hrsg.), European Neighbourhood Policy and Enlargement Negotiations, http://ec.europa.eu/enlargement/countries/detailed-country-information/fyrom/index_de.htm (7.3.2016).

[42] S. etwa die Stellungnahme der Kommission zum Antrag der ehemaligen jugoslawischen Republik Mazedonien auf Beitritt zur Europäischen Union KOM (2005) 562 endg.

[43] *Oppermann/Classen/Nettesheim*, Europarecht, § 42, Rn. 33; Stellungnahme der Kommission zum Antrag der ehemaligen jugoslawischen Republik Mazedonien auf Beitritt zur Europäischen Union, KOM (2005) 569 endg.

[44] Resolution 817 des UN-Sicherheitsrates (S/RES/817) v. 7.4.1993.

unter der Bedingung erfolgen, dass Mazedonien innerhalb der UN den Namen »Ehemalige Jugoslawische Republik Mazedonien« (engl. »Former Yugoslav Republic of Macedonia«, kurz: FYROM) trägt.[45] Nach einem Urteil des IGH ist es Mazedonien jedoch gestattet, weiterhin den Namen »Republik Mazedonien« zu tragen.[46] **Montenegro** ist seit Dezember 2010 Beitrittskandidat. Die Aufnahme von Beitrittsverhandlungen begann am 29.6.2012 durch Beschluss des Rates nach vorheriger positiver Stellungnahme der Kommission.[47] **Serbien** hat schließlich im Jahr 2012 einen Beitrittsantrag gestellt und die offiziellen Beitrittsverhandlungen laufen seit Januar 2014.[48]

12   Besondere Aufmerksamkeit hat in der öffentlichen Debatte eine potentielle Mitgliedschaft der **Türkei** auf sich gezogen.[49] Ein Beitritt – damals noch zur EWG – wurde der Türkei bereits in Art. 28 des Assoziierungsvertrages zwischen der EWG und der Türkei aus dem Jahre 1963[50] in Aussicht gestellt. Daraus folgt zumindest die offizielle Anerkennung der Türkei als »europäischer Staat«. Das Assoziationsverhältnis wurde seitdem kontinuierlich vertieft,[51] sodass die Türkei bereits am 14.4.1987 einen Beitrittsantrag stellte.[52] In einer Stellungnahme vom 18.12.1989[53] legte die Kommission wesentliche Probleme dieses Beitritts offen, etwa hinsichtlich eines Demokratiedefizits in der Türkei, der Situation im Bereich des Schutzes der Menschen- und Minderheitenrechte, der Zypernfrage und dem angespannten Verhältnis zu Griechenland sowie des Erfordernisses hoher Strukturbeihilfen und der Migration von Arbeitskräften.[54] Die Kommission empfahl eine Aufnahme der Türkei nur unter der Bedingung, dass der Schutz der Menschenrechte in dem Land verbessert wird und eine Modernisierung der demokratischen Strukturen erfolgt.[55] Zum 1.1.1996 wurde eine Zollunion zwischen der EG und der Türkei eingeführt.[56] Die Türkei weigert sich allerdings, Regelungen über die Zollunion mit der EU auf alle EU-Länder anzuwenden, insbesondere auf Zypern.[57] Im Jahre 2002 wurde der Türkei durch den Europäischen Rat der volle Status eines Beitrittskandidaten verliehen.[58] Im Jahre 2003 erfolgte die Begründung einer Beitrittspartnerschaft im Rahmen der Heranführungsstrategie.[59] 2004 kam es dann zur Aufnahme

---

[45] *Meng*, in: GSH, Europäisches Unionsrecht, Art. 49 EUV, Rn. 59; vgl. UN-Generalversammlung: http://www.un.org/documents/ga/res/47/a47r225.htm (15.2.2016).

[46] IGH, Urt. v. 5.12.2011 – Application of the Interim Accord of 13 September 1995.

[47] KOM (2010), 670 endg.; *Oppermann/Classen/Nettesheim*, Europarecht, § 42, Rn. 33.

[48] KOM (2013), 200 endg.; dazu *Tiede/Spiesberger/Bogedain*, EuR 2014, 129 ff.; *Falke/Czauderna*, WiRO 2014, 33 ff.

[49] Eingehend dazu *von Oppeln*, Leviathan 2005, 391; *Wehler*, Ein Türkei-Beitritt zerstört die Europäische Union, in: *ders.*, Notizen zur deutschen Geschichte, 2007, S. 160 ff.; s. auch *Gaedtke*, Europäische Außenpolitik, 2009, S. 150 ff.; s. auch *Lenski*, ZaöRV 63 (2003), 73 ff.

[50] Beschluß des Rates vom 23.12.1963 über den Abschluß des Abkommens zur Gründung einer Assoziation zwischen der Europäischen Wirtschaftsgemeinschaft und der Türkei; ABl. 1964, P 217/3685.

[51] *Oppermann/Classen/Nettesheim*, Europarecht, § 42, Rn. 34.

[52] Europe No. 4531 (1987), S. 5–6.

[53] SEK (89) 2290 endg.

[54] *Meng*, in: GSH, Europäisches Unionsrecht, Art. 49 EUV, Rn. 51; *Vedder*, in: Grabitz/Hilf, EU, Art. 49 EUV (Januar 2000), Rn. 63.

[55] *Meng*, in: GSH, Europäisches Unionsrecht, Art. 49 EUV, Rn. 51.

[56] Beschluß Nr. 1/95 des Assoziationsrates EG-Türkei vom 22.12.1995 über die Durchführung der Endphase der Zollunion, ABl. 1996 L 35/1.

[57] *Oppermann/Classen/Nettesheim*, Europarecht, § 42, Rn. 34; allgemein dazu *Ercan*, Zypern, die Türkei und die EU, 2012.

[58] *Oppermann/Classen/Nettesheim*, Europarecht, § 42, Rn. 34.

[59] ABl. 2003, L 145/40.

von ersten Verhandlungen mit der Türkei. Offiziell werden diese Beitrittsverhandlungen seit dem 3.10.2005 geführt.[60] Sie werden von der deutschen Regierung bislang als »ergebnisoffen« beschrieben und kommen augenscheinlich nur langsam voran: Von 35 bestehenden Verhandlungskapiteln wurden seit 2005 erst 13 geöffnet und nur das Kapitel »Wissenschaft und Forschung« wurde bisher abgeschlossen.[61] Angesichts der politischen Situation in der Türkei bleiben die weiteren Entwicklungen abzuwarten.

Auch **Bosnien** gilt seit 2003 als potentieller Beitrittskandidat, wobei die Beantragung der Mitgliedschaft erst am 15.2.2016 erfolgte.[62] Das **Kosovo** (i. S. d. Resolution 1244 des UN-Sicherheitsrates) gilt seit 2008 als möglicher Beitrittskandidat, wobei die Kommission zunächst ein Stabilisierungs- und Assoziierungsabkommen mit dem Kosovo verhandeln will.[63]   **13**

Die **Staaten des EWR (Island, Lichtenstein, Norwegen)** sind seit jeher fraglos wirtschaftlich und politisch beitrittsfähig. Ihre Zugehörigkeit zur EU wurde jedoch lange aus verschiedenen zumeist innenpolitischen Gründen abgelehnt.[64] **Island** hatte in den 1990er Jahren beschlossen, als Mitglied der EFTA nur am Projekt eines **Europäischen Wirtschaftsraumes (EWR)** teilzunehmen. Beitrittsdiskussionen zur EU erfolgten im Herbst 2008 aufgrund der für Island gravierenden Auswirkungen der Finanzkrise. Am 27.7.2009 reichte Island den Beitrittsantrag ein und es folgte die Aufnahme der Beitrittsverhandlungen am 27.7.2010.[65] Nach Abschluss der Beitrittsverhandlungen sollte in Island über einen EU-Beitritt im Rahmen eines Referendums abgestimmt werden. Aufgrund eines Regierungswechsels im Jahre 2013 kam es jedoch zum Stillstand der Vertragsverhandlungen.[66] Mit einem Schreiben vom 12.3.2015 erklärte der Außenminister Islands gegenüber dem Vorsitzenden des Europäischen Rates, dass die isländische Regierung es derzeit nicht beabsichtige, die Beitrittsgespräche wieder aufzunehmen.[67] Das Schreiben wurde vom Vorsitz des Rates zur Kenntnis genommen. Gleichwohl ist der tatsächliche Status Islands ungewiss, insbesondere weil eigentlich noch ein Referendum aussteht.   **14**

Übersicht 3: Rechtlich unklarer Status

Land	Beginn der Beitritts-verhandlungen	Datum des Bei-trittsantrags	Verhandlungs-ende
Island	17.6.2010	16.7.2009	12.3.2015

---

[60] *Lenski*, ZaöRV 63 (2003), 77 ff.

[61] *Oppermann/Classen/Nettesheim*, Europarecht, § 42, Rn. 34.

[62] http://ec.europa.eu/deutschland/press/pr_releases/14012_de.htm (7.3.2015).

[63] Monitoring Bericht vom 10.10.2012, KOM (2012) 602 endg.; zum Heranführungsprozess sowohl des Kosovos als auch Serbiens s. *Tiede/Spiesberger/Bogedain*, EuR 2014, 129 ff.

[64] *Oppermann/Classen/Nettesheim*, Europarecht, § 42, Rn. 37.

[65] *Meng*, in: GSH, Europäisches Unionsrecht, Art. 49 EUV, Rn. 54.

[66] Ebd., Rn. 55; *Oppermann/Classen/Nettesheim*, Europarecht, § 42, Rn. 37.

[67] Zu dem Sachstand http://www.consilium.europa.eu/de/policies/enlargement/iceland/ (20.2.2016).

Übersicht 4: Beitrittskandidaten

Land	Beginn der Beitrittsver- handlungen	Datum des Beitrittsantrags
Albanien	27.6.2014	24.4.2009
Mazedonien	1.10.2009	22.3.2004
Montenegro	29.6.2012	15.12.2008
Serbien	21.1.2014	22.12.2009
Türkei	3.10.2005	14.4.1987
Bosnien	–	15.2.2016

15 In den letzten Jahren wurde mitunter eine Mitgliedschaft der **Ukraine** in der EU ins Spiel gebracht.[68] Entsprechende Diskussionen tangieren in erheblichem Maße geopolitische Interessen Russlands und haben darüber hinaus innenpolitische Implikationen in der Ukraine, was einen Beitritt sicher überaus schwierig machen wird. Das haben auch die Probleme bei dem Abschluss des **Assoziierungsabkommens zwischen der Ukraine und der EU**[69] gezeigt. Angesichts dieser überaus komplexen Gemengelage wird es noch Jahrzehnte in Anspruch nehmen, bis die Frage beantwortet werden kann, ob die Ukraine die Voraussetzungen des Art. 49 EUV erfüllen kann.[70] Wiewohl **Russland** das Kriterium des »europäischen Staates« erfüllen dürfte, ist sein Beitritt zur EU nicht ernsthaft – auch nicht in ferner Zukunft – zu erwarten, was allerdings nichts über die anderweitige Ausgestaltung des Verhältnisses Russlands zur EU aussagt.[71]

B. Materielle Voraussetzungen des Beitritts

16 Der Beitritt zur Union richtet sich weder ausschließlich nach politischen Opportunitäten noch ausschließlich nach ökonomischen Erwägungen, sondern er ist eine **Rechtsfrage**, mögen auch andere Erwägungen und Ziele eine große Rolle spielen. Denn Art. 49 EUV bindet die Unionsorgane und die Mitgliedstaaten an materiell-rechtliche Voraussetzungen sowie an das in der Vorschrift niedergelegte Verfahren. Selbst wenn es keinen Anspruch auf einen Beitritt gibt, so kann doch zumindest die Einhaltung des Verfahrens durch den EuGH überprüft werden (s. Rn. 35).[72] In materiell-rechtlicher Hinsicht ist insoweit Voraussetzung, dass die antragstellenden Staaten »europäisch« sind und die in Art. 2 EUV niedergelegten Werte geachtet und gefördert werden. Freilich sind diese Kriterien stark konkretisierungsbedürftig.

I. Europäischer Staat

17 Gem. Art. 49 Abs. 1 Satz 1 EUV können nur europäische Staaten die Mitgliedschaft in der EU erwerben.[73] Eine weitere Eingrenzung kennt die Vorschrift aber nicht, vielmehr

---

[68] Dazu *Tiede/Krispenz*, Osteuroparecht 2008, 417 ff.

[69] Assoziationsabkommen v. 21.3.2014 zwischen der Europäischen Union und ihren Mitgliedstaaten einerseits und der Ukraine andererseits, ABl. 2014, L 161/1; dazu *Tiede/Spiesberger/Bogedain*, KritV 2014, 149 ff.

[70] *Tiede/Spiesberger/Bogedain*, KritV 2014, 149 ff.; siehe auch *Tiede/Krispenz*, Osteuroparecht 2008, 417 ff.

[71] Eingehend dazu etwa *Gaetke*, Europäische Außenpolitik, 2009, 185 ff.

[72] *Meng*, in: GSH, Europäisches Unionsrecht, Art. 49 EUV, Rn. 37; *Cremer*, in: Calliess/Ruffert, EUV/AEUV, Art. 49 EUV, Rn. 13.

[73] Eingehend dazu *Dorau*, EuR 1999, 736 ff.; *Šarcevic*, EuR 2002, 461; *Ohler*, in: Grabitz/Hilf/Nettesheim, EU, Art. 49 EUV (August 2011), Rn. 14.

stellt sie klar, dass **jeder europäische Staat** die Mitgliedschaft in der EU beantragen kann. Soweit also die Zugehörigkeit des antragstellenden Staates zu Europa – und seine Staatsqualität i. S. d. Völkerrechts[74] – feststeht, kann keine weitere Eingrenzung aufgrund geografischer oder kultureller Umstände erfolgen. Damit ist gleichwohl die kardinale Frage im Kontext des Art. 49 EUV noch nicht beantwortet: Welche Staaten sind europäisch und welche nicht? Insbesondere seit die Türkei 1987 die Mitgliedschaft in der EU beantragt hat, wird dieses Kriterium in der Europarechtswissenschaft kontrovers diskutiert.[75] Ein rein geographisches Verständnis dieses Kriteriums wird hierbei überwiegend abgelehnt. Es sei unscharf und nur schwer zu fassen.[76] Dem ist zuzustimmen, wobei das Beispiel des Mitgliedschaftsantrags von Marokko zeigt, dass mitunter auch schnelle, in diesem Fall negative Entscheidungen durchaus möglich sind.[77] Insofern wird man kaum abstreiten können, dass der Begriff »europäischer Staat« damit auch eine **politisch-historische Konnotation** aufweisen muss, die insbesondere bei Grenzfällen wie etwa im Falle einer Aufnahme der Türkei, eines der GUS-Staaten oder gar Russlands von Bedeutung sein könnte.[78] Letztlich bedarf es hier einer Gesamtwürdigung, in deren Rahmen auch politische Erwägungen eine wichtige Rolle spielen.

II. Europäische Werte (Art. 2 EUV)

Zwar kann jeder europäische Staat die Mitgliedschaft in der EU beantragen, Art. 49 EUV setzt aber voraus, dass der antragstellende Staat die in Art. 2 EUV genannten Werte achtet und sich für ihre Förderung einsetzt. Konkret geht es hier insbesondere um die **Werte des Art. 2 Abs. 1 EUV** (dazu auch ausführlich Art. 2 EUV, Rn. 12), also die Achtung der Menschenwürde, Freiheit, Demokratie, Gleichheit, Rechtsstaatlichkeit und die Wahrung der Menschenrechte einschließlich der Rechte der Personen, die Minderheiten angehören.[79] Diese Werte bilden die Grundlage des Integrationsprozesses und sind somit der »Markenkern« der EU, der auch im Falle der Erweiterung stets zu wahren ist.   **18**

Achten und fördern bedeutet, dass die innere Rechts- und Gesellschaftsordnung des Beitrittskandidaten derjenigen eines modernen Verfassungsstaates im Zeitpunkt des Wirksamwerdens des Beitrittsvertrages entsprechen muss.[80] Zur Erfüllung dieser Voraussetzung genügt es allerdings nicht, dass der Staat formal Maßnahmen ergreift, um eine reine Übereinstimmung mit Art. 2 EUV zu erreichen. Erforderlich ist vielmehr,   **19**

---

[74] *Pechstein*, in: Streinz, EUV/AEUV, Art. 49 EUV, Rn. 3; *Schmalenbach*, EnzEuR, Bd. 10, § 6, Rn. 54.

[75] Kritisch *Pechstein*, in: Streinz, EUV/AEUV, Art. 49 EUV, Rn. 3; *Langenfeld*, ZRP 2005, 73; *Oppermann*, FS Zuleeg, S. 78.

[76] *Cremer*, in: Calliess/Ruffert, EUV/AEUV, Art. 49 EUV, Rn. 8.

[77] Beschluß des Rates vom 1. 10. 1987, Europa-Archiv 1987, Z. 207, zitiert nach Europäisches Parlament, Themenpapier Nr. 23, Die rechtlichen Fragen der Erweiterung der EU, http://www.europarl.europa.eu/enlargement/briefings/23a2_de.htm (20. 2. 2016).

[78] *Meng*, in: GSH, Europäisches Unionsrecht, Art. 49 EUV, Rn. 11.

[79] Eingehend dazu auch *Schmalenbach*, EnzEuR, Bd. 10, § 6, Rn. 55 ff.; *Benoît-Rohmer*, RTDE 2005, 261; *Broß*, JZ 2003, 429; *Calliess*, JZ 2004, 1033; *Borowsky*, DRiZ 2001, 275; *ders.* FS Meyer, 2006, S. 49; *Joas/Mandry*, in: Schuppert/Pernice/Haltern (Hrsg.), Europawissenschaft, 2005, S. 569; *Ruffert*, DVBl 2006, 1294; *Mandry*, Europa als Wertegemeinschaft, 2009 passim; *Mangiameli*, in: Blanke/Mangiameli (Hrsg.), The European Union after Lisbon, 2012, S. 21.

[80] *Ohler*, in: Grabitz/Hilf/Nettesheim, EU, Art. 49 EUV (August 2011), Rn. 15; *Nettesheim*, EuR 2003, 36 (39).

dass seine Organe tatsächlich aktiv werden.[81] Die heutige Formulierung des Art. 49 Abs. 1 Satz 1 EUV ist also in gewisser Weise **handlungsorientiert**. Allerdings folgt schon aus der – nicht ganz widerspruchsfreien – Natur des Art. 2 EUV als »Homogenitätsgebot« (dazu Art. 2 EUV, Rn. 3), dass die verfassungsrechtliche Autonomie der Mitgliedstaaten bei der konkreten Ausfüllung und Ausgestaltung der Vorgaben dieser Norm zu wahren ist.[82] Gleiches folgt aus Art. 4 Abs. 2 EUV, der die EU dazu verpflichtet, die verfassungsrechtliche Identität der Mitgliedstaaten zu wahren. Es bleibt abzuwarten, wie sich die Anforderungen des Art. 49 EUV im Lichte der neuerlich aufkommenden »Identitätsdebatten« entwickeln werden. Sicher ist aber, dass, soweit man die Kriterien des Art. 49 EUV bzw. Art. 2 EUV aufweichen sollte, dem Integrationsprozess ein schlechter Dienst erwiesen würde. Schon die letzten Erweiterungsrunden haben gezeigt, dass ein Abweichen von den Kriterien bzw. eine allzu flexible Handhabung nicht nur für die EU zu Problemen führt, sondern auch für die beitrittswilligen Staaten eine Gefahr darstellen kann. Insoweit steckt hinter der Formulierung des »Achtens« und »Förderns« womöglich deutlich mehr Potential als zunächst vermutet werden könnte.

III.   Sonstige Kriterien

20   Aufgrund der recht weiten Fassung der in Art. 49 EUV a. F. niedergelegten Kriterien für einen Beitritt und angesichts der anstehenden und größten Erweiterung der EU – der ersten Osterweiterung – hat der Europäische Rat auf dem **Gipfel von Kopenhagen am 21./22. 6.1993** die sog. Kopenhagener Kriterien formuliert,[83] die vielfach als »politische Anforderungen« eines Beitritts angesehen werden[84], inzwischen aber zu weiten Teilen als Konkretisierung der Kriterien des Art. 49 Abs. 1 Satz 1 EUV dienen.[85] Der Europäische Rat unterscheidet insofern zwischen einem politischen Kriterium, einem wirtschaftlichen Kriterium und sonstigen Verpflichtungen, die von einem Beitrittsstaat erfüllt werden müssen.[86] Das **politische Kriterium** bezieht sich auf die institutionelle Stabilität als Garantie für die demokratische und rechtsstaatliche Ordnung, die Wahrung der Menschenrechte sowie den Schutz der Minderheiten. Das **wirtschaftliche Kriterium** stellt auf eine funktionsfähige Marktwirtschaft sowie die Fähigkeit, dem Wettbewerbsdruck des Binnenmarktes standzuhalten, ab, während die **sonstigen Verpflichtungen** sich darauf beziehen, dass die neuen Mitgliedstaaten den **unionalen Besitzstand (acquis communautaire)** einschließlich der Ziele der politischen Union und der Wirtschafts- und Währungsunion übernehmen müssen.[87] Insbesondere das letztgenannte Kriterium verlangt den Beitrittskandidaten eine Menge ab, müssen sie doch »den Berg« des Unionsrechts in ihre Rechtsordnungen integrieren. Eine rechtliche Aufwertung haben die Kopenhagener Kriterien im Lissabonner Vertrag durch den in Art. 49 Abs. 1 Satz 3 EUV eingefügten Passus, wonach die vom Europäischen Rat vereinbarten Kriterien zu be-

---

[81] *Ohler*, in: Grabitz/Hilf/Nettesheim, EU, Art. 49 EUV (August 2011), Rn. 15.

[82] Ebd.

[83] EG Bull. 6/93, S. 13; eingehend dazu *Kochenov*, Behind the Copenhagen Façade. The Meaning and Structure of the Copenhagen Political Criterion of Democracy and the Rule of Law, European Integration Online Papers (EIoP) 8 (2004).

[84] *Geiger*, in: Geiger/Khan/Kotzur, EUV/AEUV, Art. 49 EUV, Rn. 7.

[85] *Nowak*, Vertrag von Lissabon, S. 91.

[86] *Ohler*, in: Grabitz/Hilf/Nettesheim, EU, Art. 49 EUV (August 2011), Rn. 17 ff.

[87] BullEG 6–1993, Ziff I.13; eingehend auch *Kramer*, Die Beschlüsse von Kopenhagen: Die Erweiterung der Europäischen Union als »Friedensprojekt«, Die Union 2003, 1 ff.; zum Gipfel s. auch *Lippert*, integration 2003, 48 ff.

rücksichtigen sind, erfahren.[88] Sie haben so auf Anregung Österreichs direkten Niederschlag im primären Unionsrecht gefunden. Zugleich zeigt die Vorschrift, dass es letztlich die Aufgabe des Europäischen Rates ist, diese Kriterien aufzustellen und ggf. auch zu ändern.

C. Verfahren des Beitritts

Das Verfahren des Beitritts ist grundsätzlich zweiphasig.[89] Während die erste Phase der **21** Entscheidung gewidmet ist, ob die EU nach einem Antrag eines beitrittswilligen Staates konkrete **Beitrittsverhandlungen** aufnehmen will, erfolgen in der zweiten Phase die Verhandlungen, der Abschluss des entsprechenden Beitrittsabkommens sowie die jeweiligen Ratifizierungsschritte.[90] Das Verfahren bis zum Beitritt kann in zahlreiche weitere Teilschritte untergliedert werden.[91] Aufgrund der deutlichen Aufteilung der Rollen, kann in Bezug auf das erste Verfahrensstadium auch von einem **organspezifischen Teil** (Art. 49 Abs. 1 EUV) und einem **mitgliedstaatlichen Teil** (Art. 49 Abs. 2 EUV)[92] bzw. einem **unionsrechtlichen** und einem **völkerrechtlichen Teil**[93] gesprochen werden.

I. Antrag des Beitrittskandidaten

Der Beitritt zur EU setzt zunächst einen Antrag des beitrittswilligen Staates voraus **22** (Art. 49 Abs. 1 Satz 1 EUV). Dieser Antrag ist **an den Rat** der EU zu richten. Der Antrag **unterliegt keiner vorgeschriebenen Form**, dürfte aber in der Praxis stets schriftlich erfolgen.[94] Erst der Antrag setzt das Verfahren des Art. 49 EUV in Gang, auch wenn ihm regelmäßig intensive Erörterungen vorausgehen.

II. Rolle der Unionsorgane

Das Beitrittsverfahren ist in seinem ersten Abschnitt durch ein komplexes Zusammen **23** spiel der Unionsorgane und der Mitgliedstaaten gekennzeichnet, das in Art. 49 EUV nicht vollständig abgebildet ist.[95]

1. Rolle des Rates

Gem. Art. 49 Abs. 1 Satz 1 und Satz 3 EUV ist der Aufnahmeantrag des beitrittswilligen **24** Staates an den Rat zu richten. Gem. Art. 49 Abs. 1 Satz 2 EUV werden dann das Europäische Parlament und die nationalen Parlamente über den Antrag unterrichtet. Die Kommission muss ebenfalls informiert werden, damit sie die Möglichkeit hat, von ihrem

---

[88] Dazu *Terhechte*, EuR 2008, 143 (150 f.)
[89] *Cremer*, in: Calliess/Ruffert, EUV/AEUV, Art. 49 EUV, Rn. 2 f.
[90] Eingehend zum Verfahren etwa *Herrnfeld*, in: Schwarze, EU-Kommentar, Art. 49 EUV, Rn. 7 ff.; *Ohler*, in: Grabitz/Hilf/Nettesheim, EU, Art. 49 EUV (August 2011), Rn. 23 ff.; *Meng*, in: GSH, Europäisches Unionsrecht, Art. 49 EUV, Rn. 26 ff.; *Pechstein*, in: Streinz, EUV/AEUV, Art. 49 EUV, Rn. 7 ff.
[91] Dazu eingehend *Pechstein*, EnzEuR, Bd. 1, § 15, Rn. 12.
[92] *Schweitzer/Hummer/Obwexer*, Europarecht, 2007, Rn. 110 ff.
[93] *Streinz*, Europarecht, Rn. 99.
[94] *Herrnfeld*, in: Schwarze, EU-Kommentar, Art. 49 EUV, Rn. 7.
[95] *Meng*, in: GSH, Europäisches Unionsrecht, Art. 49 EUV, Rn. 26; *Schmalenbach*, EnzEuR, Bd 10, § 6, Rn. 74; *Nowak*, Europarecht nach Lissabon, S. 9.

Anhörungsrecht Gebrauch zu machen (s. Rn. 26).[96] Der Rat überprüft nach Eingang des Beitrittsantrags summarisch die Beitrittsmöglichkeiten.[97] Dazu erteilt er der Kommission den Auftrag, die politischen, rechtlichen, wirtschaftlichen und institutionellen Auswirkungen des Beitritts zu prüfen. Es werden unabdingbare Beitrittsvoraussetzungen ermittelt sowie Probleme, über die verhandelt werden muss, dargestellt.[98] Die Darstellung dieser Aspekte erfolgt durch eine vorläufige, nicht ausdrücklich in Art. 49 EUV vorgesehene Stellungnahme der Kommission.[99] Unter Berücksichtigung des Ergebnisses der Stellungnahme entscheidet dann der Rat über die Aufnahme von Beitrittsverhandlungen.[100]

25   Die **Verfahrensreglungen für Beitrittsverhandlungen** sind seit 1970 in einem Ratsbeschluss niedergelegt.[101] Danach führt der Ratspräsident die Beitrittsverhandlungen im

---

[96] *Ohler*, in: Grabitz/Hilf/Nettesheim, EU, Art. 49 EUV (August 2011), Rn. 25; *Meng*, in: GSH, Europäisches Unionsrecht, Art. 49 EUV, Rn. 26; *Schmalenbach*, EnzEuR, Bd. 10, § 6, Rn. 51; *Nowak*, Europarecht nach Lissabon, S. 92; *Zeh*, Recht auf Beitritt?, S. 11 f.

[97] *Meng*, in: GSH, Europäisches Unionsrecht, Art. 49 EUV, Rn. 26; *Zeh*, Recht auf Beitritt?, S. 11.

[98] *Meng*, in: GSH, Europäisches Unionsrecht, Art. 49 EUV, Rn. 26.

[99] *Herrnfeld*, in: Schwarze, EU-Kommentar, Art. 49 EUV, Rn. 7; *Cremer*, in: Calliess/Ruffert, EUV/AEUV, Art. 49 EUV, Rn. 2; s. zu bisherigen Stellungnahmen EG Bull. 1969, Sonderbeilage zu Heft 9/10; EG Bull. 1976, Beilage 2; EG Bull. 1978, Beilagen 5 und 9; EG Bull. 1992 Beilagen 4, 5 und 6 sowie in den Dokumenten KOM (93) 142 endg. (Norwegen), 313 endg. (Zypern), 312 endg. (Malta). s. zu den Anträgen Griechenlands, Spaniens und Portugals die grundsätzlichen Überlegungen der Kommission zu politischen, institutionellen und wirtschaftlichen Probleme neuer Beitritte sowie zu Fragen der Übergangszeit im sog. »Fresko« (EG Bull 1978, Beilagen 1–3); zu Problemen neuerer Zeit s. EG-Kommission, Die Erweiterung Europas: eine neue Herausforderung, EG Bull., Beilage 3/92, ABl. 2005, L 157/203 (Bulgarien und Rumänien); ABl. 2012, L 112/3 (Kroatien).

[100] *Cremer*, in: Calliess/Ruffert, EUV/AEUV, Art. 49 EUV, Rn. 2; vgl. zum Verfahrensablauf auch *Pechstein*, in: Streinz, EUV/AEUV, Art. 49 EUV, Rn. 8 f.

[101] Ratsbeschlusses vom 9. 6. 1970, EA 1970, D 350:
1. Gemäß dem Kommunique von Den Haag werden die Beitrittsverhandlungen auf allen Ebenen über alle Fragen nach einem einheitlichen Verfahren von den Europäischen Gemeinschaften geführt.
2. Infolgedessen legt der Ministerrat die gemeinsame Haltung der Europäischen Gemeinschaften zu allen Fragen fest, die sich bei den Beitrittsverhandlungen ergeben.
3. Die Kommission der Europäischen Gemeinschaften wird ersucht, im Hinblick auf die Festlegung der gemeinsamen Haltung der Europäischen Gemeinschaften, Vorschläge zu allen Fragen zu unterbreiten, die sich bei den Beitrittsverhandlungen ergeben.
4. Die betreffenden Beratungen des Rates werden gemäß Artikel 4 des Vertrages zur Einsetzung eines gemeinsamen Rates und einer gemeinsamen Kommission der Europäischen Gemeinschaften vom Ausschuß der Ständigen Vertreter vorbereitet.
5. Auf den Verhandlungstagungen zwischen den Europäischen Gemeinschaften und den beitrittswilligen Ländern führt auf Seiten der Europäischen Gemeinschaften auf allen Ebenen der amtierende Präsident des Rates der Europäischen Gemeinschaften den Vorsitz.
6. Die gemeinsame Haltung der Europäischen Gemeinschaften wird in den Verhandlungen mit den beitrittswilligen Ländern vom amtierenden Präsidenten des Rates oder auf Beschluß des Rates, insbesondere wenn es sich um eine bereits festgelegte gemeinsame Politik handelt, von der Kommission dargelegt und vertreten.
7. Die unter den Punkten 5 und 6 genannten Regeln gelten auch für den Fall, daß die Verhandlungen auf der Ebene der ständigen Vertreter oder auf der Ebene der gegebenenfalls eingesetzten Arbeitsgruppen geführt werden.
8. Außerdem erklärt sich der Rat bereit, der Kommission das Mandat zu erteilen, im Kontakt mit den beitrittswilligen Ländern Lösungsmöglichkeiten für bestimmte Probleme zu erarbeiten, die sich im Verlaufe der Verhandlungen ergeben und dem Rat darüber zu berichten; der Rat wird der Kommission die erforderlichen Richtlinien für die etwaige weitere Ausführung dieses Auftrages erteilen, damit sie die Einzelheiten einer Einigung festlegen kann, die dem Rat zu unterbreiten sind. Diese Regel gilt insbesondere für die Gebiete, für die bereits eine gemeinsame Politik festgelegt ist.

Rahmen von Leitlinien, die vorab im Rat unter Einbindung der Kommission festgelegt worden sind.[102] Der Rat beschließt dann einstimmig über den Beitrittsantrag. Der positive Ratsbeschluss ist insoweit eine notwendige rechtliche Bedingung für den Beitritt.[103] Wenn die einstimmige positive Bescheidung des Aufnahmeantrags nicht erfolgt, kann der Beitritt eines Staates nicht erfolgen. Der Antrag bleibt jedoch wirksam und kann die Grundlage erneuter Verhandlungen bilden, soweit keine einstimmige Ablehnung erfolgt ist.[104] Weil das Unionsrecht eine positive Ratsentscheidung als Bedingung für den Beitritt verlangt, dürfen die Mitgliedstaaten den ausgehandelten Beitrittsvertrag nicht ohne sie abschließen.[105]

2. Anhörung der Kommission

Der Rat muss vor einer Entscheidung über den Aufnahmeantrag die in Art. 49 Abs. 1 Satz 3 EUV vorgesehene Stellungnahme der Kommission einholen. So soll sichergestellt werden, dass das Interesse der Union im Vertrag angemessene Berücksichtigung findet.[106] Die Beteiligung der Kommission ist zwar ein zwingend vorgeschriebener Verfahrensschritt, das Ergebnis der Stellungnahme ist aber für den Rat rechtlich unverbindlich.[107]   **26**

3. Zustimmung des EP und der nationalen Parlamente

Auch das Europäische Parlament muss einem Beitritt zur EU zustimmen.[108] Gem. Art. 49 Abs. 1 Satz 3 EUV muss die Zustimmung (vom Parlament als »legislative Entschließung« bezeichnet)[109] nicht mehr mit absoluter, sondern nur noch mit (einfacher) Mehrheit der Mitglieder des Europäischen Parlaments erfolgen.[110] Nach Art. 49 Abs. 1 Satz 2 EUV ist erstmals vorgesehen, dass das Europäische Parlament und die nationalen Parlamente über den Beitrittsantrag unterrichtet werden. Diese Neuerung bezweckt eine parlamentarische Begleitung des gesamten Beitrittsverlaufs sowohl in der EU als auch in den Mitgliedstaaten.[111] Sie ist so auch Ausdruck des Bestrebens des Lissabonner Vertrags eine Art »**Legislativverbund**« zu etablieren, der insbesondere in grundlegenden Entscheidungen zum Tragen kommen soll.[112]   **27**

---

[102] *Herrnfeld*, in: Schwarze, EU-Kommentar, Art. 49 EUV, Rn. 7; vgl. ausführlich zum Verfahren *Meng*, in: GS, EUV/EGV, Art. 49 EUV, Rn. 94 ff.

[103] *Meng*, in: GSH, Europäisches Unionsrecht, Art. 49 EUV, Rn. 29; *Cremer*, in: Calliess/Ruffert, EUV/AEUV, Art. 49 EUV, Rn. 3.

[104] *Meng*, in: GSH, Europäisches Unionsrecht, Art. 49 EUV, Rn. 29.

[105] Ebd.

[106] *Meng*, in: GSH, Europäisches Unionsrecht, Art. 49 EUV, Rn. 28.

[107] *Herrnfeld*, in: Schwarze, EU-Kommentar, Art. 49 EUV, Rn. 7.

[108] *Cremer*, in: Calliess/Ruffert, EUV/AEUV, Art. 49 EUV, Rn. 3.

[109] S. Legislative Entschließung des Europäischen Parlaments zu dem Antrag der Republik Bulgarien auf Mitgliedschaft in der Europäischen Union (Verfahren der Zustimmung), ABl. 2005, L 157/5 sowie Legislative Entschließung des Europäischen Parlaments zu dem Antrag Rumäniens auf Mitgliedschaft in der Europäischen Union (Verfahren der Zustimmung) ABl. 2005, L 157/7.

[110] Das Zustimmungserfordernis wurde erst durch die Einheitliche Europäische Akte mit Wirkung vom 1. Juli 1987 in den EWGV eingeführt und in den Unionsvertrag übernommen.

[111] *Nowak*, Europarecht nach Lissabon, S. 92.

[112] Dazu *Terhechte*, Wandel klassischer Demokratievorstellungen, S. 193 ff. (216 ff.).

4. Beitrittsabkommen und Beitrittsakte

28   Die Aufnahmebedingungen und erforderlichen Anpassungen der Unionsverträge werden gem. 49 Abs. 2 Satz 1 EUV im Rahmen eines Abkommens zwischen dem beitrittswilligen Staat und den EU-Mitgliedstaaten geregelt. Dieses Abkommen wird also nur zwischen den Mitgliedstaaten und dem aufzunehmenden Staat geschlossen.[113] Dagegen werden die Unionsorgane nicht beteiligt. Die Beitrittsabkommen zerfallen aus rechtstechnischen Gründen regelmäßig in zwei Bestandteile: Den eigentlichen **Beitrittsvertrag** und die **Beitrittsakte** über die Bedingungen und Einzelheiten der Aufnahme. Die Beitrittsakte ist hierbei Bestandteil des Beitrittsvertrags.[114] In der Beitrittsakte werden jeweils spezielle Regelungen über das vom Beitrittsstaat zu übernehmende EU-Recht getroffen. Sie betrifft so notwendige Anpassungen des primären und des sekundären Unionsrechts, wie etwa Schutzklauseln für den Binnenmarkt[115] oder Übergangsfristen für den freien Personenverkehr.[116] Darüber hinaus enthält die Akte regelmäßig die Verpflichtung der beitretenden Staaten, den sog. »acquis« zu übernehmen, also den gesamten Corpus des primären und sekundären Unionsrechts einschließlich der Auslegungsvorgaben und ungeschriebenen Prinzipien, die der EuGH entwickelt hat.[117]

29   Art. 49 EUV ist damit lex specialis zu Art. 48 EUV sofern es um beitrittsbedingte Anpassungen des Primärrechts geht. Dies bezieht sich in erster Linie auf institutionelle Anpassungsbestimmungen (z. B. Vertretung der aufzunehmenden Staaten in den Organen und die Neudefinition des Geltungsbereichs der Verträge).[118] Hinsichtlich einer umfassenden Geltung des Primärrechts können Übergangsregelungen vereinbart werden, um dem aufzunehmenden Staat eine »Anpassung an die in den Gemeinschaften geltenden Regelungen zu erleichtern.«[119] Diese Abweichungen sind restriktiv auszulegen.[120] Regelmäßig sehen die Beitrittsakte auch Anpassungen des Sekundärrechts vor, v. a. Übergangsregelungen hinsichtlich des Wirksamwerdens im neuen Mitgliedstaat.[121] Solche Anpassungen erfolgen entweder primärrechtlich unmittelbar durch die Beitrittsakte oder durch entsprechende Rechtsetzungsakte der EU-Organe nach Maßgabe der Beitrittsakte.[122]

---

[113] *Pechstein*, in: Streinz, EUV/AEUV, Art. 49 EUV, Rn. 10.

[114] *Cremer*, in: Calliess/Ruffert, EUV/AEUV, Art. 49 EUV, Rn. 5; s. auch *Niedobitek:*, JZ 2004, 369 (372); *Nass*, EuR 1972, 102 (107).

[115] Art. 36 Beitrittsakte 2005 von Bulgarien und Rumänien, ABl. 2005, L 157/216.

[116] Vgl. etwa Nr. 1.2–1.14 des Anhangs V, Liste nach Art. 24 der Beitrittsakte: Tschechische Republik; Nr. 2.2–2.14 des Anhangs XII, Liste nach Art. 24 der Beitrittsakte: Polen; Nr. 1.2–1.14 des Anhangs XIV, Liste nach Art. 24 der Beitrittsakte: Slowakei; Akte über die Bedingungen des Beitritts der Tschechischen Republik, der Republik Estland, der Republik Zypern, der Republik Lettland, der Republik Litauen, der Republik Ungarn, der Republik Malta, der Republik Polen, der Republik Slowenien und der Slowakischen Republik und die Anpassungen der die Europäische Union begründenden Verträge, ABl. 2003, L 236/33. Dazu *Terhechte*, EnzEuR, Bd. 7, § 2, Rn. 16 und 67.

[117] *Pechstein*, in: Streinz: EUV/AEUV, Art. 49 EUV, Rn. 10; *Herrnfeld*, in: Schwarze, EU-Kommentar, Art. 49 EUV, Rn. 11.

[118] *Pechstein*, in: Streinz, EUV/AEUV, Art. 49 EUV, Rn. 10.

[119] EuGH, Urt. v. 20.3.1979, Rs. 231/78 (Kommission/Großbritannien), Slg. 1979, 1447, Rn. 11.

[120] EuGH, Urt. v. 10.5.1984, Rs. 58/83 (Kommission/Griechenland), Slg. 1984, 2072, Rn. 9.

[121] *Pechstein*, in: Streinz, EUV/AEUV, Art. 49 EUV, Rn. 11; näher dazu s. auch *Bruha/Vogt*, VRÜ 1997, 477 (469 f).

[122] Vgl. Art. 29 mit Anhang I, Art. 30, 169 Beitrittsakte i. V. m. Art. 2 Abs. 3 Beitrittsvertrag, ABl. 1994, C 241/9 (14).

5. Ratifikation des Beitrittsabkommens in den Mitgliedstaaten

Gem. Art. 49 Abs. 2 Satz 2 EUV bedarf das Beitrittsabkommen der Ratifikation durch   **30**
alle Vertragsstaaten gemäß ihren verfassungsrechtlichen Vorschriften.[123] In Deutschland
erfolgt die Zustimmung durch den Bundestag und den Bundesrat in Form eines Gesetzes
auf der Grundlage von **Art. 23 Abs. 1 Satz 2 GG**.[124] Die Rechtsgrundlage für die innerstaatliche Ratifikation in Deutschland war in der Vergangenheit mitunter umstritten.[125]
Im älteren Schrifttum wurde in diesem Zusammenhang häufig auf Art. 59 Abs. 2 Satz 1
GG verwiesen.[126] Spätestens seit den entsprechenden Ausführungen des BVerfG im
Lissabon-Urteil[127] dürfte aber feststehen, dass Art. 23 Abs. 1 Satz 2 GG *lex specialis* im
Verhältnis zu Art. 59 Abs. 2 Satz 1 GG und daher vorrangig anzuwenden ist.[128] Ent-
sprechend ist das Zustimmungsgesetz zum Beitrittsvertrag Kroatiens auch auf Art. 23
Abs. 1 Satz 2 GG gestützt worden[129] und zwar unter Hinweis in den Gesetzesmateria-
lien auf das Lissabon-Urteil des BVerfG.[130]

D. Rechtsfolgen des Beitritts

I. Umfang des Beitritts

Ein beitrittswilliger Staat kann nur **Mitglied der EU und der EAG** gleichzeitig werden.   **31**
Beide Verträge sind insoweit miteinander verknüpft, was in erster Linie historisch zu
begründen ist (Stichwort »einheitlicher institutioneller Rahmen etc.«).[131] Es versteht sich
auch von selbst – schon im Lichte des Art. 2 EUV –, dass der Beitritt sich auch auf die
Charta der Grundrechte erstreckt, die mit den Verträgen gleichrangig ist (Art. 6 Abs. 1
EUV)[132]. Ein Beitritt kann so nur zur gesamten Hand erfolgen, woraus im Umkehrschluss
folgt, dass partielle Beitritte zur Union (etwa zur WWU oder zur GASP) nicht möglich
sind.[133] Eine andere Frage ist, ob im Rahmen der Beitrittsverhandlungen bestimmte
Sonderrechte vereinbart werden können, die z.B. in Protokollen zu den Verträgen
(Art. 51 EUV) festgehalten werden.[134]

II. Folgen für den beitretenden Staat und die EU

Der beitretende Staat wird mit Inkrafttreten des Beitrittsvertrages Mitglied der EU mit   **32**
allen damit verbundenen Rechten und Pflichten, soweit das Beitrittsabkommen bzw.

---

[123] S. dazu etwa *Meng*, in: GSH, Europäisches Unionsrecht, Art. 49 EUV, Rn. 31.
[124] *Ohler*, in: Grabitz/Hilf/Nettesheim, EU, Art. 49 AEUV (August 2011), Rn. 38.
[125] Ebd., Rn. 13.
[126] Eingehend zu dieser Diskussion etwa *Hölscheidt/Schotten*, DÖV 1995, 187 (193); *Scholz*, in:
Maunz/Dürig (Hrsg.), GG, Art. 23 GG (Oktober 2009), Rn. 68.
[127] BVerfGE 123, 267 (355).
[128] *Ohler*, in: Grabitz/Hilf/Nettesheim, EU, Art. 49 AEUV (August 2011), Rn. 1.
[129] Gesetz zu dem Vertrag vom 9. Dezember 2011 über den Beitritt der Republik Kroatien zur
Europäischen Union, BGBl. 2013 II S. 586.
[130] BT-Drs. 17/11872, S. 6.
[131] *Ohler*, in: Grabitz/Hilf/Nettesheim, EU, Art. 49 EUV (August 2011), Rn. 1.
[132] Zur Gleichrangigkeit ausführlich *Terhechte*, Konstitutionalisierung und Normativität der europäischen Grundrechte, 2011, S. 65 ff.
[133] *Cremer*, in: Calliess/Ruffert, EUV/AEUV, Art. 49 EUV, Rn, 8.
[134] Dazu *Dörr*, in: Grabitz/Hilf/Nettesheim, EU, Art. 51 EUV (August 2011), Rn. 14.

die Beitrittsakte keine Abweichungen vorsehen. Insbesondere hat der Mitgliedstaat ab diesem Zeitpunkt für den vorrangigen, gleichmäßigen und unmittelbaren **Vollzug des Unionsrechts** zu sorgen.[135] Diese Pflicht erstreckt sich im Regelfall auf das gesamte Territorium des neuen Mitgliedstaates, es sei denn, im Beitrittsvertrag wurden **Ausschlüsse vom räumlichen Anwendungsbereich** des Unionsrechts vereinbart. Die übrigen Folgen ergeben sich aus dem Beitrittsvertrag. Angesichts der großen Herausforderungen, die eine Mitgliedschaft in der EU regelmäßig mit sich bringt, hat die EU in der Vergangenheit bewusste **Heranführungs- und Unterstützungsstrategien** entwickelt, die »Beitrittsschocks« vermeiden sollen. Vor dem Hintergrund weitreichender Kompetenzen der EU in vielen Bereichen, haben diese Strategien eine erhebliche Bedeutung.[136]

33   Für die EU folgt aus einem Beitritt eines neuen Mitgliedstaates zunächst eine **territoriale Erweiterung ihres Gebietes**, womöglich eine Erhöhung der **Zahl der Amtssprachen** und häufig auch Neujustierungen in den Organen.[137] Spätestens seit der ersten Osterweiterung hatte sich gezeigt, dass eine Erweiterung nicht nur die neuen Mitgliedstaaten vor erhebliche Probleme stellen kann, sondern auch die Union selbst und ihr institutionelles Arrangement. Insoweit standen auch die Vertragsreformen von Nizza für den Versuch, die Strukturen der EU im Zuge der Osterweiterung »erweiterungsfähig« zu gestalten. Dieses Ziel ist damals allerdings nicht voll erreicht worden.[138]

E.   Fragen im Kontext des Beitritts

34   Der Beitritt zur Union ist – wie bereits angedeutet – nur ein Baustein der **unionalen Mitgliedschaftsverfassung** (zum Begriff, o. Rn. 2). In diesem Kontext spielen insbesondere Fragen rund um die Zuständigkeiten des EuGH ebenso eine wichtige Rolle, wie auch das neue Austrittsrecht (Art. 50 EUV) sowie das wichtige Instrument der Assoziierung, das in vielen Fällen die Vorstufe zu einem Beitritt gem. Art. 49 EUV ist und den beitrittswilligen Staaten eine Heranführung an die EU ermöglicht.

I.   Zuständigkeiten des EuGH

35   Art. 49 EUV sieht nicht vor, dass der EuGH proaktiv etwa in Form eines zwingend vorgeschalteten Gutachtenverfahrens oder eines Vorabentscheidungsverfahrens in den Beitrittsprozess eingebunden werden kann.[139] Tatsächlich spielt die Unionsgerichtsbarkeit im Bereich der unionalen Mitgliedschaftsverfassung auch bislang keine hervorgehobene Rolle. Dies betrifft zunächst aber nur die generell vorgelagerten politischen Fragen eines Beitritts. Ob die in Art. 49 EUV niedergelegten materiellen Kriterien erfüllt sind oder nicht, ist zwar zunächst Gegenstand von politischen Entscheidungen, bei denen den jeweils zuständigen Unionsorganen und den Mitgliedstaaten ein **weites Ermessen** zukommt.[140] Dies kann aber nicht bedeuten, dass alle einem Beitritt vorgela-

---

[135] *Meng*, in: GSH, Europäisches Unionsrecht, Art. 49 EUV, Rn. 16 ff.

[136] Eingehend dazu *Schmalenbach*, EnzEuR, Bd. 10. § 6, Rn. 52; *Ohler*, in: Grabitz/Hilf/Nettesheim, EU, Art. 49 EUV (August 2011), Rn. 34.

[137] *Meng*, in: GSH, Europäisches Unionsrecht, Art. 49 EUV, Rn. 4.

[138] Eingehend dazu *Hatje*, EuR 2001, 143 ff.

[139] Dazu EuGH Urt. v. 22. 11. 1978, Rs. 93/78 (Mattheus/Doego) Slg. 1978, 2203, Rn. 8.

[140] *Ehlermann*, EuR 1984, 113 (116); *Herrnfeld*, in: Schwarze, EU-Kommentar, Art. 49 EUV, Rn. 16.

gerten Rechtsfragen der Kontrolle des EuGH automatisch entzogen sind. Das Beitrittsverfahren ist insbesondere in seinem institutionellen Teil (s. Rn. 21) durch ein komplexes Zusammenspiel der Unionsorgane gekennzeichnet, sodass besonders die in Art. 49
EUV detailliert niedergelegten **Verfahrensschritte** auf Fehler im **Vertragsverletzungsverfahren gem. Art. 258 AEUV** vom EuGH überprüft werden können.[141] Darüber hinaus wird man angesichts der Rolle des EuGH im institutionellen Gefüge der Union und
seinem weitreichenden Auftrag, das Recht zu wahren (Art. 19 Abs. 1 EUV) auch davon
ausgehen müssen, dass zumindest eindeutige Beurteilungs- oder Ermessensfehler hinsichtlich der materiell-rechtlichen Kriterien des Art. 49 Abs. 1 EUV Gegenstand einer
Nichtigkeitsklage gem. Art. 263 AEUV sein können, solange die übrigen Vorausssetzun-
gen einer solchen Klage vorliegen.[142] Für einen allgemeinen Ausschluss einer solchen
Zuständigkeit des EuGH kraft politischer Erwägungen bietet das Unionsrecht keine
Grundlage. Dagegen sind die einmal in Kraft getretenen Beitrittsabkommen, die den
Status primären Unionsrechts genießen, der Rechtskontrolle durch den EuGH entzogen. Dies gilt aber nur für die Frage der Geltung. Die Kompetenz des EuGHs, über die
verbindliche Auslegung des primären und sekundären Unionsrechts zu entscheiden,
bleibt unberührt und erstreckt sich auch auf Beitrittsabkommen.[143] Soweit das Beitrittsabkommen allerdings Bereiche berührt, die von der Rechtskontrolle des EuGH durch
den EUV/AEUV ausgeschlossen sind (s. insbesondere für die GASP gem. Art. 24 Abs. 1
EUV, Art. 275 AEUV[144]), erstreckt sich dieser Ausschluss auch auf die jeweiligen Passagen des Abkommens.[145]

Unmittelbare, durch die Beitrittsakte vorgenommene **Änderungen des Sekundär-**   **36**
rechts, werden durch die Beitrittsakte regelmäßig rechtskategorial zwar selbst als Sekundärrecht ausgewiesen; die Änderung erfolgt gewissermaßen auf derselben Stufe.[146]
Gleichwohl hält der EuGH sie im Rahmen einer Nichtigkeitsklage gem. Art. 263 AEUV
für nicht angreifbar.[147] Diese Rechtsprechung ist aber umstritten und wird z. T. als rechts-
fehlerhaft bezeichnet.[148] Sie ist letztlich einem judicial self restraint verpflichtet und
unterstreicht damit einmal mehr den hochpolitischen Charakter jeder Erweiterung der
EU.[149] Soweit die Unionsorgane auf der Grundlage der Beitrittsakte rechtsetzend tätig
werden, dürfte eine Nichtigkeitsklage dagegen regelmäßig statthaft sein. Ob solche Differenzierungen praktisch hilfreich sind, steht auf einem anderen Blatt.

---

[141] *Herrnfeld*, in: Schwarze, EU-Kommentar, Art. 49 EUV, Rn. 16; a. A. offenbar *Pechstein*, in:
Streinz, EUV/AEUV, Art. 49 EUV, Rn. 15.

[142] Eingehend dazu *Zeh*, Recht auf Beitritt?, S. 77 ff.; bejahend auch *Schmalenbach*, EnzEuR, Bd.
10, § 6, Rn. 73; zweifelnd bzgl. der Erfolgsaussichten *Herrnfeld*, EU-Kommentar, Art. 49 EUV,
Rn. 16; anderer Ansicht etwa *Pechstein*, in: Streinz, EUV/AEUV, Art. 49 EUV, Rn. 15.

[143] *Schmalenbach*, EnzEuR, Bd. 10, § 6, Rn. 73.

[144] Zur Rolle des EuGH im Rahmen der GASP s. *Terhechte*, in: Schwarze, EU-Kommentar, Art. 24
EUV, Rn. 18 ff.

[145] *Herrnfeld*, in: Schwarze, EU-Kommentar, Art. 49 EUV, Rn. 16.

[146] *Pechstein*, in: Streinz, EUV/AEUV, Art. 49 EUV, Rn. 11.

[147] EuGH, Urt. v. 28. 4. 1988, verb. Rs. 31 u. 35/86 (LAISA), Slg. 1988, 2285, Rn. 14; eingehend
dazu *Meng*, in: GSH, Europäisches Unionsrecht, Art. 49 EUV, Rn. 44.

[148] So *Herrnfeld*, in: Schwarze, EU-Kommentar, Art, 49 EUV, Rn. 14; *Pechstein*, in: Streinz,
EUV/AEUV, Art. 49 EUV, Rn. 11; *Meng*, in: GSH, Europäisches Unionsrecht, Art. 49 EUV, Rn. 44;
krit. dazu auch *Cremer*, in: Calliess/Ruffert, EUV/AEUV, Art. 49 EUV, Rn. 12.

[149] Deutlich EuGH, Urt. v. 28. 4. 1988, verb. Rs. 31 u. 35/86 (LAISA), Slg. 1988, 2285, Rn. 15.

II. Beitritt und Austritt

37 Als actus contrarius zum Beitritt ist der Austritt aus der EU inzwischen ausdrücklich im Unionsrecht verankert. Dieses Austrittsrecht ist mitunter stark kritisiert worden, weil es dazu führe, dass die EU ein Stück weit ihr Selbstverständnis als »Schicksalsgemeinschaft« verliere.[150] Auch wenn das Austrittsrecht bislang eher eine polit-symbolische Rolle spielt, so bleibt insbesondere abzuwarten, ob die Diskussionen rund um einen Austritt des Vereinigten Königreichs (sog. Brexit) oder über einen Austritt Griechenlands aus der Wirtschafts- und Währungsunion respektive aus der EU als Ganzes (sog. Grexit) dazu führen, die Option des Art. 50 EUV als **normalen Baustein der unionalen Mitgliedschaftsverfassung** anzusehen. Eine andere Frage ist dagegen, ob es »**Teilaustritte**« oder ähnliche Konstruktionen geben kann (dazu Art. 53 EUV, Rn. 11).

III. Assoziierung als Vorstufe

38 Neben dem formellen Beitritt zur EU hat sich in den letzten Dekaden gezeigt, dass insbesondere das Instrument der Assoziierung eine wichtige Rolle für die EU und ihre Partner spielen kann[151], sei es als Heranführungsstrategie (**sog. Beitrittsassoziierung**), sei es als Instrument der Entwicklung (**sog. Entwicklungsassoziierung**). Andere Formen der Annäherung kennt das Unionsrecht de lege lata nicht. Insbesondere die im Zusammenhang mit einem Beitritt der Türkei oft diskutierte »**privilegierte Partnerschaft**« gibt es zumindest der Formulierung nach im Unionsrecht nicht. Zu beachten ist allerdings, dass es zunächst der EU frei steht, wie sie das Instrument der Assoziierung gem. Art. 217 AEUV oder im Rahmen der Nachbarschaftspolitik gem. Art. 8 Abs. 2 EUV einsetzt. Einige Bespiele (Schweiz, Norwegen) zeigen, dass hier sehr enge Verbindungen geschaffen werden können.[152]

F. Ausblick

39 Während der Integrationsprozess über viele Jahre durch verschiedene Erweiterungsrunden geprägt wurde, die auch immer wieder für **Reformimpulse nach innen** gesorgt haben, hat die territoriale Erweiterung der EU in den letzten Jahren stagniert. Vorerst sind auch keine größeren Schritte Richtung Erweiterung zu erwarten, denn während die EU aus der Perspektive einiger Kandidatenländer an Attraktivität verloren hat (z.B. Island), werden andere beitrittswillige Staaten durchaus noch sehr lange Zeit benötigen, um die in Art. 49 EUV formulierten Beitrittsvoraussetzungen zu erfüllen. Am Beispiel des nach wie vor auf der Erweiterungsagenda der EU stehenden **Beitritts der Türkei** wird man auch künftig eine stärkere politische Auseinandersetzung hinsichtlich neuer Beitritte beobachten können. Hierbei wird es aus der Perspektive des Unionsrechts darauf ankommen, den Beitritt nicht nur als politische Entscheidung anzusehen, sondern die rechtlichen Bindungen durch das in Art. 49 EUV niedergelegte Verfahren wie auch die materiellen Beitrittskriterien als Richtschnur anzuerkennen.

---

[150] *Bruha/Nowak*, AVR 2004, 1, (8); *Zeh*, ZEuS 2004, 173 (209); *Terhechte*, EuR 2008, 143 (152).
[151] Zur Nachbarschaftspolitik eingehend *Nowak*, EuR 2010, 746 ff.
[152] *Schmalenbach*, in: Calliess/Ruffert, EUV/AEUV, Art. 217 AEUV, Rn. 39; zum Freizügigkeitsabkommen mit der Schweiz *Kahil-Wolff/Mosters*, EuZW 2001, 5 ff.

Indes ist der Beitritt zur Union nicht nur eine Herausforderung für die beitretenden **40** Staaten, sondern stellt auch die EU und ihre Strukturen vor gewaltige Probleme. Soweit es in der Zukunft zu neuen Erweiterungsrunden kommen sollte, wird man nicht vermeiden können, über die **Strukturen der EU**, insbesondere im Bereich ihrer Organe, noch einmal genauer nachzudenken. Insofern ist Art. 49 EUV als wichtiger Baustein der unionalen Mitgliedschaftsverfassung zugleich auch **Seismograf für die »innere« Reformfähigkeit** der Union.

Artikel 50 EUV [Austritt aus der Union]

(1) Jeder Mitgliedstaat kann im Einklang mit seinen verfassungsrechtlichen Vorschriften beschließen, aus der Union auszutreten.

(2) [1]Ein Mitgliedstaat, der auszutreten beschließt, teilt dem Europäischen Rat seine Absicht mit. [2]Auf der Grundlage der Leitlinien des Europäischen Rates handelt die Union mit diesem Staat ein Abkommen über die Einzelheiten des Austritts aus und schließt das Abkommen, wobei der Rahmen für die künftigen Beziehungen dieses Staates zur Union berücksichtigt wird. [3]Das Abkommen wird nach Artikel 218 Absatz 3 des Vertrags über die Arbeitsweise der Europäischen Union ausgehandelt. [4]Es wird vom Rat im Namen der Union geschlossen; der Rat beschließt mit qualifizierter Mehrheit nach Zustimmung des Europäischen Parlaments.

(3) Die Verträge finden auf den betroffenen Staat ab dem Tag des Inkrafttretens des Austrittsabkommens oder andernfalls zwei Jahre nach der in Absatz 2 genannten Mitteilung keine Anwendung mehr, es sei denn, der Europäische Rat beschließt im Einvernehmen mit dem betroffenen Mitgliedstaat einstimmig, diese Frist zu verlängern.

(4) Für die Zwecke der Absätze 2 und 3 nimmt das Mitglied des Europäischen Rates und des Rates, das den austretenden Mitgliedstaat vertritt, weder an den diesen Mitgliedstaat betreffenden Beratungen noch an der entsprechenden Beschlussfassung des Europäischen Rates oder des Rates teil.

Die qualifizierte Mehrheit bestimmt sich nach Artikel 238 Absatz 3 Buchstabe b des Vertrags über die Arbeitsweise der Europäischen Union.

(5) Ein Staat, der aus der Union ausgetreten ist und erneut Mitglied werden möchte, muss dies nach dem Verfahren des Artikels 49 beantragen.

Literaturübersicht

Bruha/Nowak, Recht aus Austritt aus der Europäischen Union?, AVR 42 (2004), 1; *Dagtoglou*, Recht auf Rücktritt von den Römischen Verträgen?, FS Forsthoff, 1972, S. 77; *Doehring*, Einseitiger Austritt aus der Europäischen Gemeinschaft, FS Schiedermair, 2001, S. 695; *Gauland*, Noch einmal: Die Beendigung der Mitgliedschaft in der Europäischen Gemeinschaft, NJW 1974, 1034; *Götting*, Die Beendigung der Mitgliedschaft in der Europäischen Union, 2000; *Hanschel*, Der Rechtsrahmen für den Beitritt, Austritt und Ausschluss zu bzw. aus der Europäischen Union und Währungsunion, NVwZ 2012, 995; *Hofmeister*, Überlegungen zum Austritt aus der Eurozone, DVBl 2015, 1496; *N. Horn*, Das Recht zum Austritt und Ausschluss aus der Europäischen Währungsunion, BKR 2015, 353; *N.A. Jaekel*, Das Recht des Austritts aus der Europäischen Union – zugleich zur Neuregelung des Austrittsrechts gem. Art. 50 EUV in der Fassung des Vertrages von Lissabon, Jura 2010, 87; *G. Meier*, Die Beendigung der Mitgliedschaft in der Europäischen Gemeinschaft, NJW 1974, 391; *Steiger*, Staatlichkeit und Überstaatlichkeit, 1966; *Thiele*, Der Austritt aus der EU, EuR 2016, 281; *Waltemathe*, Austritt aus der EU, 2000; *Wieduwilt*, Article 50 TEU – The Legal Framework of a Withdrawal from the European Union, ZEuS 2015, 169; *Zeh*, Recht auf Austritt, ZEuS 2004, 173.

Leitentscheidungen

EuGH, Gutachten 1/91 v. 14.12.1991 (EWR-I), Slg. 1991, I–6079
EuGH, Urt. v. 27.11.2012, Rs. C–370/12 (Pringle), ECLI:EU:C:2012:756

Wesentliche sekundärrechtliche Vorschriften

Vertrag zur Einrichtung des Europäischen Stabilitätsmechanismus vom 2.2.2012, BGBl. II 2012, S. 982
Vertrag über Stabilität, Koordinierung und Steuerung in der Wirtschafts- und Währungsunion vom 2.3.2012, BGBl. II 2012, S. 1006

Inhaltsübersicht   Rn.

A. Allgemeines

Artikel 50 EUV hat einen in der Europa(rechts)wissenschaft geführten Streit[1] zumindest **1** teilweise entschieden: Es gibt nämlich nach dieser Vorschrift ein **Recht auf Austritt** aus der Europäischen Union schon im geschriebenen Primärrecht (s. Rn. 3 ff.).[2] Diese einseitige Kompetenz wurde vor Inkrafttreten dieser Vorschrift indes mehrheitlich abgelehnt.[3] Jetzt wird diese Norm als Anerkenntnis dafür gewertet, dass auch zuvor schon ein Austritt ohne weiteres möglich war, dass sie Rechtsklarheit gebracht habe und dass sie wegen ihrer »materiellen Voraussetzungslosigkeit« auch einen konstitutiven Charakter aufweise.[4]

---

[1] Ausführlich dazu *Bruha/Nowak*, AVR 42 (2004), 1 (1 ff.); *Meng*, in: GSH, Europäisches Unionsrecht, Art. 50 EUV, Rn. 1 ff.

[2] S. *Becker*, in: Schwarze, EU-Kommentar, Art. 50 EUV, Rn. 1 f.; *Dörr*, in: Grabitz/Hilf/Nettesheim, EU, Art. 50 EUV (August 2011), Rn. 1 ff. (3); *Geiger*, in: Geiger/Kahn/Kotzur (Eds.), European Union Treaties, 2014, Art. 50 TEU, Rn. 1; *Streinz*, in: Streinz, EUV/AEUV, Art. 50 EUV, Rn. 1 ff. (3); *Wieduwilt*, ZEuS 2015, 169 ff., jeweils m. w. N.

[3] Vgl. *Calliess*, in: Calliess/Ruffert, EUV/AEUV, Art. 50 EUV, Rn. 2 m. Fn. 3.

[4] So die völkerrechtsfreundliche Auslegung von *Dörr*, in: Grabitz/Hilf/Nettesheim, EU, Art. 50 EUV (August 2011), Rn. 2 ff. S. a. *Oppermann/Classen/Nettesheim*, Europarecht, § 42 Rn. 40.

2   Unabhängig von einer Diskussion über »Grexit« oder »Renegotiations« und »Brexit« (s. Rn. 9) stellt sich indes die über diese Vorschrift hinausgehende Frage, ob es auch **andere Möglichkeiten** der Veränderung der Vertragsgrundlagen geben kann (s. Rn. 29 ff.). Wie steht es mit dem Abschluss beider Verträge »auf unbegrenzte Zeit« (Art. 53 EUV und Art. 356 AEUV)? Gibt es ein Recht aller Mitgliedstaaten auf Auflösung der Union? Gibt es ein Recht auf Ausschluss eines oder mehrerer Mitgliedstaaten?

B.   Austrittsrecht (Absatz 1)

3   In Absatz 1 von Artikel 50 EUV wird das Recht eines jeden Mitgliedstaats genannt, »im Einklang mit seinen verfassungsrechtlichen Vorschriften« zu beschließen, aus der Union auszutreten. Der Verweis auf diese verfassungsrechtlichen Vorschriften ist kein Anhaltspunkt für andere als diejenigen nationalen Organe, diese Kompetenzausübung zu überprüfen, als in der jeweiligen nationalen Verfassung auch, etwa das nationale Verfassungsgericht. Es handelt sich mithin um eine bloße **Rechtsfolgenverweisung**.

4   Möglich bleibt es indes, dass das nationale Prüfungsorgan, ein Gericht im Sinne von Art. 267 AEUV, den Europäischen Gerichtshof mit Fragen befasst, die sich in seinem Prüfungsprogramm stellen und für die ausschließlich der **EuGH** zuständig ist.[5] Dies ist insbesondere in solchen Fällen geboten, bei denen die Auslegung von Vorschriften des Europarechts Bedeutung für die verfassungsrechtlichen Fragen haben kann.[6] Und in einem solchen Fall kann sehr wohl davon gesprochen werden, dass der Austritt nur nach Maßgabe des Unionsrechts insgesamt vorgehen darf,[7] wozu auch eine **Vorlageentscheidung** oder ein sonstiges Gutachten gehören kann. Diese Vorlageentscheidung gehört dann zur ultima ratio eines jeden Austritts.[8]

5   Im Zusammenhang mit der weltweiten **Finanzkrise** ist die Suche nach **Austrittsregelungen** im Europarecht jedenfalls beim deutschen Bundesverfassungsgericht in die Mode gekommen:[9] Das Fehlen einer solchen Austrittsregelung hat das Gericht indes für unbeachtlich gehalten, weil die Haftungsbegrenzungen in den geprüften Regelungen der Rettungsschirme keine Verletzung der haushaltspolitischen Gesamtverantwortung zu Folge hätten. Ergänzend wird hinzugefügt, dass der Austritt von Mitgliedstaaten trotz fehlender ausdrücklicher Regelung ohnehin möglich sei.[10] Ob diese Auslegung zutreffend ist, wird weiter unten zu erörtern sein (s. Rn. 29 ff.).[11]

---

[5] Nach den *Foto-Frost*-Kriterien, s. EuGH, Urt. v. 22. 10. 1987, Rs. 314/85 (Foto-Frost), Slg. 1987, 4199, Rn. 12 ff.

[6] Zur erstmaligen Vorlage einer Entscheidung durch das BVerfG s. die Pressemitteilung Nr. 9/2014 v. 7. 2. 2014, betr. die teilweise abgetrennten Verfahren 2 BvR 2728/13 u. a. Zum Lösungsrecht aus der EU s. BVerfGE 89, 155, 190, 204 – Maastricht; BVerfGE 123, 267, 350 – Lissabon.

[7] Zur Kontrolle eines Vertrages darauf, ob er »die Grundlagen der Gemeinschaft selbst beeinträchtigt«, s. EuGH, Gutachten 1/91 v. 14. 12. 1991 (EWR-I), Slg. 1991, I–6079, Rn. 71. S. auch Gutachten 2/13 v. 18. 12. 2014, ECLI:EU:C:2014:2454, Rn. 163 – EMRK-II.

[8] In diesem Sinne *Calliess*, in: Calliess/Ruffert, EUV/AEUV, Art. 50 EUV, Rn. 12. Dagegen *Dörr*, in: Grabitz/Hilf/Nettesheim, EU, Art. 50 EUV (August 2011), Rn. 18 a. E., 33; *Meng*, in: GSH, Europäisches Unionsrecht, Art. 50 EUV, Rn. 8.

[9] S. BVerfGE 135, 317 – Rettungsschirme (Hauptsache), Rn. 7 (Vertrag zur Einrichtung des Europäischen Stabilitätsmechanismus) und Rn. 10 (Vertrag über Stabilität, Koordinierung und Steuerung in der Wirtschafts- und Währungsunion).

[10] So BVerfGE 135, 317, Rn. 222.

[11] S. EuGH, Urt. v. 27. 11. 2012, Rs. C–370/12 (Pringle), ECLI:EU:C:2012:756, Rn. 68, 72, 109, 184.

Jedenfalls ist der jeweilige Mitgliedstaat nach Art. 50 Abs. 1 EUV nicht verpflichtet, **bestimmte Gründe** für einen Austritt anzugeben.[12] Diese Pflicht zur Angabe von Gründen ist allerdings abhängig von dem jeweiligen mitgliedstaatlichen Recht. Mag der Mitgliedstaat also auf EU-Ebene nicht zur Begründung verpflichtet sein, so kann er beispielsweise aus der Präambel und aus Art. 23 Abs. 1 Satz 1 GG gleichwohl innerstaatlich gehalten sein, seinen Schritt näher zu erläutern. Dies gilt auch für andere mitgliedstaatliche Verfassungsordnungen mit speziellen **Europaklauseln**.[13]   6

Eine Pflicht zu Begründung lässt sich auch nicht aus dem **Loyalitätsgebot** des Art. 4 Abs. 3 EUV ableiten.[14] Abgesehen davon, dass schon aus dem jeweiligen mitgliedstaatlichen Recht entsprechende Begründungspflichten folgen (s. Rn. 6), muss der Mitgliedstaat nicht mehr tun als seine Austrittsabsicht mitzuteilen. Andererseits schadet es nicht, wenn er seine Absicht näher begründet. Unionsrechtlich verpflichtet ist er dazu indes nicht.   7

C. Austrittsverfahren (Absätze 2 bis 4)

In den Absätzen 2 bis 4 des Artikel 50 EUV wird das **Verfahren** beschrieben, welches einem Austrittsersuchen folgt. Das förmliche Verfahren beginnt nach Art. 50 Abs. 2 Satz 1 EUV mit einer Mitteilung der Absicht des Austritts durch den Mitgliedstaat an den Europäischen Rat. Und das Verfahren endet grundsätzlich mit Inkrafttreten des Austrittsübereinkommens gemäß Art. 50 Abs. 3 EUV.   8

I. Austrittsabsicht

Bevor das Verfahren nach Art. 50 Abs. 2 EUV überhaupt beginnen kann, muss sich eine **Austrittsabsicht** bei dem Mitgliedstaat gebildet haben. Eine solche Absicht ist in der Vergangenheit in einigen Mitgliedstaaten in bestimmten politischen Kreisen erörtert worden und wird gegenwärtig auch weiter verfolgt. Planungen nach einem Referendum hat es sogar in den Regierungsparteien eines Mitgliedstaates gegeben. Bislang ist aber (noch) keine definitive Austrittsabsicht letztverbindlich geäußert worden. Nur Planspiele von Verhandlungen im Sinne eines »Brexit« haben bereits stattgefunden.[15] Jetzt hat sich indes das Vereinigte Königreich entschlossen, am **23. 6. 2016** ein Referendum über den Verbleib in der EU abzuhalten, nachdem der Premierminister *David Cameron* auf dem Gipfel vom Februar 2016 einige Zugeständnisse der übrigen Mitgliedstaaten errungen hatte. Auch nach dem knapp negativen Votum ist die eigentliche Austrittsabsicht trotz entsprechender Forderungen des Kommissions-Präsidenten sowie vieler (Europa-)Politiker bislang nicht rechtsverbindlich durch die Queen geäußert worden.   9

Die Art und Weise, wie sich die Austrittsabsicht ergibt, hängt vom jeweiligen Mitgliedstaat ab. In einigen Mitgliedstaaten sind dazu **Referenden** erforderlich oder ange-   10

---

[12] Vgl. *Calliess*, in: Calliess/Ruffert, EUV/AEUV, Art. 50 EUV, Rn. 3.
[13] S. *Waltemathe*, S. 102 ff.
[14] In diese Richtung aber *Dörr*, in: Grabitz/Hilf/Nettesheim, EU, Art. 50 EUV (August 2011), Rn. 18 im Anschluss an *Zeh*, ZEuS 2004, 173 (199).
[15] S. *J. Buchsteiner*, F.A.Z. Nr. 290 v. 13. 12. 2013, S. 3, betr. die Simulation von Verhandlungen zwischen dem Vereinigten Königreich und der EU durch den Thinktank »Open Europe«. Vgl. die Ausführungen von *Thiele*, EuR 2016, 281 ff., vor dem Referendum sowie die (rechtspolitischen) Stellungnahmen von *Avblj* u. a. im Special Brexit Supplement des GLJ 2016, 1 ff., danach.

kündigt, wie etwa im Vereinigten Königreich (vorige Rn.). In der Bundesrepublik Deutschland wäre für einen Austritt ein Beschluss von Bundestag und Bundesrat nach Art. 23 Abs. 1 Satz 3 GG in Verbindung mit Art. 79 Abs. 2 und 3 GG erforderlich.[16]

II. Mitteilung

11   Nachdem sich die Austrittsabsicht endgültig nach den mitgliedstaatlichen Regelungen ergeben hat, ist diese Absicht dem **Europäischen Rat** mitzuteilen. Mit dieser Mitteilung beginnt das eigentliche Verfahren des Art. 50 EUV. Aus der **Unionstreuepflicht** folgt eine Begrenzung der Zeitspanne nach Referendum bis zur Mitteilung, es sei denn, der Mitgliedstaat sieht zulässigerweise von der Mitteilung ganz ab. Ein Vertragsverletzungsverfahren ist zwar möglich, indes rechtspolitisch wenig sinnvoll.

III. Abkommen

12   Nach der Mitteilung der Austrittsabsicht an den Europäischen Rat handelt die Union mit dem Mitgliedstaat ein **Abkommen** über die Einzelheiten des Austritts aus (Art. 50 Abs. 2 Satz 2 EUV). Dieses Abkommen beruht auf der Grundlage der **Leitlinien** des Europäischen Rates. Es soll auch die **künftigen Beziehungen** des dann ehemaligen Mitgliedstaats zur Union berücksichtigen.

13   Der Begriff der **Leitlinien** ist im Kontext von Art. 50 EUV zu verstehen. Das bedeutet, dass sich die Leitlinien auf den konkreten Austrittsfall beziehen und nicht etwa allgemeine Leitlinien im Sinne von Art. 25 Buchst. a oder Art. 26 EUV im Rahmen der Gemeinsamen Außen- und Sicherheitspolitik, welche für eine Vielzahl von Fällen gelten.

1. Bilaterales Abkommen

14   Das Austrittsabkommen nach Art. 50 Abs. 2 EUV ist ein **bilaterales Abkommen** zwischen der Union und dem Austrittsstaat. Anders als ein Beitrittsabkommen nach Art. 49 UAbs. 2 EUV stellt es kein multilaterales Abkommen zwischen den bisherigen und dem oder den neuen Mitgliedstaaten dar.[17] Daraus folgt gegebenenfalls die Erforderlichkeit einer **Vertragsänderung** zwischen den Rest-Mitgliedstaaten nach Art. 48 EUV.[18]

2. Aushandlungsverfahren

15   Die Aushandlung des Abkommens erfolgt nach Art. 218 Abs. 3 AEUV (Art. 50 Abs. 2 Satz 3 EUV). Das heißt, dass die **Kommission** dem Rat Empfehlungen vorlegt. Der **Rat** beschließt sodann über die Ermächtigung zur Aufnahme von Verhandlungen und über die Benennung des Verhandlungsführers oder des Leiters des Verhandlungsteams der Union.

3. Abstimmungsverfahren

16   Nach Art. 50 Abs. 2 Satz 4 EUV schließt der Rat das Abkommen im Namen der Union. Die Abstimmung im Rat setzt die **qualifizierte Mehrheit** voraus. Eine **Zustimmung des Europäischen Parlaments** ist erforderlich.

---

[16] Vgl. *Calliess*, in: Calliess/Ruffert, EUV/AEUV, Art. 50 EUV, Rn. 4.
[17] Vgl. *Calliess*, in: Calliess/Ruffert, EUV/AEUV, Art. 50 EUV, Rn. 7.
[18] S. *Dörr*, in: Grabitz/Hilf/Nettesheim, EU, Art. 50 EUV (August 2011), Rn. 10.

Die **qualifizierte Mehrheit** bestimmt sich gemäß Art. 50 Abs. 4 UAbs. 2 EUV nach **17** Art. 238 Abs. 3 Buchst. b AEUV. Das heißt, dass eine Mehrheit von mindestens 72 Prozent derjenigen Mitglieder des Rates notwendig ist, welche die beteiligten Mitgliedstaaten vertreten, sofern die von ihnen vertretenen Mitgliedstaaten mindestens 65 Prozent der Bevölkerung der beteiligten Mitgliedstaaten ausmachen. Der Mitgliedstaat, der die Austrittsabsicht mitgeteilt hat, nimmt nach Art. 50 Abs. 4 UAbs. 1 EUV weder an den Beratungen noch an der Beschlussfassung teil. Für MdEP aus dem austretenden Mitgliedstaat gilt diese Ausnahme nicht. Denn diese vertreten nicht ihren Mitgliedstaat, sondern üben ihr Mandat frei und unabhängig aus (s. *Szczekalla*, Art. 14 EUV, insbes. Rn. 49 f.).

Die qualifizierte Mehrheit gilt nur für den endgültigen Beschluss des Rates. Vorher gilt **18** gemäß Art. 15 Abs. 4 EUV das **Konsensprinzip**.[19]

4. Unionsrechtliches pactum de negotiando

Die Pflicht beider Beteiligten, sowohl die des Austrittsstaats als auch die der Union, ist **19** eine echte **unionsrechtliche Rechtspflicht**, ein unionsrechtliches pactum de negotiando.[20] Keiner der Beteiligten darf sich von der Pflicht zur Verhandlung des Abkommens abhalten lassen. Eine unionsrechtliche Pflicht zum Vertragsschluss selbst (pactum de contrahendo) besteht indes nicht.[21]

IV. (Nicht-) Inkrafttreten

Gemäß Art. 50 Abs. 3 EUV gibt es vier Möglichkeiten des Auslaufens der Verträge mit **20** Bezug auf den Austrittsstaat: Zum einen findet das Unionsrecht auf den Austrittsstaat ab dem Tag des **Inkrafttretens des Austrittsabkommens** keine Anwendung mehr. Die zweite Möglichkeit liegt in einer Frist von **zwei Jahren seit Mitteilung der Austrittsabsicht** (s. Rn. 11). Die dritte Möglichkeit liegt in einem Beschluss des Europäischen Rates im Einvernehmen mit dem Austrittsstaat diese **Frist** von zwei Jahren zu **verlängern**. Eine weitere Verlängerung dieser Frist durch erneuten Beschluss des Europäischen Rates dürfte noch möglich sein.[22]

Die vierte Möglichkeit des Auslaufens der Verträge mit Bezug auf den Austrittsstaat **21** liegt im **Fehlen eines Austrittsabkommens**. In einem solchen Fall – sei es, dass entgegen der unionsrechtlichen Aushandlungspflicht (s. Rn. 19) gar kein Abkommensentwurf entstanden ist oder dass sich beide Seiten uneinig waren – wird der Austrittsstaat zwei Jahre nach Mitteilung der Austrittsabsicht von den Bindungen des EU-Rechts frei. Es gibt also **kein Recht** der verbleibenden Mitgliedstaaten, einen Austrittswilligen **in der Union zu halten**. Das Abkommen ist also keine zwingende Voraussetzung eines einseitigen Austritts.[23]

---

[19] S. *Dörr*, in: Grabitz/Hilf/Nettesheim, EU, Art. 50 EUV (August 2011), Rn. 26 a. E.
[20] Insoweit zutreffend *Dörr*, in: Grabitz/Hilf/Nettesheim, EU, Art. 50 EUV (August 2011), Rn. 5, 15. Die von ihm angesprochene Unionalisierung (Rn. 5) kann es nicht geben (s. unten, Rn. 29 ff.).
[21] S. *Dörr*, in: Grabitz/Hilf/Nettesheim, EU, Art. 50 EUV (August 2011), Rn. 15.
[22] Ähnlich *Dörr*, in: Grabitz/Hilf/Nettesheim, EU, Art. 50 EUV (August 2011), Rn. 29, 36.
[23] Vgl. *Bruha/Nowak*, AVR 42 (2004), 1 (7) (zu Art. I–59 Verfassungsentwurf 2003); *Calliess*, in: Calliess/Ruffert, EUV/AEUV, Art. 50 EUV, Rn. 5. Zur Entwurfsgeschichte s. *Zeh*, ZEuS 2004, 173 (193 ff.).

D. Austrittsfolgen (Absatz 2 Satz 2)

22   Mit den Austrittsfolgen beschäftigt sich Absatz 2 Satz 2 des Artikel 50 EUV. Es geht um die **künftigen Beziehungen** des Austrittsstaates zur Union, mit denen sich das Austrittsabkommen zu beschäftigen hat. Welcher Gestalt diese künftigen Beziehungen sein sollen, geht aus der Bestimmung nicht hervor. Man wird indes ein wechselseitiges Verhältnis der **Unionsnähe** verlangen können (s. Rn. 46).

I. Bilaterales Freihandelsabkommen

23   Nach einem Austritt liegen zumindest **bilaterale Freihandelsabkommen** auf der Linie des ausgetretenen Mitgliedstaats. Sie sichern zumindest Reste einer Mitgliedschaft auf wirtschaftlichem Gebiet. Ein Planspiel zu den Folgen des Austritts eines Mitgliedstaats hat indes ergeben, dass die EU planspielerisch zu solchen Zugeständnissen nicht bereit sein soll.[24]

II. Besondere Nachbarschaftspolitik

24   Es gibt indes Anhaltspunkte für eine **besondere Beziehung** zwischen Rest-Union und Ex-Mitgliedsstaat. Diese könnten auch in einem Austrittsabkommen Berücksichtigung finden. Leitbild könnte hier Art. 8 EUV sein, der sich mit der besonderen Nachbarschaftspolitik der Union befasst.[25] Denn der Union soll es nach Art. 8 Abs. 1 EUV um die Schaffung eines Raums des Wohlstands und der guten Nachbarschaft gehen, welcher auf den Werten der Union aufbaut und sich durch enge, friedliche Beziehungen auf der Grundlage der Zusammenarbeit auszeichnet. Gemäß Art. 8 Abs. 2 Satz 1 EUV kann die Union spezielle Übereinkünfte mit Drittstaaten schließen. Solche Drittstaaten können auch Ex-Mitgliedstaaten sein, mit denen bereits das Austrittsabkommen entsprechende Regelungen enthält.

25   Dadurch, dass über Art. 8 Abs. 2 Satz 3 EUV regelmäßige **Konsultationen** über die Durchführung der Übereinkünfte stattfinden, ließe sich also doch eine Art Nach-Mitgliedschaft des Austrittsstaates herstellen, die ihn nicht ganz außen vor die Entwicklung innerhalb der Union stellt. Und gegebenenfalls bleibt ihm ja die Möglichkeit eines Neubeitritts, wenn er nicht nur nachvollziehen will, was andernorts beschlossen wird (s. Rn. 27 f.).

III. Teilaustritt

26   Teilweise wird in der Literatur die Ansicht vertreten, es könne eine Art »**Teilaustritt**« geben, welcher Ähnlichkeiten aufweise mit einer umgekehrten »verstärkten Zusammenarbeit« in Art. 20 EUV bzw. Art. 326 ff. AEUV, also eine Art »rückschreitende Differenzierung«.[26] Ein solcher Teilaustritt, beispielsweise aus der Euro-Zone, ist bislang im Unionsrecht nicht vorgesehen. Daraus folgt, dass sich die Union auch nicht auf ihn einlassen muss. Der Austrittsstaat, der einen solchen Teilaustritt verlangt, kann jeden-

---

[24] S. Fn. 15 (*Buchsteiner*): »Wer draußen ist, ist draußen«.
[25] S. *Calliess*, in: Calliess/Ruffert, EUV/AEUV, Art. 50 EUV, Rn. 8; *Dörr*, in: Grabitz/Hilf/Nettesheim, EU, Art. 50 EUV (August 2011), Rn. 31.
[26] Vgl. *Bruha/Nowak*, AVR 42 (2004), 1 (24); *Dörr*, in: Grabitz/Hilf/Nettesheim, EU, Art. 50 EUV (August 2011), Rn. 30; *Hanschel*, NVwZ 2012, 995 (999 f.); *N. Horn*, BKR 2015, 353 ff.; *Hofmeister*, DVBl 2015, 1496 (1497 ff.).

falls vor dem EuGH, welcher die Kontrolle des Abkommens nach Art. 218 Abs. 11 AEUV vornimmt, gestoppt werden. Eine **Vertragsänderung** wäre in einem solchen Fall erforderlich.

E. Neubeitritt (Absatz 5)

Einem etwaigen Neubeitritt ist Absatz 5 von Artikel 50 gewidmet. Nach dieser Vor-   **27** schrift soll der Austritt aus der Union **endgültig** sein. Denn ein Beitritt nach Art. 49 EUV führt zu einer Behandlung des Austrittsstaates wie eines jeden anderen Beitrittskandidaten auch.

Fraglich ist, ob in einem **Austrittsabkommen** etwas anderes enthalten sein kann (s.   **28** Rn. 12 ff.). Eine **Sonderklausel** für Ex-Mitgliedstaaten kann es aber gegen die eindeutige Wortlaut-Fassung von Art. 50 Abs. 5 EUV **nicht** geben.[27] Dessen Voraussetzungen sind abschließend (s. Rn. 49).[28]

F. Austritt, Ausschluss, Auflösung und Vertragsänderungen außerhalb von Artikel 50 EUV

Abgesehen von der Austrittskompetenz, welche Artikel 50 EUV enthält, stellt sich Fra-   **29** ge, ob auch nach allgemeinem oder besonderem **Völkerrecht** unter anderem eine Austrittskompetenz besteht. Dies setzt voraus, dass das Völkerrecht neben dem Europarecht anwendbar ist. Wenn dies zu verneinen sein sollte, bleibt zu klären, ob es eigenständige europarechtliche Regelungen für die über Art. 50 EUV hinausgehenden Fragen gibt. Dies gilt schon deshalb, weil das **Unionsrecht** in jedem Fall **lex specialis** ist. Sodann können immer noch Anleihen beim Völkerrecht genommen werden.

I. Anwendbarkeit des Völkerrechts

Das allgemeine Völkerrecht kann auf das heutige Europarecht **keine unmittelbare An-**   **30** **wendung** mehr finden.[29] Zu sehr ist das Unionsrecht im Zuge der auch verfassungsrechtlichen Rechtsprechung des Europäischen Gerichtshofs zu einem eigenständigen Rechtsgebiet geworden.[30] Allenfalls in Randbereichen, in denen ein Rechtsgebiet keine Regelung, und sei es eine solche über die allgemeinen Rechtsgrundsätze, gefunden hat, kann das allgemeine Völkerrecht mittelbar Anwendung finden (s. Rn. 40 ff.).

Für das besondere Völkerrecht, also das Recht der internationalen oder supranatio-   **31** nalen Organisationen, gilt das Gleiche: Auch hier bleiben im Falle von Lücken die **allgemeinen Rechtsgrundsätze** anwendbar. Das besondere Völkerrecht kann deshalb auch nur mittelbar Anwendung finden (s. Rn. 46 ff.).

---

[27] A.A. *Calliess*, in: Calliess/Ruffert, EUV/AEUV, Art. 50 EUV, Rn. 6.

[28] Ebenso *Dörr*, in: Grabitz/Hilf/Nettesheim, EU, Art. 50 EUV (August 2011), Rn. 24.

[29] Anders *Dörr*, in: Grabitz/Hilf/Nettesheim, EU, Art. 50 EUV (August 2011), Rn. 1 ff. (3, 7, 9, 11 ff., 43 ff.). Ähnlich *Niedobitek*, in: Niedobitek, Europarecht – Grundlagen, § 1, Rn. 10, 30 (völkerrechtlich wirksam, aber »unionsrechtlich ausgeschlossen«), sowie *Pechstein*, EnzEuR, Bd. 1, § 15, Rn. 21, m. w. N.

[30] S. *Bruha/Nowak*, AVR 42 (2004), 1 (10 f.).

32   Die Ablehnung einer unmittelbaren Anwendung des allgemeinen oder besonderen Völkerrechts wird auch nicht durch die Existenz von Art. 50 EUV selbst ad absurdum geführt. Diese Vorschrift mag zwar kritisiert werden als »eine dem Wirtschaftsvölkerrecht und dem Recht der internationalen Organisationen bekannte freie Kündigungsmöglichkeit und damit eine EU-Mitgliedschaft auf Widerruf«.[31] Sie ändert aber nichts an der bisher herausgearbeiteten besonderen Struktur der europäischen Einigung. Diese Einigung unterscheidet sich deutlich von sonstigen völkerrechtlichen Versuchen insbesondere durch ihre **Einbindung der Unionsbürger** in den Souveränitätszusammenhang.[32]

II. Unionsrecht

1. Austritt außerhalb von Art. 50 EUV

33   Ein Austritt außerhalb von Art. 50 EUV kommt nicht Betracht. Denn für einen solchen Austritt müssten andere Voraussetzungen gelten als für einen Austritt nach Art. 50 EUV. Eine Änderung könnte indes nur die **zweijährige Wartefrist** betreffen, welche die genannte Vorschrift vorsieht (s. Rn. 20 f.). Davon abzuweichen, besteht indes kein Anlass. Und auf die jeweils einzelnen Voraussetzungen, die das mitgliedstaatliche Recht an die Mitteilung von der Austrittsabsicht stellt, kann das Unionsrecht nicht abstellen (s. Rn. 9 f.).

2. Ausschluss

34   Eine Norm für einen **Ausschluss** gibt es im Unionsrecht **nicht**.[33] Das hat mehrere Gründe. Zum einen gibt es für Fälle, in denen es um die Verletzung fundamentaler Grundsätze durch einen Mitgliedstaat geht, das Sonderverfahren nach **Art. 7 EUV**. In Art. 7 Abs. 1 EUV geht es um einen feststellenden Beschluss des Rates. Nach Absatz 3 ist auch die **Aussetzung bestimmter Rechte** durch Ratsbeschluss möglich.

35   Diese Vorschrift zeigt, dass es um besondere **grundlegende Werte** der Union aus Art. 2 EUV gehen muss, um einem Mitgliedstaat Teile seiner Rechte absprechen zu können. Das Verfahren, welches vor den verunglückten Maßnahmen gegen Österreich Eingang in den Unionsvertrag in seiner Amsterdamer Fassung gefunden hatte, ist bis heute noch nie ausgeübt worden. Manchmal droht etwa das Parlament mit dieser Vorschrift, ohne sich indes zu einer Anwendung durchringen zu können.[34]

36   **Sonstige Vorschriften** für einen Ausschluss aus der Union gibt es **nicht**. Diese Entscheidung ist auch richtig.[35] Denn die Unionsrechtsordnung schafft vielfältige Bindungen zwischen den Mitgliedstaaten, der Union und den Unionsbürgern, die grundsätzlich

---

[31] So *Bruha/Nowak*, AVR 42 (2004), 1 (8). Für *Dörr*, in: Grabitz/Hilf/Nettesheim, EU, Art. 50 EUV (August 2011), Rn. 3, 12, stellt Art. 50 EUV sogar einen Anwendungsfall von Art. 54 Buchst. a der Wiener Vertragsrechtskonvention, BGBl. II 1985, S. 927 (»Beendigung eines Vertrags […] nach Maßgabe der Vertragsbestimmungen«), dar (Rn. 3 a. E.). Diese Vorschrift dürfte indes ohnehin nur bestehendes Gewohnheitsrecht umsetzen.

[32] Vgl. *Bruha/Nowak*, AVR 42 (2004), 1 (17 ff.).

[33] S. *Calliess*, in: Calliess/Ruffert, EUV/AEUV, Art. 50 EUV, Rn. 16 f.

[34] Vgl. *Beichelt*, F.A.Z. Nr. 302 v. 30.12.2013, S. 7, betr. unter anderem Ungarn. Zum Verfahren gegen Polen s. *Hofmeister*, Polen als erster Anwendungsfall des neuen »EU Rahmens zur Stärkung des Rechtsstaatsprinzips«, DVBl 2016, 869 ff.

[35] Anders *Dörr*, in: Grabitz/Hilf/Nettesheim, EU, Art. 50 EUV (August 2011), Rn. 46, der Art. 60 Abs. 2 Buchst. a WVK (Fn. 31) anwenden will.

nicht aufgelöst werden sollen. Eine Ausnahme gibt es indes. Und das ist Art. 50 EUV, welcher indes im Hinblick auf die jeweiligen mitgliedstaatlichen Voraussetzungen (s. Rn. 9 f.) zurückhaltend ausgelegt werden sollte.

3. Auflösung

Eine Norm für eine **Auflösung** der Union gibt es im Unionsrecht **nicht**. Dies hängt eng   37
zusammen mit der früher schon abgelehnten einseitigen Kompetenz zum Austritt aus der Europäischen Union.[36] Das gilt erst recht für die allseitige Befugnis zur Auflösung. Eine solche Kompetenz ist jedenfalls schwer vorstellbar. Am ehesten denkbar wäre es, das gesamte Unionsrecht durch gleichsinnige Mitteilungen aller Mitgliedstaaten nach Art. 50 Abs. 2 EUV und dem Verstreichen einer Zweijahresfrist zum Erliegen zu bringen. Ein solches Vorhaben ließe sich indes leichter über eine Vertragsänderung herbeiführen:

4. Vertragsänderungen

Artikel 48 EUV enthält die einschlägige Vorschrift über **Vertragsänderungen**. Vertrags-   38
änderungen hat es in der Geschichte der Europäischen Gemeinschaften schon viele gegeben. Viele Vertragsänderungen sind einhergegangen mit Sonderregelungen für einen oder mehrere Mitgliedstaaten. Sie haben also ein Europa jedenfalls faktisch unterschiedlicher Geschwindigkeiten geschaffen, so etwa bei den Anpassungen einiger Vorschriften vor dem Referendum des Vereinigten Königreichs am 23. 6. 2016 (s. Rn. 9), auch wenn es sich dabei nicht wirklich um Vertragsänderungen handelte und sie wohl letztlich erfolglos bleiben. Die Vertragsänderungen gehören jedenfalls dem Unionsrecht zu und sind unter den in Art. 48 EUV genannten Voraussetzungen für alle Mitgliedstaaten möglich. Dabei gibt es ein **ordentliches** Änderungsverfahren nach den Absätzen 2 bis 5 des Art. 48 EUV und ein **vereinfachtes** Änderungsverfahren nach den Absätzen 6 bis 7.

Jedenfalls kann der Abschluss beider Verträge »**auf unbegrenzte Zeit**« (Art. 53 EUV   39
und Art. 356 AEUV) den Vertragsschließenden kein Hinderungsgrund für eine Vertragsänderung geben: Denn anders als bei der **Europäischen Gemeinschaft für Kohle und Stahl** in Art. 97 EGKSV mit ihrer auf fünfzig Jahre befristeten Geltung, welche zu einem Auslaufen der Montanunion zum 23. 7. 2002 führte, ändert der Abschluss auf unbegrenzte Zeit nichts an der Möglichkeit einer zukünftigen Änderung.[37] Es handelt sich hier bloß um eine deklaratorische Klarstellung verschiedener Vertragsschlussmöglichkeiten.

III. Völkerrechtliche Anleihen

Für völkerrechtliche Anleihen besteht nach den obigen Ausführungen (s. Rn. 33 ff.) **kein**   40
Anlass:[38]

---

[36] S. *Calliess*, in: Calliess/Ruffert, EUV/AEUV, Art. 50 EUV (August 2011), Rn. 2 m. Fn. 3.
[37] Ebenso *Dörr*, in: Grabitz/Hilf/Nettesheim, EU, Art. 50 EUV (August 2011), Rn. 8. Tendenziell anders *Calliess*, in: Calliess/Ruffert, EUV/AEUV, Art. 50 EUV, Rn. 9.
[38] Anders *Dörr*, in: Grabitz/Hilf/Nettesheim, EU, Art. 50 EUV (August 2011), Rn. 9, 11 (»Völkerrecht […] als subsidiäre Rahmenordnung«); *N.A. Jaekel*, Jura 2010, 87.

1. Austritt nach Völkerrecht

41 Ein **Austritt** vor zwei Jahren nach Mitteilung der Absicht wäre **unionsrechtswidrig**.[39] Eine andere Frage ist, ob diese Rechtswidrigkeit von der Union und/oder ihren Mitgliedstaaten auch sanktioniert werden kann. Die gegebenenfalls ausbleibenden Sanktionen verändern jedenfalls das Rechtswidrigkeitsurteil nicht.

2. Ausschluss nach Völkerrecht

42 Für einen **Ausschluss** aus völkerrechtlichen Gründen besteht ebenfalls kein Bedürfnis. Die Erfahrungen mit dem ersten Fall einer Nichtanwendung von Art. 7 EUV in Bezug auf Österreich zeigen hinreichend deutlich, dass das Völkerrecht kein Maßstab für das Unionsrecht sein sollte.

3. Auflösung nach Völkerrecht

43 Eine **Auflösung** aus völkerrechtlichen Gründen kommt ebenfalls nicht in Betracht. Abgesehen von dem nur schwer vorstellbaren Fall ist es immer noch möglich, das Unionsrecht durch gleichsinnige Mitteilungen aller Mitgliedstaaten nach Art. 50 Abs. 2 EUV und dem Verstreichen einer Zweijahresfrist zum Erliegen zu bringen, gegebenenfalls durch ein Abkommen etwas abgemildert.

4. Vertragsänderungen nach Völkerrecht

44 Nimmt man letzteres Abkommen ernst, so lässt sich das Unionsrecht auch durch ein normales **Vertragsänderungsabkommen** nach Art. 48 EUV zum Erliegen bringen. Auch hierfür bedarf es nicht des allgemeinen oder besonderen Völkerrechts. Alles was zählt, ist das Unionsrecht.

G. Bewertung

45 Das **große Verdienst** von Artikel 50 EUV ist es, die **Austrittskompetenz** eines jeden Mitgliedstaates klargestellt zu haben. Darüber hinaus lässt diese Vorschrift indes mehr Fragen offen, als sie selbst beantwortet:

46 Sie ist zunächst **sehr verfahrenslastig**[40] formuliert und lässt inhaltliche Fragen völlig unberührt. Das kann allerdings auch als **Vertrauens-Vorschuss an die Verhandlungspartner** verstanden werden, die die Austrittsbedingungen schon richtig aushandeln werden. Im Erfolgsfall, dem Vorliegen eines Austrittsabkommens, mag dies auch zutreffen. Aber in dem Fall, dass es keine Einigung auf einen Austrittsabkommensentwurf gibt und die Zweijahresfrist des Art. 50 Abs. 3 EUV ungenutzt verstrichen ist, stehen Union und ehemaliger Mitgliedstaat unverbunden nebeneinander. Und dieses Ergebnis widerspricht dem Ziel der **Unionsnähe** des wechselseitigen Verhältnisses (s. Rn. 22).

47 Ob auch neben Art. 50 EUV eine Änderungskompetenz besteht, geht aus dem Vertragstext nicht ganz eindeutig hervor. Diese Frage ist indes zu bejahen. Bevor es um einen Austritt aus der ganzen Europäischen Union geht, kommt eher eine **Anpassung der Vertragsgrundlagen** in Betracht. Die jüngere Rechtsgeschichte zeigt jedenfalls hin-

---

[39] Vgl. *Bruha/Nowak* AVR 42 (2004), 1 (9, 17 jeweils m. w. N.).
[40] I.E. ähnlich *Calliess*, in: Calliess/Ruffert, EUV/AEUV, Art. 50 EUV, Rn. 13.

reichend Beispiele, wie mitgliedstaatlichen Besonderheiten im Laufe der Fortschreibung des Vertragsrechts Rechnung getragen werden konnte.

Ein Vorteil der Austrittsklausel des Art. 50 EUV bleibt jedenfalls erhalten: Kein Mit- **48** gliedstaat kann sich in der Entwicklung des Unionsrechts auf den Standpunkt stellen, »die in Brüssel« seien für all diejenigen Probleme verantwortlich, vor denen man gegenwärtig stehe. Denn nunmehr kann jeder Unions- und Staatsbürger auf diese Vorschrift zeigen und seinem Mitgliedstaat vorhalten, es habe immer eine andere Wahl gegeben.[41] Das dürfte die **Legitimation** des Unionsrechts insgesamt eher stärken als schwächen.

Schließlich könnte sich auch ein europaweiter Trend zur **Verkleinstaatlichung** als **49** Folge des Austritts etwa des Vereinigten Königreichs ergeben: Von schottischer Seite aus wird nämlich eine Wiederholung des seinerzeit erfolglosen Referendums nach der Abstimmung über den Verbleib am 23. 6. 2016 ins Spiel gebracht. Der neue Staat Schottland könnte dann wiederum der EU nach Art. 49 EUV beitreten (s. Rn. 27 f.).

---

[41] Ähnlich *Calliess*, in: Calliess/Ruffert, EUV/AEUV, Art. 50 EUV, Rn. 21; *Dörr*, in: Grabitz/Hilf/Nettesheim, EU, Art. 50 EUV (August 2011), Rn. 50; *Terhechte*, EuR 2008, 143 (152 f.).

Artikel 51 EUV [Protokolle und Anhänge]

Die Protokolle und Anhänge der Verträge sind Bestandteil der Verträge.

Literaturübersicht

v. Arnauld, Normenhierarchien innerhalb des primären Gemeinschaftsrechts – Gedanken im Prozess der Konstitutionalisierung Europas, EuR 2003, 191; *Bertrand*, Rapport introductif: Les enjeux de la soft law dans l'Union européenne, RevUE 2014, 73; *Emane Meyo*, La force normative «invisible» de la soft law para-législative de l'Union européenne en droit privé des contrats, RevUE 2014, 94; *v. Graevenitz*, Mitteilungen, Leitlinien, Stellungnahmen – Soft Law der EU mit Lenkungswirkung, EuZW 2013, 169; *Müller*, Soft Law im europäischen Wirtschaftsrecht – unionsverfassungsrechtliche Grundfragen, JRP 2014, 112; *Müller-Graff*, Das »Soft Law« der europäischen Organisationen, EuR 2012, 18; *Nettesheim*, Normenhierarchien im EU-Recht, EuR 2006, 737; *Nowak*, Wettbewerb und soziale Marktwirtschaft in den Regeln des Lissabonner Reformvertrags, EuR-Beih. 2/2011, 21 ff.; *Terpan*, Soft Law in the European Union – The Changing Nature of EU Law, ELJ 21 (2015), 68; *Toth*, The Legal Status of the Declarations Annexed to the Single European Act, CMLRev. 23 (1986), 803; *Ziller*, Hierarchy of Norms: Hierarchy of Sources and General Principles in European Union Law, FS Schwarze, 2014, S. 334.

Leitentscheidungen

EuGH, Urt. v. 13.12.1983, Rs. 218/82 (Kommission/Rat), Slg. 1983, 4063
EuGH, Urt. v. 25.11.1986, verb. Rs. 201/85 u. 202/85 (Klensch), Slg. 1986, 3477
EuGH, Urt. v. 21.3.1991, Rs. C–314/89 (Rauh), Slg. 1991, I–1647
EuGH, Urt. v. 20.2.2001, Rs. C–192/99 (Kaur), Slg. 2001, I–1237
EuGH, Urt. v. 18.12.2007, Rs. C–77/05 (Vereinigtes Königreich Großbritannien u. Nordirland/Rat), Slg. 2007, I–11459
EuGH, Urt. v. 2.3.2010, Rs. C–135/08 (Rottmann), Slg. 2010, I–1449

Inhaltsübersicht

A. Überblick

1 Der aus nur einem Satz bestehende Art. 51 EUV ist aus Art. 311 EGV hervorgegangen, der im Einklang mit seinen bis zum Vertrag zur Gründung der Europäischen Wirtschaftsgemeinschaft (s. Art. 1 EUV, Rn. 18) zurückreichenden Vorgängerbestimmungen seinerzeit klarstellte, dass die dem damaligen EG-Vertrag im gegenseitigen Einvernehmen der Mitgliedstaaten beigefügten Protokolle Bestandteile dieses Vertrags sind. In einer hiervon leicht abweichenden Weise weist Art. 51 EUV nunmehr die **Protokolle und Anhänge der Verträge als Bestandteil der Verträge** aus. Insoweit ist das im damaligen Art. 311 EGV enthaltene Tatbestandsmerkmal »im gegenseitigen Einvernehmen der Mitgliedstaaten« in Art. 51 EUV weggefallen, der sich anders als Art. 311 EGV nunmehr aber auch auf Anhänge bezieht und dabei nicht nur auf einen Vertrag, sondern auf bestimmte »Verträge« rekurriert (B.). Die in der Schlussakte zum Lissabonner Reform-

         Carsten Nowak

vertrag (s. Art. 1 EUV, Rn. 33 ff.) enthaltenen (Schluss-)Erklärungen sind – anders als die vorgenannten Protokolle und Anhänge – nicht als Bestandteil der hier in Rede stehenden Verträge einzuordnen, da sie in Art. 51 EUV keine Erwähnung gefunden haben (C.).

B. Regelungsgehalt und Bedeutung der Norm

Durch Art. 51 EUV wird der rechtliche Status bestimmter Protokolle und Anhänge der   **2**
Verträge im Rahmen der unionsrechtlichen Normenhierarchie festgelegt, indem diese Bestimmung klarstellt, dass diese Protokolle und Anhänge Bestandteil der Verträge sind (I.). Insoweit gehören diese Protokolle und Anhänge zum primären Unionsrecht, woraus sich bestimmte Konsequenzen im Hinblick auf das sekundäre und tertiäre Unionsrecht sowie im Hinblick auf die Abschaffung oder Änderung bestehender Protokolle und/oder Anhänge der Verträge ergeben (II.).

I. Protokolle und Anhänge der Verträge als Bestandteil der Verträge

Soweit Art. 51 EUV bestimmte Protokolle der Verträge (I.) und bestimmte Anhänge der   **3**
Verträge (II.) als Bestandteil der Verträge ausweist, stellt sich zunächst einmal die Frage, welche **Verträge** damit gemeint sind. Diese Frage dürfte mit Blick auf Art. 1 Abs. 3 Satz 1 EUV dahingehend zu beantworten sein, dass es sich auch bei den in Art. 51 EUV angesprochenen Verträgen um den durch den Lissabonner Reformvertrag (s. Art. 1 EUV, Rn. 33 ff.) veränderten Vertrag über die Europäische Union sowie um den aus dem zuvor geltenden EG-Vertrag hervorgegangenen Vertrag über die Arbeitsweise der Europäischen Union handelt.[1]

1. Protokolle der Verträge

Bei den in Art. 51 EUV als Bestandteil der Verträge ausgewiesenen Vertragsprotokol-   **4**
len, die häufig auch als **Nebenurkunden** bezeichnet werden,[2] handelt es sich um die im Rahmen des Abschlusses und im Rahmen zurückliegender Änderungen des Vertrags zur Gründung der Europäischen Wirtschaftsgemeinschaft, des damaligen EG-Vertrags und des EU-Vertrags sowie um die im Rahmen des Abschlusses des Vertrags über die Arbeitsweise der Europäischen Union vereinbarten Protokolle, soweit sie nicht aufgehoben oder gegenstandslos geworden sind.[3] Zu diesen Protokollen, die in Abhängigkeit von ihrer jeweiligen Funktion verschiedene Einzelregelungen zur Ergänzung der Verträge, Interpretationsvereinbarungen, Sonderregelungen für einzelne Mitgliedstaaten und/oder gewisse Übergangsbestimmungen enthalten,[4] gehören die folgenden **37 Vertragsprotokolle**, die im Amtsblatt der Europäischen Union unter anderem im Anschluss

---

[1] In diesem Sinne vgl. auch *Dörr*, in: Grabitz/Hilf/Nettesheim, EU, Art. 51 EUV (August 2011), Rn. 19.

[2] Vgl. etwa *Kokott*, in: Streinz, EUV/AEUV, Art. 51 EUV, Rn. 3; *Schmalenbach*, in: Calliess/Ruffert, EUV/AEUV, Art. 51 EUV, Rn. 3.

[3] So auch vgl. *Höfstötter*, in: GSH, Europäisches Unionsrecht, Art. 51 EUV, Rn. 1; *Schmalenbach*, in: Calliess/Ruffert, EUV/AEUV, Art. 51 EUV, Rn. 1.

[4] Ausführlicher dazu vgl. *Dörr*, in: Grabitz/Hilf/Nettesheim, EU, Art. 51 EUV (August 2011), Rn. 10 ff.; *Höfstötter*, in: GSH, Europäisches Unionsrecht, Art. 51 EUV, Rn. 7.

an die jüngste konsolidierte Fassung des Vertrags über die Arbeitsweise dieser Union aufgeführt werden:[5]

– Protokoll (Nr. 1) über die Rolle der nationalen Parlamente in der Europäischen Union;[6]

– Protokoll (Nr. 2) über die Anwendung der Grundsätze der Subsidiarität und der Verhältnismäßigkeit;[7]

– Protokoll (Nr. 3) über die Satzung des Gerichthofs der Europäischen Union;[8]

– Protokoll (Nr. 4) über die Satzung des Europäischen Systems der Zentralbanken und der Europäischen Zentralbank;[9]

– Protokoll (Nr. 5) über die Satzung der Europäischen Investitionsbank;[10]

– Protokoll (Nr. 6) über die Festlegung der Sitze der Organe und bestimmter Einrichtungen, sonstiger Stellen und Dienststellen der Europäischen Union;[11]

– Protokoll (Nr. 7) über die Vorrechte und Befreiungen der Europäischen Union;[12]

– Protokoll (Nr. 8) zu Artikel 6 Absatz 2 des Vertrags über die Europäische Union über den Beitritt der Union zur Europäischen Konvention zum Schutz der Menschenrechte und Grundfreiheiten;[13]

– Protokoll (Nr. 9) über den Beschluss des Rates über die Anwendung des Artikels 16 Absatz 4 des Vertrags über die Europäische Union und des Artikels 238 Absatz 2 des Vertrags über die Arbeitsweise der Europäischen Union zwischen dem 1. November 2014 und dem 31. März 2017 einerseits und ab dem 1. April 2017 andererseits;[14]

– Protokoll (Nr. 10) über die ständige strukturierte Zusammenarbeit nach Artikel 42 des Vertrags über die Europäische Union;[15]

– Protokoll (Nr. 11) zu Artikel 42 des Vertrags über die Europäische Union;[16]

– Protokoll (Nr. 12) über das Verfahren bei einem übermäßigen Defizit;[17]

– Protokoll (Nr. 13) über die Konvergenzkriterien;[18]

– Protokoll (Nr. 14) betreffend die Euro-Gruppe;[19]

– Protokoll (Nr. 15) über einige Bestimmungen betreffend das Vereinigte Königreich Großbritannien und Nordirland;[20]

– Protokoll (Nr. 16) über einige Bestimmungen betreffend Dänemark;[21]

– Protokoll (Nr. 17) betreffend Dänemark;[22]

– Protokoll (Nr. 18) betreffend Frankreich;[23]

---

[5] ABl. 2012, C 326/201.
[6] ABl. 2012, C 326/203.
[7] ABl. 2012, C 326/206.
[8] ABl. 2012, C 326/210.
[9] ABl. 2012, C 326/230.
[10] ABl. 2012, C 326/251.
[11] ABl. 2012, C 326/265.
[12] ABl. 2012, C 326/266.
[13] ABl. 2012, C 326/273.
[14] ABl. 2012, C 326/274.
[15] ABl. 2012, C 326/275.
[16] ABl. 2012, C 326/278.
[17] ABl. 2012, C 326/279.
[18] ABl. 2012, C 326/281.
[19] ABl. 2012, C 326/283.
[20] ABl. 2012, C 326/284.
[21] ABl. 2012, C 326/287.
[22] ABl. 2012, C 326/288.
[23] ABl. 2012, C 326/289.

– Protokoll (Nr. 19) über den in den Rahmen der Europäischen Union einbezogenen Schengen-Besitzstand;[24]
– Protokoll (Nr. 20) über die Anwendung bestimmter Aspekte des Artikels 26 des Vertrags über die Arbeitsweise der Europäischen Union auf das Vereinigte Königreich und auf Irland;[25]
– Protokoll (Nr. 21) über die Position des Vereinigten Königreichs und Irlands hinsichtlich des Raums der Freiheit, der Sicherheit und des Rechts;[26]
– Protokoll (Nr. 22) über die Position Dänemarks;[27]
– Protokoll (Nr. 23) über die Außenbeziehungen der Mitgliedstaaten hinsichtlich des Überschreitens der Außengrenzen;[28]
– Protokoll (Nr. 24) über die Gewährung von Asyl für Staatsangehörige von Mitgliedstaaten der Europäischen Union;[29]
– Protokoll (Nr. 25) über die Ausübung der geteilten Zuständigkeit;[30]
– Protokoll (Nr. 26) über Dienste von allgemeinem Interesse;[31]
– Protokoll (Nr. 27) über den Binnenmarkt und den Wettbewerb;[32]
– Protokoll (Nr. 28) über den wirtschaftlichen, sozialen und territorialen Zusammenhalt;[33]
– Protokoll (Nr. 29) über den öffentlich-rechtlichen Rundfunk in den Mitgliedstaaten;[34]
– Protokoll (Nr. 30) über die Anwendung der Charta der Grundrechte der Europäischen Union auf Polen und das Vereinigte Königreich;[35]
– Protokoll (Nr. 31) über die Einfuhr in den Niederländischen Antillen raffinierter Erdölerzeugnisse in die Europäische Union;[36]
– Protokoll (Nr. 32) betreffend den Erwerb von Immobilien in Dänemark;[37]
– Protokoll (Nr. 33) zu Artikel 157 des Vertrags über die Arbeitsweise der Europäischen Union;[38]
– Protokoll (Nr. 34) über die Sonderregelung für Grönland;[39]
– Protokoll (Nr. 35) über Artikel 40.3.3 der Verfassung Irlands;[40]
– Protokoll (Nr. 36) über die Übergangsbestimmungen;[41]
– Protokoll (Nr. 37) über die finanziellen Folgen des Ablaufs des EGKS-Vertrags und über den Forschungsfonds für Kohle und Stahl.[42]

---

[24] ABl. 2012, C 326/290.
[25] ABl. 2012, C 326/293.
[26] ABl. 2012, C 326/295.
[27] ABl. 2012, C 326/299.
[28] ABl. 2012, C 326/304.
[29] ABl. 2012, C 326/305.
[30] ABl. 2012, C 326/307.
[31] ABl. 2012, C 326/308.
[32] ABl. 2012, C 326/309.
[33] ABl. 2012, C 326/310.
[34] ABl. 2012, C 326/312.
[35] ABl. 2012, C 326/313.
[36] ABl. 2012, C 326/315.
[37] ABl. 2012, C 326/318.
[38] ABl. 2012, C 326/319.
[39] ABl. 2012, C 326/320.
[40] ABl. 2012, C 326/321.
[41] ABl. 2012, C 326/322.
[42] ABl. 2012, C 326/328.

2. Anhänge der Verträge

5 Bei den in Art. 51 EUV ebenfalls angesprochenen Anhängen der Verträge handelt es sich zum einen um **Anhang I** des Vertrags über die Arbeitsweise der Europäischen Union,[43] auf den sich Art. 38 Abs. 1 AEUV in expliziter Weise bezieht. Dieser Anhang listet die Erzeugnisse auf, für welche die auf die EU-Agrar- und Fischereipolitik bezogenen Art. 39–44 AEUV gelten. Zum anderen ist mit den in Art. 51 EUV angesprochenen Anhängen der Verträge **Anhang II** des Vertrags über die Arbeitsweise der Europäischen Union[44] gemeint. Dieser Anhang listet einige überseeische Länder und Hoheitsgebiete auf, für die nach Art. 355 Abs. 2 AEUV das besondere Assoziierungssystem gilt, das in dem Vierten Teil des Vertrags über die Arbeitsweise der Europäischen Union – d. h. in den Art. 198–204 AEUV – festgelegt ist.

II. Folgen des Primärrechtsrangs vertraglicher Protokolle und Anhänge

6 Indem Art. 51 EUV die vorgenannten Protokolle (s. Rn. 4) und Anhänge (s. Rn. 5) als Bestandteil des EU-Vertrags und des Vertrags über die Arbeitsweise der Europäischen Union ausweist, die nach Art. 1 Abs. 3 Satz 1 EUV die Grundlage der Union bilden (s. Art. 1 EUV, Rn. 61 f.), stellt diese Bestimmung außer Frage, dass diese Vertragsbestandteile – ebenso wie die beiden vorgenannten Verträge selbst – im Rahmen der unionsrechtlichen Normenhierarchie[45] zum primären Unionsrecht gehören[46] und den vorgenannten Verträgen gleichrangig sind.[47] Insoweit sind diese Protokolle und Anhänge nicht nur für die **Anwendung und Auslegung der jeweils relevanten Vertragsbestimmungen** bedeutsam, auf die sie sich jeweils beziehen. Vielmehr können Protokolle und Anhänge nach Maßgabe der höchstrichterlich anerkannten Figur der **primärrechtskonformen Auslegung abgeleiteten Unionsrechts**[48] grundsätzlich auch die Auslegung sekundärrechtlicher und tertiärrechtlicher Bestimmungen des Unionsrechts sowie die Auslegung des so genannten soft law der Europäischen Union steuern, welches permanent an Umfang und Bedeutung gewinnt.[49] Im Übrigen folgt aus dem Primärrechtsrang der vorgenannten Protokolle, dass mit einer Auslagerung vertraglicher Regelungsgehalte in einzelne Protokolle kein rechtlicher Bedeutungsverlust dieser Regelungsgehalte verbunden ist. Dies hat sich in der jüngeren Vergangenheit insbesondere im Zusammenhang mit dem (Vertrags-)Protokoll (Nr. 27) über den Binnenmarkt und den Wettbewerb (s. Rn. 4) gezeigt, welches in Verbindung mit Art. 3 Abs. 3 Satz 1 EUV den

---

[43] ABl. 2012, C 326/333.

[44] ABl. 2012, C 326/336.

[45] Ausführlicher dazu vgl. etwa *v. Arnauld*, EuR 2003, 191; *Nettesheim*, EuR 2006, 737; *Ziller*, S. 334 ff.

[46] In diesem unstr. Sinne vgl. etwa auch *Becker*, in: Schwarze, EU-Kommentar, Art. 51 EUV, Rn. 2; *Höfstötter*, in: GSH, Europäisches Unionsrecht, Art. 51 EUV, Rn. 8; *Kokott*, in: Streinz, EUV/AEUV, Art. 51 EUV, Rn. 5; *Schmalenbach*, in: Calliess/Ruffert, EUV/AEUV, Art. 51 EUV, Rn. 3.

[47] So auch vgl. statt vieler *Dörr*, in: Grabitz/Hilf/Nettesheim, EU, Art. 51 EUV (August 2011), Rn. 28; *Geiger*, in: Geiger/Khan/Kotzur, EUV/AEUV, Art. 51 EUV, Rn. 2; *Höfstötter*, in: GSH, Europäisches Unionsrecht, Art. 51 EUV, Rn. 10; *Kokott*, in: Streinz, EUV/AEUV, Art. 51 EUV, Rn. 5.

[48] Dazu vgl. etwa EuGH, Urt. v. 13.12.1983, Rs. 218/82 (Kommission/Rat), Slg. 1983, 4063, Rn. 15; Urt. v. 25.11.1986, verb. Rs. 201/85 u. 202/85 (Klensch), Slg. 1986, 3477, Rn. 21; Urt. v. 21.3.1991, Rs. C–314/89 (Rauh), Slg. 1991, I–1647, Rn. 17.

[49] Näher zur zunehmenden Bedeutung dieses so genannten soft law im Rahmen der Unionsrechtsordnung vgl. *Bertrand*, RevUE 2014, 73; *Emane Meyo*, RevUE 2014, 94; *v. Graevenitz*, EuZW 2013, 169; *Müller*, JRP 2014, 112 ff.; *Müller-Graff*, EuR 2012, 18; *Terpan*, ELJ 21 (2015), 68.

auf das System unverfälschten Wettbewerbs bezogenen Regelungs- und Bedeutungsgehalt des damaligen Art. 3 Abs. 1 Buchst. g EGV in sich aufnimmt.[50]

Als Bestandteil der Verträge werden die in Art. 51 EUV angesprochenen Protokolle   7
und Anhänge ferner von der in Art. 267 Abs. 1 Buchst. a AEUV niedergelegten Regelung erfasst, wonach der Gerichtshof der Europäischen Union im **Vorabentscheidungsverfahren** unter anderem über die »Auslegung der Verträge« entscheidet. Verstößt ein
Mitgliedstaat gegen diese Protokolle und/oder Anhänge, so könnte dagegen durchaus
im Wege der Erhebung der **Aufsichtsklage** nach Art. 258 AEUV und/oder der **Staaten-
klage** nach Art. 259 AEUV vorgegangen werden, da das in den beiden vorgenannten
Bestimmungen enthaltene Tatbestandsmerkmal »Verpflichtung aus den Verträgen« auf
Grund des Art. 51 EUV auch die in dieser Norm angesprochenen Protokolle und Anhänge einschließt. *Last but not least* ist an dieser Stelle darauf hinzuweisen, dass die
Abschaffung oder Änderung eines der in Art. 51 EUV angesprochenen Protokolle oder
Anhänge grundsätzlich der **Durchführung eines Vertragsänderungsverfahrens** im Sinne
des Art. 48 EUV bedarf,[51] sofern sich nicht aus einem bestimmten Protokoll ausnahmsweise etwas anderes ergibt.[52]

C. Schlusserklärungen

Die gemeinsamen Erklärungen und die Erklärungen einzelner Mitgliedstaaten zur   8
Schlussakte der Regierungskonferenz, die den am 13. 12. 2007 unterzeichneten Vertrag
von Lissabon (s. Art. 1 EUV, Rn. 33 ff.) angenommen hat,[53] haben in Art. 51 EUV keine
Erwähnung gefunden. Insoweit sind derartige Schlusserklärungen – anders als die in
Art. 51 EUV angesprochenen Protokolle (s. Rn. 4) und Anhänge (s. Rn. 5) – nicht Bestandteil der in dieser Bestimmung in Bezug genommenen Verträge (s. Rn. 3). Folglich
ist diesen Erklärungen, die überwiegend als **rechtlich unverbindlich** eingestuft werden[54]
und dennoch in einem gewissen Maße die Auslegung unionsrechtlicher Bestimmungen
beeinflussen können,[55] auch **kein Primärrechtsrang** zuzusprechen.[56]

---

[50] Ausführlicher dazu vgl. m. w. N. *Nowak*, EuR-Beih. 2/2011, 21 (31 f.).

[51] In diesem weitgehend konsensfähigen Sinne vgl. auch *Becker*, in: Schwarze, EU-Kommentar,
Art. 51 EUV, Rn. 3; *Booß*, in: Lenz/Borchardt, EU-Verträge, Art. 51 EUV, Rn. 3; *Dörr*, in: Grabitz/
Hilf/Nettesheim, EU, Art. 51 EUV (August 2011), Rn. 30; *Geiger*, in: Geiger/Khan/Kotzur,
EUV/AEUV, Art. 51 EUV, Rn. 2.

[52] Zutr. *Höfstötter*, in: GSH, Europäisches Unionsrecht, Art. 51 EUV, Rn. 9; *Kokott*, in: Streinz,
EUV/AEUV, Art. 51 EUV, Rn. 5; *Schmalenbach*, in: Calliess/Ruffert, EUV/AEUV, Art. 51 EUV,
Rn. 3.

[53] Diese zahlreichen Erklärungen finden sich u. a. im ABl. 2012, C 326/337.

[54] Vgl. dazu statt vieler *Höfstötter*, in: GSH, Europäisches Unionsrecht, Art. 51 EUV, Rn. 12; *Kokott*, in: Streinz, EUV/AEUV, Art. 51 EUV, Rn. 6.

[55] Exemplarisch dazu vgl. EuGH, Urt. v. 20. 2. 2001, Rs. C–192/99 (Kaur), Slg. 2001, I–1237,
Rn. 23 f.; Urt. v. 18. 12. 2007, Rs. C–77/05 (Vereinigtes Königreich Großbritannien u. Nordirland/
Rat), Slg. 2007, I–11459, Rn. 67; Urt. v. 2. 3. 2010, Rs. C–135/08 (Rottmann), Slg. 2010, I–1449,
Rn. 40; sowie *Booß*, in: Lenz/Borchardt, EU-Verträge, Art. 51 EUV, Rn. 5; *Kokott*, in: Streinz,
EUV/AEUV, Art. 51 EUV, Rn. 6; *Toth*, CMLRev. 1986, 803 (810 f.).

[56] So etwa auch *Becker*, in: Schwarze, EU-Kommentar, Art. 51 EUV, Rn. 9.

Artikel 52 EUV [Geltungsbereich der Verträge]

(1) Die Verträge gelten für das Königreich Belgien, die Republik Bulgarien, die Tschechische Republik, das Königreich Dänemark, die Bundesrepublik Deutschland, die Republik Estland, Irland, die Hellenische Republik, das Königreich Spanien, die Französische Republik, die Italienische Republik, die Republik Zypern, die Republik Lettland, die Republik Litauen, das Großherzogtum Luxemburg, die Republik Ungarn, die Republik Malta, das Königreich der Niederlande, die Republik Österreich, die Republik Polen, die Portugiesische Republik, Rumänien, die Republik Slowenien, die Slowakische Republik, die Republik Finnland, das Königreich Schweden und das Vereinigte Königreich Großbritannien und Nordirland.

(2) Der räumliche Geltungsbereich der Verträge wird in Artikel 355 des Vertrags über die Arbeitsweise der Europäischen Union im Einzelnen angegeben.

Literaturübersicht

Akehurst, Treaties, Territorial Application, in: Bernhardt (Hrsg.), Encyclopedia of International Law, Vol. IV, 2000, 990; *v. Arnauld*, Völkerrecht, 2014; *ders.*, Politische Räume im Völkerrecht, in: Odendahl/Giegerich (Hrsg.), Räume im Völker- und Europarecht, 2014, S. 179; *Bergmann* (Hrsg.), Handlexikon der Europäischen Union, 2012; *Bernhard*, Der Festlandsockel im Recht der Europäischen Gemeinschaften, 1982; *Doehring*, The Scope of the Territorial Application of Treaties, ZaöRV 1967, 483; *Dörr/Schmalenbach* (Hrsg.), Vienna Convention on the Law of Treaties – A Commentary, 2012; *Ehlermann*, Mitgliedschaft in der Europäischen Gemeinschaft – Rechtsprobleme der Erweiterung, der Mitgliedschaft und der Verkleinerung, EuR 1984, 113; *Epiney/Haltern/Hofstötter/Ileri*, Zypern in der Europäischen Union: Ausgewählte völker- und europarechtliche Aspekte, 2008; *Giegerich*, The European Dimension of German Reunification: East Germany's Integration into the European Communities, ZaöRV 1991, 384; *ders.*, Vorbehalte zu Menschenrechtsabkommen: Zulässigkeit, Gültigkeit und Prüfungskompetenzen von Vertragsgremien – Ein konstitutioneller Ansatz, ZaöRV 1995, 713; *Grabitz/v. Bogdandy*, Deutsche Einheit und europäische Integration, NJW 1990, 1073; *Graf Vitzthum*, Die Europäische Gemeinschaft und das Internationale Seerecht, AöR 111 (1986), 33; *ders.*, Europäisches Seerecht – Eine kompetenzrechtliche Skizze, FS Badura, 2004, 1189; *ders.*, Völkerrecht, 6. Aufl., 2013; *Häußler*, Räume im Völkerrecht: Luft-, See- und Weltraumrecht, JA 2002, 817; *Hailbronner*, Völker- und europarechtliche Fragen der deutschen Wiedervereinigung, JZ 1990, 449; *Iliopoulos*, Rechtsfragen der Osterweiterung der EU unter besonderer Berücksichtigung des Beitritts der Republik Zypern, EuR 2004, 637; *Inglis*, The Union's fifth Accession Treaty: New Means to Make Enlargement Possible, CMLRev. 41 (2004), 937; *Ipsen*, Völkerrecht, 6. Aufl., 2014; *Klein*, Treaties, Effect of Territorial Changes, in: Bernhardt, Encyclopedia of International Law, Vol. IV, 2000, 941; *Oeter*, Rechtsräume im Völkerrecht und transzivilisatorische Völkerrechtsperspektive, in: Odendahl/Giegerich (Hrsg.), Räume im Völker- und Europarecht, 2014, S. 205; *Pingel* (Hrsg.), Commentaire Article Par Article des Traités UE et CE, 2. Aufl., 2010; *Rengeling*, Das vereinte Deutschland in der Europäischen Gemeinschaft: Grundlagen zur Geltung des Gemeinschaftsrechts, DVBl 1990, 1307; *Stapper*, Europäische Mikrostaaten und autonome Territorien im Rahmen der EG, 1999; *Thiele*, Der völkerrechtliche Status der US-amerikanischen Militärbasis Guantánamo in Kuba, AVR 48 (2010), 105; *Verdross/Simma*, Universelles Völkerrecht: Theorie und Praxis, 1984; *Wilke*, Abgrenzung des Festlandsockels der Nordsee, 1980.

Leitentscheidungen

EuGH, Urt. v. 16.2.1978, Rs. 61/77 (Kommission/Irland), Slg. 1978, 417
EuGH, Urt. v. 10.10.1978, Rs. 148/77 (Hansen/Hauptzollamt Flensburg), Slg. 1978, 1787
EuGH, Urt. v. 30.4.1986, verb. Rs. 209/84 bis 213/84 (Ministère Public/Asjes), Slg. 1986, 1425
EuGH, Urt. v. 20.10.2005, Rs. C–6/04 (Kommission/Vereinigtes Königreich), Slg. 2005, I–9017
EuGH, Urt. v. 29.3.2007, Rs. C–111/05 (Aktiebolaget), Slg. 2007, I–2697

Wesentliche sekundärrechtliche Vorschriften

Verordnung (EWG) Nr. 2684/90 des Rates vom 17.9.1990 über die vorläufigen Maßnahmen, die nach
  der deutschen Einigung vor Erlass der vom Rat entweder in Zusammenarbeit mit dem Europäischen Parlament oder nach dessen Anhörung zu treffenden Übergangsmaßnahmen anwendbar
  sind, ABl. 1990, L 263/1

Beschluss 98/392/EG des Rates vom 23.3.1998 über den Abschluss des Seerechtsübereinkommens
  der Vereinten Nationen vom 10.12.1982 und des Übereinkommens vom 28.7.1994 zur Durchführung des Teils XI des Seerechtsübereinkommens durch die Europäische Gemeinschaft, ABl.
  1998, L 179/1

Richtlinie 2005/35/EG des Europäischen Parlaments und des Rates vom 7.9.2005 über die Meeresverschmutzung durch Schiffe und die Einführung von Sanktionen für Verstöße, ABl. 2005, L
  255/11

A. Überblick

Der partiell aus ex-Art. 299 EGV hervorgegangene Art. 52 EUV, der vor dem Inkraft-   **1**
treten des Lissabonner Reformvertrags (s. Art. 1 EUV, Rn. 33 ff.) nicht im EU-Vertrag
enthalten war, bestimmt in einer nicht abschließenden Art und Weise den räumlichen
und persönlichen **Geltungsbereich der Verträge**, wobei Absatz 2 dieser Bestimmung
hinsichtlich weiterer Einzelheiten im Zusammenhang mit dem räumlichen Geltungsbereich dieser Verträge auf die in Art. 355 AEUV niedergelegten Regelungen verweist.
Mit den vorgenannten Verträgen sind der EU-Vertrag i. d. F. von Lissabon und der Vertrag über die Arbeitsweise der Europäischen Union gemeint, die nach Art. 1 Abs. 3 Satz
1 EUV gemeinsam die Grundlage der Union bilden (s. Art. 1 EUV, Rn. 61 f.). Art. 52
Abs. 1 EUV zählt die offiziellen Staatsnamen der zum Zeitpunkt des Inkrafttretens des
Lissabonner Reformvertrags zur Europäischen Union gehörenden 27 Mitgliedstaaten
auf, um auf diese Weise den persönlichen und räumlichen Geltungsbereich der beiden
vorgenannten Verträge zu umreißen und den Hoheitsbereich der Europäischen Union
zu umschreiben. Dies ist dem Umstand geschuldet, dass die Europäische Union als supranationales Gebilde sui generis über kein eigenes Hoheitsgebiet verfügt und dass sich
das Unionsgebiet bzw. der Hoheitsbereich der EU insoweit aus der Summe aller Hoheitsgebiete ihrer Mitgliedstaaten ableitet.[1] Dies korrespondiert wiederum mit dem in
Art. 29 der **Wiener Vertragsrechtskonvention** (WVK) niedergelegten Grundsatz, wonach die Parteien eines völkerrechtlichen Vertrages hinsichtlich ihres gesamten Hoheitsgebiets vertraglich gebunden sind, sofern im jeweiligen Vertrag oder anderweitig keine
abweichende Absicht zum Ausdruck kommt.[2]

---

[1] Vgl. *Bergmann*, Geltungsbereich der Verträge, in: Bergmann, Handlexikon der Europäischen
Union, S. 426; *Classen*, EnzEuR Bd. 1, § 37, Rn. 49; *Dörr*, in: Grabitz/Hilf/Nettesheim, EU, Art. 52
EUV (August 2011), Rn. 1; *Kokott*, in: Streinz, EUV/AEUV, Art. 52 EUV, Rn. 1; *Stapper*, S. 13 f.;
Weitzel, in: Pingel, UE/CE, Art. 299 CE, Rn. 4.

[2] Näher dazu vgl. etwa *Graf Vitzthum*, Völkerrecht, S. 45; *Heintschel von Heinegg*, Abwandlung
des Vertrags durch die Vertragsparteien, in: Ipsen, § 13, Rn. 1.

2 Die in Art. 52 Abs. 1 EUV enthaltene Aufzählung (s. Rn. 1) ist etwas lückenhaft und keineswegs abschließend. Diesbezüglich ist zum einen darauf hinzuweisen, dass der EU-Vertrag i. d. F. von Lissabon und der Vertrag über die Arbeitsweise der Europäischen Union (s. Rn.) nicht nur für die in Art. 52 Abs. 1 EUV genannten Mitgliedstaaten gelten, sondern selbstverständlich auch für die Unionsorgane[3] (s. Art. 13 EUV, Rn. 7 ff.) sowie für alle anderen Einrichtung und sonstigen Stellen der Union verbindlich sind. Zum anderen kann Art. 52 Abs. 1 EUV, der sich nach vorherrschender Auffassung im Übrigen auch auf das auf der Grundlage der Verträge erlassene Sekundärrecht bezieht,[4] ferner durch Ergänzungen und Einschränkungen modifiziert werden.[5] Eine solche grundlegende Ergänzung des räumlichen und persönlichen Geltungsbereichs der in Art. 52 Abs. 1 und 2 EUV angesprochenen Verträge findet sich insbesondere in der Akte zum **Beitritt der Republik Kroatien**.[6] Da Art. 13 dieser Beitrittsakte den Wortlaut des Art. 52 Abs. 1 EUV um das Tatbestandsmerkmal »die Republik Kroatien« erweitert,[7] lautet die **aktuell geltende Fassung des Art. 52 Abs. 1 EUV** wie folgt: »Die Verträge gelten für das Königreich Belgien, die Republik Bulgarien, die Tschechische Republik, das Königreich Dänemark, die Bundesrepublik Deutschland, die Republik Estland, Irland, die Hellenische Republik, das Königreich Spanien, die Französische Republik, die Republik Kroatien, die Italienische Republik, die Republik Zypern, die Republik Lettland, die Republik Litauen, das Großherzogtum Luxemburg, die Republik Ungarn, die Republik Malta, das Königreich der Niederlande, die Republik Österreich, die Republik Polen, die Portugiesische Republik, Rumänien, die Republik Slowenien, die Slowakische Republik, die Republik Finnland, das Königreich Schweden und das Vereinigte Königreich Großbritannien und Nordirland«.

B. Persönlicher Geltungsbereich der Verträge

3 Der persönliche Geltungsbereich des EU-Vertrags und des Vertrags über die Arbeitsweise der Europäischen Union erstreckt sich gemäß Art. 52 Abs. 1 EUV auf die dort namentlich genannten Mitgliedstaaten als Völkerrechtssubjekte[8] einschließlich Kroatien (s. Rn. 2). Nach völkerrechtlichen Grundsätzen wirkt der persönliche Geltungsbereich eines Vertrages grundsätzlich nur inter partes und wird durch diejenigen Völkerrechtssubjekte bestimmt, welche Vertragsparteien sind.[9] Eine Bindung darüber hinaus, vorrangig gegenüber Drittstaaten, entsteht nach den in den Art. 34 ff. WVK niederge-

---

[3] In diesem Sinne vgl. auch *Schmalenbach*, in: Calliess/Ruffert, EUV/AEUV, Art. 52 EUV, Rn. 1.
[4] Vgl. nur *Becker*, in: Schwarze, EU-Kommentar, Art. 52 EUV, Rn. 2; *Dörr*, in: Grabitz/Hilf/Nettesheim, EU, Art. 52 EUV (August 2011), Rn. 3; *Kokott*, in: Streinz, EUV/AEUV, Art. 52 EUV, Rn. 1; sowie EuGH, Urt. v. 16. 2. 1978, Rs. 61/77 (Kommission/Irland), Slg. 1978, S. 417, Rn. 45/51, wonach Verordnungen als auf der Grundlage des Vertrags ergriffene Organhandlungen grundsätzlich den gleichen geographischen Anwendungsbereich wie der Vertrag selbst haben.
[5] Näher dazu vgl. auch *Becker*, in: Schwarze, EU-Kommentar, Art. 52 EUV, Rn. 2.
[6] Akte über die Bedingungen des Beitritts der Republik Kroatien und die Anpassungen des Vertrags über die Europäische Union, des Vertrags über die Arbeitsweise der Europäischen Union und des Vertrags zur Gründung der Europäischen Atomgemeinschaft, ABl. 2012, L 112/21, i. V. m. der Unterrichtung über das zum 1. 7. 2013 erfolgte Inkrafttreten des zwischen 27 EU-Mitgliedstaaten und der Republik Kroatien geschlossenen Beitrittsvertrags, ABl. 2013, L 300/5.
[7] Vgl. ABl. 2012, L 112/25.
[8] So auch *Schmalenbach*, in: Calliess/Ruffert, EUV/AEUV, Art. 52 EUV, Rn. 1.
[9] Vgl. nur *Dörr*, in: Grabitz/Hilf/Nettesheim, EU, Art. 52 EUV (August 2011), Rn. 4.

legten Grundsätzen nur mit Zustimmung aller Vertragsparteien und des betroffenen Drittstaates.[10] Die in Art. 52 Abs. 1 EUV enthaltene Auflistung der Vertragsparteien macht zugleich deutlich, dass es sich bei den hier in Rede stehenden Verträgen um sogenannte plurilaterale Verträge[11] handelt, deren Kennzeichen vor allem eine begrenzte Mitgliederanzahl ist.[12] Insoweit erstreckt sich der persönliche Geltungsbereich der hier in Rede stehenden Verträge grundsätzlich nur auf die oben genannten **28 Mitgliedstaaten der Europäischen Union**, wobei allerdings zu berücksichtigen ist, dass darüber hinaus auch die Europäische Union und deren Organe, Einrichtungen und sonstigen Stellen sowie zum Teil auch Private an das Unionsrecht gebunden sind.[13]

C. Räumlicher Geltungsbereich der Verträge

Neben dem persönlichen Geltungsbereich des EU-Vertrags und des Vertrags über die **4** Arbeitsweise der Europäischen Union regelt Art. 52 EUV vor allem auch den räumlichen Geltungsbereich dieser Verträge. Im Einklang mit dem in Art. 29 WVK niedergelegten Grundsatz, wonach alle völkerrechtlichen Abkommen jede Vertragspartei nur hinsichtlich ihres Hoheitsgebiets binden, erfasst Art. 52 Abs. 1 EUV die verschiedenen Staats- bzw. Hoheitsgebiete aller Mitgliedstaaten (I.), soweit in den Verträgen oder anderweitig keine abweichende Regelung getroffen wird (II.).

I. Grundsätzliche Anknüpfung an die Hoheitsgebiete der EU-Mitgliedstaaten

Im Hinblick auf den räumlichen Geltungsbereich des EU-Vertrags und des Vertrags über **5** die Arbeitsweise der Europäischen Union knüpft Art. 52 EUV grundsätzlich an die Hoheitsgebiete der gegenwärtig 28 Mitgliedstaaten der Union an. Zur Konkretisierung des Begriffs »Hoheitsgebiet« empfiehlt sich mangels einer unionsrechtlichen Definition der Rückgriff auf das Völkerrecht. Danach wird das Hoheitsgebiet oder Staatsgebiet als ein durch Grenzen umschlossener geographischer Raum definiert, welcher der territorialen Souveränität des Staates unterliegt.[14] Hierbei ist vor allem zwischen der territorialen Souveränität und der Gebietshoheit zu unterscheiden. Diese beiden Grundsätze werden gelegentlich mit den Rechtsinstituten des Eigentums und des Besitzes verglichen[15]: Die territoriale Souveränität, vergleichbar mit dem Vollrecht des Eigentums, verleiht dem Staat die alleinige Verfügungsbefugnis über dessen Staatsgebiet.[16] Die Gebietshoheit, die das ausschließliche Recht des Staates zum Erlass von Hoheitsakten auf

---

[10] In diesem Sinne vgl. auch *Dörr*, in: Grabitz/Hilf/Nettesheim, EU, Art. 52 EUV (August 2011), Rn. 4; *Heintschel v. Heinegg* (Fn. 2), § 13, Rn. 23.
[11] Näher dazu vgl. etwa *Giegerich*, ZaöRV 1995, 713 (727); *Walter*, in: Dörr/Schmalenbach, Art. 20, Rn. 29.
[12] Vgl. *Heintschel v. Heinegg* (Fn. 2), § 15, Rn. 11; *Walter*, in: Dörr/Schmalenbach, Art. 20, Rn. 26 ff.
[13] Zutr. *Dörr*, in: Grabitz/Hilf/Nettesheim, EU, Art. 52 EUV (August 2011), Rn. 11; *Schmalenbach*, in: Calliess/Ruffert, EUV/AEUV, Art. 52 EUV, Rn. 1.
[14] Vgl. *Akehurst*, S. 990 ff.; *Epping*, in: Ipsen, Völkerrecht, § 5, Rn. 3; *Häußler*, JA 2002, 817; instruktiv zu weiteren Räumen im Völkerrecht vgl. *v. Arnauld*, Politische Räume im Völkerrecht, S. 179 ff.; *Oeter*, S. 205 ff.
[15] Vgl. *Proelß*, in: Graf Vitzthum, Völkerrecht, S. 360.
[16] Vgl. *Epping*, Der Staat als Normalperson des Völkerrechts, in: Ipsen, Völkerrecht, § 5, Rn. 3; *Proelß*, in: Graf Vitzthum, Völkerrecht, S. 360.

seinem Territorium betrifft,[17] ist hingegen mit dem Rechtsinstitut des Besitzes vergleichbar.[18] Diese beiden Rechtspositionen liegen zwar grundsätzlich in einer Hand; gleichwohl können sie unter anderem durch Verpachtung[19] oder durch Verwaltungszession[20] auseinander fallen und somit unterschiedlichen Staaten zufallen. Für den räumlichen Geltungsbereich ist allein das **Staatsgebiet** entscheidend, **über das der Staat die territoriale Souveränität ausübt.**[21] Weiterhin richtet sich die Bestimmung der Hoheitsgebiete nach den nationalen Verfassungen der Mitgliedstaaten, in denen diese den räumlichen Geltungsbereich ihrer jeweiligen Hoheitsgewalt festlegen.[22]

6　　Zum Hoheitsgebiet im vorgenannten Sinne zählen unstreitig das **Landgebiet** (einschließlich der davon umschlossenen Gewässer und des Raumes unter der Erdoberfläche) sowie das **Küstenmeer**[23] und der **Luftraum**[24] über diesen Gebieten.[25] Die Bestimmung von Landesgrenzen beruht auf einer juristischen Festlegung, die in den jeweiligen Grenzverträgen der Staaten und im Völkergewohnheitsrecht zu finden ist.[26] Die Grenzen bezüglich des Küstenmeers bestimmen sich nach dem Seerechtsübereinkommen der Vereinten Nationen[27] (SRÜ), welches seit 1998 bindendes Vertragsrecht auch für die Europäische Union darstellt.[28] Gemäß Art. 2 Abs. 1 i. V. m. Art. 3 SRÜ gehört das Küstenmeer mit einer Breite von 12 Seemeilen zur territorialen Souveränität des Küstenstaates. Dies gilt gemäß Art. 121 Abs. 2 SRÜ auch für die Inseln eines Staates. Nicht zum Hoheitsgebiet des Staates gehören indes der Festlandsockel,[29] die Anschlusszone,[30] die

---

[17] Vgl. *Proelß*, Raum und Umwelt im Völkerrecht, in: Graf Vitzthum, Völkerrecht, S. 365; sowie *v. Arnauld*, Völkerrecht, § 4, Rn. 334.

[18] Vgl. *Proelß* (Fn. 17), S. 360.

[19] Exemplarisch dazu vgl. die US-amerikanische Militärbasis Guantánamo Bay, welche sich zwar auf dem Staatsgebiet Kubas befindet, jedoch von den USA gepachtet wurde; näher dazu vgl. *Thiele*, AVR 48 (2010), 105 (110 ff.).

[20] Als Beispiel dafür lässt sich die Verwaltung des Panama-Kanals durch die USA von 1903 bis 2000 anführen; vgl. *v. Arnauld*, Völkerrecht, § 4, Rn. 339.

[21] Vgl. *Dörr*, in: Grabitz/Hilf/Nettesheim, EU, Art. 52 EUV (August 2011), Rn. 5; *Odendahl*, in: Dörr/Schmalenbach, Art. 29, Rn. 22.

[22] Vgl. *Dörr*, in: Grabitz/Hilf/Nettesheim, EU, Art. 52 EUV (August 2011), Rn. 6; *Schmalenbach*, in: Calliess/Ruffert, EUV/AEUV, Art. 52 EUV, Rn. 4; EuGH, Urt. v. 10. 10. 1978, Rs. 148/77 (Hansen/ Hauptzollamt Flensburg), Slg. 1978, 1787, Rn. 10; sowie die Präambel des Grundgesetzes für die Bundesrepublik Deutschland.

[23] Zum seerechtlichen Geltungsbereich vgl. *Graf Vitzthum*, in: FS Badura, S. 1194 ff.

[24] Vgl. dazu insbesondere die Convention on International Civil Aviation, 15 U. N. T. S. 295, dort Art. 1; EuGH, Urt. v. 30. 4. 1986, verb. Rs. 209/84 bis 213/84 (Ministère Public/Asjes), Slg. 1986, 1425, Rn. 45; sowie die Schlussanträge des GA *Lenz* zu den verb. Rs. 209/84 bis 213/84 (Ministère Public/Asjes), Slg. 1986, 1429 ff.

[25] Vgl. nur *Doehring*, ZaöRV 1967, 483 (487); *Häußler*, JA 2002, 817; *Heintschel v. Heinegg*, in: Vedder/Heintschel v. Heinegg, Europäisches Unionsrecht, Art. 52 EUV, Rn. 2.

[26] Vgl. *Epping* (Fn. 16), § 5, Rn. 7; *Kokott*, in: Streinz, EUV/AEUV, Art. 52 EUV, Rn. 4.

[27] United Nations Convention on the Law of the Sea, 1833 U. N. T. S. 397, BGBl. 1994 II S. 1798 ff.

[28] Vgl. dazu insbesondere den Beschluss 98/392/EG des Rates vom 23. 3. 1998 über den Abschluss des Seerechtsübereinkommens der Vereinten Nationen vom 10. 12. 1982 und des Übereinkommens vom 28. 7. 1994 zur Durchführung des Teils XI des Seerechtsübereinkommens durch die Europäische Gemeinschaft, ABl. 1998, L 179/1.

[29] Vgl. *Bernhard*, S. 62; *Kau*, Der Staat und der Einzelne als Völkerrechtssubjekt, in: Graf Vitzthum, Völkerrecht, S. 184. Zum damaligen Streit über die Abgrenzung des Festlandsockels in der Nordsee zwischen Deutschland, Dänemark und den Niederlanden vgl. ICJ, North Sea Continental Shelf Cases, ICJ Rep. 1969, 1 ff., sowie *Wilke*, pass.

[30] Vgl. Art. 33 Abs. 1 SRÜ.

Ausschließliche Wirtschaftszone[31] und die Hohe See.[32] Die Staaten genießen in diesen Gebieten nur Kontrollbefugnisse[33] oder souveräne Rechte[34] und im Fall der Hohen See keinerlei Souveränitätsrechte.[35] Somit erlangen die in Art. 52 EUV angesprochenen Verträge in diesen Gebieten keine unmittelbare Geltung.[36] Soweit der Europäischen Union und ihren Mitgliedstaaten in diesen Gebieten und anderen extraterritorialen Räumen – wie beispielsweise dem internationalen Luftraum – eine Regelungsbefugnis im Sinne einer funktionellen Hoheitsgewalt[37] zusteht, sind die Mitgliedstaaten bei der Ausübung ihrer Nutzungsrechte an Unionsrecht gebunden und somit im Geltungsbereich der Verträge.[38]

Indem Art. 52 EUV den räumlichen Geltungsbereich des EU-Vertrags und des Vertrags über die Arbeitsweise der Europäischen Union an das Hoheitsgebiet der Mitgliedstaaten knüpft, ist dieser Geltungsbereich einem dynamischen Element unterworfen.[39] Durch den völkergewohnheitsrechtlich anerkannten **Grundsatz der beweglichen Vertragsgrenzen**[40] ändert jede territoriale Veränderung des Gebiets eines Vertragsstaates auch die Grenzen des für diesen Staat bereits bestehenden Geltungsbereichs der Verträge automatisch.[41] Dies gilt jedoch nicht für den Fall, dass sich die Rechtspersönlichkeit des Staates ändert oder dass dies nicht mit Ziel und Zweck des jeweiligen Abkommens vereinbar ist.[42] Bei größeren Gebietsänderungen trifft den betreffenden Mitgliedstaat

7

---

[31] Vgl. Art. 56 Abs. 1 Buchst. a SRÜ.

[32] Vgl. Art. 89 SRÜ.

[33] In Bezug auf die sogenannte Anschlusszone vgl. Art. 33 Abs. 1 SRÜ.

[34] In Bezug auf den Festlandsockel vgl. Art. 77 Abs. 1 SRÜ; in Bezug auf die Ausschließliche Wirtschaftzone vgl. Art. 56 Abs. 1 SRÜ.

[35] Vgl. Art. 89 SRÜ.

[36] Vgl. dazu auch *Heintschel v. Heinegg*, in: Vedder/Heintschel v. Heinegg, Europäisches Unionsrecht, Art. 52 EUV, Rn. 2.

[37] Zu diesem Typus vgl. etwa EuGH, Urt. v. 29.3.2007, Rs. C–111/05 (Aktiebolaget), Slg. 2007, I–2697, Rn. 5, sowie die Schlussanträge der GA *Kokott* zur Rs. C–308/06 (Intertanko), Slg. 2008, I–4057, Rn. 62.

[38] In diesem Kontext vgl. insbesondere auch EuGH, Urt. v. 16.2.1978, Rs. 61/77 (Kommission/Irland), Slg. 1978, 417, Rn. 78/80; Urt. v. 20.10.2005, Rs. C–6/04 (Kommission/Vereinigtes Königreich), Slg. 2005, I–9017, Rn. 117; Art. 3 Abs. 1 der RL 2005/35/EG des Europäischen Parlaments und des Rates vom 7.9.2005 über die Meeresverschmutzung durch Schiffe und die Einführung von Sanktionen für Verstöße, ABl. 2005, L 255/11; sowie *Becker*, in: Schwarze, EU-Kommentar, Art. 52 EUV, Rn. 4; *Kokott*, in: Streinz, EUV/AEUV, Art. 52 EUV, Rn. 5; *Heintschel v. Heinegg*, in: Vedder/Heintschel v. Heinegg, Europäisches Unionsrecht, Art. 52 EUV, Rn. 2; *Graf Vitzthum*, AöR 111 (1986), 33 (43 ff.); *Schmalenbach*, in: Calliess/Ruffert, EUV/AEUV, Art. 52 EUV, Rn. 6.

[39] In diesem Sinne vgl. auch *Dörr*, in: Grabitz/Hilf/Nettesheim, EU, Art. 52 EUV (August 2011), Rn. 7.

[40] Näher dazu vgl. etwa *Becker*, in: Schwarze, EU-Kommentar, Art. 52 EUV, Rn. 5; *Ehlermann*, EuR 1984, 113 (125); *Klein*, in: Bernhardt, S. 941 f.; *Odendahl*, in: Dörr/Schmalenbach, Art. 29, Rn. 26.

[41] Vgl. *Ehlermann*, EuR 1984, 113 (118); *Kau* (Fn. 29), S. 193; *Odendahl*, in: Dörr/Schmalenbach, Art. 29, Rn. 229; *Verdross/Simma*, § 976; *Weitzel*, in: Pingel, UE/CE, Art. 299 CE, Rn. 4; Art. 15 der Vienna Convention on Succession of States in Respect of Treaties, 1947 U.N.T.S. 3; sowie EuGH, Urt. v. 16.2.1978, Rs. 61/77 (Kommission/Irland), Slg. 1978, 417, Rn. 45/51. Für den Fall der Wiedervereinigung Deutschlands vgl. den 2. Erwägungsgrund der VO (EWG) Nr. 2684/90 des Rates vom 17.9.1990 über die vorläufigen Maßnahmen, die nach der deutschen Einigung vor Erlass der vom Rat entweder im Zusammenarbeit mit dem Europäischen Parlament oder nach dessen Anhörung zu treffenden Übergangsmaßnahmen anwendbar sind, ABl. 1990, L 263/1; sowie *Giegerich*, ZaöRV 1991, 384 (416 ff.); *Grabitz/v. Bogdandy*, NJW 1990, 1073 (1078 ff.); *Hailbronner*, JZ 1990, 449 (454 ff.); *Rengeling*, DVBl 1990, 1307 (1309 ff.).

[42] Näher dazu vgl. *Dörr*, in: Grabitz/Hilf/Nettesheim, EU, Art. 52 EUV (August 2011), Rn. 20; *Verdross/Simma*, § 976.

gemäß Art. 4 Abs. 3 EUV eine Konsultationspflicht gegenüber der Europäischen Union und den anderen Mitgliedstaaten, die sich jedoch nicht auf das »Ob« der Gebietsänderung, sondern auf die integrationspolitische Gestaltung bezieht.[43] Der **Geltungsbereich völkerrechtlicher Abkommen der Europäischen Union** erstreckt sich ebenfalls auf das Staatsgebiet der Mitgliedstaaten.[44] Beim Beitritt neuer Mitgliedstaaten erweitert sich dieser Geltungsbereich nach Maßgabe der jeweiligen Beitrittsakte[45] auf deren Territorium.[46]

II. Vertragliche und sonstige primärrechtliche Modifikationen

8   Der in Art. 52 Abs. 1 EUV lediglich umrissene Geltungsbereich wird in räumlicher Hinsicht vor allem durch Art. 355 AEUV näher ausgestaltet und zum Teil modifiziert, auf den Art. 52 Abs. 2 EUV explizit verweist. Art. 355 AEUV enthält zahlreiche **Sonderregelungen** zum räumlichen Geltungsbereich des EU-Vertrags und des Vertrags über die Arbeitsweise der Europäischen Union, die unter anderem europäische Gebiete in äußerster Randlage sowie überseeische Länder und Hoheitsgebiete betreffen (s. Art. 355 AEUV, Rn. 1 ff.). Weitere Modifikationen finden sich in einzelnen Beitrittsakten[47] und Protokollen[48]. Die letzte bedeutende Abweichung hat der räumliche Geltungsbereich der in Art. 52 EUV angesprochenen Verträge durch den Beitritt Kroatiens erfahren (s. o. Rn. 2).

---

[43] Vgl. *Dörr*, in: Grabitz/Hilf/Nettesheim, EU, Art. 52 EUV (August 2011), Rn. 20; *Hofstötter*, in: GSH, Europäisches Unionsrecht, Art. 52 EUV, Rn. 5; *Kokott*, in: Streinz, EUV/AEUV, Art. 52 EUV, Rn. 8; *Schmalenbach*, in: Calliess/Ruffert, EUV/AEUV, Art. 52 EUV, Rn. 7.

[44] Vgl. *Dörr*, in: Grabitz/Hilf/Nettesheim, EU, Art. 52 EUV (August 2011), Rn. 25.

[45] Exemplarisch vgl. dazu Art. 4 Abs. 1 der Akte über die Bedingungen des Beitritts des Königreichs Spanien und der Portugiesischen Republik und der Anpassungen der Verträge, ABl. 1985, L 302/23 ff.; Art. 5 Abs. 1 der Akte betreffend den Beitritt der Tschechischen Republik, der Republik Estland, der Republik Zypern, der Republik Lettland, der Republik Litauen, der Republik Ungarn, der Republik Malta, der Republik Polen, der Republik Slowenien und der Slowakischen Republik zur Europäischen Union, ABl. 2003, L 236/33 ff.; sowie Art. 6 Abs. 1 der Akte über die Bedingungen des Beitritts der Republik Kroatien und die Anpassungen des Vertrags über die Europäische Union, des Vertrags über die Arbeitsweise der Europäischen Union und des Vertrags zur Gründung der Europäischen Atomgemeinschaft, ABl. 2012, L 112/21 ff.

[46] Vgl. dazu auch *Inglis*, CMLRev. (41) 2004, 937 (940 ff.); *Kokott*, in: Streinz, EUV/AEUV, Art. 52 EUV, Rn. 2.

[47] Exemplarisch dazu vgl. die Akte über die Bedingungen des Beitritts des Königreichs Dänemark, Irlands, des Königreichs Norwegen und des Vereinigten Königreichs Großbritannien und Nordirland und die Anpassungen der Verträge, ABl. 1972, L 73/14, wonach Rechtsakte der Organe betreffend einzelne Regelungsbereiche nicht anwendbar auf Gibraltar sind; sowie die Akte über die Bedingungen des Beitritts des Königreichs Spanien und der Portugiesischen Republik und die Anpassungen der Verträge, ABl. 1985, L 302/23, wo diesbezügliche Sonderregelungen für die Kanarischen Inseln, Ceuta und Melilla zu finden sind.

[48] Exemplarisch dazu vgl. das Protokoll Nr. 10 über Zypern (ABl. 2003, L 236/955) zur Akte betreffend den Beitritt der Tschechischen Republik, der Republik Estland, der Republik Zypern, der Republik Lettland, der Republik Litauen, der Republik Ungarn, der Republik Malta, der Republik Polen, der Republik Slowenien und der Slowakischen Republik zur Europäischen Union, ABl. 2003, L 236/33 ff., womit die Anwendung des Besitzstandes in Teilen der Republik Zypern ausgesetzt wird, in denen die Regierung keine tatsächliche Kontrolle ausübt; näher dazu vgl. *Epiney/Haltern/Hofstötter/ Ileri*, S. 102 ff.; *Hofstötter*, in: GSH, Europäisches Unionsrecht, Art. 52 EUV, Rn. 4; *Iliopoulos*, EuR 2004, 637 (646); *Schmalenbach*, in: Calliess/Ruffert, EUV/AEUV, Art. 52 EUV, Rn. 8.

Artikel 53 EUV [Unbegrenzte Geltung]

Dieser Vertrag gilt auf unbegrenzte Zeit.

Literaturübersicht

Blanke, Der Unionsvertrag von Maastricht – ein Schritt auf dem Weg zu einem europäischen Bundesstaat?, DÖV 1993, 412; *v. Bogdandy/Nettesheim*, Die Verschmelzung der Europäischen Gemeinschaft in der Europäischen Union, NJW 1995, 2324; *Bruha/Nowak*, Recht auf Austritt aus der Europäischen Union?, AVR 42 (2004), 1; *Dagtoglou*, Recht auf Rücktritt von den Römischen Verträgen?, FS Forsthoff, 1972, S. 77; *Dammann*, The Right to Leave the Eurozone, Texas International Law Journal 48 (2013), 125; *Everling*, Sind die Mitgliedstaaten noch Herren der Verträge?, FS Mosler, 1983, S. 173; *ders.*, Überlegungen zur Struktur der Europäischen Union und zum neuen Europa-Artikel des Grundgesetzes, DVBl 1993, 963; *ders.*, Das Maastricht-Urteil des Bundesverfassungsgerichts und seine Bedeutung für die Entwicklung der Europäischen Union, Integration 1994, S. 165; *Frowein*, Das Maastricht-Urteil und die Grenzen der Verfassungsgerichtsbarkeit, ZaöRV 54 (1994), 1; *Götting*, Die Beendigung der Mitgliedschaft in der Europäischen Union, 2000; *Heintzen*, Die »Herrschaft« über die Europäischen Gemeinschaftsverträge – Bundesverfassungsgericht und Europäischer Gerichtshof auf Konfliktkurs?, AöR 114 (1994), 564; *Herdegen*, Maastricht and the German Constitutional Court: Constitutional Restraints for an »ever Closer Union«, CMLRev. 31 (1994), 235; *Hilf*, Die Europäische Union und die Eigenständigkeit ihrer Mitgliedstaaten, in: Hommelhoff/Kirchhof (Hrsg.), Der Staatenverbund der Europäischen Union, 1994, S. 75; *Hill*, The European Economic Community – The Right of Member State Withdrawal, Georgia Journal of International and Comparative Law 12 (1982), 335; *Ipsen*, Europäisches Gemeinschaftsrecht, 1972; *ders.*, Zehn Glossen zum Maastricht-Urteil, EuR 1994, 1; *Isensee*, Europäische Nation? Die Grenzen der Europäischen Einheitsbildung Europas, in: Decker/Höreth (Hrsg.) Die Verfassung Europas, 2009, S. 254; *Jaekel*, Das Recht des Austritts aus der Europäischen Union – zugleich zur Neuregelung des Austrittsrechts gem. Art. 50 EUV in der Fassung des Vertrages von Lissabon, JURA 32 (2010), S. 87; *König*, Das Urteil des Bundesverfassungsgerichts zum Vertrag von Maastricht – ein Stolperstein auf dem Weg in die europäische Integration?, ZaöRV 54 (1994), 17; *Kokott*, Deutschland im Rahmen der Europäischen Union – zum Vertrag von Maastricht, AöR 114 (1994), 207; *Oppermann*, Leitideen der Europäischen Integration, Review of European Law 16 (2014) S. 5; *Pernthaler/Hilpold*, Sanktionen als Instrument der Politikkontrolle – der Fall Österreich, Integration 2000, 105; *Puttler*, Sind die Mitgliedstaaten noch »Herren« der EU? Stellung und Einfluss der Mitgliedstaaten nach dem Entwurf des Verfassungsvertrages der Regierungskonferenz, EuR 2004, 669; *Rodriguez*, Zur »Verfassung« der Europäischen Gemeinschaft, EuGRZ 1996, 125; *Rosas/Armati*, EU Constitutional Law – An Introduction, 2. Aufl., 2012; *Ruffert*, An den Grenzen des Integrationsverfassungsgerichts: das Urteil des Bundesverfassungsgerichts zum Vertrag von Lissabon, DVBl 124 (2009), 1197; *Sack*, Der »Staatenverbund« – das Europa der Vaterländer des Bundesverfassungsgerichts, ZEuS 12 (2009), 623; *Scholz*, Europäische Union und deutscher Bundesstaat, NVwZ 1993, S. 817; *Schorkopf*, Verletzt Österreich die Homogenität der Europäischen Union?, DVBl 2000, 103; *ders.*, Homogenität in der Europäischen Union – Ausgestaltung und Gewährleistung durch Artikel 6 Absatz 1, 7 EU-Vertrag, 2000; *ders.*, Der Frühwarnmechanismus bei Verletzungen der EU-Verfassungsgrundsätze, in: Griller/Hummer (Hrsg.), Die EU nach Nizza. Ergebnisse und Perspektiven, ECSA, 2002, S. 103; *Schwarze*, Das allgemeine Völkerrecht in den innergemeinschaftlichen Rechtsbeziehungen, EuR 1983, 1; *ders.*, Die verordnete Demokratie: zum Urteil des 2. Senats des BVerfG zum Lissabon-Vertrag, EuR 2010, S. 108; *Streinz/Ohler/Herrmann*, Der Vertrag von Lissabon zur Reform der EU, 2010; *Terhechte*, Der Vertrag von Lissabon: Grundlegende Verfassungsurkunde der europäischen Rechtsgemeinschaft oder technischer Änderungsvertrag?, EuR 2008, 143; *ders.*, Eine immer engere Union der Völker Europas, Wirtschaftsdienst 2015, 599 ff.; *Thym*, Europäische Integration im Schatten souveräner Staatlichkeit, Staat 48 (2009), 559; *Tomuschat*, Die Europäische Union unter der Aufsicht des Bundesverfassungsgerichts, EuGRZ 1993, 489; *Waltemathe*, Austritt aus der EU, 2000; *Zeh*, Recht auf Austritt, ZEuS 2004, 173.

A. Die Dimension Zeit im Unionsrecht

1   Gem. Art. 53 EUV gilt der EUV auf **unbegrenzte Zeit**. Die Vorschrift bringt damit zum Ausdruck, dass es sich bei der Union nicht etwa um eine Zweckgemeinschaft auf Zeit handelt, sondern um einen dauerhaften Zusammenschluss der europäischen Staaten (s. Art. 49 EUV, Rn. 32), der auf eine stetige Vertiefung der Integration gerichtet ist.[1] Insofern werden auch Fragen über die künftige Vertiefung der Integration und die allgemeine Anlage der unionalen Mitgliedschaftsordnung häufig im Kontext des Art. 53 EUV diskutiert.[2] Die Vorschrift ist allerdings gemäß ihres Wortlautes zunächst weniger auf die Frage ausgerichtet, ob die Mitgliedstaaten die EU theoretisch einvernehmlich auflösen können oder ob ein Austrittsrecht besteht (dazu Art. 50 EUV Rn. 3),[3] sondern sie legt zunächst fest, dass der EUV eine dauerhafte Grundlage für den Prozess der europäischen Integration bilden soll.[4]

2   Sowohl Art. 356 AEUV als auch Art. 208 EAGV enthalten gleichlautende Bestimmungen. Insofern verfügen alle europäischen Verträge über jeweils eigene – wenn auch im Wortlaut identische – Bestimmungen über die Geltungsdauer.[5] Dieser Ansatz ist hinsichtlich des Verhältnisses des EUV zum AEUV eigentlich inkonsequent, enthält doch der EUV eine Reihe Vorschriften, die sowohl für den EUV als auch für den AEUV gelten (z.B. über den Beitritt gem. Art. 49 EUV oder über den Austritt gem. Art. 50 EUV).[6]

3   Art. 53 EUV ist Teil der **Mitgliedschaftsverfassung der EU** bzw. bildet ein Fundament für die Ausgestaltung und Charakterisierung dieser Mitgliedschaftsverfassung.[7] Neben Art. 49 EUV, der den Beitritt zur EU regelt und Art. 50 EUV, der mit dem Lissabonner Vertrag eingeführt wurde und das Austrittsrecht regelt, unterstreicht Art. 53 EUV, dass die Mitgliedstaaten bei der Gründung der EU (und auch der europäischen Gemeinschaften) ein **Zeichen der Kontinuität und Verlässlichkeit** setzten wollten. Die unionale

---

[1] Eingehend dazu *Herrnfeld*, in: Schwarze, EU-Kommentar, Art. 53 EUV, Rn. 1; *Ipsen*, Europäisches Gemeinschaftsrecht, S. 100 ff.

[2] Dazu *Hofstötter*, in: GSH, Europäisches Unionsrecht, Art. 53 EUV, Rn. 1.

[3] *Dörr*, in: Grabitz/Hilf/Nettesheim, EU, Art. 53 EUV (März 2011), Rn. 4.

[4] S. *Herrnfeld*, in: Schwarze, EU-Kommentar, Art. 53 EUV, Rn. 1.

[5] *Dörr*, in: Grabitz/Hilf/Nettesheim, EU, Art. 53 EUV (März 2011), Rn. 1.

[6] *Dörr*, in: Grabitz/Hilf/Nettesheim, EU, Art. 53 EUV (August 2015), Rn. 2 mit einer plausiblen Erklärung für diesen Ansatz.

[7] Zum Begriff etwa *Ipsen*, Europäisches Gemeinschaftsrecht, S. 88 f., der allerdings noch von einer »Mitgliedschaftlichen Ordnung« spricht; s. auch *Pechstein*, EnzEuR, Bd. 1, § 15, dort zum Begriff Rn. 1.

Mitgliedschaftsverfassung regelt die entsprechenden Fragen über die zeitlichen Dimensionen der Mitgliedschaft, Beitritt, Austritt und ggf. Auflösung **abschließend**, sodass ergänzende Rückgriffe auf die Regeln des universellen Völkerrechts weder notwendig noch unionsrechtlich zulässig sind.[8] Hätten die Mitgliedstaaten neben den erwähnten Elementen der unionalen Mitgliedschaftsverfassung weitere Aktions- bzw. Reaktionsmöglichkeiten schaffen wollen, bestand hierfür in den letzten Dekaden hinlänglich Raum und Gelegenheit, ohne dass weitere Instrumente geschaffen wurden.

Schon dieser Umstand spricht dafür, dass es z. B. **keinen Ausschluss eines Mitgliedstaates** aus der EU geben kann, es also nicht in der Hand der Mehrheit der Mitgliedstaaten liegt, wer Mitglied der EU bleibt.[9] Ein Ausschlussrecht kann auch nicht aus dem Völkerrecht abgeleitet werden (auch nicht auf der Grundlage des Art. 60 WVK), das in diesem Falle schlicht nicht anwendbar ist. Dies gilt auch, wenn man ein Ausschlussrecht rein unionsrechtlich begründen will.[10] Das Unionsrecht sieht weder explizit einen Ausschluss vor, noch wird man ihn unter Zuhilfenahme allgemeiner Rechtsprinzipien bewirken können. Die Frage eines Ausschlusses ist spätestens seit der Sanktionierung Österreichs im Jahre 2000[11] und der damit verbundenen Einfügung des heutigen Art. 7 EUV (dazu Art. 7 EUV, Rn. 3) bekannt. Die Mitgliedstaaten hätten unlängst ein solches Recht – falls es als notwendig erachtet worden wäre – in das primäre Unionsrecht aufnehmen können.   **4**

I. Zeitliche Geltung des EUV

Art. 53 EUV bezieht sich ausschließlich auf den EUV. Die Formulierung der Vorschrift verdeutlicht zunächst, dass die Mitgliedstaaten bei Abschluss des EUV keinen zeitlichen Horizont fixieren wollten, d. h. dass der Vertrag, ebenso wie der ehemalige EGV und EAGV, nicht zu einem bestimmten Datum auslaufen bzw. einer Verlängerung bedürfen soll.[12] Mit der unbegrenzten Geltungszeit werden freilich unterschiedliche Deutungen verbunden – von einer **rein technischen Deutung** bis hin zu einer Art »**Ewigkeitsgarantie**«.[13] Die Formulierung steht allerdings zunächst für eine eher nüchterne Ausprägung des Anspruchs der EU, eine dauerhafte Integrationsgemeinschaft zu etablieren. Dies zeigt auch die Entwicklung der entsprechenden Bestimmungen in den europäischen Verträgen (dazu Rn. 6).   **5**

---

[8] Eingehend dazu bereits *Schwarze*, EuR 1983, 1 ff.; s. auch *Götting*, S. 24 ff.

[9] *Cremer*, in: Calliess/Ruffert, EUV/AEUV, Art. 53 EUV, Rn. 4: »so gut wie nicht in Frage kommen«; a. A. offenbar *Pechstein*, EnzEuR, Bd. 1, § 15 Rn. 21; tendenziell anders auch *Streinz*, Europarecht, Rn. 108.

[10] Tendenziell anders *Schwarze*, EuR 1983, 1 (31), wobei darauf hinzuweisen ist, dass die in diesem Beitrag angestellten Überlegungen von Schwarze lange vor der Einführung des Mechanismus des heutigen Art. 7 EUV angestellt wurden; dazu im Lichte des neuen Austrittsrechts auch *Terhechte*, EuR 2008, 143 (153).

[11] Dazu ausführlich *Schorkopf*, DVBl 2000, 103; *ders.*, Homogenität in der Europäischen Union – Ausgestaltung und Gewährleistung durch Art. 6 Absatz 1 EU-Vertrag, 2000; *Pernthaler/Hilpold*, S. 105 ff.

[12] *Cremer*, in: Calliess/Ruffert, EUV/AEUV, Art. 53 EUV, Rn. 1; *Dörr*, in: Grabitz/Hilf/Nettesheim, EU, Art. 53 EUV (März 2011), Rn. 4.

[13] *Pechstein*, in: Streinz, EUV/AEUV, Art. 53 EUV, Rn. 2.

II. Entwicklung im Rahmen der europäischen Verträge

6 Die unbegrenzte Geltungsdauer der europäischen Verträge ist erst mit den Römischen Verträgen eingeführt worden (Art. 240 EWGV, Art. 208 EAG). Der **EGKSV** war in seiner **Geltungsdauer auf 50 Jahre** begrenzt (Art. 97 EGKSV) und ist dementsprechend im Jahre 2002 ausgelaufen. Freilich hätte hier die Möglichkeit bestanden, dass die Mitgliedstaaten den EGKSV verlängern bzw. für den EGKSV ebenfalls den im heutigen, in Art. 53 EUV niedergelegten Modus der »unbegrenzte Geltung« festschreiben. Allerdings wurde hierfür kein Bedürfnis gesehen.[14] Indes kann die zeitliche Begrenzung des EGKSV nicht so verstanden werden, dass die Mitgliedstaaten 1952 keine langfristige Bindung herbeiführen wollten. Angesichts der historischen Umstände war auch Art. 97 EGKSV von dem Bestreben getragen, eine dauerhafte Verbindung zwischen den Mitgliedstaaten zu schaffen, wenn auch sektoriell begrenzt.[15] Dass die Mitgliedstaaten bestrebt waren, einen neuen Schritt Richtung vertiefter Integration zu gehen, zeigte sich aber noch einmal deutlich bei den Verhandlungen und der schriftlichen Fixierung der EPG im Jahre 1953, die eine »**unauflösliche**« **Verbindung** der beteiligten Staaten schaffen sollte.[16] Die Formulierung des heutigen Art. 53 EUV ist zwar nüchterner, verfolgt aber letztlich die identische Zielsetzung.

III. Zeitliche Dimensionen des sekundären Unionsrechts

7 Jenseits des Art. 53 EUV spielen die zeitlichen Dimensionen des Unionsrechts insbesondere auf der Ebene des sekundären Rechts eine wichtige Rolle.[17] In der Regel weisen alle Akte des sekundären Rechts **Geltungs- und Inkrafttretungsfristen** auf.[18] So ist es üblich, dass den Mitgliedstaaten eine zwei- oder dreijährige Umsetzungsfrist für Richtlinien der Union gem. Art. 288 Abs. 2 AEUV eingeräumt wird.[19] Auch für Verordnungen gem. Art. 288 Abs. 1 AEUV gelten in der Regel Inkrafttretungsfristen.[20] Viele Rechtsakte der Union enthalten zudem fristgebundene Überprüfungs- und Verbesserungsmechanismen, wie auch bestimmte Verwaltungsverfahren an klar vorgegebenen Zeitlinien auszurichten sind (Beispiel: Fusionskontrolle).[21] Während dem deutschen

---

[14] *Terhechte*, in: Schwarze, EU-Kommentar, 2. Aufl. 2008, Art. 305 EGV, Rn. 1; zum Auslaufen des EGKSV s. auch *Obwexer*, 2002, 517 f.; *Grunwald*, EuZW 2003, 193 ff.

[15] So auch *Ipsen*, Europäisches Gemeinschaftsrecht, S. 100 f.

[16] *Dörr*, in: Grabitz/Hilf/Nettesheim, EU, Art. 53 EUV (März 2011), Rn. 4.

[17] Eingehend zur Bedeutung der Zeit für den Integrationsprozess etwa *Haeckel*, Der Faktor Zeit in der Verwirklichung der Europäischen Gemeinschaftsverträge, 1965; *Ipsen*, Europäisches Gemeinschaftsrecht, S. 1022 ff.; *Hatje*, Die gemeinschafsrechtliche Steuerung der Wirtschaftsverwaltung, 1998, S. 224 ff.; *Terhechte*, Die ungeschriebenen Tatbestandsmerkmale des europäischen Wettbewerbsrechts, 2004, S. 387 ff.

[18] Darüber hinaus versteht sich von selbst, dass das Unionsrecht an vielen Stellen – ebenso wie das nationale Recht – mit Fristen arbeitet.

[19] Zum Beispiel Art. 44 RL 2006/123/EG vom 12.12.2006 über Dienstleistungen im Binnenmarkt, ABl. 2006, L 376; Art. 28 RL 2011/83/EU vom 25.10.2011 über die Rechte der Verbraucher, ABl. 2011, L 304.

[20] Zum Beispiel Art. 65 der VO (EU) Nr. 282/2011 des Rates vom 15.3.2011 zur Festlegung von Durchführungsvorschriften zur Richtlinie 2006/112/EG über das gemeinsame Mehrwertsteuersystem, ABl. 2001, L 77/1.

[21] S. etwa Art. 10 VO (EG) Nr. 139/2004 vom 20.1.2004 über die Kontrolle von Unternehmenszusammenschlüssen (EG-Fusionskontrollverordnung), ABl. 2004, L 24/1; Art. 42 VO (EU) Nr. 604/2013 vom 26.6.2013 zur Festlegung der Kriterien und Verfahren zur Bestimmung des Mitgliedstaats, der für die Prüfung eines von einem Drittstaatsangehörigen oder Staatenlosen in einem Mitgliedstaat gestellten Antrags auf internationalen Schutz zuständig ist.

Recht die Vorstellung von klaren Zeithorizonten in vielen Konstellationen eher fremd ist, nehmen sie im Unionsrecht einen wichtigen Platz ein: Die schon durch die Präambel und Art. 1 EUV vorgegebene immer engere Union der Völker Europas ist letztlich nur schrittweise zu erreichen. Hierbei dienen Zeitvorgaben als fester Rahmen für die einzelnen Integrationsschritte und spielen seit jeher eine wichtige Rolle.[22] Letztlich ist die klare Ausrichtung an Zeitlinien auch ein Erfolgsrezept der europäischen Integration, das im Kontext anderer Integrationsprozesse oder bei der Weiterentwicklung von internationalen Organisationen ebenfalls von Bedeutung ist.[23]

B.   Unionale Mitgliedschaftsverfassung und unbegrenzte Geltung

I.   Gestaltform und Dimension Zeit

Die Frage nach den zeitlichen Dimensionen des primären Unionsrechts ist nicht zuletzt auch eine **Frage nach der »Gestaltform«** (*Ipsen*)[24] der Union bzw. ihrer gegenwärtigen und künftigen Verfasstheit. Soweit man in der EU eine unauflösbare, dauerhafte Gemeinschaft sieht, die auf eine stetige Integrationsvertiefung ausgelegt ist, so schwingen bei der Frage nach der zeitlichen Geltung der Verträge auch immer grundsätzliche Fragen nach dem Ziel der Integration mit, die heute kaum noch eingehend diskutiert werden.[25]   **8**

Sicher ist, dass die Gestaltform der EU eng mit den zeitlichen Dimensionen des europäischen Integrationsprozesses zusammenhängt. Dies verdeutlicht schon die vom BVerfG im Lissabon-Urteil erfolgte Charakterisierung der EU als »Vertragsunion souveräner Staaten«.[26] Dem damit einhergehenden Souveränitätsverständnis scheint nämlich die in Art. 53 EUV postulierte unbegrenzte Geltung des EUV gerade nicht entgegenzustehen. Letztlich offenbaren sich in der Diskussion über die zeitlichen Horizonte der europäischen Integration gegensätzliche Ansichten über die gegenwärtige und künftige Gestaltform der EU. Mehr **staatsrechtlich geprägte Argumentationsstränge** stellen auf die (potentielle) Endlichkeit bzw. Umkehrbarkeit des Integrationsprozesses ab und stützen sich hierbei auf völkerrechtliche Bestimmungen, während **genuin integrationsfreundlich orientierte Ansätze** den Selbststand der unionalen Rechtsordnung und ihre Exklusivität mehr betonen. Beide sollten indes nicht übersehen, dass das Siegel der unverbrüchlichen Unendlichkeit letztlich nur eine Fiktion sein kann – und zwar für Staaten und supranationale Verbünde.   **9**

II.   Austritt und unbegrenzte Geltung

Die Anordnung der unbegrenzten zeitlichen Geltung des EUV steht in gewisser Weise in einem Widerspruch zu dem mit dem Lissabonner Vertrag eingeführten **Austrittsrecht gem. Art. 50 EUV**.[27] Zwar hat die Einfügung des Art. 50 EUV durch den Lissabonner Vertrag die Diskussion über Möglichkeiten eines Austritts von Mitgliedstaaten been-   **10**

---

[22] *Terhechte* (Fn. 17), S. 387.

[23] Dazu am Beispiel der WTO *Hilf*, EuR-Beiheft 1/2002, 173 (178).

[24] *Ipsen*, Europäisches Gemeinschaftsrecht, S. 1050 ff.; dazu auch *Terhechte*, Innovationsverfassung und Innovationen im Recht der EU, in: Hoffmann-Riem (Hrsg.), Recht und Innovation, 2016, S. 159 ff.

[25] Dazu etwa *Terhechte* (Fn. 24), S. 186 ff.

[26] BVerfGE 123, 267 (358); eingehend dazu *Terhechte*, EuR-Beiheft 1/2010, 135 ff.

[27] *Calliess*, in: Calliess/Ruffert, EUV/AEUV, Art. 50 EUV, Rn. 2 und 9; s. auch *Terhechte*, EuR 2008, 143 (151).

det.[28] Sie diente offensichtlich auch als eine Art Beruhigung für die Mitgliedstaaten im Prozess der europäischen Integration.[29] Indes wird teilweise ein über Art. 50 EUV hinausgehendes, **völkerrechtlich fundiertes Austrittsrecht** der Mitgliedstaaten angenommen, das freilich nur in Extremfällen Anwendung finden soll.[30] Aber ebenso wenig wie die völkerrechtliche clausula rebus sic stantibus (Art. 62 WVK) für die unionalen Rechtsbeziehungen gelten kann,[31] können sonstige Austrittsrechte völkerrechtlich vermittelt werden.[32] Eine solche Sichtweise widerspricht dem exklusiven Charakter der unionalen Mitgliedschaftsverfassung (s. bereits Rn. 3) und dem durch sie vermittelten Anspruch, Schwierigkeiten in der EU im Rahmen der hierfür vorgesehenen Verfahren zu lösen (Art. 7 EUV, Art. 258, 259 AEUV).[33]

III.　Partielle Austritte und Statusveränderungen

11　Während die Möglichkeit eines vollständigen Austritts eines Mitgliedstaates in Art. 50 EUV geregelt ist, sind partielle Austritte bzw. mitgliedschaftliche Statusveränderungen in integrationsintensiven Sonderbereichen des Unionsrechts nicht von dieser Vorschrift umfasst.[34] Dies gilt konkret für einen (partiellen) Austritt aus der Währungsunion.[35] Soweit aber ein Mitgliedstaat der EU der Währungsunion beitritt, gilt dieser Beitritt mangels anderweitiger Regelungen gem. Art. 53 EUV bzw. Art. 356 AEUV auf unbegrenzte Zeit (s. auch Art. 140 Abs. 3 AEUV: »unwiderruflich«).[36] Insofern stellt sich auch hier die Frage nach der Bedeutung des Art. 53 EUV bzw. Art. 356 AEUV (s. dazu Art. 356 AEUV, Rn. 1).[37] Aufgrund der Exklusivität der unionalen Mitgliedschaftsverfassung sind die entsprechenden Fragen auf dem Boden des Unionsrechts zu beurteilen, sodass ein Rückgriff auf die allgemeinen Regeln des Völkerrechts auch in dieser Situation grundsätzlich ausscheidet.[38] Neben einer Reihe juristisch bedenklicher

---

[28] Dazu etwa *Dagtoglou*, FS Forsthoff, S. 77 ff.; *Götting*, S. 107 ff., S. 145 ff.; *Bruha/Nowak*, AVR 42 (2004), S. 1 ff.; *Zeh*, ZEuS 2004, 173; *Dammann*, Texas Int. L. J., 48 (2013), 125; *Friel*, Fordham International Law Survey 27 (2003/04), 590.

[29] S. BVerfGE 89, 155 (190); 123, 267 (395); zur Bewertung des Austrittsrechts s. *Hanschel*, NVwZ 2012, 998 (1001).

[30] So *Pechstein*, in: Streinz, EUV/AEUV, Art. 53 EUV, Rn. 2; offenbar anders *ders.*, EnzEuR, Bd. 1, § 15, Rn. 20; ob das Völkerrecht die Rechtsgrundlage für einen Austritt liefert, diskutieren beispielsweise *Horn*, BKR 2015, 355 f. (358); *Bruha/Nowak*, AVR 42 (2004), 2 (25).

[31] Ganz h. M. s. bereits *Ipsen*, Europäisches Gemeinschaftsrecht, S. 100 ff.; *Pechstein*, in: Streinz, EUV/AEUV, Art. 53 EUV, Rn. 2; eingehend zur clausula rebus sic stantibus im Völkerrecht s. *Binder*, Die Grenzen der Vertragstreue im Völkerrecht, 2013, S. 114 ff.; *Dammann*, Texas Int. L. J., 48 (2013), 133 (155); *Jaekel*, JURA 2010, 88 (90); allgemein auch *Köbler*, Die »clausula rebus sic stantibus« als allgemeiner Rechtsgrundsatz, 1991.

[32] So auch *Hofstötter*, in: GSH, Europäisches Unionsrecht, Art. 53 EUV, Rn. 3; dazu auch *Götting*, S. 107 ff.

[33] Dazu *Hanschel*, NVwZ 2012, 999 (1001).

[34] S. dazu am Beispiel Grönlands *Weber*, in: GS, EUV/EGV, Art. 312 EGV, Rn. 10.

[35] Eingehend dazu *Horn*, BKR 2015, 354 (358); *Dammann*, Texas Int. L. J., 48 (2013), 125; *Hanschel*, NVwZ 2012, 1000 (1001); *Behrens*, EuZW 2010, 121; *Seidel*, EuZW 2007, 617.

[36] S. dazu *Schilmöller/Tutsch*, in: GSH, Europäisches Unionsrecht, Art. 140 AEUV, Rn. 34; *Häde*, in: Calliess/Ruffert, EUV/AEUV, Art. 140 AEUV, Rn. 59; zu den rechtlichen Möglichkeiten eines Ausscheidens aus dem EURO s. *Meyer*, EuR 2013, 335 (348).

[37] Eingehend zur Debatte etwa *Schuster*, Ausschluss und Austritt aus der Europäischen Währungsunion, Wiesbaden, 2016; *Seidel*, Austritt aus der Währungsunion – eine freie Entscheidung Griechenlands, ZEI Working Paper, B04/2012.

[38] A.A. offenbar *Häde*, in: Calliess/Ruffert, EUV/AEUV, Art. 140 AEUV, Rn. 63.

Konstruktionen wäre eine Änderung der Verträge in dieser Frage sicher der sauberste Weg.[39]

IV. Auflösung der Union?

Schließlich wird im Kontext des Art. 53 EUV regelmäßig die Frage der rechtlichen **12** Zulässigkeit einer **einvernehmlichen Gesamtauflösung der EU** thematisiert.[40] Wirkte diese Diskussion in der Vergangenheit eher realitätsfern, so ist doch gegenwärtig nicht zu übersehen, dass sich der europäische Integrationsprozess momentan großen Problemen bzw. mitunter gar Auflösungserscheinungen ausgesetzt sieht. In diesem Zusammenhang dient das Instrument der Auflösung mitunter als politisches Drohszenario bzw. – andersherum gewendet – als Befürchtung.

Eine **Auflösung** der Union auf dem Boden des Unionsrechts ist in den europäischen **13** Verträgen nicht angelegt und damit **ausgeschlossen**.[41] Insbesondere kann die Auflösung nicht im Rahmen eines Vertragsänderungsverfahrens erreicht werden, weil Art. 48 EUV, um anwendbar zu sein, den Bestand der EU voraussetzt.[42] Auch andere Möglichkeiten, einen unionsrechtlichen Aufhebungsvertrag zu konzipieren, scheiden hier aus. Ob eine dennoch beschlossene Auflösung der EU im Rahmen des Unionsrechts (i. R. d. EU-Organe und Verfahren), die – dann – rechtswidrig zu einer Auflösung der EU gelangt, dagegen völkerrechtlich bzw. nach Maßgabe des nationalen Rechts zulässig wäre, ist eine Frage, die jedenfalls nicht mehr aus der Warte des Unionsrechts beurteilt werden kann.[43] Art. 53 EUV ist hierbei nur ein Baustein für die Argumentation der Unauflöslichkeit. Auch der im Unionsrecht angelegte fortwährende Integrationsauftrag wird obstruiert, soweit eine Komplettauflösung der Union durch einen bewussten Akt der Mitgliedstaaten als zulässig erachtet würde.[44]

C. Ausblick

Zwar sagt die zeitliche Geltung des Unionsrechts für sich genommen nicht viel über **14** Gestalt und weitere Entwicklung der EU aus. Es liegt dennoch auf der Hand, dass sich vor dem Hintergrund der in Art. 53 EUV niedergelegten zeitlichen Unbegrenztheit des EUV grundsätzliche Fragen über den Bestand und das Ende der EU geradezu aufdrängen. Die unbegrenzte Geltung des EUV (und AEUV, EURATOM) wird vor diesem Hintergrund sicher in den nächsten Jahren für Diskussionsstoff sorgen, insbesondere wenn

---

[39] Ebenda.
[40] S. dazu etwa *Pechstein*, in: Streinz, EUV/AEUV, Art. 53 EUV, Rn. 2; *Hofstötter*, in: GSH, Europäisches Unionsrecht, Art. 53 EUV, Rn. 4; eingehend *Götting*, S. 59 ff (73).
[41] Dazu auch *Pechstein*, in: Streinz, EUV/AEUV, Art. 53 EUV, Rn. 2; a. A. *Heintschel v. Heinegg*, in: Vedder/Heintschel v. Heinegg, Europäisches Unionsrecht, Art. 53 EUV, Rn. 3; *Jaeckel*, in: Grabitz/Hilf/Nettesheim, EU, Art. 356 AEUV (Oktober 2011), Rn. 17 f.; *Schweitzer*, in: Grabitz/Hilf, EU, Art. 312 EGV (Oktober 2005), Rn. 4; *Weber*, in: GS, EUV/EGV, Art. 312 EGV, Rn. 5; *Calliess*, in: Calliess/Ruffert, EUV/AEUV, Art. 50 EUV, Rn. 14; *Schmalenbach*, in: Calliess/Ruffert, EUV/AEUV, Art. 356 AEUV, Rn. 2; *Kokott*, in: Streinz, EUV/EGV, Art. 312 EGV, Rn. 3; *ders.*, AöR 119 (1997), 207, 209 ff. (211); *Becker*, in: Schwarze, EUV/EGV, Art. 312 EGV, Rn. 10 ff.; *Zuleeg*, Die Vorzüge der Europäischen Verfassung, GS Sasse, S. 55, 59.
[42] *Pechstein*, in: Streinz, EUV/AEUV, Art. 53 EUV, Rn. 2.
[43] Ebenda.
[44] *Hofstötter*, in: GSH, Europäisches Unionsrecht, Art. 53 EUV, Rn. 4.

es um den Erhalt der Einheit der Union und dem in der Präambel und Art. 1 EUV niedergelegten Integrationsauftrag gehen wird.[45] Jedenfalls zeigt die Diskussion rund um den sog. Grexit und Brexit, dass der einheitliche mitgliedschaftliche Bestand der Union in neuerer Zeit mehr aus der Warte der Beendigung der Mitgliedschaft in der EU gesehen wird und Fragen rund um Beitritt und Erweiterung eher in den Hintergrund gedrängt wurden (dazu auch Art. 49 EUV Rn. 37). Das Unionsrecht optiert gleichwohl für eine Stabilität der Mitgliedschaftsbande und damit für das Bestreben, Probleme und Krisen im Verbund und nicht außerhalb zu lösen – dies entspricht dem Wesen einer Ordnung, die unbegrenzte Geltung beansprucht.

---

[45] Dazu *Terhechte*, Wirtschaftsdienst 2015, 599 ff.

Artikel 54   EUV [Ratifizierung und Inkrafttreten]

(1) [1]Dieser Vertrag bedarf der Ratifikation durch die Hohen Vertragsparteien gemäß ihren verfassungsrechtlichen Vorschriften. [2]Die Ratifikationsurkunden werden bei der Regierung der Italienischen Republik hinterlegt.

(2) Dieser Vertrag tritt am 1. Januar 1993 in Kraft, sofern alle Ratifikationsurkunden hinterlegt worden sind, oder andernfalls am ersten Tag des auf die Hinterlegung der letzten Ratifikationsurkunde folgenden Monats.

Literaturübersicht

Dörr/Schmalenbach (Hrsg.), Vienna Convention on the Law of Treaties. A Commentary, 2012.

Inhaltsübersicht

A.   Entwicklung, Quellen, Bedeutung

Dass Art. 54 EUV, ebenso wie die Parallelvorschrift des Art. 357 AEUV, in der bestehenden Form in den Vertrag von Lissabon übertragen wurde, unterstreicht, dass der Lissabon-Vertrag als bloße Vertragsänderung begriffen wurde. **1**

In der Formulierung des Art. 54 EUV spiegelt sich die Geschichte der EU wider: Die Ratifizierung des ursprünglichen EUV (Vertrag von Maastricht) verzögerte sich, da in Dänemark nach einem gescheiterten Referendum ein weiteres, dann erfolgreiches Referendum abgehalten werden musste. Zudem blieb in der Bundesrepublik Deutschland die Maastricht-Entscheidung des Bundesverfassungsgerichts abzuwarten.[1] Sogleich nach deren Verkündung am 12.10.1993 wurde dann die deutsche Ratifizierungsurkunde bei der italienischen Regierung hinterlegt;[2] damit konnte der ursprüngliche EUV am 1.11.1993 in Kraft treten. Die nachfolgenden Änderungsverträge von Amsterdam (unterzeichnet am 2.10.1997), Nizza (unterzeichnet im Februar 2001) und Lissabon (unterzeichnet am 13.12.2007) traten jeweils nach Ratifikationsverfahrensablauf am 1.5.1999, 1.2.2003 und 1.12.2009 in Kraft.[3] **2**

Wie die Parallelvorschrift des Art. 357 AEUV ist auch Art. 54 EUV heute von vornehmlich historischer Bedeutung. Der wesentliche Grund dafür besteht darin, dass alle Änderungsverträge ihre eigenen Bestimmungen über die Ratifikation und das In-Kraft-Treten beinhalten;[4] vgl. zuletzt Art. 6 des Vertrages von Lissabon. Während alle diese Verträge im Hinblick auf das In-Kraft-Treten für die Mitgliedstaaten **generell** auf den **3**

---

[1] BVerfGE 89, 155.

[2] Zu dem Hintergrund der Bestellung der italienischen Regierung zum Depositar siehe die Parallelkommentierung zu Art. 357 AEUV.

[3] Siehe hierzu *Booß*, in: Lenz/Borchardt, EU-Verträge, Art. 54 EUV, Rn. 2, 4, sowie *Ruffert*, in: Calliess/Ruffert EUV/AEUV, Art. 357 AEUV, Rn. 3f.

[4] Nachweise hierzu bei *Ruffert*, in: Calliess/Ruffert, EUV/AEUV, Art. 357, Rn. 1.

Zeitpunkt der Hinterlegung der letzten Ratifikationsurkunde abstellen, bestimmt sich ihr In-Kraft-Treten für die späteren Beitritte neuer Mitgliedstaaten im Übrigen nach den jeweiligen Beitrittsverträgen **individuell**, d.h., der jeweilige Vertrag gilt für jeden Beitrittsstaat, sobald dieser seine Ratifikationsurkunde hinterlegt hat, unabhängig davon, ob andere Beitrittsstaaten diese Voraussetzung ihrerseits erfüllt haben.[5]

B. Einzelkommentierungen

I. Ratifikation, Art. 54 Abs. 1 AEUV

4   Der Begriff »Ratifikation« als Synonym für den in Art. 357 Abs. 1 AEUV verwendeten Begriff »Ratifizierung« verweist auf die völkerrechtlichen Ursprünge der Europäischen Union.[6] Ratifizierung meint insofern eine Zustimmung der Mitgliedstaaten zum Inhalt des Vertragswerks, deren formelle Ausgestaltung als Ausdruck der mitgliedstaatlichen Autonomie durch das jeweilige innerstaatliche Verfassungsrecht erfolgt, Art. 54 Abs. 1 Satz 1 EUV. In der Bundesrepublik Deutschland finden sich die einschlägigen Vorschriften hierfür in Art. 23 Abs. 1 Satz 2 und Art. 59 Abs. 1 GG: Vorausgesetzt ist ein parlamentarisches Gesetzgebungsverfahren; zuständiges Organ für den Vertragsschluss ist nach außen der Bundespräsident.

II. In-Kraft-Treten, Art. 54 Abs. 2 AEUV

5   Abweichend von der dem Ursprung der EU verpflichteten Formulierung des Art. 54 Abs. 2 AEUV sieht Art. 6 Abs. 2 Satz 2 des Vertrags von Lissabon für das In-Kraft-Treten des Vertragswerks vorbehaltlich der Hinterlegung aller Ratifikationsurkunden zunächst das Datum des 1.1.2009 vor. Im Übrigen sind die Wortlaute der Vorschriften deckungsgleich. Da die tschechische und letzte Ratifikationsurkunde indes am 13.11.2009 hinterlegt wurde, konnte der Vertrag von Lissabon, wie bereits ausgeführt, am 1.12.2009 in Kraft treten.

III. Völkerrechtlicher Zusammenhang

6   Wie die Parallelvorschrift des Art. 357 AEUV stellt Art. 54 EUV das In-Kraft-Treten des Vertrages ausdrücklich unter den Vorbehalt der ausdrücklichen völkerrechtlich wirksamen Zustimmung aller Mitgliedstaaten (s. o.). Beide Vorschriften sind damit **der souveränen Gleichheit der Mitgliedstaaten** verpflichtet, die diesen nach allgemeinem Völkerrecht (vgl. Art. 2 Ziff. 1 UN-Charta) zukommt und die zu den »Fundamenten der Europäischen Integration« gehört.[7] Aus diesem Grunde regelt die Ratifikationsklausel des Art. 54 Abs. 1 Satz 1 EUV ein gestrecktes Vertragsschlussverfahren, welches die Verfahrensschritte der vertraglichen Zustimmungserklärung und der Ratifikation differenziert.[8] Und die ergänzende Klausel des Art. 54 Abs. 1 Satz 2 EUV stellt klar, dass die Ratifikation nicht durch Austausch, sondern durch Hinterlegung der Vertragsurkunden beim Depositar, namentlich bei der italienischen Regierung, zu erfolgen hat.

---

[5] *Kokott*, in: Streinz, EUV/AEUV, Art. 357 AEUV m. entspr. Nachweisen.
[6] *Kokott*, in: Streinz, EUV/AEUV, Art. 357 AEUV, Rn. 4 m. w. N.
[7] *Dörr*, in: Grabitz/Hilf/Nettesheim, EU, Art. 54 EUV (Oktober 2011), Rn. 3.
[8] Zur völkerrechtlichen Bedeutung beider Verfahrensschritte siehe wiederum *Dörr*, in: Grabitz/Hilf/Nettesheim, EU, Art. 54 EUV (Oktober 2011), Rn. 4. Vgl. ergänzend auch die Beiträge in *Dörr/Schmalenbach*.

Artikel 55 EUV [Verbindlicher Wortlaut; Hinterlegung]

(1) Dieser Vertrag ist in einer Urschrift in bulgarischer, dänischer, deutscher, englischer, estnischer, finnischer, französischer, griechischer, irischer, italienischer, kroatischer, lettischer, litauischer, maltesischer, niederländischer, polnischer, portugiesischer, rumänischer, schwedischer, slowakischer, slowenischer, spanischer, tschechischer und ungarischer Sprache abgefasst, wobei jeder Wortlaut gleichermaßen verbindlich ist; er wird im Archiv der Regierung der Italienischen Republik hinterlegt; diese übermittelt der Regierung jedes anderen Unterzeichnerstaats eine beglaubigte Abschrift.

(2) [1]Dieser Vertrag kann ferner in jede andere von den Mitgliedstaaten bestimmte Sprache übersetzt werden, sofern diese Sprache nach der Verfassungsordnung des jeweiligen Mitgliedstaats in dessen gesamtem Hoheitsgebiet oder in Teilen davon Amtssprache ist. [2]Die betreffenden Mitgliedstaaten stellen eine beglaubigte Abschrift dieser Übersetzungen zur Verfügung, die in den Archiven des Rates hinterlegt wird.

Literaturübersicht

Ackermann, Das Sprachenproblem im europäischen Primär- und Sekundärrecht und der Turmbau zu Babel, WRP 2000, 807; *Braselmann*, Übernationales Recht und Mehrsprachigkeit, EuR 1992, 55; *Bruha*, Rechtliche Aspekte der Vielsprachigkeit, in: Bruha/Seeler (Hrsg.), Die Europäische Union und ihre Sprachen, 1998, 83; *Derlén*, Multilingual Interpretation of European Union Law, 2009; *Dickschat*, Problèmes d'interprétation des traités européens resultant de leur plurilinguisme, RBDI 4, 1968, 40; *Dölle*, Zur Problematik mehrsprachiger Gesetzes- und Vertragstexte, RabelsZ 1961, 4; *Fischer* (Hrsg.), Herausforderungen der Sprachenvielfalt in der Europäischen Union, 2007; *Fenet*, Diversité linguistique et construction européenne, RTDE 37, 2001, 235; *Gundel*, Zur Sprachenregelung in den EG-Agenturen – Abschied auf Raten von der Regel der »Allsprachigkeit« der Gemeinschaft im Verkehr mit den Bürger, EuR 2001, 776; *Hilf*, Die Auslegung mehrsprachiger Verträge, 1973; *Kelz*, Die sprachliche Zukunft Europas, 2002; *Luttermann*, Juristische Übersetzung als Rechtspolitik im Europa der Sprachen, EuZW 1998, 151; *Mössner*, Die Auslegung mehrsprachiger Staatsverträge, AVR 15, 1972, 273; *Müller*, Rechtssprache Europas, 2004; *Oppermann*, Das Sprachenregime der Europäischen Union – reformbedürftig? Ein Thema für den Post-Nizza-Prozess, ZEuS 2001, 1; *ders.*, Reform der EU-Sprachenregelung, NJW 2001, 2663; *Pfeil*, Der Aspekt der Mehrsprachigkeit in der Union und sein Einfluss auf die Rechtsfortbildung des Europäischen Gemeinschaftsrechts, ZfRV 1996, 11; *Schübel-Pfister*, Sprache und Gemeinschaftsrecht. Die Auslegung der mehrsprachig verbindlichen Rechtstexte durch den Europäischen Gerichtshof, 2004; *Truchot*, Le plurilinguisme européen, 1994; *Witt*, Probleme der EU-Sprachenpolitik, 2001; *Yvon*, Zur Reform des Sprachenregimes der Europäischen Union, EuR 2003, 681.

Leitentscheidungen

EuGH, Urt. v. 3.3.1977, Rs. 80/76 (North Kerry Milk Products), Slg. 1977, 425
EuGH, Urt. v. 6.10.1982, Rs. 283/81 (C.I.L.F.I.T.), Slg. 1982, 3417
EuGH, Urt. v. 27.3.1990, Rs. C–372/88 (Milk Marketing Board), Slg. 1990, I–1370
EuGH, Urt. v. 5.12.1996, verb. Rs. C–267/95 und C–268/95 (Merck) Slg. 1996, I–6371
EuGH, Urt. v. 17.7.1997, Rs. C–219/95 (Ferriere Nord), Slg. 1997, I–4430
EuGH, Urt. v. 2.4.1998, Rs. C–296/95 (The Queen/Commissioners of Customs and Excise), Slg. 1998, I–1629
EuGH, Urt. v. 17.12.1998, Rs. C–236/97 (Codau), Slg. 1998, I–8690
EuGH, Urt. v. 13.4.2000, Rs. C–420/98 (Giuvane), Slg. 2000, I-02847
EuGH, Urt. v. 6.6.2000, Rs. C–281/98 (Angonese), Slg. 2000, I–4161
EuGH, Urt. v. 30.1.2001, Rs. C–36/98 (Spanien/Rat der EU), Slg. 2001, I–810
EuGH, Urt. v. 9.9.2003, Rs. C–361/01 P (Kik), Slg. 2003, I–8309
EuGH, Urt. v. 20.11.2003, Rs. C–152/01 (Kyocera), Slg. 2003, I – 13833
EuGH, Urt. v. 22.3.2012, Rs. C–190/10 (Génesis), ECLI:EU:C:2012:157

EuG, Urt. v. 20. 9. 2012, Rs. T–407/10 (Ungarn/Kommission), ECLI:EU:T:2012:453
EuG, Urt. v. 21. 5. 2014, Rs. T–61/13 (Melt Walter), ECLI:EU:T:2014:265

Wesentliche sekundärrechtliche Vorschrift

Verordnung Nr. 1 vom 15. 4. 1958, ABl. 1958, 17/358; zuletzt geändert durch Verordnung (EG) Nr. 1791/2006 vom 20. 11. 2006, ABl. 2006, L 363/1.

Inhaltsübersicht   Rn.

A. Anwendungsbereich, Genese und systematische Einordnung

1   Art. 55 EUV enthält **drei verschiedene Regelungen**. Erstens wird die **Hinterlegung** der Urschriften geregelt und damit der Verwahrer für diese bestimmt. Es ist im Völkervertragsrecht üblich, dass bei multilateralen Verträgen nicht wie bei bilateralen ein gegenseitiger Austausch der Urkunden vereinbart wird, sondern dass eine verantwortliche Stelle für die Verwahrung bestimmt wird.[1] Die Auswahl der italienischen Regierung ist historischen Gründen geschuldet (s. Rn. 22).

2   Zweitens wird der **verbindliche Wortlaut** des Vertrages bestimmt und damit die Fassungen, die für die Auslegung und Anwendung des Primärrechts der Union rechtlich maßgeblich sind. Die Vorschrift bestimmt ausdrücklich 23 Sprachen zu verbindlichen Vertragssprachen. Seit dem Betritt Kroatiens ist aufgrund des Beitrittsvertrags nunmehr Kroatisch als 24. Sprache zu ergänzen.[2] Die zahlenmäßige Diskrepanz zur Anzahl der Mitgliedstaaten von 28 erklärt sich aus dem Umstand, dass einige Mitgliedstaaten Amtssprachen teilen (s. Rn. 25). Drittens enthält Absatz 2 der Norm eine Regelung der **Übersetzung des Vertrages** in weitere Amtssprachen der Mitgliedstaaten. Eine solche Regelung ist, soweit ersichtlich, im Völkervertragsrecht einzigartig. Sie führt nicht zu weiteren verbindlichen Sprachfassungen des Vertrages, sondern dient Transparenzzwecken (Rn. 16 ff.).

3   Grundsätzlich erfasst der Anwendungsbereich von Art. 55 EUV neben dem **EU-Vertrag** kraft Verweisung in Art. 358 auch den **AEU-Vertrag**. Für die anderen Bereiche

---

[1] S. Art. 16 lit. b WVK; dazu *Heintschel v. Heinegg*, in: Ipsen, Völkerrecht, 6. Aufl., 2014, § 11, Rn. 25.

[2] Art. 54 Abs. 2 der Beitrittsakte führt eine Ergänzung des Primärrechts, hier des Art. 55 Abs. 1 EUV, herbei, s. ABl. 2012, L 112/21 (34) v. 24. April 2012; Vgl. *Ohler*, in: Grabitz/Hilf/Nettesheim, EU, Art. 49 EUV (März 2011), Rn. 36.

des EU-Primärrechts fehlt es an einer ausdrücklichen Regelung. Da Art. 51 EUV die **Protokolle und Anhänge** zu integralen Bestandteilen »der Verträge« bestimmt, sind auch diese beiden Typen des Primärrechts in den Regelungsbereich des Art. 55 EUV einbezogen.[3]

Demgegenüber wird die **EU-Grundrechtecharta** in Art. 6 Abs. 1 EUV zwar für mit   **4** den Verträgen »rechtlich gleichrangig« erklärt, sie ist aber formal nicht Bestandteil derselben, sondern stellt einen eigenständigen Teil des EU-Primärrechts dar.[4] Allerdings ist die Charta in vielfältiger Weise mit den Verträgen verbunden. Zum einen wird die Grundrechtecharta ausdrücklich in Art. 6 Abs. 1 UAbs. 1 EUV erwähnt und ihre Geltung für die EU angeordnet.[5] Zum anderen sind in Art. 6 Abs. 1 UAbs. 3 EUV Vorgaben für die Auslegung der Grundrechtecharta enthalten. Dort wird für die Auslegung auf Titel VII der Charta »unter gebührender Berücksichtigung der in der Charta angeführten Erläuterungen« verwiesen. Inhaltlich setzt diese Regelung die Bestimmung der verbindlichen Sprachfassungen voraus. Ferner bestimmt **Art. 52 Abs. 2 GRC**, dass in der Charta aufgeführte Rechte, die in den Verträgen geregelt sind, im Rahmen der in den Verträgen festgelegten Bedingungen und Grenzen ausgelegt werden. Auch dies spricht für eine methodisch gleich ausgerichtete Herangehensweise an die Wortlautinterpretation.[6] Des Weiteren wird die Einhaltung der Grundrechtecharta durch den Europäischen Gerichtshof im Rahmen der im AEU-Vertrag vorgesehenen Klagearten gewahrt. Während Art. 19 EUV für die Aufgaben des Gerichtshofs auf das »Recht« und die »Verträge« verweist, kann die Nichtigkeitsklage nach Art. 263 Abs. 2 AEUV bei »Verletzung der Verträge« erhoben werden, wenn ein Verstoß gegen Verbürgungen in der EU-Grundrechtecharta gerügt wird.[7] Die gegenseitigen Bezugnahmen in Art. 6 EUV und in Abs. 5 der Präambel der Grundrechtecharta sowie der Rekurs auf die »Sprachen der Verträge« in Art. 42 Abs. 4 GRC sprechen dafür, dass die Formulierung »dieser Vertrag« in Art. 55 EUV auch auf die Grundrechtecharta, wenn auch als einen **separaten Teil** desselben, bezogen ist.[8] Zutreffend wird ergänzend darauf hingewiesen, dass das Protokoll über die Anwendung der Grundrechtecharta auf Polen und das Vereinigte Königreich ausdrücklich über Art. 51 EUV zum Bestandteil der Verträge erklärt wird.[9] Nach alldem wäre es wertungswidersprüchlich, nicht auch die Charta selbst den allgemeinen Bestimmungen über die Verträge, inklusive ihrer Veränderung (vgl. Art. 48

---

[3] Ebenso *Dörr*, in: Grabitz/Hilf/Nettesheim, EU, Art. 55 EUV (August 2011), Rn. 7; in der Sache wohl auch *Cremer*, in: Calliess/Ruffert, EUV/AEUV, Art. 55 EUV, Rn. 4, wenn er an die Rspr. zum Gemeinschaftsrecht anknüpft.

[4] *Dörr*, in: Grabitz/Hilf/Nettesheim, EU, Art. 55 EUV (August 2011), Rn. 7.

[5] *Kingreen*, in: Calliess/Ruffert, EUV/AEUV, Art. 6 EUV, Rn. 8.

[6] Zu beachten sind aber die Besonderheiten nach Art. 52 Abs. 4 GRC für Grundrechte, die sich aus den gemeinsamen Verfassungsüberlieferungen der Mitgliedstaaten ergeben. Allerdings folgt der EuGH auch hier eher einem unionsrechtlichen Auslegungsstil, wenn er etwa das »Recht auf Durchführung einer kollektiven Maßnahme einschließlich des Streikrechts« zu einem EU-Grundrecht erklärt, auch wenn es im Vereinigten Königreich keine Absicherung auf Verfassungsebene gibt, EuGH, Urt. v. 11. 12. 2007, Rs. C–438/05 (Viking), Slg. 2007, I–10806, Rn. 44.

[7] Vgl. EuGH, Urt. v. 1. 7. 2010, Rs. C–407/08 P (Knauf Gips KG), Slg. 2010, I–6375, Rn. 93; s. auch *Borchardt*, in: Lenz/Borchardt, Art. 263 AEUV, Rn. 87.

[8] Im Ergebnis ebenso *Dörr*, in: Grabitz/Hilf/Nettesheim, EU, Art. 55 EUV (August 2011), Rn. 7; für die Einbeziehung spricht auch der Umstand, dass im Beitrittsvertrag mit Kroatien die Charta nicht ausdrücklich erwähnt wird, sondern nur der Beitritt zur EU bzw. zum EU-, AEU- und zum EAG-Vertrag, obgleich nach einhelliger Ansicht Kroatiens mit dem Beitritt eine Bindung auch an die Grundrechtecharta besteht.

[9] *Dörr*, in: Grabitz/Hilf/Nettesheim, EU, Art. 55 EUV (August 2011), Rn. 7.

EUV, Rn. 30), zu unterwerfen. Im Ergebnis ist Art. 55 EUV daher auch auf die Grundrechtecharta als einem **separaten Bestandteil der Verträge** anwendbar.[10] Insofern trägt Art. 55 EUV zur Einheitlichkeit des EU-Rechts bei.

5   Die **Entstehungsgeschichte** der Norm weist drei Entwicklungsstränge auf, die in der Fassung des Lissabonner Vertrags zusammengeführt worden sind. Die Bestimmung über die Hinterlegung in Abs. 1 ist seit den sog. römischen Verträgen, den drei den Nukleus der EU ausmachenden Verträgen über die Europäische Gemeinschaft für Kohle und Stahl, über die Europäische Wirtschaftsgemeinschaft und über die Europäische Atomgemeinschaft, unverändert geblieben. Während sie früher in all jenen separat angeordnet gewesen war, gilt Art. 55 Abs. 1 EUV seit dem Lissabonner Vertrag **einheitlich** für die Verträge inklusive der Grundrechtecharta (s. Rn. 5).

6   Für den Bereich des **Euratom-Vertrages** existiert neben Art. 55 EUV in Art. 225 EAGV weiterhin eine **separate**, inhaltlich aber gleichlautende Regelung über die Hinterlegung und die verbindlichen Sprachfassungen. Da es dort aber an der mit dem Lissabonner Vertrag neu eingeführten Bestimmung über die Möglichkeit weiterer Übersetzungen fehlt, stellt sich die Frage nach einer **analogen Anwendung** von Art. 55 Abs. 2 EUV. Das dürfte zu bejahen sein, weil zum einen die Verträge institutionell eng mit dem Euratom-Vertrag verzahnt sind[11] und schon in der früheren Praxis zum EU-Sekundärrecht Übersetzungen zugelassen worden waren (s. Rn. 33). Zum anderen dienen auch Übersetzungen des EAG-Vertrages der Verwirklichung der hinter Art. 55 Abs. 2 EUV stehenden Ziele der Förderung von **Transparenz** und **Bürgernähe** (s. Rn. 16 ff.).

7   Die Regelung der **verbindlichen Vertragssprachen** war bis zum Lissabonner Vertrag auf zwei Absätze der einschlägigen Vorschriften[12] verteilt gewesen. Im ersten Absatz wurden die Fassungen in den vier Amtssprachen der sechs Gründungsstaaten ausdrücklich als Urschriften bezeichnet, während mit jeder Vertragsänderung die weiteren Amtssprachen der zwischenzeitlich beigetretenen Mitgliedstaaten im Abs. 2 zu verbindlichen Vertragssprachen erklärt wurden. Art. 55 EUV bringt insofern eine neue Nuance ein, indem nunmehr alle Fassungen in den einzeln aufgezählten Amtssprachen der Mitgliedstaaten zu »**Urschriften**« erklärt werden. Dies unterstreicht die schon bisher normativ vorgegebene **Gleichwertigkeit** der verbindlichen Sprachfassungen (näher Rn. 24). Damit ist die Union in der Frage der Vertragssprachen frühzeitig deutlich von dem alternativen Ansatz, der im EGKS-Vertrag verfolgt worden war, abgewichen. Nach Art. 100 EGKSV war allein der französische Wortlaut für verbindlich erklärt worden. Dieses Konzept wurde insbesondere auf Drängen Deutschlands nicht auf die anderen Römischen Verträge übertragen[13] und bald durch die Gleichwertigkeit aller (Amts-)Sprachversionen bei der Interpretation des EGKSV ersetzt.[14]

8   **Neu** wurde im Lissabonner Vertrag in den zweiten Absatz der Vorschrift die Regelung über die Übersetzung der Verträge in **weitere Amtssprachen** der Mitgliedstaaten aufgenommen. Sie war bereits in Art. IV–448 Abs. 2 für den letztlich gescheiterten Verfassungsvertrag von 2004 vorgesehen.[15]

---

[10] Im Ergebnis ebenso *Dörr*, in: Grabitz/Hilf/Nettesheim, EU, Art. 55 EUV (August 2011), Rn. 7, der in der Begründung aber für eine analoge Anwendung plädiert.

[11] Zur Anwendbarkeit der Vorschriften der Verträge über die Organe auf den Euratom-Vertrag s. Art. 106a EAGV.

[12] Vgl. Art. 53 EUV a. F.; Art. 314 EGV.

[13] *Pfeil*, ZfRV 1996, 11 (12).

[14] *Bruha*, S. 83 (84).

[15] Vgl. 16. Erklärung zu Art. 55 EUV. Auch unter dem Verfassungsvertrag ist der Euratom-Vertrag

In **systematischer Hinsicht** ist von der Regelung der verbindlichen Sprachfassungen   **9**
der Verträge in Art. 55 EUV jene über die »Sprachenfrage für die Organe« nach Art. 342
AEUV zu unterscheiden. Letztere Vorschrift bezieht sich zum einen auf die **Amts- und**
auf die intern verwendeten **Arbeitssprachen** der Organe.[16] Zum anderen gilt sie auch für
die im Sekundärrecht verwendeten Sprachen (s. Rn. 32).[17]

Die Regelung über die Sprachfassungen steht ferner im systematischen Zusammen-   **10**
hang mit einigen anderen Vorschriften der Verträge. Zentral ist diesbezüglich die Verbürgung in Art. 24 Abs. 4 AEUV und Art. 41 Abs. 4 GRC, die jedem Unionsbürger bzw.
jeder Person das **Recht** einräumt, sich in einer der in Art. 55 EUV erwähnten Sprachen
an jedes Organ und jede Einrichtungen wenden zu können und eine **Antwort** in derselben Sprache zu erhalten. Erfasst werden damit insbesondere das **Petitionsrecht** zum
Europäischen Parlament, die **Anrufung des Bürgerbeauftragten** nach Art. 228 AEUV
sowie die **Kommunikation mit den Organen** im Rahmen der partizipativen Demokratie
gemäß Art. 11 EUV. Des Weiteren besteht ein Bezug zum Bekenntnis der EU zur **Viel-**
falt gerade auch in sprachlicher Hinsicht in den Art. 21 und 22 GRC, in Art. 3 Abs. 3
EUV sowie in Art. 165 Abs. 1 und Art. 207 Abs. 4 Buchst. a AEUV.

B. Bedeutung und Zweck

I. Integrationspolitische Bedeutung

Die **Bedeutung** von Art. 55 EUV erschöpft sich nicht in der Klärung völkervertrags-   **11**
rechtlicher Standardfragen zu multilateralen Verträgen, sondern erschließt sich umfassend erst im Zusammenhang mit weiteren Zielen, die spezifisch für den europäischen
Staatenverbund sind. In Bezug auf das Primärrecht ist mit Art. 55 EUV eine Grundsatzentscheidung für die **Vielsprachigkeit** gefällt worden. Die Alternative der Einigung auf
nur eine verbindliche Sprachfassung hätte ein deutliches Zeichen in Richtung einer
stärkeren Integration gesetzt. Nicht zufällig hat unter den ursprünglichen römischen
Verträgen der besonders supranational konzipierte EGKS-Vertrag eine solche Vereinheitlichung enthalten (s. Rn. 8). Aus Sicht des **Demokratieprinzips** wird die Sprachenvielfalt u. a. als ein Hindernis für die Herausbildung einer gesamteuropäischen Öffentlichkeit angesehen.[18]

Allerdings ist die **Anerkennung aller nationalen Amtssprachen** im **Völkervertrags-**   **12**
recht traditionell der Regelfall, auch wenn insbesondere im Rahmen der Tätigkeit der
UN Verträge zunehmend in den weltweit besonders verbreiteten Sprachen verbindlich
abgefasst werden. So ist etwa die deutsche Fassung der Aarhus-Konvention, die im
Rahmen der UNECE[19] geschlossen worden ist, nicht verbindlich.[20]

---

selbständig geblieben, s. Art. 3 36. Protokoll zur Änderung des Vertrags zur Gründung der Europäischen Atomgemeinschaft zum Verfassungsvertrag, ABl. EU 2004, C–310/391; *Folz*, in: Vedder/Heint-
schel v. Heinegg, Europäischer Verfassungsvertrag, S. 1151.

[16] S. Art. 1 der Verordnung Nr. 1 vom 15. 4. 1958, ABl. 1958, 17/358; zuletzt geändert durch
Verordnung (EG) Nr. 1791/2006 vom 20. 11. 2006, ABl. 2006, L 363/1 vom 20. 12. 2006.

[17] Vgl. bereits Art. 5 Verordnung Nr. 1, a. a. O.; s. auch Art. 118 Abs. 2 Satz 1 AEUV.

[18] Vgl. BVerfGE 89, 155 (185) – *Maastricht*.

[19] United Nations Economic Commission for Europe.

[20] Verbindlich sind die englische, französische und russische Fassung nach Art. 22 Aarhus-Konvention.

13   Rechtsvergleichend finden sich im Staatsrecht zahlreiche **Beispiele** für Staaten, die sich intern einer Vielfalt von Amtssprachen verpflichtet haben.[21] Allerdings gelten auch dort Differenzierungen. So gibt es in der **Schweiz** vier Landessprachen nach Art. 4 BV, aber eine Sonderregelung für die Amtssprachen in Art. 70 BV, die das wenig verbreitete Rätoromanisch nur im Verkehr mit Personen vorsieht, die diese Sprache als eigene sprechen. Historisch ist das ehemalige **Österreich-Ungarn** ein Beispiel dafür, wie eine zunächst relative Vielfalt an Amtssprachen später deutlich eingeschränkt wird.[22] Für diese Tendenz sprechen mehrere Gründe. Eine Vielzahl von verbindlichen Sprachfassungen erhöht die Wahrscheinlichkeit von Abweichungen zwischen den einzelnen Fassungen, die bei der Rechtsanwendung beseitigt werden müssten. Zudem sind Übersetzungen, insbesondere des abgeleiteten Rechts (EU-Sekundärrecht), zeit- und kostenintensiv. Solchen Aspekten wird in der EU in Art. 298 Abs. 1 AEUV rechtliche Bedeutung verliehen, wonach sich die EU auf eine »effiziente« Verwaltung stützt.

14   Die in Art. 55 EUV statt dessen getroffene Entscheidung für eine **Vielfalt** der verbindlichen Sprachfassungen steht im Einklang mit der Grundentscheidung in den Verträgen für eine »Einheit in Vielfalt«.[23] Die EU achtet nach Art. 22 GRC die **Vielfalt der Sprachen**. Art. 21 GRC verbietet eine **Diskriminierung** u. a. aufgrund der Sprache. Nach Art. 3 Abs. 3 UAbs. 4 EUV wahrt die EU die **sprachliche Vielfalt**. Zur Umsetzung kann die EU nach Art. 165 Abs. 1 EUV zum Erlernen und Verbreiten der Sprachen der Mitgliedstaaten beitragen. Mit der Vielfalt der Sprachen wird zugleich die **Inklusion** der Unionsbürgerinnen und -bürger gefördert. Insoweit hat die Entscheidung für die Wahrung der Vielfalt der Sprachen auch eine fördernde Wirkung in Bezug auf **Integration** und **Demokratieprinzip** (s. Rn. 17).

II.   Transparenz, Bürgernähe und Demokratieprinzip

15   Die Vielfalt der verbindlichen Sprachfassungen dient auch der Umsetzung der Unionsziele der **Transparenz** und der **Bürgernähe** sowie, damit zusammenhängend, des **Demokratieprinzips**. Transparenz wird gefördert, wenn Einzelne Informationen in einer ihnen verständlichen Sprache erhalten bzw. sammeln können. Transparenz ist als Zielvorgabe im Primärrecht anerkannt und gewährleistet. So fordert Art. 298 AEUV insbesondere eine »offene« Verwaltung in der EU und Art. 15 Abs. 3 AEUV (Art. 42 GRC) gewährleistet das Recht auf Zugang zu Dokumenten bei den EU-Organen.[24]

16   Wenn die Wahrnehmung der Informationen in und über die EU nicht über neue Übersetzungen vermittelt werden muss, wird zugleich ein wichtiges Kriterium der **Bürgernähe** erfüllt. Bürgernähe wird an prominenter Stelle in Art. 1 Abs. 2 EUV als eine Zielvorgabe der EU vorgegeben. Gefördert wird dies – wie auch die Transparenz – durch besondere Rechte der Unionsbürger, wie das Petitionsrecht zum Parlament[25] oder das

---

[21] So kennt Südafrika z. B. 11 Amtssprachen; zu weiteren Bsp., auch aus rechtshistorischer Sicht *Dölle*, RabelsZ 1961, 4.

[22] Von 1849 bis 1869 wurden dort die Übersetzungen in zunächst 10 Amtssprachen auf eine, deutsch, reduziert, *Dölle*, RabelsZ 1961, 4 (6).

[23] Vgl. *Heselhaus*, in: Heselhaus/Nowak, Handbuch der Europäischen Grundrechte, § 46, Rn. 1 ff.

[24] Vgl. dazu Art. 42 GRC, Rn. 1 f. und *Heselhaus*, in: Heselhaus/Nowak, Handbuch der Europäischen Grundrechte, § 56, Rn. 1 ff.

[25] Vgl. dazu Art. 44 GRC, Rn. 1 ff. und *Gaitanides*, in: Heselhaus/Nowak, Handbuch der Europäischen Grundrechte, § 49 Rn. 1 ff.

Recht auf Antwort von den Organen und Einrichtungen der Union in der eigenen (Amts-)Sprache.[26]

Transparenz und Bürgernähe sind für den Einzelnen wichtige Voraussetzungen, um   **17** von seinen demokratischen politischen Rechten in der EU effektiv Gebrauch machen zu können. Dies bezieht sich zum einen auf die Wahl- und Stimmrechte in der repräsentativen Demokratie gemäß Art. 10 EUV und zum anderen auf die Pflege des Dialogs mit den Organen und Behörden bzw. untereinander, wie er in Art. 11 EUV in Bezug auf die partizipative Demokratie zum Ausdruck kommt. Daher dient die Mehrsprachigkeit auch der **Förderung des Demokratieprinzips**.[27]

III. Rechtsstaatsprinzip

Das **Rechtsstaatsprinzip** wird in den Verträgen an vielen Stellen hervorgehoben und die   **18** Bindung der EU daran betont.[28] Grundsätzlich setzt die Einbindung des Einzelnen in ein rechtliches Geflecht von Rechten und Pflichten voraus, dass er von deren Inhalt **Kenntnis** hat. Essentiell ist daher die Möglichkeit des Einzelnen, die betreffenden Normen in seiner eigenen (Amts-)Sprache einsehen zu können. Das gilt nicht nur im Hinblick auf das Sekundärrecht, sondern auch auf das von Art. 55 EUV erfasste Primärrecht, weil dieses auch Rechte und Pflichten des Einzelnen enthält, die unmittelbar anwendbar sind.[29] Zu Beschlüssen des **Markenamtes**, die nur in den weiter verbreiteten Sprachen der Mitgliedstaaten abgefasst werden, hat es der EuGH für wichtig erachtet, dass die Gemeinschaftsmarke für die Wirtschaftsteilnehmer geschaffen wurde und diese nicht dazu verpflichtet sind, darauf zurückzugreifen.[30] Primärrechtlich bestehen spezifische Vorgaben für die **Sprache vor Gericht** über die Verteidigungsrechte nach Art. 48 GRC. Diese Vorschrift schützt »angeklagte« Personen und ist dabei, wie der Vergleich mit Art. 5 und 6 EMRK zeigt,[31] nicht nur auf Strafverfahren beschränkt, sondern erfasst alle Personen, die wegen Beschuldigungen konkreten Ermittlungsmaßnahmen ausgesetzt sind.[32] Für die EU kommt hinzu, dass das Rechtsstaatsprinzip im Rahmen des Integrationsprogramms eine besondere Rolle spielt, wie dies in dem Konzept »Integration through law«[33] zum Ausdruck gekommen ist. Die oftmals sehr starke, fast formale Betonung rechtlicher Bindungen an das Unionsrecht in der Rechtsprechung des EuGH,[34] erklärt sich auch aus dem Umstand, dass die EU kaum über Kompetenzen und Ressourcen zur Kontrolle der nationalen Verwaltungen in Umsetzung des EU-Rechts verfügt[35] und sich daher nicht ausreichend auf eine Praxis der Verwaltungsbehörden verlassen kann.

---

[26] Vgl. dazu Art. 41 GRC, Rn. 21 und *Heselhaus*, in: Heselhaus/Nowak, Handbuch der Europäischen Grundrechte, § 57, Rn. 34 ff.

[27] *Yvon*, EuR 2003, 681 (684); *Oppermann*, ZEuS 2001, 4 (8); *Gundel*, EuR 2001, 782; vgl. BVerfGE 89, 155 (185).

[28] Art. 2 EUV; Art. 21 Abs. 1 u. 2 Buchst. b EUV; 3. u. 5. Absatz der Präambel des EUV; vgl. auch Art. 19 Abs. 1 Satz 1 EUV.

[29] Art. 108 Abs. 3 AEUV, EuGH, Urt. v. 20.3.1997, Rs. C–24/95 (Alcan II), Slg. 1997, I–1591.

[30] EuGH, Urt. v. 9.9.2003, Rs. C–361/01 P (Kik), Slg. 2003, I–8309, Rn. 88.

[31] Die EMRK-Verbürgungen sind gem. Art. 52 Abs. 3 Satz 1 GRC Mindestgarantien in der Union.

[32] *Eser*, in: Meyer, GRCh, Art. 48 GRC, Rn. 25; *Schorkopf*, in: Heselhaus/Nowak, Handbuch der Europäischen Grundrechte, § 53, Rn. 37 ff.

[33] *Cappelletti/Secombe/Weiler*, Integration through law, 5 Bde., 1985–1988.

[34] Vgl. die strenge Sicht des EuGH zur Umsetzung des EU-Rechts durch Verwaltungsvorschriften EuGH, Urt. v. 30.5.1991, Rs. C–361/88 (TA Luft), Slg. 1991, I–2596.

[35] Vgl. etwa die Beschränkungen für die Durchführung des Umweltrechts nach Art. 192 Abs. 4 AEUV.

IV. Nichtdiskriminierung und Souveränität

19   Dass in Art. 55 EUV die verschiedenen nationalen Amtssprachen alle für verbindlich erklärt werden, ist zudem Ausdruck des **Grundsatzes der Gleichbehandlung** bzw. des Verbots von Diskriminierungen. Das gilt zum einen im Verhältnis zu den Einzelnen. Die Nichtdiskriminierung aufgrund der Sprache ist nach der Rechtsprechung ein wichtiger Aspekt im Rahmen der Grundfreiheiten.[36] Darüber hinaus wird die Sprache zwar nicht als besonderes Merkmal in Art. 19 AEUV aufgeführt, wonach im Sekundärrecht weitere Diskriminierungen bekämpft werden sollen, doch wird in **Art. 21 GRC** der Schutz vor Diskriminierungen aufgrund der Sprache ausdrücklich festgeschrieben.[37]

20   Zum anderen kommt durch die Regelung der Sprachenfrage in Art. 55 Abs.1 EUV auch die Anerkennung der **souveränen Gleichheit** der Mitgliedstaaten zum Ausdruck. Die souveräne Gleichheit der Mitgliedstaaten wird in den Verträgen nicht ausdrücklich postuliert, sondern als Grundlage entsprechend den völkerrechtlichen Prinzipien **vorausgesetzt**. Das wird in den Verträgen insbesondere in den Verfahren zur Vertragsänderung deutlich, die die Ratifikation durch jeden Mitgliedstaat erfordern bzw. durch die vereinfachten Verfahren, die jeweils einstimmige Beschlussfassung im Rat vorsehen.[38] Dementsprechend erlaubt Art. 342 AEUV eine **anderweitige Regelung** der Sprachenfrage nur bei **Einstimmigkeit** im Rat.[39]

C. Hinterlegung

21   Die Anordnung der **Hinterlegung** entspricht der üblichen Vorgehensweise im Völkervertragsrecht bei multilateralen Verträgen.[40] Der Verwahrer überprüft die Einhaltung der Formerfordernisse, verwahrt die Urschriften und bringt sie den anderen Vertragsparteien zur Kenntnis.[41] Dementsprechend bestimmt Art. 55 Abs. 1 EUV, dass die Italienische Republik als Verwahrer der Regierung jedes Unterzeichnerstaates eine beglaubigte Abschrift übermittelt. Die Urschrift ist insbesondere von Bedeutung um etwaige Abweichungen in den Abschriften nachweisen zu können, die keine Bindungswirkung entfalten können. Die Bestimmung der Italienischen Republik als Verwahrer hat **historische Gründe**. Die drei ursprünglichen Gründungsverträge sind seinerzeit in Rom unterzeichnet worden und werden noch heute oft als die »römischen Verträge« bezeichnet.

---

[36] EuGH, Urt. v. 6.6.2000, Rs. C–281/98 (Angonese), Slg. 2000, I–4161, Rn. 42 ff.

[37] Die Gewährleistungen dienen insbesondere dem Minderheitenschutz, s. zu Art. 21 GRC *Heselhaus*, in: Heselhaus/Nowak, Handbuch der Europäischen Grundrechte, § 46, Rn. 81 ff.

[38] Zur Vertragsänderung s. Art. 48 Abs. 4 EUV; zum vereinfachten Verfahren s. Art. 48 Abs. 6 EUV.

[39] Auf Basis dieser Norm bzw. ihrer Vorgänger ist die Verordnung Nr. 1 vom 15.4.1958, ABl. 1958, 17/358; zuletzt geändert durch Verordnung (EG) Nr. 1791/2006 vom 20.11.2006, ABl. 2006, L 363/1 vom 20.12.2006 erlassen worden.

[40] Vgl. Art. 76 Abs. 1 WVK und Art. 77 Abs. 1 WVKIO.

[41] *Heintschel v. Heinegg* (Fn. 1), § 11, Rn. 25.

D. Adressaten

Auf die **Verbindlichkeit** der Sprachfassungen kommt es immer dann an, wenn Primär-   **22**
recht angewendet wird. Das betrifft in vertikaler Hinsicht sowohl Handeln auf der Unionsebene, wie auch auf der mitgliedstaatlichen Ebene. In horizontaler Perspektive sind
neben der **Rechtsetzung** auch **Verwaltung** und **Rechtsprechung** als Rechtsanwender
Adressaten der Regelung.[42] Daher entspricht es der Auslegung nach dem *effet utile*,
wenn Art. 55 EUV innerstaatlich unmittelbare Wirkung zuerkannt wird.[43]

Darüber hinaus ist auch der Einzelne zu erwähnen, dem im Primärrecht unmittelbar   **23**
Rechte zugewiesen bzw. Pflichten auferlegt werden können. Damit erschöpft sich die
Bedeutung des Art. 55 Abs. 1 EUV nicht nur in einer Absprache zwischen den Mitglied-
staaten, sondern sie entfaltet **praktische Wirkungen** im Rechtsleben in der Union unter
Einschluss des Einzelnen.[44]

E. Gleichberechtigung der Vertragssprachen und Auslegung

Ursprünglich waren nur die Sprachfassungen der sechs Gründungsmitgliedstaaten als   **24**
Urschriften bezeichnet worden,[45] die anderen Sprachfassungen waren hinzugefügt worden.[46] Im Lissabonner Vertrag werden nunmehr, quasi kontrafaktisch, **alle Sprachfassungen**, auch die in den Sprachen später beigetretener Mitgliedstaaten, als Urschriften
bezeichnet. Im Falle eines Beitritts wird durch den Beitrittsvertrag Art. 55 EUV insoweit
ergänzt.[47]

Ein solches Vorgehen steht in Übereinstimmung mit den völkervertragsrechtlichen   **25**
Regelungen.[48] Darin kommt zum einen der besondere Wert, der einer strikten **Gleichbehandlung der Mitgliedstaaten** beigemessen wird, zum Ausdruck. Zum anderen wird
damit unterstrichen, dass die späteren Sprachfassungen, die de facto lediglich Übersetzungen der früheren Sprachfassungen darstellen, die gleiche Bedeutung für die Auslegung besitzen.

In den **Beitrittsverträgen** wird bei Bedarf jeweils eine weitere authentische Sprach-   **26**
fassung festgelegt.[49] Hat ein Mitgliedstaat **Amtssprachen**, die bereits in anderen Mitgliedstaaten als Amtssprachen in Art. 55 EUV Berücksichtigung gefunden haben, so

---

[42] Für Einbeziehung der Rechtsanwender ebenso *Dörr*, in: Grabitz/Hilf/Nettesheim, EU, Art. 55
EUV (August 2011), Rn. 6 sowie *Cremer*, in: Calliess/Ruffert, EUV/AEUV, Art. 55 EUV, Rn. 6.
[43] Im Ergebnis wie hier *Dörr*, in: Grabitz/Hilf/Nettesheim, EU, Art. 55 EUV (August 2011), Rn. 6.
[44] Enger *Dörr*, in: Grabitz/Hilf/Nettesheim, EU, Art. 55 EUV (August 2011), Rn. 6; die Einbeziehung des Einzelnen ist vom EuGH frühzeitig als ein Wesensmerkmal des Unionsrechts in Abgrenzung
zum Völkerrecht herausgearbeitet worden, EuGH, Urt. v. 5. 2. 1963, C–26/62 (Van Gend und Loos),
Slg. 1963, 7 (24 ff.).
[45] Das gilt für EWGV (Art. 248) und EAGV (Art. 225), während für den EGKSV gemäß Art. 100
EGKSV anfangs allein die französische Fassung maßgeblich gewesen war.
[46] Vgl. Art. 248 EGV a. F. (Maastricht), Art. 314 Abs. 2 EGV a. F. (Amsterdam), Art. 53 EUV a. F.,
Art. 55 EUV.
[47] Für den Beitritt Kroatiens s. Art. 54 Abs. 2 der Beitrittsakte, ABl. 2012, L 112/21 ff. v. 24. April
2012. Ermächtigungsgrundlage für diese Vertragsanpassungen ist Art. 49 Abs. 2 EUV.
[48] Vgl. Art. 33 Abs. 2 WVK gestattet den Vertragsstaaten die Festlegung von authentischen Sprachfassungen.
[49] Vgl. Art. 54 Abs. 2 der Beitrittsakte für den Beitritt Kroatiens 2013, ABl. 2012, L 112/21 ff. v.
24. 4. 2012.

bedarf es keiner neuen Sprachfassung. Dementsprechend gibt es keine besonderen Sprachfassungen für die Mitgliedstaaten Belgien, Luxemburg, Österreich und Zypern. In der Vergangenheit sind neue Sprachfassungen jeweils mit den Beitrittsverträgen in die EU-Verträge aufgenommen worden. Nach dem Beitritt Kroatiens gibt es 24 verbindliche Sprachfassungen.[50]

27   Aus der Verbindlichkeit aller Sprachfassungen folgt deren **rechtliche Gleichrangigkeit**. Dies entspricht der völkervertragsrechtlichen Grundentscheidung in 33 WVK. Mit der Mehrsprachigkeit nimmt aber auch die Wahrscheinlichkeit von Divergenzen zwischen den verschiedenen Sprachfassungen zu. Diesbezüglich gilt im Völkervertragsrecht nach Art. 33 Abs. 3 WVK zunächst eine **Vermutungsregel** dafür, dass Ausdrücke des Vertrages in jedem authentischen Wortlaut die gleiche Bedeutung haben. Das hat die praktische Folge, dass die Rechtsanwender solange von der gleichen Bedeutung ausgehen können, als sie keine anderweitigen Hinweise haben. In der EU geht der EuGH von einer gleichlautenden Grundregel aus.[51]

28   Zeigen sich aber **Divergenzen** zwischen den Sprachfassungen, dann wird wegen deren rechtlicher Gleichrangigkeit nicht einer von ihnen der Vorzug vor anderen gegeben. Im Völkervertragsrecht bestimmt Art. 33 Abs. 4 WVK, dass diejenige Bedeutung zugrunde gelegt werden muss, »die unter Berücksichtigung von Ziel und Zweck des Vertrags die Wortlaute am besten miteinander in Einklang bringt«. Der **EuGH** hat in seiner Rechtsprechung, die er sowohl im Hinblick auf das Primärrecht, wie auch auf das Sekundärrecht entwickelt hat,[52] in Anlehnung an das Völkerrecht **Auslegungsgrundsätze** hergeleitet. Grundlage ist die Gleichrangigkeit der verschiedenen Sprachfassungen, die einen Vergleich zwischen diesen erfordert.[53] Bei Divergenzen besteht **kein Vorrang** einer bestimmten Sprachfassung.[54] Ausdrücklich halten die EU-Gerichte die Größe der Bevölkerung eines Mitgliedstaates, die die betreffende Sprache spricht, für unerheblich.[55] Die Auslegung hat eine **einheitliche Interpretation** zum Ziel[56] und stützt sich dazu

---

[50] Vgl. Art. 55 EUV i. V. m. Art. 54 Abs. 2 der Beitrittsakte für den Beitritt Kroatiens, ABl. 2012, L 112/21 ff. v. 24. 4. 2012.

[51] EuGH, Urt. v. 27.3.1990, Rs. C–372/88 (Milk Marketing Board), Slg. 1990, I–1370, Rn. 19 verlangt einen Vergleich mit anderen Sprachfassungen bei »Zweifeln«; s. ebenso EuG, Urt. v. 21.5.2014, Rs. T–61/13 (Melt Walter), ECLI:EU:T:2014:265, Rn. 24.

[52] EuGH, Urt. v. 17.7.1997, Rs. C–219/95 (Ferriere Nord), Slg. 1997, I–4430, Rn. 31 zur Auslegung des Primärrechts und EuGH, Urt. v. 27.3.1990, Rs. C–372/88 (Milk Marketing Board), Slg. 1990, I–1370, Rn. 19; EuG, Urt. v. 21.5.2014, Rs. T–61/13 (Melt Walter), ECLI:EU:T:2014:265, Rn. 19 ff. zur Auslegung des Sekundärrechts. Zur Auslegung einer Beitrittsakte s. EuGH, Urt. v. 5.12.1996, verb. Rs. C–267/95 u. C–268/95 (Merck) Slg. 1996, I–6371, Rn. 21 f.

[53] EuGH, Urt. v. 6.10.1982, Rs. 283/81 (C.I.L.F.I.T.), Slg. 1982, 3417, Rn. 18; Urt. v. 27.2.1997, Rs. C–177/95 (Ebony Maritime), Slg. 1997, I–1131, Rn. 30 ff.

[54] EuGH, Urt. v. 3.3.1977, Rs. 80/76 (North Kerry Milk Products), Slg. 1977, 425, Rn. 11/12; EuG, Urt. v. 21.5.2014, Rs. T–61/13 (Melt Walter), ECLI:EU:T:2014:265, Rn. 20; EuG, Urt. v. 20.9.2012, Rs. T–407/10 (Ungarn/Kommission), ECLI:EU:T:2012:453, Rn. 39; EuGH, Urt. v. 2.4.1998, Rs. C–296/95 (The Queen/Commissioners of Customs and Excise), Slg. 1998, I –1629, Rn. 36; Urt. v. 20.11.2003, Rs. C–152/01 (Kyocera), Slg. 2003, I – 13833, Rn. 32. Vgl. grundsätzlich dazu bereits *Dölle*, RabelsZ 1961, 4 (27 ff.).

[55] EuG, Urt. v. 21.5.2014, Rs. T–61/13 (Melt Walter), ECLI:EU:T:2014:265, Rn. 20; Urt. v. 20.9.2012, Rs. T–407/10 (Ungarn/Kommission), ECLI:EU:T:2012:453, Rn. 39; EuGH, Urt. v. 2.4.1998, Rs. C–296/95 (The Queen/Commissioners of Customs and Excise), Slg. 1998, I –1629, Rn. 36; Urt. v. 20.11.2003, Rs. C–152/01 (Kyocera), Slg. 2003, I – 13833, Rn. 32.

[56] EuG, Urt. v. 21.5.2014, Rs. T–61/13 (Melt Walter), ECLI:EU:T:2014:265, Rn. 26; EuGH, Urt. v. 12.11.1998, Rs. C–149/97 (Institute of the motor industry), Slg. 1998, I–7073, Rn. 16; Urt. v. 3.3.2008, Rs. C–187/07 (Endendijk), Slg. 2008, I–2115, Rn. 23; Urt. v. 9.10.2008, Rs. C–239/07 (Sabatauskas), Slg. 2008, I–7523 Rn. 38.

auf den systematischen Zusammenhang und den Zweck[57] der betreffenden Vorschrift. Dieser Ansatz bewegt sich zwar im eingangs aufgezeigten völkerrechtlichen Rahmen, er wird aber im Unionsrecht erheblich **modifiziert**. Denn bei der Auslegung sind die Besonderheiten des EU-Rechts zu berücksichtigen. Das gilt bereits bei der Feststellung der Bedeutung in den verschiedenen Sprachfassungen. In ständiger Rechtsprechung geht der EuGH davon aus, dass Ausdrücke im EU-Recht nicht notwendig den Begriffsinhalt wiederspiegeln, den sie im nationalen Recht hätten.[58] Dies wird mit der Bedeutung der **Einheitlichkeit** des EU-Rechts begründet, die nur bei einer Eigenständigkeit der Auslegung gewahrt bleiben kann.[59] Ansonsten könnten sich, verkürzt gesagt, Änderungen des nationalen Begriffsverständnisses auf das EU-Recht im Sinne einer Zersplitterung auswirken. Dieser Ansatz ist in der Literatur zutreffend als quasi-verfassungsrechtlich bewertet worden.[60]

Hinzu tritt im Rahmen der teleologischen Interpretation die Auslegung nach dem sog. **29** **effet utile**, die in deutlicher Abweichung vom tradierten Völkerrecht dem Unionsrecht zu einer weitest möglichen effektiven Anwendung verhelfen soll.[61] Dieser Interpretationsansatz ist Teil des acquis communautaire und von den Mitgliedstaaten bei den Vertragsänderungen nicht in Zweifel gezogen worden. In der Literatur halten sich allerdings Vorbehalte aus der Perspektive des Völkerrechts.[62] Akzeptiert man aber (im Rahmen des **acquis communautaire**) mit dem EuGH das EU-Recht als eine **Rechtsordnung sui generis**, dann bedarf es keiner »Phantasie« bei der Auslegung von Art. 33 WVK. Vielmehr haben die Mitgliedstaaten von ihrer Gestaltungsfreiheit im Völkervertragsrecht mit der Gründung der Union Gebrauch gemacht. Wenn im Ergebnis eine (divergierende) Sprachfassung in der Auslegung durch den EuGH keine Berücksichtigung findet, weil sie nicht dem Sinn und Zweck der Vorschrift entspricht, bleibt dies methodisch im zulässigen Rahmen. Es zeigt sich hier ein fundamentaler methodischer Unterschied zur Auslegung im Völkervertragsrecht, in dem i.d.R. divergierende Vertragsfassungen nicht unberücksichtigt bleiben (können).

Es gibt keinen überzeugenden Grund, von diesem Interpretationsansatz des EuGH **30** die Gemeinsame Außen- und Sicherheitspolitik (**GASP**) auszunehmen.[63] Zwar funktioniert dieser Politikbereich der Union nicht nach den Grundsätzen des AEU-Vertrages und ist bislang (noch) der Zuständigkeit des EuGH entzogen, doch ist die GASP **integraler Bestandteil der EU-Verträge**. Die Vergangenheit hat gezeigt, dass der EuGH auch in Bereichen der EU, die weniger supranationale Mechanismen kennen, die Interpretationsmethodik eigenständig für das EU-Recht entwickelt.[64] Die Zuständigkeit des

---

[57] EuG, Urt. v. 21.5.2014, Rs. T–61/13 (Melt Walter), ECLI:EU:T:2014:265, Rn. 28; EuGH, Urt. v. 27.10.1977, Rs. 30/77 (Bouchereau), Slg. 1977, 2000, Rn. 14; Urt. v. 20.11.2003, Rs. C–152/01 (Kyocera), Slg. 2003, I–13833, Rn. 33; Urt. v. 22.3.2012, Rs. C–190/10 (Génesis), ECLI:EU:C: 2012:157, Rn. 42; Urt. v. 17.12.1998, Rs. C–236/97 (Codau), Slg. 1998, I–8690, Rn. 26; Urt. v. 13.4.2000, Rs. C–420/98 (Giuvane), Slg. 2000, I–2847, Rn. 37.

[58] Vielmehr akzeptiert der EuGH eine Auslegung nach der nationalen Rechtsordnung nur, wenn dies ausdrücklich im EU-Recht verlangt wird, EuGH, Urt. v. 2.4.1998, Rs. C–296/95 (The Queen/ Commissioners of Customs and Excise), Slg. 1998, I –1629, Rn. 30.

[59] EuG, Urt. v. 21.5.2014, Rs. T–61/13 (Melt Walter), ECLI:EU:T:2014:265, Rn. 26.

[60] *Dauses*, integration 1994, 215 (220 ff.); *Everling*, CMLRev. 29 (1992), 1053 (1064); *Kutscher*, EuR 1981, 392 (400 ff.); *Steinberger*, VVDStRL 50 (1991), 9 (19).

[61] S. bereits EuGH, Urt. v. 26.11.1956, Rs. 8/55 (Fédéchar), S. 302 (312); *Oppermann/Classen/ Nettesheim*, Europarecht, § 9, Rn. 178.

[62] So wohl *Cremer*, in: Calliess/Ruffert, EUV/AEUV, Art. 55 EUV, Rn. 5.

[63] So aber *Cremer*, in: Calliess/Ruffert, EUV/AEUV, Art. 55 EUV, Rn. 5.

[64] S. die rahmenbeschlusskonforme Auslegung in der PJZS, die kein Pendant im klassischen Völkerrecht hat, EuGH, Urt. v. 16.6.2005, Rs. C–105/03 (Pupino), Slg. 2005, I–5285, Rn. 60.

EuGH ist für eine Zuordnung zum Unionsrecht oder zum Völkerrecht nicht entscheidend, denn der Adressatenkreis der Vorschrift (s. Rn. 23) ist umfassender und das EU-Recht verlangt auch dort eine einheitliche Auslegung, wo »nur« die Rechtsetzung und die Rechtsanwendung durch die Exekutive berührt sind. Schließlich liegt es auch den völkervertragsrechtlichen Bestimmungen fern, die Interpretation von der – im Völkerrecht in der Regel fehlenden – Zuständigkeit eines Gerichts abhängig zu machen.

31   Die **Rechtsprechungspraxis** kennt zahlreiche Beispiele für die Auflösung von Divergenzen zwischen den sprachlichen Fassungen.[65] Im Primärrecht ist etwa auf die Auslegung des Begriffs der »Raumordnung« in der Umweltpolitik nach Art. 192 AEUV hinzuweisen. Unter Rückgriff auf die englische Sprachfassung »town and country planning« ist die Literatur der Auffassung, dass auch die städtebauliche Planung erfasst sei.[66] In derselben Vorschrift ist der Begriff der »Bewirtschaftung der Wasserressourcen« im Maastricht-Vertrag unter Rückgriff auf die niederländische Fassung dahin ausgelegt worden, dass die mengenmäßige Bewirtschaftung erfasst sei.[67] Der deutsche Vertragstext ist später entsprechend angepasst worden.[68] Das wohl prominenteste Beispiel, das noch nicht vor den EuGH gekommen ist, ist der Begriff des »**Prinzips begrenzter Einzelermächtigung**« in Art. 5 Abs. 1 EUV. Alle anderen Sprachfassungen enthalten den Begriff der »zugewiesenen Zuständigkeiten«. Dieser stellt schlicht auf die systematisch einschlägigen Kompetenznormen ab, ohne eine Engführung auf eine Zuweisung von einzeln genau bezeichneten Kompetenzen zu suggerieren. Eine solche lässt sich auch in den Kompetenzvorschriften nicht nachweisen, wie es etwa die nicht auf einzelne Maßnahmen begrenzte Ermächtigung zu umweltpolitischen Maßnahmen in Art. 192 Abs. 1 AEUV belegt. Daher war die frühere Fassung »Prinzip begrenzter Ermächtigung« sinnvoller. Da sich im Lissabonner Vertrag an diesen Grundlagen insgesamt nichts geändert hat, ist die Neufassung schlicht als eine **redaktionelle Besonderheit** der deutschen Sprachfassung anzusehen, die keine Änderung in der Sache bedeutet.

F.   Weitergehende Folgerungen aus einem Grundsatz der Gleichberechtigung der Vertragssprachen?

32   Ob aus dem Voranstehenden folgt, dass Art. 55 Abs. 1 EUV Ausdruck eines **Grundsatzes der Gleichberechtigung** der Vertragssprachen ist, hat Auswirkungen auf die umstrittene Frage, wie weit die Spielräume unter Art. 342 AEUV sind, die Mehrsprachigkeit in den Arbeitssprachen der EU-Organe und im Sekundärrecht zu verringern. Teile der Literatur sprechen sich angesichts des enormen Zeit- und Kostenaufwandes für solche Beschränkungen aus,[69] während andere dies nur zurückhaltend zulassen wollen.[70] Der EuGH steht jedenfalls einem Grundsatz der Gleichberechtigung eher **ablehnend** gegenüber.[71] Die gleiche Bedeutung der verschiedenen Sprachfassungen beziehe

---

[65] S. die instruktiven Beispiele bei *Dörr*, in: Grabitz/Hilf/Nettesheim, EU, Art. 55 EUV (August 2011), Rn. 9.

[66] *Calliess*, in: Calliess/Ruffert, EUV/AEUV, Art. 192 AEUV, Rn. 30.

[67] EuGH, Urt. v. 30. 1. 2001, Rs. C–36/98 (Spanien/Rat der EU), Slg. 2001, I–810, Rn. 47–49.

[68] Nunmehr betrifft die Vorschrift »die mengenmäßige Bewirtschaftung der Wasserressourcen«, s. Art. 192 Abs. 2 Buchst. b AEUV.

[69] *Oppermann*, ZEuS, 2001, 6; *Fenet*, RTDEur. 2001, 255.

[70] *Gundel*, EuR 2001, 776 (783); kritisch auch *Bruha*, S. 83.

[71] Nach EuGH, Urt. v. 9. 9. 2003, Rs. C–361/01 P (Kik), Slg. 2003, I–8309, Rn. 82 und 87, können

sich nur auf Sprachfassungen, die bereits vorliegen und für verbindlich erklärt worden sind. Dessen ungeachtet hat der EuGH aber zur Problematik der Beschränkung auf bestimmte Sprachfassungen bisher die Argumente des Aufwandes mit gegenläufigen Rechtsprinzipien abgewogen.[72] Dem ist zuzustimmen. Ein Grundsatz der Gleichberechtigung der Sprachfassungen lässt sich Art. 55 Abs. 1 EUV lediglich **für das Primärrecht** entnehmen. Würde man einen solchen darüber hinaus auch auf das Sekundärrecht nach Art. 342 AEUV erstrecken, könnte aufgrund der ständigen Rechtsprechung zu Grundsätzen des Unionsrechts gefolgert werden, dass eine Begrenzung der Mehrsprachigkeit nur sehr begrenzt zuzulassen wäre.[73] Das stünde aber in Widerspruch zum Spielraum der den Mitgliedstaaten in **Art. 342 AEUV** eröffnet wird. Denn die dort vorgesehene Einstimmigkeit macht nur Sinn, wenn sie grundsätzlich erlaubt, dass ein Mitgliedstaat dem Verzicht der Übersetzung in seine Amtssprache zustimmen kann. Auf diese Weise wird diesbezüglich die **Souveränität der Mitgliedstaaten** gewahrt.

Zu beachten ist allerdings, dass auch ohne Geltung eines Grundsatzes der Gleichberechtigung der Sprachfassungen bei einer Begrenzung auf bestimmte Sprachfassungen die **grundlegenden Prinzipien** der Transparenz, Bürgernähe, des Rechtsstaatsprinzips (s. Rn. 16 ff., 19) gebührend zu berücksichtigen sind. Entsprechende Abwägungen hat der EuGH in seiner Rechtsprechung vorgenommen.[74] Gerade das **Rechtsstaatsprinzip** engt den Spielraum für entsprechende Reduzierungen nicht unerheblich ein.[75] **33**

G. Offizielle Übersetzungen

Art. 55 Abs. 2 EUV, der die **Übersetzung der Verträge** in weitere Amtssprachen der Mitgliedstaaten zulässt, ist neu durch den Lissabonner Vertrag eingefügt worden. Inhaltlich ist damit die gleichlautende Vorschrift aus dem gescheiterten Verfassungsvertrag übernommen worden.[76] Da Übersetzungen grundsätzlich nicht zulassungsbedürftig sind, macht die Vorschrift nur Sinn, wenn den beglaubigten Übersetzungen der Charakter einer **offiziellen Übersetzung** zuerkannt wird. In Abgrenzung von Art. 55 Abs. 1 EUV kommt diesen aber **keine verbindliche Wirkung** zu. Ihre Bedeutung kann sinnvoll darin liegen, dass sie in den betreffenden Mitgliedstaaten im Verkehr mit Personen, die die betreffende nationale bzw. regionale Amtssprache pflegen, verwendet werden können. Sie würden in diesem Sinne an der Vermutungsregel teilhaben, dass die dort verwendeten Begriffe mit denen in den authentischen Sprachfassungen übereinstimmen, in Divergenzfällen würden sie aber in der Auslegung nicht berücksichtigt. Schon seit 2006 hat im Sekundärrecht der EU eine entsprechende Praxis bestanden.[77] **34**

---

weder die Verträge noch die Rechtsprechung »für einen angeblichen Grundsatz der Gleichheit der Sprachen angeführt werden«.

[72] EuGH, Urt. v. 9. 9. 2003, Rs. C–361/01 P (Kik), Slg. 2003, I–8309, Rn. 88 ff.

[73] In ständiger Rspr. sind Ausnahmen von Grundsätzen des Unionsrechts eng auszulegen, EuGH, Urt. v. 15. 10. 2009, Rs. C–275/08 (Kommission/Deutschland), Slg. 2009, I–168, Rn. 55 m. w. N. – Kommission/Deutschland.

[74] S. etwa zum Rechtsstaatsprinzip in der Sache EuGH, Urt. v. 9. 9. 2003, Rs. C–361/01 P (Kik), Slg. 2003, I–8309, Rn. 88.

[75] *Yvon*, EuR 2003, 681 (690 f.); *Gundel*, EuR 2001, 776 (783); *Wichard*, in: Calliess/Ruffert, EUV/AEUV, Art. 342 AEUV, Rn. 3; *Priebe*, in: Schwarze, EU-Kommentar, Art. 342 AEUV, Rn. 2.

[76] Art. IV–448 Abs. 2 Vertrag über eine Verfassung für Europa von 2004.

[77] S. z. B. die Verwaltungsvereinbarungen zwischen dem Rat und Spanien über die Übersetzung in Regionalsprachen, ABl. 2006, C 40/2.

35   Dagegen können die in Art. 55 Abs. 2 EUV angesprochenen offiziellen Übersetzungen **nicht vor dem EuGH** eingesetzt werden, da **Art. 29 VerfO** die in Art. 55 Abs. 1 EUV erwähnten Sprachfassungen in seinem § 1 als mögliche Verfahrenssprachen bestimmt und eine Wahl der Verfahrenssprache durch die Parteien auf diese Auswahl ausdrücklich begrenzt.[78]

36   Davon ausgehend wird auch der Sinn der Vorschrift deutlich. Es geht um die weitere Förderung von **Transparenz und Bürgernähe** unter besonderer Berücksichtigung der **Vielfalt der Sprachen**, die in Art. 3 Abs. 3 UAbs. 4 EUV sowie in Art. 22 GRC zum Ausdruck kommt, deren Anwendungsbereich über die in Art. 55 EUV und Art. 342 AEUV angesprochenen Amtssprachen hinausgeht und insbesondere auch dem Schutz von Minderheiten dient.[79]

H. Bewertung und Ausblick

37   Aus Gründen der Transparenz, der Bürgernähe, des Rechtsstaatsprinzips, der Nichtdiskriminierung und nicht zuletzt wichtiger Aspekte des Demokratieprinzips (s. Rn. 15 ff.) ist die Anerkennung der Mehrsprachigkeit in Art. 55 Abs. 1 EUV im Hinblick auf das Primärrecht uneingeschränkt zu begrüßen. Auch die Ergänzung in Art. 55 Abs. 2 EUV um weitere Übersetzungen dient der Mehrzahl dieser Prinzipien und ergänzt sie um den Schutz von Minderheiten, die auf nationaler Ebene bei den Amtssprachen berücksichtigt werden. Allerdings sind die damit verbundenen **Übersetzungsleistungen** aufwändig und kostenintensiv.[80] Während das für das Primärrecht nicht überhand nimmt, stellt sich für das Sekundärrecht die Frage, inwieweit unter Art. 342 AEUV die Mehrsprachigkeit eingeschränkt werden kann.[81] Eingedenk der hinter der Mehrsprachigkeit stehenden Rechtsgüter sollte davon in der Praxis allenfalls **zurückhaltend** Gebrauch gemacht werden. Die Strategie für Mehrsprachigkeit in der EU[82] könnte dazu dienen, die Problematik zu verringern, wenn sie auch zur Vermittlung derjenigen Sprachen führt, die in der EU als Erst- und Zweitsprachen weit verbreitet sind.

---

[78] Wie hier *Dörr*, in: Grabitz/Hilf/Nettesheim, EU, Art. 55 EUV (August 2011), Rn. 12; vgl. aber *Cremer*, in: Calliess/Ruffert, EUV/AEUV, Art. 55 EUV, Rn. 7.
[79] Vgl. *N. N. Shuibhne*, EC Law and Minority Language policy, 2002, S. 292 ff.
[80] Ausführlich dazu *Yvon*, EuR 2003, 681 (694).
[81] S. dazu Art. 342 AEUV, Rn. 13.
[82] Entschließung des Rates vom 21. 11. 2008 zu einer europäischen Strategie für Mehrsprachigkeit, ABl. 2008, C 320/1.

Charta der Grundrechte der Europäische Union

(GRC)

Präambel

Die Völker Europas sind entschlossen, auf der Grundlage gemeinsamer Werte eine friedliche Zukunft zu teilen, indem sie sich zu einer immer engeren Union verbinden. [1]In dem Bewusstsein ihres geistig-religiösen und sittlichen Erbes gründet sich die Union auf die unteilbaren und universellen Werte der Würde des Menschen, der Freiheit, der Gleichheit und der Solidarität. [2]Sie beruht auf den Grundsätzen der Demokratie und der Rechtsstaatlichkeit. [3]Sie stellt den Menschen in den Mittelpunkt ihres Handelns, indem sie die Unionsbürgerschaft und einen Raum der Freiheit, der Sicherheit und des Rechts begründet.

[1]Die Union trägt zur Erhaltung und zur Entwicklung dieser gemeinsamen Werte unter Achtung der Vielfalt der Kulturen und Traditionen der Völker Europas sowie der nationalen Identität der Mitgliedstaaten und der Organisation ihrer staatlichen Gewalt auf nationaler, regionaler und lokaler Ebene bei. [2]Sie ist bestrebt, eine ausgewogene und nachhaltige Entwicklung zu fördern und stellt den freien Personen-, Dienstleistungs-, Waren- und Kapitalverkehr sowie die Niederlassungsfreiheit sicher.

Zu diesem Zweck ist es notwendig, angesichts der Weiterentwicklung der Gesellschaft, des sozialen Fortschritts und der wissenschaftlichen und technologischen Entwicklungen den Schutz der Grundrechte zu stärken, indem sie in einer Charta sichtbarer gemacht werden.

[1]Diese Charta bekräftigt unter Achtung der Zuständigkeiten und Aufgaben der Union und des Subsidiaritätsprinzips die Rechte, die sich vor allem aus den gemeinsamen Verfassungstraditionen und den gemeinsamen internationalen Verpflichtungen der Mitgliedstaaten, aus der Europäischen Konvention zum Schutz der Menschenrechte und Grundfreiheiten, aus den von der Union und dem Europarat beschlossenen Sozialchartas sowie aus der Rechtsprechung des Gerichtshofs der Europäischen Union und des Europäischen Gerichtshofs für Menschenrechte ergeben. [2]In diesem Zusammenhang erfolgt die Auslegung der Charta durch die Gerichte der Union und der Mitgliedstaaten unter gebührender Berücksichtigung der Erläuterungen, die unter der Leitung des Präsidiums des Konvents zur Ausarbeitung der Charta formuliert und unter der Verantwortung des Präsidiums des Europäischen Konvents aktualisiert wurden.

Die Ausübung dieser Rechte ist mit Verantwortung und mit Pflichten sowohl gegenüber den Mitmenschen als auch gegenüber der menschlichen Gemeinschaft und den künftigen Generationen verbunden.

Daher erkennt die Union die nachstehend aufgeführten Rechte, Freiheiten und Grundsätze an.

Literaturübersicht

Alber, Die Selbstbindung der europäischen Organe an die Europäische Charta der Grundrechte, EuGRZ 2001, 349; *Andrée*, Zielverpflichtende Gemeinwohlklauseln im AEU-Vertrag – Merkmale, Rechtswirkungen und kompetenzielle Bedeutung der sogenannten »Querschnittsklauseln« in einer Europäischen Wertegemeinschaft, 2014; *Baer*, Grundrechtecharta ante portas, ZRP 2000, 361; *Barriga*, Die Entstehung der Charta der Grundrechte der Europäischen Union – Eine Analyse der Arbeiten im Konvent und kompetenzrechtliche Fragen, 2003; *Bauer*, Organisation und rechtlicher Rahmen des Politikfelds Inneres und Justiz nach dem Vertrag von Lissabon, in: Weidenfeld (Hrsg.), Lissabon in der Analyse – Der Reformvertrag der Europäischen Union, 2008, S. 99; *Bechtold*, Hat Luxemburg Angst vor Straßburg?, NZKart 2015, 161; *Bernsdorff*, Die Europäische Grundrechte-Charta nach fünf Jahren Rechtsverbindlichkeit – Werkstattbericht und Bestandsaufnahme, RuP 2014, 163; *Bezemek*, 19 Jahre, und nichts für die Unsterblichkeit getan – Anmerkungen zum Verhältnis von Art. 53 EMRK und Art. 53 GRC anlässlich des Gutachtens 2/13 des EuGH, ZfRV 2015, 52; *Bickenbach*, Das Subsidiaritätsprinzip in Art. 5 EUV und seine Kontrolle, EuR 2013, 523; *Biernat*, Kontroversen in Polen um die Charta der Grundrechte der Europäischen Union, FS Müller-Graff, 2015, S. 1350; *Bilz*, Drittwirkung von Freiheitsrechten der Europäischen Grundrechte-Charta, GreifRecht 2013, 119; *Blanke*, The Protection of Fundamental Rights in Europe, in: *ders.*/Mangiameli (Hrsg.), The European Union after Lisbon – Constitutional Basis, Economic Order and External Action, 2012, S. 159; *ders.*, The Economic Constitution of the European Union, in: *ders.*/Mangiameli (Hrsg.), The European Union after Lisbon – Constitutional Basis, Economic Order and External Action, 2012, S. 369; *Bleckmann*, Die wertende Rechtsvergleichung bei der Entwicklung europäischer Grundrechte, FS Börner, 1992, S. 29; v. *Bogdandy/v. Bernstorff*, Die Europäische Agentur für Grundrechte in der europäischen Menschenrechtsarchitektur und ihre Fortentwicklung durch den Vertrag von Lissabon, EuR 2010, 141; *v. Bogdandy/Ioannidis*, Das systemische Defizit – Merkmale, Instrumente und Probleme am Beispiel der Rechtsstaatlichkeit und des neuen Rechtsstaatlichkeitsaufsichtsverfahrens, ZaöRV 2014, 283; *Borowsky*, Wertegemeinschaft Europa, DRiZ 2001, 275; *Britz*, Grundrechtsschutz durch das Bundesverfassungsgericht und den Europäischen Gerichtshof, EuGRZ 2015, 275; *Busse*, Eine kritische Würdigung der Präambel der Europäischen Grundrechtecharta, EuGRZ 2002, 559; *Calliess*, Die Charta der Grundrechte der Europäischen Union: Fragen der Konzeption, Kompetenz und Verbindlichkeit, EuZW 2001, 261; *ders.*, Europa als Wertegemeinschaft – Integration und Identität durch europäisches Verfassungsrecht, JZ 2004, 1033; *ders.*, Kooperativer Grundrechtsschutz in der Europäischen Union – Überlegungen im Lichte der aktuellen Rechtsprechung von EuGH und deutschem Bundesverfassungsgericht (BVerfG), JRP 2015, 17; *Cariat*, L'invocation de la charte des droits fondamentaux de l'union européenne dans les litiges horizontaux: État des lieux après l'arrêt Association de médiation sociale, CDE 2014, 305; *Cassebohm*, Die Agentur der Europäischen Union für Grundrechte – überflüssige Bürokratie oder echter Mehrwert im europäischen Grundrechtsschutzsystem?, ZEuS 2010, 189; *Castán*, Die Öffnung des EU-Rechts für die Europäische Menschenrechtskonvention – Überlegungen anlässlich des Gutachtens 2/13 des Europäischen Gerichtshofs, DÖV 2016, 12; *Classen*, Für ein sachgerechtes Miteinander von europäischem und nationalem Grundrechtsschutz. Zu Art. 51 GRC, FS Müller-Graff, 2015, S. 1378; *Craig*, The Community Rights and the Charter, ERPL 14 (2002) 195; v. *Danwitz*, Grundrechtsschutz im Anwendungsbereich des Gemeinschaftsrechts nach der Charta der Grundrechte, FS Herzog, 2009, S. 19; *ders.*, Verfassungsrechtliche Herausforderungen in der jüngeren Rechtsprechung des EuGH, EuGRZ 2013, 253; *Dederer*, Die Grenzen des Vorrangs des Unionsrechts – Zur Vereinheitlichung von Grundrechts-, Ultra-vires- und Identitätskontrolle, JZ 2014, 313; *de Witte/Imamović*, Opinion 2/13 on Accession to the ECHR: Defending the EU Legal Order against a Foreign Human Rights Court, E.L.Rev. 40 (2015), 683; *Dickson*, The EU Charter of Fundamental Rights in the Case Law of the European Court of Human Rights, EHRLR 2015, 27; *Dorf*, Zur Interpretation der Grundrechtecharta, JZ 2005, 126; *Dougan*, The Treaty of Lisbon 2007: Winning Minds, not Hearts, CMLRev. 45 (2008), 617; *ders.*, Judicial Review of Member State Action Under the General Principles and the Charter: Defining the »Scope of Union Law«, CMLRev. 52 (2015), 1201; *Engel*, Konsequenzen eines Beitritts der Europäischen Union zur EMRK für die EU selbst, für den Europarat und den EGMR, EuGRZ 2010, 259; *Everling*, Die Europäische Union als föderaler Zusammenschluss von Staaten und Bürgern, in: v. Bogdandy/Bast (Hrsg.), Staatliches Unionsverfassungsrecht – Theoretische und dogmatische Grundzüge, 2. Aufl., 2009, S. 961; *Fisahn/Cijtci*, Hierarchie oder Netzwerk – zum Verhältnis nationaler zur europäischen Rechtsordnung, JA 2016, 364; *Franzius*, Strategien der Grundrechtsoptimierung in Europa, EuGRZ 2015, 139; *ders.*, Grundrechtsschutz in Europa – Zwischen Selbstbehauptungen und Selbstbeschränkungen der Rechtsordnungen und ihrer Gerichte, ZaöRV 2015, 383; *Frenz*, Grundfreiheiten und Grundrechte, EuR 2002, 603; *Frenzel*, Die Charta der Grundrechte als Maßstab für mitgliedstaatliches Handeln zwischen Effektivierung und Hyperintegration, Der Staat 2014, 1; *Geiß*, Europäischer Grundrechtsschutz ohne Grenzen?, DÖV 2014, 265; *Giegerich*, Wirkung und Rang der EMRK in den Rechtsordnungen der Mitgliedstaaten, in: Dörr/Grote/Marauhn (Hrsg.), EMRK/GG – Kokordanzkommentar zum europäischen und deutschen Grundrechtsschutz, 2. Aufl., 2013; *Goerlich*, Der Gottesbezug in Verfassungen, in: *ders.*/Huber/Lehmann (Hrsg.), Verfassung ohne Gottesbezug? Zu einer aktuellen europäischen Kontroverse, 2004, S. 9; *Grabenwarter*, Die Charta der Grundrechte für die Europäische Union, DVBl. 2001, 1; *ders.*, Auf dem Weg in die Grundrechtsgemeinschaft?, EuGRZ 2004, 563; *ders.*, Das EMRK-Gutachten des EuGH, EuZW 2015, 180; *Grabenwarter/Pabel*, Europäische Menschenrechtskonvention – Ein Studienbuch, 5. Aufl., 2012; *Gragl*, A Giant Leap for European Human Rights? – The Final Agreement on the European Union's Accession to the European Convention on Human Rights, CMLRev. 51 (2014), 13; *Gratzl*, Grundrechte als Grenzen der Marktfreiheiten, 2011; *Griebel*, Doppelstandards des Bundesverfassungsgerichts beim Schutz europäischer Grundrechte, Der Staat 2013, 371; *ders.*, Europäische Grundrechte als Prüfungsmaßstab der Verfassungsbeschwerde, DVBl. 2014, 204; *Griller*, Wirt-

schaftsverfassung und Binnenmarkt, FS Rill, 2010, S. 1; *Grosche*, Die Grundrechte, in: Marchetti/
Demesmay (Hrsg.), Der Vertrag von Lissabon – Analyse und Bewertung, 2010, S. 111; *Gstrein*, Der
geeinte Menschenrechtsschutz im Europa der Vielfalt – Zum Verhältnis der Luxemburger und Straß-
burger Gerichtshöfe nach Beitritt der Europäischen Union zur Europäischen Menschenrechtskonven-
tion, ZEuS 2012, 445; *Gudmundsdóttir*, A Renewed Emphasis on the Charter's Distinction between
Rights and Principles: Is a Doctrine of Judicial Restraint More Appropriate?, CMLRev. 52 (2015), 685;
Häberle, Präambeln im Text und Kontext von Verfassungen, FS Broermann, 1982, S. 211; *ders.*,
Europäische Verfassungslehre, 7. Aufl., 2011; *Härtel*, Die Europäische Grundrechteagentur: unnötige
Bürokratie oder gesteigerter Grundrechtsschutz?, EuR 2008, 489; *Hailbronner*, Raum der Freiheit,
der Sicherheit und des Rechts, in: Hummer/Obwexer (Hrsg.), Der Vertrag von Lissabon, 2009, S. 361;
Hancox, The meaning of »implementing« EU law under Article 51(1) of the Charter: Åkerberg Frans-
son, CMLRev. 50 (2013), 1411; *Handstanger*, Schutz der Unionsgrundrechte am Beispiel des VwGH,
ZÖR 2014, 39; *Hatje*, Die EU auf dem Weg zur Solidarunion – Wandel durch Krise, in: Hatje/Iliopou-
los/Iliopoulos-Strangas/Kämmerer (Hrsg.), Verantwortung und Solidarität in der Europäischen Union
– Ein deutsch-griechischer Rechtsdialog, 2015, S. 73; *Hatje/Kind*, Der Vertrag von Lissabon – Europa
endlich in guter Verfassung?, NJW 2008, 1761; *Heit*, Europäische Identitätspolitik in der EU-Verfassungspräambel – Zur ursprungsmythischen Begründung eines universalistischen europäischen Selbstverständnisses, ARSP 90 (2004), 461; *Herdegen*, Die Europäische Union als Wertegemeinschaft: aktuelle Herausforderungen, FS Scholz, 2007, S. 139; *Heuschmid*, Horizontalwirkung von Art. 27 Europäische Grundrechtecharta – Fehlanzeige?, EuZA 2014, 514; *Heyde*, Grundrechtsentwicklung in
der Europäischen Union – vom Netzwerk unabhängiger Grundrechtsexperten zur Grundrechteagentur, FS Sellner, 2010, S. 3; *Hilpold*, Die Unionsbürgerschaft – Entwicklung und Probleme, EuR 2015,
133; *ders.*, Solidarität im EU-Recht: Die »Inseln der Solidarität« unter besonderer Berücksichtigung
der Flüchtlingsproblematik und der Europäischen Wirtschafts- und Währungsunion, EuR 2016, 373;
Hirsch, Die Europäische Union als Grundrechtsgemeinschaft, GS Schockweiler, 1999, S. 177; *ders.*,
Schutz der Grundrechte im »Bermuda-Dreieck« zwischen Karlsruhe, Straßburg und Luxemburg,
EuR-Beih. 1/2006, 7; *Höfler*, Die Unionsbürgerfreiheit: Ansprüche der Unionsbürger auf allgemeine
Freizügigkeit und Gleichheit unter besonderer Berücksichtigung sozialer Rechte, 2009; *Hoffmann/
Rudolphi*, Die Durchführung des Unionsrechts durch die Mitgliedstaaten – Art. 51 Abs. 1 Satz 1 Alt. 2
Grundrechtecharta im Spiegel der Rechtsprechung des Europäischen Gerichtshofs, DÖV 2012, 597;
Hoffmann-Riem, Kohärenz der Anwendung europäischer und nationaler Grundrechte, EuGRZ 2002,
473; *Hoffmeister*, Das Prinzip der Solidarität zwischen den Mitgliedstaaten im Vertrag von Lissabon,
in: Pernice (Hrsg.), Der Vertrag von Lissabon: Reform der EU ohne Verfassung?, 2008, S. 152; *Holou-
bek/Lienbacher* (Hrsg.), Charta der Grundrechte der Europäischen Union – GRC-Kommentar, 2014;
Holterhus/Kornack, Die materielle Struktur der Unionsgrundwerte – Auslegung und Anwendung des
Art. 2 EUV im Lichte aktueller Entwicklungen in Rumänien und Ungarn, EuGRZ 2014, 389; *Hwang*,
Grundrechte unter Integrationsvorbehalt? – Eine rahmenorientierte Überlegung zur Debatte um die
Bindung der Mitgliedstaaten an die Unionsgrundrechte, EuR 2014, 400; *Iglesias Sánchez*, The Court
and the Charter: The Impact of the Entry into Force of the Lisbon Treaty on the ECJ's Approach to
Fundamental Rights, CMLRev. 49 (2012), 1565; *Iliopoulos-Strangas*, Der Vorrang des Gemein-
schafts-/Unionsrechts gegenüber der Verfassung – Eine noch offene und umstrittene Frage in der
griechischen Rechtsordnung, FS Starck, 2007, S. 825; *Isak*, Loyalität und Solidarität in der EU –
Einführung, ZÖR 2015, 287; *Isensee*, Christliches Erbe im organisierten Europa – Phobie und Legitimationschance, JZ 2015, 745; *Jacqué*, Pride and/or Prejudice? – Les lectures possibles de l'avis 2/13
de la Cour de justice, CDE 2015, 19; *Jarass*, Die Bindung der Mitgliedstaaten an die EU-Grundrechte,
NVwZ 2012, 457; *ders.*, Zum Verhältnis von Grundrechtecharta und sonstigem Recht, EuR 2013, 29;
Joas/Mandry, Europa als Werte- und Kulturgemeinschaft, in: Schuppert/Pernice/Haltern (Hrsg.), Europawissenschaft, 2005, S. 541; *Kadelbach*, Vorrang und Verfassung: Das Recht der Europäischen
Union im innerstaatlichen Bereich, FS Zuleeg, 2005, S. 219; *ders.*, Die Bindung an die Grundrechte
der Europäischen Union bei der Anwendung staatlichen Strafrechts – Anmerkungen zum Urteil des
EuGH in der Rechtssache Åkerberg Fransson, KritV 2013, 276; *Kämmerer*, Verfassung im National-
staat: Von der Gesamtordnung zu europäischen Teilordnung?, NVwZ 2015, 1321; *Kahl/Schwind*,
Europäische Grundrechte und Grundfreiheiten – Grundbausteine einer Interaktionslehre, EuR 2014,
170; *Kampfer*, Der Raum der Freiheit, der Sicherheit und des Rechts, in: Marchetti/Demesmay (Hrsg.),
Der Vertrag von Lissabon – Analyse und Bewertung, 2010, S. 73; *Kingreen*, Grundrechtsverbund oder
Grundrechteunion? – zur Entwicklung der subjektiv-öffentlichen Rechte im europäischen Unionsrecht, EuR 2010, 338; *ders.*, Ne bis in idem: Zum Gerichtswettbewerb um die Deutungshoheit über
die Grundrechte – Anmerkung zur Entscheidung des EuGH vom 26. 2. 2013 (C–617/10), EuR 2013,
446; *ders.*, Die Grundrechte des Grundgesetzes im europäischen Grundrechtsföderalismus, JZ 2013,

801; *ders.*, Die Unionsgrundrechte, Jura 2014, 295; *Kirchhof*, Kooperation zwischen nationalen und europäischen Gerichten, EuR 2014, 267; *Klamert*, Loyalität und Solidarität in der Europäischen Union, ZÖR 2015, 265; *Knauff*, Das Verhältnis zwischen Bundesverfassungsgericht, Europäischem Gerichtshof und Europäischem Gerichtshof für Menschenrechte, DVBl. 2010, 533; *Knodt*, Gemeinwohl und Solidarität in der Europäischen Union, FS Müller-Graff, 2015, S. 1022; *Knöll*, Die Charta der Grundrechte der Europäischen Union – Inhalte, Bewertung und Ausblick, NVwZ 2001, 392; *Knospe*, Per Aspera ad astra oder der lange Marsch der Europäischen Sozialcharta durch die Institutionen der Revision, ZESAR 2015, 449; *Köck*, Grundsätzliches zu Primat und Vorrang des Unions- bzw. Gemeinschaftsrechts im Verhältnis zum mitgliedstaatlichen Recht oder Als die Frösche keinen König haben wollten, FS Ress, 2005, S. 557; *Kokott/Sobotta*, Die Charta der Grundrechte der Europäischen Union nach dem Inkrafttreten des Vertrags von Lissabon, EuGRZ 2010, 265; *Kotalakidis*, Von der nationalen Staatsangehörigkeit zur Unionsbürgerschaft – Die Person und das Gemeinwesen, 2000; *Kotzur*, Theorieelemente des internationalen Menschenrechtsschutzes – Das Beispiel der Präambel des Internationalen Paktes über bürgerliche und politische Rechte, 2000; *ders.*, Die Präambel, die Artikel zu den Werten und Zielen der Europäischen Union, in: Niedobitek/Zemánek (Hrsg.), Continuing the European Constitutional Debate – German and Czech Contributions from a Legal Perspective, 2008, S. 187; *ders.*, Grundfragen einer europäischen Sicherheitspolitik, EuR-Beih. 3/2009, 7; *Krämer*, Änderungen im Grundrechtsschutz durch den Beitritt der Europäischen Union zur EMRK, ZÖR 2014, 235; *Kreß*, Gott in der Verfassung? – Kritische Anmerkungen zu einer neu angefachten Debatte, ZRP 2015, 152; *Krüger/Polakiewicz*, Vorschläge für ein kohärentes System des Menschenrechtsschutzes in Europa – Europäische Menschenrechtskonvention und EU-Grundrechtecharta, EuGRZ 2001, 92; *Kühling*, Kernelemente einer kohärenten EU-Grundrechtsdogmatik in der Post-Lissabon-Ära, ZÖR 2013, 469; *ders.*, Der Fall der Vorratsdatenspeicherungsrichtlinie und der Aufstieg des EuGH zum Grundrechtsgericht, NVwZ 2014, 681; *Kühling/Heberlein*, EuGH »reloaded«: »unsafe harbor« USA vs. »Datenfestung« EU, NVwZ 2016, 7; *Kunig*, Solidarität als rechtliche Verpflichtung, FS Schwarze, 2014, S. 190; *Lais*, Das Solidaritätsprinzip im europäischen Verfassungsverbund, 2007; *Lambrecht*, The Sting is in the Tail: CJEU Opinion 2/13 objects to draft agreement on accession of the EU to the European Convention on Human Rights, E.L.Rev. 40 (2015), 185; *Lange*, Verschiebungen im europäischen Grundrechtssystem?, NVwZ 2014, 169; *Lazzerini*, (Some of) the fundamental rights granted by the Charter may be a source of obligations for private parties: AMS, CMLRev. 51 (2014), 907; *Lecheler*, Der Beitrag der Allgemeinen Rechtsgrundsätze zur Europäischen Union – Rückblick und Ausblick, ZEuS 2003, 337; *Leczykiewicz*, Horizontal Application of the Charter of Fundamental Rights, E.L.Rev. 38 (2013), 479; *Leinen/Schönlau*, Die Erarbeitung der EU-Grundrechtecharta im Konvent, integration 2001, 26; *Lenaerts*, The Contribution of the European Court of Justice to the Area of Freedom, Security and Justice, I.C.L.Q. 59 (2010), 255; *ders.*, Die EU-Grundrechtecharta: Anwendbarkeit und Auslegung, EuR 2012, 3; *ders.*, Kooperation und Spannung im Verhältnis von EuGH und nationalen Verfassungsgerichten, EuR 2015, 3; *ders.*, In Vielfalt geeint/Grundrechte als Basis des europäischen Integrationsprozesses, EuGRZ 2015, 353; *Lengauer*, Beitritt der EU zur EMRK – Einige strukturelle Überlegungen, ZfRV 2015, 100; *Levits*, Die Anwendung der Charta der Grundrechte der Europäischen Union durch den Gerichtshof, JRP 2015, 10; *Lindner*, Was ist und wozu braucht man die EU-Grundrechteagentur?, BayVBl. 2008, 129; *Ludwigs*, Kooperativer Grundrechtsschutz zwischen EuGH, BVerfG und EGMR, EuGRZ 2014, 273; *Ludwigs/Sikora*, Der Vorrang des Unionsrechts unter Kontrollvorbehalt des BVerfG, EWS 2016, 121; *Mager*, Geltung der Charta der Grundrechte der Europäischen Union nach Maßgabe des Vorrangprinzips – Wer bestimmt über das Verhältnis von Freiheit und Gemeinwohl im europäischen Verfassungsverbund?, FS Müller-Graff, 2015, S. 1358; *Magiera*, Die Grundrechtecharta der Europäischen Union, DÖV 2000, 1017; *Mandry*, Europa als Wertegemeinschaft – Eine theologisch-ethische Studie zum politischen Selbstverständnis der Europäischen Union, 2009; *Manger-Nestler/Noack*, Europäische Grundfreiheiten und Grundrechte, JuS 2013, 503; *Masing*, Einheit und Vielfalt des Europäischen Grundrechtsschutzes, JZ 2015, 477; *Mayer*, Der Vertrag von Lissabon und die Grundrechte, EuR-Beih. 1/2009, 87; *Mehde*, Gespaltener Grundrechtsschutz in der EU? – Zur Bedeutung der Sonderregelung für Polen und das Vereinigte Königreich, EuGRZ 2008, 269; *Merli*, Rechtsprechungskonkurrenz zwischen nationalen Verfassungsgerichten, Europäischem Gerichtshof und Europäischem Gerichtshof für Menschenrechte, VVDStRL 66 (2007), 392; *Miliopoulos*, Die Präambel, in: Marchetti/Demesmay (Hrsg.), Der Vertrag von Lissabon – Analyse und Bewertung, 2010, S. 35; *Monar*, Die politische Konzeption des Raumes der Freiheit, der Sicherheit und des Rechts: Vom Amsterdamer Vertrag zum Verfassungsentwurf des Konvents, in: Müller-Graff (Hrsg.), Der Raum der Freiheit, der Sicherheit und des Rechts, 2005, S. 29; *Müller-Graff*, Grundfreiheiten und Gemeinschaftsgrundrechte, FS Steinberger, 2002, S. 1281; *ders.*, Das Verhältnis von Grundrechten und Grundfreiheiten im Lichte des Europäischen Verfassungsvertrags, EuR-Beih. 1/2006, 19; *ders.*, Der Raum der Freiheit, der Sicherheit und des Rechts in der Lissabonner Reform, EuR-Beih. 1/2009, 105; *ders.*, Die Rolle der Grundrechte in der föderalen Rechtsgemeinschaft der Europäischen Union, ZÖR 2013, 685; *Muir*, The Fundamental Rights Implications of EU Legislation: Some Constitutional Challenges, CMLRev. 51 (2014), 219; *Naumann*, Eine religiöse Referenz in einem Europäischen Verfassungsvertrag, 2008; *Nicolaysen*, Der Streit zwischen dem deutschen Bundesverfassungsgericht und dem Europäischen Gerichtshof, in: Bruha/Hesse/Nowak (Hrsg.), Welche Verfassung für Europa?, 2001, S. 91; *ders.*, Rechtsgemeinschaft, Gemeinschaftsgerichtsbarkeit und Individuum, in: Nowak/Cremer (Hrsg.), Individualrechtsschutz in der EG und der WTO, 2002, S. 17; *ders.*, Die gemeinschaftsrechtliche Begründung von Grundrechten, EuR 2003, 719; *ders.*, Das Integrationskonzept der Gründungsverträge, in: Schäfer/Wass von Czege (Hrsg.), Das Gemeinsame Europa – viele Wege, kein Ziel?, 2007, S. 33; *Nowak*, Binnenmarktziel und Wirtschaftsverfassung der Europäischen Union vor und nach dem Reformvertrag von Lissabon, EuR-Beih. 1/2009, 129; *ders.*, Europäisches Verwaltungsrecht und Grundrechte, in: Terhechte (Hrsg.), Verwaltungsrecht der Europäischen Union, 2011, § 14; *ders.*, Europarecht und Europäisierung in den Jahren 2009–2011 (Teil 2), DVBl. 2012, 861; *Nusser*, Die Bindung der Mitgliedstaaten an die Unionsgrundrechte, 2011; *Obwexer*, Der Beitritt der EU zur EMRK: Rechtsgrundlagen, Rechtsfragen und Rechtsfolgen, EuR 2012, 115; *ders.*, Der Schutz der Grundrechte durch den Gerichtshof der EU nach Lissabon. Auslegung und Anwendung der Grundrechtecharta gegenüber den EU-Organen, den Mitgliedstaaten und dem allgemeinen Völkerrecht, ZÖR 2013, 487; *Oeter*, Das Verhältnis zwischen EuGH, EGMR und nationalen Verfassungsgerichten, in: Fastenrath/Nowak (Hrsg.), Der Lissabonner Reformvertrag – Änderungsimpulse in einzelnen Rechts- und Politikbereichen, 2009, S. 129; *Ogorek*, Geltung eines Unionsgrundrechts im Rechtsstreit zwischen Privaten, JA 2014, 638; *Oppermann*, Die Europäische Union von Lissabon, DVBl. 2008, 473; *ders.*, Erosion der Rechtsgemeinschaft?, EuZW 2015, 201; *Otoo*, Die normative Wirkung von Präambeln im europäischen Primärrecht, 2013; *Pache*, Die Europäische Grundrechtscharta – ein Rückschritt für den Grundrechtsschutz in Europa?, EuR 2001, 475; *ders.*, Die Rolle der EMRK und der Grundrechte-Charta in der EU, in: Fastenrath/Nowak (Hrsg.), Der Lissabonner Reformvertrag – Änderungsimpulse in einzelnen Rechts- und Politikbereichen, 2009, S. 113; *Pache/Rösch*, Die Grundrechte der EU nach Lissabon, EWS 2009, 393; *Paeffgen*, Die justiziellen Grundrechte in der Europäischen Verfassung, EuR-Beih. 1/2006, 63; *Pechstein*, Die neue Subsidiaritätsklage: Die Interessen nationaler Parlamente in der Hand des EuGH, in: *ders.* (Hrsg.), Integrationsverantwortung, 2012 (Schriften des Frankfurter Instituts für das Recht der Europäischen Union, Bd. 2), S. 135; *Pernice*, Eine Grundrechte-Charta für die Europäische Union, DVBl. 2000, 847; *ders.*, L'adhésion de l'Union européenne à la Convention européenne des droits de l'homme est suspendue – Remarques à propos d'un avis surprenant de la Cour de justice de l'Union européenne du 18 décembre 2014, CDE 2015, 47; *Philippi*, Die Charta der Grundrechte der Europäischen Union: Entstehung, Inhalt und Konsequenzen für den Grundrechtsschutz in Europa, 2002; *Randall*, der grundrechtliche Dialog der Gerichte in Europa, EuGRZ 2014, 5; *Rensmann*, Grundwerte im Prozeß der europäischen Konstitutionalisierung. Anmerkungen zur Europäischen Union als Wertegemeinschaft, in: Blumenwitz (Hrsg.), Die Europäische Union als Wertegemeinschaft, 2005, S. 49; *Riedel*, Gott in der Europäischen Verfassung? – Zur Frage von Gottesbezug, Religionsfreiheit und Status der Kirchen im Vertrag über eine Verfassung für Europa, EuR 2005, 676; *Ruffert*, Der Raum der Freiheit, der Sicherheit und des Rechts nach dem Reformvertrag – Kontinuierliche Verfassungsgebung in schwierigem Terrain, in: Pernice (Hrsg.), Der Vertrag von Lissabon: Reform der EU ohne Verfassung?, 2008, S. 169; *Sagmeister*, Die Grundsatznormen in der Europäischen Grundrechtecharta – Zugleich ein Beitrag zum subjektiv-öffentlichen Recht im Gemeinschaftsrecht, 2010; *Sarmiento*, Who's Afraid of the Charter? The Court of Justice, national Courts and the New Framework of Fundamental Rights Protection in Europe, CMLRev. 50 (2013), 1267; *Saurer*, Der Einzelne im europäischen Verwaltungsrecht, 2014; *Schima*, Grundrechtsschutz, in: Hummer/Obwexer (Hrsg.), Der Vertrag von Lissabon, 2009, S. 325; *Schlichting/Pietsch*, Die Europäische Grundrechteagentur: Aufgaben – Organisation – Unionskompetenz, EuZW 2005, 587; *Schmahl*, Grundrechtsschutz im Dreieck von EU, EMRK und nationalem Verfassungsrecht, EuR 2008, 7; *Schmidt*, Europa gegen Europa – Das vorläufige Scheitern des EU-Beitritts zur Europäischen Menschenrechtskonvention durch das EuGH-Gutachten 2/13 vom 18. 12. 2014, JM (juris – Die Monatsschrift) 2015, 417; *Schmittmann*, Rechte und Grundsätze in der Grundrechtecharta, 2007; *Schmitz*, Die Grundrechtecharta als Teil der Verfassung der Europäischen Union, EuR 2004, 691; *ders.*, Die Charta der Grundrechte der Europäischen Union als Konkretisierung der gemeinsamen europäischen Werte, in: Blumenwitz (Hrsg.), Die Europäische Union als Wertegemeinschaft, 2005, S. 73; *Schönberger*, Unionsbürger: Europas föderales Bürgerrecht in vergleichender Sicht, 2005; *Schoepke*, Die rechtliche Bedeutung der Präambel des Grundgesetzes für die Bundesrepublik Deutschland – Eine Grundlegung mit rechtshistorischer Einführung und Abhandlung der Präambeln zu den Verfassungen der Länder in der Bundesrepublik Deutschland, 1965; *Scholz*, Zur Europäischen Grundrechtscharta, FS Maurer, 2001, S. 993; *Schulte-Herbrüggen*, Der Grundrechtsschutz in der Europäischen Union nach dem Vertrag von Lissabon, ZEuS 2009, 343; *Schultz*, Das Verhältnis von Gemeinschaftsgrundrechten und Grundfreiheiten des EGV, 2005; *de Schutter*, L'adhésion de l'Union européenne à la Charte sociale européenne, RTDE 26 (2015), 259; *Schwarze*, Der Grundrechtsschutz für Unternehmen in der Europäischen Grundrechtecharta, EuZW 2001, 517; *Seifert*, Die horizontale Wirkung von Grundrechten – Europarechtliche und rechtvergleichende Überlegungen, EuZW 2011, 696; *ders.*, L'effet horizontal des droits fondamentaux – Quelques réflexions de droit européen et droit comparé, RTDE 2012, 801; *ders.*, Zur Horizontalwirkung sozialer Grundrechte, EuZA 2013, 299; *Skouris*, Das Verhältnis von Grundfreiheiten und Grundrechten im europäischen Gemeinschaftsrecht, DÖV 2006, 89; *ders.*, Die Unionsbürgerschaft in der jüngsten Rechtsprechung des Gerichtshofs der Europäischen Union, in: Calliess/Kahl/Schmalenbach (Hrsg.), Rechtsstaatlichkeit, Freiheit und soziale Rechte in der Europäischen Union, 2014, S. 147; *Snell*, Fundamental Rights Review of National Measures: Nothing New under the Charter?, EPL 2015, 285; *Speer*, Die Europäische Union als Wertegemeinschaft, DÖV 2001, 980; *Starck* (Hrsg.), Kommentar zum Grundgesetz, Bd. 1, 6. Aufl. 2010; *Steiner*, Die Verwirklichung des Solidaritätsprinzips im Unionsrecht, ZfRV 2013, 244; *Stern*, Die Mehrdimensionalität von Grundrechtsregimen in Europa – Ein Beitrag zum Verhältnis von Grundrechte-Charta und Konvention zum Schutz der Menschenrechte und Grundfreiheiten zu den Grundrechten des Grundgesetzes, FS Schwarze, 2014, S. 244; *Stern/Sachs* (Hrsg.), Europäische Grundrechte-Charta – Kommentar, 2016; *Streinz*, Die Europäische Union als Rechtsgemeinschaft – Rechtsstaatliche Anforderungen an einen Staatenverbund, FS Merten, 2007, S. 395; *ders.*, Die verschiedenen unionalen Grundrechtsquellen in ihrem Zusammenspiel, ZÖR 2013, 663; *Strunz*, Strukturen des Grundrechtsschutzes der Europäischen Union in ihrer Entwicklung, 2006; *Suhr*, Die polizeiliche und justizielle Zusammenarbeit in Strafsachen, in: Fastenrath/Nowak (Hrsg.), Der Lissabonner Reformvertrag – Änderungsimpulse in einzelnen Rechts- und Politikbereichen, 2009, S. 299; *Szczekalla*, Allgemeine Rechtsgrundsätze, in: Rengeling (Hrsg.), Handbuch zum europäischen und deutschen Umweltrecht, 2003, § 11; *ders.*, Wirtschaftliche Gemeinschaftsgrundrechte und EG-Grundfreiheiten – Grundrechte und -freiheiten ernst genommen, in: Bruha/Nowak/Petzold (Hrsg.), Grundrechtsschutz für Unternehmen im europäischen Binnenmarkt, Baden-Baden 2004, S. 79; *Szwarc*, Application of the Charter of Fundamental Rights in the Context of Sanctions Imposed by Member States for Infringements of EU Law: Comment on Fransson Case, EPL 20 (2014), 229; *Terhechte*, Der Vertrag von Lissabon: Grundlegende Verfassungsurkunde der europäischen Rechtsgemeinschaft oder technischer Änderungsvertrag?, EuR 2008, 143; *ders.*, Konstitutionalisierung und Normativität der europäischen Grundrechte, 2011; *Tettinger*, Die Charta der Grundrechte der Europäischen Union, NJW 2001, 1010; *Thiele*, Der vorerst gescheiterte Beitritt der EU zur EMRK – Zum Gutachten 2/13 des EUGH vom 18.12.2014, fireu-Newsletter Nr. 22, 1/2015, 1; *Thym*, Die Reichweite der EU-Grundrechte-Charta – Zu viel Grundrechtsschutz?, NVwZ 2013, 889; *ders.*, Blaupausenfallen bei der Abgrenzung von Grundgesetz und Grundrechtecharta, DÖV 2014, 941; *ders.*, Vereinigt die Grundrechte!, JZ 2015, 53; *ders.*, Die Rückkehr des »Marktbürgers« – Zum Ausschluss nichterwerbsfähiger EU-Bürger von Hartz IV-Leistungen, NJW 2015, 130; *ders.*, When Union Citizens Turn into Illegal Migrants – The Dano Case, E.L.Rev. 40 (2015), 249; *ders.*, Das EMRK-Gutachten des EuGH, EuZW 2015, 180; *Tomuschat*, Der Streit um die Auslegungshoheit: Die Autonomie der EU als Heiliger Gral – das EuGH-Gutachten gegen den Beitritt der EU zur EMRK, EuGRZ 2015, 133; *Trstenjak/Beysen*, The Growing Overlap of Fundamental Freedoms and Fundamental Rights in the Case Law of the CJEU, E.L.Rev. 38 (2013), 293; *Uerpmann-Wittzack*, Die Grundrechtskontrolle durch den EGMR nach dem Beitritt der EU, ZÖR 2013, 519; *van Bockel/Wattel*, New Wine into Old Wineskins: The Scope of the Charter of Fundamental Rights of the EU after Åkerberg Fransson, E.L.Rev. 38 (2013), 866; *van den Berghe*, The EU and Issues of Human Rights Protection: Same Solutions to More Acute Problems?, ELJ 16 (2010), 112; *van Ooyen*, Luxemburger Verfassungscoup – Die »Grundrechtscharta-Entscheidung« des EuGH und ihre Karlsruher Kritik im Spiegel richterlicher Selbstermächtigungen, RuP 2013, 199; *Vogt*, Der Gottesbezug in der Präambel des Grundgesetzes – Historische Grundlagen und juristische Interpretation, 2007; *Voßkuhle*, Der europäische Verfassungsgerichtsverbund, NVwZ 2010, 1; *ders.*, Pyramide oder Mobile? – Menschenrechtsschutz durch die europäischen Verfassungsgerichte, EuGRZ 2014, 165; *Wägenbaur*, Die Europäische Verfassung, (k)ein Platz für abendländische Werte?, EuZW 2003, 609; *Weber*, Die Europäische Grundrechtscharta – auf dem Weg zu einer europäischen Verfassung, NJW 2000, 537; *Weiß*, Grundrechtsschutz durch den EuGH: Tendenzen seit Lissabon, EuZW 2013, 287; *ders.*, Unionsrecht und nationales Recht, in: Niedobitek (Hrsg.), Europarecht – Grundlagen der Union, 2014, § 5; *ders.*, Loyalität und Solidarität in der Europäischen Verwaltung, ZÖR 2015, 403; *Wendel*, Neue Akzente im europäischen Grundrechtsverbund – Die fachgerichtliche Vorlage an den EuGH als Prozessvoraussetzung der konkreten Normenkontrolle, EuZW 2012, 213; *ders.*, Der EMRK-Beitritt als Unionsrechtsverstoß – Zur völkerrechtlichen Öffnung der EU und ihren Grenzen, NJW 2015, 921; *Wollenschläger*, Keine Sozialleistungen für nichterwerbstätige Unionsbürger? – Zur begrenzten Tragweite des Urteils des EuGH in der Rechtssache Dano vom 11. 11. 2014, NVwZ 2014, 1628; *Ziegenhorn*, Der Einfluss der EMRK im Recht der EU-Grundrechtecharta, 2009; *ders.*, Kontrolle von mitgliedstaatlichen Gesetzen »im Anwendungsbereich des Unionsrechts« am Maßstab der Unionsgrundrechte, NVwZ 2010, 803; *Zuleeg*, Die Europäische Gemeinschaft als Rechtsgemeinschaft, NJW 1994, 545.

Leitentscheidungen

EuGH, Urt. v. 15. 7. 1964, Rs. 6/64 (Costa/E.N.E.L.), Slg. 1964, 1253
EuGH, Urt. v. 12. 11. 1969, Rs. 29/69 (Stauder), Slg. 1969, 419
EuGH, Urt. v. 17. 12. 1970, Rs. 11/70 (Internationale Handelsgesellschaft), Slg. 1970, 1125
EuGH, Urt. v. 14. 5. 1974, Rs. 4/73 (Nold), Slg. 1974, 491
EuGH, Urt. v. 23. 4. 1986, Rs. 294/83 (Parti écologiste »Les Verts«/EP), Slg. 1986, 1339
EuGH, Urt. v. 15. 5. 1986, Rs. 222/84 (Johnston), Slg. 1986, 1651
EuGH, Urt. v. 21. 9. 1989, verb. Rs. 46/87 u. 227/88 (Hoechst/Kommission), Slg. 1989, 2859
EuG, Urt. v. 30. 1. 2002, Rs. T–54/99 (max.mobil Telekommunikation/Kommission), Slg. 2002, II–313
EuG, Urt. vom 3. 5. 2002, Rs. T–177/01 (Jégo-Quéré/Kommission), Slg. 2002, II–2365
EuGH, Urt. v. 27. 6. 2006, Rs. C–540/03 (Europäisches Parlament/Rat der EU), Slg. 2006, I–5769
EuGÖD, Urt. v. 26. 10. 2006, Rs. F–1/05 (Landgren), Slg. ÖD 2006, I-A–1–123 u. II-A–1–459
EuGH, Urt. v. 13. 3. 2007, Rs. C–432/05 (Unibet), Slg. 2007, I–2271
EuG, Urt. v. 12. 10. 2007, Rs. T–474/04 (Pergan/Kommission), Slg. 2007, II–4225
EuGH, Urt. v. 11. 12. 2007, Rs. C–438/05 (Viking Line), Slg. 2007, I–10779
EuGH, Urt. v. 18. 12. 2007, Rs. C–341/05 (Laval), Slg. 2007, I–11767
EuGH, Urt. v. 14. 2. 2008, Rs. C–244/06 (Dynamic Medien), Slg. 2008, I–505
EuGH, Urt. v. 14. 2. 2008, Rs. C–450/06 (Varec), Slg. 2008, I–581
EuGH, Urt. v. 21. 12. 2011, verb. Rs. C–411/10 u. C–493/10 (N.S. u. a.), Slg. 2011, I–13905
EuGH, Urt. v. 26. 2. 1013, Rs. C–617/10 (Åkerberg Fransson), ECLI:EU:C:2013:105
EuGH, Urt. v. 15. 1. 2014, Rs. C–176/12 (Association de médiation sociale), EuGRZ 2014, 49
EuGH, Urt. v. 6. 3. 2014, Rs. C–206/13 (Siragusa), ECLI:EU:C:2014:126
EuGH, Urt. v. 10. 7. 2014, Rs. C–198/13 (Hernández u. a.), ECLI:EU:C:2014:2055
EuGH, Gutachten 2/13 v. 18. 12. 2014 (EMRK-Beitritt), ECLI:EU:C:2014:2454
EuGH, Urt. v. 5. 2. 2015, Rs. C–117/14 (Nisttahuz Poclava), ECLI:EU:C:2015:60

Inhaltsübersicht

A. Überblick

1 Die Ausübung supranationaler und mitgliedstaatlicher Hoheitsgewalt bedarf nach rechtsstaatlichen Grundsätzen verfassungsrechtlicher und dabei vor allem grundrechtlicher Einbindung und Begrenzung.[1] Daher werden Grund- und Menschenrechte nicht nur in den derzeit 28 EU-Mitgliedstaaten gewährleistet, sondern – wie dies verfassungsrechtliche Homogenitätsklauseln einzelner Mitgliedstaaten teilweise sogar explizit verlangen[2] – auch in der als Rechtsgemeinschaft bzw. Rechtsunion einzuordnenden Europäischen Union.[3] Die für die **rechtsstaatliche Legitimation der supranationalen Hoheitsgewalt** überaus wichtige Existenz, Anerkennung und Fortentwicklung originärer Unionsgrundrechte ist zunächst einmal dem damaligen Gemeinschafts- und heutigen Unionsrichter zu verdanken, der angesichts des Umstands, dass sich in den damaligen Gründungsverträgen nur wenige verstreute Bestimmungen grundrechtsgleicher und/oder grundrechtsähnlicher Art finden ließen,[4] in den zurückliegenden vier Jahrzehnten im Wege der Anwendung der sog. Methode der wertenden Rechtsvergleichung[5] zahlreiche ungeschriebene Gemeinschafts- bzw. Unionsgrundrechte richterrechtlich anerkannt und fortentwickelt hat.[6] Insoweit haben die damaligen Gemeinschaftsgerich-

---

[1] In diesem Sinne vgl. auch statt vieler *Nicolaysen*, EuR 2003, 719 (719 f.); *Pache*, in: Heselhaus/Nowak, Handbuch der Europäischen Grundrechte, § 4, Rn. 2 u. 93 ff.

[2] Vgl. z. B. Art. 23 Abs. 1 GG, wonach Deutschland zur Verwirklichung eines vereinten Europas bei der Entwicklung der EU mitwirkt, die nicht nur demokratischen, rechtsstaatlichen, sozialen und föderativen Grundsätzen sowie dem Grundsatz der Subsidiarität verpflichtet ist, sondern auch »einen diesem Grundgesetz im wesentlichen vergleichbaren Grundrechtsschutz gewährleistet«.

[3] Grdlg. zur Einordnung des damaligen EG-Vertrags als Verfassungsurkunde einer Rechtsgemeinschaft vgl. EuGH, Urt. v. 23.4.1986, Rs. 294/83 (Parti écologiste »Les Verts«/EP), Slg. 1986, 1339, Rn. 23; u. a. bestätigt in EuGH, Urt. v. 3.9.2008, verb. Rs. C–402/05 P u. C–415/05 P (Kadi u. a./Rat u. Kommission), Slg. 2008, I–6351, Rn. 281. Ausführlicher zu diesem stark mit dem Rechtsstaatsprinzip verbundenen Konzept der Rechtsgemeinschaft vgl. statt vieler *Everling*, in: v. Bogdandy/Bast, Europäisches Verfassungsrecht, S. 961 (990 ff.); *Nicolaysen*, in: Nowak/Cremer, S. 17 ff.; *Oppermann*, EuZW 2015, 201 f.; *Streinz*, FS Merten, S. 395 ff.; *Zuleeg*, NJW 1994, S. 545 ff. Zur fortschreitenden Ersetzung des Begriffs »Rechtsgemeinschaft« durch den weitgehend inhaltsgleichen Begriff der »Rechtsunion« vgl. etwa EuGH, Urt. v. 29.6.2010, Rs. C–550/09 (Strafsache gegen E u. F), Slg. 2010, I–6213, Rn. 44; Urt. v. 3.10.2013, Rs. C–583/11 P (Inuit Tapiriit Kanatami u. a./Europäisches Parlament und Rat der EU), ECLI:EU:C: 2013: 625, Rn. 91.

[4] Vgl. etwa Art. 18–21 EGV (jetzt Art. 21–24 AEUV) u. Art. 141 Abs. 1 EGV (jetzt Art. 157 Abs. 1 AEUV); zum »klassischen« Streit über den grundrechtsähnlichen oder -gleichen Charakter der Grundfreiheiten in Gestalt der in Art. 28 ff. AEUV (ex Art. 23 ff. EGV) niedergelegten Warenverkehrsfreiheit, der in Art. 45 ff. AEUV (ex Art. 39 ff. EGV) geregelten Arbeitnehmerfreizügigkeit, des in Art. 49 ff. AEUV (ex Art. 43 ff. EGV) kodifizierten Niederlassungsrechts, der in Art. 56 ff. AEUV (ex Art. 49 ff. EGV) angesprochenen Dienstleistungsfreiheit und der in Art. 63 ff. AEUV (ex Art. 56 ff. EGV) geregelten Kapital- und Zahlungsverkehrsfreiheit sowie zum Verhältnis und zur funktionalen Unterscheidung zwischen diesen Freiheiten und den Unionsgrundrechten vgl. statt vieler *Frenz*, EuR 2002, 603 ff.; *Gratzl*, S. 19 ff.; *Kahl/Schwind*, EuR 2014, 170 ff.; *Manger-Nestler/Noack*, JuS 2013, 503 ff.; *Müller-Graff*, in: FS Steinberger, S. 1281 ff.; *ders.*, EuR-Beih. 1/2006, 19 ff.; *Pache*, in: Heselhaus/Nowak, Handbuch der Europäischen Grundrechte, § 4, Rn. 37 ff.; *Schultz*, S. 104 ff.; *Skouris*, DÖV 2006, 89 ff.; *Szczekalla*, in: Bruha/Nowak/Petzold, S. 79 ff.; *Trstenjak/Beysen*, E.L.Rev. 38 (2013), 293 ff.

[5] Näher zu dieser Methode vgl. etwa *Bleckmann*, FS Börner, S. 29 ff.; *Nicolaysen*, in: Heselhaus/Nowak, Handbuch der Europäischen Grundrechte, § 1, Rn. 59; *Szczekalla*, in: Rengeling, § 11, Rn. 23 ff.; sowie m. w. N. die Kommentierung zu Art. 6 EUV, Rn. 41.

[6] Grdlg. EuGH, Urt. vom 12.11.1969, Rs. 29/69 (Stauder), Slg. 1969, 419, Rn. 7; Urt. vom 17.12.1970, Rs. 11/70 (Internationale Handelsgesellschaft), Slg. 1970, 1125, Rn. 13; Urt. vom 14.5.1974, Rs. 4/73 (Nold), Slg. 1974, 491, Rn. 13; zur Anerkennung und Entwicklung dieser unge-

Carsten Nowak

te und heutigen Unionsgerichte den Grundstein dafür gelegt, dass die Europäische Union bereits seit längerer Zeit gelegentlich als »Grundrechtsgemeinschaft« oder **Grundrechtsunion** bezeichnet wird,[7] deren »Grundrechtspolitik« sich unter anderem in manchen Sekundärrechtsakten[8] sowie in der vor einigen Jahren im Verordnungswege errichteten Agentur für Grundrechte mit Sitz in Wien[9] manifestiert.

Bei der höchstrichterlichen Anerkennung und Entwicklung ungeschriebener Gemeinschafts- bzw. Unionsgrundrechte der vorgenannten Art standen dem Gerichtshof der Europäischen Gemeinschaften, der nach Art. 19 Abs. 1 UAbs. 1 Satz 1 EUV nunmehr als Gerichtshof der Europäischen Union zu bezeichnen ist, als maßgebliche Erkenntnisquellen sowohl die mitgliedstaatlichen Verfassungsüberlieferungen[10] als auch die von ihm stets für besonders bedeutsam gehaltene **Europäische Konvention zum Schutze der Menschenrechte und Grundfreiheiten**[11] sowie andere völkerrechtliche Verträge zur Verfügung.[12] Die vom damaligen Gemeinschafts- und heutigen Unionsrichter unter Rückgriff auf die EMRK und/oder auf **mitgliedstaatliche Verfassungsüberlieferungen** anerkannten und fortentwickelten Gemeinschafts- bzw. Unionsgrundrechte haben durch den Lissabonner Reformvertrag (s. Art. 1 EUV, Rn. 33 ff.) keineswegs an Geltung

2

---

schriebenen Grundrechte durch den EuGH vgl. auch *Frenz*, Handbuch Europarecht, Bd. 4, Rn. 2 ff.; *Lecheler*, ZEuS 2003, 337; *Kühling*, in: v. Bogdandy/Bast, Europäisches Verfassungsrecht, S. 657 (662 ff.); *Nicolaysen*, in: Heselhaus/Nowak, Handbuch der Europäischen Grundrechte, § 1, Rn. 1 ff.; *ders.*, EuR 2003, 719; *Paeffgen*, EuR-Beih. 1/2006, 63 (69 ff.); *Strunz*, S. 31 ff.; *Terhechte*, S. 25 ff.

[7] Vgl. *Hirsch*, Die Europäische Union als Grundrechtsgemeinschaft, S. 177 ff.; *Kotzur*, EuR-Beih. 3/2009, 7 (15); *Otoo*, S. 67; *Pache*, in: Heselhaus/Nowak, Handbuch der Europäischen Grundrechte, § 4, Rn. 1; *ders.*, in: Fastenrath/Nowak, S. 113 (114); *Terhechte*, EuR 2008, 143 (170); m. w. N. *Kotzur*, in: Geiger/Khan/Kotzur, EUV/AEUV, Anh. 1: Einführung GR-Charta, Rn. 1; diesbezüglich etwas reservierter und/oder fragend vgl. indes *Grabenwarter*, EuGRZ 2004, 563 (570); *Kingreen*, EuR 2010, 338 ff.

[8] Instruktiv dazu vgl. *Muir*, CMLRev. 51 (2014), 219.

[9] VO (EG) Nr. 168/2007 des Rates vom 15. 2. 2007 zur Errichtung einer Agentur der Europäischen Union für Grundrechte, ABl. 2007, L 53/1; ausführlicher zu den Strukturen, Aufgaben und Tätigkeiten dieser aus mancherlei Gründen nicht unumstrittenen Agentur vgl. v. *Bogdandy/v. Bernstorff*, EuR 2010, 141; *Cassebohm*, ZEuS 2010, 189; *Frenz*, Handbuch Europarecht, Bd. 4, Rn. 790 ff.; *Härtel*, EuR 2008, 489; *Heyde*, S. 3 ff.; *Lindner*, BayVBl. 2008, 129; *Schlichting/Pietsch*, EuZW 2005, 587.

[10] Näher zum starken Einfluss mitgliedstaatlicher Grundrechte auf die damaligen Gemeinschafts- und heutigen Unionsgrundrechte vgl. *Szczekalla*, in: Heselhaus/Nowak, Handbuch der Europäischen Grundrechte, § 2 II, Rn. 2 ff.

[11] BGBl. 1952 II S. 686, mit Berichtigung S. 953; konsolidierte Fassung in BGBl. 2002 II S. 1055 (nachfolgend: »EMRK). Zur »besonderen Bedeutung« der EMRK in der zurückliegenden Grundrechtsrechtsprechung des damaligen Gemeinschafts- und heutigen Unionsrichters vgl. nur EuGH, Urt. v. 15. 5. 1986, Rs. 222/84 (Johnston), Slg. 1986, 1651, Rn. 18; Urt. v. 21. 9. 1989, verb. Rs. 46/87 u. 227/88 (Hoechst/Kommission), Slg. 1989, 2859, Rn. 13; Urt. v. 6. 3. 2001, Rs. C–274/99 P (Connolly/Kommission), Slg. 2001, I–1611, Rn. 37; Urt. v. 27. 6. 2006, Rs. C–540/03 (Europäisches Parlament/Rat der EU), Slg. 2006, I–5769, Rn. 35; Urt. v. 14. 12. 2006, Rs. C–283/05 (ASML), Slg. 2006, I–12041, Rn. 26; Urt. v. 26. 6. 2007, Rs. C–305/05 (Ordre des barreaux francophones et germanophone u. a.), Slg. 2007, I–5305, Rn. 29; Urt. v. 18. 12. 2014, Rs. C–562/13 (Centre public d'action sociale d'Otttignies-Louvain-la-Neuve), ECLI:EU:C:2014:2453, Rn. 51 f.; Gutachten 2/13 v. 18. 12. 2014 (EMRK-Beitritt), ECLI:EU:C:2014:2454, Rn. 37; näher dazu sowie zur recht starken Rolle der EMRK im Unionsrecht vgl. auch *Giegerich*, Kap. 2, Rn. 27 ff.; *Grabenwarter/Pabel*, § 4, Rn. 1 ff.; *Szczekalla*, in: Heselhaus/Nowak, Handbuch der Europäischen Grundrechte, § 2 III, Rn. 1 ff.; *Uerpmann-Wittzack*, Jura 2014, 916 (923 ff.); *Ziegenhorn*, Der Einfluss der EMRK im Recht der EU-Grundrechtecharta, S. 17 ff.

[12] Ausführlicher zur Bedeutung internationaler Menschenrechtsverbürgungen für den EU-Grundrechtsschutz vgl. m. w. N. *Heselhaus*, in: Heselhaus/Nowak, Handbuch der Europäischen Grundrechte, § 2 IV, Rn. 1 ff.

oder Bindungswirkung verloren. Hierfür sorgt zunächst einmal der durch den Vertrag von Lissabon neukonzipierte Art. 6 Abs. 3 EUV. Nach dieser Bestimmung stellen nämlich die Grundrechte, wie sie in der EMRK gewährleistet sind und wie sie sich aus den gemeinsamen Verfassungsüberlieferungen der Mitgliedstaaten ergeben, auch weiterhin »allgemeine Grundsätze« dar, die allerdings in Abweichung von der Vorgängerregelung des Art. 6 Abs. 2 EUV i.d.F. von Nizza nunmehr ganz explizit als »Teil des Unionsrechts« eingestuft werden. Damit bleiben die in der Rechtsprechung der Unionsgerichte unter Rückgriff auf die EMRK und mitgliedstaatliche Verfassungsüberlieferungen anerkannten Gemeinschafts- bzw. Unionsgrundrechte sowie etwaige Zusatzgrundrechte, die in Zukunft auf der Basis des neuen Art. 6 Abs. 3 EUV i.d.F. von Lissabon eventuell erst noch aus der EMRK und mitgliedstaatlichen Verfassungsüberlieferungen zu extrahieren sein werden, im Interesse eines umfassenden EU-Grundrechtschutzes weiterhin unabhängig davon maßgeblich, ob diese Grundrechte in der nachfolgend im Mittelpunkt stehenden EU-Grundrechtecharta expliziten Eingang gefunden haben oder nicht.[13]

3   Zur Sichtbarmachung, Systematisierung und partiellen Ergänzung der ungeschriebenen Gemeinschafts- bzw. Unionsgrundrechte, die in der Grundrechtsrechtsprechung der Unionsgerichte unter Rückgriff auf internationale Menschenrechtsverträge und mitgliedstaatliche Verfassungsüberlieferungen anerkannt und fortentwickelt worden sind (s. Rn. 1 f.), hat der seinerzeit unter dem Vorsitz von *Roman Herzog* tätige Grundrechtekonvent in Erfüllung eines entsprechenden Auftrags bzw. Mandats des Europäischen Rates von Köln die **Charta der Grundrechte der EU** erarbeitet,[14] die erstmals am 7.12.2000 feierlich in Nizza proklamiert wurde.[15] Bis zu dem am 1.12.2009 erfolgten In-Kraft-Treten des Lissabonner Reformvertrags (s. Art. 1 EUV, Rn. 41) war dieser Charta zunächst keine unmittelbare Rechtsverbindlichkeit beschieden, auch wenn der Rat der EU, die Kommission und das Europäische Parlament mit dieser Proklamation eine gewisse Selbstbindung[16] bzw. Selbstverpflichtung[17] zur Respektierung der in dieser Charta niedergelegten Grundrechte und Grundsätze eingegangen sind. Gleichwohl kam ihr bereits in diesem Zeitraum eine zumindest mittelbare rechtliche Bedeutung zu. Dies beruhte zum einen darauf, dass sich der Gemeinschafts- bzw. Unionsgesetzgeber recht frühzeitig angewöhnt hat, in den Erwägungsgründen diverser Sekundärrechtsakte auf

---

[13] Näher zu diesem Fragenkreis vgl. auch jeweils m.w.N. *Jarass*, GRCh, Präambel, Rn. 10; *Kingreen*, in: Calliess/Ruffert, EUV/AEUV, Art. 6 EUV, Rn. 15 ff.; *Schulte-Herbrüggen*, ZEuS 2009, 343 (352 ff.).

[14] Näher zur Entstehung dieser Charta vgl. statt vieler *Baer*, ZRP 2000, 361 (362 f.); *Barriga*, S. 20 ff.; *Kingreen*, in: Calliess/Ruffert, EUV/AEUV, Art. 6 EUV, Rn. 9 ff.; *Knecht*, in: Schwarze, EU-Kommentar, Präambel GRC, Rn. 5 ff.; *Leinen/Schönlau*, integration 2001, 26 ff.; *Mombaur*, in: Tettinger/Stern, EuGRCh, S. 213 ff.; *Nicolaysen*, in: Heselhaus/Nowak, Handbuch der Europäischen Grundrechte, § 1, Rn. 70; *Philippi*, S. 14 ff.; *Schmittmann*, S. 53 ff.; *Streinz*, in: Streinz, EUV/AEUV, Vor GR-Charta, Rn. 1 ff.; *Strunz*, S. 40 ff.

[15] Die Ursprungsfassung dieser erstmals am 7.12.2000 verkündeten Charta findet sich im ABl. 2000, C 364/1 und mit Erläuterungen des Konventspräsidiums in EuGRZ 2000, 559 ff. Zu den in den Folgemonaten und -jahren in überaus umfangreicher Weise diskutierten Zielen, Grundfragen, Funktionen und Inhalten dieser Charta vgl. *Baer*, ZRP 2000, 361 ff.; *Calliess*, EuZW 2001, 261; *Craig*, ERPL 14 (2002) 195; *Grabenwarter*, DVBl 2001, 1; *Knöll*, NVwZ 2001, 392; *Magiera*, DÖV 2000, 1017; *Pache*, EuR 2001, 475; *ders.*, in: Fastenrath/Nowak, S. 113 (115); *Pernice*, DVBl 2000, 847; *Scholz*, S. 993 ff.; *Schwarze*, EuZW 2001, 517; *Tettinger*, NJW 2001, 1010; *Weber*, NJW 2000, 537.

[16] So vgl. etwa *Alber*, EuGRZ 2001, 349; *Schima*, S. 325 (341).

[17] So vgl. etwa *Nicolaysen*, in: Heselhaus/Nowak, Handbuch der Europäischen Grundrechte, § 1, Rn. 70; *Pache/Rösch*, EWS 2009, 393 (395).

die EU-Grundrechtecharta Bezug zu nehmen.[18] Zahlreiche weitere Bezugnahmen auf diese Charta ließen sich ebenfalls weit vor dem In-Kraft-Treten des Lissabonner Reformvertrags zum anderen in unzähligen Schlussanträgen einzelner EuGH-Generalanwälte,[19] in der Rechtsprechung des EuG,[20] später auch in mehreren Urteilen des EuGH[21] sowie in einigen Entscheidungen des Europäischen Gerichtshofs für Menschenrechte (EGMR)[22] und mitgliedstaatlicher Verfassungsgerichte[23] einschließlich des deutschen Bundesverfassungsgerichts[24] finden, in denen diese Charta gewissermaßen als eine ergänzende Rechtserkenntnisquelle für den Grundrechtsschutz in der EU herangezogen wurde.

Durch den **Reformvertrag von Lissabon** ist die EU-Grundrechtecharta zum Teil neugefasst und zugleich massiv aufgewertet worden, auch wenn deren Bestimmungen – anders als ursprünglich in den Art. II–61 ff. des später an den ablehnenden Referenden in Frankreich und in den Niederlanden gescheiterten Vertrags über eine Verfassung für Europa aus dem Jahre 2004 (s. Art. 1 EUV, Rn. 28 ff.) vorgesehen – aufgrund diesbezüglicher Vorbehalte insbesondere des Vereinigten Königreichs[25] nicht unmittelbar in den reformierten EU-Vertrag i. d. F. von Lissabon oder in den dazugehörigen Vertrag über die Arbeitsweise der Europäischen Union übernommen wurden. Stattdessen heißt es nun in Art. 6 Abs. 1 EUV i. d. F. von Lissabon, dass die Union die Rechte, Freiheiten und Grundsätze anerkennt, die in der **Charta der Grundrechte der Europäischen Union** vom 7. 12. 2000 **in der am 12. 12. 2007 in Straßburg angepassten Fassung**[26] niedergelegt sind. Ergänzend heißt es im letzten Halbsatz der vorgenannten Bestimmung, dass die Charta der Grundrechte und die Verträge – d. h. der durch den Lissabonner Reformvertrag veränderte Vertrag über die Europäische Union und der dazugehörige Vertrag über die Arbeitsweise der Europäischen Union – rechtlich gleichrangig sind. Damit bildet

4

---

[18] Exempl. vgl. den 37. Erwägungsgrund der Kartellverfahrens-VO (EG) Nr. 1/2003 des Rates v. 16. 12. 2002 zur Durchführung der in den Artikeln 81 und 82 des Vertrags [jetzt: Art. 101 und 102 AEUV] niedergelegten Wettbewerbsregeln (ABl. 2003, L 1/1) und den 36. Erwägungsgrund der VO (EG) Nr. 139/2004 des Rates v. 20. 1. 2004 über die Kontrolle von Unternehmenszusammenschlüssen, ABl. 2004, L 24/1.

[19] Exemplarisch dazu vgl. die Schlussanträge des GA *Léger* v. 10. 7. 2001 zur Rs. C–353/99 P (Rat/Hautala), Slg. 2001, I–9567, Ziff. 51 u. 73 ff.; sowie die Schlussanträge des GA *Jacobs* v. 21. 3. 2002 zur Rs. C–50/00 P (Unión de Pequeños Agricultores/Rat der EU), Slg. 2002, I–6681, Ziff. 39.

[20] Exemplarisch dazu vgl. EuG, Urt. v. 30. 1. 2002, Rs. T–54/99 (max.mobil Telekommunikation/Kommission), Slg. 2002, II–313, Rn. 48 u. 56 f.; Urt. v. 3. 5. 2002, Rs. T–177/01 (Jégo-Quéré/Kommission), Slg. 2002, II–2365, Rn. 47; Urt. v. 12. 10. 2007, Rs. T–474/04 (Pergan/Kommission), Slg. 2007, II–4225, Rn. 75.

[21] Vgl. etwa EuGH, Urt. v. 27. 6. 2006, Rs. C–540/03 (Europäisches Parlament/Rat der EU), Slg. 2006, I–5769, Rn. 38; Urt. v. 13. 3. 2007, Rs. C–432/05 (Unibet), Slg. 2007, I–2271, Rn. 37; Urt. v. 11. 12. 2007, Rs. C–438/05 (Viking Line), Slg. 2007, I–10779, Rn. 43; Urt. v. 18. 12. 2007, Rs. C–341/05 (Laval), Slg. 2007, I–11767, Rn. 91; Urt. v. 14. 2. 2008, Rs. C–244/06 (Dynamic Medien), Slg. 2008, I–505, Rn. 41; Urt. v. 14. 2. 2008, Rs. C–450/06 (Varec), Slg. 2008, I–581, Rn. 48.

[22] Exempl. vgl. EGMR, Urt. v. 30. 6. 2005 (Bosphorus), EuGRZ 2007, 662 ff.; näher zur Berücksichtigung der EU-Grundrechtecharta in der jüngeren Rechtsprechung des EGMR vgl. *Dickson*, EHRLR 2015, 27.

[23] Vgl. dazu m. w. N. *Streinz/Ohler/Herrmann*, Vertrag von Lissabon, S. 105.

[24] Vgl. etwa BVerfGE 104, 214 (219); BVerfGE 107, 395 (409); BVerfGE 110, 339 (342); m. w. N. auch zur Berücksichtigung der EU-Grundrechtecharta in der jüngeren Rechtsprechung des Bundesverfassungsgerichts vgl. *Griebel*, Der Staat 2013, 371 ff.

[25] Vgl. *Oppermann*, DVBl 2008, 473 (478); *Pache*, in: Fastenrath/Nowak, S. 113 (117).

[26] ABl. 2007, C 303/1; näher zum Anpassungsverfahren und zu den daraus hervorgegangenen Änderungen der Ursprungsfassung dieser Charta vgl. *Pache/Rösch*, EWS 2009, 393 (396 f.).

diese Charta seit dem am 1. 12. 2009 erfolgten Inkrafttreten des Lissabonner Reform-vertrags einen rechtsverbindlichen Bestandteil des primären Unionsrechts,[27] sofern man einmal von dem durch den Lissaboner Reformvertrag ebenfalls auf den Weg gebrachten Protokoll Nr. 30 über die Anwendung der Charta der Grundrechte auf Polen und das Vereinigte Königreich[28] absieht, das als äußerst fragwürdig bzw. als ein der europäischen Grundrechtsunion (s. Rn. 1) abträglicher »Sündenfall« eingestuft werden muss,[29] auch wenn sich die negativen Folgen dieses den einheitlichen Geltungsanspruch der EU-Grundrechtecharta relativierenden Protokolls mit Blick auf die darauf bezogene Recht-sprechung des Unionsrichters[30] und aufgrund der durch den Lissabonner Reformvertrag nicht in Frage gestellten Existenz der vom EuGH anerkannten (ungeschriebenen) Uni-onsgrundrechte (s. Rn. 1 f.) in Grenzen halten.[31]

5   Die seit dem am 1. 12. 2009 erfolgten Inkrafttreten des Lissabonner Reformvertrags rechtsverbindliche und zum primären Unionsrecht gehörende Charta der Grundrechte der Europäischen Union besteht in ihrer am 12. 12. 2007 in Straßburg angepassten Fas-sung aus insgesamt 54 Artikeln. Diesen Artikeln geht eine **Präambel** voraus, die von zwei weiteren Präambeln im Vertrag über die Arbeitsweise der EU (s. Präambel AEUV, Rn. 1 ff.) sowie im EU-Vertrag (s. Präambel EUV, Rn. 1 ff.) flankiert wird. Insofern fol-gen die beiden vorgenannten Verträge und die nach Art. 6 Abs. 1 EUV einen gleichen rechtlichen Rang einnehmende EU-Grundrechtecharta sowohl den damaligen Grün-dungsverträgen der Europäischen Gemeinschaft für Kohle und Stahl (s. Art. 1 EUV, Rn. 16) und der Europäischen Wirtschaftsgemeinschaft (s. Art. 1 EUV, Rn. 18) sowie

---

[27] Näher zu dieser überaus bedeutsamen Neuerung vgl. nur *Blanke*, in: *ders.*/Mangiameli, S. 159 ff.; *Jarass*, EuR 2013, 29 ff.; *Kokott/Sobotta*, EuGRZ 2010, 265 ff.; *Mayer*, EuR-Beih. 1/2009, 87 ff.; *Pache*, in: Fastenrath/Nowak, S. 113 (117 ff.); *ders./Rösch*, EWS 2009, 393 ff.; *Schima*, S. 325 (327 ff.); *Schulte-Herbrüggen*, ZEuS 2009, 343 (346 ff.); zur EU-Grundrechtecharta als Teil der Uni-onsverfassung vgl. ferner *Schmitz*, EuR 2004, 691 ff.

[28] ABl. 2008, C 115/313; jüngste konsolidierte Fassung dieses Protokolls in: ABl. 2012, C 326/313. Ausführlicher zur Entstehung und zu den Inhalten dieses fragwürdigen Protokolls vgl. etwa *Biernat*, FS Müller-Graff, S. 1350 ff.; *Mayer*, EuR-Beih. 1/2009, 87 (90 ff.); *Schima*, S. 325 (334 ff.); *Schulte-Herbrüggen*, ZEuS 2009, 343 (364 ff.).

[29] Zu Recht kritisch vgl. auch *Mayer*, EuR-Beih. 1/2009, 87 (96); *Pache*, in: Fastenrath/Nowak, S. 113 (122 f.); *ders./Rösch*, EWS 2009, 393 (397); *Streinz/Ohler/Herrmann*, Vertrag von Lissabon, S. 104.

[30] Vgl. insb. EuGH, Urt. v. 21. 12. 2011, verb. Rs. C–411/10 u. C–493/10 (N.S. u. a.), Slg. 2011, I–13905, Rn. 119 f., wo es auszugsweise wie folgt heißt: »Aus dem Wortlaut dieser Bestimmung [hier: Art. 1 Abs. 1 des Protokolls Nr. 30] ergibt sich, […], dass das Protokoll (Nr. 30) nicht die Geltung der Charta für das Vereinigte Königreich oder für Polen in Frage stellt, was in den Erwägungsgründen des Protokolls Bestätigung findet. So sieht nach dem dritten Erwägungsgrund des Protokolls (Nr. 30) Art. 6 EUV vor, dass die Charta von den Gerichten der Republik Polen und des Vereinigten König-reichs strikt im Einklang mit den in jenem Artikel erwähnten Erläuterungen anzuwenden und aus-zulegen ist. Außerdem bekräftigt die Charta nach dem sechsten Erwägungsgrund dieses Protokolls die in der Union anerkannten Rechte, Freiheiten und Grundsätze und macht diese Rechte besser sichtbar, schafft aber keine neuen Rechte oder Grundsätze. Unter diesen Umständen verdeutlicht Art. 1 Abs. 1 des Protokolls (Nr. 30) Art. 51 der Charta über deren Anwendungsbereich und bezweckt weder, die Republik Polen und das Vereinigte Königreich von der Verpflichtung zur Einhaltung der Bestimmun-gen der Charta freizustellen, noch, ein Gericht eines dieser Mitgliedstaaten daran zu hindern, für die Einhaltung dieser Bestimmungen zu sorgen«.

[31] In diesem Sinne vgl. auch *Dougan*, CMLRev. 45 (2008), 617 (665 ff.); *Giegerich*, in: Dörr/Grote/Marauhn, Kap. 2, Rn. 34; *Mehde*, EuGRZ 2008, 269; *Wollenschläger*, EnzEuR, Bd. 1, § 8, Rn. 97 ff.; skeptischer vgl. indes *Hatje/Kindt*, NJW 2008, 1761 (1767); näher zum Ganzen vgl. auch die Kom-mentierung zu Art. 51 GRC, Rn. 28 ff.

dem noch heute geltenden »Euratom«-Vertrag[32] als auch der Einheitlichen Europäischen Akte (s. Art. 1 EUV, Rn. 21) sowie den späteren Reform- bzw. Änderungsverträgen von Amsterdam, Nizza und Lissabon (s. Art. 1 EUV, Rn. 22 ff.), die im Einklang mit entsprechenden Gepflogenheiten im Völkervertragsrecht sowie im innerstaatlichen Verfassungsrecht[33] ebenfalls mit einer jeweils vertragsspezifischen Präambel beginnen bzw. eingeleitet werden. In etymologischer Hinsicht lässt sich der hier in Rede stehende **Präambel-Begriff** auf das klassisch-lateinische Verbum prae-ambulare (vorangehen) und auf das mittellateinische Lehnwort praeambulum (Vorspruch) zurückführen.[34] In inhaltlicher Hinsicht weicht die GRC-Präambel, die den 54 Artikeln der EU-Grundrechtecharta in der am 12.12.2007 in Straßburg angepassten Fassung vorgeschaltet ist und die im Grundrechtekonvent (s. Rn. 3) seinerzeit den Gegenstand lebhafter Diskussionen vornehmlich inhaltlicher Art bildete,[35] nicht nur von den verschiedenen Präambeln der vorgenannten Gründungs- und Änderungsverträge, sondern an zwei Stellen auch von der Ursprungsfassung dieser Präambel aus dem Jahre 2000 ab (B.). Im Hinblick auf die zentralen Funktionen und ihre rechtliche Bedeutung weist die Präambel der EU-Grundrechtecharta nicht nur einige Gemeinsamkeiten oder Ähnlichkeiten mit den Präambeln der anderen oben genannten Vertragswerke, sondern auch mit der Präambel des deutschen Grundgesetzes auf (C.).

B. Grundstruktur und Kernaussagen der GRC-Präambel

Die **GRC-Präambel besteht** – anders als die beiden Präambeln des EU-Vertrags und des Vertrags über die Arbeitsweise der EU – nicht aus einer anfänglichen Auflistung der beteiligten Staatsoberhäupter und nachfolgenden Erwägungsgründen, die typischerweise mit Formulierungen wie etwa »ENTSCHLOSSEN«, »IN DEM WUNSCH«, »IN DEM FESTEN WILLEN«, »IN DEM VORSATZ«, »IN DER ERKENNTNIS« etc. eingeleitet werden (s. Präambel EUV, Rn. 1 ff.; Präambel AEUV, Rn. 1 ff.), sondern **aus sieben Absätzen**. Die ersten drei Absätze enthalten zunächst einmal einige feierliche Aus-

6

---

[32] Vertrag zur Gründung der Europäischen Atomgemeinschaft vom 25.3.1957 (BGBl. II S. 1014 ff.); zuletzt geändert durch das dem Lissabonner Reformvertrag beigefügte Protokoll Nr. 2 zur Änderung des Vertrags zur Gründung der Europäischen Atomgemeinschaft (ABl. 2007, C 306/199) sowie durch Art. 11 der Akte über die Bedingungen des Beitritts der Republik Kroatien und die Anpassungen des Vertrags über die Europäische Union, des Vertrags über die Arbeitsweise der Europäischen Union und des Vertrags zur Gründung der Europäischen Atomgemeinschaft (Beitrittsakte 2013), ABl. 2012, L 112/21, i.V.m. der Unterrichtung über das am 1.7.2013 erfolgte Inkrafttreten des zwischen 27 EU-Mitgliedstaaten und der Republik Kroatien geschlossenen Beitrittsvertrags, ABl. 2013, L 300/5.

[33] Instruktiv zur üblichen Verwendung von Präambeln im Verfassungskontext sowie zu ihrer Bedeutung und Interpretation vgl. etwa *Häberle*, FS Broermann, S. 211 ff.; *Otoo*, S. 183 ff.; *Schoepke*, S. 1 ff.; *Stern/Tettinger*, in: Tettinger/Stern, EuGRCh, Präambel A, Rn. 11 ff.; *Weber*, in: Stern/Sachs, GRC-Kommentar, Präambel, Rn. 10 ff.; entsprechend für das Völkerrecht vgl. jeweils m.w.N. *Frowein*, in: ders./Peukert, EMRK, Präambel, Rn. 1 ff.; *Kotzur*, Theorieelemente des internationalen Menschenrechtsschutzes, S. 59 ff.; *Naumann*, S. 85 ff.; entsprechend für das Europarecht vgl. insb. *Häberle*, Europäische Verfassungslehre, S. 274 ff.; *Miliopoulos*, S. 35 ff. Näher zu den bis in die Antike zurückreichenden rechtsgeschichtlichen Dimensionen dieser Vertragstechnik vgl. *Otoo*, S. 164 ff.

[34] Zutr. vgl. statt vieler *Meyer*, in: Meyer, GRCh, Präambel, Rn. 2.

[35] Ausführlicher dazu vgl. insb. *Meyer*, in: Meyer, GRCh, Präambel, Rn. 14 ff.; sowie jeweils m.w.N. *Busse*, EuGRZ 2002, 559 (564 ff.); *Knecht*, in: Schwarze, EU-Kommentar, Präambel GRC, Rn. 19; *Otoo*, S. 33 ff.; *Stern/Tettinger*, in: Tettinger/Stern, EuGRCh, Präambel A, Rn. 3 f.

sagen, die sich auf einige Charakteristika, Entwicklungsperspektiven, Ziele und Kerngrundsätze der Europäischen Union sowie auf ihre gemeinsamen Werte beziehen. Während der erste Absatz der GRC-Präambel die Werteorientierung der Völker Europas
zum Gegenstand hat und diese mit dem Ziel der Teilung einer friedlichen Zukunft verbindet, das durch die Verbindung zu einer immer engeren Union erreicht werden soll
(I.), werden im zweiten Absatz dieser Präambel einige fundamentale Werte und Grundsätze der EU hervorgehoben und in unterschiedlicher Weise mit dem geistig-religiösen
und sittlichen Erbe der EU, mit der Unionsbürgerschaft sowie mit dem Raum der Freiheit, der Sicherheit und des Recht verbunden (II.). Dem schließen sich im dritten Absatz
der GRC-Präambel einige weitere Aussagen zur Erhaltung und Entwicklung gemeinsamer Werte durch die EU, zu einigen dabei zu beachtenden Vorgaben, zur angestrebten
Förderung einer ausgewogenen und nachhaltigen Entwicklung sowie zur ebenfalls angestrebten Sicherstellung der den europäischen Binnenmarkt konstituierenden Grundfreiheiten an (III.). Der vierte Absatz der GRC-Präambel hat sodann die Notwendigkeit
und den Zweck der EU-Grundrechtecharta bzw. der durch sie intendierten Stärkung des
Grundrechtsschutzes zum Gegenstand (IV.), während sich der fünfte Absatz dieser Präambel auf die Bekräftigung bestimmter Rechte und auf einen besonderen Detailaspekt
im Zusammenhang mit der Auslegung der EU-Grundrechtecharta bezieht (V.). Im sechsten Absatz der GRC-Präambel wird die Ausübung der durch die EU-Grundrechtecharta sichtbarer gemachten und bekräftigten Rechte sodann mit einer bestimmten
»Verantwortung« sowie mit bestimmten »Pflichten« in Verbindung gebracht (VI.). Der
siebte Absatz der GRC-Präambel ist schließlich der Anerkennung der »nachstehend
aufgeführten Rechte, Freiheiten und Grundsätze« gewidmet (VII.).

I. Werteorientierung der Völker Europas, friedliche Zukunft und die Verbindung zu einer immer engeren Union (Absatz 1)

7 Im ersten Absatz der GRC-Präambel wird zunächst einmal in Abweichung von den
beiden oben genannten Präambeln des EU-Vertrags und des Vertrags über die Arbeitsweise der EU (s. Rn. 5), in denen die Staatsoberhäupter der beteiligten EU-Mitgliedstaaten als maßgebliche Subjekte oder Akteure ausgewiesen sind, hervorgehoben, dass
die Völker Europas entschlossen sind, auf der Grundlage gemeinsamer Werte eine friedliche Zukunft zu teilen, indem sie sich zu einer immer engeren Union verbinden.[36] Der
letztgenannte Aspekt in Gestalt der **Verbindung der Völker Europas zu einer immer
engeren Union** korrespondiert nicht nur mit dem 13. Erwägungsgrund der EUV-Präambel, der ebenfalls den Prozess der Schaffung einer immer engeren Union der Völker
Europas und damit zugleich den auf Vertiefung und Erweiterung ausgerichteten Integrationsauftrag der EU[37] hervorhebt (s. Präambel EUV, Rn. 8 u. 16), sondern auch mit

[36] Die hier zum Ausdruck kommende Betonung der Volkssouveränität wird überwiegend darauf
zurückgeführt, dass der damalige Grundrechtekonvent (s. Rn. 3) zu etwa drei Vierteln aus gewählten
Abgeordneten und nur zu etwa einem Viertel aus Regierungsvertretern bestand, vgl. nur *Meyer*, in:
Meyer, GRCh, Präambel, Rn. 27. Näher zu dieser von den EUV/AEUV-Präambeln abweichenden
Bezugnahme auf die »Völker Europas«, die nicht darüber hinwegtäuschen kann, dass es außerhalb der
Europäischen Union noch einige weitere Völker Europas gibt, die nicht an die EU-Grundrechtecharta
gebunden sind, vgl. *Stern/Tettinger*, in: Tettinger/Stern, EuGRCh, Präambel A, Rn. 23 f.; *Streinz*, in:
Streinz, EUV/AEUV, Präambel GR-Charta, Rn. 8; kritisch zu dieser insoweit als »unsauber« bezeich-
neten Bezugnahme vgl. auch *Knecht*, in: Schwarze, EU-Kommentar, Präambel GRC, Rn. 20; sowie
Busse, EuGRZ 2002, 559 (569).
[37] Instruktiv dazu vgl. m. w. N. *Alsen*, Der Europäische Integrationsauftrag der EU – Überlegungen

dem ersten Absatz der AEUV-Präambel, der in durchaus vergleichbarer Weise die Entschlossenheit der Völker Europas zum Ausdruck bringt, die Grundlage für einen immer engeren Zusammenschluss der europäischen Völker zu schaffen (s. Präambel AEUV, Rn. 11 ff.). Außerhalb der vorgenannten unionsverfassungsrechtlichen Präambeln wird diesem Aspekt vornehmlich durch Art. 1 Abs. 2 EUV Geltung verschafft, indem dort klargestellt wird, dass der EU-Vertrag eine neue Stufe bei der Verwirklichung einer immer engeren Union der Völker Europas darstellt (s. Art. 1 EUV, Rn. 12 ff.).

Ausweislich des ersten Absatzes der GRC-Präambel soll mit der Verbindung der   **8**
Völker Europas zu einer immer engeren Union vor allem das Ziel erreicht werden, dass diese Völker eine **friedliche Zukunft** teilen können. Hiermit wir ein zentrales – wenn nicht sogar das bedeutsamste bzw. stärkste – Grundmotiv der europäischen Integration aufgegriffen,[38] das mit einer etwas anderen Formulierung (»Frieden […] in Europa und in der Welt«) auch im 11. Erwägungsgrund der EUV-Präambel angesprochen wird (s. Präambel EUV, Rn. 20) und dabei in gewisser Weise zugleich mit Art. 3 Abs. 1 EUV korrespondiert, wonach die Förderung der Friedens zu den grundlegenden bzw. fundamentalen Verfassungszielen der Europäischen Union gehört.

Darüber hinaus wird im ersten Absatz der GRC-Präambel hervorgehoben, dass die   **9**
friedliche Zukunft der Völker Europas im vorgenannten Sinne »auf der Grundlage gemeinsamer Werte« geteilt werden soll. Diese Formulierung bildet den Auftakt einer starken Akzentuierung der **Werteorientierung der Völker Europas und der Europäischen Union**, die in den beiden nachfolgenden Absätzen der GRC-Präambel erneut aufgegriffen und dabei etwas näher konkretisiert wird.

II. Fundamentale Werte, Grundsätze und Charakteristika der EU einschließlich ihres geistig-religiösen und sittlichen Erbes (Absatz 2)

Die im ersten Absatz der GRC-Präambel angesprochene Werteorientierung der Völker   **10**
Europas (s. Rn. 7–9) spiegelt sich insbesondere im ersten Satz des zweiten Absatzes der GRC-Präambel wider, indem dort hervorgehoben wird, dass sich die Europäische Union auf die unmittelbaren und universellen **Werte der Würde des Menschen, der Freiheit, der Gleichheit und der Solidarität** gründet, die in genau dieser Reihung im Übrigen auch die ersten vier Titel der EU-Grundrechtecharta determinieren.[39] Ergänzend wird im zweiten Satz des zweiten Absatzes dieser Präambel klargestellt, dass die Europäische Union zugleich auf den Grundsätzen der **Demokratie und der Rechtsstaatlichkeit** beruht, die dann auch das Fundament bzw. den zentralen Hintergrund der in den Titeln V und VI der EU-Grundrechtecharta untergebrachten Unionsgrundrechte bilden.[40] Inso-

---

zur Erweiterungs-, Assoziierungs- und Nachbarschaftspolitik der EU aus der Warte einer europäischen Prinzipienlehre, 2009, S. 42 ff.

[38] Zutr. *Streinz*, in: Streinz, EUV/AEUV, Präambel GR-Charta, Rn. 7.; ähnlich *Meyer*, in: Meyer, GRCh, Präambel, Rn. 29. Näher zum Leitmotiv der Friedenssicherung durch (europäische) Integration vgl. etwa *Nicolaysen*, in: Bruha/Hesse/Nowak, S. 91 (102 ff.); zu den weiteren maßgeblichen Motiven des europäischen Integrationsprozesses (insb. Versöhnung zwischen Frankreich und Deutschland; Westintegration und Kontrolle der Bundesrepublik Deutschland; Schaffung eines Gemeinsamen Marktes; etc.) vgl. etwa *Nicolaysen*, in: Schäfer/Wass von Czege, S. 33 (35 ff.).

[39] Vgl. Titel I – Würde des Menschen (Art. 1–5 GRC); Titel II – Freiheiten (Art. 6–19 GRC); Titel III – Gleichheit (Art. 20–26 GRC); Titel IV – Solidarität (Art. 27–38 GRC); ausführlicher zur damit zusammenhängenden Einordnung der EU-Grundrechtecharta als Konkretisierung der gemeinsamen europäischen Werte vgl. *Schmitz*, Die Charta der Grundrechte der Europäischen Union als Konkretisierung der gemeinsamen europäischen Werte, S. 73 ff.

[40] Vgl. Titel V – Bürgerrechte (Art. 39–46 GRC); Titel VI – Justizielle Rechte (Art. 47–50 GRC).

weit korrespondieren die beiden ersten Sätze des zweiten Absatzes der GRC-Präambel insbesondere mit dem vierten Erwägungsgrund der EUV-Präambel, in dem die EU-Mitgliedstaaten ihr Bekenntnis zu den Grundsätzen der Freiheit, der Demokratie und der Achtung der Menschenrechte und Grundfreiheiten und der Rechtsstaatlichkeit bestätigen (s. Präambel EUV, Rn. 13), sowie mit dem durch den Lissabonner Reformvertrag in das primäre Unionsrecht integrierten Art. 2 EUV, der in einer für die immer mehr um sich greifende Einordnung der Europäischen Union als Wertegemeinschaft bzw. **Werteunion**[41] ursächlichen oder mitverantwortlichen Weise bestimmt, dass sich die Union auf verschiedene Werte in Gestalt der Achtung der Menschenwürde, Freiheit, Demokratie, Gleichheit, Rechtsstaatlichkeit und der Wahrung der Menschenrechte einschließlich der Rechte der Personen, die Minderheiten angehören, gründet und dass diese Werte, denen unter anderem im nachbarschaftspolitischen Art. 8 EUV, im Frühwarn- und Sanktionsmechanismus nach Art. 7 EUV sowie im »Beitritts«-Art. 49 EUV eine besondere Bedeutung zugewiesen wird,[42] allen Mitgliedstaaten in einer Gesellschaft gemeinsam sind, die sich durch Pluralismus, Nichtdiskriminierung, Toleranz, Gerechtigkeit, Solidarität[43] und die Gleichheit von Frauen und Männern auszeichnet. Dass die Demokratie und die Rechtsstaatlichkeit im zweiten Satz des zweiten Absatzes der GRC-Präambel abweichend davon als Grundsätze bezeichnet werden, ändert mit Blick auf Art. 2 EUV nichts an ihrer Zugehörigkeit zu den für die Europäischen Union und ihre Mitgliedstaaten grundlegenden Werten.[44]

11   Soweit sich die Europäische Union auf die unmittelbaren und universellen Werte der Würde des Menschen, der Freiheit, der Gleichheit und der Solidarität gründet (s. Rn. 10), geschieht dies nach dem ersten Satz des zweiten Absatzes der GRC-Präambel in dem **Bewusstsein ihres geistig-religiösen und sittlichen Erbes**. Diese Formulierung, die ein wenig an das im 2. Erwägungsgrund der EUV-Präambel angesprochene kulturelle, religiöse und humanistische Erbe Europas (s. Präambel EUV, Rn. 11) erinnert und sich in thematischer Hinsicht sowohl mit der in Art. 10 Abs. 2 GRC niedergelegten Religionsfreiheit als auch mit der in Art. 22 GRC angesprochenen Vielfalt der Kulturen, der

---

[41] Zur heute durchaus üblichen und bereits vor dem Inkrafttreten des Lissabonner Reformvertrags weit verbreiteten Einordnung der EU als Wertegemeinschaft oder Werteunion siehe statt vieler und jeweils m. w. N. *Andrée*, S. 289 ff.; *Borowsky*, DRiZ 2001, 275; *Calliess*, JZ 2004, 1033; *Herdegen*, FS Scholz, S. 139 ff.; *Holterhus/Kornack*, EuGRZ 2014, 389 (389); *Joas/Mandry*, S. 541 ff.; *Mandry*, S. 49 ff.; *Rensmann*, S. 49 ff.; *Speer*, DÖV 2001, 980; *Streinz*, in: Streinz, EUV/AEUV, Präambel GR-Charta, Rn. 7.

[42] Zu weiteren im EUV enthaltenen Bezugnahmen auf diese Werte vgl. Art. 3 Abs. 1 u. 5 EUV, Art. 13 Abs. 1 EUV und Art. 21 Abs. 2 Buchst. a EUV.

[43] Zur enormen und vielschichtigen Bedeutung des unionsrechtlichen Solidaritätsgrundsatzes, dem seit der europäischen Finanz- und Staatsschuldenkrise verstärkte Aufmerksamkeit im europarechtlichen Schrifttum geschenkt wird, vgl. insb. auch Art. 3 Abs. 3 UAbs. 2. und 3 EUV, Art. 3 Abs. 5 EUV, Art. 24 Abs. 2 und 3 EUV, Art. 42 Abs. 7 EUV, Art. 122 Abs. 1 AEUV, Art. 174–178 AEUV, Art. 194 Abs. 1 AEUV und Art. 222 Abs. 1 AEUV; *Hatje*, Die EU auf dem Weg zur Solidarunion, S. 73 ff.; *Hilpold*, EuR 2016, 373; *Hoffmeister*, S. 152 ff.; *Isak*, ZÖR 2015, 287; *Klamert*, ZÖR 2015, 265; *Knodt*, FS Müller-Graff, S. 1022 ff.; *Kunig*, FS Schwarze, S. 190 (198 f.); *Lais*, S. 91 ff.; *Steiner*, ZfRV 2013, 244 ff.; *Weiß*, ZÖR 2015, 403; sowie die zahlreichen Beiträge in *Calliess* (Hrsg.), Europäische Solidarität und nationale Identität – Überlegungen im Kontext der Krise im Euroraum, 2013; in *Kadelbach* (Hrsg.), Solidarität als Europäisches Rechtsprinzip?, 2014; und in *Knodt/Tews* (Hrsg.), Solidarität in der Europäischen Union, 2014.

[44] Zutr. *Jarass*, GRCh, Präambel, Rn. 3; zur näheren Konkretisierung dieser beiden Unionswerte vgl. etwa *Holterhus/Kornack*, EuGRZ 2014, 389 (392 ff.); sowie die Kommentierung zu Art. 2 EUV, Rn. 1 ff.

Religionen und der Sprachen verbindet, ist das Ergebnis eines gerade auch im Entstehungsprozess der EU-Grundrechtecharta ausgetragenen Streits über das Für und Wider der Einführung eines klaren Gottesbezugs und/oder eines mehr oder weniger eindeutigen Bekenntnisses zum Christentum bzw. zu den christlich-abendländischen oder jüdisch-christlichen Traditionen der EU-Mitgliedstaaten.[45] Dieses komprisshafte Ergebnis,[46] dass sich insbesondere auch in den bewusst unterschiedlichen Sprachfassungen des zweiten Absatzes der GRC-Präambel widerspiegelt,[47] lässt der religiösen Vielfalt der EU-Mitgliedstaaten im Einklang mit Art. 22 GRC, der die Union nicht nur zur Achtung der Vielfalt der Kulturen und Sprachen, sondern eben auch zur **Achtung der Vielfalt der Religionen** verpflichtet, hinreichenden Raum, da es nicht als ein andere Religionen oder Weltanschauungen ausgrenzendes Bekenntnis zum Christentum oder zu einer anderen Religionsgemeinschaft oder Religionsform verstanden werden kann.[48] Dies findet seinen maßgeblichen Grund darin, dass die in den vergangenen Jahren von bestimmten Seiten unternommenen Versuche, einen Gottesbezug etwa der in der Präambel des deutschen Grundgesetzes enthaltenen Art[49] und/oder eine explizite Bezugnahme auf die christliche oder jüdisch-christliche Werteordnung in der Präambel des gescheiterten Vertrags über die Verfassung für Europa (s. Rn. 4), in der Präambel des EU-Vertrags und/oder eben in der Präambel der EU-Grundrechtecharta unterzubringen,[50] am Widerstand laizistischer Mitgliedstaaten bzw. laizistisch denkender Persönlichkeiten gescheitert sind[51] und dass dieses Scheitern auch bei der Auslegung des zweiten Absatzes der GRC-Präambel zu akzeptieren ist.

Im zweiten Absatz der GRC-Präambel wird die in den ersten beiden Sätzen dieses **12** Absatzes sowie im ersten Absatz dieser Präambel zum Vorschein kommende Werteorientierung der Völker Europas und der Europäischen Union (s. Rn. 7 ff.) nicht nur mit dem geistig-religiösen und sittlichen Erbe dieser Union (s. Rn. 11), sondern auch mit der Unionsbürgerschaft sowie mit dem Raum der Freiheit, der Sicherheit und des Rechts in Verbindung gebracht. Diesbezüglich wird im dritten und letzten Satz des zweiten Absatzes der GRC-Präambel hervorgehoben, dass die Europäische Union den Menschen in den Mittelpunkt ihres Handelns stellt,[52] indem sie die Unionsbürgerschaft und einen

---

[45] Näher dazu vgl. auch *Busse*, EuGRZ 2002, 559 (566 f.); *Jarass*, GRCh, Präambel, Rn. 3; *Meyer*, in: Meyer, GRCh, Präambel, Rn. 18 u. 32 ff.; *Stern/Tettinger*, in: Tettinger/Stern, EuGRCh, Präambel A, Rn. 3 f.; *Weber*, in: Stern/Sachs, GRC-Kommentar, Präambel, Rn. 6 ff.

[46] Ähnlich vgl. auch *Stern/Tettinger*, in: Tettinger/Stern, EuGRCh, Präambel A, Rn. 25 (»Formelkompromiss«); *Weber*, in: Stern/Sachs, GRC-Kommentar, Präambel, Rn. 9 (»Kompromissformel«).

[47] Näher dazu vgl. etwa *Holoubek/Lienbacher*, in: dies., GRC-Kommentar, Präambel, Rn. 5; *Knecht*, in: Schwarze, EU-Kommentar, Präambel GRC, Rn. 23; *Meyer*, in: Meyer, GRCh, Präambel, Rn. 32.

[48] In diesem Sinne vgl. auch *Meyer*, in: Meyer, GRCh, Präambel, Rn. 32.

[49] Ausführlich zu den historischen Grundlagen und zur juristischen Interpretation des Gottesbezuges in der Präambel des deutschen Grundgesetzes vgl. *Dreier*, in: Dreier, GG, Präambel, Rn. 23; *Starck*, in: Starck, GG, Präambel, Rn. 36 ff.; *Vogt*, S. 15 ff.; mit rechtsvergleichenden Bezügen vgl. auch *Naumann*, S. 59 ff.

[50] Ausführlicher dazu vgl. etwa *Naumann*, S. 19 ff.; *Otoo*, S. 87 ff.

[51] Ausführlicher dazu vgl. *Goerlich*, S. 9 (10); *Kotzur*, in: Niedobitek/Zemánek, S. 187 (191 f.); *Miliopoulos*, S. 35 (40 f.); näher zu diesem Themenkomplex vgl. auch *Heit*, ARSP 90 (2004), 461 (469 ff.); *Isensee*, JZ 2015, 745; *Kreß*, ZRP 2015, 152; *Riedel*, EuR 2005, 676; *Schambeck*, in: Tettinger/Stern, EuGRCh, Präambel B, Rn. 31 ff.; *Wägenbaur*, EuZW 2003, 609.

[52] Instruktiv zu der in den vergangenen Jahren erfolgten Aufwertung der Stellung des Einzelnen im Anwendungsbereich des Unionsrechts vgl. m. w. N. *Saurer*, S. 12 ff.; zur damit verbundenen Einordnung der Grundrechte als Basis des europäischen Integrationsprozesses vgl. *Lenaerts*, EuGRZ 2015, 353.

Raum der Freiheit, der Sicherheit und des Rechts begründet. Die vorgenannte Bezugnahme auf die **Unionsbürgerschaft**, die im Wesentlichen durch Art. 9 EUV i. V. m. den Art. 20–25 AEUV sowie durch die in den Art. 39, 40 und 42–46 GRC niedergelegten Unionsbürger-Grundrechte ausgeformt wird, korrespondiert in gewisser Weise mit dem 10. Erwägungsgrund der EUV-Präambel, mit dem die EU-Mitgliedstaaten ihre Entschlossenheit zum Ausdruck bringen, eine gemeinsame Unionsbürgerschaft für die Staatsangehörigen ihrer Länder einzuführen, die nach mittlerweile gefestigter Rechtsprechung des Unionsrichters dazu bestimmt ist, der grundlegende Status der Staatsangehörigen der EU-Mitgliedstaaten im Anwendungsbereich des Unionsrechts zu sein, der es denjenigen unten ihnen, die sich in der gleichen Situation befinden, erlaubt, unabhängig von ihrer Staatsangehörigkeit und unbeschadet der insoweit ausdrücklich vorgesehenen Ausnahmen die gleiche rechtliche Behandlung zu genießen.[53]

13   Die weitere – ebenfalls im dritten und letzten Satz des zweiten Absatzes der GRC-Präambel – platzierte Bezugnahme auf den **Raum der Freiheit, der Sicherheit und des Rechts** ähnelt schließlich dem 12. Erwägungsgrund der EUV-Präambel, in dem die EU-Mitgliedstaaten ihre Entschlossenheit zum Ausdruck bringen, die Freizügigkeit unter gleichzeitiger Gewährleistung der Sicherheit ihrer Bürger durch den Aufbau eines Raums der Freiheit, der Sicherheit und des Rechts nach Maßgabe der Bestimmungen dieses Vertrags und des Vertrags über die Arbeitsweise der Europäischen Union zu fördern. Näher ausgeformt wird der maßgeblich auf den Amsterdamer Vertrag (s. Art. 1 EUV, Rn. 22) zurückführbare und zuletzt durch den Lissabonner Reformvertrag (s. Rn. 2 f.) partiell reformierte Raum der Freiheit, der Sicherheit und des Rechts[54] insbesondere durch Art. 3 Abs. 2 EUV i. V. m. den Art. 67–89 AEUV, deren Anwendung und Auslegung insbesondere mit dem in Art. 6 GRC niedergelegten Unionsgrundrecht auf Freiheit und Sicherheit sowie mit den Art. 18, 19 GRC und Art. 47–50 GRC in Einklang zu bringen sind.

III. Erhaltung und Entwicklung gemeinsamer Werte unter Achtung bestimmter Vorgaben sowie ökologische und grundfreiheitliche Bestrebungen (Absatz 3)

14   Im ersten Satz des dritten Absatzes der GRC-Präambel wird die in den beiden vorangehenden Absätzen zum Ausdruck gebrachte Werteorientierung der Völker Europas

---

[53] Grdlg. EuGH, Urt. vom 20. 9. 2001, Rs. C–184/99 (Grzelczyk), Slg. 2001, I–6193, Rn. 31; u. a. bestätigt in EuGH, Urt. v. 2. 3. 2010, Rs. C–135/08 (Rottmann), Slg. 2010, I–1449, Rn. 43; Urt. v. 8. 3. 2011, Rs. C–34/09 (Ruiz Zambrano), Slg. 2011, I–1177, Rn. 41; Urt. v. 11. 11. 2014, Rs. C–333/13 (Dano), NJwZ 2014, 1648, Rn. 58, mit. Anm. *Thym*, NJW 2015, 130, und *Wollenschläger*, NVwZ 2014, 1628. Ausführlich zur Entwicklung sowie zu den Zielen und Komponenten des unionsrechtlichen Konzepts der Unionsbürgerschaft, die einem Prozess der permanenten Fortentwicklung insbesondere durch den Unionsrichter unterliegt, vgl. jeweils m. w. N. die zahlreichen Beiträge in *Schroeder/Obwexer* (Hrsg.), 20 Jahre Unionsbürgerschaft: Konzept, Inhalt und Weiterentwicklung des grundlegenden Status der Unionsbürger, EuR-Beih. 1/20015; sowie *Hilpold*, EuR 2015, 133; *Höfler*, S. 19 ff.; *Kadelbach*, in: v. Bogdandy/Bast, Europäisches Verfassungsrecht, S. 611 ff.; *Kotalakidis*, S. 136 ff.; *Schönberger*, S. 272 ff.; *Skouris*, S. 147 ff.; *Thym*, E. L.Rev. 40 (2015), 249; *Wollenschläger*, EnzEuR, Bd. 1, § 8, Rn. 1 ff.

[54] Näher zur Entwicklung dieses regelmäßigen Reformanstrengungen unterliegenden Raums der Freiheit, der Sicherheit und des Rechts sowie zu den diesbezüglichen Neuerungen, die der Lissabonner Reformvertrag mit sich gebracht hat, vgl. nur *Bauer*, S. 99 ff.; *Hailbronner*, S. 361 ff.; *Kampfer*, S. 73 ff.; *Lenaerts*, I. C. L.Q. 59 (2010), 255 ff.; *Monar*, S. 29 ff.; *Müller-Graff*, EuR-Beih. 1/2009, 105 ff.; *Nowak*, Europarecht, S. 255 ff.; *Ruffert*, S. 169 ff.; *Suhr*, S. 299 ff.

und der Europäischen Union (s. Rn. 7–10) noch einmal in zusätzlicher Weise unterstrichen, indem dort hervorgehoben wird, dass die Union zur **Erhaltung und zur Entwicklung der gemeinsamen Werte** unter Achtung der Vielfalt der Kulturen und Traditionen der Völker Europas sowie der nationalen Identität der Mitgliedstaaten und der Organisation ihrer staatlichen Gewalt auf nationaler, regionaler und lokaler Ebene beiträgt. Diese Formulierung verleiht der bereits in den beiden ersten Absätzen der GRC-Präambel angesprochenen und durch Art. 2 EUV konkretisierten Werteorientierung insoweit eine dynamische Komponente, als sie aktive Beiträge der Europäischen Union nicht nur zur Erhaltung, sondern auch zur (Fort-)Entwicklung der hier in Rede stehenden (gemeinsamen) Werte verspricht und damit beispielsweise im Hinblick auf die zu den Werten der Union gehörende Demokratie (s. Rn. 10) – analog zu jüngeren Maßnahmen etwa zur Stärkung der ebenfalls von den Werten der Union umfassten Rechtsstaatlichkeit im Rahmen der Unionsrechtsordnung[55] – zum Nachdenken über sinnvolle Wege einer weiteren Demokratisierung der Europäischen Union[56] geradezu einlädt.

Soweit der von der Europäischen Union erwartete Beitrag zur Erhaltung und Entwicklung gemeinsamer Werte (s. Rn. 14) ausweislich des ersten Satzes des dritten Absatzes der GRC-Präambel unter **Achtung der Vielfalt der Kulturen und Traditionen der Völker Europas** sowie unter Achtung der nationalen Identität der Mitgliedstaaten und der Organisation ihrer staatlichen Gewalt zu erfolgen hat, korrespondiert dies partiell Art. 22 GRC (s. Rn. 11) und mit dem sechsten Erwägungsgrund der EUV-Präambel, in dem die EU-Mitgliedstaaten ihrem gemeinsamen Wunsch Ausdruck verleihen, die Solidarität zwischen ihren Völkern unter Achtung ihrer Geschichte, ihrer Kultur und ihrer Traditionen zu stärken (s. Präambel EUV, Rn. 14), sowie vor allem mit Art. 4 Abs. 2 EUV, wonach die Union sowohl zur **Achtung der nationalen Identität** einschließlich der grundlegenden politischen und verfassungsmäßigen Strukturen sowie der regionalen und lokalen Selbstverwaltung als auch zur Achtung der grundlegenden Funktionen eines jeden EU-Mitgliedstaats einschließlich der Wahrung der territorialen Unversehrtheit, der Aufrechterhaltung der öffentlichen Ordnung und des Schutzes der nationalen Sicherheit verpflichtet ist.

Ausweislich des zweiten Satzes des dritten Absatzes der GRC-Präambel ist die Europäische Union ferner bestrebt, eine **ausgewogene und nachhaltige Entwicklung** zu fördern. Hiermit wird in erster Linie das weltweit omnipräsente Konzept der »nachhaltigen Entwicklung« bzw. des sustainable development angesprochen, das nicht nur ein außerordentlich wichtiges und dabei auf eine recht lange Entwicklungsgeschichte zurückblickendes politisches, rechtliches und ökonomisches Leitbild, Prinzip und/oder Theoriegebilde darstellt,[57] welches maßgeblich auf diverse internationale Impulse – na-

---

[55] Exemplarisch dazu vgl. die Kommissionsmitteilung vom 19.3.2014 »Communication from the Commission to the European Parliament and the Council – A new EU Framework to strengthen the Rule of Law«, COM(2014) 158 final/2; näher dazu vgl. *v. Bogdandy/Ioannidis*, ZaöRV 2014, 283.

[56] Instruktiv dazu vgl. aus jüngerer Zeit nur *Franzius*, EuR 2013, 655; *Graf Kielmansegg*, Wohin des Wegs, Europa? – Beiträge zu einer überfälligen Debatte, 2015, S. 57 ff.; *Habermas*, Leviathan 42 (2014), 524; *Kranz*, AVR 2013, 403 ff.

[57] Ausführlich dazu vgl. jeweils m. w. N. *Acker-Widmaier*, Intertemporale Gerechtigkeit und nachhaltiges Wirtschaften – zur normativen Begründung eines Leitbildes, 1999, S. 54 ff.; *Ekardt*, Theorie der Nachhaltigkeit. Rechtliche, ethische und politische Zugänge – am Beispiel von Klimawandel, Ressourcenknappheit und Welthandel, 2011, S. 17 ff.; *Gruber*, Modewort mit tiefen Wurzeln – Über die langsame Entdeckung der Nachhaltigkeit, in: Mitschele/Scharff (Hrsg.), Werkbegriff Nachhaltigkeit – Resonanzen eines Leitbildes, 2013, S. 13 ff.; *Michelsen/Adomßent*, Nachhaltige Entwicklung: Hintergründe und Zusammenhänge, in: Heinrichs/Michelsen (Hrsg.), Nachhaltigkeitswissenschaften,

mentlich auf den so genannten »Brundtland«-Bericht der Weltkommission für Umwelt und Entwicklung aus dem Jahre 1987,[58] die Rio-Deklaration und die damit eng verbundene Agenda 21 aus dem Jahre 1992[59] – zurückzuführen ist. Vielmehr handelt es sich hierbei auch um einen weit über ein heute beinahe inflationäre Verwendung findendes Modewort hinausgehenden Rechtsbegriff, um eine rechtliche Gestaltungsaufgabe und Ordnungsidee sowie um einen sowohl das internationale Umweltrecht als auch das Umweltverfassungsrecht der Europäischen Union prägenden Grundsatz, der mit seinen vielfältigen Ausstrahlungen in unzählige Rechtsgebiete im Wesentlichen sicherstellen soll, dass der Umweltschutz bzw. ökologische Belange mit ökonomischen und sozialen Entwicklungsinteressen der Gegenwart in Einklang gebracht wird, ohne dass künftigen Generationen die Fähigkeit zur Befriedigung ihrer Bedürfnisse genommen wird.[60] Diese Bezugnahme auf den **Grundsatz der nachhaltigen Entwicklung** überschneidet sich zum einen mit dem neunten Erwägungsgrund der EUV-Präambel, der den festen Willen der EU-Mitgliedstaaten reflektiert, im Rahmen der gemäß Art. 3 Abs. 3 UAbs. 1 Satz 1 EUV zu den fundamentalen Verfassungszielen der Union gehörenden Verwirklichung des Binnenmarkts sowie der Stärkung des Zusammenhalts und des Umweltschutzes den wirtschaftlichen und sozialen Fortschritt ihrer Völker unter Berücksichtigung des Grundsatzes der nachhaltigen Entwicklung zu fördern und Politiken zu verfolgen, die gewährleisten, dass Fortschritte bei der wirtschaftlichen Integration mit parallelen Fortschritten auf anderen Gebieten einhergehen (s. Präambel EUV, Rn. 18). Zum anderen bestätigt die im zweiten Satz des dritten Absatzes der GRC-Präambel enthaltene Bezugnahme auf den Grundsatz der nachhaltigen Entwicklung einmal mehr die hohe Bedeutung des Umweltschutzes im Rahmen der Unionsrechtsordnung, die insbesondere auch durch Art. 3 Abs. 3 UAbs. 1 Satz 2 EUV, Art. 21 Abs. 2 Buchst. d und f EUV, Art. 11 AEUV, Art. 191–193 AEUV sowie Art. 37 GRC zum Ausdruck gebracht wird.[61]

17   Abschließend wird im zweiten Satz des dritten Absatzes der GRC-Präambel hervorgehoben, dass die Europäische Union den freien Personen-, Dienstleistungs-, Waren- und Kapitalverkehr sowie die Niederlassungsfreiheit sicherstellt. Hiermit wird auf die zu den Kernbestandteilen des supranationalen Binnenmarktrechts und zugleich zu den

---

2014, S. 3 ff.; *Radke*, Nachhaltige Entwicklung – Konzept und Indikatoren aus wirtschaftstheoretischer Sicht, 1999, S. 8 ff.; *Rogall*, Nachhaltige Ökonomie – Ökonomische Theorie und Praxis einer Nachhaltigen Entwicklung, 2009, S. 29 ff.

[58] *Report of the World Commission on Environment and Development: Our Common Future*, abrufbar unter: http://www.un-documents.net/wced-ocf.htm.

[59] *Rio-Erklärung über Umwelt und Entwicklung*, abrufbar unter: http://www.un.org/Depts/german/conf/agenda21/rio.pdf.

[60] Ausführlich dazu vgl. jeweils m. w. N. die zahlreichen Beiträge in *Boyle/Freestone* (Hrsg.), International Law and Sustainable Development – Past Achievements and Future Challenges, 1999, in *Kahl* (Hrsg.), Nachhaltigkeit als Verbundbegriff, 2008, und in *Lange* (Hrsg.), Nachhaltigkeit im Recht – Eine Annäherung, 2003; sowie *Epiney*, Zum Konzept der Nachhaltigen Entwicklung in der Europäischen Union, in: Lang/Hohmann/dies. (Hrsg.), Das Konzept der Nachhaltigen Entwicklung – Völker- und europarechtliche Aspekte, 1999, S. 43 ff.; *Frenz/Unnerstall*, Nachhaltige Entwicklung im Europarecht – Theoretische Grundlagen und rechtliche Ausformung, 1999, S. 13 ff.; *Gehne*, Nachhaltige Entwicklung als Rechtsprinzip – Normativer Aussagegehalt, rechtstheoretische Einordnung, Funktionen im Recht, 2011, S. 11 ff.; *Heins*, Die Rolle des Staates für eine nachhaltige Entwicklung der Industriegesellschaft, 1997, S. 14 ff.; *Kotzur*, JöR 57 (2009), 503; *Menges/Traub*, ZSR 2012, 343; *Schröder*, AVR 1996, 251; *Streinz*, DV 1998, 449.

[61] Ausführlich dazu vgl. m. w. N. *Nowak*, Umweltschutz als grundlegendes Verfassungsziel und dauerhafte Querschnittsaufgabe der Europäischen Union, in: *ders.* (Hrsg.), Konsolidierung und Entwicklungsperspektiven des Europäischen Umweltrechts, 2015, S. 25 ff.; *ders.*, NuR 2015, 306.

Carsten Nowak

zentralen Funktionsgarantien der Europäischen Wirtschaftsverfassung gehörenden **Grundfreiheiten** Bezug genommen,[62] die detailliert in den Art. 26–37 AEUV und Art. 45–66 AEUV geregelt sind. Eine weitere Erwähnung finden diese Grundfreiheiten in Art. 15 Abs. 2 GRC, wonach alle Unionsbürgerinnen und Unionsbürger in Konkretisierungen des in Art. 15 Abs. 1 GRC niedergelegten Unionsgrundrechts der Berufsfreiheit die Freiheit haben, in jedem Mitgliedstaat der Europäischen Union Arbeit zu suchen, zu arbeiten, sich niederzulassen oder Dienstleistungen zu erbringen (s. Art. 15 GRC, Rn. 11).

IV. Notwendigkeit und Zweck der durch die EU-Grundrechtecharta intendierten Stärkung des Grundrechtsschutzes (Absatz 4)

Der vierte Absatz der GRC-Präambel befasst sich im Wesentlichen mit der durch die EU-Grundrechtecharta beabsichtigten **Sichtbarmachung der Unionsgrundrechte** und knüpft dabei unmittelbar an die vorgenannten Aussagen dieser Präambel an, indem er hervorhebt, dass es zu »diesem Zweck [...] notwendig [ist], angesichts der Weiterentwicklung der Gesellschaft, des sozialen Fortschritts und der wissenschaftlichen und technologischen Entwicklungen den Schutz der Grundrechte zu stärken, indem sie in einer Charta sichtbarer gemacht werden«. Die hiermit zum Ausdruck gebrachte Hoffnung bzw. Erwartung, dass die mit der EU-Grundrechtecharta beabsichtigte Sichtbarmachung der in der zurückliegenden Rechtsprechung des Unionsrichters anerkannten und fortentwickelten Unionsgrundrechte (s. Rn. 1–3) ungeschriebener Art zu einer **Stärkung des Grundrechtsschutzes im Rahmen der Unionsrechtsordnung** führt, die zu Recht ganz überwiegend als ein notwendiges Pendant zu dem vom Unionsrichter im Sinne eines absoluten Anwendungsvorrangs interpretierten[63] Vorrang des Unionsrechts gegenüber kollidierendem Recht der EU-Mitgliedstaaten verstanden wird,[64] scheint sich tatsächlich mehr und mehr zu erfüllen.[65]

18

---

[62] Ausführlich zur EU-wirtschaftsverfassungsrechtlichen und binnenmarktrechtlichen Einordnung und Bedeutung dieser Grundfreiheiten vgl. jeweils m. w. N. *Blanke*, in: *ders.*/Mangiameli, S. 369 ff.; *Griller*, FS Rill, S. 1 ff.; *Hatje*, in: v. Bogdandy/Bast, Europäisches Verfassungsrecht, S. 801 ff.; *Müller-Graff*, EnzEuR, Bd. 1, § 9, Rn. 1 ff.; *Nowak*, EuR-Beih. 1/2009, 129 ff.

[63] Vgl. nur EuGH, Urt. v. 15.7.1964, Rs. 6/64 (Costa/E.N.E.L.), Slg. 1964, 1253 (1269); Urt. v. 17.12.1970, Rs. 11/70 (Int. Handelsgesellschaft), Slg. 1970, 1125, Rn 3; Urt. v. 6.3.1978, Rs. 106/77 (Simmenthal II), Slg. 1978, 629, Rn 17/18; Urt. v. 29.4.1999, Rs. C–224/97 (Ciola), Slg. 1999, I–2517, Rn 21 ff.; Urt. v. 8.9.2010, Rs. C–409/06 (Winner Wetten), Slg. 2010, I–8015, Rn 53–61; Gutachten 1/09 vom 8.3.2011, Slg. 2011, I–1137 Rn 65 u. 67; zu dieser Rspr. und zum anhaltenden (klassischen) Fundamentalstreit – gerade auch zwischen dem EuGH und dem BVerfG – über die genaue Reichweite des hier in Rede stehenden Anwendungsvorrangs vgl. statt vieler und jeweils m. w. N. *Dederer*, JZ 2014, 313 ff.; *Fisahn/Cijtci*, JA 2016, 364; *Grabenwarter*, in: v. Bogdandy/Bast, Europäisches Verfassungsrecht, S. 121 (123 ff.); *Iliopoulos-Strangas*, FS Starck, S. 825 ff.; *Kadelbach*, FS Zuleeg, S. 219 ff.; *Köck*, FS Ress, S. 557 ff.; *Ludwigs/Sikora*, EWS 2016, 121; *Nowak*, DVBl 2012, 861; *Weiß*, in: Niedobitek, § 5, Rn. 1 ff.

[64] Vgl. nur *Augsberg*, in: GSH, Europäisches Unionsrecht, Präambel GRC, Rn. 10; *Jarass*, GRCh, Präambel, Rn. 8; *Pache*, in: Heselhaus/Nowak, Handbuch der Europäischen Grundrechte, § 4, Rn. 101 ff.; *Szczekalla*, in: Heselhaus/Nowak, Handbuch der Europäischen Grundrechte, § 2 II, Rn. 22.

[65] Zu ersten Anzeichen dafür, dass der Grundrechtschutz in der EU durch die rechtsverbindlich gewordene EU-Grundrechtecharta tatsächlich bereits gestärkt wurde und weiter gestärkt werden könnte, vgl. *Bernsdorff*, RuP 2014, 163; *v. Danwitz*, EuGRZ 2013, 253; *Iglesias Sánchez*, CMLRev. 49 (2012), 1565; *Jarass*, EuR 2013, 29; *Kühling*, ZÖR 2013, 469; *ders.*, NVwZ 2014, 681; *Kühling/Heberlein*, NVwZ 2016, 7; *Levits*, JRP 2015, 10; *Obwexer*, ZÖR 2013, 487; *Streinz*, ZÖR 2013, 663 (679 ff.); *Weiß*, EuZW 2013, 287.

V. Bekräftigung bestimmter Rechte und Auslegung der EU-Grundrechtecharta (Absatz 5)

19   Anknüpfend an die im vierten Absatz der GRC-Präambel niedergelegte Feststellung, dass die EU-Grundrechtecharta die Unionsgrundrechte sichtbarer machen soll (s. Rn. 18), wird im ersten Satz des fünften Absatzes dieser Präambel zunächst einmal näher konkretisiert, dass die EU-Grundrechtecharta unter Achtung der Zuständigkeiten und Aufgaben der Union und des Subsidiaritätsprinzips die Rechte bekräftigt, die sich vor allem aus den gemeinsamen Verfassungstraditionen und den gemeinsamen internationalen Verpflichtungen der Mitgliedstaaten, aus der Europäischen Konvention zum Schutz der Menschenrechte und Grundfreiheiten, aus den von der Union und dem Europarat beschlossenen Sozialchartas sowie aus der Rechtsprechung des Gerichtshofs der Europäischen Union und des Europäischen Gerichtshofs für Menschenrechte (EGMR) ergeben. Ein Teil dieser langen Klarstellung wird auch noch einmal in den Erklärungen zur Schlussakte der Regierungskonferenz, die den am 13. 12. 2007 unterzeichneten Vertrag von Lissabon angenommen hat, wiederholt, in dem dort ausdrücklich darauf hingewiesen wird, dass die rechtsverbindliche Charta der Grundrechte der Europäischen Union die Grundrechte bekräftigt, die durch die Europäische Konvention zum Schutz der Menschenrechte und Grundfreiheiten garantiert werden und die sich aus den gemeinsamen Verfassungsüberlieferungen der Mitgliedstaaten ergeben.[66] Demnach ist mit der EU-Grundrechtecharta zunächst einmal eine **Bekräftigung der** vom Unionsrichter zuvor vornehmlich aus den gemeinsamen Verfassungstraditionen der EU-Mitgliedstaaten und aus der EMRK hergeleiteten **Unionsgrundrechte** (s. Rn. 1–3) intendiert, **die** nach Art. 6 Abs. 3 EUV auch weiterhin **zu den allgemeinen Grundsätzen des Unionsrechts gehören** und nach Art. 52 Abs. 4 GRC auch die Auslegung der in der EU-Grundrechtecharta niedergelegten Unionsgrundrechte beeinflussen können.

20   Die im ersten Satz des fünften Absatzes der GRC-Präambel ebenfalls zum Ausdruck gebrachte **Bekräftigung der Rechte, die sich aus der EMRK ergeben**, unterstreicht vor allem die hohe Bedeutung dieser Konventionsrechte im Rahmen der Unionsrechtsordnung, die sich nicht nur aus Art. 6 Abs. 3 EUV ergibt (s. Rn. 19), sondern auch und gerade aus Art. 52 Abs. 3 Satz 1 GRC folgt, wonach die in der EU-Grundrechtecharta niedergelegten Unionsgrundrechte unter der Voraussetzung, dass sie den durch die EMRK garantierten Rechten entsprechen, die gleiche Bedeutung und Tragweite haben, wie sie ihnen in der EMRK verliehen wird. Eine noch größere Wirkung würde die EMRK im Rahmen der unionalen Grundrechtearchitektur dann entfalten, wenn die Union in Erfüllung ihrer aus Art. 6 Abs. 2 Satz 1 EUV abzuleitenden Beitrittsverpflichtung[67] der EMRK beitreten würde.[68] Diesen Weg aber hat der Unionsrichter mit seinem auf

---

[66] So vgl. Absatz 1 der »1. Erklärung zur Charta der Grundrechte der Europäischen Union«, ABl. 2012, C 326/339.

[67] Zur allgemeinen Anerkennung der aus Art. 6 Abs. 2 Satz 1 EUV abzuleitenden Verpflichtung der EU zum EMRK-Beitritt, die allerdings nicht voraussetzungslos ist, vgl. etwa *van den Berghe*, ELJ 16 (2010), 112 (149); *Folz*, in: Vedder/Heintschel v. Heinegg, Europäisches Unionsrecht, Art. 6 EUV, Rn. 5 ff.; *Grosche*, S. 111 (118); *Jarass*, GRCh, Einleitung, Rn. 44; *Kingreen*, in: Calliess/Ruffert, EUV/AEUV, Art. 6 EUV, Rn. 25 ff.; *Pache*, in: Fastenrath/Nowak, S. 113 (124); *ders./Rösch*, EWS 2009, 393 (398); *Schima*, S. 325 (331); *Schulte-Herbrüggen*, ZEuS 2009, S. 343 (360).

[68] Ausführlicher dazu vgl. *Engel*, EuGRZ 2010, 259 ff.; *Gragl*, CMLRev. 51 (2014), 13 ff.; *Gstrein*, ZEuS 2012, 445; *Krämer*, ZÖR 2014, 235; *Obwexer*, EuR 2012, 115; *Uerpmann-Wittzack*, ZÖR 2013, 519.

Art. 218 Abs. 1 AEUV beruhenden Gutachten 2/13 vom 18. 12. 2014[69] vorerst verbaut.

Darüber hinaus ist die EU-Grundrechtcharta nach dem ersten Satz des fünften Ab- **21** satzes der GRC-Präambel auf eine **Bekräftigung der** Rechte ausgerichtet, die sich aus den von der Union und dem Europarat beschlossenen Sozialchartas ergeben. Hiermit sind die auch im fünften Erwägungsgrund der EUV-Präambel angesprochenen **sozialen Grundrechte** gemeint, wie sie in der am 18. 10.1961 in Turin unterzeichneten Europäischen Sozialcharta[70] und in der Gemeinschaftscharta der sozialen Grundrechte der Arbeitnehmer vom 9. 12.1989[71] festgelegt sind. Diese Sozialchartas haben insbesondere in den Art. 27–34 GRC deutliche Spuren hinterlassen.

Soweit sich dem ersten Satz des fünften Absatzes der GRC-Präambel des Weiteren **22** eine **Bekräftigung der sich aus der Rechtsprechung des Gerichtshofs der Europäischen Union und des EGMR ergebenden Rechte** entnehmen lässt, deckt sich dies weitgehend mit der Bekräftigung der Rechte, die der Gerichtshof der EU in seiner zurückliegenden Grundrechtsrechtsprechung aus den gemeinsamen Verfassungstraditionen der EU-Mitgliedstaaten und aus der EMRK hergeleitet hat (s. Rn. 19) und die sich aus der EMRK ergeben (s. Rn. 20). Darüber hinaus wird mit dieser Präambel-Passage die Bedeutung der Rechtsprechung beider Gerichtshöfe für die Auslegung der in der EU-Grundrechtecharta niedergelegten Unionsgrundrechte unterstrichen,[72] die in spezieller Ansehung des EGMR insbesondere für die Anwendung und Auslegung des Art. 52 Abs. 3 GRC von herausragender Bedeutung ist. Die an dieser Stelle der GRC-Präambel erfolgende Erwähnung der beiden vorgenannten Gerichtshöfe unterstreicht insofern insbesondere die **Existenz eines europäischen Grundrechteverbundes,**[73] in dessen Rahmen den in Art. 19 Abs. 1 EUV angesprochenen Unionsgerichten und dem EGMR im engen Zusammenwirken mit den nationalen Gerichten der EU-Mitgliedstaaten die anspruchsvolle Daueraufgabe zufällt, das komplexe Nebeneinander von Unionsgrundrechten geschriebener und ungeschriebener Art, von EMRK-Grundrechten und von nationalen bzw. den in den mitgliedstaatlichen Rechtsordnungen gewährleisteten Grundrechten in kohärenter und kooperativer Weise zu bewältigen.[74]

---

[69] Vgl. EuGH, Gutachten 2/13 v. 18. 12. 2014, ECLI:EU:C:2014:2454, Rn. 144 ff.; näher zu diesem überaus kontrovers diskutierten Gutachten vgl. *Bechtold*, NZKart 2015, 161 f.; *Bezemek*, ZfRV 2015, 52; *Castán*, DÖV 2016, 12; *de Witte/Imamović*, E.L.Rev. 40 (2015), 683; *Grabenwarter*, EuZW 2015, 180; *Jacqué*, CDE 2015, 19; *Lambrecht*, E.L.Rev. 40 (2015), 185; *Lengauer*, ZfRV 2015, 100; *Pernice*, CDE 2015, 47; *Schmidt*, JM (juris – Die Monatsschrift) 2015, 417; *Schorkopf*, JZ 2015, 781; *Thiele*, fireu-Newsletter (Nr. 22) 1/2015, 1 ff.; *Thym*, EuZW 2015, 180; *Tomuschat*, EuGRZ 2015, 133; *Wendel*, NJW 2015, 921.

[70] BGBl. 1964 II S. 1262, zuletzt geändert durch die Änderungsbekanntmachung zur Europäischen Sozialcharta v. 3. 9. 2001, BGBl. II S. 970; ausführlicher zur Bedeutung dieser Charta im Recht der EU vgl. nur *de Schutter*, RTDE 26 (2015), 259 ff. Näher zur Europäischen Sozialcharta vgl. auch *Knospe*, ZESAR 2015, 449.

[71] KOM (89) 248 endg.

[72] Zutr. *Augsberg*, in: GSH, Europäisches Unionsrecht, Präambel GRC, Rn. 13.

[73] Vgl. dazu u. a. auch *Kämmerer*, NVwZ 2015, 1321 (1325 f.); *Kingreen*, EuR 2010, 338 (347); *Wendel*, EuZW 2012, 213. Zur heute beinahe inflationären Verwendung auch anderer Verbundbegriffe jeweils mit Unionsrechtsbezug (Planungsverbund; Regulierungsverbund; Netzverbund; Vollzugs-, Lenkungs- und Aufsichtsverbund; Kontrollverbund; Informationsverbund; Entscheidungsverbund; Verfahrensverbund; Rechtsschutzverbund bzw. Rechtsprechungsverbund; Verfassungsgerichtsverbund; Verfassungsverbund; Staatenverbund, Verwaltungsverbund etc.) vgl. m. w. N. *Nowak*, EnzEuR, Bd. 3, § 34, Rn. 3.

[74] Ausführlich dazu vgl. statt vieler *Britz*, EuGRZ 2015, 275; *Calliess*, JRP 2015, 17; *v. Danwitz*, EuGRZ 2013, 253 (259 ff.); *Dickson*, EHRLR 2015, 27; *Griebel*, DVBl 2014, 204; *Franzius*, EuGRZ 2015, 139; *ders.*, ZaöRV 2015, 383; *Handstanger*, ZÖR 2014, 39; *Hirsch*, EuR-Beih. 1/2006, 7; *Hoff-*

23   Zu den Kernaussagen, die sich im ersten Satz des fünften Absatzes der GRC-Präambel finden lassen, gehört schließlich auch der Hinweis, dass die durch die Charta der
Grundrechte der Europäischen Union intendierte Bekräftigung der vorgenannten Rechte (s. Rn. 19–22) unter »**Achtung der Zuständigkeiten und Aufgaben der Union und des
Subsidiaritätsprinzips**« erfolgt. Dieser auf die EU-Mitgliedstaaten Rücksicht nehmende
Hinweis ist zunächst einmal dem das unionsverfassungsrechtliche Subsidiaritätsprinzip
konkretisierenden Art. 5 Abs. 3 EUV sowie der allgemeinen Kompetenzschutzklausel
des Art. 6 Abs. 1 UAbs. 2 EUV geschuldet, wonach die in den Verträgen festgelegten
Zuständigkeiten der Union durch die Bestimmungen der EU-Grundrechtecharta in keiner Weise erweitert werden. Dies wird in den Erklärungen zur Schlussakte der Regierungskonferenz, die den am 13.12.2007 unterzeichneten Vertrag von Lissabon angenommen hat, nahezu wortgleich wiederholt[75] und dann auch noch einmal in Art. 51
Abs. 2 GRC aufgegriffen, wonach diese Charta nicht den Geltungsbereich des Unionsrechts über die Zuständigkeiten der Union hinaus ausdehnt und wonach diese Charta
weder neue Zuständigkeiten oder neue Aufgaben für die Union begründet noch die in
den Verträgen festgelegten Zuständigkeiten und Aufgaben ändert. Das oben angesprochene Subsidiaritätsprinzip, das in zusätzlicher Weise durch das (Vertrags-)Proto-
koll Nr. 2 über die Anwendung der Grundsätze der Subsidiarität und der Verhältnismäßigkeit[76] abgesichert wird, taucht hingegen in Art. 51 Abs. 1 Satz 1 GRC auf, wonach
die EU-Grundrechtecharta für die Organe, Einrichtungen und sonstigen Stellen der
Union unter Wahrung des Subsidiaritätsprinzips sowie für die Mitgliedstaaten ausschließlich bei der Durchführung des Rechts der Union gilt. Dass sich der Unionsrichter
aus guten Gründen nicht dazu veranlasst sieht, die in der vorgenannten Bestimmung
angesprochene Bindung der EU-Mitgliedstaaten an die Unionsgrundrechte[77] eng zu interpretieren, verdeutlichte in jüngerer Vergangenheit insbesondere sein vieldiskutiertes
Vorabentscheidungsurteil in der Rechtssache Åkerberg Fransson, wonach die durch die
Charta der Grundrechte der Europäischen Union garantierten Unionsgrundrechte über
den engeren Wortlaut des Art. 51 Abs. 1 Satz 1 GRC hinaus zu beachten sind, wenn eine
nationale Rechtsvorschrift in den Geltungsbereich des Unionsrechts fällt, und wonach
die Anwendbarkeit des Unionsrechts die Anwendbarkeit der durch diese Charta garantierten Grundrechte umfasst.[78] Die erwartungsgemäß reservierte Deutung dieser Norm-

mann-Riem, EuGRZ 2002, 473; *Jarass*, EuR 2013, 29; *Kingreen*, JZ 2013, 801; *Kirchhof*, EuR 2014,
267; *Knauff*, DVBl 2010, 533; *Krüger/Polakiewicz*, EuGRZ 2001, 92; *Kühling*, ZÖR 2013, 469;
Lenaerts, EuR 2012, 3; *Ludwigs*, EuGRZ 2014, 273; *Masing*, JZ 2015, 477; *Merli*,
VVDStRL 66 (2007), 392; *Müller-Graff*, ZÖR 2013, 685; *Oeter*, in: Fastenrath/Nowak, S. 129 ff.;
Randall, EuGRZ 2014, 5; *Sarmiento*, CMLRev. 50 (2013), 1267; *Schmahl*, EuR 2008, 7; *Stern*, FS
Schwarze, S. 244 ff.; *Streinz*, ZÖR 2013, 663; *Thym*, NVwZ 2013, 889; *ders.*, JZ 2015, 53; *Voßkuhle*,
NVwZ 2010, 1; *ders.*, EuGRZ 2014, 165.
   [75] Absatz 2 der »1. Erklärung zur Charta der Grundrechte der Europäischen Union«, ABl. 2012, C
326/339.
   [76] ABl. 2012, L 326/206; näher zu diesem Protokoll vgl. etwa *Bickenbach*, EuR 2013, 523 (528 ff.);
Pechstein, in: *ders.*, S. 135 ff.
   [77] Zu der bereits seit vielen Jahren überaus umstrittenen Reichweite dieser Bindung der EU-Mitgliedstaaten an die Unionsgrundrechte vgl. etwa *Dougan*, CMLRev. 52 (2015), 1201; *Hoffmann/
Rudolphi*, DÖV 2012, 597; *Hwang*, EuR 2014, 400; *Jarass*, NVwZ 2012, 457 ff.; *Kingreen*, Jura 2014,
295 (301 ff.); *Nowak*, Europäisches Verwaltungsrecht und Grundrechte, in: Terhechte, Verwaltungsrecht der EU, § 14, Rn 87 ff.; *Nusser*, S. 9 ff.; *Rengeling/Szczekalla*, Grundrechte, § 4, Rn. 277 ff.;
v. Danwitz, FS Herzog, S. 19 ff.; *Kokott/Sobotta*, EuGRZ 2010, 265 (267 ff.); *Snell*, EPL 2015, 285;
Ziegenhorn, NVwZ 2010, 803.
   [78] Vgl. EuGH, Urt. v. 26.2.1013, Rs. C–617/10 (Åkerberg Fransson), ECLI:EU:C:2013:105,

auslegung durch das BVerfG[79] hat bereits insoweit gewisse Spuren in der noch jüngeren Rechtsprechung des Unionsrichters hinterlassen, als er in seinem Vorabentscheidungsurteil vom 6. 12. 2014 in der Rechtssache Siragusa zu bedenken gab, dass der Begriff der »Durchführung des Rechts der Union« im Sinne von Art. 51 Abs. 1 Satz 1 GRC »einen hinreichenden Zusammenhang von einem gewissen Grad verlangt, der darüber hinausgeht, dass die fraglichen Sachbereiche benachbart sind oder der eine von ihnen mittelbare Auswirkungen auf den anderen haben kann«, und im direkten Anschluss daran klarstellte, dass bei der Klärung der Frage, ob eine nationale Regelung die Durchführung des Rechts der Union im Sinne der vorgenannten Bestimmung betrifft, unter anderem zu prüfen ist, »ob mit ihr eine Durchführung einer Bestimmung des Unionsrechts bezweckt wird, welchen Charakter diese Regelung hat und ob mit ihr nicht andere als die unter das Unionsrecht fallenden Ziele verfolgt werden, selbst wenn sie das Unionsrecht mittelbar beeinflussen kann, sowie ferner, ob es eine Regelung des Unionsrechts gibt, die für diesen Bereich spezifisch ist oder ihn beeinflussen kann«.[80]

Bezugnehmend auf die vorgenannten Aussagen, die sich im ersten Satz des fünften **24** Absatzes der GRC-Präambel finden (s. Rn. 19–23), stellt der zweite Satz dieses Absatzes schließlich klar, dass »die **Auslegung der Charta** durch die Gerichte der Union und der Mitgliedstaaten [in diesem Zusammenhang] **unter gebührender Berücksichtigung der Erläuterungen**[81] [erfolgt], die unter der Leitung des Präsidiums des Konvents zur Ausarbeitung der Charta formuliert und unter der Verantwortung des Präsidiums des Europäischen Konvents aktualisiert wurden«. Dieser Satz, den es in der Ursprungsfassung der EU-Grundrechtecharta vom 7. 12. 2000[82] noch nicht gab, wird – abgesehen von dem bereits in Art. 6 Abs. 1 UAbs. 3 EUV enthaltenen Hinweis auf diese Erläuterungen – in zusätzlicher Weise durch Art. 52 Abs. 7 GRC verstärkt, wonach die »Erläuterungen, die als Anleitung für die Auslegung dieser Charta verfasst wurden, [...] von den Gerichten der Union und der Mitgliedstaaten gebührend zu berücksichtigen [sind]«. Diese Erläuterungen stellen insoweit eine gewichtige **Rechtserkenntnisquelle** bzw. eine

---

Rn. 21; ausführlicher zu dieser kontrovers diskutierten Entscheidung vgl. statt vieler *Classen*, FS Müller-Graff, S. 1378 ff.; *Franzius*, ZaöRV 2015, 383 (389 ff.); *Frenzel*, Der Staat 2014, 1; *Geiß*, DÖV 2014, 265; *Hancox*, CMLRev. 50 (2013), 1411; *Hwang*, EuR 2014, 400; *Kadelbach*, KritV 2013, 276; *Kingreen*, EuR 2013, 446; *Lange*, NVwZ 2014, 169; *Mager*, FS Müller-Graff, S. 1358 (1361 ff.); *Szwarc*, EPL 20 (2014), 229; *Thym*, NVwZ 2013, 889; *ders.*, DÖV 2014, 941 (943 ff.); *van Bockel/Wattel*, E. L.Rev. 38 (2013), 866.

[79] Zur reservierten bundesverfassungsrechtlichen Deutung der oben zitierten Passage aus dem *Åkerberg Fransson*-Urteil des EuGH vgl. BVerfG, Urt. vom 24. 4. 2013, 1 BvR 1215/07, BayVBl. 2013, 713, Rn. 91 – *Antiterrordateigesetz*, wonach diese Passage »nicht in einer Weise verstanden und angewendet werden« dürfe, »nach der für eine Bindung der Mitgliedstaaten durch die in der Grundrechtecharta niedergelegten Grundrechte der Europäischen Union jeder sachliche Bezug einer Regelung zum bloß abstrakten Anwendungsbereich des Unionsrechts oder rein tatsächliche Auswirkungen auf dieses ausreichen«, um eine Bindung der Mitgliedstaaten an die Unionsgrundrechte auszulösen; kritisch dazu vgl. *van Ooyen*, RuP 2013, 199; näher zum vorgenannten Urteil vgl. auch *Geiß*, DÖV 2014, 265 (269 f.); *Hwang*, EuR 2014, 400; *Käß*, BayVBl. 2013, 709.

[80] Vgl. EuGH, Urt. v. 6. 3. 2014, Rs. C–206/13 (Siragusa), ECLI:EU:C:2014:126, Rn. 24 f.; u. a. bestätigt durch EuGH, Urt. v. 10. 7. 2014, Rs. C–198/13 (Hernández u. a.), ECLI:EU:C:2014:2055, Rn. 34 ff.; Urt. v. 5. 2. 2015, Rs. C–117/14 (Nisttahuz Poclava), ECLI:EU:C:2015:60, Rn. 30 ff.; mit Anm. *Streinz*, JuS 2015, 281; jeweils mit weiteren einschlägigen Rechtsprechungsnachweisen vgl. in diesem Kontext auch *Geiß*, DÖV 2014, 265 (270 ff.); *Thym*, DÖV 2014, 941 (943 ff.).

[81] Erläuterungen zur Charta der Grundrechte, ABl. 2007, C 303/17.

[82] ABl. 2000, C 364/1.

nützliche Interpretations- und Auslegungshilfe dar,[83] ohne dabei allerdings zugleich den Charakter einer verbindlichen Rechtsquelle anzunehmen.[84]

VI. Verantwortung und Pflichten bei der Ausübung der Charta-Grundrechte (Absatz 6)

25   Im sechsten Absatz der GRC-Präambel heißt es, dass die »Ausübung dieser Rechte mit Verantwortung[85] und mit Pflichten sowohl gegenüber den Mitmenschen als auch gegenüber der menschlichen Gemeinschaft und den künftigen Generationen verbunden [ist]«. Diese in Teilen des einschlägigen Schrifttums als »fragwürdig« bezeichnete[86] Aussage, die sich in ähnlicher Weise – aber natürlich in einem gänzlich anderen Kontext – beispielsweise auch in Art. 10 Abs. 2 EMRK finden lässt,[87] ist zunächst einmal mit der allgemeinen **Schrankenbestimmung des Art. 52 GRC** in Verbindung zu bringen, wonach jede Einschränkung der Ausübung der in der EU-Grundrechtecharta anerkannten Recht und Freiheiten nicht nur gesetzlich vorgesehen und den Wesensgehalt dieser Rechte und Freiheiten achten muss, sondern auch unter Wahrung des Verhältnismäßigkeitsgrundsatzes zu erfolgen hat. Als eine darüber hinausgehende (separate) Schrankenbestimmung kann der sechste Absatz der GRC-Präambel nach ganz vorherrschender Auffassung indes nicht eingeordnet werden[88]. Ähnliches gilt insoweit, als dieser Absatz im einschlägigen Schrifttum nahezu regelmäßig auch mit der in der EU-Grundrechtecharta nicht hinreichend geklärten Frage nach einer etwaigen (mittelbaren und/oder unmittelbaren) **Grundrechtsbindung Privater**[89] in Verbindung gebracht wird,[90] deren vornehmlich dem Unionsrichter im Dialog mit der Rechtswissenschaft obliegende Beantwortung[91] durch den sechsten Absatz der GRC-Präambel nicht determiniert wird.

---

[83] Exemplarisch dazu vgl. EuGH, Urt. v. 10. 7. 2014, Rs. C–198/13 (Hernández u. a.), ECLI:EU:C: 2014:2055, Rn. 33; mit Anm. *Pötters*, EuZW 2014, 798 f.; sowie die Kommentierung zu Art. 52 GRC, Rn. 58 ff.

[84] In diesem ganz überwiegend vertretenen Sinne vgl. auch *Augsberg*, in: GSH, Europäisches Unionsrecht, Präambel GRC, Rn. 14; *Jarass*, GRCh, Art. 52 GRC, Rn. 87 f.; *Knecht*, in: Schwarze, EU-Kommentar, Präambel GRC, Rn. 27; *Meyer*, in: *ders.*, GRCh, Präambel, Rn. 45; *Stern/Tettinger*, in: Tettinger/Stern, EuGRCh, Präambel A, Rn. 45; etwas anders vgl. indes *Streinz*, in: Streinz, EUV/AEUV, Vor GR-Charta, Rn. 9, der diese Erläuterungen als »verbindliche« Auslegungshilfe einordnet.

[85] In der Ursprungsfassung der EU-Grundrechtecharta vom 7. 12. 2000 (ABl. 2000 C 364/1 ff.) war diesbezüglich noch von »Verantwortlichkeiten« die Rede.

[86] So etwa von *Augsberg*, in: GSH, Europäisches Unionsrecht, Präambel GRC, Rn. 15.

[87] Nach dieser Bestimmung ist die Ausübung der in Art. 10 Abs. 1 EMRK niedergelegten (Meinungsäußerungs-)Freiheiten ebenfalls »mit Pflichten und Verantwortung« verbunden; näher dazu sowie zur Bedeutung dieser Bestimmung in der Rechtsprechung des EGMR vgl. *Frowein*, in: Frowein/Peukert, EMRK, Art. 10 EMRK, Rn. 25 ff.

[88] In diesem Sinne vgl. auch *Augsberg*, in: GSH, Europäisches Unionsrecht, Präambel GRC, Rn. 15; *Jarass*, GRCh, Präambel, Rn. 13; dem offenbar zustimmend vgl. auch *Knecht*, in: Schwarze, EU-Kommentar, Präambel GRC, Rn. 28.

[89] Ausführlicher zu diesem Fragenkreis vgl. etwa *Bilz*, GreifRecht 2013, 119 ff.; *Leczykiewicz*, E.L.Rev. 38 (2013), 479; *Nowak*, in: Heselhaus/Nowak, Handbuch der Europäischen Grundrechte, § 6, Rn. 49 ff.; *Schorkopf*, EnzEuR, Bd. 2, § 3, Rn. 31 ff.; *Seifert*, EuZW 2011, 696 (700 ff.); *ders.*, RTDE 2012, 801; *ders.*, EuZA 2013, 299.

[90] So etwa von *Augsberg*, in: GSH, Europäisches Unionsrecht, Präambel GRC, Rn. 15; *Busse*, EuGRZ 2002, 559 (571); *Jarass*, GRCh, Präambel, Rn. 13; *Knecht*, in: Schwarze, EU-Kommentar, Präambel GRC, Rn. 28; *Meyer*, in: Meyer, GRCh, Präambel, Rn. 50; *Stern/Tettinger*, in: Tettinger/Stern, EuGRCh, Präambel A, Rn. 47; *Streinz*, in: Streinz, EUV/AEUV, Präambel GR-Charta, Rn. 16.

[91] Exemplarisch zur Frage nach der unmittelbaren Dritt- oder Horizontalwirkung des Art. 27 GRC

VII. Anerkennung der nachstehend aufgeführten Rechte, Freiheiten und Grundsätze (Absatz 7)

Gewissermaßen **als Konsequenz aus allen vorgenannten Aussagen der** vorangehenden   26
sechs Absätze der **GRC-Präambel** (s. Rn. 7–25) stellt der siebte und letzte Absatz dieser
Präambel abschließend klar, dass die »Union [daher] die nachstehend aufgeführten
Rechte, Freiheiten und Grundsätze an[erkennt]«. Mit dieser vornehmlich durch Art. 6
Abs. 1 EUV verstärkten Aussage werden die Union bzw. ihre Organe, Einrichtungen
und sonstigen Stellen sowie nach Maßgabe des Art. 51 Abs. 1 GRC auch die EU-Mitgliedstaaten zum einen auf die in den nachfolgenden Bestimmungen der EU-Grundrechtecharta geregelten Vorgaben verpflichtet.[92] Zum anderen unterstreicht dieser
siebte Absatz der GRC-Präambel die zwischen subjektiven und objektiven Rechtsdi-
mensionen bzw. Regelungsgehalten differenzierende **Regelungstechnik der EU-Grundrechtecharta**, die in ihren der GRC-Präambel nachfolgenden Bestimmungen zwischen
Unionsgrundrechten entweder in Gestalt von »Rechten« oder in Gestalt von »Freiheiten« auf der einen Seite und »Grundsätzen« auf der anderen Seite unterscheidet. Zu den
nicht subjektivrechtlichen Grundsätzen, deren Integration in die EU-Grundrechtecharta vielfach kritisch beurteilt wird,[93] gehört beispielsweise der Regelungsgehalt des
Art. 37 GRC, der in einer Art. 3 Abs. 3 UAbs. 1 EUV und Art. 11 AEUV synthetisie-
renden Weise und in Konkretisierung des im zweiten Satz des dritten Absatzes der GRC-
Präambel angesprochenen Grundsatzes der nachhaltigen Entwicklung (s. Rn. 16) bestimmt, dass ein hohes Maß an Umweltschutz und die Verbesserung der Umweltqualität
in die Politik der Union einbezogen und nach dem Grundsatz der nachhaltigen Entwicklung sichergestellt werden müssen. Hiermit wird nach einheiliger Auffassung kein Unionsgrundrecht verbürgt.[94] Folglich findet auf die Grundsatzbestimmung des Art. 37
GRC sowie auf andere in der EU-Grundrechtecharte niedergelegte Grundsätze[95] die in
Art. 52 Abs. 5 GRC untergebrachte Regelung Anwendung, wonach diejenigen Bestimmungen der EU-Grundrechtecharta, in denen Grundsätze festgelegt sind, durch Akte
der Gesetzgebung und der Ausführung der Organe, Einrichtungen und sonstigen Stellen
der Union sowie durch Akte der Mitgliedstaaten zur Durchführung des Rechts der
Union in Ausübung ihrer jeweiligen Zuständigkeiten umgesetzt werden können und
wonach diese »Grundsatz«-Bestimmungen vor Gericht nur bei der Auslegung dieser
Akte und bei Entscheidungen über deren Rechtmäßigkeit herangezogen werden.

---

vgl. EuGH, Urt. v. 15. 1. 2014, Rs. C–176/12 (Association de médiation sociale), EuGRZ 2014, 49,
Rn. 41 ff.; näher zu dieser Entscheidung und zu der hier in Rede stehenden Fragestellung vgl. *Cariat*,
CDE 2014, 305 ff.; *Heuschmid*, EuZA 2014, 514 ff.; *Lazzerini*, CMLRev. 51 (2014), 907 ff.; *Ogorek*,
JA 2014, 638 ff.

[92] In diesem Sinne vgl. auch *Jarass*, GRCh, Präambel, Rn. 14.

[93] Vgl. nur *Calliess*, in: *ders.*/Ruffert, EUV/AEUV, Art. 37 GRC, Rn. 8; *Käller*, in: Schwarze, EU-
Kommentar, Art. 37 GRC, Rn. 1; *Knecht*, in: Schwarze, EU-Kommentar, Präambel GRC, Rn. 29.

[94] Dies ist nahezu unstreitig, vgl. nur *Calliess*, in: *ders.*/Ruffert, EUV-/AEUV, Art. 37 GRC,
Rn. 1 ff.; *Nowak* (Fn. 61), S. 25 (46 ff.); *Wegener*, EnzEuR, Bd. 8, § 3 Rn. 11 f.; a. A. offenbar *Folz*, in:
Vedder/Heintschel v. Heinegg, Europäisches Unionsrecht, Art. 37 GRC, Rn. 1, wonach Art. 37 GRC
ein Recht auf Umweltschutz begründe, das Art. 3 Abs. 3 EUV, Art. 11 AEUV und Art. 191 AEUV
ergänze.

[95] Ausführlich dazu vgl. *Gudmundsdóttir*, CMLRev. 52 (2015), 685; *Sagmeister*, S. 25 ff.; *Schmittmann*, 63 ff.

C. Funktionen und rechtliche Bedeutung der GRC-Präambel

27 Bei der Beantwortung der Frage nach den wesentlichen Funktionen und der rechtlichen Bedeutung der GRC-Präambel kann nur in begrenzter Weise auf die bisherige Rechtsprechung des in Art. 19 EUV angesprochenen Gerichtshofs der EU und des früheren Gemeinschaftsrichters zurückgegriffen werden. Bezug genommen haben sie in ihrer zurückliegenden **Rechtsprechungspraxis** zwar bereits mehrfach auf die jeweils unterschiedlichen Präambeln etwa des damaligen EWG-Vertrags, der Einheitlichen Europäischen Akte, des EG-Vertrags, des Vertrags über die Arbeitsweise der Europäischen Union sowie auf zahlreiche weitere Präambeln verschiedener Sekundärrechtsakte, Protokolle und diverser völkerrechtlicher Verträge, Abkommen oder Übereinkommen (s. Präambel EUV, Rn. 22). Die Präambel der EU-Grundrechtecharta ist jedoch in der bisherigen Rechtsprechung des Gerichtshofs der EU nur äußerst selten angesprochen worden.[96]

28 Einklagbare subjektive Rechte oder konkrete Rechts- bzw. Vertragspflichten dürften sich mit Blick auf die bisherige Rechtsprechung des Unionsrichters zu den in den Gründungsverträgen der EU und den dazugehörigen Änderungsverträgen enthaltenen Präambeln auch nicht aus der Präambel der EU-Grundrechtecharta ableiten lassen.[97] Insoweit besteht die erste Hauptfunktion dieser GRC-Präambel, die einen integralen Bestandteil der EU-Grundrechtecharta bildet[98] und neben ihrem zum Teil politisch-programmatischen Charakter[99] auch eine gewisse identitätsstiftende Wirkung im Sinne einer **Identifikationsfunktion** entfalten kann,[100] nach allgemeiner Auffassung zunächst einmal darin, die wesentlichen Grundlagen und Motive für diese EU-Grundrechtecharta darzulegen[101] und/oder den wesentlichen Inhalt des anschließenden Textes zusammenzufassen[102] sowie im Verbund mit den beiden anderen Präambeln des Vertrags über die

---

[96] Exemplarisch vgl. EuGÖD, Urt. v. 26.10.2006, Rs. F–1/05 (Landgren), Slg. ÖD 2006, I-A–1–123 und II-A–1–459, wo es in Rn. 71 wie folgt heißt: »Wie sich aus ihrer Präambel ergibt, wird mit der Grundrechtcharta in erster Linie das Ziel verfolgt, die Rechte [zu bekräftigen], die sich vor allem aus den gemeinsamen Verfassungstraditionen und den gemeinsamen internationalen Verpflichtungen der Mitgliedstaaten, aus dem Vertrag über die Europäische Union und den Gemeinschaftsverträgen, aus der [EMRK], aus den von der Gemeinschaft und dem Europarat beschlossenen Sozialchartas sowie aus der Rechtsprechung des Gerichtshofs … und des Europäischen Gerichtshofs für Menschenrechte ergeben«.

[97] In spezieller Ansehung der EUV-Präambel etwa wird diese Möglichkeit – soweit ersichtlich – einhellig verneint, vgl. nur *Geiger*, in: Geiger/Khan/Kotzur, EUV/AEUV, Präambel EUV, Rn. 1; *Kadelbach*, in: GSH, Europäisches Unionsrecht, Präambel EUV, Rn. 4; *Streinz*, in: Streinz, EUV/AEUV, Präambel EUV, Rn. 17; *Terhechte*, in: Grabitz/Hilf/Nettesheim, EU, Präambel EUV (Mai 2014), Rn. 9 u. 11. Zur vorherrschenden Übertragung dieser Sichtweise auf die GRC-Präambel vgl. *Meyer*, in: Meyer, GRCh, Präambel, Rn. 2.

[98] In diesem Sinne vgl. auch *Meyer*, in: Meyer, GRCh, Präambel, Rn. 2, mit der zusätzlichen These, wonach die rechtliche Bedeutung der GRC-Präambel als »Rechtserkenntnisquelle« unbestreitbar sei; sowie *Jarass*, GRCh, Präambel, Rn. 1, wonach diese Präambel einen »vollgültigen Teil« der EU-Grundrechtecharta und damit sogar eine »Rechtsquelle der EU-Grundrechte« bilde. Gegen den vorgenannten »Rechtsquellen«-Charakter der EU-Grundrechtecharta, die eher als »Rechtserkenntnisquelle« einzuordnen sei, vgl. wiederum *Augsberg*, in: GSH, Europäisches Unionsrecht, Präambel GRC, Rn. 2.

[99] Vgl. *Meyer*, in: Meyer, GRCh, Präambel, Rn. 7; *Streinz*, in: Streinz, EUV/AEUV, Vor GR-Charta, Rn. 6.

[100] Vgl. *Augsberg*, in: GSH, Europäisches Unionsrecht, Präambel GRC, Rn. 3; *Otoo*, S. 224 f.

[101] So auch *Jarass*, GRCh, Präambel, Rn. 1; ähnlich *Stern/Tettinger*, in: Tettinger/Stern, EuGRCh, Präambel A, Rn. 15.

[102] So auch *Holoubek/Lienbacher*, in: dies., GRC-Kommentar, Präambel, Rn. 10 ff.; *Streinz*, in: Streinz, EUV/AEUV, Vor GR-Charta, Rn. 1.

Europäische Union (s. Präambel EUV, Rn. 1 ff.) und des Vertrags über Arbeitsweise der Europäischen Union (s. Präambel AEUV, Rn. 1 ff.) die hinter der Gründung dieser Union stehenden Motive, Erfahrungen und Wünsche, ihre wichtigsten Werte sowie ihre wesentlichen Ziele und Verfassungsgrundsätze in verständlicher Weise auf den Punkt zu bringen. Im Hinblick auf diese **Verdeutlichungs-, Zusammenfassungs- und Appellfunktion** unterscheidet sich die Präambel der EU-Grundrechtecharta zunächst einmal von den in der Rechtsprechung des Unionsrichters und in den dazugehörigen Schlussanträgen einzelner Generalanwälte relativ häufig angesprochenen Präambeln verschiedener Sekundärrechtsakte etwa in Gestalt von Richtlinien und Verordnungen im Sinne des Art. 288 AEUV,[103] die mit den darin enthaltenen Erwägungsgründen primär der Erfüllung der aus Art. 296 Abs. 2 AEUV resultierenden Verpflichtung des Unionsgesetzgebers zur Begründung der von ihm erlassenen Rechtsakte zu dienen bestimmt sind und dem Unionsrichter darüber hinaus als Grundlage für die Beurteilung der Gültigkeit dieser Rechtsakte dienen.[104] Gleichwohl teilen die zahlreichen Präambeln unionaler Sekundärrechtsakte und die Präambel der EU-Grundrechtecharta eine auffallende Gemeinsamkeit insoweit, als die erstgenannten Präambeln in der Regel das Ziel und/oder den Zweck eines EU-Rechtsakts verdeutlichen und in diesem Fall bei der Auslegung seiner verfügenden Bestimmungen berücksichtigt werden,[105] während die Präambel der EU-Grundrechtecharta mit ihren sieben Absätzen nach ganz vorherrschender Auffassung für die – insbesondere teleologische – Auslegung der nachfolgenden bzw. aller 54 Artikel dieser Charta herangezogen werden kann.[106]

Die insoweit als konsensfähig zu bezeichnende Einstufung der **GRC-Präambel als Auslegungshilfe** bei der Interpretation und Anwendung einzelner Bestimmungen der EU-Grundrechtecharta, die sich vor allem in den Schlussanträgen einzelner Generalanwälte widerspiegelt[107] und in gewisser Weise der vorherrschenden Einstufung der das deutsche Grundgesetz einleitenden Präambel als Auslegungshilfe in Bezug auf grundgesetzliche Einzelbestimmungen[108] sowie der unumstrittenen Einordnung der EMRK- **29**

---

[103] Vgl. nur EuG, Urt. v. 22.4.2010, verb. Rs. T–274/08 u. T–275/08 (Italien/Kommission), Slg. 2010, II–1233, Rn. 44; EuGH, Urt. v. 11.4.2013, Rs. C–290/12 (Oreste Della Rocca), ECLI:EU:C: 2013: 235, Rn. 36 ff.; sowie die Schlussanträge der Generalanwältin *Kokott* vom 8.9.2011 in der Rs. C–17/10 (Toshiba Corporation u.a.), Rz. 90; die Schlussanträge des Generalanwalts *Bot* vom 26.4.2012 in der Rs. C–277/11 (M.M./Minister for Justice, Equality and Law Reform, Ireland, Attorney General), Rz. 19; und die Schlussanträge der Generalanwältin *Kokott* vom 16.5.2013 in der Rs. C–234/12 (Sky Italia), Rz. 29.

[104] Vgl. etwa EuGH, Urt. v. 19.9.2002, Rs. C–336/00 (Huber), Slg. 2002, I–7699, Rn. 35 f.; Urt. v. 9.9.2004, Rs. C–304/01 (Spanien/Kommission), Slg. 2004, I–7655, Rn. 50 ff.

[105] Vgl. etwa EuGH, Urt. v. 20.9.2001, Rs. C–184/99 (Grzelczyk), Slg. 2001, I–6193, Rn. 44; Urt. v. 16.10.2007, Rs. C–411/05 (Palacios de la Villa), Slg. 2007, I–8531, Rn. 42 u. 44.

[106] In diesem weitgehend unstreitigen Sinne vgl. nur *Augsberg*, in: GSH, Europäisches Unionsrecht, Präambel GRC, Rn. 2; *Dorf*, JZ 2005, 126 (130); *Holoubek/Lienbacher*, in: dies., GRC-Kommentar, Präambel, Rn. 14; *Jarass*, GRCh, Präambel, Rn. 1; *Meyer*, in: Meyer, GRCh, Präambel, Rn. 6; *Stern/ Tettinger*, in: Tettinger/Stern, EuGRCh, Präambel A, Rn. 11; *Streinz*, in: Streinz, EUV/AEUV, Vor GR-Charta, Rn. 5.

[107] Exemplarisch dazu vgl. die Schlussanträge des Generalanwalts *Jääskinen* vom 15.7.2010 in der Rs. C–147/08 (Römer), Rn. 130 i.V.m. der dortigen Fußnote 66; die Schlussanträge des Generalanwalts *Mengozzi* vom 2.9.2010 in der Rs. C–279/09 (DEB), Rn. 99; die Schlussanträge der Generalanwältin *Trstenjak* vom 8.9.2011 in der Rs. C–282/10 (Maribel Dominguez), Rn. 102, 127 u. 129; sowie die Schlussanträge des Generalanwalts *Bot* vom 2.10.2012 in der Rs. C–399/11 (Strafverfahren gegen Melloni), Rn. 107 u. 138.

[108] Zu dieser allgemein anerkannten Hauptfunktion der Präambel des deutschen Grundgesetzes vgl. jeweils m.w.N. *Leisner*, in: Sodan (Hrsg.), Grundgesetz, 2009, Präambel, Rn. 1; *Otoo*, S. 188 ff.;

Präambel als Interpretations- bzw. Auslegungshilfe in Bezug auf die ihr nachfolgenden Konventionsbestimmungen[109] ähnelt, dürfte unter Berücksichtigung der bisherigen Rechtsprechung des Unionsrichters zu den in den früheren Gründungsverträgen der Europäischen Gemeinschaften und im Vertrag über die Arbeitsweise der EU enthaltenen Präambeln[110] in erster Linie dadurch zum Tragen kommen, dass sich die GRC-Präambel argumentativ zur zusätzlichen Absicherung der meist bereits unter Rückgriff auf einzelne GRC-Artikel generierten oder generierbaren Auslegungsergebnisse fruchtbar machen lässt. Darüber hinaus kann die GRC-Präambel – ebenso wie etwa die EUV-Präambel (s. Präambel EUV, Rn. 24) – im Anwendungsbereich der in Art. 352 Abs. 1 AEUV niedergelegten Kompetenzabrundungs- oder Flexibilitätsklausel für die Bestimmung oder Konkretisierung bestimmter Ziele und Aufgaben der EU herangezogen werden[111] und überall dort, wo es im Unionsrecht um die Ausübung hoheitlicher Ermessensspielräume geht, eine **ermessenslenkende Wirkung** entfalten.[112]

Starck, in: Starck, GG, Präambel, Rn. 30; zum normativen Gehalt dieser Präambel vgl. ferner *Dreier*, in: Dreier, GG, Präambel, Rn. 23 ff.; *Naumann*, S. 36 ff.; *Schoepke*, S. 156 ff. Entsprechend für landesverfassungsrechtliche Präambeln vgl. in exemplarischer Weise *Haltern/Manthey*, in: Epping/Butzer/Brosius-Gersdorf/Haltern/Mehde/Waechter (Hrsg.), Hannoverscher Kommentar zur Niedersächsischen Verfassung – Handkommentar, 2012, Präambel, Rn. 1 ff.

[109] Zu der in der Rechtsprechung des EGMR erfolgenden Heranziehung der EMRK-Präambel als Auslegungshilfe bei der Interpretation und Anwendung einzelner Konventionsbestimmungen vgl. m. w. N. *Frowein*, in: Frowein/Peukert, EMRK, Präambel, Rn. 6.

[110] Vgl. in diesem Kontext insb. EuGH, Urt. v. 5. 2. 1963, Rs. 26/62 (Van Gend & Loos), Slg. 1963, 1 (24); Urt. v. 13. 7. 1966, Rs. 32/65 (Italien/Rat u. Kommission), Slg. 1966, 389 (483); Urt. v. 15. 4. 2008, Rs. C–268/06 (Impact), Slg. 2008, I–2483, Rn. 112 ff.; Urt. v. 23. 4. 2009, verb. Rs. C–378/07 bis C–380/07 (Angelidaki u. a.), Slg. 2009, I–3071, Rn. 112; Urt. v. 10. 6. 2010, verb. Rs. C–395/08 u. C–396/08 (INPS), Slg. 2010, I–5119, Rn. 30 ff.; Urt. v. 22. 10. 2013, verb. Rs. C–105/12 bis C–107/12 (Essent u. a.), ECLI:EU:C: 2013: 677, Rn. 58.

[111] In diesem Sinne vgl. auch *Meyer*, in: Meyer, GRCh, Präambel, Rn. 2. Näher zur umstrittenen, aber in rechtspraktischer Hinsicht kaum vordringlichen Frage nach der Einsetzbarkeit der GRC-Präambel und anderer Präambeln des primären Unionsrechts im Anwendungsbereich des Art. 352 Abs. 1 AEUV vgl. jeweils m. w. N. *Otoo*, S. 151 ff.

[112] Zur denkbaren ermessenssteuernden bzw. ermessenslenkenden Bedeutung der GRC-Präambel vgl. auch *Meyer*, in: Meyer, GRCh, Präambel, Rn. 2.

Carsten Nowak

Titel I
Würde des Menschen

Artikel 1 GRC Würde des Menschen

¹Die Würde des Menschen ist unantastbar. ²Sie ist zu achten und zu schützen.

Literaturübersicht

Bergmann, Das Menschenbild der Europäischen Menschenrechtskonvention, 1995; *Calliess*, Europa als Wertegemeinschaft – Integration und Identität durch europäisches Verfassungsrecht, JZ 2004, 1033; *Dürig*, Der Grundrechtssatz von der Menschenwürde, AöR 81 (1956), 117; *Ekardt/Kornack*, »Europäische« und »deutsche« Menschenwürde und die europäische Grundrechtsinterpretation. Zugleich Gentechnik-Forschungsförderung und zum Verhältnis der verschiedenen EU-Grundrechtsquellen, ZEuS 2010, 111; *Frahm/Gebauer*, Patent auf Leben? – Der Luxemburger Gerichtshof und die Biopatent-Richtlinie, EuR 2002, 78; *Frenz*, Menschenwürde und Dienstleistungsfreiheit, NVwZ 2005, 48; *ders.*, Die Genehmigungsfähigkeit von Kohlekraftwerken trotz Klimaschutz, DVBl. 2013, 688; *ders.*, »Armutseinwanderung« zwischen EU-Freizügigkeit und Menschenwürde, NJW 2013, 2010; *ders.*, Die Verfassungskonformität der 3-Prozent-Klausel für Europawahlen, NVwZ 2013, 1059; *ders.*, Das Grundrecht auf informationelle Selbstbestimmung – Stand nach dem Antiterrordatei-Urteil des BVerfG, JA 2013, 840; *ders.*, Ultra-vires-Kontrolle kraft Europarechts, EWS 2015, 257; *Grimmel*, Der Kontext als Schlüssel für ein angemessenes Verständnis der Integration durch Recht in Europa – am Beispiel der aktuellen Grundrechtsrechtsprechung des EuGH, EuR 2013, 146; *Höfling*, Die Unantastbarkeit der Menschenwürde, JuS 1995, 857; *Hofmann*, Biotechnik, Gentherapie, Genmanipulation – Wissenschaft im rechtfreien Raum?, JZ 1986, 253; *ders.*, Die versprochene Menschenwürde, AöR 118 (1993), 353; *Kühling*, Rückkehr des Rechts: Verpflichtung von »Google & Co.« zu Datenschutz, EuZW 2014, 527; *Mahlmann*, Grundrechtstheorien in Europa – kulturelle Bestimmtheit und universeller Gehalt, EuR 2011, 469; *Marhaun*, Menschenwürde und Völkerrecht, 2001; *Meiser*, Biopatentierung und Menschenwürde, 2006; *Meyer-Ladewig*, Menschenwürde und Europäische Menschenrechtskonvention, NJW 2004, 981; *Müller-Terpitz*, Der Schutz des pränatalen Lebens, 2007; *Rau/Schorkopf*, Der EuGH und die Menschenwürde, NJW 2002, 2448; *Schmidt*, Der Schutz der Menschenwürde als Fundament der EU-Grundrechtscharta unter besonderer Berücksichtigung der Rechte auf Leben und Unversehrtheit, ZEuS 2002, 631; *Schulze-Fielitz*, Verfassungsvergleichung als Einbahnstraße? Zum Beispiel der Menschenwürde in der biomedizinischen Forschung, FS Häberle, 2004, S. 355; *Schwarzburg*, Die Menschenwürde im Recht der Europäischen Union, 2012; *Starck*, Ist die finanzielle Förderung der Forschung an embryonalen Stammzellen durch die Europäische Gemeinschaft rechtlich zulässig?, EuR 2006, 1; *Vöneky/Petersen*, Der rechtliche Status des menschlichen extrakorporalen Embryos: Das Recht der Europäischen Union, EuR 2006, 340.

Leitentscheidungen

EuGH, Urt. v. 4.10.1991, Rs. C–159/90 (Grogan), Slg. 1991, I–4685
EuGH, Urt. v. 30.4.1996, Rs. C–13/94 (P/S), Slg. 1996, I–2143
EuGH, Urt. v. 9.10.2001, Rs. C–377/98 (Niederlande/Parlament und Rat, »Biopatentrichtlinie«), Slg. 2001, I–7079
EuGH, Urt. v. 14.10.2004, Rs. C–36/02 (Omega), Slg. 2004, I–9609
EuGH, Urt. v. 18.10.2011, Rs. C–34/10 (Brüstle/Greenpeace), Slg. 2011, I–9821
EuGH, Urt. v. 13.5.2014, Rs. C–131/12 (Google), ECLI:EU:C:2014:317
EuGH, Urt. v. 8.4.2014, Rs. C–293/12 u. 594/12 (Digital Rights Ireland und Seitlinger), ECLI:EU:C:2014:238
EuGH, Urt. v. 11.11.2014, Rs. C–333/13 (Dano), ECLI:EU:C:2014:2358
EuGH, Urt. v. 18.12.2014, Rs. C–364/13 (Stem Cell), ECLI:EU:C:2014:2451

A. Entwicklung, Quellen, Bedeutung

I. EuGH

1 Während der EuGH im Urteil Stauder[1] lediglich die »Grundrechte der Person« ansprach,[2] hat eine Person seit dem **EuGH-Urteil P/S** einen **Anspruch auf Achtung** ihrer Würde und der Gerichtshof muss die Würde schützen.[3] In zwei jüngeren Leitentscheidungen trat der Charakter als **objektives Verfassungsprinzip** hervor, ohne dass dadurch

---

[1] EuGH, Urt. v. 12.11.1969, Rs. 29/69 (Stauder), Slg. 1969, 419, Rn. 7.
[2] S. etwa *Frahm/Gebauer*, EuR 2002, 78 (84); *Rau/Schorkopf*, NJW 2002, 2448 (2448); *Rixen*, in: Heselhaus/Nowak, Handbuch der Europäischen Grundrechte, § 9, Rn. 3.
[3] EuGH, Urt. v. 30.4.1996, Rs. C–13/94 (P/S), Slg. 1996, I–2143, Rn. 22.

allerdings die Menschenwürde als subjektives Recht verloren ging.[4] Der EuGH urteilte im Hinblick auf die **Patentierbarkeit**, dass Bestandteile des menschlichen Körpers unverfügbar und unveräußerlich bleiben müssen.[5] Diese Linie führte er im Hinblick auf **embryonale Stammzellen** in seinem Urteil vom 8.10.2011 fort und knüpfte dabei an die in der Begründung der RL 98/44/EG ausdrücklich genannte Gewährleistung der Würde und Unversehrtheit des Menschen an,[6] ebenso in seinem Urteil vom 18.12.2014 an die »der Menschenwürde geschuldete Achtung«.[7] Hingegen prüfte der EuGH in seinen Urteilen zum **Datenschutz**[8] sowie zu **Sozialleistungen** die Menschenwürde nicht; im zweiten Fall wegen durch EU-Sekundärrecht den Mitgliedstaaten eingeräumter Spielräume, die danach kein Unionsrecht durchführen.[9]

Im **Urteil Omega** war die Menschenwürde deshalb Ansatzpunkt für eine objektive   **2** Prüfung, weil sie die **Gründe der öffentlichen Ordnung** näher ausfüllte. Damit musste sie sogar noch durch die Mitgliedstaaten **konkretisiert** werden und war einer **Abwägung mit den Grundfreiheiten** zugänglich.[10] Wegen dieses spezifischen Kontextes lassen sich daraus indes keine Folgerungen für den Gehalt von Art. 1 GRC ziehen – schon gar nicht im Sinne einer möglichen Relativierung der europäischen Menschenwürde als »Gattungswürde«.[11] Die Menschenwürde wurde in diesem Urteil noch als allgemeiner Rechtsgrundsatz geprüft und sogar ungeachtet der besonderen Stellung, die der Achtung der Menschenwürde bei einer Anerkennung als selbstständiges Grundrecht zukommt.[12] Die entsprechende Fortentwicklung in Art. 1 GRC wurde also noch gar nicht berücksichtigt. Eine etwaige **Relativierung bezieht sich** nicht auf die Menschenwürde als solche, sondern nur auf die Gründe der öffentlichen Ordnung und dabei **auf die Maßnahmen zu ihrer Verwirklichung**: Diese müssen erforderlich sein, ohne dass ein milderes Mittel existiert.[13] Insoweit muss die erlassene beschränkende Maßnahme nicht einer allen Mitgliedstaaten gemeinsamen Überzeugung entsprechen, wie das betreffende Grundrecht oder das berechtigte Interesse zu schützen ist.[14] Lediglich in diesem Rahmen bestehen also nationale Spielräume. Dabei geht es aber um die Verwirklichung des angestrebten Ziels der öffentlichen Ordnung und damit auch der zu deren Ausfüllung herangezogenen Menschenwürde, nicht aber um die Relativierung Letzterer. Nicht das Ob des Schutzes der Menschenwürde kann also zur Disposition stehen und eine Frage der näheren Ausgestaltung bilden, sondern nur das Wie.

---

[4] Insoweit »offen« *Rau/Schorkopf*, NJW 2002, 2448 (2449); *Meiser*, S. 74; allerdings bedingt durch einen Übersetzungsfehler, *Calliess*, in: Calliess/Ruffert, EUV/AEUV, Art. 1 GRC, Rn. 23 mit Fn. 76; näher *Frenz*, Handbuch Europarecht, Bd. 4, Rn. 819 f.

[5] EuGH, Urt. v. 9.10.2001, Rs. C–377/98 (Niederlande/Parlament und Rat), Slg. 2001, I–7079, Rn. 73, 77.

[6] EuGH, Urt. v. 18.10.2011, Rs. C–34/10 (Brüstle/Greenpeace), Slg. 2011, I–9821, Rn. 32 unter besonderer Hervorhebung der Menschenwürde (»vor allem«).

[7] EuGH, Urt. v. 18.12.2014, Rs. C–364/13 (Stem Cell), ECLI:EU:C:2014:2451, Rn. 24.

[8] EuGH, Urt. v. 13.5.2014, Rs. C–131/12 (Google), ECLI:EU:C:2014:317; Urt. v. 8.4.2014, Rs. C–293/12 u. 594/12 (Digital Rights Ireland und Seitlinger), ECLI:EU:C:2014:238; Urt. v. 6.10.2015, Rs. C–362/14 (Schrems), ECLI:EU:C:2015:650: Prüfung nur von Art. 7 f. GRC, nicht von Art. 1 GRC; näher sogleich Rn. 9 ff.

[9] EuGH, Urt. v. 11.11.2014, Rs. C–333/13 (Dano), ECLI:EU:C:2014:2358, Rn. 90 f.; insoweit abl. u. Rn. 49.

[10] EuGH, Urt. v. 14.10.2004, Rs. C–36/02 (Omega), Slg. 2004, I–9609, Rn. 30 ff.; *Frenz*, NVwZ 2005, 48 (50).

[11] So aber *Calliess*, in: Calliess/Ruffert, EUV/AEUV, Art. 1 GRC, Rn. 38.

[12] EuGH, Urt. v. 14.10.2004, Rs. C–36/02 (Omega), Slg. 2004, I–9609, Rn. 34.

[13] EuGH, Urt. v. 14.10.2004, Rs. C–36/02 (Omega), Slg. 2004, I–9609, Rn. 36.

[14] EuGH, Urt. v. 14.10.2004, Rs. C–36/02 (Omega), Slg. 2004, I–9609, Rn. 37.

II. EMRK und nationale Verfassungen

3   Die **EMRK** enthält **kein Grundrecht der Menschenwürde**. Gleichwohl hat der EGMR als **wesensmäßig** für die Konvention die Achtung der Menschenwürde und der menschlichen Freiheit betont.[15] Auch beim Verbot einer erniedrigenden Behandlung nach Art. 3 EMRK kam die Menschenwürde ins Spiel[16] – entsprechend der engen inhaltlichen Verbindung von Art. 1 und 4 GRC. Letztlich liegt die Menschenwürde den Rechten der EMRK als Wertsystem eigener Art zugrunde.[17] Sie bildet die mit hinein zu lesende **Basis**, zumal wenn es um die geforderte strenge, anspruchsvolle und zeitgerechte Auslegung von mit ihr unmittelbar zusammenhängenden Elementarrechten wie dem Verbot erniedrigender Behandlung, dem Folterverbot[18] und dem Verbot von Leibeigenschaft und Zwangs- sowie Pflichtarbeit geht.[19]

4   In den **mitgliedstaatlichen Verfassungen** ist die Menschenwürde **vielfach nicht unbedingt und klar** ausgedrückt bzw. steht in ganz unterschiedlichem Kontext, so teilweise in sozialem (Belgien) oder in Zusammenhang mit der Diskriminierung (Italien).[20] Explizit aufgenommen wurde die Menschenwürde in die Verfassungen Estlands (§ 10), Finnlands (§ 1 Abs. 2), Griechenlands (Art. 2 Abs. 1), Irlands (Präambel), Lettlands (Art. 95), Litauens (Art. 21), Polens (Präambel), Portugals (Art. 1), Spaniens (Art. 10 Abs. 1) und der Tschechischen Republik (Präambel).[21] Am Klarsten kommt sie in der deutschen Verfassung zum Ausdruck; sie steht dort in Art. 1 Abs. 1 GG auch unbedingt und obenan.

III. Art. 1 GG als Vorbild

5   Unter dem Grundrechtskonventsvorsitz des früheren deutschen Bundes- und Verfassungsgerichtspräsidenten *Herzog* wurde die Menschenwürde schon früh **nach dem deutschen Vorbild** als Grundrecht an die Spitze gesetzt.[22] Sämtliche Relativierungsversuche während der Beratungen namentlich durch eine Verknüpfung mit Gleichheits- oder Freiheitsgarantien wurden gerade durch ihn zurückgewiesen.[23] Zugleich wurde der Charakter der Würde des Menschen als »das eigentliche Fundament der Grundrechte« betont.[24] Die **Doppelnatur** kommt nochmals deutlich in den Erläuterungen des Präsidiums des Grundrechtekonvents zum Ausdruck: »Die Würde des Menschen ist

---

[15] EGMR, Urt. v. 29.4.2002, Beschwerde-Nr. 2346/02 (Pretty/Vereinigtes Königreich), NJW 2002, 2851, Rn. 65; Urt. v. 11.7.2002, Beschwerde-Nr. 28957/95 (Christine Goodwin/Vereinigtes Königreich), NJW-RR 2004, 289, Rn. 90.

[16] EGMR, Urt. v. 24.7.2001, Beschwerde-Nr. 44558/98 (Valašinas/Litauen), Rep. 2001-VIII, 385, Rn. 117 für die körperliche Durchsuchung eines Gefangenen.

[17] *Meyer-Ladewig*, NJW 2004, 981 (983).

[18] S. EGMR, Urt. v. 28.7.1999, Beschwerde-Nr. 25803/94 (Selmouni/Frankreich), NJW 2001, 56, Rn. 101.

[19] S. EGMR, Urt. v. 26.7.2005, Beschwerde-Nr. 73316/01 (Siliadin/Frankreich), NJW 2007, 41, Rn. 121. Explizit für Art. 5 GRC etwa *Calliess*, in: Calliess/Ruffert, EUV/AEUV, Art. 5 GRC, Rn. 12 a.E. m.w.N.

[20] Im Einzelnen *Borowsky*, in: Meyer, GRCh, Art. 1 GRC, Rn. 2.

[21] *Voet van Vormizeele*, in: Schwarze, EU-Kommentar, Art. 1 GRC, Rn. 2 a.E.; detailliert *Wallau*, Die Menschenwürde in der Grundrechtsordnung der EU, 2010, S. 61 ff.

[22] Etwa *Borowsky*, in: Meyer, GRCh, Art. 1 GRC, Rn. 7.

[23] *Borowsky*, in: Meyer, GRCh, Art. 1 GRC, Rn. 8 ff.; *Höfling*, in: Tettinger/Stern, EuGRCh, Art. 1 GRC, Rn. 16.

[24] S. die Begründung Entwurf der Charta der Grundrechte der Europäischen Union, CHARTE 4423/00 CONVENT 46 sowie bereits die Erläuterungen Herzogs, CHARTE 4371/00 CONVENT 38.

nicht nur ein **Grundrecht an sich**, sondern bildet das eigentliche **Fundament der Grundrechte.**«[25]

Die Menschenwürde ist damit als moderner Klassiker wie nach dem deutschen   **6**
Grundgesetz garantiert[26] und so auch rückführbar auf die Gräuel während des nationalsozialistischen Unrechtsregimes, vor denen dauerhaft Schutz bestehen sollte. Aufgrund der Entstehungsgeschichte ist diese deutliche Ausrichtung zugrunde zu legen,[27]
unabhängig von der Frage, ob sie sich nicht zu sehr von den anderen Verfassungstraditionen abhebt. Überdies divergieren die nationalen Verfassungen in Gehalt, Stellung
und Funktion der Menschenwürde, wenn sie sie überhaupt (unbedingt) gewährleisten.[28]
Jedenfalls aufgrund der Akzentuierung als eigenständiges Grundrecht[29] in Art. 1 GRC
ist eine Ausrichtung an der bisherigen Einordnung als allgemeiner Rechtsgrundsatz[30]
nicht sachgerecht. Der Gehalt von **Art. 1 GRC beschränkt sich nicht mehr auf den gemeinsamen Gehalt aus einem Vergleich der mitgliedstaatlichen Verfassungsordnungen.**[31]

Auch ist eine **universelle Anreicherung** der Menschenwürde namentlich auf der Basis   **7**
einer kulturwissenschaftlichen Verfassungstheorie[32] **nicht** dafür **erforderlich**, um Elemente von Art. 1 GG auf die GRC zu transferieren.[33] Aus der Omega-Entscheidung des
EuGH folgt nichts Gegenteiliges,[34] da die Menschenwürde in den Kontext der Ausfüllung der öffentlichen Ordnung im Rahmen der Rechtfertigung einer Einschränkung der
Dienstleistungsfreiheit gestellt ist und dieser Begriff aufgrund seiner Bedeutung in diesem Zusammenhang näherer, wenn auch nicht grenzenloser mitgliedstaatlicher Konkretisierung unterliegt.[35]

IV.　Bedeutung für aktuelle Entwicklungen

1.　Bio- und Informationstechnologien

Jedenfalls ist die Menschenwürde wie auch nach deutschem Verfassungsrecht auf ak-   **8**
tuelle und künftige Entwicklungen ausrichtbar, wie dies schon während der Entstehungsdiskussion beabsichtigt war, wo nämlich die Bio- und die Informationstechnologien ausdrücklich angesprochen wurden.[36] Zwar hat sie in diesen Feldern bislang auf
europäischer Ebene nur begrenzte Bedeutung erlangt. Immerhin wurde die Frage der
Patentierbarkeit von Bestandteilen des menschlichen Körpers und von embryonalen

---

[25] Erläuterungen des Präsidiums des Grundrechtskonvents vom 20. 9. 2000, CHARTE 4471/00
CONVENT 48, S. 3 sowie dann Erläuterungen zur Charta der Grundrechte, ABl. 2007 C 303/17 (17).
[26] Zugleich ein Novum in der EU, *Borowsky*, in: Meyer, GRCh, Art. 1 GRC, Rn. 26; *Voet van
Vormizeele*, in: Schwarze, EU-Kommentar, Art. 1 GRC, Rn. 2.
[27] Ebenfalls eine Vorbildfunktion *Borowsky*, in: Meyer, GRCh, Art. 1 GRC, Rn. 26; bereits
Neisser, Neue Wege des Grundrechtsschutzes, 2001, S. 178; *Grabenwarter*, DVBl 2001, 1 (3).
[28] EuGH, Urt. v. 14. 10. 2004, Rs. C–36/02 (Omega), Slg. 2004, I–9609, Rn. 30 f. sowie o. Rn. 4.
[29] Dies noch nicht für beachtlich haltend EuGH, Urt. v. 14. 10. 2004, Rs. C–36/02 (Omega),
Slg. 2004, I–9609, Rn. 34.
[30] S. noch EuGH, Urt. v. 14. 10. 2004, Rs. C–36/02 (Omega), Slg. 2004, I–9609, Rn. 34.
[31] Anders *Meiser*, Biopatentierung und Menschenwürde, 2006, S. 73 f.; *Schulze-Fielitz*, S. 355
(372).
[32] S. *Häberle*, in: Isensee/Kirchhof (Hrsg.), HStR VI, 3. Aufl. 2004, § 22, Rn. 53; *Marhaun*,
S. 248 ff.
[33] S. dagegen *Meiser*, S. 78.
[34] Anders *Calliess*, in: Calliess/Ruffert, EUV/AEUV, Art. 1 GRC, Rn. 31.
[35] S. o. Rn. 2.
[36] *Borowsky*, in: Meyer, GRCh, Art. 1 GRC, Rn. 6.

Stammzellen vor dem Hintergrund der Menschenwürde verneint.[37] Diese Frage wurde nunmehr danach differenziert, ob eine inhärente Fähigkeit besteht, sich zu einem Menschen fortzuentwickeln.[38]

2. Beeinflussbarkeit des Datenschutzes

9   Der **Schutz vor Informationstechnologien** wird freilich unter dem eigens ausgeprägten Grundrecht des Datenschutzes in **Art. 8 GRC** thematisiert und konzentriert, ohne dass wie in Deutschland ein Rückgriff bzw. eine Schwerpunktbildung auf das ebenfalls in der Menschenwürde verankerte allgemeine Persönlichkeitsrecht nach Art. 2 Abs. 1 i. V. m. Art. 1 Abs. 1 GG erfolgt.[39] Immerhin zieht der EuGH nicht nur das Recht auf Schutz personenbezogener Daten heran, sondern nennt an erster Stelle das Recht auf Achtung des Privatlebens nach **Art. 7 GRC**.[40] Dieses prägt auch die Abwägung mit wirtschaftlichen Belangen der **Suchmaschinenbetreiber** sowie den Interessen der **Internetnutzer**, die in der Regel nachrangig sind.[41] Indes fehlt ein **eingriffsfester Kernbereich**, wie er gerade für die Menschenwürde typisch ist. Für die **Vorratsdatenspeicherung** prüft der EuGH die Antastung des Wesensgehaltes von Art. 7 GRC an.[42] Beim **Löschungsanspruch gegenüber Suchmaschinen** schlüsselt der EuGH detailliert auf, welche Daten je nach **Sensibilität für das Privatleben** der betroffenen Person und dem Informationsinteresse der Öffentlichkeit zugänglich bleiben dürfen. Dies hängt auch davon ab, welche Rolle die betroffene Person im öffentlichen Leben spielt.[43] Damit werden aber nicht durchgehend bestimmte Datenkategorien von einer Sichtbarkeit im **Internet** ausgenommen. Zudem bedarf es eines Antrages des Betroffenen.

10 Ein **Rückgriff auf die Menschenwürde** würde mithin auch **auf Unionsebene** den **Datenschutz verstärken** und so von vornherein ausschließen, dass die nähere Regelung des Datenschutzes auf EU-Ebene zu einer Abschwächung des in Deutschland traditionell hohen Schutzniveaus[44] führen würde. Damit würde sich das BVerfG auch nicht mehr so schwer tun, dem EuGH Entscheidungszuständigkeiten in diesem Bereich zu überlassen.[45] Hier hat allerdings der EuGH gerade für den vom BVerfG beanstandeten staatlichen Datenschutz neue Maßstäbe gesetzt,[46] ohne aber dabei auf die Menschenwürde zurückzugreifen.

11 Weitergehend besteht eine **sachgerechte Verbindung** des Datenschutzes zur Menschenwürde, können doch gerade Informationstechnologien den Einzelnen umfassend ausspähen, seine Daten verknüpfen und über darauf aufbauende Werbebotschaften

---

[37] EuGH, Urt. v. 9.10.2001, Rs. C–377/98 (Niederlande/Parlament und Rat), Slg. 2001, I–7079, Rn. 73, 77; Urt. v. 18.10.2011, Rs. C–34/10 (Brüstle/Greenpeace), Slg. 2011, I–9821, Rn. 49 ff.

[38] EuGH, Urt. v. 18.12.2014, Rs. C–364/13 (Stem Cell), ECLI:EU:C:2014:2451, Rn. 36.

[39] S. etwa BVerfG, NJW 2013, 1499 – Antiterrordatei.

[40] EuGH, Urt. v. 13.5.2014, Rs. C–131/12 (Google), ECLI:EU:C:2014:317, Rn. 69; Urt. v. 8.4.2014, Rs. C–293/12 u. 594/12 (Digital Rights Ireland und Seitlinger), ECLI:EU:C:2014:238, Rn. 25, 31 ff.; in ausdrücklicher Anknüpfung an diese beiden Judikate Urt. v. 6.10.2015, Rs. C–362/14 (Schrems), ECLI:EU:C:2015:650, Rn. 38 f.

[41] EuGH, Urt. v. 13.5.2014, Rs. C–131/12 (Google), ECLI:EU:C:2014:317, Rn. 81.

[42] EuGH, Urt. v. 8.4.2014, Rs. C–293/12 u. 594/12 (Digital Rights Ireland und Seitlinger), ECLI:EU:C:2014:238, Rn. 39.

[43] EuGH, Urt. v. 13.5.2014, Rs. C–131/12 (Google), ECLI:EU:C:2014:317, Rn. 81 ff.

[44] Zur Entwicklung *Frenz*, JA 2013, 840.

[45] S. dagegen BVerfG, NJW 2013, 1499 – Antiterrordatei.

[46] S. das Urteil zur EU-DatenschutzRL, EuGH, Urt. v. 8.4.2014, Rs. C–293/12 u. 594/12 (Digital Rights Ireland und Seitlinger), ECLI:EU:C:2014:238; dazu *Kühling*, EuZW 2014, 527.

lenken, so dass seine selbstbestimmte Subjektsqualität als Kern der Menschenwürde in Frage gestellt wird. Das gilt auch für die öffentliche Zugänglichkeit von privaten Daten über Suchmaschinen; deren konkrete Darstellung und Verbreitung ist dem Betroffenen praktisch entzogen. Er wird zum Objekt der Präsentation durch andere. Aufgrund solcher Vorgänge wird sowohl die Achtung der Menschenwürde durch umfassende staatliche Überwachung angetastet als auch der Schutz vor privaten Übergriffen aktiviert. Weiter gehend wäre der **Datenschutz Teil der Werte nach Art. 2 EUV** schon über die an erster Stelle genannte und unveräußerliche Menschenwürde. Das gilt auch für die **Außenbeziehungen** (s. explizit Art. 3 Abs. 5 EUV),[47] wenn es etwa um Abkommen mit den USA zur Übermittlung von Daten geht: Die europäische Position müsste dem Schutz der Menschenwürde genügen und auf Vorkehrungen hinwirken, die ihre Antastung von vornherein ausschließen. Damit sind die im Urteil Schrems, welches das Safe Harbour-Abkommen mit den USA für ungültig erklärte, aufgestellten datenschutzrechtlichen Standards[48] zusätzlich und noch verbindlicher abgesichert. Zudem wird so eine strenge Auslegung des Nachfolgeabkommens wie auch der ihm zugrunde liegenden Kompetenzgrundlagen[49] gewährleistet.

3. Gesamtbild

Unabhängig davon hat die Menschenwürde erhebliche praktische Bedeutung für aktuelle Entwicklungen, so für Biopatente und insoweit für die Biotechnologie sowie für die Stammzellenforschung als Gegenstand wegweisender und deutliche Grenzen markierender EuGH-Urteile. Weitere aktuelle Brennpunkte sind die **Terrorabwehr** sowie die Behandlung von Flüchtlingen, die in Deutschland schon Gegenstand wegweisender Entscheidungen des BVerfG mit zentraler Bedeutung der Menschenwürde waren.[50]

12

V. Besondere Bedeutung als Schutzpflicht

Die vorgenannten Konstellationen deuten bereits an, dass die Menschenwürde vor allem als staatliche **Schutzpflicht besondere Bedeutung** hat: **Schutz von Flüchtlingen** vor Tod etwa auf der Überfahrt über das Mittelmeer sowie vor Menschenhändlern, soweit nicht schon Art. 5 GRC greift,[51] Schutz von Körperteilen und Stammzellen vor Handel und Versuchen, wobei Letztere auch in staatlichen Einrichtungen vorkommen können: Dann geht es um die Achtung der Menschenwürde durch den Staat.

13

Indem die Menschenwürde unantastbar ist, steht sie auch für Private nicht zur Disposition. Allerdings sind diese nach Art. 51 GRC nicht Adressaten. Daher entfaltet die Menschenwürde keine unmittelbare Drittwirkung.[52] Das ändert aber nichts daran, dass die Unantastbarkeit der Menschenwürde auch in den Beziehungen zwischen Privaten

14

---

[47] Näher *Frenz*, Handbuch Europarecht, Bd. 6, Rn. 1969 ff., 1989 f., 2161 ff.

[48] EuGH, Urt. v. 6. 10. 2015, Rs. C–362/14 (Schrems), ECLI:EU:C:2015:650, Rn. 40 ff.

[49] S. die Ultra-vires-Kontrolle in EuGH, Urt. v. 6. 10. 2015, Rs. C–362/14 (Schrems), ECLI:EU:C: 2015:650, Rn. 104; dazu *Frenz*, EWS 2015, 257.

[50] BVerfGE 115, 118 zum Abschuss entführter Flugzeuge; BVerfG, NVwZ 2012, 1024 zum sozialen Existenzminimum für Asylbewerber.

[51] S. u. Rn. 60 sowie 66 zu Art. 18, 19 GRC.

[52] *Schwarzburg*, Die Menschenwürde im Recht der Europäischen Union, 2012, S. 324; *Rengeling/Szczekalla*, Grundrechte, § 11, Rn. 578; *Niedobitek*, Entwicklung und allgemeine Grundsätze, in: Merten/Papier (Hrsg.), Handbuch Grundrechte, Bd. VI/1, 2010, § 159, Rn. 103; *Calliess*, in: Calliess/Ruffert, EUV/AEUV, Art. 1 GRC, Rn. 6; dafür *Favoreu*, Droit des libertés fondamentales, 5. Aufl., 2009, Rn. 644–1.

gewahrt werden muss, soweit der Einfluss des Unionsrechts reicht. Nur erfolgt dies über die Unionsorgane sowie die Mitgliedstaaten in Durchführung von Unionsrecht als Grundrechtsverpflichtete gemäß Art. 51 GRC und damit über die **mittelbare Drittwirkung**. Ansatzpunkt auf Unionsebene ist vor allem die **Festlegung von Straftaten und Strafen** in Bereichen besonders schwerer Kriminalität nach Art. 83 Abs. 1 AEUV – so die sexuelle Ausbeutung von Frauen und Kindern.[53]

15   Bei der Erfüllung dieser Schutzpflichten besteht **regelmäßig** entgegen den allgemeinen Grundsätzen zu dieser Frage[54] **kein erheblicher Spielraum**,[55] geht es doch im Ergebnis um die Wahrung der Unantastbarkeit der Menschenwürde, nur eben im Hinblick auf Private. Insoweit differenziert oder relativiert aber Art. 1 GRC nicht. Höchstens durch die Natur der Materie, wie den unabdingbaren Schutz der ökologischen Lebensgrundlagen und die damit einhergehenden Wirkungsunsicherheiten etwa im Klimabereich, sowie durch die dabei vorhandene Instrumentenvielfalt auch zur Erreichung eines Mindeststandards können Einschätzungs- und Beurteilungsspielräume bedingt sein.[56]

VI. Auslegungsmaxime

16   Durch ihre Stellung an der Spitze der Grundrechte und als überragende Gewährleistung, zu deren Wesensgehalt sie gehört,[57] wirkt sich die Menschenwürde auf die Auslegung **sämtlicher anderer Grundrechte** aus,[58] namentlich der unmittelbar nachfolgenden, die zugleich ihre Ausflüsse sind, so das Verbot von Folter, erniedrigender und unmenschlicher Strafe sowie Behandlung, Sklaverei, Leibeigenschaft und Zwangsarbeit sowie Menschenhandel (Art. 4, 5 GRC), ebenso der Schutz des Lebens (Art. 2 GRC) als Elementarrecht, dessen Weiterung und konsequente Fortsetzung die Gewährleistung der körperlichen Unversehrtheit (Art. 3 GRC) bildet.

17   Aber auch **soziale Grundrechte** können einen engen Bezug zur Menschenwürde haben, so die Beteiligung von Arbeitnehmern im Betrieb und die Gewährleistung des Umweltschutzes (Art. 27, 37 GRC) als Sicherungen für Entfaltungsräume des Menschen in seiner Umgebung, die für ihn unabdingbar sind. Darüber hinaus kann die Menschenwürde generell für eine möglichst selbstbestimmte Freiheitsentfaltung des Einzelnen sprechen.[59]

18   Weiter lenkt die Menschenwürde die Auslegung auch **anderer Vertragsbestimmungen**. Schließlich steht sie auch an der Spitze der **Werte der Union** nach Art. 2 EUV[60] und begründet einen Werteverbund auf der Basis der Menschenwürde.[61] Damit erlangt sie prägende Bedeutung für das gesamte Handeln der Union bis hin zu den auswärtigen Beziehungen (s. Art. 3 Abs. 5 EUV).[62]

---

[53] Dabei sind die besonderen Maßgaben von BVerfGE 123, 267 (Rn. 359, 363 f.) – Lissabon zu beachten; näher *Frenz*, Handbuch Europarecht, Bd. 6, Rn. 3024 ff.
[54] S. *Borowsky*, in: Meyer, GRCh, Art. 1 GRC, Rn. 39.
[55] So aber *Calliess*, in: Calliess/Ruffert, EUV/AEUV, Art. 1 GRC, Rn. 7.
[56] Näher u. Rn. 55.
[57] Erläuterungen zur Charta der Grundrechte, ABl. 2007, C 303/17 (17).
[58] *Calliess*, in: Calliess/Ruffert, EUV/AEUV, Art. 1 GRC, Rn. 4 a. E.
[59] *Frenz*, Handbuch Europarecht, Bd. 4, Rn. 874 f.
[60] Zur Präambel *Calliess*, in: Calliess/Ruffert, EUV/AEUV, Art. 1 GRC, Rn. 3.
[61] Näher *Calliess*, JZ 2004, 1033 (1038 ff.).
[62] Näher *Frenz*, Handbuch Europarecht, Bd. 6, Rn. 1969 ff., 1989 f., 2161 ff.

B. Schutzbereich

I. Persönlicher Schutzbereich

1. Alle natürlichen Personen

Würde kommt jedem Menschen zu. Sie besitzen daher alle natürlichen Personen, und [19] zwar **kraft ihrer Existenz**, also völlig unabhängig von Geschlecht, Alter, Eigenschaften, Leistungen, Einsichtsfähigkeit und sozialem Status sowie Herkunft.[63] Auch **Drittstaatsangehörige** sind berechtigt. Praktische Relevanz gewinnt dies insbesondere bei Flüchtlingen und Asylbewerbern, die sich auf menschenunwürdige Behandlungen in ihrem Heimatstaat berufen bzw. unter solchen Umständen erst in die EU gelangen. Als Menschenrecht steht sie juristischen Personen, Personenvereinigungen und Gruppen nicht zu.[64] Indes kann deren unwürdige Behandlung die Menschenwürde einzelner Mitglieder verletzen.[65]

2. Nasciturus

Bislang ungeklärt ist, ob der Nasciturus Träger der Menschenwürdegarantie ist.[66] Unter [20] Verweis auf die verschiedenen Traditionen in den Mitgliedstaaten wird die Grundrechtsträgerschaft **eher abgelehnt**.[67] Nur in Irland wird der Nasciturus ausdrücklich in der Verfassung geschützt, in Frankreich wird ihm immerhin objektiv-rechtlicher Würdeschutz gewährt, in den Niederlanden überhaupt nicht.[68] Indes findet sich die Menschenwürde gerade nicht in allen mitgliedstaatlichen Verfassungen und ist auch sehr unterschiedlich ausgeprägt bzw. platziert. Daher kann aus den anderen Verfassungen schwerlich auf den Gehalt von Art. 1 GRC geschlossen werden.[69]

Vielmehr zählt insoweit die deutsche Verfassung, welche maßgebliches Vorbild war.[70] [21] Deshalb ist bezüglich der Menschenwürde eben nicht ein Grundrecht anerkannt, wie es sich aus den gemeinsamen Verfassungsüberlieferungen der Mitgliedstaaten ergibt, so dass es im Einklang mit diesen ausgelegt werden müsste (Art. 52 Abs. 4 GRC).[71] Die **maßgebliche Verfassungsüberlieferung** ist **auf** die **deutsche verengt**. Jedenfalls hat sie interpretationsleitende Bedeutung. Hierzulande aber hebt das BVerfG darauf ab, dass der Einzelne schon als Nasciturus[72] als ganzer Mensch angelegt ist und stellt auf die

---

[63] *Jarass*, GRCh, Art. 1 GRC, Rn. 7; *Voet van Vormizeele*, in: Schwarze, EU-Kommentar, Art. 1 GRC, Rn. 8.

[64] *Rengeling/Szczekalla*, Grundrechte, § 11, Rn. 576.

[65] *Jarass*, GRCh, Art. 1 GRC, Rn. 7 a. E.

[66] Offen EuGH, Urt. v. 4.10.1991, Rs. C–159/90 (Grogan), Slg. 1991, I–4685, Rn. 21 = Schwangerschaftsabbruch als zulässige Dienstleistung; *Streinz*, in: Streinz, EUV/AEUV, Art. 1 GRC, Rn. 7; genetisch argumentierend *Borowsky*, in: Meyer, GRCh, Art. 1 GRC, Rn. 37; näher *Ekardt/Kornack*, ZEuS 2010, 111.

[67] *Schmidt*, ZEuS 2002, 631 (637 ff.); *Jarass*, GRCh, Art. 1 GRC, Rn. 7.

[68] *Calliess*, in: Calliess/Ruffert, EUV/AEUV, Art. 1 GRC, Rn. 15; im Einzelnen *Wallau*, Die Menschenwürde in der Grundrechtsordnung der EU, 2010, S. 207 ff.

[69] S. o. Rn. 4.

[70] S. o. Rn. 5 ff.

[71] So aber *Schmidt*, ZEuS 2002, 631 (637). S. o. Rn. 6.

[72] Nicht indes bereits vor der Nidation, *Calliess*, in: Calliess/Ruffert, EUV/AEUV, Art. 1 GRC, Rn. 13. Weiter aber GA *Bot*, Schlussanträge zu Rs. C–34/10 (Brüstle/Greenpeace), Slg. 2011, I–9821, Rn. 96: ab Befruchtung.

individuelle Identität, die Einmalig- und die Unverwechselbarkeit ab.[73] Daher muss er auch subjektiv berechtigt sein.[74]

22   **Im Embryo spiegelt sich** der **Mensch bereits wider**. Dass er in diesem Stadium noch nicht voll entwickelt ist, bildet nur die Kehrseite des Abbaus im Alter, die gleichfalls nicht die Menschenwürdequalität schwinden lässt.[75] GA Bot verweist auf die RL 98/44/EG[76], die »im Namen der Würde und der Unversehrtheit des Menschen die Patentierbarkeit des menschlichen Körpers in den einzelnen Phasen seiner Entstehung und Entwicklung einschließlich Keimzellen verbietet«.[77] Damit verdeutlicht sie, dass die Menschenwürde nicht nur für den existierenden Menschen und damit das geborene Kind gilt, »sondern auch für den menschlichen Körper vom ersten Stadium seiner Entwicklung an, d.h. dem der Befruchtung«.[78] Schon sie ist, wie der EuGH ausdrücklich feststellt, geeignet, »den Prozess der Entwicklung eines Menschen in Gang zu setzen«.[79] Die Menschenwürde erfasst damit auch die **Menschwerdung in allen ihren Stadien ab der Befruchtung**.

23   Jedenfalls bedarf es eines Schutzes ungeborenen Lebens auf **objektiv-rechtlicher Basis**.[80] Zumindest hat der **EuGH** auf dieser Basis die Patentierbarkeit von Körperteilen[81] sowie von embryonalen Stammzellen abgelehnt.[82]

3. Embryonale Stammzellen

24   Embryonale Stammzellen rühren von **Embryonen aus künstlicher Befruchtung**. Indes handelt es sich nicht um komplette Embryonen, sondern die Stammzellen werden Letzteren gerade entnommen, sofern diese nicht für die Fortpflanzung verwendet werden. Immerhin besitzt dann der Embryo Grundrechtsträgerschaft, auch wenn er aus künstlicher Befruchtung stammt: Gleichwohl kann er zu einem menschlichen Wesen heranwachsen.[83] Seine Zerstörung tangiert daher die Menschenwürde, auch wenn sie nur Grundlagenfunktion hat – so wenn embryonale Stammzellen aus einer Stammzell-Linie hergestellt werden, die nur durch die Zerstörung menschlicher Embryonen aufgebaut werden konnte.[84]

25   Dabei legt der EuGH den Begriff des menschlichen Embryos nach Art. 6 Abs. 2 Buchst. c RL 98/44/EG noch weiter aus. Da diese Richtlinie vor allem nach Erwägungs-

---

[73] BVerfGE 39, 1 (37); BVerfGE 88, 203 (251 f.); näher und differenzierender *Müller-Terpitz*, S. 143 m.w.N.

[74] Ebenso *Starck*, EuR 2006, 1 (12).

[75] Näher *Frenz*, Handbuch Europarecht, Bd. 4, Rn. 828; für den Schutz des Embryos auch *Schwarzburg*, S. 297 ff.

[76] RL 98/44/EG vom 6.7.1998 über den rechtlichen Schutz biotechnologischer Erfindungen, ABl. 1998, L 213/13.

[77] GA *Bot*, Schlussanträge zu Rs. C–34/10 (Brüstle/Greenpeace), Slg. 2011, I–9821, Rn. 96 unter Verweis auf Art. 5 Abs. 1 und den 16. Erwägungsgrund der Richtlinie.

[78] GA *Bot*, Schlussanträge zu Rs. C–34/10 (Brüstle/Greenpeace), Slg. 2011, I–9821, Rn. 96, allerdings auf der Basis der Menschenwürde als Grundsatz. Das ändert aber nichts an ihrer Reichweite.

[79] EuGH, Urt. v. 18.10.2011, Rs. C–34/10 (Brüstle/Greenpeace), Slg. 2011, I–9821, Rn. 35.

[80] Dafür auch bereits *Jarass*, EU-Grundrechte, § 8, Rn. 8; abl. *Müller-Terpitz*, S. 469; *Vöneky/Petersen*, EuR 2006, 340 (345 ff.).

[81] EuGH, Urt. v. 9.10.2001, Rs. C–377/98 (Niederlande/Parlament und Rat, »Biopatentrichtlinie«), Slg. 2001, I–7079, Rn. 73, 77.

[82] EuGH, Urt. v. 18.10.2011, Rs. C–34/10 (Brüstle/Greenpeace), Slg. 2011, I–9821, Rn. 32: Die angeführte Begründung der RL gibt nur den durch Art. 1 GRC gebotenen Schutz wieder.

[83] *Frenz*, Handbuch Europarecht, Bd. 4, Rn. 831.

[84] EuGH, Urt. v. 18.10.2011, Rs. C–34/10 (Brüstle/Greenpeace), Slg. 2011, I–9821, Rn. 49.

grund 16 insbesondere die Menschenwürde wahren will,[85] kann diese weite Sicht auf Art. 1 GRC übertragen werden. Damit gehören auch unbefruchtete menschliche **Eizellen** dazu, in die ein Zellkern aus einer ausgereiften menschlichen Zelle transplantiert worden ist oder die durch Parthenogenese zur Teilung und Weiterentwicklung angeregt worden ist. Zwar wurden diese Organismen, genau genommen, nicht befruchtet. Jedoch sind sie infolge der zu ihrer Gewinnung verwendeten Technik geeignet, wie der durch Befruchtung einer Eizelle entstandene Embryo den Prozess der Entwicklung eines Menschen in Gang zu setzen.[86] Dies ist konstitutive Voraussetzung für die Einbeziehung in den Menschenwürdeschutz. Dabei müssen allerdings die Standards der internationalen medizinischen Wissenschaft herangezogen werden. Danach ist zu unterscheiden, ob auch menschliche **Parthenoten** ohne zusätzliche gentechnische Eingriffe wie im Fall Brüstle und damit als solche die inhärente Fähigkeit haben, sich zu einem Menschen zu entwickeln.[87]

Selbst von einem menschlichen **Embryo im Stadium der Blastozyste** gewonnene   **26**
Stammzellen werden nicht ausgenommen. Vielmehr hat für sie das nationale Gericht im Licht der technischen Entwicklung festzustellen, ob auch sie den Prozess der Entwicklung eines Menschen in Gang zu setzen geeignet sind.[88] Dann kommt nach der Konzeption des EuGH auch ihnen Würdeschutz zu. Allerdings ist eine Grundrechtsträgerschaft jeder Stammzelle fraglich. Indes bleibt der objektiv-rechtliche Schutz, der gleichfalls Vorgaben für die Normgebung und -anwendung macht. GA Bot bezieht sich im vorliegenden Kontext auf die Menschenwürde als Grundsatz.[89]

4. Klonen

Demgegenüber ist über durch Klonen entstandene menschliche Wesen, auch wenn sie   **27**
genetisch mit dem Ausgangswesen identisch sind, derart wenig bekannt, dass ihre **Grundrechtsträgerschaft nicht** bejaht werden kann. Es kann noch nicht einmal der Schutz durch die Menschenwürde gesichert erscheinen.[90] Art. 3 Abs. 2 GRC enthält insoweit ohnehin eine spezielle Regelung, die das reproduktive, nicht aber das therapeutische Klonen verbietet.

5. Nach dem Tod

Art. 1 GRC berechtigt jeden Menschen und damit nicht mehr einen Toten. Das betrifft   **28**
aber die Frage, wer **Grundrechtsträger** ist. Das können auch die **Erben** sein. Daher kann sich die Menschenwürde sachlich über den Tod hinaus erstrecken.[91] Dies entspricht der Entscheidungspraxis des EGMR[92] und vor allem auch des BVerfG[93], welches deshalb

---

[85] EuGH, Urt. v. 18.10.2011, Rs. C–34/10 (Brüstle/Greenpeace), Slg. 2011, I–9821, Rn. 32.
[86] EuGH, Urt. v. 18.10.2011, Rs. C–34/10 (Brüstle/Greenpeace), Slg. 2011, I–9821, Rn. 36.
[87] EuGH, Urt. v. 18.12.2014, Rs. C–364/13 (Stem Cell), ECLI:EU:C:2014:2451, Rn. 35f.
[88] EuGH, Urt. v. 18.10.2011, Rs. C–34/10 (Brüstle/Greenpeace), Slg. 2011, I–9821, Rn. 37.
[89] GA *Bot*, Schlussanträge zu Rs. C–34/10 (Brüstle/Greenpeace), Slg. 2011, I–9821, Rn. 96.
[90] *Rixen*, in: Heselhaus/Nowak, Handbuch der Europäischen Grundrechte, § 9, Rn. 30.
[91] *Rengeling/Szczekalla*, Grundrechte, § 11, Rn. 570; *Calliess*, in: Calliess/Ruffert, EUV/AEUV, Art. 1 GRC, Rn. 18: gewisse Fortwirkungen als fundamentale Basis aller anderen Grundrechte.
[92] EGMR, Urt. v. 13.7.2006, Beschwerde-Nr. 58757/00 (Jäggi/Switzerland), Rep. 2006-X, Rn. 39.
[93] BVerfGE 30, 173 – Mephisto.

besonders wichtig ist, weil Art. 1 GRC dem Würdeschutz nach Art. 1 Abs. 1 GG nachgebildet ist.[94]

II. Sachlicher Schutzbereich

1. Wahrung der Subjektsqualität

29   In den EuGH-Entscheidungen zur Biopatentrichtlinie und zur embryonalen Stammzellenforschung wurde deutlich, dass der **Mensch** einschließlich seiner Teile **nicht** zum bloßen **Objekt** herabgewürdigt und damit verfügbar und veräußerlich werden darf.[95] Insbesondere darin[96] liegt die geforderte Konkretisierung und Entfaltung der angesichts vieler Traditionen für sich selbst schwer fassbaren und im Konvent nicht näher ausgestalteten Menschenwürde durch die Judikatur.[97] Diese Objektformel[98] wird auch unter Einbeziehung der EMRK als richtungsweisend gesehen[99] und wird tiefer darin begründet, dass die Essenz der Menschenwürde in der subjektiven Zweckhaftigkeit liegt: Der Mensch ist sich selbst Zweck und damit nicht Instrument für andere.[100] Damit gibt es konkrete Elemente eines sachlichen Schutzbereichs, auch wenn dieser sich nicht auf einen konkreten Schutzraum bzw. ein bestimmtes Feld menschlichen Handelns bezieht,[101] sondern durchgehend zu wahren ist, mithin übergreifend besteht und sämtliches Handeln prägen muss. Die Wahrung der Subjektqualität berührt damit nicht nur die Stammzellenforschung, sondern namentlich auch die Terrorabwehr, wenn dabei etwa **entführte Flugzeuge** abgeschossen werden: Der Einzelne wird damit Mittel zum Zweck und auf diese Weise entrechtlicht und verdinglicht.[102] Das gilt allerdings auch für diejenigen, die durch das entführte Flugzeug bedroht sind und ohne Dazwischentreten durch den Staat sehenden Auges als Opfer eines terroristischen Angriffs hingenommen werden. Auch deren Subjektsqualität wird dann negiert, indem der Staat den Tod Unschuldiger in Kauf nimmt.[103] Danach kann im Einzelfall ein Flugzeugabschuss zulässig sein, wenn man ausnahmsweise eine Abwägung **Würde gegen Würde** zulässt.[104]

30   Dementsprechend wird auch die Subjektsqualität von Menschen verneint, wenn bei **Flüchtlingsbooten** der Tod Unschuldiger in Kauf genommen wird, ohne dass alles unternommen wird, um in Not geratene Menschen auch bei illegaler Einwanderung zu retten. Daher muss die EU-Grenzschutzagentur Frontex mit Sitz in Warschau die Men-

---

[94] S. o. Rn. 5 ff.

[95] S. EuGH, Urt. v. 9.10.2001, Rs. C–377/98 (Niederlande/Parlament und Rat, »Biopatentrichtlinie«), Slg. 2001, I–7079, Rn. 73, 77; Urt. v. 18.10.2011, Rs. C–34/10 (Brüstle/Greenpeace), Slg. 2011, I–9821.

[96] Krit. aber *Frahm/Gebauer*, EuR 2002, 78 (86 ff.); *Grimmel*, EuR 2013, 146 (161) zur mehr als zurückhaltenden Brüstle-Entscheidung.

[97] *Borowsky*, in: Meyer, GRCh, Art. 1 GRC, Rn. 35; *Calliess*, in: Calliess/Ruffert, EUV/AEUV, Art. 1 GRC, Rn. 19; *Rengeling/Szczekalla*, Grundrechte, § 11, Rn. 569.

[98] Bereits *Dürig*, AöR 81 (1956), 117 (127); auch BVerfGE 30, 1 (25); *H. Hofmann*, AöR 118 (1993), 353 (360); m.w.N. *Höfling*, JuS 1995, 857 (860).

[99] *Calliess*, in: Calliess/Ruffert, EUV/AEUV, Art. 1 GRC, Rn. 31 ff. unter Verweis vor allem auf *Bergmann*, S. 119 ff., 264 ff.

[100] *Mahlmann*, EuR 2011, 469 (480).

[101] Daher einen sachlich eigenen Normbereich verneinend *Höfling*, in: Tettinger/Stern, EuGRCh, Art. 1 GRC, Rn. 17: Bezug lediglich auf »Modus einer Handlung«.

[102] BVerfGE 115, 118 (154).

[103] Näher *Frenz*, Handbuch Europarecht, Bd. 4, Rn. 844 ff.

[104] S. u. Rn. 57 f.

schenwürde wahren, wenn sie sich illegaler Einwanderung zuwendet.[105] Es kann nicht nur um die Begrenzung des Zustroms von Flüchtlingen gehen, sondern angesichts der menschenunwürdigen Verhältnisse beim Weg nach Europa ist der **humanitäre Schutz** essenziell. Die eigene Würde negiert, wer bei Mitmenschen hinnimmt, dass sie sich in höchst menschenunwürdigen Verhältnissen befinden und darin belassen werden. Damit wird der beim Menschen allgemein zu wahrende unantastbare Rahmen in Frage gestellt.

So wertete der EGMR als Verstoß gegen den zu Art. 1 GRC speziellen Art. 5 GRC, **31** dass eine 15-jährige Togolesin ohne Ausweispapiere mit Furcht vor der Polizei in einem Haushalt an sieben Tagen die Woche 15 Stunden arbeiten musste.[106] Dann verstößt erst recht gegen die Menschenwürde, wenn jemand schutzlos **Menschenhändlern ausgeliefert**, mithin gleichsam deren Objekt ist und in einem Boot auf dem Meer treibt. Insoweit reicht das Verbot des Menschenhandels nach Art. 5 Abs. 3 GRC nicht aus, sondern es geht auch um das Vermeiden und Auffangen der bei einem Verstoß auftretenden menschenunwürdigen Verhältnisse und Konsequenzen. Daher sind **vorgelagerte Schutzmaßnahmen** gleichfalls von der Menschenwürde verlangt, damit Gefährdungen möglichst nicht auftreten. Dazu gehören etwa Patrouillenfahrten in Gewässern, in denen sich erfahrungsgemäß immer wieder Flüchtlinge in gefährlicher Situation befinden. Zudem ist eine humanitäre Aufnahme notwendig, um das Überleben zu sichern sowie Leibeigenschaft und Zwangsarbeit (s. Art. 5 Abs. 1 und 2 GRC)[107] zu vermeiden.

Erst recht sind **Selbstschussanlagen** verboten, die den Einzelnen zum Objekt einer **32** staatlichen Tötungsmaschine machen.[108]

2. Gleiche Würde

Generell bildet nach dem EGMR die »gleiche Würde aller Menschen die Grundlage **33** einer demokratischen und pluralistischen Gesellschaft«.[109] Damit ist generell die Brücke zum Gleichheitssatz geschlagen. Mit ihm sollte nach teilweiser Auffassung die Menschenwürde verbunden werden.[110] Auch wenn dies nicht explizit in der Charta zum Ausdruck kommt, schließt doch die Würde des Menschen die **prinzipielle Gleichheit** der Menschen ein.[111] Ansonsten könnte die Würde ja nicht alle Menschen erfassen, unabhängig von ihren Eigenschaften und Merkmalen. Weil aber der Mensch allein schon durch seine Existenz Würde erhält, verletzt auch eine **Diskriminierung** die Menschenwürde.[112]

3. Gemeinschaftsbezogenheit und Konsequenzen für das Wahlrecht

Der Mensch ist als Subjekt zu achten. Dazu gehört auch, dass jeder Mensch gleich ist. **34** Ausfluss dessen ist dann letztlich auch das gleiche Wahlrecht und als dessen Fortsetzung

---

[105] *Borowsky*, in: Meyer, GRCh, Art. 1 GRC, Rn. 41; näher *Frenz*, Handbuch Europarecht, Bd. 4, Rn. 847 ff.

[106] EGMR, Urt. v. 26. 7. 2005, Beschwerde-Nr. 73316/01 (Siliadin/Frankreich), NJW 2007, 41.

[107] EGMR, Urt. v. 26. 7. 2005, Beschwerde-Nr. 73316/01 (Siliadin/Frankreich), NJW 2007, 41.

[108] *Frenz*, Handbuch Europarecht, Bd. 4, Rn. 851 unter Verweis auf BVerfGE 95, 96 (140 ff.) zu den so genannten Mauerschützen.

[109] EGMR, Urt. v. 4. 12. 2003, Beschwerde-Nr. 35071/97 (Gunduz/Türkei), Rep. 2003-VI, Rn. 40.

[110] *Borowsky*, in: Meyer, GRCh, Art. 1 GRC, Rn. 18.

[111] *Jarass*, GRCh, Art. 1 GRC, Rn. 6.

[112] S. bezüglich Transsexueller EuGH, Urt. v. 30. 4. 1996, Rs. C–13/94 (P/S), Slg. 1996, I–2143, Rn. 22.

der **gleiche Zählwert** einer Stimme. Zwar dürfen Ausländer nicht mitwählen. Das liegt aber daran, dass sie einer anderen Gemeinschaft angehören. Die Zugehörigkeit zu einem Land wird durch die Staatsangehörigkeit vermittelt. Durch diese geht aber die Menschenqualität nicht verloren. Damit ist im Rahmen dieser Staatengemeinschaft jeder Einzelne als Subjekt zu achten. Ausfluss dieses Subjektseins ist auch die Gemeinschaft und damit die Einbindung in ein staatliches Gemeinwesen.

35   Damit wird hier relevant, dass der Einzelne nicht nur Unionsbürger ist, sondern immer noch Staatsangehöriger seines Mitgliedstaats. Deshalb ist es noch hinnehmbar, dass nicht alle Stimmen auf europäische Ebene gleich zählen, sondern der Zählwert einer Stimme sich danach richtet, aus welchem Mitgliedstaat der Einzelne kommt.[113] Wenn aber ein **Unionsstaat**, der in vollem Umfang demokratisch legitimiert ist, also das vom BVerfG im Maastricht-Urteil entwickelte Zwei-Säulen-Modell[114] hinter sich gelassen hat, geschaffen werden soll, ist ein solcher **unterschiedlicher Zählwert** der Stimmen **nicht mehr hinzunehmen** und als Verstoß gegen die notwendige Achtung der Subjektsqualität jedes Menschen aus der EU zu werten.

4. Selbstbestimmte Würde

36   Die Würde des Menschen wird nicht nur im Sinne von Mindestvoraussetzungen von außen her bestimmt, sondern zugleich von innen heraus. Der Mensch muss sich nach seinen eigenen Vorstellungen von Würde entfalten können. Daher ist die **Autonomie** das Herzstück der Menschenwürde.[115] Damit muss auch von außen her akzeptiert werden, wie der jeweilige Träger seine Würde auffasst und entfaltet.[116] Allerdings muss dies freiwillig geschehen. Der Einzelne darf also nicht durch eine Zwangslage in eine Lage gekommen sein, in der seine Würde zurückgenommen ist, oder getäuscht worden sein. Das ist etwa bei Flüchtlingen der Fall, die mit falschen Versprechungen auf Boote gelockt wurden oder sich in die Hände von Menschenhändlern begeben haben, weil sie keine andere Möglichkeit sahen, den untragbaren Zuständen im Heimatland zu entfliehen.

37   Zudem ist der Einzelne vor sich zu schützen, wenn er für alle erkennbar seine Würde negiert, wie dies beim **Selbstmord** der Fall ist, da er so seine eigene Subjektivität verneint;[117] schwierige Grenzfragen ergeben sich freilich bei einem Tod in Würde bei unheilbarer Erkrankung. Entsprechendes gilt auch bezogen auf die Bootsflüchtlinge, wenn sie sich rein freiwillig in eine Situation begeben haben, in der sie anderen völlig ausgeliefert sind und zudem in höchste Gefahr geraten können. Ist solchermaßen eine würdevolle Behandlung ausgeschlossen, auch wenn der Einzelne sich in eine solche Situation gebracht hat, gebietet es die Unantastbarkeit der Würde als solche, den Betroffenen Schutz zu gewähren und eine Situation in Würde wieder herzustellen.

38   Ist die Autonomie das Herzstück der Menschenwürde und wird sie eigenverantwortlich ohne Negation der eigenen Würde ausgeübt, gehört dazu auch die Verantwortung für die Folgen des eigenen Tuns. Ausdruck dessen ist das **Verursacherprinzip**.[118] Die

---

[113] S. BVerfGE 123, 267 (368 f., 380 ff.) – Lissabon; *Frenz*, NVwZ 2013, 1059 (1062); näher *Frenz*, Handbuch Europarecht, Bd. 5, Rn. 314 ff.

[114] BVerfGE 89, 155 (185 f.).

[115] *Stern*, Staatsrecht III/1, 1988, S. 31.

[116] Vgl. BVerfGE 49, 286 (298).

[117] *Frenz*, Handbuch Europarecht, Bd. 4, Rn. 854 mit den sich daraus ergebenen Konsequenzen eines polizeilichen Eingreifens und eines Verbots der Hilfe zur Selbsttötung.

[118] *Frenz*, Das Verursacherprinzip im öffentlichen Recht, 1997, S. 197 f.

Folgenverantwortung bezieht sich vor allem auf die **Umwelt** und dabei spezifisch auf den **Klimaschutz** als Grundlage dafür, dass auch in Zukunft noch eigenverantwortliche Entfaltung möglich ist.[119]

Damit kommt die **Zukunftsbezogenheit** der Menschenwürde ins Spiel. Es bedeutete **39** eine Selbstverleugnung der eigenen Gattung Mensch, wenn gegenwärtige Generationen die Grundlagen für ein potenzielles Weiterleben der Menschheit in Gefahr bringen würden.[120] Der Mensch hätte keine Achtung mehr vor sich selbst und seinesgleichen. Daher findet auch die selbstbestimmte Entfaltung des Menschen als Ausdruck der Würde an eben dieser ihre Grenze.

5. Solidarität und Sozialhilfe

Die **Erhaltung der Lebensgrundlagen** ist auch Ausdruck, dass der Einzelne in die Ge- **40** meinschaft eingebunden ist und damit für diese mit Verantwortung trägt. Zugleich ermöglicht sie ihm die Entfaltung seiner Person. Das gilt namentlich in der **Arbeitswelt**, die daher auch als Ausprägung der individuellen Anlagen des Menschen auszugestalten und mit entsprechenden Partizipationsrechten und Sicherungen zu versehen ist, wie sie auch Art. 27 GRC enthält. Art. 1 GRC garantiert als einforderbaren Mindeststandard, dass überhaupt eine Anhörung erfolgt.[121]

Insbesondere verbietet es die Würde des Menschen, Mitglieder der Gemeinschaft **41** unter Bedingungen leben zu lassen, die eine Entfaltung in Würde nicht ermöglichen. Daher garantiert das BVerfG verfassungsunmittelbar diejenigen **Mittel**, die **zur Wahrung eines menschenwürdigen Daseins** unbedingt erforderlich sind, und zwar auch ausländischen Staatsangehörigen, die sich in Deutschland aufhalten.[122] Dazu gehören auch Mittel für ein Mindestmaß an Teilhabe am gesellschaftlichen, kulturellen und politischen Leben.[123] Parallel dazu kann daher dieses Recht auch auf Unionsebene unmittelbar auf die Menschenwürde gestützt werden.[124]

Eine Abstützung auf **soziale Grundrechte** wäre im Vergleich zum Grundgesetz des- **42** halb problematischer, weil diese den Sozialstaat als solchen nicht absichern, sondern lediglich Einzelausprägungen enthalten und dabei im Allgemeinen nur Grundsätze der GRC nach Art. 52 Abs. 5 GRC bilden. Die soziale Sicherheit und Unterstützung nach Art. 34 GRC bildet keine unmittelbare Garantie, sondern erfolgt nach Maßgabe des Unionsrechts und der einzelstaatlichen Rechtsvorschriften und Gepflogenheiten; das gilt sogar für das Recht auf eine soziale Unterstützung und eine Unterstützung für die Wohnung, die allen, die nicht über ausreichende Mittel verfügen, ein menschenwürdiges Dasein sicherstellen sollen (Art. 34 Abs. 3 GRC). Die Maßgaben des Unionsrechts ergeben sich aber auch notwendig insoweit unmittelbar aus der Menschenwürde, als es um Mittel geht, die zur Wahrung eines menschenwürdigen Daseins unbedingt erforderlich sind.

Aktuelle Bedeutung erlangt diese Frage im Hinblick auf die **Armutseinwanderung** aus **43** Ländern, die noch nicht in vollem Umfang in die Arbeitnehmerfreizügigkeit einbezogen

---

[119] *Frenz*, Handbuch Europarecht, Bd. 4, Rn. 855 f.

[120] *Frenz*, Handbuch Europarecht, Bd. 4, Rn. 859; s. bereits *H. Hofmann*, JZ 1986, 253 (260) bezogen auf die Gentechnik.

[121] *Frenz*, Handbuch Europarecht, Bd. 4, Rn. 3632 ff.

[122] BVerfG, NVwZ 2012, 1024 (Rn. 89).

[123] BVerfGE 125, 175 (223); BVerfG, NVwZ 2012, 1024 (Rn. 90). Zur notwendigen Abstützung nur auf Art. 1 Abs. 1 GG *Tiedemann*, BVerfG, NVwZ 2012, 1031 (1032 f.).

[124] Unsicher *Jarass*, GRCh, Art. 1 GRC, Rn. 11.

sind. Auch diese haben einen Leistungsanspruch in der Höhe, dass ihnen hierzulande ein menschenwürdiges Dasein ermöglicht wird. Allerdings wird damit nur ein Mindeststandard gesichert, der auch nicht auf dem Niveau liegen muss, der eigenen Staatsbürgern gewährt wird. Daher bedarf es einer unionsweiten Betrachtung und auf dieser Basis der Sicherung eines Minimums, wie es in der westlichen Zivilisation unabdingbar ist.[125] Dazu gehören aber nicht nur Nahrung und Unterkunft in einem Mindestmaß, sondern auch die kommunikativen Grundbedürfnisse als Ausfluss der Gemeinschaftsbezogenheit des Menschen.[126]

6. Übergreifender Charakter und keine Auffangfunktion

44   Indem die Würde des Menschen unantastbar ist, darf sie nicht zur »kleinen Münze« verkommen[127] und inflationär gebraucht werden.[128] Vielmehr können sich in ihr nur die unabdingbaren Charakteristika des Menschen vereinen. Daher besteht keine Auffangfunktion für Elemente, die sich nicht unter andere Grundrechte fassen lassen.[129] Das gilt trotz ihrer Ausstrahlungswirkung auf alle: Diese ist einseitig und führt nicht zu »Rückläufern«. Vielmehr ist die Menschenwürde übergeordnet und muss sämtliches menschliche Handeln bestimmen.[130]

C. Eingriffe

I. Arten

45   Da die Würde des Menschen unantastbar ist, schützt sie vor allen Arten von Eingriffen, also sowohl vor **unmittelbaren als auch** vor **mittelbaren**. Der Staat ist verpflichtet, die Menschenwürde zu achten und zu schützen. Damit muss er sie selbst respektieren, aber auch dafür sorgen, dass sie von Privaten eingehalten wird. Für das Auslösen der Schutzpflichten genügt eine Gewährleistung auf objektiv-rechtlicher Basis, wie sie für den Schutz des ungeborenen Lebens auch von der herrschenden Meinung bejaht wird.[131] Dementsprechend bestehen Schutzpflichten der europäischen Organe und Einrichtungen.[132]

46   Der Staat kann den Menschen die (unantastbare) Würde nicht nehmen, sondern wird dann vielmehr den Anspruch auf Achtung verletzen, der sich aus der Menschenwürde ergibt.[133] Es kann aber nicht jeder kleine Angriff auf die Menschenwürde erfasst sein, der sich sehr einfach konstruieren lässt, indem man sämtliche Grundrechte als Ausfluss der Menschenwürde begreift. Vielmehr ist eine **gewisse Schwere des Eingriffs** notwendig, die mit dem Verbot der erniedrigenden Strafe und Behandlung nach Art. 4 GRC ver-

---

[125] *Frenz*, NJW 2013, 2010 (2012).
[126] BVerfGE 125, 175 (223).
[127] *Rengeling/Szczekalla*, Grundrechte, § 11, Rn. 569.
[128] *Frahm/Gebauer*, EuR 2002, 78 (87).
[129] *Höfling*, in: Tettinger/Stern, EuGRCh, Art. 1 GRC, Rn. 18.
[130] *Höfling*, in: Tettinger/Stern, EuGRCh, Art. 1 GRC, Rn. 18 im Sinne einer »modale(n) Generalklausel«. S. bereits o. Rn. 29.
[131] S. o. Rn. 23.
[132] *Borowsky*, in: Meyer, GRCh, Art. 1 GRC, Rn. 37 a. E. m. w. N.
[133] *Borowsky*, in: Meyer, GRCh, Art. 1 GRC, Rn. 38 unter Verweis auf BVerfGE 87, 209 (228).

glichen wird.[134] Bloße Lästigkeiten oder Unbequemlichkeiten sind jedenfalls unbeachtlich.[135]

II. Staatliche Hoheitsgewalt: Achtungs- und Leistungsansprüche

Der **Achtungsanspruch** der Würde des Menschen besteht gegenüber staatlicher Hoheitsgewalt. Von dieser ausgehende Eingriffe können abgewehrt werden. Das gilt etwa, wenn von ihr die prinzipielle Gleichheit aller Menschen infrage gestellt wird, namentlich durch **Diskriminierungen**, sei es rassistisch,[136] sei es geschlechtsbezogen.[137] Oder aber der Einzelne wird als Objekt behandelt, so auch außerhalb des Anwendungsbereichs von Art. 4 GRC und damit außerhalb der Gefängnisse; insoweit kann auch **Mobbing** bei Behörden relevant werden. Vor allem darf der Staat nicht mit **entwürdigenden Maßnahmen** reagieren, so etwa gegen den Zustrom von Flüchtlingen: Selbstschussanlagen sind insoweit ausgeschlossen.[138]   **47**

Geht es um die Sicherung eines menschenwürdigen Daseins, können **Leistungsansprüche** verletzt werden. Diese Ansprüche können aber nur die unabdingbaren Komponenten umfassen, so einen Gesundheitsschutz in Notsituationen oder die Stellung einer Unterkunft bzw. von Nahrungsmitteln für völlig mittellose Personen etwa nach einer Flucht über das Meer, aber auch eine kulturelle Grundversorgung.[139]   **48**

Regelmäßig ist die **Sicherung menschenwürdigen Daseins konkretisierungsbedürftig** und damit auf nähere Ausgestaltung angewiesen; insofern trifft der Verweis von Art. 34 GRC auf die Maßgaben des Unionsrechts und der einzelstaatlichen Rechtsvorschriften und Gepflogenheiten zu. Gleichwohl müssen sich diese an den durch Art. 1 GRC gesetzten Maßstab halten,[140] soweit es sich um Fälle mit Unionsbezug handelt, der durch eine Unionsnormierung, aber auch schon durch die Nutzung des allgemeinen Freizügigkeitsrechts nach Art. 21 AEUV zustande kommen kann.[141] Der EuGH sieht allerdings durch das EU-Sekundärrecht den Mitgliedstaaten die Spielräume eröffnet, um selbst zu regeln, den Umfang der **sozialen Absicherung** etwa nach **Hartz IV** in den Fällen der allgemeinen Freizügigkeit zu bestimmen. Infolge deren Zuständigkeit sollen daher die EU-Grundrechte nicht zur Geltung kommen, da sie damit nicht gem. Art. 51 GRC das Recht der Union durchführen.[142] Indes wird damit ausgeblendet, dass das allgemeine Freizügigkeitsrecht als Teil des Unionsrechts auch vom EU-Menschenwürdeschutz bestimmt sein muss und daher seine Ausgestaltung auch durch die Mitgliedstaaten nicht dagegen verstoßen darf.   **49**

---

[134] *Jarass*, GRCh, Art. 1, Rn. 9.
[135] *Borowsky*, in: Meyer, GRCh, Art. 1 GRC, Rn. 38 a. E.
[136] *Jarass*, GRCh, Art. 1, Rn. 8; *Borowsky*, in: Meyer, GRCh, Art. 1 GRC, Rn. 39.
[137] EuGH, Urt. v. 30.4.1996, Rs. C–13/94 (P/S), Slg. 1996, I–2143, Rn. 22.
[138] S. o. Rn. 32.
[139] S. o. Rn. 41, 43.
[140] S. o. Rn. 42 f.
[141] *Frenz*, NJW 2013, 2010 (2012).
[142] EuGH, Urt. v. 11.11.2014, Rs. C–333/13 (Dano), ECLI:EU:C:2014:2358, Rn. 90 f. mit insoweit abl. Anm. Frenz, DVBl 2015, 36.

III.   Unterlassener Schutz

1.   Flüchtlinge

50   Gerade in Bezug auf Flüchtlinge kommt allerdings der Charakter von Art. 1 GRC als staatliche Schutzpflicht zum Tragen. Aus ihr erwächst die Pflicht, die Menschen **vor menschenunwürdigen Übergriffen Privater** oder auch von anderer Seite zu **schützen**, auch weil keine unmittelbare Drittwirkung besteht.[143] Dieses Recht ist umfassend.[144] So sind die Bootsflüchtlinge davor zu bewahren, in der Gewalt von Menschenhändlern zu verbleiben bzw. in dem dadurch geschaffenen Zustand einer gewagten Überfahrt in einem völlig überladenen, unzulänglich ausgestatteten Boot zu verbleiben, wenn schon das Verbot nach Art. 5 Abs. 3 GRC nicht durchgesetzt werden konnte.[145] Zudem ist ihnen einfach das nackte Überleben zu sichern, und zwar selbst dann, wenn sie sich selbst in eine Gefährdungssituation gebracht haben, die namentlich durch Naturgewalten wie Sturm potenziert wurde.[146] Allerdings ist die EU keine Sozialunion, so dass sich daraus keine Garantien für eine hinreichende soziale Versorgung und Unterstützung von Flüchtlingen in den Mitgliedstaaten ergeben. Gleichwohl kann die Menschenwürde die Maßnahmen der Union insoweit prägen, als diese etwa über eine **effiziente Verteilung der Flüchtlinge** einer Überlastung einzelner Mitgliedstaaten vorbeugt und so eine möglichst gute Versorgung in den jeweiligen Aufenthaltsländern gewährleistet. Daher legt die Menschenwürde eine entsprechende Einigung der EU-Staaten über einen **Verteilungsschlüssel auf EU-Ebene** besonders nahe.

2.   Allgemeiner Schutz der Subjektsqualität

51   Weiter gehend sind Maßnahmen zu ergreifen, die verhindern, dass der Einzelne von Privaten zum Objekt gemacht wird. Dies gilt nach hiesiger Konzeption auch im Hinblick auf die allgemeine Zugänglichkeit von **privaten Daten über Suchmaschinen:** Auch die Menschenwürde erfordert danach eine wirksame staatliche Schutzgesetzgebung, damit der Einzelne nicht zum bloßen Objekt der Darstellung in der Öffentlichkeit wird.[147] Vor Sklaverei, Leibeigenschaft, Zwangs- und Pflichtarbeit sowie Menschenhandel schützt bereits Art. 5 GRC.[148] Auch in anderen Konstellationen, wenn das Maß der Zwangs- oder Pflichtarbeit bzw. der Sklaverei oder Leibeigenschaft oder des Menschenhandels nicht erreicht ist, kann es aber des Schutzes des Einzelnen bedürfen, damit dieser nicht in seiner Subjektsqualität missachtet wird. Zudem müssen die Folgewirkungen solcher Verhaltensweisen aufgefangen werden.[149] Das gilt auch bei rassistisch oder sexistisch motivierten Diskriminierungen in Arbeitsverhältnissen. Allerdings müssen **Diskriminierungen** ein Maß erreichen, das hinreichend erheblich ist[150] und damit den Grad einer Antastung der Menschenwürde als höchstem Wert erreichen.

52   Dann ist schon ausgehend von Art. 1 GRC eine **effiziente Schutzgesetzgebung** insoweit zu treffen. Zudem muss diese mit Sanktionen verbunden sein, damit eine Einhal-

---

[143] S. o. Rn. 14.
[144] *Borowsky*, in: Meyer, GRCh, Art. 1 GRC, Rn. 39.
[145] Zu dessen Erstreckung auf Flüchtlingstransfers s. u. Art. 5 GRC, Rn. 20.
[146] S. bereits o. Rn. 36.
[147] S. o. Rn. 9 ff.
[148] S. insbesondere EGMR, Urt. v. 26. 7. 2005, Beschwerde-Nr. 73316/01 (Siliadin/Frankreich), NJW 2007, 41 sowie die Kommentierung zu Art. 5 GRC.
[149] S. vorstehend Rn. 50.
[150] S. allgemein o. Rn. 46.

tung gesichert wird. Der EGMR hat insoweit im Urteil Gongadze[151] Maßstäbe gesetzt, wenn es um den Lebensschutz geht.[152] Gelten diese schon in diesem Bereich, sind sie erst recht zum Schutz der Menschenwürde heranzuziehen. Daher haben staatliche Instanzen auch wirksam die **Verfolgung** aufzunehmen, wenn sie hinreichende Anhaltspunkte für Eingriffe in die Würde des Menschen erhalten, die **strafrechtlich** sanktioniert sein müssen. Eine lediglich ordnungsrechtliche Belegung genügt regelmäßig nicht. Insoweit treffen die Mitgliedstaaten nähere Regelungen. Die Union kann aber nach Art. 83 Abs. 1 AEUV Mindestvorschriften zur Festlegung von Straftaten und Strafen in Bereichen besonders schwerer Kriminalität mit grenzüberschreitender Dimension festlegen, wozu der Menschenhandel und die sexuelle Ausbeutung von Frauen und Kindern explizit gehören.[153]

Beispiele dafür, dass der Mensch von Privaten zum Objekt gemacht und in seiner Subjektsqualität negiert wird, sind die Fälle des **Zwergenweitwurfs**[154] und die **Laserdrome**-Konstellationen.[155] Insoweit geht es ebenso um die Frage, inwieweit sich die Dienstleistungsfreiheit und auch die Niederlassungsfreiheit verwirklichen lassen. Grenzen erwachsen insoweit aus der Würde des Menschen.   **53**

3. Sicherung der unabdingbaren Lebensgrundlagen

Für die Sicherung der menschlichen Lebensgrundlagen bedarf es näherer staatlicher Ausgestaltung, für die erhebliches Ermessen besteht.[156] Erforderlich ist allerdings die Wahrung der Menschenwürde in ihrer hohen Wertigkeit. Deren Unantastbarkeit begrenzt daher bestehende Spielräume. Sie verlangt jedenfalls **effiziente Maßnahmen**. Darüber besteht sogar eine Einbruchstelle zur Kontrolle nationaler Begrenzungen von sozialen Leistungen an Unionsbürger aus anderen EU-Staaten. Der EuGH ist zwar eher großzügig, wenn es um die Einschränkbarkeit von Sozialleistungen durch die Mitgliedstaaten geht.[157] Aufgrund des Unionsrechtsbezugs der allgemeinen Freizügigkeit muss indes die EU-Menschenwürde zur Auslegung herangezogen werden.[158]   **54**

Ein Ausgestaltungsspielraum besteht aber notwendig dann, wenn Entwicklungen schwer vorhersehbar sind und die Ursachen nicht eindeutig zutage treten. Das gilt namentlich im Bereich des Umweltschutzes und so auch im Klimaschutz, wenngleich die menschliche Ursache der Erderwärmung inzwischen wohl feststeht. Gleichwohl lassen sich hier sehr viele verschiedene Maßnahmen denken. Daher hat der Staat ein entsprechendes Auswahlermessen. Allerdings muss er ein **Mindestmaß an Klimaschutz** sicherstellen, um das Überleben der Menschheit weiter zu sichern. Lediglich dieses Mindestmaß ist aber durch die Menschenwürde vorgegeben.   **55**

Daher kann die EU nicht zwingend aus Art. 1 GRC ableiten, besonders hohe Stan-   **56**

---

[151] EGMR, Urt. v. 8.11.2005, Beschwerde-Nr. 34056/02 (Gongadze/Ukraine), NJW 2007, 895.

[152] S. näher *Frenz*, Handbuch Europarecht, Bd. 4, Rn. 900 ff.

[153] Näher *Frenz*, Handbuch Europarecht, Bd. 6, Rn. 3024 ff. auch zu den Begrenzungen aus BVerfGE 123, 267 (Rn. 359, 363 f.) – Lissabon.

[154] Bereits VG Neustadt, NVwZ 1993, 98.

[155] OVG Münster, NVwZ 2000, 1069; BVerwGE 115, 189 – Laserspiel; EuGH, Urt. v. 14.10.2004, Rs. C–36/02 (Omega), Slg. 2004, I–9609, Rn. 39 ff. In der Kommentierung *Borowsky*, in: Meyer, GRCh, Art. 1 GRC, Rn. 35.

[156] S. o. Rn. 15 sowie Rn. 49 zu Sozialleistungsansprüchen.

[157] EuGH, Urt. v. 11.11.2014, Rs. C–333/13 (Dano), ECLI:EU:C:2014:2358; insoweit zust. Anm. *Frenz*, DVBl 2015, 36.

[158] S. o. Rn. 49.

dards im Bereich des Klimaschutzes zu setzen, um eine Vorreiterrolle bei den weltweiten Klimaverhandlungen zu spielen. Zudem stellt sich insoweit die Frage der Erfolgs-
tauglichkeit des Mittels, wenn in anderen Staaten keine Anstrengungen oder nur sehr
viel geringere unternommen werden. Die Würde des Menschen in ihrer hohen Wertigkeit und Bedeutung verleiht **keinen Freifahrtschein** dafür, beliebig anspruchsvolle Maßstäbe zu verwirklichen und dadurch umgekehrt andere Grundrechte einzuschränken.
So kann etwa nicht aus der Würde des Menschen gefolgert werden, dass **Kernkraft** oder
Kohlekraft nicht mehr genutzt werden dürfen.[159]

57   Entsprechende **Spielräume** entstehen auch bei der **Bekämpfung des Terrorismus**. Aus
hiesiger Sicht kann aus der Würde der Opfer auch der Abschuss eines zu einem Anschlag
eingesetzten Flugzeuges legitimiert werden; es steht dann deren Würde gegen die Würde der Flugzeuginsassen.[160] Weitere Schutzmaßnahmen, namentlich zur Verhinderung
von Terroranschlägen, ergeben sich aus dem Lebens- und Gesundheitsschutz (Art. 2, 3
GRC).

D. Eingriffsrechtfertigung

58   Die Menschenwürde ist unantastbar und kann daher nicht eingeschränkt werden. Sie
wird höchstens dann als oberster Wert nicht infrage gestellt, wenn es nur darum geht, die
Würde welches Menschen bzw. welcher Gruppe von Menschen geschützt werden soll.[161]
Dass der EuGH im Omega-Urteil[162] die Menschenwürde mit der Dienstleistungsfreiheit
abgewogen hat, liegt daran, dass diese auf der Basis des nationalen Rechts den Schutz
der öffentlichen Ordnung ausgefüllt hat. Damit geht es nicht um eine Einschränkung der
Würde des Menschen.[163]

E. Verhältnis zu anderen Bestimmungen

I. Andere Grundrechte

59   Art. 1 GRC steht an der Spitze der Grundrechte, und zwar aufgrund seiner hohen Wertigkeit. Dementsprechend prägt diese Vorschrift die Auslegung aller anderen Grundrechte. Sie lassen sich letztlich alle in irgendeiner Weise auf die Würde des Menschen
zurückführen. Keines darf dementsprechend dazu verwendet werden, die Würde eines
anderen zu verletzen.[164] Darin liegt eine absolute Grenze der Ausübung anderer Grundrechte.

60   In besonderer Weise ergreift diese **Ausstrahlungswirkung die anderen Grundrechte**
des Titel I Würde des Menschen, die damit gleichsam im Vorhof von Art. 1 GRC angesiedelt sind. Vor allem gilt das für das Verbot der Folter und unmenschlicher oder erniedrigender Strafe oder Behandlung sowie der Sklaverei, der Zwangsarbeit und des Men-

---

[159]Vgl. *Frenz*, DVBl 2013, 688 (690).
[160]Näher *Frenz*, Handbuch Europarecht, Bd. 4, Rn. 842 f.; anders BVerfGE 115, 118.
[161]*Jarass*, GRCh, Art. 1 GRC, Rn. 12, der aber an der tatsächlichen Existenz derartiger Fälle
zweifelt. S. allerdings die vorstehende Rn. 57.
[162]EuGH, Urt. v. 14. 10. 2004, Rs. C–36/02 (Omega), Slg. 2004, I–9609, Rn. 36 ff.
[163]*Jarass*, GRCh, Art. 1 GRC, Rn. 13; *Frenz*, NVwZ 2005, 48 (50) sowie bereits o. Rn. 2.
[164]Erläuterungen zur Charta der Grundrechte, ABl. 2007 C 303/17 (17).

schenhandels (Art. 4, 5 GRC) als Ausprägungen der Menschenwürde.[165] Das Recht auf Leben und das Recht auf Unversehrtheit sind gleichfalls eng mit der Würde des Menschen verknüpft. In Deutschland erfolgt vielfach eine Verbindung von Art. 2 Abs. 1 mit Art. 1 Abs. 1 GG.[166] Daraus ergeben sich auch Weiterungen für das allgemeine Persönlichkeitsrecht. Dieses ist in Titel I nicht enthalten. Auch der **Schutz personenbezogener Daten** ist daran nicht festzumachen, sondern hat ein eigenes Grundrecht in Art. 8 GRC. Das schließt aber nicht aus, dass die Würde des Menschen auf dieses Grundrecht einwirkt und seine Auslegung verstärkt bzw. die Unantastbarkeit von Daten etwa aus dem persönlichen Kernbereich über den auch vom EuGH benannten Schutz durch Art. 7 GRC hinaus absichert.[167]

Entsprechendes gilt für eine **Verstärkung sozialer Grundrechte** aus dem Titel IV Solidarität, worin nur Grundsätze enthalten sind. Aus der Menschenwürde kann sich ein unantastbarer Kernbereich ergeben, so auch für die soziale Sicherheit und die soziale Unterstützung, die nach Art. 34 GRC eigentlich nur nach Maßgabe des Unionsrechts und der einzelstaatlichen Rechtsvorschriften und Gepflogenheiten bestehen.[168]   **61**

II. Grundfreiheiten

Die Würde des Menschen rechtfertigt auch **Beschränkungen** der Grundfreiheiten.[169] Das gilt etwa für die Laserdrome- oder die Zwergenweitwurf-Fälle. Dadurch können insbesondere die Niederlassungsfreiheit bzw. die Dienstleistungsfreiheit beschränkt werden.[170] Die von diesen umfassten Dienstleistungen und Leistungen dürfen nicht die Würde des Menschen antasten. Erst recht dürfen dem Würdeschutz unterfallende Teile und Vorstufen des Menschen nicht Gegenstand von Handelsgeschäften sein:[171] Sie sind unverfügbar und unveräußerlich.[172]   **62**

III. Demokratie

Weiter kann die Würde des Menschen auf die künftige Ausgestaltung der Demokratie in der Union einwirken, wenn es nämlich um das gleiche Wahlrecht bzw. den **Zählwert der Stimme** geht: Da der Mensch auch in seiner gleichen Subjektivität abgesichert ist, setzt sich diese im gleichen Zählwert der Stimme fort, außer man lässt (noch) die jetzige Verwurzeltheit des Menschen auch in der nationalen Gemeinschaft und eine daraus folgende unterschiedliche Gestaltung des Zählwertes der Stimmen ausschlaggebend sein.[173]   **63**

IV. Regelungen für Flüchtlinge

Zwar bildet Art. 1 GRC nur ein Grundrecht. In Verbindung mit der Festschreibung als Wert der Union in Art. 2 EUV kann aber daraus auch ein Regelungsauftrag entnommen   **64**

---

[165] S. o. Rn. 16.
[166] BVerfG, NJW 2013, 1499 – Antiterrordatei.
[167] S. o. Rn. 9 ff.
[168] S. bereits o. Rn. 42.
[169] Etwa *Jarass*, GRCh, Art. 1 GRC, Rn. 13 a. E.
[170] S. o. Rn. 2 zu EuGH, Urt. v. 14. 10. 2004, Rs. C–36/02 (Omega), Slg. 2004, I–9609 m. w. N.
[171] EuGH, Urt. v. 18. 10. 2011, Rs. C–34/10 (Brüstle/Greenpeace), Slg. 2011, I–9821, Rn. 33 ff.
[172] EuGH, Urt. v. 9. 10. 2001, Rs. C–377/98 (Niederlande/Parlament und Rat), Slg. 2001, I–7079, Rn. 73, 77; s. o. Rn. 1.
[173] S. o. Rn. 34 f.

werden, der bei dringenden Entwicklungen ein Tätigwerden der Union erfordert. Zur **Umsetzung** der Ziele der Union enthält Art. 352 AEUV eine **Vertragsergänzungskompetenz.** Dieses dient der Umsetzung der Vertragsziele, zu denen die nach Art. 3 EUV gerechnet wurden sowie die nach der Präambel.[174] Die Würde des Menschen ist in der zweiten Erwägung der Präambel genannt und in Art. 2 EUV als zentraler Wert aufgeführt, der den Zielen zugrunde liegt, mithin ebenfalls verfolgbar sein muss und sei es durch Hineinlesen in eine explizite Zielsetzung nach Art. 3 EUV – hier das Asyl. Daher ist es unschädlich, dass das humanitäre Flüchtlingsrecht nicht einer Regelung durch die Union unterstellt ist. Immerhin hat die Union eine Zuständigkeit für das Asylrecht nach Art. 78 AEUV. Mit diesem in engem Zusammenhang steht, eine Verletzung der Menschenwürde bei der Überfahrt sowie bei der Ankunft der Flüchtlinge zu vermeiden und diese so zu verteilen, dass sie in menschenwürdigen Bedingungen leben können.

65   Kommt es auf Überfahrten zu gravierenden Unglücksfällen, können auch die **Katastrophenschutzzuständigkeit nach Art. 196 AEUV** und die **Solidaritätsklausel des Art. 222 AEUV** herangezogen werden, die durch die Union näher ausgestaltet werden können, ohne dass dadurch die grundsätzliche nationale Zuständigkeit angetastet wird (Art. 196 Abs. 2, Art. 222 Abs. 3 AEUV): Die Union hat nur eine flankierende bzw. unterstützende Funktion.[175] Zudem nimmt der Europäische Rat nach Art. 222 Abs. 4 AEUV regelmäßig eine Einschätzung der Bedrohungen vor, denen die Union ausgesetzt ist. Bei Unglücksfällen im Rahmen von Flüchtlingsüberfahrten kann es sich um eine von Menschen verursachte Katastrophe handeln. Allerdings muss diese ein für Art. 196, 222 AEUV hinreichendes Ausmaß erreichen. Da Menschenleben auf dem Spiel stehen, ist freilich ein solches Ausmaß rascher erreicht als bei Sachschäden, z. B. bei einer Naturkatastrophe wie einem Wirbelsturm. Sehr leicht kann wegen der hohen Besetzungsdichte von Flüchtlingsbooten ein Ausmaß erreicht werden, wie es dem gleichfalls in Art. 222 Abs. 1 AEUV genannten Terroranschlag entspricht. Während Art. 222 AEUV nur auf eingetretene Katastrophen reagiert, ermöglicht Art. 196 AEUV, eine wirksame Gestaltung der nationalen Katastrophenschutzsysteme im Vorfeld zu fördern.[176]

V. Weiterungen gegenüber Art. 18, 19 GRC

66   Bei diesen Maßnahmen wird deutlich, dass die Frage der **Flüchtlinge** weit über den Regelungsbereich von Art. 18 GRC hinausreicht. Dieser ist nur für das Asylrecht speziell und gewährleistet dieses Recht lediglich nach Maßgabe des Genfer Abkommens vom 28.7.1951 und des Protokolls vom 31.1.1969 über die Rechtsstellung der Flüchtlinge sowie nach Maßgabe des EUV und des AEUV. Nach Art. 6 Abs. 1 UAbs. 1 HS. 2 EUV ist aber die GRC mit den Verträgen rechtlich gleichrangig. Zudem wird auf sie in Art. 6 Abs. 1 EUV verwiesen. Daher muss sie gleichfalls mit ihren Vorschriften herangezogen werden, wenn es um die nähere Ausfüllung des Asylrechts geht. Das gilt insbesondere für die unantastbare **Menschenwürde** als an der Spitze stehendem Grundrecht. Schon daraus ergibt sich eine Heranziehbarkeit von Art. 1 GRC im Hinblick auf Asylflüchtlinge, wenn es um deren **Lebensbedingungen und Antastungen ihrer Person** geht. Insoweit haben Asylbewerber dann ein einklagbares Recht, während Art. 18 GRC entsprechend dem Entstehungshintergrund nur eine objektive Gewährleistung bildet,

---

[174] *Rossi*, in: Calliess/Ruffert, EUV/AEUV, Art. 352 AEUV, Rn. 30 ff. sowie 36.
[175] *Frenz*, Handbuch Europarecht, Bd. 6, Rn. 4910 ff.
[176] *Frenz*, Handbuch Europarecht, Bd. 6, Rn. 4903, 4907.

die an den bisherigen Rechtszustand auf der Basis des heutigen Art. 78 AEUV anknüpft und die in Art. 18 GRC aufgeführten internationalen Abkommen inkorporiert.[177] Damit werden über die Anwendung von Art. 1 GRC die Bereiche aus dem Asylkomplex subjektiviert, die einen Bezug zur Menschenwürde haben. Allerdings muss es sich um Fragen handeln, für welche die Union zuständig ist. Mit Art. 18 GRC sollte die grundsätzliche Zuständigkeit der EU-Länder für das Asylrecht einschließlich der durch das Vereinigte Königreich und Irland sowie Dänemark angebrachten Vorbehalte respektiert werden.[178]

Entsprechendes gilt für den Schutz bei Abschiebung, Ausweisung und Auslieferung   **67** nach Art. 19 GRC. Insoweit handelt es sich allerdings um ein subjektives Recht. Die Vorschrift enthält zudem ein eindeutiges Verbot der Abschiebung, Ausweisung oder Auslieferung an einen Staat, in dem für den Betroffenen das ernsthafte Risiko der Todesstrafe, der Folter oder einer anderen unmenschlichen oder erniedrigenden Strafe oder Behandlung besteht. Damit ist ein enger Zusammenhang zum Verbot der Todesstrafe nach Art. 2 Abs. 2 GRC sowie zu den Verboten nach Art. 4 GRC gegeben, so dass an die dortige Begrifflichkeit anzuknüpfen ist. Nicht erfasst sind allerdings sonstige Zustände in einem Staat, die nicht unter die vorgenannten Begriffe fallen, indes gleichwohl die Menschenwürde antasten. Da diese auch für Staatsangehörige aus Drittstaaten gilt, spielt sie als universelles Menschenrecht auch bei Abschiebung, Ausweisung und Auslieferung eine Rolle. Art. 19 Abs. 2 GRC erfasst nur die Bereiche, die in Art. 2 Abs. 2 und Art. 4 GRC als spezifische Ausprägung der Menschenwürde bereits ausdrücklich erfasst sind. Diese Tatbestände sind um diejenigen Phänomene zu erweitern, die unmittelbar unter die Menschenwürde fallen. Allerdings ist die Ausweitung insofern begrenzt, als Art. 19 Abs. 2 GRC im Gegensatz zum Asylrecht nach Art. 18 GRC auch nicht-staatliche Bedrohungen einbezieht.[179] Im Übrigen geht es um **humanitäre Bedingungen der Unterbringung und des Transports** im Hinblick auf eine Abschiebung, eine Ausweisung oder Auslieferung.

VI. Begrenzung der Forschungsförderung

Zudem findet an der Menschenwürde die Forschung und damit auf EU-Ebene vor allem   **68** die **Forschungsförderung** ihre Grenzen. Das Brüstle-Urteil des EuGH bezog sich auch auf die Patentierbarkeit embryonaler Stammzellen in der Wissenschaft, da sich allein aus der Patentierung die industrielle oder kommerzielle Verwertung ergibt.[180] Bei Fortführung dieser Konzeption sind sämtliche wissenschaftlichen Forschungen ausgeschlossen, die in eine spätere geschäftliche Verwendung einmünden können, wo also insoweit keine Begrenzung besteht. Fordern drittmittelorientierte Hochschulen die Wissenschaftler zur Patentierung auf, ist eine solche Verbindung gerade gegeben. Lediglich bei einer Beschränkung auf die Verwendung zu therapeutischen oder diagnostischen Zwecken ergibt sich kein Verstoß.[181]

---

[177] Näher *Frenz*, Handbuch Europarecht, Bd. 4, Rn. 1122 ff.
[178] Erläuterungen zur Charta der Grundrechte, ABl. 2007, C 303/17 (24).
[179] S. EGMR, Urt. v. 17.12.1996, Beschwerde-Nr. 25964/94 (Ahmed/Österreich), Slg. 1996, VI–2206, Rn. 44 ff., worauf sich die Erläuterungen zur Charta der Grundrechte, ABl. 2007, C 303, S. 17 (24) bezogen.
[180] EuGH, Urt. v. 18.10.2011, Rs. C–34/10 (Brüstle/Greenpeace), Slg. 2011, I–9821, Rn. 41 f.
[181] EuGH, Urt. v. 18.10.2011, Rs. C–34/10 (Brüstle/Greenpeace), Slg. 2011, I–9821, Rn. 46.

Artikel 2   GRC Recht auf Leben

(1) Jeder Mensch hat das Recht auf Leben.
(2) Niemand darf zur Todesstrafe verurteilt oder hingerichtet werden.

Literaturübersicht

Faßbender, Lebensschutz am Lebensende und Europäische Menschenrechtskonvention, Jura 2004, 115; *Jakobs*, Terrorismus und polizeilicher Todesschuss, DVBl. 2006, 83; *Schmidt*, Der Schutz der Menschenwürde als Fundament der EU-Grundrechtscharta unter besonderer Berücksichtigung der Rechte auf Leben und Unversehrtheit, ZEuS 2002, 631.

Leitentscheidungen

EuGH, Urt. v. 4.10.1991, Rs. C–159/90 (Grogan), Slg. 1991, I–4733
EuGH, Urt. v. 12.6.2003, Rs. C–112/00 (Schmidberger), Slg. 2003, I–5659
EuGH, Urt. v. 18.10.2011, Rs. C–34/10 (Brüstle/Greenpeace), Slg. 2011, I–9821

Inhaltsübersicht

A. Entwicklung, Quellen, Bedeutung

I. EuGH

Den Lebensschutz behandelte der EuGH bislang nicht direkt, weshalb Art. 2 GRC ein   **1**
»junges Grundrecht« bildet.[1] Er tangierte es aber indirekt im Hinblick auf den Beginn,
legte sich aber nicht fest, ob er erst mit der Geburt oder schon mit der Entstehung und
damit mit der Vereinigung von Samen- und Eizelle beginnt.[2] In der **Brüstle-Entscheidung**
ließ er den Schutz der Menschenwürde auch auf die Menschwerdung durchgreifen, und
zwar nicht erst mit der Nidation, sondern mit der Befruchtung der Eizelle.[3] Dann kann
der Lebensschutz in dem direkt nach Art. 1 GRC platzierten Art. 2 GRC schwerlich
später einsetzen.

Auch im Urteil zur **Brennerblockade** wurde das Lebensrecht erwähnt und als in der   **2**
EMRK beschränkungsfest gesehen.[4] Daher kann es im Gegensatz zu den in der Entscheidung näher behandelten Rechten auf freie Meinungsäußerung und auf Versammlungsfreiheit **uneingeschränkte Geltung** beanspruchen und nicht im Hinblick auf seine
gesellschaftliche Funktion gesehen und dadurch relativiert werden. Damit ist das Lebensrecht jedenfalls implizit anerkannt,[5] und zwar als absolutes Recht.

II. Enge Verbindung zur EMRK

Das Lebensrecht ist gleichfalls in Art. 2 Abs. 1 EMRK enthalten. Dieses führt Art. 2   **3**
Abs. 1 GRC fort.[6] Die ursprüngliche Planung, jede Person zu schützen,[7] wurde durch die
Wahl des mit der EMRK übereinstimmenden Begriffs »**jeder Mensch**« überlagert. Dadurch sollte der Mensch jedenfalls von der Geburt bis zum Tod geschützt sein.[8] Es entfiel
das Problem, ob bei einer Person als einem bloß biologisch-vegetativ existierenden
Wesen bestimmte qualitative Merkmale hinzukommen müssen.[9] Dies wäre auch mit der
umfassenden Konzeption der Menschenwürde nicht vereinbar.[10] Nicht entschieden war
damit indes die Frage, ob sich der Lebensschutz auch auf Embryonen erstreckt, was
nicht von vornherein als ausgeschlossen gilt.[11]

Dass nach Art. 2 Abs. 2 GRC niemand zur **Todesstrafe** verurteilt oder hingerichtet   **4**
werden darf, entspricht der Abschaffung der Todesstrafe nach **Art. 1 des 6. Zusatzprotokolls zur EMRK**.[12] Durch dieses Zusatzprotokoll wurde Art. 2 Abs. 1 Satz 2 EMRK

---

[1] *Wolffgang*, in: Lenz/Borchardt, EU-Verträge, Art. 2 GRC, Rn. 1.
[2] EuGH, Urt. v. 4.10.1991, Rs. C–159/90 (Grogan), Slg. 1991, I–4733, Rn. 18 ff.
[3] EuGH, Urt. v. 18.10.2011, Rs. C–34/10 (Brüstle/Greenpeace), Slg. 2011, I–9821, Rn. 35; näher
o. Art. 1 GRC, Rn. 22.
[4] EuGH, Urt. v. 12.6.2003, Rs. C–112/00 (Schmidberger), Slg. 2003, I–5659, Rn. 80.
[5] Eine ausdrückliche Anerkennung verneinend *Borowsky*, in: Meyer, GRCh, Art. 2 GRC, Rn. 6;
Folz, in: Vedder/Heintschel v. Heinegg, Europäisches Unionsrecht, Art. 2 GRC, Rn. 2.
[6] Erläuterung zur Charta der Grundrechte, ABl. 2007, C 303/17 (17 f.).
[7] *Höfling/Rixen*, in: Heselhaus/Nowak, Handbuch der Europäischen Grundrechte, § 10, Rn. 13.
Rengeling/Szczekalla, Grundrechte, Rn. 595 im Hinblick auf eine weiterhin mögliche Abtreibung; s.
aber die englische Fassung »everyone«; näher *Borowsky*, in: Meyer, GRCh, Art. 2 GRC, Rn. 11 ff.
[8] *Borowsky*, in: Meyer, GRCh, Art. 2 GRC, Rn. 32.
[9] Zum Problem *Höfling/Rixen*, in: Heselhaus/Nowak, Handbuch der Europäischen Grundrechte,
§ 10, Rn. 7.
[10] *Frenz*, Handbuch Europarecht, Bd. 4, Rn. 879.
[11] *Borowsky*, in: Meyer, GRCh, Art. 2 GRC, Rn. 33.
[12] Erläuterung zur Charta der Grundrechte, ABl. 2007, C 303/17 (17 f.).

überwunden, der die Vollstreckung eines Todesurteils ermöglichte, das ein Gericht wegen eines Verbrechens verhängt hat, für das die Todesstrafe gesetzlich vorgesehen ist.
Allerdings kann nach Art. 2 des 6. Zusatzprotokolls zur EMRK ein Staat in seinem Recht
die Todesstrafe für Taten vorsehen, die in Kriegszeiten oder bei unmittelbarer Kriegs-
gefahr begangen werden. Diese Strafe darf aber nur in den Fällen angewendet werden,
die im Recht vorgesehen sind; zudem muss dies in Übereinstimmung mit den Bestimmungen dieses Rechtes geschehen. Die Fälle sind allerdings insoweit überschaubar, als
der Staat dem Generalsekretär des Europarats die einschlägigen Vorschriften übermitteln muss (Art. 2 Satz 2 6. Zusatzprotokoll zur EMRK). Dies war auch in Art. 2 Abs. 2
GRC hineinzulesen.

5   Mittlerweile besteht das **13. Zusatzprotokoll zur EMRK**, das jegliche Todesstrafe ausschließt: Dieses haben alle EU-Staaten unterzeichnet, wenn auch nicht ratifiziert. Es
fehlen Lettland und Polen.[13]

6   Schließlich entspricht diese Vorschrift auch gemäß den Erläuterungen zur Charta
nach Art. 52 Abs. 3 Satz 1 GRC den parallelen Vorgaben der EMRK.[14] Aus dieser **Konvergenz** ergeben sich auch die Begrenzungen nach **Art. 2 Abs. 2 EMRK**, wonach eine
Tötung in drei dort genannten Fällen nicht als Verletzung dieses Artikels betrachtet
wird.[15]

III. Bedeutung

7   Seine zentrale Bedeutung hat das Recht auf Leben allein schon durch seine Platzierung
direkt nach dem Recht auf Menschwürde und damit als **erstes fundamentales Menschenrecht**.[16] Daraus ergeben sich auch Querverbindungen, die sich bei der Reichweite
des Lebensschutzes zeigen.[17]

8   Der Lebensschutz ist wie die Menschenwürde[18] unantastbar und entfaltet schon deshalb – ungeachtet der Begrenzung der Verpflichteten nach Art. 51 GRC – **keine unmittelbare Drittwirkung**. Ebenso bestehen nicht nur Abwehrrechte gegen den Staat, sondern umfassende staatliche Schutzpflichten, über die auch Private verpflichtet werden:
Daher besteht eine **weitgehende mittelbare Drittwirkung**. Auch insoweit sind enge Verbindungen zur Menschenwürde denkbar, so wenn es um Fragen des **Schutzes ungeborenen Lebens**, der **Gewährleistung unabdingbarer Lebensbedingungen** etwa im Um-
weltbereich sowie der **Eingrenzung zulässiger Forschung**[19] geht.

---

[13] Näher u. Rn. 63.
[14] Erläuterung zur Charta der Grundrechte, ABl. 2007, C 303/17 (33).
[15] *Jarass*, GRCh, Art. 2 GRC, Rn. 1.
[16] *Borowsky*, in: Meyer, GRCh, Art. 2 GRC, Rn. 1.
[17] S. bereits o. Rn. 1.
[18] S. o. Art. 1 GRC, Rn. 14.
[19] S. *Streinz*, in: Streinz, EUV/AEUV, Art. 2 GRC, Rn. 4; näher o. Art. 1 GRC, Rn. 68.

B. Schutzbereich

I. Persönlicher Schutzbereich

1. Alle Menschen

Art. 2 Abs. 1 GRC berechtigt jeden Menschen und damit auch **Drittstaatsangehörige,**   **9**
nicht aber juristische Personen. Die Formulierung »jede Person« wurde gerade fallen
gelassen, allerdings aus anderen Gründen: Der persönliche Schutzbereich sollte von
verschiedenen Vorstellungen über die Merkmale einer Person losgelöst sein und umfassend auf alle Menschen erstreckt werden.[20] Juristische Personen sollten nicht berechtigt
sein. Ihr Schutz für ein wirtschaftliches Überleben ergibt sich aus Art. 12 ff. GRC (Berufs-
und Eigentumsfreiheit).

2. Embryonen

Nicht geklärt ist das Lebensrecht von Embryonen. Der EGMR ließ dies ausdrücklich   **10**
offen. Den Konventionsstaaten soll ein breiter Gestaltungsspielraum zukommen, so
dass die Entscheidung über den Beginn des Lebens in ihrem Ermessen steht.[21] Damit
steht die Frage praktisch zu deren Disposition.[22] Jedenfalls erfolgt keine staatenüber-
greifende Festlegung,[23] obwohl daraus auch praktische Schwierigkeiten im Hinblick auf
die Grundfreiheiten entstehen können.[24] Immerhin dürfen embryonale Stammzellen
nach dem EuGH[25] keinen Gegenstand einer industriellen oder kommerziellen Verwertung bilden und sind daher nicht patentierbar. Im Hinblick darauf hindern unterschiedliche Rechtsregeln die Verwirklichung des Binnenmarktes.[26]

Höchstens ein objektiv-rechtlicher Lebensschutz wird bejaht.[27] Die entgegenstehen-   **11**
den Interessen von Frau und Fötus sollen in einen fairen Ausgleich zu bringen sein.[28]
Auch der **EuGH** hat einen **Lebensschutz für Embryonen nicht anerkannt,**[29] wohl aber
den Schutz der Menschenwürde ab der Befruchtung der Eizelle.[30]

Sieht man das Lebensrecht als Ausdruck der gemeinsamen Verfassungsüberlieferun-   **12**
gen der Mitgliedstaaten, ergibt sich nach dem Maßstab von Art. 52 Abs. 4 GRC, dass
kein einheitliches Bild besteht: lediglich die Verfassung Irlands (Art. 40 Abs. 3), der
Slowakei (Art. 15 Abs. 1) und die Charta der Grundrechte und Grundfreiheiten Tsche-

---

[20] S. o. Rn. 2.

[21] EGMR, Urt. v. 8.7.2004, Beschwerde-Nr. 53924/00 (Vo/Frankreich), NJW 2005, 727,
Rn. 82 ff.

[22] *Uerpmann-Wittzack,* in: Ehlers, Grundrechte und Grundfreiheiten, § 3, Rn. 49 ff.

[23] Diese als ungeeignet für einen unionsweiten Konsens ansehend *Voet van Vormizeele,* in:
Schwarze, EU-Kommentar, Art. 2 GRC, Rn. 5; *Wolffgang,* in: Lenz/Borchardt, EU-Verträge, Art. 2
GRC, Rn. 3; eine solche ablehnend auch *Borowsky,* in: Meyer, GRCh, Art. 2 GRC, Rn. 30; *Calliess,* in:
Calliess/Ruffert, EUV/AEUV, Art. 2 GRC, Rn. 8; *Streinz,* in: Streinz, EUV/AEUV, Art. 2 GRC, Rn. 6.

[24] *Frenz,* Handbuch Europarecht, Bd. 4, Rn. 897 f.

[25] EuGH, Urt. v. 18.10.2011, Rs. C–34/10 (Brüstle/Greenpeace), Slg. 2011, I–9821, Rn. 41.

[26] S. EuGH, Urt. v. 18.10.2011, Rs. C–34/10 (Brüstle/Greenpeace), Slg. 2011, I–9821, Rn. 27
sowie bereits Urt. v. 9.10.2001, Rs. C–377/98 (Niederlande/Parlament und Rat, »Biopatentrichtlinie«), Slg. 2001, I–7079, Rn. 16, 27.

[27] Näher *Müller-Terpitz,* Der Schutz des pränatalen Lebens, 2007, S. 401 ff.

[28] EGMR, Entsch. v. 5.9.2002, Beschwerde-Nr. 50490/99 (Boso/Italien), Rep. 2002-VII, 451.

[29] EuGH, Urt. v. 4.10.1991, Rs. C–159/90 (Grogan), Slg. 1991, I–4733, Rn. 18 ff.

[30] EuGH, Urt. v. 18.10.2011, Rs. C–34/10 (Brüstle/Greenpeace), Slg. 2011, I–9821, Rn. 35; näher
o. Rn. 1.

chiens (Art. 6 Abs. 1) erkennen ausdrücklich ein Lebensrecht Ungeborener an; das allgemeine Lebensrecht besteht als Grundlage praktisch nur in Deutschland.[31]

13   Indes wurde das Lebensrecht bewusst nach der Menschenwürde platziert. Damit ist es in ihren Auslegungsbereich gekommen. Die GRC wählte daher eine eigene Konzeption der **Verbindung von Menschenwürde und Lebensschutz.** Diese muss dazu führen, dass wie im Rahmen der Menschenwürde der Embryo mit einbezogen sein muss. Er gehört zur natürlichen Herausbildung des Menschen und kann daher nicht von dessen Würde abgekoppelt werden.[32]

14   Unabhängig davon bildet der Embryo ein **notwendiges Durchgangsstadium zum Leben** und weist auch die für das Leben typischen Empfindungen auf.[33] Das gilt auch für künstlich erzeugte Embryonen und durch Klonen hervorgebrachte, welche als reproduktive Form gerade auf die Erzeugung menschlicher Wesen gerichtet ist. Das Verbot nach Art. 3 Abs. 2 GRC ändert daran nichts, steht es doch in engem Zusammenhang mit der Menschenwürde, welche eine künstliche Vervielfältigung des Menschen ausschließt. Umso eher muss daher entsprechend erzeugten Embryonen auch Lebensschutz zukommen.

15   Soweit therapeutisches Klonen auf die Gewinnung von embryonalen Stammzellen für Forschungszwecke zielt, werden sie doch einem Embryo und damit nach hiesiger Konzeption einem menschlichen Wesen entnommen, wenn ein solches vorher auch durch das spezielle Verfahren des Kerntransfers gewonnen wurde. Die **Stammzellen** selbst sind allerdings nicht lebensfähig und daher auch nicht Teil des persönlichen Schutzbereichs.[34] Eine andere Frage ist die Vorverlagerung der Menschenwürde auf noch nicht lebensfähige Stammzellen, können sich doch auch aus ihnen Menschen entwickeln.[35] Daran ändert sich nichts, wenn den Embryonen Stammzellen entnommen werden, die durch künstliche Befruchtung gewonnen wurden.[36]

II.   Sachlicher Schutzbereich

1.   Beginn und Ende des Lebensschutzes

16   Der Schutz des Lebens beginnt auch nach herrschender Konzeption jedenfalls mit der **Geburt,** wenn man nicht wie hier bereits **Embryonen** einbezieht,[37] und endet mit dem Tod, der allgemein mit dem **Hirntod** gleichgesetzt wird, bei dem die Hirnfunktionen vollständig aufhören.[38] Dadurch tritt in der Regel auch der völlig biologische Tod ein, zumindest wenn dabei das gesamte Gehirn ausfällt.[39] Sofern dann die Herz-Kreislauffunktion noch besteht, tritt diese zurück, kann doch dann regelmäßig das Leben noch künstlich ermöglicht, der abschließende Tod aber praktisch nicht mehr aufgehalten werden.[40]

---

[31] Zuletzt BVerfGE 88, 203 (251 f.); im Einzelnen *Borowsky*, in: Meyer, GRCh, Art. 2 GRC, Rn. 2.
[32] *Frenz*, Handbuch Europarecht, Bd. 4, Rn. 881.
[33] *Frenz*, Handbuch Europarecht, Bd. 4, Rn. 882 ff.
[34] *Frenz*, Handbuch Europarecht, Bd. 4, Rn. 885 ff.
[35] S. o. Art. 1 GRC, Rn. 24 ff.
[36] *Höfling/Rixen*, in: Heselhaus/Nowak, Handbuch der Europäischen Grundrechte, § 10, Rn. 23.
[37] S. vorstehend Rn. 13 f.
[38] *Borowsky*, in: Meyer, GRCh, Art. 2 GRC, Rn. 33.
[39] Näher *Rixen*, Lebensschutz am Lebensende, 1999, S. 297 ff. m. w. N.
[40] Der Mensch lebt daher nicht mehr in natürlicher Weise, wie es Art. 2 Abs. 1 GRC eigentlich voraussetzt. *Frenz*, Handbuch Europarecht, Bd. 4, Rn. 888; weiter *Höfling/Rixen*, in: Heselhaus/Nowak, Handbuch der Europäischen Grundrechte, § 10, Rn. 21.

Eine Lebensverkürzung durch andere ist schon durch die Menschenwürde ausge- **17**
schlossen; das Leben darf daher nicht früher beendet werden als es dem natürlichen
Ablauf entspricht.[41] Lediglich medizinisch angezeigte Schmerzbehandlungen sind zulässig, auch wenn sie lebensverkürzend wirken.[42] Vor diesem Hintergrund ist sogar der
Selbstmord nur schwerlich mit Art. 1 GRC vereinbar.[43] Art. 2 Abs. 1 GRC umfasst ihn
jedenfalls nicht, gibt er doch ein Recht »auf« Leben.[44] Daher besteht insbesondere kein
Recht auf Sterbehilfe.[45]

2. Lebensgrundlagen

a) Ansatz

Das **Leben** bildet das erste elementare Grundrecht nach der Menschenwürde und hat **18**
daher ein entsprechendes Gewicht. Deshalb geht es nicht nur um den Schutz des Lebens
an sich, sondern auch um dessen **Ermöglichung und Beibehaltung**. Das gilt nicht nur im
Hinblick auf den Schutz des ungeborenen Lebens, so dass sich Leben im Einzelfall
entfalten kann, sondern um die Verwirklichung des Lebens zwischen Geburt und Tod.
Dazu bedarf es bestimmter Grundlagen. Zwar kann es nicht Aufgabe des Staates sein,
dem Einzelnen in jeder Situation zum Lebensglück zu verhelfen. Vielmehr ist der Einzelne ein selbstbestimmtes Wesen, wie es seiner Würde entspricht, und bestimmt daher
auch den Zuschnitt und die näheren Umstände seines Lebens selbst. Allerdings bedarf es
dazu bestimmter Voraussetzungen, damit sich der Einzelne überhaupt in Würde selbst
zu entfalten vermag. Insoweit handelt es sich um **unabdingbare Lebensgrundlagen**.
Dazu gehören insbesondere das soziale und das ökologische Existenzminimum.

Vor den dieses bedrohenden, aber darüber hinausreichenden »**Gefährdungen der** **19**
Zivilisation« kann die Union vor allem über das Umweltrecht sowie – wenn auch kompetenziell begrenzt – über das Gesundheits- und Verbraucherschutzrecht schützen.[46]

Insoweit wird die **Unbestimmtheit** eines geschützten Mindestmaßes und die **Verwi-** **20**
schung zum **Schutz der körperlichen Unversehrtheit** eingewandt.[47] Indes können die
Gefährdungen der Umgebung gerade **auch** den **Lebensschutz** tangieren, wenn sie nämlich gravierend sind, wie dies etwa bei Hochwasser und Reaktorunfällen der Fall sein
kann. Dabei kann es sich auch um laufende Entwicklungen handeln, die plötzliche eine
gefährliche, lebensbedrohliche Wendung nehmen: so der Klimawandel, indem er ab
einer bestimmten Ausprägung große Hochwasserfluten und schwere Wirbelstürme bedingt.

---

[41] *Frenz*, Handbuch Europarecht, Bd. 4, Rn. 848, 863, 869.
[42] Krit. *Faßbender*, Jura 2004, 115 (117 f.); *Höfling*, in: Tettinger/Stern, EuGRCh, Art. 2 GRC,
Rn. 47.
[43] S. o. Art. 1 GRC, Rn. 37.
[44] EGMR, Urt. v. 29. 4. 2002, Beschwerde-Nr. 2346/02 (Pretty/Vereinigtes Königreich), NJW
2002, 2851, Rn. 39; *Jarass*, GRCh, Art. 2 GRC, Rn. 5; aber jeweils mit Verweis auf die Achtung des
Privatlebens ohne diesen *Streinz*, in: Streinz, EUV/AEUV, Art. 2 GRC, Rn. 7; *Höfling*, in: Tettinger/
Stern, EuGRCh, Art. 2 GRC, Rn. 48.
[45] *Calliess*, in: Calliess/Ruffert, EUV/AEUV, Art. 2 GRC, Rn. 16 a. E.; *Voet van Vormizeele*, in:
Schwarze, EU-Kommentar, Art. 2 GRC, Rn. 5; offen lassend EGMR, Urt. v. 29. 4. 2002, Beschwerde-Nr. 2346/02 (Pretty/Vereinigtes Königreich), NJW 2002, 2851, Rn. 39 im Hinblick auf die niederländischen und belgischen Regelungen; für großen nationalen Spielraum *Bodendiek/Nowrot*, AVR
37 1999, 177 (207); dagegen *Höfling/Rixen*, in: Heselhaus/Nowak, Handbuch der Europäischen
Grundrechte, § 10, Rn. 45.
[46] *Streinz*, in: Streinz, EUV/AEUV, Art. 3 GRC, Rn. 8.
[47] *Calliess*, in: Calliess/Ruffert, EUV/AEUV, Art. 2 GRC, Rn. 14.

b) Ökologische Mindeststandards und Katastrophenschutz

21   Dass bestimmte Umweltstandards zur Entfaltung gehören, anerkannte auch der EGMR – allerdings nur mit sehr eingeschränkten Konsequenzen. Er leitete aus dem Recht auf Privatheit nur eine notwendige Abwägung der Interessen der Wirtschaft und der betroffenen Anwohner unter Einbeziehung der relevanten Lärmaspekte ab[48] und forderte nicht etwa das Einhalten bestimmter Lärmstandards und die Vorschaltung verfahrensrechtlicher Sicherungen,[49] als es um den Bau des Flughafens London Heathrow ging. Indes wird damit weniger die private Entfaltung als vielmehr die Gesundheit[50] und tiefer gehend das Leben geschützt – so bei einer laufenden Lärmbelastung, welche die Betroffenen nach längerer Zeit durch weitere Auswirkungen lebensbedrohlich erkranken lässt.

22   In eindeutigem Maße gilt dies bei elementaren Umweltgefahren, wie sie aus **Hochwasserfluten** oder **Kernkraftunfällen** erwachsen können. Auch Kernkraftwerke bildeten den Gegenstand einer Entscheidung des EKMR.[51] Aus solchen Gefährdungen können notwendige Schutzvorkehrungen zur Gewährleistung menschlichen Lebens erwachsen, so erhöhte Dammbauten oder so genannten Stresstests bei Kernkraftwerken etwa im Hinblick auf ihre Sicherheit bei Flugzeugabstürzen.

23   Zumal auch Drittstaatsangehörige in den Genuss von Art. 2 GRC kommen, kann sich daraus die Notwendigkeit von **Frühwarnsystemen** ergeben, namentlich um Flüchtlingsboote rasch zu orten und Katastrophen wie vor Lampedusa im Oktober 2013, wo über 300 illegale Bootsflüchtlinge ums Leben kamen, zu vermeiden. Tsunamis sind glücklicherweise in Europa noch nicht aufgetreten. Damit ist ein ganzes Bündel von Phänomenen und Maßnahmen denkbar, um einen **effektiven Lebensvoraussetzungsschutz** zu gewährleisten.

c) Klimaschutz

24   Dieser Lebensvoraussetzungsschutz kann auch auf übergeordnete Entwicklungen wie den Klimaschutz erstreckt werden. So ist im Vorfeld eines wirksamen Hochwasserschutzes zumal am Meer notwendig, Klimaveränderungen und ein damit verbundenes Ansteigen des Meeresspiegels zu begrenzen bzw. zumindest kalkulieren zu können. Damit spielt der Klimaschutz im Rahmen des Lebensvoraussetzungsschutzes eine erhebliche Rolle. Allerdings lässt er sich schwer steuern, zumal von Europa aus, wo doch ohne gemeinsame weltweite Anstrengungen höchstens äußerst begrenzte Effekte erzielbar sind, wenn sich solche überhaupt realisieren lassen.

25   Damit bestehen **schwerlich konkrete Anforderungen** aus Art. 2 GRC, worin effektiver Klimaschutz zu bestehen hat. Insoweit handelt es sich zwar um eine das Leben möglicherweise elementar bedrohende Entwicklung, auf die aber die Union selbst nur höchst begrenzt reagieren kann. Gehört auch dieser Bereich im weiteren Sinne zu dem Umfeld, das sachlich durch Art. 2 GRC erfasst ist, ist er nicht Teil des harten Kerns und

---

[48] EGMR, Urt. v. 8.7.2003, Beschwerde-Nr. 36022/97 (Hatton u.a./Vereinigtes Königreich), NVwZ 2004, 1465, Rn. 122, 128; näher *Frenz*, Handbuch Europarecht, Bd. 4, Rn. 1207 ff.; *Heselhaus/Marauhn*, EuGRZ 2005, 549 ff.

[49] So noch EGMR, Urt. v. 8.7.2003, Beschwerde-Nr. 36022/97 (Hatton u.a./Vereinigtes Königreich), NVwZ 2004, 1465, Rn. 97.

[50] *Calliess*, in: Calliess/Ruffert, EUV/AEUV, Art. 2 GRC, Rn. 15; *Frenz*, Handbuch Europarecht, Bd. 4, Rn. 960.

[51] EKMR, Entscheidung v. 17.5.1990, Beschwerde-Nr. 13728/88 (S./Frankreich), DR 65, 250, Rn. 2.

vor allem nicht des derart staatlicher bzw. unionaler Kontrolle unterstehenden Sektors, dass sich daraus subjektive Berechtigungen des Einzelnen gar auf konkrete Maßnahmen ergeben könnten. Vielmehr bestehen erhebliche Spielräume, zumal die Auswirkungen schwerlich konkret gefasst werden können.[52] So kann **nicht** etwa aus dem Lebensschutz ein **Verbot der Kohlekraft** abgeleitet werden, weil insoweit CO_2-Emissionen stärker auftreten, als dies bei der Nutzung erneuerbarer Energien der Fall ist.[53]

d) Soziales Existenzminimum

Die notwendige Gewährleistung eines sozialen Existenzminimums ergibt sich gleich-   **26** falls schon aus dem Schutz der Menschenwürde. Daraus folgt die Absicherung eines Mindeststandards, der subjektiv-rechtlich eingefordert werden kann, obgleich die entsprechenden sozialen Grundrechte regelmäßig nur Grundsätze enthalten und am vorhandenen Rechtszustand anknüpfen (siehe vor allem Art. 34 GRC).[54] Soweit es dabei um die Absicherung eines Standards geht, der lebensbedrohliche Situationen verhindert, folgt er **auch aus** dem **Lebensschutz**. Das gilt etwa für die Gewährleistung von **Unterkunft**, namentlich in der kalten Jahreszeit, der medizinischen Versorgung,[55] ausreichender **Nahrung**, aber auch einem Mindestmaß an **Teilhabe am gesellschaftlichen Leben**, benötigt doch der Einzelne auch ein Mindestmaß an sozialem Kontakt und Austausch. Allerdings reicht hier der **Würdeschutz eher weiter**, lassen sich doch etwa kulturelle Grundbedürfnisse nicht notwendig unter den Schutz des Lebens fassen.[56]

Um das **Überleben von Flüchtlingen** zu **sichern**, sind diese so unterzubringen, dass   **27** insoweit keine Gefährdungen durch Seuchen etc. eintreten. Damit reicht der Lebensschutz auch weiter als die bloße Rettung aus lebensgefährlichen Situationen etwa bei einer Überfahrt über das Mittelmeer, bei welcher es zu lebensbedrohlichen Situationen kommen kann. Aber auch insoweit gewährleistet die **Menschenwürde weitergehende Leistungen**, etwa in kultureller Hinsicht, als der Lebensschutz, wenn es um die Sicherung eines sozialen Mindeststandards auch für Asylbewerber und Flüchtlinge geht.[57]

Lediglich der **unabdingbare Schutz zur Gewährleistung des weiteren Lebens** kann aus   **28** Art. 2 GRC eingefordert werden. **Im Übrigen** hat der Staat einen **weiten Ermessensspielraum**, wie er soziale Standards für einen wirksamen Lebensschutz erfüllt. Dabei kann aber das Grundrecht auf Leben Art. 2 GRC zu **Auslegungszwecken** herangezogen werden; es bestimmt zudem die staatliche Gestaltung. Zusätzlich verstärkt wird es aber regelmäßig über die Menschenwürde nach Art. 1 GRC, die durch die Einbeziehung der kulturellen Seite eher weiter reicht.

e) Förderung des Kindeswohls

Art. 2 GRC gewährleistet das Leben allgemein und macht keine Abstriche nach Alters-   **29** stufen. Gleichwohl ist bereits die **Entwicklung des Lebens umfasst**, wie sich aus einer **Übertragung** der Konzeption der **EuGH-Entscheidung Brüstle** zum Würdeschutz ergibt.[58] Damit ist nicht nur die Entwicklung ungeborenen Lebens einbezogen, sondern auch besonders darauf zu achten, dass sich die **Entwicklung des Lebens in der Kindheit**

---

[52] Zum Gesundheitsschutz *Frenz*, Handbuch Europarecht, Bd. 4, Rn. 960.
[53] Vgl. *Frenz*, DVBl 2013, 688 (690).
[54] S. o. Art. 1 GRC, Rn. 42.
[55] *Borowsky*, in: Meyer, GRCh, Art. 2 GRC, Rn. 36.
[56] S. dazu aus Sicht der Menschenwürde o. Art. 1 GRC, Rn. 41.
[57] Vgl. dazu BVerfG, NVwZ 2012, 1024 sowie *Frenz*, NJW 2013, 1210 (1212).
[58] S. EuGH, Urt. v. 18.10.2011, Rs. C–34/10 (Brüstle/Greenpeace), Slg. 2011, I–9821, Rn. 35.

positiv vollzieht. Auch insoweit sind viele Wege denkbar und lassen sich verschiedene Konzeptionen identifizieren. Von daher kann grundrechtlich lediglich gewährleistet sein, dass der Staat auf diesen Aspekt besonders achtet. Auch insoweit werden sich daher schwerlich konkrete Ansprüche ableiten lassen. So kann daraus nicht notwendig gefolgert werden, dass jedes Kind in der Schule eine Mahlzeit bekommen muss. Indes ist beim Lebensschutz besonders in Rechnung zu stellen, dass sich die kindliche Entwicklung in adäquaten Rahmenbedingungen vollziehen kann.

f) Zukunftsbezogenheit

30   Weiter kann daraus gefolgert werden, dass nicht nur das gegenwärtige Leben zu betrachten ist, sondern auch das künftige. Es geht also auch um die **Sicherung von Lebensbedingungen für nachfolgende Generationen**. Daher ist darauf zu achten, die Erde so zu gestalten, dass sie auch in Zukunft Weiterleben ermöglicht. Das gilt nicht nur für die Kinder von heute, sondern auch für spätere Generationen. Damit schließt sich der Kreis zum Umwelt- und Klimaschutz als Grundlage für die Erhaltung von Bedingungen, die das weitere Überleben von Menschen sichern.

3. Todesstrafe

31   Nach dem Recht auf Leben platziert, enthält **Art. 2 Abs. 2 GRC** eine selbstständige Gewährleistung, dass niemand zur Todesstrafe verurteilt oder hingerichtet werden darf. Es handelt sich um ein **eigenständiges Grundrecht**,[59] das einen Aspekt des generellen Lebensrechts unter dem Blickwinkel einer hoheitlich verhängten Strafe vervollständigt und daher dem allgemeinen Grundrecht auf Leben als lex specialis hervorgeht.[60]

32   Trotz dieses engen Zusammenhangs mit dem Recht auf Leben bildet das Verbot der Todesstrafe **keine bloße Grenze für Grundrechtseinschränkungen**.[61] Diese Charakterisierung setzt voraus, das Recht auf Leben für einschränkbar zu halten, was es aber auch im Hinblick auf Art. 2 Abs. 2 EMRK nicht ist: insoweit handelt es sich um Begrenzungen des Eingriffsbegriffs.[62] Mit einem solchen Verständnis wird vielmehr das Recht auf Leben relativiert.

33   Art. 2 Abs. 2 GRC schützt sowohl vor der Verurteilung und damit der Verhängung einer zum Tode des Betroffenen führenden Strafe als auch vor der Vollstreckung einer im Urteil angeordneten Todesstrafe,[63] freilich nur als Ausdrucksformen der **staatlichen Strafrechtsordnung**, nicht aber privater Strafsysteme z. B. im Rahmen von kriminellen Organisationen, außer es ist eine Zurechnung an einen Staat möglich.[64]

34   Art. 2 Abs. 2 GRC bezieht sich auf die **Todesstrafe und Hinrichtungen allgemein**, ohne dass verlangt ist, dass die Verurteilung bzw. die Vollstreckung in der EU erfolgen müsste. Für Art. 3 EMRK werden auch **Auslieferungsfolgen** einbezogen, die außerhalb der Hoheitsgewalt des ausliefernden Staates eintreten, um der grundlegenden Bedeu-

---

[59] *Borowsky*, in: Meyer, GRCh, Art. 2 GRC, Rn. 42.
[60] *Höfling*, in: Tettinger/Stern, EuGRCh, Art. 2 GRC, Rn. 36.
[61] So *Winkler*, Die Grundrechte der Europäischen Union: System und allgemeine Grundrechtslehren, 2006, S. 372; *Jarass*, GRCh, Art. 2 GRC, Rn. 13.
[62] S. sogleich Rn. 41 ff. gegen *Calliess*, in: Calliess/Ruffert, EUV/AEUV, Art. 2 GRC, Rn. 21; *Jarass*, GRCh, Art. 2 GRC, Rn. 9.
[63] *Höfling/Rixen*, in: Heselhaus/Nowak, Handbuch der Europäischen Grundrechte, § 10, Rn. 27 ff.
[64] *Höfling*, in: Tettinger/Stern, EuGRCh, Art. 2 GRC, Rn. 40.

tung dieses Rechts gerecht zu werden.[65] Diese Gewährleistung wird auf Art. 2 Abs. 2 GRC übertragen. Dessen Schutz soll daher auch die Verurteilung und Vollstreckung von Todesstrafen ermöglichende Verhaltensweisen erfassen und damit ein **umfassendes grundrechtliches Mitwirkungsverbot** statuieren.[66]

Indes wurde in Art. 19 Abs. 2 GRC ein Verbot der Abschiebung, Ausweisung oder -lieferung an einen Staat statuiert, indem für den Betroffenen das ernsthafte Risiko u. a. der Todesstrafe droht, und dadurch die vorgenannte einschlägige Rechtsprechung des EGMR übernommen.[67] Daher ist **Art. 19 Abs. 2 GRC** insoweit **speziell**.[68] Allerdings ist in diese Bestimmung die Unbedingtheit und Absolutheit des Lebensschutzes nach **Art. 2 GRC hineinzulesen**. Sie wird unterstrichen durch den engen Bezug des Rechts auf Leben zu der Würde des Menschen, deutlich zum Ausdruck gebracht durch die systematische Stellung beider Grundrechte.   **35**

Nicht von Art. 19 Abs. 2 GRC erfasst und damit von Art. 2 Abs. 2 GRC umschlossen ist, wenn aus der Union gleichsam Beihilfe geleistet wird, dass Personen in anderen Staaten zur Todesstrafe verurteilt oder hingerichtet werden. Das kann durch **Ausrüstungsgegenstände** erfolgen, die lediglich zur Vollstreckung der Todesstrafe verwendet werden können. Dies ist nach der VO (EG) Nr. 1236/2005[69] untersagt. Dieses Verbot ergibt sich aber auch schon aus Art. 2 Abs. 2 GRC, weil aufgrund der unbedingten Geltung und der Absolutheit eine Mitwirkung daran ausgeschlossen ist.   **36**

C. Eingriffe

I. Hoheitliche Tötungen

1. Formen

Parallel zu Art. 1 GRC schützt Art. 2 Abs. 1 GRC das Leben umfassend. Somit bilden sämtliche Tötungen einen Eingriff, die einem Grundrechtsverpflichteten und damit der Union oder der mitgliedstaatlichen Hoheitsgewalt bei der Durchführung von Unionsrecht (Art. 51 GRC) zuzurechnen sind, sei es durch direkte Tötung, sei es durch staatlich praktizierte Euthanasie; oder aber ein **Mensch** wird **vernachlässigt**, der sich in hoheitlicher Aufsicht befindet, oder er wird zu einer lebensgefährlichen Tätigkeit verpflichtet.[70] Damit sind **auch mittelbare und indirekte Eingriffe** umfasst. **Gefährdungen** des   **37**

---

[65] EGMR, Urt. v. 7.7.1989, Beschwerde-Nr. 14038/88 (Soering/Vereinigtes Königreich), NJW 1990, 2183; krit. *Blumenwitz*, EuGRZ 1989, 326 ff.; s. auch EGMR, Urt. v. 17.12.1996, Beschwerde-Nr. 25964/94 (Ahmed/Österreich), Rep. 1996-VI, 2196; später Urt. v. 12.3.2003, Beschwerde-Nr. 46221/99 (Öcalan/Türkei), EuGRZ 2003, 472; Urt. v. 12.5.2005, Beschwerde-Nr. 46221/99 (Öcalan/Türkei), NVwZ 2006, 1267.

[66] *Höfling*, in: Tettinger/Stern, EuGRCh, Art. 2 GRC, Rn. 41; *Höfling/Rixen*, in: Heselhaus/Nowak, Handbuch der Europäischen Grundrechte, § 10, Rn. 30; *Voet van Vormizeele*, in: Schwarze, EU-Kommentar, Art. 2 GRC, Rn. 8 a. E.

[67] Erläuterung zur Charta der Grundrechte, ABl. 2007, C 303/17 (24).

[68] *Jarass*, GRCh, Art. 2 GRC, Rn. 14 sowie näher Art. 19 GRC, Rn. 4, 8.

[69] VO (EG) Nr. 1236/2005 vom 27.6.2005 betreffend den Handel mit bestimmten Gütern, die zur Vollstreckung der Todesstrafe, zur Folter oder zu anderer grausamer, unmenschlicher oder erniedrigender Behandlung oder Bestrafung verwendet werden könnte, ABl. 2005, L 200/1, zul. geändert durch Delegierte VO (EU) 2015/1113, ABl. 2015, L 182/10.

[70] *Borowsky*, in: Meyer, GRCh, Art. 2 GRC, Rn. 34; *Wolffgang*, in: Lenz/Borchardt, EU-Verträge, Art. 2 GRC, Rn. 5.

Lebens genügen,[71] wird doch schon dadurch des Leben bedroht und damit der Schutzgegenstand von Art. 2 GRC tangiert.

38   Da Zwangsmaßnahmen auch im Rahmen der polizeilichen Zusammenarbeit gemäß Art. 88 Abs. 3 Satz 2 AEUV weiterhin den Mitgliedstaaten obliegen, ist der praktische Anwendungsbereich beschränkt; für Art. 2 Abs. 2 GRC relevante Eingriffe treten daher eher bei **Kampfeinsätzen** und der **militärischen Terrorbekämpfung** nach Art. 43 Abs. 1 EUV auf.[72] Einschlägig können aber auch Vorgaben der Union sowie operative Maßnahmen von Europol nach Art. 88 AEUV sein, die das Handeln nationaler Einsatzkräfte mitbestimmen können.

39   Auf die **Absicht** der Tötung kommt es **nicht** an, ebenso wenig auf Verschulden bzw. Vorsatz.[73] Dass nach Art. 2 Abs. 1 Satz 2 EMRK niemand absichtlich getötet werden darf, bildet nur einen besonders wichtigen Unterfall.[74] Ebenfalls gegen Gefährdungen des Lebens besteht Schutz.[75] Auch bloße Indizien können auf einen Tod durch staatliche Gewalt deuten, so bei hoheitlichem Gewahrsam. Insoweit wird eine **Beweislastumkehr** befürwortet.[76] Wurde jemand gesund in ein **Gefängnis** eingeliefert und stirbt dort mit sichtbaren Verletzungen, ist der Tod im Zweifel auf den Hoheitsträger zurück zu führen.[77]

40   Bereits bei solchen Todesfällen im staatlichen Einwirkungsbereich besteht eine Obliegenheit zur **Aufklärung**.[78] Das gilt auch in sonstigen Fällen, in denen etwa eine Verhaftung zum Tode des Betroffenen führte. Der Staat muss staatliche Beamte unter Strafe stellen, die für den Tod von Menschen verantwortlich sind, und diese Strafe auch durchsetzen.[79] Dadurch wird auch die Gefährdung herabgesetzt, geht doch davon ein Abschreckungseffekt aus, etwa als Polizist z. B. beim Einsatz von Gummigeschossen zu aggressiv vorzugehen.

2. Ausnahmen

a) Qualifikation

41   Nach Art. 2 Abs. 2 EMRK wird eine Tötung in drei Fällen nicht als Verletzung dieses Artikels betrachtet. Damit gilt sie schon **nicht** als **Grundrechtseingriff**. Allerdings reicht der Schutzbereich des Rechts auf Leben durchaus so weit,[80] wird doch eigentlich auch dann Leben angetastet. Indes wird Art. 2 Abs. 1 EMRK nicht verletzt; in ihn wird also nicht eingegriffen.

42   Hingegen handelt es sich nicht lediglich um Einschränkungsgründe.[81] Zwar ist damit

---

[71] *Jarass*, GRCh, Art. 2 GRC, Rn. 7.

[72] *Folz*, in: Vedder/Heintschel v. Heinegg, Europäisches Unionsrecht, Art. 2 GRC, Rn. 5.

[73] *Calliess*, in: Calliess/Ruffert, EUV/AEUV, Art. 2 GRC, Rn. 17.

[74] *Jarass*, GRCh, Art. 2 GRC, Rn. 7.

[75] *Winkler* (Fn. 61), S. 363.

[76] Unter Rückgriff auf EGMR, Urt. v. 27. 6. 2000, Beschwerde-Nr. 21986/93 (Salman/Türkei), NJW 2001, 2001, Rn. 100; *Calliess*, in: Calliess/Ruffert, EUV/AEUV, Art. 2 GRC, Rn. 18.

[77] EGMR, Urt. v. 27. 6. 2000, Beschwerde-Nr. 21986/93 (Salman/Türkei), NJW 2001, 2001, Rn. 100 ff.; Urt. v. 8. 4. 2004, Beschwerde-Nr. 32457/96 (Özalp u. a./Türkei), Rn. 34 (im Internet abrufbar unter: http://www.echr.coe.int); *Calliess*, in: Calliess/Ruffert, EUV/AEUV, Art. 2 GRC, Rn. 18.

[78] *Borowsky*, in: Meyer, GRCh, Art. 2 GRC, Rn. 35.

[79] S. EGMR, Urt. v. 8. 11. 2005, Beschwerde-Nr. 34056/02 (Gongadze/Ukraine), NJW 2007, 895, Rn. 164 f.; *Frenz*, Handbuch Europarecht, Bd. 4, Rn. 905.

[80] *Borowsky*, in: Meyer, GRCh, Art. 2 GRC, Rn. 39.

[81] Dafür *Calliess*, in: Calliess/Ruffert, EUV/AEUV, Art. 2 GRC, Rn. 21; *Jarass*, GRCh, Art. 2 GRC, Rn. 9.

eindeutig, dass eine **gesetzliche Grundlage** notwendig ist.[82] Indes ist eine solche schon aus Rechtssicherheitsgründen zu bejahen, um die doch eher vage gehaltenen Ausnahmekonstellationen nach Art. 2 Abs. 2 EMRK näher zu fassen. Dass die Tötung in diesen Fällen unbedingt erforderlich sein muss, spricht zwar für eine Verhältnismäßigkeitsprüfung.[83] Zugleich kann damit aber eine enge Fassung der fehlenden Eingriffsqualität verbunden sein.

Vor allem aber ist Art. 2 Abs. 1 GRC vorbehaltlos gewährleistet. Dieser absolute   **43** Schutz würde verloren gehen, wenn Einschränkungen ermöglicht würden. Indem bereits die Eingriffsqualität verneint wird, bleibt die **Unbedingtheit des Schutzes** im Rahmen der Reichweite des Art. 2 Abs. 1 GRC **gewahrt**. Nur werden besondere Situationen nicht als Eingriff gewertet.

Im Ergebnis führen allerdings beide Lösungen dazu, dass in bestimmten, eng zu fas-   **44** senden Konstellationen Art. 2 Abs. 1 GRC nicht verletzt wird. Diese **restriktive Interpretation** folgt zum einen aus dem Ausnahmecharakter für das elementare Recht auf Leben und zum anderen aus der in Art. 2 Abs. 2 EMRK aufgeführten unbedingten Erforderlichkeit. Daher bedarf es einer besonders strengen Prüfung.[84]

b) Notwehr und Nothilfe

Um jemanden gemäß Art. 52 Abs. 3 GRC i. V. m. Art. 2 Abs. 2 Buchst. a EMRK **gegen**   **45** **rechtswidrige Gewalt** zu **verteidigen**, ist ein Fall der Notwehr oder der Nothilfe erforderlich. Ein Mensch muss also in seiner Person mit körperlicher Kraft in einer gegen die bestehenden Gesetze verstoßenden Weise angegriffen oder sonst wie in eine Notsituation gebracht worden sein. Psychische Gewalt entfaltet keine derart starke unmittelbare Zwangswirkung, dass dagegen gar eine Tötung unbedingt erforderlich ist, um ihr entfliehen zu können. Entsprechendes gilt im Hinblick auf **Sachwerte**.[85] Für diese besteht weiterhin ein **absolutes Tötungsverbot**.[86]

In einer solchen Gefährdungssituation für Leben oder Gesundheit eines Menschen   **46** muss ein Angehöriger des Staatsdienstes Notwehr üben oder Nothilfe leisten, nicht etwa ein Privater; in Bezug auf diese trifft den Staat nur eine Schutzpflicht, die erheblich größere Spielräume als Art. 2 Abs. 2 EMRK eröffnet.[87]

Polizisten dürfen einen **gezielten Todesschuss** setzen, um etwa das Leben eines Men-   **47** schen vor einem Straftäter zu bewahren oder es nicht zu schweren Personenschäden kommen zu lassen.[88] Es bedarf zur Bestimmung der näheren Einzelheiten einer rechtlichen Regelung.[89] Gerade beim finalen Todesschuss ist stets darauf zu achten, dass nur

---

[82] Eine solche bejaht EGMR, Urt. v. 20. 12. 2004, Beschwerde-Nr. 50385/99 (Makaratzis/Griechenland), NJW 2005, 3405, Rn. 58.

[83] So *Calliess*, in: Calliess/Ruffert, EUV/AEUV, Art. 2 GRC, Rn. 2.

[84] *Calliess*, in: Calliess/Ruffert, EUV/AEUV, Art. 2 GRC, Rn. 21, 25; *Uerpmann-Wittzack*, in: Ehlers: Grundrechte und Grundfreiheiten, § 3, Rn. 59 f; s. EGMR, Urt. v. 27. 6. 2000, Beschwerde-Nr. 21986/93 (Salman/Türkei), NJW 2001, 2001, Rn. 97; Urt. v. 13. 3. 2007, Beschwerde-Nr. 57389/00 (Huohvanainen/Finnland), Rn. 92 ff. (im Internet abrufbar unter: http://www.echr.coe.int).

[85] Etwa *Alleweldt*, in: Grote/Marauhn, EMRK/GG, Kap. 10, Rn. 63.

[86] *Calliess*, in: Calliess/Ruffert, EUV/AEUV, Art. 2 GRC, Rn. 22; *Jakobs*, DVBl 2006, 83 (85 f.).

[87] *Jarass*, GRCh, Art. 2, Rn. 8 mit Fn. 22; *Grabenwarter/Pabel*, EMRK, 5. Aufl., 2012, § 20, Rn. 12 ff.

[88] *Uerpmann-Wittzack*, in: Ehlers, Grundrechte und Grundfreiheiten, § 3, Rn. 58; *Jarass*, GRCh, Art. 2 GRC, Rn. 10.

[89] EGMR, Urt. v. 20. 12. 2004, Beschwerde-Nr. 50385/99 (Makaratzis/Griechenland), NJW 2005,

hinreichend schwerwiegende Gesundheitsschäden abgewehrt werden. Maßgeblich ist jedoch eine Ex-ante-Betrachtung,[90] kann doch nur in der jeweiligen Situation beurteilt werden, ob ein Angriff auf das Leben eines Straftäters erforderlich ist.

c) Festnahme und Fluchtvereitelung

48   Um gemäß Art. 52 Abs. 3 GRC i. V. m. Art. 2 Abs. 2 Buchst. b EMRK jemanden rechtmäßig festzunehmen oder jemanden, dem die Freiheit rechtmäßig entzogen ist, an der Flucht zu hindern, bedarf es ebenfalls einer **hinreichend gewichtigen Straftat** bzw. einer entsprechenden Gefährlichkeit des Täters, wenn er in Freiheit gelangt.[91] Aber auch hier ist darauf zu achten, dass Leben möglichst geschützt wird. Schüsse in die Beine etc. sind vorzuziehen. Eine gezielte Tötung widerspricht dem Anliegen, einen Täter festzunehmen oder an der Flucht zu hindern.[92] Zwar ist dieses Anliegen umfassend zu sehen und wird daher auch schon bei einer die Festnahme vorbereitenden Identitätsfeststellung betroffen.[93] Eine **Tötungsabsicht** muss indes grundsätzlich **ausgeschlossen** sein.[94] Ansonsten könnte leicht eine Tötung bzw. Todesstrafe durch die Hintertür mittels »Erschießens auf der Flucht« provoziert werden, wie es im NS-Regime immer wieder erfolgte.

d) Aufruhr und Aufstand

49   Um gemäß Art. 52 Abs. 3 GRC i. V. m. Art. 2 Abs. 2 Buchst. c EMRK einen Aufruhr oder Aufstand rechtmäßig niederzuschlagen, bedarf es gleichfalls **gravierender Gefahren für die Umgebung**, insbesondere wenn durch Gewalttätigkeiten Leben und Gesundheit von Menschen bedroht werden. Das Musterbeispiel sind **gewalttätige Demonstrationen**.[95] Allgemein besteht ein Aufruhr aus Gewalttaten in größerem Umfang, die von einer Menschenmenge begangen werden oder drohen; bei einem Aufstand erhebt sich die Bevölkerung (teilweise) gegen die Staatsgewalt, vergleichbar einem revolutionären Geschehen.[96] Darauf muss sich die Staatsgewalt in ihrem Auftreten auch einstellen und darf nicht eine mangelnde situationsadäquate Ausrüstung zum Anlass nehmen, um mit scharfen Waffen zu reagieren.[97]

50   Auch insoweit stellt sich die Frage, ob bloße Sachschäden genügen. Für Fälle der Notwehr oder der Nothilfe wurde dies ausgeschlossen.[98] Jedenfalls für Sachschäden im geringen Umfang können keine Menschenleben aufs Spiel gesetzt werden. Allerdings wird sich bei einem Aufruhr oder Aufstand die Situation regelmäßig so darstellen, dass eine Bedrohung sowohl für Leben und Gesundheit als auch für Eigentum besteht. Wohin sich dann die Demonstranten wenden werden, lässt sich schwer vorhersagen. Daher kann nicht im Nachhinein ein Schusswaffengebrauch gegen Demonstranten deshalb

---

3405; Urt. v. 6.7.2005, Beschwerde-Nr. 43577/98 u.a. (Nachova und Hristova/Bulgarien), Rep. 2005-VII, Rn. 96f.; *Calliess*, in: Calliess/Ruffert, EUV/AEUV, Art. 2 GRCh, Rn. 22.

[90] Allgemein *Calliess*, in: Calliess/Ruffert, EUV/AEUV, Art. 2 GRCh, Rn. 26.

[91] *Alleweldt*, in: Grote/Marauhn, EMRK/GG, Kap. 10, Rn. 80.

[92] EGMR, Urt. v. 6.7.2005, Beschwerde-Nr. 43577/98 u.a. (Nachova und Hristova/Bulgarien), Rep. 2005-VII, 1, Rn. 104f.

[93] *Calliess*, in: Calliess/Ruffert, EUV/AEUV, Art. 2 GRC, Rn. 23; *Frowein*, in: Frowein/Peukert, EMRK, Art. 2 GRC, Rn. 14.

[94] *Schmidt*, ZEuS 2002, 631 (646); *Jarass*, GRCh, Art. 2 GRC, Rn. 10.

[95] S. EGMR, Urt. v. 27.7.1998, Beschwerde-Nr. 21593/93 (Gülec/Türkei), Rep. 1998-IV, Rn. 70f.

[96] *Calliess*, in: Calliess/Ruffert, EUV/AEUV, Art. 2 GRCh, Rn. 24; s. EGMR, Urt. v. 27.7.1998, Beschwerde-Nr. 21593/93 (Gülec/Türkei), Rep. 1998-IV, Rn. 70f.

[97] EGMR, Urt. v. 27.7.1998, Beschwerde-Nr. 21593/93 (Gülec/Türkei), Rep. 1998-IV, Rn. 71.

[98] S. vorstehend Rn. 45.

nicht als von Art. 2 Abs. 2 Buchst. c EMRK gedeckt angesehen werden, weil es nur **Sachschäden** gab, wenn ein Vorgehen der Demonstranten gegen Personen nahe lag.

e) Rechtmäßige Kriegshandlungen

Nach Art. 52 Abs. 3 GRC i. V. m. Art. 15 Abs. 2 EMRK, der auch für die EU-Grundrech-   **51** te gilt,[99] können rechtmäßige Kriegshandlungen Tötungen bedingen.[100]

f) Kein milderes Mittel und weitere Vorkehrungen

Bei all diesen Maßnahmen ist jeweils zu prüfen, ob nicht doch ein milderes Mittel zur   **52** Verfügung stand, wie das Abfeuern eines Warnschusses vor einem finalen Rettungs-schuss.[101] Ein entsprechend **abgestuftes Vorgehen** muss von vornherein geplant und umgesetzt werden.[102] Ansonsten wurden die notwendigen Vorkehrungen unterlassen, um einen Todesschuss möglichst gar nicht einsetzen zu müssen, und dadurch Art. 2 Abs. 2 EMRK nicht eingehalten, somit letztlich Art. 2 Abs. 1 GRC verletzt.[103] Im Nach-hinein bedarf es einer **Untersuchung**, wenn bei Polizeieinsätzen Tötungsfälle auftre-ten,[104] im Anschluss daran ebenfalls einer hinreichenden Verfolgung, wenn Verstöße festgestellt werden.[105]

II. Unterlassen von Schutz

Sobald man Embryonen in den Lebensschutz einbezieht, besteht auch die Verpflich-   **53** tung, sie adäquat zu schützen. Dazu bedarf es der Strafdrohung, um **Töten ungeborenen Lebens zu verhindern**, sowie deren Durchsetzung.[106]

Insoweit handelt es sich generell um einen wichtigen Ansatz, um den Lebensschutz   **54** sicher zu stellen. Lediglich **hinreichend gravierende Strafandrohungen** werden Private von Tötungen abhalten. Zudem muss eine zeitnahe adäquate **Verfolgung und Untersu-chung** stattfinden, wenn Todesfälle auftreten.[107] Das gilt auch außerhalb von Einrichtun-gen, in denen Menschen in besonderer Weise hoheitlichen Einwirkungen ausgeliefert sind, wie es in Krankenhäusern, Haftanstalten und Gefängnissen der Fall ist. Bei kon-kreten Anhaltspunkten müssen auch Einzelpersonen vor Anschlägen auf ihr Leben ge-schützt werden.[108]

Wesentlich schwieriger zu fassen ist das Unterlassen von **Umwelt- und Klimaschutz.**   **55** Insoweit ist – zumal bei weltweiten Entwicklungen und Interdependenzen – schon eine lebensgefährdende Wirkung unterlassener Maßnahmen oft schwer auszumachen. Vor

---

[99] EuGH, Urt. v. 5. 9. 2012, Rs. C–71/11 u. 99/11 (Y), ECLI:EU:C:2012:518, Rn. 8.

[100] *Jarass*, GRCh, Art. 2 GRC, Rn. 10 a. E.

[101] *Jarass*, GRCh, Art. 2 GRC, Rn. 11.

[102] EGMR, Urt. v. 20. 5. 1999, Beschwerde-Nr. 21594/93 (Ogur/Österreich), Rep. 1999-III, 519, Rn. 84.

[103] *Jarass*, GRCh, Art. 2 GRC, Rn. 11 a. E.; s. EGMR, Urt. v. 27. 9. 1995, Nr. 18984/91 (McCann u. a./Vereinigtes Königreich), Rn. 200 ff. (im Internet abrufbar unter: http://www.echr.coe.int).

[104] EGMR, Urt. v. 6. 7. 2005, Beschwerde-Nr. 43577/98 (Nachova und Hristova/Bulgarien), Rep. 2005-VII, 1, Rn. 110 f.

[105] *Jarass*, GRCh, Art. 2 GRC, Rn. 12.

[106] BVerwGE 88, 208.

[107] EGMR, Urt. v. 8. 11. 2005, Beschwerde-Nr. 34056/02 (Gongadze/Ukraine), NJW 2007, 895, Rn. 175 f.; *Frenz*, Handbuch Europarecht, Bd. 4, Rn. 910 ff.

[108] S. EGMR, Urt. v. 8. 11. 2005, Beschwerde-Nr. 34056/02 (Gongadze/Ukraine), NJW 2007, 895, Rn. 164 ff.; *Frenz*, Handbuch Europarecht, Bd. 4, Rn. 903 ff.

allem aber bestehen hohe Wirkungsunsicherheiten, so dass ein **hoher Einschätzungs-
und Prognosespielraum** besteht. Daher werden konkrete **Verletzungen selten** vorliegen.
Das ist höchstens dann der Fall, wenn überhaupt keine oder völlig unzureichende bzw.
ungeeignete Maßnahmen ergriffen wurden.

56   Beim **sozialen Existenzminimum** darf **nicht** der **Standard unterschritten** werden, **der
das weitere Überleben bedroht**. So bildet es einen Eingriff, wenn bei Kälte keine Unterkunft und Hungernden kein Essen zur Verfügung gestellt wird. Das gilt auch für
Flüchtlinge.[109] Indes bleibt es den Verpflichteten überlassen, ob sie selbst Essen ausgeben
oder einen ausreichenden Geldbetrag zur Verfügung stellen. Das Vorenthalten von Kultur verletzt nicht Art. 2 Abs. 1 GRC, sondern höchstens Art. 1 GRC.[110]

III.   Verbot der Todesstrafe

1.   EU-Strafrechtskompetenz und diplomatischer Schutz

57   Ein unmittelbarer Eingriff der Unionsorgane liegt vor, wenn sie auf der Basis ihrer
Kompetenz nach Art. 83 AEUV Straftaten und Strafen in Bereichen besonders schwerer Kriminalität festlegen,[111] die Todesstrafe vorsehen, oder deren Vollstreckung ermöglichen würde, selbst wenn sie noch vor dem Beitritt eines Staates zur Union verhängt
wurde, worauf das spezifische Hinrichtungsverbot bezogen ist.[112]

58   Wird ein Unionsbürger in einem Nicht-EU-Staat zum Tode verurteilt, bedarf es dort
des diplomatischen Schutzes – gegebenenfalls durch andere Staaten oder die Union bei
fehlender Vertretung (Art. 46 GRC).[113]

2.   Keine Förderung

59   Auch **mittelbare und indirekte Eingriffe** sind umfasst. Konsequenzen erlangt dies im
Hinblick auf die allgemeinen **Außenbeziehungen** und die gemeinsame **Handelspolitik**
mit Staaten, welche die Todesstrafe weiterhin verhängen und exekutieren.[114] Insoweit
handelt es sich allerdings um sehr indirekte Auswirkungen: zwar mag die Aufrechterhaltung von Außenbeziehungen ein Regime stabilisieren und damit den weiteren Vollzug der Todesstrafe ermöglichen. Eine konkrete Kausalität wird sich hier aber schwerlich herstellen lassen.

60   Ähnliches gilt für die gemeinsame Handelspolitik, außer es sind konkret **Güter** betroffen, welche herangezogen werden können, **um** eine **Todesstrafe zu vollstrecken**.
Insoweit ist fraglich, ob es sich um Güter handeln muss, die nur zum Zwecke der Todesstrafe, der Folter oder anderer Behandlungen oder Strafen heranzuziehen sind[115]
oder ob sich nicht auch andere Güter darunter fassen lassen, die zwar für andere Zwecke
eingesetzt werden können, bei denen aber bekannt ist, dass sie zumindest auch für
Zwecke der Todesstrafe verwendet werden. Das gilt zumal dann, wenn man aus Art. 2

---

[109] S. o. Rn. 27 f.

[110] S. o. Art. 1 GRC, Rn. 42.

[111] Näher dazu *Frenz*, Handbuch Europarecht, Bd. 6, Rn. 3024 ff. unter Einschluss der Begrenzungen durch BVerfGE 123, 267, (412 f.)

[112] *Borowsky*, in: Meyer, GRCh, Art. 2 GRC, Rn. 44, 46 a. E.

[113] *Frenz*, Handbuch Europarecht, Bd. 4, Rn. 919.

[114] *Borowsky*, in: Meyer, GRCh, Art. 2 GRC, Rn. 46 unter Einbeziehung der VO (EG)
Nr. 1236/2005; dazu bereits o. Rn. 36.

[115] So nach der VO (EG) Nr. 1236/2005.

Abs. 2 GRC einen Schutz gegen jede staatliche Verhaltensweise ableitet, die eine Verurteilung und Vollstreckung von Todesstrafen ermöglicht.[116] Allerdings müsste dann zumindest feststehen, dass die aus der Union gelieferten Gegenstände für den Vollzug der Todesstrafe eingesetzt werden.

Ausgeschlossen sind etwa auch Kurse für Richter, welche die Todesstrafe verhängen,   **61**
außer diese Kurse sollen sie gerade insoweit sensibilisieren und von diesem Weg abbringen.

3. Kriegszeiten

Weiterhin unklar ist, ob das Statuieren oder im Hinblick auf andere Staaten das Hin-   **62**
nehmen einer Ausnahme vom Verbot einer Todesstrafe in Kriegszeiten und bei unmittelbaren Kriegsgefahren einen Eingriff darstellt. Die mittlerweile herrschende Meinung geht seit dem Inkrafttreten des 13. Protokolls zur EMRK am 1. 7. 2003 von einem vollständigen und absoluten Verbot der Todesstrafe aus, das auch in **Kriegszeiten** gilt.[117]

Zwar haben noch nicht alle Mitgliedstaaten das 13. Zusatzprotokoll zur EMRK rati-   **63**
fiziert.[118] Zudem orientierte sich bei den Beratungen die Mehrheit an der damals bestehenden Regelung in der Konvention und damit an Art. 2 des 6. Zusatzprotokolls zur EMRK, welches die Todesstrafe in Kriegszeiten und bei unmittelbaren Kriegsgefahren ausnahmsweise zulässt.[119] Indes zeigt schon die spätere Unterzeichnung des 13. Zusatzprotokolls zur EMRK die gewandelte Haltung auf Unionsebene, auch wenn einzelne Staaten noch nicht ratifiziert haben.

D. Eingriffsrechtfertigung

Der Lebensschutz ist wie der Schutz der Menschenwürde im Ausgangspunkt absolut[120]   **64**
und trägt daher **keine Rechtfertigung** von Eingriffen. Die Ansätze nach Art. 2 Abs. 2 EMRK, die über Art. 52 Abs. 3 GRC greifen, bilden keine Eingriffsrechtfertigung, sondern begrenzen das Vorliegen von Eingriffen.[121]

E. Verhältnis zu anderen Normen

Der Lebensschutz steht im **engen Kontext mit Art. 1 GRC** und wird als unmittelbar   **65**
nachfolgendes Grundrecht durch diesen erheblich geprägt. Daraus folgt namentlich die

---

[116] *Borowsky*, in: Meyer, GRCh, Art. 2 GRC, Rn 46.

[117] *Borowsky*, in: Meyer, GRCh, Art. 2 GRC, Rn. 3; *Calliess*, in: Calliess/Ruffert, EUV/AEUV, Art. 2 GRC, Rn. 2; *Frenz*, Handbuch Europarecht, Bd. 4, Rn. 917; *Höfling*, in: Tettinger/Stern, EuGRCh, Art. 2 GRC, Rn. 38.

[118] *Jarass*, GRCh, Art. 2 GRC, Rn. 15 a.E; näher *Streinz*, in: Streinz, EUV/AEUV, Art. 2 GRC, Rn. 9 mit Fn. 22: Lettland und Polen fehlen noch.

[119] *Jarass*, GRCh, Art. 2 GRC, Rn. 15 unter Verweis auf *Borowsky*, in: Meyer, GRCh, Art. 2 GRC, Rn. 18; insoweit auch *Höfling*, in: Tettinger/Stern, EuGRCh, Art. 2 GRC, Rn. 38, der diese Kompromisslösung nur selbst in der Sache ablehnt.

[120] Unter Verweis auf Art. 2 Abs. 2 EMRK ablehnend *Borowsky*, in: Meyer, GRCh, Art. 2 GRC, Rn. 38; *Wolffgang*, in: Lenz/Borchardt, EU-Verträge, Art. 2 GRC, Rn. 6.

[121] S. o. Rn. 41 ff.

Einbeziehung des ungeborenen Lebens.[122] Er ist generell mit Blick auf die Würde des Menschen auszulegen. Er bildet unter Hinzunahme von **Art. 3 GRC die Gewährleistung der menschlichen Integrität.** Zugleich bildet er die **spezielle Norm** zum Recht auf Unversehrtheit in Art. 3 GRC, jedenfalls im Hinblick auf das Verbot unmenschlicher Behandlung nach Art. 4 GRC: eine Tötung erfüllt regelmäßig auch diese beiden Tatbestände.[123]

66   Sklaverei, Zwangsarbeit und Menschenhandel nach Art. 5 GRC haben hingegen einen anderen Ansatzpunkt, auch wenn es dabei zu Tötungen kommen kann.[124]

67   Der Schutz des Lebens hat eine enge Verbindung zu den sozialen Grundrechten, deren Aufgabe es ist, die Bedingungen für eine wirkungsvolle Entfaltung des Lebens sicherzustellen. Aus dem Lebensschutz selbst folgt die Sicherung eines unabdingbaren sozialen Existenzminimums, um das weitere Überleben zu sichern. Insoweit werden die **sozialen Grundrechte** auch dann, wenn es sich lediglich um Grundsätze handelt, **subjektiv-rechtlich abgesichert** und individuell einforderbar.[125]

68   Daraus folgt auch ein **wirksamer Schutz von Flüchtlingen.** Insoweit geht Art. 2 GRC wie auch schon Art. 1 GRC über die bloße objektive Gewährleistung des Art. 18 GRC hinaus. Dessen Anknüpfung an die Verträge beinhaltet entsprechend der Gleichstellung der Grundrechte der GRC in Art. 6 Abs. 1 UAbs. 1 Satz 2 EUV auch den Lebensschutz nach Art. 2 GRC.[126]

69   Mit dem Verbot der Ausweisung, Abschiebung und Auslieferung nach Art. 19 Abs. 2 GRC eng verknüpft ist das Verbot der Todesstrafe, das dort ausdrücklich erwähnt wird. Im Hinblick auf Abschiebung und Auslieferungen ist **Art. 19 Abs. 2 GRC** eigenständig und damit **speziell.**[127] Art. 2 Abs. 2 GRC reicht aber insofern weiter, als etwa auch die Förderung und Unterstützung von Ländern ausscheidet, welche die Todesstrafe anwenden und vollziehen. Zu weit geht es allerdings, das Unterbrechen sämtlicher Beziehungen zu derartigen Staaten zu verlangen. Insoweit wird dann auch die gemeinsame Handelspolitik nach Art. 206 AEUV nicht durch Art. 2 Abs. 2 GRC gänzlich überlagert, ebenso wenig die Pflege auswärtiger Beziehungen;[128] insoweit enthält Art. 21 Abs. 2 EUV spezielle Ziele, welche die Festigung sowie Förderung der Menschenrechte (Buchst. b) umfassen.

70   Wie schon der Schutz der Menschenwürde muss auch das Recht des Lebens durch adäquate Maßnahmen der Union im Hinblick auf **Flüchtlinge** sichergestellt werden, handelt es sich doch um einen Grundwert der Union, der eng mit der Menschenwürde verknüpft ist. Allerdings werden sich daraus keine weitergehenden Folgerungen als schon aus der Menschenwürde ergeben. Über den Schutz der Menschenwürde wird damit im Rahmen von **humanitären Schutzmaßnahmen** der Union auf der Basis von Art. 78, 196, 222 und 352 AEUV, sofern die ersten drei Kompetenzen nicht ausreichen, auch der Lebensschutz sichergestellt.[129]

71   Bei der näheren **Ausfüllung des Umweltgrundrechts** (Art. 37 GRC), welches wie die sozialen Grundrechte im Allgemeinen auch einen bloßen Grundsatz darstellt, ist das

---

[122] S. o. Rn. 1.
[123] *Jarass*, GRCh, Art. 2 GRC, Rn. 4.
[124] *Jarass*, GRCh, Art. 2 GRC, Rn. 4.
[125] S. o. Rn. 26.
[126] Näher o. Art. 1 GRC, Rn. 66.
[127] *Jarass*, GRCh, Art. 2 GRC, Rn. 4 sowie Art. 19, Rn. 4.
[128] S. o. Rn. 59 f.
[129] S. daher näher o. Art. 1 GRC, Rn. 64 f.

Recht auf Leben mit hineinzulesen. Es sichert – wenn auch sehr begrenzt – insoweit das ökologische Existenzminimum, welches zum weiteren Überleben von Menschen notwendig ist, subjektiv-rechtlich ab.[130]

Auch bei der **EU-Gesundheitspolitik** (Art. 168 AEUV) ist das Recht auf Leben als   **72** Hintergrund zu wahren, wenngleich in Art. 168 AEUV nur von »Gesundheit« die Rede ist. Der Lebensschutz muss allerdings das Ziel jeder Gesundheitspolitik sein. Ansonsten tastet sie erst recht die körperliche Unversehrtheit an. Diese hat einen wesentlich weiteren Anwendungsbereich. Umso stärker müssen allerdings dann die Elemente geschützt sein, die schon den Lebensschutz bedrohen. Das kann daraus abgeleitet werden, dass zuerst das Recht auf Leben genannt wird und Letzteres auch in größerer Nähe zur Menschenwürde steht. Gleichwohl bilden diese beiden Rechte zusammen mit dem Recht auf körperliche Unversehrtheit nach Art. 3 GRC insgesamt eine umfassende Absicherung des **Lebens- und Gesundheitsschutzes**. Dieser ist im Rahmen der Gesundheitspolitik **adäquat zu verwirklichen**, soweit die lediglich koordinierenden und fördernden EU-Kompetenzen reichen.

Weitere Subjektivierungen bestehen dort insoweit, als aus den Grundfreiheiten na-   **73** mentlich die **Behandlung in anderen Mitgliedstaaten** abgeleitet werden kann.[131] Diese Ansprüche werden verstärkt, wenn schwerwiegende gesundheitliche Bedrohungen auftreten, zumal wenn sie sogar lebensbedrohlich sind. Insoweit kann dann auch das Recht auf Leben auf Ansprüche aus den Grundfreiheiten auf Heilbehandlung einwirken und diese entsprechend verstärken. Medizinisch notwendige Versorgung darf nicht vorenthalten werden.[132]

Umgekehrt darf **geschütztes Leben nicht Gegenstand von Handelsgeschäften** sein.   **74** Dadurch sind die Grundfreiheiten limitiert.[133]

---

[130] Näher o. Rn. 24 f.

[131] Einschränkend aber etwa EuGH, Urt. v. 13. 5. 2003, Rs. C–385/99 (Müller-Fauré und van Riet), Slg. 2003, I–4509, Rn. 77 ff.; näher *Frenz*, Handbuch Europarecht, Bd. 1, Rn. 3358 ff.

[132] *Borowsky*, in: Meyer, GRCh, Art. 2 GRC, Rn. 36.

[133] S. EuGH, Urt. v. 9. 10. 2001, Rs. C–377/98 (Niederlande/Parlament und Rat), Slg. 2001, I–7079, Rn. 73, 77; Urt. v. 18. 10. 2011, Rs. C–34/10 (Brüstle/Greenpeace), Slg. 2011, I–9821, Rn. 33 ff. sowie bereits o. Art. 1 GRC, Rn. 62 sowie auch Rn. 68 zur Forschungsförderung.

Artikel 3 GRC Recht auf Unversehrtheit

(1) Jede Person hat das Recht auf körperliche und geistige Unversehrtheit.

(2) Im Rahmen der Medizin und der Biologie muss insbesondere Folgendes beachtet werden:

– die freie Einwilligung der betroffenen Person nach vorheriger Aufklärung entsprechend den gesetzlich festgelegten Modalitäten,

– das Verbot eugenischer Praktiken, insbesondere derjenigen, welche die Selektion von Personen zum Ziel haben,

– das Verbot, den menschlichen Körper und Teile davon als solche zur Erzielung von Gewinnen zu nutzen,

– das Verbot des reproduktiven Klonens von Menschen.

Literaturübersicht

Albers, Die rechtlichen Standards der Biomedizin-Konvention des Europarates, EuR 2002, 801; *Berger*, Embryonenschutz und Klonen beim Menschen – Neuartige Therapiekonzepte zwischen Ethik und Recht, 2007; *Bernsdorff/Borowsky*, Die Charta der Grundrechte der Europäischen Union – Handreichungen und Sitzungsprotokolle, 2002; *Bernsdorff/Borowsky*, Der Grundrechtekonvent – Unveröffentlichte Arbeitsdokumente, Band 1 und 2, 2003; *Bublitz*, Der (straf-)rechtliche Schutz der Psyche, RW 2011, 28; *von Bubnoff*, Schwerpunkte strafrechtlicher Harmonisierung in Europa unter Berücksichtigung der Orientierungsvorgaben aus der Grundrechtscharta 2000, ZEuS 2001, 165; *Calliess/Meiser*, Menschenwürde und Biotechnologie: Die EG-Biopatentrichtlinie auf dem Prüfstand des europäischen Verfassungsrechts, JuS 2002, 426; Burgorgue-Larsen (Hrsg.), La France face à la Charte des droits fondamentaux de l'Union européenne, 2005; *Dujmovits*, Die EU-Grundrechtscharta und das Medizinrecht, RdM 2001, 72; *Frahm/Gebauer*, Patent auf Leben? – Der Luxemburger Gerichtshof und die Biopatent-Richtlinie, EuR 2002, 78; *Heselhaus/Marauhn*, Straßburger Springprozession zum Schutz der Umwelt/Ökologische Menschenrechte nach den Hatton-Entscheidungen des Europäischen Gerichtshofes für Menschenrechte, EuGRZ 2005, 549; *Jarass*, Die EU-Grundrechte, 2005; *Joerden*, Menschenleben: ethische Grund- und Grenzfragen des Medizinrechts, 2003 *Kern*, Die Bioethik-Konvention des Europarates – Bioethik versus Arztrecht?, MedR 1998, 485; *Kersten*, Das Klonen von Menschen. Eine verfassungs-, europa- und völkerrechtliche Kritik, T2004; *Knecht*, Die Charta der Grundrechte der Europäischen Union, 2005; *Kober*, Der Grundrechtsschutz in der Europäischen Union, 2008; *König*, Biomedizinkonvention des Europarates, EU und deutsches Organhandelsverbot, MedR 2005, 22; *Koenig/Müller*, EG-Rechtlicher Schutz biotechnologischer Erfindungen am Beispiel von Klonverfahren an menschlichen Stammzellen, EuZW 1999, 681; *König*, Biomedizinkonvention des Europarates, EU und deutsches Organhandelsverbot, MedR 2005, 22; *Meiser*, Biopatentierung und Menschenwürde, 2006; Merten/Papier (Hrsg.), Handbuch der Grundrechte in Deutschland und Europa – Band I: Entwicklung und Grundlagen, 2004; *Michalowski*, Health Care Law, in: Peers/Ward, The European Union Charter of Fundamental Rights, 2004; Mock/Demuro u. a. (Hrsg.), Human Rights in Europe – Commentary of the Charter of Fundamental Rights of the European Union, 2009; *Nowak*, U. N. Covenant on Civil and Political Rights – CCPR Commentary, 2005; *Nowak*, in: EU Network of Independent Experts on Fundamental Rights, Commentary of the Charter of Fundamental Rights of the European Union, Juni 2006, Article 3 (Online-Kommentar, abrufbar unter: www.ec.europa.eu/justice/fundamental-rights/networkcommentaryfinal.en.); *Sagmeister*, Die Grundsatznormen in der Europäischen Grundrechtecharta, 2010; *Schmidt*, Der Schutz der Menschenwürde als »Fundament« der EU-Grundrechtscharta unter besonderer Berücksichtigung der Rechte auf Leben und Unversehrtheit, ZEuS 2002, 631; *Schmittmann*, Rechte und Grundsätze in der Grundrechte-Charta, 2007; *Winkler*, Die Grundrechte der Europäischen Union, 2006; *Wolf*, Staatliche Steuerung der Biotechnologie am Beispiel des Klonens von Menschen, 2005.

Leitentscheidung

EuGH, Urt. v. 9.10.2001, Rs. C–377/98 (Niederlande u. a./Parlament und Rat), Slg 2001, I–7079.

Wesentliche sekundärrechtliche Vorschrift

Richtlinie 98/44/EG des Europäischen Parlaments und des Rates vom 6.7.1998 über den rechtlichen
   Schutz biotechnologischer Erfindungen, ABl. 1998, L 213/13.

Inhaltsübersicht   Rn.

A. Bedeutung und systematischer Überblick

Art. 3 schützt mit dem **Recht** jedes Menschen **auf körperliche und geistige Unversehrt-**   1
heit ein basales Grundrecht. Seine **grundlegende Bedeutung** wird im engen Zusammenhang mit dem **Recht auf Leben** nach Art. 2 GRC sowie der **Menschenwürde** gemäß
Art. 1 GRC deutlich.[1] Die Vorschrift umfasst in ihren beiden Absätzen **zwei Gewähr-**
leistungselemente, deren Zuordnung – ein umfassendes Grundrecht oder mehrere Verbürgungen – in der Literatur umstritten ist.[2] Nach überzeugender Auffassung handelt es
sich um ein einheitliches Menschenrecht, das in Abs. 1 einen europäischen Verfassungskonsens wiedergibt und in seinem 2. Absatz in Befolgung des in Abs. 4 der Präambel der
Grundrechtecharta vorgegebenen Auftrages, die Grundrechte angesichts »der wissenschaftlichen und technologischen Entwicklung« zu stärken, teilweise Neuland betritt. In
dieser Hinsicht ist der 2. Absatz Ausdruck eines **Minimalkonsenses**, der einer Weiterentwicklung durch die Rechtsprechung nicht entgegensteht (s. Rn. 9, 17).[3] Daraus folgt eine
spezifische Gewährleistungsstruktur: der Schutz des **Wesensgehaltes**, der teilweise in
Abs. 2 ausdrücklich niedergelegt worden ist, sowie eine damit korrespondierende ausdrückliche **grundrechtliche Verbürgung** in Abs. 2 und eine nicht ausdrückliche Verbür-

---

[1] Der Zusammenhang wird deutlich im Verbot von Folter und unmenschlicher oder erniedrigender
Strafe oder Behandlung gem. Art. 4 GRC, das in seinem rigiden Schutz gerade vor entsprechenden
Eingriffen in die körperliche und geistige Unversehrtheit eine Ausprägung des Schutzes der Men-
schenwürde darstellt, *Calliess*, in: Calliess/Ruffert, EUV/AEUV, Art. 4 GRC, Rn. 1.

[2] *Jarass*, GRCh, Art. 3 GRC, Rn. 1; *Schmittmann*, S. 99; wohl auch *Nowak*, in: Mock/Demuro,
Human Rights in Europe – Commentary of the Charter of Fundamental Rights of the European Union,
2010, S. 37.

[3] Aufschlussreich sind die rechtsvergleichenden Betrachtungen und die Hinweise auf die Entstehungsgeschichte bei *Borowsky*, in: Meyer, GRCh, Art. 3 GRC, Rn. 1 ff. und 6 ff.

gung der genetischen Unversehrtheit in Form eines **Grundsatzes** nach Art. 52 Abs. 5 GRC (s. Rn. 11).

2   In dem der **Schutzbereich** in Art. 3 GRC **ausdrücklich** auf die **körperliche und geistige Unversehrtheit** bezogen worden ist, hat sich eine Ausdehnung auf den Schutz der **genetischen Unversehrtheit** nicht durchsetzen können.[4] Doch darf deshalb der mit dieser Normierung erreichte Fortschritt nicht gering erachtet werden, denn im Vergleich mit internationalen allgemeinen Menschenrechtsverbürgungen, wie der EMRK und des IPbpR, die beide keine entsprechende ausdrückliche Gewährleistung kennen, stellt dies jenseits der nationalen Verfassungsebene einen klaren Zugewinn an grundrechtlicher Gewährleistung dar. Diese Entwicklung ist allerdings in der **Rechtsprechung** des EuGH vorgespurt worden, der bereits **1998** vor der feierlichen nicht-rechtsverbindlichen Erklärung der Grundrechtecharta das Bestehen eines »Rechts auf Unversehrtheit der Person« grundsätzlich anerkannt hat.[5] **Praktische Bedeutung** erlangt dieses Grundrecht – neben den in Abs. 2 adressierten Situationen (s. Rn. 3) – nicht nur im Dienstrecht bei Verletzungen, sondern in den Bereichen der Migrationsregulierung, des Asyls, der Bekämpfung der Kriminalität und möglicher Militäreinsätze.[6]

3   Art. 3 Abs. 2 GRC fügt dem Abs. 1 Konkretisierungen für die **Bereiche Medizin und Biologie** bzw. Bioethik hinzu. Die **nicht abschließende Aufzählung** nennt die **freie Einwilligung** eines Betroffenen, sowie drei **Verbote** und zwar bezüglich eugenischer Praktiken, der Nutzung des menschlichen Körpers zur Gewinnerzielung und des reproduktiven Klonens von Menschen. Ihre Aufnahme stellt einen **Kompromiss** nach langen Auseinandersetzungen im Grundrechte-Konvent dar, dessen **Tragweite** in der Literatur **umstritten** ist (s. Rn. 11 ff.). Dieser ist insofern zukunftsweisend, als der Konvent sich auf einen **Grundstandard** hat einigen können, der nach zutreffender Ansicht einem absoluten Schutz unterliegt, und damit die interpretatorischen Auswirkungen dieses **Schutzkerns** – der auch als minima moralia oder als europäischer ordre public bezeichnet wird – der Entwicklung in der Praxis, insbesondere der Rechtsprechung zugänglich gemacht hat (s. Rn. 11).

4   **Systematisch** steht die Gewährleistung in Art. 3 GRC in Nähe zum separat erwähnten **Verbot der Folter** nach Art. 4 GRC. Sie tritt dahinter als **subsidiäre** Gewährleistung zurück.[7] Inhaltlich besteht ferner ein enger Zusammenhang mit dem **Recht auf Leben** nach Art. 2 GRC.[8] Die in Art. 3 GRC angelegten Bezüge zum wissenschaftlichen und technologischen Fortschritt stellen im Sinne des Abs. 4 Präambel GRC eine erforderliche Weiterentwicklung der Grundrechte angesichts neuer Gefährdungslagen, die von der technologischen und wissenschaftlichen Entwicklung ausgehen können. Insoweit handelt es sich um ein **ergänzendes Korrektiv** zum Ziel der EU nach Art. 3 Abs. 3 Satz 2 EUV, den **wissenschaftlichen und technologischen Fortschritt** zu fördern.[9]

---

[4] S. CHARTE 4149/00 CONVENT 13 vom 8.3.2000, in der die genetische Unversehrtheit nach langer Diskussion im Grundrechtekonvent nicht ausdrücklich aufgeführt worden ist.

[5] EuGH, Urt. v. 9.10.2001, Rs. C–377/98 (Niederlande u.a./Parlament und Rat), Slg. 2001, I–7079, Rn. 78, auch wenn es im konkreten Fall nicht zur Anwendung gekommen ist.

[6] *Borowsky*, in: Meyer, GRCh, Art. 3 GRC, Rn. 38.

[7] *Calliess*, in: Calliess/Ruffert, EUV/AEUV, Art. 3 GRC, Rn. 7.

[8] Art. 3 GRC wird von Art. 2 GRC verdrängt, siehe *Jarass*, GRCh, Art. 3 GRC, Rn. 4.

[9] Das neu eingefügte Ziel der Förderung des wissenschaftlichen und technischen Fortschritts steht sowohl mit der Forschungspolitik (Art. 179 ff. AEUV), als auch mit dem Grundrecht der Wissenschaftsfreiheit (Art. 13 GRC) in Zusammenhang, *Calliess*, in: Calliess/Ruffert, EUV/AEUV, Art. 3 EUV, Rn. 40.

Im Vergleich mit umfassenden **internationalen menschenrechtlichen Abkommen** ent- 5
hält zwar die EMRK keine ausdrückliche Verbürgung der körperlichen und geistigen
Unversehrtheit, doch hat der EGMR in ständiger Rechtsprechung das Recht auf Achtung
des **Privat- und Familienlebens** nach **Art. 8 EMRK** weit ausgelegt, so dass auch der
Schutz der physischen und psychischen Integrität erfasst wird.[10] Insoweit kommt Art. 52
Abs. 3 GRC zur Anwendung, der den Schutz unter der EMRK als **Mindestschutzstan-
dard** im Rahmen der Grundrechtecharta festlegt.[11] Ferner enthält die EMRK für erheb-
liche Eingriffe in die körperliche und geistige Unversehrtheit ein absolutes **Verbot der
Folter** sowie der unmenschlichen und erniedrigenden Behandlung in **Art. 3 EMRK**. In
engem Zusammenhang damit steht der Schutz des **Rechts auf Leben** nach **Art. 2 EMRK**.
Auf universeller Ebene fehlt es unter dem IPbpR ebenfalls an einem ausdrücklichen
Schutz der körperlichen und geistigen Unversehrtheit.[12] Doch werden auch in diesem
Menschenrechtsabkommen schwere Eingriffe in die Unversehrtheit durch die Gewähr-
leistung eines **absoluten Folterverbots in Art. 7 IPbpR** und des **Rechts auf Leben nach
Art. 6 IPbpR** erfasst.[13] Hinzu tritt das Recht auf Sicherheit gemäß Art. 9 IPbpR.[14] Ferner
wird in der Literatur in Anlehnung an die EMRK vertreten, dass der **Schutz des Privatlebens** nach Art. 17 IPbpR auch vor Eingriffen in die körperliche und geistige Unversehrtheit schützen müsse.[15] Dieser Überblick zeigt, dass es einen breiten **internationalen
Konsens** zur Anerkennung eines Rechts auf körperliche und geistige Unversehrtheit im
Sinne des Art. 3 Abs. 1 GRC gibt. **Nicht** erfasst wird in den internationalen Menschenrechtsverbürgungen ein **Recht auf genetische Unversehrtheit**, wie es vom Grundrechtekonvent schließlich auch nicht ausdrücklich in Art. 3 Abs. 1 GRC aufgenommen worden ist (s. aber zu Abs. 2 Rn. 25).[16]

Im Hinblick auf die **Konkretisierungen** des Rechts auf Unversehrtheit in den Berei- 6
chen **Medizin und Biologie** in Art. 3 Abs. 1 GRC bestehen mehrere internationale Abkommen. Dazu zählt insbesondere das Übereinkommen zum Schutz der Menschenrechte und der Menschenwürde im Hinblick auf die Anwendung von Biologie und Medizin vom 4.4.1997 (**Biomedizinkonvention**),[17] die zu biomedizinischen Fragen
Stellung nimmt. Ferner sind die **vier Zusatzprotokolle** zur Biomedizinkonvention zu
nennen, das Zusatzprotokoll über das **Verbot des Klonens von menschlichen Lebewesen**

---

[10] EGMR Urt. v. 25.3.1993, Beschwerde – Nr. 13134/87 (Costello-Roberts/Vereinigtes Königreich), (im Internet abrufbar unter: http://www.echr.coe.int); EGMR, Urt. v. 6.2.2001, Beschwerde –
Nr. 44599/98 (Bensaid/Vereinigtes Königreich), (im Internet abrufbar unter: http://www.echr.coe.
int); s. Meyer-Ladewig, EMRK, Art. 8 EMRK, Rn. 12. Zu kurz daher *Borowsky*, in: Meyer, GRCh,
Art. 3 GRC, Rn. 33 ff., der wegen der nicht ausdrücklichen Erwähnung eine »Lücke« im Schutz durch
die EMRK zu erkennen meint.

[11] Der Verweis auf die EMRK ist dynamisch angelegt, *Streinz/Michl*, in: Streinz, EUV/AEUV,
Art. 52 GRC, Rn. 2.

[12] *Borowsky*, in: Meyer, GRCh, Art. 3 GRC, Rn. 4.

[13] *Nowak*, CCPR Commentary, Art. 7, Rn. 1.

[14] *Nowak*, CCPR Commentary, Art. 9, Rn. 9; Human Rights Committee, Decision v. 12.7.1990,
Communication No. 195/1985.

[15] *Nowak*, CCPR Commentary, Art. 17, Rn. 20 und 24 f.

[16] S. CHARTE 4149/00 CONVENT 13 vom 8.3.2000.

[17] Die Biomedizinkonvention wurde bislang von Deutschland weder gezeichnet noch ratifiziert,
siehe dazu den aktuellen Stand auf der Homepage des Europarats unter http://www.coe.int/
de/web/conventions/full-list/–/conventions/treaty/164/signatures (12.1.2016); zu den rechtlichen
Standards der Biomedizinkonvention siehe *Albers*, Die rechtlichen Standards der Biomedizin-Konvention des Europarates, EuR 2002, 801.

vom 12. 1. 1998,[18] das Zusatzprotokoll über die **Transplantation menschlicher Organe und Gewebe zum Übereinkommen vom 24. 1. 2002,**[19] das Zusatzprotokoll über **biomedizinische Forschung** vom 25. 1. 2005[20] sowie das noch nicht in Kraft getretene Zusatzprotokoll über **Gentests** zu gesundheitlichen Zwecken vom 27. 11. 2008.[21] Diese Konventionen sind aber **nicht** von allen Mitgliedstaaten **ratifiziert** worden, so dass sie (noch) nicht nach Art. 53 GRC einen Mindestschutzstandard darstellen.[22] Ferner ist auf die rechtlich zwar unverbindlichen, für die Eruierung eines gemeineuropäischen Konsenses aber hilfreichen **Erklärungen der UNESCO zum menschlichen Genom und zur Bioethik** hinzuweisen.[23]

7   Im systematischen Vergleich der **nationalen Verfassungen** zeigt sich, dass fast ausnahmslos ein Grundrecht auf **körperliche und geistige Unversehrtheit** gewährleistet wird.[24] Teilweise wird darüber hinaus auch die »genetische Identität der Persönlichkeit« geschützt.[25] Andere Verfassungen widmen sich ausdrücklich der **bioethischen Problematik**, zum Teil bestehen **Verbote** des Klonens des Menschen und der gewinnorientierten Nutzung des menschlichen Körpers.[26] Dieser systematische Überblick zeigt, dass der Grundrechtekonvent und der Vertrag von Lissabon durchaus über einen **Minimalstandard** an grundrechtlicher Verbürgung der Unversehrtheit hinausgegangen sind und den grundrechtlichen Schutz im Sinne der Präambel der Grundrechtecharta **fortentwickelt** haben.[27]

B.   Entstehungsgeschichte

8   Bis zum Lissabonner Vertrag enthielt das EU-Recht **keine ausdrückliche Verbürgung** eines Grundrechts auf Unversehrtheit. Allerdings hat der **EuGH** ein Recht auf Unversehrtheit im Grundsatz bereits **1998** anerkannt. Dabei konnte er sich auf die von ihm praktizierte Ermittlung **ungeschriebener Grundrechte** aus den Verfassungsüberlieferungen der Mitgliedstaaten stützen. Dieses Vorgehen ist seit dem Maastricht Vertrag in Art. F Abs. 2 EUV, heute Art. 6 Abs. 3 EUV primärrechtlich anerkannt. Bereits anlässlich des **Vertrages von Nizza** ist dann in Art. 3 der Grundrechtecharta die grundrecht-

---

[18] Zusatzprotokoll zum Übereinkommen zum Schutz der Menschenrechte und der Menschenwürde im Hinblick auf die Anwendung von Biologie und Medizin über das Verbot des Klonens von menschlichen Lebewesen vom 12. 1. 1998.
[19] Zusatzprotokoll zum Übereinkommen über Menschenrechte und Biomedizin bezüglich der Transplantation von menschlichen Organen und Gewebe vom 24. 1. 2002.
[20] Zusatzprotokoll zum Übereinkommen über Menschenrechte und Biomedizin betreffend biomedizinische Forschung vom 25. 1. 2005.
[21] Zusatzprotokoll zur Konvention über Menschenrechte und Biomedizin betreffend der Gentests zu gesundheitlichen Zwecken vom 27. 11. 2008.
[22] Siehe dazu den aktuellen Stand auf der Homepage des Europarats unter http://www.coe.int/de/web/conventions/full-list/–/conventions/treaty/164/signatures (12. 1. 16).
[23] Allgemeine Erklärung über das menschliche Genom und Menschenrechte vom 11. 11. 1997; Internationale Erklärung über humangenetische Daten vom 16. 10. 2003; Allgemeine Erklärung über Bioethik und Menschenrechte vom 19. 10. 2005 (abrufbar unter https://www.unesco.de/wissenschaft/bioethik/bioethik-erklaerungen.html (12. 1. 16)).
[24] *Borowsky*, in: Meyer, GRCh, Art. 3 GRC, Rn. 2.
[25] So z. B. in Art. 26 Abs. 3 der portugiesischen Verfassung und Art. 5 Abs. 5 der griechischen Verfassung.
[26] So z. B. Art. III Abs. 2 und 3 des ungarischen Grundgesetzes.
[27] Siehe Abs. 4 der GRCh-Präambel.

liche Verbürgung zunächst politisch anerkannt worden, bis sie im **Lissabonner Vertrag** Eingang in das **Primärrecht** gefunden hat.

Entsprechend dem **breiten Konsens** in den Verfassungen der Mitgliedstaaten im Hin- **9** blick auf die **Gewährleistung der körperlichen und geistigen Unversehrtheit** gab es im Grundrechtekonvent diesbezüglich schnell Übereinstimmung.[28] Doch es entzündete sich eine lebhafte Diskussion darüber, inwieweit eine **genetische Unversehrtheit** ge- schützt werden sollte.[29] Im Ergebnis einigte man sich auf einen **Kompromiss**, der in Abs. 1 der Vorschrift das klassische Verständnis ausdrückt und dieses in Abs. 2 um be- sondere Elemente im Hinblick auf Medizin und biologische Forschung und Entwicklung ergänzt.

In der **Praxis** ist das Recht auf Unversehrtheit im Dienstrecht der EU bei Schäden aus **10** **Dienstunfällen** relevant geworden.[30] Ferner hat die **Biotechnologie-Richtlinie** dem EuGH Anlass gegeben, im Grundsatz ein Recht auf Unversehrtheit anzuerkennen, das »im Bereich der Medizin und der Biologie die **unbeeinflusste Zustimmung** des Spenders und des Empfängers [von Bestandteilen des menschlichen Körpers] in voller Kenntnis der Sachlage umfasst«.[31] Auf diese Entscheidung verweisen die Charta-Erläuterungen.[32]

C.   Gewährleistungsgehalte

I.   Grundrechtscharakter

Über den **Grundrechtscharakter** von Art. 3 GRC besteht eine heftige **Kontroverse**. **11** Mehrheitlich wird die Verbürgung als **Grundrecht** angesehen,[33] teilweise wird ihr im Hinblick auf ihren Absatz 2 lediglich die Qualität eines Grundsatzes nach Art. 52 Abs. 5 GRC zuerkannt,[34] so dass es für eine verbindliche Verbürgung der Umsetzung durch den Gesetzgeber bedürfte. Vereinzelt wird die Vorschrift sowohl als Grundrecht als auch als Grundsatz eingestuft.[35] Der inhaltliche Hintergrund der Kontroverse besteht darin, dass es um die Bewertung neuer Fragen, insbesondere des **Schutzes der genetischen Unver-** **sehrtheit**, geht, zu denen nur in begrenztem Umfang ein ethischer Konsens unter den Mitgliedstaaten gegeben ist, der als Grundlage einer grundrechtlichen Gewährleistung politisch erforderlich wäre. Eine vergleichbare Problematik stellt im regionalen Men- schenrechtsschutz die Auseinandersetzung um ein sog. Recht auf den eigenen Tod dar. Diesbezüglich hat der Gerichtshof der EMRK die Anerkennung eines solchen Men- schenrechts unter der EMRK abgelehnt, da insofern kein ausreichender Konsens unter den Konventionsparteien festgestellt werden könne.[36] Vor diesem Hintergrund wird die

---

[28] CHARTE 4112/2/00 REV 2 BODY 4; *Borowsky*, in: Meyer, GRCh, Art. 3 GRC, Rn. 7 ff.

[29] CHARTE 4112/2/00 REV 2 BODY 4; *Borowsky*, in: Meyer, GRCh, Art. 3 GRC, Rn. 10 ff., 15 ff.

[30] EuGH, Urt. v. 9. 9.1999, Rs. C–257/98 P (Lucaccioni/Kommission), Slg. 1999, I–5251.

[31] EuGH, Urt. v. 9. 10. 2001, Rs. C–377/98 (Niederlande/Parlament und Rat), Slg. 2001, I–7079, Rn. 70 und 78.

[32] Erläuterungen zur Charta der Grundrechte, ABl. 2007, C 303/17.

[33] *Calliess*, in: Calliess/Ruffert, EUV/AEUV, Art. 3 GRC, Rn. 1 und 10; *Jarass*, EU-GR, S. 127; *Jarass*, GRCh, Art. 3 GRC, Rn. 2; *Sagmeister*, Die Grundsatznormen in der Europäischen Grund- rechtecharta, 358; *Schmittmann*, S. 99 f.; *Knecht*, S. 157 f.

[34] *Kober*, S. 99 m. w. N., vgl. *Borowsky*, in: Meyer, GRCh, Art. 3 GRC, Rn. 40.

[35] So *Borowsky*, in: Meyer, GRCh, Art. 3 GRC, Rn. 40.

[36] Ausführlich *Borowsky*, in: Meyer, GRCh, Art. 3 GRC, Rn. 7 ff. mit Nachweisen auf die Kon- vents-Dokumente.

in Art. 3 GRC vom Grundrechtekonvent gefundene **Lösung** mit der unterschiedlichen Aussagekraft der Regelungen in den beiden Absätzen besser verständlich: **Abs. 1** enthält ein den überwiegenden mitgliedstaatlichen Verfassungen wohlvertrautes **Grundrecht**. Eine ausdrückliche **Erweiterung** auf den Schutz der genetischen Unversehrtheit hat sich **nicht** durchsetzen können.[37] **Abs. 2** enthält insbesondere **Verbote**, die – nicht abschließend – wichtige **Teile des Wesensgehalts** kennzeichnen. Ihr Umfang und mögliche Implikationen für den Schutzbereich nach Abs. 1 sind umstritten. Zwar hat sich für die in Abs. 2 aufgeführten absoluten Verbote im Konvent ein Konsens bilden können, doch endet die Übereinstimmung an den Grenzen dieser **eng begrenzten Verbote**. Über diesen Minimalkonsens hinaus war strittig, ob andere Handlungen mit geringerer Eingriffsintensität überhaupt als Beschränkungen des Schutzbereichs aufgefasst werden können.[38] Es handelt sich daher insofern um **Grundsätze** in der Terminologie des Art. 52 Abs. 5 GRC, deren **konkrete Ausgestaltung** dem Gesetzgeber überantwortet ist. Sofern in der Literatur versucht wird, aus den in Abs. 2 enthaltenen Fragmenten ein geschlossenes Gewährleistungsgebäude zu entwickeln, können Friktionen zur Entstehungsgeschichte im Konvent entstehen (s. Rn. 23 ff.). Manche Autoren wollen die Weiterentwicklung dieser Fragmente der **Rechtsprechung** überantworten.[39] Grundsätzlich ist das möglich, da die Grundrechtecharta in Übereinstimmung mit der EMRK **dynamisch** angelegt ist, ein »living instrument« darstellt. Doch kann eine überzeugende Weiterentwicklung des Grundrechtsschutzes in der EU nicht dezisionistisch erfolgen, sondern nur über die **Methode der wertenden Rechtsvergleichung**, wie sie der EuGH für die Herausarbeitung der ungeschriebenen EU-Grundrechte vor dem Lissabonner Vertrag entwickelt hat. In der Konsequenz bedeutet dies für Art. 3 GRC, dass dieser zum einen grundrechtliche Gewährleistungen enthält, nämlich in der ausdrücklichen Gewährleistung in Abs. 1 und in den Verboten des Abs. 2, die Elemente des Wesensgehalts festlegen. In dem dazwischen verbleibenden Raum, etwa für den Schutz der genetischen Unversehrtheit liegt eine **Gewährleistung als Grundsatz** nach Art. 52 Abs. 5 GRC vor. Damit ist klargestellt, dass die betreffenden Gewährleistungen nicht gleichzeitig als Grundrecht und Grundsatz qualifiziert werden können, sondern dass dies nur **alternativ** für bestimmte Bestandteile der Gewährleistung möglich ist.[40] Deren Reichweite ist jeweils für die einzelnen Bereiche herauszuarbeiten (s. Rn. 23 ff.).

12   Auf der Grundlage der voranstehenden dogmatischen Überlegungen ergibt sich für die Verbürgungen in Art. 3 Abs. 2 GRC folgende Qualifizierung: Buchst. a enthält eine Regelung über die einen Eingriff ausschließende Einwilligung. Deren nähere Ausgestaltung wird ausdrücklich dem Gesetzgeber überantwortet, so dass lediglich das **Erfordernis einer Einwilligung grundrechtlich** gesichert ist, die **Ausgestaltungsvorgabe** aber eine Verbürgung als **Grundsatz** darstellt (s. Rn. 26). Die drei **Verbote** in Buchst. b-d stellen Ausprägungen des **Wesensgehalts** dar. Eine Rechtfertigung von Eingriffen ist nicht möglich. Als strenge Verbürgungen werden sie gemäß der Einschätzung im Konvent **eng ausgelegt**. Nur für Buchst. c kann eine unmittelbare Drittwirkung zwischen Privaten angenommen werden (s. Rn. 20, 24). Als Wesensgehalte geben sie einen Hinweis auf den **Umfang des Schutzbereichs** des Art. 3 GRC insgesamt. Doch nur für die in

---

[37] S. CHARTE 4149/00 CONVENT 13 vom 8. 3. 2000.
[38] *Borowsky*, in: Meyer, GRCh, Art. 3 GRC, Rn. 8 ff.
[39] *Borowsky*, in: Meyer, GRCh, Art. 3 GRC, Rn. 34.
[40] In der englischen Literatur zu den Menschenrechten unter dem IPwskR werden entsprechende Verbürgungen als hybrid law bzw. – sehr anschaulich – als »zebra-law« bezeichnet, s. dazu *Heselhaus*, AVR 2009, 93.

Abs. 1 ausdrücklich angesprochenen Bereiche liegt eine Gewährleistung als **Grundrecht** vor, im Übrigen (genetische Unversehrtheit) handelt es sich um **Grundsätze** nach Art. 52 Abs. 5 GRC.

Das **Recht auf körperliche und geistige Unversehrtheit** nach Art. 3 GRC weist ver-   **13** schiedene **Gewährleistungsgehalte** auf. In seiner klassischen Ausprägung ist es zunächst ein **Abwehrrecht** gegenüber der hoheitlichen Ebene.[41] Zugleich treffen die hoheitlichen Ebenen **Schutzpflichten**, dies gilt sowohl im Hinblick auf Körperverletzungen unter Abs. 1 als auch im Hinblick auf die Verbote in Abs. 2 der Vorschrift. Es ist hervorzuheben, das sich daraus **kein Kompetenzzuwachs** der Unionsebene ableiten lässt.[42] Darüber hinaus ist in Übereinstimmung mit der Auslegung der EMRK und des IPbpR davon auszugehen, dass für eine **Grundversorgung zum Schutz der Gesundheit** ein **Teilhaberecht** besteht, das sich im Extremfall zu einem **Leistungsanspruch** verdichten kann.[43] Soweit Art. 3 GRC Verbürgungen **als Grundrecht** und nicht lediglich als Grundsätze enthält, sind diese **unmittelbar anwendbar**.[44]

II. Sachlicher Schutzbereich

Der **sachliche Schutzbereich** umfasst eingedenk der ausdrücklichen Zuweisung in Art. 3   **14** Abs. 1 GRC die **körperliche und geistige Unversehrtheit**. Schon vor Inkrafttreten der Charta hatte der EuGH diese Verbürgung als u**ngeschriebenes EU-Grundrecht** anerkannt.[45] Die **körperliche Unversehrtheit** betreffen Einwirkungen auf den Körper im **biologisch-physiologischen Sinne** und entsprechend auf die Gesundheit.[46] Auf die **Zielrichtung** der Einwirkung kommt es zunächst nicht an, so dass, wie unter dem Grundgesetz auch ein **ärztlicher Heileingriff** ohne vorherige Einwilligung erfasst wird.[47] Dementsprechend kommt es auch nicht auf einen bestimmten »gesunden« Zustand des Körpers der betreffenden Person an. Vielmehr werden auch die Körper **erkrankter oder verletzter Personen** geschützt.[48] Die Einwirkung muss eine bestimmte **Relevanzschwelle** überschreiten,[49] nicht jedes Element eines subjektiven »Wohlbefindens« wird geschützt. Unter der EMRK ist z.B. darauf abgestellt worden, ob eine Person »directly and seriously affected by noise or other pollution« war.[50] Insoweit kann auch **nicht** generell auf die sehr weite Definition der menschlichen Gesundheit durch die **WHO** als »Zustand des vollständigen körperlichen, geistigen und sozialen Wohlbefindens« abgestellt werden.[51] Geschützt wird unter der abwehrrechtlichen Funktion der **gesund-**

---

[41] *Calliess*, in: Calliess/Ruffert, EUV/AEUV, Art. 3 GRC, Rn. 10; *Jarass*, GRCh, Art. 3, Rn. 2.

[42] Vgl. *Calliess*, in: Calliess/Ruffert, EUV/AEUV, Art. 3 GRC, Rn. 19, zu den limitierten einschlägigen Rechtsetzungskompetenzen der EU.

[43] Vgl. die zurückhaltende Stellungnahme bei *Jarass*, GRCh, Art. 3 GRC, Rn. 2, die den Leistungsaspekt mit der Schutzpflicht umschreibt.

[44] Vgl. zu den Verboten in Art. 3 Abs. 2 GRCh; *Jarass*, GRCh, Art. 3 GRC, Rn. 3.

[45] EuGH, Urt. v. 9.10.2001, Rs. C–377/98 (Niederlande u.a./Parlament und Rat), Slg. 2001, I–7079, Rn. 70 78 ff.

[46] Vgl. *Rengeling/Szczekalla*, Grundrechte, § 12, Rn. 615.

[47] Zum Ausschluss des Eingriffs bei Einwilligung s. Rn. 26.

[48] *Rixen*, in Heselhaus/Nowak, Handbuch der Europäischen Grundrechte, § 11, Rn. 5.

[49] *Borowsky*, in: Meyer, GRCh, Art. 3 GRC, Rn. 36.

[50] EGMR, Urteil v. 8.7.2003, Beschwerde – Nr. 36022/97, Rn. 96 f. zu einem Eingriff in das Recht auf Schutz der Privatsphäre nach Art. 8 EMRK. Wie hier *Calliess*, in: Calliess/Ruffert, EUV/AEUV, Art. 3 GRC, Rn. 4 und 6; offengelassen bei *Jarass*, GRCh, Art. 3 GRC, Rn. 5.

[51] *Calliess*, in: Calliess/Ruffert, EUV/AEUV, Art. 3 GRC, Rn. 4; *Borowsky*, in: Meyer, GRCh, Art. 3 GRC, Rn. 36.

heitliche Bestand.[52] Insofern bestehen auch **Schutzpflichten gegenüber Einwirkungen seitens Dritter.** Eine (mögliche) **Verbesserung** des gesundheitlichen Zustandes ist der EU zwar primärrechtlich politisch aufgegeben,[53] für eine entsprechende grundrechtliche Gewährleistung erscheint aber **Art. 34 Abs. 1 GRC spezieller,** der insofern auf die Ausgestaltung in den Mitgliedstaaten verweist.[54] Der Schutz der körperlichen Unversehrtheit kann auch **umweltrechtliche Schutzmaßnahmen** verlangen. Erforderlich ist zunächst eine entsprechend **starke Einwirkung** in den Schutzbereich. Sodann kommt der EU bzw. den Mitgliedstaaten bei der Umsetzung ein **erheblicher Spielraum** zu. Im Vergleich hat der EGMR unter Art. 8 EMRK zwar in Einzelfällen eine **grundrechtliche Dimension** des Umweltschutzes **anerkannt,** doch ist eine Verdichtung zu konkreten Maßnahmen dort nur in besonderen Fallkonstellationen angenommen worden.[55] In der EU dürfte die derzeitige Umweltpolitik bei aller Kritik im Detail[56] den grundrechtlichen Vorgaben genügen. Für die Mitgliedstaaten kann bei der Durchführung des EU-Umweltrechts ein nur begrenzter Spielraum eröffnet sein, doch besteht in der Praxis nur ein geringer Bedarf für einen Rückgriff auf die grundrechtliche Verbürgung in der Charta, weil der EuGH in ständiger Rechtsprechung den Einzelnen relativ weitgehend Klagerechte zur Erzwingung der Umsetzung umweltrechtlicher Maßnahmen einräumt.[57] Das Potenzial von Art. 3 GRC zu einem ökologischen Menschenrecht[58] wird auf seine Entfaltung warten müssen.

15   Die Gewährleistung der **geistigen Unversehrtheit** geht über die verfassungsrechtlichen Verbürgungen in einigen Mitgliedstaaten hinaus.[59] Mit dieser Verbürgung bestehen erst wenige praktische Erfahrungen. Keineswegs kommt dem EuGH ein »erheblicher Auslegungsspielraum« zu.[60] Vielmehr wird er in Parallele zur Herleitung der ungeschriebenen Grundrechte die Grenzen dieser Verbürgung sorgfältig insbesondere unter Beachtung der **wertenden Rechtsvergleichung** erarbeiten müssen. Anhaltspunkte kann die Rechtsprechung des EGMR zum Schutz des Privatlebens nach Art. 8 EMRK in Bezug auf die psychische Integrität des Menschen geben.[61] Der Wortlaut weist jedenfalls auf eine unabhängige Verbürgung neben der körperlichen Unversehrtheit hin. Daher wird man **nicht** zwingend eine **körperliche Auswirkung** psychischer Einwirkungen verlangen können. Allerdings reicht auch **nicht** jede Beeinträchtigung des **psychischen Wohlbefindens** aus. In Parallele zur körperlichen Unversehrtheit ist eine psychisch relevante Folge erforderlich, die einen gewissen pathologischen Wert haben muss.[62] Beispiele für

---

[52] *Rixen,* in: Heselhaus/Nowak, Handbuch der Europäischen Grundrechte, § 11, Rn. 11, spricht vom status quo.

[53] S. Art. 6 Satz 2 Buchst. a und Art. 168 Abs. 1, Art. 191 Abs. 1 AEUV.

[54] Vgl. *Rixen,* in Heselhaus/Nowak, Handbuch der Europäischen Grundrechte, § 11, Rn. 11; a. A. wohl *Borowsky,* in: Meyer, GRCh, Art. 3 GRC, Rn. 36.

[55] *Heselhaus/Marauhn,* EuGRZ 2005, 549.

[56] S. *Epiney,* Umweltrecht der Europäischen Union, 3. Aufl. 2013, Kap., Rn. 36 ff.; *Schröder,* in: Rengeling, EUDUR I, § 9, Rn. 25; *Appel,* Staatliche Zukunfts- und Entwicklungsvorsorge, 2005, S. 214; *Meßerschmidt,* Europäisches Umweltrecht, § 2 Rn. 18 ff.; vgl. die Forderung nach einer substanziellen Ökologisierung der EU-Sektorpolitiken in *Kahl,* Umweltprinzip, S. 27.

[57] EuGH, Urt. v. 25.7.2008, Rs. C–237/07 – Janecek/Freistaat Bayern, ECLI:EU:C:2008:447.

[58] Dies betont *Borowsky,* in: Meyer, GRCh, Art. 3, Rn. 38.

[59] S. die Nachweise bei *Borowsky,* in: Meyer, GRCh, Art. 3, Rn. 33 zu Schweden und Deutschland.

[60] So aber *Borowsky,* in: Meyer, GRCh, Art. 3, Rn. 34.

[61] S. *Bublitz,* RW 2011, 28, 54 ff.

[62] Vgl. *Rixen,* in: Heselhaus/Nowak, Handbuch der Europäischen Grundrechte, § 11, Rn. 10, der einen psychiatrisch pathologischen Krankheitswert fordert.

entsprechende Einwirkungen sind Mobbing, Stalking, Praktiken einer »Gehirnwäsche«[63] oder eine ungerechtfertigte psychiatrische Zwangsbehandlung.[64] Die **Abgrenzung** zum Schutz der körperlichen Unversehrtheit kann im Einzelfall Probleme aufwerfen, doch führen diese nicht zu unterschiedlichen rechtlichen Konsequenzen, da der gewährte Schutz vergleichbar ist.[65]

Der Schutzbereich ist von anderen Gewährleistungen in der Charta **abzugrenzen**. Die **16** **allgemeine Verbesserung des Gesundheitsschutzes** wird in Art. 35 GRC über den Zugang zu Gesundheitseinrichtungen verbürgt. Zum Teil wird diese Verbürgung als lex specialis eingestuft.[66] Dem ist jedoch entgegenzuhalten, dass Art. 35 GRC lediglich »Grundsätze« i. S. d. Art. 52 Abs. 5 GRC garantiert und daher der weitergehende Schutz unter Art. 3 GRC im Überschneidungsfall, d. h. soweit Art. 3 GRC einen Teilhabe- oder Leistungsanspruch gewährt, **nicht verdrängt** werden kann.[67] Ferner ist darauf hinzuweisen, dass sich **weitergehende Berechtigungen** aus den Gewährleistungen der **Freizügigkeit** in Art. 45 GRC bzw. Art. 21 AEUV bzw. aus den **Grundfreiheiten**, insbesondere Art. 45 AEUV ergeben können.[68] Lebensgefährliche Gesundheitsgefahren können unter das **Recht auf Leben** nach Art. 2 GRC fallen, welcher dem Recht aus Art. 3 GRC vorgeht.[69] Gleichfalls leges speciales sind die **Verbote von Folter und unmenschlicher oder erniedrigender Behandlung** nach Art. 4 GRC.[70]

Die **genetische Unversehrtheit** wird in Art. 3 GRC **nicht umfassend** grundrechtlich **17** geschützt. Eine solche Erweiterung des Schutzbereichs ist im Konvent klar **abgelehnt** worden.[71] Zwar ist gleichfalls festzuhalten, dass Art. 3 Abs. 2 Buchst. d GRC mit dem **Verbot des Klonens** bestimmte Eingriffe in die genetische Unversehrtheit absolut im Sinne eines Wesensgehalts verbietet, doch kann daraus nicht auf einen entsprechend weiten Schutzbereich geschlossen werden, ohne die entstehungsgeschichtliche Auslegung unangemessen zu vernachlässigen. Die Lösung besteht vielmehr darin, dass Art. 3 GRC den Schutz der genetischen Unversehrtheit über die Essentialia eines Wesensgehalts hinaus lediglich als **Grundsatz** verbürgt und damit der gesetzlichen Ausgestaltung überantwortet.[72]

---

[63] *Rixen*, in: Heselhaus/Nowak, Handbuch der Europäischen Grundrechte, § 11, Rn. 10; *Borowsky*, in: Meyer, GRCh, Art. 3 GRC, Rn. 36 und 37.

[64] *Borowsky*, in: Meyer, GRCh, Art. 3 GRC, Rn. 37 nennt die zwangsweise Einweisung. Indes bedarf es in Parallele zum Recht auf körperliche Unversehrtheit nicht zwingend des damit verbundenen schweren Eingriffs in die Bewegungsfreiheit.

[65] *Jarass*, GRCh, Art. 3 GRC, Rn. 5.

[66] S. *Rixen* in Heselhaus/Nowak, Handbuch der Europäischen Grundrechte, § 11, Rn. 10; *Jarass*, GRCh, Art. 3 GRC, Rn. 4; *Calliess*, in: Calliess/Ruffert, EUV/AEUV, Art. 3 GRC, Rn. 7.

[67] Ähnlich *Jarass*, GRCh, Art. 3 GRC, Rn. 4, der aber in Art. 35 lediglich für dessen Satz 2 einen Grundsatz annehmen möchte, obgleich Satz 1 ausdrücklich auf die »einzelstaatlichen Rechtsvorschriften und Gepflogenheiten« verweist.

[68] Vgl. *Jarass*, GRCh, Art. 3 GRC, Rn. 4.

[69] *Jarass*, GRCh, Art. 3 GRC, Rn. 4.

[70] *Jarass*, GRCh, Art. 3 GRC, Rn. 4.

[71] *Bernsdorff/Borowsky*, Die Charta der Grundrechte der Europäischen Union, S. 135 f., 144 f., 173 f., 272 f.; *Bernsdorff/Borowsky*, Der Grundrechtekonvent, S. 113 ff.

[72] *Borowsky*, in: Meyer, GRCh, Art. 3 GRC, Rn. 40 will den Verboten in Art. 3 Abs. 2 GRC einen Doppelcharakter zuerkennen als Grundrecht und zugleich als Grundsatz. Insgesamt für einen Grundrechtscharakter dagegen *Jarass*, GRCh, Art. 3 GRC, Rn. 2 und *Calliess*, in: Calliess/Ruffert, EUV/AEUV, Art. 3 GRC, Rn. 1, 12 ff.

III. Persönlicher Schutzbereich

18 Geschützt werden alle **natürlichen Personen**. Es handelt sich um ein Menschenrecht, das **keine besonderen Qualifizierungen** voraussetzt, wie etwa eine Einsichtsfähigkeit.[73] Die Grundrechtsträgerschaft hängt weder von psychischen, noch von physischen oder geistigen Fähigkeiten ab. Der Schutz kommt dem Menschen um seiner selbst willen zu.[74] Da das Grundrecht seinem Sinn nach **nicht auf juristische Personen** anwendbar ist, fallen diese aus dem persönlichen Schutzbereich heraus.[75] Fraglich ist, ob auch das **werdende Leben** als Grundrechtsträger in Betracht kommt.[76] Diese Frage ist auch unter dem Grundrecht auf Leben nach Art. 2 GRC umstritten,[77] weil es diesbezüglich keinen Konsens unter den Mitgliedstaaten gibt.[78] So hat auch der EGMR die Beantwortung dieser Frage in den Beurteilungsspielraum der Mitgliedstaaten verwiesen.[79] Völlig aus dem Schutzbereich fällt es jedenfalls nicht, da das in Art. 3 Abs. 2 GRC verbotene Klonen gerade auch bei Ungeborenen möglich ist.[80] In der Literatur zeichnet sich zumindest ab, dass – in deutlicher, aber unausgesprochener Anlehnung an die Rechtsprechung des BVerfG[81] – diesbezüglich ein **objektiv-rechtlicher Schutz** des Grundrechts anzuerkennen ist.[82] Ob der EuGH in dieser schwierigen und in den Mitgliedstaaten heftig umstrittenen Frage über diesen kompromisshaften Schutz hinausgehen wird, erscheint äußerst zweifelhaft.[83]

IV. Verpflichtete

19 Grundsätzlich **verpflichtet** das Grundrecht nach Art. 3 GRC die **EU** und alle ihre **Stellen** in Übereinstimmung mit Art. 51 GRC. Eingriffe können sowohl durch **rechtsetzende** als auch durch **ausführende** und **rechtsprechende** Stellen erfolgen. Insbesondere entfalten die in Art. 3 Abs. 2 GRC enthaltenen Verbote sowie das Mindesterfordernis einer Einwilligung bei medizinischen Eingriffen (s. Rn. 26) **unmittelbare Wirkung**.[84] Die EU verfügt im Bereich der Forschung und technologischen Entwicklung sowie des Gesundheitsschutzes und der Medizin über **begrenzte Kompetenzen**. Daher ist besonders her-

---

[73] *Höfling*, in: Tettinger/Stern, EuGRCh, Art. 3 GRC, Rn. 4; *Borowsky*, in: Meyer, GRCh, Art. 3 GRC, Rn. 35.

[74] *Borowsky*, in: Meyer, GRCh, Art. 3 GRC, Rn. 35.

[75] *Jarass*, GRCh, Art. 3 GRC, Rn. 6.

[76] Zweifelnd und für einen Schutz aufgrund der objektiv-rechtlichen Dimension plädierend *Jarass*, GRCh, Art. 3 GRC, Rn. 6.

[77] Bejahend *Höfling*, in: Tettinger/Stern EuGRCh, Art. 2 GRC, Rn. 21; *Rixen*, in Heselhaus/Nowak, Handbuch der Europäischen Grundrechte, § 10, Rn. 18; ablehnend *Schmidt*, ZEuS 2002, 631, 644; ebenso *Borowsky*, in: Meyer, GRCh, Art. 2 GRC, Rn. 30; zweifelnd *Jarass*, GRCh, Art. 2 GRC, Rn. 6.

[78] *Borowsky*, in: Meyer, GRCh, Art. 2 GRC, Rn. 30.

[79] EGMR (Große Kammer), Urt. v. 8.7.2004, Beschwerde-Nr. 53924/00 (Vo/Frankreich), NJW 2005, 727; EGMR (Große Kammer), Urt. v. 10.4.2007, Beschwerde-Nr. 6339/05 (Evans/Vereinigtes Königreich), NJW 2008, Rn. 46.

[80] *Borowsky*, in: Meyer, GRCh, Art. 3 GRC, Rn. 35, dort Fn. 453.

[81] So erstmals BVerfGE 39, 1, zu den verfassungsrechtlichen Grenzen der Strafbarkeit des Schwangerschaftsabbruchs.

[82] *Jarass*, GRCh, Art. 3 GRC, Rn. 6; *Borowsky*, in: Meyer, GRCh, Art. 3 GRC, Rn. 35.

[83] Vgl. aber *Borowsky*, in: Meyer, GRCh, Art. 3 GRC, Rn. 35 der die Entscheidung als »der Judikatur des EuGH überlassen« ansieht. Überzeugender ist es auf die wertende Rechtsvergleichung der Verfassungsüberlieferungen der Mitgliedstaaten abzustellen.

[84] Vgl. *Jarass*, GRCh, Art. 3 GRC, Rn. 3.

vorzuheben, dass diese Kompetenzen gemäß Art. 51 Abs. 2 GRC **nicht** durch die inhaltliche Adressierung dieser Bereiche im Grundrecht **ausgeweitet** werden.[85] Ferner werden auch die **Mitgliedstaaten** und ihre **Stellen** durch die Gewährleistung verpflichtet. Dies bezieht sich grundsätzlich auf die **Durchführung** des Unionsrechts,[86] dürfte aber im Rahmen der absoluten Verbote des Abs. 2 auch im übrigen Anwendungsbereich der Verträge gelten.

Nach allgemeiner Ansicht entfalten die Verbürgungen in der Grundrechtscharta eine **20** **mittelbare Drittwirkung**, die über die Beachtung der grundrechtlichen Wertungen bei der **Gesetzesinterpretation** und entsprechender **Schutzpflichten** der EU bzw. der Mitgliedstaaten umgesetzt wird.[87] Hingegen wird eine direkte Verpflichtung für Private im Sinne einer **unmittelbaren Drittwirkung** mehrheitlich grundsätzlich verneint.[88] Diese Sicht verweist auf die Verbürgungen in der EMRK, die – typisch für völkerrechtliche Vorschriften – nur die Konventionsstaaten verpflichten. Demgegenüber ist aber festzuhalten, dass der EuGH in ständiger Rechtsprechung darauf hinweist, dass sich das Unionsrecht insofern vom Völkerrecht unterscheidet, als es grundsätzlich auch den Einzelnen in den Blick nimmt.[89] Folglich kann eine solche unmittelbare Drittwirkung nicht kategorisch abgelehnt werden, sondern ist durch Auslegung zu ermitteln. Diese Aufgabe stellt sich für alle **absoluten Verbote** des Art. 3 Abs. 2 GRC. Das Verbot, den menschlichen Körper und Teile davon als solche zur Erzielung von Gewinnen zu nutzen, zielt insbesondere auf entsprechende Verträge zwischen Privaten ab. Aufgrund dieser **typischen Gefährdungslage** liegt es nahe, jedenfalls für Art. 3 Abs. 2 Buchst. c GRC eine unmittelbare Drittwirkung zu **bejahen** (s. Rn. 24).

D.   Beschränkungen und Rechtfertigung

Für die Beurteilung von **Beschränkungen** (Eingriffen) und deren möglichen **Rechtferti-** **21** **gungen** gelten grundsätzlich die **allgemeinen Regeln** nach Art. 52 Abs. 1 GRC. Jedoch enthält Art. 3 Abs. 2 GRC diesbezüglich Sonderregelungen, die vorrangig zu beachten sind.

I.   Beschränkungen

Beschränkungen des Schutzbereichs sind alle **Einwirkungen** in den Schutzbereich der **22** **körperlichen und geistigen Unversehrtheit**, die oberhalb der **Erheblichkeitsschwelle** liegen (s. Rn. 14).[90] Damit werden in diesen Gewährleistungsbereichen auch Verstöße gegen die besonderen Vorgaben des Art. 3 Abs. 2 GRC erfasst. Das gilt auch, soweit letztere Vorschrift Verbote erhält, die die genetische Unversehrtheit betreffen. Be-

---

[85] *Jarass*, GRCh, Art. 3 GRC, Rn. 3.

[86] *Jarass*, GRCh, Art. 3 GRC, Rn. 3.

[87] Vgl. zu Art. 3 *Jarass*, GRCh, Art. 3 GRC, Rn. 3.

[88] *Höfling*, in: Tettinger/Stern, EuGRCh, Art. 3 GRC, Rn. 12; vorsichtig *Jarass*, GRCh, Art. 3 GRC, Rn. 3.

[89] So grundlegend EuGH Urt. v. 6. 10. 1970, Rs. 9/70 (Grad/Finanzamt Traunstein), Slg. 1970, 825, zur Herleitung der unmittelbaren Wirkung für Rechte des Einzelnen.

[90] *Borowsky*, in: Meyer, GRCh, Art. 3 GRC, Rn. 36; *Winkler*, Die Grundrechte der Europäischen Union, 2006, S. 378; *Jarass*, GRCh, Art. 3 GRC, Rn. 26; a. A. *Calliess*, in: Calliess/Ruffert, EUV/AEUV, Art. 3 GRC, Rn. 9, der einen Bagatellvorbehalt ablehnt.

schränkungen der genetischen Unversehrtheit unterhalb des Kontrollstrahls dieser Verbote sind hingegen **keine unmittelbaren Grundrechtseingriffe**, da Art. 3 GRC insoweit lediglich einen Grundsatz enthält, der der Ausgestaltung durch den Gesetzgeber bedarf (zu den Einzelheiten s. Rn. 23 ff.). Die aus Art. 3 GRC folgende **Schutzpflicht** gebietet, dass bereits **Gefährdungen** erfasst werden, sofern sie eine ausreichende Qualität aufweisen.[91] Eingriffe können sowohl durch **aktives Tun** der Grundrechtsverpflichteten erfolgen als auch durch **Unterlassen** der Wahrnehmung positiver Schutzpflichten.[92]

23   **Besondere Beschränkungen** werden in Art. 3 Abs. 2 Buchst. b-d GRC angesprochen, die **keiner Rechtfertigung zugänglich** sind, da es sich um Teile des Wesensgehalts handelt (s. Rn. 29). Die Reichweite des **Verbotes eugenischer Praktiken** nach **Art. 3 Abs. 2 Buchst. b GRC** ist umstritten.[93] Auswirkungen hat dies auf der Unionsebene z. B. im Rahmen der Forschungsförderung. Die **zielgerichtete »Selektion von Menschen«** wird ausdrücklich als ein Beispiel erwähnt. Damit werden schwere Verbrechen wie in der Zeit des Nationalsozialismus ebenso erfasst, wie »ethnische Säuberungen« und andere nach Art. 7 Abs. 1 lit. g Statut des Internationalen Strafgerichtshofes verbotene Praktiken, die auf **breitenwirksame Zwangsprogramme** abzielen.[94] Zutreffend wird in der Literatur darauf hingewiesen, dass die beispielhafte Erwähnung auch Hinweise auf die **Eingriffsschwere** gibt, die das absolute Verbot auslöst.[95] Unter der gebotenen engen Auslegung (s. Rn. 12) dürften strikt **freiwillige staatliche Programme**, die der Beseitigung von schweren **Erbkrankheiten** dienen, nicht erfasst werden.[96] Ferner sind nach zutreffender Ansicht auch **private Praktiken**, die ohne staatlichen Zwang vorgenommen werden, nicht erfasst.[97] Die umstrittene Praxis der sog. **Keimbahninterventionen** erfordert jedenfalls beim Einsatz zur **Bekämpfung schwerer Erbkrankheiten** eine schwierige Grenzziehung des Anwendungsbereichs.[98]

24   **Art. 3 Abs. 2 Buchst. c GRC** enthält das »Verbot, den menschlichen Körper und Teile davon als solche zur Erzielung von Gewinnen zu nutzen«. Damit wird der **Handel und jede Kommerzialisierung des Umgangs mit Körperteilen und dem menschlichen Körper** an sich untersagt. Inhaltlich ist die Vorschrift Art. 16.1 und Art. 16.5 des französischen Code Civil und Art. 21 der Biomedizinkonvention nachgebildet.[99] Das Verbot **ergänzt** den Schutz der körperlichen Unversehrtheit nach Art. 3 Abs. 1 GRC, in dem es ihn auf eine bestimmte, der eigentlichen Verletzung der Unversehrtheit in der Regel **nachfolgende Art und Weise des Umgangs** mit dem Schutzgut ausdehnt. Zugleich wird diesbezüglich ein absolutes Verbot aufgestellt, so dass man von einer **ausdrücklichen parti-**

---

[91] Im Ergebnis ebenso *Rengeling/Szczekalla*, Grundrechte, § 12, Rn. 615; *Jarass*, GRCh, Art. 3 GRC, Rn. 7.
[92] Allgemeine Ansicht s. nur *Jarass*, GRCh, Art. 3 GRC, Rn. 10 m. w. N.
[93] Vgl. *Borowsky*, in: Meyer, GRCh, Art. 3 GRC, Rn. 44 und *Höfling* in: Tettinger/Stern, EuGRCh, Art. 3 GRC, Rn. 19.
[94] *Borowsky*, in: Meyer, GRCh, Art. 3 GRC, Rn. 44; *Calliess*, in: Calliess/Ruffert, EUV/AEUV, Art. 3 GRC, Rn. 14.
[95] *Calliess*, in: Calliess/Ruffert, EUV/AEUV, Art. 3 GRC, Rn. 14.
[96] *Borowsky*, in: Meyer, GRCh, Art. 3 GRC, Rn. 44 nennt die auf Zypern durchgeführten Programme zur Verhinderung der weiteren Ausbreitung der Thalassämie, einer vererbten Blutkrankheit.
[97] *Borowsky*, in: Meyer, GRCh, Art. 3 GRC, Rn. 44; *Calliess*, in: Calliess/Ruffert, EUV/AEUV, Art. 3 GRC, Rn. 14.
[98] Für ein Verbot *Höfling* in: Tettinger/Stern, EuGRCh, Art. 3 GRC, Rn. 19; *Borowsky*, in: Meyer, GRCh, Art. 3 GRC, Rn. 44; abwägend *Joerden*, Menschenleben: ethische Grund- und Grenzfragen des Medizinrechts, 2003, S. 99.
[99] Näher dazu *Borowsky*, in: Meyer, GRCh, Art. 3 GRC, Rn. 45.

ellen Bestimmung des Wesensgehalts des Grundrechts nach Art. 3 GRC ausgehen muss.[100] Diese ist **eng auszulegen.**[101] Dies entspricht dem rechtsvergleichend vorsichtigen Umgang mit der Bestimmung des Wesensgehalts von Grundrechten[102] und folgt aus der Entstehungsgeschichte, der zufolge man sich im Konvent nach langer Auseinandersetzung nur auf ein zwingendes Minimum an Schutz einigen konnte.[103] In diesem Sinne kommt der **Begrenzung** der im Übrigen relativ weit gefassten Vorschrift durch den **Zusatz »als solche«** große Bedeutung zu. Inhaltliches Kernanliegen der Vorschrift ist das **Verbot des kommerziellen Organhandels.** Dieser wird umfassend, inklusive eines etwaigen **Zwischenhandels,** erfasst.[104] **Nicht** verboten ist hingegen die **unentgeltliche Organspende,** da es insofern an der Gewinnerzielungsabsicht fehlt. Folglich wird auch nicht der **Übergang von Eigentumsrechten** an Körperteilen erfasst,[105] sofern er nicht im synallagmatischen Austauschverhältnis mit einem Kaufvertrag steht. Da der soziale Akt der Organspende nicht übermäßig erschwert werden soll, ist es zulässig, wenn in Art. 12 Geweberichtlinie[106] ein gewisser **Aufwendungsersatz** gewährt werden kann. Dieser muss allerdings so bemessen sein, dass die Grenze zum Gewinn nicht überschritten wird.[107] Der **Verkauf von Fingernägeln und Haaren,** der z. B. zur Herstellung von Medikamenten, aber zum Teil auch in der Coiffeur-Branche erforderlich bzw. üblich ist, wird nach überzeugender Ansicht nicht erfasst. In der Literatur wird diesbezüglich eine »Relevanzschwelle« als Einschränkung in die Diskussion eingebracht.[108] Der Grund dürfte aber eher darin liegen, dass es sich um nachwachsende Teile des menschlichen Körpers handelt, die von Zeit zu Zeit sowieso abgetrennt werden und daher nach dem Sinn und Zweck ein absolutes Verbot nicht geboten erscheint. Da das Verbot nur den Handel mit dem Körper oder Teilen desselben »als solche« betrifft, wird die **Prostitution nicht erfasst,** bei der die betreffende Person in der Regel eine weitergehende Dienstleistung erbringt und ihren eigenen Körper als solchen behält.[109] Ein Gleiches dürfte für die **Leihmutterschaft** gelten. Diese ist nach rechtsvergleichenden Untersuchungen nicht in allen Mitgliedstaaten verboten.[110] Mangels jeglicher entsprechender Hinweise ist nicht davon auszugehen, dass die betreffenden Mitgliedstaaten diese Praktiken mit der Zustimmung zur Grundrechtecharta verbieten wollten. Sofern in der Literatur demgegenüber aus Art. 3 Abs. 2 Buchst. c GRC ein Verbot der entgeltlichen Leihmutterschaft abgeleitet wird,[111] besteht die Gefahr, dass ein augenscheinlich nicht bestehender Konsens zwischen den Mitgliedstaaten im Wege der Interpretation fingiert werden soll.

---

[100] S. die Wertung bei *Calliess,* in: Calliess/Ruffert, EUV/AEUV, Art. 3 GRC, Rn. 21.

[101] Im Ergebnis ebenso *Jarass,* GRCh, Art. 3 GRC, Rn. 14.

[102] *Kokott,* in: Merten/Papier, Handbuch der Grundrechte in Deutschland und Europa, S. 74 ff.; *Mock/Demuro,* Human Rights in Europe, S. 327.

[103] *Borowsky,* in: Meyer, GRCh, Art. 3 GRC, Rn. 40.

[104] *Borowsky,* in: Meyer, GRCh, Art. 3 GRC, Rn. 45.

[105] Vgl. *Borowsky,* in: Meyer, GRCh, Art. 3 GRC, Rn. 46.

[106] Richtlinie 2004/23/EG des Europäischen Parlaments und des Rates vom 31.3.2004 zur Festlegung von Qualitäts- und Sicherheitsstandards für die Spende, Beschaffung, Testung, Verarbeitung, Konservierung, Lagerung und Verteilung von menschlichen Geweben und Zellen, ABl. 2004, L 102/48.

[107] *Borowsky,* in: Meyer, GRCh, Art. 3 GRC, Rn. 45.

[108] *Borowsky,* in: Meyer, GRCh, Art. 3 GRC, Rn. 45.

[109] S. zur Problematik der Prostitution *Calliess,* in: Calliess/Ruffert, EUV/AEUV, Art. 3 GRC, Rn. 15.

[110] S. die Auflistung des MPI für ausländisches und internationales Strafrecht unter https://meddb.mpicc.de/show_all.php. (12.1.16) Zulässig ist die Leihmutterschaft etwa in Belgien und in den Niederlanden.

[111] *Borowsky,* in: Meyer, GRCh, Art. 3 GRC, Rn. 45.

25   Auch das in **Art. 3 Abs. 2 Buchst. d GRC** aufgestellte **Verbot des reproduktiven Klonens von Menschen** gilt **absolut** und lässt **keine Rechtfertigung** einer Beeinträchtigung zu. Es steht in enger Verbindung zur Gewährleistung der **Menschenwürde** in Art. 1 GRC und ist **Teil des Wesensgehalts** der Garantie im Sinne des Art. 52 Abs. 1 GRC.[112] Die Gewährleistung ist Art. 1 des Zusatzprotokolls zur Biomedizinkonvention (ZP BMK) nachgebildet.[113] Als absolutes Verbot ist es **eng auszulegen**. Daher ist in Übereinstimmung mit der Auslegung von Art. 1 ZP BMK der Umfang auf die **Schaffung identischer menschlicher Lebewesen** beschränkt. In diesem Fall ist der Eingriff in die Menschenwürde durch die Bedrohung der Identität besonders stark. Bereits die Vervielfältigung von Genen und Zellen zum **Zweck** der Schaffung identischer Lebewesen ist verboten. Dagegen wird das **therapeutische Klonen** von Gewebeteilen, die als Teile mit dem Ursprungsmaterial identisch sind, nicht vom Verbot erfasst.[114] Dies folgt zum einen aus der **geringeren Eingriffsintensität**. Zum andern erfolgt das therapeutische Klonen in **Ausführung des Schutzauftrags** nach Art. 2 bzw. Art. 3 GRC und kann damit der Rechtfertigung offen stehen. Vergleichbares gilt für die **Embryonenforschung**.[115] Sofern diese Frage nicht vom Grundrecht der körperlichen Unversehrtheit (Entnahme von Gewebeteilen) erfasst wird, folgt aus der Wesensgehaltsgarantie in Art. 3 Abs. 2 Buchst. d GRC lediglich, dass insofern Schutz in Form eines **Grundsatzes** nach Art. 52 Abs. 5 GRC gewährleistet wird, d.h. die Schutzintensität richtet sich nach der einfachgesetzlichen Ausgestaltung in der Union bzw. in den Mitgliedstaaten.[116] Für andere Formen des Klonens errichtet Art. 3 Abs. 2 GRC mithin kein absolutes Verbot.[117] Damit ist aber nicht ausgeschlossen, dass andere Formen unter die Gewährleistung der Menschenwürde nach Art. 1 GRC fallen können.[118] Dies dürfte bspw. für die Schaffung hybrider Mensch-Tier-Wesen gelten, da diese den potenziellen Menschenwürdeschutz in Frage stellen würden.

26   Grundsätzlich verlangt **Art. 3 Abs. 2 Buchst. a GRC** für **medizinische oder biologische Eingriffe** die »**freie Einwilligung** des Betroffenen nach vorheriger Aufklärung«. In der Sache geht es bei dieser Regelung um den Eingriffsbegriff. Die freie Einwilligung nach ausreichender Information (**prior informed consent**) schließt wie auch in der deutschen Grundrechtsschutzdogmatik einen Eingriff in den Schutzbereich aus.[119] Zu beachten ist in **systematischer** Hinsicht, dass die nachfolgenden Verbote insofern **spezielle Regelungen** zu Art. 3 Abs. 2 Buchst. a GRC enthalten. Ihnen ist als Wesensgehaltsbe-

---

[112] *Kokott*, in: Merten/Papier, Handbuch der Grundrechte in Deutschland und Europa – Band I: Entwicklung und Grundlagen 74 ff., a. A. *Kingreen*, in: Calliess/Ruffert, EUV/AEUV, Art. 52 GRC, Rn. 64, der die Rechtsprechungspraxis des EuGH dahingehend deutet, dass die Frage des Wesensgehalts ein Unterfall der Verhältnismäßigkeitsprüfung sei.

[113] *Borowsky*, in: Meyer, GRCh, Art. 3 GRC, Rn. 46.

[114] *Calliess*, in: Calliess/Ruffert, EUV/AEUV, Art. 3 GRC, Rn. 16.

[115] *Mock/Demuro* u. a., Human Rights in Europe, S. 24. Vergleiche zur Regelung der Embryonenforschung in Mitgliedstaaten *Berger*, S. 183 ff.

[116] Vgl. *Calliess*, in: Calliess/Ruffert, EUV/AEUV, Art. 3 GRC, Rn. 16, der zutreffend darauf hinweist, dass ein Verbot des therapeutischen Klonens seinerseits ein Eingriff in Art. 2 bzw. Art. 3 GRC wäre.

[117] Vgl. *Borowsky*, in: Meyer, GRCh, Art. 3 GRC, Rn. 46; *Jarass*, GRCh, Art. 3 GRC, Rn. 17.

[118] Dies folgt bereits aus dem nicht abschließenden Charakter der Aufzählung in Art. 3 Abs. 2 GRC. Zu weit gehend daher *Borowsky*, in: Meyer, GRCh, Art. 3 GRC, Rn. 46. Art. 3 Abs. 2 enthält eine Wesensgehaltsbestimmung in Bezug auf das Grundrecht auf körperliche und geistige Unversehrtheit, nicht aber eine umfassende Bestimmung des Schutzbereichs der (absolut) geschützten Menschenwürde.

[119] *Calliess*, in: Calliess/Ruffert, EUV/AEUV, Art. 3 GRC, Rn. 13.

stimmung in Ausprägung der Menschenwürdegarantie eigen, dass der Einzelne **keine Dispositionsbefugnis** über diese eng geschützten Bereiche hat.[120] So erscheint insbesondere das Verbot des Handels mit Teilen des eigenen Körpers als ein zulässiger Eingriff in die unternehmerische Freiheit nach Art. 16 GRC. Die **Einzelheiten** des geforderten »prior informed consens« werden der »gesetzlichen« Festlegung überantwortet. Daraus wird in der Literatur teilweise gefolgert, dass es sich insofern lediglich um eine Gewährleistung als **Grundsatz** im Sinne des Art. 52 Abs. 5 GRC handle.[121] Dem ist aber entgegenzuhalten, dass das Konzept einer Einwilligung, die den Eingriffscharakter einer Maßnahme beseitigt, zwingend in der Vorschrift vorgegeben wird. Dem einfachen Gesetzgeber wird nur aufgegeben die Einzelheiten zu regeln, **wann** eine »**freie**« Einwilligung vorliegt und welche Anforderungen an die – ebenfalls grundsätzlich verpflichtend vorgeschriebene – **Aufklärung** zu stellen sind.[122]

II. Rechtfertigungen

1. Gesetzesvorbehalt

Grundsätzlich kann die grundrechtliche Gewährleistung nach Art. 3 Abs. 1 GRC nur nach Maßgabe von Art. 52 Abs. 1 GRC **eingeschränkt** werden.[123] Inhaltlich können sich die Vorgaben an der Rechtsprechung des EGMR zum teilweise einschlägigen Schutz des Privatlebens nach Art. 8 EMRK und dem entsprechenden Schutz in den Verfassungsüberlieferungen der Mitgliedstaaten orientieren.[124] Damit bedarf ein Eingriff einer **gesetzlichen Grundlage**.[125] Diese muss **hinreichend bestimmt** sein. Die **Anforderungen** an die Bestimmtheit steigen mit der Schwere des Eingriffs, insbesondere mit einer **größeren Nähe zu den absoluten Verboten** des Art. 3 Abs. 2 GRC. Auch ohne weitere gesetzliche Grundlage gelten die Verbote nach Art. 3 Abs. 2 Buchst. b-d GRC unmittelbar (s. Rn. 29).

27

2. Legitimes Ziel und Verhältnismäßigkeit

Nach den allgemeinen Bestimmungen des Art. 52 Abs. 1 GRC sind Einschränkungen zugunsten von **Zielen des Gemeinwohls** bzw. zum **Schutz der Rechte anderer** zulässig.[126] Zudem muss der Eingriff verhältnismäßig, d. h. geeignet, erforderlich und angemessen sein.[127] Aufgrund der Weite des Schutzbereichs von Art. 3 Abs. 1 GRC kann nicht generell eine strenge Prüfung verlangt werden,[128] sondern nur im Verhältnis zur Eingriffsintensität.

28

[120]Im Ergebnis ebenso *Jarass*, GRCh, Art. 3 GRC, Rn. 9; vgl. *Calliess*, in: Calliess/Ruffert, EUV/AEUV, Art. 3 GRC, Rn. 13.
[121]So wohl *Borowsky*, in: Meyer, GRCh, Art. 3 GRC, Rn. 43, der einen Gesetzgebungsauftrag zur näheren Ausgestaltung erkennt.
[122]*Calliess*, in: Calliess/Ruffert, EUV/AEUV, Art. 3 GRC, Rn. 13; *Borowsky*, in: Meyer, GRCh, Art. 3 GRC, Rn. 43; *Jarass*, GRCh, Art. 3 GRC, Rn. 9.
[123]*Höfling*, in: Tettinger/Stern, EuGRCh, Art. 3 GRC, Rn. 15; *Rixen*, in Heselhaus/Nowak, Handbuch der Europäischen Grundrechte, § 11, Rn. 28.
[124]Vgl. Art. 52 Abs. 3 und 4 GRC.
[125]*Jarass*, GRCh, Art. 3 GRC, Rn. 11.
[126]*Jarass*, GRCh, Art. 3 GRC, Rn. 12.
[127]*Calliess*, in: Calliess/Ruffert, EUV/AEUV, Art. 3 GRC, Rn. 25; *Jarass*, GRCh, Art. 3 GRC, Rn. 13.
[128]So aber in der Tendenz *Voet van Vormizeele*, in: Schwarze, EU-Kommentar, Art. 3, Rn. 5; *Frenz*, Handbuch Europarecht Bd. 4, Rn. 961.

3. Wesensgehaltsgarantie

29 **Art. 3 Abs. 2 Buchst. b-d GRC** enthält **weitere Schranken** für Einschränkungen des Schutzbereichs. Die dort aufgeführten **absoluten Verbote** stellen **Teilbestimmungen des Wesensgehalts** von Art. 3 GRC dar.[129] Zu beachten ist, dass aus den dort enthaltenen Verboten zum Schutz der **genetischen Unversehrtheit** keine erweiternde Auslegung des Grundrechts nach Art. 3 Abs. 1 GRC folgt, sondern dass eingedenk der Entstehungsgeschichte und der insofern unterschiedlichen Verfassungsüberlieferungen der Mitgliedstaaten insoweit eine Verbürgung als **Grundsatz** im Sinne des Art. 52 Abs. 5 GRC vorliegt, die der Konkretisierung durch den Gesetzgeber auf Ebene der Union bzw. der Mitgliedstaaten offen stehen. Als absolute Verbote sind die betreffenden Vorgaben **eng zu interpretieren**.[130] Da sie unter dieser Vorgabe unmittelbar anwendbar sind, bedürfen sie keiner gesetzlichen Grundlage.[131] Die Einzelheiten sind unter den Erläuterungen der damit verbundenen Eingriffe (s. Rn. 23–25) kommentiert worden.

---

[129] Wie hier *Jarass*, GRCh, Art. 3 GRC, Rn. 14; vgl. grundsätzlich zur Bedeutung des Wesensgehaltes unter Art. 52 GRC *Kingreen*, in: Calliess/Ruffert, EUV/AEUV, Art. 52 GRC, Rn. 64.

[130] *Jarass*, GRCh, Art. 3 GRC, Rn. 14.

[131] Wie hier *Jarass*, GRCh, Art. 3 GRC, Rn. 14.

Artikel 4   GRC Verbot der Folter und unmenschlicher oder erniedrigender Strafe oder Behandlung

Niemand darf der Folter oder unmenschlicher oder erniedrigender Strafe oder Behandlung unterworfen werden.

Literaturübersicht

Bielefeldt, Das Folterverbot im Rechtsstaat, 2004; *ders.*, Menschenwürde und Folterverbot, 2007; *Bruha/Steiger*, Das Folterverbot im Völkerrecht, 2006; *Cassese*, Prohibition of torture and inhuman or degrading treatment or punishment, in: MacDonald/Matscher/Petzold (Hrsg.), The European system for the protection of human rights, 1993, S. 225; *Esser*, Art. 3 EMRK (Art. 7 IPBPR), in: Löwe/Rosenberg (Hrsg.), StPO, Band 11, EMRK, IPBPR, 26. Aufl., 2012; *EU Network of Independent Experts on Fundamental Rights*, Commentary of the Charta of Fundamental Rights of the European Union, 2006; *Evans*, Getting to grips with torture, I. C. L. Q. 2002, 365; *Grabenwarter/Pabel*, Europäische Menschenrechtskonvention, 5. Aufl., 2012; *Harris/O'Boyle/Warbrick*, Law of the European Convention on Human Rights, 2. Aufl., 2009; *Kälin/Künzli*, Universeller Menschenrechtsschutz, 3. Aufl., 2013; *Krammer*, Menschenwürde und Art. 3 EMRK, 2012; *Kriebaum*, Folterprävention in Europa, 2000; *Morgan/Evans*, Bekämpfung der Folter in Europa, 2003; *M. Nowak*, Challenges to the absolute nature of the prohibition of torture and ill-treatment, NQHR 23 (2005), 674; *ders.*, Das Folterverbot – Der Beitrag von Rudolf Machacek und Franz Matscher zur Interpretation von Art. 3 EMRK, FS Machacek und Matscher, 2008, S. 323; *Olivetti*, Article 4 – Prohibition of torture and inhuman or degrading treatment or punishment, in: Mock (Hrsg.), Human Rights in Europe. Commentary on the Charter of Fundamental Rights of the European Union, 2010, S. 26; *Peters/Altwicker*, EMRK, 2. Aufl., 2012; *Prosenjak*, Der Folterbegriff nach Art. 3 EMRK, 2011; *Ress*, Supranationaler Menschenrechtsschutz und der Wandel der Staatlichkeit, ZaöRV 64 (2004), 621; *Schilling*, Internationaler Menschenrechtsschutz, 2. Aufl., 2010; *Villiger*, Neuere Entwicklungen in der Rechtsprechung des Europäischen Gerichtshofs für Menschenrechte zu Artikel 3 EMRK, in: Thürer (Hrsg.), EMRK: Neuere Entwicklungen, 2005, S. 61.

Leitentscheidung

EuGH, Urt. v. 12. 6. 2003, Rs. C–112/00 (Eugen Schmidberger, Internationale Transporte und Planzüge/Österreich), Slg. 2003, I–5659

Wesentliche sekundärrechtliche Vorschriften

Verordnung (EG) Nr. 1236/2005 vom 27. 6. 2005 betreffend den Handel mit bestimmten Gütern, die zur Vollstreckung der Todesstrafe, zu Folter oder zu anderer grausamer, unmenschlicher oder erniedrigender Behandlung oder Strafe verwendet werden könnten, ABL. 2005, L 200/1
Entschließung des Europäischen Parlaments vom 15. 12. 2011 zu den Haftbedingungen in der EU (2011/2897(RSP)), ABl. 2013, C 168 E/82

Inhaltsübersicht

A. Entwicklung, Quellen, Bedeutung

I. Entwicklung

1   **Folter** ist spätestens seit dem Zweiten Weltkrieg sowohl in Friedenszeiten durch den völkerrechtlichen Individualschutz[1] als auch in Zeiten eines bewaffneten Konflikts durch das humanitäre Völkerrecht[2] verboten und als Tatbestand im Völkerstrafrecht geregelt.[3]

2   Die Diskussionen des **Grundrechtekonvents** hinsichtlich des Folterverbots beschränkten sich im Wesentlichen auf **drei Positionen**: erstens die Nichtaufnahme dieses Grundrechts, zweitens die Verankerung dieses Grundrechts in einem anderen Grundrecht und drittens Ergänzungen zum Wortlaut des Folterverbots. Wegen des Fehlens einer dem Folterverbot entsprechenden Kompetenz der EU sollte zunächst ganz auf dieses Grundrecht verzichtet werden.[4] Vor allem wegen der Signal- und Außenwirkung dieses bedeutenden Grundrechts ist von einem Verzicht des Folterverbots Abstand genommen worden.[5] Ein weiterer Vorschlag nahm das Folterverbot in Art. 1 zur Menschenwürde als Abs. 2 in gleichlautendem Wortlaut mit Art. 3 EMRK auf.[6] Letztendlich fiel die Entscheidung für einen getrennten Art. 4 aus.[7] Die Ergänzungen betrafen Bestimmungen zum Schutz vor Abschiebung und Ausweisung in Staaten, in denen Folter oder Todesstrafe drohen,[8] sowie die Einfügung des Wortes »grausamer« vor »unmenschlicher« Strafe oder Behandlung[9] nach dem Vorbild der Bestimmung auf universeller Ebene in Art. 7 Satz 1 Internationaler Pakt über bürgerliche und politische Rechte (IPbpR) von 1966 sowie des Übereinkommens gegen Folter und andere grausame, unmenschliche oder erniedrigende Behandlung oder Strafe (CAT) von 1984.[10] Aber auch diese Vorschläge wurden nicht angenommen. Der Schutz vor Abschiebung und Aus-

---

[1] Art. 3 EMRK, SEV-Nr. 005; Art. 7 Satz 1 IPbpR, UNTS, vol. 999, p. 171.

[2] Gemeinsamer Art. 3 Ziff. 1 Buchst. a der vier Genfer Abkommen von 1949, UNTS, vol. 75, p. 31, 85, 135, 287.

[3] Art. 7 Abs. 1 Buchst. f (Verbrechen gegen die Menschlichkeit), Art. 8 Abs. 2 Buchst. a Ziff. ii und Buchst. c Ziff. i (Kriegsverbrechen) des Römischen Statuts des Internationalen Strafgerichtshofes, UNTS, vol. 2187, p. 3.

[4] *Borowsky*, in: Meyer, GRCh, Art. 4 GRC, Rn. 5.

[5] *Borowsky*, in: Meyer, GRCh, Art. 4 GRC, Rn. 13 und 23.

[6] CHARTE 4123/00 REV 1 CONVENT 5 vom 15.2.2000, Art. 1.

[7] CHARTE 4149/00 CONVENT 13 vom 8.3.2000, Art. 4.

[8] Protokoll der Fünften Sitzung des Konvents (förmliche Tagung) am 20./21.3.2000, in: Bernsdorff/Borowsky, Die Charta der Grundrechte der Europäischen Union, 2002, Art. 4, S. 175.

[9] Protokoll der Zwölften Sitzung des Konvents (informelle Tagung) am 19./20.6.2000, in: Bernsdorff/Borowsky (Fn. 9), S. 274.

[10] UNTS, vol. 1465, p. 85.

weisung in Staaten, in denen Folter oder Todesstrafe drohen, fand seine Regelung in Art. 19 Abs. 2 GRC.[11] Zur Wahrung der Kongruenz mit Art. 3 EMRK ist der Vorschlag, das Adjektiv »grausam« hinzuzufügen,[12] nicht angenommen worden.

II. Quellen

Das in Art. 4 GRC geregelte Verbot der Folter oder unmenschlicher oder erniedrigender   **3**
Strafe oder Behandlung ist wortgleich mit **Art. 3 EMRK**. Nicht gleichlautend sind hingegen Überschrift und Inhalt von Art. 4 GRC. Heißt es in der Rechtsnorm Folter »oder« unmenschliche oder erniedrigende Strafe oder Behandlung, ist in der Überschrift das Wort »oder« nach Folter durch das Wort »und« ersetzt, wobei der Inhalt der Rechtsnorm rechtsverbindlich ist. Nach Art. 52 Abs. 3 Satz 1 GRC hat Art. 4 GRC die **gleiche Bedeutung und Tragweite** wie sein entsprechender Artikel in der EMRK.[13] Im Rahmen des Europarates wird Art. 3 EMRK ergänzt durch das **Europäische Übereinkommen zur Verhütung von Folter und unmenschlicher oder erniedrigender Behandlung oder Strafe** von 1987,[14] das Kontrollorgan und -mechanismen zur Prävention geschaffen hat. Auf universeller Ebene ist das Folterverbot in **Art. 7 Satz 1 IPbpR** geregelt. Im Vergleich zu Art. 3 EMRK enthält diese Bestimmung den Zusatz »grausam« sowie einen zweiten Satz bezüglich eines Verbots medizinischer oder wissenschaftlicher Versuche ohne Zustimmung. Als spezieller völkerrechtlicher Vertrag zum Folterverbot wurde das **Übereinkommen gegen Folter und andere grausame, unmenschliche oder erniedrigende Behandlung oder Strafe** angenommen, das in Art. 1 eine Begriffsdefinition enthält, auf die auch Kontrollorgane anderer völkerrechtlicher Verträge zurückgreifen.

Das Verbot der Folter oder unmenschlicher oder erniedrigender Strafe oder Behand-   **4**
lung ist ebenfalls in mitgliedstaatlichen **Verfassungen**,[15] wie z. B. im GG der Bundesrepublik Deutschland geregelt. Hier lässt sich das Grundrecht allerdings nicht in einer Rechtsvorschrift finden, sondern ist verteilt auf Art. 1 Abs. 1 GG (Unantastbarkeit der Menschenwürde), Art. 2 Abs. 2 Satz 1 GG (Recht auf körperliche Unversehrtheit) und Art. 104 Abs. 1 Satz 2 GG (Verbot körperlicher oder seelischer Misshandlung von festgehaltenen Personen).[16]

III. Bedeutung

Das **Folterverbot** zählt zusammen mit der Würde des Menschen, dem Recht auf Leben,   **5**
dem Recht auf Unversehrtheit und dem Verbot der Sklaverei zu den **fundamentalsten**

---

[11] CHARTE 4333/00 CONVENT 36 vom 4.7.2000, Art. 21a.
[12] Protokoll der Sechzehnten Sitzung des Konvents am 11./12.9.2000, in: Bernsdorff/Borowsky, (Fn. 9), S. 362.
[13] Erläuterungen zu Art. 4 und 52 Abs. 3 der Charta der Grundrechte vom 14.12.2007, ABl. 2007, C 303/17 (18, 33). Nach Abs. 5 Satz 2 Präambel GRC sowie Art. 52 Abs. 7 GRC sind die rechtlich nicht verbindlichen Erläuterungen bei der Auslegung der Charta von den Gerichten der Union und der Mitgliedstaaten gebührend zu berücksichtigen.
[14] SEV-Nr. 126.
[15] Z. B. Art. 7 Abs. 2 Verfassung Griechenland, Kapitel 2 § 5 Satz 2 Verfassung Schweden, Art. 15 Satz 1 Verfassung Spanien, § 18 Verfassung Estland, Art. 21 Abs. 3 Verfassung Litauen, Art. 40 Verfassung Polen, Art. 22 Abs. 2 Verfassung Rumänien, Art. 16 Abs. 2 Verfassung Slowakei, Art. 18 Verfassung Slowenien, Art. 3 Verfassung Tschechien i. V. m. Art. 7 Abs. 2 Deklaration der Grundrechte und -freiheiten, Art. III Abs. 1 Verfassung Ungarn, Art. 36 Abs. 1 Verfassung Malta, Art. 8 Verfassung Zypern.
[16] *Bank*, in: Dörr/Grote/Marauhn, EMRK/GG, Kap. 11, Rn. 5.

Carmen Thiele

Menschenrechten, die alle unter dem Titel I GRC unter der Überschrift »Würde des Menschen« zusammengefasst sind. Seine Verletzung ist als Angriff auf den Kern der Menschenwürde zu werten.[17]

B. Grundrechtsadressat

6   Nach Art. 51 Abs. 1 Satz 1 GRC richtet sich die in Art. 4 GRC geregelte Unterlassungspflicht an die **Organe und Einrichtungen der Union**. Diese kann in den Bereichen der polizeilichen Zusammenarbeit durch Europol, im Rahmen von Terroranschlägen und Katastrophen, der Asylpolitik oder im strafrechtlichen Bereich Anwendung finden. Im ersten Bereich bleibt die Anwendung von Zwangsmaßnahmen gem. Art. 88 Abs. 3 Satz 2 AEUV zwar ausschließlich den einzelstaatlichen Behörden vorbehalten, eine Zurechnung zu Europol ist dennoch möglich. Im zweiten Anwendungsbereich kann die Union nach der Solidaritätsklausel in Art. 222 AEUV von den Mitgliedstaaten bereitgestellte militärische Mittel mobilisieren. Darüber hinaus werden die Asylpolitik und der strafrechtliche Bereich zukünftig an Bedeutung für das Folterverbot gewinnen.[18]

7   Die Unterlassungspflicht richtet sich ebenso an die **Mitgliedstaaten**, soweit sie das Recht der Union durchführen. Dies könnte bei der Verhängung von strafrechtlichen Sanktionen zur Durchsetzung des Unionsrechts relevant werden.[19]

8   Ob die EU auch für Folter und andere gem. Art. 4 GRC verbotene Handlungen von **Privaten** (Organisationen oder Individuen) innerhalb der Mitgliedstaaten verantwortlich gemacht werden kann, ist offen. A priori kann es nicht ausgeschlossen werden.[20]

C. Schutzbereich

I. Persönlicher Schutzbereich

9   Träger des Grundrechts sind alle **natürlichen Personen**, die der Folter oder einer anderen nach Art. 4 GRC verbotenen Strafe oder Behandlung unterzogen werden. Darüber hinaus können auch Angehörige von Opfern in den natürlichen Schutzbereich von Art. 4 GRC fallen, z.B. im Fall des Verschwindenlassens eines Familienangehörigen wegen der daraus resultierenden unerträglichen Ungewissheit.[21] Auf Leichname ist Art. 4 GRC nicht anwendbar. Bei Schändung von Toten könnten sich aber unter Umständen Angehörige wegen des zugeführten Leids auf das Grundrecht berufen.[22] **Juristische Personen und Personenvereinigungen** sind keine Träger des in Art. 4 GRC geregelten Grundrechts.[23]

---

[17] *EU Network of Independent Experts on Fundamental Rights*, Art. 4, S. 43; *M. Nowak*, FS Machacek und Matscher, S. 325.

[18] *Borowsky*, in: Meyer, GRCh, Art. 4 GRC, Rn. 23; *Streinz*, in: Streinz, EUV/AEUV, Art. 4 GRC, Rn. 3.

[19] *Jarass*, GRCh, Art. 4 GRC, Rn. 3.

[20] *EU Network of Independent Experts on Fundamental Rights*, Art. 4, S. 45.

[21] EGMR, Urt. v. 8.11.2005, Beschwerde-Nr. 34056/02 (Gongadze/Ukraine), Rep. 2005-XI, 1, Rn. 184.

[22] EGMR, Urt. v. 27.2.2007, Beschwerde-Nr. 56760/00 (Akpinar u. Altun/Türkei), Rn. 82, 87 (im Internet abrufbar unter: http://hudoc.echr.coe.int). *Meyer-Ladewig*, EMRK, Art. 3 EMRK, Rn. 25.

[23] *Jarass*, GRCh, Art. 4 GRC, Rn. 5.

II. Sachlicher Schutzbereich

Art. 4 GRC verbietet Folter, unmenschliche oder erniedrigende Behandlung sowie un-   **10**
menschliche oder erniedrigende Strafe. Damit erfolgt eine Klassifizierung in **drei Tatbestandsvarianten**,[24] die auf unterschiedlichen Stufen hinsichtlich der Eingriffsintensität
stehen. Darauf hat auch der EGMR in seiner Rechtsprechung im Nordirland-Fall verwiesen.[25] Auf oberster Stufe steht die Folter, gefolgt von der unmenschlichen Behandlung oder Strafe und auf unterster Stufe die erniedrigende Behandlung oder Strafe.
Dieses Stufenverhältnis wird in der Literatur auch als »Kontinuum von Eingriffen ab-
nehmender Schwere«[26] bezeichnet. Mitunter werden die drei Tatbestandsvarianten in
Form von »konzentrischen Kreisen« angeordnet, wobei die Folter den innersten Kreis,
die unmenschliche Behandlung oder Strafe den mittleren Kreis und die erniedrigende
Behandlung oder Strafe den äußersten Kreis bilden.[27] Danach wäre Folter gleichzeitig
auch als unmenschlich und erniedrigend und jede unmenschliche Behandlung gleichzeitig als erniedrigend zu qualifizieren, was auch der Auffassung der Europäischen
Kommission für Menschenrechte (EKMR) – einem nicht mehr bestehenden Konventionsorgan – im Griechenland-Fall entspricht.[28] Da Begriffsdefinitionen der Folter und der
anderen verbotenen Maßnahmen in Art. 4 GRC und Art. 3 EMRK fehlen, sind die Unterschiede zwischen ihnen strittig.[29]

1. Folterverbot

Wegen des Fehlens einer Legaldefinition von Folter in der EMRK, verweist der EGMR   **11**
auf die in Art. 1 CAT enthaltene **Definition des Begriffes Folter**.[30] Da die Bestimmung in
Art. 4 GRC gem. Art. 52 Abs. 3 Satz 1 GRC die **gleiche Bedeutung und Tragweite** wie
Art. 3 EMRK hat, kann die Definition auch für den Folterbegriff in Art. 4 GRC herangezogen werden.[31] Danach bedeutet Folter »[…] jede Handlung, durch die einer Person
vorsätzlich große körperliche oder seelische Schmerzen oder Leiden zugefügt werden,
zum Beispiel um von ihr oder einem Dritten eine Aussage oder ein Geständnis zu erlangen, um sie für eine tatsächlich oder mutmaßlich von ihr oder einem Dritten begangene Tat zu bestrafen oder um sie oder einen Dritten einzuschüchtern oder zu nötigen,

---

[24] *Bank*, in: Dörr/Grote/Marauhn, EMRK/GG, Kap. 11, Rn. 6.
[25] EGMR, Urt. v. 18.1.1978, Beschwerde-Nr. 5310/71 (Irland/Vereinigtes Königreich), Ser. A no.
25, Rn. 167.
[26] *Borowsky*, in: Meyer, GRCh, Art. 4 GRC, Rn. 15.
[27] *Höfling*, in: Tettinger/Stern, EuGRCh, Art. 4 GRC, Rn. 8.
[28] »It is plain that there may be treatment to which all these descriptions apply, for all torture must
be inhuman and degrading treatment, and inhuman treatment also degrading.« EKMR, Beschluss v.
5.11.1969, Beschwerde-Nr. 3321/67 (Dänemark/Griechenland), Beschwerde-Nr. 3322/67 (Norwe-
gen/Griechenland), Beschwerde-Nr. 3323/67 (Schweden/Griechenland), Beschwerde-Nr. 3344/67
(Niederlande/Griechenland), YECHR 12 (1969), 186. *Bank*, in: Dörr/Grote/Marauhn, EMRK/GG,
Kap. 11, Rn. 17.
[29] *Bank*, in: Dörr/Grote/Marauhn, EMRK/GG, Kap. 11, Rn. 16; *M. Nowak*, FS Machacek und
Matscher, S. 325; *Jarass*, GRCh, Art. 4 GRC, Rn. 8.
[30] EGMR, Urt. v. 27.6.2000, Beschwerde-Nr. 21986/93 (Salman/Türkei) [GK], Rep. 2000-VII,
365, Rn. 114; Urt. v. 10.10.2000, Beschwerde-Nr. 22947/93 u. 22948/93 (Akkoc/Türkei), Rep.
2000-X, 389, Rn. 15. *Bruha/Steiger*, S. 25 ff.; *Cassese*, S. 241. Vgl. auch Art. 2 VO (EG)
Nr. 1236/2005 vom 27.6.2005 betreffend den Handel mit bestimmten Gütern, die zur Vollstreckung
der Todesstrafe, zu Folter oder zu anderer grausamer, unmenschlicher oder erniedrigender Behandlung oder Strafe verwendet werden könnten, ABL. 2005, L 200/1 (8).
[31] *Höfling*, in: Tettinger/Stern, EuGRCh, Art. 4 GRC, Rn. 9.

oder aus einem anderen, auf irgendeiner Art von Diskriminierung beruhenden Grund, wenn diese Schmerzen oder Leiden von einem Angehörigen des öffentlichen Dienstes oder einer anderen in amtlicher Eigenschaft handelnden Person, auf deren Veranlassung oder mit deren ausdrücklichem oder stillschweigendem Einverständnis verursacht werden.«

12 Der EGMR hat in seiner Rechtsprechung **drei charakteristische Elemente für Folter** herausgestellt: die Zufügung von großen körperlichen oder seelischen Schmerzen oder Leiden (Intensität des Leidens), die vorsätzliche Zufügung von Schmerzen (Intention) und das Verfolgen eines speziellen Zweckes (Zweckgerichtetheit).[32] In der Literatur ist der verfolgte Zweck als Element für Folter strittig. Nach einer Meinung solle dem verfolgten Zweck keine Bedeutung beigemessen werden, da sonst eine Handlung, die nicht einen in der Folterdefinition genannten Zweck verfolgen würde, nicht als Folter qualifiziert werden könnte.[33] Stattdessen wird die öffentliche Dimension, die in einer staatlichen Beteiligung oder Duldung besteht, ausdrücklich als Element für Folter hinzugefügt. Danach muss die betreffende Handlung zumindest mittelbar einem Staat zurechenbar oder auf nicht-staatliche Akteure in Ausübung staatsähnlicher Macht zurückführbar sein.[34] Im Fall Ahmed ging der EGMR davon aus, dass Verletzungen von Art. 3 EMRK wegen des Fehlens staatlicher Macht in Somalia auf nicht-staatliche Akteure zurückzuführen seien.[35] Ein Staat muss sich ebenfalls Handlungen eines fremden Staatsorgans, die den Tatbestand im Sinne von Art. 3 EMRK erfüllen, zurechnen lassen, wenn er davon wusste oder hätte wissen müssen und wenn er seiner Unterlassungspflicht nicht nachgekommen ist, wie in den Fällen von durch die CIA begangenen Folterhandlungen auf dem Staatsgebiet europäischer Staaten.[36]

a) Intensität

13 Um den sachlichen Schutzbereich überhaupt eröffnen zu können, bedarf es eines Minimums an Schwere des Leidens. Für die Abgrenzung zwischen Folter und den anderen verbotenen Maßnahmen in Art. 3 EMRK muss nach Auffassung des EGMR die unterschiedliche **Intensität des zugeführten Leidens** als Grundlage genommen werden.[37] Die Intensität des Leidens ließe sich wiederum an **verschiedenen Faktoren** messen, wie Dauer, physische und psychische Folgen und mitunter Geschlecht, Alter und Gesundheitszustand des Opfers.[38] Dabei dürften die subjektiven Faktoren – Geschlecht, Alter und Gesundheitszustand – lediglich von untergeordneter Bedeutung sein, wie der

[32] *Reidy*, The prohibition of torture, 2003, S. 12 ff.
[33] *Saladin*, Begriff der Folter, in: Riklin (Hrsg.), Internationale Konventionen gegen die Folter, 1979, S. 131 f.; *Alleweldt*, Schutz vor Abschiebung bei drohender Folter oder unmenschlicher oder erniedrigender Behandlung oder Strafe, 1996, S. 19; *Prosenjak*, S. 158; *Borowsky*, in: Meyer, GRCh, Art. 4 GRC, Rn. 15.
[34] *Calliess*, in: Calliess/Ruffert, EUV/AEUV, Art. 4 GRC, Rn. 14; *Borowsky*, in: Meyer, GRCh, Art. 4 GRC, Rn. 15.
[35] EGMR, Urt. v. 17.12.1996, Beschwerde-Nr. 25964/94 (Ahmed/Österreich), Rep. 1996-VI, 2195, Rn. 46 f. *M. Nowak*, FS Machacek und Matscher, S. 331.
[36] EGMR, Urt. v. 13.12.2012, Beschwerde-Nr. 39630/09 (El-Masri/Ehemalige jugoslawische Republik Mazedonien) [GK], Rep. 2012-VI, Rn. 198, 211; Urt. v. 24.7.2014, Beschwerde-Nr. 28761/11 (Al Nashiri/Polen), Rn. 509, 516 (im Internet abrufbar unter: http://hudoc.echr.coe.int).
[37] EGMR, Urt. v. 18.1.1978, Beschwerde-Nr. 5310/71 (Irland/Vereinigtes Königreich), Ser. A no. 25, Rn. 167. *Krammer*, S. 117 f.
[38] EGMR, Urt. v. 15.7.2002, Beschwerde-Nr. 47095/99 (Kalashnikov/Russland), Rep. 2002-VI, 93, Rn. 95.

EGMR im Fall Selmouni ausführt.[39] Der erste Fall, in dem sich die Konventionsorgane – hier die EKMR – in einer Beschwerde mit dem Folterverbot auseinandersetzen mussten, war die Staatenbeschwerde gegen Griechenland, in der eine Verletzung des Folterverbots aufgrund der erreichten Intensität des zugeführten Leidens festgestellt wurde.[40] Auch Androhung von Folter kann in Abhängigkeit von den Umständen des Falles, vor allem der Intensität, als Folter oder unmenschliche Behandlung gewertet werden, weil sie physische Schmerzen und psychische Leiden verursachen kann.[41]

b) Intention

Die Zufügung von Schmerzen und Leiden muss vom Täter gewollt und bewusst durchgeführt worden sein. Insofern ist der **Vorsatz des Täters** in Abgrenzung von anderen verbotenen Behandlungen für die Qualifizierung als Folter maßgeblich.[42] Dies hat der EGMR im Fall Aksoy, in dem er erstmals das Vorliegen von Folter bejahte, bestätigt. Bei dem angewendeten so genannten palästinensischen Hängen handele es sich um eine Behandlung, die nur intentional zugeführt werden könnte und die eine gewisse Vorbereitung zur Ausführung verlangt.[43] Solche Behandlungen erfolgen vorsätzlich von Angehörigen staatlicher Organe in Ausübung ihrer Pflichten.[44]   **14**

c) Zweck

Nach der Folterdefinition in Art. 1 CAT besteht der **Zweck der Zufügung von Schmerzen bzw. Leiden** in der Erlangung von Informationen oder eines Geständnisses, Bestrafung, Einschüchterung, Nötigung sowie Diskriminierung in jeglicher Form. Diese Zweckgerichtetheit des Handelns ist ein bedeutendes Unterscheidungselement für Folter, worauf auch der EGMR in seiner Judikatur verweist.[45] In der Literatur und Praxis der UNO wird zunehmend auf die Zweckgerichtetheit als primäres Unterscheidungselement für Folter verwiesen.[46]   **15**

Im Laufe der Jahre änderte der EGMR in seiner Rechtsprechung die Maßstäbe für das Vorliegen von Folter. Hatte er noch 1978 im Nordirland-Fall die Schranke zur Folter sehr hoch gesetzt,[47] revidierte er dies 1999 im Fall Selmouni und kündigte strengere   **16**

---

[39] EGMR, Urt. v. 28.7.1999, Beschwerde-Nr. 25803/94 (Selmouni/Frankreich) [GK], Rep. 1999-V, 149, Rn. 103.

[40] EKMR, Beschluss v. 5.11.1969, Beschwerde-Nr. 3321/67 (Dänemark/Griechenland), Beschwerde-Nr. 3322/67 (Norwegen/Griechenland), Beschwerde-Nr. 3323/67 (Schweden/Griechenland), Beschwerde-Nr. 3344/67 (Niederlande/Griechenland), YECHR 12 (1969), 186.

[41] EGMR, Urt. v. 1.6.2010, Beschwerde-Nr. 22978/05 (Gäfgen/Deutschland) [GK], Rep. 2010-IV, 247, Rn. 108. *Meyer-Ladewig*, EMRK, Art. 3 EMRK, Rn. 21; *Sinner*, in: Karpenstein/Mayer, EMRK, Art. 3 EMRK, Rn. 7.

[42] EGMR, Urt. v. 10.10.2000, Beschwerde-Nr. 22947/93 u. 22948/93 (Akkoc/Türkei), Rep. 2000-X, 389, Rn. 115. *Krammer*, S. 119; *Frenz*, Handbuch Europarecht, Bd. 4, Rn. 993, 998.

[43] EGMR, Urt. v. 18.12.1996, Beschwerde-Nr. 21987/93 (Aksoy/Türkei), Rep. 1996-VI, 2260, Rn. 64.

[44] EGMR, Urt. v. 11.7.2000, Beschwerde-Nr. 20869/92 (Dikme/Türkei), Rep. 2000-VIII, 181, Rn. 95.

[45] EGMR, Urt. v. 27.6.2000, Beschwerde-Nr. 21986/93 (Salman/Türkei) [GK], Rep. 2000-VII, 365, Rn. 114; Urt. v. 27.6.2000, Beschwerde-Nr. 22277/93 (Ilhan/Türkei) [GK], Rep. 2000-VII, 267, Rn. 85; Urt. v. 11.7.2000, Beschwerde-Nr. 20869/92 (Dikme/Türkei), Rep. 2000-VIII, 181, Rn. 95; Urt. v. 10.10.2000, Beschwerde-Nr. 22947/93 und 22948/93 (Akkoc/Türkei), Rep. 2000-X, 389, Rn. 115.

[46] *Evans*, ICLQ 2002, 365 (375 ff.); *M. Nowak*, Report of the Special Rapporteur on the question of torture, UN Doc. E/CN.4/2006/6 (23.12.2005), Rn. 34 ff.; *ders.*, Das Folterverbot, S. 325 f.

[47] EGMR, Urt. v. 18.1.1978, Beschwerde-Nr. 5310/71 (Irland/Vereinigtes Königreich), Ser. A no. 25, Rn. 168.

Maßstäbe an. Die Konvention sei ein »living instrument« und müsse im Lichte gegenwärtiger Bedingungen interpretiert werden. Aus dem wachsenden hohen Standard, der
für den Schutz der Menschenrechte erforderlich ist, folge, dass Handlungen, die in der
Vergangenheit als unmenschliche und erniedrigende Behandlung bewertet worden sind,
künftig anders – nämlich als Folter – qualifiziert werden können.[48] **Beispiele für Folter**
sind nach der Rechtsprechung des EGMR z. B. palästinensisches Hängen,[49] Vergewalti-
gung eines Häftlings durch staatliche Sicherheitsorgane,[50] Elektroschocks, Heiß- und
Kaltwasser Behandlung, Schläge auf den Kopf sowie Androhung von Misshandlung der
Kinder.[51]

2. Verbot unmenschlicher Behandlung oder Strafe

17   Eine Behandlung ist nach Auffassung des EGMR dann unmenschlich, wenn sie absichtlich und über längere Zeit andauert und entweder eine körperliche Verletzung oder
schwere psychische oder physische Leiden verursacht.[52] Der wesentliche Unterschied
zur Folter besteht in dem **Schweregrad des zugeführten Leidens**, der bei der unmenschlichen Behandlung von **geringerer Intensität** ist.[53] Unmenschliche Behandlungen können durch unterschiedliche **Formen von Handlungen** verursacht werden, wie insbesondere physische Übergriffe,[54] Anwendung von psychologischen Verhörmethoden,[55] unmenschliche Haftbedingungen,[56] darunter auch das Death-Row-Phänomen,[57] sowie die
Ausweisung oder Auslieferung in einen Staat, in dem Misshandlungen oder die Todesstrafe drohen (s. Art. 19 GRC, Rn. 15).[58]

---

[48] EGMR, Urt. v. 28.7.1999, Beschwerde-Nr. 25803/94 (Selmouni/Frankreich) [GK], Rep.
1999-V, 149, Rn. 101. *Villiger*, S. 64.
[49] EGMR, Urt. v. 18.12.1996, Beschwerde-Nr. 21987/93 (Aksoy/Türkei), Rep. 1996-VI, 2260,
Rn. 64.
[50] EGMR, Urt. v. 25.9.1997, Beschwerde-Nr. 57/1996/676/866 (Aydin/Türkei), Rep. 1997-VI,
1866, Rn. 86.
[51] EGMR, Urt. v. 10.10.2000, Beschwerde-Nr. 22947/93 u. 22948/93 (Akkoc/Türkei), Rep.
2000-X, 389, Rn. 116f. *Frowein*, in: Frowein/Peukert, EMRK, Art. 3 EMRK, Rn. 7.
[52] EGMR, Urt. v. 26.10.2000, Beschwerde-Nr. 30210/96 (Kudla/Polen) [GK], Rep. 2000-XI, 197,
Rn. 92; Urt. v. 15.7.2002, Beschwerde-Nr. 47095/99 (Kalashnikov/Russland), Rep. 2002-VI, 93,
Rn. 95. *Bank*, in: Dörr/Grote/Marauhn, EMRK/GG, Kap. 11, Rn. 39; *Grabenwarter/Pabel*, § 20,
Rn. 29.
[53] *Harris/O'Boyle/Warbrick*, S. 75ff.
[54] EGMR, Urt. v. 4.12.1995, Beschwerde-Nr. 18896/91 (Ribitsch/Österreich), Ser. A no. 336,
Rn. 39.
[55] Der EGMR hat die so genannten fünf Verhörtechniken – Gegen-die-Wand-Stehen, Überstreifen
einer Kapuze, Einsatz von Lärm, Entzug von Schlaf, Entzug von Essen und Trinken – im Gegensatz zur
EKMR als unmenschliche Behandlung qualifiziert. EGMR, Urt. v. 18.1.1978, Beschwerde-
Nr. 5310/71 (Irland/Vereinigtes Königreich), Ser. A no. 25, Rn. 96.
[56] EGMR, Urt. v. 26.10.2006, Beschwerde-Nr. 59696/00 (Khudobin/Russland), Rep. 2006-XII,
189, Rn. 142; Urt. v. 10.1.2012, Beschwerde-Nr. 42525/07 u. 60800/08 (Ananyev u. a./Russland),
Rn. 115 (im Internet abrufbar unter: http://hudoc.echr.coe.int); Urt. v. 8.1.2013, Beschwerde-Nr. 43517/09, 46882/09, 55400/09, 57875/09, 61535/09, 35315/10, 37818/10 (Torreggiani
u. a./Italien), Rn. 66 (im Internet abrufbar unter: http://hudoc.echr.coe.int).
[57] EGMR, Urt. v. 7.7.1989, Beschwerde-Nr. 14038/88 (Soering/Vereinigtes Königreich), Ser. A
no. 161, Rn. 111; Urt. v. 29.4.2003, Beschwerde-Nr. 38812/97 (Poltoratskiy/Ukraine), Rep. 2003-V,
89, Rn. 129ff.
[58] EGMR, Urt. v. 7.7.1989, Beschwerde-Nr. 14038/88 (Soering/Vereinigtes Königreich), Ser. A
no. 161, Rn. 111. *Frowein*, in: Frowein/Peukert, EMRK, Art. 3 EMRK, Rn. 3ff.

Nach der Rechtsprechung des EGMR gelten folgende **Strafen** als **unmenschlich**: Kör-   **18**
perstrafen, lange andauernde Isolationshaft,[59] Steinigung[60] oder Sterilisation.[61] Eine Verurteilung zu einer lebenslangen Haftstrafe ist nach Art. 3 EMRK nicht verboten, es sei
denn, es besteht keine Möglichkeit einer vorzeitigen bedingten Entlassung oder Be-
gnadigung.[62]

3. Verbot erniedrigender Behandlung oder Strafe

Eine Behandlung wird vom EGMR als erniedrigend eingestuft, wenn sie beim Opfer das   **19**
Gefühl von Angst, Qual und Minderwertigkeit oder Unterlegenheit auslösen kann, das
zur **Erniedrigung oder Demütigung und Entwürdigung** geeignet ist.[63] Dabei wird die
Persönlichkeit des Opfers in einer Art. 3 EMRK widersprechenden Weise getroffen.[64]
Als **erniedrigende Behandlung** stuft der EGMR beispielsweise Körpervisitationen in
Anwesenheit von Gefängnispersonal des anderen Geschlechts,[65] systematische Leibes-
visitationen ohne sachliche Rechtfertigung,[66] die zwangsweise Kopfrasur eines Häftlings
ohne sachlichen Grund,[67] gravierende Haftbedingungen[68] und fehlende medizinische
Betreuung in einem Gefängnis[69] sowie systematische Diskriminierungen auf Grund der
Rasse[70] ein. Als **erniedrigend** werden folgende **Strafen** angesehen: gewisse Körperstra-
fen[71] sowie öffentliche Hinrichtungen.[72]

---

[59] EGMR, Urt. v. 12.5.2005, Beschwerde-Nr. 46221/99 (Öcalan/Türkei) [GK], Rep. 2005-IV,
131, Rn. 191.
[60] EGMR, Urt. v. 11.7.2000, Beschwerde-Nr. 40035/98 (Jabari/Türkei), Rep. 2000-VIII, 149,
Rn. 41 f.
[61] EGMR, Urt. v. 8.11.2011, Beschwerde-Nr. 18968/07 (V.C./Slowakei), Rep. 2011-V, 381,
Rn. 106 ff.
[62] EGMR, Urt. v. 12.2.2008, Beschwerde-Nr. 21906/04 (Kafkaris/Zypern) [GK], Rep. 2008-I,
223, Rn. 97 ff.
[63] EGMR, Urt. v. 26.10.2000, Beschwerde-Nr. 30210/96 (Kudla/Polen) [GK], Rep. 2000-XI, 197,
Rn. 92; Urt. v. 15.7.2002, Beschwerde-Nr. 47095/99 (Kalashnikov/Russland), Rep. 2002-VI, 93,
Rn. 95. *Bank*, in: Dörr/Grote/Marauhn, EMRK/GG, Kap. 11, Rn. 40; *Cassese*, S. 242 f.; *Grabenwar-
ter/Pabel*, § 20, Rn. 31.
[64] EGMR, Urt. v. 10.2.1983, Beschwerde-Nr. 7299/75, 7496/76 (Albert und Le Compte/Belgien),
Ser. A no. 58, Rn. 22.
[65] EGMR, Urt. v. 24.7.2001, Beschwerde-Nr. 44558/98 (Valašinas/Litauen), Rep. 2001-VIII, 385,
Rn. 117.
[66] EGMR, Urt. v. 4.2.2003, Beschwerde-Nr. 50901/99 (Van der Ven/Niederlande), Rep. 2003-II,
1, Rn. 62 f.; Urt. v. 20.1.2011, Beschwerde-Nr. 51246/08 (El Shennawy/Frankreich), Rn. 35 ff. (im
Internet abrufbar unter: http://hudoc.echr.coe.int).
[67] EGMR, Urt. v. 11.12.2003, Beschwerde-Nr. 39084/97 (Yankov/Bulgarien), Rep. 2003-XII,
119, Rn. 109 ff.
[68] EGMR, Urt. v. 15.7.2002, Beschwerde-Nr. 47095/99 (Kalashnikov/Russland), Rep. 2002-VI,
93, Rn. 95 ff.
[69] EGMR, Urt. v. 3.4.2001, Beschwerde-Nr. 27229/95 (Keenan/Vereinigtes Königreich), Rep.
2001-III, 93, Rn. 109 ff.
[70] EGMR, Urt. v. 12.7.2005, Beschwerde-Nr. 41138/98 und 64320/01 (Moldawier u.a./Rumä-
nien), Rep. 2005-VII, 167, Rn. 111.
[71] EGMR, Urt. v. 25.4.1978, Beschwerde-Nr. 5856/72 (Tyrer/Vereinigtes Königreich), Ser. A no.
26, Rn. 33 ff.
[72] *Kälin/Künzli*, Kap. 10, Rn. 957.

D. Eingriffe

20 Eingriffe in das in Art. 4 GRC geregelte Verbot der Folter und unmenschlicher oder erniedrigender Strafe oder Behandlung liegen vor, wenn ein **Grundrechtsadressat** (s. Rn. 6, 7) **Handlungen** vornimmt oder anordnet, die in den Schutzbereich fallen. Dabei muss grundsätzlich ein relevantes Verhalten eines Grundrechtsadressaten positiv festgestellt werden.[73]

I. Haft(bedingungen)

21 Den Grundrechtsadressaten kommen **besondere Schutzpflichten** gegenüber Personen in Haft oder Polizeigewahrsam zu. Jede Gewaltanwendung gegen Häftlinge, die nicht wegen des Verhaltens der Häftlinge unbedingt notwendig war, wird vom EGMR als Verstoß gegen Art. 3 EMRK gewertet.[74]

22 In Bezug auf die **Beweislast** hat der EGMR folgenden Grundsatz aufgestellt: Ist eine Person bei ihrer Festnahme in guter Gesundheit und bei Entlassung verletzt, muss der Staat eine plausible Erklärung für die Ursachen dieser Verletzung geben.[75] Dem Staat obliegt außerdem eine **Ermittlungspflicht** bei entsprechenden Vorwürfen. Diese verfahrensrechtliche Verpflichtung leitet der EGMR in seiner jüngeren Rechtsprechung direkt aus Art. 3 EMRK ab.[76]

23 **Haftbedingungen**, wie überfüllte Zellen und unzureichende Ausstattung, können eine unmenschliche oder erniedrigende Behandlung darstellen, wie bereits die EKMR im Griechenland-Fall[77] festgestellt und der EGMR im Kalashnikov-Fall[78] wiederholt bestätigt haben. Der EGMR nimmt seit jüngerer Zeit eine umfassende Prüfung von Haftbedingungen in Gefängnissen vor. Die Vertragsparteien der EMRK, zu denen alle EU-Mitgliedstaaten zählen,[79] müssen Haftbedingungen – wie u. a. Größe der Zelle, individuell zur Verfügung stehender Raum, Beleuchtung, Belüftung, Sanitäranlagen, Bewegungs- und Beschäftigungsmöglichkeiten, medizinische Versorgung – herstellen, die den Respekt vor der Würde der Gefangenen sicherstellen.[80] Bei der Prüfung der Haft-

---

[73] *Calliess*, in: Calliess/Ruffert, EUV/AEUV, Art. 4 GRC, Rn. 16.
[74] *Meyer-Ladewig*, EMRK, Art. 3 EMRK, Rn. 26.
[75] EGMR, Urt. v. 27.8.1992, Beschwerde-Nr. 12850/87 (Tomasi/Frankreich), Ser. A no. 241-A, Rn. 108–111; Urt. v. 18.12.1996, Beschwerde-Nr. 21987/93 (Aksoy/Türkei), Rep. 1996-VI, 2260, Rn. 61; Urt. v. 28.7.1999, Beschwerde-Nr. 25803/94 (Selmouni/Frankreich) [GK], Rep. 1999-V, 149, Rn. 87; Urt. v. 22.4.2010, Beschwerde-Nr. 2954/07 (Stefanou/Griechenland), Rn. 42 (im Internet abrufbar unter: http://hudoc.echr.coe.int). *Villiger*, S. 71; *Meyer-Ladewig*, EMRK, Art. 3 EMRK, Rn. 52.
[76] EGMR, Urt. v. 11.4.2000, Beschwerde-Nr. 32357/96 (Veznedaroğlu/Türkei), Rn. 35 (im Internet abrufbar unter: http://hudoc.echr.coe.int); Urt. v. 13.12.2012, Beschwerde-Nr. 39630/09 (El-Masri/Ehemalige jugoslawische Republik Mazedonien) [GK], Rep. 2012-VI, Rn. 183ff.; Urt. v. 24.7.2014, Beschwerde-Nr. 28761/11 (Al Nashiri/Polen), Rn. 485ff. (im Internet abrufbar unter: http://hudoc.echr.coe.int); Urt. 24.7.2014, Beschwerde-Nr. 7511/13 (Husayn (Abu Zubaydah)/Polen), Rn. 479ff. (im Internet abrufbar unter: http://hudoc.echr.coe.int). *Meyer-Ladewig*, EMRK, Art. 3 EMRK, Rn. 14.
[77] EKMR, Report in the Greek case (5.11.1969), Beschwerde-Nr. 3321/67 (Dänemark/Griechenland), Beschwerde-Nr. 3322/67 (Norwegen/Griechenland), Beschwerde-Nr. 3323/67 (Schweden/Griechenland), Beschwerde-Nr. 3344/67 (Niederlande/Griechenland), YECHR 12 (1969), 179.
[78] EGMR, Urt. v. 15.7.2002, Beschwerde-Nr. 47095/99 (Kalashnikov/Russland), Rep. 2002-VI, 93, Rn. 97–103.
[79] Zu den Haftbedingungen in der EU vgl. Entschließung des EP v. 15.12.2011 zu den Haftbedingungen in der EU (2011/2897(RSP)), ABl. 2013, C 168 E/82.
[80] EGMR, Urt. v. 26.10.2000, Beschwerde-Nr. 30210/96 (Kudla/Polen) [GK], Rep. 2000-XI, 197,

bedingungen bezieht sich der EGMR zunehmend auf die **vom Europäischen Komitee zur Verhütung von Folter und unmenschlicher oder erniedrigender Behandlung oder Strafe (CPT) geschaffenen Standards.**[81]

Isolationshaft** ist nur dann mit Art. 3 EMRK vereinbar, wenn hierfür gewichtige   **24** Gründe vorliegen, wie beispielsweise Sicherheit, Disziplin oder Schutz des Häftlings.[82] Nach jüngerer Rechtsprechung des EGMR müssen auch unter diesen Umständen Möglichkeiten zu Informationen und ungefährlichen Kontakten so weit wie möglich gegeben werden.[83]

II. Verhörmethoden

Die Anwendung der so genannten **fünf Verhörtechniken** sowie von **körperlicher Gewalt**   **25** bei Verhören sind von EKMR und EGMR bereits im Irland-Fall als Verletzung von Art. 3 EMRK eingestuft worden (s. Rn. 17). Die gezielte Anwendung von körperlicher Gewalt bei Verhören muss nach Auffassung des EGMR zumindest als erniedrigend angesehen werden.[84] Mit so genannten »Druck und Härte« (stress and duress) Verhörmethoden, wie sensorische Deprivation, Schlafentzug, längeres Einhalten einer schmerzhaften Körperhaltung oder andere Formen physischen oder psychischen Unbehagens, sollen Inhaftierte für das Verhör erweicht werden. Ein Verhör erzeugt immer einen gewissen psychologischen Druck. Dabei ist die Gefahr immanent, dass dieser zu einer Verletzung der verbotenen Folter oder einer anderen verbotenen Handlung führen kann. Ein lang andauerndes Verhör an sich stellt noch keine Folter dar.[85] Die Androhung von Folter während eines Verhörs hat der EGMR hingegen als unmenschliche Behandlung im Sinne von Art. 3 EMRK bezeichnet.[86]

III. Strafe

Mit dem Urteil im Tyrer-Fall,[87] in dem der EGMR die gerichtlich verhängte **Körperstrafe**   **26** gegen einen Jugendlichen als erniedrigende Strafe qualifizierte, hat er nicht nur eine evolutive Interpretation des Art. 3 EMRK vorgenommen, sondern auch maßgeblich zu einer endgültigen Verpönung der Körperstrafe beigetragen.[88]

Rn. 92–94; Urt. v. 24.7.2001, Beschwerde-Nr. 44558/98 (Valasinas/Litauen), Rep. 2001-VIII, 385, Rn. 102–106; Urt. v. 3.7.2014, Beschwerde-Nr. 13255/07 (Georgien/Russland I) [GK], Rep. 2014, Rn. 195 ff.; Urt. v. 31.7.2014, Beschwerde-Nr. 1774/11 (Nemtsov/Russland), Rn. 118 ff. (im Internet abrufbar unter: http://hudoc.echr.coe.int). *Bank*, in: Dörr/Grote/Marauhn, EMRK/GG, Kap. 11, Rn. 78–81.
   [81] *Europarat*, CPT standards, CPT/Inf/E (2002) 1 – Rev. 2015. *Kriebaum*, S. 233 ff.; *Morgan/ Evans*, S. 93 ff.
   [82] EGMR, Urt. v. 8.7.2004, Beschwerde-Nr. 48787/99 (Ilascu u.a./Moldawien und Russland) [GK], Rep. 2004-VII, 179, Rn. 432. *Harris/O'Boyle/Warbrick*, S. 95.
   [83] EGMR, Urt. v. 12.5.2005, Beschwerde-Nr. 46221/99 (Öcalan/Türkei) [GK], Rep. 2005-IV, 131, Rn. 190–196. *Frowein*, in: Frowein/Peukert, EMRK, Art. 3 EMRK, Rn. 14.
   [84] EGMR, Urt. v. 4.12.1995, Beschwerde-Nr. 18896/91 (Ribitsch/Österreich), Ser. A no. 336, Rn. 38. *Frowein*, in: Frowein/Peukert, EMRK, Art. 3 EMRK, Rn. 19.
   [85] *EU Network of Independent Experts on Fundamental Rights*, Art. 4, S. 50.
   [86] EGMR, Urt. v. 1.6.2010, Beschwerde-Nr. 22978/05 (Gäfgen/Deutschland) [GK], Rep. 2010-IV, 247, Rn. 131.
   [87] EGMR, Urt. v. 25.4.1978, Beschwerde-Nr. 5856/72 (Tyrer/Vereinigtes Königreich), Ser. A no. 26, Rn. 35.
   [88] *M. Nowak*, FS Machacek und Matscher, S. 327.

27   Auch eine unverhältnismäßig hohe Strafe kann unter Art. 3 EMRK fallen. Allerdings setzt der EGMR die Eingriffsschwelle dafür sehr hoch an.[89] Eine **lebenslange Freiheitsstrafe** kann konventionswidrig sein, wenn sie sich gegen Minderjährige richtet oder bei Erwachsenen keine Möglichkeit einer vorzeitigen bzw. bedingten Entlassung besteht.[90]

28   Der EGMR qualifiziert die Verhängung der **Todesstrafe** unter Verletzung der Mindestgarantien für ein faires Verfahren gem. Art. 6 EMRK als eine unmenschliche Behandlung.[91] Weil die Todesstrafe in der EU gem. Art. 2 Abs. 2 GRC verboten ist,[92] wird sie gemeinsam mit der drohenden Folter im Zusammenhang mit Art. 19 Abs. 2 GRC hinsichtlich des Schutzes bei Abschiebung, Ausweisung oder Auslieferung behandelt (s. Art. 19 GRC, Rn. 15).

IV. Medizinische Eingriffe

29   **Medizinische Eingriffe ohne Einwilligung** der Person sind gem. Art. 3 EMRK nicht generell verboten. Die Konventionsorgane haben wiederholt die Entnahme von Blut oder Speichel gegen den Willen des Verdächtigen zu Beweiszwecken als mit Art. 3 EMRK vereinbar erklärt.[93] Der EGMR stellt aber auch klar, dass jeglicher gewaltsame medizinische Eingriff zur Erlangung von Beweismitteln durch die Fakten im Einzelfall gerechtfertigt sein muss. So erreichte nach Auffassung des EGMR die zwangsweise Verabreichung von Brechmitteln zur Erlangung von Beweismitteln (Drogen) im Jalloh-Fall das für den Anwendungsbereich von Art. 3 EMRK erforderliche Mindestmaß an Schwere. Wegen des verursachten seelischen und körperlichen Leidens hat der EGMR eine unmenschliche und erniedrigende Behandlung festgestellt.[94]

30   **Medizinisch notwendige Therapiemaßnahmen** sind nach Auffassung der Konventionsorgane per se nicht erniedrigend oder unmenschlich. Allerdings haben die Konventionsorgane die Frage der Notwendigkeit in der Vergangenheit unterschiedlich bewertet.[95] Während die EKMR die Behandlung mit Zwangsernährung und -medikamentierung, Isolation und Festschnallen als über das Maß einer notwendigen Behandlung hinausgehend einstufte, konnte der EGMR im entsprechenden Fall keine Verletzung von Art. 3 EMRK feststellen.[96] Eine Zwangsernährung ohne medizinische Indikation kann im Einzelfall aber sogar den Tatbestand der Folter erfüllen.[97]

---

[89] EGMR, Urt. v. 27.7.2010, Beschwerde-Nr. 28221/08 (Gatt/Malta), Rep. 2010-V, 55, Rn. 29. *Sinner*, in: Karpenstein/Mayer, EMRK, Art. 3 EMRK, Rn. 10.

[90] *Meyer-Ladewig*, EMRK, Art. 3 EMRK, Rn. 57.

[91] EGMR, Urt. v. 12.5.2005, Beschwerde-Nr. 46221/99 (Öcalan/Türkei) [GK], Rep. 2005-IV, 131, Rn. 175. *Sinner*, in: Karpenstein/Mayer, EMRK, Art. 3 EMRK, Rn. 10.

[92] Im Rahmen des Europarates verbieten die ZP VI und XIII zur EMRK die Todesstrafe, SEV-Nr. 114 und 187.

[93] EKMR, Zulässigkeitsentscheidung v. 4.12.1978, Beschwerde-Nr. 8239/78 (X/Niederlande), DR 16, 187ff.; EGMR, Zulässigkeitsentscheidung v. 5.1.2006, Beschwerde-Nr. 32352/02 (Schmidt/Deutschland), Rn. 1 (im Internet abrufbar unter: http://hudoc.echr.coe.int).

[94] EGMR, Urt. v. 11.7.2006, Beschwerde-Nr. 54810/00 (Jalloh/Deutschland) [GK], Rep. 2006-IX, 281, Rn. 82–83.

[95] *Bank*, in: Dörr/Grote/Marauhn, EMRK/GG, Kap. 11, Rn. 93.

[96] EKMR, Zulässigkeitsentscheidung v. 1.3.1991, Beschwerde-Nr. 10533/83 (Herczegfalvy/Österreich), Rep. (31), Rn. 248, 254; EGMR, Urt. v. 24.9.1992, Beschwerde-Nr. 10533/83 (Herczegfalvy/Österreich), Ser. A no. 244, Rn. 79–84.

[97] EGMR, Urt. v. 5.4.2005, Beschwerde-Nr. 54825/00 (Nevmerzhitsky/Ukraine), Rep. 2005-II, 307, Rn. 94–98.

E. Eingriffsrechtfertigung

Das in Art. 4 GRC geregelte Verbot der Folter unterliegt **keinerlei Beschränkungen**, wie   **31**
auch der EuGH im Fall Schmidberger festgestellt hat.[98] Die allgemeine Schrankenbestimmung in Art. 52 Abs. 1 GRC findet wegen der als **lex specialis** geltenden Transferklausel in Art. 52 Abs. 3 Satz 1 GRC keine Anwendung.[99] Nach Art. 15 Abs. 2 EMRK
darf Art. 3 EMRK in Kriegs- oder Notstandsfällen nicht außer Kraft gesetzt werden.
Dieser **notstandsfeste** Charakter des Folterverbots findet sich ebenfalls in der entsprechenden Vorschrift in Art. 4 Abs. 2 IPbpR.[100] Beim auch als Völkergewohnheitsrecht
anerkannten Folterverbot handelt es sich nach herrschender Auffassung um eine **ius
cogens-Norm**[101] mit dem Charakter einer **erga omnes-Verpflichtung**.[102] Der in der jüngeren Vergangenheit immer wieder geforderten Abkehr vom absoluten Charakter des
Folterverbots, wie beispielsweise in Verbindung mit extremen Notsituationen – etwa bei
Entführungen oder im Kampf gegen den internationalen Terrorismus – wird eine breite
Absage in Rechtsprechung[103] und Literatur[104] erteilt.

F. Verhältnis zu anderen Bestimmungen

Art. 4 GRC ist im Lichte der **Menschenwürde** in Art. 1 GRC und der **körperlichen Un-**   **32**
versehrtheit in Art. 3 GRC zu sehen.[105] Das in Art. 7 Satz 2 IPbpR geregelte Verbot von
medizinischen und biologischen Versuchen ohne freie Einwilligung ist nicht in Art. 4
GRC, sondern in Art. 3 Abs. 2 Buchst. a GRC verankert. Art. 4 GRC steht in engem
Zusammenhang mit der Bestimmung in Art. 19 Abs. 2 GRC. Letztere regelt den **Schutz**

---

[98] EuGH, Urt. v. 12.6.2004, Rs. C–112/00 (Eugen Schmidberger, Internationale Transporte und
Planzüge/Österreich), Slg. 2003, I–5659, Rn. 80.
[99] *Voet van Vormizeele*, in: Schwarze, EU-Kommentar, Art. 4 GRC, Rn. 6.
[100] *Esser*, Art. 3 EMRK, Rn. 14.
[101] EGMR, Urt. v. 21.11.2001, Beschwerde-Nr. 35763/97 (Al-Adsani/Vereinigtes Königreich)
[GK], Rep. 2001-XI, 79, Rn. 61; Urt. v. 12.11.2008, Beschwerde-Nr. 34503/97 (Demir u. Baykara/
Türkei) [GK], Rep, 2008-V, 395, Rn. 73. *Bianchi*, EJIL 2008, 491 (495); *Criddle/Fox-Decent*, YJIL
2009, 331 (368); *Thienel*, EJIL 2006, 349 (350f.).
[102] *Bungenberg*, in: Heselhaus/Nowak, Handbuch der Europäischen Grundrechte, § 12, Rn. 5;
Ress, ZaöRV 64 (2004), 621 (638f.)
[103] EGMR, Urt. v. 15.11.1996, Beschwerde-Nr. 22414/93 (Chahal/Vereinigtes Königreich) [GK],
Rep. 1996-V, 1831, Rn. 79; Urt. v. 17.12.1996, Beschwerde-Nr. 25964/94 (Ahmed/Österreich), Rep.
1996-VI, 2195, Rn. 40, 46; Urt. v. 29.4.1997, Beschwerde-Nr. 24573/94 (H.L.R./Frankreich) [GK],
Rep. 1997-III, 745, Rn. 35; Urt. v. 21.7.2005, Beschwerde-Nr. 69332/01 (Rohde/Dänemark), Rn. 89
(im Internet abrufbar unter: http://hudoc.echr.coe.int); Urt. v. 28.2.2008, Beschwerde-Nr. 37201/06
(Saadi/Italien) [GK], Rep. 2008-II, 207, Rn. 127; Urt. v. 2.3.2010, Beschwerde-Nr. 61498/08 (Al-
Saadoon und Mufdhi/Vereinigtes Königreich), Rep. 2010-II, 61, Rn. 122; Urt. v. 1.6.2010, Beschwerde-Nr. 22978/05 (Gäfgen/Deutschland) [GK], Rep. 2010-IV, 247, Rn. 87; Urt. v. 24.7.2014,
Beschwerde-Nr. 28761/11 (Al Nashiri/Polen), Rn. 507 (im Internet abrufbar unter: http://hu-
doc.echr.coe.int).
[104] *Augsberg*, in: GSH, Europäisches Unionsrecht, Art. 4 GRC, Rn. 12; *Bielefeldt*, Das Folterverbot
im Rechtsstaat, S. 5ff.; *ders.*, Menschenwürde und Folterverbot, S. 4ff.; *Bungenberg*, in: Heselhaus/
Nowak, Handbuch der Europäischen Grundrechte, § 12, Rn. 38; *M. Nowak*, NQHR 23 (2005), 674ff.;
Frowein, in: Frowein/Peukert, EMRK, Art. 3 EMRK, Rn. 1; *Grabenwarter/Pabel*, § 20, Rn. 32; *Schilling*, § 9, Rn. 177ff.; *Olivetti*, Art. 4, Rn. 6; *Meyer-Ladewig*, EMRK, Art. 3 EMRK, Rn. 1–4; *Peters/
Altwicker*, § 6, Rn. 3; *Krammer*, S. 101ff.; *Frenz*, Handbuch Europarecht, Bd. 4, Rn. 1034.
[105] *Bungenberg*, in: Heselhaus/Nowak, Handbuch der Europäischen Grundrechte, § 12, Rn. 39.

bei Abschiebung, Ausweisung und Auslieferung im Falle drohender Todesstrafe sowie Folter oder einer anderen unmenschlichen oder erniedrigenden Strafe oder Behandlung in einem anderen Staat.

Artikel 5   GRC Verbot der Sklaverei und der Zwangsarbeit

(1) Niemand darf in Sklaverei oder Leibeigenschaft gehalten werden.
(2) Niemand darf gezwungen werden, Zwangs- oder Pflichtarbeit zu verrichten.
(3) Menschenhandel ist verboten.

Literaturübersicht

Bales, Die neue Sklaverei, 2001; *Frenz*, Verbot der Sklaverei und Zwangsarbeit nach dem Urteil Siliadin, NZA 2007, 734; *Renzikowski*, Die Reform der Straftatbestände gegen den Menschenhandel, JZ 2005, 879.

Leitentscheidungen

EGMR, Urt. v. 26.7.2005, Beschwerde-Nr. 73316/01 (Siliadin/Frankreich), NJW 2007, 41;
EGMR, Urt. v. 7.1.2010, Beschwerde-Nr. 25965/04 (Rantsev/Zypern und Russland), NJW 2010, 3003

Inhaltsübersicht

A.   Entwicklung, Quellen, Bedeutung

I.   Prägender EGMR

In der Rechtsprechung des **EuGH** finden sich **keine Aussagen** zum Gegenstand von Art. 5 GRC. Indes waren jüngere Urteile des EGMR prägend: das **Urteil Siliadin** definierte die Reichweite von Sklaverei und Leibeigenschaft ebenso wie von Zwangsarbeit maßgeblich im Lichte der heutigen Verhältnisse und vor allem des hohen Wertes der Menschenrechte.[1] Der EGMR hat mittlerweile außerdem **Art. 4 EMRK** auf den **Menschenhandel** ausgedehnt.[2]

[1] EGMR, Urt. v. 26.7.2005, Beschwerde-Nr. 73316/01 (Siliadin/Frankreich), NJW 2007, 41, Rn. 112 ff. in Fortentwicklung von EGMR, Urt. v. 28.7.1999, Beschwerde-Nr. 25803/94 (Selmouni/Frankreich), NJW 2001, 56, Rn. 101 mit Forderung nach zeitgerechter, anspruchsvoller Auslegung von Art. 4 GRC.
[2] EGMR, Urt. v. 7.1.2010, Nr. 25965/04 (Rantsev/Zypern und Russland), NJW 2010, 3003, Rn. 282.

2   Die prägende Wirkung der EGMR-Entscheidungen ergibt sich daraus, dass Art. 5 GRC aus Art. 4 EMRK übernommen wurde und damit gemäß Art. 52 Abs. 3 GRC an den Veränderungen Teil hat, die sich aus der Entwicklung der Rechtsprechung zur EMRK ergeben. Zwar kann das Recht der Union einen weiter gehenden Schutz gewähren, nicht aber einen engeren. Art. 52 Abs. 3 Satz 1 GRC ist im Präsens formuliert und zeigt damit den **dynamischen** Charakter der **Übereinstimmung mit der EMRK.**

II. Art. 4 EMRK als Hauptbezugsnorm

3   Art. 5 Abs. 1 und 2 GRC wurden nach den Chartaerläuterungen ausdrücklich auf Art. 4 Abs. 1 und 2 EMRK gestützt, wobei die **gleiche Bedeutung und Tragweite nach Art. 52 Abs. 3 GRC** zugrunde gelegt wurde;[3] daher ist zur näheren Eingrenzung der Zwangs- und Pflichtarbeit auch Art. 4 Abs. 3 EMRK heranzuziehen.[4] Darüber hinaus ist das Verbot der Sklaverei und Leibeigenschaft wie auch von Zwangs- und Pflichtarbeit in zahlreichen **internationalen Übereinkommen** enthalten,[5] die daher ebenfalls zu **Auslegungszwecken** herangezogen werden können.[6]

4   Das Verbot des Menschenhandels wurde erst im Verlauf der Beratungen auf Initiative des Vertreters der deutschen Länder im Grundrechtekonvent, Gnauck, eingeführt.[7] Als Bezugsrechte in den Charta-Erläuterungen wurden die Menschenwürde, das Europol-Übereinkommen,[8] Art. 27 Abs. 1 des Schengener Durchführungsübereinkommens[9] und Art. 1 des Rahmenbeschlusses des Rates zur Bekämpfung des Menschenhandels[10] genannt.[11] Erst später wurde das Verbot des Menschenhandels unter Art. 4 EMRK gefasst.[12] In mitgliedstaatlichen Verfassungen ist dieses Verbot nicht gewährleistet, wohl aber – wenn auch gegebenenfalls mit der Berufsfreiheit – das Verbot der Zwangs- oder Pflichtarbeit.[13]

III. Ausprägungen der Menschenwürde

5   Die Gegenstände von Art. 5 GRC bilden spezielle Ausprägungen der Menschenwürde[14] und gehen dieser daher vor. Es handelt sich deshalb in allen Teilen um ein **einklagbares Recht**, das **nicht eingeschränkt** werden darf.[15] Es wird als einheitliches Grundrecht ge-

---

[3] Erläuterungen zur Grundrechtecharta, ABl. 2007, C 303/17 (18, 33).
[4] *Jarass*, GRCh, Art. 5 GRC, Rn. 1.
[5] S. die Kommentierung im Folgenden, Rn. 9 ff.
[6] Erwägung Nr. 5 der Charta-Präambel, Art. 53; *Borowsky*, in: Meyer, GRCh, Art. 5 GRC, Rn. 3 m. w. N. sowie Rn. 5 ff. zur Diskussion im Grundrechtekonvent, wo allerdings diese Rechte nie umstritten waren.
[7] Dokument CHARTE 4332/00 CONVENT 35 vom 25. 5. 2000, wiedergegeben bei *Borowsky*, in: Meyer, GRCh, Art. 5 GRC, Rn. 20 f. auch zur weiteren Entwicklung: es sollte auch auf neue Entwicklungen der Kriminalität Rechnung getragen werden, *Herzog*, Dokument CHARTE 4371/00 CONVENT 38 vom 15. 6. 2000.
[8] Vom 26. 7. 1995, BGBl. 1997 II S. 2150.
[9] ABl. 2000, L 239/19.
[10] ABl. 2002, L 203/1.
[11] Erläuterungen zur Grundrechtecharta, ABl. 2007, C 303/17 (19).
[12] EGMR, Urt. v. 7. 1. 2010, Beschwerde-Nr. 25965/04 (Rantsev/Zypern und Russland), NJW 2010, 3003, Rn. 282.
[13] *Borowsky*, in: Meyer, GRCh, Art. 5 GRC, Rn. 2.
[14] S. auch Erläuterungen zur Grundrechtecharta, ABl. 2007, C 303/19.
[15] *Jarass*, GRCh, Art. 5 GRC, Rn. 2 m. w. N. und unter Bezug auf EGMR, Urt. v. 7. 1. 2010, Beschwerde-Nr. 25965/04 (Rantsev/Zypern und Russland), NJW 2010, 3003, Rn. 282; anders für Art. 5

sehen.[16] Indes hat Art. 5 Abs. 3 GRC eine andere Genese. Zudem hat Art. 5 Abs. 2 GRC insofern einen besonderen Gehalt, als Art. 4 Abs. 3 EMRK gewichtige Arbeiten und Dienstleistungen von der Zwangs- und Pflichtarbeit ausnimmt. Art. 5 Abs. 1 GRC ist damit tendenziell strikter, wenngleich im Ansatz enger konzipiert. Es handelt sich um **drei eigenständige Verbote.**[17]

Ebenso wenig wie Art. 1 GRC[18] besitzt Art. 5 GRC unmittelbare Drittwirkung, ob- **6** wohl diese gerade bei ihm besonders nahe läge, gehen doch die verbotenen Tatbestände zumeist von Privaten aus. Indes sind diese entsprechend dem in Art. 51 GRC klar begrenzten Kreis der Verpflichteten durch hoheitliche Maßnahmen mit entsprechenden Verboten zu belegen, die zudem eine **wirksame** und auch angewandte **Sanktionsdrohung** enthalten müssen, um eine effektive Realisierung zu gewährleisten.[19] Es besteht also nur eine **mittelbare Drittwirkung.** Art. 83 Abs. 1 AEUV ermächtigt die Union zum Erlass von Mindestvorschriften, um Straftaten und Strafen gerade in den Bereichen Menschenhandel und sexuelle Ausbeutung von Frauen und Kindern zu erlassen.[20]

B. Schutzbereich

I. Persönlicher Schutzbereich

Entsprechend der Menschenwürde, deren Ausprägung Art. 5 ist, wird jeder Mensch **7** berechtigt und damit unabhängig von seiner Eigenschaft als Unionsbürger, also **auch Drittstaatsangehörige.** Es handelt sich um ein universelles Menschenrecht, entsprechend der Festschreibung in zahlreichen internationalen Konventionen. Auch private juristische Personen sind nicht berechtigt, sondern höchstens verpflichtet, allerdings nur mittelbar über einfache Rechtsnormen.

II. Sachlicher Schutzbereich

1. Notwendige Modernisierung

Die Verbotstatbestände nach Art. 5 Abs. 1–3 GRC entstammen **traditionellen Begriffen 8** und sind angesichts aktueller Herausforderungen entsprechend den gewandelten Verhältnissen und dem hohen Wert der elementaren Menschenrechte in die heutige Zeit **fortzuentwickeln** – mit einer weiteren und anspruchsvollen Auslegung.[21] Dies gelingt aber nicht für alle Verbotstatbestände gleichermaßen.

Abs. 3 GRC *Höfling*, in: Tettinger/Stern, EuGRCh, Art. 5 GRC, Rn. 16; *Voet von Vormizeele*, in: Schwarze, EU-Kommentar, Art. 5 GRC, Rn. 3 bezüglich der Einklagbarkeit; *Schorkopf*, in: Ehlers, Grundrechte und Grundfreiheiten, § 15, Rn. 41 für die Einschränkbarkeit.
[16] Mit drei Teilbereichen, *Jarass*, GRCh, Art. 5 GRC, Rn. 1.
[17] Auch *Borowsky*, in: Meyer, GRCh, Art. 2 GRC, Rn. 1.
[18] S. o. Art. 1 GRC, Rn. 14, 50.
[19] S. u. Rn. 22.
[20] Näher *Frenz*, Handbuch Europarecht, Bd. 6, Rn. 3024 ff. auch zu den Grenzen aus BVerfGE 123, 267 (410, 412 f.).
[21] EGMR, Urt. v. 26.7.2005, Beschwerde-Nr. 73316/01 (Siliadin/Frankreich), NJW 2007, 41, Rn. 121.

2. Sklaverei

9 Ausgangspunkt für das Verbot der Sklaverei nach Art. 5 Abs. 1 1. Alt. GRC ist wie für den gleichlautenden Art. 4 Abs. 1 EMRK die Definition in Art. 1 Abs. 1 des Übereinkommens über die Sklaverei vom 25. 9. 1926[22], nämlich der »Zustand oder die Stellung einer Person, an der die mit dem Eigentumsrecht verbundenen Befugnisse oder einzelne davon ausgeübt werden«. Maßgeblich ist damit das **Eigentumsrecht** des »Halters« an einem Menschen, die diesen zu einer »**Sache**« machen.[23] Entscheidend ist damit ein vorangehender Kauf des Betroffenen; daran fehlt es, wenn jemand »nur« jeden Tag etwa 15 Stunden arbeiten muss, seine Papiere abgenommen bekommt und damit völlig abhängig ist, mithin wie ein Sklave gehalten wird, aber mangels Übereignung keiner ist.

10 Anders verhält es sich freilich bei **Prostituierten**, die mit einer Gegenleistung an Bordelle verkauft oder zwischen diesen hin und her geschoben werden.[24] Im Hinblick auf Art. 1 des Zusatzübereinkommens über die Abschaffung der Sklaverei, des Sklavenhandels und sklavereiähnlicher Einrichtungen und Praktiken[25] stellt sich hier weiter die Frage, wie die **Vertragssklaverei** einzuordnen ist, »bei der erzwungene und Scheinverträge als Tarnung dienen«.[26] Liegt darin gleichwohl eine Eigentumsübergabe, besteht schon eine Sklaverei. Andernfalls liegt zumindest eine Leibeigenschaft vor.[27] Beide sind gleichermaßen verboten. Es gilt zu vermeiden, dass erzwungene bzw. sonst wie unwirksame oder zumindest anfechtbare Verträge besser behandelt werden als wirksame.

3. Leibeigenschaft

11 Das Verbot der Leibeigenschaft nach Art. 5 Abs. 1 2. Alt. GRC ist nicht an das Eigentumsrecht geknüpft, sondern als »eine **besonders schwere Form der Freiheitsberaubung**« ausgestaltet.[28] Klassisch definiert ist sie in Art. 1 des Zusatzübereinkommens über die Abschaffung der Sklaverei, des Sklavenhandels und sklavereiähnlicher Einrichtungen und Praktiken[29] als die Lage oder Rechtsstellung eines Pächters, der durch Gesetz, Gewohnheitsrecht oder Vereinbarung verpflichtet ist, auf einem einer anderen Person gehörenden Grundstück zu leben und zu arbeiten und dieser Person bestimmte entgeltliche oder unentgeltliche Dienste zu leisten, ohne seine Rechtsstellung selbstständig ändern zu können. Zwar ist auch diese Definition im Lichte aktueller Verhältnisse und im Hinblick auf den in der englischen Fassung herangezogenen Begriff »servitude« weiter zu fassen und auch etwa auf den **Frauenkauf** und die **Schuldknechtschaft** zu erstrecken.[30] Einschränkend muss jedoch eine **räumliche Nähe** dazukommen, die sich namentlich darin zeigt, dass der Betroffene mit dem Peiniger unter einem Dach wohnt,

---

[22] Übereinkommen über die Sklaverei vom 25. 9.1926, Reichsgesetzblatt II 1929, S. 63.

[23] EGMR, Urt. v. 26. 7. 2005, Beschwerde-Nr. 73316/01 (Siliadin/Frankreich), NJW 2007, 41, Rn. 122.

[24] *Frenz*, Handbuch Europarecht, Bd. 4, Rn. 1041; ebenso *Borowsky*, in: Meyer, GRCh, Art. 5 GRC, Rn. 28.

[25] Vom 7. 9.1956, BGBl II 1958 S. 203.

[26] *Borowsky*, in: Meyer, GRCh, Art. 5 GRC, Rn. 28 unter Verweis auf *Bales*, S. 32, 40 ff.

[27] *Frenz*, Handbuch Europarecht, Bd. 4, Rn. 1044.

[28] EGMR, Urt. v. 26. 7. 2005, Beschwerde-Nr. 73316/01 (Siliadin/Frankreich), NJW 2007, 41, Rn. 123.

[29] Vom 7. 9.1956, BGBl. II 1958 S. 203.

[30] *Frowein*, in: Frowein/Peukert, EMRK, Art. 4 EMRK, Rn. 2; *Calliess*, in: Calliess/Ruffert, EUV/AEUV, Art. 5 GRC, Rn. 9; *Schorkopf*, in: Ehlers, Grundrechte und Grundfreiheiten, § 15, Rn. 34.

ohne die eigene Lage verändern zu können.[31] Bei einer Unterbringung einer Minderjährigen in einer Familie, die 15 Stunden täglich arbeiten muss und keine Ausweispapiere mehr hat sowie als illegaler Flüchtling von der Polizei festgenommen werden zu droht, ist dies der Fall.[32]

4. Zwangs- und Pflichtarbeit

a) Reichweite

Das Verbot der Zwangs- und Pflichtarbeit nach Art. 5 Abs. 2 GRC kann näher ausgefüllt   **12** werden nach dem Übereinkommen über Zwangs- und Pflichtarbeit von 1930[33], das nach Art. 2 Abs. 1 »jede Art von Arbeit oder Dienstleistung, die von einer Person unter Androhung irgendeiner Strafe verlangt wird und für die sie sich nicht freiwillig zur Verfügung gestellt hat«, erfasst.[34] Damit besteht eine **Zwangswirkung**, die physisch oder moralisch sein kann und vor allem in der **Androhung irgendeiner Strafe** besteht. Der Betroffene hat sich nicht freiwillig zur Verfügung gestellt, sondern leistet die **Arbeit gegen seinen Willen**.[35] Typisch ist eine Zwangslage, aus der heraus die Arbeitsleistung erwächst und die nicht enden will – wie bei einem in ständiger Furcht vor der Polizei dauerhaft im eigenen Haus beschäftigten Hausmädchen aus Afrika.[36]

Die Arbeit muss nicht auch noch unterdrückend sein oder zwangsläufig inakzeptable   **13** Härten mit sich bringen.[37] Je mehr Voraussetzungen verlangt werden, desto schwerer ist die Nachweisbarkeit.[38] Die Rückführung auf eine Zwangswirkung genügt damit. Von daher ist selbst die eher **flexible Vorgehensweise des EGMR** problematisch, die Arbeit müsse in ihren Belastungen völlig außer Verhältnis zu den erwarteten Vorteilen stehen.[39] Schon die fehlende freiwillige Übernahme genügen zu lassen,[40] führt freilich umgekehrt zu unabsehbaren Weiterungen, wenn die Unfreiwilligkeit nicht auf einer Zwangswirkung beruhen muss, sondern etwa auch bloße Täuschungen beim Vertragsschluss genügen.

Auch insoweit lässt sich eine Übertragung auf **Prostituierte**[41] dadurch vornehmen,   **14** dass diesen oft jegliche Ausweispapiere in Bordellen vorenthalten werden und sie aus

---

[31] EGMR, Urt. v. 26.7.2005, Beschwerde-Nr. 73316/01 (Siliadin/Frankreich), NJW 2007, 41, Rn. 123.

[32] EGMR, Urt. v. 26.7.2005, Beschwerde-Nr. 73316/01 (Siliadin/Frankreich), NJW 2007, 41, Rn. 125 ff.

[33] Übereinkommen Nr. 29 der International Labour Organization (BGBl. II 1956 S. 641), welches EGMR, Urt. v. 23.11.1983, Beschwerde-Nr. 8919/80 (van der Mussele/Belgien), EuGRZ 1985, 477, Rn. 32 bereits anführt.

[34] Darauf sich beziehend EGMR, Urt. v. 26.7.2005, Beschwerde-Nr. 73316/01 (Siliadin/Frankreich), NJW 2007, 41, Rn. 116.

[35] EGMR, Urt. v. 23.11.1983, Beschwerde-Nr. 8919/80 (van der Mussele/Belgien), EuGRZ 1985, 477, Rn. 34.

[36] EGMR, Urt. v. 26.7.2005, Beschwerde-Nr. 73316/01 (Siliadin/Frankreich), NJW 2007, 41, Rn. 118 ff.

[37] So EKMR, Urt. v. 17.12.1963, Beschwerde-Nr. 1468/62 (Iversen/Norwegen), EuGRZ 1975, 51 (52); m.w.N. *Höfling*, in: Tettinger/Stern, EuGRCh, Art. 5 GRC, Rn. 12.

[38] Abl. auch EGMR, Urt. v. 23.11.1983, Beschwerde-Nr. 8919/80 (van der Mussele/Belgien), EuGRZ 1985, 477 (482); *Höfling*, in: Tettinger/Stern, EuGRCh, Art. 5 GRC, Rn. 13.

[39] EGMR, Urt. v. 23.11.1983, Beschwerde-Nr. 8919/80 (van der Mussele/Belgien), EuGRZ 1985, 477 (482); auch *Calliess*, in: Calliess/Ruffert, EUV/AEUV, Art. 5 GRC, Rn. 12: Gesamtwürdigung sämtlicher Umstände der zu erbringenden Leistung.

[40] So *Höfling*, in: Tettinger/Stern, EuGRCh, Art. 5 GRC, Rn. 13.

[41] S. bereits o. Rn. 10.

Angst vor Entdeckung durch die Polizei zwangsweise Dienste leisten. Diese Situation muss aber der »Arbeitgeber« selbst aufrechterhalten und darf nicht lediglich an sie anknüpfen.[42]

b) Ausnahmen

15   Art. 52 Abs. 3 GRC i. V. m. Art. 4 Abs. 3 EMRK nimmt entsprechend seinem Wortlaut »gilt nicht« bestimmte Formen von Arbeit und Dienstleistungen aus der Zwangs- oder Pflichtarbeit heraus. Es handelt sich um »negative« Definitionen,[43] also solche, die das Vorliegen einer Zwangs- und Pflichtarbeit ausschließen.

16   An erster Stelle (Buchst. a) erfasst wird eine Arbeit, die üblicherweise von einer Person verlangt wird, der gemäß Art. 5 EMRK die Freiheit entzogen oder die bedingt entlassen worden ist. Das betrifft die **Gefängnisarbeit**, allerdings nur, soweit sie typischerweise verlangt wird. Besondere Arbeiten dort sollen nicht erfasst sein.[44] Damit entstehen freilich problematische Abgrenzungen. Zudem kann es für den Einzelnen gerade eine besondere Herausforderung darstellen, die ihm Zuversicht vermittelt, wenn er eine besondere Leistung in der Haft erbringen darf. Üblich ist allerdings, dass im Gefängnis keine oder nur eine geringe Entlohnung erfolgt; auf diese besteht daher kein Anspruch.[45]

17   Gleichfalls heraus fällt eine Dienstleistung militärischer Art oder eine Dienstleistung, die an die Stelle des im Rahmen der Wehrpflicht zu leistenden Dienstes tritt, sofern die Dienstverweigerung aus Gewissensgründen anerkannt ist. Unter Art. 52 Abs. 3 GRC i. V. m. Art. 4 Abs. 3 Buchst. b EMRK fallen also der **Wehr- und** der **Ersatzdienst**. Weil die Verhältnisse gleichermaßen bestehen, ist es gleichgültig, ob jemand zwangsweise oder freiwillig in die Streitkräfte eingetreten ist.[46] Sind somit die Umstände des Eintritts gleichgültig, wird auch keine Aussage dazu getroffen, ob ein Recht auf Ersatzdienst bestehen muss.[47]

18   Art. 52 Abs. 3 GRC i. V. m. Art. 4 Abs. 3 Buchst. c EMRK erfasst eine Dienstleistung, die verlangt wird, wenn Notstände oder Katastrophen das Leben oder das Wohl der Gemeinschaft bedrohen; dies erfasst den **Katastrophenschutz**. Entsprechend der englischen und französischen Terminologie werden **auch lokale Notstände** erfasst[48] – im Gegensatz zur Notstandsregelung des Art. 15 EMRK.[49]

19   Weiter nimmt Art. 52 Abs. 3 GRC i. V. m. Art. 4 Abs. 3 Buchst. d EMRK eine Arbeit oder Dienstleistung heraus, die zu den üblichen **Bürgerpflichten** gehört. Diese müssen dann aber auch näher definiert sein. Das gilt zumal deshalb, weil das Kriterium der Zumutbarkeit als entscheidend angesehen wird.[50] Zudem geht es um eine nichtdiskri-

---

[42] *Frenz*, Handbuch Europarecht, Bd. 4, Rn. 1049 f.

[43] Erläuterungen zur Charta der Grundrechte, ABl. 2007, C 303/17 (18).

[44] *Calliess*, in: Calliess/Ruffert, EUV/AEUV, Art. 5 GRC, Rn. 14; *Frowein*, in: Frowein/Peukert, EMRK, Art. 4 EMRK, Rn. 12.

[45] Etwa *Calliess*, in: Calliess/Ruffert, EUV/AEUV, Art. 5 GRC, Rn. 14 m. w. N.

[46] *Calliess*, in: Calliess/Ruffert, EUV/AEUV, Art. 5 GRC, Rn. 13 m. w. N.

[47] EKMR, Urt. v. 9. 5. 1984, Beschwerde-Nr. 10640/83 (A./Schweiz), DR 38, 210 (220 ff.); *Calliess*, in: Calliess/Ruffert, EUV/AEUV, Art. 5 GRC, Rn. 15.

[48] *Frowein*, in: Frowein/Peukert, EMRK, Art. 4 EMRK, Rn. 15.

[49] *Calliess*, in: Calliess/Ruffert, EUV/AEUV, Art. 5 GRC, Rn. 16.

[50] So *Borowsky*, in: Meyer, GRCh, Art. 5 GRC, Rn. 34; *Calliess*, in: Calliess/Ruffert, EUV/AEUV, Art. 5 GRC, Rn. 17.

minierende Verteilung.[51] Anerkannt sind der **Feuerwehrdienst**[52], die **Deichhilfe** sowie etwaige **Hand- und Spanndienste**.[53]

Aufgrund der Stärke des Eingriffs in die Freiheit des Einzelnen müssen sämtliche Arbeiten oder Dienstleistungen, die von Art. 4 Abs. 3 EMRK erfasst werden, **normativ festgelegt** werden, auch wenn es sich um keine Einschränkung nach Art. 52 Abs. 1 GRC handelt, sondern schon der Schutzbereich verengt wird. Aber auch dies muss rechtssicher erfolgen.   **20**

5. Menschenhandel

Art. 5 Abs. 3 GRC verbietet den Menschenhandel umfassend und will schon nach den Entstehungserläuterungen, nämlich einer Bemerkung des Konventspräsidenten *Herzog*, **neueren Entwicklungen der Kriminalität** Rechnung tragen.[54] Dazu gehören dann auch Menschenhändler, die **Flüchtlinge** in ausweglose Situationen bringen, um sie nach Europa zu bringen und sie hierzulande ausbeuten zu können, bzw. das Locken von Frauen in Bordelle und Gastwirtschaften.[55] Dies entspricht auch der klassischen Definition in Art. 27 Abs. 1 des Schengener Durchführungsübereinkommens, auf welches die Entstehung Bezug nahm,[56] wonach eine Person mit Sanktionen belegt werden muss, die zu Erwerbszwecken einem Drittausländer hilft oder zu helfen versucht, in das Hoheitsgebiet einer der Vertragsparteien unter Verletzung ihrer Rechtsvorschriften in Bezug auf die Einreise und den Aufenthalt von Drittausländern einzureisen oder sich dort aufzuhalten. Damit werden auch die Menschenhändler erfasst, die in armen Staaten Personen anwerben, um sie gegen (oft völlig überhöhtes) Entgelt nach Europa zu bringen, was dann zu Katastrophen wie vor Lampedusa führt. Hier zeigt sich dann die enge Verbindung von Art. 5 Abs. 3 GRC zur Menschenwürde, die es verbietet, jemandem zum Objekt zu machen. Insoweit aber ist die Menschenwürde umfassender, so dass sie gleichwohl immer noch eingreifen kann.   **21**

Diese doppelte Einschlägigkeit gilt auch für den zweiten Anwendungsbereich des Menschenhandels gemäß dem Anhang des Europol-Übereinkommens, welcher die tatsächliche und rechtswidrige Unterwerfung einer Person unter den Willen anderer Personen mittels Gewalt, Drohung oder Täuschung oder unter Ausnutzung eines **Abhängigkeitsverhältnisses** erfasst. Dabei werden insbesondere folgende Ziele ausdrücklich angesprochen: Die Ausbeutung zur Prostitution und von Minderjährigen sowie sexuelle Gewalt gegenüber Minderjährigen oder Handel im Zusammenhang mit Kindesaussetzung. Auch das Europol-Übereinkommen wurde bei den Entstehungsmaterialien in Bezug genommen.[57]   **22**

---

[51] EGMR, Urt. v. 20.6.2006, Beschwerde-Nr. 17209/02 (Zarb Adami/Malta), Rep. 2006-VIII, 305, Rn. 43 ff., 71 ff. unter Bezug auf Art. 14 EMRK.

[52] EGMR, Urt. v. 18.7.1994, Beschwerde-Nr. 13580/88 (Schmidt/Deutschland), EuGRZ 1995, 392.

[53] *Höfling*, in: Tettinger/Stern, EuGRCh, Art. 5 GRC, Rn. 14.

[54] *Herzog*, CHARTE 4371/00 CONVENT 38 v. 15.6.2000, wiedergegeben bei *Borowsky*, in: Meyer, GRCh, Art. 2 GRC, Rn. 21.

[55] *Frenz*, Handbuch Europarecht, Bd. 4, Rn. 1051.

[56] S. o. Rn. 4.

[57] S. o. Rn. 4; spezifisch bei der Definition *Calliess*, in: Calliess/Ruffert, EUV/AEUV, Art. 5 GRC, Rn. 19.

C. Eingriffe

23   Die vorgenannten Verbote gelten umfassend. Daher sind nicht nur unmittelbare Eingriffe verboten, die von Seiten des Staates auch kaum auftreten werden, sind doch Gefängnisarbeit und Wehr- bzw. Zivildienst nach Art. 52 Abs. 3 GRC i.V.m. Art. 4 Abs. 3 EMRK ausgenommen. Vielmehr geht es um die **Durchsetzung des Verbotes gegenüber Privaten.** Aufweichungen und Einschränkungen sind hier nicht zugelassen.[58] Darum bedarf es **hinreichend gravierender Sanktionen**, damit vor den inkriminierten Handlungen abgeschreckt wird. Nur so wird die bestehende **staatliche Schutzpflicht** adäquat umgesetzt und nicht verletzt. Deshalb müssen **eindeutige Verbotstatbestände** erlassen werden,[59] die **schwere strafrechtliche Sanktionen** haben, welche auch durchgesetzt werden.[60] Es muss dann auch **tatsächlich** eine strafrechtliche **Verurteilung** erfolgen,[61] und zwar in beachtlicher Höhe.

24   Die strikten Verbotstatbestände des Art. 5 GRC schließen weiter gehend jegliche **staatliche Förderung** aus. Daher ist etwa bei staatlichen **Auftragsvergaben** unter Wahrung der umfangreichen EU-Richtlinienvorgaben und der Grundfreiheiten (Primäreuropavergaberecht) darauf zu achten, dass keine Firmen beauftragt bzw. Waren gewählt werden, die in irgendeiner Weise etwas mit Zwangs- oder Pflichtarbeit oder gar Leibeigenschaft zu tun haben.

25   Darüber hinaus sämtliche **Kontakte mit auswärtigen Staaten** abzubrechen, in denen sich die verbotenen Praktiken finden, führt zu weit, können doch dadurch unter Umständen diese Verhältnisse durch Abschottung weiter verfestigt werden. Daher ist selbst eine **Gemeinsame Handelspolitik** nach Art. 206 f. AEUV nicht ausgeschlossen; diese darf freilich nicht Geschäfte beinhalten bzw. fördern, mit welchen nach Art. 5 GRC verbotene Praktiken einhergehen.[62]

D. Eingriffsrechtfertigung

26   Wie die unantastbare Menschenwürde unterliegt Art. 5 GRC als deren Ausprägung in allen drei Tatbeständen **keinen Einschränkungen;**[63] auch jeder Menschenhandel verstößt gegen die Menschenwürde.[64] Eingriffe sind daher nicht rechtfertigungsfähig. Art. 4 Abs. 3 EMRK begrenzt schon den Schutzbereich.[65]

---

[58] EGMR, Urt. v. 26.7.2005, Beschwerde-Nr. 73316/01 (Siliadin/Frankreich), NJW 2007, 41, Rn. 112 für Art. 4 EMRK.

[59] S. für den Menschenhandel *Renzikowski*, JZ 2005, 879.

[60] EGMR, Urt. v. 26.7.2005, Beschwerde-Nr. 73316/01 (Siliadin/Frankreich), NJW 2007, 41, Rn. 89, 112, 130 ff.; *Frenz*, Handbuch Europarecht, Bd. 4, Rn. 1052 f.

[61] EGMR, Urt. v. 26.7.2005, Beschwerde-Nr. 73316/01 (Siliadin/Frankreich), NJW 2007, 41, Rn. 141 ff.

[62] Vgl. zur Todesstrafe *Borowsky*, in: Meyer, GRCh, Art. 2 GRC, Rn. 46; *Voet von Vormizeele*, in: Schwarze, EU-Kommentar, Art. 2 GRC, Rn. 8 sowie u. Rn. 27.

[63] Erläuterungen zur Charta der Grundrechte, ABl. 2007, C 303/17 (18): keine legitime Einschränkung.

[64] *Jarass*, GRCh, Art. 5 GRC, Rn. 12; *Bungenberg*, in: Heselhaus/Nowak, Handbuch der Europäischen Grundrechte, § 13, Rn. 48; *Wolffgang*, in: Lenz/Borchardt, Art. 5 GRC, Rn. 9; a. A. *Schorkopf*, in: Ehlers, Grundrechte und Grundfreiheiten, § 15, Rn. 41; s. auch *Folz*, in: Vedder/Heintschel v. Heinegg, Europäisches Unionsrecht, Art. 5 GRC, Rn. 7: vor allem Gesetzgebungsauftrag.

[65] S. o. Rn. 15.

E. Verhältnis zu anderen Normen

Als Ausformung der Menschenwürde wird Art. 5 GRC von dieser geprägt, ist aber für   **27**
seinen besonderen Bereich lex specialis.

Durch das Verbot des Menschenhandels in Art. 5 Abs. 3 GRC kommen darauf be-   **28**
zogene Handelsgeschäfte auch im internationalen Handelsverkehr nicht in Betracht.
Entsprechende **Beschränkungen** im internationalen Handelsverkehr müssen daher **in
Abweichung von Art. 206 AEUV** gerade bestehen bleiben.[66]

Die Verbote nach Art. 5 Abs. 1–3 GRC schließen zugleich entsprechende Inhalte für   **29**
die **Grundfreiheiten** und dabei vor allem für die Arbeitnehmerfreizügigkeit und die
Dienstleistungsfreiheit aus. Die »Ausbeutung der Prostitution« ist daher keine von den
Grundfreiheiten geschützte Tätigkeit.[67]

In Art. 19 Abs. 2 GRC werden nur das Risiko der Todesstrafe, der Folter oder einer   **30**
anderen unmenschlichen oder erniedrigenden Strafe oder Behandlung genannt, nicht
hingegen die in Art. 5 GRC verbotenen Vorgänge und damit etwa Zwangs- und Pflichtarbeit. Diese werden damit von dem **Verbot der Abschiebung, Ausweisung und Auslieferung** nicht erfasst. Gleichwohl konkretisiert dieses insoweit die Menschenwürde. Da
diese aber unantastbar ist, müssen auch die Phänomene mit einbezogen werden, die in
Art. 19 Abs. 2 GRC nicht ausdrücklich genannt sind, indes gegen die Menschenwürde
verstoßen. Damit ist eine Abschiebung, Ausweisung und Auslieferung **auch** dann ausgeschlossen, wenn etwa **Zwangs- und Pflichtarbeit oder gar Sklaverei und Leibeigenschaft** drohen. Anders kann die universelle Geltung von Art. 1 GRC und als seiner
Ausprägung von Art. 5 GRC nicht sichergestellt werden, die der Abschiebung, Ausweisung und Auslieferung vorgelagert sind.

Da der **Menschenhandel** auch die Verbringung von Flüchtlingen nach Europa um-   **31**
fasst,[68] stellt sich auch insoweit der Bezug zum Asylrecht. Art. 18 GRC enthält kein
subjektives Recht und bezieht sich nur auf die Standards nach den Genfer Abkommen
sowie den Maßgaben des EUV sowie des AEUV. Dazu muss aber auch die GRC gehören,
wurde doch diese in Art. 6 Abs. 1 UAbs. 1 Satz 2 EUV mit den Verträgen gleichgestellt.
Zwar betrifft der Menschenhandel nicht das Asylrecht. Indes steht der Transport von
Asylbewerbern nach Europa in sachlichem Zusammenhang damit.

So kann sich etwa die Verteilung von Asylbewerbern darauf auswirken, wohin die   **32**
Flüchtlinge zu gelangen versuchen. Da nach der Dublin II-Verordnung Nr. 343/2003
das Asylverfahren in der Regel in dem EU-Staat durchgeführt wird, in dem der Flüchtling als Erstes ankommt, liegt eine Flucht in die Staaten nahe, wo das Verfahren möglichst rasch und günstig für die Asylbewerber durchgeführt wird. Das muss aber nicht so
sein. Italien, das etwa von der Katastrophe von Lampedusa betroffen war, gilt als streng.
Daraus ergibt sich aber der enge **Regelungszusammenhang mit Art. 78 AEUV**, so dass
auch die Union Maßnahmen im Hinblick auf den Menschenhandel ergreifen kann.

Diese Regelungsmöglichkeit gebietet zudem der Schutz der Menschenwürde als   **33**
grundlegender Wert nach Art. 2 EUV, der zumindest die Ziele nach Art. 3 EUV anrei-
chert, die zur **Kompetenzergänzung nach Art. 352 AEUV** herangezogen werden kön-

---

[66] S. im Übrigen o. Rn. 25.
[67] *Streinz*, in: Streinz, EUV/AEUV, Art. 5 GRC, Rn. 4.
[68] S. o. Rn. 21.

nen.[69] Damit können auch vorgelagerte Phänomene wie der Menschenhandel und nachgelagerte Situationen wie etwa eine Leibeigenschaft oder Zwangs- bzw. Pflichtarbeit
von Flüchtlingen erfasst werden.

---

[69] S. o. Art. 1 GRC, Rn. 64.

Titel II
Freiheiten

Artikel 6 GRC Recht auf Freiheit und Sicherheit

Jeder Mensch hat das Recht auf Freiheit und Sicherheit.

Literaturübersicht

Brodowski, Europäischer ordre public als Ablehnungsgrund für die Vollstreckung Europäischer Haftbefehle? HRRS 2013, 54; *Brodowski*, Innere Sicherheit in der Europäischen Union, Jura 2013, 492; *Calliess*, Gewährleistung von Freiheit und Sicherheit im Lichte unterschiedlicher Staats- und Verfassungsverständnisse, DVBl. 2003, 1096; *Gaede*, Minimalistischer EU-Grundrechtsschutz bei der Kooperation im Strafverfahren, NJW 2013, 1279; *Gusy*, Gewährleistung von Freiheit und Sicherheit im Lichte unterschiedlicher Staats- und Verfassungsverständnisse, VVDStRL 63 (2004), 153; *Herzog*, Das Grundrecht auf Freiheit in der Europäischen Menschenrechtskonvention, AöR 86 (1961), 194; *Macken*, Preventive detention and the right to personal liberty and security under Article 5 ECHR, IJHR 2006, 195; *Müller/Schneider* (Hrsg.), Sicherheit vs. Freiheit? Die Europäische Union im Kampf gegen den Terrorismus, 2006; *Zuleeg* (Hrsg.), Europa als Raum der Freiheit, der Sicherheit und des Rechts, 2007.

Leitentscheidungen

EuGH, Urt. v. 24.11.1998, Rs. C–274/96 (H. O. Bickel, U. Franz), Slg. 1998, I–7637
EuGH, Urt. v. 10.2.2000, Rs. C–340/97 (Nazli u.a./Stadt Nürnberg), Slg. 2000, I–957
EuGH, Urt. v. 29.1.2013, Rs. C–396/11 (Radu), ECLI:EU:C:2013:39

Wesentliche sekundärrechtliche Vorschriften

Rahmenbeschluss 2002/584/JI des Rates vom 13.6.2002 über den Europäischen Haftbefehl und die Übergabeverfahren zwischen den Mitgliedstaaten, ABl. 2002, L 190/1
Rahmenbeschluss 2002/475/JI des Rates vom 13.6.2002 zur Terrorismusbekämpfung, ABl. 2002, L 164/3
Rahmenbeschluss 2002/465/JI des Rates vom 13.6.2002 über die Ermittlungsgruppen, ABl. 2002, L 162/1

Inhaltsübersicht

A. Entwicklung, Quellen, Bedeutung

I. Allgemeines

1. Grundlagen

1   Art. 6 GRC garantiert nach ganz überwiegender Ansicht den Schutz der körperlichen Bewegungsfreiheit und leitet den zweiten Titel der Grundrechtecharta, die Freiheiten, ein. Die Stellung vor dem Schutz der Privatsphäre, dem Datenschutz und den sonstigen persönlichen Freiheiten betont die Bedeutung des klassischen Grundrechts, nicht willkürlich verhaftet zu werden. Das Grundrecht steht erkennbar in der Tradition der aus dem anglo-amerikanischen Recht kommenden Habeas-Corpus-Gewährleistung.[1] Seine Platzierung unmittelbar hinter den vitalen Grundrechten der Menschenwürde und des Grundrechts auf Leben, körperlicher Unversehrtheit und des Folterverbots ist sachlich zutreffend.

2. Normative Wurzeln

a) Enge Verbindung zu Art. 5 EMRK

2   Bei der Formulierung von Art. 6 GRC stand dem Konvent Art. 5 EMRK vor Augen. Die Erläuterungen zu Art. 6 GRC verweisen ausdrücklich auf Art. 5 EMRK.[2] Die Normtexte sind nicht identisch. Zwei Unterschiede bestehen. Im deutschen Text heißt es in Art. 6 GRC »jeder Mensch«, während in Art. 5 EMRK von »jeder Person« die Rede ist. Weiter wurde in Art. 6 GRC nur Art. 5 Abs. 1 Satz 1 EMRK transformiert, nicht aber Art. 5 Abs. 1 Satz 2 und Abs. 2 bis Abs. 5 EMRK. Wegen des engen Zusammenhangs geht man zu Recht davon aus, dass Art. 6 GRC gemäß Art. 52 Abs. 3 Satz 1 GRC nicht in einer Weise ausgelegt werden darf, die hinter der Garantie des Art. 5 EMRK zurückbleibt.[3]

b) Kernbestand vieler Grundrechtskataloge

3   Der Schutz vor willkürlicher Verhaftung findet sich in unterschiedlicher Formulierung in den Verfassungen aller Mitgliedstaaten[4] sowie in vielen internationalen Menschenrechtskatalogen, vgl. Art. 9–11 IPBPR.[5]

---

[1] Ausführlich *Dörr*, in: Dörr/Grote/Marauhn, EMRK/GG, Kap. 13, Rn. 2 ff.
[2] *Folz*, in: Vedder/Heintschel v. Heinegg, Europäisches Unionsrecht, Art. 6 GRC, Rn. 2.
[3] *Streinz*, in: Streinz, EUV/AEUV, Art. 6 GRC, Rn. 1.
[4] *Bernsdorff*, in: Meyer, GRCh, Art. 6 GRC, Rn. 2; *Tettinger*, in: Tettinger/Stern, EuGRCh, Art. 6 GRC, vor Rn. 1.
[5] Weitere Nachweise *Bernsdorff*, in: Meyer, GRCh, Art. 6 GRC, Rn. 3.

c) Frage des Charakters als Gemeinschaftsgrundrecht

Es gibt keine ausdrückliche Erörterung, ob der Schutz der Bewegungsfreiheit schon vor **4** der Formulierung der EU-Grundrechtecharta als Gemeinschaftsgrundrecht anerkannt war. Der Schutz der Bewegungsfreiheit ist aber in allen Verfassungen der Mitgliedstaaten geschützt und daher zumindest als allgemeiner Rechtsgrundsatz anerkannt, so dass eine Basis auch als Anerkennung als gemeinschaftsrechtliches Grundrecht bestand.

3. Entstehungsgeschichte

Beim Entstehungsprozess des Art. 6 GRC wurde über die Norm erheblich gestritten, **5** u. a. ob die speziellen Schranken des Art. 5 EMRK ausdrücklich in Art. 6 GRC aufzunehmen seien oder ob es zunächst bei der allgemeinen Schrankenregelung verbleiben sollte, ob die Norm überhaupt erforderlich sei und wie der Begriff der Sicherheit zu verstehen sei. In der deutschen Textversion wurde ausdrücklich die Wendung »jede Person«, wie sie in Art. 5 EMRK vorkommt, durch die Wendung »jeder Mensch« ersetzt.[6]

4. Entwicklungslinien in der Rechtsprechung

In der Rechtsprechung des EuGH finden sich bisher keine spezifischen Ausführungen zu **6** Art. 6 GRC oder Art. 5 EMRK. Gleiches gilt für die Europäischen Gerichte. Dies hat seinen Grund darin, dass die Union bisher keine einschlägige Gemeinschaftskompetenz im Bereich des Grundrechtes der körperlichen Bewegungsfreiheit besaß und daher das Konfliktpotenzial eher gering war. Mit dem Vertrag von Lissabon haben sich die Kompetenzen im Bereich der Zusammenarbeit in dem Bereich Justiz und Inneres verstärkt. Es besteht Konsens darüber, dass durch die Entwicklung der stärkeren Zusammenarbeit im Bereich Justiz und Inneres die Bedeutung des Art. 6 GRC erheblich ansteigen könnte.[7] Dagegen besteht zu Art. 5 EMRK eine fast unüberschaubare Rechtsprechung des EGMR, die vor allem auf die verfahrensrechtlichen Garantien bezogen ist, aber auch die grundsätzliche Zulässigkeit der Freiheitsentziehung erfasst.[8]

5. Verpflichtete und Berechtigte

An Art. 6 GRC gebunden sind die Union und, sofern sie Unionsrecht ausführen, die **7** Mitgliedstaaten gem. Art. 51 Abs. 1 GRC. Eine unmittelbare Drittwirkung des Art. 6 GRC gegenüber Privatpersonen wurde bisher in Rechtsprechung und Literatur nicht angenommen. Dies ist zutreffend. Davon zu trennen sind Vorgaben, an die sich Private halten müssen, weil ihnen die Union oder die Mitgliedstaaten zur Umsetzung ihrer Schutzpflicht Schranken auferlegen. Weiter kann Art. 6 GRC Einfluss auf die Auslegung von unionsrechtlichen Normen haben, die unmittelbar zwischen Privaten gelten.[9]

---

[6] *Bernsdorff*, in: Meyer, GRCh, Art. 6, Rn. 5 ff.; *Bernsdorff/Borowsky*, Die Charta der Grundrechte der Europäischen Union. Handreichungen und Sitzungsprotokolle, 2002, S. 145 f., 175 f., 275 f.; *Knecht*, in: Schwarze, EU-Kommentar, Art. 6 GRC, Rn. 2.

[7] Vgl. *Mayer*, in: Grabitz/Hilf/Nettesheim, EU, nach Art. 6 EUV (Juli 2010), Rn. 125; *Tettinger*, in: Tettinger/Stern, EuGRCh, Art. 6 GRC, vor Rn. 3.

[8] Vgl. den Überblick bei *Meyer-Ladewig*, EMRK, Art. 5 EMRK, Rn. 12 ff.

[9] Vgl. *Jarass*, GRCh, Art. 6 GRC, Rn. 3.

II. Bedeutung

8   Die Frage der Bedeutung des Art. 6 GRC wird man nur differenziert beantworten können. Der Schutz vor willkürlicher Verhaftung ist ein elementares und altes Grundrecht,
das gegenüber jeder mit Vollzugsbefugnis oder Vollzugsmöglichkeit und Rechtsetzungsbefugnis ausgestatteten Hoheitsgewalt elementare Bedeutung besitzt.[10] Der Grundrechtsschutz des Art. 6 GRC entfaltet sich gem. Art. 51 Abs. 1 Satz 1 GRC aber nur,
sofern das Unionsrecht das Handeln der Union oder das der Mitgliedstaaten steuert. Da
die Union nur beschränkt Befugnisse besitzt, die Grundlage einer Freiheitsbeschränkung sein können, ist diese Funktion im Augenblick noch nicht sehr bedeutsam.[11] Mit der
Stärkung oder der Wahrnehmung der Kompetenzen im Bereich des Strafrechts und der
Strafrechtsverhinderung dürfte die Bedeutung des Art. 6 GRC in der Zukunft aber zu-
nehmen. Praktisch relevant wird Art. 6 GRC dann, wenn die Union auf der Grundlage
von Art. 82, 83, 85 AEUV Rechtsvorschriften im Bereich der justiziellen Zusammenarbeit im Strafrecht erlässt und diese dabei zugleich die normative Grundlage für Freiheitsbeschränkungen werden sollen. Als Beispiel wird die Festlegung gemeinsamer Mindestvorschriften über Tatbestandsmerkmale strafbarer Handlungen genannt.[12]

9   Auch im Bereich des Asylrechts ist eine künftig stärkere Bedeutung nicht ausge-
schlossen. Praktische Relevanz kommt dem Artikel schon gegenwärtig im Rahmen des
EU-Haftbefehls zu. So wurde etwa die im Endeffekt verneinte Frage, ob Menschen- oder
Grundrechte es erfordern, vor der Ausstellung eines Haftbefehls eine Anhörung des
Betroffenen durchzuführen, auch anhand Art. 6 GRC gemessen, wobei der EuGH aber
Art. 47 GRC letztlich für spezieller hielt.[13] Den unmittelbaren Rückgriff auf die Grundrechtecharta in den Fällen der Vollstreckung des EU-Haftbefehls erschwert der EuGH
dadurch, dass er annimmt, dass Grundrechtseinwände angesichts der gebotenen gegenseitigen Anerkennung nur in Gestalt der enumerativ vorgesehenen Ablehnungsgründe
bzw. -bedingungen möglich seien.[14] Unabhängig von der praktischen Bedeutung bleibt
die Appellfunktion des fundamentalen Grundrechts auf Bewegungsfreiheit, auch wenn
dieser keine dogmatischen Folgen zukommen.

10   Einen Bedeutungszuwachs erhielte Art. 6 GRC, wenn man das Recht auf Sicherheit
wörtlich auslegen und ein Grundrecht auf Sicherheit annehmen würde, das in der Bedeutung über die Schutzpflicht im Zusammenhang mit dem Abwehrrecht hinausginge.
Die überwiegende Meinung sperrt sich hier noch, auch wenn dies im Endergebnis wegen
des Zusammenhangs mit Art. 3 EUV anzunehmen ist.

11   Die Literatur weist dem Art. 6 GRC gerade im Kampf gegen den Terrorismus eine
gesteigerte Funktion zu.[15] Dabei sind zwei Aspekte zu unterscheiden. Hoheitliche Maßnahmen gegenüber Terroristen müssen die Gewährleistungen vor willkürlicher Verhaf-

---

[10] *Bernsdorff*, in: Meyer, GRCh, Art. 6 GRC, Rn. 1.

[11] Vgl. *Folz*, in: Vedder/Heintschel v. Heinegg, Europäisches Unionsrecht, Art. 6 GRC, Rn. 2.

[12] *Baldus*, in: Heselhaus/Nowak, Handbuch der Europäischen Grundrechte, § 14, Rn. 26; *Jarass*,
GRCh, Art. 6 GRC, Rn. 3; *Streinz*, in: Streinz, EUV/AEUV, Art. 6 GRC, Rn. 7; Erläuterungen zur
Charta der Grundrechte, ABl. 2007, C 303/17 (20).

[13] EuGH, Urt. v. 29. 1. 2013, Rs. C–396/11 (Radu), ECLI:EU:C:2013:39; s. dazu *Brodowski*, HRRS
2013, 54; *Gaede*, NJW 2013, 1279 f.

[14] EuGH, Urt. v. 26. 2. 2013, Rs. C–399/11 (Stefano Melloni/Ministerio Fiscal), ECLI:EU:C:
2013:107, Rn. 55 ff.

[15] *Bernsdorff*, in: Meyer, GRCh, Art. 6 GRC, Rn. 16; *Knecht*, in: Schwarze, EU-Kommentar, Art. 6
GRC, Rn. 5; *Rengeling/Szczekalla*, Grundrechte, § 15, Rn. 654; *Tettinger*, in: Tettinger/Stern,
EuGRCh, Art. 6 GRC, Rn. 24.

tung einhalten. Der Schutz der Bevölkerung vor Terroristen wiederum würde deutlich gestärkt, wenn es ein Recht auf Sicherheit gegen die Hoheitsträger gäbe und dieses Recht nicht nur vor Beeinträchtigungen der Bewegungsfreiheit, sondern auch von Leben und Körper erfassen würde. Beide Aspekte liegen bei Art. 6 GRC fern. Die Wahrscheinlichkeit, dass die Union selbst unmittelbar gegen Terroristen in einer Weise vorgeht, dass Art. 6 GRC relevant wird, ist gering, eine Schutzpflicht für Leben und Körper wird aus Art. 6 GRC selten hergeleitet und selbst wenn, würde sich diese nur eingeschränkt gegen die Mitgliedstaaten richten. Die Erörterung der Gefahren des Terrorismus im Zusammenhang mit Art. 6 GRC hat daher nur einen Sinn, wenn man bereit ist, das Recht auf Sicherheit gegenüber dem Recht auf Freiheit als selbstständige Garantie zu verstehen und weit auszulegen.[16]

B. Schutzbereich

I. Persönlicher Schutzbereich

Art. 6 GRC steht jedem Menschen zu. Der Konvent hat die von Art. 5 EMRK in der deutschen Fassung gebrauchte Wendung –»jede Person« – in »jeder Mensch« umformuliert, um zu verdeutlichen, dass das Grundrecht nur natürlichen Personen und nicht juristischen Personen zusteht.[17] Der Ausschluss der juristischen Person ist sachlich zutreffend. Innerhalb der natürlichen Personen gibt es keine weitere Einschränkung. Geschützt ist jede natürliche Person, unabhängig von ihrem Alter oder ihrer Geschäftsfähigkeit, ihrer Staatsangehörigkeit oder ihrem Geschlecht.[18]   **12**

II. Sachlicher Schutzbereich

1. Das Recht auf Freiheit

a) Natürliches Recht
Das Recht auf Freiheit bedeutet zunächst Schutz vor Freiheitsbeeinträchtigungen. Der Normtext ist unbestritten nicht ganz scharf (»Recht auf Freiheit«). Die Freiheit muss dem Menschen nicht erst von der Union verliehen werden, vielmehr wird jedem garantiert, die ihm von Natur aus zustehende Freiheit auch tatsächlich wahrnehmen zu können. Dies zielt primär auf die Freiheit vor Beeinträchtigungen durch Unionsgewalt oder Mitgliedstaaten bei Ausübung der Unionsgewalt ab und umfasst zutreffenderweise auch Schutzverpflichtungen.   **13**

b) Freiheit im Sinne von Bewegungsfreiheit
Der Begriff der Freiheit in Art. 6 GRC ist eng zu verstehen. Gemeint ist die Fortbewegungsfreiheit.[19] Die Beschränkung auf die Fortbewegung ergibt sich aus verschiedenen   **14**

---

[16] Widersprüchlich daher beispielsweise *Knecht*, in: Schwarze, EU-Kommentar, Art. 6 GRC, Rn. 5.
[17] Vgl. *Bernsdorff*, in: Meyer, GRCh, Art. 6 GRC, Rn. 15; *Dörr*, in: Dörr/Grote/Marauhn, EMRK/GG, Kap. 13, Rn. 112; *Tettinger*, in: Tettinger/Stern, EuGRCh, Art. 6 GRC, Rn. 32.
[18] *Baldus*, in: Heselhaus/Nowak, Handbuch der Europäischen Grundrechte, § 14, Rn. 17; *Bernsdorff*, in: Meyer, GRCh, Art. 6 GRC, Rn. 15; *Calliess*, in: Calliess/Ruffert, EUV/AEUV, Art. 6 GRC, Rn. 5.
[19] *Bernsdorff*, in: Meyer, GRCh, Art. 6 GRC, Rn. 11; *Calliess*, in: Calliess/Ruffert, EUV/AEUV,

Gründen, insbesondere dem entsprechenden Verhältnis zu Art. 5 EMRK, dem Verständnis des Konvents und dem systematischen Zusammenhang zu Art. 5, 6 und 7 GRC. Art. 6 GRC will Schutz vor willkürlicher Festnahme und Haft geben und beschränkt sich auch auf diesen Bereich.

c) Ausgeschlossene Freiheitsformen

15   Aus der gerade genannten Beschränkung des Schutzbereichs folgt zugleich, dass Art. 6 GRC keine Freiheit vor Sklaverei, Leibeigenschaft und Zwangs- oder Pflichtarbeit vermittelt. Dies ergibt sich auch aus dem Verhältnis zu Art. 5 GRC (Art. 4 EMRK).[20] Auch das Recht, sich innerhalb des Unionsgebiets frei zu bewegen (Freizügigkeit), wird nach zutreffender Ansicht nicht durch Art. 5 GRC garantiert, sondern durch andere Rechtsquellen, insbesondere durch Art. 45 GRC und hinsichtlich spezieller Ausprägungen der Fortbewegung durch die Grundfreiheiten.[21]

d) Die Frage der allgemeinen Handlungsfreiheit

16   Art. 6 GRC schützt nicht die allgemeine Handlungsfreiheit, wie sie in Art. 2 Abs. 1 GG in der Auslegung des BVerfG zum deutschen Grundrechtskatalog gewährleistet ist.[22] Freiheit i. S. v. Art. 6 GRC meint nicht jedwede Entfaltungsfreiheit.[23] Die allgemeine Handlungsfreiheit wurde bewusst nicht in die GRC aufgenommen. Vor Formulierung der Grundrechtecharta hat der EuGH aber ein rudimentäres allgemeines Freiheitsrecht als allgemeinen Grundsatz formuliert, das durch die GRC nicht aufgehoben sein dürfte.[24] So geht der EuGH doch davon aus, dass in die Freiheitssphäre des Bürgers, auch wenn diese nicht durch ein spezielles Grundrecht geschützt ist, grundsätzlich nur auf gesetzlicher Grundlage und unter Achtung des Grundsatzes der Verhältnismäßigkeit eingegriffen werden darf.[25]

e) Aufsuchungsrecht

17   Selten diskutiert wird die Frage, ob Art. 6 GRC auch das Recht erfasst, einen Ort aufzusuchen, der grundsätzlich zugänglich ist.[26] Es dürfte näher liegen, ein solches Recht aus dem Schutzbereich auszuklammern. Dies ergibt sich aus dem historischen Zusammenhang zu den Habeas-Corpus-Rechten und aus dem Umkehrschluss der Schranken in Art. 5 EMRK.

Art. 6 GRC, Rn. 6; *Folz*, in: Vedder/Heintschel v. Heinegg, Europäisches Unionsrecht, Art. 6 GRC, Rn. 3; *Knecht*, in: Schwarze, EU-Kommentar, Art. 6 GRC, Rn. 4; *Tettinger*, in: Tettinger/Stern, EuGRCh, Art. 6 GRC, Rn. 12.

[20] *Bernsdorff*, in: Meyer, GRCh, Art. 6 GRC, Rn. 11.

[21] Offengelassen *Tettinger*, in: Tettinger/Stern, EuGRCh, Art. 6 GRC, Rn. 13 f.; die Freizügigkeit ausschließend *Bernsdorff* in: Meyer, GRCh, Art. 6 GRC, Rn. 11.

[22] *Haratsch*, in: Heselhaus/Nowak, Handbuch der Europäischen Grundrecht, § 18, Rn. 4; *Knecht*, in: Schwarze, EU-Kommentar, Art. 6 GRC, Rn. 4; *Tettinger*, in: Tettinger/Stern, EuGRCh, Art. 6 GRC, Rn. 16.

[23] *Streinz*, in: Streinz, EUV/AEUV, Art. 6 GRC, Rn. 4.

[24] *Haratsch*, in: Heselhaus/Nowak, Handbuch der Europäischen Grundrechte, § 18, Rn. 6.

[25] *Streinz*, in: Streinz, EUV/AEUV, Art. 6 GRC, Rn. 5; *W. Pauly*, EuR 1998, 242 (255); *Tettinger*, in: Tettinger/Stern, EuGRCh, Art. 6 GRC, Rn. 16; vgl. EuGH, Urt. v. 21.5.1987, verb. Rs. 133–136/85 (Rau), Slg. 1987, 2289, Rn. 15 ff.; Urt. v. 21.9.1989, verb. Rs. 46/87 u. 227/88 (Hoechst/Kommission), Slg. 1989, 2859, Rn. 19.

[26] Dies bejahend *Dörr*, in: Grote/Marauhn, EMRK/GG, Kap. 13, Rn. 28 (zu Art. 5 EMRK).

f) Keine Beschränkung auf das Abwehrrecht

Das Recht auf Freiheit ist zunächst ein Abwehrrecht. Bei Art. 6 GRC liegt hier das **18** deutliche Schwergewicht. Schutzpflichten werden nicht völlig ausgeschlossen, spielen aber eine viel geringere Bedeutung als man es angesichts der Bedeutung des Grundrechts vermutet hätte.[27] Teilweise wird das Recht auf Sicherheit als Ansatzpunkt für eine Verstärkung der Schutzpflicht angesehen.[28] Will man Schutzpflichten nicht völlig ablehnen, liegt ihre Annahme bei dem Schutz vor willkürlicher Freiheitsbeschränkung ausgesprochen nahe. Durch die Ablösung der Garantie des Art. 5 Abs. 1 Satz 1 EMRK von Art. 15 Abs. 1 Satz 2 EMRK hat die GRC das Recht auf Freiheit von den Einschränkungsmöglichkeiten zumindest etwas abgetrennt und daher die Gründe für die Anerkennung einer Schutzpflicht erhöht. Von einer Schutzpflicht ist daher auszugehen, kommt nach der hier zugrunde gelegten Konzeption aber nicht zum Tragen, da insoweit das Recht auf Sicherheit eingreift.

2. Recht auf Sicherheit

a) Schutz vor willkürlicher Verhaftung

Fraglich ist die Bedeutung des Rechts auf Sicherheit. Die herrschende Meinung über- **19** trägt das bei Art. 5 EMRK vorherrschende Verständnis, wonach das Recht auf Sicherheit keine selbstständige Bedeutung besitzt, sondern als Element des Rechts auf Freiheit zu verstehen ist, auf Art. 6 GRC.[29] Demzufolge unterstützt das Recht auf Sicherheit nur das Recht auf Freiheit. Es ist dann zu verstehen als die Garantie auf Rechtssicherheit.[30] Wegen der Verbindung mit der Freiheit wird es zudem als Garantie auf Rechtssicherheit nur im Zusammenhang mit Verhaftungen verstanden. Eingriffe in die Freiheit der Person dürfen nach dem so verstanden Recht auf Sicherheit nur in Einklang mit dem jeweiligen materiellen und formellen Recht vorgenommen werden.[31] Diese Interpretation entfernt sich zwar weit vom Normtext, ist aber bei Art. 5 EMRK ganz herrschende Meinung.[32]

Diese verstärkende Interpretation ist für ein aus der deutschen Rechtstradition kom- **20** menden Juristen ohne erkennbaren Mehrgewinn. Dass bei dem Grundrecht auf Bewegungsfreiheit das einfache Recht unter besonderem verfassungsrechtlichen Einfluss steht und die Anwendung streng von der dritten Gewalt überwacht wird, versteht sich schon aus dem Grundrecht und benötigt keine Stärkung über ein Recht auf Sicherheit. Weiter ist die Diskrepanz zwischen einer grammatikalischen Auslegung eines Rechts auf Sicherheit und einer Auslegung i. S. e. Garantie auf rechtssichere Anwendung der Vorschriften zur Freiheitsentziehung zu groß, als dass man diese bei Art. 5 EMRK begründete Auslegung auf Art. 6 GRC zwingend übertragen müsste. Nach Art. 52 Abs. 3 GRC ist ein weitergehender Grundrechtsschutz, abweichend von der EMRK, gestattet.

---

[27] Gegen eine Schutzpflicht *Folz*, in: Vedder/Heintschel v. Heinegg, Europäisches Unionsrecht, Art. 6 GRC, Rn. 4; *Bernsdorff*, in: Meyer, GRCh, Art. 6 GRC, Rn. 15; verhalten auch *Dörr*, in: Dörr/Grote/Marauhn, EMRK/GG, Kap. 13, Rn. 16 (zu Art. 5 EMRK).

[28] *Tettinger*, in: Tettinger/Stern, EuGRCh, Art. 6 GRC, Rn. 22.

[29] *Knecht*, in: Schwarze, EU-Kommentar, Art. 6 GRC, Rn. 5.

[30] *Tettinger*, in: Tettinger/Stern, EuGRCh, Art. 6 GRC, Rn. 21.

[31] *Bernsdorff*, in: Meyer, GRCh, Art. 6 GRC, Rn. 12; *Calliess*, in: Calliess/Ruffert, EUV/AEUV, Art. 6 GRC, Rn. 7.

[32] *Dörr*, in: Dörr/Grote/Marauhn, EMRK/GG, Kap. 13, Rn. 32.

b) Selbstständige Funktion

21   Für eine selbstständige Bedeutung des Rechts auf Sicherheit neben dem Recht auf Freiheit spricht der Zusammenhang zu Art. 3 AEUV. Mit der Einbeziehung der Grundrechtecharta in das Primärrecht über Art. 6 Abs. 1 EUV wird die Grundrechtecharta auch in den systematischen Zusammenhang der Primärverträge eingegliedert. Durch den Vertrag von Lissabon wurde das Ziel des Raums der Freiheit, der Sicherheit und des Rechts in Art. 3 Abs. 2 AEUV neu aufgenommen. Das Ziel steht formal selbstständig und gleichberechtigt neben dem Ziel der Herstellung des Binnenmarktes und meint ersichtlich mehr als den Schutz eines elementaren Kerns von Rechtssicherheit und Grundrechtsschutz. Es liegt nicht fern anzunehmen, dass durch die Erwähnung der Sicherheit im Raum der Freiheit, der Sicherheit und des Rechts in Art. 3 Abs. 2 EUV auch Ausstrahlungswirkung auf die Auslegung des Begriffsteils Sicherheit in Art. 6 GRC entfalten wird,[33] mit der Folge dass Art. 6 GRC eine von Art. 5 EMRK zumindest teilweise selbstständige Bedeutung erhalten wird. Erste Anzeichen dazu bestehen bereits. So hat der EuGH in der Entscheidung zur Vorratsdatenspeicherung im Zusammenhang mit dem Gemeinwohlzweck, Bekämpfung der schweren Kriminalität, auf Art. 6 GRC hingewiesen.[34] Dieser Hinweis lässt sich kaum ausreichend mit einer Schutzpflicht vor willkürlichem Freiheitsentzug erklären.

22   Das Recht auf Sicherheit gewährleistet daher keine Garantie auf Rechtssicherheit, sondern einen Anspruch des Bürgers gegen die Grundrechtsverpflichteten auf Gewährleistung von Sicherheit i. S. v. Art. 6 GRC. Entscheidend ist dabei, was unter Sicherheit i. S. v. Art. 6 GRC zu verstehen ist. Der Begriff der Sicherheit ist schillernd. Im Zusammenhang mit den Grundrechten meint er zunächst die Abwesenheit von körperlicher Gewalt, d. h. vor allem die Abwesenheit von Beeinträchtigung von Leben, Leib und Fortbewegungsfreiheit. Nicht ausdiskutiert ist, ob Art. 6 GRC wegen der Parallelität zum Recht auf Freiheit auf den Anspruch auf Gewährleistung der Fortbewegungsfreiheit beschränkt ist.[35] Dies dürfte nicht anzunehmen sein, weil ansonsten der Bezug zum Raum der Freiheit, der Sicherheit und des Rechts gelöst werden würde. Auch die Systematik zu Art. 2 bis Art. 5 EMRK zwingt nicht zu einer solch engen Interpretation der Freiheit. Daher ist das Recht auf Sicherheit zu verstehen als ein selbstständiges Schutzpflichtgebot, bezogen auf die Schutzgüter Leben, Körper und Fortbewegungsfreiheit. Ein so verstandenes Recht auf Sicherheit besitzt auch der in Art. 3 Abs. 2 EUV genannte Bezug zum freien Personenverkehr.

C. Eingriffe

23   Eingriffe in das Recht auf Fortbewegungsfreiheit sind staatliche Maßnahmen, die rein tatsächlich oder rechtlich die Möglichkeit, einen Ort zu verlassen, ganz oder erheblich ausschließen. Die Zielrichtung muss gegen die Fortbewegungsfreiheit gerichtet sein. Maßnahmen, die eine Bleibepflicht oder eine Anwesenheitspflicht normieren, die sich mittelbar auf die Fortbewegungsfreiheit auswirken, aber nicht die Beeinträchtigung

---

[33] So zutreffend schon *Calliess*, in: Calliess/Ruffert, EUV/AEUV, Art. 6 GRC, Rn. 11; ähnlich *Tettinger*, in: Tettinger/Stern, EuGRCh, Art. 6 GRC, Rn. 24.

[34] EuGH, Urt. v. 8. 4. 2014, verb. Rs. C–293/12 u. C–594/12 (Digital Rights Ireland und Seitlinger u. a.), ECLI:EU:C:2014:238, Rn. 42.

[35] Im Ergebnis gleich *Rengeling/Szczekalla*, Grundrechte, § 15, Rn. 653.

derselben zum Ziel haben, berühren daher schon nicht den Schutzbereich und sind auch keine Eingriffe. Diese interpretatorische Reduktion bringt Unschärfen in den Schutzbereich hinein, ist aber angesichts des historischen Hintergrundes des Art. 6 GRC auf die habeas-corpus-Fälle, d. h. die Verhinderung von willkürlicher Verhaftung, insbesondere politischer Gegner, sachlich angemessen.

Wie aus der Schrankenregelung des Art. 5 EMRK im Umkehrschluss zu folgern ist, **24** richtet sich Art. 6 GRC vor allem gegen Freiheitsentziehung.[36] Die Rechtsprechung des EGMR zu Art. 5 EMRK arbeitet nicht mit einer subsumtionsfähigen Oberdefinition, sondern mit einer Einzelfallbetrachtung, die durchaus detailreich ist[37] und bei der offen bleibt, ob sie in dieser Form zu übernehmen ist. Die Freiheitsentziehung ist durch einen räumlichen und einen zeitlichen Aspekt geprägt. Sie bildet die rechtliche oder tatsächliche Fixierung eines Menschen auf einen engen Raum für einen nicht unerheblichen Zeitraum.[38] Die Gründe der Umgrenzung auf einen engen Raum sind gleichgültig. Es werden sowohl präventive als auch repressive Maßnahmen erfasst. Ob die Einschränkung auf engem Raum in tatsächlicher Weise durchgeführt wird oder eine rechtliche Grundlage dafür geschaffen wird, ist ebenfalls unerheblich. Typische Fälle sind Gefängnisse, Häuser, geschlossene Anstalten. Das Verbot, die Transitzone eines Flughafens zu verlassen, wurde vom EGMR als Eingriff verstanden.[39] Die zeitliche Dimension ist nicht mit einer festen Größe zu umschreiben. Dabei wird man eine gewisse Korrelation zwischen dem Grad der Belastung und der zeitlichen Dauer annehmen müssen. Die Beeinträchtigung muss von einem Grundrechtsverpflichteten ausgehen. Unerheblich ist, welcher Teil der Union oder der Mitgliedstaaten (sofern eine Bindung über Art. 52 GRC greift) tätig wird.[40]

Ob Beeinträchtigungen der Fortbewegungsfreiheit unterhalb der Belastungsschwelle **25** der Freiheitsentziehung auch Eingriffe sein können, ist nicht ganz klar. Sofern die Frage erörtert wird, werden niederschwellige Eingriffe ausgegliedert.[41] Zwingend ist dies nicht.

Die Einwilligung in die Freiheitsentziehung kann einen Eingriff ausschließen, muss es **26** aber nicht. Ausschließende Wirkung kommt freiwilligen Einwilligungen zu, sofern der Umfang der Freiheitsentziehung der Maßnahme gegenüber angemessen ist. In entwürdigende oder sklavenähnliche Freiheitsbeschränkungen kann der Einzelne nicht wirksam einwilligen.

---

[36] *Calliess*, in: Calliess/Ruffert, EUV/AEUV, Art. 6 GRC, Rn. 6.

[37] S. ausführlich *Dörr*, in: Dörr/Grote/Marauhn, EMRK/GG, Kap. 13, Rn. 120 ff.; *Meyer-Ladewig*, EMRK, Art. 5 EMRK, Rn. 6.

[38] *Jarass*, GRCh, Art. 6 GRC, Rn. 9; EGMR, Urt. v. 6. 6. 2005, Beschwerde-Nr. 61603/00 (Storck/Deutschland), NJW-RR 2006, 308 (310); *Dörr*, in: Dörr/Grote/Marauhn, EMRK/GG, Kap. 13, Rn. 120 ff. (zu Art. 5 EMRK).

[39] Vgl. EGMR, Urt. v. 25. 6. 1996, Beschwerde-Nr. 19776/92 (Amuur/Frankreich), NVwZ 1997, 1102 (1104); *Jarass*, GRCh, Art. 6 GRC, Rn. 27; bezogen auf Art. 2 Abs. 2 GG hat das Bundesverfassungsgericht anders entschieden.

[40] *Jarass*, GRCh, Art. 6 GRC, Rn. 10.

[41] *Calliess*, in: Calliess/Ruffert, EUV/AEUV, Art. 6 GRC, Rn. 6.

D. Eingriffsrechtfertigung

27   Einschränkungen der Fortbewegungsfreiheit sind gemäß Art. 52 Abs. 1 GRC nur auf
gesetzlicher Grundlage zulässig. Der Begriff der gesetzlichen Grundlage ist unionsrechtlich zu verstehen. Die gesetzliche Grundlage muss weiter die Einschränkung des Art. 52
Abs. 1 GRC beachten. Maßgeblich ist hier insbesondere der Grundsatz der Verhältnismäßigkeit.

28   Fraglich ist weiter, ob darüber hinaus auch die Schrankenregelung von Art. 5 Abs. 1
Satz 2 EMRK zu beachten ist.[42] Dies ist deshalb relevant, weil die Schrankenregelung die
materiellen und die formellen Voraussetzungen für eine Beschränkung der Fortbewegungsfreiheit verschärft. Eine Heranziehung der Schranken aus Art. 5 EMRK ist dogmatisch über Art. 52 Abs. 3 GRC möglich. Es ist aber nicht zwingend, da der Normtext
gerade abweichend ist. Dennoch geht die Literatur zu Recht von einer Übernahme der
Schranken aus,[43] da die Kürzung des Normtextes mehr stilistische als inhaltliche Gründe
hatte und zudem der Erwägungsgrund zu der Grundrechtecharta ausdrücklich auf
Art. 5 Abs. 1 Satz 2 EMRK verweist. Da über Art. 5 Abs. 1 Satz 2 EMRK eine Beschränkung der Fortbewegungsfreiheit nur möglich ist, wenn die in der Rechtsgrundlage
enthaltenen Formen und Verfahren eingehalten sind, wird eine Verletzung der in der
gesetzlichen Grundlage vorgesehenen Verfahrens- oder Formvorschriften über diese
Vorgabe zugleich zu einem Grundrechtsverstoß transformiert. Missachtungen von ein-
fachgesetzlich vorgesehenen Verfahrensvorschriften sind daher zugleich Grundrechtsverletzungen. Dies ist auf Art. 6 GRC zu übertragen. Inkorporiert man die Schranken-
Schranken des Art. 5 Abs. 1 Satz 2 EMRK in Art. 6 GRC, wird man dies auch auf Art. 5
Abs. 2 und Abs. 5 EMRK erstrecken und auch diese Verfahrensrechte mit einbeziehen
müssen.[44] Art. 5 Abs. 5 EMRK gewährleistet einen verschuldensunabhängigen Schadensersatzanspruch. Dieser wird über Art. 52 GRC auch auf Art. 6 GRC erstreckt.[45]

29   Die zulässigen Gemeinwohlgründe zur Einschränkung des Art. 6 GRC sind daher auf
die Gründe des Art. 5 Abs. 1 Satz 2 EMRK beschränkt. Weitere Schranken-Schranken
über Art. 5 Abs. 1 Satz 2 EMRK hinaus – insbesondere über den Grundsatz der Verhältnismäßigkeit i. S. v. Art. 52 Abs. 1 GRC – sind dagegen möglich.[46] Dies ist wichtig, weil
nicht ausgeschlossen ist, dass man über die Verfahrensgarantien des Art. 5 Abs. 1 Satz 2,
Abs. 2 – Abs. 4 EMRK hinaus, gegebenenfalls wegen der enormen Bedeutung der Fortbewegungsfreiheit und der erheblichen Missbrauchsgefahr, weitere Verfahrensgarantien entwickeln kann.

---

[42] Ausführlich dazu *Dörr*, in: Dörr/Grote/Marauhn, EMRK/GG, Kap. 13, Rn. 35 ff.

[43] *Bernsdorff*, in: Meyer, GRCh, Art. 6 GRC, Rn. 13; *Calliess*, in: Calliess/Ruffert, EUV/AEUV,
Art. 6 GRC, Rn. 17; *Folz*, in: Vedder/Heintschel v. Heinegg, Europäisches Unionsrecht, Art. 6 GRC,
Rn. 4; *Knecht*, in: Schwarze, EU-Kommentar, Art. 6 GRC, Rn. 6; *Streinz*, in: Streinz, EUV/AEUV,
Art. 6 GRC, Rn. 1.

[44] Undeutlich *Tettinger*, in: Tettinger/Stern, EuGRCh, Art. 6 GRC, Rn. 21.

[45] Breitenmoser/Riemer/Seitz, Praxis des Europarechts, Grundrechtsschutz, 2006, S. 308; *Ren-
geling/Szczekalla*, Grundrechte, § 15, Rn. 651.

[46] Undeutlich aber *Folz*, in: Vedder/Heintschel v. Heinegg, Europäisches Unionsrecht, Art. 6 GRC,
Rn. 5.

E. Verletzung des Rechts auf Sicherheit

Von einem Eingriff ist das Zurückbleiben hinter der Schutzpflichtanforderung zu unter-   **30**
scheiden. Es ist nicht glücklich, die Verletzung der Schutzpflicht als Eingriff zu bezeichnen.[47] Eine unbegründete unzureichende Erfüllung der Schutzpflicht unterscheidet sich
von der Struktur eines Eingriffs in einer Weise, dass eine selbstständige Begrifflichkeit
hilfreich ist.

Die Verletzung des Rechts auf Sicherheit ist schwerer festzustellen als die ungerecht-   **31**
fertigte Beeinträchtigung. Trotz dieser Schwierigkeit sind strukturelle Prüfungen auch
bei Schutzpflichten nicht unmöglich. Entscheidend ist die Frage, wie erheblich die Beeinträchtigung, d. h. wie wahrscheinlich und wie umfassend sie ist. Weiter ist entscheidend, in welcher Weise die Union Verantwortung für diese Situation besitzt. Drittens ist
maßgeblich, wie schützend die bestehenden hoheitlichen Maßnahmen sind und ob eine
Verbesserung des Schutzes der Union zumutbar ist, insbesondere weil der bestehende
Stand offensichtlich unzureichend ist.

Die Schutzpflicht ist verletzt (Verletzung des Untermaßverbots), wenn die Schutz-   **32**
güter verletzt oder bedroht werden durch Maßnahmen Privater oder anderer Hoheitsträger bzw. durch Naturereignisse und die Grundrechtsverpflichteten des Art. 51
Abs. 1 GRC mittels der durch die Unionsverträge bestehenden Kompetenzen in zu-
mutbarer Weise diese Beeinträchtigung bzw. Bedrohung hätten abwehren können. Zumutbar sind Maßnahmen, die im Vergleich zu den bestehenden Schutzmechanismen
dem betroffenen Hoheitsträger keine weitergehenden Ressourcen abverlangen bzw.
die weitere Handlungspflicht auch in Anbetracht der grundsätzlichen politischen Ge-
staltungsbefugnis des Hoheitsträgers eindeutig ist.

F. Verhältnis zu anderen Bestimmungen

Zwischen Art. 6 GRC und Art. 45 GRC und Art. 5 GRC besteht **Idealkonkurrenz**, d. h.   **33**
alle drei Grundrechte sind **parallel anwendbar**.[48] Der über Art. 5 EMRK herleitbare
Schadensersatzanspruch steht selbstständig neben dem unionalen Amtshaftungsan-
spruch aus Art. 340 AEUV (siehe Art. 41 Abs. 3 GRC).[49] Die Schutzpflicht zur Verhinderung vor Beeinträchtigung der Bewegungsfreiheit steht selbstständig neben der
Schutzpflicht zur Verhinderung vor Beeinträchtigung des Lebens, der körperlichen Unversehrtheit aus Art. 2, Art. 3 GRC, auch wenn die einheitlichen Gefahrenlagen Gefährdungen sowohl für das Leben als auch für die Bewegungsfreiheit herbeiführen können.[50]

---

[47] So aber *Tettinger*, in: Tettinger/Stern, EuGRCh, Art. 6 GRC, Rn. 28.
[48] *Jarass*, GRCh, Art. 6 GRC, Rn. 5.
[49] *Jarass*, GRCh, Art. 6 GRC, Rn. 5.
[50] *Jarass*, GRCh, Art. 6 GRC, Rn. 5.

Artikel 7 GRC Achtung des Privat- und Familienlebens

Jede Person hat das Recht auf Achtung ihres Privat- und Familienlebens, ihrer Wohnung sowie ihrer Kommunikation.

Literatur

Alber, Das Recht auf Schutz des Familienlebens im Aufenthaltsrecht, FS Ress, 2005, S. 371; *Breitenmoser*, Der Schutz der Privatsphäre gemäß Art. 8 EMRK, 1986; *Caroni*, Privat- und Familienleben zwischen Menschenrecht und Migration, 1999; *Eckertz-Höfer*, Neuere Entwicklungen in Gesetzgebung und Rechtsprechung zum Schutz des Privatlebens, ZAR 2008, 41; *Fritsch*, Die Grenzen des völkerrechtlichen Schutzes sozialer Bindungen von Ausländern nach Art. 8 EMRK, ZAR 2010, 14; *Groß*, Migrationsrelevante Freiheitsrechte der EU-Grundrechtecharta, ZAR 2013, 106; *Henrich*, Der Schutz des »Familienlebens« durch den EGMR, FS Steiner, 2009, S. 294; *Jarass*, Das Grundrecht auf Achtung des Familienlebens, FamRZ 2012, 1181; *Kugelmann*, Schutz privater Individualkommunikation nach der EMRK, EuGRZ 2003, 16; *Lange-Tramoni*, Analyse der Achtung des Privatlebens nach Art. 7 der Charta der Grundrechte der EU, 2008; Lindner, »EG-Grundrechtscharta – weniger Rechte für den Bürger?«, BayVBl. 2001, 523; *Lohse*, Die Rechtsprechung des EuGH zum Aufenthaltsrecht Drittstaatsangehöriger – auf dem Weg zur Achtung der Kompetenzverteilung bei der Gewährleistung von Grundrechten, EuGRZ 2012, 693; *McGlynn*, Families and the European Union Charter of Fundamental Rights, E.L.Rev. 26 (2001), 582; *Tettinger/Geerlings*, Ehe und Familie in der europäischen Grundrechtsordnung, EuR 2005, 419; *Thym*, Europäischer Grundrechtsschutz und Familienzusammenführung, NJW 2006, 3249; *Wolff*, Ehe und Familie in Europa, EuR 2005, 721.

Leitentscheidungen

EuGH, Urt. v. 11.7.1989, Rs. 265/87 (Schräder/Hauptzollamt Gronau), Slg. 1989, 2263
EuGH, Urt. v. 17.2.1998, Rs. C–249/96 (Grant), Slg. 1998, I–621
EuGH, Urt. v. 31.5.2001, verb. Rs. C–122/99 P u. C–125/99 P (D Schweden/Rat), Slg. 2001, I–4319
EuGH, Urt. v. 11.7.2002, Rs. C–60/00 (Carpenter), Slg. 2002, I–6279
EuGH, Urt. v. 22.10.2002, Rs. C–94/00, (Roquettes Frères), Slg. 2002, I–9011
EuGH, Urt. v. 23.9.2003, Rs. C–109/01 (Akrich), Slg. 2003, I–9607
EuGH, Urt. v. 29.4.2004, verb. Rs. C–482/01 u. C–493/01 (Orfanopoulos), Slg. 2004, I–5257
EuGH, Urt. v. 27.6.2006, Rs. C–540/03 (Parlament/Rat), Slg. 2006, I–5769
EuGH, Urt. v. 2.12.2014, verb. Rs. C–148/13, C–149/13, C–150/13 (A, B, C gegen Staatssecretaris van Veiligheid en Justitie), ECLI:EU:C:2014:2406
EuGH, Urt. v. 17.12.2015, Rs. C–419/14 (WebMindLicenses Kft. gegen Nemzeti Adó- és Vámhivatal Kiemelt Adó- és Vám Főigazgatóság), ECLI:EU:C:2015:832

Inhaltsübersicht

Heinrich Amadeus Wolff

A. Entwicklung, Quellen, Bedeutung

I. Allgemein

1. Grundlagen

Art. 7 GRC schützt weite Bereiche der **Privatsphäre** und des **Persönlichkeitsrechts** der   **1**
Betroffenen. Er fasst vier Teilbereiche der Privatsphäre in einem Grundrecht zusammen
(Privatleben, Familienleben, Wohnung, Kommunikation), die bei vielen anderen
Grundrechtskatalogen, insbesondere auch im Grundgesetz, verschiedenen Grundrech-
ten zugewiesen sind. Er besitzt eine enge Verbindung sowohl zu Art. 8 als auch zu Art. 9
GRC[1] und steht insofern an der systematisch zutreffenden Stelle.

---

[1] Vgl. *Bernsdorff*, in: Meyer, GRCh, Art. 7 GRC, Rn. 14; *Kingreen*, in: Calliess/Ruffert,
EUV/AEUV, Art. 7 GRC, Rn. 1.

2   Eine eher theoretische Frage ist, ob Art. 7 GRC als ein Grundrecht anzusehen ist, bei dem die **vier genannten Bereiche** nur eine besondere Ausprägung des einheitlichen Grundrechts bilden,[2] oder ob man von vier selbstständigen Grundrechten ausgeht, die in einer Norm niedergeschrieben sind.[3] Geht man von einem einheitlichen Grundrecht aus, würde eine extensive Auslegung der einzelnen Begriffe leichter fallen. Der Normtext und der Umstand, dass die Erläuterungen zu Art. 7 GRC von »Rechten« sprechen, deutet auf vier selbstständige Schutzbereiche hin. Unter den vier Schutzgarantien dürfte das Privatleben das allgemeinste Recht und daher nur dann heranzuziehen sein, wenn die anderen nicht greifen.[4]

2. Normative Wurzeln

a) Verhältnis zu Art. 8 EMRK

3   Art. 7 GRC ist offensichtlich Art. 8 EMRK nachgebildet. Auch wenn im Ergebnis eine enge Verknüpfung zu Art. 8 EMRK besteht, so war dies nicht von Anfang an klar. Wegen des technischen Fortschritts wurde das Recht auf Achtung der Korrespondenz in Art. 8 EMRK umgewandelt in das Recht auf Achtung der Kommunikation in Art. 7 GRC. Art. 52 Abs. 3 Satz 1 GRC ist zu beachten.[5]

b) Kernbestand der Verfassungen der Mitgliedstaaten

4   Die in Art. 7 GRC anerkannten Grundrechte kommen im Ergebnis in den meisten Verfassungen der Mitgliedstaaten vor und bilden die Grundlage für die rechtsstaatlichen Verfassungsordnungen. Allerdings unterscheidet sich die Ausgestaltung des Schutzes der Privatheit in den einzelnen mitgliedstaatlichen Verfassungen nicht unerheblich. In der Regel sind die Einzelbestandteile des Schutzes der Privatheit auf verschiedene Grundrechtsbestimmungen aufgeteilt.[6]

c) Garantie in internationalen Verträgen

5   Der Schutz der Privatheit kommt auch auf universeller Ebene vor. So ist dem Art. 8 EMRK Art. 17 IPBPR ähnlich.[7]

d) Frage des Charakters als Gemeinschaftsgrundrecht

6   Teile des Schutzbereichs des Art. 7 GRC wurden vom EuGH auch schon **vor der Geltung der Grundrechtecharta** in richterlicher Rechtsschöpfung **anerkannt**,[8] und zwar Bereiche der Achtung des Privatlebens, der Schutz der Wohnung[9] und der Schutz des Brief-

---

[2] So *Knecht*, in: Schwarze, EU-Kommentar, Art. 7 GRC, Rn. 1; *Tettinger*, in: Tettinger/Stern, EuGRCh, Art. 7 GRC, Rn. 8; ebenso wohl *Frenz*, Handbuch Europarecht, Bd. 4, Rn. 1168.

[3] Offen gelassen bei *Jarass*, GRCh, Art. 7 GRC, Rn. 1.

[4] *Kingreen*, in: Calliess/Ruffert, EUV/AEUV, Art. 7 GRC, Rn. 3.

[5] Vgl. *Jarass*, GRCh, Art. 7 GRC, Rn. 2, 17, 31, 43; *Streinz*, in: Streinz, EUV/AEUV, Art. 7 GRC, Rn. 10.

[6] *Bernsdorff*, in: Meyer, GRCh, Art. 7 GRC, Rn. 2.

[7] *Bernsdorff*, in: Meyer, GRCh, Art. 7 GRC, Rn. 4.

[8] Vgl. EuGH, Urt. v. 31.5.2001, verb. Rs. C–122/99 P u. C–125/99 P (D Schweden/Rat), Slg. 2001, I–4319, Rn. 58; Urt. v. 20.5.2003, verb. Rs. 465/00, C–138/01 u. C–139/01 (Österreichischer Rundfunk), Slg. 2003, I–4989, Rn. 68; Urt. v. 14.2.2008, Rs. 450/06 (Varec SA/Belgischer Staat), Slg. 2008, I–581, Rn. 48 u. 49; vgl. *Streinz*, in: Streinz, EUV/AEUV, Art. 7 GRC, Rn. 9; *Jarass*, GRCh, Art. 7 GRC, Rn. 2 u. öfter.

[9] Vgl. EuGH, Urt. v. 21.9.1989, Rs. 46/87 (Hoechst/Kommission), Slg. 1989, 2859, Rn. 17; Urt. v. 17.10.1989, Rs. 85/87 (Dow Benelux), Slg. 1989, 3137, Rn. 28; Urt. v. 22.10.2002, Rs. 94/00 (Roquette Frères), Slg. 2002, I–9011, Rn. 29.

verkehrs.[10] Dagegen besteht keine vergleichbare Rechtsprechung hinsichtlich des Familienlebens. Das Recht auf Achtung des Privatlebens war ausdrücklich als **Gemeinschaftsgrundrecht**, jetzt Unionsgrundrecht, i. S. v. Art. 6 Abs. 3 EUV anerkannt. Es spielt vor allem im Bereich zum Kartellverfahrensrecht[11] und bei Durchsuchungen von Unternehmen eine Rolle. Weiter ging es um das Recht auf Schutz des Arztgeheimnisses als unionsrechtliche Schranken-Schranke gegenüber mitgliedstaatlichen Maßnahmen, die Grundfreiheiten beschränken.[12] Das Briefgeheimnis hat der EuGH im Zusammenhang mit der Durchsuchung von Wohnungen[13] und der Vertraulichkeit des anwaltlichen Briefverkehrs erwähnt bzw. anerkannt.[14]

3. Entstehungsgeschichte

Trotz der im Ergebnis bestehenden Übereinstimmung mit Art. 8 EMRK war die Entstehungsgeschichte des Art. 7 GRC **nicht geradlinig**.[15] Nach dem Entwurf sollten seine Schutzinhalte auf die Art. 12 und Art. 13 aufgeteilt werden. Insbesondere die Aufnahme des Schutzbereichs der Familie in Art. 7 GRC war umstritten.[16] Eine Ersetzung des Begriffes »Achtung« durch den Terminus »Schutz« wurde abgelehnt, weil der Eindruck vermieden werden sollte, dass eine Ausweitung der Kompetenzen erreicht werden solle. Die Aufnahme des Begriffes »Ehre« wurde abgelehnt.[17] Insgesamt ging es darum, beim Schutzbereich der Familie nicht über den Schutz von Art. 8 EMRK hinauszugehen.[18]

7

4. Entwicklungslinien in der Rechtsprechung

Die Rechtsprechung des EGMR zu Art. 8 EMRK ist sehr umfangreich. Die Rechtsprechung des EuGH ist übersichtlicher. Als zentrales Merkmal hat sich dabei die »**Nichtöffentlichkeit**« des Privatlebens herausgeschält. Das Recht auf Achtung des Familienlebens spielt beim EuGH bei der Garantie der Freizügigkeit der Arbeitnehmer, die sogar Familienangehörigen aus Drittstaaten umfasst,[19] eine Rolle.[20] Das Recht auf Achtung des

8

---

[10] Vgl. EuGH, Urt. v. 26.6.1980, Rs. 136/79 (National Panasonic [UK] ltd./Kommission), Slg. 1980, 2033, Rn. 17.

[11] EuGH, Urt. v. 8.4.1992, Rs. C–62/90 (Kommission/Deutschland), Slg. 1992, I–2575, Rn. 23; *Streinz*, in: Streinz, EUV/AEUV, Art. 7 GRC, Rn. 6.

[12] *Streinz*, in: Streinz, EUV/AEUV, Art. 7 GRC, Rn. 6; EuGH, Urt. v. 5.10.1994, Rs. C–404/92 P (X./Kommission), Slg. 1994, I–4737, Rn. 17.

[13] Vgl. EuGH, Urt. v. 26.6.1980, Rs. 136/79 (National Panasonic [UK] Ltd./Kommission), Slg. 1980, 2033, Rn. 17.

[14] EuGH, Urt. v. 18.5.1985, Rs. 155/79 (AM & S/Kommission), Slg. 1982, 1575, Rn. 18.

[15] Ausführich *Bernsdorff*, in: Meyer, GRCh, Art. 7 GRC, Rn. 6 ff.

[16] *Bernsdorff*, in: Meyer, GRCh, Art. 7 GRC, Rn. 8.

[17] *Bernsdorff*, in: Meyer, GRCh, Art. 7 GRC, Rn. 10.

[18] *Bernsdorff*, in: Meyer, GRCh, Art. 7 GRC, Rn. 6 ff.; *Knecht*, in: Schwarze, EU-Kommentar, Art. 7 GRC, Rn. 2.

[19] Vgl. Art. 12 VO (EWG) Nr. 1612/68 des Rates vom 15.10.1968 über die Freizügigkeit der Arbeitnehmer innerhalb der Gemeinschaft, ABl. 1968, L 257/2 sowie Art. 6 Abs. 2 RL 2004/38/EG des Europäischen Parlaments und des Rates über das Recht der Unionsbürger und ihrer Familienangehörigen, sich im Hoheitsgebiet der Mitgliedstaaten frei zu bewegen und aufzuhalten, ABl. 2004, L 229/35.

[20] Vgl. EuGH, Urt. v. 18.5.1989 Rs. 249/86, (Kommission/Deutschland [»Wanderarbeitnehmer«]), Slg. 1989, 1263, Rn. 10; Urt. v. 13.2.1985, Rs. 267/83 (Diatta/Land Berlin), Slg. 1985, 567, Rn. 14 ff.; Urt. v. 17.9.2002, Rs. 413/99 (Baumbast u. R./Secretary of State for the Home Department), Slg. 2002, I–7091, Rn. 72.

Familienlebens wird ebenfalls im Rahmen der Dienstleistungsfreiheit relevant.[21] Im Kartellverfahrensrecht hat der EuGH schon früh die Unverletzlichkeit der Privatwohnung anerkannt.[22] Mittlerweile gibt es Tendenzen, den Schutz auf Geschäftswohnungen zu erstrecken.[23] Im Zusammenhang mit Durchsuchungen von Geschäftsräumen wurde schon früh das Briefgeheimnis erwähnt,[24] ebenso bei der Vertraulichkeitsbeziehung des Rechtsanwaltes.[25] Mitunter kam Art. 7 GRC auch schon vor der Integration der Grundrechtecharta in das Primärrecht als Stützargument vor.[26] Nach Inkrafttreten der Grundrechtecharta hat der EuGH im Fall Schecke Art. 7 i.V.m. Art. 8 GRC herangezogen, obwohl Art. 8 GRC allein einschlägig gewesen wäre und die Verbindung des Datenschutzes zum Recht auf Achtung des Privatlebens herausstellt.[27] Bereits in seiner ersten Entscheidung zu den Grundrechten hat der EuGH das Recht auf Anonymität in engen Zusammenhang mit dem Grundrecht der Person gestellt.[28]

5. Verpflichtete und Berechtigte

9   Wie alle Grundrechte der Grundrechtecharta verpflichtet Art. 7 GRC zunächst die Union und ihre Stellen, ohne auf diese Weise Kompetenzen oder Zuständigkeiten zu erweitern.[29] Privatpersonen werden nicht unmittelbar verpflichtet.[30] Auch die Privatunternehmen, die Kommunikationsdienste anbieten, sind als Private nicht an Art. 7 GRC gebunden.[31] Allerdings können Maßnahmen und Normen, die einer Schutzpflicht des Art. 7 GRC genügen sollen, auch Privatpersonen ergreifen. Weiter kann Art. 7 GRC die Auslegung zivilrechtlicher Vorschriften beeinflussen.[32]

---

[21] EuGH, Urt. v. 11.7.2002, Rs. C–60/00 (Carpenter/Secretary for the Home Department), Slg. 2002, I–6279, Rn. 38.
[22] EuGH, Urt. v. 17.10.1989, Rs. 85/87 (Dow Benelux NV), Slg. 1989, 3137, Rn. 28; anders für Geschäftsräume Urt. v. 21.9.1989, verb. Rs. 46/87 u. 227/88 (Hoechst/Kommission), Slg. 1989, 2859, Rn. 17f.; Urt. v. 17.10.1989, verb. Rs. 97–99/87 (Dow chemical Iberica u.a./Kommission), Slg. 1989, 3165, Rn. 14, dem folgend das EuG, Urt. v. 20.4.1999, verb. Rs. T–305/94 u.a. (Limburgse Vinyl Maatschappiy u.a./Kommission), Slg. 1999, II–931, Rn. 419f.
[23] EuGH, Urt. v. 22.10.2002, Rs. 94/00 (Roquette Frères), Slg. 2002, I–9011, Rn. 29; s.a. EuGH, Urt. v. 18.6.2015, Rs. C–583/13 P (Deutsche Bahn gegen Kommission), ECLI:EU:C:2015:404, Rn. 36.
[24] EuGH, Urt. v. 26.6.1980, Rs. 136/79 (National Panasonic (UK) Ltd./Kommission), Slg. 1980, 2033, Rn. 17.
[25] EuGH, Urt. 18.5.1982, Rs. 155/79, (AM & S Europe Ltd./Kommission), Slg. 1982, 1575, Rn. 18; *Streinz*, in: Streinz, EUV/AEUV, Art. 7 GRC, Rn. 8.
[26] Vgl. EuGH, Urt. v. 14.2.2008, Rs. 450/06 (Varec), Slg. 2008, I–581, Rn. 48, 51; *Streinz*, in: Streinz, EUV/AEUV, Art. 7 GRC, Rn. 9.
[27] Vgl. EuGH, Urt. v. 9.11.2010, verb. Rs. C–82 u. C–92/09 (Volker und Markus Schecke GbR u.a./Land Hessen), EuZW 2010, 939 (941); kritisch aus diesem Grunde zu Recht *Kingreen*, in: Calliess/Ruffert, EUV/AEUV, Art. 7 GRC, Rn. 6.
[28] Zutreffend *Kingreen*, in: Calliess/Ruffert, EUV/AEUV, Art. 7 GRC, Rn. 5; s.a. EuGH, Urt. v. 12.11.1969, Rs. 29/69 (Stauder/Stadt Ulm), Slg. 1969, 419, Rn. 7.
[29] Vgl. *Jarass*, GRCh, Art. 7 GRC, Rn. 4, 33, 45, 19.
[30] Vgl. *Bernsdorff*, in: Meyer, GRCh, Art. 7 GRC, Rn. 17; *Jarass*, GRCh, Art. 7 GRC, Rn. 4, 13, 33, 45.
[31] Im Ergebnis ebenso *Jarass*, GRCh, Art. 7 GRC, Rn. 45.
[32] *Jarass*, GRCh, Art. 7 GRC, Rn. 4, 13, 33, 45.

II. Bedeutung

Art. 7 GRC beruht auf einem **klassischen Menschenrecht**, das das Eigenleben des Men- **10**
schen vor dem Zugriff des Staates schützen soll und somit einen Grundbaustein der
Vorstellung des liberalen Rechtsstaates bildet. Das Grundrecht ist weit gefasst und soll
auch vor Eingriffen schützen, die auf neuer Technik und neuen wissenschaftlichen Möglichkeiten beruhen, da der Gedanke des Schutzes der Privatheit nicht abhängig sein darf
von den Eingriffsmöglichkeiten, die technisch möglich sind.[33]

Die Garantien in Art. 7 GRC enthalten einklagbare Rechte und keine bloßen Grundsätze i. S. v. Art. 52 Abs. 5 GRC.[34] Art. 7 GRC bildet einen **allgemeinen Rechtsgrundsatz**.[35]

B. Schutzbereich

I. Persönlicher Schutzbereich

1. Natürliche Personen

Die vier Rechte des Art. 7 GRC schützen **jede Person**. Gemeint sind damit zunächst alle **11**
natürlichen Personen unabhängig von einer etwaigen Unionsbürgerschaft.[36] Auf das
Recht auf Familienleben können sich alle Familienmitglieder berufen. Eine Sesshaftig-
keit innerhalb des Gebietes der Union ist nicht erforderlich. Das Recht kommt auch dem
nichtehelichen Vater zu, auch wenn er nicht über das Sorgerecht verfügt.[37] Das Recht der
Kommunikation gilt auch für Gefangene.[38]

2. Juristische Personen

Nicht ganz eindeutig ist die Anwendung der Rechte auf **juristische Personen**. Hier wird **12**
in der Literatur üblicherweise zwischen den einzelnen Gewährleistungen unterschieden. Träger des Grundrechts sind juristische Personen, wenn und soweit das Grundrecht
auf sie wesensmäßig anwendbar ist. Das Recht auf Achtung der Kommunikation[39] ebenso wie der Schutz der Wohnung[40] werden grundsätzlich auch juristischen Personen zugebilligt. Beim Recht auf Achtung des Privatlebens ist zu differenzieren. Es gibt Aspekte
dieses Grundrechts, die grundsätzlich auch von juristischen Personen in Anspruch genommen werden können. Sofern es um die persönliche Intimsphäre geht, ist das Grundrecht demgegenüber nicht auf juristische Personen übertragbar.[41] Das Recht auf Achtung des Familienlebens kommt juristischen Personen nicht zu.[42]

---

[33] *Bernsdorff*, in: Meyer, GRCh, Art. 7 GRC, Rn. 1.
[34] Vgl. *Jarass*, GRCh, Art. 7 GRC, Rn. 18 (zum Familienleben) und Rn. 43 (zum Briefverkehr).
[35] Vgl. *Streinz*, in: Streinz, EUV/AEUV, Art. 7 GRC, Rn. 2.
[36] *Jarass*, GRCh, Art. 7 GRC, Rn. 10.
[37] EuGH, Urt. v. 5. 10. 2010, Rs. C–400/10 (McB), Slg. 2010, I–8965, Rn. 57; *Jarass*, GRCh, Art. 7
GRC, Rn. 23.
[38] *Jarass*, GRCh, Art. 7 GRC, Rn. 48.
[39] *Kingreen*, in: Calliess/Ruffert, EUV/AEUV, Art. 7 GRC, Rn. 11.
[40] *Kingreen*, in: Calliess/Ruffert, EUV/AEUV, Art. 7 GRC, Rn. 11.
[41] *Knecht*, in: Schwarze, EU-Kommentar, Art. 7 GRC, Rn. 4; s. a. *Jarass*, GRCh, Art. 7 GRC,
Rn. 10.
[42] Zutreffend *Knecht*, in: Schwarze, EU-Kommentar, Art. 7 GRC, Rn. 4. *Jarass*, GRCh, Art. 7
GRC, Rn. 23.

II. Sachlicher Schutzbereich

1. Anspruch auf Achtung

13　Art. 7 GRC spricht bewusst davon, dass die aufgezählten Lebensbereiche zu achten sind. Der Vorschlag stattdessen den **Begriff des Schutzes** zu wählen **hat sich** gerade **nicht durchgesetzt**. Die Formulierung »Recht auf Achtung« ist von der grammatikalischen Bedeutung her schwächer als eine Garantie, die einen Schutz oder noch weitergehend unmittelbar ein Recht einräumt. Der Grund für die bewusste Aussparung des Schutzanspruchs liegt im Verhältnis zwischen Union und Mitgliedsstaaten,[43] deren Gestaltungsfreiheit nicht eingeschränkt werden sollte. Die Achtungsgarantie gewährt zunächst ein klassisches Abwehrrecht vor Beeinträchtigungen in eine der vier Gewährleistungen. Darüber hinaus verlangt Achtung aber auch eine Tätigkeit der Union und im Rahmen des Art. 51 Abs. 1 GRC auch der Mitgliedsstaaten, die vier genannten Bereiche der Privatsphäre auch vor Beeinträchtigungen durch Private, Naturgewalt oder anderer Hoheitsgewalt zu schützen,[44] wobei diese Schutzpflicht schwächer ausgeprägt ist, als wenn der Normtext ausdrücklich von Schutz spräche.

2. Privatleben

a) Begriff des Privatlebens

14　Der Begriff Privatleben ist etwas **undeutlich**, da er stärker tätigkeitsbezogen ist (»Leben«) als von der Norm selbst gewollt. Es sind nicht nur die Ausschnitte des aktiven Lebens erfasst, sondern auch der Schutz der Persönlichkeit und das Für-sich-Sein des Menschen, sofern dieser Bereich nicht mehr von der Menschenwürdegarantie selbst erfasst wird.[45] Andererseits lässt es sich auch nicht auf das Recht, allein gelassen zu werden, reduzieren.[46] Eine treffende Umschreibung bildet, auch wenn ihm aufgrund der Rechtsprechung des Bundesverfassungsgerichts eine völlig andere Bedeutung zukommt, der Normtext des Art. 2 Abs. 1 GG insofern, als dort von **Entfaltung der Persönlichkeit** gesprochen wird. Eine abschließende Definition des Privatlebens ist nicht möglich.[47] Gemeint ist das Recht des Einzelnen, so zu leben und so zu sein, wie es seiner Persönlichkeit am besten gerecht wird, wie er sie am besten entfalten kann.[48] Art. 7 GRC erfasst auch das Recht darüber zu entscheiden, wie sehr anderen Kenntnis über das eigene Privatleben gewährt wird oder nicht.[49] Nicht zutreffend wäre allerdings, das Recht auf die Befugnis, die Öffentlichkeit auszusperren, zu reduzieren, da privat nicht nur den Bereich der Nicht-Öffentlichkeit meint, sondern auch den der **Selbstbestimmung**.[50] Dies kommt auch in der Kurzfassung zum Ausdruck, nach der dem Privatleben eben nicht nur das Selbstbestimmungsrecht über den Körper und die Bestimmung über die Privatsphäre, sondern auch die freie Gestaltung der Lebensführung[51] und der An-

---

[43] *Knecht*, in: Schwarze, EU-Kommentar, Art. 7 GRC, Rn. 6; *Bernsdorff*, in: Meyer, GRCh, Art. 7 GRC, Rn. 16; kritisch *Tettinger*, in: Tettinger/Stern, EuGRCh, Art. 7 GRC, Rn. 5, Fn. 9.
[44] Ähnlich *Jarass*, GRCh, Art. 7 GRC, Rn. 12, 25, 40.
[45] *Bernsdorff*, in: Meyer, GRCh, Art. 7 GRC, Rn. 19.
[46] *Bernsdorff*, in: Meyer, GRCh, Art. 7 GRC, Rn. 19.
[47] *Meyer-Ladewig*, EMRK, Art. 8 EMRK, Rn. 7.
[48] Deutlich *Tettinger*, in: Tettinger/Stern, EuGRCh, Art. 7 GRC, Rn. 17.
[49] *Kingreen*, in: Calliess/Ruffert, EUV/AEUV, Art. 7 GRC, Rn. 3.
[50] *Kingreen*, in: Calliess/Ruffert, EUV/AEUV, Art. 7 GRC, Rn. 4; stärker auf Privatheit abstellend *Bernsdorff*, in: Meyer, GRCh, Art. 7 GRC, Rn. 19.
[51] *Frenz*, Handbuch Europarecht, Bd. 4, Rn. 1199 ff.

spruch auf Achtung der Persönlichkeit durch Dritte unterfällt.[52] Das Recht auf Gewährleistung des Privatlebens enthält kein allgemeines Auffanggrundrecht, das die Aufgabe
hätte, die fehlende Normierung der allgemeinen Handlungsfreiheit in der Grundrechtecharta auszugleichen.[53]

Es gibt Bereiche, die bei allen Menschen unter den Schutz des Privatlebens fallen, und **15**
wiederum andere, die bei einigen Menschen Teil der Persönlichkeitsentfaltung sind, bei
anderen hingegen nicht. Bei der Bestimmung, ob ein Bereich zur Entfaltung der Persönlichkeit gehört, ist folglich auf zwei verschiedene Elemente zu achten: Zum einen kann
sich der Bezug aus einer **objektiven Betrachtung** ergeben (Umstände, die vernünftiger-
weise zum Schutz der Privatheit gehören), dann aber auch wiederum **subjektiv bestimmen** (Bereiche, die nach der erkennbaren Wertsetzung des Betroffenen persönlichkeits-
relevant sind). Elemente, die in die Entscheidung, ob etwas unter den Persönlichkeits-
schutz fällt, einfließen, sind sowohl vitaler Natur (ist der Körper betroffen[54]), räumlicher
Natur (privater ggf. eingefriedeter Herrschaftsbereich oder öffentlicher Bereich), kom-
munikativer Natur (personell gesehen, wenn es um den Kontakt zu einer Vertrauens-
person geht) als auch bereichsbezogen (Intimbereich/Privatbereich/Sozialbereich) sowie thematisch bestimmbar (geht es um selbstbestimmte oder vorgegebene Fragen).

b) Einzelne Bereiche
aa) Tätigkeitsbezogen
Von der Tätigkeit her sind die **Handlungen** geschützt, die der Einzelne in seiner Freizeit **16**
als Ausdruck seiner Persönlichkeit vornimmt.[55] Geschützt können aber berufliche und
geschäftliche Tätigkeiten natürlicher und juristischer Personen sein, soweit sie gegenüber der Öffentlichkeit abgeschirmt sind.[56] Nicht geschützt sind Handlungen einer Person ohne personalen Bezug, wie etwa die Jagd[57] oder das Fahren ohne Sicherheitsgurt.[58]

bb) Kommunikation
Die Persönlichkeitsentfaltung lebt auch von der **Kommunikation**. Daher ist auch die **17**
Möglichkeit geschützt, persönliche Beziehungen zu anderen Menschen aufzunehmen
und zu entwickeln.[59] Erfasst werden auch berufliche Beziehungen, sofern sie zu privaten

---

[52] Vgl. *Knecht*, in: Schwarze, EU-Kommentar, Art. 7 GRC, Rn. 7; *Jarass*, GRCh, Art. 7 GRC,
Rn. 3 ff.; *Streinz*, in: Streinz, EUV/AEUV, Art. 7 GRC, Rn. 6; *Kingreen*, in: Calliess/Ruffert,
EUV/AEUV, Art. 7 GRC, Rn. 3; *Tettinger*, in: Tettinger/Stern, EuGRCh, Art. 7 GRC, Rn. 10.
[53] *Bernsdorff*, in: Meyer, GRCh, Art. 7 GRC, Rn. 15; *Jarass*, GRCh, Art. 7 GRC, Rn. 3; ausführlich
Lindner, BayVBl. 2001, 523.
[54] *Bernsdorff*, in: Meyer, GRCh, Art. 7 GRC, Rn. 24.
[55] EGMR, Urt. v. 23.9.2010, Beschwerde-Nr. 1620/03 (Schuth/Deutschland), NZA 2011, 279,
Rn. 53 unter Verweis auf Urt. v. 23.9.2010, Beschwerde-Nr. 425/03 (Obst/Deutschland), NZA 2011,
277, Rn. 39–45; Urt. v. 3.11.2011, Beschwerde-Nr. 57813/00 (S.H. und andere/Österreich), NJW
2012, 207, Rn. 80; *Jarass*, GRCh, Art. 7 GRC, Rn. 7; *Grabenwarter/Pabel*, Europäische Menschenrechtskonvention, 5. Auflage, 2012, § 22, Rn. 12 ff.
[56] EuGH, Urt. v. 14.2.2008, Rs. C–450/06 (Varec), Slg. 2008, I–581, Rn. 48, 51; *Jarass*, GRCh,
Art. 7 GRC, Rn. 6.
[57] EGMR, Urt. v. 24.11.2009, Beschwerde-Nr. 16072/06 (Friend/Vereinigtes Königreich Großbritannien), Rn. 43 (im Internet in englischer Sprache abrufbar unter: http://www.echr.coe.int).
[58] *Jarass*, GRCh, Art. 7 GRC, Rn. 7.
[59] *Tettinger*, in: Tettinger/Stern, EuGRCh, Art. 7 GRC, Rn. 14; s.a. EGMR, Urt. v. 16.2.2000,
Beschwerde-Nr. 27798/95 (Amann/Schweiz), Rep. 2000-II, 245, Rn. 65; Urt. v. 23.9.2010, Beschwerde-Nr. 1620/03 (Schüth/Deutschland), Rn. 23, 53 (im Internet abrufbar unter: http:
//www.echr.coe.int) unter Verweis auf Urt. v. 23.9.2010, Beschwerde-Nr. 425/03 (Obst/Deutsch-
land), NZA 2011, 277, Rn. 39–45; *Jarass*, GRCh, Art. 7 GRC, Rn. 7.

Beziehung werden.[60] Besonderen Schutz genießt der Bezug zu engen **Bezugspersonen** oder Personen, die von ihrer Tätigkeit her besonders persönlichkeitssensible Bereiche abdecken, wie medizinische, religiöse oder psychologische Ansprechpartner. Der Schutz der Beziehung zu Bezugspersonen hat Auswirkungen für das Aufenthaltsrecht.[61] Auch das Recht der Selbstdarstellung nach außen ist geschützt.[62]

cc) Räumlicher Bereich

18   In der räumlichen Sphäre gehört hierzu zunächst die Kommunikation mit anderen in den eigenen Räumlichkeiten, sofern nicht die **Wohnung** als speziellerer Schutzbereich greift. Auch die Kommunikation im öffentlichen Raum kann darunter fallen, sofern es sich um Vertraute handelt[63] oder wenn in sonstiger Weise eine Abschirmung gewollt und bewirkt wird.[64]

dd) Personenbezogener Bereich

19   Vom Gegenstand her einen besonderen Persönlichkeitsbezug aufweisend sind besonders geschützt: Der Name,[65] (**mitsamt** eventuellen Änderungen oder unterschiedlichen Sprachbedeutungen),[66] das **Recht am eigenen Bild**,[67] das **Recht auf Unkenntnis über den Gesundheitszustand**,[68] die Kommunikation mit sich selbst (**Tagebücher**)[69] und die Ehre bzw. der gute Ruf.[70] Einen selbstständigen Bereich bildet das **Selbstbestimmungsrecht** über den **Körper**.[71] Erfasst wird auch die Kenntnis über die **eigene Abstammung**[72] sowie die Entscheidung, Vater oder Mutter zu werden, auch durch künstliche Fortpflanzung,[73]

---

[60] EuG, Urt. v. 8.11.2007, Rs. T–194/04 (Lager), Slg. 2007, II–4523, Rn. 114 f.; *Frenz*, Handbuch Europarecht, Bd. 4, Rn. 1203; *Jarass*, GRCh, Art. 7 GRC, Rn. 6.

[61] EGMR, Urt. v. 17.2.2009, Beschwerde-Nr. 27319/07 (Onur/Vereinigten Königreich Großbritannien), Rep. 2003-I, 123, Rn. 46; *Jarass*, GRCh, Art. 7 GRC, Rn. 7.

[62] *Kingreen*, in: Calliess/Ruffert, EUV/AEUV, Art. 7 GRC, Rn. 6; *Frenz*, Handbuch Europarecht, Bd. 4, Rn. 1197.

[63] EGMR, Urt. v. 28.1.2003, Beschwerde-Nr. 44647/98 (Peck/Vereinigtes Königreich Großbritannien), Rep. 2003-I, 123, Rn. 59 ff.; Urt. v. 24.6.2004, Beschwerde-Nr. 59320/00 (Von Hannover/Deutschland), NJW 2004, 2647, Rn. 50 ff.; *Jarass*, GRCh, Art. 7 GRC, Rn. 6.

[64] EGMR, Urt. v. 2.9.2010, Beschwerde-Nr. 35623/05 (Uzun/Deutschland), NJW 2011, 1333, Rn. 44; *Jarass*, GRCh, Art. 7 GRC, Rn. 6.

[65] EuGH, Urt. v. 22.12.10, Rs. C–208/09 (Sayn-Wittgenstein), NJOZ 2011, 1346 (1349); Urt. v. 12.5.2011, Rs. C–391/09 (Runevic), Slg. 2011, I–3818, Rn. 66; Urt. v. 2.10.2003, Rs. C–148/02 (Garcia Avello/Belgien), Slg. 2003, I–11613, Rn. 24 ff. (ohne Nennung von Art. 7 GRC); *Tettinger*, in: Tettinger/Stern, EuGRCh, Art. 7 Rn. 16; *Jarass*, GRCh, Art. 7 GRC, Rn. 9.

[66] Vgl. *Frenz*, Handbuch Europarecht, Bd. 4, Rn. 1196.

[67] EGMR, Urt. v. 24.6.2004, Beschwerde-Nr. 59320/00 (Von Hannover/Deutschland), NJW 2004, 2647, Rn. 50; *Frenz*, Handbuch Europarecht, Bd. 4, Rn. 1185.

[68] EuGH, Urt. v. 5.10.1994, Rs. C–404/92 P (X./Kommission), Slg. 1994, I–4737, Rn. 17 – in Beamtenrechtsfällen der Unionsverwaltung.

[69] *Frenz*, Handbuch Europarecht, Bd. 4, Rn. 1195.

[70] *Tettinger*, in: Tettinger/Stern, EuGRCh, Art. 7 GRC, Rn. 16; *Kingreen*, in: Calliess/Ruffert, EUV/AEUV, Art. 7 GRC, Rn. 6; ebenso EGMR, Urt. v. 19.10.2010, Beschwerde-Nr. 20999/04 (Ozpinar/Türkei), Rn. 47 (im Internet in französischer Sprache abrufbar unter: http://www.echr.coe.int).

[71] Ausführlich *Tettinger*, in: Tettinger/Stern, EuGRCh, Art. 7 GRC, Rn. 11 f.; *Frenz*, Handbuch Europarecht, Bd. 4, Rn. 1177; zur EMRK: *Meyer-Ladewig*, EMRK, Art. 8, Rn. 11 ff.

[72] EGMR, Urt. v. 19.7.2006, Beschwerde-Nr. 58757/00 (Jäggi/Schweiz), FamRZ 2006, 1354, Rn. 28 ff.

[73] EGMR, Urt. v. 10.4.2007, Beschwerde-Nr. 6339/05 (Evans/Vereinigtes Königreich), FamRZ 2006, 533, Rn. 71; Urt. v. 3.11.2011, Beschwerde-Nr. 57813/00 (S.H. und andere/Österreich), NJW 2012, 207, Rn. 80; *Jarass*, GRCh, Art. 7 GRC, Rn. 7.

ebenso wie der Wunsch es nicht zu werden (**Abtreibung**).[74] Sensibel und geschützt ist auch das **sexuelle Verhalten**,[75] insbesondere die Homosexualität,[76] wobei teilweise das Diskriminierungsverbot des Art. 21 Abs. 1 GRC spezieller ist. Beruft sich ein Asylbewerber auf eine drohende politische Verfolgung wegen seiner Homosexualität, sind die nationalen Behörden zwar berechtigt, gegebenenfalls Befragungen durchzuführen, anhand derer die Ereignisse und Umstände, die die behauptete sexuelle Ausrichtung eines Asylbewerbers betreffen, geprüft werden sollen, doch verstoßen Befragungen zu den Einzelheiten seiner sexuellen Praktiken gegen Art. 7 GRC.[77]

Der Wunsch des Wechsels zwischen den Geschlechtern, in welcher Form auch immer, ist auch von Art. 7 GRC geschützt. Transsexuelle können sich auf dieses Grundrecht stützen.[78] Das Recht, dem eigenen Leben ein Ende zu setzen oder die eigene Unversehrtheit zu beeinträchtigen, ist vom Schutzbereich auch erfasst, sofern man hier nicht Art. 2 bzw. Art. 3 GRC heranziehen will.[79]

3. Familienleben

a) Geschützter Bereich

Der Schutz der Achtung des Familienlebens wird durch den Wortlaut zutreffend erfasst. Gemeint ist der **Schutz des Lebens von Familienbanden**. Geschützt ist: die Entscheidung über das Zusammenleben als Familie,[80] die Ausgestaltung des familiären Lebens[81] und die Kommunikation in diesem Bereich.[82] Das Zusammenleben in der Ehe ist ein Schutzgut der Familie (und nicht des Privatlebens).[83] Bedeutsam ist insoweit zunächst, dass das Eheleben, anders als bei Art. 9 GRC, nicht eigens aufgeführt und daher im Familienleben enthalten ist.[84] Das Erbrecht ist ein Teil des Familienlebens.[85] Das Recht zur Gründung einer Familie wird nicht von Art. 7 GRC, sondern von Art. 9 GRC erfasst.

20

---

[74] EGMR, Urt. v. 17.2.2009, Beschwerde-Nr. 27319/07 (Onur/Vereinigten Königreich Großbritannien), Rep. 2003-I, 123, Rn. 46; *Jarass*, GRCh, Art. 7 GRC, Rn. 8; *Frenz*, Handbuch Europarecht, Bd. 4, Rn. 1180; s. a. *Meyer-Ladewig*, EMRK, Art. 8 Rn. 18.

[75] EGMR, Urt. v. 23.9.2010, Beschwerde-Nr. 1620/03 (Schüth/Deutschland), NZA 2011, 279, Rn. 53 unter Verweis auf Urt. v. 23.9.2010, Beschwerde-Nr. 425/03 (Obst/Deutschland), NZA 2011, 277, Rn. 39–45; *Jarass*, GRCh, Art. 7 GRC, Rn. 8; zur EMRK s. *Meyer-Ladewig*, EMRK, Art. 8, Rn. 20 f.; *Marauhn/Melijnik*, in: Grote/Marauhn, EMRK/GG, Kap. 16, Rn. 34.

[76] EGMR, Urt. v. 26.10.1988, Beschwerde-Nr. 10581/83 (Norris/Irland), EuGRZ 1992, 477, Rn. 38); Urt. v. 27.9.1999, Beschwerde-Nr. 33985/96 (Smith u. Grandy/Vereinigtes Königreich), Rep. 1999-VI, 45, Rn. 70 f.

[77] EuGH, Urt. v. 2.12.2014, verb. Rs. C–148/13, C–149/13, C–150/13 (A, B, C gegen Staatssecretaris van Veiligheid en Justitie), ECLI:EU:C:2014:2406, Rn. 64.

[78] *Jarass*, GRCh, Art. 7 GRC, Rn. 8.

[79] *Jarass*, GRCh, Art. 7 GRC, Rn. 8.

[80] EuGH, Urt. v. 11.7.2002, Rs. C–60/00 (Carpenter), Slg. 2002, I–6279, Rn. 42; Urt. v. 23.9.2003, Rs. C–109/01 (Akrich), Slg. 2003, I–9607, Rn. 59; Urt. v. 29.4.2004, verb. Rs. C–482/01 u. C–493/01 (Orfanopoulos), Slg. 2004, I–5257, Rn. 98; Urt. v. 27.6.2006, Rs. C–540/03 (Parlament/Rat), Slg. 2006, I–5769), Rn. 52; *Kingreen*, in: Calliess/Ruffert, EUV/AEUV, Art. 7 GRC, Rn. 8; *Bernsdorff*, in: Meyer, GRCh, Art. 7 GRC, Rn. 20.

[81] *Kingreen*, in: Calliess/Ruffert, EUV/AEUV, Art. 7 GRC, Rn. 8; *Jarass*, GRCh, Art. 7 GRC, Rn. 22.

[82] EuG, Urt. v. 10.11.2004, Rs. T–165/03 (Vonier/Kommission), Slg. 2004, II–1575, Rn. 56.

[83] Ebenso *Jarass*, GRCh, Art. 7 GRC, Rn. 21a; *Kingreen*, in: Calliess/Ruffert, EUV/AEUV, Art. 7 GRC, Rn. 8.

[84] *Jarass*, GRCh, Art. 7 GRC, Rn. 21a.

[85] *Knecht*, in: Schwarze, EU-Kommentar, Art. 7 GRC, Rn. 8.

b) Begriff der Familie
aa) Eltern-Kind-Beziehung

21 Als Familie wird zunächst die bereits bestehende Gemeinschaft von Eltern und Kindern verstanden.[86] Insoweit gilt das Gleiche wie beim Familienbegriff in Art. 9 GRC (s. dort). Familie kann über Abstammung, d. h. faktisch oder rechtlich entstehen, indem das Recht eine faktisch bestehende Schutz- und Fürsorgegemeinschaft anerkennt.[87] Kinder sind auch Stief- oder Pflegekinder oder Adoptivkinder.[88] Der Begriff der Familie ist somit unabhängig davon, ob die Eltern verheiratet sind oder nicht.[89] Fehlt es an einer Abstammung, ist das faktische Näheverhältnis nur geschützt, wenn es darauf angelegt ist, eine rechtlich anerkannte Form der Familie, Adoption oder Pflege zu erreichen. Kommt es zur Trennung der Eltern, bildet jeder Elternteil mit dem Kind eine Familie.[90]

bb) Weitere Familienbande

22 Die Familie ist nicht auf die **Eltern-Kind-Beziehung beschränkt**.[91] Der Begriff des Familienlebens wird vom EGMR weit verstanden und ist auf Art. 7 GRC insofern übertragbar.[92] Der Schutz der Familie meint mehr als den Schutz der Eltern-Kind-Beziehung. So sind auch die Beziehungen von **Großeltern** zu Kindern und von **Geschwistern** untereinander von dem Schutzzweck erfasst.[93] Zutreffender Weise ist daher als Familie die Beziehung zwischen **Verwandten** gemeint, die über das Vorliegen einer Eltern-Kind-Beziehung vermittelt wird, auch wenn die Beziehung selbst nicht in einer Eltern-Kind-Verbindung liegt.[94] Wie weit bei Verwandtschaftsverhältnissen die Familie greift, hängt von der Definition der Betroffenen ab. Leben entfernte Cousinen als Großfamilie auf engen Raum zusammen und bieten sich wechselseitig Fürsorge, Achtung und Schutz, fällt jede Zweierbeziehung der mehrpoligen Verhältnisse unter den Schutz von Art. 7 GRC. Besteht dagegen bei entfernten Verwandten kein reales Familienleben (obwohl es möglich wäre), greift der Schutz nicht ein.[95] In der Regel werden vom Familienschutz auch die Verhältnisse von Geschwistern zueinander, von Enkelkindern zu Großeltern oder zu den Geschwistern des jeweiligen Ehepartners erfasst.

---

[86] EGMR, Urt. v. 26.2.2002, Beschwerde-Nr. 46544/99 (Kutzner/Deutschland), FamRZ 2002, 1393, Urt. v. 8.4.2004, Beschwerde-Nr. 11057/02 (Haase/Deutschland), EuGRZ 2004, 715 (720); *Knecht*, in: Schwarze, EU-Kommentar, Art. 7 GRC, Rn. 8.

[87] EGMR, Urt. v. 22.6.2004, Beschwerde-Nr. 78028/01 (Pini und andere/Rumänien), Rep. 2004-V, 297, Rn. 148; *Jarass*, GRCh, Art. 7 GRC, Rn. 21a.

[88] *Jarass*, GRCh, Art. 7 GRC, Rn. 21a.

[89] EGMR, Urt. v. 26.5.1994, Beschwerde-Nr. 16969/90 (Keegan/Irland), NJW 1995, 2153, Rn. 44; Urt. v. 13.7.2000, Beschwerde-Nr. 25735/94 (Elsholz/Deutschland), NJW 2001, 2315, Rn. 43; *Jarass*, GRCh, Art. 7 GRC, Rn. 21.

[90] EGMR, Urt. v. 3.12.2009, Beschwerde-Nr. 22028/04 (Zaunegger/Deutschland), NJW 2010, 501, Rn. 38; *Jarass*, GRCh, Art. 7 GRC, Rn. 21.

[91] Ebenso *Knecht*, in: Schwarze, EU-Kommentar, Art. 9 GRC, Rn. 7.

[92] EGMR, Urt. v. 13.7.2000, Beschwerde-Nr. 25735/94 (Elsholz/Deutschland), NJW 2001, 2315; *Knecht*, in: Schwarze, EU-Kommentar, Art. 7 GRC, Rn. 8; *Jarass*, GRCh, Art. 7 GRC, Rn. 21.

[93] *Frenz*, Handbuch Europarecht, Bd. 4, Rn. 1230.

[94] *Tettinger*, in: Tettinger/Stern, EuGRCh, Art. 7 GRC, Rn. 21; EGMR, Urt. v. 13.6.1979, Beschwerde-Nr. 6833/74 (Marckx/Belgien), Ser. A no. 31, Rn. 45.

[95] Tettinger, in: Tettinger/Stern, EuGRCh, Art. 7 GRC, Rn. 22.

cc) Lebenspartner

Als Familie wird weiter zutreffender Ansicht nach auch die Beziehung zu den Partnern **23** verstanden, mit der man eine **Lebenspartnerschaft** führt, gleich in welcher Form.[96] Folgende Beziehungen fallen unter Familie: Beziehung zwischen Ehepartnern,[97] zu unverheirateten heterosexuellen oder gleichgeschlechtlichen Lebenspartnern.[98] Voraussetzung ist aber eine enge, über die üblichen gefühlsmäßigen Bindungen hinausgehende Beziehung und Abhängigkeit.[99] Kinder sind nicht erforderlich.[100] Eine tatsächliche gelebte Familienbande in einer Mehrehe fällt wohl nicht nur unter den Schutz der Privatheit, sondern auch unter den des Familienlebens.[101]

c) Tatsächliche Beziehung

Beim Familienleben werden zunächst die Beziehungen geschützt, die tatsächlich bestehen und die ein **Zeichen einer engen und persönlichen Bindung** darstellen.[102] Auf das **24** Zusammenleben kann aber verzichtet werden, wenn andere Faktoren dazu führen, dass eine Beziehung beständig genug ist, um faktische familiäre Bindungen zu schaffen.[103] Fehlendes Familienleben schadet nicht, wenn die Gründe für das Fehlen nicht dem Grundrechtsträger zuzurechnen sind.[104] Bei rechtlicher Anerkennung dieser Beziehungen kann das Element der tatsächlichen familiären Beziehung abgeschwächt werden, aufgegeben werden kann es dagegen nicht vollständig. Die bloße biologische Verwandtschaft genügt nicht.[105] Auch das rein formale Eheband (»**Scheinehe**«) genügt nicht, um erhebliche Schutzwirkungen zu entfalten.[106] Fehlt es an der tatsächlichen Beziehung, sind die Betroffenen aber willens sie herzustellen, wenn sie die Möglichkeit erhalten, ist das Bemühen um Herstellung eines Familienlebens von Art. 7 GRC geschützt.[107] Eine

---

[96] Zur EMRK: *Marauhn/Melijnik*, in: Grote/Marauhn, EMRK/GG, Kap. 16, Rn. 40.

[97] *Tettinger*, in: Tettinger/Stern, EuGRCh, Art. 7 GRC, Rn. 19.

[98] So EGMR, Urt. v. 24.6.2010, Beschwerde-Nr. 30141/04 (Schalk und Kopf/Österreich), NJW 2011, 1421, Rn. 94; Urt. v. 22.7.2010, Beschwerde-Nr. 18984/02 (P.B. und J.S./Österreich), Rn. 30 (im Internet in englischer Sprache abrufbar unter: http://www.echr.coe.int); anders noch EuGH, Urt. v. 17.2.1998, Rs. C–249/96 (Grant), Slg. 1998, I–621, Rn. 33; kritisch *Tettinger*, in: Tettinger/Stern, EuGRCh, Art. 7 GRC, Rn. 25; *Jarass*, GRCh, Art. 7 GRC, Rn. 21.

[99] EGMR, Urt. v. 9.6.1998, Beschwerde-Nr. 22430/93 (Bronda/Italien), Rep. 1998-IV, 1477, Rn. 51; Urt. v. 17.4.2003, Beschwerde-Nr. 52853/99 (Y. /Deutschland), NJW 2004, 2147, Rn. 44; *Jarass*, GRCh, Art. 7 GRC, Rn. 21a.

[100] EGMR, Urt. v. 24.6.2010, Beschwerde-Nr. 30141/04 (Schalk und Kopf/Österreich), NJW 2011, 1421, Rn. 94 f.

[101] A.A. *Tettinger*, in: Tettinger/Stern, EuGRCh, Art. 7 GRC, Rn. 30.

[102] EGMR, Urt. v. 23.7.2002, Beschwerde-Nr. 56132/00 (Taskin/Deutschland), EuGRZ 2002, 593 (595); *Frenz*, Handbuch Europarecht, Bd. 4, Rn. 1220; *Jarass*, GRCh, Art. 7 GRC, Rn. 21a.

[103] EGMR, Urt. v. 21.12.2010, Beschwerde-Nr. 20578/07 (Anayo/Deutschland), NJW 2011, 3565, Rn. 56 unter Verweis auf Urt. v. 18.3.2008, Beschwerde-Nr. 33375/03 (Hülsmann/Deutschland), NJW-RR 2009, 1585 (1586); *Jarass*, GRCh, Art. 7 GRC, Rn. 21.

[104] EGMR, Urt. v. 22.6.2004, Beschwerde-Nr. 78028/01 (Pini und andere/Rumänien), Rep. 2004-V, 297, Rn. 143, 146; Urt. v. 21.12.2010, Beschwerde-Nr. 20578/07 (Anayo/Deutschland), NJW 2011, 3565, Rn. 57 unter Verweis auf Urt. v. 18.3.2008, Beschwerde-Nr. 33375/03 (Hülsmann/Deutschland), NJW-RR 2009, 1585 (1586); *Jarass*, GRCh, Art. 7 GRC, Rn. 21.

[105] EGMR, Urt. v. 1.6.2004, Nr. 45582/99 (L./Niederlande), Rep. 2004-IV, 181, Rn. 37; *Jarass*, GRCh, Art. 7 GRC, Rn. 21.

[106] Vgl. *Tettinger*, in: Tettinger/Stern, EuGRCh, Art. 7 GRC, Rn. 28; *Frenz*, Handbuch Europarecht, Bd. 4, Rn. 1231 ff.

[107] A.A. *Tettinger*, in: Tettinger/Stern, EuGRCh, Art. 7 GRC, Rn. 23.

Pflicht auf Wiederherstellung des Familienverbundes im Falle der Störung wird Art. 7 GRC nicht entnommen.[108]

4. Wohnung

a) Begriff der Wohnung

25   Die Wohnung umfasst alle Räumlichkeiten, die der allgemeinen Zugänglichkeit durch eine **räumliche Abschottung** entzogen sind.[109] Die Wohnung soll der Verwirklichung der Privatsphäre dienen. Geschäfts- und Betriebsräume sind als Wohnung anzusehen,[110] auch wenn dies nicht ganz unbestritten ist. Der EGMR hat den Schutz von Art. 8 EMRK grundsätzlich auch auf Geschäftsräume erstreckt, vergleichbar mit dem Bundesverfassungsgericht bezogen auf Art. 13 GG.[111] Hinsichtlich des Gemeinschaftsgrundrechts hat der EuGH zunächst den Schutz auf private Räumlichkeiten beschränkt,[112] mittlerweile allerdings angedeutet, dass er die Einschränkung nicht mehr aufrechterhalten will.[113] Zutreffender Ansicht nach zwingt Art. 52 Abs. 3 Satz 1 GRC den EuGH nicht, die Konkretisierung des Begriffs der Wohnung durch den EGMR zu übernehmen.[114] Dennoch dürfte der Einbezug der **Wohn- und Geschäftsräume** naheliegen.[115] Eine Erstreckung des Schutzes auch auf die Geschäftsräume erscheint naheliegend, da die Widmung des Berechtigten i. d. R. nicht gegenüber staatlichen oder hoheitlichen Kontrollmaßnahmen gilt.[116] Praktische Bedeutung hat das Grundrecht vor allem bei kartellrechtlich veranlassten Durchsuchungen gemäß der Kartellverfahrensordnung.[117]

b) Geschütztes Verhalten

26   Die Norm schützt die **Nutzung des Raumes als einen Rückzugsort** des Privaten. Der Einzelne soll sich in der Wohnung aufhalten können, ohne ein Eindringen, in welcher Form auch immer, von Personen, die er nicht in der räumlichen Sphäre haben möchte, befürchten zu müssen. Sie setzt die Existenz einer Wohnung voraus.[118] Art. 7 GRC gewährt kein Recht auf Einräumung einer Wohnung.[119]

---

[108] *Knecht*, in: Schwarze, EU-Kommentar, Art. 7 GRC, Rn. 8; *Tettinger*, in: Tettinger/Stern, EuGRCh, Art. 7 GRC, Rn. 36.

[109] *Jarass*, GRCh, Art. 7 GRC, Rn. 35; *Kingreen*, in: Calliess/Ruffert, EUV/AEUV, Art. 7 GRC, Rn. 9; vgl. auch *Bernsdorff*, in: Meyer, GRCh, Art. 7 GRC, Rn. 22: Inbegriff all jener Räumlichkeiten, denen eine gewisse Privatsphäre anhaftet.

[110] *Bernsdorff*, in: Meyer, GRCh, Art. 7 GRC, Rn. 23; *Rengeling/Szczekalla*, Grundrechte, § 16, vor Rn. 659.

[111] Vgl. EGMR, Urt. v. 16.12.1992, Beschwerde-Nr. 13710/88 (Niemitz/Deutschland), EuGRZ 1993, 65, Rn. 29 ff.

[112] Vgl. EuGH, Urt. v. 21.9.1989, Rs. 46/87 (Hoechst/Kommission), Slg. 1989, 2859, Rn. 17 f.; Urt. v. 17.10.1989, verb. Rs. 97–99/87 u. a. (Dow Chemical Iberica u. a./Kommission), Slg. 1989, 3165, Rn. 14.

[113] EuGH, Urt. v. 22.10.2002, Rs. C–94/00 (Roquette Frères), Slg. 2002, I–9011, Rn. 29; *Kingreen*, in: Calliess/Ruffert, EUV/AEUV, Art. 7 GRC, Rn. 9; *Streinz*, in: Streinz, EUV/AEUV, Art. 7 GRC, Rn. 7.

[114] So auch *Bernsdorff*, in: Meyer, GRCh, Art. 7 GRC, Rn. 23; *Streinz*, in: Streinz, EUV/AEUV, Art. 7 GRC, Rn. 7.

[115] Ebenso *Frenz*, Handbuch Europarecht, Bd. 4, Rn. 1239 f.; *Knecht*, in: Schwarze, EU-Kommentar, Art. 7 GRC, Rn. 9.

[116] Ebenso *Kingreen*, in: Calliess/Ruffert, EUV/AEUV, Art. 7 GRC, Rn. 9.

[117] VO (EG) 1/2003 des Rates vom 16.12.2003 zur Durchführung der in Art. 81 und 82 des Vertrages niedergelegten Wettbewerbsregelung, ABl. 2003, L 1/1.

[118] *Bernsdorff*, in: Meyer, GRCh, Art. 7 GRC, Rn. 22.

[119] *Bernsdorff*, in: Meyer, GRCh, Art. 7 GRC, Rn. 22.

5. Kommunikation

Kommunikation i. S. v. Art. 7 GRC ist die wie auch immer geartete **Kommunikation** 27
unter abwesenden, konkreten Personen.[120] Der Schutz beruht auf dem Umstand, dass
durch die Kommunikation **unter Abwesenden** spezifische Risiken entstehen. Die Form
der Informationsübermittlung ist gleichgültig. Geschützt ist daher auch das Brief-, Post-
und Fernmeldegeheimnis.[121] Unstreitig fallen auch moderne Formen der Kommunikation wie E-Mail, SMS oder Skypen in den Schutzbereich. Nicht geschützt von Art. 7
GRC ist die Kommunikation an die Allgemeinheit bzw. Öffentlichkeit.[122] Der Normtext
ist insofern zu weit. Die Beschränkung auf Kommunikation unter bestimmten Adressaten ergibt sich zunächst aus der Parallelität zu den anderen drei Gewährleistungen in
Art. 7 GRC. Zudem ergibt sie sich auch daraus, dass der Begriff Kommunikation anstelle
des in Art. 8 EMRK enthaltenen Begriffs »**Korrespondenz**« gewählt wurde, weil jener
nicht mehr zeitgemäß erschien, ohne dass dadurch der Schutzbereich strukturell erweitert werden sollte. Ob die Übermittlung durch staatliche oder private Einrichtungen
erfolgt, ist gleichgültig.[123]

6. Räumlicher Aspekt

Nicht ganz eindeutig ist, ob ein gegebenenfalls vorliegendes **Tätigwerden der Unions-** 28
organe außerhalb des Unionsgebietes auch uneingeschränkt an Art. 7 GRC zu messen
ist, wie etwa der hypothetische Fall einer Wohnungsabhörung im Rahmen von Sicher-
heitsaufgaben im Ausland. Für eine räumliche Beschränkung des Schutzbereichs von
Art. 7 GRC sind allerdings keine Ansätze erkennbar.

II. Beeinträchtigungen

1. Pflicht zur sachgerechten Ausgestaltung

Einige Teile des Schutzbereichs von Art. 7 GRC verlangen eine rechtliche Ausgestal- 29
tung, so etwa die Eltern-Kind-Beziehung oder die Beziehung der Partner untereinander.
Normen, die rechtliche Institutionen ausgestalten, die unter den Schutz von Art. 7 GRC
fallen, bilden keine Eingriffe. Sie können aber dennoch Art. 7 GRC verletzen, wenn die
Ausgestaltung sich nicht vom Schutzgedanken des Art. 7 GRC leiten lässt. So sind etwa
Besuchsrechte für nichteheliche Väter, die sich rein tatsächlich nicht realisieren lassen,
eine unstatthafte Ausgestaltung und verletzten Art. 7 GRC.[124]

2. Abwehrrecht

a) Allgemein

Art. 7 GRC bildet zunächst ein Abwehrrecht. Es schützt daher vor Eingriffen bzw. 30
Beeinträchtigungen. Dies sind alle Maßnahmen von einem Grundrechtsgebundenen,
die die Ausübung der von Art. 7 GRC gewährten Rechte ganz oder teilweise unmöglich
machen oder erheblich erschweren. Zentral für die Rechte des Art. 7 GRC ist die Erkenntnis, dass die Norm vor allem die ungestörte Ausübung der dort genannten Rechte

---

[120] *Frenz*, Handbuch Europarecht, Bd. 4, Rn. 1241.
[121] *Kingreen*, in: Calliess/Ruffert, EUV/AEUV, Art. 7 GRC, Rn. 10.
[122] *Frenz*, Handbuch Europarecht, Bd. 4, Rn. 1243.
[123] *Jarass*, GRCh, Art. 7 GRC, Rn. 47.
[124] Ähnlich *Tettinger*, in: Tettinger/Stern, EuGRCh, Art. 7 GRC, Rn. 36.

meint. Eine **staatliche Beobachtung** bei der Ausübung des Privatlebens, des Familienlebens oder der Wohnung ist daher eine teilweise Vereitelung des von Art. 7 GRC geschützten Rechts. Die Beeinträchtigungen sind je nach Recht unterschiedlich ausgeprägt. Gegenüber dem räumlichen Schutz liegt die Beeinträchtigung in dem optischen, akustischen oder körperlichen Eindringen. Gegenüber der Vertraulichkeit wird sie durch einen Zwang zur Offenlegung bewirkt und gegenüber Handlungen durch Verhaltungsregeln oder Verbote hervorgerufen.

b) Privatsphäre

31   Beeinträchtigungen der Privatsphäre können zunächst in faktischen Handlungen von Grundrechtsverpflichteten liegen, die eine **ungestörte Ausübung der persönlichen Lebensführung** erschweren. Eine Beeinträchtigung liegt vor allem vor, wenn die persönliche Lebensführung bzw. die Entscheidung darüber, ob und inwieweit diese zum Gegenstand öffentlicher Kenntnis und Erörterung gemacht werden darf, eingeschränkt wird. Möglich ist aber auch ein Eingriff durch Rechtsnormen, die das Privatleben erschweren, oder die Schaffung von Untersuchungs- oder Überwachungsbefugnissen. Ein Eingriff kann durch eine **Einwilligung** des Berechtigten ausgeschlossen sein.[125] Als Eingriff anerkannt ist die Frage nach persönlichen Lebensverhältnissen im Rahmen eines **Auswahlverfahrens** der Kommission;[126] ebenso die unzureichende Respektierung des **anwaltlichen**[127] oder des **ärztlichen**[128] **Vertrauensverhältnisses.**[129] Weitere Eingriffe wären etwa bei hoheitlich angeordneten ärztlichen **Untersuchungen**[130] oder **erkennungsdienstlichen Maßnahmen** anzunehmen,[131] bei **Durchsuchungen** persönlicher Dinge, Bild- oder **Tonaufzeichnungen** des eigenen Verhaltens oder Ehrbeeinträchtigungen durch Amtsträger.[132] Ein weiteres Beispiel wäre das Verbot des **gewünschten sexuellen Verhaltens**. Auf amtlichen Dokumenten muss deutlich zwischen dem Nachnamen und dem Geburtsnamen unterschieden werden, da eine unrichtige Darstellung des Namens einer Person zu schwerwiegenden Nachteilen führen kann.[133] Kein Eingriff wurde in der Verweigerung eines Ehezuschlages an homosexuelle Lebenspartner von Beamten der Union gesehen, da die Vorenthaltung nur die Beziehung zwischen dem Beamten und seinem Dienstherrn betreffe.[134]

c) Familienleben

32   Eingriffe in das Familienleben bilden z.B. die Trennung der Familienmitglieder, Vorgaben für die Art und Weise des **Umgangs** miteinander oder die staatliche Beobachtung des Familienlebens.[135] Fällt das **Familienmitglied**, mit dem man zusammenleben möchte,

---

[125] *Jarass*, GRCh, Art. 7 GRC, Rn. 11a.

[126] EuG, Urt. v. 10.11.2004, Rs. T–165/03 (Vonier), Slg. 2004, II–1575, Rn. 56.

[127] EuGH, Urt. v. 18.5.1985, Rs. 155/79 (AM & S/Kommission), Slg. 1982, 1575, Rn. 18.

[128] EuGH, Urt. v. 8.4.1992, Rs. C–62/90 (Kommission/Deutschland), Slg. 1992, I–2575, Rn. 23; Urt. v. 5.10.1994, Rs. C–404/92 P (X./Kommission), Slg. 1994, I–4737, Rn. 17.

[129] Zutreffend *Kingreen*, in: Calliess/Ruffert, EUV/AEUV, Art. 7 GRC, Rn. 12.

[130] *Frenz*, Handbuch Europarecht, Bd. 4, Rn. 1255.

[131] *Frenz*, Handbuch Europarecht, Bd. 4, Rn. 1255.

[132] *Frenz*, Handbuch Europarecht, Bd. 4, Rn. 1276.

[133] EuGH, Urt. v. 2.10.2014, Rs. C–101/13 (U gegen Stadt Karlsruhe), ECLI:EU:C:2014:2249, Rn. 50.

[134] Vgl. EuGH, Urt. v. 31.5.2001, verb. Rs. C–122/99 P u. C–125/99 P (D Schweden/Rat), Slg. 2001, I–4319, Rn. 58; vgl. *Streinz*, in: Streinz, EUV/AEUV, Art. 7 GRC, Rn. 6.

[135] *Kingreen*, in: Calliess/Ruffert, EUV/AEUV, Art. 7 GRC, Rn. 13; *Frenz*, Handbuch Europarecht, Bd. 4, Rn. 1293.

auf das Gebiet des Unionsrechts und der andere Teil außerhalb des Unionsrechts, gibt Art. 7 GRC **kein subjektives Recht auf Einreise**, sodass die Einreiseverweigerung keinen Eingriff darstellt.[136] Gleichwohl ist bei der Entscheidung über die Einreise die Bedeutung des Familienlebens zu beachten.[137] Eine Trennung im Wege einer Ausweisung dürfte demgegenüber eine Beeinträchtigung darstellen.[138] Eingriffe sind weiter die Entziehung des Sorge- oder Erziehungsrechts[139] oder die Nichteinräumung eines Umgangsrechts zwischen leiblichem Vater und Kind. Die Regelungen zum **Adoptionsrecht** sind so lange keine Beeinträchtigungen, wie sie die Herstellung der Familie und die Ausübung ermöglichen und nicht beeinträchtigen. Die Abgrenzung zwischen Ausgestaltung und Beeinträchtigung kann schwer sein. Regelungen, die der Herstellung einer Eltern-Kind-Beziehung dienen, wie etwa Adoptionsregelungen oder Anerkennungsregelungen, sind im Lichte von Art. 7 GRC zu interpretieren. Eine unnötige Erschwernis dieses Zugriffs ist ein Eingriff in Art. 7 GRC.

d) Kommunikation

Beeinträchtigung der Kommunikation ist jede **Kenntnisnahme** der **Kommunikationsin-**   **33** **halte** oder der **Kommunikationspartner** ohne deren Einverständnis,[140] ebenso wie die Unterbindung der Kommunikation oder die Einschränkung an sich vorhandener Kommunikationsmöglichkeiten.[141] Wie bei Art. 10 GG wird man grundsätzlich davon ausgehen können, dass der spezifische Schutz der Kommunikation endet, sofern die Kommunikation endgültig in den Herrschaftsbereich eines der beiden Kommunikationspartner gelangt ist. Damit endet die spezifische Gefährdungssituation, die bei der Kommunikation unter Abwesenden vorliegt und die Art. 7 GRC schützen möchte. Klassische Fälle der Beeinträchtigung sind die Briefkontrolle von Strafgefangenen, die Telefonüberwachung im Rahmen der Strafverfahrensermittlung oder der nachrichtendienstlichen Aufklärung.[142]

e) Wohnung

Eine **Beeinträchtigung** des Schutzes der Wohnung ist jede Beeinträchtigung des Rechts,   **34** die Wohnung **ungestört nutzen** zu können,[143] d. h. jedes körperliche oder nicht körperliche Eindringen von Grundrechtsverpflichteten gegen den Willen des Berechtigten.[144] Dazu gehören etwa das Betreten der Räume, die Durchsuchung der Räume, die optische

---

[136] Unscharf *Frenz*, Handbuch Europarecht, Bd. 4, Rn. 1307; a. A. (Eingriff) *Rengeling/Szczekalla*, Grundrechte, § 16, Rn. 660.

[137] EuGH, Urt. v. 27.6.2006, Rs. C–540/03 (Parlament/Rat), Slg. 2006, I–5769, Rn. 59; *Tettinger*, in: Tettinger/Stern, EuGRCh, Art. 7 GRC, Rn. 59.

[138] Vgl. EuGH, Urt. v. 11.7.2002, Rs. C–60/00 (Carpenter), Slg. 2002, I–6279, Rn. 42; Urt. v. 29.4.2004, verb. Rs. C–482/01 u. C–493/01 (Orfanopoulos), Slg. 2004, I–5257, Rn. 98; Urt. v. 23.9.2003, Rs. C–109/01 (Akrich), Slg. 2003, I–9607, Rn. 59; Urt. v. 27.6.2006, Rs. C–540/03 (Parlament/Rat), Slg. 2006, I–5769, Rn. 52 ff.; *Frenz*, Handbuch Europarecht, Bd. 4, Rn. 1307; *Kingreen*, in: Calliess/Ruffert, EUV/AEUV, Art. 7 GRC, Rn. 13.

[139] *Tettinger*, in: Tettinger/Stern, EuGRCh, Art. 7 GRC, Rn. 57.

[140] *Kingreen*, in: Calliess/Ruffert, EUV/AEUV, Art. 7 GRC, Rn. 13; *Tettinger*, in: Tettinger/Stern, EuGRCh, Art. 7 GRC, Rn. 43; s. a. *Meyer-Ladewig*, EMRK, Art. 8, Rn. 33.

[141] *Frenz*, Handbuch Europarecht, Bd. 4, Rn. 1338.

[142] Zur EMRK: *Meyer-Ladewig*, EMRK, Art. 8, Rn. 94 f.

[143] *Meyer-Ladewig*, EMRK, Art. 8, Rn. 87.

[144] *Bernsdorff*, in: Meyer, GRCh, Art. 7 GRC, Rn. 22; *Kingreen*, in: Calliess/Ruffert, EUV/AEUV, Art. 7 GRC, Rn. 13; *Tettinger*, in: Tettinger/Stern, EuGRCh, Art. 7 GRC, Rn. 40.

oder die **akustische Überwachung** der Räume.[145] Bei öffentlich zugänglichen Räumen liegt eine Beeinträchtigung vor, wenn das **Betreten** durch Grundrechtsverpflichtete vorgenommen wird, obwohl erkennbar ist, dass insoweit nicht die Einwilligung des Wohnungsinhabers reicht.[146] Die Einwilligung des Wohnungsinhabers schließt die Beeinträchtigung und den Eingriff aus. In der Zerstörung eines Wohnhauses kann daher ein Eingriff liegen.[147] Eingriffe können auch in Form von Lärm, Gestank und **Emissionen** in der Wohnung liegen, wenn dadurch die räumliche Privatsphäre erheblich beeinträchtigt ist.[148] Umstritten ist, ob der Eigentümer, der Eigenbedarf geltend machen kann, sich auf Art. 7 GRC berufen kann. Dies wird teilweise angenommen.[149] Dies ist nicht zutreffend, da hier keine bestehende Wohnung geschützt wird. Einschlägig ist insoweit nur die Eigentumsgarantie. Nicht ganz eindeutig ist, ob auch der Entzug der Wohnung ein Eingriff sein kann. Die überwiegende Literatur tendiert dazu, auch den vollständigen Entzug und nicht nur das Eindringen in die Wohnung an Art. 7 GRC zu messen. Dies dürfte im Sinne einer weiten Auslegung zutreffend sein. Legt man dies zugrunde, kann der Entzug ein Eingriff sein[150] und auch die Beendigung eines besonders geschützten Mietverhältnisses kann einen solchen darstellen.[151]

3. Schutzpflicht

35 Neben dem Abwehrrecht bestehen bei Art. 7 GRC Schutzpflichten. Der EGMR hat Schutzpflichten bei Art. 8 EMRK angenommen (positive Verpflichtung)[152] und es besteht eigentlich kein Zweifel, dass dies auf Art. 7 GRC zu übertragen und hier ebenfalls eine **Schutzpflicht** anzunehmen ist,[153] auch wenn dadurch der Wortlaut »Achtung« ein wenig weit ausgelegt wird. In eine Schutzpflicht wird nicht eingegriffen, vielmehr wird diese nicht erfüllt und damit verletzt. Legt man dies zugrunde, können die Grundrechtsverpflichteten durch Unterlassen der positiven Pflichten das Grundrecht verletzen. Dies ist nur dann der Fall, wenn die vorgenommenen Maßnahmen offensichtlich unzureichend sind. Offensichtlich unzureichend sind sie dann, wenn das Verhältnis vom Aufwand für mögliche Schutzmaßnahmen und der dadurch herbeigeführten Schutzverbesserung auch unter Berücksichtigung sonstiger Handlungspflichten eindeutig überwiegt. Unstreitig vermittelt Art. 7 GRC **keinen Anspruch auf Schaffung von ausreichendem**

---

[145] *Frenz*, Handbuch Europarecht, Bd. 4, Rn. 1333.

[146] *Kingreen*, in: Calliess/Ruffert, EUV/AEUV, Art. 7 GRC, Rn. 13; *Jarass*, GRCh, Art. 7 GRC, Rn. 38.

[147] Vgl. EGMR Urt. v. 28.11.1997, Beschwerde-Nr. 23186/94 (Mentes und andere/Türkei), Rep. 1998-IV, 1687, Rn. 70.

[148] *Jarass*, GRCh, Art. 7 GRC, Rn. 39.

[149] EGMR, Urt. v. 24.11.1986, Beschwerde-Nr. 9063/80 (Gillow/Vereinigtes Königreich), Ser. A no. 109, Rn. 46; *Jarass*, GRCh, Art. 7 GRC, Rn. 39.

[150] *Bernsdorff*, in: Meyer, GRCh, Art. 7 GRC, Rn. 23.

[151] *Jarass*, GRCh, Art. 7 GRC, Rn. 39; s. zu Art. 8 EMRK: EGMR, Urt. v. 24.11.1986, Beschwerde-Nr. 9063/80 (Gillow/Vereinigtes Königreich), Ser. A no. 109, Rn. 47; Urt. v. 29.7.2004, Beschwerde-Nr. 59532/00 (Blecic/Kroatien), Rep. 2006-III, 51, Rn. 54.

[152] EGMR, Urt. v. 15.11.2007, Beschwerde-Nr. 12556/03 (Pfeifer/Österreich), NJW-RR 2008, 1218, Rn. 37; Urt. v. 23.9.2010, Beschwerde-Nr. 1620/03 (Schüth/Deutschland), NZA 2011, 279, Rn. 55 unter Verweis auf Urt. v. 23.9.2010, Beschwerde-Nr. 425/03 (Obst/Deutschland), NZA 2011,277, Rn. 39–45; Urt. v. 7.2.2012, Beschwerde-Nr. 40660/08 (Caroline von Hannover/Deutschland), NJW 2012, 1053, Rn. 98; *Meyer-Ladewig*, EMRK, Art. 8, Rn. 2 u. 55; *Marauhn/Melijnik*, in: Grote/Marauhn, EMRK/GG, Kap. 16, Rn 20.

[153] *Streinz*, in: Streinz, EUV/AEUV, Art. 7 GRC, Rn. 11; *Tettinger*, in: Tettinger/Stern, EuGRCh, Art. 7 GRC, Rn. 6 u. 35.

Wohnraum.[154] Die Schutzpflicht ist umso stärker, je weniger der Einzelne die Möglichkeit hat, selbst für den Schutz zu sorgen.[155] Maßgeblich für die Reichweite dieser Schutzpflicht ist eine Interessensabwägung.[156]

Anerkannt sind etwa folgende Fälle: die Pflicht, die Zusammenführung von leiblichen   **36** Eltern mit ihren Kindern zu unterstützen,[157] bei **Kindesentführung** diese zu beenden; weiter muss die Möglichkeit bestehen, zu erfahren, wessen Gene man in sich trägt. Bei den Nachzugsentscheidungen dürfen Integrationsanforderungen auch an Kinder gestellt werden, wenn diese älter als zwölf Jahre sind.[158] Ein Ausschluss von **Familiennachzug** von Kindern über 15 Jahren soll möglich sein.[159] Ein Mindestaufenthalt kann für eine Nachzugsentscheidung verlangt werden, zulässig sind zumindest zwei Jahre.[160] Im Bereich der Kommunikation besteht die Pflicht im Rahmen der Regelungszuständigkeit für eine Vertraulichkeit und Wahrung des Kommunikationsgeheimnisses auch durch Private zu sorgen.[161] Ein Kind hat Anspruch auf notwendige Informationen über die wesentlichen Aspekte seiner Identität.[162] Bei Einreise ist Art. 7 GRC in die Entscheidung einzustellen.[163] Die Schutzpflicht für die Wohnung wird nicht so verstanden, dass ein Anspruch auf Schaffung von ausreichendem Wohnraum bzw. Zuweisung einer Unterkunft oder Einweisung in eine Wohnung begründet werden kann.[164]

4. Ausstrahlungswirkung

Der Achtungsanspruch der Privatsphäre kann weiter wohl auch dadurch missachtet   **37** werden, dass die Union oder die Mitgliedstaaten bei der Anwendung von Unionsrecht den **Einfluss** des Schutzes der Privatsphäre auf die Auslegung von Normen, auch auf die Normen, die zwischen Privaten gelten, auch sofern sie vertraglicher Natur sind, nicht in angemessener Weise einbeziehen.[165] Dies wäre der Fall, wenn als Auslegungsgesichtspunkt die Wertung, die hinter dem Schutz von Art. 7 GRC steht, völlig übersehen worden ist oder die Bedeutung des Schutzgutes in einer Weise bei der Auslegung berücksichtigt wurde, die völlig außer Verhältnis zu ihrer objektiven Bedeutung steht. Die

---

[154] *Bernsdorff,* in: Meyer, GRCh, Art. 7 GRC, Rn. 22; *Jarass,* GRCh, Art. 7 GRC, Rn. 40.

[155] *Jarass,* GRCh, Art. 7 GRC, Rn. 12.

[156] EGMR, Urt. v. 16.12.2010, Beschwerde-Nr. 25579/05 (A., B. u. C./Irland), NJW 2011, 2107, Rn. 248; *Jarass,* GRCh, Art. 7 GRC, Rn. 12.

[157] EGMR, Urt. v. 26.2.2004, Beschwerde-Nr. 74969/01 (Görgülü/Deutschland), NJW 2004, 3397, Rn. 45.

[158] EuGH, Urt. v. 27.6.2006, Rs. C–540/03 (Parlament/Rat), Slg. 2006, I–5769, Rn. 58 f.; *Jarass,* GRCh, Art. 7 GRC, Rn. 10.

[159] EuGH, Urt. v. 27.6.2006, Rs. C–540/03 (Parlament/Rat), Slg. 2006, I–5769, Rn. 84 ff.; *Kingreen,* in: Calliess/Ruffert, EUV/AEUV, Art. 7 GRC, Rn. 16.

[160] EuGH, Urt. v. 27.6.2006, Rs. C–540/03 (Parlament/Rat), Slg. 2006, I–5769, Rn. 97 ff.

[161] *Jarass,* GRCh, Art. 7 GRC, Rn. 51; EGMR, Urt. v. 5.4.2005, Beschwerde-Nr. 71099/01 (Monory/Rumänien u. Ungarn), Rn. 72 ff. (im Internet in englischer Sprache abrufbar unter: http://www.echr.coe.int); Urt. v. 13.9.2005, Beschwerde-Nr. 77710/01 (H.N./Polen), Rn. 77 ff. (im Internet in englischer Sprache abrufbar unter: http://www.echr.coe.int).

[162] EGMR, Urt. v. 15.11.2007, Beschwerde-Nr. 12556/03 (Pfeifer/Österreich), NJW-RR 2008, 1218, Rn. 37; Urt. v. 23.9.2010, Beschwerde-Nr. 1620/03 (Schüth/Deutschland), NZA 2011, 279, Rn. 53 unter Verweis auf Urt. v. 23.9.2010 (Obst/Deutschland), NZA 277, Rn. 39–45; Urt. v. 7.2.2012, Beschwerde-Nr. 40660/08 (Caroline von Hannover/Deutschland), NJW 2012, 1053, Rn. 98.

[163] EuGH, Urt. v. 27.6.2006, Rs. C–540/03 (Parlament/Rat), Slg. 2006, I–5769 Rn. 58 f.

[164] *Streinz,* in: Streinz, EUV/AEUV, Art. 7 GRC, Rn. 12.

[165] *Streinz,* in: Streinz, EUV/AEUV, Art. 7 GRC, Rn. 11.

Wirkung von Art. 7 GRC im Wege der Auslegung von Normen, auch zivilrechtlicher Natur, ist dabei deutlich schwächer als die eigentliche Schutzpflicht der Organe selbst (mit Ausnahme der Rechtsprechung).[166]

C. Rechtfertigung von Beschränkungen

I. Der Maßstab

38   Die Schrankenregelung des Art. 8 Abs. 2 EMRK ist über Art. 52 Abs. 3 GRC auf Art. 7 GRC übertragbar.[167] Art. 8 Abs. 2 EMRK stellt eine sachbereichsbezogene Ausformung des **Verhältnismäßigkeitsgrundsatzes** dar, der Art. 52 Abs. 2 Satz 1 GRC vorgeht.[168] Eingriffe bedürfen daher zunächst einer gesetzlichen Grundlage und müssen einem in Art. 8 Abs. 2 EMRK genannten Gemeinwohlgrund genügen und zur Erreichung dieses Grundes notwendig sein. Fraglich ist, ob der Grundsatz der Verhältnismäßigkeit über Art. 8 Abs. 2 EMRK noch selbstständig zur Anwendung kommen kann.[169] Die ausschließliche Geltung von Art. 8 Abs. 2 EMRK greift auch hinsichtlich der Kommunikation, da die Ersetzung der Korrespondenz durch Kommunikation nichts an der grundsätzlichen Parallelität zu Art. 8 EMRK ändern wollte, auch wenn dieses Ergebnis logisch gesehen nicht zwingend ist.[170]

II. Gemeinwohlgründe

1. Mögliche Gründe

39   Aus Art. 8 Abs. 2 EMRK lässt sich ebenso wie aus dem Grundsatz des Verhältnismäßigkeitsgebots das Erfordernis eines legitimen Ziels ableiten.[171] Die Beschränkung auf die in Art. 8 EMRK aufgeführten Ziele wird übernommen.[172] Die Gemeinwohlgründe des Art. 8 Abs. 2 EMRK sind der **Rechtsordnung der Vertragsstaaten** der EMRK begrifflich zugeordnet und müssen unionsrechtlich umgesetzt werden. So ist etwa der Sachgrund des wirtschaftlichen Wohls des Landes i. S. d. wirtschaftlichen Wohls der Union und unter nationaler Sicherheit auch die Sicherheit der Union zu fassen.[173] Die Beeinträchtigung muss wie bei Art. 8 Abs. 2 in einer demokratischen Gesellschaft notwendig sein.[174] Allerdings wird zu Recht bemängelt, dass diese Gründe so weitgehend sind, dass sie gegenüber den in Art. 52 Abs. 1 GRC aufgeführten Zielen nicht wirklich zurückbleiben.[175] Auch der EuGH zieht die Ziele des Art. 8 Abs. 2 EMRK heran.[176] Der EuGH

---

[166] Eine mittelbare Drittwirkung zu Recht für möglich haltend *Bernsdorff*, in: Meyer, GRCh, Art. 7 GRC, Rn. 17.

[167] *Bernsdorff*, in: Meyer, GRCh, Art. 7 GRC, Rn. 18.

[168] *Kingreen*, in: Calliess/Ruffert, EUV/AEUV, Art. 7 GRC, Rn. 14; *Jarass*, GRCh, Art. 7 GRC, Rn. 52 f.

[169] Verneinend *Bernsdorff*, in: Meyer, GRCh, Art. 7 GRC, Rn. 18.

[170] Ebenso *Bernsdorff*, in: Meyer, GRCh, Art. 7 GRC, Rn. 24.

[171] *Jarass*, GRCh, Art. 7 GRC, Rn. 14.

[172] *Jarass*, GRCh, Art. 7 GRC, Rn. 14.

[173] Für eine unionsrechtliche Aufladung auch *Bernsdorff*, in: Meyer, GRCh, Art. 7 GRC, Rn. 18.

[174] *Jarass*, GRCh, Art. 7 GRC, Rn. 15; EuGH, Urt. v. 14. 2. 2008, Rs. C–450/06 (Varec), Slg. 2008, I–581, Rn. 48.

[175] *Jarass*, GRCh, Art. 7 GRC, Rn. 14.

[176] EuGH, Urt. v. 23. 9. 2003, Rs. C–109/01 (Akrich), Slg. 2003, I–9607, Rn. 59.

hat in der Vergangenheit bei den Rechtfertigungsgründen nicht immer auf Art. 8 Abs. 2 EMRK Bezug genommen.[177] Er hat als Rechtfertigung auch zugelassen, dass der Eingriff dem Gemeinwohl geschuldet und verhältnismäßig war und die garantierten Rechte nicht in ihrem Wesensgehalt angetastet hat.[178] Das ist dogmatisch nicht völlig überzeugend.[179] Wendet man Art. 52 Abs. 3 GRC an, hat das zur Folge, dass der **numerus clausus** des Art. 8 Abs. 2 EMRK zu beachten ist.

2. Gewicht der Gemeinwohlgründe

Eingriffe in den **Intimbereich** bedürfen schwerwiegender Gründe.[180] Veröffentlichungen   **40** von Daten aus dem Privatleben sind möglich bei Fragen von allgemeinem Interesse.[181] Die **Kommunikation mit Rechtsanwälten** ist **besonders geschützt** und bedarf daher eines besonderen rechtfertigenden Grundes.[182] Bei Beeinträchtigungen in den Schutz der Achtung der Wohnung ist eine Beeinträchtigung eher zu rechtfertigen, wenn nur Geschäfts- und Betriebsräume beeinträchtigt sind.[183]

3. Abwägung – Angemessenheit

Der Eingriff ist nur zulässig, wenn er in einer demokratischen Gesellschaft notwendig ist.   **41** Die Notwendigkeit kann im Sinne des Grundsatzes der Verhältnismäßigkeit ausgelegt werden.[184] Unverhältnismäßige Beeinträchtigungen sind nicht tragbar.[185] Es bedarf einer Abwägung aller Umstände.[186]

Es gibt umfangreiche Rechtsprechung zur EMRK wann die **Pressefreiheit** oder das   **42** Interesse der Allgemeinheit eine Veröffentlichung eines **Fotos** ohne Einwilligung des Fotografierten rechtfertigen kann.[187] Folgende Fallgruppen sind zu nennen: Bei der Rechtfertigung von ehrbeeinträchtigenden Äußerungen kommt es auf das Gewicht der verfolgten Gemeinwohlgründe und die Sorgfalt der zugrundeliegenden Sachverhaltsermittlung an.[188] Bei Eingriffen in das Familienleben bedarf es eines gerechten Ausgleichs zwischen den Interessen des Kindes und denen der Eltern.[189] Die Eltern müssen verfah-

---

[177] *Schorkopf*, in: Ehlers, Grundrechte und Grundfreiheiten, § 14, Rn. 50; *Tettinger*, in: Tettinger/Stern, EuGRCh, Art. 7 GRC, Rn. 45.

[178] EuGH, Urt. v. 11.7.1989, Rs. 265/87 (Schräder/Hauptzollamt Gronau), Slg. 1989, 2263, 2268, Rn. 15; Urt. v. 8.4.1992, Rs. C–62/90 (Kommission/Deutschland), Slg. 1992, I–2575, Rn. 23.

[179] *Tettinger*, in: Tettinger/Stern, EuGRCh, Art. 7 GRC, Rn. 45; nachsichtiger *Kingreen*, in: Calliess/Ruffert, EUV/AEUV, Art. 7 GRC, Rn. 14.

[180] EGMR, Urt. v. 27.9.1999, Beschwerde-Nr. 31417/96 (Lustig-Prean u. Beckett/Vereinigtes Königreich), Rn. 82 (im Internet in englischer Sprache abrufbar unter: http://www.echr.coe.int).

[181] EuGH, Urt. v. 20.5.2003, verb. Rs. C–465/00, C–138/01 u. C–139/01 (Österreichischer Rundfunk), Slg. 2003, I–4989, Rn. 85, 88.

[182] EGMR, Urt. v. 24.2.2005, Beschwerde-Nr. 59304/00 (Jankauskas/Litauen), Rn. 22 (im Internet in englischer Sprache abrufbar unter: http://www.echr.coe.int).

[183] EuGH, Urt. v. 22.10.2002, Rs. C–94/00 (Roquette Frères), Slg. 2002, I–9011, Rn. 29; kritisch *Kingreen*, in: Calliess/Ruffert, EUV/AEUV, Art. 7 GRC, Rn. 17.

[184] EuGH, Urt. v. 11.7.2002, Rs. C–60/00 (Carpenter), Slg. 2002, I–6279, Rn. 42; EuG, Urt. v. 10.11.2004, Rs. T–165/03 (Vonier), Slg. 2004, II–1575, Rn. 56; *Jarass*, FamRZ 2012, 1181 (1184).

[185] EuG, Urt. v. 8.11.2007, Rs. T–194/04 (Lager), Slg. 2007, II–4523, Rn. 114 f.

[186] EuGH, Urt. v. 29.4.2004, verb. Rs. C–482/01 u. C–493/01 (Orfanopoulos), Slg. 2004, I–5257, Rn. 99; *Kingreen*, in: Calliess/Ruffert, EUV/AEUV, Art. 7 GRC, Rn. 16.

[187] *Frenz*, Handbuch Europarecht, Bd. 4, Rn. 1169 f.

[188] *Frenz*, Handbuch Europarecht, Bd. 4, Rn. 1276 f.

[189] *Frenz*, Handbuch Europarecht, Bd. 4, Rn. 1294.

rensmäßig in sie belastende Verfahren angemessen eingebunden werden und müssen möglichst Kontakt zu ihren Kindern aufrechterhalten dürfen.[190] Bei Eingriffen in das Familienleben, im Rahmen des Aufenthaltsrechts, darf der Schutz der sozialen Sicherungssysteme in geringem Umfang, der Schutz der Sicherheit und Ordnung dagegen gewichtiger in die Abwägung eingestellt werden.[191] Zugunsten der Familie ist die Dauer der bestehenden Familie, die Schutzbedürftigkeit der Beziehung und das jeweilige Aufenthaltsrechts der Familienmitglieder einzustellen.[192] Bei Eingriffen in die Wohnung wirkt sich die Art der Wohnung und der betroffene Bereich, die Art und Weise der Beeinträchtigung (geheim – offen), der Umfang und die Dauer aus.[193] Bei den Beeinträchtigungen der Kommunikation spielt es für die Schwere des Eingriffs eine Rolle, ob »nur« die Kommunikationsverbindungsdaten betroffen sind oder auch der Inhalt, ob und wie lange die Daten gespeichert werden, in welchem Verwendungszusammenhang dies geschieht und wie hoch die Missbrauchsgefahr ist. Weiter fällt ins Gewicht, ob nur einzelne Daten erfasst werden oder Persönlichkeitsbilder erstellt werden.

43   Die **Ausweisung** eines ausländischen Ehepartners allein wegen Verstoßes gegen die Einreisegesetze ist unverhältnismäßig.[194] Unzulässig sind ärztliche Untersuchungen ohne Einwilligung des Betroffenen.[195] Medizinische Tests ohne Einwilligung können gegen das Recht des Schutzes der Privatsphäre verstoßen.[196] Bei der Ausweisung ist auch bei begangenen Straftaten grundsätzlich eine Interessensabwägung erforderlich, bei der die Dauer des Aufenthalts und die familiären Bindungen zu berücksichtigen sind.[197]

4. Einzelfälle

44   **Gesundheitsuntersuchungen** vor der Einstellung eines Gemeinschaftsbeamten sind grundsätzlich zulässig.[198] Bei Beschränkung des **elterlichen Umgangs** steht das Kindeswohl im Vordergrund.[199] Der Schutz der Privatsphäre kann **Akteneinsichtsrechte** beschränken.[200] Ein Verbot der **Einfuhr** von nicht zugelassenen **Arzneimitteln** kann nicht mit dem Schutz der Privatsphäre begründet werden.[201]

5. Verfahrensrechtliche Absicherung

45   Die Nichtbeeinträchtigung der Schutzgüter des Art. 7 GRC muss verfahrensrechtlich abgesichert werden.[202] Die Rechtsgrundlage für die Beeinträchtigung ist verfahrens-

---

[190] *Frenz*, Handbuch Europarecht, Bd. 4, Rn. 1297.
[191] Ausführlich *Frenz*, Handbuch Europarecht, Bd. 4, Rn. 1319.
[192] *Meyer-Ladewig*, EMRK, Art. 8 EMRK, Rn. 70 ff.
[193] *Frenz*, Handbuch Europarecht, Bd. 4, Rn. 1331.
[194] EuGH, Urt. v. 11. 7. 2002, Rs. C–60/00 (Carpenter), Slg. 2002, I–6279, Rn. 42 ff.
[195] EuGH, Urt. v. 5. 10. 1994, Rs. C–404/92 P (X./Kommission), Slg. 1994, I–4737, Rn. 17.
[196] EuGH, Urt. v. 5. 10. 1994, Rs. C–404/92 P (X./Kommission), Slg. 1994, I–4737, Rn. 23.
[197] EGMR, Urt. v. 2. 8. 2001, Beschwerde-Nr. 54273/00 (Boultif/Schweiz), Rep. 2001-IX, 119, Rn. 48; Urt. v. 18. 10. 2006, Beschwerde-Nr. 46410/99 (Üner/Niederlande), Rep. 2006-XII, 129, Rn. 58 f.; *Jarass*, GRCh, Art. 7 GRC, Rn. 30; zur Ausweisungsentscheidung siehe auch EuGH, Urt. v. 29. 4. 2004, verb. Rs. C–482/01 u. C–493/01 (Orfanopoulos), Slg. 2004, I–5257, Rn. 99.
[198] EuG, Urt. v. 14. 4. 1994, Rs. T–10/93 (A./Kommission), Slg. 1994, II–179, Rn. 50.
[199] EuGH, Urt. v. 5. 10. 2010, Rs. C–400/10 (McB), Slg. 2010, I–8965, Rn. 60; EGMR, Urt. v. 8. 7. 2003, Beschwerde-Nr. 30943/96 (Sahin/Deutschland), Rep. 2003-VIII, 63, Rn. 65 f.
[200] EuGH, Urt. v. 14. 2. 2008, Rs. C–450/06 (Varec), Slg. 2008, I–581, Rn. 51.
[201] EuGH, Urt. v. 8. 4. 1992, Rs. C–62/90 (Kommission/Deutschland), Slg. 1992, I–2575.
[202] *Tettinger*, in: Tettinger/Stern, EuGRCh, Art. 7 GRC, Rn. 6; unter Berufung auf EGMR, Urt. v. 11. 7. 2000, Beschwerde-Nr. 29192/95 (Ciliz/Niederlande), NVwZ 2001, 547.

rechtlich so auszugestalten, dass dem Betroffenen wirksame und **effektive Kontroll-möglichkeiten** zustehen.[203] Rechtsschutz muss möglich bleiben.[204] Hohe Anforderungen an die **Klarheit** und **Präzision** der gesetzlichen Regelung bestehen bei geheimen Eingriffen.[205] Bei Eingriffen in den Schutz der Achtung der Wohnung ist auf angemessene verfahrensrechtliche Ausgestaltungen zu achten, insbesondere wenn der Betroffene von dem Eingriff nichts erfährt. Ist für die Durchführung die Mithilfe nationaler Stellen nötig, gelten für die Durchführung der Durchsuchung die nationalen Verfahrensregeln, wie etwa ein Richtervorbehalt.[206] Aus Art. 7 GRC selbst folgt nicht notwendig ein genereller Richtervorbehalt für normative Eingriffe in das Recht auf Achtung der Wohnung.[207] Das Fehlen einer vorherigen richterlichen Genehmigung kann durch eine umfassende Kontrolle im Anschluss an die Nachprüfung kompensiert werden. Bei Sorgerechtsentscheidungen muss der Vater die rechtliche Möglichkeit haben, diese überprüfen zu lassen.[208] Bei Eingriffen in den Telekommunikationsverkehr dürfen die erlangten Daten nur dann weiteren Maßnahmen zugrunde gelegt werden, wenn die Erhebung rechtmäßig war und der Betroffene gemäß dem allgemeinen Grundsatz der Achtung der Verteidigungsrechte Zugang und rechtliches Gehör zu diesen Beweisen gewährt wurde. Dies ist ggf. gerichtlich zu prüfen.[209]

D.   Verhältnis zu anderen Bestimmungen

Hinsichtlich der Schutzpflicht dürfte Art. 3 GRC Vorrang haben, sofern die dort genannten Rechtsgüter betroffen sind, auch wenn dies mittelbar Einfluss auf das Privatleben oder das Familienleben hat.[210] Gleiches gilt hinsichtlich der Bewegungsfreiheit und Art. 6 GRC. Hinsichtlich des Teilbereiches des Schutzes der Achtung auf Wohnung dürfte diese Teilgewährleistung dem Schutz auf Privatleben vorgehen.[211] Hinsichtlich des Datenschutzes geht Art. 8 GRC vor. Der EuGH vermischt beide Grundrechte unnötig miteinander. Das Recht auf Gründung einer Familie wird in Art. 9 GRC behandelt und geht daher dem Recht auf Familienleben vor. Letzteres bezieht sich auf das Ausüben der gegründeten Familie. Umstritten ist das Verhältnis zur Berufsfreiheit und zur Eigentumsfreiheit. Hier wird man je nach Schwerpunkt entscheiden müssen und grundsätz-   **46**

---

[203] EGMR, Urt. v. 24.8.1998, Beschwerde-Nr. 23618/94 (Lambert/Frankreich), Rep. 1998-V, 2231, Rn. 31; *Jarass*, GRCh, Art. 7 GRC, Rn. 53.

[204] EuGH, Urt. v. 5.10.2010, Rs. C–400/10 (McB), Slg. 2010, I–8965, Rn. 55.

[205] EGMR, Urt. v. 9.6.2009, Beschwerde-Nr. 72094/01 (Kvasnica/Slowakei), Rn. 79 (im Internet in englischer Sprache abrufbar unter: http://www.echr.coe.int). Geringer sind die Anforderungen im GPS-Bereich: EGMR, Urt. v. 2.9.2010, Beschwerde-Nr. 35623/05 (Uzun/Deutschland), NJW 2011, 1333, Rn. 66; *Jarass*, GRCh, Art. 7 GRC, Rn. 52; *Frenz*, Handbuch Europarecht, Bd. 4, Rn. 1239.

[206] EuGH, Urt. v. 21.9.1989, verb. Rs. 46/87 u. 227/88 (Hoechst/Kommission), Slg. 1989, 2859, Rn. 34 ff.

[207] Vgl. *Jarass*, GRCh, Art. 7 GRC, Rn. 42; *Tettinger*, in: Tettinger/Stern, EuGRCh, Art. 7 GRC, Rn. 62; *Frenz*, Handbuch Europarecht, Bd. 4, Rn. 1332.

[208] EuGH, Urt. v. 5.10.2010, Rs. C–400/10 (McB), Slg. 2010, I–8965, Rn. 57.

[209] EuGH, Urt. v. 17.12.2015, Rs. C–419/14 (WebMindLicenses Kft. gegen Nemzeti Adó- és Vámhivatal Kiemelt Adó- és Vám Főigazgatóság), ECLI:EU:C:2015:832, Rn. 91.

[210] Vgl. *Jarass*, GRCh, Art. 7 GRC, Rn. 5; undeutlich EGMR, Urt. v. 9.12.1994, Beschwerde-Nr. 16798/90 (Lopez Ostra/Spanien), Ser. A no. 303 C, Rn. 57 EGMR Urt. v. 7.8.2003, Beschwerde-Nr. 36022/97 (Hatton u. andere/Vereinigtes Königreich), NVwZ 2004, 1465, Rn. 9.

[211] *Jarass*, GRCh, Art. 7 GRC, Rn. 34.

lich keine Parallelität annehmen können.[212] Der Begriff der Familie i. S. v. Art. 6 GRC ist enger.[213] Das Recht der Kinder auf Kontakt zu den Eltern aus Art. 24 Abs. 3 ist lex specialis und geht Art. 7 GRC vor.[214] Das entsprechende Recht der Eltern fällt unter Art. 7 GRC. Bezogen auf die Schule ist Art. 14 Abs. 3 Var. 2 GRC spezieller. Ebenfalls spezieller ist Art. 33 Abs. 2 GRC.[215] Hinsichtlich des Verhältnisses zur Eigentumsgewährleistung nach Art. 17 GRC und der Berufsfreiheit nach Art. 15 GRC dürfte Art. 7 GRC in seiner Gewährleistung der Kommunikation grundsätzlich vorgehen.[216]

---

[212] Vergleichbar *Jarass*, GRCh, Art. 7 GRC, Rn. 5.
[213] *Jarass*, GRCh, Art. 7 GRC, Rn. 20.
[214] *Jarass*, GRCh, Art. 7 GRC, Rn. 20.
[215] *Jarass*, GRCh, Art. 7 GRC, Rn. 20.
[216] *Jarass*, GRCh, Art. 7 GRC, Rn. 46.

Artikel 8   GRC Schutz personenbezogener Daten

(1) Jede Person hat das Recht auf Schutz der sie betreffenden personenbezogenen Daten.

(2) ¹Diese Daten dürfen nur nach Treu und Glauben für festgelegte Zwecke und mit Einwilligung der betroffenen Person oder auf einer sonstigen gesetzlich geregelten legitimen Grundlage verarbeitet werden. ²Jede Person hat das Recht, Auskunft über die sie betreffenden erhobenen Daten zu erhalten und die Berichtigung der Daten zu erwirken.

(3) Die Einhaltung dieser Vorschriften wird von einer unabhängigen Stelle überwacht.

Literaturübersicht

Siehe Art. 16 AEUV.

Inhaltsübersicht

A. Entwicklung, Quellen, Bedeutung

I. Allgemein

1. Grundlage

1   Der Datenschutz bildet einen wichtigen **Bestandteil des Persönlichkeitsschutzes**. Die Norm steht daher in einem engen Verhältnis zu Art. 7 GRC/Art. 8 EMRK. Das Grundrecht wird zu Recht als **innovativ** bezeichnet.[1] Die ausdrückliche grundrechtliche Gewährleistung ist erst durch die GRC geschaffen worden. Das Recht war allerdings in seinem Kern und seiner Grundstruktur zumindest als Schutz qualifizierter Daten schon länger in der Rechtsprechung gegenwärtig.[2] Die Grundrechtsgewährleistung wird wiederholt in Art. 16 Abs. 1 AEUV.

2. Verhältnis zu anderen Gewährleistungen

a) Verhältnis zu Art. 16 Abs. 1 AEUV.

2   Problematisch ist das Verhältnis von Art. 8 GRC zu Art. 16 Abs. 1 AEUV. Es ist bei der Kommentierung zu Art. 16 Abs. 1 AEUV dargestellt.

b) Verhältnis zu Art. 7 GRC/Art. 8 EMRK

3   Art. 8 GRC ist **lex specialis** zu Art. 7 GRC. Das ist eindeutig, auch wenn die Abgrenzung schwierig sein kann. Art. 8 EMRK entspricht Art. 7 GRC. Eine dem Art. 7 GRC entsprechende Norm enthält die EMRK nicht, vielmehr ist hinsichtlich der europäischen Menschenrechtskonvention der grundrechtliche Datenschutz dem Art. 8 EMRK zuzuordnen.[3] Auf diese Weise entsteht die Frage, wie das Verhältnis von Art. 8 GRC zu Art. 8 EMRK zu sehen ist und ob Art. 8 EMRK gemäß Art. 52 Abs. 3 GRC bei der Auslegung von Art. 8 GRC (und nicht nur bei Art. 7 GRC) zu beachten ist. Zutreffender Ansicht nach gilt: Da die GRC ein spezielles Grundrecht kennt und dieses nicht in der EMRK enthalten ist, läuft insofern Art. 52 Abs. 3 GRC vom Normtext und vom Sinn her leer, sodass Art. 7 GRC selbständig auszulegen ist.[4] Im Ergebnis ist daher Art. 8 GRC die **einzige Rechtsquelle** für das Recht auf informationelle Selbstbestimmung. Der EuGH

---

[1] *Knecht*, in: Schwarze, EU-Kommentar, Art. 8 GRC, Rn. 1.
[2] EuGH, Urt. v. 12.11.1969, Rs. 29/69 (Stauder/Stadt Ulm), Slg. 1969, 419, Rn. 7; Urt. v. 7.11.1985, Rs. 145/83 (Adams/Kommission), Slg. 1985, I–3539, Rn. 34; Urt. v. 14.9.2000, Rs. C–369/98 (Fisher), Rn. 32 f.; früh schon *Mähring*, EuR 1991, 369 (370 ff.); s. auch *Kingreen*, in: Calliess/Ruffert, EUV/AEUV, Art. 8 GRC, Rn. 2.
[3] *Marauhn/Melijnik*, in: Grote/Marauhn, EMRK/GG, Kap. 16, Rn. 29; *Meyer-Ladewig*, EMRK, Art. 8 EMRK, Rn. 40 ff.
[4] Ebenso *Kingreen*, in: Calliess/Ruffert, EUV/AEUV, Art. 8 GRC, Rn. 4; *Schneider*, in: Wolff/Brink, Datenschutz in Bund und Ländern, Syst. B, Rn. 19 ff.; unklar insoweit *Sobotta*, in: Grabitz/Hilf/Nettesheim, EU, Art. 16 AEUV (August 2015), Rn. 5.

beachtet diese Selbständigkeit von Art. 7 GRC nicht ausreichend, allerdings befindet er sich auf dem Weg der Besserung. Anfänglich prüfte er in einer nicht überzeugenden Weise Art. 8 GRC und Art. 7 GRC/Art. 8 EMRK in einem Mischverfahren zusammen,[5] wechselte dann zu einer Prüfung, bei der er beide Grundrecht zwar parallel aber dennoch selbständig prüfte,[6] es sei **denn der Rückgriff auf Art. 8 GRC schied aus, da die Betroffene eine juristische Person war.**

Die **Datenschutzrichtlinie** (DSRL) und die anderen Sekundärquellen gestalten das **4** Datenschutzgrundrecht aus. Der EuGH hat die DSRL einmal bei einem Sachverhalt, der zeitlich vor deren Inkrafttreten lag, mit der Begründung herangezogen, die Richtlinie fülle nur einen allgemeinen Rechtsgrundsatz aus.[7] Gemeint war das Grundrecht auf informationelle Selbstbestimmung. Trotz dieses Bezugs der Sekundärrechtsnormen zum Grundrecht ist das Datenschutzgrundrecht autonom aus Art. 8 GRC heraus zu bestimmen und nicht in Wechselwirkung zum Sekundärrecht.[8] Umgekehrt bestehen keine Bedenken, das Sekundärrecht im Lichte des Grundrechts auszulegen, was der EuGH auch macht, um so zu einer weiten Anwendung der Datenschutzrichtlinie zu kommen.[9] Das Sekundärrecht kann allenfalls eine Interpretationshilfe sein, da es zeitlich vor der Formulierung des Art. 8 GRC bestand und insofern mehr oder weniger den Horizont für die Regelung bildete.

d) Verfassungen der Mitgliedstaaten

Die ausdrückliche Anerkennung des Datenschutzes kommt auch in machen **Verfassun-** **5** **gen der Mitgliedstaaten** vor. Entscheidend ist, aus welcher Zeit sie stammen. Gemeingut ist die Garantie aber noch nicht.[10]

3. Entstehungsgeschichte

Da das Grundrecht auf Datenschutz wenige Vorbilder hat, war seine Ausgestaltung im **6** Detail im Konvent **umstritten**, auch wenn die Aufnahme eines Grundrechts als solches unbestritten war.[11] Lange Zeit war anstelle des späteren Textes folgende Formulierung präferiert: »Jede Person hat das Recht, über die Weitergabe und Nutzung der sie betreffenden Daten selbst zu entscheiden.«[12]

---

[5] EuGH, Urt. v. 29.1.2008, Rs. C–275/06 (Promusicae), Slg. 2008, I–271, Rn. 64; Urt. v. 9.11.2010, verb. Rs. C–92/09 u. C–93/09 (Volker und Markus Schecke), Slg. 2010, I–11063, Rn. 76; Urt. v. 24.11.2011, verb. Rs. C–468/10 u. C–469/10 (ASNEF), Slg. 2011, I–12181 ff., Rn. 40; Urt. v. 13.5.2014, Rs. C–131/12 (Google Spain u. a. gegen Agencia Española de Protección de Datos (AEPD)), ECLI:EU:C:2014:317, Rn. 69.

[6] EuGH, Urt. v. 8.4.2014, verb. Rs. v u. C–594/12 (Digital Rights Ireland und Seitlinger u. a.), ECLI:EU:C:2014:238; Rn. 32 ff.; Urt. v. 6.10.2015, Rs. C–362/14 (Maximillian Schrems gegen Data Protection Commissioner), ECLI:EU:C:2015:650, Rn. 39.

[7] EuGH, Urt. v. 14.9.2000, Rs. C–369/98 (Fisher), Slg. 2000, I–4279, Rn. 33 f.

[8] Zu großzügig *Frenz*, Handbuch Europarecht, Bd. 4, Rn. 1361 ff.; *Herrmann*, in: Streinz EUV/AEUV, Art. 16 AEUV, Rn. 4; *Kingreen*, in: Calliess/Ruffert, EUV/AEUV, Art. 8 GRC, Rn. 6–8.

[9] EuGH, Urt. v. 13.5.2014, Rs. C–131/12 (Google Spain), ECLI:EU:C:2014:317, Rn. 69; Urt. v. 11.12.2014, Rs. C–212/13 (František Ryneš gegen ad pro ochranu osobních údajů), ECLI:EU:C: 2014:2428, Rn. 29; Urt. v. 6.10.2015, Rs. C–362/14 (Maximillian Schrems gegen Data Protection Commissioner), ECLI:EU:C:2015:650, Rn. 38.

[10] Vgl. die Aufstellung bei *Rengeling/Szczekalla*, Grundrechte, § 16.

[11] Vgl. *Bernsdorff*, in: Meyer, GRCh, Art. 8 GRC, Rn. 5; s. a. *Klöpfer/Neun*, EUR 2000, 512 (554 f.).

[12] Vgl. *Knecht*, in: Schwarze, EU-Kommentar, Art. 8 GRC, Rn. 2.

4. Entwicklungslinien in der Rechtsprechung

7   Das durch die Datenschutzrichtlinie gewährte subjektive Recht auf Datenschutz wurde vor der ausdrücklichen Anerkennung durch Art. 8 GRC und Art. 16 AEUV unter Rückgriff auf Art. 8 EMRK als **allgemeiner Rechtsgrundsatz** verstanden.[13] Damit wurde das Recht auf informationelle Selbstbestimmung auf der Ebene der EMRK und folglich als **Gemeinschaftsgrundrecht** faktisch vergleichbar wie das Grundrecht auf Ebene des Grundgesetzes hergeleitet, das bekanntlich auf eine Kombination von Menschenwürde und allgemeiner Handlungsfreiheit gestützt wurde.[14] Eine neue, eigene Textstufe erreicht das Grundrecht auf Datenschutz mit Art. 8 GRC. Die Besonderheit besteht bei der unionsrechtlichen Entwicklung darin, dass das Recht zunächst auf Sekundärrechtsebene ausgeformt war und erst dann auf Primärebene übertragen wurde.[15]

5. Verpflichteter

8   Die Verpflichteten ergeben sich aus Art. 51 GRC.

II. Bedeutung

9   Die Bedeutung eines Grundrechts innerhalb der GRC hängt wesentlich davon ab, ob die Union Regelungskompetenzen innerhalb des dem Schutzbereich zugeordneten Sachbereichs besitzt. Für das Datenschutzrecht besitzt die Union Regelungskompetenzen (nun Art. 16 AEUV). Beim Erlass der Datenschutzregelungen und bei der Ausführungen und Umsetzung der Vorgaben durch die Mitgliedstaaten liegt ein Handeln vor, das gem. Art. 52 Abs. 1 GRC an die Charta gebunden ist.[16] Zudem kann der Datenschutz als Querschnittsmaterie auch in anderen Sachbereichen relevant werden, deutlich sichtbar etwa beim Urheberrecht (Auskunftsansprüche bei Urheberrechtsverletzungen) oder im Telekommunikationsrecht. Darüber hinaus wird er bei fast jeder Verwaltungstätigkeit im Bereich der Eigenverwaltung relevant, sodass Art. 8 GRC eine **erhebliche praktische Bedeutung** besitzt.

---

[13] EuGH, Urt. v. 12.11.1969, Rs. 29/69 (Stauder/Stadt Ulm), Slg. 1969, 419, Rn. 7; Urt. v. 7.11.1985, Rs. 145/83 (Adams/Kommission), Slg. 1985, I–3539, Rn. 34; Urt. v. 14.9.2000, Rs. C–369/98, (Fisher), Rn. 32 f.; Urt. v. 20.5.2003, verb. Rs. C–465/00, C–138/01 u. C–139/01 (Österreichischer Rundfunk u. a.), Slg. 2003, I–4989, Rn. 71; ohne Zuordnung zu Art. 8 EMRK: EuGH, Urt. v. 14.9.2000, Rs. C–369/98 (Fisher), Rn. 34; zur EMRK siehe EGMR, Urt. v. 16.2.2000, Beschwerde-Nr. 27798/95 (Amann/Schweiz), Rep. 2000-II, 245, Rn. 65; Urt. v. 4.5.2000 (Rotaru/Rumänien), Beschwerde-Nr. 28341/95, Rep. 2000-V, 109, Rn. 43; Urt. v. 25.2.1997 (Z/Finnland), Beschwerde-Nr. 22009/93, Rep. 1997-I, S. 323, Rn. 95; Urt. v. 26.3.1987, Beschwerde-Nr. 9248/81 (Leander/Schweden), S. 83 (im Internet abrufbar unter: http://www.echr.coe.int).

[14] Etwas stärker im Sinne einer Abweichung *Sobotta*, in: Grabitz/Hilf/Nettesheim, EU, Art. 16 AEUV (August 2015), Rn. 5.

[15] *Sobotta*, in: Grabitz/Hilf/Nettesheim, EU, Art. 16 AEUV (August 2015), Rn. 6.

[16] EuGH, Urt. v. 4.7.2007, Rs. C–457/05 (Schutzverband der Spirituosen-Industrie), Slg. 2007, I–8075, Rn. 22; ausführlich *Kingreen*, in: Calliess/Ruffert, EUV/AEUV, Art. 8 GRC, Rn. 6–8.

B. Schutzbereich

I. Persönlicher Schutzbereich

Geschützt ist »jede Person«. Die Rechtsprechung sieht wie die überwiegende Ansicht in der Literatur als Person **nur natürliche Personen** an.[17] Daten juristischer Personen sind danach nur dann geschützt, sofern diese die dahinterstehenden natürlichen Personen betreffen. Dies ist etwa möglich, wenn der Name der juristischen Person zugleich (teilweise) auch der Name einer natürlichen Person ist.[18] Die Abgrenzung wird zu Recht als schwer durchführbar kritisiert.[19]   **10**

Als Begründung für die Beschränkung auf natürliche Person kann zunächst auf Art. 16 Abs. 2 AEUV verwiesen werden, da dort die Regelungskompetenz auf die natürlichen Personen beschränkt wird. Allerdings kann der Grundrechtsschutz durchaus weitergehen als die Kompetenznormen. Dafür spricht vor allem der textliche Zusammenhang von Art. 8 GRC zu den anderen Grundrechtsbestimmungen. Art. 8 GRC spricht von »Person« und nicht wie Art. 1, Art. 2, Art. 3, Art. 6 GRC von »Mensch«. Die **Beschränkung** des Art. 8 GRC auf natürliche Personen **überzeugt** auch sachlich **nicht**.[20] Die Ausklammerung der juristischen Personen beruht auf einer einseitigen Betonung der Funktion des Datenschutzes als Schutz vor Überwachung. Datenschutz besitzt aber nicht nur einen Bezug zur Menschenwürde, sondern auch zur allgemeinen Handlungsfreiheit. Es ist nicht konsequent, einerseits jedes personenbezogene Datum zu schützen und andererseits juristische Personen herauszunehmen. Vom Schutzzweck des Grundrechts (Schutz vor Verarbeitung personenbezogener Daten ohne Kenntnis des Betroffenen) und von der Gefährdungslage her ist der Einbezug von juristischen Personen naheliegend.   **11**

II. Sachlicher Schutzbereich

1. Datenschutz

Art. 8 GRC schützt personenbezogene Daten. Das sind **alle Angaben** oder Informationen **über eine bestimmte oder bestimmbare Person**. Üblicherweise wird die Definition schon auf natürliche Personen eingeschränkt.[21] Überzeugend ist dies nicht, weil Subjekt und Gegenstand des Rechts getrennt werden sollte. Die Angaben können sich auf alle Bereiche beziehen. Erfasst werden sensible Daten wie Gesundheitsdaten,[22] mitsamt der   **12**

---

[17] EuGH, Urt. v. 9.11.2010, verb. Rs. C–92/09 u. C–93/09 (Volker und Markus Schecke), Slg. 2010, I–11063, Rn. 53; *Johlen*, in: Tettinger/Stern, GRCh, Art. 7 GRC, Rn. 29; *Sobotta*, in: Grabitz/Hilf/Nettesheim, EU, Art. 16 AEUV (August 2015), Rn. 17.

[18] EuGH, Urt. v. 9.11.2010, verb. Rs. C–92/09 u. C–93/09 (Volker und Markus Schecke), Slg. 2010, I–11063, Rn. 53.

[19] In diesem Sinne auch *Kingreen*, in: Calliess/Ruffert, EUV/AEUV, Art. 8 GRC, Rn. 6–8; *Knecht*, in: Schwarze, EU-Kommentar, Art. 8 GRC, Rn. 3; vgl. auch OVG Lüneburg, NJW 2009, 2697 (2697).

[20] Ebenso *Kingreen*, in: Calliess/Ruffert, EUV/AEUV, Art. 8 GRC, Rn. 11; *Streinz*, in: Streinz EUV/AEUV, Art. 16 AEUV, Rn. 6; in diese Richtung auch *Schneider*, in: Wolff/Brink, Datenschutz in Bund und Ländern, Syst. B, Rn. 28; *Knecht*, in: Schwarze, EU-Kommentar, Art. 7 GRC, Rn. 3.

[21] S. z.B. *Kingreen*, in: Calliess/Ruffert, EUV/AEUV, Art. 8 GRC, Rn. 9.

[22] EuGH, Urt. v. 5.10.1994, Rs. C–404/92 P (X/Kommission), Slg. 1994, I–4737, Rn. 8 ff. zur Erhebung von Arbeitnehmerdaten (hier: HIV-Test); Urt. v. 6.11.2003, Rs. C–101/01 (Lindqvist), Slg. 2003, I–12971, Rn. 50.

Daten, die unter das Arztgeheimnis fallen,[23] als auch persönliche Finanzdaten.[24] Geschützt sind aber auch eher belanglose Daten, wie Verhalten in der Öffentlichkeit, Daten der beruflichen Welt bis hin zu den Kontaktdaten.[25]

13   **Bestimmt** ist eine Person, wenn derjenige, der die Daten verwendet oder der bestimmungsgemäß Zugriff auf die Daten hat, die Person identifizieren kann. **Bestimmbar** ist eine Person, wenn die Identifizierung nicht gegeben ist, aber mit zumutbarem Aufwand vorgenommen werden kann oder wenn mit einer Identifizierung durch eine anderen ernsthaft gerechnet werden muss. Unklar ist, ob es dafür auf die Sicht der verarbeitenden Stelle ankommt (subjektive Sicht) oder ob es genügt, wenn es irgendjemanden gibt, der die Identifizierung vornehmen kann (objektive Sicht). Wäre die zweite Ansicht richtig, würde die Fallgruppe der »bestimmten Person« überflüssig. Sachlich überzeugend ist daher auf die verarbeitende Stelle abzustellen. Die Frage der Zumutbarkeit der Identifizierung richtet sich nach den Umständen des Falles. Kennt die Stelle, die die Daten verarbeitet, die Person nicht selbst und macht sie diese Daten allgemein zugänglich, genügt es für die Annahme der Bestimmbarkeit, dass in seriöser Weise mit einer möglichen Identifizierung gerechnet werden muss. Wer ein Bild einer erkennbaren Person, die er selbst aber nicht kennt und auch nicht finden würde, ins Internet stellt, verarbeitet bis zur Freischaltung des Bildes nicht personenbezogene Daten, aber ab dieser personenbezogene Daten, da er nicht seriös damit rechnen kann, dass diese Person nicht erkannt wird. Die gleichen Daten können für eine Person personenbezogen sein, für den anderen nicht. Verschlüsselte Daten sind für denjenigen, der den Schlüssel besitzt, personenbezogen, für alle anderen nicht personenbezogen. Reine Sachdaten oder rein statistische Daten sind keine personenbezogenen Daten.

Die personenbezogenen Daten müssen den Berechtigten betreffen. Der Schutz bezieht sich nur auf **eigene Daten**.

14   Art. 8 GRC erfasst alle personenbezogen Daten, **unabhängig von** ihrem **Inhalt**. Möglich ist es, personenbezogene Daten, die aus einer Schutzsphäre stammen, die einem speziellen Grundrecht zugeordnet werden, auch hinsichtlich des Datenschutzes dann diesem Grundrecht zuzuordnen. Möglich wäre dies für personenbezogene Daten, die aus Eingriffen in Telekommunikationsbeziehungen gewonnen wurden (Art. 7 GRC), aus dem Bereich der Wohnung (Art. 7 GRC), der unternehmerischen Freiheit, v. a. Betriebs- und Geschäftsgeheimnisse (Art. 16 GRC). Will man dies annehmen, so würde der Inhalt und die Struktur dem allgemeinen Recht aus Art. 8 GRC genügen.

2. Schutzwirkungen

a) Abwehrfunktion

15   Der Normtext gibt den Betroffenen ein Recht auf Schutz. Die Formulierung »Recht auf Schutz« ist von der grammatikalischen Bedeutung her stärker als eine Garantie, die nur ein Recht auf Achtung einräumt (so die Formulierung bei Art. 7 GRC). Der Grund für die bewusste Aussparung des Schutzanspruchs liegt im Verhältnis von Mitgliedstaaten und Union.[26] Das Recht auf Schutz gewährt zunächst ein **klassisches Abwehrrecht** vor Be-

---

[23] EuGH, Urt. v. 8.4.1992, Rs. C–62/90 (Kommission/Deutschland), Slg. 1992, I–2575, Rn. 23.
[24] EuGH, Urt. v. 20.5.2003, verb. Rs. C–465/00, C–138/01 u. C–139/01 (Österreichischer Rundfunk u. a.), Slg. 2003, I–4989, Rn. 73 f.
[25] *Bernsdorff*, in: Meyer, GRCh, Art. 8 GRC, Rn. 15.
[26] *Bernsdorff*, in: Meyer, GRCh, Art. 7, Rn. 16; *Knecht*, in: Schwarze, EU-Kommentar, Art. 7 GRC, Rn. 6; kritisch *Tettinger*, in: Tettinger/Stern, GRCh, Art. 7 GRC, Rn. 5, Fn. 9.

einträchtigungen. Gerade gegenüber dem Handeln der Unionsorgane entfaltet das Abwehrrecht ernstzunehmende Wirkung, die sich auch gegenüber dem Gesetzgeber auf Unionsebene durchsetzt, wie die Urteile zu den Agrarsubventionen und zur Vorratsdatenspeicherungen belegen.[27]

b) Schutzpflicht

Darüber hinaus verlangt das Recht, vor Beeinträchtigungen durch Private, Naturgewalt **16** oder anderer Hoheitsgewalt zu schützen.[28] Auch auf der Sekundärrechtsebene ist die Wirkung des Datenschutzes zwischen Privaten stark ausgeprägt. Da Art. 8 GRC vor der Datenschutzrichtlinie eingeführt wurde, liegt es nahe anzunehmen, die **Schutzpflichtdimension** sei bei Erlass bekannt gewesen.[29] Danach hat der Grundrechtsberechtigte Anspruch gegen die Grundrechtsverpflichteten, Verarbeitungen personenbezogener Daten durch Dritte oder durch andere Staaten möglichst einzuschränken. Eine Rolle spielt der Datenschutz auch bei der Auslegung zivilrechtlicher Normen.

Der Datenschutz spielt auf unionaler Ebene nicht nur als Abwehrrecht und Schutz- **17** pflicht eine Rolle, sondern auch als **zwingendes Allgemeininteresse**, das Beschränkungen von Handel und Dienstleistungen im Binnenmarkt[30] oder von Grundrechten rechtfertigen kann. So verlangt die Verletzung geistigen Eigentums im Internet von den Mitgliedstaaten, bei der Umsetzung der Datenschutzrichtlinie ein angemessenes Gleichgewicht zwischen dem Schutz des Eigentums und dem Datenschutz herzustellen.[31] Um den Ausgleich zwischen Datenschutz und Meinungsfreiheit zu ermöglichen, erlaubt Art. 9 DSRL den Mitgliedstaaten außerdem, entsprechende Tätigkeiten weitgehend von den Anforderungen der Richtlinie freizustellen.[32]

C. Eingriffe und Verletzungen

Art. 8 GRC gewährt dem Grundrechtsträger den Schutz seiner personenbezogenen Da- **18** ten. Schutz in der Abwehrdimension ist zu verstehen als die Abwesenheit von Beeinträchtigungen. Art. 8 Abs. 2 Satz 1 GRC nennt Rechtfertigungsgründe und als Voraussetzung für das Erfordernis von Rechtfertigungsgründen spricht der Text von »Verarbeitung«. Eine Beeinträchtigung oder **Eingriff** ist **jede Verarbeitung** personenbezogener Daten durch grundrechtsgebundene Stellen. Die Verarbeitung personenbezogener Daten ist der Eingriff, vor dem geschützt wird. Auf die Sensibilität der Daten kommt es nicht an.[33] Andere Formen von Eingriffen dürften kaum vorkommen.

---

[27] EuGH, Urt. v. 9.11.2010, verb. Rs. C–92/09 u. C–93/09 (Volker und Markus Schecke), Slg. 2010, I–11063 und Urt. v. 8.4.2014, verb. Rs. C–293/12 u. C–594/12 (Digital Rights Ireland und Seitlinger u. a.); ECLI:EU:C:2014:238.
[28] *Frenz*, Handbuch Europarecht, Bd. 4, Rn. 1386.
[29] *Sobotta*, in: Grabitz/Hilf/Nettesheim, EU, Art. 16 AEUV (August 2015), Rn. 11; *Simitis*, NJW 1997, 283 (287).
[30] EuGH, Urt. v. 12.6.2003, Rs. C–112/00 (Schmidberger), Slg. 2003, I–5659, Rn. 71 ff.; Urt. v. 14.10.2004, Rs. C–36/02 (Omega), Slg. 2004, I–9609, Rn. 33 ff.; *Sobotta*, in: Grabitz/Hilf/Nettesheim, EU, Art. 16 AEUV (August 2015), Rn. 9.
[31] EuGH, Urt. v. 16.7.2015, Rs. C–580/13 (Coty Germany GmbH gegen Stadtsparkasse Magdeburg), ECLI:EU:C:2015:485, Rn. 33.
[32] *Sobotta*, in: Grabitz/Hilf/Nettesheim, EU, Art. 16 AEUV (August 2015), Rn. 9.
[33] *Kingreen*, in: Calliess/Ruffert, EUV/AEUV, Art. 8 GRC, Rn. 12.

19   Verarbeitung meint Erhebung, Speicherung, Veränderung, Abfrage, Nutzung, Weitergabe, Löschung und jede andere Form der Heranziehung personenbezogener Daten. Auch das Bereitstellen, die Kombination, die Verknüpfung und das Sperren fallen darunter.[34] Art. 2 Buchst. b der Datenschutzrichtlinie (RL 95/46/EG) gibt den Begriff der Verarbeitung in zutreffender Weise wieder (jeder mit oder ohne Hilfe automatisierter Verfahren ausgeführte Vorgang oder jede solche Vorgangsreihe im Zusammenhang mit personenbezogenen Daten).[35] **Beispielsfälle** aus der Rechtsprechung sind: Weiterleitung von Daten über die Einkünfte eines Arbeitnehmers oder eines Ruhegehaltsempfängers vom Arbeitgeber an einen Dritten[36] oder die Veröffentlichung von Subventionsdaten,[37] die Verpflichtung der Telekommunikationsunternehmen zur Speicherung von Verbindungsdaten,[38] sowie die Zugriffsberechtigung staatlicher Behörden auf diese Verbindungsdaten.[39] Auch die bloße Speicherung der an das Personal gezahlten Gehälter durch einen Arbeitgeber ohne Weitergabe ist ein Eingriff.[40]

20   Die **Schutzpflicht** ist verletzt, wenn die Grundrechtsgebundenen den Grundrechtsträger Beeinträchtigungen durch Private, andere Staaten und Naturgewalten schutzlos ausliefern. Im Zeitalter des Internets ist die Beeinträchtigung durch Private von höchster Brisanz, etwa wenn Betreiber von sozialen Netzwerken Profile über die Nutzer anlegen. Schutzlosigkeit ist anzunehmen, wenn keine Schutzmechanismen bestehen oder die bestehenden offensichtlich ungeeignet sind. Die DSRL 95/46/EG unterwirft grundsätzlich jede Datenverarbeitung einem Rechtfertigungszwang und sieht als Rechtfertigungsmöglichkeiten entweder die Einwilligung oder staatliche Normen vor (Art. 7 DRSL). Damit dürfte die Schutzpflicht grundsätzlich erfüllt sein.

21   Das Grundrecht kann auch bei der **Handhabung des einfachen Rechts** verletzt werden, so auch bei zivilrechtlichen Normen (mittelbare Drittwirkung), und zwar wenn der Einfluss und die Tragweite des Art. 8 GRC auf die Auslegung der Norm und auf die Auslegung von Willenserklärungen grundlegend verkannt wird.

D. Eingriffsrechtfertigung (Abs. 2)

I. Allgemein

22   Eingriffe in das Recht auf informationelle Selbstbestimmung können auf Grund einer Einwilligung oder einer gesetzlichen Grundlage gem. Art. 8 Abs. 2 Satz 1 GRC gerechtfertigt sein. Diese Eingriffsmöglichkeiten sind wiederum durch Art. 8 Abs. 2, Abs. 3 und Art. 52 GRC eingeschränkt, insbesondere durch das **Gebot der Verarbeitung nach Treu**

---

[34] Vgl. *Kingreen*, in: Calliess/Ruffert, EUV/AEUV, Art. 8 GRC, Rn. 12.

[35] Ebenso *Knecht*, in: Schwarze, EU-Kommentar, Art. 8 GRC, Rn. 6.

[36] EuGH, Urt. v. 20.5.2003, verb. Rs. C–465/00, C–138/01 u. C–139/01 (Österreichischer Rundfunk u. a.), Slg. 2003, I–4989, Rn. 75.

[37] EuGH, Urt. v. 9.11.2010, verb. Rs. C–92/09 u. C–93/09 (Volker und Markus Schecke), Slg. 2010, I–11063, Rn. 58.

[38] EuGH, Urt. v. 8.4.2014, verb. Rs. C–293/12 u. C–594/12 (Digital Rights Ireland und Seitlinger u. a.), ECLI:EU:C:2014:238, Rn. 34.

[39] EuGH, Urt. v. 8.4.2014, verb. Rs. C–293/12 u. C–594/12 (Digital Rights Ireland und Seitlinger u. a.), ECLI:EU:C:2014:238, Rn. 35.

[40] A.A. EuGH, Urt. v. 20.5.2003, verb. Rs. C–465/00, C–138/01 u. C–139/01 (Österreichischer Rundfunk u. a.), Slg. 2003, I–4989, Rn. 74; *Kingreen*, in: Calliess/Ruffert, EUV/AEUV, Art. 8 GRC, Rn. 12.

und **Glauben,** den **Zweckbindungsgrundsatz,** das Erfordernis eines **sachlichen Grundes,** die Pflicht zur **institutionellen Datenschutzkontrolle,** die Gewährung von **Auskunfts-** und **Berichtigungsrechten** und das Prinzip der Verhältnismäßigkeit. Spezifische Ausformungen des Prinzips der Verhältnismäßigkeit im Datenschutz sind die Prinzipien der Datenvermeidung und der Datensparsamkeit.[41]

II. Einwilligung

1. Begriff der Einwilligung

Art. 8 GRC spricht von der **Einwilligung,** ohne sie inhaltlich näher zu bestimmen. Die   **23** Einwilligung ist das Einverständnis des Betroffenen, dass personenbezogene Daten, die ihn betreffen, verarbeitet werden.[42] Art. 2 Buchst. h DSRL 95/46/EG definiert als Einwilligung jede Willensbekundung, die ohne Zwang für den konkreten Fall sowie in Kenntnis der Sachlage erfolgt und mit der die betroffene Person akzeptiert, dass personenbezogene Daten, die sie betreffen, verarbeitet werden. Dies wird als eine angemessene Konkretisierung auch für Art. 8 GRC verstanden.[43] Die Definition dürfte aber nicht abschließend sein, weil sie die mutmaßliche Einwilligung nicht erfasst.

Schwierig ist die **dogmatische Einordnung** der Verarbeitung personenbezogener Da-   **24** ten mit der Einwilligung des Betroffenen. Möglich ist hier, schon den Eingriff in das Recht zu verneinen oder den Eingriff anzunehmen und die Einwilligung als einen Rechtfertigungsgrund zu betrachten. Keine Alternative überzeugt vollständig. Wegen der funktionalen Parallelität von Einwilligung und Rechtsgrundlage in Art. 8 Abs. 2 Satz 1 GRC liegt es näher, die Einwilligung nicht als Rechtfertigung zu verstehen.[44]

2. Gültigkeitsvoraussetzungen

Genauere Anforderungen an die Einwilligung legt Art. 8 Abs. 2 GRC nicht fest. Aus   **25** dem Schutzzweck ergeben sich jedoch **Mindesterfordernisse.** Die Zustimmung des Betroffenen zu einer Verarbeitung seiner Daten setzt zunächst eine gewisse Einsichtsfähigkeit voraus, d. h. er muss die Tragweite seiner Erklärung überblicken können. Dafür ist die Geschäftsfähigkeit nicht zwingend erforderlich. Die Einwilligungsfähigkeit kann je nach Eingriff unterschiedlich sein. Es ist zulässig, durch normative Vorgaben die Einwilligungsfähigkeit näher zu bestimmen, auch in generalisierter Weise, sofern dadurch der Schutzzweck nicht unterlaufen wird. Diese Konkretisierungsbefugnis für den Gesetzgeber ist zwar grundrechtsdogmatisch nicht zwingend, sachlich aber sinnvoll.

3. Einwilligungsfähigkeit

Weiter ist der Betroffene nicht völlig autonom hinsichtlich des Umfangs der Verfügbar-   **26** keit seiner Daten. Einer Datenerhebung und -verarbeitung, deren Vereinbarkeit mit der Menschenwürdegarantie in Frage steht, könnte der Betroffene nicht wirksam seine **Einwilligung** erteilten. Die **Art und der Umfang** des Informationseingriffs bestimmt aber nicht nur, ob der Eingriff überhaupt einwilligungsfähig ist, sondern auch die Anforde-

---

[41] *Sobotta,* in: Grabitz/Hilf/Nettesheim, EU, Art. 16 AEUV (August 2015), Rn. 8.
[42] *Knecht,* in: Schwarze, EU-Kommentar, Art. 8 GRC, Rn. 7.
[43] *Frenz,* Handbuch Europarecht, Bd. 4, Rn. 1417; *Sobotta,* in: Grabitz/Hilf/Nettesheim, EU, Art. 16 AEUV (August 2015), Rn. 37.
[44] *Kingreen,* in: Calliess/Ruffert, EUV/AEUV, Art. 8 GRC, Rn. 13.

rungen an die Einwilligung. Je intensiver der Eingriff ist, umso eindeutiger muss die Einwilligung sein. Schwerwiegende Eingriffe müssen konkret von der Einwilligung erfasst werden. Leichtere Eingriffe können von allgemeineren Erklärungen abgedeckt werden. Die Eindeutigkeit wird durch die Art und den Inhalt der Erklärung bestimmt.

4. Einwilligungserklärung

a) Ausdrückliche und konkludente Einwilligung

27   Die Einwilligung muss grundsätzlich erklärt werden. Die Anforderungen an die Erklärung hängen von der Intensität des Eingriffs ab. Unproblematisch sind ausdrückliche Einwilligungserklärungen. Zwingend sind sie nicht. Von Grundrechts wegen ist die konkludente Einwilligung nicht ausgeschlossen. **Konkludent** ist eine Erklärung dann, wenn der Betroffene nicht ausdrücklich mündlich oder schriftlich sein Einverständnis erklärt, aber sich in einer Weise verhält, die deutlich macht, dass er mit der betroffenen Verarbeitung einverstanden ist. Auf sekundärrechtlicher Ebene kann die konkludente Einwilligung ausgeschlossen werden. Dogmatisch dürfte es sich bei dem Ausschluss der konkludenten Einwilligung nicht um einen Eingriff in das Recht der informationellen Selbstbestimmung handeln, sondern um eine normative Ausgestaltung der Rechtfertigungsmöglichkeiten. Sachlich gerechtfertigt ist die Ausgestaltung, wenn der Schutz des Betroffenen das Verlangen einer ausdrücklichen Einwilligungserklärung nahelegt.

28   Wegen der Geltung des Grundsatzes der **Zweckbindung** muss die Einwilligung auch den Zweck der Verarbeitung, auf den sich die Einwilligung bezieht, erkennen lassen. Der Verhältnismäßigkeitsgrundsatz ist nicht anwendbar.

b) Stillschweigende oder mutmaßliche Einwilligung

29   Fraglich ist, ob die Einwilligung zwingend immer einer Einwilligungserklärung bedarf, oder ob unter bestimmten Voraussetzungen nicht auch eine mutmaßliche Einwilligung denkbar ist. Eine mutmaßliche oder stillschweigende Einwilligung ist eine Einwilligung, die weder ausdrücklich noch konkludent erklärt wird, aber nach den Umständen des Einzelfalls mit an Sicherheit grenzender Wahrscheinlichkeit erteilt worden wäre, wenn man den Betroffenen gefragt hätte. Die stillschweigende Einwilligung ist demnach keine Einwilligung, sondern die Fiktion einer Einwilligung. Die Fiktion von Willenserklärungen ist zutreffender Ansicht nach nicht ausdrücklich ausgeschlossen, auch nicht durch den Normtext oder den Sinn von Art. 8 Abs. 2 Satz 1 GRC. Der **Anwendungsbereich** dürfte allerdings **eng** sein. Voraussetzungen für eine wirksame, stillschweigende Einwilligung sind dabei folgende: (a) Es darf nicht möglich sein, eine Einwilligung einzuholen, (b) es muss alles dafür sprechen, dass der Betroffene zustimmen würde, wenn man ihn fragen würde; es dürfen keine Gründe bekannt sein, die den Schluss nahe legen, dass der Betroffene die Einwilligung verweigern würde, (c) der Zweck, zu dem die Datenverarbeitung erfolgt, bringt dem Betroffenen nur Vorteile und (d) die Nachteile im Bereich der Autonomie, die in der Anerkennung der mutmaßlichen Einwilligung liegen, müssen deutlich geringer sein, als die Vorteile, die der Betroffene durch die Datenverarbeitung erlangt. Dies ist grundsätzlich bei Bagatelleingriffen oder zum Schutz überragender Rechtsgüter denkbar.

5. Freiwilligkeit

Die Einwilligung muss freiwillig sein. Art. 8 GRC erwähnt die **Einwilligung** nicht, den-   **30**
noch ist sie Voraussetzung für eine wirksame Einwilligung.[45] Die Freiwilligkeit ist ernst
zu nehmen und kann bei Abhängigkeitsverhältnissen fehlen und bei der unfairen Verknüpfung mit anderen Leistungen fehlen. Notwendig für die Annahme der Freiwilligkeit ist, dass der Betroffene eine echte Chance hat, zu verweigern und auch klar ist, was
für diesen Fall gilt. Die Freiwilligkeit **setzt** die **Kenntnis** der Abgabe der Einwilligung
voraus. Auch hier gilt wiederum, dass der Gesetzgeber die Bedingungen ausgestalten
kann, aus denen sich die Freiwilligkeit ergibt. An einer wirksamen Einwilligung fehlt es
nach Einschätzung des EuGH, wenn die Empfänger landwirtschaftlicher Subventionen
beim Antrag über die Veröffentlichung der an sie gewährten Leistungen bloß informiert
werden.[46]

6. Informiertheit

Eine wirksame Einwilligung kann nur derjenige abgeben, der weiß, worum es geht.   **31**
Ohne ausreichenden Überblick über den Grund, die Reichweite und den Verwendungszusammenhang ist keine selbstbestimmte Verfügung über die Daten möglich. Daher ist
die **ausreichende Information** eine Wirksamkeitsvoraussetzung für die Einwilligung.[47]
Das Merkmal ist streng genommen kein Unterfall der Freiwilligkeit, sondern ein selbstständiger Aspekt, der zwar nicht ausdrücklich geregelt ist, sich aber aus der Funktion der
Einwilligung ergibt. Das Merkmal ist schwierig und darf nicht zu streng verstanden
werden, da ansonsten die Rechtssicherheit für denjenigen, der auf die Einwilligung vertraut, zu sehr missachtet wird.

III. Legitime gesetzliche Grundlage

Liegt keine Einwilligung vor, kann die Verarbeitung nur über eine **gesetzliche Grund-**   **32**
lage gerechtfertigt sein. Der Begriff des Gesetzes ist unionsrechtlich zu verstehen.[48]
Erfasst werden Gesetze je nach maßgeblicher Rechtsordnung, d. h. unionsrechtlich alle
im Gesetzgebungsverfahren erlassenen Akte, in Deutschland die Parlamentsgesetze
und im common law-Rechtskreis der materielle Gesetzesbegriff.
   Die gesetzliche Grundlage muss zunächst **legitim** sein. Legitim ist die Verarbeitung
immer, wenn sie erforderlich ist, um einen anderen – für sich genommen legitimen –
Zweck zu erreichen. Weiter können auch primär informationelle Gründe die Verarbeitung rechtfertigen, wie etwa die Realisierung des Transparenzgrundsatzes.[49] Eine Beschränkung auf die in Art. 7 DSRL 95/46/EG aufgeführten legitimen Zwecke nimmt
Art. 8 Abs. 2 GRC nicht inzident vor. Allerdings dürfte es sich dabei um eine Aufzählung handeln, die die meisten Fälle erfasst und die im Kern auch bei künftigen Reformen

---

[45] *Frenz*, Handbuch Europarecht, Bd. 4, Rn. 1419.
[46] EuGH, Urt. v. 9.11.2010, verb. Rs. C–92/09 u. C–93/09 (Volker und Markus Schecke),
Slg. 2010, I–11063, Rn. 62.
[47] Vgl. *Kingreen*, in: Calliess/Ruffert, EUV/AEUV, Art. 8 GRC, Rn. 14.
[48] Vgl. *Kingreen*, in: Calliess/Ruffert, EUV/AEUV, Art. 8 GRC, Rn. 14.
[49] EuGH, Urt. v. 9.11.2010, verb. Rs. C–92/09 u. C–93/09 (Volker und Markus Schecke),
Slg. 2010, I–11063, Rn. 67; *Kingreen*, in: Calliess/Ruffert, EUV/AEUV, Art. 8 GRC, Rn. 15; *Wollenschläger*, AöR 135 (2010), 364 (389).

übernommen werden dürfte. In der Entscheidung zur Vorratsdatenspeicherung wurde die Bekämpfung des Terrorismus als Ziel anerkannt.[50]

33   Art. 8 GRC stellt die Einwilligung und die legitime gesetzliche Grundlage **selbststän-dig nebeneinander**. Es wird kein Vorrang einer der beiden Rechtfertigungsmöglichkei-ten festgelegt. Grundsätzlich ist daher von einer Gleichrangigkeit und auch von einer möglichen Parallelität beider Grundlagen auszugehen. Dies gilt aber dann nicht, wenn der jeweilige Schutzzweck der Rechtfertigungsmöglichkeit etwas anderes verlangt. So kann es sein, dass die Schaffung einer speziellen gesetzlichen Grundlage durch den Gesetzgeber zugleich auch den zulässigen Ausschluss einer Rechtfertigung im Wege einer Einwilligung darstellen soll. Dies ist möglich, wenn auf diese Weise der Gesetz-geber den Betroffenen schützen will. Das gilt vor allem dann, wenn aufgrund des kon-kreten Machtgefälles nicht von der Freiwilligkeit einer gegebenenfalls abgegebenen Einwilligung auszugehen ist. In diesen Fällen kann nur auf die gesetzliche Grundlage zur Rechtfertigung abgestellt werden. Umgekehrt sind aber auch Fälle denkbar, in denen trotz gesetzlicher Grundlage auf eine Einwilligung abzustellen ist. Dies ist insbesondere dann der Fall, wenn die Einwilligung im Rahmen von Vertragsverhandlungen abgege-ben wurde und auf diese Weise der Betroffene die Voraussetzung für die Datenverar-beitung individuell seinen eigenen Bedürfnissen anpassen konnte. In diesen Fällen wäre die Einwilligung vorrangig vor der gesetzlichen Grundlage.

IV. Verarbeitung nach Treu und Glauben

34   Das Gebot der Verarbeitung nach **Treu und Glauben** bezieht sich auf die Art und Weise der Datenverarbeitung und soll dieser so Grenzen setzen. Die Art der Verarbeitung besitzt Einfluss auf das Ausmaß der Belastung, die von dem Eingriff ausgeht, und das Gebot der Verarbeitung nach Treu und Glauben ist eine Folge der Verhältnismäßigkeit i. e. S. Die inhaltlichen Vorgaben des Gebots der Verarbeitung nach Treu und Glauben sind nicht geklärt. Das Gebot war vor seiner Aufnahme in Art. 8 GRC schon im Sekun-därrecht (Art. 6 DSRL 95/46/EG) enthalten. Wirklich mit Substanz ausgefüllt wurde dieses Merkmal bisher noch nicht. Es dürfte zwei Ausprägungen haben: zum einen die **Vorhersehbarkeit** und zum anderen die **Transparenz** der Datenverarbeitung.

35   Bisher wird nur der letzte Aspekt diskutiert. Der 38. Erwägungsgrund der DSRL 95/46/EG folgt aus dem Gebot, dass die betroffenen Personen über die Verarbeitung ordnungsgemäß und umfassend informiert werden, wenn Daten bei ihnen erhoben wer-den.[51] Daher werden in der Regel die Verfahrensrechte als Folgerung des Gebots der Verarbeitung nach Treu und Glauben verstanden.[52]

Treu und Glauben meint daneben eine Verarbeitung, die innerhalb dessen liegt, wo-mit der Betroffene bei der Erhebung redlicherweise hat rechnen müssen. Diese Seite ergänzt das Gebot der Zweckbindung durch eine objektive Sicht der Begrenzung der möglichen Zwecke und unterstützt die Zweckbindung verfahrensrechtlich. Neben das Gebot der Transparenz und der Kontrollmöglichkeit durch Verfahrensrecht tritt somit auch ein **Gebot der Vorhersehbarkeit**.

---

[50] EuGH, Urt. v. 8.4.2014, verb. Rs. C–293/12 u. C–594/12 (Digital Rights Ireland und Seitlinger u. a.), ECLI:EU:C:2014:238, Rn. 42.

[51] So auch EuGH, Urt. v. 1.10.2015, Rs. C–201/14 (Smaranda Bara u. a. gegen Preşedintele Casei Naţionale de Asigurări de Sănătate u. a.), ECLI:EU:C:2015:638, Rn. 34.

[52] *Sobotta*, in: Grabitz/Hilf/Nettesheim, EU, Art. 16 AEUV (August 2015), Rn. 47.

Eine zentrale Folge des Gebots der Verarbeitung nach Treu und Glauben ist das Ge- **36**
bot, Daten unter bestimmten Bedingungen zu löschen, und zwar dann, wenn sie unrichtig oder für den verfolgten Zweck nicht mehr erforderlich sind[53] oder deren Rechtsgrundlage entfallen ist. Der **Löschungsanspruch** kann sich aus sachlichen Gründen in
einen Anspruch auf Sperrung umwandeln, etwa wenn die Löschung objektiv unmöglich
oder für den Anspruchsgegner unzumutbar ist oder die Sperrung den Interessen des
Betroffenen noch mehr entgegenkommt als die Löschung, z.B. weil er noch Rechtsschutz einholen will, für den die Löschung kontraproduktiv wäre.

V. Festgelegte Zwecke

Zentrale datenschutzrechtliche Bedeutung besitzt der Grundsatz der Zweckbindung, **37**
nach dem die Daten nur zu den vorher festgelegten Zwecken verarbeitet werden dürfen.
Der **Zweckbindungsgrundsatz** gilt nach dem Normtext von Art. 8 Abs. 2 Satz 1 GRC
nicht nur bei Eingriffen, die sich auf eine gesetzliche Grundlage stützen, sondern auch
bei solchen, die auf eine Einwilligung zurückgehen. Dies ist mit dem Sinn der Einwilligung vereinbar. Es ist daher davon auszugehen, dass sich die Einwilligung europarechtlich auf festgelegte Zwecke beziehen muss. Eine Einwilligung, bei der die Zweckbindung nicht, auch nicht durch Auslegung, ermittelbar ist, ist daher nicht wirksam. Der
Zweckbindungsgrundsatz besteht aus zwei Teilen: der Pflicht, die Zwecke vor Verarbeitung festzulegen (Gebot der **Zweckbestimmung**), und der Pflicht, die Daten nur zu
diesen Zwecken zu verarbeiten (**Zweckbindung** bei der Verarbeitung).

1. Gebot der Zweckbestimmung

Die Zwecke, zu denen die Verarbeitung erfolgt, müssen vor dem Eingriff **festgelegt** **38**
sein.[54] Grundsätzlich ist eine ausdrückliche Festlegung erforderlich, unter besonderen
Umständen wird man im Einzelfall auch eine konkludente Festlegung zulassen können.
Die Existenz eines Verarbeitungsgrunds genügt aber nicht. Es gibt keinen ungeschriebenen Grundsatz, nach dem die Verarbeitung immer auf die zulässigen Zwecke zu beziehen ist. Die verarbeitende Stelle muss den Zweck der Verarbeitung vor der Verarbeitung festlegen. Es ist davon auszugehen, dass dies das Gebot bildet, gegen das am
häufigsten verstoßen wird.

Die Zweckbestimmung muss **konkret** sein. Wie konkret hängt wiederum von der
Schwere des Eingriffs und den sonstigen Umständen ab.[55]

In welcher **Form** die Zwecke festgelegt sein müssen, sagt Art. 8 GRC nicht. Offen ist, **39**
ob es die gleiche Rangstufe sein muss, wie die Norm, die den Eingriff rechtfertigt. Dies
verlangt weder der Normtext noch der Sinn von Art. 8 Abs. 2 GRC. Die Art und Weise
der Zweckbestimmung ist daher von der Eingriffsrechtfertigung unabhängig. Entscheidend ist aber, dass die Zweckbestimmung für den Betroffenen erkennbar war, vor dem
Eingriff vorlag und nicht unbemerkt später verändert werden kann.

2. Zweckbindung

Die Verarbeitung muss sich an den vorher festgelegten Zwecken orientieren. Geht sie **40**
darüber hinaus, werden Daten ohne Rechtsgrundlage (oder Einwilligung) verarbeitet.

---

[53] EuGH, Urt. v. 7.5.2009, Rs. C–553/07 (Rijkeboer), Slg. 2009, I–3889, Rn. 33, 59 und 65.
[54] *Frenz*, Handbuch Europarecht, Bd. 4, Rn. 1432.
[55] *Frenz*, Handbuch Europarecht, Bd. 4, Rn. 1432 ff.

Die **Zweckbindung** begrenzt somit das **Ausmaß** der **Datenverarbeitung**. Die Verarbeitung der Daten ist nur zu den Zwecken zulässig, zu denen sie erhoben wurde.

41   Die Zweckbindung kann **unterschiedlich streng** ausgestaltet sein, das europäische Recht ist hier etwas großzügiger als das deutsche Datenschutzrecht. Die Datenschutzrichtlinie konkretisiert das Gebot der Zweckbindung in Art. 6 Abs. 1 Buchst. b der Richtlinie dahingehend, dass personenbezogene Daten nur für festgelegte, eindeutige und rechtmäßige Zwecke erhoben und nicht in einer mit ihrer ursprünglichen Zweckbestimmung unvereinbaren Weise weiterverarbeitet werden dürfen. Die Verwendung zu einem anderen als dem Erhebungszweck ist danach schon gar nicht als Zweckentfremdung zu verstehen, sofern beide Zwecke nicht unvereinbar sind.

Zweckentfremdungen sind bei Vorliegen einer weiteren ausreichenden Grundlage möglich. Die Anforderungen an die Rechtsgrundlage steigen, je weiter der neue Zweck von der ursprünglichen Zweckbestimmung entfernt oder unvereinbar ist.

VI.   Schranken des Art. 52 GRC

1.   Verhältnis von Art. 52 GRC und Art. 8 Abs. 2 GRC

42   Über Art. 8 Abs. 2 Satz 1 GRC hinaus sind noch die Schranken des Art. 52 GRC zu beachten, sofern sie sich nicht mit Art. 8 Abs. 2 GRC decken. Das Erfordernis einer legitimen gesetzlichen Grundlage i. S. v. **Art. 52 GRC** dürfte sich mit dem Erfordernis der legitimen gesetzlichen Grundlage decken. Eine gesetzliche Grundlage, die legitim ist, hat auch eine dem Gemeinwohl dienende Zielsetzung und umgekehrt ist eine gesetzliche Grundlage, die eine dem Gemeinwohl dienende Zielsetzung verfolgt, auch legitim.

2.   Verhältnismäßigkeitsgrundsatz

43   Zu beachten ist der Grundsatz der Verhältnismäßigkeit gem. Art. 52 Abs. 1 Satz 2 GRC. Im Rahmen des **Verhältnismäßigkeitsgrundsatzes** ist eine dem Gemeinwohl dienende Zielsetzung des Eingriffs erforderlich. Das Gebot der Verhältnismäßigkeit greift, wenn der Eingriff auf die gesetzliche Grundlage gestützt wird. Fraglich ist, ob er auch heranzuziehen ist, wenn der Eingriff auf eine **Einwilligung** gestützt wird. Dies ist zu verneinen.[56] Bei der Einwilligung ist nicht die Frage entscheidend, ob der verfolgte Gemeinwohlgrund die durch den Eingriff hervorgerufene Belastung rechtfertigt, sondern ob der Betroffene autonom über die Zulässigkeit des Eingriffs entscheiden konnte. Anstelle der Verhältnismäßigkeit treten bei der Einwilligung die Voraussetzungen der Freiwilligkeit, die Eindeutigkeit der Einwilligungserklärung und der Einwilligungsfähigkeit.

44   Nicht von selbst erklärt sich weiter das **Verhältnis von Verhältnismäßigkeitsgrundsatz und Zweckbindung**. Es liegt nahe anzunehmen, dass der gesetzliche Zweck des Eingriffs identisch ist mit dem Zweck der Verarbeitung i. S. v. Art. 8 Abs. 2 Satz 1 GRC. Dies ist aber nicht notwendig der Fall. Die Zweckbindung der Daten und das Ziel bzw. der Zweck des Eingriffs können auseinanderfallen. Der Eingriff wird auf fernerliegende Ziele gerichtet sein als die datenschutzrechtliche Zweckbindung.

45   Die Erhebung und Verarbeitung personenbezogener Daten muss dem legitimen Zweck dienen, muss für die Erfüllung dieses Zwecks geeignet, aber auch erforderlich sein, d. h. nicht außer Verhältnis zum Grundrechtseingriff stehen. Der EuGH trennt

---

[56] Ebenso *Kingreen*, in: Calliess/Ruffert, EUV/AEUV, Art. 8 GRC, Rn. 13.

anders als die deutsche Rechtsprechung nicht streng zwischen der Erforderlichkeit und der Verhältnismäßigkeit i. e. S.[57]

Spezifische Ausformungen des Prinzips der Verhältnismäßigkeit im Datenschutz sind   **46**
zunächst die Prinzipien der **Datenvermeidung** und der **Datensparsamkeit**.[58] Der EuGH hält die namentliche Veröffentlichung der Empfänger von Agrarsubventionen für nicht erforderlich/angemessen, da Rat und Kommission keine Überlegungen dazu angestellt hätten, ob der Zweck auch nicht in geringer belastender Weise hätte erreicht werden können.[59]

Für die Frage der Abwägung zwischen der Verfolgung des Gemeinwohlgrundes und   **47**
der Grundrechtsbelastung kommt es entscheidend darauf an, wie schwer der Grundrechtseingriff einerseits wiegt und andererseits, wie überragend der Gemeinwohlgrund ist und wie sehr seine Erreichung durch den Eingriff verbessert wird. Bei der Gewichtung des Grundrechtseingriffs lassen sich **generelle** informationelle **Aspekte** nennen: (a) **Geheime Informationserhebungen** wiegen grundsätzlich deutlich schwerer als offene Informationserhebungen. (b) Weiter wirken sich auch die Art der betroffenen personenbezogene Daten auf die Gewichtung aus. Je **persönlichkeitsrelevanter** das erhobene Datum ist, umso schwerer ist der Eingriff. Es lassen sich die Stufen **unantastbarer Kernbereich**, **Intimbereich**, **Persönlichkeitsbereich** und **Sozialbereich** unterscheiden. (c) Eine **unmittelbare Datenerhebung** beim Betroffenen ist prinzipiell als geringere Belastung anzusehen als die Datenerhebung bei Dritten.[60] (d) Erheblich sind weiter der Anlass und die Umstände der Erhebung, insbesondere die Streubreite und die Anzahl der Betroffenen und die Verantwortlichkeit des Betroffenen für die Erhebung (Hat er einen **Anlass** gesetzt?).[61] (e) Die Verfahrensausgestaltung des Eingriffs (Gibt es Kontrollmechanismen zum Schutz vor Missbrauch?)[62] insbesondere (f) wie streng die **Verwendungsmöglichkeiten** auf die Zweckerreichung bezogen ist[63] und (g) die Verwendungsmöglichkeiten (rechtlicher und tatsächlicher Art), wie etwa die Möglichkeit der **Verknüpfung** mit anderen Daten oder die Möglichkeit, Bewegungs- oder Persönlichkeitsprofile zu erstellen. (h) Welche Garantien in Bezug auf **Datenqualität** und die **Datensicherheit** bestehen?[64] (i) Einen Einfluss besitzt weiter der Umstand, ob der Eingriff dem Schutz anderer Grundrechte dient. In der Rechtsprechung wurden etwa die Meinungsfreiheit (Art. 11 GRC)[65] und das Eigentumsrecht (Art. 17 GRC) genannt.[66]

Der EuGH weist speziell im Datenschutz darauf hin, dass die Erforderlichkeit nur   **48**
gewahrt sei, wenn der Eingriff sich auf das »**absolut Notwendige**« beschränkt sei, wobei dies nicht der Fall ist, wenn die Eingriffsgrundlage nicht hinreichend bestimmt und nicht

---

[57] S. etwa EuGH, Urt. v. 8.4.2014, verb. Rs. C–293/12 u. C–594/12 (Digital Rights Ireland und Seitlinger u. a.), ECLI:EU:C:2014:238, Rn. 46.

[58] *Sobotta*, in: Grabitz/Hilf/Nettesheim, EU, Art. 16 AEUV (August 2015), Rn. 8.

[59] EuGH, Urt. v. 9.11.2010, verb. Rs. C–92/09 u. C–93/09 (Volker und Markus Schecke), Slg. 2010, I–11063, Rn. 82, 83.

[60] Vgl. *Kingreen*, in: Calliess/Ruffert, EUV/AEUV, Art. 8 GRC, Rn. 16.

[61] EuGH, Urt. v. 8.4.2014, verb. Rs. C–293/12 u. C–594/12 (Digital Rights Ireland und Seitlinger u. a.), ECLI:EU:C:2014:238, Rn. 58.

[62] EuGH, Urt. v. 8.4.2014, verb. Rs. C–293/12 u. C–594/12 (Digital Rights Ireland und Seitlinger u. a.), ECLI:EU:C:2014:238, Rn. 62 u. 66.

[63] EuGH, Urt. v. 8.4.2014, verb. Rs. C–293/12 u. C–594/12 (Digital Rights Ireland und Seitlinger u. a.), ECLI:EU:C:2014:238, Rn. 59 u. 61.

[64] Nicht ganz klar *Sobotta*, in: Grabitz/Hilf/Nettesheim, EU, Art. 16 AEUV (August 2015), Rn. 11.

[65] EuGH, Urt. v. 6.11.2003, Rs. C–101/01 (Lindqvist), Slg. 2003, I–12971, Rn. 90.

[66] EuGH, Urt. v. 29.1.2008, Rs. C–275/06 (Promusicae), Slg. 2008, I–271, Rn. 62.

ausreichend verfahrensrechtlich abgesichert ist.[67] Die **Verwendung biometrischer Daten in von den Mitgliedstaaten ausgestellten Pässen und Reisedokumenten auf der Grundlage der VO 2252/2004 ist grundrechtskonform.**[68] Die Entscheidung der Kommission, der Datentransfer in die USA zu Unternehmen, die eine bestimmte Selbstverpflichtungserklärung unterschrieben hätten (safe harbor) genüge den datenschutzrechtlichen Anforderungen war grundrechtswidrig.[69]

VII.   Auskunfts- und Berichtigungsanspruch

1.   Selbstständiger Auskunfts- und Berichtigungsanspruch

49   Art. 8 Abs. 2 Satz 2 GRC gewährt einen Auskunfts- und Berichtigungsanspruch.

Unklar ist, ob diese Rechte in Satz 2 Teile der erforderlichen Rechtfertigung von Eingriffen bilden oder **selbstständige verfahrensrechtliche Rechte** darstellen. Vom Normtext und vom Sinn her liegt es näher, von selbstständig gewährten Verfahrensrechten auszugehen. Werden die in Satz 2 niedergelegten Rechte nicht gewährt, handelt es sich daher primär nicht um einen verfassungsrechtlich nicht gerechtfertigten Eingriff, sondern um die Verletzung verfassungsrechtlich gewährter Verfahrensrechte. Davon zu trennen ist die Frage, ob Eingriffe deshalb verfassungsrechtlich unzulässig sein können, weil wegen der unzureichenden Ausgestaltung der Verfahrensrechte des Betroffenen die Belastung unverhältnismäßig ist. Allerdings sind bei dieser, in die Verhältnismäßigkeitsprüfung integrierten Verfahrensrechtsprüfung, die Bereiche Auskunft und Berichtigung durch Art. 8 Abs. 2 Satz 2 herausgenommen worden.

2.   Anspruchsgegner

50   Der Auskunfts- und Berichtigungsanspruch des Art. 8 Abs. 2 Satz 2 GRC richtet sich gegen diejenigen, die an Art. 8 Abs. 1 GRC gebunden sind. Er verpflichtet daher zunächst nur **Grundrechtsgebundene.** Eine Auskunft gegenüber Privaten ist durch Art. 8 Abs. 2 Satz 2 GRC nicht begründet. Der Auskunftsanspruch bezieht sich auf Daten, die sich auf die Auskunftsperson beziehen. Auskünfte über Daten Dritter sind nicht erfasst. Mit Daten sind personenbezogene Daten gemeint. Das Auskunftsrecht ist oftmals notwendige Voraussetzung für die Ausübung weiterer Rechte, insbesondere dem in Art. 8 Abs. 2 UAbs. 2 Satz 2 GRC genannten Recht auf Berichtigung, aber auch anderen sekundärrechtlich gewährten Rechten, wie Rechte auf Löschung oder Sperrung von Daten oder dem auf Widerspruch oder der Wahrnehmung des Rechtsschutzes.

3.   Voraussetzungen

51   Gemäß Art. 8 Abs. 2 Satz 2 GRC müssen die Daten erhoben worden sein. Daten werden entweder erhoben oder empfangen. Erhebung ist das Beschaffen von personenbezogenen Daten durch den Verantwortlichen und setzt eine eigene Initiative des Verantwortlichen voraus. Werden personenbezogene Daten dem Einzelnen ungefragt **zugelie-**

---

[67] EuGH, Urt. v. 8. 4. 2014, verb. Rs. C–293/12 u. C–594/12 (Digital Rights Ireland und Seitlinger u. a.), ECLI:EU:C:2014:238, Rn. 52 ff.

[68] EuGH, Urt. v. 17. 10. 2013, Rs. C–291/12 (Michael Schwarz gegen Stadt Bochum), ECLI:EU:C: 2013:670, Rn. 39.

[69] EuGH, Urt. v. 6. 10. 2015, Rs. C–362/14 (Maximillian Schrems gegen Data Protection Commissioner), ECLI:EU:C:2015:650, Rn. 98.

fert, liegt kein Erheben vor. Die Beschränkung des Ausgangsanspruchs auf erhobene Daten ist nicht überzeugend. Man sollte den Begriff weit auslegen und auch auf nicht erhobene Daten erstrecken, die der Verantwortliche nutzt.

Vom Normtext her ist es **unerheblich**, ob die erhobenen Daten gespeichert wurden oder nicht. Hat der Verpflichtete die Daten erhoben, weitergegeben und nicht gespeichert, kann er die Auskunft nicht mehr erteilen. Es bleibt daher die Frage, ob er die Daten wegen des Auskunftsanspruches speichern muss. Dies ist zu verneinen. Der Auskunftsanspruch soll die Speicherungspflicht nicht erweitern. Vom Schutzzweck her liegt es nahe, den Begriff »erhobene Daten« daher umzuinterpretieren und auf gespeicherte Daten zu beziehen. Dies liegt auch deswegen nahe, weil auf diese Weise der Auskunftsanspruch mit dem Berichtigungsanspruch korreliert. Berichtigen kann man nur gespeicherte Daten.   **52**

4. Berichtigungsanspruch

Art. 8 Abs. 2 Satz 2 GRC gewährt weiterhin einen **Berichtigungsanspruch**. Berichtigung meint die inhaltliche Änderung von Daten. Die Löschung ist keine Form von Berichtigung. Der Löschungsanspruch folgt daher nicht unmittelbar aus Art. 8 Abs. 2 Satz 2 GRC. Die Berichtigung setzt die Unrichtigkeit der Daten voraus. Unrichtig sind Daten, die Informationen enthalten, die sachlich unzutreffend sind. Dies kann sich auch auf den Erhebungsort oder Erhebungsumfang beziehen und muss nicht nur den Inhalt der Daten erfassen. Fraglich ist, ob **unvollständige Daten** als unrichtige Daten anzusehen sind. Dies ist denkbar, aber nicht zwingend. Entscheidend ist der Aussagegehalt der gespeicherten Daten. Führt die Unvollständigkeit zu einem unrichtigen Aussagegehalt, kann eine Ergänzung der Daten verlangt werden. Der Berichtigungsanspruch setzt voraus, dass die Daten perpetuiert sind. Sind die Daten nur im Gehirn des Verpflichteten abgelegt, greift der Berichtigungsanspruch nicht.   **53**

Es ist davon auszugehen, dass Art. 8 GRC eine **Ausgestaltung** der Auskunftsrechte als **zulässig** ansieht. Die Ausgestaltung eines Grundrechts, die erforderlich ist, um das Grundrecht wahrzunehmen, bildet keine Einschränkung i. S. v. Art. 52 Abs. 1 GRC und muss daher dessen Vorgabe nicht einhalten.[70]   **54**

Andere verfahrensrechtliche Ansprüche über die Auskunft und Berichtigung hinaus (Mitteilung, Löschung und Dokumentation) sind nicht in Art. 8 Abs. 2 GRC niedergelegt, können sich aber aus dem Grundsatz der Verhältnismäßigkeit ergeben.

E.   Datenschutzbeauftragte

Art. 8 Abs. 3 GRC sieht, sachlich mit Art. 16 Abs. 2 Satz 2 AEUV übereinstimmend, eine institutionelle **Datenschutzkontrolle** vor, wobei der Normtext etwas abweichend ist. **Art. 28 der Datenschutzrichtlinie** regelt dementsprechend die Anforderungen an die Datenschutzkontrollstellen in den Mitgliedstaaten auf sekundärrechtlicher Basis. Es handelt sich um kein Grundrecht, sondern um eine institutionelle Garantie, die den Grundrechtsschutz verstärkt[71] und eine Einrichtungsverpflichtung der Grundrechtsverpflichteten begründet.   **55**

---

[70] S. *Kingreen*, in: Calliess/Ruffert, EUV/AEUV, Art. 52 GRC, Rn. 56.
[71] *Knecht*, in: Schwarze, EU-Kommentar, Art. 8 GRC, Rn. 10.

56   Unabhängige Behörden sind gegenwärtig zum einen der europäische Datenschutz-
      beauftragte gemäß den auf der Grundlage von Art. 286 Abs. 2 EGV erlassenen
      Art. 41 ff. der VO (EG) 45/2001,[72] die behördlichen Datenschutzbeauftragten nach
      Art. 24 Abs. 1 VO (EG) 45/2001, sowie die Kontrollstellen in den Mitgliedstaaten nach
      Art. 28 Abs. 1 RL 95/46/EG. Bei der Entscheidung zur Vorratsdatenspeicherung hat der
      EuGH bemängelt, dass in der Richtlinie die Kontrolle nicht besonders vorgesehen war.[73]

57   Die Rechtmäßigkeitskontrolle dieser Stelle erstreckt sich auf »diese Vorschriften«.
      Dieser Verweis bezieht sich zunächst auf die Vorgaben des Art. 8 GRC selbst und dar-
      über hinaus auf die in Art. 8 Abs. 2 GRC genannten **legitimen gesetzlichen Grundlagen**,
      d. h. auf alle Normen, die den Eingriff in das Recht auf Schutz personenbezogener Daten
      rechtfertigen. Darüber hinaus ist vom Sinn her auch die Kontrolle der Normen gemeint,
      die den Auskunftsanspruch und Berichtigungsanspruch ausgestalten. Soweit die Grund-
      rechtsbindung greift, muss die Kontrolle greifen.

58   Art. 8 Abs. 3 GRC spricht von einer **unabhängigen Stelle**. Der Normtext ist unglück-
      lich. Insoweit ist Art. 16 Abs. 2 UAbs. 1 Satz 2 AEUV klarer, der von »unabhängigen
      Behörden« spricht.[74] Mit »einer Stelle« ist nicht gemeint, dass es nur eine Kontrollstelle
      geben darf. Gemeint ist vielmehr, dass überhaupt eine Kontrolle existieren und die
      Kontrollstelle unabhängig sein muss. Nicht ausgeschlossen ist, dass die Kontrolle inner-
      halb der Union und innerhalb der Mitgliedstaaten (bei der Ausführung von Unionsrecht)
      von verschiedenen Stellen durchgeführt wird. Zulässig ist auch, dass ein Mitgliedstaat
      wie Deutschland mehrere Kontrollstellen aufweist.

59   Die Stelle muss unabhängig sein. Der Begriff kommt schon in Art. 28 Abs. 1 UAbs. 2
      DSRL 95/46/EG vor. In einem erfolgreichen Vertragsverletzungsverfahren gegen
      Deutschland stellte der EuGH festgestellt, dass die **Unabhängigkeit** jede Einflussnahme
      ausschließe, unabhängig davon ob sie unmittelbar oder mittelbar sei. Diese Unabhän-
      gigkeit schließe nicht nur jegliche Einflussnahme seitens der kontrollierten Stellen aus,
      sondern auch jede Anordnung und jede sonstige äußere Einflussnahme, sei sie unmit-
      telbar oder mittelbar, durch die in Frage gestellt werden könnte, dass die genannten
      Kontrollstellen ihre Aufgabe, den Schutz des Rechts auf Privatsphäre und den freien
      Verkehr personenbezogener Daten ins Gleichgewicht zu bringen, erfüllen.[75] Zweiein-
      halb Jahre später hat er in Bezug auf Österreich dann festgestellt, dass dazu zumindest
      die Abwesenheit der Dienstaufsicht und Unterrichtungspflichten gehört.[76] Eine gesetz-
      liche Verkürzung der Amtszeit bildet ebenfalls eine Verletzung der Unabhängigkeit.[77] Es
      ist davon auszugehen, dass der in der Richtlinie verwendete Begriff der Unabhängigkeit
      identisch ist mit dem bei Art. 8 Abs. 3 GRC.[78] Als unabhängige Stelle wird gegenwärtig

---

[72] VO (EG) 45/2001 des Europäischen Parlaments und des Rates vom 18. 12. 2000 zum Schutz
natürlicher Personen bei der Verarbeitung personenbezogener Daten durch die Organe und Einrichtungen der Gemeinschaft und zum freien Datenverkehr, ABl. 2001, L 8/1.

[73] EuGH, Urt. v. 8. 4. 2014, verb. Rs. C–293/12 u. C–594/12 (Digital Rights Ireland und Seitlinger
u. a.), ECLI:EU:C:2014:238, Rn. 68.

[74] Zutreffend *Kingreen*, in: Calliess/Ruffert, EUV/AEUV, Art. 8 GRC, Rn. 18.

[75] EuGH, Urt. v. 9. 3. 2010, Rs. C–518/07 (Kommission/Deutschland[Aufsichtsbehörde]),
Slg. 2010, I–1885, Rn. 30.

[76] EuGH, Urt. v. 16. 10. 2012, Rs. C–614/10 (Kommission/Österreich), LS, ECLI:EU:C:2012:631.

[77] EuGH, Urt. v. 8. 4. 2014, C–288/12 (Europäische Kommission gegen Ungarn), ECLI:EU:C:
2014:237, Rn. 58.

[78] Ebenso *Kingreen*, in: Calliess/Ruffert, EUV/AEUV, Art. 16 AEUV, Rn. 8.

hinsichtlich der grundrechtsgebundenen Union der europäische Datenschutzbeauftragte verstanden.[79]

Art. 8 GRC sagt nichts zu den **Untersuchungsbefugnissen** der Kontrollstellen. Hier **60** greift ersichtlich eine Ausgestaltungsbefugnis der Union bzw. der Mitgliedstaaten. Die Befugnisse müssen so sein, dass eine Kontrolle sinnvoll möglich ist. Dies erfordert vor allem wirkungsvolle Informationserhebungsbefugnisse. Die Kommission kann diese nicht einschränken.[80] Die wichtigste Befugnis ist das Recht, Beschwerden von Betroffenen wirkungsvoll zu prüfen.[81] In welcher Form festgestellte Verstöße zu beseitigen sind, ist dem Begriff der Kontrolle nicht unmittelbar zu entnehmen. Die Literatur nimmt an, dass die in Art. 28 Abs. 3 DSRL aufgeführten Sanktionsmöglichkeiten den Anforderungen genüge.[82] Die Prüfbefugnisse, nicht aber die Eingriffsbefugnisse, beziehen sich nach gegenwärtigem Sekundärrecht auch auf Datenverarbeitungen von Stellen außerhalb des eigenen Territoriums.[83]

Das Sekundärrecht sieht neben den Überwachungsbefugnissen noch Beratungsauf- **61** gaben der Kontrollstellen vor. Dies ist von Art. 8 Abs. 3 GRC nicht verlangt, aber auch nicht untersagt, solange es die Kontrolltätigkeit nicht konterkariert.

F. Verhältnis zu anderen Bestimmungen

Art. 8 GRC ist lex specialis zu Art. 7 GRC. Sofern die Daten sich auf das Berufsleben **62** beziehen, wird teilweise **Idealkonkurrenz** angenommen,[84] zutreffender Weise dürften Art. 16 f. GRC vorgehen.[85] Ein Spannungsverhältnis besteht zwischen dem Grundrecht auf Datenschutz und dem Recht auf Zugang zu Dokumenten (Art. 15 Abs. 3 AEUV und Art. 42 GRC sowie der VO (EG) Nr. 1049/2001 des Europäischen Parlaments und des Rates vom 30.5.2001 über den Zugang der Öffentlichkeit zu Dokumenten des Europäischen Parlaments, des Rates und der Kommission (ABl. 2001, L 145/43)). Der Schutz der personenbezogenen Daten und ein Anspruch auf grundsätzliche Offenlegung von in Verwaltungsvorgängen befindlichen Daten, auch wenn sie personenbezogen sind, stehen grundsätzlich nicht harmonisch nebeneinander. Der Normgeber ist verpflichtet, diese beiden Rechte zu einem angemessen Ausgleich zu bringen.

---

[79] Vgl. *Knecht*, in: Schwarze, EU-Kommentar, Art. 8 GRC, Rn. 10.

[80] EuGH, Urt. v. 6.10.2015, Rs. C–362/14 (Maximillian Schrems gegen Data Protection Commissioner), ECLI:EU:C:2015:650, Rn. 40.

[81] EuGH, Urt. v. 6.10.2015, Rs. C–362/14 (Maximillian Schrems gegen Data Protection Commissioner), ECLI:EU:C:2015:650, Rn. 43.

[82] *Sobotta*, in: Grabitz/Hilf/Nettesheim, EU, Art. 16 AEUV (August 2015), Rn. 55.

[83] EuGH, Urt. v. 1.10.2015, Rs. C–230/14 (Weltimmo s.r.o. gegen Nemzeti Adatvédelmi és Információszabadság Hatóság), ECLI:EU:C:2015:639, Rn. 59.

[84] *Kingreen*, in: Calliess/Ruffert, EUV/AEUV, Art. 8 GRC, Rn. 1a.

[85] So *Jarass*, GRCh, Art. 8 GRC, Rn. 4.

Artikel 9 GRC Recht, eine Ehe einzugehen und eine Familie zu gründen

Das Recht, eine Ehe einzugehen, und das Recht, eine Familie zu gründen, werden nach den einzelstaatlichen Gesetzen gewährleistet, welche die Ausübung dieser Rechte regeln.

Literaturübersicht

Fahrenhorst, Der Schutz elterlicher Rechte bei einer Trennung von Kind und Eltern und die Europäische Konvention zum Schutze der Menschenrechte und Grundfreiheiten, FamRZ 1996, 454; *Herzog*, Europäischer Grundrechtsschutz für Ehe und Familie, Bitburger Gespräche 2001, 7; *Hövelberndt*, Ehe, Familie und Erziehungsrecht als Thema internationaler Regelungen zum Schutz der Menschenrechte, der Verfassungen der EU-Mitgliedstaaten und der deutschen Bundesländer, FPR 2004, 117; *Isensee*, Europäische Familienpolitik als Kompetenzfrage, DVBl. 2009, 801; *Jarass*, Das Grundrecht auf Achtung des Familienlebens, FamRZ 2012, 1181; *Lenz/Baumann*, Umgangsrecht auf internationaler Ebene, insbesondere vor dem EGMR, FPR 2004, 303; *McGlynn*, Families and the European Union Charter of Fundamental Rights, E.L.Rev. 26 (2001), 582; *Palm-Risse*, Der völkerrechtliche Schutz von Ehe und Familie, 1990; *Tettinger/Geerlings*, Ehe und Familie in der europäischen Grundrechtsordnung, EuR 2005, 419; *Wolff*, Ehe und Familie in Europa, EuR 2005, 721.

Leitentscheidungen

EuGH, Urt. v. 17.2.1998, Rs. C–249/96 (Grant), Slg. 1998, I–621
EuGH, Urt. v. 31.5.2001, verb. Rs. C–122/99 P – C–125/99 P (Deutschland und Schweden/Rat), Slg. 2001, I–4319
EuGH, Urt. v. 7.1.2004, Rs. C–117/01 (K. B./NHS Pensions Agency), Slg. 2004, I–541

Inhaltsübersicht

A. Entwicklung, Quellen, Bedeutung

I. Allgemein

1. Grundlagen

Art. 9 GRC schützt das in einzelstaatlichen Gesetzen vorgesehene Recht auf Gründung   **1**
einer Ehe oder Gründung einer Familie auch gegenüber der Unionsgewalt. Die Garantie
setzt voraus, dass das Recht auf Eheschluss durch **einzelstaatliche Normierungen** gewährt wird. Neben Art. 7, Art. 24 und Art. 33 GRC bildet Art. 9 GRC die vierte Schutz-
garantie zugunsten der Familie.

Das Grundrecht besitzt zumindest **drei Besonderheiten**. Es gehört zu den Freiheits-   **2**
rechten, denen keine materiell-primärrechtlichen Kompetenzen der Union in relevantem Umfang gegenüberstehen.[1] Darüber hinaus verweist das Grundrecht hinsichtlich
seiner Ausübung auf die einzelstaatlichen Gesetze und steht daher weitgehend zur Disposition des nationalen Gesetzgebers. Drittens hat sich Art. 9 GRC im Geltungsumfang
von seinem Vorbild des Art. 12 EMRK erheblich gelöst. Sein Schutzbereich ist umfassender, da er nicht auf Männer und Frauen beschränkt ist, und die Ehe und Familiengründung voneinander abkoppelt sind.[2]

2. Normative Grundlagen

a) Bezug zu Art. 12 EMRK

Bei Entstehung des Art. 7 GRC stand den Mitgliedstaaten die Regelung des Art. 12   **3**
EMRK vor Augen, auch wenn die Norm abweichend und deutlich gelungener formuliert
wurde. Die Erläuterungen zur Charta verweisen daher auch auf Art. 12 EMRK.[3] Wegen
des Bezugs zu Art. 12 EMRK geht die überwiegende Meinung zu Recht davon aus, dass
Art. 9 GRC gem. Art. 52 Abs. 3 Satz 1 EMRK nicht hinter Art. 12 EMRK zurückbleiben
darf.[4] Dies ist aber nicht im Sinne einer Identität zu verstehen, vielmehr kann Art. 9
GRC über Art. 12 EMRK deutlich hinausgehen.

b) Vergleichbare Gewährleistungen

Vergleichbare Regelungen finden sich außer in Art. 12 EMRK auch in Art. 16 der All-   **4**
gemeinen Erklärung der Menschenrechte, in Art. 23 Abs. 2 des Internationalen Pakts
über bürgerliche und politische Rechte und in Art. 10 Nr. 1 des Internationalen Pakts
über wirtschaftliche, soziale und kulturelle Rechte.[5]

Fast alle **Verfassungen der Mitgliedstaaten** enthalten Garantien zugunsten der Ehe   **5**
und Familie, die jedoch in ihrer Reichweite sehr unterschiedlich sind und nicht notwen-

---

[1] *Altmaier*, ZG 2001, 195 (202); *Bernsdorff*, in: Meyer, GRCh, Art. 9 GRC, Rn. 12; *Pernice*, DVBl
2000, 847 (852); *Schmitz*, JZ 2001, 833 (834); *Tettinger*, NJW 2001, 1010 (1012 f.).
[2] *Bernsdorff*, in: Meyer, GRCh, Art. 9 GRC, Rn. 12.
[3] Erläuterungen zur Charta der Grundrechte, ABl. 2007, C 303/17 (21).
[4] *Jarass*, GRCh, Art. 9 GRC, Rn. 1.
[5] *Marauhn*, in: Heselhaus/Nowak, Handbuch der Europäischen Grundrechte, § 20, Rn. 5; *Tettinger*, in: Tettinger/Stern, EuGRCh, Art. 9 GRC, Rn. 8 ff.

dig dem Art. 9 GRC entsprechen.[6] Eine ausdrückliche Regelung des Rechts auf Gründung einer Familie und/oder der Eingehung einer Ehe enthalten die Verfassungen von
Portugal und Spanien.[7] Die sonstigen Garantien der Ehe unterscheiden sich danach, ob
der Schutz der Ehe und Familie mehr im Interesse des Staates, im Interesse der Religion
oder im Interesse des persönlichen Freiheitsgewinnes gewährt wird.

c)　Gemeinschaftsrechtliche Anerkennung

6　　Das Recht auf Eingehung der Ehe und Gründung der Familie soll schon vor seiner
　　　Aufnahme in die Grundrechtecharta als Gemeinschaftsgrundrecht auch ohne eine ent-
　　　sprechende Grundlage in der **Rechtsprechung des EuGH** anerkannt gewesen sein.[8]

3.　Entstehungsgeschichte

7　　Im Konvent war zunächst eine Grundrechtsgewährleistung ausschließlich auf die **Fa-**
　　　miliengründung vorgesehen. Später wurde das Recht auf Eheschließung einbezogen.
　　　Der Grund der ursprünglichen Ausklammerung dürfte darin gelegen haben, dass nach
　　　Verständnis einiger Konventionsmitglieder der Begriff der Familie die Einheit von Ehe
　　　und Familie umfasse.[9]

8　　Die **Formulierung der Garantie des Art. 9 GRC** veränderte sich im Rahmen der Dis-
　　　kussion im Grundrechtekonvent erheblich. Die zunächst nur als umfassende Garantie
　　　der Familie vorgesehene Vorschrift (die auch den nun in Art. 33 GRC verorteten Schutz-
　　　gehalt umfassen sollte), kam anfänglich ohne ausdrücklichen Verweis auf die nationalen
　　　Rechtsvorschriften aus. Der Schutz der Ehe wurde jedoch früh zusammengenommen.
　　　Heftig diskutiert wurde, ob der Ehebegriff auf heterosexuelle Paare beschränkt werden
　　　sollte oder nicht. Wiederholt wurde die Forderung erhoben, den Artikel ganz zu strei-
　　　chen. Wie an der heutigen Fassung ersichtlich ist, wurden im Laufe der Debatten die
　　　Garantien des Art. 33 GRC herausgenommen, die Formulierung stärker an Art. 12
　　　EMRK orientiert und ein **offener Ehebegriff** implementiert.[10]

4.　Entwicklungslinien in der Rechtsprechung

9　　Da die Union keine eigene Regelungskompetenz zum materiellen Familienrecht besitzt,
　　　gibt es **keine** unmittelbar relevante **Entscheidung** des EuGH zu Art. 9 GRC. Allerdings
　　　steht auch das Familienrecht unter dem Einfluss der Europäisierung, wobei beim EuGH
　　　die Vereinheitlichung des internationalen Familienrechts bzw. die kollisionsrechtlichen
　　　Regelungen im Vordergrund stehen.[11] Wegen des weiteren Anwendungsbereichs von

---

[6] Ausführlich *Bernsdorff*, in: Meyer, GRCh, Art. 9 GRC, Rn. 2; *Marauhn*, in: Heselhaus/Nowak,
Handbuch der Europäischen Grundrechte, § 20, vor Rn. 1; *Tettinger*, in: Tettinger/Stern, EuGRCh,
Art. 9, Rn. 4.

[7] *Bernsdorff*, in: Meyer, GRCh, Art. 9 GRC, Rn. 2.

[8] *Marauhn*, in: Heselhaus/Nowak, Handbuch der Europäischen Grundrechte, § 20, Rn. 1.

[9] Vgl. *Bernsdorff/Borowsky*, Die Charta der Grundrechte der Europäischen Union. Handreichungen und Sitzungsprotokolle, 2002, S. 156 u. 184; *Knecht*, in: Schwarze, EU-Kommentar, Art. 9 GRC,
Rn. 8, Rn. 2.

[10] *Bernsdorff*, in: Meyer, GRCh, Art. 9 GRC, Rn. 6–11; *Tettinger*, in: Tettinger/Stern, EuGRCh,
Art. 9 GRC, Rn. 1.

[11] Vgl. EuGH, Urt. v. 17.4.1986, Rs. 59/85 (Niederlande/Reet), Slg. 1986, 1283; Urt. v.
31.5.2001, verb. Rs. C–122/99 P – C–125/99 P (Deutschland und Schweden/Rat), Slg. 2001, I–4319;
Bernsdorff, in: Meyer, GRCh, Art. 9 GRC, Rn. 12.

Art. 9 GRC im Vergleich zu Art. 12 EMRK hat mittlerweile der Europäische Gerichtshof für Menschenrechte Art. 9 GRC zur Auslegung der EMRK herangezogen.[12]

5. Verpflichtete

Die Verpflichteten ergeben sich aus **Art. 51 GRC**.   10

II. Bedeutung

Das Grundrecht besitzt aus zwei Gründen einen ausgesprochen **engen Anwendungs-**   11
bereich. Schon thematisch ist die Beschränkung auf den Gründungsakt bei Ehe und Familie eng. Darüber hinaus garantiert die Norm aber nur die Eingehung der Ehe, die nach anderen Normen gewährleistet ist. Art. 9 GRC schützt daher die Wahrnehmung des Eheschlusses, sofern das Recht der jeweiligen Mitgliedstaaten eine solche Möglichkeit vorsieht. Auf den ersten Blick wirkt es so, als würde Art. 9 GRC etwas gewähren, was dem Grundrechtsträger sowieso zusteht. Dies ist jedoch nicht zwingend der Fall. Das Grundrecht aus Art. 9 GRC richtet sich vielmehr gegen andere Hoheitsträger als die, die über die Gewährung des Rechts auf Eingehung der Ehe entscheiden. Vereinfacht gesprochen garantiert die Union mit Art. 9 GRC, dass das Unionsrecht und das Handeln der Unionsorgane ein Recht auf Eheschluss, das einzelstaatlich gewährleistet ist, nicht beeinträchtigt.

Wegen des thematisch engen Anwendungsbereichs und des weitgehenden Ausge-   12
staltungsvorbehalts wird Art. 9 GRC teilweise als eine nahezu leerlaufende Vorschrift verstanden[13] bzw. von einer »leeren Hülle« gesprochen.[14] Zutreffend ist, dass die Norm einen **sehr geringen Anwendungsbereich** hat. Für einen Grundrechtskatalog, der sich speziell auf die Befugnisse und Probleme der Union beziehen würde, stünden andere Grundrechte in der Tat stärker im Vordergrund. Überflüssig ist die Norm dennoch nicht. Die Möglichkeit, eine Familie zu gründen und/oder eine Ehe einzugehen, kann nicht nur unmittelbar vom Ehestandsrecht, sondern auch von anderen Bedingungen abhängen.[15] So besitzen etwa steuerrechtliche, verkehrsrechtliche, berufsrechtliche und sonstige Regelungen eine mittelbare Auswirkungen auf diese Entscheidung. Daher kann es durchaus sein, dass die Union im Rahmen der ihr zustehenden Kompetenzen Einfluss auf die Möglichkeit, eine Ehe zu schließen bzw. eine Familie zu gründen, besitzt. Für diese Konstellation entfaltet Art. 9 GRC eine Wirkung.

---

[12] Vgl. *Bernsdorff*, in: Meyer, GRCh, Art. 9 GRC, Rn. 12; EGMR, Urt. v. 11.7.2002, Beschwerde-Nr. 28957/95 (Goodwin/Großbritannien), NJW-RR 2004, 289; Urt. v. 11.7.2002, Beschwerde-Nr. 25680/94 (I/Großbritannien) (im Internet in englischer Sprache abrufbar unter: http://www.echr.coe.int).

[13] *Knecht*, in: Schwarze, EU-Kommentar, Art. 9 GRC, Rn. 8.

[14] *Calliess*, EuZW 2001, 261 (264 f.); *Magiera*, DÖV 2000, 1017 (1026); *Schmitz*, JZ 2001, 833 (841).

[15] Zutreffend *Kingreen*, in: Calliess/Ruffert, EUV/AEUV, Art. 9 GRC, Rn. 3.

B. Schutzbereich

I. Persönlicher Schutzbereich

13 Träger des Grundrechts sind alle **natürlichen Personen**, unabhängig von der Staatsangehörigkeit, dem Wohnsitz und dem Geschlecht oder dem Alter.[16] Art. 9 GRC beschränkt den Schutz anders als Art. 12 EMRK gerade nicht auf Personen im heiratsfähigen Alter.[17] Es überzeugt nicht, über Art. 52 Abs. 3 GRC die unterschiedliche Formulierung des Art. 9 GRC, die Folgen für die Reichweite des Grundrechtsschutzes hat, einzuebnen, insbesondere weil die Abweichung eine Erweiterung des Grundrechtsschutzes darstellt. Art. 9 GRC verweist sowohl hinsichtlich der persönlichen als auch der verfahrensmäßigen und der materiellen Voraussetzungen auf die einzelstaatlichen Gesetze. Die Festlegung von Altersgrenzen ist von dem Ausgestaltungsrecht erfasst.[18] Auf juristische Personen ist das Grundrecht von seiner Natur her nicht anwendbar.[19]

II. Sachlicher Schutzbereich

1. Das Recht auf Eingehung der Ehe

a) Begriff der Ehe

14 Der Rahmenbegriff Ehe i. S. d. Art. 9 GRC ist die rechtlich gefasste, auf freiwilliger Basis beruhende Lebensgemeinschaft von zwei natürlichen Personen, die grundsätzlich auf längere Zeit geschlossen wird. Der enge Ehebegriff, nachdem Ehe die Lebensgemeinschaft von Mann und Frau ist, überzeugt zwar für Art. 12 EMRK,[20] nicht aber bei Art. 9 GRC.[21] Ehe ist bei Art. 9 GRC grundsätzlich **weit zu verstehen**. Dies ergibt sich aus dem abweichenden Normtext zu Art. 12 EMRK,[22] aus der spezifischen **Zweistufigkeit des Schutzsystems**[23] und aus der gesellschaftlichen Abhängigkeit des Eheverständnisses und dessen Wandel. Der Schutz des Art. 9 GRC erstreckt sich auch auf gleichgeschlechtliche Lebensgemeinschaften, wenn die Mitgliedstaaten diese als Ehe definieren,[24] auch für den Fall einer völligen Gleichstellung.[25] Insofern besteht eine Verbindung zu Art. 21 GRC, der die Diskriminierung wegen der sexuellen Ausrichtung untersagt.[26] Wenn die Mitgliedstaaten die gleichgeschlechtliche Lebensgemeinschaft nicht einbeziehen, fällt eine solche Verbindung dann auch nicht unter Art. 9 GRC.[27]

---

[16] Ebenso *Frenz*, Handbuch Europarecht, Bd. 5, Rn. 1510f.

[17] Anders als hier: *Jarass*, GRCh, Art. 9 GRC, Rn. 8; *Kingreen*, in: Calliess/Ruffert, EUV/AEUV, Art. 9 GRC, Rn. 8 (bezogen auf die Eheschließung).

[18] Vgl. *Rengeling/Szczekalla*, Grundrechte, § 16, Rn. 672.

[19] *Bernsdorff*, in: Meyer, GRCh, Art. 9 GRC, Rn. 23.

[20] S. dazu nur *Meyer-Ladewig*, EMRK, Art. 12 EMRK, Rn. 3 ff.; *Wolff*, EuR 2005, 721 (722 f.).

[21] A.A. *Frenz*, Handbuch Europarecht, Bd. 5, Rn. 1506; *Kingreen*, in: Calliess/Ruffert, EUV/AEUV, Art. 9 GRC, Rn. 5; *Marauhn*, in: Heselhaus/Nowak, Handbuch der Europäischen Grundrechte, § 20, Rn. 17; in diese Richtung wohl auch *Streinz*, in: Streinz, EUV/AEUV, Art. 9 GRC, Rn. 4.

[22] So auch *Jarass*, GRCh, Art. 9 GRC, Rn. 5.

[23] *Jarass*, GRCh, Art. 9 GRC, Rn. 5.

[24] Ebenso *Bernsdorff*, in: Meyer, GRCh, Art. 9 GRC, Rn. 16; *Jarass*, GRCh, Art. 9 GRC, Rn. 5; *Knecht*, in: Schwarze, EU-Kommentar, Art. 9 GRC, Rn. 4; *Rengeling/Szczekalla*, Grundrechte, § 16, Rn. 666.

[25] A.A. *Tettinger*, in: Tettinger/Stern, EuGRCh, Art. 9 GRC, Rn. 15.

[26] *Bernsdorff*, in: Meyer, GRCh, Art. 9 GRC, Rn. 16.

[27] *Bernsdorff*, in: Meyer, GRCh, Art. 9 GRC, Rn. 16.

Für den Schutz aus Art. 9 GRC ist entscheidend, ob die **Mitgliedstaaten** eine Lebens- **15** gemeinschaft als Ehe **definieren**. Allerdings kann der Schutzgehalt des Art. 9 GRC selbst, d. h. soweit Art. 9 GRC gegenüber Unionsorganen und Mitgliedstaaten gem. Art. 52 Abs. 1 GRC Geltung entfaltet, nicht in der Definitionsgewalt der Mitgliedstaaten liegen. Die Mitgliedstaaten haben zwar das Recht, die Lebensgemeinschaften, die sie rechtlich anerkennen, selbst zu definieren, das Unionsrecht bestimmt aber, ob diese Lebensformen als Ehe i. S. v. Art. 9 GRC anzusehen sind. **Essentielle Bestandteile** des unionalen Ehebegriffs sind (a) der Zusammenschluss von zwei, nicht drei oder vier Personen, (b) die ausdrückliche Willensbekundung, d. h. die Förmlichkeit der Entscheidung, (c) die grundsätzlich länger dauernde Perspektive und (d) der Inhalt, eine Lebensgemeinschaft führen zu wollen, wie auch immer diese ausgestattet sein mag. Die nichteheliche Lebensgemeinschaft ist wegen fehlender rechtlicher Form nicht Ehe i. S. v. Art. 9 GRC.[28]

Da Art. 9 GRC rechtlich gefasste Lebensgemeinschaften zweier natürlicher Personen **16** erfasst, können danach auch Lebensformen, die die Mitgliedstaaten rechtlich ausgestalten, aber innerstaatlich nicht als Ehe definieren, als Ehen i. S. v. Art. 9 GRC verstanden werden. Aus diesem Grunde ist auch die deutsche **eingetragene Lebensgemeinschaft** Ehe i. S. v. Art. 9 GRC. Die eingetragene Lebenspartnerschaft wird im nationalen Recht ausdrücklich nicht als Ehe definiert, in ihrer Funktion und Voraussetzung der Ehe aber gleichgestellt. Daher ist die deutsche eingetragene Lebensgemeinschaft Ehe i. S. v. Art. 9 GRC.

b) Recht auf Eingehung

Der Schutz von Art. 9 GRC bezieht sich nach dem klaren Normtext allein auf das Ein- **17** gehen einer Ehe. Geschützt ist daher etwa der Wunsch eines Transsexuellen (nach der Geschlechtsumwandlung), eine Person des anderen Geschlechts heiraten zu wollen.[29] Die Ausgestaltung des Eheschlusses ist wiederum den einzelstaatlichen Gesetzen überlassen. Man wird aber davon ausgehen können, dass Art. 9 GRC nur einen Eheschluss schützt, der auf der freien und vollständigen Einwilligung der Ehepartner beruht.[30] Mit umfasst ist die Entscheidung über die Wahl des Partners und die Festlegung des Zeitpunkts der Eheschließung.[31] Mit der Vorstellung des freien Eheschlusses in Art. 9 GRC wären nationale Vorschriften nicht vereinbar (und würden daher die Schutzwirkung von Art. 9 GRC nicht auslösen), die Vorgaben bei der Wahl des Partners machen oder die unterschiedliche Eheschließungsnormen abhängig von Rasse, Staatsangehörigkeit, Religion oder Geschlecht vornehmen würden und daher Diskriminierungen enthielten.[32] Geschützt (sofern einzelstaatlich gewährleistet) ist auch die negative Freiheit, d. h. das Recht, eine Ehe nicht einzugehen,[33] ebenso wie das Recht auf Auflösen der Ehe, d. h.

---

[28] *Knecht*, in: Schwarze, EU-Kommentar, Art. 9 GRC, Rn. 4; *Kingreen*, in: Calliess/Ruffert, EUV/AEUV, Art. 9 GRC, Rn. 5.

[29] EuGH, Urt. v. 7.1.2004, Rs. C–117/01 (K.B./NHS Pensions Agency), Slg. 2004, I–541, Rn. 33; EGMR, Urt. v. 11.7.2002, Beschwerde-Nr. 28957/95 (Goodwin/Großbritannien), NJW-RR 2004, 289 (293 ff.); *Jarass*, GRCh, Art. 9 GRC, Rn. 6.

[30] *Jarass*, GRCh, Art. 9 GRC, Rn. 6.

[31] Vgl. *Bernsdorff*, in: Meyer, GRCh, Art. 9 GRC, Rn. 15; *Tettinger*, in: Tettinger/Stern, EuGRCh, Art. 9 GRC, Rn. 13.

[32] *Bernsdorff*, in: Meyer, GRCh, Art. 9 GRC, Rn. 15; *Marauhn*, in: Heselhaus/Nowak, Handbuch der Europäischen Grundrechte, § 20, Rn. 19.

[33] *Jarass*, GRCh, Art. 9 GRC, Rn. 9; *Knecht*, in: Schwarze, EU-Kommentar, Art. 9 GRC, Rn. 5; *Tettinger*, in: Tettinger/Stern, EuGRCh, Art. 9 GRC, Rn. 13.

die Scheidung.[34] Ein Rückgriff auf Art. 7 GRC ist insoweit zutreffender Ansicht nach nicht erforderlich. Ein anderes Ergebnis wird nicht durch die Wertung bei Art. 12 EMRK erzwungen.[35] Die Verwirklichung der geschlossenen Ehe wird dagegen nicht mehr von Art. 9 GRC erfasst, da insoweit Art. 7 GRC greift. Das Recht, eine Scheinehe einzugehen, wird von Art. 9 GRC ebenfalls geschützt,[36] dagegen dürfen die aufenthaltsrechtlichen Wirkungen solcher Ehen eingeschränkt werden, jedoch richtet sich dies nach Art. 7 GRC und nicht nach Art. 9 GRC.

c) Gewährleistung nach den einzelstaatlichen Gesetzen

18   Das Recht aus Art. 9 GRC ist abhängig von der einzelstaatlichen Ausgestaltung. Die Formulierung ist nicht ganz eindeutig. Einerseits heißt es, dass das Recht, die Ehe einzugehen, nach den einzelstaatlichen Gesetzen gewährleistet sein müsse und andererseits wird im Normtext darauf hingewiesen, dass diese Gesetze die **Ausübung** dieses Rechts regeln. Die Norm klingt so, als sei zwischen den Regeln, die die Ehe konstituieren und den Eheschluss ermöglichen einerseits und deren Ausübung andererseits zu trennen.[37] Dem ist im Endeffekt aber nicht so. Die Formulierung ist aus Art. 12 EMRK übernommen, der bezüglich der Eheschlussfreiheit schon so konkret war, dass der Hinweis auf die gesetzliche Ausgestaltung wenig institutionellen Spielraum vermittelte. Bei Art. 9 GRC kann der Verweis auf das innerstaatliche Recht nur den Sinn haben, dass der Eheschluss selbst und die Institution des Eheschlusses und nicht nur die Ausübung dem innerstaatlichen Recht vorenthalten bleiben.

19   Nicht ganz eindeutig ist die Frage, auf welche Rechtsordnung sich der Verweis auf die einzelstaatlichen Gesetze bezieht. Sicher erfasst sind die nationalen Rechtsordnungen der Mitgliedstaaten, zutreffenderweise darüber hinaus aber wohl auch die Regel zum Eheschluss von **Drittstaaten**. Art. 9 GRC will die Union darauf verpflichten, das Eheschlussrecht, das den Gewaltunterworfenen der Union nach deren eigenem Recht zusteht, auch zu achten.

20   Die Einzelstaaten sind bei der **Ausgestaltung** des Eheschlusses bzw. Familienschlusses **nicht** an Art. 9 GRC **gebunden**.[38] Zum einen greift Art. 9 GRC auch bei Angehörigen von Drittstaaten, denen die Union keine rechtlichen Vorgaben machen kann. Weiter würde eine Bindung der Einzelstaaten an Art. 9 GRC dem Grundsatz widersprechen, dass die Union selbst kein Ehestandsrecht regulieren darf. Auch vom Normtext und vom Schutzzweck her lässt sich **keine Bindung der Staaten** an Art. 9 GRC bei ihrer Ausgestaltung herleiten, auch nicht hinsichtlich der Frage, ob die Ehe überhaupt anerkannt wird.[39] Art. 9 GRC ist daher nicht vor einer Aushöhlung durch das nationale Recht sicher.[40]

[34] *Wolff*, EuR 2005, 721 (725 f.); ähnlich wohl *Marauhn*, in: Heselhaus/Nowak, Handbuch der Europäischen Grundrechte, § 20, Rn. 20; a.A. *Bernsdorff*, in: Meyer, GRCh, Art. 9 GRC, Rn. 15; *Frenz*, Handbuch Europarecht, Bd. 5, Rn. 1512; *Jarass*, GRCh, Art. 9 GRC, Rn. 6; *Streinz*, in: Streinz, EUV/AEUV, Art. 9 GRC, Rn. 9; *Tettinger*, in: Tettinger/Stern, EuGRCh, Art. 9 GRC, Rn. 19; für Art. 12 EMRK: *Meyer-Ladewig*, EMRK, Art. 12 EMRK, Rn. 4, sowie *Marauhn/Melijnik*, in Grote/Marauhn, EMRK/GG, Kap. 16, Rn. 51.
[35] S. dazu EGMR, Urt. v. 18.12.1987, Beschwerde-Nr. 11329/85 (F/Schweiz), Ser. A no. 128, Rn. 32 ff.
[36] A.A. *Kingreen*, in: Calliess/Ruffert, EUV/AEUV, Art. 9 GRC, Rn. 5.
[37] Vgl. in diese Richtung *Bernsdorff*, in: Meyer, GRCh, Art. 9 GRC, Rn. 13.
[38] A.A. offensichtlich *Bernsdorff*, in: Meyer, GRCh, Art. 9 GRC, Rn. 15.
[39] A.A. *Frenz*, Handbuch Europarecht, Bd. 5, Rn. 14967.
[40] A.A. *Bernsdorff*, in: Meyer, GRCh, Art. 9 GRC, Rn. 13; *Meyer-Ladewig*, EMRK, Art. 12 EMRK, Rn. 5 (zu Art. 12 EMRK).

Der Vorbehalt der **Ausgestaltung** durch die einzelstaatlichen Gesetze **erfasst** einen   **21** **großen Bereich**. Die mitgliedstaatlichen Regelungen betreffen herkömmlicherweise das heiratsfähige Alter, die notwendigen Formvoraussetzungen, etwaige Ehevoraussetzungen und Ehehindernisse sowie die Wirkungen der Ehe.[41] Der Gestaltungsraum ist aber nicht grenzenlos. Ausgestaltungen, die zu dem Begriff der Ehe in Art. 9 GRC keinen inneren Bezug haben oder die die Mindestbedingungen eines Eheschlusses nicht erfüllen (s. Rn. 14), fallen auch nicht unter die Garantie des Art. 9 GRC. Würde beispielsweise ein Staat Zwangsehen rechtlich zulassen oder nach Geschlecht, Rasse, Religion oder sexueller Ausrichtung diskriminieren, wäre er zwar nicht aus Art. 9 GRC verpflichtet, dieses Recht zu ändern, jedoch wäre die Union ihrerseits nicht aus Art. 9 GRC verpflichtet, diese Regelungen bei ihrer eigenen Kompetenzwahrnehmung zu schützen. **Ehehindernisse** sind grundsätzlich ein anerkanntes Institut. Von Art. 9 GRC anerkannte Ehehindernisse wären etwa solche, die auf Blutsverwandtschaft, fehlende Heiratsfähigkeit und Verbot des Ehezwangs beruhen.[42] Allerdings wird nicht jede Einschränkung der Eheschließungsfreiheit durch einzelstaatliche Regelungen von Art. 9 GRC akzeptiert. Diskriminierende Einschränkungen oder unverhältnismäßige Einschränkungen würden den Schutz von Art. 7 nicht erfahren,[43] wie etwa eine lange Wartezeit nach einer Scheidung oder ein Heiratsverbot für Strafgefangene.[44]

Ein **Mehreheverbot** wird unstreitig von Art. 9 GRC respektiert.[45] Schwierig ist der   **22** umgekehrte Fall, wenn das einfache Recht die Mehrehe gestatten würde. Ein eindeutiges Meinungsbild besteht hier gegenwärtig nicht. Sollte man die eigene traditionell-kulturelle Vorstellung der Einehe überwinden und eine Mehrehe innerhalb von Art. 9 GRC anerkennen, so wäre dies allerdings nur dann möglich, wenn die Mehrehe geschlechtsneutral jedem Ehepartner gestattet wäre. Aber auch hier wird man vom Sinn des Eheschutzes keine unbegrenzte Anzahl von Eheschlüssen zulassen können. Das Kollektiv, auch wenn es auf freiem Willen und förmlichem Zusammenschluss beruht, bildet keine Ehe i. S. v. Art. 9 GRC. Gegenwärtig dürfte es allerdings näher liegen, die Einehe als dem Art. 9 GRC zugrundeliegend zu betrachten.

d) Abwehrrecht
Die Norm gewährleistet ein Individualgrundrecht und nicht nur einen Grundsatz i. S. v.   **23** Art. 52 Abs. 5 GRC.[46] Art. 9 GRC ist zunächst ein **Abwehrrecht** gegenüber Beeinträchtigungen des Rechts auf Eheschluss. Da der Union kein Ehestandsrecht zukommt und daher die Union keine unmittelbaren Normen mit Bezug zum Eheschluss erlässt, ist das Abwehrrecht eher von geringerer Bedeutung.[47]

e) Institutsgarantie mit Ausstrahlungswirkung
Die Schutzwirkung des Art. 9 GRC muss von ihrem Sinn gerade in den Bereichen grei-   **24** fen, bei denen es nicht rechtlich um einen Eingriff oder eine Beeinträchtigung geht.

[41] *Tettinger*, in: Tettinger/Stern, EuGRCh, Art. 9 GRC, Rn. 14.
[42] *Tettinger*, in: Tettinger/Stern, EuGRCh, Art. 9 GRC, Rn. 14; s. a. *Bernsdorff*, in: Meyer, GRCh, Art. 9 GRC, Rn. 18.
[43] Ähnlich *Bernsdorff*, in: Meyer, GRCh, Art. 9 GRC, Rn. 17.
[44] Wolff, EuR 2005, 721 (728 f.); s. a. *Meyer-Ladewig*, EMRK, Art. 12 EMRK, Rn. 6 ff.
[45] *Bernsdorff*, in: Meyer, GRCh, Art. 9 GRC, Rn. 18; s. a. *Jarass*, GRCh, Art. 9 GRC, Rn. 5.
[46] *Jarass*, GRCh, Art. 9 GRC, Rn. 2.
[47] A.A. *Bernsdorff*, in: Meyer, GRCh, Art. 9 GRC, Rn. 22; *Calliess*, EuZW 2001, 264; *Jarass*, GRCh, Art. 9 GRC, Rn. 2: Primär Abwehrrecht.

Art. 9 GRC ist daher nicht nur im Sinne eines Abwehrrechts zu verstehen, sondern auch als ein **Schutz** des **Instituts** des Eheschlusses bzw. der Familiengründung vor Einwirkungen durch unionales Handeln.[48] Eine Institutsgarantie für Ehe wird man selbst dann nicht annehmen können, da ansonsten die Beschränkung auf den Eheschluss ignoriert würde.[49] Wegen Art. 9 GRC ist bei der Handhabung sonstiger Rechtsnormen, die Einfluss auf die Wahrnehmung des Eheschlussrechtes haben, die Bedeutung des Rechts auf Eheschluss zu beachten. Diese Bindung entfaltet **zwei Wirkungen**. Zum einen handelt es sich um eine Schutzpflicht, die aber streng auf die Gewährleistung des durch andere Rechtsquellen ermöglichten Rechts bezogen ist. Die Schutzpflicht meint die staatliche Pflicht, Beeinträchtigung der Wahrnehmung der Eheschlussfreiheit durch Private oder durch dritte Staaten zu verhindern oder abzuschwächen. Darüber hinaus entfaltet Art. 9 GRC aber auch eine dirigierende Wirkung bei der Auslegung des gesamten Unionsrechts. Dieses ist so auszulegen, dass es die Wahrnehmung des von Art. 9 GRC gewährleisteten Rechts möglichst unterstützt. Diese mittelbare Auswirkung des Rechts auf Eheschluss auf andere Rechtsgebiete ist bedeutender als die Wirkung als Abwehrrecht.

2. Das Recht auf Gründung einer Familie

a) Frage des doppelten Grundrechts

25 Der Normtext **unterscheidet** deutlich zwischen dem Recht auf **Eingehung** einer **Ehe** und **Gründung** einer **Familie** und geht daher von mehreren Rechten aus (»Ausübung dieser Rechte«). Wegen des starken Normtextes ist daher von zwei selbstständigen Gewährleistungen auszugehen, auch wenn diese eng zusammenhängen.[50] Dagegen wird in Erläuterungen des Präsidiums nur von einem Recht gesprochen.[51] Die Vorstellung, die Charta würde die Familie stärker schützen als die Ehe, lässt sich zumindest nicht an Art. 9 GRC festmachen.[52]

b) Begriff der Familie

26 Der Begriff der Familie bei Art. 9 GRC ist vom Sinn her enger als der Begriff der Familie bei Art. 7 GRC. Bei Art. 9 GRC ist unter Familie i. S. v. Art. 9 GRC die **Verbindung von Eltern zu Kindern** zu verstehen. Art. 9 GRC sieht anders als Art. 12 EMRK die Familiengründung nicht als Folge der Heirat an. Geschützt ist daher unstreitig auch die Familie, der keine Ehe vorausgeht.[53] Eine Eltern-Kind-Beziehung kann biologisch und rechtlich begründet werden. Geschützt ist auch das Verhältnis zu leiblichen Kindern sowie zu Adoptiv-, Pflege- und Stiefkindern.[54] Ebenso geschützt ist die Beziehung zu einem Elternteil. Ein Kind kann daher mehrere Eltern besitzen. Diese Beziehungen sind dann jeweils i. S. v. Art. 9 GRC geschützt ist. Das Verhältnis der Eltern untereinander wird auch von Art. 9 GRC insoweit erfasst, als Art. 9 GRC eine sinnvolle Ausgestaltung des Verhältnisses der unterschiedlichen Eltern zueinander (leibliche Eltern, Pflegeeltern und Adoptiveltern) verlangt.

---

[48] *Frenz*, Handbuch Europarecht, Bd. 5, Rn. 1523.

[49] *Wolff*, EuR 2005, 721, (725 ff.). Eine Institutsgarantie nehmen an: *Knecht*, in: Schwarze, EU-Kommentar, Art. 9 GRC, Rn. 5; *Bernsdorff*, in: Meyer, GRCh, Art. 9 GRC, Rn. 14; *Tettinger*, in: Tettinger/Stern, EuGRCh, Art. 9 GRC, Rn. 27.

[50] Für die Annahme von zwei selbständigen Gewährleistungen: *Tettinger*, in: Tettinger/Stern, EuGRCh, Art. 9 GRC, Rn. 20.

[51] Erläuterungen zur Charta der Grundrechte, ABl. 2007, C 303/17 (21).

[52] Undeutlich insoweit *Kingreen*, in: Calliess/Ruffert, EUV/AEUV, Art. 9 GRC, Rn. 2.

[53] *Bernsdorff*, in: Meyer, GRCh, Art. 9 GRC, Rn. 20; *Wolff*, EuR 2005, 721 (727 ff.).

[54] *Bernsdorff*, in: Meyer, GRCh, Art. 9 GRC, Rn. 19.

Biologisch wird die Beziehung über die Abstammung begründet. **Rechtlich** wird sie 27
begründet, wenn das Recht eine Beziehung zwischen zwei Personen schafft, in der der
einen Seite die Personen- und Vermögenssorge der anderen Person zumindest teilweise
zugeordnet wird bzw., sofern beide Teile erwachsen sind, eine rechtliche wechselseitige
Fürsorge- und Unterhaltspflicht geschaffen wird.

Fraglich ist, ob eine Familie i. S. v. Art. 9 GRC immer eine **rechtliche Anerkennung** 28
voraussetzt, oder ob in den Fällen, in denen das Recht eine Abstammung nicht anerkennt, keine Familie i. S. v. Art. 9 GRC vorliegt. Der Sinn des Art. 9 GRC dürfte eigentlich gerade darin liegen, Eingriffe in eine bestehende biologische Beziehung einer Rechtfertigung zu unterwerfen. Daher wären biologische Eltern-Kind-Beziehungen auch
ohne rechtliche Anerkennung grundsätzlich Familie i. S. v. Art. 9 GRC. Bei nicht leiblichen Kindern wird man dagegen eine rechtliche Anerkennung der Beziehung verlangen müssen, ein bloßes auf allseitigem Einverständnis beruhendes Zusammenleben wie
Eltern und Kind dürfte nicht genügen. Bei der Beziehung von Eltern zu Kindern, die
nicht auf Abstammung beruhen, wird mitunter als eingrenzendes Merkmal gefordert,
dass eine persönliche Beziehung bereits besteht.[55] Sofern man wie hier bei nicht biologischen Eltern-Kind-Beziehungen immer eine rechtliche Beziehung verlangt, ist eine
darüber hinausgehende zusätzliche Beziehung nicht erforderlich.

c) Recht auf Gründung der Familie

Auch hinsichtlich der Familie schützt Art. 9 GRC nur das Recht auf **Gründung** der Fa- 29
milie. Das Leben in der Familie ist von Art. 7 GRC geschützt, ebenso wie das Recht, aus
dem Familienleben auszutreten. Mit Gründung der Familie ist die Handlung gemeint,
die eine Eltern-Kind-Beziehung zur Entstehung bringt. Gründungsformen sind die Zeugung, die Adoption oder die sonstige Aufnahme einer Eltern-Kind-Beziehung, sofern
die rechtliche Anerkennung angestrebt wird. Eine Adoption eines Erwachsenen kann
vom Schutz des Art. 9 GRC erfasst werden.[56]

Ohne dass Art. 9 GRC dies ausdrücklich formuliert, liegt der Norm unausgesprochen 30
die Vorstellung einer **freien Familiengründung** zugrunde. Geschützt ist das Recht der
Eltern, Kinder zu zeugen, wann und wie viele Kinder sie haben möchten bzw. ob und
wann sie Kinder adoptieren bzw. als Stief- oder Pflegekinder annehmen möchten.[57]

d) Gewährleistung nach den einzelstaatlichen Gesetzen

Hinsichtlich des Rechts auf Gründung einer Familie verweist Art. 9 GRC ebenfalls auf 31
die einzelstaatlichen Gesetze. Hinsichtlich der **Ausgestaltung** gilt das Gleiche wie hinsichtlich der Ehe. Die Familie ist zwar in stärkerem Maße durch tatsächliche Verhältnisse, insbesondere durch Abstammung vorgegeben, doch ist das Recht, eine Familie zu
gründen, ebenfalls unter einzelstaatliche Gesetze gestellt. Dieser Vorbehalt relativiert
den Inhalt der Garantie erheblich.

Auch hier greift wiederum, dass die unionsrechtliche Garantie nicht jede Form der 32
Ausgestaltung der Familiengründung akzeptieren muss. Art. 9 GRC geht von der **Ach-
tung des freien Entschlusses**, eine Familie zu gründen oder nicht, aus. Ein staatliches
Verbot, unter bestimmten Bedingungen Kinder zu haben oder ein staatliches Gebot zu

---

[55] *Jarass*, GRCh, Art. 9 GRC, Rn. 7; *Knecht*, in: Schwarze, EU-Kommentar, Art. 9 GRC, Rn. 6.
[56] A.A. *Tettinger*, in: Tettinger/Stern, EuGRCh, Art. 9 GRC, Rn. 22.
[57] *Bernsdorff*, in: Meyer, GRCh, Art. 9 GRC, Rn. 19; *Marauhn*, in: Heselhaus/Nowak, Handbuch
der Europäischen Grundrechte, § 20, Rn. 22 f.

heiraten wird Art. 9 GRC daher nicht in jedem Fall respektieren müssen. Das Inzest-verbot, d.h. ein Verbot mit Geschwistern Kinder zu haben, hat grundsätzlich Bestand vor Art. 9 GRC. Die Ausgestaltungsgrenze ist auch nicht überschritten, wenn die Ad-option allein verheirateten Personen zugestanden wird.[58] Sie ist aber auch im umgekehr-ten Fall nicht überschritten, wenn das einzelstaatliche Recht unverheirateten Paaren, Einzelpersonen[59] oder homosexuellen Paaren die Adoption gestattet.[60] Dagegen müss-ten sonstige diskriminierende Schrankenregelungen von Art. 9 GRC nicht akzeptiert werden.[61]

33   Würde das einzelstaatliche Recht die Ehe als zwingend für das Vorliegen einer Eltern-Kind-Beziehung voraussetzen, wäre Art. 9 GRC nicht gezwungen, diese Ausgestaltung der Familie seinem Schutz zu unterwerfen. Vielmehr wären die Union und die Mitglied-staaten bei der Ausübung von Unionsrecht berechtigt, das Verhältnis der leiblichen Eltern zu den Kindern unter den Schutz des Art. 9 GRC zu stellen. Sieht das einzelstaat-liche Recht demgegenüber unterschiedliche Rechtsfolgen für Kinder, die in einer Ehe geboren werden, im Vergleich zu Kindern vor, die außerhalb der Ehe geboren werden, etwa in Form von Vermutungsregelungen, würde diese Form der Unterscheidung nicht den Ausgestaltungsrahmen des Art. 9 GRC verlassen. Auch die weitergehende Rege-lung, nach der eine Familie zwischen leiblichem Vater und Kind nicht anerkannt wird, sofern die Mutter mit einem Dritten verheiratet ist, wäre wohl noch von Art.9 GRC geschützt.

e) Abwehrrecht

34   Art. 9 GRC ist zunächst ein **Abwehrrecht** gegenüber Beeinträchtigungen des Rechts auf **Familiengründung**.[62] Da die Union keine Kompetenzen im Familienrecht besitzt und daher die Union keine unmittelbaren Normen mit Bezug zur Ehegründung erlässt, ist das Abwehrrecht eher von geringerer Bedeutung.[63]

f) Institutsgarantie mit Ausstrahlungswirkung

35   Die Schutzwirkung des Art. 9 GRC muss auch bei der Familiengründung ähnlich wie bei der Eheschließung vor allem im Sinne einer Schutzpflicht für das **Institut der Familien-gründung** verstanden werden und insofern Auswirkungen auf die Wahrnehmung der Kompetenzen der Union besitzen. Die Union muss bei der Wahrnehmung anderer Kom-petenzen deren Auswirkung auf die Familiengründungsfreiheit in die Abwägung mit einbeziehen. Darüber hinaus strahlt der Schutzgehalt auch auf die Auslegung von pri-vatrechtlichen Normen oder vertraglich gesetztem Recht aus.

C. Eingriffe

36   Beeinträchtigungen von Art. 9 GRC sind solche, die das nach den einzelstaatlichen Gesetzen bestehende Recht, eine Ehe einzugehen oder eine Familie zu gründen, ein-

---

[58] Ebenso *Jarass*, GRCh, Art. 9 GRC, Rn. 12.
[59] A.A. *Tettinger*, in: Tettinger/Stern, EuGRCh, Art. 6 GRC, Rn. 22.
[60] *Bernsdorff*, in: Meyer, GRCh, Art. 9 GRC, Rn. 20.
[61] *Bernsdorff*, in: Meyer, GRCh, Art. 9 GRC, Rn. 21.
[62] *Marauhn*, in: Heselhaus/Nowak, Handbuch der Europäischen Grundrechte, § 20, Rn. 25.
[63] So a. A. *Jarass*, GRCh, Art. 9 GRC, Rn. 2: Primär Abwehrrecht.

schränken. Für das einzelstaatliche Recht wird man deutlich **zwischen Eingriffen und Ausgestaltungen unterscheiden** können. Für das Europarecht bleibt der Bereich der Ausgestaltung so lange verborgen, wie die Union keine Kompetenzen im Ehe- und Familienrecht besitzt. Da die Union keine Regelungskompetenz im Familienrecht hat, ist die Möglichkeit, eine rechtliche Beeinträchtigung vorzusehen, sehr gering. Rein tatsächlich das Recht zu beeinträchtigen, dürfte den Unionsorganen auch selten möglich sein.

D. Eingriffsrechtfertigung

Sollte ein Eingriff vorliegen, ist eine Rechtfertigung gemäß Art. 52 GRC denkbar. Die **37** **Eingriffsrechtfertigung** wird nicht durch den **Ausgestaltungsvorbehalt** der einzelstaatlichen Gesetze überflüssig, da die Eingriffsrechtfertigung sich an die Unionsgewalt richtet, während die Ausgestaltungsbefugnis nicht bei dieser liegt. Sofern Art. 9 GRC einen vergleichbaren Schutzgehalt gewährleistet wie Art. 12 EMRK, darf die Einschränkung nicht weiter gehen als die des Art. 12 EMRK, ansonsten greift Art. 52 Abs. 1 GRC.[64] Die Unterscheidung ist wichtig, da Art. 9 GRC mehr gewährleistet als Art. 12 EMRK. Erstreckt die staatliche Ausgestaltung den Schutz des Eheschlusses auf gleichgeschlechtliche Partner, so wird diese rechtliche Ausgestaltung den gleichen Schranken unterworfen wie der Eheschluss unter Heterosexuellen und ist insofern wieder am Maßstab des Art. 12 EMRK zu messen. Ob Art. 52 Abs. 4 GRC bei Art. 9 GRC weitere Einschränkungsmöglichkeiten vermittelt, dürfte fraglich sein.[65]

E. Verletzungshandlungen

Wahrscheinlicher als das Vorliegen eines Eingriffs ist es, dass die Union bei der Wahr- **38** nehmung ihrer normativen oder administrativen Kompetenzen die Wertentscheidung, die von dem Institut des Eheschlusses ausgeht, nicht hinreichend beachtet. Dies ist aber begrifflich kein Eingriff, sondern ein **Missachten der Schutzpflichten** oder der Ausstrahlungswirkung aus der jeweiligen Institutsgarantie von Art. 9 GRC auf andere Gebiete. Dies ist dann der Fall, wenn bei der Anwendung anderer Kompetenzen der Einfluss dieser Maßnahmen auf die Familiengründungsfreiheit oder Eheschließungsfreiheit völlig übersehen wird oder in einer Weise diese in die Abwägung eingestellt wurde, die völlig außer Verhältnis zu deren Bedeutung steht.[66] Im Bereich des Freizügigkeitsrechts oder des Asylrechts kann diese Wirkung im Bereich der Nachzugsberechtigungen durchaus eine erhebliche Kraft entfalten. Weiter kann auch der Einfluss von Art. 9 GRC bei der Anwendung von Normen, auch zivilrechtlichen oder vertraglicher Natur, verletzt werden, und zwar dann, wenn Art. 9 GRC übersehen wird oder eine Lösung gefunden wird, die die Schutzgüter völlig unangemessen zurückdrängen.

---

[64] *Bernsdorff*, in: Meyer, GRCh, Art. 9 GRC, Rn. 17; *Kingreen*, in: Calliess/Ruffert, EUV/AEUV, Art. 9 GRC, Rn. 4.
[65] Großzügiger *Bernsdorff*, in: Meyer, GRCh, Art. 9 GRC, Rn. 17.
[66] Undeutlich *Jarass*, GRCh, Art. 9 GRC, Rn. 9.

F. Verhältnis zu anderen Bestimmungen

39 Zu Art. 7 EMRK besteht **Idealkonkurrenz**. Beide Garantien stehen nebeneinander. Sofern es um Eheschluss oder Familiengründung geht, ist Art. 9 GRC spezieller als Art. 7 GRC und Art. 24 Abs. 3 GRC und verdrängt diese. Dagegen werden eheliche und familiäre Tätigkeiten von Art. 7 GRC geschützt. Idealkonkurrenz besteht auch zu Art. 33 Abs. 1 GRC.[67] Mit dem Mutter- und Elternschutz gem. Art. 33 Abs. 2 GRC dürften kaum Überschneidungen auftreten.

---

[67] *Jarass*, GRCh, Art. 9 GRC, Rn. 4.

Artikel 10   GRC Gedanken-, Gewissens- und Religionsfreiheit

(1) ¹Jede Person hat das Recht auf Gedanken-, Gewissens- und Religionsfreiheit. ²Dieses Recht umfasst die Freiheit, die Religion oder Weltanschauung zu wechseln, und die Freiheit, seine Religion oder Weltanschauung einzeln oder gemeinsam mit anderen öffentlich oder privat durch Gottesdienst, Unterricht, Bräuche und Riten zu bekennen.

(2) Das Recht auf Wehrdienstverweigerung aus Gewissensgründen wird nach den einzelstaatlichen Gesetzen anerkannt, welche die Ausübung dieses Rechts regeln.

Literaturübersicht

Blum, Die Gedanken-, Gewissens- und Religionsfreiheit nach Art. 9 der Europäischen Menschenrechtskonvention, 1989; *Brems*, The margin of appreciation doctrine in the case-law of the European Court of Human Rights, ZaöRV 56 (1996), 240; *Conring*, Korporative Religionsfreiheit in Europa, 1998; *EU Network of Independent Experts on Fundamental Rights*, Commentary of the Charta of Fundamental Rights of the European Union, 2006; *Evans*, Freedom of religion under the European Convention on Human Rights, 2001; *ders.*, Manual on the wearing of religious symbols in public areas, 2009; *Finke*, Warum das »Burka-Verbot« gegen die EMRK verstößt, NVwZ 2010, 1127; *Grabenwarter/Pabel*, Europäische Menschenrechtskonvention, 5. Aufl., 2012; *Greer*, The exceptions to Articles 8 to 11 of the European Convention on Human Rights, 1997; *Groppi*, Article 10 – Freedom of thought, conscience and religion, in: Mock (Hrsg.), Human Rights in Europe. Commentary on the Charter of Fundamental Rights of the European Union, 2010, S. 64; *Harris/O'Boyle/Warbrick*, Law of the European Convention on Human Rights, 2. Aufl., 2009; *Hoffmann-Remy*, Die Möglichkeiten der Grundrechtseinschränkung nach den Art. 8–11 Abs. 2 der Europäischen Menschenrechtskonvention, 1976; *Hölscheidt/Mund*, Religionen und Kirchen im europäischen Verfassungsverbund, EuR 2003, 1083; *Krimphove*, Europäisches Religions- und Weltanschauungsrecht, EuR 2009, 330; *Ottenberg*, Der Schutz der Religionsfreiheit im internationalen Recht, 2009; *Pabel*, Der Grundrechtsschutz für das Schächten – in rechtsvergleichender Perspektive, EuGRZ 2002, 220; *Schilling*, Internationaler Menschenrechtsschutz, 2. Aufl., 2010; *Shaw*, Freedom of thought, conscience and religion, in: MacDonald/Matscher/Petzold (Hrsg.), The European system for the protection of human rights, 1993, S. 445; *Weber*, Die Rechtsprechung des EGMR zur religiösen Vereinigungsfreiheit und der Körperschaftsstatus der Religionsgemeinschaften in Deutschland, NVwZ 2009, 503; *Winkler*, Die Grundrechte der Europäischen Union, 2006; *Zimmermann*, Zur Minarettverbotsinitiative in der Schweiz, ZaöRV 69 (2009), 829.

Leitentscheidungen

EuGH, Urt. v. 4.12.1974, Rs. 41/74 (Van Duyn/Home Office), Slg. 1974, 1337
EuGH, Urt. v. 27.10.1976, Rs. 130/75 (Prais/Rat), Slg. 1976, 1589
EuGH, Urt. v. 14.3.2000, Rs. C–54/99 (Association Eglise de scientologie de Paris und Scientology International Reserves Trust/Premier ministre), Slg. 2000, I–1335

Wesentliche sekundärrechtliche Vorschrift

Verordnung (EG) Nr. 1099/2009 vom 24.9.2009 über den Schutz von Tieren zum Zeitpunkt der Tötung, ABl. 2009, L 303/1

Inhaltsübersicht

A. Entwicklung, Quellen, Bedeutung

I. Entwicklung

1 Das Recht auf Gedanken-, Gewissens- und Religionsfreiheit gehört zu den **ältesten Menschenrechten**. Es hat sich zu den wesentlichen Fundamenten in einer demokratischen Gesellschaft entwickelt.

2 Obwohl es bis zur Annahme der Grundrechtecharta keine ausdrückliche eigene unionsrechtliche Regelung über die Gedanken-, Gewissens- und Religionsfreiheit gab, hat der **EuGH** das Prinzip der Religionsfreiheit, insbesondere in der Rechtssache Prais,[1] bestätigt.[2] In seiner Rechtsprechung bezieht er sich in der Regel allgemein auf Bestimmungen zu den Grundfreiheiten und das allgemeine Diskriminierungsverbot.[3]

3 Im **Grundrechtekonvent** herrschte weitgehend Einigkeit darüber, dass eine generelle **Übereinstimmung** des in Art. 10 GRC geregelten Rechts auf Gedanken-, Gewissens- und Religionsfreiheit **mit Art. 9 EMRK**[4] angestrebt werden sollte.[5] Der erste Entwurf übernahm dann auch die Bestimmung in Art. 9 Abs. 1 EMRK, nicht jedoch den Schrankenvorbehalt in Art. 9 Abs. 2 EMRK. Jegliche Einschränkung würde sich von der generellen Schrankenklausel ableiten.[6] Spätere Änderungsvorschläge bezüglich der Aufnahme einer speziellen Schrankenregelung fanden keine Zustimmung.[7] Von unwesentlichen sprachlichen Abweichungen abgesehen, entspricht Art. 10 Abs. 1 GRC der Bestimmung in Art. 9 Abs. 1 EMRK. Zusätzlich ist das **Recht auf Wehrdienstverweigerung** aus Gewissensgründen als Gewährleistung während der dritten Lesung vorgeschlagen und schließlich in Art. 10 Abs. 2 GRC aufgenommen worden.[8] Damit geht Art. 10 GRC normativ über Art. 9 EMRK hinaus, der ein solches ausdrückliches Recht vermissen lässt.[9]

---

[1] EuGH, Urt. v. 27.10.1976, Rs. 130/75 (Prais/Rat), Slg. 1976, 1589, Rn. 12, 19.

[2] EuGH, Urt. v. 4.12.1974, Rs. 41/74 (Van Duyn/Home Office), Slg. 1974, 1337 (1344). *Krimphove*, EuR 2009, 330 (342 f.).

[3] *Gaitanides*, in: Heselhaus/Nowak, Handbuch der Europäischen Grundrechte, § 29, Rn. 2.

[4] SEV-Nr. 005.

[5] Protokoll der Vierten Sitzung des Konvents (förmliche Tagung) am 2./3.3.2000, in: Bernsdorff/Borowsky, Die Charta der Grundrechte der Europäischen Union, 2002, Art. 10, S. 158.

[6] CHARTE 4137/00 CONVENT 8 vom 24.2.2000, Art. 10.

[7] Protokoll der Dreizehnten Sitzung des Konvents (förmliche Tagung) am 28./29./30.3.2000, in: Bernsdorff/Borowsky (Fn. 5), Art. 14, S. 286; *Bernsdorff*, in: Meyer, GRCh, Art. 10 GRC, Rn. 8.

[8] CHARTE 4470/1/00 CONVENT 47 Rev 1 vom 21.9.2000, Art. 10; *Gaitanides*, in: Heselhaus/Nowak, Handbuch der Europäischen Grundrechte, § 29, Rn. 4.

[9] *Frenz*, Handbuch Europarecht, Bd. 4, Rn. 1547.

II. Quellen

Als klassisches Menschenrecht findet das Recht auf Gedanken-, Gewissens- und Religionsfreiheit Regelung in völkerrechtlichen Verträgen zum Menschenrechtsschutz sowohl auf universeller Ebene – in **Art. 18 Internationaler Pakt über bürgerliche und politische Rechte (IPbpR)** von 1966[10] sowie speziell für Kinder in **Art. 14 Übereinkommen über die Rechte des Kindes (CRC)** von 1989[11] – als auch regionaler Ebene – **Art. 9 EMRK**. Neben diesen völkervertragsrechtlichen Normen gibt es unverbindliche UN-Resolutionen mit entsprechenden Regelungen, wie z. B. Art. 18 Allgemeine Erklärung der Menschenrechte,[12] die Erklärung über die Beseitigung aller Formen von Toleranz und Diskriminierung aufgrund der Religion oder der Überzeugung[13] sowie die Resolution über die Wehrdienstverweigerung aus Gewissensgründen.[14]   **4**

Das in Art. 10 Abs. 1 GRC geregelte Recht auf Gedanken-, Gewissens- und Religionsfreiheit entspricht dem durch Art. 9 EMRK garantierten Recht und hat nach Art. 52 Abs. 3 Satz 1 GRC die **gleiche Bedeutung und Tragweite** wie dieses.[15] Deshalb muss auch bei Einschränkungen auf Art. 9 Abs. 2 EMRK zurückgegriffen werden. Das in Art. 10 Abs. 2 GRC garantierte Recht auf Wehrdienstverweigerung entspricht den einzelstaatlichen Verfassungstraditionen und der Entwicklung der entsprechenden **einzelstaatlichen Gesetzgebungen**.[16] Art. 10 GRC ist auch im Zusammenhang mit **Art. 17 AEUV** zu sehen, wonach die Union den Status von Kirchen und religiösen Vereinigungen oder Gemeinschaften sowie weltanschaulichen Gemeinschaften nach den einzelstaatlichen Rechtsvorschriften achtet.[17]   **5**

Während die Religionsfreiheit fester Bestandteil in den mitgliedstaatlichen **Verfassungen** ist, wie z. B. in Art. 4 Abs. 1 GG der Bundesrepublik Deutschland,[18] und die Gewissensfreiheit in einigen nationalen Verfassungen ebenfalls geschützt wird,[19] findet die Gedankenfreiheit generell keine verfassungsrechtliche Normierung. Auch bei der Ausgestaltung der Religionsfreiheit weisen die Verfassungen einige Unterschiede auf, vor allem in Bezug auf Schrankenregelungen.[20] Neben der individuellen Religionsfreiheit finden sich in einigen EU-Mitgliedstaaten ebenfalls verfassungsrechtliche Bestimmungen zu Religionsgemeinschaften.[21] Hinsichtlich des Verhältnisses von Staat und Kirche lassen sich drei verschiedene Modelle[22] nachweisen: Staatskirche bzw. Staats-   **6**

---

[10] UNTS, vol. 999, p. 171.

[11] UNTS, vol. 1577, p. 3.

[12] UN Doc. A/RES/217 A (III) (10.12.1948).

[13] UN Doc. A/RES/36/55 (25.11.1981).

[14] UN Doc. E/CN.4/Res/2004/35 (19.4.2004).

[15] Erläuterungen zu Art. 10 Abs. 1 und Art. 52 Abs. 3 der Charta der Grundrechte vom 14.12.2007, ABl. 2007, C 303/17 (21, 33). Nach Abs. 5 Satz 2 Präambel GRC sowie Art. 52 Abs. 7 GRC sind die rechtlich nicht verbindlichen Erläuterungen bei der Auslegung der Charta von den Gerichten der Union und der Mitgliedstaaten gebührend zu berücksichtigen.

[16] *Streinz*, in: Streinz, EUV/AEUV, Art. 10 GRC, Rn. 2.

[17] *Jarass*, GRCh, Art. 10 GRC, Rn. 1.

[18] *Hölscheidt/Mund*, EuR 2003, 1083 (1084).

[19] Z. B. Art. 4 Abs. 1 GG, Art. 53 Verfassung Polen.

[20] *Gaitanides*, in: Heselhaus/Nowak, Handbuch der Europäischen Grundrechte, § 29, Rn. 5 f.

[21] Art. 140 GG i. V. m. Art. 137 WRV, Art. 25 Verfassung Polen.

[22] *Gaitanides*, in: Heselhaus/Nowak, Handbuch der Europäischen Grundrechte, § 29, Rn. 7; *Groppi*, Art. 10, S. 67 ff.; *Krimphove*, EuR 2009, 330 (331 f.).

religion,[23] Kooperation zwischen Staat und Kirche[24] und Trennung von Staat und Kirche.[25] Nicht in allen mitgliedstaatlichen Verfassungen ist das Recht auf Wehrdienstverweigerung verankert.[26]

III. Bedeutung

7   Demokratie bedeutet Pluralismus, der wiederum die Gedanken-, Gewissens- und Religionsfreiheit voraussetzt. Als fundamentales Grund- bzw. Menschenrecht garantiert sie die weltanschauliche bzw. religiöse Selbstverwirklichung des Einzelnen. Das Recht auf Gedanken-, Gewissens- und Religionsfreiheit umfasst sowohl den **Schutz von Religiösen** als auch **Atheisten**.[27]

8   Obwohl das Recht auf Gedanken-, Gewissens- und Religionsfreiheit zu den klassischen Menschenrechten zählt, nimmt seine Bedeutung nicht ab. Insbesondere die **Aktualität der Religionsfreiheit** findet ihren Ausdruck z. B. in Bezug auf Konflikte zwischen religiösen Praktiken und Werten in einer demokratischen Gesellschaft, wie das Kopftuchtragen in öffentlichen Einrichtungen oder das Schächten.[28]

B. Schutzbereich

I. Persönlicher Schutzbereich

9   Wegen des individuell- und kollektivrechtlichen Charakters der **Religionsfreiheit** in Art. 10 Abs. 1 GRC sind sowohl alle **natürlichen Personen**, unabhängig von der Staatsangehörigkeit oder dem Alter, als auch **juristische Personen sowie Personenvereinigungen**, die sich zu Religions- oder Weltanschauungsgemeinschaften zusammengeschlossen haben, Grundrechtsträger. Dies trifft insbesondere auch auf Kirchen als Körperschaften des öffentlichen Rechts zu.[29] Die Grundrechtsträgerschaft für die **Gedanken- und Gewissensfreiheit** beschränkt sich hingegen wegen ihrer individuellen Ausgestaltung auf **natürliche Personen**.[30]

II. Sachlicher Schutzbereich

10   Der sachliche Schutzbereich des Art. 10 Abs. 1 GRC beinhaltet die **Gedanken-, Gewissens- und Religionsfreiheit**, die von einigen Autoren als **drei selbstständige Grundrechte**,[31] von anderen als ein **einheitliches Grundrecht** bzw. als drei Aspekte eines Grund-

---

[23] Z. B. Art. 4 Verfassung Dänemark, § 76 Verfassung Finnland, Art. 3 Verfassung Griechenland, Art. 2 Verfassung Malta.

[24] Z. B. Art. 140 GG i. V. m. Art. 137 und 138 WRV, Art. 41 Abs. 4 Verfassung Portugal.

[25] Z. B. Art. 1 Verfassung Frankreich.

[26] Recht auf Wehrdienstverweigerung z. B. in Art. 12a GG, Art. 85 Abs. 3 Verfassung Polen, Art. 99 Verfassung Niederlande.

[27] *Gaitanides*, in: Heselhaus/Nowak, Handbuch der Europäischen Grundrechte, § 29, Rn. 1.

[28] *Winkler*, S. 409 f.

[29] *Winkler*, S. 410; *Bernsdorff*, in: Meyer, GRCh, Art. 10 GRC, Rn. 13, 15; *Waldhoff*, in: Calliess/Ruffert, EUV/AEUV, Art. 10 GRC, Rn. 7.

[30] *Bernsdorff*, in: Meyer, GRCh, Art. 10 GRC, Rn. 15.

[31] *Gaitanides*, in: Heselhaus/Nowak, Handbuch der Europäischen Grundrechte, § 29, Rn. 15; *Bernsdorff*, in: Meyer, GRCh, Art. 10 GRC, Rn. 11.

rechts bezeichnet werden.[32] Darüber hinaus ist auch die **Weltanschauungsfreiheit** geschützt, die in Art. 10 Abs. 1 Satz 2 GRC neben der Religionsfreiheit steht.[33] Art. 10 Abs. 2 GRC erkennt das **Recht auf Wehrdienstverweigerung** aus Gewissensgründen nach den einzelstaatlichen Gesetzen an.

1. Gedankenfreiheit

Der Schutzbereich der Gedankenfreiheit ist das so genannte **forum internum**. Damit **11** wird die Freiheit der inneren Überzeugung gegen jede Art der Indoktrinierung durch einen Grundrechtsadressaten geschützt. Vom inneren Bereich nicht mehr umschlossen ist die Äußerung der Gedanken. Diese kann in den Schutzbereich anderer Rechte, wie der Meinungsäußerungsfreiheit gem. Art. 11 Abs. 1 GRC oder bei Bekenntnis zu einer Religion der Religionsfreiheit gem. Art. 10 Abs. 1 GRC, fallen.[34]

2. Gewissensfreiheit

Die Gewissensfreiheit schützt sowohl das Recht der **freien Gewissensbildung** (forum **12** internum) als auch die **Gewissensbetätigung**, d. h. das am Gewissen ausgerichtete Handeln (forum externum), sonst würde der Gewissensfreiheit kaum Bedeutung zukommen.[35] Die Gewissensfreiheit beinhaltet das Recht, Entscheidungen nach inneren, sich an religiösen, weltanschaulichen, politischen, moralischen oder sonstigen Maßstäben orientierenden Vorgaben bzw. Verpflichtungen zu treffen, nach außen zu vertreten und danach zu leben.[36]

Als Ausdruck der Gewissensfreiheit ist in Art. 10 Abs. 2 GRC auch das **Recht auf** **13** **Wehrdienstverweigerung** aus Gewissensgründen anerkannt, das allerdings nur auf der Grundlage der einzelstaatlichen Gesetze gewährt wird. In den Mitgliedstaaten, die ein solches Recht regeln, ist die allgemeine Schrankenklausel des Art. 52 Abs. 1 GRC anzuwenden.[37] Das Verhältnis des Rechts auf Wehrdienstverweigerung aus Gewissensgründen in Abs. 2 zur Gewissensfreiheit in Abs. 1 richtet sich nach dem lex specialis-Grundsatz.[38] Der Einzelne kann sich nur nach einzelstaatlichen Gesetzen auf Gewissensgründe berufen, nicht jedoch auf Art. 10 Abs. 1 GRC.[39] Indem die Bestimmung in Art. 10 Abs. 2 GRC auf das nationale Recht der Mitgliedstaaten verweist, stellt sie das Recht auf Wehrdienstverweigerung aus Gewissensgründen zur Disposition der nationalen Gesetzgeber. Da es auch sonst keine entsprechende ausdrückliche völkerrechtliche Verpflichtung der Mitgliedstaaten gibt, kommt dem Recht kein eigenständiger normativer Gehalt zu.[40] Der EGMR, der seine Rechtsprechung nicht auf ein in der EMRK explizit geregeltes

---

[32] *Frenz*, Handbuch Europarecht, Bd. 4, Rn. 1570; *Jarass*, GRCh, Art. 10 GRC, Rn. 2; *Waldhoff*, in: Calliess/Ruffert, EUV/AEUV, Art. 10 GRC, Rn. 8.

[33] *Grabenwarter/Pabel*, § 22, Rn. 98.

[34] *Frenz*, Handbuch Europarecht, Bd. 4, Rn. 1580; *Gaitanides*, in: Heselhaus/Nowak, Handbuch der Europäischen Grundrechte, § 29, Rn. 16.

[35] *Muckel*, in: Tettinger/Stern, EuGRCh, Art. 10 GRC, Rn. 10; *Frenz*, Handbuch Europarecht, Bd. 4, Rn. 1586; *Jarass*, GRCh, Art. 10 GRC, Rn. 12; *Ungern-Sternberg von*, in: Karpenstein/Mayer, EMRK, Art. 9 EMRK, Rn. 11.

[36] *Bernsdorff*, in: Meyer, GRCh, Art. 10 GRC, Rn. 11.

[37] *Rengeling/Szczekalla*, Grundrechte, § 17, Rn. 692.

[38] *Jarass*, GRCh, Art. 10 GRC, Rn. 2; *Muckel*, in: Tettinger/Stern, EuGRCh, Art. 10 GRC, Rn. 11.

[39] *Frenz*, Handbuch Europarecht, Bd. 4, Rn. 1590.

[40] *Gaitanides*, in: Heselhaus/Nowak, Handbuch der Europäischen Grundrechte, § 29, Rn. 21; *Bernsdorff*, in: Meyer, GRCh, Art. 10 GRC, Rn. 17.

Recht auf Wehrdienstverweigerung aus Gewissensgründen stützen kann, hat im Lichte einer Interpretation der EMRK als »living instrument« und u. a. unter ausdrücklicher Bezugnahme auf Art. 10 Abs. 2 GRC ein solches Recht nunmehr unter Art. 9 EMRK geprüft und eine Verletzung bejaht, wenn es zu einem ernsten und unüberwindbaren Konflikt zwischen der Wehrdienstpflicht und dem Gewissen des Einzelnen kommen sollte.[41]

3. Religionsfreiheit

14   Art. 10 Abs. 1 GRC schützt die Religion und Weltanschauung, die beide von subjektiven Vorstellungen über den Sinn der Welt und des menschlichen Lebens geprägt sind.[42] Eine Unterscheidung beider Begriffe ist juristisch kaum möglich.[43] Eine Definition des Begriffes Religion fehlt sowohl in Art. 10 GRC als auch in Art. 9 EMRK. Eine Religion muss zumindest »ein Bekenntnis, Vorgaben für die Lebensweise und einen Kult« aufweisen.[44] Die Religionsfreiheit umfasst sowohl eine individuelle als auch kollektive Komponente. Sie wird deshalb als **Doppelgrundrecht** bezeichnet.[45] Darüber hinaus ist fraglich, ob Art. 10 Abs. 1 GRC auch eine **korporative Religionsfreiheit** beinhaltet.

a) Individuelle und kollektive Religionsfreiheit

15   In Art. 10 Abs. 1 Satz 2 GRC ist hinsichtlich der Religionsfreiheit der **Wechsel** und das **Bekenntnis** einer Religion oder Weltanschauung explizit aufgeführt. Dabei handelt es sich nicht um eine abschließende Aufzählung der Inhalte der Religionsfreiheit. Das **Haben** einer Religion oder Weltanschauung sowie die **negative Religionsfreiheit** sind mit eingeschlossen.[46]

16   Die **individuelle Religionsfreiheit** beinhaltet das Haben einer Religion oder Weltanschauung als unabdingbare Voraussetzung für einen Wechsel und das Bekennen. In der Rechtsprechung des EGMR wird unterschieden zwischen forum internum – **religiöse und weltanschauliche Überzeugungen** – und forum externum – auf der Grundlage dieser Überzeugungen vorgenommene Handlungen, wie das **Bekenntnis** bzw. die **Religionsausübung**.[47] Der Schutz des forum internum verbietet eine religiöse Indoktrinierung durch den Staat.[48]

17   Unter dem **Wechsel einer Religion oder Weltanschauung** als Bestandteil der individuellen Religionsfreiheit ist zu verstehen, dass der Staat die Annahme oder Aufgabe bzw. den formellen Ein- oder Austritt nicht behindern oder sanktionieren darf.[49] Aus dem Recht zum Wechsel ergibt sich eine Gewährleistungspflicht des Staates, der die

---

[41] EGMR, Urt. v. 7.7.2011, Beschwerde-Nr. 23459/03 (Bayatyan/Armenien) [GK], Rep. 2011-IV, 1, Rn. 57, 86, 106. *Grabenwarter/Pabel*, § 22, Rn. 99.

[42] *Jarass*, GRCh, Art. 10 GRC, Rn. 6; *Ungern-Sternberg von*, in: Karpenstein/Mayer, EMRK, Art. 9 EMRK, Rn. 13.

[43] *Muckel*, in: Tettinger/Stern, EuGRCh, Art. 10 GRC, Rn. 21; *Bernsdorff*, in: Meyer, GRCh, Art. 10 GRC, Rn. 12.

[44] *Grabenwarter*, in: Pabel/Schmahl (Hrsg.), Internationaler Kommentar zur EMRK, Art. 9 EMRK (Juli 2007), Rn. 41.

[45] *Bernsdorff*, in: Meyer, GRCh, Art. 10 GRC, Rn. 13.

[46] *Ottenberg*, S. 70 ff.; *Ungern-Sternberg von*, in: Karpenstein/Mayer, EMRK, Art. 9 EMRK, Rn. 15.

[47] *Evans*, Freedom of religion, S. 73 ff.; *Shaw*, S. 448.

[48] EGMR, Zulässigkeitsentscheidung v. 26.6.2001, Beschwerde-Nr. 40319/98 (Saniewski/Polen), S. 6 (im Internet abrufbar unter: http://www.echr.coe.int).

[49] *Ungern-Sternberg von*, in: Karpenstein/Mayer, EMRK, Art. 9 EMRK, Rn. 15.

rechtlichen Voraussetzungen dafür schaffen muss, vor allem wenn eine Religionsgemeinschaft einen Wechsel bzw. Austritt nicht vorsieht.[50] Ein Anspruch auf Aufnahme
oder Verbleib gegenüber einer Religions- oder Weltanschauungsgemeinschaft besteht
indes nicht.[51]

Die **Freiheit des Bekenntnisses** umfasst nach Art. 10 Abs. 1 Satz 2 GRC den Gottes-   **18**
dienst, Unterricht, Bräuche und Riten, wobei diese Aufführung nicht abschließend ist.[52]
Vorstehend aufgeführte Aktivitäten des Bekennens können »einzeln oder gemeinsam
mit anderen öffentlich oder privat« durchgeführt werden.[53] Sie enthalten somit individuelle und kollektive Aspekte.

Unter **Gottesdienst** werden Formen der Gottesverehrung und der religiösen Anbe-   **19**
tung verstanden. Dazu gehören auch das Glockenläuten,[54] ebenso wie der Gebetsruf des
Muezzins. Geschützt sind insbesondere religiöse Zusammenkünfte sowie der Zugang zu
religiösen Stätten.[55] Wenn der Gottesdienst nach dem Selbstverständnis der Gläubigen
in besonderen hierfür bestimmten Bauten, wie Kirchen, Synagogen oder Moscheen,
stattfinden muss, fällt auch ihr Bau unter den Schutz der Religionsfreiheit.[56]

Hinsichtlich des **Unterrichts** ist die Katechese, d. h. die Vermittlung religiöser Lehrin-   **20**
halte durch die Gläubigen, wie z. B. Unterricht für Konfirmanden oder Koranschüler,
gemeint. Davon eingeschlossen sind auch die Glaubenswerbung und Missionierung.[57]
Für die religiöse Erziehung der Kinder sowie die Gründung von privaten Lehranstalten
wird Art. 14 Abs. 3 GRC relevant (s. Art. 14 GRC, Rn. 15).

Bräuche sind Ausdruck religiöser oder weltanschaulicher Ausdrucksformen in der   **21**
Gemeinschaft. **Riten** lassen sich als vorgegebene Ordnungen zur Durchführung von religiösen Handlungen bezeichnen. Der Schutz kultischer Handlungen schließt z. B. Ge-
bete, Sakramente, Kollekten und Prozessionen ein. Darüber hinaus ist auch das individuelle Befolgen von Vorgaben zu Kleidung, wie das Tragen eines Kopftuches,[58] Turbans[59]

---

[50] EKMR, Zulässigkeitsentscheidung v. 4.12.1984, Beschwerde-Nr. 10616/83 (Gottesmann/
Schweiz), DR 40, 287 (289). *Frowein,* in: Frowein/Peukert, EMRK, Art. 9 EMRK, Rn. 14.

[51] *Ungern-Sternberg von,* in: Karpenstein/Mayer, EMRK, Art. 9, EMRK Rn. 15.

[52] *Muckel,* in: Tettinger/Stern, EuGRCh, Art. 10 GRC, Rn. 33; *Jarass,* GRCh, Art. 10 GRC, Rn. 7;
Harris/O'Boyle/Warbrick, S. 433.

[53] EGMR, Urt. v. 25.5.1993, Beschwerde-Nr. 14307/88 (Kokkinakis/Griechenland), Ser. A no.
260-A, Rn. 31; Urt. v. 10.11.2005, Beschwerde-Nr. 44774/98 (Leyla Şahin/Türkei) [GK], Rep.
2005-XI, 173, Rn. 105. *Jarass,* GRCh, Art. 10 GRC, Rn. 7.

[54] EGMR, Zulässigkeitsentscheidung v. 16.10.2012, Beschwerde-Nr. 2158/12 (Schilder/Nieder-
lande), Rn. 19 (im Internet abrufbar unter: http://www.echr.coe.int).

[55] *Ungern-Sternberg von,* in: Karpenstein/Mayer, EMRK, Art. 9 EMRK, Rn. 17; *Krimphove,* EuR
2009, 330 (333).

[56] *Muckel,* in: Tettinger/Stern, EuGRCh, Art. 10 GRC, Rn. 35 f.

[57] EGMR, Urt. v. 25.5.1993, Beschwerde-Nr. 14307/88 (Kokkinakis/Griechenland), Ser. A no.
260-A, Rn. 31. *Muckel,* in: Tettinger/Stern, EuGRCh, Art. 10 GRC, Rn. 37; *Grabenwarter/Pabel,*
§ 22, Rn. 102; *Meyer-Ladewig,* EMRK, Art. 9 EMRK, Rn. 7; *EU Network of Independent Experts on
Fundamental Rights,* Art. 10, S. 110. Zum Proselytismus vgl. *Ottenberg,* S. 80 ff.

[58] EGMR, Urt. v. 10.11.2005, Beschwerde-Nr. 44774/98 (Leyla Şahin/Türkei) [GK], Rep.
2005-XI, 173, Rn. 70 ff. *Ottenberg,* S. 97 ff.

[59] EKMR, Zulässigkeitsentscheidung v. 12.7.1978, Beschwerde-Nr. 7992/77 (X/Vereinigtes Königreich), DR 14, 234 (235).

und einer Burka,[60] oder auch zu Haar- und Barttrachten[61] sowie Speisen, wie das Schächten[62] oder vegetarischer Diäten,[63] mit umfasst.[64]

22   Von Art. 10 Abs. 1 GRC wird ebenso die **negative Religions- bzw. Weltanschauungsfreiheit** geschützt. Sie beinhaltet das individuelle Recht, keinen religiösen Glauben oder keine weltanschauliche Überzeugung zu haben. Nach der Rechtsprechung des EGMR bietet dieses Recht auch Schutz für »Atheisten, Agnostiker, Skeptiker und Unbeteiligte«.[65] Geschützt sind ebenfalls die Rechte, die eigene religiöse oder weltanschauliche Überzeugung nicht offen legen zu müssen oder Angaben zu machen, aus denen auf die Überzeugung geschlossen werden kann.[66] Auch darf nicht zu religiösen Handlungen gezwungen werden, wie z. B. zu einer religiösen Eidesformel[67] oder zu Religionsunterricht an staatlichen Schulen.[68] Wiederum besteht kein Anspruch darauf, nicht mit religiösen Symbolen, wie z. B. Kruzifixen in Klassenzimmern staatlicher Schulen, oder Inhalten konfrontiert zu werden.[69]

b) Korporative Religionsfreiheit

23   Zwar gewährleistet Art. 10 Abs. 1 GRC die kollektive Religionsfreiheit, eine explizite Erwähnung der korporativen Religionsfreiheit findet sich in dieser Vorschrift aber nicht. Weil Art. 9 Abs. 1 EMRK ebenfalls eine solche Bestimmung vermissen lässt[70] und die Kongruenz zwischen beiden Normen gewahrt werden sollte, blieb ein entsprechender Änderungsvorschlag im Grundrechtekonvent erfolglos.[71] Nach Auffassung des EGMR schützt Art. 9 Abs. 1 EMRK den **Anspruch** von religiösen Organisationen **auf Gründung und Rechtsfähigkeit**[72] sowie **Selbstverwaltung**.[73] Dabei verweist der EGMR auf die enge

---

[60] *Finke*, NVwZ 2010, 1127 ff.

[61] EKMR, Zulässigkeitsentscheidung v. 15.2.1965, Beschwerde-Nr. 1753/63 (X/Österreich), YECHR 8, 174 (184).

[62] EGMR, Urt. v. 27.6.2000, Beschwerde-Nr. 27417/95 (Cha'are Shalom ve Tsedek/Frankreich), Rep. 2000-VII, 231, Rn. 73. *Ottenberg*, S. 99; *Pabel*, EuGRZ 2002, 220 (224).

[63] EGMR, Urt. v. 7.12.2010, Beschwerde-Nr. 18429/06 (Jakóbski/Polen), Rn. 45 (im Internet abrufbar unter: http://hudoc.echr.coe.int).

[64] *Muckel*, in: Tettinger/Stern, EuGRCh, Art. 10 GRC, Rn. 39; *Grabenwarter/Pabel*, § 22, Rn. 102; *Meyer-Ladewig*, EMRK, Art. 9 EMRK, Rn. 15.

[65] EGMR, Urt. v. 25.5.1993, Beschwerde-Nr. 14307/88 (Kokkinakis/Griechenland), Ser. A no. 260-A, Rn. 31.

[66] EGMR, Urt. v. 21.2.2008, Beschwerde-Nr. 19516/06 (Alexandridis/Griechenland), Rn. 38 (im Internet abrufbar unter: http://hudoc.echr.coe.int); Urt. v. 2.2.2010, Beschwerde-Nr. 21924/05 (Sinan Işık/Türkei), Rep. 2010-I, 341, Rn. 37 ff.; Urt. v. 17.2.2011, Beschwerde-Nr. 12884/03 (Wasmuth/Deutschland), Rn. 50 (im Internet abrufbar unter: http://hudoc.echr.coe.int).

[67] EGMR, Urt. v. 18.2.1999, Beschwerde-Nr. 24645/94 (Buscarini u.a./San Marino) [GK], Rep. 1999-I, 605, Rn. 39. *Jarass*, GRCh, Art. 10 GRC, Rn. 10.

[68] EGMR, Urt. v. 15.6.2010, Beschwerde-Nr. 7710/02 (Grzelak/Polen), Rn. 87 (im Internet abrufbar unter: http://hudoc.echr.coe.int). *Grabenwarter/Pabel*, § 22, Rn. 104.

[69] EGMR, Urt. v. 18.3.2011, Beschwerde-Nr. 30814/06 (Lautsi u.a./Italien) [GK], Rep. 2011-III, 61, Rn. 63 ff.

[70] Zum korporativen Schutzbereich des Art. 9 EMRK vgl. *Conring*, S. 358 ff.

[71] CHARTE 4332/00 CONVENT 35 vom 25.5.2000, Art. 14; *Muckel*, in: Tettinger/Stern, EuGRCh, Art. 10, Rn. 26.

[72] EGMR, Urt. v. 13.12.2001, Beschwerde-Nr. 45701/99 (Metropolitan Church of Bessarabia u.a./Moldawien), Rep. 2001-XII, 81, Rn. 101, 118; Urt. v. 5.10.2006, Beschwerde-Nr. 72881/01 (Moscow Branch of the Salvation Army/Russland), Rep. 2006-XI, 1, Rn. 71.

[73] EGMR, Urt. v. 26.10.2000, Beschwerde-Nr. 30985/96 (Hasan und Chaush/Bulgarien) [GK], Rep. 2000-XI, 117, Rn. 62; Urt. v. 22.1.2009, Beschwerde-Nr. 412/03 und 35677/04 (Holy Synod of the Bulgarian Orthodox Church [Metropolitan Inokentiy] u.a./Bulgarien), Rn. 103, (im Internet ab-

Verbindung zu der in Art. 11 EMRK geregelten Vereinigungsfreiheit.[74] Zum Bereich der inneren Selbstverwaltung der Kirchen und Religionsgemeinschaften gehören u. a. die Festlegung der Glaubensinhalte und ihre Ausdrucksformen sowie die innere Organisation der Gemeinschaft.[75] Davon eingeschlossen können auch spezielle Anforderungen an kirchliche Arbeitnehmer sein.[76]

Nach 52 Abs. 3 Satz 1 GRC ist die **korporative Religionsfreiheit** in Art. 10 Abs. 1   **24** GRC somit ebenfalls geschützt.[77] Darüber hinaus erfährt die korporative Religionsfreiheit eine vertragliche Regelung in dem speziellen Kirchenartikel – **Art. 17 AEUV** (s. Art. 17 AEUV, Rn. 5), wonach die Union den Status achtet, den Kirchen und religiöse Vereinigungen oder Gemeinschaften sowie weltanschauliche Gemeinschaften nach dem nationalen Recht der Mitgliedstaaten genießen.[78]

C.   Eingriffe

Eingriffe sind den Grundrechtsadressaten[79] zurechenbare Handlungen bzw. Unterlas-   **25** sungen, die darauf gerichtet sind, die Ausübung der in Art. 10 geschützten Rechte zu behindern oder unmöglich zu machen. Zu den Eingriffen in die Religions- und Weltanschauungsfreiheit zählen vor allem **Verbote** oder erhebliche Behinderungen von in den Schutzbereich fallenden Handlungen,[80] aber auch **Gebote** von Handlungen, die der Einzelne wegen seiner religiösen oder weltanschaulichen Überzeugung ablehnt.[81] Für Eingriffe in die Bekenntnisfreiheit, die verschiedenste Formen annehmen können, gibt es einen großen Anwendungsbereich, wie u. a. die Verhinderung der Einrichtung von Stätten für den Gottesdienst, die Beschränkung der Rechte von Religionsgemeinschaften,[82] das Schächtungsverbot, das Kopftuch- oder Burkaverbot oder Warnungen vor Sekten.

---

rufbar unter: http://hudoc.echr.coe.int); Urt. v. 10. 6. 2010, Beschwerde-Nr. 302/02 (Jehovah's Witnesses of Moscow u. a./Russland), Rn. 99 (im Internet abrufbar unter: http://hudoc.echr.coe.int). *Ottenberg*, S. 116 ff.

[74] EGMR, Urt. v. 26. 10. 2000, Beschwerde-Nr. 30985/96 (Hasan und Chaush/Bulgarien) [GK], Rep. 2000-XI, 117, Rn. 62; Urt. v. 13. 12. 2001, Beschwerde-Nr. 45701/99 (Metropolitan Church of Bessarabia u. a./Moldawien), Rep. 2001-XII, 81, Rn. 118; Urt. v. 22. 1. 2009, Beschwerde-Nr. 412/03 und 35677/04 (Holy Synod of the Bulgarian Orthodox Church [Metropolitan Inokentiy] u. a./Bulgarien), Rn. 103 (im Internet abrufbar unter: http://hudoc.echr.coe.int). *Harris/O'Boyle/Warbrick*, S. 440.

[75] EGMR, Urt. v. 15. 9. 2009, Beschwerde-Nr. 798/05 (Miroļubovs u. a./Lettland), Rn. 77 (im Internet abrufbar unter: http://hudoc.echr.coe.int).

[76] EGMR, Urt. v. 23. 9. 2010, Beschwerde-Nr. 425/03 (Obst/Deutschland), Rn. 49 (im Internet abrufbar unter: http://hudoc.echr.coe.int). *Grabenwarter/Pabel*, § 22, Rn. 107.

[77] *Muckel*, in: Tettinger/Stern, EuGRCh, Art. 10 GRC, Rn. 29.

[78] *Frenz*, Handbuch Europarecht, Bd. 4, Rn. 1673.

[79] Nach Art. 51 Abs. 1 Satz 1 GRC gilt die Charta für die Organe, Einrichtungen und sonstigen Stellen der Union und für die Mitgliedstaaten ausschließlich bei der Durchführung des Unionsrechts.

[80] EGMR, Urt. v. 25. 5. 1993, Beschwerde-Nr. 14307/88 (Kokkinakis/Griechenland), Ser. A no. 260-A, Rn. 36; Urt. v. 10. 11. 2005, Beschwerde-Nr. 44774/98 (Leyla Şahin/Türkei) [GK], Rep. 2005-XI, 173, Rn. 78.

[81] EGMR, Urt. v. 18. 2. 1999, Beschwerde-Nr. 24645/94 (Buscarini u. a./San Marino) [GK], Rep. 1999-I, 605, Rn. 34.

[82] Zum Eingriff in die Kapitalverkehrsfreiheit vgl. EuGH, Urt. v. 14. 3. 2000, Rs. C–54/99 (Association Eglise de scientologie de Paris und Scientology International Reserves Trust/Premier ministre), Slg. 2000, I–1335, Rn. 14. *Krimphove*, EuR 2009, 330 (343).

26   Die **Einrichtung von Stätten für den Gottesdienst** betrifft sowohl die Nutzung von Räumlichkeiten als auch den Bau von Gotteshäusern. Im Fall Manoussakis – Angehörige der »Zeugen Jehovas« – sah der EGMR bereits in der notwendigen Einholung einer staatlichen Genehmigung für die Einrichtung eines Gebetsraumes unter Einbeziehung der griechisch-orthodoxen Kirche als konkurrierender Religionsgemeinschaft in das Genehmigungsverfahren einen Eingriff in Art. 9 EMRK.[83] Ein Verbot des Baus von Minaretten stellt ebenso einen Eingriff in die Religionsfreiheit dar.[84]

27   Die **Verweigerung der Anerkennung als Religionsgemeinschaft** ist nach der Rechtsprechung des EGMR als Eingriff in die Religionsfreiheit anzusehen, wenn durch das Fehlen des Status einer juristischen Person die Gemeinschaft nicht tätig werden kann.[85] Die Möglichkeit der Gründung einer juristischen Person ist nach Auffassung des Gerichtshofes eines der wichtigsten Elemente der Vereinigungsfreiheit. Die Ablehnung der Zuerkennung der Rechtsfähigkeit an eine Vereinigung bedeute daher einen Eingriff in das Recht der Vereinigung auf Vereinigungsfreiheit gem. Art. 11 EMRK. Wenn es sich dabei um die Organisation einer Religionsgemeinschaft handelt, stelle die Ablehnung zugleich auch einen Eingriff in das Recht der Betroffenen auf Religionsfreiheit gem. Art. 9 EMRK dar.[86] Damit knüpft der EGMR an die Vereinigungsfreiheit des Art. 11 EMRK »im Lichte des Art. 9« an.[87] Ebenso ist die Einmischung in die inneren Angelegenheiten einer Religionsgemeinschaft als Eingriff in die Religionsfreiheit zu werten.[88]

28   Ein **Schächtungsverbot** greift in den Schutzbereich der Religionsfreiheit ein, die mit dem Tierschutz in Konflikt gerät.[89] Das Unionsrecht regelt ein grundsätzliches Betäubungsgebot für Schlachttiere mit Ausnahmemöglichkeiten für Religionsgemeinschaften.[90] Wie der EGMR in einem einschlägigen Fall zum Schächtungsverbot ausführt, liege ein Eingriff in das Recht auf Religionsfreiheit vor, wenn Angehörige einer bestimmten Religionsgemeinschaft – im vorliegenden Fall streng-orthodoxe Juden – wegen der Gesetzwidrigkeit einer anderweitig vorgenommenen rituellen Schächtung nicht die Möglichkeit einer alternativen Bezugsquelle – darunter auch im Ausland – hätten und somit nicht Fleisch von geschlachteten Tieren gemäß ihren religiösen Anschauungen essen könnten.[91]

---

[83] EGMR, Urt. v. 26.9.1996, Beschwerde-Nr. 18748/91 (Manoussakis u.a./Griechenland), Rep. 1996-IV, 1346, Rn. 36ff. *Zimmermann*, ZaöRV 69 (2009), 829 (838).

[84] EGMR, Zulässigkeitsentscheidung v. 28.6.2011, Beschwerde-Nr. 65840/09 (Hafid Ouardiri/ Schweiz), Rn. 1 (im Internet abrufbar unter: http://hudoc.echr.coe.int); Zulässigkeitsentscheidung v. 28.6.2011, Beschwerde-Nr. 66274/09 (La Ligue des Musulmans de Suisse/Schweiz), S. 9 (im Internet abrufbar unter: http://hudoc.echr.coe.int). *Zimmermann*, ZaöRV 69 (2009), 829 (844).

[85] EGMR, Urt. v. 13.12.2001, Beschwerde-Nr. 45701/99 (Metropolitan Church of Bessarabia u.a./Moldawien), Rep. 2001-XII, 81, Rn. 105.

[86] EGMR, Urt. v. 31.7.2008, Beschwerde-Nr. 40825/98 (Religionsgemeinschaft der Zeugen Jehovas u.a./Österreich), Rn. 62 (im Internet abrufbar unter: http://hudoc.echr.coe.int); Urt. v. 1.10.2009, Beschwerde-Nr. 76836/01, 32782/03 (Kimlya u.a./Russland), Rep. 2009-IV, 319, Rn. 84. *Weber*, NVwZ 2009, 503ff.

[87] EGMR, Urt. v. 5.10.2006, Beschwerde-Nr. 72881/01 (Moscow Branch of the Salvation Army/ Russland), Rep. 2006-XI, 1, Rn. 75. *Grabenwarter/Pabel*, § 22, Rn. 111; *Weber*, NVwZ 2009, 503ff.

[88] EGMR, Urt. v. 26.10.2000, Beschwerde-Nr. 30985/96 (Hasan und Chaush/Bulgarien) [GK], Rep. 2000-XI, 117, Rn. 78.

[89] *Rengeling/Szczekalla*, Grundrechte, § 17, Rn. 695.

[90] Art. 4 Abs. 4 VO (EG) Nr. 1099/2009 vom 24.9.2009 über den Schutz von Tieren zum Zeitpunkt der Tötung, ABl. 2009, L 303/1 (9). Die VO nimmt im Erwägungsgrund 18 ausdrücklichen Bezug auf Art. 10 GRC.

[91] EGMR, Urt. v. 27.6.2000, Beschwerde-Nr. 27417/95 (Cha'are Shalom ve Tsedek/Frankreich), Rep. 2000-VII, 231, Rn. 80. *Pabel*, EuGRZ 2002, 220 (224).

Ein Eingriff in die Religionsfreiheit liegt auch bei einem **Verbot religiös motivierter** 29
Kleidung wie dem Kopftuch vor.[92] Dies hat der EGMR in den Fällen einer Lehrerin an
einer Schweizer Grundschule[93] und einer Studentin an einer türkischen Universität[94]
bestätigt. Gleiches gilt für das Verbot des Tragens eines Turbans aus religiöser Überzeugung für einen Sikh auf dem Passfoto für die Ausstellung der Fahrerlaubnis.[95]

Staatliche Warnungen vor Religionsgesellschaften wie Sekten gelten ebenfalls als 30
Eingriffe in die Religionsfreiheit. Dies trifft nach Auffassung des EGMR bei Verwendung
von Begriffen wie »Psycho-Sekten« durch die Regierung zu, die wiederum negative
Auswirkungen auf die Rechte der Mitglieder der Sekte haben.[96]

Weitere Beispiele für Eingriffe in die Religionsfreiheit sind die **Behinderung bei der** 31
Ausübung des Berufes aufgrund der Religionsausübung[97] oder das Erfordernis eines
Nachweises für die religiöse Überzeugung zwecks Inanspruchnahme gesetzlich vorge-
sehener religiöser Feiertage.[98]

D. Eingriffsrechtfertigung

Die **Gedanken- und Gewissensfreiheit** unterliegt **keinen Beschränkungen**. Die in Art. 9 32
Abs. 2 EMRK enthaltene spezielle Schrankenregelung, die gem. Art. 52 Abs. 3 Satz 1
GRC auch für Art. 10 Abs. 1 GRC gilt,[99] enthält ausdrücklich nur **Einschränkungen der**
Religions- und Weltanschauungsfreiheit, speziell des Bekennens als Form der äußeren
Religions- bzw. Weltanschauungsfreiheit.[100] Nach der **speziellen Schrankenregelung**
müssen Eingriffe in den Schutzbereich durch Gesetz vorgesehen, ein legitimes Ziel ver-
folgen und notwendig in einer demokratischen Gesellschaft sein.

I. Gesetzliche Grundlage

Die Voraussetzung der gesetzlichen Grundlage umfasst zwei Anforderungen an die 33
Qualität eines Gesetzes: die **Zugänglichkeit** und die **Vorhersehbarkeit bzw. hinreichen-**
de Bestimmtheit.[101] Nur auf der Grundlage eines veröffentlichten und hinreichend prä-

---

[92] *Rengeling/Szczekalla*, Grundrechte, § 17, Rn. 696.

[93] EGMR, Urt. v. 15.2.2001, Beschwerde-Nr. 42393/98 (Dahlab/Schweiz), Rep. 2001-V, 447,
S. 12.

[94] EGMR, Urt. v. 10.11.2005, Beschwerde-Nr. 44774/98 (Leyla Şahin/Türkei) [GK], Rep.
2005-XI, 173, Rn. 78, 112 ff. *Harris/O'Boyle/Warbrick*, S. 437 f.

[95] EGMR, Zulässigkeitsentscheidung v. 13.11.2008, Beschwerde-Nr. 24479/07 (Mann Singh/
Frankreich), S. 5 (im Internet abrufbar unter: http://hudoc.echr.coe.int).

[96] EGMR, Urt. v. 6.11.2008, Beschwerde-Nr. 58911/00 (Leela Förderkreis e. V. u.a./Deutsch-
land), Rn. 84 (im Internet abrufbar unter: http://hudoc.echr.coe.int). *Rengeling/Szczekalla*, Grundrechte, § 17, Rn. 697; *Grabenwarter/Pabel*, § 22, Rn. 108.

[97] EGMR, Urt. v. 15.1.2013, Beschwerde-Nr. 48420/10, 59842/10, 51671/10 und 36516/10
(Eweida u. a./Vereinigtes Königreich), Rep. 2013-I, 215, Rn. 91, 97, 102.

[98] EGMR, Urt. v. 13.4.2006, Beschwerde-Nr. 55170/00 (Kosteski/ehemalige jugoslawische Republik Mazedonien), Rn. 39 (im Internet abrufbar unter: http://hudoc.echr.coe.int). *Grabenwarter/
Pabel*, § 22, Rn. 108.

[99] *Augsberg*, in GSH, Europäisches Unionsrecht, Art. 10 GRC; Rn. 14; *Walter*, in: Dörr/Grote/
Marauhn, EMRK/GG, Kap. 17, Rn. 157.

[100] *Frowein*, in: Frowein/Peukert, EMRK, Art. 9 EMRK, Rn. 29; *Frenz*, Handbuch Europarecht,
Bd. 4, Rn. 1685, 1695; *Schilling*, § 14, Rn. 330.

[101] EGMR, Urt. v. 26.4.1979, Beschwerde-Nr. 6538/74 (Sunday Times/Vereinigtes Königreich)
(Nr. 1), Ser. A no. 30, Rn 49; Urt. v. 17.2.2004, Beschwerde-Nr. 44158/98 (Gorzelik u. a./Polen)

zise formulierten Gesetzes sind die Folgen eines bestimmten Verhaltens für jedermann ersichtlich. Diese Anforderungen sind nach Auffassung des EGMR jedenfalls nicht erfüllt, wenn der Eingriff auf einem Rechtsakt der Regierung oder einer internen und nicht veröffentlichten Behördenrichtlinie beruht.[102]

II. Legitimes Ziel

34   Die Aufzählung der legitimen Ziele in **Art. 9 Abs. 2 EMRK** ist abschließend.[103] Nach dieser Bestimmung muss der Eingriff ein oder mehrere weit gefasste Ziele – das Interesse der öffentlichen Sicherheit, den Schutz der öffentlichen Ordnung, Gesundheit oder Moral oder den Schutz der Rechte und Freiheiten anderer – verfolgen.[104]

35   Die **öffentliche Sicherheit** schließt die innere und äußere Sicherheit des Staates ein. Dazu zählt das Funktionieren seiner Einrichtungen und öffentlichen Dienste.[105] Ein Anwendungsfall wäre, wenn z. B. Sekten staatliche Einrichtungen zu unterwandern drohen.[106] Der **Schutz der öffentlichen Ordnung** umfasst die Aufrechterhaltung der innerstaatlichen Rechtsordnung, wozu auch die Aufdeckung und Verhinderung künftiger Straftaten zählen.[107] Die **Gesundheit** ist sowohl als kollektives als auch als individuelles Schutzgut zu verstehen.[108] Somit kann der Grundrechtsadressat gesundheitsgefährdende Praktiken von Sekten verbieten sowie zum Schutz einzelner Gläubiger, wie beispielsweise eines Sikh, eingreifen, der sich aus religiösen Gründen weigert, seinen Turban abzunehmen und einen Motorradhelm zu tragen.[109] **Moralische Vorstellungen** können ebenso wie religiöse Vorstellungen von Mitgliedstaat zu Mitgliedstaat unterschiedlich sein, so dass ein weiter Beurteilungsspielraum (margin of appreciation) zugestanden wird.[110] Die **Rechte und Freiheiten anderer** beziehen sich sowohl auf in der Konvention bzw. der Charta als auch im innerstaatlichen Recht gewährte Rechte.[111] Das Recht auf Religionsfreiheit muss demnach in Einklang mit den Rechten und Freiheiten anderer gebracht werden, wie beim Schutz vor unerbetener Missionierung.[112]

[GK], Rep. 2004-I, 219, Rn. 64; Urt. v. 11. 1. 2007, Beschwerde-Nr. 184/02 (Kuznetsov u. a./Russland), Rn. 74 (im Internet abrufbar unter: http://hudoc.echr.coe.int). *Blum*, S. 112; *Evans*, Freedom of religion, S. 138; *Harris/O'Boyle/Warbrick*, S. 435.

[102] EGMR, Urt. v. 26. 10. 2000, Beschwerde-Nr. 30985/96 (Hasan und Chaush/Bulgarien) [GK], Rep. 2000-XI, 117, Rn. 85 f.; Urt. v. 29. 4. 2003, Beschwerde-Nr. 38812/97 (Poltoratskiy/Ukraine), Rep. 2003-V, 89, Rn. 168. *Ungern-Sternberg von*, in: Karpenstein/Mayer, EMRK, Art. 9 EMRK, Rn. 35.

[103] *Grabenwarter/Pabel*, § 22, Rn. 115; *Ottenberg*, S. 145.

[104] *Evans*, Freedom of religion, S. 147 ff.

[105] EuGH, Urt. v. 10. 7. 1984, Rs. 72/83 (Campus Oil Limited u. a./Minister for Industry and Energy u. a.), Slg. 1984, 2727, Rn. 34.

[106] *Frenz*, Handbuch Europarecht, Bd. 4, Rn. 1709.

[107] *Gaitanides*, in: Heselhaus/Nowak, Handbuch der Europäischen Grundrechte, § 29, Rn. 34.

[108] *Blum*, S. 117.

[109] EKMR, Zulässigkeitsentscheidung v. 12. 7. 1978, Beschwerde-Nr. 7992/77 (X/Vereinigtes Königreich), DR 14, 234 (235). *Frenz*, Handbuch Europarecht, Bd. 4, Rn. 1712.

[110] EGMR, Urt. v. 7. 12. 1976, Beschwerde-Nr. 5493/72 (Handyside/Vereinigtes Königreich), Ser. A no. 24, Rn. 48; Urt. v. 20. 9. 1994, Beschwerde-Nr. 13470/87 (Otto-Preminger Institut/Österreich), Ser. A no. 295-A, Rn. 50. *Evans*, Freedom of religion, S. 143 f.; *Hoffmann-Remy*, S. 70 ff.; *Brems*, ZaöRV 56 (1996), 240 (242 ff.); *Greer*, S. 15 ff.

[111] *Ungern-Sternberg von*, in: Karpenstein/Mayer, EMRK, Art. 9 EMRK, Rn. 37.

[112] EGMR, Urt. v. 25. 5. 1993, Beschwerde-Nr. 14307/88 (Kokkinakis/Griechenland), Ser. A no. 260-A, Rn. 42 ff.; Urt. v. 24. 2. 1998, Beschwerde-Nr. 23372/94 (Larissis u. a./Griechenland), Rep. 1998-I, 362, Rn. 44. *Harris/O'Boyle/Warbrick*, S. 438.

III. Notwendig in einer demokratischen Gesellschaft

Als dritte Voraussetzung der Rechtfertigung ist die Notwendigkeit des Eingriffes in einer demokratischen Gesellschaft zu prüfen. Danach muss die dem Eingriff zugrunde liegende Maßnahme **verhältnismäßig** zum verfolgten legitimen Ziel sein.[113] Die Notwendigkeitsprüfung basiert auf verschiedenen Faktoren, wie dem Charakter des entsprechenden Rechts, dem Grad des Eingriffes, dem Charakter des öffentlichen Interesses und dem Grad des erforderlichen Schutzes nach den Umständen des konkreten Falles.[114] Bei der Prüfung wird den Behörden ein **Beurteilungsspielraum** gewährt, weil sie den genauen Inhalt dieser Anforderungen sowie die Notwendigkeit einer Einschränkung am besten einschätzen können. So kann der Beurteilungsspielraum in Abhängigkeit von den betreffenden Rechten und Interessen im Einzelfall variieren. In Bezug auf die Einschätzung der Rolle der Religion in der Gesellschaft bestehen in Europa und mitunter selbst innerhalb der einzelnen Staaten unterschiedliche Auffassungen.[115] Je größer die nationalen Unterschiede sind, desto größer müsse nach Auffassung des EGMR auch der Beurteilungsspielraum der einzelnen Staaten sein.[116] So kann das Verbot religiöser Symbole in einigen Fällen gerechtfertigt sein, wie in den Kopfbedeckungs-Fällen,[117] in anderen mit unterschiedlichem Kontext, wie das Tragen eines Kreuzes,[118] hingegen nicht.[119]   **36**

Die **demokratische Gesellschaft als Leitbild** dient als Anknüpfungspunkt für bestimmte Wertungskriterien im Rahmen der Verhältnismäßigkeitsprüfung.[120] An diesem Begriff orientiert sich die Bewertung der Abwägung miteinander kollidierender Rechtsgüter.[121] Auf der Grundlage der Demokratie als Teil der in Art. 2 EUV fest verankerten Werteordnung der Union und der fortschreitenden Vereinheitlichung des Grundrechtsschutzes in den EU-Mitgliedstaaten dürfte künftig auch eine zunehmende Annäherung der nationalen Beurteilungsspielräume in einigen Bereichen zu erwarten sein.[122]   **37**

Für das in Art. 10 Abs. 2 GRC gewährleistete **Recht auf Wehrdienstverweigerung** aus Gewissensgründen gelten wegen der einzelstaatlichen gesetzlichen Ausübungsregelung   **38**

---

[113] EGMR, Urt. v. 13.12.2001, Beschwerde-Nr. 45701/99 (Metropolitan Church of Bessarabia u.a./Moldawien), Rep. 2001-XII, 81, Rn. 122, 128 ff.; Urt. v. 26.6.2014, Beschwerde-Nr. 26587/07 (Krupko u.a./Russland), NVwZ 2015, 879, Rn. 56.

[114] EKMR, Zulässigkeitsentscheidung v. 5.5.1979, Beschwerde-Nr. 7805/77 (X und the Church of Scientology/Schweden), DR 16, 68 (73).

[115] EGMR, Urt. v. 20.9.1994, Beschwerde-Nr. 13470/87 (Otto-Preminger Institut/Österreich), Ser. A no. 295-A, Rn. 56.

[116] EGMR, Urt. v. 13.9.2005, Beschwerde-Nr. 42571/98 (I.A./Türkei), Rep. 2005-VIII, 249, Rn. 25; Urt. v. 10.11.2005, Beschwerde-Nr. 44774/98 (Leyla Şahin/Türkei) [GK], Rep. 2005-XI, 173, Rn. 109.

[117] Verbot des Kopftuchtragens bzw. der Gesichtsverschleierung: EGMR, Urt. v. 10.11.2005, Beschwerde-Nr. 44774/98 (Leyla Şahin/Türkei) [GK], Rep. 2005-XI, 115, Rn. 122 f.; Urt. v. 1.7.2014, Beschwerde-Nr. 43835/11 (SAS/Frankreich) [GK], NJW 2014, 2925, Rn. 158; Ausschluss von französischer Schule wegen des Kopftuchtragens im Turnunterricht: EGMR, Urt. v. 4.12.2008, Beschwerde-Nr. 27058/05 (Dogru/Frankreich), NJOZ 2010, 1193, Rn. 76 ff.; Verurteilung wegen Tragens von Kopfbedeckungen in der Öffentlichkeit: EGMR, Urt. v. 23.2.2010, Beschwerde-Nr. 41135/98 (Ahmet Arslan u.a./Türkei), Rn. 31 (im Internet abrufbar unter: http://hudoc.echr.coe.int).

[118] EGMR, Urt. v. 15.1.2013, Beschwerde-Nr. 48420/10, 59842/10, 51671/10 u. 36516/10 (Eweida u.a./Vereinigtes Königreich), Rep. 2013-I, 215, Rn. 91 ff.

[119] *Evans*, Manual on the wearing of religious symbols, S. 19 ff.

[120] *Hoffmann-Remy*, S. 56 ff.

[121] *Blum*, S. 124 ff.

[122] *Gaitanides*, in: Heselhaus/Nowak, Handbuch der Europäischen Grundrechte, § 29, Rn. 35.

nationale Schrankenvorbehalte sowie die **allgemeine Grundrechtsschranke** des Art. 52 Abs. 1 GRC.[123] Aufgrund einer fehlenden Regelung dieses Rechts in der EMRK können Art. 52 Abs. 3 Satz 1 GRC und damit die Schranken der EMRK keine Anwendung finden.[124]

E. Verhältnis zu anderen Bestimmungen

39   Art. 10 GRC steht in einem besonderen Verhältnis zu anderen Kommunikationsgrundrechten wie der in Art. 11 Abs. 1 GRC geregelten **Meinungsäußerungs- und Medienfreiheit** und der in Art. 12 Abs. 1 GRC geregelten **Versammlungs- und Vereinigungsfreiheit**.[125] Art. 10 Abs. 1 GRC ist gegenüber diesen Grundrechten spezieller, soweit es um religiöse oder weltanschauliche Inhalte geht.[126] Die in Art. 10 GRC garantierte Religionsfreiheit steht im Zusammenhang mit dem Achtungsgebot hinsichtlich des Status von Kirchen und religiösen Vereinigungen oder Gemeinschaften sowie weltanschaulichen Gemeinschaften nach den einzelstaatlichen Rechtsvorschriften in Art. 17 AEUV.[127] Art. 14 Abs. 3 GRC enthält eine Spezialregelung für das **Elternrecht**, die Erziehung und den Unterricht ihrer Kinder entsprechend ihren eigenen religiösen oder weltanschaulichen Überzeugungen sicherzustellen.[128] Art. 10 GRC ist weiterhin in einem engen Verhältnis zur **Nichtdiskriminierung** wegen der Religion oder Weltanschauung in Art. 21 Abs. 1 GRC zu sehen.[129] Darüber hinaus wird in Art. 22 GRC ausdrücklicher Bezug zur **Vielfalt der Religionen** genommen.[130]

---

[123] *Bernsdorff*, in: Meyer, GRCh, Art. 10 GRC, Rn. 17.

[124] *Gaitanides*, in: Heselhaus/Nowak, Handbuch der Europäischen Grundrechte, § 29, Rn. 36.

[125] *EU Network of Independent Experts on Fundamental Rights*, Art. 10 GRC, S. 106.

[126] *Bernsdorff*, in: Meyer, GRCh, Art. 10 GRC, Rn. 10; *Gaitanides*, in: Heselhaus/Nowak, Handbuch der Europäischen Grundrechte, § 29, Rn. 37; *Jarass*, GRCh, Art. 10 GRC, Rn. 5; *EU Network of Independent Experts on Fundamental Rights*, Art. 10, S. 106.

[127] *Jarass*, GRCh, Art. 10 GRC, Rn. 1.

[128] *Bernsdorff*, in: Meyer, GRCh, Art. 10 GRC, Rn. 10; *Gaitanides*, in: Heselhaus/Nowak, Handbuch der Europäischen Grundrechte, § 29, Rn. 37; *Jarass*, GRCh, Art. 10 GRC, Rn. 5; *Muckel*, in: Tettinger/Stern, EuGRCh, Art. 10 GRC, Rn. 14; *Krimphove*, EuR 2009, 330 (332).

[129] *Bernsdorff*, in: Meyer, GRCh, Art. 10 GRC, Rn. 10; *Gaitanides*, in: Heselhaus/Nowak, Handbuch der Europäischen Grundrechte, § 29, Rn. 37; *Jarass*, GRCh, Art. 10 GRC, Rn. 5; *Muckel*, in: Tettinger/Stern, EuGRCh, Art. 10 GRC, Rn. 15; *Krimphove*, EuR 2009, 330 (332); *Shaw*, S. 460 f.

[130] *Bernsdorff*, in: Meyer, GRCh, Art. 10 GRC, Rn. 10; *Muckel*, in: Tettinger/Stern, EuGRCh, Art. 10 GRC, Rn. 16; *Krimphove*, EuR 2009, 330 (332).

Artikel 11 GRC Freiheit der Meinungsäußerung und Informationsfreiheit

(1) ¹Jede Person hat das Recht auf freie Meinungsäußerung. ²Dieses Recht schließt die Meinungsfreiheit und die Freiheit ein, Informationen und Ideen ohne behördliche Eingriffe und ohne Rücksicht auf Staatsgrenzen zu empfangen und weiterzugeben.

(2) Die Freiheit der Medien und ihre Pluralität werden geachtet.

Literaturübersicht

Brems, The margin of appreciation doctrine in the case-law of the European Court of Human Rights, ZaöRV 56 (1996), 240; *Donati*, Article 11 – Freedom of expression and information, in: Mock (Hrsg.), Human Rights in Europe. Commentary on the Charter of Fundamental Rights of the European Union, 2010, S. 72; *EU Network of Independent Experts on Fundamental Rights*, Commentary of the Charta of Fundamental Rights of the European Union, 2006; *Feise*, Medienfreiheit und Medienvielfalt gemäß Art. 11 Abs. 2 der Europäischen Grundrechtecharta, 2006; *Frenz/Casimir-van den Broek*, Religionskritische Meinungsäußerungen und Art. 10 EMRK in der Spruchpraxis des Europäischen Gerichtshofs für Menschenrechte, ZUM 2007, 815; *Grabenwarter/Pabel*, Europäische Menschenrechtskonvention, 5. Aufl., 2012; *Greer*, The exceptions to Articles 8 to 11 of the European Convention on Human Rights, 1997; *Harris/O'Boyle/Warbrick*, Law of the European Convention on Human Rights, 2. Aufl., 2009; *Hoffmann-Remy*, Die Möglichkeiten der Grundrechtseinschränkung nach den Art. 8–11 Abs. 2 der Europäischen Menschenrechtskonvention, 1976; *Keller/Cirigliano*, Die Krux mit der Blasphemie – Analyse zweier richterlicher Lösungsansätze, ZaöRV 70 (2010), 403; *Lester*, Freedom of Expression, in: MacDonald/Matscher/Petzold (Hrsg.), The European system for the protection of human rights, 1993, S. 465; *Peters/Altwicker*, Europäische Menschenrechtskonvention, 2. Aufl., 2012; *Prepeluh*, Die Entwicklung der *Margin of Appreciation*-Doktrin im Hinblick auf die Pressefreiheit, ZaöRV 61 (2001), 771; *Schilling*, Internationaler Menschenrechtsschutz, 2. Aufl., 2010; *Schwarze*, Medienfreiheit und Medienvielfalt im Europäischen Gemeinschaftsrecht, ZUM 2000, 779; *Skouris*, Medienrechtliche Fragen in der Rechtsprechung des EuGH – Grundrechtliche Aspekte des Medienrechts und Charta der Grundrechte der EU, MMR 2011, 423; *Stock*, Medienfreiheit in der EU-Grundrechtscharta, 2000; *ders.*, Medienfreiheit in der EU nur »geachtet« (Art. 11 Grundrechtscharta) – Ein Plädoyer für Nachbesserungen im Verfassungskonvent, EuR 2002, 566.

Leitentscheidungen

EuGH, Urt. v. 17.1.1984, verb. Rs. 43/82 u. 63/82 (VBVB und VBBB/Kommission), Slg. 1984, 19

EuGH, Urt. v. 13.12.1989, Rs. C–100/88 (Oyowe und Traore/Kommission), Slg. 1989, 4285

EuGH, Urt. v. 18.6.1991, Rs. C–260/89 (Elliniki Radiophonia Tiléorassi AE/Dimotiki Etairia Pliroforissis und Sotirios Kouvelas), Slg. 1991, I–2925

EuGH, Urt. v. 25.7.1991, Rs. C–288/89 (Stichting Collectieve Antennevoorziening Gouda u. a./Commissariaat voor de Media), Slg. 1991, I–4007

EuGH, Urt. v. 30.4.1996, Rs. C–58/94 (Niederlande/Rat), Slg. 1996, I–2169

EuGH, Urt. v. 6.3.2001, Rs. C–274/99 P (Bernard Connolly/Kommission), Slg. 2001, I–1611

EuGH, Urt. v. 12.6.2003, Rs. C–112/00 (Eugen Schmidberger, Internationale Transporte und Planzüge/Österreich), Slg. 2003, I–5659

EuGH, Urt. v. 13.7.2004, Rs. C–429/02 (Bacardi France SAS/Télévision française 1 SA [TF1], Groupe Jean-Claude Darmon SA und Girosport SARL) [GK], Slg. 2004, I–6613

EuGH, Urt. v. 12.6.2006, Rs. C–479/04 (Laserdisken ApS/Kulturministeriet), Slg. 2006, I–8089

EuGH, Urt. v. 12.12.2006, Rs. C–380/03 (Deutschland/Parlament und Rat) [GK], Slg. 2006, I–11573

EuGH, Urt. v. 29.11.2012, Rs. T–590/10 (Thesing und Bloomberg Finance/EZB), ECLI:EU:T:2012:635

Wesentliche sekundärrechtliche Vorschriften

Richtlinie 2003/4/EG vom 28.1.2003 über den Zugang der Öffentlichkeit zu Umweltinformationen und zur Aufhebung der Richtlinie 90/313/EWG des Rates (Umweltinformationsrichtlinie), ABl. 2003, L 41/26

Richtlinie 2010/13/EU vom 10.3.2010 zur Koordinierung bestimmter Rechts- und Verwaltungsvorschriften der Mitgliedstaaten über die Bereitstellung audiovisueller Mediendienste (Richtlinie über audiovisuelle Mediendienste), ABl. 2010, L 95/1

Inhaltsübersicht

A. Entwicklung, Quellen, Bedeutung

I. Entwicklung

1 Die **Ursprünge** der Meinungsäußerungs- und Informationsfreiheit lassen sich bis ins 18. Jahrhundert zurückverfolgen.[1] Damit haben sie sich im Unterschied zu anderen Grundrechten erst später entwickelt. Heute gehören sie zu den Eckpfeilern einer pluralistischen Demokratie.

2 Bis zur Aufnahme der Meinungsäußerungs- und Informationsfreiheit in die Grundrechtecharta wurde diese durch den **EuGH** in seiner Rechtsprechung unter Berücksichtigung der in Art. 10 EMRK[2] verbürgten Meinungsäußerungsfreiheit als allgemeine Rechtsgrundsätze im Sinne von Art. 6 Abs. 2 EUV a. F. zunächst implizit[3] und schließlich ausdrücklich[4] gewährleistet.

3 Die Notwendigkeit der Aufnahme der Meinungsäußerungsfreiheit in die Grundrechtecharta war im **Grundrechtekonvent** unstrittig.[5] So wurde die besondere Bedeutung dieser Bestimmung wiederholt betont.[6] Art. 11 GRC orientiert sich maßgeblich an Art. 10 EMRK, was aus der wortgleichen Übernahme der Bestimmungen in Art. 10 Abs. 1 Satz 1 und 2 EMRK ersichtlich wird. Die Vorschläge und Diskussionen konzentrierten sich überwiegend auf die Ausgestaltung einer speziellen Schrankenregelung[7]

---

[1] *Grote/Wenzel*, in: Dörr/Grote/Marauhn, EMRK/GG, Kap. 18, Rn. 1.

[2] SEV-Nr. 005.

[3] EuGH, Urt. v. 17.1.1984, verb. Rs. 43/82 u. 63/82 (VBVB und VBBB/Kommission), Slg. 1984, 19, Rn. 33 f.

[4] EuGH, Urt. v. 18.6.1991, Rs. C–260/89 (Elliniki Radiophonia Tiléorassi AE/Dimotiki Etairia Pliroforissis und Sotirios Kouvelas), Slg. 1991, I–2925, Rn. 44.

[5] *Feise*, S. 32 ff.; *Stock*, Medienfreiheit in der EU-Grundrechtscharta, S. 65 ff.; *Bernsdorff*, in: Meyer, GRCh, Art. 11 GRC, Rn. 5.

[6] Protokoll der Vierten Sitzung des Konvents (förmliche Tagung) am 2./3.3.2000, in: Bernsdorff/Borowsky, Die Charta der Grundrechte der Europäischen Union, 2002, Art. 11, S. 159.

[7] Protokoll der Fünften Sitzung des Konvents (förmliche Tagung) am 20./21.3.2000, in: Bernsdorff/Borowsky (Fn. 6), Art. 15, S. 188 ff.

sowie eine ausdrückliche Aufnahme anderer Rechte wie der Presse- und Rundfunkfreiheit.[8] Auf eine spezielle Schrankenregelung für die Meinungsäußerungs- und Informationsfreiheit ist letztendlich verzichtet worden. Um die Freiheit nicht nur auf Presse und Rundfunk zu begrenzen, sondern auf alle Medien auszuweiten, ist schließlich die Freiheit der Medien in Art. 11 Abs. 2 GRC aufgenommen worden.[9] Damit sind im Gegensatz zu Art. 10 EMRK die Meinungsäußerungsfreiheit und die Medienfreiheit in unterschiedlichen Absätzen verortet.[10]

II. Quellen

Auf universeller Ebene ist die Meinungsfreiheit in **Art. 19 Internationaler Pakt über bürgerliche und politische Rechte (IPbpR)** von 1966[11] verbindlich geregelt. Im Gegensatz zu **Art. 10 EMRK** auf regionaler europäischer Ebene unterscheidet Art. 19 IPbpR zwischen innerer (Abs. 1) und äußerer Meinungsfreiheit (Abs. 2). Weil die innere Meinungsfreiheit absolut gewährleistet wird, gelten die Schranken in Abs. 3 nur für die in Abs. 2 geregelte Meinungsäußerungsfreiheit. Danach müssen die Einschränkungen gesetzlich vorgesehen und notwendig sein sowie eines der abschließend aufgeführten legitimen Ziele – die nicht mit denen in Art. 10 Abs. 2 EMRK identisch sind[12] – verfolgen. Dem Kriterium der Notwendigkeit ist in der Allgemeinen Bemerkung Nr. 34 zu Artikel 19 IPbpR[13] nunmehr die Notwendigkeit in einer demokratischen Gesellschaft, wie es auch Art. 10 Abs. 2 EMRK erfordert, hinzugefügt worden. Eine besondere Schranke der Meinungsäußerungsfreiheit ist in **Art. 20 IPbpR** geregelt. Danach ist jede Kriegspropaganda sowie das Eintreten für nationalen, rassischen oder religiösen Hass, durch das zu Diskriminierung, Feindseligkeit oder Gewalt aufgestachelt wird, durch Gesetz verboten. Wegen des Fehlens eines Pendants in der EMRK wird diesbezüglich auch auf die allgemeine Missbrauchsschranke des **Art. 17 EMRK** abgestellt.[14] Bezüglich der Informationsfreiheit sieht Art. 19 Abs. 2 IPbpR neben dem Empfang und der Weitergabe von Informationen ausdrücklich auch die Beschaffung vor, die in Art. 10 Abs. 2 EMRK keine ausdrückliche Erwähnung findet. Art. 10 Abs. 1 Satz 2 EMRK enthält hingegen einen Genehmigungsvorbehalt für audiovisuelle Medien.[15]

Die Freiheit der Meinungsäußerung und die Informationsfreiheit in Art. 11 GRC entsprechen den durch Art. 10 EMRK garantierten Rechten und haben nach Art. 52 Abs. 3 Satz 1 GRC die **gleiche Bedeutung und Tragweite** wie diese.[16] Deshalb dürfen mögliche

4

5

---

[8] Protokoll der Dreizehnten Sitzung des Konvents (informelle Tagung) am 28./29./30. 6. 2000, in: Bernsdorff/Borowsky (Fn. 6), Art. 15, S. 287 ff.

[9] *Bernsdorff*, in: Meyer, GRCh, Art. 11 GRC, Rn. 8 ff.; *Stern*, in: Tettinger/Stern, EuGRCh, Art. 11 GRC, Rn. 3 ff. *Stock*, EuR 2002, 566 (568 ff.).

[10] *Bernsdorff*, in: Meyer, GRCh, Art. 11 GRC, Rn. 11.

[11] UNTS, vol. 999, p. 171.

[12] In Art. 10 Abs. 2 EMRK sind neben den legitimen Zielen, die auch in Art. 19 Abs. 3 IPbpR aufgeführt sind, noch die territoriale Unversehrtheit, die Verhütung von Straftaten, die Verhinderung der Verbreitung vertraulicher Informationen oder die Wahrung der Autorität und der Unparteilichkeit der Rechtsprechung aufgelistet.

[13] UN Doc. CCPR/C/GC/34 (12. 9. 2011), Rn. 34.

[14] *Harris/O'Boyle/Warbrick*, S. 449 ff.

[15] *Grote/Wenzel*, in: Dörr/Grote/Marauhn, EMRK/GG, Kap. 18, Rn. 10.

[16] Erläuterungen zu Art. 11 und Art. 52 Abs. 3 der Charta der Grundrechte vom 14. 12. 2007, ABl. 2007, C 303/17 (21, 33). Nach Abs. 5 Satz 2 Präambel GRC sowie Art. 52 Abs. 7 GRC sind die rechtlich nicht verbindlichen Erläuterungen bei der Auslegung der Charta von den Gerichten der Union und der Mitgliedstaaten gebührend zu berücksichtigen.

Einschränkungen auch nicht über die in Art. 10 Abs. 2 EMRK vorgesehenen Einschrän-
kungen hinausgehen.[17] Dies gilt unbeschadet der Beschränkungen, die die Möglichkeit
der Mitgliedstaaten zur Einführung von Genehmigungsregelungen nach Art. 10 Abs. 1
Satz 3 EMRK durch das Wettbewerbsrecht der EU vorsehen.[18] Insofern ist auch auf das
Protokoll (Nr. 29) über den öffentlich-rechtlichen Rundfunk in den Mitgliedstaaten zum
EUV und AEUV zu verweisen.[19]

6   Die Meinungsfreiheit als wesentliches Kommunikationsgrundrecht ist **verfassungsrechtlich** in allen EU-Mitgliedstaaten garantiert.[20] Die Informationsfreiheit wird hingegen meist nicht ausdrücklich,[21] sondern als Bestandteil der Meinungsfreiheit geregelt.
Für die Medienfreiheit sehen einige mitgliedstaatliche Verfassungen[22] spezielle Regelungen vor.[23]

III. Bedeutung

7   Die Meinungsäußerungs- und Informationsfreiheit ist zum einen als individuelles Freiheitsrecht im Sinne eines liberalen Grundrechtsverständnisses zum anderen als notwendige Komponente in einem demokratischen Meinungs- und Willensbildungsprozess
von Bedeutung. Die Verankerung dieses **Kommunikationsgrundrechts** in der Grundrechtecharta unterstreicht die herausragende Bedeutung der freien Kommunikation im
Prozess der individuellen und öffentlichen Meinungsbildung.[24] Die Bedeutung für eine
pluralistische Demokratie spiegelt sich auch in dem Rechtfertigungskriterium der »Notwendigkeit in einer demokratischen Gesellschaft« wider.[25] Die Funktion dieser Freiheit
ist insbesondere auf die Verhinderung von Missbrauch politischer Macht durch Kontrolle staatlicher Eingriffe in die Meinungsfreiheit gerichtet.[26]

B. Schutzbereich

I. Persönlicher Schutzbereich

8   Die Meinungsäußerungs- und Informationsfreiheit wird in Art. 11 Abs. 1 Satz 1 GRC
»jeder Person« gewährt. Dazu zählen sowohl **natürliche Personen** unabhängig von ihrer
Staatsangehörigkeit, darunter auch Ausländer aus Nicht-EU-Mitgliedstaaten,[27] als auch
juristische Personen. Zu letzteren gehören nur juristische Personen des Privatrechts wie
nichtstaatliche Organisationen. Allerdings können sich juristische Personen des öffent-

---

[17] *EU Network of Independent Experts on Fundamental Rights*, Art. 11, S. 116.
[18] Erläuterungen zu Art. 11 und 52 Abs. 3 der Charta der Grundrechte vom 14.12.2007, ABl.
2007, C 303/17 (21, 33).
[19] ABl. 2012, C 326/312.
[20] *Feise*, S. 78 ff.
[21] Ausdrückliche Regelung der Informationsfreiheit z.B. in Art. 5 Abs. 1 Satz 1 GG, § 12 Abs. 1
Satz 2 Verfassung Finnland, Kap. 2 § 1 Abs. 2 Verfassung Schweden, Art. 54 Abs. 1 Verfassung Polen.
[22] Z.B. Art. 5 Abs. 1 Satz 2 und 3 GG; Art. 14 und 15 Verfassung Griechenland; Art. 7 Verfassung
Niederlande.
[23] *Bernsdorff*, in: Meyer, GRCh, Art. 11 GRC, Rn. 2.
[24] *Bernsdorff*, in: Meyer, GRCh, Art. 11 GRC, Rn. 1.
[25] *Mensching*, in: Karpenstein/Mayer, EMRK, Art. 10 EMRK, Rn. 1.
[26] *Grote/Wenzel*, in: Dörr/Grote/Marauhn, EMRK/GG, Kap. 18, Rn. 15.
[27] EuGH, Urt. v. 13.12.1989, Rs. C–100/88 (Oyowe und Traore/Kommission), Slg. 1989, 4285,
Rn. 13 ff.

lichen Rechts wie öffentlich-rechtliche Rundfunkanstalten ebenfalls auf die Medienfreiheit in Art. 11 Abs. 2 GRC berufen, solange sie staatsfern sind.[28]

II. Sachlicher Schutzbereich

1. Meinungsäußerungsfreiheit

Nach dem Wortlaut beinhaltet der sachliche Schutzbereich der in Art. 11 Abs. 1 GRC   **9**
geregelten Kommunikationsfreiheit Meinungen, Informationen und Ideen. Dabei ist grundsätzlich von einem **weiten Begriff der Meinung** auszugehen, der vor allem **Werturteile** jeder Art umfasst. **Tatsachenbehauptungen** werden eher den **Informationen** zugeordnet.[29] Tatsachen können im Gegensatz zu Werturteilen bewiesen werden.[30]

Art. 11 Abs. 1 GRC umfasst sowohl das **Bilden und Haben** einer Meinung (forum   **10**
internum) als auch die **Äußerung und Verbreitung** der Meinung (forum externum).[31] Das Bilden und Haben einer Meinung als Grundvoraussetzungen für die Äußerung der Meinung sind sowohl unter die in Art. 10 Abs. 1 Satz 1 EMRK bzw. Art. 11 Abs. 1 Satz 1 GRC normierte Meinungsäußerungsfreiheit als auch unter den Oberbegriff der Meinungsfreiheit in Art. 10 Abs. 1 Satz 2 EMRK bzw. Art. 11 Abs. 1 Satz 2 GRC zu fassen. Ebenso fällt das **Nicht-Haben** einer bestimmten Meinung als negative Seite in den Schutzbereich dieser Kommunikationsfreiheit. Danach darf der Staat den unter seiner Jurisdiktion stehenden Personen keine Meinung aufdrängen, was z.B. den Schutz vor schulischer Indoktrinierung einschließt.[32]

Die **Meinungsäußerungsfreiheit** wird in Art. 10 Abs. 1 Satz 1 EMRK bzw. Art. 11   **11**
Abs. 1 Satz 1 GRC und damit an erster Stelle ausdrücklich genannt. Sie bezieht die Freiheit der Äußerung von Informationen und Ideen mit ein. Inhalt und Qualität der Meinungen, Informationen und Ideen sind für die Anwendung der Kommunikationsfreiheit unerheblich.[33] Geschützt werden sowohl politische,[34] kulturelle, künstlerische,[35] religiöse[36] als auch kommerzielle Inhalte.[37] Selbst verletzende, schockierende und be-

---

[28] EGMR, Urt. v. 29.3.2011, Beschwerde-Nr. 50084/06 (RTBF/Belgien), Rep. 2011-III, 155, Rn. 5, 94. *Grabenwarter/Pabel*, § 23, Rn. 10; *Mensching*, in: Karpenstein/Mayer, EMRK, Art. 10 EMRK, Rn. 6; *Pünder*, in: Ehlers, Grundrechte und Grundfreiheiten, § 17, Rn. 9; *Bernsdorff*, in: Meyer, GRCh, Art. 11 GRC, Rn. 21.

[29] *Augsberg*, in: GSH, Europäisches Unionsrecht, Art. 11 GRC, Rn. 6; *Frenz*, Handbuch Europarecht, Bd. 4, Rn. 1784.

[30] EGMR, Urt. v. 10.7.2014, Beschwerde-Nr. 48311/10 (Axel Springer AG/Deutschland) (Nr. 2), Rn. 63 (im Internet abrufbar unter: http://hudoc.echr.coe.int). *Meyer-Ladewig*, EMRK, Art. 10 EMRK, Rn. 50; *Schilling*, § 15, Rn. 363f.

[31] *Bernsdorff*, in: Meyer, GRCh, Art. 11 GRC, Rn. 12; *Jarass*, GRCh, Art. 11 GRC, Rn. 10f.; *Frenz*, Handbuch Europarecht, Bd. 4, Rn. 1799.

[32] EGMR, Urt. v. 7.12.1976, Beschwerde-Nr. 5095/71, 5920/72, 5926/72 (Kjeldsen, Busk Madsen und Pedersen/Dänemark), Ser. A no. 23, Rn. 52f.; *Frowein*, in: Frowein/Peukert, EMRK, Art. 10 EMRK, Rn. 3; *Frenz*, Handbuch Europarecht, Bd. 4, Rn. 1801.

[33] *Calliess*, in: Calliess/Ruffert, EUV/AEUV, Art. 11 GRC, Rn. 6; *Jarass*, GRCh, Art. 11 GRC, Rn. 8; *Frenz*, Handbuch Europarecht, Bd. 4, Rn. 1786.

[34] EGMR, Urt. v. 23.5.1991, Beschwerde-Nr. 11662/85 (Oberschlick/Österreich), Ser. A no. 204, Rn. 53ff.; Urt. v. 8.7.2008, Beschwerde-Nr. 33629/06 (Vajnai/Ungarn), Rep. 2008-IV, 173, Rn. 29.

[35] EKMR, Report (31) v. 8.10.1986, Beschwerde-Nr. 10737/84 (Müller/Schweiz), Ser. A no. 133, p. 37, Rn. 70. *Lester*, S. 471.

[36] EGMR, Urt. v. 13.9.2005, Beschwerde-Nr. 42571/98, (İ.A./Türkei), Rep. 2005-VIII, 249, Rn. 19ff.; Urt. v. 2.5.2006, Beschwerde-Nr. 50692/99 (Aydin Tatlav/Türkei), Rn. 19ff. (im Internet abrufbar unter: http://hudoc.echr.coe.int). *Frenz/Casimir-van den Broek*, ZUM 2007, 815ff.

[37] EGMR, Urt. v. 24.2.1994, Beschwerde-Nr. 15450/89 (Casado Coca/Spanien), Ser. A no. 285-A,

unruhigende Meinungsäußerungen fallen in den Schutzbereich.[38] Ob Äußerungen, die der europäischen Werteordnung widersprechen, z. B. rassistische Äußerungen oder die Leugnung feststehender historischer Tatsachen wie des Holocausts, unter den Schutzbereich der Meinungsäußerungsfreiheit fallen und anschließend unter die Rechtfertigungskriterien, insbesondere dem Verhältnismäßigkeitsgrundsatz, zu prüfen sind oder wegen des in Art. 54 GRC geregelten **Missbrauchsverbotes**, das dem in Art. 17 EMRK im Wesentlichen entspricht, von vornherein vom Schutzbereich ausgenommen werden, ist nicht abschließend geklärt.[39] So haben die Konventionsorgane der EMRK in einigen Fällen den Schutzbereich der Meinungsäußerungsfreiheit für eröffnet angesehen,[40] in anderen unter Berufung auf Art. 17 EMRK hingegen nicht.[41]

12   Neben der positiven Meinungsäußerungsfreiheit ist von Art. 11 Abs. 1 GRC auch die **negative Meinungsäußerungsfreiheit** geschützt, d. h. das Recht, sich nicht zu äußern.[42] Nach dem Wortlaut in Art. 11 Abs. 1 Satz 2 GRC fallen Meinungen und Informationen »ohne Rücksicht auf Staatsgrenzen«, d. h. sowohl aus dem Inland als auch dem Ausland, unter den Schutzbereich.[43] Geschützt sind weiterhin alle denkbaren **Kommunikationsformen**,[44] die klassischen (Wort, Schrift und Bild) wie die modernen (digitale Formen).[45]

2. Informationsfreiheit

13   Art. 11 Abs. 1 Satz 2 GRC regelt das Recht Informationen und Ideen zu empfangen – **passive Informationsfreiheit** – und weiterzugeben – **aktive Informationsfreiheit** – und zwar ohne Rücksicht auf Staatsgrenzen. Die aktive Informationsfreiheit entspricht im Wesentlichen der Systematik der Meinungsäußerungsfreiheit.[46] Das Recht auf ungehin-

---

Rn. 36; EuGH, Urt. v. 12. 12. 2006, Rs. C–380/03 (Deutschland/Parlament und Rat) [GK], Slg. 2006, I–11573, Rn. 154. *Harris/O'Boyle/Warbrick*, S. 455 ff.; *Grote/Wenzel*, in: Dörr/Grote/Marauhn, EMRK/GG, Kap. 18, Rn. 131.

[38] EGMR, Urt. v. 7.12.1976, Beschwerde-Nr. 5493/72 (Handyside/Vereinigtes Königreich), Ser. A no. 24, Rn. 49; Urt. v. 24.5.1988, Beschwerde-Nr. 10737/84 (Müller u. a./Schweiz), Ser. A no. 133, Rn. 33; Urt. v. 6.5.2003, Beschwerde-Nr. 48898/99 (Perna/Italien) [GK], Rep. 2003-V, 333, Rn. 39 ff. *Meyer-Ladewig*, EMRK, Art. 10 EMRK, Rn. 6; *Keller/Cirigliano*, ZaöRV 70 (2010), 403 (419 f.).

[39] *Frowein*, in: Frowein/Peukert, EMRK, Art. 10 EMRK, Rn. 6; *Grote/Wenzel*, in: Dörr/Grote/Marauhn, EMRK/GG, Kap. 18, Rn. 35; *Jarass*, GRCh, Art. 11 GRC, Rn. 8; *Oster/Wagner*, in: Dauses, Handbuch des EU-Wirtschaftsrechts, E. V. (Juli 2012), Rn. 28. Für den Schutz entsprechender Äußerungen vgl. *Grabenwarter/Pabel*, § 23, Rn. 5.

[40] EKMR, Zulässigkeitsentscheidung v. 11. 1.1995, Beschwerde-Nr. 21128/92 (Walendy/Deutschland), DR 80-A, 94 (99); EGMR, Urt. v. 23.9.1998, Beschwerde-Nr. 55/1997/839/1045 (Lehideux und Isorni/Frankreich), Rep. 1998-VII, 2864, Rn. 39.

[41] Zu rassistischen Äußerungen vgl. EKMR, Zulässigkeitsentscheidung v. 11.10.1979, Beschwerde-Nr. 8348/78 und 8406/78 (Glimmerveen und Hagenbeek/Niederlande), DR 18, 187 (196); EGMR, Urt. v. 23.9.1994, Beschwerde-Nr. 15890/89 (Jersild/Dänemark) [GK], Ser. A no. 298, Rn. 35. Zur Leugnung des Holocaust vgl. EGMR, Zulässigkeitsentscheidung v. 24.6.2003, Beschwerde-Nr. 65831/01 (Garaudy/Frankreich), Rep. 2003-IX, 369, S. 23 f.; Zulässigkeitsentscheidung v. 7.6.2011, Beschwerde-Nr. 48135/08 (Bruno Gollnisch/Frankreich), S. 2 ff. (im Internet abrufbar unter: http://hudoc.echr.coe.int).

[42] *Frenz*, Handbuch Europarecht, Bd. 4, Rn. 1808.

[43] *Grote/Wenzel*, in: Dörr/Grote/Marauhn, EMRK/GG, Kap. 18, Rn. 49; *Jarass*, GRCh, Art. 11 GRC, Rn. 8.

[44] EGMR, Urt. v. 24.5.1988, Beschwerde-Nr. 10737/84 (Müller u. a./Schweiz), Ser. A no. 133, Rn. 26 ff.

[45] *Bernsdorff*, in: Meyer, GRCh, Art. 11 GRC, Rn. 12; *Grote/Wenzel*, in: Dörr/Grote/Marauhn, EMRK/GG, Kap. 18, Rn. 41 ff.

[46] *Grabenwarter/Pabel*, § 23, Rn. 6.

derten Empfang von Informationen beinhaltet eine abwehrrechtliche Dimension, wonach jedermann das Recht hat, sich um Informationen zu bemühen.⁴⁷ Allerdings wird das Recht auf ungehinderten Empfang von Informationen auf allgemein zugängliche Informationen beschränkt.⁴⁸ Die Informationsfreiheit schließt das aktive Tätigwerden der Grundrechtsträger zur Erlangung und Verarbeitung von Informationen sowie ihre Sammlung und Speicherung ein.⁴⁹

Unklar ist die Frage, ob sich aus der Informationsfreiheit in Art. 11 Abs. 1 Satz 2 GRC **14** auch eine **Informationspflicht** der Grundrechtsadressaten ableiten lässt. Nach der Rechtsprechung des EGMR sind jedenfalls die Staaten verpflichtet, ihr eigenes Informationssystem so zu gestalten, dass sich jede Person über alle wesentlichen Fragen informieren kann.⁵⁰ Eine Pflicht zur Veröffentlichung jeglicher, insbesondere vertraulicher Informationen kann aus der Bestimmung zur Informationsfreiheit nicht entnommen werden.⁵¹ In umweltrelevanten Fällen hat der EGMR einen Informationsanspruch aus anderen Rechten, wie beispielsweise dem Recht auf Achtung des Privat- und Familienlebens, abgeleitet.⁵² Nach Auffassung des Gerichtshofes kann die Informationsfreiheit jedenfalls nicht als positive Verpflichtung des Staates ausgelegt werden, aus eigenem Antrieb Informationen zu sammeln und zu verbreiten.⁵³ Im Rahmen des sekundären Unionsrechts ist ein Anspruch auf Umweltinformation in der Umweltinformations-Richtlinie geregelt. Nach Art. 3 Abs. 1 RL sind die Behörden der Mitgliedstaaten verpflichtet, die bei ihnen vorhandenen Umweltinformationen auf Antrag zugänglich zu machen.⁵⁴

3. Medienfreiheit

Art. 11 Abs. 2 GRC beinhaltet ein ausdrückliches Achtungsgebot der **Freiheit der Medien und ihrer Pluralität**. Damit unterscheidet sich die Bestimmung von Art. 10 EMRK, **15** der die Medienfreiheit als Ausdrucksform der Meinungsäußerungsfreiheit nur implizit garantiert.⁵⁵ Die Bestimmung in Art. 11 Abs. 2 GRC basiert auf der Rechtsprechung des

---

⁴⁷ EuGH, Urt. v. 30.4.1996, Rs. C–58/94 (Niederlande/Rat), Slg. 1996, I–2169, Rn. 34 ff.
⁴⁸ EGMR, Urt. v. 26.3.1987, Beschwerde-Nr. 9248/81 (Leander/Schweden), Ser. A no. 116, Rn. 74. *Grabenwarter/Pabel*, § 23, Rn. 7; *Meyer-Ladewig*, EMRK, Art. 10 EMRK, Rn. 17; *Mensching*, in: Karpenstein/Mayer, EMRK, Art. 10 EMRK, Rn. 21; *Peters/Altwicker*, § 12, Rn. 3; *Schilling*, § 15, Rn. 352; *Jarass*, GRCh, Art. 11 GRC, Rn. 12; *Frenz*, Handbuch Europarecht, Bd. 4, Rn. 1813; *Kühling*, in: Heselhaus/Nowak, Handbuch der Europäischen Grundrechte, § 23, Rn. 20; *Stern*, in: Tettinger/Stern, EuGRCh, Art. 11 GRC, Rn. 29.
⁴⁹ *Bernsdorff*, in: Meyer, GRCh, Art. 11 GRC, Rn. 13; *Frenz*, Handbuch Europarecht, Bd. 4, Rn. 1816; *Jarass*, GRCh, Art. 11 GRC, Rn. 12; *Kühling*, in: Heselhaus/Nowak, Handbuch der Europäischen Grundrechte, § 23, Rn. 20; *Stern*, in: Tettinger/Stern, EuGRCh, Art. 11 GRC, Rn. 29.
⁵⁰ EGMR, Urt. v. 19.2.1998, Beschwerde-Nr. 116/1996/735/932 (Guerra u. a./Italien) [GK], Rep. 1998-I, 210, Rn. 52. *Kühling*, in: Heselhaus/Nowak, Handbuch der Europäischen Grundrechte, § 23, Rn. 20.
⁵¹ EuG, Urt. v. 29.11.2012, Rs. T–590/10 (Thesing und Bloomberg Finance/EZB), ECLI:EU:T: 2012:635, Rn. 75.
⁵² EGMR, Urt. v. 19.2.1998, Beschwerde-Nr. 116/1996/735/932 (Guerra u. a./Italien) [GK], Rep. 1998-I, 210, Rn. 55; Urt. v. 19.10.2005, Beschwerde-Nr. 32555/96 (Roche/Vereinigtes Königreich) [GK], Rep. 2005-X, 87, Rn. 157. *Frenz*, Handbuch Europarecht, Bd. 4, Rn. 1820 f.
⁵³ EGMR, Urt. v. 19.2.1998, Beschwerde-Nr. 116/1996/735/932 (Guerra u. a./Italien) [GK], Rep. 1998-I, 210, Rn. 53; Urt. v. 19.10.2005, Beschwerde-Nr. 32555/96 (Roche/Vereinigtes Königreich) [GK], Rep. 2005-X, 87, Rn. 172. *Frenz*, Handbuch Europarecht, Bd. 4, Rn. 1821.
⁵⁴ RL 2003/4/EG vom 28.1.2003 über den Zugang der Öffentlichkeit zu Umweltinformationen und zur Aufhebung der Richtlinie 90/313/EWG des Rates, ABl. 2003, L 41/26 (28).
⁵⁵ *Pünder*, in: Ehlers, Grundrechte und Grundfreiheiten, § 17, Rn. 15.

EuGH, der sich generell an den wirtschaftlichen Grundfreiheiten orientiert,[56] dem Protokoll über den öffentlich-rechtlichen Rundfunk in den Mitgliedstaaten zum EGV (nunmehr EUV und AEUV)[57] sowie der Richtlinie 89/552/EG über audiovisuelle Mediendienste, insbesondere Erwägungsgrund 17.[58]

16   Vom **Oberbegriff »Medien«** sind nicht nur die drei klassischen Medien – Presse, Rundfunk und Film, sondern auch die neuen Medien erfasst. Darüber hinaus ist der Begriff offen für »mediale Weiterentwicklungen«.[59] Der sachliche Schutzbereich der Medienfreiheit umfasst generell alle mit der Medienarbeit in Zusammenhang stehenden Tätigkeiten, von der Informationsbeschaffung bis zur Informationsverbreitung.[60] Dies schließt auch den **Schutz der Quellen von Journalisten** als eine fundamentale Voraussetzung der Medienfreiheit ein.[61]

17   Mit der Achtung der **Pluralität der Medien** in Art. 11 Abs. 2 GRC soll die Vielfalt der Medien und Meinungen als Grundvoraussetzung für eine pluralistische Demokratie gesichert werden.[62] Die Abschwächung im Wortlaut von ursprünglich »gewährleistet« im Grundrechtekonvent[63] auf letztendlich »geachtet« in der Charta ist der eingeschränkten Zuständigkeit der Union geschuldet.[64] Nach Art. 167 Abs. 2 AEUV kann die EU die Zusammenarbeit mit den Mitgliedstaaten im audiovisuellen Bereich nur fördern, während die Sicherung der Pluralität bei den Mitgliedstaaten verbleibt.[65]

---

[56] EuGH, Urt. v. 25.7.1991, Rs. C–288/89 (Stichting Collectieve Antennevoorziening Gouda u. a./Commissariaat voor de Media), Slg. 1991, I–4007, Rn. 23 ff. *Pünder*, in: Ehlers, Grundrechte und Grundfreiheiten, § 17, Rn. 17; *Schwarze*, ZUM 2000, 779 (781 ff.).

[57] Protokoll (Nr. 32) über den öffentlich-rechtlichen Rundfunk in den Mitgliedstaaten zum EGV von Amsterdam, ABl. 1997, C 340/109. Nunmehr Protokoll (Nr. 29) über den öffentlich-rechtlichen Rundfunk in den Mitgliedstaaten zum EUV und AEUV, ABl. 2012, C 326/312. *Feise*, S. 67 ff.; *Oster/Wagner*, in: Dauses, Handbuch des EU-Wirtschaftsrechts, E. V. (Juli 2012), Rn. 21; *Stock*, Medienfreiheit in der EU-Grundrechtscharta, S. 41 f.

[58] ABl. 1989, L 298/23, neu gefasst als RL 2010/13/EU vom 10.3.2010 zur Koordinierung bestimmter Rechts- und Verwaltungsvorschriften der Mitgliedstaaten über die Bereitstellung audiovisueller Mediendienste, ABl. 2010, L 95/1; Erläuterung zu Art. 11 Abs. 2 der Charta der Grundrechte vom 14.12.2007, ABl. 2007, C 303/17 (21). *Rengeling/Szczekalla*, Grundrechte, § 18, Rn. 702.

[59] *Bernsdorff*, in: Meyer, GRCh, Art. 11 GRC, Rn. 17; *Stern*, in: Tettinger/Stern, EuGRCh, Art. 11 GRC, Rn. 31.

[60] *Calliess*, in: Calliess/Ruffert, EUV/AEUV, Art. 11 GRC, Rn. 23; *Bernsdorff*, in: Meyer, GRCh, Art. 11 GRC, Rn. 17; *Pünder*, in: Ehlers, Grundrechte und Grundfreiheiten, § 17, Rn. 15.

[61] EGMR, Urt. v. 27.3.1996, Beschwerde-Nr. 17488/90 (Goodwin/Vereinigtes Königreich) [GK], Rep. 1996-II, 483, Rn. 39; Urt. v. 22.11.2007, Beschwerde-Nr. 64752/01 (Voskuil/Niederlande), NJW 2008, 2563, Rn. 65; Urt. v. 14.9.2010, Beschwerde-Nr. 38224/03 (Sanoma Uitgevers B. V./Niederlande) [GK], NJW-RR 2011, 1266, Rn. 100. *Harris/O'Boyle/Warbrick*, S. 485 ff.; *Pünder*, in: Ehlers, Grundrechte und Grundfreiheiten, § 17, Rn. 15; *Oster/Wagner*, in: Dauses, Handbuch des EU-Wirtschaftsrechts, E. V. (Juli 2012), Rn. 31.

[62] EuGH, Urt. v. 13.12.2007, Rs. C–250/06 (United Pan-Europe Communications Belgium SA u. a./Belgien), Slg. 2007, I–11135, Rn. 41; Urt. v. 31.1.2008, Rs. C–380/05 (Centro Europa 7 Srl/Ministero delle Comunicazioni e Autorità per le garanzie nelle comunicazioni u. a.), Slg. 2008, I–349, Rn. 46; Urt. v. 22.12.2008, Rs. C–336/07 (Kabel Deutschland Vertrieb und Service GmbH & Co. KG/Niedersächsische Landesmedienanstalt für privaten Rundfunk), Slg. 2008, I–10889, Rn. 37; Urt. v. 9.11.2010, Rs. C–540/08 (Mediaprint Zeitungs- und Zeitschriftenverlag GmbH & Co. KG/Österreich-Zeitungsverlag GmbH), Slg. 2010, I–10909, Rn. 13 ff. *Bernsdorff*, in: Meyer, GRCh, Art. 11 GRC, Rn. 18; *Calliess*, in: Calliess/Ruffert, EUV/AEUV, Art. 11 GRC, Rn. 24; *Pünder*, in: Ehlers, Grundrechte und Grundfreiheiten, § 17, Rn. 16; *Skouris*, MMR 2011, 423 (425 f.).

[63] CHARTE 4470/1/00 CONVENT 47 Rev 1 vom 21.9.2000, Art. 11 Abs. 2.

[64] *Oster/Wagner*, in: Dauses, Handbuch des EU-Wirtschaftsrechts, E. V. (Juli 2012), Rn. 36; *Skouris*, MMR 2011, 423 (426); *Stock*, EuR 2002, 566 (576).

[65] *Bernsdorff*, in: Meyer, GRCh, Art. 11 GRC, Rn. 19.

C. Eingriffe

Eingriffe sind den Grundrechtsadressaten[66] zurechenbare Handlungen bzw. Unterlassungen, die darauf gerichtet sind, die Ausübung der in Art. 11 GRC geschützten Rechte zu erschweren bzw. unmöglich zu machen. Die Bestimmung in Art. 10 Abs. 2 EMRK, die nach Art. 52 Abs. 3 Satz 1 GRC auch als Schrankenregelung für Art. 11 Abs. 1 GRC gilt, zählt »Formvorschriften, Bedingungen, Einschränkungen oder Strafdrohungen« als mögliche Eingriffe auf, wobei es sich hier nicht um eine abschließende Aufzählung handelt.[67] **Eingriffe** in die Meinungsäußerungs- oder Informationsfreiheit sind **weit auszulegen**.[68]   **18**

Zu Eingriffen in die **Meinungsäußerungsfreiheit** zählen sowohl unmittelbare Eingriffe wie Gerichtsurteile über Publikationsverbote,[69] straf- oder zivilrechtliche Verurteilungen wegen Äußerungsdelikten[70] als auch mittelbare und faktische Beeinträchtigungen wie Entlassung aufgrund einer Meinungsäußerung[71] oder wirtschaftliche bzw. finanzielle Beeinflussungen sowie Maßnahmen, die eine »hemmende Wirkung« (»chilling effect«) für zukünftige Meinungsäußerungen haben können.[72] Eingriffe in die **Informationsfreiheit** beziehen sich auf Beschränkungen allgemein zugänglicher Informationsquellen, wie der Ausschluss von öffentlichen Gerichtsverhandlungen oder die Weigerung der Herausgabe bereits veröffentlichter Dokumente.[73]   **19**

Als Eingriffe in die **Medienfreiheit** sind beispielsweise Versagungen von Rundfunkzulassungen bzw. Lizenzen oder Vertriebsbeschränkungen,[74] Verpflichtungen zur Offenlegung von Informanten[75] oder Hausdurchsuchungen[76] zu werten.[77] Eingriffe im Bereich der Werbung können sowohl den Inhalt als auch die Modalität bzw. das Medium betreffen, wie Werbeverbote für bestimmte Produkte (z. B. Tabakwaren)[78] oder Regelungen für die Werbung im Fernsehen (Maßnahmen gegen übermäßige Werbung).[79]   **20**

---

[66] Nach Art. 51 Abs. 1 Satz 1 GRC gilt die Charta für die Organe, Einrichtungen und sonstigen Stellen der Union und für die Mitgliedstaaten ausschließlich bei der Durchführung des Unionsrechts.

[67] *Mensching*, in: Karpenstein/Mayer, EMRK, Art. 10 EMRK, Rn. 25.

[68] *Kühling*, in: Heselhaus/Nowak, Handbuch der Europäischen Grundrechte, § 23, Rn. 39.

[69] EGMR, Urt. v. 26.11.1991, Beschwerde-Nr. 13585/88 (Observer und Guardian/Vereinigtes Königreich), Ser. A no. 216, Rn. 48 ff.

[70] EGMR, Urt. v. 2.12.2008, Beschwerde-Nr. 18620/03 (Juppala/Finnland), Rn. 40 (im Internet abrufbar unter: http://hudoc.echr.coe.int).

[71] EGMR, Urt. v. 26.9.1995, Beschwerde-Nr. 17851/91 (Vogt/Deutschland), Ser. A no. 323, Rn. 44.

[72] *Kühling*, in: Heselhaus/Nowak, Handbuch der Europäischen Grundrechte, § 23, Rn. 39; *Mensching*, in: Karpenstein/Mayer, EMRK, Art. 10 EMRK, Rn. 26 f.; *Peters/Altwicker*, § 9, Rn. 5.

[73] *Grabenwarter/Pabel*, § 23, Rn. 16.

[74] EGMR, Urt. v. 10.1.2006, Beschwerde-Nr. 50693/99 (Halis Doğan u. a./Türkei), Rn. 24 (im Internet abrufbar unter: http://hudoc.echr.coe.int).

[75] EGMR, Urt. v. 25.2.2003, Beschwerde-Nr. 51772/99 (Roemen und Schmit/Luxemburg), Rep. 2003-IV, 65, Rn. 47.

[76] EGMR, Urt. v. 27.11.2007, Beschwerde-Nr. 20477/05 (Tillack/Belgien), NJW 2008, 2565, Rn. 56.

[77] *Mensching*, in: Karpenstein/Mayer, EMRK, Art. 10 EMRK, Rn. 33; *Grabenwarter/Pabel*, § 23, Rn. 15.

[78] EuGH, Urt. v. 12.12.2006, Rs. C–380/03 (Deutschland/Parlament und Rat) [GK], Slg. 2006, I–11573, Rn. 153 ff.

[79] EuGH, Urt. v. 23.10.2003, Rs. C–245/01 (RTL Television GmbH/Niedersächsische Landesmedienanstalt für privaten Rundfunk), Slg. 2003, I–12489, Rn. 68. *Grabenwarter/Pabel*, § 23, Rn. 17.

D. Eingriffsrechtfertigung

21   Das **Bilden und Haben** einer Meinung als innere Vorgänge der Meinungsfreiheit unterliegen **keinen Einschränkungen**. Dies folgt zwar nicht direkt aus Art. 11 Abs. 1 GRC.
Wenn aber die Gedankenfreiheit als Voraussetzung für das Bilden und Haben einer
Meinung schrankenlos gewährt wird, muss dies auch für die innere Meinungsfreiheit
gelten.[80] Für alle Eingriffe in die in Art. 11 Abs. 1 GRC gewährte **Freiheit der Meinungsäußerung und Informationsfreiheit** gilt gem. Art. 52 Abs. 3 Satz 1 GRC die **spezielle
Schrankenregelung** des Art. 10 Abs. 2 EMRK.[81]

22   Strittig ist die Frage, ob für die **Medienfreiheit** ebenfalls die **spezielle Schrankenregelung** von Art. 10 Abs. 2 EMRK gem. Art. 52 Abs. 3 Satz 1 GRC Anwendung findet[82]
oder ob die allgemeine Schrankenregelung des Art. 52 Abs. 1 GRC heranzuziehen ist.[83]
Sieht man die Medienfreiheit weiterhin als Bestandteil der Meinungsäußerungsfreiheit
an, sind nach Art. 52 Abs. 3 Satz 1 GRC die Schranken des Art. 10 Abs. 2 EMRK anzuwenden. Würde die Medienfreiheit ein selbstständiges Grundrecht darstellen, wäre
Art. 52 Abs. 1 GRC anzuwenden.[84] Da die Regelungsgehalte des Art. 10 EMRK und
Art. 11 GRC nach den Erläuterungen zur Grundrechtecharta[85] übereinstimmen,[86] ist die
erste Auffassung vorzuziehen. Folgt man dieser, gilt für die Prüfung der Rechtfertigung
eines Eingriffes in die Medienfreiheit die gleiche Schrankenregelung wie für die Mei-
nungsäußerungs- und Informationsfreiheit.[87]

23   Die Schrankenregelung ist aber nicht nur auf Eingriffe der Mitgliedstaaten anwendbar, sondern auch auf Eingriffe der Union.[88] Für Hörfunk-, Fernseh- und Kinounterneh-
men können die Mitgliedstaaten darüber hinaus Genehmigungsregelungen gem. Art. 10
Abs. 1 Satz 3 EMRK vorsehen,[89] die wiederum den Beschränkungen des Wettbewerbsrechts der Union unterliegen.[90] Eingriffe müssen nach der speziellen Schrankenregelung
gesetzlich vorgesehen sein, ein **legitimes Ziel verfolgen** und **notwendig in einer demokratischen Gesellschaft bzw. verhältnismäßig** sein.

---

[80] *Frenz*, Handbuch Europarecht, Bd. 4, Rn. 1803.

[81] EuGH, Urt. v. 12.6.2006, Rs. C–479/04 (Laserdisken ApS/Kulturministeriet), Slg. 2006,
I–8089, Rn. 64; EGMR, Urt. v. 11.12.2008, Beschwerde-Nr. 21132/05 (TV Vest AS & Rogaland
Pensjonistparti/Norwegen), Rep. 2008-V, 265, Rn. 63ff.

[82] So *Stern*, in: Tettinger/Stern, EuGRCh, Art. 11 GRC, Rn. 49; *Frenz*, Handbuch Europarecht,
Bd. 4, Rn. 2068ff.; *Kühling*, in: Heselhaus/Nowak, Handbuch der Europäischen Grundrechte, § 24,
Rn. 60; *Oster/Wagner*, in: Dauses, Handbuch des EU-Wirtschaftsrechts, E. V. (Juli 2012), Rn. 34;
Rengeling/Szczekalla, Grundrechte, § 18, Rn. 702; *Streinz*, in: Streinz, EUV/AEUV, Art. 11 GRC,
Rn. 15; ungeachtet der Annahme eines selbstständigen Grundrechts *Jarass*, GRCh, Art. 11 GRC,
Rn. 28, 40.

[83] So *Bernsdorff*, in: Meyer, GRCh, Art. 11 GRC, Rn. 20; *Calliess*, in: Calliess/Ruffert,
EUV/AEUV, Art. 11 GRC, Rn. 32f.; *Pünder*, in: Ehlers, Grundrechte und Grundfreiheiten, § 17,
Rn. 24; *Knecht*, in: Schwarze, EU-Kommentar, Art. 11 GRC, Rn. 11.

[84] *Bernsdorff*, in: Meyer, GRCh, Art. 11 GRC, Rn. 20; *Calliess*, in: Calliess/Ruffert, EUV/AEUV,
Art. 11 GRC, Rn. 32f.

[85] Erläuterung zu Art. 52 Abs. 3 der Charta der Grundrechte vom 14.12.2007, ABl. 2007, C
303/17 (33). *Frenz*, Handbuch Europarecht, Bd. 4, Rn. 2071.

[86] *Feise*, S. 156f.; *Frenz*, Handbuch Europarecht, Bd. 4, Rn. 2069f.

[87] *Frenz*, Handbuch Europarecht, Bd. 4, Rn. 2081.

[88] *Bernsdorff*, in: Meyer, GRCh, Art. 11 GRC, Rn. 14.

[89] *Grabenwarter/Pabel*, § 23, Rn. 20.

[90] Erläuterungen zu Art. 11 der Charta der Grundrechte vom 14.12.2007, ABl. 2007, C 303/17
(21); *Bernsdorff*, in: Meyer, GRCh, Art. 11 GRC, Rn. 14; *Donati*, Art. 11, S. 77.

Zunächst beginnt Art. 10 Abs. 2 Hs. 1 EMRK mit einer für einen Menschenrechts- 24
vertrag ungewöhnlichen Auferlegung von **Pflichten und Verantwortung** bei der Ausübung der in Abs. 1 gewährten Freiheiten. Damit wurde aber keine weitergehende
Einschränkung bezweckt. Die Pflichten und Verantwortung sind vielmehr im Zusammenhang mit **unterschiedlichen Trägern** der Freiheiten wie Politikern, Beamten oder
Journalisten angefügt worden. So werden die Pflichten und Verantwortung für die
Rechtfertigung von Eingriffen in die Meinungsäußerungsfreiheit von Beamten, speziell
bei der Prüfung der Notwendigkeit in einer demokratischen Gesellschaft bzw. der Verhältnismäßigkeit, herangezogen,[91] um ihre Neutralität und Unparteilichkeit sicherzustellen. In Bezug auf die Pflichten und Verantwortung von Journalisten hat der EGMR
wiederholt herausgestellt,[92] dass diese auf der Grundlage von Treu und Glauben zu
handeln haben, um sorgfältig und zuverlässig recherchierte Informationen in Übereinstimmung mit der journalistischen Ethik bereitzustellen.[93]

I. Gesetzliche Grundlage

Der Eingriff in den Schutzbereich der Freiheiten muss gesetzlich vorgesehen sein. Vor- 25
aussetzungen für dieses Kriterium sind die hinreichende **Zugänglichkeit** und die **Vorhersehbarkeit bzw. hinreichende Bestimmtheit des Gesetzes**.[94] Das Kriterium der Zugänglichkeit ist erfüllt, wenn die Grundrechtsträger in hinreichender Weise erkennen
können, welche rechtlichen Vorschriften auf einen konkreten Fall anwendbar sind. Des
Weiteren muss eine gesetzliche Norm so präzise formuliert sein, dass die Grundrechtsträger ihr Verhalten danach ausrichten können. Die Folgen eines bestimmten Verhaltens
sollen für sie erkennbar sein.[95]

II. Legitimes Ziel

Eingriffe in den Schutzbereich müssen einem der in **Art. 10 Abs. 2 EMRK** abschließend 26
aufgeführten legitimen Zielen – der nationalen Sicherheit, der territorialen Unversehrtheit oder der öffentlichen Sicherheit,[96] der Aufrechterhaltung der Ordnung oder der
Verhütung von Straftaten, dem Schutz der Gesundheit oder der Moral, dem Schutz des
guten Rufes oder der Rechte anderer,[97] der Verhinderung der Verbreitung vertraulicher

---

[91] EGMR, Urt. v. 20.5.1999, Beschwerde-Nr. 25390/94 (Rekvényi/Ungarn) [GK], Rep. 1999-III,
423, Rn. 43, 46; Zulässigkeitsentscheidung v. 24.11.2005, Beschwerde-Nr. 27574/02 (Otto/Deutsch-
land), S. 7 (abrufbar unter: http://hudoc.echr.coe.int).

[92] EGMR, Urt. v. 20.5.1999, Beschwerde-Nr. 21980/93 (Bladet Tromsø und Stensaas/Norwegen)
[GK], Rep. 1999-III, 289, Rn. 65; Urt. v. 22.2.2007, Beschwerde-Nr. 37464/02 (Standard Verlags-
gesellschaft mbH/Österreich) (Nr. 2), ÖJZ 2007, 836, Rn. 38; Urt. v. 8.10.2009, Beschwerde-Nr. 11751/03 (Romanenko u.a./Russland), Rn. 44 (im Internet abrufbar unter: http://hu-
doc.echr.coe.int).

[93] *Grabenwarter/Pabel*, § 23, Rn. 48 f.; *Harris/O'Boyle/Warbrick*, S. 493 ff.

[94] EGMR, Urt. v. 26.4.1979, Beschwerde-Nr. 6538/74 (Sunday Times/Vereinigtes Königreich)
(Nr. 1), Ser. A no. 30, Rn. 49; Urt. v. 25.3.1983, Beschwerde-Nr. 5947/72, 6205/73, 7052/75,
7061/75, 7107/75, 7113/75, 7136/75 (Silver u.a./Vereinigtes Königreich), Ser. A no. 61, Rn. 86 ff.;
Urt. v. 14.3.2002, Beschwerde-Nr. 26229/95 (Gawęda/Polen), Rep. 2002-II, 105, Rn. 39; Urt. v.
25.10.2011, Beschwerde-Nr. 27520/07 (Altuğ Taner Akçam/Türkei), NJOZ 2012, 1569, Rn. 84 ff.
Harris/O'Boyle/Warbrick, S. 472; *Lester*, S. 485.

[95] *Mensching*, in: Karpenstein/Mayer, EMRK, Art. 10 EMRK, Rn. 39 ff.; *Grabenwarter/Pabel*,
§ 23, Rn. 21.

[96] EuGH, Urt. v. 1.12.2011, Rs. C–145/10 (Painer), Slg. 2011, I–12533, Rn. 115.

[97] Zu den Abwägungskriterien zwischen Recht auf Meinungsäußerungsfreiheit und Schutz des

Informationen oder der Wahrung der Autorität und der Unparteilichkeit der Rechtsprechung – zuordenbar sein.[98]

27   Auf das legitime Ziel der **nationalen Sicherheit** wird vor allem in Verbindung mit
geheimen staatlichen Informationen wie von Geheimdiensten[99] oder dem Militär[100] zurückgegriffen.[101] Auch der EuGH hat die nationale Sicherheit als legitimes Ziel für Beschränkungen von Grundfreiheiten ausdrücklich anerkannt.[102] Die **territoriale Unversehrtheit** ist ein legitimes Ziel bei Eingriffen wegen separatistischer Äußerungen.[103] Die
Aufrechterhaltung der Ordnung oder die **Verhinderung von Straftaten** können als Ziel
bei Eingriffen zur Terrorismusbekämpfung dienen.[104] Dem **Schutz der Gesundheit** als
Ziel werden Eingriffe im Zusammenhang mit Werbeverboten für gesundheitsgefährdende Produkte wie Tabak oder Alkohol zugeordnet,[105] wie ebenfalls vom EuGH in
seiner Rechtsprechung bestätigt.[106] Der **Schutz der Moral** findet Anwendung bei Eingriffen im Zusammenhang mit dem Jugendschutz.[107] Auch diesbezüglich kann auf die
Rechtsprechung des EuGH verwiesen werden.[108] Eingriffe wegen Äußerungen beleidi-
genden Charakters verfolgen das Ziel des **Schutzes des guten Rufes oder der Rechte
anderer**.[109] Der Begriff »andere« schließt ebenso öffentliche Personen und Politiker ein,

---

guten Rufes vgl. EGMR, Urt. v. 7.2.2012, Beschwerde-Nr. 39954/08 (Axel Springer AG/Deutsch-
land) [GK], Rn. 89 ff. (im Internet abrufbar unter: http://hudoc.echr.coe.int); Urt. v. 14.1.2014, Beschwerde-Nr. 73579/10 (Ruusunen/Finnland), Rn. 43 (im Internet abrufbar unter: http://hu-
doc.echr.coe.int); Urt. v. 10.7.2014, Beschwerde-Nr. 48311/10 (Axel Springer AG/Deutschland)
(Nr. 2), Rn. 57 (im Internet abrufbar unter: http://hudoc.echr.coe.int).

[98] *Mensching*, in: Karpenstein/Mayer, EMRK, Art. 10 EMRK, Rn. 47; *Harris/O'Boyle/Warbrick*,
S. 472.

[99] EGMR, Urt. v. 26.11.1991, Beschwerde-Nr. 13585/88 (Observer und Guardian/Vereinigtes
Königreich), Ser. A no. 216, Rn. 56.

[100] EGMR, Urt. v. 16.12.1992, Beschwerde-Nr. 12945/87 (Hadjianastassiou/Griechenland), Ser.
A no. 252, Rn. 43.

[101] *Mensching*, in: Karpenstein/Mayer, EMRK, Art. 10 EMRK, Rn. 48; *Grabenwarter/Pabel*, § 23,
Rn. 29; *Harris/O'Boyle/Warbrick*, S. 474 ff.

[102] EuGH, Urt. v. 4.10.1991, Rs. C–367/89 (Aimé Richardt und Les Accessoires Scientifiques
SNC), Slg. 1991, I–4621, Rn. 22 ff. *Kühling*, in: Heselhaus/Nowak, Handbuch der Europäischen
Grundrechte, § 23, Rn. 62.

[103] EGMR, Urt. v. 8.7.1999, Beschwerde-Nr. 26682/95 (Sürek/Türkei) (Nr. 1) [GK], Rep.
1999-IV, 353, Rn. 52.

[104] EGMR, Urt. v. 9.6.1998, Beschwerde-Nr. 22678/93 (Incal/Türkei) [GK], Rep. 1998-IV, 1547,
Rn. 42; Urt. v. 27.1.2011, Beschwerde-Nr. 16637/07 (Aydin/Deutschland), NVwZ 2011, 1185,
Rn. 39, 58. *Mensching*, in: Karpenstein/Mayer, EMRK, Art. 10 EMRK, Rn. 49.

[105] EGMR, Urt. v. 5.3.2009, Beschwerde-Nr. 13353/05 (Hachette Filipacchi Presse Automobile
und Dupuy/Frankreich), Rn. 43, 46 (im Internet abrufbar unter: http://hudoc.echr.coe.int); Urt. v.
5.3.2009, Beschwerde-Nr. 26935/05 (Société de conception de presse et d'édition und Ponson/Frank-
reich), Rn. 56 (im Internet abrufbar unter: http://hudoc.echr.coe.int). *Mensching*, in: Karpenstein/
Mayer, EMRK, Art. 10 EMRK, Rn. 49; *Grabenwarter/Pabel*, § 23.

[106] EuGH, Urt. v. 13.7.2004, Rs. C–429/02 (Bacardi France SAS/Télévision française 1 SA [TF1],
Groupe Jean-Claude Darmon SA und Girosport SARL) [GK], Slg. 2004, I–6613, Rn. 37. *Kühling*, in:
Heselhaus/Nowak, Handbuch der Europäischen Grundrechte, § 23, Rn. 64.

[107] EGMR, Urt. v. 7.12.1976, Beschwerde-Nr. 5493/72 (Handyside/Vereinigtes Königreich), Ser.
A no. 24, Rn. 46. *Mensching*, in: Karpenstein/Mayer, EMRK, Art. 10 EMRK, Rn. 50; *Grabenwarter/
Pabel*, § 23; *Harris/O'Boyle/Warbrick*, S. 477 ff.

[108] EuGH, Urt. v. 14.12.1979, Rs. 34/79 (Maurice Donald Henn und John Frederick Ernest Darby),
Slg. 1979, 3795, Rn. 15; Urt. v. 11.3.1986 (Conegate Limited/HM Customs & Excise), Slg. 1986,
1007; Rn. 14. *Kühling*, in: Heselhaus/Nowak, Handbuch der Europäischen Grundrechte, § 23, Rn. 66.

[109] EGMR, Urt. v. 2.5.2000, Beschwerde-Nr. 26132/95 (Bergens Tidende u.a./Norwegen), Rep.
2000-IV, 371, Rn. 53. *Grabenwarter/Pabel*, § 23, Rn. 24.

an denen ein generelles Interesse der Allgemeinheit besteht.[110] Das Ziel der **Verhinderung der Verbreitung vertraulicher Informationen** kann für Eingriffe wegen der Weitergabe von Informationen bzw. zur Identifikation von Informanten dienen.[111] Die **Wahrung der Autorität und der Unparteilichkeit der Rechtsprechung** ist vor allem wegen des im Common Law bedeutsamen Rechtsinstituts des contempt of court als legitimes Ziel für Eingriffe in den Schutzbereich aufgenommen worden. Geschützt werden die Rechte der Verfahrensbeteiligten z. B. vor medialer Verurteilung.[112]

III. Notwendig in einer demokratischen Gesellschaft

Bei der Prüfung der Notwendigkeit des Eingriffes in einer demokratischen Gesell- **28** schaft[113] ist auf das **Leitbild der demokratischen Gesellschaft** Bezug zu nehmen. Beim Meinungsäußerungsrecht handelt es sich um einen »Grundpfeiler einer demokratischen Gesellschaft«.[114] Nach der Rechtsprechung des EGMR ist ein Eingriff notwendig, wenn er einem »dringenden sozialen Bedürfnis« (pressing social need) entspricht.[115] Im Rahmen der Prüfung muss festgestellt werden, ob die dem Eingriff zugrunde liegende Maßnahme **verhältnismäßig** zum verfolgten legitimen Ziel ist.[116]

Den Grundrechtsadressaten steht ein gewisser **Beurteilungsspielraum** (margin of **29** appreciation) zu.[117] Der Umfang des Beurteilungsspielraums richtet sich nach verschiedenen Faktoren, wie der Bedeutung des betroffenen Grundrechts, der Intensität bzw. Schwere des Eingriffes (Art und Ausmaß der Sanktion), dem Inhalt der Äußerung, dem konkreten legitimen Eingriffsziel, dem Vorliegen eines europäischen Konsenses (common ground)[118] und der Art der Verpflichtung.[119]

Eines besonderen Schutzes bedürfen **politische Äußerungen** bzw. Äußerungen zu **30** Themen des öffentlichen Interesses, da die Freiheit der politischen Diskussion zum Kernbereich des Konzepts einer demokratischen Gesellschaft gehört.[120] Dieses über-

---

[110]EGMR, Urt. v. 7.2.2012, Beschwerde-Nr. 40660/08 und 60641/08 (von Hannover/Deutschland) (Nr. 2) [GK], Rep. 2012-I, 399, Rn. 109 f. *Harris/O'Boyle/Warbrick*, S. 480 ff.

[111]EGMR, Urt. v. 10.12.2007, Beschwerde-Nr. 69698/01 (Stoll/Schweiz) [GK], Rep. 2007-V, 267, Rn. 58 ff. *Mensching*, in: Karpenstein/Mayer, EMRK, Art. 10 EMRK, Rn. 51.

[112]EGMR, Urt. v. 11.1.2000, Beschwerde-Nr. 31457/96 (News Verlags GmbH & Co. KG/Österreich), Rep. 2000-I, 157, Rn. 45. *Mensching*, in: Karpenstein/Mayer, EMRK, Art. 10 EMRK, Rn. 51; *Grabenwarter/Pabel*, § 23, Rn. 25; *Harris/O'Boyle/Warbrick*, S. 487 ff.

[113]Zu den vom EGMR entwickelten Prinzipien vgl. *Lester*, S. 489 f.

[114]*Grabenwarter/Pabel*, § 23, Rn. 26.

[115]EGMR, Urt. v. 26.9.1995, Beschwerde-Nr. 17851/91 (Vogt/Deutschland), Ser. A no. 323, Rn. 52; Urt. v. 7.6.2007, Beschwerde-Nr. 1914/02 (Dupuis u.a./Frankreich), Rn. 36 (im Internet abrufbar unter: http://hudoc.echr.coe.int). *Frenz*, Handbuch Europarecht, Bd. 4, Rn. 1859.

[116]Zum Überblick über die Rechtsprechung des EGMR zur Verhältnismäßigkeitsprüfung vgl. EGMR, Urt. v. 15.5.2014, Beschwerde-Nr. 19554/05 (Taranenko/Russland), NVwZ-RR 2015, 241, Rn. 81 ff. *Mensching*, in: Karpenstein/Mayer, EMRK, Art. 10 EMRK, Rn. 52.

[117]EGMR, Urt. v. 7.12.1976, Beschwerde-Nr. 5493/72 (Handyside/Vereinigtes Königreich), Ser. A no. 24, Rn. 48; Urt. v. 20.9.1994, Beschwerde-Nr. 13470/87 (Otto-Preminger Institut/Österreich), Ser. A no. 295-A, Rn. 50. *Hoffmann-Remy*, S. 70 ff.; *Brems*, ZaöRV 56 (1996), 240 (242 ff.); *Greer*, S. 15 ff.

[118]*Prepeluh*, ZaöRV 61 (2001), 771 (774 ff.).

[119]*Meyer-Ladewig*, EMRK, Art. 10 EMRK, Rn. 43; *Grote/Wenzel*, in: Dörr/Grote/Marauhn, EMRK/GG, Kap. 18, Rn. 100 ff.; *Mensching*, in: Karpenstein/Mayer, EMRK, Art. 10 EMRK, Rn. 56; *Frenz*, Handbuch Europarecht, Bd. 4, Rn. 1862 ff.

[120]EGMR, Urt. v. 8.7.1986, Beschwerde-Nr. 9815/82 (Lingens/Österreich), Ser. A no. 103, Rn. 42; Urt. v. 23.5.1991, Beschwerde-Nr. 11662/85 (Oberschlick/Österreich), Ser. A no. 204, Rn. 58.

geordnete Interesse der Gemeinschaft an einer offenen Kommunikation dient als Maßstab für die Abwägung zwischen der Meinungsäußerungsfreiheit bzw. Medienfreiheit und kollidierenden Rechtsgütern.[121]

31   Der Themenbereich des öffentlichen Interesses ist weit gefächert. Neben den politischen Themen im Sinne eines parteipolitischen Diskurses zählen hierzu auch Äußerungen bzw. Kritik hinsichtlich staatlicher Einrichtungen[122] sowie Äußerungen zu kontrovers diskutierten gesellschaftlichen Themen.[123] Der **Grad des Schutzes** einer Meinungsäußerung zu politischen Äußerungen bzw. Themen des öffentlichen Interesses hängt maßgeblich von der **Kategorie der kritisierten Person** – ihrer Öffentlichkeitswirksamkeit bzw. Wichtigkeit für die Zeitgeschichte – ab.[124]

32   Nach der Rechtsprechung des EGMR müssen die Regierung und auch Politiker grundsätzlich mehr Kritik hinnehmen als normale Personen, die nicht im Fokus der Öffentlichkeit stehen.[125] Dies schließt selbst provokante oder beleidigende Kritik ein.[126] Die Grenzen zulässiger Kritik für Politiker sind wiederum weiter als für normale Personen zu ziehen.[127] Dies gilt jedoch nicht für das Privatleben von Politikern.[128] Der **Begriff des Politikers** oder politischen Akteurs ist weit zu verstehen. Erfasst werden alle Personen – also nicht nur Berufspolitiker – und Vereinigungen, die sich bewusst in die öffentliche Arena begeben und an einer politischen Debatte teilnehmen.[129] Sie müssen einen größeren Grad an Toleranz zeigen, insbesondere wenn sie öffentliche Äußerungen oder Stellungnahmen abgeben, die anfällig für Kritik sind.[130] Politiker nehmen im Zusammenhang mit dem Leitbild der demokratischen Gesellschaft eine Sonderstellung hinsichtlich der Meinungsäußerungsfreiheit ein. Wenn sie selbst Träger dieses Rechts sind, ist eine genauere Kontrolle der Verhältnismäßigkeit des Eingriffes vorzunehmen.[131] Nach der Rechtsprechung des EGMR besteht gem. Art. 10 Abs. 2 EMRK wenig Platz für

[121] *Grote/Wenzel*, in: Dörr/Grote/Marauhn, EMRK/GG, Kap. 18, Rn. 106.

[122] Fehlverhalten von Richtern: EGMR, Urt. v. 26.4.1995, Beschwerde-Nr. 15974/90 (Prager und Oberschlick/Österreich), Ser. A no. 313, Rn. 34; brutale Vorgehensweise der Polizei: EGMR, Urt. v. 25.6.1992, Beschwerde-Nr. 13778/88 (Thorgeir Thorgeirson/Island), Ser. A no. 239, Rn. 65.

[123] *Frenz*, Handbuch Europarecht, Bd. 4, Rn. 1865; *Grote/Wenzel*, in: Dörr/Grote/Marauhn, EMRK/GG, Kap. 18, Rn. 108.

[124] EGMR, Urt. v. 10.7.2014, Beschwerde-Nr. 48311/10 (Axel Springer AG/Deutschland) (Nr. 2), Rn. 59 (im Internet abrufbar unter: http://hudoc.echr.coe.int).

[125] EGMR, Urt. v. 23.4.1992, Beschwerde-Nr. 11798/85 (Castells/Spanien), Ser. A no. 236, Rn. 46; Urt. v. 14.9.2010, Beschwerde-Nr. 2668/07, 6102/08, 30079/08, 7072/09 u. 7124/09 (Dink/Türkei), Rn. 133 (im Internet abrufbar unter: http://hudoc.echr.coe.int).

[126] EGMR, Urt. v. 16.3.2000, Beschwerde-Nr. 23144/93 (Özgür Gündem/Türkei), Rep. 2000-III, 1, Rn. 60.

[127] EGMR, Urt. v. 15.3.2011, Beschwerde-Nr. 2034/07 (Otegi Mondragon/Spanien), Rep. 2011-I, 415, Rn. 50; Urt. v. 16.11.2004, Beschwerde-Nr. 53678/00 (Karhuvaara and Iltalehti/Finnland), Rep. 2004-X, 259, Rn. 40. *Harris/O'Boyle/Warbrick*, S. 501.

[128] EGMR, Urt. v. 18.3.2008, Beschwerde-Nr. 15601/02 (Kuliś/Polen), Rn. 48 (im Internet abrufbar unter: http://hudoc.echr.coe.int); Urt. v. 14.1.2014, Beschwerde-Nr. 73579/10 (Ruusunen/Finnland), Rn. 41 ff., (im Internet abrufbar unter: http://hudoc.echr.coe.int). *Grabenwarter/Pabel*, § 23, Rn. 45.

[129] EGMR, Urt. v. 26.2.2002, Beschwerde-Nr. 34315/96 (Krone Verlag GmbH & Co.KG/Österreich), Rn. 37 (im Internet abrufbar unter: http://hudoc.echr.coe.int). *Grabenwarter/Pabel*, § 23, Rn. 29; *Grote/Wenzel*, in: Dörr/Grote/Marauhn, EMRK/GG, Kap. 18, Rn. 115.

[130] EGMR, Urt. v. 23.5.1991, Beschwerde-Nr. 11662/85 (Oberschlick/Österreich), Ser. A no. 204, Rn. 59.

[131] *Grabenwarter/Pabel*, § 23, Rn. 29; *Meyer-Ladewig*, EMRK, Art. 10 EMRK, Rn. 14.

Beschränkungen bei politischen Äußerungen oder Debatten zu Fragen von öffentlichem Interesse.[132]

Funktionsträger der exekutiven und judikativen Staatsgewalt, wie Beamte[133] und   **33**
Richter,[134] sind hinsichtlich der Grenzen zulässiger Kritik zwischen Politikern und normalen Personen einzustufen. Sie haben sich zwar nicht in die öffentliche Arena begeben, üben aber staatliche Gewalt aus, die der demokratischen Kontrolle unterliegt.[135] Die Beschränkung der Meinungsäußerungsfreiheit von Beamten und Richtern ist wiederum vor allem aufgrund im Dienst erlangter Informationen im Rahmen der besonderen Verpflichtung zu Loyalität und Verschwiegenheit zu beurteilen.[136] Hierbei ist auf die in Art. 10 Abs. 2 EMRK ausdrücklich aufgeführten »Pflichten und Verantwortung« als Rechtfertigung zu verweisen.[137]

Im Rahmen der Prüfung der Verhältnismäßigkeit eines Eingriffes in die Medienfrei-   **34**
heit ist insbesondere zwischen den zu verbreitenden **Inhalten** der Informationen und Meinungen durch Medien, wie vor allem Presse und Rundfunk, zu differenzieren. Die Verbreitung von Informationen und Meinungen, die unmittelbar zur **politischen** Willensbildung beitragen, genießen einen höheren Schutz als die Verbreitung von lediglich unterhaltenden Sendungen. Dies ist vor allem auf die Rechtsprechung des EGMR zurückzuführen, in der die politische Kommunikation unter einen erhöhten Schutz gestellt wird.[138] Beschränkungen der **wirtschaftlichen** Tätigkeit von Medienunternehmen unterliegen generell einer weniger intensiven Kontrolle als die Beschränkung ihrer inhaltlichen Gestaltungsfreiheit. Bezweckt die wirtschaftliche Beschränkung allerdings kritische Medienunternehmen zum Schweigen zu bringen, sind strenge Maßstäbe anzulegen.[139]

E.   Verhältnis zu anderen Bestimmungen

Die Meinungsäußerungs- und Informationsfreiheit sowie die Medienfreiheit weisen Be-   **35**
rührungspunkte mit zahlreichen anderen Grundrechten auf. Gerade wenn Journalisten Träger dieser Rechte sind, kann ihr **Recht auf Leben** in Art. 2 GRC, das dem in Art. 2 EMRK entspricht, im Zusammenhang mit diesen Kommunikationsgrundrechten stehen. Aus Art. 2 EMRK ergibt sich nach Auffassung des EGMR unter bestimmten Voraussetzungen auch eine positive Pflicht des Staates, präventive Maßnahmen zum Schutz von

---

[132] EGMR, Urt. v. 25.11.1996, Beschwerde-Nr. 17419/90 (Wingrove/Vereinigtes Königreich), Rep. 1996-V, 1937, Rn. 58.

[133] EGMR, Urt. v. 29.3.2001, Beschwerde-Nr. 38432/97 (Thoma/Luxemburg), Rep. 2001-III, 67, Rn. 47.

[134] EGMR, Urt. v. 26.4.1995, Beschwerde-Nr. 15974/90 (Prager und Oberschlick/Österreich), Ser. A no. 313, Rn. 34.

[135] *Grote/Wenzel*, in: Dörr/Grote/Marauhn, EMRK/GG, Kap. 18, Rn. 116; *Frenz*, Handbuch Europarecht, Bd. 4, Rn. 1913 ff.

[136] EuGH, Urt. v. 6.3.2001, Rs. C–274/99 P (Bernard Connolly/Kommission), Slg. 2001, I–1611, Rn. 44 ff.; EGMR, Urt. v. 12.2.2008, Beschwerde-Nr. 14277/04 (Guja/Moldawien) [GK], Rep. 2008-II, 1, Rn. 72 ff. *Meyer-Ladewig*, EMRK, Art. 10 EMRK, Rn. 23.

[137] *Oster/Wagner*, in: Dauses, Handbuch des EU-Wirtschaftsrechts, E. V. (Juli 2012), Rn. 32; *Grabenwarter/Pabel*, § 23, Rn. 31; *Harris/O'Boyle/Warbrick*, S. 493 ff.

[138] EGMR, Urt. v. 25.11.1999, Beschwerde-Nr. 23118/93 (Nilsen und Johnsen/Norwegen) [GK], Rep. 1999-VIII, 57, Rn. 52.

[139] *Kühling*, in: Heselhaus/Nowak, Handbuch der Europäischen Grundrechte, § 24, Rn. 65.

Journalisten zu ergreifen, wenn ihr Leben aufgrund von Veröffentlichungen durch strafbare Handlungen anderer bedroht wird.[140]

36   Bei Gewissens- oder religiösen Äußerungen geht die **Gedanken-, Gewissens- und Religionsfreiheit** in Art. 10 GRC als spezielle Regelung der Meinungsäußerungs- bzw. Medienfreiheit in Art. 11 GRC vor. Allgemeine Äußerungen zu religiösen Themen fallen hingegen in die Meinungsäußerungsfreiheit.[141]

37   Im Verhältnis zur **Versammlungsfreiheit** ist die Meinungsäußerungsfreiheit lex specialis, soweit es auf den Inhalt der Meinungsäußerung ankommt.[142] Nach Auffassung des EGMR muss die Versammlungsfreiheit im Lichte des Art. 10 EMRK ausgelegt werden.[143] Der EuGH hat in einem beide Grundrechte betreffenden Fall diese unter Bezugnahme auf Art. 10 und 11 EMRK nebeneinander geprüft.[144] Wegen des engen Verhältnisses und der fast gleichen Schrankenregelung dürfte eine abschließende Antwort auf die Frage nach dem Verhältnis zwischen beiden Grundrechten hinsichtlich des Ergebnisses in der Regel sogar entbehrlich sein.[145]

38   Die Meinungsäußerungsfreiheit steht in einem Ergänzungsverhältnis zum **Recht auf freie Wahlen**, das in Art. 3 ZP I zur EMRK[146] bzw. Art. 39 und 40 GRC normiert ist.[147] Die freie politische Debatte und die freie Zirkulation von Informationen sind unverzichtbare Voraussetzungen für die Teilnahme an demokratischen Wahlen.[148]

39   Der Schutzbereich in Art. 11 GRC kann das in Art. 7 GRC geschützte **Recht auf Achtung des Privat- und Familienlebens** – das Art. 8 EMRK entspricht – berühren. Aus Art. 7 GRC ergibt sich ein Anspruch auf Schutz des guten Rufes als Teil der persönlichen Identität und geistigen Integrität.[149] Dieser ist ebenfalls ein legitimes Ziel für einen Eingriff in die Meinungsäußerungs- und Informationsfreiheit bzw. Medienfreiheit. Darüber hinaus kann die **Kommunikation** in den Schutzbereich des Art. 7 GRC fallen.[150] Das Abhören von Kommunikation und die Verarbeitung von entsprechenden Daten ließe sich wiederum als Eingriff in den Schutzbereich von Art. 8 GRC – **Schutz personenbezogener Daten** – werten.[151] Parallelen können auch mit der in Art. 13 GRC ausdrücklich geregelten **Kunstfreiheit** auftreten. Diese wird aus Art. 10 EMRK lediglich abgeleitet.[152]

---

[140] EGMR, Urt. v. 14.9.2010, Beschwerde-Nr. 2668/07, 6102/08, 30079/08, 7072/09 u. 7124/09 (Dink/Türkei), Rn. 64ff. (im Internet abrufbar unter: http://hudoc.echr.coe.int).

[141] *Kühling*, in: Heselhaus/Nowak, Handbuch der Europäischen Grundrechte, § 23, Rn. 90; *Frenz*, Handbuch Europarecht, Bd. 4, Rn. 1752.

[142] *Jarass*, GRCh, Art. 12 GRC, Rn. 5; *Frenz*, Handbuch Europarecht, Bd. 4, Rn. 2190; *Ruffert*, in: Calliess/Ruffert, EUV/AEUV, Art. 12 GRC, Rn. 6.

[143] EGMR, Urt. v. 13.8.1981, Beschwerde-Nr. 7601/76, 7806/77 (Young, James und Webster/Vereinigtes Königreich), Ser. A no. 44, Rn. 57. *Grote/Wenzel*, in: Dörr/Grote/Marauhn, EMRK/GG, Kap. 18, Rn. 144.

[144] EuGH, Urt. v. 12.6.2003, Rs. C–112/00 (Eugen Schmidberger, Internationale Transporte und Planzüge/Österreich), Slg. 2003, I–5659, Rn. 77ff. *Kühling*, in: Heselhaus/Nowak, Handbuch der Europäischen Grundrechte, § 23, Rn. 90; *Frenz*, Handbuch Europarecht, Bd. 4, Rn. 1762.

[145] *Frenz*, Handbuch Europarecht, Bd. 4, Rn. 1764.

[146] SEV-Nr. 009.

[147] *Grote/Wenzel*, in: Dörr/Grote/Marauhn, EMRK/GG, Kap. 18, Rn. 147.

[148] EGMR, Urt. v. 19.2.1998, Beschwerde-Nr. 24839/94 (Bowman/Vereinigtes Königreich), Rep. 1998-I, 175, Rn. 42.

[149] *Meyer-Ladewig*, EMRK, Art. 10 EMRK, Rn. 71, Art. 8, Rn. 27.

[150] *Frenz*, Handbuch Europarecht, Bd. 4, Rn. 1755.

[151] *Frenz*, Handbuch Europarecht, Bd. 4, Rn. 1758.

[152] *Frenz*, Handbuch Europarecht, Bd. 4, Rn. 1752.

Artikel 12   GRC Versammlungs- und Vereinigungsfreiheit

(1) Jede Person hat das Recht, sich insbesondere im politischen, gewerkschaftlichen und zivilgesellschaftlichen Bereich auf allen Ebenen frei und friedlich mit anderen zu versammeln und frei mit anderen zusammenzuschließen, was das Recht jeder Person umfasst, zum Schutz ihrer Interessen Gewerkschaften zu gründen und Gewerkschaften beizutreten.

(2) Politische Parteien auf der Ebene der Union tragen dazu bei, den politischen Willen der Unionsbürgerinnen und Unionsbürger zum Ausdruck zu bringen.

Literaturübersicht

Armbrecht, Politische Parteien im europäischen Verfassungsverbund, 2008; *Brems*, The margin of appreciation doctrine in the case-law of the European Court of Human Rights, ZaöRV 56 (1996), 240; *EU Network of Independent Experts on Fundamental Rights*, Commentary of the Charta of Fundamental Rights of the European Union, 2006; *Gassner*, Die Rechtsprechung zur Versammlungsfreiheit im internationalen Vergleich, 2012; *Grabenwarter/Pabel*, Europäische Menschenrechtskonvention, 5. Aufl., 2012; *Greer*, The exceptions to Articles 8 to 11 of the European Convention on Human Rights, 1997; *Harris/O'Boyle/Warbrick*, Law of the European Convention on Human Rights, 2. Aufl., 2009; *Hoffmann-Remy*, Die Möglichkeiten der Grundrechtseinschränkung nach den Art. 8–11 Abs. 2 der Europäischen Menschenrechtskonvention, 1976; *Koch*, Die europäischen politischen Parteien und ihre Finanzierung, FS Rengeling, 2008, S. 307; *Mittag*, Politische Parteien in der EU, 2010; *Möhlen*, Das Recht auf Versammlungsfreiheit im Internet, MMR 2013, 221; *M. Nowak*, CCPR Commentary, 2. Aufl., 2005; *Ripke*, Europäische Versammlungsfreiheit, 2012; *Tomuschat*, Freedom of association, in: MacDonald/Matscher/Petzold (Hrsg.), The European system for the protection of human rights, 1993, S. 493; *Zotti*, Politische Parteien auf europäischer Ebene, 2010.

Leitentscheidungen

EuGH, Urt. v. 8.10.1974, Rs. 175/73 (Gewerkschaftsbund – Europäischer Öffentlicher Dienst – Brüssel, Denise Massa und Roswitha Kortner/Rat), Slg. 1974, 917

EuGH, Urt. v. 8.10.1974, Rs. 18/74 (Allgemeine Gewerkschaft der Europäischen Beamten/Kommission), Slg. 1974, 933

EuGH, Urt. v. 18.1.1990, verb. Rs. C–193/87 u. C–194/87 (Henri Maurissen und Union syndicale/Rechnungshof), Slg. 1990, I–95

EuGH, Urt. v. 15.12.1995, Rs. C–415/93 (Union royale belge des sociétés de football association u.a./Bosman u.a.), Slg. 1995, I–4921

EuGH, Urt. v. 9.12.1997, Rs. C–265/95 (Kommission/Frankreich), Slg. 1997, I–6959

EuGH, Urt. v. 12.6.2003, Rs. C–112/00 (Eugen Schmidberger, Internationale Transporte und Planzüge/Österreich), Slg. 2003, I–5659

Wesentliche sekundärrechtliche Vorschriften

Verordnung (EG) Nr. 2004/2003 des Europäischen Parlaments und des Rates vom 4.11.2003 über die Regelungen für die politischen Parteien auf europäischer Ebene und ihrer Finanzierung, ABl. 2003, L 297/1, geändert durch VO (EG) Nr. 1524/2007 vom 18.12.2007, ABl. 2007, L 343/5

Verordnung (EU) Nr. 492/2011 des Europäischen Parlaments und des Rates vom 5.4.2011 über die Freizügigkeit der Arbeitnehmer innerhalb der Union, ABl. 2011, L 141/1

Inhaltsübersicht

A. Entwicklung, Quellen, Bedeutung

I. Entwicklung

1 Die **Entwicklung** der Versammlungs- und Vereinigungsfreiheit als Grundrecht beginnt im 18. bzw. 19. Jahrhundert. Während die Versammlungsfreiheit in der Französischen Verfassung von 1791 erstmals als Grundrecht auf europäischer Ebene verankert wurde,[1] fand die Vereinigungsfreiheit erst später Eingang in nationale Grundrechtskataloge.[2] Beide Rechte haben sich zu fundamentalen Grundrechten in einer demokratischen Gesellschaft entwickelt.

2 Den Nachweis der Anerkennung der Versammlungs-[3] und Vereinigungsfreiheit[4] hat der **EuGH** bislang vor allem unter Bezugnahme auf gemeinsame Verfassungsüberlieferungen der Mitgliedstaaten und völkerrechtliche Verträge, insbesondere die EMRK,[5] als Rechtserkenntnisquellen erbracht.[6]

3 Im **Grundrechtekonvent** bestand von Anfang an Einigkeit über die Aufnahme der Versammlungs- und Vereinigungsfreiheit in die Grundrechtecharta.[7] Bezug genommen wurde auf Art. 11 EMRK, Art. 5 Europäische Sozialcharta,[8] Art. 11 Gemeinschaftscharta der Sozialen Grundrechte der Arbeitnehmer[9] sowie Art. 11 Erklärung des Europäischen Parlaments über Grundrechte und Grundfreiheiten.[10] Schwerpunkte der Diskussionen im Grundrechtekonvent waren die Fragen, ob die Freiheit der Gründung einer politischen Partei mit in den sachlichen Schutzbereich der Vereinigungsfreiheit

---

[1] *Mann*, in: Heselhaus/Nowak, Handbuch der Europäischen Grundrechte, § 27, Rn. 1 f.

[2] *Mann*, in: Heselhaus/Nowak, Handbuch der Europäischen Grundrechte, § 28, Rn. 1 f.

[3] EuGH, Urt. v. 12. 6. 2003, Rs. C–112/00 (Eugen Schmidberger, Internationale Transporte und Planzüge/Österreich), Slg. 2003, I–5659, Rn. 71. *Gassner*, S. 191.

[4] EuGH, Urt. v. 15. 12. 1995, Rs. C–415/93 (Union royale belge des sociétés de football association u. a./Bosman u. a.), Slg. 1995, I–4921, Rn. 79.

[5] SEV-Nr. 005.

[6] *Mann*, in: Heselhaus/Nowak, Handbuch der Europäischen Grundrechte, § 27, Rn. 5, § 28, Rn. 4.

[7] *Bernsdorff*, in: Meyer, GRCh, Art. 12 GRC, Rn. 5.

[8] SEV-Nr. 035.

[9] Gemeinschaftscharta der Sozialen Grundrechte der Arbeitnehmer vom 9. 12. 1989, KOM (89) 248 endg.

[10] Erklärung des Europäischen Parlaments über Grundrechte und Grundfreiheiten vom 12. 4. 1989, ABl. 1989, C 120/51.

einbezogen werden, die Bestimmung ebenfalls die negative Vereinigungsfreiheit umfassen und auch Ausländer in den persönlichen Schutzbereich fallen sollten (Ausgestaltung als Menschen- oder Bürgerrecht) sowie die Einschränkungen der Versammlungs- und Vereinigungsfreiheit.[11]

II. Quellen

Im Gegensatz zur EMRK, in der die Versammlungsfreiheit und Vereinigungsfreiheit in einem gemeinsamen Artikel – **Art. 11 EMRK** – geregelt sind, ist auf universeller Ebene für getrennte Bestimmungen – **Art. 21 und 22 Internationaler Pakt über bürgerliche und politische Rechte (IPbpR)** von 1966[12] – optiert worden.[13] Die Koalitionsfreiheit ist als wirtschaftliches Recht in **Art. 8 Abs. 1 Buchst. a Internationaler Pakt über wirtschaftliche, soziale und kulturelle Rechte (IPwskR)** von 1966[14] geregelt.   4

Der Wortlaut des Art. 12 Abs. 1 GRC entspricht dem des Art. 11 Abs. 1 EMRK, wobei die Anwendung des Grundrechts im politischen, gewerkschaftlichen und zivilgesellschaftlichen Bereich auf allen Ebenen hinzugefügt worden ist. Die Bestimmungen des Art. 12 Abs. 1 GRC haben die **gleiche Bedeutung** wie die Bestimmungen des Art. 11 Abs. 1 EMRK, jedoch kommt ihnen wegen der Anwendung auf allen Ebenen, auch der europäischen Ebene, eine **größere Tragweite** zu. Art. 12 Abs. 2 GRC enthält eine zusätzliche Bestimmung über **politische Parteien** auf der Ebene der Union und entspricht damit Art. 10 Abs. 4 EUV.   5

Im arbeitsrechtlichen Bereich lässt sich die **Vereinigungs- bzw. Koalitionsfreiheit** primärrechtlich auf Art. 153 Abs. 1 Buchst. f AEUV – Vertretung und kollektive Wahrnehmung der Arbeitnehmer- und Arbeitgeberinteressen – zurückführen. Sekundärrechtlich ist Art. 8 VO Nr. 492/2011 über die Freizügigkeit der Arbeitnehmer innerhalb der Union[15] – gleiche Behandlung hinsichtlich der Zugehörigkeit zu Gewerkschaften und der Ausübung gewerkschaftlicher Rechte von EU-Arbeitnehmern in anderen Mitgliedstaaten – von Bedeutung.[16]   6

Die Freiheitsrechte der Versammlungs- und Vereinigungsfreiheit sind **verfassungsrechtlich** in allen EU-Mitgliedstaaten, entweder zusammen in einer Bestimmung oder getrennt in verschiedenen Bestimmungen, garantiert.[17] Einige Verfassungen enthalten darüber hinaus Regelungen über die Koalitionsfreiheit[18] und politische Parteien.[19]   7

---

[11] Protokoll der Sechsten Sitzung des Konvents (informelle Tagung) am 27./28. 3. 2000, in: Bernsdorff/Borowsky, Die Charta der Grundrechte der Europäischen Union, 2002, Art. 13, S. 193 f.; *Bernsdorff*, in: Meyer, GRCh, Art. 12 GRC, Rn. 6 ff.; *Knecht*, in: Schwarze, EU-Kommentar, Art. 12 GRC, Rn. 11.

[12] UNTS, vol. 999, p. 171.

[13] *M. Nowak*, Art. 22 GRC, Rn. 1.

[14] UNTS, vol. 993, p. 3.

[15] VO (EU) Nr. 492/2011 vom 5. 4. 2011 über die Freizügigkeit der Arbeitnehmer innerhalb der Union, ABl. 2011, L 141/1 (3).

[16] *Mann*, in: Heselhaus/Nowak, Handbuch der Europäischen Grundrechte, § 28, Rn. 6.

[17] Versammlungsfreiheit: z.B. Art. 8 GG, Art. 26 Verfassung Belgien, Art. 79 Verfassung Dänemark, § 13 Verfassung Finnland, Art. 11 Verfassung Griechenland, Art. 21 Verfassung Spanien, Art. 57 Verfassung Polen; *Gassner*, S. 192 ff.; *Ripke*, S. 266 ff. Vereinigungsfreiheit: z.B. Art. 9 GG, Art. 27 Verfassung Belgien, Art. 78 Verfassung Dänemark, § 13 Verfassung Finnland, Art. 12 Verfassung Griechenland, Art. 22 Verfassung Spanien, Art. 58 Verfassung Polen.

[18] Z.B. § 13 Verfassung Finnland, Art. 28 Verfassung Spanien, Art. 59 Verfassung Polen.

[19] Z.B. Art. 21 GG, Art. 29 Verfassung Griechenland, Art. 6 Verfassung Spanien, Art. 11 Verfassung Polen.

III. Bedeutung

8   Die Versammlungsfreiheit und Vereinigungsfreiheit gehören wie die Meinungsfreiheit
zu den **Kommunikationsgrundrechten** in einer demokratisch pluralistischen Gesellschaft. Die Versammlungsfreiheit trägt maßgeblich zur Verwirklichung der Meinungsfreiheit bei.[20] Diese Kommunikationsgrundrechte sind unabdingbare Voraussetzung für
die Partizipation am politischen Willensbildungs- und Entscheidungsprozess. Die Bedeutung der Grundrechte für eine **pluralistische Demokratie** spiegelt sich auch, wie bei
der Meinungsäußerungs- und Informationsfreiheit, in dem Rechtfertigungskriterium
der Notwendigkeit in einer demokratischen Gesellschaft für den Eingriff in den Schutzbereich wider.[21]

B. Schutzbereich

I. Persönlicher Schutzbereich

9   Grundrechtsberechtigt ist jede **natürliche Person** unabhängig von ihrer Staatsangehörigkeit. Damit sind die Versammlungsfreiheit und Vereinigungsfreiheit im Gegensatz zu
verfassungsrechtlichen Gewährleistungen einiger Mitgliedstaaten[22] in der Grundrechtecharta nicht als Bürgerrechte, sondern als Menschenrechte ausgestaltet. Die Grundrechtecharta folgt somit der völkerrechtlichen Regelung in der EMRK und dem IPbpR.[23]
Allerdings können Vertragsstaaten der EMRK die politische Tätigkeit ausländischer Personen nach Art. 16 EMRK beschränken.[24] **Juristische Personen** sind ebenfalls Träger
dieser Grundrechte, soweit sie versammlungs- bzw. vereinigungsspezifisch tätig sind.[25]

II. Sachlicher Schutzbereich

10   Art. 12 Abs. 1 GRC regelt die **Versammlungs- und Vereinigungsfreiheit** sowie die **Koalitionsfreiheit**, d.h. das Recht Gewerkschaften zu gründen. Allerdings scheint nicht
eindeutig zu sein, ob Art. 12 Abs. 1 GRC nur ein **Grundrecht mit mehreren Teilgrund-
rechten oder mehrere Grundrechte** beinhaltet. Sowohl der Wortlaut als auch die Erläuterung zu Art. 12 GRC scheinen für die erste Variante zu sprechen.[26] Dem Inhalt nach
handelt es sich gleichwohl um unterschiedliche Rechte,[27] weshalb sie nachfolgend getrennt voneinander behandelt werden.[28] Für die Bestimmung des sachlichen Schutzbe-

---

[20] *Mann*, in: Heselhaus/Nowak, Handbuch der Europäischen Grundrechte, § 27, Rn. 7.

[21] *Mensching*, in: Karpenstein/Mayer, EMRK, Art. 10 EMRK, Rn. 1.

[22] Z.B. Art. 8, 9 GG; Art. 26, 27 Verfassung Belgien; Art. 11, 12 Verfassung Griechenland; Art. 35,
36 Verfassung Litauen.

[23] *Mann*, in: Heselhaus/Nowak, Handbuch der Europäischen Grundrechte, § 27, Rn. 17, § 28,
Rn. 13; *Ruffert*, in: Calliess/Ruffert, EUV/AEUV, Art. 12 GRC, Rn. 3.

[24] *Frowein*, in: Frowein/Peukert, EMRK, Art. 16 EMRK, Rn. 1 ff.; *Tomuschat*, S. 512.

[25] *Bernsdorff*, in: Meyer, GRCh, Art. 12 GRC, Rn. 20; *Rixen*, in: Tettinger/Stern, EuGRCh, Art. 12
GRC, Rn. 3.

[26] In der Erläuterung zu Art. 12 Abs. 1 der Charta der Grundrechte wird von »Einschränkungen
dieses Rechts« (Singular) gesprochen, ABl. 2007, C 303/17 (22). Nach Abs. 5 Satz 2 Präambel GRC
sowie Art. 52 Abs. 7 GRC sind die rechtlich nicht verbindlichen Erläuterungen bei der Auslegung der
Charta von den Gerichten der Union und der Mitgliedstaaten gebührend zu berücksichtigen.

[27] *Augsberg*, in: GSH, Europäisches Unionsrecht, Art. 12 GRC, Rn. 3; *Bernsdorff*, in: Meyer,
GRCh, Art. 12 GRC, Rn. 15; *Jarass*, GRCh, Art. 12 GRC, Rn. 1.

[28] So wird in Art. 11 Abs. 2 EMRK auch von der »Ausübung dieser Rechte« (Plural) gesprochen.

reiches des Art. 12 Abs. 1 GRC kann wegen Art. 52 Abs. 3 GRC[29] auf Art. 11 EMRK sowie die einschlägige Rechtsprechung des EGMR verwiesen werden.[30]

1. Versammlungsfreiheit

Der sachliche Schutzbereich des Art. 12 Abs. 1 GRC umfasst das Recht, friedliche Versammlungen zu organisieren, durchzuführen und an ihnen teilzunehmen.[31] Weder Art. 11 Abs. 1 EMRK noch Art. 12 Abs. 1 GRC enthalten eine Definition des Begriffes Versammlung. Nach herrschender Auffassung ist von einem weiten **Versammlungsbegriff** auszugehen.[32] Unter Versammlung wird das organisierte Zusammenkommen mehrerer Menschen zum gemeinsamen Zweck der kollektiven Meinungsbildung oder zur gemeinsamen Kundgabe von Meinungen verstanden.[33] Vom Begriff der Versammlung eingeschlossen sind Zusammentreffen in privater Umgebung und in der Öffentlichkeit.[34] Die Aufzählung der Bereiche – politisch, gewerkschaftlich und zivilgesellschaftlich – ist nicht abschließend, worauf die Verwendung des Wortes insbesondere in Art. 12 Abs. 1 GRC hinweist.[35] **11**

Vom **Schutzumfang** eingeschlossen sind neben öffentlichen und privaten Versammlungen ortsfeste und sich fortbewegende Versammlungen.[36] Darüber hinaus werden auch Spontanversammlungen ohne Anmeldung geschützt.[37] Wegen des Fehlens des Merkmals der physischen Präsenz sollen virtuelle Versammlungen im Internet nach herrschender Auffassung nicht unter den Schutzbereich der Versammlungsfreiheit fallen.[38] **12**

Art. 12 Abs. 1 GRC schützt auch die so genannte **negative Versammlungsfreiheit**, d. h. das Recht, nicht an Versammlungen teilzunehmen.[39] Die Ausübung von Zwang zur Teilnahme an einer Versammlung ist unzulässig.[40] **13**

Um in den Schutzbereich von Art. 12 Abs. 1 GRC zu fallen, müssen Versammlungen **frei und friedlich** sein. Damit entspricht die Bestimmung dem Wortlaut des Art. 11 **14**

---

[29] Vgl. hierzu *Ripke*, S. 87 ff.

[30] *Pünder*, in: Ehlers, Grundrechte und Grundfreiheiten, § 17, Rn. 36.

[31] *Grabenwarter/Pabel*, § 23, Rn. 67; *Frenz*, Handbuch Europarecht, Bd. 4, Rn. 2170; *Mann*, in: Heselhaus/Nowak, Handbuch der Europäischen Grundrechte, § 27, Rn. 16.

[32] *Gassner*, S. 150; *Ripke*, S. 180 ff.

[33] *Arndt/Schubert*, in: Karpenstein/Mayer, EMRK, Art. 11 EMRK, Rn. 6; *Frowein*, in: Frowein/Peukert, EMRK, Art. 11 EMRK, Rn. 2; *Bernsdorff*, in: Meyer, GRCh, Art. 12 GRC, Rn. 15; *Jarass*, GRCh, Art. 12 GRC, Rn. 6; *Mann*, in: Heselhaus/Nowak, Handbuch der Europäischen Grundrechte, § 27, Rn. 10; *Pünder*, in: Ehlers, Grundrechte und Grundfreiheiten, § 17, Rn. 37.

[34] *Meyer-Ladewig*, EMRK, Art. 11 EMRK, Rn. 6.

[35] *Bernsdorff*, in: Meyer, GRCh, Art. 12 GRC, Rn. 16; *Frenz*, Handbuch Europarecht, Bd. 4, Rn. 2173; *Jarass*, GRCh, Art. 12 GRC, Rn. 6; *Rixen*, in: Tettinger/Stern, EuGRCh, Art. 12 GRC, Rn. 5.

[36] *Arndt/Schubert*, in: Karpenstein/Mayer, EMRK, Art. 11 EMRK, Rn. 6; *Grabenwarter/Pabel*, § 23, Rn. 68; *Jarass*, GRCh, Art. 12 GRC, Rn. 6; *Mann*, in: Heselhaus/Nowak, Handbuch der Europäischen Grundrechte, § 27, Rn. 12.

[37] *Frowein*, in: Frowein/Peukert, EMRK, Art. 11 EMRK, Rn. 2; *Meyer-Ladewig*, EMRK, Art. 11 EMRK, Rn. 9; *Frenz*, Handbuch Europarecht, Bd. 4, Rn. 2177; *Mann*, in: Heselhaus/Nowak, Handbuch der Europäischen Grundrechte, § 27, Rn. 11.

[38] *Arndt/Schubert*, in: Karpenstein/Mayer, EMRK, Art. 11 EMRK, Rn. 6; *Bröhmer*, in: Dörr/Grote/Marauhn, EMRK/GG, Kap. 19, Rn. 25. Dagegen *Möhlen*, MMR 2013, 221 ff.

[39] *Bernsdorff*, in: Meyer, GRCh, Art. 12 GRC, Rn. 18; *Frenz*, Handbuch Europarecht, Bd. 4, Rn. 2186; *Mann*, in: Heselhaus/Nowak, Handbuch der Europäischen Grundrechte, § 27, Rn. 16; *Pünder*, in: Ehlers, Grundrechte und Grundfreiheiten, § 17, Rn. 37.

[40] *Frenz*, Handbuch Europarecht, Bd. 4, Rn. 2186.

Abs. 1 EMRK in seiner deutschen nicht verbindlichen Übersetzung.[41] Versammlungen sind unfrei, wenn sie von staatlichen Stellen angeordnet werden.[42] Die Bestimmung des friedlichen Charakters einer Versammlung[43] ergibt sich nicht aus dem Inhalt oder den Zielen der Versammlung, sondern aus der Art und Weise ihrer Durchführung.[44] Nach der Rechtsprechung des EGMR sind Versammlungen unfriedlich, wenn sie der gewaltsamen Durchsetzung von Zielen dienen[45] oder wenn zu Gewalt bzw. zur Zurückweisung demokratischer Prinzipien aufgerufen wird.[46] Gewaltsam ist eine Versammlung dann, wenn von Waffen Gebrauch gemacht wird, worunter auch das Werfen von Wurfgeschossen aller Art zu verstehen ist.[47] Sitzblockaden sind als friedliche Versammlungen anzusehen, da ihre Teilnehmer passiv bleiben.[48] Unfriedliche Ereignisse am Rande einer Versammlung oder gewalttätige Gegendemonstrationen reichen nicht aus, um die Versammlung aus dem Schutzbereich der Versammlungsfreiheit fallen zu lassen.[49] Nach Auffassung des EGMR besteht vielmehr die Pflicht zum **Schutz der Versammlung** vor gewaltsamer Störung durch Gegendemonstrationen.[50]

2. Vereinigungsfreiheit

15   Der sachliche Schutzbereich des Art. 12 Abs. 1 GRC umfasst weiterhin das Recht, sich mit anderen frei zusammenzuschließen. Während es im Zusammenhang mit der Versammlungsfreiheit »frei und friedlich« heißt, steht hinsichtlich der Vereinigungsfreiheit, wie im deutschen nicht verbindlichen Wortlaut des Art. 11 Abs. 1 EMRK, lediglich das Wort »frei«.[51] Der **Begriff der Vereinigung** umfasst ohne Rücksicht auf die Rechtsform jeden freiwilligen Zusammenschluss mehrerer Personen zu einem gemeinsamen Zweck mit einem Mindestmaß an zeitlicher und organisatorischer Stabilität.[52] Das Recht sich frei mit anderen zusammenzuschließen, bezieht sich ebenfalls auf **politische Parteien**.[53]

---

[41] Nach den Schlussbestimmungen der EMRK sind nur die englische und französische Fassung verbindlich. In beiden Fassungen heißt es: »freedom of peaceful assembly« bzw. »liberté de réunion pacifique«, also Freiheit und nicht frei. *Ripke*, S. 179 f.

[42] *Jarass*, GRCh, Art. 12 GRC, Rn. 7; *Pünder*, in: Ehlers, Grundrechte und Grundfreiheiten, § 17, Rn. 37.

[43] *Gassner*, S. 151 f.; *Ripke*, S. 195 ff.

[44] *Mann*, in: Heselhaus/Nowak, Handbuch der Europäischen Grundrechte, § 27, Rn. 15.

[45] EGMR, Urt. v. 2.10.2001, Beschwerde-Nr. 29225/95 u. 29221/95 (Stankov und Vereinigte Mazedonische Organisation Ilinden/Bulgarien), Rep. 2001-IX, 273, Rn. 77.

[46] EGMR, Urt. v. 2.10.2001, Beschwerde-Nr. 29225/95 u. 29221/95 (Stankov und Vereinigte Mazedonische Organisation Ilinden/Bulgarien), Rep. 2001-IX, 273, Rn. 90. *Jarass*, GRCh, Art. 12 GRC, Rn. 7.

[47] *Frowein*, in: Frowein/Peukert, EMRK, Art. 11 EMRK, Rn. 4; *Mann*, in: Heselhaus/Nowak, Handbuch der Europäischen Grundrechte, § 27, Rn. 15.

[48] *Grabenwarter/Pabel*, § 23, Rn. 69.

[49] *Mann*, in: Heselhaus/Nowak, Handbuch der Europäischen Grundrechte, § 27, Rn. 15; *Pünder*, in: Ehlers, Grundrechte und Grundfreiheiten, § 17, Rn. 37.

[50] EGMR, Urt. v. 21.6.1988, Beschwerde-Nr. 10126/82 (Plattform »Ärzte für das Leben«/Österreich), Ser. A no. 139, Rn. 32. *Bröhmer*, in: Dörr/Grote/Marauhn, EMRK/GG, Kap. 19, Rn. 42; *Harris/O'Boyle/Warbrick*, S. 517.

[51] Anders Jarass, der das Wort »friedlich« in Art. 12 Abs. 1 GRC auch der Vereinigungsfreiheit zuordnet. *Jarass*, GRCh, Art. 12 GRC, Rn. 22.

[52] *Arndt/Schubert*, in: Karpenstein/Mayer, EMRK, Art. 11 EMRK, Rn. 27; *Bernsdorff*, in: Meyer, GRCh, Art. 12 GRC, Rn. 15; *Frenz*, Handbuch Europarecht, Bd. 4, Rn. 2230; *Jarass*, GRCh, Art. 12 GRC, Rn. 21.

[53] EGMR, Urt. v. 30.1.1998, Beschwerde-Nr. 19392/92 (Vereinigte Kommunistische Partei der Türkei/Türkei) [GK], Rep. 1998-I, 1, Rn. 25; Urt. v. 25.5.1998, Beschwerde-Nr. 21237/93 (Sozialistische Partei u. a./Türkei) [GK], Rep. 1998-III, 1233, Rn. 29. *Grabenwarter/Pabel*, § 23, Rn. 83.

Aus der Freiwilligkeit des Zusammenschlusses ergibt sich, dass nur private Zusammenschlüsse unter den Schutzbereich fallen, nicht jedoch öffentlich-rechtliche Vereinigungen bzw. Pflichtvereinigungen.[54] Dies findet auch Bestätigung in der Rechtsprechung des EGMR.[55] Art. 12 Abs. 1 GRC schützt wie Art. 11 EMRK ebenfalls die negative Vereinigungsfreiheit, d.h. das Recht nicht Mitglied einer Vereinigung zu werden bzw. aus ihr auszutreten.[56]

Da nicht nur die Freiheit einzelner Personen gewährleistet wird, eine Vereinigung zu   **16** gründen, ihr beizutreten und sich in ihr zu betätigen (individuelle Vereinigungsfreiheit), sondern auch die Vereinigung selbst (kollektive Vereinigungsfreiheit) Schutz genießt, handelt es sich bei der Vereinigungsfreiheit um ein **Doppelgrundrecht**.[57]

3. Koalitionsfreiheit

In Art. 12 Abs. 1 GRC ist innerhalb der Vereinigungsfreiheit als Sonderfall die Koaliti-   **17** onsfreiheit geschützt.[58] Die Koalitionsfreiheit umfasst das Recht jeder Person, zum Schutz ihrer Interessen **Gewerkschaften zu gründen und Gewerkschaften beizutreten**. Mit der wiederholten ausdrücklichen Erwähnung von Gewerkschaften in Art. 12 Abs. 1 GRC soll verdeutlicht werden, dass Gewerkschaften unabhängig davon, ob sie nach nationalem Recht Vereinigungen sind, in den Schutzbereich dieser Bestimmung fallen.[59] Gewerkschaften sind Zusammenschlüsse abhängig Beschäftigter zur Vertretung ihrer Interessen aus dem Beschäftigungsverhältnis.[60] Arbeitgebervereinigungen finden zwar keine ausdrückliche Erwähnung, fallen aber in den Schutzbereich der allgemeinen Vereinigungsfreiheit.[61] Die Freiheit der Bildung von Arbeitgebervereinigungen ist darüber hinaus Voraussetzung für Art. 28 GRC – Recht auf Kollektivverhandlungen und Kollektivmaßnahmen.[62]

Die Koalitionsfreiheit ist wie die allgemeine Vereinigungsfreiheit als ein **Doppel-**   **18** **grundrecht** ausgestaltet. Sie umfasst sowohl die individuelle Koalitionsfreiheit, d.h. das

---

[54] *Arndt/Schubert*, in: Karpenstein/Mayer, EMRK, Art. 11 EMRK, Rn. 29; *Frowein*, in: Frowein/Peukert, EMRK, Art. 11 EMRK, Rn. 8; *Meyer-Ladewig*, EMRK, Art. 11 EMRK, Rn. 13; *Bernsdorff*, in: Meyer, GRCh, Art. 12 GRC, Rn. 15; *Frenz*, Handbuch Europarecht, Bd. 4, Rn. 2231; *Mann*, in: Heselhaus/Nowak, Handbuch der Europäischen Grundrechte, § 28, Rn. 15; *Ruffert*, in: Calliess/Ruffert, EUV/AEUV, Art. 12 GRC, Rn. 11; *Tomuschat*, S. 496 f.; anders *Jarass*, GRCh, Art. 12 GRC, Rn. 21 f.: »[...] unter Umständen [können] auch öffentlich-rechtliche Vereinigungen erfasst sein«.
[55] EGMR, Urt. v. 23.6.1981, Beschwerde-Nr. 6878/75, 7238/75 (Le Compte, van Leuven u.de Meyere/Belgien), Ser. A no. 43, Rn. 65.
[56] EGMR, Urt. v. 13.8.1981, Beschwerde-Nr. 7601/76, 7806/77 (Young, James u. Webster/Vereinigtes Königreich), Ser. A no. 44, Rn. 51 ff.; Urt. v. 30.6.1993, Beschwerde-Nr. 16130/90 (Sigurður A. Sigurjónsson/Island), Ser. A no. 264, Rn. 41. *Bernsdorff*, in: Meyer, GRCh, Art. 12 GRC, Rn. 18; *Pünder*, in: Ehlers, Grundrechte und Grundfreiheiten, § 17, Rn. 39.
[57] *Bernsdorff*, in: Meyer, GRCh, Art. 12 GRC, Rn. 15; *Pünder*, in: Ehlers, Grundrechte und Grundfreiheiten, § 17, Rn. 39.
[58] Zur EuGH Rechtsprechung zur Koalitionsfreiheit vgl. EuGH, Urt. v. 8.10.1974, Rs. 175/73 (Gewerkschaftsbund – Europäischer Öffentlicher Dienst – Brüssel, Denise Massa und Roswitha Kortner/Rat), Slg. 1974, 917, Rn. 7/8 ff.; Urt. v. 8.10.1974, Rs. 18/74 (Allgemeine Gewerkschaft der Europäischen Beamten/Kommission), Slg. 1974, 933, Rn. 10, 12; Urt. v. 18.1.1990, verb. Rs. C–193/87 u. C–194/87 (Henri Maurissen und Union syndicale/Rechnungshof), Slg. 1990, I–95, Rn. 13.
[59] *Tomuschat*, S. 494; *Frenz*, Handbuch Europarecht, Bd. 4, Rn. 2239.
[60] *Frowein*, in: Frowein/Peukert, EMRK, Art. 11 EMRK, Rn. 13.
[61] *Frowein*, in: Frowein/Peukert, EMRK, Art. 11 EMRK, Rn. 1; *Meyer-Ladewig*, EMRK, Art. 11 EMRK, Rn. 18.
[62] *Pünder*, in: Ehlers, Grundrechte und Grundfreiheiten, § 17, Rn. 41.

Recht auf Gründung von Gewerkschaften und auf Beitritt bzw. Nicht-Beitritt zu Gewerkschaften (negative Koalitionsfreiheit)[63] als auch die kollektive Koalitionsfreiheit, d.h. das Recht der Gewerkschaften auf Bestimmung ihrer Organisation.[64]

4. Politische Parteien

19 Nach Art. 12 Abs. 2 GRC tragen politische Parteien auf der Ebene der Union dazu bei, den politischen Willen der Unionsbürgerinnen und Unionsbürger zum Ausdruck zu bringen. Diese ausdrückliche Hervorhebung politischer Parteien in Verbindung mit der Vereinigungsfreiheit verdeutlicht, dass **Parteien als besondere Vereinigungen** geschützt sind. Dies entspricht der Gewährleistung der Vereinigungsfreiheit für politische Parteien in Art. 11 EMRK.[65]

20 Art. 12 Abs. 2 GRC regelt kein Grundrecht. Der Bestimmung über politische Parteien kommt ein geringer rechtlicher Gehalt zu.[66] Allerdings knüpft die Bestimmung in Abs. 2 durch die systematische Zuordnung zur Vereinigungsfreiheit in Abs. 1 an eine grundrechtliche Gewährleistung an, zu der sie im Rahmen ihres Anwendungsbereiches lex specialis ist.[67] Sedes materiae des **Parteienrechts auf Unionsebene** sind Art. 10 Abs. 4 EUV (s. Art. 10 EUV, Rn. 43) und Art. 224 AEUV (s. Art. 224 AEUV, Rn. 5).[68]

21 Eine **Definition des Begriffes Partei** lässt die Grundrechtecharta vermissen. Er ist weit zu verstehen und unionsrechtlich unter Bezugnahme auf bestehende politische Zusammenschlüsse auf europäischer Ebene zu interpretieren.[69] Dabei ist auf die sekundärrechtlichen Bestimmungen zum Parteienbegriff und die Voraussetzungen einer politischen Partei auf europäischer Ebene in Art. 2 bzw. 3 VO Nr. 2004/2003 über die Regelungen für die politischen Parteien auf europäischer Ebene und ihrer Finanzierung[70] zu verweisen.[71]

---

[63] EGMR, Urt. v. 13.8.1981, Beschwerde-Nr. 7601/76, 7806/77 (Young, James u. Webster/Vereinigtes Königreich), Ser. A no. 44, Rn. 51 ff.

[64] *Frenz*, Handbuch Europarecht, Bd. 4, Rn. 2241 ff.; *Pünder*, in: Ehlers, Grundrechte und Grundfreiheiten, § 17, Rn. 41; *Ruffert*, in: Calliess/Ruffert, EUV/AEUV, Art. 12 GRC, Rn. 14.

[65] *Frenz*, Handbuch Europarecht, Bd. 4, Rn. 2258.

[66] *Bernsdorff*, in: Meyer, GRCh, Art. 12 GRC, Rn. 21; *Frenz*, Handbuch Europarecht, Bd. 4, Rn. 2259; *Rixen*, in: Tettinger/Stern, EuGRCh, Art. 12 GRC, Rn. 12; *Streinz*, in: Streinz, EUV/AEUV, Art. 12 GRC, Rn. 14; anders *Rengeling/Szczekalla*, Grundrechte, § 18, Rn. 747: »Grundrecht (»in nuce«)«.

[67] *Bernsdorff*, in: Meyer, GRCh, Art. 12 GRC, Rn. 21.

[68] *Frenz*, Handbuch Europarecht, Bd. 4, Rn. 2259; *Ruffert*, in: Calliess/Ruffert, EUV/AEUV, Art. 12 GRC, Rn. 17.

[69] *Bernsdorff*, in: Meyer, GRCh, Art. 12 GRC, Rn. 21a; *Pünder*, in: Ehlers, Grundrechte und Grundfreiheiten, § 17, Rn. 45; *Armbrecht*, S. 121 ff.; *Mittag*, S. 124 ff.; *Zotti*, S. 19 ff.

[70] VO (EG) Nr. 2004/2003 vom 4.11.2003 über die Regelungen für die politischen Parteien auf europäischer Ebene und ihrer Finanzierung, ABl. 2003, L 297/1, geändert durch VO (EG) Nr. 1524/2007 vom 18.12.2007, ABl. 2007, L 343/5.

[71] *Frenz*, Handbuch Europarecht, Bd. 4, Rn. 2260; *Pünder*, in: Ehlers, Grundrechte und Grundfreiheiten, § 17, Rn. 45; *Koch*, S. 308 ff.; *Zotti*, S. 61 ff.

C. Eingriffe

Als Eingriffe sind den Grundrechtsadressaten[72] zurechenbare Handlungen bzw. Unter-   **22**
lassungen zu verstehen, die die Ausübung der in Art. 12 GRC gewährleisteten Rechte
erschweren bzw. unmöglich machen.[73] Eingriffe in die **Versammlungsfreiheit** können
vielfältig sein. Als solche gelten Maßnahmen, die sowohl die Planung oder Vorbereitung
als auch die Auflösung oder das Verbot einer Versammlung betreffen.[74] Dazu zählen
auch nachträgliche Sanktionen gegen Organisatoren oder Teilnehmer im Zusammenhang mit der Beteiligung an einer Versammlung.[75]

Auch hinsichtlich der **Vereinigungs- und Koalitionsfreiheit** ist von einem weiten Ein-   **23**
griffsbegriff auszugehen.[76] Im Rahmen der positiven Vereinigungsfreiheit stellen Ver-
eins- oder Parteiverbote[77] bzw. der Ausschluss des Streikrechts unmittelbare Eingriffe
dar. Eingriffe in den Schutzbereich der negativen Vereinigungsfreiheit liegen bei
Zwangsmitgliedschaften in privatrechtlichen Vereinigungen vor.[78] Wenn an die Mitgliedschaft in bestimmten Vereinigungen, wie Gewerkschaften oder Parteien, Nachteile
geknüpft[79] oder wenn mit dem Austritt aus einer Gewerkschaft negative Folgen verbunden[80] oder solche Folgen staatlich sanktioniert werden,[81] liegen mittelbare Eingriffe
vor.[82]

D. Eingriffsrechtfertigung

Art. 12 GRC selbst lässt Regelungen über Einschränkungen vermissen. Da die Bestim-   **24**
mungen des Art. 12 Abs. 1 GRC hinsichtlich ihrer Bedeutung den Bestimmungen des
Art. 11 Abs. 1 EMRK entsprechen, jedoch eine größere Tragweite haben,[83] ist für den

---

[72] Nach Art. 51 Abs. 1 Satz 1 GRC gilt die Charta für die Organe, Einrichtungen und sonstigen
Stellen der Union und für die Mitgliedstaaten ausschließlich bei der Durchführung des Unionsrechts.

[73] *Rixen*, in: Tettinger/Stern, EuGRCh, Art. 12 GRC, Rn. 14.

[74] EGMR, Urt. v. 2.10.2001, Beschwerde-Nr. 29225/95 u. 29221/95 (Stankov und Vereinigte
Mazedonische Organisation Ilinden/Bulgarien), Rep. 2001-IX, 273, Rn. 79. *Grabenwarter/Pabel*,
§ 23, Rn. 71.

[75] EGMR, Urt. v. 26.4.1991, Beschwerde-Nr. 11800/85 (Ezelin/Frankreich), Ser. A no. 202,
Rn. 39. *Frenz*, Handbuch Europarecht, Bd. 4, Rn. 2195.

[76] *Frenz*, Handbuch Europarecht, Bd. 4, Rn. 2266; *Mann*, in: Heselhaus/Nowak, Handbuch der
Europäischen Grundrechte, § 28, Rn. 15.

[77] EGMR, Urt. v. 30.1.1998, Beschwerde-Nr. 19392/92 (Vereinigte Kommunistische Partei der
Türkei/Türkei) [GK], Rep. 1998-I, 1, Rn. 36; Urt. v. 25.5.1998, Beschwerde-Nr. 21237/93 (Sozialis-
tische Partei u.a./Türkei) [GK], Rep. 1998-III, 1233, Rn. 30. *Bröhmer*, in: Dörr/Grote/Marauhn,
EMRK/GG, Kap. 19, Rn. 83ff.

[78] EGMR, Urt. v. 30.6.1993, Beschwerde-Nr. 16130/90 (Sigurður A. Sigurjónsson/Island), Ser. A
no. 264, Rn. 3; Urt. v. 29.4.1999, Beschwerde-Nr. 25088/94, 28331/95 und 28443/95 (Chassagnou
u.a./Frankreich) [GK], Rep. 1999-III, 21, Rn. 96ff.

[79] EGMR, Urt. v. 26.9.1995, Beschwerde-Nr. 17851/91 (Vogt/Deutschland) [GK], Ser. A no. 323,
Rn. 65.

[80] EGMR, Urt. v. 30.6.1993, Beschwerde-Nr. 16130/90 (Sigurður A. Sigurjónsson/Island), Ser. A
no. 264, Rn. 36f.

[81] EGMR, Urt. v. 13.8.1981, Beschwerde-Nr. 7601/76, 7806/77 (Young, James u. Webster/Ver-
einigtes Königreich), Ser. A no. 44, Rn. 54f.

[82] *Frenz*, Handbuch Europarecht, Bd. 4, Rn. 2267ff.; *Mann*, in: Heselhaus/Nowak, Handbuch der
Europäischen Grundrechte, § 28, Rn. 15.

[83] Erläuterung zu Art. 12 Abs. 1 der Charta der Grundrechte vom 14.12.2007, ABl. 2007, C
303/17 (22).

Fall der Entsprechung die **spezielle Grundrechtsschranke** des Art. 52 Abs. 3 Satz 1 GRC und für den Fall der größeren Tragweite die **allgemeine Schrankenregelung** des Art. 52 Abs. 1 GRC anzuwenden.[84] Art. 11 Abs. 2 Satz 2 EMRK enthält auch eine besondere Einschränkungsregelung für staatlich Bedienstete.[85]

25   Nach Art. 52 Abs. 3 GRC dürfen die Einschränkungen der in Art. 12 Abs. 1 GRC gewährten Rechte nicht über die Einschränkungen hinausgehen, die als mögliche rechtmäßige Einschränkungen von Art. 11 Abs. 2 EMRK gelten.[86] Eingriffe müssen wie bei allen Kommunikationsgrundrechten **gesetzlich vorgesehen** sein, ein **legitimes Ziel verfolgen** und **verhältnismäßig** sein.

I. Allgemeine Eingriffsrechtfertigung

1. Gesetzliche Grundlage

26   Zunächst muss ein Eingriff gesetzlich vorgesehen sein. Bei Eingriffen durch Unionsorgane ist diese Voraussetzung bei primärrechtlichen oder sekundärrechtlichen Bestimmungen erfüllt.[87] Hinsichtlich mitgliedstaatlicher Handlungen bei der Durchführung von Unionsrecht müssen Eingriffe auf innerstaatliche Gesetze zurückführbar sein, die für den Einzelnen **zugänglich** und **voraussehbar** sind.[88]

2. Legitimes Ziel

27   Ein Eingriff muss ein legitimes Ziel verfolgen. **Art. 11 Abs. 2 Satz 1 EMRK** zählt folgende legitime Ziele abschließend auf: die **nationale oder öffentliche Sicherheit**, die **Aufrechterhaltung der Ordnung** oder die **Verhütung von Straftaten**, den **Schutz der Gesundheit oder der Moral** oder den **Schutz der Rechte und Freiheiten anderer**.[89] So erkennt der EGMR beispielsweise bei einem Parteiverbot die nationale Sicherheit als legitimes Ziel an.[90]

3. Notwendig in einer demokratischen Gesellschaft

28   Der Eingriff muss letztendlich notwendig in einer demokratischen Gesellschaft, d. h. verhältnismäßig sein.[91] Der Grundsatz der **Verhältnismäßigkeit** erfordert, dass der Ein-

---

[84] *Bernsdorff*, in: Meyer, GRCh, Art. 12 GRC, Rn. 19. Mitunter wird ausschließlich auf die spezielle Schrankenregelung in Art. 52 Abs. 3 GRC abgestellt, weil die in Art. 12 Abs. 1 GRC gewährten Rechte denen in Art. 11 Abs. 1 EMRK entsprächen und damit »die gleiche Bedeutung und Tragweite« hätten. So *Frenz*, Handbuch Europarecht, Bd. 4, Rn. 2199; *Pünder*, in: Ehlers, Grundrechte und Grundfreiheiten, § 17, Rn. 50.

[85] *Bernsdorff*, in: Meyer, GRCh, Art. 12 GRC, Rn. 19.

[86] Erläuterung zu Art. 12 Abs. 1 der Charta der Grundrechte vom 14.12.2007, ABl. 2007, C 303/17 (22). *Ruffert*, in: Calliess/Ruffert, EUV/AEUV, Art. 12 GRC, Rn. 13.

[87] *Mann*, in: Heselhaus/Nowak, Handbuch der Europäischen Grundrechte, § 28, Rn. 16.

[88] EGMR, Urt. v. 20.5.1999, Beschwerde-Nr. 25390/94 (Rekvényi/Ungarn) [GK], Rep. 1999-III, 423, Rn. 59; Urt. v. 2.8.2001, Beschwerde-Nr. 37119/97 (N.F./Italien), Rep. 2001-IX, 25, Rn. 26. *Grabenwarter/Pabel*, § 23, Rn. 90; *Gassner*, S. 160 ff.

[89] *Gassner*, S. 166 ff.; *Ripke*, S. 219 ff.

[90] EGMR, Urt. v. 30.1.1998, Beschwerde-Nr. 19392/92 (Vereinigte Kommunistische Partei der Türkei/Türkei) [GK], Rep. 1998-I, 1, Rn. 40; Urt. v. 8.12.1999, Beschwerde-Nr. 23885/94 (Partei der Freiheit und Demokratie [ÖZDEP]/Türkei) [GK], Rep. 1999-VIII, 293, Rn. 32 f. *Grabenwarter/Pabel*, § 23, Rn. 91.

[91] Zum Überblick über die Rechtsprechung des EGMR zur Verhältnismäßigkeitsprüfung vgl. EGMR, Urt. v. 15.5.2014, Beschwerde-Nr. 19554/05 (Taranenko/Russland), NVwZ-RR 2015, 241, Rn. 81 ff.

griff in einem angemessenen Verhältnis zum verfolgten Ziel steht.[92] Art. 11 Abs. 2 EMRK setzt ein »dringendes soziales Bedürfnis« (pressing social need) voraus, wobei ein gewisser **Beurteilungsspielraum** (margin of appreciation) besteht.[93] Der EGMR prüft, ob der Vertragsstaat sein Ermessen angemessen und sorgfältig ausgeübt hat.[94] Nach Auffassung des EGMR ist eine Abwägung zwischen den in Art. 11 Abs. 2 EMRK aufgeführten Eingriffszielen und dem Ziel einer ungestörten Ausübung der in Art. 11 Abs. 1 EMRK gewährten Kommunikationsgrundrechte erforderlich.[95]

Ein **Versammlungsverbot** oder die **Auflösung von Versammlungen** stellen schwer- **29** wiegende Eingriffe in die Versammlungsfreiheit dar und dürfen daher nur als ultima ratio zulässig sein.[96] Demonstrationen gehen in der Regel mit Störungen der Ordnung einher.[97] Wenn aber bereits wegen geringfügiger Störungen drastische Maßnahmen, wie Gewaltanwendung gegenüber Teilnehmern oder gar die Auflösung der Versammlung, angeordnet werden, liegt nach Auffassung des EGMR ein Verstoß gegen den Verhält-nismäßigkeitsgrundsatz vor.[98] Vorherige **Anmelde- oder Anzeigeerfordernisse** für Ver-sammlungen, die von vornherein nicht gegen die Versammlungsfreiheit verstoßen, sind dann verhältnismäßig, wenn sie die Ergreifung notwendiger Maßnahmen für die ord-nungsgemäße Durchführung der Versammlung bezwecken.[99]

Bei der Rechtfertigungsprüfung eines Eingriffes in die Vereinigungsfreiheit ist nach **30** Auffassung des EGMR von einem engen **Beurteilungsspielraum** der Grundrechtsadres-saten auszugehen.[100] An die Verweigerung der Zulassung, die Auflösung oder das Verbot einer Vereinigung werden hohe Anforderungen gestellt. Im Rahmen der Verhältnis-mäßigkeit legt der EGMR einen strengen Prüfungsmaßstab an.[101] So bedarf es konkreter Anhaltspunkte für eine Gefährdung der in Art. 11 Abs. 2 EMRK geschützten Rechts-güter.[102]

Bei der Rechtfertigungsprüfung hinsichtlich der **Koalitionsfreiheit** geht der EGMR **31** von einem weiten **Beurteilungsspielraum** aus, da die Koalitionsfreiheit heikle soziale und politische Fragen betrifft. Hier müsse ein angemessener Ausgleich zwischen den

---

[92] *Arndt/Schubert*, in: Karpenstein/Mayer, EMRK, Art. 11 EMRK, Rn. 15; *Gassner*, S. 170 ff.

[93] EGMR, Urt. v. 2.10.2001, Beschwerde-Nr. 29225/95 u. 29221/95 (Stankov und Vereinigte Mazedonische Organisation Ilinden/Bulgarien), Rep. 2001-IX, 273, Rn. 87. *Brems*, ZaöRV 56 (1996), 240 (242 ff.); *Greer*, S. 15 ff.; *Hoffmann-Remy*, S. 70 ff.

[94] EGMR, Urt. v. 23.10.2008, Beschwerde-Nr. 10877/04 (Sergey Kuznetsov/Russland), Rn. 40 (im Internet abrufbar unter: http://hudoc.echr.coe.int).

[95] EGMR, Urt. v. 26.4.1991, Beschwerde-Nr. 11800/85 (Ezelin/Frankreich), Ser. A no. 202, Rn. 52. *Grabenwarter/Pabel*, § 23, Rn. 76.

[96] EGMR, Urt. v. 29.6.2006, Beschwerde-Nr. 76900/01 (Öllinger/Österreich), Rep. 2006-IX, 65, Rn. 44 ff. *Arndt/Schubert*, in: Karpenstein/Mayer, EMRK, Art. 11, Rn. 17; *Grabenwarter/Pabel*, § 23, Rn. 76.

[97] EuGH, Urt. v. 9.12.1997, Rs. C–265/95 (Kommission/Frankreich), Slg. 1997, I–6959, Rn. 56 f.

[98] EGMR, Urt. v. 18.12.2007, Beschwerde-Nr. 32124/02, 32126/02, 32129/02, 32132/02, 32133/02, 32137/02, 32138/02 (Nurettin Aldemir u.a./Türkei), Rn. 46 f. (im Internet abrufbar unter: http://hudoc.echr.coe.int). *Grabenwarter/Pabel*, § 23, Rn. 76.

[99] EGMR, Urt. v. 23.10.2008, Beschwerde-Nr. 10877/04 (Sergey Kuznetsov/Russland), Rn. 42 (im Internet abrufbar unter: http://hudoc.echr.coe.int). *Grabenwarter/Pabel*, § 23, Rn. 77.

[100] *Grabenwarter/Pabel*, § 23, Rn. 93.

[101] EGMR, Urt. v. 27.3.2008, Beschwerde-Nr. 26698/05 (Tourkiki Enosi Xanthis u.a./Griechen-land), Rn. 48 f. (im Internet abrufbar unter: http://hudoc.echr.coe.int).

[102] EGMR, Urt. v. 21.6.2007, Beschwerde-Nr. 57045/00 (Zhechev/Bulgarien), Rn. 47 ff. (im In-ternet abrufbar unter: http://hudoc.echr.coe.int). *Arndt/Schubert*, in: Karpenstein/Mayer, EMRK, Art. 11 EMRK, Rn. 39.

Interessen von Arbeitnehmern und Arbeitgebern gefunden werden.[103] Die Zwangsmit-gliedschaft in einer Gewerkschaft ist nach Auffassung des EGMR ein unverhältnismä-ßiger Eingriff in die Koalitionsfreiheit, wenn bei Nichtmitgliedschaft schwerwiegende Folgen wie der Verlust des Arbeitsplatzes drohen.[104] Beschränkungen des Streikrechts sind ebenfalls am Prüfungsmaßstab des Art. 11 Abs. 2 EMRK zu messen. Ein Streikver-bot für Beamte, die hoheitliche Aufgaben ausüben, kann mit der Koalitionsfreiheit ver-einbar sein.[105]

32   Die in der Rechtsprechung des EGMR angewendeten Kriterien zur Vereinigungsfrei-heit politischer Parteien gem. Art. 11 EMRK, speziell zum **Parteiverbot**,[106] sind auch im Rahmen des Art. 12 GRC anzuwenden.[107] Aus der Herausstellung der Bedeutung poli-tischer Parteien für die Demokratie[108] durch den Gerichtshof folgt die besondere Stel-lung von Parteien gegenüber anderen Vereinigungen.[109] Bei der Prüfung der Verhältnis-mäßigkeit fordert der EGMR überzeugende und zwingende Gründe für einen so schwer-wiegenden Eingriff in die Vereinigungsfreiheit wie ein Parteiverbot.[110] Damit wird eine hohe Hürde zur Rechtfertigung des Eingriffes durch die Grundrechtsadressaten gesetzt. Maßstab sind die verfolgten Ziele der Partei, die den fundamentalen Grundsätzen der Demokratie entsprechen und die eingesetzten Mittel zur Verfolgung der Ziele, die de-mokratisch und legal – nicht gewaltsam – sein müssen.[111] Entscheidend dabei ist das Gesamtbild der Partei, das sich aus ihrem Programm sowie dem Verhalten und den Äußerungen ihrer Mitglieder ergibt.[112]

II. Spezielle Eingriffsrechtfertigung bei Beamten

33   Art. 11 Abs. 2 Satz 2 EMRK enthält eine besondere Einschränkungsregelung für staat-lich Bedienstete, wie Angehörige der Streitkräfte, der Polizei oder der Staatsverwal-tung. Dabei ist der Begriff der Staatsverwaltung eng auszulegen. Nach Auffassung des EGMR muss es sich bei **Beamten** um Personen handeln, die an der Ausübung von Ho-heitsgewalt beteiligt sind.[113] Unter die genannte Personengruppe fallen vor allem Be-

---

[103] EGMR, Urt. v. 25.4.1996, Beschwerde-Nr. 15573/89 (Gustafsson/Schweden) [GK], Rep. 1996-II, 637, Rn. 45. *Grabenwarter/Pabel*, § 23, Rn. 94.

[104] EGMR, Urt. v. 13.8.1981, Beschwerde-Nr. 7601/76, 7806/77 (Young, James u. Webster/Ver-einigtes Königreich), Ser. A no. 44, Rn. 55 ff.

[105] *Arndt/Schubert*, in: Karpenstein/Mayer, EMRK, Art. 11 EMRK, Rn. 56; *Grabenwarter/Pabel*, § 23, Rn. 94.

[106] Zur Verletzung der Vereinigungsfreiheit politischer Parteien vgl. EGMR, Urt. v. 30.1.1998, Beschwerde-Nr. 19392/92 (Vereinigte Kommunistische Partei der Türkei/Türkei) [GK], Rep. 1998-I, 1, Rn. 42 ff.; Urt. v. 25.5.1998, Beschwerde-Nr. 21237/93 (Sozialistische Partei u. a./Türkei) [GK], Rep. 1998-III, 1233, Rn. 37 ff.; Urt. v. 8.12.1999, Beschwerde-Nr. 23885/94 (Partei der Freiheit und Demokratie [ÖZDEP]/Türkei) [GK], Rep. 1999-VIII, 293, Rn. 34 ff. Zu keiner Verletzung der Verei-nigungsfreiheit politischer Parteien vgl. EGMR, Urt. v. 13.2.2003, Beschwerde-Nr. 41340/98, 41342/98, 41343/98, 41344/98 (Refah Partisi (Wohlfahrtspartei) u. a./Türkei) [GK], Rep, 2003-II, 267, Rn. 86 ff.

[107] *Frenz*, Handbuch Europarecht, Bd. 4, Rn. 2290.

[108] EGMR, Urt. v. 30.1.1998, Beschwerde-Nr. 19392/92 (Vereinigte Kommunistische Partei der Türkei/Türkei) [GK], Rep. 1998-I, 1, Rn. 25, 43. *Frowein*, in: Frowein/Peukert, EMRK, Art. 11, Rn. 12.

[109] *Grabenwarter/Pabel*, § 23, Rn. 95.

[110] EGMR, Urt. v. 30.1.1998, Beschwerde-Nr. 19392/92 (Vereinigte Kommunistische Partei der Türkei/Türkei) [GK], Rep. 1998-I, 1, Rn. 46.

[111] *Grabenwarter/Pabel*, § 23, Rn. 95 f.

[112] *Frenz*, Handbuch Europarecht, Bd. 4, Rn. 2290.

[113] EGMR, Urt. v. 8.12.1999, Beschwerde-Nr. 28541/95 (Pellegrin/Frankreich) [GK], Rep. 1999-VIII, 207, Rn. 66. *Grabenwarter/Pabel*, § 23, Rn. 79; *Ripke*, S. 235 ff.

schäftige des Staates, die wichtige Funktionen zum Schutz der nationalen Sicherheit ausüben.[114] Dabei ist zu berücksichtigen, dass den Staaten vor allem beim Schutz der nationalen Sicherheit, der wiederum als legitimes Ziel für einen Eingriff in den Schutzbereich angeführt werden kann, ein weiter Beurteilungsspielraum zugestanden wird.[115]

Nach dem **Beamtenvorbehalt** haben Personen, die Teil der (exekutiven) Gewalt sind, **34** stärkere Einschränkungen hinzunehmen.[116] Für die Rechtfertigungsprüfung wendet der EGMR auch hier die Grundsätze an, wonach Eingriffe »gesetzlich vorgesehen«[117] und verhältnismäßig[118] sein müssen.

E.　Verhältnis zu anderen Bestimmungen

Die Versammlungsfreiheit und Vereinigungsfreiheit sind eng mit der **Meinungsäuße-** **35** **rungsfreiheit** in Art. 11 GRC sowie mit der **Gedanken-, Gewissens- und Religionsfreiheit** in Art. 10 GRC verbunden.[119] Sie stellen nach Ansicht des EGMR leges speciales im Verhältnis zur Meinungsfreiheit[120] und Religionsfreiheit[121] dar. Dabei prüft der EGMR Art. 11 EMRK – Versammlungs- und Vereinigungsfreiheit – im Lichte der Meinungsfreiheit,[122] wie insbesondere bei Parteiverboten,[123] bzw. der Religionsfreiheit.[124] Die Vereinigungsfreiheit von Religionsgemeinschaften kann sowohl Art. 10 GRC als auch Art. 12 GRC betreffen, wie z. B. hinsichtlich der Ablehnung der Registrierung von Religionsgemeinschaften oder der Verleihung der Rechtsfähigkeit.[125] Die Versammlungs-

---

[114] EKMR, Zulässigkeitsentscheidung v. 20. 1. 1987, Beschwerde-Nr. 11603/85 (Council of Civil Service Unions u. a./Vereinigtes Königreich), DR 50, 228 (239). *Arndt/Schubert*, in: Karpenstein/Mayer, EMRK, Art. 11 EMRK, Rn. 22.

[115] EKMR, Zulässigkeitsentscheidung v. 20. 1. 1987, Beschwerde-Nr. 11603/85 (Council of Civil Service Unions u. a./Vereinigtes Königreich), DR 50, 228 (239). *Grabenwarter/Pabel*, § 23, Rn. 79.

[116] *Grabenwarter/Pabel*, § 23, Rn. 79.

[117] EGMR, Urt. v. 20. 5. 1999, Beschwerde-Nr. 25390/94 (Rekvényi/Ungarn) [GK], Rep. 1999-III, 423, Rn. 59.

[118] EGMR, Urt. v. 12. 11. 2008, Beschwerde-Nr. 34503/97 (Demir und Baykara/Türkei) [GK], Rep. 2008-V, 395, Rn. 97. *Arndt/Schubert*, in: Karpenstein/Mayer, EMRK, Art. 11 EMRK, Rn. 24.

[119] *EU Network of Independent Experts on Fundamental Rights*, Art. 12, S. 124.

[120] EGMR, Urt. v. 26. 4. 1991, Beschwerde-Nr. 11800/85 (Ezelin/Frankreich), Ser. A no. 202, Rn. 35; Urt. v. 3. 10. 2013, Beschwerde-Nr. 21613/07 (Kasparov u. a./Russland), Rn. 82 f. (im Internet abrufbar unter: http://hudoc.echr.coe.int); Urt. v. 31. 7. 2014, Beschwerde-Nr. 1774/11 (Nemtsov/Russland), Rn. 61 (im Internet abrufbar unter: http://hudoc.echr.coe.int). *Frenz*, Handbuch Europarecht, Bd. 4, Rn. 2165; *Jarass*, GRCh, Art. 12 GRC, Rn. 5.

[121] EKMR, Zulässigkeitsentscheidung v. 6. 4. 1995, Beschwerde-Nr. 25522/94 (Rai, Allmond und »Negotiate Now«/Großbritannien), DR 81, 146. *Grabenwarter/Pabel*, § 23, Rn. 64; *Bröhmer*, in: Dörr/Grote/Marauhn, EMRK/GG, Kap. 19, Rn. 122; *Frenz*, Handbuch Europarecht, Bd. 4, Rn. 2189; *Ripke*, S. 248 f.

[122] EGMR, Urt. v. 26. 4. 1991, Beschwerde-Nr. 11800/85 (Ezelin/Frankreich), Ser. A no. 202, Rn. 35 ff.; Urt. v. 23. 10. 2008, Beschwerde-Nr. 10877/04 (Sergey Kuznetsov/Russland), Rn. 23 (im Internet abrufbar unter: http://hudoc.echr.coe.int).

[123] EGMR, Urt. v. 30. 1. 1998, Beschwerde-Nr. 19392/92 (Vereinigte Kommunistische Partei der Türkei/Türkei) [GK], Rep. 1998-I, 1, Rn. 42 ff.; Urt. v. 9. 4. 2002, Beschwerde-Nr. 22723/93, 22724/93, 22725/93 (Yasar u. a./Türkei), Rep. 2002-II, 395, Rn. 46; Urt. v. 30. 6. 2009, Beschwerde-Nr. 25803/04, 25817/04 (Herri Batasuna und Batasuna/Spanien), Rep. 2009-III, 321, Rn. 74.

[124] EGMR, Urt. v. 13. 8. 1981, Beschwerde-Nr. 7601/76, 7806/77 (Young, James u. Webster/Vereinigtes Königreich), Ser. A no. 44, Rn. 57. *Mann*, in: Heselhaus/Nowak, Handbuch der Europäischen Grundrechte, § 27, Rn. 29; *Ripke*, S. 249.

[125] EGMR, Urt. v. 31. 7. 2008, Beschwerde-Nr. 40825/98 (Religionsgemeinschaft der Zeugen Je-

freiheit steht ebenfalls im Zusammenhang mit der **Freizügigkeit** nach Art. 45 GRC, z. B. bei der Anreise zu bzw. Abreise von einer Versammlung.[126] Dabei ist die Versammlungsfreiheit lex specialis zur Freizügigkeit.[127]

36 Die **Koalitionsfreiheit** als Unterfall der Vereinigungsfreiheit steht in engem Verhältnis zum **Recht auf Kollektivverhandlungen und Kollektivmaßnahmen** in Art. 28 GRC.[128] Die Regelung über **politische Parteien** in Art. 12 Abs. 2 GRC ist in Verbindung mit Art. 39 GRC – aktives und passives **Wahlrecht** bei den Wahlen zum Europäischen Parlament – zu lesen.[129]

---

hovas u. a./Österreich), Rn. 67, 86 (im Internet abrufbar unter: http://hudoc.echr.coe.int); Urt. v. 10. 6. 2010, Beschwerde-Nr. 302/02 (Jehovah's Witnesses of Moscow u. a./Russland), Rn. 91 ff. (im Internet abrufbar unter: http://hudoc.echr.coe.int). *Meyer-Ladewig*, EMRK, Art. 11 EMRK, Rn. 26.

[126] EGMR, Urt. v. 20. 2. 2003, Beschwerde-Nr. 20652/92 (Djavit An/Türkei), Rep. 2003-III, 231, Rn. 54.

[127] *Ripke*, S. 252 f.

[128] *Bernsdorff*, in: Meyer, GRCh, Art. 12 GRC, Rn. 14; *Mann*, in: Heselhaus/Nowak, Handbuch der Europäischen Grundrechte, § 28, Rn. 7.

[129] *Bernsdorff*, in: Meyer, GRCh, Art. 12 GRC, Rn. 21.

Artikel 13 GRC Freiheit der Kunst und der Wissenschaft

¹Kunst und Forschung sind frei. ²Die akademische Freiheit wird geachtet.

Literaturübersicht

Blankenagel, Wissenschaftsfreiheit aus der Sicht der Wissenschaftssoziologie, AöR 105 (1980), 35; *Britz*, Die Freiheit der Kunst in der europäischen Kulturpolitik, EuR 2004, 1; *Dickert*, Naturwissenschaft und Forschungsfreiheit, 1991; *Grabenwarter/Pabel*, Europäische Menschenrechtskonvention, 5. Aufl., 2012; *Hailbronner*, Die Freiheit der Forschung und Lehre als Funktionsgrundrecht, 1979; *Hoppe*, Die Kunstfreiheit als EU-Grundrecht, 2011; *Knemeyer*, Lehrfreiheit, 1969; *Krüger*, Lehre, in: Fläming/Kimminich/Krüger/Meusel/Rupp/Scheven/Schuster/Graf Stenbock-Fermor (Hrsg.), Handbuch des Wissenschaftsrechts, Band 1, 2. Aufl., 1996, S. 309; *Nettesheim*, Grund und Grenzen der Wissenschaftsfreiheit, DVBl. 2005, 1072; *M. Nowak*, CCPR Commentary, 2. Aufl., 2005; *Ruffert*, Grund und Grenzen der Wissenschaftsfreiheit, VVDStRL 65 (2006), 146.

Leitentscheidungen

EuGH, Urt. v. 27.6.1973, Rs. 35/72 (Walter Kley/Kommission), Slg. 1973, 679

EuGH, Urt. v. 11.7.1974, Rs. 53/72 (Pierre Guillot/Kommission), Slg. 1974, 791

EuGH, Urt. v. 20.6.2002, Rs. C–287/00 (Kommission/Deutschland), Slg. 2002, I–5811

EuGH, Urt. v. 8.5.2014, Rs. C–15/13 (Technische Universität Hamburg-Harburg, Hochschul Informations System GmbH/Datenlotsen Informationssysteme GmbH), ECLI:EU:C:2014:303

Wesentliche sekundärrechtliche Vorschrift

Empfehlung 2005/251/EG der Kommission vom 11.3.2005 über die Europäische Charta für Forscher und einen Verhaltenskodex für die Einstellung von Forschern, ABl. 2005, L 75/67

Inhaltsübersicht

A. Entwicklung, Quellen, Bedeutung

I. Entwicklung

Das Grundrecht der Wissenschaftsfreiheit kann zwar nicht als eine ausschließlich deut- **1**
sche,¹ aber doch als eine **»typisch deutsche Erscheinung«** angesehen werden,² die als

---

¹ *Dickert*, S. 284.
² *Starck*, in: v. Mangoldt/Klein/Starck, GG, Art. 5 Abs. 3 GG, Rn. 351. Zu den historischen Wurzeln der Wissenschaftsfreiheit vgl. *Ruffert*, VVDStRL 65 (2006), 146 (161 ff.). Erstmalige Regelung in § 152 Frankfurter Reichsverfassung von 1849: »Die Wissenschaft und Lehre ist frei.«.

Modell in unterschiedlichen Ausprägungen für ausländische Rechtssysteme diente.[3] Im **Grundrechtekonvent** ist hinsichtlich einer Aufnahme der Freiheit der Kunst und der Wissenschaft in die Grundrechtecharta zunächst diskutiert worden, ob diese entweder dem Recht auf Bildung[4] oder der Meinungsfreiheit[5] zugeordnet werden und ob einige Teilfreiheiten überhaupt keine ausdrückliche Regelung erfahren sollten. Waren die Freiheit der Kunst, Wissenschaft, Forschung und Lehre zunächst in eine Bestimmung aufgenommen worden, erfolgte später eine Trennung der Freiheit der Lehre von den anderen Teilfreiheiten. Schließlich hat die Freiheit der Kunst und zunächst der Wissenschaft,[6] dann der Forschung[7] als eigenständiges Grundrecht in Art. 13 GRC ihre Regelung gefunden.[8]

II. Quellen

2   Nach der Erläuterung des Grundrechtekonvents leitet sich das in Art. 13 GRC gewährte Grundrecht aus der **Gedankenfreiheit** und der **Freiheit der Meinungsäußerung** ab. Für mögliche Einschränkungen wird explizit auf die Regelungen des **Art. 10 EMRK**[9] verwiesen.[10] Die Freiheit der Kunst und der Wissenschaft ist in der EMRK nicht ausdrücklich aufgeführt, sie wird aber als Ausdruck der in Art. 10 EMRK garantierten Meinungsäußerungsfreiheit gewährt.[11] Insofern ist auf die Rechtsprechung des EGMR abzustellen.

3   Auf universeller Ebene ist das Recht auf freie Meinungsäußerung in **Art. 19 Abs. 2 Internationaler Pakt über bürgerliche und politische Rechte (IPbpR)** von 1966[12] verankert. Diese Bestimmung regelt die Kommunikation in Wort, Schrift, Druck oder eben auch durch Kunstwerke bzw. andere Mittel eigener Wahl. In dieser Vorschrift finden – im Gegensatz zu Art. 10 Abs. 1 EMRK – Kunstwerke als Kommunikationsform und damit als Ausprägung der Meinungsäußerungsfreiheit Erwähnung.[13] Die Freiheit der Wissenschaft bzw. Forschung wird hingegen nicht im IPbpR normiert. Nach **Art. 15 Abs. 1 Buchst. a Internationaler Pakt über wirtschaftliche, soziale und kulturelle Rechte (IPwskR)** von 1966[14] erkennen die Vertragsstaaten das Recht eines jeden zur Teilnahme am kulturellen Leben an. Gem. Abs. 3 verpflichten sich die Vertragsstaaten,

---

[3] *Mann*, in: Heselhaus/Nowak, Handbuch der Europäischen Grundrechte, § 26, Rn. 7.

[4] CHARTE 4137/00 CONVENT 8 vom 24.2.2000, Art. 12 Abs. 4.

[5] CHARTE 4149/00 CONVENT 13 vom 8.3.2000, Art. 15 Abs. 2.

[6] CHARTE 4470/00 CONVENT 47 vom 14.9.2000, Art. 13.

[7] CHARTE 4470/1/00 REV 1 CONVENT 47 vom 21.9.2000, Art. 13.

[8] *Bernsdorff*, in: Meyer, GRCh, Art. 13 GRC, Rn. 6ff.; *Kempen*, in: Tettinger/Stern, EuGRCh, Art. 13 GRC, Rn. 2ff.

[9] SEV-Nr. 005.

[10] Erläuterung zu Art. 13 der Charta der Grundrechte vom 14.12.2007, ABl. 2007, C303/17 (22). Nach Abs. 5 Satz 2 Präambel GRC sowie Art. 52 Abs. 7 GRC sind die rechtlich nicht verbindlichen Erläuterungen bei der Auslegung der Charta von den Gerichten der Union und der Mitgliedstaaten gebührend zu berücksichtigen.

[11] Zur Kunstfreiheit vgl. EGMR, Urt. v. 24.5.1988, Beschwerde-Nr. 10737/84 (Müller u.a./Schweiz), Ser. A no. 133, Rn. 27; Urt. v. 20.9.1994, Beschwerde-Nr. 13470/87 (Otto-Preminger Institut/Österreich), Ser. A no. 295-A, Rn. 42ff. Zur Wissenschaftsfreiheit vgl. EGMR, Urt. v. 25.8.1998, Beschwerde-Nr. 59/1997/843/1049 (Hertel/Schweiz), Rep. 1998-VI, 2298, Rn. 31; Urt. v. 28.10.1999, Beschwerde-Nr. 28396/95 (Wille/Liechtenstein) [GK], Rep. 1999-VII, 279, Rn. 35ff. *Pünder*, in: Ehlers, Grundrechte und Grundfreiheiten, § 18, Rn. 1.

[12] UNTS, vol. 999, p. 171.

[13] *M. Nowak*, Art. 19, Rn. 16.

[14] UNTS, vol. 993, p. 3.

die Freiheit der wissenschaftlichen Forschung zu achten.[15] Im Vergleich mit dem IPbpR handelt es sich im IPwskR nicht um Individualrechte, sondern um Staatenverpflichtungen.[16]

In einigen mitgliedstaatlichen **Verfassungen** ist die Kunstfreiheit – wie in der EMRK – **4** von der Meinungsäußerungsfreiheit mit umfasst.[17] In anderen mitgliedstaatlichen Verfassungen findet sie hingegen eine ausdrückliche Regelung,[18] wie in Art. 5 Abs. 3 GG.[19] Auch die Wissenschaftsfreiheit erfährt eine unterschiedliche Regelung in den mitgliedstaatlichen Rechtsordnungen. In einigen Verfassungen der Mitgliedstaaten wird sie als Grundrecht gewährleistet,[20] wie in Art. 5 Abs. 3 GG. In anderen Mitgliedstaaten findet sie wiederum nur eine einfachgesetzliche Regelung.[21]

In den Bereichen der Bildungs- und Kulturpolitik (Art. 149 ff. EGV) sowie der For- **5** schungs- und Entwicklungspolitik (Art. 163 ff. EGV) standen der Europäischen Gemeinschaft kaum Befugnisse zu. Mit dem Inkrafttreten des Lissaboner Reformvertrages hat sich daran für die Union auch nichts Wesentliches geändert (Art. 165 ff., Art. 179 ff. AEUV).[22] Grundrechtsbezogene Rechtsprechung des **EuGH** zur Wissenschaftsfreiheit gibt es bislang kaum.[23] Die Wissenschaftsfreiheit hat hier nur eine marginale Stellung einnehmen können.[24]

---

[15] *Bernsdorff*, in: Meyer, GRCh, Art. 13 GRC, Rn. 3; *Frenz*, Handbuch Europarecht, Bd. 4, Rn. 2314 ff.; *Pünder*, in: Ehlers, Grundrechte und Grundfreiheiten, § 18, Rn. 1.

[16] *Frenz*, Handbuch Europarecht, Bd. 4, Rn. 2316.

[17] Z.B. Art. 19 Verfassung Belgien, § 77 Satz 1 Verfassung Dänemark, Art. 40 Abs. 6 Buchst. a Verfassung Irland, Art. 24 Verfassung Luxemburg, Art. 7 Abs. 1 und 3 Verfassung Niederlande, Kapitel 2 Art. 1 Ziff. 1 und 2 Verfassung Schweden, Art. 3 Verfassung Tschechien i. V. m. Art. 17 Abs. 1 und 2 Deklaration der Grundrechte und -freiheiten.

[18] Z.B. Art. 16 Abs. 1 Verfassung Griechenland, Art. 33 Abs. 1 Verfassung Italien, Art. 42 Verfassung Portugal, Art. 20 Abs. 1 Buchst. b Verfassung Spanien, Art. 38 Abs. 1 Verfassung Estland, Art. 113 Verfassung Lettland, Art. 42 Abs. 1 Verfassung Litauen, Art. 73 Verfassung Polen, Art. 43 Abs. 1 Verfassung Slowakei, Art. 59 Verfassung Slowenien, Art. X Verfassung Ungarn, Art. 54 Abs. 2 Verfassung Bulgarien, Art. 68 Abs. 1 Verfassung Kroatien.

[19] *Haratsch*, in: Heselhaus/Nowak, Handbuch der Europäischen Grundrechte, § 25, Rn. 5 f.

[20] Z.B. Art. 17 Abs. 1 Staatsgrundgesetz über die allgemeinen Rechte der Staatsbürger Österreich, Art. 33 Abs. 1 Verfassung Italien, Art. 20 Abs. 1 Verfassung Spanien, Art. 42 Verfassung Portugal, § 16 Abs. 3 Verfassung Finnland, § 38 Abs. 1 Verfassung Estland, Art. 113 Verfassung Lettland, Art. 42 Verfassung Litauen, Art. 73 Verfassung Polen, Art. 43 Abs. 1 Verfassung Slowakei, Art. 59 Verfassung Slowenien, Art. 15 Abs. 2 Urkunde der grundlegende Rechte und Freiheiten Tschechien, Art. X Abs. 1 Verfassung Ungarn, Art. 54 Abs. 2 Verfassung Bulgarien, Art. 68 Abs. 1 Verfassung Kroatien.

[21] Z.B. Hochschul- und Forschungsgesetz in Frankreich, Gesetz über den Hochschulunterricht und die wissenschaftliche Forschung in den Niederlanden, Education Reform Act im Vereinigten Königreich. *Mann*, in: Heselhaus/Nowak, Handbuch der Europäischen Grundrechte, § 26, Rn. 19 ff.

[22] *Bernsdorff*, in: Meyer, GRCh, Art. 13 GRC, Rn. 4; zum Europäischen Forschungsraum vgl. *Eikenberg*, Forschung und technologische Entwicklung im AEUV – Fortschritte und Widersprüche, EuR 2013, 224 (228).

[23] *Frenz*, Handbuch Europarecht, Bd. 4, Rn. 2322; *Jarass*, GRCh, Art. 13 GRC, Rn. 1; *Pünder*, in: Ehlers, Grundrechte und Grundfreiheiten, § 18, Rn. 7, 9; *Streinz*, in: Streinz, EUV/AEUV, Art. 13 GRC, Rn. 3.

[24] EuGH, Urt. v. 27.6.1973, Rs. 35/72 (Walter Kley/Kommission), Slg. 1973, 679; Urt. v. 11.7.1974, Rs. 53/72 (Pierre Guillot/Kommission), Slg. 1974, 791; Urt. v. 20.6.2002, Rs. C–287/00 (Kommission/Deutschland), Slg. 2002, I–5811; Urt. v. 8.5.2014, Rs. C–15/13 (Technische Universität Hamburg-Harburg, Hochschul Informations System GmbH/Datenlotsen Informationssysteme GmbH), ECLI:EU:C:2014:303. *Bernsdorff*, in: Meyer, GRCh, Art. 13 GRC, Rn. 5.

III. Bedeutung

6   Kunst ist eine Form der **schöpferischen Entfaltung** und damit der Individualität des Menschen.[25] Die in ihrer Darstellung freie Kunst trägt einerseits maßgeblich zur Meinungsbildung in der Gesellschaft bei, andererseits spiegelt sich in ihr die Gesellschaft wider. Forschung hängt ebenfalls von der **Kreativität** des Menschen und dessen schöpferischen Entfaltung ab, wissenschaftliche Fragen bzw. Probleme (neu) zu lösen bzw. zu entdecken.[26] Wissenschaft, die Wissensvermehrung impliziert, bewirkt wissenschaftlichen Fortschritt.[27] Methodisch erworbenem Wissen kommt als Ressource eine große und stetig steigende gesellschaftliche Bedeutung zu. Das gesellschaftliche Leben sowie der Lebensstandard der Menschen werden in hohem Maße von wissenschaftlichen Erkenntnissen beeinflusst und geprägt. Damit einher geht eine immer enger werdende Verflechtung von Wissenschaft und Gesellschaft.[28]

B. Schutzbereich

I. Persönlicher Schutzbereich

7   Träger der **Kunstfreiheit** sind **natürliche Personen** unabhängig von der Staatsangehörigkeit sowie **juristische Personen und Personenvereinigungen**.[29] Darunter zählen in erster Linie Künstler als Schöpfer des Werkes, aber ebenso Personen, die das Kunstwerk verbreiten, wie Aussteller von Kunstwerken oder Betreiber von Kinos.[30] Vom persönlichen Schutzbereich nicht erfasst werden hingegen Rezipienten von Kunstwerken, wie das Publikum oder Kunstkritiker.[31]

8   Träger der **Wissenschaftsfreiheit** sind **natürliche Personen** unabhängig von der Staatsangehörigkeit, die wissenschaftlich tätig sind.[32] Dazu zählen auch **juristische Personen oder Personenvereinigungen**, wie insbesondere Universitäten und Hochschulen, selbst wenn es sich dabei um öffentlich-rechtliche Einrichtungen handelt.[33]

II. Sachlicher Schutzbereich

9   Unklar ist, ob es sich bei der Freiheit der Kunst und der Wissenschaft um ein **einheitliches Grundrecht oder** um **zwei selbstständige Grundrechte** handelt.[34] Einerseits wird in der

---

[25] *Frenz*, Handbuch Europarecht, Bd. 4, Rn. 2325; *Haratsch*, in: Heselhaus/Nowak, Handbuch der Europäischen Grundrechte, § 25, Rn. 1.

[26] *Frenz*, Handbuch Europarecht, Bd. 4, Rn. 2335.

[27] *Blankenagel*, AöR 105 (1980), 35 (55).

[28] *Nettesheim*, DVBl 2005, 1072.

[29] *Jarass*, GRCh, Art. 13 GRC, Rn. 9.

[30] EGMR, Urt. v. 20. 9.1994, Beschwerde-Nr. 13470/87 (Otto-Preminger Institut/Österreich), Ser. A no. 295-A, Rn. 56. *Grabenwarter/Pabel*, § 23, Rn. 11; *Bernsdorff*, in: Meyer, GRCh, Art. 13 GRC, Rn. 14; *Haratsch*, in: Heselhaus/Nowak, Handbuch der Europäischen Grundrechte, § 25, Rn. 13; *Jarass*, GRCh, Art. 13 GRC, Rn. 9; *Ruffert*, in: Calliess/Ruffert, EUV/AEUV, Art. 13 GRC, Rn. 4; *Hoppe*, S. 159 f.

[31] *Bernsdorff*, in: Meyer, GRCh, Art. 13 GRC, Rn. 14; *Haratsch*, in: Heselhaus/Nowak, Handbuch der Europäischen Grundrechte, § 25, Rn. 13.

[32] *Jarass*, GRCh, Art. 13 GRC, Rn. 10; *Ruffert*, in: Calliess/Ruffert, EUV/AEUV, Art. 13 GRC, Rn. 8.

[33] *Jarass*, GRCh, Art. 13 GRC, Rn. 10.

[34] *Jarass*, GRCh, Art. 13 GRC, Rn. 1.

Erläuterung zu Art. 13 GRC von diesem Recht im Singular gesprochen,[35] andererseits beinhalten Kunst und Wissenschaft unterschiedliche sachliche Schutzbereiche, so dass sie im Plural verwendet werden.[36]

Nach Art. 13 GRC sind Kunst und Forschung frei, die akademische Freiheit wird   **10** hingegen geachtet. Aus dieser Differenzierung in der Wortwahl dürfte aber **kein unterschiedliches Schutzniveau** und auch keine unterschiedliche Einschränkbarkeit folgen.[37]

1. Kunstfreiheit

Eine allgemeingültige **Definition des Begriffes Kunst** lässt das Unionsrecht vermissen.[38]   **11** Der Begriff der Kunst als Ausdruck der schöpferischen Entfaltungsfreiheit des Menschen ist weit auszulegen.[39] Für die Begriffsdeutung ist der Mephisto-Beschluss des Bundesverfassungsgerichts hilfreich. Danach wird Kunst definiert als »[…] die freie schöpferische Gestaltung, in der Eindrücke, Erfahrungen, Erlebnisse des Künstlers durch das Medium einer bestimmten Formensprache zu unmittelbarer Anschauung gebracht werden.«[40] In den Schutzbereich der Kunstfreiheit fällt nicht nur die Erstellung des Kunstwerkes als **Werkbereich**, sondern auch dessen Vermittlung als **Wirkbereich**.[41] Erfasst werden alle Modalitäten der Kunstausübung, wie Malerei, Dichtung, Musik, Tanz, Theater, Film, Baukunst, sowie neuere Ausdrucksformen, wie die Performance.[42]

2. Wissenschaftsfreiheit

Die Wissenschaftsfreiheit setzt sich aus der **Forschungsfreiheit** und der **Freiheit der**   **12** **Lehre**, die in Art. 13 GRC als **akademische Freiheit** bezeichnet wird, zusammen.[43] Die Freiheit von Forschung und Lehre sind untrennbar miteinander verbunden.[44] Der **Begriff der Forschung** ist weit auszulegen.[45] Hier kann auf die international anerkannte Definition der Forschung des Frascati-Handbuches zurückgegriffen werden. Danach bedeutet Forschung kreative, auf systematischer Grundlage durchgeführte Tätigkeit zur Wissenserhöhung bzw. Planung oder Schaffung von neuem Wissen, Produkten, Verfahren, Methoden und Systemen sowie Management diesbezüglicher Projekte.[46] Forschung

---

[35] Erläuterung zu Art. 13 der Charta der Grundrechte vom 14. 12. 2007, ABl. 2007, C 303/17 (22).

[36] *Ruffert*, in: Calliess/Ruffert, EUV/AEUV, Art. 13 GRC, Rn. 1; *Pünder*, in: Ehlers, Grundrechte und Grundfreiheiten, § 18, Rn. 8.

[37] *Bernsdorff*, in: Meyer, GRCh, Art. 13 GRC, Rn. 13; *Mann*, in: Heselhaus/Nowak, Handbuch der Europäischen Grundrechte, § 26, Rn. 68.

[38] *Ruffert*, in: Calliess/Ruffert, EUV/AEUV, Art. 13 GRC, Rn. 3. Zu Problemen eines Kunstbegriffes vgl. *Hoppe*, S. 78 ff.

[39] *Jarass*, GRCh, Art. 13 GRC, Rn. 5; *Haratsch*, in: Heselhaus/Nowak, Handbuch der Europäischen Grundrechte, § 25, Rn. 1, 11; *Kempen*, in: Tettinger/Stern, EuGRCh, Art. 13 GRC, Rn. 10; *Pünder*, in: Ehlers, Grundrechte und Grundfreiheiten, § 18, Rn. 6.

[40] BVerfGE 30, 173 (188 f.).

[41] *Augsberg*, in: GSH, Europäisches Unionsrecht, Art. 13 GRC, Rn. 4; *Bernsdorff*, in: Meyer, GRCh, Art. 13 GRC, Rn. 14; *Jarass*, GRCh, Art. 13 GRC, Rn. 5; *Frenz*, Handbuch Europarecht, Bd. 4, Rn. 2328; *Hoppe*, S. 155 ff.

[42] *Haratsch*, in: Heselhaus/Nowak, Handbuch der Europäischen Grundrechte, § 25, Rn. 12.

[43] *Bernsdorff*, in: Meyer, GRCh, Art. 13 GRC, Rn. 15.

[44] *Frenz*, Handbuch Europarecht, Bd. 4, Rn. 2334.

[45] Zur Forschungsfreiheit vgl. EGMR, Urt. v. 25.8.1998, Beschwerde-Nr. 25181/94 (Hertel/Schweiz), Rep. 1998-VI, 2298, Rn. 30 ff.

[46] *OECD*, Frascati Manual, Proposed standard practice for surveys on research and experimental development, 2002, S. 30, 93; Empfehlung der Kommission vom 11.3.2005 über die Europäische Charta für Forscher und einen Verhaltenskodex für die Einstellung von Forschern (2005/251/EG), ABl. 2005, L 75/67 (77).

ist demnach eine Tätigkeit, die auf die Gewinnung neuer Erkenntnisse in methodischer, systematischer und nachprüfbarer Weise ausgerichtet ist.[47] Von Art. 13 GRC werden sowohl die Grundlagen- als auch die angewandte Forschung erfasst.[48] Vom Forschungsbegriff umfasst ist die Forschungstätigkeit sowohl in staatlichen als auch privaten Einrichtungen wie auch die individuell private Forschung.[49]

13   Der **Begriff der akademischen Freiheit** beinhaltet im Wesentlichen die Erscheinungsformen der wissenschaftlichen Lehre an wissenschaftlichen Hochschulen.[50] Der Unterricht an Schulen fällt hingegen unter den Schutzbereich des Art. 14 GRC (s. Art. 14 GRC Rn. 10).[51] Als Lehre wird die Vermittlung durch die Forschung und damit wissenschaftlich gewonnener Erkenntnisse bezeichnet.[52] Sie fasst die Lehrveranstaltungen an einer Hochschule, ihre inhaltliche und methodische Ausgestaltung sowie die Weitergabe wissenschaftlicher Lehrmeinungen zusammen.[53] Die **Lehrfreiheit** schließt die freie Wahl von Gegenstand, Form, Methode und Inhalt der Lehrveranstaltungen ein. Die inhaltliche und methodische Gestaltung der Lehrveranstaltungen betrifft vor allem die ideelle und methodische Aufbereitung sowie die Form der Darstellung des Lehrstoffes. Von der Lehrfreiheit umfasst ist das Recht auf Äußerung von wissenschaftlichen Lehrmeinungen. Dieses impliziert nicht nur die Vermittlung eigener wissenschaftlicher Ergebnisse, sondern auch Kritik an Forschungsergebnissen und Lehrmeinungen anderer Wissenschaftler.[54] In den Schutzbereich der akademischen Freiheit fallen sowohl die individuell wahrgenommene Lehre als auch die institutionelle Freiheit wie die Autonomie wissenschaftlicher Hochschulen.[55]

C. Eingriffe

14   Es ist von einem **weiten Eingriffsbegriff** auszugehen. Eingriffe in den Schutzbereich stellen Behinderungen, wie Verbote oder Sanktionen, durch die Grundrechtsadressaten dar. Die Kunstfreiheit und Wissenschaftsfreiheit sind vor ungerechtfertigten Einschränkungen durch die in Art. 51 Abs. 1 GRC aufgeführten Organe, Einrichtungen und sonstigen Stellen der Union sowie Mitgliedstaaten bei der Durchführung des Unionsrechts geschützt. Aufgrund ihrer Schutzpflicht müssen die Adressaten gegebenenfalls Beeinträchtigungen durch Private entgegentreten.[56]

15   Beeinträchtigungen der **Kunstfreiheit** sind sowohl bezüglich des Werkbereichs als auch des Wirkbereichs möglich. Als Eingriffe in die Kunstfreiheit sind beispielsweise

[47] *Jarass*, GRCh, Art. 13 GRC, Rn. 6.
[48] *Bernsdorff*, in: Meyer, GRCh, Art. 13 GRC, Rn. 15; *Jarass*, GRCh, Art. 13 GRC, Rn. 6; *Ruffert*, in: Calliess/Ruffert, EUV/AEUV, Art. 13 GRC, Rn. 6.
[49] *Kempen*, in: Tettinger/Stern, EuGRCh, Art. 13 GRC, Rn. 12; *Pünder*, in: Ehlers, Grundrechte und Grundfreiheiten, § 18, Rn. 8.
[50] *Kempen*, in: Tettinger/Stern, EuGRCh, Art. 13 GRC, Rn. 13.
[51] *Jarass*, GRCh, Art. 13 GRC, Rn. 8.
[52] *Knemeyer*, S. 31 ff.; *Hailbronner*, S. 164.
[53] EGMR, Urt. v. 25.8.1998, Beschwerde-Nr. 25181/94 (Hertel/Schweiz), Rep. 1998-VI, Rn. 50; Urt. v. 20.10.2009, Beschwerde-Nr. 39128/05 (Lombardi Vallauri/Italien), NVwZ 2011, 153, Rn. 30. *Grabenwarter/Pabel*, § 23, Rn. 12; *Krüger*, S. 312.
[54] *Krüger*, S. 314f.; *Jarass*, GRCh, Art. 13 GRC, Rn. 8.
[55] *Kempen*, in: Tettinger/Stern, EuGRCh, Art. 13 GRC, Rn. 13; *Frenz*, Handbuch Europarecht, Bd. 4, Rn. 2340; *Pünder*, in: Ehlers, Grundrechte und Grundfreiheiten, § 18, Rn. 8.
[56] *Pünder*, in: Ehlers, Grundrechte und Grundfreiheiten, § 18, Rn. 10.

von der EU oder von Mitgliedstaaten verhängte Ein- oder Ausfuhrverbote für Kunst-gegenstände zu werten.[57] Eingriffe in die **Wissenschaftsfreiheit** können sowohl Maßnahmen gegen bestimmte Wissenschaftler als auch gegen die Eigenständigkeit von Forschungseinrichtungen darstellen.[58]

D. Eingriffsrechtfertigung

Nach der Erläuterung zu Art. 13 GRC leitet sich die Freiheit der Kunst und der Wissenschaft in erster Linie aus der in Art. 10 Abs. 1 GRC gewährten Gedankenfreiheit und der in Art. 11 Abs. 1 GRC geregelten Meinungsäußerungsfreiheit ab, wobei die **Schranken-regelung** des Art. 10 Abs. 2 EMRK Anwendung findet.[59] Strittig ist die Frage, ob die Rechtfertigung des Eingriffes in den Schutzbereich am Maßstab der speziellen Schrankenregelung des Art. 52 Abs. 3 Satz 1 GRC oder der allgemeinen Schrankenregelung des Art. 52 Abs. 1 GRC zu prüfen ist.[60] Nach einer weiteren Meinung wäre die Schranken-regelung des Art. 52 Abs. 4 GRC einschlägig, wonach die Auslegung der Grundrechte im Einklang mit den gemeinsamen Verfassungsüberlieferungen der Mitgliedstaaten i. S. v. Art. 6 Abs. 3 EUV zu erfolgen hat.[61] Aufgrund der unterschiedlichen – verfas-sungsrechtlichen bzw. einfachgesetzlichen – Regelungen der Grundrechte dürfte es jedoch problematisch sein, von einer gemeinsamen Verfassungsüberlieferung zu sprechen. Nach herrschender Auffassung ist die spezielle Grundrechtsschranke des Art. 52 Abs. 3 Satz 1 GRC anzuwenden, soweit die Gewährleistungen des Art. 13 GRC denen der EMRK entsprechen. Darüber hinaus ist die allgemeine Schrankenregelung des Art. 52 Abs. 1 GRC heranzuziehen.[62] Eine andere Auffassung verwirft diese Ansicht zugunsten einer einheitlichen Schrankenregelung ohne Rückgriff auf Art. 10 Abs. 2 EMRK, wonach allein die allgemeine Schrankenregelung des Art. 52 Abs. 1 GRC gelten soll.[63] Eine Nichtberücksichtigung der speziellen Schrankenregelung des Art. 10 Abs. 2 EMRK würde allerdings im Widerspruch zu der Erläuterung zu Art. 13 GRC stehen. In der Erläuterung wird darüber hinaus auf die Wahrung des Art. 1 GRC – Würde des Menschen – bei der Ausübung der Freiheit der Kunst und der Wissenschaft verwiesen. Nach dieser Ausübungsschranke haben die Grundrechtsadressaten die Würde des Menschen gem. Art. 1 Satz 2 GRC »zu achten und zu schützen«.[64]

16

Bei der Anwendung der **speziellen Schrankenregelung** gem. Art. 52 Abs. 3 Satz 1 GRC i. V. m. Art. 10 Abs. 2 EMRK ist ein Eingriff in den Schutzbereich des Grundrechts gerechtfertigt, wenn er auf einer gesetzlichen Grundlage beruht, eines der in Art. 10 Abs. 2 EMRK ausdrücklich aufgeführten legitimen Ziele verfolgt und in einer demo-

17

---

[57] *Haratsch*, in: Heselhaus/Nowak, Handbuch der Europäischen Grundrechte, § 25, Rn. 14.

[58] *Jarass*, GRCh, Art. 13 GRC, Rn. 11.

[59] Erläuterung zu Art. 13 der Charta der Grundrechte vom 14. 12. 2007, ABl. 2007, C 303/17 (22).

[60] *Britz*, EuR 2004, 1 (7).

[61] *Frenz*, Handbuch Europarecht, Bd. 4, Rn. 2361.

[62] *Bernsdorff*, in: Meyer, GRCh, Art. 13 GRC, Rn. 13; *Folz*, in: Vedder/Heintschel v. Heinegg, Europäisches Unionsrecht, Art. 13 GRC, Rn. 6 f.; *Jarass*, GRCh, Art. 13 GRC, Rn. 13; *Pünder*, in: Ehlers, Grundrechte und Grundfreiheiten, § 18, Rn. 12. Für die Kunstfreiheit vgl. *Hoppe*, S. 208 ff.

[63] *Haratsch*, in: Heselhaus/Nowak, Handbuch der Europäischen Grundrechte, § 25, Rn. 18; *Ruffert*, in: Calliess/Ruffert, EUV/AEUV, Art. 13 GRC, Rn. 10 f.

[64] *Bernsdorff*, in: Meyer, GRCh, Art. 13 GRC, Rn. 13; *Pünder*, in: Ehlers, Grundrechte und Grundfreiheiten, § 18, Rn. 13.

kratischen Gesellschaft notwendig, d.h. verhältnismäßig ist. Nach der **allgemeinen Schrankenregelung** des Art. 52 Abs. 1 GRC muss ein Eingriff gesetzlich vorgesehen sein[65] und den Wesensgehalt des Grundrechts achten, die von der Union anerkannten dem Gemeinwohl dienenden Zielsetzungen oder die Erfordernisse des Schutzes der Rechte und Freiheiten anderer verfolgen sowie dem Grundsatz der Verhältnismäßigkeit entsprechen.[66]

E. Verhältnis zu anderen Bestimmungen

18 Die Freiheit der Kunst und der Wissenschaft ist lex specialis zur **Meinungsäußerungsfreiheit** in Art. 11 GRC.[67] Der Grundrechtekonvent hatte anfänglich die Kunst-, Wissenschafts- und Forschungsfreiheit sogar der Meinungsäußerungsfreiheit angegliedert.[68] Art. 13 GRC steht weiterhin in engem Zusammenhang mit der **Gedanken-, Gewissens- und Religionsfreiheit** in Art. 10 Abs. 1 GRC.[69] Bei berufs- oder gewerbsmäßiger Ausübung kann die Freiheit der Kunst oder der Wissenschaft in Idealkonkurrenz zur **Berufsfreiheit** gem. Art. 15 GRC und zur **unternehmerischen Freiheit** gem. Art. 16 GRC treten.[70] Die Freiheit der Kunst trägt letztendlich auch zu einer **Vielfalt der Kulturen**, die in Art. 22 GRC geregelt ist, bei.

---

[65] EuGH, Urt. v. 21.9.1989, verb. Rs. 46/87 u. 227/88 (Hoechst AG/Kommission), Slg. 1989, 2859, Rn. 19.

[66] *Jarass*, GRCh, Art. 13 GRC, Rn. 13 ff.; *Haratsch*, in: Heselhaus/Nowak, Handbuch der Europäischen Grundrechte, § 25, Rn. 19.

[67] *Jarass*, GRCh, Art. 13 GRC, Rn. 4; *Haratsch*, in: Heselhaus/Nowak, Handbuch der Europäischen Grundrechte, § 25, Rn. 21.

[68] CHARTE 4149/00 CONVENT 13 vom 8.3.2000, Art. 15 Abs. 2. *Bernsdorff*, in: Meyer, GRCh, Art. 13 GRC, Rn. 7; *Frenz*, Handbuch Europarecht, Bd. 4, Rn. 2311.

[69] *Bernsdorff*, in: Meyer, GRCh, Art. 13 GRC, Rn. 12; *Jarass*, GRCh, Art. 13 GRC, Rn. 4.

[70] *Haratsch*, in: Heselhaus/Nowak, Handbuch der Europäischen Grundrechte, § 25, Rn. 21; *Jarass*, GRCh, Art. 13 GRC, Rn. 4.

Artikel 14 GRC Recht auf Bildung

(1) Jede Person hat das Recht auf Bildung sowie auf Zugang zur beruflichen Ausbildung und Weiterbildung.

(2) Dieses Recht umfasst die Möglichkeit, unentgeltlich am Pflichtschulunterricht teilzunehmen.

(3) Die Freiheit zur Gründung von Lehranstalten unter Achtung der demokratischen Grundsätze sowie das Recht der Eltern, die Erziehung und den Unterricht ihrer Kinder entsprechend ihren eigenen religiösen, weltanschaulichen und erzieherischen Überzeugungen sicherzustellen, werden nach den einzelstaatlichen Gesetzen geachtet, welche ihre Ausübung regeln.

Literaturübersicht

Beiter, The protection of the right to education by international law, 2005; *EU Network of Independent Experts on Fundamental Rights*, Commentary of the Charta of Fundamental Rights of the European Union, 2006; *Grabenwarter/Pabel*, Europäische Menschenrechtskonvention, 5. Aufl., 2012; *Harris/O'Boyle/Warbrick*, Law of the European Convention on Human Rights, 2. Aufl., 2009; *Wildhaber*, Right to education and parental rights, in: MacDonald/Matscher/Petzold (Hrsg.), The European system for the protection of human rights, 1993, S. 531.

Leitentscheidungen

EuGH, Urt. v. 3.7.1974, Rs. 9/74 (Donato Casagrande/Landeshauptstadt München), Slg. 1974, 773
EuGH, Urt. v. 13.2.1985, Rs. 293/83 (Françoise Gravier/Ville de Liège), Slg. 1985, 593
EuGH, Urt. v. 2.2.1988, Rs. 24/86 (Vincent Blaizot/Université de Liège u.a.), Slg. 1988, 379
EuGH, Urt. v. 21.6.1988, Rs. 39/86 (Sylvie Lair/Universität Hannover), Slg. 1988, 3161

Wesentliche sekundärrechtliche Vorschrift

Verordnung (EWG) Nr. 337/75 vom 10.2.1975 über die Errichtung eines Europäischen Zentrums für die Förderung der Berufsbildung, ABl. 1975, L 39/1, zuletzt geändert durch VO (EG) Nr. 2051/2004 des Rates vom 25.10.2004, ABl. 2004, L 355/1

Inhaltsübersicht

A. Entwicklung, Quellen, Bedeutung

I. Entwicklung

1   Das Recht auf Bildung steht in engem Zusammenhang mit dem **staatlichen Bildungs- und Erziehungsauftrag**, der in Deutschland bis in das 18. Jahrhundert zurückreicht.[1] Das Grundrecht fand zunächst Eingang in nationale Verfassungen[2] und nach dem Zweiten Weltkrieg in eine Reihe von völkerrechtlichen Verträgen sowohl auf universeller als auch auf regionaler Ebene (s. Rn. 4, 5).

2   Der **EuGH** hat bislang in seiner Rechtsprechung auf das Recht auf Bildung in Verbindung mit den Grundfreiheiten des Binnenmarktes[3] und dem Diskriminierungsverbot[4] Bezug genommen. Ein eigenständiges Unionsgrundrecht auf Bildung ist damit jedoch nicht entwickelt worden.[5]

3   Da eine demokratische Gesellschaft maßgeblich von der auf die volle Entfaltung der Persönlichkeit gerichteten Bildung ihrer Menschen bestimmt wird, hat der **Grundrechtekonvent** das Recht auf Bildung in Art. 14 GRC aufgenommen.[6] Bis zu seiner endgültigen Formulierung wurden insbesondere die konkrete Verortung dieses Rechts in der Grundrechtecharta – bei den klassischen Freiheitsrechten, den wirtschaftlichen und sozialen Rechten oder den Gleichheitsrechten –, die inhaltliche Ausgestaltung der einzelnen Teilrechte – wie u. a. des Rechts zur Gründung von Lehranstalten oder des Elternrechts – und die rechtlichen Auswirkungen des Grundrechts, vor allem wegen der eingeschränkten Zuständigkeiten der Union im Bereich der Bildungs- und Ausbildungspolitik, diskutiert.[7]

II. Quellen

4   Nach der Erläuterung zu Art. 14 GRC lehnt sich dieser Artikel an die **gemeinsamen verfassungsrechtlichen Traditionen der Mitgliedstaaten** sowie an **Art. 2 ZP I zur EMRK**[8] an.[9] Während das Recht auf Bildung in Art. 2 ZP I zur EMRK negativ formuliert ist, hat sich der Grundrechtekonvent auf eine positive Formulierung geeinigt.[10] Die Ausweitung

---

[1] *Langenfeld*, in: Dörr/Grote/Marauhn, EMRK/GG, Kap. 23, Rn. 2.

[2] Zur Entwicklung in Deutschland vgl. *Langenfeld*, in: Dörr/Grote/Marauhn, EMRK/GG, Kap. 23, Rn. 2 f.

[3] EuGH, Urt. v. 3. 7. 1974, Rs. 9/74 (Donato Casagrande/Landeshauptstadt München), Slg. 1974, 773, Rn. 6; Urt. v. 21. 6. 1988, Rs. 39/86 (Sylvie Lair/Universität Hannover), Slg. 1988, 3161, Rn. 17 ff.

[4] EuGH, Urt. v. 13. 2. 1985, Rs. 293/83 (Françoise Gravier/Ville de Liège), Slg. 1985, 593, Rn. 19 ff.; Urt. v. 21. 6. 1988, Rs. 39/86 (Sylvie Lair/Universität Hannover), Slg. 1988, 3161, Rn. 14.

[5] *Bernsdorff*, in: Meyer, GRCh, Art. 14 GRC, Rn. 4; *Jarass*, GRCh, Art. 14 GRC, Rn. 2; *Odendahl*, in: Heselhaus/Nowak, Handbuch der Europäischen Grundrechte, § 39, Rn. 12; *Streinz*, in: Streinz, EUV/AEUV, Art. 14 GRC, Rn. 4.

[6] *Bernsdorff*, in: Meyer, GRCh, Art. 14 GRC, Rn. 1.

[7] Protokoll der Vierten Sitzung des Konvents (informelle Tagung) am 2./3. 3. 2000, in: Bernsdorff/Borowsky, Die Charta der Grundrechte der Europäischen Union, 2002, Art. 12, S. 160; *Bernsdorff*, in: Meyer, GRCh, Art. 14 GRC, Rn. 5 ff.

[8] SEV-Nr. 009.

[9] Erläuterung zu Art. 14 der Charta der Grundrechte vom 14. 12. 2007, ABl. 2007, C 303/17 (22). Nach Abs. 5 Satz 2 Präambel GRC sowie Art. 52 Abs. 7 GRC sind die rechtlich nicht verbindlichen Erläuterungen bei der Auslegung der Charta von den Gerichten der Union und der Mitgliedstaaten gebührend zu berücksichtigen.

[10] *Bernsdorff*, in: Meyer, GRCh, Art. 14 GRC, Rn. 6 f.

des Grundrechts auf die berufliche Aus- und Weiterbildung in Art. 14 GRC stützt sich auf **Nr. 15 Gemeinschaftscharta der sozialen Grundrechte der Arbeitnehmer (SozGR-GemCharta)**[11] und **Art. 10 Europäische Sozialcharta (ESC)**.[12]

Auf universeller völkerrechtlicher Ebene regelt **Art. 18 Abs. 4 Internationaler Pakt über bürgerliche und politische Rechte (IPbpR)** von 1966[13] die Verpflichtung der Vertragsstaaten zur Achtung der Freiheit der Eltern, die religiöse und sittliche Erziehung ihrer Kinder in Übereinstimmung mit ihren eigenen Überzeugungen sicherzustellen. Nach **Art. 13 Internationaler Pakt über wirtschaftliche, soziale und kulturelle Rechte (IPwskR)** von 1966[14] erkennen die Vertragsstaaten das Recht eines jeden auf Bildung an.[15] Das Recht des Kindes auf Bildung wird gem. **Art. 28 Abs. 1 Übereinkommen über die Rechte des Kindes (CRC)** von 1989[16] durch die Vertragsstaaten anerkannt. Das Recht auf Bildung in Verbindung mit dem Diskriminierungsverbot ist in **Art. 10 Übereinkommen zur Beseitigung jeder Form von Diskriminierung der Frau (CEDAW)** von 1979[17] sowie in **Art. 5 Übereinkommen gegen Diskriminierung im Unterrichtswesen** von 1960[18] geregelt.[19]   5

In zahlreichen **Verfassungen** der Mitgliedstaaten finden sich Bestimmungen über die ausdrückliche Anerkennung des Individualrechts auf Bildung[20] bzw. Unterricht.[21] Darüber hinaus wird meist auch das Recht auf unentgeltlichen Zugang zumindest zum Grundschulunterricht an staatlichen Unterrichtsanstalten gewährleistet.[22] In einigen Verfassungen ist die Privatschulfreiheit entweder durch die Gründung von Privatschulen[23] oder durch das Wahlrecht der Eltern[24] anerkannt. Das elterliche Erziehungsrecht wird in den mitgliedstaatlichen Verfassungen unterschiedlich gewährleistet. Einige Verfassungen regeln die religiös oder weltanschaulich geprägte Elternverantwortung für die Erziehung ihrer Kinder,[25] andere räumen das Recht der Eltern auf freie Schulwahl ein.[26]   6

---

[11] Gemeinschaftscharta der sozialen Grundrechte der Arbeitnehmer vom 9.12.1989, KOM (89) 248 endg.

[12] SEV-Nr. 035.

[13] UNTS, vol. 999, p. 171.

[14] UNTS, vol. 993, p. 3.

[15] *Beiter*, S. 459 ff.

[16] UNTS, vol. 1577, p. 3.

[17] UNTS, vol. 1249, p. 13.

[18] UNTS, vol. 429, p. 93.

[19] *Kempen*, in: Tettinger/Stern, EuGRCh, Art. 14 GRC, Rn. 24; *Streinz*, in: Streinz, EUV/AEUV, Art. 14 GRC, Rn. 3.

[20] Z.B. Art. 53 Verfassung Bulgarien, § 37 Verfassung Estland, Art. 112 Verfassung Lettland, Art. 73 Verfassung Portugal, Art. 42 Verfassung Slowakei, Art. 27 Verfassung Spanien, Art. 3 Verfassung Tschechien i. V. m. Art. 33 Deklaration der Grundrechte und -freiheiten.

[21] Z.B. Art. 24 Verfassung Belgien.

[22] Z.B. Art. 24 Abs. 3 Verfassung Belgien, § 76 Verfassung Dänemark, § 37 Verfassung Estland, § 16 Abs. 1 Verfassung Finnland, Art. 16 Abs. 4 Verfassung Griechenland, Art. 42 Abs. 4 Verfassung Irland, Art. 34 Abs. 2 Verfassung Italien, Art. 27 Abs. 4 Verfassung Spanien, Art. 42 Abs. 2 Verfassung Slowakei, Art. 70 Abs. 2 Verfassung Polen.

[23] Z.B. Art. 7 Abs. 2 GG, Art. 33 Abs. 3 Verfassung Italien, Art. 40 Abs. 2 Verfassung Litauen, Art. 23 Abs. 5 Verfassung Niederlande, Art. 70 Abs. 3 Verfassung Polen, Art. 43 Abs. 4 Verfassung Portugal, Art. 27 Abs. 6 Verfassung Spanien.

[24] Z.B. Art. 24 Abs. 1 Satz 2 Verfassung Belgien, Art. 76 Verfassung Dänemark.

[25] Z.B. Art. 7 Abs. 2 GG, Art. 24 Abs. 1 Satz 3 Verfassung Belgien, Art. 53 Abs. 3 Verfassung Polen, Art. 20 Abs. 1 Verfassung Zypern.

[26] Z.B. Art. 24 Abs. 1 Satz 2 Verfassung Belgien, Art. 37 Abs. 3 Verfassung Estland, Art. 70 Abs. 3 Verfassung Polen. *Bernsdorff*, in: Meyer, GRCh, Art. 14 GRC, Rn. 2; *Kempen*, in: Tettinger/Stern, EuGRCh, Art. 14 GRC, Rn. 20 ff.; *Odendahl*, in: Heselhaus/Nowak, Handbuch der Europäischen Grundrechte, § 39, Rn. 24 ff.

III. Bedeutung

7   Bildung und Erziehung sind Grundvoraussetzung für die **Entfaltung und Entwicklung der Persönlichkeit** sowie für die Funktionsfähigkeit einer demokratischen Gesellschaft. Ein selbstbestimmtes persönliches und berufliches Leben kann von Individuen nur dann geführt werden, wenn ihnen der Zugang zu Bildung offensteht. Daher ist dieses Grundrecht eng mit der Menschenwürde verbunden.[27] Bildung ist eine Grundvoraussetzung für Freiheit. Erst durch Bildung wird es den Individuen ermöglicht, frei zu handeln und zwischen Handlungsalternativen zu wählen.[28] Da das Recht auf Bildung eine Zusammenfassung von diversen Teilrechten darstellt, ist die Bildung als ganzheitlich und lebenslänglich anzusehen.[29]

B. Schutzbereich

I. Persönlicher Schutzbereich

8   Das Recht auf Bildung ist in Art. 14 Abs. 1 GRC als Menschenrecht konzipiert.[30] Insofern ist die Staatsangehörigkeit unerheblich. Grundrechtsträger sind alle **natürlichen** bildungswilligen **Personen**.[31] Dabei bezieht sich die Bildung eher auf Kinder, die Aus- und Weiterbildung auf Erwachsene.[32] Eltern stehen aus Art. 14 Abs. 1 und 2 GRC keine eigenen Rechte zu. Für sie sind das in Art. 7 GRC geregelte Grundrecht auf Achtung des Familienlebens (s. Art. 7 GRC, Rn. 21) und das in Art. 14 Abs. 3 GRC normierte schulbezogene Elternrecht (s. Rn. 17) relevant.[33] **Juristische Personen** können sich nach Art. 14 Abs. 3 GRC auf die Freiheit zur Gründung von Lehranstalten berufen.[34]

II. Sachlicher Schutzbereich

9   Das Recht auf Bildung in Art. 14 GRC umfasst **fünf verschiedene Rechte**: das Recht auf (Schul-)bildung, den Zugang zur beruflichen Aus- und Weiterbildung, die unentgeltliche Teilnahme am Pflichtschulunterricht, die Freiheit zur Gründung von (privaten) Lehranstalten sowie ein schulbezogenes Elternrecht.[35] Nach der Erläuterung zu Art. 52 Abs. 3 GRC entspricht Art. 14 Abs. 1 GRC Art. 2 ZP I zur EMRK, sein Anwendungsbereich ist aber auf den Zugang zur beruflichen Aus- und Weiterbildung ausgedehnt worden. Art. 14 Abs. 3 GRC entspricht Art. 2 ZP I zur EMRK in Bezug auf die Rechte der Eltern.[36] Die Gewährleistungen des Art. 14 GRC dürfen das Schutzniveau des Art. 2 ZP I

---

[27] *Langenfeld*, in: Dörr/Grote/Marauhn, EMRK/GG, Kap. 23, Rn. 7.

[28] *Bitter*, in: Karpenstein/Mayer, EMRK, Art. 12 ZP I EMRK, Rn. 4.

[29] *Frenz*, Handbuch Europarecht, Bd. 4, Rn. 2374 f.

[30] *Bernsdorff*, in: Meyer, GRCh, Art. 14 GRC, Rn. 17.

[31] *Jarass*, GRCh, Art. 14 GRC, Rn. 9; *Odendahl*, in: Heselhaus/Nowak, Handbuch der Europäischen Grundrechte, § 39, Rn. 34 f.

[32] *Kingreen*, in: Calliess/Ruffert, EUV/AEUV, Art. 14 GRC, Rn. 6.

[33] *Jarass*, GRCh, Art. 14 GRC, Rn. 9.

[34] *Odendahl*, in: Heselhaus/Nowak, Handbuch der Europäischen Grundrechte, § 39, Rn. 34; *Jarass*, GRCh, Art. 14 GRC, Rn. 22; *Kingreen*, in: Calliess/Ruffert, EUV/AEUV, Art. 14 GRC, Rn. 12. Nach Bernsdorff komme eine Grundrechtsträgerschaft von juristischen Personen im Hinblick auf das Recht zur kollektiven Wahrnehmung von Bildungsinteressen auch nach Art. 14 Abs. 1 und 2 GRC in Betracht. *Bernsdorff*, in: Meyer, GRCh, Art. 14 GRC, Rn. 17.

[35] *Odendahl*, in: Heselhaus/Nowak, Handbuch der Europäischen Grundrechte, § 39, Rn. 1.

[36] Erläuterung zu Art. 52 Abs. 3 der Charta der Grundrechte vom 14.12.2007, ABl. 2007, C 303/17 (34).

zur EMRK auf keinen Fall unterschreiten.[37] Soweit Art. 14 GRC Art. 2 ZP I zur EMRK entspricht, kann auf die Interpretation dieser vertragsrechtlichen Norm sowie die relevante Rechtsprechung des EGMR zurückgegriffen werden.

1. Recht auf Bildung

Der sachliche Schutzbereich des Art. 14 Abs. 1 GRC erstreckt sich auf **zwei Rechte**, die **10** sich lediglich hinsichtlich der Bildungsbereiche voneinander unterscheiden: **allgemeine Bildung** sowie **berufliche Aus- und Weiterbildung**.[38] Die allgemeine Bildung erfasst die schulische Bildung in Vor-, Primar- und Sekundarschulen.[39] Ob auch die Hochschulen und Fachhochschulen der allgemeinen Bildung oder eher der beruflichen Ausbildung zuzuordnen sind, ist strittig.[40] Während die Europäische Kommission für Menschenrechte (EKMR) – ein nicht mehr bestehendes Konventionsorgan – unter dem Begriff der Bildung in Art. 2 Satz 1 ZP I zur EMRK noch lediglich die schulische Elementarbildung verstanden hatte,[41] geht der EGMR in seiner neueren Rechtsprechung nunmehr davon aus, dass Hochschulbildung neben der Primär- und Sekundärbildung ebenfalls in den Anwendungsbereich des Art. 2 Satz 1 ZP I zur EMRK fällt.[42] Allerdings regelt Art. 2 Satz 1 ZP I zur EMRK nicht ausdrücklich die berufliche Aus- und Weiterbildung. Der EuGH ordnet die Hochschulbildung grundsätzlich der beruflichen Ausbildung zu.[43]

Das in Art. 14 Abs. 1 GRC positiv formulierte Recht auf allgemeine Bildung setzt das **11** Vorhandensein eines (schulischen) **Bildungswesens** mit entsprechenden Bildungseinrichtungen voraus, zu dessen Errichtung die Mitgliedstaaten verpflichtet sind. Insofern korrespondiert das Recht auf Bildung mit der Verpflichtung der Staaten zur Schaffung entsprechender Bildungsstrukturen, bei deren Ausgestaltung ihnen ein weiter Ermessensspielraum zusteht.[44] Zu bestehenden Bildungseinrichtungen muss grundsätzlich das Recht auf Zugang als Teilhaberecht gewährleistet sein. Gleichwohl darf der Zugang zu Bildungseinrichtungen quantitativen oder qualitativen Beschränkungen unterworfen werden, solange diese nicht gegen das Diskriminierungsverbot verstoßen.[45]

---

[37] *Kempen*, in: Tettinger/Stern, EuGRCh, Art. 14 GRC, Rn. 5.

[38] *Odendahl*, in: Heselhaus/Nowak, Handbuch der Europäischen Grundrechte, § 39, Rn. 37.

[39] *Bernsdorff*, in: Meyer, GRCh, Art. 14 GRC, Rn. 12; *Jarass*, GRCh, Art. 14 GRC, Rn. 6; *Kingreen*, in: Calliess/Ruffert, EUV/AEUV, Art. 14 GRC, Rn. 3.

[40] *Jarass*, GRCh, Art. 14 GRC, Rn. 7. Für die Zuordnung der Hochschulbildung zur allgemeinen Bildung *Odendahl*, in: Heselhaus/Nowak, Handbuch der Europäischen Grundrechte, § 39, Rn. 37. Für die Zuordnung der Hochschulbildung zur beruflichen Ausbildung *Demuro*, in: Mock (Hrsg.), Human Rights in Europe. Commentary on the Charter of Fundamental Rights of the European Union, 2010, Art. 14, S. 92; *Kempen*, in: Tettinger/Stern, EuGRCh, Art. 14 GRC, Rn. 9; *Kingreen*, in: Calliess/Ruffert, EUV/AEUV, Art. 14 GRC, Rn. 4.

[41] EKMR, Zulässigkeitsentscheidung v. 13.3.1975, Beschwerde-Nr. 5926/72 (X/Vereinigtes Königreich), DR 2, 50. *Wildhaber*, S. 531.

[42] EGMR, Urt. v. 10.11.2005, Beschwerde-Nr. 44774/98 (Leyla Şahin/Türkei) [GK], Rep. 2005-XI, 173, Rn. 134 ff.; Urt. v. 7.2.2006, Beschwerde-Nr. 60856/00 (Mürsel Eren/Türkei), Rep. 2006-II, 1, Rn. 41. *Bitter*, in: Karpenstein/Mayer, EMRK, Art. 2 ZP I EMRK, Rn. 11; *Frowein*, in: Frowein/Peukert, EMRK, Art. 2 ZP I EMRK, Rn. 2.

[43] EuGH, Urt. v. 13.2.1985, Rs. 293/83 (Françoise Gravier/Ville de Liège), Slg. 1985, 593, Rn. 30; Urt. v. 2.2.1988, Rs. 24/86 (Vincent Blaizot/Université de Liège u.a.), Slg. 1988, 379, Rn. 17, 19 f.

[44] *Grabenwarter/Pabel*, § 22, Rn. 84; *Langenfeld*, in: Dörr/Grote/Marauhn, EMRK/GG, Kap. 23, Rn. 9; *Frenz*, Handbuch Europarecht, Bd. 4, Rn. 2407; *Kempen*, in: Tettinger/Stern, EuGRCh, Art. 14 GRC, Rn. 14.

[45] *Bernsdorff*, in: Meyer, GRCh, Art. 14 GRC, Rn. 13; *Odendahl*, in: Heselhaus/Nowak, Handbuch der Europäischen Grundrechte, § 39, Rn. 38.

2. Recht auf Zugang zur beruflichen Ausbildung und Weiterbildung

12 Die über Art. 2 ZP I zur EMRK hinausgehende Aufnahme des Rechts auf Zugang zur beruflichen Ausbildung und Weiterbildung in Art. 14 Abs. 1 GRC gründet sich auf Nr. 15 Gemeinschaftscharta der sozialen Grundrechte der Arbeitnehmer sowie Art. 10 ESC.[46] **Berufliche Ausbildung**[47] meint jede Form der Ausbildung, die auf eine Qualifikation oder Befähigung für einen bestimmten Beruf oder eine bestimmte Beschäftigung vorbereitet oder eine besondere Befähigung zur Ausübung eines Berufs oder einer Beschäftigung verleiht.[48] Nach Art. 10 ESC werden die Hochschulausbildung, die Lehrlingsausbildung und die Erwachsenenausbildung davon erfasst. Der **Begriff der beruflichen Weiterbildung** wird als berufliche Umschulung[49] – Bildung im Beruf oder für einen anderen Beruf[50] – ausgelegt. Wie bereits das Recht auf Bildung, so gibt es auch das Recht auf Zugang zur beruflichen Aus- und Weiterbildung nur entsprechend den vorhandenen Möglichkeiten sowie im Sinne eines diskriminierungsfreien Zugangs.[51]

3. Zugang zu unentgeltlichem Pflichtschulunterricht

13 Nach der Erläuterung zu Art. 14 Abs. 2 GRC bedeutet der **Grundsatz der Unentgeltlichkeit des Pflichtschulunterrichts**, dass jedem Kind die Möglichkeit offenstehen muss, eine schulische Einrichtung zu besuchen, die unentgeltlichen Unterricht erteilt. Daraus folgt nicht, dass alle – insbesondere privaten – schulischen Einrichtungen, die den betreffenden Unterricht oder berufliche Aus- und Weiterbildung anbieten, unentgeltlich sein müssen. Darüber hinaus ist nicht verboten, bestimmte besondere Unterrichtsformen entgeltlich anzubieten, sofern der Staat einen finanziellen Ausgleich schafft.[52] Mit dieser Vorschrift sollen etwaige finanzielle Nachteile kompensiert werden, so dass das in Art. 21 GRC geregelte **Diskriminierungsverbot** wegen der sozialen Herkunft bzw. des Vermögens auch im Bereich der Bildung gewahrt bleibt.[53] Ob und gegebenenfalls welche finanziellen Lasten sich aufgrund des Pflichtschulunterrichts für die Staaten ergeben, bleibt offen.[54]

14 Die Verwendung des Begriffes »Grundsatz« der Unentgeltlichkeit des Pflichtschulunterrichts in der Erläuterung zu Art. 14 Abs. 2 GRC lässt darauf schließen, dass es sich um einen **Grundsatz** im Sinne von Art. 52 Abs. 5 GRC handeln soll.[55] Im Rahmen ihrer bildungspolitischen Maßnahmen muss die Union die Unentgeltlichkeit des Pflicht-

---

[46] Erläuterung zu Art. 14 der Charta der Grundrechte vom 14.12.2007, ABl. 2007, C 303/17 (22).

[47] Zur Durchführung einer gemeinsamen Berufsbildungspolitik vgl. auch VO (EWG) Nr. 337/75 vom 10.2.1975 über die Errichtung eines Europäischen Zentrums für die Förderung der Berufsbildung, ABl. 1975, L 39/1, zuletzt geändert durch VO (EG) Nr. 2051/2004 vom 25.10.2004, ABl. 2004, L 355/1.

[48] *Bernsdorff*, in: Meyer, GRCh, Art. 14 GRC, Rn. 15; *Kempen*, in: Tettinger/Stern, EuGRCh, Art. 14 GRC, Rn. 9.

[49] Unter Bezugnahme auf den systematischen Zusammenhang mit Art. 166 Abs. 2, 1. Gedstr. AEUV *Kempen*, in: Tettinger/Stern, EuGRCh, Art. 14 GRC, Rn. 9.

[50] *Kingreen*, in: Calliess/Ruffert, EUV/AEUV, Art. 14 GRC, Rn. 4.

[51] *Bernsdorff*, in: Meyer, GRCh, Art. 14 GRC, Rn. 15.

[52] Erläuterung zu Art. 14 der Charta der Grundrechte vom 14.12.2007, ABl. 2007, C 303/17 (22). *Odendahl*, in: Heselhaus/Nowak, Handbuch der Europäischen Grundrechte, § 39, Rn. 41.

[53] *Langenfeld*, in: Dörr/Grote/Marauhn, EMRK/GG, Kap. 23, Rn. 29.

[54] *Bernsdorff*, in: Meyer, GRCh, Art. 14 GRC, Rn. 14; *Kempen*, in: Tettinger/Stern, EuGRCh, Art. 14 GRC, Rn. 16.

[55] *Bernsdorff*, in: Meyer, GRCh, Art. 14 GRC, Rn. 14.

unterrichts achten, wobei ihr durch diese Bestimmung keine neuen Zuständigkeiten übertragen werden.[56]

4. Freiheit zur Gründung von Lehranstalten

Art. 14 Abs. 3 GRC regelt die **Freiheit zur Gründung von Lehranstalten** als einen Aspekt 　**15** der in Art. 16 GRC anerkannten **unternehmerischen Freiheit**. In der Erläuterung zu Art. 14 Abs. 3 GRC sind sowohl öffentliche[57] als auch private Lehranstalten gemeint.[58] Damit sollen staatliche Schutzmonopole im Bereich der Bildung verhindert werden.[59] Eine Verpflichtung zur Subventionierung privater Schulen folgt aus der Vorschrift indes nicht.[60] Unter **Lehranstalten** sind Schulen unterschiedlicher Bildungsstufen zu verstehen. Strittig ist, ob sich diese Freiheit auch auf außerschulische Bildungseinrichtungen erstreckt.[61]

Die Gründung von Lehrveranstalten unterliegt dem Vorbehalt der Achtung der de- 　**16** mokratischen Grundsätze. Im Gegensatz zu Lehranstalten mit einer undemokratischen Ausrichtung darf die Gründung von Lehranstalten mit einer religiösen oder weltanschaulichen Orientierung nicht verboten werden.[62] Der Bezug auf die einzelstaatlichen Gesetze verdeutlicht die **innerstaatliche Kompetenz der Mitgliedstaaten** in diesem Bereich.[63]

5. Schulbezogenes Elternrecht

Das in Art. 14 Abs. 3 GRC geregelte schulbezogene Elternrecht ist vom Wortlaut par- 　**17** tiell identisch mit Art. 2 Satz 2 ZP I zur EMRK.[64] Nach der Vorschrift wird den Eltern ein **primäres Erziehungsrecht**[65] im Verhältnis zum Staat zugestanden.[66] Die Eltern haben das Recht, dass die Erziehung und der Unterricht ihrer Kinder entsprechend ihren eigenen religiösen, weltanschaulichen und erzieherischen Überzeugungen auch gegenüber der staatlichen Schule sichergestellt werden.[67] Daraus lässt sich jedoch keine positive Leistungpflicht des Staates zur Sicherstellung der den religiösen oder weltanschaulichen

[56] Erläuterung zu Art. 14 der Charta der Grundrechte vom 14. 12. 2007, ABl. 2007, C 303/17 (22). Zur mangelnden Zuständigkeit der Union im Bildungsbereich gem. Art. 165 f. AEUV vgl. *Folz*, in: Vedder/Heintschel v. Heinegg, Europäisches Unionsrecht, Art. 14 GRC, Rn. 5; *Langenfeld*, in: Dörr/Grote/Marauhn, EMRK/GG, Kap. 23, Rn. 29.

[57] Zweifelnd an der Gründungsfreiheit für öffentliche Einrichtungen *Kempen*, in: Tettinger/Stern, EuGRCh, Art. 14 GRC, Rn. 11.

[58] Erläuterung zu Art. 14 der Charta der Grundrechte vom 14. 12. 2007, ABl. 2007, C 303/17 (22).

[59] *Bernsdorff*, in: Meyer, GRCh, Art. 14 GRC, Rn. 19.

[60] *Bernsdorff*, in: Meyer, GRCh, Art. 14 GRC, Rn. 19; *Streinz*, in: Streinz, EUV/AEUV, Art. 14 GRC, Rn. 8; *EU Network of Independent Experts on Fundamental Rights*, Art. 14, S. 147.

[61] Dagegen *Bernsdorff*, in: Meyer, GRCh, Art. 14 GRC, Rn. 19; dafür *Kempen*, in: Tettinger/Stern, EuGRCh, Art. 14 GRC, Rn. 11.

[62] *Bernsdorff*, in: Meyer, GRCh, Art. 14 GRC, Rn. 19.

[63] *Streinz*, in: Streinz, EUV/AEUV, Art. 14 GRC, Rn. 8.

[64] *Kempen*, in: Tettinger/Stern, EuGRCh, Art. 14 GRC, Rn. 12.

[65] Zum Erziehungsrecht der Eltern EGMR, Urt. v. 7.12.1976, Beschwerde-Nr. 5095/71 (Kjeldsen, Busk Madsen und Pedersen/Dänemark), Ser. A no. 23, Rn. 54. *Harris/O'Boyle/Warbrick*, S. 704 f.

[66] *Bernsdorff*, in: Meyer, GRCh, Art. 14 GRC, Rn. 20; *Odendahl*, in: Heselhaus/Nowak, Handbuch der Europäischen Grundrechte, § 39, Rn. 44.

[67] *Kempen*, in: Tettinger/Stern, EuGRCh, Art. 14 GRC, Rn. 12.

Überzeugungen der Eltern entsprechenden Bildung ableiten.[68] Gleichwohl sind Befreiungsmöglichkeiten und Alternativangebote nicht ausgeschlossen.[69]

18   Die Ausübung des schulbezogenen Elternrechts darf dem **Recht des Kindes auf Bildung** allerdings nicht widersprechen.[70] Diesbezüglich ist in der Erläuterung zu Art. 14 Abs. 3 GRC ausdrücklich aufgeführt, dass das Elternrecht in Verbindung mit den in Art. 24 GRC geregelten Rechten des Kindes auszulegen ist.[71] Der Ausgestaltungsvorbehalt zugunsten der einzelstaatlichen Gesetze der Mitgliedstaaten ist im Lichte des in Art. 2 ZP I zur EMRK garantierten Mindeststandards zu interpretieren.[72]

C. Eingriffe

19   Eingriffe sind den Grundrechtsadressaten[73] zurechenbare Handlungen bzw. Unterlassungen, die darauf gerichtet sind, die Ausübung der in Art. 14 GRC gewährleisteten Rechte zu erschweren bzw. unmöglich zu machen. Aufgrund der begrenzten Kompetenz der Union im Bildungsbereich kommen Eingriffe in Art. 14 GRC seitens der Organe, Einrichtungen und sonstigen Stellen der Union eher selten vor.[74] Als Eingriffe in Art. 14 Abs. 1 und 2 GRC sind beschränkende oder erschwerende Maßnahmen bezüglich des **Zugangs zu Bildungseinrichtungen** oder einer **Teilnahme am** sowie die Erhebung von Entgelten für **Pflichtschulunterricht** anzusehen. Im Zusammenhang mit der **beruflichen Aus- und Weiterbildung** gelten Ungleichbehandlungen beim Zugang als Beeinträchtigung, nicht jedoch allgemeine Zugangsbeschränkungen.[75]

20   Eingriffe in die **Privatschulfreiheit** sind Behinderungen oder Beschränkungen der Gründung privater Lehranstalten (Privatschulen).[76] Eingriffe in das **schulbezogene Elternrecht** stellen Einwirkungen auf die Erziehung und den Unterricht der Kinder in einer Weise dar, die den religiösen, weltanschaulichen und erzieherischen Überzeugungen ihrer Eltern widersprechen.[77]

---

[68] *Harris/O'Boyle/Warbrick*, S. 703.

[69] *Bernsdorff*, in: Meyer, GRCh, Art. 14 GRC, Rn. 20.

[70] EGMR, Urt. v. 25.2.1982, Beschwerde-Nr. 7511/76, 7743/76 (Campbell und Cosans/Vereinigtes Königreich), Ser. A no. 48, Rn. 36; Urt. v. 25.3.1993, Beschwerde-Nr. 13134/87 (Costello-Roberts/Vereinigtes Königreich), Ser. A no. 247-C, Rn. 27 unter Bezugnahme auf das UN-Übereinkommen über die Rechte des Kindes. *Bernsdorff*, in: Meyer, GRCh, Art. 14 GRC, Rn. 20; *Odendahl*, in: Heselhaus/Nowak, Handbuch der Europäischen Grundrechte, § 39, Rn. 44.

[71] Erläuterung zu Art. 14 der Charta der Grundrechte vom 14.12.2007, ABl. 2007, C 303/17 (22). *Bernsdorff*, in: Meyer, GRCh, Art. 14 GRC, Rn. 20; *Kempen*, in: Tettinger/Stern, EuGRCh, Art. 14 GRC, Rn. 12.

[72] *Kingreen*, in: Calliess/Ruffert, EUV/AEUV, Art. 14 GRC, Rn. 16.

[73] Nach Art. 51 Abs. 1 Satz 1 GRC gilt die Charta für die Organe, Einrichtungen und sonstigen Stellen der Union und für die Mitgliedstaaten ausschließlich bei der Durchführung des Unionsrechts.

[74] *Odendahl*, in: Heselhaus/Nowak, Handbuch der Europäischen Grundrechte, § 39, Rn. 45.

[75] *Kingreen*, in: Calliess/Ruffert, EUV/AEUV, Art. 14 GRC, Rn. 7.

[76] *Jarass*, GRCh, Art. 14 GRC, Rn. 23; *Kingreen*, in: Calliess/Ruffert, EUV/AEUV, Art. 14 GRC, Rn. 13.

[77] *Jarass*, GRCh, Art. 14 GRC, Rn. 32.

D. Eingriffsrechtfertigung

Die Bestimmungen in Art. 14 Abs. 1 und 2 GRC enthalten zwar keine Vorbehalte. Sie **21** unterliegen aber – soweit sie dem Schutzbereich des Art. 2 ZP I zur EMRK entsprechen – gem. Art. 52 Abs. 3 Satz 1 GRC der für dieses Recht vorgesehenen **speziellen Schrankenregelung**. Darüber hinaus – so wie hinsichtlich des Rechts auf Zugang zur beruflichen Aus- und Weiterbildung – ist die **allgemeine Schrankenregelung** des Art. 52 Abs. 1 GRC anzuwenden.[78]

Bei Anwendung der **speziellen Schrankenregelung** für Bestimmungen des Art. 14 **22** GRC, die mit Art. 2 ZP I zur EMRK deckungsgleich sind, ist zunächst auf den Wortlaut des Art. 2 ZP I zur EMRK zu verweisen, der – abgesehen von der Notstandsregelung des Art. 15 EMRK – keinen ausdrücklichen Vorbehalt enthält.[79] Der EGMR hat aber im Belgischen Sprachenfall auf die Notwendigkeit einer Regelung durch den Staat verwiesen, wobei diese weder den Wesensgehalt des Rechts auf Bildung noch andere Konventionsrechte verletzen dürfe.[80] In seiner späteren Rechtsprechung verweist er sodann auf die erforderliche **Vorhersehbarkeit der Regelung**, die **Verfolgung eines legitimen Ziels** für den Eingriff sowie die Beachtung der **Verhältnismäßigkeit** zwischen dem Eingriff und dem verfolgten Ziel. In Bezug auf das legitime Ziel bestehe für Art. 2 ZP I zur EMRK – im Gegensatz zu Art. 8–11 EMRK[81] – keine Bindung an eine abschließende Liste legitimer Ziele, so der Gerichtshof.[82]

Auch für die Bestimmungen in Art. 14 Abs. 3 GRC gelten unterschiedliche Schran- **23** kenreglungen.[83] Für das **elterliche Erziehungsrecht**, das dem Art. 2 ZP I zur EMRK entspricht, findet die **spezielle Schrankenregelung** gem. Art. 52 Abs. 3 Satz 1 GRC Anwendung, für die **Freiheit zur Gründung von Lehranstalten** hingegen die **allgemeine Schrankenregelung** gem. Art. 52 Abs. 1 GRC. Durch den ausdrücklichen Verweis auf die einzelstaatlichen Gesetze in Art. 14 Abs. 3 GRC ist eine **zusätzliche Beschränkung** als »Ausgestaltungsvorbehalt« der Mitgliedstaaten hinzugefügt worden. Insoweit ist auch auf Art. 52 Abs. 4 GRC zu verweisen.[84]

Nach der **allgemeinen Schrankenregelung** des Art. 52 Abs. 1 GRC müssen Ein- **24** schränkungen gesetzlich vorgesehen sein, den Wesensgehalt der Rechte achten sowie den Grundsatz der Verhältnismäßigkeit wahren. Als legitime Ziele für eine Einschränkung werden die von der Union anerkannten dem Gemeinwohl dienenden Zielsetzungen und der Schutz der Rechte und Freiheiten anderer genannt.[85]

---

[78] *Bernsdorff*, in: Meyer, GRCh, Art. 14 GRC, Rn. 16; *Odendahl*, in: Heselhaus/Nowak, Handbuch der Europäischen Grundrechte, § 39, Rn. 47; *Rengeling/Szczekalla*, Grundrechte, § 19, Rn. 769; *Simm*, in: Schwarze, EU-Kommentar, Art. 14 GRC, Rn. 5.

[79] *Bitter*, in: Karpenstein/Mayer, EMRK, Art. 12 ZP I EMRK, Rn. 20.

[80] EGMR, Urt. v. 23.7.1968, Beschwerde Nr. 1474/62, 1677/62, 1691/62, 1769/63, 1994/63, 2126/64 (Case »relating to certain aspects of the laws on the use of languages in education in Belgium« [merits]), Ser. A no. 6, Rn. 5.

[81] Vgl. Wildhabers Vorschlag von der Analogie zu Art. 8–11 EMRK hinsichtlich einer Rechtfertigungsprüfung von Art. 2 ZP I zur EMRK, *Wildhaber*, S. 537.

[82] EGMR, Urt. v. 10.11.2005, Beschwerde-Nr. 44774/98 (Leyla Şahin/Türkei) [GK], Rep. 2005-XI, 173, Rn. 154.

[83] Kritisch zu dieser »Zweiteilung« von Schrankenreglungen und deshalb die allgemeine Schrankenreglung als einheitliche Rechtfertigungsprüfung vorziehend *Kingreen*, in: Calliess/Ruffert, EUV/AEUV, Art. 14 GRC, Rn. 9 und 14.

[84] *Bernsdorff*, in: Meyer, GRCh, Art. 14 GRC, Rn. 21.

[85] *Jarass*, GRCh, Art. 14 GRC, Rn. 15 f., 34 f.

E. Verhältnis zu anderen Bestimmungen

25   Das Recht auf Bildung ist mit verschiedenen Grundrechten eng verbunden. Die **Gedan-ken-, Gewissens- und Religionsfreiheit** in Art. 10 Abs. 1 GRC steht im Zusammenhang mit dem schulbezogenen Elternrecht. Die **Freiheit der Kunst und der Wissenschaft** in Art. 13 GRC sowie die **unternehmerische Freiheit** in Art. 16 GRC sind bei der Gründung von Lehranstalten zu beachten. Dabei haben das elterliche Erziehungsrecht sowie die Freiheit zur Gründung von Lehranstalten als speziellere Rechte in bildungsrelevanten Bereichen Vorrang. Dies gilt ebenso für den Zugang zu Bildungseinrichtungen im Verhältnis zum **Diskriminierungsverbot** in Art. 21 GRC.[86]

26   Während es bei vorstehenden Rechten zu Überschneidungen in bildungsrelevanten Fragen kommen kann, ist das Recht auf Bildung als Voraussetzung für die **Berufsfreiheit** und dem **Recht zu arbeiten** in Art. 15 GRC diesen vorgelagert.[87] Darüber hinaus setzen die **Rechte des Kindes** in Art. 24 GRC dem Recht auf Bildung Grenzen. Die Rechte des Kindes gehen dem Recht auf Bildung in seinen verschiedenen Ausprägungen, vor allem dem elterlichen Erziehungsrecht, vor.[88]

---

[86] *Odendahl*, in: Heselhaus/Nowak, Handbuch der Europäischen Grundrechte, § 39, Rn. 49.

[87] *Bernsdorff*, in: Meyer, GRCh, Art. 14 GRC, Rn. 10; *Odendahl*, in: Heselhaus/Nowak, Handbuch der Europäischen Grundrechte, § 39, Rn. 50.

[88] Erläuterung zu Art. 14 der Charta der Grundrechte vom 14. 12. 2007, ABl. 2007, C 303/17 (22); *Odendahl*, in: Heselhaus/Nowak, Handbuch der Europäischen Grundrechte, § 39, Rn. 51.

Artikel 15 GRC Berufsfreiheit und Recht zu arbeiten

(1) Jede Person hat das Recht, zu arbeiten und einen frei gewählten oder angenommenen Beruf auszuüben.

(2) Alle Unionsbürgerinnen und Unionsbürger haben die Freiheit, in jedem Mitgliedstaat Arbeit zu suchen, zu arbeiten, sich niederzulassen oder Dienstleistungen zu erbringen.

(3) Die Staatsangehörigen dritter Länder, die im Hoheitsgebiet der Mitgliedstaaten arbeiten dürfen, haben Anspruch auf Arbeitsbedingungen, die denen der Unionsbürgerinnen und Unionsbürger entsprechen.

Literaturübersicht

Borrmann, Der Schutz der Berufsfreiheit im deutschen Verfassungsrecht und im europäischen Gemeinschaftsrecht, 2002; *Drechsler*, Der EuGH auf dem Weg zu einer Dogmatik der Wirtschaftsgrundrechte?, EuR 2016, 691; *Frenz*, Die europäische Berufsfreiheit, GewArch 2008, 465; *Grabenwarter*, Auf dem Weg in die Grundrechtsgemeinschaft, EuGRZ 2004, 563; *ders.*, Die Charta der Grundrechte für die Europäische Union, DVBl. 2001, 1; *Günter*, Berufsfreiheit und Eigentum in der Europäischen Union. Eine rechtsvergleichende Studie, 1998; *Jarass*, Berufs- und Unternehmensfreiheit im Unionsrecht, FS Müller-Graff, 2015, S. 1410; *Merten/Papier* (Hrsg.), Handbuch der Grundrechte in Deutschland und Europa, Band VI/1, Europäische Grundrechte I, 2010; *Peers/Hervey/Kenner/Ward* (Hrsg.), The EU Charter of Fundamental Rights. A Commentary, 2014; *Sasse*, Die Berufsfreiheit und das Recht zu arbeiten, 2011; *Vögler*, Defizite beim Schutz der Berufsfreiheit durch BVerfG und EuGH, 2001; *Wunderlich*, Das Grundrecht der Berufsfreiheit im Europäischen Gemeinschaftsrecht, 2000; *dies.*, Das Grundrecht der Berufsfreiheit gemäß Artikel 15 der Grundrechtecharta, FS Schwarze, 2014, S. 304.

Leitentscheidungen

EuGH, Urt. v. 14.5.1974, Rs. 4/73 (Nold), Slg. 1974, 491
EuGH, Urt. v. 13.12.1979, Rs. 44/79 (Hauer), Slg. 1979, 3727
EuGH, Urt. v. 8.10.1986, Rs. 234/85 (Keller), Slg. 1986, 2909
EuGH, Urt. v. 18.9.1986, Rs. 116/82 (Kommission/Deutschland), Slg. 1986, 2529
EuGH, Urt. v. 11.7.1989, Rs. 265/87 (Schräder), Slg. 1989, 2263
EuGH, Urt. v. 13.7.1989, Rs. 5/88 (Wachauf), Slg. 1989, 2609
EuGH, Urt. v. 10.1.1992, Rs. C–177/90 (Kühn), Slg. 1992, I–58
EuGH, Urt. v. 13.12.1994, Rs. C–306/93 (SMW Winzersekt), Slg. 1994, I–5555
EuGH, Urt. v. 15.7.2004, verb. Rs. C–37/02 u. C–38/02 (Di Lenardo Adriano und Dilexport), Slg. 2004, I–6911
EuGH, Urt. v. 21.7.2011, verb. Rs. C–159/10 u. C–160/10 (Fuchs und Köhler), Slg. 2011, I–6919
EuGH, Urt. v. 29.3.2012, Rs. C–1/11 (Interseroh Scrap and Metals Trading), ECLI:EU:C:2012:194
EuGH, Urt. v. 6.9.2012, Rs. C–544/10 (Deutsches Weintor), ECLI:EU:C:2012:526
EuGH, Urt. v. 22.1.2013, Rs. C–283/11 (Sky Österreich), ECLI:EU:C:2013:28
EuGH, Urt. v. 4.7.2013, Rs. 233/12 (Gardella), ECLI:EU:C:2013:449

Inhaltsübersicht

A. Entwicklung, Quellen, Bedeutung

1 Die Berufsfreiheit wurde gleich zu Beginn der Entwicklung der Grundrechte in Form allgemeiner Rechtsgrundsätze als relevante Kontrollnorm aktiviert und vom EuGH anerkannt. Dabei ergingen die ersten Urteile nicht zuletzt aufgrund entsprechender Klagen aus Deutschland.[1] Die Berufsfreiheit gehört mit der Eigentumsfreiheit und der unternehmerischen Freiheit, die im Rahmen der Grundrechtecharta als eigenständiges Grundrecht geschützt wird (s. Art. 16 GRC, Rn. 2), zur »**Trias der wirtschaftsbezogenen Grundrechte**«.[2] Angesichts der nach wie vor starken Ausprägung der Europäischen Union als Wirtschaftsordnung, aber auch wegen der zunehmend interventionistischen Aktivitäten der Unionsorgane ist die Berufsfreiheit von **großer Bedeutung** (s. Art. 16 GRC, Rn. 12).

2 In der **EMRK** findet sich keine Berufsfreiheit, weshalb Teilaspekte dieses Grundrechts – wie im Fall der unternehmerischen Freiheit aus Art. 16 GRC (s. Art. 16 GRC, Rn. 2) – über die dortige, weiter gefasste Eigentumsfreiheit aus Art. 1 ZP EMRK geschützt werden.[3] Dagegen handelt es sich bei der Berufsfreiheit um ein in beinahe allen **Mitgliedstaaten** verbürgtes Grundrecht.[4] Die **Europäische Sozialcharta** garantiert das Recht, »seinen Lebensunterhalt durch eine frei übernommene Tätigkeit zu verdienen«, in ihrem Art. 1.

3 Ein umfassendes **Recht auf Arbeit** konnte sich in den Konventsberatungen nicht durchsetzen.[5] Für Diskussionen um weitreichende leistungsrechtliche Forderungen etwa im Sinne eines einklagbaren Rechts auf einen Arbeitsplatz fehlt damit der Anknüpfungspunkt. Vielmehr verpflichtet die Vorschrift, wie Art. 1 der Europäischen Sozialcharta, die Mitgliedstaaten dazu, diejenigen Mittel zur Verfügung zu stellen, die für

---

[1] Grundlegend EuGH, Urt. v. 14.5.1974, Rs. 4/73 (Nold), Slg. 1974, 491, Rn. 14; später insbesondere EuGH, Urt. v. 13.12.1979, Rs. 44/79 (Hauer), Slg. 1979, 3727, Rn. 32f. und Urt. v. 8.10.1986, Rs. 234/85 (Keller), Slg. 1986, 2909, Rn. 9ff.; Urt. v. 11.7.1989, Rs. 265/87 (Schräder), Slg. 1989, 2263, Rn. 15 und 18; siehe auch Urt. v. 13.7.1989, Rs. 5/88 (Wachauf), Slg. 1989, 2609, Rn. 16ff.; zu dieser Anfangsrechtsprechung umfassend *Günter*, S. 15ff.

[2] *Frenz*, Handbuch Europarecht, Bd. 4, Rn. 2652; *Jarass*, EU-GR, § 21, Rn. 2.

[3] EGMR, Urt. v. 11.4.2002, Beschwerde Nr. 46044/99 (Lallement/Frankreich) (im Internet abrufbar unter http://www.echr.coe.int); *Nowak*, in: Heselhaus/Nowak, Handbuch der Europäischen Grundrechte, § 30, Rn. 13f. m.w.N.; hierzu auch *Wegener*, in: Ehlers, Grundrechte und Grundfreiheiten, § 5, Rn. 10ff.; ebenso *Wunderlich*, Grundrecht der Berufsfreiheit, S. 63ff.

[4] Siehe die knappen Nachweise von *Bernsdorff*, in: Meyer, GRCh, Art. 15 GRC, Rn. 2, und die umfassende Analyse der mitgliedstaatlichen Grundrechtsgehalte bei *Sasse*, S. 141ff., 217ff., 351ff.; siehe zu einzelnen Mitgliedstaaten auch *Borrmann*, S. 109ff. und *Wunderlich*, Grundrecht der Berufsfreiheit, S. 25ff. (Anwendungsbereich), S. 137ff. (Schranken).

[5] *Bernsdorff*, in: Meyer, GRCh, Art. 15 GRC, Rn. 8f.; *Blanke*, in: Stern/Sachs, GRCh, Art. 15 GRC, Rn. 2; siehe auch unten Rn. 4.

die Bürger einen freien Zugang zu selbst gewählten beruflichen Tätigkeiten gewährleisten.[6] Insoweit passt auch die systematische Verortung in der GRC im Titel III »Freiheiten«.[7] Für etwaige leistungsrechtliche Gehalte ist daher primär auf andere Normen abzustellen. Das gilt etwa für das – allerdings bescheidene – Recht auf Zugang zu einem Arbeitsvermittlungsdienst nach Art. 29 GRC[8] (s. Art. 29 GRC, Rn. 5 ff.) und für spezifische teilhaberechtliche Elemente auch für das Recht auf Zugang zur beruflichen Ausbildung und Weiterbildung nach Art. 14 GRC (s. Art. 14 GRC, Rn. 12).[9]

Die **Struktur** des Art. 15 GRC in drei Absätzen ist dem Umstand geschuldet, dass die   **4**
Reichweite des Schutzes der Berufsfreiheit gegenüber Drittstaatsangehörigen umstritten war. Während **Absatz 1** nunmehr die **allgemeine Berufsfreiheit** unter der Prämisse des legalen Aufenthalts und einer Arbeitserlaubnis in einem Mitgliedstaat schützt, gewährt **Absatz 2** das davon unabhängige, umfassende Recht auf Arbeitssuche, Niederlassung und Dienstleistungserbringung in einem anderen Mitgliedstaat und impliziert damit auch den Schutz der Erlangung einer entsprechenden Aufenthalts- und Arbeitserlaubnis. Diese weiter reichenden Rechte werden jedoch auf **Unionsbürgerinnen und Unionsbürger** beschränkt. Damit liegt insoweit die **Komplementarität zur Dienstleistungs- und Niederlassungsfreiheit sowie zur Arbeitnehmerfreizügigkeit** auf der Hand. Dabei beziehen sich die Grundfreiheiten primär auf grenzüberschreitende Austauschprozesse, während bei den Grundrechten ein umfassender Schutz vor allem auch gegenüber Harmonisierungsmaßnahmen der Unionsorgane greift (s. zu diesem überlappenden Schutzbereich bei divergierender Stoßrichtung Art. 16 GRC, Rn. 1). Für **Drittstaatsangehörige** gilt nach **Absatz 3** ein allgemeines **Diskriminierungsverbot** in Bezug auf die **Arbeitsbedingungen** im Falle einer entsprechenden Arbeits- (und Aufenthalts-) erlaubnis.

Zwar sind die Absätze 1 und 2 primär als klassische **Abwehrrechte** konzipiert, was   **5**
dementsprechend auch für das allgemeine Diskriminierungsverbot des Absatzes 3 gilt. Jedoch hat sich in der Rechtsprechung des EuGH zu den Grundfreiheiten gerade in Bezug auf die Arbeitnehmerfreizügigkeit, auf die in Absatz 2 verwiesen wird, eine umfassende unmittelbare Bindung von privaten Verbänden und von Arbeitgebern etabliert,[10] die Auswirkungen auf die Grundrechtskonzeption des Absatzes 1 und 2 hat. Insoweit ist insbesondere eine **Drittwirkung** gegenüber Privaten im Rahmen des Absatzes 2 anzunehmen, soweit es um die mit der Arbeitnehmerfreizügigkeit verbundenen Schutzgehalte geht. Für den weiter gefassten Absatz 1 gilt das insbesondere dann, wenn

---

[6] Vgl. die Kommentierung des EU Network of Independent Experts on Fundamental Rights, Commentary of the Charter of Fundamental Rights of the European Union, (verfügbar unter http://ec.europa.eu/justice/fundamental-rights/files/networkcommentaryfinal_en.pdf, zuletzt abgerufen am 21.9.2016), Juni 2006, S. 149.
[7] Zu abweichenden Verortungen in Vorentwürfen *Blanke*, in: Stern/Sachs, GRCh, Art. 15 GRC, Rn. 1; hierzu auch *Bernsdorff*, in: Meyer, GRCh, Art. 15 GRC, Rn. 6.
[8] Zum ursprünglich geplanten Recht auf Arbeit, das aufgrund eines Kompromisses zur Regelung des Art. 29 GRC führte, *Lang*, in: Stern/Sachs, GRCh, Art. 29 GRC, Rn. 2.
[9] Allerdings begründet Art. 14 GRC gerade keinen Anspruch auf einen Arbeitsplatz, hierzu *Bernsdorff*, in: Meyer, GRCh, Art. 14 GRC, Rn. 15; vgl. zum Schutzgehalt des Art. 14 GRC auch *Ashiagbor*, in: Peers/Hervey/Kenner/Ward, EUCFR, Rn. 15.44, und *Kempen*, in: Stern/Sachs, GRCh, Art. 14 GRC, Rn. 13 ff.
[10] Vgl. aus der Rechtsprechung EuGH, Urt. v. 12.12.1974, Rs. 36/74 (Walrave und Koch), Slg. 1974, 1405, Rn. 16 ff. und das Folgeurteil v. 14.7.1976, Rs. 13/76 (Donà), Slg. 1976, I–1333, Rn. 17 f.; später auch Urt. v. 8.7.1999, Rs. C–234/97 (Bobadilla), Slg. 1999, I–4773, Rn. 36; siehe auch *Becker*, in: Ehlers, Grundrechte und Grundfreiheiten, § 9, Rn. 46 m.w.N. zur Rechtsprechung; *Franzen*, in: Streinz, EUV/AEUV, Art. 45 AEUV, Rn. 92 ff.

diese Gewährleistung entsprechend der etablierten Rechtsprechung zu den Grundfreiheiten gegenüber privaten Verbänden aktiviert wird, die über eine dem Staat vergleichbare Machtposition verfügen.[11] Schließlich muss auch Absatz 3 eine Drittwirkung zukommen, um den tatsächlichen Verhältnissen entsprechend angesichts der primären Gefährdung durch Private einen angemessenen Schutzbereich zu eröffnen.[12] Neben seiner Funktion als Kontrollmaßstab wird die Berufsfreiheit im Übrigen zunehmend im Rahmen einer **grundrechtskonformen Interpretation** bei der Anwendung europäischen Rechts herangezogen.[13]

B. Schutzbereich

I. Persönlicher Schutzbereich

6 Anders als die anderen Freiheitsrechte des Titels II, die durchweg »jede Person« schützen, differenziert Art. 15 GRC den persönlichen Schutzbereich aus: Während **Absatz 1** gleichermaßen **jede Person** erfasst, also natürliche wie juristische Personen[14] unabhängig davon, ob diese unionsangehörig sind oder aus **Drittstaaten**[15] stammen, sind die folgenden Absätze beschränkt. Absatz 1 erfasst damit im Fall einer fehlenden Konfusion auch juristische Personen des öffentlichen Rechts, wie sich dies in der Rechtsprechung des EuGH zur Eigentumsfreiheit etabliert hat (s. dazu Art. 17 GRC, Rn. 7). Ferner werden EU-Beamte geschützt,[16] denn der Wortlaut der Norm bietet auch insoweit keinerlei Anlass für entsprechende Einschränkungen, die im Übrigen ebenso wenig teleologisch indiziert sind. Die **Absätze 2 und 3** beziehen sich schon vom Wortlaut her dagegen nur auf **natürliche Personen** (»Unionsbürgerinnen und Unionsbürger« einerseits und »Staatsangehörige« andererseits). Was die Staatsangehörigkeit anbelangt, ist die Schutzwirkung der beiden Absätze spiegelbildlich: **Absatz 2** ist den **Angehörigen der Union** vorbehalten, während **Absatz 3** umgekehrt die Angehörigen aus **dritten Staaten**

[11] Diese kann Folge der rechtlichen Autonomie dieser Verbände sein, vgl. aus der Rechtsprechung EuGH, Urt. v. 13.4.2000, Rs. C–176/96 (Lehtonen), Slg. 2000, I–2681, Tz. 35 f. und Urt. v. 12.12.1974, Rs. 36/74 (Walrave und Koch), Slg. 1974, 1405, Rn. 16 ff.; hierzu auch *Franzen*, in: Streinz, EUV/AEUV, Art. 45 AEUV, Rn. 93; siehe zur Drittwirkung auch *Ludwigs/Weidermann*, Jura 2014, 152; *Schneider/Wunderlich*, in: Schwarze, EU-Kommentar, Art. 45 AEUV, Rn. 39.
[12] Zum Ganzen *Frenz*, Handbuch Europarecht, Bd. 4, Rn. 2542 ff. m. w. N.
[13] Dazu mit Blick auf die Wirkungen der Gleichbehandlungsrichtlinie 2000/78/EG in Bezug auf ältere Arbeitnehmer EuGH, Urt. v. 21.7.2011, verb. Rs. C–159/10 u. C–160/10 (Fuchs und Köhler), Slg. 2011, I–6919, Rn. 62. Hier stellt der EuGH in Bezug auf das richtlinienrechtliche Diskriminierungsverbot fest: »Dieses Verbot ist im Licht des in Art. 15 Abs. 1 der Charta der Grundrechte der Europäischen Union anerkannten Rechts, zu arbeiten, zu sehen.«.
[14] Dies verneint mit beachtlichen Argumenten und vor allem mit systematischem Blick auf Art. 16 GRC, der juristische Personen schütze und insoweit als lex specialis fungieren könne, *Sasse*, S. 192 ff. und S. 288 f. m. w. N. Die Unterschiede zur vorliegenden Ansicht sind jedoch überschaubar, da hier von einer entsprechenden Abgrenzung der sachlichen Reichweite ausgegangen wird, s. Rn. 25; auf die regelmäßige Vorrangigkeit des Art. 16 GRC verweist auch *Jarass*, GRCh, Art. 15, Rn. 9.
[15] So auch mit ausführlicher Begründung *Sasse*, S. 192 ff. und S. 287 f.; ebenso *Jarass*, EU-GR, § 15, Rn. 9; *Martín y Pérez de Nanclares*, in: López Escudero/Martín y Pérez de Nanclares/Sobrino Heredia (Hrsg.), Carta de los Derechos Fundamentales de la Unión Europea, 2008, Art. 15, Anm. 2.1; anders wohl *Durner*, Wirtschaftliche Grundrechte, in: Merten/Papier, § 162, Rn. 25.
[16] *Frenz*, Handbuch Europarecht, Bd. 4, Rn. 2529; ebenso unter Verweis auf die Effektivität des Grundrechtsschutzes *Nowak*, in: Heselhaus/Nowak, Handbuch der Europäischen Grundrechte, § 30, Rn. 45; a. A. *Ruffert*, in: Calliess/Ruffert, EUV/AEUV, Art. 15 GRC, Rn. 7.

betrifft, wobei unter teleologischen Gesichtspunkten Staatenlose hier gleichermaßen erfasst werden.[17]

II. Sachlicher Schutzbereich

Der sachliche Schutzbereich ist entsprechend den drei divergierenden Absätzen mit jeweils unterschiedlicher Stoßrichtung im persönlichen Schutzbereich auch in sachlicher Hinsicht auszudifferenzieren.   **7**

1. Umfassende Berufsfreiheit, Absatz 1

a) Einheitliche Freiheit der Arbeitsaufnahme, Berufswahl und Berufsausübung

Auch wenn sich in der Rechtsprechung des EuGH teils divergierende Formulierungen der Schutzgehalte aus der Phase der Anerkennung der Berufsfreiheit als allgemeinen Rechtsgrundsatzes finden lassen,[18] hat der EuGH daran doch keine unterschiedlichen Bewertungsparameter geknüpft. Einer nur begrenzt ertragreichen Differenzierung zwischen Berufszugang und Berufsausübung mit unterschiedlichen Prüfungsmaßstäben, wie sie vom Bundesverfassungsgericht entwickelt worden ist,[19] hat sich der EuGH demnach nicht angeschlossen.[20] Der Wortlaut des Art. 15 Abs. 1 GRC bietet dazu auch wenig Anlass. Aus dem Dreiklang des Rechts, zu arbeiten, einen Beruf frei zu wählen und diesen auszuüben, folgt demnach eine **umfassende und einheitliche Berufsfreiheit**. Sie erfasst alle Phasen des Arbeitens von der Qualifikation für einen Beruf, über dessen anschließende Wahl und Aufnahme bis hin zur Ausübung. Eine präzise Abgrenzung zwischen den drei textlich angelegten Schutzelementen ist angesichts des umfassenden und gleichgerichteten Schutzgehalts nicht erforderlich. Es ist gleichwohl davon auszugehen, dass der EuGH künftig an die **dreiteilige Differenzierung der Charta** in seinen Formulierungen zum Schutzbereich anknüpfen wird.[21] Zum Recht zu arbeiten zählt auch das Recht älterer Arbeitnehmer, am Berufsleben weiterhin teilzunehmen, das durch altersbedingte Ruhestandsregelungen tangiert wird.[22]   **8**

b) Kein Recht auf Arbeit

Die Formulierung »Recht, zu arbeiten« zeigt ferner, dass **kein Recht auf Arbeit** eingeräumt werden sollte und wurde.[23] Dies bestätigt sich auch genetisch schon insofern, als   **9**

---

[17] Zu Letzterem *Frenz*, Handbuch Europarecht, Bd. 4, Rn. 2532; ebenso *Blanke*, in: Stern/Sachs, GRCh, Art. 15 GRC, Rn. 62; *Grabenwarter*, EnzEuR, Bd. 2, § 13, Rn. 16.

[18] Siehe grundlegend EuGH, Urt. v. 13.12.1979, Rs. 44/79 (Hauer), Slg. 1979, 3727, Rn. 32; im Weiteren Urt. v. 11.7.1989, Rs. 265/87 (Schräder), Slg. 1989, 2237, Rn. 15; siehe auch Urt. v. 13.12.1994, Rs. C–306/93 (SMW Winzersekt), Slg. 1994, I–5555, Rn. 22.

[19] Grundlegend BVerfGE 7, 377 (400 ff.).

[20] So auch noch *Frenz*, GewArch 2008, 465 (466); vgl. aber jetzt EuGH, Urt. v. 30.6.2016, Rs. C–134/15 (Lidl), ECLI:EU:C:2016:408, Rn. 26 f.; GA *Bobek*, Schlussanträge zu Rs. C–134/15 (Lidl), ECLI:EU:C:2016:169, Rn. 27 ff. Diese Differenzierung überzeugt nicht.

[21] So etwa EuGH, Urt. v. 6.9.2012, Rs. C–544/10 (Deutsches Weintor), ECLI:EU:C:2012:526, Rn. 44 und 54; ebenso Urt. v. 29.3.2012, Rs. C–1/11 (Interseroh Scrap and Metals Trading), ECLI:EU:C:2012:194, Rn. 43.

[22] Dazu zuletzt EuGH, Urt. v. 21.7.2011, verb. Rs. C–159/10 und C–160/10 (Fuchs und Köhler), Slg. 2011, I–6919, Rn. 62 f; siehe auch BGH, Beschl. v. 17.3.2014 – NotZ (Brfg) 21/13, DNotZ 2014, 553.

[23] Siehe dazu die umfassende, auch rechtsvergleichende Erörterung von *Sasse*, S. 343 ff.; ebenso *Bezemek*, in: Holoubek/Lienbacher, GRC-Kommentar, Art. 15 GRC, Rn. 6; *Frenz*, GewArch 2008, 465 (467); *Nowak*, in: Heselhaus/Nowak, Handbuch der Europäischen Grundrechte, § 30, Rn. 44;

die Berufsfreiheit nicht wie ursprünglich vorgesehen in den Abschnitt der wirtschaftlichen und sozialen Rechte aufgenommen wurde[24] und selbst der Vorschlag des Präsidiums einer Bezugnahme auf den Verdienst des Lebensunterhalts[25] entsprechend der Formulierung in Art. 1 Abs. 2 der Europäischen Sozialcharta abgelehnt wurde. Für leistungsrechtliche Teilaspekte ist daher auf die spezifischen Verbürgungen des Art. 29 GRC (und des Art. 14 GRC) zu verweisen (s. auch Rn. 3). Umgekehrt geschützt ist jedoch die **negative Freiheit** dazu, nicht zu arbeiten.[26] Sie ist spiegelbildlich grundsätzlich jeder umfassenden Freiheit immanent[27] und es gibt keine Anhaltspunkte, diese mit Blick auf Art. 15 GRC nicht anzuerkennen. Ergänzend tritt das Verbot der Zwangsarbeit als spezielle Vorschrift hinzu (Art. 5 Abs. 2 GRC; s. Art. 5 GRC, Rn. 12 ff.).

c) Weiter Berufsbegriff

10   Der Berufsbegriff ist sodann weit zu verstehen und erfasst jede auf die Finanzierung der **Lebensgrundlage** ausgerichtete und eine gewisse **Dauerhaftigkeit** aufweisende **selbstständige oder unselbstständige Tätigkeit**.[28] Die Ausrichtung der Begriffsdefinition an der Relevanz der Beschäftigung für die Lebensgrundlage und das Erfordernis einer gewissen Dauerhaftigkeit dienen insbesondere der Abgrenzung von bloßen Hobbys.[29] Der EuGH war angesichts der bisherigen Fälle mit hinreichendem wirtschaftlichen Bezug allerdings noch nicht gezwungen, eine nähere Definition bzw. Eingrenzung vorzunehmen. Es ist jedoch davon auszugehen, dass auch er einen weiten Schutzansatz zugrunde legen wird,[30] zumal auf europäischer Ebene eine apriorische inhaltliche Eingrenzung des Berufsbegriffs noch schwerer zu begründen ist als auf der homogeneren nationalen Ebene.

2. Bestätigung des Schutzes der Grundfreiheiten, Absatz 2

11   Art. 15 Abs. 2 GRC ist **ohne eigenen Regelungsgehalt**[31] und letztlich **redundant**, da er

---

Wunderlich, FS Schwarze, S. 308 f.; in anderen Rechtskulturen – etwa im spanischsprachigen Diskurs – wird einem Recht auf Arbeit hingegen weit weniger ablehnend begegnet, vgl. dazu umfassend *Molina Navarrete*, Libertades económicas y principios institucionales del mercado de trabajo comunitario: El derecho al trabajo, a la elección de actividad profesional y a la libertad de empresa, in: Álvarez Conde/Garrido Mayol (Hrsg.), Comentarios a la Constitución Europea, Band 2, 2004, S. 541; wie hier aber *Martín y Pérez de Nanclares* (Fn. 15), Art. 15, Anm. 2.1; differenziert auch *Demuro*, Article 15, in: Mock (Hrsg.), Human Rights in Europe, 2010, S. 93 (95).

[24] Siehe ursprünglich CHARTE 4192/00 CONVENT 18, S. 1 und sodann CHARTE 4422/00 CONVENT 45, S. 6.

[25] Siehe die Formulierung »to earn a living« in CHARTE 4422/00 CONVENT 45, S. 6; hierzu auch der Hinweis bei *Blanke*, in: Stern/Sachs, GRCh, Art. 15 GRC, Rn. 21.

[26] *Jarass*, GRCh, Art. 15, Rn. 8; *Martín y Pérez de Nanclares* (Fn. 15), Art. 15, Anm. 2.1; *Sasse*, S. 132 ff.; ebenso *Ruffert*, in: Calliess/Ruffert, EUV/AEUV, Art. 15 GRC, Rn. 5; a. A. *Bernsdorff*, in: Meyer, GRCh, Art. 15 GRC, Rn. 14; skeptisch zur Praktikabilität auch *Frenz*, GewArch 2008, 465 (467).

[27] *Rengeling/Szczekalla*, Grundrechte, § 20, Rn. 785.

[28] Vgl. *Ruffert*, in: Ehlers, Grundrechte und Grundfreiheiten, § 19, Rn. 9–11, der darauf hinweist, dass an die Dauerhaftigkeit keine allzu hohen Anforderungen zu stellen sind; siehe auch *Nowak*, in: Heselhaus/Nowak, Handbuch der Europäischen Grundrechte, § 30, Rn. 38; ebenso *Wolffgang*, in: Lenz/Borchardt, EU-Verträge, Art. 15 GRC, Rn. 3; so auch GA *Wahl*, Schlussanträge zu Rs. C–497/12 (Gullotta), ECLI:EU:C:2015:168, Rn. 69; *Frenz*, GewArch 2008, 465.

[29] Für deren Ausgrenzung aus dem Schutzbereich *Frenz*, GewArch 2008, 465.

[30] *Blanke*, in: Stern/Sachs, GRCh, Art. 15 GRC, Rn. 28 ff.

[31] *Streinz*, in: Streinz, EUV/AEUV, Art. 15 GRC, Rn. 14; ihm folgend auch *Bezemek* (Fn. 23), Art. 15 GRC, Rn. 16; *Frenz*, Handbuch Europarecht, Bd. 4, Rn. 2572.

lediglich auf die Grundfreiheiten verweist, die bereits als Arbeitnehmerfreizügigkeit, Niederlassungsfreiheit und Dienstleistungsfreiheit in den Art. 45, 49 und 56 des AEUV normiert sind. Die weiter reichende gegenteilige Annahme, dass aus Art. 15 Abs. 2 GRC der Verzicht auf das **Element des Grenzübertritts** abgeleitet werden könne, ist abzulehnen.[32] Sie wird der Bestimmung des Art. 52 Abs. 2 GRC (s. Art. 52 GRC, Rn. 38 ff.) nicht gerecht, die eine Auslegung der in der Charta in Bezug genommenen Rechte der Verträge anhand der dort näher niedergelegten Vorgaben verlangt. Andernfalls würden auch unnötig die Ausdifferenzierungen der Grundfreiheiten überspielt.[33] Unklar bliebe im Übrigen das Verhältnis zur Eingrenzungsnorm in Art. 51 Abs. 1 Satz 1 GRC, die über den grenzüberschreitenden Bezug den Anwendungsbereich der Grundfreiheiten und damit zugleich des Grundrechts eröffnet (s. Art. 51 GRC, Rn. 24 f.). Schließlich entspricht diese Bewertung den gemäß Art. 52 Abs. 7 GRC bei der Auslegung zu berücksichtigenden Erläuterungen des Grundrechtskonvents (s. Art. 52 GRC, Rn. 59 ff.), die gleichermaßen auf die bloße Aufnahme der Grundfreiheiten verweisen. Damit führt Art. 15 Abs. 2 GRC schließlich zu keiner weiteren Klärung des Verhältnisses von Grundrechten und Grundfreiheiten.[34]

3. Diskriminierungsverbot bei Arbeitsbedingungen für Drittstaatsangehörige, Absatz 3

Anders als Absatz 2 enthält Art. 15 Abs. 3 GRC einen **zusätzlichen Schutzgehalt**, da er das Diskriminierungsverbot gerade auf die Drittstaatsangehörigen erstreckt, die von den Grundfreiheiten grundsätzlich nicht geschützt werden. Art. 15 Abs. 3 GRC ist jedoch in mehrfacher Hinsicht enger gefasst als die Grundfreiheiten und insbesondere als die Arbeitnehmerfreizügigkeit: Zum einen beschränkt sich die Norm auf den Schutz natürlicher Personen (s. Rn. 6). Vor allem setzt Art. 15 Abs. 3 GRC aber ein entsprechendes Recht zu arbeiten voraus. Nur dann wird ein Diskriminierungsverbot für die Arbeitsbedingungen statuiert. Damit normiert Art. 15 Abs. 3 GRC **kein eigenständiges Recht auf Zugang** zum Arbeitsmarkt.[35] Ebenso wenig wird ein umfassendes Beschränkungsverbot gewährt.[36]   **12**

Der **Begriff der Arbeitsbedingungen** verweist grundsätzlich dem Wortlaut nach auf ein **weites Verständnis**, das etwa auch das Arbeitsentgelt als zentralen Aspekt der Arbeitsbedingungen erfasst. Zur näheren Konkretisierung kann wiederum auf die nach Art. 52 Abs. 7 GRC bei der Interpretation zu beachtenden Erläuterungen des Grundrechtskonvents zurückgegriffen werden. Diese verweisen auf die Regelung zur Sozialpolitik (Art. 137 Abs. 3, 4. Spiegelstr. EGV = Art. III–210 Abs. 1 Buchst. g EVV = Art. 153 Abs. 1 UAbs. 1 Buchst. g AEUV). Fraglich ist allerdings, was sich aus dem dortigen systematischen Verhältnis des Begriffs der »Arbeitsbedingungen« (bzw. der   **13**

---

[32] So noch *Grabenwarter*, DVBl 2001, 1 (5); *ders.*, EuGRZ 2004, 563 (567 f.); aber unter Aufgabe seiner bisherigen Auffassung nunmehr *ders.* (Fn. 17), § 13, Rn. 8.

[33] Siehe so auch das übrige Schrifttum und etwa die Argumentation bei *Blanke*, in: Stern/Sachs, GRCh, Art. 15 GRC, Rn. 55 f.

[34] So zu Recht *Rengeling/Szczekalla*, Grundrechte, § 20, Rn. 784; ebenso *Bernsdorff*, in: Meyer, GRCh, Art. 15 GRC, Rn. 20a; ausführlich zur Frage einer Einstufung der Grundfreiheiten als Unionsgrundrechte mit negativem Ergebnis *Sasse*, S. 398 ff.

[35] *Ashiagbor*, in: Peers/Hervey/Kenner/Ward, EUCFR, Rn. 15.32; *Frenz*, GewArch 2008, 465 (467); *Nowak*, in: Heselhaus/Nowak, Handbuch der Europäischen Grundrechte, § 30, Rn. 35; *Streinz*, in: Streinz, EUV/AEUV, Art. 15 GRC, Rn. 15.

[36] *Frenz*, Handbuch Europarecht, Bd. 4, Rn. 2577 f.

»Beschäftigungsbedingungen«) im Zusammenspiel mit den übrigen davon abgegrenzten Regelungen etwa zum Arbeitsentgelt oder zum Streikrecht (s. Art. 153 Abs. 5 AEUV) für Art. 15 Abs. 3 GRC ergibt. Während für Art. 153 AEUV ein enges Verständnis konsequent ist (s. Art. 153 AEUV, Rn. 21 ff.),[37] wird dieses jedoch erst durch die Bezugnahme auf die Einschränkung nach Art. 153 Abs. 5 AEUV hergestellt, die sich so in Art. 15 Abs. 3 GRC gerade nicht findet. Daraus kann durchaus im Gegenschluss gefolgert werden, dass für Art. 15 Abs. 3 GRC eine derartige Eingrenzung des Begriffs der Arbeitsbedingungen auf Fälle jenseits des Arbeitsentgelts und des Streikrechts etc. gerade nicht greifen soll und daher ein weiteres Verständnis zugrunde zu legen ist. Die gegenteilige Auffassung[38] führt zu einer wesentlichen Einschränkung des möglichen Anwendungsbereichs des Art. 15 Abs. 3 GRC, die sich so aus der Genese nicht ergibt, teleologisch fraglich ist, da es etwa entgeltbezogene Diskriminierungen von Drittstaatsangehörigen ermöglicht, und schließlich einem unbefangenen Begriffsverständnis im Übrigen widerspricht. Die Norm griffe damit zudem kürzer als der ebenfalls in den Erläuterungen in Bezug genommene Art. 19 Abs. 4 der Europäischen Sozialcharta, der auch auf das Arbeitsentgelt und die Koalitionsrechte verweist. Daher dürften die besseren Argumente dafür sprechen, aus Art. 153 AEUV unter Ausschluss der Einschränkung in Art. 153 Abs. 5 AEUV ein erweitertes Begriffsverständnis zugrunde zu legen, das sich keineswegs auf die nicht entgeltlichen Vorgaben zur Ausgestaltung der Tätigkeit jenseits des Koalitions-, Streik- und Aussperrungsrechts beschränkt.[39]

14   Wenig hilfreich ist der Hinweis in den Erläuterungen auf die genannten Kompetenznormen und Art. 19 Abs. 4 der Europäischen Sozialcharta für die Bestimmung der Rechtsqualität des Art. 15 Abs. 3 GRC. Die explizite Formulierung als Diskriminierungsverbot, die systematische Stellung und Beziehung zu den weitreichenden Diskriminierungsverboten der in Art. 15 Abs. 2 GRC referenzierten Grundfreiheiten sowie die Verortung im subjektive Rechte vermittelnden Freiheitskapitel insgesamt begründen ein **umfassend** zu verstehendes, **subjektiv-rechtliches** Diskriminierungsverbot.[40]

C.   Eingriffe

15   Die Berufsfreiheit ist zunächst durch **unmittelbare Eingriffe** betroffen. Diese sind im Unionsrecht und im Recht der Mitgliedstaaten vielfältig und reichen von Regelungen der Berufswahl (beispielsweise durch die europäischen Harmonisierungsmaßnahmen im Bereich der Anerkennung von Diplomen, aber etwa auch durch altersbedingte Ruhestandsregelungen der Mitgliedstaaten)[41] über die mannigfaltigen Steuerungen der Berufsausübung insbesondere in den gemeinsamen Marktordnungen bis hin zu Spezialfällen wie den umweltschutzrechtlichen Regelungen etwa durch die Emissionshandelsrichtlinie.[42]

---

[37] Dazu *Eichenhofer*, in: Streinz, EUV/AEUV, Art. 153 AEUV, Rn. 17; *Rebhahn/Reiner*, in: Schwarze, EU-Kommentar, Art. 153 AEUV, Rn. 38.

[38] *Blanke*, in: Stern/Sachs, GRC, Art. 15, Rn. 58; *Jarass*, GRCh, Art. 15 GRC, Rn. 25; *Streinz*, in: Streinz, EUV/AEUV, Art. 15 GRC, Rn. 15; *Wunderlich*, FS Schwarze, S. 321.

[39] So tendenziell auch *Grabenwarter* (Fn. 17), § 13, Rn. 10, der auch das Arbeitsentgelt als umfasst ansieht.

[40] *Frenz*, Handbuch Europarecht, Bd. 4, Rn. 2579 ff.; ähnlich *Jarass*, GRCh, Art. 15 GRC, Rn. 22.

[41] Dazu zuletzt EuGH, Urt. v. 21.7.2011, verb. Rs. C–159/10 und C–160/10 (Fuchs und Köhler), Slg. 2011, I–6919, Rn. 62 f.; siehe auch BGH, Beschl. v. 17.3.2014 – NotZ (Brfg) 21/13, DNotZ 2014, 553.

Art. 15 GRC schützt aber nicht nur vor direkten bzw. unmittelbaren Eingriffen, son- **16** dern erfasst auch **mittelbare Beeinträchtigungen** im Sinne entsprechender indirekter und tatsächlicher Verkürzungen des grundrechtlichen Schutzbereichs. Der EuGH hat diese umfassende Schutzwirkung schon in der Rechtsprechung vor Inkrafttreten der GRC deutlich gemacht.[43] Dem entspricht die explizite Rechtsprechung des EuG.[44] Das weite Eingriffsverständnis ist auch aus teleologischen Gründen überzeugend, da indi- rekte Beeinträchtigungen eine hohe Belastungswirkung aufweisen können.

Im Übrigen ist bei der weiteren Feststellung einer Beeinträchtigung nach dem jewei- **17** ligen Schutzgehalt zu differenzieren. So ist es insbesondere dem Charakter eines Dis- kriminierungsverbots geschuldet, dass im Rahmen der Prüfung von Eingriffswirkungen im Anwendungsbereich des **Art. 15 Abs. 3 GRC** festgestellt werden muss, dass Dritt- staatsangehörige in einer im Wesentlichen gleichen Arbeitssituation **anders behandelt** werden als EU-Angehörige.[45]

D.   Eingriffsrechtfertigung

I.   Gesetzesvorbehalt

Sämtliche Eingriffe in die Schutzbereiche aller drei genannten, grundlegenden Schutz- **18** richtungen des Art. 15 GRC bedürfen im Rahmen der Rechtfertigungsprüfung zunächst einer hinreichend klaren und normbestimmten Regelung. Insoweit gelten jedoch **keine Besonderheiten**, so dass auf die allgemeinen Ausführungen zu Art. 52 GRC verwiesen werden kann (s. Art. 52 GRC, Rn. 23). Dabei ist auf der Unionsebene insbesondere zwischen umsetzungsbedürftigen Richtlinien und unmittelbar geltenden Verordnungen zu differenzieren, da für Erstere geringere Bestimmtheitsanforderungen greifen als für Letztere.[46]

---

[42] Siehe m.w.N. auch aus der Rechtsprechung die Beispiele bei *Nowak*, in: Heselhaus/Nowak, Handbuch der Europäischen Grundrechte, § 30, Rn. 49ff.; dazu auch *Frenz*, GewArch 2008, 465 (468); siehe zum Emissionshandel auch z.B. EuG, Urt. v. 26.9.2014, Rs. T–614/13 (Romonta GmbH/ Kommission), ECLI:EU:T:2014:835.

[43] Grundlegend EuGH, Urt. v. 18.9.1986, Rs. 116/82 (Kommission/Deutschland), Slg. 1986, 2529, Rn. 27ff. (Fall betreffend bestimmte Verarbeitungsregeln beim Weinanbau), und dazu über- zeugend *Nowak*, in: Heselhaus/Nowak, Handbuch der Europäischen Grundrechte, § 30, Rn. 52; vgl. auch EuGH, Urt. v. 10.7.1991, verb. Rs. C–90/90 u. C–91/90 (Neu), Slg. 1991, I–3617, Rn. 13 (Er- schwernis durch Erzeugerwechsel in einem Molkereifall) und Urt. v. 30.7.1996, Rs. C–84/95 (Bos- phorus), Slg. 1996, I–3978, Rn. 22 (Beschlagnahme eines durch einen Dritten in Form des Leasings genutzten Flugzeugs). Nicht entschieden hat der EuGH für den Fall einer Offenlegungspflicht, ob diese eine »hinreichend direkte und bedeutsame Auswirkung« zeitigt, EuGH, Urt. v. 23.9.2004, Rs. C–435/02 (Springer), Slg. 2004, I–8663, Rn. 49; ähnlich Urt. v. 29.3.2013, Rs. C–1/11 (Interseroh Scrap), ECLI:EU:C:2012:194, Rn. 44 – hier hat der EuGH offen gelassen, ob eine Offenbarungspflicht eine Beeinträchtigung des Schutzes der Geschäftsgeheimnisse darstellt, das isoliert geschützt wird, aber auch unter die Berufsfreiheit und unternehmerische Freiheit fällt.

[44] EuG, Urt. v. 29.1.1998, Rs. T–113/96 (Dubois et fils), Slg. 1998, II–129, Rn. 75; Urt. v. 26.9.2014, Rs. T–629/13 (Molda AG/Kommission), ECLI:EU:T:2014:834, Rn. 56.

[45] *Frenz*, Handbuch Europarecht, Bd. 4, Rn. 2596ff.

[46] Dazu *Kühling*, in: v. Bogdandy/Bast, Europäisches Verfassungsrecht, S. 691f.; vgl. jüngst aller- dings Generalanwalt *Cruz Villalón*, der eine Art »Wesentlichkeitsverpflichtung« für den Richtlinien- geber aus der Grundrechtecharta dahingehend ableiten möchte, dass wesentliche Regelungen in der Richtlinie selbst bestimmt werden müssen und nicht erst der Konkretisierung durch die nationalen Gesetzgeber überlassen werden können, Schlussanträge zu Rs. C–293/12 (Digital Rights Ireland),

II. Relevante Gemeinwohlziele

19   Angesichts der Weite des Schutzbereichs hat der EuGH in seiner bisherigen Rechtsprechung zur Berufsfreiheit auch eine weite **Vielzahl** von eingriffslegitimierenden Ge-
meinwohlgründen anerkannt.[47] Dazu zählen – entsprechend den im Rahmen der Grundfreiheiten entwickelten, zwingenden Allgemeinwohlinteressen – auch nicht explizit im
EUV und AEUV genannte Ziele.[48] Die Beschränkung der zur Eingriffsrechtfertigung
aktivierbaren Gemeinwohlziele nach Art. 52 Abs. 1 Satz 2 GRC auf solche von europäischem Interesse[49] darf nicht dahin gehend missverstanden werden, dass ein national
motivierter Eingriff besondere Rechtfertigungsschwierigkeiten generiert. Denn auch
derartige mitgliedstaatliche Maßnahmen – etwa zum Schutz nationaler Kulturgüter –
geraten in den Kontrollstrahl der GRC. Das gilt insbesondere in Bezug auf die Regelung
des Art. 15 Abs. 2 GRC, die auf die Grundfreiheiten verweist und damit primär an die
Mitgliedstaaten ausgerichtete Normen in den Blick nimmt. In diesem Zusammenhang
geltend gemachte, primär **national motivierte Gemeinwohlbelange** sind dann auch am
Kontrollmaßstab der GRC als Eingriffsgrund anzuerkennen.[50] So besteht etwa auch ein
europaweites Interesse am Schutz nationaler Kulturgüter. Demnach ist von einer weitgehenden Parallelität in der Herausarbeitung entsprechender Gemeinwohlziele auszugehen. Die diesbezügliche Schrankenwirkung ist damit überschaubar.

ECLI:EU:C:2013:845, R, Rn. 117 ff., wobei unklar bleibt, ob dies den Besonderheiten der datenschutzrechtlichen Grundrechte und der dort relevanten besonderen Schutzpflichten geschuldet ist;
der EuGH folgte im Ergebnis den Schlussanträgen, ging jedoch nur auf die üblichen Vorgaben des
Verhältnismäßigkeitsgrundsatzes und nicht explizit auf die Idee einer Wesentlichkeitsverpflichtung
ein, stipuliert eine solche im Ergebnis jedoch, was mit Blick auf die horizontale und vertikale Gewaltenteilung nicht unproblematisch ist, siehe EuGH, Urt. v. 8.4.2014 (Digital Rights Ireland), ECLI:EU:
C:2014:238, Rn. 38–69; und dazu kritisch *Kühling*, NVwZ 2014, 681 (685); vgl. dazu auch schon GA
Cruz Villalón, Schlussanträge zu Rs. C–70/10 (Scarlet Extended), ECLI:EU:C:2011:255, Rn. 94 ff.

[47] Vgl. beispielsweise EuGH, Urt. v. 17.3.2011, Rs. C–221/09 (AJD Tuna), Slg. 2011, 1655,
Rn. 83; Urt. v. 14.10.2014, Rs. C–611/12 P (Giordano), ECLI:EU:C:2014:2282, Rn. 50 zum Schutz
der Fischbestände im Mittelmeer; EuGH, Urt. v. 6.9.2012, Rs. C–544/10 (Deutsches Weintor), ECLI:
EU:C:2012:526, Rn. 48 ff. zum Gesundheitsschutz; Urt. v. 21.7.2011, verb. Rs. C–159/10 u.
C–160/10 (Fuchs und Köhler), Slg. 2011, I–6919, Rn. 47 ff. zu altersbedingten Ruhestandsregelungen;
Urt. v. 15.7.2004, verb. Rs. C–37/02 u. C–38/02 (Di Lenardo und Dilexport), Slg. 2004, I–6911,
Rn. 84 zum Kampf gegen spekulative oder künstliche Praktiken im Bereich der Erteilung von Einfuhr-
lizenzen; Urt. v. 15.2.1996, Rs. C–63/93 (Duff), Slg. 1996, I–569, Rn. 30 zum Abbau von Über-
schüssen auf dem Milchmarkt; Urt. v. 13.12.1994, Rs. C–306/93 (SMW Winzersekt), Slg. 1994,
I–5555, Rn. 25 zum Schutz von Ursprungsbezeichnungen und geografischen Herkunftsangaben von
Wein; EuGH, Urt. v. 28.11.2013, Rs. C–348/12 P (Manufacturing Support & Procurement Kala Naft/
Rat), ECLI:EU:C:2013:776, Rn. 124 zur Erhaltung des Weltfriedens und der internationalen Sicher-
heit; EuG, Urt. v. 26.9.2014, Rs. T–634/13 (Arctic Paper Mochenwangen GmbH/Kommission), ECLI:
EU:T:2014:828, Rn. 56; Urt. v. 26.9.2014, Rs. T–629/13 (Molda AG/Kommission), ECLI:EU:T:2014:
834, Rn. 56; Urt. v. 26.9.2014, Rs. T–614/13 (Romonta GmbH/Kommission), ECLI:EU:T:2014:835,
Rn. 60 zum Umweltschutz.

[48] Ebenso *Frenz*, Handbuch Europarecht, Bd. 4, Rn. 2619; *Durner*, Wirtschaftliche Grundrechte,
in: Merten/Papier, § 162, Rn. 29, spricht von »Gemeinwohlbelange[n] aller Art«; a.A. *Kingreen*, in:
Calliess/Ruffert, EUV/AEUV, Art. 52 GRC, Rn. 67; angesichts der Vielfalt der unionsrechtlich relevanten Zwecke des Gemeinwohls einschließlich des Schutzes der nationalen Identitäten etwa in Art. 4
Abs. 2 EUV ist der Streit darüber nur von begrenzter praktischer Relevanz.

[49] Dies besonders betonend *Wunderlich*, S. 190 f.; ihr folgend *Frenz*, Handbuch Europarecht,
Bd. 4, Rn. 2619.

[50] A.A. *Frenz*, GewArch 2008, 465 (469).

III. Verhältnismäßigkeit

Der ebenfalls in Art. 52 Abs. 1 Satz 2 GRC verankerte Verhältnismäßigkeitsgrundsatz	**20**
mit seinen drei Teilschritten der Geeignetheits-, Erforderlichkeits- und Angemessenheitsprüfung[51] weist im Rahmen der Berufsfreiheit **keine grundsätzlichen Besonderheiten** auf. Auch hier ist festzustellen, dass der EuGH erst in jüngerer Zeit die **Kontrolldichte** in der Argumentation teilweise sichtbar angemessen entwickelt. Dabei lässt er im
Rahmen der Verhältnismäßigkeitsprüfung deutlicher erkennen, dass er dafür Sorge
trägt, dass die kollidierenden Grundrechte »miteinander in Einklang gebracht werden
und dass zwischen ihnen ein angemessenes Gleichgewicht besteht«.[52] Ähnlich wie bei
der Eigentumsfreiheit wird statt bedenklicher pauschaler Behauptungen einer fehlenden Verletzung des Wesensgehalts[53] des Grundrechts zunehmend differenzierter und
strenger am Maßstab der einzelnen Teilschritte geprüft.[54] Allerdings ist auch in Urteilen
jüngeren Datums der wenig zielführende Hinweis auf das fehlende Berühren des Wesensgehalts anzutreffen.[55] Damit wird ein im Wesentlichen wenig konkretisiertes, jedenfalls sehr grobes Prüfungskonzept impliziert. Das Vorbringen einer angeblichen Verletzung der Berufsfreiheit ist dabei bislang regelmäßig erfolglos. Dies ist jedoch dem
Umstand geschuldet, dass der EuGH grundsätzlich[56] zu Recht den Unionsorganen einen
weiten **Spielraum** bei der Regelung wirtschaftlicher Sachverhalte und insbesondere im
Rahmen der Ausdifferenzierung der **Marktordnungen** explizit[57] bzw. im Ergebnis[58] zubilligt.[59] Dies bedingt insbesondere auch einen Spielraum bei der Bewertung und Ge-

---

[51] Dazu grundlegend *Kühling*, in: v. Bogdandy/Bast, Europäisches Verfassungsrecht, S. 693 ff.

[52] EuGH, Urt. v. 17. 12. 2015, Rs. C–157/14 (Neptune Distribution SNC), ECLI:EU:C:2015:823,
Rn. 75; EuG, Urt. v. 26. 9. 2014, Rs. T–634/13 (Arctic Paper Mochenwangen GmbH/Kommission),
ECLI:EU:T:2014:828, Rn. 73; so auch die Formulierung in EuGH, Urt. v. 6. 9. 2012, Rs. C–544/12
(Deutsches Weintor), ECLI:EU:C:2012:526, Rn. 47.

[53] Siehe knapp auch noch EuGH, Urt. v. 15. 7. 2004, verb. Rs. C–37/02 u. C–38/02 (Di Lenardo und
Dilexport), Slg. 2004, I–6945, Rn. 85, allerdings mit ersten Begründungsansätzen.

[54] So auch GA *Bobek*, Schlussanträge zu Rs. C–134/15 (Lidl), ECLI:EU:C:169, Rn. 41 ff.; ausführlich zum Petitum einer umfassenden Prüfung GA *Wahl*, Schlussanträge zu Rs. C–101/12 (Herbert
Schaible gegen Land Baden-Württemberg), ECLI:EU:C:2013:334, Rn. 35 ff.

[55] EuGH, Urt. v. 6. 9. 2012, Rs. C–544/10 (Deutsches Weintor), ECLI:EU:C:2012:526, Rn. 58; Urt.
v. 18. 7. 2013, Rs. C–426/11 (Alemo-Herron), ECLI:EU:C:2013:521, Rn. 35 f. (mit Bezug auf Art. 16
GRC); im Bereich des Datenschutzes könnte sich allerdings eine Aufladung des Wesensgehaltskon-
zepts abzeichnen, siehe EuGH, Urt. v. 8. 4. 2014, verb. Rs. C–293/12 und C–594/12 (Digital Rights
Ireland), ECLI:EU:C:2014:238, Rn. 39 f.

[56] In Einzelfällen gerade früherer Entscheidungen sind die Argumentationen dagegen teils wenig
glücklich. So wies der EuGH beispielsweise im Urt. v. 10. 1. 1992, Rs. C–177/90 (Kühn), Slg. 1992,
I–58, Rn. 17, ernsthaft darauf hin, dass ein auf die Milcherzeugung spezialisierter landwirtschaftlicher
Betrieb ja etwas anderes als Milch erzeugen könne, wenn er insoweit nicht über die notwendigen
Referenzmengen verfüge.

[57] Siehe etwa EuGH, Urt. v. 13. 12. 1994, Rs. C–306/93 (SMW Winzersekt GmbH), Slg. 1994,
I–5555, Rn. 21; Urt. v. 12. 7. 2012, Rs. C–59/11 (Association Kokopelli), ECLI:EU:C:2012:447,
Rn. 39.

[58] Siehe beispielsweise für den Fall der Bekämpfung von schädlichen Praktiken bei der Erteilung
von Einfuhrlizenzen EuGH, Urt. v. 15. 7. 2004, verb. Rs. C–37/02 und C–38/02 (Di Lenardo und
Dilexport), Slg. 2004, I–6945, Rn. 82 ff.; Urt. v. 6. 9. 2012, Rs. C–544/10 (Deutsches Weintor), ECLI:
EU:C:2012:526; vgl. auch EuGH, Urt. v. 30. 6. 2016, Rs. C–134/15 (Lidl), ECLI:EU:C:2016:498,
Rn. 38 ff.

[59] Siehe die differenzierte Analyse mit weiteren Nachweisen bei *Wunderlich*, Grundrecht der Berufsfreiheit, S. 205 ff.; besonders kritisch dazu *Streinz*, in: Streinz, EUV/AEUV, Art. 15 GRC, Rn. 5 f.,
der ein »Kontrolldefizit« attestiert; ebenso *Ruffert*, in: Calliess/Ruffert, EUV/AEUV, Art. 15 GRC,
Rn. 17 f.; siehe auch die aufschlussreiche kritische Analyse der Rechtsprechung des EuGH bis in die
1990er Jahre im Vergleich zu entsprechenden Urteilen des BVerfG bei *Vögler*, S. 174 ff.

wichtung kollidierender Schutzgüter in multipolaren Grundrechtskonflikten sowie bei
der Bewertung der Intensität von Eingriffen.

21   Der EuGH hat mit guten Gründen in seiner jüngeren Rechtsprechung **gegenläufige
Interessen** – wie etwa den **Gesundheitsschutz** – chartakonform (vgl. Art. 35 Satz 2 GRC;
s. Art. 35 GRC, Rn. 17) stark gewichtet.[60] Auch den Mitgliedstaaten wird insofern zu
Recht ein dementsprechender Spielraum belassen.[61] So hat der EuGH etwa in Bezug auf
altersbezogene Ruhestandsregelungen entschieden, dass diese den sekundärrechtlichen
Vorgaben auch unter Beachtung des Art. 15 GRC entsprechen und verhältnismäßig
sind, sofern sie durch angemessene Renten abgefedert werden und die Möglichkeit einer
anderweitigen Berufstätigkeit vorsehen.[62] Der Ausgleich der Berufsfreiheit mit den widerstreitenden Interessen insbesondere an einer »Verteilung der Beschäftigung zwischen den Generationen« und einer **ausgewogenen Altersstruktur**, aber auch die Berücksichtigung »politischer, wirtschaftlicher, sozialer, demografischer und/oder haus-
haltsbezogener Erwägungen« ist dabei sehr wohl zulässig und weitgehend den
mitgliedstaatlichen Instanzen überlassen.[63]

22   Einen Schwerpunkt der Rechtsprechung zur Berufsfreiheit bildeten in der ersten Phase – wiederum parallel zur Eigentumsfreiheit – die **Marktordnungen**,[64] zunehmend jedoch auch andere Fälle wie etwa solche des Kennzeichnungsrechts[65] oder des Schutzes
des geistigen Eigentums.[66] Allerdings wird der Großteil dieser Entscheidungen nach der
Herauslösung des Schutzes der unternehmerischen Freiheit künftig in Art. 16 GRC verortet sein. Teilweise differenziert der EuGH hier jedoch nicht weiter. Das hat sich etwa
im Fall Deutsches Weintor gezeigt.[67] In der Sache ging es um die Frage, ob das ausnahms-
lose Verbot, einen Wein mit einem reduzierten Säuregehalt als »bekömmlich« zu bezeichnen, mit Art. 15 und 16 GRC vereinbar ist. Hier wäre primär auf die unterneh-

---

[60] EuGH, Urt. v. 6. 9. 2012, Rs. C–544/10 (Deutsches Weintor), ECLI:EU:C:2012:526, Rn. 45 und
46 ff.; siehe zuvor bereits in einem Streitfall um die Verfahren zur Aufnahme eines Vitamins in eine die
Verkehrsfähigkeit herstellende Positivliste EuGH, Urt. v. 15. 7. 2005, verb. Rs. C–154/04 und
C–155/04 (Alliance for Natural Health), Slg. 2004, I–6485, Rn. 120 ff.; GA *Wahl*, Schlussanträge zu
Rs. C–497/12 (Gullotta) ECLI:EU:C:2015:168, Rn. 70–77 – der Gerichtshof äußerte sich hierzu nicht,
sondern wies die betreffende Vorlagefrage als unzulässig zurück, EuGH, Urt. v. 2. 7. 2015, Rs.
C–497/12 (Gullotta), ECLI:EU:C:2015:436, Rn. 18–21.

[61] A. A. *Blanke*, Verfassungs- und unionsrechtliche Gewährleistung der Unternehmerfreiheit und
ihre Schranken, in: Gesellschaft für Rechtspolitik, Trier/Institut für Rechtspolitik an der Universität
Trier (Hrsg.), Bitburger Gespräche in München Band 5, 2015, S. 13 (41); *Gundel*, ZHR 180 (2016), 323
(349); *Schöbener*, S. 165.

[62] EuGH, Urt. v. 21. 7. 2011, verb. Rs. C–159/10 und C–160/10 (Fuchs und Köhler), Slg. 2011,
I–6919, Rn. 62 ff.

[63] EuGH, Urt. v. 21. 7. 2011, verb. Rs. C–159/10 und C–160/10 (Fuchs und Köhler), Slg. 2011,
I–6919, Rn. 64 f.

[64] EuGH, Urt. v. 14. 5. 1974, Rs. 4/73 (Nold), Slg. 1974, 491; Urt. v. 13. 12. 1979, Rs. 44/79 (Hauer), Slg. 1979, 3727; hierzu auch *Streinz*, in: Streinz, EUV/AEUV, Art. 15 GRC, Rn. 4 ff.

[65] EuGH, Urt. v. 13. 12. 1994, Rs. C–306/93 (SMW Winzersekt), Slg. 1994, I–5555; Urt. v.
8. 10. 1986, Rs. 234/85 (Keller), Slg. 1986, 2909; vgl. auch EuGH, Urt. v. 17. 12. 2015, Rs. C–157/14
(Neptune Distribution SNC), ECLI:EU:C:2015:823; Urt. v. 30. 6. 2016, Rs. C–134/15 (Lidl), ECLI:EU:
C:2016:498 (mit Prüfungen am Maßstab des Art. 16 GRC).

[66] EuGH, Urt. v. 28. 4. 1998, Rs. C–200/96 (Metronome Musik), Slg. 1998, I–1953; Urt. v.
24. 11. 2011, Rs. C–70/10 (Scarlet Extended), Slg. 2011, I–11959; Urt. v. 16. 2. 2012, Rs. C–360/10
(SABAM), ECLI:EU:C:2012:85; Urt. v. 27. 3. 2014, Rs. C–314/12 (UPC Telekabel Wien GmbH),
ECLI:EU:C:2014:192; Urt. v. 15. 9. 2016, Rs. C–484/14 (McFadden), ECLI:EU:C:2016:689 (jeweils
zu Art. 16 GRC).

[67] EuGH, Urt. v. 6. 9. 2012, Rs. C–544/10 (Deutsches Weintor), ECLI:EU:C:2012:526, Rn. 44 und 54;
ebenso Urt. v. 29. 3. 2013, Rs. C–1/11 (Interseroh Scrap), ECLI:EU:C:2012:194, Rn. 43.

merische Freiheit abzustellen gewesen. Neuerdings zeichnet sich jedoch eine Abschichtung von Berufsfreiheit und unternehmerischer Freiheit ab, da der EuGH in mehreren Urteilen allein auf Art. 16 GRC abgestellt hat (s. Art. 16 GRC, Rn. 15), etwa in seinem Urteil im Fall Sky Österreich[68]. Im Urteil im Fall Herbert Schaible gegen Land Baden-Württemberg zog der EuGH allein Art. 16 GRC heran, obwohl der Generalanwalt sich eingehend mit der Abgrenzung der Art. 15 und 16 GRC befasst hat.[69] Ein möglicher Grund für die unterschiedlichen Vorgehensweisen des EuGH kann allerdings darin bestehen, dass er sich an der Formulierung der Vorlagefragen der nationalen Gerichte orientiert.[70]

Teils isoliert von der Berufsfreiheit, aber doch auf diese bezogen, geht der EuGH **23** immer wieder auf die Wahrung des Grundsatzes des **Vertrauensschutzes** ein. Auch insoweit ist gerade bei der Überprüfung der Marktordnungen jedoch eine Zurückhaltung zu beobachten. Diese ist angesichts des angestrebten Schutzes des legislativen Spielraums nachvollziehbar, obgleich daraus eine geringere grundrechtliche Kontrolltiefe folgt. So prüft der EuGH sehr genau, inwiefern eine europäische Regelung tatsächlich zu einem bestimmten Verhalten anreizt und damit einen Vertrauensschutz geweckt hat.[71] Auch wenn die Anwendung dieses Ansatzes im Einzelfall diskutabel sein mag, ist eine entsprechende Zurückhaltung unter horizontalen Gewaltenteilungsgesichtspunkten verständlich. Gegebenenfalls können gleichwohl **Härteregelungen** und **Übergangsbestimmungen** unter dem Blickwinkel des Vertrauensschutzes geboten sein.[72]

Im Übrigen ist vor einer unkritischen Übernahme der auch in Deutschland hinsicht- **24** lich ihrer Erklärungskraft beschränkten Figur der **Drei-Stufen-Theorie** in der Ausprägung der Rechtsprechung zu warnen. Zwar ist die Tendenzaussage zutreffend, dass Eingriffe in die Berufswahl regelmäßig schärfer sind als solche in die Berufsausübung. Zwingend ist dies aber nicht. Insofern kommt es letztlich doch auf eine umfangreiche Herausarbeitung der konfligierenden Schutzgüter und ihre abstrakte Bewertung sowie die konkrete Feststellung der jeweiligen Eingriffsintensität an.[73]

---

[68] EuGH, Urt. v. 22.1.2013, Rs. C–283/11 (Sky Österreich), ECLI:EU:C:2013:28, Rn. 41 ff.; ebenso EuGH, Urt. v. 17.10.2013, Rs. C–101/12 (Herbert Schaible gegen Land Baden-Württemberg), ECLI:EU:C:2013:661; Urt. v. 27.3.2014, Rs. C–314/12 (UPC Telekabel Wien GmbH), ECLI:EU:2014:192, Rn. 47 ff.; siehe auch *Wunderlich*, FS Schwarze, S. 311 ff.

[69] GA *Wahl*, Schlussanträge zu Rs. C–101/12 (Herbert Schaible gegen Land Baden-Württemberg), ECLI:EU:C:2013:334, Rn. 20–31.

[70] *Wunderlich*, FS Schwarze, S. 314; *Ganglbauer*, Das Grundrecht der unternehmerischen Freiheit gem. Art 16 GRC, in: Kahl/Raschauer/Storr (Hrsg.), Grundsatzfragen der Europäischen Grundrechtecharta, 2013, S. 203 (226); *Drechsler*, EuR 2016, 691 ff.; vorsichtig in diese Richtung auch *Gundel*, ZHR 180 (2016), 323 (326).

[71] EuGH, Urt. v. 10.1.1992, Rs. C–177/90 (Kühn), Slg. 1992, I–58, Rn. 14 ff.

[72] Siehe für den Fall von Ausgleichsregelungen bei Änderungen der Organisation des Bananenmarktes angedeutet bei EuGH, Beschl. v. 29.6.1994, Rs. C–280/R (Deutschland/Rat), Slg. 1993, I–3668, Rn. 41 und Urt. v. 26.11.1996, Rs. C–68/95 (T. Port GmbH & Co. KG), Slg. 1996, I–6065, Rn. 38 ff., wobei der Gerichtshof den Unionsorganen zu Recht eine weite Ausgestaltungsfreiheit hinsichtlich der Fixierung der Übergangsmaßnahmen belässt; zur Relevanz von Härtefallklauseln für die Eingriffsrechtfertigung auch EuGH, Urt. v. 12.7.2012, Rs. C–59/11 (Association Kokopelli), ECLI:EU:C:2012: 447, Rn. 62; *Frenz*, GewArch 2008, 465 (471 f.); *Jarass*, EuGRZ 2011, 360 (364); siehe dazu umfassend *Wunderlich*, Grundrecht der Berufsfreiheit, S. 211 f. m. w. N.

[73] Kritisch zu der von der Prüfungsdichte her inkonsequenten und nicht hinreichend an der Eingriffsschwere ausgerichteten Kontrolle in der Rechtsprechung des BVerfG *Vögler*, S. 166 ff. nach eingehender Analyse der zentralen Entscheidungen, S. 100 ff.; gegen die Anwendung der Drei-Stufen-Theorie auch *Shmatenko*, ZfRV 2014, 4 (13).

E. Verhältnis zu anderen Bestimmungen

25   Der EuGH verzichtet bislang weitgehend auf präzise Abgrenzungen der Grundrechte
      voneinander. Art. 15 GRC wird insbesondere mit Art. 16 GRC oftmals ohne weitere
      Verhältnisbestimmung gemeinsam geprüft (s. schon die Hinweise und Nachweise in
      Rn. 22). Angesichts der einheitlichen Schrankensystematik ist eine entsprechend schar-
      fe Abgrenzung auch nicht zwingend erforderlich.[74] Tendenziell gilt jedenfalls, dass in
      Fällen eines stärker **persönlichkeitsrechtlichen** Bezugs Art. 15 GRC heranzuziehen ist.[75]
      Das gilt beispielsweise, wenn es um Fragen des Berufszugangs natürlicher Personen
      geht, etwa im Fall von altersbezogenen Ruhestandsregelungen oder um die Ausgestal-
      tung von Beschäftigungsbedingungen. Die **unternehmensbezogenen Sachverhalte** wer-
      den dagegen von **Art. 16 GRC** erfasst (s. Rn. 22). Dies steht nicht einer Berufung von
      Selbstständigen auf Art. 15 GRC entgegen.[76] Auch ist Art. 16 GRC angesichts seiner
      Entstehungsgeschichte (s. Rn. 1–4) nicht lediglich als lex specialis zu Art. 15 GRC anzu-
      sehen.[77] Im Juni 2016 hat sich auch der EuGH in der Rechtssache Lidl in dieser Weise
      geäußert und festgestellt, dass Art. 15 Abs. 1 GRC eher im Zusammenhang mit der
      Berufswahl und mit Tätigkeiten mit erhöhtem Persönlichkeitsbezug einschlägig sei,
      während Verhaltensweisen im Rahmen der Ausübung der Berufstätigkeit und solche mit
      geringem oder fehlendem Persönlichkeitsbezug Art. 16 GRC zuzuordnen seien.[78] Eine
      solche Sichtweise ist allerdings dann problematisch, wenn sie wie in dieser Entscheidung
      mit der Annahme eines auf Grund des Schrankenvorbehalts des Art. 16 GRC (dazu
      Art. 16 GRC Rn. 7 f.) a priori geringeren Schutzniveaus kombiniert wird.[79] Eine solche
      Herangehensweise ist geeignet, die Schutzfunktion des Art. 16 GRCh und damit den
      Grundrechtsschutz von Unternehmen in der Europäischen Union signifikant zu unter-
      minieren. Oftmals wird eine Regelung – etwa zur Entgeltausgestaltung – im Übrigen
      sowohl persönlichkeitsrechtliche Auswirkungen (auf den Arbeitnehmer) als auch un-
      ternehmensbezogene Konsequenzen (für den Arbeitgeber) haben, so dass beide Grund-
      rechte parallel betroffen sind. Das gilt gleichermaßen mit Blick auf die Eigentumsfrei-
      heit, wenn zugleich substanzbezogene Eigentumspositionen berührt sind. Geht es hin-

---

[74] GA *Wahl*, Schlussanträge zu Rs. C–101/12 (Herbert Schaible gegen Land Baden-Württemberg),
ECLI:EU:C:2013:334, Rn. 27; *Grabenwarter*, Unternehmertum und unternehmerische Freiheit, in:
Grabenwarter/Pöcherstorfer/Rosenmayr-Klemenz (Hrsg.), Die Grundrechte des Wirtschaftslebens
nach dem Vertrag von Lissabon, 2012, S. 17 (20); *Wollenschläger*, EuZW 2015, 285 (287); a.A. *Jarass*,
S. 1415.

[75] So auch *Grabenwarter* (Fn. 74), S. 20; a.A. *Drechsler*, EuR 2016, 691 ff.; *Jarass*, S. 1415 f.

[76] *Wunderlich*, FS Schwarze, S. 315.

[77] A.A. *Bezemek* (Fn. 23); Art. 15, Rn. 4; *Jarass*, EuGRZ 2011, 360 (360 f.); *Shmatenko*, ZfRV
2014, 4 (11).

[78] EuGH, Urt. v. 30.6.2016, Rs. C–134/15 (Lidl), ECLI:EU:C:2016:498, Rn. 26 – 29 mit insoweit
kritischer Anm. *Drechsler*, EuR 2016, 691 ff.; ebenso aber auch GA *Bobek*, Schlussanträge zu Rs.
C–134/15, ECLI:EU:C:2016:169, Rn. 25 – 27; ähnlich *Gundel*, ZHR 180 (2016), 323 (336 f.).

[79] So EuGH, Urt. v. 30.6.2016, Rs. C–134/15 (Lidl), ECLI:EU:C:2016:498, Rn. 34 unter Bezug-
nahme auf EuGH, Urt. v. 22.1.2013, Rs. C–283/11 (Sky Österreich), ECLI:EU:C:2013:28, Rn. 34; GA
Bobek, Schlussanträge zu Rs. C–134/15, ECLI:EU:C:2016: 169, Rn. 23, 25 und 39; vgl. auch EuGH,
Urt. v. 28.11.2013, Rs. C–348/12 P (Manufacturing Support & Procurement Kala Naft/Rat), ECLI:
EU:C:2013:776, Rn. 123; EuG, Urt. v. 21.1.2015, Rs. T–587/13 (cat & clean/CLEAN CAT), ECLI:EU:
T:2015:37, Rn. 55. Ablehnend *Drechsler*, EuR 2016, 691 ff., der auch die weitgehende Verneinung des
Persönlichkeitsbezugs des Art. 16 GRC sehr kritisch sieht; im Ergebnis auch *Wollenschläger*, EuZW
2015, 285 (286 f.); ausführliche Diskussion hierzu auch bei *Ganglbauer* (Fn. 70), S. 217 ff.

gegen ausschließlich um diese, ist die Eigentumsfreiheit aus **Art. 17 GRC** heranzuziehen (s. auch Art. 17 GRC, Rn. 45). Art. 15 GRC tritt im Übrigen neben die weiteren **gleich-heitsrechtlichen** Verbürgungen des Unionsrechts.[80]

Der Sonderaspekt des Verbots der Zwangsarbeit wird durch **Art. 5 Abs. 2 GRC** (s.   26 Art. 5 GRC, Rn. 12 ff.) speziell geregelt.[81] Leistungsrechtliche und teilhaberechtliche Aspekte wie der Zugang zu berufsbezogenen Aus- und Weiterbildungsangeboten nach **Art. 14 Abs. 1 GRC** (s. Art. 14 GRC, Rn. 12) und einem Arbeitsvermittlungsdienst in **Art. 29 GRC** (s. Art. 29 GRC, Rn. 5 ff.) sind gleichermaßen durch spezielle Normen geregelt.[82]

Das Verhältnis der Grundrechte, insb. Art. 15 bis 17 GRC, zu den **Grundfreiheiten** ist   27 durch die Rechtsprechung nicht endgültig klargestellt worden. Teils prüfen die Unionsgerichte beide Vorschriften nebeneinander,[83] teils begnügen sie sich mit einer Prüfung entweder der Grundfreiheiten oder der Grundrechte.[84] Es kann ein Zusammenhang mit den Klageanträgen bzw. den Vorlagefragen insofern bestehen, als der EuGH sich mit der Prüfung der von den Parteien bzw. dem vorlegenden Gericht geltend gemachten Vorschriften begnügt.[85] Ferner ist festzustellen, dass europäisches Sekundärrecht regelmäßig nur an den Grundrechten und nicht an den Grundfreiheiten gemessen wird.[86] Selbst in Fällen, in denen die Unionsgerichte auf beide Bereiche eingehen, wird die Beziehung zwischen ihnen nicht einheitlich ausgelegt, sondern es wird teils die Verletzung oder gar Nicht-Verletzung der Grundrechte unmittelbar aus der Verletzung bzw. Nicht-Verletzung der Grundfreiheiten abgeleitet,[87] teils wird hierin kein zwingender Zusammenhang gesehen, sondern eine separate Prüfung vorgenommen.[88] Die erste Vorgehensweise kann als Bemühen angesehen werden, die Verhältnismäßigkeitsprüfung oder sogar die Rechtfertigungsprüfung insgesamt bei Grundrechten und Grund-

---

[80] EuGH, Urt. v. 17.10.2013, Rs. C–101/12 (Herbert Schaible gegen Land Baden-Württemberg), ECLI:EU:C:2013:661, Rn. 76 ff.; Urt. v. 30.6.2016, Rs. C–134/15 (Lidl), ECLI:EU:C:2016:498, Rn. 42 ff.; *Jarass*, GRCh, Art. 15 GRC, Rn. 5; *Ruffert*, in: Calliess/Ruffert, EUV/AEUV, Art. 15 GRC, Rn. 23.

[81] *Jarass*, GRCh, Art. 15 GRC, Rn. 5.

[82] *Rengeling/Szczekalla*, Grundrechte, § 20, Rn. 782; *Ruffert*, in: Calliess/Ruffert, EUV/AEUV, Art. 15 GRC, Rn. 19.

[83] EuGH, Urt. v. 30.4.2014, Rs. C–390/12 (Pfleger), ECLI:EU:C:2014:281, Rn. 38 ff.

[84] EuGH, Urt. v. 5.12.2013, verb. Rs. C–159/12 bis C–161/12 (Venturini), ECLI:EU:C:2013:791; EuGH, Urt. v. 13.2.2014, Rs. C–367/12 (Sokoll-Seebacher), ECLI:EU:C:2014:68, insb. Rn. 22 f.; EuGH, Urt. v. 2.7.2015, Rs. C–497/12 (Gullotta), ECLI:EU:C:2015:436.

[85] *Wunderlich*, FS Schwarze, S. 314; so EuGH, Urt. v. 5.12.2013, verb. Rs. C–159/12 bis C–161/12 (Venturini), ECLI:EU:C:2013:791; Urt. v. 2.7.2015, Rs. C–497/12 (Gullotta), ECLI:EU:C:2015:436; siehe auch EuGH, Urt. v. 30.4.2014, Rs. C–390/12 (Pfleger), ECLI:EU:C:2014:281, in dem das nationale Gericht ausdrücklich sowohl Art. 15 bis 17 GRC als auch die Dienstleistungsfreiheit in Bezug nahm.

[86] Siehe etwa EuGH, Urt. v. 6.9.2012, Rs. C–544/10 (Deutsches Weintor), ECLI:EU:C:2012:526; Urt. v. 22.5.2014, Rs. C–56/13 (Éssekcsanádi Mezőgazdasági Zrt), ECLI:EU:C:2014:352; EuG, Urt. v. 7.10.2015, Rs. T–49/14 (Zentralverband des Deutschen Bäckerhandwerks e.V.), ECLI:EU:T:2015:755; für die Grundfreiheiten als leges speciales zu den Wirtschaftsgrundrechten der GRC *Grabenwarter* (Fn. 74), S. 29.

[87] Siehe EuGH, Urt. v. 30.4.2014, Rs. C–390/12 (Pfleger), ECLI:EU:C:2014:281, Rn. 59 f., in dem der EuGH eine Verletzung der Art. 15 bis 17 GRC annimmt, weil eine Verletzung der Dienstleistungsfreiheit aus Art. 56 AEUV vorliegt; EuGH, Urt. v. 4.7.2013, Rs. C–233/12 (Gardella), ECLI:EU:C:2013:449, Rn. 39; zustimmend *Gundel*, ZHR 180 (2016), 323 (329–331): »faktische[r] Verdrängungseffekt der Grundfreiheiten«.

[88] EuGH, Urt. v. 12.7.2012, Rs. C–59/11 (Association Kokopelli), ECLI:EU:C:2012:447, Rn. 77 ff.

freiheiten in einheitlicher Weise durchzuführen.[89] Hierzu besteht jedoch kein Anlass. Im Gegenteil schützen die Grundrechte häufig Rechtspositionen, die durch die Grundfreiheiten beeinträchtigt werden können, und bilden zu ihnen ein Gegengewicht. Teilweise laufen grundrechtliche und grundfreiheitliche Schutzvorgaben hingegen parallel. Richtigerweise ist also zu differenzieren und Grundfreiheiten und Grundrechte sind getrennt zu prüfen. Verletzungen der verschiedenen Vorschriftenbereiche stehen nicht in zwingendem Zusammenhang.[90]

---

[89] EuGH, Urt. v. 4.7.2013, Rs. C–233/12 (Gardella), ECLI:EU:C:2013:449, Rn. 39.
[90] Eine differenzierte Prüfung findet sich etwa bei GA *Kokott*, Schlussanträge zu Rs. C–59/11 (Association Kokopelli), ECLI:EU:C:2012:28, Rn. 58–125. GA *Kokott* prüfte jeweils separat und bejahte die Verletzung des Verhältnismäßigkeitsgrundsatzes, von Art. 16, 20 GRC und von Art. 34 AEUV. Der Gerichtshof sah keine derartige Verletzung, EuGH, Urt. v. 12.7.2012, Rs. C–59/11 (Association Kokopelli), ECLI:EU:C:2012:447.

Artikel 16 GRC Unternehmerische Freiheit

Die unternehmerische Freiheit wird nach dem Unionsrecht und den einzelstaatlichen Rechtsvorschriften und Gepflogenheiten anerkannt.

Literaturübersicht

Blanke, Verfassungs- und unionsrechtliche Gewährleistung der Unternehmerfreiheit und ihre Schranken, in: Gesellschaft für Rechtspolitik, Trier/Institut für Rechtspolitik an der Universität Trier (Hrsg.), Bitburger Gespräche in München Band 5, 2015, S. 13; *Drechsler*, Der EuGH auf dem Weg zu einer Dogmatik der Wirtschaftsgrundrechte?, EuR 2016, 691; *Frenz*, Die Europäische Unternehmerfreiheit, GewArch 2009, 427; *Ganglbauer*, Das Grundrecht der unternehmerischen Freiheit gem Art 16 GRC, in: Kahl/Raschauer/Storr (Hrsg.), Grundsatzfragen der Europäischen Grundrechtecharta, 2013, S. 203; *Grabenwarter*, Unternehmertum und unternehmerische Freiheit, in: Grabenwarter/Pöcherstorfer/Rosenmayr-Klemenz (Hrsg.), Die Grundrechte des Wirtschaftslebens nach dem Vertrag von Lissabon, 2012, S. 17; *Große Wentrup*, Die Europäische Grundrechtecharta im Spannungsfeld der Kompetenzverteilung zwischen Europäischer Union und Mitgliedstaaten, 2003; *Groussot/Pétursson/Pierce*, Weak Right, Strong Court – The Freedom to Conduct Business and the EU Charter of Fundamental Rights, in: Douglas-Scott/Hatzis (Hrsg.), Research Handbook on EU Human Rights Law, 2016 (im Erscheinen); *Gundel*, Der Schutz der unternehmerischen Freiheit durch die EU-Grundrechtecharta, ZHR 180 (2016), 323; *Günter*, Berufsfreiheit und Eigentum in der Europäischen Union. Eine rechtsvergleichende Studie, 1998; *Jarass*, Die Gewährleistung der unternehmerischen Freiheit in der Grundrechtecharta, EuGRZ 2011, 360; *Mercado Pacheco*, Libertades económicas y derechos fundamentales. La libertad de empresa en el ordenamiento multinivel europeo, Cuadernos Electrónicos de Filosofía del Derecho (CEFD) 2012, 341; *Oliver*, What Purpose does Article 16 of the Charter Serve?, in: Bernitz/Groussot/Schulyok (Hrsg.), General Principles of EU Law and European Private Law, 2013, S. 281; *Peers/Hervey/Kenner/Ward* (Hrsg.), The EU Charter of Fundamental Rights. A Commentary, 2014; *Prassl*, Business Freedoms and Employment Rights in the European Union, Cambridge Yearbook of European Legal Studies 17 (2015), 189; *Schmidt*, Die unternehmerische Freiheit im Unionsrecht, 2010; *Schöbener*, Die unternehmerische Freiheit in der Europäischen Grundrechtecharta, GS Tettinger, 2007, S. 159; *Schwarze*, Der Schutz der unternehmerischen Freiheit nach Art. 16 der Charta der Grundrechte der Europäischen Union, FS Stern, 2012, S. 945; *Schwier*, Der Schutz der »Unternehmerischen Freiheit« nach Artikel 16 der Charta der Grundrechte der Europäischen Union, 2008; *Weatherill*, Use and Abuse of the EU's Charter of Fundamental Rights: on the improper veneration of ›freedom of contract‹, ERCL 2014, 167; *Wollenschläger*, Die unternehmerische Freiheit (Art. 16 GRCh) als grundrechtlicher Pfeiler der EU-Wirtschaftsverfassung, EuZW 2015, 285.

Leitentscheidungen

EuGH, Urt. v. 14.5.1974, Rs. 4/73 (Nold), Slg. 1974, 491
EuGH, Urt. v. 16.1.1979, Rs. 151/78 (Sukkerfabriken Nykøbing), Slg. 1979, 1
EuGH, Urt. v. 2.9.1979, Rs. 230/78 (Eridania), Slg. 1979, 2749
EuGH, Urt. v. 7.2.1985, Rs. 240/83 (ADBHU), Slg. 1985, 531
EuGH, Urt. v. 13.7.1989, Rs. 5/88 (Wachauf), Slg. 1989, 2609
EuGH, Urt. v. 21.1.1991, verb. Rs. C–143/88 u. C–93/89 (Zuckerfabrik Süderdithmarschen), Slg. 1991, I–415
EuGH, Urt. v. 10.7.1991, Rs. C–90/90 (Neu), Slg. 1991, I–3617
EuGH, Urt. v. 15.7.2004, verb. Rs. C–37/02 u. C–38/02 (Di Lenardo und Delixport), Slg. 2004, I–6945
EuGH, Urt. v. 9.9.2004, Rs. C–184 u. 223/02 (Spanien und Finnland/Parlament und Rat), Slg. 2004, I–7789
EuGH, Urt. v. 24.11.2011, Rs. C–70/10 (Scarlet Extended), Slg. 2011, I–11959
EuGH, Urt. v. 16.2.2012, Rs. C–360/10 (SABAM), ECLI:EU:C:2012:85
EuGH, Urt. v. 22.1.2013, Rs. C–283/11 (Sky Österreich), ECLI:EU:C:2013:28
EuGH, Urt. v. 31.1.2013, Rs. C–12/11 (Denise McDonagh), ECLI:EU:C:2013:43
EuGH, Urt. v. 18.7.2013, Rs. C–426/11 (Alemo-Herron u.a.), ECLI:EU:C:2013:521
EuGH, Urt. v. 17.10.2013, Rs. C–101/12 (Schaible), ECLI:EU:C:2013:661

EuGH, Urt. v. 27.3.2014, Rs. C–314/12 (UPC Telekabel Wien GmbH), ECLI:EU:C:2014: 192
EuGH, Urt. v. 17.12.2015, Rs. C–157/14 (Neptune Distribution), ECLI:EU:C:2015:823
EuGH, Urt. v. 4.5.2016, Rs. C–477/14 (Pillbox 38 Ltd.), ECLI:EU:C:2016:324
EuGH, Urt. v. 30.6.2016, Rs. C–134/15 (Lidl), ECLI:EU:C:2016:498
EuGH, Urt. v. 15.9.2016, Rs. C–484/14 (McFadden), ECLI:EU:C:2016:689

Inhaltsübersicht

A. Entwicklung, Quellen, Bedeutung

1   Die unternehmerische Freiheit ist in einer nach wie vor stark wirtschaftsrechtlich geprägten Unionsordnung, die in vielfältiger Hinsicht eine unternehmerische Freiheit in Europa verwirklichen soll, in diese aber auch zunehmend regulierend interveniert, von **großer Bedeutung**. Letzteres ist an der Prüfung des Kurzberichterstattungsrechts im Fall Sky Österreich exemplarisch deutlich geworden (s. dazu Rn. 15). Die unternehmerische Freiheit stellt das grundrechtliche **Gegenstück** zentraler Elemente der **EU-Grundfreiheiten** und insbesondere der Warenverkehrs-, Dienstleistungs- und Niederlassungsfreiheit dar. Denn auch diese sind auf die Herstellung einer unternehmerischen Freiheit ausgerichtet. Bei den Grundfreiheiten steht jedoch die »transnationale Integration« und damit der Anknüpfungspunkt eines grenzüberschreitenden Elements im Vordergrund. Adressat sind auch primär die Mitgliedstaaten, während eine Kontrolle der Unionsorgane kaum über die Grundfreiheiten erfolgt.[1] Bei den Grundrechten wie der unternehmerischen Freiheit geht es dagegen um eine davon zunächst unabhängige Kontrolle der Hoheitsgewalt und zwar spiegelbildlich primär der europäischen, aber zunehmend auch der mitgliedstaatlichen.[2] Je weiter die europäische Integration voranschreitet und je stärker damit die wirtschaftsregulierende Rechtsetzungstätigkeit der Union zunimmt,

---

[1] Gleichwohl erfolgt in seltenen Fällen eine Kontrolle des Sekundärrechts an den Grundfreiheiten, die aber bislang regelmäßig nicht zur Annahme eines Verstoßes geführt hat, siehe exemplarisch EuGH, Urt. v. 12.7.2012, Rs. C–59/11 (Association Kokopelli), ECLI:EU:C:2012:447, Rn. 80f.; Urt. v. 26.10.2010, Rs. C–97/09 (Schmelz), Slg. 2010, I–10465, Rn. 50ff.; Urt. v. 12.7.2005, Rs. C–154/04 (Alliance for National Health), Slg. 2005, I–6451; siehe aber GA *Bot*, Schlussanträge zu Rs. C–573/12 (Ålands Vindkraft), ECLI:EU:C:2014:37, Rn. 60ff., der bei der Überprüfung des Art. 3 Abs. 3 RL 2009/28/EG v. 23.4.2009 (Richtlinie zur Förderung der Nutzung von Energie aus erneuerbaren Quellen und zur Änderung und anschließenden Aufhebung der RL 2001/77/EG und 2003/30/EG, ABl. 2009, L 140/16) zu einem Verstoß gegen die Warenverkehrsfreiheit gelangt. Der EuGH ist dieser Ansicht nicht gefolgt, sondern sah Art. 34 AEUV als nicht verletzt an, EuGH, Urt. v. 1.7.2014, Rs. C–573/12 (Ålands Vindkraft), ECLI:EU:C:2014:2037.

[2] Zur Unterscheidung zwischen den Funktionen der »transnationalen Integration« der Grundfreiheiten und der »(supra)-nationalen Legitimation« der Grundrechte grundlegend *Kingreen*, in: v. Bogdandy/Bast, Europäisches Verfassungsrecht, S. 725ff. und passim.

desto größer dürfte die Bedeutung der Wirtschaftsgrundrechte, insb. des Art. 16 GRC, als unionsgerichtlicher Kontrollmaßstab im Vergleich zu den Grundfreiheiten werden.[3]

Vor diesem Hintergrund überrascht es nicht, dass die unternehmerische Freiheit – als Ausprägung der Berufsfreiheit – schon in den Anfangsjahren der **Rechtsprechung des EuGH** zu den Grundrechten als allgemeiner Rechtsgrundsatz relevant gewesen ist.[4] Dabei musste der EuGH auf die **mitgliedstaatlichen Traditionen**[5] zurückgreifen, da im Kanon des internationalen Rechts und speziell in der EMRK keine explizite allgemeine Berufsfreiheit und erst recht keine spezifische unternehmerische Freiheit verankert ist.[6] Der Gerichtshof hat sodann, einigen mitgliedstaatlichen Traditionen entsprechend, nicht eine eigenständige wirtschaftliche Betätigungsfreiheit von Unternehmen entwickelt, sondern diese tendenziell als Bestandteil der allgemeinen Berufsfreiheit verstanden.[7] Terminologisch hat er dabei sehr vielfältig von der Handelsfreiheit,[8] der Gewerbefreiheit,[9] der Wirtschaftsfreiheit bzw. wirtschaftlichen Betätigungsfreiheit,[10] der wirtschaftlichen Handlungsfreiheit[11] und schließlich auch von der unternehmerischen Freiheit[12] gesprochen, ohne dass diese begrifflichen Unterschiede mit inhaltlichen Differenzierungen korrespondierten.[13] Die Grundrechtecharta knüpft daran an[14] und löst von der all-

2

---

[3] Ausführlich hierzu *Kingreen*, Der Abstieg der Grundfreiheiten und der Aufstieg der Unionsgrundrechte, FS Jarass, 2015, 51; so auch GA *Bobek*, Schlussanträge zu Rs. C–134/15 (Lidl), ECLI:EU:C:2016:169, Rn. 43; differenziert *Gundel*, ZHR 180 (2016), 323 (329–333); *Nettesheim*, EuZW 2016, 578 (581) ist skeptisch, ob der EuGH dieser Aufgabe einer Rationalität stiftenden Grundrechtskontrolle als Gegengewicht zu einer EU als »allgemein wirtschaftsregulierenden Organisation staatsähnlicher Qualität« bislang gerecht wird. *Prassl*, Cambridge Yearbook of European Legal Studies 17 (2015), 189 (208 f.) und *Weatherill*, ERCL 2014, 167 (176 ff.) sehen hingegen umgekehrt die Gefahr einer Überhöhung des Art. 16 GRC als rückwärtsgewandten Restriktion einer im weitesten Sinne »progressiven« sozialpolitischen Gesetzgebung der EU. Allerdings fundieren *Prassl* und *Weatherill* ihre Einschätzung primär auf der Basis des Alemo-Herron-Urteils des EuGH, Urt. v. 18. 7. 2013, Rs. C–426/11 (Alemo-Herron u. a.), ECLI:EU:C:2013:521. Bei diesem Urteil dürfte es sich jedoch um eine »Ausreißerentscheidung« handeln.

[4] Umfassend zur Rechtsprechung *Schmidt*, S. 118 ff. siehe auch *Ganglbauer*, S. 204–206; *Schwarze*, S. 945 f.; *Wollenschläger*, EuZW 2015, 285.

[5] Siehe die knappen Nachweise bei *Bernsdorff*, in: Meyer, GRCh, Art. 16 GRC, Rn. 2, und die umfassende Analyse der mitgliedstaatlichen Grundrechtsgehalte bei *Schmidt*, S. 74 ff.

[6] Siehe dazu die Hinweise bei *Nowak*, in: Heselhaus/Nowak, Handbuch der Europäischen Grundrechte, § 31, Rn. 5, dass einige der Schutzgehalte stattdessen über die Eigentumsfreiheit erfasst werden; vgl. auch *Everson/Correia Gonçalves*, in: Peers/Hervey/Kenner/Ward, EUCFR, Rn. 16.01 und 16.18; *Streinz*, in: Streinz, EUV/AEUV, Art. 16 GRC, Rn. 2 f.

[7] So schon in EuGH, Urt. v. 14. 5. 1974, Rs. 4/73 (Nold), Slg. 1974, 491, Rn. 14.

[8] Grundlegend EuGH, Urt. v. 14. 5. 1974, Rs. 4/73 (Nold), Slg. 1974, 491, Rn. 14; später etwa Urt. v. 7. 2. 1985, Rs. 240/83 (ADBHU), Slg. 1985, 531, Rn. 9 ff.

[9] EuGH, Urt. v. 16. 10. 2003, Rs. C–363/01 (Flughafen Hannover-Langenhagen), Slg. 2003, I–11912, Rn. 53, 59.

[10] EuGH, Urt. v. 21. 1. 1991, verb. Rs. C–143/88 und C–93/89 (Zuckerfabrik Süderdithmarschen), Slg. 1991, I–415, Rn. 76; siehe auch EuG, Urt. v. 11. 12. 1996, Rs. T–521/93 (Atlanta u. a./EG), Slg. 1996, II–1707, Rn. 62.

[11] EuGH, Urt. v. 29. 4. 2004, Rs. C–418/01 (IMS Health), Slg. 2004, I–5039, Rn. 48.

[12] EuGH, Urt. v. 21. 1. 1991, verb. Rs. C–143/88 und C–93/89 (Zuckerfabrik Süderdithmarschen), Slg. 1991, I–415, Rn. 76; Urt. v. 9. 9. 2004, verb. Rs. C–184 und C–223/02 (Spanien und Finnland/Parlament und Rat), Slg. 2004, I–7789, Rn. 51.

[13] Das betont auch GA *Stix-Hackl*, Schlussanträge zu verb. Rs. C–37/02 und C–38/02 (Di Lenardo und Delixport), Slg. 2004, I–6911, Rn. 110; a. A. GA *Cruz Villalón*, Schlussanträge zu Rs. C–426/11 (Alemo-Herron), ECLI:EU:C:2013:82, Rn. 48.

[14] Dies ergibt sich auch aus den nach Art. 52 Abs. 7 GRC bei der Auslegung zu berücksichtigenden Erläuterungen des Grundrechtskonvents, die bei Art. 15 und 16 GRC teils auf identische Urteile des

gemeinen Berufsfreiheit eine **spezifische unternehmerische Betätigungsfreiheit als eigenständiges Grundrecht** ab, wie es in einigen Mitgliedstaaten der EU und insbesondere in jüngeren Grundrechtskatalogen gleichermaßen der Fall ist.[15] Damit erfolgt eine terminologische Klärung. Weitere judikativ entwickelte Grundrechtsemanationen sind nicht erforderlich. Zugleich wird durch diese eigenständige – und lange Zeit **im Grundrechtskonvent umstrittene**[16] – Ausgestaltung die **Bedeutung** der unternehmerischen Betätigung in einer wettbewerblich geprägten Marktwirtschaft hervorgehoben.

3   Gleichwohl bleibt die unternehmerische Freiheit auch systematisch bezogen auf die vor ihr in Art. 15 GRC angeführte Berufsfreiheit, ebenso wie auf die ihr nachfolgende Eigentumsfreiheit aus Art. 17 GRC. Auch die Rechtsprechung des EuGH hat in der Anfangszeit Berufsfreiheit und Eigentumsfreiheit regelmäßig miteinander verklammert.[17] Gemeinsam stellen die persönlichkeitsrechtlich verwurzelte Berufsfreiheit, die unternehmerische Betätigungsfreiheit und die auf natürliche und juristische Personen gleichermaßen bezogene Eigentumsfreiheit als »**Trias der wirtschaftsbezogenen Grundrechte**«[18] einen wichtigen Stützpfeiler der europäischen Wirtschaftsverfassung dar.[19]

4   Dem Streit über die Aufnahme einer eigenständigen unternehmerischen Freiheit ist auch der explizite **Vorbehalt** der Norm geschuldet (»nach dem Unionsrecht und den **einzelstaatlichen Rechtsvorschriften und Gepflogenheiten**«). Dieser kann schon angesichts der bereits bestehenden umfangreichen Rechtsprechung des EuGH zum allgemeinen Rechtsgrundsatz der Berufsfreiheit nicht den **subjektiv-rechtlichen Charakter** des Art. 16 GRC in Frage stellen.[20] Es handelt sich bei Art. 16 GRC daher primär um ein

---

EuGH als traditionelle Quellen verweisen; dies hebt auch *Bernsdorff*, in: Meyer, GRCh, Art. 16 GRC, Rn. 1 hervor.

[15] Dazu die Hinweise in Fn. 4 und bei *Nowak*, in: Heselhaus/Nowak, Handbuch der Europäischen Grundrechte, § 31, Rn. 13 ff. m. w. N.; ferner *Streinz*, in: Streinz, EUV/AEUV, Art. 16 GRC, Rn. 2.; umfassend zu einzelnen mitgliedsstaatlichen Regelungen auch *Günter*, S. 50 ff.

[16] *Bernsdorff*, in: Meyer, GRCh, Art. 16, Rn. 4 ff.: So war in den ersten Diskussionsentwürfen der Grundrechtecharta noch keine eigenständige unternehmerische Freiheit, sondern ein Schutz über die Berufsfreiheit vorgesehen; vgl. zur Formulierung in den Entwürfen Art. II CHARTE 4192/00 CONVENT 18 und Art. 32 CHARTE 4316/00 CONVENT 34; dazu ausführlich auch *Schmidt*, S. 163 ff.; als »geradezu zwingend« bezeichnet hingegen *Ganglbauer*, S. 206 die Herauslösung der unternehmerischen aus der beruflichen Freiheit.

[17] Vgl. bspw. EuGH, Urt. v. 14.5.1974, Rs. 4/73 (Nold), Slg. 1974, 491, Rn. 14; im Urt. v. 2.9.1979, Rs. 230/78 (Eridania), Slg. 1979, 2749, Rn. 20 ff., werden die Begriffe »wirtschaftliche Tätigkeit« und »wohlerworbene Rechte« nicht voneinander abgegrenzt; so auch *Gundel*, ZHR 180 (2016), 323 (326); noch heute kommt es zuweilen zu parallelen Prüfungen aller drei Wirtschaftsgrundrechte, vgl. etwa EuGH, Urt. v. 30.4.2014, Rs. C–390/12 (Pfleger u. a.), ECLI:EU:C:2014:281, Rn. 57 ff.; EuG, Urt. v. 26.9.2014, Rs. T–629/13 (Molda AG/Kommission), ECLI:EU:T:2014:834, Rn. 52 ff.; Urt. v. 26.9.2014, Rs. T–614/13 (Romonta GmbH/Kommission), ECLI:EU:T:2014:835, Rn. 54 ff.; Urt. v. 7.10.2015, Rs. T–49/14 (Zentralverband des Deutschen Bäckerhandwerks e. V./Kommission), ECLI:EU:T:2015:755, Rn. 84 ff.

[18] *Frenz*, Handbuch Europarecht, Bd. 4, Rn. 2652; *Jarass*, EU-GR, § 21, Rn. 2; so auch *Martín y Pérez de Nanclares*, in: López Escudero/Martín y Pérez de Nanclares/Sobrino Heredia (Hrsg.), Carta de los Derechos Fundamentales de la Unión Europea, 2008, Art. 15, Anm. 1.

[19] *Nowak*, in: Heselhaus/Nowak, Handbuch der Europäischen Grundrechte, § 31, Rn. 1; *Bernsdorff*, in: Meyer, GRCh, Art. 16 GRC, Rn. 1 und 9, spricht von den »wirtschaftsverfassungsrechtlichen« Garantien; desgleichen *Grabenwarter*, S. 17; *Groussot/Pétursson/Pierce* (im Erscheinen) sehen diesen Zusammenhang aber als Grund für die von ihnen beobachtete Schwäche des Art. 16 GRC und weisen ihm eher eine Reservefunktion für Extremfälle zu; *Wolffgang*, in: Lenz/Borchardt, EU-Verträge, Art. 16 GRC, Rn. 2, verweist gleichermaßen auf den Zusammenhang dieser zentralen wirtschaftlichen Grundrechte.

[20] *Jarass*, EU-GR, § 21, Rn. 2; *ders.*, EuGRZ 2011, 360; *Wollenschläger*, EuZW 2015, 285 (286); so

klassisches **Abwehrrecht**, auch wenn über den Schutz insbesondere der Wettbewerbsfreiheit (s. Rn. 11) objektiv-rechtliche Elemente entwickelbar sind.[21] Dasselbe gilt für entsprechende daraus ableitbare **Schutzpflichten.**[22] Konkrete Normsetzungsverpflichtungen des Unionsgesetzgebers aus Art. 16 GRC lehnte der EuGH hingegen ausdrücklich ab.[23] Aus dem **Vorbehalt** lässt sich sodann keinerlei Einschränkung des Schutzbereichs ableiten. Auch die durch den Vorbehalt bewirkten Abschwächungen auf der Rechtfertigungsebene sind nicht weiter relevant (s. Rn. 13). Art. 16 GRC entfaltet **keine unmittelbare Drittwirkung** für Privatpersonen, kann aber im Rahmen der grundrechtskonformen Interpretation privatrechtlicher Normen herangezogen werden.[24]

B. Schutzbereich

I. Persönlicher Schutzbereich

Grundrechtsträger des Art. 16 GRC ist der **Betreiber des Unternehmens**. Dies kann   5
sowohl eine **natürliche Person** als Einzelunternehmer als auch eine **juristische Person** als Unternehmensträgerin sein.[25] Für eine Beschränkung der Grundrechtsträgerschaft von **Drittstaatsangehörigen** finden sich im Wortlaut keine Anhaltspunkte und auch in der Sache gibt es dafür keinen Grund. Daher sind diese gleichermaßen geschützt.[26] Das

---

im Ergebnis auch *Schwarze*, in: Schwarze, EU-Kommentar, Art. 16 GRC, Rn. 2; ebenso *Wolffgang*, in: Lenz/Borchardt, EU-Verträge, Art. 16 GRC, Rn. 2; eingehend zur Gegenansicht referierend *Everson/ Correia Gonçalvez*, in: Peers/Hervey/Kenner/Ward, EUCFR, Rn. 16.14–16.17, dann aber wie hier Rn. 16.33 und 16.40 f.; siehe auch *Oliver*, S. 295 f.; für eine Einordnung als Grundsatz i.S.d. Art. 52 Abs. 5 GRC mit immerhin begrenzter Justiziabilität aber *Groussot/Pétursson/Pierce* (im Erscheinen).

[21] *Jarass*, EU-GR, § 21, Rn. 2; siehe zum abwehrrechtlichen Charakter auch *Bernsdorff*, in: Meyer, GRCh, Art. 16 GRC, Rn. 9; ebenso *Blanke*, in: Stern/Sachs, GRCh, Art. 16 GRC, Rn. 9; *Schwarze*, S. 950 f.; zu möglichen objektivrechtlichen Gehalten *Usai*, German Law Journal 2013, 1867 (1870 ff.).

[22] *Frenz*, Handbuch Europarecht, Bd. 4, Rn. 2767 ff.; *Grabenwarter*, EnzEuR, Bd. 2, § 13, Rn. 48.

[23] EuGH, Urt. v. 22.5. 2014, Rs. C–56/13 (Érsekcsanádi Mezőgazdasági Zrt), ECLI:EU:C:2014: 352, Rn. 48 (zu staatshaftungsrechtlichen Ansprüchen); so auch EuG, Urt. v. 26.9.2014, Rs. T–634/ 13 (Arctic Paper Mochenwangen GmbH/Kommission), ECLI:EU:T:2014:828, Rn. 89; Urt. v. 26.9. 2014, Rs. T–629/13 (Molda AG/Kommission), ECLI:EU:T:2014:834, Rn. 56; Urt. v. 26.9.2014, Rs. T–614/13 (Romonta GmbH/Kommission), ECLI:EU:T:2014:835, Rn. 93 (zur Einführung von Härtefallklauseln); gegen einen leistungsrechtlichen Gehalt des Art. 16 GRC auch *Ganglbauer*, S. 214; a.A. *Wollenschläger*, EuZW 2015, 285 (286).

[24] *Frenz*, Handbuch Europarecht, Bd. 4, Rn. 2677; *Jarass*, EU-GR, § 21, Rn. 2; für eine unmittelbare Drittwirkung aber *Groussot/Pétursson/Pierce* (im Erscheinen).

[25] Siehe dazu die präzisen Ausführungen von *Frenz*, Handbuch Europarecht, Bd. 4, Rn. 2688 ff.; hierzu auch *Bernsdorff*, in: Meyer, GRCh, Art. 16, Rn. 16 GRC; ebenso *Schmidt*, S. 170 ff. m.w.N.; den Schutz juristischer Personen in der GRC leiten *Everson/Correia Gonçalves*, in: Peers/Hervey/ Kenner/Ward, EUCFR, Fn. 66 zu Rn. 16.32 aus der Verwendung des Wortes »Person« statt »Mensch« in Art. 47 der deutschen Sprachversion der Grundrechtecharta ab; *Grabenwarter*, S. 23; dem misst *Jarass*, Berufs- und Unternehmensfreiheit im Unionsrecht, FS Müller-Graff, 2015, S. 1410 (1417) nur indizielle Bedeutung bei; gegen die Einbeziehung natürlicher Personen *Ganglbauer*, S. 226 f.

[26] Ebenso *Blanke*, in: Stern/Sachs, GRCh, Art. 16 GRC, Rn. 13; *Jarass*, EuGRZ 2011, 360 (361); *Martín y Pérez de Nanclares* (Fn. 18), Art. 16, Anm. 2 a.E.; *Oliver*, S. 297; *Schwarze*, S. 956; differenzierend in Anlehnung an Art. 15 Abs. 2 GRC aber *Blanke*, S. 27; ähnlich *Grabenwarter*, S. 25; umfassend auch *Schwier*, S. 196 ff.; siehe ferner *Bernsdorff*, in: Meyer, GRCh, Art. 16 GRC, Rn. 17, der auf entsprechende Vorbehalte in den Konventsberatungen angesichts der divergierenden Schutzbereiche von Grundrechten und Grundfreiheiten hinweist, die aber keinen textlichen Niederschlag gefunden haben und interpretatorisch im Rahmen der Auslegung des sachlichen Schutzbereichs berücksichtigt werden können; a. A. *Streinz*, in: Streinz, EUV/AEUV, Art 16 GRC, Rn. 8.

entspricht der Luxemburger Rechtsprechung zur Eigentumsfreiheit (s. Art. 17 GRC, Rn. 8) und widerspricht auch keineswegs der grundsätzlichen Nicht-Erfassung von Drittstaatsangehörigen im Rahmen der Grundfreiheiten. Denn die Grundfreiheiten verfolgen einen divergierenden Schutzansatz (s. Rn. 1). Unter Hinweis auf die jüngere Rechtsprechung zur Eigentumsfreiheit ist darüber hinaus von einem begrenzten Schutz **juristischer Personen des öffentlichen Rechts** und **öffentlicher bzw. gemischt-wirtschaftlicher Unternehmen** auszugehen, sofern diese keine Emanationen der Europäischen Union selbst darstellen bzw. an der Ausübung öffentlicher Gewalt bzw. Verwaltung beteiligt sind.[27] Denn nur insoweit greift das Konfusionsargument (s. Art. 17 GRC, Rn. 7).[28]

II. Sachlicher Schutzbereich

1. Unternehmensbegriff und dogmatische Grundlinien

6   Sachlich erfasst werden unternehmerische Betätigungen in einem umfassenden Sinne. Diese setzen eine gewisse **Dauerhaftigkeit**, eine **Selbstständigkeit**[29] und ein **Erwerbsziel**[30] voraus.[31] Weitere Anforderungen an den Umfang und die Struktur der Unternehmung (etwa ein Einsatz von Arbeitnehmern) sind allerdings nicht zu stellen.[32]

7   Aus der Formulierung, dass die unternehmerische Freiheit »**anerkannt**« wird, lässt sich keine Relativierung des Schutzgehalts aus Art. 16 GRC ableiten.[33] Dies würde in teleologischer Hinsicht der Bedeutung der unternehmerischen Freiheit – auch in der

---

[27] So im Ergebnis auch EuGH, Urt. v. 28.11.2013, Rs. C–348/12 P (Manufacturing Support & Procurement Kala Naft/Rat), ECLI:EU:C:2013:776, Rn. 119 ff.; *Frenz*, GewArch 2009, 427 (428); *Schwarze*, S. 956 f.; ablehnend aber *Gundel*, ZHR 180 (2016), 323 (345–347).

[28] Restriktiver *Ruffert*, in: Calliess/Ruffert, EUV/AEUV, Art. 16 GRCh, Rn. 3, der einen Schutz juristischer Personen des öffentlichen Rechts und öffentlicher Unternehmen gänzlich ablehnt; ebenso *Blanke*, in: Stern/Sachs, GRCh, Art. 16, Rn. 12; *Grabenwarter*, S. 23 f.; *Jarass*, EuGRZ 2011, 360 (361); *Schmidt*, S. 172 ff., mit umfassender Argumentation; wie hier dagegen insbesondere für öffentliche Unternehmen mit ausführlicher Begründung *Wunderlich*, Das Grundrecht der Berufsfreiheit im Europäischen Gemeinschaftsrecht, 2000, S. 121 ff.; ferner *Frenz*, Handbuch Europarecht, Bd. 4, Rn. 2672 ff.

[29] Insoweit kann auf die grundfreiheitliche Unterscheidung zwischen Arbeitnehmerfreizügigkeit einerseits und Niederlassungs- sowie Dienstleistungsfreiheit andererseits verwiesen werden, siehe etwa *Müller-Graff*, in: Streinz, EUV/AEUV, Art. 56 AEUV, Rn. 16 ff. und *Schlag* in: Schwarze, EU-Kommentar, Art. 49 AEUV, Rn. 23 f.; siehe auch *Frenz*, GewArch 2009, 427 (428); *Jarass*, EuGRZ 2011, 360 (361); *Schneider/Wunderlich*, in: Schwarze, EU-Kommentar, Art. 45 AEUV, Rn. 14; hierzu aus der Rechtsprechung etwa EuGH, Urt. v. 15.12.2005, Rs. C–151/04 (Nadin), Slg. 2005, I–11203, Rn. 31 und Urt. v. 20.11.2001, Rs. C–268/99 (Jany), Slg. 2001, I–8615, Rn. 34 m.w.N.

[30] Dies unterscheidet den grundrechtlichen Unternehmensbegriff vom wettbewerbsrechtlichen, vgl. *Blanke*, in: Tettinger/Stern, EuGRCh, Art. 16, Rn. 10; dieser Ansicht folgt auch *Bernsdorff*, in: Meyer, GRCh, Art. 16, Rn. 10a; ebenso *Schmidt*, S. 186 f.; *Grabenwarter*, S. 20; anders noch EuGH, Urt. v. 12.7.2012, Rs. C–59/11 (Association Kokopelli), ECLI:EU:C:2012:447, Rn. 21 und 77, zum »Recht auf freie Ausübung einer wirtschaftlichen Tätigkeit« als allgemeinen Grundsatz des Unionsrechts (Art. 6 Abs. 3 EUV); so in unmittelbarem Bezug auf Art. 16 GRC nun auch wieder EuGH, Urt. v. 15.9.2016, Rs. C–484/14 (McFadden), ECLI:EU:C:2016:689, Rn. 23 und 88; ablehnend auch *Frenz*, GewArch 2008, 465; *ders.*, GewArch 2009, 427 (428); *Schwarze*, S. 952.

[31] *Blanke*, in: Stern/Sachs, GRCh, Art. 16 GRC, Rn. 6; ebenso *Frenz*, Handbuch Europarecht, Bd. 4, Rn. 2687.

[32] *Jarass*, EU-GR, § 21, Rn. 6; *ders.* (Fn. 25), S. 1416; so wohl auch *GA Cruz Villalón*, Schlussanträge zu Rs. C–426/11 (Alemo-Herron), ECLI:EU:C:2013:82, Rn. 51.

[33] *Schmidt*, S. 179 ff. m.w.N.; a.A. *Schwarze*, EuZW 2001, 517 (519, 521): »deuten […] auf einen weniger weitreichenden Schutz der unternehmerischen Freiheit hin«).

bisherigen Rechtsprechung des EuGH, die im Vergleich zur Berufsfreiheit keine Abstriche vornimmt – nicht gerecht und überinterpretierte die keineswegs einheitliche Terminologie der Grundrechtecharta.[34]

Der **Vorbehalt** bzw. Verweis auf die mitgliedstaatlichen **Normen und Gepflogenhei-**   8
ten stellt ebenfalls keine relevante Eingrenzung des sachlichen Schutzbereichs dar, sondern verweist lediglich auf eine Quelle für die Entwicklung entsprechender Schutzgehalte[35] und auf die Möglichkeit und Notwendigkeit einer – vor allem zivilrechtlichen – Ausgestaltung[36]. Dabei darf dies jedoch nicht im Sinne einer Ausgestaltungsdogmatik dahingehend verstanden werden, dass diesen Maßnahmen anschließend der **Eingriffs-charakter** abgesprochen werden kann,[37] denn andernfalls würde auch insoweit eine vor dem Hintergrund der bereits genannten teleologischen Erwägungen und der bisherigen Rechtsprechung ungerechtfertigte Schutzverkürzung erfolgen. Daher ist der Vorbehalt letztlich **ohne Relevanz**[38] und wurde in den ersten Urteilen des EuGH seit Inkrafttreten der GRC auch zu Recht nicht weiter thematisiert.[39]

2. Umfassender Schutzbereich

In der Literatur und teilweise bereits bestätigt in der Rechtsprechung des EuGH hat sich   9
eine **Vielfalt von konkreten Schutzgehalten** herauskristallisiert. So wird zunächst die **Gründung** eines Unternehmens[40] einschließlich der Organisation des Unternehmens und der Wahl der Unternehmensform[41] geschützt, sodann jegliche Art und Weise ihres **Betriebs** bis hin zu dessen Einstellung.[42] Insbesondere umfasst Art. 16 GRC das Recht jedes Unternehmers, frei über seine wirtschaftlichen, technischen und finanziellen Ressourcen verfügen zu können.[43] Einen weiteren Bereich stellt die **Vertragsfreiheit**[44] dar.

---

[34] So im Ergebnis auch *Große Wentrup*, S. 89 f.; *Schwier*, S. 253; ebenso *Schwarze*, in: Schwarze, EU-Kommentar, Art. 16 GRC, Rn. 2.

[35] *Blanke*, in: Stern/Sachs, GRCh, Art. 16 GRC, Rn. 2, 6; *Schwarze*, S. 946; vgl. zu dieser Auffassung auch *Schwier*, S. 259 f., der diese im Ergebnis allerdings ablehnt, S. 260 ff.; hierzu auch *Schöbener*, S. 173 f.

[36] *Große Wentrup*, S. 91 f.; ebenso ausführlich *Frenz*, GewArch 2009, 427 (431 f.); *Jarass*, GRCh, Art. 16, Rn. 18.

[37] So im Ergebnis auch *Große Wentrup*, S. 100 f.; ebenso *Schwarze*, in: Schwarze, EU-Kommentar, Art. 16 GRC, Rn. 6.

[38] *Frenz*, Handbuch Europarecht, Bd. 4, Rn. 2666; *Blanke*, S. 41; differenziert *Oliver*, S. 285; auf die Möglichkeit der Nichtbeachtung dieses Vorbehalts weist *Schöbener*, S. 175 f., hin; a. A. GA *Bobek*, Schlussanträge zu Rs. C–134/15 (Lidl), ECLI:EU:C:2016:169, Rn. 23 f.; *Schmidt*, S. 204 ff.

[39] EuGH, Urt. v. 13. 2. 2014, Rs. C–367/12 (Sokoll-Seebacher), ECLI:EU:C:2014:68, Rn. 21–23, deutet den Vorbehalt ohne weitere Begründung als Verweis u. a. auf die Grundfreiheiten des AEUV; die hiesige Einschätzung teilt *Blanke*, S. 43.

[40] *Blanke*, in: Stern/Sachs, GRCh, Art. 16 GRC, Rn. 6; *Frenz*, Handbuch Europarecht, Bd. 4, Rn. 2693.

[41] *Frenz*, Handbuch Europarecht, Bd. 4, Rn. 2696; *Grabenwarter*, EnzEuR, Bd. 2, § 13, Rn. 30; *Ganglbauer*, S. 210, die auch auf die insofern korporative Schutzdimension des Art. 16 GRC hinweist.

[42] EuGH, Urt. v. 18. 9. 1986, Rs. 116/82 (Kommission/Deutschland), Slg. 1986, 2519, Rn. 27; *Bernsdorff*, in: Meyer, GRCh, Art. 16, Rn. 10a; *Grabenwarter*, S. 21; *Gundel*, ZHR 180 (2016), 323 (350); *Jarass*, EU-GR, § 21, Rn. 6.

[43] EuGH, Urt. v. 27. 3. 2014, Rs. C–314/12 (UPC Telekabel Wien GmbH), ECLI:EU:C:2014:192, Rn. 49; Urt. v. 30. 6. 2016, Rs. C–134/15 (Lidl), ECLI:EU:C:2016:498, Rn. 27; zustimmend *Blanke*, S. 27.

[44] EuGH, Urt. v. 18. 7. 2013, Rs. C–426/11 (Alemo-Herron), ECLI:EU:C:2013:521, Rn. 32 mit sehr kritischer Anm. von *Weatherill*, ERCL 2014, 167; EuGH, Urt. v. 17. 10. 2013, Rs. C–101/12 (Schaible), ECLI:EU:C:2013:661, Rn. 25; GA *Bot*, Schlussanträge zu Rs. C–283/11 (Sky Österreich),

Hier wird die Wahl des Vertragspartners[45] ebenso erfasst wie die inhaltliche Ausgestaltung des Vertrages[46] und insbesondere die Preisfestsetzung und die Fixierung der weiteren essentialia negotii. Hinzu tritt sodann die **Handelsfreiheit**[47] im umfassenden Sinne innerhalb der EU und mit Geschäftspartnern aus Drittländern,[48] wobei hier die Berührungspunkte zu den auf den Austausch von Waren, Dienstleistungen und Kapital angelegten Grundfreiheiten besonders deutlich werden. Ein wichtiges weiteres, horizontales Element der Unternehmensfreiheit in einer auf eine optimale Faktorenallokation und einen grenzüberschreitenden Handel angelegten Union ist schließlich die Produktkommunikation in Form der **Werbefreiheit**[49] einschließlich des Sponsorings. Insoweit ergän-

---

ECLI:EU:C:2012:341, Rn. 35; kritisch zu dieser Schutzbereichsdimension *Prassl*, Cambridge Yearbook of European Legal Studies 17 (2015), 189 (195); siehe auch die Erläuterungen zur Charta der Grundrechte, ABl. 2007, C 303/17 (23), unter Verweis auf EuGH, Urt. v. 16.1.1979, Rs. 151/78 (Sukkerfabriken Nykøbing), Slg. 1979, 1, Rn. 19 und Urt. v. 5.10.1999, Rs. C–240/97 (Spanien/Kommission), Slg. 1999, I–6609, Rn. 99, wobei nur die zweite Entscheidung explizit auf die Vertragsfreiheit eingeht; s. auch die detaillierten Ausführungen bei *Everson/Correia Gonçalves*, in: Peers/Hervey/Kenner/Ward, EUCFR, Rn. 16.44–16.49; zur negativen Vertragsfreiheit *Blanke*, S. 29; *Schwarze*, S. 954 f.; das Konzept einer »regulated autonomy« im Unionsrecht entwerfen in eingehender Rechtsprechungsanalyse *Comparato/Micklitz*, Regulated Autonomy between Market Freedoms and Fundamental Rights in the Case Law of the CJEU, in: Bernitz/Groussot/Schulyok (Hrsg.), General Principles of EU Law and European Private Law, 2013, 121; gegen eine umfassende Verbürgung der Vertragsfreiheit in Art. 16 GRC ausdrücklich *Herresthal*, Constitutionalisation of Freedom of Contract in European Union Law, in: Ziegler/Huber (Hrsg.), Current Problems in the Protection of Human Rights, 2013, S. 89 (99).

[45] EuGH, Urt. v. 5.10.1999, Rs. C–240/97 (Spanien/Kommission), Slg. 1999, I–6609, Rn. 99, in Bezug auf die Änderungsmöglichkeit von Verträgen; *Frenz*, GewArch 2009, 427 (429); *Ganglbauer*, S. 211; *Schwarze*, S. 954.

[46] EuGH, Urt. v. 18.7.2013, Rs. C–426/11 (Alemo-Herron), ECLI:EU:C:2013:521, Rn. 33 f.; *Grabenwarter*, S. 22.

[47] Grundlegend EuGH, Urt. v. 14.5.1974, Rs. 4/73 (Nold), Slg. 1974, 491, Rn. 14; später etwa Urt. v. 7.2.1985, Rs. 240/83 (ADBHU), Slg. 1985, 531, Rn. 9 ff.; siehe aus jüngerer Zeit etwa EuG, Urt. 21.1.2015, Rs. T–587/13 (cat & clean/CLEAN CAT), ECLI:EU:T:2015:37, Rn. 51 ff.; *Frenz*, GewArch 2009, 427 (429).

[48] *Frenz*, Handbuch Europarecht, Bd. 4, Rn. 2704 ff.; *Schwarze*, S. 954; a.A. aber *Frenz*, GewArch 2009, 427 (429); vorsichtig wie hier auch *Blanke*, S. 28; offen gelassen noch bei *Nowak*, in: Heselhaus/Nowak, Handbuch der Europäischen Grundrechte, § 31, Rn. 32.

[49] EuGH, Urt. v. 4.5.2016, Rs. C–477/14 (Pillbox 38 Ltd.), ECLI:EU:C:2016:324, Rn. 156; EuG, Urt. v. 16.3.2016, Rs. T–100/15 (Dextro Energy GmbH/Kommission), ECLI:EU:T:2016:150, Rn. 93; *Schwarze*, S. 953; *Nowak*, in: Heselhaus/Nowak, Handbuch der Europäischen Grundrechte, § 31, Rn. 31; GA *Fenelly*, Schlussanträge zu Rs. C–376/98 (Deutschland/Parlament u. Rat), Slg. 2000, I–8423, Rn. 151, sah die unternehmerische Freiheit (anders als die Kommunikationsfreiheit, siehe Rn. 175) durch das totale Werbeverbot in der damaligen Tabakwerberichtlinie 98/43/EG als verletzt an; der EuGH stellte hingegen einen kompetenzrechtlichen Verstoß fest, erklärte die Richtlinie daher für nichtig und ging auf die grundrechtlichen Fragen nicht mehr ein, EuGH, Urt. v. 5.10.2000, Rs. C–376/98 (Deutschland/Parlament u. Rat), Slg. 2000, I–8498, Rn. 118; die zweite Tabakwerberichtlinie 2003/733/EG prüfte der EuGH nur am Maßstab der Kommunikationsfreiheit und konnte keinen Verstoß feststellen, EuGH, Urt. v. 12.12.2006, Rs. C–380/03 (Deutschland/Parlament u. Rat), Slg. 2006, I–11573, Rn. 153 ff.; zur Annahme eines Verstoßes gegen die europäische Kommunikationsfreiheit mit Blick auf die erste Tabakwerberichtlinie siehe auch *Kühling*, Die Kommunikationsfreiheit als europäisches Gemeinschaftsgrundrecht, 1999, S. 519 f.; vgl. nunmehr umfassend zur Tabakproduktrichtlinie 2014/40/EU auch EuGH, Urt. v. 4.5.2016, Rs. C–358/14 (Polen/Parlament und Rat), ECLI:EU:C:2016:323; Urt. v. 4.5.2016, Rs. C–547/14 (Philip Morris Brands u. a.), ECLI:EU:C:2016:325 (mit scharfer Kritik an der paternalistischen Stoßrichtung jener Richtlinie und der fehlenden Positionierung des EuGH zur grundrechtlichen Kontrolle derartiger Regulierungsansätze die Anm. von *Nettesheim*, EuZW 2016, 578).

zen sich[50] gegebenenfalls unternehmerische Freiheit und Kommunikationsfreiheit aus Art. 11 Abs. 1 GRC, sofern die Werbung ein entsprechendes kommunikatives Element aufweist.[51] Hinzu tritt schließlich der Schutz von **Betriebs- und Geschäftsgeheimnissen**[52] gegenüber Offenlegungspflichten. Umgekehrt ist für **Informationsansprüche**[53] hingegen auf die spezielle Norm des Art. 42 GRC zu verweisen (s. Art. 42 GRC, Rn. 9 ff.).

In der Rechtsprechung des EuGH lässt sich die gesamte Vielfalt der **Sektoren** als   **10** geschützte Betätigungsbereiche ablesen,[54] die von der gewerblichen und industriellen Fertigung über die Landwirtschaft in all ihren Facetten und klassische wie neuere Netzwirtschaften bis hin zu einzelnen Dienstleistungszweigen reichen.

3. Insbesondere: Wettbewerbsfreiheit

Das **Wettbewerbsprinzip** ist rechtlich und faktisch in einer auf Wettbewerb ausgerich-   **11** teten Europäischen Union von großer Bedeutung. Das entspricht auch der hervorgehobenen Erwähnung der Kompetenzregeln in der Zuständigkeitsvorschrift des Art. 3 Abs. 1 Buchst. b AEUV zur Durchsetzung des in Art. 3 Abs. 3 UAbs. 1 Satz 1 EUV prominent angeführten Binnenmarktziels (s. Art. 3 EUV, Rn. 31 ff.). Gleiches gilt für die Ausrichtung der Wirtschafts- und Währungsunion auf das Prinzip des freien Wettbewerbs in Art. 119 Abs. 1 AEUV (s. Art. 119 AEUV, Rn. 50). Eine eigenständige Wettbewerbsfreiheit wurde – den mitgliedstaatlichen Traditionen in anderen EU-Verfassungen entsprechend – zwar nicht in die Grundrechtecharta aufgenommen. Die Erläuterungen zur Grundrechtecharta verweisen jedoch für Art. 16 GRC gerade auf jenen Art. 119 Abs. 1 AEUV, »in dem der freie Wettbewerb anerkannt wird«. Damit wird die Freiheit des Wettbewerbs als **objektiv-rechtliches Prinzip** der Europäischen Union hervorgehoben. Angesichts der Kontextualisierung mit einem abwehrrechtlich konzipierten Art. 16 GRC wird sie sodann unter teleologischen Gesichtspunkten aufgeladen und ergänzt um eine in der unternehmerischen Freiheit wurzelnde **subjektiv-rechtlich geprägte Schutzdimension** der Teilhabe an einem unverfälschten Wettbewerb und gewinnt insoweit eine **hervorgehobene Rolle**.[55] Angesichts dieser auf gleichberechtigte

---

[50] *Schmidt*, S. 197 f. m. w. N.; im Ergebnis auch *Gundel*, ZHR 180 (2016), 323 (357).

[51] Zum Schutz der Werbung unter der umfassenden Kommunikationsfreiheit aus Art. 11 Abs. 1 GRC siehe etwa *Kühling*, in: Heselhaus/Nowak, Handbuch der Europäischen Grundrechte, § 24, Rn. 25 ff.; vgl. EuGH, Urt. v. 17. 12. 2015, Rs. C–157/14 (Neptune Distribution SNC), ECLI:EU:C: 2015:823, Rn. 57 ff.; Urt. v. 4. 5. 2016, Rs. C–547/14 (Philip Morris Brands u. a.), ECLI:EU:C:2016: 325, Rn. 146 ff.; *Blanke*, S. 28 f.

[52] EuGH, Beschl. v. 23. 9. 2004, Rs. C–435/02 (Springer), Slg. 2004, I–8663, Rn. 49 (als Bestandteil der Berufsfreiheit); anerkannt auch als eigenständiger allgemeiner Rechtsgrundsatz im Urt. v. 24. 6. 1986, Rs. 53/85 (AKO Chemie/Kommission), Slg. 1986, 1965, Rn. 28, und Urt. v. 19. 5. 1994, Rs. C–36/92 P (SEP/Kommission), Slg. 1994, I–1911, Rn. 37; später bestätigt im Urt. v. 14. 2. 2008, Rs. C–450/06 (Varec), Slg. 2008, I–581, Rn. 48 f. (unter paralleler Abstützung auf Art. 8 EMRK).

[53] Dazu umfassend *Nowak*, in: Heselhaus/Nowak, Handbuch der Europäischen Grundrechte, § 31, Rn. 36 ff.

[54] Siehe die verschiedenen Nachweise bei *Jarass*, EU-GR, § 21, Rn. 8.

[55] Noch offen gelassen bei *Schmidt*, S. 194 ff., auch m. w. N. zu der bisher umstrittenen Frage diesbezüglicher subjektiv-rechtlicher Elemente sowie umfassenden Hinweisen, dass der EuGH jenseits grundrechtlicher Verbürgungen bislang noch keine eigenständige Versubjektivierung des Wettbewerbsprinzip vorgenommen hat, S. 139 ff.; ebenso auf die bisher durch den EuGH noch nicht erfolgte Anerkennung der Wettbewerbsfreiheit als subjektives Recht hinweisend *Grabenwarter*, EnzEuR, Bd. 2, § 13, Rn. 32; *ders.*, S. 23 (Wettbewerbsfreiheit als »Auffangtatbestand«); *Blanke*, S. 31 f.; *Gundel*, ZHR 180 (2016), 323 (353); *Schwarze*, S. 955; a. A. als hier *Usai*, German Law Journal 2013, 1867 (1877); im Ergebnis wie hier *Frenz*, Handbuch Europarecht, Bd. 4, Rn. 2716 f.; ebenso schon

Teilhabe ausgerichteten Stoßrichtung scheidet ein wie auch immer gearteter besonderer Schutz des **Mittelstandes** als Vorgabe der unternehmerischen Freiheit aus.[56]

C. Eingriffe

12 Bei der Prüfung eines Eingriffs ergeben sich im Vergleich zur **Berufsfreiheit keine Besonderheiten**. Insbesondere lässt der Verweis auf die »einzelstaatlichen Rechtsvorschriften und Gepflogenheiten« nicht den Eingriffscharakter darauf gestützter Maßnahmen entfallen (s. Rn. 8). So ist ebenfalls ein weiter Eingriffsbegriff zugrunde zu legen, der sowohl unmittelbare als auch mittelbare Eingriffe erfasst (s. Art. 15 GRC, Rn. 15 und 16).[57] Diese sind angesichts der zunehmenden Ausbreitung europarechtlicher Regulierungsansätze vielfältig. In sektoraler Hinsicht galt das schon immer für die **Marktordnungen**[58] im Landwirtschaftsbereich, zunehmend aber auch für andere Sektoren wie etwa die Netzwirtschaften[59] oder die Medienordnung[60] (s. dazu Rn. 15 und 16). In horizontaler Hinsicht wird traditionell das **Wettbewerbsrecht** europarechtlich überformt, immer stärker aber auch das **Gesellschafts- und Vertragsrecht**.[61]

D. Eingriffsrechtfertigung

13 Auf der Stufe der Eingriffsrechtfertigung greift gleichermaßen eine weitgehende **Parallelität** zur Prüfung der **Berufsfreiheit**. Insoweit ist auf die entsprechende Kommentierung zu verweisen (s. Art. 15 GRC, Rn. 20 ff.), was insbesondere auch für Fragen etwa notwendiger **Übergangsregelungen** und des **Vertrauensschutzes** gilt. Dabei lässt sich aus dem zusätzlichen **Verweis auf die nationalen Vorschriften** und **Gepflogenheiten** keine über Art. 52 Abs. 1 GRC hinausreichende signifikante Ausdehnung der Schranken ableiten,[62] so dass auch insoweit die Wirkung des Vorbehalts begrenzt ist. Denn angesichts

früh *Nowak*, in: Heselhaus/Nowak, Handbuch der Europäischen Grundrechte, § 31, Rn. 34; siehe auch in Anerkennung der unternehmerischen Freiheit als »Quasi-Recht« (»quasi-right«, »quasi subjective right«) *Everson/Correia Gonçalves*, in: Peers/Hervey/Kenner/Ward, EUCFR, Rn. 16.33 und 16.40 f.; ausführlich hierzu und mit demselben Ergebnis wie hier auch *Ganglbauer*, S. 211–213.

[56] *Frenz*, Handbuch Europarecht, Bd. 4, Rn. 2724 f.; *ders.*, GewArch 2009, 427 (430); a. A. *Tettinger*, NJW 2001, 1010 (1014).

[57] A. A. *Shmatenko*, ZfRV 2014, 4 (13).

[58] Dazu *Jarass*, EU-GR, § 21, Rn. 15, auch mit Hinweisen zur Rechtsprechung des EuGH, die hier weiter differenziert. So kommt einem Ausschluss aus einem Zollkontingent Eingriffscharakter zu, EuGH, Urt. v. 15. 7. 2004, verb. Rs. C–37/02 und C–38/02 (Di Lenardo und Delixport), Slg. 2004, I–6945, Rn. 83, während bei Referenzmengen zu prüfen ist, ob zusätzliche Beschränkungswirkungen hinzutreten etwa mit Blick auf die freie Wahl des Geschäftspartners, EuGH, Urt. v. 10. 7. 1991, Rs. C–90/90 (Neu), Slg. 1991, I–3617, Rn. 13.

[59] Dazu etwa *Kühling*, EnzEuR, Bd. 4, § 20, Rn. 66 ff.

[60] Dazu exemplarisch *Kühling*, EnzEuR, Bd. 8, § 7, Rn. 73 ff.

[61] Dazu *Frenz*, Handbuch Europarecht, Bd. 4, Rn. 2736 ff.

[62] *Ruffert*, in: Calliess/Ruffert, EUV/AEUV, Art. 15 GRC, Rn. 5; *Bezemek*, in: Holoubek/Lienbacher (Hrsg.), GRC-Kommentar, 2014, Art. 16, Rn. 9; *Schwarze*, S. 958 f.; a. A. wohl *Everson/Correia Gonçalves*, in: Peers/Hervey/Kenner/Ward, The EUCFR, Rn. 16.14; weitergehend mit Blick auf die Anwendung des Verhältnismäßigkeitsgrundsatzes *Jarass*, EU-GR, § 21, Rn. 16–18, der nicht eine Ausdehnung der Einschränkungsgründe annimmt, sondern für eine Beeinträchtigung der unternehmerischen Freiheit weiter reichende Spielräume sieht als für eine Einschränkung der Berufsfreiheit; ein »erhebliches Konfliktpotenzial« sieht *Schmidt*, S. 211 f. in dem Vorbehalt.

der ohnehin bestehenden Weite zulässiger Eingriffsziele muss die diesbezügliche Erweiterung beschränkt bleiben. Die Bezugnahme relativiert aber immerhin die Skepsis gegenüber dem berechtigten Rückgriff auf national geprägte Legitimationsgründe (s. Art. 15 GRC, Rn. 19).

Die Zahl der am Maßstab der unternehmerischen Freiheit bzw. Berufsfreiheit verworfenen Maßnahmen ist überschaubar.[63] Das ist jedoch vorwiegend dem Umstand geschuldet, dass der EuGH den Unionsorganen (und auch den Mitgliedstaaten) gerade in Fragen der Marktordnungen – wie auch im Rahmen der Berufsfreiheit (s. Art. 15 GRC, Rn. 20) – in nachvollziehbarer Art und Weise einen **weiten Spielraum** gewährt. Das gilt insgesamt in Fällen **komplexer wirtschaftlicher Sachverhalte**.[64] Dies bedingt insbesondere auch einen Spielraum bei der Bewertung und Gewichtung kollidierender Schutzgüter in multipolaren Grundrechtskonflikten sowie bei der Bewertung der Intensität von Eingriffen. Unabhängig davon zeichnet sich – parallel zur Eigentumsfreiheit (s. Art. 17 GRC, Rn. 1, 32) – bislang allerdings nur in Einzelfällen eine stärkere Sensibilität des EuGH für entsprechende Grundrechtsanliegen auch in diesem Feld ab und die **Prüfungen** werden **ausdifferenzierter**. Ähnlich wie mit Blick auf die Berufsfreiheit (s. Art. 15 GRC, Rn. 21) hat der EuGH dabei jedoch **gegenläufige Interessen stark gewichtet** und die **unternehmerische Freiheit zurückgedrängt**. Nicht in die Reihe dieser Urteile passt allerdings eine Entscheidung der Dritten Kammer des EuGH aus dem Jahr 2013, die **Arbeitnehmerrechte** gegenüber der unternehmerischen Freiheit zurückstehen lässt.[65]

Das Gegenteil aber gilt in jüngerer Zeit für interessante Entscheidungen im Recht der Informationsgesellschaft. So sieht die alte Fernsehrichtlinie[66] und jetzige Audiovisuelle-Mediendienste-Richtlinie[67] eine Regelung dahingehend vor, dass die Inhaber der exklusiven Übertragungsrechte Dritten ein **Kurzberichterstattungsrecht** einräumen müssen. Als Gegenleistung können die Rechteinhaber dafür nur die Zusatzkosten verlangen, die durch die Einräumung des Kurzberichterstattungsrechts (v.a. durch den Zugang zum Signal) entstehen. Eine Beteiligung an den Kosten für den Erwerb der Exklusivrechte ist damit ausgeschlossen. Diese Regelung hat der EuGH gebilligt und dabei seine Verhältnismäßigkeitsprüfung auf die unternehmerische Freiheit aus Art. 16 GRC beschränkt, die er zugunsten einer stark betonten Notwendigkeit der **Pluralismussicherung** nach Art. 11 Abs. 2 GRC (s. Art. 11 GRC, Rn. 17) allerdings sehr weit zurückge-

14

15

---

[63] Siehe insbesondere EuGH, Urt. v. 13.7.1989, Rs. 5/88 (Wachauf), Slg. 1989, 2609, Rn. 22 (allerdings in Bezug auf eine mitgliedstaatliche Ausführungsmaßnahme); Urt. v. 10.7.1991, Rs. C–90/90 (Neu), Slg. 1991, I–3617, Rn. 13 (bezogen auf die gemeinschaftsweite Organisation der Zuweisung von Referenzmengen an Molkereien); so auch die Einschätzung von *Oliver*, S. 288 und 298 f.; *Prassl*, Cambridge Yearbook of European Legal Studies 17 (2015), 189 (196); *Weatherill*, ERCL 2014, 167 (180).

[64] Für den Fall der Agrarpolitik EuGH, Urt. v. 5.10.1994, Rs. C–280/93 (Bananen), Slg. 1994, I–4973, Rn. 89; Urt. v. 17.10.2013, Rs. C–101/12 (Herbert Schaible gegen Land Baden-Württemberg), ECLI:EU:C:2013:661, Rn. 47 ff.; siehe mit weiteren Nachweisen aus der Rechtsprechung des EuGH auch *Jarass*, EU-GR, § 21, Rn. 29.

[65] Zu Recht sehr kritisch gegenüber dieser Entscheidung *Prassl*, Cambridge Yearbook of European Legal Studies 17 (2015), 189 (208 f.); *Weatherill*, ERCL 2014, 167 (172 ff.). Sie folgern daraus jedoch insgesamt eine Überbetonung der unternehmerischen Freiheit. Das übersieht jedoch, dass es sich bei diesem Urteil um eine »Ausreißerentscheidung« handelt. Überdies unterschätzen die Autoren umgekehrt die sinnvolle Kontrollfunktion, die der EuGH bei einem angemessenen Rückgriff auf Art. 16 GRC ausüben kann.

[66] RL 89/552/EWG v. 3.10.1989 i. d. F. der RL 97/36/EG v. 30.6.1997.

[67] RL 2010/13/EU v. 10.3.2010.

drängt hat.[68] Hier hätte man sicherlich auch eine weiter reichende Kostenerstattungs-
verpflichtung aus der unternehmerischen Freiheit ableiten können.[69] In horizontaler
Gewaltenteilungsperspektive ist diese Wahrung des legislativen Gestaltungsspielraums
der Unionsorgane jedoch akzeptabel.

16   Anders hat der EuGH zuvor im Streit um die Pflicht von Plattformbetreibern entschieden, **Filtersysteme** zur Vermeidung von Urheberrechtsverletzungen einzusetzen,
die der EuGH als unverhältnismäßig ansah.[70] Hier stand auf der einen Seite der Abwägung der Schutz des geistigen Eigentums der Inhalteanbieter, die eine entsprechende
Verpflichtung verlangten. Auf der anderen Seite stand die unternehmerische Freiheit
der Plattformbetreiber aus Art. 16 GRC. Dabei dürfte allerdings eine wichtige Rolle
gespielt haben, dass ergänzend der Datenschutz der Plattformnutzer aus Art. 8 GRC (s.
Art. 8 GRC, Rn. 12 ff.) und erneut die Pluralismussicherung aus Art. 11 Abs. 2 GRC
gegen eine entsprechende Verpflichtung stritten.[71] Zudem war die angestrebte Pflicht
sehr weitreichend. In einem jüngeren, ähnlich gelagerten Fall, in denen Internetdienst-
anbieter zwar per gerichtlicher Anordnung verpflichtet wurden, Maßnahmen zum
Schutz von Urheberrechten Dritter zu ergreifen, sah der EuGH diese Pflicht als verhältnismäßig an, weil den Internetdiensteanbietern die Wahl der Mittel zur Sicherung der
Urheberrechte freigestellt wurde.[72]

17   Insgesamt lässt sich im Bereich der neuen Medien eine Bereitschaft der Rechtsprechung erkennen, Grundrechte wirtschaftlicher wie nichtwirtschaftlicher Art zu berücksichtigen und mit den Wettbewerbsregeln abzuwägen. Allerdings wurde in einigen naheliegenden Fällen **Art. 16 GRC nicht in Bezug genommen**. Im Fall Google Spain[73]
entschied der EuGH, dass Suchmaschinenbetreiber zur Löschung personenbezogener
Daten verpflichtet sind, ging dabei aber nicht darauf ein, inwieweit diese Pflicht das
Recht der Suchmaschinenbetreiber aus Art. 16 GRC verletzen könnte.[74] Auch im Urteil
Schrems[75], in dem der EuGH aus Gründen des Datenschutzes die Safe-Harbor-Ent-
scheidung der Kommission, die einen erleichterten Datenaustausch zwischen den USA
und der EU erlaubte, für ungültig erklärte, erwähnte er die Grundrechte der Unternehmen, die auf Grundlage der Entscheidung am Datenaustausch beteiligt waren, aus
Art. 16 GRC nicht näher. Sollte sich diese Rechtsprechungslinie im Datenschutzrecht
verfestigen, wäre das hochproblematisch, da es nicht nur berechtigte Privatheitsbelange
gibt, sondern auch ebenso berechtigte, teils konfligierende unternehmerische Interessen
an einer Datenverarbeitung. Diese ist dabei oftmals wiederum im Interesse der Ver-

---

[68] EuGH, Urt. v. 22.1.2013, Rs. C–283/11 (Sky Österreich), ECLI:EU:C:2012:341, Rn. 34 ff.; s.
dazu Anm. von *Anagnostaras*, ELR 2014, 111; GA *Bot*, Schlussanträge zu Rs. C–283/11 (Sky Österreich), ECLI:EU:C:2012:341, Rn. 41 ff.

[69] So auch *Wagner*, Das Recht der Fernsehkurzberichterstattung im grundrechtlichen Spannungsfeld – Die Rechtsprechung des EuGH und des BVerfG im direkten Vergleich, FS Dauses, 2014, S. 475
(485–487).

[70] EuGH, Urt. v. 24.11.2011, Rs. C–70/10 (Scarlet Extended), Slg. 2011, I–11959, Rn. 43 ff.; s.
auch das Nachfolgeurteil v. 16.2.2012, Rs. C–360/10 (SABAM), ECLI:EU:C:2012:85, Rn. 40 ff.

[71] *Oliver*, S. 291, schreibt diesen Grundrechten hingegen nur »supporting roles« zu; desgleichen
Groussot/Pétursson/Pierce (im Erscheinen).

[72] EuGH, Urt. v. 27.3.2014, Rs. C–314/12 (UPC Telekabel Wien GmbH), ECLI:EU:C:2014:192,
Rn. 52 ff.

[73] EuGH, Urt. v. 13.5.2014, Rs. C–131/12 (Google Spain), ECLI:EU:C:2014:317.

[74] Vgl. näher hierzu *Kühling*, EuZW 2014, 527 (529).

[75] EuGH, Urt. v. 6.10.2015, Rs. C–362/14 (Schrems), ECLI:EU:C:2015:650; vgl. hierzu *Kühling/
Heberlein*, NVwZ 2016, 7.

braucher, da sie günstigere, bessere oder neue Dienste ermöglicht. Mit Blick auf die Verpflichtung, **WLAN-Netze** zu sichern, um Urheberrechtsverletzungen zu vermeiden, hat Generalanwalt *Szpunar* dagegen die unternehmerische Freiheit des betroffenen Diensteanbieters aus Art. 16 GRC zu stark gewichtet und die eigentumsrechtlichen Belange des Urheberrechtsinhabers zurückgedrängt.[76] Zu begrüßen ist daher die abweichende Bewertung des EuGH, der zu einer angemessenen Gewichtung gelangt. In der Sache hält der EuGH die Verpflichtung des WLAN-Betreibers, von den Nutzern eine Personalisierung im Rahmen einer Passworteingabe zu verlangen, für angemessen.[77] So wird zwar die unternehmerische Freiheit des Betreibers beschränkt (und auch die Informationsfreiheit der Nutzer sowie deren nicht näher berücksichtigte Datenschutzpositionen). Dies ist aber angesichts der berechtigten Eigentumsinteressen der Urheberrechtsinhaber gerechtfertigt. Insofern ist der künftige Stellenwert der unternehmerischen Freiheit gegenwärtig unklar.

Schließlich vermag der **Verbraucherschutz** strenge Eingriffe in die unternehmerische   **18** Freiheit aus Art. 16 GRC zu rechtfertigen.[78] So hat der EuGH im Fall McDonagh weitreichende, sekundärrechtlich in der Verordnung (EG) Nr. 261/2004 normierte Pflichten zur Unterstützung der Fluggäste im Fall der Annullierung eines Fluges aufgrund außergewöhnlicher Umstände (Ausbruch des isländischen Vulkans Eyjafjallajökull) in Anbetracht der hohen Bedeutung des in Art. 38 GRC vorgesehenen Verbraucherschutzes (s. Art. 38 GRC, Rn. 16 ff.) als gerechtfertigt angesehen.[79]

E. Verhältnis zu anderen Bestimmungen

Hinsichtlich der Konkurrenzen kann wiederum auf die Ausführungen zu **Art. 15 GRC**   **19** verwiesen werden, da sich insoweit mit Blick auf Art. 16 GRC keine Besonderheiten ergeben (s. insbesondere Art. 15 GRC, Rn. 25).

---

[76] GA *Szpunar*, Schlussanträge zu Rs. C–484/14 (McFadden), ECLI:EU:C:2016:170, Rn. 137 ff.

[77] EuGH, Urt. v. 15. 9. 2016, Rs. C–484/14 (McFadden), ECLI:EU:C:2016:689, Rn. 99.

[78] EuGH, Urt. v. 17. 12. 2015, Rs. C–157/14 (Neptune Distribution SNC), ECLI:EU:C:2015:823, Rn. 72 f.; Urt. v. 30. 6. 2016, Rs. C–134/15 (Lidl), ECLI:EU:C:2016:498, Rn. 35 ff.

[79] EuGH, Urt. v. 31. 1. 2013, Rs. C–12/11 (Denise McDonagh), ECLI:EU:C:2013:43, Rn. 59 ff., auch unter Verweis auf die bereits zuvor erfolgenden Erörterungen des Verhältnismäßigkeitsgrundsatzes (Rn. 45 ff.), in dessen Rahmen der EuGH darauf hinweist, dass diese Kosten in dynamischer Perspektive über die künftigen Ticketpreise an die Endkunden weitergegeben werden können.

Artikel 17   GRC Eigentumsrecht

(1) [1]Jede Person hat das Recht, ihr rechtmäßig erworbenes Eigentum zu besitzen, zu nutzen, darüber zu verfügen und es zu vererben. [2]Niemandem darf sein Eigentum entzogen werden, es sei denn aus Gründen des öffentlichen Interesses in den Fällen und unter den Bedingungen, die in einem Gesetz vorgesehen sind, sowie gegen eine rechtzeitige angemessene Entschädigung für den Verlust des Eigentums. [3]Die Nutzung des Eigentums kann gesetzlich geregelt werden, soweit dies für das Wohl der Allgemeinheit erforderlich ist.

(2) Geistiges Eigentum wird geschützt.

Literaturübersicht

Calliess, Entflechtung im europäischen Energiebinnenmarkt, 2008, *Durner*, Wirtschaftliche Grundrechte, in: Merten/Papier (Hrsg.), Handbuch der Grundrechte in Deutschland und Europa, Band VI/1, Europäische Grundrechte I, 2010, § 162; *Emsinghoff*, Entschädigung für Eigentumseingriffe infolge rechtmäßiger Rechtsetzungsakte der Europäischen Gemeinschaft, 2009; *Günter*, Berufsfreiheit und Eigentum in der Europäischen Union. Eine rechtsvergleichende Studie, 1998; *Jarass*, Der grundrechtliche Eigentumsschutz im EU-Recht, NVwZ 2006, 1089; *Kühling*, Die Bedeutung der Eigentumsgarantie aus Art. 14 GG für die Regulierung der Energieordnung, FS Säcker, 2011, S. 783; *Kühling/Hermeier*, Eigentumsrechtliche Leitplanken eines Ownership-Unbundlings in der Energiewirtschaft, et 2008, 134; *von Milczewski*, Der grundrechtliche Eigentumsschutz im Europäischen Gemeinschaftsrecht, 1994; *Mittelberger*, Die Rechtsprechung des ständigen Europäischen Gerichtshofs für Menschenrechte zum Eigentumsschutz, EuGRZ 2001, 364; *Nettesheim*, Grundrechtliche Prüfdichte durch den EuGH, EuZW 1995, 106; *Peers/Hervey/Kenner/Ward* (Hrsg.), The EU Charter of Fundamental Rights. A Commentary, 2014; *Schilling*, Der EuGH, das Eigentum und das deutsche Recht, EuZW 1991, 310; *Schmidt-Preuß*, Der Wandel der Energiewirtschaft vor dem Hintergrund der europäischen Eigentumsordnung, EuR 2006, 463.

Leitentscheidungen

EuGH, Urt. v. 13.12.1979, Rs. 44/79 (Hauer), Slg. 1979, 3727
EuGH, Urt. v. 13.7.1989, Rs. 5/88 (Wachauf), Slg. 1989, 2609
EuGH, Urt. v. 20.10.1993, verb. Rs. C–92/92 u. C–326/92 (Phil Collins), Slg. 1993, I–5145
EuGH, Urt. v. 28.4.1998, Rs. C–200/96 (Metronome Musik), Slg. 1998, I–1953
EuGH, Urt. v. 10.7.2003, verb. Rs. C–20/00 u. C–64/00 (Booker Aquaculture Ltd. u.a.), Slg. 2003, I–7411
EuGH, Urt. v. 20.11.2003, Rs. C–416/01 (ACOR), Slg. 2003, I–14083
EuGH, Urt. v. 30.6.2005, Rs. C–295/03 P (Alessandri), Slg. 2005, I–5700
EuGH, Urt. v. 12.9.2006, Rs. C–479/04 (Laserdisken ApS), Slg. 2006, I–8113
EuGH, Urt. v. 29.1.2008, Rs. C–275/06 (Promusicae), Slg. 2008, I–271
EuGH, Urt. v. 3.9.2008, verb. Rs. C–402/05 P u. C–415/05 P (Kadi), Slg. 2008, I–6351
EuGH, Urt. v. 9.9.2008, verb. Rs. C–120/06 P u. C–121/06 P (FIAMM), Slg. 2008, I–6513
EuGH, Urt. v. 3.12.2009, Rs. C–399/06 P u.a. (Hassan u.a.), Slg. 2009, I–11393
EuG, Urt. v. 19.5.2010, Rs. T–181/08 (Za/Rat), Slg. 2010, II–1965
EuGH, Urt. v. 24.11.2011, Rs. C–70/10 (Scarlet Extended), Slg. 2011, I–11959
EuGH, Urt. v. 9.2.2012, Rs. C–277/10 (Luksan), ECLI:EU:C:2012:65
EuGH, Urt. v. 16.2.2012, Rs. C–360/10 (SABAM), ECLI:EU:C:2012:85
EuGH, Urt. v. 22.1.2013, Rs. C–283/11 (Sky Österreich), ECLI:EU:C:2013:28
EuG, Urt. v. 29.1.2013, Rs. T–496/10 (Bank Mellat), ECLI:EU:T:2013:39
EuGH, Urt. v. 18.7.2013, Rs. C–201/11 P (UEFA/Kommission), ECLI:EU:C:2013:519
EuGH, Urt. v. 27.3.2014, Rs. C–314/12 (UPC Telekabel Wien GmbH), ECLI:EU:C:2014: 192
EuGH, Urt. v. 15.9.2016, Rs. C–484/14 (McFadden), ECLI:EU:C:2016:689

Inhaltsübersicht

A. Entwicklung, Quellen, Bedeutung

Die Eigentumsfreiheit ist nicht nur ein **klassisches Grundrecht** jeder mitgliedstaatlichen   **1**
Rechtsordnung,[1] sondern in der freiheitlichen Wirtschaftsordnung der Europäischen
Union von besonders **zentraler Bedeutung**.[2] Sie wurde vom EuGH – gerade auf Drängen
deutscher Gerichte – auch frühzeitig als allgemeiner Rechtsgrundsatz anerkannt.[3] Dabei
konnte der Gerichtshof auf umfassende Verfassungstraditionen zum Schutz der Eigentumsfreiheit der Mitgliedstaaten zurückgreifen.[4] Die Eigentumsgarantie wurde immer

---

[1] Dies betonen auch die Erläuterungen zur Charta der Grundrechte, ABl. 2007, C 303/17 (23); für
eine Synopse der Bestimmungen in den mitgliedstaatlichen Verfassungen siehe *Wollenschläger*, in:
Peers/Hervey/Kenner/Ward, EUCFR, Fn. 21 zu Rn. 17(1).09.
[2] *Calliess*, in: Calliess/Ruffert, EUV/AEUV, Art. 17 GRC, Rn. 1; *Jarass*, EU-GR, § 22, Rn. 2.
[3] Zuerst in EuGH, Urt. v. 13.12.1979, Rs. 44/79 (Hauer), Slg. 1979, 3727, Rn. 19.
[4] *Bernsdorff*, in: Meyer, GRCh, Art. 17 GRC, Rn. 2; *Depenheuer*, in: Tettinger/Stern, EuGRCh,
Art. 17 GRC, Rn. 19; umfassend zum Europa der 15 Mitgliedstaaten im Jahre 1995 *Günter*, S. 50 ff.

wieder sowohl in Gerichtsverfahren als auch zunehmend im politischen Diskurs als Schranke legislativer Maßnahmen artikuliert, prominent etwa im Regulierungsbereich bei der Diskussion um die eigentumsrechtlichen Entbündelungspflichten vertikal integrierter Energieversorgungsunternehmen.[5] Dabei belässt der EuGH dem Unionsgesetzgeber und auch den Mitgliedstaaten im Rahmen der Ausgestaltung wirtschaftspolitischer Eingriffe einen beachtlichen Spielraum.[6] Die jüngere Rechtsprechung seit Inkrafttreten des Lissabonner Vertrages zeigt jedoch eine **zunehmende Sensibilität** für Fragen des Eigentumsschutzes und zugleich das Ausdifferenzierungsbedürfnis der diesbezüglichen Grundrechtsdogmatik. Auch in der Rechtsprechung des EGMR ist die erst durch das 1. Zusatzprotokoll in den europäischen Grundrechtsschutz aufgenommene Eigentumsgarantie inzwischen verstärkt in den Fokus gerückt und mittlerweile dogmatisch umfassend ausgeformt worden.[7]

2   In der Struktur war Art. 17 GRC von den ersten Entwürfen an sehr weitgehend der Regelung in jenem Art. 1 ZP I zur EMRK nachgebildet[8] und gliedert sich in Absatz 1 gleichermaßen in eine **dreiteilige Struktur**[9]: Satz 1 enthält die **allgemeine Eigentumsgarantie** einschließlich des Erbrechts. Satz 2 sieht einen qualifizierten Gesetzesvorbehalt für den **Eigentumsentzug** vor. Satz 3 normiert schließlich einen allgemeinen Gesetzesvorbehalt für die **Eigentumsnutzung** am Maßstab der Allgemeinwohlorientierung. Diese dreiteilige Struktur des Absatzes 1 wird in Absatz 2 um den als besonders relevant angesehenen Schutz des **geistigen Eigentums** ergänzt, dessen Schutzbereichserfassung im Rahmen der allgemeinen Eigentumsgarantie nach Abs. 1 Satz 1 ausdrücklich abgesichert wird.

3   Mit der expliziten textlichen Ausgangsgrundlage und der jüngeren Rechtsprechung seit Inkrafttreten des Lissabonner Vertrages gehören fundamentale Auseinandersetzungen über die Frage, ob der EuGH eine ungenügende Minimalkontrolle durchführt,[10] weitgehend[11] der Vergangenheit an und die Diskussion kann sich dahin verlagern, inwiefern in einzelnen Entscheidungen die Prüfungsherangehensweise und Wertegewichtungen des EuGH im Detail überzeugen. Längst kommt der Eigentumsfreiheit nämlich

---

[5] Aus jüngerer Zeit etwa EuGH, Urt. v. 6.12.2005, verb. Rs. C–453/03 u.a. (ABNA u.a.), Slg. 2005, I–10423, Rn. 69; Urt. v. 3.9.2008, verb. Rs. C–402/05 P und C–415/05 P (Kadi), Slg. 2008, I–6351, Rn. 360; Urt. v. 9.9.2008, verb. Rs. C–120/06 P und C–121/06 P (FIAMM), Slg. 2008, I–6513, Rn. 181; EUG, Urt. v. 2.3.2010, Rs. T–16/04 (Arcelor), Slg. 2010, II–211, Rn. 168; im Bereich der Terrorismusabwehr EuG, Urt. v. 19.5.2010, Rs. T–181/08 (Za/Rat), Slg. 2010, II–1965, Rn. 159; für die Agrarpolitik insbesondere EuGH, Urt. v. 12.5.2005, Rs. C–347/03 (ERSA), Slg. 2005, I–3785, Rn. 131.

[6] Siehe etwa *Kühling/Hermeier*, et 2008, 134; umfassend *Calliess*, S. 23, 48, 56 f., 67–93, 136 f.; früh schon *Schmidt-Preuß*, EuR 2006, 463 (475 f.).

[7] Vgl. hierzu umfassend *Mittelberger*, EuGRZ 2001, 364; zur Konkretisierung des Eigentumsbegriffs durch den EGMR vgl. auch *Frenz*, Handbuch Europarecht, Bd. 4, Rn. 2787; eine Auswahl der vom EGMR zur Eigentumsfreiheit gefällten Urteile findet sich bei *Rengeling/Szczekalla*, Grundrechte, vor § 20.

[8] Dies betonen auch die Erläuterungen zur Charta der Grundrechte, ABl. 2007, C 303/17 (23), verweisen jedoch darauf, dass der Text »zeitgemäßer gestaltet« worden sei.

[9] So zutreffend *Bernsdorff*, in: Meyer, GRCh, Art. 17 GRC, Rn. 14, mit umfassenden Hinweisen zur Genese in den Rn. 6 ff.; zur Genese ebenfalls *Depenheuer*, in: Tettinger/Stern, EuGRCh, Art. 17 GRC, Rn. 1 ff.

[10] Siehe etwa die Kritik von *Nettesheim*, EuZW 1995, 106 (107); exemplarisch etwa die Formulierung in EuGH, Urt. v. 6.12.1984, Rs. 59/83 (Biovilac), Slg. 1984, 4057, Rn. 22: »Die von der Kommission erlassenen Maßnahmen entziehen der Klägerin weder ihr Eigentum noch dessen freie Nutzung und tasten somit den Wesensgehalt dieser Rechte nicht an.«

[11] Verhaltene Bewertung bei *Calliess*, in: Calliess/Ruffert, EUV/AEUV, Art. 17 GRC, Rn. 36 ff.

eine gestiegene Bedeutung im Rahmen der **Auflösung komplexer Konflikte** sowohl in **bipolaren** als auch in multipolaren Grundrechtskonflikten zu. Im ersten Bereich sind vor allem die strengen Anforderungen anzuführen, die der EuGH an Maßnahmen gestellt hat, die im Rahmen der Terrorismusbekämpfung das Einfrieren von Geldern und wirtschaftlichen Ressourcen von Personen anordnen, die als terrorverdächtig gelten.[12] Die Entscheidungen manifestieren zugleich den Willen des EuGH, auch jenseits der wirtschaftlichen Kernbereiche der Union eine durchsetzungsstarke Grundrechtskontrolle einschließlich der Eigentumsgarantie zu gewährleisten.

Im Bereich **multipolarer** Grundrechtskonflikte können seit Inkrafttreten der Grundrechtecharta folgende wichtige Themengebiete angeführt werden: der Streit um die Verpflichtung von Internetzugangsdiensteanbietern zur Einrichtung von Filtersystemen zur Vermeidung urheberrechtsverletzender Dateiweitergaben,[13] die Reichweite von Free-TV-Listen,[14] die Aufteilung der Verwertungsrechte an Filmen zwischen dem Hauptregisseur und dem Produzenten[15] und das Kurzberichterstattungsrecht auf der Basis von Zusatzkosten im Fall exklusiver Fernsehübertragungslizenzen.[16] Hier gilt es, anspruchsvolle Konflikte zwischen der Eigentumsgarantie auf der einen Seite und wichtigen gegenläufigen Grundrechtspositionen wie dem Datenschutz oder der Pluralismussicherung auf der anderen Seite aufzulösen. Teilweise geht es jedoch auch um eigentumsfreiheitsinterne Konflikte wie im Fall der Aufteilung der Filmrechte zwischen den am Produktionsprozess beteiligten Akteuren.[17] Hier wird der EuGH zunehmend gefordert sein, wie aktuell auch im Streit um Sicherungspflichten von WLAN-Netzen zur Abwehr von Urheberrechtsverletzungen.[18]

Auffällig ist, dass die Rechtsprechung zur Eigentumsfreiheit immer wieder auch Grundfragen des Grundrechtsschutzes in der EU geklärt hat, wie etwa sehr früh die Entscheidung im Fall Wachauf[19] zur Reichweite der EU-Grundrechte in Bezug auf mitgliedstaatliches Handeln[20] oder unlängst die Entscheidung des EuG zum Grundrechtsschutz von Emanationen eines ausländischen Staates.[21] Zugleich werden in der jüngeren Rechtsprechung die **vielfältigen Grundrechtsfunktionen** und **Wirkungsmodi** deutlich, in denen die Eigentumsgarantie – wie andere Grundrechtspositionen auch – aktiviert werden kann, nämlich insbesondere als Maßstab für die Kontrolle von Unionshandeln legislativer und exekutiver Art in allen Kompetenzbereichen ebenso wie in Bezug auf entsprechendes mitgliedstaatliches Handeln mit Unionsbezug. Sie greift insoweit in ihrer **abwehrrechtlichen Dimension** ein, die bislang im Vordergrund der Rechtsprechung stand.[22] Ergänzend dazu greifen **prozedurale Garantien** ein, die einen effektiven Schutz

4

5

---

[12] EuGH, Urt. v. 3.12.2009, Rs. C–399/06 P u.a. (Hassan u.a.), Slg. 2009, I–11393, Rn. 71 ff.

[13] EuGH, Urt. v. 16.2.2012, Rs. C–360/10 (SABAM), ECLI:EU:C:2012:85, Rn. 40 ff.; siehe zum Thema, mit Schwerpunkt auf der deutschen Rechtslage *Hofmann*, NJW 2016, 769.

[14] EuG, Urt. v. 17.2.2011, Rs. T–55/08 (UEFA/Kommission), Slg. 2011, II–271, Rn. 17; bestätigt in EuGH, Urt. v. 18.7.2013, Rs. C–201/11 P (UEFA/Kommission), ECLI:EU:C:2013:519, Rn. 101 ff.

[15] EuGH, Urt. v. 9.2.2012, Rs. C–277/10 (Luksan), ECLI:EU:C:2012:65, Rn. 68 ff.

[16] EuGH, Urt. v. 22.1.2013, Rs. C–283/11 (Sky Österreich), ECLI:EU:C:2013:28, Rn. 34 ff.

[17] EuGH, Urt. v. 9.2.2012, Rs. C–277/10 (Luksan), ECLI:EU:C:2012:65, Rn. 68 ff.

[18] GA *Szpunar*, Schlussanträge zu Rs. C–484/14 (McFadden), ECLI:EU:C:2016:170, Rn. 137 ff.

[19] EuGH, Urt. v. 13.7.1989, Rs. 5/88 (Wachauf), Slg. 1989, 2609, Rn. 22.

[20] Dazu etwa *Kühling*, in: v. Bogdandy/Bast, Europäisches Verfassungsrecht, S. 680 ff.

[21] EuG, Urt. v. 29.1.2013, Rs. T–496/10 (Bank Mellat), ECLI:EU:T:2013:39, Rn. 36 ff.

[22] So auch *Heselhaus*, in: Heselhaus/Nowak, Handbuch der Europäischen Grundrechte, § 32, Rn. 61 mit dem weiteren zutreffenden Hinweis, dass teilhaberechtliche und leistungsrechtliche Ansätze bislang nicht in der Rechtsprechung anerkannt worden sind. Sie sind auch normstrukturell wenig

der Eigentumsgarantie etwa im Rahmen von Kontrollmöglichkeiten im Falle einer Eigentumsentziehung verlangen.[23] Diese werden teilweise durch den EuGH getrennt als eigenständige Rechtspositionen geprüft. Hinzu treten zudem **Schutzpflichten**, die der EuGH insbesondere in Bezug auf die Gewährleistung des geistigen Eigentums letztlich grundsätzlich anerkannt hat (s. Rn. 19 ff.), was angesichts der gesonderten diesbezüglichen Schutzverpflichtung in Art. 17 Abs. 2 GRC auch durch den Wortlaut der Grundrechtecharta nahe gelegt wird.[24] Schließlich sei darauf hingewiesen, dass die Eigentumsgarantie zunehmend auch im Rahmen der grundrechtskonformen Interpretation des Primärrechts[25] und vor allem des Sekundärrechts[26] an Bedeutung gewinnt.

B. Schutzbereich

I. Persönlicher Schutzbereich

6   Der Wortlaut des Art. 17 GRC (»**jede Person**«) differenziert nicht zwischen **natürlichen** und juristischen Personen und erfasst damit beide gleichermaßen, auch wenn in anderen Normen der GRC wie Art. 42 explizit natürliche und **juristische Personen** angeführt werden und dies für Art. 17 GRC letztlich trotz entsprechender Vorschläge nicht erfolgt ist.[27] Das folgt bereits über die Vorgabe des konventionsgleichen Schutzes nach Art. 52 Abs. 3 Satz 1 GRC (s. Art. 52 GRC Rn. 44 ff.) angesichts der expliziten Erfassung juristischer Personen in Art. 1 ZP I zur EMRK[28] und aus der Verwendung des Wortes »Person« statt »Mensch«.[29] Auch der EuGH ist vom Grundrechtsschutz juristischer Personen bzw. von Unternehmen stets ohne weitere Prüfung ausgegangen.[30]

7   Zudem musste sich das EuG mit der Frage der Reichweite des persönlichen Schutzbereiches anlässlich der Klage einer ausländischen Bank beschäftigen. Im Fall Bank Mellat klagte diese gegen einen Beschluss des Rates der EU, in dem sie auf die Liste der an der iranischen nuklearen Proliferation beteiligten Entitäten aufgenommen wurde. Dies hatte zur Folge, dass Gelder und wirtschaftliche Ressourcen der Klägerin eingefroren wurden. Rat und Kommission waren der Auffassung, dass die Bank als Emanation des iranischen Staates anzusehen sei und ihr daher kein Grundrechtsschutz zukomme.

---

indiziert und vor dem Hintergrund des wirtschafts- und sozialpolitischen Spielraums des Gesetzgebers sehr zurückhaltend zu bewerten; zur Ausgestaltung der Eigentumsfreiheit primär als Abwehrrecht siehe auch *Emsinghoff*, S. 115 f.

[23] EuGH, Urt. v. 3.12.2009, Rs. C–399/06 P u. a. (Hassan u. a.), Slg. 2009, I–11393, Rn. 91 ff.; EuG, Urt. v. 19.5.2010, Rs. T–181/08 (Za/Rat), Slg. 2010, II–1965, Rn. 166 ff.; vgl. auch schon vor Inkrafttreten der Grundrechtecharta EuGH, Urt. v. 3.9.2008, verb. Rs. C–402/05 P und C–415/05 P (Kadi), Slg. 2008, I–6351, Rn. 360.

[24] *Heselhaus*, in: Heselhaus/Nowak, Handbuch der Europäischen Grundrechte, § 32, Rn. 62; zu den aus Art. 17 GRC folgenden Schutzpflichten siehe auch *Jarass*, EU-GR, § 22, Rn. 36.

[25] So etwa im Fall von Einschränkungen der Dienstleistungs- und Niederlassungsfreiheit EuG, Urt. v. 17.2.2011, Rs. T–55/08 (UEFA/Kommission), Slg. 2011, II–271, Rn. 179.

[26] Dafür etwa EuGH, Urt. v. 26.10.2006, Rs. C–275/05 (Kibler), Slg. 2006, I–10569, Rn. 27; siehe auch Urt. v. 9.2.2012, Rs. C–277/10 (Luksan), ECLI:EU:C:2012:65, Rn. 68 ff.

[27] Dazu *Borowsky*, in: Meyer, GRCh, Art. 51 GRC, Rn. 35; vgl. auch *Depenheuer*, in: Tettinger/Stern, GRCh, Art. 17 GRC, Rn. 42.

[28] *Frenz*, Handbuch Europarecht, Bd. 4, Rn. 2806 f.; *Jarass*, GRCh, Art. 17, Rn. 17.

[29] Vgl. *Everson/Correia Gonçalves*, in: Peers/Hervey/Kenner/Ward, EUCFR, Fn. 66 zu Rn. 16.32.

[30] Siehe etwa die in den Rn. 21 ff. dargelegten Fälle; vgl. auch die Nachweise bei *Heselhaus*, in: Heselhaus/Nowak, Handbuch der Europäischen Grundrechte, § 32, Rn. 59.

Das EuG stellte fest, dass juristische Personen umfassend geschützt werden und dass dies auch für Emanationen des Staates, also juristische Personen des **öffentlichen Rechts**, gilt.[31] Das Argument, dass der Staat als Grundrechtsgarant diese Rechte nicht in Anspruch nehmen könne, wies das EuG jedenfalls für den Schutz auf ausländischem Territorium zu Recht zurück, da für eine derartige Einschränkung der normative Anhaltspunkt fehlt und durchaus eine vergleichbare Gefährdungslage besteht.[32] Ob das auch für »interne Sachverhalte« gilt, ließ das EuG offen.[33] Dies wird man für den Fall der Ausübung von Hoheitsgewalt auf dem eigenen Territorium verneinen müssen, da insoweit kein Schutzbedürfnis besteht. Das entspricht auch dem Ansatz des EGMR in der Entscheidung Holy Monasteries, in der das Gericht darauf abgestellt hat, dass die vom Eigentumsentzug betroffenen Klöster keine Hoheitsgewalt ausüben oder wie Verwaltungseinrichtungen agieren.[34] Auch das EuG stellt im Fall Bank Mellat zusätzlich darauf ab, dass Rat und Kommission nicht nachgewiesen hätten, dass die Bank »an der Ausübung staatlicher Gewalt teilgenommen oder einen Gemeinwohldienst unter behördlicher Aufsicht betrieben hat«.[35] Der zweite Teil des Hinweises ginge allerdings zu weit: So führt die Einbindung in die Erbringung eines Gemeinwohldienstes sicherlich nicht zum Grundrechtsausschluss. Entscheidend ist vielmehr die Beteiligung an der hoheitlichen Gewaltausübung oder Verwaltung, da nur dann die Notwendigkeit eines Grundrechtsschutzes entfällt. Das bedeutet, dass **öffentlichen Unternehmen** auch auf eigenem Gebiet EU-Grundrechtsschutz zukommt.[36]

Der Normwortlaut unterscheidet des Weiteren ebenso wenig zwischen Unionsbürgern und Drittstaatsangehörigen und erfasst diese daher gleichermaßen. Die Eigentumsgarantie ist damit ein »**Jedermanngrundrecht**«,[37] wie nicht zuletzt der bereits angeführte Fall Bank Mellat deutlich gemacht hat, in dem eine ausländische Bank als Klägerin agierte.[38]   8

II. Sachlicher Schutzbereich

1. Eigentumsbegriff

a) Umfassende Garantiewirkung; normgeprägter Schutzbereich?

Art. 17 GRC impliziert einen umfassenden Gewährleistungsbereich der sachlich erfassten Eigentumspositionen. Gleichwohl greift die eigentumsfreiheitsimmanente Besonderheit, dass es sich bei der Eigentumsfreiheit nicht in vergleichbar eindeutiger Weise um ein dem rechtlichen Schutz vorgelagertes Konzept handelt wie etwa bei Leben oder   9

---

[31] EuG, Urt. v. 29.1.2013, Rs. T–496/10 (Bank Mellat), ECLI:EU:T:2013:39, Rn. 36 ff.; so auch EuGH, Urt. v. 28.11.2013, Rs. C–348/12 P (Manufacturing Support & Procurement Kala Naft/Rat), ECLI:EU:C:2013:776, Rn. 119 ff.

[32] EuG, Urt. v. 29.1.2013, Rs. T–496/10 (Bank Mellat), ECLI:EU:T:2013:39, Rn. 39.

[33] EuG, Urt. v. 29.1.2013, Rs. T–496/10 (Bank Mellat), ECLI:EU:T:2013:39, Rn. 40.

[34] EGMR, Urt. v. 9.12.1994, Beschwerde-Nr. 13092/87 u. 13984/88 (Holy Monasteries/Griechenland), Rn. 49 (im Internet abrufbar unter: http://www.echr.coe.int); wie hier auch *Frenz*, Handbuch Europarecht, Bd. 4, Rn. 2816.

[35] EuG, Urt. v. 29.1.2013, Rs. T–496/10 (Bank Mellat), ECLI:EU:T:2013:39, Rn. 42 unter Hinweis auf EGMR, Urt. v. 13.12.2007, Beschwerde-Nr. 40998/98 (Islamic Republic of Iran Shipping Lines/Türkei), Rep. 2007-V, 327, Rn. 79 (im Internet abrufbar unter: http://hudoc.echr.coe.int/fre?i=001–83952#{%22itemid%22:[%22001–83952%22]}, letzter Aufruf am 21.9.2016).

[36] So auch *Frenz*, Handbuch Europarecht, Bd. 4, Rn. 2808 ff.; *Jarass*, GRCh, Art. 17 GRC, Rn. 17.

[37] *Durner*, in Merten/Papier, § 162, Rn. 43.

[38] EuG, Urt. v. 29.1.2013, Rs. T–496/10 (Bank Mellat), ECLI:EU:T:2013:39, Rn. 36 ff.

körperlicher Unversehrtheit, sondern durch das Recht selbst maßgeblich gestaltet wird, es also in hohem Maße **normgeprägt** ist.[39] Legt man ein derartiges Eigentumsfreiheitsverständnis bei der grundrechtlichen Konzeption zugrunde, entspricht es jedoch inzwischen nicht mehr der Verfassungsrealität, unter Hinweis auf Art. 345 AEUV (s. Rn. 46) die Ausgestaltung der Eigentumsordnung weitgehend in den Händen der Mitgliedstaaten zu sehen.[40] Dies mag für die von Art. 345 AEUV im Wesentlichen erfasste, durchaus relevante Frage der Eigentumszuordnung etwa im Rahmen von Privatisierungen noch der Fall sein. Insgesamt steuert die umfassende Wirtschaftsordnung der EU die Bestimmung der Reichweite der Eigentumsnutzung in zahlreichen Wirtschaftssektoren jedoch ganz maßgeblich, etwa durch die Unbundling-Vorgaben in der Energiewirtschaft oder die umfassenden Regeln zum Schutz des geistigen Eigentums (dazu Rn. 15 f.), was auch Grund für die Bedeutungszunahme der Eigentumsfreiheit im unionsrechtlichen Kontext ist. Demnach erfolgt die Normprägung und **Eigentumsausgestaltung** inzwischen **im Mehrebenensystem**. Unabhängig davon stellt sich jedoch die Frage, inwiefern das Unionsgrundrecht der Eigentumsfreiheit überhaupt – entsprechend dem Verständnis im deutschen Verfassungsrecht – normgeprägt zu verstehen sein soll oder angesichts der Orientierung an Art. 1 ZP I zur EMRK nicht stärker **naturrechtlich** aufgeladen werden kann und daher entsprechend dem Eigentumsfreiheitsverständnis des EGMR zu konzipieren ist.[41]

b) Erworbenes, Erwerbschancen und Eigenleistung

10 Der Wortlaut des Art. 17 Abs. 1 Satz 1 GRC verweist nur auf den Schutz des »erworbenen« Eigentums und schließt damit zunächst den **Eigentumserwerb** selbst vom Eigentumsbegriff aus. Das entspricht dem Verständnis des Art. 1 ZP I zur EMRK in der Rechtsprechung des EGMR.[42] Insoweit sind andere Grundrechtspositionen wie die Berufsfreiheit und die unternehmerische Freiheit aus Art. 15 und 16 GRC anwendbar. Gleichwohl sind die bereits vorhandenen (»erworbenen«) Eigentumspositionen oftmals Grundlage des weiteren Eigentumsaufbaus und genießen insoweit über die Garantie der Nutzung des Eigentums sehr wohl einen Schutz auch beim Eigentumserwerb.[43]

11 Ausgeschlossen werden unabhängig davon bloße **Erwerbshoffnungen**, kaufmännische Interessen oder Aussichten.[44] Zuletzt hat der EuGH etwa festgestellt, dass der

---

[39] *Heselhaus*, in: Heselhaus/Nowak, Handbuch der Europäischen Grundrechte, § 32, Rn. 36; *Bernsdorff*, in: Meyer, GRCh, Art. 17 GRC, Rn. 15; *Calliess*, in: Ehlers, Grundrechte und Grundfreiheiten, § 20, Rn. 15.

[40] Missverständlich daher die diesbezügliche Tendenzaussage von *Heselhaus*, in: Heselhaus/Nowak, Handbuch der Europäischen Grundrechte, § 32, Rn. 36.

[41] Zu diesem Unterschied zwischen dem normgeprägten grundgesetzlichen Eigentumsverständnis des BVerfG und einer durchaus als naturrechtlich fundierten Eigentumskonzeption rekonstruierbaren Rechtsprechung des EGMR sehr eingängig *Michl*, JZ 2013, 504 (505 ff.) mit umfassenden Nachweisen aus der Rechtsprechung mit Blick auf den EGMR insbesondere seit der van-Marle-Entscheidung, EGMR, Urt. v. 26.6.1986, Beschwerde-Nr. 8543/79 (Van Marle u. a./Niederlande), EuGRZ 1988, 35 (38).

[42] EGMR, Urt. v. 2.3.2005, Beschwerde-Nr. 71916/01 u. a. (Maltzan u. a./Deutschland), NJW 2005, 2530, Rn. 74 b; so auch GA *Bot*, Schlussanträge zu Rs. C–283/11 (Sky Österreich), ECLI:EU:C: 2012:341, Rn. 28 (unter ausdrücklichem Hinweis auf Art. 52 Abs. 3 GRC).

[43] So zutreffend *Frenz*, Handbuch Europarecht, Bd. 4, Rn. 2823 f.; vgl. auch *Bernsdorff*, in: Meyer, GRCh, Art. 17 GRC, Rn. 17; *Streinz*, in: Streinz, EUV/AEUV, Art. 17 GRC, Rn. 17.

[44] Grundlegend EuGH, Urt. v. 14.5.1974, Rs. 4/73 (Nold), Slg. 1974, 491, Rn. 14 (allerdings mit Blick auf die Berufsfreiheit); EuGH, Urt. v. 18.3.1980, Rs. 154/78 (Valsabbia/Kommission), Slg. 1980, 907, Rn. 89.

Erwerb einer durch Unionsrecht »reduzierten« Rechtsposition, nämlich eines mit einem Kurzberichterstattungsrecht zu Zusatzkosten befrachteten exklusiven Fernsehübertragungsrechts, dazu führt, dass nur jene reduzierte Rechtsposition eigentumsrechtlich geschützt ist und der Rechtserwerber nicht eine verpflichtungsfreie Rechtsposition reklamieren kann.[45] Nur wenn demnach bereits gesicherte Rechtspositionen[46] oder fällige Forderungen vorliegen, weil etwa bereits entsprechende **anspruchsbegründende Leistungen** erbracht worden sind, bestehen schützenswerte Rechtspositionen wie im Fall der Vergütungsansprüche von Rechtsanwälten oder der Lohnansprüche des Arbeitnehmers.[47] Nicht geschützt sind dagegen nach der Rechtsprechung des EuGH wiederum bestimmte **Marktanteile**[48] und bloße **kommerzielle Vorteile** etwa aus der Zuteilung von Referenzmengen im Rahmen der europäischen Landwirtschaftspolitik, sofern diese nicht entgeltlich erworben wurden.[49] Auch hier ist die Abgrenzung jedoch im Einzelnen schwierig, da eine normative Umhegung eines Marktes und die Gewährung von Marktzutrittsrechten durch ein Referenzmengensystem vermögensrelevante Dispositionen des Marktteilnehmers auslösen und für dessen Unternehmenswert von Bedeutung sind.[50] Jedenfalls wird dann aber ein Schutz aus der unternehmerischen Freiheit nach Art. 16 GRC greifen (dazu Art. 16 GRC Rn. 12).

Eine **eigene Leistung** ist jenseits des Erwerbs öffentlich-rechtlicher Rechtspositionen (dazu sogleich Rn. 18) keine notwendige Voraussetzung für die schutzbereichsseitige Erfassung einer Eigentumsposition,[51] so dass etwa auch »Geschenktes« und »Ererbtes« geschützt wird. Der Umfang eigener Leistungen kann im Rahmen der Rechtfertigung von Eigentumseingriffen aber sehr wohl eine Rolle spielen.   **12**

c) Rechtmäßigkeit des Erwerbs

Unklarheiten schafft hingegen der Zusatz »rechtmäßig«, der erst mit der zweiten Ent-   **13** wurfsfassung in den Wortlaut der Grundrechtecharta aufgenommen wurde.[52] Er war in der weiteren Beratung des Konvents durchaus umstritten. So wurde zum einen auf das Strafrecht als einschlägiges Rechtsgebiet für Fragen der Rechtmäßigkeit des Erwerbs verwiesen und zum anderen der weiter führende Aussagegehalt in Frage gestellt, da angesichts des normgeprägten Schutzgehalts die Rechtmäßigkeit grundlegende Voraussetzung des Eigentumskonzepts sei.[53] Letztlich wird es allein darauf ankommen, ob der Grundrechtspetent nach den **zivil- und öffentlich-rechtlichen Vorschriften** des – gegebenenfalls europarechtlich überformten – nationalen Rechts die geltend gemachte Eigentumsposition (bislang) reklamieren kann bzw. konnte.[54] Strafrechtliche Bewertun-

---

[45] EuGH, Urt. v. 22.1.2013, Rs. C–283/11 (Sky Österreich), ECLI:EU:C:2013:28, Rn. 34 ff.

[46] EuGH, Urt. v. 22.1.2013, Rs. C–283/11 (Sky Österreich), ECLI:EU:C:2013:28, Rn. 34 ff.

[47] Dazu *Depenheuer*, in: Tettinger/Stern, EuGRCh, Art. 17 GRC, Rn. 27 m. w. N.

[48] EuGH, Urt. v. 5.10.1994, Rs. C–280/93 (Bananenmarkt), Slg. 1994, I–4973, Rn. 79; ferner EuG, Urt. v. 28.9.1999, Rs. T–254/97 (Fruchthandelsgesellschaft/Kommission), Slg. 1999, II–2743, Rn. 74; so etwa auch EuGH, Urt. v. 30.6.2005, Rs. C–295/03 P (Alessandri), Slg. 2005, I–5700, Rn. 88; Urt. v. 12.7.2005, verb. Rs. C–154/04 u. a. (Nutri-Link u. a.), Slg. 2005, I–6485, Rn. 128; Urt. v. 9.9.2008, verb. Rs. C–120/06 P und C–121/06 P (FIAMM), Slg. 2008, I–6513, Rn. 185.

[49] EuGH, Urt. v. 20.11.2003, Rs. C–416/01 (ACOR), Slg. 2003, I–14083, Rn. 50; ferner etwa Urt. v. 26.10.2006, Rs. C–275/05 (Kibler), Slg. 2006, I–10582, Rn. 27.

[50] Darauf weist zu Recht wiederum *Frenz*, Handbuch Europarecht, Bd. 4, Rn. 2850 f. hin.

[51] *Depenheuer*, in: Tettinger/Stern, EuGRCh, Art. 17 GRC, Rn. 24.

[52] *Bernsdorff*, in: Meyer, GRCh, Art. 17 GRC, Rn. 8 f.

[53] Siehe zur Diskussion zusammenfassend *Bernsdorff*, in: Meyer, GRCh, Art. 17 GRC, Rn. 10.

[54] So zutreffend *Heselhaus*, in: Heselhaus/Nowak, Handbuch der Europäischen Grundrechte,

gen sind damit auf der Tatbestandsebene nicht weiter relevant, wenn sie keine zivil-rechtlichen Konsequenzen bedingen.[55] Rein faktische »Eigentums«-Positionen scheiden danach schutzbereichsseitig aus.[56]

2. Geschützte Eigentumspositionen

a) Sacheigentum, Grundeigentum, Besitz und sonstige private Forderungsrechte

14 Kerngehalt der Eigentumsgarantie ist zunächst das Sacheigentum an Mobilien und Im-mobilien, was in der Rechtsprechung des EuGH ohne weitere Diskussion vorausgesetzt wird.[57] Dieses umfasst jeweils zunächst volle Rechtsbündel, aber gleichermaßen einzel-ne Teilelemente davon wie dingliche Rechte an Immobilien[58] oder auch das Anteilsei-gentum einschließlich der Aktie. Angesichts der umfassenden Garantiewirkung der Ei-gentumsfreiheit (s. Rn. 9) schließt diese sodann jegliche Nutzungsform des Sach- und Grundeigentums ein, also etwa die Vermietung[59] oder Verpachtung sowie das Leasing,[60] die Bebauung eines Grundstücks oder die Einräumung eines Jagd- oder Fischereirechts und ebenso Vorkaufsrechte, kaufvertragliche Ansprüche sowie umfassend private For-derungsrechte (auch aus Deliktsrecht).[61]

b) Geistiges Eigentum

15 Das geistige Eigentum hat schon in der Rechtsprechung vor Inkrafttreten der Grund-rechtecharta als anerkanntes Element des Eigentums[62] eine wichtige Rolle gespielt. Dies wird nunmehr in der eigenständigen Erwähnung in Art. 17 Abs. 2 GRC nochmals her-vorgehoben. Zudem ist die europarechtliche Überformung und Ausgestaltung durch Sekundärrecht hier besonders weit vorangeschritten,[63] was auch die Erläuterungen zur Charta der Grundrechte als Hauptgrund für die explizite Aufnahme in den Chartatext anführen.[64] Im Vergleich zu den übrigen Rechtspositionen soll daraus gemäß den Erläu-terungen des Präsidiums aber **keine Schutzverstärkung** folgen.[65] Das wäre auch kaum zu rechtfertigen,[66] kann das geistige Eigentum grundrechtshistorisch doch gerade keine

---

§ 32, Rn. 37 mit Fn. 109 und dort auch mit Nachweisen auf einen entsprechenden Ansatz in der Rechtsprechung des EGMR; so wohl auch EuG, Urt. v. 26.9.2014, Rs. T–634/13 (Arctic Paper Mo-chenwangen GmbH/Kommission), ECLI:EU:T:2014:828, Rn. 53.

[55] *Rengeling/Szczekalla*, Grundrechte, § 20, Rn. 808; ebenso *Streinz*, in: Streinz, EUV/AEUV, Art. 17 GRC, Rn. 16.

[56] *Depenheuer*, in: Tettinger/Stern, EuGRCh, Art. 17 GRC, Rn. 23.

[57] Siehe etwa EuGH, Urt. v. 13.12.1979, Rs. 44/79 (Hauer), Slg. 1979, 3727, Rn. 17 ff.

[58] Exemplarisch EGMR, Urt. v. 12.12.2002, Beschwerde-Nr. 37290/97 (Wittek/Deutschland), EuGRZ 2003, 224, Rn. 42 f.

[59] Zum Ertrag aus Flugzeugmieten EGMR, Urt. v. 30.6.2005, Beschwerde-Nr. 45036/98 (Bos-phorus), NJW 2006, 197, Rn. 140.

[60] Dazu mit Blick auf Flugzeuge EuGH, Urt. v. 30.7.1996, Rs. C–84/95 (Bosphorus), Slg. 1996, I–3953, Rn. 19 und 22.

[61] Siehe *Depenheuer*, in: Tettinger/Stern, EuGRCh, Art. 17 GRC, Rn. 25 ff. (m.w.N.); ausführlich hierzu auch *Frenz*, Handbuch Europarecht, Bd. 4, Rn. 2825 ff.

[62] Siehe etwa EuGH, Urt. v. 20.10.1993, verb. Rs. C–92/92 u. C–326/92 (Phil Collins), Slg. 1993, I–5145, Rn. 20 f.; Urt. v. 28.4.1998, Rs. C–200/96 (Metronome Musik), Slg. 1998, I–1953, Rn. 21 ff.

[63] Vgl. hierzu etwa die Darstellung der Rechtsangleichung auf EU-Ebene hinsichtlich gewerblicher Schutzrechte bei *Nordemann*, in: Loewenheim/Meessen/Riesenkampff/Kersting/Meyer-Lindemann (Hrsg.), Kartellrecht Kommentar, 3. Auflage 2016, 3. Teil, Rn. 2 ff.

[64] ABl. 2007, C 303/17 (23).

[65] ABl. 2007, C 303/17 (23).

[66] Ebenso *Depenheuer*, in: Tettinger/Stern, EuGRCh, Art. 17 GRC, Rn. 29; *Frenz*, Handbuch Eu-roparecht, Bd. 4, Rn. 2852.

erhöhte Schutzintensität reklamieren[67] und bedarf einer solchen auch nicht. Das gilt gleichermaßen für etwaige Schutzpflichten, die in Bezug auf das geistige Eigentum nicht prinzipiell weiter greifen als etwa hinsichtlich des Sacheigentums, sondern allenfalls angesichts geringerer rechtlicher und faktischer Schutzbestimmungen möglicherweise eher gefordert sein werden. Auch in der Rechtsprechung des EuGH lässt sich daher zu Recht kein privilegierter Schutzumfang ausmachen.

Der Begriff des geistigen Eigentums ist im Übrigen **weit gefasst**. Das entspricht den **16** Hinweisen in den Erläuterungen zur Charta der Grundrechte. Diese verweisen[68] auf literarische und künstlerische Eigentumsrechte, also entsprechende Urheberrechte[69] einschließlich Verlags- und Filmrechten,[70] das Patent-[71] und Markenrecht[72] sowie die verwandten Schutzrechte.[73] Ergänzend sind Warenzeichen,[74] Geschmacks- und Gebrauchsmuster und Modelle[75] sowie Sortenschutzrechte[76] anzuführen, wobei die nähere Bestimmung in den mitgliedstaatlichen Rechtsordnungen unterschiedlich ausdifferenziert wird. Abzugrenzen sind entsprechende Eigentumspositionen von bloß faktischen Nutzungen von Bezeichnungen oder Angaben wie »méthode champenoise« auf einem Flaschenetikett, die allgemein verwendet werden können.[77] Hier zeigt sich wiederum die normative Prägung des Eigentumsbegriffs, da die freie und allgemeine Nutzung durch Dritte oder umgekehrt eine exklusive Nutzung und der Schutz gegenüber Dritten selbst rechtlich bestimmt wird. Auch der Wert einer entsprechenden Position folgt dann aus der rechtlich normierten Exklusivität.

---

[67] Sie dazu die Hinweise bei *Heselhaus*, in: Heselhaus/Nowak, Handbuch der Europäischen Grundrechte, § 32, Rn. 38.

[68] ABl. 2007, C 303/17 (23).

[69] Dazu auch EuGH, Urt. v. 20.10.1993, verb. Rs. C–92/92 und C–326/92 (Phil Collins), Slg. 1993, I–5145, Rn. 21; Urt. v. 28.4.1998, Rs. C–200/96 (Metronome Musik), Slg. 1998, I–1953, Rn. 22 ff.; Urt. v. 24.11.2011, Rs. C–70/10 (Scarlet Extended), Slg. 2011, I–11959, Rn. 42; die Bedeutung der Anlehnung an die Rechtsprechung des EGMR stellt *Ziegenhorn*, EuZW 2013, 351 (352), heraus; ebenso das Petitum von *Groussot/Pétursson/Pierce*, Weak Right, Strong Court – The Freedom to Conduct Business and the EU Charter of Fundamental Rights, in: Douglas-Scott/Hatzis (Hrsg.), Research Handbook on EU Human Rights Law, 2016 (im Erscheinen) im Hinblick auf Art. 52 Abs. 3 GRC; Urt. v. 16.2.2012, Rs. C–360/10 (SABAM), ECLI:EU:C:2012:85, Rn. 40 f.; Urt. v. 27.3.2014, Rs. C–314/12 (UPC Telekabel Wien GmbH), ECLI:EU:C:2014:192, Rn. 47.

[70] Zu Letzterem etwa EuGH, Urt. v. 9.2.2012, Rs. C–277/10 (Luksan), ECLI:EU:C:2012:65, Rn. 68 ff.

[71] EuGH, Urt. v. 31.10.1974, Rs. 15/74 (Sterling), Slg. 1974, 1147, Rn. 9; GA *Jääskinen*, Schlussanträge zu Rs. C–539/13 (Merck Canada und Merck Sharp and Dohme), ECLI:EU:C:2014:2322, Rn. 14.

[72] Ein Hinweis hierauf findet sich in Art. 17 der Erläuterungen zur Charta der Grundrechte, ABl. 2007, C 303/17 (23); siehe EuG, Urt. v. 21.1.2015, Rs. T–387/13 (cat & clean/CLEAN CAT), ECLI:EU:T:2015:37, Rn. 57 f.; BGH, Urt. v. 2.4.2015, I ZR 59/13, GRUR 2015, 1114, 1119; so auch *Calliess*, in: Calliess/Ruffert, EUV/AEUV, Art. 17 GRCh, Rn. 6; ebenso *Rengeling/Szczekalla*, Grundrechte, § 20, Rn. 806.

[73] EuGH, Urt. v. 28.4.1998, Rs. C–200/96 (Metronome Musik), Slg. 1998, I–1953, Rn. 22 ff.

[74] EuGH, Urt. v. 8.6.1982, Rs. 258/78 (Nungesser), Slg. 1982, 2015, Rn. 35.

[75] Vgl. EuGH, Urt. v. 3.12.1998, Rs. C–368/96 (Generics), Slg. 1998, I–7967, Rn. 81.

[76] EuGH, Urt. v. 8.6.1982, Rs. 258/78 (Nungesser), Slg. 1982, 2015, Rn. 35.

[77] EuGH, Urt. v. 13.12.1994, Rs. C–306/93 (SMW Winzersekt GmbH), Slg. 1994, I–5555, Rn. 23 (allerdings ohne nähere Erläuterung).

c) Unternehmenswerte

17 In der Rechtsprechung des EGMR zum 1. Zusatzprotokoll ist ferner anerkannt, dass einzelne Bestandteile des Unternehmens geschützt werden, die über das Eigentum an den Betriebsmitteln und geistige Eigentumsrechte hinausgehen. Das gilt insbesondere für den **Kundenstamm**[78] und den **goodwill**[79] und muss auch für Art. 17 GRC gelten. Bislang noch unklar ist dagegen ein darüber hinausgehender Schutz des **Unternehmens als Gesamtheit**. Aus der Entscheidung des EuGH im Fall Flughafen Hannover wird zum Teil – sehr weitreichend – abgeleitet, dass ein Schutz der Unternehmenssubstanz greift, da das Gericht einen Eigentumseingriff im Fall einer Entgeltregelung nur deshalb verneint hat, weil das Unternehmen noch einen Gewinn erzielen könne.[80] Letztlich sprechen angesichts des eigenständigen Schutzes der unternehmerischen Betätigungsfreiheit in Art. 16 GRC die besseren chartasystematischen Gründe dafür, entsprechende Eingriffe (auch in sonstige Aspekte des Unternehmens etwa durch Rentabilitätsbeeinträchtigungen) primär am Maßstab dieser Norm zu prüfen. Aufgrund der fehlenden, Art. 16 GRC vergleichbaren Bestimmung im Konventionsrecht bleibt dort der »teleologische Druck« allerdings groß, eine entsprechende Schutzbereichserfassung einzelner wertbildender Parameter des Unternehmens[81] über die Eigentumsgarantie vorzunehmen, was dann wiederum über Art. 52 Abs. 3 GRC auch auf das EU-Recht durchschlägt.

d) Öffentlich-rechtliche Positionen

18 Angesichts der Ausführungen zum Schutz privater Forderungsrechte (s. Rn. 14) muss Entsprechendes auch für den Schutz öffentlich-rechtlich begründeter Rechtspositionen wie Rentenversicherungsansprüche oder anderweitige **Sozialversicherungsansprüche** gelten. Dass über sie nicht frei verfügt werden kann, ist eine systemimmanente Ausgestaltungsbesonderheit, steht ihrem Schutz aber nicht entgegen.[82] Erforderlich ist im Einklang mit der Rechtsprechung des EGMR jedoch jeweils, dass sie auf eigenen Leistungen beruhen.[83] Auch steuerliche **Rückzahlungsansprüche**[84] und Restitutionsansprüche des Eigentums[85] werden daher vom Schutzbereich erfasst. Bloß durch hoheitliche Marktregulierung begründete **Erwerbshoffnungen** werden hingegen grundsätzlich nicht ge-

---

[78] Grundlegend EGMR, Urt. v. 26.6.1986, Beschwerde-Nr. 8543/79 (Van Marle u. a./Niederlande), Ser. A no. 101, Rn. 41, EuGRZ 1998, 35; später in einem deutschen Fall etwa Urt. v. 9.11.1999, Beschwerde-Nr. 37595/97 (Döring/Deutschland), NJW 2001, 1556.

[79] Siehe dazu grundlegend EGMR, Urt. v. 7.7.1989, Beschwerde-Nr. 10873/84 (Tre Traktörer AB/Schweden), Series A no. 159, Rn. 53 (im Internet abrufbar unter: http://hudoc.echr.coe.int/eng?i= 001–57590#{%22itemid%22:[%22001–57590%22]}, letzter Aufruf am 21.9.2016: Auswirkungen des Widerrufs einer Ausschanklizenz auf den Ruf eines Restaurants); vgl. auch den deutschen Fall Urt. v. 9.11.1999, Beschwerde-Nr. 37595/97 (Döring/Deutschland), NJW 2001, 1556.

[80] Siehe EuGH, Urt. v. 16.10.2003, Rs. C–363/01 (Flughafen Hannover), Slg. 2003, I–11893, Rn. 58; so *Jarass*, EU-GR, § 22, Rn. 13.

[81] Dafür auch *Frenz*, Handbuch Europarecht, Bd. 4, Rn. 2848.

[82] Skeptisch aber aus diesem Grund *Depenheuer*, in: Tettinger/Stern, EuGRCh, Art. 17 GRC, Rn. 36, auch unter Hinweis auf GA *Darmon*, Schlussanträge zu Rs. C–227/89 (Rönfeldt), Slg. 1991, I–332, 334; zurückhaltend ferner *Schilling*, EuZW 1991, 311.

[83] EGMR, Urt. v. 16.9.1996, Beschwerde-Nr. 17371/90 (Gaygusuz/Österreich), Rn. 39, 41 (im Internet abrufbar unter: http://www.echr.coe.int); ebenso die überwiegende Literatur, vgl. etwa *Bernsdorff*, in: Meyer, GRCh, Art. 17 GRC, Rn. 15; *Jarass*, EU-GR, § 22, Rn. 10.

[84] EGMR, Urt. v. 16.4.2002, Beschwerde-Nr. 36677/97 (Dangeville/Frankreich), EuGRZ 2007, 671, Rn. 48; *Jarass*, EU-GR, § 22, Rn. 11.

[85] EGMR, Urt. v. 27.5.2003, Beschwerde-Nr. 77532/01 (Harrach/Czech Republic) (im Internet abrufbar unter: http://www.echr.coe.int), im Ergebnis allerdings verneinend.

schützt, sofern nicht ein hinreichender, Vertrauensschutz begründender Rechtstatbestand geschaffen wurde (s. Rn. 11).

e) Vermögen und Abwehr von Abgabepflichten

Auch wenn das Vermögen als Ganzes nicht geschützt sein mag, so schützt die Eigentumsfreiheit grundsätzlich auch gegen Abgabepflichten, die zu einer Minderung des Vermögens führen. Auf diese Weise wird ein mittelbarer Vermögensschutz bewirkt. In Bezug auf Art. 1 ZP I zur EMRK ergibt sich das schon aus dem Umstand, dass Abs. 2 eigens auf das Unberührtbleiben der staatlichen Abgaben- und Besteuerungsmöglichkeiten verweist und daher indirekt deren Schutzbereichsrelevanz impliziert.[86] Daher hat der EGMR die Pflicht zur Steuerzahlung auch am Maßstab der Eigentumsgarantie geprüft.[87] Dies gilt gem. Art. 52 Abs. 3 GRC sodann gleichermaßen für Art. 17 GRC.[88] Dem steht auch nicht die – ohnehin vor Inkrafttreten der Grundrechtecharta – ergangene Entscheidung des EuGH im Fall Zuckerfabrik Süderdithmarschen[89] entgegen, die keineswegs explizit die Schutzbereichserfassung ausgeschlossen, sondern lediglich einen »Verstoß gegen das Eigentumsrecht« verneint hat.[90] Im Übrigen kann das Urteil im Fall Seafood umgekehrt durchaus als Andeutung eines eigentumsrechtlichen Schutzes gegen Abgabepflichten verstanden werden.[91]

19

3. Umfassende Verwendungsfreiheiten

Schon der Wortlaut des Art. 17 Abs. 1 Satz 1 GRC weist auf einen umfassenden Schutzansatz hinsichtlich der möglichen Verwendungsfreiheiten hin. So werden der Besitz, die Nutzung, die Verfügungsbefugnis und das Erbrecht in Bezug auf das Eigentum geschützt. Damit wird ein umfassendes Besitz-, Nutzungs- und Verfügungsrecht in Bezug auf die geschützten Eigentumspositionen eingeräumt.[92] Dabei bezieht sich das **Besitzen** auf das bloße tatsächliche »In-der-Hand-Haben« der geschützten Eigentumspositionen.[93] Vielfältiger sind sodann die denkbaren Möglichkeiten des **Nutzens** – die von klassischen Formen der Besitzüberlassung an einen Dritten im Rahmen einer Verpachtung oder Vermietung,[94] eines Leasings,[95] oder einer Leihe,[96] über das Verändern, etwa einer Immobilie durch Bebauung,[97] bis hin zu jeglicher Form des Einsatzes des Eigen-

20

---

[86] Dagegen *Jarass*, NVwZ 2006, 1089 (1090); die Möglichkeit der Eigentumsverletzung unter Heranziehung der EuGH-Rechtsprechung hingegen nicht kategorisch ablehnend *Heselhaus*, in: Heselhaus/Nowak, Handbuch der Europäischen Grundrechte, § 32, Rn. 53 f.

[87] EGMR, Urt.v. 18.2.1991, Beschwerde-Nr. 12033/86 (Darby/Schweden), NJW 1991, 1404, Rn. 30.

[88] *Frenz*, Handbuch Europarecht, Bd. 4, Rn. 2860.

[89] EuGH, Urt. v. 21.2.1991, verb. Rs. C–143/88 und C–92/89 (Zuckerfabrik Süderdithmarschen u. a.), Slg. 1991, I–415, Rn. 74.

[90] Zutreffend *Frenz*, Handbuch Europarecht, Bd. 4, Rn. 2857; a. A. etwa *Streinz*, in: Streinz, EUV/AEUV, Art. 17 GRC, Rn. 7.

[91] Auch wenn die Ausführungen im Rahmen einer isolierten Prüfung des Verhältnismäßigkeitsgrundsatzes erfolgen, EuGH, Urt. v. 14.5.1996, verb. Rs. C–153/94 und C–204/94 (Seafood u. a.) Slg. 1996, I–2464, Rn. 111 ff. (Nacherhebung von Abgaben).

[92] A. A. zur Nutzung von Markenrechten *Shmatenko*, ZfRV 2014, 4 (10).

[93] *Bernsdorff*, in: Meyer, GRCh, Art. 17 GRC, Rn. 17; *Jarass*, EU-GR, § 22, Rn. 14.

[94] Zum Ertrag aus Flugzeugmieten EGMR, Urt. v. 30.6.2005, Beschwerde-Nr. 45036/98 (Bosphorus), NJW 2006, 197, Rn. 140.

[95] Dazu EuGH, Urt. v. 30.7.1996, Rs. C–84/95 (Bosphorus), Slg. 1996, I–3953, Rn. 19 und 22.

[96] Vgl. EuGH, Urt. v. 6.7.2006, Rs. C–53/05 (Kommission/Portugal), Slg. 2006, I–6215, Rn. 34.

[97] EGMR, Urt. v. 23.9.1982, Beschwerde-Nr. 7151 u. 7152/75 (Sporrung u. Lönnroth/Schweden),

tums zur Gewinnerzielung[98] reichen. Je nach geschützter Vermögensposition greifen sodann auch vielfältige Formen des **Verfügens** im Sinne einer Änderung des Eigentumsrechts, sei es durch eine Aufgabe, Übertragung oder Belastung.[99] Dazu gehört vor allem die Veräußerung,[100] aber etwa auch die Verpfändung[101]. Schließlich wird das Recht des **Vererbens** eigenständig als Verwendungsfreiheit in Art. 17 Abs. 1 Satz 1 GRC angeführt und schützt damit sowohl den Erblasser in seiner letztwilligen Verfügungsbefugnis als auch den Erben in seinem Erwerbsrecht. In Bezug auf Letzteren ist wie bei allen Eigentumspositionen eine hinreichende Anspruchsverfestigung erforderlich (s. Rn. 10 f.).[102]

C.   Eingriffe

21   Art. 17 Abs. 1 GRC differenziert die denkbaren Eingriffsformen in **zwei Kategorien** aus, nämlich einer Eigentumsentziehung in Satz 2 einerseits und einer Nutzungsregelung in Satz 3 andererseits, die sodann im ersten Fall an einen qualifizierten und im zweiten Fall an einen einfachen Gesetzesvorbehalt gebunden werden (s. Rn. 26). Erforderlich ist in beiden Fällen, dass es sich um eine hoheitliche Maßnahme handelt, wobei auch die zivilrechtliche Steuerung von Eigentumskonflikten im Falle einer normativen Vorprägung als solche anzusehen ist. So können sich Vollstreckungsmaßnahmen und deren gesetzliche Ausgestaltung sehr wohl als Eingriff darstellen.[103] Dabei ist davon auszugehen, dass für die Interpretation des Art. 17 GRC eine Orientierung am **klassischen Eingriffsmodell** vorzugswürdig ist gegenüber einem mit Blick auf das Gestaltungsermessen des Gesetzgebers allzu großzügigen Ausgestaltungsmodell – insbesondere hinsichtlich des »gestaltungsfreudigen« Unionsgesetzgebers.[104] Weitere Auffangkategorien – wie etwa eine »vorläufige Enteignung« als »sonstige Beeinträchtigung« oder »mittelbare Beeinträchtigungen«[105] – sind neben den genannten zwei Kategorien im Übrigen nicht erforderlich,[106] da die Fälle einer der beiden Kategorien zugeordnet werden können. So ist eine vorläufige Eigentumsentziehung etwa so lange eine Nutzungsbeschränkung, wie nicht zumindest eine »faktische« Dauerhaftigkeit eintritt.

NJW 1984, 2747, Rn. 60; Urt. v. 27.10.1994, Beschwerde-Nr. 12539/86, Rn. 40, 46 (im Internet abrufbar unter: http://www.echr.coe.int).

[98] Vgl. EuGH, Urt. v. 16.10.2003, Rs. C–363/01 (Flughafen Hannover), Slg. 2003, I–11893, Rn. 58.

[99] *Frenz*, Handbuch Europarecht, Bd. 4, Rn. 2874; vgl. EuGH, Urt. v. 29.2.1996, Rs. 296/93 (Frankreich und Irland/Kommission), Slg. 1996, I–795, Rn. 64.

[100] Sämtlicher Vermögensgegenstände wie beispielsweise auch von Aktien.

[101] Zu Letzterem, allerdings ohne nähere grundrechtliche Prüfung EuGH, Urt. v. 12.9.2006, verb. Rs. C–123 und C–124/04 (Industrias Nucleares), Slg. 2006, I–7861, Rn. 29.

[102] Daher einen Eigentumsschutz für bloße Erwerbschancen (auch mit Blick auf künftige Erben) ablehnend EGMR, Urt. v. 13.6.1979, Beschwerde-Nr. 6833/74 (Marckx/Belgien), NJW 1979, 2449, Rn. 50; für eine hinreichende gesicherte Anwartschaft (wiederum in Bezug auf einen Erbfall) hingegen bejahend EGMR, Urt. v. 28.10.1987, Beschwerde-Nr. 8695/79 (Inze/Österreich), Ser. A no. 126, Rn. 38; dazu auch *Jarass*, NVwZ 2006, 1089 (1092) und *Frenz*, Handbuch Europarecht, Bd. 4, Rn. 2876.

[103] A.A. *Frenz*, Handbuch Europarecht, Bd. 4, Rn. 2893.

[104] Zu diesem Unterschied zwischen dem klassischen Eingriffsmodell des EGMR und dem »Gestaltungsmodell« des BVerfG in der Folge der unterschiedlichen Ausgangsverständnisse (naturrechtlich fundierte Konzeption des EGMR, normgeprägtes Verständnis des BVerfG) *Michl*, JZ 2013, 504 (507 ff.) mit umfassenden Nachweisen aus der Rechtsprechung.

[105] A.A. *Cremer*, in: Dörr/Grote/Marauhn, GG/EMRK, Kap. 22, Rn. 74.

[106] So aber *Jarass*, EU-GR, § 22, Rn. 17 und 37.

I. Eigentumsentziehung

Die Eigentumsentziehung stellt sich demnach als schärferer Eingriff dar, denn sie geht 22 mit dem dauerhaften Verlust der Eigentumsposition einher. Eine **formale Eigentumsentziehung** ist immer dann gegeben, wenn dem Eigentümer nach der Maßnahme auch formal keine Eigentumsposition verbleibt.[107] Damit ist das Anforderungsprofil erheblich niedriger als im Fall des engen Enteignungsbegriffs des Bundesverfassungsgerichts. Das Bundesverfassungsgericht verlangt nämlich neben dem Eigentumsentzug noch drei zusätzliche Erfordernisse, nämlich erstens eine hoheitliche Güterbeschaffung, zweitens das Vorliegen eines konkreten Vorhabens und drittens das Ziel, eine öffentliche Aufgabe zu erfüllen.[108]

Der EGMR geht sogar noch einen Schritt weiter und stellt eine **De-facto-Enteignung** der formalen Eigentumsentziehung gleich, wenn die formal verbleibende Eigentumsposition durch die Nutzungseinschränkung vollständig entkernt wird.[109] Dies ist inhaltlich überzeugend, da auf die materielle Belastungswirkung beim Grundrechtsgeschützten abgestellt und nicht nach formalistischen Kriterien differenziert wird. Schon mit Blick auf Art. 52 Abs. 3 GRC muss dies auch für Art. 17 GRC gelten. Damit scheidet eine Beschränkung auf formale Enteignungsfälle ebenso wie ein Finalitätserfordernis[110] unter der Geltung der Grundrechtecharta aus. Die Regelung muss dabei jedoch in einer Art und Weise die Verwendungsmöglichkeiten beschränken, dass keine vernünftige Nutzung oder Verfügung mehr möglich ist oder ein vollständiger Wertverlust des Eigentums eintritt. Auch die Rechtsprechung des EuGH im Fall Luksan deutet in diese Richtung, wenn das Absprechen entsprechender Verwertungsrechte am Filmwerk einem Eigentumsentzug gleichkäme.[111] Damit wird die Abgrenzung im Einzelfall allerdings schwierig, zumal es entscheidend darauf ankommt, wie die Eigentumsposition definiert wird:[112] Stellt man etwa auf das spezifische Ausbeutungs- oder Nutzungsrecht eines Grundstücks ab (z.B. das Auskiesungsrecht oder ein Jagdrecht), ist dessen vollständiger Entzug als Enteignung zu werten. Stellt man hingegen auf das Grundstück selbst ab, so wird dieses jedenfalls nicht formal und wohl auch nicht faktisch entzogen (jedenfalls nicht beim Entzug des Jagdrechts). Gleichwohl spricht angesichts einer vergleichbaren Schutzbedürftigkeit einiges dafür, die erste Betrachtungsweise zugrunde zu legen und entgegen der Rechtsprechung des EGMR[113] eine Enteignung anzunehmen.[114]

Ebenso erfasst werden dann faktische Enteignungen in Form der hoheitlich ange- 23 ordneten Zerstörung des Eigentums.[115] Das gilt ganz allgemein für die gesetzlich oder

---

[107] Vgl. EGMR, Urt. v. 8.1.2007, Beschwerde-Nr. 55809/00 (Berger/Deutschland), Rn. 56, juris.

[108] Vgl. BVerfGE 74, 264; 104, 1 (10); dazu kritisch *Kühling*, S. 787 ff.

[109] EGMR, Urt. v. 23.10.2006, Beschwerde-Nr. 55878/00 (Weber/Deutschland), Rn. 98 f., juris; im Umkehrschluss so wohl auch der EuGH, Urt. v. 12.5.2005, Rs. C–347/03 (ERSA), Slg. 2005, I–3820, Rn. 122: kein Entzug durch Verbot, da »nicht jede sinnvolle Art der Vermarktung« ausgeschlossen sei.

[110] Dazu *Calliess*, in: Calliess/Ruffert, EUV/AEUV, Art. 17 GRC, Rn. 18 (m.w.N.); zum Kriterium der Finalität siehe auch *Frenz*, Handbuch Europarecht, Bd. 4, Rn. 2905 ff.

[111] EuGH, Urt. v. 9.2.2012, Rs. C–277/10 (Luksan), ECLI:EU:C:2012:65, Rn. 70.

[112] Darauf weist zutreffend *Frenz*, Handbuch Europarecht, Bd. 4, Rn. 2901 f. hin.

[113] EGMR, Urt. v. 18.2.1991, Beschwerde-Nr. 12033/86 (Fredin/Schweden), ÖJZ 1991, 514, Rn. 42 f.

[114] So auch *Frenz*, Handbuch Europarecht, Bd. 4, Rn. 2902; a.A. wohl *Depenheuer*, in: Tettinger/Stern, EuGRCh, Art. 17 GRC, Rn. 45, der eine Enteignung erst im Falle des dauerhaften Entzugs sämtlicher Nutzungsmöglichkeiten bejaht.

[115] Siehe zu entsprechenden Entschädigungsansprüchen im Fall eines Bombenangriffs aus der

exekutiv angeordnete **Vernichtung von Sacheigentum**. Insoweit kann auch nicht die Entscheidung des EuGH in der Sache Booker Aquaculture angeführt werden, um allgemein eine Eigentumsentziehung in der Rechtsprechung des EuGH in diesen Fällen zu verneinen.[116] Vielmehr hat der EuGH lediglich zu Recht festgestellt, dass kein Entzug der Nutzung der Aquakulturbetriebe im Falle einer behördlich angeordneten Vernichtung von Fischen zur Bekämpfung von Krankheiten erfolgt.[117] Damit ist aber bezüglich des vernichteten Sacheigentums noch keine Aussage getroffen. Hier kann man den EuGH so verstehen, dass er angesichts der bereits eingetretenen Seucheninfektion oder des Risikos einer Infektion letztlich von einer Wertlosigkeit des Eigentums ausgeht,[118] so dass auch kein Eigentumswert »entzogen« wird. Letztlich wäre hier die angemessene Entschädigung auch dem Wert entsprechend bei Null anzusetzen. Im Falle einer Werthaltigkeit des vernichteten Eigentums wäre das jedoch anders zu beurteilen und ein Eigentumsentzug anzunehmen.

II. Nutzungsregelung

24 Praktisch häufiger relevant sind die Nutzungsregelungen, die entsprechend der Konzeption des zweiteiligen Eingriffsbegriffs (s. Rn. 21) alle Fälle erfassen, in denen kein Eigentumsentzug erfolgt. Stattdessen wird lediglich die Nutzungs- oder Verfügungsmöglichkeit des Eigentums beschränkt oder vorgesteuert. Eine derartige Steuerung der Verwendungsbefugnis kann in räumlicher, zeitlicher und/oder sachlicher Perspektive erfolgen.[119] Auch hier stellt sich die Frage, inwiefern bloß faktisch oder **mittelbar belastende Maßnahmen** erfasst werden. Dazu ist zunächst erforderlich, dass überhaupt eine relevante Eigentumsposition vorliegt, was bei der bloßen Beeinflussung von Marktanteilen etwa durch Stützungskäufe[120] nicht der Fall ist.[121] Erforderlich ist vielmehr, dass zumindest im Ergebnis eine Nutzungs- oder Verfügungsbefugnis beeinträchtigt wird.[122] Ist das nicht der Fall, wird regelmäßig die Berufs- oder unternehmerische Freiheit aus Art. 15 bzw. 16 GRC einschlägig sein.[123]

D. Eingriffsrechtfertigung

25 Die Eingriffsrechtfertigung läuft **prüfungssystematisch** letztlich weitgehend **parallel** zwischen Eigentumsentzug und Nutzungsregelung, da jeweils ein kaum Besonderheiten aufweisender Gesetzesvorbehalt greift (s. Rn. 26), die Reichweite der Legitimations-

---

Rechtsprechung des EGMR, Urt. v. 24.2.2005, Beschwerde-Nr. 57950/00 (Isayeva/Russland), EuGRZ 2006, 41, Rn. 233.

[116] So aber *Calliess*, in: Calliess/Ruffert, EUV/AEUV, Art. 17 GRC, Rn. 17.

[117] EuGH, Urt. v. 10.7.2003, Rs. C–20/00 und 64/00 (Booker Aquaculture Ltd. u.a.), Slg. 2003, I–7411, Rn. 80f.

[118] EuGH, Urt. v. 10.7.2003, Rs. C–20/00 und 64/00 (Booker Aquaculture Ltd. u.a.), Slg. 2003, I–7411, Rn. 84.

[119] *Jarass*, EU-GR, § 22, Rn. 25; ebenso *Frenz*, Handbuch Europarecht, Bd. 4, Rn. 2954.

[120] EuGH, Urt. v. 6.12.1984, Rs. 59/83 (Biovilac), Slg. 1984, 4057, Rn. 22.

[121] *Jarass*, EU-GR, § 22, Rn. 26.

[122] So zutreffend *Calliess*, in: Calliess/Ruffert, EUV/AEUV, Art. 17 GRC, Rn. 14, unter Zurückweisung von Gegenauffassungen, die wesentlich strenger eine Existenzgefährdung verlangen, siehe etwa *von Milczewski*, S. 78.

[123] So wiederum *Calliess*, in: Calliess/Ruffert, EUV/AEUV, Art. 17 GRC, Rn. 14.

zwecke trotz unterschiedlicher Formulierung einheitlich ist (s. Rn. 27) und auch in beiden Fällen nach der Verhältnismäßigkeit im Allgemeinen (s. Rn. 32 ff.) und der Entschädigung im Besonderen zu fragen ist (s. Rn. 28 ff.), die nur im Fall einer Enteignung
zwingend geboten ist. Die Kompetenz der Europäischen Union zu Eigentumseingriffen
einschließlich Enteignungen ergibt sich aus den jeweiligen **Kompetenztiteln**,[124] so dass
beispielsweise auf die Binnenmarktkompetenz ohne Weiteres eine Verpflichtung zum
Ownership-Unbundling und damit eine Enteignung in den Netzwirtschaften gestützt
werden könnte.

I.   Gesetzesvorbehalt

Sowohl der Eigentumsentzug als auch die Nutzungsregelung bedürfen zu ihrer Recht-   **26**
mäßigkeit einer gesetzlichen Regelung. Art. 17 Abs. 1 GRC enthält dabei abweichend
von der Grundstruktur der Grundrechtecharta mit ihrer einheitlichen Schrankensystematik in Art. 52 Abs. 1 GRC die eigenständige Benennung eines Gesetzesvorbehalts,
der für den Eigentumsentzug um die Entschädigungsverpflichtung qualifiziert wird.
Ansonsten gelten **keine Besonderheiten**, so dass es auch hier einer hinreichend bestimmten gesetzlichen Regelung bedarf – mit den entsprechenden Differenzierungen auf nationaler Ebene, etwa für Common-law-Länder (dazu Art. 52 GRC, Rn. 21), und auf
Unionsebene etwa für Richtlinien im Vergleich zu Verordnungen.[125]

II.   Öffentliches Interesse bzw. Wohl der Allgemeinheit

Trotz unterschiedlicher Formulierung des Legitimationsgrundes – nämlich »öffentliches   **27**
Interesse« mit Blick auf die Enteignung und »Wohl der Allgemeinheit« hinsichtlich der
Nutzungsregelung – bestehen auch insoweit keine Abweichungen und auch keine Besonderheiten im Vergleich zur allgemeinen Schrankenregelung in Art. 52 Abs. 1 Satz 2
GRC (»dem Gemeinwohl dienenden Zielsetzungen«). Angesichts der regelmäßig wirt-
schaftspolitisch relevanten Maßnahmen und des hier anzunehmenden weiten Spielraums des Gesetzgebers[126] wird man der Legislative auch bei der Definition der relevanten Allgemeinwohlziele eine entsprechende **Einschätzungsprärogative** einräumen.
Die **Filterfunktion** des Legitimationsgrundes ist damit **beschränkt**. Nicht gerechtfertigt
werden können damit letztlich nur rein **privatnützige** Eingriffe, die auf keinen öffentlichen Zweck verweisen können. Dass Beeinträchtigungen zugleich oder sogar primär
privaten Zwecken dienen, ist hingegen unschädlich, so dass auch eine Enteignung zugunsten Privater zulässig ist, solange sie nur auch öffentliche Zwecke verfolgt, beispielsweise wirtschaftliche Ziele wie die Schaffung von Arbeitsplätzen oder sozialpolitische
Zwecke wie eine angemessene Zuordnung von Wohneigentum.[127]

---

[124] Zutreffend *Heselhaus*, in: Heselhaus/Nowak, Handbuch der Europäischen Grundrechte, § 32,
Rn. 69.
[125] Dazu *Kühling*, in: v. Bogdandy/Bast, Europäisches Verfassungsrecht, S. 691 f.
[126] *Jarass*, EU-GR, § 22, Rn. 21; *Wollenschläger*, in: Peers/Hervey/Kenner/Ward, The EUCFR,
Rn. 17(1).52.
[127] EGMR, Urt. v. 21. 2. 1986, Beschwerde-Nr. 8793/79 (James u. a./UK), Ser. A no. 98, Rn. 40 ff.

III. Entschädigung

1. Entschädigung beim Eigentumsentzug

a) Allgemeines

28   Die Entschädigungsfrage spielt beim Eigentumsentzug regelmäßig eine große Rolle. Daher normiert Art. 17 Abs. 1 Satz 2 GRC anders als für den Fall der Nutzungsregelung eine **zwingende Entschädigungsregelung**. Diese findet sich teilweise auch in mitgliedstaatlichen Verfassungen, während sie in Art. 1 des ZP I zur EMRK fehlt und erst vom EGMR im Rahmen der Rechtsprechung entwickelt werden musste.[128] Diese verlangt in materieller Hinsicht eine Angemessenheit (s. Rn. 30) und mit Blick auf den Zeitpunkt eine Rechtzeitigkeit (s. Rn. 29), was der völkerrechtlichen »Hull«-Formel entspricht.[129] Sie ist Ausdruck von **Verhältnismäßigkeitserwägungen**.[130] Die Einzelheiten der Entschädigungsregelung müssen nach dem Wortlaut des Art. 17 Abs. 1 Satz 2 GRC nicht im Gesetz selbst geregelt, sondern können auch von der Exekutive im Rahmen der Eigentumsentziehung festgesetzt werden. Dies folgt auch aus der bisherigen Rechtsprechung des EuGH.[131]

b) Rechtzeitig

29   Das Erfordernis der Rechtzeitigkeit richtet sich nach den Umständen und der Situation der Enteignung.[132] Sie bezieht sich sowohl auf die Festsetzung als auch auf die anschließende Auskehrung. Die Entschädigung muss so schnell wie möglich, aber nicht zwingend[133] bereits zugleich mit der Enteignungsregelung oder dem Eigentumsentzug erfolgen. Das gilt erst recht für eine gegebenenfalls erfolgende gerichtliche Kontrolle der Rechtmäßigkeit der Entschädigungsregelung. Allerdings bedarf jede zeitlich nachteilige Entkoppelung von Eigentumsentzug und Entschädigungszahlung der Rechtfertigung, was etwa aufgrund einer Eilbedürftigkeit der Fall sein kann. Regelmäßig wird danach eine **Gleichzeitigkeit** von Enteignungs- und Entschädigungsentscheidung sowie Enteignungsvollzug und Entschädigungszahlung indiziert sein.

c) Angemessen

30   Auch bei der Festsetzung der Entschädigungshöhe kommt der öffentlichen Hand grundsätzlich eine **Einschätzungsprärogative** zu,[134] ebenso wie der Gesetzgeber gewisse Ty-

---

[128] Vgl. EGMR, Urt. v. 9.12.1994, Beschwerde-Nr. 13092/87 u. 13984/88 (Holy Monasteries/Griechenland), Rn. 71 (im Internet abrufbar unter: http://www.echr.coe.int); Urt. v. 23.11.2000, Beschwerde-Nr. 25701/94 (Früherer König von Griechenland u.a./Griechenland), NJW 2002, 45, Rn. 89; Urt. v. 30.6.2005, Beschwerde-Nr. 46720/99 u.a. (Jahn u.a./Deutschland), NJW 2005, 2907, Rn. 94. Hiernach bedarf es außerordentlicher Umstände, um eine Enteignung ohne Entschädigung als nach Art. 1 ZP I zur EMRK gerechtfertigt anzusehen; zur Herleitung der Entschädigungspflicht siehe auch *Frenz*, Handbuch Europarecht, Bd. 4, Rn. 2926 ff.

[129] Dazu *Gloria*, Völkerrechtlicher Eigentumsschutz, in: Ipsen (Hrsg.), Völkerrecht, 4. Aufl. 2004, § 47, Rn. 18 sowie *Haltern*, Internationales Wirtschaftsrecht, in: Ipsen (Hrsg.), 6. Aufl. 2014, § 34 Rn. 56.

[130] EGMR, Urt. v. 30.6.2005, Beschwerde-Nr. 46720/99 u.a. (Jahn u.a./Deutschland), NJW 2005, 2907, Rn. 94.

[131] EuGH, Urt. v. 13.7.1989, Rs. 5/88 (Wachauf), Slg. 1989, 2609, Rn. 22.

[132] Zu unzulässigen Rückwirkungseffekten siehe EGMR, Urt. v. 5.1.2000, Beschwerde-Nr. 33202/96 (Beyeler/Italien), NJW 2003, 654, Rn. 120 ff.

[133] So aber *Depenheuer*, in: Tettinger/Stern, EuGRCh, Art. 17 GRC, Rn. 70; zustimmend *Frenz*, Handbuch Europarecht, Bd. 4, Rn. 2931.

[134] EuGH, Urt. v. 9.9.2008, verb. Rs. C–120/06 P und C–121/06 P (FIAMM), Slg. 2008, I–6513, Rn. 181.

pisierungen vornehmen darf. Hier sind **abgestuft** Entschädigungen von der vollen Höhe des entzogenen Eigentums[135] über eine an dessen Wert orientierte, aber geringere Entschädigung bis hin zu einer Entschädigung nicht weit unter Wert erforderlich. Da der Wortlaut des Art. 17 GRC eine Entschädigung zwingend vorsieht, wird anders als nach Art. 1 Abs. 1 ZP I zur EMRK[136] eine vollständige Entschädigungslosigkeit unzulässig sein.[137] Es kann dennoch trotz formalen Eigentumsentzugs wegen Wertlosigkeit des entzogenen Eigentums der Charakter einer entschädigungspflichtigen Eigentumsentziehung entfallen (dazu s. Rn. 23). Neben diesen Entschädigungsstufen stellt sich sodann die Frage nach der konkreten Berechnung der Entschädigungshöhe, d. h. der Anwendung der **Bewertungsmethode**. Hier verfügt die öffentliche Hand erst recht über eine entsprechende Einschätzungsprärogative, ob etwa bei einer Nationalisierung der Ertragswert der Unternehmen oder der Substanzwert oder im Fall einer Börsennotierung der durchschnittliche Börsenkurs über einen bestimmten Zeitraum[138] zugrunde gelegt wird. Auch eine Entschädigung in Naturalien ist denkbar, insbesondere bei Grundstücksbereinigungsmaßnahmen.[139] Letztlich hängen die Anforderungen an die Höhe der Entschädigung von den Eingriffsgründen ab. So wird eine primär privatnützige Enteignung eher eine volle Entschädigung erfordern als eine durch starke Allgemeinwohlgründe gedeckte Maßnahme. Weitere auch in der Diskussion zu Art. 14 GG angeführte **Topoi** können die Höhe beeinflussen wie der soziale Bezug des Eigentums, die eigene Leistung des Eigentümers oder dessen Vorverhalten (etwa die Nichtzahlung und anschließende Zwangsversteigerung von Sacheigentum oder ein rechtswidriges Verhalten[140]).[141]

2. Entschädigung bei Nutzungsregelungen

Für bloße Nutzungsregelungen sieht Art. 17 Abs. 1 Satz 3 GRC keine zwingende Entschädigungsverpflichtung vor, was der Rechtsprechung des EuGH entspricht.[142] Diese **31**

---

[135] So der EGMR für die Enteignung von Grundstücken, Urt. v. 29.3.2006, Beschwerde-Nr. 36813/97 (Scordino/Italien), NJW 2007, 1259, Rn. 96.

[136] EGMR, Urt. v. 23.11.2000, Beschwerde-Nr. 25701/94 (Früherer König von Griechenland u. a./Griechenland), NJW 2002, 45, Rn. 90.

[137] *Jarass*, EU-GR, § 22, Rn. 23; *Heselhaus*, in: Heselhaus/Nowak, Handbuch der Europäischen Grundrechte, § 32, Rn. 73; *Frenz*, Handbuch Europarecht, Bd. 4, Rn. 2939; anders sieht dies anscheinend *Depenheuer*, in: Tettinger/Stern, EuGRCh, Art. 17 GRC, Rn. 69, der sich insoweit an der Rechtsprechung des EGMR zu Art. 1 ZP I zur EMRK orientiert und eine entschädigungslose Enteignung unter ganz außergewöhnlichen Umständen für möglich hält.

[138] Siehe insoweit die sehr umfassende Prüfung des EGMR im Fall eines britischen Nationalisierungsprogramms, Urt. v. 8.7.1986, Beschwerde-Nr. 9006/80 u. a. (Lithgow u. a./UK), EuGRZ 1988, 350, 359, Rn. 127 ff.

[139] *Frenz*, Handbuch Europarecht, Bd. 4, Rn. 2937 f.

[140] Zu Letzterem *Jarass*, NVwZ 2006, 1089 (1093); siehe für den Fall eines rechtswidrigen Vorverhaltens auch EGMR, Urt. v. 9.5.2007, Beschwerde-Nr. 29005/05 (Brückl/Deutschland), EuGRZ 2008, 24 (27).

[141] Dazu exemplarisch *Kühling*, S. 792 ff.; aus der Rechtsprechung des EGMR siehe Urt. v. 21.2.1986, Beschwerde Nr. 8793/79 (James u. a./UK), EuGRZ 1988, 341, Rn. 54 (zur Beeinflussung der Höhe der Entschädigung durch öffentliche Interessen); Urt. v. 23.11.2000, Beschwerde-Nr. 25701/94 (Früherer König von Griechenland u. a./Griechenland), NJW 2002, 45, Rn. 98 (wonach die Aufwendung eigener Mittel Einfluss auf die Zahlung einer Entschädigung haben kann; das gilt auch für etwaige gegenläufige Ansprüche); Urt. v. 12.9.2002, Beschwerde-Nr. 46129/99 (Zvolský und Zvolská/Tschechische Republik), Rn. 72 (im Internet abrufbar unter: http://www.echr.coe.int) (wonach auch die Umstände des Eigentumserwerbs Einfluss auf die Entschädigung haben können).

[142] EuGH, Urt. v. 10.7.2003, Rs. C–20/00 und 64/00 (Booker Aquaculture Ltd. u. a.), Slg. 2003,

kann sich aber aus **Verhältnismäßigkeitserwägungen** ergeben.[143] Umgekehrt können Entschädigungsregeln – ebenso wie Übergangsregeln – die Angemessenheit einer Regelung begründen.

IV. Verhältnismäßigkeit im Übrigen

1. Kontrolldichte und Prüfungsstruktur

32   Gerade die Eigentumsfreiheit hat immer wieder Anlass zu Kritik an der Rechtsprechung des EuGH dahingehend gegeben, dass dieser seine Kontrolldichte viel zu stark zurücknehme und auf eine allzu oberflächliche Evidenzkontrolle bzw. Prüfung auf Extremfälle einer Verletzung eines nicht näher konzeptionell konturierten »Wesensgehalts« beschränke. Eine ganze Reihe von Urteilen – insbesondere bis zum Inkrafttreten der Grundrechtecharta – leidet tatsächlich an einer dogmatischen Unschärfe und argumentativen Insuffizienz.[144] Gleichwohl ist darauf hinzuweisen, dass schon vor 2009 in Einzelfällen die Berufung auf die Eigentumsgarantie vor dem EuGH durchaus erfolgreich war,[145] wobei teilweise angesichts der erfolgreichen isolierten Prüfung der Verhältnismäßigkeit keine eigenständige Prüfung der Eigentumsgarantie erforderlich war.[146] Richtig ist aber, dass der Gerichtshof gerade in Fällen der hochpolitischen Wirtschafts- und v. a. Agrarpolitik dem europäischen – und auch dem nationalen Gesetzgeber – einen breiten Spielraum gewährt. Der jüngeren Rechtsprechung lässt sich hingegen eine fast durchgängig ausdifferenzierte Prüfung am **etablierten Kontrollschema** der Verhältnismäßigkeit entnehmen, wie es auch von Art. 52 Abs. 1 GRC vorgegeben wird.[147] Dabei ist eine **zum Teil strengere Kontrolldichte** festzustellen, ohne dass dies zwangsläufig – angesichts kollidierender Grundrechtswerte – zu erfolgreichen eigentumsbegründeten Klagen geführt hätte. Gemäß dem allgemeinen Verhältnismäßigkeitsgrundsatz muss die Maßnahme jedenfalls geeignet, erforderlich[148] und angemessen[149] sein (s. Art. 52 GRC, Rn. 24 ff.). Im Übrigen lag der Schwerpunkt der Verhältnismäßigkeitskontrolle des EuGH bislang vor allem auf Nutzungsregeln (s. Rn. 33 ff.), während nähere Hinweise zu Enteignungen bislang fehlen.

I–7411, Rn. 85; so auch GA *Bot*, Schlussanträge zu Rs. C–283/11 (Sky Österreich), ECLI:EU:C:2012: 341, Rn. 75.

[143] So ist letztlich auch die Entscheidung des EuGH, Urt. v. 13.7.1989, Rs. 5/88 (Wachauf), Slg. 1989, 2609, Rn. 19 ff., zu verstehen.

[144] Exemplarisch EuGH, Urt. v. 21.2.1991, verb. Rs. C–143/88 und C–92/89 (Süderdithmarschen u. a.), Slg. 1991, I–415, Rn. 73 f.

[145] Das gilt etwa auch für die berühmte Wachauf-Entscheidung des EuGH, Urt. v. 13.7.1989, Rs. 5/88 (Wachauf), Slg. 1989, 2609, Rn. 19 ff.

[146] EuGH, Urt. v. 6.12.2005, verb. Rs. C–453/03 u. a. (ABNA u. a.), Slg. 2005, I–10423, Rn. 85 (Ungültigkeit einer Richtlinienbestimmung, die Mischfuttermittelhersteller verpflichtet, Verbrauchern auf Antrage die genaue Zusammensetzung eines Futtermittels mitzuteilen).

[147] Siehe etwa EuG, Urt. v. 27.2.2014, Rs. T–256/11 (Ezz), ECLI:EU:T:2014:93, Rn. 192 ff.

[148] Dazu etwa EuGH, Urt. v. 28.4.1998, Rs. C–200/96 (Metronome Musik), Slg. 1998, I–1953, Rn. 26.

[149] Exemplarisch EuGH, Urt. v. 30.7.1996, Rs. C–84/95 (Bosphorus), Slg. 1996, I–3953, Rn. 26.

2. Verhältnismäßigkeit von Nutzungsregelungen

a) Fokus geistiges Eigentum

Ein Augenmerk der jüngeren Rechtsprechung lag dabei auf Konflikten im Bereich **33**
geistiger Eigentumsrechte. Hier hat der EuGH in einer Serie von Entscheidungen die
Reichweite des Eigentumsschutzes im Konflikt mit gegenläufigen Rechtspositionen ausdifferenziert. Je stärker sich diese Rechtsprechung verdichtet, desto deutlicher werden
auch die entsprechenden Abwägungstopoi herausgearbeitet und systematisiert werden
können.[150]

Im Fall Metronome Musik konnte der EuGH keine Verletzung der Eigentumsgarantie **34**
durch die Einräumung eines **ausschließlichen Vermietungsrechts** von Tonträgern erkennen, da ein solches Recht gerade die risikoreichen Investitionen schützt und damit letztlich seinerseits der Eigentumsfreiheit dient.[151]

In der Entscheidung Laserdisken musste sich der EuGH mit der Reichweite des im **35**
sekundären Urheberrecht vorgesehenen **Erschöpfungsgrundsatzes** auseinandersetzen
und hob hervor, dass eine Erschöpfung des geistigen Eigentumsrechts nur erfolge, wenn
der Verkäufer der erstmaligen Eigentumsübertragung innerhalb des Unionsgebiets zugestimmt habe. Dies verlange das Recht des geistigen Eigentums als Bestandteil der
Eigentumsgarantie. Die Kommunikationsfreiheit (jetzt Art. 11 Abs. 1 GRC) müsse insoweit zurückstehen.[152]

Im Fall Promusicae ging es um die Frage, inwiefern Urheberrechtsinhaber auf der **36**
Basis der einschlägigen sekundärrechtlichen Vorgaben und des Eigentumsrechts einen
Anspruch darauf haben, dass ihnen von Internetzugangsdiensteanbietern Name und
Anschrift von Personen mitgeteilt werden, die zu einer bestimmten Uhrzeit an einem
bestimmten Tag unter einer vom Internetzugangsdiensteanbieter zugewiesenen dyna-
mischen IP-Adresse möglicherweise bestimmte Urheberrechtsverletzungen (regelmä-
ßig illegale Datendownloads) begangen haben.[153] In dem Fall hat es der EuGH noch den
Mitgliedstaaten überlassen, eine angemessene Balance zwischen den betroffenen
Grundrechtspositionen – nämlich der Eigentumsgarantie aus Art. 17 GRC auf der einen
Seite und v. a. des Schutzes personenbezogener Daten aus Art. 7 und 8 GRC auf der
anderen Seite – zu finden. Damit war der Weg für die Gewährung entsprechender **ur-**
heberrechtlicher Auskunftsansprüche grundsätzlich eröffnet, wenn solche auch nicht
zwingend vorgegeben sind. Insoweit greift die Eigentumsgarantie letztlich in ihrer
Schutzpflichtendimension ein.

Im Streit um die Pflicht von Plattformbetreibern dazu, **Filtersysteme** zur Vermeidung **37**
von Urheberrechtsverletzungen einzusetzen, legte sich der EuGH sodann fest und entschied, dass im Rahmen der Abwägung zwischen dem Schutz des geistigen Eigentums
der Inhalteanbieter auf der einen Seite und der unternehmerischen Freiheit aus Art. 16
GRC der Plattformbetreiber sowie dem Datenschutz der Plattformnutzer aus Art. 8
GRC und der Pluralismussicherung aus Art. 11 Abs. 2 GRC auf der anderen Seite eine
entsprechende Pflicht unverhältnismäßig sei.[154] Allerdings wurde dies nur unter den
Voraussetzungen eines unterschiedslosen, präventiven, zeitlich unbegrenzten, Nutzer-
daten verwendenden und vom Plattformbetreiber zu finanzierenden Systems entschie-

---

[150] Siehe hierzu auch *Fischman Afori*, IIC 2014, 889.
[151] EuGH, Urt. v. 28.4.1998, Rs. C–200/96 (Metronome Musik), Slg. 1998, I–1953, Rn. 24.
[152] EuGH, Urt. v. 12.9.2006, Rs. C–479/04 (Laserdisken ApS), Slg. 2006, I–8113, Rn. 65.
[153] EuGH, Urt. v. 29.1.2008, Rs. C–275/06 (Promusicae), Slg. 2008, I–271, Rn. 68.
[154] EuGH, Urt. v. 24.11.2011, Rs. C–70/10 (Scarlet Extended), Slg. 2011, I–11959, Rn. 43 ff.

den, so dass im Falle der Modifikation dieser Parameter die Abwägung gegebenenfalls anders auszufallen hätte.[155] Auf dieser Linie hat der EuGH in einem jüngeren Fall eine Anordnung an Internetdiensteanbieter, Maßnahmen zum Schutz der Urheberrechte und des geistigen Eigentums zu ergreifen, für mit Art. 16 GRC vereinbar erklärt, weil es den Internetdiensteanbietern überlassen bleibe, selbst die konkreten Maßnahmen zu bestimmen.[156] Ein ähnliches Problem stellt sich mit Blick auf die Verpflichtung dazu, **WLAN-Netze** zu sichern, um Urheberrechtsverletzungen zu vermeiden, die in Deutschland im Rahmen des Streits um die »Störerhaftung« intensiv diskutiert werden. Hier hat der Generalanwalt *Szpunar* auf Vorlage des LG München vorgeschlagen, der EuGH solle eine derartige Verpflichtung als unverhältnismäßige Verpflichtung zum Schutze des geistigen Eigentums einordnen, da die unternehmerische Freiheit des betroffenen Diensteanbieters aus Art. 16 GRC – im Fall McFadden des Anbieters eines offenen Wlan-Netzes im Mehrparteienhaus, in dem sich das Büro seines Unternehmens befindet – zu sehr eingeschränkt werde. Zudem würden die Meinungs- und Informationsfreiheit aus Art. 11 GRC allzu sehr zurückgedrängt. Interessant ist auch das Ergebnis der Gesamtabwägung des Generalanwalts, der darauf hinweist, dass die gesamtgesellschaftlichen Innovationsnachteile die Vorteile für den Eigentumsschutz des Urheberrechtsinhabers überwögen.[157] Die Richter folgten dieser Argumentation nicht, sondern hielten die Verpflichtung des Betreibers eines kostenlosen WLAN-Netzes zur Passwortsicherung des Netzwerkes nicht für eine unverhältnismäßige Beeinträchtigung der unternehmerischen Freiheit; sie sei vielmehr geboten, um das geistige Eigentum nicht schutzlos zu stellen.[158] Der EuGH hat damit – freilich nur unter argumentativer Einbeziehung der vom vorlegenden Gericht erwogenen drei Möglichkeiten zur Sicherung des geistigen Eigentums – einen deutlichen Akzent gesetzt, der das geistige Eigentum in multipolaren Grundrechtskonflikten stärker als bislang gewichtet.

38   Im Fall UEFA hat das EuG zu den so genannten **Free-TV-Listen** in der Fernsehrichtlinie 89/552/EWG entschieden (Art. 3a) und festgestellt, dass die Verpflichtung dazu, bestimmte Inhalte (hier sämtliche Spiele der Fußball-Europameisterschaft) im Free-TV zu zeigen, zwar die Veranstalterin (in diesem Fall die UEFA) in ihrem Eigentumsrecht betreffe, da der Wert der Fernsehübertragungsrechte dadurch beeinträchtigt werden könne. Allerdings sei die Verpflichtung angesichts der gesellschaftlichen Bedeutung des Gesamtereignisses auch in dieser Weite gerechtfertigt. Dabei hat das EuG auch darauf abgestellt, dass zwar der erzielbare Preis der Rechte beeinträchtigt, aber nicht ihr Handelswert zerstört werde, zumal das Wettbewerbsrecht die Veranstalter vor kollusiven Praktiken der Rechtenachfrager schütze.[159]

39   Im Fall Luksan musste sich der EuGH mit der Frage der Verteilung der **Verwertungsrechte aus Filmen** zwischen dem Hauptregisseur und dem Hersteller des Werkes auseinandersetzen und nahm hier im Rahmen eines eigentumsfreiheitsinternen Konflikts eine

---

[155] Siehe dazu insbesondere das Nachfolgeurteil EuGH, Urt. v. 16.2.2012, Rs. C–360/10 (SABAM), ECLI:EU:C:2012:85, Rn. 40 ff.
[156] EuGH, Urt. v. 27.3.2014, Rs. C–314/12 (UPC Telekabel Wien GmbH), ECLI:EU:C:2014:192, Rn. 52.
[157] GA *Szpunar*, Schlussanträge zu Rs. C–484/14 (McFadden), ECLI:EU:C:2016:170, Rn. 137 ff.
[158] EuGH, Urt. v. 15.9.2016, Rs. C–484/14 (McFadden), ECLI:EU:C:2016:689, Rn. 90–100.
[159] EuG, Urt. v. 17.2.2011, Rs. T–55/08 (UEFA/Kommission), Slg. 2011, II–271, Rn. 178 (Wertebeeinträchtigung; Eingriff), Rn. 180–182 (gesellschaftliche Funktion und Bedeutung), Rn. 183 (verbleibender Wert); bestätigt im Urt. v. 18.7.2013, Rs. C–201/11 P (UEFA/Kommission), ECLI:EU:C: 2013:519, Rn. 101 ff.

primärrechtskonforme Interpretation des einschlägigen Sekundärrechts zugunsten des Hauptregisseurs vor.[160]

Auch die Vereinbarkeit der Regelung des Kurzberichterstattungsrechts in der Fern- **40** sehrichtlinie (bzw. ihrer Nachfolgebestimmung der Richtlinie über audiovisuelle Medien) war bereits Gegenstand eines – auch eigentumsrechtlich – geführten Streits vor dem EuGH. So sieht die Regelung vor, dass die Inhaber der exklusiven Übertragungsrechte Dritten ein **Kurzberichterstattungsrecht** einräumen müssen und dabei nur die Zusatzkosten vereinnahmen dürfen, die durch die Rechtseinräumung (v.a. den Zugang zum Signal) entstehen. Es dürfen also keine zusätzlichen Einnahmen darüber generiert werden, die zur Deckung der Kosten der Veranstaltung beitragen. Damit erfolgt eine Kostendeckelung auf die Grenzkosten ohne Gemeinkostenzuschlüsselung. Hier hat der Gerichtshof festgestellt, dass im Falle einer entsprechenden gesetzlichen Nutzungsregelung der Rechterwerber eine entsprechend reduzierte Rechtsposition erlangt und auch nur diese kontrahiert werde, was zur Folge hat, dass der Rechtserwerber sich gegen jene einschränkende Überlagerung eigentumsrechtlich nicht wehren könne.[161] Dies müsste, so ist das Urteil wohl zu verstehen, der Ereignisveranstalter tun. Das ist vom Ansatz her überzeugend, auch wenn nicht hinreichend dargestellt wurde, dass eine entsprechende Überlagerung schon zum Zeitpunkt des Rechtserwerbs im nationalen Recht galt bzw. durch Richtlinienvorgaben schon wirksam geworden war. Im Übrigen dürfte aber auch insoweit davon auszugehen sein, dass wegen der Bedeutung der Pluralismussicherung aus Art. 11 Abs. 2 GRC ein entgeltreduziertes Kurzberichterstattungsrecht auch für den Veranstalter unter Eigentumsschutzgesichtspunkten noch verhältnismäßig ist.

Bislang lässt sich jedenfalls feststellen, dass der EuGH in einer sich zum Schutz des **41** geistigen Eigentums allmählich verdichtenden Rechtsprechung dem Datenschutz aus Art. 7 und 8 GRC und der Pluralismussicherung und Kommunikationsfreiheit aus Art. 11 GRC in Relation zum Eigentumsschutz ein großes Gewicht beimisst.

b) Sonstige Abwägungstopoi

Eine entsprechende Verdichtung ist auch für die allgemeinen eigentumsrechtlichen To- **42** poi zu erwarten. So hat der EuGH in Bezug auf den wichtigen Aspekt der **eigenen Leistungen** die Bedeutung eigener **Investitionen** hervorgehoben.[162] Diese können etwa die Refinanzierbarkeit entsprechender Forschungs- und Entwicklungsausgaben erfordern und dürfen diese nicht gefährden.[163] Sie können auch eine Verstärkung des Eigentumsschutzes bewirken und daher bei der Abwägung der Interessen verschiedener Inhaber von Urheberrechten und verwandten Schutzrechten im Fall der Vergütungsansprüche von Hauptregisseur und Hersteller des Werkes eher zugunsten des Letzteren streiten.[164] Dabei fließen auch **Vertrauensschutzaspekte** ein, die allerdings dann besonders gering ausgeprägt sind, wenn sie auf wirtschaftliche Rahmenbedingungen bezogen sind, die auch vor dem Hintergrund internationaler Abkommen durch die Union flexi-

---

[160] EuGH, Urt. v. 9.2.2012, Rs. C–277/10 (Luksan), ECLI:EU:C:2012:65, Rn. 68ff.

[161] EuGH, Urt. v. 22.1.2013, Rs. C–283/11 (Sky Österreich), ECLI:EU:C:2013:28, Rn. 34ff.

[162] EuGH, Urt. v. 28.4.1998, Rs. C–200/96 (Metronome Musik), Slg. 1998, I–1953, Rn. 24.

[163] EuGH, Urt. v. 6.12.2005, verb. Rs. C–453/03 u.a. (ABNA u.a.), Slg. 2005, I–10423, Rn. 82 (Ungültigkeit einer Richtlinienbestimmung, die Mischfuttermittelhersteller dazu verpflichtet, Verbrauchern auf Anfrage die genaue Zusammensetzung eines Futtermittels mitzuteilen; allerdings am Maßstab des isoliert geprüften Verhältnismäßigkeitsgrundsatzes).

[164] EuGH, Urt. v. 9.2.2012, Rs. C–277/10 (Luksan), ECLI:EU:C:2012:65, Rn. 68ff.

bel modifiziert werden müssen.[165] Des Weiteren sind **Übergangsfristen** für die Bewertung der Angemessenheit von Belang.[166] Schließlich spielt stets die **Eingriffsintensität** bei der Verhältnismäßigkeitsprüfung eine große Rolle. Hier hat der EuGH etwa festgestellt, dass das Einfrieren von Geldern wegen eines Terrorismusverdachts eine besonders scharfe Einschränkung darstellt, auch wenn sie keinen Eigentumsentzug bedingt.[167] Im Übrigen kann eine Orientierung an entsprechenden Topoi in der Rechtsprechung des EGMR erfolgen,[168] vor allem solange die Verdichtung in der Rechtsprechung des EuGH noch nicht vollzogen ist.

3. Verhältnismäßigkeit von Enteignungen

43 Eine vergleichbare Ausdifferenzierung bei der Prüfung der Verhältnismäßigkeit von Enteignungen fehlt in der bisherigen Rechtsprechung des EuGH noch. Es ist jedoch davon auszugehen, dass **entsprechende Topoi** auch hier greifen. Dabei wird regelmäßig besonders zu prüfen sein, ob es nicht weniger eingriffsintensive und gleich geeignete Wege jenseits der Enteignung gibt. Es ist zu gewährleisten, dass Einzelnen keine übermäßigen Lasten auferlegt werden. Ersteres war beispielsweise in der Diskussion über das Ownership-Unbundling in der Energiewirtschaft von Belang und hat letztlich dazu geführt, dass auch andere Formen der Entbündelung der Energieversorgungsunternehmen zugelassen wurden, die nicht die Schärfe einer eigentumsrechtlichen Separierung aufweisen.

V. Wesensgehaltsgarantie

44 Der Hinweis auf die Wahrung des Wesensgehalts der Eigentumsgarantie war früher Begleiter der einschlägigen Rechtsprechung des EuGH. Die Bezugnahme hat dabei dazu geführt, dass eine entsprechende Prüfung auf offensichtlich unverhältnismäßige Eingriffe beschränkt wurde (siehe schon Rn. 4), ohne dass ein spezifisches Konzept dieser Prüfung hinreichend deutlich wurde. Inzwischen scheint die Unionsgerichtsbarkeit eine Verletzung des Wesensgehalts nur bei Entziehungen des Eigentums für möglich zu halten, nicht aber bei Nutzungsregelungen.[169] Grundsätzlich spielt die Wesensgehaltssperre bei der Eigentumsfreiheit aber keine spezifische Rolle und ihr kommt letztlich neben der Verhältnismäßigkeitsprüfung auch keine besondere Bedeutung zu.[170] Insoweit kann auf die **allgemeinen Grundsätze des Art. 52 Abs. 1 Satz 1 GRC** verwiesen werden (s. Art. 52 GRC, Rn. 31).

---

[165] EuGH, Urt. v. 30.6.2005, Rs. C–295/03 P (Alessandri), Slg. 2005, I–5700, Rn. 89.

[166] EuGH, Urt. v. 12.5.2005, Rs. C–347/03 (ERSA), Slg. I–3820, Rn. 133.

[167] EuG, Urt. v. 19.5.2010, Rs. T–181/08 (Za/Rat), Slg. 2010, II–1965, Rn. 157.

[168] Dazu mit zahlreichen Nachweisen *Frenz*, Handbuch Europarecht, Bd. 4, Rn. 2983 ff.

[169] EuG, Urt. v. 26.9.2014, Rs. T–634/13 (Arctic Paper Mochenwangen GmbH/Kommission), ECLI:EU:T:2014:828, Rn. 57; Urt. v. 26.9.2014, Rs. T–629/13 (Molda AG/Kommission), ECLI:EU:T:2014:834, Rn. 56; Urt. v. 26.9.2014, Rs. T–614/13 (Romonta GmbH/Kommission), ECLI:EU:T:2014:835, Rn. 61.

[170] So etwa in EuGH, Urt. v. 4.5.2016, Rs. C–477/14 (Pillbox 38 Ltd.), ECLI:EU:C:2016:324, Rn. 164.

E. Verhältnis zu anderen Bestimmungen

Die Eigentumsfreiheit wurde gerade in der Phase ihrer Begründung und Entfaltung vor Inkrafttreten der Grundrechtecharta parallel zur **unternehmerischen Freiheit** und zur **Berufsfreiheit** entwickelt. Angesichts des textlichen Ausgangspunktes in der Grundrechtecharta in Art. 15 und 16 GRC einerseits und Art. 17 GRC andererseits können die Schutzbereiche nunmehr deutlicher voneinander abgegrenzt werden.[171] Dabei besteht jedoch das Problem, dass die EMRK keine eigenständige unternehmerische Freiheit oder Berufsfreiheit enthält und der EGMR daher tendenziell die Eigentumsfreiheit weit fasst, was sich sodann über Art. 52 Abs. 3 GRC wiederum auf die Auslegung von Art. 17 GRC auswirkt. Angesichts der parallelen Schrankensystematik ist eine trennscharfe Abgrenzung ohnehin von geringer Bedeutung. Letztlich wird man davon ausgehen, dass eine **parallele Anwendung** geboten ist, sofern sowohl Eigentumspositionen als auch die berufliche und unternehmerische Betätigung beeinträchtigt werden. Wenn hingegen keine gesicherten Eigentumspositionen betroffen sind (wie im Fall des Kurzberichterstattungsrechts, vgl. Rn. 11), greift ausschließlich Art. 15 bzw. 16 GRC ein. **45**

Auch das Verhältnis zu **Art. 345 AEUV** war lange unklar. Dies lag maßgeblich daran, dass der Inhalt jener Bestimmung hoch umstritten ist (s. Art. 345 AEUV, Rn. 7 ff.). Nach zutreffender Ansicht ist Art. 345 AEUV eng auszulegen und bestimmt lediglich, dass die Mitgliedstaaten die Freiheit behalten, über die Eigentumszuordnung zwischen privaten oder öffentlichen Trägern frei zu entscheiden. Unberührt bleibt davon die durch verschiedene Kompetenztitel für die Union verbleibende Möglichkeit, auf die Eigentumsordnung zumindest mittelbar teils erheblich einzuwirken.[172] Damit entsteht kein Überlappungsbereich mit der Eigentumsgarantie aus Art. 17 GRC, da die mit diesbezüglichen mitgliedstaatlichen Interventionen im Sinne von Verstaatlichungs- oder Privatisierungsmaßnahmen einhergehenden Beeinträchtigungen der Eigentumsfreiheit zwanglos an dieser geprüft werden können. **46**

---

[171] Für eine klare Abgrenzung spricht sich *Wollenschläger*, in: Peers/Hervey/Kenner/Ward, EUCFR, Rn. 17(1).02 aus.
[172] Siehe dazu *Kühling*, in: Streinz, EUV/AEUV, Art. 345 AEUV, Rn. 11 ff. (m.w.N.).

Artikel 18   GRC Asylrecht

Das Recht auf Asyl wird nach Maßgabe des Genfer Abkommens vom 28. Juli 1951 und des Protokolls vom 31. Januar 1967 über die Rechtsstellung der Flüchtlinge sowie nach Maßgabe des Vertrags über die Europäische Union und des Vertrags über die Arbeitsweise der Europäischen Union (im Folgenden »die Verträge«) gewährleistet.

Literaturübersicht

Agentur der Europäischen Union für Grundrechte/Europarat, Handbuch zu den europarechtlichen Grundlagen im Bereich Asyl, Grenzen und Migration, 2. Aufl., 2014; *Bergmann*, Das Dublin-Asylsystem, ZAR 2015, 81; *Dörig*, Auf dem Weg in ein Gemeinsames Europäisches Asylsystem, NVwZ 2014, 106; *Filzwieser/Sprung*, Dublin II-Verordnung, 2010; *Fröhlich*, Das Asylrecht im Rahmen des Unionsrechts, 2011; *Göbel-Zimmermann*, Asyl- und Flüchtlingsrecht, 1999; *Grabenwarter/Pabel*, Europäische Menschenrechtskonvention, 5. Aufl., 2012; *Groß*, Europäische Grundrechte als Vorgaben für das Einwanderungs- und Asylrecht, KJ 2001, 100; *Kälin/Künzli*, Universeller Menschenrechtsschutz, 3. Aufl., 2013; *Lübbe*, Das Verbindungsprinzip im fragmentierten europäischen Asylraum, EuR 2015, 351; *Mole/Meredith*, Asylum and the European Convention on Human Rights, 2010.

Leitentscheidungen

EuGH, Urt. v. 17.2.2009, Rs. C–465/07 (Meki Elgafaji und Noor Elgafaji/Staatssecretaris van Justitie) [GK], Slg. 2009, I–921

EuGH, Urt. v. 9.11.2010, verb. Rs. C–57/09 u. C–101/09 (Deutschland/B und D) [GK], Slg. 2010, I–10979

EuGH, Urt. v. 21.12.2011, verb. Rs. C–411/10 u. C–493/10 (N. S./Secretary of State for the Home Department et M.E. u. a./Refugee Applications Commissioner und Minister for Justice, Equality and Law Reform) [GK], Slg. 2011, I–13905

EuGH, Urt. v. 5.9.2012, verb. Rs. C–71/11 u. C–99/11 (Deutschland/Y und Z) [GK], ECLI:EU:C:2012:518

EuGH, Urt. v. 27.9.2012, Rs. C–179/11 (Cimade und Groupe d'information et de soutien des immigrés [GISTI]/Ministre de l'Intérieur, de l'Outre-mer, des Collectivités territoriales et de l'Immigration), ECLI:EU:C:2012:594

EuGH, Urt. v. 30.5.2013, Rs. C–528/11 (Zuheyr Frayeh Halaf/Darzhavna agentsia za bezhantsite pri Ministerskia savet), ECLI:EU:C:2013:342

EuGH, Urt. v. 7.11.2013, verb. Rs. C–199/12 bis C–201/12 (Minister voor Immigratie en Asiel/X [C–199/12] und Y [C–200/12] und Z/Minister voor Immigratie en Asiel [C–201/12]), ECLI:EU:C:2013:720

EuGH, Urt. v. 26.2.2015, Rs. C–472/13 (Andre Lawrence Shepherd/Deutschland), ECLI:EU:C:2015:117

EuGH, Urt. v. 24.6.2015, Rs. C–373/13 (H. T. gegen Land Baden-Württemberg), ECLI:EU:C:2015:413

Wesentliche sekundärrechtliche Vorschriften

Verordnung (EG) Nr. 604/2013 vom 26.6.2013 zur Festlegung der Kriterien und Verfahren zur Bestimmung des Mitgliedstaats, der für die Prüfung eines von einem Drittstaatsangehörigen oder Staatenlosen in einem Mitgliedstaat gestellten Antrags auf internationalen Schutz zuständig ist (Neufassung) (Dublin III-Verordnung), ABl. 2013, L 180/31

Richtlinie 2011/95/EU vom 13.12.2011 über Normen für die Anerkennung von Drittstaatsangehörigen oder Staatenlosen als Personen mit Anspruch auf internationalen Schutz, für einen einheitlichen Status für Flüchtlinge oder für Personen mit Anrecht auf subsidiären Schutz und für den Inhalt des zu gewährenden Schutzes (Neufassung) (Qualifikationsrichtlinie), ABl. 2011, L 337/9

Richtlinie 2013/32/EU vom 26.6.2013 zu gemeinsamen Verfahren für die Zuerkennung und Aberkennung des internationalen Schutzes (Neufassung) (Asylverfahrensrichtlinie), ABl. 2013, L 180/60

Richtlinie 2013/33/EU vom 26.6.2013 zur Festlegung von Normen für die Aufnahme von Personen, die internationalen Schutz beantragen (Neufassung) (Aufnahmerichtlinie), ABl. 2013, L 180/96

Gemeinsamer Standpunkt 96/196/JI vom 4.3.1996 – vom Rat aufgrund von Artikel K.3 des Vertrags über die Europäische Union festgelegt – betreffend die harmonisierte Anwendung der Definition des Begriffs »Flüchtling« in Artikel 1 des Genfer Abkommens vom 28.7.1951 über die Rechtsstellung der Flüchtlinge, ABl. 1996, L 63/2

A. Entwicklung, Quellen, Bedeutung

I. Entwicklung

Personen, die wegen Verfolgung aus ihrem Heimatstaat geflohen sind, um Asyl in einem anderen Staat zu suchen, sind besonders schutzbedürftig. Wenn ihre Rechte im Zufluchtsstaat verletzt werden, können sie den diplomatischen Schutz ihres Heimatstaates nicht in Anspruch nehmen.[1] Flucht hat es in der Geschichte der Menschheit immer wieder gegeben. Das Völkerrecht hat sich vor allem nach dem Zweiten Weltkrieg der Regelung des **Flüchtlingsrechts** gewidmet. Auf dem völkerrechtlichen Grundsatz der staatlichen Souveränität basierend, steht die Befugnis zur Gewährung von Asyl dem Staat zu, so dass es sich im eigentlichen Sinne um staatliches Asylrecht handelt.[2]

In der EU gab es bisher kein Asylrecht, sondern eine Asylpolitik.[3] Dies sollte sich mit der Grundrechtecharta ändern. In einem ersten Vorschlag im **Grundrechtekonvent** war das Recht auf Asyl zunächst gemeinsam mit dem Verbot von Kollektivausweisungen in einem Artikel geregelt worden.[4] Nach dem Textvorschlag erstreckte sich das Asylrecht nur auf Drittstaatsangehörige (»nicht der Union angehörende Personen«). Dies hätte aber im Widerspruch zum Abkommen über die Rechtsstellung der Flüchtlinge (Genfer Flüchtlingskonvention, GFK) von 1951[5] gestanden, auf das in dem Vorschlag explizit Bezug genommen wurde. Das Asylrecht dürfe nicht an den Herkunftsstaat anknüpfen, so die Kritiker. Darüber hinaus sollte das Recht auf Asyl »in der Europäischen Union« geändert werden in Recht auf Asyl »in den Mitgliedstaaten der Union«, um so deutlich zu machen, dass die Gewährung von Asyl Sache der Mitgliedstaaten ist.[6] Schließlich erhielt das Recht auf Asyl einen eigenständigen Artikel. Es wurde nicht mehr auf Dritt-

1

2

---

[1] *Kälin/Künzli*, Kap. 17, Rn. 1483.
[2] *Fröhlich*, S. 11.
[3] *Frenz*, Handbuch Europarecht, Bd. 4, Rn. 1114; *Wollenschläger*, in: Heselhaus/Nowak, Handbuch der Europäischen Grundrechte, § 16, Rn. 5 ff.; *Fröhlich*, S. 131 ff.
[4] CHARTE 4137/00 CONVENT 8 vom 24.2.2000, Art. 17.
[5] UNTS, vol. 189, p. 137.
[6] Protokoll der Sechsten Sitzung des Konvents (informelle Tagung) am 27./28.3.2000, in: Bernsdorff/Borowsky, Die Charta der Grundrechte der Europäischen Union, 2002, Art. 17, S. 197.

staatsangehörige begrenzt. Auf die Angabe der Union bzw. der Mitgliedstaaten als Schutzgewährende ist verzichtet worden.[7]

II. Quellen

3   Auf völkerrechtlicher Ebene gibt es kein Menschenrecht auf Asyl, sondern lediglich Rechte im Asyl. Das Asyl ist ein souveränes Recht der Staaten.[8] Nach Art. 14 Abs. 1 der völkerrechtlich nicht verbindlichen Allgemeinen Erklärung der Menschenrechte von 1948[9] hat jeder nur das Recht, in anderen Staaten Asyl zu suchen und zu genießen, nicht aber zu erhalten.[10] Im Ergebnis des Zweiten Weltkrieges wurde mit der **Genfer Flüchtlingskonvention** im Rahmen der UNO ein völkerrechtlicher Vertrag über den Umgang mit Flüchtlingen angenommen, der durch das **Protokoll über die Rechtsstellung der Flüchtlinge** von 1967[11] ergänzt worden ist. Mit dem Protokoll sind die zeitlichen und räumlichen Einschränkungen der Genfer Flüchtlingskonvention – nur vor 1951 eingetretene Fluchtgründe und nur europäische Flüchtlinge – aufgehoben worden. Alle EU-Mitgliedstaaten sind Vertragsparteien beider Verträge.

4   Auf regionaler Ebene regeln **Art. 22 Abs. 7 Amerikanische Menschenrechtskonvention** von 1969,[12] **Art. 12 Abs. 3 Afrikanische Charta der Menschenrechte und der Rechte der Völker** von 1981[13] sowie **Art. 28 Arabische Charta der Menschenrechte** von 2004[14] das Recht auf Asyl als Individualrecht, wobei dieses nach den beiden ersten Bestimmungen unter dem Vorbehalt des nationalen Rechts des schutzgewährenden Staates sowie völkerrechtlicher Verträge steht. Die Europäische Menschenrechtskonvention (EMRK)[15] enthält zwar keine ausdrückliche Regelung zum Asyl,[16] gleichwohl sind einige Bestimmungen, insbesondere **Art. 3 EMRK**, asylrechtlich relevant.[17]

---

[7] CHARTE 4470/1/00 CONVENT 47 Rev 1 vom 21.9.2000, Art. 18. *Bernsdorff*, in: Meyer, GRCh, Art. 18 GRC, Rn. 8.

[8] *Kälin/Künzli*, Kap. 17, Rn. 1488.

[9] UN Doc. A/RES/217 A (III) (10.12.1948).

[10] *Wollenschläger*, in: Heselhaus/Nowak, Handbuch der Europäischen Grundrechte, § 16, Rn. 19.

[11] UNTS, vol. 606, p. 267.

[12] OAS Treaty Series Nr. 36; UNTS, vol. 1144, p. 123.

[13] OAU Doc. CAB/LEG/67/3 rev. 5; UNTS, vol. 1520, p. 217.

[14] 12 Int'l Hum. Rts. Rep. 893 (2005).

[15] SEV-Nr. 005.

[16] EGMR, Urt. v. 30.10.1991, Beschwerde-Nr. 13163/87, 13164/87, 13165/87, 13447/87, 13448/87 (Vilvarajah u.a./Vereinigtes Königreich), Ser. A no. 215, Rn. 102; Urt. v. 15.11.1996, Beschwerde-Nr. 22414/93 (Chahal/Vereinigtes Königreich) [GK], Rep. 1996-V, 1831, Rn. 73. *Grabenwarter/Pabel*, § 20, Rn. 40.

[17] EGMR, Urt. v. 17.2.2004, Beschwerde-Nr. 61350/00 (Thampibillai/Niederlande), Rn. 50ff. (im Internet abrufbar unter: http://hudoc.echr.coe.int); Urt. v. 17.2.2004, Beschwerde-Nr. 58510/00 (Venkadajalasarma/Niederlande), Rn. 54ff. (im Internet abrufbar unter: http://hudoc.echr.coe.int); Urt. v. 11.1.2007, Beschwerde-Nr. 1948/04 (Salah Sheekh/Niederlande), Rn. 114ff. (im Internet abrufbar unter: http://hudoc.echr.coe.int); Urt. v. 28.2.2008, Beschwerde-Nr. 37201/06 (Saadi/Italien) [GK], Rep. 2008-II, 207, Rn. 95ff.; Urt. v. 17.7.2008, Beschwerde-Nr. 25904/07 (NA./Vereinigtes Königreich), Rn. 115ff. (im Internet abrufbar unter: http://hudoc.echr.coe.int); Urt. v. 21.1.2011, Beschwerde-Nr. 30696/09 (M.S.S./Belgien und Griechenland) [GK], Rep. 2011-I, 255, Rn. 205ff.; Urt. v. 23.2.2012, Beschwerde-Nr. 27765/09 (Hirsi Jamaa u.a./Italien) [GK], Rep. 2012-II, Rn. 83ff.; Urt. v. 27.3.2012, Beschwerde-Nr. 9961/10 (Mannai/Italien), Rn. 23ff. (im Internet abrufbar unter: http://hudoc.echr.coe.int); Urt. v. 4.11.2014, Beschwerde-Nr. 29217/12 (Tarakhel/Schweiz) [GK], Rn. 57ff. (im Internet abrufbar unter: http://hudoc.echr.coe.int). *Mole/Meredith*, S. 19ff.

Auf europäischer Ebene beinhaltet **Art. 18 GRC** erstmals ein Recht auf Asyl.[18] Dieses **5**
wird allerdings nur nach den Bedingungen der Genfer Flüchtlingskonvention und des
Protokolls über die Rechtsstellung der Flüchtlinge sowie des EUV und AEUV gewährleistet. Nach der Erläuterung zu Art. 18 GRC wird die Bestimmung auf Art. 63 EGV –
durch **Art. 78 AEUV** ersetzt – zurückgeführt, der die Union zur Einhaltung der Genfer
Flüchtlingskonvention verpflichtet.[19] Verwiesen wird auch auf die den Verträgen beigefügten **Protokolle (Nr. 21)** über die Position des Vereinigten Königreichs und Irlands
hinsichtlich des Raums der Freiheit, der Sicherheit und des Rechts und **(Nr. 22)** über die
Position Dänemarks[20] – Sonderstatus bezüglich des Dritten Teils Titel V AEUV – einerseits und das **Protokoll (Nr. 24)** über die Gewährung von Asyl für Staatsangehörige von
Mitgliedstaaten der EU[21] – Begründetheit von Asylanträgen von Staatsangehörigen eines Mitgliedstaates als sicherer Herkunftsstaat nur unter engen Voraussetzungen – andererseits.[22] Nach Art. 78 Abs. 2 AEUV wird der Union die Kompetenz für die Errichtung eines gemeinsamen europäischen Asylsystems übertragen.[23] Eine Änderung der
Unionskompetenzen ist in der Charta nicht bezweckt. Mit der ausdrücklichen Bezugnahme auf die Genfer Flüchtlingskonvention und das Protokoll über die Rechtsstellung
der Flüchtlinge sind diese beiden völkerrechtlichen Verträge nunmehr in das Unionsrecht inkorporiert worden.[24] Innerhalb der EU wird das Asylrecht durch mehrere **Sekundärrechtsakte** konkretisiert, wie insbesondere die Dublin III-Verordnung,[25] die Aufnahmerichtlinie,[26] Qualifikationsrichtlinie[27] sowie die Asylverfahrensrichtlinie.[28]

---

[18] *Agentur der Europäischen Union für Grundrechte/Europarat*, S. 24.
[19] EuGH, Urt. v. 2.3.2010, verb. Rs. C–175/08, C–176/08, C–178/08 u. C–179/08 (Aydin Sala-
hadin Abdulla u.a./Deutschland) [GK], Slg. 2010, I–1493, Rn. 53; Urt. v. 17.6.2010, Rs. C–31/09
(Nawras Bolbol/Bevándorlási és Állampolgársági Hivatal) [GK], Slg. 2010, I–5539, Rn. 38.
[20] ABl. 2012, C 326/295 und C 326/299.
[21] ABl. 2012, C 326/305. *Fröhlich*, S. 280ff.
[22] Erläuterung zu Art. 18 der Charta der Grundrechte vom 14.12.2007, ABl. 2007, C 303/17 (24).
Nach Abs. 5 Satz 2 Präambel GRC sowie Art. 52 Abs. 7 GRC sind die rechtlich nicht verbindlichen
Erläuterungen bei der Auslegung der Charta von den Gerichten der Union und der Mitgliedstaaten
gebührend zu berücksichtigen.
[23] *Dörig*, NVwZ 2014, 106 (109f.); *Graßhof*, in: Schwarze, EU-Kommentar, Art. 78 AEUV, Rn. 2.
[24] *Bernsdorff*, in: Meyer, GRCh, Art. 18 GRC, Rn. 10; *Frenz*, Handbuch Europarecht, Bd. 4,
Rn. 1122; *Jochum*, in: Tettinger/Stern, EuGRCh, Art. 18 GRC, Rn. 6; *Rossi*, in: Calliess/Ruffert,
EUV/AEUV, Art. 18 GRC, Rn. 1f.; *Streinz*, in: Streinz, EUV/AEUV, Art. 18 GRC, Rn. 5; *Wollenschläger*, in: Heselhaus/Nowak, Handbuch der Europäischen Grundrechte, § 16, Rn. 32.
[25] VO (EG) Nr. 604/2013 vom 26.6.2013 zur Festlegung der Kriterien und Verfahren zur Bestimmung des Mitgliedstaats, der für die Prüfung eines von einem Drittstaatsangehörigen oder Staatenlosen in einem Mitgliedstaat gestellten Antrags auf internationalen Schutz zuständig ist (Neufassung),
ABl. 2013, L 180/31; EuGH, Urt. v. 30.5.2013, Rs. C–528/11 (Zuheyr Frayeh Halaf/Darzhavna
agentsia za bezhantsite pri Ministerskia savet), ECLI:EU:C:2013:342, Rn. 33ff. *Agentur der Europäischen Union für Grundrechte/Europarat*, S. 117ff.; *Filzwieser/Sprung*, S. 45ff.; *Fröhlich*,
S. 195f.; *Bergmann*, ZAR 2015, 81 (82ff.); *Lübbe*, EuR 2015, 351 (357ff.).
[26] RL 2013/33/EU vom 26.6.2013 zur Festlegung von Normen für die Aufnahme von Personen,
die internationalen Schutz beantragen (Neufassung), ABl. 2013, L 180/96. *Fröhlich*, S. 215ff.
[27] RL 2011/95/EU vom 13.12.2011 über Normen für die Anerkennung von Drittstaatsangehörigen oder Staatenlosen als Personen mit Anspruch auf internationalen Schutz, für einen einheitlichen
Status für Flüchtlinge oder für Personen mit Anrecht auf subsidiären Schutz und für den Inhalt des zu
gewährenden Schutzes (Neufassung), ABl. 2011, L 337/9.
[28] RL 2013/32/EU vom 26.6.2013 zu gemeinsamen Verfahren für die Zuerkennung und Aberkennung des internationalen Schutzes (Neufassung), ABl. 2013, L 180/60. *Fröhlich*, S. 246ff.; *Agentur der Europäischen Union für Grundrechte/Europarat*, S. 71; *Schorkopf*, in: Ehlers, Grundrechte
und Grundfreiheiten, § 15, Rn. 47; *Wollenschläger*, in: Heselhaus/Nowak, Handbuch der Europäischen Grundrechte, § 16, Rn. 16ff.

6　Nur einige Mitgliedstaaten, unter ihnen die Bundesrepublik Deutschland,[29] regeln in ihren **Verfassungen** ein Recht auf Asyl.[30] Von einer gemeinsamen europäischen Verfassungstradition im Bereich des Asylrechts kann folglich noch nicht gesprochen werden.[31]

III. Bedeutung

7　Menschen, die der Gefahr und Verfolgung insbesondere wegen ihrer Rasse, Religion, Nationalität, Zugehörigkeit zu einer bestimmten sozialen Gruppe oder politischen Überzeugung durch ihren Heimatstaat ausgesetzt sind, bleibt oft nur der **Schutz in einem anderen Staat**. Damit ist das Asylrecht untrennbar mit Grundrechten, wie vor allem dem Recht auf Leben und körperliche Unversehrtheit, verbunden. Die EU hat sich das Ziel gesetzt, Flüchtlingen einen adäquaten Schutz zu gewährleisten.

B.　Schutzbereich

I.　Persönlicher Schutzbereich

8　Beim Asylrecht handelt es sich um ein Recht speziell für **Ausländer**.[32] Von Art. 18 GRC sind alle **natürlichen Personen**, Drittstaatsangehörige und Unionsbürger, erfasst. Gleichwohl ist das Protokoll (Nr. 24) über die Gewährung von Asyl für Staatsangehörige von Mitgliedstaaten der EU zu beachten, wonach alle Mitgliedstaaten in Anbetracht des Niveaus des Schutzes der Grundrechte und Grundfreiheiten als sichere Herkunftsstaaten gelten. Dementsprechend sind Asylanträge von Staatsangehörigen eines Mitgliedstaates nur unter den im Protokoll aufgeführten engen Voraussetzungen begründet.[33] **Juristische Personen** werden von Art. 18 GRC nicht geschützt.[34]

9　Für den persönlichen Schutzbereich ist der **Flüchtlingsbegriff** in **Art. 1 A Nr. 2 GFK** maßgeblich zu berücksichtigen.[35] Danach wird der Begriff des Flüchtlings definiert als jede Person, die »[...] aus der begründeten Furcht vor Verfolgung wegen ihrer Rasse, Religion, Nationalität, Zugehörigkeit zu einer bestimmten sozialen Gruppe oder wegen ihrer politischen Überzeugung sich außerhalb des Landes befindet, dessen Staatsangehörigkeit sie besitzt, und den Schutz dieses Landes nicht in Anspruch nehmen kann oder wegen dieser Befürchtungen nicht in Anspruch nehmen will; oder die sich als staatenlose infolge solcher Ereignisse außerhalb des Landes befindet, in welchem sie ihren gewöhnlichen Aufenthalt hatte, und nicht dorthin zurückkehren kann oder wegen der erwähnten Befürchtungen nicht dorthin zurückkehren will.« Nach der Definition erfolgt eine

---

[29] Art. 16a Abs. 1 GG gewährt ein subjektiv-öffentliches Recht auf Asyl. *Randelzhofer*, in: Maunz/Dürig (Hrsg.), GG, Art. 16a (März 2007), Rn. 27.

[30] Art. 53–1 Verfassung Frankreich, Art. 10 Abs. 3 Verfassung Italien, Art. 33 Abs. 8 Verfassung Portugal, Art. 13 Abs. 4 Verfassung Spanien, Art. 27 Abs. 2 Verfassung Bulgarien, Art. 56 Verfassung Polen, Art. 18 Abs. 2 Verfassung Rumänien, Art. 53 Verfassung Slowakei, Art. 48 Verfassung Slowenien, Art. XIV Abs. 3 Verfassung Ungarn, Art. 33 Abs. 1 Verfassung Kroatien.

[31] *Schorkopf*, in: Ehlers, Grundrechte und Grundfreiheiten, § 15, Rn. 47; *Wollenschläger*, in: Heselhaus/Nowak, Handbuch der Europäischen Grundrechte, § 16, Rn. 31.

[32] *Bernsdorff*, in: Meyer, GRCh, Art. 18 GRC, Rn. 1.

[33] *Bernsdorff*, in: Meyer, GRCh, Art. 18 GRC, Rn. 12; *Jarass*, GRCh, Art. 18 GRC, Rn. 10; *Jochum*, in: Tettinger/Stern, EuGRCh, Art. 18 GRC, Rn. 15; *Rossi*, in: Calliess/Ruffert, EUV/AEUV, Art. 18 GRC, Rn. 8.

[34] *Jarass*, GRCh, Art. 18 GRC, Rn. 10; *Rossi*, in: Calliess/Ruffert, EUV/AEUV, Art. 18 GRC, Rn. 8.

[35] *Bernsdorff*, in: Meyer, GRCh, Art. 18 GRC, Rn. 13; *Göbel-Zimmermann*, Rn. 11 f.

Gleichstellung von Staatenlosen mit Ausländern.[36] Als Direktive für die Anwendung und Auslegung des Flüchtlingsbegriffs kann der Gemeinsame Standpunkt des Rates betreffend die harmonisierte Anwendung der Definition des Flüchtlingsbegriffs der Genfer Flüchtlingskonvention[37] herangezogen werden.[38]

Nach der Begriffsdefinition in Art. 1 A Nr. 2 GFK, die in Art. 2 Buchst. d RL   **10**
2011/95/EU übernommen worden ist, muss eine **begründete Furcht vor Verfolgung im Herkunftsstaat** bestehen.[39] Art. 33 Abs. 1 GFK setzt eine Bedrohung des Lebens oder der Freiheit der asylsuchenden Person voraus.[40] In Art. 9 RL 2011/95/EU werden **Verfolgungshandlungen** im Sinne des Art. 1 A GFK,[41] wie u. a. die Anwendung physischer oder psychischer Gewalt, diskriminierende gesetzliche, administrative, polizeiliche und/oder justizielle Maßnahmen, und in Art. 10 RL 2011/95/EU **Verfolgungsgründe** – Rasse, Religion, Nationalität, Zugehörigkeit zu einer bestimmten sozialen Gruppe, politische Überzeugung – aufgeführt.[42] Die **Verfolgung** muss grundsätzlich **vom Staat** ausgehen.[43] Eine allgemeine Anerkennung der nichtstaatlichen Verfolgung als Asylgrund ist in der Staatenpraxis nicht nachweisbar.[44] In Art. 6 Buchst. c RL 2011/95/EU wird die **Verfolgung durch nichtstaatliche Akteure** anerkannt, sofern der Staat nicht in der Lage oder nicht willens ist, Schutz vor Verfolgung zu bieten. Hierbei handelt sich allerdings um eine sekundärrechtliche Vorschrift.[45]

II. Sachlicher Schutzbereich

Art. 18 GRC gewährleistet ein Recht auf Asyl. Strittig ist, ob es sich um ein subjektiv-   **11**
individuelles Grundrecht[46] oder nur um einen objektiv-rechtlichen Grundsatz im Sinne

---

[36] *Frenz*, Handbuch Europarecht, Bd. 4, Rn. 1128.

[37] Gemeinsamer Standpunkt 96/196/JI vom 4.3.1996 – vom Rat aufgrund von Artikel K.3 des Vertrags über die Europäische Union festgelegt – betreffend die harmonisierte Anwendung der Definition des Begriffs »Flüchtling« in Artikel 1 des Genfer Abkommens vom 28.7.1951 über die Rechtsstellung der Flüchtlinge, ABl. 1996, L 63/2.

[38] *Frenz*, Handbuch Europarecht, Bd. 4, Rn. 1128; *Jochum*, in: Tettinger/Stern, EuGRCh, Art. 18 GRC, Rn. 10.

[39] *Frenz*, Handbuch Europarecht, Bd. 4, Rn. 1133 f.; *Jochum*, in: Tettinger/Stern, EuGRCh, Art. 18 GRC, Rn. 11 ff.

[40] Zum Vorliegen einer individuellen Bedrohung des Lebens oder der Unversehrtheit der Person vgl. EuGH, Urt. v. 17.2.2009, Rs. C–465/07 (Meki Elgafaji und Noor Elgafaji/Staatssecretaris van Justitie) [GK], Slg. 2009, I–921, Rn. 43.

[41] EuGH, Urt. v. 5.9.2012, verb. Rs. C–71/11 u. C–99/11 (Deutschland/Y und Z) [GK], ECLI:EU:C:2012:518, Rn. 72, 80; Urt. v. 26.2.2015, Rs. C–472/13 (Andre Lawrence Shepherd/Deutschland), ECLI:EU:C:2015:117, Rn. 8. Nach jüngerer Rechtsprechung des EuGH stellt auch eine Freiheitsstrafe, mit der homosexuelle Handlungen bedroht sind und die im Herkunftsland tatsächlich verhängt wird, eine Verfolgungshandlung dar. EuGH, Urt. v. 7.11.2013, verb. Rs. C–199/12 bis C–201/12 (Minister voor Immigratie en Asiel/X [C–199/12] und Y [C–200/12] und Z/Minister voor Immigratie en Asiel [C–201/12]), ECLI:EU:C:2013:720, Rn. 61.

[42] *Rossi*, in: Calliess/Ruffert, EUV/AEUV, Art. 18 GRC, Rn. 6.

[43] *Frenz*, Handbuch Europarecht, Bd. 4, Rn. 1129; *Jarass*, GRCh, Art. 18 GRC, Rn. 8; *Rengeling/Szczekalla*, Grundrechte, § 21, Rn. 848; *Rossi*, in: Calliess/Ruffert, EUV/AEUV, Art. 18 GRC, Rn. 7.

[44] *Jochum*, in: Tettinger/Stern, EuGRCh, Art. 18 GRC, Rn. 19.

[45] *Frenz*, Handbuch Europarecht, Bd. 4, Rn. 1130.

[46] So *Jarass*, GRCh, Art. 18 GRC, Rn. 2; *Rengeling/Szczekalla*, Grundrechte, § 21, Rn. 835. Dagegen *Bernsdorff*, in: Meyer, GRCh, Art. 18 GRC, Rn. 11; *Folz*, in: Vedder/Heintschel v. Heinegg, Europäisches Unionsrecht, Art. 18 GRC, Rn. 3; *Graßhof*, in: Schwarze, EU-Kommentar, Art. 18 GRC, Rn. 2; *Jochum*, in: Tettinger/Stern, EuGRCh, Art. 18 GRC, Rn. 23; *Rossi*, in: Calliess/Ruffert, EUV/AEUV, Art. 18 GRC, Rn. 3; *Schorkopf*, in: Ehlers, Grundrechte und Grundfreiheiten, § 15,

von Art. 52 Abs. 5 GRC[47] handelt.[48] Gem. Art. 18 GRC soll das Recht auf Asyl nach **Maßgabe der Genfer Flüchtlingskonvention**, die selbst kein Recht auf Asyl, sondern nur Rechte im Asyl gewährt, gewährleistet werden.[49] Auch die Travaux préparatoires der Grundrechtecharta verdeutlichen, dass ein subjektiv-individueller Rechtsanspruch nicht geschaffen werden sollte. Der Grundrechtekonvent ist von seiner ursprünglichen Formulierung im Entwurf von Februar 2000, wonach Nichtunionsbürger das Recht auf Asyl haben sollten,[50] in seiner Endfassung abgerückt, in der das Recht auf Asyl gewährleistet wird.[51]

12   Die Verpflichtungen aus Art. 18 GRC für die Union und die Mitgliedstaaten[52] erstrecken sich im Wesentlichen auf **Respektierungs- und Schutzpflichten**.[53] Im Rahmen der Respektierungspflicht ist die Union verpflichtet, das materielle Asylrecht der Mitgliedstaaten anzuerkennen sowie beeinträchtigende Handlungen zu unterlassen (Unterlassungspflicht). Nach der Schutzpflicht müssen die Grundrechtsadressaten die Ausübung des Asylrechts durch die berechtigten Personen nach Maßgabe der Genfer Flüchtlingskonvention und des Protokolls über die Rechtsstellung der Flüchtlinge gewährleisten.[54] Für den Schutzstaat ergibt sich aus Art. 33 Abs. 1 GFK das **Refoulement-Verbot**, d. h. das Verbot der Ausweisung bzw. Zurückweisung in den Verfolgerstaat.[55] Der Grundsatz der Nicht-Zurückweisung ist ausdrücklich in Art. 78 Abs. 1 AEUV aufgenommen worden (s. Art. 78 AEUV, Rn. 5).[56] Aus dem Refoulement-Verbot folgen ebenfalls der Zugang zu einem Verfahren zur Prüfung der Flüchtlingseigenschaft und der Bedrohungslage sowie ein vorläufiges Bleiberecht während der Prüfung.[57]

Rn. 46; *Streinz*, in: Streinz, EUV/AEUV, Art. 18 GRC, Rn. 5; *Wollenschläger*, in: Heselhaus/Nowak, Handbuch der Europäischen Grundrechte, § 16, Rn. 32. Zumindest bestehe ein subjektives Recht auf das Refoulement-Verbot so *Jarass*, GRCh, Art. 18 GRC, Rn. 2; *Frenz*, Handbuch Europarecht, Bd. 4, Rn. 1135.

[47] *Frenz*, Handbuch Europarecht, Bd. 4, Rn. 1116; *Jochum*, in: Tettinger/Stern, EuGRCh, Art. 18 GRC, Rn. 1.

[48] *Streinz*, in: Streinz, EUV/AEUV, Art. 18 GRC, Rn. 6.

[49] *Göbel-Zimmermann*, Rn. 10.

[50] CHARTE 4137/00 CONVENT 8 vom 24.2.2000, Art. 17.

[51] *Bernsdorff*, in: Meyer, GRCh, Art. 18 GRC, Rn. 11.

[52] Für das Vereinigte Königreich, Irland und Dänemark gilt Art. 18 GRC nur insoweit wie die Protokolle (Nr. 21 und 22) dies vorsehen. *Bernsdorff*, in: Meyer, GRCh, Art. 18 GRC, Rn. 14. Das Protokoll (Nr. 30) über die Anwendung der Charta der Grundrechte der EU auf Polen und das Vereinigte Königreich (ABl. 2012, C 326/313) wirkt sich nicht auf die Umsetzung des EU-Asylrechts aus. EuGH, Urt. v. 21.12.2011, verb. Rs. C–411/10 u. C–493/10 (N. S./Secretary of State for the Home Department und M. E. u. a./Refugee Applications Commissioner und Minister for Justice, Equality and Law Reform) [GK], Slg. 2011, I–13905, Rn. 119.

[53] *Jochum*, in: Tettinger/Stern, EuGRCh, Art. 18 GRC, Rn. 24.

[54] *Bernsdorff*, in: Meyer, GRCh, Art. 18 GRC, Rn. 11.

[55] *Göbel-Zimmermann*, Rn. 13 ff.; *Bernsdorff*, in: Meyer, GRCh, Art. 18 GRC, Rn. 13a; *Jochum*, in: Tettinger/Stern, EuGRCh, Art. 18 GRC, Rn. 25.

[56] EuGH, Urt. v. 24.6.2015, Rs. C–373/13 (H. T. gegen Land Baden-Württemberg), ECLI:EU:C:2015:413, Rn. 64. *Jarass*, GRCh, Art. 18 GRC, Rn. 12.

[57] EuGH, Urt. v. 27.9.2012, Rs. C–179/11 (Cimade und Groupe d'information et de soutien des immigrés [GISTI]/Ministre de l'Intérieur, de l'Outre-mer, des Collectivités territoriales et de l'Immigration), ECLI:EU:C:2012:594, Rn. 48. *Groß*, KJ 2001, 100 (106); *Frenz*, Handbuch Europarecht, Bd. 4, Rn. 1135; *Jarass*, GRCh, Art. 18 GRC, Rn. 13; *Jochum*, in: Tettinger/Stern, EuGRCh, Art. 18 GRC, Rn. 27.

C. Eingriffe

In die Gewährleistung des Asylrechts wird eingegriffen, wenn ein Asylsuchender aus   **13**
dem Mitgliedstaat, in dem er Schutz vor Verfolgung sucht, **ausgewiesen** oder schon an
der Grenze **zurückgewiesen** wird, so dass der Schutzsuchende wieder in seinen Herkunftsstaat zurückgebracht wird, wo ihm Verfolgung droht.[58] Ein Eingriff liegt auch bei
einer Ausweisung oder Zurückweisung in einen Drittstaat vor, wenn die Gefahr besteht,
dass diese die Verbringung in den Verfolgerstaat bewirkt.[59]

D. Eingriffsrechtfertigung

Ob die **allgemeine Schrankenregelung** des Art. 52 Abs. 1 GRC Anwendung findet bzw.   **14**
ob ihr eine eigenständige Bedeutung zukommt, ist strittig.[60] Nach dieser Regelung sind
Eingriffe gesetzlich vorzusehen und der Wesensgehalt des Asylrechts zu achten. Eingriffe müssen außerdem ein legitimes Ziel – die von der Union anerkannten dem Gemeinwohl dienenden Zielsetzungen oder die Erfordernisse des Schutzes der Rechte und
Freiheiten anderer – verfolgen und den Grundsatz der Verhältnismäßigkeit wahren. Da
sich der Gewährleistungsumfang des Art. 18 GRC nach der Genfer Flüchtlingskonvention und des Protokolls zur Konvention sowie den Verträgen, insbesondere Art. 78
AEUV, richtet, ist die Auffassung vorzuziehen, wonach der allgemeinen Schrankenregelung keine eigenständige Bedeutung zukommt.[61]

Bei der Rechtfertigungsprüfung sind demnach die **Bestimmungen der Genfer Flücht-**   **15**
lingskonvention und des Protokolls über die Rechtsstellung der Flüchtlinge, insbesondere Art. 1 F[62] und Art. 33 Abs. 2 GFK, die in Art. 14 Abs. 3 und 4 RL 2011/95/EU
übernommen wurden, maßgeblich.[63] Die Gewährung des Asylrechts ist bei folgenden
Handlungen der betreffenden Personen ausgeschlossen: Verbrechen gegen den Frieden,
Kriegsverbrechen oder Verbrechen gegen die Menschlichkeit im Sinne völkerrechtlicher Verträge, schwere nichtpolitische Verbrechen außerhalb des Schutzstaates vor
Aufnahme als Flüchtling und den Zielen und Grundsätzen der Vereinten Nationen zu-
widerlaufende Handlungen.[64] Dies gilt auch, wenn der Flüchtling als eine Gefahr für die
Sicherheit des Mitgliedstaates anzusehen ist, in dem er sich aufhält, oder eine Gefahr für

---

[58] *Schorkopf*, in: Ehlers, Grundrechte und Grundfreiheiten, § 15, Rn. 51.

[59] *Jarass*, GRCh, Art. 18 GRC, Rn. 12.

[60] Dafür *Bernsdorff*, in: Meyer, GRCh, Art. 18 GRC, Rn. 13a; *Jarass*, GRCh, Art. 18 GRC, Rn. 16;
Jochum, in: Tettinger/Stern, EuGRCh, Art. 18 GRC, Rn. 28; *Schorkopf*, in: Ehlers, Grundrechte und
Grundfreiheiten, § 15, Rn. 53. Anders *Graßhof* und *Rossi*, die allerdings auf Mindestanforderungen
des Art. 52 Abs. 1 GRC verweisen. *Graßhof*, in: Schwarze, EU-Kommentar, Art. 18 GRC, Rn. 6;
Rossi, in: Calliess/Ruffert, EUV/AEUV, Art. 18 GRC, Rn. 11.

[61] *Graßhof*, in: Schwarze, EU-Kommentar, Art. 18 GRC, Rn. 6; *Rossi*, in: Calliess/Ruffert,
EUV/AEUV, Art. 18 GRC, Rn. 11.

[62] *UNHCR*, Richtlinien zum internationalen Schutz, Anwendung der Ausschlussklauseln: Art. 1 F
des Abkommens von 1951 über die Rechtsstellung der Flüchtlinge, UN Doc. HCR/GIP/03/05
(4.9.2003).

[63] *Bernsdorff*, in: Meyer, GRCh, Art. 18 GRC, Rn. 13a; *Jarass*, GRCh, Art. 18 GRC, Rn. 19; *Graßhof*, in: Schwarze, EU-Kommentar, Art. 18 GRC, Rn. 6; *Rossi*, in: Calliess/Ruffert, EUV/AEUV,
Art. 18 GRC, Rn. 10.

[64] EuGH, Urt. v. 9.11.2010, verb. Rs. C–57/09 u. C–101/09 (Deutschland/B und D) [GK],
Slg. 2010, I–10979, Rn. 99 ff.

die Allgemeinheit dieses Staates darstellt, weil er wegen einer besonders schweren Straftat rechtskräftig verurteilt wurde. Da Art. 18 GRC auf die Verträge verweist, dürfte auch die **Schrankenregelung nach Art. 52 Abs. 2 GRC** Anwendung finden.

E.   Verhältnis zu anderen Bestimmungen

16   Das in Art. 18 GRC gewährleistete Asylrecht steht in engem Zusammenhang mit dem **Schutz bei Abschiebung, Ausweisung und Auslieferung** in Art. 19 GRC.[65] Oftmals kommt es zu einer parallelen Anwendung beider Artikel.[66] Das Asylrecht kann auch andere **bürgerliche und politische Rechte** betreffen, wie die Menschenwürde (Art. 1 GRC), das Recht auf Leben (Art. 2 GRC), das Recht auf Unversehrtheit (Art. 3 GRC), das Verbot der Folter und unmenschlicher oder erniedrigender Strafe oder Behandlung (Art. 4 GRC), das Verbot der Sklaverei und der Zwangsarbeit (Art. 5 GRC), das Recht auf Freiheit und Sicherheit (Art. 6 GRC), die Achtung des Privat- und Familienlebens (Art. 7 GRC), die Gedanken-, Gewissens- und Religionsfreiheit (Art. 10 GRC), die Freiheit der Meinungsäußerung und Informationsfreiheit (Art. 11 GRC), die Versammlungs- und Vereinigungsfreiheit (Art. 12 GRC), die Nichtdiskriminierung (Art. 21 GRC)[67] sowie **justizielle Rechte**, wie das Recht auf einen wirksamen Rechtsbehelf und ein unparteiisches Gericht (Art. 47 GRC).[68] Da Flüchtlinge nach der Genfer Flüchtlingskonvention u. a. ein Recht auf Erwerbstätigkeit (Art. 17 ff. GFK), ein Recht auf öffentliche Erziehung (Art. 22 GFK) und ein Recht auf öffentliche Fürsorge (Art. 23 GFK) haben, können entsprechende **wirtschaftliche, soziale bzw. kulturelle Rechte** aus der Grundrechtecharta ebenfalls relevant sein.

---

[65] *Agentur der Europäischen Union für Grundrechte/Europarat*, S. 72.
[66] *Bernsdorff*, in: Meyer, GRCh, Art. 18 GRC, Rn. 9.
[67] *Mole/Meredith*, S. 23.
[68] *Agentur der Europäischen Union für Grundrechte/Europarat*, S. 110.

Artikel 19 GRC Schutz bei Abschiebung, Ausweisung und Auslieferung

(1) Kollektivausweisungen sind nicht zulässig.

(2) Niemand darf in einen Staat abgeschoben oder ausgewiesen oder an einen Staat ausgeliefert werden, in dem für sie oder ihn das ernsthafte Risiko der Todesstrafe, der Folter oder einer anderen unmenschlichen oder erniedrigenden Strafe oder Behandlung besteht.

Literaturübersicht

Doehring, Die Rechtsnatur der Massenausweisung unter besonderer Berücksichtigung der indirekten Ausweisung, ZaöRV 45 (1985), 372; *Grabenwarter/Pabel*, Europäische Menschenrechtskonvention, 5. Aufl., 2012; *Harris/O'Boyle/Warbrick*, Law of the European Convention on Human Rights, 2. Aufl., 2009; *Kälin/Künzli*, Universeller Menschenrechtsschutz, 3. Aufl., 2013; *M. Nowak*, CCPR Commentary, 2. Aufl., 2005; *Nußberger*, Menschenrechtsschutz im Ausländerrecht, NVwZ 2013, 1305.

Leitentscheidungen

EuGH, Urt. v. 11.7.2002, Rs. C–60/00 (Mary Carpenter/Secretary of State for the Home Department), Slg. 2002, I–6279

EuGH, Urt. v. 29.4.2004, verb. Rs. C–482/01 u. C–493/01 (Georgios Orfanopoulos u.a. und Raffaele Oliveri/Land Baden-Württemberg), Slg. 2004, I–5257

EuGH, Urt. v. 14.11.2013, Rs. C–4/11 (Deutschland/Kaveh Puid) [GK], ECLI:EU:C:2013:740

EuGH, Urt. v. 10.12.2013, Rs. C–394/12 (Shamso Abdullahi/Bundesasylamt) [GK], ECLI:EU:C:2013:813

EuGH, Urt. v. 18.12.2014, Rs. C–562/13 (Centre public d'action sociale d'Ottignies-Louvain-La-Neuve/Moussa Abdida) [GK], ECLI:EU:C:2014:2453

EuGH, Urt. v. 17.12.2015, Rs. C–239/14 (Abdoulaye Amadou Tall/Centre public d'action sociale de Huy), ECLI:EU:C:2015:824

Wesentliche sekundärrechtliche Vorschrift

Rahmenbeschluss 2002/584/JI des Rates vom 13.6.2002 über den Europäischen Haftbefehl und die Übergabeverfahren zwischen den Mitgliedstaaten, ABl. 2002, L 190/1

Inhaltsübersicht

A. Entwicklung, Quellen, Bedeutung

I. Entwicklung

1 Das Völkerrecht hat zunehmend die Freiheit der Staaten hinsichtlich einer Abschiebung, Ausweisung und Auslieferung bei der **Gefahr von schwersten Menschenrechtsverletzungen im Herkunftsstaat** begrenzt.[1] Auch die EU-Mitgliedstaaten sind an diese völkerrechtlichen Bestimmungen, die ihre Entscheidungsfreiheit hinsichtlich der Einreise und des Aufenthalts von Ausländern beschränken, gebunden.[2]

2 Zunächst war das **Verbot von Kollektivausweisungen** nicht im **Entwurf der Grundrechtecharta** enthalten. Dann wurde es gemeinsam mit dem Recht auf Asyl als Absatz 2 in einem Artikel geregelt.[3] Schließlich ist das Verbot von Kollektivausweisungen aus dem gemeinsamen Artikel ausgegliedert und als Absatz 1 des Art. 19 mit dem Schutz bei Abschiebung, Ausweisung und Auslieferung in Absatz 2 aufgenommen worden.[4]

3 Das **Abschiebungs-, Ausweisungs- und Auslieferungsverbot** bei Bestehen einer Gefahr, der Todesstrafe, der Folter oder einer anderen unmenschlichen oder erniedrigenden Strafe oder Behandlung auszusetzen, wurde erst als Satz 2 dem Art. 4 – Verbot der Folter – zugeordnet.[5] In einem weiteren Vorschlag ist es als Absatz 2 einem neuen Artikel mit dem Verbot von Kollektivausweisungen zugewiesen worden.[6] Seine endgültige Fassung hat das Abschiebungs-, Ausweisungs- und Auslieferungsverbot letztendlich in Art. 19 Abs. 2 GRC erhalten.[7]

II. Quellen

4 Auf völkerrechtlicher Ebene ist ein Verbot von Kollektivausweisungen in **Art. 4 ZP IV zur EMRK**[8] verankert. Nach den Erläuterungen zu Art. 19 Abs. 1 GRC und Art. 52 Abs. 3 GRC hat das Verbot von Kollektivausweisungen die **gleiche Bedeutung und Tragweite** wie Art. 4 ZP IV zur EMRK.[9] Dabei ist das ZP IV zur EMRK bislang noch nicht von allen EU-Mitgliedstaaten ratifiziert worden.[10] In der Erläuterung zu Art. 19 Abs. 1 GRC findet **Art. 1 ZP VII zur EMRK**[11] – verfahrensrechtliche Schutzvorschriften in Bezug auf die Ausweisung von Ausländern – keine Erwähnung, weil zahlreiche Mitgliedstaaten dieses ZP nicht ratifiziert hatten.[12] Dafür verweist die Erläuterung zu Art. 19 Abs. 1

---

[1] *Kälin/Künzli*, Kap. 17, Rn. 1446 ff.

[2] *Wollenschläger*, in: Heselhaus/Nowak, Handbuch der Europäischen Grundrechte, § 17, Rn. 1.

[3] CHARTE 4137/00 CONVENT 8 vom 24. 2. 2000, Art. 17.

[4] CHARTE 4470/1/00 CONVENT 47 Rev 1 vom 21. 9. 2000, Art. 19. *Bernsdorff*, in: Meyer, GRCh, Art. 19 GRC, Rn. 7 ff.

[5] CHARTE 4284/00 CONVENT 28 vom 5. 5. 2000, Art. 4.

[6] CHARTE 4360/00 CONVENT 37 vom 14. 6. 2000, Art. 21a.

[7] CHARTE 4470/1/00 CONVENT 47 Rev 1 vom 21. 9. 2000, Art. 19. *Bernsdorff*, in: Meyer, GRCh, Art. 19 GRC, Rn. 10 ff.

[8] SEV-Nr. 46.

[9] Erläuterungen zu Art. 19 Abs. 1 und 52 Abs. 3 der Charta der Grundrechte vom 14. 12. 2007, ABl. 2007, C 303/17 (24, 34). Nach Abs. 5 Satz 2 Präambel GRC sowie Art. 52 Abs. 7 GRC sind die rechtlich nicht verbindlichen Erläuterungen bei der Auslegung der Charta von den Gerichten der Union und der Mitgliedstaaten gebührend zu berücksichtigen.

[10] Hierzu zählen Griechenland und das Vereinigte Königreich. Ratifikationsstand im Internet abrufbar unter: http://www.coe.int/de/web/conventions.

[11] SEV-Nr. 117.

[12] CHARTE 4284/00 CONVENT 28 vom 5. 5. 2000, Art. 21 Abs. 2. *Bernsdorff*, in: Meyer, GRCh, Art. 19 GRC, Rn. 5 und 15; *Rossi*, in: Calliess/Ruffert, EUV/AEUV, Art. 19 GRC, Rn. 6. Inzwischen

GRC ausdrücklich auf **Art. 13 Internationaler Pakt über bürgerliche und politische Rechte (IPbpR)** von 1966,[13] der als Vorlage für Art. 1 ZP VII zur EMRK diente.[14] Art. 13 IPbpR, der Verfahrensgarantien zum Schutz von Ausländern vor willkürlicher Ausweisung beinhaltet,[15] ist für alle EU-Mitgliedstaaten rechtlich verbindlich.[16] Entsprechende Garantien zum Schutz von Flüchtlingen vor willkürlicher Ausweisung enthält **Art. 32 Abkommen über die Rechtsstellung der Flüchtlinge (Genfer Flüchtlingskonvention, GFK)** von 1951.[17]

Ein Abschiebungs-, Ausweisungs- bzw. Auslieferungsverbot bei Bestehen einer drohenden Gefahr der Todesstrafe, der Folter oder einer unmenschlichen oder erniedrigenden Strafe oder Behandlung im Zielstaat ergibt sich auf völkerrechtlicher Ebene aus **Art. 3 EMRK.**[18] Da diese Bestimmung nicht ausdrücklich ein Abschiebungs-, Ausweisungs- bzw. Auslieferungsverbot regelt, der EGMR in seiner Rechtsprechung zu Art. 3 EMRK aber ein solches aus der Konventionsnorm ableitet, wird in der Erläuterung zu Art. 19 Abs. 2 GRC auf diese einschlägige Rechtsprechung des Gerichtshofes verwiesen.[19]   5

Auf universeller völkerrechtlicher Ebene folgt das **Refoulement-Verbot** aus dem Pendant zu Art. 3 EMRK – **Art. 7 IPbpR.**[20] Eine ausdrückliche Regelung eines Ausweisungs-, Abschiebung- oder Auslieferungsverbots bei Foltergefahr beinhaltet **Art. 3 Übereinkommen gegen Folter und andere grausame, unmenschliche oder erniedrigende Behandlung oder Strafe (CAT)** von 1984.[21] Auf regionaler amerikanischer Ebene ist das Refoulement-Verbot in **Art. 22 Abs. 8 Amerikanische Menschenrechtskonvention** von 1969[22] verankert.   6

Ein Verbot der Ausweisung und Zurückweisung speziell von Flüchtlingen bei Bedrohung des Lebens oder der Freiheit regelt **Art. 33 Abs. 1 GFK**. Eine entsprechende Vorschrift findet sich auch auf regionaler afrikanischer Ebene in **Art. II Abs. 3 Konven-**   7

---

sind mit Ausnahme von Deutschland, den Niederlanden und dem Vereinigten Königreich alle EU-Mitgliedstaaten Vertragsstaaten geworden. Ratifikationsstand im Internet abrufbar unter: http://www.coe.int/de/web/conventions.

[13] UNTS, vol. 999, p. 171.

[14] *M. Nowak*, Art. 13, Rn. 2.

[15] *M. Nowak*, Art. 13, Rn. 6.

[16] Ratifikationsstand im Internet abrufbar unter: https://treaties.un.org.

[17] UNTS, vol. 189, p. 137.

[18] SEV-Nr. 005.

[19] Erläuterung zu Art. 19 Abs. 2 der Charta der Grundrechte vom 14.12.2007, ABl. 2007, C 303/17 (24). EGMR, Urt. v. 7.7.1989, Beschwerde-Nr. 14038/88 (Soering/Vereinigtes Königreich), Ser. A no. 161, Rn. 88; Urt. v. 17.12.1996, Beschwerde-Nr. 25964/94 (Ahmed/Österreich), Rep. 1996-VI, 2195, Rn. 38 f.

[20] *M. Nowak*, Art. 7, Rn. 46 ff. Der UN Menschenrechtsausschuss hat das Prinzip des Refoulement-Verbots auch aus Art. 6 IPbpR abgeleitet: HRC, Communication No. 829/1998 (Roger Judge/ Kanada), UN Doc. CCPR/C/78/D/829/1998 (13.8.2003), Rn. 10.4 »For countries that *have* abolished the death penalty, there is an obligation not to expose a person to the real risk of its application. Thus, they may not remove, either by deportation or extradition, individuals from their jurisdiction […].«

[21] UNTS, vol. 1465, p. 85. UNHCR, Advisory Opinion on the Extraterritorial Application of *Non-Refoulement* Obligations under the 1951 Convention relating to the Status of Refugees and its 1967 Protocol, 2007, Rn. 5 ff. (im Internet abrufbar unter: http://www.unhcr.org/refworld/docid/45f17a1a4.html) (19.9.2016).

[22] OAS Treaty Series Nr. 36; UNTS, vol. 1144, p. 123.

tion der Organisation der Afrikanischen Einheit zur Regelung spezifischer Aspekte der Flüchtlingsprobleme in Afrika** von 1969.[23]

8   In den **Verfassungen** der Mitgliedstaaten ist der Schutz vor Abschiebung, Ausweisung und Auslieferung unterschiedlich geregelt. So finden sich Bestimmungen zum Verbot der Auslieferung bei drohender Todesstrafe oder Folter oder einer unmenschlichen oder erniedrigenden Strafe oder Behandlung,[24] Bestimmungen zum Verbot der Folter oder unmenschlicher oder erniedrigender Strafe oder Behandlung[25] sowie Bestimmungen zum Schutz der Menschenwürde bzw. des Lebens und der körperlichen Unversehrtheit.[26] Aufgrund der verfassungsrechtlichen Verankerung des Schutzes vor Abschiebung, Ausweisung und Auslieferung in den Mitgliedstaaten ist dieser gem. Art. 6 Abs. 3 EUV als allgemeiner Grundsatz Teil des Unionsrechts.[27]

III. Bedeutung

9   Art. 19 GRC schützt vor Kollektivausweisungen und vor Abschiebung, Ausweisung und Auslieferung bei drohender Todesstrafe und Folter oder anderer unmenschlicher oder erniedrigender Strafe oder Behandlung. Eine besondere Bedeutung kommt diesem **subjektiv-individuellen Grundrecht**[28] aus Titel II GRC wegen seiner engen Verbindung mit anderen Grundrechten zu, insbesondere der Würde des Menschen sowie dem Recht auf Leben und dem Recht auf Unversehrtheit, die im Titel I GRC geregelt sind.

B. Schutzbereich

I. Persönlicher Schutzbereich

10   Während **juristische Personen** nicht in den persönlichen Schutzbereich von Art. 19 GRC fallen,[29] ist die Frage hinsichtlich **natürlicher Personen** strittig.[30] So werden nach einer Auffassung alle natürlichen Personen unabhängig von ihrer Staatsangehörigkeit als Grundrechtsträger von Art. 19 GRC angesehen.[31] Nach anderer Auffassung sind nur

---

[23] UNTS, vol. 1001, p. 45.

[24] Z. B. § 9 Abs. 4 Satz 2 Verfassung Finnland, Art. 33 Abs. 4 Verfassung Portugal, Art. XIV Abs. 2 Verfassung Ungarn.

[25] Z. B. Art. 7 Abs. 2 Verfassung Griechenland, Kapitel 2 § 5 Satz 2 Verfassung Schweden, Art. 15 Satz 1 Verfassung Spanien, § 18 Verfassung Estland, Art. 21 Abs. 3 Verfassung Litauen, Art. 40 Verfassung Polen, Art. 22 Abs. 2 Verfassung Rumänien, Art. 16 Abs. 2 Verfassung Slowakei, Art. 18 Verfassung Slowenien, Art. 3 Verfassung Tschechien i. V. m. Art. 7 Abs. 2 Deklaration der Grundrechte und -freiheiten, Art. III Abs. 1 Verfassung Ungarn, Art. 36 Abs. 1 Verfassung Malta, Art. 8 Verfassung Zypern.

[26] Z. B. Art. 1 Abs. 1 Satz 1 und Art. 2 Abs. 2 Satz 1 GG, Art. 23 Satz 1 Verfassung Belgien, Art. 40 Abs. 3 Nr. 2 Verfassung Irland, Art. 11 Verfassung Niederlande. *Bernsdorff*, in: Meyer, GRCh, Art. 19 GRC, Rn. 2; *Wollenschläger*, in: Heselhaus/Nowak, Handbuch der Europäischen Grundrechte, § 17, Rn. 18 f.

[27] *Bernsdorff*, in: Meyer, GRCh, Art. 19 GRC, Rn. 2; *Streinz*, in: Streinz, EUV/AEUV, Art. 19 GRC, Rn. 2.

[28] *Jarass*, GRCh, Art. 19 GRC, Rn. 2.

[29] *Jarass*, GRCh, Art. 19 GRC, Rn. 5; *Graßhof*, in: Schwarze, EU-Kommentar, Art. 19 GRC, Rn. 8; *Rossi*, in: Calliess/Ruffert, EUV/AEUV, Art. 19 GRC, Rn. 2.

[30] *Bernsdorff*, in: Meyer, GRCh, Art. 19 GRC, Rn. 14.

[31] *Jarass*, GRCh, Art. 19 GRC, Rn. 5; *Graßhof*, in: Schwarze, EU-Kommentar, Art. 19 GRC, Rn. 4, 8; *Rossi*, in: Calliess/Ruffert, EUV/AEUV, Art. 19 GRC, Rn. 2; *Klatt*, in GSH, Europäisches Unionsrecht, Art. 19 GRC, Rn. 3.

ausländische Personen Grundrechtsträger von Art. 19 Abs. 1 GRC.[32] Dies legt die Frage nahe, ob es unterschiedliche Grundrechtsträger für das Verbot von Kollektivausweisungen in Art. 19 Abs. 1 GRC und das Abschiebungs-, Ausweisungs- und Auslieferungsverbot bei drohender Gefahr der Todesstrafe, Folter oder einer anderen unmenschlichen oder erniedrigenden Strafe oder Behandlung in Art. 19 Abs. 2 GRC gibt.

Zwar enthält die Bestimmung in Art. 19 Abs. 1 GRC zum **Verbot von Kollektivaus-**   **11**
weisungen im Gegensatz zu Art. 4 ZP IV zur EMRK nicht die Wörter »**ausländische Personen**«, nach den Erläuterungen zu Art. 19 Abs. 1 GRC und Art. 52 Abs. 3 GRC hat Art. 19 Abs. 1 GRC aber die gleiche Bedeutung und Tragweite wie Art. 4 ZP IV zur EMRK.[33] Letzterer schützt ausdrücklich nur ausländische Personen.[34] Ein Verbot der Einzel- oder Kollektivausweisung eigener Staatsangehöriger ist indes in Art. 3 Abs. 1 ZP IV zur EMRK enthalten, auf den wiederum Art. 19 Abs. 1 GRC keinen Bezug nimmt. Insofern ist davon auszugehen, dass eine über Art. 4 ZP IV zur EMRK hinausgehende Grundrechtsträgerschaft auf eigene Staatsangehörige durch den Grundrechtekonvent nicht beabsichtigt war.[35] Dies wird auch durch den Verweis in der Erläuterung zu Art. 19 Abs. 1 GRC auf Art. 13 IPbpR bekräftigt, in dessen persönlichen Schutzbereich ebenfalls nur Ausländer fallen, die sich rechtmäßig im Hoheitsgebiet eines Vertragsstaates aufhalten.[36]

Grundrechtsträger des in Art. 19 Abs. 2 GRC normierten **Abschiebungs-, Auswei-**   **12**
sungs- und Auslieferungsverbots bei drohender Gefahr der Todesstrafe, Folter oder einer anderen unmenschlichen oder erniedrigenden Strafe oder Behandlung sind hingegen alle **natürlichen Personen** (eigene Staatsangehörige, Unionsbürger und Drittstaatsangehörige).[37] Dies folgt sowohl aus dem Wortlaut der Bestimmung als auch den Erläuterungen zu Art. 19 Abs. 2 GRC sowie zu Art. 52 Abs. 3 GRC, die explizit auf die Rechtsprechung des EGMR zu Art. 3 EMRK Bezug nehmen. Da Grundrechtsträger von Art. 3 EMRK alle natürlichen Personen unabhängig von der Staatsangehörigkeit sind, muss dies auch für Art. 19 Abs. 2 GRC gelten, weil diese Bestimmung Art. 3 EMRK in der Auslegung durch den EGMR entspricht.[38] Bei eigenen Staatsangehörigen als Grundrechtsträger von Art. 19 Abs. 2 GRC ist insbesondere der Schutz vor Auslieferung relevant,[39] da Abschiebung und Ausweisung generell nur auf Ausländer Anwendung finden sollten.[40]

---

[32] *Bernsdorff*, in: Meyer, GRCh, Art. 19 GRC, Rn. 14.

[33] Erläuterungen zu Art. 19 Abs. 1 und Art. 52 Abs. 3 der Charta der Grundrechte vom 14.12.2007, ABl. 2007, C 303/17 (24, 34).

[34] *Frowein*, in: Frowein/Peukert, EMRK, Art. 4 ZP IV, Rn. 1.

[35] *Bernsdorff*, in: Meyer, GRCh, Art. 19 GRC, Rn. 14. Anders *Jarass*, GRCh, Art. 19 GRC, Rn. 5, der eine über Art. 4 ZP IV zur EMRK hinausgehende Trägerschaft annimmt.

[36] Erläuterung zu Art. 19 Abs. 1 der Charta der Grundrechte vom 14.12.2007, ABl. 2007, C 303/17 (24).

[37] *Bernsdorff*, in: Meyer, GRCh, Art. 19 GRC, Rn. 20.

[38] Erläuterungen zu Art. 19 Abs. 2 und Art. 52 Abs. 3 der Charta der Grundrechte vom 14.12.2007, ABl. 2007, C 303/17 (24, 34). *Bernsdorff*, in: Meyer, GRCh, Art. 19 GRC, Rn. 20.

[39] *Bernsdorff*, in: Meyer, GRCh, Art. 19 GRC, Rn. 20.

[40] Die Ausweisung eigener Staatsangehöriger ist häufig durch das nationale Recht verboten. Zur völkerrechtlichen Ebene vgl. Art. 3 Abs. 1 ZP IV zur EMRK. *Doehring*, ZaöRV 45 (1985), 372 f.

II. Sachlicher Schutzbereich

13   Zunächst bedarf es einer Begriffsbestimmung der in Art. 19 GRC geregelten aufent-
haltsbeendenden Maßnahmen. Bei **Kollektivausweisungen** werden Personengruppen
nach generellen Kriterien, wie Staatsangehörigkeit, Rasse, Hautfarbe, Religion oder
sonstigen in Art. 21 Abs. 1 GRC aufgeführten Diskriminierungskriterien, ohne Einzelfallprüfung ausgewiesen.[41] Die Kollektivausweisung von Personen erfolgt allein wegen
ihrer Gruppenzugehörigkeit.[42] Mit der **Ausweisung** wird das Verlassen des Staatsgebie-
tes durch eine ausländische Person angeordnet. Die **Abschiebung** soll die Ausreise-
pflicht einer ausländischen Person zwangsweise durchsetzen. **Auslieferung** bedeutet
das Überstellen einer straffälligen Person auf Ersuchen des verfolgenden Staates.[43] Da
der **Europäische Haftbefehl** die zwischen den Mitgliedstaaten völkerrechtlich geltende
Auslieferung ersetzt hat, fallen Handlungen nach dem Rahmenbeschluss über den Europäischen Haftbefehl[44] nicht in den Anwendungsbereich des Art. 19 GRC.[45]

14   Art. 19 Abs. 1 GRC, der Art. 4 ZP IV zur EMRK entspricht,[46] schützt den Einzelnen
vor Maßnahmen, die ihn als Mitglied einer Gruppe ausländischer Personen zwingen,
den Aufenthaltsstaat ohne **individuelle Prüfung** seines Einzelfalls zu verlassen.[47] Das
Verbot von Kollektivausweisungen umfasst sowohl die förmliche Entscheidung als auch
die Vollstreckung der Ausweisung.[48]

15   Art. 19 Abs. 2 GRC, der Art. 3 EMRK in der Auslegung durch den EGMR entspricht,[49]
schützt vor Abschiebung, Ausweisung und Auslieferung in einen Staat, in dem ein ernsthaftes Risiko der Todesstrafe, der Folter oder einer anderen unmenschlichen oder erniedrigenden Strafe oder Behandlung besteht.[50] Zwar findet sich in der EMRK kein

---

[41] EGMR, Urt. v. 5.2.2002, Beschwerde-Nr. 51564/99 (Čonka/Belgien), Rep. 2002-I, 93,
Rn. 59 ff.; Urt. v. 20.9.2007, Beschwerde-Nr. 45223/05 (Sultani/Frankreich), Rep. 2007-IV, 69,
Rn. 81. *Frowein*, in: Frowein/Peukert, EMRK, Art. 4 ZP IV EMRK, Rn. 1; *Grabenwarter/Pabel*, § 21,
Rn. 57; *Harris/O'Boyle/Warbrick*, S. 744 f.; *Meyer-Ladewig*, EMRK, Art. 4 ZP IV EMRK, Rn. 1; *Ros-
si*, in: Calliess/Ruffert, EUV/AEUV, Art. 19 GRC, Rn. 4 f.

[42] *Doehring*, ZaöRV 45 (1985), 372 (374).

[43] *Jarass*, GRCh, Art. 19 GRC, Rn. 7; *Schorkopf*, in: Ehlers, Grundrechte und Grundfreiheiten,
§ 15, Rn. 48; *Rossi*, in: Calliess/Ruffert, EUV/AEUV, Art. 19 GRC, Rn. 9; *Wollenschläger*, in: Hesel-
haus/Nowak, Handbuch der Europäischen Grundrechte, § 17, Rn. 1.

[44] Rb 2002/584/JI vom 13.6.2002 über den Europäischen Haftbefehl und die Übergabeverfahren
zwischen den Mitgliedstaaten, ABl. 2002, L 190/1.

[45] *Schorkopf*, in: Ehlers, Grundrechte und Grundfreiheiten, § 15, Rn. 48; *Schorkopf*, Haftbefehl,
Europäischer, in: Bergmann (Hrsg.), Handlexikon der Europäischen Union, 4. Aufl., 2012.

[46] Erläuterungen zu Art. 19 Abs. 1 und Art. 52 Abs. 3 der Charta der Grundrechte vom
14.12.2007, ABl. 2007, C 303/17 (24, 34).

[47] *Hoppe*, in: Karpenstein/Mayer, EMRK, Art. 4 ZP IV EMRK, Rn. 2; *Frenz*, Handbuch Europarecht, Bd. 4, Rn. 1147.

[48] *Jochum*, in: Tettinger/Stern, EuGRCh, Art. 19 GRC, Rn. 13.

[49] Erläuterungen zu Art. 19 Abs. 2 und Art. 52 Abs. 3 der Charta der Grundrechte vom
14.12.2007, ABl. 2007, C 303/17 (24, 34).

[50] EGMR, Urt. v. 13.12.2012, Beschwerde-Nr. 39630/09 (El-Masri/Ehemalige jugoslawische Republik Mazedonien) [GK], Rep. 2012-VI, 263, Rn. 212 ff.; Urt. v. 24.7.2014, Beschwerde-
Nr. 28761/11 (Al Nashiri/Polen), NVwZ 2015, 955, Rn. 453 ff.; Urt. 24.7.2014, Beschwerde-Nr. 7511/13 (Husayn (Abu Zubaydah)/Polen), Rn. 450 ff. (im Internet abrufbar unter: http://hu-
doc.echr.coe.int); EuGH, Urt. v. 14.11.2013, Rs. C–4/11 (Deutschland/Kaveh Puid) [GK], ECLI:EU:
C:2013:740, Rn. 36; Urt. v. 10.12.2013, Rs. C–394/12 (Shamso Abdullahi/Bundesasylamt) [GK],
ECLI:EU:C:2013:813, Rn. 62; Urt. v. 18.12.2014, Rs. C–562/13 (Centre public d'action sociale
d'Ottignies-Louvain-La-Neuve/Moussa Abdida) [GK], ECLI:EU:C:2014:2453, Rn. 46; Urt. v.
17.12.2015, Rs. C–239/14 (Abdoulaye Amadou Tall/Centre public d'action sociale de Huy), ECLI:
EU:C:2015:824, Rn. 53. *Nußberger*, NVwZ 2013, 1305 (1306 ff.).

Verbot der Todesstrafe,[51] nach der **Rechtsprechung** des EGMR zu **Art. 3 EMRK** vor allem im Fall Soering gegen das Vereinigte Königreich,[52] auf den in der Erläuterung zu Art. 19 Abs. 2 GRC Bezug genommen wird,[53] kann die Abschiebung oder Auslieferung bei drohender Todesstrafe jedoch gegen Art. 3 EMRK verstoßen.[54] Zwar leitet sich das Verbot der Abschiebung, Ausweisung und Auslieferung bei drohender Todesstrafe aus Art. 2 EMRK ab, nach Auffassung des EGMR ist Art. 3 EMRK aber in Übereinstimmung mit Art. 2 EMRK auszulegen.[55] Die Todesstrafe ist vom Grundrechtekonvent den Anlasstatbeständen Folter und unmenschliche oder erniedrigende Strafe oder Behandlung in Art. 19 Abs. 2 GRC hinzugefügt worden.[56] Die Begriffe der Todesstrafe und Folter oder unmenschlichen oder erniedrigenden Strafe oder Behandlung entsprechen denen in Art. 2 Abs. 2 GRC (s. Art. 2 GRC, Rn. 33) bzw. Art. 4 GRC (s. Art. 4 GRC, Rn. 11, 17, 19).[57]

Nach der Rechtsprechung des EGMR zu Art. 3 EMRK beinhaltet dieser auch einen **16** **Schutz vor Kettenabschiebungen**.[58] Durch die Anwendung der EMRK, insbesondere Art. 3 EMRK, auf ausländer- und asylrechtliche Fälle durch den EGMR entsteht eine Art »Ersatzasylrecht«.[59] Strittig ist, ob aus Art. 3 EMRK – soweit ein Refoulement-Verbot ableitbar ist – und Art. 19 Abs. 2 GRC ebenfalls ein Schutz vor Zurückweisung an der Grenze zwecks Verhinderung einer unerlaubten Einreise folgt.[60]

Für die Schutzgewährung muss ein »ernsthaftes Risiko« der Anlasstatbestände für die **17** betreffende Person bestehen. Dafür ist das **Vorliegen tatsächlicher Anhaltspunkte** – nicht bloßer Behauptungen – notwendig.[61] Eine Androhung der Anlasstatbestände reicht bereits aus.[62] Art. 19 Abs. 2 GRC bietet Schutz, auch wenn das ernsthafte Risiko von nichtstaatlichen Akteuren im Zielstaat ausgeht.[63]

---

[51] Das Verbot der Todesstrafe ist geregelt in ZP VI zur EMRK über die Abschaffung der Todesstrafe (SEV-Nr. 114) und ZP XIII zur EMRK über die vollständige Abschaffung der Todesstrafe (SEV-Nr. 187).

[52] EGMR, Urt. v. 7.7.1989, Beschwerde-Nr. 14038/88 (Soering/Vereinigtes Königreich), Ser. A no. 161, Rn. 111.

[53] Erläuterung zu Art. 19 Abs. 2 der Charta der Grundrechte vom 14.12.2007, ABl. 2007, C 303/17 (24).

[54] *Grabenwarter/Pabel*, § 20, Rn. 42.

[55] EGMR, Urt. v. 7.7.1989, Beschwerde-Nr. 14038/88 (Soering/Vereinigtes Königreich), Ser. A no. 161, Rn. 103. *Bernsdorff*, in: Meyer, GRCh, Art. 19 GRC, Rn. 19.

[56] *Bernsdorff*, in: Meyer, GRCh, Art. 19 GRC, Rn. 19; *Folz*, in: Vedder/Heintschel v. Heinegg, Europäisches Unionsrecht, Art. 19 GRC, Rn. 3; *Graßhof*, in: Schwarze, EU-Kommentar, Art. 19 GRC, Rn. 6; *Rossi*, in: Calliess/Ruffert, EUV/AEUV, Art. 19 GRC, Rn. 7.

[57] *Jarass*, GRCh, Art. 19 GRC, Rn. 8; *Graßhof*, in: Schwarze, EU-Kommentar, Art. 19 GRC, Rn. 7; *Rossi*, in: Calliess/Ruffert, EUV/AEUV, Art. 19 GRC, Rn. 7.

[58] EGMR, Zulässigkeitsentscheidung v. 7.3.2000, Beschwerde-Nr. 43844/98 (T.I./Vereinigtes Königreich), Rep. 2000-III, 435, S. 15. *Bernsdorff*, in: Meyer, GRCh, Art. 19 GRC, Rn. 17; *Jochum*, in: Tettinger/Stern, EuGRCh, Art. 19 GRC, Rn. 9.

[59] *Bernsdorff*, in: Meyer, GRCh, Art. 19 GRC, Rn. 17; *Jochum*, in: Tettinger/Stern, EuGRCh, Art. 19 GRC, Rn. 12.

[60] Dafür *Bernsdorff*, in: Meyer, GRCh, Art. 19 GRC, Rn. 17. Anders *Jarass*, GRCh, Art. 19 GRC, Rn. 7.

[61] *Jarass*, GRCh, Art. 19 GRC, Rn. 9; *Rossi*, in: Calliess/Ruffert, EUV/AEUV, Art. 19 GRC, Rn. 8.

[62] EGMR, Urt. v. 30.10.1991, Beschwerde-Nr. 13163/87, 13164/87, 13165/87, 13447/87, 13448/87 (Vilvarajah u.a./Vereinigtes Königreich), Ser. A no. 215, Rn. 107 ff. *Frenz*, Handbuch Europarecht, Bd. 4, Rn. 1151.

[63] EGMR, Urt. v. 17.12.1996, Beschwerde-Nr. 25964/94 (Ahmed/Österreich), Rep. 1996-VI, 2195, Rn. 44 ff. In der Erläuterung zu Art. 19 Abs. 2 GRC wird ausdrücklich auf diese Rechtsprechung des EGMR Bezug genommen. Erläuterung zu Art. 19 Abs. 2 der Charta der Grundrechte vom

C. Eingriffe

18   Eingriffe in den sachlichen Schutzbereich des Art. 19 GRC sind **Aufenthaltsbeendigungen durch Abschiebung, Ausweisung oder Auslieferung** sowie auch massenhafte, nicht individuell überprüfte und begründete **Kollektivausweisungen** bzw. Ablehnungen von Aufenthaltsverlängerungen durch Grundrechtsadressaten.[64]

D. Eingriffsrechtfertigung

19   Hinsichtlich der Vorschriften des Art. 19 GRC, die denen in der EMRK bzw. ihrem ZP entsprechen, ist die **spezielle Schrankenregelung** des Art. 52 Abs. 3 Satz 1 GRC anzuwenden.[65] Für **Art. 19 Abs. 1 GRC** besteht wie für Art. 4 ZP IV zur EMRK **keine Beschränkungsmöglichkeit**. Demzufolge stellt jeder Eingriff eine Grundrechtsverletzung dar. Da es sich beim Verbot von Kollektivausweisungen nach Art. 15 Abs. 2 EMRK nicht um ein notstandsfestes Recht handelt, wäre eine Einschränkung nur im Notstandsfall unter Einhaltung der in Art. 15 Abs. 1 EMRK normierten Voraussetzungen möglich.[66]

20   **Art. 19 Abs. 2 GRC**, der Art. 3 EMRK in der Auslegung durch den EGMR entspricht, gilt insoweit auch **absolut** (s. Art. 4 GRC, Rn. 31).[67] Nach der Notstandsklausel in Art. 15 Abs. 2 EMRK ist eine Einschränkung des Art. 3 EMRK selbst im Notstandsfall nicht möglich.[68] Dies hat der EGMR im Fall Ahmed gegen Österreich, auf den in der Erläuterung zu Art. 19 Abs. 2 GRC explizit verwiesen wird,[69] bestätigt.[70]

14.12.2007, ABl. 2007, C 303/17 (24). *Frenz*, Handbuch Europarecht, Bd. 4, Rn. 1154; *Jochum*, in: Tettinger/Stern, EuGRCh, Art. 19 GRC, Rn. 15; *Graßhof*, in: Schwarze, EU-Kommentar, Art. 19 GRC, Rn. 10; *Wollenschläger*, in: Heselhaus/Nowak, Handbuch der Europäischen Grundrechte, § 17, Rn. 12.

[64] *Hoppe*, in: Karpenstein/Mayer, EMRK, Art. 4 ZP IV EMRK, Rn. 4.

[65] *Bernsdorff*, in: Meyer, GRCh, Art. 19 GRC, Rn. 16 und 20; *Folz*, in: Vedder/Heintschel v. Heinegg, Europäisches Unionsrecht, Art. 19 GRC, Rn. 4. Anders *Klatt*, in: GSH, Europäisches Unionsrecht, Art. 19 GRC, Rn. 8.

[66] *Grabenwarter/Pabel*, § 21, Rn. 57; *Hoppe*, in: Karpenstein/Mayer, EMRK, Art. 4 ZP IV EMRK, Rn. 4 f.; *Bernsdorff*, in: Meyer, GRCh, Art. 19 GRC, Rn. 16; *Jarass*, GRCh, Art. 19 GRC, Rn. 10; *Graßhof*, in: Schwarze, EU-Kommentar, Art. 19 GRC, Rn. 5; *Rossi*, in: Calliess/Ruffert, EUV/AEUV, Art. 19 GRC, Rn. 3; *Schorkopf*, in: Ehlers, Grundrechte und Grundfreiheiten, § 15, Rn. 54.

[67] *Folz*, in: Vedder/Heintschel v. Heinegg, Europäisches Unionsrecht, Art. 19 GRC, Rn. 4; *Rossi*, in: Calliess/Ruffert, EUV/AEUV, Art. 19 GRC, Rn. 10; *Wollenschläger*, in: Heselhaus/Nowak, Handbuch der Europäischen Grundrechte, § 17, Rn. 35 f. Anders *Klatt*, in: GSH, Europäisches Unionsrecht, Art. 19 GRC, Rn. 8.

[68] Zur Anwendung der Notstandsklausel *Bernsdorff*, in: Meyer, GRCh, Art. 19 GRC, Rn. 20. Zur möglichen Einschränkung des Art. 19 Abs. 2 GRC auf der Grundlage der Notstandsklausel *Jarass*, GRCh, Art. 19 GRC, Rn. 11; *Graßhof*, in: Schwarze, EU-Kommentar, Art. 19 GRC, Rn. 11; *Rossi*, in: Calliess/Ruffert, EUV/AEUV, Art. 19 GRC, Rn. 10.

[69] Erläuterung zu Art. 19 Abs. 2 der Charta der Grundrechte vom 14.12.2007, ABl. 2007, C 303/17 (24).

[70] EGMR, Urt. v. 17.12.1996, Beschwerde-Nr. 25964/94 (Ahmed/Österreich), Rep. 1996-VI, 2195, Rn. 40 f.

E.   Verhältnis zu anderen Bestimmungen

Art. 19 GRC ist in engem Zusammenhang mit dem **Recht auf Leben** und dem **Verbot der**   21
Todesstrafe in Art. 2 GRC, dem **Verbot der Folter** und unmenschlicher oder erniedrigender Strafe oder Behandlung in Art. 4 GRC und dem **Asylrecht** in Art. 18 GRC zu
sehen. Art. 19 GRC findet parallele Anwendung zu 18 GRC.[71] Im Verhältnis zu Art. 2
und 4 GRC dürfte Art. 19 Abs. 2 GRC in seinem Anwendungsbereich als lex specialis
vorgehen.[72] Hinsichtlich der Ausweisung von Familienangehörigen ist die **Achtung des**
Familienlebens in Art. 7 GRC relevant.[73] Aufenthaltsbeendende Maßnahmen können
auch die **Freizügigkeit** und **Aufenthaltsfreiheit** in Art. 45 GRC betreffen.[74] Beim Verbot
von Kollektivausweisungen ist auf das **Diskriminierungsverbot** in Art. 21 GRC zu verweisen.

---

[71] *Bernsdorff*, in: Meyer, GRCh, Art. 19 GRC, Rn. 13; *Jarass*, GRCh, Art. 19 GRC, Rn. 4.
[72] *Jarass*, GRCh, Art. 19 GRC, Rn. 4.
[73] EuGH, Urt. v. 11.7.2002, Rs. C–60/00 (Mary Carpenter/Secretary of State for the Home Department), Slg. 2002, I–6279, Rn. 41; Urt. v. 29.4.2004, verb. Rs. C–482/01 u. C–493/01 (Georgios
Orfanopoulos u. a. und Raffaele Oliveri/Land Baden-Württemberg), Slg. 2004, I–5257, Rn. 98. *Wollenschläger*, in: Heselhaus/Nowak, Handbuch der Europäischen Grundrechte, § 17, Rn. 37 f.
[74] *Jarass*, GRCh, Art. 19 GRC, Rn. 4.

Titel III
Gleichheit

Artikel 20 GRC Gleichheit vor dem Gesetz

Alle Personen sind vor dem Gesetz gleich.

Literaturübersicht

Arnardóttir, Equality and Non-Discrimination under the European Convention on Human Rights, 2003; *Bleckmann*, Der allgemeine Gleichheitssatz beim Zusammenwirken des Europäischen Gemeinschaftsrechts mit dem nationalen Recht, NJW 1985, 2856; *Britz*, Der allgemeine Gleichheitssatz in der Rechtsprechung des BVerfG, NJW 2014, 346; *Bühler*, Einschränkung von Grundrechten nach der Europäischen Grundrechtecharta, 2005; *Cirkel*, Gleichheitsrechte im Gemeinschaftsrecht, NJW 1998, 3332; *Classen*, Freiheit und Gleichheit im öffentlichen und privaten Recht – Unterschiede zwischen europäischem und deutschem Grundrechtsschutz?, EuR 2008, 627; *Croon*, Comparative Institutional Analysis, the European Court of Justice and the General Principle of Non-Discrimination – or – Alternative Tales on Equality Reasoning, ELJ 2013, 153; *Ehlers*, Europäische Grundrechte und Grundfreiheiten, 2009; *Feige*, Der Gleichheitssatz im Recht der EWG, 1973; *Epiney*, Umgekehrte Diskriminierungen, 1995; *Glock*, Der Gleichheitssatz im Europäischen Recht – Eine rechtsvergleichende Analyse unter Berücksichtigung der Rechtsprechung in ausgewählten Mitgliedstaaten der Europäischen Union, des EGMR und des EuGH, Diss., Gießen, 2007; *Horspool*, The Status of the Principle of Equality in the United Kingdom, in: Stern/Tettinger, (Hrsg.), Die Europäische Grundrechte-Charta im wertenden Verfassungsvergleich, 2005, S. 271; *Huster*, Gleichheit im Mehrebenensystem: Die Gleichheitsrechte der Europäischen Union in systematischer und kompetenzrechtlicher Hinsicht, EuR 2010, 325; *Kischel*, Zur Dogmatik des Gleichheitssatzes in der Europäischen Union, EuGRZ 1997, 1; *Kugelmann*, Gleichheitsrechte und Gleichheitsgrundsätze, in: Merten/Papier, Bd. VI/1, 2010, § 160; *Mohn*, Der Gleichheitssatz im Gemeinschaftsrecht, 1990; *Repasi*, Die Reichweite des allgemeinen Gleichbehandlungsgrundsatzes bei der Richtlinienumsetzung, EuZW 2009, 756 ff.; *Rossi*, Das Diskriminierungsverbot nach Art. 12 EGV, EuR 2000, 197 ff.; *Sattler*, Allgemeiner Gleichheitssatz und spezielle Gleichheitssätze in der Rechtsprechung des Europäischen Gerichtshofes, FS Rauschning, 2001, S. 251 ff.; *Wahle*, Der allgemeine Gleichheitssatz in der Europäischen Union, Diss. 2002; *Walz*, Gemeinschaftsgrundrechte und der Schutz von Minderheiten, 2006; *Zuleeg*, Betrachtungen zum Gleichheitssatz im Europäischen Gemeinschaftsrecht, FS Börner, 1992, S. 473.

Leitentscheidungen

EuGH, Urt. v. 19.10.1977, Rs. C- 117/76 (Ruckdeschel u.a./Hauptzollamt Hamburg-St. Annen), Slg. 1977, 1753
EuGH, Urt. v. 16.10.1980, Rs. C–147/79 (Hochstrass/Gerichtshof), Slg. 1980, 3005
EuGH, Urt. v. 15.7.1982, Rs. C–245/81 (Edeka/Deutschland), Slg. 1982, 2745
EuGH, Urt. v. 6.7.1983, Rs. C–117/81 (Geist/Kommission), Slg. 1983, 2191
EuGH, Urt. v. 13.12.1984, Rs. C–129/82 u. C–274/82 (Lux/Rechnungshof), Slg. 1984, 4127
EuGH, Urt. v. 15.1.1985, Rs. C–250/83 (Finsider/Kommission), Slg. 1985, 131
EuGH, Urt. v. 12.3.1987, Rs. C–215/85 (BALM/Raiffeisen Hauptgenossenschaft), Slg. 1987, 1279
EuGH, Urt. v. 20.9.1988, Rs. C–203/86 (Spanien/Rat), Slg. 1988, 4563
EuGH, Urt. v. 13.11.1990, Rs. C–370/88 (Marshall), Slg. 1990, I–4071
EuGH, Urt. v. 17.4.1997, Rs. C–15/95 (EARL de Kerlast/Unicopa und Coopérative du Trieux), Slg. 1997, I–1961
EuGH, Urt. v. 19.11.1998, Rs. C–85/97 (Société financière d'investissements/Belgischer Staat), Slg. 1998, I–7447
EuGH, Urt. v. 26.10.1999, Rs. C–273/97 (Sirdar), Slg. 1999, I–7403
EuGH, Urt. v. 13.4.2000, Rs. C–292/97 (Karlsson u.a.), Slg. 2000, I–2737
EuGH, Urt. v. 26.9.2002, Rs. C–351/98 (Spanien/Kommission), Slg. 2002, I–8031
EuGH, Urt. v. 22.5.2003, Rs. C–462/99 (Connect Austria), Slg. 2003, I–5197

Sebastian Heselhaus

EuGH, Urt. v. 7.9.2006, Rs. C–81/05 (Cordero Alonso), Slg. 2006, I–7569
EuGH, Urt. v. 3.5.2007, Rs. C–303/05 (Advocaten voor de Wereld), Slg. 2007, I–3633
EuGH, Urt. v. 16.12.2008, Rs. C–127/07 (Arcelor Atlantique und Lorraine u.a.), Slg. 2008, I–9895
EuGH, Urt. v. 14.9.2010, Rs. C–550/07 P (Akzo und Akcros Chemicals), Slg. 2010, I–8301
EuGH, Urt. v. 21.7.2011, Rs. C–21/10 (Nagy), Slg. 2011, I–6769

Wesentliche sekundärrechtliche Vorschriften

Richtlinie 2000/43/EG zur Anwendung des Gleichbehandlungsgrundsatzes ohne Unterschied der Rasse oder der ethnischen Herkunft, ABl. 2000, L 180/22
Richtlinie 2000/78/EG zur Festlegung eines allgemeinen Rahmens für die Verwirklichung der Gleichbehandlung in Beschäftigung und Beruf, ABl. 2000, L 303/16
Richtlinie 2006/54/EG zur Verwirklichung des Grundsatzes der Chancengleichheit und Gleichbehandlung von Männern und Frauen in Arbeits- und Beschäftigungsfragen (Neufassung), ABl. 2006, L 204/23

Inhaltsübersicht

A. Bedeutung und systematischer Überblick

Der **allgemeine Gleichheitssatz** zählt zu den **Grundprinzipien des Unionsrechts**.[1] Obwohl er eine kaum zu unterschätzende **Bedeutung für supranationale Integration** hat, dauerte es fast sechs Jahrzehnte bis er 2009 als rechtverbindliches **subjektives Recht** in Art. 20 GRC **explizit** Erwähnung fand.[2] Seine Vernachlässigung in den Anfangsjahren der europäischen Integration mag dem Umstand geschuldet sein, dass der damalige **1**

---

[1] So EuGH, Urt. v. 19.10.1977, verb. Rs. C–117/76 u. C–16/77 (Ruckdeschel u.a./Hauptzollamt Hamburg-St. Annen), Slg. 1977, 1753, Rn. 7; Urt. v. 12.3.1987, Rs. C–215/85 (BALM/Raiffeisen Hauptgenossenschaft), Slg. 1987, 1279, Rn. 23; Urt. v. 19.11.1998, Rs. C–85/97 (Société financière d'investissements/Belgischer Staat), Slg. 1998, I–7447, Rn. 30; vgl. die st. Rspr., EuGH, Urt. v. 7.9.2006, Rs. C–81/05 (Cordero Alonso), Slg. 2006, I–7569, Rn. 37; *Huster*, EuR 2010, 325; *Jarass*, GRCh, Art. 20 GRC, Rn. 1; *Streinz*, in: Streinz, EUV/AEUV, Art. 20 EUV, Rn. 3; *Hölscheidt*, in: Meyer, GRCh, Art. 20 GRC, Rn. 10.
[2] Art. 20 enthält ein Menschenrecht bzw. ein Grundrecht im Sinne des Art. 51 Abs. 1 Satz 2 GRC; *Hölscheidt*, in: Meyer, GRCh, vor Art. 20 GRC, Rn. 31, Art. 20 GRC, Rn. 12; *Jarass*, GRCh, Art. 20 GRC, Rn. 2.

EWG-Vertrag eine Vielzahl **spezifischer** Gleichheitssätze enthielt, die die damals wichtigsten Politikbereiche abdeckten: Die **Grundfreiheiten** sind in ihrer ursprünglichen Konzeption alle als Gleichheitssätze angelegt gewesen und erst später von der Rechtsprechung zu den so wirkmächtigen Beschränkungsverboten im Binnenmarkt ausgebaut worden.[3] Den wirtschaftlichen Akteuren aus dem EU-Ausland sollte ein gleicher Marktzugang wie den einheimischen gewährleistet werden.[4] Allerdings besteht bis heute in der Möglichkeit der sog. **Inländerdiskriminierung** eine Ausnahme,[5] die dem Respekt vor der Souveränität der Mitgliedstaaten geschuldet ist. Wettbewerbspolitisch erscheint sie nicht gravierend, da man davon ausgehen kann, dass die Mitgliedstaaten einheimischen Akteuren eine schlechtere Marktposition nur dann zuerkennen würden, wenn sie dafür überzeugende Gründe haben. Verfassungstheoretisch steht sie aber in einem gewissen **Spannungsverhältnis** zu einem allgemeinen Gleichheitssatz.

2   Ein weiteres Spannungsfeld ist das Verhältnis von **Kompetenzen** und allgemeinem Gleichheitssatz. Obgleich eine Hoheitsebene grundsätzlich Gleichheit nur im Rahmen der ihr zustehenden Kompetenzen herstellen kann, birgt ein allgemeiner Gleichheitssatz latent die Gefahr einer **weiten Kompetenzauslegung**, um die Erzeugung angemessener Gleichheit zu verwirklichen. So dürften die in der Grundrechtecharta enthaltenen Gleichheitsverbürgungen nicht unwesentlich das Bedürfnis für die sog. **Angstklauseln**, die ausdrücklichen Vergewisserungen, dass die Gewährleistungen in der Charta **nicht** zu einem **Kompetenzzuwachs** der Union führen,[6] geweckt haben.

3   Ungeachtet solcher Bedenken hat die **Rechtsprechung** in der Praxis schon früh einen **ungeschriebenen allgemeinen Gleichheitssatz** in der Europäischen Union anerkannt[7] – früher als vom Grundrechtekonvent vermutet.[8] Das ist umso bemerkenswerter als der Grundsatz im konkreten Fall zur **Ergänzung eines speziellen Gleichheitssatzes** (in der Gemeinsamen Agrarpolitik) herangezogen worden war.[9] Seitdem ist dieses Grundrecht **fallweise** weiterentwickelt worden, wobei die jeweiligen Umstände der konkreten Einzelfälle für die **Entwicklung einer** einheitlichen **Dogmatik** des Gleichheitssatzes in der EU erhebliche Probleme aufwerfen.[10] Zu Recht wird in der Literatur davon gesprochen,

---

[3] Vgl. zu den Grundfreiheiten als Diskriminierungsverbote *Ehlers*, in: Ehlers, Europäische Grundrechte und Grundfreiheiten, § 7, Rn. 22 ff.; *Streinz*, Europarecht, Rn. 793; *Kreuschitz*, in: GS, EUV/EGV, Art. 45 AEUV, Rn. 6; *Epiney*, in: Calliess/Ruffert, EUV/AEUV, Art. 18 AEUV, Rn. 7.

[4] Wie etwa in Art. 45, 49, 56 AEUV, dazu *Epiney*, in: Calliess/Ruffert, EUV/AEUV, Art. 18 AEUV, Rn. 7.

[5] S. für die Warenverkehrsfreiheit EuGH, Urt. v. 28.1.1992, Rs. C–332/90 (Steen), Slg. 1992, I–341, Rn. 9 ff.

[6] Insbesondere Art. 51 Abs. 2 GRC, s. dazu *Borowski*, in: Meyer, GRCh, Art. 51 GRC, Rn. 1, 24a, 34a, 37, 39; *Streinz*, Wie gut ist die Grundrechte-Charta des Verfassungsvertrages?, FS Rengeling, 2008, S. 650; *Huster*, EuR 2010, 325 ff.

[7] EuGH, Urt. v. 19.10.1977, verb. Rs. C–117/76 u. C–16/77 (Ruckdeschel u. a./Hauptzollamt Hamburg-St. Annen), Slg. 1977, 1753, Rn. 10; vgl. z. B. Urt. v. 20.9.1988, Rs. C–203/86 (Spanien/ Rat), Slg. 1988, 4563, Rn. 25; Urt. v. 17.4.1997, Rs. C–15/95 (EARL de Kerlast/Unicopa und Coopérative du Trieux), Slg. 1997, I–1961, Rn. 35; Urt. v. 13.4.2000, Rs. C–292/97 (Karlsson u. a.), Slg. 2000, I–2737, Rn. 38.

[8] CHARTE 4112/2/00 REV 2 BODY 4 v. 27.1.2000, näher dazu *Hölscheidt*, in: Meyer, GRCh, Art. 20 GRC, Rn. 5 ff.

[9] EuGH, Urt. v. 19.10.1977, verb. Rs. C–117/76 u. C–16/77 (Ruckdeschel u. a./Hauptzollamt Hamburg-St. Annen), Slg. 1977, 1753, Rn. 7, zur Ergänzung der damaligen Vorgängervorschrift von Art. 40 Abs. 2 UAbs. 2 AEUV.

[10] So darf bei der zutreffenden Kritik an der dogmatischen Unschärfe, vgl. *Hölscheidt*, in: Meyer, GRCh, Art. 20, Rn. 10, 16 ff.; *Rossi*, in: Calliess/Ruffert, EUV/AEUV, Art. 20 GRC, Rn. 3; vgl. *Streinz*, in: Streinz, EUV/AEUV, Art. 20 GRC, Rn. 5, nicht übersehen werden, dass eine dogmatische Entwicklung im Fallrecht ansatzbedingt in der Praxis Restriktionen unterliegt.

dass der allgemeine Gleichheitssatz im Wesentlichen auf **Richterrecht** beruhe.[11] Das hat sich trotz der Positivierung im Lissabonner Vertrag bis heute erhalten. So folgert der EuGH ungeachtet der ausdrücklichen Trennung von allgemeinem Gleichheitssatz in Art. 20 GRC und Nichtdiskriminierungsverbot in Art. 21 GRC einen **umfassenden allgemeinen Gleichheitssatz aus Art. 20 und 21 GRC**.[12] Dafür wird er in der Literatur heftig kritisiert,[13] doch legt er damit die Basis für eine zeitgemäße **Differenzierung** innerhalb des Gleichheitssatzes, wie es **rechtsvergleichend** die Entwicklungen im U.S.-amerikanischen und davon beeinflusst im deutschen und schweizerischen Verfassungsrecht vorgemacht haben (s. Rn. 23).

Die Zurückhaltung des EuGH im Hinblick auf eine umfassende dogmatische Festlegung des Gewährleistungsgehaltes des allgemeinen Gleichheitssatzes ist auch den Unterschieden zwischen den vergleichbaren **Verbürgungen in den Mitgliedstaaten** geschuldet. Auch wenn **Art. 2 EUV** »Gleichheit« als einen **Grundwert der Union und ihrer Mitgliedstaaten** ansieht,[14] bestehen im Detail einige **Unterschiede** in den verfassungsrechtlichen Überlieferungen der Mitgliedstaaten. Vier Abweichungen sind besonders erwähnenswert. So kennt die dänische Verfassung **keinen** ausdrücklichen **umfassenden** Gleichheitssatz, sondern lediglich eine Beseitigung der Privilegien von »Adel, Titel und Rang«.[15] Ferner kennen nicht alle Verfassungen in ihrem Wortlaut einen umfassenden Schutz gegenüber allen **drei Gewalten**.[16] In Schweden richtet sich der Gleichheitssatz im Sinne der »Gleichheit vor dem Gesetz« an »Gerichte« und Verwaltungsbehörden«.[17] Teilweise wird der Schutz gegenüber **jedwedem hoheitlichen Handeln** gewährt, wie in den Niederlanden,[18] während andere Verfassungen ihrem Wortlaut nach lediglich eine Gleichbehandlung in »Rechten« verbürgen.[19] Schließlich ist der Gleichheitssatz in man-

4

---

[11] *Jarass*, GRCh, Art. 20 GRC, Rn. 1.

[12] EuGH, Urt. v. 7. 9. 2006, Rs. C–81/05 (Cordero Alonso), Slg. 2006, I–7569, Rn. 37 m. w. N.; Urt. v. 3. 5. 2007, Rs. C–303/05 (Advocaten voor de Wereld), Slg. 2007, I–3633, Rn. 46; Urt. v. 14. 9. 2010, Rs. C–550/07 P (Akzo und Akcros Chemicals), Slg. 2010, I–8301, Rn. 54; Urt. v. 16. 10. 1980, Rs. C–147/79 (Hochstrass/Gerichtshof), Slg. 1980, 3005, Rn. 7.

[13] *Hölscheidt*, in: Meyer, GRCh, Art. 20 GRC, Rn. 10, 16 ff.; *Rossi*, in: Calliess/Ruffert, EUV/AEUV, Art. 20 GRC, Rn. 3; vgl. *Streinz*, in: Streinz, EUV/AEUV, Art. 20 GRC, Rn. 5.

[14] Zustimmend aus rechtsvergleichender Sicht *Hölscheidt*, in: Meyer, GRCh, Art. 20 GRC, Rn. 3; *Frenz*, Handbuch Europarecht, Bd. 4, Rn. 3191.

[15] § 83 Grundgesetz des Reiches Dänemark »Jedes in den Gesetzen mit Adel, Titel und Rang verbundene Vorrecht ist abgeschafft.«; s. dazu *Hölscheidt*, in: Meyer, GRCh, Art. 20 GRC, Rn. 3; *Sachs*, in: Tettinger/Stern, EuGRCh, Art. 20 GRC, Rn. 12 ff.

[16] S. die Übersicht bei *Hölscheidt*, in: Meyer, GRCh, Art. 20 GRC, Rn. 3. Art. 45 Abs. 1 der Verfassung von Malta erwähnt lediglich ein Verbot diskriminierender Gesetze.

[17] Kap. 1 § 9 Verfassung des Königreiches Schweden: »Gerichte sowie Verwaltungsbehörden und andere, die öffentliche Verwaltungsaufgaben erfüllen, haben bei ihrer Tätigkeit die Gleichheit aller vor dem Gesetz zu beachten sowie Sachlichkeit und Unparteilichkeit zu wahren«. Daneben bestehen Diskriminierungsverbote nach Kap. 2, § 12 Verfassung des Königreiches Schweden: »Gesetze oder andere Vorschriften dürfen nicht darauf hinauslaufen, dass jemand benachteiligt wird, weil er oder sie einer Minderheit im Hinblick auf ethnischen Ursprung, Hautfarbe oder anderer Merkmale oder in Bezug auf die sexuelle Orientierung angehören« und § 13 Verfassung des Königreiches Schweden: »Gesetze oder andere Vorschriften dürfen nicht darauf hinauslaufen, dass jemand aufgrund seines Geschlechts benachteiligt wird, es sei denn, ihr Erlass erfolgt im Zuge der Bestrebungen, die Gleichstellung zwischen Mann und Frau zustande zu bringen, oder sie betreffen die Wehrpflicht oder eine entsprechende Dienstpflicht.«

[18] Art. 1 S. 2 Verfassung der Niederlande: »Niemand darf wegen seiner religiösen, weltanschaulichen oder politischen Anschauungen, seiner Rasse, seines Geschlechtes oder aus anderen Gründen diskriminiert werden.«

[19] Nach der tschechischen und der slowakischen Verfassung sind die Menschen gleich, so in Tsche-

chen Mitgliedstaaten als **Menschenrecht** unabhängig von einer Staatsangehörigkeit,[20] in anderen als **Staatsbürgerrecht** konzipiert.[21] Immerhin sind die Gewährleistungen der mitgliedstaatlichen Verfassungen, ungeachtet dieser Unterschiede im Wortlaut, in der Rechtsprechung auf einem **hohen Niveau relativ weitgehend angeglichen.**[22] Vor diesem rechtsvergleichenden Hintergrund wird verständlich, warum der EuGH seinerzeit den Gleichheitssatz anders als andere grundrechtliche Verbürgungen nicht aus den gemeinsamen Überlieferungen der Mitgliedstaaten abgeleitet hat, sondern als ein **Grundprinzip** des (damaligen) Gemeinschaftsrechts, welches den zahlreichen spezifischen Ausprä-

---

chien: »Die Menschen sind frei und gleich an Würde und Rechten«, s. Art. 1 S. 1 Verfassung der Tschechischen Republik und in der Slowakei: »Alle Menschen sind frei und gleich in ihrer Würde und in ihren Rechten«, Art. 12 Abs. 1 S. 1 Verfassung der Slowakei.

[20] Art. 3 Abs. 1 GG: »Alle Menschen sind vor dem Gesetz gleich«; Art. 6 Abs. 2 Verfassung von Bulgarien: »Alle Bürger sind vor dem Gesetz gleich. Unzulässig sind jegliche Beschränkungen der Rechte oder auf Rasse, Nationalität, ethnische Zugehörigkeit, Geschlecht, Herkunft, Religion, Bildung, Überzeugung, politische Zugehörigkeit, persönliche oder gesellschaftliche Stellung oder Vermögenslage gegründete Privilegien.«; § 12 Abs. 1 Verfassung von Estland: »Alle sind vor dem Gesetz gleich. Niemand darf wegen seiner Volkszugehörigkeit, Rasse, Hautfarbe, seines Geschlechts, seiner Sprache, seiner Herkunft, seines Glaubens und seiner politischen sowie anderen Überzeugungen sowie wegen des materiellen oder sozialen Standes oder anderer Tatsachen diskriminiert werden.«; § 6 Abs. 1 Verfassung von Finnland: »Die Menschen sind vor dem Gesetz gleich.«; Art. 91 S. 1 Verfassung von Lettland: »Alle Menschen sind in Lettland vor dem Gesetz und dem Gericht gleich«; Art. 29 Abs. 1 Verfassung von Litauen: »Für die Gesetze, die Gerichte und andere Institutionen des Staates sowie für die Amtsträger sind alle Personen gleich«; Art. 1 S. 1 Verfassung der Niederlande: »Alle, die sich in den Niederlanden aufhalten, werden in gleichen Fällen gleich behandelt«; Art. 32 Abs. 1 Verfassung von Polen: »Alle sind vor dem Gesetz gleich. Alle haben das Recht, von der öffentlichen Gewalt gleich behandelt zu werden.«; siehe auch Kap. 1 Art. 9 Verfassung von Schweden; Art. 12 Abs. 1 S. 1 Verfassung der Slowakei; Art. 14 Abs. 2 Verfassung von Slowenien »Alle sind vor dem Gesetz gleich.«; Art. XV Abs. 1 S. 1 Verfassung von Ungarn: »Vor dem Gesetz sind alle Menschen gleich. Alle Menschen sind rechtsfähig.«; Art. 28 Abs. 1 Verfassung von Zypern: »Alle Menschen sind vor dem Gesetz, der Verwaltung und des Rechts gleich und sind zu gleichem Schutz und gleicher Behandlung berechtigt.«; s. *Hölscheidt*, in: Meyer, GRCh, Art. 20 GRC, Rn. 4.

[21] Art. 10 Verfassung von Belgien »Es gibt im Staat keine Unterscheidung nach Ständen. Die Belgier sind vor dem Gesetz gleich; nur sie können zur Bekleidung der zivilen und militärischen Ämter zugelassen werden, vorbehaltlich der Ausnahmen, die für Sonderfälle durch ein Gesetz festgelegt werden können.«; Art. 1 Abs. 1 S. 2 Verfassung von Frankreich »Die Gemeinschaft gründet sich auf die Gleichheit und Solidarität der Völker, die ihr angehören«; Art. 4 Abs. 1 Verfassung von Griechenland »Alle Griechen sind vor dem Gesetze gleich.«; Art. 40 Abs. 1 S. 1 Verfassung von Irland »Als Menschen sind alle Bürger vor dem Gesetze gleich.«; Art. 3 Abs. 1 S. 1 Verfassung von Italien »Alle Staatsbürger haben die gleiche gesellschaftliche Würde und sind vor dem Gesetz ohne Unterschied des Geschlechtes, der Rasse, der Sprache, des Glaubens, der politischen Anschauungen, der persönlichen und sozialen Verhältnisse gleich.«; Art. 10 a Abs. 1 Verfassung von Luxemburg »Die Luxemburger sind vor dem Gesetz gleich.«; Art. 7 Abs. 1 S. 1 Verfassung von Österreich »Alle Staatsbürger sind vor dem Gesetz gleich.«; Art. 13 Abs. 1 Verfassung von Portugal »Alle Bürger haben die gleiche gesellschaftliche Würde und sind vor dem Gesetz gleich«, Art. 14 Verfassung von Spanien »Alle Spanier sind vor dem Gesetz gleich, und niemand darf wegen seiner Abstammung, seiner Rasse, seines Geschlechtes, seiner Religion, seiner Anschauungen oder jedweder anderer persönlicher oder sozialer Umstände benachteiligt oder bevorzugt werden«; s. *Hölscheidt*, in: Meyer, GRCh, Art. 20 GRC, Rn. 4; vgl. *Sachs*, in: Tettinger/Stern, EuGRCh, Art. 20 GRC, Rn. 12 ff.

[22] S. bspw. Die Interpretation von Art. 3 Abs. 1 GG, der seinem Wortlaut nach lediglich Gleichheit »vor« dem Gesetz garantiert, *Kirchhof*, in: Maunz/Dürig, GG, Art. 3 Abs. 1 (Dezember 2015), Rn. 1 ff. Die Gewährung von égalité in der Französischen Menschenrechtserklärung von 1789 hat andere Grundrechtsgewährleistungen in Europa beeinflusst, sie greift aber nicht für alle Menschen und kann insofern rechtsvergleichend nicht als gemeinsame Wurzel aller Verfassungen in Europa angesehen werden, a. A. aber *Rossi*, in: Calliess/Ruffert, EUV/AEUV, Art. 20 GRC, Rn. 2.

gungen des Gleichheitssatzes in den Verträgen zugrunde liege, qualifiziert hat.[23] Dieses gilt in der Union als **Menschenrecht**.[24]

Für die Herleitung der Unionsgrundrechte sind auch die **internationalen menschen- rechtlichen Gewährleistungen** von Bedeutung.[25] Zwar kennt die **Allgemeine Erklärung der Menschenrechte** einen allgemeinen Gleichheitssatz, doch ist dieser rechtlich nicht verbindlich.[26] Im Übrigen hat sich der Gleichheitssatz in den Menschenrechtsverträgen zunächst als Gebot der Gleichheit im Rahmen der zugleich gewährten Menschenrechte entwickelt.[27] Vorangeschritten ist nach einiger Zeit die **EMRK** mit der Verbürgung eines **eigenständigen Gleichheitssatzes** in Art. 1 ZP 12.[28] Diese Beispiele zeigen eine relative Zurückhaltung gegenüber dem Gleichheitssatz in internationalen Verträgen.

5

Nach der Aufnahme eines **rechtsverbindlichen** Gleichheitssatzes in den **Lissabonner Vertrag** kommt diesem auch kraft seiner systematischen Stellung großes Gewicht zu. So wird die Gleichheit als ein **gemeinsamer Wert** bereits in Abs. 2 Präambel EUV erwähnt.[29] Dies spiegelt das Bekenntnis zur Gleichheit als einem **Grundwert von Union und Mit- gliedstaaten** in Art. 2 EUV wider. In dessen S. 2 wird der Gleichheitssatz durch den Grundsatz der **Nichtdiskriminierung** und das Gebot der Gleichheit von **Mann und Frau** weiter ausdifferenziert.[30] Dabei handelt es sich im Rahmen von Art. 2 EUV jedoch um Grundsätze des objektiven Rechts.[31] Der Gedanke der Gleichheit wird im Abschnitt über die **demokratischen Grundsätze** in Art. 9 EUV aufgegriffen und den Unionsbür- gerinnen und -bürgern zuerkannt.[32] Des Weiteren finden sich **spezifische Nichtdiskri- minierungsgebote** in den Grundfreiheiten, die teilweise auf die Staatsangehörigkeit in

6

---

[23] EuGH, Urt. v. 19.10.1977, verb. Rs. C–117/76 u. C–16/77 (Ruckdeschel u. a./Hauptzollamt Hamburg-St. Annen), Slg. 1977, 1753, Rn. 7; Urt. v. 12.3.1987, Rs. C–215/85 (BALM/Raiffeisen Hauptgenossenschaft), Slg. 1987, 1279, Rn. 23; Urt. v. 19.11.1998, Rs. C–85/97 (Société financière d'investissements/Belgischer Staat), Slg. 1998, I–7447, Rn. 30. S. vgl. die st. Rspr., EuGH, Urt. v. 7.9.2006, Rs. C–81/05 (Cordero Alonso), Slg. 2006, I–7569, Rn. 37; Urt. v. 5.10.1994, Rs. C–280/93 (Deutschland/Rat), Slg. 1994, I–4973, Rn. 67. Näher dazu *Mayer*, in: Grabitz/Hilf/Nettesheim, EU, nach Art. 6 EUV (Juli 2010), Rn. 223. Fraglich insofern die Ansicht, dass Art. 20 GRC nach Art. 52 Abs. 4 GRC im Einklang mit den gemeinsamen Verfassungsüberlieferungen der Mitgliedstaaten aus- zulegen sei, *Hölscheidt*, in: Meyer, GRCh, Art. 20 GRC, Rn. 12; *Lemke*, in: GSH, Europäisches Uni- onsrecht, Art. 20 GRC, Rn. 12.

[24] S. zu Art. 20 GRCh, *Hölscheidt*, in: Meyer, GRCh, vor Art. 20 GRC, Rn. 31, Art. 20, Rn. 12; *Jarass*, GRCh, Art. 20 GRC, Rn. 2.

[25] Zur Rechtsprechung des EuGH vgl. diesbezüglich *Heselhaus*, in: ders./Nowak, HEUGR, § 2 IV Rn. 24 ff.

[26] Art. 7 AEMR; *Kraus*, Menschenrechtliche Aspekte der Staatenlosigkeit, S. 199 ff.

[27] S. Art. 2 IPbpR und Art. 14 EMRK. Letztere setzt aber keine Verletzung der anderen Freiheits- rechte voraus, sondern lediglich einen Eingriff in deren Schutzbereich, EGMR, 23.7.1968, Nr. 1474/62 u. a. – Belgischen Sprachenfall; vgl. *Rossi*, in: Calliess/Ruffert, EUV/AEUV, Art. 20 GRC, Rn. 1.

[28] Art. 1 ZP 12 Allgemeines Diskriminierungsverbot. Ratifiziert haben das 12. ZP v. 4.11.2000, ETS No. 177: Albanien, Andorra, Armenien, Bosnien und Herzegowina, Ehemalige jugoslawische Republik Mazedonien, Finnland, Georgien, Kroatien, Luxemburg, Malta, Montenegro, Niederlande, Rumänien, San Marino, Serbien, Slowenien, Spanien, Ukraine, Zypern.

[29] Zur Übereinstimmung von Art. 20 GRCh mit der Präambel *Lemke*, in: GSH, Europäisches Unionsrecht, Art. 20 GrCH, Rn. 1.

[30] S. dazu *Calliess*, in: Calliess/Ruffert, EUV/AEUV, Art. 2 EUV, Rn. 23.

[31] *Pechstein*, in: Streinz, EUV/AEUV, Art. 2 EUV, Rn. 8; *Calliess*, in: Calliess/Ruffert, EUV/AEUV, Art. 2 EUV, Rn. 29 f.

[32] Nach überzeugender Ansicht handelt es sich um das Gebot demokratischer Gleichheit, s. die Kommentierung zu Art. 9 EUV Rn. 14 ff., und nicht um eine Wiederholung des allgemeinen Gleich- heitssatzes.

den Mitgliedstaaten abstellen.[33] Diesen gegenüber subsidiär ist das **allgemeine Diskri-minierungsgebot** des Art. 18 AEUV, das ebenfalls nur die **Unionsbürgerinnen und -bür-ger** schützt und in Verbindung mit Art. 21 AEUV die allgemeine Freizügigkeit in der Union absichert.[34] **Besondere Diskriminierungsverbote** können im Sekundärrecht nach Art. 19 AEUV eingeführt werden. In der **Grundrechtecharta** wird die Bedeutung des allgemeinen Gleichheitssatzes in Art. 20 GRC aufgrund seiner **systematischen Stellung** zu Beginn des Titels III »Gleichheit« als einer Grundnorm hervorgehoben.[35] Ihm folgen unmittelbar die **spezifischen Diskriminierungsverbote** in Art. 21 Abs. 1 und 2 GRC nach. Obgleich sich der Grundrechtekonvent damit für eine formale Trennung von all-gemeinen und spezifischen Gleichheitssätzen entschieden hat, wird in der Rechtspre-chung des EuGH die Verbindung beider Ausprägungen hervorgehoben.[36] Dies ist rechts-vergleichend in dogmatischer Hinsicht für einen **ausdifferenzierten Gleichheitssatz** durchaus überzeugend (s. Rn. 23).[37]

B. Entstehungsgeschichte

7   Von Beginn an enthielt der **EWG-Vertrag** eine Reihe **spezifischer Gleichheitsgebote**, insbesondere in den **Grundfreiheiten**, die nicht allen Staatsangehörigen der Mitglied-staaten vorbehalten waren.[38] Hinzutraten weitere spezifische **Diskriminierungsverbote** in einzelnen gemeinsamen Politiken.[39] Gleichheit in Bezug auf den **Zugang zum Markt** ist bis heute eine prägende rechtliche Grundprämisse der Union.[40]

8   Obgleich die Mitgliedstaaten neben den spezifischen Gleichheitssätzen keinen Be-darf für einen allgemeinen Gleichheitssatz gesehen hatten, zeigte sich ein solcher in der

---

[33] Wie etwa in Art. 45 Abs. 2 AEUV, Art. 49 AEUV und Art. 56 AEUV, die unmittelbar an die Staatsangehörigkeit anknüpfen, sowie andere Normen, die mit der Herkunft der Waren (Art. 28 f. AEUV) oder dem Wohnort bzw. dem Sitz der Niederlassung (Art. 54 AEUV) zumindest mittelbar auf die Staatsangehörigkeit abstellen, vgl. EuGH, Urt. v. 4. 9. 2014, Rs. C–474/12 (Schiebel Aircraft), ECLI:EU:C:2014:2139, Rn. 19 ff.; dazu näher *Streinz*, in: Streinz, EUV/AEUV, Art. 18 AEUV, Rn. 14.

[34] S. die Kommentierung zu Art. 21 AEUV, Rn. 3.

[35] So *Hölscheidt*, in: Meyer, GRCh, vor Art. 20, Rn. 2, Art. 20, Rn. 10; vgl. auch *Lemke*, in: GSH, Europäisches Unionsrecht, Art. 20 GRC, Rn. 7.

[36] Vgl. EuGH, Urt. v. 14. 9. 2010, Rs. C–550/07 P (Akzo und Akcros Chemicals), Slg. 2010, I–8301, Rn. 54. »Der Grundsatz der Gleichbehandlung ist ein allgemeiner Grundsatz des Unionsrechts, der in den Art. 20 und 21 der Charta der Grundrechte der Europäischen Union verankert ist.« Vgl. EuGH, Urt. v. 19. 10. 1977, verb. Rs. C–117/76 u. C–16/77 (Ruckdeschel u. a./Hauptzollamt Hamburg-St. Annen), Slg. 1977, 1753, Rn. 7 f.; EuGH, Urt. v. 19. 10. 1977, verb. Rs. C–124/76 u. C–20/77 (Moulins Pont-à-Mousson/ONIC), Slg. 1977, 1795, Rn. 14 ff. für Nachweise zur Formulierung »Grundsatz der Gleichheit und Nichtdiskriminierung«. Für Subsidiarität im Verhältnis zu den spezielleren Gleich-heitssätzen und Diskriminierungsverboten *Hölscheidt*, in: Meyer, GRCh, vor Art. 20, Rn. 29 f., Art. 20, Rn. 11; *Sachs*, in: Tettinger/Stern, EuGRCh, Art. 20 GRC, Rn. 16; *Lemke*, in: GSH, Europäi-sches Unionsrecht, Art. 20 GCH, Rn. 6; *Rossi*, in: Calliess/Ruffert, EUV/AEUV, Art. 20 GRC, Rn. 3 und 17; *Jarass*, GRCh, Art. 20 GRC, Rn. 5.

[37] Die Literatur konstatiert im Hinblick auf die dogmatischen Grundlagen zu Art. 20 große Un-klarheit, *Hölscheidt*, in: Meyer, GRCh, vor Art. 20 GRC, Rn. 13; *Sachs*, in: Tettinger/Stern, EuGRCh, Art. 20 GrCH, Rn. 20; Kritik an der Rechtsprechung des EuGH insoweit bei *Rossi*, in: Calliess/Ruffert, EUV/AEUV, Art. 20 GRC, Rn. 3.

[38] Vgl. bspw. Art. 39 Abs. 2, 43 Abs. 2, 50 Abs. 3 EGV.

[39] S. Art. 44 Nr. 1 EWGV in der GAP.

[40] Wenig überzeugend dagegen *Hölscheidt*, in: Meyer, GRCh, Art. 20 GRC, Rn. 5, der vor Erlass der GRCh kaum Gleichheitsregelungen in den Verträgen sieht.

Praxis schon relativ früh. In einem Akt der **Rechtsfortbildung** etablierte der **EuGH 1977** einen **allgemeinen Gleichheitssatz.**[41] Anlass war ein Fall aus der Gemeinsamen Agrarpolitik, in der das dort vorgesehene ausdrückliche Diskriminierungsverbot nicht eingriff. Das ist auch insofern bemerkenswert, als im konkreten Fall die alternative Interpretation, dass die Vertragsstaaten bewusst auf weitergehende Gleichheitsgebote in diesem Politikbereich verzichtet hätten, durchaus vertretbar gewesen wäre.

Angesichts dieser Entwicklung war es folgerichtig, dass die **Erklärung der Grundrech-** **9** **te und Grundfreiheiten** des Europäischen Parlaments von **1989** in ihrem Art. 3 Abs. 1 einen allgemeinen Gleichheitssatz enthielt.[42] Auch der **1988** vom Europäischen Parlament eingebrachte **Verfassungsentwurf** sowie der weitere Entwurf von **1994** kannten einen allgemeinen Gleichheitssatz.[43]

Verbindliche Neuerungen brachte der **Maastricht-Vertrag** von **1992** mit der Einfüh- **10** rung einer Reihe **neuer Gleichheitsgebote** und **Diskriminierungsverbote**: Das allgemeine Verbot der Diskriminierung aus Gründen der Staatsangehörigkeit,[44] eine Ermächtigungsgrundlage zum Erlass weiterer spezieller Diskriminierungsverbote, die Pflicht zu gleichem Entgelt in Arbeitsverhältnissen für Mann und Frau,[45] aber nach wie vor keinen ausdrücklichen allgemeinen Gleichheitssatz.

Eine ausdrückliche Erwähnung fand der allgemeine Gleichheitssatz in der Union erst **11** in der **Grundrechtecharta**, die allerdings 2000 noch **nicht** als **rechtsverbindlicher** Teil des **Nizza-Vertrages** angenommen worden war, sondern lediglich feierlich proklamiert wurde. Es entspricht dem damaligen Stand der Vertragsentwicklung, dass der allgemeine Gleichheitssatz im ursprünglichen **Entwurf des Präsidiums** der Grundrechte noch nicht enthalten gewesen war. Er wurde erst im Konvent auf Vorschlag von Meyer (D) – dann allerdings ohne größere Vorbehalte – in die Charta aufgenommen.[46] Ungeachtet der damals fehlenden Rechtsverbindlichkeit hat die Rechtsprechung in der Folgezeit zunehmend Rekurs auf die Charta bei der Herleitung der Unionsgrundrechte genommen.[47]

Im **Grundrechtekonvent** konzentrierte sich die Diskussion in den Beratungen zum **12** einen auf die **systematische Stellung**.[48] Die Auffassung, die den engen Zusammenhang mit der Verbürgung der Menschenwürde in der Stellung herauskehren wollte, konnte

---

[41] EuGH, Urt. v. 19.10.1977, verb. Rs. C–117/76 u. C–16/77 (Ruckdeschel u. a./Hauptzollamt Hamburg-St. Annen), Slg. 1977, 1753, Rn. 7; dazu *Hölscheidt*, in: Meyer, GRCh, Art. 20, Rn. 2 a.E *Sachs*, in: Tettinger/Stern, EuGRCh, Art. 20 GRC, Rn. 7; *Rossi*, in: Calliess/Ruffert, EUV/AEUV, Art. 20 GRC, Rn. 2; vgl. auch *Lemke*, in: GSH, Europäisches Unionsrecht, Art. 20 GRC, Rn. 2; *Jarass*, GRCh, Art. 20 GRC, Rn. 1.
[42] ABl. 1989, C 120, S. 51; *Hölscheidt*, in: Meyer, GRCh, Art. 20 GRC, Rn. 7; *Sachs*, in: Tettinger/Stern, EuGRCh, Art. 20 GRC, Rn. 1.
[43] S. Art. 13 Abs. 1 Verfassungsentwurf von 1988 (Entschließung des Europäischen Parlaments v. 17.6.1988, ABl. C 187, S. 229) und Art. 7 lit. a Verfassungsentwurf von 1994 (Entschließung des Europäischen Parlaments v. 28.2.1994 zum »Projekt einer europäischen Verfassung« ABl. C 61, S. 155, näher *Hölscheidt*, in: Meyer, GRCh, Art. 20 GRC, Rn. 8, 10; zum Entwurf von 1994 auch *Sachs*, in: Tettinger/Stern, EuGRCh, Art. 20 GRC, Rn. 1.
[44] Art. 12 EGV ABl. C 321 E, S. 49.
[45] Art. 141 EGV.
[46] *Bernsdorff/Borowsky*, Protokolle, S. 127; *Meyer/Engels*, Charta der Grundrechte, S. 220; *Hölscheidt* in: Meyer, GRCH, Art. 20 GRC, Rn. 5; *Sachs*, in: Tettinger/Stern, EuGRCh, Art. 20 GRC, Rn. 2.
[47] Dazu ausführlich *Timmermann*, Eine Verfassung für die Europäische Union, S. 342 ff.
[48] *Hölscheidt* in: Meyer, GRCh, Art. 20 GRC, Rn. 6 ff.; *Lemke* in: GSH, Europäisches Unionsrecht, Art. 20 GRC, Rn. 4.

sich letztlich nicht durchsetzen. Zum anderen ging es um einzelne Probleme des **Wortlauts**.[49] Gegenüber der Formulierung »Recht« erhielt der Begriff »Gesetz« den Vorzug, ohne dass damit eine Einschränkung verbunden gewesen wäre. Ferner setzte sich der Begriff »Person« für die Berechtigten durch.[50] Für die rechtsverbindliche Fassung im **Lissabonner Vertrag** wurden keine Änderungen vorgenommen.[51]

C.   Gewährleistungsgehalte

I.   Grundlagen

13   Art. 20 GRC enthält mit dem **allgemeinen Gleichheitssatz** die **Grundnorm der Gleichheit** in der Union.[52] Nach allgemeiner Auffassung beinhaltet die Norm ein **subjektives Recht**,[53] denn sie berechtigt den Einzelnen und ist **unmittelbar anwendbar**.[54] Der Grundrechtscharakter des allgemeinen Gleichheitssatzes ist vom EuGH bereits vor der positiven Aufnahme in die Grundrechtecharta bestätigt worden.[55] Dementsprechend ist die Verbürgung in Art. 20 GRC als ein **Grundrecht** nach Art. 51 Abs. 1 Satz 2 GRC zu qualifizieren,[56] nicht als bloßer Grundsatz im Sinne von Art. 52 Abs. 5 GRC. Demgegenüber wird das Gebot der Gleichheit in **Art. 2 EUV** als **objektiver Grundsatz** gewährleistet,[57] in Art. 9 EUV spezifisch im Hinblick auf die demokratischen Grundsätze sowohl als subjektives Recht wie auch als objektiver Grundsatz.[58]

14   In der Literatur wird überwiegend vertreten, dass sich der allgemeine Gleichheitssatz aus den **gemeinsamen Verfassungsüberlieferungen** der Mitgliedstaaten ergebe.[59] Allerdings hat der EuGH in der ersten Herleitung dieses Grundsatzes als Grundprinzip des Unionsrechts auf einen Rekurs auf die mitgliedstaatlichen Verfassungsüberlieferungen

---

[49] *Hölscheidt* in: Meyer, GRCh, Art. 20 Rn. 9; *Lemke* in: GSH, Europäisches Unionsrecht, Art. 20 GRC, Rn. 4; vgl. auch *Sachs* in: Tettinger/Stern, EuGRCh, Art. 20 GRC, Rn. 2.

[50] Zur Kritik am Begriff der »Personen« (statt »Menschen«) s. *Hölscheidt* in: Meyer, GRCh, vor Art. 20, Rn. 21. Vgl. auch *Sachs* in: Tettinger/Stern, EuGRCh, Art. 20 GRC, Rn. 5.

[51] *Hölscheidt*, in: Meyer, GRCh, vor Art. 20 GRC, Rn. 3.

[52] *Merten/Papier/Kugelmann*, § 160, Rn. 25; EuGH, Urt. v. 14.10.1999, Rs. C–104/97 (Atlanta/Europäische Gemeinschaft), Slg. 1999, I–6983, Rn. 46 – Atlanta/Europäische Gemeinschaft spricht von einem »tragenden Grundsatz« des Unionsrechts; vgl. *Jarass*, GRCh, Art. 20 GRC, Rn. 2.

[53] EuGH, Urt. v. 7.9.2006, Rs. C–81/05 (Cordero Alonso), Slg. 2006, I–7569, Rn. 37; EuGöD, Urt. v. 12.10.2010, Rs. F–49/09 (Wendler/Kommission), Rn. 42; *Jarass*, GRCh, Art. 20 GRC, Rn. 2; *Hölscheidt*, in: Meyer, GRCh, Art. 20 GRC, Rn. 12.

[54] Der Vergleich mit den mitgliedstaatlichen Verfassungsüberlieferungen (Rn. 4) zeigt, dass sie hinreichend bestimmt ist. Zur unmittelbaren Anwendbarkeit *Streinz*, in: Streinz, EU-Grundrechtecharta, Art. 20, Rn. 7; vgl. *Kischel*, EuGRZ 1997, 1 (8).

[55] EuGH, Urt. v. 19.10.1977, verb. Rs. C–117/76 u. C–16/77 (Ruckdeschel u.a./Hauptzollamt Hamburg-St. Annen), Slg. 1977, 1753, Rn. 10; vgl. z.B. EuGH, Urt. v. 20.9.1988, Rs. C–203/86 (Spanien/Rat), Slg. 1988, 4563, Rn. 25; EuGH, Urt. v. 17.4.1997, Rs. C–15/95 (EARL de Kerlast/Unicopa und Coopérative du Trieux), Slg. 1997, I–1961, Rn. 35; EuGH, Urt. 13.4.2000, Rs. C–292/97 (Karlsson u.a.), Slg. 2000, I–2737, Rn. 38.

[56] *Jarass*, GRCh, Art. 20 GRC, Rn. 2; *Hölscheidt*, in: Meyer, GRCh, Art. 20 GRC, Rn. 12.

[57] *Lemke*, in: GSH, Europäisches Unionsrecht, Art. 20 GRC, Rn. 1; *Calliess*, in: Calliess/Ruffert, EUV/AEUV, Art. 2 EUV, Rn. 23; *Pechstein*, in: Streinz, EUV/AEUV, Art. 2 EUV, Rn. 8.

[58] S. die Kommentierung zu Art. 9 EUV Rn. 21.

[59] *Hölscheidt*, in: Meyer, GRCh, Art. 20 GRC, Rn. 12; *Rossi*, in: Calliess/Ruffert, EUV/AEUV, Art. 20 GRC, Rn. 2.

verzichtet.[60] Dieser eigenständige Herleitungsansatz ist überzeugend, da für den Gleich-heitssatz im Unionsrecht die **Ausnahme** der sog. **Inländerdiskriminierung** (s. Rn. 21) gilt, die in den nationalen Verfassungen gerade nicht vorgesehen ist. Zudem divergieren die mitgliedstaatlichen Gewährleistungen durchaus (s. Rn. 4 ff.). Daher kommt die **Aus-legungsregel des Art. 52 Abs. 4 GRC**, wonach Grundrechte in der Charta, die Grund-rechten in den nationalen Verfassungsüberlieferungen entsprechen im Einklang mit Letzteren zu interpretieren sind, **nicht** zur Anwendung.[61]

Grundsätzlich ist der allgemeine Gleichheitssatz von **spezifischen Gleichheitssätzen** im Unionsrecht zu unterscheiden. Das gilt namentlich für **Art. 9 EUV**,[62] die **Grundfrei-heiten**,[63] das **Diskriminierungsverbot wegen der Staatsangehörigkeit**[64] nach Art. 18 AEUV sowie Art. 40 Abs. 2 Abs. 2 AEUV in der **Gemeinsamen Agrarpolitik**.[65] Im Ver-hältnis zu diesen kommt der allgemeine Gleichheitssatz **subsidiär** zur Anwendung. Auch wenn in einem Politikbereich speziellere Gleichheitssätze vorhanden sind, wird dadurch seine Anwendbarkeit in diesem Bereich nicht ausgeschlossen.[66] Allerdings er-wähnt der EuGH den **allgemeinen** Gleichheitssatz nach Art. 20 GRC in der Regel im Zusammenhang mit den **speziellen** Diskriminierungsverboten nach Art. 21 GRC als ein **einheitliches Grundrecht**.[67] Dies wird in der Literatur als wenig konsistent kritisiert (s. Rn. 23).[68] **15**

Der allgemeine Gleichheitssatz nach Art. 20 GRC ist **umfassend anwendbar**. Ob-gleich der Wortlaut (»vor dem Gesetz«) die **Rechtsanwendung** hervorhebt, gilt er nicht nur gegenüber der **Verwaltung**[69] und der **Rechtsprechung**, sondern bindet auch den **Gesetzgeber**,[70] d. h. alle drei Gewalten.[71] Grundrechtsverpflichtete sind sowohl die Union und ihre Organe und Einrichtungen als auch die Mitgliedstaaten, soweit sie Uni- **16**

---

[60] EuGH, Urt. v. 19. 10. 1977, verb. Rs. C–117/76 u. C–16/77 (Ruckdeschel u. a./Hauptzollamt Hamburg-St. Annen), Slg. 1977, 1753, Rn. 7.

[61] A. A. *Hölscheidt*, in: Meyer, GRCh, Art. 20 GRC, Rn. 12.

[62] *Haag*, in: GSH, Europäisches Unionsrecht, Art. 9 EUV, Rn. 3; *Schönberger*, Grabitz/Hilf/Net-tesheim, EU, Art. 9 EUV (Juli 2011), Rn. 4 f.

[63] *Streinz*, in: Streinz, EU-Grundrechtecharta, Art. 20 GRC, Rn. 6; *Rossi*, in: Calliess/Ruffert, EUV/AEUV, Art. 20 GRC, Rn. 17.

[64] *Streinz*, in: Streinz, EU-Grundrechtecharta, Art. 20 GRC, Rn. 6; *Rossi*, in: Calliess/Ruffert, EUV/AEUV, Art. 20 GRC, Rn. 17; *Rossi*, EuR 2000, 197 (205 ff.).

[65] St. Rspr., EuGH, Urt. v. 21. 2. 1990, verb. Rs. C–267/88 – C–285/88 (Wuidart u. a./Laiterie coopérative eupenoise u. a.), Slg. 1990, I–467, Rn. 13; EuGH, Urt. v. 10. 1. 1992, Rs. C–177/90 (Kühn/Landwirtschaftskammer Weser-Ems), Slg. 1992, I–35, Rn. 18; EuGH, Urt. v. 27. 1. 1994, Rs. C–98/91 (Herbrink/Minister van Landbouw, Natuurbeheer en Visserij), Slg. 1994, I–223, Rn. 27; EuGH, Urt. v. 5. 10. 1994, Rs. C–280/93 (Deutschland/Rat), Slg. 1994, I–4973, Rn. 67.

[66] EuGH, Urt. v. 19. 10. 1977, verb. Rs. C–117/76 u. C–16/77 (Ruckdeschel u. a./Hauptzollamt Hamburg-St. Annen), Slg. 1977, 1753, Rn. 7 ff.

[67] EuGH, Urt. v. 7. 9. 2006, Rs. C–81/05 (Cordero Alonso), Slg. 2006, I–7569; *Hölscheidt*, in: Meyer, GRCh, vor Art. 20 GRC, Rn. 18, Art. 20 GRC, Rn. 11, 13; *Rossi*, in: Calliess/Ruffert, EUV/AEUV, Art. 20 GRC, Rn. 3.

[68] *Sachs*, in: Tettinger/Stern, EuGRCh, Art. 20 GRC, Rn. 20 konstatiert »größte Unklarheit«, vgl. *Hölscheidt*, in: Meyer, GRCh, Art. 20 GRC, Rn. 11, 13.

[69] *Hölscheidt*, in: Meyer, GRCh, Art. 20 GRC, Rn. 17; *Sachs*, in: Tettinger/Stern, EuGRCh, Art. 20 GRC, Rn. 18; *Lemke*, in: GSH, Europäisches Unionsrecht, Art. 20 GRC, Rn. 9.

[70] *Jarass*, GRCh, Art. 20 GRC, Rn. 3; *Merten/Papier/Kugelmann*, Grundrechte, § 160, Rn. 26; Art. 20 betrifft sowohl die Gesetzesanwendung als auch die Gesetzgebung *Hölscheidt*, in: Meyer, GRCh, Art. 20 GRC, Rn. 17; *Sachs*, in: Tettinger/Stern, EuGRCh, Art. 20 GRC, Rn. 18; *Lemke*, in: GSH, Europäisches Unionsrecht, Art. 20 GRC, Rn. 9.

[71] *Hölscheidt*, in: Meyer, GRCh, Art. 20 GRC, Rn. 17; *Rossi*, in: Calliess/Ruffert, EUV/AEUV, Art. 20 GRC, Rn. 7 ff.

onsrecht durchführen.[72] Ob die Mitgliedstaaten auch »im Anwendungsbereich des Vertrages«, d.h. insbesondere im Rahmen der Grundfreiheiten gebunden werden,[73] scheint eher eine akademische Frage zu sein. Denn in diesem Anwendungsbereich greifen die strengeren Grundfreiheiten, die gerade auch Gleichbehandlungsgebote enthalten.

17   Aufgrund seines **Querschnittscharakters** kommt der allgemeine Gleichheitssatz in allen thematischen Bereichen des Unionsrechts zur Anwendung.[74] Er erfasst sowohl **Rechtshandlungen** als auch **Realakte**.[75] Des Weiteren greift er sowohl bei der **Durchführung des Unionsrechts**[76] als auch im **»Anwendungsbereich der Verträge«**.[77] Hinter Letzterem verbirgt sich die Bindung der Mitgliedstaaten im nicht harmonisierten Bereich, sofern dort die Grundfreiheiten zur Anwendung kommen. Allerdings wird der allgemeine Gleichheitssatz in jenem Bereich von den spezielleren Verbürgungen in den Grundfreiheiten regelmäßig verdrängt.

18   Nach der Rechtsprechung enthält der allgemeine Gleichheitssatz in Übereinstimmung mit vielen mitgliedstaatlichen Verfassungsüberlieferungen **zwei Ausprägungen**: Ein **Verbot der Ungleichbehandlung** von wesentlich Gleichem (s. Rn. 24 ff.) sowie ein **Gebot der Ungleichbehandlung** von wesentlich Ungleichem (s. Rn. 29 ff.).[78]

II.   Inhaltliche Begrenzungen

1.   Anwendung im Kompetenzbereich

19   Grundsätzlich unterliegt der Gleichheitssatz in der Union, vergleichbar der Situation in Bundesstaaten, der Einschränkung, dass die Gleichbehandlung gegenüber **einem Hoheitsträger** nur für dessen **Zuständigkeitsbereich** greift. So muss sich die Ungleichbehandlung aus dem Handeln des gleichen Rechtsetzers bzw. Rechtsanwenders ergeben.[79]

---

[72] Vgl. Art. 51 Abs. 1 GRC; s. dazu *Hölscheidt*, in: Meyer, vor Art. 20 GRC, Rn. 33; *Sachs*, in: Tettinger/Stern, EuGRCh, Art. 20 GRC, Rn. 18; *Rossi*, in: Calliess/Ruffert, EUV/AEUV, Art. 20 GRC, Rn. 7; *Jarass*, GRCh, Art. 20 GRC, Rn. 3.

[73] So *Sachs*, in: Tettinger/Stern, EuGRCh, Art. 20 GRC, Rn. 8.

[74] Vgl. *Rossi*, in: Calliess/Ruffert, EUV/AEUV, Art. 20 GRC, Rn. 7; *Jarass*, GRCh, Art. 20 GRC, Rn. 12.

[75] Vgl. zu Rechtsakten und Verwaltungsmaßnahmen, die gegen Art. 20 GrCH verstoßen, *Hölscheidt*, in: Meyer, GRCh, vor Art. 20 GRC, Rn. 36, Art. 20 GRC, Rn. 28; vgl. auch *Jarass*, GRCh, Art. 20 GRC, Rn. 12 zum Gesetzesvorbehalt.

[76] S. Art. 51 Abs. 1 GRC, dazu *Hölscheidt*, in: Meyer, GRCh, vor Art. 20 GRC, Rn. 33; *Sachs*, in: Tettinger/Stern, EuGRCh, Art. 20 GRC, Rn. 18; *Rossi*, in: Calliess/Ruffert, EUV/AEUV, Art. 20 GRC, Rn. 7; *Jarass*, GRCh, Art. 20 GRC, Rn. 3.

[77] Vgl. *Sachs*, in: Tettinger/Stern, EuGRCh, Art. 20 GRC, Rn. 8; ebenso *Lemke*, in: GS, EUV/EGV, Art. 20 GRC, Rn. 10.

[78] EuGH, Urt. v. 21.7.2011, Rs. C–21/10 (Nagy), Slg. 2011, I–6769, Rn. 47, m.w.N. »der in Art. 20 der Charta der Grundrechte der Europäischen Union verankerte Grundsatz der Gleichbehandlung oder Nichtdiskriminierung [verlangt], dass vergleichbare Sachverhalte nicht unterschiedlich und unterschiedliche Sachverhalte nicht gleichbehandelt werden, es sei denn, dass eine solche Behandlung objektiv gerechtfertigt ist«; ebenso zum Verbot der Ungleichbehandlung gleicher Sachverhalte schon EuGH, Urt. v. 19.10.1977, verb. Rs. C–117/76 u. C–16/77 (Ruckdeschel u. a./Hauptzollamt Hamburg-St. Annen), Slg. 1977, 1753, Rn. 7. Zum Gebot der Ungleichbehandlung ungleicher Sachverhalte *Lemke*, in: GSH, Europäisches Unionsrecht, Art. 20 GRC, Rn. 13; *Rossi*, in: Calliess/Ruffert, EUV/AEUV, Art. 20 GRC, Rn. 23; *Jarass*, GRCh, Art. 20 GRC, Rn. 8. Kritisch zu dieser Forderung, Ungleiches ungleich zu behandeln, *Hölscheidt*, in: Meyer, GRCh, Art. 20 GRC, Rn. 16; *Sachs*, in: Tettinger/Stern, EuGRCh, Art. 20 GRC, Rn. 21. Zur Rechtfertigung in dieser Konstellation *Jarass*, GRCh, Art. 20 GRC, Rn. 17.

[79] *Merten/Papier/Kugelmann*, Grundrechte, § 160, Rn. 27; *Hölscheidt*, in: Meyer, GRCh, Art. 20 GRC, Rn. 21.

Eine unterschiedliche Behandlung **in verschiedenen Mitgliedstaaten**, etwa bei der Umsetzung des Unionsrechts, kann nicht gerügt werden,[80] sofern das Unionsrecht den Mitgliedstaaten einen entsprechenden Spielraum eröffnet. Anderenfalls läge ein Verstoß gegen den Anwendungsvorrang des Unionsrechts vor.

2. Keine Kompetenzerweiterung

Ferner gilt für den Gleichheitssatz in besonderer Weise, dass seine Anwendung **nicht** zu   **20** einer **Kompetenzerweiterung** führen darf. Im Grundsatz folgt das bereits aus der begrenzten Anwendbarkeit dieser Gewährleistung im Rahmen jeweils bestehender Kompetenzen eines Hoheitsträgers (s. Rn. 2). Aus Sorge mancher Mitgliedstaaten vor einer extensiveren Interpretation wird auf diese Limitierung in der Charta gleich mehrfach hingewiesen.[81]

3. Zulässigkeit der sog. Inländerdiskriminierung

Schließlich ist in der Union von jeher die Ausnahme der sog. **Inländerdiskriminierung**   **21** anerkannt.[82] Sie ist im Bereich der Grundfreiheiten[83] entwickelt worden und dient funktional der Sicherung der (grundlegenden) **Subsidiarität**[84] des Unionshandelns. Diese Ausnahme ist enger konstruiert als ihr Wortlaut vermuten lässt, denn sie schließt nur die **rein internen Sachverhalte**, d. h. solche in denen keine grenzüberschreitenden Situationen vorliegen, vom Anwendungsbereich der Grundfreiheiten aus.[85] Daher können Mitgliedstaaten den eigenen Staatsangehörigen Vergünstigungen verweigern bzw. sie strengeren Vorgaben unterwerfen als EU-Ausländer.[86] Sofern aber Inländer sich in **grenzüberschreitenden Sachverhalten** auf das Unionsrecht berufen können, können sie grundsätzlich auch durch den allgemeinen Gleichheitssatz geschützt werden.[87] Da die Möglichkeit der Inländerdiskriminierung sogar bei den stark ausgebauten Grundfreiheiten zum Zuge kommt, ist ab maiore ad minus davon auszugehen, dass diese Ausnah-

---

[80] Vgl. *Jarass*, GRCh, Art. 20 GRC, Rn. 9; vgl. zur Rückführung auf »ein und dieselbe Quelle« EuGH, Urt. v. 17.9.2002, Rs. C–320/00 (Lawrence u. a.), Slg. 2002, I–7325, Rn. 18, zur Vorgabe gleichen Entgelts für Mann und Frau nach Art. 157 Abs. 1 AEUV.

[81] S. Art. 51 Abs. 1 S. 2, Abs. 2 GRC, Art. 52 Abs. 2 GRC; *Borowski*, in: Meyer, GRCh, Art. 51 GRC, Rn. 1, 24a, 34a, 37, 39; *Streinz*, in: Ipsen/Stüer, FS Rengeling, S. 650; *Huster*, EuR 2010, 325 ff.

[82] Gegen eine Anwendung des allgemeinen Gleichheitssatzes der Union auf Inländerdiskriminierungen *Rossi*, in: Calliess/Ruffert, EUV/AEUV, Art. 20 GRC, Rn. 15.

[83] S. für die Warenverkehrsfreiheit EuGH, Urt. v. 28.1.1992, Rs. C–332/90 (Steen), Slg. 1992, I–341, Rn. 9 ff.

[84] Dieses Grundprinzip liegt auch der Aufteilung der ausschließlichen Kompetenzen zwischen Mitgliedstaaten und Union zugrunde, während das Subsidiaritätsprinzip nach Art. 5 Abs. 1 EUV nur im Bereich der nicht-ausschließlichen Zuständigkeiten der Union eingreift.

[85] St. Rspr. EuGH, Urt. v. 16.1.1997, Rs. C–134/95 (USSL n° 47 di Biella/INAIL), Slg. 1997, I–195, Rn. 19; eine weitergehende Aufzählung zur EuGH-Rspr. bei *Randelzhofer/Forsthoff*, in: Grabitz/Hilf, EU, Art. 39 EGV (Mai 2001), Rn. 83; *Kreuschitz*, in: GSH, Europäisches Unionsrecht, Art. 45 AEUV, Rn. 13 ff.; *Schulz*, Freizügigkeit für Unionsbürger, S. 74 ff.

[86] EuGH, Urt. v. 5.6.1997, verb. Rs. C–64/96 u. C–65/96 (Uecker und Jacquet), Slg. 1997, I–3171, Rn. 16, 23; vgl. *Rossi*, in: Calliess/Ruffert, EUV/AEUV, Art. 20 GRC, Rn. 15.

[87] In der Regel kommt dann aber das speziellere Verbot der Diskriminierung wegen der Staatsangehörigkeit zum Tragen: EuGH, Urt. v. 11.7.2002, Rs. C–224/98 (D'Hoop), Slg. 2002, I–6191, Rn. 30, 31; Urt. v. 29.4.2004, Rs. C–224/02 (Pusa), Slg. 2004, I–5763; Urt. v. 18.7.2006, Rs. C–406/04 (De Cuyper), Slg. 2006, I–6947; Urt. v. 23.10.2007, Rs. C–11/06 u. C–12/06 (Morgan), Slg. 2007, I–9161.

me auch im Rahmen des allgemeinen Gleichheitssatzes zur Anwendung kommt.[88] Allerdings ist in solchen Fällen regelmäßig das **Verbot der Diskriminierung wegen der Staatsangehörigkeit** nach Art. 18 AEUV als **speziellere** Vorschrift einschlägig.[89]

III.   Prüfungsstruktur und -intensität

22   Wie im deutschen Verfassungsrecht ist die **Prüfungsstruktur** des allgemeinen Gleichheitssatzes umstritten.[90] Grundsätzlich wird das Gebot der Gleichbehandlung **zweistufig** geprüft.[91] Zunächst sind **vergleichbare Sachverhalte** zu bilden, bei denen eine **unterschiedliche Behandlung** festzustellen ist. Dann stellt sich die Frage, ob diese unterschiedliche Behandlung zu **rechtfertigen** ist. Ist das zu bejahen, lag keine Ungleichbehandlung (Diskriminierung) vor. Bei dieser Prüfung wird nach der Rechtsprechung des EuGH und nach Ansicht der Literatur zuweilen auch eine **Verhältnismäßigkeitsprüfung** durchgeführt.[92] Darin liegt kein zusätzlicher Prüfungsschritt,[93] sondern es handelt sich um eine **Ausdifferenzierung** der Rechtfertigungsprüfung.[94]

23   Die **Prüfungsintensität divergiert** je nachdem, ob der Gesetzgeber oder die ausführende Verwaltung betroffen ist (s. Rn. 43). Darüber hinaus hat der EuGH in der Rechtsprechung die Vorgaben für die Rechtfertigungsprüfung in vielfältiger, nicht immer kohärenter Weise beschrieben.[95] Auch wenn der EuGH dies nicht ausdrücklich erläutert,

---

[88] Vgl. EuGH, Urt. v. 5.6.1997, verb. Rs. C–64/96 u. C–65/96 (Uecker und Jacquet), Slg. 1997, I–3171, Rn. 16, 23; vgl. *Rossi*, in: Calliess/Ruffert, EUV/AEUV, Art. 20 GRC, Rn. 15.

[89] *Epiney*, in: Calliess/Ruffert, EUV/AEUV, Art. 18 AEUV, Rn. 29; *Epiney*, Umgekehrte Diskriminierungen, 19 ff.

[90] Zur Zweistufenprüfung BVerfGE 55, 72 (88); BVerfGE 110, 141 (167). Eine echte, dreistufige Verhältnismäßigkeitsprüfung ließ sich in der Rspr. des BVerfG bislang allg. nur einmal BVerfGE 113, 167 (231 ff.) nachweisen. S. auch die »neue Formel« des Bundesverfassungsgerichts in BVerfGE 55, 72 (88); BVerfGE 82, 126 (146); BVerfGE 83, 395 (401); BVerfGE 85, 238 (244); vgl. auch *Kirchhof*, in: Maunz/Dürig, GG, Art. 3 Abs. 1 (Dezember 2015), Rn. 240 ff. Zur Diskussion in Deutschland etwa *Heun*, in: Dreier, GG, Bd. 1, Art. 3 GG, Rn. 27 ff. In der Literatur finden sich Ansätze, die die (klassische) Verhältnismäßigkeitsprüfung aus den Freiheitsgrundrechten ohne Veränderung auf den Gleichheitssatz übertragen wollen vgl. etwa *Kloepfer*, Gleichheit als Verfassungsfrage, 1980, 58 ff. (64); siehe dazu auch *Pöschl*, Gleichheit vor dem Gesetz 2008, 889 ff., welche den Vergleich von Sachverhalten und die Prüfung der Rechtfertigung der ungleichen Rechtsfolgen nicht als erschöpfend ansieht.

[91] (1) Ungleichbehandlung (bzw. unzulässige Gleichbehandlung), (2) Rechtfertigung, s. bspw. BVerfGE 55, 72 (88); BVerfGE 110, 141 (167); *Hölscheidt*, in: Meyer, GRCh, Art. 20 GRC, Rn. 19; *Lemke*, in: GSH, Europäisches Unionsrecht, Art. 20 GRC, Rn. 14.

[92] EuGH, Urt. v. 16.12.2008, Rs. C–127/07 (Arcelor Atlantique und Lorraine u.a.), Slg. 2008, I–9895, Rn. 47; Urt. v. 15.7.1982, Rs. C–245/81 (Edeka/Deutschland), Slg. 1982, 2745, Rn. 13; Urt. v. 26.10.1999, Rs. C–273/97 (Sirdar), Slg. 1999, I–7403, Rn. 26.

[93] So aber wohl *Odendahl*, in: Heselhaus/Nowak, Handbuch der Europäischen Grundrechte, § 43, Rn. 34.

[94] So wohl EuGH, Urt. v. 19.10.1977, verb. Rs. C–117/76 u. C–16/77 (Ruckdeschel u.a./Hauptzollamt Hamburg-St. Annen), Slg. 1977, 1753, Rn. 7 ff.; bspw. EuGH, Urt. v. 15.1.1985, Rs. C–250/83 (Finsider/Kommission), Slg. 1985, 131, Rn. 8; Urt. v. 26.9.2002, Rs. C–351/98 (Spanien/Kommission), Slg. 2002, I–8031, Rn. 57; Urt. v. 22.5.2003, Rs. C–462/99 (Connect Austria), Slg. 2003, I–5197, Rn. 115; *Hölscheidt*, in: Meyer, GRCh, Art. 20 GRC, Rn. 24.

[95] Zur Notwendigkeit eines »objektiven Kriteriums« EuGH, Urt. v. 13.11.1990, Rs. C–370/88 (Marshall), Slg. 1990, I–4071, Rn. 24, oder »objektiver Unterschiede von einigem Gewicht« EuGH, Urt. v. 15.1.1985, Rs. C–250/83 (Finsider/Kommission), Slg. 1985, 131, Rn. 8; Urt. v. 26.9.2002, Rs. C–351/98 (Spanien/Kommission), Slg. 2002, I–8031, Rn. 57; Urt. v. 22.5.2003, Rs. C–462/99 (Connect Austria), Slg. 2003, I–5197, Rn. 115; zum Teil erörtert der EuGH, ob »sachliche« EuGH, Urt. v. 6.7.1983, Rs. C–117/81 (Geist/Kommission), Slg. 1983, 2191, Rn. 14, oder nur »triftige« Gründe,

ist darin im Ergebnis eine ähnliche **Differenzierung** bezüglich der Prüfungsintensität zu erkennen, wie sie vom **deutschen Bundesverfassungsgericht** in Anlehnung an die Verfassungsentwicklung in den USA vorgenommen wird. Während grundsätzlich jede vernünftige Erwägung des Allgemeinwohls inklusive Interessen der **Verwaltungseffizienz** eine Differenzierung rechtfertigen kann, wendet das Bundesverfassungsgericht bei Nähe zu den Schutzbereichen der Freiheitsrechte einen strengeren Prüfungsmaßstab an.[96] Der EuGH scheint sich diese Option offenhalten zu wollen, wenn er mit Bezug auf Art. 20 und 21 GRC von einem einheitlichen Grundsatz der »Gleichheit und Nichtdiskriminierung« spricht,[97] obgleich letzterer spezifische Diskriminierungsverbote enthält.

IV. Gleichbehandlungsgebot

In ständiger Rechtsprechung geht der EuGH davon aus, dass »der in Art. 20 der Charta   **24** der Grundrechte der Europäischen Union verankerte Grundsatz der Gleichbehandlung oder Nichtdiskriminierung [verlangt], dass **vergleichbare Sachverhalte nicht unterschiedlich** und unterschiedliche Sachverhalte nicht gleichbehandelt werden, es sei denn, dass eine solche Behandlung objektiv gerechtfertigt ist«.[98] Voraussetzung ist danach zunächst, dass **zwei vergleichbare Situationen** gegeben sind. In der Literatur wird teilweise darüber gestritten, wie umfassend die Vergleichbarkeit angelegt sein muss.[99] Dieser Streit ist rein theoretischer Natur. Es ist selbstverständlich, dass bei besonders starker Vergleichbarkeit eine Rechtfertigung einer Differenzierung schwerer fallen wird. Daraus folgt aber nicht, dass bei einer weniger starken Vergleichbarkeit die Rechtfertigung immer gelingen muss.[100] Die Wahl der geeigneten Vergleichsgruppen obliegt den Betroffenen, sie müssen jedenfalls unter einen **gemeinsamen Oberbegriff** fallen.[101]

Weitere Voraussetzung der Vergleichbarkeit ist, dass das **beeinträchtigende hoheit-**   **25** **liche Handeln** grundsätzlich auf **denselben Hoheitsträger zurückzuführen** ist.[102] Bei der

---

EuGH, Urt. v. 13.12.1984, Rs. C–129/82 u. C–274/82 (Lux/Rechnungshof), Slg. 1984, 4127, Rn. 22 die Ungleichbehandlung rechtfertigen. Ungleichbehandlungen können auch gerechtfertigt sein, »sofern diese tatsächlich dem Gemeinwohl dienenden Zielen der Gemeinschaft entsprechen und nicht einen im Hinblick auf den verfolgten Zweck unverhältnismäßigen, nicht tragbaren Eingriff darstellen, der diese Rechte in ihrem Wesensgehalt antastet EuGH, Urt. 13.4.2000, Rs. C–292/97 (Karlsson u.a.), Slg. 2000, I–2737, Rn. 45. Zum Teil sagt er, es bestehe ein weiter Ermessensspielraum des Gesetzgebers EuGH, Urt. v. 21.2.1990, verb. Rs. C–267/88 – C–285/88 (Wuidart u.a./Laiterie coopérative eupenoise u.a.), Slg. 1990, I–467, Rn. 14. Zum Teil verlangt er, dass die Gründe für die Ungleichbehandlung im Einzelnen nachgewiesen werden, vgl. EuGH, Urt. v. 19.10.1977, verb. Rs. C–117/76 u. C–16/77 (Ruckdeschel u.a./Hauptzollamt Hamburg-St. Annen), Slg. 1977, 1753, Rn. 9. Zur Anwendung der Verhältnismäßigkeitsprüfung bspw. EuGH, Urt. v. 26.10.1999, Rs. C–273/97 (Sirdar), Slg. 1999, I–7403, Rn. 26.

[96] St. Rspr seit BVerfGE 82, 126 (146); aus neuerer Zeit etwa BVerfGE 107, 27 (46).

[97] EuGH, Urt. v. 14.9.2010, Rs. C–550/07 P (Akzo und Akcros Chemicals), Slg. 2010, I–8301, Rn. 54.

[98] EuGH, Urt. v. 21.7.2011, Rs. C–21/10 (Nagy), Slg. 2011, I–6769, Rn. 47 m.w.N.; so zum Verbot der Ungleichbehandlung gleicher Sachverhalte schon EuGH, Urt. v. 19.10.1977, verb. Rs. C–117/76 u. C–16/77 (Ruckdeschel u.a./Hauptzollamt Hamburg-St. Annen), Slg. 1977, 1753, Rn. 7.

[99] Vgl. *Hölscheidt*, in: Meyer, GRCh, Art. 20 Rn. 20, zu der Frage, ob die Betroffenen in Bezug auf alle sie kennzeichnenden Merkmale vergleichbar sein müssen oder ob eine vergleichbare Situation ausreichend ist.

[100] Gegen zu hohe Anforderungen an die Vergleichbarkeit *Rossi*, in: Calliess/Ruffert, EUV/AEUV, Art. 20 GRC, Rn. 21; *Jarass*, GRCh, Art. 20 GRC, Rn. 7 mit Beispielen unter Rn. 7a.

[101] So verlangt *Lemke*, in: GSH, Europäisches Unionsrecht, Art. 20 GRC, Rn. 15, dass die vergleichbaren Sachverhalte unter einen gemeinsamen Oberbegriff fallen müssen.

[102] S. *Jarass*, GRCh, Art. 20 GRC, Rn. 9; vgl. dazu auch *Rossi*, in: Calliess/Ruffert, EUV/AEUV, Art. 20 GRC, Rn. 14.

Umsetzung des EU-Rechts durch die Mitgliedstaaten ist dabei darauf zu achten, ob eine mitgliedstaatliche Maßnahme ohne Ermessensspielraum von den Vorgaben des Unionsrechts abweicht. Dann handelt zwar formal ein anderer Hoheitsträger, aber dessen Umsetzungsmaßnahme ist auf den Unionsgesetzgeber zurückzuführen.[103]

26   In der Rechtsprechung wird zuweilen betont, dass die Ungleichbehandlung zu einer **Benachteiligung** geführt haben muss.[104] Das wird in der Literatur teilweise als Tatbestandsmerkmal gefordert,[105] teilweise aber auch der Rechtfertigungsprüfung zugewiesen.[106] Grundsätzlich ist das Vorliegen einer Benachteiligung prozessrelevant, entscheidet es doch über das Vorliegen eines **Rechtsschutzinteresses**.[107] In der **materiellen Prüfung** hat der EuGH es nicht zu einem selbständigen Prüfungsmerkmal erklärt, sondern es im Rahmen der Ungleichbehandlung als einen Beispielsfall (»insbesondere«) angeführt. Im fraglichen Fall ging es darum, ob zwei verschiedene rechtliche Regelungen **wirtschaftlich als gleichwertig** zu betrachten waren.[108] Die Betroffenen hatten sich im Grunde gegen eine wirtschaftliche Benachteiligung gewandt. Somit stellte die wirtschaftliche Benachteiligung kein zusätzliches materielles Prüfungsmerkmal dar. Da die Prüfung einer eventuellen **wirtschaftlichen Kompensation** selten zu hundert Prozent positiv ausfallen wird, erscheint es sinnvoller, die Frage einer Kompensation der **Rechtfertigungsprüfung** zuzuordnen.[109] Dort beeinflusst sie – auch bei geringen Unterschieden – die **Verhältnismäßigkeitsprüfung**.

27   Eine Pflicht zur Gleichbehandlung kann sich auch aus einer **Selbstbindung der Verwaltung** über ihre bisherige **Verwaltungspraxis** ergeben.[110] Von einer bestimmten Art der Ermessensausübung darf die Verwaltung nicht einfach abweichen, auch wenn die abweichende Ermessensausübung sich im Rahmen des rechtlich Zulässigen halten würde.[111] Allerdings kann die Verwaltung ihre Praxis **für die Zukunft** insgesamt **ändern** und eine neue Leitlinie für die Ermessensausübung festlegen.[112]

28   Art. 20 GRC erlaubt **keine Gleichheit im Unrecht**. Das Gebot der Rechtsstaatlichkeit, d. h. der Rechtsbindung, überwiegt das Gebot gleicher Behandlung.[113] Nach der Rechtsprechung muss das Gebot der Gleichbehandlung mit dem Gebot **rechtmäßigen Handelns** in Einklang gebracht werden.[114] Daher kann sich niemand zu seinem Vorteil auf

---

[103] S. EuGH, Urt. v. 17.1.2008, Rs. C–246/06 (Navarro/Fogasa), Slg. 2008, I–105, Rn. 38 zur Anwendung des Sekundärrechts in einem Mitgliedstaat.

[104] EuGH, Urt. v. 22.5.2003, Rs. C–462/99 (Connect Austria), Slg. 2003, I–5197, Rn. 115.

[105] *Lemke*, in: GSH, Europäisches Unionsrecht, Art. 20 GRC, Rn. 16; *Jarass*, GRCh, Art. 20 GRC, Rn. 11.

[106] *Rossi*, in: Calliess/Ruffert, EUV/AEUV, Art. 20 GRC, Rn. 22; *Frenz*, Handbuch Europarecht, Bd. 4, Rn. 3202.

[107] Vgl. *Rossi*, in: Calliess/Ruffert, EUV/AEUV, Art. 20 GRC, Rn. 22.

[108] EuGH, Urt. v. 22.5.2003, Rs. C–462/99 (Connect Austria), Slg. 2003, I–5197, Rn. 115. Die Frage wurde an die nationalen Gerichte zurückverwiesen, ebenda, Rn. 116.

[109] *Rossi*, in: Calliess/Ruffert, EUV/AEUV, Art. 20 GRC, Rn. 22; *Frenz*, Handbuch Europarecht, Bd. 4, Rn. 3202.

[110] Vgl. *Hölscheidt*, in: Meyer, GRCh, Art. 20 GRC, Rn. 26; *Jarass*, GRCh, Art. 20 GRC, Rn. 21.

[111] EuG, Urt. v. 30.4.1998, Rs. T–214/95 (Vlaamse Gewest), Slg. 1998, II–717, Rn. 79, 89; Urt. v. 11.9.2002, Rs. T–13/99 (Pfizer Animal Health/Rat), Slg. 2002, II–3305, Rn. 119; *Rossi*, in: Calliess/Ruffert, EUV/AEUV, Art. 20 GRC, Rn. 10; *Jarass*, GRCh, Art. 20 GRC, Rn. 21.

[112] EuGH, Urt. v. 28.6.2005, Rs. C–189/02 P (Dansk Rørindustri), Slg. 2005, I–5425, Rn. 227; *Jarass*, GRCh, Art. 20 GRC, Rn. 21.

[113] *Jarass*, GRCh, Art. 20 GRC, Rn. 12, vgl. *Streinz*, in: ders., EUV/AEUV, Art. 20 GRC, Rn. 12.

[114] EuGH, Urt. v. 4.7.1985, Rs. C–134/84 (Williams), Slg. 1985, 2225, Rn. 14; *Jarass*, GRCh, Art. 20 GRC, Rn. 43.

eine einem anderen gegenüber begangene Rechtsverletzung berufen. Unter dem Gleichheitssatz müssen sich die **vergleichbaren Situationen auf rechtmäßiges Handeln** beziehen.[115] Es ist darauf hinzuweisen, dass darin keine »Differenzierung« gegenüber dem Gebot rechtmäßigen Handelns liegt.[116]

V. Differenzierungsgebot

Ebenfalls in ständiger Rechtsprechung geht der EuGH davon aus, dass »der in Art. 20   **29** der Charta der Grundrechte der Europäischen Union verankerte Grundsatz der Gleichbehandlung oder Nichtdiskriminierung [verlangt], dass [...] **unterschiedliche Sachverhalte nicht gleichbehandelt** werden, es sei denn, dass eine solche Behandlung **objektiv gerechtfertigt** ist«.[117] In Anlehnung an das deutsche Bundesverfassungsgericht wird in der Literatur diese Ausprägung des Gleichheitssatzes kritisch gesehen. Der **Gestaltungsspielraum** des Gesetzgebers sei im Hinblick auf Gleichbehandlungen weiter, er müsse nicht alle tatsächlichen Verschiedenheiten auch rechtlich unterschiedlich behandeln.[118] Dem ist grundsätzlich zuzustimmen, da in der Realität niemals zwei Situationen bzw. Personen identisch miteinander sind und der Gleichheitssatz seinem Wortlaut nach (kontrafaktisch) eine Wertung für die Gleichbehandlung aufstellt.

VI. Grundrechtsträger

Wie in der überwiegenden Anzahl der Mitgliedstaaten ist der allgemeine Gleichheits-   **30** satz in der Union als ein **Menschenrecht** ausgestaltet. Alle **natürlichen Personen** können sich darauf berufen,[119] d.h. auch **Drittstaatsangehörige**.[120] Das folgt eindeutig aus dem insofern offenen Wortlaut (»Personen«) und dem systematischen Vergleich mit dem Verbot der Diskriminierung aus Gründen der Staatsangehörigkeit nach Art. 21 Abs. 2 GRC, welches die Unionsbürgerinnen und -bürger schützt.

    Ebenfalls aus dem Wortlaut ergibt sich, dass neben den natürlichen Personen auch die   **31** **juristischen Personen** geschützt werden.[121] Der Gleichheitssatz ist auf sie **sinngemäß**

---

[115] EuG, Urt. v. 14.5.1998, Rs. 347/94 (Mayr-Meinhof), Slg. 1998, II–1751, Rn. 334. Missverständlich *Jarass*, GRCh, Art. 20 GRC, Rn. 10, der darin wohl eine Modifikation des Verbots der Gleichheit im Unrecht sieht.

[116] So aber wohl *Streinz* in: *ders.* EUV/AEUV, Art. 20 GRC, Rn. 12, und ihm folgend *Jarass*, GRCh, Art. 20 GRC, Rn. 10, unter Verweis auf EuGH, EuGH, Urt. v. 17.1.2008, Rs. C–246/06 (Navarro/Fogasa), Slg. 2008, I–105, Rn. 38. Doch handelt der angegebene Fall von einem Vergleich zwischen einem (rechtmäßigen) Urteil oder einer Verwaltungsentscheidung über die Festsetzung einer Abfindung mit einem (ebenfalls rechtmäßigen) gerichtlichen Vergleich über eine solche Abfindung, s. Rn. 16 und 17, sowie 34 f.

[117] EuGH, Urt. v. 21.7.2011, Rs. C–21/10 (Nagy), Slg. 2011, I–6769, Rn. 47 m.w.N.; s. auch EuGH, Urt. v. 5.6.2008, Rs. 164/07 (Wood), Slg. 2008, I–4143, Rn. 13; *Lemke*, in: GSH, Europäisches Unionsrecht, Art. 20 GRC, Rn. 13.

[118] *Rossi*, in: Calliess/Ruffert, EUV/AEUV, Art. 20 GRC, Rn. 28 unter Verweis auf BVerfGE 6, 55 (71), BVerfGE 60, 16 (42), BVerfGE 86, 81 (87). Vgl. die Kritik bei *Hölscheidt*, in: Meyer, GRCh, Art. 20 GRC, Rn. 16; *Sachs*, in: Tettinger/Stern, EuGRCH, Art. 20 GRC, Rn. 21. Im Ergebnis ähnlich *Jarass*, GRCh, Art. 20 GRC, Rn. 17.

[119] *Jarass*, GRCh, Art. 20 GRC, Rn. 6; *Rossi*, in: Calliess/Ruffert, EUV/AEUV, Art. 20 GRC, Rn. 4.

[120] *Sachs*, in: Tettinger/Stern, EuGRCh, Art. 20 GRC, Rn. 17; *Jarass*, GRCh, Art. 20 GRC, Rn. 6; *Frenz*, Handbuch Europarecht, Bd. 4, Rn. 3211; *Jarass*, GRCh, Art. 20 GRC, Rn. 6.

[121] Ständige Rspr., s. bereits EuGH, Urt. v. 13.7.1962, verb. Rs. 17/61 u. 20/61 (Klöckner Werke/Hohe Behörde), Slg. 1962, 655 (691 ff.); Urt. v. 10.3.1998, verb. Rs. C–364/95 u. C–365/95 (T. Port/Hauptzollamt Hamburg-Jonas), Slg. 1998, I–1023 (Rn. 81 ff.). *Hölscheidt*, in: Meyer, GRCh, Art. 20 GRC, Rn. 32; *Sachs*, in: Tettinger/Stern, EuGRCh, Art. 20 GRC, Rn. 8; *Lemke*, in: GSH, Europäisches

anwendbar.[122] Die Gegenansicht beruft sich darauf, dass im Gegensatz zu Art. 20 GRC, die Einbeziehung juristischer Personen in den Art. 42–44 GRC ausdrücklich geregelt sei.[123] Diese Auffassung vermag nicht zu überzeugen, denn Freiheitsrechte wie das Recht auf Eigentum in Art. 17 GRC enthalten ebenfalls keinen ausdrücklichen Hinweis auf juristische Personen, obgleich sie nach allgemeiner Ansicht auf jene anwendbar sind.[124] Der besondere Hinweis in Art. 42–44 GRC dient nicht der Klarstellung der Einbeziehung der juristischen Personen, sondern der Begrenzung auf juristische Personen mit satzungsmäßigem Sitz in einem Mitgliedstaat.

32   Ob auch juristische Personen des **öffentlichen Rechts** einbezogen werden, ist umstritten.[125] Nach überzeugender Ansicht ist diese Frage zu bejahen, soweit eine juristische Person des öffentlichen Rechts zwar Hoheitsträger ist, aber zugleich der Union oder einem Mitgliedstaat als Träger anderer Grundrechte gegenübersteht, etwa im Bereich der Medienfreiheit. Praktisch wirkt Art. 20 GRC insofern wie ein **akzessorischer Schutz** zu den Freiheitsrechten. Diese Voraussetzungen können für die Mitgliedstaaten nie zutreffen.[126] Sie werden ausreichend durch den Grundsatz der souveränen Gleichheit in der EU geschützt.[127]

33   Eine **unmittelbare Drittwirkung** von Art. 20 GRC wird soweit ersichtlich **abgelehnt**.[128] Dafür spricht die systematische Überlegung, dass in Art. 157 AEUV über den Grundsatz gleichen Entgelts für Mann und Frau eine Rechtsetzungskompetenz zum Erlass entsprechenden Sekundärrechts vorgesehen ist. Auf Grundlage dieser Vorschrift ist die sog. Lohngleichheits-Richtlinie erlassen worden.[129] Weitere wichtige Richtlinie zur Verhinderung von Diskriminierungen auch von privater Seite sind auf Basis von Art. 19 Abs. 1 AEUV erlassen worden, wie insbesondere die **Rassismus-Richtlinie**[130] und die **Antidiskriminierungs-Richtlinie**.[131]

Unionsrecht, Art. 20 GRC, Rn. 10; *Rossi*, in: Calliess/Ruffert, EUV/AEUV, Art. 20 GRC, Rn. 4 f.; ablehnend hingegen *Hölscheidt*, in: Meyer, GRCh, Art. 20 GRC, Rn. 14.

[122] Vgl. *Jarass*, GRCh, Art. 20 GRC, Rn. 6.

[123] *Hölscheidt*, in: Meyer, GRCh, Art. 20 GRC, Rn. 14.

[124] *Heselhaus*, in: ders./Nowak, Handbuch der Europäischen Grundrechte, § 32 Rn. 59, mit Hinweisen auf die Rspr.

[125] Ablehnend *Rossi*, in: Calliess/Ruffert, EUV/AEUV, Art. 20 GRC, Rn. 6; *Odendahl*, in: Heselhaus/Nowak, Handbuch der Europäischen Grundrechte, § 43, Rn. 15; *Hölscheidt*, in: Meyer, GRCh, Art. 20 GRC, Rn. 32; offen gelassen bei *Jarass*, GRCh, Art. 20 GRC, Rn. 6.

[126] Wenn, *Hölscheidt*, in: Meyer, GRCh, Art. 20 GRC, Rn. 14, eine solche Einbeziehung ablehnt, weil die Mitgliedstaaten keine »Personen« seien, ist dies vor dem Hintergrund seiner engen Auslegung des Begriffs der »Personen« im Sinne von natürlichen Personen zu sehen.

[127] S. dazu Art. 4 Abs. 2 S. 1 EUV.

[128] *Hölscheidt*, in: Meyer, GRCh, Art. 20 GRC, Rn. 33; a. E.; *Sachs*, in: Tettinger/Stern, EuGRCh, Art. 20 GRC, Rn. 19; siehe auch *Rossi*, in: Calliess/Ruffert, EUV/AEUV, Art. 20 GRC, Rn. 12: nur mittelbare Drittwirkung.

[129] Richtlinie 2006/54/EG zur Verwirklichung des Grundsatzes der Chancengleichheit und Gleichbehandlung von Männern und Frauen in Arbeits- und Beschäftigungsfragen (Neufassung), ABl. 2006, L 204, S. 23.

[130] Richtlinie 2000/43/EG zur Anwendung des Gleichbehandlungsgrundsatzes ohne Unterschied der Rasse oder der ethnischen Herkunft, ABl. 2000, L 180, S. 22.

[131] Richtlinie 2000/78/EG zur Festlegung eines allgemeinen Rahmens für die Verwirklichung der Gleichbehandlung in Beschäftigung und Beruf, ABl. 2000, L 303, S. 16.

D. Rechtfertigung

I. Allgemeine Vorgaben

Jede Ungleichbehandlung bzw. Gleichbehandlung bei bestehenden Unterschieden be- **34** darf der **Rechtfertigung**. Dabei sind zwar grundsätzlich die Art. 51 ff. GRC anwendbar,[132] doch kommt es im Einzelnen zu deutlichen **Modifizierungen**. Da der allgemeine Gleichheitssatz nicht ausdrücklich in den Verträgen aufgeführt ist, bestehen **keine besonderen »Bedingungen und Grenzen«** nach Art. 52 Abs. 2 GRC.[133] Demgegenüber kommt Art. 52 Abs. 3 GRC grundsätzlich zur Anwendung, auch wenn die **EMRK** keinen entsprechenden allgemeinen Gleichheitssatz enthält. Doch ist jedenfalls als **Mindeststandard** eine Gleichbehandlung, die im Ergebnis mit dem akzessorischen Gleichheitssatz nach Art. 14 EMRK vergleichbar ist, zu gewährleisten.[134]

Fraglich ist, ob gemäß Art. 52 Abs. 1 S. 1 GRC der **Gesetzesvorbehalt** Anwendung **35** findet.[135] Folgt man der hier vertretenen weiten Auffassung, wonach Gleichheit vor dem Gesetz auch jeden **Realakt** der Grundrechtsverpflichteten umfasst (s. Rn. 17), weil auch diese nicht im Gegensatz zu rechtsstaatlichen Vorgaben vorgenommen werden dürfen, so kann der Gesetzesvorbehalt nicht im engen Sinne Anwendung finden. Ausreichend ist dann ein **kompetenzgemäßes Verhalten**, das sich auch aus dem Primärrecht ergeben kann.

Ferner ist grundsätzlich davon auszugehen, dass alles Handeln der Union und der **36** Mitgliedstaaten unter Art. 20 GRC auf **Zielsetzungen des Gemeinwohls** und den Erfordernissen des **Schutzes der Rechte und Freiheiten anderer** im Sinne des Art. 52 Abs. 1 S. 2 GRC ausgerichtet sein muss.[136] Dabei dürfen aber keine zu hohen Anforderungen gestellt werden.[137] Insbesondere können Differenzierungen im Einzelfall auch durch Erwägungen der **Verwaltungspraktikabilität** gerechtfertigt sein.[138]

II. Objektive Gründe und Verhältnismäßigkeit

In **ständiger Rechtsprechung** verlangt der EuGH das Vorliegen eines **objektiven Grundes** **37** für die Rechtfertigung.[139] Hinsichtlich der Anforderungen **im Einzelnen** ist die Rechtsprechung jedoch **unklar**. Zum einen dient das Kriterium jedenfalls **nicht** grundsätzlich lediglich dafür, die **subjektiven Vorstellungen** der handelnden Organe für nicht entscheidend zu erklären.[140] Denn die Rechtsprechung verbindet damit eine Bewertung des

---

[132] *Hölscheidt*, in: Meyer, GRCh, Art. 20 GRC, Rn. 35 und 27.

[133] *Sachs*, in: Tettinger/Stern, EuGRCh, Art. 20 GRC, Rn. 15.

[134] Zu eng *Hölscheidt*, in: Meyer, GRCh, Art. 20 GRC, Rn. 35.

[135] Ausführlich dazu *Glock*, S. 231 ff.; *Merten/Papier/Kugelmann*, Grundrechte, § 160, Rn. 19; vorsichtig bejahend *Hölscheidt*, in: Meyer, GRCh, Art. 20 GRC, Rn. 27; ablehnend *Jarass*, GRCh, Art. 20 GRC, Rn. 12.

[136] Vgl. zur Anwendbarkeit von Art. 52 Abs. 1 GRC *Sachs*, in: Tettinger/Stern, EuGRCH, Art. 20 GRC, Rn. 23.

[137] Jedenfalls muss der Rechtsgeber berechtigte Ziele verfolgen, *Jarass*, GRCh, Art. 20 GRC, Rn. 13.

[138] EuGH, Urt. v. 17. 7. 1997, Rs. C–248/95 (Safety High-Tech), Slg. 1997, I–4475 (Rn. 60), zu »Schwierigkeiten bei der Verwaltung und Kontrolle«.

[139] EuG, Urt. v. 20. 3. 2001, Rs. T–52/99 (Port), Slg. 2001, II–981, Rn. 81 ff.; EuGH, Urt. v. 19. 10. 1977, verb. Rs. C–117/76 u. C–16/77 (Ruckdeschel u. a./Hauptzollamt Hamburg-St. Annen), Slg. 1977, 1753, Rn. 7 f.; Urt. v. 6. 7. 1983, Rs. C–117/81 (Geist/Kommission), Slg. 1983, 2191, Rn. 14; Urt. v. 13. 12. 1984, Rs. C–129/82 u. C–274/82 (Lux/Rechnungshof), Slg. 1984, 4127, Rn. 22.

[140] So aber *Jarass*, GRCh, Art. 20 GRC, Rn. 14; vgl. *Odendahl*, in: Heselhaus/Nowak, Handbuch der Europäischen Grundrechte, § 43, Rn. 21.

Gewichts der Gründe, wenn von »objektiven Unterschieden von einigem Gewicht« die Sprache ist.[141] Interessanterweise rekurriert der EuGH beim allgemeinen Gleichheitssatz **nicht** auf einen reduzierten Maßstab im Sinne eines **Willkürverbots**.[142] Zum anderen ist anerkannt, dass die **verpönten Merkmale** der speziellen Diskriminierungsverbote wie Art. 21 GRC, Art. 18 und Art. 157 AEUV nicht als objektive Gründe in Frage kommen.[143] Insgesamt wird in der Literatur zutreffend konstatiert, dass sich die Anforderungen des EuGH an die Rechtfertigung von Urteil zu Urteil stark unterscheiden.[144] So werden zuweilen »sachliche«[145] oder »triftige«[146] Gründe gefordert. Als »**Faustformel**« kann gelten: Je gewichtiger die Ungleichbehandlung, umso höher die Anforderungen an ihre Rechtfertigung.[147] Es ist davon auszugehen, dass sich der EuGH, ähnlich dem BVerfG bei der sog. neuen Formel, davon leiten lässt, die Prüfung der Rechtfertigung je nach dem **Grad der Betroffenheit** zu intensivieren. Damit wird der Bewertungsmaßstab bis hin zu den verpönten Merkmalen nach Art. 21 GRC **graduell erhöht**. Aus diesem Blickwinkel erhält der Ansatz des EuGH, Art. 20 und 21 GRC zusammen unter der Bezeichnung Gleichheitssatz aufzuführen,[148] eine neue dogmatische Dimension.

38   **Teilweise** greift der EuGH bei der Rechtfertigungsprüfung ausdrücklich auf den **Verhältnismäßigkeitsgrundsatz** zurück. Der Gerichtshof prüft in diesem Sinn, ob eine Differenzierung eine notwendige Maßnahme darstellt und ob das Ziel auch durch andere Maßnahmen erreicht werden könnte.[149] Danach ist eine Ungleichbehandlung dann gerechtfertigt, wenn Differenzierungskriterium und Differenzierungsziel in einem **angemessenen Verhältnis** zueinander stehen.[150] In der Diktion des EuGH ist »eine unterschiedliche Behandlung […] gerechtfertigt, wenn sie auf einem objektiven und angemessenen Kriterium beruht, d.h., wenn sie in Zusammenhang mit einem rechtlich zulässigen Ziel steht, das mit der in Rede stehenden Regelung verfolgt wird, und wenn diese unterschiedliche Behandlung in angemessenem Verhältnis zu dem mit der betreffenden Behandlung verfolgten Ziel steht […]«.[151] In der Literatur ist umstritten, ob der Verhältnismäßigkeitsgrundsatz bei jeder Differenzierung zum Einsatz kommen soll

---

[141] EuGH, Urt. v. 15.1.1985, Rs. C–250/83 (Finsider/Kommission), Slg. 1985, 131, Rn. 8; Urt. v. 26.9.2002, Rs. C–351/98 (Spanien/Kommission), Slg. 2002, I–8031, Rn. 57; Urt. v. 22.5.2003, Rs. C–462/99 (Connect Austria), Slg. 2003, I–5197, Rn. 115.

[142] *Rossi*, in: Calliess/Ruffert, EUV/AEUV, Art. 20 GRC, Rn. 25, weist darauf hin, dass die Willkürformel in den Verträgen durchaus verwendet wird, wie in Art. 36 Satz 2 AEUV und Art. 65 Abs. 3 AEUV. Allerdings ist anzumerken, dass gerade in diesen Vorschriften ein strenger Maßstab angelegt wird. In der GAP hat EuGH, Urt. v. 13.6.1978, Rs. 139/77 (Denkavit/Finanzamt Warendorf), Slg. 1978, 1317, Rn. 15, eine »willkürliche« Diskriminierung geprüft.

[143] EuGH, Urt. v. 15.1.1998, Rs. 15/96 (Schöning-Kougebetopoulou/Freie und Hansestadt Hamburg), Slg. 1998, I–47, Rn. 21; *Streinz*, in: Streinz, EUV/AEUV, Art. 20 GRC, Rn. 10.

[144] *Hölscheidt*, in: Meyer, GRCh, Art. 20 GRC, Rn. 22; *Sachs*, in: Tettinger/Stern, EuGRCh, Art. 20 GRC, Rn. 9; *Rossi*, in: Calliess/Ruffert, EUV/AEUV, Art. 20 GRC, Rn. 24.

[145] EuGH, Urt. v. 6.7.1983, Rs. C–117/81 (Geist/Kommission), Slg. 1983, 2191, Rn. 14.

[146] EuGH, Urt. v. 13.12.1984, Rs. C–129/82 u. C–274/82 (Lux/Rechnungshof), Slg. 1984, 4127, Rn. 22.

[147] *Hölscheidt*, in: Meyer, GRCh, Art. 20 GRC, Rn. 25; *Graser*, in: Schwarze, EU-Kommentar, Art. 20 GRC, Rn. 6.

[148] EuGH, Urt. v. 7.9.2006, Rs. C–81/05 (Cordero Alonso), Slg. 2006, I–7569.

[149] EuGH, Urt. v. 12.12.2002, Rs. C–442/00 (Caballero), Slg. 2002, I–11915, Rn. 38. S. dazu *Jarass*, GRCh, Art. 20, Rn. 15.

[150] *Lemke*, in: GSH, Europäisches Unionsrecht, Art. 20 GRC, Rn. 16.

[151] EuGH, Urt. v. 16.12.2008, Rs. C–127/07 (Arcelor Atlantique und Lorraine u.a.), Slg. 2008, I–9895, Rn. 47.

oder nur **bei gewichtigeren Differenzierungen**.[152] Letzteres ist überzeugend, da es auf einer Linie mit dem nach der Rechtsprechung anzulegenden Bewertungsmaßstab (Rn. 37) liegt.

In wie vielen Schritten die **Rechtfertigungsprüfung** dann erfolgen muss, ist ebenfalls   **39** umstritten.[153] Allerdings hat die Frage keine praktische Relevanz. In jedem Fall sind zunächst **Vergleichspaare** zu bilden, die **unterschiedlich behandelt** werden. Daran schließt sich die **Rechtfertigungsprüfung** an, die nach einem zulässigen Differenzierungsziel fragt, nach einem zulässigen Differenzierungskriterium, das einen sachlichen Grund darstellt und erforderlichenfalls auch dem **Verhältnismäßigkeitsgrundsatz** genügen muss.

Den Hoheitsträger, dem die Ungleichbehandlung zuzurechnen ist, trifft nach der   **40** Rechtsprechung gemäß den allgemeinen Grundsätzen des Grundrechtsschutzes die **Darlegungslast** für das Vorliegen objektiver, gegebenenfalls verhältnismäßiger Gründe.[154] Er muss aber **nicht** jede Ungleichbehandlung voraussehen[155] und in seiner Handlung, etwa in den Begründungserwägungen, **begründen**.[156]

III. Kontrolldichte

Die **Kontrolldichte** bei der Prüfung **variiert** in der Rechtsprechung. Dies gilt zum einen   **41** allgemein für die Frage des **Prüfungsmaßstabs** (s. Rn. 37 f.), zum anderen aber auch differenzierend nach **betroffenen Bereichen** (s. Rn. 42) oder **handelnden Gewalten** (s. Rn. 43).

In den verschiedenen **Politikbereichen** ist vor allem im **Beamtenrecht** eine strenge   **42** Prüfung der Gleichbehandlung zu verzeichnen.[157] Auch in der **Gemeinsamen Agrarpolitik** prüft der EuGH den Gleichheitssatz vertieft.[158] Im **Binnenmarkt** werden ferner Ungleichbehandlungen von Arbeitnehmern relativ streng geprüft.[159] Im **Steuerrecht** rekurriert der Gerichtshof bei der Prüfung der Mehrwertsteuer auf einen Grundsatz der steuerlichen Neutralität.[160] Im **Parlamentsrecht** hat das EuGH geprüft, ob objektive Gründe für die Privilegierung von Abgeordneten, die einer Fraktion im Europäischen Parlament angehören, gegenüber fraktionslosen Abgeordneten gerechtfertigt ist.[161] Zunehmend werden auch im **Umweltrecht** Ungleichbehandlungen gerügt. Im Emissions-

---

[152] Für Ersteres wohl *Hölscheidt*, in: Meyer, GRCh, Art. 20 GRC, Rn. 23 f.; *Jarass*, GRCh, Art. 20 GRC, Rn. 16; *Odendahl*, in: Heselhaus/Nowak, Handbuch der Europäischen Grundrechte, § 43, Rn. 34 (für Anwendung des allgemeinen Verhältnismäßigkeitsgrundsatzes); differenzierend *Rossi*, in: Calliess/Ruffert, EUV/AEUV, Art. 20 GRC, Rn. 26 f.

[153] S. zur Frage, ob der Prüfungsschritt der Verhältnismäßigkeit getrennt oder in die Rechtfertigung integriert erfolgt, *Hölscheidt*, in: Meyer, GRCh, Art. 20 GRC, Rn. 24, der für Letzteres plädiert; so wohl auch *Jarass*, GRCh, Art. 20 GRC, Rn. 15; dagegen *Odendahl*, in: Heselhaus/Nowak, Handbuch der Europäischen Grundrechte, § 43, Rn. 34.

[154] EuGH, Urt. v. 16.12.2008, Rs. C–127/07 (Arcelor Atlantique und Lorraine u. a.), Slg. 2008, I–9895, Rn. 48; Urt. v. 12.12.2002, Rs. C–442/00 (Caballero), Slg. 2002, I–11915, Rn. 39.

[155] Zur Problematik *Rossi*, in: Calliess/Ruffert, EUV/AEUV, Art. 20 GRC, Rn. 26.

[156] A.A. wohl *Jarass*, GRCh, Art. 20 GRC, Rn. 12.

[157] EuGH, Urt. v. 11.1.2001, Rs. C–459/98 P (Cagigal), Slg. 2001, I–135, Rn. 52; vgl. *Jarass*, GRCh, Art. 20, Rn. 22.

[158] EuG, Urt. v. 2.10.2001, Rs. T–222/99 (Martinez), Slg. 2001, II–2823, Rn. 152, 157.

[159] EuGH, Urt. v. 17.1.2008, Rs. C–246/06 (Navarro/Fogasa), Slg. 2008, I–105, Rn. 37.

[160] EuGH, Urt. v. 8.6.2006, Rs. C–106/05 (L. und P.), Slg. 2006, I–5123, Rn. 48; Urt. v. 23.4.2009, Rs. C–460/07 (Puffer), Slg. 2009, I–3251, Rn. 53.

[161] EuG, Urt. v. 2.10.2001, Rs. T–222/99 (Martinez), Slg. 2001, II–2823, Rn. 149 ff.

handel hat der EuGH eine Ungleichbehandlung im Hinblick auf die unterschiedliche Einbeziehung verschiedener Industriesektoren überprüft.[162] Auch im **Gefahrstoffrecht** erfolgt eine Prüfung unterschiedlicher Regulierungsansätze.[163] Allerdings sind die Erfolgsaussichten solcher Klagen relativ begrenzt, wenn sie die Rechtsetzung betreffen (s. Rn. 43).

43   Eine **unterschiedliche Kontrolldichte** kann im Grundsatz bei der Überprüfung von Handlungen der **Legislative** einerseits und der **Exekutive** andererseits festgestellt werden, doch kann es in Einzelfällen durchaus **Modifikationen** dieser Regel geben. Weit überwiegend hält sich der EuGH bei der Überprüfung von Handlungen der Rechtsetzungsorgane zurück.[164] Das wird nicht mit dem Respekt vor dem demokratischen Gesetzgeber begründet, sondern die Rechtsprechung weist daraufhin, dass es um eine **komplexe Aufgabe** der Austarierung verschiedener Interessen und Ziele gehe und daher die Judikative nicht ihre Bewertung an die Stelle derjenigen der Rechtsetzungsorgane setzen könne.[165] Deshalb wird regelmäßig ein **weites Ermessen** konstatiert, welches nur daraufhin überprüft wird, ob ein **offensichtlicher Verstoß** vorliege.[166] Da bei einer Rechtsetzung für 28 Mitgliedstaaten häufig komplexe Sachverhalte zu beurteilen sind, wird diese Formel fast »formelhaft« verwendet. Dessen ungeachtet kann es in bestimmten Politikbereichen auch zu strengeren Prüfungen kommen.[167] Demgegenüber ist der Kontrollmaßstab bei der Überprüfung von Ungleichbehandlungen durch **Verwaltungsbehörden** strenger.[168] Allerdings kann es auch hier zu Modifizierungen kommen. So hat der EuGH akzeptiert, dass bei der Umsetzung gesetzlicher Vorgaben auch **Typisierungen** vorgenommen werden können.[169]

E.   Rechtsfolgen eines Verstoßes

44   Umstritten ist in der Literatur, welche **Rechtsfolgen** ein Verstoß gegen den allgemeinen Gleichheitssatz nach Art. 20 GRC zeitigt. Teilweise wird der **Gestaltungsspielraum** des **Gesetzgebers** hervorgehoben.[170] Dieser könne entweder die eine Vergleichsgruppe wie die andere behandeln oder umgekehrt oder beide auf eine neue Art und Weise behandeln.[171] Insofern sei es grundsätzlich geboten, gleichheitswidrige Maßnahmen nicht per se für nichtig zu erklären.[172] Demgegenüber betont der EuGH, dass grundsätzlich ein

---

[162] EuGH, Urt. v. 16.12.2008, Rs. C–127/07 (Arcelor Atlantique und Lorraine u.a.), Slg. 2008, I–9895, Rn. 27.
[163] EuGH, Urt. v. 22.5.2014, Rs. C–287/13 P (Bilbaina de Alquitranes SA u.a), ECLI:EU:C:2014:599, Rn. 50 ff.
[164] S. dazu *Jarass*, GRCh, Art. 20 GRC, Rn. 18 f.
[165] S. nur EuGH, Urt. v. 16.12.2008, Rs. C–127/07 (Arcelor Atlantique und Lorraine u.a.), Slg. 2008, I–9895, Rn. 57.
[166] EuGH, Urt. v. 16.12.2008, Rs. C–127/07 (Arcelor Atlantique und Lorraine u.a.), Slg. 2008, I–9895, Rn. 57 ff.
[167] S. für die Gemeinsame Agrarpolitik EuGH, Urt. v. 25.10.1978, Rs. 103/77 (Scholten-Honig), Slg. 1978, 2037, Rn. 83.
[168] Näher dazu *Jarass*, GRCh, Art. 20 GRC, Rn. 20 f.
[169] EuGH, Urt. v. 7.1.2004, Rs. C–204/00 P (Aalborg), Slg. 2004, I–123, Rn. 367, 374.
[170] *Jarass*, GRCh, Art. 20, Rn. 4; *Hölscheidt*, in: Meyer, GRCh, Art. 20 GRC, Rn. 33; *Lemke*, in: GSH, Europäisches Unionsrecht, Art. 20 GRC, Rn. 19.
[171] *Hölscheidt*, in: Meyer, GRCh, Art. 20 GRC, Rn. 33.
[172] *Rossi*, in: Calliess/Ruffert, EUV/AEUV, Art. 20 GRC, Rn. 30; wohl auch *Jarass*, GRCh, Art. 20 GRC, Rn. 4.

Verstoß gegen den Gleichheitssatz zur **Primärrechtswidrigkeit** der angegriffenen Handlung und damit zu deren **Nichtigkeit** führe.[173] Erst danach fügt er an, dass es dem Unionsgesetzgeber obliege, aus dem vorliegenden Urteil die Schlussfolgerungen zu ziehen, indem er **geeignete Maßnahmen** ergreift.[174] Bei der Nichtigerklärung von **Begünstigungen** setzt der EuGH dem Unionsgesetzgeber eine **Frist** zur Behebung der Ungleichbehandlung. Bis dahin wendet er aber die fragliche **Privilegierung** auch auf die Vergleichsgruppe an, aus der die Klage eingereicht wurde.[175] Die dagegen vorgebrachten Bedenken in der Literatur vermögen nicht zu überzeugen.[176] Denn grundsätzlich ist die Rechtsfolge der Nichtigkeit bei Primärrechtswidrigkeit zu beachten.[177] Fiele damit aber eine vom Gesetzgeber gewünschte Privilegierung weg, ist es überzeugend, von einer Vermutung auszugehen, dass die Privilegierung stattdessen auf die nicht berücksichtigte Vergleichsgruppe erstreckt werden soll. In jedem Fall gibt es **keinen** Anspruch auf **Gleichbehandlung im Unrecht** (s. Rn. 28).[178]

Gibt die Diskriminierung neben der Nichtigkeitsklage Anlass zu **Schadensersatzforderungen**, so greift grundsätzlich der **Staatshaftungsanspruch** nach Art. 340 Abs. 2 AEUV analog ein. Dabei hat der EuGH entgegen einer Auffassung in der Literatur[179] bei Diskriminierungen nicht auf das zusätzliche **Tatbestandsmerkmal eines qualifizierten Rechtsverstoßes** verzichtet. Vielmehr verlangt er bei Schadensersatz wegen Diskriminierungen ausdrücklich, dass der Rechtsverstoß **hinreichend qualifiziert** sein müsse.[180]   45

---

[173] EuGH, Urt. v. 29.6.1988, Rs. 300/86 (Van Landschoot), Slg. 1988, 3443, Rn. 22.

[174] EuGH, Urt. v. 29.6.1988, Rs. 300/86 (Van Landschoot), Slg. 1988, 3443, Rn. 23 f.

[175] EuGH, Urt. v. 29.6.1988, Rs. 300/86 (Van Landschoot), Slg. 1988, 3443, Rn. 23 f.; bestätigt in EuGH, Urt. v. 11.7.1989, Rs. 265/87 (Schräder), Slg. 1989, 2237, Rn. 26; EuGH, Urt. v. 12.12.2002, Rs. C–442/00 (Caballero), Slg. 2002, I–11915, Rn. 42.

[176] *Rossi*, in: Calliess/Ruffert, EUV/AEUV, Art. 20 GRC, Rn. 30.

[177] Zutreffend insofern *Hölscheidt*, in: Meyer, GRCh, vor Art. 20 GRC, Rn. 36; *ders.* Art. 20 GRC, Rn. 28.

[178] *Hölscheidt*, in: Meyer, GRCh, Art. 20 GRC, Rn. 29; *Lemke*, in: GSH, Europäisches Unionsrecht, Art. 20 GRC, Rn. 18; *Rossi*, in: Calliess/Ruffert, EUV/AEUV, Art. 20 GRC, Rn. 16; differenzierend *Sachs*, in: Tettinger/Stern, EuGRCh, Art. 20 GRC, Rn. 28; *Jarass*, GRCh, Art. 20 GRC, Rn. 10.

[179] *Hölscheidt*, in: Meyer, GRCh, Art. 20 GRC, Rn. 35 unter Berufung auf die Rspr. in Fn. 181; vgl. *Lemke*, in: GSH, Europäisches Unionsrecht, Art. 20 GRC, Rn. 20, demzufolge bei einem Verstoß gegen den Gleichheitssatz »immer« eine qualifizierte Rechtsverletzung vorliegen soll; so wohl auch *Hölscheidt*, in: Meyer, GRCh, Art. 20 GRC, Rn. 18a.

[180] EuGH, Urt. v. 4.10.1979, Rs. 238/78 (Ireks Arkady GmbH/Rat und Kommission), Slg. 1979, 2955, Rn. 9, bestätigt das Tatbestandsmerkmal. In Rn. 11 a. a. O. werden dann eine Reihe von Argumenten gegeben, weshalb der Verstoß gegen das Unionsrecht im konkreten Fall qualifiziert gewesen ist. Auch EuG, Urt. v. 15.4.1997, Rs. T–390/94 (Schröder und Thamann/Kommission), Slg. 1997, II–501, Rn. 78 f., stellt im Zusammenhang mit dem Gleichheitssatz und dem Haftungsanspruch fest, dass ein qualifizierter Verstoß erforderlich sei. Im konkreten Fall lag gar keine Diskriminierung vor (Rn. 83, a. a. O.). Ebenso wurde in EuG, Urt. v. 21.2.1995, Rs. T–472/93 (Campo Ebro), Slg. 1995, II–421, Rn. 93 f., zunächst das Erfordernis eines qualifizierten Verstoßes gerade im Hinblick auf einen Verstoß gegen den Gleichheitssatz bestätigt, bevor dann das Vorliegen einer Diskriminierung verneint wurde.

Artikel 21   GRC Nichtdiskriminierung

(1) Diskriminierungen insbesondere wegen des Geschlechts, der Rasse, der Hautfarbe, der ethnischen oder sozialen Herkunft, der genetischen Merkmale, der Sprache, der Religion oder der Weltanschauung, der politischen oder sonstigen Anschauung, der Zugehörigkeit zu einer nationalen Minderheit, des Vermögens, der Geburt, einer Behinderung, des Alters oder der sexuellen Ausrichtung sind verboten.

(2) Unbeschadet besonderer Bestimmungen der Verträge ist in ihrem Anwendungsbereich jede Diskriminierung aus Gründen der Staatsangehörigkeit verboten.

Literaturübersicht

Chen, Die speziellen Diskriminierungsverbote der Charta der Grundrechte der Europäischen Union, 2011; *Frantziou*, Case C–176/12 *Association de Médiation Sociale:* Some Reflections on the Horizontal Effect of the Charter and the Reach of Fundamental Employment Rights in the European Union, EuConst. 10 (2014), 332; *Herresthal*, Grundrechtecharta und Privatrecht – Die Bedeutung der Charta der Grundrechte für das europäische und das nationale Privatrecht, ZEuP 2014, 238; *Huster*, Gleichheit im Mehrebenensystem: Die Gleichheitsrechte der Europäischen Union in systematischer und kompetenzrechtlicher Hinsicht, EuR 2010, 325; *Leczykiewicz*, Horizontal Application of the Charter of Fundamental Rights, E.L.Rev. 2013, 479; *Lenaerts/de Smijter*, A »Bill of Rights« for the European Union, CMLRev. 38 (2001), 273; *McInerney*, The Charter of Fundamental Rights of the European Union and the case of race discrimination, E.L.Rev. 27 (2002), 483; *von Oettingen/Rabenschlag*, Europäische Richtlinien und allgemeiner Gleichheitssatz im innerstaatlichen Recht – Anmerkungen anlässlich des Mangold-Urteils des EuGH, ZEuS 2006, 363; *Streinz/Herrmann*, Der Fall Mangold – eine »kopernikanische Wende im Europarecht«?, RdA 2007, 165; vgl. auch die Literatur zu Art. 19 AEUV.

Leitentscheidungen

EuGH, Urt. v. 22.11.2005, Rs. C–144/04 (Mangold), Slg. 2005, I–10013
EuGH, Urt. v. 19.1.2010, Rs. C–555/07 (Kücükdeveci), Slg. 2010, I–365
EuGH, Urt. v. 1.3.2011, Rs. C–236/09 (Test-Achats), Slg. 2011, I–773
EuGH, Urt. v. 15.1.2014, Rs. C–176/12 (Association de médiation sociale), ECLI:EU:C:2014:2
EuGH, Urt. v. 22.5.2014, Rs. C–356/12 (Glatzel), ECLI:EU:C:2014:350
EuGH, Urt. v. 19.4.2016, Rs. C–441/14 (Dansk Industri), ECLI:EU:C:2016:278
Vgl. im Übrigen die Rechtsprechung zu Art. 19 AEUV

Inhaltsübersicht

A. Überblick

Art. 21 GRC ergänzt als zweite Fundamentalnorm innerhalb des Titels III (Gleichheit) **1**
den allgemeinen Gleichheitssatz (Art. 20 GRC) um **besondere Diskriminierungsverbote.** Um nicht in Konflikt mit den überkommenen Normen des EU-Primärrechts zu
geraten, ist dabei streng zwischen den beiden Absätzen zu trennen. Ausweislich der
gem. Art. 6 Abs. 1 UAbs. 2 EUV, 52 Abs. 7 GRC maßgeblichen[1] Charta-Erläuterungen[2]
»entspricht« Absatz 2 Art. 18 Abs. 1 AEUV, so dass Art. 52 Abs. 2 GRC greift und eine
autonome charta-rechtliche Interpretation ausschließt (s. Rn. 15). Im Gegensatz dazu
soll Absatz 1 mit einem eigenständigen Anwendungsbereich und einer eigenständigen
Zielsetzung neben Art. 19 AEUV, an den er sich hauptsächlich anlehnt, treten.[3] Während die AEUV-Norm lediglich als Kompetenzgrundlage für den Erlass von Gesetzgebungsakten zur Bekämpfung der dort genannten Diskriminierungstatbestände dient,
soll Art. 21 Abs. 1 GRC der EU gerade keine neue Zuständigkeit verschaffen, sondern
vielmehr **Erlass und Anwendung des Unionsrechts grundrechtlich einhegen.** Aufgrund
dieser grundsätzlich kompetenzbegrenzenden Wirkung enthält er auch einige Diskriminierungsmerkmale, zu deren Regelung die Mitgliedstaaten der EU bewusst keine
Ermächtigung übertragen haben. Gleichwohl führt die Rechtsprechung des EuGH zur
Bindung der Mitgliedstaaten gem. Art. 51 Abs. 1 Satz 1 GRC dazu, dass die Vorgaben
des Art. 21 Abs. 1 GRC auch für die mitgliedstaatliche Rechtspraxis erhebliche Bedeutung haben – bis hin zu weitreichenden Einwirkungen auf den Privatrechtsverkehr
(dazu Rn. 13).

B. Diskriminierungsverbote des Absatzes 1

I. Begriff der Diskriminierung

Der Begriff der Diskriminierung **entspricht demjenigen der Art. 18 und 19 AEUV,** an die **2**
die Norm anknüpft. Demgemäß ist unter diesem Begriff zu verstehen, dass »vergleichbare Sachverhalte nicht unterschiedlich und unterschiedliche Sachverhalte nicht gleich
behandelt werden dürfen, es sei denn, dass eine solche Behandlung objektiv gerechtfertigt ist«.[4] Eine Diskriminierung ist also eine Verletzung des allgemeinen Gleichheitssatzes unter dem Gesichtspunkt einer bestimmten persönlichen Eigenschaft des Grundrechtsträgers. Dabei ist wie in Art. 18 und Art. 19 AEUV zwischen unmittelbaren und
mittelbaren Diskriminierungen zu unterscheiden, ohne dass dies einen Einfluss auf die
grundsätzliche Rechtfertigungsmöglichkeit hat (vgl. Art. 18 AEUV, Rn. 28 ff. und
Art. 19 AEUV, Rn. 19). Wie die Verwendung des Wortes »insbesondere« am Anfang
des Absatzes 1 zeigt (s. dazu auch Rn. 8), sind die verpönten Differenzierungsmerkmale

---

[1] Vgl. insbesondere EuGH, Urt. v. 27. 5. 2014, Rs. C–129/14 PPU (Spasic), ECLI:EU:C:2014:586,
Rn. 54; ferner Urt. v. 10. 7. 2014, Rs. C–198/13 (Hernández), ECLI:EU:C:2014:2055, Rn. 33; Urt. v.
6. 3. 2014, Rs. C–206/13 (Siragusa), ECLI:EU:C:2014:126, Rn. 22; Urt. v. 26. 2. 2013, Rs. C–617/10
(Åkerberg Fransson), ECLI:EU:C:2013:105, Rn. 20; *Streinz/Michl,* in: Streinz, EUV/AEUV, Art. 52
GRC, Rn. 32.
[2] ABl. 2007, C 303/17.
[3] *Triebel,* ZESAR 2007, 211 (213).
[4] EuGH, Urt. v. 22. 5. 2014, Rs. C–356/12 (Glatzel), ECLI:EU:C:2014:350, Rn. 43; Urt. v.
18. 7. 2013, Rs. C–234/12 (Sky Italia), ECLI:EU:C:2013:496, Rn. 15.

als **Regelbeispiele eines Verstoßes gegen den Gleichheitssatz** einzuordnen. Der Gerichtshof spricht davon, dass »das Diskriminierungsverbot des Art. 21 Abs. 1 der Charta [...] eine besondere Ausprägung dieses Grundsatzes« darstelle.[5]

II. Verpönte Diskriminierungsmerkmale

3 Art. 21 Abs. 1 GRC kombiniert, wie die Erläuterungen deutlich machen, Diskriminierungsmerkmale aus **drei unterschiedlichen Quellen:** Art. 19 AEUV, Art. 14 EMRK und Art. 11 des unter dem Dach des Europarats erarbeiteten Übereinkommens über Menschenrechte und Biomedizin[6].[7] Die Differenzierungskriterien Geschlecht, Rasse und Religion finden sich sowohl in Art. 19 Abs. 1 AEUV als auch in Art. 14 EMRK. Die Merkmale Hautfarbe, soziale Herkunft, Sprache, politische oder sonstige Anschauung, Zugehörigkeit zu einer nationalen Minderheit, Vermögen und Geburt finden sich ausschließlich in Art. 14 EMRK, die Merkmale ethnische Herkunft, Weltanschauung, Behinderung, Alter und sexuelle Ausrichtung nur in Art. 19 Abs. 1 AEUV. Das Kriterium der genetischen Merkmale kommt aus Art. 11 des genannten Übereinkommens hinzu. Auffällig ist, dass das Kriterium der nationalen Herkunft sowie der Auffangtatbestand des »sonstigen Status« als einzige nicht wörtlich aus Art. 14 EMRK übernommen wurden.

1. Übernahmen aus Art. 19 Abs. 1 AEUV

4 Hinsichtlich der Diskriminierungsgründe, die aus Art. 19 Abs. 1 AEUV übernommen wurden, lehnt der Gerichtshof sich an die bestehende Rechtsprechung zu den in jener Norm bzw. dem auf ihrer Basis erlassenen Sekundärrecht enthaltenen gleichlautenden Begriffen an.[8] Damit führt er seine Linie aus dem Mangold-Urteil fort, dem zufolge die Antidiskriminierungsrichtlinien nur »die Schaffung eines allgemeinen Rahmens zur Bekämpfung der Diskriminierung [...], vor allem was die Bereitstellung geeigneter Rechtsbehelfe, die Beweislast, die Viktimisierung, den sozialen Dialog« etc. angeht, bezwekken.[9] Tatbestandlich gebe insbesondere die Richtlinie 2000/78/EG,[10] die alle Diskriminierungsgründe des Art. 19 Abs. 1 AEUV aufgreift, aber nur einen primordialen allgemeinen Grundsatz des EU-Rechts wieder, der »seinen Ursprung in verschiedenen völkerrechtlichen Verträgen und den gemeinsamen Verfassungstraditionen der Mitgliedstaaten hat«.[11] Wie Generalanwalt *Cruz Villalón* überzeugend darlegte, wurde dieser Grundsatz durch den Vertrag von Lissabon in seiner vorgefundenen Form **positiviert**, so dass er »als Folge seiner Umwandlung in ›geschriebenes Verfassungsrecht‹ unionsrechtlich nunmehr schlechthin in Art. 21 der Charta verankert ist« und – um Art. 6 Abs. 1 UAbs. 2 EUV Genüge zu tun – durch Art. 19 AEUV lediglich in eine

---

[5] EuGH, Urt. v. 22.5.2014, Rs. C–356/12 (Glatzel), ECLI:EU:C:2014:350, Rn. 43.
[6] Langtitel: Übereinkommen zum Schutz der Menschenrechte und der Menschenwürde im Hinblick auf die Anwendung von Biologie und Medizin, SEV-Nr. 164; bislang von Deutschland und Österreich weder unterzeichnet noch ratifiziert, vgl. zum Ratifikationsstand < http://conventions.coe.int/Treaty/Commun/ChercheSig.asp?NT=164&CM=&DF=&CL=GER > (4.6.2016).
[7] ABl. 2007, C 303/17 (24).
[8] EuGH, Urt. v. 22.5.2014, Rs. C–356/12 (Glatzel), ECLI:EU:C:2014:350, Rn. 45 ff.
[9] EuGH, Urt. v. 22.11.2005, Rs. C–144/04 (Mangold), Slg. 2005, I–10013, Rn. 76.
[10] RL 2000/78/EG vom 27.11.2000 zur Festlegung eines allgemeinen Rahmens für die Verwirklichung von Gleichbehandlung in Beschäftigung und Beruf, ABl. 2000, L 303/16.
[11] Ebenda, Rn. 74.

Kompetenznorm übersetzt wird.[12] Dies zwingt zur Annahme einer **einheitlichen Terminologie**.[13] Dementsprechend kann hinsichtlich der Auslegung der Merkmale Geschlecht, Rasse, ethnische Herkunft, Religion oder Weltanschauung, Behinderung, Alter und sexuelle Ausrichtung auf die Begriffsbestimmungen im Rahmen des Art. 19 Abs. 1 AEUV mit ihren – schon aufgrund des Prinzips der begrenzten Einzelermächtigung – relativ klaren Konturen verwiesen werden (s. Art. 19 AEUV, Rn. 22 ff.).

2. Übernahmen aus Art. 14 EMRK

Im Hinblick auf die Übernahmen aus Art. 14 EMRK, die nicht auch in Art. 19 AEUV zu   5
finden sind, ist es bedeutend schwieriger, klare Begriffsbestimmungen zu finden. Zwar sind nach den Erläuterungen zu Art. 21 GRC die Merkmale Hautfarbe, soziale Herkunft, Sprache, politische oder sonstige Anschauung, Zugehörigkeit zu einer nationalen Minderheit, Vermögen und Geburt aufgrund ihrer eindeutigen und ausschließlichen konventionsrechtlichen Quelle **wie ihre EMRK-Vorbilder auszulegen**.[14] Dabei ist es wegen der Existenz der Meistbegünstigungsklausel des Art. 53 GRC auch unschädlich, dass die Erläuterungen zu Art. 52 Abs. 3 GRC keine auch nur teilweise Entsprechung zwischen Art. 21 GRC und Art. 14 EMRK ausweisen.[15] Allerdings sind die genannten Diskriminierungsgründe auch in der EGMR-Rechtsprechung weitgehend konturenlos geblieben, was insbesondere durch die Formulierung des Art. 14 EMRK als offener Tatbestand, der letztlich alle statusbezogenen Ungleichbehandlungen verbietet, bedingt ist.[16] Diese geringere Präzision lässt **Raum für genuin charta-rechtliche Begriffsbestimmungen**, führt allerdings auch dazu, dass die mit Art. 19 AEUV geteilten Differenzierungsmerkmale wesentlich einfacher in der Handhabung und daher auch mit der größeren Direktionskraft ausgestattet sind.

Die **Hautfarbe** ist als vererbbares äußerliches Merkmal ein Unterfall des Differenzie-   6
rungsmerkmals »Rasse« (Art. 19 AEUV, Rn. 24). Aus seiner Aufnahme in Art. 21 Abs. 1 GRC folgt keine Schutzerweiterung gegenüber dem auf Art. 19 Abs. 1 AEUV gestützten Sekundärrecht, allerdings ist der Tatbestand im Anwendungsbereich des Art. 21 Abs. 1 GRC als lex specialis heranzuziehen. Ebenso verhält es sich mit den Kriterien **»Sprache«** und **»Zugehörigkeit zu einer nationalen Minderheit«**, die in aller Regel für die Zwecke des Art. 19 Abs. 1 AEUV unter das Merkmal »ethnische Herkunft« subsumiert werden können (vgl. Art. 19 AEUV, Rn 25).[17]

Aus den übrigen Tatbestandsmerkmalen lassen sich hingegen über Art. 19 Abs. 1   7
AEUV hinausgehende Gehalte ableiten. Mit dem Merkmal der **sozialen Herkunft** wer-

---

[12] GA *Cruz Villalón*, Schlussanträge zu Rs. C–447/09 (Prigge), Slg. 2011, I–8003, Rn. 26.
[13] So nun auch deutlich die Große Kammer des EuGH, Urt. v. 19.4.2016, Rs. C–441/14 (Dansk Industri), ECLI:EU:C:2016:278, Rn. 22 f. In diese Richtung auch bereits *Lenaerts/de Smijter*, CMLRev. 38 (2001), 273 (282 ff.); *McInerney*, E.L.Rev. 27 (2002), 483 (490), deren Schlussfolgerung (Anwendbarkeit des Art. 52 Abs. 2 GRC auf Absatz 1, soweit die Diskriminierungsgründe Art. 19 Abs. 1 AEUV entsprechen) allerdings zu weit führt und in den Erläuterungen keine Stütze findet.
[14] ABl. 2007, C 303/17 (24). Darauf weist auch GA *Kokott*, Schlussanträge zu Rs. C–83/14 (CHEZ Razpredelenie Bulgaria AD), ECLI:EU:C:2015:170, Rn. 43, Fn. 21, hin.
[15] Vgl. ABl. 2007, C 303/17 (33 f.). Zur Bedeutung des Art. 53 GRC in diesem Zusammenhang *Streinz/Michl*, in: Streinz, EUV/AEUV, Art. 53 GRC, Rn. 5.
[16] *Sauer*, in: Karpenstein/Mayer, EMRK, Art. 14, Rn. 26.
[17] Nach GA *Kokott*, Schlussanträge zu Rs. C–566/10 P (Italien/Kommission; Sprachenregelung), ECLI:EU:C:2012:752, Rn. 77, ist auch das Diskriminierungsmerkmal Staatsangehörigkeit mittelbar betroffen.

den Diskriminierungen einbezogen, die auf der Herkunft aus einer bestimmten sozialen Schicht beruhen. Konkreter Anknüpfungspunkt ist mithin die soziale Stellung der Vorfahren.[18] Im Gegensatz dazu beinhaltet das Kriterium »**Geburt**« gerade keine schichtspezifischen Aspekte (etwa im Sinne eines »Hochwohlgeborenseins«), sondern betrifft die gesellschaftlich besonders relevante Benachteiligung nichtehelich geborener Menschen – unabhängig vom jeweiligen sozialen Status der Eltern.[19] Das Differenzierungsmerkmal »**Vermögen**« kann zum Zuge kommen, wenn jemand ohne erkennbaren sachlichen Grund wegen seiner (guten oder schlechten) finanziellen Verhältnisse benachteiligt wird. Da damit jedoch keine Forderung nach materieller Gleichheit einhergeht und eine Auswahl danach, ob ein möglicher Vertragspartner den geforderten Preis für eine Gegenleistung zahlen kann, ein Grundpfeiler des von den Verträgen vorgeschriebenen marktwirtschaftlichen Wettbewerbs ist, wird dieser Tatbestand – wie sein Vorbild in Art. 14 EMRK – ein Schattendasein führen.[20] Realistisch ist seine Anwendung nur in Fällen, in denen ein Grundrechtsadressat bei einer vermögensbezogenen Entscheidung – etwa der Festsetzung einer Geldstrafe – die Vermögensverhältnisse des Betroffenen nicht angemessen berücksichtigt.[21] Mit dem Diskriminierungsgrund der »**politischen oder sonstigen Anschauung**« wird eine Parallele zum Merkmal der Weltanschauung geschaffen für Ansichten, die in freiheitsrechtlicher Hinsicht nicht unter Art. 10 Abs. 1 GRC, sondern unter Art. 11 Abs. 1 GRC fallen. Damit geraten auch Benachteiligungen, die an eine beliebige Meinungsäußerung anknüpfen, unter Rechtfertigungsdruck.[22]

8   Darüber hinaus ist es möglich, weitere statusbezogene Diskriminierungsgründe, die nicht im ausdrücklich im Normtext des Art. 21 Abs. 1 GRC enthalten sind, einzubeziehen. Hierfür sprechen insbesondere zwei Gesichtspunkte: Zum einen ist dem Katalog der verpönten Merkmale das Wort »insbesondere« vorangestellt, das nicht nur als Ausdruck des Spezialitätsverhältnisses von Art. 21 GRC gegenüber Art. 20 GRC zu lesen ist (s. Rn. 2), sondern auch die Auslegung nahelegt, dass der **Tatbestand des Art. 21 Abs. 1 GRC nicht abschließend** sein soll.[23] Zum anderen darf der Schutzstandard der EMRK nach der Meistbegünstigungsklausel des Art. 53 GRC auch dann nicht unterschritten werden, wenn eine Bestimmung der Charta – wie hier – keine direkte Entsprechung in der Konvention aufweist.[24] Soweit also Art. 14 EMRK – wenn auch nur akzessorisch zu sonstigen Konventionsrechten[25] – die Diskriminierung wegen »eines sonstigen Status« verbietet,[26] muss dies auch im unionsrechtlichen Grundrechtsacquis seinen Widerhall finden.

---

[18] *Frenz*, Handbuch Europarecht, Bd. 4, Rn. 3266; *Hölscheidt*, in: Meyer, GRCh, Art. 21, Rn. 44.

[19] *Frenz*, Handbuch Europarecht, Bd. 4, Rn. 3279; *Hölscheidt*, in: Meyer, GRCh, Art. 21, Rn. 44.

[20] Vgl. *Schweizer*, in: Internationaler Kommentar zur EMRK, Art. 14 (August 2007), Rn. 101.

[21] Vgl. *Jarass*, GRCh, Art. 21, Rn. 23.

[22] *Frenz*, Handbuch Europarecht, Bd. 4, Rn. 3272; *Jarass*, GRCh, Art. 21, Rn. 22.

[23] Vgl. insoweit die Darstellung der Entstehungsgeschichte bei *Hölscheidt*, in: Meyer, GRCh, Art. 21, Rn. 28 f.

[24] *Streinz/Michl*, in: Streinz, EUV/AEUV, Art. 53 GRC, Rn. 5.

[25] Dazu *Sauer*, in: Karpenstein/Mayer, EMRK, Art. 14, Rn. 14 ff.; *Schweizer*, in: Internationaler Kommentar zur EMRK, Art. 14 (August 2007), Rn. 47 ff.

[26] Vgl. mit umfangreichen Beispielen *Schweizer*, in: Internationaler Kommentar zur EMRK, Art. 14 (August 2007), Rn. 105 ff.

3. Genetische Merkmale

Die Vorbildnorm des Diskriminierungsgrunds »genetische Merkmale«, Art. 11 des **9** Übereinkommens über Menschenrechte und Biomedizin, ist im dortigen Kapitel IV mit der Überschrift »Menschliches Genom« enthalten und bestimmt: »Jede Form von Diskriminierung einer Person wegen ihres genetischen Erbes ist verboten.« Daraus lässt sich ableiten, dass die Differenzierung **mit den ererbten Genen zusammenhängen** muss – unabhängig davon, ob dies für den Betroffenen positiv oder negativ ist.[27] Hieraus kann gegenüber den Merkmalen Rasse, ethnische Herkunft und Behinderung nur dann ein zusätzlicher Schutz erwachsen, wenn sich das Kriterium auf die Erfassung genetischer Dispositionen (etwa der Neigung zu bestimmten Krankheiten) bezieht, die sich (noch) nicht äußerlich manifestiert haben. Hierdurch soll vor allem der Verwertung – und damit indirekt auch schon der Erhebung – von **Gentests** außerhalb der Wissenschaft und der Kriminalistik ein Riegel vorgeschoben werden.[28]

III. Rechtfertigung

Nach der Rechtsprechung des Gerichtshofs ist eine unterschiedliche Behandlung auf- **10** grund eines der verpönten Differenzierungsmerkmale »gerechtfertigt, wenn sie auf einem objektiven und angemessenen Kriterium beruht, d. h., wenn sie im Zusammenhang mit einem rechtlich zulässigen Ziel steht, das mit der in Rede stehenden Regelung verfolgt wird, und wenn diese unterschiedliche Behandlung in angemessenem Verhältnis zu dem mit der betreffenden Behandlung verfolgten Ziel steht«.[29] Eine Unterscheidung zwischen unmittelbaren und mittelbaren Diskriminierungen ist dabei, wie auch bei Art. 18 Abs. 1 AEUV (s. dort Rn. 30) und – mit Einschränkungen – bei Art. 19 Abs. 1 AEUV (s. dort Rn. 19) nicht vorgesehen. Im Übrigen sind die Voraussetzungen der horizontalen Rechtfertigungsregel des Art. 52 Abs. 1 GRC zu beachten (s. Art. 52 GRC, Rn. 17 ff.).[30]

IV. Persönlicher Anwendungsbereich

Hinsichtlich des persönlichen Anwendungsbereichs gelten grundsätzlich die allgemei- **11** nen Regeln der horizontalen Chartabestimmungen (Art. 51 ff. GRC). Allerdings sind einige Besonderheiten zu beachten.

1. Berechtigte

Aus Art. 21 Abs. 1 GRC sind **alle natürlichen Personen unabhängig von ihrer Staatsan-** **12** **gehörigkeit**, d. h. auch Bürger von Nicht-EU-Staaten, berechtigt. Die Grundrechtsträgerschaft von **juristischen Personen** und sonstigen Personenvereinigungen richtet sich wegen des statusbezogenen Gehalts der Norm danach, ob die betroffenen Entitäten das fragliche Differenzierungsmerkmal ihrem Wesen nach aufweisen können. Insoweit kommt es auf den jeweiligen Einzelfall an, wobei sich insbesondere der Diskrimini-

---

[27] *Frenz*, Handbuch Europarecht, Bd. 4, Rn. 3267.
[28] *Streinz*, in: Streinz, EUV/AEUV, Art. 21 GRC, Rn. 4.
[29] EuGH, Urt. v. 22. 5. 2014, Rs. C–356/12 (Glatzel), ECLI:EU:C:2014:350, Rn. 43; deutlich zu oberflächlich demgegenüber EuGH, Urt. v. 1. 3. 2011, Rs. C–236/09 (Test-Achats), Slg. 2011, I–773, Rn. 28 ff.
[30] EuGH, Urt. v. 22. 5. 2014, Rs. C–356/12 (Glatzel), ECLI:EU:C:2014:350, Rn. 42 f.

rungsgrund »Vermögen« im Allgemeinen sowie das Merkmal »Religion oder Weltanschauung« für die Träger der kollektiven und korporativen Religionsfreiheit aus Art. 10 Abs. 1 GRC eignet.[31] Bei der Auslegung der auf Art. 19 Abs. 1 AEUV gestützten Richtlinien judizierte der Gerichtshof über Art. 7 Abs. 2 RL 2000/43/EG[32] hinaus, dass keine konkrete Person als Opfer einer Diskriminierung identifizierbar sein müsse; vielmehr könnten die Mitgliedstaaten auch **Interessenverbänden** ein Verbandsklagerecht – in den konkreten Fällen wegen fremdenfeindlicher bzw. homophober Äußerungen potentieller Arbeitgeber – einräumen.[33] Es ist dementsprechend auch eine großzügige Linie bei der Bestimmung des persönlichen Anwendungsbereichs von Art. 21 Abs. 1 GRC zu erwarten.

2. Verpflichtete

13   Die Verpflichteten des Art. 21 Abs. 1 GRC sind gem. Art. 51 Abs. 1 Satz 1 GRC in erster Linie die **Organe, Einrichtungen und sonstigen Stellen der EU**, daneben auch die **Mitgliedstaaten** in all ihren Emanationen bei der – nach der *Åkerberg-Fransson*-Rechtsprechung weit auszulegenden[34] – »Durchführung des Rechts der Union« (s. Art. 51 GRC, Rn. 19 ff.). In diesem Zusammenhang sind zwei kritikwürdige Facetten des Mangold-Urteils hervorzuheben, die unvermindert auf die Situation seit der Erstarkung des Art. 21 GRC zu Primärrecht übertragbar sind (s. Rn. 4): Zum einen genügt bereits die bloße Existenz einer sachlich einschlägigen Antidiskriminierungsrichtlinie – wegen des Frustrationsverbots ggf. auch schon vor Ablauf der Umsetzungsfrist[35] – zur Eröffnung des Anwendungsbereichs der Charta, so dass die Detailregelungen im Sekundärrecht, v. a. im Hinblick auf die Rechtfertigungsmöglichkeiten, unter Umständen unterlaufen und durch richterrechtliche Maßstäbe ersetzt werden können.[36] Zum anderen nahm der EuGH stillschweigend eine unmittelbare Drittwirkung des damals im Wege eines allgemeinen Rechtsgrundsatzes erfundenen Verbots der Altersdiskriminierung an – ein Umstand, der in der Diskussion um die angebliche Veränderung der Richtliniendogmatik nicht hinreichend beleuchtet wurde.[37] Dass es sich hierbei nicht um einen unbeabsichtigten Ausreißer handelt, zeigt sich in der neueren Rechtsprechung deutlich: Im AMS-Urteil vom 15. 1. 2014 prüfte der Gerichtshof im Hinblick auf einen Rechtsstreit

---

[31] *Chen*, S. 61; *Jarass*, GRCh, Art. 21, Rn. 8. Der extensive Ansatz von *Frenz*, Handbuch Europarecht, Bd. 4, Rn. 3289, wegen der Offenheit des Tatbestands (s. Rn. 8) juristische Personen generell als Grundrechtsträger anzusehen, geht hingegen zu weit. Es kommt wie bei den geschriebenen Merkmalen stets auf das jeweils als Diskriminierungsgrund verwendete statusbezogene Merkmal an.
[32] RL 2000/43/EG vom 29. 6. 2000 zur Anwendung des Gleichbehandlungsgrundsatzes ohne Unterschied der Rasse oder der ethnischen Herkunft.
[33] EuGH, Urt. v. 25. 4. 2013, Rs. C–81/12 (Asociaţia ACCEPT), ECLI:EU:C:2013:275, Rn. 36 ff.; Urt. v. 10. 7. 2008, Rs. C–54/07 (Feryn), Slg. 2008, I–5187, Rn. 23 ff.
[34] Siehe EuGH, Urt. v. 26. 2. 2013, Rs. C–617/10 (Åkerberg Fransson), ECLI:EU:C:2013:105, Rn. 19 ff., und die Präzisierungen im Urt. v. 6. 3. 2014, Rs. C–206/13 (Siragusa), ECLI:EU:C:2014:126, Rn. 24 ff., sowie im Urt. v. 10. 7. 2014, Rs. C–198/13 (Hernández), ECLI:EU:C:2014:2055, Rn. 34 ff.
[35] EuGH, Urt. v. 22. 11. 2005, Rs. C–144/04 (Mangold), Slg. 2005, I–10013, Rn. 66; dazu *Streinz/ Michl*, in: Streinz, EUV/AEUV, Art. 51 GRC, Rn. 10.
[36] EuGH, Urt. v. 22. 11. 2005, Rs. C–144/04 (Mangold), Slg. 2005, I–10013, Rn. 75 f.; vgl. hierzu *von Oettingen/Rabenschlag*, ZEuS 2006, 363 (378 f.); *Streinz/Herrmann*, RdA 2007, 165 (168 f.).
[37] EuGH, Urt. v. 22. 11. 2005, Rs. C–144/04 (Mangold), Slg. 2005, I–10013, Rn. 77; unter Verknüpfung mit Art. 21 Abs. 1 GRC bestätigt in EuGH, Urt. v. 19. 1. 2010, Rs. C–555/07 (Kücükdeveci), Slg. 2010, I–365, Rn. 22, 51. Zu den eigentlich kritikwürdigen Punkten des Mangold-Urteils konzise *Huster*, EuR 2010, 325 (335).

unter Privaten, ob – mangels Ansatzpunkt für eine richtlinienkonforme Auslegung – eine unmittelbare Wirkung des Art. 27 GRC in Betracht kommt.[38] Dies verneinte er unter Hinweis auf einen Vergleich mit Art. 21 Abs. 1 GRC, da jener – im Gegensatz zu Art. 27 GRC – »schon für sich allein dem Einzelnen ein subjektives Recht verleiht, das er als solches geltend machen kann.«[39] Im Urteil zur Rechtssache Dansk Industri vom 19. 4. 2016 griff die Große Kammer des EuGH diese Linie auf und ergänzte ausdrücklich, wenn eine richtlinienkonforme Auslegung im Hinblick auf Vorgaben der RL 2000/78/EG nicht möglich sei, verpflichte Art. 21 Abs. 1 GRC die nationalen Gerichte auch in Rechtsstreitigkeiten zwischen Privatpersonen, von der Anwendung mit diesem Verbot nicht im Einklang stehender nationaler Vorschriften abzusehen.[40] Damit postuliert der Gerichtshof allem Anschein nach für Art. 21 Abs. 1 GRC eine **unmittelbare Drittwirkung ohne erkennbare dogmatische Einschränkungen**.[41] Dies ist mit Blick auf den Wortlaut des Art. 51 Abs. 1 Satz 1 GRC, der Private ausdrücklich nicht zu den Adressaten der Charta zählt, abzulehnen.[42]

Art. 21 Abs. 1 GRC wird – abgesehen von der kritikwürdigen Rechtsprechung zu **14** Konstellationen, in denen die richtlinienkonforme Auslegung scheitert (dazu Rn. 13) – nicht angewendet, soweit die einschlägigen Diskriminierungsmerkmale in Richtlinien für den streitgegenständlichen Sachbereich konkretisiert wurden.[43] Außerhalb dieses Bereichs fehlt es wiederum regelmäßig an der Durchführung des Rechts der Union i. S. d. Art. 51 Abs. 1 Satz 1 GRC.[44] Trotzdem hat die Norm jedoch als **Rechtmäßigkeitsmaßstab für das Sekundärrecht** auch in diesem Zusammenhang eine legitime Bedeutung und kann Anlass zu einer **primärrechtskonformen Auslegung** geben.[45] Nicht diskriminierungsspezifisches Sekundärrecht kann ohnehin aus Gründen der Normenhierarchie nur unmittelbar am Maßstab des Art. 21 Abs. 1 GRC gemessen werden.[46] Zu Charta-Bestimmungen, die an ein auch in Art. 21 Abs. 1 GRC enthaltenes Differenzierungskriterium anknüpfen und dieses in einem spezifischen Kontext regeln (v.a. Art. 23 GRC), steht die Norm nach der Rechtsprechung des Gerichtshofs nicht in einem Subsidiaritätsverhältnis, sondern in **Idealkonkurrenz**.[47] Art. 21 Abs. 1 GRC tritt außerdem – zumindest bei unmittelbaren Diskriminierungen wegen der Staatsangehörigkeit – hinter Art. 18 Abs. 1 AEUV zurück (s. Art. 18 AEUV, Rn. 89).

---

[38] EuGH, Urt. v. 15. 1. 2014, Rs. C–176/12 (Association de médiation sociale), ECLI:EU:C:2014:2, Rn. 41 ff.

[39] Ebenda, Rn. 47.

[40] EuGH, Urt. v. 19. 4. 2016, Rs. C–441/14 (Dansk Industri), ECLI:EU:C:2016:278, Rn. 35 f.

[41] Vgl. auch *Chen*, S. 48; *Frantziou*, EuConst. 10 (2014), 332 (339); zu grundsätzlichen dogmatischen Problemen dieses Ansatzes *Leczykiewicz*, E. L.Rev. 38 (2013), 479 (489 ff.).

[42] *Herresthal*, ZEuP 2014, 238 (254).

[43] EuGH, Urt. v. 13. 11. 2014, Rs. C–416/13 (Vital Pérez), ECLI:EU:C:2014:2371, Rn. 23 ff. Urt. v. 11. 11. 2014, Rs. C–530/13 (Schmitzer), ECLI:EU:C:2014:2359, Rn. 22 f.; *Blanck-Putz/Köchle*, in: Holoubek/Lienbacher, GRC, 2014, Art. 21, Rn. 32 ff.; *Chen*, S. 59 f. Davon unberührt ist die Ausnahmekonstellation der Vorwirkung von Richtlinien, vgl. Rn. 13, Fn. 31.

[44] Vgl. etwa EuGH, Urt. v. 2. 6. 2016, Rs. C–122/15 (C), ECLI:EU:C:2016:391, Rn. 18 ff., 28 f.; Urt. v. 18. 12. 2014, Rs. C–354/13 (Kaltoft), ECLI:EU:C:2014:2463, Rn. 38 f.

[45] Vgl. die Ungültigerklärung von Art. 5 Abs. 2 der Antidiskriminierungsrichtlinie 2004/113/EG durch EuGH, Urt. v. 1. 3. 2011, Rs. C–236/09 (Test-Achats), Slg. 2011, I–773, Rn. 32.

[46] EuGH, Urt. v. 22. 5. 2014, Rs. C–356/12 (Glatzel), ECLI:EU:C:2014:350, Rn. 41 ff.

[47] Vgl. EuGH, Urt. v. 1. 3. 2011, Rs. C–236/09 (Test-Achats), Slg. 2011, I–773, Rn. 32; a. A. *Blanck-Putz/Köchle* (Fn. 43), Art. 21, Rn. 40; *Chen*, S. 55; *Hölscheidt*, in: Meyer, GRCh, Art. 21, Rn. 31; *Jarass*, GRCh, Art. 21, Rn. 6.

C. Diskriminierungsverbot des Absatzes 2

15 Das Diskriminierungsverbot aufgrund der Staatsangehörigkeit nach Art. 21 Abs. 2 GRC entspricht ausweislich der Charta-Erläuterungen[48] Art. 18 Abs. 1 AEUV und findet entsprechend Anwendung.[49] Demzufolge ist Art. 52 Abs. 2 GRC einschlägig, dem gemäß die in Art. 18 Abs. 1 AEUV normierten Bedingungen und Grenzen zu beachten sind, die mit der Charta nicht geändert werden sollen.[50] Art. 21 Abs. 2 GRC ist mithin als bloßer **Rechtsgrundverweis** auf Art. 18 Abs. 1 AEUV zu verstehen[51] und hat **keinen eigenständigen Regelungsgehalt**.[52] Dementsprechend besteht auch kein Raum dafür, über Art. 18 Abs. 1 AEUV hinaus Drittstaatsangehörigen den Schutz durch das Diskriminierungsverbot aus Gründen der Staatsangehörigkeit zuteilwerden zu lassen.[53]

---

[48] Zu deren Bedeutung *Streinz/Michl*, in: Streinz, EUV/AEUV, Art. 52 GRC, Rn. 32; vgl. auch oben Rn. 1.

[49] ABl. 2007, C 303/17 (24).

[50] So die Erläuterungen zu Art. 52 Abs. 2 GRC, ABl. 2007, C 303/17 (33).

[51] *Ziegenhorn*, Der Einfluss der EMRK im Recht der EU-Grundrechtecharta, 2009, S. 163; ihm folgend *Michl*, Die Überprüfung des Unionsrechts am Maßstab der EMRK, 2014, S. 213 f.; *Streinz/Michl*, in: Streinz, EUV/AEUV, Art. 52 GRC, Rn. 4.

[52] Vgl. auch *Hölscheidt*, in: Meyer, GRCh, Art. 21, Rn. 56.

[53] A.A. *Sachs*, in: Tettinger/Stern, EUGRCh, Art. 21, Rn. 27, 30; mit rechtspolitischen, nicht aber juristischen Einwänden *McInerney*, E.L.Rev. 27 (2002), 483 (488 f.); im Ergebnis wie hier *Frenz*, Handbuch Europarecht, Bd. 4, Rn. 3303 f.; *Jarass*, GRCh, 3. Aufl. 1016, Art. 21, Rn. 42; *Streinz*, in: Streinz, EUV/AEUV, Art. 21 GRC, Rn. 8.

Artikel 22 GRC Vielfalt der Kulturen, Religionen und Sprachen

Die Union achtet die Vielfalt der Kulturen, Religionen und Sprachen.

Literaturübersicht

Arzoz, The protection of linguistic diversity through Article 22 of the Charter of Fundamental Rights, in: Arzoz (Hrsg.), Respecting linguistic diversity in the European Union, 2008, S. 145; *Bogdandy von*, Europäische und nationale Identität, VVDStRL 62 (2003), 156; *Hochbaum*, Der Begriff der Kultur im Maastrichter und Amsterdamer Vertrag, BayVBl. 1997, 680; *Hofmann*, The Framework Convention for the Protection of National Minorities: An Introduction, in: Weller (Hrsg.), The rights of minorities in Europe. A Commentary on the European Framework Convention for the Protection of National Minorities, 2006, S. 1; *Manz*, Sprachenvielfalt und europäische Integration, 2002; *M. Nowak*, CCPR Commentary, 2. Aufl., 2005; *Woehrling*, Introduction, in: Nogueira López/Ruíz Vieytez/Urrutia Libarona (Hrsg.), Shaping language rights – Commentary on the European Charter for Regional or Minority Languages in light of the Committee of Experts' evaluation, 2012, S. 11.

Leitentscheidungen

EuGH, Urt. v. 25.7.1991, Rs. C–288/89 (Stichting Collectieve Antennevoorziening Gouda/Commissariaat voor de Media), Slg. 1991, I–4007

EuGH, Urt. v. 12.9.2000, Rs. C–366/98 (Strafverfahren gegen Yannick Geffroy und Casino France SNC), Slg. 2000, I–6579

Wesentliche sekundärrechtliche Vorschrift

Verordnung (EU) Nr. 1295/2013 des Europäischen Parlaments und des Rates vom 11.12.2013 zur Einrichtung des Programms Kreatives Europa (2014–2020) und zur Aufhebung der Beschlüsse Nr. 1718/2006/EG, Nr. 1855/2006/EG und Nr. 1041/2009/EG, ABl. 2013, L 347/221

Inhaltsübersicht

A. Entwicklung, Quellen, Bedeutung

I. Entwicklung

Im Zuge der geschichtlichen Entwicklung sind ethnisch homogene Nationalstaaten immer seltener geworden und an ihre Stelle zunehmend **ethnisch heterogene Staaten** getreten. Letztere sind aus mehr als einem ethnischen Volk und/oder nationalen Minderheiten zusammengesetzt. Diese unterscheiden sich in der Regel neben dem ethnischen Kriterium auch in kultureller, religiöser und/oder sprachlicher Hinsicht von der Mehrheitsbevölkerung. **1**

2   Der im **Grundrechtekonvent** eingebrachte Vorschlag, der mit der Endfassung identisch ist,[1] wurde vor allem wegen seiner nicht hinreichenden Berücksichtigung der Rechte nationaler Minderheiten kritisiert.[2] Einige Mitglieder des Konvents plädierten für eine ausdrückliche Regelung der Nichtdiskriminierung von Minderheiten in Art. 22 – Gleichheit und Nichtdiskriminierung, wenn kein Artikel zum Minderheitenschutz Eingang in die Grundrechtecharta finden sollte.[3] Das Verbot der Diskriminierung wegen der Zugehörigkeit zu einer nationalen Minderheit ist letztendlich in Art. 21 GRC – Nichtdiskriminierung – aufgenommen worden, der sich an Art. 14 EMRK[4] anlehnt.[5] Die Vielfalt der Kulturen, Religionen und Sprachen, die heterogenen Staaten immanent ist, fand schließlich gesondert ihre Regelung in Art. 22 GRC.[6]

II. Quellen

3   Das Unionsrecht beinhaltet **primärrechtliche Bestimmungen**, die für die Vielfalt der Kulturen, Religionen und Sprachen relevant sind.[7] Nach der Erläuterung zu Art. 22 GRC stützt sich die Bestimmung auf Art. 6 EUV a. F., Art. 167 Abs. 1 und 4 AEUV, Art. 3 Abs. 3 EUV sowie Art. 17 AEUV.[8] Gem. den speziellen Bestimmungen für die Kultur in Art. 167 AEUV leistet die Union »[…] einen Beitrag zur Entfaltung der Kulturen der Mitgliedstaaten unter Wahrung ihrer nationalen und regionalen Vielfalt« (Abs. 1) und trägt »[…] den kulturellen Aspekten Rechnung, insbesondere zur Wahrung und Förderung der Vielfalt ihrer Kulturen« (Abs. 4). Der Reichtum der kulturellen und sprachlichen Vielfalt wird durch die Union nach Art. 3 Abs. 3 UAbs. 4 EUV gewahrt. Für die Vielfalt der Religionen ist auf Art. 17 Abs. 1 AEUV zu verweisen, wonach die Union den Status von Kirchen und religiösen Vereinigungen oder Gemeinschaften in den Mitgliedstaaten achtet.[9] Gem. Art. 165 Abs. 1 UAbs. 1 AEUV trägt die Union zur Entwicklung einer hohen Bildung dadurch bei, dass sie die Tätigkeit der Mitgliedstaaten unter strikter Beachtung u. a. der Vielfalt ihrer Kulturen und Sprachen erforderlichenfalls unterstützt und ergänzt. Darüber hinaus sind nach Art. 2 Satz 2 EUV die Werte der Union allen Mitgliedstaaten in einer Gesellschaft gemeinsam, die sich u. a. durch Pluralismus und Toleranz auszeichnet. Die Achtung der Vielfalt der Sprachen kommt auch

---

[1] CHARTE 4470/1/00 CONVENT 47 Rev 1 vom 21. 9. 2000, Art. 22. *Hölscheidt*, in: Meyer, GRCh, Art. 22 GRC, Rn. 10.

[2] Protokoll der Zweiten Sitzung des Konvents (förmliche Tagung) am 1./2. 2. 2000, in: Bernsdorff/Borowsky, Die Charta der Grundrechte der Europäischen Union, 2002, S. 129 f.

[3] CHARTE 4284/00 CONVENT 28 vom 5. 5. 2000, Art. 22. Protokoll der Dreizehnten Sitzung des Konvents (informelle Tagung) am 28./29./30. 6. 2000, in: Bernsdorff/Borowsky (Fn. 2), Art. 22, S. 308 f.; *Hölscheidt*, in: Meyer, GRCh, Art. 22 GRC, Rn. 12.

[4] SEV-Nr. 005.

[5] Erläuterung zu Art. 21 der Charta der Grundrechte vom 14. 12. 2007, ABl. 2007, C 303/17 (24). Nach Abs. 5 Satz 2 Präambel GRC sowie Art. 52 Abs. 7 GRC sind die rechtlich nicht verbindlichen Erläuterungen bei der Auslegung der Charta von den Gerichten der Union und der Mitgliedstaaten gebührend zu berücksichtigen.

[6] CHARTE 4487/00 CONVENT 50 vom 28. 9. 2000, Art. 21 und 22.

[7] *Hölscheidt*, in: Meyer, GRCh, Art. 22 GRC, Rn. 2. Sekundärrechtliche Bestimmungen finden sich u. a. in der VO (EU) Nr. 1295/2013 des Europäischen Parlaments und des Rates vom 11. 12. 2013 zur Einrichtung des Programms Kreatives Europa (2014–2020) und zur Aufhebung der Beschlüsse Nr. 1718/2006/EG, Nr. 1855/2006/EG und Nr. 1041/2009/EG, ABl. 2013, L 347/221.

[8] Erläuterung zu Art. 22 der Charta der Grundrechte vom 14. 12. 2007, ABl. 2007, C 303/17 (25).

[9] Der Inhalt dieser Bestimmung geht auf die Erklärung Nr. 11 zur Schlussakte des Vertrages von Amsterdam betreffend den Status der Kirchen und weltanschaulichen Gemeinschaften zurück. Erläuterung zu Art. 22 der Charta der Grundrechte vom 14. 12. 2007, ABl. 2007, C 303/17 (25).

in anderen Bestimmungen, wie im Zusammenhang mit Rechten von Unionsbürgern hinsichtlich der Verwendung einer Sprache im Umgang mit Organen oder Einrichtungen der Union (Art. 20 Abs. 2 UAbs. 1 Buchst. d AEUV und Art. 24 Abs. 4 AEUV) zum Ausdruck. Der **EuGH** hat bislang nur im Rahmen der Grundfreiheiten kulturelle,[10] religiöse oder sprachliche[11] Aspekte behandelt.[12]

Zwar enthält Art. 22 GRC keine Minderheitenschutzbestimmung.[13] Die Achtung der   **4**
Vielfalt der Kulturen, Religionen und Sprachen kann aber ansatzweise dem **Schutz von Minderheiten** zugutekommen.[14] Die Triade der Vielfalt der Elemente – Kultur, Religion und Sprache – stimmt mit den drei Kategorien überein, die sich auch in völkerrechtlichen Minderheitenschutzklauseln, wie insbesondere **Art. 27 Internationaler Pakt über bürgerliche und politische Rechte (IPbpR)** von 1966,[15] finden.[16] Auf universeller völkerrechtlicher Ebene beinhaltet Art. 27 IPbpR die bislang einzige völkerrechtlich verbindliche Norm zum Minderheitenschutz,[17] der sich alle EU-Mitgliedstaaten mit Ausnahme Frankreichs verpflichtet haben.[18] Im Rahmen des Europarates sind das **Rahmenübereinkommen zum Schutz nationaler Minderheiten** von 1995,[19] der bislang einzige völkerrechtliche Vertrag ausschließlich zum Schutz nationaler Minderheiten,[20] und die **Europäische Charta der Regional- oder Minderheitensprachen** von 1992,[21] die nur ein Kriterium von Minderheiten – nämlich die Sprache – schützen soll,[22] hervorzuheben. Allerdings haben nicht alle EU-Mitgliedstaaten diese beiden völkerrechtlichen Verträge ratifiziert.[23]

Einige **Verfassungen** der neuen EU-Mitgliedstaaten enthalten Bestimmungen zum   **5**
Schutz nationaler Minderheiten.[24] Die Verfassungen der alten Mitgliedstaaten lassen entsprechende Bestimmungen vermissen. In einigen mitgliedstaatlichen Verfassungen

---

[10] EuGH, Urt. v. 25.7.1991, Rs. C–288/89 (Stichting Collectieve Antennevoorziening Gouda/Commissariaat voor de Media), Slg. 1991, I–4007, Rn. 23, 27.

[11] EuGH, Urt. v. 12.9.2000, Rs. C–366/98 (Strafverfahren gegen Yannick Geffroy und Casino France SNC), Slg. 2000, I–6579, Rn. 28.

[12] *Ennuschat*, in: Tettinger/Stern, EuGRCh, Art. 22 GRC, Rn. 3; *Frenz*, Handbuch Europarecht, Bd. 4, Rn. 3338; *Manz*, S. 84 ff.

[13] *Ennuschat*, in: Tettinger/Stern, EuGRCh, Art. 22 GRC, Rn. 7; *Hölscheidt*, in: Meyer, GRCh, Art. 22 GRC, Rn. 20; *Rengeling/Szczekalla*, Grundrechte, § 27, Rn. 985; *Ross*, in: Schwarze, EU-Kommentar, Art. 22 GRC, Rn. 2; *Streinz*, in: Streinz, EUV/AEUV, Art. 22 GRC, Rn. 5. Anders *Arzoz*, S. 152 ff.; *Heselhaus*, in: Heselhaus/Nowak, Handbuch der Europäischen Grundrechte, § 46, Rn. 74.

[14] *Jarass*, GRCh, Art. 22 GRC, Rn. 2 f.; *Kingreen*, in: Calliess/Ruffert, EUV/AEUV, Art. 22 GRC, Rn. 2; *Manz*, S. 167; *Rengeling/Szczekalla*, Grundrechte, § 27, Rn. 970.

[15] UNTS, vol. 999, p. 171.

[16] *Arzoz*, S. 157.

[17] *M. Nowak*, Art. 27, Rn. 1.

[18] Vorbehalt Frankreichs zu Art. 27 IPbpR: »In the light of article 2 of the Constitution of the French Republic, the French Government declares that article 27 is not applicable so far as the Republic is concerned.«, im Internet abrufbar unter: https://treaties.un.org.

[19] SEV-Nr. 157.

[20] *Hofmann*, S. 1 ff.

[21] SEV-Nr. 148.

[22] *Woehrling*, S. 11 ff.

[23] Ratifikationsstand im Internet abrufbar unter: http://www.coe.int/de/web/conventions.

[24] Art. 114 Verfassung Lettland, Art. 35 Verfassung Polen, Art. 6 Abs. 1 Verfassung Rumänien, Art. 34 Verfassung Slowakei, Art. 3 Verfassung Tschechien i. V. m. Art. 24 Deklaration der Grundrechte und -freiheiten, §§ 50–52 Verfassung Estland.

ist die Vielfalt der Religionen,[25] in anderen die Vielfalt der Sprachen[26] bzw. der Schutz von Minderheitensprachen[27] anerkannt.[28]

III. Bedeutung

6   Die EU-Mitgliedstaaten bringen eine Vielzahl und Vielfalt von Kulturen, Religionen und Sprachen in die supranationale Organisation ein, die durch die Union zu achten sind.[29] Der fortschreitende europäische Integrationsprozess soll auf der Grundlage der Achtung der nationalen Identität der Mitgliedstaaten,[30] die speziell auch durch die jeweiligen Kulturen mitgeprägt ist, erfolgen. Bereits in der Präambel der GRC heißt es, dass die Union »[…] zur Erhaltung und zur Entwicklung dieser gemeinsamen Werte unter Achtung der Vielfalt der Kulturen und Traditionen der Völker Europas sowie der nationalen Identität der Mitgliedstaaten […] bei[trägt]«. Gleichzeitig wird in der Präambel davon ausgegangen, dass sich die Völker Europas zu »[…] einer immer engeren Union verbinden« wollen. Damit bestimmt die **nationale Identität** der Mitgliedstaaten mit der Vielfalt der Kulturen, Religionen und Sprachen als eigenem Wert der Union die **Unionsidentität** wesentlich mit.[31] Vielfalt ist auf der Grundlage der in Art. 2 EUV aufgeführten gemeinsamen Werte Voraussetzung und nicht Hindernis für die europäische Integration.[32]

B. Schutzbereich

I. Persönlicher Schutzbereich

7   Art. 22 GRC beinhaltet einen **Grundsatz** im Sinne des Art. 52 Abs. 5 GRC mit lediglich allgemeinen Vorgaben.[33] Daraus ergibt sich kein einklagbares (subjektives) Recht.[34]

II. Sachlicher Schutzbereich

8   Bei »Kulturen, Religionen und Sprachen« in Art. 22 GRC handelt es sich um unbestimmte Begriffe, wobei von einer weiten Auslegung auszugehen ist.[35] Für die Inhaltsbestimmung des Grundsatzes muss eine **Begriffsbestimmung** vorgenommen werden.

---

[25] Z. B. § 40 Abs. 2 Verfassung Estland, Art. 43 Abs. 7 Verfassung Litauen.

[26] Z. B. Art. 75–1 Verfassung Frankreich, Art. 3 Abs. 3 Verfassung Spanien, Art. 8 Abs. 2 Verfassung Österreich.

[27] Z. B. § 17 Abs. 3 Verfassung Finnland, Art. 6 Verfassung Italien.

[28] *Hölscheidt*, in: Meyer, GRCh, Art. 22 GRC, Rn. 4 ff.

[29] EuGH, Urt. v. 5.5.2015, Rs. C–147/13 (Spanien/Rat), ECLI:EU:C:2015:299, Rn. 42. *Jarass*, GRCh, Art. 22 GRC, Rn. 2 f.; *Hölscheidt*, in: Meyer, GRCh, Art. 22 GRC, Rn. 20.

[30] Die Achtung der nationalen Identität der Mitgliedstaaten, die vor allem in ihren politischen und verfassungsmäßigen Strukturen zum Ausdruck kommt, regelt Art. 4 Abs. 2 Satz 1 EUV.

[31] *Hölscheidt*, in: Meyer, GRCh, Art. 22 GRC, Rn. 15; *Bogdandy von*, VVDStRL 62 (2003), 156 (186).

[32] *Ennuschat*, in: Tettinger/Stern, EuGRCh, Art. 22 GRC, Rn. 4.

[33] *Frenz*, Handbuch Europarecht, Bd. 4, Rn. 3341; *Hölscheidt*, in: Meyer, GRCh, Art. 22 GRC, Rn. 17; *Kingreen*, in: Calliess/Ruffert, EUV/AEUV, Art. 22 GRC, Rn. 2; *Ross*, in: Schwarze, EU-Kommentar, Art. 22 GRC, Rn. 1; *Streinz*, in: Streinz, EUV/AEUV, Art. 22 GRC, Rn. 5.

[34] *Jarass*, GRCh, Art. 22 GRC, Rn. 3; *Ross*, in: Schwarze, EU-Kommentar, Art. 22 GRC, Rn. 3; *Streinz*, in: Streinz, EUV/AEUV, Art. 22 GRC, Rn. 5. Anders *Folz*, in: Vedder/Heintschel v. Heinegg, Europäisches Unionsrecht, Art. 22 GRC, Rn. 3.

[35] *Hochbaum*, BayVBl. 1997, 680 (684); *Hölscheidt*, in: Meyer, GRCh, Art. 22 GRC, Rn. 21; *Ross*, in: Schwarze, EU-Kommentar, Art. 22 GRC, Rn. 4.

1. Kulturen

Da die Erläuterung zu Art. 22 GRC auf Art. 167 Abs. 1 und 4 AEUV verweist,[36] kann **9** auf den dort verwendeten **Begriff der Kultur** zurückgegriffen werden (s. Art. 167 AEUV, Rn. 8). Kultur umfasst die Gesamtheit der ideellen und schöpferischen Lebensausdrücke einer menschlichen Gemeinschaft, die zur nationalen Identitätsbildung beitragen. Darunter sind insbesondere Sprache, Religion, Tradition und Geschichte zu fassen.[37] Zu den vielfältigen Ausdrucksformen können vor allem Literatur, Musik, Kunst, Fotografie, Architektur, Kulturerbe sowie die so genannte Alltagskultur gezählt werden.[38] Die Vielfalt der Kulturen, die durch die typischen nationalen Eigenheiten geprägt ist,[39] muss zumindest bewahrt werden.[40] Die Kultur als Kernbereich nationaler Identität darf nicht einer Vereinheitlichung unterliegen.[41]

2. Religionen

Für den **Begriff der Religion** kann auf die Begriffsbestimmung in Art. 10 GRC unter **10** Bezugnahme auf Art. 9 EMRK verwiesen werden (s. Art. 10 GRC, Rn. 14). In Anlehnung an Art. 17 AEUV, auf den sich Art. 22 GRC stützt,[42] schließt die Achtung der Religionsvielfalt die Berücksichtigung staatskirchenrechtlicher Besonderheiten in den Mitgliedstaaten mit ein.[43]

Strittig ist, ob vom Achtungsgebot in Art. 22 GRC neben den Religionen auch **Welt-** **11** **anschauungen** eingeschlossen sind. Während Weltanschauungen in Art. 10 Abs. 1 Satz 2 GRC (s. Art. 10 GRC, Rn. 10) und Art. 21 Abs. 1 GRC (s. Art. 21 GRC, Rn. 3) explizit aufgeführt werden, lässt Art. 22 GRC dies vermissen. Auch wird in der Präambel der GRC auf das geistig-religiöse Erbe abgestellt, woraus gefolgert werden könnte, dass die Charta die Bedeutung der Religionen zur europäischen Identität höher einschätzt als die der Weltanschauungen. Danach wären die Weltanschauungen nicht vom Achtungsgebot in Art. 22 GRC erfasst.[44] Andererseits folgt aus der Erklärung Nr. 11 zur Schlussakte des Vertrages von Amsterdam betreffend den Status der Kirchen und weltanschaulichen Gemeinschaften, deren Inhalt in Art. 17 AEUV aufgenommen wurde,[45] dass Religionen und Weltanschauungen gleich geachtet werden müssen. Danach wäre es systemwidrig, Weltanschauungen vom Achtungsgebot in Art. 22 GRC auszuschließen.[46] Im Grundrechtekonvent ist ein Ausschluss der Weltanschauungen, soweit ersichtlich, nicht Gegenstand der Diskussionen gewesen. Insofern müsste der Vorschrift in Art. 22 GRC die Achtung der Vielfalt der Weltanschauungen im Wege der Auslegung entnommen werden.[47]

---

[36] Erläuterung zu Art. 22 der Charta der Grundrechte vom 14.12.2007, ABl. 2007, C 303/17 (25). *Jarass*, GRCh, Art. 22 GRC, Rn. 5.
[37] *Ennuschat*, in: Tettinger/Stern, EuGRCh, Art. 22 GRC, Rn. 17.
[38] *Ennuschat*, in: Tettinger/Stern, EuGRCh, Art. 22 GRC, Rn. 17.
[39] *Frenz*, Handbuch Europarecht, Bd. 4, Rn. 3346.
[40] *Hölscheidt*, in: Meyer, GRCh, Art. 22 GRC, Rn. 23.
[41] *Hochbaum*, BayVBl. 1997, 680 (685); *Hölscheidt*, in: Meyer, GRCh, Art. 22 GRC, Rn. 23.
[42] Erläuterung zu Art. 22 der Charta der Grundrechte vom 14.12.2007, ABl. 2007, C 303/17 (25).
[43] *Hölscheidt*, in: Meyer, GRCh, Art. 22 GRC, Rn. 24.
[44] *Ennuschat*, in: Tettinger/Stern, EuGRCh, Art. 22 GRC, Rn. 20; *Ross*, in: Schwarze, EU-Kommentar, Art. 22 GRC, Rn. 5.
[45] Erläuterung zu Art. 22 der Charta der Grundrechte vom 14.12.2007, ABl. 2007, C 303/17 (25).
[46] *Hölscheidt*, in: Meyer, GRCh, Art. 22 GRC, Rn. 25; *Jarass*, GRCh, Art. 22 GRC, Rn. 6.
[47] *Heselhaus*, in: Heselhaus/Nowak, Handbuch der Europäischen Grundrechte, § 46, Rn. 80.

3. Sprachen

12 Die Sprache als Kommunikationsmittel ist oftmals eine wesentliche Voraussetzung für die Wahrnehmung bestimmter Grundrechte, insbesondere der Kommunikationsgrundrechte.[48] Deshalb wird auch angeregt, in der vielsprachigen Union die Vielfalt der Sprachen besonders und gesondert abzusichern, mehr als in der Charta erfolgt.[49] Zu den Sprachen in Art. 22 GRC gehören alle Sprachen, auch die autochthonen Sprachen, der Mitgliedstaaten. Der **Sprachenbegriff** beschränkt sich nicht auf die Unionssprachen im Sinne von Art. 55 EUV.[50] Fraglich ist, ob die Sprachen von Zuwanderern ebenfalls vom Achtungsgebot umfasst werden.[51]

C. Eingriffe

13 Das Achtungsgebot wird **beeinträchtigt**, wenn die Union als Normadressat[52] die Mitgliedstaaten behindert, ihre Kulturen, Religionen und Sprachen zu schützen. Eine Beeinträchtigung liegt ebenfalls vor, wenn die Union Maßnahmen ergreift, die dem Ziel der kulturellen, religiösen und sprachlichen Vielfalt widersprechen.[53]

D. Eingriffsrechtfertigung

14 Das in Art. 22 GRC geregelte Achtungsgebot ist als Grundsatz im Sinne von Art. 52 Abs. 5 GRC ausgestaltet. Nach dieser Bestimmung bedürfen **Grundsätze** in der Regel einer **Umsetzung**, um dann von Gerichten bei der Auslegung der jeweiligen Umsetzungsakte herangezogen werden zu können. Da in Grundrechten meist mehrere Grundsätze enthalten sind, ist eine Abwägung konkurrierender Rechtsgüter vorgezeichnet.[54] Dem Adressaten kommt dabei ein weiter Beurteilungsspielraum zu.[55] Bei **Ermessensentscheidungen** oder **Verhältnismäßigkeitsprüfungen** muss die Achtung der Vielfalt der Kulturen, Religionen und Sprachen eine entsprechende Berücksichtigung finden.[56]

E. Verhältnis zu anderen Bestimmungen

15 Die Achtung der Vielfalt der Kulturen, Religionen und Sprachen steht in engem Zusammenhang mit der **Nichtdiskriminierung** wegen der Sprache und der Religion in Art. 21 GRC. Darüber hinaus kann die Vorschrift bei bestimmten **Freiheitsrechten** relevant sein,

---

[48] *Ennuschat*, in: Tettinger/Stern, EuGRCh, Art. 22 GRC, Rn. 22; *Hölscheidt*, in: Meyer, GRCh, Art. 22 GRC, Rn. 26.

[49] *Tettinger*, NJW 2001, 1010 (1012); *Hölscheidt*, in: Meyer, GRCh, Art. 22 GRC, Rn. 27.

[50] *Ennuschat*, in: Tettinger/Stern, EuGRCh, Art. 22 GRC, Rn. 22; *Jarass*, GRCh, Art. 22 GRC, Rn. 7; *Heselhaus*, in: Heselhaus/Nowak, Handbuch der Europäischen Grundrechte, § 46, Rn. 84.

[51] *Jarass*, GRCh, Art. 22 GRC, Rn. 7; dafür *Ross*, in: Schwarze, EU-Kommentar, Art. 22 GRC, Rn. 6; dagegen *Ennuschat*, in: Tettinger/Stern, EuGRCh, Art. 22 GRC, Rn. 22.

[52] *Hölscheidt*, in: Meyer, GRCh, Art. 22 GRC, Rn. 19.

[53] *Jarass*, GRCh, Art. 22 GRC, Rn. 8.

[54] *Frenz*, Handbuch Europarecht, Bd. 4, Rn. 3353.

[55] *Jarass*, GRCh, Art. 22 GRC, Rn. 9.

[56] *Hölscheidt*, in: Meyer, GRCh, Art. 22 GRC, Rn. 29.

wie der Religionsfreiheit in Art. 10 GRC, der Meinungsäußerungsfreiheit in Art. 11 GRC oder der Achtung des Privat- und Familienlebens in Art. 7 GRC.[57] Art. 22 GRC korreliert mit Art. 14 Abs. 3 GRC – dem **Recht der Eltern**, die Erziehung und den Unterricht ihrer Kinder entsprechend ihren eigenen religiösen und weltanschaulichen Überzeugungen sicherzustellen – sowie mit der **Sprachenfreiheit** bei der Kommunikation mit Organen der Union in Art. 41 Abs. 4 GRC.[58]

---

[57] *Frenz*, Handbuch Europarecht, Bd. 4, Rn. 3342 f.
[58] *Hölscheidt*, in: Meyer, GRCh, Art. 22 GRC, Rn. 16.

Artikel 23   GRC Gleichheit von Männern und Frauen

Die Gleichheit von Männern und Frauen ist in allen Bereichen, einschließlich der Beschäftigung, der Arbeit und des Arbeitsentgelts, sicherzustellen.

Der Grundsatz der Gleichheit steht der Beibehaltung oder der Einführung spezifischer Vergünstigungen für das unterrepräsentierte Geschlecht nicht entgegen.

Literaturübersicht

Craig, EU Administrative Law, 2006; *Fredman*, Discrimination Law, 2. Aufl. 2011; *Rowe*, Basics of Antidiscrimination Law – an Essay on some Structural and Analytic Elements, GS Rittstieg, 2015, S. 332.

Leitentscheidungen

EuGH, Urt. v. 8.4.1976, Rs. 43/75 (Defrenne/Sabena (II)), Slg. 1976, 455

EuGH, Urt. v. 15.6.1978, Rs 149/77 (Defrenne/Sabena), Slg. 1978, 1365

EuGH, Urt. v. 25.10.1978, Rs. 125/77 (Koninklijke Scholten-Honig NV/Hoofdproduktschap), Slg. 1978, 1991

EuGH, Urt. v. 31.3.1981, Rs. 96/80 (Jenkins/Kingsgate), Slg. 1981, I–911

EuGH, Urt. v. 13.5.1986, Rs. 170/84 (Bilka-Kaufhaus/Weber von Hartz), Slg. 1986, I–1607

EuGH, Urt. v. 17.5.1990, Rs. 262/88 (Barber/Guardian Royal Exchange Assurance), Slg. 1900, I–1189

EuGH, Urt. v. 8.11.1990, Rs. C–177/88 (Dekker/Stichting Vormingscentrum), Slg. 1990, I–3941EuGH, Urt. v. 17.10.1995, Rs. C–450/93 (Kalanke/Freie Hansestadt Bremen), Slg. 1995, I–3051

EuGH, Urt. v. 14.12.1995, Rs. C–317/93 (Nolte/Landesversicherungsanstalt Hannover), Slg. 1995, I–4625

EuGH, Urt. v. 30.4.1996, Rs. C–13/94 (P./S.), Slg. 1996, I–2143

EuGH, Urt. v. 23.5.1996, Rs. C–237/94 (O'Flynn/Adjudication Officer), Slg. 1996, I–2617

EuGH, Urt. v. 11.11.1997, Rs. C–409/95 (Marschall/Land NRW), Slg. 1997, I–6363

EuGH, Urt. v. 17.2.1998, Rs. C–249/96 (Grant/South-West Trains), Slg. 1998, I–621

EuGH, Urt. v. 11.1.2000, Rs. C–285/98 (Kreil/Deutschland), Slg. 2000, I–69

EuGH, Urt. v. 10.2.2000, Rs. C–270/97 (Deutsche Post/Sievers) und C–271/97 (Deutsche Post/Schräge), Slg. 2000, I–929, Rn. 57

EuGH, Urt. v. 28.3.2000, Rs. C–158/97 (Badeck u.a.), Slg. 2000, I–1875

EuGH, Urt. v. 9.9.2003, Rs. C–25/02 (Rinke/Ärztekammer Hamburg), Slg. 2003, I–8349

EuGH, Urt. v. 13.1.2004, Rs. C–256/01 (Allonby/Accrington & Rossendale College), Slg. 2004, I–873

EuGH, Urt. v. 27.4.2006, Rs. C–423/04 (Richards/Secretary of State for Work), Slg. 2006, I–3585

EuGH, Urt. v. 10.7.2008, Rs. C–54/07 (Centrum voor gelijkheid van kansen en voor racismebestrijding/Feryn), Slg. 2008, I–5187

EuGH, Urt. v. 11.4.2013, Rs. C–401/11 (Soukupová/Ministerstvo zemedelství), ECLI:EU:C:2013:223

Wesentliche sekundärrechtliche Vorschriften

Richtlinie 75/117/EWG des Rates vom 10.2.1975 zur Angleichung der Rechtsvorschriften der Mitgliedstaaten über die Anwendung des Grundsatzes des gleichen Entgelts für Männer und Frauen ABl. 1975, L 45/19

Richtlinie 76/207/EWG des Rates vom 9.2.1976 zur Verwirklichung des Grundsatzes der Gleichbehandlung von Männern und Frauen hinsichtlich des Zugangs zur Beschäftigung, zur Berufsbildung und zum beruflichen Aufstieg sowie in bezug auf die Arbeitsbedingungen ABl. 1976, L 39/40

Richtlinie 79/7/EWG des Rates vom 19.12.1978 zur schrittweisen Verwirklichung des Grundsatzes der Gleichbehandlung von Männern und Frauen im Bereich der sozialen Sicherheit ABl. 1979, L 6/24

Gemeinschaftscharta der sozialen Grundrechte der Arbeitnehmer (Gemeinschaftscharta der Sozialen Grundrechte der Arbeitnehmer vom 9.12.1989 (KOM (89) 248 endg.) [GCSGA]

Richtlinie 2004/113/EG des Rates vom 13.12.2004 zur Verwirklichung des Grundsatzes der Gleich-

behandlung von Männern und Frauen beim Zugang zu und bei der Versorgung mit Gütern und
Dienstleistungen ABl. 2004, L 373/37

Richtlinie 2006/54/EG des Europäischen Parlaments und des Rates vom 5. 7. 2006 zur Verwirklichung
des Grundsatzes der Chancengleichheit und Gleichbehandlung von Männern und Frauen in Arbeits-
und Beschäftigungsfragen (Neufassung) ABl. 2006, L 204/23

Wesentliche völkerrechtliche Instrumente

Allgemeine Erklärung der Menschenrechte (A/RES/217, UN-Doc. 217/A-(III) (10. 12. 1948) [AEER]
Internationaler Pakt über bürgerliche und politische Rechte (16. 12. 1966) [IPbpR]
Internationaler Pakt über wirtschaftliche, soziale und kulturelle Rechte (19. 12. 1966) [IPwskR]
Übereinkommen zur Beseitigung jeder Form von Diskriminierung der Frau (18. 12. 1979), BGBl. 1985
  II S. 647 [CEDAW]
Konvention zum Schutz der Menschenrechte und Grundfreiheiten (EMRK) (4. 11. 1950) [EMRK]
Revidierte Europäische Sozialcharta (3. 5. 1996) [RESC]

Inhaltsübersicht

A. Entwicklung, Quellen, Bedeutung

I. Entwicklung und Genese

Die geschichtliche Entwicklung, die zu Art. 23 GRC geführt hat, besteht aus mehreren **1**
Elementen, von welchen hier drei hervorzuheben sind: (1) politische Bestrebungen,
Frauen und Männer in vielen gesellschaftlichen Zusammenhängen gleichzustellen bzw.
eine Diskriminierung aufgrund des Geschlechts zu verhindern oder zumindest zu verringern; (2) die – zwingend allgemeine – Gleichstellung bei der Gewährung von Grundrechten; und (3) die Entstehung des sog. allgemeinen Gleichheitsgrundsatzes der Europäischen Union.

   Politische Bestrebungen, eine Ungleichbehandlung von Frauen und Männern in ver- **2**
schiedenen gesellschaftlichen Bereichen zu vermeiden bzw. zu verringern, reichen auf
jeden Fall in das 19. Jahrhundert zurück, ohne dass es möglich ist, einen genauen An-

fangszeitpunkt zu nennen. Hierbei handelt es sich überwiegend, ja beinahe ausschließlich um Bestrebungen und politische Bewegungen, Diskriminierungen gegen und benachteiligende Behandlungen von Frauen zu beheben. Wichtige Etappen liegen beispielsweise in der Gewährung des Frauenwahlrechts (die je nach Land im späten 19. Jahrhundert begann und generell (erst) im späteren 20. Jahrhundert weitestgehend abgeschlossen wurde) oder in der Herbeiführung der Gleichstellung von Frauen und Männern im Familienrecht. Auch die sog. Frauenbewegung der zweiten Hälfte des 20. Jahrhunderts, die beispielsweise 1964 in den Vereinigten Staaten zu dem Verbot der Diskriminierung aufgrund u. a. des Geschlechts[1] geführt hat, das viele Länder im Laufe der nachfolgenden Jahrzehnte (in der EG systematisch erst ab dem Jahre 2000) übernommen haben, zählt zu den Meilensteinen dieser Entwicklung. In der Entstehung und Entwicklung der EG/EU spielen dabei der ursprüngliche Art. 119 der Römischen Verträge zur Frage des gleichen Entgelts zwischen Frauen und Männern und seine Ergänzung sowohl durch sekundärrechtliche Maßnahmen als auch durch die Rechtsprechung des EuGH eine zentrale Rolle.

3   Die förmliche Festlegung von Grund- und Menschenrechten speziell auf internationaler Ebene in Folge des 2. Weltkriegs wurde begleitet von einer **inhärent zwingenden Gleichstellung u. a. der Geschlechter** in der Gewährung dieser Rechte. Dies zeigt sich an Formulierungen etwa in der EMRK, wonach »jede Person« die darin enthaltenen Rechte genießt und »niemand« die darin verbotenen Handlungen zu ertragen hat.[2] Ähnliche Formulierungen sind in allen internationalen und nationalen Katalogen von Grund- und Menschenrechten zu finden. Daraus folgt, dass u. a. zwischen Frauen und Männern in Bezug auf Grund- und Menschenrechte eine Gleichstellung geboten ist. Art. 23 Abs. 1 GRC ist zumindest z. T. als eine Fortsetzung bzw. -schreibung und als Konkretisierung solcher Regelungen zu verstehen.

4   Im Recht der EG/EU wurde der sog. **allgemeine Gleichheitssatz** als ungeschriebener allgemeiner Rechtsgrundsatz vom EuGH entwickelt. Er gilt sowohl als Willkürverbot als auch ggfs. als Verbot einer nicht gerechtfertigten Gleichbehandlung in ungleichen Situationen. Als allgemeiner Rechtsgrundsatz ist er im Rahmen der Behandlung von Einzelpersonen durch die Union und die Mitgliedstaaten sowie im Rahmen der Behandlung der Mitgliedstaaten durch die Union bei der Umsetzung der Verträge und des Sekundärrechts zu beachten.[3] Das Verbot der Diskriminierung jedweder Art – und daher auch zwischen Frauen und Männern – im Kontext der Wahrnehmung der öffentlichen Aufgaben der Union ist Ausdruck des allgemeinen Gleichheitssatzes.[4] Art. 23 Abs. 1 GRC

---

[1] Civil Rights Act 1964 (US).

[2] Z. B. Art. 9 Abs. 1; Art. 10 Abs. 1 EMRK, bzw. Art. 3, Art. 7 Abs. 1 EMRK. Konsequenterweise hat der EGMR deshalb festgestellt, dass das ausdrückliche Verbot der Diskriminierung in Art. 14 EMRK lediglich akzessorisch, – also nicht ergänzend – wirkt; siehe EGMR, Urt. v. 23.11.1983, Beschwerde-Nr. 8919/80 (Van der Mussele/Belgium), Ser. A no. 70, Rn. 43; Urt. v. 28.11.1984, Beschwerde-Nr. 8777/79 (Rasmussen/Denmark), Ser. A no. 87, Rn. 29. Nur in ganz seltenen Fällen kommt Art. 14 EMRK eine gewisse unabhängige Bedeutung zu, z. B. EGMR, Urt. v. 25.5.1985, Beschwerde-Nr. 9214/80, 9473/81, 9474/81 (Abdulaziz/United Kingdom), Ser. A no. 94, Rn. 83, wo festgestellt wurde, dass wegen einer Ungleichbehandlung aufgrund des Geschlechts ein Verstoß gegen Art. 14 in Verbindung mit Art. 8 vorlag, obwohl kein Verstoß gegen Art. 8 EMRK für sich gegeben war. Hier aber muss unterstrichen werden, dass die Anwendung des Art. 14 immer noch akzessorisch bleibt, weil die Anknüpfung an eines der materiellen Rechte der EMRK erforderlich ist, um eine unerlaubte Diskriminierung feststellen zu können.

[3] EuGH, Urt. v. 17.2.1998, Rs. C–249/96 (Grant/South-West Trains), Slg. 1998, I–621, Rn. 29 ff.

[4] EuGH, Urt. v. 25.10.1978, Rs. 125/77 (Koninklijke Scholten-Honig NV/Hoofdproduktschap),

kann insofern z. T. auch als (Teil-)Kodifizierung des ungeschriebenen Gleichheitssatzes verstanden werden (siehe unten).

Der im **Grundrechtekonvent** ursprünglich eingebrachte Vorschlag zur Nichtdiskri-   5 minierung von Männern und Frauen[5] wurde aufgrund mehrerer Anforderungen in eine Verpflichtung zur Gleichstellung umgewandelt.[6] Wo im Rahmen früherer Fassungen von »Chancengleichheit«, »Gleichstellung« oder »Gleichbehandlung« gesprochen wurde, wurde dies in der Endfassung geändert, um allgemein von »Gleichheit« zu sprechen.[7] Auch die ursprünglich auf den Bereich Arbeit und Beschäftigung beschränkte Formulierung wurde auf weitere – wörtlich »alle« – Bereiche ausgeweitet (siehe unten).[8]

Um **Sondermaßnahmen** zu ermöglichen bzw. zu unterstützen, die auf die Herbeifüh-   6 rung einer tatsächlichen Gleichheit oder Gleichbehandlung gerichtet sind, über die impliziten Verbote des allgemeinen Gleichheitssatzes hinausgehen, und der Erfüllung positiver Pflichten dienen, wurde mit Art. 23 GRC auch eine eigene klarstellende Bestimmung geschaffen.[9]

II. Quellen

Art. 23 Abs. 1 GRC beruht insbesondere auf **primärrechtlichen Regelungen des Euro-**   7 **parechts**, allen voran den Querschnittsklauseln Art. 3 Abs. 3 Satz 2 EUV und Art. 8 AEUV (ex Art. 2 und 3 Abs. 2 EGV) sowie Art. 10 AEUV.[10] Art. 3 Abs. 3 Satz 2 EUV überträgt der Union die Aufgabe, die Gleichstellung von Frauen und Männern zu fördern, und Art. 8 AEUV verpflichtet sie, darauf hinzuwirken, »Ungleichheiten zu beseitigen und die Gleichstellung von Männern und Frauen zu fördern«. Art. 10 AEUV enthält die (»Staats«-)Zielbestimmung der Bekämpfung von Diskriminierungen u. a. aus Gründen des Geschlechts. Nach Art. 19 Abs. 1 AEUV kann der Rat mit Zustimmung des Parlaments Vorkehrungen treffen, solche Diskriminierungen zu bekämpfen. Art. 2 Satz 2 EUV hält zusätzlich fest, dass die Union auf bestimmten Werten u. a. der Nichtdiskriminierung und der Gleichheit von Frauen und Männern beruht, die den Mitgliedstaaten gemeinsam sind. Außerdem unterstützt und ergänzt die Union nach Art. 153 Abs. 1 Buchst. i AEUV die Tätigkeit der Mitgliedstaaten auf dem Gebiet der Chancengleichheit von Männern und Frauen auf dem Arbeitsmarkt und der Gleichbehandlung am Arbeitsplatz. Gemäß Art. 157 Abs. 1 AEUV stellen die Mitgliedstaaten die Anwendung des Grundsatzes des gleichen Entgelts für Männer und Frauen bei gleicher oder gleichwertiger Arbeit sicher, und schließlich dürfen die Mitgliedstaaten nach Art. 157

Slg. 1978, 1991: »eine besondere Ausprägung des allgemeinen Gleichheitssatzes, der zu den Grundprinzipien des Gemeinschaftsrechts gehört. Nach diesem Grundsatz dürfen vergleichbare Sachverhalte nicht unterschiedlich behandelt werden, es sei denn, daß eine Differenzierung objektiv gerechtfertigt wäre«. (Rn. 25/27).

[5] CHARTE 4112/2/00 Rev 2 Body 4 v. 27. 1. 2000.

[6] Ausführlicher *Hölscheidt*, in: Meyer, GRCh, Art. 23 GRC, Rn. 7; *Nußberger*, in: Tettinger/Stern, EuGRCh, Art. 23 GRC, Rn. 1–6.

[7] CHARTE 4137/00 CONVENT 8 v. 24. 2. 2000; siehe *Hölscheidt*, in: Meyer, GRCh, Art. 23 GRC, Rn. 8–9, 12–14.

[8] Ausführlicher *Hölscheidt*, in: Meyer, GRCh, Art. 23 GRC, Rn. 10–11.

[9] CHARTE 4422/00 CONVENT 45; *Hölscheidt*, in: Meyer, GRCh, Art. 23 GRC, Rn. 9.

[10] Für einen ausführlichen Vergleich zwischen solchen Bestimmungen und Art. 23 GRC siehe *Frenz*, Handbuch Europarecht, Bd. 4, Rn. 3361–3374, sowie *Jarass*, GRCh, Art. 23 GRC, Rn. 1. Ausführlich zur Gleichbehandlung der Geschlechter im Erwerbsleben aufgrund des primären und sekundären Gemeinschafts- und Unionsrechts *Odendahl*, in: Heselhaus/Nowak, Handbuch der Europäischen Grundrechte, § 44, Rn. 1–79.

Abs. 4 AEUV Vergünstigungen zur Gewährleistung der Anwendung des Grundsatzes der Chancengleichheit und der Gleichbehandlung von Männern und Frauen in Arbeits- und Beschäftigungsfragen beschließen. Außerdem bezieht sich Art. 23 GRC auf Nr. 16 GCSGA, die die Gleichbehandlung von Männern und Frauen fordert. Des Weiteren lässt sich Art. 23 GRC auf Art. 157 Abs. 3 AEUV (ex Art. 141 Abs. 3 EGV) stützen. Auch das **EU-Sekundärrecht** enthält vielfältige Bestimmungen zur Gleichstellung bzw. Nichtdiskriminierung in Bezug auf das Geschlecht (siehe Liste der wesentlichen sekundärrechtlichen Vorschriften oben), die insbesondere dazu dienen, die aus Art. 23 Abs. 1 GRC erwachsenen Pflichten zu erfüllen und dessen horizontale Wirkung zur Entfaltung zu bringen, und damit seinen faktischen Adressatenkreis zu ergänzen (siehe unten).

8   Diese Vorschrift geht z. T. auf allgemeine Gleichheitssätze **völkerrechtlicher Instrumente** (insbesondere Art. 2 AEMR, Art. 2 Abs. 1 IPbpR, Art. 2 Abs. 2 IPwskR, sowie Art. 14 EMRK) zurück. Dort aber, wo die Gewährleistung der Rechte in allen diesen Instrumenten und Vorschriften nicht auf bestimmte Gründe (Rasse, Ethnie, Alter, Geschlecht usw.) der Ungleichheit bzw. Diskriminierung bezogen ist, legt Art. 23 GRC den Ausgangspunkt für die angesprochene Gleichheit ausdrücklich auf das Geschlecht der betroffenen Personen. Eine völkerrechtliche Basis für eine solche spezifische Verpflichtung, Maßnahmen gegen die Diskriminierung von Frauen und daher zur Sicherstellung der Gleichheit von Frauen und Männern zu ergreifen, besteht implizit in Art. 23 AEMR und ausdrücklich in Art. 3, 26 IPbpR, Art. 2 Abs. 2, 3 und 7 lit. a i IPwskR, Art. 2, 3, 5–16 CEDAW (das alle EU-Mitgliedstaaten bindet), und Art. 20 RESC. Das Recht auf Lohngleichheit zwischen Frauen und Männern wird in Art. 4 Nr. 3 RESC geschützt. Auch die **Verfassungen der Mitgliedstaaten** enthalten z. T. unterschiedliche, freilich weitgehend vergleichbare Regelungen, die eine gemeinsame Grundlage für Art. 23 Abs. 1 GRC bilden, zumindest in Bezug auf die Verpflichtung zur Gleichbehandlung durch die Staaten selbst, wenn auch nicht immer hinsichtlich der positiven Pflicht dem Handeln Privater gegenüber.[11]

9   **Art. 23 Abs. 2 GRC** geht auf Art. 157 Abs. 4 AEUV zurück, der spezifische Vergünstigungen u. U. betreffend der beruflichen Stellung eines unterrepräsentierten Geschlechts erlaubt. Im Völkerrecht dient Art. 4 CEDAW auch als Stütze für besondere – jedenfalls zumindest vorübergehende – Maßnahmen zur Beschleunigung der Förderung der tatsächlichen Gleichheit zwischen Frauen und Männern. Einige Verfassungen der neueren Mitgliedstaaten der EU enthalten auch ausdrückliche Ermächtigungen für Vergünstigungen.[12]

III. Bedeutung

1. Verhältnis zum allgemeinen Gleichheitsprinzip des Europarechts

10   Die erste Frage hinsichtlich der Bedeutung von Art. 23 Abs. 1 GRC ist, inwieweit diese Bestimmung dem in der EU geltenden **allgemeinen Gleichheitsprinzip** entspricht. In Bezug auf die Tätigkeit der Unionsorgane und -einrichtungen sowie der Mitgliedstaaten in unionsrelevanten Bereichen und Maßnahmen ist eine grundlegende Konvergenz mit diesem Prinzip festzustellen. Auch wenn das allgemeine Gleichheitsprinzip nicht allein

---

[11] Ausführlicher *Oppermann/Classen/Nettesheim*, Europarecht, § 17, Rn. 74–75; *Hölscheidt*, in: Meyer, GRCh, Art. 23 GRC, Rn. 4.

[12] Dazu ausführlicher *Nußberger*, in: Tettinger/Stern, EuGRCh, Art. 23 GRC, Rn. 22–48; *Hölscheidt*, in: Meyer, GRCh, Art. 23 GRC, Rn. 6.

auf die Gleichheit zwischen den Geschlechtern gerichtet ist, gilt es hierfür auf jeden Fall. Art. 23 Abs. 1 GRC kann daher zumindest als schriftliche – teilweise – Wiedergabe des ungeschriebenen allgemeinen Prinzips verstanden werden.[13] Fraglich ist indessen, ob und inwieweit die Bestimmung darüber hinausgeht. In Bezug auf das allgemeine Gleichheitsprinzip gilt eine differenzierte Anwendung, je nachdem ob es sich um legislative Maßnahmen, um Verwaltungsmaßnahmen mit abstrakt-genereller Wirkung oder um Einzelfallentscheidungen handelt.[14] Da aber diese Ausdifferenzierung in den Urteilen des EuGH eher mit Fragen zusammenhängt, die wirtschaftliche oder makroökonomische Unterschiede zwischen Mitgliedstaaten oder ggfs. zwischen wirtschaftlichen Unternehmen zum Gegenstand haben, spielt sie im hier behandelten Zusammenhang wohl keine Rolle.[15]

Soweit sich allerdings positive Pflichten und insbesondere eine **horizontale Wirkung** 11
aus Art. 23 Abs. 1 GRC ergeben, haben sich die Union in allen ihren Kompetenzbereichen und die Mitgliedstaaten bei der Durchführung des Unionsrechts auch Privaten gegenüber darum zu kümmern, dass das auf Männer und Frauen bezogene Gleichheitsprinzip auch zwischen Privaten beachtet wird, und Maßnahmen zu ergreifen, die über die durch das allgemeine Gleichheitsprinzip geforderten hinausgehen. Da sich solche positiven Pflichten aus Art. 23 Abs. 1 GRC ergeben (siehe unten), geht der Schutz dieser Vorschrift **über den des allgemeinen Gleichheitsprinzips hinaus**. Zusätzlich dazu wird das allgemeine Prinzip im Hinblick auf die Geschlechtergleichheit durch eine Klarstellung zur Mittelauswahl ergänzt, nämlich dass positive (Förderungs-)Maßnahmen bzw. Vergünstigungen keine Verletzung des Gleichheitssatzes darstellen, was der Unionsgesetzgebung und der Rechtsprechung des EuGH allerdings ohnehin nicht fremd ist.[16]

2. Verhältnis zum allgemeinen Prinzip der Gleichheit zwischen Frauen und Männern

Die Gleichbehandlung von Frauen und Männern ist unmissverständlich als **Grundrecht** 12
aus allgemeinen Rechtsgrundsätzen zu sehen.[17] Art. 23 GRC ist eine normative Kon-

---

[13] Siehe z. B. *Nußberger*, in: Tettinger/Stern, EuGRCh, Art. 23 GRC, Rn. 3.
[14] Die gerichtliche Überprüfung der Einhaltung des Prinzips erscheint abhängig von der Art der in Frage gestellten Maßnahme (siehe *Hofmann/Rowe/Türk*, Administrative Law and Policy of the European Union, 2011, S. 164), insb. ob legislativer oder administrativer Art (siehe auch *Tridimas*, The General Principles of EU Law (2. Aufl.) 86–87; EuGH, Urt. v. 5.10.1994, Rs. C–280/93 (Deutschland/Rat), Slg. 1994, I–4973, Rn. 47, 66–75; Urt. v. 14.12.2000, Rs. C–110/99 (Emsland-Stärke/Hauptzollamt Hamburg), Slg. 2000, I–1156, Rn. 36–39).
[15] Die von dem EuGH anerkannte Flexibilität in der Anwendung des Prinzips (siehe oben Fn. 14) erscheint zu der Frage der Gleichstellung zwischen den Geschlechtern kaum relevant (siehe z. B. EuGH, Urt. v. 13.7.1962, Rs. 17/61 & 20/61 (Klöckner-Werke/Hohe Behörde), Slg. 1962, 655 (686); Urt. v. 17.10.1995, Rs. C–478/93 (Niederlande/Kommission), Slg. 1995, I–3081, Rn. 44; Urt. v. 24.3.1993, Rs. C–313/90 (CIRFS/Kommission), Slg. 1993, I–1125, Rn. 32, 45). Es wäre schwer vorstellbar, dass solche Überlegungen einer Ungleichbehandlung zwischen Frauen und Männern gelten könnten, egal auf welcher Aktionsebene der Union die Maßnahme vorkommt. Ähnlich *Odendahl*, in: Heselhaus/Nowak, Handbuch der Europäischen Grundrechte, § 44, Rn. 89.
[16] Art. 157 Abs. 4 AEUV; Art. 2 Abs. 4 RL 76/207/EWG; siehe auch u. a. *Nußberger*, in: Tettinger/Stern, EuGRCh, Art. 23 GRC, Rn. 13.
[17] EuGH, Urt. v. 15.6.1978, Rs. 149/77 (Defrenne/Sabena), Slg. 1978, 1365, Rn. 26–27; Urt. v. 30.4.1996, Rs. C–13/94 (P./S.), Slg. 1996, I–2143, Rn. 19; Urt. v. 9.9.2003, Rs. C–25/02 (Rinke/Ärztekammer Hamburg), Slg. 2003, I–8349, Rn. 25; Urt. v. 10.2.2000, Rs. C–270/97 (Deutsche Post/Sievers) und C–271/97 (Deutsche Post/Schräge), Slg. 2000, I–929, Rn. 57., Urt. v. 13.1.2004, Rs. C–256/01 (Allonby/Accrington & Rossendale College), Slg. 2004, I–873, Rn. 65; Urt. v. 27.4.2006, Rs. C–423/04 (Richards/Secretary of State for Work), Slg. 2006, I–3585, Rn. 23. Ausführlich *Oden-*

kretisierung dieses Grundrechts.[18] Zugleich kann Art. 23 Abs. 1 GRC als Ausdruck bzw. *geschriebene* (Teil-)Normierung des (sonst noch z. T. ungeschriebenen) allgemeinen arbeitsrechtlichen Gleichhandlungsgebots der Geschlechter verstanden werden.[19]

3. Wirkung im Hinblick auf bestehende Rechte nach der EMRK

13 Art. 52 Abs. 3 Satz 1 GRC zielt auf eine **inhaltliche Konvergenz** zwischen der GRC und der EMRK, sofern es um die gleichen Rechte geht. In Bezug auf den Gleichheitssatz enthält die EMRK in Art. 14 ein Verbot der Diskriminierung nur im Hinblick auf die in der EMRK enthaltenen Rechte, das daher nur eine akzessorische Funktion besitzt.[20] Der Anwendungsbereich von Art. 23 GRC geht offensichtlich weit über den Anwendungsbereich des Art. 14 EMRK hinaus.[21] Art. 1 des 12. Protokolls zur EMRK ergänzt den Schutz vor Diskriminierung, der mit der EMRK verknüpft ist, indem ein breiterer Anwendungsbereich – zusammengefasst: der Aktionskreis der öffentlichen Hand – abgedeckt wird, und besitzt daher nicht nur eine akzessorische Funktion. Aufgrund des in Art. 51 GRC festgelegten Anwendungsbereichs der GRC kann eine besondere Konvergenz zwischen Art. 23 Abs. 1 GRC und Art. 1 des 12. Protokolls zur EMRK konstatiert werden (auch wenn letztere Vorschrift keine abschließenden Diskriminierungsgründe reguliert und lediglich exemplarische Gründe aufzählt).[22] Auch hier geht Art. 23 Abs. 1 GRC freilich weit über den Anwendungsbereich des 12. Protokolls hinaus. Obgleich der Anwendungsbereich des Art. 23 Abs. 1 GRC nicht umfassend ist (siehe unten), ist im Ergebnis festzustellen, dass diese Bestimmung auf jeden Fall einen erkennbar breiteren Bereich abdeckt als insgesamt das Nichtdiskriminierungsgebot der EMRK sowie des 12. Protokolls.[23] In dieser Hinsicht ist festzustellen, dass Art. 23 Abs. 1 GRC einen weitergehenden Schutz i. S. v. Art. 52 Abs. 3 Satz 2 GRC gewährt. Die Auslegung der EMRK und des 12. Protokolls in der Rechtsprechung des EGMR bleibt hier jedoch instruktiv,[24] insbesondere in Bezug auf die Rechtfertigung von Eingriffen in Grundrechte (siehe unten).

---

dahl, in: Heselhaus/Nowak, Handbuch der Europäischen Grundrechte, § 44, Rn. 80–96; auch *Jarass,* GRCh, Art. 23 GRC, Rn. 2.

[18] *Jarass,* GRCh, Art. 23 GRC, Rn. 2.

[19] Dazu *Krebber,* in: Calliess/Ruffert, EUV/AEUV, Art. 23 GRC, Rn. 6.

[20] Siehe oben, Fn. 2.

[21] Der Kontext bzw. die Lebensbereiche des Art. 14 EMRK sind (nur) die in der Konvention festgelegten Rechte und Verbote. Art. 51 GRC dagegen gibt vor, dass der Kontext der GRC grundsätzlich (nur) der Tätigkeitsbereich der Europäischen Union und der der Mitgliedstaaten bei Ausführung des Europarechts ist. Der Kontext von Art. 23. Abs. 1 ist zwar daher auch begrenzt, aber dennoch wesentlich breiter als der Kontext der EMRK. Sekundärrechtliche Instrumente der EU zur Diskriminierung nennen immer den betroffenen Kontext (Arbeit, Güter und Dienstleistung, usw.) explizit.

[22] Beide Vorschriften gehen aber auf jeden Fall über die akzessorische Funktion eines Art. 14 EMRK hinaus, indem bestimmte Kontexte bzw. Lebensbereiche mehr oder minder explizit feststehen, in Bezug auf welche Antidiskriminierungsregeln anwenden finden.

[23] Zusammen entsprechen Art. 14 EMRK und Art. 1 12. Protokoll zur EMRK weitgehend dem allgemeinen Gleichheitsprinzip des Europarechts (siehe oben).

[24] Dazu ausführlicher *Nußberger,* in: Tettinger/Stern, EuGRCh, Art. 23 GRC, Rn. 14–21.

B. Schutzbereich

I. Sachlicher Anwendungsbereich

1. Sachlicher Anwendungsbereich von Art. 23 Abs. 1 GRC

Die zentrale Frage bzgl. des Anwendungsbereichs von Art. 23 Abs. 1 GRC ist (entgegen	**14**
manchen Behauptungen in der Literatur) nicht, ob er »umfassend« ist oder nicht, weil er
aus verschiedenen Gründen ohnehin nie umfassend sein könnte.[25] Die **Breite des Anwendungsbereichs** ergibt sich entweder aus den ausdrücklich in der Vorschrift festgelegten oder aus den sich der Bestimmung bzw. deren Systematik inhärent abzuleitenden
Kontexten. Art. 23 Abs. 1 GRC enthält zwar ausdrücklich festgelegte Kontexte, die der
Verpflichtung unterliegen, nämlich die Bereiche der Beschäftigung, der Arbeit und des
Arbeitsentgelts. Diese haben durch das einleitende Wort »einschließlich« offensichtlich
nur exemplarische – potentiell betonende oder symbolische – aber keine einschränkende Funktion, so dass sie zwar eine Mindestbreite für den Anwendungsbereich festlegen,
darüber hinaus dennoch nichts zu der Beantwortung der Frage beitragen. Auf jeden Fall
lässt sich daraus die Spannbreite des Anwendungsbereichs der damit verbundenen Verpflichtung – zur »Sicherstellung« – für sich nicht ableiten.[26] Es ist auch nicht ersichtlich,
dass die Breite des Anwendungsbereichs sonst auf die *Art* der Verpflichtung – ob nur
»passiv« (negativ) oder auch »aktiv« (positiv) – zurückzuführen ist.[27]

Ob die Bestimmung »Privatrechtsverhältnisse« umfasst,[28] lässt sich nur beantworten,	**15**
wenn festgestellt wird, dass die Union oder die Mitgliedstaaten in ihren Kompetenzen
gemäß EUV und AEUV solche Rechtsverhältnisse berühren dürfen. Da dies freilich – je
nach Kompetenzbereich – vielfältig zu bejahen ist, können **Privatrechtsverhältnisse** von
auf der Bestimmung beruhenden Maßnahmen betroffen werden, entweder solchen zwischen der Union bzw. den Mitgliedstaaten und Privaten oder solchen zwischen Privaten, die unionsrechtlich geregelt werden (dürfen). Privatrechtsverhältnisse können also
Gegenstand sekundärrechtlicher Regeln der Europäischen Union sein, dies allerdings
lediglich in Folge der Zuständigkeiten gemäß EUV/AEUV. Diese Schlussfolgerung ergibt sich aus Art. 10 und 19 AEUV[29] i.V.m. Art. 51 Abs. 2 GRC, nicht aber aus Art. 23

---

[25] Siehe *Rowe*, S. 340–347. Solche Regeln beinhalten immer eine (manchmal nur implizite) Bestimmung sowohl bzgl. der verbotenen Diskriminierungskriterien (des Grundes) als auch bzgl. des
Lebens- bzw. Anwendungsbereichs (des Kontextes), in dem das Verbot bzw. der Schutz gilt. Die
wichtige Ausnahme von dieser normativen Vorgehensweise ist, dass das Verbot der Diskriminierung in
dem Bereich der Grund- und Menschenrechte (z.B. akzessorische Vorschriften wie z.B. Art. 14
EMRK) und des Tätigkeitsbereiches des Staates bzw. der öffentlichen Hand (Art. 20 GRC; Art. 1, 12.
Protokoll zur EMRK; Art. 1 Abs. 3 GG) für alle erdenklichen Gründe gilt, und nicht nur explizit
aufgezählte Diskriminierungskriterien. A. A. *Krebber,* in: Calliess/Ruffert, EUV/AEUV, Art. 23 GRC,
Rn. 1–2, der behauptet, die Geschlechtergleichheit »ist in internationalen und europäischen Men-
schenrechtsübereinkommen in *umfassender* Weise geschützt« (Hervorhebung im Original), was leicht
widerlegbar ist: solche Instrumente schließen zwar jeglichen Grund zur Diskriminierung aus, betreffen
aber nur die darin geregelten Kontexte bzw. Lebensbereiche und nichts darüber hinaus.
[26] A.A. *Hölscheidt*, in: Meyer, GRCh, Art. 23 GRC, Rn. 19, 23; *Krebber,* in: Calliess/Ruffert,
EUV/AEUV, Art. 23 GRC, Rn. 1–2.
[27] Vgl. *Hölscheidt*, in: Meyer, GRCh, Art. 23 GRC, Rn. 23.
[28] Vgl. *Krebber,* in: Calliess/Ruffert, EUV/AEUV, Art. 23 GRC, Rn. 3; *Streinz,* in: Streinz,
EUV/EGV, Art. 23 GRC, Rn. 4.
[29] *Folz*, in: Vedder/Heintschel v. Heinegg, Europäisches Unionsrecht, Art. 21 GRC, Rn. 4.

GRC für sich genommen. Daher kann die Vorschrift auf jeden Fall nur bedingt, immerhin doch weitgehend Privatrechtsverhältnisse betreffen.[30]

16   Art. 23 Abs. 1 GRC findet Anwendung grundsätzlich auf **alle Tätigkeiten der Unionsorgane** und -einrichtungen und in jedem Politik- und Regelungsbereich der Union. Da diese bekanntlich nicht umfassend sind, bietet auch Art. 23 Abs. 1 GRC keinen umfassenden Schutz gegen Diskriminierungen aufgrund des Geschlechts und gelten die Ge- und Verbote, die mit der Vorschrift verbunden sind, nicht umfassend. Die durch die Bestimmung geforderte Gleichheit gilt lediglich in den Kompetenzfeldern der Europäischen Union und in den damit auch inzident verbundenen Tätigkeitsbereichen der Organe und Einrichtungen, ob die Union selbst mit den eigenen Organen und Einrichtungen agiert oder ob die Mitgliedstaaten alleine[31] bzw. unionseigene Einrichtungen zusammen (typischerweise vernetzt) mit mitgliedstaatlichen Einrichtungen agieren. Bedeutend für die Feststellung des Anwendungsbereichs in Bezug auf die **Mitgliedstaaten** ist das Wort »ausschließlich« in Art. 51 Abs. 1 Satz 1 GRC: die mitgliedstaatliche Pflicht – nicht jedoch die Kompetenz – zur Herbeiführung der Gleichheit ergibt sich nur, wenn Unionsrecht durchgeführt wird.[32]

17   Dabei ist darauf zu achten, dass Art. 51 Abs. 2 und Art. 52 Abs. 2 GRC auch eine äußere Grenze der Reichweite der Rechte – und implizit auch der Verpflichtungen bzw. der Ge- und Verbote – nach Art. 23 Abs. 1 GRC etablieren. Art. 51 Abs. 2 GRC macht deutlich, dass die GRC insgesamt **keine inhaltliche Änderung der in den Verträgen festgelegten Zuständigkeiten**, Aufgaben oder Befugnisse herbeiführt. Diese Bestimmung stellt insofern eindeutig klar, dass Art. 23 Abs. 1 GRC die Kompetenzbereiche der Union nicht ergänzt. Daher bestimmt sich der Anwendungsbereich des Art. 23 Abs. 1 GRC nur nach den in den Verträgen festgelegten Kompetenzen der Organe und Einrichtungen der Union und nach den sich aus den Verträgen ergebenden Aufgaben der Mitgliedstaaten zur Durchführung des EU-Rechts. Art. 23 Abs. 1 GRC enthält zwar ein Prinzip, eine Pflicht und ein Grundrecht (siehe unten), stellt aber für sich einerseits keine (neue) Kompetenz dar, bestimmt allerdings andererseits, wie die (gesamten) Unionskompetenzen in dem angesprochenen Bezug auszuüben sind. Dies bildet sicherlich dennoch auch keine Einschränkung der Unionskompetenzen, verdeutlicht eher eine inhärente Ausübungsbreite und -tiefe der Kompetenzen, und verlangt danach, dass diese entsprechend ausgefüllt werden.

18   Soweit Rechte (und daher Verpflichtungen und Ge- und Verbote) nach Art. 23 Abs. 1 GRC auf den Regelungsgehalt der Verträge zurückgehen, ergibt sich aus Art. 52 Abs. 2 GRC, dass sie auch den darin festgelegten **Bedingungen und Grenzen** unterliegen. Es stellt sich die Frage, welche nach Art. 23 Abs. 1 GRC anerkannten Rechte ihre Begründung in den Verträgen finden und ob Bedingungen und Grenzen solcher Rechte sich

---

[30] A.A. *Krebber,* in: Calliess/Ruffert, EUV/AEUV, Art. 23 GRC, Rn. 3.

[31] Siehe EuGH, Urt. v. 23. 9. 2008, Rs. C–427/06 (Bartsch/Bosch & Siemens), Slg. 2008, I–7245: »Das Gemeinschaftsrecht enthält kein Verbot der Diskriminierung (…), dessen Schutz die Gerichte der Mitgliedstaaten zu gewährleisten haben, wenn die möglicherweise diskriminierende Behandlung keinen gemeinschaftsrechtlichen Bezug aufweist.« (Rn. 25). Siehe auch *Oppermann/Classen/Nettesheim,* Europarecht, § 17, Rn. 76.

[32] Dazu ausführlicher *Odendahl,* in: Heselhaus/Nowak, Handbuch der Europäischen Grundrechte, § 44, Rn. 100. Ob außerhalb des Anwendungsbereichs von Art. 23 Abs. 1 GRC die Mitgliedstaaten Verpflichtungen bzgl. der Gleichheit – etwa aufgrund eigener Verfassungen, eigener Gesetzgebung oder völkerrechtlicher Verpflichtungen – unterliegen, bleibt dahin gestellt. Dazu sagt Art. 23 Abs. 1 GRC nichts und könnte dies auch nicht.

daraus ergeben. Diese Fragen lassen sich an dieser Stelle sicherlich nicht abschließend beantworten. Mehrere Bestimmungen der Verträge enthalten Regeln, die die Gleichstellung der Geschlechter betreffen, die auch z. T. als Quellen bzw. Stützen für Art. 23 Abs. 1 GRC dienen (können) (siehe Rn. 3). Aus einigen dieser Vorschriften ergeben sich indessen als solche keine Rechte, da sie eher als Grundsätze, Unionszielbestimmungen oder Ermächtigungen fungieren. Dass sie Rechte nach Art. 23 Abs. 1 GRC i. e. S. »begründen«, dürfte daher eher zu verneinen sein,[33] mit Ausnahme von Art. 157 AEUV, der Grundrechtsqualität besitzt (siehe unten) und daher Rechte begründet. In jener Vorschrift sind aber kaum bzw. nur sehr wenige spezifische Bedingungen und Grenzen zu erkennen, höchstens in Bezug auf den Begriff des gleichen Entgelts in Art. 157 Abs. 2 Satz 2 AEUV oder in Bezug auf Vorgaben zu Verfahren zur Herbeiführung von Maßnahmen der Sicherstellung der Gleichheit der Geschlechter.[34] Ansonsten ist davon auszugehen, dass die generellen, in den Verträgen evtl. festgelegten Bedingungen und Grenzen sowie die allgemeinen Grenzen und Bedingungen der Ausübung der Unionskompetenzen – etwa die Achtung der Verhältnismäßigkeit oder der Rechtssicherheit – zu gelten haben.

Insgesamt ist der Anwendungsbereich von Art. 23 Abs. 1 GRC – wie bei allen Regeln über Gleichheit und Diskriminierung – **nicht umfassend**.[35] Bei der Formulierung »in allen Bereichen« in Art. 23 GRC handelt es sich um einen unbestimmten Rechtsbegriff, der zwar umfassend erscheint, dennoch gemäß Art. 51 GRC lediglich für die Aufgabenbereiche bzw. Befugnisse der Union sowie die der Mitgliedstaaten bei der Durchführung des Unionsrechts gilt.[36] Konkret bedeutet dies, dass die Sicherstellung der Gleichheit selbstverständlich im Bereich der Beschäftigung und der Arbeit, wie Art. 23 Abs. 1 GRC selbst exemplarisch hervorhebt,[37] freilich auch in allen sonstigen Kompetenzbereichen

19

---

[33] Andere Sprachfassungen führen wohl zum gleichen Ergebnis, gerade weil sie doch eine noch lockere Verbindung zwischen den Vorschriften der Verträge und den Rechten nach Art. 23 Abs. 1 GRC anfordern: »rights (…) for which provision is made in the Treaties«; »les droits (…) qui font l'objet des dispositions dans les traités«; »i diritti (…) per i quali i trattati prevedono disposizioni«.

[34] Art. 157 Abs. 3 AEUV schreibt bestimmte Verfahren vor, wonach Maßnahmen zur Gewährleistung der Anwendung des Grundsatzes der Chancengleichheit und der Gleichbehandlung von Männern und Frauen in Arbeits- und Beschäftigungsfragen vom Europäischen Parlament und dem Rat gemäß dem ordentlichen Gesetzgebungsverfahren und nach Anhörung des Wirtschafts- und Sozialausschusses getroffen werden dürfen.

[35] A.A. *Krebber*, in: Calliess/Ruffert, EUV/AEUV, Art. 23 GRC, Rn. 1, 3; *Odendahl*, in: Heselhaus/Nowak, Handbuch der Europäischen Grundrechte, § 44, Rn. 89 (»*alle* Lebensbereiche«); *Streinz*, in: Streinz, EUV/AEUV, Art. 23 GRC, Rn. 5; *Jarass*, GRCh, Art. 23 GRC, Rn. 2 (»*umfassendes* Grundrecht«), Rn. 11 (ohne weitere Erläuterung); *Graser*, in: Schwarze, EU-Kommentar, Art. 23 GRC, Rn. 1 (»umfassendes positives Gleichstellungsgebot«; »in ›allen‹ (…) Bereichen«); *Kingreen*, in: Ehlers, Grundrechte und Grundfreiheiten, Rn. 25; *Hölscheidt*, in: Meyer, GRCh, Art. 23 GRC, Rn. 15, 22 (die dortige Behauptung, dass es sich in dieser Frage nicht um »eine Unterscheidung zwischen Staat und Gesellschaft« handelt, erscheint wenig hilfreich, da es ohnehin eine derartige Unterscheidung kaum geben kann und eine solche für die Beantwortung der in Rede stehenden Fragen sowieso irrelevant erscheint). Vgl. *Frenz*, Handbuch Europarecht, Bd. 4, § 5, der den Anwendungsbereich als solchen nicht ausdrücklich anspricht; es wird allerdings von einem »allgemeinen Diskriminierungsverbot, das *alle* geschlechtsbezogenen Diskriminierungen zwischen Frauen und Männern verbietet« gesprochen, aber dafür keine Argumentation bzw. Analyse angeboten (Rn. 3387). (Hervorhebungen d. Verf.).

[36] Treffend *Folz*, in: Vedder/Heintschel v. Heinegg, Art. 23 GRC, Rn. 1: »ein umfassendes Gleichheitsrecht … im Anwendungsbereich des Unionsrechts«.

[37] Siehe die Beispiele in *Jarass*, GRCh, Art. 23 GRC, Rn. 11, die sich allerdings nur mit dem Bereich der Arbeit befassen.

der Union zu erfolgen hat. Beispiele liegen auf der Hand, besonders in den Bereichen der Sozialpolitik,[38] in Entscheidungsprozessen,[39] oder (nur z. T.) in der Erziehung und der Wissenschaft. Dies führt dazu, dass z. B. bei der Vergabe von Austauschplätzen von Studenten im Rahmen des von der Union geförderten ERASMUS-Programms auf die Gleichbehandlung von Frauen und Männern zu achten ist. Die Kommission unterliegt der Verpflichtung z. B. auch bei der Gewährung von Subventionsmitteln im Rahmen der Agrarpolitik oder der Strukturfonds[40] oder von Forschungsmitteln im Rahmen von Frameworkprogrammen. Diese Pflicht gilt ferner bei der Ausgestaltung und Umsetzung der Wettbewerbspolitik oder der Regulierung von Dienstleistungen (z. B. bei auf das Geschlecht abgestellten Versicherungsprämien oder -leistungen,[41] der Gewährung von Kreditleistungen durch Banken, soweit diese der Regulierung der Union unterliegen, dem Zugang zu Telekommunikationsdiensten, u. v. m.). In den für die Unionsverwaltung – einschließlich der Agenturen, der Netzwerke und der mitgliedstaatlichen Verwaltungen bezogen auf Unionsaufgaben (z. B. bei Inspektionstätigkeiten) – wesentlichen Bereichen der Informationsbeschaffung, -verbreitung und -verteilung gilt die Vorschrift ebenso. Diese Beispiele machen deutlich, dass der Anwendungsbereich **groß** ist, wenn aber nicht umfassend.

2. Sachlicher Anwendungsbereich von Art. 23 Abs. 2 GRC

20   Da Art. 23 Abs. 2 GRC von dem »Grundsatz der Gleichheit« spricht, ist davon auszugehen, dass damit Bezug auf den Begriff der Gleichheit in Abs. 1 und damit auf dessen Anwendungsbereich genommen wird.[42] Allerdings dient diese Vorschrift **nur der Klarstellung**: das Entgegenstehen des Gleichheitsprinzips bei Maßnahmen der Vergünstigungen auszuschließen. Die Frage des Anwendungsbereichs des Abs. 2 für sich kann nur in Verbindung mit Abs. 1 beantwortet bzw. gestellt werden.[43]

---

[38] Siehe z. B. RL 79/7/EWG 19.12.1978; RL 86/378/EWG 24.7.1986. Siehe auch EuGH, Urt. v. 17.5.1990, Rs. 262/88 (Barber/Guardian Royal Exchange Assurance), Slg. 1990, I–1889; Urt. v. 9.2.1982, Rs. 12/81 (Garland/British Rail Engineering), Slg. 1982, 359; EGMR, Urt. v. 21.2.1997, Beschwerde-Nr. 20060/92 (Van Raalte/Niederlande) (108/1995/614/702) 1997-I.

[39] Empfehlung des Rates vom 2. Dezember 1996 über die ausgewogene Mitwirkung von Frauen und Männern am Entscheidungsprozeß (96/694/EG), ABl. 1996, L 319.

[40] Siehe z. B. Entschließung des Rates vom 2. Dezember 1996 betreffend die Einbeziehung der Chancengleichheit von Männern und Frauen in die Maßnahmen der Europäischen Strukturfonds, ABl. 1996, C 386/1; u. a. auch in Art. 1 Abs. 3 S. 2 der Verordnung (EG) Nr. 1260/1999 des Rates vom 21. Juni 1999 mit allgemeinen Bestimmungen über die Strukturfonds, ABl. 1999, L 161/1; siehe auch z. B. EuGH, Urt. v. 11.4.2013, C–401/11 (Soukupová/Ministerstvo zemedelství), ECLI:EU:C:2013:223 zum Verstoß wegen Ungleichbehandlung zwischen Frauen und Männern durch Maßnahmen zur Durchführung der Verordnung (EG) Nr. 1257/1999 über die Förderung der Entwicklung des ländlichen Raums.

[41] Siehe z. B. EuGH, Urt. v. 1.3.2011, Rs. C–236/09 (Association belge des Consommateurs Test-Achats/Rat), Slg. 2011, I–773, Rn. 31–32). Darin würde Art. 5 Abs. 2 der Richtlinie 2004/113/EG des Rates vom 13. Dezember 2004 zur Verwirklichung des Grundsatzes der Gleichbehandlung von Männern und Frauen beim Zugang zu und bei der Versorgung mit Gütern und Dienstleistungen, die den betreffenden Mitgliedstaaten gestattet hat, eine Ausnahme von der Regel geschlechtsneutraler Prämien und Leistungen unbefristet aufrechtzuerhalten, als mit den Art. 21 und 23 GRC unvereinbar und für ungültig erklärt: »[D]ie Mitgliedstaaten [müssen] bei der Durchführung der Verordnung Nr. 1257/1999 gemäß Art. 51 Abs. 1 der Charta der Grundrechte der Europäischen Union die in Art. 20, Art. 21 Abs. 1 und Art. 23 dieser Charta verankerten Grundsätze der Gleichbehandlung und der Nichtdiskriminierung beachten.« (Rn. 28).

[42] Vgl. *Jarass*, GRCh, Art. 23 GRC, Rn. 4 (siehe oben).

[43] Vgl. *Jarass*, GRCh, Art. 23 GRC, Rn. 5: »Insbesondere kann die Union im Bereich des Art. 23

Die Klarstellung entspricht der in Art. 157 Abs. 4 AEUV, geht freilich aufgrund des **21** weiteren Anwendungsbereichs von Art. 23 Abs. 1 GRC **über den Bereich des Arbeitslebens hinaus**.[44] Die Verknüpfung in Art. 23 Abs. 2 GRC mit dem recht umfangreichen sachlichen Anwendungsbereich des Art. 23 Abs. 1 GRC führt sogar dazu, jedwede eventuelle auf Art. 157 Abs. 4 AEUV zurückgehende Einschränkung aufzuheben. Nicht ersichtlich ist, dass etwaige Einschränkungen bzw. Voraussetzungen für positive Maßnahmen nach Art. 157 Abs. 4 AEUV in die Auslegung von Art. 23 Abs. 2 GRC hineinzuinterpretieren wären.[45] Gemäß Art. 52 Abs. 2 GRC führt Art. 23 Abs. 2 GRC zwar zu keiner Ausdehnung von Art. 157 Abs. 4 AEUV (soweit das Ergreifen einer spezifischer Maßnahme evtl. durch letztere Vorschrift möglich ist). Da aber Art. 23 Abs. 2 GRC nicht selbst auf Art. 157 Abs. 4 AEUV begründet ist, sind Einschränkungen infolge von Art. 52 Abs. 2 GRC bzgl. eventueller Bedingungen und Grenzen nicht ersichtlich. Es ist insbesondere auch nicht ersichtlich, dass Unionsorgane keine sonstigen über Art. 157 Abs. 4 AEUV hinausgehenden Vergünstigungen im Rahmen ihrer Zuständigkeit ergreifen dürfen. Art. 157 Abs. 4 AEUV hat die gleiche klarstellende Funktion bezogen auf Maßnahmen zur Gleichbehandlung im Arbeitsleben wie Art. 23 Abs. 2 GRC in seinem eigenen weiten Anwendungsbereich, ist jedoch für sich nicht die Ermächtigung dafür. Letztere ergibt sich aus sämtlichen Vorschriften über die Unionskompetenz und der dazugehörigen Rechtsprechung, so dass die Klarstellung schließlich nur eine Rolle – wenn überhaupt – in der Auslegung spielt, zumindest dort, wo möglicherweise Zweifel bestehen (könnten). Es ist aber hier auch zu unterstreichen, dass für alle – auch solche begünstigenden – Maßnahmen, sollten sie die Ausübung sonstiger Rechte und Freiheiten nach der GRC einschränken, Art. 52 Abs. 2 GRC auf jeden Fall eine gesetzliche Grundlage fordert und zudem, dass der Wesensgehalt solcher Rechte und Freiheiten geachtet wird.[46]

Dennoch muss unterstrichen werden, dass die ausdrückliche Billigung von positiven **22** Maßnahmen gemäß Art. 23 Abs. 2 GRC nach wie vor **nur für den Anwendungsbereich des Unionsrechts** gelten kann, so dass EU-Maßnahmen der sog. positiven Diskriminierung z.B. mit Wirkung im allgemeinen Zivilrecht nur aufgrund von konkretem Sekundärrecht oder sonstigem Reglement möglich wären, das auf den in EUV/AEUV verankerten Zuständigkeiten basiert.[47] Es ist hier deshalb noch einmal Art. 51 Abs. 2 GRC in Erinnerung zu rufen: Auch wenn Art. 23 Abs. 2 GRC deutlich macht, dass bestimmte Vergünstigungen dem Gleichheitssatz nicht widersprechen, muss das Ergreifen solcher

---

Abs. 2 nur tätig werden, soweit ihr durch andere Vorschriften, etwa durch Art. 157 AEUV (…) Kompetenzen übertragen sind«. Zu betonen ist aber: diese Aussage gilt *allen* kompetenzübertragenden Vorschriften und nicht nur denen, die die Gleichheitspolitik explizit betreffen.

[44] Art. 157 Abs. 4 AEUV sieht vor, dass der Grundsatz der Gleichbehandlung die Mitgliedstaaten nicht daran hindert, spezifische ähnlich bezweckte Vergünstigungen beizubehalten oder zu beschließen. Freilich geht es aber in Art. 157 Abs. 4 um »die Gewährleistung der vollen Gleichstellung« bzgl. des »Arbeitslebens«, so dass eine einschränkende Wirkung in jenem Anwendungsbereich nicht leicht ersichtlich ist. Art. 157 Abs. 4 dient ohnehin nur als eine Klarstellung die Mitgliedstaaten betreffend, um einen Widerspruch zum Gleichheitssatz durch bestimmte begünstigende Maßnahmen auszuschließen. In dem Fall ist zwar der ausdrückliche Anwendungsbereich der Gewährleistung der vollen Gleichstellung von Männern und Frauen im Arbeitsleben zu finden, führt aber nicht dazu, dass Vergünstigungen außerhalb dieses Bereichs anders zu behandeln wären bzw. ausgeschlossen wären. Art. 23 Abs. 2 geht ohnehin über diesen (relativ engen) Anwendungsbereich hinaus, so dass Art. 157 Abs. 4 nicht mehr als Stütze aber auch nicht mehr als eventuelle Einschränkung gelten kann.

[45] A.A. *Krebber*, in: Calliess/Ruffert, EUV/AEUV, Art. 23 GRC, Rn. 4.

[46] Dazu *Jarass*, GRCh, Art. 23 GRC, Rn. 15.

[47] Vgl. *Krebber*, in: Calliess/Ruffert, EUV/AEUV, Art. 23 GRC, Rn. 4.

Maßnahmen durch die Union von deren Kompetenzen gedeckt sein. Art. 23 Abs. 2 GRC für sich führt hier zu keinen neuen Zuständigkeiten. Auch müssen allgemeine Grundsätze wie die Verhältnismäßigkeit geachtet werden.

II. »Gleichheit«

23   Die Vorgabe der Sicherstellung der »Gleichheit« erscheint als eine nicht unproblematische Aufforderung. Da es keine umfassende, tatsächliche bzw. faktische Gleichheit zwischen Menschen geschweige denn zwischen Mitgliedern unterschiedlicher Geschlechter geben kann, kann es mit der Formulierung im Art. 23 Abs. 1 GRC auf jeden Fall nicht um Maßnahmen – egal welcher Art – zum Beibehalten einer nicht existierenden faktischen Gleichheit gehen. Würde es um ein Bestreben zur Herstellung oder zum Herbeiführen einer solchen faktischen Gleichheit – im Gegensatz etwa zu einer »gesellschaftlichen« Gleichheit – gehen, wäre dieses Ziel aus vergleichbaren Gründen zumindest in vielerlei Hinsicht zum Scheitern verurteilt. Es wäre zwar eine denkbare Auslegung des Begriffs »Gleichheit«, eine tatsächliche, im Ergebnis festzuhaltende, faktische Angleichung von Männern und Frauen herbeizuführen bzw. anzustreben. Diese wäre aber – jedenfalls im Extremfall – ein schließlich nicht erreichbares Ziel und brächte ohnehin unakzeptable Folgen für eine freiheitlich demokratische, individualistische Gesellschaft. Daher, um der Vorschrift einen Sinn zu geben, muss der Begriff »Gleichheit« auf andere Weise verstanden und ausgelegt werden, und zwar immer situationsbedingt.[48] Besonders angesichts der Funktion des Rechts, dessen institutioneller und verfahrensmäßiger Umsetzung durch öffentliche Maßnahmen, und dessen faktischer und ideeller Grenzen, kann es sich daher im Grunde nur um ein **Bestreben nach der weitestgehenden Vermeidung einer nicht gerechtfertigten benachteiligenden Differenzierung** aufgrund des Geschlechts gehen.

24   Denkbare **Auslegungen** liegen in den Formulierungen »Gleichberechtigung«, »Gleichstellung«, »Gleichbehandlung«, »Chancengleichheit« und in der »Nichtdiskriminierung«, die zwar in der Genese des Artikels im Verfassungskonvent verworfen wurden.[49] Solche Formulierungen sind dennoch wieder verschiedentlich aufzugreifen, um dem Artikel eine Lektüre zu erlauben, die sich mit einer rechtlichen und institutionellen Vorgehensweise verbinden lässt, die für sich mit einer individuell freiheitlichen Gesellschaft vereinbar ist.[50] Keiner dieser Begriffe kann aber zum konkreten Tragen kommen, ohne dass er in Verbindung mit dem (Teil-)Adressatenkreis der Vorschrift, mit dem (Teil-)Anwendungsbereich sowie mit den für die Umsetzung der Vorschrift zur Verfügung stehenden Mitteln oder Maßnahmen – einschließlich der nach Art. 23 Abs. 2 GRC gebilligten Vergünstigungen – gebracht wird.[51] Die Sicherstellung der »Gleichheit«

---

[48] Z. B. der Ruf nach »égalité« im Rahmen der französischen Revolution lässt sich angesichts der krassen davor liegenden gesellschaftlichen Unterschiede im Wohlstand und in Rechten sehr wohl politisch, rechtlich und wirtschaftlich verstehen und auslegen; die gleiche Aufschrift über den Türen sämtlicher französischer Rathäuser kann heutzutage wohl nur in einem (fast) gänzlich anderen Sinn ausgelegt werden. Die Bedeutung des Begriffs »Gleichheit« in der GRC steht ebenfalls vor einem völlig anderen, sich ständig ändernden, politischen, wirtschaftlichen und institutionellen Hintergrund, den es bei der Auslegung zu berücksichtigen gilt.

[49] Dazu ausführlich *Nußberger,* in: Tettinger/Stern, EuGRCh, Art. 23 GRC, Rn. 1–6.

[50] Auch wenn, wie bei *Hölscheidt,* in: Meyer, GRCh, Art. 23 GRC, Rn. 20, alle solchen Formulierungen »enger« sind, als der Begriff »Gleichheit«, führt kein Weg daran vorbei, diesen Begriff im Rahmen der Auslegung doch selbst einzuengen bzw. bestimmter auszulegen.

[51] Ähnlich wie mit den Begriffen »Chancengleichheit« und »Gleichbehandlung« in Art. 157 Abs. 3 AEUV.

geht über das Verbot einer Diskriminierung durch die unmittelbaren Adressaten hinaus,[52] inwieweit allerdings genau und in welcher Form lässt sich kaum festlegen (siehe unten bzgl. der Wahl der Mittel, Rn. 44 f.). Sie schließt jedenfalls die Pflicht ein, Diskriminierung durch Private zu verbieten jedenfalls zu regeln, geht aber um weit mehr als z. B. nur Schutzmaßnahmen für Schwangere und Mütter.[53] Den Begriff »Gleichheit« als »Gleichheit der Ausgangssituation« zu verstehen,[54] bietet zwar eine denkbar brauchbare (einengende) Auslegung an, erschöpft sich dennoch sicherlich nicht darin, erstens weil eine »Ausgangssituation« selbst unbestimmt ist, und zweitens weil bestimmte Vergünstigungen sicherlich darüber hinausgehen könnten bzw. sollten. Wohl weitergehend ist die Sicherstellung der »gleichen Chance«, ein bestimmtes Ergebnis zu erreichen, aber inwieweit genau sich dies von der (sonstigen) »Chancengleichheit« unterscheidet, ist nicht klar.[55] Insgesamt ist der Begriff »Gleichheit« als Schirm- oder Sammelbegriff zu verstehen: je nach Situation kann die Sicherstellung der Gleichheit um die Berechtigung, die Behandlung, die Chancen, die Stellung oder den Schutz des einen oder anderen Geschlechts hinsichtlich des einhergehenden Ausgangs, Verfahrens oder Ergebnisses[56] gehen.[57]

III. Adressaten

Die unmittelbaren Adressaten der Vorschrift ergeben sich aus Art. 51 Abs. 1 Satz 1 GRC, nämlich die Organe und Einrichtungen der **Union** sowie die **Mitgliedstaaten** ausschließlich bei der Durchführung des Rechts der Union.[58] Art. 23 Abs. 1 GRC richtet sich daher sowohl an die Union als auch an die Mitgliedstaaten, ohne hinsichtlich der inhaltlichen Verpflichtung zwischen diesen beiden zu differenzieren.[59] Die Verantwortung für einen eventuellen Eingriff könnte bei der **Union** liegen, wenn es um eine gesetzgeberische Maßnahme einschließlich untergesetzlicher Regelwerke geht,[60] die dem Gleichheitssatz widerspricht (in der Annahme, dies wird nicht durch den gesetzgeberischen Spielraum gedeckt), oder wo die Unionsverwaltung i. e. S. diskriminierend handelt (z. B. bei der Subventionsmittelvergabe oder sonstiger Einzelfallentscheidung). Die Verantwortung könnte dagegen bei einem **Mitgliedstaat** im Rahmen einer Verwaltungsmaß-

25

---

[52] *Graser*, in: Schwarze, EU-Kommentar, Art. 23 GRC, Rn. 2. Allerdings lässt sich nicht ohne weiteres daraus ableiten, dass Privatpersonen unmittelbare Adressaten des Auftrags sind (siehe aber unten, Rn. 26), auch wenn sie (mittelbar) einem solchen Verbot unterliegen sollten; siehe *Frenz*, Handbuch Europarecht, Bd. 4, Rn. 3406.

[53] Vgl. *Frenz*, Handbuch Europarecht, Bd. 4, Rn. 3406. Siehe auch unten, Rn. 35.

[54] *Nußberger*, in: Tettinger/Stern, EuGRCh, Art. 23 GRC, Rn. 67, 69; auch *Hölscheidt*, in: Meyer, GRCh, Art. 23 GRC, Rn. 20.

[55] *Nußberger*, in: Tettinger/Stern, EuGRCh, Art. 23 GRC: dort wird konstatiert, es handelt sich in einem solchen Fall um den Ausgleich sozialer Unterschiede, so dass nicht nur eine formale sondern eine inhaltliche Gleichheit erzielt wird (Rn. 67).

[56] *Nußberger*, in: Tettinger/Stern, EuGRCh, Art. 23 GRC, Rn. 69.

[57] Siehe auch *Craig*, S. 545–546.

[58] Treffend *Jarass*, GRCh, Art. 23 GRC, Rn. 5.

[59] A.A. *Odendahl*, in: Heselhaus/Nowak, Handbuch der Europäischen Grundrechte, § 44, Rn. 101.

[60] EuGH, Urt. v. 1.3.2011, Rs. C–236/09 (Association belge des Consommateurs Test-Achats/Rat), Slg. 2011, I–773, wodurch Art. 5 Abs. 2 RL 2004/113/EG vom 13.12.2004 zur Verwirklichung des Grundsatzes der Gleichbehandlung von Männern und Frauen beim Zugang zu und bei der Versorgung mit Gütern und Dienstleistungen für ungültig erklärt wurde, weil darin eine den Mitgliedstaaten gestattete Ausnahme von der Gleichbehandlung von Frauen und Männern unbefristet zulässig und insofern mit Art. 21 und 23 GRC unvereinbar war (Rn. 31–32).

nahme zur Durchsetzung einer unionsrechtlichen Bestimmung liegen (z. B. bei der Ausübung des Inspektionsrechts) oder im Rahmen eines legislativen Aktes zur Umsetzung
des Unionsrechts. Eventuell problematisch hinsichtlich der konkreten Verantwortung
könnte es sein, wenn sowohl Unionseinrichtungen als auch mitgliedstaatliche Einrichtungen gemeinsam z. B. im Rahmen von Netzwerken tätig sind.

26   **Private** sind keine ausdrücklichen Adressaten und daher keine direkt Verpflichteten
des Art. 23 GRC.[61] Da Abs. 1 dem gesamten ausdrücklichen Adressatenkreis nach
Art. 51 Abs. 1 GRC positive Pflichten auferlegt und auch daher horizontale Wirkung
erzielt (siehe unten), sind Private dennoch auch zumindest als **mittelbare Adressaten**
dieser Vorschrift zu verstehen. Dass dies zu einer unmittelbaren Bindung Privater an die
in Art. 23 GRC enthaltene Verpflichtung führt, ist zwar zunächst schwer vorstellbar,[62]
nicht aber gänzlich ausgeschlossen. Eine solche unmittelbare Bindung an Art. 157
Abs. 1 AEUV wurde durch den EuGH konstatiert.[63] Anzuerkennen ist freilich, dass
Art. 157 AEUV (ex. Art. 119 der Römischen Verträge) auf den Bereich der Arbeit und
speziell auf Lohngleichheit gerichtet ist, so dass der Anwendungsbereich eindeutig enger umschrieben ist, als der des Art. 23 GRC.[64] Auf der anderen Seite zeigt die Denk-
weise des EuGH in den betreffenden Urteilen eine großzügige Haltung hinsichtlich der
unmittelbaren Drittwirkung, die als über einen Auftrag an Behörden hinausgehend
verstanden wird.[65] Ohne eine solche unmittelbare Bindung können Private auf jeden
Fall erst durch Umsetzungsmaßnahmen des sekundären Unionsrechts selbst verpflichtet werden,[66] wie es ohnehin vielfältig in Folge von Art. 119 der Römischen Verträge
erfolgt ist. (Soweit das nationale Recht der Mitgliedstaaten es sonst zulässt, könnten
Private selbstverständlich auch im Rahmen weitergehender nationalrechtlicher Regelungen verpflichtet sein, es sei denn, solche Regelungen verstoßen gegen grundlegendes
Unionsrecht.)

---

[61] Tendenziell auch treffend *Jarass*, GRCh, Art. 23 GRC, Rn. 6.

[62] *Graser*, in: Schwarze, EU-Kommentar, Art. 23 GRC, Rn. 6; daraus aber den sachlichen Anwendungsbereich des Art. 23 als begrenzt zu sehen, erscheint fragwürdig (a. A. *Graser*), da die unmittelbaren Adressaten – innerhalb des *davon unabhängig* festzustellenden Anwendungsbereichs –
doch verpflichtet sind, ihren weiten Spielraum auszunutzen, um dem Grundauftrag des Art. 23 Abs. 1
zu entsprechen.

[63] EuGH, Urt. v. 28.9.1994, Rs. C–28/93 (van den Akker/Stichting Shell), Slg. 1994, I–4527,
Rn. 21; Urt. v. 31.5.1995, Rs. C–400/93 (Specialarbejderforbundet i Danmark/Dansk Industri),
Slg. 1995, I–1275, Rn. 45; Urt. v. 9.9.1999, Rs. C–281/97 (Krüger/Kreiskrankenhaus), Slg. 1999,
I–5127, Rn. 20; Urt. v. 17.9.2002, Rs. C–320/00 (Lawrence/Regent Office Care), Slg. 2002, I–7325,
Rn. 13. Siehe auch dazu *Jarass*, GRCh, Art. 23 GRC, Rn. 6; *Odendahl*, in: Heselhaus/Nowak, Hand-
buch der Europäischen Grundrechte, § 44, bejaht die unmittelbare Drittwirkung das Art. 157 Abs. 1
AEUV, nicht aber des weitergehenden ungeschriebenen Grundrechts der Gleichheit von Mann und
Frau (Rn. 86).

[64] Dazu *Jarass*, GRCh, Art. 23 GRC, Rn. 6.

[65] Z. B. EuGH, Urt. v. 28.9.1994, Rs. C–28/93 (van den Akker/Stichting Shell), Slg. 1994, I–4527:
»Der Gerichtshof hat nämlich im Urteil Defrenne entschieden, daß der Grundsatz des gleichen Entgelts zu den Grundlagen der Gemeinschaft (Rn. 12) gehört und daß Artikel 119 unmittelbare Wirkung
in Form der Begründung von Rechten besitzt, die die nationalen Gerichte zu gewährleisten haben
(Rn. 24). Aus dem zwingenden Charakter von Artikel 119 folgt, daß das Verbot der diskriminierenden
Ungleichbehandlung von männlichen und weiblichen Arbeitnehmern nicht nur für die Behörden
verbindlich ist, sondern sich auch auf alle Beziehungen zwischen Privatpersonen und alle Tarifverträge zur kollektiven Regelung der abhängigen Erwerbstätigkeit erstreckt.« (Rn. 21).

[66] *Graser*, in: Schwarze, EU-Kommentar, Art. 23 GRC, Rn. 1.

C. Rechtsqualität und Wirkung

I. Grundrecht, Grundsatz, subjektiver Rechtsanspruch

In der Feststellung der Rechtsqualität sind Abs. 1 und Abs. 2 grundsätzlich voneinander   **27**
zu trennen. In **Abs. 1** geht es um die Etablierung inhaltlicher Rechte und Verpflichtungen. Bei **Abs. 2** handelt sich dagegen lediglich um eine Klärung der Rechtmäßigkeit
bestimmter regulierender Maßnahmen.

Es stellt sich die Frage, welche genaue Rechtsqualität **Art. 23 Abs. 1** GRC innewohnt,   **28**
insbesondere ob die Vorschrift ein Grundrecht und ein einklagbares Recht oder nur
einen Grundsatz darstellt. Dem Wortlaut nach beinhaltet Art. 23 GRC lediglich eine
Aufforderung an die Union und an die Mitgliedstaaten, die Gleichheit sicherzustellen.
Dementsprechend handelt es sich nur um eine Vorgabe oder um einen Grundsatz, an den
sich die Organe und Einrichtungen der EU und die Mitgliedstaaten im Sinne des Art. 51
Abs. 1 Satz 2 GRC zu halten haben bzw. dessen Anwendung es zu fördern gilt.[67] Auch
Art. 23 Abs. 2 GRC selbst bezeichnet die Vorgabe in Art. 23 Abs. 1 GRC ausdrücklich
als »Grundsatz«, dies kann aber aus verschiedenen Gründen nicht als abschließende
Festlegung der Rechtsqualität des Inhalts von Abs. 1 bewertet werden. Die Bezeichnung
als Grundsatz selbst ist nicht entscheidend, und möglicherweise sogar nur auf den Begriff der Gleichheit in Abs. 2 bezogen.[68]

Die Vorschrift ist zwar auch Grundsatz, geht indessen darüber hinaus,[69] weil ein ein-   **29**
klagbares (subjektives) Recht[70] bzw. ein Rechtsanspruch gegen die Adressaten gewähr-
leistet wird.[71] Die Bestimmung ist deutlich konkreter als die allgemein formulierten
Vorgaben der Art. 3 EUV und Art. 8 AEUV.[72] Die h.M. geht aufgrund ausgiebiger
Rechtsprechung von der Grundrechtsqualität des Art. 157 AEUV aus;[73] dies kann für
Art. 23 Abs. 1 GRC kaum anders sein[74] und zwar aufgrund des Wortlauts auch nicht
beschränkt auf den Bereich des Arbeitslebens.[75] Daher ist Art. 23 Abs. 1 GRC (doch)
Grundrechtsqualität zuzuerkennen. Dieser Grundrechtsqualität wird nicht dadurch
widersprochen, dass ein Eingriff auch mittelbar erfolgen kann (siehe unten).

Die daraus resultierende »potenziell sehr weitreichende«[76] Rechtsposition ist auf je-   **30**
den Fall **sowohl bestimmbar als auch gerichtlich durchsetzbar**,[77] indem ein Abwehrrecht

---

[67] *Frenz*, Handbuch Europarecht, Bd. 4, Rn. 3341; *Hölscheidt*, in: Meyer, GRCh, Art. 23 GRC,
Rn. 19; *Ross*, in: Schwarze, EU-Kommentar, Art. 23 GRC, Rn. 1; *Streinz*, in: Streinz, EUV/AEUV,
Art. 23 GRC, Rn. 5.

[68] Dazu *Jarass*, GRCh, Art. 23 GRC, Rn. 3 m. w. N., Rn. 4.

[69] *Jarass*, GRCh, Art. 23 GRC, Rn. 3.

[70] *Streinz*, in: Streinz, EUV/AEUV, Art. 23 GRC, Rn. 7; *Graser*, in: Schwarze, EU-Kommentar,
Art. 23 GRC, Rn. 5; *Nußberger*, in: Tettinger/Stern, EuGRCh, Art. 23 GRC, Rn. 60; *Frenz*, Handbuch
Europarecht, Bd. 4, Rn. 3407; *Jarass*, GRCh, Art. 23 GRC, Rn. 3. A. A. *Folz*, in: Vedder/Heintschel v.
Heinegg, Europäisches Unionsrecht, Art. 23 GRC, Rn. 5: Art. 23 »bleibt (…) ein Grundsatz der (…)
nur im Rahmen und nach Maßgabe von Sekundärrecht geltend gemacht werden kann«.

[71] »Umfassenden Geltungsanspruch«: *Streinz*, in: Streinz, EUV/EGV, Art. 23 GRC, Rn. 4; *Hölscheidt*, in: Meyer, GRCh, Art. 23 GRC, Rn. 23.

[72] *Streinz*, in: Streinz, EUV/EGV, Art. 23 GRC, Rn. 5.

[73] Dazu *Frenz*, Handbuch Europarecht, Bd. 4, Rn. 3377 m. w. N. A. A. *Odendahl*, in: Heselhaus/
Nowak, Handbuch der Europäischen Grundrechte, § 44, Rn. 32–37; *Kingreen*, in: Ehlers, Grundrechte und Grundfreiheiten, Rn. 26. Siehe auch oben, Fn. 65.

[74] Treffend *Krebber*, in: Calliess/Ruffert, EUV/AEUV, Art. 23 GRC, Rn. 7.

[75] Siehe *Frenz*, Handbuch Europarecht, Bd. 4, Rn. 3378–3380 und 3387–3388.

[76] *Graser*, in: Schwarze, EU-Kommentar, Art. 23 GRC, Rn. 6.

[77] A.A. *Graser*, in: Schwarze, EU-Kommentar, Art. 23 GRC, Rn. 6.

gegen diskriminierende Regelinhalte und Vollzugsmaßnahmen der (unmittelbaren) Adressaten besteht (siehe unten zu Eingriffen). Allerdings gibt es den abwehrrechtlichen Charakter nur bzgl. der Rechtsbeziehungen zwischen der Union und Einzelnen oder zwischen den Mitgliedstaaten (bei der Durchführung des Europarechts) und Einzelnen,[78] es sei denn, eine unmittelbare Drittwirkung wird für die Bestimmung anerkannt (siehe oben). Ohne unmittelbare Drittwirkung ist die Durchsetzbarkeit durch Einzelne jedenfalls lediglich über das Sekundärrecht und dessen Vollzug und die (evtl.) damit verbundenen subjektiven Rechte zu erreichen. Handelt es sich jedoch um eigenes diskriminierendes Handeln der Union und deren Einrichtungen oder der mitgliedstaatlichen Verwaltungen, sind der Durchsetzung dieses Rechts sogar kaum Grenzen gesetzt. Geht es allerdings um z. B. angeblich fehlende gesetzgeberische Bestimmungen zum Verhalten Privater, kommt ein größerer Gestaltungsspielraum der unmittelbaren Adressaten zur Geltung.[79] Angesichts des **Einschätzungsspielraums der Legislative** besteht kaum Rechtsanspruch auf spezifische Maßnahmen,[80] eine völlige Untätigkeit könnte freilich gerichtlich korrigiert werden.[81]

31   **Träger des Grundrechts** sind natürliche Personen einschließlich Kinder, nicht aber juristische Personen.[82] Anhand der Rechtsprechung zur RL 2000/78 ist allerdings anzunehmen, dass Dritte (z. B. Interessenvereinigungen mit Schwerpunkt in der Bekämpfung von Diskriminierung) auch unter den persönlichen Anwendungsbereich des Art. 23 Abs. 1 GRC fallen,[83] was vielleicht als gewisse Ausnahme zum Ausschluss von juristischen Personen zu verstehen wäre.

32   Die Frage, ob **Art. 23 Abs. 2 GRC** selbst Grundrechtsqualität hat, stellt sich nicht, weil es sich hier nur um eine in Bezug auf die Mittelauswahl klärende Vorschrift handelt. Daher ist der Vorschrift kein einklagbares Recht zuzuschreiben und kein Grundrecht daraus abzuleiten. Diese Bestimmung selbst ist höchstens ein Grundsatz[84] und keine Verpflichtung. Als Grundsatz wirkt Abs. 2 legitimierend,[85] nicht aber für sich ermächtigend[86] – die Ermächtigungsgrundlage liegt in den sämtlichen Kompetenzen der EU – und ist – wohl auch in Bezug auf Abs. 1 – bei der Auslegung zu berücksichtigen.[87]

---

[78] *Folz*, in: Vedder/Heintschel v. Heinegg, Europäisches Unionsrecht, Art. 23 GRC, Rn. 5.

[79] *Jarass*, GRCh, Art. 23 GRC, Rn. 14; *Graser*, in: Schwarze, EU-Kommentar, Art. 23 GRC, Rn. 6. Ob ein Rechtsanspruch auf Erlass von gesetzlichen Regeln zur Gleichstellung, die Privaten gegenüber gelten, *gänzlich* ausgeschlossen ist, scheint aber zu weit zu gehen; a. A. *Folz*, in: Vedder/Heintschel v. Heinegg, Europäisches Unionsrecht, Art. 23 GRC, Rn. 5.

[80] Vgl. *Hölscheidt*, in: Meyer, GRCh, Art. 23 GRC, Rn. 23, der einen Anspruch auf »konkrete« Maßnahmen verneint; es ist aber vorstellbar dass ein Anspruch auf eine doch *konkrete* Maßnahme besteht, auch wenn wegen des anerkannten gesetzgeberischen Spielraums (treffend *Hölscheidt*, in: Meyer, GRCh, Art. 23 GRC, Rn. 23) nicht auf eine *bestimmte* bzw. *spezifische* Maßnahme. Siehe auch (einschränkend) *Graser*, in: Schwarze, EU-Kommentar, Art. 23 GRC, Rn. 5.

[81] *Graser*, in: Schwarze, EU-Kommentar, Art. 23 GRC, Rn. 6.

[82] Dazu ausführlicher *Jarass*, GRCh, Art. 23 GRC, Rn. 9; auch *Odendahl*, in: Heselhaus/Nowak, Handbuch der Europäischen Grundrechte, § 44, Rn. 88.

[83] Siehe EuGH, Urt. v. 10.7.2008, Rs. C–54/07 (Centrum voor gelijkheid van kansen en voor racismebestrijding/Feryn), Slg. 2008, I–5187. A. A. *Jarass*, GRCh, Art. 23 GRC, Rn. 9.

[84] *Frenz*, Handbuch Europarecht, Bd. 4, Rn. 3413; *Streinz*, in: Streinz, EUV/AEUV, Art. 23 GRC, Rn. 8; *Jarass*, GRCh, Art. 23 GRC, Rn. 4. Vgl. *Hölscheidt*, in: Meyer, GRCh, Art. 23 GRC, Rn. 26 (dass diese Vorschrift eine spezifisch *begrenzende* Funktion enthält, ist nicht erkennbar).

[85] Treffend *Jarass*, GRCh, Art. 23 GRC, Rn. 4.

[86] A.A. *Jarass*, GRCh, Art. 23 GRC, Rn. 4; *Odendahl*, in: Heselhaus/Nowak, Handbuch der Europäischen Grundrechte, § 44, Rn. 53.

[87] *Jarass*, GRCh, Art. 23 GRC, Rn. 4.

II. Verpflichtungen der Adressaten

Abs. 1 spricht eine Verpflichtung den (unmittelbaren) Adressaten gegenüber aus, die   **33**
angesprochene »Gleichheit« in dem (oben) festgestellten Anwendungsbereich »**sicherzustellen**«. Im Hinblick auf die Funktionsweise und die zur Verfügung stehenden Mittel
und Maßnahmen dieser Adressaten gilt diese Verpflichtung uneingeschränkt. M. a. W.
gilt die Verpflichtung für alle Arten der Aufgabenerfüllung und der Tätigkeitsausübung
(der Adressaten). Die Adressaten sind auf diese Weise verpflichtet, sowohl hinsichtlich
der eigenen (Verwaltungs-)Tätigkeit bzw. des eigenen Agierens als auch mit den ihnen
zur Verfügung stehenden Mitteln Dritter gegenüber die Sicherstellung der Gleichheit zu
gewährleisten. Diese Verpflichtung enthält der Logik nach auch ein **Verbot**: die Adressaten dürfen selbst nicht diskriminieren. Dies ergibt sich logischerweise aus dem Wortlaut aber auch i. V. m. Art. 51 Abs. 1 Satz 2 GRC.

Konkret müssen die **Organe und Einrichtungen der Union** in allen Tätigkeitsberei-   **34**
chen einschließlich der Legislative, der Judikative und der Eigenverwaltung und hinsichtlich aller Maßnahmen der Umsetzung des Unionsrechts, der eigenen Organisation
sowie der Realakte die angesprochene Gleichheit achten bzw. (wieder-)herstellen.[88] Die
gleiche Verpflichtung gilt für die **mitgliedstaatliche Legislative, Judikative und Exekutive**, nicht jedoch in allen Bereichen, sondern aufgrund von Art. 51 Abs. 1 Satz 1 GRC
lediglich in Bereichen der Durchführung des Unionsrechts (was sicherlich in der Praxis
zu schwierigen Abgrenzungsproblemen führen könnte, soweit die Mitgliedstaaten gewillt sind, der Verpflichtung penibel nur soweit zur entsprechen, wie Art. 51 Abs. 1
Satz 1 GRC sie zwingt). Auch in dem Zwischenspiel zwischen Organen und Einrichtungen der Union und denen der Mitgliedstaaten ist die Sicherstellung der Gleichheit zu
gewährleisten.[89]

Der Auftrag zur Sicherstellung der Gleichheit gilt nicht nur deren passiven Aner-   **35**
kennung oder Beachtung[90] bzw. der Vermeidung von Diskriminierungen, sondern auch
aktiven Maßnahmen der Verwirklichung. Es geht insofern auch um eine **positive Pflicht**

---

[88] EuGH, Urt. v. 11.4.2013, C–401/11 (Soukupová/Ministerstvo zemedelství), ECLI:EU:C:
2013:223: »Hinsichtlich der Folgen einer Nichtbeachtung des Grundsatzes der Gleichbehandlung (…)
ist darauf hinzuweisen, dass die Wahrung des Grundsatzes der Gleichbehandlung, wenn eine unionsrechtswidrige Diskriminierung festgestellt worden ist und solange keine Maßnahmen zur Wiederherstellung der Gleichbehandlung erlassen worden sind, nach ständiger Rechtsprechung nur dadurch
gewährleistet werden kann, dass den Angehörigen der benachteiligten Gruppe dieselben Vorteile
gewährt werden wie die, die den Angehörigen der privilegierten Gruppe zugutekommen. Die benach-
teiligte Person muss somit in die gleiche Lage versetzt werden wie die Person, die den Vorteil genießt.«
(Rn. 35). Siehe auch EuGH, Urt. v. 26.1.1999, Rs. C–18/95 (Terhoeve/Inspecteur van de Belasting-
dienst), Slg. 1999, I–345, Rn. 57; Urt. v. 22.6.2011, Rs. C–399/09 (Landtová/Ceská správa sociálního
zabezpecení), Slg. 2011, I–5573, Rn. 51).

[89] Siehe z.B. EuGH, Urt. v. 11.4.2013, C–401/11 (Soukupová/Ministerstvo zemedelství), ECLI:
EU:C:2013:223. In dem Fall wurde die Festsetzung des »normalen Ruhestandsalters« im Sinne von
Art. 11 Abs. 1 zweiter Gedankenstrich der Verordnung Nr. 1257/1999 über die Förderung der Entwicklung des ländlichen Raums in Ermangelung einer unionsrechtlichen Harmonisierung den Mitgliedstaaten überlassen. Der EuGH stellte fest: »Es kann nicht davon ausgegangen werden, dass der
Unionsgesetzgeber durch diesen Verweis auf einen nicht harmonisierten Begriff [in Art. 7 Abs. 1 der
Richtlinie 97/7, der bei der Festsetzung des Rentenalters im Bereich der sozialen Sicherheit die Beibehalten einer Ungleichbehandlung zuließ] die Mitgliedstaaten dazu ermächtigt hat, bei der Durchführung dieser Verordnung Maßnahmen zu erlassen, die gegen die allgemeinen Grundsätze des Unionsrechts und gegen die Grundrechte verstoßen würden.« (Rn. 26). Vgl. in diesem Sinne EuGH, Urt. v.
27.6.2006, C–540/03 (Parlament/Rat), Slg. 2006, I–5769, Rn. 22–23.

[90] *Hölscheidt*, in: Meyer, GRCh, Art. 23 GRC, Rn 23.

– d.h. um ein Gebot[91] – den Adressaten gegenüber Schritte einzuleiten, welche erstens die Sicherstellung der Gleichheit bei sich, d.h. z.B. in der eigenen Verwaltung und durch eigene – evtl. begünstigende – Maßnahmen, gewährleisten. Zweitens können bzw. sollen solche Schritte die Sicherstellung der Gleichheit durch Dritte und im Rahmen der Tätigkeiten Dritter gewährleisten. Diese zweite positive Pflicht führt zu der **horizontalen Wirkung** der Bestimmung (wie bei Art. 157 Abs. 1 AEUV),[92] wodurch eine Verpflichtung mittelbarer Adressaten herbeigeführt wird. Dementsprechend sind sowohl die Union als auch die Mitgliedstaaten, ob im Rahmen der Legislative, der Judikative oder der Exekutive, verpflichtet, die angesprochene Gleichheit in den unionsrelevanten respektive unionsbestimmten Lebens- und Politikbereichen auch Privaten gegenüber und zwischen Privaten durch Rechtsetzung und deren Umsetzung sicherzustellen bzw. herbeizuführen.

36   **Abs. 2** verbietet nichts und enthält weder Verpflichtung noch Gebot noch Auftrag.[93] Die Einführung von Vergünstigungen kann nicht gerichtlich erzwungen werden.[94] Die Vorschrift macht lediglich das, was aufgrund von Abs. 1 und anderer Vorschriften[95] als Maßnahme oder regulierende Methode eventuell rechtswidrig wäre, legal, sollte dies für solche Maßnahmen oder Methoden erforderlich sein. Sie hat lediglich, wie oben festgestellt, eine **klarstellende Funktion**.

III. Eingriffe

1. Mögliche Formen des Eingriffs

37   Eingegriffen wird in das in **Abs. 1** enthaltene Grundrecht durch eine **unmittelbar oder mittelbar diskriminierende Maßnahme**[96] oder Ungleichbehandlung. Solche diskriminierenden Maßnahmen könnten in Form von legislativen oder administrativen Akten vorkommen, z.B. durch gesetzliche Regelungen[97] oder Einzelfallentscheidungen, die das eine oder andere Geschlecht ausdrücklich oder indirekt benachteiligen. Eine Beeinträchtigung des Grundrechts liegt also (auch) vor, wenn die Union eine legislative Maßnahme ergreift, die dem Ziel der Sicherstellung der Gleichheit widerspricht.[98] Auch

---

[91] *Graser*, in: Schwarze, EU-Kommentar, Art. 23 GRC, Rn. 1 (»positives Gleichstellungsgebot«).
[92] *Oppermann/Classen/Nettesheim*, Europarecht, § 17, Rn. 71; *Frenz*, Handbuch Europarecht, Bd. 4, Rn. 3406. Siehe auch oben, Fn. 65.
[93] *Graser*, in: Schwarze, EU-Kommentar, Art. 23 GRC, Rn. 4. A.A. *Frenz*, Handbuch Europarecht, Bd. 4, Rn. 3411; *Jarass*, EU-GR, § 26, Rn. 21.
[94] *Frenz*, Handbuch Europarecht, Bd. 4, Rn. 3413.
[95] Siehe Rn. 7 oben.
[96] Zur Qualität von Diskriminierung als unmittelbar und mittelbar, siehe *Odendahl*, in: Heselhaus/Nowak, Handbuch der Europäischen Grundrechte, § 44, Rn. 45–47 und Rn. 48–51.
[97] Siehe z.B. EuGH, Urt. v. 11.11.2010, Rs. C–232/09 (Danosa/LKB Lizings), Slg. 2010, I–11405: »[Das] Ziel, von dem sowohl die Richtlinie 92/85 als auch die Richtlinie 76/207 geleitet werden, könnte nicht erreicht werden, wenn der der Schwangeren vom Unionsrecht gewährte Kündigungsschutz von der formalen Qualifizierung ihres Beschäftigungsverhältnisses *nach innerstaatlichem Recht* (…) abhinge.(…) Dieses Ergebnis findet auch Bestätigung (…) in Art. 23 [GRC]« (Rn. 69–71) (Hervorhebung durch Verf.).
[98] *Jarass*, GRCh, Art. 23 GRC, Rn. 8a. Siehe z.B. EuGH, Urt. v. 1.3.2011, Rs. C–236/09 (Association belge des Consommateurs Test-Achats/Rat), Slg. 2011, I–773: »Es steht fest, dass das mit der Richtlinie 2004/113 im Versicherungssektor verfolgte Ziel, wie in ihrem Art. 5 Abs. 1 zum Ausdruck kommt, in der Anwendung der Regel geschlechtsneutraler Prämien und Leistungen besteht.(…) Somit beruht die Richtlinie 2004/113 auf der Prämisse, dass für die Zwecke der Anwendung des in den Art. 21 und 23 der Charta verbürgten Grundsatzes der Gleichbehandlung von Frauen und Männern

im Rahmen der Beschäftigung des eigenen Personals oder der Mittelverteilung kann es zu Verstößen gegen das (implizite) Diskriminierungsverbot des Abs. 1 kommen. Der Maßstab zur Feststellung einer Diskriminierung ergibt sich aus der vielfältigen Rechtsprechung des EuGH zur Anwendung bestehender Bestimmungen des Primär- oder Sekundärrechts der Union (siehe exemplarische Auflistung oben). Der Gleichbehandlungsgrundsatz verlangt, »dass vergleichbare Sachverhalte nicht unterschiedlich und unterschiedliche Sachverhalte nicht gleich behandelt werden, es sei denn, dass eine solche Behandlung objektiv gerechtfertigt ist«.[99] Die Ungleichbehandlung muss gleichen Ursprungs und für den Grundrechtsträger von Nachteil sein.[100]

Da Abs. 1 auch eine **positive Pflicht** enthält, kann es auch zu einem Eingriff kommen, **38** wenn durch **Unterlassung** eine Diskriminierung verursacht oder zugelassen wird. Indem sowohl gesetzgeberische als auch u. U. administrative Schritte unterlassen werden, die für die Sicherstellung der Gleichheit erforderlich sind, könnte die positive Pflicht verletzt werden.[101] Allerdings müsste hier die Unterlassung angesichts des gesetzgeberischen Spielraums besonders frappierender Art sein.[102]

Dass sowohl mittelbare als auch unmittelbare Eingriffe unter Abs. 1 fallen, steht **39** angesichts der langjährigen Rechtsprechung des EuGH zu den Vorgänger- bzw. noch bestehenden Bestimmungen der Verträge und des Sekundärrechts außer Frage.[103] Die Tatsache, dass ein **mittelbarer** Eingriff oder eine mittelbare Diskriminierung unter die Bestimmung in Abs. 1 fällt, widerspricht nicht deren Qualität als Grundrecht.[104] Der Eingriff, d. h. die Diskriminierung, wird zwar anhand der gruppenbezogenen Auswirkung einer sonst neutralen aber nicht zu rechtfertigenden Maßnahme festgestellt. Die diskriminierende Wirkung wird dennoch von einem Individuum erfahren; daher ergibt sich der Eingriff in dessen Grundrecht. Die Tatsache, dass die neutrale, nicht zu rechtfertigende Maßnahme ggfs. auch zum Nachteil eines Einzelnen führen könnte, der in dem konkreten Fall nicht die für die Wahrnehmung des Grundrechts erforderliche Geschlechtsbezogenheit aufweist, widerspricht dieser Schlussfolgerung nicht. Art. 23 Abs. 1 GRC ist lediglich eine Bestimmung, in der es um die geschlechtsbezogene (Un-) Gleichheit geht; die Vorschrift versucht indessen nicht, eine allgemeine Rationalität im

---

die Lage von Frauen und die Lage von Männern in Bezug auf die Prämien und Leistungen der von ihnen abgeschlossenen Versicherungen vergleichbar sind.« (Rn. 30).

[99] Siehe z. B. EuGH, Urt. v. 16. 12. 2008, Rs. C–127/07 (Arcelor Atlantique et Lorraine/Premier ministre), Slg. 2008, I–9895, Rn. 23. Siehe auch EuGH, Urt. v. 17. 7. 1997, Rs. C–354/95 (Queen/ Minister for Agriculture ex p. National Farmers' Union), Slg. 1997, I–4559, Rn. 61; Urt. v. 11. 11. 2010, C–152/09 (Grootes/Amt für Landwirtschaft Parchim), Slg. 2010, I–11285, Rn. 66; Urt. v. 1. 3. 2011, Rs. C–236/09 (Association belge des Consommateurs Test-Achats/Rat), Slg. 2011, I–773, Rn. 28; Urt. v. 11. 4. 2013, C–401/11 (Soukupová/Ministerstvo zemedelství), ECLI:EU:C:2013:223, Rn. 27.

[100] Treffend *Jarass*, GRCh, Art. 23 GRC, Rn. 12–13.

[101] Dazu *Jarass*, GRCh, Art. 23 GRC, Rn. 14.

[102] Treffend *Jarass*, GRCh, Art. 23 GRC, Rn. 14. Siehe aber auch oben, Fn. 65.

[103] Zur mittelbaren Diskriminierung, siehe GA *Warner*, Schlussanträge zu Rs. 96/80 (Jenkins/ Kingsgate), Slg. 1981, 911, 937, sowie EuGH, Urt. v. 12. 2. 1974, Rs. 152/73 (Sotgiu/Deutsche Bundespost), Slg. 1974, 153; Urt. v. 16. 2. 1978, Rs. 61/77 (Kommission/Irland), Slg. 1978, 417; Urt. v. 12. 6. 1979, Rs. 237/78 (CRAM/Toia), Slg. 1979, 2645. Siehe auch *Rengeling/Szczekalla*, Grundrechte, § 25, Rn. 921–923.

[104] A.A. *Kingreen*, in: Ehlers, Grundrechte und Grundfreiheiten, der behauptet, »die Statistik wird zur *Auslegungsmethode* befördert« (Rn. 47) (Hervorhebung d. Verf.). Darin liegt ein Missverständnis: die Statistik dient lediglich als *Beweismittel* der diskriminierenden Auswirkung des Unterscheidungsmerkmals.

menschlichen und institutionellen Handeln – ob der unmittelbaren oder mittelbaren Adressaten der Vorschrift – herbeizuführen.

40   Die gerichtliche Feststellung sowohl der unmittelbaren als auch der mittelbaren Diskriminierung kann im Rahmen der **Beweislastumkehr** erfolgen. »Insoweit obliegt es nach Art. 4 Abs. 1 der Richtlinie 97/80, wenn Personen, die sich durch die Verletzung des Gleichbehandlungsgrundsatzes für beschwert halten und bei einem Gericht oder einer anderen zuständigen Stelle Tatsachen glaubhaft machen, die das Vorliegen einer unmittelbaren oder mittelbaren Diskriminierung vermuten lassen, dem Beklagten, zu beweisen, dass keine Verletzung des Gleichbehandlungsgrundsatzes vorgelegen hat.«[105] Dies gilt allerdings vorwiegend für die unmittelbare – jedoch (möglicherweise absichtlich oder unterbewusst) versteckte, also nicht offenkundige – Diskriminierung. Die Feststellung der Tatbestände der mittelbaren Diskriminierung liegt primär im Bereich des statistischen Beweises oder der aufmerksamen Beobachtung der Gesellschaft sowie evtl. sogar in der bloßen Möglichkeit der diskriminierenden Wirkung[106] und ist grundsätzlicher Bestandteil einer Klage, sodass hier die Beweislastumkehr kaum greifen kann. Lediglich die Rechtfertigung des neutralen Unterscheidungsmerkmals könnte im Rahmen der Prüfung der mittelbaren Diskriminierung zur Anwendung der Grundsätze der sog. Beweislastrichtlinie[107] führen. Der Ausschluss der Absicht der Diskriminierung ist für einen mittelbaren Eingriff nicht bloß fakultativ, sondern sogar essentiell:[108] sobald festgestellt werden kann, dass eine diskriminierende Absicht bestand, ist der Eingriff logischerweise nicht mehr mittelbar sondern unmittelbar, auch wenn evtl. versteckt.[109]

2. Eingriffsrechtfertigung

41   Eingriffe in das Grundrecht nach Art. 23 Abs. 1 GRC sind nach der Schrankenregelung des Art. 52 Abs. 1 GRC zu prüfen, wobei besondere **Prüfungsmaßstäbe**, die für Gleichheitsgrundrechte gelten, herangezogen werden müssen,[110] allen voran gemäß Art. 52 Abs. 3 GRC die Maßstäbe nach Art. 14 EMRK. Danach müssen Eingriffe gesetzlich

[105] EuGH, Urt. v. 11.11.2010, Rs. C–232/09 (Danosa/LKB Lizings), Slg. 2010, I–11405, Rn. 73.

[106] Siehe auch oben, Fn. 104. Der strenge Beweis eines statistisch nachgewiesenen Missverhältnisses ist nicht unbedingt erforderlich. Siehe EuGH, Urt. v. 23.5.1996, Rs. C–237/94 (O'Flynn/Adjudication Officer), Slg. 1996, I–2617: »eine Vorschrift (…) [ist] als mittelbar diskriminierend anzusehen, wenn sie sich ihrem Wesen nach eher auf Wanderarbeitnehmer als auf inländische Arbeitnehmer auswirken kann und folglich die Gefahr besteht, daß sie Wanderarbeitnehmer besonders benachteiligt(….) In diesem Zusammenhang braucht nicht festgestellt zu werden, daß die in Rede stehende Vorschrift in der Praxis einen wesentlich größeren Anteil der Wanderarbeitnehmer betrifft. Es genügt die Feststellung, daß die betreffende Vorschrift geeignet ist, eine solche Wirkung hervorzurufen.« (Rn. 20–21).

[107] RL 97/80/EG des Rates über die Beweislast bei Diskriminierungen aufgrund des Geschlechts v. 15.12.1997, ABl. 1998, L 14/6. Vgl. *Kingreen*, in: Ehlers, Grundrechte und Grundfreiheiten, der die Auffassung vertritt, es obliegt »dem Beklagten (…) der Beweis, dass keine Diskriminierung vorgelegen hat« (Rn. 45); diese Formulierung trifft nur insofern zu, als der Beklagte eine ausreichende *Rechtfertigung* unter Beweis zu stellen hat.

[108] Vgl. *Frenz*, Handbuch Europarecht, Bd. 4, Rn. 3392.

[109] Die alternative Bezeichnung der mittelbaren Diskriminierung als »versteckt« – auch wenn geläufig – ist irreführend (vgl. *Frenz*, Handbuch Europarecht, Bd. 4, Rn. 3392, Fn. 534). Eine unmittelbare Diskriminierung ist – sogar nicht selten – versteckt, während eine mittelbare Diskriminierung lediglich indirekt aber i. d. R. offenkundig ist.

[110] *Folz*, in: Vedder/Heintschel v. Heinegg, Europäisches Unionsrecht, Art. 23 GRC, Rn. 4 sowie Art. 21 GRC, Rn 6.

vorgesehen sein,[111] den Wesensgehalt achten, ein legitimes Ziel verfolgen und den Grundsatz der Verhältnismäßigkeit wahren.[112] Für die Normadressaten besteht ein weiter Beurteilungsspielraum.[113]

Auch wenn dementsprechend nicht gänzlich ausgeschlossen, wird eine **unmittelbare** **42** Diskriminierung i. d. R. schwer zu rechtfertigen sein.[114] Die wesentlichen Fallgruppen der Rechtfertigung einer unmittelbaren Diskriminierung sind diejenigen, die schon ausdrücklich im Sekundärrecht angesprochen sind, nämlich Fälle der sog. »wesentlichen und entscheidenden beruflichen Anforderung« wie etwa in Art. 14 Abs. 2 RL 2006/54.[115] Sonstige eventuelle Rechtfertigungen könnten die Beschäftigung von Frauen in bestimmten Kampfeinheiten (allerdings nicht automatisch im gesamten Militär) betreffen,[116] oder bei bestimmten – freilich nicht allen – Schutzmaßnahmen für Frauen gelten, i. d. R. aber nicht bezogen auf Schwangerschaft.[117] Eine Rechtfertigung der Diskriminierung bei der Betriebsbeschäftigung kann nicht durch den Verweis auf Kundenerwartungen erbracht werden.[118] Die Möglichkeit der Rechtfertigung der **mittelbaren** Diskriminierung ist dagegen ein inhärentes Element dieses Konzepts, und zwar unter Anwendung des Prinzips der Verhältnismäßigkeit.[119]

---

[111] Dazu *Jarass*, GRCh, Art. 23 GRC, Rn. 15.

[112] *Jarass*, GRCh, Art. 23 GRC, Rn. 16.

[113] *Jarass*, GRCh, Art. 23 GRC, Rn. 9.

[114] Siehe *Frenz*, Handbuch Europarecht, Bd. 4, Rn. 3395; *Folz*, in: Vedder/Heintschel v. Heinegg, Europäisches Unionsrecht, Art. 21 GRC, Rn. 6 (das auch für Art. 23 Abs. 1 wohl zu gelten hat). Siehe z. B. EuGH, Urt. v. 8. 11. 1990, Rs. C–177/88 (Dekker/Stichting Vormingscentrum), Slg. 1990, I–3941; die Rspr. zeigt wiederholt, dass eine Rechtfertigung grundsätzlich nur der mittelbaren Diskriminierung gilt und nicht der unmittelbaren; siehe Z. B. EuGH, Urt. v. 27. 5. 2004, Rs C–285/02 (Elsner-Lakeberg/Land Nordrhein-Westfalen), Slg. 2004, I–5861, Rn. 36–38; Urt. v. 13. 5. 1986, Rs. C–170/84 (Bilka-Kaufhaus/Weber von Hartz), Slg. 1986, 1607, Rn. 36; Urt. v. 13. 7. 1989, Rs. 171/88 (Rinner-Kühn/Spezial-Gebäudereinigung), Slg. 1989, 2743, Rn. 14. A. A. *Kingreen*, in: Ehlers, Grundrechte und Grundfreiheiten, Rn. 49. Z. T. treffend auch *Odendahl*, in: Heselhaus/Nowak, Handbuch der Europäischen Grundrechte, § 44, Rn. 58–61; allerdings überzeugt der Versuch (auch bei *Kingreen*, in: Ehlers, Grundrechte und Grundfreiheiten, Rn. 49), EuGH, Urt. v. 26. 6. 2001, Rs. C–381/99 (Brunnhofer/Bank der österreichischen Postsparkasse), Slg. 2001, I–4961, Rn. 63 ff. als Unterstützung für die Behauptung heranzuziehen, die Prüfung der Rechtfertigung der unmittelbaren Diskriminierung unterscheidet sich nicht (mehr) von der der mittelbaren Diskriminierung, nicht. Der Wortlaut des Urteils lässt diese Lesart nicht zu: entweder der Fall lässt sich als inhärentes Beispiel der mittelbaren Diskriminierung verstehen, oder er ist – noch einfacher – lediglich ein Beispiel für die Prüfung der Frage, ob die gleiche Arbeit geleistet wurde.

[115] Art. 14 Abs. 2 RL 2006/54/EG vom 5. Juli 2006 zur Verwirklichung des Grundsatzes der Chancengleichheit und Gleichbehandlung von Männern und Frauen in Arbeits- und Beschäftigungsfragen (Neufassung): »Die Mitgliedstaaten können (…) vorsehen, dass eine Ungleichbehandlung wegen eines geschlechtsbezogenen Merkmals keine Diskriminierung darstellt, wenn das betreffende Merkmal aufgrund der Art einer bestimmten beruflichen Tätigkeit oder der Bedingungen ihrer Ausübung eine wesentliche und entscheidende berufliche Anforderung darstellt, sofern es sich um einen rechtmäßigen Zweck und eine angemessene Anforderung handelt.« Siehe auch *Odendahl*, in: Heselhaus/Nowak, Handbuch der Europäischen Grundrechte, § 44, Rn. 61.

[116] Siehe EuGH, Urt. v. 11. 1. 2000, Rs. C–285/98 (Kreil/Deutschland), Slg. 2000, I–69.

[117] Mehr dazu *Frenz*, Handbuch Europarecht, Bd. 4, Rn. 3395–96; *Jarass*, GRCh, Art. 23 GRC, Rn. 17–18; differenzierter *Odendahl*, in: Heselhaus/Nowak, Handbuch der Europäischen Grundrechte, § 44, Rn. 46, 61.

[118] Siehe EuGH, Urt. v. 10. 7. 2008, Rs. C–54/07 (Centrum voor gelijkheid van kansen en voor racismebestrijding/Feryn), Slg. 2008, I–5187; obwohl in diesem Fall der Beklagte argumentiert hat, sein Verhalten ging nur auf Kundenwünsche zurück (Rn. 18), hat der EuGH darauf in seinem Urteil überhaupt keine Rücksicht genommen. A. A. *Oppermann/Classen/Nettesheim*, Europarecht, § 17, Rn. 76.

[119] EuGH, Urt. v. 14. 12. 1995, Rs. C–317/93 (Nolte/Landesversicherungsanstalt Hannover),

43   Dass Art. 23 Abs. 2 GRC z. T. als »Rechtfertigung« einer Ungleichbehandlung (durch **Vergünstigungen** oder sog. »positive« Diskriminierung) angesehen wird, ist irreführend und zeigt sogar ein Missverständnis, zumal dem Wortlaut nach darin keine rechtfertigenden Tatbestandsmerkmale für sich enthalten sind.[120] Diese Vorschrift geht eher durch die bloße Klarstellung der Rechtmäßigkeit solcher Maßnahmen im Grunde um das Herbeiführen der Gleichheit und Sicherstellung der Gleichbehandlung in einem gerade umfassenderen oder zumindest ergänzenden Sinne.[121]

IV.   Wahl der Mittel zur Erfüllung der Verpflichtung

44   Art. 23 Abs. 1 GRC enthält sowohl ein Grundrecht des Einzelnen auf als auch eine korrespondierende Verpflichtung für die Adressaten zur Sicherstellung der Gleichheit. Auch wenn Abs. 1 keinen Hinweis auf die Mittel enthält,[122] die den Adressaten zur Erfüllung der Verpflichtung zur Verfügung stehen, dürfte es eine **breite Auswahl** geben. Einzig Art. 23 Abs. 2 GRC geht auf die Frage der zur Verfügung stehenden Mittel ausdrücklich ein, indem klargestellt wird, dass Vergünstigungen nicht durch das Grundrecht auf Gleichheit ausgeschlossen werden. Ansonsten lässt sich aus dem Wesen der Adressaten schließen, dass die zur Verfügung stehenden Mittel legislativer und administrativer Art sein können. In Bezug auf die Union und ihre Einrichtungen erschöpfen sich die Mittel in Folge von Art. 51 Abs. 2 GRC dort, wo die in den Verträgen verankerten Unionskompetenzen ihre Grenze finden. In Bezug auf die Mitgliedstaaten werden die zur Verfügung stehenden Mittel dadurch begrenzt, dass diese nicht zu einem Verstoß gegen geltendes Unionsrecht, die eigene Verfassung oder sonstige eingegangene höhere Verpflichtungen – etwa der EMRK (in dem Fall z. T. in Folge der Berücksichtigung von Art. 51 Abs. 3 GCR) – führen dürfen. (Die Beschränkung der *Verpflichtung* der Mitgliedstaaten auf den Bereich der Durchführung von Unionsrecht setzt für sich freilich keine Grenze für eigene weitergehende Maßnahmen.)

Slg. 1995, I–4625; Urt. v. 27.5.2004, Rs. C–285/02 (Elsner-Lakeberg/Land Nordrhein-Westfalen), Slg. 2004, I–5861, Rn. 36–38; Urt. v. 13.5.1986, Rs. 170/84 (Bilka-Kaufhaus/Weber von Hartz), Slg. 1986, 1607; Urt. v. 13.7.1989, Rs. 171/88 (Rinner-Kühn/Spezial-Gebäudereinigung), Slg. 1989, 2743. Siehe *Folz*, in: Vedder/Heintschel v. Heinegg, Europäisches Unionsrecht, Art. 21 GRC, Rn. 6, m. w. N.; *Odendahl*, in: Heselhaus/Nowak, Handbuch der Europäischen Grundrechte, § 44, Rn. 62–64. Vgl. die Behauptung in *Kingreen*, in: Ehlers, Grundrechte und Grundfreiheiten, Rn. 49, »[d]ass mittelbare Diskriminierungen gleichwohl eher rechtfertigungsfähig sind, liegt daran, dass die Rechtfertigungsprüfung hier auch als Korrektiv für den (zu) weiten Begriff der mittelbaren Diskriminierung dient«. Diese Auffassung verkennt gänzlich, dass die Rechtfertigung eines neutralen aber diskriminierend wirkenden Kriteriums schon seit der Entstehung des analytischen Konzepts der mittelbaren Diskriminierung (Griggs v. Duke Power Co., 401 U. S. 424 (1971), (Sup. Ct. U. S.)) ein untrennbarer und integraler Bestandteil des Konzeptes und der Analyse gewesen ist. Es handelt sich daher offensichtlich nicht um ein »Korrektiv«.

[120] Höchstens das Wort »unterrepräsentiert« – wie auch immer verstanden – könnte sich hier als Rechtfertigungsmerkmal verstehen lassen, ist aber eher als Voraussetzung auszulegen. M. a. W. widersprechen begünstigende Maßnahmen dem Gleichheitsgrundsatz nicht, zumindest wenn sie dem unterrepräsentierten Geschlecht gelten. Der Feststellung, dass die Bestimmung des Art. 23 Abs. 2 lediglich Klarstellung und keine Ermächtigung ist, wird dadurch aber nicht widersprochen, dass Vergünstigungen bzw. Förderungen, die nicht nur der Problematik der »Unterrepräsentation« gewidmet sind, u. U. auch nicht im Widerspruch zum Gleichheitssatz stehen, solange der sachliche Zusammenhang mit einer Benachteiligung erkennbar ist (siehe unten).

[121] A.A. *Jarass*, GRCh, Art. 23 GRC, Rn. 19–22; ähnlich *Odendahl*, in: Heselhaus/Nowak, Handbuch der Europäischen Grundrechte, § 44, Rn. 52–53, 65–69.

[122] *Krebber*, in: Calliess/Ruffert, EUV/AEUV, Art. 23 GRC, Rn. 3.

Vergünstigungen gemäß Art. 23 Abs. 2 GRC können in allen Kompetenzbereichen **45** und durch Ausübung aller Kompetenzen der Union vorkommen.[123] Die Adressaten besitzen insofern **einen umfangreichen Gestaltungsspielraum**.[124] Möglich wäre beispielsweise, dass der Unionsgesetzgeber die Pflicht zur Erstellung von Frauenförderprogrammen (sog. »affirmative action plans«) allen Unternehmen auferlegt, die Empfänger von Subventionsmitteln der Union sind, sei es im Rahmen der gemeinsamen Agrarpolitik, der Verteilung der Mittel der Strukturfonds o. ä.[125] Genauso denkbar wäre, eine solche Pflicht allen Unternehmen aufzuerlegen, die auf irgendeine Weise eine vertragliche Verbindung mit der Union und ihren Stellen eingehen.[126] Es wäre auch gut vertretbar, dass der Unionsgesetzgeber allen Unternehmen, die sonst der regulierenden Kompetenz der Union unterliegen – beispielsweise im Rahmen des Wettbewerbsrechts, des Energierechts oder des Konsumentenrechts – eine Pflicht zur Einführung solcher Förderprogrammen auferlegt. Die Wahl der Mittel unterliegt indessen auf jeden Fall den grundsätzlichen Prinzipien des Unionsrechts allen voran der Verhältnismäßigkeit.[127] Dies hätte z.B. die Konsequenz, dass solche Förderprogramme nicht mit dem Inhalt verbunden sein dürften, starre Quoten in Unternehmen zu etablieren,[128] es ist andererseits nicht ersichtlich, dass das Auferlegen einer generellen Pflicht zur Einführung sol-

---

[123] Siehe *Krebber,* in: Calliess/Ruffert, Art. 23 GRC, Rn. 4 (»auch im allgemeinen Zivilrecht«); *Nußberger,* in: Tettinger/Stern, EuGRCh, Art. 23 GRC, Rn. 102; »in *allen* Bereichen«, wie von Frenz formuliert geht aber zu weit: *Frenz,* Handbuch Europarecht, Bd. 4, Rn. 3408, auch wenn Art. 23 Abs. 2 für sich keine *ausdrückliche* bereichsmäßige Einschränkung enthält (auch hierzu: vgl. *Frenz,* Rn. 3409).

[124] Für Beispiele, *Frenz,* Handbuch Europarecht, Bd. 4, Rn. 3412.

[125] Vgl. GA *Bot,* Schlussanträge zu Rs. C–388/12 (Comune di Ancona/Regione Marche), ECLI:EU:C:2013:535, bzgl. der Vereinbarkeit eines durch die Strukturfonds finanzierten Vorhabens mit dem Unionsrecht im Sinne von Art. 12 der Verordnung (EG) Nr. 1260/1999): »Gemäß Art. 12 der Verordnung muss jedes Vorhaben, das durch die Strukturfonds finanziert wird (…) den Unionsvorschriften entsprechen und mit den Politiken und Aktionen, die vom Unionsgesetzgeber veranlasst werden, vereinbar sein. (…) Der Unionsgesetzgeber betont [u.a.] die Gleichstellung von Männern und Frauen(…). Meines Erachtens fordert der Unionsgesetzgeber von dem Empfänger der Finanzmittel, dass er diese Pflichten während der gesamten Lebensdauer des Vorhabens beachtet.(…) Wie ist nämlich die Förderung der in Art. 23 [GRC] genannten Gleichheit zwischen Männern und Frauen sicherzustellen (…) wenn der Grundsatz der Vereinbarkeit nicht für die Beschäftigungs-, Arbeits- und Entgeltbedingungen, die im Rahmen des Vorhabens vorgesehen sind, zwingend ist? (…) Ich bin somit der Ansicht, dass der Endbegünstigte der Finanzmittel, der als öffentlicher Auftraggeber handelt, die Wettbewerbsbestimmungen sowie die Bestimmungen über die Vergabe öffentlicher Aufträge beachten muss, wenn er sich, sei es für die Ausführung der Bauarbeiten, den Erwerb von Bedarfsutensilien oder auch für die Bewirtschaftung einer Einrichtung für einen externen Dienstleister entscheidet.« (Rn. 71–76).

[126] Vgl. Executive Order 11375 (U.S.), 13. Oktober 1967, (32 Fed. Reg. 14303) (Amending Executive Order No. 11246 (U.S.), 28. September 1965, 30 Fed. Reg. 12319, Equal Employment Opportunity) Sec. 202, wodurch der amerikanische Präsident (Johnson) verordnete, dass alle Verträge mit der US-amerikanischen Bundesregierung einschl. aller Stellen und Agenturen Verpflichtungen zu positiven Maßnahmen zur Vermeidung der Diskriminierung u. a. aufgrund des Geschlechts zu enthalten hatten. Zur Einschätzung der Unterschiede im Gleichstellungsrecht der USA und der EU, aber anscheinend a. A. *Oppermann/Classen/Nettesheim,* Europarecht, § 17, Rn. 72.

[127] Dazu ausführlicher *Frenz,* Handbuch Europarecht, Bd. 4, Rn. 3400; *Graser,* in: Schwarze, EU-Kommentar, Art. 23 GRC, Rn. 3; *Odendahl,* in: Heselhaus/Nowak, Handbuch der Europäischen Grundrechte, § 44, Rn. 74.

[128] Siehe z.B. EuGH, Urt. v. 17.10.1995, Rs. C–450/93 (Kalanke/Freie Hansestadt Bremen), Slg. 1995, I–3051; Urt. v. 11.11.1997, Rs. C–409/95 (Marschall/Land NRW), Slg. 1997, I–6363; Urt. v. 28.3.2000, Rs. C–158/97 (Badeck u. a.), Slg. 2000, I–1875. Siehe auch *Jarass,* GRCh, Art. 23 GRC, Rn. 20; *Kingreen,* in: Ehlers, Grundrechte und Grundfreiheiten, Rn. 44; *Craig,* S. 596–599.

cher Programme als solche als unverhältnismäßig anzusehen wäre. Spezifische Vergünstigungen ergehen typischerweise zugunsten von Frauen, können aber sicherlich u. U. zugunsten von Männern ausgestaltet sein.[129] Solche Maßnahmen müssen jedenfalls in einem sachlichen Zusammenhang mit einer erkennbaren Benachteiligung stehen.[130] Insofern als der Erlass von Vergünstigungen sich der Rechtsgrundlage in Art. 157 Abs. 3 AEUV bedient bzw. bedienen müsste, unterliegt er in Folge des Art. 52 Abs. 2 GRC evtl. den Schranken des Art. 157 Abs. 4 AEUV.[131] Wenn sich die Rechtsgrundlage jedoch nicht in Art. 157 Abs. 3 AEUV befindet, ist es auch nicht ersichtlich, dass etwaige Schranken des Art. 157 Abs. 4 AEUV zu gelten hätten.[132]

---

[129] Dazu *Jarass*, GRCh, Art. 23 GRC, Rn. 20.
[130] *Jarass*, GRCh, Art. 23 GRC, Rn. 20.
[131] *Folz*, in: Vedder/Heintschel v. Heinegg, Europäisches Unionsrecht, Art. 21 GRC, Rn. 5.
[132] A.A. *Krebber*, in: Calliess/Ruffert, EUV/AEUV, Art. 23 GRC, Rn. 4.

Artikel 24 GRC Rechte des Kindes

(1) ¹Kinder haben Anspruch auf den Schutz und die Fürsorge, die für ihr Wohlergehen notwendig sind. ²Sie können ihre Meinung frei äußern. ³Ihre Meinung wird in den Angelegenheiten, die sie betreffen, in einer ihrem Alter und ihrem Reifegrad entsprechenden Weise berücksichtigt.

(2) Bei allen Kinder betreffenden Maßnahmen öffentlicher Stellen oder privater Einrichtungen muss das Wohl des Kindes eine vorrangige Erwägung sein.

(3) Jedes Kind hat Anspruch auf regelmäßige persönliche Beziehungen und direkte Kontakte zu beiden Elternteilen, es sei denn, dies steht seinem Wohl entgegen.

Literaturübersicht

Doek, Article 8 – The right to preservation of identity, Article 9 – The right not to be separated from his or her parents, in: Alen/Lanotte/Verhellen/Ang/Berghmans/Verheyde (Hrsg.), A Commentary on the United Nations Convention on the Rights of the Child, 2006; *EU Network of Independent Experts on Fundamental Rights*, Commentary of the Charta of Fundamental Rights of the European Union, 2006; *Freeman*, Article 3 – The best interests of the child, in: Alen/Lanotte/Verhellen/Ang/Berghmans/Verheyde (Hrsg.), A Commentary on the United Nations Convention on the Rights of the Child, 2007; *Kilkelly*, The Child and the European Convention on Human Rights, 1999; *Lotito*, Article 24 – The rights of the child, in: Mock (Hrsg.), Human Rights in Europe. Commentary on the Charter of Fundamental Rights of the European Union, 2010, S. 147; *M. Nowak*, CCPR Commentary, 2. Aufl., 2005; *Thorgeirsdóttir*, Article 13 – The right to freedom of expression, in: Alen/Lanotte/Verhellen/Ang/Berghmans/Verheyde (Hrsg.), A Commentary on the United Nations Convention on the Rights of the Child, 2006.

Leitentscheidungen

EuGH, Urt. v. 8. 11. 2012, Rs. C–40/11 (Yoshikazu Iida/Stadt Ulm), ECLI:EU:C:2012:691
EuGH, Urt. v. 6. 6. 2013, Rs. C–648/11 (MA, BT, DA/Secretary of State for the Home Department Vereinigtes Königreich), ECLI:EU:C:2013:367

Wesentliche sekundärrechtliche Vorschrift

Mitteilung der Kommission an das Europäische Parlament, den Rat, den EWSA und den AdR vom 15. 2. 2011. Eine EU-Agenda für die Rechte des Kindes, KOM (2011) 60 endg.

Inhaltsübersicht

A. Entwicklung, Quellen, Bedeutung

I. Entwicklung

1   Im historischen Rückblick wurden Kinder von den nationalen Rechtsordnungen grundsätzlich als **Objekt** und nicht als **Subjekt** betrachtet.[1] Auf völkerrechtlicher Ebene sind Kindern erst mit dem **Übereinkommen über die Rechte des Kindes** von 1989 (**CRC**)[2] eigene Rechte zuerkannt worden. Auf dieses Übereinkommen stützt sich auch Art. 24 GRC, wie es in der Erläuterung zu Art. 24 GRC heißt.[3]

2   Dabei enthielt die vorgeschlagene Liste der Grundrechte zunächst noch keinen eigenständigen Artikel zu den Rechten des Kindes.[4] Erst in Antwort auf zahlreiche Forderungen von Mitgliedern des **Grundrechtekonvents** wurde in einem neuen Entwurf ein Artikel zu Kinderrechten aufgenommen, der auf dem Übereinkommen über die Rechte des Kindes basiert.[5] Nach einigen Änderungen hat der Grundrechtekonvent den Artikel im endgültigen Entwurf eines vollständigen Textes der Grundrechtecharta angenommen.[6]

II. Quellen

3   Im **EU-Primärrecht** gibt es neben Art. 24 GRC weitere Bestimmungen zum Schutz der Rechte des Kindes. So sind Kinder vor Diskriminierung wegen des Alters nach Art. 21 GRC geschützt. Das Verbot der Kinderarbeit und der Schutz der Jugendlichen am Arbeitsplatz finden ausdrückliche Regelung in Art. 32 GRC. Daneben enthält der Vertrag über die Europäische Union Bestimmungen zum Schutz der Rechte des Kindes. Nach Art. 3 Abs. 3 UAbs. 2 EUV bekämpft die Union »soziale Ausgrenzung und Diskriminierungen und fördert [...] die Solidarität zwischen den Generationen und den Schutz der Rechte des Kindes«. Die Union leistet gem. Art. 3 Abs. 5 Satz 2 EUV einen Beitrag »zum Schutz der Menschenrechte, insbesondere der Rechte des Kindes«.[7] In der nicht rechtsverbindlichen EU-Agenda für die Rechte des Kindes von 2011 wird der Grundsatz des Kindeswohls, wie er in der Grundrechtecharta verankert ist, bei der Durchführung von Kinder betreffenden Maßnahmen der EU bestätigt.[8]

4   Art. 24 GRC stützt sich insbesondere auf **Art. 3** (Kindeswohl), **Art. 9** (Trennung von den Eltern, persönlicher Umgang), **Art. 12** (Berücksichtigung des Kindeswillens) und **Art. 13** (Meinungs- und Informationsfreiheit) **CRC**,[9] das alle EU-Mitgliedstaaten ratifiziert haben.[10] Auf universeller völkerrechtlicher Ebene beinhaltet darüber hinaus

---

[1] *Marauhn*, in: Heselhaus/Nowak, Handbuch der Europäischen Grundrechte, § 41, Rn. 1.

[2] UNTS, vol. 1577, p. 3.

[3] Erläuterung zu Art. 24 der Charta der Grundrechte vom 14. 12. 2007, ABl. 2007, C 303/17 (25). Nach Abs. 5 Satz 2 Präambel GRC sowie Art. 52 Abs. 7 GRC sind die rechtlich nicht verbindlichen Erläuterungen bei der Auslegung der Charta von den Gerichten der Union und der Mitgliedstaaten gebührend zu berücksichtigen.

[4] CHARTE 4112/2/00 REV 2 BODY 4 vom 27. 1. 2000.

[5] CHARTE 4284/00 CONVENT 28 vom 5. 5. 2000, Art. 23.

[6] CHARTE 4487/00 CONVENT 50 vom 28. 9. 2000, Art. 24. *Hölscheidt*, in: Meyer, GRCh, Art. 24 GRC, Rn. 14.

[7] *Hölscheidt*, in: Meyer, GRCh, Art. 24 GRC, Rn. 1.

[8] Mitteilung der Kommission an das Europäische Parlament, den Rat, den EWSA und den AdR vom 15. 2. 2011. Eine EU-Agenda für die Rechte des Kindes, KOM (2011) 60 endg.

[9] Erläuterung zu Art. 24 der Charta der Grundrechte vom 14. 12. 2007, ABl. 2007, C 303/17 (25).

[10] Ratifikationsstand im Internet abrufbar unter: https://treaties.un.org.

Art. 24 Internationaler Pakt über bürgerliche und politische Rechte (IPbpR) von 1966[11] eine besondere Bestimmung zum Schutz des Kindes durch seine Familie, die Gesellschaft und den Staat. Damit werden allerdings weder spezielle Rechte des Kindes noch eine generelle Anwendbarkeit aller Bestimmungen des Paktes auf Kinder begründet.[12]

Auf europäischer Ebene enthält die **Europäische Menschenrechtskonvention**   5 **(EMRK)**[13] zwar keinen speziellen Artikel zu Kinderrechten, die Konventionsorgane haben dennoch einige Bestimmungen auf die Rechtsstellung von Kindern angewendet, insbesondere Art. 8 EMRK (Recht auf Familienleben)[14] bzw. Art. 2 ZP I zur EMRK[15] (Recht auf Bildung).[16] Zur Erleichterung der Ausübung prozessualer Rechte von Kindern ist im Rahmen des Europarates das **Europäische Übereinkommen über die Ausübung von Kinderrechten** von 1996[17] angenommen worden, das der Verpflichtung aus Art. 4 CRC (Verwirklichung der Kindesrechte) nachkommt.[18] Allerdings sind nur wenige Mitgliedstaaten des Europarates Vertragsstaaten des Europäischen Übereinkommens über die Ausübung von Kinderrechten, unter ihnen auch nicht alle EU-Mitgliedstaaten.[19] Auch das **Übereinkommen des Europarates über den Umgang von und mit Kindern** von 2003[20] ist bisher nur von wenigen Mitgliedstaaten ratifiziert worden. Ziele dieses Übereinkommens sind, die Verbesserung einiger Aspekte des Rechts auf Kontakt im In- und Ausland herzustellen und insbesondere das grundlegende Recht von Kindern und ihren Eltern auf weiteren regelmäßigen Kontakt näher auszugestalten und zu stärken.[21]

In den meisten mitgliedstaatlichen **Verfassungen** kommt den Kindern der Status eines   6 »Objekts (sozial-)staatlicher Fürsorge« oder eines »Annexes elterlicher Grundrechte« zu.[22] Die Verfassung Finnlands regelt hingegen eigenständige Rechte von Kindern und verleiht diesen damit einen Subjektstatus.[23] In einigen Verfassungen wird den Staaten ein Schutzauftrag zugunsten von Kindern auferlegt, der gegenüber dem Erziehungsrecht der Eltern und dem Schutz der Familie subsidiär ist.[24] Einige Verfassungen regeln auch die Gleichheit von ehelichen und nichtehelichen Kindern.[25]

---

[11] UNTS, vol. 999, p. 171.

[12] *M. Nowak*, Art. 24, Rn. 4.

[13] SEV-Nr. 005.

[14] Zur Angleichung der rechtlichen Stellung des nichtehelichen Kindes an die des ehelichen Kindes: EGMR, Urt. v. 18.12.1986, Beschwerde-Nr. 9697/82 (Johnston u. a./Irland), Ser. A no. 112, Rn. 25 ff.

[15] SEV-Nr. 009.

[16] EGMR, Urt. v. 23.7.1968, Beschwerde-Nr. 1474/62, 1677/62, 1691/62, 1769/63, 1994/63, 2126/64 (Case »relating to certain aspects of the laws on the use of languages in education in Belgium«/Belgien), Ser. A no. 6, Rn. 33 ff. Zur Bedeutung der EMRK für die Rechte des Kindes vgl. *Kilkelly*, S. 1 ff.

[17] SEV-Nr. 160.

[18] *Frenz*, Handbuch Europarecht, Bd. 4, Rn. 3429.

[19] Ratifikationsstand im Internet abrufbar unter: http://www.coe.int/de/web/conventions.

[20] SEV-Nr. 192. Ratifikationsstand im Internet abrufbar unter: http://www.coe.int/de/web/conventions.

[21] Vgl. hierzu *EU Network of Independent Experts on Fundamental Rights*, S. 209 ff.

[22] *Hölscheidt*, in: Meyer, GRCh, Art. 24 GRC, Rn. 6; *Marauhn*, in: Heselhaus/Nowak, Handbuch der Europäischen Grundrechte, § 41, Rn. 4.

[23] § 6 Abs. 3 Verfassung Finnland. *Hölscheidt*, in: Meyer, GRCh, Art. 24 GRC, Rn. 6.

[24] Z. B. Art. 6 Abs. 2 und 3 GG, Art. 42 Verfassung Irland, Art. 30 Abs. 1 und 2 Verfassung Italien, Art. 36 Abs. 5 und 6 Verfassung Portugal, Art. 3 Verfassung Tschechien i. V. m. Art. 32 Abs. 4 Deklaration der Grundrechte und -freiheiten.

[25] Z. B. Art. 6 Abs. 5 GG, Art. 30 Abs. 3 Verfassung Italien, Art. 36 Abs. 4 Verfassung Portugal, Art. 39 Abs. 2 und 3 Verfassung Spanien, Art. 47 Abs. 3 Verfassung Bulgarien, Art. 44 Abs. 3 Verfassung Rumänien, Art. 41 Abs. 3 Verfassung Slowakei, Art. 54 Abs. 2 Verfassung Slowenien, Art. 3 Verfassung Tschechien i. V. m. Art. 32 Abs. 3 Deklaration der Grundrechte und -freiheiten.

III. Bedeutung

7   Wie die Normierungen des Schutzes der Rechte des Kindes sowohl auf völkerrechtlicher als auch europarechtlicher Ebene zeigen, stellt dieser ein wichtiges Anliegen sowohl der Staatengemeinschaft als auch der Union dar. Die Rechtsstellung von Kindern wird durch Art. 24 GRC besonders hervorgehoben, indem diese nicht mehr nur als Objekte, sondern als **Rechtssubjekte** behandelt werden. Damit ist ein bedeutender Schritt in der Entwicklung des Unionsrechts erfolgt.[26]

B. Grundrechtsadressat

8   Nach Art. 51 Abs. 1 Satz 1 GRC gilt die Charta für die **Organe, Einrichtungen und sonstigen Stellen der Union** und für die **Mitgliedstaaten** bei der Durchführung des Rechts der Union (s. Art. 51 GRC, Rn. 10 ff.).[27] Bürger sind demnach keine Grundrechtsadressaten. Eine unmittelbare Drittwirkung wird nach herrschender Auffassung abgelehnt. Aus Art. 24 GRC kann sich lediglich eine **mittelbare Drittwirkung** ergeben.[28]

C. Schutzbereich

I. Persönlicher Schutzbereich

9   Träger der Rechte aus Art. 24 GRC sind **Kinder**.[29] Da die Bestimmung keine **Definition des Begriffes »Kind«** enthält und in der Erläuterung zu Art. 24 GRC auf das Übereinkommen über die Rechte des Kindes verwiesen wird,[30] liegt es nahe, die Begriffsdefinition in **Art. 1 CRC** zu übernehmen.[31] Darin ist der Begriff des Kindes definiert als »jeder Mensch, der das achtzehnte Lebensjahr noch nicht vollendet hat, soweit die Volljährigkeit nach dem auf das Kind anzuwendenden Recht nicht früher eintritt«.[32] Im Gegensatz zu Art. 32 GRC (s. Art. 32 GRC, Rn. 8) erfolgt in Art. 24 GRC keine Unterscheidung zwischen Kindern und Jugendlichen.[33] Ungeborene Kinder fallen nicht unter den persönlichen Schutzbereich des Art. 24 GRC.[34]

---

[26] *Jarass*, GRCh, Art. 24 GRC, Rn. 3; *Lotito*, S. 147.

[27] EuGH, Urt. v. 8.11.2012, Rs. C–40/11 (Yoshikazu Iida/Stadt Ulm), ECLI:EU:C:2012:691, Rn. 78.

[28] *Ennuschat*, in: Tettinger/Stern, EuGRCh, Art. 24 GRC, Rn. 7; *Frenz*, Handbuch Europarecht, Bd. 4, Rn. 3478; *Hölscheidt*, in: Meyer, GRCh, Art. 24 GRC, Rn. 19; *Jarass*, GRCh, Art. 24 GRC, Rn. 7; *Kingreen*, in: Calliess/Ruffert, EUV/AEUV, Art. 24 GRC, Rn. 6, 8, 11; *Rengeling/Szczekalla*, Grundrechte, § 26, Rn. 960 f.; *Ross*, in: Schwarze, EU-Kommentar, Art. 24 GRC, Rn. 3, 6, 9, 10; *Streinz*, in: Streinz, EUV/AEUV, Art. 24 GRC, Rn. 5. Anders *Maruhn*, in: Heselhaus/Nowak, Handbuch der Europäischen Grundrechte, § 41, Rn. 21, der von einer unmittelbaren Drittwirkung ausgeht.

[29] *Frenz*, Handbuch Europarecht, Bd. 4, Rn. 3444; *Hölscheidt*, in: Meyer, GRCh, Art. 24 GRC, Rn. 18; *Jarass*, GRCh, Art. 24 GRC, Rn. 9; *Maruhn*, in: Heselhaus/Nowak, Handbuch der Europäischen Grundrechte, § 41, Rn. 20; *Ross*, in: Schwarze, EU-Kommentar, Art. 24 GRC, Rn. 4.

[30] Erläuterung zu Art. 24 der Charta der Grundrechte vom 14.12.2007, ABl. 2007, C 303/17 (25).

[31] *Ennuschat*, in: Tettinger/Stern, EuGRCh, Art. 24 GRC, Rn. 8; *Frenz*, Handbuch Europarecht, Bd. 4, Rn. 3445; *Hölscheidt*, in: Meyer, GRCh, Art. 24 GRC, Rn. 18; *Jarass*, GRCh, Art. 24 GRC, Rn. 9; *Ross*, in: Schwarze, EU-Kommentar, Art. 24 GRC, Rn. 4.

[32] Nach Art. 2 Buchst. c Übereinkommen über den Umgang von und mit Kindern ist »*Kind*« eine Person, die das 18. Lebensjahr noch nicht vollendet hat […].«

[33] *Lemke*, in: GSH, Europäisches Unionsrecht, Art. 24 GRC, Rn. 10; *Frenz*, Handbuch Europarecht, Bd. 4, Rn. 3445; *Kingreen*, in: Calliess/Ruffert, EUV/AEUV, Art. 24 GRC, Rn. 2; *Ross*, in: Schwarze, EU-Kommentar, Art. 24 GRC, Rn. 4.

[34] *Ennuschat*, in: Tettinger/Stern, EuGRCh, Art. 24 GRC, Rn. 8; *Frenz*, Handbuch Europarecht,

II. Sachlicher Schutzbereich

Fraglich ist, ob es sich bei Art. 24 GRC um Grundrechte oder nur um Grundsätze im **10** Sinne von Art. 52 Abs. 5 GRC handelt.[35] Die herrschende Auffassung befürwortet den **Grundrechtscharakter**.[36]

1. Schutz- und Fürsorgeanspruch (Abs. 1 Satz 1)

Nach Art. 24 Abs. 1 Satz 1 GRC, der auf Art. 3 Abs. 2 CRC beruht, haben Kinder **11** Anspruch auf den Schutz und die Fürsorge, die für ihr Wohlergehen notwendig sind.[37] Die Verwendung des Begriffes »Anspruch« deutet auf ein **Grundrecht** und nicht nur einen Grundsatz.[38] Aus dem Schutzanspruch gegenüber den Grundrechtsadressaten ergeben sich aber keine neuen Zuständigkeiten der Union.[39]

Definitionen der Begriffe »Schutz« und »Fürsorge« lassen Art. 3 Abs. 2 CRC und **12** Art. 24 GRC vermissen. Diese sind aber weit auszulegen.[40] **Schutz** bezieht sich vor allem auf die Sicherheit, Gesundheit sowie die körperliche, geistige, sittliche und soziale Entwicklung der Kinder, die auch in Art. 32 Abs. 2 GRC ausdrücklich genannt werden. **Fürsorge** erfasst alle Leistungen für das kindliche Wohlergehen, wie Pflege, Erziehung, Bildung, etc.[41] Zentral für den Schutz und die Fürsorge ist das Wohlergehen. Hierbei handelt es sich um einen unbestimmten Begriff.[42] Dieser ist weit auszulegen und umfasst vor allem das materielle und gesundheitliche sowie soziale, wirtschaftliche und moralische Wohlergehen.[43] Die Begriffe **»Wohlergehen«** in Art. 24 Abs. 1 Satz 1 GRC und »Wohl« des Kindes in Art. 24 Abs. 2 und 3 GRC sind gleichbedeutend.[44] Strittig ist, von wessen Perspektive die Bestimmung der in Art. 24 Abs. 1 Satz 1 GRC genannten »Not-

---

Bd. 4, Rn. 3446; *Jarass*, GRCh, Art. 24 GRC, Rn. 9; *Kingreen*, in: Calliess/Ruffert, EUV/AEUV, Art. 24 GRC, Rn. 2; *Ross*, in: Schwarze, EU-Kommentar, Art. 24 GRC, Rn. 4.

[35] *Frenz*, Handbuch Europarecht, Bd. 4, Rn. 3431; *Jarass*, GRCh, Art. 24 GRC, Rn. 4; *Ross*, in: Schwarze, EU-Kommentar, Art. 24 GRC, Rn. 3.

[36] *Kingreen*, in: Calliess/Ruffert, EUV/AEUV, Art. 24 GRC, Rn. 3 ff.; *Ross*, in: Schwarze, EU-Kommentar, Art. 24 GRC, Rn. 3; *Streinz*, in: Streinz, EUV/AEUV, Art. 24 GRC, Rn. 5. Anders *Ennuschat*, in: Tettinger/Stern, EuGRCh, Art. 24 GRC, Rn. 6.

[37] *Ennuschat*, in: Tettinger/Stern, EuGRCh, Art. 24 GRC, Rn. 8; *Frenz*, Handbuch Europarecht, Bd. 4, Rn. 3422; *Hölscheidt*, in: Meyer, GRCh, Art. 24 GRC, Rn. 2; *Kingreen*, in: Calliess/Ruffert, EUV/AEUV, Art. 24 GRC, Rn. 3; *Lotito*, S. 149; *Marauhn*, in: Heselhaus/Nowak, Handbuch der Europäischen Grundrechte, § 41, Rn. 12; *Ross*, in: Schwarze, EU-Kommentar, Art. 24 GRC, Rn. 5.

[38] *Frenz*, Handbuch Europarecht, Bd. 4, Rn. 3433; *Hölscheidt*, in: Meyer, GRCh, Art. 24 GRC, Rn. 20; *Kingreen*, in: Calliess/Ruffert, EUV/AEUV, Art. 24 GRC, Rn. 3.

[39] EuGH, Urt. v. 8.11.2012, Rs. C–40/11 (Yoshikazu Iida/Stadt Ulm), ECLI:EU:C:2012:691, Rn. 78. *Hölscheidt*, in: Meyer, GRCh, Art. 24 GRC, Rn. 21.

[40] *Freeman*, S. 67 f.

[41] *Ennuschat*, in: Tettinger/Stern, EuGRCh, Art. 24 GRC, Rn. 9; *Frenz*, Handbuch Europarecht, Bd. 4, Rn. 3448 f.

[42] *Ennuschat*, in: Tettinger/Stern, EuGRCh, Art. 24 GRC, Rn. 10; *Frenz*, Handbuch Europarecht, Bd. 4, Rn. 3450; *Hölscheidt*, in: Meyer, GRCh, Art. 24 GRC, Rn. 22; *Jarass*, GRCh, Art. 24 GRC, Rn. 10; *Ross*, in: Schwarze, EU-Kommentar, Art. 24 GRC, Rn. 6.

[43] *Ennuschat*, in: Tettinger/Stern, EuGRCh, Art. 24 GRC, Rn. 10; *Jarass*, GRCh, Art. 24 GRC, Rn. 10; *Lotito*, S. 150.

[44] *Frenz*, Handbuch Europarecht, Bd. 4, Rn. 3466; *Hölscheidt*, in: Meyer, GRCh, Art. 24 GRC, Rn. 22.

wendigkeit« zu erfolgen hat,[45] von der des Staates, der Eltern[46] oder des Kindes. Da es um das Wohlergehen des Kindes geht, sollte die Notwendigkeit auch aus der Perspektive des Kindes bestimmt werden.[47]

2. Meinungsäußerungsfreiheit und Berücksichtigungspflicht (Abs. 1 Satz 2 und 3)

13 Die Meinungsäußerungsfreiheit und die Berücksichtigung der Meinung der Kinder in den Angelegenheiten, die sie betreffen, basieren auf Art. 13 Abs. 1[48] bzw. Art. 12 Abs. 1 CRC.[49] Da auch Kinder vom persönlichen Schutzbereich des Art. 11 Abs. 1 Satz 1 GRC – Meinungsäußerungsfreiheit – erfasst sind,[50] kommt der Bestimmung in Art. 24 Abs. 1 Satz 2 GRC nur **deklaratorischer Charakter** zu. Die Meinungsäußerungsfreiheit in Art. 24 Abs. 1 Satz 2 GRC ist als Voraussetzung für die in Art. 24 Abs. 1 Satz 3 GRC normierte Berücksichtigungspflicht zu sehen.[51]

14 Nach Art. 24 Abs. 1 Satz 3 GRC ist die Meinung der Kinder in den Angelegenheiten, die sie betreffen, in einer ihrem Alter und ihrem Reifegrad entsprechenden Weise zu berücksichtigen. Die Berücksichtigungspflicht bedeutet, dass sich die Grundrechtsadressaten mit der Meinung der Kinder auseinanderzusetzen und diese in den Entscheidungsprozess einzubeziehen haben.[52] Das **Gewicht der Kindesmeinung** steigt mit dem Alter und Reifegrad der Kinder.[53] Eine Bindung an die Kindesmeinung ist nicht zwingend.[54]

3. Vorrangige Erwägung des Kindeswohls (Abs. 2)

15 Die vorrangige Erwägung des Kindeswohls bei allen Kinder betreffenden Maßnahmen öffentlicher Stellen oder privater Einrichtungen stützt sich auf Art. 3 Abs. 1 CRC.[55] Der **Begriff der Kinder betreffenden Maßnahmen** ist weit zu fassen.[56] Mit »**Stellen**« und

---

[45] *Freeman*, S. 68 f.; *Frenz*, Handbuch Europarecht, Bd. 4, Rn. 3451.

[46] Zum Ansatz eines Elternrechts vgl. *Ennuschat*, in: Tettinger/Stern, EuGRCh, Art. 24 GRC, Rn. 11.

[47] *Frenz*, Handbuch Europarecht, Bd. 4, Rn. 3451.

[48] Art. 13 Übereinkommen über die Rechte des Kindes folgt Art. 19 Abs. 1 und 2 IPbpR. *Thorgeirsdóttir*, Rn. 41.

[49] *Ennuschat*, in: Tettinger/Stern, EuGRCh, Art. 24 GRC, Rn. 13 f.; *Frenz*, Handbuch Europarecht, Bd. 4, Rn. 3423; *Hölscheidt*, in: Meyer, GRCh, Art. 24 GRC, Rn. 3; *Marauhn*, in: Heselhaus/Nowak, Handbuch der Europäischen Grundrechte, § 41, Rn. 12; *Ross*, in: Schwarze, EU-Kommentar, Art. 24 GRC, Rn. 7 f.

[50] *Ennuschat*, in: Tettinger/Stern, EuGRCh, Art. 24 GRC, Rn. 13; *Hölscheidt*, in: Meyer, GRCh, Art. 24 GRC, Rn. 24.

[51] *Frenz*, Handbuch Europarecht, Bd. 4, Rn. 3455; *Kingreen*, in: Calliess/Ruffert, EUV/AEUV, Art. 24 GRC, Rn. 4.

[52] *Frenz*, Handbuch Europarecht, Bd. 4, Rn. 3456; *Hölscheidt*, in: Meyer, GRCh, Art. 24 GRC, Rn. 26.

[53] *Ennuschat*, in: Tettinger/Stern, EuGRCh, Art. 24 GRC, Rn. 15; *Marauhn*, in: Heselhaus/Nowak, Handbuch der Europäischen Grundrechte, § 41, Rn. 17.

[54] *Ennuschat*, in: Tettinger/Stern, EuGRCh, Art. 24 GRC, Rn. 15; *Frenz*, Handbuch Europarecht, Bd. 4, Rn. 3456; *Ross*, in: Schwarze, EU-Kommentar, Art. 24 GRC, Rn. 8.

[55] *Ennuschat*, in: Tettinger/Stern, EuGRCh, Art. 24 GRC, Rn. 17; *Frenz*, Handbuch Europarecht, Bd. 4, Rn. 3425; *Hölscheidt*, in: Meyer, GRCh, Art. 24 GRC, Rn. 4; *Kingreen*, in: Calliess/Ruffert, EUV/AEUV, Art. 24 GRC, Rn. 7; *Marauhn*, in: Heselhaus/Nowak, Handbuch der Europäischen Grundrechte, § 41, Rn. 12; *Ross*, in: Schwarze, EU-Kommentar, Art. 24 GRC, Rn. 9.

[56] *Ennuschat*, in: Tettinger/Stern, EuGRCh, Art. 24 GRC, Rn. 17; *Frenz*, Handbuch Europarecht, Bd. 4, Rn. 3463; *Hölscheidt*, in: Meyer, GRCh, Art. 24 GRC, Rn. 30; *Ross*, in: Schwarze, EU-Kommentar, Art. 24 GRC, Rn. 9.

»**Einrichtungen**« sind legislative, exekutive und judikative Organe sowie Kindertages-stätten und Schulen gemeint.[57] Abs. 2 nennt ausdrücklich öffentliche Stellen und private Einrichtungen.[58] Letztere sind solche von privaten Trägern.[59]

Während in Art. 24 Abs. 1 Satz 3 GRC die Kindesmeinung zu »berücksichtigen« ist, **16** heißt es in Art. 24 Abs. 2 GRC, das Kindeswohl ist zu »erwägen«. Diese Unterscheidung in der Wortwahl dürfte kaum Auswirkungen haben,[60] zumal in anderen Sprachfassun-gen die gleichen Verben Verwendung finden.[61] Zudem hat die Erwägung »vorrangig« zu erfolgen.[62] Für die **Begriffsbestimmung des Kindeswohls** ist auf den Begriff des »Wohl-ergehens« in Art. 24 Abs. 1 Satz 1 GRC zu verweisen (s. Rn. 12).[63]

4. Anspruch auf persönliche Beziehungen zu beiden Elternteilen (Abs. 3)

Der Anspruch jedes Kindes auf regelmäßige persönliche Beziehungen und direkte Kon- **17** takte zu beiden Elternteilen unter dem Vorbehalt des Kindeswohls orientiert sich an Art. 9 Abs. 3 CRC.[64] Danach gilt dieses Grundrecht insbesondere für Kinder, die von einem oder beiden Elternteilen getrennt sind.[65] Hierbei geht es allein um den **Anspruch des Kindes** und nicht der Eltern.[66] **Persönlich** ist eine **Beziehung**, wenn sie über eine bloße Rechtsbeziehung (Unterhaltspflicht) hinausgeht und unmittelbar, eigenständig und dauerhaft zwischen Kind und Elternteil besteht. Unter direkte Kontakte fallen sol-che jeglicher Art, wie Besuche oder Kontakte unter Verwendung von Kommunikati-onsmitteln.[67] Regelmäßig sind Beziehungen und Kontakte, wenn sie in gewissen Zeitab-ständen stattfinden.[68] Als **Eltern** werden die leiblichen Eltern und ihnen gleichgestellte Adoptiveltern verstanden.[69] Es wird auch vertreten, dass andere Bezugspersonen, die die Rolle der Eltern einnehmen, wie Großeltern oder Pflegeeltern, vom Begriff der

---

[57] *EU Network of Independent Experts on Fundamental Rights*, S. 212; *Frenz*, Handbuch Euro-parecht, Bd. 4, Rn. 3464; *Hölscheidt*, in: Meyer, GRCh, Art. 24 GRC, Rn. 29.

[58] *Ennuschat*, in: Tettinger/Stern, EuGRCh, Art. 24 GRC, Rn. 17; *Jarass*, GRCh, Art. 24 GRC, Rn. 15; *Lotito*, S. 156; *Ross*, in: Schwarze, EU-Kommentar, Art. 24 GRC, Rn. 9.

[59] *Frenz*, Handbuch Europarecht, Bd. 4, Rn. 3464; *Jarass*, GRCh, Art. 24 GRC, Rn. 15.

[60] *Ennuschat*, in: Tettinger/Stern, EuGRCh, Art. 24 GRC, Rn. 18; *Frenz*, Handbuch Europarecht, Bd. 4, Rn. 3465; *Hölscheidt*, in: Meyer, GRCh, Art. 24 GRC, Rn. 31.

[61] In der englischen Fassung heißt es jeweils »consideration«, in der französischen »considération«.

[62] EuGH, Urt. v. 6. 6. 2013, Rs. C–648/11 (MA, BT, DA/Secretary of State for the Home Depart-ment Vereinigtes Königreich), ECLI:EU:C:2013:367, Rn. 57; Urt. v. 16. 7. 2015, Rs. C–184/14 (A/B), ECLI:EU:C:2015:479, Rn. 46. *Frenz*, Handbuch Europarecht, Bd. 4, Rn. 3465; *Hölscheidt*, in: Meyer, GRCh, Art. 24 GRC, Rn. 31.

[63] Zur Bedeutung des Kindeswohls nach Art. 3 Abs. 1 Übereinkommen über die Rechte des Kindes vgl. *Freeman*, S. 27 ff.

[64] *Ennuschat*, in: Tettinger/Stern, EuGRCh, Art. 24 GRC, Rn. 19; *Frenz*, Handbuch Europarecht, Bd. 4, Rn. 3426; *Hölscheidt*, in: Meyer, GRCh, Art. 24 GRC, Rn. 5; *Kingreen*, in: Calliess/Ruffert, EUV/AEUV, Art. 24 GRC, Rn. 10; *Marauhn*, in: Heselhaus/Nowak, Handbuch der Europäischen Grundrechte, § 41, Rn. 12; *Ross*, in: Schwarze, EU-Kommentar, Art. 24 GRC, Rn. 10.

[65] *Doek*, Art. 9 CRC, Rn. 12 ff.; *Lotito*, S. 156; *Ross*, in: Schwarze, EU-Kommentar, Art. 24 GRC, Rn. 10.

[66] *Frenz*, Handbuch Europarecht, Bd. 4, Rn. 3477; *Hölscheidt*, in: Meyer, GRCh, Art. 24 GRC, Rn. 33.

[67] *Ennuschat*, in: Tettinger/Stern, EuGRCh, Art. 24 GRC, Rn. 21; *Frenz*, Handbuch Europarecht, Bd. 4, Rn. 3473 f. Nach Hölscheidt sind die Begriffe »persönliche Beziehungen« und »direkte Kon-takte« gleichbedeutend. *Hölscheidt*, in: Meyer, GRCh, Art. 24 GRC, Rn. 33.

[68] *Ennuschat*, in: Tettinger/Stern, EuGRCh, Art. 24 GRC, Rn. 21.

[69] *Ennuschat*, in: Tettinger/Stern, EuGRCh, Art. 24 GRC, Rn. 20; *Frenz*, Handbuch Europarecht, Bd. 4, Rn. 3475; *Hölscheidt*, in: Meyer, GRCh, Art. 24 GRC, Rn. 37.

Eltern eingeschlossen sind.[70] Der Anspruch in Abs. 3 steht unter dem Vorbehalt, dass das Kindeswohl nicht entgegensteht.[71]

18   In der Erläuterung zu Art. 24 Abs. 3 GRC wird auf Art. 81 AEUV verwiesen, der auch das **Umgangsrecht** umfassen kann, mit dem sichergestellt wird, dass Kinder regelmäßig persönliche Beziehungen und direkte Kontakte zu beiden Elternteilen unterhalten können.[72] Allerdings betrifft Art. 81 AEUV im Rahmen der Freiheit, der Sicherheit und des Rechts nur die justizielle Zusammenarbeit in Zivilsachen.[73]

D.   Eingriffe

19   Eingriffe in Art. 24 Abs. 1 Satz 1 GRC liegen vor, wenn die Grundrechtsadressaten im Rahmen ihrer Zuständigkeiten **nicht** für **ausreichenden Schutz und Fürsorge** sorgen, die für das Wohlergehen der Kinder notwendig sind bzw. wenn die Union die Mitgliedstaaten bei der Gewährung von Schutz und Fürsorge behindert.[74] Eine Beeinträchtigung der Schutzverpflichtung bestünde beispielsweise, wenn staatliche Organe bei Verwahrlosung oder Gewalt in der Familie nicht tätig werden.[75] Art. 24 Abs. 1 Satz 2 GRC ist beeinträchtigt, wenn für Kinder **keine** ausreichende Möglichkeit besteht, ihre **Meinung** zu **äußern**.[76] Eine Beeinträchtigung von Art. 24 Abs. 1 Satz 3 GRC liegt u.a. vor, wenn Kindern **nicht ausreichend Gehör** verschafft wird, z.B. durch eine Einschränkung oder Versagung.[77]

20   In Art. 24 Abs. 2 GRC wird eingegriffen, wenn die Grundrechtsadressaten dem **Wohl des Kindes** bei allen Kinder betreffenden Maßnahmen öffentlicher Stellen oder privater Einrichtungen **keine vorrangige Erwägung** einräumen.[78] Eingriffe in Art. 24 Abs. 3 GRC liegen vor, wenn Grundrechtsadressaten regelmäßige persönliche Beziehungen und direkte **Kontakte eines Kindes zu beiden Elternteilen beschränken**. Besonders gravierend ist die Trennung des Kindes von einem oder beiden Elternteile.[79]

---

[70] *Frenz*, Handbuch Europarecht, Bd. 4, Rn. 3475; *Kingreen*, in: Calliess/Ruffert, EUV/AEUV, Art. 24 GRC, Rn. 10; *Lotito*, S. 157.

[71] *Ennuschat*, in: Tettinger/Stern, EuGRCh, Art. 24 GRC, Rn. 22.

[72] Erläuterung zu Art. 24 der Charta der Grundrechte vom 14.12.2007, ABl. 2007, C 303/17 (25).

[73] *Frenz*, Handbuch Europarecht, Bd. 4, Rn. 3476; *Hölscheidt*, in: Meyer, GRCh, Art. 24 GRC, Rn. 38.

[74] *Jarass*, GRCh, Art. 24 GRC, Rn. 11 f.

[75] *Frenz*, Handbuch Europarecht, Bd. 4, Rn. 3452.

[76] *Jarass*, GRCh, Art. 24 GRC, Rn. 14; *Frenz*, Handbuch Europarecht, Bd. 4, Rn. 3461.

[77] *Frenz*, Handbuch Europarecht, Bd. 4, Rn. 3461.

[78] *Jarass*, GRCh, Art. 24 GRC, Rn. 16; *Frenz*, Handbuch Europarecht, Bd. 4, Rn. 3471.

[79] *Jarass*, GRCh, Art. 24 GRC, Rn. 20; *Frenz*, Handbuch Europarecht, Bd. 4, Rn. 3479.

E. Eingriffsrechtfertigung

Die Rechtfertigungsprüfung erfolgt nach der **allgemeinen Schrankenregelung** des   **21**
Art. 52 Abs. 1 GRC.[80] Danach müssen Eingriffe gesetzlich vorgesehen sein, den Wesens-
gehalt der Rechte achten, ein legitimes Ziel – z. B. hinsichtlich Art. 24 Abs. 3 GRC das
Wohl des Kindes – verfolgen und den Grundsatz der Verhältnismäßigkeit wahren.

F. Verhältnis zu anderen Bestimmungen

Da Kinder wie Erwachsene vom persönlichen Schutzbereich der Grundrechte mit um-   **22**
fasst sind, gelten diese auch für sie, wie beispielsweise die **Meinungsäußerungsfreiheit** in
Art. 11 Abs. 1 GRC. Eine besondere Schutzbedürftigkeit von Kindern besteht beispielsweise hinsichtlich Art. 4 GRC – **Verbot der Folter** und unmenschlicher oder erniedrigender Strafe oder Behandlung – und Art. 5 GRC – **Verbot der Sklaverei** und der
Zwangsarbeit. Das **Recht auf Bildung** in Art. 14 GRC betrifft vor allem Kinder. **Besondere Schutzrechte** für Kinder enthalten Art. 32 GRC – Verbot der Kinderarbeit – und
Art. 21 GRC – Nichtdiskriminierung wegen des Alters. Kinderrechte stehen außerdem
in engem Verhältnis mit Familienrechten in Art. 7 und 33 GRC.[81]

---

[80] *Folz*, in: Vedder/Heintschel v. Heinegg, Europäisches Unionsrecht, Art. 24 GRC, Rn. 4; *Jarass*,
GRCh, Art. 24 GRC, Rn. 17, 22; *Kingreen*, in: Calliess/Ruffert, EUV/AEUV, Art. 24 GRC, Rn. 3, 6, 9,
12; *Marauhn*, in: Heselhaus/Nowak, Handbuch der Europäischen Grundrechte, § 41, Rn. 24.
[81] *Jarass*, GRCh, Art. 24 GRC, Rn. 8; *Frenz*, Handbuch Europarecht, Bd. 4, Rn. 3439 ff.

Artikel 25 GRC Rechte älterer Menschen

Die Union anerkennt und achtet das Recht älterer Menschen auf ein würdiges und unabhängiges Leben und auf Teilnahme am sozialen und kulturellen Leben.

Literaturübersicht

Becker, Die alternde Gesellschaft – Recht im Wandel, JZ 2004, 929; *Becker/Kersten*, Phänomenologie des Verfassungswandels – Eine verfassungstheoretische und rechtsdogmatische Perspektiverweiterung anlässlich der demografischen Entwicklung, AöR 141 (2016), 1; *Bernsdorff*, Soziale Grundrechte in der Charta der Grundrechte der Europäischen Union, VSSR 2001, 1; *Bilz*, Drittwirkung von Freiheitsrechten der Europäischen Grundrechte-Charta, GreifRecht 2013, 119; *Cariat*, L'invocation de la charte des droits fondamentaux de l'union européenne dans les litiges horizontaux: État des lieux après l'arrêt Association de médiation sociale, CDE 2014, 305; *De Hert/Mantovani*, Specific Human Rights for Older Persons, E. H. R. L. R. 2011, 398; *Eichenhofer*, Soziale Menschenrechte im Völker-, europäischen und deutschen Recht, 2012; *Geesmann*, Soziale Grundrechte im deutschen und französischen Verfassungsrecht und in der Charta der Grundrechte der Europäischen Union – Eine rechtsvergleichende Untersuchung zu den Wirkdimensionen sozialer Grundrechte, 2005; *Gudmundsdóttir*, A Renewed Emphasis on the Charter's Distinction between Rights and Principles: Is a Doctrine of Judicial Restraint More Appropriate?, CMLRev. 52 (2015), 685; *Holoubek/Lienbacher* (Hrsg.), Charta der Grundrechte der Europäischen Union – GRC-Kommentar, 2014; *Iliopoulos-Strangas*, Soziale Grundrechte in den Mitgliedstaaten der Europäischen Union im Rechtsvergleich unter Berücksichtigung des Europäischen Rechts, in: dies. (Hrsg.), Soziale Grundrechte in Europa nach Lissabon – Eine rechtsvergleichende Untersuchung der nationalen Rechtsordnungen und des europäischen Rechts, 2010, S. 699; *Knospe*, Per Aspera ad astra oder der lange Marsch der Europäischen Sozialcharta durch die Institutionen der Revision, ZESAR 2015, 449; *Kotzur*, Die soziale Marktwirtschaft nach dem Reformvertrag, in: Pernice (Hrsg.), Der Vertrag von Lissabon: Reform der EU ohne Verfassung?, 2008, S. 197; *Krebber*, Soziale Rechte in der Gemeinschaftsrechtsordnung, RdA 2009, 224; *Langenfeld*, Gehören soziale Grundrechte in die Grundrechtecharta?, FS Ress, 2005, S. 599; *Lazzerini*, (Some of) the fundamental rights granted by the Charter may be a source of obligations for private parties: AMS, CMLRev. 51 (2014), 907; *Leczykiewicz*, Horizontal Application of the Charter of Fundamental Rights, E. L.Rev. 38 (2013), 479; *Lenaerts/Foubert*, Social Rights in the Case-Law of the European Court of Justice – The Impact of the Charter of Fundamental Rights of the European Union on Standing Case-Law, LIEI 28 (2001), 267; *Mégret*, The Human Rights of Older Persons: A Growing Challenge, Human Rights Law Review 11 (2011), 37; *Nowak*, Wettbewerb und soziale Marktwirtschaft in den Regeln des Lissabonner Vertrags, in: Müller-Graff/Schwarze (Hrsg.), Neues Europäisches Wirtschafts- und Wettbewerbsrecht?, EuR-Beih. 2/2011, 21; *O'Cinneide*, Article 25, in: Peers/Hervey/Kenner/Ward (Hrsg.), The EU Charter of Fundamental Rights – A Commentary, 2014, S. 693; *Schmittmann*, Rechte und Grundsätze in der Grundrechtecharta, 2007; *de Schutter*, L'adhésion de l'Union européenne à la Charte sociale européenne, RTDE 26 (2015), 259; *Seifert*, L'effet horizontal des droits fondamentaux – Quelques réflexions de droit européen et droit comparé, RTDE 2012, 801; ders., Zur Horizontalwirkung sozialer Grundrechte, EuZA 2013, 299; *Stern/Sachs* (Hrsg.), Europäische Grundrechtecharta – Kommentar, 2016; *Wedemann*, Ältere Menschen – eine besondere Herausforderung für Rechtsprechung, Gesetzgebung und Beratung, NJW 2014, 3419; *Winner*, Die Europäische Grundrechtscharta und ihre soziale Dimension, 2005.

Leitentscheidungen

EuGH, Urt. v. 13. 12. 1983, Rs. 218/82 (Kommission/Rat), Slg. 1983, 4063
EuGH, Urt. v. 25. 11. 1986, verb. Rs. 201/85 u. 202/85 (Klensch), Slg. 1986, 3477
EuGH, Urt. v. 21. 3. 1991, Rs. C–314/89 (Rauh), Slg. 1991, I–1647
EuGH, Urt. v. 22. 11. 2005, Rs. C–144/04 (Mangold), Slg. 2005, I–9981
GA *Bot*, Schlussanträge zu Rs. C–388/09 (da Silva Martins), ECLI:EU:C:2011:13
EuGH, Urt. vom 26. 2. 2013, Rs. C–617/10 (Åkerberg Fransson), ECLI:EU:C:2013:105
EuGH, Urt. vom 6. 3. 2014, Rs. C–206/13 (Siragusa), ECLI:EU:C:2014:126
EuGH, Urt. vom 10. 7. 2014, Rs. C–198/13 (Hernández u. a.), ECLI:EU:C:2014:2055

Wesentliche sekundärrechtliche Vorschriften und sonstige einschlägige Dokumente

Beschluss des Europäischen Parlaments und des Rates vom 14. 9. 2011 über das Europäische Jahr für aktives Altern und Solidarität zwischen den Generationen (2012), ABl. 2011, L 246/5
Human Rights Council (Advisory Committee), The necessity of a human rights approach and effective United Nations mechanism for the human rights of older persons, 4. Sitzung, 25.–29. 1. 2010, A/HRC/AC/CRP.1

A. Entwicklung, Quellen, Bedeutung

Zu den sieben in Titel III der EU-Grundrechtecharta unter der Überschrift »Gleichheit« **1** zu findenden Bestimmungen gehört auch Art. 25 GRC, wonach die Union die Rechte bzw. das Recht[1] älterer Menschen auf ein würdiges und unabhängiges Leben und auf Teilnahme am sozialen und kulturellen Leben anerkennt und achtet. Mit dieser dem **Schutz älterer Menschen** dienenden Bestimmung[2] wird die erhöhte Schutzbedürftigkeit dieser Personengruppe zum Ausdruck gebracht, die auf Grund des demographischen Wandels einen immer größer werdenden Bevölkerungsteil in der EU bildet.[3]

Die Aufnahme dieser Bestimmung in die EU-Grundrechtecharta[4] kann durchaus als **2** innovativ bezeichnet werden,[5] da sich das in Art. 25 GRC angesprochene Recht älterer

---

[1] Während in Art. 25 GRC der Singular (»das Recht älterer Menschen«), verwendet wird, stellt die Überschrift dieser Bestimmung auf »Rechte älterer Menschen« ab; in rechtlicher Hinsicht ist dies unbedeutend.

[2] Zu dieser allg. anerkannten Hauptfunktion bzw. Hauptzweckrichtung des Art. 25 GRC vgl. auch *Jarass*, GRCh, Art. 25 GRC, Rn. 2; *Lemke*, in: GSH, Europäisches Unionsrecht, Art. 25 GRC, Rn. 3.

[3] Instruktiv zu den damit verbundenen Herausforderungen für die EU und für das Recht im Allgemeinen vgl. den Beschluss des Europäischen Parlaments und des Rates vom 14. 9. 2011 über das Europäische Jahr für aktives Altern und Solidarität zwischen den Generationen (2012), ABl. 2011, L 246/5; die Mitteilung der Kommission an das Europäische Parlament und den Rat vom 29. 2. 2012 – Den strategischen Durchführungsplan der Europäischen Innovationspartnerschaft »Aktivität und Gesundheit im Alter« voranbringen, COM(2012) 83 final; die Entschließung des Europäischen Parlaments vom 6. 2. 2013 zur Europäischen Innovationspartnerschaft »Aktivität und Gesundheit im Alter«, ABl. 2016, C 24/11; sowie *Becker*, JZ 2004, 929; *Becker/Kersten*, AöR 141 (2016), 1; *Moritz*, Staatliche Schutzpflichten gegenüber pflegebedürftigen Menschen, 2013, S. 15 ff.; *Wedemann*, NJW 2014, 3419. *Fuchs*, in: Holoubeck/Lienbacher, GRC-Kommentar, Art. 25 GRC, Rn. 1 ff.

[4] Näher zur Genese des Art. 25 GRC im Grundrechtekonvent vgl. jeweils m. w. N. *Fuchs*, in: Holoubek/Lienbacher, GRC-Kommentar, Art. 25 GRC, Rn. 1 ff.; *Hölscheidt*, in: Meyer, GRCh, Art. 25 GRC, Rn. 6 ff.; *Mann*, in: Tettinger/Stern, EuGRCh, Art. 25 GRC, Rn. 6 f.

[5] In diesem Sinne vgl. auch *O'Cinneide*, in: Peers/Hervey/Kenner/Ward, S. 693 (706); *Schmahl*, EnzEuR, Bd 2, § 15, Rn. 107.

Menschen auf ein würdiges und unabhängiges Leben und auf Teilnahme am sozialen und kulturellen Leben so nicht auf eine gemeinsame Verfassungsüberlieferung oder auf gemeinsame **Verfassungstraditionen der EU-Mitgliedstaaten** stützen lässt[6] und auch die **EMRK**, der im Rahmen der Unionsgrundrechteordnung ebenfalls eine große Bedeutung zuzusprechen ist (s. GRC-Präambel, Rn. 2 u. 19 f.), keine entsprechende Gewährleistung enthält.[7] Stattdessen lehnt sich Art. 25 GRC ausweislich der »Erläuterungen zur Charta der Grundrechte« vom 14.12.2007,[8] die nach Art. 6 Abs. 1 UAbs. 3 EUV i. V. m. Abs. 5 Satz 2 der GRC-Präambel i. V. m. Art. 52 Abs. 7 GRC in ihrer später aktualisierten Form von den Gerichten der Union und der Mitgliedstaaten bei der Auslegung dieser Charta bzw. der in ihr enthaltenen Artikel gebührend zu berücksichtigen sind (s. GRC-Präambel, Rn. 24), an Art. 23 der **revidierten Europäischen Sozialcharta** vom 3. Mai 1996[9] sowie an die Art. 24 und 25 der in der Präambel des EU-Vertrags nunmehr als »Unioncharta« bezeichneten **Gemeinschaftscharta der sozialen Grundrechte der Arbeitnehmer** vom 9. Dezember 1989[10] an.

3   Durch den vorgenannten Art. 23 der revidierten Europäischen Sozialcharta verpflichten sich die Vertragsstaaten dazu, unmittelbar oder in Zusammenarbeit mit öffentlichen oder privaten Organisationen geeignete Maßnahmen zu ergreifen oder zu fördern, um die wirksame Ausübung des Rechts älterer Menschen auf sozialen Schutz zu gewährleisten. Diese Maßnahmen sollen älteren Menschen ausweislich dieser Bestimmung insbesondere zwei Möglichkeiten geben: Hierzu gehört zum einen die **Möglichkeit älterer Menschen, so lange wie möglich vollwertige Mitglieder der Gesellschaft zu bleiben.** Diese Aussage wird in dieser Bestimmung sodann mit ausreichenden Mitteln, die es ihnen ermöglichen, ein menschenwürdiges Leben zu führen und aktiv am öffentlichen, sozialen und kulturellen Leben teilzunehmen, sowie mit der Bereitstellung von Informationen über Dienste und Einrichtungen für ältere Menschen und über ihre Möglichkeiten, diese in Anspruch zu nehmen, in Verbindung gebracht. Die zweite der in Art. 23 der revidierten Europäischen Sozialcharta hervorgehobenen Möglichkeiten ist die **Möglichkeit älterer Menschen, ihre Lebensweise frei zu wählen und in ihrer gewohnten Umgebung,** solange sie es wollen und können, **ein eigenständiges Leben zu führen.** Verknüpft wird diese Aussage in Art. 23 der revidierten Europäischen Sozialcharta mit der Bereitstellung von ihren Bedürfnissen und ihrem Gesundheitszustand entsprechen-

---

[6] In diesem Sinne vgl. auch statt vieler *Frenz*, Handbuch Europarecht, Bd. 4, Rn. 3492; zu gleichwohl vorhandenen (heterogenen) Verfassungsbestimmungen diverser Mitgliedstaaten, in denen sich vereinzelte – meist staatszielartige oder -ähnliche – Teilgewährleistungen finden lassen, die auch und/oder speziell dem Schutz älterer Menschen zu dienen bestimmt sind, vgl. etwa *Hölscheidt*, in: Meyer, GRCh, Art. 25 GRC, Rn. 3 f.; *Mann*, in: Tettinger/Stern, EuGRCh, Art. 25 GRC, Rn. 6 f.; *Marauhn*, in: Heselhaus/Nowak, Handbuch der Europäischen Grundrechte, § 42, Rn. 8.

[7] Zu einigen EMRK-rechtlichen Bestimmungen, die i. V. m. der darauf bezogenen Rechtsprechung des EGMR eher nur in indirekter und partieller Weise einen gewissen Schutz älterer Menschen gewährleisten, vgl. etwa *O'Cinneide*, in: Peers/Hervey/Kenner/Ward, S. 693 (696 f.); *Mann*, in: Tettinger/Stern, EuGRCh, Art. 25 GRC, Rn. 5.

[8] Erläuterungen zur Charta der Grundrechte, ABl. 2007, C 303/17.

[9] BGBl. 1964 II S. 1262, zuletzt geändert durch die Änderungsbekanntmachung zur Europäischen Sozialcharta v. 3.9.2001, BGBl. II S. 970; diese revidierte Europäische Sozialcharta ist u. a. abgedruckt in *Heselhaus/Nowak*, Handbuch der Europäischen Grundrechte, S. 1759 ff. Ausführlicher zur Bedeutung dieser Charta im Recht der EU und ihrer Mitgliedstaaten vgl. *Knospe*, ZESAR 2015, 449; *de Schutter*, RTDE 26 (2015), 259; *Frenz*, Handbuch Europarecht, Bd. 4, Rn. 3535 ff.

[10] KOM (89) 248 endg.; diese Charta ist u. a. abgedruckt in *Heselhaus/Nowak*, Handbuch der Europäischen Grundrechte, S. 1733 ff. Näher zur Bedeutung dieser Charta im Recht der EU vgl. *Frenz*, Handbuch Europarecht, Bd. 4, Rn. 3539.

den Wohnungen oder von angemessenen Hilfen zur Anpassung der Wohnungen sowie mit der gesundheitlichen Versorgung und mit Diensten, die aufgrund ihres Zustands erforderlich sind. In Art. 24 der oben genannten Gemeinschafts- bzw. Unioncharta der sozialen Grundrechte der Arbeitnehmer (s. Rn. 2) ist sodann geregelt, dass jeder Arbeitnehmer – entsprechend den jeweiligen Gegebenheiten der einzelnen Länder – in der Europäischen Gemeinschaft [nunmehr: Union], wenn er in den Ruhestand geht, über Mittel verfügen können muss, die ihm einen **angemessenen Lebensstandard im Ruhestand** sichern. Demgegenüber ordnet Art. 25 dieser Charta schließlich an, dass jeder, der das Rentenalter erreicht hat, aber keinen Rentenanspruch besitzt oder über keine sonstigen ausreichenden Unterhaltsmittel verfügt, entsprechend den jeweiligen Gegebenheiten der einzelnen Länder **ausreichende Zuwendungen, Sozialhilfeleistungen und Sachleistungen bei Krankheit** erhalten können muss, die seinen spezifischen Bedürfnissen angemessen sind. Diese drei nach Art. 6 Abs. 1 UAbs. 3 EUV i. V. m. Abs. 5 Satz 2 der GRC-Präambel i. V. m. Art. 52 Abs. 7 GRC bei der Auslegung des zum Teil überaus interpretationsoffenen Art. 25 GRC zu berücksichtigenden Bestimmungen der beiden vorgenannten Sozialchartas werden schließlich von zahlreichen weiteren völkerrechtlichen Regelungen und Initiativen flankiert, die ebenfalls die zunehmend erkannte Notwendigkeit der Gewährleistung eines rechtlichen Schutzes älterer Menschen zum Ausdruck bringen[11].

B. Grundsatzcharakter und Tatbestandsmerkmale der Norm

Im Mittelpunkt des Art. 25 GRC steht zwar das Recht älterer Menschen auf ein würdiges   **4** und unabhängiges Leben sowie auf Teilnahme am sozialen und kulturellen Leben, sodass diese Bestimmung in gewisser Weise mit den zahlreichen sozialen (Grund-)Rechten im Rahmen der Unionsrechtsordnung[12] in Verbindung gebracht werden kann, die das in Art. 3 Abs. 3 UAbs. 1 Satz 2 EUV niedergelegte Bekenntnis zur sozialen Marktwirtschaft[13] sowie die in Art. 3 Abs. 3 UAbs. 2 und 3 EUV geregelten **sozialpolitischen Verfassungsziele der Union** subjektiv-rechtlich verstärken. Ein neues Unionsgrundrecht im Sinne eines subjektiven Unionsrechts wird durch Art. 25 GRC nach ganz vorherrschender Auffassung jedoch nicht verbürgt. Vielmehr soll es sich bei dieser Norm um eine Grundsatzbestimmung im Sinne des Art. 52 Abs. 5 GRC handeln (I.), mit der sich die Union in objektiv-rechtlicher Weise zur Anerkennung und Achtung des Rechts älterer Menschen auf ein würdiges und unabhängiges Leben sowie auf deren Teilnahme am sozialen und kulturellen Leben bekennt und verpflichtet (II.).

---

[11] Näher zu diesem facettenreichen und zahlreiche völkerrechtliche Abkommen einschließenden Komplex vgl. insbesondere *Human Rights Council* (Advisory Committee), The necessity of a human rights approach and effective United Nations mechanism for the human rights of older persons, 4. Sitzung, 25.–29. 1. 2010, A/HRC/AC/CRP.1; sowie *De Hert/Mantovani*, EHRLR 2011, 398; *Mégret*, Human Rights Law Review 11 (2011), 37; *O'Cinneide*, in: Peers/Hervey/Kenner/Ward, S. 693 (697 f.).

[12] Zur Entwicklung, Pluralität, Bedeutung und Wirkung sozialer Grundrechte in der Unionsrechtsordnung vgl. etwa *Eichenhofer*, S. 147 ff.; *Iliopoulos-Strangas*, in: dies., S. 699 ff.; *Kingreen*, in: Ehlers, Grundrechte und Grundfreiheiten, § 22, Rn. 1 ff.; *Seifert*, EuZA 2013, 299; *Winner*, S. 146 ff.; sowie *Bernsdorff*, VSSR 2001, 1; *Bungenberg*, EnzEur, Bd. 2, § 17, Rn. 1 ff.; *Geesmann*, S. 15 ff.; *Krebber*, RdA 2009, 224; *Lenaerts/Foubert*, LIEI 28 (2001), 267; *Langenfeld*, S. 599 ff.

[13] Ausführlich zu diesem durch den Lissabonner Reformvertrag in das primäre Unionsrecht integrierten Bekenntnis vgl. jeweils m. w. N. *Kotzur*, S. 197 ff.; *Nowak*, EuR-Beih. 2/2011, 21.

I. Art. 25 GRC zwischen Grundsatzbestimmung und Unionsgrundrecht

5   Auf die Frage, ob es sich bei Art. 25 GRC um ein eigenständiges Unionsgrundrecht oder
um eine Grundsatzbestimmung im Sinne des Art. 52 Abs. 5 GRC handelt,[14] konnte der
Unionsrichter mangels Gelegenheit zwar noch keine Antwort geben. Im einschlägigen
Schrifttum hat sich jedoch bereits die Auffassung durchgesetzt, dass Art. 25 GRC kein
Unionsgrundrecht bzw. keinen unionsgrundrechtlichen Anspruch auf ein würdiges und
unabhängiges Leben sowie auf Teilnahme am sozialen und kulturellen Leben verbürge
oder begründe, sondern lediglich einen **Grundsatz im Sinne des Art. 52 Abs. 5 GRC**
enthalte bzw. festlege.[15] Satz 1 der vorgenannten Bestimmung stellt in diesem Kontext
zunächst einmal im Sinne einer Legitimation gesetzgeberischer Umsetzungsmaßnahmen klar, dass die Bestimmungen der EU-Grundrechtecharta, in denen Grundsätze
festgelegt sind, durch Akte der Gesetzgebung und der Ausführung der Organe, Einrichtungen und sonstigen Stellen der Union sowie durch Akte der Mitgliedstaaten zur
Durchführung des Rechts der Union in Ausübung ihrer jeweiligen Zuständigkeiten umgesetzt werden. Ergänzend sieht Art. 52 Abs. 5 Satz 2 GRC sodann vor, dass die vorgenannten Charta-Bestimmungen, in denen Grundsätze festgelegt sind, »vor Gericht nur
bei der Auslegung dieser Akte und bei Entscheidungen über deren Rechtmäßigkeit
herangezogen werden« können. Für die Richtigkeit der vorherrschenden Literaturmeinung, nach der Art. 25 GRC lediglich einen Grundsatz festlege und dass die in Art. 52
Abs. 5 GRC enthaltenen Aussagen zur rechtlichen Relevanz dieser Grundsätze insoweit
auch für Art. 25 GRC gelten, sprechen insbesondere die oben bereits genannten und bei
der Auslegung der in der EU-Grundrechtecharta enthaltenen Bestimmungen gebührend
zu berücksichtigenden Erläuterungen zur Charta der Grundrechte (s. Rn. 2), wo es in
Bezug auf Art. 52 Abs. 5 GRC heißt, dass zu »den in der Charta anerkannten Grundsätzen […] beispielsweise die Art. 25, 26 und 37« GRC gehören. Zum anderen spricht
für die Richtigkeit der oben genannten Literaturmeinung, dass Art. 25 GRC in Abweichung etwa von den Art. 2 Abs. 1, 3 Abs. 1, 6, 7, 8 Abs. 1, 10 Abs. 1, 11 Abs. 1, 12
Abs. 1, 14 Abs. 1, 15 Abs. 1, 17 Abs. 1, 29, 31 Abs. 1, 35 und 41 Abs. 1, 42–44, 45
Abs. 1 und 47 Abs. 1 GRC enthaltenen Formulierungen, wonach die dort angesprochenen Personen »ein Recht auf […]« haben, nicht explizit erklärt, dass ältere Menschen
ein Recht oder einen Anspruch auf ein würdiges und unabhängiges Leben sowie auf
Teilnahme am sozialen und kulturellen Leben haben, sondern lediglich anordnet, dass
die Union die vorgenannten Rechte »anerkennt und achtet«.

6   Insoweit deutet zwar einiges in der Tat darauf hin, dass Art. 25 GRC keine neuen
subjektiven Rechte älterer Menschen auf ein würdiges und unabhängiges Leben sowie
auf Teilnahme am sozialen und kulturellen Leben begründet,[16] sondern gewissermaßen
das Bestehen dieser Rechte voraussetzt.[17] Nicht ganz klar ist jedoch, welche bestehen-

---

[14] Ausführlich zu der nach der EU-Grundrechtecharta erforderlichen Abgrenzung zwischen
Grundrechten und Grundsätzen vgl. *Gudmundsdóttir*, CMLRev. 52 (2015), 685; *Schmittmann*,
S. 25 ff.

[15] So oder sehr ähnlich vgl. nur *Frenz*, Handbuch Europarecht, Bd. 4, Rn. 3493; *Hölscheidt*, in:
Meyer, GRCh, Art. 25, Rn. 14; *Jarass*, GRCh, Art. 25 GRC, Rn. 3; *Kingreen*, in: Calliess/Ruffert,
EUV/AEUV, Art. 25 GRC, Rn. 1; *Lemke*, in: GSH, Europäisches Unionsrecht, Art. 25 GRC, Rn. 2;
O'Cinneide, in: Peers/Hervey/Kenner/Ward, S. 693 (702); *Ross*, in: Schwarze, EU-Kommentar,
Art. 25 GRC, Rn. 1; *Schmahl*, EnzEuR, Bd 2, § 15, Rn. 107; *Weber*, in: Stern/Sachs, GRC-Kommentar,
Art. 25 GRC, Rn. 3.

[16] So etwa auch *Schmahl*, EnzEuR, Bd 2, § 15, Rn. 108.

[17] In diesem Sinne vgl. auch *Frenz*, Handbuch Europarecht, Bd. 4, Rn. 3504; *Streinz*, in: *ders.*,
EUV/AEUV, Art. 25 GRC, Rn. 4.

den Rechte damit wiederum genau gemeint sind. Nach einem Teil der einschlägigen Literatur sollen damit solche Rechte gemeint sein, die sich aus mitgliedstaatlichen Normen ergeben.[18] Nach partiell anderer Auffassung seien hier indes eher die Gewährleistungen in der revidierten Europäischen Sozialcharta (s. Rn. 2), in der Gemeinschaftscharta der sozialen Grundrechte der Arbeitnehmer (s. Rn. 2) und in den Verfassungsordnungen der Mitgliedstaaten in Betracht zu ziehen.[19] Darüber hinaus wird aber auch vertreten, dass die Union mit der in Art. 25 GRC vorgenommenen Anknüpfung an bestehende Rechte die Kernbestandteile des einfachgesetzlichen und sekundärrechtlichen Altersschutzes in die europäische Verfassung übernehme, diese grundrechtlich aufwerte und damit ein Abwehrrecht gegenüber Maßnahmen der Union einräume, die dieses Recht beeinträchtigen.[20] Auf dieser Grundlage ließe sich Art. 25 GRC durchaus auch als ein **Unionsgrundrecht** auf Achtung und Anerkennung des Rechts älterer Menschen auf ein würdiges und unabhängiges Leben sowie auf Teilnahme am sozialen und kulturellen Leben durch die Union deuten, so dass sich in dieser Bestimmung sowohl Elemente eines Grundsatzes als auch unionsgrundrechtliche Elemente wiederfinden würden. Ausgeschlossen ist eine solche **mögliche Doppelnatur des Art. 25 GRC** jedenfalls nicht, da gerade auch in den für die Auslegung der in der EU-Grundrechtecharta niedergelegten Bestimmungen maßgeblichen Erläuterungen (s. Rn. 2) dort, wo es um Art. 52 Abs. 5 GRC geht, explizit festgestellt wird, dass Charta-Artikel in einigen Fällen sowohl Elemente eines Rechts als auch eines Grundsatzes enthalten können, wobei dies ausweislich der hier in Rede stehenden Passage »beispielsweise Artikel 23, 33 und 34« GRC betreffen soll. Diese nur beispielhafte Erwähnung der vorgenannten Art. 23, 33 und 34 GRC bedeutet, dass es durchaus noch weitere Charta-Artikel geben kann, die sowohl Elemente eines Rechts als auch eines Grundsatzes enthalten, und dass dazu möglicherweise auch Art. 25 GRC zählen kann, zumal auch dem Art. 26 GRC, der in den vorgenannten Erläuterungen zusammen mit Art. 25 GRC und Art. 37 GRC als Grundsatzbestimmung eingeordnet wird, gelegentlich ein Grundrechtscharakter zugesprochen wird (s. Art. 26 GRC, Rn. 6).

II. Anerkennung und Achtung des Rechts älterer Menschen auf ein würdiges und unabhängiges Leben sowie auf Teilnahme am sozialen und kulturellen Leben

Die in Art. 25 GRC angesprochenen Rechte auf ein würdiges und unabhängiges Leben   7 sowie auf Teilnahme am sozialen und kulturellen Leben beziehen sich ausweislich des deutschsprachigen Wortlauts dieser Bestimmung explizit auf ältere Menschen. Insoweit wirft Art. 25 GRC zunächst einmal die Frage auf, was mit dem interpretationsoffenen und auslegungsbedürftigen Tatbestandsmerkmal »älterer Menschen« gemeint ist bzw. welche Personen von diesem Tatbestandsmerkmal erfasst werden (1.). Darüber hinaus stellt sich die Frage nach den konkreten Gewährleistungsdimensionen des Rechts älterer Menschen auf ein würdiges und unabhängiges Leben (2.) sowie ihres Rechts auf Teilnahme am sozialen und kulturellen Leben (3.). Soweit Art. 25 GRC ausweislich seines Wortlauts die Union zur Anerkennung und Achtung der vorgenannten Rechte verpflich-

---

[18] So vgl. etwa *Schmahl*, EnzEuR, Bd 2, § 15, Rn. 108.

[19] So vgl. *Mann*, in: Tettinger/Stern, EuGRCh, Art. 25 GRC, Rn. 18; *Ross*, in: Schwarze, EU-Kommentar, Art. 25 GRC, Rn. 3.

[20] So vgl. *Marauhn*, in: Heselhaus/Nowak, Handbuch der Europäischen Grundrechte, § 42, Rn. 16.

tet, veranlasst dies zur abschließenden Auseinandersetzung mit den weiteren Fragen, ob diese Bestimmung ausschließlich die Union zur Anerkennung und Achtung des Rechts älterer Menschen auf ein würdiges und unabhängiges Leben sowie auf deren Teilnahme am sozialen und kulturellen Leben verpflichtet, wann bzw. unter welchen Umständen diese Norm beeinträchtigt wird und was aus einer etwaigen Beeinträchtigung dieser Norm folgt (4.).

1. Das Tatbestandsmerkmal »älterer Menschen«

8 Das in Art. 25 GRC enthaltene Tatbestandsmerkmal »älterer Menschen« wirft die in der bisherigen Rechtsprechung bislang unbeantwortet gebliebenen Fragen auf, ab wann natürliche Personen als »ältere Menschen« im Sinne dieser Bestimmung gelten[21] und ob von dieser Bestimmung lediglich **ältere Unionsbürgerinnen und Unionsbürger** oder auch Drittstaatsangehörige erfasst werden. Die letztgenannte Frage, die in der reichhaltigen Literatur zu Art. 25 GRC meist gar nicht erst angesprochen wird, dürfte unter Berücksichtigung der herkömmlichen Grundsätze der Unionsgrundrechtsdogmatik im Zusammenhang mit der Grundrechtsberechtigung von Drittstaatsangehörigen[22] im Sinne der grundsätzlichen **Einbeziehung von älteren Drittstaatsangehörigen** zu bejahen sein, da sich Art. 25 GRC in genereller Weise auf Menschen und nicht allein auf Unionsbürger und Unionsbürgerinnen bezieht.[23]

9 Was darüber hinaus mit »älteren Menschen« im Sinne des Art. 25 GRC gemeint ist, muss nach wie vor als unklar bezeichnet werden. Klar und nicht weiter begründungsbedürftig ist zwar, dass jedenfalls die durch Art. 24 GRC gesondert und in spezifischer Weise geschützten Kinder bzw. Jugendliche bis zur Vollendung des 18. Lebensjahres nicht zu den älteren Menschen gehören[24] und dass es sich bei dem hier in Rede stehenden Tatbestandsmerkmal um einen relativen Begriff handelt,[25] der sich nicht trennscharf umgrenzen lässt.[26] Die Frage aber, ab wann natürliche **Personen jenseits des Kindesalters** als ältere Menschen einzustufen sind, bleibt in Art. 25 GRC und im sonstigen Unionsrecht vollkommen unbeantwortet. Von entscheidender Bedeutung dürfte unter Berücksichtigung des Schutzzwecks dieser Bestimmung vermutlich das Alter sein, in dem altersbedingte Schutzbedürfnisse und Einschränkungen häufiger auftreten.[27] Dies lässt sich mit Blick auf die oben genannten Art. 24 und 25 der Gemeinschaftscharta der sozialen Grundrechte der Arbeitnehmer (s. Rn. 3) für den »Normalfall« ungefähr an dem in den Mitgliedstaaten allerdings uneinheitlichen Renteneintrittsalter festmachen,[28]

---

[21] Zur parallelen Diskussion bzgl. der Bestimmung der in diesem Kontext relevanten Altersgrenzen auf völkerrechtlicher Ebene *Mégret*, Human Rights Law Review (2011) 11, 37 (42 ff.).

[22] Näher dazu vgl. *Nowak*, in: Heselhaus/Nowak, Handbuch der Europäischen Grundrechte, § 6, Rn. 8 ff.

[23] So i. E. auch *O'Cinneide*, in: Peers/Hervey/Kenner/Ward, S. 693 (702).

[24] In diesem unstr. Sinne vgl. etwa *Frenz*, Handbuch Europarecht, Bd. 4, Rn. 3499; *Kingreen*, in: Calliess/Ruffert, EUV/AEUV, Art. 25 GRC, Rn. 2; *Mann*, in: Tettinger/Stern, EuGRCh, Art. 25 GRC, Rn. 11; *Schmahl*, EnzEuR, Bd 2, § 15, Rn. 109; *Streinz*, in: Streinz, EUV/AEUV, Art. 25 GRC, Rn. 5.

[25] So auch *Kingreen*, in: Calliess/Ruffert, EUV/AEUV, Art. 25 GRC, Rn. 2.

[26] Vgl. *Mann*, in: Tettinger/Stern, EuGRCh, Art. 25 GRC, Rn. 11.

[27] Ähnlich *Jarass*, GRCh, Art. 25 GRC, Rn. 6; *Lemke*, in: GSH, Europäisches Unionsrecht, Art. 25 GRC, Rn. 6.

[28] In diese Richtung weisend vgl. *Lemke*, in: GSH, Europäisches Unionsrecht, Art. 25 GRC, Rn. 6; *Fuchs*, in: Holoubek/Lienbacher, GRC-Kommentar, Art. 25 GRC, Rn. 12. Für eine ebenfalls denkbare Anknüpfung an ein Alter von »etwa« 65 Jahren vgl. *Hölscheidt*, in: Meyer, GRCh, Art. 25, Rn. 16M; ähnlich *Jarass*, GRCh, Art. 25 GRC, Rn. 6 (»ab dem 65. Lebensjahr«). Diesbezüglich »cum grano

ohne damit zeitlich vorgelagerte Bereiche kategorisch ausschließen zu dürfen.[29] Im Übrigen würde es dem Sinn und Zweck des Art. 25 GRC widersprechen, **alte bzw. hochaltrige Menschen**[30] aus dem persönlichen Anwendungsbereich dieser Bestimmung auszugrenzen.[31]

2. Gewährleistungsdimensionen des Rechts älterer Menschen auf ein würdiges und unabhängiges Leben

Art. 25 GRC befasst sich ausweislich seines Wortlauts mit zwei Teilaspekten, die nicht   **10**
nur darauf abstellen, das »eigene Leben« in einer bestimmten Weise – d. h. würdig und
unabhängig – zu gestalten, sondern auch das Versprechen einschließen, »an fremdem
Leben« – d. h. am sozialen und kulturellen Leben« – teilnehmen zu können.[32] Zum
erstgenannten Aspekt, der partiell die in Art. 1 GRC niedergelegte **Menschenwürdegarantie** berührt, gehört das Recht auf ein würdiges und unabhängiges Leben; dies
schließt unter Berücksichtigung der in Art. 23 der revidierten Europäischen Sozialcharta sowie in Art. 24 und 25 der Gemeinschaftscharta der sozialen Grundrechte der Arbeitnehmer enthaltenen Regelungen (s. Rn. 2) solche Gewährleistungen ein, die sich im
Rahmen möglichst zukunftsfester Sozialversicherungs- und Grundsicherungssysteme
auf eine ausreichende finanzielle Sicherung insbesondere im Rentenalter und im Pfle-
gefall sowie auf einen ausreichenden Krankenschutz älterer Menschen beziehen.[33] Die
Achtung der in Art. 25 GRC angesprochenen **Unabhängigkeit** müsse sich nach der von
Generalanwalt *Yves Bot* vertretenen Auffassung bei älteren Menschen, die auf fremde
Hilfe angewiesen sind, darin zeigen, dass sie in der Gestaltung ihres Lebens und ihrer
Betreuung so frei wie möglich sind.[34] Ob sich der Unionsrichter dem anschließen wird,
bleibt weiterhin abzuwarten.[35]

---

salis« ein Alter von »sechzig Jahre[n] oder älter« für maßgeblich haltend vgl. *Mann*, in: Tettinger/
Stern, EuGRCh, Art. 25 GRC, Rn. 11.

[29] Zutr. *Marauhn*, in: Heselhaus/Nowak, Handbuch der Europäischen Grundrechte, § 42, Rn. 20;
dem im Sinne einer »Entkoppelung vom Renteneintrittsalter« folgend vgl. *Ross*, in: Schwarze, EU-
Kommentar, Art. 25 GRC, Rn. 4; sowie *Schmahl*, EnzEuR, Bd 2, § 15, Rn. 109. Für eine grundsätzlich
weite Auslegung des Tatbestandmerkmals »älterer Menschen« vgl. auch *O'Cinneide*, in: Peers/Her-
vey/Kenner/Ward, S. 693 (703).

[30] Zur denkbaren Unterscheidung zwischen »jungen Alten« im Sinne der 60- bis 80-jährigen Menschen und »alten Alten« im Sinne der über 80-jährigen Menschen vgl. etwa *Becker*, JZ 2004, 929
(930).

[31] Dies ist – soweit ersichtlich – unstreitig, vgl. nur *Fuchs*, in: Holoubek/Lienbacher, GRC-Kommentar, Art. 25 GRC, Rn. 12; *Hölscheidt*, in: Meyer, GRCh, Art. 25 GRC, Rn. 16; *Schmahl*, EnzEuR,
Bd 2, § 15, Rn. 109.

[32] Zu dieser grdlg. Differenzierung vgl. auch *Hölscheidt*, in: Meyer, GRCh, Art. 25 GRC, Rn. 10;
Lemke, in: GSH, Europäisches Unionsrecht, Art. 25 GRC, Rn. 4; *Marauhn*, in: Heselhaus/Nowak,
Handbuch der Europäischen Grundrechte, § 42, Rn. 17; *Ross*, in: Schwarze, EU-Kommentar, Art. 25
GRC, Rn. 5.

[33] Zutr. *Jarass*, GRCh, Art. 25 GRC, Rn. 7; ähnlich, wenngleich z. T. ausführlicher, vgl. statt vieler
O'Cinneide, in: Peers/Hervey/Kenner/Ward, S. 693 (704 f.); *Kingreen*, in: Calliess/Ruffert,
EUV/AEUV, Art. 25 GRC, Rn. 3; *Lemke*, in: GSH, Europäisches Unionsrecht, Art. 25 GRC, Rn. 4;
Mann, in: Tettinger/Stern, EuGRCh, Art. 25 GRC, Rn. 15; *Ross*, in: Schwarze, EU-Kommentar,
Art. 25 GRC, Rn. 5.

[34] Vgl. dazu die Schlussanträge des GA *Bot* zu Rs. C–388/09 (da Silva Martins), ECLI:EU:C:
2011:13, Rn. 77.

[35] In EuGH Urt. v. 30. 6. 2011, Rs. C–388/09 (da Silva Martins), Slg. 2011, I–5737, hat der Unionsrichter jedenfalls auf die oben genannte Auffassung von GA *Bot* keinen Bezug genommen.

3. Gewährleistungsdimensionen des Rechts älterer Menschen auf Teilnahme am sozialen und kulturellen Leben

11   Zum oben genannten Teilaspekt, »an fremdem Leben teilzunehmen« (s. Rn. 10), gehört das in Art. 25 GRC angesprochene Recht älterer Menschen auf Teilnahme am sozialen und kulturellen Leben, das sich beispielsweise in beschäftigungsfördernder Rechtsetzung[36] zur **Wiedereingliederung älterer Menschen in das Arbeitsleben**,[37] in Rechten, die es älteren Menschen im Ruhestand erlauben, einem Erwerb nachzugehen,[38] im Recht auf Barrierefreiheit[39] sowie in sonstigen Maßnahmen zur **Erleichterung der Lebensführung** wie etwa im Angebot seniorengerechten Bankings und seniorengerechter Bildung[40] manifestieren kann. Im Übrigen ist in diesem Kontext auf die oben bereits angesprochenen Erläuterungen zur Charta der Grundrechte (s. Rn. 2) hinzuweisen, wo in Bezug auf Art. 25 GRC explizit darauf hingewiesen wird, dass die in dieser Bestimmung genannte Teilnahme am sozialen und kulturellen Leben »natürlich« auch die **Teilnahme am politischen Leben** umfasst. Dies ist in Art. 25 GRC gewissermaßen hineinzulesen, da die vorgenannten Erläuterungen nach Art. 6 Abs. 1 UAbs. 3 EUV i. V. m. Abs. 5 Satz 2 der GRC-Präambel i. V. m. Art. 52 Abs. 7 GRC bei der Auslegung dieser Charta bzw. der in ihr enthaltenen Artikel gebührend zu berücksichtigen sind.

4. Anerkennung und Achtung durch die Union: Verpflichtete und Rechtsfolgen

12   Nach dem Wortlaut des Art. 25 GRC besteht kein Zweifel daran, dass jedenfalls die **Union einschließlich ihrer Organe, Einrichtungen und sonstigen Stellen** zur Anerkennung und Achtung[41] des Rechts bzw. der Rechte (s. Rn. 1) älterer Menschen auf ein würdiges und unabhängiges Leben sowie auf Teilnahme am sozialen und kulturellen Leben verpflichtet ist. Die in der bisherigen Rechtsprechung des Unionsrichters unbeantwortet gebliebene Frage, ob sich diese Verpflichtung entgegen dem Wortlaut dieser Bestimmung auch auf die **EU-Mitgliedstaaten** bezieht, wie dies für den Fall der Durchführung des Unionsrechts bzw. für den Fall mitgliedstaatlichen Handelns im Anwendungsbereich des Unionsrechts[42] insbesondere Art. 51 Abs. 1 Satz 1 GRC nahelegt, wird im einschlägigen Schrifttum indes uneinheitlich beantwortet.[43] **Privatpersonen** gehören

---

[36] Vgl. *Mann*, in: Tettinger/Stern, EuGRCh, Art. 25 GRC, Rn. 17; *Ross*, in: Schwarze, EU-Kommentar, Art. 25 GRC, Rn. 6. Für die Einbeziehung der Teilnahme am beruflichen Leben vgl. auch *Lemke*, in: GSH, Europäisches Unionsrecht, Art. 25 GRC, Rn. 4.

[37] Exemplarisch dazu vgl. auch EuGH, Urt. v. 22.11.2005, Rs. C–144/04 (Mangold), Slg. 2005, I–9981, Rn. 59 f., wonach die berufliche Eingliederung arbeitsloser älterer Arbeitnehmer, die erhebliche Schwierigkeiten haben, wieder einen Arbeitsplatz zu finden, ein im Allgemeininteresse liegendes Ziel darstellt, dessen Legitimität außer Zweifel steht.

[38] Vgl. *Ross*, in: Schwarze, EU-Kommentar, Art. 25 GRC, Rn. 6.

[39] Vgl. *Jarass*, GRCh, Art. 25 GRC, Rn. 7; *Ross*, in: Schwarze, EU-Kommentar, Art. 25 GRC, Rn. 6.

[40] Zu diesen aus Art. 23 rev. ESC (s. Rn. 3) ableitbaren Teilgewährleistungen vgl. etwa *O'Cinneide*, in: Peers/Hervey/Kenner/Ward, S. 693 (699).

[41] Zur Abgrenzung dieser Begriffe vgl. *Mann*, in: Tettinger/Stern, EuGRCh, Art. 25 GRC, Rn. 18 f.

[42] Instruktiv dazu vgl. insbesondere EuGH, Urt. vom 26.2.1013, Rs. C–617/10 (Åkerberg Fransson), ECLI:EU:C:2013:105, Rn. 21; Urt. vom 6.3.2014, Rs. C–206/13 (Siragusa), ECLI:EU:C:2014:126, Rn. 24 f.; Urt. vom 10.7.2014, Rs. C–198/13 (Hernández u. a.), ECLI:EU:C:2014:2055, Rn. 34 ff.

[43] Diese Frage bejahend vgl. etwa *Jarass*, GRCh, Art. 25 GRC, Rn. 4; *Lemke*, in: GSH, Europäisches Unionsrecht, Art. 25 GRC, Rn. 5; *Ross*, in: Schwarze, EU-Kommentar, Art. 25 GRC, Rn. 3; *Schmahl*, EnzEuR, Bd 2, § 15, Rn. 108; *Weber*, in: Stern/Sachs, GRC-Kommentar, Art. 25 GRC, Rn. 7; diese Frage verneinend vgl. *Frenz*, Handbuch Europarecht, Bd. 4, Rn. 3504; *Hölscheidt*, in: Meyer,

nach ganz vorherrschender Auffassung nicht zum Kreis der durch Art. 25 GRC Verpflichteten.[44]

Aus den in Art. 25 GRC niedergelegten Anerkennungs- und Achtungsgeboten folgt, **13** dass die Union und gegebenenfalls auch die EU-Mitgliedstaaten (s. Rn. 12) keine Maßnahmen ergreifen oder treffen dürfen, welche die in dieser Bestimmung angesprochenen Rechte älterer Menschen auf ein würdiges und unabhängiges Leben sowie auf Teilnahme am sozialen und kulturellen Leben in unverhältnismäßiger Weise beeinträchtigen.[45] Von dem Vorliegen einer solchen **Beeinträchtigung**[46] wird mit unterschiedlichen Nuancierungen etwa dann ausgegangen, wenn die Union Maßnahmen der Mitgliedstaaten zum Schutze älterer Menschen behindert[47] oder wenn die Verpflichteten bei Maßnahmen, die sich negativ auf die Situation älterer Menschen auswirken können, den Art. 25 GRC nicht berücksichtigen.[48] Das Unterlassen einer durch positive Maßnahmen zu bewerkstelligenden Förderung der in Art. 25 GRC angesprochenen Rechte wird mehrheitlich hingegen nicht als Beeinträchtigung dieser Bestimmung angesehen.[49] Allerdings ist hierbei zu beachten, dass nicht jede Beeinträchtigung des Art. 25 GRC automatisch als eine rechtswidrige Verletzung dieser Bestimmung einzustufen ist. Vielmehr steht Art. 25 GRC unter dem **Vorbehalt konkurrierender Rechtsgüter**,[50] die im Rahmen einer Abwägung dazu führen können, dass sich eine Beeinträchtigung des Art. 25 GRC als notwendig und rechtmäßig erweist. Etwaige den Art. 25 GRC verletzende Maßnahmen der Verpflichteten (s. Rn. 12) sind rechtswidrig.[51] Im Übrigen ist schließlich unter Berücksichtigung der gefestigten Rechtsprechung des Unionsrichters zum normenhierarchisch begründeten Gebot der primärrechtskonformen Auslegung abgeleiteten bzw. sekundären Unionsrechts[52] darauf hinzuweisen, dass Art. 25 GRC, dessen Justiziabilität durch Art. 52 Abs. 5 GRC beschränkt wird (s. Rn. 5), in passenden

---

GRCh, Art. 25 GRC, Rn. 15; *Kingreen*, in: Calliess/Ruffert, EUV/AEUV, Art. 25 GRC, Rn. 1a; *Streinz*, in: Streinz, EUV/AEUV, Art. 25 GRC, Rn. 6.

[44] Vgl. nur *Jarass*, GRCh, Art. 25 GRC, Rn. 4; *Lemke*, in: GSH, Europäisches Unionsrecht, Art. 25 GRC, Rn. 5. Näher zur stark begrenzten Horizontalwirkung sozialer Unionsrechte vgl. auch *Cariat*, CDE 2014, 305; *Lazzerini*, CMLRev. 51 (2014), 907; *Seifert*, RTDE 2012, 801; *ders.*, EuZA 2013, 299; sowie *Bilz*, GreifRecht 2013, 119; *Leczykiewicz*, E.L.Rev. 38 (2013), 479.

[45] In diesem Sinne vgl. auch *Hölscheidt*, in: Meyer, GRCh, Art. 25 GRC, Rn. 18; jeweils ähnlich vgl. *Frenz*, Handbuch Europarecht, Bd. 4, Rn. 3505; *Mann*, in: Tettinger/Stern, EuGRCh, Art. 25 GRC, Rn. 19; *Marauhn*, in: Heselhaus/Nowak, Handbuch der Europäischen Grundrechte, § 42, Rn. 25; *Ross*, in: Schwarze, EU-Kommentar, Art. 25 GRC, Rn. 3; *Schmahl*, EnzEuR, Bd 2, § 15, Rn. 108; *Weber*, in: Stern/Sachs, GRC-Kommentar, Art. 25 GRC, Rn. 7.

[46] Sollte dem überwiegend als Grundsatzbestimmung verstandenen Art. 25 GRC (s. Rn. 5) auch eine unionsgrundrechtliche Dimension zuzusprechen sein (s. Rn. 6), so könnte an dieser Stelle neben dem Begriff der Beeinträchtigung auch sehr gut der Begriff »Eingriff« verwendet werden.

[47] So vgl. *Fuchs*, in: Holoubek/Lienbacher, GRC-Kommentar, Art. 25 GRC, Rn. 20; *Jarass*, GRCh, Art. 25 GRC, Rn. 8.

[48] So vgl. *Jarass*, GRCh, Art. 25 GRC, Rn. 8; dem zustimmend vgl. *Lemke*, in: GSH, Europäisches Unionsrecht, Art. 25 GRC, Rn. 7.

[49] Vgl. nur *Frenz*, Handbuch Europarecht, Bd. 4, Rn. 3506; *Hölscheidt*, in: Meyer, GRCh, Art. 25 GRC, Rn. 18; *Ross*, in: Schwarze, EU-Kommentar, Art. 25 GRC, Rn. 3.

[50] So auch vgl. *Jarass*, GRCh, Art. 25 GRC, Rn. 9; *Lemke*, in: GSH, Europäisches Unionsrecht, Art. 25 GRC, Rn. 9; *Ross*, in: Schwarze, EU-Kommentar, Art. 25 GRC, Rn. 3; *Schmahl*, EnzEuR, Bd 2, § 15, Rn. 108.

[51] Zutr. *O'Cinneide*, in: Peers/Hervey/Kenner/Ward, S. 693 (706).

[52] Vgl. nur EuGH, Urt. v. 13.12.1983, Rs. 218/82 (Kommission/Rat), Slg. 1983, S. 4063, Rn. 15; Urt. v. 25.11.1986, verb. Rs. 201/85 u. 202/85 (Klensch), Slg. 1986, S. 3477, Rn. 21; Urt. v. 21.3.1991, Rs. C–314/89 (Rauh), Slg. 1991, I–1647, Rn. 17.

Sachzusammenhängen auch für die **Auslegung** abgeleiteten – insbesondere **sekundären** – **Unionsrechts** fruchtbar gemacht werden kann.

C.   Verhältnis zu anderen Bestimmungen

14   Die in Art. 25 GRC niedergelegte Verpflichtung der Union,[53] die Rechte bzw. das Recht älterer Menschen auf ein würdiges und unabhängiges Leben sowie auf Teilnahme am sozialen und kulturellen Leben anzuerkennen und zu achten, verleiht zunächst einmal dem in Art. 3 Abs. 3 UAbs. 1 Satz 2 EUV geregelten Bekenntnis zur sozialen Marktwirtschaft und den in Art. 3 Abs. 3 UAbs. 2 EUV angesprochenen **Unionszielen**, die soziale Ausgrenzung und Diskriminierungen zu bekämpfen sowie soziale Gerechtigkeit und sozialen Schutz zu fördern, in Bezug auf ältere Menschen einen besonderen Ausdruck. Dies hat Art. 25 GRC, der durch seine Bezugnahme auf ein würdiges Leben zugleich mit der in Art. 1 GRC niedergelegten Menschenwürdegarantie korrespondiert, zum einen mit **Art. 21 GRC** gemeinsam, der unter anderem Diskriminierungen wegen des Alters verbietet,[54] denen der Unionsgesetzgeber auf der Grundlage des Art. 19 Abs. 1 AEUV entgegentreten kann. Zum anderen steht Art. 25 GRC, der insbesondere unter Berücksichtigung des Art. 23 der revidierten Europäischen Sozialcharta sowie der Art. 24 und 25 der Gemeinschafts- bzw. Unionscharta der sozialen Grundrechte der Arbeitnehmer auszulegen ist (s. Rn. 2 f.), in gewisser Weise mit **Art. 34 GRC** in Verbindung, wonach die Union unter anderem das Recht auf Zugang zu den Leistungen der sozialen Sicherheit und zu den sozialen Diensten, die etwa im Alter Schutz gewährleisten, sowie das Recht auf eine soziale Unterstützung und eine gewisse Unterstützung für die Wohnung anerkennt und achtet (s. Art. 34 GRC, Rn. 1 ff.). Soweit Art. 25 GRC als Grundsatzbestimmung einzuordnen ist (s. Rn. 5), muss im Übrigen Art. 52 Abs. 5 Satz 2 GRC im Blick behalten werden, wonach solche Bestimmungen, die ausweislich des ersten Satzes dieser Norm durch bestimmte Gesetzgebungs- und Ausführungsakte umgesetzt werden können, vor Gericht nur bei der Auslegung dieser Akte und bei Entscheidungen über deren Rechtmäßigkeit herangezogen werden können (s. Art. 52 GRC, Rn. 32 ff.). Ließe sich Art. 25 GRC darüber hinaus auch als ein Unionsgrundrecht auf Achtung und Anerkennung des Rechts älterer Menschen auf ein würdiges und unabhängiges Leben sowie auf Teilnahme am sozialen und kulturellen Leben durch die Union deuten (s. Rn. 6), so wäre schließlich auch das in Art. 47 Abs. 1 GRC niedergelegte Unionsgrundrecht auf einen möglichst effektiven gerichtlichen Rechtsschutz zu beachten, dessen Aktivierung als Annexgrundrecht eine mögliche Verletzung mindestens eines anderen subjektiven Unionsrechts voraussetzt (s. Art. 47 GRC, Rn. 1 ff.).

---

[53] Zur denkbaren Einbeziehung auch der Mitgliedstaaten in den hier angesprochenen Kreis der Verpflichteten siehe oben unter Rn. 12.
[54] Zur praktischen Relevanz des Art. 21 GRC, die über die praktische Relevanz des Art. 25 GRC bislang weit hinausgeht, vgl. etwa EuGH, Urt. v. 28. 1. 2015, Rs. C–417/13 (Starjakob), ZESAR 2015, 388, mit. Anm. *Wachter*, ZESAR 2015, 396; m. w. N. siehe die Kommentierung zu Art. 21 GRC, Rn. 1 ff.

Artikel 26 GRC Integration von Menschen mit Behinderung

Die Union anerkennt und achtet den Anspruch von Menschen mit Behinderung auf Maßnahmen zur Gewährleistung ihrer Eigenständigkeit, ihrer sozialen und beruflichen Eingliederung und ihrer Teilnahme am Leben der Gemeinschaft.

Literaturübersicht

Beaucamp, Verfassungsrechtlicher Behindertenschutz in Europa, ZFSH/SGB 2002, 201; *Igl/Welti*, Integration von behinderten Menschen, in: Linzbach u.a. (Hrsg.), Die Zukunft der sozialen Dienste vor der Europäischen Herausforderung, 2005, S. 297; *Ross*, Die Charta der Grundrechte der Europäischen Union und ihre Bedeutung für Menschen mit Behinderung, Rechtsdienst der Lebenshilfe 2009, 176; *Schmahl*, Menschen mit Behinderungen im Spiegel des internationalen Menschenrechtsschutzes, AVR 45 (2007), 517; *Schulte*, Behindertenpolitik und Behindertenrecht in der Europäischen Union – Teil 1, ZFSH/SGB 2008, 131 und Teil 2, ZFSH/SGB 2008, 200; *Welti*, Behinderung und Rehabilitation im sozialen Rechtsstaat, 2005.

Leitentscheidungen

EuGH, Urt. v. 11.7.2006, Rs. C–13/05 (Chacón Navas), Slg. 2006, I–6467
EuGH, Urt. v. 11.4.2013, Rs. C–335/11 (HK Danmark), ECLI:EU:C:2013:222
EuGH, Urt. v. 18.3.2014, Rs. C–363/12 (Z vs. A Government department), ECLI:EU:C:2014:159
EuGH, Urt. v. 22.4.2014, Rs. C–356/12 (Glatzel), ECLI:EU:C:2014:350

Wesentliche sekundärrechtliche Vorschrift

Richtlinie 2000/78/EG des Rates vom 27.11.2000 zur Festlegung eines allgemeinen Rahmens für die Verwirklichung der Gleichbehandlung in Beschäftigung und Beruf, ABl. 2000, L 303/16

Inhaltsübersicht

A. Entwicklung, Quellen, Bedeutung

Die ausdrückliche Kodifizierung der Rechte von Menschen mit Behinderungen gehört **1** zu den **jüngeren Entwicklungen** des völker- und verfassungsrechtlichen Grund- und Menschenrechtsschutzes.[1] Dabei vollzog sich auch ein grundsätzlicher Perspektivenwandel, der Menschen mit Behinderungen nicht mehr als Objekt staatlicher Fürsorgepolitik, sondern als selbstbestimmte Subjekte mit eigenen Rechten wahrnimmt.[2] Dieser

---

[1] *Schmahl*, AVR 45 (2007), 517 (521 ff.); *Marauhn*, in: Heselhaus/Nowak, Handbuch der Europäischen Grundrechte, § 42, Rn. 1.
[2] *Marauhn*, in: Heselhaus/Nowak, Handbuch der Europäischen Grundrechte, § 42, Rn. 3; European Committee of Social Rights, Decision on the merits: International Association Autism-Europe v. France, Collective Complaint No. 13/2002, Rn. 48.

Ansatz liegt auch der Politik der EU in Bezug auf Menschen mit Behinderungen seit Mitte der 1990er-Jahre zu Grunde.[3]

2 Laut den Erläuterungen zur Grundrechtecharta stützt sich Art. 26 GRC auf **Art. 15 ESC Europäischen Sozialcharta (ESC)** und lehnt sich an Art. 26 Gemeinschaftscharta der sozialen Grundrechte der Arbeitnehmer an. Die ERC verbürgt in Teil I Nr. 15 jedem behinderten Mensch »das Recht auf Eigenständigkeit, soziale Eingliederung und Teilhabe am Leben der Gemeinschaft.« Dieses Recht wird in Art. 15 ESC konkretisiert, der die Vertragsstaaten verpflichtet, geeignete Maßnahmen zu ergreifen, »um für behinderte Menschen Beratung, schulische und berufliche Bildung soweit wie möglich im Rahmen des allgemeinen Systems oder, sofern dies nicht möglich ist, durch öffentliche oder private Sondereinrichtungen bereitzustellen; ihren Zugang zur Beschäftigung durch alle Maßnahmen zu fördern, mit denen ein Anreiz für Arbeitgeber geschaffen werden kann, behinderte Menschen in der normalen Arbeitsumwelt einzustellen und weiter zu beschäftigen und die Arbeitsbedingungen an die Bedürfnisse dieser Menschen anzupassen, oder, wenn dies aufgrund der Behinderung nicht möglich ist, durch Gestaltung oder Schaffung von geschützten Arbeitsplätzen entsprechend dem Grad der Beeinträchtigung [...]; ihre vollständige soziale Eingliederung und volle Teilhabe am Leben der Gemeinschaft zu fördern, insbesondere durch Maßnahmen, einschließlich technischer Hilfen, die darauf gerichtet sind, Kommunikations- und Mobilitätshindernisse zu überwinden und ihnen den Zugang zu Beförderungsmitteln, Wohnraum, Freizeitmöglichkeiten und kulturellen Aktivitäten zu ermöglichen.«[4] Für die weitere Konkretisierung des Art. 15 ESC kann auch die Entscheidungspraxis des **European Committee of Social Rights** herangezogen werden, das mit der Überwachung der ESC betraut ist.

3 **Art. 26 der Gemeinschaftscharta der sozialen Grundrechte der Arbeitnehmer**[5] ist weniger konkret verlangt lediglich, dass »alle Behinderten [...] unabhängig von der Ursache und Art ihrer Behinderung konkrete ergänzende Maßnahmen, die ihre berufliche und soziale Eingliederung fördern, in Anspruch nehmen können« und, dass sich diese Maßnahmen »je nach den Fähigkeiten der Betreffenden auf berufliche Bildung, Ergonomie, Zugänglichkeit, Mobilität, Verkehrsmittel und Wohnung erstrecken.«

4 Bestimmungen zum Schutz von Menschen mit Behinderungen finden sich auch zahlreiche **Verfassungen der Mitgliedstaaten**.[6] Diese sind teils als staatliche Handlungspflichten, teils als soziale Grundrechte und teils als spezielle Diskriminierungstatbestände ausgestaltet.[7] Eigenständige verfassungsrechtliche Ansprüche werden allerdings eher selten begründet.[8] Insofern dürfte sich aus den gemeinsamen Verfassungsüberlieferungen der Mitgliedstaaten allenfalls eine grundlegende staatliche Pflicht zum Schutz von Menschen mit Behinderungen,[9] aber kein echtes Grundrecht im Sinne des Art. 6 Abs. 3 EUV ableiten lassen.

---

[3] *Schulte*, ZFSH/SGB 2008, 200 (208).
[4] Maßnahmen zur gesellschaftlichen Integration sind nur in der revidierten Fassung der ESC zu finden.
[5] Gemeinschaftscharta der Sozialen Grundrechte der Arbeitnehmer vom 9.12.1989, KOM (89) 248 endg.
[6] *Hölscheidt*, in: Meyer, GRCh, Art. 26 GRC, Rn. 2 ff.; *Mann*, in: Tettinger/Stern, EuGRCh, Art. 26 GRC, Rn. 7 ff.
[7] *Igl/Welti*, S. 315.
[8] *Beaucamp*, ZFSH/SGB 2002, 201 (202).
[9] *Welti*, S. 260.

Von besonderer Bedeutung für die Konkretisierung des europäischen Behinderten-   5
rechts ist das Übereinkommen der Vereinten Nationen vom 13. Dezember 2006 über die
Rechte von Menschen mit Behinderungen, die sog. **UN-Behindertenrechtskonvention
(BRK).**[10] Die EU (vormals Europäische Gemeinschaft) hat diese Konvention, die auch
regionalen Integrationsgemeinschaften offen steht, bereits 2007 unterzeichnet und im
November 2009 den Beitritt zur Konvention beschlossen.[11] Die Behindertenrechtskonvention ist die erste internationale Menschenrechtsverbürgung, welche die EG/EU unterzeichnet hat.[12] Allerdings ist die EU dem Zusatzprotokoll zur BRK, das Individual-
beschwerden ermöglicht, nicht beigetreten. Die Bestimmungen der BRK bilden seit deren Inkrafttreten einen integrierenden Bestandteil der Unionsrechtsordnung.[13] Die
Konvention gilt im Unionsrecht – wie alle völkerrechtlichen Verträge – im Rang zwischen
Primär- und Sekundärrecht.[14] Darüber hinaus können die Definitionen und Verbürgungen der Konvention zur **Auslegung von Art. 26 GRC** herangezogen werden.

Die überwiegende Auffassung in der Literatur geht davon aus, dass Art. 26 GRC   6
lediglich einen **Grundsatz** im Sinne des Art. 52 Abs. 5 GRC darstellt und beruft sich
dabei auf die Erläuterungen des Grundrechtekonvents zu Art. 52 Abs. 5 GRC.[15] Wortlaut und völkerrechtlicher Kontext sprechen dagegen eher für ein **echtes Grundrecht**.[16]
Dem Begriff »Anspruch« entspricht in anderen Sprachfassungen der Begriff des
»Rechts« (»right«, »droit«, »derecho«), so dass sich sprachlich kein Unterschied zwischen Art. 26 GRC denjenigen Vorschriften der Grundrechtecharte ergibt, die ausdrücklich von einem »Recht« (z. B. Art. 25, 29, 34 oder 35 GRC) sprechen.

Unabhängig davon, ob Art. 26 GRC echtes Grundrecht oder nur Grundsatz ist, kann   7
er als **Prüfungsmaßstab für Maßnahmen der Union**, insbesondere sekundäres Unionsrecht herangezogen werden.[17] Die Union und die Mitgliedstaaten, wenn sie EU-Recht
durchführen, dürfen keine Maßnahmen ergreifen, welche die Rechte von Menschen mit
Behinderungen beeinträchtigen.[18]

B. Schutzbereich

I. Persönlicher Schutzbereich

Art. 26 GRC schützt **alle Menschen** mit Behinderung, unabhängig von der Art oder dem   8
Ausmaß der jeweiligen Behinderung.[19] Der Schutzbereich erfasst alle natürlichen Per-

---

[10] Dazu auch *Ross*, in: Schwarze, EU-Kommentar, Art. 26 GRC, Rn. 3. Allgemein zur UN-Behindertenrechtskonvention *Schmahl*, AVR 45 (2007), 517 (523 ff.).
[11] Beschluss des Rates vom 26. 11. 2009 über den Abschluss des Übereinkommens der Vereinten
Nationen über die Rechte von Menschen mit Behinderungen durch die Europäische Gemeinschaft,
ABl. 2010, L 23/3.
[12] *Schmahl*, AVR 45 (2007), 517 (524).
[13] EuGH, Urt. v. 30.4.1974, Rs. 181/73 (Haegeman), Slg. 1974, 449, Rn. 5; Urt. v. 11.4.2013, Rs.
C–335/11 (HK Danmark), ECLI:EU:C:2013:222, Rn. 30.
[14] EuGH, Urt. v. 11.4.2013, Rs. C–335/11 (HK Danmark), ECLI:EU:C:2013:222, Rn. 28 f.
[15] *Jarass*, GRCh, Art. 26 GRC, Rn. 3; *Hölscheidt*, in: Meyer, GRCh, Art. 26 GRC, Rn. 16; *Ross*, in:
Schwarze, EU-Kommentar, Art. 26 GRC, Rn. 1; *Kingreen*, in: Calliess/Ruffert, EUV/AEUV, Art. 26
GRC, Rn. 4.
[16] In diesem Sinne wohl auch *Streinz*, in: Streinz, EUV/AEUV, Art. 26 GRC, Rn. 5.
[17] GA *Bot*, Schlussanträge zu Rs. C–356/12 (Glatzel), ECLI:EU:C:2013:505, Rn. 42.
[18] *Ross*, Rechtsdienst der Lebenshilfe 2009, 176 (178).
[19] *Hölscheidt*, in: Meyer, GRCh, Art. 26 GRC, Rn. 18.

sonen. Eine Beschränkung auf Unionsbürger oder Personen, die sich rechtmäßig in einem Mitgliedstaat aufhalten, ist damit nicht vereinbar. Durch Art. 26 GRC wird die **Union** und in Einklang mit Art. 51 Abs. 1 GRC auch die **Mitgliedstaaten verpflichtet**, soweit sie Unionsrecht durchführen.[20] Der Wortlaut von Art. 26 GRC, der nur auf die Union abstellt spricht nicht gegen eine derartige Interpretation,[21] da der Begriff »Union« im Sinne des allgemeinen Anwendungsbereichs der GRC auszulegen ist. Art. 26 GRC entfaltet jedoch keine unmittelbare Wirkung für Privatpersonen.

II. Sachlicher Schutzbereich

1. Behinderung

9   Der Begriff der »Behinderung« wird weder in der Charta noch in den Erläuterungen näher konkretisiert. Auch im übrigen Unionsrecht findet sich keine genaue Definition. Der EuGH hat allerdings in seiner Rechtsprechung zur Richtlinie 2000/78/EG[22] eine Begriffsbestimmung vorgenommen, der auch auf Art. 26 GRC übertragbar ist.[23] Unter Rückgriff auf den Begriff der Behinderung in der UN-Behindertenrechtskonvention hat der EuGH »Behinderung« so verstanden, dass der Begriff »eine Einschränkung erfasst, die insbesondere auf **physische, geistige oder psychische Beeinträchtigungen** zurückzuführen ist, die in **Wechselwirkung mit verschiedenen Barrieren** den Betreffenden an der vollen und wirksamen Teilhabe am Berufsleben, gleichberechtigt mit den anderen Arbeitnehmern, hindern können.«[24] Damit folgt der EuGH dem modernen kontext- und wechselwirkungsbezogenen Behinderungsbegriff,[25] der nicht allein auf eine Funktionsbeeinträchtigung abstellt, die auf einem regelwidrigen körperlichen, geistigen oder seelischen Zustand beruht.[26] Vielmehr führt erst die Wechselwirkung zwischen Beeinträchtigung und bestehenden physischen oder sozialen Barrieren zur Behinderung.[27] Dieser Zusammenhang wurde in der Behindertenrechtsbewegung mit der knappen Formel: »Behindert ist man nicht, behindert wird man« zusammengefasst.[28]

2. Anspruch auf Maßnahmen

10   Nach Art. 26 GRC achtet und anerkennt die Union den Anspruch von Menschen mit Behinderung auf Maßnahmen zur Gewährleistung ihrer Eigenständigkeit, ihrer sozialen und beruflichen Eingliederung und ihrer Teilnahme am Leben der Gemeinschaft. Damit greift Art. 26 GRC die Systematik von Art. 15 ESC teilweise auf, setzt jedoch andere Akzente. Dem kontextbezogenen Behinderungsbegriff entsprechend stehen bei Art. 26

---

[20] *Jarass*, GRCh, Art. 26, Rn. 4, a. A.: *Kingreen*, in: Calliess/Ruffert, EUV/AEUV, Art. 26 GRC, Rn. 4.

[21] So aber *Kingreen*, in: Calliess/Ruffert, EUV/AEUV, Art. 26 GRC, Rn. 4.

[22] Dazu unten Rn. 15.

[23] GA *Bot*, Schlussanträge zu Rs. C–356/12 (Glatzel), ECLI:EU:C:2013:505, Rn. 29.

[24] EuGH, Urt. v. 11.4.2013, Rs. C–335/11 (HK Danmark), ECLI:EU:C:2013:222, Rn. 38; Urt. v. 18.3.2014, Rs. C–363/12 (Z.), ECLI:EU:C:2014:159, Rn. 80. Urt. v. 22.4.2014, Rs. C–356/12 (Glatzel), ECLI:EU:C:2014:350, Rn. 45.

[25] Dazu ausführlich *Welti*, S. 101 ff.

[26] So vielfach noch die Literatur *Jarass*, GRCh, Art. 26 GRC, Rn. 6; Hölscheidt, in: Meyer, GRCh, Art. 26 GRC, Rn. 19; *Mann*, in: Tettinger/Stern, EuGRCh, Art. 26 GRC, Rn. 15. Offen *Ross*, in: Schwarze, EU-Kommentar, Art. 26 GRC, Rn. 5. Anders auch noch EuGH, Urt. v. 11.7.2006, C–13/05 (Chacón Navas), Slg. 2006, I–6467, Rn. 43.

[27] So auch *Kingreen*, in: Calliess/Ruffert, EUV/AEUV, Art. 26 GRC, Rn. 3.

[28] *Welti*, S. 80.

GRC Aspekte der **Integration** im Vordergrund, ohne dass Rehabilitationsaspekte vollkommen ausgeblendet würden.[29] Auch die europäische Behindertenpolitik geht vom Prinzip der Integration (Teilhabe) aus.[30]

Aus Art. 26 GRC folgt **kein eigenständiger Leistungsanspruch**, da für die Konkretisierung der Maßnahmen die Mitgliedstaaten zuständig sind. Allerdings ist beim Erlass von Unionsrecht und bei der Durchführung der Unionspolitiken darauf zu achten, dass die Teilhabe- und Zugangsrechte von Menschen mit Behinderungen nicht beeinträchtigt werden. **11**

Maßnahmen zur Gewährleistung der **Eigenständigkeit** zielen darauf ab, dass Menschen mit Behinderungen ihr Leben weitgehend eigenverantwortlich und selbständig bestimmen können.[31] Dazu zählen neben traditionellen Formen der sozialen Unterstützung auch Baumaßnahmen (»behindertengerechtes Wohnen«) oder die Veröffentlichung von barrierefreien Dokumenten im Internet. Maßnahmen zur Gewährleistung der **sozialen und beruflichen Eingliederung** betreffen Maßnahmen, die eine Teilhabe am Leben in der Gemeinschaft ermöglichen. In Einklang mit Art. 15 ESC zählen dazu insbesondere Maßnahmen, die eine Beteiligung von Menschen mit Behinderung am Berufs- und Erwerbsleben ermöglichen. Konkret betrifft dies die Ausgestaltung von Arbeitsplätzen und die Arbeitsorganisation.[32] Die Teilnahme am **Leben in der Gemeinschaft** wird durch Maßnahmen gefördert, die es den Betroffenen ermöglichen, am sozialen und kulturellen Leben teilzunehmen. Hierzu gehören der Abbau physischer Barrieren, aber auch spezielle kulturelle und soziale Angebote bzw. deren barrierefreie Begleitung, wie z. B. die Simultanübersetzung einer Theateraufführung in Gebärdensprache. **12**

C. Beeinträchtigungen

Die in Art. 26 GRC verbürgte Anerkennung und Achtung von Ansprüchen von Menschen mit Behinderungen wird verletzt, wenn die Union oder die Mitgliedstaaten bei Durchführung des Unionsrechts die entsprechenden **Ansprüche nicht gebührend berücksichtigen**. Dies kann z. B. bei Vorgaben des sekundären Unionsrechts, die den spezifischen Bedürfnissen von Menschen mit Behinderungen nicht gerecht werden, der Fall sein[33] oder bei der Anwendung des EU-Wettbewerbs- und Beihilfenrechts auf Einrichtungen, die auf die Integration von Menschen mit Behinderungen ausgerichtet sind.[34] **13**

D. Verhältnis zu anderen Bestimmungen

Art. 26 GRC steht in einem engen inhaltlichen Kontext zu den allgemeinen **Antidiskriminierungsvorschriften** der Grundrechtecharta und des Unionsrechts. Dies folgt schon aus der Stellung der Vorschrift in Teil III der Grundrechtecharta, welche die Gleichheitsrechte enthält. Von besonderer Bedeutung ist diesbezüglich **Art. 21 GRC**, **14**

---

[29] *Kingreen*, in: Calliess/Ruffert, EUV/AEUV, Art. 26 GRC, Rn. 2.
[30] *Schulte*, ZFSH/SGB 2008, 200 (208).
[31] *Mann*, in: Tettinger/Stern, EuGRCh, Art. 26 GRC, Rn. 18.
[32] *Mann*, in: Tettinger/Stern, EuGRCh, Art. 26 GRC, Rn. 19.
[33] GA *Bot*, Schlussanträge zu Rs. C–356/12 (Glatzel), ECLI:EU:C:2013:505, Rn. 42.
[34] Siehe dazu auch *Schulte*, ZFSH/SGB 2008, 131 (140 ff.).

der Diskriminierungen wegen einer Behinderung verbietet. Art. 21 und Art. 26 GRC gelangen gemeinsam zur Geltung, wenn die Ansprüche behinderter Menschen auf Teilhabe durch spezifische Diskriminierungen beeinträchtigt werden.[35] Zudem entfalten zahlreiche Freiheitsrechte sowie soziale und wirtschaftliche Rechte, die in der Grundrechtecharta verbürgt sind, besondere Bedeutungen für Menschen mit Behinderungen und können so als Ergänzung von Art. 26 GRC angesehen werden.[36]

15   Als weiterer Kontext von Art. 26 GRC sind Antidiskriminierungsmaßnahmen auf der Grundlage von **Art. 10 AEUV und 19 AEUV** anzusehen.[37] Auch diese Vorschriften erwähnen Diskriminierungen wegen einer Behinderung ausdrücklich. Schließlich ist noch die Richtlinie 2000/78/EG zur Festlegung eines allgemeinen Rahmens für die Verwirklichung der Gleichbehandlung in Beschäftigung und Beruf (**Antidiskriminierungsrichtlinie**) zu erwähnen, die auf Art. 19 AEUV beruht. Sie erfasst ebenfalls ausdrücklich auch Diskriminierungen wegen Behinderungen und enthält in Art. 5 sogar eine Vorschrift, die konkrete Maßnahmen der Arbeitgeber vorsieht.[38] Sie kann daher auch als Konkretisierung des Art. 26 GRC angesehen werden.[39]

---

[35] GA *Bot*, Schlussanträge zu Rs. C–356/12 (Glatzel), ECLI:EU:C:2013:505, Rn. 28 ff.
[36] *Ross*, Rechtsdienst der Lebenshilfe 2009, 176 (177 ff.).
[37] *Kingreen*, in: Calliess/Ruffert, EUV/AEUV, Art. 26 GRC, Rn. 1.
[38] *Schulte*, ZFSH/SGB 2008, 200 (212 f.).
[39] *Wolffgang*, in: Lenz/Borchardt, EU-Verträge, Art. 26 GRC, Rn. 1.

Titel IV
Solidarität

Artikel 27 GRC Recht auf Unterrichtung und Anhörung der Arbeitnehmerinnen und Arbeitnehmer im Unternehmen

Für die Arbeitnehmerinnen und Arbeitnehmer oder ihre Vertreter muss auf den geeigneten Ebenen eine rechtzeitige Unterrichtung und Anhörung in den Fällen und unter den Voraussetzungen gewährleistet sein, die nach dem Unionsrecht und den einzelstaatlichen Rechtsvorschriften und Gepflogenheiten vorgesehen sind.

Literaturübersicht

Drouin, »Capacitas« and Capabilities in International Labour Law, in: Deakin/Supiot (Hrsg.), Capacitas. Contract law and the institutional preconditons of a market economy, 2009, 141; *Eichenhofer*, Soziale Menschenrechte im Völker-, europäischen und deutschen Recht, 2012; *Everling*, Zur Europäischen Grundrechte-Charta und ihren Sozialen Rechten, GS Heinze, 2005, 157; *Frenz/Götzkes*, Ein Grundrecht der Arbeitnehmerinnen und Arbeitnehmer auf Anhörung und Unterrichtung im Unternehmen? Zur rechtsdogmatischen Einordnung von Art. 27 EGRC, RdA 2007, 216; *Heuschmid*, Mitentscheidung durch Arbeitnehmer – ein europäisches Grundrecht?, 2009; *Krebber*, Soziale Rechte in der Gemeinschaftsrechtsordnung, RdA 2009, 224; *Nussbaum*, Menschenrechte und Fähigkeiten über Grenzen hinweg, in: Richter (Hrsg.), Transnationale Menschenrechte. Schritte zu einer weltweiten Verwirklichung der Menschenrechte, 2008, 61; *Reichold*, Durchbruch zu einer europäischen Betriebsverfassung. Die Rahmen-Richtlinie 2002/14/EG zur Unterrichtung und Anhörung der Arbeitnehmer, NZA 2003, 289; *Seifert*, Die horizontale Wirkung von Grundrechten. Europarechtliche und rechtsvergleichende Überlegungen, EuZW 2011, 696.

Leitentscheidung

EuGH, Urt. v. 15.1.2014, Rs. C–176/12 (Association de médiation sociale), ECLI:EU:C:2014:2

Wesentliche sekundärrechtliche Vorschriften

Richtlinie 2002/14/EG vom 11.3.2002 zur Festlegung eines allgemeinen Rahmens für die Unterrichtung und Anhörung der Arbeitnehmer in der Europäischen Gemeinschaft, ABl. 2002, L 80/29

Richtlinie 98/59/EG vom 20.7.1998 zur Angleichung der Rechtsvorschriften der Mitgliedstaaten über Massenentlassungen, ABl. 1998, L 225/16

Richtlinie 2001/23/EG vom 12.3.2001 zur Angleichung der Rechtsvorschriften der Mitgliedstaaten über die Wahrung von Ansprüchen der Arbeitnehmer beim Übergang von Unternehmen, Betrieben oder Unternehmens- oder Betriebsteilen, ABl. 2001, L 82/16

Richtlinie 2009/38/EG vom 6.5.2009 über die Einsetzung eines Europäischen Betriebsrats oder die Schaffung eines Verfahrens zur Unterrichtung und Anhörung der Arbeitnehmer in gemeinschaftsweit operierenden Unternehmen und Unternehmensgruppen, ABl. 2009, L 122/28

Richtlinie 2001/86/EG vom 8.10.2001 zur Ergänzung des Statuts der Europäischen Gesellschaft hinsichtlich der Beteiligung der Arbeitnehmer, ABl. 2001, L 294/22

Richtlinie 91/533/EWG vom 14.10.1991 über die Pflicht des Arbeitgebers zur Unterrichtung des Arbeitnehmers über die für seinen Arbeitsvertrag oder sein Arbeitsverhältnis geltenden Bedingungen, ABl. 1991, L 288/32

A. Entwicklung und Quellen

1   Die Gewährleistung des Art. 27 GRC beruht auf **Art. 21 ESC** und **Nr. 17, 18 der Gemeinschaftscharta der sozialen Grundrechte** von 1989.[1] Die mitgliedstaatlichen Verfassungen kennen überwiegend keine entsprechenden Vorschriften[2] (zur Abgrenzung zu Gewerkschaftsrechten s. Rn. 23; Art. 28 GRC, Rn. 16).

2   Im **Recht der Europäischen Union** sind Rechte auf Unterrichtung und Anhörung im Sinne des Art. 27 GRC insbesondere in der Richtlinie 2002/14/EG zur Festlegung eines allgemeinen Rahmens für die Unterrichtung und Anhörung der Arbeitnehmer geregelt. Spezielle Anwendungsbereiche solcher Rechte finden sich auch in Art. 2 der Richtlinie 98/59/EG über Massenentlassungen sowie in Art. 7 der Richtlinie 2001/23/EG über den Betriebsübergang.[3] In grenzüberschreitenden Unternehmen oder Unternehmensgruppen erfolgen Unterrichtung und Anhörung auch gegenüber dem Europäischen Betriebsrat nach Art. 1 Abs. 1, 3 und Art. 6 der Richtlinie 2009/38/EG über die Einsetzung eines Europäischen Betriebsrats. Ein Unterrichtungsverfahren ist ferner in Art. 3 Abs. 3 der Richtlinie 2001/86/EG zur Beteiligung der Arbeitnehmer bei der Errichtung einer Societas Europeae (SE) vorgesehen. Außerdem haben die Arbeitnehmer ein Recht auf Unterrichtung und Anhörung nach Art. 10 und 11 der Arbeitsschutz-Rahmenrichtlinie 89/391/EWG zu Sicherheit und Gesundheitsschutz am Arbeitsplatz.[4] Zuletzt sei auf die Nachweisrichtlinie 91/533/EWG über die Pflicht des Arbeitgebers zur Unterrichtung des Arbeitnehmers über die für seinen Arbeitsvertrag oder sein Arbeitsverhältnis geltenden Bedingungen hingewiesen, die ein individuelles Unterrichtungsrecht der Arbeitnehmerinnen und Arbeitnehmer vorsieht.

3   Zum Teil wird auch angenommen, dass die Norm eine **primärrechtliche** Parallele in Art. 154 f. AEUV finde.[5] Allerdings regeln diese Normen Rechte der europäischen Sozialpartner untereinander und im Verhältnis zu Unionsorganen. Es handelt sich um

---

[1] Erläuterungen zur Charta der Grundrechte vom 14.12.2007, ABl. 2007, C 303/17 (26).
[2] Vgl. *Streinz*, in: Streinz, EUV/AEUV, Art. 27 GRC, Rn. 4.
[3] Richtlinie 2001/23/EG vom 12.3.2001 zur Angleichung der Rechtsvorschriften der Mitgliedstaaten über die Wahrung von Ansprüchen beim Übergang von Unternehmen, Betrieben oder Unternehmens- und Betriebsteilen, ABl. 2001, L 82/16.
[4] Richtlinie 89/391/EWG vom 12.6.1989 über die Durchführung von Maßnahmen zur Verbesserung der Sicherheit und des Gesundheitsschutzes der Arbeitnehmer bei der Arbeit, ABl. 1989, L 183/1.
[5] *Jarass*, GRCh, Art. 27 GRC, Rn. 1; *Holoubek*, in: Schwarze, EU-Kommentar, Art. 27 GRC, Rn. 4–6.

einen anderen Bereich als das hier geregelte Recht der Arbeitnehmerinnen und Arbeitnehmer, das sich nach der Überschrift des Art. 27 AEUV auf Unterrichtung und Anhörung im Unternehmen bezieht.[6]

Im **internationalen Recht** finden sich kaum entsprechende Gewährleistungen; allerdings enthält das (u.a. von Deutschland ratifizierte) Übereinkommen 135 der Internationalen Arbeitsorganisation über Schutz und Erleichterungen für Arbeitnehmervertreter im Betrieb von 1971 in Art. 1 und 2 Mindestanforderungen an die Rechte der Interessenvertretung und den Schutz ihrer Mitglieder. Im Rahmen der nationalen Gesetze muss die Interessenvertretung danach in die Lage versetzt werden, ihre Aufgaben zu erfüllen (Art. 2); zudem sind ihre Mitglieder vor Maßregelung zu schützen (Art. 1). Solche internationalen Verträge über den Schutz der Menschenrechte binden jedenfalls die Unionsorgane nach Art. 6 Abs. 3 EUV als **allgemeine Grundsätze des Unionsrechts**, wenn die Mitgliedstaaten an ihrem Abschluss beteiligt waren oder ihnen beigetreten sind.[7]

Als Mindeststandard sind die Vorgaben des Art. 21 der **Europäischen Sozialcharta (ESC)** von Bedeutung. Die Tatsache, dass die revidierte Sozialcharta zum Zeitpunkt des Erlasses der GRC noch nicht von vielen der EU-Mitgliedstaaten ratifiziert war, spricht nicht dagegen.[8] Da nicht alle Mitgliedstaaten die revidierte ESC von 1996 ratifiziert haben,[9] kommt zwar Art. 53 GRC nicht zur Anwendung. Allerdings ist diese Norm lediglich Ausdruck des wertenden Rechtsvergleichs im Sinne von Art. 6 Abs. 3 EUV; um ein völkerrechtliches Abkommen im Hinblick auf die gemeinsamen Verfassungsüberlieferungen für relevant zu halten, reicht es insofern aus, dass alle Mitgliedstaaten am Abschluss des internationalen Übereinkommens beteiligt waren.[10] Ohnehin ist Art. 21 ESC im Wege der entstehungsgeschichtlichen Auslegung zu berücksichtigen.

Art. 1 Abs. 2 des Protokolls Nr. 30 über die Anwendung der Charta der Grundrechte der Europäischen Union auf **Polen** und das **Vereinigte Königreich** enthält für diese beiden Mitgliedstaaten eine Auslegungsrichtlinie dahingehend, dass »mit Titel IV der Charta keine für Polen oder das Vereinigte Königreich geltenden einklagbaren Rechte geschaffen [werden], soweit Polen bzw. das Vereinigte Königreich solche Rechte nicht in seinem nationalen Recht vorgesehen hat«.[11] Für sie gelten die grundrechtlichen Ge-

4

5

6

---

[6] *Krebber*, in: Calliess/Ruffert, EUV/AEUV, Art. 27 GRC, Rn. 18.

[7] St. Rspr. s. z. B. EuGH, Urt. v. 14.5.1974, Rs. 4/73 (Nold/Kommission), Slg. 1974, 491, Rn. 13; Urt. v. 27.6.2006, Rs. C–540/03 (Parlament/Rat), Slg. 2006, I–5769, Rn. 37 für den Internationalen Pakt über bürgerliche und politische Rechte sowie das UN-Kinderrechtsübereinkommen; *Fischer-Lescano*, KJ 2014, 2; vgl. auch EuGH, Gutachten 2/91 v. 19.3.1993 (Zuständigkeit der EG zum Abschluss des Übereinkommens Nr. 170 der IAO), Slg. 1993, I–1061–1084; *Kokott*, in: Streinz, EUV/AEUV, Art. 351 AEUV, Rn. 30 (»Eine Bindung der Union ist offenbar gewollt.«); *Heuschmid*, S. 184 ff.; zur Auswertung der unionalen Rechtsprechung auch *Heuschmid/Klebe*, Die ILO-Normen in der Rechtsprechung der EU, FS Lörcher, 2013, S. 336 ff.; zum Verhältnis des internationalen Rechts zum EU-Recht, insbesondere zur Frage der unmittelbaren Anwendung von Völkerrecht siehe z. B. EuGH, Urt. v. 18.3.2014, Rs. C–363/12 (Z./A Government Department), ECLI:EU:C:2014:159, Rn. 71 ff.; 84 ff.; Urt. v. 3.6.2008, Rs. C–308/06 (Intertanko u. a.), Slg. 2008, I–4057, Rn. 43 ff.

[8] *Knecht*, in: Schwarze, EU-Kommentar, Art. 30 GRC, Rn. 2; allgemein zu diesem Problem auch GA *Cruz Villalón*, Schlussanträge zu Rs. C–617/10 (Åkerberg Fransson), ECLI:EU:C:2012:340, Rn. 71–74.

[9] Die Bundesrepublik Deutschland hat die Konvention zwar unterzeichnet, aber nicht ratifiziert; ferner fehlen Dänemark, Griechenland, Kroatien, Lettland, Polen, Spanien, Tschechische Republik und das Vereinigte Königreich; auch die ESC von 1961 galt allerdings nicht für Bulgarien, Estland, Rumänien und Slowenien.

[10] EuGH, Urt. v. 14.5.1974, Rs. 4/73 (Nold/Kommission), Slg. 1974, 491, Rn. 13.

[11] Art. 1 Abs. 2 des Protokolls Nr. 30 vom 26.10.2012 über die Anwendung der Charta der Grundrechte der Europäischen Union auf Polen und das Vereinigte Königreich, ABl. 2012, C 326/321.

währleistungen des Titels IV nur insoweit, als diese gleichzeitig auch allgemeine Grundsätze des Unionsrechts (Art. 6 Abs. 3 EUV) darstellen, insbesondere in der EMRK gewährleistet sind oder sich aus den gemeinsamen Verfassungsüberlieferungen der Mitgliedstaaten ergeben.[12] Für Art. 27 GRC ist dies nicht der Fall.

7   Allerdings erklärte die Republik **Polen** gleichzeitig, dass sie die »in Titel IV der Charta der Grundrechte der Europäischen Union bekräftigten Sozial- und Arbeitnehmerrechte uneingeschränkt achte«. Als Begründung verweist sie auf die »Tradition der sozialen Bewegung der ›Solidarność‹ und [ihren bedeutenden Beitrag] zur Erkämpfung von Sozial- und Arbeitnehmerrechten«.[13] Insofern schließt Art. 1 Abs. 1 des Protokolls Nr. 30 lediglich die Klagbarkeit etwaiger Rechte aus, soweit diese nicht ohnehin schon nach polnischem Recht anerkannt ist (Art. 2 des Protokolls Nr. 30).

B.   Adressaten und Gewährleistungsgehalt

8   Welcher Gewährleistungsgehalt dem Art. 27 GRC zukommt, hängt davon ab, wie der Vorbehalt »**nach dem Unionsrecht und den einzelstaatlichen Rechtsvorschriften und Gepflogenheiten**« zu verstehen ist. Geht man davon aus, dass dieser Vorbehalt eine Schrankenregelung enthält, also auf eine Einschränkbarkeit des Grundrechts hinweist, so setzt dies voraus, dass die Grundrechte-Charta an dieser Stelle eigenständige subjektive Rechte gewährt.[14] Andere sind der Meinung, es handele sich lediglich um eine deklaratorische Vorschrift ohne eigenen Regelungsgehalt, die allenfalls als Auslegungsrichtlinie für das Unionsrecht sowie das mitgliedstaatliche Recht geeignet sei.[15] Dafür spricht auch Protokoll Nr. 30, dessen Art. 2 sich insbesondere auf Art. 27, 28 und 30 GRC bezieht. Zuletzt wird die Auslegung als »Grundsatz« im Sinne des Art. 52 Abs. 5 GRC vertreten.[16] Dieser Begriff kann im Gegensatz zu Grundrechten als bloße Auslegungsrichtlinie verstanden werden; der Gehalt des Rechts ergebe sich aus ausgestaltenden und konkretisierenden Rechtsvorschriften der Union sowie der Mitgliedstaaten.

I.   Subjektives Recht?

9   Die Auseinandersetzung um den Rechtscharakter des Art. 27 GRC steht in einem engen Zusammenhang mit der Diskussion um die **Justiziabilität** »sozialer Menschenrechte«, der die Diskussion um Titel IV bis heute bestimmt.[17] Die Auffassung, soziale Rechte

[12] Zur Notwendigkeit einer solchen Ausdifferenzierung siehe auch *Kühling*, in: v. Bogdandy/Bast, Europäisches Verfassungsrecht, S. 657 (669).
[13] Erklärung der Republik Polen vom 13.12.2007 zu dem Protokoll über die Anwendung der Charta der Grundrechte der Europäischen Union auf Polen, ABl. 2012, C 326/360 und das Vereinigte Königreich, Erklärungen vom 13.12.2007 zur Schlussakte der Regierungskonferenz, die den am 13.12.2007 unterzeichneten Vertrag von Lissabon angenommen hat, ABl. 2012, C 326/361.
[14] *Jarass*, GRCh, Art. 27 GRC, Rn. 12f.; Rn. 3; zur Debatte ausführlich EUArbR/*C. Schubert*, Art. 27 GRC, Rn. 1ff.
[15] *Rödl*, in: v. Bogdandy/Bast, Europäisches Verfassungsrecht, 870f. mit einem Überblick über die vertretenen Positionen; *Krebber*, in: Calliess/Ruffert, EUV/AEUV, Art. 27 GRC, Rn. 12, 19f. hält die Norm daher für überflüssig.
[16] *Jarass*, GRCh, Art. 27 GRC, Rn. 3; *Seifert*, EuZW 2011, 696 (701); GA *Cruz Villalón*, Schlussanträge zur Rs. C–176/12 (Association de médiation sociale), ECLI:EU:C:2013:491; der EuGH äußert sich im Urt. v. 15.1.2014, Rs. C–176/12 (Association de médiation sociale), ECLI:EU:C:2014:2, Rn. 27 nicht explizit, verwendet aber ebenfalls den Begriff »Grundsatz« (vgl. auch Rn. 45ff.).
[17] *Bryde*, SR 2012, 2 (10); ausführlich zur Debatte *Eichenhofer*, S. 1ff.; S. 60ff.; S. 139ff.

seien auf supranationaler Ebene nicht regelbar, da die mitgliedstaatlichen Traditionen zu unterschiedlich und die drohenden finanziellen Belastungen zu groß seien, hat sich für die GRC jedoch zu Recht nicht durchgesetzt. Dagegen steht der Grundsatz der Unteilbarkeit der Menschenrechte.[18] Zu berücksichtigen ist auch die Tatsache, dass die besondere Problematik von Leistungsrechten im Gegensatz zu Abwehrrechten nicht allein bei sozialen Grundrechten besteht. Diese haben sowohl Abwehr- als auch Leistungscharakter, während die sogenannten Freiheitsrechte ebenfalls neben dem Abwehrcharakter Anforderungen an den aktiven staatlichen Schutz enthalten.[19] Die Dogmatik der Schutz- und Gewährleistungspflichten der Staaten ist fortgeschritten genug, um hier keinen grundsätzlichen Unterschied machen zu müssen.[20]

Rechte auf Unterrichtung und Anhörung von Arbeitnehmern sind als Grundrechte im   **10**
Verhältnis zum Staat weniger auf Abwehr gegen staatliche Eingriffe gerichtet, als darauf, dass ein Rechtsrahmen bereitgestellt wird, in dem das subjektive Recht auf Unterrichtung und Anhörung gegen den Arbeitgeber wirksam werden kann. Der besondere Charakter dieses »sozialen« Rechts ergibt sich also weniger daraus, dass es sich um ein »Leistungsrecht« im engeren Sinn handeln würde, als daraus, dass es **vom Staat einen ausgestaltenden Rahmen verlangt**. Durch die Notwendigkeit der Ausgestaltung ist diese gleichzeitig als **Konkretisierung** des Grundrechts anzusehen.[21]

Allerdings ist zu berücksichtigen, dass die Art. 27, 28 und 30 GRC anders als die   **11**
übrigen Grundrechte des Titels IV einen ausdrücklichen Verweis auf das Recht der Union und die mitgliedstaatlichen Rechtsordnungen und Gepflogenheiten enthalten. Dies verweist darauf, dass bei Auslegung des Kernbestands des Art. 27 GRC auf die **Kompetenzverteilung zwischen Union und Mitgliedstaaten** in diesem wichtigen Bereich der Arbeitsbeziehungen Rücksicht zu nehmen ist.[22]

Die Ausgestaltungsnotwendigkeit nimmt allerdings entgegen der Meinung des   **12**
EuGH[23] der Norm nicht den Charakter als selbstständig und **unmittelbar anwendbare Norm**. Dies drückt schon die Definition der Grundsätze in Art. 52 Abs. 5 GRC aus. Danach können die Grundsätze nicht nur durch Gesetzgebung oder Verwaltungsmaßnahmen (»Akte der Ausführung«) »umgesetzt« werden, sondern auch »vor Gericht […] bei der Auslegung dieser Akte und bei Entscheidungen über deren Rechtmäßigkeit herangezogen werden« – was voraussetzt, dass sie einen eigenen und **selbstständigen Kerngehalt** beinhalten, der als Auslegungs- und Rechtmäßigkeitsmaßstab dienen kann.

Die Ausgestaltungsnotwendigkeit, die insbesondere nach einem Rechtsrahmen für   **13**
die kollektive Interessenvertretung verlangt (s. Rn. 32 f.), spricht hier allerdings **gegen**

---

[18] *Riesenhuber,* Europäisches Arbeitsrecht, 2009, § 2, Rn. 34; *Zachert,* NZA 2001, 1041 (1042 f.); *Eichenhofer,* S. 139 ff.

[19] Einen theoretischen Rahmen für dieses Verständnis bietet der »capability«-Ansatz; siehe z. B. *Eichenhofer,* S. 68 ff.; *Drouin,* S. 141; grundlegend insbesondere *Nussbaum,* S. 61.

[20] Vgl. auch EUArbR/*C. Schubert,* Art. 27 GRC, Rn. 7 f.

[21] Vgl. EuGH, Urt. v. 19. 1. 2010, Rs. C–555/07 (Kücükdeveci), Slg. 2010, I–365, Rn. 21 im Anschluss an Urt. v. 8. 4. 1976, Rs. 43/75 (Defrenne), Slg. 1976, 455, Rn. 54; in diese Richtung auch schon Urt. v. 22. 11. 2005, Rs. C–144/04 (Mangold), Slg. 2005, I–9981, Rn. 74 ff.

[22] *C. Schubert,* ELLJ 2013, 155, die insofern auf die Herkunft der Formulierung aus der Gemeinschaftscharta der sozialen Grundrechte der Arbeitnehmer von 1989 hinweist.

[23] EuGH Urt. v. 15. 1. 2014, Rs. C–176/12 (Association de médiation sociale), ECLI:EU:C:2014:2, Rn. 46 ff.

einen subjektivrechtlichen Charakter des Art. 27 GRC.[24] Auch die Überschrift des Art. 27 GRC spricht lediglich von einem Recht, nicht aber notwendigerweise von einem subjektiven Grundrecht der Arbeitnehmerinnen und Arbeitnehmer. Dementsprechend sind die Verweise auf das Recht der Union und auf die mitgliedstaatlichen Rechtsordnungen nicht als Schrankenregelung und Erlaubnisse zur Einschränkung des Rechts zu verstehen.[25]

II. Konkretisierung durch EU-Recht

14 Das Recht auf Unterrichtung und Anhörung ist ausgestaltungs- und konkretisierungsbedürftig.[26] Eine **Ausgestaltungskompetenz** der EU ergibt sich aus Art. 153 Abs. 1 Buchst. e AEUV; Rat und Parlament beschließen hierzu nach Art. 153 Abs. 2 Buchst. b im ordentlichen Gesetzgebungsverfahren (s. Art. 153 AEUV, Rn. 27 ff.). Aktuell wird Art. 27 GRC insbesondere durch die Richtlinie 2002/14/EG konkretisiert.[27] Art. 7 der Betriebsübergangs-Richtlinie 2001/23/EG und Art. 2 der Massenentlassungs-Richtlinie 98/59/EG stellen insofern leges speciales dar. Die EBR-Richtlinie konkretisiert Art. 27 GRC auf der europäischen Ebene[28] (zu weiteren konkretisierenden Normen s. Rn. 2).

15 Die konkretisierenden Normen sind im Lichte des Art. 27 GRC **auszulegen**.[29] Darüber hinaus sind sie in ihrer Rechtmäßigkeit gemäß Art. 52 Abs. 5 GRC am Kerngehalt des Art. 27 GRC zu messen.

16 Darüber hinaus versieht Art. 27 GRC **die zu seiner Konkretisierung erlassenen Vorschriften** mit grundrechtlicher Qualität.[30] Die Unterscheidung zwischen der Konstellation in der Entscheidung »Kücükdeveci«, in der angenommen wurde, dass der heutige Art. 23 GRC durch die Richtlinie 2000/78/EG[31] konkretisiert wird,[32] und der Konstellation in der Entscheidung »association de médiation sociale«, in der eine solche Konkretisierung des Art. 27 GRC durch Richtlinie 2002/14/EG[33] abgelehnt wurde,[34] überzeugt insofern nicht. Ein grundsätzlicher Unterschied besteht umso weniger, als das Grundrecht des Art. 27 GRC noch stärker auf Konkretisierung angewiesen ist als das Grundrecht auf Gleichbehandlung nach Art. 23 GRC. Dies bedeutet nicht, dass jeder Verstoß gegen die Richtlinie auch bereits als Verstoß gegen das Grundrecht anzusehen

---

[24] EuGH Urt. v. 15. 1. 2014, Rs. C–176/12 (Association de médiation sociale), ECLI:EU:C:2014:2, Rn. 46 ff.; im Ergebnis auch *Frenz/Götzkes*, RdA 2007, 216 (217 f.); EUArbR/*C. Schubert*, Art. 27 GRC, Rn. 11 f. (Grundsatz); a. A. *Jarass*, GRCh, Art. 27 GRC, Rn. 2.

[25] So aber (konsequent) *Jarass*, GRCh, Art. 27 GRC, Rn. 12 f.

[26] EuGH, Urt. v. 15. 1. 2014, Rs. C–176/12 (Association de médiation sociale), ECLI:EU:C:2014:2, Rn. 45. Zum Begriff vgl. *Willemsen/Sagan*, NZA 2011, 258 (261).

[27] EuGH, Urt. v. 15. 1. 2014, Rs. C–176/12 (Association de médiation sociale), ECLI:EU:C:2014:2, Rn. 43.

[28] *Willemsen/Sagan*, NZA 2011, 258 (261).

[29] Vgl. *Jarass*, GRCh, Art. 27 GRC, Rn. 4; a. A. *Krebber*, RdA 2009, 224 (234 f.), der die Gewährleistungen der Art. 27, 28 und 30 GRC hierfür nicht als geeignet ansieht.

[30] Zu diesem Konzept kritisch *Sagan*, in: Preis/Sagan (Hrsg.), Europäisches Arbeitsrecht, 2015, § 1, Rn. 163 f.

[31] Richtlinie 2000/78/EG vom 27. 11. 2000 zur Festlegung eines allgemeinen Rahmens für die Verwirklichung der Gleichbehandlung in Beschäftigung und Beruf, ABl. 2000, L 303/16.

[32] EuGH, Urt. v. 19. 1. 2010, Rs. C–555/07 (Kücükdeveci), Slg. 2010, I–365, Rn. 21.

[33] Richtlinie 2002/14/EG vom 11. 3. 2002 zur Festlegung eines allgemeinen Rahmens für die Unterrichtung und Anhörung der Arbeitnehmer in der Europäischen Gemeinschaft, ABl. 2002, L 80/29.

[34] EuGH, Urt. v. 15. 1. 2014, Rs. C–176/12 (Association de médiation sociale), ECLI:EU:C:2014:2, Rn. 46 ff.

ist;[35] der Grundrechtsverstoß betrifft diejenigen Vorschriften, die unmittelbar den Kernbereich des Grundrechts betreffen.

III. Konkretisierung durch mitgliedstaatliche Vorschriften

Da das Recht auf Unterrichtung und Anhörung bereits weitgehend durch Unionsrecht **17** konkretisiert wurde, bleibt **wenig Raum** für die Konkretisierung durch mitgliedstaatliche Vorschriften und Gepflogenheiten. Dieser Zusatz in Art. 27 GRC ist wohl vor allem als Distanzierung und damit als Sonderregelung zu Art. 52 Abs. 5 GRC zu lesen, wonach die Mitgliedstaaten die Grundsätze nur »zur Durchführung des Rechts der Union« umsetzen können.[36] In diesem Zusammenhang dürfen die mitgliedstaatlichen Regelungen aber nicht dazu führen, dass die praktische Wirksamkeit der unionsrechtlichen Regelung, in die sich das einzelstaatliche Recht »einfügt«, beeinträchtigt wird oder Rechte ausgehöhlt werden.[37]

IV. Adressaten

Art. 27 GRC **wendet sich** an die Union sowie an die Mitgliedstaaten[38] und stellt insofern **18** Rechtsmaßstäbe für ausgestaltende und konkretisierende Regelungen auf.

Bei unzureichender Richtlinienumsetzung kommt allerdings entgegen der Auffas- **19** sung des EuGH[39] wegen des grundrechtlichen Charakters eine unmittelbare Horizontalwirkung in Betracht.[40] **Privatpersonen** werden zwar nicht unmittelbar durch Art. 27 GRC verpflichtet, sondern erst durch die zur Durchführung der Schutzpflicht ergangenen Regelungen.[41] Ein mitgliedstaatlicher Verstoß gegen die Umsetzungsverpflichtungen aus den Richtlinien 2002/14/EG oder 2009/38/EG hat aber jeweils zur Konsequenz, dass die nationalen Vorschriften auch **zwischen Privaten** unanwendbar sind.[42]

C. Schutzbereich

I. Persönlicher Schutzbereich

Das Recht auf Unterrichtung und Anhörung besteht für **Arbeitnehmerinnen und Ar-** **20** **beitnehmer sowie deren Interessenvertretungen**.[43] Es reicht aus, wenn die Mitgliedstaa-

---

[35] Eine solche Rechtsfolge kritisieren *Willemsen/Sagan*, NZA 2011, 258 (261), die allerdings auch bereits die Rechtsprechung Mangold/Kücükdeveci (Fn. 21) ablehnen.

[36] Ohnehin gelten die Grundrechte nach Art. 52 Abs. 2 GRC auch nur im Anwendungsbereich des Unionsrechts (EuGH, Urt. v. 26.2.2013, Rs. C–617/10 [Åkerberg Fransson], ECLI:EU:C:2013:105, Rn. 17; Urt. v. 8.5.2014, Rs. C–483/12 (Pelckmans Turnhout NV), ECLI:EU:C:2014:304, Rn. 7, Rn. 18 f).

[37] EuGH, Urt. v. 18.1.2007, Rs. C–385/05 (CGT), Slg. 2007, I–611, Rn. 35, Rn. 38.

[38] EuGH, Urt. v. 15.1.2014, Rs. C–176/12 (Association de médiation sociale), ECLI:EU:C:2014:2, Rn. 45.

[39] EuGH, Urt. v. 15.1.2014, Rs. C–176/12 (Association de médiation sociale), ECLI:EU:C:2014:2, Rn. 46 f; *Everling*, S. 173.

[40] *Willemsen/Sagan*, NZA 2011, 258 (261).

[41] *Holoubek*, in: Schwarze, EU-Kommentar, Art. 27 GRC, Rn. 16; *Jarass*, GRCh, Art. 27 GRC, Rn. 4.

[42] *Willemsen/Sagan*, NZA 2011, 258 (261).

[43] EUArbR/*C. Schubert*, Art. 27 GRC, Rn. 17; Rn. 22 (auch individuelle Rechtsposition); vgl. auch die Klarstellung bei *Lembke*, in: GSH, Europäisches Unionsrecht, Art. 27 GRC, Rn. 7: auch gewerkschaftliche Vertretungen im Betrieb.

ten bzw. die Europäische Union die Unterrichtung und Anhörung einer der beiden Gruppen vorsehen (»oder«).[44]

21   Das Recht ist nicht auf Angehörige der EU-Mitgliedstaaten beschränkt, sondern erfasst auch **Drittstaatsangehörige**.

22   Es kann insofern als **kollektives Recht** bezeichnet werden, als es Rechte vermittelt, die in der Regel durch Interessenvertretungen und in Repräsentation wahrgenommen werden.[45] Das Recht der Arbeitnehmervertretungen darf nicht davon abhängig gemacht werden, dass einzelne Arbeitnehmerinnen oder Arbeitnehmer Unterrichtung geltend machen.[46]

23   Nach Art. 3 des Übereinkommens 153 der ILO (s. Rn. 4) können die Berechtigten Vertreterinnen und Vertreter sein, die von **Gewerkschaften** oder von deren Mitgliedern bestellt oder gewählt wurden, oder Vertreterinnen und Vertreter, von den **Arbeitnehmern des Betriebs** frei gewählt werden; im letzteren Fall dürfen die Funktionen sich aber nicht auf Tätigkeiten erstrecken, die in dem betreffenden Land als ausschließliches Vorrecht der Gewerkschaften anerkannt sind. Darüber hinaus ist auch im Unionsrecht Art. 5 des Übereinkommens zu berücksichtigen, also zu gewährleisten, dass »das Vorhandensein gewählter Vertreter nicht dazu benutzt wird, die Stellung der beteiligten Gewerkschaften oder ihrer Vertreter zu untergraben«. Nach derselben Norm muss die Zusammenarbeit zwischen den gewählten Vertretern und den beteiligten Gewerkschaften und ihren Vertretern in allen einschlägigen Fragen gefördert werden.

24   Erfasst sind Vertreterinnen und Vertreter, die gleichzeitig Arbeitnehmer des Unternehmens und Betriebs sind, in dem sie als Vertretung tätig werden. Erfasst sind auch **Arbeitnehmervertreter in Verwaltungs-, Leitungs- und Aufsichtsorganen** von Unternehmen.[47] Dafür spricht insbesondere, dass sich das Recht aus Art. 27 GRC ausweislich der (amtlichen) Überschrift auf Unterrichtung und Anhörung »im Unternehmen« und nicht lediglich im »Betrieb« bezieht, obwohl die konkretisierende Richtlinie 2002/14/EG in Art. 2a und b insofern ausdrücklich unterscheidet.

25   Im Hinblick auf den **Begriff des Arbeitnehmers** ist als Kernbereich auf den Arbeitsvertrag in persönlicher Abhängigkeit zu verweisen[48] (s. Art. 45 AEUV, Rn. 20 ff.). Der unabdingbare Kernbereich des Art. 27 GRC erfasst nicht notwendig auch Personen, die lediglich in wirtschaftlicher Hinsicht im Hinblick auf ihre Abhängigkeit vom Arbeitgeber dem typischen unselbstständig Beschäftigten vergleichbar sind.[49]

26   Das konkretisierende **Sekundärrecht** gestaltet den Begriff »Arbeitnehmer« in diesem Sinn unterschiedlich aus; z. T. wird auf die Auslegung nach dem Recht der Mitgliedstaaten verwiesen (s. Art. 153 AEUV, Rn. 60 ff.). Der Arbeitnehmerbegriff erfasst dabei nicht nur Arbeiter, Angestellte und leitende Angestellte, sondern auch Geschäftsführer und ähnliche Personen.[50]

---

[44] *Jarass*, GRCh, Art. 27 GRC, Rn. 8.

[45] *Holoubek*, in: Schwarze, EU-Kommentar, Art. 27 GRC, Rn. 9 unter Verweis auf *Zachert*, NZA 2001, 1041 (1045).

[46] So schon aufgrund des konkretisierenden Sekundärrechts, aber ohne Bezug auf Art. 27 GRC: EuGH, Urt. v. 16. 7. 2009, Rs. C–12/08 (Mono Car Styling) zur Massenentlassungsrichtlinie 98/59/EG, Slg. 2009, I–6653; für den Europäischen Betriebsrat und die EBR-Richtlinie 2009/38/EG genauso ArbG Lörrach, Urt. v. 26. 6. 2013, AktZ. 5 Bv 7/12, LAGE § 36 EBRG Nr. 1.

[47] *Holoubek*, in: Schwarze, EU-Kommentar, Art. 27 GRC, Rn. 10.

[48] EUArbR/*C. Schubert*, Art. 27 GRC, Rn. 18 ff.

[49] So aber *Jarass*, GRCh, Art. 27 GRCh, Rn. 5; *Holoubek*, in: Schwarze, EU-Kommentar, Art. 27 GRC, Rn. 10.

[50] EuGH, Urt. v. 13. 2. 2014, Rs. C–596/12 (Kommission/Italien), ECLI:EU:C:2014:77, Rn. 23; Urt. v. 11. 11. 2010, Rs. C–232/09 (Danosa), Slg. 2010, I–11405.

Bereits aus Art. 27 GRC in Verbindung mit Art. 20 GRC ergibt sich allerdings, dass **27** bei der Ausgestaltung im Hinblick auf den Begriff des Arbeitnehmers Grundsätze der **Gleichbehandlung** zu beachten sind. Eine Gruppe von Personen kann nur dann aus der Anwendung einer Regelung ausgenommen werden, wenn das ausgenommene Rechtsverhältnis »seinem Wesen nach« erhebliche Unterschiede zum geregelten aufweist. Deshalb dürfen die Mitgliedstaaten auch nicht eine bestimmte Gruppe von Personen, die nach nationalem Recht ansonsten zu den Arbeitnehmern zählen, unberücksichtigt lassen.[51]

II. Sachlicher Schutzbereich

Art. 27 GRC richtet sich auf **Unterrichtung und Anhörung** (zu den Begriffen s. Art. 153 **28** AEUV, Rn. 28). Mitbestimmung im Sinne des deutschen Betriebsverfassungsrechts wird nicht verlangt.[52] Unterrichtet werden muss rechtzeitig über diejenigen wesentlichen Umstände und Entwicklungen, die der Arbeitgeber vorhersehen und gestalten kann und die für die Beschäftigten und ihr Beschäftigungsverhältnis unmittelbar von Relevanz sind.[53] Eine wichtige **Konkretisierung** findet sich in Art. 4 Abs. 2 der Richtlinie 2002/14/EG.[54]

Obwohl der Wortlaut hierzu nichts sagt, bezieht sich die Unterrichtung und Anhö- **29** rung auf Rechte **gegenüber dem Arbeitgeber**, also im Unternehmen bzw. Betrieb.[55] Dies ergibt sich aus der Überschrift sowie dem Kontext, der deutlich macht, dass auf die Konkretisierungen durch die Richtlinien 2002/14/EG (insbesondere Art. 2a und b) und 2009/38/EG Bezug genommen werden soll. Der Begriff des Unternehmens ist dabei arbeitsrechtlich in Hinblick auf den Begriff »Arbeitnehmer« zu verstehen. Er erfasst zwar auch alle Unternehmen i. S. v. Art. 101 ff. AEUV, bezieht sich aber nicht in erster Linie auf diese Vorschrift, sondern meint in der Sache alle durch einen Arbeitgeber gestalteten Organisationen, also auch staatliche Einrichtungen sowie Einrichtungen, die rein soziale Zwecke verfolgen.[56]

---

[51] EuGH, Urt. v. 18. 1. 2007, Rs. C–385/05 (CGT), Slg. 2007, I–611, Rn. 34; Urt. v. 13. 2. 2014, Rs. C–596/12 (Kommission/Italien), ECLI:EU:C:2014:77; vgl. auch Urt. v. 15. 1. 2014, Rs. C–176/12 (Association de médiation sociale), ECLI:EU:C:2014:2, Rn. 24 f.; s. Urt. v. 1. 3. 2012, Rs. C–393/10 (O'Brien), ECLI:EU:C:2012:110, Rn. 29 ff. für die Teilzeitrichtlinie 97/81/EG vom 15. 12. 1997 zu der von UNICE, CEEP, and EGB geschlossenen Rahmenvereinigung über Teilzeitarbeit, ABl. 1998, L 14/9.

[52] *Krebber*, in: Calliess/Ruffert, EUV/AEUV, Art. 27 GRC, Rn. 15; *Jarass*, GRCh, Art. 27 GRC, Rn. 7.

[53] Siehe Art. 21 ESC a) »regelmäßig oder zu gegebener Zeit in einer verständlichen Weise über die wirtschaftliche und finanzielle Lage des sie beschäftigenden Unternehmens unterrichtet zu werden, mit der Maßgabe, daß die Erteilung bestimmter Auskünfte, die für das Unternehmen nachteilig sein könnte, verweigert oder der Pflicht zur vertraulichen Behandlung unterworfen werden kann, und« b) »rechtzeitig zu beabsichtigten Entscheidungen gehört zu werden, welche die Interessen der Arbeitnehmer erheblich berühren könnten, insbesondere zu Entscheidungen, die wesentliche Auswirkungen auf die Beschäftigungslage im Unternehmen haben könnten.«

[54] *Holoubek*, in: Schwarze, EU-Kommentar, Art. 27 GRC, Rn. 12 interpretiert die Norm bereits im Umfang der Konkretisierung. Zu dieser vgl. auch die Erläuterungen in den Erwägungsgründen 7, 8 und 9, wonach die Anhörung sich insbesondere auf die Fort- und Weiterbildung zur Vermeidung von Arbeitsplatzabbau sowie auf die Bewältigung von Herausforderung in Folge der Globalisierung (Standortverlagerung) beziehen soll.

[55] *Lembke*, in: GSH, Europäisches Unionsrecht, Art. 27 GRC, Rn. 8.

[56] *Holoubek*, in: Schwarze, EU-Kommentar, Art. 27 GRC, Rn. 15; *Jarass*, GRCh, Art. 27 GRC, Rn. 6.

30   Mit dem Hinweis auf die »**geeignete Ebene**« wird hervorgehoben, dass die Unterrichtung und Anhörung auch auf europäischer Ebene durchgeführt werden kann.[57] Sowohl Unternehmen als auch Betrieb sind insofern als »Ebenen« in diesem Sinn anzusehen; auch die Unterrichtung und Anhörung auf Ebene transnationaler Unternehmen, wie sie durch die EBR-Richtlinie 2009/38/EG geregelt wird, stellt eine Konkretisierung des Grundrechts dar.

31   Das Recht richtet sich zunächst lediglich auf Einführung oder Beibehaltung irgendeiner Form der Unterrichtung und Anhörung der Arbeitnehmerinnen und Arbeitnehmer. Es ist allerdings verletzt, wenn keine solche Form bzw. keine **Arbeitnehmervertretung** eingeführt ist.[58]

32   Zum Kerngehalt des Art. 27 GRC gehören auch die Anforderungen, die das Übereinkommen 135 der ILO für den **Schutz von Arbeitnehmervertretern** aufstellt. Nach dessen Art. 1 sind die Arbeitnehmervertreter im Betrieb gegen jede Benachteiligung, einschließlich Kündigung, die auf Grund ihrer Stellung oder Betätigung als Arbeitnehmervertreter oder auf Grund ihrer Zugehörigkeit zu einer Gewerkschaft oder ihrer gewerkschaftlichen Betätigung erfolgt, wirksam zu schützen, sofern sie im Einklang mit bestehenden Gesetzen oder Gesamtarbeitsverträgen oder anderen gemeinsamen vereinbarten Regelungen handeln. Konkretisiert wird dies durch Art. 7 der Richtlinie 2002/14/EG, wonach die Mitgliedstaaten dafür Sorge zu tragen haben, dass die Arbeitnehmervertreter bei der Ausübung ihrer Funktion einen ausreichenden Schutz und ausreichende Sicherheiten genießen, die es ihnen ermöglichen, die ihnen übertragenen Aufgaben in angemessener Weise wahrzunehmen.[59] Dies muss Auswirkungen auf die Frage haben, inwieweit die Beendigung des Arbeitsvertrags eines befristet beschäftigten Betriebsratsmitglieds zulässig ist; hierfür sind sachliche Gründe erforderlich.[60]

33   Darüber hinaus verlangt Art. 2 des Übereinkommens 135 der ILO, dass »[d]en Arbeitnehmervertretern [...] im Betrieb **Erleichterungen zu gewähren** [sind], die geeignet sind, ihnen die rasche und wirksame Durchführung ihrer Aufgaben zu ermöglichen«. Art. 8 Abs. 2 der Richtlinie 2002/14/EG (Effektivitätsgebot) müsste entsprechend interpretiert werden, um den grundrechtlichen Vorgaben genügen zu können. Art. 10 Abs. 1 der EBR-Richtlinie 2009/38/EG enthält allerdings hierzu bereits eine explizite Vorgabe dahingehend, dass die Mitglieder des Europäischen Betriebsrats über die Mittel verfügen müssen, »die erforderlich sind, um [ihre] Rechte auszuüben«.

---

[57] *Holoubek*, in: Schwarze, EU-Kommentar, Art. 27 GRC, Rn. 14; *Jarass*, GRCh, Art. 27 GRC, Rn. 9.

[58] So auch schon EuGH, Urt. v. 8.6.1994, verb. Rs. C–382/92 u. C–383/92 (Kommission/Vereinigtes Königreich), Slg. 1994, I–2435, Rn. 24 zu Betriebsübergangsrichtlinie und Massenentlassungsrichtlinie.

[59] Siehe dazu EuGH, Urt. v. 11.2.2010, Rs. C–405/08 (Holst), Slg. 2010, I–985, zustimmend *Jacobs*, EuZA 2010, 533, Rn. 58 f.; siehe auch Art. 10 Abs. 3 der Richtlinie 2009/38/EG vom 6.5.2009 über die Einsetzung eines Europäischen Betriebsrats oder die Schaffung eines Verfahrens zur Unterrichtung und Anhörung der Arbeitnehmer in gemeinschaftsweit operierenden Unternehmen und Unternehmensgruppen, ABl. 2009, L 122/28.

[60] Vgl. BAGE 144, 85 (96 ff.) (S. 95 lässt die Anwendbarkeit der Art. 27, 28 und 30 GRC offen); siehe jetzt auch BAG, Urt. v. 25.6.2014, AktZ. 7 AZR 847/12, noch nicht veröffentlicht, für eine richtlinienkonforme Auslegung des § 14 Abs. 2 TzBfG aber ArbG München, AuR 2011, 313, das auch Art. 27 GRC als Prüfungsmaßstab verwendet.

D. Verhältnis zu anderen Bestimmungen

Art. 27 GRC wird häufig zusammen mit **Art. 28 GRC** als kollektives Recht oder Ge-   **34**
währleistung behandelt. Dies ist jedoch nur insofern zutreffend, als beide Normen kollektive Rechte der Interessenvertretung regeln. Was ihre Rechtsqualität und Reichweite
angeht, so unterscheiden sie sich grundlegend (genauer Art. 28 GRC, Rn. 7; Rn. 16).

Artikel 28 GRC Recht auf Kollektivverhandlungen und Kollektivmaßnahmen

Die Arbeitnehmerinnen und Arbeitnehmer sowie die Arbeitgeberinnen und Arbeitgeber oder ihre jeweiligen Organisationen haben nach dem Unionsrecht und den einzelstaatlichen Rechtsvorschriften und Gepflogenheiten das Recht, Tarifverträge auf den geeigneten Ebenen auszuhandeln und zu schließen sowie bei Interessenkonflikten kollektive Maßnahmen zur Verteidigung ihrer Interessen, einschließlich Streiks, zu ergreifen.

Literaturübersicht

Borzaga, Die Auseinandersetzung um die Anerkennung des Streikrechts in den Übereinkommen über die Koalitionsfreiheit der Internationalen Arbeitsorganisation: Eine Gefährdung des gesamten IAO-Überwachungssystems?, FS Höland, 2015, 195; *Bryde*, Europäisches Grundrecht der Tarifautonomie und europäisches Sozialstaatsprinzip als Schranken europäischer Wirtschaftsregulierung, SR 2012, 2; *Dieterich*, Arbeitskampfrechtsprechung als arbeitsteiliger Prozess deutscher und europäischer Gerichtshöfe, FS Jaeger, 2011, S. 95; *Buchholtz*, Streiken im europäischen Grundrechtsgefüge, 2015; *Dorssemont*, The Right to Take Collective Action under Article 11 ECHR, in: Dorssement/Lörcher/Schömann (Hrsg.), The European Convention on Human Rights and the Employment Relation, 2013, S. 333; *Evju*, Das Recht auf kollektive Maßnahmen unter der Sozialcharta des Europarates, AuR 2012, 276; *Ewing*, Austerity and the Importance of the ILO and the ECHR for the Progressive Development of European Labour Law. A Case Study from Greece, FS Lörcher, 2013, S. 361; *Fischer-Lescano*, Troika in der Austerität. Rechtsbindungen der Unionsorgane beim Abschluss von Memoranda of Understanding, KJ 2014, 2; *Frenz*, Europäische Grundrechte und Grundfreiheiten im Arbeitsrecht, RdA 2011, 199; *Heuschmid*, Zur Bedeutung von IAO-Normen für das EU-Arbeitsrecht, SR 2014, 1; *ders.*, Von der negativen Koalitionsfreiheit zur negativen Tarifvertragsfreiheit und zurück. Eine Betrachtung im europäischen Mehrebenensystem, KJ 2014, 384; *International Labour Organisation* (Hrsg.), Freedom of association. Digest of decisions and principles of the Freedom of Association Committee of the Governing Body of the ILO, 5. Aufl., 2006; *Jacobs*, Article 11 ECHR: The Right to Bargain Collectively under Article 11 ECHR, in: Dorssement/Lörcher/Schömann (Hrsg.), The European Convention on Human Rights and the Employment Relation, 2013, S. 309; *Junker*, Europäische Vorschriften zum Tarifvertrag, EuZA 2014, 1; *Kocher*, Kollektivverhandlungen und Tarifautonomie – welche Rolle spielt das europäische Recht?, AuR 2008, 13; *dies.*, Zum Verhältnis von Recht und Politik nach der EuGH-Entscheidung »Viking«, GS Zachert, 2010, S. 37; *dies.*, Einschränkung von Individualrechten im Interesse der kollektiven Rechtsverwirklichung?, FS Höland, 2015, 523; *Krebber*, Soziale Rechte in der Gemeinschaftsrechtsordnung, RdA 2009, 224; *Latzel/Serr*, Kartellkontrollprivileg für Tarifverträge als formeller Rahmen eines Unionstarifrechts, EuZW 2014, 410; *Rebhahn*, Überlegungen zur Bedeutung der Charta der Grundrechte der EU für den Streik und für die Kollektive Rechtsgestaltung, GS Heinze, 2005, S. 649; *ders.*, Die Zukunft der Kollektivautonomie in Europa – Tarifautonomie im Rechtsvergleich, EuZA 3 (2010), 62; *Schlachter*, Der Schutz der Vereinigungsfreiheit durch die europäische Sozialcharta, SR 2013, 77; *dies.*, Streikrecht außerhalb des Arbeitsverhältnisses?, GS Zachert, 2010, S. 634; *C. Schubert*, Collective Agreements Within the Limits of Europe: Collective Autonomy as Part of the European Economic System, ELLJ 2013, 146; *Sciarra*, The Evolution of Collective Bargaining: Observations on a Comparison in the Countries of the European Union, Comparative Labor Law & Policy Journal 29 (2007), 1; *Seifert*, Neue Formen der Wirtschaftssteuerung in der EU und das Arbeitsrecht in den Mitgliedstaaten, SR 2014, 14; *ders.*, Die Auslegung von Übereinkommen der Internationalen Arbeitsorganisation – zur aktuellen Auseinandersetzung in der IAO um das Streikrecht, FS Eichenhofer, 2015, 603; *Thüsing/Traut*, Zur begrenzten Reichweite der Koalitionsfreiheit im Unionsrecht, RdA 2012, 65; *van Hiel*, The Right to Form and Join Trade Unions Protected by Article 11 ECHR, in: Dorssement/Lörcher/Schömann (Hrsg.), The European Convention on Human Rights and the Employment Relation, 2013, 287; *Waas*, Tarifvertragsrecht in Zeiten der Krise, FS Kempen, 2013, S. 38; *Waltermann*, Auslegung von Art. 9 Abs. 3 GG im Licht der europarechtlichen Gewährleistung der Tarifautonomie, EuZA 8 (2015), 15.

　　　　　　　　　　Eva Kocher

Leitentscheidungen

EuGH, Urt. v. 8.10.1974, Rs. 18/74 (Europäische Beamten), Slg. 1974, 917
EuGH, Urt. v. 21.9.1999, Rs. C–67/96 (Albany), Slg. 1999, I–5751
EuGH, Urt. v. 11.12.2007, Rs. C–438/05 (ITF/Viking), Slg. 2007, I–10779
EuGH, Urt. v. 18.12.2007, Rs. C–341/05 (Laval), Slg. 2007, I–11767
EuGH, Urt. v. 12.10.2010, Rs. C–45/09 (Rosenbladt), Slg. 2010, I–9391
EuGH, Urt. v. 8.9.2011, verb. Rs. C–297/10 u. C–298/10 (Hennigs und Mai), Slg. 2011, I–7965
EuGH, Beschl. v. 14.12.2011, Rs. C–434/11 (Corpul Naţional al Poliţiştilor), Slg. 2011, I–196
EuGH, Urt. v. 4.12.2014, Rs. C–413/13 (FNV), ECLI:EU:C:2014:2411

Inhaltsübersicht   **Rn**

A. Entwicklung und Quellen

Art. 28 GRC **orientiert sich** an Art. 6 ESC sowie an Nr. 12–14 der Gemeinschaftscharta   **1**
der sozialen Grundrechte der Arbeitnehmer aus dem Jahre 1989. Die Charta-Erläuterungen verweisen darüber hinaus auf Art. 11 EMRK.[1] Diese Norm regelt zwar auf den
ersten Blick nur die Vereinigungsfreiheit im Sinne von Art. 12 Abs. 1 GRC. Der EGMR
hat zuletzt allerdings erkannt, dass sie indirekt auch Rechte auf Kollektivverhandlungen
und kollektive Maßnahmen schützt.[2]

Im **Recht der Europäischen Union** hatte der EuGH bereits im Jahre 2007 das Recht   **2**
von Gewerkschaften bzw. Gewerkschaftsverbänden auf kollektive Maßnahmen anerkannt und dies unter anderem mit Art. 28 der damals noch nicht verbindlichen GRC
begründet.[3] Im Jahre 2010 erfolgte eine solche Anerkennung auch für das Recht auf
Kollektivverhandlungen.[4] Anders als noch 1999 ist die Kollektivverhandlungsfreiheit

---

[1] Erläuterungen zur Charta der Grundrechte vom 14.12.2007, ABl. 2007, C 303/17 (26); *Holoubek*, in: Schwarze, EU-Kommentar, Art. 28 GRC, Rn. 5, 8 (»inkorporierte Rechtsquellen«); *Jarass*,
GRCh, Art. 28 GRC, Rn. 1.

[2] EGMR, Urt. v. 12.11.2008, Beschwerde-Nr. 34503/97 (Demir und Baykara), NZA 2010, 1425;
Urt. v. 21.4.2009, Beschwerde-Nr. 68959/01 (Enerji Yapi-Yol Sen), NZA 2010, 1423; *Lörcher*, AuR
2009, 229; *Seifert*, KritV 2009, 357; siehe auch schon *Zachert*, AuR 2003, 370.

[3] EuGH, Urt. v. 11.12.2007, Rs. C–438/05 (Viking), Slg. 2007, I–10779, Rn. 37, 44; Urt. v.
18.12.2007, Rs. C–341/05 (Laval), Slg. 2007, I–11767, Rn. 91; *Holoubek*, in: Schwarze, EU-Kommentar, Art. 28 GRC, Rn. 9; *Jarass*, GRCh, Art. 28 GRC, Rn. 1; zur Bedeutung dieser ungeschriebenen Grundrechte neben Art. 28 GRC siehe *Bryde*, SR 2012, 2 (7).

[4] EuGH, Urt. v. 15.7.2010, Rs. C–271/08 (Kommission/Deutschland), Slg. 2010, I–7087, Rn. 37;
Urt. v. 12.10.2010, Rs. C–45/09 (Rosenbladt), Slg. 2010, I–9391, Rn. 67; zum Fortgelten dieser
Grundsätze neben der GRC siehe *Bryde*, SR 2012, 2 (7).

damit nun grundrechtlich fundiert und nicht mehr ausschließlich aus den Anforderungen der Sozialpolitik und den jetzigen Art. 154, 155 AEUV heraus begründet.[5] Für die
Angestellten der Europäischen Union gewährleistet Art. 24b des Beamtenstatuts die
Vereinigungsfreiheit;[6] bei Auslegung entsprechend Art. 11 EMRK erfasst dies auch Kollektivverhandlungsfreiheit und das Recht auf kollektive Maßnahmen.

3   Es gibt zahlreiche **internationale Rechtsgrundlagen** für die Kollektivverhandlungsfreiheit.[7] Das Streikrecht wird ausdrücklich durch Art. 8 Abs. 1d des Internationalen
Paktes über wirtschaftliche, soziale und kulturelle Rechte gewährleistet.[8] Von großer
Bedeutung sind die Übereinkommen 87 und 98 der Internationalen Arbeitsorganisation
(ILO), die durch die ILO neben den Verboten von Zwangsarbeit, Kinderarbeit und Diskriminierung zu Kernarbeitsnormen erklärt wurden[9] und damit zum zwingenden Arbeitsvölkerrecht gehören. Art. 5 des Übereinkommens 87 sowie das Übereinkommen
98 garantieren insofern die Vereinigungs-, Koalitions- und Kollektivverhandlungsfreiheiten. Nach Meinung der Expertenkommission der ILO gehört auch das Streikrecht zu
den unabdingbaren Rechten im Zusammenhang mit den Koalitions- und Kollektivverhandlungsfreiheiten.[10] Übereinkommen 154 über die Förderung von Kollektivverhandlungen (1981) konkretisiert die Ausgestaltungsanforderungen des staatlichen Rechts;
Übereinkommen 151 über den Schutz des Vereinigungsrechts und über Verfahren zur
Festsetzung der Beschäftigungsbedingungen im öffentlichen Dienst (1978) garantiert
die Vereinigungsfreiheit für Beschäftigte im öffentlichen Dienst; diese Übereinkommen
sind allerdings von vielen Mitgliedstaaten (u.a. Deutschland) nicht ratifiziert.[11]

4   Die Reichweite des Grundrechts ist nach Art. 52 Abs. 3 GRC wie Art. 11 EMRK zu
interpretieren.[12] Als Bestandteil des Arbeitsvölkerrechts fließen insbesondere die Maßstäbe der ILO-Übereinkommen 87 und 98 in die Auslegung des Art. 11 EMRK und

---

[5] So noch EuGH, Urt. v. 21.9.1999, C–67/96 (Albany), Slg. 1999, I–5751; Urt. v. 21.9.1999, verb.
Rs. C–115/97–117/97 (Brentjens), Slg. 1999, I–6025; Urt. v. 21.9.1999, Rs. C–219/97 (Drijvende
Bokken), Slg. 1999, I–6121, Rn. 54 ff.

[6] Verordnung Nr. 31 (EWG), Nr. 11 (EAG) vom 18.12.1961 über das Statut der Beamten und über
die Beschäftigungsbedingungen für die sonstigen Bediensteten der Europäischen Wirtschaftsgemeinschaft und der Europäischen Atomgemeinschaft, ABl. (EWG) 1962, Nr. 45/1385, insoweit nicht geändert durch Verordnung (EWG, Euratom, EGKS) Nr. 259/68, ABl. 1968, L 56/1 und Verordnung
(EU, Euratom) Nr. 1023/2013, ABl. 2013, L 287/15; vgl. EuGH, Urt. v. 8.10.1974, Rs. 18/74 (Europäische Beamten), Slg. 1974, 917.

[7] Für einen Überblick im Verhältnis zum deutschen und europäischen Recht siehe *Böhmert*, Das
Recht der ILO und sein Einfluß auf das deutsche Arbeitsrecht im Zeichen der europäischen Integration,
2002. Ein Überblick über die einschlägigen Rechtsgrundlagen findet sich auch bei *Treber*, Arbeits-
kampf- und Schlichtungsrecht in: Schaub (Hrsg.), Arbeitsrechts-Handbuch, 15. Aufl., 2013, § 192,
Rn. 31 ff.

[8] *Lörcher*, AuR 2009, 229 (237 f.); vgl. auch *C. Schubert*, ELLJ 2013, 146 (156).

[9] Erklärung der ILO über grundlegende Prinzipien und Rechte bei der Arbeit und ihre Folgemaßnahmen von 1998, http://www.ilo.org/berlin/ziele-aufgaben/verfassung/WCMS_193727/lang—de/
index.htm (7.8.2014).

[10] *ILO*, Rn. 520 ff.; *Heuschmid*, SR 2014, 1 (4); so auch das Verständnis des EuGH, Urt. v.
11.12.2007, Rs. C–438/05 (Viking), Slg. 2007, I–10779, Rn. 43; zur Debatte in den Jahren 2014/15
siehe *Borzaga*, FS Höland, 2015, 195; *Seifert*, FS Eichenhofer, 2015, 603; vgl. »Waffenstillstandser-
klärung« des ILO-Verwaltungsrats auf seiner 323. Sitzung, wonach der IGH vorläufig nicht »mit
Fragen der Auslegung des Übereinkommens Nr. 87 in Bezug auf das Streikrecht« befasst wird (Buchst.
b des Beschlusses vom 24.3.2015).

[11] Jedenfalls wenn dies anders sein sollte, siehe EuGH, Urt. v. 14.5.1974, Rs. 4/73 (Nold/Kom-
mission), Slg. 1974, 491, Rn. 13; Urt. v. 27.6.2006, Rs. C–540/03 (Parlament/Rat), Slg. 2006, I–5769,
Rn. 37; siehe auch schon Art. 27 GRC, Rn. 4.

[12] *Bryde*, SR 2012, 2 (8); *Seifert*, SR 2014, 14 (28); *C. Schubert*, ELLJ 2013, 146 (153).

damit auch des Art. 28 GRC ein.[13] Ähnliches gilt aus systematischen Gründen für Art. 6 ESC; die Tatsache, dass nicht alle Mitgliedstaaten diese Norm ratifiziert haben, ändert nichts an deren Maßgeblichkeit als Auslegungsmaßstab, da hierdurch keine unmittelbare Bindung begründet wird.[14]

Für die Auslegung ist auch von Bedeutung, dass das Kollektivverhandlungs- und   5 Arbeitskampfrecht in den meisten Mitgliedstaaten verfassungsrechtlich geregelt ist; denn nach Art. 52 Abs. 4 GRC sind die Grundrechte der GRC in Übereinstimmung mit **gemeinsamen Verfassungsüberlieferungen** auszulegen, wenn sie diesen entsprechen.[15]

Zur Anwendung in **Polen** und dem **Vereinigten Königreich** siehe Art. 27 GRC, Rn. 6 f.   6

B. Adressaten und Gewährleistungsgehalt

Da Art. 28 GRC für die Gewährleistung auf das Unionsrecht und die einzelstaatlichen   7 Vorschriften verweist, könnte auch hier angenommen werden, es handele sich um einen bloßen **Grundsatz** im Sinne des Art. 52 Abs. 5 GRC, der erst durch konkretisierende Sekundärrechtsakte wirken könne (s. Art. 27 GRC, Rn. 9). Eine solche Annahme würde im Fall des Art. 28 GRC allerdings bedeuten, dass es sich um eine überflüssige und jedenfalls aktuell mangels Durchführungsbestimmungen weitgehend leer laufende Norm handelt, die allenfalls die mitgliedstaatlichen Ausgestaltungen grundrechtlich schützt. Der EU kommt wegen Art. 153 Abs. 5 AEUV im Kernbereich des Art. 28 GRC keine Ausgestaltungskompetenz zu.[16] Gegen die Auslegung als Grundsatz spricht auch, dass anders als bei Art. 27 GRC hier nicht nur in der Überschrift, sondern auch im Text der Norm ausdrücklich von einem Recht der Arbeitnehmer bzw. Arbeitgeber oder ihrer Organisationen die Rede ist. Dazu kommt, dass eine geringere Ausgestaltungsnotwendigkeit besteht als bei Art. 27 GRC. Während das Recht auf Unterrichtung und Anhörung gegenüber den Unternehmen notwendigerweise eines gesetzlichen und verfahrensmäßigen Rahmens bedarf, können die Rechte auf Kollektivverhandlungen und Kollektivmaßnahmen auf der Basis der Vereinigungsfreiheit autonom ausgeübt werden. Der ausgestaltende Rechtsrahmen wirkt insofern lediglich unterstützend und muss die Freiheiten gegenüber privaten Eingriffen absichern.[17] Art. 28 GRC vermittelt deshalb ein Grundrecht zum Schutz sowohl der Arbeitnehmerinnen und Arbeitnehmer[18] als auch der Arbeitgeberinnen und Arbeitgeber sowie der Koalitionen beider Seiten. Da es

---

[13] *Kingreen,* Soziales Fortschrittsprotokoll, 2014, S. 53; *Fischer-Lescano,* KJ 2014, 2; *Thüsing/ Traut,* RdA 2012, 69 (69 f.); vgl. auch *C. Schubert,* ELLJ 2013, 146 (154); *Heuschmid,* SR 2014, 1 (8); zur Rechtsprechung des EGMR insoweit siehe EGMR, Urt. v. 12. 11. 2008, Beschwerde-Nr. 34503/97 (Demir und Baykara), NZA 2010, 1425, Rn. 147, 166; Urt. v. 21. 4. 2009 Beschwerde-Nr. 68959/01 (Enerji Yapi-Yol Sen), NZA 2010, 1423, Rn. 40 f.

[14] *Bryde,* SR 2012, 2 (8); a. A. *Rebhahn,* GS Heinze, S. 652; zu den Erwartungen des Europäischen Ausschusses für Soziale Rechte, dass der EuGH dies so handhaben werde, siehe EGMR, Urt. v. 3. 7. 2013, Beschwerde Nr. 85/2012 (LO und TCO/Schweden), Art. 6 Abs. 4 ESC, Rn. 121.

[15] *Bryde,* SR 2012, 2 (7). Zu den mitgliedstaatlichen Verfassungsgewährleistungen *Rebhahn,* GS Heinze, S. 651; *Lembke,* in: GSH, Europäisches Unionsrecht, Art. 28 GRC, Rn. 3; *Streinz,* in: Streinz, EUV/AEUV, Art. 28 GRC, Rn. 2.

[16] *Krebber,* in: Calliess/Ruffert, EUV/AEUV, Art. 28 GRC, Rn. 3; zur entsprechenden Funktion des Grundrechts *ders.,* EnzEuR, Bd. 7, § 2, Rn. 19; ähnlich: *Folz,* in: Vedder/Heintschel v. Heinegg, Europäisches Unionsrecht, Art. 28 GRC, Rn. 3; *P. Hanau,* StudZR 2010, 333 ff.

[17] Vgl. *Lembke,* in: GSH, Europäisches Unionsrecht, Art. 28 GRC, Rn. 10.

[18] *Jarass,* GRCh, Art. 28 GRC, Rn. 2.

sich hier ohnehin um ein Freiheitsrecht und nicht um ein soziales Recht im engeren Sinn handelt, spielt auch die Frage der Justiziabilität von Rechten hier keine Rolle.[19] Auch die gemeinsamen Verfassungsüberlieferungen der Mitgliedstaaten sprechen für die Einordnung als **subjektives Grundrecht**.[20]

8   Art. 28 GRC richtet sich an die EU sowie die Mitgliedstaaten. Auf der Ebene der Union stellen die Art. 152 ff. AEUV eine begrenzte Ausgestaltung dar (Art. 152 AEUV, Rn. 11). Insbesondere die Mitgliedstaaten sind aber aufgefordert, dem Grundrecht durch **Ausgestaltung** größere Effektivität zu verleihen. Kollektivverträge sind rechtlich anzuerkennen und zu schützen.[21]

9   Eine **Kompetenz der EU** zur Ausgestaltung der Kollektivverhandlungsfreiheit besteht nur nach Art. 153 Abs. 1 Buchst. f AEUV und – für die Bediensteten der EU – nach Art. 336 AEUV.[22] Einer Ausgestaltung des Art. 28 GRC auf Unionsebene steht für einen wesentlichen Teil des Anwendungsbereichs Art. 153 Abs. 5 AEUV entgegen, der eine gesetzgeberische Tätigkeit der Union im Bereich des Koalitionsrechts, des Streikrechts sowie des Aussperrungsrechts ausschließt (zur Diskussion um die Reichweite dieser Ausnahme s. Art. 153 AEUV, Rn. 51 ff.; Art. 155 AEUV, Rn. 10 ff.). Ob die Art. 154, 155 AEUV eine Ausgestaltung in diesem Sinne darstellen, ist streitig (s. Rn. 28).

10   Die Ausgestaltung des Grundrechts findet deshalb aktuell fast ausschließlich **auf mitgliedstaatlicher Ebene** statt.[23] Hier besteht eine große Vielfalt an Kollektivverhandlungssystemen, die mit jeweils unterschiedlichen Arbeitskampfordnungen verbunden sind.[24] Mit dem Verweis auf die »einzelstaatlichen Rechtsvorschriften und Gepflogenheiten« wird insofern die Kompetenzverteilung zwischen Mitgliedstaaten und Union rechtlich abgesichert und auf grundrechtlicher Ebene verstärkt;[25] die mitgliedstaatlichen Ausgestaltungen sind deshalb als Konkretisierungen des Grundrechts anzusehen.[26] Nach einzelstaatlichem Recht rechtmäßige Kollektivvereinbarungen oder Kollektivmaßnahmen sind auf der Ebene des Unionsrechts zu beachten; für sie spricht eine Rechtmäßigkeitsvermutung.[27]

---

[19] *Everling*, Zur Europäischen Grundrechte-Charta und ihren Sozialen Rechten, GS Heinze, 2005, 157; *Bryde*, SR 2012, 2 (8, 10); zur entsprechenden Diskussion um Art. 28 GRC im Konvent *Holoubek*, in: Schwarze, EU-Kommentar, Art. 28 GRC, Rn. 1 f.

[20] Vgl. *Rebhahn*, GS Heinze, S. 651.

[21] *Seifert*, EuZW 2011, 696 (700); *Jacobs*, S. 322 weist insofern vor allem auf die ILO-Empfehlung Nr. 91 von 1951 hin, die bindende Wirkung und Vorrang vor Individualverträgen vorschlägt. Zur entsprechenden Debatte auf europäischer Ebene (»optionales Instrument«) siehe Art. 155 AEUV, Rn. 10 ff.

[22] *C. Schubert*, ELLJ 2013, 146 (154).

[23] *Krebber*, in: Calliess/Ruffert, EUV/AEUV, Art. 28 GRC, Rn. 6; *Jarass*, GRCh, Art. 28 GRC, Rn. 8; *Holoubek*, in: Schwarze, EU-Kommentar, Art. 28 GRC, Rn. 21; *Streinz*, in: Streinz, EUV/AEUV; Art. 28 GRC, Rn. 1.

[24] Rechtsvergleichend siehe *Junker*, EuZA 2014, 1 (9 f.); *Rebhahn*, EuZA 3 (2010), 62 ff.; *Sciarra*, Comp. Lab. L. & Policy J. 2007, 1.

[25] *C. Schubert*, ELLJ 2013, 146 (155); *Kingreen* (Fn. 13), S. 48 ff.: »Angstklausel«.

[26] Zu diesem Konzept vgl. EuGH, Urt. v. 19. 1. 2010, Rs. C–555/07 (Kücükdeveci), Slg. 2010, I–365, Rn. 21 im Anschluss an Urt. v. 8. 4. 1976, Rs. 43/75 (Defrenne), Slg. 1976, 455, Rn. 54; in diese Richtung auch schon Urt. v. 22. 11. 2005, Rs. C–144/04 (Mangold), Slg. 2005, I–9981, Rn. 74 ff.

[27] *Thüsing/Traut*, RdA 2012, 65 (68) beschreibt diese Wirkung des Art. 28 GRC als »Scharnier«-Wirkung; vgl. auch *Bryde*, SR 2012, 2 (10); *Rebhahn*, GS Heinze, S. 655; zum sich ergebenden Verschlechterungsverbot s. Art. 151 AEUV, Rn. 33; in diese Richtung auch schon EuGH, Urt. v. 11. 12. 2007, Rs. C–438/05 (Viking), Slg. 2007, I–10779, Rn. 44 – der EuGH zieht dann aber unrichtige Schlüsse (s. u. Rn. 38 ff.); für weitergehende Schlüsse aus der »Kompetenzakzessorietät« des Grundrechts (Mindestschutzfunktion) *Krebber*, EnzEuR, Bd. 7, § 2, Rn. 45 ff.; Rn. 50 ff.

Soweit sich aus der völkerrechtlichen Auslegung des Art. 28 GRC eigene Rechts-   **11**
maßstäbe ergeben, können diese dem mitgliedstaatlichen Recht aber auch Grenzen
setzen. Dies gilt jedoch nur im Anwendungsbereich des Unionsrechts.[28] Dieser ist bereits
eröffnet, wenn Mitgliedstaaten unverbindlichen Empfehlungen folgen[29] (z. B. Empfehlungen zu Korrekturmaßnahmen nach Art. 8 Abs. 2 und 3 VO 1176/2011[30] oder Memoranda of Understanding nach Art. 13 Abs. 3 UAbs. 1 und 2 des ESM-Vertrags).

Privatpersonen werden nicht unmittelbar durch Art. 28 GRC verpflichtet. Eine Über-   **12**
tragung der Grundsätze über die unmittelbare Wirkung von Grundfreiheiten[31] scheint
nicht angezeigt, da diese Grundsätze selbst problematisch sind (s. Rn. 39).[32] Allerdings
ist die Norm im Anwendungsbereich des Unionsrechts bei privatrechtlichen Vorschriften im Wege der grundrechtskonformen Auslegung zu berücksichtigen.

C. Schutzbereich

Die Bestimmung von Schutzbereich und Grenzen wird dadurch erschwert, dass hier   **13**
ganz unterschiedliche Normenkomplexe wechselseitig aufeinander Bezug nehmen; die
sich so ergebende wechselseitige Einflussnahme der Normen aufeinander wird oft als
Kooperation und Dialog der jeweils zuständigen Gerichtshöfe beschrieben.[33] Für die
Auslegung des Art. 28 GRC ist hieraus ein Kerntatbestand der Kollektivverhandlungsautonomie zu entwickeln.[34]

I. Persönlicher Schutzbereich

Erfasst sind sowohl Beschäftigte in der Privatwirtschaft wie im öffentlichen Dienst,   **14**
einschließlich der **Beamtinnen und Beamten**.[35] Dies verlangt die Auslegung in Übereinstimmung mit den völkerrechtlichen Rechtsgrundlagen (s. Rn. 3): Sowohl der Europäische Ausschuss für Soziale Rechte als auch der Sachverständigenausschuss zur Anwendung der Übereinkommen und Empfehlungen für die Internationale Arbeitskonferenz
haben für die jeweiligen Rechtsquellen festgestellt, dass für Beamtinnen und Beamte,
die keine hoheitlichen Befugnisse ausüben, ein umfassendes Verbot von Kollektivverhandlungen

---

[28] Für Art. 28 GRC siehe z. B. EuGH, Urt. v. 14. 12. 2011, Rs. C–434/11 (Corpul National al Politistilor), Slg. 2011, I–196 (abgekürzte Veröffentlichung), Rn. 12 ff., im Anschluss an Urt. v.
26. 2. 2013, Rs. C–617/10 (Åkerberg Fransson), ECLI:EU:C:2013:105; enger *C. Schubert*, ELLJ 2013,
146 (150) (nur bei Richtlinienumsetzung).

[29] EUArbR/*C. Schubert*, Art. 28 GRC, Rn. 50; *Krebber*, EnzEuR, Bd. 7, § 2, Rn. 59 f.

[30] Verordnung (EU) 1176/2011 v. 16. 11. 2011 über die Vermeidung und Korrektur makroöko-
nomischer Ungleichgewichte, ABl. 2011, L 306/25.

[31] *Holoubek*, in: Schwarze, EU-Kommentar, Art. 28 GRC, Rn. 5, 27 f.; *Jarass*, GRCh, Art. 28
GRC, Rn. 3.

[32] A.A. *Seifert*, EuZW 2011, 696 (700), wonach Art. 28 GRC auf eine Horizontalwirkung gegen
den sozialen Gegenspieler angelegt sei.

[33] *Dieterich*, FS Jaeger, S. 95; vgl. auch *Kocher*, IJCLLIR 2008, 385; *Krebber*, RdA 2009, 224.

[34] Siehe schon *Deinert*, Der Europäische Kollektivvertrag, 1999, S. 254 ff.; wie hier auch *Britz*,
Tarifautonomie in der Europäischen Union, in: Britz/Volkmann, Tarifautonomie in Deutschland und
Europa, 2003, S. 40 ff.

[35] EGMR, Urt. v. 12. 11. 2008, Beschwerde-Nr. 34503/97 (Demir und Baykara), NZA 2010, 1425;
Urt. v. 21. 4. 2009 Beschwerde-Nr. 68959/01 (Enerji Yapi-Yol Sen), NZA 2010, 1423; *Lörcher*, AuR
2009, 229; *Seifert*, KritV 2009, 357.

(und Kollektivmaßnahmen) nicht zu rechtfertigen ist.[36] In Anlehnung an Art. 5 Satz 2 ESC sind Einschränkungen vor allem für Angehörige der Polizei möglich und in noch stärkerem Umfang nach Art. 5 Satz 3 ESC für das Militär. Allerdings setzt dies voraus, dass die jeweiligen Bediensteten tatsächlich militärische und nicht etwa polizeiliche oder geheimdienstliche Aufgaben erfüllen.[37] Zulässig ist auch eine Einschränkung im Bereich wesentlicher Dienstleistungen; dies muss aber dem Verhältnismäßigkeitsgrundsatz genügen. Insbesondere darf nicht ein Arbeitskampfverbot für gesamte Branchen (Energie oder Gesundheit) verhängt werden.[38]

15   Grundrechtsträger nach Art. 28 GRC sind die einzelnen Arbeitnehmer sowie Arbeitgeber[39], unabhängig von der Staatsangehörigkeit. Die individuellen Rechte sind nicht auf Mitglieder von Gewerkschaften oder Arbeitgeberverbänden beschränkt; dies gilt auch für die Teilnahme an Arbeitskampfmaßnahmen.[40] Berechtigt sind nicht nur aktiv im Beschäftigungsverhältnis stehende Personen, sondern auch Pensionäre oder Arbeitslose, deren Rechte auf einem früheren Arbeitsverhältnis beruhen.[41] Die Norm bezieht sich auf die Interessenvertretung in der abhängigen Erwerbsarbeit, erfasst also in erster Linie die Parteien von Arbeitsverhältnissen.[42] Darüber hinaus können aber nicht nur Scheinselbstständige, sondern auch »arbeitnehmerähnliche Personen« (Art. 45 AEUV, Rn. 22 f.; Rn. 43) von der Kollektivverhandlungsfreiheit Gebrauch machen.[43] Soweit das mitgliedstaatliche Recht im Einzelfall einen darüber hinausgehenden Schutz enthält, hat die EU über Art. 28 GRC dies anzuerkennen[44] (s. z. B. § 12a TVG für das deutsche Recht; s. Art. 151 AEUV, Rn. 37).

16   Art. 28 GRC begründet auch ein kollektives Recht für **die jeweiligen Organisationen** der Arbeitnehmer und Arbeitgeber (zum Begriff kollektives Recht s. Art. 27 GRC, Rn. 22). Gemeint sind hierbei alle Einrichtungen und Vereinigungen, die nach den einzelstaatlichen Rechtsvorschriften und Gepflogenheiten Kollektivvereinbarungen aus-

---

[36] Europäischer Ausschuss für Soziale Rechte die Schlussfolgerungen, Conclusions 2014, XX–3 unter Verweis auf Conclusions I (1969) und Conclusions XVII–1 (2005) für Deutschland; Sachverständigenausschuss zur Anwendung der Übereinkommen und Empfehlungen für die Internationale Arbeitskonferenz, Bericht 2015 in Bezug auf die ILO-Konvention 87; so auch das Verständnis des BVerwG, Urt. v. 27.2.2014, Az. 2 C 1.13, BVerwGE 149, 117 (Kriterium der Funktionsfähigkeit staatlicher Institutionen), nach dessen Auffassung der Widerspruch zum GG nur durch den Gesetzgeber aufgelöst werden kann.

[37] *Schlachter*, SR 2013, 77 (84, 85).

[38] *Schlachter*, SR 2013, 77 (89); zur Entscheidungspraxis der Expertenkommission der ILO zum Übereinkommen 87 siehe *ILO*, Rn. 570 ff.

[39] Einschränkend hierzu *Streinz*, in: Streinz, EUV/AEUV, Art. 28 GRC, Rn. 5, der die mitgliedstaatlichen Rechtsordnungen für befugt hält, das Recht von Arbeitgeberverbänden hiervon auszunehmen.

[40] Siehe auch *Streinz*, in: Streinz, EUV/AEUV, Art. 28 GRC, Rn. 6 zum möglichen Konflikt zum deutschen Streikrecht, das zu eng auf die Tarifautonomie bezogen ist; vgl. EUArbR/*C. Schubert*, Art. 28 GRC, Rn. 23 ff. zum Streik als individuelles Grundrecht.

[41] Siehe im Einzelnen *Schlachter*, SR 2013, 77 (89); *Dorssemont*, 2013, S. 344 ff.; *Thüsing/Traut*, RdA 2012, 65 (71).

[42] *C. Schubert*, ELLJ 2013, 146 (157).

[43] EuGH, Urt. v. 4.12.2014, Rs. C–413/13 (FNV), ECLI:EU:C:2014:2411, Rn. 25 ff. zur Reichweite der Ausnahme vom Kartellverbot; vgl. auch die Interpretation des Urteils durch *Junker*, EuZA 9 (2016), 184 (195); a. A. EUArbR/*C. Schubert*, Art. 28 GRC, Rn. 89.

[44] Vgl. auch den Hinweis von *Schlachter*, GS Zachert, 2010, S. 634 (639) auf das ILO-Übereinkommen Nr. 141 über die Verbände ländlicher Arbeitskräfte. A. A. EUArbR/*C. Schubert*, Art. 28 GRC, Rn. 16 ff.

handeln und abschließen können.[45] Die Vereinigungsfreiheit als solche[46] ist bereits in Art. 12 GRC geschützt. Dennoch erscheint es sinnvoll, für den Begriff der Organisation im Sinne des Art. 28 GRC aus systematischen Gründen an die Gründung im Sinne von Art. 12 GRC anzuknüpfen. Es kommt deshalb darauf an, dass es sich um eine Organisation handelt, die auf freiwilligem Beitritt beruht und sowohl vom Staat wie vom sozialen Gegenspieler unabhängig ist.[47] Die Betriebsräte des deutschen und österreichischen Rechts sind hiervon nicht erfasst.[48]

II. Schutz von Kollektivverhandlungen

Geschützt wird die positive Freiheit, **Kollektivvereinbarungen** zu verhandeln und abzuschließen, Arbeitskampfmaßnahmen zu ergreifen und durchzuführen. Das Recht zu Kollektivverhandlungen ist auf allen »geeigneten Ebenen« geschützt, einschließlich der betrieblichen.[49] Um dem Schutz des Art. 28 GRC zu unterfallen, muss eine Vereinbarung Ergebnis einer Kollektivverhandlung zwischen Organisationen sein, die Arbeitgeber und Arbeitnehmer vertreten und auf freier Gründung basieren. Die Norm bezieht sich also nicht auf Betriebsvereinbarungen des deutschen und österreichischen Rechts.[50] Diese Auslegung wird dadurch bestätigt, dass Art. 28 GRC anders als Art. 6 Nr. 2 den Begriff der »Gesamtarbeitsverträge« nicht verwendet.[51]   **17**

Das Recht zur Beteiligung an Kollektivverhandlungen und zum Abschluss von Kollektivverträgen darf allerdings **repräsentativen Verbänden** vorbehalten werden, falls die Kriterien objektiv und vorher festgelegt sind und die Anwendung einer Rechtskontrolle zugänglich ist.[52] So versteht der EuGH zu Recht auch Art. 24b des Beamtenstatuts der EU.[53]   **18**

Die Vereinbarung muss die **Verbesserung von Arbeitsbedingungen** der Arbeitnehmerinnen und Arbeitnehmer oder sonstige Ziele der Sozialpolitik zum Ziel haben.[54] Dies ist allerdings weit auszulegen; den Kollektivvereinbarungsparteien kommt insofern ein weiter Einschätzungsspielraum zu; Arbeitskämpfe sind nicht von vornherein auf die Erzwingung von Mindeststandards beschränkt[55] (siehe Rn. 22; zum Verhältnis zu   **19**

---

[45] *Holoubek*, in: Schwarze, EU-Kommentar, Art. 28 GRC, Rn. 12–15; *Jarass*, GRCh, Art. 28 GRC, Rn. 10 f. unter Verweis auf Art. 10 der Gemeinschaftscharta der sozialen Grundrechte der Arbeitnehmer von 1989; genauso *Schlachter*, SR 2013, 77 (84) für Art. 5 ESC.

[46] *Schlachter*, SR 2013, 77 (85) zur Entscheidungspraxis zu Art. 5 ESC.

[47] Nicht erforderlich erscheint an dieser Stelle bereits »eine gewisse Mindestmächtigkeit« (so aber *Latzel/Serr*, EuZW 2014, 410 (412 f.)); zu den Anforderungen im Rahmen der Kollektivverhandlungsfreiheit s. Rn. 18).

[48] *Rebhahn*, GS Heinze, S. 654. Unerheblich ist allerdings, ob es sich um überbetriebliche oder »innerbetriebliche« Institutionen handelt, vgl. *Lembke*, in: GSH, Europäisches Unionsrecht, Art. 28 GRC, 8.

[49] *Schlachter*, SR 2013, 77 (86) zur Entscheidungspraxis zu Art. 6 ESC.

[50] Genauso EUArbR/*C. Schubert*, Art. 28 GRC, Rn. 33.

[51] *Rebhahn*, GS Heinze, S. 654; vgl. auch *Jacobs*, S. 316 ff.; a. A. *Krebber*, EnzEuR, Bd. 7, § 2, Rn. 79.

[52] *Jacobs*, S. 318 ff. zu den Anforderungen des ILO-Übereinkommens 98; *Schlachter*, SR 2013, 77 (86) zur Entscheidungspraxis zu Art. 5 ESC; zur Notwendigkeit einer solchen Ausgestaltung *Kocher*, GS Zachert, S. 47 ff.; vgl. auch *Holoubek*, in: Schwarze, EU-Kommentar, Art. 28 GRC, Rn. 9, 15.

[53] EuGH, Urt. v. 8. 10. 1974, Rs. 18/74 (Europäische Beamten), Slg. 1974, 917, Rn. 5–9.

[54] EuGH, Urt. v. 21. 9. 1999, C–67/96 (Albany), Slg. 1999, I–5751; Urt. v. 21. 9. 1999, verb. Rs. C–115/97–117/97 (Brentjens), Slg. 1999, I–6025; Urt. v. 21. 9. 1999, Rs. C–219/97 (Drijvende Bokken), Slg. 1999, I–6121, Rn. 61 ff.; *Kamanabrou*, EuZA 3 (2010), 157 (164).

[55] So aber das Verständnis von *Lembke*, in: GSH, Europäisches Unionsrecht, Art. 28 GRC, Rn. 13, die diese Anforderung aber in der Sache selbst ablehnt.

den Grundfreiheiten Rn. 39 ff.). Im Übrigen hat der EuGH in der Vergangenheit zwar wiederholt formuliert, die Regelung müsse »**unmittelbar**« der Verbesserung von Beschäftigungs- und Arbeitsbedingungen dienen, womit die Kollektivvereinbarungsfreiheit zu eng definiert würde. Er sieht diese Voraussetzung aber bereits dann als erfüllt an, wenn eine Verpflichtung zur Zahlung von Versicherungsbeiträgen langfristig ein bestimmtes Rentenniveau zu garantieren geeignet ist.[56] Er hat auch bereits bestätigt, dass eine Maßnahme, die Ziele der öffentlichen Sicherheit und dem Schutz der Gesundheit verfolgt, »in den Anwendungsbereich von Tarifverträgen« fällt.[57] Ob die Vereinbarung im nationalen Recht verbindlich ist oder nicht, ist für den Schutz nach Art. 28 GRC nicht entscheidend (s. Art. 151 AEUV, Rn. 37).

20   Die Kollektivvereinbarungsautonomie besteht grundsätzlich nur im Rahmen des geltenden Rechts; Tarifverträge sind an höherrangiges Recht (insbesondere Diskriminierungsverbote) gebunden; insofern darf eine **Inhaltskontrolle** stattfinden (zu den Grenzen siehe Rn. 22).[58] Allerdings sind Tarifverträge zunächst auszulegen, wobei davon auszugehen ist, dass die Tarifvertragsparteien keine Regelung im Widerspruch zu höherrangigem Recht treffen wollten. Ist eine solche Auslegung nicht möglich, weil die Tarifregelung eindeutig ist, so kann dies zur Unwirksamkeit einer Tarifregelung führen – allerdings nur, wenn das höherrangige Recht insofern unmittelbar wirkt und die Tarifparteien bindet.[59]

21   Wesentlicher Gegenstand einer Anerkennung des Grundrechts der Kollektivvereinbarungsautonomie ist allerdings die Anerkennung eines Autonomie- und Freiheitsbereichs, der nicht im Einzelnen so stark rechtlich determiniert sein darf, dass kaum Verhandlungsspielräume bestehen. Hieraus ergibt sich zwar kein Regelsetzungsmonopol der Kollektivvertragsparteien, aber ein Prinzip der **Subsidiarität staatlicher Rechtssetzung** gegenüber tarifautonomer Rechtsetzung.[60] Es ist sowohl den Mitgliedstaaten als auch der Europäischen Union untersagt, die Rechtsetzung so weit auszudehnen, dass die Kollektivvereinbarungsautonomie unangemessen eingeengt wird.[61] Auf europäischer Ebene wird dieser Grundsatz durch Art. 153 Abs. 5 AEUV bestätigt, wonach die Europäische Union in weiten Bereichen des Grundrechts der Kollektivverhandlungsfreiheit keine eigenständige Regelungskompetenz hat.

22   Die Kollektivvereinbarungsautonomie hat auch Einfluss auf die Reichweite der zulässigen Inhaltskontrolle von Kollektivvereinbarungen. Tarifvertragliche Regelungen unterscheiden sich in ihrem »Wesen« von staatlichen Regelungen dadurch, dass die Kollektivvereinbarungsparteien einen Ausgleich zwischen ihren jeweiligen divergierenden Interessen finden mussten. Der tarifliche Interessenausgleich fügt »sich in einen komplexen Kontext von Beziehungen des Arbeitslebens [ein] und [ist] eng mit politischen Entscheidungen […] verknüpft.« Die Parteien müssen deshalb »über Tarifverträge und daher mit nicht unerheblicher Flexibilität« agieren können, um »nicht nur die Gesamtlage des betreffenden Arbeitsmarkts, sondern auch die speziellen Merkmale

---

[56] EuGH, Urt. v. 4.12.2014, Rs. C–413/13 (FNV), ECLI:EU:C:2014:2411, Rn. 40.
[57] EuGH, Urt. v. 13.9.2011, Rs. C–447/09 (Prigge u. a.), Slg. 2011, I–8003, Rn. 62 im Gegensatz zur Auffassung des GA *Cruz Villalón*, Schlussanträge zu Rs. C–447/09 (Prigge u. a.) Slg. 2011, I–8003, Rn. 86; anders wohl *C. Schubert*, ELLJ 2013, 146 (159).
[58] *Jacobs*, S. 328 ff.
[59] Vgl. z. B. für die Bindung an Unionsrecht *Deinert*, EuZA 6 (2013), 562 f.
[60] *C. Schubert*, ELLJ 2013, 146 (161 ff.); a. A. EUArbR/*C. Schubert*, Art. 28 GRC, Rn. 31.
[61] *Kempen*, KritV 1994, 13.

der jeweiligen Beschäftigungsverhältnisse gebührend [berücksichtigen zu können]«[62]. Sie müssen deshalb über **Beurteilungsprärogativen und Ermessensspielräume** verfügen, insbesondere bei der Entscheidung darüber, welches konkrete Ziel von mehreren im Bereich der Arbeits- und Sozialpolitik sie verfolgen wollen, sowie bei der Festlegung der Maßnahmen zu seiner Erreichung.[63] Der Prognosespielraum von Kollektivvereinbarungsparteien wird vom EuGH z. T. auch mit entsprechenden Spielräumen der Mitgliedstaaten gleichgesetzt, was allerdings der erwähnten Zielbestimmung nicht ganz entspricht.[64] Ein besonders weiter Gestaltungsspielraums besteht im Bereich der **Festlegung von Vergütungen**.[65]

Die Anerkennung eines Beurteilungs- und Ermessensspielraums bedeutet allerdings   23
nicht, dass die **Konsensfähigkeit** einer Regelung zwischen den Tarifparteien bereits als solche einen Rechtfertigungsgrund für den Eingriff in Rechte anderer darstellen kann. Die Tatsache, dass eine Maßnahme das Ergebnis von Kollektivverhandlungen ist, mag ihre Legitimität erhöhen; aber auch von Tarifverträgen ist ein ausreichendes Maß an Kohärenz und Rechtfertigungsfähigkeit zu fordern.[66]

Art. 28 GRC betrifft die Kollektivverhandlungs- und Arbeitskampffreiheiten und   24
enthält insofern keine negativen Freiheiten. Selbst der EuGH, der eine **negative Freiheit** im Hinblick auf die Koalitionsfreiheit für gegeben ansieht, führt diese nicht auf Art. 28 GRC zurück.[67]

III. Schutz von Kollektivmaßnahmen

Art. 28 GRC schützt auch Kollektivmaßnahmen, d. h. das Recht der Kollektivverhand-   25
lungs- sowie der Arbeitsvertragsparteien, kollektive Maßnahmen zur Verteidigung ihrer jeweiligen Interessen zu ergreifen. Die Durchsetzung von behaupteten rechtlichen Positionen ist allerdings vom Recht auf kollektive Maßnahmen nicht erfasst; es beschränkt sich auf **Interessenkonflikte**.[68] In Anlehnung an eine entsprechende Auslegung zu Art. 6 Nr. 4 ESC[69] sowie zum ILO-Übereinkommen 87 ist es nicht erforderlich, dass

---

[62] EuGH, Urt. v. 8.9.2011, verb. Rs. C–297/10 u. C–298/10 (Hennigs und Mai), Slg. 2011, I–7965, Rn. 66; Urt. v. 12.10.2010, Rs. C–45/09 (Rosenbladt), Slg. 2010, I–9391, Rn. 67; Urt. v. 16.10.2007, Rs. C–411/05 (Palacios de la Villa), Slg. 2007, I–8531, Rn. 68, 74.

[63] Siehe z.B. EuGH, Urt. v. 8.9.2011, verb. Rs. C–297/10 u. C–298/10 (Hennigs und Mai), Slg. 2011, I–7965, Rn. 65; eine ausführliche Analyse findet sich bei GA *Trstenjak*, Schlussanträge zu Rs. C–271/08, (Kommission/Deutschland), Slg. 2010, I–7091, Rn. 211; dazu auch *Kocher,* GS Zachert, S. 42 ff.; zur Begrifflichkeit (»Ermessensspielraum«) auch *Lehmann*, BB 2012, 120.

[64] EuGH, Urt. v. 12.10.2010, Rs. C–45/09 (Rosenbladt), Slg. 2010, I–9391, Rn. 41.

[65] EuGH, Urt. v. 8.11.2002, verb. Rs. C–297/10 u. C–298/10 (Hennigs und Mai), Slg. 2011, I–7965, Rn. 98; vgl. *Rebhahn*, GS Heinze, S. 656 zum Zusammenhang mit Art. 153 Abs. 5 AEUV.

[66] Anders aber wohl GA *Cruz Villalón*, Schlussanträge zu Rs. C–447/09 (Prigge u.a.), Slg. 2011, I–8003, Rn. 82 ff., jedenfalls soweit es sich um unterschiedliche Tarifverträge handelt. Zu den Maßstäben für die Konsensfähigkeit siehe auch GA *Trstenjak*, Schlussanträge zu Rs. C–271/08 (Kommission/Deutschland), Slg. 2010, I–7091, Rn. 212; zum Problem auch an einem Beispiel *Kocher*, ZESAR 2011, 265.

[67] EUArbR/*C. Schubert*, Art. 28 GRC, Rn. 34; vgl. EuGH, Urt. v. 18.7.2013, Rs. C–426/11 (Alemo Herron), ECLI:EU:C:2013:521, Rn. 30 m. abl. Anm. *Heuschmid*, AuR 2013, 500 ff. und *ders.*, KJ 2014, 384 ff.; a. A. *Hartmann*, Negative Tarifvertragsfreiheit im deutschen und europäischen Arbeitsrecht, 2014, S. 255 ff.; siehe aber für Art. 11 EMRK insoweit *van Hiel*, S. 296 ff.

[68] *Rebhahn*, GS Heinze, S. 654; EUArbR/*C. Schubert*, Art. 28 GRC, Rn. 36 f.

[69] Siehe dazu insbesondere *Dumke*, Streikrecht i. S. des Art. 6 Nr. 4 ESC und deutsches Arbeitskampfrecht – Vorgaben, Vereinbarkeit und Umsetzung, 2013 (Rezension *Lörcher*, EuZA 8 (2015), 126).

es konkret um die Verhandlung von Tarifverträgen geht.[70] Das Grundrecht ist auch nicht auf die Durchsetzung von Zielen der europäischen Sozialpolitik beschränkt.[71] Von besonderer Bedeutung, gerade im transnationalen Kontext, sind kollektive Maßnahmen zur Unterstützung anderer Organisationen, wie z. B. Solidaritätsstreiks. Sie sind nach Auffassung des EGMR bereits von Art. 11 EMRK geschützt.[72] Ähnliches gilt für Art. 6 Nr. 4 ESC.[73]

26   Die Norm erwähnt insbesondere Streiks als Beispiel für kollektive Maßnahmen. Die Nennung der Arbeitgeber und ihrer Organisationen als Berechtigter macht darüber hinaus deutlich, dass auch die Aussperrung geschützt ist. Da der Streik lediglich als Beispiel genannt wird, sind auch andere Kampfmittel einschließlich moderner Instrumente wie Flashmobs erfasst.[74] Es spricht grundsätzlich nichts dagegen, dass z. B. Betriebsblockaden oder -besetzungen sowie Streikpostenstehen dem Schutzbereich unterfallen können.[75] Eine solche weite Auslegung unter Bezug auf das jeweilige mitgliedstaatliche Recht vertritt auch der EuGH.[76]

27   Der Schutz des Rechts auf kollektive Maßnahmen bedeutet, dass eine Streikteilnahme **nicht als individuelle Vertragsverletzung** oder Kündigungsgrund gewertet werden darf, solange diese nicht als Nötigung anzusehen ist oder Gewalt angewandt wird. Nötigung oder Gewalt sind dabei aber eng auszulegen; kollektive Maßnahmen dürfen nicht auf symbolische Handlungen wie das Tragen von Protestplaketten beschränkt werden.[77]

IV. Transnationale Ebene

28   Art. 28 GRC bezieht sich mit der Formulierung »geeignete Ebenen« grundsätzlich auch auf **grenzüberschreitende Verhandlungen**. Art. 155 Abs. 1 AEUV ist insofern als Ausgestaltung des Grundrechts anzusehen.[78] Die Geltung für transnationales Handeln betrifft auch grenzüberschreitende kollektive Maßnahmen.[79] Mitgliedstaatliches Recht, das grenzüberschreitendes kollektives Handeln unverhältnismäßig beschränkt, kann gegen Art. 28 GRC verstoßen.[80] Auch die Ausgestaltung im EU-Recht muss sich an den

---

[70] So jetzt auch BAGE 122, 134 ff. in Abgrenzung zu BAGE 58, 343; siehe auch Individuelle Empfehlung des Ministerkomitees des Europarates an die Bundesrepublik Deutschland vom 3. 2. 1998, AuR 1998, 154 (156); *Däubler*, AuR 1998, 144; *Schlachter*, SR 2013, 77 (88); a. A. (Spielraum der Mitgliedstaaten) EUArbR/*C. Schubert*, Art. 28 GRC, Rn. 43; zur Entscheidungspraxis der Expertenkommission der ILO zum Übereinkommen 87 siehe *ILO*, Rn. 526 ff.

[71] So aber wohl *Frenz*, RdA 2011, 199 (201).

[72] EGMR, Urt. v. 8. 4. 2014, Beschwerde Nr. 31045/10 (RMT/Vereinigtes Königreich), Rn. 77; siehe aber zur Zulässigkeit von Eingriffen u. Rn. 34 f.

[73] So auch die Auslegung des BAG, BAGE 123, 134 ff.; vgl. Entscheidung des Europäischen Ausschusses für Soziale Rechte, EGMR, Urt. v. 3. 7. 2013, Beschwerde Nr. 85/2012 (LO und TCO/Schweden), Rn. 117 zu Art. 6 Abs. 4 ESC; zur Entscheidungspraxis der Expertenkommission der ILO zum Übereinkommen 87 siehe *ILO*, Rn. 545 ff.

[74] In diese Richtung auch *Holoubek*, in: Schwarze, EU-Kommentar, Art. 29 GRC, Rn. 19.

[75] EUArbR/*C. Schubert*, Art. 28 GRC, Rn. 46 (Arbeitskampfmittelfreiheit); a. A. *Rebhahn*, GS Heinze, S. 653, der umgekehrt nach Anhaltspunkten in der Norm für einen entsprechenden Schutz sucht.

[76] EuGH, Urt. v. 11. 12. 2007, Rs. C–438/05 (Viking), Slg. 2007, I–10779, Rn. 44 (Boykott); Urt. v. 18. 12. 2007, Rs. C–341/05 (Laval), Slg. 2007, I–11767, Rn. 91 (Blockade); *Holoubek*, in: Schwarze, EU-Kommentar, Art. 29 GRC, Rn. 17–20; *Jarass*, GRCh, Art. 28 GRC, Rn. 6 f.

[77] Ausführlich zur Entscheidungspraxis zur ESC siehe *Schlachter*, SR 2013, 77 (89).

[78] *Jarass*, GRCh, Art. 28 GRC, Rn. 7; vgl. auch *Rebhahn*, GS Heinze, S. 657; *Eichenhofer*, in: Streinz, EUV/AEUV; Art. 155 AEUV, Rn. 6; offen gelassen bei *Thüsing/Traut*, RdA 2012, 65 (67).

[79] So auch *Holoubek*, in: Schwarze, EU-Kommentar, Art. 28 GRC, Rn. 21 f.

[80] *Rödl*, in: v. Bogdandy/Bast, Europäisches Verfassungsrecht, S. 855 (902); zur Beschränkung auf Maßnahmen im Anwendungsbereich des Unionsrechts s. Rn. 11.

Vorgaben des Art. 28 GRC orientieren; eine Auslegung, die zum Ergebnis führt, dass transnationale Kollektivverhandlungen im europäischen Raum nur dann zu einer Vereinbarung führen können, wenn beide Seiten es wünschen, verstieße gegen das Grundrecht, wenn man daraus schließen wollte, dass für transnationale Vereinbarungen keine kollektiven Maßnahmen zulässig sein sollen.[81]

D. Eingriffe und Einschränkungen

Das Recht ist nach dem Unionsrecht und den einzelstaatlichen Rechtsvorschriften und Gepflogenheiten geschützt, bedarf also der **Ausgestaltung**, insbesondere auf mitgliedstaatlicher Ebene. Die ausgestaltenden Vorschriften müssen sich aber am Maßstab des Art. 28 GRC messen lassen und verhältnismäßig sein.[82] Die Grenzen sind dabei entsprechend Art. 11 Abs. 2 EMRK zu interpretieren (vgl. Art. 52 Abs. 3 GRC).[83]   **29**

I. Eingriffe in die Kollektivverhandlungsfreiheit

Vor dem Hintergrund des Art. 28 GRC sind z.B. **Eingriffe in gewachsene Strukturen kollektiver Arbeitsbeziehungen** problematisch, wie z.B. die Vorgabe, dass Kollektivverhandlungen stärker auf die Unternehmensebene verlagert werden. Solche Vorgaben wurden von einigen Mitgliedstaaten als Voraussetzung für eine Kreditvergabe durch ESM (Europäischer Stabilitätsmechanismus) und IWF verlangt. In sogenannten Memoranda of Understanding auf Basis von länderspezifischen Empfehlungen verpflichten sich die kreditnehmenden Staaten gegenüber den Kreditgebern zu Strukturreformen nicht zuletzt im Bereich des Arbeitsrechts und damit im potentiell durch Kollektivvertrag geregelten Bereich.[84] Soweit diese als verbindlich und insofern als Eingriff anzusehen sind,[85] lässt sich die Vorgabe einer Dezentralisierung des Kollektivverhandlungssystems mit Blick auf Art. 28 GRC nicht rechtfertigen.[86]   **30**

Aufgrund der Tatsache, dass die **Lohnpolitik** einen Kernbereich der Kollektivverhandlungsautonomie darstellt, der weitgehend den mitgliedstaatlichen Sozialpartnern vorbehalten ist, stellt die Ausübung von staatlichem Einfluss auf die Lohnpolitik einen Eingriff dar.[87] Deshalb dürfte z.B. die Zielsetzung, Lohnerhöhungen an die Entwicklung der Produktivität zu binden, nicht rechtlich verbindlich gemacht werden.[88]   **31**

---

[81] So aber wohl *Rebhahn*, GS Heinze, S. 657.

[82] *Jarass*, GRCh, Art. 27 GRC, Rn. 12 f.

[83] *Holoubek*, in: Schwarze, EU-Kommentar, Art. 28 GRC, Rn. 22 ff.; *Jarass*, GRCh, Art. 28 GRC, Rn. 5, 14–16; *C. Schubert*, ELLJ 2013, 146 (160).

[84] *Fischer-Lescano*, KJ 2014, 2; für einen Überblick über die länderspezifischen Empfehlungen und ihre Umsetzung siehe ausführlich *Waas*, S. 38.

[85] Zum Eingriffscharakter ausführlich *Fischer-Lescano*, KJ 2014, 2 (13); vgl. auch *Bryde*, SR 2012, 2 (13) für das Europäische Semester (eingeschränkte Druckwirkung, kommt nicht in die Nähe von mittelbaren Beeinträchtigungen oder Eingriffen).

[86] *Seifert*, SR 2014, 14 (27), der auch befürchtet, dass der langfristige »Flurschaden« für das System der Kollektivverhandlungen in den betroffenen Ländern nicht mehr wieder gut zu machen sein wird; siehe auch S. 29 f. zu den Entscheidungen der entsprechenden Expertenausschüsse zu ESC und IAO; *Ewing*, S. 364 f.

[87] *C. Schubert*, ELLJ 2013, 146 (168 ff.).

[88] *Bryde*, SR 2012, 2 (13); er verneint aber den Eingriffscharakter für Maßnahmen der Europäischen Governance, insbesondere die Festsetzung von nominellen Arbeitsstückkosten als Indikatoren für das Scoreboard.

32 Auch ein Eingriff in die Inhalte von Kollektivvereinbarungen, z. B. durch **Kürzung festgelegter Entgelte**, stellt einen Eingriff in das Grundrecht dar, der im Anwendungsbereich des Unionsrechts[89] nur zulässig ist, wenn er gerechtfertigt werden kann. Im Fall einer Wirtschaftskrise besteht insoweit ein weiter Ermessensspielraum der Mitgliedstaaten.[90] Da es den Kollektivvertragsparteien obliegt, die Angemessenheit eines etwaigen Interessenausgleichs autonom zu beurteilen, liegt ein Eingriff bereits dann vor, wenn ein Kollektivvertrag durch höherrangiges Recht abgeändert würde; es kommt nicht darauf an, inwiefern die Regelung noch eine »Ähnlichkeit [...] mit dem von den Parteien Vereinbarten« aufweist.[91]

II. Eingriffe in das Recht auf Kollektivmaßnahmen

34 Einen Eingriff in das Recht auf kollektive Maßnahmen stellt es bereits dar, wenn **Verfahrensanforderungen** vorgegeben werden wie z. B. eine Urabstimmung vor Streikbeginn, eine »cooling off«-Phase, umständliche und langwierige Informationspflichten oder die zwangsweise Durchführung eines Streitbeilegungsverfahrens. Solche Eingriffe sind nur zulässig, wenn sie die Ausübung des Streikrechts nicht übermäßig erschweren. Dabei ist zu berücksichtigen, dass die Streikbereitschaft nicht beliebig lange aufrechterhalten oder wieder aktiviert werden kann, so dass jede länger dauernde Verzögerung häufig tatsächlich eine Ende der kollektiven Maßnahme bedeuten wird.[92] Solche Maßnahmen waren auf unionsrechtlicher Ebene für eine Monti-II-Verordnung von der Europäischen Kommission vorgeschlagen worden. Nach Hinweis auf die fehlende Kompetenz der Union ist er zu Recht zurückgezogen worden (zur Diskussion s. Art. 153 AEUV, Rn. 111; Rn. 131; zum Verhältnis zu den Grundfreiheiten unten Rn. 39 f.).[93]

35 Das Verbot von kollektiven Maßnahmen bei **wesentlichen Dienstleistungen** kann gerechtfertigt sein.[94] Auch eine Beschränkung der Ausübung kollektiver Maßnahmen auf solche Fälle, in denen sie zur Erreichung eines Mindeststandards erforderlich sind, kann unter solchen Voraussetzungen zulässig sein.[95] Ein Verbot von Solidaritätsstreiks kann in extremen Ausnahmesituationen zulässig sein.[96]

---

[89] Der EuGH verneinte die Anwendbarkeit der GRC auf einen solchen Fall (EuGH, Urt. v. 14. 12. 2011, Rs. C–434/11 (Corpul National al Politistilor), Slg. 2011, I–196 [abgekürzte Veröffentlichung], Rn. 12 ff.).

[90] *C. Schubert*, ELLJ 2013, 146 (165).

[91] So aber wohl GA *Sharpston*, Schlussanträge zu Rs. C–476/12 (ÖGB), ECLI:EU:C:2014:89, Rn. 51.

[92] *Schlachter*, SR 2013, 77 (89) ausführlich zur Entscheidungspraxis zur ESC; ILO, Rn. 547 ff. zur Entscheidungspraxis der Expertenkommission der ILO zum Übereinkommen 87.

[93] Europäische Kommission, Vorschlag vom 31. 3. 2012 für eine Verordnung über die Ausübung des Rechts auf Durchführung kollektiver Maßnahmen im Kontext der Niederlassungs- und der Dienstleistungsfreiheit) (Monti-II-Verordnung), KOM(2012) 130, Art. 3 (Streitbeilegungsverfahren), Art. 4 (Informationsaustausch); zur Bewertung *Bruun/Bücker*, NZA 2012, 1136 (1141); *J. Schubert/Jerchel*, EuZW 2012, 926; *J. Schubert*, Der Vorschlag der EU-Kommission für eine Monti-II-Verordnung, 2012.

[94] S. o. Rn. 25 ff. zum Eingriffscharakter.

[95] Zur schwedischen Gesetzgebung in Umsetzung des EuGH-Urteils »Laval« (EuGH, Urt. v. 18. 12. 2007, Rs. C–341/05 (Laval), Slg. 2007, I–11767) siehe insofern Entscheidung des Europäischen Ausschusses für Soziale Rechte, EGMR, Urt. v. 3. 7. 2013, Beschwerde-Nr. 85/2012 (LO und TCO/Schweden), Art. 6 Abs. 4 ESC, Rn. 119 f. Das Ministerkomitee beschloss am 5. 2. 2014 aber lediglich eine Entschließung (und keine individuelle Empfehlung an Schweden wie vom Sachverständigenausschuss vorgeschlagen).

[96] Weitergehend für Art. 11 EMRK wohl EGMR, Urt. v. 8. 4. 2014, Beschwerde Nr. 31045/10

E. Verhältnis zu anderen Bestimmungen

I. Verhältnis zu anderen Grundrechten

Art. 28 GRC **ergänzt Art. 12 GRC**, der die Vereinigungsfreiheit schützt und insofern   **36**
auch die Gewerkschaftsfreiheit regelt.[97] Nach der Rechtsprechung des EGMR, die insoweit zu berücksichtigen ist, erfasst die entsprechende Norm in Art. 11 EMRK zwar
auch Kollektivverhandlungs- und Kollektivvertragsfreiheiten. Dies ist in der GRC aber
aufgetrennt. Art. 28 GRC ist in Bezug auf Kollektivverhandlungen und -maßnahmen
also lex specialis zu Art. 12 GRC.[98] Die Rechte aus Art. 28 GRC stehen neben Art. 27
GRC, der einen anderen Gegenstandsbereich erfasst[99] (vgl. Rn. 7; Rn. 16; Art. 27 GRC,
Rn. 20; Rn. 28).

Die Kollektivvertragsparteien sind nur im selben Umfang wie staatliche Akteure   **37**
dazu befugt, Grundrechte der Beschäftigten einzuschränken und grundrechtlich gewährleistete Schutzniveaus abzusenken.[100] Im Rahmen der Grundrechtsprüfung kann
allerdings der durch Art. 28 GRC geschützte Mechanismus zum Ausgleich divergierender Interessen ein legitimes Interesse darstellen, das zur **Rechtfertigung von Einschränkungen** dienen kann.[101] In diesem Zusammenhang hat der EuGH insbesondere den Be-
sitzstandsschutz als möglichen Rechtfertigungsgrund für befristete und übergangsweise
Ungleichbehandlungen angesehen.[102] Weitergehende mitgliedstaatliche Öffnungen
oder Tarifdispositivitäten wären allerdings grundrechtswidrig.[103]

II. Verhältnis zur Wettbewerbsfreiheit

Kollektivverhandlungen und Kollektivverträgen, die in der Regel zum Ziel haben, die   **38**
Vertragsbedingungen für eine ganze Branche zu vereinheitlichen, sind »zwangsläufig«
mit **wettbewerbsbeschränkenden Wirkungen** auf den Arbeitsmärkten verbunden. Auf
die gemeinsame Suche der Kollektivvertragsparteien nach Maßnahmen zur Verbesse-

---

(RMT/Vereinigtes Königreich), Rn. 79 ff.; die Notwendigkeit in einer demokratischen Gesellschaft
begründete er hier damit, dass aufgrund der parlamentarischen Debatten feststellbar gewesen sei, dass
mit dem Verbot exzessive wirtschaftliche Störungen abgewehrt und ein besseres Gleichgewicht zwischen Gewerkschaften, Arbeitgebern und Öffentlichkeit hergestellt werden sollten (Rn. 83 ff.).

[97] *Lembke*, in: GSH, Europäisches Unionsrecht, Art. 28 GRC, Rn. 2. Vgl. auch zum Diskriminierungsschutz insoweit den Anwendungsbereich der RL 2000/43/EG vom 29.6.2000 zur Anwendung
des Gleichbehandlungsgrundsatzes ohne Unterschied der Rasse oder der ethnischen Herkunft, ABl.
2000, L 180/22 und RL 2000/78/EG vom 27.11.2000 zur Festlegung eines allgemeinen Rahmens für
die Verwirklichung der Gleichbehandlung in Beschäftigung und Beruf, ABl. 2000, L 303/16, nach
deren jeweiligem Art. 3 Abs. 1d).

[98] EUArbR/*C. Schubert*, Art. 28 GRC, Rn. 13; *Jarass*, GRCh, Art. 28 GRC, Rn. 4; *Bryde*, SR 2012,
2 (8) bezeichnet dieses Auseinanderreißen von Vereinigungs- und Kollektivverhandlungsfreiheit zu
Recht als unglücklich. Zum Verhältnis zu allgemeinen Grundsätzen des Unionsrechts s. oben Fn. 4.

[99] EUArbR/*C. Schubert*, Art. 28 GRC, Rn. 14.

[100] Vgl. *Lembke*, in: GSH, Europäisches Unionsrecht, Art. 31 GRC, Rn. 16.

[101] EuGH, Urt. v. 8.9.2011, verb. Rs. C–297/10 u. C–298/10 (Hennigs und Mai), Slg. 2011, I–7965,
Rn. 66; Urt. v. 12.10.2010, Rs. C–45/09 (Rosenbladt), Slg. 2010, I–9391, Rn. 67; Urt. v. 16.10.2007,
Rs. C–411/05 (Palacios de la Villa), Slg. 2007, I–8531, Rn. 68, 74; a.A. *Krebber*, EnzEuR, Bd. 7, § 2,
Rn. 82.

[102] EuGH, Urt. v. 8.11.2002, Rs. C–297/10 u. C–298/10 (Hennigs und Mai), Rn. 64 ff.; Rn. 97;
genauer *Kocher*, FS Höland, S. 523 ff. (S. 529 ff.); siehe auch die Öffnung für Sozialpartnervereinba-
rung nach den Antidiskriminierungsrichtlinien (*Kocher*, EnzEuR, Bd. 7 § 5, Rn. 52 f.).

[103] Siehe Art. 31 GRC, Rn. 27 zu § 13 Abs. 2 BUrlG.

rung der Beschäftigungs- und Arbeitsbedingungen ist deshalb Art. 101 Abs. 1 AEUV nicht anzuwenden[104] (s. Art. 151 AEUV, Rn. 35 ff.). Dementsprechend hat der EuGH es akzeptiert, wenn Arbeitgeberprämien zu tariflichen Krankenversicherungen nur an bestimmte Versicherer zu zahlen waren[105] oder eine tarifliche Vereinbarung die Pflichtmitgliedschaft in einem speziellen Zusatzkrankenversicherungssystem vorsah.[106] Nachdem der EuGH in seiner Entscheidung zur Entgeltumwandlung[107] unter Anwendung der Dienstleistungsfreiheit vorübergehend eine gerichtliche Kontrolle aller Kriterien verlangte, mit denen die europaweite Vergabe eingeschränkt werden solle, verlangt er nun nur noch hinreichende Transparenz entsprechender Vergabeentscheidungen.[108]

III. Verhältnis zu Grundfreiheiten

39   Das Grundrecht des Art. 28 GRC ist vor allem als Verteidigungsposition gegenüber Wirtschaftsfreiheiten von Bedeutung.[109] Im Verhältnis zu den Grundfreiheiten besteht insofern weder ein **Vorrang** der sozialen Grundrechte noch umgekehrt ein Vorrang der Grundfreiheiten.[110] Allerdings ist der Grundrechtsschutz ein berechtigtes Interesse, das geeignet ist, eine Beschränkung der mitgliedstaatlichen Verpflichtungen aus den Grundfreiheiten zu rechtfertigen.[111] Dies wird nur im Verhältnis zu **staatlichen Maßnahmen** relevant werden können (zur Bedeutung für Tariftreueerklärungen s. Art. 151 AEUV, Rn. 40 f.; Art. 153 AEUV, Rn. 134).

40   In der Vergangenheit hat der EuGH sich aber auch mit möglichen Beschränkungen von Grundfreiheiten durch die Ausübung von Kollektivverhandlungsfreiheiten beschäftigt. Da er insofern eine **unmittelbare Drittwirkung der Grundfreiheiten** annahm,[112] stellt sich die Frage, ob nicht das Grundrecht geeignet sein könnte, auch solche Beschränkungen zu rechtfertigen.[113] In der Regel wird mit der Beschränkung von Grundfreiheiten durch kollektivvertragliche Regelungen oder durch Kollektivmaßnahmen

---

[104] Zuletzt EuGH, Urt. v. 4.12.2014, Rs. C–413/13 (FNV), ECLI:EU:C:2014:2411, Rn. 25 ff.; vgl. schon EuGH, Urt. v. 21.9.1999, Rs. C–67/96 (Albany), Slg. 1999, I–5863, Rn. 54 ff., 59; Urt. v. 21.9.1999, Rs. C–115/97 (Brentjens), Slg. 1999, I–6025, Rn. 61; Urt. v. 21.9.1999, Rs. C–219/97 (Drijvende Bokken), Slg. 1999, I–6121, Rn. 51; Urt. v. 9.7.2009, Rs. C–319/07 (P–3F/Kommission), Slg. 2009, I–5963, Rn. 5; Urt. v. 3.3.2011, Rs. C–437/09 (AG2R Prévoyance), Slg. 2011, I–1003; Urt. v. 15.7.2010, Rs. C–271/08 (Kommission/Deutschland), Slg. 2010, I–7087.
[105] EuGH, Urt. v. 21.9.2000, Rs. C–222/98, (van der Woude), Slg. 2000, I–7111.
[106] EuGH, Urt. v. 3.3.2011, Rs. C–437/09, (AG2R Prévoyance) Slg. 2011, I–1003.
[107] EuGH, Urt. v. 15.7.2010, Rs. C–271/08 (Kommission/Deutschland), Slg. 2010, I–7087 m. ablehnender Anm. *Buschmann*, AuR 2010, 522.
[108] EuGH, Urt. v. 17.12.2015, Rs. C–25/14, C–26/14 (UNIS und Beaudout), ECLI:EU:C: 2015:821, Rn. 35 ff. in Bezug auf die Allgemeinverbindlicherklärung eines Tarifvertrags.
[109] *Bryde*, SR 2012, 2 (8, 12) mit einer Kritik an EuGH, Urt. v. 3.4.2008. Rs. C–346/06 (Rüffert), Slg. 2008, I–1989.
[110] *Krebber*, in: Calliess/Ruffert, EUV/AEUV, Art. 151 AEUV, Rn. 12; vgl. auch *Lembke*, in: GSH, Europäisches Unionsrecht, Art. 28 GRC, Rn. 13 (keine Bereichsausnahme).
[111] EuGH, Urt. v. 3.4.2008, Rs. C–346/06 (Rüffert), Slg. 2008, I–1989, Rn. 41 unter Verweis auf Rn. 39 f.; zu dieser Frage siehe schon *Kocher*, DB 2008, 1042 (1045); vgl. auch die Kritik von *Glaser/Kahl*, ZHR 177 (2013), 643 (669) am Verbot einer gestuften Zweckerreichung nach der Rüffert-Entscheidung; siehe jetzt EuGH, Urt. v. 17.11.2015, Rs. C–115/14 (RegioPost), ECLI:EU:C:2015:760, Rn. 63 ff.; Rn. 71 ff. (ohne Erwähnung der Kollektivvereinbarungsfreiheit; für andere Grundrechte siehe Urt. v. 12.6.2003, Rs. C–112/00 (Schmidberger), Slg. 2003, I–5659, Rn. 74 (Meinungsfreiheit); Urt. v. 14.10.2004, Rs. C–36/02 (Omega), Slg. 2004, I–9609, Rn. 35 (Menschenwürde).
[112] Ausführliche Kritik in *Kocher*, GS Zachert, S. 37 ff.
[113] *Holoubek*, in: Schwarze, EU-Kommentar, Art. 28 GRC, Rn. 22 ff.; *Jarass*, GRCh, Art. 28 GRC, Rn. 5, 14–16.

aber kein Schutz des Grundrechts verfolgt, sondern seine Ausübung praktiziert. Der EuGH fragt deshalb insofern nur, welche sozialpolitischen Ziele als zwingende Gründe des Allgemeininteresses die Beschränkung der Grundfreiheiten zu rechtfertigen vermögen (s. Art. 151 AEUV, Rn. 39). So wird nicht über die praktische Konkordanz von Grundrechten und Grundfreiheiten, sondern über das Verhältnis divergierender Politikziele entschieden.[114] Erstmals in der Entscheidung »Viking« führte dieses Vorgehen zu einer differenzierten **Verhältnismäßigkeitskontrolle** kollektiver Maßnahmen. Denn der EuGH verlangt insofern von den einzelstaatlichen Gerichten zu prüfen, ob die kollektive Maßnahme im Hinblick auf den Arbeitnehmerschutz, der damit erreicht werden soll, geeignet und erforderlich sowie angemessen sei.[115] Damit wird die Kollektivverhandlungsfreiheit insofern außer Acht gelassen, als diese notwendig einen Einschätzungs- und Ermessensspielraum im Hinblick auf Eignung und Erforderlichkeit bestimmter Maßnahmen mit sich bringt.[116] Die Ausübung des Rechts auf Kollektivverhandlungen und Kollektivmaßnahmen ist nicht auf die Durchsetzung von Mindeststandards beschränkt.[117] Entsprechend geht es zu weit, wenn der EuGH zu bewerten versucht, ob die von den Kollektivvertragsparteien verfolgten Ziele auch über andere Instrumente erreicht werden könnten.[118]

Bei der Prüfung ist allerdings die Notwendigkeit der **gegenseitigen Anerkennung** des   **41** sozialen Schutzes und der sozialen Sicherheit durch die Mitgliedstaaten zu berücksichtigen. Eine strengere Kontrolle der Erforderlichkeit ist also dort zulässig, wo ein Mitgliedstaat Nachweise und Sicherheiten verlangt, die das Unternehmen oder der Arbeitnehmer bereits in einem anderen Mitgliedstaat erworben hat.[119]

---

[114] *Dieterich*, FS Jaeger, S. 95 (111); *Kocher,* GS Zachert, S. 37 ff.; kritisch auch *Krebber*, RdA 2009, 224 (233); *ders.*, EnzEuR, Bd. 7, § 2, Rn. 53.

[115] EuGH, Urt. v. 11.12.2007, Rs. C–438/05 (Viking), Slg. 2007, I–10779; in die gleiche Richtung Urt. v. 18.12.2007, Rs. C–341/05 (Laval), Slg. 2007, I–11767; siehe jetzt auch wieder Urt. v. 8.7.2014, Rs. C–83/13 (Fonnship), ECLI:EU:C:2014:2053, Rn. 41 mit einer zustimmenden Bezugnahme auf die Viking-Entscheidung.

[116] Zur Kritik an der Viking-Rechtsprechung siehe z.B. *Kempen*, Das Grundrecht der Koalitionsfreiheit vor dem Europäischen Gerichtshof, GS Zachert, 2010, S. 15; *Kocher*, AuR 2008, 13; *Rebhahn*, ZESAR 2008, 109; *Wedl*, DRdA 2008, 6; *Däubler*, AuR 2008, 409; *Wissmann*, AuR 2009, 149; kritisch auch *Holoubek*, in: Schwarze, EU-Kommentar, Art. 28 GRC, Rn. 25; vgl. auch *Bruun/Bücker*, NZA 2012, 1136 (1140), wonach die Anwendung des Verhältnismäßigkeitsprinzips hier im Widerspruch zur Spruchpraxis zu ILO-Übereinkommen 87 stehe.

[117] So aber wohl *Frenz*, RdA 2011, 199 (201).

[118] EuGH Urt. v. 15.7.2010, Rs. C–271/08 (Kommission/Deutschland), Slg. 2010, I–7158.

[119] Siehe z.B. EuGH, Urt. vom 17.12.1981, Rs. 279/80 (Webb), Slg. 1981, 3305, Rn. 20.

Artikel 29   GRC Recht auf Zugang zu einem Arbeitsvermittlungsdienst

Jeder Mensch hat das Recht auf Zugang zu einem unentgeltlichen Arbeitsvermittlungsdienst.

Literaturübersicht

Eichenhofer, Soziale Menschenrechte im Völker-, europäischen und deutschen Recht, 2012; *Körner*, Das Internationale Menschenrecht auf Arbeit, 2004; *Seifert*, Die horizontale Wirkung von Grundrechten, EuZW 2011, 696.

Wesentliche sekundärrechtliche Vorschriften

Verordnung (EU) Nr. 492/2011 vom 5. 4. 2011 über die Freizügigkeit der Arbeitnehmer innerhalb der Union, ABl. 2011, L 141/1
Durchführungsbeschluss 2012/733/EU der Kommission vom 26. 11. 2012 zur Durchführung der Verordnung (EU) Nr. 492/2011, ABl. 2012, L 328/21

Inhaltsübersicht

A.   Entwicklung und Quellen

1   Nach den Erläuterungen zur Charta liegen diesem Grundrecht insbesondere **Art. 1 Abs. 3 ESC** sowie **Art. 6 der Gemeinschaftscharta der sozialen Grundrechte** der Arbeitnehmer zu Grunde.[1]

2   Im **Recht der Europäischen Union** ist die Arbeitsvermittlung lediglich in Bezug auf die grenzüberschreitende Koordinierung der mitgliedstaatlichen Arbeitsvermittlungen geregelt. Gegenstand der Art. 11 ff. und 38 der Arbeitnehmerfreizügigkeitsverordnung 492/2011 ist insbesondere das EURES-Arbeitsvermittlungsportal (s. Art. 46 AEUV, Rn. 47 f.). Die Arbeitsvermittlung stellt wegen Art. 29 GRC eine Dienstleistung von allgemeinem wirtschaftlichem Interesse dar, die nach 36 AEUV durch die Union anerkannt und geachtet wird. Im Übrigen ist der Zugang zur Arbeitsvermittlung als subjektives Recht auch Gegenstand der Arbeitnehmerfreizügigkeit (s. Art. 45 AEUV, Rn. 81) sowie der Berufsfreiheit (Art. 15 GRC). Eine gleichermaßen explizite Regelung des Zugangs zur Arbeitsvermittlung gibt es jedoch an anderer Stelle nicht.[2] Staatliche Vermittlungsmonopole hat der EuGH wiederholt unter dem Gesichtspunkt der Wettbewerbsfreiheit für EU-rechtswidrig gehalten (heute Art. 106 AEUV).[3] Rechte auf Gleich-

---

[1] Erläuterungen zur Charta der Grundrechte, ABl. 2007, C 303/17, bei dem Verweis auf Art. 13 der Gemeinschaftscharta handelt es sich um ein Versehen; siehe auch *Ross*, in: Schwarze, EU-Kommentar, Art. 29 GRC, Rn. 1.
[2] *Lembke*, in: GSH, Europäisches Unionsrecht, Art. 29 GRC, Rn. 3; zu den mitgliedstaatlichen Verfassungen siehe auch *Streinz*, in: Streinz, EUV/AEUV, Art. 29 GRC, Rn. 2.
[3] EuGH, Urt. v. 23. 4. 1991, Rs. C–41/90 (Höfner-Elser), Slg. 1991, I–1979; Urt. v. 11. 12. 1997, Rs. C–55/96 (JCC), Slg. 1997, I–7119.

behandlung beim Zugang zu Arbeitsvermittlungen einschließlich der Berufsberatung regeln darüber hinaus die Art. 3 Abs. 1a und b der Richtlinien 2000/78/EG[4] und 2000/43/EG[5] sowie Art. 14 Abs. 1a und b der Richtlinie 2006/54/EG[6].

Im **internationalen Recht** gibt es eine Reihe von Normen, die ein »Recht auf Arbeit«[7] **3** regeln und darunter zwar kein subjektives Recht des/der Einzelnen auf einen konkreten Arbeitsplatz verstehen, von den Staaten aber eine wirksame Beschäftigungs- und Arbeitsmarktpolitik, Bestandsschutz für das Arbeitsverhältnis, Schutz bei Arbeitslosigkeit sowie Diskriminierungsschutz verlangen.[8] Ein solches Recht enthält auch Art. 1 ESC. Konkret ist auf Art. 6. Abs. 2c und d des Übereinkommens Nr. 150 über die Arbeitsverwaltung[9] sowie das Übereinkommen Nr. 168 der Internationalen Arbeitsorganisation (ILO) über Beschäftigungsförderung und den Schutz gegen Arbeitslosigkeit[10] hinzuweisen. Das Ziel einer unentgeltlichen Vermittlung ergibt sich auch aus dem Übereinkommen 96 der Internationalen Arbeitsorganisation (ILO) über Büros für entgeltliche Arbeitsvermittlung (1949), das sich auf Aufhebung der entgeltlichen Arbeitsvermittlung zugunsten einer öffentlichen Arbeitsmarktverwaltung richtet (insbesondere Art. 3). Dieses Ziel kann für die Union und ihre Mitgliedstaaten aber nur begrenzt im Rahmen des Art. 29 GRC Wirkung entfalten.[11]

Zur Anwendung in **Polen** und im **Vereinigten Königreich** siehe Art. 27 GRC, Rn. 6. **4** Für sie gelten die Gewährleistungen nur insoweit, als diese gleichzeitig auch allgemeine Grundsätze des Unionsrechts (Art. 6 Abs. 3 EUV) darstellen, also in der EMRK gewährleistet sind oder sich aus den gemeinsamen Verfassungsüberlieferungen der Mitgliedstaaten ergeben.[12] Für Art. 29 GRC ist dies insoweit der Fall, als sich auch aus Art. 45 AEUV ein Recht von EU-Angehörigen ergibt, Zugang zu bestehenden Arbeitsvermittlungsdiensten zu erhalten.

---

[4] Richtlinie vom 27.11.2000 zur Festlegung eines allgemeinen Rahmens für die Verwirklichung der Gleichbehandlung in Beschäftigung und Beruf, ABl. 2000, L 303/16.

[5] Richtlinie 2000/43/EG vom 29.6.2000 zur Anwendung des Gleichbehandlungsgrundsatzes ohne Unterschied der Rasse oder der ethnischen Herkunft, ABl. 2000, L 180/22.

[6] Richtlinie 2006/54/EG vom 5.7.2006 zur Verwirklichung des Grundsatzes der Chancengleichheit und Gleichbehandlung von Männern und Frauen in Arbeits- und Beschäftigungsfragen, ABl. 2006, L 204/23.

[7] Zu diesem Zusammenhang auch *Krebber*, EnzEuR, Bd. 7, § 2, Rn. 84.

[8] *Körner*, S. 18 ff. zu den Rechtsquellen im Einzelnen; *Eichenhofer,* S. 95 ff.; vgl. auch *Kocher*, Recht am Arbeitsplatz und Recht an der Beschäftigungsfähigkeit. Zum Schutz der materiellen Basis der Existenzsicherung, FS v. Brünneck, 2011, 287; zum deutschen Recht einschließlich der Verfassungen der Bundesländer; vgl. z.B. Art. 6 des Internationalen Paktes über wirtschaftliche, soziale und kulturelle Rechte.

[9] »Die zuständigen Stellen innerhalb des Systems der Arbeitsverwaltung haben unter Berücksichtigung der einschlägigen internationalen Arbeitsnormen insbesondere […] c) den Arbeitgebern und Arbeitnehmern sowie deren Verbänden, soweit es mit der innerstaatlichen Gesetzgebung oder Praxis vereinbar ist, ihre Dienste zur Verfügung zu stellen, um eine wirksame Beratung […] zu fördern; d) den Arbeitgebern und Arbeitnehmern sowie deren Verbänden auf Wunsch eine fachliche Beratung zukommen zu lassen.«

[10] Art. 2: »Jedes Mitglied hat […] darauf zu achten, daß sein System zum Schutz gegen Arbeitslosigkeit und insbesondere die Form der Gewährung von Leistungen bei Arbeitslosigkeit zur Förderung der vollen, produktiven und frei gewählten Beschäftigung beitragen und nicht bewirken, daß die Arbeitgeber davon abgehalten werden, eine produktive Beschäftigung anzubieten, und die Arbeitnehmer, eine solche zu suchen.«

[11] Siehe Fn. 3.

[12] Zur Notwendigkeit einer solchen Ausdifferenzierung siehe auch *Kühling*, in: v. Bogdandy/Bast, Europäisches Verfassungsrecht, S. 657 (669).

B. Adressaten und Gewährleistungsgehalt

5   Obwohl Art. 29 GRC mit dem Anspruch auf »Unentgeltlichkeit« typische Merkmale
     eines echten sozialen Leistungsanspruchs enthält,[13] ist anerkannt, dass die Norm ein
     echtes **subjektives Grundrecht** gewährt; es geht sowohl über einen Grundsatz im Sinne
     des Art. 52 Abs. 5 GRC[14] als auch über ein bloßes Abwehrrecht hinaus.[15]

6   Das Grundrecht wendet sich an die Europäische Union, verpflichtet aber auch die
     Mitgliedstaaten.[16] Um wirksam werden zu können, bedarf das Grundrecht der **Ausge-
     staltung**, insbesondere durch Bereitstellung von Arbeitsvermittlungsdiensten. Hierfür
     sind in erster Linie die **Mitgliedstaaten** zuständig, die bei der Ausgestaltung die Arbeit-
     nehmerfreizügigkeit, Wettbewerbsfreiheit sowie die Dienstleistungsfreiheit zu beach-
     ten haben.[17] Der **Europäischen Union** kommt nach Art. 153 Abs. 1 Buchst. h AEUV
     lediglich eine Kompetenz für die berufliche Eingliederung der aus dem Arbeitsmarkt
     ausgegrenzten Personen zu;[18] für die grenzüberschreitende Vermittlung besteht nach
     Art. 46 AEUV eine Koordinierungskompetenz, die mit dem Aufbau des EURES-Sys-
     tems wahrgenommen wurde.[19]

7   Privatpersonen, insbesondere **private Arbeitsvermittlungen**, werden nicht verpflich-
     tet. Die Mitgliedstaaten können sich darauf beschränken, den Zugang zu unentgeltlicher
     Arbeitsvermittlung durch die Arbeitsverwaltungen zu gewährleisten.

8   Allerdings ist Art. 29 GRC im Wege einer grundrechtskonformen Auslegung auch bei
     privatrechtlichen Vorschriften zu berücksichtigen.[20] Insofern ergeben sich insbesondere
     Anforderungen an die **Gleichbehandlung beim Zugang** zur Arbeitsvermittlung.

C. Schutzbereich

I. Persönlicher Schutzbereich

9   Der Anwendungsbereich dieses Grundrechts ist anders als der überwiegende Teil der
     Rechte dieses Abschnitts nicht auf Arbeitnehmerinnen und Arbeitnehmer beschränkt,
     sondern erfasst alle »Menschen«, d. h. **alle natürlichen Personen**. Voraussetzung ist al-
     lerdings, dass die Person auf der Suche nach einer Erwerbsarbeit ist, für die Arbeitsver-
     mittlungsdienste bestehen. Dies schließt nicht aus, dass der- oder diejenige bereits in
     einem Arbeits- oder einem anderen Beschäftigungsverhältnis steht.

10   Es wird angenommen, dass **Drittstaatsangehörige** sich auf das Grundrecht nur beru-
     fen können, wenn der jeweilige Arbeitsvermittlungsdienst auch solche Beschäftigungs-
     verhältnisse vermittelt, für die die Betroffenen in der EU arbeiten dürfen (für die recht-

---

[13] Siehe zur Debatte Art. 27 GRC, Rn. 9 ff.

[14] *Ross*, in: Schwarze, EU-Kommentar, Art. 29 GRC, Rn. 1, 3; EUArbR/*C. Schubert*, Art. 29 GRC,
Rn. 3; *Jarass*, GRCh, Art. 29 GRC, Rn. 2; a. A. *Seifert*, EuZW 2011, 696 (701).

[15] *Lembke*, in: GSH, Europäisches Unionsrecht, Art. 29 GRC, Rn. 4 f.

[16] *Jarass*, GRCh, Art. 29 GRC, Rn. 3.

[17] Zur Dienstleistungsfreiheit s. Fn. 2.

[18] *Riesenhuber*, Europäisches Arbeitsrecht, 2009, Rn. 42.

[19] Zur Weiterentwicklung siehe auch Europäische Kommission, Vorschlag vom 17. 1. 2014 für eine
Verordnung des Europäischen Parlaments und des Rates über ein Europäisches Netz der Arbeitsvermittlungen, den Zugang von Arbeitskräften zu mobilitätsfördernden Diensten und die weitere Integration der Arbeitsmärkte, KOM(2014) 6; genauer Art. 46 AEUV, Rn. 47 f.

[20] *Jarass*, GRCh, Art. 29 GRC, Rn. 3.

lichen Rahmenbedingungen siehe Art. 46 AEUV, Rn. 49).[21] Daran ist zutreffend, dass das Recht auf Zugang zu einem Arbeitsvermittlungsdienst nicht gleichzeitig Rechte auf Zugang zu einem Arbeitsmarkt vermitteln kann; insofern ist das Recht auf unentgeltliche Arbeitsvermittlung davon abhängig, dass den Betroffenen ein entsprechendes Freizügigkeitsrecht zur Seite steht. Das Recht auf Zugang zu einem Arbeitsvermittlungsdienst ist jedoch nicht auf die Arbeitsmärkte der EU beschränkt.

Juristische Personen sind nicht geschützt. Das Recht besteht nicht für Arbeitgeber, **11** sondern allein für Arbeitssuchende. Arbeitgeber und Arbeitsvermittlungen können sich aber auf Art. 45 AEUV berufen, wenn es um den Zugang zu grenzüberschreitender Arbeitsvermittlung geht (Art. 45 AEUV, Rn. 57 f.). Der Vermittlungsdienst muss deshalb zwar für Arbeitssuchende, nicht aber für Arbeitgeber unentgeltlich sein.[22] Über den Wortlaut hinaus ergibt sich dies aus Sinn und Zweck der Norm, die Freizügigkeitsrechte wirksam machen soll. Sie soll es folglich Arbeitssuchenden ermöglichen, durch Inanspruchnahme eines unentgeltlichen Vermittlers eine passende Stelle zu finden. Würde man annehmen, dass sie gleichzeitig die Kosten von Unternehmen für die Besetzung vakanter Stellen reduzieren soll, würde dies darüber hinaus den Mitgliedstaaten eine Finanzierung aus Steuern oder Abgaben vorgeben und alternative Finanzierungsmöglichkeiten unangemessen beschränken.

II. Sachlicher Schutzbereich

Unter **Arbeitsvermittlung** ist eine Tätigkeit zu verstehen, die das Ziel verfolgt, Arbeits- **12** suchende mit Arbeitgebern zur Begründung von Arbeitsverhältnissen zusammenzuführen. Erfasst werden sowohl Arbeitsvermittlungen staatlicher als auch privater Natur.[23]

Art. 29 GRC gewährt ein Recht auf **Zugang zu und Nutzung bestehender** Arbeits- **13** vermittlungsdienste.[24] Darüber hinaus ergibt sich aus Art. 29 GRC wie aus allen Zugangsrechten ein Recht auf gleichen, d. h. diskriminierungsfreien Zugang.

Der Wortlaut ist nicht ganz eindeutig in Hinblick auf die Frage, ob Art. 29 GRC auch **14** zur **Einrichtung mindestens eines unentgeltlichen Vermittlungsdienstes** verpflichtet.[25] Dafür spricht, dass sich Art. 29 GRC auf Art. 1 Abs. 3 ESC bezieht, in dem sich die Vertragsstaaten verpflichtet haben, unentgeltliche Arbeitsvermittlungsdienste für alle Arbeitnehmerinnen und Arbeitnehmer einzurichten und aufrecht zu erhalten. Dies ist der Hintergrund, vor dem Art. 29 GRC zu verstehen ist.

---

[21] *Krebber*, in: Calliess/Ruffert, EUV/AEUV, Art. 29 GRC, Rn. 4; *Ross*, in: Schwarze, EU-Kommentar, Art. 29 GRC, Rn. 4; *Jarass*, GRCh, Art. 29 GRC, Rn. 6.

[22] So auch *Krebber*, in: Calliess/Ruffert, EUV/AEUV, Art. 29 GRC, Rn. 4, auch zu den Grenzen entgeltlicher Gestaltungsmöglichkeiten.

[23] *Lang*, in: Tettinger/Stern, EuGRCh, Art. 29 GRC, Rn. 6; siehe auch EUArbR/*C. Schubert*, Art. 29 GRC, Rn. 8.

[24] Zur Rechtfertigungsbedürftigkeit von Leistungskürzungen siehe *Lembke*, in: GSH, Europäisches Unionsrecht, Art. 29 GRC, Rn. 8.

[25] EUArbR/*C. Schubert*, Art. 29 GRC, Rn. 10; a. A. *Krebber*, in: Calliess/Ruffert, EUV/AEUV, Art. 29 GRC, Rn. 4; *Ross*, in: Schwarze, EU-Kommentar, Art. 29 GRC, Rn. 2, 5; *Jarass*, GRCh, Art. 29 GRC, Rn. 7 f., die meinen, der Wortlaut beschränke sich auf die Gewährleistung eines (diskriminierungsfreien) Zugangs zu bestehenden Diensten.

D. Verhältnis zu anderen Bestimmungen

15   Das Grundrecht des Art. 29 GRC trägt zur Erreichung des Ziels der Vollbeschäftigung bei (Art. 3 Abs. 3 Satz 2 EUV[26]) und korrespondiert insofern mit dem Abschnitt zur Beschäftigung (Art. 145 ff. AEUV).[27] Es konkretisiert außerdem Art. 45 AEUV und wird für die Staatsangehörigen der Mitgliedstaaten wiederum teilweise durch Art. 11 ff. der Arbeitnehmerfreizügigkeitsverordnung 492/2011 konkretisiert.

16   Die Norm ist **lex specialis** zu Art. 15 Abs. 1 GRC (Berufsfreiheit) sowie – in Bezug auf den diskriminierungsfreien Zugang – zu Art. 20, 21, 23 sowie 36 GRC.[28]

---

[26] S. Art. 9 AEUV, Rn. 2; Art. 151 AEUV, Rn. 11.

[27] *Jarass*, GRCh, Art. 29 GRC, Rn. 2.

[28] *Jarass*, GRCh, Art. 29 GRC, Rn. 4; *Lembke*, in: GSH, Europäisches Unionsrecht, Art. 29 GRC, Rn. 2; EUArbR/*C. Schubert*, Art. 29 GRC, Rn. 6.

Artikel 30 GRC Schutz bei ungerechtfertigter Entlassung

Jede Arbeitnehmerin und jeder Arbeitnehmer hat nach dem Unionsrecht und den einzelstaatlichen Rechtsvorschriften und Gepflogenheiten Anspruch auf Schutz vor ungerechtfertigter Entlassung.

Literaturübersicht

Brose, Das Ende der Kleinbetriebsklausel und des Contrat nouvelles embauches wegen Europarechtswidrigkeit? Überlegungen aus Anlass des Vorabentscheidungsverfahrens C–361/07, ZESAR 2008, 221; *Buschmann*, Europäischer Kündigungsschutz, AuR 2013, 388; *Junker*, Europäische Vorschriften zur Kündigung, EuZA 7 (2014), 143; *Meyer*, Kündigungsschutz im Kleinbetrieb oder in der Wartezeit nach der Grundrechtecharta?, NZA 2014, 993; *Rebhahn*, Der Kündigungsschutz des Arbeitnehmers in den Staaten der EU, ZfA 2003, 163; *Willemsen/Sagan*, Die Auswirkungen der europäischen Grundrechtecharta auf das deutsche Arbeitsrecht, NZA 2011, 258.

Leitentscheidungen

EuGH, Beschl. v. 16.1.2008, Rs. C–361/07 (Polier), Slg. 2008, I–6
EuGH, Beschl. v. 16.1.2014, verb. Rs. C–10/13 u. C–614/12 (Dutka and Sajtos), ECLI:EU:C:2014:30
EuGH, Urt. v. 5.2.2015, Rs. C–117/14 (Nisttahuz Poclava), ECLI:EU:C:2015:60

Wesentliche sekundärrechtliche Vorschriften

Richtlinie 98/59/EG vom 20.7.1998 zur Angleichung der Rechtsvorschriften der Mitgliedstaaten über Massenentlassungen, ABl. 1998, L 225/16
Richtlinie 1999/70/EG vom 28.6.1999 zu der EGB-UNICE-CEEP-Rahmenvereinbarung über befristete Arbeitsverträge, ABl. 1999, L 175/43
Richtlinie 2001/23/EG vom 12.3.2001 zur Angleichung der Rechtsvorschriften der Mitgliedstaaten über die Wahrung von Ansprüchen der Arbeitnehmer beim Übergang von Unternehmen, Betrieben oder Unternehmens- oder Betriebsteilen, ABl. 2001, L 82/16

Inhaltsübersicht

A. Entwicklung und Quellen

Für das Recht der **Europäischen Union** verweisen die Charta-Erläuterungen als Orientierung für Art. 30 GRC auf die Betriebsübergangs-Richtlinie 2001/23/EG (Art. 4 Abs. 1) sowie die Richtlinie 80/987/EWG vom 20.10.1980 über den Schutz der Arbeitnehmer bei Zahlungsunfähigkeit des Arbeitgebers (jetzt Richtlinie 2008/94/EG).[1] Darüber hinaus wäre die Massenentlassungsrichtlinie 98/59/EG zu nennen. Eine Beschränkung von Befristungen und insofern Schutz im Sinne des Art. 30 GRC regelt auch die **1**

---

[1] RL 2008/94/EG vom 22.10.2008 über den Schutz der Arbeitnehmer bei Zahlungsunfähigkeit des Arbeitgebers (kodifizierte Fassung), ABl. 2008, L 283/36.

Befristungsrichtlinie 99/70/EG. Zu beachten ist allerdings, dass auch alle geltenden Diskriminierungsschutzvorschriften im Bereich von Beschäftigung und Beruf sich auf Kündigungen und Entlassungen beziehen. Die Viktimisierungsverbote, die als Ausfluss des Effektivitätsgrundsatzes Bestandteil jeder arbeitsrechtlichen Richtlinie sind, beinhalten ebenfalls einen entsprechenden Kündigungsschutz. Ein allgemeines Verbot willkürlicher Kündigung enthält das Sekundärrecht jedoch zurzeit nicht.[2]

2   Art. 30 GRC lehnt sich an **Art. 24** der im Jahre 1999 in Kraft getretenen revidierten Fassung der Europäischen Sozialcharta (**ESC**) an.[3] Die ESC enthält darüber hinaus weitere Vorschriften zum besonderen Kündigungsschutz.[4]

3   Da die Revision der ESC sich in Art. 24 ausdrücklich an den Anforderungen des **ILO-Übereinkommens Nr. 158 über die Beendigung von Arbeitsverhältnissen** orientierte, sind neben der ESC (s. Art. 27 GRC, Rn. 5) auch dessen Vorgaben für die Auslegung des Art. 30 GRC von Bedeutung.[5] Im internationalen Recht gibt es darüber hinaus eine Reihe von Normen, die ein »Recht auf Arbeit« regeln und darunter zwar kein subjektives Recht des oder der Einzelnen auf einen konkreten Arbeitsplatz verstehen, von den Staaten aber eine wirksame Beschäftigungs- und Arbeitsmarktpolitik sowie Bestandsschutz für Arbeitsverhältnisse verlangen (s. Art. 29 GRC, Rn. 3).[6] Die explizite Formulierung in Art. 30 GRC war jedoch in den meisten Mitgliedstaaten zuvor unbekannt.[7]

4   Nach Art. 52 Abs. 3 GRC stellen die Anforderungen der EMRK Mindestanforderungen für die Auslegung dar. **Art. 8 EMRK** enthält insofern auch Vorgaben für den Kündigungsschutz, denn der EGMR geht davon aus, dass »der Begriff ›Privatleben‹ [...] Aktivitäten beruflichen oder wirtschaftlichen Charakters nicht grundsätzlich [ausschließt]. Nach allem eröffnet das Arbeitsleben der Mehrheit der Bevölkerung die bedeutende Chance der Entwicklung einer Beziehung zur Außenwelt«.[8]

5   Zur Anwendung im **Vereinigten Königreich** und in **Polen** siehe Art. 27 GRC, Rn. 6. Die Gewährleistungen des Art. 30 GRC gelten für diese Mitgliedstaaten allerdings insoweit, als sie auch in Art. 8 EMRK und im Sekundärrecht gewährleistet sind.

B. Adressaten und Gewährleistungsgehalt

6   Art. 30 GRC dient dem Schutz von Arbeitnehmerinnen und Arbeitnehmern. Im Verhältnis zum Staat ist die Norm vor allem auf die Schaffung eines Rechtsrahmens gerichtet, der entsprechende effektive Rechte im Arbeitsverhältnis schafft. Deshalb formuliert die Norm auch, dass ein »Anspruch auf Schutz« bestehe. Insofern bedarf sie der **Ausgestaltung**. Entsprechende staatliche Normen sind gleichzeitig als **Konkretisierungen** des Grundrechts anzusehen.

---

[2] Vgl. EuGH, Urt. v. 16.1.2008, Rs. C–361/07 (Polier), Slg. 2008, I–6.
[3] Erläuterungen zur Charta der Grundrechte vom 14.12.2007, ABl. 2007, C 303/17 (26). Die frühere Fassung der ESC gewährleistete in Art. 4 Abs. 4 lediglich das Recht auf eine angemessene Kündigungsfrist.
[4] *Lembke*, in: GSH, Europäisches Unionsrecht, Art. 30 GRC, Rn. 2.
[5] *Schlachter*, SR 2013, 77 (79); siehe *Buschmann*, AuR 2013, 388; allgemein zur Auslegung anhand internationaler Instrumente s. Art. 27 GRC, Rn. 4.
[6] Siehe auch zu Art. 6 des Internationalen Paktes für wirtschaftliche, soziale und kulturelle Rechte EUArbR/*C. Schubert*, Art. 30 GRC, Rn. 5.
[7] Vgl. *Lembke*, in: GSH, Europäisches Unionsrecht, Art. 30 GRC, Rn. 2; Rn. 7, dort auch zu Gewährleistungen in mitgliedstaatlichen Verfassungen.
[8] Siehe z. B. EGMR Urt. v. 9.1.2013, Beschwerde-Nr. 21722/11 (Oleksandr Volkov/Ukraine), Rn. 165 mit Anmerkung von *Lörcher*, AuR 2013, 268.

Die Ausgestaltungsnotwendigkeit wird in der Norm ausdrücklich benannt, indem auf   **7**
das Unionsrecht und die mitgliedstaatlichen Rechtsordnungen und »Gepflogenheiten«
verwiesen wird. Im Unterschied zu Art. 24 ESC, der diese Vorbehalte nicht ausdrücklich
enthält, enthält die Norm deshalb ein eigenständiges echtes (subjektives) **Grundrecht**,
nicht nur einen Grundsatz i. S. v. Art. 52 Abs. 5 GRC.[9]

Dies bedeutet aber nicht, dass die Vorschrift überflüssig ist und jeden rechtlichen   **8**
Gehalts entbehrt.[10] Gemäß Art. 52 Abs. 5 GRC ist ihr **selbstständiger Kerngehalt** bei
Auslegung des konkretisierenden Rechts sowie »bei Entscheidungen über deren Rechtmäßigkeit« zu berücksichtigen (siehe für den insoweit ähnlich verfassten Art. 27 GRC
dort Rn. 11 ff.). Darüber hinaus versieht Art. 30 GRC **die zu seiner Konkretisierung
erlassenen Vorschriften** mit grundrechtlicher Qualität.[11]

Art. 30 GRC wendet sich insofern an die **EU** sowie die **Mitgliedstaaten**. Die Norm   **9**
enthält damit auch einen Hinweis auf die notwendige Berücksichtigung der Kompetenzverteilung. Auch der Begriff der einzelstaatlichen »**Gepflogenheiten**« deutet auf die
nötige Rücksichtnahme auf etwa unterschiedliche Rechtsquellen des mitgliedstaatlichen
Rechts hin; eine Konkretisierung kann beispielsweise durch Tarifrecht erfolgen.[12]

Die Europäische Union kann in diesem Bereich lediglich eingeschränkt harmonisie-   **10**
rende Vorschriften aufgrund von Art. 153 Abs. 1 Buchst. d AEUV erlassen. Vorschriften
zum Kündigungsschutz können darüber hinaus als Annex zu anderen Rechtsakten beschlossen werden (s. Art. 153 AEUV, Rn. 47). Aktuell enthält das Unionsrecht jedoch
keine Vorgaben für die Ausgestaltung des allgemeinen Kündigungsschutzes in den Mitgliedstaaten.[13] Mangels eines unionsrechtlichen Rahmens obliegt dieser Rechtsbereich
deshalb bis heute noch in erster Linie den Mitgliedstaaten, die insofern einen erheblichen Spielraum haben. Für die Anwendung des Grundrechts reicht es nicht aus, dass es
eine Rechtsetzungskompetenz der Europäischen Union in einem bestimmten Bereich
gibt.[14] Die einzelstaatlichen Vorgaben müssen das Grundrecht aus Art. 30 GRC also nur
insoweit beachten, als sie sich im Anwendungsbereich des sonstigen Sekundärrechts
bewegen.[15] Dies ist allerdings bereits der Fall, wenn der Anwendungsbereich der Befristungsrichtlinie 1999/70/EG oder z. B. der Gleichbehandlungs-Rahmenrichtlinie
2000/78/EG zu bejahen ist.[16]

---

[9] EUArbR/*C. Schubert*, Art. 30 GRC, Rn. 2; *Lembke*, in: GSH, Europäisches Unionsrecht, Art. 30 GRC, Rn. 8.

[10] So aber *Knecht*, in: Schwarze, EU-Kommentar, Art. 30 GRC, Rn. 4, 6; *Krebber*, RdA 2009, 224 (234 f.); *Krebber*, in: Calliess/Ruffert, EUV/AEUV, Art. 30 GRC, Rn. 1 f. (»leere Hülle« und eine »überflüssige Norm«).

[11] Anders *Everling*, Zur Europäischen Grundrechte-Charta und ihren Sozialen Rechten, GS Hein-ze, 2005, 157 (173); kritisch auch *Sagan*, in: Preis/Sagan (Hrsg.), Europäisches Arbeitsrecht, 2015, § 1, Rn. 163 f.

[12] *Jarass*, GRCh, Art. 30 GRC, Rn. 8–11.

[13] EuGH, Urt. v. 16. 1. 2008, Rs. C–361/07 (Polier), Slg. 2008 I–6; Urt. v. 16. 1. 2014, verb. Rs. C–10/13 u. C–614/12 (Dutka and Sajtos), ECLI:EU:C:2014:30; *Willemsen/Sagan*, NZA 2011, 258 (259); BAGE 140, 76 für den Kündigungsschutz im Rahmen von §§ 138, 242 BGB, Art. 12 GG; anders *Brose*, ZESAR 2008, 221 (227).

[14] EuGH, Urt. v. 16. 1. 2008, Rs. C–361/07 (Polier), Slg. 2008, I–6.

[15] Der EuGH erklärte sich deshalb zu Recht für offensichtlich unzuständig für die Klärung von Rechtsfragen eines solchen allgemeinen mitgliedstaatlichen Kündigungsschutzes (Urt. v. 16. 1. 2008, Rs. C–361/07 [Polier], Slg. 2008, I–6); grundsätzlich siehe EuGH, Urt. v. 26. 2. 2013, Rs. C–617/10 (Åkerberg Fransson), ECLI:EU:C:2013:105, Rn. 17; Urt. v. 8. 5. 2014, Rs. C–483/12 (Pelckmans Turn-hout NV), ECLI:EU:C:2014:304, Rn. 7, Rn. 18 f.

[16] Zu deren Funktion einer Konkretisierung des Art. 30 GRC siehe schon oben Rn. 1; a. A. *Meyer*,

11　　**Privatpersonen** werden nicht unmittelbar, sondern nur mittelbar durch die zur Durchführung der Schutzpflicht ergangenen Regelungen verpflichtet. Bei privatrechtlichen Vorschriften ist Art. 30 GRC im Rahmen einer grundrechtskonformen Auslegung zu berücksichtigen,[17] mit der möglichen Konsequenz einer Unanwendbarkeit zwischen Privaten.[18] Auch dies gilt aber nur für Vorschriften im Anwendungsbereich sekundärrechtlicher Richtlinien.

C. Schutzbereich

I. Persönlicher Schutzbereich

12　　Grundrechtsträger sind **alle Arbeitnehmerinnen und Arbeitnehmer** unabhängig von ihrer Staatsangehörigkeit. Wenn Nr. 2 des Anhangs zu Art. 24 ESC befristete, Probe- und Aushilfsbeschäftigungsverhältnisse aus dem Anwendungsbereich ausnimmt, so betrifft dies nicht den persönlichen, sondern den sachlichen Schutzbereich.[19]

13　　Allerdings sind bei Bestimmung des Schutzbereichs des Art. 30 GRC die **Gleichbehandlungsgebote** aus Art. 20, 21 und 23 GRC zu beachten. Dies bedeutet z. B., dass für **Teilzeitarbeit**, die überwiegend Frauen betrifft, keine nachteiligeren Regelungen getroffen werden dürfen.[20] Auch im Übrigen dürfen Rechtsverhältnisse nur dann von der Anwendung des Kündigungsschutzes ausgenommen werden, wenn sie erhebliche Unterschiede zu den geregelten Rechtsverhältnissen aufweisen; deshalb dürfen die Mitgliedstaaten nicht ohne sachlichen Grund eine bestimmte Gruppe von Personen, die nach nationalem Recht ursprünglich oder eigentlich zu den Arbeitnehmern zählen, unberücksichtigt lassen (s. Art. 27 GRC, Rn. 27).

14　　Das Recht ist nicht auf Angehörige der EU-Mitgliedstaaten beschränkt, sondern erfasst auch **Drittstaatsangehörige**.

II. Sachlicher Schutzbereich

15　　Der Begriff der **Entlassung** meint die Beendigung des Arbeitsverhältnisses auf Initiative des Arbeitgebers (s. Nr. 1 des Anhangs zu Art. 24 ESC). Er entspricht dem im Unionssekundärrecht verbreiteten Begriff der »Entlassung« und ist insofern etwas enger als der in Art. 153 Abs. 1 Buchst. f AEUV verwendete Begriff der »Beendigung« (s. Art. 153 AEUV, Rn. 45 f.). Kündigungen durch den Arbeitnehmer und Aufhebungsverträge sind damit nicht erfasst.[21] Wegen der Anknüpfung an Art. 24 ESC sind auch **Befristungen** erfasst[22] (siehe aber zu Probearbeitsverhältnissen Rn. 19).

NZA 2014, 995. Siehe z. B. Vorabentscheidungsersuchen des Juzgado de lo Social n° 33 de Barcelona (Spanien) v. 22.7.2015 (Daouidi), anhängig beim EuGH als Rs. C–395/15 für eine mögliche diskriminierende Kündigung.

[17] *Knecht*, in: Schwarze, EU-Kommentar, Art. 30 GRC; *Jarass*, GRCh, Art. 30 GRC, Rn. 3.
[18] *Willemsen/Sagan*, NZA 2011, 258 (261).
[19] A.A. *Lembke*, in: GSH, Europäisches Unionsrecht, Art. 30 GRC, Rn. 9.
[20] *Knecht*, in: Schwarze, EU-Kommentar, Art. 30 GRC; *Jarass*, GRCh, Art. 30 GRC, Rn. 5.
[21] A.A. EUArbR/*C. Schubert*, Art. 30 GRC, Rn. 9 f.
[22] *Riesenhuber*, Europäisches Arbeitsrecht, 2009, Rn. 43; *Krebber*, in: Calliess/Ruffert, EUV/AEUV, Art. 30 GRC, Rn. 4; *Knecht*, in: Schwarze, EU-Kommentar, Art. 30 GRC, Rn. 7; *Jarass*, GRCh, Art. 30 GRC, Rn. 6.

Ungerechtfertigt ist die Entlassung, wenn einer der Gründe in Nr. 3a-f des Anhangs **16** zu Art. 24 ESC gegeben ist, wenn die Kündigung also wegen der Mitgliedschaft in einer Gewerkschaft oder Teilnahme an Gewerkschaftsarbeit, wegen der Tätigkeit für einen Betriebsrat, wegen der Geltendmachung von Rechten gegen den Arbeitgeber, wegen Rasse, Hautfarbe, Geschlecht, Familienstatus, Religionszugehörigkeit, politischer Meinung, Abstammung oder sozialer Herkunft, wegen Mutterschafts- oder Elternzeit oder wegen zeitweiliger unfall- oder krankheitsbedingter Abwesenheiten erfolgt.[23] Gleiches gilt für sonstige Verstöße gegen sekundärrechtliche Diskriminierungsschutzvorschriften (s. Rn. 1). Auch eine Kündigung wegen eines Betriebsübergangs ist ungerechtfertigt in diesem Sinn (s. Art. 4 Abs. 1 Satz 1 der Betriebsübergangsrichtlinie 2001/23/EG).

Diese Gründe sind nicht abschließend.[24] Eine ungerechtfertigte Entlassung liegt viel- **17** mehr auch dann vor, wenn eine Kündigung gar nicht begründet und insofern willkürlich ist; Art. 30 GRC gewährt insofern ein **Recht auf Rechtfertigung einer Kündigung**.[25] Art. 24 Nr. a ESC nennt dies »das Recht der Arbeitnehmer, nicht ohne einen triftigen Grund gekündigt zu werden, der mit ihrer Fähigkeit oder ihrem Verhalten zusammen- hängt oder auf den Erfordernissen der Tätigkeit des Unternehmens, des Betriebs oder des Dienstes beruht«. Darüber hinaus lässt sich der Norm der Grundsatz unbefristeter Beschäftigungsverhältnisse entnehmen, der für die Auslegung von Befristungsregelun- gen relevant ist.[26] Mangels konkretisierenden Sekundärrechts ist das Grundrecht aller- dings insoweit noch nicht aktivierbar (s. Rn. 10).

Wie der Schutz im Einzelnen auszusehen hat und welche **Ansprüche bei ungerecht- 18 fertigter Entlassung** gewährt werden, ist Sache der einzelstaatlichen Schutzvorschriften. Die Mitgliedstaaten verfolgen hier ganz unterschiedliche Modelle.[27] Grundsätzlich schreibt Art. 30 GRC nicht vor, ob der Schutz durch ein Verbot, durch Wiedereinstel- lungsansprüche oder über Abfindungsmodelle gewährleistet werden soll.[28] Erforderlich ist allerdings eine effektive Durchsetzung.[29] Nach Art. 24 Nr. b ESC kann ein Recht der Arbeitnehmer auf eine angemessene Entschädigung oder einen anderen zweckmäßigen Ausgleich festgelegt werden.[30]

Mit der Ausgestaltungskompetenz von Union und Mitgliedstaaten ist es wohl noch **19** vereinbar, wenn **Probe- oder Wartezeiten** vorgesehen werden. Deren Länge muss aber auf eine Erprobungsphase und insofern auf Plausibilität kontrolliert werden; eine Pro- bezeit von einem Jahr dürfte insofern als unverhältnismäßig zu beurteilen sein.[31] Da solche Regelungen entgegen der Auffassung des EuGH[32] im Anwendungsbereich der

---

[23] So auch *Lembke*, in: GSH, Europäisches Unionsrecht, Art. 30 GRC, Rn. 11.
[24] *Knecht*, in: Schwarze, EU-Kommentar, Art. 30 GRC, *Jarass*, GRCh, Art. 30 GRC, Rn. 7.
[25] *Brose*, ZESAR 2008, 221 (228); für das deutsche Recht siehe insofern BVerfGE 97, 169.
[26] Siehe z. B. EuGH, Urt. v. 4.7.2006, Rs. C–212/04 (Adeneler u. a.), Slg. 2006, I–6057, Rn. 61 ff. zum Ziel der Richtlinie 1999/70/EG, unbefristete Arbeitsverträge als »übliche Form« des Beschäfti- gungsverhältnisses festzuschreiben; *Willemsen/Sagan*, NZA 2011, 258 (261); *Rebhahn*, ZfA 2003, 169 (180).
[27] Ausführlich siehe z. B. *Rebhahn*, ZfA 2003, 169.
[28] *Riesenhuber* (Fn. 22), Rn. 43.
[29] *Lembke*, in: GSH, Europäisches Unionsrecht, Art. 30 GRC, Rn. 13.
[30] Vgl. auch Art. 24 Abs. 2 ESC, wonach ein Arbeitnehmer, der der Auffassung ist, seine Kündi- gung sei ohne triftigen Grund erfolgt, das Recht hat, diese bei einer unparteiischen Stelle anzufechten; insofern dürfte allerdings das Recht auf effektiven Rechtsschutz nach Art. 47 GRC effektiver und konkreter sein.
[31] Zum Verhältnis zu Nr. 2 des Annexes zu Art. 24 RESC siehe *Lembke*, in: GSH, Europäisches Unionsrecht, Art. 30 GRC, Rn. 9.
[32] EuGH, Urt. v. 5.2.2015, Rs. C–117/14 (Nisttahuz Poclava), ECLI:EU:C:2015:60.

Befristungsrichtlinie 1999/70/EG liegen, müssen sie auch am Maßstab des Art. 30 GRC gemessen werden.[33] Zu beachten ist auch, dass für Kündigungsverbote im Interesse des Diskriminierungsschutzes (Rn. 1) eine Wartezeit nicht legitim erscheint. Problematisch ist auch eine Differenzierung nach **Unternehmens- und Betriebsgrößen**; diese ist nur zulässig, soweit sie durch Erwägungen entsprechend Art. 153 Abs. 2 UAbs. 1 Buchst. b Satz 2 AEUV gerechtfertigt erscheint.[34]

D.   Verhältnis zu anderen Bestimmungen

20   Die Norm ist **lex specialis** zu Art. 15 Abs. 1 GRC (Berufsfreiheit). Umgekehrt tritt sie bei Entlassungen aus Gründen des Mutterschutzes hinter Art. 33 Abs. 2 GRC und bei Entlassungen aus Gründen des Jugendschutzes hinter Art. 32 GRC zurück.[35] Für Unterrichtung und Anhörung ist Art. 27 GRC speziell und vorrangig. Bei diskriminierenden Entlassungen sind zudem Art. 20, 21, 23 GRC einschlägig,[36] bei Entlassungen wegen der Gewerkschaftszugehörigkeit oder -tätigkeit ist Art. 12 Abs. 1 GRC vorrangig.

---

[33] *Klein*, jurisPR-ArbR 11/2015 Anm. 2.
[34] Siehe insoweit zum deutschen Recht BVerfGE 97, 169.
[35] *Knecht*, in: Schwarze, EU-Kommentar, Art. 30 GRC, Rn. 9.
[36] *Jarass*, GRCh, Art. 30 GRC, Rn. 4.

Artikel 31 GRC Gerechte und angemessene Arbeitsbedingungen

(1) Jede Arbeitnehmerin und jeder Arbeitnehmer hat das Recht auf gesunde, sichere und würdige Arbeitsbedingungen.

(2) Jede Arbeitnehmerin und jeder Arbeitnehmer hat das Recht auf eine Begrenzung der Höchstarbeitszeit, auf tägliche und wöchentliche Ruhezeiten sowie auf bezahlten Jahresurlaub.

Literaturübersicht

Eichenhofer, Soziale Menschenrechte im Völker-, europäischen und deutschen Recht, 2012; *Heuschmid*, Zur Bedeutung von IAO-Normen für das EU-Arbeitsrecht, SR 2014, 1; *Temming*, Vereinbarkeit der Verringerung der Dauer des jährlichen Mindesturlaubs durch Tarifvertrag mit EU-Recht, Anm. zu LAG Berlin-Brandenburg, Beschl. v. 16.6.2011, LAGE § 13 BUrlG Nr. 2; *Willemsen/Sagan*, Die Auswirkungen der europäischen Grundrechtecharta auf das deutsche Arbeitsrecht, NZA 2011, 258.

Leitentscheidungen

EuGH, Urt. v. 20.1.2009, Rs. C–350/06 u. C–520/06 (Schultz-Hoff u. a.) Slg. 2009, I–179
EuGH, Urt. v. 22.4.2010, Rs. C 486/08 (Zentralbetriebsrat der Landeskrankenhäuser Tirols), Slg. 2010, I–3530
EuGH, Urt. v. 8.11.2012, Rs. C–229/11 u. C–230/11 (Heimann und Toltschin), ECLI:EU:C:2012:693
EuGH, Beschl. v. 7.3.2013, Rs. C–128/12 (Sindicato dos Bancários do Norte u. a.), ECLI:EU:C:2013:149

Wesentliche sekundärrechtliche Vorschriften

Richtlinie 89/391/EWG vom 12.6.1989 über die Durchführung von Maßnahmen zur Verbesserung der Sicherheit und des Gesundheitsschutzes der Arbeitnehmer bei der Arbeit, ABl. 1989, L 183/1
Richtlinie 2000/43/EG vom 29.6.2000 zur Anwendung des Gleichbehandlungs-grundsatzes ohne Unterschied der Rasse oder der ethnischen Herkunft, ABl. 2000, L 180/22
Richtlinie 2000/78/EG vom 27.11.2000 zur Festlegung eines allgemeinen Rahmens für die Verwirklichung der Gleichbehandlung in Beschäftigung und Beruf, ABl. 2000, L 303/16
Richtlinie 2003/88/EG vom 4.11.2003 über bestimmte Aspekte der Arbeitszeitgestaltung, ABl. 2003, L 299/9
Richtlinie 2006/54/EG vom 5.7.2006 zur Verwirklichung des Grundsatzes der Chancengleichheit und Gleichbehandlung von Männern und Frauen in Arbeits- und Beschäftigungsfragen, ABl. 2006, L 204/23

Inhaltsübersicht

A. Entwicklung und Quellen

1   Nach den Charta-Erläuterungen **stützt sich** Art. 31 Abs. 1 GRC auf Art. 3 ESC (Recht
auf sichere und gesunde Arbeitsbedingungen), Nr. 19 der Gemeinschaftscharta der sozialen Grundrechte der Arbeitnehmer von 1989 (Gesundheitsschutz und Sicherheit in
der Arbeitsumwelt) und Art. 26 ESC (Recht auf Würde am Arbeitsplatz). Abs. 2 wiederum beruht auf Art. 2 ESC (Recht auf gerechte Arbeitsbedingungen) und auf Nr. 8 der
Gemeinschaftscharta der sozialen Grundrechte der Arbeitnehmer von 1989 (Ruhezeiten und Jahresurlaub der Arbeitnehmer).[1] Zum Teil wird darüber hinaus auch Art. 4
ESC (Recht auf ein gerechtes Arbeitsentgelt) als Bezugspunkt genannt (zur Debatte s.
Rn. 19).

2   Im Recht der Europäischen Union wird die Rechtslage zur Sicherheit und Gesundheit
der Arbeitnehmer durch **Sekundärrecht** aufgrund von Art. 153 Abs. 1 Buchst. a AEUV
konkretisiert; hier ist insbesondere die Rahmenrichtlinie zum Arbeitsschutz
89/391/EWG zu nennen.[2] Begrenzungen der Arbeitszeit einschließlich der Gewährleistung eines Rechts auf Urlaub finden sich in der Arbeitszeitrichtlinie 2003/88/EG, die
als Einzelrichtlinie zur Arbeitsschutz-Rahmenrichtlinie ausgestaltet ist. Soweit es um
die Gewährleistung »würdiger« Arbeitsbedingungen geht (s. Rn. 18), sind als konkretisierende Normen jedoch auch die Bestimmungen des Diskriminierungsschutzes zu
berücksichtigen. Denn mit dem Verbot der diskriminierenden sowie der sexuellen Belästigung (Art. 2 Abs. 3 der Richtlinien 2000/43/EG und 2000/78/EG sowie Art. 2
Abs. 1c und d i. V. m. Abs. 2 der Richtlinie 2006/54/EG) gewährleisten sie auch Mindeststandards der menschlichen Würde am Arbeitsplatz i. S. d. Art. 26 ESC.

3   Die Vorgabe eines bezahlten Erholungsurlaubs findet sich mit Art. 158 AEUV auch
im **Primärrecht**. Der EuGH behandelt darüber hinaus das Recht auf bezahlten Jahresurlaub als besonders bedeutsamen Grundsatz des Sozialrechts der Union, der nicht
restriktiv ausgelegt werden dürfe.[3] Ob dies einem Grundrecht oder einem Grundsatz im
Sinne des Art. 52 GRC entspricht, ist unklar; der EuGH hat zuletzt auch den Begriff des
»Mindestanspruchs« verwendet.[4] Dies steht in engem Zusammenhang damit, dass die
Grundrechte der Europäischen (Wirtschafts-)Gemeinschaft ursprünglich durchgehend
als allgemeine »Grundsätze« des Gemeinschaftsrechts bezeichnet wurden. Auf diese
Grundsätze im Sinne des Art. 6 Abs. 3 EUV bezog sich die Begrifflichkeit des EuGH; in
der Sprache der GRC handelt es sich um Grundrechte (s. Rn. 8). Da das Recht auf einen
bezahlten Jahresurlaub lediglich eine Konkretisierung des Grundrechts auf gerechte
und angemessene Arbeitsbedingungen darstellt, ist davon auszugehen, dass auch dem

---

[1] Erläuterungen zur Charta der Grundrechte vom 14. 12. 2007, ABl. 2007, C 303/17 (26); *Knecht*,
in: Schwarze, EU-Kommentar, Art. 31 GRC, Rn. 1; *Jarass*, GRCh, Art. 31 GRC, Rn. 1.
[2] ABl. 1989, L 183/1.
[3] EuGH, Urt. v. 22.4.2010, Rs. C 486/08 (Zentralbetriebsrat der Landeskrankenhäuser Tirols),
Slg. 2010, I–3530, Rn. 28 f.; Urt. v. 8. 11. 2012, verb. Rs. C–229/11 u. C–230/11 (Heimann und Toltschin), ECLI:EU:C:2012:693, Rn. 17, 22; Urt. v. 13. 6. 2013, Rs. C–415/12 (Brandes), ECLI:EU:C:
2013:398, Rn. 27 ff.; Urt. v. 22. 11. 2011, Rs. C–214/10 (KHS), Slg. 2011, I–11757, Rn. 37; Urt. v.
3. 5. 2012, Rs. C–337/10 (Neidel), ECLI:EU:C:2012:263, Rn. 40.
[4] Insbesondere EuGH, Urt. v. 1. 12. 2005, Rs. C–14/04 (Dellas), Slg. 2005, I–10253, Rn. 49 (dort
auch »besonders wichtige Regeln des Sozialrechts«, unter Verweis auf Urteile EuGH, Urt. 26. 6. 2001,
Rs. C–173/99 (BECTU), Slg. 2001, I–4881, Rn. 43, 47; Urt. v. 9. 3. 2004, verb. Rs. C–397/01–403/01
(Pfeiffer u. a.), Slg. 2004, I–8835, Rn. 100; und Urt. 12. 10. 2004, Rs. C–313/02 (Wippel), Slg. 2004,
I–9483, Rn. 47.

heute in Art. 31 Abs. 1 GRC kodifizierten Grundrecht der Charakter eines allgemeinen Grundsatzes des Unionsrechts zukommt.[5]

Aus dem **Arbeitsvölkerrecht** ist insbesondere auf Übereinkommen 132 der Internationalen Arbeitsorganisation (ILO) über den bezahlten Jahresurlaub (1970) hinzuweisen. Im Sekundärrecht wird dieses Übereinkommen als Orientierung für die Auslegung benannt.[6]   **4**

Im **Verhältnis von Art. 31 Abs. 1 und Abs. 2 GRC** ist Letzterer lex specialis, die das Recht auf gerechte und angemessene Arbeitsbedingungen im Hinblick auf die Arbeitszeit konkretisiert.   **5**

Zur Anwendung in **Polen** und im **Vereinigten Königreich** siehe Art. 27 GRC, Rn. 6 f. Für sie gelten die Gewährleistungen nur insoweit, als diese gleichzeitig auch allgemeine Grundsätze des Unionsrechts (Art. 6 Abs. 3 EUV) darstellen, also in der EMRK gewährleistet sind oder sich aus den gemeinsamen Verfassungsüberlieferungen der Mitgliedstaaten ergeben.[7] Dies ist für Art. 31 GRC zu bejahen (s. Rn. 1; Rn. 3).[8]   **6**

In Bezug auf den Schutz der Menschenwürde und der Achtung der körperlichen und moralischen Unversehrtheit hat sich **Polen** noch darüber hinaus eine Klarstellung dahingehend vorbehalten, dass die Charta in keiner Weise das Recht der Mitgliedstaaten berühren solle, in diesen Bereichen Recht zu setzen.[9] Da Art. 31 GRC einen Mindeststandard enthält, der die Mitgliedstaaten nicht in der Festschreibung weitergehenden Schutzes beschränkt, dürften diese Vorbehalte keinen Einfluss auf die Anwendbarkeit dieser Norm haben (s. Rn. 8 ff.).   **7**

B. Adressaten und Gewährleistungsgehalt

Wie bereits in der Rechtsprechung des EuGH vor Erlass der GRC anerkannt, handelt es sich bei den Rechten aus Art. 31 GRC um **echte subjektive Grundrechte** und nicht lediglich um Grundsätze im Sinne des Art. 52 Abs. 5 GRC (siehe auch Rn. 3).[10]   **8**

Art. 31 GRC wendet sich an die EU sowie an die Mitgliedstaaten. Um effektiv werden zu können, bedürfen diese Rechte einer **Ausgestaltung**. Diese obliegt nach Art. 153 Abs. 1 Buchst. a AEUV auch der Europäischen Union, jedenfalls in Bezug auf die Festsetzung von Mindestvorschriften in Richtlinien. Was die so vorgegebenen Mindeststandards angeht, dürfen die mitgliedstaatlichen Regelungen nur noch Modalitäten der Aus-   **9**

---

[5] Zum Fortgelten allgemeiner Grundsätze des Unionsrechts neben den Grundrechten siehe *Bryde*, SR 2012, 2 (7).

[6] Erwägungsgrund Nr. 6 der Richtlinie 2003/88/EG vom 4. 11. 2003 über bestimmte Aspekte der Arbeitszeitgestaltung, ABl. 2003, L 299/9; darauf verweist EuGH, Urt. v. 20. 1. 2009, verb. Rs. 350/06 u. C–520/06 (Schultz-Hoff u. a.), Slg. 2009, I–179, Rn. 37; ausführlich dazu auch *Heuschmid*, SR 2014, 1 (4 f.), der sich auf S. 6 auch gegen die konkrete Auslegung der ILO-Norm durch den EuGH wendet.

[7] Zur Notwendigkeit einer solchen Ausdifferenzierung siehe auch *Kühling*, in: v. Bogdandy/Bast, Europäisches Verfassungsrecht, S. 657 (669).

[8] Zu den Verfassungen der Mitgliedstaaten insofern siehe *Lembke*, in: GSH, Europäisches Unionsrecht, Art. 31 GRC, Rn. 7.

[9] Erklärung der Republik Polen zur Charta der Grundrechte der Europäischen Union vom 26. 10. 2012, ABl. 2012, C 326/360.

[10] EUArbR/*C. Schubert*, Art. 31 GRC, Rn. 2; *Jarass*, GRCh, Art. 31 GRC, Rn. 2; *Knecht*, in: Schwarze, EU-Kommentar, Art. 31 GRC, Rn. 7; *Lembke*, in: GSH, Europäisches Unionsrecht, Art. 31 GRC; Rn. 8; a. A. wohl *Streinz*, in: Streinz, EUV/AEUV, Art. 31 GRC, Rn. 4 (kein »allgemeines« Recht).

übung von Ansprüchen in den Grenzen vorsehen, die im Sekundärrecht ausdrücklich gezogen sind.[11] Durch die Konkretisierung können sekundärrechtliche Vorschriften grundrechtlichen Gehalt gewinnen (s. Art. 27 GRC, Rn. 16).[12]

10   Die Richtlinien sind an dem Kerngehalt des Grundrechts zu messen. Das Grundrecht ist auch **Auslegungsmaßstab** für Sekundärrecht aus anderen Rechtsgrundlagen. So ist z.B. bei der Frage, was die Anforderungen eines »Gesamtschutzes« der Leiharbeitnehmer nach Art. 5 Abs. 3 der Richtlinie 2008/104/EG vom 19.11.2008 über Leiharbeit beinhalten,[13] Art. 31 Abs. 1 GRC zu berücksichtigen.[14]

11   **Privatpersonen** werden nicht unmittelbar durch Art. 31 GRC, sondern lediglich mittelbar durch die zur Durchführung der Schutzpflicht ergangenen Regelungen verpflichtet. Bei privatrechtlichen Vorschriften sowohl des europäischen wie des mitgliedstaatlichen Rechts ist Art. 31 GRC allerdings im Wege einer grundrechtskonformen Auslegung zu berücksichtigen.[15]

C.   Schutzbereich des Abs. 1

I.   Persönlicher Schutzbereich

12   Grundrechtsträger sind alle **Arbeitnehmerinnen und Arbeitnehmer**. Der Kernbereich des Grundrechts erfasst mindestens die arbeitsvertraglich geregelten Rechtsverhältnisse (s. Art. 45 AEUV, Rn. 20 ff.). Darüber hinaus ist auf die Konkretisierung durch die Arbeitsschutz-Rahmenrichtlinie 89/391/EWG zu verweisen, die einen eigenständigen weiten Arbeitnehmerbegriff verwendet (s. Art. 153 AEUV, Rn. 61). Insbesondere sind die in fehlerhaften oder illegalen Beschäftigungsverhältnissen beschäftigten Arbeitnehmerinnen und Arbeitnehmer geschützt.[16] Als Konkretisierung eines Grundrechts nimmt der Arbeitnehmerbegriff der Richtlinien am Grundrechtsschutz des Art. 31 GRC teil.

13   Das Recht ist nicht auf Angehörige der EU-Mitgliedstaaten beschränkt, sondern erfasst auch **Drittstaatsangehörige**.

14   Allerdings sind bei der Ausgestaltung des Grundrechts im Hinblick auf den Begriff des Arbeitnehmers Grundsätze der **Gleichbehandlung** zu beachten. Eine Gruppe von Personen kann nur dann aus der Anwendung einer Regelung ausgenommen werden, wenn das ausgenommene Rechtsverhältnis »seinem Wesen nach« erhebliche Unterschiede zum geregelten aufweist. Deshalb dürfen die Mitgliedstaaten nicht eine bestimmte Gruppe von Personen, die nach nationalem Recht ursprünglich oder eigentlich zu den

---

[11] EuGH, Urt. v. 21.6.2012, Rs. C–78/11 (ANGED), ECLI:EU:C:2012:372, Rn. 16; Urt. v. 3.5.2012, Rs. C–337/10 (Neidel), ECLI:EU:C:2012:263, Rn. 40; Urt. v. 22.11.2011, Rs. C–214/10 (KHS), Slg. 2011, I–11757 (Rn. 23).

[12] Differenzierend für den Urlaubsanspruch EuArbR/*C. Schubert*, Art. 31 GRC, Rn. 28 f (nur für den Fall des Fehlens eines Urlaubsrechts im mitgliedstaatlichen Recht); grundsätzlich kritisch zu diesem Konzept *Sagan*, in: Preis/Sagan (Hrsg.), Europäisches Arbeitsrecht, 2015, § 1, Rn. 163 f.

[13] ABl. 2008, L 327/9.

[14] *Willemsen/Sagan*, NZA 2011, 258 (259).

[15] *Knecht*, in: Schwarze, EU-Kommentar, Art. 31 GRC, Rn. 4; *Jarass*, GRCh, Art. 31 GRC, Rn. 3; für das einzelstaatliche Recht siehe *Willemsen/Sagan*, NZA 2011, 258 (259); unklar insofern EuGH, Urt. v. 26.3.2015, Rs. C–316/13 (Fenoll), ECLI:EU:C:2015:200, Rn. 24 ff., der die Richtlinie und das Grundrecht nebeneinander anwendet.

[16] *Knecht*, in: Schwarze, EU-Kommentar, Art. 31 GRC, Rn. 3; *Jarass*, GRCh, Art. 31 GRC, Rn. 5; EUArbR/*C. Schubert*, Art. 31 GRC, Rn. 8.

Arbeitnehmern zählen, unberücksichtigt lassen (s. Art. 27 GRC, Rn. 27). So sind insbesondere **Teilzeitbeschäftigte** einschließlich Kurzarbeiter gleich zu behandeln; in Hinblick auf den Jahresurlaub ist der pro-rata-temporis-Grundsatz anzuwenden.[17]

Darüber hinaus sind völkerrechtliche Vorgaben für die Auslegung zu berücksichtigen. Art. 3 der Arbeitsschutzrahmenrichtlinie 89/391/EWG erfasst zwar Praktikanten, Lehrlinge und Auszubildende, nicht aber **Hausangestellte**.[18] Das Übereinkommen 189 der Internationalen Arbeitsorganisation (ILO) über menschenwürdige Arbeit für Hausangestellte sieht in Art. 13.1 insofern zwar vor, dass die besonderen Merkmale der hauswirtschaftlichen Arbeit gebührend berücksichtigt werden können. Eine unbefristete und bedingungslose Ausnahme steht aber im Widerspruch zur Konvention, die in Art. 13.2 jedenfalls eine schrittweise Durchführung verlangt.[19] Die vor Inkrafttreten der GRC und des Übereinkommens 189 normierte Ausnahme für Hausangestellte in Art. 3 der Arbeitsschutz-Rahmenrichtlinie 89/391/EWG ist deshalb nicht mit Art. 31 Abs. 1 und 2 GRC vereinbar.   **15**

II. Sachlicher Schutzbereich

Nach den Charta-Erläuterungen ist der Begriff der **Arbeitsbedingungen** hier wie in Art. 156 AEUV zu verstehen.[20] Dies bedeutet in der Sache, dass er weit und in Hinblick auf die damit verbundenen Adjektive »gesund, sicher und würdig« auszulegen ist.   **16**

Die Begriffe **»gesund« und »sicher«** weisen dabei auf die Verhütung von betriebsbedingten Gefahren sowie die Ausschaltung von Risiko- und Unfallrisiken hin und beziehen sich deshalb auf die Umweltbedingungen der Arbeitstätigkeit in einem umfassenden Sinn (s. Art. 3 ESC: »Arbeitsumwelt«). Für den **Begriff der Gesundheit** orientiert der EuGH sich an der Definition der Weltgesundheitsorganisation (WHO), der sämtliche Mitgliedstaaten angehören. Nach deren Satzung (Präambel) ist Gesundheit der Zustand des vollständigen körperlichen, geistigen und sozialen Wohlbefindens und nicht nur das Freisein von Krankheiten und Gebrechen.[21] Die Umweltbedingungen lassen sich insofern also wie in Art. 6 der Richtlinie 94/33/EG vom 22.6.1994 über den Jugendarbeitsschutz konkretisieren;[22] gemeint sind also insbesondere Einrichtung und Gestaltung der Arbeitsstätte und des Arbeitsplatzes; Art, Grad und Dauer der physikalischen, chemischen und biologischen Einwirkungen; Gestaltung, die Auswahl und der Einsatz von Arbeitsmitteln; Gestaltung von Arbeitsverfahren und -abläufen und deren Zusammenwirken sowie Stand von Ausbildung und Unterweisung. Das Recht auf gesunde und sichere Arbeitsbedingungen hat nach Art. 3 ESC vorrangig zum Ziel, »Unfälle und Beeinträchtigungen der Gesundheit, die sich aus der Arbeit ergeben, mit der Arbeit verbunden sind oder im Verlauf der Arbeit auftreten, insbesondere dadurch zu verhüten, dass die Ursachen der Gefahren in der Arbeitsumwelt soweit wie möglich verringert werden; Sicherheits- und Gesundheitsvorschriften zu erlassen; für Kontrollmaßnahmen   **17**

---

[17] EuGH, Urt. v. 22.4.2010, Rs. C 486/08 (Zentralbetriebsrat der Landeskrankenhäuser Tirols), Slg. 2010, I–3530, Rn. 28 f.; Urt. v. 8.11.2012, verb. Rs. C–229/11 u. C–230/11 (Heimann und Toltschin), ECLI:EU:C:2012:693, Rn. 17, 22; Urt. v. 13.6.2013, Rs. C–415/12 (Brandes), ECLI:EU:C: 2013:398, Rn. 27 ff.

[18] So auch *Jarass*, GRCH, Art. 31 GRC, Rn. 5.

[19] *Boni*, Transfer 2001, 583; *Kocher*, NZA 2013, 929 (932).

[20] Erläuterungen zur Charta der Grundrechte vom 14.12.2007, ABl. 2007, C 303/17 (26).

[21] EuGH, Urt. v. 12.11.1996, Rs. C–84/94 (Vereinigtes Königreich/Rat), Slg. 1996, I–5755, Rn. 39; allgemein zum völkerrechtlichen Menschenrecht auf Gesundheit; *Eichenhofer*, S. 108 ff.

[22] ABl. 1994, L 216/12; vgl. *Jarass*, GRCh, Art. 31 GRC, Rn. 6.

zur Einhaltung dieser Vorschriften zu sorgen; für alle Arbeitnehmer die schrittweise Einrichtung betriebsärztlicher Dienste mit im Wesentlichen vorbeugenden und beratenden Aufgaben zu fördern.«

18   Mit dem Recht auf »**würdige**« **Arbeitsbedingungen** geht das Grundrecht über den Regelungsbereich der Arbeitsschutzrichtlinien hinaus. Dies bezieht sich insbesondere auf die Gewährleistung menschlicher Würde am Arbeitsplatz, insbesondere durch die Unterbindung sexueller und sonstiger diskriminierender Belästigungen am Arbeitsplatz und die Verhinderung »verwerflicher oder ausgesprochen feindseliger und beleidigender Handlungen, die am Arbeitsplatz oder in Verbindung mit der Arbeit wiederholt gegen einzelne Arbeitnehmer gerichtet werden« (Art. 26 ESC). Konkretisiert wird das Grundrecht insofern vor allem durch Art. 2 Abs. 3 der Richtlinien 2000/43/EG und 2000/78/EG sowie Art. 2 Abs. 1c und d i. V. m. Abs. 2 der Richtlinie 2006/54/EG. Diese verbieten als Diskriminierung auch »unerwünschte Verhaltensweisen, die mit einem Diskriminierungsgrund in Zusammenhang stehen und bezwecken oder bewirken, dass die Würde der betreffenden Person verletzt und ein von Einschüchterungen, Anfeindungen, Erniedrigungen, Entwürdigungen oder Beleidigungen gekennzeichnetes Umfeld geschaffen wird. Im Hinblick auf die von Polen gewünschte Klarstellung zugunsten des mitgliedstaatlichen Rechts (s. Rn. 6) ist von Bedeutung, dass die Richtlinien es den Mitgliedstaaten vorbehalten, »den Begriff ›Belästigung‹ im Einklang mit den einzelstaatlichen Rechtsvorschriften und Gepflogenheiten [zu] definieren«.[23]

19   Umstritten ist, ob und inwiefern der Schutzbereich der Norm auch die Gewährleistung eines **gerechten Arbeitsentgelts** erfasst.[24] Dies wird u. a. mit dem Argument abgelehnt, dass sich aus dem Verweis auf Art. 156 AEUV in den Charta-Erläuterungen ergebe, dass Art. 31 GRC nur Aspekte der Arbeitssicherheit erfassen solle; allerdings ist der Begriff der Arbeitsbedingungen in Art. 156 AEUV wie in Art. 153 Abs. 1 Buchst. b AEUV so weit zu verstehen, dass er unter bestimmten Aspekten auch Fragen des Entgelts erfassen kann (s. Art. 153 AEUV, Rn. 118 ff.). Der EuGH hat bereits darauf hingewiesen, dass zu den Zielen der Unionssozialpolitik nach Art. 151 AEUV auch gehöre, das Recht aller Arbeitnehmer auf ein »gerechtes Arbeitsentgelt, das ihnen und ihren Familien einen angemessenen Lebensstandard sichert«, zu gewährleisten. Er nimmt dabei allerdings auf Art. 4 ESC Bezug,[25] während Art. 31 Abs. 1 GRC sich nach Begründung und Wortlaut lediglich an Art. 3 ESC orientiert. Eine Einbeziehung des Entgelts könnte sich lediglich aus der Überschrift der Norm ergeben, die auch den Begriff der gerechten Arbeitsbedingungen enthält.[26] Dagegen spricht jedoch, dass in der ESC

---

[23] Art. 2 Abs. 3 RL 2000/43/EG vom 29. 6. 2000 zur Anwendung des Gleichbehandlungsgrundsatzes ohne Unterschied der Rasse oder der ethnischen Herkunft, ABl. 2000, L 180/22; Art. 2 Abs. 3 RL 2000/78/EG vom 27. 11. 2000 zur Festlegung eines allgemeinen Rahmens für die Verwirklichung der Gleichbehandlung in Beschäftigung und Beruf, ABl. 2000, L 303/16; sowie Art. 2 Abs. 1c RL 2006/54/EG vom 5. 7. 2006 zur Verwirklichung des Grundsatzes der Chancengleichheit und Gleichbehandlung von Männern und Frauen in Arbeits- und Beschäftigungsfragen, ABl. 2006, L 204/23.
[24] Ablehnend *Jarass*, GRCh, Art. 31 GRC, Rn. 6; *Riesenhuber,* Europäisches Arbeitsrecht, 2009, Rn. 46; *Riedel*, in: Meyer, GRCh, Art. 31 GRC, Rn. 15; *Lembke*, in: GSH, Europäisches Unionsrecht, Art. 31 GRC, Rn. 11 f.; EUArbR/*C. Schubert*, Art. 31 GRC, Rn. 10; befürwortend *Lang* in: Tettinger/Stern, EuGRCh, Art. 31 GRC, Rn. 8; *Fischer-Lescano*, KJ 2014, 2; siehe Art. 7 des Internationalen Paktes über wirtschaftliche, soziale und kulturelle Rechte, der zum Recht auf gerechte und günstige Arbeitsbedingungen auch das Recht auf einen angemessenen Lohn zählt.
[25] EuGH, Urt. v. 6. 10. 2010, verb. Rs. C–395/08 u. C–396/08 (INPS), Slg. 2010, I–5119, Rn. 31; Urt. v. 15. 4. 2008, Rs. C–268/06 (Impact), Slg. 2008, I–2483, Rn. 113.
[26] Vgl. *Knecht*, in: Schwarze, EU-Kommentar, Art. 31 GRC, Rn. 8, der ebenfalls die Frage stellt, ob

der Begriff der »gerechten Arbeitsbedingungen« sich nach Art. 2 auf Fragen der Arbeitszeit bezieht, die in Art. 31 Abs. 2 GRC angesprochen sind. Es spricht also alles dafür, dass die Überschrift mit »gerecht« auf Abs. 2 Bezug nimmt und nicht eigenständig die Gegenstände des Art. 4 ESC als Unionsgrundrecht aufnehmen will.

Allerdings ist die Frage insofern von geringer Relevanz, als Art. 153 Abs. 5 AEUV   **20** eine Kompetenz der EU für Fragen des Arbeitsentgelts gerade ausschließt. **Fragen des Entgelts** sind deshalb nur insoweit unionsrechtlich geregelt, als es um Fragen der Gleichbehandlung oder der Entgeltfortzahlung für Freistellungszeiten geht (genauer s. Art. 153 AEUV, Rn. 119 ff.). Fragen der Höhe des Arbeitsentgelts einschließlich der Frage, ob eine Entgeltreduktion grundrechtlichen Anforderungen genügt, liegen deshalb **nicht im Anwendungsbereich des Unionsrechts**. Der EuGH hat sich für entsprechende Vorabentscheidungsersuchen bisher zu Recht für unzuständig gehalten.[27]

D.   Schutzbereich des Abs. 2

Das **Verhältnis von Abs. 2 zu Abs. 1** entspricht dem Verhältnis der Arbeitszeitrichtlinie   **21** 2003/88/EG zur Arbeitsschutz-Rahmenrichtlinie 89/391/EWG. Es handelt sich um ein Verhältnis von lex generalis (Arbeitsschutzrecht) zu lex specialis (Arbeitszeitrecht). Fragen von Höchstarbeitszeiten, Ruhezeiten und Jahresurlaub (Art. 31 Abs. 2 GRC) sind Fragen von Arbeitsbedingungen. Der persönliche Schutzbereich deckt sich insofern mit dem des Abs. 1[28] (s. Rn. 12 ff.).

Das Recht auf eine Begrenzung der **Höchstarbeitszeit** sowie auf tägliche und wö-   **22** chentliche **Ruhezeiten** nach Art. 31 Abs. 2 GRC wird in Art. 6 (wöchentliche Höchstarbeitszeit), Art. 3 und 4 (tägliche Ruhezeiten und Pausen) sowie Art. 5 (wöchentliche Ruhezeit) der Arbeitszeitrichtlinie 2003/88/EG konkretisiert. Die Rechte sind nach Art. 31 Abs. 2 GRC i. V. m. Art. 2 ESC dahingehend auszulegen, dass »bezahlte öffentliche Feiertage vorzusehen« sind (Nr. 2) und bei besonders belastenden Arbeiten sowie Nachtarbeit Ausgleichsmaßnahmen wie verkürzte Arbeitszeiten oder zusätzliche Urlaubs- und Ruhezeiten zu gewährleisten sind (Nr. 4 und 7). Die ESC gibt in Art. 3 Nr. 1 darüber hinaus vor, dass »die Arbeitswoche schrittweise zu verkürzen [ist], soweit die Produktivitätssteigerung und andere mitwirkende Faktoren dies gestatten«. Die Vorgabe des Art. 3 Nr. 5 ESC, wonach die wöchentliche Ruhezeit »soweit möglich, mit dem Tag zusammenfällt, der in dem betreffenden Land oder Bezirk durch Herkommen oder Brauch als Ruhetag anerkannt ist«, hat der EuGH bei seiner Rechtsprechung zum heutigen Art. 153 Abs. 1 Buchst. a AEUV nicht berücksichtigt. Denn er erklärte im Jahr 1996 eine Regelung für kompetenzwidrig, der zufolge die wöchentliche Mindestruhezeit grundsätzlich den Sonntag einschließen sollte.[29]

Der Anspruch auf **bezahlten Jahresurlaub** verfolgt einen doppelten Zweck. Er soll es   **23** dem Arbeitnehmer ermöglichen, sich zu erholen und über einen Zeitraum für Entspan-

---

mit »gerecht« etwas Eigenständiges benannt werden solle (er konkretisiert und beantwortet die Frage allerdings nicht).

[27] EuGH, Urt. v. 7.3.2013, Rs. C–128/12 (Sindicato dos Bancários do Norte u.a.), ECLI:EU:C:2013:149, Rn. 10 ff.; genauso Urt. v. 26.6.2014, Rs. C–264/12, (Sindicato Nacional dos Profissionais de Seguros e Afins), ECLI:EU:C:2014:2036, Rn. 19 ff.

[28] Der EuGH, Urt. v. 26.3.2015, Rs. C–316/13 (Fenoll), ECLI:EU:C:2015:200, Rn. 24 ff. verweist für den Arbeitnehmerbegriff auf die Auslegungen zu Art. 7 der Arbeitszeitrichtlinie 2003/88/EG.

[29] EuGH, Urt. v. 12.11.1996, Rs. C–84/94 (Vereinigtes Königreich/Rat), Slg. 1996, I–5755, Rn. 37.

nung und Freizeit zu verfügen.[30] Nach Art. 2 Nr. 3 ESC soll und nach Art. 7 der Richtlinie 2003/88/EG muss er mindestens vier Wochen betragen. Das Recht, diesen Jahresurlaub bezahlt zu bekommen, ist eine Konkretisierung der Effektivität dieser Regelung
(s. Art. 153 AEUV, Rn. 124). Auch dieses Grundrecht ist als besonders bedeutsamer
Grundsatz des Sozialrechts der Union nicht restriktiv auszulegen.[31] Insbesondere darf
der Anspruch auf bezahlten Jahresurlaub nicht von der Voraussetzung abhängig gemacht werden, dass der Arbeitnehmer während des festgelegten Bezugszeitraums tatsächlich gearbeitet hat; dies gilt jedenfalls dann, wenn der Betreffende krank war oder
sich aus anderen Gründen nicht ausruhen oder Freizeittätigkeiten nachgehen konnte.[32]

E. Eingriffe und Einschränkungen

24   Durch die grundsätzliche Möglichkeit der **Ausgestaltung** wird das Grundrecht insofern
relativiert, als der eigenständig geregelte Gehalt sich so auf einen Kerngehalt beschränkt.[33] Die Ausgestaltung muss sich aber an Sinn und Zweck des Grundrechts messen lassen.

25   Keine Ausgestaltung, sondern eine **Einschränkung** liegt aber vor, wenn in Rechte und
Ansprüche eingegriffen wird, die bereits aus anderen Rechtsgrundlagen begründet waren. Dies betrifft z. B. Wartezeiten für die Geltendmachung des Grundrechts sowie die
Berücksichtigung der Besonderheiten von Klein- und Mittelunternehmen. Einen Eingriff stellt es auch dar, wenn in einer mitgliedstaatlichen oder tariflichen Regelung ein
ganzer oder teilweiser Verlust eines nach anderen Vorschriften bereits erworbenen Anspruchs vorgesehen ist. Für die Frage der Verkürzung eines Urlaubsanspruchs im Rahmen von Kurzarbeit hat der EuGH es aber z. B. für gerechtfertigt halten, die Verhand-
lungschancen eines entsprechenden Sozialplans als Rechtfertigungsgrund für eine Sonderregelung in der Kurzarbeit zu berücksichtigen.[34] Ein Verstoß gegen Art. 31 Abs. 2
GRC liegt aber z. B. darin, dass aufgrund der Austeritätsmaßnahmen, die in Griechenland im Zuge der Wirtschaftskrise und der nachfolgenden Verhandlungen u. a. mit der
Europäischen Union getroffen wurden, junge Arbeitnehmerinnen und Arbeitnehmer
kein Recht auf die vorgegebene Mindestdauer bezahlten Jahresurlaubs haben.[35]

---

[30] EuGH, Urt. v. 22.11.2011, Rs. C–214/10 (KHS), Slg. 2011, I–11757, Rn. 31; Urt. v. 21.6.2012,
Rs. C–78/11 (ANGED), ECLI:EU:C:2012:372, Rn. 19; Urt. v. 8.11.2012, verb. Rs. C–229/11 u.
C–230/11 (Heimann und Toltschin), ECLI:EU:C:2012:693, Rn. 29.

[31] EuGH, Urt. v. 22.4.2010, Rs. C 486/08 (Zentralbetriebsrat der Landeskrankenhäuser Tirols),
Slg. 2010, I–3530, Rn. 28f.; Urt. v. 8.11.2012, verb. Rs. C–229/11 und C–230/11 (Heimann und
Toltschin), ECLI:EU:C:2012:693, Rn. 17, 22; Urt. v. 13.6.2013, Rs. C–415/12 (Brandes), ECLI:EU:C:
2013:398, Rn. 27 ff.

[32] Vgl. für Krankheit und ähnliche Freistellungen EuGH, Urt. v. 20.1.2009, verb. Rs. C–350/06 u.
C–520/06 (Schultz-Hoff u. a.) Slg. 2009, I–179, Rn. 41; Urt. v. 10.9.2009, Rs. C–277/08, (Vicente
Pereda), Slg. 2009, I–8405, Rn. 21; Urt. v. 22.11.2011, Rs. C–214/10 (KHS), Slg. 2011, I–11757,
Rn. 38; Urt. v. 13.6.2013, Rs. C–415/12 (Brandes), ECLI:EU:C:2013:398, Rn. 27 ff.; anders bei Kurz-
arbeit, vgl. Urt. v. 8.11.2012, verb. Rs. C–229/11 u. C–230/11 (Heimann und Toltschin), ECLI:EU:C:
2012:693, Rn. 29.

[33] *Knecht*, in: Schwarze, EU-Kommentar, Art. 31 GRC, Rn. 7; *Everling*, Zur Europäischen Grundrechte-Charta und ihren Sozialen Rechten, GS Heinze, 2005, 157 (171).

[34] EuGH, Urt. v. 8.11.2012, verb. Rs. C–229/11 u. 230/11 (Heimann und Toltschin), ECLI:EU:C:
2012:693, Rn. 30.

[35] Der Europäische Ausschuss für soziale Rechte stellte insofern bereits einen Verstoß gegen Art. 7
Abs. 7 ESC fest (siehe Stellungnahmen Nr. 65/2011 und Nr. 66/2011, AuR 2013, 219 f.); dort wurde

Einschränkungen müssen nach Art. 52 Abs. 1 GRC gesetzlich vorgesehen sein und   26
den Wesensgehalt des Grundrechts achten. Unter Wahrung des Grundsatzes der **Verhältnismäßigkeit** dürfen Einschränkungen nur vorgenommen werden, wenn sie erforderlich sind und den von der Union anerkannten dem Gemeinwohl dienenden Zielsetzungen oder den Erfordernissen des Schutzes der Rechte und Freiheiten anderer
tatsächlich entsprechen. In diesem Sinne wird sich z. B. eine Wartezeit für die Wahrnehmung des Rechts aus Art. 31 Abs. 1 GRC nicht rechtfertigen lassen, während dies für
den Urlaubsanspruch und andere Rechte aus Abs. 2 anders zu beurteilen ist.

Den Tarifparteien erlaubt auch Art. 28 GRC keine weitergehenden Einschränkungen   27
(siehe Art. 28 GRC, Rn. 37). Soweit konkretisierende Richtlinien Öffnungsklauseln und
Tarifdispositivitäten vorsehen müssen auch diese den Anforderungen des Grundrechts
genügen. Für Art. 17 und 18 der Arbeitszeit-Richtlinie 2003/88/EG ist dies zu bejahen.
Auch § 13 Abs. 2 BUrlG lässt sich insoweit noch europarechtskonform auslegen.[36]

F.   Verhältnis zu anderen Bestimmungen

Für den **Mutterschafts- und Elternurlaub** tritt Art. 31 GRC hinter Art. 33 Abs. 2 GRC   28
zurück, für den **Jugendschutz** hinter Art. 32 GRC. Die Vorrangigkeit gilt allerdings nur
für spezifische Maßnahmen des Mutter-, Eltern- und Jugendschutzes; soweit die Anwendung allgemeiner Arbeitszeit- und Arbeitsschutzvorschriften auf Jugendliche betroffen ist, bleibt Art. 31 GRC einschlägig. Bei Diskriminierungen sind darüber hinaus
neben Art. 31 Abs. 1 GRC auch Art. 20, 21, 23 GRC einschlägig.[37] Im Verhältnis zum
allgemeinen Recht auf Gesundheitsschutz nach Art. 35 GRC regelt Art. 31 GRC mit
dem Arbeitsverhältnis einen speziellen Anwendungsfall. Zum Verhältnis zu Art. 28
GRC siehe Rn. 27.

---

auch ein Verstoß gegen das Recht auf ein gerechtes Arbeitsentgelt nach Art. 4 ESC festgestellt; vgl.
Ewing, Austerity and the Importance of the ILO and the ECHR for the Progressive Development of
European Labour Law: A Case Study from Greece, FS Lörcher, 2013, S. 361 ff.; zum Ganzen vgl. auch
Fischer-Lescano, KJ 2014, 2. Für einen Überblick über EGMR-Rechtsprechung zu Sparmaßnahmen
und Kürzungen siehe auch *Nußberger*, AuR 2014, 130 f.

  [36] *Temming*, LAGE § 13 BUrlG Nr. 2; genauso *Pötters/Stiebert*, ZESAR 2012, 169, die allerdings
beide einen Widerspruch zwischen einer europarechtskonformen Auslegung des § 13 Abs. 2 BUrlG
und § 8 BRTV-Bau konstatieren; a. A. (Unionsrechtswidrigkeit auch des § 13 Abs. 2 BUrlG) die Vor-
lagebeschlüsse des ArbG Nienburg v. 15. 6. 2012, Az. 2 Ca 472/11 (nach Klageanerkennung erledigt)
sowie des LAG Berlin-Brandenburg, Beschl. v. 16. 6. 2011, Az. 2 Sa 3/11, LAGE § 13 BUrlG Nr. 2
(ebenfalls erledigt); zum Problem vgl. auch *Lembke*, in: GSH, Europäisches Unionsrecht, Art. 31
GRC, Rn. 16.

  [37] *Knecht*, in: Schwarze, EU-Kommentar, Art. 30 GRC, Rn. 3, 5; *Jarass*, GRCh, Art. 31 GRC,
Rn. 4.

Artikel 32 GRC Verbot der Kinderarbeit und Schutz der Jugendlichen am Arbeitsplatz

¹Kinderarbeit ist verboten. ²Unbeschadet günstigerer Vorschriften für Jugendliche und abgesehen von begrenzten Ausnahmen darf das Mindestalter für den Eintritt in das Arbeitsleben das Alter, in dem die Schulpflicht endet, nicht unterschreiten.

Zur Arbeit zugelassene Jugendliche müssen ihrem Alter angepasste Arbeitsbedingungen erhalten und vor wirtschaftlicher Ausbeutung und vor jeder Arbeit geschützt werden, die ihre Sicherheit, ihre Gesundheit, ihre körperliche, geistige, sittliche oder soziale Entwicklung beeinträchtigen oder ihre Erziehung gefährden könnte.

Literaturübersicht

Eichenhofer, Soziale Menschenrechte im Völker-, europäischen und deutschen Recht, 2012; *Saage-Everling*, Zur Europäischen Grundrechte-Charta und ihren Sozialen Rechten, GS Heinze, 2005, 157; *Maaß/Veith*, Keine usbekische Baumwolle aus Kinderhand auf dem europäischen Markt – Mit soft law gegen Kinderzwangsarbeit?, juridikum 2011, 352; *Tomuschat*, Verwirrung über die Kinderrechte-Konvention der Vereinten Nationen. Zur innerstaatlichen Geltungskraft völkerrechtlicher Verträge, FS Zacher, 1998, S. 1143.

Wesentliche sekundärrechtliche Vorschriften

Richtlinie 94/33/EG vom 22.6.1994 über den Jugendarbeitsschutz, ABl. 1994, L 216/12

Inhaltsübersicht

A. Entwicklung und Quellen

1 Die Charta-Erläuterungen **stützen** Art. 32 GRC auf die Richtlinie 94/33/EG über den Jugendarbeitsschutz, auf Art. 7 ESC (Recht der Kinder und Jugendlichen auf Schutz) und auf Nr. 20–23 der Gemeinschaftscharta der sozialen Grundrechte der Arbeitnehmer von 1989 (Kinder- und Jugendschutz).[1]

2 Das Verbot der Kinderarbeit ist von großer Bedeutung im **internationalen Recht**, wurde von der Internationalen Arbeitsorganisation (ILO) zu einer der Kernarbeitsnormen erklärt[2] und gehört damit zum zwingenden Arbeitsvölkerrecht. Die Übereinkommen 138 über das Mindestalter für die Zulassung zur Beschäftigung (1973) sowie 182 über das Verbot und unverzügliche Maßnahmen zur Beseitigung der schlimmsten For-

---

[1] Erläuterungen zur Charta der Grundrechte vom 14.12.2007, ABl. 2007, C 303/17; *Ross*, in: Schwarze, EU-Kommentar, Art. 32 GRC, Rn. 1; *Jarass*, GRCh, Art. 32 GRC, Rn. 1; vgl. auch *Lembke*, in: GSH, Europäisches Unionsrecht, Art. 32 GRC; Rn. 4 zur Spruchpraxis zur ESC.

[2] Erklärung der ILO über grundlegende Prinzipien und Rechte bei der Arbeit und ihre Folgemaßnahmen von 1998.

men der Kinderarbeit (1999), auf die die Kernarbeitsnormenerklärung Bezug nimmt, müssen damit Auslegungsmaßstab für Art. 32 GRC sein. Auch das UN-Übereinkommen über die Rechte des Kindes (1989) gehört zu den völkerrechtlichen Instrumenten zum Schutz der Menschenrechte, denen bei der Anwendung der allgemeinen Grundsätze des Unionsrechts Rechnung zu tragen ist.[3] Auch in vielen mitgliedstaatlichen Verfassungen finden sich entsprechende Vorschriften.[4]

Zur Anwendung in **Polen** und dem **Vereinigten Königreich** siehe Art. 27 GRC, Rn. 6.   **3**

B. Adressaten und Gewährleistungsgehalt

Als lex specialis zu Art. 31 GRC (s. Rn. 15) entspricht der Gewährleistungsgehalt des   **4** Art. 32 GRC dem des allgemeinen Rechts auf gerechte und angemessene Arbeitsbedingungen. Es handelt sich deshalb um ein echtes **subjektives Grundrecht**.[5]

Art. 32 GRC wendet sich an die EU sowie an die Mitgliedstaaten. Der Union steht   **5** eine **Ausgestaltungskompetenz** nach Art. 153 Abs. 1 Buchst. a AEUV zu.[6] Die so erlassenen Mindestvorschriften sind für die Mitgliedstaaten verbindlich, die aber strengere Regelungen erlassen können. Durch die ausgestaltende **Konkretisierung** können sekundärrechtliche Vorschriften grundrechtlichen Gehalt gewinnen[7] (s. Art. 27 GRC, Rn. 16).

Insofern als Art. 32 GRC auch die Organe der Europäischen Union bindet, fügt die   **6** Norm dem bisherigen Recht durchaus neue Regelungen hinzu.[8] So ist nicht nur das Sekundärrecht am Kerngehalt des Grundrechts zu messen und nach dessen Vorgaben auszulegen. Das Grundrecht ist auch **Auslegungsmaßstab** für Sekundärrecht aus anderen Rechtsgrundlagen sowie Rechtsmaßstab für alles sonstige Handeln von Organen der EU.[9]

Privatpersonen werden nicht unmittelbar, wohl aber mittelbar durch die zur Durch-   **7** führung der Schutzpflicht ergangenen Regelungen verpflichtet.[10] Bei privatrechtlichen Vorschriften ist Art. 32 GRC im Rahmen der grundrechtskonformen Auslegung zu berücksichtigen.[11]

---

[3] EuGH, Urt. v. 27.6.2006, Rs. C–540/03 (Parlament/Rat), Slg. 2006, I–5769, Rn. 37; siehe zum Übereinkommen z.B. *Tomuschat*, S. 1143; *Eichenhofer*, S. 118 ff.; siehe auch Art. 10 des Internationalen Paktes über wirtschaftliche, soziale und kulturelle Rechte.

[4] *Streinz*, in: Streinz, EUV/AEUV, Art. 32 GRC, Rn. 3.

[5] *Seifert*, EuZW 2011, 696 (700); *Lembke*, in: GSH, Europäisches Unionsrecht, Art. 32 GRC, Rn. 8; EUArbR/*C. Schubert*, Art. 32 GRC, Rn. 2; *Streinz*, in: Streinz, EUV/AEUV, Art. 32 GRC; Rn. 4 (jedenfalls Abwehrrecht); *Krebber*, in: Calliess/Ruffert, EUV/AEUV, Art. 32 GRC, Rn. 2; a. A. *Ross*, in: Schwarze, EU-Kommentar, Art. 32 GRC, Rn. 1; *Jarass*, GRCh, Art. 32 GRC, Rn. 1 (Grundsatz i. S. v. Art. 52 Abs. 5 GRC).

[6] *Jarass*, GRCh, Art. 32 GRC, Rn. 1.

[7] Zu diesem Konzept kritisch *Sagan*, in: Preis/Sagan (Hrsg.), Europäisches Arbeitsrecht, 2015, § 1, Rn. 163 f.

[8] A.A. *Everling*, GS Heinze, 170.

[9] Für die Bedeutung im Verhältnis der EU mit Drittstaaten siehe z.B. *Saage-Maaß/Veith*, juridikum 2011, 352.

[10] *Lembke*, in: GSH, Europäisches Unionsrecht, Art. 32 GRC, Rn. 10.

[11] *Jarass*, GRCh, Art. 32 GRC, Rn. 3; a. A. *Seifert*, EuZW 2011, 696 (700: auf Horizontalwirkung angelegt).

C.   Schutzbereich

I.   Persönlicher Schutzbereich

8   Grundrechtsträger sind Kinder und Jugendliche unabhängig von ihrer Staatsangehörigkeit. Eine Konkretisierung ist durch Art. 3 der Richtlinie 94/33/EG erfolgt. Danach sind **Kinder** alle Personen, die vollzeitschulpflichtig sind oder die das 15. Lebensjahr noch nicht vollendet haben. **Jugendlicher** ist, wer das 15. Lebensjahr bereits vollendet hat bzw. der Vollzeitschulpflicht nicht mehr unterliegt und das 18. Lebensjahr noch nicht vollendet hat.[12] Diese Altersgrenzen stimmen mit denen des internationalen Rechts überein (Art. 2 Abs. 3, Art. 3 des ILO-Übereinkommens 138; Art. 7 ESC).

II.   Sachlicher Schutzbereich

9   Art. 32 Abs. 1 GRC enthält ein grundsätzliches Verbot der **Kinderarbeit**. Der Begriff der »Kinderarbeit« (Satz 1) bzw. des »Arbeitslebens« (Satz 2) erfasst nur Arbeitsverhältnisse im engeren Sinn (einschließlich geringfügiger Tätigkeiten und solche, die im Zusammenhang mit einer Ausbildung oder Berufsbildung stehen). Davon erfasst ist nach Art. 5 der Jugendarbeitsschutzrichtlinie 94/33/EG auch die »Einstellung von Kindern im Hinblick auf ihre Mitwirkung bei kulturellen, künstlerischen, sportlichen oder Werbeaktivitäten«, wobei hier aber weniger strenge Anforderungen des Schutzes gelten. **Niedrigere Altersgrenzen** sind nur »in begrenzten Ausnahmefällen« zulässig (Art. 2 Abs. 2, Art. 4 Abs. 2 der Richtlinie 94/33/EG).

10   Verboten ist auch die Beschäftigung von Personen über 15 Jahren, wenn die **Schulpflicht** zu einem späteren Zeitpunkt endet. Nach Art. 32 Abs. 1 Satz 2 GRC a.E. darf nämlich das Mindestalter für den Eintritt in das Arbeitsleben das Alter, in dem die Schulpflicht endet, nicht unterschreiten. Sekundärrecht oder einzelstaatliches Recht darf für den Eintritt in das Arbeitsleben eine **höhere Altersgrenze** setzen; dies stellt der Zusatz »unbeschadet günstigerer Vorschriften« klar.

11   Die Beschäftigung von **Jugendlichen** ist – im Gegensatz zu Kindern – nach Abs. 2 grundsätzlich erlaubt. Allerdings müssen die Arbeitsbedingungen an Alter und Entwicklungsstand angepasst werden. Jugendliche sind in besonderem Maße nicht nur vor wirtschaftlicher Ausbeutung zu schützen, sondern auch vor jeder Arbeit, die ihre körperliche, geistige, sittliche oder soziale Entwicklung beeinträchtigen oder ihre Erziehung gefährden könnte. Darüber hinaus sollen sie keine Tätigkeiten ausüben dürfen, die ihre Sicherheit und Gesundheit beeinträchtigen könnten, weshalb bestimmte (vor allem gefährliche) Tätigkeiten untersagt sein müssen (s. Art. 7 der Richtlinie 94/33/EG).[13]

12   Über die Festsetzung von Altersgrenzen hinaus enthält das Grundrecht auch ein **Gebot besonderer Arbeitsschutzanforderungen** für die Erwerbsarbeit von Jugendlichen unter 18 Jahren sowie von Lehrlingen. Entsprechende Anforderungen an den Arbeitsschutz sieht Art. 6 der Jugendarbeitsschutzrichtlinie 94/33/EG vor, besondere Arbeitszeitbestimmungen enthält Art. 8 ff. der Richtlinie. Art. 7 ESC sieht darüber hinaus ein »Recht der jugendlichen Arbeitnehmer und Lehrlinge auf ein gerechtes Arbeitsentgelt oder eine angemessene Beihilfe« (Nr. 3) vor, das grundsätzliche Verbot von Nachtarbeit für Personen unter 18 Jahren (Nr. 6) sowie eine Regelung, wonach die Zeit, die Jugend-

---

[12] *Jarass*, GRCh, Art. 32 GRC, Rn. 5 f.
[13] *Ross*, in: Schwarze, EU-Kommentar, Art. 32 GRC, Rn. 6; *Jarass*, GRCh, Art. 32 GRC, Rn. 8.

liche während der normalen Arbeitszeit mit Zustimmung des Arbeitgebers für die Berufsausbildung verwenden, als Teil der täglichen Arbeitszeit gilt (Nr. 4).

D. Eingriffe und Einschränkungen

Das Grundrecht bedarf der **Ausgestaltung**, enthält aber auch einen Kernbereich, in Bezug auf welchen eine Maßnahme der Union oder eines Mitgliedstaats sich als **Einschränkung** im Sinne des Art. 52 Abs. 1 GRC darstellen kann (zur Abgrenzung s. Art. 31 GRC, Rn. 24 ff.).[14] Art. 32 Abs. 1 Satz 2 GRC lässt allerdings nur »begrenzte Ausnahmen« zu, sodass Eingriffe grundsätzlich unzulässig sind. Solche Ausnahmen sind z. B. in Art. 4 Abs. 2, 3 und Art. 5 der Richtlinie 94/33/EG enthalten, etwa im Hinblick auf die Mitwirkung bei kulturellen, künstlerischen, sportlichen und Werbetätigkeiten.[15] Die Eingriffe müssen zeitlich begrenzt, altersangemessen und dem Kindeswohl förderlich sowie verhältnismäßig sein. **13**

Es ist schwer vorstellbar, dass Arbeitsbedingungen, die den Anforderungen des Abs. 2 nicht gerecht werden, als **verhältnismäßig** eingestuft werden können. Ein Verstoß gegen Art. 31 Abs. 2 GRC liegt z. B. darin, dass aufgrund der in Griechenland im Rahmen der Austeritätspolitik getroffenen Maßnahmen junge Arbeitnehmerinnen und Arbeitnehmer kein Recht auf die Mindestdauer bezahlten Jahresurlaubs haben.[16] Denkbar wären in Anlehnung an Art. 7 Abs. 3 Richtlinie 94/33/EG Maßnahmen, die für die Berufsausbildung von Jugendlichen unbedingt erforderlich sind.[17] So ist nach dem Anhang zur ESC auch deren Art. 7 Nr. 2 zu verstehen, wonach vorgesehen werden darf, »dass Jugendliche, die das vorgeschriebene Mindestalter noch nicht erreicht haben, die für ihre Berufsausbildung unbedingt erforderlichen Arbeiten ausführen, wenn diese Arbeiten unter der Aufsicht des zugelassenen fachkundigen Personals ausgeführt werden und die Sicherheit und der Gesundheitsschutz der Jugendlichen am Arbeitsplatz gewährleistet sind«. **14**

E. Verhältnis zu anderen Bestimmungen

Art. 32 GRC ist **lex specialis** zu Art. 31 GRC, aber auch zu Art. 24 GRC.[18] Die Norm ist neben Art. 30, 31 GRC anwendbar, soweit es darum geht, dass Jugendlichen nicht nur besonderer Schutz, sondern mindestens der allen Arbeitnehmern gewährte Schutz zu garantieren ist.[19] **15**

---

[14] Siehe z. B. *Lembke*, in: GSH, Europäisches Unionsrecht, Art. 32 GRC, Rn. 15 zum freiwilligen Dienst Minderjähriger in der deutschen Bundeswehr.

[15] *Krebber*, in: Calliess/Ruffert, EUV/AEUV, Art. 32 GRC, Rn. 2, 4; *Ross*, in: Schwarze, EU-Kommentar, Art. 32 GRC, Rn. 5; *Jarass*, GRCh, Art. 32 GRC, Rn. 7.

[16] Europäischer Ausschuss für soziale Rechte, Nr. 65/2011 und Nr. 66/2011, AuR 2013, 219 f., der nicht nur einen Verstoß gegen Art. 7 Nr. 7 ESC feststellte, sondern auch auf einen Verstoß gegen Art. 10 § 2 erkannte (kein schlüssiges Rahmenwerk für Ausbildungsverhältnisse); vgl. auch *Fischer-Lescano*, KJ 2014, 2. Für einen Überblick über EGMR-Rechtsprechung zu Sparmaßnahmen und Kürzungen siehe auch *Nußberger*, AuR 2014, 130 f.

[17] *Jarass*, GRCh, Art. 32 GRC, Rn. 12 f.

[18] EUArbR/*C. Schubert*, Art. 32 GRC, Rn. 5.

[19] *Jarass*, GRCh, Art. 32 GRC, Rn. 4; *Lembke*, in: GSH, Europäisches Unionsrecht, Art. 32 GRC, Rn. 4.

Artikel 33   GRC Familien- und Berufsleben

(1) Der rechtliche, wirtschaftliche und soziale Schutz der Familie wird gewährleistet.

(2) Um Familien- und Berufsleben miteinander in Einklang bringen zu können, hat jeder Mensch das Recht auf Schutz vor Entlassung aus einem mit der Mutterschaft zusammenhängenden Grund sowie den Anspruch auf einen bezahlten Mutterschaftsurlaub und auf einen Elternurlaub nach der Geburt oder Adoption eines Kindes.

Literaturübersicht

Dahm, Die neue Richtlinie zum Elternurlaub, EuZA 2011, 30; *Nebe*, Betrieblicher Mutterschutz ohne Diskriminierungen: Die Richtlinie 92/85 und ihre Konsequenzen für das deutsche Mutterschutzrecht, 2006; *Rebhahn*, Die Arbeitnehmerbegriffe des Unionsrechts, EuZA 5 (2012), 3.

Leitentscheidungen

EuGH, Urt. v. 16.9.2010, Rs. C–149/10 (Chatzi), Slg. 2010, I–8489
EuGH, Urt. v. 11.11.2010, Rs. C–232/09 (Danosa), Slg. 2010, I–11405
EuGH, Urt. v. 19.9.2013, Rs. C–5/12 (Betriu Montull), ECLI:EU:C:2013:571
EuGH, Urt. v. 18.3.2014, Rs. C–167/12 (C.D. gegen S.T.), ECLI:EU:C:2014:169

Wesentliche sekundärrechtliche Vorschriften

Richtlinie 92/85/EWG vom 19.10.1992 über die Durchführung von Maßnahmen zur Verbesserung der Sicherheit und des Gesundheitsschutzes von schwangeren Arbeitnehmerinnen, Wöchnerinnen und stillenden Arbeitnehmerinnen am Arbeitsplatz, ABl. 1992, L 348/1
Richtlinie 2006/54/EG vom 5.7.2006 zur Verwirklichung des Grundsatzes der Chancengleichheit und Gleichheit von Männern und Frauen in Arbeits- und Beschäftigungsfragen, ABl. 2006, L 204/23
Richtlinie 2010/18/EU vom 8.3.2010 zu der von UNICE, CEEP und EGB geschlossenen Rahmenvereinbarung über Elternurlaub, ABl. 2010, L 68/13
Richtlinie 2010/41/EU vom 7.7.2010 zur Verwirklichung des Grundsatzes der Gleichbehandlung von Männern und Frauen, die eine selbständige Erwerbstätigkeit ausüben, und zur Aufhebung der Richtlinie 86/613/EWG des Rates, ABl. 2010, L 180/1

Inhaltsübersicht

A. Entwicklung und Quellen

1 Nach den Charta-Erläuterungen **stützt sich** Art. 33 Abs. 1 GRC (Schutz der Familie) auf Art. 16 Abs. 1 ESC. Art. 33 Abs. 2 GRC (Mutter- und Elternschutz) orientiert sich an Art. 8 und 27 ESC.[1] Das Recht auf Achtung des Familienlebens ist aber auch in Art. 8 EMRK geschützt.[2]

---

[1] Erläuterungen zur Charta der Grundrechte vom 14.12.2007, ABl. 2007, C 303/17 (27).
[2] EuGH, Urt. v. 27.6.2006, Rs. C–540/03 (Parlament/Rat), Slg. 2006, I–5769, Rn. 52.

Im **Internationalen Recht** enthält z. B. Art. 10 des Internationalen Paktes über wirt- 2
schaftliche, soziale und kulturelle Rechte einen Schutz der Familie, einschließlich des
Mutterschutzes (Nr. 2) sowie des Jugendarbeitsschutzes (Nr. 3). Im Recht der Internationalen Arbeitsorganisation (ILO) wurde das Übereinkommen über den Mutterschutz
mit Übereinkommen 183 im Jahre 2002 neu gefasst.

Im **Recht der Europäischen Union** lehnt sich Art. 33 Abs. 2 GRC an die RL 3
92/85/EWG über Mutterschutz an sowie an die Richtlinie zu der von UNICE, CEEP und
EGB geschlossenen Rahmenvereinbarung über Elternurlaub (RL 2010/18/EU).[3] Art. 33
Abs. 2 GRC hat deshalb einen ähnlichen Wortlaut wie Paragraf 2 Nr. 1 der Rahmenvereinbarung über Elternurlaub, die durch die Richtlinie verbindlich gemacht wird. Die
Norm soll die Vereinbarkeit von Berufs- und Familienleben erwerbstätiger Eltern erleichtern, ein Ziel, das bereits in Nr. 16 der Gemeinschaftscharta der sozialen Grundrechte der Arbeitnehmer festgelegt wurde.[4] Die Norm dient insofern auch der Gleichberechtigung der Geschlechter;[5] dies verdeutlicht der Zusammenhang mit Art. 27 ESC,
der in Nr. 2 den Elternurlaub als Bestandteil des Rechts der Arbeitnehmer auf Chancengleichheit und Gleichbehandlung gewährleistet.[6]

Im Verhältnis der beiden Absätze dieses Artikels ist Art. 33 Abs. 2 GRC **lex specialis** 4
zu Art. 33 Abs. 1 GRC.

Zur Anwendung in **Polen** und im **Vereinigten Königreich** siehe Art. 27 GRC, Rn. 6. 5
Für sie gelten die Gewährleistungen nur insoweit, als diese gleichzeitig auch allgemeine
Grundsätze des Unionsrechts (Art. 6 Abs. 3 EUV) darstellen, also in der EMRK gewährleistet sind oder sich aus den gemeinsamen Verfassungsüberlieferungen der Mitgliedstaaten ergeben.[7] Dies ist für Art. 33 GRC teilweise zu bejahen; jedenfalls das Verbot der
Entlassung wegen der Mutterschaft als Ausfluss des Grundsatzes der Gleichbehandlung
der Geschlechter dürfte als allgemeiner Grundsatz des Unionsrechts anzusehen sein.[8]

In Bezug auf das Familienrecht hat die Republik **Polen** eine weitere Erklärung zur 6
Grundrechte-Charta mit der Schlussakte von Lissabon abgegeben; danach soll die Charta in keiner Weise das Recht der Mitgliedstaaten berühren, u. a. im Bereich des Familienrechts Recht zu setzen.[9]

---

[3] *Knecht*, in: Schwarze, EU-Kommentar, Art. 33 GRC, Rn. 1; *Jarass*, GRCh, Art. 33 GRC, Rn. 1,
10.
[4] EuGH, Urt. v. 16.9.2010, Rs. C–149/10 (Chatzi), Slg. 2010, I–8489, Rn. 37.
[5] Zum Zusammenhang von Geschlechtsdiskriminierung und Elternschaft siehe z. B. EuGH, Urt. v.
20.9.2007, Rs. C–116/06 (Kiiski), Slg. 2007, I–7643, Rn. 49; genauer auch s. Art. 157 AEUV, Rn. 86.
[6] Siehe auch *Streinz*, in: Streinz, EUV/AEUV, Art. 33 GRC, Rn. 2 zu den Gewährleistungen mitgliedstaatlicher Verfassungen.
[7] Zur Notwendigkeit einer solchen Ausdifferenzierung siehe auch *Kühling*, in: v. Bogdandy/Bast,
Europäisches Verfassungsrecht, S. 657 (669).
[8] Zur Qualität der Geschlechtergleichbehandlung als allgemeinem Grundsatz des Unionsrechts
siehe schon EuGH, Urt. v. 8.4.1976, Rs. 43/75 (Defrenne II), Slg. 1976, 455, Rn. 28 f.; siehe auch Urt.
v. 20.9.2007, Rs. C–116/06 (Kiiski), Slg. 2007, I–7643, Rn. 48 (»sozialrechtliches Schutzinstrument
von besonderer Bedeutung«).
[9] Erklärung der Republik Polen zur Charta der Grundrechte der Europäischen Union vom
26.10.2012, ABl. 2012, C–326/360.

B.   Schutz der Familie

7   Es ist unklar, ob Art. 33 Abs. 1 GRC einen bloßen Grundsatz i. S. v. Art. 52 Abs. 5 GRC[10] oder ein Grundrecht[11] darstellt. Die Tatsache, dass spezielle Teilbereiche des Schutzes der Familie als Grundrechte ausgestaltet sind (Art. 7, 9, 33 Abs. 2 GRC), spricht eher dafür, dass Art. 33 Abs. 1 GRC als **Grundsatz** einen allgemeinen Regelungsrahmen einfordert, innerhalb dessen dann spezielle Rechte grundrechtlich gewährleistet sind.

8   Die Norm bedarf der **Ausgestaltung**. Art. 33 GRC wendet sich insofern an die EU sowie an die Mitgliedstaaten; Privatpersonen werden nicht unmittelbar verpflichtet. Art. 16 ESC verweist im Hinblick auf sozialen, gesetzlichen und wirtschaftlichen Schutz insbesondere auf »Sozial- und Familienleistungen, steuerliche Maßnahmen, Förderung des Baus familiengerechter Wohnungen, Hilfen für junge Eheleute und andere geeignete Mittel jeglicher Art«. Konsequenz eines Schutzes im Sinne von Abs. 1 muss es auch sein, dass im Sinne des Art. 27 Nr. 3 ESC Kündigungen aufgrund der Wahrnehmung von Familienpflichten für unzulässig erklärt werden.

9   Eine Ausgestaltungskompetenz der EU besteht jeweils für Teilbereiche, und zwar nicht nur für Maßnahmen zum Familienrecht mit grenzüberschreitendem Bezug (Art. 81 Abs. 3 AEUV), sondern auch für die Familienzusammenführung und Aufenthalts- sowie Freizügigkeitsrechte für Familienmitglieder (Art. 46, 79 Abs. 2 Buchst. a AEUV) sowie für die Koordinierung von sozialen Familienleistungen nach Art. 48 AEUV.

10   Versteht man **Familie** als »Grundeinheit der Gesellschaft« (Art. 16 ESC), bedingt dies eine weite Auslegung. Der Begriff erfasst enge Verwandte sowie die Beziehungen zwischen Eltern bzw. Elternteilen und ihren Kindern sowie zwischen Großeltern und ihren Enkeln und zwischen Geschwistern. Der Schutz ist unabhängig davon, ob die Eltern verheiratet sind, ob sie gleichen oder verschiedenen Geschlechts sind, oder ob es sich um eheliche oder leibliche Kinder handelt.[12] Auch nichteheliche familienähnliche Verantwortungsgemeinschaften unterfallen dem Schutz der Norm. Dies ergibt sich auch daraus, dass nach Art. 16 ESC, der als Auslegungsrichtlinie dienen kann, das »Familienleben« im Zentrum des Schutzes steht, die Familie also nicht allein in ihrem Bestand und als Institution, sondern in ihren sozialen Funktionen, insbesondere für das Aufwachsen von Kindern, geschützt ist.[13]

---

[10] EUArbR/*C. Schubert*, Art. 33 GRC, Rn. 3; *Everling*, Zur Europäischen Grundrechte-Charta und ihren Sozialen Rechten, GS Heinze, 2005, S. 157 (171); *Seifert*, EuZW 2011, 696 (701); *Streinz*, in: Streinz, EUV/AEUV, Art. 33 GRC, Rn. 3.

[11] *Kingreen*, in: Calliess/Ruffert, EUV/AEUV, Art. 33 GRC, Rn. 2 (der vor allem systematische Argumente im Verhältnis zu Art. 9 GRC anführt); *Lembke*, in: GSH, Europäisches Unionsrecht, Art. 33 GRC, 8.

[12] *Jarass*, GRCh, Art. 33 GRC, Rn. 6, 14 f.; *Lembke*, in: GSH, Europäisches Unionsrecht, Art. 33 GRC, Rn. 9 f.; enger *Knecht*, in: Schwarze, EU-Kommentar, Art. 33 GRC, Rn. 3, 5; zur Gleichbehandlung von Adoptivelternschaft im Rahmen des Art. 8 EMRK siehe EGMR, Urt. v. 14. 11. 2013, Nr. 19391/11 (Topčić-Rosenberg/Kroatien), Rn. 38 ff.

[13] Für Art. 11 Nr. 1 bis 3 der Richtlinie 92/85/EWG, die Art. 33 Abs. 2 GRC teilweise konkretisiert: EuGH, Urt. v. 1. 7. 2010, Rs. C–194/08 (Gassmayr), Slg. 2010, I–6281. Vgl. auch Art. 10 Nr. 1 des Internationalen Paktes über wirtschaftliche, soziale und kulturelle Rechte: Familie als »die natürliche Kernzelle der Gesellschaft«, »solange sie für die Betreuung und Erziehung unterhaltsberechtigter Kinder verantwortlich ist«; a. A. (»traditioneller, formaler Familienbegriff«) *Knecht*, in: Schwarze, EU-Kommentar, Art. 33 GRC, Rn. 3.

C. Recht auf Vereinbarkeit von Beruf und Familie

I. Adressaten und Gewährleistungsgehalt

Bei Art. 33 Abs. 2 GRC handelt es sich unbestritten um ein einklagbares **subjektives** **11**
Recht.[14] Konkret werden drei Gruppen von Rechten gewährt: ein Recht auf Schutz vor
Entlassung aus einem mit der Mutterschaft zusammenhängenden Grund, ein Anspruch
auf einen bezahlten Mutterschaftsurlaub und ein Anspruch auf einen Elternurlaub nach
Geburt oder Adoption eines Kindes.

Für die Ausgestaltung kommt der EU im Hinblick auf die Mutterschaft eine Kompe- **12**
tenz nach Art. 153 Abs. 1 Buchst. a AEUV zu;[15] in Hinblick auf die Elternzeit ergibt sich
die **Ausgestaltungskompetenz** aus der Zuständigkeit für Maßnahmen zur Chancengleichheit der Geschlechter (Art. 153 Abs. 1 Buchst. i AEUV; siehe auch Art. 157
Abs. 3 AEUV).

Die Ausgestaltung ist am Kerngehalt des Grundrechts zu messen; dieses ist auch **13**
Auslegungsmaßstab für Sekundärrecht aus anderen Rechtsgrundlagen.

Privatpersonen werden nicht unmittelbar durch Art. 33 Abs. 2 GRC, sondern ledig- **14**
lich mittelbar durch die zur Durchführung der Schutzpflicht ergangenen Regelungen
verpflichtet.[16]

II. Persönlicher Schutzbereich

Als Grundrechtsträger nennt Art. 33 Abs. 2 GRC jeden Menschen. Eine Beschränkung **15**
auf **Mütter** ergibt sich nach Sinn und Zweck lediglich für den biologisch begründeten
Mutterschutz im engeren Sinn.[17] Der Mutterschutz im engeren Sinn setzt voraus, dass
die betreffende Person »schwanger war und entbunden hat«. Eine Bestellmutter, die
aufgrund einer Ersatzmuttervereinbarung ein Kind erhalten hat, unterfällt deshalb nicht
dem Anwendungsbereich; in Hinblick auf den Zweck der Norm sollte dies aber entgegen
dem EuGH anders gesehen werden, wenn die Mutter das Kind nach der Geburt tatsächlich stillt.[18]

Soweit die Norm Rechte für Eltern enthält, ist der Schutzbereich »**jeder Mensch**« sehr **16**
weit zu ziehen. Er erfasst insofern die gesamte Familie; die Begriffe der Eltern und
Familienmitglieder sind nicht auf den personensorgerechtlichen Rahmen beschränkt.[19]
Rechte bestehen jedoch nur für Familienmitglieder, die für Kinder sorgen; es handelt
sich nicht um originäre Rechte der Kinder selbst; etwas anderes ergibt sich auch nicht aus
Art. 24 GRC.[20]

---

[14] Erläuterungen zur Charta der Grundrechte vom 14.12.2007, ABl. 2007, C 303/17 (27);
EUArbR/*C. Schubert* Art. 33 GRC, Rn. 4; *Folz*, in: Vedder/Heintschel v. Heinegg, Europäisches Unionsrecht, Art. 33 GRC, Rn. 3; *Knecht*, in: Schwarze, EU-Kommentar, Art. 33 GRC, Rn. 7 f.; *Jarass*,
GRCh, Art. 33 GRC, Rn. 3, 11; *Streinz*, in: Streinz, EUV/AEUV, Art. 33 GRC, Rn. 3.
[15] *Jarass*, GRCh, Art. 33 GRC, Rn. 2, 10 f.
[16] *Lembke*, in: GSH, Europäisches Unionsrecht, Art. 33 GRC, Rn. 14.
[17] *Jarass*, GRCh, Art. 33 GRC, Rn. 6, 14 f.; EuGH, Urt. v. 19.9.2013, Rs. C–5/12 (Betriu Montull),
Rn. 59 ff.; a. A. in Hinblick auf den Vater: *Graue*, ZESAR 2014, 190 (190 f.).
[18] Für Art. 8 der Richtlinie 92/85/EWG: EuGH, Urt. v. 18.3.2014, Rs. C–167/12 (C.D. gegen S. T.),
ECLI:EU:C:2014:169, Rn. 37 ff.; Urt. v. 18.3.2014, Rs. C–363/12 (Z./A Government Department),
ECLI:EU:C:2014:159, Rn. 58.
[19] *Kingreen*, in: Calliess/Ruffert, EUV/AEUV, Art. 33 GRC, Rn 3, 6; *Knecht*, in: Schwarze, EU-
Kommentar, Art. 33 GRC, Rn. 3, 5.
[20] So auch schon EuGH, Urt. v. 16.9.2010, Rs. C–149/10 (Chatzi), Slg. 2010, I–8489, Rn. 33 f.,

17   Fraglich ist, inwieweit sich die Norm auf **Arbeitnehmerinnen und Arbeitnehmer** beschränkt. Zwar beziehen sich die Rechtsakte, auf die in den Charta-Erläuterungen Bezug genommen wird, allein auf Arbeitnehmer.[21] Allerdings wurde die ursprünglich erwogene Formulierung »jede Arbeitnehmerin, jeder Arbeitnehmer« im Laufe der Beratungen im Europäischen Konvent durch den Begriff »Mensch« ersetzt.[22] Dafür, dass
Selbstständige grundsätzlich vom Schutzbereich erfasst sind, spricht ferner, dass das
Grundrecht auch durch Art. 8 der RL 2010/41/EU konkretisiert wird, der Mutterschaftsleistungen zur Ermöglichung eines Mutterschaftsurlaub von 14 Wochen verlangt.[23] Diese Richtlinie erfasst neben »alle[n] Personen, die nach einzelstaatlichem
Recht eine Erwerbstätigkeit auf eigene Rechnung ausüben« (Art. 2a)[24] auch »Ehepartner oder mitgliedstaatlich anerkannte Lebenspartner von selbstständigen Erwerbstätigen, die sich nach den Bedingungen des innerstaatlichen Rechts gewöhnlich an den
Tätigkeiten der selbständigen Erwerbstätigen beteiligen, indem sie dieselben Aufgaben
oder Hilfsaufgaben erfüllen« (Art. 2b).

18   Hingegen gilt das Recht auf Elternzeit nach geltendem Unionsrecht (RL 2010/18/EU)
nur »für alle Arbeitnehmer, Männer und Frauen, die […] über einen Arbeitsvertrag
verfügen oder in einem Arbeitsverhältnis stehen«. Gerechtfertigt wird dies durch den
Zweck des Elternurlaubs. Dieser soll die Vereinbarkeit von Berufs- und Familienleben
erwerbstätiger Eltern erleichtern.[25]

III. Sachlicher Schutzbereich

19   Art. 33 Abs. 2 GRC verbietet zunächst die **Entlassung** eines Grundrechtsträgers aus
einem mit der Mutterschaft zusammenhängenden Grund. Der Begriff der Entlassung ist
wie in Art. 30 GRC zu verstehen (s. Art. 30 GRC, Rn. 15). Nach den Erläuterungen zur
Charta[26] deckt der Begriff »Mutterschaft« den Zeitraum von der Zeugung bis zum Stillen des Kindes ab; in Anlehnung an Art. 8 und Art. 10 der Mutterschutz-RL 92/85/EWG
muss das Entlassungsverbot allerdings förmlich bis zum Ende des Mutterschaftsurlaubs
gelten, da das Entlassungsrisiko eng mit der Freistellung von der Erwerbsarbeit zusammenhängt. Die Norm verbietet anders als Art. 8 Nr. 2 ESC nicht jede Kündigung während der Schwangerschaft oder während des Mutterschaftsurlaubs. Auch nach der Zeit
des Mutterschaftsurlaubs kann eine Entlassung oder sonstige Benachteiligung aber noch
wegen Verstoßes gegen das Geschlechtergleichbehandlungsgebot unzulässig sein; nach
Art. 2 Abs. 2 c der RL 2006/54/EG ist jegliche ungünstigere Behandlung einer Frau im
Zusammenhang mit Schwangerschaft oder Mutterschaftsurlaub eine unmittelbare Diskriminierung wegen des Geschlechts.[27]

20   Weiter schützt Art. 33 Abs. 2 GRC den **Mutterschaftsurlaub**, also eine Freistellung für
eine ununterbrochene Zeit vor und/oder nach der Entbindung von (insgesamt) mindes-

---

39f. zu Paragraf 2 Nr. 1 der Rahmenvereinbarung zur Elternzeitrichtlinie (heute Richtlinie
2010/18/EU).

[21] *Jarass*, GRCh, Art. 33 GRC, Rn. 6, 14f.

[22] *Kingreen*, in: Calliess/Ruffert, EUV/AEUV, Art. 33 GRC, Rn 3, 6; *Knecht*, in: Schwarze, EU-
Kommentar, Art. 33 GRC, Rn. 3, 5; im Ergebnis genauso EUArbR/*C. Schubert*, Art. 33 GRC, Rn. 13.

[23] So auch *Lembke*, in: GSH, Europäisches Unionsrecht, Art. 33 GRC, Rn. 23.

[24] Kritisch zu diesem Begriff der Selbstständigkeit *Rebhahn*, EuZA 5 (2012), 3 (33).

[25] EuGH, Urt. v. 16.9.2010, Rs. C–149/10 (Chatzi), Slg. 2010, I–8489, Rn. 33f., 40.

[26] S. Rn. 1.

[27] S. Art. 157 AEUV, Rn. 85 zu Nachteilen beim Entgelt.

tens 14 Wochen (insofern konkretisiert durch Art. 8 RL 92/85/EWG bzw. Art. 8 ESC).[28]
Der Mutterschaftsurlaub muss bezahlt werden, sei es durch den Arbeitgeber oder durch
angemessene Leistungen der sozialen Sicherheit (Art. 8 Nr. 1 ESC), die mindestens den
Bezügen entsprechen müssen, die im Falle einer Unterbrechung der Erwerbstätigkeit
aus gesundheitlichen Gründen gewährleistet ist (s. Art. 11 Nr. 3 der RL 92/85/EWG).[29]
Der Anspruch auf Mutterschaftsurlaub ist als sozialrechtliches Schutzinstrument von
besonderer Bedeutung anzusehen. Er soll »zum einen dem Schutz der körperlichen
Verfassung der Frau während und nach der Schwangerschaft, zum anderen dem Schutz
der besonderen Beziehung zwischen der Mutter und ihrem Kind während der an
Schwangerschaft und Entbindung anschließenden Zeit dienen [...], damit diese Beziehung nicht durch die Doppelbelastung infolge der gleichzeitigen Ausübung eines Berufs
gestört wird.«[30] Demnach darf der Mutterschaftsurlaub der Mutter nicht gegen ihren
Willen entzogen werden, um ihn ganz oder teilweise dem Vater des Kindes zukommen
zu lassen; es darf aber erlaubt werden, dass sie zugunsten des Vaters ganz oder teilweise
darauf verzichtet.[31] Mutterschaftsurlaub ist jegliche Freistellung, die diese Zwecke verfolgt, auch wenn sie einzelstaatlich über 14 Wochen hinausgeht.[32]

Den Eltern steht darüber hinaus gemäß Art. 33 Abs. 2 GRC nach der Geburt oder der   **21**
Adoption eines Kindes **Elternzeit** zu – in Anlehnung an § 2 Abs. 1 und 2 der Rahmenvereinbarung zur RL 2010/18/EG für vier Monate seit der Geburt bzw. der Adoption;
zur Förderung der Chancengleichheit ist einer dieser Monate nicht von einem auf das
andere Elternteil übertragbar. Der Elternurlaub soll es den Eltern ermöglichen, sich um
ihr Kind zu kümmern, die Erziehung sicherzustellen, und allgemein ihre elterliche Verantwortung so wahrzunehmen, wie sie es für richtig halten.[33] Eine Bezahlung ist nicht
geboten.[34]

Anforderungen an die Ausgestaltung im Einzelnen ergeben sich auch aus Art. 27   **22**
Nr. 1a ESC. Denn »um die **wirksame Ausübung des Rechts** auf Chancengleichheit und
Gleichbehandlung männlicher und weiblicher Arbeitnehmer mit Familienpflichten so-
wie dieser Arbeitnehmer und der übrigen Arbeitnehmer zu gewährleisten«, muss es
Arbeitnehmern mit Familienpflichten ermöglicht werden, erwerbstätig zu werden und
zu bleiben sowie nach einer durch diese Pflichten bedingten Abwesenheit wieder in das
Erwerbsleben einzutreten (s. § 6 Abs. 2 der Rahmenvereinbarung zur RL 2010/18/EG;
zur Rückkehr aus der Elternzeit § 5 Abs. 1 und 2, § 6 Abs. 1 der Rahmenvereinbarung).

---

[28] Zu Reformüberlegungen siehe Europäische Kommission, Vorschlag für eine Richtlinie des Europäischen Parlaments und des Rates vom 3. 10. 2008 zur Änderung der Richtlinie 92/85/EWG, KOM
(2008) 600/4 (das Verfahren wurde 2015 zunächst gestoppt).

[29] Zur Höhe siehe EuGH, Urt. v. 1. 7. 2010, Rs. C–194/08 (Gassmayr), Slg. 2010, I–6281, Rn. 61;
Urt. v. 1. 7. 2010, Rs. C–471/08 (Parviainen), Slg. 2010, I–6533, Rn. 58; genauer zur Kompetenz s.
Art. 153 AEUV, Rn. 124.

[30] EuGH, Urt. v. 20. 9. 2007, Rs. C–116/06 (Kiiski), Slg. 2007, I–7643, Rn. 46 ff.; Urt. v.
19. 9. 2013, Rs. C–5/12 (Betriu Montull), ECLI:EU:C:2013:571, Rn. 48 ff.

[31] EuGH, Urt. v. 19. 9. 2013, Rs. C–5/12 (Betriu Montull), ECLI:EU:C:2013:571, noch Rn. 56 ff.

[32] EuGH, Urt. v. 18. 11. 2004, Rs. C–284/02 (Sass), Slg. 2004, I–11143, Rn. 44; Urt. v. 19. 9. 2013,
Rs. C–5/12 (Betriu Montull), ECLI:EU:C:2013:571, Rn. 45.

[33] EuGH, Urt. v. 16. 9. 2010, Rs. C–149/10 (Chatzi), Slg. 2010, I–8489, Rn. 53; Urt. v. 20. 9. 2007,
Rs. C–116/06 (Kiiski), Slg. 2007, I–7643, Rn. 35.

[34] *Kingreen*, in: Calliess/Ruffert, EUV/AEUV, Art. 33 GRC, Rn 8 f.; *Knecht*, in: Schwarze, EU-
Kommentar, Art. 33 GRC, Rn. 10; *Jarass*, GRCh, Art. 33 GRC, Rn. 16 ff.

D. Verhältnis zu anderen Bestimmungen

23   Bei Entlassung wegen der Mutterschaft oder bei sonstigen **Ungleichbehandlungen**, die mit der Mutterschaft oder Elternschaft zusammenhängen, kann Art. 23 GRC neben Art. 33 Abs. 2 GRC Anwendung finden.[35] Im Verhältnis zu Art. 30 GRC ist hingegen Art. 33 Abs. 2 GRC lex specialis. Hinsichtlich des Mutterschafts- und Elternurlaubs ist Art. 33 Abs. 2 GRC spezieller als Art. 31 GRC (Gewährleistung gerechter und angemessener Arbeitsbedingungen); umgekehrt geht Art. 31 Abs. 1 GRC vor, soweit es den Schutz der Sicherheit und Gesundheit von Schwangeren und stillenden Müttern am Arbeitsplatz angeht. Für die Leistungen der Sozialversicherung im Bereich der Mutterschaft greift zudem Art. 34 GRC.[36]

24   Die **Art. 7 und 9 GRC** sind leges speciales zu Art. 33 GRC.[37] Sie statuieren für Sonderaspekte des Schutzes von Familien besondere Garantien, außerhalb derer die allgemeine Regelung von Art. 33 GRC gilt. Steht das Kind und nicht die Familie im Vordergrund, so sind die Rechte für Kinder (Art. 24 und 32 GRC) zu beachten.

---

[35] *Lembke*, in: GSH, Europäisches Unionsrecht, Art. 33 GRC, Rn. 3.

[36] Anders wohl EUArbR/*C. Schubert*, Art. 33 GRC, Rn. 9 (Art. 34 sei vorrangig).

[37] *Jarass*, GRCh, Art. 33 GRC, Rn. 5, 13; a.A. *Lembke*, in: GSH, Europäisches Unionsrecht, Art. 33 GRC, Rn. 19 (»Ergänzung«).

Artikel 34 GRC Soziale Sicherheit und soziale Unterstützung

(1) Die Union anerkennt und achtet das Recht auf Zugang zu den Leistungen der sozialen Sicherheit und zu den sozialen Diensten, die in Fällen wie Mutterschaft, Krankheit, Arbeitsunfall, Pflegebedürftigkeit oder im Alter sowie bei Verlust des Arbeitsplatzes Schutz gewährleisten, nach Maßgabe des Unionsrechts und der einzelstaatlichen Rechtsvorschriften und Gepflogenheiten.

(2) Jeder Mensch, der in der Union seinen rechtmäßigen Wohnsitz hat und seinen Aufenthalt rechtmäßig wechselt, hat Anspruch auf die Leistungen der sozialen Sicherheit und die sozialen Vergünstigungen nach dem Unionsrecht und den einzelstaatlichen Rechtsvorschriften und Gepflogenheiten.

(3) Um die soziale Ausgrenzung und die Armut zu bekämpfen, anerkennt und achtet die Union das Recht auf eine soziale Unterstützung und eine Unterstützung für die Wohnung, die allen, die nicht über ausreichende Mittel verfügen, ein menschenwürdiges Dasein sicherstellen sollen, nach Maßgabe des Unionsrechts und der einzelstaatlichen Rechtsvorschriften und Gepflogenheiten.

Literaturübersicht

Eichenhofer, Soziale Menschenrechte im Völker-, europäischen und deutschen Recht, 2012; *Everling*, Zur Europäischen Grundrechte-Charta und ihren Sozialen Rechten, GS Heinze, 2005, 157; *Nußberger*, Der Einfluss der EMRK auf das deutsche Arbeitsrecht, AuR 2014, 130; *Seifert*, Die horizontale Wirkung von Grundrechten, EuZW 2011, 696 (701).

Leitentscheidung

EuGH, Urt. v. 24. 4. 2012, Rs. C–571/10 (Kamberaj), ECLI:EU:C:2012:233

Inhaltsübersicht

A. Entwicklung und Quellen

Nach den Charta-Erläuterungen wird Art. 34 Abs. 1 GRC **gestützt auf** Art. 12 ESC und Nr. 10 der Gemeinschaftscharta der sozialen Grundrechte der Arbeitnehmer von 1989.[1] Art. 34 Abs. 2 GRC basiert auf Art. 12 Abs. 4, 13 Abs. 4 ESC, Nr. 2 der Gemeinschaftscharta von 1989 und gibt Regelungen aus den Verordnungen 1408/71[2] (abgelöst durch

---

[1] Erläuterungen zur Charta der Grundrechte vom 14. 12. 2007, ABl. 2007, C 303/17.

[2] Verordnung (EWG) Nr. 1408/71 vom 14. 6. 1971 zur Anwendung der Systeme der sozialen Sicherheit auf Arbeitnehmer und Selbstständige sowie deren Familienangehörige, die innerhalb der Gemeinschaft zu und abwandern, ABl. 1979, L 149/2.

Verordnung 883/2004)[3] und 1612/68[4] (abgelöst durch Verordnung 492/2011)[5] wider. Art. 34 Abs. 3 GRC lehnt sich an Art. 13 ESC (Recht auf Fürsorge), Art. 30 ESC (Recht auf Schutz gegen Armut und soziale Ausgrenzung), an Art. 31 ESC (Recht auf Wohnung) sowie an Nr. 10 der Gemeinschaftscharta von 1989 (sozialer Schutz) an.

2   Das **Recht der Europäischen Union** erklärt den »soziale(n) Schutz« zu den Zielen der Europäischen Union und steht in einem engen Zusammenhang mit sozialer Gerechtigkeit und dem Kampf gegen soziale Ausgrenzung (Art. 3 Abs. 2 UAbs. 2 EUV; s. Art. 9 AEUV, Rn. 3, 4, 9; Art. 151 AEUV, Rn. 14). Im Sekundärrecht existieren in Bezug auf die soziale Sicherung überwiegend Koordinierungsregelungen für den Fall der Freizügigkeit (Grundverordnung 883/2004 und Durchführungsverordnung 987/2009)[6].[7] Im Übrigen ergeben sich aus der Unionsbürgerfreizügigkeit, der Arbeitnehmerfreizügigkeit und der Arbeitnehmerfreizügigkeitsverordnung 492/2011 Rechte auf Gleichbehandlung bei sozialen Vergünstigungen.[8] Die Antirassismusrichtlinie 2000/43/EG[9] verbietet darüber hinaus die Diskriminierung beim Sozialschutz, einschließlich der sozialen Sicherheit und des Gesundheitsdienstes sowie bei sozialen Vergünstigungen (Art. 3 e und f). Aus den **Verfassungstraditionen der Mitgliedstaaten** ergibt sich mindestens ein Anspruch auf das Existenzminimum.[10]

3   Im internationalen Recht gehört sowohl das Recht auf soziale Sicherheit zu den **Menschenrechten**, als auch das in Art. 34 Abs. 3 GRC angesprochene Recht auf Fürsorge und Wohnung.[11] Eine wichtige Rechtsgrundlage ist insbesondere Übereinkommen Nr. 102 der Internationalen Arbeitsorganisation (ILO) über die Mindestnormen der Sozialen Sicherheit (1952). Ratifizierende Staaten müssen mindestens drei der dort insgesamt neun genannten Risiken absichern und die jeweils gestellten Minimalanforderungen gewährleisten.[12]

4   Zur Anwendung in **Polen** und dem **Vereinigten Königreich** siehe Art. 27, Rn. 6 GRC.

---

[3] Verordnung (EG) Nr. 883/2004 des Europäischen Parlaments und des Rates vom 29. 4. 2004 zur Koordinierung der Systeme der sozialen Sicherheit, ABl. 2004, L 166/1.

[4] Verordnung (EWG) Nr. 1612/68 vom 15. 10.1968 über die Freizügigkeit innerhalb der Gemeinschaft, ABl. 1968, L 295/12.

[5] Verordnung (EU) Nr. 492/2011 vom 5. 4. 2011 über die Freizügigkeit der Arbeitnehmer innerhalb der Union, ABl. 2011, L 141/1.

[6] Verordnung (EG) Nr. 987/2009 des Europäischen Parlaments und des Rates vom 29. 4. 2004 zur Koordinierung der Systeme der sozialen Sicherheit und zur Festlegung der Modalitäten für die Durchführung der Verordnung (EG) Nr. 883/2004 über die Koordinierung der Systeme der sozialen Sicherheit, ABl. 2009, L 284/1.

[7] S. Art. 48 AEUV, Rn. 9 ff.

[8] S. Art. 46 AEUV, Rn. 9 ff.

[9] Richtlinie 2000/43/EG vom 29. 6. 2000 zur Anwendung des Gleichbehandlungsgrundsatzes ohne Unterschied der Rasse oder der ethnischen Herkunft, ABl. 2000, L 180/22.

[10] *Streinz*, in: Streinz, EUV/AEUV, Art. 34 GRC, Rn. 4; *Lembke*, in: GSH, Europäisches Unionsrecht, Art. 34 GRC, Rn. 6.

[11] *Eichenhofer* ausführlich zu den Rechtsgrundlagen (S. 114 ff. zum Recht auf Fürsorge; S. 117 ff. zum Recht auf Wohnung; S. 130 ff. zum Recht auf soziale Sicherheit); vgl. z. B. Art. 9 des Internationalen Paktes über wirtschaftliche, soziale und kulturelle Rechte; siehe auch *Lembke*, in: GSH, Europäisches Unionsrecht, Art. 34 GRC, Rn. 2.

[12] *Eichenhofer* S. 131, dort auch zum Europäischen Codex des Europarats, der die Absicherung von mindestens sechs der genannten Risiken vorsieht.

B. Adressaten und Gewährleistungsgehalt

Art. 34 Abs. 1 und 3 GRC wenden sich nur an die EU; Abs. 2 richtet sich darüber hinaus **5**
auch an die Mitgliedstaaten. Dies liegt darin begründet, dass mit dem sozialen Schutz
und der sozialen Sicherheit ein Bereich angesprochen ist, der im **Verhältnis zwischen EU
und Mitgliedstaaten** letzteren vorbehalten ist (s. Art. 151 AEUV, Rn. 25 ff.). Die Pflicht
zu Anerkennung und Achtung des Rechts enthält also vor allem eine Pflicht der Union
gegenüber dem mitgliedstaatlichen Recht.

Aufgrund dieser Aufgabenverteilung kommt der Union hier nur eine begrenzte **Aus-** **6**
gestaltungskompetenz zu, über die allerdings ausgestalteten Rechte grundrechtliche
Qualität verliehen werden kann (s. Art. 27 GRC, Rn. 16). Für soziale Sicherheit und
sozialen Schutz der Arbeitnehmer können zwar nach Art. 153 Abs. 1 Buchst. c, Abs. 2
AEUV Mindestvorschriften in Richtlinien erlassen werden; dies setzt jedoch Einstimmigkeit im Rat voraus. Es handelt sich um die einzige Kompetenznorm im Bereich der
Sozialpolitik, bei der der Rat nicht einmal selbst die Anwendung des ordentlichen Gesetzgebungsverfahrens beschließen kann. Weitere Kompetenzgrenzen setzt Art. 153
Abs. 4 AEUV; danach dürfen Maßnahmen nach Art. 153 AEUV die anerkannte Befugnis der Mitgliedstaaten, die Grundprinzipien ihres Systems der sozialen Sicherheit festzulegen, nicht einmal berühren; das finanzielle Gleichgewicht der Systeme der sozialen
Sicherheit dürfen sie auch im Übrigen nicht erheblich beeinträchtigen. Für die Modernisierung der Systeme des sozialen Schutzes enthält Art. 153 Abs. 1 Buchst. k AEUV
zwar ebenfalls eine kompetenzielle Grundlage, die sich jedoch genau wie die Kompetenz zur Bekämpfung von sozialen Ausgrenzungen nur auf eine Förderung der Zusammenarbeit auf der Ebene der Mitgliedstaaten berechtigt (siehe auch Art. 156 AEUV).
Darüber hinaus ist auf die Kompetenzen zur Koordinierung der sozialen Sicherheit zur
Förderung der Freizügigkeit hinzuweisen (Art. 21 Abs. 2 Satz 2 AEUV; Art.48 AEUV).

Da eine Konkretisierung demnach überwiegend auf Ebene der Mitgliedstaaten er- **7**
folgt und Art. 34 GRC wie schon Art. 27, 28 und 30 GRC in allen drei Absätzen auf die
Maßgaben des Unionsrechts und der einzelstaatlichen Rechtsvorschriften und Gepflogenheiten verweist, ist der Regelungsgehalt umstritten. Jedenfalls **Abs. 3** stellt lediglich
einen **Grundsatz** im Sinne von Art. 52 Abs. 5 GRC dar, aufgrund dessen die einzelstaatlichen Ausgestaltungen auf unionsrechtlicher Ebene anzuerkennen sind.[13]

Anders als Abs. 1 und 3 verpflichtet **Abs. 2** hingegen nicht nur zu Anerkennung und **8**
Achtung eines Rechts, sondern gewährt ausdrücklich einen Anspruch, enthält also ein
selbstständiges **subjektives Recht**.[14]

Weniger klar ist der Rechtscharakter in Bezug auf Art. 34 Abs. 1 GRC. Zwar adres- **9**
siert die Norm explizit ebenfalls lediglich die Union und verpflichtet sie, mitgliedstaatliche Normen anzuerkennen. Rechte auf Zugang sind aber in ihrem Kern Rechte auf
Gleichbehandlung, und diese wiederum gehören zu den Grundlagen des Unionsrechts.

[13] Siehe z. B. *Everling*, GS Heinze, 171; *Seifert*, EuZW 2011, 701; *Streinz*, in: Streinz, EUV/AEUV,
Art. 34 GRC, Rn. 3; *Lembke*, in: GSH, Europäisches Unionsrecht, Art. 34 GRC, Rn. 7.
[14] *Nußberger*, in: Tettinger/Stern, EuGRCh, Art. 34 GRC, Rn. 57, 128; *Ross*, in: Schwarze, EU-
Kommentar, Art. 34 GRC, Rn. 2; *Streinz*, in: Streinz, EUV/AEUV, Art. 34 GRC, Rn. 2; *Lembke*, in:
GSH, Europäisches Unionsrecht, Art. 34 GRC, Rn. 7; siehe aber für Art. 12 ESC (Gebot der sozialen
Sicherheit) LAG Niedersachsen, Urt. v. 19. 11. 2008, AktZ. 15 TaBV 159/07 (kein unmittelbarer
Rechtsanspruch) (n. rkr.; Verfahren in der Revisionsinstanz eingestellt).

Es wird deshalb überwiegend davon ausgegangen, dass **Abs. 1** auch ein **subjektives Recht** enthält.[15]

10   Die **Mitgliedstaaten müssen** bei der Festlegung von Maßnahmen im Bereich der sozialen Sicherheit, der Sozialhilfe und des Sozialschutzes ebenfalls die Vorgaben des Art. 34 GRC beachten;[16] dies gilt allerdings nur im Anwendungsbereich des Unionsrechts. [17]

11   Sekundärrecht ist im Sinne dieser Vorschrift **auszulegen.**[18]

12   **Privatpersonen** werden durch Art. 34 GRC nicht unmittelbar verpflichtet;[19] privatrechtliche Regelungen zur Umsetzung der Schutzpflicht sind aber grundrechtskonform auszulegen.

C.   Schutzbereich

I.   Persönlicher Schutzbereich

13   Art. 34 GRC gewährleistet die Rechte **jedes Menschen** (vgl. Abs. 2). Juristische Personen sind nicht erfasst. Dies ergibt sich auch aus der Zielsetzung der Norm, die sich auf die Gewährleistung sozialer Gerechtigkeit und die Verhinderung sozialer Ausgrenzung richtet und insofern die gesellschaftlichen Verhältnisse der Menschen zueinander gestalten will. Der Schutz des Art. 34 GRC ist unabhängig von der Staatsangehörigkeit. Für Drittstaatsangehörige wird dies konkretisiert durch Art. 11 Abs. 1 Buchst. d der Richtlinie 2003/109/EG[20] betreffend die Rechtsstellung der langfristig aufenthaltsberechtigten Drittstaatsangehörigen, wonach langfristig Aufenthaltsberechtigte in Bezug auf soziale Sicherheit, Sozialhilfe und Sozialschutz Anspruch auf Gleichbehandlung haben.[21]

14   Die Norm gilt **nicht nur für Arbeitnehmerinnen und Arbeitnehmer.** Insofern wird die Richtlinie u. a. durch Art. 7 der Richtlinie 2010/41/EU konkretisiert,[22] der ein Recht auf sozialen Schutz für selbstständig Erwerbstätige gewährleistet. Soweit es auf einzelstaatlicher Ebene für diese ein System der sozialen Sicherheit gibt, muss dieses auf obligatorischer oder freiwilliger Basis darüber hinaus auch für ihre Ehepartner und anerkannten Lebenspartner gelten, wenn diese sich »gewöhnlich an den Tätigkeiten der selb-

---

[15] Für die Anerkennung eines subjektiven Rechts *Ross*, in: Schwarze, EU-Kommentar, Art. 34 GRC, Rn. 1, 3, 7, 11; *Jarass*, GRCh, Art. 34 GRC, Rn. 1–3, 12 f.; *Nußberger*, in: Tettinger/Stern, EuGRCh, Art. 34 GRC, Rn. 55 f.; ein Abwehrrecht erblickt *Riedel*, in: Meyer: GRCh, Art. 34 GRC, Rn. 16 f.; a. A. (Grundsatz) *Streinz*, in: Streinz, EUV/AEUV, Art. 34 GRC, Rn. 1; *Lembke*, in: GSH, Europäisches Unionsrecht, Art. 34 GRC, Rn. 7; *Kingreen*, in: Calliess/Ruffert, EUV/AEUV, Art. 34 GRC, Rn. 4, 15.

[16] EuGH, Urt. v. 24. 4. 2012, Rs. C–571/10 (Kamberaj), ECLI:EU:C:2012:233, Rn. 79 f.

[17] EuGH, Urt. v. 26. 2. 2013, Rs. C–617/10 (Åkerberg Fransson), ECLI:EU:C:2013:105.

[18] *Streinz*, in: Streinz, EUV/AEUV, Art. 34 GRC, Rn. 5; siehe z. B. EuGH, Urt. v. 24. 4. 2012, Rs. C–571/10 (Kamberaj), ECLI:EU:C:2012:233, Rn. 92.

[19] *Ross*, in: Schwarze, EU-Kommentar, Art. 34 GRC, Rn. 6, 10; *Jarass*, GRCh, Art. 34 GRC, Rn. 4, 14.

[20] Richtlinie 2003/109/EG vom 23. 11. 2003 betreffend die Rechtsstellung der langfristig aufenthaltsberechtigten Drittstaatsangehörigen, ABl. 2003, L 16/44.

[21] Zu den insoweit noch nicht eingelösten Funktionen der Norm siehe *Bokeloh*, ZESAR 2016, 77 f.

[22] Richtlinie 2010/41/EU vom 7. 7. 2010 zur Verwirklichung des Grundsatzes der Gleichbehandlung von Männern und Frauen, die eine selbstständige Erwerbstätigkeit ausüben, und zur Aufhebung der Richtlinie 86/613/EWG des Rates, ABl. 2010, L 180/1.

ständigen Erwerbstätigen beteiligen, indem sie dieselben Aufgaben oder Hilfsaufgaben erfüllen« (Art. 2 Buchst. b der Richtlinie 2010/41/EU).

Art. 34 Abs. 3 GRC erfasst **alle, die nicht über ausreichende Mittel verfügen**, und gilt damit unabhängig von einem Arbeitsverhältnis oder einer sonstigen Erwerbsarbeit.   **15**

II. Sachlicher Schutzbereich und Einschränkungen

Aufgrund der Kompetenzverteilung darf der Unionsgesetzgeber die zwischen den Mit-   **16**
gliedstaaten bestehenden Unterschiede in Definition und Tragweite der sozialen Sicherheit, der Sozialhilfe und des Sozialschutzes nicht einebnen. Diese Begriffe sind also nach dem Recht der Mitgliedstaaten und **nicht autonom** unionsrechtlich zu definieren.[23]

Leistungen der **sozialen Sicherheit** im Sinne von Art. 34 Abs. 1 und 2 GRC sind   **17**
sozialversicherungsrechtliche Leistungen zum Schutz vor bestimmten sozialen Risiken. Da Sozialversicherungssysteme auf den Prinzipien des gegenseitigen Ausgleichs beruhen (s. Art. 153 AEUV, Rn. 103), handelt es sich um Leistungen, die abhängig vom Eintritt eines Risikos und unabhängig von der persönlichen Bedürftigkeit gewährleistet werden. Die Norm nennt beispielhaft (»in Fällen wie…«) die sozialen Risiken von Mutterschaft, Krankheit, Arbeitsunfällen, Pflegebedürftigkeit, Alter und Arbeitslosigkeit; die Aufzählung ist aber nicht abschließend. Erfasst werden auch Leistungen der Risikovorsorge bzw. des Risikoausgleichs bei anderen sozialen Risiken, wie sie insbesondere in Übereinkommen Nr. 102 der Internationalen Arbeitsorganisation (ILO) über die Mindestnormen der Sozialen Sicherheit (1952) genannt werden.[24] Der Begriff der **sozialen Dienste** (Abs. 1) enthält keine zusätzlichen Gewährleistungen und bezeichnet lediglich den Erbringer der Leistung, die nicht notwendigerweise in einer Geldleistung bestehen muss. Der Begriff der **sozialen Vergünstigung** (Abs. 2) bezieht sich auf Art. 7 Abs. 2 der Arbeitnehmerfreizügigkeitsverordnung 492/2011 (s. Art. 46 AEUV, Rn. 20 ff.). Eine **soziale Unterstützung** im Sinne von Abs. 3 meint hingegen Leistungen, die wie die Sozialhilfe unabhängig von einer Risikovorsorge, also außerhalb von Versicherungssystemen, allein aufgrund von Bedürftigkeit gewährt werden.[25] Die Begriffe soziale Sicherheit, soziale Vergünstigung und soziale Unterstützung können sich überschneiden.[26]

Beim Recht auf Zugang zu Systemen der sozialen Sicherheit (Abs. 1) handelt es sich in   **18**
erster Linie um ein **Recht auf Gleichbehandlung**. Eine Ungleichbehandlung ist nur zulässig, wenn es dafür objektive Gründe gibt und der Grundsatz der Verhältnismäßigkeit gewahrt wird.[27] Der Zugang kann auf diejenigen Personengruppen beschränkt werden, die das jeweilige Risiko verwirklichen können und für die deshalb ein Schutzbedarf besteht. Nur soweit dies dem Zweck der jeweiligen Leistung entspricht, darf z. B. demjenigen die Unterstützung versagt werden, der sich nicht ausreichend um Arbeit bemüht

---

[23] Vgl. EuGH, Urt. v. 24.4.2012, Rs. C–571/10 (Kamberaj), ECLI:EU:C:2012:233, Rn. 77 für Art. 11 Abs. 1 Buchst. d RL 2003/109/EG (Fn. 20).

[24] Dort sind genannt: Krankheit, Arbeitslosigkeit, Altern, Arbeitsunfall und Berufskrankheit, Mutterschaft, Berufsunfähigkeit, Tod, Familienlasten (s. o. Rn. 3).

[25] Dies entspricht Art. 12, 13 ESC, die ebenfalls zwischen sozialer Sicherheit und sozialer Unterstützung unterscheiden.

[26] Zum Ganzen *Kingreen*, in: Calliess/Ruffert, EUV/AEUV, Art. 34 GRC, Rn. 8; *Ross*, in: Schwarze, EU-Kommentar, Art. 34 GRC, Rn. 3–5, 9, 11; *Jarass*, GRCh, Art. 34 GRC, Rn. 6 ff., 16 ff.

[27] *Ross*, in: Schwarze, EU-Kommentar, Art. 34 GRC, Rn. 6, 10 f.; *Jarass*, GRCh, Art. 34 GRC, Rn. 10, 21.

oder eine zumutbare Arbeit verweigert.[28] Die Antirassismusrichtlinie 2000/43/EG verbietet darüber hinaus auch die Diskriminierung beim Sozialschutz, einschließlich der sozialen Sicherheit und des Gesundheitsdienstes sowie bei sozialen Vergünstigungen (Art. 3 e und f).

19   Für das Recht auf soziale Sicherheit nach Abs. 2 ist vor allem die **Fortschrittsklausel** nach Art. 12 Nr. 3 ESC zu beachten; sie begründet eine starke Vermutung, dass Maßnahmen, welche auf die Einschränkung des Rechts auf soziale Sicherheit gerichtet sind, unzulässig sind.[29] Der Europäische Ausschuss für Soziale Rechte hat vor diesem Hintergrund Einschnitte in den Pensionen griechischer Beschäftigter, die im Zusammenhang mit Austeritätsmaßnahmen erfolgt waren, als mit dem Recht auf Soziale Sicherheit unvereinbar bezeichnet.[30] Diese Vorgabe kann insbesondere auch für die Frage relevant sein, ob ein zulässiger Eingriff in ein Eigentumsrecht (Art. 27 GRC, Art. 1 Protokoll 1 zur EMRK) vorliegt;[31] der EGMR erkennt hier zu Recht einen großen Ermessensspielraum der Vertragsstaaten an, hält einen Eingriff aber für rechtswidrig, wenn die Belastung exzessiv und unverhältnismäßig ist.[32]

20   Abs. 3 dient der Bekämpfung der sozialen Ausgrenzung und der Armut und soll für alle, die nicht über ausreichende Mittel verfügen, ein menschenwürdiges Dasein sicherstellen. Sein Gewährleistungsgehalt geht also über die Absicherung vor Verschlechterungen hinaus,[33] insofern Mindestleistungen zu garantieren sind, die lediglich von der Bedürftigkeit abhängen können. Für diese **Kernleistungen** dürfen die Mitgliedstaaten die Gleichbehandlung von Drittstaatsangehörigen in keiner Weise beschränken (Art. 11 Abs. 4 der Richtlinie 2003/109/EG[34]). Art. 34 GRC beeinflusst insofern auch die Auslegung des Begriffs der Kernleistungen; dieser umfasst insbesondere ein Wohngeld.[35] Umgekehrt konkretisiert die Richtlinie Abs. 3 dahingehend, dass der Begriff der sozialen Unterstützung zumindest ein Mindesteinkommen sowie Unterstützung bei Krankheit, bei Schwangerschaft, bei Elternschaft und bei Langzeitpflege erfasst.[36]

---

[28] Zu pauschal insofern *Ross*, in: Schwarze, EU-Kommentar, Art. 34 GRC, Rn. 11; *Jarass*, GRCh, Art. 34 GRC, Rn. 9, 11; *Frenz*, Handbuch Europarecht, Bd. 4, Rn. 4204.

[29] *Eichenhofer*, S. 135; vgl. *Lembke*, in: GSH, Europäisches Unionsrecht, Art. 34 GRC; Rn. 15; zur Niveausicherung als Gewährleistungsgehalt der Grundrechte allgemein siehe *Fischer-Lescano*, KJ 2014, 2 ff. (insbesondere zum Problem, dass nicht alle Mitgliedstaaten die revidierte ESC ratifiziert haben).

[30] Europäischer Ausschuss für soziale Rechte, Entscheidung v. 23.5.2012, Beschwerde-Nr. 65/2011 und Nr. 66/2011 (ADEDY/Griechenland), AuR 2013, 219 f.; genauso Entscheidung v. 7.12.2012, Beschwerde-Nrn. 76–80/2012 (IKA-ETAM u.a./Griechenland); vgl. auch *Ewing*, Austerity and the Importance of the ILO and the ECHR for the Progressive Development of European Labour Law: A Case Study from Greece, FS Lörcher, 2013, S. 361 ff.

[31] *Eichenhofer*, S. 135; diesen Zusammenhang deutet der EGMR an (Urt. v. 14.5.2013, Beschwerde-Nr. 66529/11 (N.K.M./Ungarn), Rn. 70 (im Internet abrufbar unter http//www.echr.coe. int).

[32] Siehe z.B. EGMR, Urt. v. 15.4.2014, Beschwerde-Nr. 21838/10 u.a. (Stefanetti u.a./Italien), Rn. 53 ff. (im Internet abrufbar unter http//www.echr.coe.int); Urt. v. 7.5.2013, Beschwerde-Nr. 57665/12 und 57657/12 (Koufaki und ADEDY/Griechenland), (im Internet abrufbar unter http//www.echr.coe.int); für einen Überblick über die EGMR-Rechtsprechung zu Sparmaßnahmen und Kürzungen siehe auch *Nußberger*, AuR 2014, 130 ff.

[33] So auch *Lembke*, in: GSH, Europäisches Unionsrecht, Art. 34 GRC; Rn. 15.

[34] Siehe Rn. 20.

[35] EuGH, Urt. v. 24.4.2012, Rs. C–571/10 (Kamberaj), ECLI:EU:C:2012:233, Rn. 92; zum Gleichbehandlungsanspruch siehe auch Urt. v. 21.6.1988, Rs. C–39/86 (Lair), Slg. 1988, I–3161, Rn. 20 ff.

[36] Erwägungsgrund 13 zur Richtlinie 2003/109/EG (Fn. 20).

D. Verhältnis zu anderen Bestimmungen

Ansprüche auf soziale Leistungen, die durch eigene Versicherungsbeiträge finanziert **21** werden, können unter den Schutz des Eigentums nach Art. 17 GRC fallen (s. Art. 17 GRC, Rn. 18; vgl. Art. 345 AEUV).[37] Da die Organe der Union verpflichtet sind, den in den Mitgliedstaaten verwirklichten Zugang zu den Systemen der sozialen Sicherheit anzuerkennen und zu achten, besteht auch ein enger sachlicher Zusammenhang mit Art. 14 AEUV (Dienste von allgemeinem wirtschaftlichem Interesse).

Art. 34 Abs. 2 GRC ist **lex specialis** zu Art. 21 Abs. 2 GRC (Diskriminierung aus **22** Gründen der Staatsangehörigkeit) und Art. 45 AEUV (Freizügigkeit). Andere Aspekte der Grundfreiheiten sind neben Art. 34 GRC anzuwenden.[38]

Bei einer **diskriminierenden Behandlung** im Hinblick auf die soziale Sicherheit kom- **23** men den Art. 34 Abs. 2 GRC, 21, 23 GRC Vorrang gegenüber Art. 34 Abs. 1, 3 GRC zu. Im Bereich des Mutterschutzes ist Art. 33 Abs. 2 GRC zu berücksichtigen, im Bereich des Krankheitsschutzes Art. 35 GRC.

---

[37] Siehe schon EuGH, Urt. v. 19.6.1980, verb. Rs. 41/79, 121/79 und 796/79 (Testa u.a.), Slg. 1980, 1979, Rn. 22; zum Schutz durch die EMRK siehe z.B. EGMR, Urt. v. 15.4.2014, Beschwerde-Nr. 21838/10 (Stefanetti u.a./Italien), (im Internet abrufbar unter http://www.echr.coe.int).

[38] *Jarass*, GRCh, Art. 34 GRC, Rn. 5, 13, 15.

Artikel 35 GRC Gesundheitsschutz

[1]Jede Person hat das Recht auf Zugang zur Gesundheitsvorsorge und auf ärztliche Versorgung nach Maßgabe der einzelstaatlichen Rechtsvorschriften und Gepflogenheiten. [2]Bei der Festlegung und Durchführung aller Politiken und Maßnahmen der Union wird ein hohes Gesundheitsschutzniveau sichergestellt.

Literaturübersicht

Bernsdorff, Soziale Grundrechte in der Charta der Grundrechte der Europäischen Union, VSSR 2001, 1; *Eichenhofer*, Gesundheitsleistungen für Flüchtlinge, ZAR 2013, 169; *Hatzopoulos*, Killing National Health and Insurance Systems but Healing Patients? CMLRev 39 (2002), 683; *Hervey*, The 'Right to Health' in European Union Law, in: Hervey/Kenner (Hrsg.), Economic and Social Rights under EU Charter of Fundamental Rights, 2003, S. 193; *Hervey/McHale*, Health Law and the European Union, 2004; *Krajewski*, Grenzüberschreitende Patientenmobilität in Europa zwischen negativer und positiver Integration der Gesundheitssysteme, EuR 2010, 165; *Krennerich*, Soziale Menschenrechte – Zwischen Recht und Politik, 2013; *McHale*, Fundamental rights and health care, in: Mossialos u. a. (Hrsg.), Health Systems Governance in Europe: The Role of European Union Law and Policy, 2010, S. 282; *Oberschneider*, Soziale Grundrechte in der Europäischen Grundrechtecharta, 2004; *Sander*, Europäischer Gesundheitsschutz als primärrechtliche Aufgabe und grundrechtliche Gewährleistung, ZEuS 2005, 253; *Tacconi*, Freedom of Health and Medical Care within the European Union, ZaöRV 68 (2008), 195; *Verselyte*, Das Recht auf Gesundheitsschutz in der Europäischen Union, 2005; *Wollenschläger*, Patientenmobilität in der Europäischen Union – von der Rechtsprechung des EuGH zur neuen Richtlinie 2011/24/EU über die Ausübung der Patientenrechte in der grenzüberschreitenden Gesundheitsversorgung, EuR 2012, 149.

Leitentscheidungen

EuGH, Urt. v. 28.4.1989, Rs. C–120/95 (Decker), Slg. 1998, I–1831
EuGH, Urt. v. 28.4.1998, Rs. C–158/96 (Kohll), Slg. 1998, I–1931
EuGH, Urt. v. 12.7.2001, Rs. C–368/98 (Vanbraekel), Slg. 2001, I–5363
EuGH, Urt. v. 12.7.2001, Rs. C–157/99 (Smits und Peerbooms), Slg. 2001, I–5473
EuGH, Urt. v. 13.5.2003, Rs. C–385/99 (Müller-Fauré und van Riet), Slg. 2003, I–4509
EuGH, Urt. v. 16.5.2006, Rs. C–372/04 (Watts), Slg. 2006, I–4325
EuGH, Urt. v. 19.4.2007, Rs. C–444/05 (Stamatelaki), Slg. 2007, I–3185

Wesentliche sekundärrechtliche Vorschriften

Richtlinie 2011/24/EU des Europäischen Parlaments und des Rates vom 9.3.2011 über die Ausübung der Patientenrechte in der grenzüberschreitenden Gesundheitsversorgung, ABl. 2011, L 88/45

Inhaltsübersicht

Markus Krajewski

A. Entwicklung, Quellen, Bedeutung

Das Recht auf den Schutz der Gesundheit gehört zu den zentralen sozialen Grund- und **1**
Menschenrechten.[1] Es ist auf **internationaler Ebene** sowohl in Art. 25 der Allgemeinen
Erklärung der Menschenrechte sowie in Art. 12 des Internationalen Pakts über wirt-
schaftliche, soziale und kulturelle Rechte (IPwskR) verankert.[2]

Auf der Ebene des europäischen regionalen Menschenrechtsschutzes findet sich das **2**
Recht auf Gesundheitsschutz in **Art. 11 und 13 der Europäischen Sozialcharta (ESC)**.
Auf diese Vorschriften verweisen auch die Erläuterungen zu Art. 35 GRC, die festhalten, dass sich Art. 35 GRC auf Art. 11 und 13 ESC stützt.[3] Daher sind die Inhalte der
genannten Vorschriften für die Auslegung von Art. 35 GRC von Bedeutung.[4] Nach
Art. 11 ESC (Recht auf Schutz der Gesundheit) verpflichten sich die Vertragsparteien,
Maßnahmen zu ergreifen, die u. a. darauf abzielen, »soweit wie möglich die Ursachen
von Gesundheitsschäden zu beseitigen; Beratungs- und Schulungsmöglichkeiten zu
schaffen zur Verbesserung der Gesundheit und zur Entwicklung des persönlichen Ver-
antwortungsbewusstseins in Fragen der Gesundheit; soweit wie möglich epidemischen,
endemischen und anderen Krankheiten sowie Unfällen vorzubeugen.« Damit erfasst
Art. 11 ESC die Dimensionen der Ursachenbekämpfung, Beratung und Prävention.
Nach Art. 13 ESC (Recht auf Fürsorge) besteht u. a. die Pflicht, sicherzustellen, dass
einem Hilfsbedürftigen »ausreichende Unterstützung und im Fall der Erkrankung die
Betreuung, die seine Lage erfordert« gewährt wird und dass jedermann in oder durch
»öffentliche oder private Einrichtungen die zur Verhütung, Behebung oder Milderung
einer persönlichen oder familiären Notlage erforderliche Beratung und persönliche Hilfe erhalten kann«. Art. 13 ESC stellt somit konkrete Unterstützungsleistungen in den
Mittelpunkt. Für die weitere Konkretisierung der Art. 11 und 13 ESC kann auch die
Entscheidungspraxis des European Committee of Social Rights herangezogen werden,
das mit der Überwachung der ESC betraut ist.[5]

Neben die menschenrechtlichen Verbürgungen des Rechts auf Schutz der Gesundheit **3**
treten die allgemeinen EU-rechtlichen Grundlagen des Gesundheitsschutzes, insbesondere die durch den Vertrag von Maastricht eingefügte Vorschrift zum Arbeitsgesund-
heitsschutz (Art. 153 Abs. 1 AEUV) und zum allgemeinen Gesundheitswesen (Art. 168
AEUV).[6] **Art. 168 Abs. 1 UAbs. 1 AEUV** verpflichtet die EU auf die Sicherstellung eines
hohen Gesundheitsschutzniveaus und entspricht wortgleich Art. 35 Satz 2 GRC.

Das Recht auf Gesundheitsschutz findet sich auch in der **Mehrheit der Verfassungen** **4**
der Mitgliedstaaten.[7] Insofern lässt sich das Recht neben der Verankerung in der Grundrechtecharta auch auf die gemeinsamen Verfassungsüberlieferungen der Mitgliedstaa-

---

[1] *Bernsdorff*, VSSR 2001, 1 (11).
[2] *Krennerich*, S. 204; *Hervey*, The 'Right to Health', S. 198.
[3] Erläuterungen zur Charta der Grundrechte, ABl. 2007, C 303/17: »Die in diesem Artikel enthaltenen Grundsätze stützen sich auf Artikel 152 EGV, der nunmehr durch Artikel 168 des Vertrags
über die Arbeitsweise der Europäischen Union ersetzt wurde, sowie auf die Artikel 11 und 13 der
Europäischen Sozialcharta. Satz 2 entspricht Artikel 168 Absatz 1.«
[4] Ähnlich *Rudolf*, in: Meyer, GRCh, Art. 35 GRC, Rn. 4.
[5] *Hervey*, The 'Right to Health', S. 207.
[6] Dazu *Bungenberg*, in: Heselhaus/Nowak, Handbuch der Europäischen Grundrechte, § 61,
Rn. 10.
[7] *Rudolf*, in: Meyer, GRCh, Art. 35 GRC, Rn. 5; *Bungenberg*, in: Heselhaus/Nowak, Handbuch der
Europäischen Grundrechte, § 61, Rn. 32.

ten als weitere Quelle des europäischen Grundrechtsschutzes (Art. 6 Abs. 3 EUV) zurückführen.

5   Obwohl die Erläuterungen zu Art. 35 GRC von »diesen Grundsätzen« sprechen,
wird Art. 35 **Satz 1** GRC im Allgemeinen als **echtes Grundrecht** angesehen und nur **Satz
2** als **Grundsatz** im Sinne des Art. 52 Abs. 5 GRC.[8] Dem ist zuzustimmen. Bereits der
Wortlaut von Art. 35 Satz 1 »Jede Person hat das Recht« macht deutlich, dass es sich um
ein Grundrecht handelt. Auch die menschenrechtliche Fundierung von Art. 35 GRC auf
internationaler und europäischer Ebene lässt keine andere Interpretation zu. Artikel 35
Satz 2 ist dagegen nur als Grundsatz zu verstehen, da er keine individualrechtlichen
Elemente enthält. Vielmehr bezieht sich die Formulierung auf eine allgemeine Politik-
zielbestimmung.

6   In der **Rechtsprechung des EuGH** wurde Art. 35 GRC wiederholt herangezogen, um
die besondere Bedeutung des Ziels des Schutzes der Gesundheit der Bevölkerung zu
unterstreichen.[9] Damit wurde vor allem auf die Bedeutung des Art. 35 GRC als Grundsatz abgestellt. Die grundrechtliche Dimension des Art. 35 Satz 1 GRC hat soweit ersichtlich in der Rechtsprechung noch keine Rolle gespielt.

B.   Schutzbereich

I.   Persönlicher Schutzbereich

7   Art. 35 GRC schützt »jede Person«, d. h. **jeden Menschen**. Eine Beschränkung auf Unionsbürger oder Personen, die sich rechtmäßig in einem Mitgliedstaat aufhalten, ist damit
nicht vereinbar.[10] Damit werden insbesondere auch Menschen ohne geregelten Aufent-
haltsstatus (»Sans-papiers«) vom Schutzbereich erfasst.[11] Anders als bei der Inanspruchnahme der Grundfreiheiten ist auch kein grenzüberschreitender Bezug erforderlich, um
den persönlichen Schutzbereich zu eröffnen.

8   Art. 35 GRC **verpflichtet** wie alle Grundrechte der Grundrechtecharta die **Organe
der EU** und die Union als Rechtsperson sowie die **Mitgliedstaaten** soweit sie Unionsrecht
durchführen (Art. 51 Abs. 1 GRC).[12] Da die Kompetenz zur Erbringung von Gesundheitsleistungen und zur Gesundheitsvorsorge und -versorgung im Wesentlichen bei den
Mitliedstaaten liegt (Art. 168 Abs. 7 AEUV), ist der Wirkungsbereich des Art. 35 GRC
eingeschränkt. Ansprüche gegen die EU können sich jedoch ergeben, wenn durch Anwendung des EU-Wettbewerbs-, Beihilfen- und Vergaberechts der Zugang zu Gesund-
heitsdienstleistungen oder -einrichtungen eingeschränkt wird.

---

[8] *Kingreen*, in: Calliess/Ruffert, EUV/AEUV, Art. 35 GRC, Rn. 2; *Jarass*, GRCh, Art. 35 GRC,
Rn. 2; *Bungenberg*, in: Heselhaus/Nowak, Handbuch der Europäischen Grundrechte, § 61, Rn. 13;
Streinz, in: Streinz, EUV/AEUV, Art. 35 GRC, Rn. 3 und 4; *Sander*, ZEuS 2005, 253 (268); *Oberschneider*, S. 175. Unklar *Sichert*, in: Schwarze, EU-Kommentar, Art. 35 GRC, Rn. 2. Einschränken-
der *Hervey/McHale*, S. 409, die in Art. 35 GRC insgesamt nur Grundsätze sehen wollen.

[9] EuGH, Urt. v. 5.12.2013, Rs. C–159/12 (Venturini u. a.), ECLI:EU:C:2013:791, Rn. 41; Urt. v.
21.6.2012, Rs. C–84/11 (Susisalo u. a.), ECLI:EU:C:2012:374, Rn. 37; Urt. v. 6.9.2012, Rs. C–544/10
(Deutsches Weintor), ECLI:EU:C:2012:526, Rn. 53, 55.

[10] *Rudolf*, in: Meyer, GRCh, Art. 35 GRC, Rn. 9; *Jarass*, GRCh, Art. 35 GRC, Rn. 7; *Nußberger*, in:
Tettinger/Stern, EuGRCh, Art. 35 GRC, Rn. 36.

[11] Diese Frage wurde im Grundrechtekonvent ausdrücklich diskutiert, s. *Rudolf*, in: Meyer, GRCh,
Art. 35 GRC, Rn. 9.

[12] *Jarass*, GRCh, Art. 35 GRC, Rn. 4.

II. Sachlicher Schutzbereich

1. Zugangsrechte (Satz 1)

Art. 35 Satz 1 GRC begründet ebenso wie die anderen sozialen Grundrechte der Charta **9** **kein individuelles Leistungsrecht** oder Ansprüche auf die Bereitstellung von bestimmten Einrichtungen.[13] Geschützt wird lediglich der Zugang zu Gesundheitsvorsorge und ärztlicher Versorgung, dessen Leistungsumfang sich nach den mitgliedstaatlichen Gepflogenheiten und Rechtsvorschriften richtet. Das Recht auf Gesundheitsschutz ist somit ein **Teilhaberecht**. Hierunter fällt insbesondere der diskriminierungsfreie Zugang zu bereits bestehenden Leistungen.[14] Werden bestimmte Gruppen von vorneherein von Gesundheitsleistungen ausgeschlossen liegt hierin ein Verstoß gegen Art. 35 GRC.[15]

a) Zugang

Der Begriff des »Zugangs« in Art. 35 GRC kann in Übereinstimmung mit den men- **10** schenrechtlichen Grundlagen der Vorschrift interpretiert werden. Der Ausschuss für wirtschaftliche, soziale und kulturelle Rechte hat in seinem General Comment Nr. 14 aus dem Jahre 2000 darauf hingewiesen, dass das Recht auf Gesundheit zunächst bedeute, dass die entsprechenden Leistungen **vorhanden** sein müssten (»availability«).[16] Sodann müssten sie **zugänglich** sein (»accessibility«) und schließlich eine **annehmbare Qualität** besitzen (»acceptability« und »quality«). Unter Zugang im engeren Sinne werden neben dem physischen Zugang auch die wirtschaftliche Zugänglichkeit sowie Informationen über die Leistungen verstanden. Diese Prinzipien lassen sich auf Art. 35 GRC übertragen.[17]

b) Gesundheitsvorsorge

Unter Gesundheitsvorsorge sind in Einklang mit Art. 11 Ziff. 3 ESC **präventive Maß-** **11** **nahmen** zu verstehen, die das Auftreten von Krankheiten verhindern oder begrenzen.[18] Hierunter fallen etwa Impfprogramme zur Vorbeugung ansteckender Krankheiten,[19] aber auch Maßnahmen zum Schutz der Umwelt, wenn Umweltverschmutzungen zu Krankheiten führen können.[20]

Weder Art. 35 GRC noch die Erläuterungen enthalten einen Konkretisierung des **12** Begriffs der »**Gesundheit**«. In der Literatur wird überwiegend von einem **engen Verständnis** ausgegangen, da der Wortlaut von Art. 35 GRC keine umfassende Qualifizie-

---

[13] *Sander*, ZEuS 2005, 253 (269).

[14] *Bernsdorff*, VSSR 2001, 1 (19, 22); *Sichert*, in: Schwarze, EU-Kommentar, Art. 35 GRC, Rn. 5 u. 7; *Kingreen*, in: Calliess/Ruffert, EUV/AEUV, Art. 35 GRC, Rn. 2.

[15] In diesem Sinne etwa European Social Rights Committee, Decision on the Merits, 23 October 2012, Defence for Children International (DCI) v. Belgium, Complaint No. 69/2011, Nr. 115–118.

[16] Committee on Social, Economic and Cultural Rights, General Comment No. 14 (2000), The right to the highest attainable standard of health, E/C.12/2000/4, 11 August 2000, Abs. 12. Zur Bedeutung des General Comment Nr. 14 für die Interpretation von Art. 35 GRC s. a. *Rudolf*, in: Meyer, GRCh, Art. 35, Rn. 9.

[17] Ebenso *Eichenhofer*, ZAR 2013, 169 (173).

[18] *Jarass*, GRCh, Art. 35, Rn. 6; *Kingreen*, in: Calliess/Ruffert, EUV/AEUV, Art. 35 GRC, Rn. 3; *Sichert*, in: Schwarze, EU-Kommentar, Art. 35 GRC, Rn. 5.

[19] European Social Rights Committee, Decision on the Merits, 11 September 2012, Médecins du Monde – International v. France, Complaint No. 67/2011, Nr. 160 ff.

[20] European Social Rights Committee, Decision on the Merits, 23 January 2013, International Federation of Human Rights Leagues (FIDH) v. Greece, Collective Complaint No. 72/2011, Nr. 51.

rung des Begriffs Gesundheit enthalte wie etwa Art. 12 IPwskR, der von einem »Höchstmaß an körperlicher und geistiger Gesundheit« spricht, oder wie Art. 3 GRC, der auf die
»körperliche und geistige Unversehrtheit« abstelle.[21]

13   Gegen diese Sicht spricht jedoch der Kontext der Vorschrift. So enthält Art. 11 ESC
zwar keinen direkten Hinweis auf einen umfassenden Gesundheitsbegriff. Die Vorschrift ist jedoch eine Konkretisierung des allgemeinen, in Teil I der ESC verankerten
Rechts auf Gesundheit (Art. I–11 ESC), nachdem jedermann das Recht hat, »alle Maßnahmen in Anspruch zu nehmen, die es ihm ermöglichen, sich des besten Gesundheits-
zustandes zu erfreuen, den er erreichen kann.« Auch das in Art. 12 IPwskR verankerte
Recht auf Gesundheit ist weit zu verstehen. Der **menschenrechtliche Hintergrund** des
Art. 35 GRC spricht damit für ein weites Verständnis.

14   Darüber hinaus wird der Begriff Gesundheit auch in **Art. 153 Abs. 1 Buchst a und
Art. 168 AEUV** weit verstanden,[22] die insoweit auch als Kontext des Art. 35 GRC anzusehen sind. Bereits für die Vorgängervorschrift des Art. 153 Abs. 1 Buchst. a AEUV
(Art. 118a EWG-Vertrag) stellte der EuGH fest, dass sich eine weite Auslegung des
Begriffs der Gesundheit »auf die Präambel der Satzung der Weltgesundheitsorganisa-
tion stützen [kann], der sämtliche Mitgliedstaaten angehören; diese definiert die Ge-
sundheit als den Zustand des vollständigen körperlichen, geistigen und sozialen Wohl-
befindens und nicht nur als das Freisein von Krankheiten und Gebrechen.«[23] Vor diesem
Hintergrund ist auch der Begriff der Gesundheit in Art. 35 GRC **weit zu verstehen**.[24]
Gleichwohl bleibt Art. 35 GRC gegenüber den auf europäischer und internationaler
Ebene verbürgten Menschenrechten eingeschränkt, da Art. 35 GRC eben nur den Zu-
gang zu Gesundheitsvorsorge und ärztlicher Versorgung schützt und nicht auf den
Schutz der Gesundheit in umfassender Weise gerichtet ist.

c)   Ärztliche Versorgung

15   Unter »ärztlicher Versorgung« ist – anders als dies der deutsche Wortlaut nahelegen
könnte – nicht nur die Versorgung durch Ärzte, sondern die **gesamte medizinische Versorgung** (»medical treatment«, »soins médicaux«, »atención sanitaria«) durch ärztli-
ches, krankenpflegendes und anderes Personal in Arztpraxen, Kliniken und anderen
Einrichtungen zu verstehen.[25] Anders als bei der Gesundheitsvorsorge geht es bei der
ärztlichen Versorgung um **die Behandlung und Heilung von Krankheiten**.[26]

d)   Maßgabe der einzelstaatlichen Rechtsvorschriften und Gepflogenheiten

16   Das Recht auf Gesundheitsschutz wird durch die rechtlichen, politischen und sozi-
ökonomischen Rahmenbedingungen der mitgliedstaatlichen Gesundheitssysteme konkretisiert und zugleich beschränkt. Mit dieser Formulierung wird zunächst die auch in
Art. 168 Abs. 7 AEUV anerkannte grundsätzliche **Zuständigkeit der Mitgliedstaaten** für

---

[21] *Rudolf*, in: Meyer, GRCh, Art. 35 GRC, Rn. 10; *Jarass*, GRCh, Art. 35 GRC, Rn. 6; *Sichert*, in:
Schwarze, EU-Kommentar, Art. 35 GRC, Rn. 5; *Nußberger*, in: Tettinger/Stern, EuGRCh, Art. 35
GRC, Rn. 44.
[22] *Sander*, ZEuS 2005, 253 (255 f.); *Verselyte*, S. 25; *Benecke*, in: Grabitz/Hilf/Nettesheim, EU,
Art. 153 AEUV (April 2015), Rn. 17.
[23] EuGH, Urt. v. 12. 11. 1996, Rs. C–84/94 (Vereinigtes Königreich/Rat), Slg. 1996, I–5755, Rn. 15.
[24] So auch *Eichenhofer*, ZAR 2013, 169 (173).
[25] *Jarass*, GRCh, Art. 35 GRC, Rn. 6; *Kingreen*, in: Calliess/Ruffert, EUV/AEUV, Art. 35 GRC,
Rn. 3; *Sichert*, in: Schwarze, EU-Kommentar, Art. 35 GRC, Rn. 10.
[26] *Rudolf*, in: Meyer, GRCh, Art. 35 GRC, Rn. 10.

die Gesundheitssysteme anerkannt.[27] Darüber hinaus wird deutlich gemacht, dass der Umfang der Zugangsrechte nach Art. 35 Satz 1 GRC durch die Mitgliedstaaten bestimmt wird.[28] Dem entspricht es, dass Art. 35 Satz 1 GRC keine originären Leistungsrechte enthält.[29] Allerdings beruht dieser Grundsatz auf der Annahme, dass die Mitgliedstaaten die entsprechenden Leistungen und Einrichtungen grundsätzlich bereitstellen. Ist das nicht der Fall, fehlt es also bereits grundsätzlich am Vorhandensein (»availability«), ist hierin auch ein Verstoß gegen Art. 35 Satz 1 GRC zu sehen.

2. Hohes Gesundheitsschutzniveau (Satz 2)

Art. 35 Satz 2 GRC verlangt in nahezu wörtlicher Übereinstimmung mit Art. 168 Abs. 1 **17** AEUV die Sicherstellung eines hohen Gesundheitsschutzniveaus bei der Festlegung und Durchführung der Politik und der Maßnahmen der Union. Der Begriff Gesundheitsschutzniveau ist ebenso wie der Begriff der Gesundheit in Satz 1 weit zu verstehen und erfasst auch das soziale Wohlbefinden.[30] Art. 35 Satz 2 GRC richtet sich nicht nur an die Union sondern im Umfang von Art. 51 Abs. 1 GRC auch an die Mitgliedstaaten bei der Durchführung von Unionsrecht. Art. 35 Satz 2 GRC enthält grundrechtsdogmatisch einen Grundsatz, der durch legislative und exekutive Maßnahmen umgesetzt werden muss (Art. 51 Abs. 5 GRC). Entsprechend folgt aus Art. 35 Satz 2 GRC vor allem eine **Zielbestimmung im Sinne eines Optimierungsgebots**, aber kein subjektives Recht.[31] Diese Zielbestimmung bezieht sich auf alle EU-Politiken. Das Recht auf Gesundheit entfaltet dabei besondere Bedeutung in der EU-Entwicklungspolitik und -Flüchtlingspolitik.[32]

C. Beeinträchtigungen

Das Recht auf Gesundheitsschutz gem. Art. 35 Satz 1 GRC wird beeinträchtigt, wenn **18** durch Maßnahmen der EU oder die Mitgliedstaaten bei der Umsetzung des EU-Rechts der **Zugang zu Gesundheitsvorsorge und ärztlicher Versorgung behindert oder erschwert** wird.[33] Das könnte z. B. der Fall sein, wenn Vorgaben des EU-Rechts den durch die Mitgliedstaaten gewährten oder gesicherten Zugang zu Gesundheitsleistungen oder -einrichtungen behindern würden. Eine Beeinträchtigung von Art. 35 Satz 2 GRC liegt vor, wenn die EU bzw. die Mitgliedstaaten bei der Festlegung und Durchführungen von Unionspolitiken kein hohes Gesundheitsschutzniveau sicherstellen.

[27] *Kingreen*, in: Calliess/Ruffert, EUV/AEUV, Art. 35 GRC, Rn. 4.
[28] *Nußberger*, in: Tettinger/Stern, EuGRCh, Art. 35 GRC, Rn. 46.
[29] Dazu oben Rn. 9.
[30] *Nußberger*, in: Tettinger/Stern, EuGRCh, Art. 35 GRC, Rn. 49.
[31] *Rudolf*, in: Meyer, GRCh, Art. 35 GRC, Rn. 13; *Sichert*, in: Schwarze, EU-Kommentar, Art. 35 GRC, Rn. 12.
[32] *Hervey*, The 'Right to Health', S. 212 ff.
[33] *Jarass*, GRCh, Art. 35 GRC, Rn. 8.

D. Verhältnis zu anderen Bestimmungen

19   Das Recht auf Gesundheitsschutz steht in einem engen Zusammenhang mit weiteren **Grundrechten, die einen gesundheitsrechtlichen Bezug** entfalten. Dazu zählen zunächst das Recht auf Leben (Art. 2 GRC) und das Recht auf körperliche und geistige Unversehrtheit (Art. 3 GRC), die beide zu den unmittelbar anwendbaren und justiziablen bürgerlichen Grundrechten gehören. Den weiteren Kontext von Art. 35 GRC bilden andere Gleichheits- und Solidaritätsrechte wie Art. 24 GRC (Recht des Kindes), Art. 25 GRC (Rechte älterer Menschen) und Art. 26 GRC (Integration von Menschen mit Behinderungen) GRC.[34] Weitere gesundheitsschutzrechtliche Bezüge finden sich in Art. 31 GRC (gesunde Arbeitsbedingungen), Art. 32 GRC (Jugendarbeitsschutz) sowie Art. 34 GRC (soziale Sicherheit). Insbesondere der diskriminierungsfreie Zugang zu Gesundheitsvorsorge und ärztlichen Leistungen wird zusätzlich durch Art. 21 GRC gestützt. Soweit Gesundheitsleistungen als Dienstleistungen von allgemeinem wirtschaftlichem Interesse erbracht werden, überschneiden sich der Geltungsbereich von Art. 35 GRC und Art. 36 GRC, der den Zugang zu diesen Dienstleistungen betrifft.

20   Ein besonderes Spannungs- und Komplementärverhältnis besteht zwischen dem Recht auf Gesundheitsschutz nach Art. 35 GRC und der nach Art. 56 AEUV verbürgten grundfreiheitlichen **Patientenmobilität**. Der EuGH hat in einer Reihe von grundlegenden Urteilen festgehalten, dass die Dienstleistungsfreiheit grundsätzlich auch die medizinische Behandlung im Ausland erfasst.[35] Übernimmt der jeweilige Träger des heimatlichen Gesundheitssystems des Patienten die Kosten einer entsprechenden Krankenbehandlung nicht, liegt hierin eine Beschränkung der Dienstleistungsfreiheit, da sie die Patienten faktisch davon abhält, die Dienstleistungsfreiheit in Anspruch zu nehmen, oder diese Inanspruchnahme jedenfalls deutlich erschwert.[36] Diese Beschränkungen sind nur dann für zulässig, wenn sie aus Gründen des Allgemeinwohls objektiv gerechtfertigt werden können. Als Rechtfertigungsgründe sind das Ziel, eine qualitativ hochwertige, ausgewogene sowie allen zugängliche ärztliche und klinische Versorgung aufrecht zu erhalten und das finanzielle Gleichgewicht des Systems der sozialen Sicherheit als zwingender Grund des Allgemeininteresses, anerkannt.[37] Zwischenzeitlich wurde die Rechtsprechung des EuGH in der **Richtlinie über Ausübung der Patientenrechte in der grenzüberschreitenden Gesundheitsversorgung** kodifiziert.[38]

21   Aus der Perspektive des Rechts auf Gesundheitsschutz nach Art. 35 GRC stellt sich diese Entwicklung wie folgt dar: Einerseits kann das Recht, Gesundheitsdienstleistun-

---

[34] *Hervey/McHale*, S. 26.

[35] EuGH, Urt. v. 28.4.1989, Rs. C–120/95 (Decker), Slg. 1998, I–1831; Urt. v. 28.4.1998, Rs. C–158/96 (Kohll), Slg. 1998, I–1931; Urt. v. 12.7.2001, Rs. C–368/98 (Vanbraekel), Slg. 2001, I–5363; Urt. v. 12.7.2001, Rs. C–157/99 (Smits und Peerbooms), Slg. 2001, I–5473; Urt. v. 13.5.2003, Rs. C–385/99 (Müller-Fauré und van Riet), Slg. 2003, I–4509 ; Urt. v. 16.5.2006, Rs. C–372/04 (Watts), Slg. 2006, I–4325; Urt. v. 19.4.2007, Rs. C–444/05 (Stamatelaki), Slg. 2007, I–3185. Ausführlich dazu *Wollenschläger*, EuR 2012, 149 (154 ff.); *Verselyte*, S. 76 ff.; *Hervey/McHale*, S. 119 ff.

[36] EuGH, Urt. v. 28.4.1998, Rs. C–158/96 (Kohll), Slg. 1998, I–1931, Rn. 35; Urt. v. 12.7.2001, Rs. C–157/99 (Smits und Peerbooms), Slg. 2001, I–5473, Rn. 69.

[37] EuGH, Urt. v. 12.7.2001, Rs. C–157/99 (Smits und Peerbooms), Slg. 2001, I–5473, Rn. 72 ff.; Urt. v. 13.5.2003, Rs. C–385/99 (Müller-Fauré und van Riet), Slg. 2003, I–4509, Rn. 67 ff.

[38] Richtlinie 2011/24/EU des Europäischen Parlaments und des Rates vom 9.3.2011 über die Ausübung der Patientenrechte in der grenzüberschreitenden Gesundheitsversorgung, ABl. 2011, L 88/45. Dazu *Wollenschläger*, EuR 2012, 149 (172 ff.).

gen auf Kosten des nationalen Gesundheitssystems auch im Ausland in Anspruch zu nehmen als **Konkretisierung des Rechts auf Gesundheitsschutz der mobilen Patienten** angesehen werden.[39] Der in Art. 35 Satz 1 GRC angesprochene Zugang ist dann als ein EU-weiter Zugang zu medizinischen Leistungen zu verstehen.

Allerdings kann ein Recht auf Auslandsbehandlung auch dazu führen, dass einzelne   **22** Patienten die Solidargemeinschaft eines nationalen Krankenversicherungssystems verlassen und dadurch den Grundsatz der solidarischen Finanzierung gefährden.[40] Ein zunehmender Patiententourismus könnte die Grundlagen der Planung und Finanzierung der Systeme der nationalen Gesundheitsversorgung beeinträchtigen.[41] Insofern kann die Patientenmobilität auch zu einer **Beeinträchtigung des Rechts auf Gesundheitsschutz der nicht mobilen Patienten** führen.

---

[39] *Krajewski*, EuR 2010, 165 (173); *McHale*, S. 303; *Sichert*, in: Schwarze, EU-Kommentar, Art. 35 GRC, Rn. 5.
[40] *Tacconi*, ZaöRV 68 (2008), 195 (205 f.).
[41] *Hatzopoulos*, CMLRev. 39 (2002), 683 (695).

Artikel 36   GRC Zugang zu Dienstleistungen von allgemeinem wirtschaftlichen Interesse

Die Union anerkennt und achtet den Zugang zu Dienstleistungen von allgemeinem wirtschaftlichen Interesse, wie er durch die einzelstaatlichen Rechtsvorschriften und Gepflogenheiten im Einklang mit dem Vertrag zur Gründung der Europäischen Gemeinschaft geregelt ist, um den sozialen und territorialen Zusammenhalt der Union zu fördern.

Literaturübersicht

Dauses, Der Schutz der Grundrechte in der Rechtsordnung der Europäischen Union, 2010; *Knauff*, Die Daseinsvorsorge im Vertrag von Lissabon, EuR 2010, 725; *Knecht*, Die Charta der Grundrechte der Europäischen Union, 2005; *Krajewski*, Grundstrukturen des Rechts öffentlicher Dienstleistungen, 2011; *Krennerich*, Soziale Menschenrechte – Zwischen Recht und Politik, 2013; *Linder*, Daseinsvorsorge in der Verfassungsordnung der Europäischen Union, 2004; *Mann*, Das Recht auf Zugang zu Dienstleistungen von allgemeinem wirtschaftlichem Interesse, ZögU 2005, 174; *Peers/Hervey/Kenner/Ward* (Hrsg.), The EU Charter of Fundamental Rights – A Commentary, 2014; *Ross*, Promoting Solidarity: From Public Services to a European Model of Competition, CMLRev 44 (2007), 1057; *Schorkopf*, Das Protokoll über die Dienste von allgemeinem Interesse und seine Auswirkungen auf das öffentliche Wettbewerbsrecht, Wirtschaft und Verwaltung 2008, 253; *Welti*, Die kommunale Daseinsvorsorge und der Vertrag über eine Verfassung von Europa, AöR 130 (2005), 529.

Inhaltsübersicht

A.   Entwicklung, Quellen, Bedeutung

1   Artikel 36 GRC verpflichtet die Union zur Anerkennung und Achtung des **Zugangs zu Dienstleistungen von allgemeinem wirtschaftlichem Interesse**. Dieser wird durch die Rechtsvorschriften und Gepflogenheiten der Mitgliedstaaten konkretisiert, die ihrerseits im Einklang mit dem EU-Recht stehen müssen. Art. 36 GRC unterstreicht den **besonderen Wert der Dienstleistungen von allgemeinem wirtschaftlichem Interesse im Verfassungsgefüge** der Union. In diesem Sinne ist die Vorschrift bereits in einigen generalanwaltlichen Schlussanträgen benutzt worden.[1] Auch die Kommission hat sich in dieser Weise auf die Vorschrift bezogen.[2]

---

[1] Hinweise auf Art. 36 Grundrechtecharta finden sich u. a. in GA *Jacobs*, Schlussanträge zu Rs. C–475/99 (Ambulanz Glöckner), Slg. 2001, I–8098, Rn. 175 und zu Rs. C–126/01 (GEMO), Slg. 2003, I–13769, Rn. 124 sowie GA *Alber*, Schlussanträge zu Rs. C–340/99 (TNT Traco), Slg. 2001, I–4109, Rn. 94.

[2] *Europäische Kommission*, Grünbuch zu Dienstleistungen von allgemeinem Interesse, KOM (2003) 270 endg., Rn. 8 und Weißbuch zu Dienstleistungen von allgemeinem wirtschaftlichem Interesse, KOM (2004) 374 endg., S. 5.

Der Zugang zu Dienstleistungen von allgemeinem wirtschaftlichem Interesse ist ein **2** **menschen- und grundrechtliches Novum**, das keine Entsprechung in der Europäischen Menschenrechtskonvention oder den Verfassungsordnungen der Mitgliedstaaten findet.[3] Die Einfügung eines entsprechenden Rechts in die Europäische Grundrechtecharta war im Grundrechtekonvent umstritten.[4]

Die Neuartigkeit des Grundrechts hat in der Literatur zu erheblichen Abwehrreak- **3** tionen geführt.[5] Diese – teils offen ideologisch begründete[6] – Kritik verkennt die **Innovationsleistung des Grundrechtekonvents**. In der Geschichte des Grund- und Menschenrechtsschutzes sind neue Grund- und Menschenrechte immer dann geschaffen worden, wenn sich Einzelne durch staatliche oder gesellschaftliche Entwicklungen in ihren individuellen Entfaltungsräumen beeinträchtigt sahen. Es entspricht diesem Verständnis von Grundrechten, dass in einer Zeit, in der der Zugang zu öffentlichen Dienstleistungen durch Privatisierungen und Liberalisierungen zunehmend in Frage gestellt schien, ein entsprechendes Grundrecht erstmals formuliert wird. Ob der Grundrechtekonvent durch die Kodifizierung von Art. 36 GRC seine Kompetenz überschritt,[7] ist spätestens mit der Entscheidung der Vertragsparteien des EUV, die Grundrechtecharta in ihrer Gesamtheit auf die Ebene des Primärrechts zu heben, irrelevant geworden.

Grundrechtsdogmatisch handelt es sich bei Art. 36 GRC nicht um ein klassisches **4** Freiheits- und Abwehrrecht, das einen privaten Raum gegen staatliche Eingriffe schützt,[8] sondern ebenso wie bei den anderen in Titel IV der Grundrechtecharta aufgeführten Rechte um ein **soziales bzw. wirtschaftliches Grundrecht**, dessen genaue inhaltliche Bestimmung sich indes als schwierig erweist.

Dagegen sieht eine im Schrifttum verbreitete Ansicht in Art. 36 GRC überhaupt kein **5** individuelles Recht.[9] Diese Sicht stützt sich zum Teil auf die Erläuterungen der Vorschrift durch den Grundrechtekonvent. Dieser wollte mit Art. 36 GRC kein neues Recht schaffen,[10] sondern vielmehr die in Art. 16 EGV (jetzt Art. 14 AEUV) bereits enthaltenen Grundsätze in die Grundrechtecharta übernehmen.[11] Insbesondere die Formulierung in den Erläuterungen, wonach Art. 36 GRC lediglich einen »Grundsatz« aufstelle, hat

---

[3] *Voet van Vormizeele*, in: Schwarze, EU-Kommentar, Art. 36 GRC, Rn. 2.

[4] Ausführlich zur Genese *Mann*, ZögU 2005, 174 (178 f.) und *Rudolf*, in: Meyer, GRCh, Art. 36 GRC, Rn. 9.

[5] *Schorkopf*, WiVerw 2008, 253: »rechtsdogmatischer Fremdkörper in der Charta«; *Ruffert*, in: Calliess/Ruffert, EUV/AEUV, Art. 36 GRC, Rn. 1: »Nicht-Grundrecht als trojanisches Pferd«.

[6] *Ruffert*, in: Calliess/Ruffert, EUV/AEUV, Art. 36 GRC, Rn. 6, überschreitet die Grenzen einer wissenschaftlich vertretbaren Kommentierung, wenn er in Art. 36 GRC als Ausdruck eines »colbertistisch-staatsdirigistischem Wirtschaftsmodell« sieht und »service public« als »kryptosozialistischen Begriff« diskreditiert.

[7] So *Mann*, ZögU 2005, 174 (179); *Ruffert*, in: Calliess/Ruffert, EUV/AEUV, Art. 36 GRC, Rn. 6; *Voet van Vormizeele*, in: Schwarze, EU-Kommentar, Art. 36 GRC, Rn. 2.

[8] Missverständlich insofern *Knauff*, EuR 2010, 725 (739), der von einem »Abwehrrecht« spricht, aber vor allem eine Abwehr gegen uneingeschränkten Wettbewerb meint.

[9] *Voet van Vormizeele*, in: Schwarze, EU-Kommentar, Art. 36 GRC, Rn. 4; *Pielow*, in: Tettinger/Stern, EuGRCh, Art. 36 GRC, Rn. 19; *Knecht*, S. 191.

[10] Erläuterungen zur Charta der Grundrechte, ABl. 2007, C 303/17: »Dieser Artikel steht vollauf im Einklang mit Artikel 14 des Vertrags über die Arbeitsweise der Europäischen Union und begründet kein neues Recht. Er stellt lediglich den Grundsatz auf, dass die Union den Zugang zu den Dienstleistungen von allgemeinem wirtschaftlichen Interesse nach den einzelstaatlichen Bestimmungen achtet, sofern diese mit dem Unionsrecht vereinbar sind.«

[11] *Voet van Vormizeele*, in: Schwarze, EU-Kommentar, Art. 36 GRC, Rn. 3; *Calliess*, in: Ehlers, Grundrechte und Grundfreiheiten, § 23, Rn. 5.

dazu geführt, dass die Norm nicht als Grundrecht, sondern lediglich als **Grundsatz** i. S. d. Art. 51 Abs. 5 GRC anzusehen ist. Soweit damit Art. 36 GRC zum bloßen Programmsatz herabgestuft werden soll, verkennt diese Sicht, dass die Einführung eines neuen Grundrechts vor dem Hintergrund der zahlreichen Debatten über Dienstleistungen von allgemeinem wirtschaftlichem Interesse nicht nur als bloße Programmatik gemeint sein kann.[12] Im Übrigen wird Art. 36 GRC in den Erläuterungen zu Art. 51 GRC nicht als Grundsatz erwähnt, so dass sich aus den Erläuterungen keine klare Perspektive ergibt.

6   Für die nähere Bestimmung des Inhalts von Art. 36 GRC stellt sich in erster Linie die Frage nach der grundrechtlichen Schutzdimension des in dieser Vorschrift verbürgten Rechtes. Vereinzelt wird Art. 36 GRC im Sinne eines originären Zugangs- und Leistungsrechts für bestimmte öffentliche Dienstleistungen gedeutet.[13] Dies wird dem Wortlaut jedoch nicht gerecht. Die Terminologie der Vorschrift (»Die Union anerkennt und achtet [...]«) legt nahe, dass **kein individuell einklagbares Leistungsrecht** auf Vorhaltung von und Zugang zu öffentlichen Dienstleistungen verliehen werden soll.[14] Anders als andere Vorschriften, die in seinem Kontext stehen, beginnt Art. 36 GRC nicht mit den Worten »Jeder Mensch hat [...]«, was einen individuellen Leistungsanspruch begründen könnte. Die Ablehnung eines Leistungsrechts wird dadurch bestätigt, dass die Hauptverantwortung für die Erbringung von öffentlichen Dienstleistungen bei den Mitgliedstaaten liegt.[15] Die Verbürgungen der Grundrechtecharta richten sich jedoch gem. Art. 51 Abs. 1 GRC an die Organe, Einrichtungen und sonstige Stellen der Union und sind für die Mitgliedstaaten nur bei Durchführung des Unionsrechts verbindlich. Ein originäres Leistungsrecht würde also angesichts der Kompetenzverteilung zwischen Union und Mitgliedstaaten weitgehend leer laufen.

7   Dagegen kann Art. 36 GRC **in Verbindung mit den Gleichheitsrechten** der Art. 20 und 21 GRC als **derivatives Teilhaberecht** angesehen werden.[16] Dies würde einen diskriminierungsfreien Zugang zu bestehenden öffentlichen Dienstleistungen garantieren.[17] Insbesondere beim Netzzugang in den Bereichen Telekommunikation, Energie oder Schienenverkehr wäre dies für gemeinschaftsweit tätige Unternehmen eine wichtige Schutzdimension. Allerdings folgt der grundrechtliche Kern eines Anspruchs auf diskriminierungsfreien Zugang nicht aus Art. 36 GRC, sondern aus den jeweils einschlägigen Gleichheitsrechten und Nichtdiskriminierungsgrundsätzen.[18]

8   Man kann Art. 36 GRC allerdings ein **subjektiv-öffentliches Recht auf Achtung und Anerkennung des Zugangs zu öffentlichen Dienstleistungen durch die Unionsorgane** entnehmen. Die Formulierung »Die Union anerkennt und achtet« entspricht der in der menschenrechtlichen Praxis entwickelten Trias der staatlichen Pflichten, Menschenrechte zu achten, zu schützen und zu gewährleisten (»duty to respect«, »duty to protect«, »duty to fulfill«).[19] Unter einer »duty to protect« wird im Allgemeinen verstanden, dass der Staat verhindern muss, dass andere, insbesondere Private, den Schutzbereich des Rechts faktisch beeinträchtigen. Im Zusammenhang mit dem Zugang zu öffentlichen Dienstleistungen bedeutet dies, dass ein Staat, der derartige Leistungen

---

[12] Ebenso *Knauff,* EuR 2010, 725 (738).
[13] *Kühling,* in: v. Bogdandy/Bast, Europäisches Verfassungsrecht, S. 678.
[14] *Voet van Vormizeele,* in: Schwarze, EU-Kommentar, Art. 36 GRC, Rn. 24.
[15] In diesem Sinne auch *Ruffert,* in: Calliess/Ruffert, EUV/AEUV, Art. 36 GRC, Rn. 5.
[16] *Dauses,* S. 91; *Kühling,* in: v. Bogdandy/Bast, Europäisches Verfassungsrecht, S. 678.
[17] *Wolffgang,* in: Lenz/Borchardt, EU-Verträge, Art. 36 GRC, Rn. 4.
[18] *Linder,* S. 197–198.
[19] *Rudolf,* in: Meyer, GRCh, Art. 36 GRC, Rn. 9.

anbietet, das Angebot nicht willkürlich unterbrechen oder abbrechen darf.[20] Erbringen Private derartige Leistungen in staatlichem Auftrag oder mit staatlicher Unterstützung verlangt die Schutzverpflichtung, dass der Staat den Leistungserbringer an willkürlicher und unberechtigter Unterbrechung oder Abbruch des Angebots hindern muss. Mit Blick auf Art. 36 GRC folgt hieraus eine direkte Pflicht der Union, den Zugang zu Dienstleistungen von allgemeinem wirtschaftlichem Interesse nicht zu beeinträchtigen und andere an einer solchen Beeinträchtigung zu hindern. Die Union darf also weder rechtlich noch faktisch einen Mitgliedstaat, dessen regionale und lokale Untergliederungen oder ein mit öffentlichen Dienstleistungen betrautes Unternehmen am Angebot einer öffentlichen Dienstleistung hindern oder den Zugang dazu erheblich erschweren.

Konkret bedeutet dies, dass sich Unionsbürger gegen Maßnahmen der Union etwa **9** auf dem Gebiet des Wettbewerbs-, Beihilfen- oder Vergaberechts zur Wehr setzen können, mit denen ihr Zugang zu den genannten Leistungen beeinträchtigt wird.[21] Führt z. B. die Entscheidungspraxis der Kommission in einem konkreten Fall dazu, dass bestimmte öffentliche Dienstleistungen nicht mehr erbracht werden können oder in einer Weise erbracht werden müssen, die den universellen Zugang zu diesen Leistungen erschwert, hätten die betroffenen Unionsbürger einen **direkten Unterlassensanspruch** gegenüber der Union. Das gleiche gilt für die Umsetzung des Unionsrechts durch die Mitgliedstaaten. Sollte die Umsetzung von bestimmten Richtlinien im Bereich des Post- oder Energiebinnenmarktes in einem Mitgliedstaat zu einer deutlichen Reduzierung des Leitungsangebots oder zu einer Versorgungslücke führen, wäre ein Unterlassensanspruch gegen den eigenen Staat gegeben. Art. 36 GRC kann auch eine Grenze für Maßnahmen der Union und der Mitgliedstaaten auf dem Gebiet des Binnenmarktes darstellen und so auch zu Beschränkungen der Grundfreiheiten führen.[22]

B. Schutzbereich

Art. 36 GRC schützt den Zugang zu Dienstleistungen von allgemeinem wirtschaftli- **10** chem Interesse, wie er durch die einzelstaatlichen Rechtsvorschriften und Gepflogenheiten im Einklang mit dem Vertrag zur Gründung der Europäischen Gemeinschaft geregelt ist.

I. Persönlicher Schutzbereich

Anders als die meisten anderen Grundrechte der Grundrechtecharta enthält Art. 36 **11** GRC keinen ausdrücklichen Hinweis auf den Kreis der Personen, der von ihm geschützt wird. Aus dem Sinn und Zweck der Vorschrift lässt sich jedoch ableiten, dass Art. 36 GRC **alle natürlichen und juristischen Personen** begünstigt, die Dienstleistungen von allgemeinem wirtschaftlichem Interesse in einem EU-Mitgliedstaat in Anspruch nehmen wollen.[23] Auf die Staatsangehörigkeit kommt es EU-rechtlich nicht an. Der persönliche Zugangsanspruch wird jedoch durch die jeweiligen staatlichen Vorschriften und Gepflogenheiten bestimmt.

---

[20] *Krennerich*, S. 105.
[21] Ähnlich *Knauff*, EuR 2010, 725 (739).
[22] *Welti*, AöR 130 (2005), 529 (557).
[23] *Jarass*, GRCh, Art. 36 GRC, Rn. 7; *Wolffgang*, in: Lenz/Borchardt, EU-Verträge, Art. 36 GRC, Rn. 2.

Art. 36 GRC **verpflichtet** nach seinem klaren Wortlaut und in Übereinstimmung mit Art. 51 Abs. 1 GRC die **Organe der Union**.[24] Hinzu kommen die **Organe der Mitgliedstaaten**, wenn und soweit sie Unionsrecht umsetzen (Art. 51 Abs. 1 GRC).[25]

II. Sachlicher Schutzbereich

1. Dienstleistungen von allgemeinem wirtschaftlichem Interesse

12   Der in Artikel 36 GRC verwandte Begriff der »Dienstleistungen von allgemeinem wirtschaftlichem Interesse« entspricht den in Art. 14 AEUV und Art. 106 Abs. 2 AEUV verwendeten Begriffen. Der Begriff umfasst im Kern diejenigen Leistungen und Einrichtungen, die in Deutschland klassischerweise als Daseinsvorsorge, in anderen Mitgliedstaaten mit anderen Begriffen (service public etc.) bezeichnet werden.[26] Auf europarechtlicher Ebene werden unter Dienstleistungen von allgemeinem wirtschaftlichem Interesse **wirtschaftliche Aktivitäten** verstanden, deren Erbringung von den zuständigen Behörden der Mitgliedstaaten **im öffentlichen Interesse mit bestimmten Gemeinwohlverpflichtungen versehen** wurde.[27] Hierzu zählen Anforderungen an den Zugang (z.B. Universaldienste), Preis oder die Qualität der Leistung, die bei einer rein marktwirtschaftlichen Erbringung nicht erfüllt werden könnten. Die **Kompetenz** zur Bestimmung von Dienstleistungen von allgemeinem wirtschaftlichem Interesse liegt grundsätzlich **bei den Mitgliedstaaten**.[28] Die EU-Organe prüfen lediglich, ob »offenkundige Beurteilungsfehler« vorliegen.[29]

2. Zugang

13   Entsprechend dem Verständnis von Art. 36 GRC als soziales Grund- bzw. Menschenrecht lässt sich der Begriff des »Zugangs« mit Hilfe der neueren Dogmatik der sozialen Menschenrechte konkretisieren. Diese beziehen sich auf die Verfügbarkeit (»availability«), Zugänglichkeit (»accessibilty«) und Angemessenheit (»acceptability«).[30] Danach umfasst Verfügbarkeit zunächst das tatsächliche **Vorhandensein** von Dienstleistungen von allgemeinem wirtschaftlichem Interesse. Dies bezieht sich sowohl auf die infrastrukturellen Grundlagen der Dienste (z.B. Kommunikations- und Verkehrsnetze) als auch auf das tatsächliche Angebot der Leistungen. Des Weiteren muss den potentiellen Nutzern der Zugang in tatsächlicher wie wirtschaftlicher Hinsicht möglich sein. Dies erfordert insbesondere das Angebot der Leistung zu einem **erschwinglichen Preis**. Schließlich müssen die angebotenen Leistungen einem bestimmten **Qualitäts- und Sicherheitsstandard** entsprechen. Bei diesen Grundsätzen handelt es sich um Prinzipien, die auf die französische Doktrin der service public zurückgeführt werden können.[31]

14   Dieses Verständnis des Zugangs zu Dienstleistungen von allgemeinem wirtschaftlichem Interesse entspricht auch den in Artikel 1 des **Protokolls Nr. 26** zu Diensten von

---

[24] *Szyszczak*, in: Peers/Hervey/Kenner/Ward (Hrsg), Art. 36 GRC, Para 36.13.

[25] *Jarass*, GRCh, Art. 36 GRC, Rn. 4.

[26] *Krajewski*, S. 142 f.

[27] Mitteilung der Kommission, Ein Qualitätsrahmen für Dienstleistungen von allgemeinem Interesse in Europa, KOM (2011) 900 endg., S. 3 f.; *Koenig/Paul*, in: Streinz, EUV/AEUV, Art. 14 AEUV, Rn. 27.

[28] EuG, Urt. v. 12.2.2008, Rs. T–289/03 (BUPA), Slg. 2008, II–81, Rn. 167.

[29] EuG, Urt. v. 12.2.2008, Rs. T–289/03 (BUPA), Slg. 2008, II–81, Rn. 169.

[30] *Krennerich*, S. 205 f.; 250 ff.

[31] *Pielow*, in: Tettinger/Stern, EuGRCh, Art. 36 GRC, Rn. 5.

allgemeinem Interesse niedergelegten gemeinsamen Werten, nämlich des hohen Niveaus »in Bezug auf Qualität, Sicherheit und Bezahlbarkeit, Gleichbehandlung und Förderung des universellen Zugangs«.[32]

3. Regelung durch einzelstaatliche Rechtsvorschriften und Gepflogenheiten

Die konkrete Ausgestaltung des in Art. 36 GRC verbürgten Rechts erfolgt durch die **15** Rechtsvorschriften und Gepflogenheiten der Mitgliedstaaten. Der Hinweis auf rechtlich nicht verbindliche Gepflogenheiten macht deutlich, dass die Erbringung und der Umfang von Dienstleistungen von allgemeinem wirtschaftlichem Interesse nicht nur rechtlich determiniert ist, sondern auch durch die **unterschiedlichen wirtschafts- und wohlfahrtspolitischen Traditionen in den Mitgliedstaaten** geprägt wird.

C. Beeinträchtigungen

Die Struktur von Schutz- und Gewährleistungsrechten lässt sich nur schlecht mit Hilfe **16** der klassischen Trias Schutzbereich-Eingriff-Rechtfertigung systematisieren. Vielmehr kann man aus dem Inhalt der Norm lediglich ableiten, welches staatliche oder unionale Verhalten die Schutz- und Gewährleistungsverpflichtung verletzen würde. Aus den Verpflichtungsdimensionen des Art. 36 GRC folgt, dass eine Beeinträchtigung des Grundrechts vorliegt, wenn die Union und die Mitgliedstaaten den **Zugang** zu Dienstleistungen von allgemeinem wirtschaftlichem Interesse **missachtet** oder **behindert**.[33]

Insofern kann man die Vorschrift als **Grenze für Deregulierung und Privatisierung** **17** von Dienstleistungen von allgemeinem wirtschaftlichem Interesse interpretieren.[34] Ein Verstoß gegen Art. 36 GRC würde dann vorliegen, wenn aufgrund weitreichender Liberalisierungsmaßnahmen ohne entsprechende Regulierung das Angebot bestimmter Dienstleistungen von allgemeinem wirtschaftlichem Interesse nicht mehr ihrer besonderen Bedeutung entsprechen würde. Ein grundsätzliches Verbot weiterer Liberalisierungen von Dienstleistungen von allgemeinem wirtschaftlichem Interesse lässt sich Art. 36 GRC allerdings nicht entnehmen.[35]

D. Verhältnis zu anderen Bestimmungen

Art. 36 GRC gehört zu dem mit »Solidarität« überschriebenen Titel IV der Charta der **18** Grundrechte. Zu seinem unmittelbaren **Kontext** zählen das Recht auf Zugang zu Leistungen der sozialen Sicherheit und zu sozialen Diensten nach Art. 34 GRC und das Recht auf Zugang zur Gesundheitsvorsorge und auf ärztliche Versorgung nach Art. 35 GRC. Hinzutreten das Recht auf Zugang zu einem Arbeitsvermittlungsdienst nach Art. 29 GRC und der Verbraucherschutz (Art. 38 GRC).[36]

---

[32] Dazu s. Art. 14 AEUV, Rn. 29 ff.
[33] *Jarass*, GRCh, Art. 36 GRC, Rn. 8.
[34] *Rudolf*, in: Meyer, GRCh, Art. 36 GRC, Rn. 12; *Wolffgang*, in: Lenz/Borchardt, EU-Verträge, Art. 36 GRC, Rn. 5. Ähnlich *Ross*, CMLRev. 44 (2007), 1057 (1064).
[35] *Pielow*, in: Tettinger/Stern, EuGRCh, Art. 36 GRC, Rn. 31.
[36] *Szyszczak*, in: Peers/Hervey/Kenner/Ward (Hrsg), Art. 36, Para 36.02.

19   Neben dem grundrechtlichen Kontext ist Art. 36 GRC vor allem vor dem Hintergrund von Art. 14 und 106 Abs. 2 AEUV zu lesen.[37] Gemeinsam mit diesen beiden Vorschriften bildet Art. 36 GRC die **konstitutionelle Grundlage** der besonderen Bedeutung von Dienstleistungen von allgemeinem wirtschaftlichem Interesse für das europäische Sozialmodell. In diesem Sinne ist auch der Hinweis in den Erläuterungen zu Art. 36 GRC zu verstehen, wonach die Vorschrift »vollauf in Einklang mit Artikel 14 AEUV« stehe.

---

[37] *Mann*, in: Heselhaus/Nowak, Handbuch der Europäischen Grundrechte, § 34, Rn. 7 ff.

Artikel 37 GRC Umweltschutz

Ein hohes Umweltschutzniveau und die Verbesserung der Umweltqualität müssen in die Politiken der Union einbezogen und nach dem Grundsatz der nachhaltigen Entwicklung sichergestellt werden.

Literaturübersicht

Appel, Europäisches und nationales Umweltverfassungsrecht, in: Koch, Umweltrecht, 2014, S. 41; *Bernsdorff/Borowsky*, Die Charta der Grundrechte der Europäischen Union – Handreichungen und Sitzungsprotokolle, 2002; *Braig*, Umweltschutz durch die Europäische Menschenrechtskonvention, 2012; *Brönneke*, Vom Nutzen einer einklagbaren Umweltverfassungsnorm, zugleich eine partielle Kritik der Schutznormtheorie, ZUR 1993, 153; *ders.* Umweltverfassungsrecht, 1999; *Bungenberg*, Europäische Wirtschaftsverfassung zwischen Freiheit und Regulierung am Beispiel des Umweltschutzes in: Fastenrath/Nowak (Hrsg.), Der Lissabonner Reformvertrag, 2009, S. 205; *Beyerlin*, Umweltrecht und Menschenrechte, ZaöRV 2005, 525; *Calliess*, Ansätze zur Subjektivierung von Gemeinwohlbelangen im Völkerrecht, ZUR 2000, 246; *ders.*, Rechtsstaat und Umweltstaat, 2001; *ders.*, Towards a European Environmental Constitutional Law, EELR 1997, 113; *ders.* Die Charta der Grundrechte der Europäischen Union – Fragen der Konzeption, Kompetenz und Verbindlichkeit, NVwZ 2001, 261; *von Danwitz*, Aarhus-Konvention: Umweltinformation, Öffentlichkeitsbeteiligung, Zugang zu den Gerichten, *NVwZ 2004, 272 ff.*; *Desgagné*, Integrating environmental values into the European Convention on Human Rights, 89 AJIL 1995, 263; *Durner/Walter* (Hrsg.), Rechtspolitische Spielräume bei der Umsetzung der Århus-Konvention, 2005; *van Dyke*, A proposal to introduce the right to a healthy environment into the European Convention regime, Virginia Environmental Law Journal 1994, 323; *Epiney*, Zu den Anforderungen der Aarhus-Konvention an das europäische Gemeinschaftsrecht, ZUR 2003, 176; *Epiney/Scheyli*, Die Aarhus-Konvention – Rechtliche Tragweite und Implikationen für das schweizerische Recht, Fribourg, 2000; *Frenz*, Perspektiven für den Umwelt- und Klimaschutz, EuR-Beiheft 1/2009, 232; *Heselhaus/Marauhn*, Straßburger Springprozession zum Schutz der Umwelt, EuGRZ 2005, 549; *Iglesias/Riechenberg*, Der Beitrag des Europäischen Gerichtshofes zum Schutz der Umwelt, FS Zuleeg, 2005, 624; *Jarass*, Der neue Grundsatz des Umweltschutzes im primären EU-Recht, ZUR 2011, 563 *Jarvis/Sherlock*, The European Convention on Human Rights and the environment, E.L.Rev-HRC 1999, 15; *Kley-Struller*, Der Schutz der Umwelt durch die Europäische Menschenrechtskonvention, *EuGRZ 1995, 507*; *Kloepfer*, Zum Grundrecht auf Umweltschutz, 1978; *Kotulla*, Verfassungsrechtliche Probleme im Zusammenhang mit der Einführung eines Umweltgrundrechts in das Grundgesetz, KJ 2000, 22; *Lombardo*, The EU Charter of Fundamental Rights, 2011; *Meßerschmidt*, Europäisches Umweltrecht, 2011, § 2; *Meyer-Ladewig*, Das Umweltrecht in der Rechtsprechung des EGMR, NVwZ 2007, 25; *Orth*, Ein Grundrecht auf Umweltschutz in Europa?, 2007; *Philippi*, Die Charta der Grundrechte, 2002; *Scharf*, Institutionelles: Rücknahme von Gesetzgebungsvorschlägen durch die Kommission, EuZW 2015, 628; *Scheuing*, Das Europäische Umweltverfassungsrecht als Maßstab gerichtlicher Kontrolle, EuR 2002, 619; *Scheyli*, Aarhus-Konvention über Informationszugang, Öffentlichkeitsbeteiligung und Rechtsschutz in Umweltbelangen, AVR 38 (2000), 217; *Schlacke*, Überindividueller Rechtsschutz, 2008; *Schmidt-Radefeldt*, Ökologische Menschenrechte, 2000; *Schröder*, Sustainable Development – Ausgleich zwischen Umwelt und Entwicklung als Gestaltungsaufgabe des Staates, AVR 34 (1996), 251; *ders.*, Umweltschutz als Gemeinschaftsziel und Grundsätze des Umweltschutzes, in: Rengeling (Hrsg.), Handbuch zum europäischen und deutschen Umweltrecht, Bd.1, 2.Aufl., 2003, § 9; *Szczekalla*, Grundrechte, in: Rengeling (Hrsg.), Handbuch zum europäischen und deutschen Umweltrecht, Bd.1, 2003, § 12; *Walter*, Internationalisierung des deutschen und europäischen Verwaltungsverfahrens- und Verwaltungsprozeßrechts – am Beispiel der Århus-Konvention, EuR 2005, 302; *Wegener*, Ein Silberstreif für die Verbandsklage am Horizont europäischen Rechts, in: Cremer/Fisahn (Hrsg.), Jenseits der marktregulierten Selbststeuerung – Perspektiven des Umweltrechts, 1997, S. 183.

Leitentscheidungen

EuGH, Urt. v. 30.5.1991, Rs. C–361/88 (Kommission/Deutschland), Slg 1991, I–2567
EuGH, Urt. v. 30.5.1991, Rs. C–59/89 (Kommission/Deutschland), Slg 1991, I–2607
EuGH 9.7.1992, Rs. C–2/90 (Kommission/Belgien), Slg 1992, I–4431

EuGH, Urt. v. 13.3.2001, Rs. C–379/98 (PreussenElektra), Slg 2001, I–2099
EuGH, Urt. v. 25.7.2008, Rs. C–237/07 (Janecek), Slg 2008, I–6221
EuGH, Urt. v. 8.3.2011 – Rs. C–240/09 (Lesoochranárske zoskupenie), Slg 2011, I–1255
EuGH, Urt. v. 7.11.2013, Rs. C–72/12 (Gemeinde Altrip u.a.), ECLI:EU:C:2013:712
EuGH, Urt. v. 14.4.2015, Rs. C–409/13 (Rat/Kommission), ECLI:EU:C:2015:217

Wesentliche sekundärrechtliche Vorschriften

Richtlinie 2003/4/EG v. 28.1.2003 über den Zugang der Öffentlichkeit zu Umweltinformationen und zur Aufhebung der Richtlinie 90/313/EWG (erste Aarhus-Säule), ABl. 2003, L 41/26
Richtlinie 2003/35/EG v. 26.5.2003 über die Beteiligung der Öffentlichkeit bei der Ausarbeitung bestimmter umweltbezogener Pläne und Programme und zur Änderung der Richtlinien 85/337/EWG und 96/61/EG (zweite Aarhus-Säule), ABl. 2003, L 156/17
Verordnung (EG) Nr. 1367/2006 v. 6.9.2006 über die Anwendung der Bestimmungen des Übereinkommens von Århus über den Zugang zu Informationen, die Öffentlichkeitsbeteiligung an Entscheidungsverfahren und den Zugang zu Gerichten in Umweltangelegenheiten auf Organe und Einrichtungen der Gemeinschaft, ABl. 2006, L 264/13

A. Bedeutung und Überblick

1 Die **Bedeutung** von Art. 37 GRC ist in der Literatur heftig umstritten. Während einige die Vorschrift lediglich für eine **Zielbestimmung** halten,[1] die keinen Mehrwert für den Umweltschutz bringe und in der Charta »deplatziert« sei,[2] erkennen andere in der Vorschrift den bisherigen Umweltschutz ergänzende Funktionen und qualifizieren die Norm als »**Grundsatz**« im Sinne von Art. 52 Abs. 5 GRC.[3] Die erstgenannte Kritik weist darauf hin, dass die Vorschrift ihrem Wortlaut nach **nicht ausdrücklich ein Grundrecht** enthalte, sondern mehrere Grundsätze des EU- und AEU-Vertrages wiederhole (s. Rn. 2).[4] Zudem habe der Grundrechtekonvent mit dieser Einbeziehung des Umweltschutzes sein Mandat überschritten.[5] Dem ist jedoch entgegenzuhalten, dass eine et-

---

[1] *Calliess*, EuZW 2001, 261 (265); *Philippi*, Die Charta der Grundrechte, 2002, S. 27; *Calliess*, in: Calliess/Ruffert, EUV/AEUV, Art. 37 GRC, Rn. 4; *Käller*, in: Schwarze, EU-Kommentar, Art. 37 GRC, Rn. 1; *Streinz*, in: Streinz, EUV/AEUV, Art. 37 GRC, Rn. 2.
[2] *Calliess*, in: Calliess/Ruffert, EUV/AEUV, Art. 37 GRC, Rn. 4.
[3] *Bungenberg*, S. 205 (213); *Jarass*, GRCh, Art. 37 GRC, Rn. 3; vgl. auch *Rest*, in: Tettinger/Stern, EuGRCh, Art. 37 GRC, Rn. 17 und insb. Rn. 24 ff.; *Rudolf*, in: Meyer, GRCh, Art. 37 GRC, Rn. 9.
[4] *Calliess*, in: Calliess/Ruffert, EUV/AEUV, Art. 37 GRC, Rn. 6 und 7; *Käller*, in: Schwarze, EU-Kommentar, Art. 37 GRC, Rn. 2.
[5] *Käller*, in: Schwarze, EU-Kommentar, Art. 37 GRC, Rn. 1.

waige Überschreitung des früheren Mandats spätestens mit der Aufnahme der Charta im Lissabonner Vertrag in den Kreis des Primärrechts kraft der **Zustimmung aller Mitgliedstaaten** geheilt worden wäre. Ferner entspricht eine Reduzierung von Primärrechtsnormen auf eine lediglich »wiederholende«, deklaratorische Funktion nicht der Auslegungsmethode nach dem **effet utile**.[6] Gerade die Einordnung bereits bekannter umweltpolitischer Vorgaben in einen neuen Normkontext, in diesem Fall in den der in der Charta verbürgten Grundrechte, gibt hinreichend Anlass, der Frage nach den **Grundrechtsgehalten** einer solchen Verbürgung nachzugehen und sie zu identifizieren. Eine überzeugende Auslegung der Vorschrift muss den im Konvent und später **normierten Kompromiss** zur Kenntnis nehmen, demzufolge man sich zwar nicht auf ein »echtes Umweltgrundrecht« hat einigen können,[7] aber eben doch umweltpolitischen Anliegen eine **grundrechtliche Dimension** mit der Aufnahme in die Charta beigemessen hat, die sich nicht nur in einem ausdrücklichen Schrankenvorbehalt niederschlägt. Einen wichtigen Hinweis gibt die in Art. 52 Abs. 4 und 5 GRC enthaltene Dichotomie von »Grundrechten« und »Grundsätzen«, welche sich deutlich vom Begriff eines **Staatszieles**, das bereits von der Idee her objektiv-rechtlich angelegt ist, unterscheidet. Im Ergebnis fördert und verstärkt Art. 37 GRC Tendenzen zu einer **Subjektivierung umweltpolitischer Belange**.

Art. 37 GRC enthält vier Vorgaben, die sich systematisch in mehreren parallelen Vorschriften des übrigen Primärrechts wiederfinden. Die Vorgabe eines hohen Schutzniveaus ist in Art. 191 Abs. 2 AEUV für die Umweltpolitik selbst enthalten und wird für den Bereich des Binnenmarktes in Art. 114 Abs. 3 AEUV besonders erwähnt. Diese Vorgabe ist in Art. 3 Abs. 3 EUV mit dem Aspekt der **Verbesserung** der Umweltqualität noch einmal **verstärkt** worden, der die **dynamische Weiterentwicklung** des Umweltrechts betont.[8] Art. 37 GRC bestätigt die enge Verknüpfung beider Vorgaben. Die Vorgabe der Einbeziehung beider Aspekte in **alle EU-Politiken** deckt sich mit dem Gehalt der **Integrationsklausel** nach Art. 11 AEUV, die im Wortlaut von »den Belangen des Umweltschutzes« spricht und damit die umweltpolitischen Grundsätze, insbesondere das hohe Schutzniveau, nach den Verträgen miteinschließt.[9] Darüber hinaus wird Art. 11 AEUV insofern ergänzt, als in Art. 37 GRC ausdrücklich festgelegt wird, dass die Einbeziehung der Erfordernisse des Umweltschutzes keine verfahrensrechtliche Übung ist, sondern sich **im Ergebnis** niederschlagen muss, da nur so das Schutzniveau »**sichergestellt**« werden kann. Schließlich enthält Art. 11 AEUV seit der Fassung des Amsterdamer Vertrages (Art. 6 EGV) einen Bezug zur »**nachhaltigen Entwicklung**«. Diese wird ferner in Abs. 9 Präambel EU-Vertrag und in ihrer globalen Dimension in Art. 3 Abs. 5 EUV erwähnt. Der systematische Vergleich zeigt, dass Art. 37 GRC sich einerseits innerhalb der bestehenden Kompetenzen der Union bewegt und dass in der Vorschrift andererseits klarstellend Elemente zusammengeführt werden, die zuvor auf mehrere Vorschriften verteilt worden waren. Die Aufnahme dieser Aspekte in die Grundrechtecharta unterstreicht ihre Bedeutung für das gesamte Primärrecht und ergänzt insofern Art. 11 AEUV, der auf die anderen Politiken begrenzt ist, inhaltlich und fügt ihm eine

2

---

[6] So bereits EuGH, Urt. v. 29. 11. 1956, Rs. 8/55 (Fedechar), Slg. 1955/56, 312; näher dazu *Streinz*, FS Everling, 1995, S. 1491 ff.

[7] Vgl. *Rest*, in: Tettinger/Stern, EuGRCh, Art. 37 GRC, Rn. 3 ff.; *Calliess*, in: Calliess/Ruffert, EUV/AEUV, Art. 37 GRC, Rn. 1.

[8] Vgl. *Jarass*, GRCh, Art. 37 GRC, Rn. 6; *Calliess*, in: Calliess/Ruffert, EUV/AEUV, Art. 191 AEUV, Rn. 10; *Kahl*, in: Streinz, EUV/AEUV, Art. 191 AEUV, Rn. 55.

[9] *Kahl*, in: Streinz, EUV/AEUV, Art. 11 AEUV, Rn. 29.

weitere **Legitimationsbasis** hinzu.[10] So zeigt bereits die detaillierte systematische Analyse einige **Verstärkungen des Umweltschutzes** im Wortlaut des Primärrechts.[11] Folgerichtig wird in der Rechtsprechung zur (allgemeinen) primärrechtlichen **Absicherung**
des Umweltschutzes neben Art. 11 AEUV und Art. 191 ff. AEUV zunehmend auch
Art. 37 GRC herangezogen.[12]

3   In der Grundrechtecharta steht die Verbürgung nach Art. 37 GRC im Kapitel über die
Solidarität, das eine Vielzahl von sozialen Grundrechten bzw. Grundsätzen enthält.
Dort steht die Vorschrift in unmittelbarer Nachbarschaft zur Verbürgung des **Verbrau-
cherschutzes** in Art. 38 GRC und des **Gesundheitsschutzes** in Art. 35 GRC. Die Grund-
rechtsgehalte der letztgenannten Vorschriften sind ähnlich umstritten.[13] Doch wäre die
Vorschrift nur auf ihren Gehalt als potenzielle **Grundrechtsschranke** zu reduzieren, so
hätte sie in systematischer Hinsicht unter den allgemeinen Bestimmungen der Art. 51 ff.
GRC aufgeführt werden müssen. Ferner ist die Nähe zum **Recht auf Unversehrtheit** nach
Art. 3 GRC hervorzuheben.[14]

4   Der intensive inhaltliche Streit um die Ausgestaltung von Art. 37 GRC im Konvent[15]
spiegelt die Divergenzen in den **Verfassungen der Mitgliedstaaten** wider. Diese können
grob in drei Gruppen unterteilt werden. Eine erste Gruppe kennt **keine explizite verfassungsrechtliche Verankerung** des Umweltschutzes, doch können **Teilgewährleistungen** nachgewiesen werden.[16] Eine zweite Gruppe verfügt über ausdrückliche **Staatszielbestimmungen** zum Schutze der Umwelt, die aber nicht subjektiv-rechtlich verbürgt
sind.[17] Schließlich sind in einer dritten Gruppe von mitgliedstaatlichen Verfassungen
dem Wortlaut nach **Rechte auf eine gesunde Umwelt** und vergleichbare Verbürgungen
nachweisbar. Eine eingehendere Untersuchung zeigt allerdings deren Grenzen auf. Sie
stehen regelmäßig zur Ausgestaltung durch den einfachgesetzlichen Gesetzgeber und
enthalten entsprechende Gesetzgebungsaufträge.[18]

5   Auf **internationaler Ebene** finden sich vorsichtige Ansätze einer grundrechtlichen
Verbürgung des Umweltschutzes. Relativ häufig wird das Grundrecht auf Umweltschutz in Dokumenten im Rang des **soft law** verwendet.[19] Insofern handelt es sich eher

---

[10] So wird Art. 37 GRC insbesondere in Schlussanträgen der Generalanwälte verwendet, s. GA
Colomer, Schlussanträge zu Rs. C–176/03 (Kommission/Rat), ECLI:EU:C:2005:311, Rn. 69 und
Schlussanträge zu Rs. C–87/02 (Kommission/Italien), ECLI:EU:C:2004:13, Rn. 36. S. die weiteren
Nachweise in Fn. 26.

[11] Die neuen Tatbestandselemente der »Sicherstellung« und der »Verbesserung« bestätigen Auslegungen, die bereits vorher zu Art. 11 AEUV vertreten worden waren, s. näher dazu Art. 11 AEUV,
Rn. 19.

[12] EuGH, Urt. v. 21.12.2009, Rs. C–28/09 (Kommission/Österreich), ECLI:EU:C:2011:854,
Rn. 121; s. auch die Nachweise auf die Generalanwälte in Fn. 27.

[13] *Calliess*, in: Calliess/Ruffert, EUV/AEUV, Art. 37 GRC, Rn. 13.

[14] *Jarass*, GRCh, Art. 37 GRC, Rn. 5 weist darauf hin, dass Art. 3 GRC ein unmittelbar einklagbares Recht enthält.

[15] S. die detaillierten Hinweise bei *Rest*, in: Tettinger/Stern, EuGRCh, Art. 37 GRC, Rn. 4 ff.

[16] Nach *Rest*, in: Tettinger/Stern, EuGRCh, Art. 37 GRC, Rn. 8, Dänemark, Großbritannien, Irland, Luxemburg, Österreich und Zypern.

[17] *Rest*, in: Tettinger/Stern, EuGRCh, Art. 37 GRC, Rn. 12 ff. zu Deutschland, Lettland, den Niederlande, Polen und Schweden.

[18] Vgl. *Rest*, in: Tettinger/Stern, EuGRCh, Art. 37 GRC, Rn. 9–11, der aber – missverständlich in
der Abgrenzung zur zweiten Gruppe – diese Verbürgungen als Staatszielbestimmungen qualifiziert.

[19] S. etwa den ersten Grundsatz der Rio -Erklärung über Umwelt und Entwicklung vom Juni 1992:
»Die Menschen stehen im Mittelpunkt der Bemühungen um eine nachhaltige Entwicklung. Sie haben
das Recht auf ein gesundes und produktives Leben im Einklang mit der Natur« sowie die Absätze
21–23 der Millenniums-Erklärung vom September 2000. Vgl. auch *Calliess*, in: Calliess/Ruffert,

um rechtspolitische Aussagen, die aber Ansätze zu einer Verdichtung zu sog. hard law aufweisen können. Unter den »gehärteten« Ansätzen im Umweltvölkerrecht sind zwei besonders zu erwähnen. Zum einen hat der **EGMR** aus verschiedenen Verbürgungen der EMRK Aspekte eines Grundrechts auf Umweltschutz hergeleitet, die sich im Rahmen der bekannten Grundrechtsgarantien bewegen, aber besondere Schutzdimensionen entwickeln können, wie ein Recht auf Information im Rahmen von sog. positiven Schutzpflichten.[20] Der zweite Ansatz ist überwiegend verfahrensrechtlich ausgerichtet und ist in der **Aarhus-Konvention** verbürgt worden. Diese anerkennt in ihrer Präambel ein **Grundrecht auf Umwelt** und etabliert in dessen Umsetzung ein **Recht auf Information**, auf **Beteiligung** an Genehmigungsentscheidungen und ein **Recht auf Zugang zu gerichtlichen Rechtsbehelfen**.[21] Die Aarhus-Konvention und das EU-Umweltrecht haben sich gegenseitig beeinflusst und in diesem Zusammenspiel die Rechtsstellung Einzelner in Umweltangelegenheiten weiter ausgebaut.[22]

Der Umweltschutz hat in der Europäischen Union seit den 1980er Jahren eine beeindruckende Entwicklung durchgemacht. Dies gelang ohne eine grundrechtliche Absicherung des Umweltschutzes, zeigt aber einige Berührungspunkte auf, die für eine grundrechtliche Absicherung ertragreich sind. Zum einen kann in jüngerer Zeit auf die **Umsetzung der Aarhus-Konvention** verwiesen werden, bei der die Rechtsprechung eine weite Auslegung der drei erwähnten subjektiven Rechte (Rn. 5) betreibt. Dabei stützt sie sich überzeugend auf die Vorgaben der Aarhus-Konvention,[23] könnte ergänzend aber auch Art. 37 GRC zur Absicherung dieses Ansatzes heranziehen. Überdies verfolgt die Rechtsprechung im EU-Umweltrecht seit frühen Jahren den Ansatz, **umweltrechtliche Belange** zu »**subjektivieren**« und darüber dem Einzelnen die Möglichkeit zu eröffnen, die Belange des Umweltschutzes in bestimmten Fällen vor Gericht einklagen zu können.[24] Die Rs. *Janecek* zu einem Recht auf saubere Luft stellt dabei einen jüngeren Beispielsfall dar.[25] Dieser Ansatz ist in der deutschen Literatur zuweilen kritisiert worden,[26] er könnte sich aber auf Art. 37 GRC berufen (s. Rn. 1). Nicht zuletzt ist die Verbürgung in Art. 37 GRC bereits von mehreren **Generalanwälten** in ihren Schlussanträgen in unterschiedlichen Funktionen aufgegriffen worden.[27]

6

EUV/AEUV, Art. 37 GRC, Rn. 9, 10; *Rudolf*, in: Meyer, GRCh, Art. 37 GRC, Rn. 5 unter Hinweis auf die Rio -Erklärung; ebenso *Beyerlin*, ZaöRV 2005, 525.

[20] Näher dazu *Heselhaus/Marauhn*, EuGRZ 2005, 549 (551), m. w. N. Fn. 27; ausführlich *Braig*, S. 201 ff.; vgl. auch *Meyer-Ladewig*, NVwZ 2007, 25.

[21] Abs. 7, 8 Präambel und Art. 1, 4–9 Aarhus-Konvention, näher dazu *von Danwitz*, NVwZ 2004, 272 (274 ff.).

[22] Näher *Scherer/Heselhaus*, in: Dauses, Handbuch des EU-Wirtschaftsrecht, Abschnitt O, Juni 2010, Rn. 307 ff.

[23] EuGH, Urt. v. 7.11.2013, Rs. C–72/12 (Gemeinde Altrip u. a.), ECLI:EU:C:2013:712, Rn. 28; Urt. v. 8.3.2011, Rs. C–240/09 (Lesoochranárske zoskupenie), Slg. 2011, I–1255, Rn. 28 ff.

[24] S. EuGH, Urt. v. 30.5.1991, Rs. C–361/88 (Kommission/Deutschland), Slg. 1991, I–2567; Urt. v. 30.5.1991, Rs. C–59/89 (Kommission/Deutschland), Slg. 1991, I–2607.

[25] EuGH Urt. v. 25.7.2008, Rs. C–237/07 (Janecek), Slg. 2008, I–6221.

[26] Ausführlich zur Rechtsprechung und ihrer Rezeption *M. Ruffert*, Subjektive Rechte im Umweltrecht der Europäischen Gemeinschaft. Unter besonderer Berücksichtigung ihrer prozessualen Durchsetzung, 1996.

[27] Zur »persönlichen Dimension« des Rechts auf eine angemessene Umwelt: GA *Colomer*, Schlussanträge zu Rs. C–176/03 (Kommission/Rat), Slg. 2005, I–7879, Rn. 69 und Rs. C–87/02 (Kommission/ Italien), Slg. 2004, I–5975, Rn. 36; zum Allgemeininteresse des Rechtsschutzes in Umweltfragen: GA *Kokott*, Schlussanträge zu Rs. C–260/11 (Edwards), ECLI:EU:C:2012:645 Rn. 40 und GA *Bot*, Schlussanträge zu Rs. C–195/12 (IBV/Cie), ECLI:EU:C:2013:293, Rn. 82; zum Schutz der nachhaltigen Entwicklung: GA *Jääskinen*, Schlussanträge zu Rs. C–461/13 (Bund für Umwelt und Natur-

B. Entstehungsgeschichte

7   Die Einführung von Art. 37 GRC ist vor dem Hintergrund einer kontinuierlichen Weiterentwicklung der EU-Umweltpolitik zu sehen. Im systematischen Überblick seien die einschlägigen Vorschriften des Primärrechts genannt, die in der Gesamtsicht die verschiedenen Elemente des Art. 37 GRC – bis auf den grundrechtlichen Bezug (s. Rn. 1) – vorweggenommen haben, wie die **Integrationsklausel**,[28] der **hohe Schutzstandard**[29] und das **Prinzip der Nachhaltigkeit**.[30] Zudem lag seit Mitte der 1980er Jahre eine ständige Rechtsprechung der Unionsgerichte vor, die in einem relativ weiten Ansatz Anliegen des Umweltschutzes in dem Sinne subjektiviert, dass **Klagen Privater** wegen mangelhafter Umsetzung des Unionsrechts zugelassen wurden.[31]

8   In den Diskussionen im **Grundrechte-Konvent** zeigte sich schnell, dass eine grundrechtliche Gewährleistung doch weitergehen würde bzw. sollte. Daher war die Einführung entsprechender Rechte heftig **umstritten**. Der erste Entwurf blieb dahinter zurück, in dem die Ziele des Art. 191 AEUV (damals Art. 130r EGV) erwähnt wurden und dann »festgestellt« wurde, dass diese durch die Politiken der Union sichergestellt würden.[32] Die Bandbreite der Stellungnahmen reichte von Zustimmung zu diesem »Grundsatz«, über den modifizierenden Vorschlag eines verfahrensrechtlichen Individualrechts bis zum Plädoyer für ein Grundrecht auf eine saubere Umwelt, teilweise begleitet von einer korrespondierenden Verpflichtung der Einzelnen.[33] Letztlich fand man in der später beschlossenen Fassung einen **Kompromiss**, der in der Literatur wegen seiner zu geringen Fortentwicklung des Umweltrechts auf Kritik gestoßen ist.[34]

9   In der **Praxis** ist der Grundsatz seitdem unterschiedlich rezipiert worden. Während die Unionsgerichte soweit ersichtlich noch nicht zur Auslegung von Art. 37 GRC Stellung nehmen mussten, finden sich einige **Stellungnahmen** verschiedener **Generalanwälte**, die auf die Vorschrift eingehen.[35] Im **Sekundärrecht** ist der EU-Gesetzgeber bislang ohne Verweise oder Bezugnahmen auf Art. 37 GRC ausgekommen, er hat aber in der sog. Beteiligungsrichtlinie das **Recht auf eine saubere Umwelt** nach der Aarhus-Konvention zitiert.[36]

---

schutz Deutschland), ECLI:EU:C:2014:2324, Rn. 6; zur verfassungsrechtlichen Anerkennung des Umweltschutzes: GA *Villalón*, Schlussanträge zu Rs. C–120/10 (European Air Transport), ECLI:EU:C: 2011:94, Rn. 78; zu den Informationsrechten: GA *Bot*, Schlussanträge zu Rs. C–474/10 (Seaport u. a.), ECLI:EU:C:2011:490, Rn. 27 ff.; zum allgemeinen Prinzip des hohen Schutzniveaus in Umweltangelegenheiten: GA *Kokott*, Schlussanträge zu Rs C–567/10 (Inter-Environnement Bruxelles u. a.), Slg. 2009, I–9021, Rn. 20 und GA *Léger*, Schlussanträge zu Rs. C–277/02 (EU-Wood-Trading), Slg. 2004, I–11957, Rn. 9.

[28] Art. 11 AEUV.

[29] Art. 114 Abs. 3 und 191 Abs. 2 AEUV.

[30] Abs. 9 Präambel EUV, vgl. Art. 3 Abs. 5 EUV.

[31] EuGH Urt. v. 25.7.2008, Rs. C–237/07 (Janecek), Slg. 2004, I–3403; Urt. v. 30.5.1991, Rs. C–361/88 (Kommission/Deutschland), Slg. 1991, I–2567; Urt. v. 30.5.1991, Rs. C–59/89 (Kommission/Deutschland), Slg. 1991, I–2607.

[32] CHARTE 4372/00, CONVENT 39 vom 16.6.2000.

[33] S. die ausführliche Darstellung bei *Rest*, in: Tettinger/Stern, EuGRCh, Art. 37 GRC, Rn. 3 ff.

[34] *Calliess*, EuZW, 2001, 261 (265); *Philippi*, Die Charta der Grundrechte, 2002, S. 27.

[35] S. Nachweise Fn. 26; näher dazu unter Rn. 19.

[36] 6. Begründungserwägung Richtlinie 2003/35/EG, ABl. 2003, L 156/17.

C. Gewährleistungsgehalte

1. Bedeutung als Grundsatz

Die formale **Rechtsverbindlichkeit** von Art. 37 GRC ist als Teil der Grundrechtecharta [10]
und damit des Primärrechts[37] unbestritten. Es ist einhellig anerkannt, dass Art. 37 GRC
rechtsverbindlich ist.[38] Umstritten ist hingegen, wie weit diese Bindung inhaltlich reicht.
Art. 52 GRC bietet zur Qualifizierung zwei Kategorien, die des Grundrechts[39] und die
des Grundsatzes.[40] Es besteht Konsens darüber, dass Art. 37 GRC **kein Grundrecht** in
diesem Sinne darstellt, mithin insbesondere nicht unmittelbar anwendbar ist.[41] Weder
gibt es eine vergleichbare grundrechtliche Verbürgung in den EU-Verträgen (Art. 52
Abs. 2 GRC), noch einen ähnlich umfassenden Ansatz in der EMRK (Art. 52 Abs. 3
GRC). Angesichts der Vielfalt der Verbürgungen des Umweltschutzes in den Verfassungen der Mitgliedstaaten, kann man auch nicht von »gemeinsamen Verfassungsüberlieferungen der Mitgliedstaaten« in Bezug auf ein Grundrecht auf Umweltschutz sprechen.[42]

Demgegenüber wird in der Literatur verbreitet vorgeschlagen, Art. 37 GRC als eine [11]
Staatszielbestimmung einzustufen.[43] Dem ist aber entgegenzuhalten, dass die Grundrechtecharta in Art. 52 GRC die Dichotomie von Grundrechten und **Grundsätzen** vorgibt, nicht aber Staatszielbestimmungen erwähnt. In der Literatur werden die Grundsätze durch bestimmte Eigenschaften näher umschrieben. So wird vorgebracht, dass sie
nicht unmittelbar anwendbar seien, auf sie keine Haftungsansprüche nach Art. 340
Abs. 2 AEUV gestützt werden könnten, sie nicht der Rechtsschutzgarantie des Art. 47
GRC unterfallen und keinen Anspruch auf Normerlass begründen würden.[44] Diese Besonderheiten würden auch auf Staatszielbestimmungen zutreffen. Doch haben die
Grundsätze in der Charta eine **weitergehende Funktion**.[45] Sie betreffen insbesondere
Sachgebiete, in denen vereinzelt schon grundrechtliche Gewährleistungen in den Mitgliedstaaten zu erkennen sind, sich aber noch kein EU-weiter Konsens diesbezüglich
herausgebildet hat. Daher wird die Umsetzung dieser »Grundrechte« der Rechtsetzung
auf Ebene des Sekundärrechts bzw. des einfachen Gesetzes überantwortet. Die **Umsetzung** dieser Charta-Grundsätze resultiert dann aber regelmäßig in der Zuerkennung
subjektiver Rechte auf einfachgesetzlicher Ebene. Darin liegt ein grundlegender Unterschied zu Staatszielbestimmungen, denen eine solche **subjektiv-rechtliche Komponente**
grundsätzlich nicht eigen ist. Für den Bereich des Umweltschutzes folgt daraus, dass

---

[37] Vgl. Art. 6 Abs. 1 EUV.

[38] *Jarass*, GRCh, Art. 37 GRC, Rn. 3; *Streinz*, in: Streinz, EUV/AEUV, Art. 37 GRC, Rn. 1; *Calliess*, in: Calliess/Ruffert, EUV/AEUV, Art. 37 GRC, Rn. 3.

[39] Art. 52 Abs. 1–4 GRC.

[40] Art. 52 Abs. 5 GRC.

[41] *Jarass*, GRCh, Art. 37 GRC, Rn. 3; *Rudolf*, in: Meyer, GRCh, Art. 37 GRC, Rn. 9; *Calliess*, in:
Calliess/Ruffert, EUV/AEUV, Art. 37 GRC, Rn. 4.

[42] Ausführlich zu den nationalen Bestimmungen *Rest*, in: Tettinger/Stern, EuGRC, Art. 37 GRC,
Rn. 3 ff.

[43] Die Bewertungen in der Literatur sind schwankend, in Richtung Staatszielbestimmung *Calliess*,
in: Calliess/Ruffert, EUV/AEUV, Art. 37 GRC, Rn. 4; *Rudolf*, in: Meyer, GRCh, Art. 37 GRC, Rn. 9,
der aber ebenso einem Grundsatz gleichsetzt; *Streinz*, in: Streinz, EUV/AEUV, Art. 37 GRC, Rn. 2;
Jarass, GRCh, Art. 37 GRC, Rn. 3 spricht vom »Grundsatzcharakter«.

[44] *Borowsky*, in: Meyer, GRCh, Art. 52 GRC, Rn. 45c.

[45] A.A. offenbar *Rudolf*: in: Meyer, GRCh, Art. 37 GRC, Rn. 9, der Zielbestimmung und Grundsatz gleichsetzt.

Art. 37 GRC nicht nur bereits vorhandene Zielbestimmungen der Verträge wiederholt, sondern **zusätzlich** einen Fokus auf die **subjektiv-rechtliche Komponente** legt.[46] Dergestalt unterfüttert er primärrechtlich zum einen den Ansatz der **Subjektivierung von Umweltbelangen**, wie er in der Rechtsprechung des EuGH vorangetrieben wird.[47] Ferner plädiert er für eine **Inanspruchnahme Einzelner für die Zwecke des Umweltschutzes**, wie sie etwa in der Aarhus-Konvention und deren Umsetzung im Unionsrecht zum Ausdruck kommt. Er unterstreicht die Bedeutung entsprechender subjektiver Rechte. In der Konsequenz sind solche einfachgesetzlichen Gewährleistungen in ihrem Schutzbereich **weit** und Beschränkungen derselben **eng** auszulegen. Ferner kann Art. 37 GRC dafür streiten, im Zweifel einen **individualschützenden Charakter** einer Umsetzungsnorm anzuerkennen, auf den dann ein Haftungsanspruch gestützt werden könnte.[48]

2. Schutzbereich

a) Allgemeines

12 Als **Grundsatz** nach Art. 52 Abs. 5 GRC enthält Art. 37 GRC insbesondere eine **individualschützende Komponente**, die die **Auslegung** der zu seiner Umsetzung erlassenen Normen steuert (s. Rn. 11), aber auch die Auslegung anderer Vorschriften, insbesondere subjektiver Rechte steuern kann.[49] In seinen übrigen Bestandteilen ergänzt sein Schutzbereich bereits bestehende Regelungen in den Verträgen. Soweit **parallele Gewährleistungen** vorliegen, kann auf die entsprechenden Kommentierungen verwiesen werden. Insbesondere liegt der Vorschrift ein **weiter Umweltbegriff** zugrunde. Mit der Bezugnahme auf die »**Politik** der Union« wird ihr Anwendungsbereich **umfassend** im Sinne einer Kumulation der Vorgaben für die Umweltpolitik in Art. 191 AEUV, für den Binnenmarkt in Art. 114 Abs. 3 AEUV und die übrigen Politiken der Union nach Art. 11 AEUV beschrieben.[50] In der Rechtsprechung ist bestätigt worden, dass Art. 37 GRC den **Querschnittscharakter** und die **Bedeutung** des Umweltschutzes in der EU bekräftigt.[51]

13

b) Sicherstellung der Einbeziehung

Art. 37 GRC ordnet an, dass die Erfordernisse des Umweltschutzes in **alle Politiken** der Union **einbezogen** werden **müssen**. Diese Formulierung war im Konvent zunächst umstritten. Ein erster abgeschwächter Entwurf hat sich aber nicht durchsetzen können,[52] so dass es zu der zwingenden Vorgabe des »müssen« in Übereinstimmung mit Art. 11 AEUV gekommen ist. Art. 37 GRC fügt dem aber noch hinzu, dass die Einbeziehung – nach dem Grundsatz der nachhaltigen Entwicklung (s. Rn. 15) – »**sichergestellt**« werden muss. Damit wird deutlich, dass es sich nicht nur um ein rein verfahrensrechtliches

---

[46] Wie hier vorsichtig *Meßerschmidt*, Europäisches Umweltrecht, § 2, Rn. 40.

[47] EuGH Urt. v. 25.7.2008, Rs. C–237/07 (Janecek), Slg. 2008, I–6221; Urt. v. 30.5.1991, Rs. C–361/88 (Kommission/Deutschland), Slg. 1991, I–2567; Urt. v. 30.5.1991, Rs. C–59/89 (Kommission/Deutschland), Slg. 1991, I–2607.

[48] Vgl. die Ansätze bei *Rudolf*, in: Meyer, EuGRCh, Art. 37 GRC, Rn. 13: »Verstärkung von Verfahrensgrundrechten«; EuGH, Rs. C–176/03, GA *Colomer*, Schlussanträge zu Rs. 176/03 (Kommission/Rat), Slg. 2005, I–7879, Rn. 66 ff.

[49] *Rudolf*, in: Meyer, GRCh, Art. 37 GRC, Rn. 13, in Bezug auf Gleichbehandlungs- und Diskriminierungsbestimmungen.

[50] *Calliess*, in: Calliess/Ruffert, EUV/AEUV, Art. 37 GRC, Rn. 6, 7.

[51] EuGH, Urt. v. 21.12.2011, Rs. C–28/09 (Kommission/Österreich), Slg. 2011, I–13525, Rn. 121.

[52] *Rest*, in: Tettinger/Stern, EuGRCh, Art. 37 GRC, Rn. 3.

Berücksichtigungsgebot handelt, sondern dass sich die Beachtung der Erfordernisse des Umweltschutzes im Ergebnis widerspiegeln muss. Insofern unterstreicht Art. 37 GRC Ansichten, die in der Integrationsklausel des Art. 11 AEUV einen **relativen Vorrang** des Umweltschutzes in der Abwägung verbürgt sehen.[53]

c) Schutzniveau und Umweltqualität

Art. 37 GRC belässt es nicht bei der allgemeinen Umschreibung der »Erfordernisse des   **14** Umweltschutzes« wie in Art. 11 AEUV, sondern konkretisiert ein »**hohes** Umwelt-schutzniveau« sowie die »**Verbesserung** der Umweltqualität«. Der hohe Schutzstan-dard ist in den Verträgen bereits anderweitig verbürgt.[54] Er verlangt zur Realisierung zwar keinen Vorrang des Umweltschutzes, aber eine **ausreichende Gewichtung** in der Abwägung mit widerstreitenden Interessen. Der **Abwägungsrahmen** wird dabei durch den **Grundsatz der nachhaltigen Entwicklung** in Art. 37 GRC, insofern wieder in Über-einstimmung mit Art. 11 AEUV, vorgegeben. Dem fügt Art. 37 GRC ausdrücklich eine Verpflichtung zur »Verbesserung der Umweltqualität« bei. Darin kommt zum Aus-druck, dass die Union Umweltschutz als ein **dynamisches Konzept** betrachtet, dessen Ziele **kontinuierlich** im Sinne einer **Optimierung** überprüft werden müssen. Nach zu-treffender Ansicht ist dieses dynamische Konzept auch in Art. 191 AEUV nachweis-bar,[55] so dass insofern ein Gleichklang zwischen Art. 37 GRC, Art. 191 AEUV und Art. 11 AEUV besteht.

d) Nachhaltige Entwicklung

In Parallele zu Art. 11 AEUV (»zur Förderung«) gibt Art. 37 GRC für die **Art und Weise**   **15** der Einbeziehung der Umweltbelange vor, dass diese nach dem Grundsatz der **nach-haltigen Entwicklung** zu erfolgen habe.[56] Insoweit kann auf die Kommentierung zu den einschlägigen Vertragsnormen verwiesen werden.[57] Wichtig ist die Feststellung, dass der Nachhaltigkeitsgrundsatz keinen absoluten Vorrang des Umweltschutzes kennt, son-dern eine **Abwägung** mit wirtschaftlichen und sozialen Belangen erfordert.[58]

e) Verpflichtete

Art. 37 GRC wendet sich mit seinem Umsetzungsauftrag primär an die zuständigen   **16** **Stellen der Union**. Das betrifft sowohl die **Rechtsetzung** zur Konkretisierung der Vor-

---

[53] *Kahl*, in: Streinz, EUV/AEUV, Art. 11 AEUV, Rn. 18; *Scherer/Heselhaus*, in: Dauses, Hand-buch des EU-Wirtschaftsrecht, Abschnitt O, Juni 2010, Rn. 54; A. A. *Calliess*, in: Calliess/Ruffert, EUV/AEUV, Art. 11 AEUV, Rn. 7 (m.w.N.) nach dem sich »Art. 11 AEUV allein keine Anhaltspunkte für einen absoluten oder relativen Vorrang des Umweltschutzes entnehmen« ließen.

[54] S. Art. 114 AEUV und Art. 191 AEUV und ausführlich dazu die Kommentierung von *Kahl*, in: Streinz, EUV/AEUV, Art. 191 AEUV, Rn. 63 ff., sowie *Calliess*, in: Calliess/Ruffert, EUV/AEUV, Art. 191 AEUV, Rn. 15 ff.

[55] S. näher dazu *Kahl*, in: Streinz, EUV/AEUV, Art. 191 AEUV, Rn. 21 f.; *Krämer*, in: GSH, Eu-ropäisches Unionsrecht, Art. 191 AEUV, Rn. 23.

[56] *Rudolf*, in: Meyer, GRCh, Art. 37 GRC, Rn. 12.

[57] *Epiney*, in: Landmann/Rohmer, Umweltrecht, Art. 191 AEUV (April 2014), Rn. 44 ff.; *Calliess*, in: Calliess/Ruffert, EUV/AEUV, Art. 11 AEUV, Rn. 12; *Rudolf*, in: Meyer, GRCh, Art. 37 GRC, Rn. 12.

[58] S. zur Abwägung EuG, ECLI:EU:T:2014:828, Rs. T–634/13, ECLI Rn. 72 – Arctic Paper Mo-chenwangen; vgl. auch EuG, Urt. v. 26.9.2015, Rs. T–135/13 (Hitachi Chemical Europe Gmbh u. a./ECHA), ECLI:EU:T:2015:253, Rn. 109 ff., wo in Rn. 110 ausdrücklich die Vorgabe des hohen Schutzstandards (konkret im einschlägigen Sekundärrechtsakt) eingegangen wird.

gaben des Art. 37 GRC als auch die **ausführende Verwaltung**[59] und die **Rechtsprechung**. Zwar erwähnt Art. 37 GRC die »**Durchführung**« nicht ausdrücklich, doch ist sie notwendiger Bestandteil für die Zielerreichung des hohen Schutzniveaus und der Verbesserung der Umweltqualität. Dies entspricht den Vorgaben nach Art. 11 AEUV.[60] Diese Anforderungen gelten nicht nur im Hinblick auf die Umweltkompetenzen, sondern für **alle Politiken** der Union (s. Rn. 12).[61] Ferner werden auch die **Mitgliedstaaten** und die dort zuständigen Stellen bei der Durchführung des Unionsrechts in Übereinstimmung mit Art. 51 Abs. 1 Satz 1 GRC einbezogen. Sie tragen zur Zielerreichung des Art. 37 GRC durch Rechtsetzungsakte, verwaltungsmäßige Ausführung gerichtlicher Kontrolle bei.[62] **Privatpersonen** werden durch Art. 37 GRC nicht unmittelbar verpflichtet, doch können sich Beschränkungen ihrer Rechte aus der Umsetzung von Art. 37 GRC ergeben.[63]

D. Beeinträchtigungen und Abwägung

17   Zwei Aspekte sind bei der Verbürgung des Umweltschutzes in der Grundrechtecharta im Hinblick auf Beschränkungen zu unterscheiden. Einerseits ist der Umweltschutz in der Regel ein **Allgemeinwohlinteresse**, welches Beschränkungen von Grundrechten zu **rechtfertigen** vermag.[64] Andererseits sind Art. 37 GRC aber auch Aspekte einer **individualrechtlichen Ausgestaltung** des Umweltschutzes (s. Rn. 11) zu entnehmen, enthält die Norm einen entsprechenden Grundsatz, der in der Nähe zu den Grundrechten steht.[65] Aus der **Systematik** der Grundrechtecharta folgt, dass der erste Aspekt den **allgemeinen Bestimmungen** nach Art. 52 Abs. 2 GRC zuzuordnen ist. Da diese Norm für die betreffenden Gemeinwohlbelange nach der Anerkennung in der Union fragt, kann als Antwort auf Art. 191 ff. AEUV, Art. 11 AEUV sowie auch auf Art. 37 GRC verwiesen werden.

18   Der zweite Aspekt ist primär in Art. 37 GRC angesprochen. In diesem Sinne liegt eine **Beeinträchtigung** vor, wenn ein Verpflichteter einen hohen Umweltschutz und eine Verbesserung der Umweltqualität **nicht** im Sinne der nachhaltigen Entwicklung **sicherstellt**. Da der Schutzbereich dynamisch ausgerichtet ist, werden nicht nur Rückschritte erfasst.[66] Damit ist zwar ein **weiter** Beschränkungsbegriff etabliert, doch liegt ein Verstoß

---

[59] Es gibt einige Bsp. des zentralen Verwaltungsvollzugs in der Umweltpolitik wie etwa der Europäischen Umweltagentur oder der Europäischen Chemikalienagentur (ECHA).

[60] *Jarass*, GRCh, Art. 37 GRC, Rn. 4; zu Art. 11 AEUV s. *Krämer*, in: GSH, Europäisches Unionsrecht, Art. 11 AEUV, Rn. 12 ff.

[61] *Kahl*, in: Streinz, EUV/AEUV, Art. 11 AEUV, Rn. 10; *Käller*, in: Schwarze, EU-Kommentar, Art. 11 AEUV, Rn. 7; *Krämer*, in: GSH, Europäisches Unionsrecht, Art. 11 AEUV, Rn. 9.

[62] *Jarass*, GRCh, Art. 37 GRC, Rn. 4; s. auch *Kahl*, in: Streinz, EUV/AEUV, Art. 11 AEUV, Rn. 13; *Krämer*, in: GSH, Europäisches Unionsrecht, Art. 11 AEUV, Rn. 9.

[63] Vgl. *Jarass*, GRCh, Art. 37 GRC, Rn. 4.

[64] *Kingreen*, in: Calliess/Ruffert, EUV/AEUV, Art. 52 GRC, Rn. 67; *Dauses/Brigola*, in: Dauses, Handbuch des EU-Wirtschaftsrecht, Abschnitt C, Juni 2012, Rn. 279; EuGH, Urt. v. 13. 3. 2001, Rs. C–379/98 (PreussenElektra), Slg. 2001, I–2099, Rn. 67, Rn. 73, 76; Urt. v. 9. 7. 1992, Rs. C–2/90 (Kommission/Belgien), Slg. 1992, I–4431, Rn. 32 ff.

[65] S. den systematischen Zusammenhang in Art. 52 Abs. 1–4 GRC einerseits und Abs. 5 andererseits.

[66] Vgl. *Jarass*, GRCh, Art. 37 GRC, Rn. 8, der nicht ganz eindeutig in dieser Hinsicht auf eine »Behinderung« abstellt.

gegen Art. 37 GRC nur vor, wenn die fehlende Förderung des hohen Umweltschutzes und der Verbesserung der Umweltqualität auch unter dem Blickwinkel der nachhaltigen Entwicklung als unangemessen einzustufen ist. Es kommt damit zu einem vergleichbaren **Abwägungsvorgang** wie unter Art. 11 AEUV, Art. 114 Abs. 3 AEUV und Art. 192 AEUV.[67] Dabei erkennt die Rechtsprechung den Rechtsetzungsorganen einen **weiten Spielraum** zu.[68] Zwar kommt in der Abwägung dem Umweltschutz ein hohes Gewicht[69] im Sinne eines relativen Vorrangs zu,[70] doch wird damit der Abwägungsvorgang gesteuert, im Ergebnis aber – abgesehen von Sonderfällen – regelmäßig nicht vorherbestimmt.

E.　Justiziabilität und Bewertung

Die **Justiziabilität** von Art. 37 GRC ist zwar grundsätzlich zu bejahen, doch übt die　**19** Rechtsprechung bei der Überprüfung der Rechtsetzungsaktivitäten eine relativ **große Zurückhaltung**. Sofern sie eine **komplexe** Situation erkennt, nimmt sie den Überprüfungsmaßstab auf **offensichtliche Fehlbeurteilungen** zurück.[71] Ein interessanter Fall hat sich Ende 2014 ereignet, als die Juncker-Kommission frühere Vorschläge für eine Novellierung des Abfallrechts zurückgenommen hat und eine neue Ausrichtung angekündigt hatte,[72] hinter der manch kritischer Betrachter eine Verwässerung der Umweltbelange befürchtete. Das Europäische Parlament hat die Kommission aufgefordert, einen ambitiösen Vorschlag zu präsentieren.[73] Die weitere Entwicklung bleibt abzuwarten. Jedenfalls hat der EuGH in einem anderen Fall die Kompetenzen der Kommission, einen **Rechtsetzungsvorschlag zurückzunehmen** gestärkt und eine formale Grenze erst dann gezogen, wenn ein Beschluss des Rates ergangen ist.[74]

　　Auch wenn man mit guten Gründen die pessimistischen Einschätzungen des Art. 37　**20** GRC in weiten Teilen der Literatur nicht teilen kann, bleiben doch gewichtige **Kritikpunkte**. Dazu zählen zum einen die verpassten Chancen im Grundrechtekonvent, die **subjektivrechtliche Komponente** des Umweltschutzes behutsam weiter auszubauen, etwa im Sinne einer primärrechtlichen Verankerung von Verfahrensrechten.[75] Zum anderen ist zu konstatieren, dass die hier identifizierten subjektiv-rechtlichen Gehalte des Art. 37 GRC relativ **schwach ausgeprägt** sind, so dass sie in der Praxis nur wenig bewirken werden. Ferner bietet die Rechtsprechung noch keine Hinweise, wie sich die Frage

---

[67] Vgl. *Jarass*, GRCh, Art. 37 GRC, Rn. 9 f.; s. auch die Kommentierungen von *Calliess*, in: Calliess/Ruffert, EUV/AEUV, Art. 11 AEUV, Rn. 7 f.; *Nettesheim*, in: Grabitz/Hilf/Nettesheim, EU, Art. 191 AEUV (Mai 2011), Rn. 137; *Kahl*, in: Streinz, EUV/AEUV, Art. 191 AEUV, Rn. 117 ff.

[68] Den erweitert EuG, Urt. v. 30. 4. 2015, Rs. T–135/13 (Hitachi Chemical Europe u. a./ECHA), ECLI:EU:T:2015:253, Rn. 109 ff., auf die ECHA bei ihrer unterstützenden Tätigkeit für die Rechtsetzung in Bereichen, in denen politische, wirtschaftliche und soziale Optionen zu berücksichtigen sind.

[69] EuG, Urt. v. 30. 4. 2015, Rs. T–135/13 (Hitachi Chemical Europe u. a./ECHA), ECLI:EU:T:2015:253, Rn. 112; *Jarass*, GRCh, Art. 37 GRC, Rn. 9.

[70] *Kahl*, in: Streinz, EUV/AEUV, Art. 11 AEUV, Rn. 18; *Scherer/Heselhaus*, in: Dauses, Handbuch des EU-Wirtschaftsrecht, Abschnitt O, Juni 2010, Rn. 54.

[71] Vgl. EuG, Urt. v. 30. 4. 2015, Rs. T–135/13 (Hitachi Chemical Europe u. a./ECHA), ECLI:EU:T:2015:253, Rn. 109 ff.

[72] EuGH, Urt. v. 14. 4. 2015, Rs. C–409/13 (Rat/Kommission), ECLI:EU:C:2015:217, Rn. 74; s. auch die Anmerkungen von *Scharf*, EuZW 2015, 628 (632 f.).

[73] Euractiv vom 18. Juni 2015, abrufbar unter http://www.euractiv.com/sections/sustainable-dev/commission-called-task-circular-economy-plan–315510 (5. 1. 16).

[74] EuGH, Urt. v. 14. 4. 2015, Rs. C–409/13 (Rat/Kommission), ECLI:EU:C:2015:217, Rn. 74.

[75] Näher dazu *Calliess*, in: Calliess/Ruffert, EUV/AEUV, Art. 37 GRCh, Rn. 9.

eines hohen Schutzstandards grundsätzlich in der Abwägung niederschlagen soll.[76] Interessanter Weise sind es die **Generalanwälte**, die die Norm bisher in ihren Schlussanträgen aufgegriffen haben, ohne dass ihnen die Rechtsprechung in dieser Hinsicht ausdrücklich gefolgt wäre. Diese Aussagen sind bei der Auslegung von Kompetenzen,[77] bei der Auslegung der UVP-Richtlinie[78] sowie anderen Umweltsekundärrechts[79] ergangen. Zum Rechtsschutz unter der Aarhus-Konvention wird unter Hinweis auf Art. 37 GRC ausgeführt, dass die dort verankerten Klagerechte nicht nur dem subjektiven Interesse dienten, sondern auch dem Allgemeininteresse.[80]

[76] Zu einer konkreten Prüfung vgl. EuG, Urt. v. 30. 4. 2015, Rs. T–135/13 (Hitachi Chemical Europe u. a./ECHA), ECLI:EU:T:2015:253, Rn. 112.

[77] GA *Colomer*, Schlussanträge zu Rs. 176/03 (Kommission/Rat), Slg. 2005, I–7879, Rn. 69.

[78] EuGH. Rs. C–87/02, GA *Colomer*, Schlussanträge zu Rs. C–87/02 (Kommission/Italien), Slg. 2004, I–5975, Rn. 36; EuGH, Rs. C–474/10, GA *Bot*, Schlussanträge zu Rs. C–474/10 (Seaport u. a.), Rn. 6; GA *Kokott*, Schlussanträge zu Rs. C–567/10 (Inter-Environnement Bruxelles u. a.), NVwZ 2012, 694, Rn. 20.

[79] GA *Jääskinen*, Schlussanträge zu Rs. C–461/13 (Bund für Umweltschutz und Naturschutz Deutschland), ECLI:EU:C:2014:2324, zur Wasserrahmenrichtlinie; EuGH, Rs. C–195/12, Schlussanträge GA Bot, Schlussanträge zu Rs. C–195/12 (IBV & Cie), ECLI:EU:C:2013:293, Rn. 82, 96, zur Richtlinie 2004/8/EG; GA *Villalón*, Schlussanträge zu Rs. C–210/10 (Urbán), Rn. 16 zum Lärmschutz und GA *Léger*, Schlussanträge zu Rs. C–277/02 (EU-Wood-Trading), ECLI:EU:C:2004:547, Rn. 9 zur Abfallverbringung.

[80] GA *Kokott*, Schlussanträge zu Rs. C–260/11 (Edwards), ECLI:EU:C:2012:645, Rn. 40.

Artikel 38   GRC Verbraucherschutz

Die Politiken der Union stellen ein hohes Verbraucherschutzniveau sicher.

Literaturübersicht

Drexl, Die wirtschaftliche Selbstbestimmung des Verbrauchers, 1998; *Mancaleoni*, Artt. 38 CDF, in: Cristofaro/Zaccaria (Hrsg.), Commentario breve al Diritto dei consumatori, 2. Aufl., 2013; *Micklitz*, Verbraucherschutz im Entwurf eines Vertrages über die Union (Wirtschafts- und Währungsunion sowie politische Union) – Verbesserung des Verbraucherschutzes?, VuR 1991, 317; *Reich*, Verbraucherpolitik und Verbraucherschutz im Vertrag von Amsterdam, VuR 1999, 3; *ders.*, Zur Theorie des Europäischen Verbraucherrechtes, ZEuP 1994, 381; siehe ferner Art. 12 und 169 AEUV.

Leitentscheidungen

EuGH, Urt. v. 20.2.1979, Rs. 120/78 (Rewe/Bundesmonopolverwaltung für Branntwein)
EuGH, Urt. v. 13.5.1997, Rs. 233/94 (Bundesrepublik Deutschland/Rat und Parlament), Slg. 1997, I–2405
EuGH, Urt. v. 10.5.2001, C–203/99 (Veedfald), Slg. 2001, I–3569
EuGH, Urt. v. 13.12.2001, Rs. C–481/99 (Heininger/Bayerische Hypo- und Vereinsbank), Slg. 2001, I–9945
EuGH, Urt. v. 5.5.2011, Rs. C–543/09 (Deutsche Telekom AG/Bundesrepublik Deutschland), ECLI: EU:C:2011:279
EuGH, Urt. v. 17.11.2011, Rs. C–327/10 (Hypoteční banka a.s./Udo Mike Lindner), ECLI:EU:C: 2011:745
EuGH, Urt. v. 24.11.2011, Rs. C–70/10 (Scarlet Extended SA/SABAM), ECLI:EU:C:2011:771
EuGH, Urt. v. 21.2.2013, Rs. 472/11 (Banif Plus Bank Zrt/Csipai), ECLI:EU:C:2013:88
EuGH, Urt. v. 5.12.2013, Rs. C–413/12 (Asociación de Consumidores Independientes de Castilla y León/Anuntis Segundamano España SL), ECLI:EU:C:2013:800
EuGH, Urt. v. 27.2.2014, Rs. C–470/12 (Pohotovosť s.r.o./Miroslav Vašuta), ECLI:EU:C:2014:101

Inhaltsübersicht

A.   Einführung

Art. 38 GRC verpflichtet die Union auf die **Gewährleistung eines hohen Verbraucher-**   **1**
schutzniveaus.[1] Die Vorschrift enthält damit einen programmatischen Satz, der vor al-

---

[1] Zur Entstehungsgeschichte *Rudolf*, in: Mayer, GRCh, Art. 38 Rn. 4. Zur Vorgeschichte *Knops*, in: GSH, Europäisches Unionsrecht, Art. 38 GRC, Rn. 2.

lem mittelbare Rechtswirkungen entfaltet. Es handelt sich um ein Optimierungsgebot (s. Rn. 16 f.), das für sich genommen keine materiellen subjektiven Rechte begründet (s. Rn. 5), verbunden mit der Begründung einer Gewährleistungsverantwortung für die Durchsetzung (s. Rn. 6 ff.). Materiell verfolgt die Norm ein Schutzkonzept und etabliert keine Grundlage für eine nachfrageorientierte Wirtschaftspolitik oder Instrumente der Verbraucherpartizipation (s. Rn. 24–26). Die Vorschrift kann sich auf eine Reihe von Vorbildern in mitgliedstaatlichen Verfassungen stützen.[2]

B. Systematische Stellung im Primärrecht

2   Die Vorschrift **schließt** vor allem **an** die **Art. 12, 169 AEUV an**,[3] also die Querschnittsklausel des Verbraucherschutzes und die Regelung für die Verbraucherschutzpolitik.[4] Normenhierarchisch erhebt die Vorschrift den Verbraucherschutz zudem in den Rang der Unionsgrundrechte.

3   Für die Auslegung hat dies ein **Spannungsverhältnis** zur Folge: Einerseits ist Art. 38 GRC vor allem systematisch mit Blick auf die Art. 12, 169 AEUV auszulegen.[5] Andererseits geht die Norm diesen im Range insoweit vor, als sie die Reichweite der nach dem AEUV möglichen Grundrechtseingriffe determiniert: Die Verwirklichung oder auch nur Berücksichtigung des Verbraucherschutzes unter dem AEUV kann nicht weiter gehen, als es die zwischen Art. 38 GRC und den übrigen Positionen der Grundrechtecharta erforderliche Konkordanz es gestattet.[6] Insoweit steht dem Unionsgesetzgeber freilich ein weites Ermessen zu.[7] Für eine Beschränkung der Vorschrift auf den Anwendungsbereich von Art. 169 AEUV[8] finden sich keine Anhaltspunkte.

C. Funktionen der Norm

4   Die Norm zählt rechtstechnisch zu den **Grundsätzen**, welche die Charta wie auch der Unionsvertrag von den Rechten unterscheiden, Art. 51 I 2, 52 V GRC und Art. 6 I EUV.[9] Die Union und die Mitgliedstaaten sind bei Setzung, Ausführung und Anwendung des Unionsrechts daher legislativ wie auch exekutiv und judikativ[10] verpflichtet und damit auch ermächtigt, sich an den Grundsatz der Sicherstellung eines hohen Verbraucherschutzniveaus zu halten. Das schließt das Gebot an die Union und ihre Organe ein, die

---

[2] Siehe Nachweise bei *Rengeling/Szczekalla*, Grundrechte in der Europäischen Union, Rn. 1055.

[3] Vgl. *Knops*, in: GSH, Europäisches Unionsrecht, Art. 38 GRC, Rn. 1 (»stützt sich auf«). Zu weiteren relevanten Vorschriften siehe Art. 12 AEUV, Rn. 4 ff.

[4] *Jarass*, GRCh, Art. 38 GRC, Rn. 1. Zur Ausdifferenzierung der Zuständigkeiten im Rahmen von Art. 169 AEUV s. dort Rn. 22 ff.

[5] *Jarass*, GRCh, Art. 38 GRC, Rn. 1; *Knops*, in: GSH, Europäisches Unionsrecht, Art. 38 GRC, Rn. 1; *Mancaleoni*, Art. 38 CDF (siehe aber auch den Hinweis *Mancaleonis* auf die Einordnung der Vorschrift im Titel IV »Solidarität«).

[6] S. EuGH, Urt. v. 17.12.2015, Rs. C–157/14 (Neptune Distribution SNC/Ministre de l'Économie et des Finances), ECLI:EU:C:2015:823, Rn. 75.

[7] EuGH, Urt. v. 17.12.2015, Rs. C–157/14 (Neptune Distribution SNC/Ministre de l'Économie et des Finances), ECLI:EU:C:2015:823, Rn. 76.

[8] In diesem Sinne *Mancaleoni*, Art. 38 CDF.

[9] *Jarass*, GRCh, Art. 52 GRC, Rn. 69; *Rudolf*, in: Mayer, GRCh, Art. 38 GRC, Rn. 5.

[10] Für die Verpflichtung aller drei Gewalten durch Grundsätze *Jarass*, GRCh, Art. 52 GRC, Rn. 76.

Mitgliedstaaten bei der Förderung des Verbraucherschutzes **nicht zu behindern**.[11] Umgekehrt begründet Art. 38 GRC keine Ausweitung der Unionskompetenzen im Verbraucherschutz, Art. 51 II GRC.

I. Kein subjektives Recht

Entsprechend der überwiegenden Auffassung zu Grundsätzen im Allgemeinen begründet Art. 38 GRC selbst kein subjektives Recht von Verbrauchern auf Erlass von Schutzmaßnahmen oder eine bestimmte Ausgestaltung.[12] Dasselbe gilt für Verbraucherverbände und Vertretungskörperschaften.[13] Die Bezeichnung als »Grundrecht für Verbraucherschutz«[14] ist daher irreführend. Gleichwohl darf die Wirkung der Vorschrift auch in dieser Hinsicht nicht unterschätzt werden: Die Heranziehung von Art. 38 GRC bei der Auslegung verbraucherschützender Rechtsakte der Union (oder – soweit erfasst – der Mitgliedsstaaten), Art. 52 V 2 GRC, vermag durchaus den **Ausschlag zur Begründung** eines in einem solchen Rechtsakt wurzelnden subjektiven Rechts geben.[15] Freilich ist auch Art. 38 GRC nicht geeignet, aus unzureichend umgesetzten Richtlinien subjektive Rechte zwischen Privaten entstehen zu lassen.[16]

5

II. Gewährleistungsverantwortung von Union und Mitgliedstaaten

Kernfunktion von Art. 38 GRC ist die Festschreibung der **Gewährleistungsverantwortung** der Europäischen Union für den Verbraucherschutz.[17] Diese Gewährleistungsverantwortung zeigt sich materiell in hohen Schutzstandards, für die freilich ein weiter **gesetzgeberischer Gestaltungsspielraum** besteht (dazu unten Rn. 17). Formell müssen Union und Mitgliedstaaten die **hinreichende Durchsetzung** des Niveaus sicherstellen: Das betrifft sowohl den Zugang des einzelnen Verbrauchers zum Recht[18] als auch die Sicherstellung einer durchgehenden (Auffang-)Zuständigkeit in den Einrichtungen der öffentlichen Verwaltung.

6

Der Zugang des Verbrauchers zum Recht ist denkbar weit zu verstehen und beschränkt sich nicht auf den klassischen **Rechtsweg**. Die **ADR-Richtlinie** 2013/11/EU[19] ist Ausdruck dieses weiteren Verständnisses und zugleich Ausdruck der Gewährleistungsverantwortung der Union: Durch sie soll – flankiert durch die ODR-Verordnung (EU) Nr. 524/2013[20] – eine unabhängige, unparteiische, transparente, effektive, schnelle und

7

---

[11] In diesem Sinne allgemein für die Grundsätze der Charta *Jarass*, GRCh, Art. 52 GRC, Rn. 76.
[12] GA *Wahl*, Schlussanträge zu Rs. C–470/12 (Pohotovosť s. r. o./Miroslav Vašuta), Rn. 65; *Jarass*, GRCh, Art. 38 GRC, Rn. 3; *Tamm*, in: GSH, Europäisches Unionsrecht, Art. 12 AEUV, Rn. 6. Anders *Knops*, in: GSH, Europäisches Unionsrecht, Art. 38 GRC, Rn. 35–38.
[13] GA *Wahl*, Schlussanträge zu Rs. C–470/12 (Pohotovosť s. r. o./Miroslav Vašuta), Rn. 66.
[14] So *Knops*, in: GSH, Europäisches Unionsrecht, Art. 38 GRC, Rn. 1.
[15] *Rudolf*, in: Mayer, GRCh, Art. 38 GRC, Rn. 5. Im Grundsatz wie hier wohl auch GA *Wahl*, Schlussanträge zu Rs. C–470/12 (Pohotovosť s. r. o./Miroslav Vašuta), Rn. 65.
[16] Insoweit bleibt es bei EuGH, Urt. v. 7.3.1996, Rs. C–192/94 (El Corte Ingles/Blazquez Rivero), Slg. 1996, I–1296, Rn. 18–23.
[17] Ähnlich *Jarass*, GRCh, Art. 38 GRC, Rn. 2 (»Schutzgewährleistung«) aber damit ohne technische Festlegung.
[18] Dieses von *Reich*, VuR 1999, 3 (9) noch vermisste Recht wird hier gewährleistet.
[19] RL 2013/11/EU vom 21.5.2013 über die alternative Beilegung verbraucherrechtlicher Streitigkeiten und zur Änderung der Verordnung (EG) Nr. 2006/2004 und der Richtlinie 2009/22/EG, ABl. 2013, L 165/63.
[20] Verordnung (EU) Nr. 524/2013 vom 21.5.2013 über die Online-Beilegung verbraucherrechtlicher Streitigkeiten und zur Änderung der Verordnung (EG) Nr. 2006/2004 und der Richtlinie 2009/22/EG, ABl. 2013, L 165/1.

faire außergerichtliche Möglichkeit zur Beilegung von Streitigkeiten geschaffen werden, die sich aus Verträgen zwischen Unternehmern und Verbrauchern ergeben.[21] Die Mitgliedstaaten trifft die Gewährleistungsverantwortung für die flächendeckende Einrichtung entsprechender Stellen,[22] womit die Europäische Union ihre Verantwortung nach Art. 38 GRC – zulässigerweise – partiell auf die Mitgliedstaaten delegiert. Ausdruck dieser Verantwortung sind ferner besondere Regeln der internationalen Zuständigkeit in Zivilprozessen zwischen Unternehmern und Verbrauchern oder Regelungen zur Prozesskostenhilfe im grenzüberschreitenden Bereich.

8   Außerdem verlangt Art. 38 GRC auch – im begrenzten Bereich der Gesetzgebungszuständigkeit der Union – die **Sicherstellung flächendeckender Behördenzuständigkeiten** für den Vollzug des europäischen Verbraucherschutzrechts. Hier wird die Gewährleistungsverantwortung vor allem dort relevant, wo die Europäische Union durch die Grundfreiheiten oder durch Sekundärrechtsakte zu deren Verwirklichung – etwa durch die E-commerce-RL 2000/31/EG,[23] die DienstleistungsRL 2006/123/EG[24] oder die ProduktsicherheitsRL 2001/95/EG[25] – Zuständigkeiten der nationalen Verbraucherschutzbehörden begrenzt. In diesen Fällen muss die Europäische Union durch geeignete Maßnahmen ein koordiniertes Zuständigkeitsregime zwischen den Verwaltungen der Mitgliedstaaten schaffen und für die erforderliche Verwaltungszusammenarbeit sorgen. Neben Sonderbestimmungen in den genannten Richtlinien[26] haben Union und Mitgliedstaaten dies vor allem durch die Verordnung Nr. 2006/2004 über die Zusammenarbeit im Verbraucherschutz[27] sowie deren nationalen Begleitgesetze[28] getan.

9   Es hätte nicht fern gelegen die Gewährleistungsverantwortung der Europäischen Union mit einer **spezifischen Institutsgarantie für Verbraucherorganisationen** und die damit zusammenhängenden Ansätze zu Verbraucherpolitik im Sinne von Partizipation durch die Interessenvertretungen zu verbinden. Eine solche institutionelle Festschreibung ist jedoch in der Grundrechtecharta – anders als in Art. 169 AEUV (s. dort Rn. 18) – **nicht erfolgt**, was auch der Systematik des Unionsprimärrechts entspricht: So finden sich zum einen die Festschreibungen der Beteiligung der Zivilgesellschaft an den Aktivitäten der Union an andern Regelungsorten, nämlich in Art. 11 II EUV und Art. 15 I AEUV, die in Art. 300 II, 302 II AEUV durch Regeln über die Zusammensetzung des Wirtschafts- und Sozialausschusses ergänzt werden. Zum anderen ist Art. 38 GRC – wie auch die

---

[21] Hierzu etwa die Beiträge in *Schmidt-Kessel* (Hrsg.), Alternative: Streitschlichtung – die Umsetzung der ADR-Richtlinie in Deutschland, 2015, sowie in *Bundesministerium für Ernährung, Landwirtschaft und Verbraucherschutz/Schmidt-Kessel* (Hrsg.), Alternative Streitbeilegung – Reden statt Klagen, 2013.

[22] *Schmidt-Kessel*, in: *Bundesministerium für Ernährung, Landwirtschaft und Verbraucherschutz/ Schmidt-Kessel* (Hrsg.), Alternative Streitbeilegung – Reden statt Klagen, 2013, 59 (60).

[23] Richtlinie 2000/31/EG vom 8.6.2000 über bestimmte rechtliche Aspekte der Dienste der Informationsgesellschaft, insbesondere des elektronischen Geschäftsverkehrs, im Binnenmarkt, ABl. 2000, L 178/1.

[24] Richtlinie 2006/123/EG vom 12.12.2006 über Dienstleistungen im Binnenmarkt, ABl. 2006, L 376/36. Dazu noch unten Rn. 35–37.

[25] Richtlinie 2001/95/EG vom 3.12.2001 über die allgemeine Produktsicherheit, ABl. 2002, L 11/4.

[26] Siehe insbesondere Artt. 28 ff. DienstleistungsRL 2006/123/EG und Art. 3, 19 E-commerce-RL 2000/31/EG.

[27] Verordnung (EG) Nr. 2006/2004 vom 27.10.2004 über die Zusammenarbeit zwischen den für die Durchsetzung der Verbraucherschutzgesetze zuständigen nationalen Behörden, ABl. 2004, L 364/1.

[28] In Deutschland das EG-Verbraucherschutzdurchsetzungsgesetz (VSchDG).

übrigen primärrechtlichen Vorschriften – durch ein Schutzkonzept und nicht durch die Idee der Politiksteuerung durch organisierte Nachfragemacht gekennzeichnet (s. unten Rn. 25); dazu würde eine auf Partizipation zielende Institutsgarantie nicht passen.

III. Kein »Verschlechterungsverbot«

Im Schrifttum wird nicht selten ein materielles Verschlechterungsverbot für den Ver- **10** braucherschutz vertreten,[29] welches überwiegend aus Art. 114 III, 169 AEUV abgeleitet wird; eine Abstützung auf Art. 38 GRC findet bislang nicht statt, obwohl dies nicht fern läge. Der für das Verschlechterungsverbot maßgebende **Status quo** soll sich dabei sowohl aus dem nationalen Recht als auch aus dem Unionsrecht ergeben.[30] Es soll sich dementsprechend eine Mindestfestschreibung des – jeweils – bestehenden acquis des Unionsverbraucherschutzrechts ergeben.[31] Zugleich läge in der Bezugnahme auf den Stand des nationalen Verbraucherschutzes auch das Verbot, den Schutzstandard der Mitgliedstaaten zu unterschreiten. Die damit begründeten materiellen Rechtmäßigkeitsanforderungen an neues Verbraucherschutzrecht würden einen Günstigkeitsvergleich erfordern, welcher dem europäischen Gesetzgeber lediglich die Setzung solcher Normen gestattet, die hinsichtlich des Verbraucherschutzziels mindestens ebenso günstig ausgestaltet sind, wie die bisherige Rechtslage in der Union und (allen?) Mitgliedstaaten. *Pfeiffer* hat das Gebot mit der Polemik »Motto, vorwärts immer, rückwärts nimmer« gekennzeichnet.[32]

Für den von der wohl immer noch überwiegenden Auffassung geforderten Günstig- **11** keitsvergleich kommt sowohl eine **Einzelbetrachtung** als auch eine **Gesamtbetrachtung** in Frage.[33] Eine Einzelbetrachtung würde – jedenfalls prima vista – die Vergleichbarkeit der in den Günstigkeitsvergleich einzubeziehenden Regelungen erleichtern.[34] Allerdings handelt es sich dabei nur um ein Scheinargument, weil sich die – politisch wie primärrechtlich nicht ignorierbaren – Funktionsäquivalenzen verschieden organisierter Regelungen bei der Einzelbetrachtung nicht hinreichend erfassen lassen. Soweit es um einen Günstigkeitsvergleich mit den einzelnen Regelungen der Mitgliedstaaten geht, ist der Gerichtshof einem solchen bereits ausdrücklich entgegengetreten: »der Vertrag enthält […] keine Bestimmung, die den Gemeinschaftsgesetzgeber dazu verpflichtet, das höchste, in einem bestimmten Mitgliedstaat bestehende Schutzniveau festzuschreiben.«[35]

Für ein Verschlechterungsverbot jedenfalls im Sinne einer Gesamtbetrachtung[36] lie- **12** ßen sich nach den **früheren Fassungen der Europäischen Verträge** vor allem deren Wort-

---

[29] *Lurger*, in: Streinz, EUV/AEUV, Art. 169 AEUV, Rn. 16; *Knops*, in: GSH, Europäisches Unionsrecht, Art. 38 GRC, Rn. 24; *Micklitz/Rott*, in: Dauses Handbuch des EU-Wirtschaftsrechts, Abschnitt H. V., Oktober 2013, Rn. 35; *Micklitz*, VuR 1991, 317 (318); *Pfeiffer*, in: Grabitz/Hilf/Nettesheim, EU, Art. 169 (Mai 2011), Rn. 19; *Reich*, ZEuP 1994, 381 (384).

[30] *Pfeiffer*, in: Grabitz/Hilf/Nettesheim, EU Art. 169 AEUV (Mai 2011), Rn. 19.

[31] *Pfeiffer*, in: Grabitz/Hilf/Nettesheim, EU, Art. 169 AEUV (Mai 2011), Rn. 19; *Reich*, ZEuP 1994, 381 (384).

[32] *Pfeiffer*, in: Grabitz/Hilf/Nettesheim, EU, Art. 169 AEUV (Mai 2011), Rn. 19.

[33] Zu den verschiedenen Betrachtungsweisen ausführlich *Pfeiffer*, in: Grabitz/Hilf/Nettesheim, EU, Art. 169 AEUV (Mai 2011), Rn. 19.

[34] *Pfeiffer*, in: Grabitz/Hilf/Nettesheim, EU, Art. 169 AEUV (Mai 2011), Rn. 19.

[35] EuGH, Urt. v. 13. 5. 1997, Rs. 233/94 (Bundesrepublik Deutschland/Rat und Parlament), Slg. 1997, I–2405, Rn. 10.

[36] Dafür heute *Krebber*, in: Calliess/Ruffert, EUV/AEUV, Art. 38 GRC, Rn. 6; unklar *Knops*, in: GSH, Europäisches Unionsrecht, Art. 38 GRC, Rn. 26.

laute anführen: Die These vom Verschlechterungsverbot geht letztlich auf die Vorgabe des Art. 129a EGV in der Fassung des Vertrags von Maastricht – des Ursprungs von Art. 169 AEUV – zurück, welcher die »Erreichung eines hohen Verbraucherschutzniveaus« als primärrechtliches Ziel vorgab. Aus dem damit geregelten Verbesserungsgebot wurde vielfach das Verschlechterungsverbot abgeleitet.[37] Die damit konnotierte Dynamik des Verbraucherrechts war in der Fassung des Vertrags von Amsterdam in Art. 3 I Buchst. t EGV erhalten geblieben (»Beitrag zur Verbesserung des Verbraucherschutzes«), während gleichzeitig der neu gefasste Art. 153 EGV, der Vorgänger von Art. 169 AEUV in der Amsterdam-Fassung, bereits sehr viel statischer – und in wörtlicher Übereinstimmung mit dem geltenden Art. 169 AEUV – von der »Gewährleistung eines hohen Verbraucherschutzniveaus« sprach. Mit der Ersetzung von Art. 3 I Buchst. t EGV durch die reine Zuständigkeitszuweisung für den Verbraucherschutz in Art. 4 II Buchst. f AEUV ist die Dynamisierung auch insoweit entfallen. Art. 38 GRC hat sie von vornherein nicht enthalten; dasselbe gilt für Art. 12 AEUV.

13   Die Gewährleistung eines hohen Schutzniveaus verlangt heute weder eine kontinuierliche Verbesserung noch schneidet sie dem europäischen Gesetzgeber Möglichkeiten zur Herabsetzung des Niveaus generell ab.[38] Der **Schwenk hin zu einer statischen Formulierung** in den heutigen Art. 4, 169 AEUV sowie in Art. 12 AEUV und Art. 38 GRC belegt, dass die Mitgliedstaaten als »Herren der Verträge« grundsätzlich ein hohes Verbraucherschutzniveau für erreicht halten. In diesem Sinne enthalten die genannten Vorschriften jedenfalls heute kein irgendwie geartetes Verschlechterungsverbot. Das ergibt sich neben dem Wortlaut der Vorschriften auch aus der Vorgeschichte sowie aus der primärrechtlichen Systematik. Daran ändert auch die Hebung des Verbraucherschutzes auf die Ebene der Grundrechte nichts; sie betrifft nämlich lediglich die systematische Stellung, nicht die inhaltliche Ausgestaltung der Gewährleistung.

14   Insbesondere ist die Union **nicht daran gehindert**, entbehrlich gewordene oder als zu weitreichend erkannte Maßnahmen zurück zu nehmen. Dementsprechend begründet der partielle **Rückbau** des Widerrufsrechts in Tatbestand und Rechtsfolgen, wie er durch die Richtlinie über die Rechte der Verbraucher 2011/83/EU für Dienstleistungen erfolgt ist, keinen Verstoß gegen Art. 38 GRC, sondern bewegt sich im Rahmen der Einschätzungsprärogative der Union und ihrer Gesetzgebungsorgane (zu dieser unten Rn. 17). Dasselbe würde für ein massives Zurückschneiden verbraucherschützender Informationspflichten gelten, soweit sich diese nach den Erkenntnissen der Verbraucherverhaltensforschung als unzureichend erwiesen haben.[39] Erst recht lässt sich der Grad des unionsrechtlichen Verbraucherschutzes auch nicht generell gegen vollharmonisierende Maßnahmen in Stellung bringen,[40] weil diese ja gerade den Regelungskern der Binnenmarktkompetenz nach Art. 114 AEUV ausmachen.

15   Umgekehrt bildet die Gewährleistungsverantwortung von Union und Mitgliedstaaten für ein hohes Verbraucherschutzniveau freilich eine **Untergrenze für Absenkungen** der bestehenden Standards. Diese ergibt sich freilich ohne direkte Anknüpfung an bestehende – und dann perpetuierte – Standards aus der Konkordanz der betroffenen Rechtspositionen. Diese kann zu einem Ergebnis oberhalb des bestehenden Schutzni-

---

[37] *Micklitz*, VuR 1991, 317 (318).
[38] Wie hier *Herresthal*, EuZW 2011, 328.
[39] Dazu etwa *Reisch/Oehler*, Behavioral Economics: Eine neue Grundlage für die Verbraucherpolitik?, Vierteljahreshefte zur Wirtschaftsforschung 78 (2009) 3 (30 ff.).
[40] So aber *Knops*, in: GSH, Europäisches Unionsrecht, Art. 38 GRC, Rn. 26, 29.

veaus führen aber eben auch zu dessen Absenkung – Art. 38 GRC bildet insoweit (ebenso wie Art. 4 II Buchst. f, 12, 169 AEUV) keine formelle Absenkungsschranke.

IV. Rechtfertigung von Grundrechtseinschränkungen und Beschränkungen von Grundfreiheiten

Ein hohes – nicht höchstes[41] – Verbraucherschutzniveau ist aufgrund Art. 38 GRC geeignet, die Beschränkung anderer Rechtspositionen zu rechtfertigen. Das gilt sowohl für Grundrechte anderer als auch für die Grundfreiheiten. Der Europäischen Union und den Mitgliedstaaten steht es bei der erforderlichen Abwägung nicht frei, ob sie dem hohen Verbraucherschutzniveau Rechnung tragen;[42] vielmehr hebt Art. 38 GRC den Verbraucherschutz auf die Hierarchieebene der Europäischen Grundrechte und schränkt so den Spielraum der gesetzgebenden Organe im Sinne eines **Optimierungsgebots** ein.[43]   **16**

Das Optimierungsgebot des Art. 38 GRC verlangt eine **Verwirklichung des Verbraucherschutzes im größtmöglichen Ausmaß**,[44] schließt aber auch einen **weiten Spielraum** (Abwägungsspielraum, Ermessensspielraum, Einschätzungsprärogative) der Union (wie ggf. der Mitgliedstaaten) bei Eingriffen in andere Grundrechtspositionen ein.[45] Möglich und gegebenenfalls auch geboten sind etwa Einschränkungen der Berufsfreiheit nach Art. 15 GRC,[46] der unternehmerischen Freiheit nach Art. 16 GRC[47] und des Eigentumsrechts nach Art. 17 GRC[48] aber auch etwa der Freiheit der Meinungsäußerung und Informationsfreiheit nach Art. 11 GRC.[49] So kann der Verbraucherschutz etwa den Eingriff in Art. 15, 16 GRC durch ein Verbot der Werbung für bestimmte Weine als »bekömmlich« rechtfertigen.[50] Art. 38 GRC verlangt aber nicht, dass das Unionsrecht in jeder Hinsicht das höchste in einem Mitgliedstaat etablierte Verbraucherschutzniveau erreicht.[51]   **17**

Art. 38 GRC begründet zudem auch einen **eigenen Beschränkungsgrund für die Grundfreiheiten**, der über die durch die Rechtsprechung zu den Grundfreiheiten bislang entwickelten »zwingenden Erfordernisse« hinausgeht.[52] Das entspricht der generellen Tendenz des Gerichtshofs, die Grundrechte nicht mehr nur als Begründungselemente für zwingende Erfordernisse des Allgemeinwohls heranzuziehen, sondern diese zu eigenen Rechtfertigungsgründen zu entwickeln.[53]   **18**

---

[41] *Reich*, VuR 1999, 3 (4).

[42] Missverständlich insoweit *Bergmann*, in: Renner/Bergmann/Dienelt, Ausländerrecht, 2013, Art. 38 GRC, Rn. 2: »können […] eingestellt werden«.

[43] Ebenso, aber für Art. 12 AEUV *Lurger*, in: Streinz, EUV/AEUV, Art. 12 AEUV, Rn. 4.

[44] Ebenso aber für Art. 12 AEUV auch hier *Lurger*, in: Streinz, EUV/AEUV, Art. 12 AEUV, Rn. 4.

[45] *Jarass*, GRCh, Art. 38 GRC, Rn. 9; *Rengeling/Szczekalla*, Grundrechte in der Europäischen Union, Rn. 1058.

[46] OVG Sachsen GRUR Int. 2015, 969, Rn. 30 ff. (mit Zweifeln an der Angemessenheit des Eingriffs durch eine Kennzeichnungspflicht).

[47] OVG Sachsen GRUR Int. 2015, 969, Rn. 30 ff.; VG Frankfurt, BeckRS 2013, 56245.

[48] VG Frankfurt, BeckRS 2013, 56245; *Jarass*, GRCh, Art. 38 GRC, Rn. 9.

[49] Dazu EuGH, Urt. v. 17. 12. 2015, Rs. C–157/14 (Neptune Distribution SNC/Ministre de l'Économie et des Finances), ECLI:EU:C:2015:823, Rn. 74.

[50] GA *Mazák*, Schlussanträge zu Rs. C–544/10 (Deutsches Weintor eG/Land Rheinland-Pfalz), Rn. 59–75 (ohne Bezugnahme auf Art. 38 GRC). Hingegen stellte der Gerichtshof ausdrücklich auf den Gesundheitsschutz nach Art. 35 GRC ab: EuGH, Urt. v. 6. 12. 2012, Rn. 42–60.

[51] So aber für Art. 12 AEUV *Lurger*, in: Streinz, EUV/AEUV, Art. 12 AEUV, Rn. 4.

[52] In diesem Sinne offenbar auch *Rengeling/Szczekalla*, Grundrechte in der Europäischen Union, Rn. 1058 (für Verbrauchergesundheit als Schutzgegenstand von Art. 38 GRC).

[53] Vgl. allgemein *Kingreen*, in: *Calliess/Ruffert*, EUV/AEUV, Art. 34–36 AEUV, Rn. 218.

19   Das Ziel eines hohen Verbraucherschutzniveaus lässt sich auch mit dem Mittel der teleologischen Auslegung verfolgen. Art. 38 GRC begründet daher – zusammen mit Art. 12, 114 III AEUV – ein **allgemeines Verbraucherschutztelos** für das – primäre wie sekundäre – Unionsrecht.[54] Auch bei dessen Auslegung ist daher dem Ziel eines hohen Verbraucherschutzniveaus Rechnung zu tragen.[55] Dementsprechend sind etwa Ausnahmen von verbraucherschützenden Bestimmungen eng auszulegen.[56] Die teleologischen Argumente sind selbstverständlich auch bei der Auslegung nationaler Umsetzungsnormen zu berücksichtigen,[57] auf welche sich Art. 38 GRC damit mittelbar auswirkt.

20   Die durchgehende Berücksichtigung des Ziels eines hohen Verbraucherschutzniveaus bei der Auslegung des Unionsrechts begründet allerdings **keinen favor consumatoris** in dem Sinne, dass im Zweifel immer zugunsten des Verbrauchers respektive des Verbraucherschutzes zu entscheiden wäre.[58] Der Verbraucherschutz ist nämlich nicht das einzige Generaltelos des Unionsrechts, sondern tritt neben andere Telea wie den Binnenmarkt, Gesundheit, Sicherheit, Umweltschutz oder auch Datenschutz. Diese weiteren Ziele sind in den Verträgen gleichfalls mit einer hohen Dignität versehen und mit dem Verbraucherschutz zum Ausgleich zu bringen. Der Verbraucherschutz ist insoweit zumindest auch »binnenmarktkomplementär«.[59]

D. Anwendungsbereich und Adressaten

21   Maßgebend für den Anwendungsbereich von Art. 38 GRC ist Art. 51 GRC: Daher gilt das Ziel des hohen Verbraucherschutzniveaus zunächst für die **Organe, Einrichtungen und sonstigen Stellen der Union** bei Setzung und Anwendung respektive Durchsetzung des Unionsrechts,[60] aber auch bei anderen Maßnahmen, etwa der Bereitstellung von Haushaltsmitteln zur Förderung von Beratungseinrichtungen und Interessenvertretungen. Art. 38 GRC gilt auch für die Mitgliedstaaten, aber nur soweit diese das Recht der Union durchführen.[61]

22   Art. 38 GRC ändert als solcher nicht die **Kompetenzordnung** der Europäischen Union; das betont Art. 51 I 2, II GRC. Auch das Subsidiaritätsprinzip bleibt unmodifiziert, Art. 51 I 1 GRC. Das heißt freilich nicht, dass die Wertungen des Art. 38 GRC nicht auch kompetenzausweitende Funktion haben können. Soweit sich das angestrebte hohe Niveau des Verbraucherschutzes nur auf Europäischer Ebene erreichen lässt, werden

---

[54] Entsprechend schon für Art. 153 EGV-Nizza EuGH, Urt. v. 4.7.2010, Rs. C–343/09 (Afton Chemical Limited/Secretary of State for Transport), Slg. 2010, I–7027, Rn. 88.

[55] *Jarass*, GRCh, Art. 38 GRC, Rn. 4; *Krebber*, in: Calliess/Ruffert, EUV/AEUV, Art. 38 GRC, Rn. 7 (»Leitlinie« der Auslegung).

[56] EuGH, Urt. v. 13.12.2001, Rs. C–481/99 (Heininger/Bayerische Hypo- und Vereinsbank), Slg. 2001, I–9945, Rn. 31; Urt. v. 10.5.2001, C–203/99 (Veedfald), Slg. 2001, I–3569, Rn. 15; *Krebber*, in: Calliess/Ruffert, EUV/AEUV, Art. 38 GRC, Rn. 7.

[57] *Jarass*, GRCh, Art. 38 GRC, Rn. 4.

[58] Missverständlich insoweit *Krebber*, in: Calliess/Ruffert, EUV/AEUV, Art. 38 GRC, Rn. 7, Fn. 13.

[59] *Drexl*, S. 54, 284 ff.; *Franzen*, Privatrechtsangleichung durch die Europäische Gemeinschaft, 1999, S. 114; *Krebber*, in: Calliess/Ruffert, EUV/AEUV, Art. 38 GRC, Rn. 3.

[60] *Mancaleoni*, Art. 38 CDF.

[61] *Mancaleoni*, Art. 38 CDF; *Jarass*, GRCh, Art. 38 GRC, Rn. 4.

die Spielräume unter Art. 114 AEUV entsprechend ausgeweitet. Art. 38 GRC steuert zudem sämtliche Politiken der Union mit.[62]

Private, insbesondere **Unternehmer**, sind grundsätzlich **keine Adressaten** von Art. 38 GRC. Gegen sie entstehen zunächst keine subjektiven Rechte. Das kann freilich anders sein, soweit Private eine staatsähnliche Ordnungsfunktion oder eine marktbeherrschende Stellung im Sinne von Art. 102 AEUV für einen bestimmten Sektor einnehmen. **23**

E. Materielle Standards

Materiell verfolgt Art. 38 GRC ein **Schutzkonzept**.[63] Der Schutzgegenstand ist im Text der Vorschrift nicht näher konkretisiert; für die Praxis des Unionsrechts lassen sich derzeit **fünf große Zielrichtungen** ausmachen (zu diesen Zielrichtungen Art. 12 AEUV, Rn. 37–50): Zunächst zählt die Sicherstellung der **Versorgung** der Verbraucher mit Waren und Dienstleistungen einschließlich der Bereitstellung der Infrastruktur zu den Schutzzielen des Art. 38 GRC; dieses wird etwa in den sekundärrechtlichen Bestimmungen zur Grundversorgung in den früheren Staatssektoren oder primärrechtlich durch Art. 39 Abs. 1 Buchst. e AEUV deutlich, welcher die Versorgung der Verbraucher mit Agrarprodukten zum Gegenstand hat. Auch die – in der Grundausrichtung des Unionsrecht dem Markt überlassene – **Preisbildung** ist Schutzziel des Unionsrechts, welches sich allgemein insbesondere im Wettbewerbsrecht, Art. 101 Abs. 1 Buchst. a, Abs. 3 und Art. 102 Buchst. a AEUV, niedergeschlagen hat und durch sekundärrechtliche Bestimmungen, etwa des Preisangaberechts, und primärrechtlich wiederum durch Art. 39 Abs. 1 Buchst. e AEUV (Versorgung zu »angemessenen Preisen«) belegt wird. Der in Art. 169 Abs. 1 AEUV unter den Begriffen Gesundheit und Sicherheit angesprochene Schutz der **körperlichen Integrität** des Verbrauchers zählt ebenfalls zu den zentralen Schutzzielen und ist insbesondere in der Begleitgesetzgebung zur Warenverkehrsfreiheit für die Lebensmittel- und Produktsicherheit sowie im Produkthaftungsrecht der Union verwirklicht. Der in Art. 169 Abs. 1 AEUV ausdrücklich angesprochene Schutz der wirtschaftlichen Interessen der Verbraucher markiert das vierte Ziel des Art. 38 GRC, nämlich den **Präferenzenschutz**, der außer wirtschaftlichen Interessen auch immaterielle Präferenzen des Verbrauchers – Nachhaltigkeitsaspekte, Freizeitaktivitäten etc. – erfasst. Jüngstes Schutzgut des Verbraucherschutzes im Sinne von Art. 38 GRC ist der Schutz der **personalen Integrität**, welcher hinsichtlich seines neuen Kernbereichs, dem Schutz der personenbezogenen Daten des Verbrauchers, in Art. 8 GRC und Art. 16 AEUV sogar als eigenes subjektives Recht ausgestaltet ist.[64] **24**

Durch die ausdrückliche Begründung eines Schutzkonzepts stellt Art. 38 GRC zugleich klar, dass die Vorschrift **keine** Verbraucherpolitik im Sinne einer generellen **Politiksteuerung über die Nachfrageseite** respektive Förderung der Verbraucherinteressen vorschreibt (zu den beiden Säulen der Europäischen Verbraucherpolitik s. Art. 12 AEUV, Rn. 18 ff.). Eine entsprechende politische Rolle des Verbrauchers oder der Verbraucherverbände ist in Art. 38 GRC nicht festgeschrieben.[65] Sie ist aber auch nicht per **25**

---

[62] *Knops*, in: GSH, Europäisches Unionsrecht, Art. 38 GRC, Rn. 3.
[63] *Jarass*, GRCh, Art. 38 GRC, Rn. 2.
[64] *Jarass*, GRCh, Art. 38 GRC, Rn. 2.
[65] Missverständlich daher *Jarass*, GRCh, Art. 38 GRC, Rn. 2 (»Vernünftige Ausübung ihrer Rolle ermöglichen«).

se ausgeschlossen. Primärrechtlich könnte insbesondere die Bezugnahme auf die »Förderung ihres Rechtes auf […] Bildung von Vereinigungen zur Wahrung ihrer Interessen« durch Art. 169 Abs. 1 AEUV im Sinne einer solchen politischen Funktion verstanden werden (s. dort Rn. 18 f.).

26   Dem Schutzkonzept des Art. 38 GRC lässt sich kein **generelles Verbot einer Instrumentalisierung** verbraucherschützender Normen zu anderen Zwecken[66] entnehmen. Historisch ist der Missbrauch von Schutzinstrumenten zu protektionistischen Zwecken wohl der wichtigste Fall eines derartigen Nebenziels.[67] Der EU-Acquis des sekundären Verbraucherrechts setzt den Akzent hingegen gerade umgekehrt und dient – bereits ausweislich der Kompetenzgrundlage – in erster Linie dem Binnenmarktziel; dieser Ansatz ist von *Micklitz* jüngst mit deutlichen Worten kritisiert worden,[68] er ist freilich Voraussetzung für die Eröffnung der Gesetzgebungskompetenz nach Art. 114 AEUV und durch Art. 169 Abs. 2 Buchst. a AEUV auch primärrechtlich festgeschrieben. Auch die Ökologisierung des Verbraucherschutzes[69] begegnet keinen grundsätzlichen primärrechtlichen Bedenken.

F.   Einzelfälle

27   **Gerichtshof und Generalanwälte** haben schon in mehreren Fällen auf Art. 38 GRC zurückgegriffen,[70] wenngleich insgesamt eine gewisse Zurückhaltung deutlich erkennbar wird: So hat der Gerichtshof es abgelehnt, Art. 38 GRC bei der Auslegung der KlauselRL 93/13/EWG in der Weise Wirkung zu verleihen, dass Verbraucherverbänden im Vollstreckungsverfahren gegen den Verbraucher eine Befugnis zum Beitritt als Streithelfer einzuräumen wäre.[71] Auch Vorlagen an den Gerichtshof haben sich bereits auf die Vorschrift bezogen.[72]

28   In weiteren Fällen ist ein solcher Rückgriff bislang nur **der Sache nach** erfolgt: So hat GA *Mazák* das Verbot der Werbung für bestimmte Weine als »bekömmlich« aus Ver-

[66] Dazu allgemeiner *Schmidt-Kessel*, VuR 2012, 350 (353).

[67] Vgl. *Drexl*, S. 53.

[68] Siehe *Micklitz*, Gutachten A14.

[69] S. *Drexl*, S. 58 f.

[70] Sie außer den folgenden GA *Trestenjak*, Schlussanträge zu Rs. C–227/08 (Eva Martín Martín/ EDP Editores SL), Rn. 44 (Gerichtshof seinerzeit noch unzuständig) sowie Rn. 72 Fn. 79.

[71] EuGH, Urt. v. 27. 2. 2014, Rs. C–470/12 (Pohotovosť s. r. o./Miroslav Vašuta), ECLI:EU:C:2014: 101, Rn. 52–57 und ebenso zuvor schon GA *Wahl*, Schlussanträge zu Rs. C–470/12 – (Pohotovosť s. r. o./Miroslav Vašuta), ECLI:EU:C:2013:844, Rn. 65 ff.

[72] Audiencia Provincial de Salamanca in der Rs. C–227/08 (Eva Martín Martín/EDP Editores SL) (zu Auslegung der HaustürgeschäfteRL 85/577/EWG; GA *Trestenjak*, Schlussanträge zu Rs. C–227/08 – (Eva Martín Martín/EDP Editores SL), Rn. 44 wies aber auf die damals noch gegebene Unzuständigkeit des Gerichtshofs für die Auslegung der Charta hin); Komisia za zashtita ot diskriminatsia in der Rs. C–394/11 (Valeri Hariev Belov/CHEZ Elektro Balgaria AD) u. a. (Recht oder Interesse des Verbrauchers, regelmäßig die Anzeigen des Stromzählers überprüfen zu können; unzulässig, da Komisia nicht vorlagebefugt); Audiencia Provincial de Salamanca in der Rs. C–413/12 (Asociación de Consumidores Independientes de Castilla y León/Anuntis Segundamano España SL) (verfahrensrechtliche Anforderungen an die Unterlassungsklage nach der KlauselRL 93/13/EWG); Okresný súd Svidník in der Rs. C–470/12 (Pohotovosť s.r.o./Miroslav Vašuta) (Beitrittsbefugnis eines Verbraucherschutzverbandes im Vollstreckungsverfahren); Okresný súd Bardejov in der Rs. 153/13 (Pohotovosť s. r. o./Ján Soroka) (ebenfalls Beitrittsbefugnis eines Verbraucherschutzverbandes im Vollstreckungsverfahren; später für unzulässig erklärt).

braucherschutzgründen mit Art. 15, 16 GRC für vereinbar gehalten, ohne Art. 38 GRC anzusprechen.[73] Ohne nähere Prüfung der Vorschrift hat der Gerichtshof – trotz entsprechender Formulierung der Vorlagefrage – auch im Blick auf Art. 38 GRC die Begründung verfahrensrechtlicher Anforderungen an die Unterlassungsklage nach der KlauselRL 93/13/EWG abgelehnt.[74]

Besonders auffallend ist jedoch, dass sich Gerichtshof und Generalanwälte **regelmä-** 29 **ßig** auf **besondere** – zumindest funktional dem Verbraucherschutz zuzuordnende – **Grundrechtspositionen** beziehen, ohne deren Verhältnis zu Art. 38 GRC zu bestimmen. So haben Gerichtshof und Generalanwalt die Bestimmungen der Datenschutzrichtlinie für elektronische Kommunikation – trotz zahlreicher Bezugnahmen auf den Verbraucher und seinen Schutz – unter Verweis auf das Datenschutzgrundrecht nach Art. 8 GRC konkretisiert.[75] Auch für die Anforderungen an Provider an ihre Bemühungen zur Unterbindung von Urheberrechtsverstößen ihrer Kunden hat der Gerichtshof zugunsten der Kunden nicht Art. 38 GRC, sondern die Grundrechte nach Art. 8, 11 GRC in die Abwägung mit dem Geistigen Eigentum (Art. 17 GRC) eingestellt.[76] Den Schutz Minderjähriger als Grund für Beschränkungen der Warenverkehrsfreiheit hat der Gerichtshof nicht auf den Verbraucherschutz, sondern (unter anderem) auf die Kinderrechte nach Art. 24 GRC gestützt.[77]

Sogar für Fragen **ausdrücklich an Verbraucher adressierten Sekundärrechts** haben 30 Gerichtshof und Generalanwälte für Fragen der prozessualen Stellung des Verbrauchers nicht auf Art. 38 GRC, sondern auf die Verfahrensgrundrechte nach Art. 47 GRC zurückgegriffen. Das geschah etwa bei der Konkretisierung der besonderen Verbrauchergerichtsstände nach Art. 15 ff. Brüssel I-VO 44/2001;[78] dasselbe Vorgehen findet sich für die Beurteilung der Zulässigkeit eines dem Zugang zu Gericht vorgeschalteten obligatorischen Streitschlichtungsverfahrens für Streitigkeiten zwischen Verbrauchern und Telekomanbietern[79] und die Beurteilung der Wirksamkeit einer Schiedsklausel am Maßstab der Richtlinie 93/13/EWG im Verfahren der Vollstreckbarerklärung des Schieds-

---

[73] GA *Mazák*, Schlussanträge zu Rs. C–544/10 (Deutsches Weintor eG/Land Rheinland-Pfalz), Rn. 59–75. Hingegen stellte der Gerichtshof ausdrücklich auf den Gesundheitsschutz nach Art. 35 GRC ab: EuGH, Urt. v. 6.12.2012, Rn. 42–60.

[74] EuGH, Urt. v. 5.12.2013, Rs. C–413/12 (Asociación de Consumidores Independientes de Castilla y León/Anuntis Segundamano España SL), ECLI:EU:C:2013:800, Rn. 26 ff. und ebenso schon GA *Mengozzi*, Schlussanträge zu Rs. C–413/12 (Asociación de Consumidores Independientes de Castilla y León/Anuntis Segundamano España SL), ECLI:EU:C:2013:532, Rn. 48 ff.

[75] EuGH, Urt. v. 5.5.2011, Rs. C–543/09 (Deutsche Telekom AG/Bundesrepublik Deutschland), ECLI:EU:C:2011:279, Rn. 48 ff. und GA *Trestenjak*, Schlussanträge zu Rs. C–543/09 (Deutsche Telekom AG/Bundesrepublik Deutschland), ECLI:EU:C:2011:90, Rn. 128.

[76] EuGH, Urt. v. 24.11.2011, Rs. C–70/10 (Scarlet Extended SA/SABAM), Rn. 50 ff. und ausführlicher noch zuvor GA *Cruz Villalón*, Schlussanträge zu Rs. C–70/10 (Scarlet Extended SA/SABAM), Rn. 69 ff. Entsprechend bereits früher GA *Jääskinen*, Schlussanträge zu Rs. C–324/09 (L'Oréal SA/eBay International AG), Rn. 49, 157 ff. (ohne Aufnahme durch den Gerichtshof). Nachfolgend EuGH, Urt. v. 16.2.2012, Rs. 360/10 (SABAM/Netlog NV), Rn. 48 ff.

[77] EuGH, Urt. v. 14.2.2008, Rs. C–244/06 (Dynamic Medien Vertriebs GmbH/Avides Media AG), Rn. 41 (GA *Mengozzi* erwähnte die GRC in seinen Schlussanträgen hingegen nicht).

[78] EuGH, Urt. v. 17.11.2011, Rs. C–327/10 (Hypoteční banka a.s./Udo Mike Lindner), Rn. 49 ff. und ausführlicher zuvor GA *Tresnjak*, Schlussanträge zu Rs. C–40/08 (Asturcom Telecomunicaciones SL/Cristina Rodríguez Nogueira), Rn. 126 ff.

[79] EuGH, Urt. v. 18.3.2010, verb. Rs. C–317/08 – C–320/08 (Rosalba Alassini u.a./Telecom Italia SpA u.a.), Rn. 61 ff. und entsprechend schon GA *Kokott*, Schlussanträge zu verb. Rs. C–317/08 – C–320/08 (Rosalba Alassini u.a./Telecom Italia SpA u.a.), Rn. 37 ff.

spruchs.[80] Ganz generell hat der Gerichtshof Art. 47 GRC herangezogen, um die Verfahrensweise nationaler Gerichte bei von Amts wegen erfolgter Feststellung der Nichtigkeit einer Klausel als unfair i. S. d. KlauselRL 93/13/EWG zu überprüfen.[81] Für ver-
braucherprozessuale Fragen hat diese Entscheidungspraxis sogar bereits auf die Formulierung von Vorlagefragen ausgestrahlt,[82] wobei zuletzt auch vereinzelt Art. 38 und
47 GRC nebeneinander in Bezug genommen wurden.[83]

I. Garantie der Verbandsklage?

31   Das **geltende Unionsrecht** weist den Verbraucherverbänden eine wichtige Rolle bei der
Durchsetzung des Verbraucherschutzrechts zu. Diese Zuweisung geschieht heute in
erster Linie durch die Richtlinie 2009/22/EG vom 23. 4. 2009 über Unterlassungsklagen
zum Schutz der Verbraucherinteressen[84] und wird vor allem ergänzt durch Art. 7 der
Richtlinie 93/13/EWG vom 5. 4. 1993 über missbräuchliche Klauseln in Verbraucher-
verträgen[85] und flankiert durch Art. 4 Abs. 2 Satz 2, 8 Abs. 3 der Verordnung (EG)
Nr. 2006/2004 vom 27. 10. 2004 über die Zusammenarbeit zwischen den für die Durchsetzung der Verbraucherschutzgesetze zuständigen nationalen Behörden.

32   Ob diese erfreulich starke Stellung der Verbraucherverbände unter Art. 38 GRC auch
mit einer **institutionellen Garantie** verbunden ist, ist **sehr fraglich**: Aus Gründen der
Partizipation der kollektiven Verbraucherinteressen lässt sich eine solche Garantie aus
Art. 38 GRC schon deshalb nicht ableiten, weil dies nicht dem der Vorschrift zugrun-
deliegenden Schutzansatz (s. oben Rn. 24–26) entspräche. Da Art. 38 GRC kein Verschlechterungsverbot enthält (s. Rn. 10 ff.), könnte sich eine völlige Immunisierung der
Verbandsklage allenfalls daraus ergeben, dass diese zum unverzichtbaren Minimum des
Verbraucherschutzes im acquis gehört. Das wäre freilich – auch weil die praktische
Bedeutung außerhalb Deutschlands recht begrenzt ist – besonders begründungsbedürftig und keinesfalls selbstverständlich. Es spricht daher viel dafür, dass die starke Stellung
der Verbraucherverbände auf einer rein politischen Entscheidung und nicht auf Bindungen des Gesetzgebers beruht.

33   Erst recht kann aus Art. 38 GRC **keine Pflicht** der Union oder gar der Mitgliedstaaten
zum Ausbau der Rechtsstellung der Verbraucherverbände entnommen werden: Zusätzliche Beteiligungsrechte in nationalen Gerichtsverfahren etwa verlangt die Vorschrift
nicht. Dem entspricht es, dass der Gerichtshof es unlängst abgelehnt hat, die Unzulässigkeit einer Streithelferstellung eines Verbraucherverbandes im Zwangsvollstrek-
kungsverfahren für unionsrechtswidrig zu erklären.[86] Auch hat der Gerichtshof es ab-

---

[80] GA *Tresnjak*, Schlussanträge zu Rs. C–40/08 (Asturcom Telecomunicaciones SL/Cristina Rodríguez Nogueira), Rn. 61 ff. (vom Gerichtshof nicht aufgegriffen).

[81] EuGH, Urt. v. 21. 2. 2013, Rs. 472/11 (Banif Plus Bank Zrt/Csipai), Rn. 29 ff.

[82] Krajský súd v Prešove in der Rs. 433/11 (SKP k. s./Kveta Polhošová) (Bezugnahme auf Art. 47
GRC zur Konkretisierung von Art. 6, 7 KlauselRL 93/13/EWG; die Vorlage wurde vom Gerichtshof
als unzulässig angesehen); Okresný súd Bardejov in der Rs. 153/13 (Pohotovosť s. r. o./Ján Soroka)
(Beitrittsbefugnis eines Verbraucherschutzverbandes im Vollstreckungsverfahren; später für unzulässig erklärt).

[83] Okresný súd Bardejov in der Rs. 153/13 (Pohotovosť s. r. o./Ján Soroka) (Beitrittsbefugnis eines
Verbraucherschutzverbandes im Vollstreckungsverfahren; später für unzulässig erklärt).

[84] ABl. 2009, L110/30.

[85] ABl. 1993, L 95/29.

[86] EuGH, Urt. v. 27. 2. 2014, Rs. C–470/12 (Pohotovosť s. r. o./Miroslav Vašuta), Rn. 52–57 und
ebenso zuvor schon GA *Wahl*, Schlussanträge zu Rs. C–470/12 – (Pohotovosť s. r. o./Miroslav Vašuta),
Rn. 65 ff. Siehe auch die später wegen Rechtsbehelfsrücknahme im Ausgangsverfahren für unzulässig

gelehnt, aus dem Primärrecht das Gebot abzuleiten, dass dem auf Unterlassung klagenden Verbraucherverband unter der KlauselRL 93/13/EWG ein Rechtsmittel gegen wegen örtlicher Unzuständigkeit abweisender erstinstanzlicher Entscheidungen eingeräumt werden müsse.[87]

II. Einschränkung des Verbraucherschutzes als Beschränkungsgrund?

Verbraucherschutz rechtfertigt als **zwingendes Erfordernis im Allgemeininteresse** die Beschränkung der Grundfreiheiten;[88] Art. 38 GRC erweitert diese Beschränkungsmöglichkeit zudem um eine grundrechtlich besonders verortete gesonderte (s. oben Rn. 18). Zugleich setzt die Vorschrift durch die Gewährleistungsverantwortung der Union in dieser Hinsicht auch Mindeststandards: Art. 38 GRC hindert den Gerichtshof daran, den Verbraucherschutz qua Rechtsprechungsänderung schlicht aus der Liste der Beschränkungsgründe zu streichen.   **34**

Das wirft die Frage auf, ob Art. 38 GRC einem Zurückdrängen der verbraucherschützenden Beschränkungsgründe durch den Sekundärgesetzgeber halten lässt, wie dies etwa durch Art. 3 E-commerce-RL 2000/31/EG und Art. 16–18 DienstleistungsRL 2006/123/EU für die Dienstleistungsfreiheit geschehen ist. Dabei ist freilich zu beachten, dass die Gewährleistungsverantwortung der Europäischen Union für ein hohes Verbraucherschutzniveau nur für die Union insgesamt gilt. Daraus folgt, dass der Unionsgesetzgeber grundsätzlich frei in der Entscheidung ist, welche mitgliedsstaatliche Rechtsordnung (soweit keine Regelung der EU-Verordnung erfolgt) den Schutz sicherstellt, solange **gewährleistet** ist, **dass** überhaupt eine **Schutzzuständigkeit besteht** – Art. 38 GRC schreibt in dieser Hinsicht nur die Vermeidung von Schutzlücken vor. Das gilt für die Anwendbarkeit materiellen Rechts ebenso wie für die Zuständigkeiten der europäischen und nationalen Institutionen. Schließt der Unionsgesetzgeber das Eingreifen der Schutzmechanismen eines Mitgliedstaates aus, muss er zugleich sicherstellen, dass die Mechanismen eines anderen Staates an dessen Stelle treten. Divergierende Schutzniveaus sind dabei unschädlich, soweit nicht die materiellen Grundstandards von Art. 38 GRC insgesamt verletzt werden.   **35**

Diese Grundregeln gelten insbesondere für jedes Eingreifen des Unionsgesetzgebers in die Regeln der grenzüberschreitenden Rechtsanwendung und der internationalen Zuständigkeitsverteilung. Die **kollisionsrechtlichen und internationalprozessrechtlichen** Bestimmungen insbesondere in Art. 6 Rom I-VO und Art. 15–17 Brüssel I-VO werden den Anforderungen gerecht: Durch den kollisionsrechtlichen Grundansatz ist stets sichergestellt, dass – jedenfalls bei hinreichendem Binnenmarktbezug – stets eine Zuständigkeit und ein anwendbares Verbraucher(vertrags)recht gegeben sind.   **36**

Auch außerhalb des Zivil- und Zivilverfahrensrechts verlangt Art. 38 GRC die **Vermeidung von Schutzlücken**: Insbesondere soweit ein sekundärrechtliches **Herkunftslandprinzip** die Grundfreiheiten materiell konkretisiert, wie dies etwa durch Art. 3 E-commerce-RL 2000/31/EG und Artt. 16–18 DienstleistungsRL 2006/31/EU für die   **37**

---

erklärte Vorlage des Okresný súd Bardejov in der Rs. 153/13 (Pohotovosť s. r. o./Ján Soroka) (ebenfalls Beitrittsbefugnis eines Verbraucherschutzverbandes im Vollstreckungsverfahren).

[87] EuGH, Urt. v. 5.12.2013, Rs. C–413/12 (Asociación de Consumidores Independientes de Castilla y León/Anuntis Segundamano España SL), Rn. 26 ff.

[88] Grundlegend EuGH, Urt. v. 20.2.1979, Rs. 120/78 (Rewe/Bundesmonopolverwaltung für Branntwein), Slg. I 1979, 649, Rn. 13 (Warenverkehrsfreiheit); weitere Nachweise etwa bei *Kingreen*, in: *Calliess/Ruffert*, EUV/AEUV, Art. 36 AEUV, Rn. 211–213.

Dienstleistungsfreiheit geschieht, verlangt Art. 38 GRC eine hinreichend Absicherung des Verbraucherschutzes – auch der Mitgliedstaaten: Der schlichte Ausschluss der Anwendbarkeit des materiellen Verbraucherschutzrechts des Zielstaates, ohne zugleich – kollisionsrechtlich – die Regeln des Herkunftsstaates zu berufen, verstößt insoweit gegen Art. 38 GRC: das den Verbraucherschutz zurückdrängende sekundäre Unionsrecht darf dem Zielstaat in diesem Falle nicht die Freiheit geben auch die Schutzmechanismen des Herkunftslandes außer Acht zu lassen. Unter dem Gesichtspunkt von Art. 38 GRC bestehen daher erhebliche Bedenken gegen ein Grundverständnis von Regeln des Herkunftslandsprinzips wie Art. 3 E-commerce-RL 2000/31/EG, das lediglich die Freiheit von Schutzmechanismen des Zielstaates für erforderlich hielte, **ohne zugleich** eine – effektive – **Auffangzuständigkeit der Behörden des Herkunftslandes** zu begründen.[89]

---

[89] So aber EuGH, Urt. v. 25. 10. 2011, Rs. C–509/09 u. C–161/10 (eDate Advertising), Slg. 2011, I–10269, Rn. 53–68 (ohne Eingehen auf Art. 38 GRC); zur kollisionsrechtlichen Seite siehe *Schmidt-Kessel*, in: Ferrari (Hrsg.), Rome I-Commentary, 2014, Art. 9, Rn. 46.

Titel V
Bürgerrechte

Artikel 39   GRC Aktives und passives Wahlrecht bei den Wahlen zum Europäischen Parlament

(1) Die Unionsbürgerinnen und Unionsbürger besitzen in dem Mitgliedstaat, in dem sie ihren Wohnsitz haben, das aktive und passive Wahlrecht bei den Wahlen zum Europäischen Parlament, wobei für sie dieselben Bedingungen gelten wie für die Angehörigen des betreffenden Mitgliedstaats.

(2) Die Mitglieder des Europäischen Parlaments werden in allgemeiner, unmittelbarer, freier und geheimer Wahl gewählt.

Literaturübersicht

Aust, Von Unionsbürgern und anderen Wählern, der Europäische Gerichtshof und das Wahlrecht zum Europäischen Parlament, ZEuS 2008, 253; *Böth*, Europawahl 2014, in: Statistisches Bundesamt, Wirtschaft und Statistik, 2014; *Burkholz*, Teilnahme von Unionsbürgern an kommunalen Bürgerentscheiden? DÖV 1995, 816; *Degen*, Die Unionsbürgerschaft nach dem Vertrag über die Europäische Union, DÖV 1993, 749; *de Lobcowicz*, Ein Europäisches Kommunalwahlrecht für alle EG-Bürger, DÖV 1989, 519; *Engelken*, Einbeziehungen der Unionsbürger in kommunale Abstimmungen (Bürgerentscheide und Bürgerbegehren)? NVwZ 1995, 432; *Hobe*, Die Unionsbürgerschaft nach dem Vertrag von Maastricht, Der Staat 32 (1993), 245; *Hofmann/Meyer-Teschendorf*, Teilnahme von Unionsbürgern nicht nur an Kommunalwahlen, sondern auch an kommunalen Plebisziten, ZRP 1995, 290; *Pieroth/Schmülling*, Die Umsetzung der Richtlinie des Rates zum Kommunalwahlrecht der Unionsbürger in den deutschen Ländern, DVBl. 1998, 365; *Schönberger*, Unionsbürger, 2005; *Schrapper*, Die Richtlinie 94/80/EG zum aktiven und passiven Kommunalwahlrecht für Unionsbürger, DVBl. 1995, 1167; *Schunda*, Das Wahlrecht von Unionsbürgern bei Kommunalwahlen in Deutschland, 2003; *Sieveking*, Europäisches Gemeinschaftsrecht und Stadtstaaten, DÖV 1993, 449; *Staeglich*, Rechte und Pflichten aus der Unionsbürgerschaft, ZEuS 2003, 485.

Leitentscheidungen

EuGH, Urt. v. 12.9.2006, Rs. C–145/04 (Spanien/Vereinigtes Königreich), Slg. 2006, I–7917
EuGH, Urt. v. 12.9.2006, Rs. C–300/04 (Eman und Sevinger), Slg. 2006 I–8055
EuGH, Beschl. v. 26.3.2009, Rs. C–535/08 (Pignataro), Slg. 2009, I–50

Wesentliche sekundärrechtliche Vorschriften

Beschluss des Rates v. 25.6.2002 und 23.9.2002 zur Änderung des Akts zur Einführung allgemeiner unmittelbarer Wahlen der Abgeordneten des Europäischen Parlaments, ABl. 1976, L 787/1, zuletzt geändert ABl. 2002, L 283/1 (DWA)
Richtlinie 93/109/EG des Rates vom 6.12.1993 über die Einzelheiten zur Ausübung des aktiven und passiven Wahlrechts bei den Wahlen zum Europäischen Parlament für Unionsbürger mit Wohnsitz in einem Mitgliedstaat, dessen Staatsangehörigkeit sie nicht besitzen, ABl. 1993, L 329/34, zuletzt geändert durch Richtlinie 2013/1/EU des Rates vom 20.12.2012, ABl. 2013, L 26/27

Inhaltsübersicht

A. Bedeutung und systematischer Überblick

1 Art. 39 GRC enthält **zwei Verbürgungen**. Erstens wird das erweiterte Recht der Unionsbürgerinnen und -bürger auf **Teilnahme an den Europawahlen** in einem **anderen Mitgliedstaat** als ihrem Herkunftsmitgliedstaat, in dem sie ihren Wohnsitz haben, zu den gleichen Bedingungen garantiert wie das Europawahlrecht der Staatsangehörigen des anderen Mitgliedstaates. Damit wird im Bereich der politischen Teilhabe diesen Personen im Wohnsitzmitgliedstaat ein erweitertes Europawahlrecht auf der Basis eines **spezifischen Gleichheitssatzes** zuerkannt.[1] Diese Zuerkennung erscheint als genuine Unionsangelegenheit, weil sie die **politische Teilhabe auf der Unionsebene** betrifft,[2] die allerdings noch über die mitgliedstaatliche Gesetzgebung vermittelt wird.

2 Zweitens enthält Absatz 2 der Vorschrift die **Vorgaben für die Wahl** der Mitglieder **des Europäischen Parlaments**, die nach verbreiteter Ansicht als die **Wahlrechtsgrundsätze** auf EU-Ebene bezeichnet werden.[3] Ausdrücklich aufgeführt werden allerdings lediglich vier der fünf klassischen Wahlrechtsgrundsätze, nämlich mit Ausnahme des verfassungspolitisch umstrittenen Grundsatzes der Wahlrechtsgleichheit (s. Rn. 23 ff.). Doch ergibt sich der **Grundsatz der Wahlrechtsgleichheit** in seinen unionsspezifischen Ausprägungen aus verschiedenen Bestimmungen der Verträge (s. Rn. 32 ff.).

3 Mit der Aufnahme des erweiterten Europawahlrechts in die Grundrechtecharta wird die Bedeutung des bereits zuvor in Art. 22 Abs. 2 AEUV gewährleisteten **primärrechtlichen Individualrechts förmlich als Grundrecht** anerkannt (s. Rn. 13).[4] Damit wird dessen besondere Bedeutung betont, doch dürften die praktischen Auswirkungen indes gering sein, da schon die frühere Gewährleistung im ersten Abschnitt des Zweiten Teils

---

[1] Näher dazu Art. 22 AEUV, Rn. 8; *Jarass*, GRCh, Art. 39 GRC, Rn. 5.
[2] *Hatje*, in: Schwarze, EU-Kommentar, Art. 22 AEUV, Rn. 1; *Kaufmann-Bühler*, in: Lenz/Borchardt, EU-Verträge, Art. 22 AEUV, Rn. 1.
[3] *Magiera*, in: Meyer, GRCh, Art. 39 GRC, Rn. 21; *Kluth*, in: Calliess/Ruffert, EUV/AEUV, Art. 39 GRC, Rn. 5; offen gelassen bei *Jarass*, GRCh, Art. 39 GRC, Rn. 10 ff.
[4] Zum Wahlrecht aller Unionsbürgerinnen und -bürger *Haratsch*, in: Heselhaus/Nowak, Handbuch der Europäischen Grundrechte, § 47, Rn. 24.

»Nichtdiskriminierung und Unionsbürgerschaft« des AEU-Vertrages ausdrücklich auf **Rechte** der Unionsbürgerinnen und -bürger abzielte. Systematisch entspricht dem die Einordnung der grundrechtlichen Gewährleistung unter Titel V **Bürgerrechte** der Grundrechte-Charta.

Das erweiterte Europawahlrecht nach Art. 39 Abs. 1 GRC **ergänzt das allgemeine**   **4**
Wahlrecht zur Europawahl nach den Verträgen. Es ist im engen Zusammenhang mit den Rechten auf Freizügigkeit nach Art. 21 AEUV bzw. den Grundfreiheiten zu sehen, denn es schließt eine Lücke in der **politischen Teilhabe**, die aus der Wahrnehmung der Freiheit zum grenzüberschreitenden Wohnsitzwechsel entsteht.[5] In den wenigsten Mitgliedstaaten war eine politische Partizipation von EU-Ausländern an Wahlen vorgesehen, so dass diese entweder gar nicht oder nur unter erschwerten Bedingungen in ihrem Herkunfts-mitgliedstaat hätten wählen können. In diesem Sinne ist das erweiterte Europawahl-recht ein wichtiger Baustein eines »Europas der Bürger«, in dem politische Teilhabe die mitgliedstaatlichen Grenzen transzendiert.[6] Diese Grundidee gilt auch für das erweiter-te Kommunalwahlrecht, das in der Nachbarvorschrift Art. 40 GRC und in Art. 22 Abs. 1 AEUV gewährleistet wird. Insgesamt ist die Entwicklung hin zu diesen erweiterten Wahlrechten ein charakteristisches Beispiel für das **Zusammenspiel von Unionsbürger-schaft und Freizügigkeitsregelungen**, das eine **besondere Dynamik** entstehen lässt.[7] Ähnlich einem Newton-Pendel bedingt jeweils ein Ausschlag auf der einen Seite einen korrespondierenden auf der anderen Seite.

Umstritten ist, ob Art. 39 GRC darüber hinaus auch sedes materiae des **allgemeinen**   **5**
Europa-Wahlrechts ist (s. Rn. 17). Die Frage wird bei dieser Vorschrift im Unterschied zum erweiterten Kommunalwahlrecht in Art. 40 GRC aufgeworfen, weil in Art. 39 Abs. 2 GRC auch die **Wahlrechtsgrundsätze** erwähnt werden, die allgemein für die Eu-ropawahl gelten. Jedenfalls kann die Gewährleistung nicht über jene im EU-und AEU-Vertrag hinausgehen.

In systematischer Hinsicht ist Art. 39 Abs. 1 GRC der Verbürgung des entsprechen-   **6**
den **Unionsbürgerrechtes** nach Art. 22 Abs. 2 AEUV nachgebildet.[8] Man hat aber auf den dort enthaltenen **Vorbehalt einer sekundärrechtlichen Regelung** verzichtet. Den-noch entfaltet dieser Vorbehalt auch Wirkung im Rahmen des Art. 39 GRC. Denn Art. 22 Abs. 2 AEUV ist die umfassendere Regelung, so dass gemäß Art. 52 Abs. 2 GRC die **Ausübung** dieser Gewährleistung »in den Verträgen geregelt« ist. Folglich kann sie nur im Rahmen eben jener **Bedingungen und Grenzen** erfolgen.[9] Der Vorbehalt ist 1993 durch den Erlass der **Europawahl-Richtlinie** erfüllt worden. Soweit darin bestimmte Einzelfragen nicht geregelt sind, können sich EU-Ausländer mit Wohnsitz im Inland grundsätzlich auf eine **Gleichbehandlung mit den Staatsbürgern des Wohnsitzmitglied-staates** berufen. Insofern kann dem in Art. 39 Abs. 1 GRC enthaltenen spezifischen Gleichheitssatz **unmittelbare Wirkung** zukommen (s. Rn. 14).

Die Regelung der **Wahlrechtsgrundsätze** in Art. 39 Abs. 2 GRC ist ebenfalls syste-   **7**
matisch eng mit den Verträgen verzahnt. **Art. 14 Abs. 3 EUV** enthält – insoweit dek-kungsgleich – das Bekenntnis zu den Grundsätzen der allgemeinen, unmittelbaren frei-

---

[5] *Hatje*, in: Schwarze, EU-Kommentar, Art. 22 AEUV, Rn. 1.
[6] Vgl. *Hatje*, in: Schwarze, EU-Kommentar, Art. 22 AEUV, Rn. 1.
[7] S. Art. 20 AEUV, Rn. 1 ff.; *v. Bogdandy/Bitter*, Unionsbürgerschaft und Diskriminierungsver-bot. Zur wechselseitigen Beschleunigung der Schwungräder unionaler Grundrechtsjudikatur, FS Zu-leeg, 2005, S. 309 ff.
[8] S. Art. 22 AEUV, Rn. 8 ff., 38 ff.
[9] *Kluth*, in: Calliess/Ruffert, EUV/AEUV, Art. 39 GRC, Rn. 4; *Jarass*, GRCh, Art. 39 GRC, Rn. 9.

en und geheimen Wahl des Europaparlaments. In den ausführlicheren **Vorschriften zum Europäischen Parlament** werden weiterhin nur die beiden Grundsätze der allgemeinen und unmittelbaren Wahl genannt.[10] Daraus folgt aber keine Einschränkung, sondern es handelt sich lediglich um eine **unterlassene redaktionelle Angleichung** im Lissabonner Vertrag.[11] Hinzutritt die **Verbürgung der gleichen Wahl** über die Vorgabe der degressiven Proportionalität der Vertretung der Unionsbürgerinnen und -bürger in **Art. 14 Abs. 2 EUV**. Diese stellt eine spezifische Ausprägung des in **Art. 9 EUV** enthaltenen **Gleichheitssatzes als demokratischen Grundsatz** der Union dar.

8   Konkretisiert worden sind die Wahlrechtsgrundsätze durch den **Direktwahlakt**,[12] der aber den Mitgliedstaaten einigen **Spielraum bei der Ausgestaltung** der Europawahl belässt.[13]

B. Entstehungsgeschichte

9   In der **Anfangsphase** der europäischen Integration stellte sich die Frage eines Wahlrechts für EU-Ausländer in ihrem Wohnsitzmitgliedstaat noch nicht, da die Abgeordneten des Europäischen Parlaments von den nationalen Parlamenten **entsandt** worden waren. Sie wurde erst 1976 nach dem politischen Durchbruch zugunsten einer **Direktwahl der Abgeordneten** virulent.[14] Nach Inkrafttreten des Direktwahlakts (DWA) 1978 wurden **1979** die **ersten Direktwahlen** durchgeführt. Das **aktive Wahlrecht** war damals in acht der zwölf Mitgliedstaaten auf die eigenen Staatsangehörigen beschränkt gewesen.[15] Bereits in den 1980er Jahren regte das Europäische Parlament an, in den Mitgliedstaaten das Wahlrecht zum Parlament auf alle Unionsbürgerinnen und -bürger auszudehnen.[16] Diese Bemühungen waren **1992** von Erfolg gekrönt, als im **Maastricht-Vertrag** in Art. 8b Abs. 2 EGV das **aktive und passive Wahlrecht** der Unionsbürgerinnen und -bürger mit Wohnsitz in einem fremden Mitgliedstaat eingeführt worden war. In der Folge ist diese Verbürgung gleichlautend in allen Vertragsänderungen bis heute beibehalten worden; sie war auch in Art. I–10 Abs. 2 Buchst. b und Art. II–99 Abs. 1 EVV vorgesehen gewesen. Im **Lissabonner Vertrag** ist sie in Art. 22 Abs. 2 AEUV übernommen worden.

10   Die Aufnahme in die **Grundrechtecharta** war aufgrund der eindeutigen verbindlichen

---

[10] Art. 223 Abs. 1 UAbs. 1 AEUV.

[11] Es ist ein Beispiel dafür, wie schwer es in internationalen Verhandlungen fällt, einmal getroffene Bestimmungen zu verändern.

[12] Beschluss des Rates vom 25.6.2002 und 23.9.2002 zur Änderung des Akts zur Einführung allgemeiner unmittelbarer Wahlen der Abgeordneten des Europäischen Parlaments, ABl. 1976, L 787/1, zuletzt geändert ABl. 2002, L 283/1.

[13] In Deutschland ist die Umsetzung im Europawahlgesetz 1978, BGBl. I S. 709, in der Neufassung vom 7.10.2013, BGBl. I S. 3749, erfolgt; zu Einzelheiten s. *Lenz/Gerhard*, Europawahlgesetz, 1. Aufl., 2012.

[14] Beschluss des Rates vom 25.6.2002 und 23.9.2002 zur Änderung des Akts zur Einführung allgemeiner unmittelbarer Wahlen der Abgeordneten des Europäischen Parlaments, ABl. 1976, L 787/1, zuletzt geändert ABl. 2002, L 283/1.

[15] Kommission, Zweiter Bericht über die Unionsbürgerschaft, KOM (97) 230, S. 8.

[16] S. die Nachweise in der Entschließung des Europäischen Parlaments zum aktiven und passiven Wahlrecht der Bürger anderer EG-Mitgliedstaaten zu den Gemeinderäten und zum Europäischen Parlament im Mitgliedsland ihres Wohnsitzes vom 14.11.1985, ABl. 1985, C 345/82 und Entschließung des Europäischen Parlaments zum Wahlrecht der Bürger der Mitgliedstaaten der Europäischen Gemeinschaft bei Kommunalwahlen vom 15.12.1988, ABl. 1988, C 13/33.

individual-rechtlichen Verbürgung in den Verträgen unproblematisch.[17] Die Formulierung wurde **redaktionell entschlackt**, indem auf den Hinweis, dass es um eine Berechtigung in einem Mitgliedstaat geht, »dessen Staatsangehörigkeit [der Unionsbürger] nicht besitzt« verzichtet wurde.[18] Vereinzelt ist daraus gefolgert worden, dass der Konvent bereits die **Verbürgung des allgemeinen Wahlrechts** zum Europäischen Parlament in allen Mitgliedstaaten habe festlegen wollen.[19] Dem ist jedoch entgegenzuhalten, dass die gleiche redaktionelle Verkürzung beim erweiterten Kommunalwahlrecht nach Art. 40 GRC vorgenommen wurde, ohne dass daraus der Anspruch der EU folgen könnte, dass allgemeine Kommunalwahlrecht in den Mitgliedstaaten verbindlich vorzuschreiben.

Als **Wahlrechtsgrundsätze** für die Europawahl waren in der ersten Fassung des DWA **11** 1976 lediglich die Grundsätze der **allgemeinen** und der **unmittelbaren** Wahl den Mitgliedstaaten verbindlich vorgegeben worden.[20] Ergänzend waren die in den Mitgliedstaaten geltenden Wahlrechtsgrundsätze zu beachten gewesen. 2002 ist dann der DWA um die Grundsätze der **freien** und **geheimen** Wahl ergänzt worden.[21] Darauf konnte der Grundrechte-Konvent aufbauen, als er in Art. 39 Abs. 2 GRC vier Wahlrechtsgrundsätze, mit Ausnahme der Gleichheit der Wahl, einfügte. In den Beratungen ist eine Aufnahme auch der Wahlrechtsgleichheit von deutscher Seite angeregt worden, sie hatte aber keine Zustimmung gefunden.[22] Im **Lissabonner Vertrag** werden zwar die Grundsätze der **Allgemeinheit** und **Unmittelbarkeit** weiterhin separat aufgeführt,[23] doch werden sie zunächst in Art. 14 Abs. 3 EUV um die Grundsätze der **freien** und **geheimen** Wahl ergänzt. Dies entspricht der Vorgabe im Direktwahlakt seit 2002.[24] Des Weiteren tritt der **Gleichheitssatz** im demokratischen Leben der EU nach Art. 9 EUV hinzu, dessen spezifische Ausprägung für die Wahl zum Europäischen Parlament die degressiv proportionale Vertretung der Unionsbürgerinnen und -bürger nach Art. 14 Abs. 2 EUV ist.

Das **allgemeine Europawahlrecht aller** Unionsbürgerinnen und -bürger ist hingegen **12** zunächst nur aus den Bestimmungen über das Europäische Parlament – Art. 223 Abs. 1 AEUV und dessen Vorläufer – abgeleitet worden.[25] Im Lissabonner Vertrag wird es zusätzlich in Art. 10 Abs. 2 EUV und – nach umstrittener Auffassung – in Art. 39 GRC gewährleistet (s. Rn. 23). Die Einzelheiten zur Ausübung des erweiterten Europawahlrechts sind vom Rat in der **Richtlinie 93/109/EG** konkretisiert worden.[26]

---

[17] Vgl. CHARTE 4179/00, Draft Charter of Fundamental Rights of the European Union, vom 28.3.2000, Art. C S. 1; näher dazu *Magiera*, in: Meyer, GRCh, Art. 39 GRC, Rn. 3 ff.

[18] *Bernsdorff/Borowsky*, Die Charta der Grundrechte der Europäischen Union – Handreichungen und Sitzungsprotokolle, 2002, S. 192 ff., 201 f.

[19] *Magiera*, in: Meyer, GRCh, Art. 39 GRC, Rn. 4, 9 ff.

[20] Art. 1 Abs. 3 DWA.

[21] Beschluss des Rates vom 25.6.2002 und 23.9.2002 zur Änderung des Akts zur Einführung allgemeiner unmittelbarer Wahlen der Abgeordneten des Europäischen Parlaments im Anhang zum Beschluss 76/787/EGKS, EWG, Euratom.

[22] *Bernsdorff/Borowsky* (Fn. 18), S. 192 ff., 200, 310 ff. 314; vgl. zur Eingabe der deutschen Länder CHARTE 4203/00, Entwurf der Charta der Grundrechte der Europäischen Union, vom 4.4.2000 und der Bundesregierung CHARTE 4281/00, Projet de Charte des droits fondamentaux de l'Union européenne, vom 5.5.2000.

[23] Art. 223 Abs. 1 AEUV.

[24] Art. 1 Abs. 3 DWA.

[25] *Kluth*, in: Calliess/Ruffert, EUV/AEUV, Art. 14 EUV, Rn. 25.

[26] Richtlinie 93/109/EG vom 6.12.1993 über die Einzelheiten zur Ausübung des aktiven und passiven Wahlrechts bei den Wahlen zum Europäischen Parlament für Unionsbürger mit Wohnsitz in

C. Erweitertes Europawahlrecht

I. Gewährleistungsgehalt

1. Grundrechtsqualität

13 Art. 39 GRC gewährleistet allen Unionsbürgerinnen und -bürgern das **Wahlrecht** zum Europäischen Parlament in dem Mitgliedstaat, in dem sie ihren **Wohnsitz** haben und der nicht ihr Herkunftsmitgliedstaat ist. Dieses Recht wird als **Gleichbehandlungsgebot** abgesichert,[27] weil es »unter denselben Bedingungen wie [für] die Angehörigen des betreffenden Mitgliedstaats« gewährt wird. Mit der Aufnahme in die Grundrechtecharta ist dieses schon zuvor als Unionsbürgerrecht in den Verträgen eingestufte Individualrecht formal als Grundrecht anerkannt worden. Die damit einhergehende Aufwertung in der Bedeutung sollte praktisch angesichts des bereits zuvor zuerkannten Rangs nicht überschätzt werden.

14 Als **Grundrecht** ist die Gewährleistung nur effektiv, wenn sie **unmittelbar wirksam** ist. Zwar enthält der Wortlaut von Art. 39 GRC keinen Hinweis auf eine eingeschränkte Wirksamkeit, doch sind über **Art. 52 Abs. 2 GRC** die »in den Verträgen festgelegten Bedingungen und Grenzen« zu beachten. Über diese Klausel kommt der in Art. 22 Abs. 2 AEUV enthaltene **Vorbehalt** einer Regelung im Sekundärrecht zur Anwendung. Doch ist dieser Vorbehalt mit Erlass der sog. **Europawahl-Richtlinie 1993** erfüllt worden. Soweit diese den Mitgliedstaaten keine Spielräume belässt, kommt eine **unmittelbare Wirkung** der Vorschriften der **Europawahl-Richtlinie** i. V. mit Art. 39 GRC bzw. Art. 22 Abs. 2 AEUV in Betracht. Aber auch wo diese Richtlinie keine Regelungen enthält, ist eine unmittelbare Wirkung des in Art. 39 Abs. 1 GRC enthaltenen Gleichbehandlungsgebots zu bejahen. Insbesondere gebieten der Grundsatz des effektiven Rechtsschutzes nach Art. 47 Abs. 1 GRC und das Prinzip der Loyalität, dass EU-Ausländer eine Ungleichbehandlung vor den mitgliedstaatlichen Gerichten durch **Rechtsbehelf** angreifen können.[28] Vor diesem Hintergrund ist die ausdrückliche Verpflichtung zur Gewährung eines Rechtsbehelfs gegen die Ablehnung eines Antrags auf Eintragung in das Wählerverzeichnis oder gegen die Ablehnung einer Kandidatur in der Europawahl-RL[29] nicht abschließend gemeint, sondern als **Bestätigung** dieser grundsätzlichen Verpflichtung.

15 Wie beim erweiterten Kommunalwahlrecht[30] stellt sich die Frage, ob die Verbürgung in Art. 39 Abs. 1 GRC ein **Recht oder** einen **Grundsatz** im Sinne des Art. 52 Abs. 5 GRC darstellt. Ausschlaggebend ist die **ausdrückliche Zuerkennung** des Wahl-»Rechts« in Art. 39 GRC.[31] Zudem wird dieses Wahlrecht im Kern nicht durch eine mitgliedstaatliche Ausgestaltung im Sinne des Art. 52 Abs. 5 GRC relativiert. Vielmehr besteht lediglich ein **Vorbehalt zugunsten des EU-Sekundärrechtsetzers.** Schließlich ist es **funktional** dem Gleichheitssatz gerade eigen, dass er Ansprüche auch jenseits einer ausdrücklichen Gewährleistung im einfachen Recht zur Verfügung stellt, d. h. dass sich die betreffenden

---

einem Mitgliedstaat, dessen Staatsangehörigkeit sie nicht besitzen, ABl. 1993, L 329/34, zuletzt geändert durch Richtlinie 2013/1/EU des Rates vom 20. 12. 2012, ABl. 2013, L 26/27.

[27] S. Art. 22 AEUV, Rn. 8.

[28] Ablehnend gegenüber einer unmittelbaren Wirkung von Art. 22 AEUV, EuGH, Urt. v. 12. 9. 2006, Rs. C–300/04 (Eman und Sevinger), Slg. 2006 I–8055. Rn. 52; kritisch dazu die Kommentierung zu Art. 22 AEUV, Rn. 23.

[29] Art. 11 Richtlinie 93/109/EG (Fn. 26).

[30] S. Art. 40 GRC, Rn. 1 ff., 12.

[31] Vgl. *Magiera*, in: Meyer, GRCh, Art. 39 GRC, Rn. 6, 11; *Jarass*, GRCh, Art. 39 GRC, Rn. 1.

EU-Ausländer auf die Vorschriften berufen können, die den Staatsangehörigen des Wohnsitzmitgliedstaates zur Verfügung stehen.

2. Sachlicher Schutzbereich

a) Umfang

Das erweiterte Europawahlrecht umfasst sowohl das **aktive** als auch das **passive Wahl-**   **16**
recht. Ferner wird der **gesamte Wahlvorgang** von der Eintragung ins Wählerverzeichnis bis zur Ausübung des Wahlrechts durch Abgabe der Stimme und die Auszählung ge-schützt.[32] Das folgt nicht zuletzt aus dem Zusammenhang mit den in Abs. 2 gewähr-leisteten Grundsätzen der Wahl, die ebenfalls für den gesamten Wahlvorgang gelten.

Unbestritten gewährleistet Art. 39 Abs. 1 GRC in Übereinstimmung mit Art. 22   **17**
Abs. 2 AEUV ein **Gebot der Gleichbehandlung und der Nichtdiskriminierung**. Eine Ansicht will der Vorschrift darüber hinaus ein **allgemeines EU-Wahlrecht**, d. h. auch für die eigenen Staatsangehörigen eines EU-Mitgliedstaates entnehmen.[33] Eine solche Ver-ortung wäre systematisch überzeugend, da das allgemeine Wahlrecht für alle Unions-bürgerinnen und -bürger in den Verträgen anerkannt ist und als Individualrecht sinnvoll in der Charta erwähnt werden sollte. Indes ergibt sich eine solche Schlussfolgerung, die in der Sache den **persönlichen Schutzbereich** tangiert, weder aus dem Wortlaut noch aus der funktionalen Ausrichtung des Art. 39 Abs. 1 GRC, der auf die Situation in einem Wohnsitzmitgliedstaat und den Vergleich mit den »Angehörigen des betreffenden Mit-gliedstaats« bezogen ist. Ein allgemeines Wahlrecht könnte aber aus dem **Grundsatz der Allgemeinheit der Wahl** in Art. 39 Abs. 2 GRC gefolgert werden. Allerdings ließe sich einwenden, dass es sich dabei um einen Grundsatz nach Art. 52 Abs. 5 GRC handele und nicht um ein Grundrecht. Und in der Praxis richtet sich die allgemeine Wahlberech-tigung de lege lata, etwa im Hinblick auf das Wahlalter, derzeit noch nach den **unter-schiedlichen Vorgaben in den Mitgliedstaaten**.[34] Immerhin könnte Art. 39 GRC ein Mi-nimum an Allgemeinheit der Wahl garantieren. Ein solches Grundrecht würde aber gemäß Art. 52 Abs. 2 GRC nur in dem **in den Verträgen garantierten Umfang** bestehen. Damit wird auf die Auflistung der entsprechenden Wahlrechtsgrundsätze in Art. 14 Abs. 3 EUV verwiesen. Insoweit reduziert sich die Bedeutung eines allgemeinen Wahl-grundrechts in Art. 39 GRC auf eine Bestätigung, dass die in Art. 14 EUV enthaltenen **Wahlgrundsätze individuell einklagbar** sind, sofern sie im Einzelfall über eine ausrei-chende Konkretisierung verfügen.

b) Einzelfragen

Grundsätzlich entspricht der Gewährleistungsgehalt des Grundrechts nach Art. 39   **18**
Abs. 1 GRC demjenigen des Unionsbürgerrechts nach Art. 22 Abs. 2 AEUV. Daher kann hier für Einzelfragen auf die entsprechenden Kommentierungen verwiesen wer-den.

---

[32] *Magiera*, in: Meyer, GRCh, Art. 39 GRC, Rn. 14 und 18; *Frenz*, Handbuch Europarecht, Bd. 4 Rn. 4455; *Kluth*, in: Calliess/Ruffert, EUV/AEUV Art. 39 GRC, Rn. 2; *Jarass*, GRCh, Art. 39 GRC, Rn. 6.

[33] *Magiera*, in: Meyer, GRCh, Art. 39 GRC, Rn. 11.

[34] Die höchsten Anforderungen bestehen in Zypern mit 18 und 35 Jahren für das aktive bzw. passive Wahlrecht, die niedrigsten in Österreich mit 16 bzw. 18 Jahren als Mindestalter.

3. Persönlicher Schutzbereich

19   Für den **persönlichen Schutzbereich** des erweiterten Europawahlrechts kann über Art. 52 Abs. 2 GRC auf die Vorgaben des Art. 22 Abs. 2 AEUV verwiesen werden. Danach sind nur **Unionsbürgerinnen und -bürger anderer Mitgliedstaaten mit Wohnsitz im Inland** berechtigt. Eine Ausweitung besteht nur in den relativ engen Bahnen des allgemeinen Grundrechts auf Wahl zum Europaparlament, das alle Unionsbürgerinnen und -bürger, inklusive der eigenen Staatsangehörigen eines Mitgliedstaats, berechtigt (s. Rn. 24).

II. Beschränkungen und Rechtfertigungen

20   Da es sich beim erweiterten Europawahlrecht um ein **spezifisches Gleichbehandlungsgebot** handelt, sind **Einschränkungen** durch die Mitgliedstaaten grundsätzlich im gleichen Umfang zulässig, wie bei den eigenen Staatsangehörigen. Differenzierungen im Verhältnis zu den eigenen Staatsangehörigen eines Mitgliedstaates bedürfen der **Rechtfertigung**. Diese kann nicht direkt in der Eigenschaft der unterschiedlichen Staatsangehörigkeit liegen, sondern nur **im Ausgleich für** daraus resultierende **Besonderheiten**. Für Einzelheiten kann die Kommentierung zu Art. 22 Abs. 2 AEUV herangezogen werden.[35]

D. Wahlrechtsgrundsätze

I. Gewährleistungsgehalt

1. Umfang und Grundrechtsqualität

21   Der EuGH hat in der Vergangenheit die **rechtliche Verbindlichkeit** der **Wahlrechtsgrundsätze** nach Art. 223 AEUV bejaht, den Mitgliedstaaten bei der Umsetzung aber einen gewissen **Ausgestaltungsspielraum** zuerkannt.[36] Zugleich hat er darauf hingewiesen, dass die **Vorgaben nach Art. 3 ZP 1 EMRK** zu beachten seien.[37] In der Literatur werden die Wahlrechtsgrundsätze überwiegend als **Grundsätze** oder **allgemeine Rechtsprinzipien** charakterisiert,[38] die den Mitgliedstaaten einen Gestaltungsspielraum eröffnen. Gleichzeitig wird aber betont, dass diese Grundsätze in der EMRK als Rechte verbürgt seien und dass dieses Schutzniveau nach Art. 53 GRC nicht unterschritten werden dürfe.[39] Andere Stimmen erkennen hingegen eine Grundrechtsqualität.[40] Überzeugend erscheint es, den Grundsätzen, soweit sie ihrem Inhalt nach bestimmt genug sind, d. h. in ihren Grundzügen, die nicht zur Disposition der Mitgliedstaaten oder des Sekundärrechtsetzers stehen, die **Grundrechtsqualität** zuzusprechen. Interessanter Weise werden sie in Art. 39 Abs. 2 GRC auch nicht ausdrücklich als Grundsätze bezeichnet, sondern es wird die rechtsverbindliche Regelung des Art. 14 EUV wiederholt. Die Aufnahme in die

---

[35] Art. 22 AEUV, Rn. 38 ff.

[36] EuGH, Urt. v. 12. 9. 2006, Rs. C–300/04 (Eman und Sevinger), Slg. 2006, I–8055, Rn. 43 ff.

[37] EuGH, Urt. v. 12. 9. 2006, Rs. C–300/04 (Eman und Sevinger), Slg. 2006, I–8055, Rn. 54.

[38] *Magiera*, in: Meyer, GRCh, Art. 39 GRC, Rn. 23; *Schoo*, in: Schwarze, EU-Kommentar, Art. 14 EUV, Rn. 48 f.; dagegen für eine subjektiv-rechtliche Gewährleistung in Art. 39 GRCh: *Kluth*, in: Calliess/Ruffert, EUV/AEUV, Art. 14 EUV, Rn. 26.

[39] *Magiera*, in: Meyer, GRCh, Art. 39 GRC, Rn. 22.

[40] *Frenz*, Handbuch Europarecht, Bd. 4, Rn. 4423, 4467.

Charta bestätigt, dass eine Verletzung dieser Grundsätze **individualrechtlich** eingeklagt werden kann. In dieser Auslegung entspricht der gewährte Schutz dem nach der EMRK. Dies dürfte dem Anliegen des Art. 53 GRC zur **Wahrung des Mindestschutzniveaus** unter der EMRK entsprechen.

Unbestritten ist, dass die **ausdrücklich erwähnten Grundsätze** der allgemeinen, un-   **22** mittelbaren, freien und geheimen Wahl gewährleistet werden. Streit besteht allein im Hinblick auf den nicht erwähnten **Grundsatz der Gleichheit** der Wahl. Nach überzeugender Ansicht ist auch dieser im Unionsrecht gewährleistet (s. Art. 22 AEUV, Rn. 30).

2. Sachlicher und persönlicher Anwendungsbereich

a) Allgemeine Wahl

Die **Allgemeinheit der Wahl** gebietet, dass alle Unionsbürgerinnen und -bürger **aktiv**   **23** **wählen** und **passiv** sich zur Wahl stellen können.[41] In jedem Ausschluss bestimmter Personen oder Personengruppen liegt ein Eingriff in diese Verbürgung, der der **Rechtfertigung** durch **zwingende sachliche Gründe** bedarf.[42] Dazu zählen die traditionellen Vorgaben eines Wahlalters, der Verlust des Wahlrechts bei Entmündigung oder der Verwirkung des passiven Wahlrechts sowie Unvereinbarkeitsregelungen aus Gründen der Gewaltenteilung.[43] Der Direktwahlakt enthält Vorgaben für solche **Inkompatibilitäten**.[44] Soweit der Direktwahlakt keine weiteren Vorgaben trifft, steht den Mitgliedstaaten das Recht zur **Ausgestaltung** im nationalen Recht zu. Maßstab ist dann das nationale Recht,[45] so dass sich zwischen den Mitgliedstaaten **Unterschiede** etwa im Wahlalter ergeben können.[46] Fraglich ist, inwieweit für die Europawahl **unterschiedliche Regelungen** in einem Mitgliedstaat angewendet werden können. Dies dürfte nur zulässig sein, soweit eine Regelung im Vergleich mit dem nationalen Recht einen geringeren Eingriff in die Allgemeinheit darstellt, d. h. es dürfte ein niedrigeres, aber kein höheres Wahlalter festgesetzt werden. Dafür spricht ein Vergleich mit dem Grundsatz der verfahrensrechtlichen Autonomie der Mitgliedstaaten, der verlangt, dass bei Regelungen mit EU-Bezug der **Äquivalenzgrundsatz** und der **Effektivitätsgrundsatz** gewahrt werden müssen.[47] Im Hinblick auf das Wahlalter hat die Europawahl-Richtlinie eine andere Regelung getroffen: Sie setzt für das **persönliche Wahlrecht** lediglich die Unionsbürgerschaft voraus und verweist dann auf die weiteren Vorgaben des Wohnsitzmitgliedstaates.[48] Damit erscheint eine Privilegierung von ausländischen Unionsbürgerinnen und -bürgern diesbezüglich als ausgeschlossen.

Eine in der Rechtsprechung des EGMR und des EuGH anerkannte Einschränkung ist   **24** das Erfordernis eines **Wohnsitzes im Wahlgebiet für eine bestimmte Zeit**. Beim passiven

---

[41] *Hobe*, in: Tettinger/Stern, EuGRCh, Art. 39 GRC, Rn. 28; *Frenz*, Handbuch Europarecht, Bd. 4, Rn. 4469. *Jarass*, GRCh, Art. 39 GRC, Rn. 10.

[42] Vgl. *Magiera*, in: Meyer, GRCh, Art. 39 GRC, Rn. 24.

[43] *Huber*, in: Streinz, EUV/AEUV, Art. 14 EUV, Rn. 58.

[44] S. Art. 7 und 8 DWA.

[45] *Kaufmann-Bühler*, in: Lenz/Borchardt, EU-Verträge, Art. 223 AEUV, Rn. 4; a. A. *Huber*, in: Streinz, EUV/AEUV, Art. 14 EUV Rn. 59.

[46] Österreich hat das Wahlalter auf sechzehn Jahre abgesenkt, s. § 10 Europawahlordnung Österreich.

[47] Näher dazu *Kahl*, in: Calliess/Ruffert, EUV/AEUV, Art. 4 EUV, Rn. 65.

[48] Art. 3 Abs. 1 lit. b Richtlinie 93/109/EG.

Wahlrecht können in dieser Hinsicht die Vorgaben strenger sein als beim aktiven Wahlrecht.[49]

b)   Unmittelbare Wahl

25   Die **Unmittelbarkeit** der Wahl gebietet, dass kein Wahlgremium zwischen die Unionsbürgerinnen und -bürger und das Europäische Parlament geschaltet werden darf. Die Auswahl der Mitglieder des Parlaments muss durch die Unionsbürgerinnen und -bürger **selbst** erfolgen.[50] Damit wird einem Wahlpersonengremium wie bei der Präsidentenwahl in den USA ebenso eine Absage erteilt wie einer Rückkehr zum System der Entsendung durch die mitgliedstaatlichen Parlamente[51] vor der Einführung der Direktwahl zum Europäischen Parlament 1976.

26   Die **Listenwahl**, wie sie in Deutschland praktiziert wird, bei der die Wahl eines bestimmten Abgeordneten von der Mitwahl anderer Abgeordneter abhängt, erscheint kritisch, sofern die Wähler nicht die Möglichkeit haben, die Listenzusammensetzung zu beeinflussen, etwa durch Streichung oder Hinzufügen von Namen. Sie wird für **zulässig** erachtet, soweit die Entscheidung der Wähler über die Liste **endgültig** ist, also nach der Wahl nicht mehr von anderer Stelle geändert werden kann.[52]

27   Eine **zeitlich eng begrenzte Ausnahme** von der Unmittelbarkeit wird im Fall von **Beitritten zur EU** vorgenommen. In der Regel entsenden die Parlamente der Beitrittsstaaten Abgeordnete bis zur nächsten Direktwahl; nach der deutschen Wiedervereinigung erhielt Deutschland übergangsweise 18 Sitze mit Beobachterstatus.[53] Diese Ausnahmen werden in der Literatur wegen ihres **Übergangscharakters** und des Aufwandes für eine Neuwahl des Parlaments für zulässig erachtet.[54] Indes ist zu fragen, ob hier nicht Gedanken der Effizienz zu sehr nachgegeben wird. Es erschiene jedenfalls nicht unverhältnismäßig im Falle eines Beitritts kurz nach einer erfolgten Europawahl, eine separate Wahl in dem Beitrittsstaat durchzuführen.

c)   Freie Wahl

28   Die **Freiheit der Wahl** gewährleistet Schutz vor rechtlichem und faktischem **Zwang** sowie unzulässiger **Beeinflussung**.[55] Aus der Stimmabgabe darf **kein Nachteil** erwachsen. Das Vorfeld der **Wahlvorbereitung** wird ebenfalls geschützt. Die Beeinflussung durch Private ist verboten, wenn sie in ihren Auswirkungen einem Zwang ähnlich wird. Die Einflussnahme von öffentlicher Seite steht zusätzlich unter der Vorgabe neutralen

---

[49] EuGH, Urt. v. 12.9.2006, Rs. C–300/04 (Eman und Sevinger), Slg. 2006, I–8055, Rn. 54; zur Wohnsitzpflicht beim aktiven Wahlrecht EGMR, Urt. v. 19.10.2004, Beschwerde-Nr. 17707/02 (Melnitchenko/Ukraine), Reports of judgements and decisions 2004-X, § 56; beim passiven Wahlrecht sind strengere Voraussetzungen zulässig, EGMR, Urt. v. 30.3.2005 Beschwerde-Nr. 17707/02 (Melnitchenko/Ukraine), Reports of judgements and decisions 2005-IX, Rn. 57.

[50] *Magiera*, in: Meyer, GRCh, Art. 39 GRC, Rn. 25.

[51] *Magiera*, in: Meyer, GRCh, Art. 39 GRC, Rn. 25; *Huber*, in: Streinz, EUV/AEUV, Art. 14 EUV, Rn. 60.

[52] *Magiera*, in: Meyer, GRCh, Art. 39 GRC, Rn. 26; *Jarass*, GRCh, Art. 39 GRC, Rn. 12, zum deutschen Recht s. BVerfGE 47, 253 (279 f.).

[53] *Huber*, in: Streinz, EUV/AEUV, Art. 14 EUV, Rn. 61; *Haag/Bieber*, in: GS, EUV/EGV, Art. 190 EGV, Rn. 13.

[54] *Magiera*, in: Meyer, GRCh, Art. 39 GRC, Rn. 26; *Huber*, in: Streinz, EUV/AEUV, Art. 14 EUV, Rn. 61.

[55] *Magiera*, in: Meyer, GRCh, Art. 39 GRC, Rn. 27; *Jarass*, GRCh, Art. 39 GRC, Rn. 13.

Verhaltens. Eine öffentliche Parteinahme seitens mitgliedstaatlicher oder EU-Organe für bestimmte Bewerber ist verboten.[56]

Kontrovers wird die Vorgabe einer **Wahlpflicht** beurteilt. In der Europawahl- und der Kommunalwahl-Richtlinie ist eine Wahlpflicht in Belgien ausdrücklich gestattet.[57] In der Literatur wird dies teilweise für problematisch gehalten, weil auch die Nichtwahl eine besondere Stellungnahme enthalten könne[58] und diese nicht mehr ohne Sanktionen, d. h. einen Verstoß gegen die Freiheit der Wahl, »ausgeübt« werden könne. Dem ist indes nicht zuzustimmen. Die Wahlpflicht drückt eine besondere **staatsbürgerliche Bedeutung** des Wahlaktes aus, die als Rechtfertigungsgrund grundsätzlich in Frage kommt. Da auch unter der Wahlpflicht ein **Gesamtprotest** durch die Abgabe einer **ungültigen Stimme** deutlich gemacht werden kann, erscheint der Eingriff auch nicht übermäßig.[59]   **29**

d) Geheime Wahl

Die **geheime Wahl** wird regelmäßig in Zusammenhang mit der **Freiheit** der Wahl genannt, weil sie ein wichtiges Element ist, um letztere abzusichern.[60] Sie gewährleistet dem Einzelnen einen **Schutz vor Offenbarung** seiner Stimmabgabe. Naturgemäß greift sie nur für das **aktive Wahlrecht**. Sie gebietet insbesondere, dass die Vertraulichkeit des Wahlvorgangs durch technische Vorkehrungen **geschützt** wird. Einschränkungen sind nur aus **zwingenden Gründen** möglich, etwa um einem anderen Wahlrechtsgrundsatz zu dienen, wie dem Grundsatz der Allgemeinheit der Wahl im Fall der Stimmabgabe durch Briefwahl oder der Unterstützung behinderter Personen durch Vertrauenspersonen.[61]   **30**

Die Mitgliedstaaten haben **unterschiedliche Regelungen** über die Zulässigkeit von **Befragungen zur Wahl**.[62] Grundsätzlich gestattet die Vorgabe der geheimen Wahl die **freiwillige Offenbarung**. Eine Grenze ist aber erreicht, wenn diese zu einem **sozialen Druck** und damit einen Eingriff in die Freiheit der Wahl ausartet. Der Einfluss von Wählerbefragungen kann kritisch sein, sofern man einen Mitnahmeeffekt für die größeren, in diesem Sinne erfolgreicheren Parteien befürchtet.[63] Insofern können Verbote der Veröffentlichung von Wählerbefragungen kurz vor der Wahl zulässig sein.   **31**

e) Gleiche Wahl

Allein die **Gleichheit der Wahl**, die heute zu den Kernvorgaben der Demokratie gezählt wird, ist **nicht ausdrücklich** in Art. 39 Abs. 2 GRC erwähnt. Entsprechende Anträge von deutscher Seite sind im Konvent erfolglos geblieben.[64] Dessen ungeachtet ist die **Geltung**   **32**

---

[56] *Magiera*, in: Meyer, GRCh, Art. 39 GRC, Rn. 27.

[57] Art. 8 Abs. 2 Richtlinie 93/109/EG.

[58] *Magiera*, in: Meyer, GRCh, Art. 39 GRC, Rn. 27; a. A. *Jarass*, GRCh, Art. 39 GRC, Rn. 13; *Haag/Bieber*, in: GS, EUV/EGV, Art. 190 EGV, Rn. 14.

[59] Vgl. bejahend ebenfalls *Haag/Bieber*, in: GS, EUV/EGV, Art. 190 EGV, Rn. 14; *Jarass*, GRCh, Art. 39 GRC, Rn. 13.

[60] Ob sie einen Unterfall der freien Wahl bildet, so *Frenz*, Handbuch Europarecht, Bd. 4, Rn. 4477, erscheint fraglich.

[61] *Magiera*, in: Meyer, GRCh, Art. 39 GRC, Rn. 28.

[62] In Deutschland ist eine Veröffentlichung von Ergebnissen von Wählerbefragungen nach § 4 EuWG i. V. m. § 32 Abs. 2 BWG nach Ablauf der Wahlzeit grundsätzlich zulässig.

[63] Deshalb stellt eine Veröffentlichung von Ergebnissen von Wählerbefragungen vor Ablauf der Wahlzeit nach § 4 EuWG i. V. m. § 49a Abs. 1 Nr. 2 BWG eine Ordnungswidrigkeit dar.

[64] *Bernsdorff/Borowsky* (Fn. 18), S. 192 ff., 200, 310 ff., 314; vgl. zur Eingabe der deutschen Länder CHARTE 4203/00 vom 4. 4. 2000 und der Bundesregierung CHARTE 4281/00 vom 5. 5. 2000 (s. Fn. 21).

der gleichen Wahl im Unionsrecht heute nachweisbar. Ein Kernbestand wird im Sekundärrecht über die Vorgabe des **DWA** gesichert, wonach jeder Wähler nur einmal wählen darf (**Zählwertgleichheit**).[65] Hinzu tritt im Lissabonner Vertrag die Vorgabe der **Gleichheit als Grundsatz des demokratischen Lebens** in der Union in Art. 9 EUV.[66] Dies wird gestützt durch das Bekenntnis der EU zur Demokratie und damit zur Wahlrechtsgleichheit als eine Säule desselben.[67] Ferner gelten in der EU – auch ohne den formalen Beitritt – die Verbürgungen der **EMRK**, aus deren Verbürgung der freien Wahl in Art. 3 ZP 1 EMRK bereits die Europäische Kommission für Menschenrechte in Verbindung mit dem Diskriminierungsverbot nach Art. 14 EMRK einen **Kernbestand an Wahlrechtsgleichheit** gefolgert hat,[68] als Rechtsgrundsätze.[69] Der Umstand, dass alle mitgliedstaatlichen Europawahlgesetze den Grundsatz der Wahlrechtsgleichheit enthalten, belegt zwar nicht unmittelbar die Geltung auch auf der Unionsebene, da diese Regelung die – durchaus unterschiedlich ausgestaltete – Gleichheit im Rahmen der nationalen Hoheitsgewalt betrifft. Doch sind diese Regelungen **Ausdruck** nationaler Grundrechte bzw. grundrechtsähnlicher Rechte und damit **der verfassungsrechtlichen Traditionen** der Mitgliedstaaten im Sine des Art. 6 Abs. 3 EUV. Deren Geltung auf der Unionsebene muss aber die **Besonderheiten** der supranationalen Organisation berücksichtigen. Und dies geschieht durch eine gewisse **Berücksichtigung der Staatengleichheit** auch bei der Repräsentation der Unionsbürgerinnen und -bürger im Europäischen Parlament. Das Ergebnis ist die **degressiv proportionale Vertretung** der Wähler aus den einzelnen Mitgliedstaaten, wie sie ausdrücklich in Art. 14 Abs. 2 EUV festgelegt ist. Dieser Normbefund ist im Grunde unbestritten. Die Frage, warum die ausdrückliche Erwähnung der Gleichheit der Wahl unterblieben ist, lässt sich durch einen Blick in die deutsche Kommentarliteratur beantworten. Durchweg wird dort die in Art. 14 Abs. 2 EUV relativ starke Differenzierung bei der Erfolgswertgleichheit kritisch und als Abweichung von der Wahlrechtsgleichheit gesehen.[70] Die dahinter stehende – zumindest **rechtspolitische** – **Forderung** nach einer Änderung der degressiven Proportionalität würde Deutschland als dem bevölkerungsreichsten Mitgliedstaat am meisten nützen und muss auf den politischen Widerstand in anderen Mitgliedstaaten stoßen. Indes ist die deutsche Kritik nicht überzeugend:

33   Aus der besonderen Verbürgung der Wahlrechtsgleichheit nach Art. 9 und Art. 14 Abs. 2 EUV werden in der deutschen Literatur unterschiedliche Schlüsse gezogen. Manche Stimmen akzeptieren die **degressive Proportionalität** aufgrund der ausdrücklichen Vorgabe in Art. 14 Abs. 2 EUV, wohl als eine **primärrechtliche Ausnahme** von der Wahlrechtsgleichheit.[71] Andere halten diese Abweichung auch aufgrund des **Integrationsprinzips**, d. h. der noch starken Bedeutung der Nationalstaaten im europäischen Integrationsprozess für **gerechtfertigt**.[72] Manche weisen aber darauf hin, dass dies nur akzeptiert werden könne, solange das Europäische Parlament im Vergleich zum Rat »über begrenzte Befugnisse« verfüge. Vereinzelt wird das **Spannungsverhältnis** zwischen der

---

[65] Art. 9 DWA.
[66] Näher dazu Art. 9 EUV, Rn. 14.
[67] Vgl. Art. 2 EUV, Rn. 16.
[68] EGMR 21, 221 (224).
[69] Art. 6 Abs. 3 EUV.
[70] *Magiera*, in: Meyer, GRCh, Art. 39 GRC, Rn. 31; *Jarass*, GRCh, Art. 39 GRC, Rn. 11; *Kluth*, in: Calliess/Ruffert, EUV/AEUV, Art. 39 GRC, Rn. 6.
[71] *Jarass*, GRCh, Art. 39 GRC, Rn. 11.
[72] *Magiera*, in: Meyer, GRCh, Art. 39 GRC, Rn. 32.

Parlamentarisierung der EU und der Beachtung des Prinzips der Staatengleichheit als venire contra factum proprium qualifiziert.[73] Diese Kritik ist nicht überzeugend. Denn eine einfache **rechtsvergleichende Überlegung** zeigt, dass in der Schweiz der National-rat (1. Kammer des Bundesparlaments) eine degressive Proportionalität kennt, die den größten Kanton Zürich gegenüber den kleinen Kantonen benachteiligt. Dies ist Folge des aus **souveränen Kantonen** in einem bottom-up-Ansatz entstandenen Schweizer Bundesstaates, der seine Wurzeln der souveränen Gleichheit der Kantone bis heute nicht völlig abgestreift hat, obgleich er über ein mit umfangreichen Kompetenzen aus-gestattetes Bundesparlament verfügt, in dem die Kantone in der zweiten Kammer, dem Ständerat, strikt gleich (Prinzip der Staatengleichheit) repräsentiert sind. Da soweit ersichtlich niemand ernsthaft dieser Regelung in der Schweiz den demokratischen Cha-rakter abspricht, stellen sich die **deutschen Bedenken** in der EU zur Kombination von Wahlrechtsgleichheit und Staatengleichheit als querelle allemande dar, die sich selbst-referentiell selbst genügt. Auch ohne den Staatenbezug lässt sich die degressive Pro-portionalität aus dem Gedanken der besonderen **Beachtung struktureller Minderheiten** in der Demokratie begründen. In der EU kann jeder Mitgliedstaat, zumindest jeder kleine Mitgliedstaat, soziologisch als strukturelle Minderheit qualifiziert werden. Für deren ausreichende Repräsentation wird eine Mindestzahl an Sitzen festgelegt. Die degressive Proportionalität resultiert dann aus dem in der parlamentarischen Demo-kratie anerkannten Bedürfnis, die **Arbeitsfähigkeit des Parlaments** über eine Begren-zung der Höchstzahl der Sitze zu sichern. Im Ergebnis gilt demnach in der EU der Grundsatz der Gleichheit der Wahl, er wird in **zulässiger** Weise durch die degressive Proportionalität im Hinblick auf die Erfolgswertgleichheit aus Gründen der ausreichen-den Repräsentation von Minderheiten und der Sicherung der Arbeitsfähigkeit des Par-laments **eingeschränkt**.[74]

Gilt somit grundsätzlich die Regel »one man (person) – one vote« auch in der EU, **34** werden Anforderungen an die **Zählwert-** sowie an die **Erfolgswertgleichheit** gestellt. Erstere ist in der Demokratie strikt zu schützen. Dem entspricht die Regelung in Art. 9 DWA, wonach jeder Wähler nur **einmal wählen** darf. Sie reagiert allerdings primär auf die Möglichkeiten doppelter Stimmabgabe bei grenzüberschreitender Stimmberechti-gung im Wohnsitz- wie im Heimatmitgliedstaat.

Einschränkungen der Wahlrechtsgleichheit mit Bezug auf den **Erfolgswert** sind nur **35** aus **zwingenden Gründen** zulässig. In der Umsetzung des DWA in Deutschland stellte sich die Frage nach der Zulässigkeit einer **5 %-Sperrklausel** für die Wahlen zum Euro-päischen Parlament. Eine solche Sperrklausel war bei der ersten Direktwahl in Deutsch-land zum Einsatz gekommen. Noch heute gestattet Art. 3 DWA den Mitgliedstaaten Sperrklauseln bis zu 5 % bei der Europawahl vorzusehen. Dies kann mit dem Schutz der **Funktionsfähigkeit des Parlaments** gerechtfertigt werden.[75] Die Änderung der Recht-sprechung des BVerfG in Bezug auf das deutsche Europawahlgesetz berührt nicht die Frage der unionsrechtlichen Zulässigkeit, die weiterhin aus dem Schutz des Europäi-schen Parlaments vor Funktionsunfähigkeit gefolgert werden kann.

---

[73] *Huber*, in: Streinz, EUV/AEUV, Art. 14 EUV, Rn. 64.
[74] Vgl. BVerfG, NJW 1995, 2210; s. dazu *Rupp*, NJW 1995, 2210f.
[75] Vgl. grundsätzlich zu dieser Rechtfertigung aus Sicht einer nationalen Verfassung BVerfGE 51, 222; s. aber auch zur Europawahl BVerfGE 129, 300 und BVerfGE 135, 259.

II. Umsetzung in den Mitgliedstaaten

36   Die Wahlrechtsgrundsätze werden in allen Mitgliedstaaten in der Umsetzung des Direktwahlaktes geachtet.[76] Jedoch eröffnet der Direktwahlakt in seiner derzeitigen Fassung noch **weitereichende Gestaltungsspielräume**, die in der Praxis zu unterschiedlichen Interpretationen in den Umsetzungsrechtsakten geführt haben, die die jeweiligen verfassungsrechtliche Praxis widerspiegeln.[77]

37   In **Deutschland** hatte die Rechtsprechung Prozent-Klauseln für die Bundestagswahl aus Gründen der **Funktionsfähigkeit des Parlaments**, d. h. dem Schutz vor einer Zersplitterung der im Parlament vertretenen politischen Richtungen, für zulässig erachtet. Europarechtlich sind gegen solche Sperrklauseln keine Bedenken aufgrund primärrechtlicher Vorgaben erhoben worden.[78] Zum Vergleich hat der EGMR unter Art. 3 ZP 1 EMRK eine Sperrklausel von 10 % grundsätzlich für unverhältnismäßig erachtet, ihre Rechtfertigung im Einzelfall aber nicht ausgeschlossen.[79] 2011 hat aber das deutsche Bundesverfassungsgericht die **5 %-Sperrklausel** bei der Europawahl für unzulässig erklärt, da das Europäische Parlament nicht eines besonderen Schutzes seiner Funktionsfähigkeit wie der Deutsche Bundestag bedürfe.[80] Auch die Herabsetzung der **Sperrklausel auf 3 %** ist 2014 vom BVerfG für unzulässig erklärt worden.[81] Die Entscheidungen sind teilweise auf Kritik gestoßen, weil in den geringen Schutzvorkehrungen für das Europäische Parlament eine Herabstufung von dessen Bedeutung befürchtet wird.[82] Aus europarechtlicher Perspektive ist festzuhalten, dass diese Entscheide den Mitgliedstaaten unter dem EU-Recht verbliebenen **Gestaltungsspielraum** betreffen und daher lediglich auf die Verfassungswidrigkeit abstellen. Nicht berührt wird davon die Frage der **unionsrechtlichen Zulässigkeit**, die weiterhin aus dem Schutz des Europäischen Parlaments vor Funktionsunfähigkeit gefolgert werden kann.

---

[76] Aufgrund seiner Natur als gemischter Rechtsakt wurde der Direktwahlakt von allen Mitgliedstaaten ratifiziert und in das nationale Recht übernommen, s. *Kluth*, in: Calliess/Ruffert, EUV/AEUV, Art. 223 AEUV, Rn. 4, wobei jeder Mitgliedstaat das Wahlverfahren selbst bestimmt, aber bestimmte Grundsätze, wie z. B. nach Art. 1 Abs. 1 und Art. 8 DWA das Prinzip der Verhältniswahl, nicht in Frage stellen darf, s. *Hölscheidt*, in: Grabitz/Hilf/Nettesheim, Art. 223 AEUV (September 2014), Rn. 19.

[77] So haben die Mitgliedstaaten teils sehr verschiedene Sperrklauseln: In Deutschland gibt es eine solche seit dem Jahr 2014 nicht mehr (s. Rn. 37), wohingegen z. B. in Österreich Parteien, die weniger als 4 % der abgegebenen gültigen Stimmen erlangen, keinen Anspruch auf die Zuweisung von Mandaten haben, s. § 77 Abs. 2 österreichische Europawahlordnung.

[78] Vgl. Art. 3 Direktwahlakt (Fn. 12 u. 21).

[79] EGMR, Urt. v. 8.7.2008, Beschwerde-Nr. 10226/03 (Yumak und Sadak/Türkei), NVwZ-RR 2010, 81, Rn. 126 ff., 147.

[80] BVerfGE 129, 300; abw. Meinung Richter Di Fabio und Mellinghoff, 346 ff.

[81] BVerfGE 135, 259.

[82] *Magiera*, in: Meyer, GRCh, Art. 39 GRC, Rn. 30.

Artikel 40   GRC Aktives und passives Wahlrecht bei den Kommunalwahlen

Die Unionsbürgerinnen und Unionsbürger besitzen in dem Mitgliedstaat, in dem sie ihren Wohnsitz haben, das aktive und passive Wahlrecht bei Kommunalwahlen, wobei für sie dieselben Bedingungen gelten wie für die Angehörigen des betreffenden Mitgliedstaats.

Literaturübersicht

Aust, Von Unionsbürgern und anderen Wählern, der Europäische Gerichtshof und das Wahlrecht zum Europäischen Parlament, ZEuS 2008, 253; *Bernsdorff/Borowsky*, Die Charta der Grundrechte der Europäischen Union – Handreichungen und Sitzungsprotokolle, 2002; *v. Bogdandy/Bitter*, Unionsbürgerschaft und Diskriminierungsverbot. Zur wechselseitigen Beschleunigung der Schwungräder unionaler Grundrechtsjudikatur, FS Zuleeg, 2005, S. 309; *Degen*, Die Unionsbürgerschaft nach dem Vertrag über die Europäische Union, DÖV 1993, 749; *Hasselbach*, Europäisches Kommunalwahlrecht, ZG 1997, 49; *Hilpold*, Die Unionsbürgerschaft – Entwicklung und Probleme, EuR 2015, 133; *Hobe*, Die Unionsbürgerschaft nach dem Vertrag von Maastricht, Der Staat 32 (1993), 245; *Jellinek*, System der subjektiven öffentlichen Rechte, 1905; *O'Brien*, I trade, therefore I am: Legal personhood in the European Union, CMLRev. 50 (2013), 1643 ff.; *Schrapper*, Die Richtlinie 94/80/EG zum aktiven und passiven Kommunalwahlrecht für Unionsbürger, DVBl. 1995, 1167; *Schunda*, Das Wahlrecht von Unionsbürgern bei Kommunalwahlen in Deutschland, 2003; *Staeglich*, Rechte und Pflichten aus der Unionsbürgerschaft, ZEuS 2003, 485; *Wollenschläger/Schraml*, Kommunalwahlrecht für nichtdeutsche Unionsbürger BayVBl. 1995, 386.

Leitentscheidung

EuGH, Urt. v. 12.9.2006, Rs. C–145/04 (Spanien/Vereinigtes Königreich), Slg. 2006, I–7917

Wesentliche sekundärrechtliche Vorschrift

Richtlinie 94/80/EG über die die Einzelheiten der Ausübung des aktiven und passiven Wahlrechts bei den Kommunalwahlen für Unionsbürger mit Wohnsitz in einem Mitgliedstaat, dessen Staatsangehörigkeit sie nicht besitzen, ABl. 1994, L 368/38, zuletzt geändert durch die Richtlinie 2013/19/EU, ABl. 2013, L 158/231

Inhaltsübersicht

A. Bedeutung und systematischer Überblick

Art. 40 GRC gewährleistet das **Recht** der Unionsbürgerinnen und -bürger **auf Teilnahme** 1 **an den Kommunalwahlen** in einem anderen Mitgliedstaat als ihrem Heimatstaat, in dem sie ihren **Wohnsitz** haben, zu den gleichen Bedingungen wie die Staatsangehörigen des anderen Mitgliedstaates. In der Sache handelt es sich um eine **Erweiterung des Kommunalwahlrechts** für die eigenen Staatsangehörigen auf der Basis eines **Gleichheitsge-**

botes im Rahmen der **politischen Teilhaberechte**.[1] Mit der Aufnahme in die Grundrech-te-Charta wird das gleichlautende, bereits zuvor in Art. 22 Abs. 1 AEUV enthaltene **primärrechtliche Individualrecht** auch förmlich als **Grundrecht** qualifiziert.[2] Damit wird seine Bedeutung weiter unterstrichen. Die systematische Verortung der Vorschrift im Titel V Bürgerrechte der Grundrechte-Charta entspricht der bereits zuvor erfolgten Gewährleistung im ersten Abschnitt des Zweiten Teils »Nichtdiskriminierung und Unionsbürgerschaft« des AEU-Vertrages.

2   Die Vorschrift enthält **keine allgemeine Berechtigung** zur Teilnahme an Kommunalwahlen, sondern setzt eine solche für Inländer auf Ebene der Mitgliedstaaten voraus und **ergänzt** diese nationalen Regelungen des Kommunalwahlrechts um eine Berechtigung von **EU-Ausländern mit Wohnsitz** im Inland. Damit ist die Gewährleistung inhaltlich auf die **allgemeine Freizügigkeit** nach Art. 21 AEUV bezogen. Ihr **grenzüberschreitender Bezug** liegt darin, dass den Personen, die von ihrer Freizügigkeit als Unionsbürgerinnen und -bürger Gebrauch machen, in anderen Mitgliedstaaten ein **Minimum an politischer Teilhabe** gewährt wird, das sie ansonsten in der Regel verlieren würden. Denn vor der Einführung dieser Regelung war das Kommunalwahlrecht in den Mitgliedstaaten regelmäßig nur den eigenen Staatsangehörigen vorbehalten gewesen. Öffnungen bei Kommunalwahlen für EU-Ausländer mit Wohnsitz im Inland waren nur in **wenigen Mitgliedstaaten** vorgesehen gewesen.[3]

3   Zugleich ist die Gewährleistung ein wichtiges Element im **Konzept** eines »**Europas der Bürger**«,[4] das bereits seit den 1970er Jahren die Unionsbürgerinnen und -bürger bei der Wahrnehmung der unionsinternen Mobilität durch Gewährleistung zusätzlicher Rechte unterstützen will. Damit ist Art. 40 GRC in seiner Funktion sowohl auf die **Unionsbürgerschaft** als auch auf die **allgemeine Freizügigkeit** bezogen. Er stellt ein anschauliches Beispiel für das Zusammenwirken dieser beider »Schwungräder«[5] der europäischen Integration dar.

4   **Systematisch** geht Art. 40 GRC auf die Gewährleistung desselben erweiterten **Kommunalwahlrechts** in **Art. 22 Abs. 1 AEUV** zurück. Im Gegensatz zu jener Vorschrift wird das Kommunalwahlrecht in Art. 40 GRC **getrennt von dem Wahlrecht zum Europäischen Parlament** nach Art. 39 GRC (vgl. Art. 22 Abs. 2 AEUV) aufgeführt. Das ist systematisch überzeugend,[6] da beide Gewährleistungen trotz **funktional** ähnlicher Ausrichtung auf die politische Teilhabe **verschiedene Hoheitsebenen** in der EU betreffen, die in unterschiedlichem Maße in der Kompetenz der Mitgliedstaaten verblieben sind.

5   Art. 40 GRC übernimmt zwar die Gewährleistung des Art. 22 Abs. 1 AEUV, enthält aber nicht dessen **Vorbehalt einer sekundärrechtlichen Regelung** für die weitere Konkretisierung der Vorschrift. Doch ist dieser Vorbehalt **mitzulesen**, weil aufgrund der umfassenderen Regelung in Art. 22 AEUV die Ausübung dieses Rechts im Sinne des

---

[1] Insofern geht die Verbürgung in der GRC nicht über diejenige nach Art. 22 AEUV hinaus, s. Art. 22 AEUV, Rn. 8; *Magiera*, in: Meyer, GRCh, Art. 40 GRC, Rn. 2; *Haratsch*, in: Heselhaus/Nowak, Handbuch der Europäischen Grundrechte, § 47, Rn. 62.

[2] Vgl. *Jarass*, EU-GR, § 40, Rn. 2. Zur Abgrenzung von den Grundsätzen nach Art. 51 GRC, s. Rn. 12.

[3] In Dänemark, Irland und den Niederlanden sowie in Portugal und Spanien auf Basis der Gegenseitigkeit, *Hobe*, Der Staat 32 (1993), 245 (249).

[4] S. *Hilpold*, EuR (2015), 133; *O'Brien*, CMLRev. 50 (2013), 1643 (1648).

[5] Zum Begriff *v. Bogdandy/Bitter*, S. 309 (318).

[6] S. Art. 22 AEUV, Rn. 3. Insofern ist zu begrüssen, dass sich eine Zusammenlegung beider Verbürgungen im Grundrechte-Konvent nicht durchsetzen konnte, vgl. *Bernsdorff/Borowsky*, S. 192 ff., S. 310 ff., S. 354 ff.

Art. 52 Abs. 2 GRC »in den Verträgen geregelt« ist. Daher kann sie nur im Rahmen der in den Verträgen, d. h. des EU- und des AEU-Vertrages, festgelegten Bedingungen und Grenzen erfolgen. Dessen ungeachtet ist im Hinblick auf die Kommunalwahl-RL[7] bzw. des Ar. 40 GRC bei nicht ausreichender Umsetzung in den Mitgliedstaaten eine **unmittelbare Wirkung** zu prüfen (s. Rn. 9).

Zur Konkretisierung ist 1994 die sog. **Kommunalwahl-Richtlinie** (Kommunalwahl-RL) **94/80/EG** erlassen worden.[8] Soweit diese keine zwingenden Vorgaben für die Mitgliedstaaten enthält, sind letztere nach Maßgabe des **Gleichbehandlungsgebotes** nach Art. 40 GRC (Art. 22 Abs. 1 AEUV) weiterhin zur Regelung des Kommunalwahlrechts für EU-Ausländer befugt.   6

B. Entstehungsgeschichte

Die Erweiterung des Kommunalwahlrechts auf EU-Ausländer mit Wohnsitz im Inland   7
ist erstmals mit Art. 8b Abs. 1 EGV im Maastrichtvertrag in das Primärrecht eingeführt worden. Die Wurzeln dieser Gewährleistung reichen bis in die 1970er Jahre zurück, in denen die Erweiterung des Kommunalwahlrechts im Zusammenhang mit einer Erweiterung der Wahlrechte zum Europäischen Parlament in den einzelnen Mitgliedstaaten diskutiert worden ist. Die Thematik wurde bereits auf der **Gipfelkonferenz von Paris 1972**[9] aufgegriffen und in den Beratungen des **Europäischen Rat vom Dezember 1974**[10] und im Bericht der **Kommission** über die »Zuerkennung besonderer Rechte« 1975 vertieft.[11] Die Verbindung mit der teilweise ähnlich gelagerten Problematik der Teilnahme an den Wahlen zum Europäischen Parlament, wenn Unionsbürgerinnen und -bürger ihren Heimatstaat verlassen und Wohnsitz im Rahmen der Freizügigkeit nach Art. 21 AEUV in einem anderen Mitgliedstaat nehmen, erfolgte durch den sog. **Adonnino-Ausschuss**[12] und in mehreren Entschließungen des **Europäischen Parlaments**.[13] Mit der Aufnahme in den Maastricht-Vertrag ist zugleich eine **Rechtsetzungskompetenz** für den **Rat nach Anhörung des Europäischen Parlaments** in Art. 8b Abs. 1 EGV bereitgestellt worden. Von dieser ist **1994** mit dem Erlass der **Kommunalwahl-RL** Gebrauch gemacht worden.[14] Im Primärrecht ist die Gewährleistung nach dem gescheiterten Verfassungs-

---

[7] Richtlinie 94/80/EG vom 19. 12. 1994 über die Einzelheiten der Ausübung des aktiven und passiven Wahlrechts bei den Kommunalwahlen für Unionsbürger mit Wohnsitz in einem Mitgliedstaat, dessen Staatsangehörigkeit sie nicht besitzen, ABl. 1994, L 368/38, zuletzt geändert durch die Richtlinie 2013/19/EU, ABl. 2013, L 158/231.

[8] Richtlinie 94/80/EG vom 14. 12. 1994 über die Einzelheiten der Ausübung des aktiven und passiven Wahlrechts bei den Kommunalwahlen für Unionsbürger mit Wohnsitz in einem Mitgliedstaat, dessen Staatsangehörigkeit sie nicht besitzen, ABl. 1994, L 368/38, zuletzt geändert durch die Richtlinie 2013/19/EU, ABl. 2013, L 158/231.

[9] S. dazu *Haag*, in: GS, EUV/EGV, Art. 19 EGV, Rn. 3.

[10] Kommuniqué zum Treffen der Staats- und Regierungschefs der Europäischen Gemeinschaften, Paris, 9.–10. 12. 1974, in: 8. Gesamtbericht, 1974, S. 337 ff.

[11] Bericht der Kommission vom 3. 7. 1975, Bull. EG, Beilage 7/1975, S. 23 ff., 29 ff. Damals wurde neben der Teilnahme an Kommunalwahlen auch die Teilnahme an Landeswahlen (in Deutschland: Bundeswahlen) angedacht.

[12] Bericht des Ad-hoc-Ausschusses »Europa der Bürger«, Bull. EG, Beilage 7/1985, S. 9 ff.

[13] Entschließung vom 14. 11. 1985, ABl. 1985, C 345/82 und Entschließung vom 15. 12. 1988, ABl. 1988, C 13/33.

[14] Richtlinie 94/80/EG vom 19. 12. 1994 über die Einzelheiten der Ausübung des aktiven und passiven Wahlrechts bei den Kommunalwahlen für Unionsbürger mit Wohnsitz in einem Mitglied-

vertrag (Art. I–10 Abs. 2 Buchst. b und Art. II–100 EVV) unverändert in Art. 22 Abs. 1 AEUV übernommen worden. Bereits **2000** ist sie im Wesentlichen gleichlautend, aber ohne die Rechtsetzungsermächtigung, in **Art. 40 GRC** aufgenommen worden, die zunächst nicht in den Nizza Vertrag aufgenommen wurde. Bis zu ihrer verbindlichen Verankerung **2009 im Lissabonner Vertrag** teilte sie die Qualität der Charta als politische Deklaration. In dieser »Übergangszeit« bestand im Gegensatz zu anderen Grundrechtsverbürgungen in der Charta kein Bedürfnis für eine Heranziehung als Rechtserkenntnisquelle, da sich die Gewährleistung bereits aus der Vorläufervorschrift zu Art. 22 AEUV ergeben hatte.[15]

8   Die Aufnahme in die Grundrechtecharta erfolgte im **Grundrechtekonvent** ohne größere Differenzen. Da die Verbürgung bereits mit der Gewährleistung im Maastricht-Vertrag die Qualität eines **primärrechtlichen Individualanspruchs** auf Gleichbehandlung erhalten hatte, war der Schritt zur **formalen Grundrechtsqualität** nur noch ein geringer. Er hielt sich eindeutig im Rahmen der Vorgabe des Europäischen Rates von Köln, die auf Unionsebene vorhandenen Grundrechte zusammenzufassen und sichtbar zu machen.[16]

9   Zunächst war im Grundrechtekonvent an eine fast wörtliche Aufnahme der Gewährleistung nach Art. 22 Abs. 1 AEUV (Art. 8b Abs. 1 EGV) gedacht worden, doch einigte man sich bald darauf, die Wiederholung der dort enthaltenen **Rechtsetzungskompetenz** fallen zu lassen, da auf diese bereits über die Querschnittsklausel des Art. 52 Abs. 2 GRC verwiesen wurde.[17] Die Beschränkung auf eine Erweiterung des Kommunalwahlrechts auf EU-Ausländer wurde **redaktionell** mit der Bezugnahme auf den »Mitgliedstaat, in dem sie ihren Wohnsitz haben« **verkürzt** übernommen, die inhaltlich keine Änderung darstellt.[18]

10   Nicht durchsetzen konnte sich im Grundrechtekonvent eine Ausdehnung auch auf **Staatsangehörige von Drittstaaten**. Dies hätte zwar eine Parallele in den entsprechenden Erweiterungen Verbürgungen des Petitionsrechts zum Europäischen Parlament und im Recht auf Eingaben an den Bürgerbeauftragten an anderen Stellen im AEU-Vertrag gefunden,[19] doch handelt es sich dort nicht um die Teilhabe am politischen Leben im **Status als Aktivbürger**.[20] Daher hätte eine Ausdehnung eine problematische **Überschreitung des Mandats** des Europäischen Rates dargestellt. Ebenso überzeugend ist auf eine **Zusammenfassung** mit dem **erweiterten Wahlrecht zum Europäischen Parlament** verzichtet worden, weil beide Vorschriften auf unterschiedliche Hoheitsebenen abzielen und damit kompetenziell einem unterschiedlich weiten Zugriff der EU-Rechtsetzungsorgane unterliegen (s. Rn. 4).[21] Positiv ist ferner zu bewerten, dass in der Charta

---

staat, dessen Staatsangehörigkeit sie nicht besitzen, ABl. 1994, L 368/38, zuletzt geändert durch die Richtlinie 2013/19/EU, ABl. 2013, L 158/231.

[15] Zur Qualität der GRC als Rechtserkenntnisquelle vor dem Lissabonner Vertrag s. *Pache*, in: Heselhaus/Nowak, Handbuch der Europäischen Grundrechte, § 4, Rn. 119.

[16] Europäischer Rat von Köln, Schlussfolgerungen des Vorsitzes, Bull. EU 6/1999, Ziff. I.18, S. 14; s. *Magiera*, in: Meyer, GRCh, Art. 40 GRC, Rn. 4.

[17] Charta-Erläuterungen, ABl. 2007, C 303/28; s. auch CHARTE 4284/00, Art. 26, vgl. dazu *Magiera*, in: Meyer, GRCh, Art. 40 GRC, Rn. 5.

[18] CHARTE 4170/00, Art. D sowie CHARTE 4284/00, Art. 26; Art. 21 Abs. 1 AEUV formuliert ausführlicher: »mit einem Wohnsitz in einem Mitgliedstaat, dessen Staatsangehörigkeit er nicht besitzt«.

[19] S. Art. 227 AEUV, Rn. 6 und Art. 228 AEUV, Rn. 13.

[20] Zum Status activus grundlegend *Jellinek*, S. 136 ff.

[21] So regelt Art. 39 Abs. 2 GRC in Bezug auf die Wahlen zum Europäischen Parlament auch die Wahlrechtsgrundsätze.

das Wahlrecht zum Europäischen Parlament gemäß Art. 39 GRC aufgrund seiner größeren Bedeutung für die demokratische Legitimation auf EU-Ebene dem erweiterten Kommunalwahlrecht in Art. 40 GRC **vorangestellt** worden ist.[22]

C. Gewährleistungsgehalte

I. Sachlicher Schutzbereich

Die Gewährleistung in Art. 40 GRC erschöpft sich wie die Parallele in Art. 22 Abs. 1   **11**
AEUV in einem **Gebot der Gleichbehandlung und Nichtdiskriminierung** der **EU-Ausländer mit Wohnsitz im Inland** bei der Teilnahme an Kommunalwahlen. Im Gegensatz zu den Regelungen über die Wahl zum Europäischen Parlament enthalten die Verträge auch nicht an anderer Stelle eine Gewährleistung eines umfassenden Kommunalwahlrechts, die kaum mit dem Gedanken der Subsidiarität in Einklang stehen würde.[23] Die mit der Aufnahme in die Charta verbundene formale Verbürgung als Grundrecht wirft die Frage auf, ob die Vorschrift **unmittelbar wirksam** ist. Zwar enthält sie nicht ausdrücklich den in Art. 22 Abs. 1 AEUV aufgeführten **Vorbehalt** einer Regelung im Sekundärrecht durch einstimmigen Beschluss im Rat und nach Anhörung des Europäischen Parlaments, doch greift dieser Vorbehalt aufgrund des allgemeinen Verweises in Art. 52 Abs. 2 GRCh auf die »in den Verträgen festgelegten Bedingungen und Grenzen«.[24] Da aber diese Regelungen mittlerweile erfolgt sind, ist der Vorbehalt als **erfüllt** anzusehen, so dass im Rahmen der **Kommunalwahl-RL** eine unmittelbare Anwendung i. V. mit Art. 39 GRC und Art. 22 Abs. 1 Satz 1 AEUV überzeugend erscheint. Eine unmittelbare Wirkung des **Gleichheitssatzes** nach Art. 39 GRC und Art. 22 Abs. 1 AEUV kommt ferner in den Bereichen in Betracht, in denen die Kommunalwahl-RL keine Vorgaben macht. So muss dem Einzelnen neben der Möglichkeit eines Rechtsbehelfes gegen die Ablehnung des Antrags auf Eintragung in das Wählerverzeichnis gemäß Art. 10 Abs. 2 Kommunalwahl-RL auch der **Zugang zu Rechtsbehelfen** gegen sonstige Beeinträchtigungen bei der Ausübung seines Kommunalwahlrechts wie »für die inländisch aktiv [...] Wahlberechtigten« offenstehen.[25] Auf diese Weise wird eine **effektive Gewährleistung des Unionsrechts** gesichert, wie sie durch das **Prinzip der Loyalität** vorgegeben wird.[26]

Aufgrund des über Art. 52 Abs. 2 GRC greifenden Vorbehalts nach Art. 22 Abs. 1   **12**
AEUV stellt sich die Frage, ob es sich bei der Verbürgung um ein **Recht oder** um einen **Grundsatz** im Sinne des Art. 51 Abs. 1 Satz 2 und Abs. 5 GRC handelt. Bezieht man den Begriff der Grundsätze in Abgrenzung von den Grundrechten auf diejenigen Verbürgungen in der Charta, die nach »den einzelstaatlichen Rechtsvorschriften und Gepflogenheiten« gewährleistet werden,[27] so ist das erweiterte Kommunalwahl**recht** als ein

---

[22] Vgl. zur gegenteiligen systematischen Einordnung in Art. 22 Abs. 1 und 2 AEUV die Kommentierung zu Art. 22 AEUV, Rn. 1.

[23] Nach der 4. Begründungserwägung der Kommunalwahl-RL setzt die sekundärrechtliche Umsetzung keine umfassende Harmonisierung der Wahlrechtsordnungen der Mitgliedstaaten voraus.

[24] Charta-Erläuterungen, ABl. 2007, C 303/28; s. auch CHARTE 4284/00, Art. 26.

[25] So die Bezeichnung der Berechtigten in Art. 10 Abs. 2 Kommunalwahl-RL.

[26] Zum Loyalitätsprinzip bei der Umsetzung der Vorgaben für das erweiterte Wahlrecht *Hatje*, in: Schwarze, EU-Kommentar, Art. 22 AEUV, Rn. 8.

[27] Zu dieser Abgrenzung ausführlich *Kingreen*, in: Calliess/Ruffert, EUV/AEUV, Art. 52 GRC, Rn. 4 ff., Rn. 13 ff.

Recht zu qualifizieren.[28] Denn der Vorbehalt in Art. 22 Abs. 1 AEUV bezieht sich nicht auf die **Ausgestaltung auf mitgliedstaatlicher Ebene**, auf die in Art. 52 Abs. 5 GRC (auch) abgestellt wird, sondern lediglich auf die Konkretisierung im Sekundärrecht. Zudem ist es ihm als **Gleichheitsgebot** eigen, dass er gerade auch dort Anwendung finden kann, wo keine ausdrücklichen Berechtigungen von EU-Ausländern im Recht der Mitgliedstaaten vorgesehen sind.

13   Die Gewährleistung erfasst sowohl das **aktive** als auch das **passive Kommunalwahlrecht**. Nach einhelliger Ansicht ist damit der **gesamte Wahlvorgang**, von der Eintragung in ein Wählerverzeichnis bis zur Ausübung des Wahlrechts bei der Stimmabgabe und der Auszählung der Stimmen geschützt.[29]

14   Im Gegensatz zu Art. 39 GRC über das erweiterte Wahlrecht zum Europäischen Parlament enthält Art. 40 GRC **keine ausdrückliche** Bestimmung über die **Wahlrechtsgrundsätze**. Allerdings ergibt sich ein Hinweis aus Art. 2 Abs. 1 Kommunalwahl-RL, wenn dort der Anwendungsbereich der Richtlinie auf **allgemeine und unmittelbare Wahlen** begrenzt wird. Der Verzicht auf weitere Vorgaben entspricht den insoweit bei den Mitgliedstaaten **verbliebenen Kompetenzen**. Sie unterliegen im Hinblick auf die Ausgestaltung der für Kommunalwahlen maßgeblichen Wahlrechtsgrundsätze der Feststellung des Art. 2 Satz 2 EUV, dass die Werte, wie namentlich die **Demokratie**, auf die sich die Union gründet, den Mitgliedstaaten »**gemeinsam**« sind. Im Falle einer **schwerwiegenden Verletzung** dieser Werte hält Art. 7 EUV Maßnahmen zur Reaktion seitens der Union bereit. Da soweit ersichtlich alle Mitgliedstaaten umfassend die demokratischen Wahlrechtsgrundsätze gewährleisten, können sich EU-Ausländer mit Wohnsitz im Inland über Art. 40 GRC auch zu ihren Gunsten auf diese Grundsätze berufen.

15   Die Vorschrift räumt den EU-Ausländern im Wohnsitzstaat ein **Recht auf Teilnahme** an Kommunalwahlen ein, **nicht** aber eine **Wahlpflicht**. Die Unionsbürgerinnen und -bürger können **frei wählen**, ob sie das Recht ausüben wollen. Das folgt auf Unionsebene aus dem Fehlen jeder Vorgabe einer Wahlpflicht und aus der eindeutigen Ausgestaltung in der Kommunalwahl-RL.[30] Entscheiden sich EU-Ausländer aber zur Wahrnehmung ihres Kommunalwahlrechts im Wohnsitzmitgliedstaat, dann unterliegen sie auch einer etwaigen dort bestehenden **Wahlpflicht**. Dies folgt aus der Konzeption des erweiterten Kommunalwahlrechts als ein **Anspruch auf Gleichbehandlung** und nicht als eine Privilegierung gegenüber Inländern. Dementsprechend können sich EU-Ausländer einer im nationalen Recht vorgesehenen Wahlpflicht wieder **entziehen**, in dem sie für weitere Wahlen die Streichung aus dem Wählerverzeichnis beantragen.[31]

16   Seinem Wortlaut nach gilt das Gebot der Gleichbehandlung nach Art. 40 GRC lediglich **für Wahlen** in den Kommunen. **Nicht** erfasst werden damit Abstimmungen über **Sachfragen**, wie etwa die Beteiligungen an Volksentscheiden oder Entscheiden einer

---

[28] Dafür spricht bereits der Wortlaut »Wahlrecht«, vgl. im Ergebnis ebenso *Kingreen*, in: Calliess/Ruffert, EUV/AEUV, Art. 52 GRC, Rn. 12.

[29] *Staeglich*, ZEuS 2003, 485; *Haag*, in: GS, EUV/EGV, Art. 22 AEUV, Rn. 10; *Magiera*, in: Meyer, GRCh, Art. 40 GRC, Rn. 11.

[30] Nach Art. 1 Kommunalwahl-RL »können« die Unionsbürgerinnen und -bürger das Kommunalwahlrecht ausüben. Die in Art. 7 Abs. 1 vorgegebene Voraussetzung einer Willensbekundung schliesst aus, dass eine im nationalen Recht existierende Wahlpflicht ohne diese Bekundung eingreift.

[31] S. dazu *Magiera*, in: Meyer, GRCh, Art. 39 GRC, Rn. 12; GS, EUV/EGV, Art. 22 AEUV, Rn. 10; *Hilf*, in: Grabitz/Hilf, EU, Art. 19 EGV (Januar 2001), Rn. 21; *Kaufmann-Bühler*, in: Lenz/Borchardt, EU-Verträge, Art. 22 AEUV, Rn. 7.

Gemeindeversammlung. Es bleibt den **Mitgliedstaaten** überlassen, ob sie solche Instrumente der politischen Teilhabe ebenfalls für EU-Ausländer öffnen wollen.[32]

Der **Begriff der Kommune** wird im Art. 2 Abs. 1 Kommunalwahl-RL definiert. Dessen weite Formulierung musste der **Vielfalt der Kommunalverwaltungen** in den Mitgliedstaaten Rechnung tragen.[33] Danach werden die »allgemeinen, unmittelbaren Wahlen von Mitgliedern von Vertretungskörperschaften und – nach Maßgabe des nationalen Rechts – von Leitern und Mitgliedern des Exekutivorgans einer lokalen Gebietskörperschaft der Grundstufe« erfasst. Unter Letzteren versteht die Kommunalwahl-RL **Verwaltungseinheiten** mit **vom Volk gewählten** Organen und einer **eigenverantwortlichen Zuständigkeit** für die Verwaltung bestimmter **örtlicher Angelegenheiten** auf der Grundstufe der politischen und administrativen Organisation. Im Anhang der Richtlinie werden für Deutschland kreisfreie Städte bzw. Stadtkreise, Kreise, Gemeinden, Bezirke in der Freien und Hansestadt Hamburg und im Land Berlin, die Stadtgemeinde Bremen in der Freien Hansestadt Bremen sowie Stadt-, Gemeinde- oder Ortsbezirke bzw. Ortschaften aufgeführt.[34]

II. Persönlicher Schutzbereich

Der **persönliche Schutzbereich** ist auf **Unionsbürgerinnen und -bürger**, und damit auf Personen, die die **Staatsangehörigkeit** eines Mitgliedstaates haben, beschränkt. Daher werden Personen aus **Drittstaaten** nicht erfasst.[35] Wie grundsätzlich bei Rechten auf politische Teilhabe werden nur **natürliche Personen** geschützt.

Des Weiteren müssen die betreffenden EU-Ausländer ihren **Wohnsitz** in einem anderen Mitgliedstaat als ihrem Heimatstaat haben. Der **Begriff des Wohnsitzes** wird im Unionsrecht nicht näher geregelt. Allerdings ergibt sich aus der Kommunalwahl-RL, dass dieser **nicht** zwingend mit dem **Hauptwohnsitz** gleichgesetzt ist, weil sie diesbezüglich den Mitgliedstaaten einen Gestaltungsspielraum belässt.[36] Die Kommunalwahl-RL gestattet, dass die Mitgliedstaaten weitere Voraussetzungen, wie die **Mindestdauer** eines Wohnsitzes, aufstellen.[37] Dabei unterliegen sie der **Bindung des Gebots der Gleichbehandlung** nach Art. 39 GRC und Art. 22 Abs. 1 AEUV. Sofern eine gewisse Dauer des Wohnsitzes **im Inland** gefordert wird, wird dies nach der Kommunalwahl-RL auch durch einen entsprechend langen Wohnsitz in einem anderen Mitgliedstaat erfüllt.[38]

17

18

19

---

[32] Ausführlich dazu Art. 22 AEUV, Rn. 30; vgl. Überwiegende Ansicht, s. *Aust*, ZEuS 2008, 253; *Schunda*, S. 185; *Kluth*, in: Calliess/Ruffert, EUV/AEUV, Art. 22 AEUV, Rn. 11; vgl. EuGH, Urt. v. 12.9.2006, Rs. C–145/04 (Spanien/Vereinigtes Königreich). Slg. 2006, I–7917; zweifelnd *Kaufmann-Bühler*, in: Lenz/Borchardt (Hrsg.), EU-Verträge, Art. 22 AEUV, Rn. 3, unter Hinweis auf den Sinn und Zweck des Ausbaus der Rechte aus der Unionsbürgerschaft. Allerdings ist ein solcher Ausbau der Vertragsergänzung nach Art. 25 AEUV vorbehalten (s. Art. 25 AEUV, Rn. 17).

[33] 7. Erwägungsgrund Kommunalwahl-RL.

[34] Näher dazu *Degen*, DÖV 1993, 749; *Wollenschläger/Schraml*, BayVBl. 1995, 386; *Schrapper*, DVBl 1995, 1169; Hasselbach, ZG (1997), 52.

[35] Insofern stellt Art. 1 Abs. 2 Kommunalwahl-RL klar, dass diese nicht die Kompetenzen der Mitgliedstaaten zur Einräumung eines Kommunalwahlrechts für Angehörige von Drittstaaten berührt.

[36] Art. 4 Abs. 2 Kommunalwahl-RL.

[37] Art. 4 Kommunalwahl-RL.

[38] Art. 4 Abs. 1 Kommunalwahl-RL.

D. Beschränkungen und Rechtfertigungen

20   Grundsätzlich müssen die EU-Ausländer mit Wohnsitz im Inland mit den eigenen Staatsangehörigen gleichbehandelt werden. Somit gelten für sie grundsätzlich die **gleichen Voraussetzungen und Einschränkungen** für die Wahrnehmung des aktiven und passiven Wahlrechts. Das gilt insbesondere für das **Wahlalter**, das im Wohnsitzmitgliedstaat jünger als im Heimatstaat sein kann.[39] Differenzierungen bedürfen der **Rechtfertigung**. In diesem Sinne sind besondere Voraussetzungen zulässig, die auf die **besondere Situation** der EU-Ausländer Rücksicht nehmen. So ist in der Kommunalwahl-RL ausdrücklich vorgesehen, dass die EU-Ausländer eine **Willensbekundung** über die Ausübung ihres aktiven Wahlrechts im Wohnsitzmitgliedstaat abgeben. In der Regel ist dies der Antrag auf Eintragung in das Wählerverzeichnis. Des Weiteren kann der Wohnsitzmitgliedstaat verlangen, dass **zusätzlich bestimmte Dokumente** beigebracht oder **Erklärungen** abgegeben werden, die dem Nachweis der Wahlberechtigung dienen.[40]

21   Insbesondere stellt es die Kommunalwahl-RL den Wohnsitzmitgliedstaaten anheim, ob sie eine **doppelte Ausübung** des aktiven oder passiven Kommunalwahlrechts im Inland und im Heimatstaat ausschließen wollen.[41] Sie können dies wegen der territorialen Begrenzung ihrer Hoheitsgewalt nur durch einen eventuellen Ausschluss von den Kommunalwahlen **im Inland** durchführen. Im Gegensatz zur Europawahl-RL gibt die Kommunalwahl-RL **keine spezifischen Instrumente** an die Hand, mit denen die Wohnsitzmitgliedstaaten sicherstellen können, dass eine entsprechende doppelte Wahlausübung nicht erfolgt.

22   Ohne Regelung in der Kommunalwahl-RL verbleibt es weiterhin allein in der Kompetenz der Wohnsitzmitgliedstaaten, ihre Vorschriften über die **Aberkennung des Wahlrechts** auch auf grundsätzlich wahlberechtigte EU-Ausländer mit Wohnsitz im Inland anzuwenden.[42] Dabei muss streng der **Gleichbehandlungsgrundsatz** eingehalten werden. Nach Art. 5 Kommunalwahl-RL ist es ihnen freigestellt, ob sie **zusätzlich** auch auf eine etwaige Aberkennung des Wahlrechts **im Heimatstaat** abstellen wollen. In dieser Regelung kommt zum Ausdruck, dass die EU-Ausländer mit Wohnsitz in einem anderen Mitgliedstaat **nicht** gegenüber den im Heimatstaat ansässigen **privilegiert** werden sollen.

23   Für die Ausübung des **erweiterten passiven Wahlrechts** gelten grundsätzlich die gleichen Voraussetzungen wie für Inländer. Die Kommunalwahl-RL gestattet, dass die Kandidatur für unzulässig erklärt werden kann, wenn bestimmte **Erklärungen** nicht vorgelegt werden.[43] Darüber hinaus gestatte die Kommunalwahl-RL aber den Wohnsitzmitgliedstaaten eine Kandidatur **für bestimmte Ämter** für EU-Ausländer **auszuschließen**. Es

---

[39] Vgl. *Haratsch*, in: Heselhaus/Nowak, Handbuch der Europäischen Grundrechte, § 47, Rn. 25; Art. 3 lit. b Kommunalwahl-RL verweist für die Voraussetzungen auf die Rechtsvorschriften des Wohnsitzmitgliedstaats.

[40] Art. 9 Kommunalwahl-RL; näher dazu Art. 22 AEUV, Rn. 33; vgl. *Hatje*, in: Schwarze, EU-Kommentar, Art. 22 AEUV, Rn. 8.

[41] Es fehlt an einer entsprechenden Vorgabe, wie sie in Art. 4 und Art. 13 Europawahl-RL 93/109 EG vom 6. 12. 1993 über die Einzelheiten der Ausübung des aktiven und passiven Wahlrechts bei den Wahlen zum Europäischen Parlament für Unionsbürger mit Wohnsitz in einem Mitgliedstaat, dessen Staatsangehörigkeit sie nicht besitzen, zu finden ist.

[42] Das folgt aus Art. 3 lit. b Kommunalwahl-RL, der auf die Bedingungen an das aktive und passive Wahlrecht nach den Rechtsvorschriften des Wohnsitzmitgliedstaates für seine eigenen Staatsangehörigen anknüpft.

[43] Art. 5 Abs. 2 Kommunalwahl-RL betrifft die Erklärungen und Bescheinigungen nach Art. 9 über die Nachweise der Wahlberechtigung.

handelt sich um die Ämter des Leiters des kommunalen Exekutivorgans, seines Vertreters oder eines Mitglieds des leitenden kollegialen Exekutivorgans, sofern diese Personen gewählt worden sind, um diese Ämter während der Dauer ihres Mandats auszuüben.[44] Das Gleiche gilt für die vorübergehende und vertretungsweise Wahrnehmung der genannten Ämter. Diese Ausschlüsse müssen allerdings die Verträge einhalten und namentlich verhältnismäßig sein.[45] Ferner können die Mitgliedstaaten vorsehen, dass als Mitglied einer Vertretungskörperschaft gewählte EU-Ausländer weder an der Ernennung der Wahlmänner einer parlamentarischen Versammlung noch an der Wahl von deren Mitgliedern teilnehmen dürfen.[46] Diese Ausnahmen werden in der Literatur aufgrund jeder fehlenden zeitlichen Beschränkung vereinzelt als problematisch angesehen.[47] Sie nehmen aber Rücksicht auf Mitgliedstaaten, die wie Deutschland die **Ausübung** bestimmter **öffentlicher Ämter** den **eigenen Staatsangehörigen** vorbehalten. Das ist insoweit überzeugend, als sich diese Ausnahmen im Rahmen des Rechtsgedankens bewegen, der der Achtung der nationalen Identität nach Art. 4 Abs. 2 EUV einschließlich der regionalen und lokalen Selbstverwaltung und den entsprechenden Ausnahmen von den Grundfreiheiten bei der **Ausübung von öffentlicher Gewalt** zugrunde liegt.[48]

Schließlich enthält die Kommunalwahl-RL die Möglichkeit für bestimmte Mitgliedstaaten, sich auf **zeitlich begrenzte Ausnahmen** vom erweiterten Kommunalwahlrecht zu berufen. Dies setzt voraus, dass der Anteil der wahlberechtigten EU-Ausländer im Wohnsitzmitgliedstaat am 1. Januar **1996** bei mindestens 20 Prozent gelegen hat. Das traf auf Luxemburg und bestimmte Gemeinden in Belgien zu.[49] Wahrgenommen wird die Ausnahmeregelung bis heute allein in Luxemburg.[50] Die Ausnahmen sind zeitlich für das aktive Wahlrecht auf eine und für das passive auf zwei Amtszeiten begrenzt. **24**

E. Umsetzung in den Mitgliedstaaten

Das erweiterte Kommunalwahlrecht ist in allen Mitgliedstaaten bis 1999 **umgesetzt** worden. **Verzögerungen** hat es in Belgien gegeben. In **Deutschland** ist es fristgerecht in den Bundesländern umgesetzt worden.[51] **25**

Sofern ein Wohnsitzmitgliedstaat den Vorgaben der grundrechtlichen Gewährleistung nach Art. 40 GRC nicht nachkommt, stellt sich die Frage nach möglichen **gerichtlichen Rechtsbehelfen**, um die effektive Gewährleistung der Rechte zu sichern. Die **Kommunalwahl-RL** sieht ausdrücklich vor, dass Personen bei **Nichteintragung in das Wählerverzeichnis**, bei der **Ablehnung dieser Eintragung** oder bei der **Ablehnung einer** **26**

---

[44] Art. 5 Abs. 3 UAbs. 1 Kommunalwahl-RL.

[45] Art. 5 Abs. 3 UAbs. 3 Kommunalwahl-RL.

[46] Art. 5 Abs. 4 Kommunalwahl-RL.

[47] *Ehlers*, Grundrechte und Grundfreiheiten, § 19; Rn. 58; *Staeglich*, ZEuS 2003, 485.

[48] Vgl. Art. 45 Abs. 4 AEUV. S. zu dieser Überlegung *Kluth*, in: Calliess/Ruffert, EUV/AEUV, Art. 22 AEUV, Rn. 15.

[49] Kommission, Zweiter Bericht über die Unionsbürgerschaft, KOM(97) 230, S. 8 f.; Kommission, Bericht über die Anwendung der RL 94/80/EG, KOM(2002) 260, S. 9 und KOM(2012) 99, S. 2 ff.; Kommission, Bericht zur Gewährung einer Ausnahmeregelung nach Art. 19 EG-Vertrag, KOM(2005) 382, S. 3 f.

[50] Der Anteil an EU-Ausländern lag 2012 bei 42,9 %, Kommission, Bericht über die Anwendung der RL 94/80/EG, KOM(2012) 99, S. 14 f.

[51] Näher dazu *Pieroth/Schmülling*, DVBl 1998, 365, *Kluth*, in: Calliess/Ruffert, EUV/AEUV, Art. 22 AEUV, Rn. 17.

Kandidatur die Rechtsbehelfe einlegen können, die auch für die inländischen aktiv und passiv Wahlberechtigten gelten. Damit ist aber nicht ausgeschlossen, dass sie auch in **weiteren Fällen**, etwa der Ungleichbehandlung bei der weiteren Ausübung ihres Wahlrechts das Recht haben, die Rechtsbehelfe anzuwenden, die auch den Inländern zustehen. Denn dies folgt aus dem Gebot der Gleichbehandlung und Nichtdiskriminierung nach Art. 40 GRC und Art. 22 Abs. 1 AEUV in Verbindung mit dem Recht auf effektiven Rechtsschutz gemäß Art. 47 GRC.[52]

---

[52] Vgl. die Kommentierung zu Art. 22 AEUV, Rn. 20; s. auch *Voet van Vormizeele*, in: Schwarze, EU-Kommentar, Art. 47 GRC, Rn. 6.

Artikel 41 GRC Recht auf eine gute Verwaltung

(1) Jede Person hat ein Recht darauf, dass ihre Angelegenheiten von den Organen und Einrichtungen der Union unparteiisch, gerecht und innerhalb einer angemessenen Frist behandelt werden.

(2) Dieses Recht umfasst insbesondere

a) das Recht einer jeden Person, gehört zu werden, bevor ihr gegenüber eine für sie nachteilige individuelle Maßnahme getroffen wird;

b) das Recht einer jeden Person auf Zugang zu den sie betreffenden Akten unter Wahrung des legitimen Interesses der Vertraulichkeit sowie des Berufs- und Geschäftsgeheimnisses;

c) die Verpflichtung der Verwaltung, ihre Entscheidungen zu begründen.

(3) Jede Person hat Anspruch darauf, dass die Gemeinschaft den durch ihre Organe oder Bediensteten in Ausübung ihrer Amtstätigkeit verursachten Schaden nach den allgemeinen Rechtsgrundsätzen ersetzt, die den Rechtsordnungen der Mitgliedstaaten gemeinsam sind.

(4) Jede Person kann sich in einer der Sprachen der Verträge an die Organe der Union wenden und muss eine Antwort in derselben Sprache erhalten.

Literaturübersicht

Bauer, Das Recht auf eine gute Verwaltung im Europäischen Gemeinschaftsrecht, 2002; *Bousta*, Essai sur la notion de bonne administration en droit public, 2010; *Bradley*, Grundrechte im EU-Personalrecht, ArbuR 2015, 42; *Bullinger*, Das Recht auf eine gute Verwaltung nach der Grundrechtecharta der EU, FS Brohm, 2002, S. 25; *K.-D. Classen*, Gute Verwaltung im Recht der Europäischen Union, 2008; *Diamandouros*, The relationship between the principle of good administration and legal obligations, FS Vesterdorf, 2007, S. 315; *Efstratiou*, Der Grundsatz der guten Verwaltung als Herausforderung an die Dogmatik des nationalen und europäischen Verwaltungsrechts, in: Trute/Groß/Möllers (Hrsg.), Allgemeines Verwaltungsrecht – Zur Tragfähigkeit eines Konzepts, 2008, S. 281; *Frenz*, Kartellrecht im Fokus von EGRC und EMRK, WRP 2014, 655; *Galetta*, Inhalt und Bedeutung des europäischen Rechts auf eine gute Verwaltung, EuR 2007, 57; *Goerlich*, Good governance und gute Verwaltung, DÖV 2006, 313; *Grzeszick*, Das Grundrecht auf eine gute Verwaltung, EuR 2006, 161; *Gunacker-Slawitsch*, Das Grundrecht auf eine »gute Verwaltung« im Abgabenverfahren (Teil 1), ÖStZ 2015, 256; *Gundel*, Justiz- und Verfahrensgrundrechte, in: Ehlers (Hrsg.), Europäische Grundrechte und Grundfreiheiten, 4. Aufl. 2015, § 27: *ders.*, Der beschränkte Anwendungsbereich des Charta-Grundrechts auf gute Verwaltung: Zur fortwirkenden Bedeutung der allgemeinen Rechtsgrundsätze als Quelle des EU-Grundrechtsschutzes, EuR 2015, 80; *Haibach*, Die Rechtsprechung des EuGH zu den Grundsätzen des Verwaltungsverfahrens, NVwZ 1998, 456; *Hayder*, Das Sprachenregime der Europäischen Union, ZEuS 2011, 343; *Heuschmid*, Haftung bei Verstößen gegen die Europäische Grundrechtecharta?, ArbuR 2014, 357; *Jarass*, Das Recht auf eine gute Verwaltung, insb. auf ein faires Verwaltungsverfahren, FS Schenke, 2011, S. 849; *Kamann*, Kommission vs. nationale Gerichte im europäischen Beihilfenrecht – Private Rechtsdurchsetzung während des förmlichen Prüfverfahrens, ZWeR 2014, 60; *Kańska*, Towards administrative human rights in the EU – Impact of the Charter of Fundamental Rights, ELJ 2004, 296; *Klappstein*, Das Recht auf eine gute Verwaltung, 2006; *Kotzur*, Wider den bloßen Verdacht – zur grundrechtssichernden Verantwortung des EuGH im Spannungsfeld von Freiheit und Sicherheit, EuGRZ 2014, 589; *Lais*, Das Recht auf eine gute Verwaltung unter besonderer Berücksichtigung der Rechtsprechung des Europäischen Gerichtshofs, ZEuS 2002, 447; *Laubinger*, Art. 41 GRCh (Recht auf eine gute Verwaltung) im Lichte des deutschen Verfassungsrechts, FS Bull, 2011, S. 659; *Mader*, Verteidigungsrechte im Europäischen Gemeinschaftsverwaltungsverfahren, 2006; *Magiera*, Das Recht auf eine gute Verwaltung in der Europäischen Union, in: Montoro Chiner u. a. (Hrsg.); Les administracions en perspectiva europea, 2012, S. 130; *Martínez Soria*, Die Kodizes für gute Verwaltungspraxis, EuR 2001, 682; *Nehl*, Europäisches Verwaltungsverfahren und Gemeinschaftsverfassung, 2002; *Nüßen*, Das europäische Grundrecht auf gute Verwaltung, VR 2012, 260; *Pfeffer*, Das Recht auf eine gute Verwaltung, 2006; *Schwarze*, Europäisches Verwaltungsrecht, 2. Aufl., 2005; *Seitz*, Grundrechtsschutz durch Verfahrensrecht, EuZW 2015, 273,

Reichold, Der Schutz des Berufsgeheimnisses im Recht der Europäischen Union, 2013; *Shirvani*, Verfahrensgrundrechte in mehrstufigen, das EU-Recht vollziehenden Verwaltungsverfahren, DVBl. 2011, 674; *Thym*, Blaupausenfallen bei der Abgrenzung von Grundgesetz und Grundrechtecharta, DÖV 2014, 941; *Wakefield*, The right to good administration, 2007; *Weber*, Anwendungsgrenzen, Behördenkooperation und Ermessensausübung des Rates im Rahmen der europäischen Terrorismusbekämpfung, EuR 2015, 206; *Weiß*, Praktische Konsequenzen der Kadi-Rechtsprechung, EuR 2014, 231; *Welti*, Lorenz von Stein und das Recht auf eine gute Sozialverwaltung, VerwArch 2014, 50; *Wiater*, Effektiver Rechtsschutz im Unionsrecht, JuS 2015, 788; *Zellenberg*, Das Recht auf eine gute Verwaltung, GPR 2012, 91.

Leitentscheidungen

EuGH, Urt. v. 29.11.1956, Rs. 8/55 (Fédération charbonnière de Belgique/Hohe Behörde), Slg. 1955, 291
EuGH, Urt. v. 4.7.1963, Rs. 32/62 (Alvis/Rat), Slg. 1963, 109
EuGH, Urt. v. 13.7.1966, verb. Rs. 56/64 und 58/64 (Consten und Grundig/Kommission der EWG), Slg. 1966, 429
EuGH, Urt. v. 12.5.1971, Rs. 55/70 (Reinarz/Kommission), Slg. 1971, 379
EuGH, Urt. v. 13.2.1979, Rs. 85/76 (Hoffmann-La Roche/Kommission), Slg. 1979, 461
EuGH, Urt. v. 26.6.1980, Rs. 136/79 (National Panasonic/Kommission), Slg. 1980, 2033
EuGH, Urt. v. 19.10.1983, Rs. 179/82 (Lucchini/Kommission), Slg. 1983, 3083
EuGH, Urt. v. 24.6.1986, Rs. 53/85 (AKZO Chemie/Kommission), Slg. 1986, 1965
EuGH, Urt. v. 15.10.1987, Rs. 222/86 (Unectef/Heylens), Slg. 1987, 4097
EuGH, Urt. v. 21.11.1991, Rs. C–269/90 (Technische Universität München/Hauptzollamt München-Mitte), Slg. 1991, I–5469
EuGH, Urt. v. 31.3.1992, Rs. C–255/90 P (Burban/Parlament), Slg. 1992, I–2253
EuGH, Urt. v. 29.6.1994, Rs. C–135/92 (Fiskano/Kommission), Slg. 1994, I–2885
EuGH, Urt. v. 22.2.2005, Rs. C–141/02 P (Kommission/max-mobil), Slg. 2005, I–5496
EuGH, Urt. v. 25.10.2011, Rs. C–109/10 P (Solvay/Kommission), Slg. 2011, I–10329

Wesentliche sekundärrechtliche Vorschrift

Erläuterungen zur Charta der Grundrechte, ABl. 2007, C 303/02

Inhaltsübersicht

A. Übersicht

I. Allgemeines

Art. 41 GRC enthält ein Recht auf gute Verwaltung (engl. good governance oder franz. **1**
bonne administration).[1] Gem. Art. 41 Abs. 1 GRC hat jede Person ein Recht darauf, dass
ihre Angelegenheiten von den Organen und Einrichtungen der Union unparteiisch, gerecht und innerhalb einer angemessenen Frist behandelt werden. Art. 41 Abs. 2 GRC
konkretisiert diese Garantie (zur rechtskategorialen Verortung des Rechts auf gute Verwaltung s. Rn. 10 ff.) durch ein Anhörungsrecht (dazu Rn. 17), ein Recht auf Vertraulichkeit (s. Rn. 18) und eine Begründungspflicht (s. Rn. 19). Art. 41 Abs. 3 GRC sichert die
außervertragliche Haftung der EU in gewisser Weise subjektiv an, während Art. 41
Abs. 4 GRC ein Recht darauf enthält, sich in einer Vertragssprache (zum Begriff Rn. 21)
an die Organe der EU zu wenden und in der entsprechenden Sprache eine Antwort zu
erhalten.

In gewisser Weise verkörpert Art. 41 GRC so die **subjektiven Dimensionen des Ver-** **2**
waltungsverfassungsrechts der EU.[2] Freilich greift die Vorschrift eine Reihe von Garantien auf, die das Unionsrecht und zuvor das Gemeinschaftsrecht ohnehin schon enthielten (s. etwa heute Art. 296 und Art. 340 AEUV in Bezug auf die Begründungspflicht
oder Art. 340 AEUV zum Haftungsanspruch).[3] Dennoch hat es seine Berechtigung, dass
es auch im Kontext der Grundrechtecharta eine Referenz an die Ausgestaltung der EU
als Verwaltungsunion (s. Rn. 3 ff.) gibt.

II. Die EU als Verwaltungsunion

Die Garantie eines Rechts auf gute Verwaltung ist vor dem Hintergrund zu sehen, dass **3**
die EU zu weiten Teilen eine »Verwaltungsunion« verkörpert, d. h. der Vollzug des
materiell-rechtlichen Integrationsrechts spielt eine ganz wesentliche Rolle für das Unionsrecht. Hierbei ist allerdings zu beachten, dass sich weder aus den EU-Verträgen noch
aus der europarechtlichen Literatur eine einheitliche Definition des Begriffs der »europäischen Verwaltung« entnehmen lässt.[4] Die **Projektionsfläche des Art. 41 GRC** wie
auch sein Adressatenkreis bleiben damit diffus (s. Rn. 10).

Ausgangspunkt für die Anlage der europäischen Verwaltung muss jedenfalls ihr or- **4**
ganisatorischer Aufbau sein, der stark vom »Trennungsprinzip« geprägt wird. Nach
diesem Prinzip ist zwischen mitgliedstaatlichen Verwaltungen und Eigenverwaltung der
EU zu unterscheiden.[5] Hinsichtlich der Durchführung von EU-Recht wird zunächst zwischen **»direktem Vollzug« des Unionsrechts** (durch EU-Organe/EU-Behörden) und **»in-**
direktem Vollzug« (durch Behörden der Mitgliedstaaten) unterschieden. Beim indirek-

---

[1] Eingehend dazu *Bullinger*, S. 25 ff.; *K.-D. Classen*, Gute Verwaltung, 2006; *Grzeszick*, EuR 2006,
313; *Wakefield*, The Right to Good Administration, 2007; *Nowak*, in: Terhechte, Verwaltungsrecht
der EU, § 14, Rn. 42 f.; *Craig*, in: Peers/Hervey/Kenner/Ward, The EU Charter on Fundamental
Rights, 2014, Art. 41.
[2] Zum Begriff s. etwa *Ruffert*, in: Calliess/Ruffert, EUV/AEUV, Art. 197 AEUV, Rn. 1; *Terhechte*,
in: GSH, Europäisches Unionsrecht, Art. 197 AEUV, Rn. 8.
[3] Dazu *Craig* (Fn. 1), Art. 41, Rn. 7 und 90; *Voet van Vormizeele*, in: Schwarze, EU-Kommentar,
Art. 41 GRC, Rn. 1.
[4] *Gärditz*, DÖV 2010, 453.
[5] Dazu *Terhechte*, EnzEuR, Bd. 3, § 30, Rn. 17 ff.; *Ruffert*, in: Calliess/Ruffert, EUV/AEUV,
Art. 197 AEUV, Rn. 7.

ten Vollzug wird weiter zwischen unmittelbarem oder mittelbarem Vollzug unterschieden, differenzierend danach, ob das Unionsrecht unmittelbar oder im Rahmen der mitgliedstaatlichen Legislative vollzogen wird.[6] Der unionseigene Vollzug ist auf wenige Felder des europäischen Verwaltungsrechts beschränkt (etwa auf das europäische Beihilferecht gem. Art. 107 ff. AEUV oder das Organisationsrecht der EU-Organe), während der Vollzug des Unionsrechts durch die Mitgliedstaaten den Regelfall verkörpert.[7] Diese Unterscheidung ist im Rahmen des Art. 41 GRC von einiger Bedeutung, weil sich seine Garantien teilweise nur auf die EU selbst beziehen lassen (z.B. Art. 41 Abs. 4 GRC, dazu Rn. 21).

5   Die **Vollzugsaufgaben der Mitgliedstaaten** haben mit nahezu jeder Vertragsrevision zugenommen. Da zudem zahlreiche Mischformen der Verwaltung, Informationsverpflichtungen und horizontale Verbindungen der mitgliedstaatlichen Verwaltungen geschaffen wurden, reicht das tradierte zweipolige Modell von unionseigenem und unionmittelbarem Vollzug nicht mehr aus, um die komplexe »Vollzugswirklichkeit« im europäischen Verwaltungsraum angemessen zu beschreiben.[8] Inzwischen findet aufgrund des engen Zusammenspiels der am Vollzug des Unionsrechts beteiligten Institutionen der Begriff des »Europäischen Verwaltungsraums« bzw. »Europäischen Verwaltungsverbundes« Anwendung.[9] Diese Begriffe beschreiben den **Grad der Vernetzung von unionaler und mitgliedstaatlicher Ebene**.[10] Der EuGH hat für diesen Verbund **allgemeine Prinzipien** entwickelt, die vom Unionsgesetzgeber weiter ergänzt und konkretisiert wurden und zu denen z.T. auch und insbesondere die in Art. 41 GRC niedergelegten Rechte zählen.[11] Es liegt auf der Hand, dass die Unionsbürgerinnen und Unionsbürger angesichts der **Komplexität des Vollzugssystems** des Unionsrechts darauf angewiesen sind, die Verfahrensgarantie zu kennen. Von entscheidender Bedeutung ist insoweit, der Adressat des Art. 41 GRC bzw. wer sich auf das Recht auf gute Verwaltung berufen kann (dazu Rn. 10 ff.). Nicht umsonst wurde Art. 41 GRC insbesondere auf Anregung des Europäischen Bürgerbeauftragten in die GRC aufgenommen,[12] der sich ausdrücklich für ein **Grundrecht der Bürger auf eine rechenschaftspflichtige und dienstleistende Verwaltung** eingesetzt hatte.[13]

---

[6] Eingehend dazu *Augsberg, S.*, in: Terhechte, Verwaltungsrecht der EU, § 6, Rn. 14 ff.; *Ruffert*, in: Calliess/Ruffert, EUV/AEUV, Art. 197 AEUV, Rn. 10.

[7] *Oppermann/Classen/Nettesheim*, Europarecht, § 12, Rn. 1; *Terhechte*, in: Härtel, Handbuch Föderalismus, § 89, Rn. 14.

[8] *Terhechte*, in: Härtel (Hrsg.), Handbuch Föderalismus, 2012, § 89, Rn. 13; s. auch *Terhechte*, in: ders., Verwaltungsrecht der EU, § 1, Rn. 22 f.

[9] *Schmidt-Aßmann*, in: Schmidt-Aßmann/Schöndorf-Haubold, Der Europäische Verwaltungsverbund 2005; *v. Danwitz*, Europäisches Verwaltungsrecht, S. 611 f.; *Hoffman/Türk*, ELJ 13 (2007), 253; *Ruffert*, DÖV 2007, 761; *von Arnauld*, in: Terhechte, Verwaltungsrecht der EU, § 2, Rn. 11 ff., 50 ff.; *Schneider*, Strukturen des Europäischen Verwaltungsverbunds – Einleitende Bemerkungen, in: *ders.*/Caballero (Hrsg.), Strukturen des Europäischen Verwaltungsverbunds – Ergebnisse einer deutsch-spanischen Forschergruppe, Berlin 2009, S. 9 ff.; *Reichenbach/von Witzleben*, in: Siedentopf (Hrsg.), Der Europäische Verwaltungsraum, Baden-Baden, 2004, S. 39 ff.

[10] Eingehend dazu *Terhechte*, in: *ders.*, Verwaltungsrecht der EU, § 7, Rn. 36 ff.; *Oppermann/Classen/Nettesheim*, Europarecht, § 12, Rn. 3.

[11] Vgl. dazu *Terhechte*, in: *ders.*, Verwaltungsrecht der EU, § 7, Rn. 9 ff.

[12] Vgl. CHARTE 4131/00 CONTRIB 26; *Grzeszick*, EuR 2006, 161, (163 f); *Wakefield*, S. 93 ff.; zur weiteren Diskussion im Grundrechtekonvent s. *Magiera*, in: Meyer, GRCh, Art. 41 GRC, Rn. 2 ff.; zum Verhältnis des Bürgerbeauftragen zum gerichtlichen Rechtsschutz s. *Diamandouros*, S. 315 ff.

[13] *Streinz*, in: Streinz, EUV/AEUV, Art. 41 GRC, Rn. 3; vgl. auch *Magiera*, in: Meyer, GRCh, Art. 41 GRC, Rn. 2 m.w.N.

III. Subjektive Dimensionen der Verwaltungsunion

Das »Recht auf gute Verwaltung« ist schon ausweislich seines Namens **kein Abwehr-   6
recht**. Es zielt vielmehr auf eine bestimmte Ausgestaltung der Verwaltung und verpflichtet sie zugleich, bestimmte Garantien zu beachten. Art. 41 GRC vermittelt so einen
Rechtsanspruch auf bestimmte Verhaltensweisen der Verwaltung bzw. verpflichtet sie
zur Einhaltung bestimmter Prinzipien.[14]

Bei der Konzeption des Art. 41 GRC spielten sowohl die **mitgliedstaatlichen Rechts-   7
ordnungen** wie auch einige Vorgaben von der Ebene des **internationalen Rechts** eine
wichtige Rolle. Dagegen finden sich in den mitgliedstaatlichen Verfassungen vereinzelt
Ansätze, die »Grundsätze guter Verwaltung« zum Gegenstand haben. Diese gewähren
jedoch i. d. R. keine subjektiven Rechte.[15] So sieht etwa **§ 21 der finnischen Verfassung**
vor, dass »Garantien für ein rechtmäßiges Verfahren und gute Verwaltung (…) durch
Gesetz gewährleistet werden«.[16] Ferner ist nach **Art. 91 Abs. 1 der italienischen Verfassung** die Verwaltungsorganisation so zu regeln, dass »ein guter Geschäftsgang« gewährleistet ist.[17] Zudem galten geschriebene als auch ungeschriebene einfachgesetzliche
Standards der **niederländischen und belgischen Verwaltungslehre** (»behoorlijk bestu-
ur«) als Vorbilder für Art. 41 GRC.[18] Auch im **englischen** und im **französischen Verwaltungsrecht** finden sich Anhaltspunkte.[19] Dem **deutschen Verwaltungsrecht** ist ein Recht
auf gute Verwaltung dagegen eher unbekannt.[20] Dies hängt u. a. mit der hohen Bedeutung des Rechtsschutzes im deutschen Verwaltungsrecht zusammen (**sog. Rechtsschutz-
perspektive**),[21] die bis dahin zu einer **ex-post Perspektive auf Verwaltungsstrukturen**
zielt, weniger aber auf proaktive Ausgestaltungen zur Einhaltung von rechtsstaatlichen
Garantien. Einzelne Ausprägungen des Rechts auf gute Verwaltung sind freilich auch im
deutschen Recht von hoher Bedeutung, so betrachtet das BVerfG den Anspruch auf ein
»faires Verwaltungsverfahren« als wesentliche Ausprägung des Rechtsstaatsprinzips.[22]
Aufgrund der lange Zeit fehlenden gemeinschaftsrechtlichen Vorgaben für Verwaltungsverfahren orientierten sich EuGH und EuG an diesen nationalen Vorschriften[23] und

---

[14] *Zellenberg*, GPR 2012, S. 91 (92).

[15] *Classen*, S. 177 ff.

[16] *Rengeling/Szczekalla*, Grundrechte, S. 890, Rn. 1087, Fn. 14.

[17] »I pubblici uffici sono organizzati secondo disposizioni di legge, in modo che siano assicurati il
buon andamento e l'imparzialità dell'amministrazione.«, vgl. *Rengeling/Szczekalla*, S. 890,
Rn. 1087, Fn. 14; *Heselhaus*, in: Heselhaus/Nowak, Handbuch der Europäischen Grundrechte, § 57,
Rn. 7.

[18] *Heselhaus*, in: Heselhaus/Nowak, Handbuch der Europäischen Grundrechte, § 57, Rn. 8.

[19] Dazu etwa *Classen*, S. 95 ff.; *Ruffert*, in: Calliess/Ruffert, EUV/AEUV, Art. 41 GRC, Rn. 3
m. w. N.

[20] *Ruffert*, in: Calliess/Ruffert, EUV/AEUV, Art. 41 GRC, Rn. 3.

[21] Dazu etwa *Voßkuhle*, in: Hoffmann-Riem/Schmidt-Aßmann/Voßkuhle, Grundlagen des Verwaltungsrechts, Band 1, 2. Aufl., 2012, § 1, Rn. 2 ff.; *Schmidt-Aßmann*, Verwaltungsrechtliche Dogmatik, 2015, S. 11 ff. und S. 93 ff.

[22] BVerfGE 51, 150 (156); BVerfGE 101, 397 (405); ebenso – unter Hinweis auf Art. 41 GRC – EuG,
Urt. v. 30. 1. 2002, Rs. T–54/99 (max.mobil/Kommission), Slg. 2002, II–313, Rn. 48.

[23] *Efstratiou*, S. 285.

entwickelten rechtsstaatliche Grundsätze einer »guten Verwaltungsführung«[24] bzw. »ordnungsgemäßen Verwaltung«[25] in zahlreichen Entscheidungen.[26]

8   Art. 41 GRC gewährt erstmals auf europäischer Ebene ein niedergeschriebenes »Recht auf gute Verwaltung«.[27] Durch die Aufnahme des Art. 41 in die GRC wurde dieses Recht zugleich **zum ersten Mal ausdrücklich Teil einer übernationalen Grundrechtsverbürgung**, denn auf der Ebene des internationalen Rechts ist eine solche Garantie bislang nicht verbürgt.[28] Aus dem übrigen geschriebenen Unionsrecht ergeben sich nur vereinzelt entsprechende Garantien, wie z. B. das Recht auf Entscheidungsbegründung gem. Art. 296 AEUV, das Recht auf Schadensersatz gem. Art. 340 AEUV sowie das Recht auf Korrespondenz mit der Verwaltung gem. Art. 20 Abs. 2 und Art. 24 Abs. 4 AEUV.[29]

9   Das **Völkerrecht** kennt allerdings dem Art. 41 GRC entsprechende Grundsätze bzw. subjektive Rechte nur rudimentär.[30] Vergleichbare Gewährleistungen können aber zumindest aus verschiedenen Dokumenten der **OECD und des Europarats**[31] sowie aus **Art. 6 EMRK** abgeleitet werden.[32] Insofern knüpfen die Garantien des Art. 41 GRC auch an internationale Traditionen an.[33]

B. Das Recht auf gute Verwaltung

I. Persönlicher Anwendungsbereich

10   **Träger des Grundrechts** ist ausweislich des Wortlauts »jede Person«, womit zunächst **jede natürliche Person** gemeint ist.[34] Es findet hierbei keine systematische Restriktion auf Unionsbürger statt. Das Grundrecht auf gute Verwaltung gilt vielmehr auch für **Drittstaatenangehörige**.[35] Grundrechtsträger sind darüber hinaus auch juristische Per-

---

[24] EuGH, Urt. v. 13.7.1966, verb. Rs. 56/64 u. 58/64 (Consten und Grundig/Kommission), Slg. 1966, 321, 395 f.; EuGH, Urt. v. 12.5.1971, Rs. 55/70 (Reinarz/Kommission), Slg. 1971, 379, Rn. 18; EuGH, Urt. v. 4.7.1963, Rs. 32/62 (Alvis/Rat), Slg. 1963, 109, 123.

[25] EuGH, Urt. v. 19.10.1983, Rs. C–179/82 (Lucchini/Kommission), Slg. 1983, 3083, Rn. 27; Urt. v. 8.11.1983, Rs. 96/82 (I.A.Z./Kommission), Slg. 1983, 3369, Rn. 15; Urt. v. 31.3.1992, Rs. C–255/90 P (Burban/EP), Slg. 1992, I–2253, Rn. 7; EuG, Urt. v. 6.7.1995, T–572/93 (Odigitria/Rat und Kommission), Slg. 1995, II–2025, Rn. 40; Urt. v. 9.7.1999, T–231/97 (New Europe Consulting und Brown/Kommission), Slg. 1999, II–2403 Rn. 39; EuGH, Urt. v. 25.9.2003, Rs. C–170/02 P (Schlüsselverlag J. S. Moser/Kommission), Slg. 2003, I–9889, Rn. 29; Urt. v. 1.10.2009, Rs. C–141/08 P (Foshan Shunde Yongjian), Slg. 2009, I–9147, Rn. 80, 111; Urt. v. 29.3.2012, Rs. C–505/09 P (Kommission/Estland), ECLI:EU:C:2012:179, Rn. 95.

[26] *Zellenberg,* GPR 2012, 91 (93).

[27] *Magiera,* in: *Meyer,* GRCh, Art. 41 GRC, Rn. 5.

[28] *Van Vormizeele,* in: Schwarze, EU Kommentar, Art. 41 GRC, Rn. 1; *Bullinger,* FS Brohm, S. 26 ff.

[29] *Magiera,* in: Meyer, GRCh, Art. 41 GRC, Rn. 5; *van Vormizeele,* in: Schwarze, EU-Kommentar, Art. 41 GRC, Rn. 1.

[30] *Heselhaus,* in: Heselhaus/Nowak, Handbuch der Europäischen Grundrechte, § 57, Rn. 15 ff.

[31] Vgl. dazu *Lais,* ZEuS 2002, 447 (449), m. w. N.

[32] *Ruffert,* in: Calliess/Ruffert, EUV/AEUV, Art. 41 GRC, Rn. 3; *Streinz,* in: Streinz, EUV/AEUV, Art. 41 GRC, Rn. 2.

[33] *Klatt,* in: GSH, Europäisches Unionsrecht, Art. 41 GRC, Rn. 3; *Ruffert,* in: Calliess/Ruffert, EUV/AEUV, Art. 41 GRC, Rn. 3.

[34] *Klatt,* in: GSH, Europäisches Unionsrecht, Art. 41 GRC, Rn. 5.

[35] *Lais,* ZEuS 2002, 447 (459); *Bauer,* S. 441.

sonen[36], insbesondere auch **juristische Personen des Privatrechts**, weil diese Hauptadressaten des EU-Eigenverwaltungsrechts sind[37] sowie juristische Personen des öffentlichen Rechts.[38] Ob sich dagegen auch die **Mitgliedstaaten** auf das Grundrecht berufen können, ist umstritten. Dies wird mit Blick auf den Wortlaut der Vorschrift (»Person«) z. T. abgelehnt.[39] Folgerichtig erscheint aber eine weite Auslegung des Art. 41 GRC. Die Formulierung des Art. 41 GRC (»Person«) schließt die Mitgliedstaaten nicht offensichtlich aus. Zudem ist nicht anzunehmen, dass der Schutzbereich des Art. 41 GRC hinter den in der europäischen Rechtsprechung anerkannten **objektiv-rechtlichen Grundsätzen** zurückbleiben sollte, die unstreitig auch im Verhältnis zwischen der EU und den Mitgliedstaaten ihre Geltung entfalten.[40]

Erforderlich ist nach dem Wortlaut des Art. 41 GRC weiterhin die Betroffenheit der **11** Person in »ihren« Angelegenheiten. Art. 41 GRC verkörpert also keinen »Popularanspruch« auf eine gute Verwaltung, sondern die Teilgarantien der Vorschrift setzten zumindest minimale Betroffenheit voraus.[41]

II. Sachlicher Anwendungsbereich

Art. 41 Abs. 1 und 2 GRC setzen in sachlicher Hinsicht ein **Verwaltungsverfahren der** **12** **Union** voraus (dazu oben Rn. 3 ff.).[42] Entscheidend hierbei ist nicht die Qualität des handelnden Organs, vielmehr darf es sachlich nicht um Akte der Rechtsprechung bzw. der Gesetzgebung gehen.[43] Grundrechtlich relevant sind zudem nur **wesentliche Verfahrensverstöße**, die kausal für die Entscheidung sein können.[44] Dies ist nur der Fall, soweit die Entscheidung ohne Verfahrensfehler ggf. anders ausgefallen wäre.[45]

1. Unparteilichkeit der europäischen Verwaltung

Bei dem Recht auf unparteiische Behandlung handelt es sich um einen durch die Recht- **13** sprechung der Unionsgerichte entwickelten objektivrechtlichen Grundsatz[46], wonach das entscheidende Verwaltungsorgan nicht mit befangenen Personen besetzt sein darf.[47] Zur Sicherung der Unparteilichkeit besteht das Gebot einer sorgfältigen Entscheidungsvorbereitung sowie exakter Ermittlung aller relevanter Informationen.[48]

---

[36] *Klatt*, in: GSH, Europäisches Unionsrecht, Art. 41 GRC, Rn. 5.
[37] *Lais*, ZEuS 2002, 447 (460).
[38] *Ruffert*, in: Calliess/Ruffert, EUV/AEUV, Art. 41 GRC, Rn. 6.
[39] So *Ruffert*, in: Calliess/Ruffert, EUV/AEUV, Art. 41 GRC, Rn. 6; *Bauer*, S. 141; *Galetta*, EUR 2007, 57 (76); *Magiera*, in: Meyer, GRCh, Art. 41 GRC, Rn. 9.
[40] So *Klatt*, in: GSH, Europäisches Unionsrecht, Art. 41 GRC, Rn. 5; vgl. auch EuGH, Urt. v. 12. 2. 1992, verb. Rs. C–48–66/90 (Niederlande u. a./Kommission), Slg. 1992, I–565, Rn. 44 ff.; Urt. v. 5. 10. 2000, Rs. C–288/96 (Deutschland/Kommission), Slg. 2000. I–8237, Rn. 99 ff.
[41] *Ruffert*, in: Calliess/Ruffert, EUV/AEUV, Art. 41 GRC, Rn. 7; *Jarass*, GRCh, Art. 41 GRC, Rn. 12; *Klatt*, in: GSH, Europäisches Unionsrecht, Art. 41 GRC, Rn. 5; zur Reichweite dieser Anforderung s. *Kanska*, ELJ 2004, 296 (310).
[42] *Klatt*, in: GSH, Europäisches Unionsrecht, Art. 41 GRC, Rn. 7.
[43] *Kanska*, ELJ 2004, 296 (310).
[44] *Klatt*, in: GSH, Europäisches Unionsrecht, Art. 41 GRC, Rn. 8.
[45] EuGH, Urt. v. 10. 7. 1980, Rs. C–30/78 (Distillers/Kommission), Slg. 1980, 2229, Rn. 26; vgl. speziell zum Recht auf Anhörung Urt. v. 10. 7. 2001, Rs. C–315/99 P (Ismeri Europa/Rechnungshof), Slg. 2001, I–5281, Rn. 34; vgl. speziell zum Recht auf Begründung EuGH, Urt. v. 15. 6. 1994, Rs. C–137/92 (Kommission/BASF u. a.), Slg. 1994, I–2555, Rn. 67 f.
[46] *Klatt*, in: GSH, Europäisches Unionsrecht, Art. 41 GRC, Rn. 10.
[47] Vgl. *Kanska*, ELJ 2004, 296 (312 f.).
[48] EuGH, Urt. v. 31. 3. 1992, Rs. C–255/90 P (Burban/EP), Slg. 1992, I–2253, Rn. 7; EuG, Urt. v.

2. Gerechte Behandlung

14 Das Recht auf gerechte Behandlung wurde durch die Charta neu geschaffen und hat im Gegensatz zu den anderen Garantien des Art. 41 GRC keine Vorläufer in der Rechtsprechung der Unionsgerichte.[49] Es bedarf aufgrund der sehr weiten Formulierung des Art. 41 GRC einer einschränkenden Auslegung. Zu weitgehend wäre es, dem Begriff »gerecht« auch Aspekte materieller Gerechtigkeit zuzubilligen, da Art. 41 GRC dann zu einem »Supergrundrecht mutiert, das Inhalte vieler Grundrechte und Rechtsgrundsätze aufnimmt«.[50] Das Recht auf »gerechte Behandlung« umfasst daher nur formelle, prozedurale Aspekte eines gerechten Verwaltungsverfahrens.[51] »Gerechte Behandlung« verlangt neben einer Beachtung der Pflichten des Abs. 2 (»insbesondere«) auch die Pflicht zu ordnungsgemäßer/sorgfältiger Verwaltung.[52] Dazu gehört die Pflicht zur sorgfältigen Untersuchung aller wichtigen Aspekte[53] sowie eine »angemessene« Prüfung des vom Betroffenen vorgebrachten Sachverhalts.[54] Die Pflicht zu ordnungsgemäßer Verwaltung beinhaltet die Berücksichtigung aller relevanter und entscheidungserheblicher (tatsächlicher und rechtlicher) Umstände (ähnlich dem Untersuchungsgrundsatz),[55] insbesondere soweit der handelnden Behörde ein Ermessens- bzw. Beurteilungsspielraum zusteht oder wissenschaftliche Fragen im Raum stehen.[56]

3. Zügiges Verwaltungsverfahren

15 Das Recht auf ein zügiges Verwaltungsverfahren ist auf eine Sachbehandlung binnen angemessener Frist gerichtet und ist schon recht lange in der Rechtsprechung des EuGH anerkannt.[57] Es weist erhebliche praktische Bedeutung auf.[58] So kam es in den letzten Jahren durch den Europäischen Bürgerbeauftragten zu zahlreichen Beanstandungen wegen zu langer Dauer von Verfahren. Die Bestimmung der Angemessenheit erfolgt unter Berücksichtigung des Einzelfalls;[59] zu berücksichtigen sind dabei sowohl die Komplexität der Angelegenheit als auch besonderes Verhalten der Beteiligten im Verfahren.[60] Als Orientierung kann etwa die Zwei-Monats-Frist der Untätigkeitsklage

---

19.3.1997, Rs. T–73/95 (Oliveira/Kommission), Slg. 1997, II–381, Rn. 32; speziell bzgl. Art. 41 GRC EuGH, Beschluss v. 18.10.2002, Rs. C–232/02 P (R), Slg. 2002, I–8977, Rn. 85.

[49] *Lais*, ZEuS 2002, 447 (462).

[50] *Jarass*, GRCh, Art. 41 GRC, Rn. 28; *Klatt*, in: GSH, Europäisches Unionsrecht, Art. 41 GRC, Rn. 11.

[51] *Klatt*, in: GSH, Europäisches Unionsrecht, Art. 41 GRC, Rn. 11; *Grzeszick*, EUR 2006, 161 (164).

[52] *Jarass*, GRCh, Art. 41 GRC, Rn. 28.

[53] EuG; Urt. v. 30.9.2003, Rs. T–191/98 (Atlantic), Slg. 2003 II–3375, Rn. 404; EuG, Urt. v. 27.9.2012, Rs.T–343/06 (Shell), ECLI:EU:T:2012:478, Rn. 170.

[54] EuG, Urt. v. 23.9.2009, Rs. T–263/07 (Estland, Kommission), Slg. 2009, II–3463, Rn. 112.

[55] *Jarass*, FS Schenke, S. 855f.; *Kanska*, ELJ 2004, 296 (322).

[56] Zu Ersterem EuG, Urt. v. 12.12.1997, Rs. T–167/94 (Nölle), Slg. 1995, II–2589, Rn. 73; zu Letzterem EuGH, Rs. 269/90 (TU München), Slg. 1991, I–5469, Rn. 22.

[57] EuGH, Urt. v. 18.3.1997, Rs. C–282/95 (Guérin automobiles/Kommission), Slg. 1997, I–1503, Rn 37f; EuGH, Urt. v. 15.1.2002, Rs. C–238/99 (Limburgse Vinyl Maatschappij u.a./Kommission), Slg. 2002, I–8375, Rn. 166ff; bereits unter Bezug auf Art. 41 EuG, Urt. v. 8.7.2008, Rs.T–48/05 (Franchet und Byk/Kommission), Slg. 2008, II–1585, Rn. 273; kritisch zur Argumentation des EuG mit guten Gründen *Kańska*, ELJ 2004, 296 (313).

[58] *Ruffert*, in: Calliess/Ruffert, EUV/AEUV, Art. 41 GRC, Rn. 12.

[59] EuG, Urt. v. 14.7.1997, Rs. T–81/95 (Interhotel/Kommission), Slg. 1997, II–1265, Rn. 65.

[60] EuGH, Urt. v. 18.3.1997, Rs. C–282/95 (Guérin/Kommission), Slg. 1997, I–1503, Rn. 37; *Lais*, ZEuS 2002, 447, (463f); *Haibach*, NVwZ 1998, 456 (459).

(Art. 265 AEUV) dienen.[61] Dagegen besteht Uneinigkeit, ob auch die z. T. umfangreiche Rechtsprechung des EGMR zu Art. 6 EMRK zur Orientierung dienen kann.[62] Jedenfalls erfordert eine Verzögerung ausreichende Rechtfertigung.[63] Die Überschreitung der angemessenen Frist führt allerdings nur dann zur Aufhebung einer Entscheidung, wenn die unionsrechtlichen Prinzipien der Rechtssicherheit bzw. des Vertrauensschutzes[64] oder wirksamer Rechtsschutz des Betroffenen beschränkt werden.[65]

III. Organe und Einrichtungen

Die Adressaten des Art. 41 GRC sind alle Organe, Einrichtungen und sonstigen Stellen der Union, auch wenn der Wortlaut der Vorschrift zunächst nur alle Organe gem. Art. 13 ff. EUV sowie alle anderen Einrichtungen, auch Agenturen und verselbständigte Verwaltungseinheiten (»sonstige Stellen«) umfasst.[66] Umstritten ist freilich, ob auch die Mitgliedstaaten an Art. 41 GRC gebunden sind. Mitunter wird vertreten, dass Art. 41 GRC nicht die Mitgliedstaaten verpflichtet, selbst dann nicht, wenn sie Unionsrecht durchführen.[67] Dagegen wird häufig auch eine extensive systematische Auslegung des Art. 41 GRC und damit eine Geltung auch für die Mitgliedstaaten aufgrund der Situation geteilter Verantwortungswahrnehmung bejaht.[68] Angesichts der **Komplexität der Anlage des Verwaltungsvollzugs** erscheint die letztere Lesart vorzugswürdig.

16

IV. Einzelne Gewährleistungen

1. Anhörungsrecht

Das in Art. 41 Abs. 2 Buchst. a GRC niedergelegte Recht auf Anhörung hat grundsätzlich einen weiten Geltungsumfang.[69] Erfasst werden deshalb alle Verfahren, die eine beschwerende Maßnahme zur Folge haben können.[70] Art. 41 Abs. 2 Buchst. a GRC findet selbst dann Anwendung, wenn die entsprechende unionsrechtliche Regelung ein

17

---

[61] *Klatt*, in: GSH, Europäisches Unionsrecht, Art. 41 GRC, Rn. 12; *Jarass*, GRCh, Art. 41 GRC, Rn. 29.

[62] Dafür *Ruffert*, in: Calliess/Ruffert, EUV/AEUV, Art. 41 GRC, Rn. 12; a. A. *Klatt*, in: GSH, Europäisches Unionsrecht, Art. 41 GRC, Rn. 12.

[63] So EuGH, Urt. v. 27.11.1987, Rs. C–223/85 (RSV), Slg. 1987, 4617, Rn. 14; kritisch hierzu *Pfeffer*, S. 134 ff.

[64] *Haibach*, NVwZ 1998, 465 (459); *Kanska*, ELJ 2004, 296 (314).

[65] EuG, Urt. v. 22.10.1997, verb. Rs. T–213/95 bis T–18/96 (SCK und FNK / Kommission), Slg. 1997, II–1739, Rn. 55; Urt. v. 13.1.2004, Rs. T–67/01 (JCB Service/Kommission), Slg. 2004, II–49, Rn. 40, 44.

[66] *Ruffert*, in: Calliess/Ruffert, EUV/AEUV, Art. 41 GRC, Rn. 8.

[67] *Stelkens*, in: Stelkens/Bonk/Sachs, Verwaltungsverfahrensgesetz, Rn. 113; *Classen*, S. 96 ff.; *Grzeszick*, EUR 2006, 161 (167); *Fehling*, in: Terhechte, Verwaltungsrecht der EU, § 12, Rn. 19; *Ruffert*, in: Calliess/Ruffert, EUV/AEUV, Art. 41 GRC, Rn. 9; *Kanska*, ELJ 2004, 296 (308 f); *Lais*, ZEuS 2002, 447 (457); *Shirvani*, DVBl 2011, 674 (675); *Pfeffer*, S. 105; *Magiera*, in: Meyer, GRCh, Art. 41 GRC, Rn. 9.

[68] *Klatt*, in: GSH, Europäisches Unionsrecht, Art. 41 GRC, Rn. 6; *Galetta*, EuR 2007, 57 (78 f.); *Jarass*, FS Schenke, S. 853; *Wakefield*, S. 66; vgl. zu einer differenzierenden Betrachtung, *Bauer*, S. 142 f.

[69] *Craig*, in: Peers/Hervey/Kenner/Ward, The EU Charter on Fundamental Rights, 2014, Art. 41, Rn. 29.

[70] EuGH, Urt. v. 22.11.2012, Rs. C–277/11 (M.), ECLI:EU:C:2012:744, Rn. 85.

solches Verfahrensrecht nicht ausdrücklich vorsieht.[71] Allerdings gilt das Anhörungsrecht **nur für nachteilige Maßnahmen,**[72] wobei dieser Nachteil spürbar sein muss.[73] Unerheblich ist, ob der Nachteil rechtlicher oder faktischer (bspw. ökonomischer) Natur ist.[74] Das Anhörungsrecht umfasst so z.B. die **Unterrichtung über geplante Maßnahmen,**[75] die **Gelegenheit zur Stellungnahme** für den Grundrechtsträger[76] sowie die **Berücksichtigung der Stellungnahme** bei der entsprechenden Verwaltungsentscheidung.[77] Eingriffe in das Anhörungsrecht können nur aufgrund einer gesetzlichen Grundlage gerechtfertigt werden und müssen dem Grundsatz der Verhältnismäßigkeit entsprechen.[78] Freilich kann bei Vorliegen eines zwingenden öffentlichen Interesses eine Anhörung auch ganz entfallen.[79] Wie im deutschen Recht (vgl. §§ 28, 45 Abs. 1 Nr. 3, Abs. 2 VwVfG) gilt auch auf der Ebene des Unionsrechts, dass eine unterbliebene Anhörung durch Nachholung bis zum Abschluss des Verwaltungsverfahrens geheilt werden kann.[80]

2. Zugang zu Dokumenten

18   Das Recht auf Akteneinsicht bzw. Zugang zu Dokumenten gem. Art. 41 Abs. 2 Buchst. b GRC richtet sich als personenbezogenes Recht auf Akten, die den Grundrechtsträger selbst betreffen (im Gegensatz zum allgemeinen Recht auf Dokumentenzugang gem. Art. 42 GRC).[81] Es kann auch für solche Akten gelten, die primär Dritte betreffen, sofern es sich auch Angelegenheiten des Grundrechtsträgers handelt.[82] Das Recht auf Akteneinsicht ist nicht auf nachteilige Maßnahmen beschränkt.[83] Es kann zugunsten eines legitimen Interesses der Vertraulichkeit sowie des Berufs- bzw. Geschäftsgeheimnisses

---

[71] EuGH, Urt. v. 22.11.2012, Rs. C–277/11 (M.), ECLI:EU:C:2012:744, Rn. 86.

[72] *Kanska*, ELJ 2004, 296 (314).

[73] *Klatt*, in: GSH, Europäisches Unionsrecht, Art. 41 GRC, Rn. 13.

[74] *Lais*, ZEuS 2002, 447 (464).

[75] EuGH, Urt. v. 15.10.2002, Rs. C–238/99 (Limburgse Vinyl Maatschappij u.a./Kommission), Slg. 2002, I–8375, Rn. 85; Urt. v. 21.9.2000, Rs. C–462/98 (Mediocurso/Kommission), Slg. 2000, I–7183, Rn. 35, 43 f.; EuG, Urt. v. 20.4.1999, Rs. T–305/94 (LVM/Kommission), Slg. 1999, II–931, Rn. 263.

[76] EuGH, Urt. v. 9.11.1983, Rs. C–322/81 (Michelin/Kommission), Slg. 1983, 3461, Rn. 7; Urt. v. 29.6.1994, Rs. C–135/92 (Fiskano/Kommission), Slg. 1994, I–2885, Rn. 40; EuG, Urt. v. 7.6.2006, Rs. T–613/97 (Ufex u.a./Kommission), Slg. 2000, II–4055 Rn. 85.

[77] EuGH, Urt. v. 10.7.2001, Rs. C–315/99 P (Ismeri Europa/Rechnungshof), Slg. 2001, I–5281, Rn. 31 f.

[78] *Klatt*, in: GSH, Europäisches Unionsrecht, Art. 41 GRC, Rn. 13; *Jarass*, GRCh, Art. 41 GRC, Rn. 23.

[79] *Klatt*, in: GSH, Europäisches Unionsrecht, Art. 41 GRC, Rn. 13.

[80] EuGH, Urt. v. 25.10.1983, Rs. C–107/82 (AEG/Kommission), Slg. 1983, 3151, Rn. 29; im Gerichtsverfahren ist dagegen eine Heilung nicht mehr möglich; Urt. v. 7.1.2004, Rs. C–204/00 P (Aalborg Portland u.a./Kommission), Slg. 2004, I–123, Rn. 104; zum deutschen Recht s. *Engel/Pfau*, in: Mann/Sennekamp/Uechtritz, Verwaltungsverfahrensgesetz, 2014, § 28, Rn. 110 ff.

[81] *Craig*, in: Peers/Hervey/Kenner/Ward, The EU Charter on Fundamental Rights, 2014, Art. 41, Rn. 37 ff.; *Klatt*, in: GSH, Europäisches Unionsrecht, Art. 41 GRC, Rn. 14; *Streinz*, in: Streinz, EUV/AEUV, Art. 41 GRC, Rn. 10.

[82] *Klatt*, in: GSH, Europäisches Unionsrecht, Art. 41 GRC, Rn. 14; *Streinz*, in: Streinz, EUV/AEUV, Art. 41 GRC, Rn. 10; *Nehl*, in: Heselhaus/Nowak, Handbuch der Europäischen Grundrechte, § 55, Rn. 1.

[83] *Klatt*, in: GSH, Europäisches Unionsrecht, Art. 41 GRC, Rn. 14.

eingeschränkt werden.[84] In diesem Fall muss aber eine Abwägung im Rahmen einer individuellen Verhältnismäßigkeitsprüfung erfolgen.[85]

3. Begründungspflicht

Gem. Art. 41 Abs. 2 Buchst. c GRC ist das Recht auf Begründung nur in Bezug auf **eigene** **19** **Angelegenheiten** anwendbar.[86] Die Begründung kann nicht nach Erlass der Entscheidung nachgeschoben werden,[87] sie muss vielmehr selbst Gegenstand der Entscheidung sein.[88] Die entscheidungserheblichen Gründe[89] müssen derart mitgeteilt werden, dass die Rechtmäßigkeit der Entscheidung nachvollziehbar ist.[90] Anforderungen an die Ausführlichkeit der Begründung steigen hierbei immer dann, soweit die Entscheidung gewichtige Folgen für den Betroffenen mit sich bringt,[91] bei Abweichen von einer bewährten Verwaltungspraxis[92] oder je mehr Ermessen der Verwaltung durch das Unionsrecht eingeräumt wird.[93]

V. Schadensersatz (Abs. 3)

Das Recht auf Schadensersatz bei rechtwidrigem Verhalten durch die EU ist auch im **20** Rahmen der außervertraglichen Haftung gem. Art. 340 AEUV geregelt.[94] Die in Art. 340 AEUV bestimmten Bedingungen und Grenzen gelten gem. Art. 52. Abs. 2 AEUV auch für Art. 41 Abs. 3 GRC.[95] Die Erwähnung des Rechts auf Schadensersatz wurde erst spät in Art. 41 GRC eingefügt.[96] Art. 41 Abs. 3 GRC stellt kein formell-prozedurales, sondern primär ein materielles Grundrecht dar.[97] Art. 41 Abs. 3 GRC ist nicht auf Maßnahmen der Unionsverwaltung beschränkt, erfasst sind vielmehr auch Maßnahmen der anderen Gewalten.[98] Grundrechtsadressat des Art. 41 Abs. 3 GRC ist allein

---

[84] Vgl. EuG, Urt. v. 29. 6. 1995, Rs. T–36/91 (ICI/Kommission), Slg. 1995, II–1847, Rn. 98.

[85] EuG, Urt. v. 29. 6. 1995, Rs. T–30/91 (Solvay/Kommission), Slg. 1995, II–1775, Rn. 88; EuG, Urt. v. 30. 11. 2000, Rs. T–5/97 (Industrie des poudres sphériques/Kommission), Slg. 2000, II–3755, Rn. 229.

[86] *Craig*, in: Peers/Hervey/Kenner/Ward, The EU Charter on Fundamental Rights, 2014, Art. 41, Rn. 48 ff.; *Klatt*, in: GSH, Europäisches Unionsrecht, Art. 41 GRC, Rn. 15.

[87] EuGH, Urt. v. 22. 1. 2004, Rs. C–353/01 P (Mattila/Rat und Kommission), Slg. 2004, I–1073, Rn. 32; EuGH, Urt. v. 28. 6. 2005, Rs. C–189/02 P (Dansk Rørindustri u. a./Kommission), Slg. 2005, I–5425, Rn. 463; EuG, Urt. v. 7. 6. 2006, Rs. T–613/97 (Ufex u. a./Kommission), Slg. 2006, II–1531, Rn. 67 f; *Lais*, ZEuS 2002, 447 (463); a. A. die frühere Rspr. s. EuGH, Urt. v. 13. 2. 1979, Rs. C–85/76 (Hoffmann-La Roche/Kommission), Slg. 1979, 461, Rn. 14 f.

[88] EuGH, Urt. v. 10. 12. 1985, Rs. 240/82 (Stichting Sigarettenindustrie/Kommission), Slg. 1985, Rn. 8.

[89] EuGH, Urt. v. 29. 2. 1996, Rs. 122/94 (Kommission/Rat), Slg. 1996, I–881, Rn. 29; EuG, Urt. v. 21. 3. 2001, Rs. T–206/99 (Métropole télévision/Kommission), Slg. 2001, II–1057, Rn. 44.

[90] EuG, Urt. v. 8. 11. 2004, Rs. T–176/01 (Ferriere Nord/Kommission), Slg. 2004, II–3931, Rn. 106.

[91] EuGH, Urt. v. 6. 3. 2003, Rs. 41/00 (Interporc/Kommission), Slg. 2003, I–2125, Rn. 55; EuG, Urt. v. 6. 12. 1994, Rs. T–450/93 (Lisrestal u. a./Kommission), Slg. 1994, II–1177, Rn. 52.

[92] *Klatt*, in: GSH, Europäisches Unionsrecht, Art. 41 GRC, Rn. 15.

[93] EuGH, Urt. v. 1. 7. 1986, Rs. C–185/85 (Usinor/Kommission), Slg. 1986, 2079, Rn. 20 ff.

[94] *Craig*, in: Peers/Hervey/Kenner/Ward, The EU Charter on Fundamental Rights, 2014, Art. 41, Rn. 18.

[95] *Jarass*, GRCH, Art. 41 GRC, Rn. 32; *Streinz*, in: Streinz, EUV/AUV, Art. 41 GRC, Rn. 15.

[96] s. Art. 39 in CHARTE 4131/00 vom 17. 2. 2000 und Art. 27 in CHARTE 4284/00 vom 5. 5. 2000.

[97] *Klatt*, in: GSH, Europäisches Unionsrecht, Art. 41 GRC, Rn. 17; *Jarass*, GRCh, Art. 41 GRC, Rn. 32; *Kanska*, ELJ 2004, 296 (321).

[98] *Klatt*, in: GSH, Europäisches Unionsrecht, Art. 41 GRC, Rn. 17; *Jarass*, GRCh, Art. 41 GRC, Rn. 33.

die EU. Nicht erfasst werden dagegen die Mitgliedstaaten, selbst dann nicht, wenn sie das EU-Recht ausführen.[99]

VI. Sprachenfrage (Abs. 4)

21   Das Recht, sich in einer der Sprachen der Verträge (vgl. auch Art. 55 EUV) an die Organe der EU zu wenden, darf angesichts der multilingualen europäischen Verwaltung als wichtiges »**Brückenrecht**« zwischen Unionsbürgern und EU gelten und ist in gewisser Weise eine **Gelingensvoraussetzung europäischer Demokratie**.[100] Das Sprachenrecht des Art. 41 Abs. 4 GRC ist ebenso in Art. 20 Abs. 2 Buchst. d und Art. 24 UAbs. 4 AEUV geregelt[101] und ergab sich zuvor bereits aus der VO Nr. 1 vom 15.4.1958 zur Sprachenfrage.[102] Die Bedeutung des Art. 41 Abs. 4 GRC richtet sich daher gem. Art. 52 Abs. 2 GRC nach den Vorschriften des AEUV.[103] Gebunden durch Art. 41 Abs. 4 GRC ist ausschließlich die EU, nicht die Mitgliedstaaten.[104] Der Verpflichtetenkreis auf Ebene der EU ist allerdings beschränkt. Nicht erfasst sind insbesondere »sonstige Stellen«.[105] Grundrechtsträger sind Unionsbürger[106] sowie juristische Personen mit Sitz in der Union.[107] Mit der Garantie sind angesichts der damit hohen Zahl der zulässigen Sprachen nicht unerhebliche Herausforderungen und Kosten für die unionale Verwaltungsorganisation verbunden. In Anbetracht der fundamentalen Bedeutung der Sprachenfrage (s. o.) ist dieser Aufwand aber gerechtfertigt.

C. Ausblick

22   Das Recht auf gute Verwaltung verkörpert einen wichtigen **Baustein des unionalen Verfassungsverwaltungsrechts**. Die ausdrückliche Verankerung der in Art. 41 GRC garantierten Verfahrensrechte unterstreicht die Bedeutung der Vollzugskomponente im Rahmen des Unionsrechts und ist zugleich markanter Ausdruck der rechtsstaatlichen Ausrichtung der EU. Freilich dient die Vorschrift in erster Linie der Bündelung bereits durch den EuGH anerkannter Grundsätze und Garantien. Sie zeigt gleichwohl, dass supranationale Verwaltungsstrukturen eben dieser Garantien bedürfen, um ein befriedigendes Legitimationsniveau abzusichern. Hierdurch kann zwar – hierauf wird zu Recht hingewiesen – die demokratische Legitimation des Verwaltungshandelns letztlich nur

---

[99] *Klatt*, in: GSH, Europäisches Unionsrecht, Art. 41 GRC, Rn. 17; *Jarass*, GRCh, Art. 41 GRC, Rn. 33; *Stelkens*, in: Stelkens/Bonk/Sachs, Verwaltungsverfahrensgesetz, Rn. 113.
[100] S. zur Bedeutung auch *Hatje*, in: Schwarze, EU-Kommentar, Art. 24 AEUV, Rn. 4.
[101] *Craig*, in: Peers/Hervey/Kenner/Ward, The EU Charter on Fundamental Rights, 2014, Art. 41, Rn. 22.
[102] ABl. 1958, Nr. C 17/385.
[103] *Klatt*, in: GSH, Europäisches Unionsrecht, Art. 41 GRC, Rn. 32; *Streinz*, in: Streinz, EUV/AEUV, Art. 41 GRC, Rn. 18; s. auch *Terhechte*, in: GSH, Europäisches Unionsrecht, Art. 52 GRC, Rn. 14.
[104] *Klatt*, in: GSH, Europäisches Unionsrecht, Art. 41 GRC, Rn. 18; *Streinz*, in: Streinz, EUV/AEUV, Art. 41 GRC, Rn. 18; *Streinz*, in: Streinz, EUV/AEUV, Art. 41 GRC, Rn. 16; *Stelkens*, in: Stelkens/Bonk/Sachs, Verwaltungsverfahrensgesetz, Rn. 113.
[105] EuGH, Urt. v. 9.9.2003, Rs. C–361/01 (Kik/HABM), Slg. 2003, I–8283, Rn. 83; zum Ausschluss von Agenturen s. EuG, Urt. v. 12.7.2001, Rs. T–120/99 (Kik/HABM), Slg. 2001, II–2235, Rn. 64.
[106] *Klatt*, in: GSH, Europäisches Unionsrecht, Art. 41 GRC, Rn. 18; *Ruffert*, in: Calliess/Ruffert, EUV/AEUV, Art. 41 GRC, Rn. 20.
[107] *Kanska*, ELJ 2004, 296 (321); dagegen *Magiera*, in: Meyer, GRCh, Art. 41 GRC, Rn. 24.

abgestützt werden. Zugleich dient die Vorschrift aber als Vorbild, sei es in Hinblick auf internationale Verwaltungsstrukturen, oder sei es im Rahmen ihrer Ausstrahlung auf die mitgliedstaatlichen Verwaltungsstrukturen.

Artikel 42   GRC Recht auf Zugang zu Dokumenten

Die Unionsbürgerinnen und Unionsbürger sowie jede natürliche oder juristische Person mit Wohnsitz oder satzungsmäßigem Sitz in einem Mitgliedstaat haben das Recht auf Zugang zu den Dokumenten der Organe, Einrichtungen und sonstigen Stellen der Union, unabhängig von der Form der für diese Dokumente verwendeten Träger.

Literaturübersicht

Bartelt/Zeitler, Zugang zu Dokumenten der EU, EuR 2003, 487; *Boysen*, Transparenz im europäischen Verwaltungsverbund – Das Recht auf Zugang zu Dokumenten der Gemeinschaftsorgane und Mitgliedstaaten in der Rechtsprechung der europäischen Gerichte, DV 2009, 215; *Brandsma/Curtin/ Meijer*, How transparent are EU comitology committees in practice?, ELJ 2008, 819; *Cabral*, Access to Member State documents in EC law, E.L.Rev. 2006, 378; *Corbett/Jacobs/Shackleton*, The European Parliament, 2005; *Curtin*, Citizens' fundamental right of access to EU information: An evolving digital passepartout?, CMLRev. 37 (2000), 7; *Driessen*, The Council of the European Union and access to documents, E.L.Rev. 30 (2005), 675; *Harden*, The revision of Regulation 1049/2001 on public access to documents, European Public Law 2009, 239; *Heitsch*, Die Transparenz der Entscheidungsprozesse als Element demokratischer Legitimation der Europäischen Union, EuR 2001, 809; *Heliskoski/Leino*, Darkness at the break of noon: The case law on regulation Nr. 1049/2001, CMLRev. 43 (2006), 735; *Kranenborg*, Access to documents and data protection in the European Union: on the public nature of personal data, CMLRev. 2008, 1079; *Leino*, Just a little sunshine in the rain: The 2010 jurisprudence of the European Court of Justice on access to documents, CMLRev. 48 (2011), 1215; *Marsch*, Das Recht auf Zugang zu EU-Dokumenten – Die Verordnung (EG) Nr. 1049/2001 in der Praxis, DÖV 2005, 639; *Sanner*, Der Zugang zu Schriftsätzen der Kommission aus Gerichtsverfahren vor den Europäischen Gerichten, EuZW 2011, 134; *Schnichels*, Die gläserne Kommission – Zugang zu den Dokumenten der EG-Kommission, EuZW 2002, 577; *Schoch*, Informationsrecht in einem grenzüberschreitenden und europäischen Kontext, EuZW 2011, 388; *Wägenbaur*, Der Zugang zu EU-Dokumenten – Transparenz zum Anfassen, EuZW 2001, 680; *Wehner*, Informationszugangsfreiheit zu staatlichen Quellen, 2012; *Wewers*, Das Zugangsrecht zu Dokumenten in der europäischen Rechtsordnung, 2003 (s. weitere Literaturnachweise unter Art. 15 AEUV).

Leitentscheidungen

EuGH, Urt. v. 30.4.1996, Rs. C–58/94 (Niederlande/Rat), Slg. 1996 I–2169
EuGH, Urt. v. 6.12.2001, Rs. C–353/99 P (Hautala), Slg. 2001, I–9565
EuGH, Urt. v. 10.1.2006, Rs. C–344/04 (IATA), Slg. 2006, I–403
EuGH, Urt. v. 18.12.2007, Rs. C–64/05 P (Schweden), Slg. 2007, I–11389

Wesentliche sekundärrechtliche Vorschrift

Verordnung (EG) Nr. 1049/2001 vom 30.5.2001 über den Zugang der Öffentlichkeit zu Dokumenten des Europäischen Parlaments, des Rates und der Kommission, ABl. 2001, L 145/43

Inhaltsübersicht

Sebastian Heselhaus

A. Bedeutung und systematischer Überblick

Das **Recht auf Zugang zu Dokumenten** bei den EU-Organen, Einrichtungen und son- 1
stigen Stellen ist ein **Kernstück der unionalen Transparenzvorschriften**.[1] Als **vorausset-
zungsloses Recht** kann es viele Funktionen erfüllen, doch steht die Funktion der **Verstärkung der demokratischen Legitimation** der Union im Vordergrund.[2] Denn die ebenfalls wichtige **rechtsstaatliche Funktion** wird durch spezifische Zugangsrechte zu
Dokumenten erfüllt, wie über Aktenzugangsrechte und das Recht auf Zugang zu den
persönlichen Daten nach Art. 16 AEUV.[3] **Offenheit** bzw. Transparenz des hoheitlichen
Handelns ist eine Grundvoraussetzung für die Zuweisung von **Verantwortlichkeiten**
und eine darauf gestützte Ausübung von **Teilhaberechten**, insbesondere des Wahlrechts.[4]

Systematisch steht das Grundrecht zum einen nach Art. 42 GRC in enger Verbindung 2
mit dem im Wesentlichen gleichlautenden **Art. 15 Abs. 3 AEUV**.[5] Dort finden sich auch
die **Vorgaben zur** weiteren **Ausgestaltung** und die **Rechtsetzungskompetenz**.[6] Es handelt
sich bei Art. 42 GRC daher um ein **Grundrecht**, das in den Verträgen geregelt ist. Daher
erfolgt seine **Ausübung** gemäß Art. 52 Abs. 2 GRC nach den **Bedingungen und Grenzen
in den Verträgen**. Zum anderen ist der Zusammenhang mit den Verbürgungen des
Grundsatzes der Offenheit in den Verträgen zu sehen, wie er insbesondere in **Art. 1
Abs. 2 EUV** angesprochen und in **Art. 15 Abs. 1 AEUV** konkretisiert wird.[7] Weitere
Bezüge bestehen zum Grundsatz der **Bürgernähe**.[8]

Das Recht auf Zugang zu Dokumenten hat in der **Rechtsprechung** eine starke Absi- 3
cherung gefunden.[9] Sie gewährt grundsätzlich einen **weiten Zugang** zu Dokumenten.
Allerdings beruht die Entscheidung für einen solch weiten Zugang auf den früheren
Selbstverpflichtungen der drei Organe Europäisches Parlament, Rat und Kommission,
die später Eingang in die Zugangsverordnung (EG) Nr. 1049/2001 gefunden haben.[10]

Es ist festzustellen, dass sich die Rechtsprechung auffallend zurückhält, wenn es dar- 4
um geht, aufgrund **primärrechtlicher** Vorgabe über den von den Organen selbst gewählten Ansatz hinaus das Zugangsrecht weiterauszubauen. So lehnt die Rechtspre-

---

[1] Vgl. *Krajewski/Rösslein*, in: Grabitz/Hilf/Nettesheim, EU, Art. 15 AEUV (September 2013),
Rn. 33; *Hofstötter*, in: GSH, Europäisches Unionsrecht, Art. 15 AEUV, Rn. 23. *Wegener*, in: Calliess/
Ruffert, EUV/AEUV, Art. 15 AEUV, Rn. 1; *Magiera*, in: Meyer, GRCh, Art. 42 GRC, Rn. 6.
[2] *Magiera*, in: Meyer, GRCh, Art. 42 GRC, Rn. 6.
[3] S. die Kommentierung zu Art. 15 AEUV Rn. 35. Neben Art. 42 GRC anwendbar sind sonstige
Grundrechte, aus denen sich Informationsansprüche ergeben, wie z. B. Art. 41 Abs. 2 Buchst. b,
Art. 47 und Art. 48 Abs. 2 GRC, *Jarass*, Charta der Grundrechte der EU, Art. 42, Rn. 4.
[4] Vgl. *Krajewski/Rösslein*, in: Grabitz/Hilf/Nettesheim, EU, Art. 15 AEUV (September 2013),
Rn. 4.
[5] *Klatt*, in: GSH, Europäisches Unionsrecht, Art. 42 GRCh, Rn. 1; *Jarass*, GRCh, Art. 42 GRC,
Rn. 1; vgl. auch *Magiera*, in: Meyer, GRCh, Art. 42 GRC, Rn. 1.
[6] Art. 15 Abs. 3 UAbs. 2 AEUV.
[7] Vgl. zu den inhaltlichen Bezügen *Hofstötter*, in: GSH, Europäisches Unionsrecht, Art. 15 AEUV,
Rn. 3 f.; vgl. *Zerdick*, in: Lenz/Borchardt, EU-Verträge, Art. 15 AEUV, Rn. 1 f.; *Wegener*, in: Calliess/
Ruffert, EUV/AEUV, Art. 15 AEUV, Rn. 1; *Krajewski/Rösslein*, in: Grabitz/Hilf/Nettesheim, EU,
Art. 15 AEUV (September 2013), Rn. 2 f., 8, 11; *Gellermann*, in: Streinz, EUV/AEUV, Art. 15 AEUV,
Rn. 1.
[8] Vgl. *Magiera*, in: Meyer, GRCh, Art. 42 GRC, Rn. 6.
[9] Ständige Rechtsprechung, s. nur EuGH, Urt. v. 30.4.1996, Rs. C–58/94 (Niederlande/Rat),
Slg. 1996 I–2169.
[10] S. die Kommentierung zu Art. 15 AEUV, Rn. 39.

chung entgegen ihren bisherigen Grundsätzen und dem Wortlaut von Art. 15 Abs. 3 AEUV bzw. Art. 42 GRC eine **unmittelbare Wirkung** der Vorschrift ab und stellt damit deren **subjektiv-rechtlichen Gehalt** in Frage. Auch werden primärrechtliche **Erweiterungen** des Zugangsrechts bei den Begünstigten und den Verpflichteten entgegen dem Wortlaut nicht angewendet, sondern die Rechtsprechung verharrt auf dem status quo der insofern teilweise überholten Zugangsverordnung. Die überwiegende Ansicht in der Literatur folgt ihr, ohne die Diskrepanz zum Wortlaut weiter zu thematisieren (s. Rn. 9).

5   Nach überzeugender Auffassung verstärkt Art. 42 GRC die Gewährleistung nach Art. 15 Abs. 3 AEUV, da die Vorschrift den Grundrechtscharakter festlegt[11] und damit für eine **unmittelbare Anwendbarkeit** dieses **subjektiven Rechts** spricht (s. Rn. 9).[12] Konsequenterweise folgt daraus, dass Einschränkungen insbesondere am **Grundsatz der Verhältnismäßigkeit** zu messen sind.[13]

B. Entstehungsgeschichte

6   In der **Grundrechtecharta**, wie sie anlässlich des **Vertrages von Nizza** – ohne Rechtsverbindlichkeit – feierlich proklamiert worden ist, folgte Art. 42 GRC in seiner Ursprungsfassung den Vorgaben des **Art. 255 EGV** in der Fassung von **Amsterdam**. Zwar wurde im **Grundrechtekonvent** insbesondere diskutiert, ob der Kreis der Verpflichteten ausgedehnt werden sollte.[14] Letztlich blieb es aber bei den bereits etablierten Vorgaben.[15]

7   Eine **Ausweitung** des Kreises der **Verpflichteten** erfolgte erst im Entwurf für einen Vertrag über eine Verfassung für Europa.[16] Im dortigen **Art. I–50 EVV** wurden nicht nur die drei Organe Europäisches Parlament, Rat und Kommission erfasst, sondern alle Organe, Einrichtungen und sonstigen Stellen der Union. Ferner trat die **weite Definition der Dokumente** hinzu,[17] die »unabhängig von der Form der für diese Dokumente verwendeten Träger« erfasst wurden.[18] Die im EVV vorgesehene **grundrechtliche Gewährleistung** eines Zugangs zu Dokumenten in **Art. II–102 EVV** wurde entsprechend angepasst.[19]

8   Inhaltlich **ohne weitere Änderung** wurde die Fassung des Rechts auf Zugang zu Dokumenten im EVV in den **Lissabonner Vertrag** übernommen, wo die Erweiterungen in **Art. 15 Abs. 3 UAbs. 1 AEUV** und **Art. 42 GRC** beibehalten worden sind.

---

[11] Zu Vorbildern in den nationalen Verfassungen *Wegener*, in: Calliess/Ruffert, EUV/AEUV, Art. 42 GRC, Rn. 3.

[12] Für die Qualifizierung als Grundrecht, statt eines bloßen Grundsatzes, *Klatt*, in: GSH, Europäisches Unionsrecht, Art. 42 GRC, Rn. 3; *Wegener*, in: Calliess/Ruffert, EUV/AEUV, Art. 42 GRC, Rn. 1; für unmittelbar wirksames subjektiv-öffentliches Recht, *Klatt*, in: GSH, Europäisches Unionsrecht, Art. 42 GRC, Rn. 3; *Wegener*, in: Calliess/Ruffert, EUV/AEUV, Art. 42 GRC, Rn. 1; zur unmittelbaren Anwendbarkeit unter Hinweis auf die Gegenansicht *Jarass*, GRCh, Art. 42 GRC, Rn. 2, 5.

[13] *Klatt*, in: von der Groeben/Schwarze/Hatje, Europäisches Unionsrecht, Art. 42 GRCh, Rn. 11.

[14] *Magiera*, in: Meyer, Charta der Grundrechte der Europäischen Union, Art. 42, Rn. 4.

[15] Näher zu den einzelnen Entwürfen *Magiera*, in: Meyer, GRCh, Art. 42 GRC, Rn. 4f.; *Bernsdorff/Borowsky*, Protokolle, S. 192ff., 280ff. und 292f.

[16] In der ursprünglichen Fassung des Grundrechtekonvents war der Kreis der Adressaten auf Rat, EP und Kommission beschränkt, *Wegener*, in: Calliess/Ruffert, EUV/AEUV, Art. 42 GRC, Rn. 2; *Magiera*, in: Meyer, GRCh, Art. 42 GRC, Rn. 8.

[17] *Wegener*, in: Calliess/Ruffert, EUV/AEUV, Art. 42 GRC, Rn. 2.

[18] Zu Art. I–50 Abs. 3 EVV *Wegener*, in: Calliess/Ruffert, EUV/AEUV, Art. 42 GRC, Rn. 2.

[19] *Folz*, in: Vedder/Heintschel v. Heinegg, EVV, Art. II–102, Rn. 2.

C. Inhalt

Die Rechtsprechung und die überwiegende Ansicht im Schrifttum **verneinen** die **unmit-** **9** **telbare Anwendbarkeit** von Art. 15 Abs. 3 AEUV bzw. Art. 42 GRC. Sie berufen sich auf den **Wortlaut**, weil das Recht auf Zugang nur »vorbehaltlich« der Bedingungen im Sekundärrecht gewährleistet sei.[20] Dabei wird aber übersehen, dass alle wesentlichen Elemente des Zugangsanspruchs, Berechtigte, Verpflichtete und Voraussetzungslosig-keit als Teil des weiten Zugangs bereits **zwingend im Primärrecht** vorgesehen sind. Der Umsetzungsspielraum bezieht sich allein auf die **Ausgestaltung der Ausnahmeregelun-gen**. Im vergleichbaren Fall der Umweltverträglichkeitsprüfung hat die Rechtsprechung aber eine **unmittelbare Anwendbarkeit** auch bei einem Ermessen in der Umsetzung **bejaht**, sofern ein zwingendes Minimum an Gewährleistung durch Auslegung ermittelt werden kann.[21] Diese Sicht wird in Art. 42 GRC dadurch unterstützt, dass das Zugangs-recht ausdrücklich in den Kreis der **Grundrechte** aufgenommen wird. Es handelt sich dabei nicht um einen **Grundsatz** im Sinne des Art. 52 Abs. 5 GRC, der der Umsetzung bedarf.[22]

Die Zuerkennung der **unmittelbaren Anwendbarkeit** und des Charakters als **subjek-** **10** **tives Recht** hat in der Praxis Folgen. Denn dort, wo die Zugangsverordnung (EG) Nr. 1049/2001 hinter dem primärrechtlichen Minimum zurückbleibt, können Berech-tigte unmittelbar gestützt auf Art. 42 GRC ihr **Zugangsrecht einklagen**. Dies gilt für die bislang unterbliebene **Ausweitung** auf die anderen Organe, Stellen und sonstigen Ein-richtungen der Union, sofern dies nicht über andere Sekundärrechtsakte sichergestellt worden ist.[23] Ferner kann dies praktische Bedeutung haben, wenn Organe **Drittstaatlern** **mit Wohnsitz in der Union** entgegen dem Wortlaut von Art. 42 GRC bzw. Art. 15 Abs. 3 UAbs. 1 AEUV keinen Zugang zu Dokumenten wie Unionsbürgerinnen und -bürgern gewähren.[24] In der Regel wird allerdings nicht nach der Unionsbürgerschaft gefragt, so dass in der Praxis der Konfliktfall kaum auftreten dürfte.

Adressaten des Grundrechts sind die **Union** und ihre Stellen, **nicht** die **Mitgliedstaa-** **11** **ten**.[25] Grundsätzlich werden Dokumente aller Stellen der Union erfasst. Gemäß Art. 52 Abs. 2 GRC ist aber die **Einschränkung des Art. 15 Abs. 3 UAbs. 4 AEUV** für Doku-mente des Europäischen Gerichtshofs, der Europäischen Zentralbank sowie der Euro-päischen Investitionsbank auf solche mit Bezug zu deren Verwaltungsaufgaben, auch auf Art. 42 GRC anwendbar.[26] Als Dokumente der Union gelten nicht nur solche, deren

---

[20] Gegen eine unmittelbare Wirkung EuG, Urt. v. 11.12.2001, Rs. T–191/99 (Petrie), Slg. 2001, II–3677, Rn. 34, mit der Feststellung, dass weder Art. 1 Abs. 2 EUV noch Art. 255 EGV unmittelbar anwendbar seien. Vgl. *Gellermann*, in: Streinz, EUV/AEUV, Art. 15 AEUV, Rn. 8; *Schnichels*, EuZW 2002, 577; *Castenholz*, Informationszugangsfreiheit, 2004, S. 54 ff.; wohl auch *Sobotta*, Transparenz, 2001, S. 312 ff.; *Nowak*, DVBl 2004, 272 (280); *Krajewski/Rösslein*, in Grabitz/Hilf/Nettesheim, EU, Art. 15 AEUV (September 2013), Rn. 37 f.

[21] S. EuGH, Urt. v. 21.3.2013, Rs. C–244/12 (Flughafen Salzburg), ECLI:EU:C:2013:203, Rn. 40 ff.

[22] S. die Kommentierung zu Art. 15 AEUV, Rn. 37.

[23] S. dazu die bereits in ABl. 2003, L 245/1 aufgeführten Änderungsverordnungen zu den Grün-dungsverordnungen von Agenturen und Einrichtungen.

[24] Grundrechtsträger sind gemäß dem Wortlaut: »Die Unionsbürgerinnen und Unionsbürger sowie jede natürliche oder juristische Person mit Wohnsitz oder satzungsmäßigem Sitz in einem Mitglied-staat«.

[25] *Klatt*, in: GSH, Europäisches Unionsrecht, Art. 42 GRC, Rn. 4.

[26] So auch *Klatt*, in: GSH, Europäisches Unionsrecht, Art. 42 GRC, Rn. 6; *Jarass*, Charta der Grundrechte der EU, Art. 42, Rn. 7.

Urheber ein Unionsorgan ist, sondern auch solche, die sich lediglich **im Besitz** der Union befinden.[27] Nicht erfasst werden Dokumente, deren Urheber ein Unionsorgan ist, die sich aber im Besitz der Mitgliedstaaten befinden.[28] Der **sachliche Schutzbereich** wird insbesondere vom **weiten Begriff des Dokuments** bestimmt. Erfasst wird jede Information ohne Rücksicht auf die Form des Datenträgers.[29] Im Übrigen entspricht der Begriff des Dokuments in Art. 42 GRC demjenigen nach der Zugangsverordnung (EG) Nr. 1049/2001,[30] die sich aber ihrerseits an den Vorgaben des Art. 42 GRC bzw. Art. 15 Abs. 3 AEUV messen lassen muss.[31] Die Art und Weise der Gewährung des Zugangs erfolgt nach den Wünschen des Antragstellers, die Zurverfügungstellung von Kopien genügt.[32]

12   Des Weiteren gilt mit Anerkennung als **Unionsgrundrecht** der grundrechtliche **Gesetzesvorbehalt** für Eingriffe,[33] insbesondere in Form der Ablehnung eines beantragten Zugangs.[34] Einschlägig ist vor allem Verordnung (EG) Nr. 1049/2001.[35] Darüber hinaus muss im Rahmen der **Rechtfertigung** eine **Verhältnismäßigkeitsprüfung** vorgenommen werden.[36] In der Literatur wird insofern gerügt, dass sich die **absoluten Ausnahmen** nach Art. 4 Abs. 1 Verordnung (EG) Nr. 1049/2001 nicht mit einer solchen Verhältnismäßigkeitsprüfung im Einzelfall vertrügen.[37] Es ist aber darauf hinzuweisen, dass das Gebot, zumindest einen **teilweisen Zugang** zu Dokumenten zu gewähren, als Ausprägung des Verhältnismäßigkeitsgrundsatzes angesehen werden kann. Wie bei Art. 15 Abs. 3 AEUV muss die Ablehnung begründet werden.[38]

13   Im Übrigen bestimmen sich die Details der Gewährung des Zugangs zu Dokumenten nach – **primärrechtskonformer Auslegung**[39] – der **Zugangsverordnung** (EG) Nr. 1049/2001. Für die Einzelheiten kann daher hier auf die entsprechenden Kommentierungen zu Art. 15 Abs. 3 AEUV verwiesen werden.

---

[27] *Klatt*, in: GSH Europäisches Unionsrecht, Art. 42 GRC, Rn. 7; *Jarass*, GRCh, Art. 42 GRC, Rn. 8; *Magiera*, in: Meyer, GRCh, Art. 42 GRC, Rn. 10 unter Berufung auf die VO 1049/2001.

[28] Ablehnend *Klatt*, in: GSH, Europäisches Unionsrecht, Art. 42 GRCh, Rn. 7; *Jarass*, GRCh, Art. 42 GRC, Rn. 8 unter Berufung auf VO 1049/2001.

[29] *Klatt*, in: GRCh, Europäisches Unionsrecht, Art. 42 GRC, Rn. 6.

[30] *Magiera*, in: Meyer, GRCh, Art. 42 GRC, Rn. 9.

[31] *Wegener*, in: Calliess/Ruffert, EUV/AEUV, Art. 42 GRC, Rn. 1 a.E.; *Jarass*, GRCh, Art. 42 GRC, Rn. 5.

[32] *Klatt*, in: GSH, Europäisches Unionsrecht, Art. 42 GRCh, Rn. 8.

[33] Eingriff ist nicht nur die Verweigerung des Zugangs, sondern jede Beeinträchtigung, *Klatt*, in: GSH, Europäisches Unionsrecht, Art. 42 GRC, Rn. 9; *Jarass*, GRCh, Art. 42 GRC, Rn. 10, bspw. auch das Unterlassen von Schritten, die den Zugriff ermöglichen oder die Bedingung, den Antrag zu begründen, *Klatt*, in: GSH, Europäisches Unionsrecht, Art. 42 GRC, Rn. 9.

[34] *Klatt*, in: GSH, Europäisches Unionsrecht, Art. 42 GRCh, Rn. 10; *Jarass*, GRCh, Art. 42 GRC, Rn. 12. Eine gesetzliche Grundlage ist auch für ein Unterlassen erforderlich, *Klatt*, a.a.O.

[35] *Klatt*, in: GSH, Europäisches Unionsrecht, Art. 42 GRC, Rn. 10.

[36] *Klatt*, in: GSH, Europäisches Unionsrecht, Art. 42 GRC, Rn. 11; *Jarass*, GRCh, Art. 42 GRC, Rn. 14 f.

[37] *Klatt*, in: GSH, Europäisches Unionsrecht, Art. 42 GRC, Rn. 10.

[38] *Klatt*, in: GSH, Europäisches Unionsrecht, Art. 42 GRC, Rn. 12; *Jarass*, GRCh, Art. 42 GRC, Rn. 16.

[39] Vgl. zur Überprüfung der Zugangsverordnung am Maßstab von Art. 42 GRCh *Jarass*, GRCh, Art. 42 GRC, Rn. 5.

Artikel 43 GRC Der Europäische Bürgerbeauftragte

Die Unionsbürgerinnen und Unionsbürger sowie jede natürliche oder juristische Person mit Wohnsitz oder satzungsmäßigem Sitz in einem Mitgliedstaat haben das Recht, den Bürgerbeauftragten der Union im Fall von Missständen bei der Tätigkeit der Organe und Einrichtungen der Gemeinschaft, mit Ausnahme des Gerichtshofs und des Gerichts erster Instanz in Ausübung ihrer Rechtsprechungsbefugnisse, zu befassen.

Literaturübersicht

Guckelberger, Der Europäische Bürgerbeauftragte und die Petitionen zum Europäischen Parlament, Berlin, 2004; *dies.*, Das Petitionsrecht zum Europäischen Parlament sowie das Recht zur Anrufung des Europäischen Bürgerbeauftragten im Europa der Bürger, DÖV 2003, 829; *Haas*, Der Ombudsmann als Institution des Europäischen Verwaltungsrechts, Tübingen, 2012; *Masing*, Die Mobilisierung des Bürgers für die Durchsetzung des Rechts – Europäische Impulse für eine Revision der Lehre vom subjektiv-öffentlichen Recht, 1997; vgl. im Übrigen die Nachweise zu Art. 44 GRC.

Leitentscheidung

EuGH, Urt. v. 23. 3. 2004, Rs. C–234/02 P (Lamberts), Slg. 2004 I–2803

Wesentliche sekundärrechtliche Vorschriften

Beschluss des Europäischen Parlaments über die Regelungen und allgemeinen Bedingungen für die Ausübung der Aufgaben des Bürgerbeauftragten, ABl. 1994, L 113/15
Beschluss des Bürgerbeauftragten über die Annahme von Durchführungsbestimmungen, Anlage XI (B) EP-Geschäftsordnung, ABl. 2011, L 116/106

Inhaltsübersicht

A. Bedeutung und systematischer Überblick

Art. 43 GRC gewährt allen Unionsbürgerinnen und -bürgern und anderen natürlichen 1 oder juristischen Personen, die sich in einem Mitgliedstaat niedergelassen haben, das **Recht, den Europäischen Bürgerbeauftragten anzurufen**, um ihn mit Fällen von **Missständen** bei der **Tätigkeit von Unionsstellen** zu befassen. Der Bürgerbeauftragte geht zulässigen Beschwerden nach und fordert die betreffenden EU-Einrichtungen zu Stellungnahmen auf. Er kann auch auf einen Ausgleich hinarbeiten (s. Rn. 15). Die Gewährleistung greift Verbürgungen auf Zugang zum **Ombudsmann** im skandinavischen Recht auf, die ihrerseits inhaltlich auf Regelungen im osmanischen Reich zurückgehen.[1] Die grundrechtliche Verbürgung steht im Einklang mit modernen Verfassungen, die in besonderer Weise den Einzelnen in die **Kontrolle des Verwaltungshandelns** miteinbeziehen.[2] So wird der Einzelne gerade auf der Unionsebene nicht nur als bourgeois, als am eigenen wirtschaftlichen Nutzen interessierte Person, sondern auch als citoyen, der sich auch um das **Allgemeinwohl** sorgt (s. Rn. 4), wahrgenommen.

2   Art. 43 GRC ist im systematischen Zusammenhang mit **Art. 228 AEUV** zu sehen, der die näheren **Voraussetzungen und Grenzen** des Rechtes enthält. Auf jene Norm wird in Art. 24 Abs. 3 AEUV im Rahmen der Unionsbürgerrechte (vgl. Art. 20 Abs. 2 UAbs. 1 Buchst. d AEUV) in vollem Umfang **verwiesen**. Parallel zu letzterer Norm ist ein entsprechender **Verweis** über **Art. 52 Abs. 2 GRC** auch in Art. 43 GRC hineinzulesen, so dass Art. 228 AEUV die zentrale Norm über den Bürgerbeauftragten darstellt. Die Verbürgung in Art. 43 GRC bringt neu die formelle Anerkennung als **Unionsgrundrecht**,[3] die neben die Gewährleistung als **Unionsbürgerrecht** in Art. 24 AEUV tritt[4] und wie diese die **individualrechtliche** Ausprägung und die Bedeutung unterstreicht.

3   Das Recht auf Beschwerde an den Bürgerbeauftragten ist erstmals im Maastricht-Vertrag in das Primärrecht eingefügt worden.[5] Es umfasst verschiedene **Gewährleistungsgehalte**, neben einem **Leistungsrecht**[6] auch **Rechte auf Teilhabe** und **abwehrrechtliche Aspekte**[7] (s. Rn. 15). Die entsprechenden Gewährleistungen sind jedoch nicht erst mit der Grundrechtecharta eingeführt worden, sondern haben sich bereits unter dem Maastricht-Vertrag aus der Einführung des Bürgerbeauftragten als neuer EU-Institution ergeben.[8]

4   Die Verbürgung des Rechts auf Eingabe an den Bürgerbeauftragten als **Grundrecht** betont dessen **subjektiv-rechtliche Komponente**. Insofern können die berechtigten Personen insbesondere auf Missstände hinweisen, an deren Beseitigung sie ein **eigenes Interesse** haben, unabhängig davon, ob es sich um rechtlich relevante Sachverhalte handelt.[9] Doch besteht die Institution des Bürgerbeauftragten gerade auch im **allgemeinen Interesse** der Union. Denn sie dient auch dem Interesse, eine effektive Verwaltung zu sichern. Dieses Interesse ist nicht nur ein Nebenziel von subjektiv begründeten Eingaben, sondern setzt auch auf die Einreichung von Eingaben über Missstände, die den Einzelnen nicht in besonderer Weise persönlich betreffen. Dementsprechend ist in den einschlägigen Vorschriften über den Bürgerbeauftragten keine subjektive Beschränkung in Bezug auf das Interesse der auf einen Missstand hinweisenden Person enthal-

---

[1] Kap. 12 § 6 schwedische Verfassung, *Gaitanides*, in: Heselhaus/Nowak, Handbuch der Europäischen Grundrechte, § 50, Rn. 2.

[2] Näher *Gaitanides*, in: Heselhaus/Nowak, Handbuch der Europäischen Grundrechte, § 50, Rn. 3 f.; *Guckelberger*, S. 14 ff.

[3] EuGH, Urt. v. 23.3.2004, Rs. C–234/02 P (Lamberts), Slg. 2004, I–2803, Rn. 82, bestätigt insoweit EuG, Urt. v. 10.4.2002, Rs. T–209/00 (Lamberts), Slg. 2002, II–2203, Rn. 56; *Streinz*, in: Streinz, EUV/AEUV, Art. 43 GRC, Rn. 2.

[4] *Magiera*, in: Meyer, GRCh, Art. 43 GRC, Rn. 7.

[5] Ex-Art. 138e EGV sowie ex-Art. 8d Abs. 2 EGV.

[6] Für die Einstufung als Leistungsrecht *Jarass*, GRCh, Art. 43 GRC, Rn. 2; *Streinz*, in: Streinz, EUV/AEUV, Art. 43 GRC, Rn. 2.

[7] Zu abwehrrechtlichen Aspekten *Krings*, in: Tettinger/Stern, EuGRCh, Art. 43 GRC, Rn. 20.

[8] Vgl. *Kluth*, in: Calliess/Ruffert, EUV/AEUV, Art. 228 AEUV, Rn. 8.

[9] Dabei ist die Abgrenzung zur Rechtsprechung zu beachten, s. Rn. 12; s. Art. 1 Abs. 3 Beschluss 94/262/EGKS, EG, Euratom vom 9.3.1994 über die Regelungen und allgemeinen Bedingungen für die Ausübung der Aufgaben des Bürgerbeauftragten, ABl. 1994, L 113/15.

ten.[10] Damit eröffnet die Möglichkeit der Eingabe an den Bürgerbeauftragte nicht nur eine **unmittelbare Kommunikation** zwischen dem Einzelnen und dieser EU-Institution und dient der Umsetzung des Ziels größerer **Bürgernähe** und des politischen Konzepts eines »Europas der Bürger«. Vielmehr ist die Vorschrift Ausdruck auch einer **Ermächtigung** bzw. Indienstnahme **des Einzelnen** für das **Unionsinteresse**.[11]

Das Recht auf Beschwerde an den Bürgerbeauftragten ist **abzugrenzen** von einer   5 Reihe anderer Gewährleistungen in den Verträgen. Das **Petitionsrecht** zum Europäischen Parlament betrifft nicht nur Missstände in der Verwaltung und ist daher **inhaltlich breiter** angelegt. Beide Gewährleistungen bestehen **nebeneinander**. Der Petitionsausschuss sorgt gegebenenfalls für eine Abstimmung.[12] Das allgemeine **Recht auf Eingaben** an die EU-Institutionen nach Art. 24 Abs. 4 AEUV besteht ebenfalls neben dem Recht auf Beschwerden an den Bürgerbeauftragten. Es ist **inhaltlich breiter** angelegt, löst aber auch keinen spezifischen Überprüfungsauftrag aus (s. Rn. 15). Dieser Unterschied besteht auch gegenüber dem **Recht auf Zugang zu Dokumenten**, mit dem aber Parallelität in der Förderung von **Transparenz** besteht. Ebenfalls für Transparenz sorgt die Überwachung der Gewährleistung des **Datenschutzes** nach Art. 8 Abs. 3 GRC, die faktisch gerade auch auf Eingaben zu möglichen Missständen angewiesen ist.[13]

B. Entstehungsgeschichte

Die **Institution** des Europäischen Bürgerbeauftragten ist im **Maastricht Vertrag** in das   6 Primärrecht aufgenommen worden. Schon damals waren die Detailregelungen im Abschnitt über das Europäische Parlament enthalten,[14] die gleichzeitige Erwähnung im Kapitel über die **Unionsbürgerrechte** unterstrich die **subjektiv-rechtliche Komponente** und die Bedeutung insgesamt. Damit zählt die Gewährleistung zu dem Bündel an Unionsbürgerrechten, die aus dem Konzept eines »**Europas der Bürger**« hervorgegangen sind.[15]

Aufgrund der Vorarbeiten in der Ausgestaltung als Unionsbürgerrecht gestaltete sich   7 die **Aufnahme in die Grundrechtecharta** als relativ unkompliziert. Der grundrechtliche Charakter des Rechts stand nie in Frage.[16] Diskussionen entzündeten sich lediglich am **persönlichen Schutzbereich**. Letztlich konnten sich weder eine Engführung auf Unionsbürgerinnen und -bürger[17] noch eine Ausweitung auf alle Personen, die in einer Beziehung zur EU-Verwaltung stehen,[18] durchsetzen und es blieb beim Gewährleistungsumfang nach Art. 138e EGV (heute: Art. 228 EGV).[19]

---

[10] Vgl. Art. 2 Beschluss 94/262/EGKS, EG, Euratom und die insofern engeren Voraussetzungen für eine Petition an das Europäische Parlament, Art. 44 GRC, Rn. 14.

[11] *Guckelberger*, S. 14 ff. Grundsätzlich zur Thematik *Masing*.

[12] Art. 201 Abs. 12 GO-EP.

[13] Vgl. zur Abgrenzung zum Petitionsrecht und zum Recht nach Art. 8 Abs. 3 GRC *Jarass*, GRCh, Art. 43 GRC, Rn. 4.

[14] Art. 138e EGV, vgl. jetzt Art. 228 AEUV.

[15] *Guckelberger*, DÖV 2003, 829 f.

[16] CHARTE 4473/00 v. 11.10.2000, Erläuterungen des Präsidiums zu Art. 43.

[17] In Übereinstimmung mit Art. 8d EGV, aber enger als Art. 138e EGV.

[18] Für alle Personen, die mit der EU-Verwaltung in Kontakt kommen, und insofern weiter als Art. 138e EGV, der zusätzlich das Wohnsitzerfordernis in der EU enthält.

[19] Europäischer Rat von Köln, Schlussfolgerungen des Vorsitzes, Bull. EG 6–1999, Ziff. I.18.44; s. 14 und I.64, S. 39 f.; näher zur Diskussion im Grundrechtekonvent *Magiera,* in: Meyer, GRCh, Art. 43 GRC, Rn. 3 f.

8   Eine **Konkretisierung** der Vorgaben des Art. 228 AEUV (Art. 195 EGV) ist erstmals 1994 mit dem **Beschluss des Europäischen Parlaments** über die »Regelungen und allgemeinen Bedingungen für die Ausübung der Aufgaben des Bürgerbeauftragten«[20], sog. **Statut** des Europäischen Bürgerbeauftragten, erfolgt.[21] 2002 hat der **Bürgerbeauftragte durch Beschluss** auf dieser Basis selbst eine weitere Konkretisierung zur Durchführung vorgenommen.[22] Seit dem **Lissabonner Vertrag** werden in Zukunft die Regelungen und allgemeinen Bedingungen für die Ausübung der Aufgaben des Bürgerbeauftragten in einer **Verordnung des Europäischen Parlaments** in einem besonderen Gesetzgebungsverfahren nach Stellungnahme der Kommission und nach Zustimmung des Rates festgelegt. Ferner ist die Ausnahme zu Gunsten der GASP von den erfassten Tätigkeitsbereichen der Union weggefallen.[23]

C. Gewährleistungsgehalt

I. Grundrechtscharakter und Institution

9   Der **Grundrechtscharakter** des Rechts auf Beschwerde an den Bürgerbeauftragten ist unbestritten.[24] Bereits die Verbürgung als Unionsbürgerrecht im Maastricht-Vertrag sprach für die Gewährleistungen eines **einklagbaren subjektiven Rechts**.[25] Das Recht steht unter keinem Vorbehalt und ist insofern **unmittelbar anwendbar**. Nach Art. 52 Abs. 2 GRC wird es nach Maßgabe des Art. 228 AEUV ausgeübt.[26] Die dort in Abs. 4 angesprochene Rechtsetzungsbefugnis des Parlaments mit Zustimmung des Rates betrifft die nähere **Ausgestaltung** des Amtes **und** die **Durchführung** der Bearbeitung von Beschwerden, stellt aber **keine Bedingung** für die Gewährleistung des Beschwerderechts dar.

10   Die **systematische Stellung** der Vorschriften über den Bürgerbeauftragten belegen die enge Verbindung dieser Institution[27] zum **Europäischen Parlament**.[28] Der Bürgerbeauftragte wird vom Parlament gewählt, dem er auch berichtspflichtig ist. Das Parlament kann seine **Amtsenthebung** durch den Europäischen Gerichtshof beantragen.[29] Dennoch handelt es sich beim Bürgerbeauftragten um eine **selbständige Institution**. Dementsprechend kann gegebenenfalls um **Rechtsschutz** unmittelbar gegen den Bürgerbeauftragten, nicht gegen das Parlament ersucht werden (s. Rn. 23 ff.).[30] Insbesondere ist er **keinen**

---

[20] ABl. 1994, L 113/15, geändert durch Beschlüsse vom 14. 3. 2002 (ABl. 2002, L 92/13) und vom 18. 6. 2008 (ABl. 2008, L 189/25).

[21] Vgl. die Bezeichnung in Art. 1 lit. b der Durchführungsbestimmungen des Bürgerbeauftragten von 2002, Anlage XI (B) EP-Geschäftsordnung, ABl. 2011, L 116/106, geändert durch den Beschluss des Bürgerbeauftragten vom 5. 4. 2004 und vom 3. 12. 2008.

[22] Beschluss des Bürgerbeauftragten über die Annahme von Durchführungsbestimmungen, Anlage XI (B) EP-Geschäftsordnung, ABl. 2011, L 116/106, geändert durch die Beschlüsse des Bürgerbeauftragten vom 5. 4. 2004 und vom 3. 12. 2008.

[23] *Magiera*, in: Meyer, GRCh, Art. 43 GRC, Rn. 9.

[24] *Jarass*, GRCh, Art. 43 GRC, Rn. 3.

[25] *Magiera*, in: Meyer, GRCh, Art. 43 GRC, Rn. 7; vgl. aber zum Rechtschutz unten Rn. 23 ff.

[26] Erläuterungen zur Charta der Grundrechte i. d. F. v. 12.12.2007, ABl. 2007, C 303/1 ff. zu Art. 43 GRC.

[27] Für die Einzelheiten s. *Huber*, in: Streinz, EUV/AEUV, Art. 228 AEUV, Rn. 15 ff.

[28] Zur engen Bindung vgl. *Magiera*, in: Meyer, GRCh, Art. 43 GRC, Rn. 5.

[29] Art. 228 Abs. 2 AEUV, Art. 6 und Art. 8 Statut, Art. 204 und Art. 206 GO-EP.

[30] *Hamers*, Der Petitionsausschuss des Europäischen Parlaments und die Europäische Bürgerbe-

Weisungen unterworfen. Die **Inkompatibilitäten** sichern seine Unabhängigkeit in ähnlicher Weise wie bei den anderen Unionsorganen,[31] auch wenn der Bürgerbeauftragte formal kein Organ im Sinne des Art. 13 EUV ist. Der Bürgerbeauftragte legt die **Durchführungsbestimmungen** zu dem vom Parlament beschlossenen Statut des Bürgerbeauftragten fest.[32]

II. Sachlicher Schutzbereich

Die Eingaben an den Bürgerbeauftragten müssen sich auf **Fälle von Missständen** beziehen. In der Sache handelt es sich demnach um **Beschwerden**, wie dies in Art. 228 Abs. 1 AEUV auch wörtlich anerkannt wird. Das Unionsrecht hält keine Definition des Begriffs »Missstand« bereit. Nach Ansicht des Bürgerbeauftragten liegt ein solcher vor, »wenn eine **öffentliche Einrichtung** nicht im Einklang mit für sie **verbindlichen Regeln oder Grundsätzen** handelt«.[33] Zutreffend wird von einem **weiten Verständnis** ausgegangen, das nicht nur Verstöße gegen rechtsverbindliche Vorgaben umfasst.[34] Nähere Hinweise ergeben sich insbesondere aus dem **Kodex für eine gute Verwaltungspraxis**, den der erste Bürgerbeauftragte erstellt hat.[35] Die weite Interpretation entspricht dem Ziel, mehr **Bürgernähe** zu erreichen, das insbesondere auch die Art und Weise des Umgangs mit den Bürgern einschließt. Es ist ausreichend, wenn nach Auffassung des Beschwerdeführers ein Missstand vorliegt.[36] Trifft diese Auffassung im Ergebnis nicht zu, wird der Bürgerbeauftragte dies entsprechend mitteilen. Die Beseitigung des Missstands muss **nicht im persönlichen Interesse** des Beschwerdeführers liegen.[37] Daher ist auch eine **Popularbeschwerde** zulässig.

 Der Missstand muss sich bei der **Verwaltungstätigkeit** ergeben haben. Dies wird im englischen und französischen Wortlaut deutlich (»maladministration«/»administrati-

11

12

---

auftragte, 1999, S. 147 f.; *Meese*, Das Petitionsrecht beim Europäischen Parlament und das Beschwerderecht beim Bürgerbeauftragten der Europäischen Union, 2000, S. 290 f.; *Haas*, S. 252, a. A. *Hölscheidt*, in: Grabitz/Hilf/Nettesheim, EU, Art. 228 AEUV (September 2014), Rn. 32, der von einem Organteil ausgeht. Jedenfalls können keine Klagen gegen das Europäische Parlament wegen Fehlverhaltens des Bürgerbeauftragten eingebracht werden, EuG, Urt. v. 10. 4. 2002, Rs. T- 209/00 (Lamberts), Slg. 2001, II–765, Rn. 17.

[31] *Magiera*, in: Meyer, GRCh, Art. 43 GRC, Rn. 6.

[32] Art. 14 Statut, s. Beschluss des Bürgerbeauftragten über die Annahme von Durchführungsbestimmungen, Anlage XI (B) EP-Geschäftsordnung, ABl. 2011, L 116/106, geändert durch die Beschlüsse des Bürgerbeauftragten vom 5. 4. 2004 und vom 3. 12. 2008.

[33] Europäischer Bürgerbeauftragter, Jahresbericht 1997, ABl. 1998, C 380/1 (14 f.); Zustimmend aufgenommen von Kommission und Parlament, s. Europäischer Bürgerbeauftragter, Jahresbericht 1998, ABl. 1999, C 300/1 (12).

[34] Europäischer Bürgerbeauftragter, Jahresbericht 1997, ABl. 1998, C 380/1 (12); *Magiera*, in: Meyer, GRCh, Art. 43 GRC, Rn. 11; *Schoo*, in: Schwarze, EU-Kommentar, Art. 228 AEUV, Rn. 15; enger *Kaufmann-Bühler*, in: Lenz/Borchardt, EU-Verträge, Art. 228 AEUV, Rn. 10, im Hinblick auf Gebote der Fairness und die Grundsätze einer guten Verwaltungspraxis.

[35] Zuletzt neu erschienen im Jahre 2013, abrufbar unter http://www.ombudsman.europa.eu/de/resources/code.faces#/page/1 (29. 7. 2015). *Guckelberger*, S. 113 ff. weist zutreffend darauf hin, dass der Kodex für andere Organe als das Europäische Parlament, das diesen ausdrücklich gebilligt hat, keine Verbindlichkeit entfaltet. Gleichwohl kann die Ermittlung des Bürgerbeauftragten ergeben, dass sich auch ein anderes Organ aus eigenem Willen an diese Vorgaben halten möchte, und dass es dann daran gemessen werden kann.

[36] *Jarass*, GRCh, Art. 43 GRC, Rn. 6.

[37] Vgl. *Gaitanides*, in: Heselhaus/Nowak, Handbuch der Europäischen Grundrechte, § 50, Rn. 23; *Kluth*, in: Calliess/Ruffert, EUV/AEUV, Art. 228 AEUV, Rn. 9; *Huber*, in: Streinz, EUV/AEUV, Art. 228 AEUV, Rn. 29; *Jarass*, GRCh, Art. 43 GRC, Rn. 6.

on«). Verwaltungstätigkeit ist entsprechend dem Grundanliegen der Verbürgung weit, d. h. **funktional** zu verstehen. Dies ist im Grundsatz in der Rechtsprechung anerkannt.[38] Daher wird auch die Tätigkeit der **Unionsgerichte** (s. Rn. 13) erfasst, sofern diese administrativ handeln.[39] Dementsprechend bleibt die eine Tätigkeit im Rahmen der **Gesetzgebung ausgeklammert**, auch wenn sie das Pendent zur exekutivischen Rechtsetzung in den Mitgliedstaaten darstellt.[40]

13   Unter dem Lissabonner Vertrag sind die **Begrenzungen** des Beschwerderechts auf bestimmte **Stellen** der Union sowie die Ausklammerung bestimmter **Politikbereiche** entfallen. Nach Art. 43 GRC werden in Übereinstimmung mit Art. 228 AEUV alle Stellen der Union erfasst. Dabei dient der Begriff der »**Stellen**« als **Oberbegriff**,[41] der die die Organe, Einrichtungen und »sonstigen Stellen« der Union umfasst. Insbesondere werden damit alle auch durch Sekundärrecht eingeführten Stellen erfasst, wie Ämter und Agenturen. Es kommt nicht darauf an, ob diese nach außen rechtsverbindlich handeln können, da das Beschwerderecht nicht auf Verstöße gegen rechtsverbindliche Vorgaben beschränkt ist. Funktional ausgeschlossen bleiben die **Unionsgerichte**, soweit sie nicht administrativ tätig werden (s. Rn. 12).[42] Ausgeschlossen sind die **Mitgliedstaaten** und ihre Behörden und Organe und zwar auch bei der Durchführung des Unionsrechts.[43] Dies folgt im systematischen Vergleich mit dem weiter angelegten Petitionsrecht nach Art. 44 GRC[44] aus der ausdrücklichen Begrenzung auf Unionsstellen. Zulässig bleibt aber **indirekt** eine Beschwerde gegen Missstände bei der Durchführung des Unionsrechts in den Mitgliedstaaten, wenn diese darauf abzielt, dass die zuständigen Unionsstellen, etwa die Kommission, ihren Aufsichts- und Kontrollpflichten effektiver nachkommen sollen.

14   **Sachlich** erfasst das Beschwerderecht **alle Tätigkeitsbereiche** der Union. Insbesondere ist unter dem Lissabonner Vertrag die frühere Bereichsausnahme für die Gemeinsame Außen- und Sicherheitspolitik weggefallen.[45]

15   **Inhaltlich** gewährleistet das Recht auf Beschwerde an den Bürgerbeauftragten mehrere Aspekte: Rechte auf **Eingabe**, auf **Prüfung** sowie auf **Bescheidung** der Beschwerde.[46] Es besteht – wie beim Petitionsrecht nach Art. 44 GRC – **kein Anspruch** auf ein bestimmtes **Ergebnis**, insbesondere **nicht** auf eine **Abhilfe** der Beschwerde.[47] Denn insofern hat der Bürgerbeauftragte gegenüber den anderen Unionsstellen **keine Weisungsbefugnis**. Allerdings muss der Bürgerbeauftragte bei zulässigen Beschwerden grundsätzlich tätig werden.[48] Art und Weise seiner Aktivitäten stehen aber in seinem **pflichtgemäßen Ermessen**. Das Grundrecht umfasst mehrere **Gewährleistungsfunktionen**. In der **abwehr-**

---

[38] EuG, Beschl. v. 17.7.2012, Rs. T–146/12 AJ, 6. Begründungserwägung des Beschlusses.

[39] *Jarass*, GRCh, Art. 43 GRC, Rn. 5.

[40] *Magiera*, in: Meyer, GRCh, Art. 43 GRC, Rn. 11, der auf den Begriff der Gesetzgebung in Art. 14 ff. EUV und in Art. 289 ff. AEUV abstellt.

[41] Vgl. die Formulierung »und sonstige Stellen«. S. auch die allgemeine Vorschrift in Art. 51 Abs. 1 GRC.

[42] *Jarass*, GRCh, Art. 43 GRC, Rn. 5.

[43] *Magiera*, in: Meyer, GRCh, Art. 43 GRC, Rn. 10; *Jarass*, GRCh, Art. 43 GRC, Rn. 6.

[44] S. Art. 44 GRC, Rn. 16.

[45] Vgl. Art. 28 EUV a. F.

[46] *Jarass*, GRCh, Art. 43 GRC, Rn. 7; *Magiera*, in: Meyer, GRCh, Art. 43 GRC, Rn. 13 f.

[47] Vgl. zum Petitionsrecht nach Art. 44 GRC *Kadelbach*, in: Ehlers, Grundrechte und Grundfreiheiten, § 19, Rn. 69.

[48] Das stellt EuGH, Urt. v. 23.3.2004, Rs. C–234/02 P (Lamberts), Slg. 2004, I–2803, Rn. 50 f. ausdrücklich klar.

rechtlichen Funktion schützt es den Beschwerdeführer vor Behinderung der Beschwerde oder Nachteilen wegen einer Beschwerde.[49] Er hat ein **Leistungsrecht** auf die Minimalverbürgungen der Prüfung und Bescheidung.[50] Darüber hinaus hat er ein **Teilhaberecht** im Rahmen der Prüfung und der weiteren Tätigkeit des Bürgerbeauftragten, über welches er auch Einfluss auf die Tätigkeit der Union nehmen kann.

III. Grundrechtsträger

Träger des Grundrechts sind alle **natürlichen Personen**, die die **Unionsbürgerschaft** besitzen, d.h. die **Staatsangehörigkeit** eines der Mitgliedstaaten. **Minderjährige** werden ebenfalls erfasst.[51] Darüber hinaus werden in Übereinstimmung mit Art. 228 AEUV auch Drittstaater einbezogen, sofern sie ihren **Wohnsitz** in einem Mitgliedstaat der Union haben. **Juristische Personen** mit satzungsmäßigem Sitz in einem Mitgliedstaat können sich ebenfalls auf das Grundrecht berufen. Der Grundrechtekonvent hatte eine weitere Ausdehnung auf alle Personen, die mit der EU-Verwaltungstätigkeit in Berührung kommen, verworfen.[52] So ist der persönliche Schutzbereich Ausdruck eines modernen Verständnisses grundrechtlicher Teilhaberechte, das sich vom engen Band der Staatsangehörigkeit löst und eine Inklusion von Personen mit einer geringeren, aber doch deutlichen Bindung an die EU vornimmt.[53]   **16**

IV. Adressaten

Adressat des Grundrechts ist primär der **Europäische Bürgerbeauftragte**. Er hat auf die Beschwerden zu reagieren. Ferner ist der **EU-Gesetzgeber**[54] bei der Ausgestaltung des Rechts an die Vorgaben des Grundrechts und des Art. 228 AEUV gebunden. Davon zu unterscheiden sind die Stellen, deren Tätigkeit inhaltlicher Gegenstand einer Beschwerde sein kann. Ihre Zusammenarbeit mit dem Bürgerbeauftragten kann für eine erfolgreiche Bearbeitung von Beschwerden erheblich werden. Dazu sind sie jedenfalls nach dem **Prinzip der loyalen Zusammenarbeit** verpflichtet.[55] Dies gilt auch für eine etwaig erforderliche Zusammenarbeit mit den **Mitgliedstaaten**.[56] Allerdings sind die **anderen Unionsstellen** oder die **Mitgliedstaaten** insofern Adressaten des Grundrechts, als es ihnen in seiner **abwehrrechtlichen** Ausprägung untersagt, die Einlegung einer Beschwerde in irgendeiner Weise zu behindern.[57]   **17**

---

[49] *Krings*: in: Tettinger/Stern, EuGRCh, Art. 43 GRC, Rn. 15, 19.

[50] Für die Einstufung als Leistungsrecht *Jarass*, GRCh, Art. 43 GRC, Rn. 2; *Streinz*, in: Streinz, EUV/AEUV. Art. 43 GRC, Rn. 2.

[51] *Jarass*, GRCh, Art. 43 GRC, Rn. 7.

[52] Näher zur Diskussion im Grundrechtekonvent *Magiera*, in: Meyer, GRCh, Art. 43 GRC, Rn. 3.

[53] S. Art. 20 AEUV, Rn. 30ff.

[54] *Jarass*, GRCh, Art. 43 GRC, Rn. 3.

[55] S. Art. 13 Abs. 2 EUV zur Pflicht zur loyalen Zusammenarbeit zwischen den Unionsorganen.

[56] Art. 4 Abs. 3 EUV zur Pflicht zur loyalen Zusammenarbeit zwischen EU und Mitgliedstaaten.

[57] Vgl. *Jarass*, GRCh, Art. 43 GRC, Rn. 9.

D. Beeinträchtigungen und Rechtfertigungen

I. Beeinträchtigungen

18   Eine **Beeinträchtigung** des Rechts auf Beschwerde an den Bürgerbeauftragten liegt in jeder nicht nur unerheblichen **Behinderung des Zugangs** zum Bürgerbeauftragten.[58] Insofern kann es sich um Verhalten von Unionsstellen, aber auch von Mitgliedstaaten handeln. Grundsätzlich dürfte auch eine **Schutzpflicht** zur Unterbindung von Behinderungen durch Private zu bejahen sein.

19   Beeinträchtigt werden kann das Recht insbesondere durch **Verhalten des Bürgerbeauftragten** als dem primären Grundrechtsadressaten. Beeinträchtigungen sind die **Nichtannahme** einer zulässigen Beschwerde, die **Ablehnung** einer Prüfung einer Beschwerde sowie das **Unterlassen** der erforderlichen Untersuchungen bei einer zulässigen Beschwerde. Zu beachten ist allerdings, dass der Bürgerbeauftragte im Rahmen seines **Ermessens** bestimmen kann, welche Untersuchungen er im Einzelnen durchführt.[59] Insbesondere bei der Kontrolle politischer Entscheidungen wird ein zurückhaltendes Vorgehen gebilligt.[60]

II. Rechtfertigungen

20   Grundsätzlich gilt nach Art. 52 Abs. 1 GRC, dass Beschränkungen des Grundrechts **gerechtfertigt** werden können, sofern insbesondere eine **gesetzliche Grundlage** vorliegt und sie **verhältnismäßig** sind. Für eine gesetzliche Grundlage kommt über Art. 228 Abs. 4 AEUV die **Verordnung** über die Regelungen und allgemeinen Bedingungen für die Ausübung der Aufgaben des Bürgerbeauftragten in Betracht. Beschränkungen können sich aus dem Charakter als **Teilhaberecht** ergeben, wenn eine übermäßige Inanspruchnahme der Tätigkeiten des Bürgerbeauftragten zu besorgen ist, die negative Auswirkungen auf die verbleibenden Kapazitäten zur Befassung mit Beschwerden anderer Beschwerdeführer hätte. In diesem Rahmen halten sich die Beschränkungen im **Beschluss 94/262** des Bürgerbeauftragten, wenn dort verlangt wird, dass der Beschwerdeführer sich zunächst an die Stellen gewandt hat, um deren Fehlverhalten es letztlich geht.[61] Ferner sieht der Beschluss vor, dass seit dem Auftreten des Missstandes nicht zwei Jahre vergangen sein dürfen.[62] Diese Einschränkung durch eine **Frist** erscheint zweifelhaft, da das Recht kein persönliches Interesse verlangt und das Interesse der Allgemeinheit unabhängig davon bestehen kann, wann der Beschwerdeführer Kenntnis von dem Missstand erlangt hat.[63] Daher kann diese Vorgabe nur als verhältnismäßig erachtet werden, wenn der Fristablauf Hinweise auf einen **Missbrauch** des Rechts gibt.

---

[58] *Jarass*, GRCh, Art. 43 GRC, Rn. 9.

[59] EuGH, Urt. v. 23.3.2004, Rs. C–234/02 P (Lamberts), Slg. 2004, I–2803, Rn. 50f.

[60] *Jarass*, GRCh, Art. 43 GRC, Rn. 8.

[61] Art. 2 Abs. 4 S. 2 Beschluss 94/262/EGKS, EG, Euratom vom 9.3.1994 über die Regelungen und allgemeinen Bedingungen für die Ausübung der Aufgaben des Bürgerbeauftragten, ABl. 1994, L 113/15.

[62] Art. 4 S. 1 Beschluss 94/262/EGKS, EG, Euratom vom 9.3.1994 über die Regelungen und allgemeinen Bedingungen für die Ausübung der Aufgaben des Bürgerbeauftragten, ABl. 1994, L 113/15.; zustimmend *Jarass*, GRCh, Art. 43 GRC, Rn. 11; *Kaufmann-Bühler*, in: Lenz/Borchardt, EU-Verträge, Art. 228 AEUV, Rn. 11; *Magiera*, in: Meyer, GRCh, Art. 43 GRC, Rn. 13.

[63] Eine Frist ablehnend *Hamers* (Fn. 30), S. 168f.; *Rengeling/Szczekalla*, Grundrechte, S. 916.

E. Bedeutung in der Praxis und Kontrolle

In der **Praxis** spielt die Tätigkeit des Bürgerbeauftragten eine wichtige Rolle. Das zeigt   **21**
die Zahl von Beschwerden und deren Ausrichtung, wie es vor allem den **Jahresberichten**
des Bürgerbeauftragten entnommen werden kann. Darüber hinaus hat der erste Bürgerbeauftragte den **Kodex einer guten Verwaltungspraxis** entwickelt, der die Rechtsprechung zu einem Recht auf gute Verwaltung, das später in Art. 41 GRC aufgenommen wurde, beeinflusst hat.[64]

Grundsätzlich wird eine **gerichtliche Kontrolle** gegenüber dem Bürgerbeauftragten   **22**
nicht dadurch ausgeschlossen, dass dieser **Kontrollbefugnissen** des europäischen Parlaments unterliegt und das Parlament seine **Amtsenthebung** beantragen könnte.[65] Denn
die Berichtspflichten des Bürgerbeauftragten betreffen nicht die ordnungsgemäße
Wahrnehmung seiner Aufgaben bei der Behandlung einzelner Beschwerden[66] und das
Amtsenthebungsverfahren fußt auf einer Gesamtwürdigung der Tätigkeiten des Bürgerbeauftragten.[67]

Rechtschutz gegen den Bürgerbeauftragten in Form der **Untätigkeits- oder Nichtig-**   **23**
keitsklage bei unterlassenem Handeln bzw. fehlerhaftem Handeln gemäß Art. 263 bzw.
Art. 265 AEUV wird von der Rechtsprechung wohl abgelehnt.[68] Scheiterte dies vor dem
Lissabonner Vertrag bereits daran, dass der Bürgerbeauftragte nicht zu den dort aufgeführten passiv legitimierten EU-Organen zählte, ist dieser Einwand unter dem Lissabonner Vertrag mit der Ausweitung auf alle Stellen der Union in Art. 263 Abs. 5 bzw.
Art. 265 Abs. 3 EUV zwar entfallen, doch blieb ein anderes Zulässigkeitshindernis be-
stehen: Denn die Tätigkeit des Bürgerbeauftragten führt nicht zu Handlungen, die für
Dritte Rechtspflichten erzeugen. Sie gelten nur für Handlungen, die nicht »Empfehlungen oder Stellungnahmen« sind. Dagegen wenden die Befürworter einer Klage ein, dass
der Begriff des Beschlusses in Art. 288 AEUV weit zu verstehen sei.[69] Ein beschränkter
Rechtsschutz erscheint angesichts der Vorgabe eines **effektiven Rechtsschutzes** in
Art. 47 GRC und der Zielrichtung des Rechts auf Beschwerde zum Bürgerbeauftragten,
eine ordnungsgemäß arbeitende Verwaltung zu garantieren, wenig befriedigend. Aus-
gerechnet gegenüber der Institution, die in besonderer Weise für eine ordnungsgemäße
Verwaltung sorgen soll, wäre dann die Durchsetzung eben jener ordnungsgemäßen Verwaltung empfindlich beschränkt. Keinen gleichwertigen Ersatz bietet die Möglichkeit,
die Beschwerden über den Bürgerbeauftragten in Form einer Petition dem Europäischen Parlament vorzutragen. Eine Lösung könnte daran anknüpfen, dass der Bürgerbeauftragte gegenüber dem Beschwerdeführer ausdrücklich beschließen könnte, keine
Untersuchungen durchzuführen. Dies kann als rechtserhebliche Beschränkung des

---

[64] Abrufbar unter http://www.ombudsman.europa.eu/de/resources/code.faces#/page/1
(29.7.2015).

[65] EuGH, Urt. v. 23.3.2004, Rs. C–234/02 P (Lamberts), Slg. 2004, I–2803, Rn. 43 ff.

[66] EuGH, Urt. v. 23.3.2004, Rs. C–234/02 P (Lamberts), Slg. 2004, I–2803, Rn. 44.

[67] EuGH, Urt. v. 23.3.2004, Rs. C–234/02 P (Lamberts), Slg. 2004, I–2803, Rn. 45.

[68] Deutlich EuG, Beschl. v. 22.5.2000, Rs. T–103/99 (Associazione delle cantine sociali venete/
Bürgerbeauftragter und Parlament), Slg. 2000, II–4165, Rn. 49 f.; nicht ganz eindeutig ist die Stel-
lungnahme in EuGH, Urt. v. 23.3.2004, Rs. C–234/02 P (Lamberts), Slg. 2004, I–2803, Rn. 59. Für
Unzulässigkeit der Nichtigkeits- und der Unterlassungsklage *Hölscheidt*, in: Grabitz/Hilf/Nettesheim,
EU, Art. 228 AEUV (September 2014), Rn. 27; *Kaufmann-Bühler*, in: Lenz/Borchardt, EU-Verträge,
Art. 228 AEUV, Rn. 4; *Magiera*, in: Meyer, GRCh, Art. 43 GRC, Rn. 18.

[69] *Jarass*, GRCh, Art. 43 GRC, Rn. 2; vgl. *Giegerich*, in: Schulze/Zuleeg, Europarecht, § 9,
Rn. 127.

Rechts auf Beschwerde angesehen werden. In einer Untätigkeit des Bürgerbeauftragten wäre dann das **Unterlassen** eines solchen **rechtsverbindlichen Beschlusses** zu sehen. Dann wäre die Untätigkeitsklage eröffnet.

24   Die mögliche Unzulässigkeit (zum Streit s. Rn. 23) der Nichtigkeits- und der Untätig-keitsklage steht aber nicht der Erhebung einer **Schadensersatzklage** entgegen.[70] Diese Möglichkeit besteht grundsätzlich unabhängig neben den anderen Klagen. Erforderlich ist u. a. ein **hinreichend qualifizierter Verstoß** gegen das Unionsrechts. Da dem Bürger-beauftragten bei der Behandlung einer Beschwerde ein **Ermessensspielraum** zusteht, dürfte der Nachweis eines solchen Verstoßes schwierig sein, doch kann nicht grundsätz-lich ausgeschlossen werden, dass ein entsprechendes Fehlverhalten im Einzelfall bejaht werden kann.[71] Damit wird Rechtsschutz jedenfalls bei **Vorliegen eines Schadens** ge-währt.

---

[70] EuGH, Urt. v. 23.3.2004, Rs. C–234/02 P (Lamberts), Slg. 2004, I–2803, Rn. 59.
[71] EuGH, Urt. v. 23.3.2004, Rs. C–234/02 P (Lamberts), Slg. 2004, I–2803, Rn. 60 ff.

Artikel 44   GRC Petitionsrecht

Die Unionsbürgerinnen und Unionsbürger sowie jede natürliche oder juristische Person mit Wohnsitz oder satzungsmäßigem Sitz in einem Mitgliedstaat haben das Recht, eine Petition an das Europäische Parlament zu richten.

Literaturübersicht:

Guckelberger, Der Europäische Bürgerbeauftragte und die Petitionen zum Europäischen Parlament, 2004; *dies.*, Das Petitionsrecht zum Europäischen Parlament sowie das Recht zur Anrufung des Europäischen Bürgerbeauftragten im Europa der Bürger, DÖV 2003, 829; *Hamers*, Der Petitionsausschuss des Europäischen Parlament und der Europäische Bürgerbeauftragte, 1999; *Hölscheidt*, Die Ausgestaltung des Petitionsrechts in der EU-Grundrechtecharta, EuR 2002, 440; *Meese*, Das Petitionsrecht beim Europäischen Parlament und das Beschwerderecht beim Bürgerbeauftragten der Europäischen Union, 2000; *Schneider*, Petitionen zum Europäischen Parlament mit Berücksichtigung des Bürgerbeauftragten, 2009.

Leitentscheidungen

EuGH, Beschl. v. 14.11.2013, Rs. C–550/12 P, ECLI:EU:C:2013:760
EuGH, Urt. v. 9.12.2014, Rs. C–261/13 P (Schönberger/Parlament), ECLI:EU:C:2014:2423

Wesentliche sekundärrechtliche Vorschrift

Art. 201–203a (Petitionen) Geschäftsordnung Europäisches Parlament, ABl. 2011, L 116/1

A.   Bedeutung und systematischer Überblick

Das Petitionsrecht zum Parlament ist ein **klassisches Grundrecht** in den Mitgliedstaaten der Union[1] und als solches ein wichtiges Element der **politischen Kontroll- und Teilhabeberechte** (s. Rn. 12) sowie eine Ergänzung des Rechts auf **effektiven Rechtsschutz** (s. Rn. 19). Es ist in den Verträgen in einer modernen, die **Kommunikation betonenden** Version verankert, die den Petenten nicht nur ein Recht auf **Eingabe**, sondern auch auf **Antwort** und **Begründung** gibt. Allerdings beziehen sich letztere Gewährleistungen nur

---

[1] S. die Nachweise bei *Hölscheidt*, in: Grabitz/Hilf/Nettesheim, EU, Art. 227 AEUV (September 2014), Rn. 8.

auf die Behandlung der Petition (**Bescheidung**) an sich: Art. 44 GRC gibt **kein** Recht auf ein **bestimmtes Ergebnis** im Sinne einer Maßnahme des Europäischen Parlaments.[2]

2   Systematisch stellt Art. 44 GRC eine **Parallelregelung** zu Art. 227 AEUV und Art. 24 Abs. 2 AEUV dar. Die ausführlichere Beschreibung des Petitionsrechts inklusive **Grenzen** und **Konkretisierungen** enthält **Art. 227 AEUV**, auf den Art. 24 Abs. 2 AEUV inhaltlich verweist. Ein solcher Verweis ist in Art. 44 GRC nicht ausdrücklich aufgenommen worden, er folgt aber gemäß der Entstehungsgeschichte (s. Rn. 8) aus Art. 52 Abs. 2 GRC.

3   Das Petitionsrecht ist bereits unter dem Maastricht Vertrag als **subjektives Recht** verstanden worden.[3] Dies ist schon zu Beginn durch seine Aufnahme in den Katalog der **Unionsbürgerrechte** in Art. 20 Abs. 2 AEUV unterstrichen worden. Die Aufnahme in die Grundrechtecharta bestätigt, dass es sich um ein **einklagbares Recht** des Einzelnen handelt.[4] Sein Gewährleistungsgehalt umfasst die Funktion eines **Teilhaberechts** und eines (begrenzten) **Leistungsrechts** sowie **abwehrrechtliche Aspekte** (s. Rn. 12).

4   Das Petitionsrecht dient zugleich der Wahrnehmung **eigener Interessen** als auch von **Interessen der Allgemeinheit**, da mit der Eingabe zugleich die Information des Parlaments und damit der Öffentlichkeit einhergeht.[5] Es kann zwar nach Art. 227 AEUV »nur« zur Wahrnehmung **eigener Interessen** geltend gemacht werden, doch ist dieser Begriff **weit auszulegen** (s. Rn. 14).

5   Das Petitionsrecht ist **abzugrenzen** von weiteren subjektiven Rechten auf Eingaben in den Verträgen. Das ist zum einen das Recht auf **Eingabe an den Bürgerbeauftragten** nach Art. 228 AEUV und Art. 44 GRC, das ebenfalls im Maastricht-Vertrag eingeführt worden ist. Dieses Recht besteht neben dem Petitionsrecht zum Parlament, weil der Bürgerbeauftragte zwar in einer engen Beziehung zum Parlament steht, jedoch eine selbständige Institution darstellt.[6] Beide Rechte können nebeneinander in Anspruch genommen werden; die beiden Institutionen sorgen für die Abstimmung.[7] Des Weiteren besteht in Art. 24 Abs. 4 AEUV in Kodifizierung des Richterrechts ein allgemeines **Recht auf Eingabe an bestimmte EU-Behörden** nach Art. 41 Abs. 4 GRC und Antwort in einer der Vertragssprachen. Das umfasst ausdrücklich Eingaben auch an das Europäische Parlament als ein in Art. 24 AEUV erwähntes Organ.[8] Insofern kommt dieses Recht neben dem Petitionsrecht zur Anwendung. Davon zu unterscheiden ist das spezifische Recht auf **Zugang zu Informationen** nach Art. 15 AEUV und Art. 42 GRC, das inhaltlich auf einen – wenn auch ansonsten nur wenig begrenzten – Informationsanspruch ausgerichtet ist. Letzterem ist das **Recht auf Auskunft über persönliche Daten** nach Art. 8 Abs. 3 GRC nahestehend.[9]

---

[2] Allgemeine Ansicht, *Meese*, S. 68 f.; *Hamers*, S. 76 f.; *Kaufmann-Bühler*, in: Lenz/Borchardt, EU-Verträge, Art. 227 AEUV, Rn. 13; *Hölscheidt*, in: Grabitz/Hilf/Nettesheim, EU, Art. 227 AEUV (September 2014), Rn. 6.

[3] *Haag*, in: GTE, EWGV, Art. 138d EGV, Rn. 5.

[4] Es liegt kein »Grundsatz« nach Art. 52 Abs. 5 GRC vor, vgl. *Borowsky*, in: Meyer, GRCh, Art. 52 GRC, Rn. 45–45d.

[5] S. die Grundregel nach Art. 201 Abs. 9 GO-EP. Auf Antrag kann eine Eingabe aber nach Art. 201 Abs. 11 GO-EP vertraulich behandelt werden.

[6] Vgl. auch die Aufzählung nebeneinander in Art. 24 Abs. 2 und 3 AEUV.

[7] So werden Petitionen, sofern es zweckmässig ist, vom Parlament an den Bürgerbeauftragten weitergeleitet, Art. 201 Abs. 12 GO-EP.

[8] S. Art. 24 AEUV, Rn. 11 ff.

[9] Es steht aufgrund seiner spezifischen Ausrichtung auf Daten dem Informationszugangsanspruch näher als dem Petitionsrecht, vgl. aber *Jarass*, GRCh, Art. 44 GRC, Rn. 4.

B. Entstehungsgeschichte

Das Petitionsrecht ist mit Art. 138d EGV im **Maastricht-Vertrag** in die Bestimmungen **6** über das Europäische Parlament aufgenommen worden. Die Aufnahme dieses klassischen Grundrechts der parlamentarischen Demokratien ist in Nachvollziehung der **Entwicklung** von der parlamentarischen Versammlung **zum direkt gewählten Europäischen Parlament** konsequent gewesen. Es handelt sich um ein wichtiges Element der **Bürgernähe** und entspricht dem politischen Anliegen eines »Europas der Bürger«, eine **unmittelbare Kommunikationsverbindung** zwischen dem Parlament und den Unionsbürgerinnen und -bürgern zu etablieren.[10]

Folgerichtig ist diese Gewährleistung auch in den Kreis der **Unionsbürgerrechte** nach **7** Art. 8 Abs. 2 EGV (Art. 20 Abs. 2 AEUV) und Art. 8d Abs. 1 EGV (Art. 24 Abs. 2 AEUV) aufgenommen worden. Mit der Einstufung als Unionsbürgerrecht ist bereits im Maastricht-Vertrag klargestellt worden, dass es sich um ein **einklagbares subjektives Recht** handelt.[11] Mit dem heute unter dem Lissabonner Vertrag noch enthaltenen ausdrücklichen **Verweis auf Art. 227 AEUV** (ex-Art. 138d EGV) sind die in letzterer Vorschrift niedergelegten **Voraussetzungen und Bedingungen** für anwendbar erklärt worden.[12] Insbesondere war damit der **persönliche Anwendungsbereich** von Anfang an nicht auf die Unionsbürgerinnen und -bürger beschränkt gewesen, sondern erfasste alle Personen mit Wohnsitz bzw. Sitz in der Union.

Die Aufnahme in die **Grundrechtecharta** in Art. 44 GRC gestaltete sich angesichts des **8** klassischen Grundrechtscharakters der Vorschrift als unproblematisch.[13] Im Konvent wurden zwar Änderungsvorschläge im Hinblick auf den Kreis der möglichen Petenten, ihre Berechtigung und die Grenzen des Rechts diskutiert,[14] doch einigte man sich letztlich auf eine **Kurzform**, die inhaltlich über Art. 52 Abs. 2 GRC die ausführlichere Bestimmung des Art. 227 AEUV zur Anwendung bringen sollte. Damit greift grundsätzlich auch die dortige Beschränkung auf »unmittelbar betroffene« Personen (s. aber Rn. 14).[15] Diese Fassung ist in der im Rahmen des **Lissabonner Vertrages** rechtsverbindlich gewordenen Grundrechtecharta beibehalten worden.

C. Gewährleistungsgehalte

I. Grundrechtscharakter

Der **Grundrechtscharakter** des Petitionsrechts ist **unbestritten**.[16] Es ist ein **einklagbares** **9** **Individualrecht** auf Ebene des Primärrechts.[17] Die Aufnahme in die Grundrechtecharta

---

[10] *Guckelberger*, DÖV 2003, 829 f.

[11] S. *Magiera*, in: Meyer, GRCh, Art. 44 GRC, Rn. 4; *Huber*, in: Streinz, EUV/AEUV, Art. 227 AEUV, Rn. 19; *Jarass*, GRCh, Art. 44 GRC, Rn. 2.

[12] Einhellige Ansicht, so zu Art. 24 AEUV *Magiera*, in: Streinz, EUV/AEUV, Art. 24 AEUV, Rn. 7; *Haag*, in: GSH, Europäisches Unionsrecht, Art. 24 AEUV, Rn. 7.

[13] Näher zur Aufnahme in die Grundrechtecharta *Hölscheidt*, EuR 2002, 440 (442 ff.).

[14] CHARTE 4360/00 zu Art. 29; CHARTE 4473/00, Erläuterungen des Präsidiums zu Art. 44.

[15] A.A. *Gaitanides*, in: Heselhaus/Nowak, Handbuch der Europäischen Grundrechte, § 49, Rn. 23 unter Bezugnahme auf Art. II–104 EVV des später nicht zustande gekommenen Verfassungsvertrags.

[16] *Jarass*, GRCh, Art. 44 GRC, Rn. 2; *Magiera*, in: Meyer, GRCh, Art. 44 GRC, Rn. 4.

[17] Vgl. EuGH, Urt. v. 9.12.2014, Rs. C–261/13 P (Schönberger/Parlament), ECLI:EU:C: 2014:2423, Rn. 22; EuG, Urt. v. 14.9.2011, Rs. T–308/07 (Tegebauer/Parlament), Slg. 2011, II–

unterstreicht seine Bedeutung und die für ein Unionsbürgerrecht angezeigte **weite Auslegung**. Das Recht unterliegt in Art. 227 AEUV keinem Vorbehalt einer Ausgestaltung durch die EU bzw. das Europäische Parlament. Insofern ist es unbedingt und inhaltlich ausreichend bestimmt und damit grundsätzlich der **unmittelbaren Wirkung** fähig. Das Recht ist in der Geschäftsordnung des Europäischen Parlaments näher konkretisiert worden.[18]

II. Sachlicher Schutzbereich

10   Das Petitionsrecht dient sowohl dem **Interesse des Petenten** als auch dem des **Parlaments** auf unmittelbare **Information** von **und** die **Kommunikation** mit Einzelnen. Angesichts dieser Funktion ist der **Begriff der Petition** weit auszulegen. Er umfasst Anträge, Bitten, Beschwerden und sonstige Vorbringen;[19] insbesondere ist er nicht auf Vorbringen möglicher rechtlicher Anliegen begrenzt. Aus der Geschäftsordnung des Parlaments ergibt sich, dass Petitionen u. a. die **Anwendung** oder **Auslegung** des Rechts der Europäischen Union oder Vorschläge zur **Änderung** des geltenden Unionsrechts enthalten können.[20]

11   Erfasst werden nur Anliegen, die dem **Europäischen Parlament gegenüber** vorgebracht werden.[21] Aus den Verträgen folgen **keine besonderen** Vorgaben für die **Form** der Petition. Sachgerecht ist allerdings die **Schriftform** und die Abfassung in einer der **Amtssprachen** der Union.[22] Wie in vielen mitgliedstaatlichen Verfassungen kann die Petition sowohl einzeln als **Individualpetition** als auch zusammen mit anderen als **Sammelpetition** eingereicht werden.[23] Inhaltlich muss die Petition mindestens die Informationen enthalten, die die Erfüllung der Voraussetzungen von Art. 227 AEUV belegen.

12   Der **Umfang** der Verbürgung erfasst zunächst das Einlegen der Petition, die **Entgegennahme** und **Prüfung** durch das Parlament. Mit diesem ersten Teil der gewährleisteten Kommunikation wird die Option zur Einflussnahme auf das Parlament, gegebenenfalls zur **politischen Teilhabe** geboten. Verstärkt wird dies durch die Pflicht des Parlaments, die Petition zu **bescheiden**, d. h. über die weitere Behandlung zu unterrichten. Darin kommt ein **Leistungsanspruch** zum Ausdruck, der aber nicht so weit geht, dass dem Anliegen des Petenten entsprochen werden müsste. Die Rechtsprechung anerkennt inhaltlich ein **weites politisches Ermessen** des Parlaments bei der Behandlung einer Petition.[24] Erforderlichenfalls werden Petitionen an andere zuständige Behörden, etwa den Bürgerbeauftragten weitergeleitet.[25] Ist die Petition unzulässig, ist der Petent darüber zu **informieren**. Da das Petitionsrecht einklagbar ist, verlangt die Rechtsprechung eine **Begründung** für eine eventuelle Zurückweisung einer Petition, damit der Petent seine Rechte vor Gericht einklagen und die Maßnahme überprüfen lassen kann.[26] Schließlich

---

00279, Rn. 21. Vgl. auch EuG, Beschl. v. 17.3.2011, Rs. T–160/10 AJ (J/Parlament), ECLI:EU:T:2012:503, Rn. 17.

[18] Art. 201–203 GO-EP.

[19] *Jarass*, GRCh, Art. 44 GRC, Rn. 5; *Magiera*, in: Meyer, GRCh, Art. 44 GRC, Rn. 7.

[20] Vgl. Art. 202 Abs. 3 GO-EP.

[21] *Gaitanides*, in: Heselhaus/Nowak, Handbuch der Europäischen Grundrechte, § 49, Rn. 17.

[22] S. Art. 201 GO-EP.

[23] So ausdrücklich Art. 227 AEUV, vgl. Art. 201 Abs. 3 GO-EP.

[24] EuGH, Urt. v. 9.12.2014, Rs. C–261/13 P (Schönberger/Parlament), ECLI:EU:C:2014:2423, Rn. 24.

[25] Vgl. Art. 201 Abs. 12 GO-EP.

[26] Zur Begründung einer negativen Entscheidung EuGH, Urt. v. 9.12.2014, Rs. C–261/13 P,

darf das Einlegen einer Petition **nicht behindert** werden.[27] Darin zeigt sich die **abwehr-rechtliche Funktion** des Petitionsrechts.

Inhaltlich wird das Petitionsrecht gemäß Art. 227 AEUV i. V. mit Art. 52 Abs. 2 GRC   **13** durch die **Tätigkeitsbereiche der Union** begrenzt. Diese Vorgabe entspricht dem Prinzip der begrenzten Einzelermächtigung. Umfasst werden alle Bereiche, in denen die EU tätig wird. Die noch im Amsterdamer Vertrag enthaltenen Ausnahmen für die Bereiche der Gemeinsamen Sicherheits- und Außenpolitik nach Art. 28 EUV sowie für die poli-zeiliche und justizielle Zusammenarbeit nach Art. 41 EUV sind im Lissabonner Vertrag entfallen. Mit Blick auf das horizontal wirksame institutionelle Gleichgewicht wird in der Literatur eine Ausnahme für die **Tätigkeit der Rechtsprechung** angenommen.[28] Da-bei ist jedoch zu differenzieren: das Parlament verfügt nicht über eine Kompetenz zur Rechtsprechung, jedoch kann es für die politische Bewertung der Aktivitäten der Recht-sprechung zuständig sein. In vertikaler Hinsicht wird die **Tätigkeit der Mitgliedstaaten** erfasst, soweit sie der **Umsetzung** des Unionsrechts und der sonstigen Aktivitäten der Union dienen.[29]

Art. 227 AEUV setzt voraus, dass die Petenten »**unmittelbar betroffen**« sind. Daraus   **14** wird weit verbreitet gefolgert, dass es eines persönlichen Bezuges des Petenten zum vorgebrachten Sachverhalt bedürfe.[30] Die Gegenauffassung möchte unter Berufung auf die im Verfassungsvertrag angedachte Fortentwicklung das Petitionsrecht auch für alle Anliegen der Allgemeinheit öffnen.[31] In Abgrenzung zu Art. 263 Abs. 4 AEUV ist je-denfalls nicht erforderlich, dass der Petent individuell betroffen und in rechtlichen In-teressen beeinträchtigt ist.[32] Die Entwicklungsgeschichte des Art. 44 GRC zeigt einer-seits, dass die Begrenzungen in Art. 227 EUV beibehalten werden sollten (s. Rn. 7). Andererseits spricht die Zulassung von Sammelpetitionen in Art. 227 AEUV dafür, dass die Anforderungen an eine unmittelbare Betroffenheit relativ tief anzusetzen sind. Dementsprechend werden auch Vorschläge zur Rechtsetzung in der Geschäftsordnung des Parlaments akzeptiert.[33] Schließlich ist darauf hinzuweisen, dass neben dem Petiti-onsrecht der Einzelne sich auch auf das allgemeine Eingaberecht nach Art. 24 Abs. 4 AEUV gegenüber dem Europäischen Parlament berufen könnte. In der systematischen Gesamtsicht ist daher davon auszugehen, dass **jedes mögliche Interesse einer Person**, gerade **auch als Teil der Allgemeinheit** und auch potenziell für die Zukunft für ausrei-chend erachtet werden muss.

(Schönberger/Parlament), ECLI:EU:C:2014:2423, Rn. 23; EuG, Urt. v. 14.9.2011, Rs. T–308/07 (Tegebauer/Parlament), Slg. 2011 II–279, Rn. 29 f.; EuGH, Beschl. v. 14.11.2013, Rs. C–550/12 P (J/Parlament), ECLI:EU:C:2013:760, Rn. 19 f.

[27] *Haag*, in: GSH, Europäisches Unionsrecht, Art. 227 AEUV, Rn. 7; *Jarass*, GRCh, Art. 44 GRC, Rn. 9.

[28] *Jarass*, GRCh, Art. 44 GRC, Rn. 5; *Huber*, in Streinz, EUV/AEUV, Art. 227 AEUV, Rn. 13; *Magiera*, in: Meyer, GRCh, Art. 44 GRC, Rn. 10.

[29] Ausführlich dazu Schneider, S. 125 ff.; *Rengeling/Szczekalla*, Grundrechte, § 40, Rn. 1133; *Magiera*, in: Meyer, GRCh, Art. 44 GRC, Rn. 10; *Jarass*, GRCh, Art. 44 GRC, Rn. 5; a. A. *Huber*, in: Streinz, EUV/AEUV, Art. 227 AEUV, Rn. 14. Vgl. auch *Schoo/Görlitz*, in: Schwarze, EU-Kommen-tar, Art. 227 AEUV, Rn. 6.

[30] *Jarass*, GRCh, Art. 44 GRC, Rn. 6; *Magiera*, in: Meyer, GRCh, Art. 44 GRC, Rn. 11; a. A. *Gai-tanides*, in: Heselhaus/Nowak, Handbuch der Europäischen Grundrechte, § 49, Rn. 23.

[31] *Gaitanides*, in: Heselhaus/Nowak, Handbuch der Europäischen Grundrechte, § 49, Rn. 23.

[32] *Jarass*, GRCh, Art. 44 GRC, Rn. 6; a. A. *Kaufmann-Bühler*, in: Lenz/Borchardt, EU-Verträge, Art. 227 AEUV, Rn. 10, der eine rechtliche Betroffenheit verlangt.

[33] Vgl. Art. 202 GO-EP.

III. Grundrechtsträger

15 **Grundrechtsträger** sind alle **Unionsbürgerinnen** und **-bürger**, d. h. alle **natürlichen Personen**, die die Staatsangehörigkeit eines Mitgliedstaates besitzen.[34] Damit sind grundsätzlich auch Unionsbürgerinnen und -bürger mit **Wohnsitz außerhalb der Union** erfasst. Bei ihnen ist aber das ausreichende Interesse (s. Rn. 14) besonders zu prüfen.[35] Die Vorschrift setzt kein bestimmtes Mindestalter voraus, so dass auch **Minderjährige** geschützt werden.[36] Trotz der Einordnung unter die Bürgerrechte gewährt Art. 44 GRC das Petitionsrecht in Übereinstimmung mit Art. 227 AEUV ausdrücklich auch für **Drittstaatler**, sofern sie ihren **Wohnsitz in der EU** haben. Das Grundrecht ist auch auf **juristische Personen** anwendbar; diese müssen ihren **satzungsmäßigen Sitz in einem Mitgliedstaat** haben.[37]

IV. Adressaten

16 Adressat des Petitionsrecht ist ausdrücklich das **Europäische Parlament**. Dort wird der Petitionsausschuss mit den Eingaben befasst.[38] **Andere Unionsstellen** oder die **Mitgliedstaaten** können von der abwehrrechtlichen Komponente der Gewährleistung erfasst werden, wenn sie die Eingabe einer Petition behindern oder erschweren.[39] Darüber hinaus sind andere Unionseinrichtungen bzw. die Mitgliedstaaten über den **Grundsatz der loyalen Zusammenarbeit** verpflichtet, mit dem Petitionsausschuss in Bearbeitung der Petition zusammenzuarbeiten.[40] Diese Pflicht besteht aber nur im Rahmen der geltenden Zuständigkeiten.

D. Beschränkungen und Rechtfertigung

I. Beschränkungen

17 Jede **Verkürzung des Schutzbereichs** ist eine Beschränkung des Rechts auf Petition. Im Einzelnen kommen zunächst als Beschränkungen die **Nichtannahme** einer Petition durch das Europäische Parlament bzw. die **Nichtbefassung** mit derselben in Frage.[41] Das Parlament bzw. sein Petitionsausschuss muss in eine Prüfung der Petition eintreten. Die Eingaben unterliegen **nicht** dem **Diskontinuitätsgrundsatz**, so dass ein neu gewähltes Parlament auf zuvor eingereichte Petitionen eingehen muss.[42] Unbestritten besteht **kein Anspruch auf Erfüllung** des Begehrens.[43] Vielmehr erkennt die Rechtsprechung ein **wei-**

---

[34] *Magiera*, in: Meyer, GRCh, Art. 44 GRC, Rn. 4.

[35] *Jarass*, GRCh, Art. 44 GRC, Rn. 8 verlangt Anknüpfungspunkte an den territorialen Anwendungsbereich.

[36] *Gaitanides*, in: Heselhaus/Nowak, Handbuch der Europäischen Grundrechte, § 49, Rn. 12; *Haag*, in: GSH, Europäisches Unionsrecht, Art. 227 AEUV, Rn. 10.

[37] Näher dazu *Guckelberger*, DÖV 2003, 829 (832).

[38] Art. 202 GO-EP.

[39] *Jarass*, GRCh, Art. 44 GRC, Rn. 9.

[40] *Haag*, in: GSH, Europäisches Unionsrecht, Art. 227 AEUV, Rn. 19; *Magiera*, in: Meyer, GRCh, Art. 44 GRC, Rn. 14; *Jarass*, GRCh, Art. 44 GRC, Rn. 9, folgern dies aus der grundrechtlichen Verbürgung.

[41] EuGH, Urt. v. 9.12.2014, Rs. C–261/13 P (Schönberger/Parlament), ECLI:EU:C:2014:2423, Rn. 22; S. zur Nichtbefassung *Jarass*, GRCh, Art. 44 GRC, Rn. 9.

[42] Art. 214 Abs. 3 GO-EP.

[43] *Magiera*, in: Meyer, GRCh, Art. 44 GRC, Rn. 7; *Hölscheidt*, in: Grabitz/Hilf/Nettesheim, EU, Art. 227 AEUV (September 2014), Rn. 6; *Hamers*, S. 76 f.; *Meese*, S. 68 f.

tes politisches Ermessen für die weitere Behandlung einer Petition.[44] Als Minimum ist jedoch garantiert, dass überhaupt eine **inhaltliche Prüfung** stattfindet und dass das **Ergebnis** dieser Prüfung dem Petenten **mitgeteilt** wird.[45] In ständiger Rechtsprechung wird zudem aus dem Petitionsrecht die **Pflicht zur Begründung** einer **negativen Entscheidung** gefolgert, damit der Petent erkennen kann, welche Voraussetzungen für seine Petition nicht erfüllt sind.[46] Der EuGH lässt auch eine knappe Begründung ausreichen.[47] Nur so wird eine gerichtliche Prüfung ermöglicht. Für den Fall einer positiven Behandlung, etwa durch Weiterleitung an die zuständige Stelle, ergibt sich die **Pflicht zur Unterrichtung** aus Art. 24 Abs. 4 AEUV.[48] Sofern das Europäische Parlament für die Bearbeitung einer Petition auf die Unterstützung anderer Institutionen der Union bzw. der Mitgliedstaaten angewiesen ist, sind dies – im Rahmen des Prinzips der begrenzten Einzelermächtigung – nach Maßgabe des **Prinzips der loyalen Zusammenarbeit**, insbesondere in seinen Ausprägungen der Organtreue nach Art. 13 Abs. 2 EUV bzw. der Unionstreue nach Art. 4 Abs. 3 EUV zur Zusammenarbeit verpflichtet. Verstöße werden in der Literatur als Eingriffe in das Petitionsrecht gewertet.[49] Ferner kommen die klassischen Beeinträchtigungen des Rechts auf Petition in Betracht, wie die **Behinderung** der Einreichung einer Petition bzw. durch **Benachteiligung** eines Petenten.[50]

II. Rechtfertigung

Eine Beeinträchtigung des Rechts auf Petition bedarf nach den allgemeinen Regeln des   **18** Grundrechtsschutzes der **Rechtfertigung**. Grundsätzlich ist eine **gesetzliche Grundlage** erforderlich.[51] Die Beschränkung ist nur aus **zwingenden Gründen des Allgemeinwohls** zulässig und sie muss **verhältnismäßig** sein.[52] Im Einzelnen ist je nach den Gewährleistungsgehalten zu differenzieren. Für den abwehrrechtlichen Gehalt kommen die **allgemeinen Rechtfertigungsregeln** zur Anwendung, wie sie in Art. 52 Abs. 1 GRC vorgesehen sind. Für das **Leistungsrecht** ist grundsätzlich davon auszugehen, dass jede Nichterfüllung einen Verstoß darstellt. Die Rechtsprechung hat in solchen Fällen **keine Rechtfertigung** untersucht.[53] Dem ist zuzustimmen, denn als Leistungsrecht ist nur das

---

[44] EuGH, Urt. v. 9.12.2014, Rs. C–261/13 P (Schönberger/Parlament), ECLI:EU:C:2014:2423, Rn. 24.

[45] EuG, Urt. v. 14.9.2011, Rs. T–308/07 (Tegebauer/Parlament), Slg. 2011, II–279, Rn. 24f.

[46] EuGH, Urt. v. 9.12.2014, Rs. C–261/13 P (Schönberger/Parlament), ECLI:EU:C:2014:2423, Rn. 23.

[47] EuGH, Urt. v. 9.12.2014, Rs. C–261/13 P (Schönberger/Parlament), ECLI:EU:C:2014:2423, Rn. 23, gegen EuG, Urt. v. 14.9.2011, Rs. T–308/07 (Tegebauer/Parlament), Slg. 2011, II–279, Rn. 28, sofern der Petent erkennen kann, welche Voraussetzungen in seinem Fall nicht erfüllt sind.

[48] Vgl. den Sachverhalt in EuGH, Urt. v. 9.12.2014, Rs. C–261/13 P (Schönberger/Parlament), ECLI:EU:C:2014:2423.

[49] *Guckelberger*, S. 64ff.; *Magiera*, in: Meyer, GRCh, Art. 44 GRC, Rn. 14; *Jarass*, GRCh, Art. 44 GRC, Rn. 9.

[50] *Magiera*, in: Meyer, GRCh, Art. 44 GRC, Rn. 7; *Jarass*, GRCh, Art. 44 GRCh, Rn. 9.

[51] Das könnte etwa in der GO-EP geschehen. Zwar ist die GO-EP grundsätzlich ein Rechtsinstitut sui generis, das als parlamentarisches Innenrecht keine Außenwirkung entfaltet; *Huber*, in: Streinz, EUV/AEUV, Art. 232 AEUV, Rn. 7; *Hölscheidt*, in: Grabitz/Hilf/Nettesheim, EU, Art. 232 AEUV (September 2014), Rn. 6. Ihre Einbeziehung erscheint funktional aber gerechtfertigt, da sie der geeignete Ort ist, um einen Ausgleich zwischen etwaigen widerstreitenden Interessen zur Gewährleistung einer effektiven Ausübung des Rechts vorzunehmen, nicht zuletzt der Verhinderung eines Missbrauchs.

[52] Vgl. *Jarass*, GRCh, Art. 44 GRC, Rn. 10.

[53] Vgl. für die Verletzung der Begründungspflicht EuG, Urt. v. 14.9.2011, Rs. T–308/07 (Tegebauer/Parlament), Slg. 2011, II–279, Rn. 29f.

Minimum der Gewährleistung, die Entgegennahme, Bescheidung und Begründung anerkannt und ein möglicher Eingriff würde hier bereits das Grundrecht leerlaufen lassen.[54] Dagegen kommt im Bereich der **Teilhabe**, der inhaltlichen Befassung, dem Parlament ein weites politisches Ermessen zu, so dass eine gerichtliche Kontrolle in der Regel ausscheidet.[55]

E. Bedeutung in der Praxis und Kontrolle

19 In der Praxis kommt das Petitionsrecht auch im Zusammenhang mit der Rechtsverfolgung zum Einsatz.[56] Nähere Hinweise geben die **jährlichen Berichte des Petitionsausschusses**. Diese Berichte dienen dem Europäischen Parlament zur Eigenkontrolle; es nimmt zu ihnen Stellung.[57] Der Bericht zur Tätigkeit des Petitionsausschusses im Jahr 2013 kommt zu dem Schluss, dass die Themen, auf die sich die Petitionen beziehen, breit gefächert sind und neben den Grundrechten beispielsweise auch das Umweltrecht, den Zugang zu Dokumenten oder die Diskriminierung aus Altersgründen betreffen.[58] Das Europäische Parlament folgert aus den Petitionen, dass »die fehlerhafte oder unzureichende Umsetzung oder Anwendung der EU-Rechtsvorschriften noch immer ein weitverbreitetes Problem darstellt«.[59] Die **Zulässigkeit** einer Petition unterliegt der **gerichtlichen Kontrolle**. In Frage kommt die **Nichtigkeitsklage** gemäß Art. 263 Abs. 4 AEUV gegen den ablehnenden Beschluss des Europäischen Parlaments bzw. des Petitionsausschusses.[60]

---

[54] A.A. *Jarass*, GRCh, Art. 44 GRC, Rn. 10, der bei einem Leistungsrecht einen Ausgestaltungsspielraum anerkennen will.

[55] Gegen eine gerichtliche Kontrolle *Magiera*, in: Meyer, GRCh, Art. 44 GRC, Rn. 15.

[56] S. etwa EuG, Urt. v. 21.1.2014, Rs. T–309/10 (Klein/Kommission), MPR 2014, 132, Rn. 32, zu einer Petition vor einer Klageerhebung.

[57] Zuletzt Bericht über die Tätigkeiten des Petitionsausschusses 2013 v. 19.2.2014, (2014/2008(INI)); *Meese*, S. 89 ff.; *Hamers*, S. 82 ff.; *Magiera*, in: Meyer, GRCh, Art. 44 GRC, Rn. 15.

[58] Bericht über die Tätigkeiten des Petitionsausschusses 2013 v. 19.2.2014, (2014/2008(INI)), Rn. 7.

[59] Bericht über die Tätigkeiten des Petitionsausschusses 2013 v. 19.2.2014, (2014/2008(INI)), Rn. 8.

[60] EuG, Urt. v. 14.9.2011, Rs. T–308/07 (Tegebauer/Parlament), Slg. 2011, II–279, Rn. 6 f.

Artikel 45   GRC Freizügigkeit und Aufenthaltsfreiheit

(1) Die Unionsbürgerinnen und Unionsbürger haben das Recht, sich im Hoheitsgebiet der Mitgliedstaaten frei zu bewegen und aufzuhalten.

(2) Staatsangehörigen dritter Länder, die sich rechtmäßig im Hoheitsgebiet eines Mitgliedstaats aufhalten, kann nach Maßgabe der Verträge Freizügigkeit und Aufenthaltsfreiheit gewährt werden.

Literaturübersicht

Bernsdorff/Borowsky, Die Charta der Grundrechte der Europäischen Union – Handreichungen und Sitzungsprotokolle, 2002; *v. Bogdandy/Bitter*, Unionsbürgerschaft und Diskriminierungsverbot – Zur wechselseitigen Beschleunigung der Schwungräder unionaler Grundrechtsjudikatur, FS Zuleeg, 2005, S. 309; *Calliess*, Der Unionsbürger: Status, Dogmatik und Dynamik, EuR-Beih 1/2007, 7; *Ehlers*, Europäische Grundrechte und Grundfreiheiten, 2015; *Giegerich*, Freizügigkeit, in: Grote/Marauhn (Hrsg.), Konkordanzkommentar zum europäischen und deutschen Grundrechtsschutz, 2006, Kap. 26; *Groß*, Das Gesetz über die allgemeine Freizügigkeit von Unionsbürgern, ZAR 2006, 81; *Hailbronner*, Neue Richtlinie zur Freizügigkeit der Unionsbürger, ZAR 2004, 259; *Kluth*, Reichweite und Folgen der Europäisierung des Ausländer- und Asylrechts, ZAR 2006, 1; *Kubicki*, Kurze Nachlese zur Rechtssache Grunkin-Paul, EuZW 2009, 366 ff.; *Kurzidem*, Das assoziationsrechtliche Aufenthaltsrecht türkischer Staatsangehöriger im Spiegel der neueren Rechtsprechung, ZAR 2010, 121; *Magiera*, Durchsetzung der Grundrechte: Zur Freizügigkeit der Unionsbürger, in: Freiheit, Rechtsstaat und Sozialstaat in Europa, 2007, 145; *Scheuing*, Freizügigkeit als Unionsbürgerrecht, EuR 2003, 744; *Schweitzer*, Artikel 18 Abs. 1 EGV – Die fünfte Grundfreiheit, FS Bothe, 2008, S. 1159; *Seyr/Rümke*, Das grenzüberschreitende Element in der Rechtsprechung des EuGH zur Unionsbürgerschaft, EuR 2005, 667; *Wollenschläger*; Grundfreiheit ohne Markt, 2007.

Leitentscheidungen

EuGH, Urt. v. 12. 5. 1998, Rs. C–85/96 (Martínez Sala), Slg. 1998, I–2691
EuGH, Urt. v. 21. 9. 1999, Rs. C–378/97 (Wijsenbeck), Slg. 1999, I–6207
EuGH, Urt. v. 20. 9. 2001, Rs. C–184/99 (Grzelczyk), Slg. 2001, I–6193
EuGH, Urt. v. 11. 7. 2002, Rs. C–224/98 (D'Hoop), Slg. 2002, I–6191
EuGH, Urt. v. 17. 9. 2002, Rs. C–413/99 (Baumbast und R.), Slg. 2002, I–7091
EuGH, Urt. v. 23. 3. 2004, Rs. C–138/02 (Collins), Slg. 2004, I–2703
EuGH, Urt. v. 29. 4. 2004, Rs. C–224/02 (Pusa), Slg. 2004, I–5763
EuGH, Urt. v. 19. 10. 2004, Rs. C–200/02 (Zhu und Chen), Slg. 2004, I–9925
EuGH, Urt. v. 15. 3. 2005, Rs. C–209/03 (Bidar), Slg. 2005, I–2119
EuGH, Urt. v. 23. 3. 2006, Rs. C–408/03 (Kommission/Belgien), Slg. 2006, I–2647
EuGH, Urt. v. 26. 10. 2006, Rs. C–192/05 (Tas-Hagen), Slg. 2006, I–10541
EuGH, Urt. v. 10. 7. 2008, Rs. C–33/07 (Jipa), Slg. 2008, I–5157
EuGH, Urt. v. 22. 12. 2010, Rs. C–208/09 (Sayn-Wittgenstein), Slg. 2010, I–13693
EuGH, Urt. v. 12. 5. 2011, Rs. C–391/09 (Runevic), Slg.2011, I–3787
EuGH, Urt. v. 18. 12. 2014, Rs. C–202/13 (McCarthy u. a.), ECLI:EU:C:2014:2450
EuGH, Urt. v. 15. 9. 2015, Rs. C–67/14 (Alimanovic), ECLI:EU:C:2015:597

Wesentliche sekundärrechtliche Vorschriften

Verordnung (EWG) Nr. 1612/68 des Rates vom 15. 10. 1968 über die Freizügigkeit der Arbeitnehmer innerhalb der Gemeinschaft, ABl. 1968, L 257/2
Verordnung (EWG) 1251/70 der Kommission v. 29. 6. 1970 über das Recht der Arbeitnehmer, nach Beendigung einer Beschäftigung im Hoheitsgebiet eines Mitgliedstaates zu verbleiben, ABl. 1970, L 142/24
Richtlinie 75/34/EWG des Rates vom 17. 12. 1974 über das Recht der Staatsangehörigen eines Mitgliedstaats, nach Beendigung der Ausübung einer selbständigen Tätigkeit im Hoheitsgebiet eines anderen Mitgliedstaats zu verbleiben, ABl. 1974, L 14/10
Richtlinie 2004/38/EG (sog. Freizügigkeitsrichtlinie) v. 29. 4. 2004 über das Recht der Unionsbürger

und ihrer Familienangehörigen, sich im Hoheitsgebiet der Mitgliedstaaten frei zu bewegen und aufzuhalten, ABl. 2004, L 158/77

Richtlinie 2014/54/EU des Europäischen Parlaments und des Rates vom 16. 4. 2014 über Maßnahmen zur Erleichterung der Ausübung der Rechte, die Arbeitnehmern im Rahmen der Freizügigkeit zustehen, ABl. 2014, L 128/8

Inhaltsübersicht

A. Bedeutung und systematischer Überblick

1 Art. 45 Abs. 1 GRC gewährleistet den Unionsbürgerinnen und -bürgern ein **allgemeines unionsweites Freizügigkeitsrecht** außerhalb des Territoriums ihres Mitgliedstaates. Es ist grundsätzlich **unabhängig von einer wirtschaftlichen Tätigkeit** der geschützten Personen und markiert damit in besonderer Weise die Entwicklung der Union von einer Wirtschaftsgemeinschaft zu einem **Europa der Bürger**.[1] Die im Maastricht-Vertrag eingeführte[2] Verbürgung kommt in ihrer Bedeutung den (wirtschaftlichen) **Grundfreiheiten** gleich und stellt das wohl bedeutsamste **Unionsbürgerrecht** dar.[3] Denn es ergänzt die wirtschaftlichen Grundfreiheiten[4] und erweitert den Anwendungsbereich des Diskriminierungsverbotes nach Art. 18 AEUV. Dergestalt hat es maßgeblich zur **weitgehenden Angleichung** des Rechtsstatus von EU-Ausländern an den Status der Staatsangehörigen ihres EU-Aufenthaltsstaates beigetragen.[5] Dem wird die systematische Stellung in der Grundrechtecharta gegen Ende des Kapitels V. Bürgerrechte nicht ganz gerecht. Im Vergleich dazu steht das Freizügigkeitsrecht unter Art. 21 AEUV und Art. 20 Abs. 2 Buchst. a AEUV an erster Stelle.

---

[1] Zum Vertragsziel des Europa der Bürger s. *Seyr/Rümke*, EuR 2005, 667 (673); *Kaufmann-Bühler*, in: Lenz/Borchardt (Hrsg.), EUV/EGV, Art. 21 AEUV, Rn. 2; EuGH, Urt. v. 17. 9. 2002, Rs. C–413/99 (Baumbast und R), Slg. 2002, I–7091, Rn. 84.

[2] Art. 8a EGV.

[3] Vgl. für die Praxis *Kaufmann-Bühler*, in: Lenz/Borchardt, EUV/EGV, Art. 21 AEUV, Rn. 1; vgl. zum Schutzbereich *Hatje*, in: Schwarze, EU-Kommentar, Art. 21 AEUV, Rn. 1.

[4] Vgl. *Kadelbach*, in: Ehlers, Grundrechte und Grundfreiheiten, S. 660; zur umstrittenen Abgrenzung von den Grundfreiheiten s. Rn. 11 f.

[5] S. zu Grenzen Art. 21 AEUV Rn. 3, 17 ff.

Systematisch wiederholt Art. 45 Abs. 1 GRC im Wesentlichen die in **Art. 21 Abs. 1** **2**
AEUV niedergelegte Verbürgung der Freizügigkeit für Unionsbürgerinnen und -bür-
ger.[6] Aus den Beratungen im Grundrechte-Konvent ist ersichtlich, dass die zusätzliche
Gewährleistung in der Charta eben jenem Freizügigkeitsrecht **nachgebildet** sein sollte.[7]
Daher handelt es sich unstreitig um ein **Recht**, dessen Ausübung im Sinne des Art. 52
Abs. 2 GRC in den Verträgen geregelt ist, sodass die dort vorgesehenen »**Bedingungen**
und Grenzen« einschlägig sind. Insofern kann für die Details grundsätzlich auf die Kommentierung zu Art. 21 AEUV verwiesen werden. Hier soll ergänzend auf die Besonderheiten eingegangen werden, die sich aus dem Grundrechtscharakter (s. Rn. 11 f.)
ergeben können.

Keine Parallele im Zweiten Teil des AEU-Vertrages über die Unionsbürgerschaft fin- **3**
det der Abs. 2 von Art. 45 GRC, der die Gewährung von Freizügigkeit und Aufenthaltsfreiheit für **Staatsangehörige aus Drittländern** betrifft. Die Einbeziehung in den Titel V.
Bürgerrechte der Grundrechtecharta rechtfertigt sich über den sachlichen Zusammenhang der Schutzbereiche, auch wenn in Bezug auf den persönlichen Schutzbereich
grundsätzliche Spannungen bestehen.[8] Die Vorschrift gewährt kein Grundrecht, aber
stellt wohl einen **Grundsatz** dar. Sie enthält zur Umsetzung keine spezifische Rechtsetzungskompetenz (näher zur Bedeutung Rn. 15).

Im Vergleich mit den nationalen Grundrechten bleibt der Schutz der Freizügigkeit für **4**
Unionsbürgerinnen und -bürger in ihrem **eigenen Mitgliedstaat** vom Schutzbereich ausgeklammert, sofern nicht ein grenzüberschreitender Sachverhalt vorliegt.[9] Doch hat der
EuGH das Recht, seinen **Wohnsitz in der EU frei zu wählen**, unter Verweis auf Art. 2 ZP
4 EMRK als einen **allgemeinen Rechtsgrundsatz** des Unionsrechts anerkannt.[10] Dieser
steht gemäß Art. 6 EUV neben den Gewährleistungen aus der Grundrechtecharta. Allerdings ist zu beachten, dass im konkreten Fall ein **grenzüberschreitender Bezug**, der
Erwerb eines landwirtschaftlichen Grundstücks im EU-Ausland, nicht ausgeschlossen
war.

Die Qualifizierung des Freizügigkeitsrechts von Art. 45 Abs. 1 GRC als **Grundrecht** **5**
ist nahezu unbestritten (s. Rn. 11 f.).[11] Seine Aufnahme in die Charta unterstreicht die
Bedeutung als Unionsbürgerrecht und als **spezifische Grundfreiheit** (s. Rn. 12). In der
Konsequenz ist der Anwendungsbereich **weit** und sind Eingriffe **eng** auszulegen.[12] Zudem wird tendenziell jeder Eingriff als gewichtig erachtet, so dass in der Verhältnis-

[6] Daher sei hier grundsätzlich auf die Kommentierungen zu Art. 21 AEUV verwiesen.
[7] Vgl. CHARTE 4170/00, Convent 17 v. Art. I; näher dazu *Magiera*, in: Meyer, GRCh, Art. 45
GRC, Rn. 3.
[8] Drittstaatler zählen gerade nicht zu den Unionsbürgerinnen und -bürgern. Doch gewähren
Art. 42, 43 und 44 GRC neben Unionsbürgerinnen und -bürgern auch Personen mit Wohnsitz in der
EU die dort gewährleisteten Rechte.
[9] Das ist etwa der Fall, wenn eine Benachteiligung daran anknüpft, dass der Betreffende seinen
Heimatstaat in Ausübung des Freizügigkeitsrechts verlassen hatte oder verlassen will, EuGH, Urt. v.
11.7.2002, Rs. C–224/98 (D'Hoop), Slg. 2002, I–6191.
[10] EuGH, Urt. v. 25.1.2007, Rs. C–370/05, (Festersen), Slg. 2007, I–1129, Rn. 35 f.
[11] Es handelt sich nach EuGH, Urt. v. 23.3.2006, Rs. C–408/03 (Kommission/Belgien), Slg. 2006,
I–2647, Rn. 41, um ein »Grundrecht auf Freizügigkeit und Aufenthalt«; *Jarass*, GRC, Art. 45 GRC,
Rn. 2.
[12] EuGH, Urt. v. 29.4.2004, Rs. C–482/01 (Orfanopoulos und Oliveri), Slg. 2004, I–5257, Rn. 65
unter Hinweis auf den Unionsbürgerstatus; EuGH, Urt. v. 7.6.2007, Rs. C–50/06 (Kommission/Nie-
derlande), Slg. 2007, I–4383, Rn. 35 ff.; *Magiera*, in: Streinz, EUV/AEUV, Art. 21 AEUV, Rn. 10.

mäßigkeit der Schwerpunkt auf der Bewertung der Verfolgung des Schutzes von Allgemeininteressen oder von Grundrechten anderer liegt.[13]

B. Entstehungsgeschichte

6   Von Beginn an gewährte die EU Personen **Freizügigkeitsrechte**, zunächst jedoch **ausschließlich** im Zusammenhang mit einer **wirtschaftlichen Betätigung** als Arbeitnehmer,
selbständig Erwerbender oder als Dienstleister in den einschlägigen Grundfreiheiten.[14]
In der Folgezeit sind im Sekundärrecht die Umstände der Wahrnehmung der Freizügig-
keitsverbürgungen im Detail konkretisiert worden und ist der persönliche Anwendungsbereich abgerundet worden.[15] Die lange Zeit bestehenden fragmentarischen und
bereichsspezifischen Regelungen sind nach der Einführung des allgemeinen Freizügigkeitsrechts (Rn. 7) in der sog. **Freizügigkeitsrichtlinie 2004/38/EG** zusammengefasst
worden.[16] Dieser einheitliche Rechtsakt ist bis heute maßgeblich. Danach wird das Aufenthaltsrecht davon abhängig gemacht, dass die Berechtigten **krankenversichert** sind
und über **ausreichende Existenzmittel** verfügen.[17]

7   Erstmals wurde im **Maastricht-Vertrag** mit Art. 8a EGV ein **allgemeines Freizügigkeitsrecht** ohne Bezug zu einer wirtschaftlichen Tätigkeit eingeführt. Die Verbürgung
selbst ist unverändert in den Lissabonner Vertrag übernommen worden. Modifikationen
hat in den Jahren hingegen die Regelung der **Rechtsetzungszuständigkeit** erfahren. Im
zweiten Absatz besteht seit dem Maastricht Vertrag eine **subsidiäre Rechtsetzungskompetenz** für Vorschriften, die die Ausübung der Rechte »erleichtern«. Seit dem Vertrag
von Nizza kommt dabei das **ordentliche Gesetzgebungsverfahren** zum Zuge.[18] Die
ebenfalls im Vertrag von Nizza in Abs. 3 vorgesehene **Bereichsausnahme** für diese
Rechtsetzungskompetenz in Bezug auf »Pässe, Personalausweise, Aufenthaltstitel oder
diesen gleichgestellte Dokumente« ist im Lissabonner Vertrag entfallen. Der weitere
Vorbehalt für »die soziale Sicherheit oder den sozialen Schutz« im Nizza-Vertrag ist im
Lissabonner Vertrag einer **subsidiären Rechtsetzungszuständigkeit** des Rates gewichen.
Das Europäische Parlament muss dabei lediglich **angehört** werden, der Rat muss **ein-
stimmig** beschließen. So behält jeder Mitgliedstaat politisch eine Veto-Position.[19] Diese
Vorschriften betreffen die Umsetzung der Gewährleistung und haben über Art. 52
Abs. 2 GRC auch für die Verbürgung der Freizügigkeit in Art. 45 GRC Geltung.[20]

---

[13] So hat EuGH, Urt. v. 11.7.2002, Rs. C–224/98 (D'Hoop), Slg. 2002, I–6191, nicht geprüft, wie
stark die spätere Versagung des in Rede stehenden Übergangsgeldes die Ausübung der Freizügigkeit
beeinträchtigt hat.
[14] *Kluth*, ZAR 2006, 1; *Kluth*, in: Calliess/Ruffert, EUV/AEUV, Art. 21 AEUV, Rn. 1; *Magiera*, in:
Streinz, EUV/AEUV, Art. 21 AEUV, Rn. 1.
[15] Vgl. z.B. Art. 3 Abs. 1, 6 Abs. 2, 7 Abs. 1, Abs. 2 RL 2004/38/EG (Familienangehörige). Für
Drittstaatsangehörige kann sich ein Aufenthaltsrecht aus Assoziierungsabkommen ergeben, dazu
Kurzidem, ZAR 2010, 121.
[16] ABl. 2004, L 158/77, Art. 21 AEUV i.V.m. Art. 20 Abs. 2 Satz 2 Buchst. a AEUV, Art. 46, 50
und 59 AEUV; näher dazu *Hailbronner*, ZAR 2004, 259; *Groß*, ZAR 2006, 81.
[17] S. die besondere Betonung dieser Voraussetzungen für die Berufung auf die Freizügigkeit in
EuGH, Urt. v. 11.11.2014, Rs. C–333/13 (Dano), ECLI:EU:C:2014:2358.
[18] Das Europäische Parlament wird seitdem insbesondere im Verfahren voll umfänglich einbezogen, während es zunächst nur ein Zustimmungsrecht besessen hatte.
[19] Näher dazu unter Art. 21 AEUV, Rn. 11.
[20] *Jarass*, GRCh, Art. 45 GRC, Rn. 13; vgl. Chartaerläuterungen, ABl. 2007, C 303/29.

Die Aufnahme des Freizügigkeitsrecht war im **Grundrechtekonvent** von Anfang an　**8**
unbestritten.[21] War der Wortlaut anfangs noch Art. 21 AEUV insgesamt, inklusive der
weiteren Absätze, nachgebildet, entschied man sich später für die schlanke Fassung, da
die Anwendung der weiteren Vorschriften des Art. 21 AEUV über den **Verweis** in
Art. 52 Abs. 2 GRC sichergestellt wurde.[22] Ferner blieb es bei der Regelung, dass das
Freizügigkeitsrecht **nicht** auf **rein interne Sachverhalte** – in Übereinstimmung mit
Art. 21 AEUV und der Rechtsprechung – Anwendung finden sollte.[23]

Der in seinem Regelungsgehalt fragwürdige (s. Rn. 15) Abs. 2 zur Freizügigkeit und　**9**
Aufenthaltsrecht von **Drittstaatlern** ist einem **Kompromiss** geschuldet. Der Antrag auf
Zuerkennung eines eigenen Grundrechts konnte sich nicht durchsetzen.[24]

C. Gewährleistungsgehalte

I. Grundrechtscharakter

1. Individualrecht und unmittelbare Anwendbarkeit

Nach dem Wortlaut verleiht Art. 21 AEUV und damit auch Art. 45 Abs. 1 GRC jedem　**10**
Unionsbürger ein **einklagbares Recht**. Es handelt sich um ein **subjektiv-öffentliches** Individualrecht auf Ebene des Primärrechts.[25] Auch für das im Wesentlichen gleichlautende Freizügigkeitsrecht aus Art. 21 AEUV wird nahezu einhellig der Charakter eines
subjektiv-öffentlichen Rechts bejaht.[26] Zwar sind über den Verweis in Art. 52 Abs. 2
GRC die in Art. 21 AEUV vorbehaltenen »Beschränkungen und Bedingungen« zu beachten, doch sind diese auf Einschränkungen im Primärrecht und auf bereits **bestehende**
Beschränkungen im Sekundärrecht **begrenzt**.[27]

2. Unionsbürgerrecht, Grundrecht und besondere Grundfreiheit

Aufgrund der **formalen** Aufnahme in die Grundrechtecharta wird zutreffend der **Grund-**　**11**
rechtscharakter von Art. 45 Abs. 1 GRC bejaht.[28] Es handelt sich nicht um einen Grundsatz nach Art. 52 Abs. 5 GRC. Dies folgt zum einen aus dem eindeutigen Wortlaut. Zum
anderen können die Unionsorgane durch Rechtsetzung dieses Recht nicht begrenzen,

---

[21] Es war bereits im ersten Entwurf enthalten, CHARTE 4170/00, Convent 17 v. 20.3.2000,
Art. 1.

[22] S. Erläuterungen zur Grundrechtecharta i.d.F. v. 12.12.2007, ABl. 2007, C 303/17ff. zu
Art. 45.

[23] Vgl. die Nachweise bei *Magiera*, in: Meyer, GRCh, Art. 45 GRC, Rn. 3.

[24] *Berndorff/Borowsky*, Protokolle, 310ff., 316ff.

[25] EuGH, Urt. v. 17.9.2002, Rs. C–413/99 (Baumbast und R), Slg. 2002, I–7091, Rn. 80ff.; Urt. v.
21.9.1999, Rs. C–378/97 (Wijsenbeek), Slg. 1999, I–6207, Rn. 41; *Kaufmann-Bühler*, in: Lenz/Bor-
chardt, EUV/EGV, Art. 21 AEUV, Rn. 4; *Kluth*, in: Calliess/Ruffert, EUV/AEUV, Art. 21 AEUV,
Rn. 15.

[26] Mittlerweile ganz herrschende Ansicht, vgl. nur *Hatje*, in: Schwarze, EU-Kommentar, Art. 21
AEUV, Rn. 7; *Kluth*, in: Calliess/Ruffert, EUV/AEUV, Art. 21 AEUV, Rn. 15; *Magiera*, in: Streinz,
EUV/AEUV, Art. 21 AEUV, Rn. 10; jeweils m. w. N.

[27] *Magiera*, in: Streinz, EUV/AEUV, Art. 21 AEUV, Rn. 21, näher dazu unter Rn. 15.

[28] *Magiera*, in: Streinz, EUV/AEUV, Art. 21 AEUV, Rn. 7; EuGH, Urt. v. 25.5.2000, Rs. C–424/98
(Kommission/Italien), Slg. 2000, I–4001, Rn. 35; Urt. v. 23.3.2004, Rs. C–138/02 (Ioannidis),
Slg. 2004, I–2703; Urt. v. 15.9.2005, Rs. C–258/04, Slg. 2005, I–8275, Rn. 22.

sondern nach Art. 21 Abs. 2 AEUV lediglich dessen Ausübung »**erleichtern**«.[29] Teilweise wird der Grundrechtscharakter mit dem Argument bestritten, dass ein solches allen Unionsbürgerinnen und -bürgern zustehen müsse, d.h. auch den eigenen Staatsangehörigen in einem Mitgliedstaat.[30] Dem ist aber entgegenzuhalten, dass in einer auf dem **Subsidiaritätsgedanken** basierenden supranationalen Union die Anerkennung **ergänzender Grundrechtsgewährleistungen** systemgerecht ist.[31] Zugleich stellt die Verbürgung eingedenk der Aufnahme in Kapitel V GRC über die Bürgerrechte und in Art. 21 AEUV ein **Unionsbürgerrecht** dar.

12   Umstritten ist, ob die Verbürgung als eine **Grundfreiheit** zu qualifizieren ist. Sie gleicht den wirtschaftlichen Grundfreiheiten strukturell. Wie jene ist sie auf **grenzüberschreitende Sachverhalte** ausgerichtet. Zwar führt sie nicht zur Umsetzung des Binnenmarktprinzips, doch entfaltet sie eine **vergleichbare Wirkung** im Zusammenspiel mit der Unionsbürgerschaft nach Art. 20 Abs. 1 AEUV.[32] Insbesondere erscheint sie in der Abwägung ähnlich gewichtig wie die Grundfreiheiten. Diese Wirkungen greifen über den Verweis in Art. 52 Abs. 2 GRC auch für die Verbürgung des Freizügigkeitsrechts in Art. 45 GRC. Es ist daher überzeugend, Art. 45 GRC auch als **besondere Grundfreiheit** zu qualifizieren, ohne ihren Grundrechtscharakter aufzugeben.[33]

II.   Sachlicher Schutzbereich

1.   Umfang

13   **Voraussetzung** für die Berufung auf das Freizügigkeitsrecht ist, dass der Betreffende über eine ausreichende **Krankversicherung** und **ausreichende Existenzmittel** verfügt.[34] Geschützt wird der **Aufenthalt** und das **ungehinderte Bewegen** im **Hoheitsgebiet der Mitgliedstaaten**. Damit werden insbesondere die Einreise und Ausreise, letztere aber nicht an den EU-Außengrenzen, sowie die Wohnsitznahme erfasst.[35] In jedem Fall muss ein grenzüberschreitendes Element vorliegen. **Rein innerstaatliche Sachverhalte** werden nicht erfasst.[36] Die Details der Verbürgung sind deckungsgleich mit jenen nach Art. 21 AEUV.[37]

2.   Diskriminierungs- und Beschränkungsverbot

14   Nach zutreffender Ansicht enthält Art. 45 GRC sowohl ein **Beschränkungs-** als auch ein **Diskriminierungsverbot**.[38] Jede Diskriminierung wirkt zugleich wie eine Beschränkung, weil sie die Ausübung des Freizügigkeitsrechts weniger attraktiv macht. Dieser zwei-

---

[29] *Magiera*, in: Streinz, EUV/AEUV, Art. 21 AEUV, Rn. 21.

[30] *Kadelbach*, in: Ehlers, Grundrechte und Grundfreiheiten, S. 660ff.

[31] S. Art. 21 AEUV, Rn. 14.

[32] Ausführlich dazu Art. 21 AEUV, Rn. 15.

[33] Vgl. die Bewertung bei *Jarass*, GRCh, Art. 45 GRC, Rn. 2.

[34] Art. 7, 14 RL 2004/38; vgl. EuGH, Urt. v. 11.11.2014, Rs. C–333/13 (Dano), ECLI:EU:C: 2014:2358; näher dazu Art. 21 AEUV, Rn. 34.

[35] *Magiera*, in: Meyer, GRCh, Art. 45 GRC, Rn. 8; *Jarass*, GRCh, Art. 45 GRC, Rn. 7, näher dazu Art. 21 AEUV Rn. 17f.

[36] S. Art. 21 AEUV, Rn. 19.

[37] S. ausführlich dazu die Art. 21 AEUV, Rn. 19.

[38] Bejahend *Magiera*, in: Streinz, EUV/AEUV, Art. 21 AEUV, Rn. 15 und 16; *Scheuing*, EuR 2003, 744 (783); s. ausführlicher dazu Art. 21 Rn. 22f.; a. A. *Calliess*, EuR-Beiheft 1/2007, 7 (30ff.); *Kubikki*, EuZW 2009, 366ff.; *Kluth*, in: Calliess/Ruffert, EUV/AEUV, Art. 21 AEUV, Rn. 6.

geteilte Ansatz entspricht dem der wirtschaftlichen Grundfreiheiten. Diese umfassende Deutung ist in der Literatur zum Teil umstritten, weil die Rechtsprechung nicht immer einheitlich ist.[39] So wird in der Rechtsprechung beim Beschränkungsverbot teilweise Art. 20 AEUV herangezogen.[40] Dies verdeutlicht die **Bedeutung der Unionsbürgerschaft** für den hohen Schutzstandard, ist aber in systematischer Hinsicht überflüssig, da Art. 45 Abs. 1 GRC (bzw. Art. 21 AEUV) selbst das Vorliegen der Unionsbürgerschaft voraussetzt. Bei der Anwendung als Diskriminierungsverbot führt die Rechtsprechung häufig zugleich Art. 18 AEUV mit an, doch zeigen die Fälle, in denen dieser Rekurs unterblieben ist,[41] dass auch das Freizügigkeitsrecht selbst ein Diskriminierungsverbot enthält. Offenbar wird Art. 18 AEUV insbesondere dann zusätzlich herangezogen, wenn bei lediglich indirekten Auswirkungen auf die Freizügigkeit der Aspekt des Diskriminierungsverbotes hervorgehoben werden soll.[42]

Unklar ist die Bedeutung des Abs. 2, wonach **Staatsangehörigen von Drittstaaten**, die   **15** sich regelmäßig im Hoheitsgebiet eines Mitgliedstaates aufhalten, nach Maßgabe der Verträge Freizügigkeit und Aufenthaltsfreiheit gewährt werden können. Ein **Grundrecht** liegt **nicht** vor, da das Recht erst durch das Sekundärrecht gewährt werden muss.[43] Vielfach wird die Erwähnung als eine Klarstellung gewertet, dass angesichts der Gewährung der Freizügigkeit für Unionsbürgerinnen und -bürger eine Ausdehnung auf Drittstaatler nicht ausgeschlossen ist.[44] Indes wird man unter Anwendung des Auslegungsgrundsatzes des **effet utile** und des in den Beratungen im Konvent zutage getretenen Kompromisses davon ausgehen müssen, dass Abs. 2 nicht eine bloße Wiederholung bestehender Rechtsetzungsoptionen darstellt. Auch dürfte einer Qualifizierung als **Grundsatz** nach Art. 52 Abs. 5 GRC das Ermessen (»kann«) in der Vorgabe nicht entgegenstehen, denn diese stellen zwar u. a. Ziele dar, belassen den zuständigen Organen aber Spielräume bei der Umsetzung.[45] Auch kann Art. 45 Abs. 2 GRC wie andere Grundsätze die Interpretation von Normen des Sekundärrechts beeinflussen. Aus dem Wortlaut von Art. 45 Abs. 2 GRC ist zu schließen, dass der Kommission aufgegeben wird, die Möglichkeiten zur Erfüllung dieses **Rechtsetzungsauftrages konkret** zu **prüfen**.

---

[39] In der EuGH-Rspr. finden sich Entscheidungen, die ausschliesslich Art. 18 EGV (Art. 21 AEUV) heranziehen, so z. B. EuGH, Urt. v. 19. 10. 2004, Rs. C–200/02 (Zhu und Chen), Slg. 2004, I–9925, Rn. 24 ff.; Urt. v. 17. 1. 2008, Rs. C–152/05 (Kommission/Deutschland), Slg. 2008, I–39, Rn. 30; aber auch solche, die sich zusätzlich auf Art. 12 EGV (Art. 18 AEUV) stützen, z. B. EuGH, Urt. v. 15. 3. 2005, Rs. C–209/03 (Bidar), Slg. 2005, I–2119, Rn. 28 ff.; Urt. v. 1. 10. 2009, Rs. C–103/08 (Gottwald), Slg. 2009, I–9117, Rn. 23 ff.

[40] *Kluth*, in: Calliess/Ruffert, EUV/AEUV, Art. 21 AEUV, Rn. 6.

[41] In der Rspr. finden sich Entscheidungen, die ausschliesslich Art. 18 EGV (Art. 21 AEUV) heranziehen, so z. B. EuGH, Urt. v. 19. 10. 2004, Rs. C–200/02 (Zhu und Chen), Slg. 2004, I–9925, Rn. 24 ff.; Urt. v. 17. 1. 2008, Rs. C–152/05 (Kommission/Deutschland), Slg. 2008, I–39, Rn. 30; aber auch solche, die sich zusätzlich auf Art. 12 EGV (Art. 18 AEUV) stützen, z. B. EuGH, Urt. v. 15. 3. 2005, Rs. C–209/03 (Bidar), Slg. 2005, I–2119, Rn. 28 ff.; Urt. v. 1. 10. 2009, Rs. C–103/08 (Gottwald), Slg. 2009, I–9117, Rn. 23 ff.

[42] S. dazu Art. 21 AEUV, Rn. 26.

[43] I.E. wie hier *Jarass*, GRCh, Art. 45, Rn. 3.

[44] *Streinz*, in: Streinz, EUV/AEUV, Art. 45 AEUV, Rn. 4; *Jarass*, GRCh, Art. 45 GRC, Rn. 3.

[45] A.A. *Jarass*, GRCh, Art. 45 GRC, Rn. 3; allgemein zu den Grundsätzen *Kingreen*, in: Calliess/Ruffert, EUV/AEUV, Art. 52 GRCh, Rn. 13 ff.

3. Gewährleistungsgehalte

16   Das Freizügigkeitsrecht weist verschiedene grundrechtliche Gewährleistungsgehalte
auf. Es entfaltet die klassische **abwehrrechtliche** Funktion, wenn es Beschränkungen
entgegengehalten wird.[46] Als Diskriminierungsverbot kann sich aus ihm ein **Teilhaberecht** oder gar ein **Leistungsrecht** ergeben.[47]

4. Abgrenzung zu anderen Vorschriften

17   Die **wirtschaftlichen** personenbezogenen **Grundfreiheiten** gehen dem Freizügigkeitsrecht als speziellere Regelungen vor, denn sie setzen zusätzlich eine wirtschaftliche
Betätigung voraus.[48] Damit verbleibt dem Freizügigkeitsrecht der gesamte Bereich des
Aufenthalts und der Bewegung aus **nichtwirtschaftlichen** Gründen eröffnet. Anders ist
hingegen das Verhältnis zu Art. 34 Abs. 2 GRC im **Sozialbereich** zu beurteilen. Inhaltlich überschneidet sich jene Verbürgung auf Leistungen der sozialen Sicherheit und auf
soziale Vergünstigungen mit dem Freizügigkeitsrecht, insbesondere in dessen Ausprägung als Diskriminierungsverbot.[49] Doch stellt Art. 34 Abs. 2 GRC lediglich einen
Grundsatz nach Art. 52 Abs. 5 GRC dar, weil er zu einer Umsetzung auf das Unionsrecht und die mitgliedstaatlichen Rechtsvorschriften verweist. Zudem weist Art. 45
GRC als besondere Grundfreiheit einen stärkeren Schutz auf (s. Rn. 12), so dass die
Voraussetzungen einer Spezialität von Art. 34 GRC nicht gegeben sind.[50]

18   Das **Verhältnis** von Art. 45 GRC **zum allgemeinen Diskriminierungsverbot** aus Gründen der Staatsangehörigkeit nach Art. 21 Abs. 2 GRC entspricht jenem zwischen
Art. 21 AEUV und Art. 18 AEUV. Nach hier vertretener Auffassung schließt das Freizügigkeitsrecht ein Diskriminierungsverbot mit ein und ist daher **spezieller**.[51] Zugleich
weitet es den Anwendungsbereich der Verträge aus, auf den das Diskriminierungsverbot bezogen ist.

III. Grundrechtsträger

19   Berechtigt werden alle **Unionsbürgerinnen und -bürger** als Träger des Freizügigkeitsrechts, also alle **natürlichen Personen**, die die Staatsangehörigkeit eines Mitgliedstaates
besitzen. Insbesondere werden auch **Minderjährige** geschützt.[52] Eine **Doppelstaatsan-
gehörigkeit** ist unschädlich.[53] **Drittstaatsangehörige** sind grundsätzlich nicht einbezogen. Als **Familienangehörige** eines Unionsbürgers steht ihnen ein **abgeleitetes Freizügigkeitsrecht** im Sekundärrecht zu.[54] Diese sekundärrechtliche Verbürgung wird vom

---

[46] EuGH, Urt. v. 11.7.2002, Rs. C–224/98 (D'Hoop), Slg. 2002, I–6191, Rn. 30 ff.; Urt. v.
29.4.2004, Rs. C–224/02 (Pusa), Slg. 2004, I–5763 Rn. 18 ff.; Urt. v. 10.7.2008, Rs. C–33/07 (Jipa),
Slg. 2008, I–5157, Rn. 17 ff.

[47] Zum Teilhaberecht siehe EuGH, Urt. v. 11.7.2002, Rs. C–224/98 (D'Hoop), Slg. 2002, I–6191,
Rn. 28 ff.; Urt. v. 30.4.1998, Rs. C–24/97 (Kommission/Deutschland), Slg. 1998, I–2133, Rn. 13 f.;
zum Leistungsrecht EuGH, Urt. v. 20.9.2001, Rs. C–184/99 (Grzelczyk), Slg. 2001, I–6193, Rn. 27 ff.

[48] Vgl. EuGH, Urt. v. 26.11.2002, Rs. C–100/01 (Olazabal), Slg. 2002, I–10981, Rn. 26; *Hatje*, in:
Schwarze, EU-Kommentar, Art. 18, Rn. 12.

[49] S. EuGH, Urt. v. 20.9.2001, Rs. C–184/99 (Grzelczyk), Slg. 2001, I–6193, Rn. 27 ff.

[50] A.A. wohl *Jarass*, GRCh, Art. 45 GRC, Rn. 6, er aber nicht näher darauf eingeht, dass Art. 34
GRC lediglich einen Grundsatz enthält.

[51] Vgl. *Magiera*, in: Streinz, EUV/AEUV, Art. 21 AEUV, Rn. 8.

[52] EuGH, Urt. v. 19.10.2004, Rs. C–200/02 (Zhu und Chen), Slg. 2004 I–9925, Rn. 26.

[53] S. Art. 20 AEUV, Rn. 24.

[54] S. Art. 1a und 2 Richtlinie 2004/38/EG.

EuGH relativ **weit** ausgelegt.[55] Im Übrigen kann Drittstaatsangehörigen im Sekundärrecht eine vergleichbare Freizügigkeit zugestanden werden, wenn sie sich regelmäßig und rechtmäßig im Gebiet eines Mitgliedstaats aufhalten. Ausdrücklich erwähnt Art. 45 Abs. 2 GRC eine solche Möglichkeit, verweist für die Rechtsetzungskompetenz aber auf die Verträge. Einschlägige Vorschriften sind Art. 77 Abs. 2 Buchst. c und Art. 78 AEUV.[56]

IV. Adressaten

Das Freizügigkeitsrecht verpflichtet in der Praxis **primär die Mitgliedstaaten** und verbietet ihnen unverhältnismäßige Einschränkungen gegenüber Unionsbürgerinnen und -bürgern.[57] Grundsätzlich ist auch der **eigene** Mitgliedstaat verpflichtet,[58] doch darf es sich nicht um einen **rein internen Sachverhalt** handeln (s. Rn. 4). Es geht dabei nicht nur um eine Bindung der Mitgliedstaaten bei der Durchführung des Unionsrechts nach Art. 51 Abs. 1 Satz 1 GRC, sondern gerade auch bei der autonomen Rechtsetzung.[59] Diese Schutzrichtung teilt das Freizügigkeitsrecht mit anderen Unionsbürgerrechten, wie etwa den erweiterten Wahlrechten. Des Weiteren bindet Art. 21 AEUV auch die **Union und ihre Organe** gemäß Art. 51 Abs. 1 Satz 1 GRC, insbesondere bei der Rechtsetzung. Zwar stellt Art. 21 Abs. 1 AEUV der EU keine Rechtsetzungskompetenz zur Verfügung und Abs. 2 nur eine solche zur **Erleichterung** der Ausübung der Freizügigkeit, also **nicht zu Einschränkungen** (s. Art. 21 AEUV Rn. 33). Damit sind die bestehenden Einschränkungen nach der Freizügigkeitsrichtlinie ein nicht zu erweiternder **Maximalstandard**. Doch ist nicht ausgeschlossen, dass es im Rahmen der Rechtsetzungskompetenzen nach Art. 21 Abs. 3 AEUV und Art. 77 f. AEUV zu indirekten Eingriffen kommen kann.   **20**

V. Beschränkungen und Rechtfertigungen

1. Beschränkungen

Beeinträchtigungen des Freizügigkeitsrechtes sind alle Maßnahmen oder Unterlassungen, die den Schutzbereich verkürzen.[60] Dies kann insbesondere durch **Verbote** geschehen. Nach der Rechtsprechung führt die Freizügigkeit nicht dazu, dass die Mitgliedstaaten auf **Grenzkontrollen** verzichten müssten.[61] Daher dürften Grenz- und Ausweiskontrollen, die angemessen und in ihren möglichen Sanktionen verhältnismäßig sind, keinen Eingriff darstellen, sofern auch Inländer grundsätzlich einer Ausweispflicht unterliegen.[62] Solche Kontrollen können gerade dazu dienen festzustellen, dass es sich um   **21**

---

[55] EuGH, Urt. v. 25.7.2008, Rs. C–127/08 (Metock), Slg. 2008, I–6241, Rn. 81 ff., spricht das Freizügigkeitsrecht auch abgelehnten Asylanten bei späterer Heirat mit einer Unionsbürgerin zu.

[56] Vgl. *Kaufmann-Bühler*, in: Lenz/Borchardt (Hrsg.), EUV/EGV, Art. 21 AEUV, Rn. 15.

[57] Vgl. *Jarass*, GRCh, Art. 45 GRC, Rn. 4.

[58] EuGH, Urt. v. 11.7.2002, Rs. C–224/98 (D'Hoop), Slg. 2002 I–6191, Rn. 30 f.; *Jarass*, GRCh, Art. 45 GRC, Rn. 4.

[59] Bspw. EuGH, Urt. v. 5.6.1997, Rs. C–64/96 (Uecker und Jacquet), Slg. 1997, I–3171, Rn. 23; Urt. v. 26.10.2006, Rs. C–192/05 (Tas-Hagen), Slg. 2006, I–10541, Rn. 23; Urt. v. 22.5.2008, Rs. C–499/06 (Nerkowska), Slg. 2008, I–3993, Rn. 25.

[60] Vgl. *Jarass*, GRCh, Art. 45 GRC, Rn. 10.

[61] EuGH, Urt. v. 21.9.1999, Rs. C–378/97 (Wijsenbeck), Slg. 1999, I–6207, Rn. 40, 43.

[62] Urt. v. 30.4.1998, Rs. C–24/97 (Kommission/Deutschland), Slg. 1998, I–2133, Rn. 13; a. A. *Jarass*, GRCh, Art. 45 GRC, Rn. 10, unter Verweis gerade auf die entgegenstehende Entscheidung des EuGH, Urt. v. 21.9.1999, Rs. C–378/97 (Wijsenbeck), Slg. 1999, I–6207, Rn. 34 f., 43.

Personen handelt, die sich auf das Freizügigkeitsrecht berufen können und nicht um Drittstaatler. Anders könnte das bei übermäßig häufigen Kontrollen einer Person zu beurteilen sein. Sofern eine **Ungleichbehandlung** gegenüber Inländern vorliegt, dürfte der Umstand, dass mit den Kontrollen nur geringe zeitliche Verzögerungen einhergehen, allerdings für die Bejahung eines Eingriffs unbeachtlich sein.[63]

22   Ferner liegen Beeinträchtigungen vor, wenn ein Unionsbürger **benachteiligt** wird, weil er von seiner Freizügigkeit Gebrauch gemacht hat oder Gebrauch machen **will**. Der Schutzumfang entspricht demjenigen nach Art. 21 AEUV.[64]

2. Rechtfertigung

23   Art. 45 GRC enthält selbst keine Hinweise auf mögliche gerechtfertigte Beschränkungen. Gemäß Art. 52 Abs. 2 GRC ist insoweit auf die **Regelung in Art. 21 AEUV** zurückzugreifen, deren Deutung in der Literatur umstritten ist.[65] Nach überzeugender Ansicht können EU und Mitgliedstaaten die Voraussetzungen eines Aufenthaltsrechts, eine **Krankenversicherung** und **ausreichende Existenzmittel** nach der Freizügigkeitsrichtlinie nicht verschärfen, da Art. 21 Abs. 2 als Ermächtigungsgrundlage nur **Erleichterungen** zulässt.[66] Dies betrifft aber nur unmittelbare Eingriffe in die Freizügigkeit. Demgegenüber können sich Beschränkungen auch aus anderen Rechtsetzungskompetenzen ergeben, wenn sie ein anderes Ziel verfolgen und dabei eine Beschränkung herbeiführen.

24   Die zulässigen Ziele sind insbesondere solche des **Allgemeinwohls**, wie sie auch den personenbezogenen wirtschaftlichen Grundfreiheiten eigen sind.[67] Sie können insbesondere von den Mitgliedstaaten im Rahmen ihrer Rechtsetzung verfolgt werden.[68]

25   Gemäß den allgemeinen Grundsätzen bedürfen Eingriffe einer **gesetzlichen Grundlage**,[69] sofern sie sich nicht unmittelbar aus den Verträgen ergeben. Ferner muss ein **legitimes Ziel verfolgt** werden[70] und die Beschränkungen müssen **verhältnismäßig** sein.[71] Auch darf der **Wesensgehalt** nicht angetastet werden. Letzteres ist nach Ansicht des EuGH der Fall, wenn eine gewichtige Beeinträchtigung »ohne weitere Prüfung« erfolgt.[72]

---

[63] A.A. *Kluth*, in: *Calliess/Ruffert*, EUV/AEUV, Art. 21 AEUV, Rn. 5.
[64] S. Art. 21 AEUV, Rn. 5.
[65] S. näher dazu unter Art. 21 AEUV, Rn. 34.
[66] *Magiera*, in: Streinz, EUV/AEUV, Art. 21 AEUV, Rn. 21.
[67] Insbesondere die öffentliche Ordnung, Sicherheit und Gesundheit, vgl. *Magiera*, in: Streinz, EUV/AEUV, Art. 21 AEUV, Rn. 24.
[68] *Jarass*, GRCh, Art. 45 GRC, Rn. 13.
[69] *Jarass*, GRCh, Art. 45 GRC, Rn. 14.
[70] EuGH, Urt. v. 26.10.2006, Rs. C–192/05 (Tas-Hagen), Slg. 2006, I–10541, Rn. 33; Urt. v. 23.4.2009, Rs. C–544/07 (Rüffler), Slg. 2009, I–3389, Rn. 74; Urt. v. 22.12.2010, Rs. C–208/09 (Sayn-Wittgenstein), Slg. 2010, I–13693, Rn. 81; Urt. v. 21.7.2011, Rs. C–503/09 (Steward), Slg. 2011, I–6497 Rn. 87.
[71] EuGH, Urt. v. 29.4.2004, Rs. C–224/02 (Pusa), Slg. 2004, I–5763, Rn. 20; Urt. v. 14.10.2008, Rs. C–353/06 (Grumkin), Slg. 2008, I–7639, Rn. 29; Urt. v. 4.12.2008, Rs. C–221/07 (Zublocka), Slg. 2008, I–9029, Rn. 37; Urt. v. 12.5.2011, Rs. C–391/09 (Runevic), Slg. 2011, I–3787, Rn. 83; *Magiera*, in: Streinz, EUV/AEUV, Art. 21 AEUV, Rn. 22.
[72] EuGH, Urt. v. 23.3.2006, Rs. C–408/03 (Kommission/Belgien), Slg. 2006, I–2647, Rn. 68.

Artikel 46 GRC Diplomatischer und konsularischer Schutz

Die Unionsbürgerinnen und Unionsbürger genießen im Hoheitsgebiet eines Drittlandes, in dem der Mitgliedstaat, dessen Staatsangehörigkeit sie besitzen, nicht vertreten ist, den Schutz der diplomatischen und konsularischen Stellen eines jeden Mitgliedstaats unter denselben Bedingungen wie Staatsangehörige dieses Staates.

Literaturübersicht

Closa, The Concept of Citizenship in the Treaty on European Union, CMLRev. 29 (1992), 1137 ff.; *Everling*, Auf dem Weg zu einem europäischen Bürger? Aspekte aus rechtswissenschaftlicher Sicht, in: Hrbek (Hrsg.), Bürger und Europa, 1994, S. 49; *Fischer*, Die Unionsbürgerschaft. Ein Konzept im Völker- und Europarecht, FS Winkler, 1997, S. 237; *Hailbronner*, Diplomatischer Schutz bei mehrfacher Staatsangehörigkeit, in: Ress/Stein (Hrsg.), Der diplomatische Schutz im Völker- und Europarecht, 1996, S. 20; *Heintze*, Konsularische Beziehungen, in: Ipsen (Hrsg.), Völkerrecht, 2014, § 27; *Ipsen*, Der Staat als die Normalperson des Völkerrechts, in: *ders.* (Hrsg.), Völkerrecht, 2014, § 5; *Kleinlein/Rabenschlag*, Auslandsschutz und Staatsangehörigkeit, ZaöRV 2007, 1277; *Kovar/Simon*, La Citoyennete europeenne:, CDA 1993, 285; *Marias* (Hrsg.), European Citizenship, 1994; *Ruffert*, Diplomatischer und konsularischer Schutz zwischen Völker- und Europarecht, AVR 35 (1997), 459; *Schönberger*, Unionsbürger Europas föderales Bürgerrecht in vergleichender Sicht, 2005; *Schusterschitz*, Organisation und Arbeitsweise der Hohen Vertreterin für Außen- und Sicherheitspolitik, in: Eilmansberger/Griller/Obwexer (Hrsg.), Rechtsfragen der Implementierung des Vertrags von Lissabon, 2010, S. 269; *Seidl-Hohenveldern*, Der diplomatische Schutz für juristische Personen und Aktionäre, in: Ress/Stein (Hrsg.), Der diplomatische Schutz im Völker- und Europarecht, 1996, S. 115; *Stein*, Die Regelung des diplomatischen Schutzes im Vertrag der Europäischen Union, in: *ders.*/Ress, (Hrsg.), Der diplomatische Schutz im Völker- und Europarecht, 1996, S. 97; *Storost*, Der Fall Abbasi: Wegbereiter eines gemeineuropäischen Anspruchs auf diplomatischen Schutz?, AVR 42 (2004), 411; *ders*, Diplomatischer Schutz durch EG und EU? Die Berücksichtigung von Individualinteressen in der europäischen Außenpolitik (2005); *Szczekalla*, Die Pflicht der Gemeinschaft und der Mitgliedstaaten zum diplomatischen und konsularischen Schutz, EuR 1999, 325; *Wessel*, The European Union's Foreign and Security Policy, A legal institutional Perspective, 1999.

Leitentscheidungen

EuGH, Urt. v. 5.2.1963, Rs. C–26/62 (van Gend & Loos), Slg. 1963, 3
EuGH, Urt. v. 19.11.1991, Rs. C- 6/90 u. 9/90 (Francovich), Slg. 1991, I–5357
EuGH, Urt. v. 7.7.1992, Rs. C–369/90 (Micheletti), Slg. 1992, I–4239, Rn. 10 f.
EuGH, Urt. v. 24.10.1996, Rs. C–72/95 (Kraijeveld), Slg. 1996, I–5403

Wesentliche sekundärrechtliche Vorschriften

Beschluss 96/409/GASP der im Rat vereinigten Vertreter der Regierungen der Mitgliedstaaten v. 25.6.1996 zur Ausarbeitung von Rückkehrausweisen, ABl. 1996, L 168/4
Beschluss 95/553/EG der im Rat vereinigten Vertreter der Regierungen der Mitgliedstaaten v. 19.12.1995 über den Schutz der Bürger der Europäischen Union durch die diplomatischen und konsularischen Vertretungen, ABl. 1995, L 314/73

Inhaltsübersicht

A.   Bedeutung und systematischer Überblick

1   Art. 46 GRC sichert den Unionsbürgerinnen und -bürgern im Ausland den **Schutz durch diplomatische und konsularische Stellen** der anderen Mitgliedstaaten zu. Da dies zu »denselben Bedingungen« wie für Staatsangehörige des um Schutz ersuchten Mitgliedstaates geschehen muss, enthält die Verbürgung ein **Gebot der Gleichbehandlung und Nichtdiskriminierung** aufgrund der Staatsangehörigkeit.[1] Diese bereits in Art. 23 AEUV enthaltene Gewährleistung erhält durch die Aufnahme in die Grundrechtecharta formal **grundrechtliche** Weihen.[2] Das führt neben der Hervorhebung als Recht aus der Unionsbürgerschaft im Zweiten Teil des AEU-Vertrages über die Nichtdiskriminierung und die Unionsbürgerschaft zu einer zusätzlichen **Aufwertung** der Gewährleistung (s. Rn. 15).

2   Für ein Grundrecht der EU betrifft Art. 46 GRC jedoch in mehrfacher Hinsicht eine besondere Konstellation: Zwar werden **Gewährleistungen für die Unionsbürgerinnen und -bürger** niedergelegt, doch haben diese nicht die EU und ihre Organe oder den eigenen Mitgliedstaat zum Adressaten, sondern die jeweils **anderen Mitgliedstaaten**. Diese sollen einen mangelnden diplomatischen und konsularischen Schutz durch den Herkunftsmitgliedstaat kompensieren. Damit weicht die **Schutzkonzeption** des Art. 46 GRC sowohl von den tradierten Vorgaben des Grundrechtsschutzes als auch des Völkerrechts ab. Letzteres hält den diplomatischen und konsularischen Schutz allein dem Staat vor, dessen **effektive Staatsangehörigkeit** die betroffene Person besitzt.[3]

3   Die in Art. 46 GRC vorgegebene gegenseitige Einstandspflicht der Mitgliedstaaten zum Schutz der Unionsbürgerinnen und -bürger ist ein nicht unbedeutendes Element in der Wahrnehmung der EU als einer **Solidarunion**.[4] Dies gilt nicht nur extern im Verhältnis zu Drittstaaten, sondern auch intern. Denn die **Funktion** der Vorschrift hat sich von einer **Auffangnorm in Notfällen**[5] hin zu einem **strategischen Gestaltungselement** in den Außenbeziehungen der Mitgliedstaaten gewandelt. So geht es heute nicht mehr nur um eine grundrechtlich geforderte Hilfeleistung, sondern auch um die **effiziente Verteilung** der Vertretungen in Drittstaaten unter den Mitgliedstaaten.[6] So muss nicht jeder Mitgliedstaat Vertretungen in allen Drittstaaten unterhalten. Diese objektiv-rechtliche Komponente hat durchaus praktische und rechtliche Konsequenzen (s. Rn. 17).

4   In der Literatur wird der transnational gewährte diplomatische und konsularische Schutz als ein Schritt auf dem Weg zu mehr **Bürgernähe** gewürdigt.[7] Das ist unter der Ausgangssituation, der Hilfe in Notlagen, überzeugend. Doch muss dies nach der zwi-

---

[1] *Jarass*, GRCh, Art. 46 GRC, Rn. 2, 8 f.; *Klatt*, in: GSH, Europäisches Unionsrecht, Art. 46 GRC, Rn. 5.

[2] *Jarass*, GRCh, Art. 46 GRC, Rn. 2; *Klatt*, in: GSH, Europäisches Unionsrecht, Art. 46 GRC, Rn. 1.

[3] IGH, Reports 1955, Nottebohm (Liechtenstein/Guatemala), S. 4.

[4] Zum Aspekt der Solidargemeinschaft bereits *Hatje*, in: Schwarze, EU-Kommentar, Art. 23 AEUV, Rn. 2, der dies aber allein auf die externe Dimension bezieht.

[5] Vgl. *Hatje*, in: Schwarze, EU-Kommentar, Art. 23 AEUV, Rn. 3.

[6] Näher dazu Art. 23 AEUV, Rn. 4.

[7] *Hatje*, in: Schwarze, EU-Kommentar, Art. 23 AEUV, Rn. 2.

schenzeitlich erfolgten strategischen Nutzung dieses Instruments zu einer effizienteren Außenvertretung der Mitgliedstaaten relativiert werden. Denn der Schutz durch Behörden anderer Mitgliedstaaten findet regelmäßig in einer anderen Sprache als der Muttersprache statt. Insofern kann der systematische Einsatz dieses Instruments auch kontraproduktiv für das Ziel größerer Bürgernähe sein.

Das Grundrecht nach Art. 46 GRC ist **systematisch** im Zusammenhang mit der im 5 Wesentlichen gleichlautenden Verbürgung nach Art. 23 AEUV und den Bestimmungen über die **Unionsbürgerschaft** in Art. 20 Abs. 2 Buchst. c AEUV zu sehen. Hinzu kommt die Regelung über die **Zusammenarbeit mit den Delegationen der Union** in Art. 35 Abs. 3 EUV. Letztere Vorschrift ergänzt die grundrechtlichen Ansprüche um die Möglichkeit, einen zusätzlichen Schutz durch die EU zu erhalten (s. Rn. 11).

B. Entstehungsgeschichte

Die Verbürgung in Art. 46 GRC geht auf Art. 23 AEUV zurück, der inhaltlich erstmals 6 als **Art. 8c EGV** im **Maastricht-Vertrag** Aufnahme in das Primärrecht gefunden hat.[8] Diese primärrechtliche Verbürgung schloss damals einen längeren Entstehungsprozess ab, dessen **Ursprünge** in der **EPZ** und der sich darunter entwickelnden **Kooperation** unter den Vertretungen der **Mitgliedstaaten** in Drittstaaten liegen.[9] Aufgrund dieser Vorarbeiten ist die Aufnahme der Gewährleistung in die Grundrechtecharta – nachdem sie zu Beginn noch nicht berücksichtigt worden war – letztlich im **Konvent** für **unproblematisch** erachtet worden.[10] Verzichtet wurde auf die Übernahme des in Art. 8c EGV enthaltenen Hinweises auf die »erforderlichen internationalen Verhandlungen«. Da die transnationale Vertretung ausländischer Bürgerinnen und Bürger im Völkerrecht der **Zustimmung** des betroffenen Drittstaates bedarf,[11] muss die unionsintern vereinbarte gegenseitige Unterstützung von **Drittstaaten akzeptiert** werden. Um diesen völkerrechtlichen Vorgaben zu genügen, enthält Art. 23 Abs. 1 Satz 1 AEUV (ehemals Art. 8c EGV) den besagten Zusatz. Dieser gilt auch für Art. 46 GRC über den Verweis in Art. 52 Abs. 2 GRC, da die Verbürgung im AEU-Vertrag näher konkretisiert wird.

Ebenfalls über Art. 52 Abs. 2 GRC kann zur Konkretisierung von Art. 46 GRC auf 7 die im Lissabonner Vertrag in Art. 23 Abs. 2 AEUV eingefügte **Rechtsetzungskompetenz** der EU zurückgegriffen werden. Diese sieht ein **besonderes Gesetzgebungsverfahren** zur Festlegung der notwendigen Koordinierungs- und Kooperationsmaßnahmen vor. Bereits 1995 haben die im Rat vereinigten Vertreter der Regierungen der Mitgliedstaaten mit dem **Beschluss 95/553/EG** konkrete Vorgaben für die Umsetzung der Ko-

---

[8] Die Einführung wurde von politischen Leitlinien begleitet, siehe Kommission, Erster Bericht über Unionsbürgerschaft, KOM (1993) 702, S. 7.

[9] Vgl. Kommission, Der Beitrag der Europäischen Union zur Gewährleistung eines wirksamen konsularischen Schutzes in Drittländern Aktionsplan 2007–2009, KOM (2007) 767, S. 2 ff.; Kommission, Fünfter Bericht über die Unionsbürgerschaft, KOM (2008) 85, S. 9; Kommission, Bericht über Fortschritte auf dem Weg zu einer effektiven Unionsbürgerschaft 2007–2010, KOM(2010) 602 final, S. 3; Kommission, Bericht über die Unionsbürgerschaft 2013, COM(2013) 269 final, S. 1 ff. Näher dazu Art. 23 AEUV, Rn. 7 ff.

[10] Ausführlich dazu *Magiera*, in: Meyer, GrCH, Art. 46, Rn. 2 f.

[11] Art. 45 Buchst. c, Art. 46 WÜD und Art. 18 WÜK; dies ist auch die Auffassung der Kommission, siehe hierzu: Der diplomatische und konsularische Schutz des Unionsbürgers in Drittländern (Grünbuch), ABl. 2006, C 30/8, KOM (2006) 712, Ziff. 5, S. 12.

operationspflicht festgelegt.[12] Seit 2011 liegt auf dieser Basis ein konkreter **Vorschlag der Kommission für eine Richtlinie** über den konsularischen Schutz von Unionsbürgern im Ausland vor, der aber bislang vom Rat nicht angenommen worden ist.[13]

C. Gewährleistungsgehalt

I. Grundrechtsqualität

8   Die Aufnahme des Rechts auf diplomatischen und konsularischen Schutz in die Grundrechtecharta ist ein weiteres wichtiges Argument für die Anerkennung der **Grundrechtsqualität** dieser Schutzverbürgung. Zwar werden im Hinblick auf den im Wesentlichen gleichlautenden Art. 23 AEUV Individualansprüche teilweise unter Hinweis auf die völkerrechtlichen Grundlagen grundsätzlich abgelehnt.[14] Doch anerkennt eine wohl überwiegende Ansicht einen Anspruch auf Gleichbehandlung mit den eigenen Staatsangehörigen eines Mitgliedstaates. Manche Autoren folgern ein »Individualrecht der Unionsbürger« unmittelbar aus Art. 23 AEUV.[15] Der **Beschluss 95/553/EG** spricht in Art. 1 vom »Schutz« jedes »Bürgers« und schreibt in Art. 3 eine Gleichbehandlung mit den eigenen Staatsangehörigen vor.[16] Die **Rechtsprechung** hat zu dieser Frage bislang noch nicht Stellung genommen.[17] Überzeugend erscheint die Anerkennung als ein **Grundrecht**,[18] das im Wesentlichen einen **speziellen Gleichheitssatz** enthält, sich in einzelnen Aspekten aber auch zu einem **Anspruch**, etwa auf gerichtliche Überprüfung, verdichten kann. Im Wortlaut wird zwar nicht ausdrücklich auf ein »Recht« abgestellt, doch deutet die Formulierung »genießen […] den Schutz« darauf hin, dass die Gewährung des Schutzes auch **im Interesse des Einzelnen** und nicht nur des betreffenden Mitgliedstaates erfolgt, wie es der tradierten völkerrechtlichen Sicht entspräche.[19] Bereits Art. 20 Abs. 2 Buchst. c AEUV zählte diese Gewährleistung ausdrücklich zu den »**Rechten**« der **Unionsbürgerinnen und -bürger**. Ferner ist zu bedenken, dass die über Art. 52 Abs. 2 GRC zu beachtenden Vorgaben des Art. 23 AEUV nicht der Unbedingtheit und

---

[12] Näher dazu Art. 23 AEUV, Rn. 44 ff.

[13] Kommission, Vorschlag für eine Richtlinie des Rates über den konsularischen Schutz von Unionsbürgern im Ausland, KOM (2011) 881.

[14] *Kaufmann-Bühler,* in: Lenz/Borchardt, EU-Verträge, Art. 23 AEUV, Rn. 3; im Ergebnis wohl auch *Kadelbach,* in: v. Bogdandy/Bast, Europäisches Verfassungsrecht, S. 635, der die unmittelbare Wirkung der Vorschrift verneint.

[15] *Kluth,* in: Calliess/Ruffert, EUV/AEUV, Art. 23 AEUV, Rn. 17 bejaht einen Individualanspruch und »ergänzend« einen Anspruch auf Gleichbehandlung.

[16] Beschluss 95/553/EG der im Rat vereinigten Vertreter der Regierungen der Mitgliedstaaten v. 19.12.1995 über den Schutz der Bürger der Europäischen Union durch die diplomatischen und konsularischen Vertretungen, ABl. 1995, L 314/73.

[17] EuG, Rs. T–572/93 (Odigitria/Rat u. Kommission), Slg. 1995, II–2025 und EuGH, Rs. C–293/95 P (Odigitria/Rat und Kommission), Slg. 1996, I–6129, betreffen ein internationales Abkommen der EU, in der ausdrücklich ein Schutz durch die Vertretungen der EU vorgesehen war, also einen Fall des Sekundärrechts ohne Bezug zu einer primärrechtlichen Verpflichtung. Das verkennen *Rengeling/Szczekalla,* Grundrechte, Rn. 1144.

[18] Vgl. *Bungenberg,* in: Heselhaus/Nowak, Handbuch der Europäischen Grundrechte, § 48, Rn. 21.

[19] So *Stein,* S. 104 f., bezogen auf eine fehlerfreie Ermessensausübung, weitergehend *Ruffert,* AVR 35 (1997), S. 459 (471).

ausreichenden Bestimmtheit der Norm entgegenstehen, so dass sie der **unmittelbaren Wirkung** fähig sein kann.[20]

II. Sachlicher Schutzbereich

In sachlicher Hinsicht gewährleistet die Vorschrift grundsätzlich einen **relativen Min-**   **9**
destschutz für die Unionsbürgerinnen und -bürger. Die Relativität ist darin begründet, dass der Schutz nicht unionsweit vorgegeben wird, sondern je nach **nationalem Stan-dard** variiert. Umstritten ist, ob sowohl der **diplomatische** als auch der **konsularische Schutz** umfasst sind.[21] Die überzeugenden Argumente sprechen für eine bejahende, materielle Sichtweise, die aber die **Subsidiarität** des Schutzanspruchs berücksichtigen muss (s. Rn. 10).[22] Für die Einzelheiten des Schutzumfangs kann auf die Kommentierung zu Art. 23 AEUV verwiesen werden.[23]

Die Subsidiarität der Gewährleistung folgt daraus, dass die Mitgliedstaaten nur dann   **10**
zum Schutz anderer Unionsbürgerinnen und -bürger verpflichtet werden, wenn deren Heimatstaat in dem Drittstaat »**nicht vertreten** ist«.[24] So kann es nicht zu einer Konkur-renzsituation mit dem Herkunfts-Mitgliedstaat kommen. Auch eine **vorübergehend** nicht besetzte Vertretung löst die Schutzpflicht aus.[25]

III. Verpflichtete

Verpflichtet werden durch Art. 46 GRC lediglich die **EU-Mitgliedstaaten, nicht die EU**   **11**
und ihre Einrichtungen selbst. Dies folgt aus dem ausdrücklichen Wortlaut. Ferner wird zwar im Lissabonner Vertrag die Vertretung der EU durch Delegationen in Drittstaaten anerkannt, doch deutet die zurückhaltende Formulierung in Art. 35 Abs. 3 EUV darauf hin, dass diese nicht in Konkurrenz zu den Vertretungen der Mitgliedstaaten treten. Denn sie sollen zur Verwirklichung des Rechts nach Art. 23 AEUV (bzw. Art. 46 GRC) »beitragen«. Die EU wurde also bewusst nicht in den Kreis der rechtlich Verpflichteten nach Art. 46 GRC einbezogen. Dessen ungeachtet kann sie **im Rahmen der Kooperati-onspflicht** nach Art. 35 EUV ihre Dienste anbieten.[26] In der **Rechtsprechung** ist akzep-tiert, dass in völkerrechtlichen Abkommen der EU auch der Schutz durch EU-Delega-tionen vorgesehen werden darf.[27] Damit ist aber keine Aussage darüber getroffen, ob auch aus dem Primärrecht eine solche Pflicht abzuleiten ist.[28]

---

[20] Näher dazu Art. 23 AEUV, Rn. 33.

[21] Bejahend *Hatje*, in: Schwarze, EU-Kommentar, Art. 9 AEUV, verneinend *Kluth*, in: Calliess/Ruffert, EUV/AEUV, Art. 23 AEUV, Rn. 7; vgl. *Stein*, S. 98; *Ruffert*, AVR 35 (1997), S. 459 (463).

[22] Näher dazu Art. 23 AEUV, Rn. 31 f.; vgl. *Hatje*, in: Schwarze, EU-Kommentar, Art. 23 AEUV, Rn. 10.

[23] S. Art. 23 AEUV, Rn. 18 ff.

[24] Näher dazu *Hatje*, in: Schwarze, EU-Kommentar, Art. 23 AEUV, Rn. 7.

[25] Einzelheiten s. Kommentierung zu Art. 23 AEUV, Rn. 32; *Kluth*, in: Calliess/Ruffert, EUV/AEUV, Art. 23 AEUV, Rn. 9 verweist beispielhaft auf Spannungslagen.

[26] Anders wohl *Cremer*, in: Calliess/Ruffert, EUV/AEUV, Art. 35 EUV, Rn. 4.

[27] EuG, Rs. T–572/93 (Odigitria/Rat u. Kommission), Slg. 1995, II–2025 und EuGH, Beschl. v. 28.11.1996, Rs. C–293/95 P, Slg. 1996, I–6129.

[28] A.A. *Rengeling/Szczekalla*, Grundrechte, Rn. 1144.

IV. Persönlicher Schutzbereich

12   Der diplomatische und konsularische Schutz wird gemäß Art. 23 AEUV allen **Unions-bürgerinnen und -bürgern** gewährt. Damit werden alle **natürlichen Personen**, die die **Staatsangehörigkeit** eines Mitgliedstaates besitzen, erfasst. Jedoch ergeben sich bei Bezügen zu Drittstaaten Probleme. So wird die Einbeziehung von **Familienangehörigen** ohne Unionsbürgerschaft teilweise verneint.[29]

13   Zweifelsfälle ergeben sich auch im Hinblick auf **Doppelstaater**. In der **Rechtsprechung** ist eine Tendenz erkennbar, solche Fälle **formal** zu betrachten, so dass nicht auf das materielle Erfordernis einer effektiven Staatsbürgerschaft wie im Völkerrecht zurückgegriffen wird.[30]

14   Die Einbeziehung **juristischer Personen** in den Schutz nach Art. 46 GRC (bzw. Art. 23 AEUV) ist umstritten. Zwar besteht durchaus eine vergleichbare Interessenlage der Schutzsuchenden,[31] doch steht dem entgegen, dass in der Grundrechtecharta im Kapitel über die Unionsbürgerrechte die **Einbeziehung** juristischer Personen immer **ausdrücklich** vorgesehen ist.[32] Das ist aber bei Art. 46 GRC, wie auch bei der Parallel-vorschrift Art. 23 AEUV, **unterblieben**. Für die **Praxis** ist darauf hinzuweisen, dass es jenseits der primärrechtlichen Vorgaben und der Konkretisierung in **Beschluss 95/553/EG** den Mitgliedstaaten freisteht, ohne Rechtspflicht auch juristischen Personen aus anderen Mitgliedstaaten auf der Basis der Gegenseitigkeit über ihre Vertretungen in Drittstaaten beizustehen.

D. Beeinträchtigungen

15   Da es sich bei Art. 46 GRC im Wesentlichen um ein **Gleichbehandlungsgebot** handelt, sind **unterschiedliche Behandlungen** von EU-Ausländern in Situationen, die unter den Schutz von Art. 46 GRC fallen, **rechtfertigungsbedürftig**. Nach überzeugender Ansicht ist dabei eine **strenge** Prüfung der **Verhältnismäßigkeit** vorzunehmen,[33] weil es sich zum einen um eine besondere Ausprägung des allgemeinen Grundsatzes der Nichtdiskriminierung von EU-Ausländern handelt. Zum anderen kann dies aus der besonderen **Bedeutung der Unionsbürgerschaft** gefolgert werden.[34] Daher müssen für eine Differenzierung etwa bei der Kostentragung ausreichende sachliche Gründe vorliegen.

---

[29] *Kaufmann-Bühler*, in: Lenz/Borchardt (Hrsg.), EU-Verträge, Art. 23 AEUV, Rn. 2; weitergehend die Kommission, Vorschlag für eine Richtlinie des Rates über den konsularischen Schutz von Unionsbürgern im Ausland, KOM (2011) 881; siehe dazu ausführlicher Art. 23 AEUV, Rn. 51.

[30] S. die Nachweise in der Kommentierung zu Art. 23 AEUV, Rn. 35 ff.

[31] *Kluth*, in: Calliess/Ruffert, EUV/AEUV, Art. 23 AEUV, Rn. 20; *Seidl-Hohenveldern*, S. 115 ff.

[32] Siehe zum Petitionsrecht in Art. 44 GRC und zum Recht auf Beschwerde an den Bürgerbeauftragten in Art. 43 GRC *Gaitanides*, in: Heselhaus/Nowak, Handbuch der Europäischen Grundrechte, § 49, Rn. 13 und § 50, Rn. 17.

[33] Vgl. *Jarass*, GRCh, Art. 46 GRC, Rn. 10 ohne nähere Begründung.

[34] S. Art. 20 AEUV, Rn. 5.

E. Rechtfertigung

Zur **Rechtfertigung** kann grundsätzlich auf alle anerkannten **Gründe des Allgemein-**   **16**
wohls zurückgegriffen werden. Engpässe in der **Kapazität** können unter dem Aspekt des
Schutzes der Vertretungen in Drittstaaten vor einer Überlastung, die die **effektive Auf-**
gabenerfüllung beeinträchtigt, Gründe für Beschränkungen darstellen. Dies folgt aus
dem Charakter als **Teilhaberecht**, denn die Gewährleistung nach Art. 46 GRC ergänzt
den Schutz der eigenen Staatsangehörigen und darf Letzteren nicht faktisch in Frage
stellen.

Unter diesen Voraussetzungen erscheint es grundsätzlich vertretbar, die **Kosten** den   **17**
betreffenden Schutzsuchenden bzw. ihren Mitgliedstaaten aufzuerlegen, auch wenn für
die eigenen Staatsangehörigen keine Kostenregelungen oder nur eine geringe Kosten-
pflicht bestehen.[35] Denn die Auslandsvertretungen eines Mitgliedstaates werden auch
aus dem allgemeinen Staatshaushalt finanziert, zu dem die eigenen Staatsangehörigen
regelmäßig einen Beitrag zu leisten grundsätzlich verpflichtet sind. Ferner rechtfertigt
die **Veränderung des Charakters** des Grundrechts von einer Hilfe in Notlagen[36] zu einer
effizienten Aufteilung der Außenvertretung in Drittstaaten (s. Rn. 3) einen finanziellen
Ausgleich vorzusehen, um Mehrbelastungen einzelner Mitgliedstaaten zu verhindern.

F. Gerichtliche Durchsetzung und Schadensersatz

Die Frage des **gerichtlichen Rechtsschutzes** stellt sich sowohl in dem Mitgliedstaat, der   **18**
um Schutz ersucht worden ist, als auch vor dem EuGH. Den Anspruch nach Art. 46 GRC
auf Gleichbehandlung mit den eigenen Staatsangehörigen des ersuchten Mitgliedstaates
kann der Einzelne **vor nationalen Gerichten** geltend machen, die in diesen Verfahren
den EuGH im **Vorlageverfahren** zur Abklärung der unionsrechtlichen Vorgaben ersuchen können. Besteht kein entsprechender Rechtsschutz in einem Mitgliedstaat, so ist
aus dem effet utile von Art. 46 GRC (bzw. Art. 23 AEUV)[37] in Verbindung mit dem
Recht auf effektiven Rechtsschutz ein Anspruch auf Überprüfung der Einhaltung des
Gleichbehandlungsgebotes zu folgern. Ferner stehen gegebenenfalls der Kommission
oder anderen Mitgliedstaaten nach Art. 258 bzw. Art. 259 AEUV die **Vertragsverlet-**
zungsverfahren zur Verfügung.

Die Frage eines **Schadensersatzes** wird in der Literatur nach den allgemeinen Grund-   **19**
sätzen beurteilt.[38] Eine Staatshaftung nach EU-Recht kommt in Betracht, wenn der gebotene **Schutz unionsrechtswidrig versagt worden ist**.[39] Ist der Schutz hingegen rechtmäßig unterblieben, besteht **kein EU-Anspruch** auf »Aufopferung«.[40] Im Vergleich wird
auch in **Deutschland** in solchen Fällen **kein Anspruch auf Aufopferung** vom BVerfG
anerkannt.[41]

---

[35] Vgl. zur Kostentragungsregelung Art. 6 Beschluss 95/553/EG.

[36] Diesen Aspekt betonen *Rengeling/Szczekalla*, Grundrechte, Rn. 1144.

[37] Näher dazu Art. 23 AEUV, Rn. 54.

[38] Ausführlich dazu *Bungenberg*, in: Heselhaus/Nowak, Handbuch der Europäischen Grundrechte, § 48, Rn. 31 f.

[39] Näher *Szczekalla*, EuR 1999, 325 (330).

[40] *Bungenberg*, in: Heselhaus/Nowak, Handbuch der Europäischen Grundrechte, § 48, Rn. 32.

[41] BVerfG, IFLA 1994, 11 f., zitiert bei *Szczekalla*, EuR 1999, 325 (329), der aber wohl bei ausreichender Schwere einen solchen Anspruch bejaht.

Titel VI
Justizielle Rechte

Artikel 47 GRC Recht auf einen wirksamen Rechtsbehelf und ein
unparteiisches Gericht

Jede Person, deren durch das Recht der Union garantierte Rechte oder Freiheiten
verletzt worden sind, hat das Recht, nach Maßgabe der in diesem Artikel vorgesehenen
Bedingungen bei einem Gericht einen wirksamen Rechtsbehelf einzulegen.

[1]Jede Person hat ein Recht darauf, dass ihre Sache von einem unabhängigen, unparteiischen und zuvor durch Gesetz errichteten Gericht in einem fairen Verfahren, öffentlich und innerhalb angemessener Frist verhandelt wird. [2]Jede Person kann sich beraten,
verteidigen und vertreten lassen.

Personen, die nicht über ausreichende Mittel verfügen, wird Prozesskostenhilfe be-
willigt, soweit diese Hilfe erforderlich ist, um den Zugang zu den Gerichten wirksam zu
gewährleisten.

Literaturübersicht

Adam, Die Kontrolldichte-Konzeption des EuGH und deutscher Gerichte, 1993; *Al-Rikabi*, Kadi II:
the Right to Effective Judicial Review triumphs yet again, E. H. R.L.R. 2013, 631; *Arnull*, The Principle
of Effective Judicial Protection in EU Law: An Unruly Horse?, E.L.Rev. 36 (2011), 51; *Azizi*, Die
Institutionenreform in der EU aus der Sicht der Gerichtsbarkeit, in: Hummer (Hrsg.), Paradigmenwechsel im Europarecht zur Jahrtausendwende, 2004, S. 189; *ders.*, Rechtsschutz, in: Hummer/Ob-
wexer (Hrsg.), Der Vertrag über eine Verfassung für Europa, 2007, S. 223; *Balthasar*, Locus Standi
Rules for Challenge do Regulatory Acts by Private Applicants: the New Article 263(4) TFEU, E.L.Rev.
35 (2010), 542; *Barbier de la Serre*, Accelerated and Expedited Procedures Before the EC Courts: A
Review of the Practice, CMLRev. 43 (2006), 783; *Baumeister*, Effektiver Individualrechtsschutz im
Gemeinschaftsrecht, EuR 2005, 1; *Bechtold/Bosch/Schwarze*, Rechtsstaatliche Defizite im Kartellrecht der Europäischen Gemeinschaft – Eine kritische Analyse der derzeitigen Praxis und Reform-
vorschläge, 2008; *Boyle*, Administrative Justice, Judicial Review and the Right to a Fair Hearing under
the European Convention on Human Rights, Public Law 1984, 89; *Buchwald*, Zur Rechtsstaatlichkeit
der Europäischen Union, Der Staat 1998, 189; *Bürger*, Vollumfängliche Prüfung im europäischen
Kartellrecht – grundrechtliche Implikationen des Art. 47 Abs. 2 GRC und aktuelle Rechtsprechungs-
tendenzen nach *Schindler* und *Menarini*, NZWiSt 2013, 405; *Calliess*, Kohärenz und Konvergenz
beim europäischen Individualrechtsschutz – Der Zugang zum Gericht im Lichte des Grundrechts auf
effektiven Rechtsschutz, NJW 2002, 3577; *Classen*, Effektive und kohärente Justizgewährleistung im
europäischen Rechtsschutzverbund, JZ 2006, 157; *Van Cleynenbreugel*, Constitutionalizing Com-
prehensively Tailored Judicial Review in EU Competition Law, CJEL 2012, 519; *Cremer*, Individualrechtsschutz gegen Rechtsakte der Gemeinschaft: Grundlagen und neuere Entwicklungen, in: No-
wak/Cremer (Hrsg.), Individualrechtsschutz in der EG und der WTO, 2002, S. 27; *ders.*, Der gemeinschaftsrechtliche Grundsatz effektiven Rechtsschutzes vor mitgliedstaatlichen Gerichten, in: Bruha/
Nowak/Petzold (Hrsg.), Grundrechtsschutz für Unternehmen im europäischen Binnenmarkt, 2004,
S. 229; *Cuyvers*, ›Give me one good reason‹: The unified standard of review for sanctions after Kadi II,
CMLRev. 51 (2014), 1759; *v. Danwitz*, Die Garantie effektiven Rechtsschutzes im Recht der Euro-
päischen Gemeinschaft, NJW 1993, 1108; *ders.*, Aktuelle Fragen der Grundrechte, des Umwelt- und
Rechtsschutzes in der Europäischen Union, DVBl. 2008, 537; *Dörr*, Der europäisierte Rechtsschutz-
auftrag deutscher Gerichte, 2003; *Douglas-Scott*, The Rule of Law in the European Union: Putting the
Security into the Area of Freedom, Security and Justice, E.L.Rev. 29 (2004), 219; *Engström*, The
Principle of Effective Judicial Protection after the Lisbon Treaty, REALaw 2011, 53; *Estler*, Zur
Effektivität des einstweiligen Rechtsschutzes im Gemeinschaftsrecht, 2003; *Everling*, Rechtsschutz in
der Europäischen Union nach dem Vertrag von Lissabon, EuR-Beiheft 1/2009, 71; *ders.*, Klagerecht
Privater gegen Rechtsakte der EU mit allgemeiner Geltung, EuZW 2012, 376; *Forrester*, Due Process

in EC Competition Cases: A Distinguished Institution with Flawed Procedures, E.L.Rev. 34 (2009), 817; *ders.*, A Challenge for Europe's Judge: The Review of Fines in Competition Cases, E.L.Rev. 36 (2011), 185; *Fritzsche*, Discretion, Scope of Judicial Review and Institutional Balance in European Law, CMLRev. 47 (2010), 361; *Frowein/Krisch*, Der Rechtsschutz gegen Europol, JZ 1998, 589; *Galetta*, Procedural Autonomy of EU Member States: Paradise Lost?, 2010; *Garciá de Enterría*, The Extension of the Jurisdiction of National Administrative Courts by Community Law: The Judgment of the Court of Justice in Borelli and Article 5 of the EC Treaty, YEL 1992, 19; *Gröpl*, Individualrechtsschutz gegen EG-Verordnungen, EuGRZ 1995, 583; *Grzybek*, Prozessuale Grundrechte im Europäischen Gemeinschaftsrecht, 1994; *Gundel*, Neue Anforderungen des EGMR an die Ausgestaltung des nationalen Rechtsschutzsystems – Die Schaffung effektiver Rechtsbehelfe gegen überlange Verfahrensdauer, DVBl. 2004, 17; *ders.*, Der Rechtsschutz gegen Handlungen der EG-Agenturen – endlich geklärt?, EuR 2009, 383; *ders.*, Die Rechtsprechung zur Individualklagebefugnis des Art. 263 Abs. 4 AEUV nach dem Vertrag von Lissabon – Eine Bestandsaufnahme zu den Folgen der Neuregelung, EWS 2014, 22; *Guretzki*, Klagebefugnis Einzelner gegen Gesetzgebungsakte der Europäischen Union, NVwZ 2014, 58; *Harlow*, Towards a Theory of Access for the European Court of Justice, YEL 1992, 213; *dies.*, Access to Justice as a Human Right, in: Alston (Hrsg.), The EU and Human Rights, 1999, S. 187; *Hennig*, Die Bedeutung des Verhältnismäßigkeitsgrundsatzes bei der Annahme von Verpflichtungszusagen durch die Kommission nach Art. 9 VO (EG) Nr. 1/2003, ZfWR 2010, 440; *Herdegen/Richter*, Die Rechtslage in den Europäischen Gemeinschaften, in: Frowein (Hrsg.), Die Kontrolldichte bei der gerichtlichen Überprüfung von Handlungen der Verwaltung, 1993, S. 209; *Hinarejos*, Judicial Control in the European Union – Reforming Jurisdiction in the Intergovernmental Pillars, 2009; *H. Hofmann*, in: Peers/Hervey/Kenner/Ward (Hrsg.), The EU Charter of Fundamental Rights, 2014, Art. 47 GRC, Rn. 47.49–47.93; *Hofmann, R.*, Rechtsstaatsprinzip und Europäisches Gemeinschaftsrecht, in: Hofmann/Marko/Merli/Wiederin (Hrsg.), Rechtsstaatlichkeit in Europa, 1996, S. 321; *Jacobs*, Access to Justice as a Fundamental Right in European Law, FS Schockweiler, 1999, S. 197; *Jaeger*, The Standard of Review in Competition Cases Involving Complex Economic Assessments: Towards the Marginalisation of the Marginal Review?, JECLAP 2011, 295; *ders.*, Standard of Review in Competition Cases: Can the General Court Increase Coherence in the European Union Judicial System, FS Meij, 2011, S. 115; *Jarass*, Bedeutung der EU-Rechtsschutzgewährleistung für nationale und EU-Gerichte, NJW 2011, 1393; *Kamann/Selmayr*, Das Risiko der Bestandskraft, NVwZ 1999, 1041; *Kley-Struller*, Art. 6 EMRK als Rechtsschutzgarantie gegen die öffentliche Gewalt, 1993; *Knapp*, Die Garantie des effektiven Rechtsschutzes durch den EuGH im »Raum der Freiheit, der Sicherheit und des Rechts«, DÖV 2001, 12; *Koch*, Locus Standi of Private Applicants under the EU Constitution: Preserving Gaps in the Protection of Individuals' Right to an Effective Remedy, E.L.Rev. 30 (2005), 511; *Kornezov*, Shaping the New Architecture of the EU System of Judicial Remedies: Comment on Inuit, E.L.Rev. 39 (2014), 251; *Last*, Garantie wirksamen Rechtsschutzes gegen Maßnahmen der Europäischen Union, 2008; *Leczykiewicz*, »Effective Judicial Protection« of Human Rights after Lisbon: Should National Courts be Empowered to Review EU Secondary Law, E.L.Rev. 35 (2010), 326; *Leeb*, Alle Rechtsschutzlücken geschlossen? Zum System des Individualrechtsschutzes nach Inuit II, ZfRV 2015, 4; *Lenaerts*, The Legal Protection of Private Parties under the EC Treaty: A Coherent and Complete System of Judicial Review?, FS Mancini, 1998, S. 591; *ders.*, The Rule of Law and the Coherence of the Judicial System of the European Union, CMLRev. 44 (2007), 1625; *ders.*, Le traité de Lisbonne et la protection juridictionnelle des particuliers en droit de l'Union, CDE 5–6/2009, 711 ; *ders.*, Die EU-Grundrechtecharta: Anwendbarkeit und Auslegung, EuR 2012, 3; *Lehr*, Einstweiliger Rechtsschutz und Europäische Union, 1997; *Martinico/Russo*, Is the European Union a Militant Democracy? The Perspective oft he Court of Justice in *Zambrano* and *Kadi*, EPL 2015, 659; *Munding*, Das Grundrecht auf effektiven Rechtsschutz im Rechtssystem der Europäischen Union, 2010; *Nehl*, Principles of Administrative Procedure in EC Law, 1999; *ders.*, Wechselwirkungen zwischen verwaltungsverfahrensrechtlichem und gerichtlichem Individualrechtsschutz in der EG, in: Nowak/Cremer (Hrsg.), Individualrechtsschutz in der EG und der WTO, 2002, S. 135; *ders.*, Europäisches Verwaltungsverfahren und Gemeinschaftsverfassung, 2002; *ders.*, Nachprüfungsbefugnisse der Kommission aus gemeinschaftsverfassungsrechtlicher Perspektive, in: Behrens/Braun/Nowak (Hrsg.), Europäisches Wettbewerbsrecht im Umbruch, 2004, S. 73; *ders.*, Das EU-Rechtsschutzsystem, in: Fastenrath/Nowak (Hrsg.), Der Lissaboner Reformvertrag, 2009, S. 149; *ders.*, Kontrolle kartellrechtlicher Sanktionsentscheidungen der Kommission durch die Unionsgerichte, in: Immenga/Körber (Hrsg.), Die Kommission zwischen Gestaltungsmacht und Rechtsbindung, 2012, S. 113; *Nettesheim*, Effektive Rechtsschutzgewährleistung im arbeitsteiligen System europäischen Rechtsschutzes, JZ 2002, 928; *Nowak*, Zentraler und dezentraler Rechtsschutz in der EG im Lichte des gemeinschaftsrechtlichen Rechtsgrundsatzes effektiven Rechtsschutzes, in: Nowak/Cremer

Hanns Peter Nehl

(Hrsg.), Individualrechtsschutz in der EG und der WTO, 2002, S. 47; *ders./Behrend*, Kein zentraler Individualrechtsschutz gegen Gesetzgebungsakte der Europäischen Union?, EuR 2014, 86; *Ottaviano*, Der Anspruch auf rechtzeitigen Rechtsschutz im Gemeinschaftsprozessrecht, 2009; *Pabel*, Das Recht auf einen wirksamen Rechtsbehelf und ein unabhängiges Gericht, in: Garbenwarter/Pöcherstorfer/Rosenmayr-Klemenz (Hrsg.), Die Grundrechte des Wirtschaftslebens nach dem Vertrag von Lissabon, 2012, S. 153; *dies.*, Justizgrundrechte, in: Grabenwarter (Hrsg.), Europäischer Grundrechtsschutz, 2014, S. 807; *Pache*, Keine Vorlage ohne Anfechtung?, EuZW 1994, 615; *ders.*, Die Kontrolldichte in der Rechtsprechung des Gerichtshofs der Europäischen Gemeinschaften, DVBl. 1998, 380; *ders.*, Der Grundsatz des fairen Verfahrens auf europäischer Ebene, EuGRZ 2001, 601; *ders.*, Rechtsschutzdefizite im europäischen Grundrechtsschutz?, in: Bruha/Nowak/Petzold (Hrsg.), Grundrechtsschutz für Unternehmen im europäischen Binnenmarkt, 2004, S. 229; *Pechstein/Kubicki*, Gültigkeitskontrolle und Bestandskraft von EG-Rechtsakten, NJW 2005, 1825; Peers/Hervey/Kenner/Ward (Hrsg.), The EU Charter of Fundamental Rights: A Commentary, 2014; *Pernice*, The Right to Effective Judicial Protection and Remedies in the EU, in: Court of Justice of the European Union (Hrsg.), The Court of Justice and the Construction of Europe: Analyses and Perspectives on Sixty Years of Case-law, 2013, S. 381; *Petzold*, Individualrechtsschutz an der Schnittstelle zwischen deutschem und Gemeinschaftsrecht, 2008; *ders.*, Was sind »Rechtsakte mit Verordnungscharakter« (Art. 263 Abs. 4 AEUV)? – Zur Entscheidung des EuG in der Rechtssache Inuit, EuR 2012, 443; *Pötters/Werkmeister/Traut*, Rechtsakte mit Verordnungscharakter nach Art. 263 Abs. 4 AEUV – eine passgenaue Ausweitung des Individualrechtsschutzes?, EuR 2012, 546; *Prechal/Widdershoven*, Redefining the Relationship between ›Rewe-effectiveness‹ and Effective Judicial Protection, REALaw 2011, 31; *Prek/Lefèvre*, Competition Litigation before the General Court: Quality if not Quantity, CMLRev. (53) 2016, 65; *Rausch*, Die Kontrolle von Tatsachenfeststellungen und -würdigungen durch den Gerichtshof der Europäischen Gemeinschaften, 1994; *Röben*, Die Einwirkung der Rechtsprechung des Europäischen Gerichtshofs auf das mitgliedstaatliche Verfahren in öffentlich-rechtlichen Streitigkeiten, 1998; *Rodríguez Iglesias*, Zu den Grenzen der verfahrensrechtlichen Autonomie der Mitgliedstaaten bei der Anwendung des Gemeinschaftsrechts, EuGRZ 1997, 289; *Sayers*, in: Peers/Hervey/Kenner/Ward (Hrsg.), The EU Charter of Fundamental Rights, 2014, Art. 47 GRC, Rn. 47.189–47.225, und Art. 48 GRC, Rn. 48.01B–48.133B; *Schlette*, Der Anspruch auf Rechtsschutz innerhalb angemessener Frist – Ein neues Prozeßgrundrecht auf EG-Ebene, EuGRZ 1999, 369; *Schmidt-Aßmann*, Europäische Rechtsschutzgarantien – Auf dem Wege zu einem kohärenten Verwaltungsrechtsschutz in Europa, FS Bernhardt, 1995, S. 1283; *Schröder*, Neuerungen im Rechtsschutz der Europäischen Union durch den Vertrag von Lissabon, DÖV 2009, 61; *Schwarze*, Der Anspruch auf effektiven gerichtlichen Rechtsschutz im europäischen Gemeinschaftsrecht, FS Starck, 2007, S. 645; *ders.*, Der Rechtsschutz Privater vor dem Europäischen Gerichtshof: Grundlagen, Entwicklungen und Perspektiven des Individualrechtsschutzes im Gemeinschaftsrecht, DVBl. 2002, 1297; *Simonati*, The Principles of Administrative Procedure and the EU Courts: an Evolution in Progress, REALaw 2011, 45; *Streinz*, Individualrechtsschutz im Kooperationsverhältnis, EuZW 2014, 17; *Tatham*, Protection of Community Rights in National Courts: Judicial Review of Administrative Action in Comparative Analysis, ZfRV 1995, 14; *Terhechte*, Der Vertrag von Lissabon: Grundlegende Verfassungsurkunde der europäischen Rechtsgemeinschaft oder technischer Änderungsvertrag?, EuR 2008, 143; *Thalmann*, Zur Auslegung von Art. 263 Abs. 4 AEUV durch Rechtsprechung und Lehre – Zugleich ein Beitrag zur begrenzten Reichweite von Art. 47 Abs. 1 GRC wie auch zur Rolle der historischen Interpretation primären Unionsrechts, EuR 2012, 452; *Thiele*, Das Rechtsschutzsystem nach dem Vertrag von Lissabon – (K)ein Schritt nach vorn?, EuR 2010, 30; *Tonne*, Effektiver Rechtsschutz durch staatliche Gerichte als Forderung des europäischen Gemeinschaftsrechts, 1997; *Türk*, Judicial Review in EU Law, 2009; *Van Malleghem/Baeten*, Before the law stands a gatekeeper – Or, what is a »regulatory act« in Article 263(4) TFEU?, CMLRev. 51 (2014), 1187; *Völker*, Allmacht der Kommission? Anmerkungen aus anwaltlicher Sicht zur Divergenz von Kommissionsbefugnissen und gerichtlicher Kontrolle im Bereich der Kartellrechtsanwendung, in: Immenga/Körber (Hrsg.), Die Kommission zwischen Gestaltungsmacht und Rechtsbindung, 2012, S. 153; *Vogt*, Indirect Judicial Protection in EC Law – the Case of the Plea of Illegality, E. L.Rev. 31 (2006), 364; *Ward*, Judicial Review an the Rights of Private Parties in EU Law, 2007; *dies.*, Locus Standi under Article 230(4) of the EC Treaty: Crafting a Coherent Test for a ›Wobbly Polity‹, YEL 2003, 45; *dies.*, National and EC Remedies under the EU Treaty; Limits and the Role of the ECHR, in: Barnard/Odudu (Hrsg.), The Outer Limits of the Treaty, 2011, S. 329; *Wegener*, Der Numerus Clausus der Klagearten – Eine Gefahr für die Effektivität des Rechtsschutzes im Gemeinschaftsrecht?, EuGRZ 2008, 354; *Weiß*, Human Rights in the EU: Rethinking the Role of the European Convention on Human Rights after Lisbon, EuConst 7 (2011), 64; *ders.*, Human Rights and EU Antitrust Enforcement: News from Lisbon, ECLR 32 (2011), 186; *Wils*, The Increased Level of EU Antitrust Fines, Judicial Review and the ECHR, World Competition 2010, 5.

Leitentscheidungen

EuGH, Urt. v. 15.7.1963, Rs. 25/62 (Plaumann/Kommission), Slg. 1963, 213

EuGH, Urt. v. 11.11.1981, Rs. 60/81 (IBM/Kommission), Slg. 1981, 2639

EuGH, Urt. v. 23.4.1986, Rs. 294/83 (Les Verts/Parlament), Slg. 1986, 1339

EuGH, Urt. v. 15.5.1986, Rs. 222/84 (Johnston), Slg. 1986, 1651

EuGH, Urt. v. 15.10.1987, Rs. 222/86 (Heylens), Slg. 1987, 4097

EuGH, Urt. v. 21.11.1991, Rs. C–269/90 (Technische Universität München), Slg. 1991, I–5469

EuGH, Urt. v. 3.12.1992, Rs. C–97/91 (Borelli), Slg. 1992, I–6313

EuGH, Urt. v. 9.3.1994, Rs. C–188/92 (TWD Textilwerke Deggendorf), Slg. 1994, I–833

EuGH, Urt. v. 2.4.1998, Rs. C–367/95 P (Kommission/Sytraval), Slg. 1998, I–1719

EuGH, Urt. v. 10.12.1998, Rs. C–221/97 P (Schröder u.a./Kommission), Slg. 1998, I–8255

EuGH, Urt. v. 17.12.1998, Rs. C–185/95 P (Baustahlgewebe/Kommission), Slg. 1998, I–8417

EuGH, Beschl. v. 4.2.2000, Rs. C–17/98 (Emesa Sugar), Slg. 2000, I–665

EuGH, Urt. v. 28.3.2000, Rs. C–7/98 (Krombach), Slg. 2000, I–1935

EuGH, Urt. v. 25.7.2002, Rs. C–50/00 P (Unión de Pequeños Agricultores/Rat), Slg. 2002, I–6677

EuGH, Urt. v. 10.4.2003, Rs. C–276/01 (Steffensen), Slg. 2003, I–3735

EuGH, Urt. v. 1.4.2004, Rs. C–263/02 P (Kommission/Jégo-Quéré), Slg. 2004, I–3425

EuGH, Urt. v. 19.9.2006, Rs. C–506/04 (Wilson), Slg. 2006, I–8643

EuGH, Urt. v. 13.3.2007, Rs. C–432/05 (Unibet), Slg. 2007, I–2271

EuGH, Urt. v. 7.6.2007, Rs. C–362/05 P (Wunenburger/Kommission), Slg. 2007, I–4333

EuGH, Urt. v. 14.2.2008, Rs. C–450/06 (Varec), Slg. 2008, I–581

EuGH, Urt. v. 17.2.2008, Rs. C–521/06 P (Athinaïki Techniki/Kommission), Slg. 2008, I–5829

EuGH, Urt. v. 3.9.2008, verb. Rs. C–402/05 P u. C–415/05 P (Kadi u.a./Rat u. Kommission), Slg. 2008, I–6351

EuGH, Urt. v. 16.7.2009, Rs. C–385/07 P (Der Grüne Punkt – Duales System Deutschland/Kommission), Slg. 2009, I–6155

EuGH, Urt. v. 2.12.2009, Rs. C–89/08 P (Kommission/Irland u.a.), Slg. 2009, I–11245

EuGH, Urt. v. 17.12.2009, Rs. C–197/09 RX-II (Überprüfung M/EMEA), Slg. 2009, I–12033

EuGH, Urt. v. 22.12.2010, Rs. C–279/09 (DEB), Slg. 2010, I–13849

EuGH, Urt. v. 13.10.2011, verb. Rs. C–463/10 P u. C–475/10 P (Deutsche Post u. Deutschland/Kommission), Slg. 2011, I–9639

EuGH, Urt. v. 8.12.2011, Rs. C–272/09 P (KME/Kommission), Slg. 2011, I–12789

EuGH, Urt. v. 8.12.2011, Rs. C–389/10 P (KME Germany u.a./Kommission), Slg. 2011, I–13125

EuGH, Urt. v. 8.12.2011, Rs. C–386/10 P (Chalkor/Kommission), Slg. 2011, I–13085

EuGH, Urt. v. 6.11.2012, Rs. C–199/11 (Otis u.a.), EuZW 2013, 24

EuGH, Urt. v. 28.2.2013, Rs. C–334/12 RX-II (Arango Jaramillo u.a./EIB), ECLI:EU:C:2013:134

EuGH, Urt. v. 4.6.2013, Rs. C–300/11 (ZZ), NVwZ 2013, 1139

EuGH, Urt. v. 18.7.2013, verb. Rs. C–584/10 P, C–593/10 P u. C–595/10 P (Kommission/Kadi), EuGRZ 2013, 389

EuGH, Urt. v. 3.10.2013, Rs. C–583/11 P (Inuit Tapiriit Kanatami u.a./Parlament u. Rat), EuZW 2014, 22

EuGH, Urt. v. 26.11.2013, Rs. C–40/12 P (Gascogne Sack Deutschland/Kommission), EuGRZ 2013, 671

EuGH, Urt. v. 26.11.2013, Rs. C–50/12 P (Kendrion/Kommission), ECLI:EU:C:2013:771

EuGH, Urt. v. 26.11.2013, Rs. C–58/12 P (Groupe Gascogne/Kommission), ECLI:EU:C:2013:770

EuGH, Urt. v. 19.12.2013, Rs. C–274/12 P (Telefónica/Kommission), EuZW 2014, 228

EuGH, Urt. v. 10.7.2014, Rs. C–295/12 P (Telefónica u.a./Kommission), ECLI:EU:C:2014:2062

EuGH, Urt. v. 17.9.2014, Rs. C–562/12 (Liivimaa Lihaveis), ECLI:EU:C:2014:2229

EuGH-Vizepräsident, Beschl. v. 23.4.2015, Rs. C–35/15 P(R) (Kommission/Vanbreda Risk & Benefits), ECLI:EU:C:2015:275

EuGH, Urt. v. 28.4.2015, Rs. C–456/13 P (T & L Sugars und Sidul Açúcares/Kommission), ECLI:EU:C:2015:284

EuGH, Urt. v. 18.6.2015, Rs. C–583/13 P (Deutsche Bahn u.a./Kommission), ECLI:EU:C:2015:404

EuGH, Urt. v. 17.9.2015, Rs. C–33/14 P (Mory u.a./Kommission), ECLI:EU:C:2015:609

EuGH, Urt. v. 21.1.2016, Rs. C–603/13 P (Galp Energía España u.a./Kommission), ECLI:EU:C:2016:38

EuGH, Urt. v. 30.6.2016, Rs. C–205/15 (Toma u.a.), ECLI:EU:C:2016:499

EuGH, Urt. v. 5.7.2016, Rs. C–614/14 (Ognyanov), ECLI:EU:C:2016:514

EuGH, Urt. v. 28.7.2016, Rs. C–543/14 (Conseil des ministres), ECLI:EU:C:2016:605
EuG, Beschl. v. 19.6.1996, verb. Rs. T–134/94, T–136/94 bis T–138/94, T–141/94, T–145/94,
    T–147/94, T–148/94, T–151/94, T–156/94 u. T–157/94 (NMH Stahlwerke u.a./Kommission),
    Slg. 1996, II–537
EuG, Urt. v. 8.10.2008, Rs. T–411/06 (Sogelma/EAR), Slg. 2008, II–2771
EuG, Urt. v. 25.10.2011, Rs. T–262/10 (Microban u.a./Kommission), Slg. 2011, II–7697
EuG, Urt. v. 4.3.2015, Rs. T–496/11 (Vereinigtes Königreich/EZB), ECLI:EU:T:2015:133
EuG-Präsident, Beschl. v. 4.12.2014, Rs. T–199/14 R (Vanbreda Risk & Benefits/Kommission), ECLI:
    EU:T:2014:1024
EuG, Beschl. v. 27.10.2015, Rs. T–721/14 (Belgien/Kommission), ECLI:EU:T:2015:829

Wesentliche sekundärrechtliche Vorschriften

Verordnung (EG) Nr. 1367/2006 des Europäischen Parlaments und des Rates vom 6.9.2006 über die
    Anwendung der Bestimmungen des Übereinkommens von Århus über den Zugang zu Informatio-
    nen, die Öffentlichkeitsbeteiligung an Entscheidungsverfahren und den Zugang zu Gerichten in
    Umweltangelegenheiten auf Organe und Einrichtungen der Gemeinschaft, ABl. 2006, L 264/13
Richtlinie 89/665/EWG des Rates vom 21.12.1989 zur Koordinierung der Rechts- und Verwaltungs-
    vorschriften für die Anwendung der Nachprüfungsverfahren im Rahmen der Vergabe öffentlicher
    Liefer- und Bauaufträge, ABl. 1989, L 395/33
Richtlinie 2003/8/EG des Rates vom 27.1.2003 zur Verbesserung des Zugangs zum Recht bei Streit-
    sachen mit grenzüberschreitendem Bezug durch Festlegung gemeinsamer Mindestvorschriften für
    die Prozesskostenhilfe in derartigen Streitsachen, ABl. 2003, L 26/41; Berichtigung ABl. 2003,
    L 32/15
Richtlinie 2010/64/EU des Europäischen Parlaments und des Rates vom 20.10.2010 über das Recht
    auf Dolmetschleistungen und Übersetzungen in Strafverfahren, ABl. 2010, L 280/1
Richtlinie 2012/13/EU des Europäischen Parlaments und des Rates vom 22.5.2012 über das Recht auf
    Belehrung und Unterrichtung in Strafverfahren, ABl. 2012, L 142/1
Richtlinie 2013/48/EU des Europäischen Parlaments und des Rates vom 22.10.2013 über das Recht
    auf Zugang zu einem Rechtsbeistand in Strafverfahren und in Verfahren zur Vollstreckung des
    Europäischen Haftbefehls sowie über das Recht auf Benachrichtigung eines Dritten bei Freiheits-
    entzug und das Recht auf Kommunikation mit Dritten und mit Konsularbehörden während des
    Freiheitsentzugs, ABl. 2013, L 294/1
Richtlinie 2014/104/EU des Europäischen Parlaments und des Rates vom 26.11.2014 über bestimmte
    Vorschriften für Schadensersatzklagen nach nationalem Recht wegen Zuwiderhandlungen gegen
    wettbewerbsrechtliche Bestimmungen der Mitgliedstaaten und der Europäischen Union, ABl.
    2014, L 349/1

Inhaltsübersicht   Rn.

A. Entwicklung, Quellen, Bedeutung

I. Recht auf einen wirksamen Rechtsbehelf (Art. 47 Abs. 1 GRC)

Die Europäische Union als **Rechtsgemeinschaft**[1] muss sich um der Wahrung ihrer rechts-   **1**
staatlichen Legitimation und um der Akzeptanz durch die Unionsbürger Willen daran
messen lassen, ob sie dem in Art. 47 Abs. 1 GRC verankerten Prinzip des effektiven
gerichtlichen Rechtsschutzes gegen Maßnahmen der von ihr ausgeübten öffentlichen
Gewalt genügt. Diese Vorschrift verbürgt eine verfassungsrechtliche Garantie[2] und ist der
kodifizierte Ausdruck entsprechender Grundsätze, die der EuGH bereits früh als Kernbestandteile der **Rechtsstaatlichkeit** der Union im Sinne von Art. 2 und 6 Abs. 1 EUV, der
Gewaltenteilung und des institutionellen Gleichgewichts anerkannte.[3] In organisatorischer Hinsicht setzt dieses Prinzip angesichts der Mehrebenenstruktur der Union die
Existenz eines **funktionsfähigen gerichtlichen Rechtsschutzsystems** sowohl auf der Unionsebene als auch auf der Ebene der Mitgliedstaaten voraus;[4] in prozessualer und materieller Hinsicht muss jenes System den Erfordernissen der **Wirksamkeit** und **Vollständigkeit des Rechtsschutzes** gegen alle Rechtsakte entsprechen, die bei der Ausübung administrativer oder legislativer Unionsgewalt – gleich ob von supranationalen oder

---

[1] EuGH, Urt. v. 23.4.1986, Rs. 294/83 (Les Verts/Parlament), Slg. 1986, 1339, Rn. 23.

[2] Vgl. EuGH, Urt. v. 3.9.2008, verb. Rs. C–402/05 P u. C–415/05 P (Kadi u. a./Rat u. Kommission), Slg. 2008, I–6351, Rn. 290; vgl. auch Rn. 316: »Verfassungsgarantie in einer Rechtsgemeinschaft«
bzw. »Garantie, die sich aus dem EG-Vertrag als autonomem Rechtssystem ergibt«.

[3] Vgl. Erläuterungen zu Artikel 47 – Recht auf einen wirksamen Rechtsbehelf und ein unparteiisches Gericht, ABl. 2007, C 303/17, unter Hinweis auf EuGH, Urt. v. 23.4.1986, Rs. 294/83 (Les
Verts/Parlament), Slg. 1986, 1339, sowie Urt. v. 15.5.1986, Rs. 222/84 (Johnston), Slg. 1986, 1651,
Rn. 17–19; Urt. v. 3.12.1992, Rs. C–97/91 (Borelli), Slg. 1992, I–6313. Zur Verbindlichkeit der Erläuterungen gemäß Art. 6 Abs. 1 UAbs. 3 EUV und Art. 52 Abs. 7 GRC bei der Auslegung von Art. 47
GRC vgl. EuGH, Urt. v. 22.12.2010, Rs. C–279/09 (DEB), Slg. 2010, I–13849, Rn. 32; Urt. v.
3.10.2013, Rs. C–583/11 P (Inuit Tapiriit Kanatami u. a./Parlament u. Rat), EuZW 2014, 22, Rn. 97
m. w. N.

[4] Vgl. zur Situation nach dem Vertrag von Lissabon *Terhechte*, EuR 2008, 143; *Everling*, EuR-
Beiheft 1/2009, 71; *Nehl*, Das EU-Rechtsschutzsystem, 2009, S. 149 ff.; *Schröder*, DÖV 2009, 61;
Thiele, EuR 2010, 30.

mitgliedstaatlichen Hoheitsträgern – erlassen werden und natürliche oder juristische Personen in ihren von der Unionsrechtsordnung garantierten Rechten beeinträchtigen.[5]

2   Seit dem am 1.12.2009 in Kraft getretenen Vertrag von Lissabon sind Art. 19 Abs. 1 EUV und Art. 47 GRC in Verbindung mit Art. 6 Abs. 1 UAbs. 1 EUV der primärrechtlich kodifizierte Ausdruck dieser Grundsätze. Gemäß Art. 19 Abs. 1 UAbs. 1 Satz 2 EUV hat der EuGH als Unionsorgan die Aufgabe, die Wahrung des Rechts bei der Auslegung und Anwendung »der Verträge« in ihrer Gesamtheit zu sichern.[6] Das Wirksamkeits- und Vollständigkeitspostulat spiegelt sich zudem in Art. 19 Abs. 1 UAbs. 2 EUV wider, wonach die Mitgliedstaaten die erforderlichen Rechtsbehelfe zu schaffen haben, damit ein wirksamer Rechtsschutz in den vom Unionsrecht erfassten Bereichen gewährleistet ist.[7] Damit setzen Art. 19 Abs. 1 UAbs. 2 EUV, Art. 47 in Verbindung mit Art. 51 Abs. 1 sowie Art. 52 Abs. 2 GRC die Bindung auch der mitgliedstaatlichen Gerichte an die in Art. 47 GRC gewährten justiziellen Garantien bei der Anwendung des Unionsrechts »verfassungsrechtlich« zwingend voraus.[8] Diese Vorschriften verdeutlichen ferner, dass die mitgliedstaatlichen Richter zugleich **funktional Unionsrichter** sind, die über das **Gebot der loyalen Zusammenarbeit** gemäß Art. 4 Abs. 3 EUV dazu verpflichtet sind, das Unionsrecht durchzusetzen und die dadurch gewährleisteten subjektiven Rechte gerichtlich zu schützen.[9]

3   Entstehungsgeschichtlich geht die – ursprünglich nur richterrechtliche – Anerkennung des Rechts auf einen wirksamen Rechtsbehelf im Sinne von Art. 47 Abs. 1 GRC auf die gemeinsamen Verfassungstraditionen der Mitgliedstaaten, wie z.B. Art. 19 Abs. 4 GG,[10] sowie insbesondere auf Art. 6 und Art. 13 EMRK zurück, wonach »[j]ede Person, die in ihren d[er EMRK] anerkannten Rechten oder Freiheiten verletzt worden ist, […] das Recht [hat], bei einer innerstaatlichen Instanz eine wirksame Beschwerde zu erheben […]«.[11] Nach Ansicht des EuGH handelt es sich dabei um einen allgemeinen Rechtsgrundsatz bzw. um ein zentrales Grundrecht organisations- und verfahrensrechtlicher Natur, das dazu beiträgt, der Union im Sinne einer Rechtsgemeinschaft[12] rechtsstaatli-

---

[5] Näher *Azizi*, Die Institutionenreform in der EU, S. 189–190.

[6] Zutreffend *Terhechte*, EuR 2008, 159: »Zentralnorm« der »Rechtsgemeinschaftlichkeit« der Union.

[7] In diesem Sinne auch EuGH, Urt. v. 3.10.2013, Rs. C–583/11 P (Inuit Tapiriit Kanatami u.a./Parlament u. Rat), EuZW 2014, 22, Rn. 90, 100–106; GA *Kokott*, Schlussanträge zu Rs. C–583/11 P (Inuit Tapiriit Kanatami u.a./Parlament u. Rat), Rn. 39.

[8] Vgl. EuGH, Urt. v. 22.12.2010, Rs. C–279/09 (DEB), Slg. 2010, I–13849, Rn. 30–33; Urt. v. 27.6.2013, Rs. C–93/12 (Agrokonsulting), ECLI:EU:C:2013:432, Rn. 59–61; Urt. v. 26.9.2013, Rs. C–418/11 (Texdata Software), ECLI:EU:C:2013:588, Rn. 71–81; Urt. v. 3.10.2013, Rs. C–583/11 P (Inuit Tapiriit Kanatami u.a./Parlament u. Rat), EuZW 2014, 22, Rn. 98–100; Urt. v. 28.4.2015, Rs. C–456/13 P (T & L Sugars und Sidul Açúcares/Kommission), ECLI:EU:C:2015:284, Rn. 50: »Eine solche Pflicht ergibt sich auch aus Art. 47 [GRC] in Bezug auf Maßnahmen der Mitgliedstaaten bei der Durchführung des Rechts der Union im Sinne von Art. 51 Abs. 1 [GRC]«. Siehe allgemein zur Bindung der mitgliedstaatlichen Hoheitsgewalt an die Grundrechte der Charta *Weiß*, EuConst 7 (2011), 64 (88–90); *Lenaerts*, EuR 2012, 3.

[9] Vgl. EuGH, Urt. v. 13.3.2007, Rs. C–432/05 (Unibet), Slg. 2007, I–2271, Rn. 38; näher *Nowak*, in: Terhechte, Verwaltungsrecht der EU, § 13, Rn. 24; *Hofmann*, Art. 47 GRC, Rn. 47.49–47.50.

[10] Vgl. nur BVerfG, EuGRZ 2005, 178 (180). Zu den relevanten Einzelheiten der Judikatur des BVerfG siehe *Nowak*, in: Heselhaus/Nowak, Handbuch der Europäischen Grundrechte, § 51, Rn. 25–28.

[11] Siehe insbes. EuGH, Urt. v. 15.5.1986, Rs. 222/84 (Johnston), Slg. 1986, 1651, Rn. 18; Urt. v. 15.10.1987, Rs. 222/86 (Heylens), Slg. 1987, 4097, Rn. 14, sowie Erläuterungen zu Artikel 47 (Fn. 3).

[12] Vgl. nur *Zuleeg*, NJW 1994, 545; *Hofmann, R.*, S. 321; *Buchwald*, Der Staat 1998, 189.

che Legitimität zu verleihen; dies insbesondere deshalb, weil es erfordert, die von der Unionsrechtsordnung anerkannten (materiellen und prozessualen) Grundrechte und Freiheiten sowie sonstigen, sekundärrechtlich geschaffenen Garantien und subjektiven Rechte umfassend nach dem **Prinzip ubi ius ibi remedium** durchzusetzen und wirksam zu schützen.[13] Diese auch für die mitgliedstaatlichen Behörden und Gerichte verbindliche Schutzfunktion geht daher zwangsläufig mit deren Bindung an die unionsrechtlichen Grundrechte und Freiheiten einher.[14] Insoweit erfüllt Art. 47 Abs. 1 GRC eine wichtige **instrumentelle Funktion**, die häufig mit Begriffen wie akzessorisches Grundrecht oder Annexgrundrecht umschrieben wird.[15] Die jüngere Judikatur des EuGH zeigt jedoch, dass diese Gewährleistung sich zunehmend zu einer Art prozessualem »Supergrundrecht« entwickelt, das eine Reihe grundlegender Verfahrensgarantien auf den Ebenen des Gerichts- und der Verwaltungs- bzw. Regulierungs-/Legislativverfahren, die ihrerseits wichtige Rechtsschutzfunktionen erfüllen, auf komplexe Weise miteinander verknüpft (s. näher Rn. 44–45).[16]

Die primär- und sekundärrechtlichen Ausprägungen des in Art. 47 Abs. 1 GRC kodifizierten Grundrechts auf effektiven Rechtsschutz werden – mit Ausnahme von Art. 263 Abs. 4 AEUV (s. näher Rn. 7 und 32) – in der Rechtsprechung des EuGH meist weit ausgelegt und führen auch in den nicht voll harmonisierten Regelungsbereichen des Unionsrechts zu einem erheblichen **Anpassungsdruck** für die mitgliedstaatlichen Verfahrens- und Gerichtssysteme.[17] Die primärrechtlichen Prämissen dieser Überlagerung des nationalen Verwaltungs- und Gerichtsverfahrensrechts und der entsprechenden Beschränkungen des **Grundsatzes der mitgliedstaatlichen Verfahrensautonomie**, wonach in Ermangelung einschlägiger Unionsregelungen es prinzipiell Sache der innerstaatli-

4

---

[13] Siehe Erläuterungen zu Artikel 47 (Fn. 3) (»für sämtliche durch das Unionsrecht garantierten Rechte«), sowie z. B. EuGH, Urt. v. 15. 10. 1987, Rs. 222/86 (Heylens), Slg. 1987, 4097, Rn. 14–15; im Hinblick auf den EU-Grundrechtsschutz EuGH, Urt. v. 3. 9. 2008, verb. Rs. C–402/05 P u. C–415/05 P (Kadi u. a./Rat u. Kommission), Slg. 2008, I–6351, Rn. 281–290.

[14] Ständige Rechtsprechung seit EuGH, Urt. v. 13. 7. 1989, Rs. 5/88 (Wachauf), Slg. 1989, 2609, Rn. 19; vgl. EuGH, Urt. v. 27. 6. 2006, Rs. C–540/03 (Parlament/Rat), Slg. 2006, I–5769, Rn. 104 ff.; Urt. v. 26. 2. 2013, Rs. C–617/10 (Åkerberg Fransson), EuZW 2013, 302, Rn. 17 ff.; Urt. v. 30. 4. 2014, Rs. C–390/12 (Pfleger u. a.), ECLI:EU:C:2014:281, Rn. 31–36; Urt. v. 28. 4. 2015, Rs. C–456/13 P (T & L Sugars und Sidul Açúcares/Kommission), ECLI:EU:C:2015:284, Rn. 50. Zum Ganzen vgl. den Überblick bei *Nowak*, in: Terhechte, Verwaltungsrecht der EU, § 14, Rn. 88 ff.; zur Bindungswirkung mitgliedstaatlicher Behörden an den Grundsatz ne bis in idem bei der Anwendung der EU-Kartellregeln siehe EuGH, Urt. v. 14. 2. 2012, Rs. C–17/10 (Toshiba Corporation u. a.), EuZW 2012, 223, Rn. 95.

[15] *Nowak*, in: Heselhaus/Nowak, Handbuch der Europäischen Grundrechte, § 51, Rn. 9; *Hofmann*, Art. 47 GRC, Rn. 47.55, jeweils m. w. N. zum Diskussionsstand; *Pabel*, Justizgrundrechte, Rn. 26.

[16] So insbes. EuGH, Urt. v. 18. 7. 2013, verb. Rs. C–584/10 P, C–593/10 P u. C–595/10 P (Kommission/Kadi), EuGRZ 2013, 389, Rn. 97 ff., anknüpfend an EuGH, Urt. v. 4. 6. 2013, Rs. C–300/11 (ZZ), NVwZ 2013, 1139, Rn. 50 ff.

[17] Deutlich sichtbar in EuGH, Urt. v. 3. 12. 1992, Rs. C–97/91 (Borelli), Slg. 1992, I–6313, Rn. 13–15, wonach das italienische Gerichtsverfahrensrecht u. U. auch für nur vorbereitende Akte nationaler Behörden eine Rechtsschutzmöglichkeit vorsehen muss. Vgl. auch EuGH, Urt. v. 26. 1. 2010, Rs. C–118/08 (Transportes Urbanos y Servicios Generales), Slg. 2010, I–635, Rn. 29 ff. (Durchsetzung des Staatshaftungsanspruchs wegen Verletzung von Unionsrecht), und Urt. v. 17. 9. 2014, Rs. C–562/12 (Liivimaa Lihaveis), ECLI:EU:C:2014:2229, Rn. 57 ff. (Schaffung eines nationalen Rechtsbehelfs gegen nicht vor den Unionsgerichten anfechtbare Akte eines von den Mitgliedstaaten eingesetzten und zur Durchführung von Unionsrecht berufenen Ausschusses). Vgl. zur Problematik bereits *Tonne*; aus jüngerer Zeit *Nowak*, in: Terhechte, Verwaltungsrecht der EU, § 13, Rn. 80–84.

chen Rechtsordnungen ist, die notwendigen Klageverfahren zum Schutz der aus dem Unionsrecht erwachsenden subjektiven Rechte des Einzelnen auszugestalten,[18] bleiben jedoch häufig recht vage.[19] Diesbezüglich ist festzustellen, dass der EuGH je nach Fallkonstellation schwankt zwischen einerseits der Anwendung des Vorrangprinzips – und der damit einhergehenden unmittelbaren Verdrängung mitgliedstaatlicher Regeln zugunsten der vorrangigen Unionsregel (sog. direkte Normenkollision)[20] – und andererseits einer behutsameren bzw. kompetenzschonenderen Kontrolle und Anpassung der mitgliedstaatlichen Regeln anhand der **Grundsätze der Äquivalenz und der Effektivität** (sog. indirekte Normenkollision) im Sinne einer **Doppelschranke** für die Ausübung der mitgliedstaatlichen Verfahrensautonomie.[21] Demzufolge dürfen die innerstaatlich festgelegten Verfahrensmodalitäten nicht ungünstiger sein als diejenigen, die bei ähnlichen internen Sachverhalten gelten (Grundsatz der Äquivalenz), und nicht so ausgestaltet sein, dass sie die Ausübung der Rechte, die die Unionsrechtsordnung einräumt, praktisch unmöglich machen oder übermäßig erschweren (Grundsatz der Effektivität).[22] An-

---

[18] Grundlegend EuGH, Urt. v. 16.12.1976, Rs. 33/76 (Rewe), Slg. 1976, 1989, Rn. 5; Urt. v. 16.12.1976, Rs. 45/76 (Comet), Slg. 1976, 2043, Rn. 11/18; Urt. v. 25.7.1991, Rs. C–208/90 (Emmott), Slg. 1991, I–4269, Rn. 16; Urt. v. 14.12.1995, Rs. C–312/93 (Peterbroeck), Slg. 1995, I–4599, Rn. 12; Urt. v. 14.12.1995, verb. Rs. C–430/93 u. C–431/93 (van Schijndel u.a.), Slg. 1995, I–4705, Rn. 17. Aus jüngerer Zeit siehe nur EuGH, Urt. v. 7.1.2004, Rs. C–201/02 (Wells), Slg. 2004, I–723, Rn. 65–67, sowie neuerdings EuGH, Urt. v. 27.6.2013, Rs. C–93/12 (Agrokonsulting), ECLI:EU:C: 2013:432, Rn. 35 m.w.N. Siehe im Überblick *Galetta*; *Krönke*, Die Verfahrensautonomie der Mitgliedstaaten der Europäischen Union, 2013.

[19] Eingehend zur Problematik *Nehl*, Europäisches Verwaltungsverfahren und Gemeinschaftsverfassung, S. 441 ff.

[20] In diesem Sinne zu verstehen sind EuGH, Urt. v. 19.6.1990, Rs. C–213/89 (Factortame), Slg. 1990, I–2466, Rn. 18–23 (Ermöglichung einstweiligen Rechtsschutzes); Urt. v. 3.12.1992, Rs. C–97/91 (Borelli), Slg. 1992, I–6313, Rn. 13–15 (Bereitstellung von Rechtsschutz gegen vorbereitende Maßnahmen), Urt. v. 29.4.1999, Rs. C–224/97 (Ciola), Slg. 1999, I–2530, Rn. 33–34 (Durchbrechung der Bestandskraft eines Verwaltungsakts), sowie Urt. v. 18.7.2007, Rs. C–119/05 (Lucchini), Slg. 2007, I–6199, Rn. 60–63 (Durchbrechung der Rechtskraft eines mitgliedstaatlichen Gerichtsurteils; etwas anders nun Urt. v. 11.11.2015, Rs. C–505/14 (Klausner Holz Niedersachsen), ECLI:EU:C: 2015:742, Rn. 45 unter Bezugnahme auf den Effektivitätsgrundsatz); Urt. v. 13.1.2005, Rs. C–174/02 (Streekgewest), Slg. 2005, I–85, Rn. 18 (nationale Vorschriften über Klagebefugnis und Rechtsschutzinteresse); ähnlich auch EuGH, Urt. v. 28.1.2010, Rs. C–406/08 (Uniplex), Slg. 2010, I–817, Rn. 46–49 (Fristenregelung für Nachprüfungsantrag im Vergaberecht); EuGH, Urt. v. 5.7.2016, Rs. C–614/14 (Ognyanov), ECLI:EU:C:2016:514, Rn. 34 u. 35 (Durchsetzung des Vorlagerechts nach Art. 267 AEUV); neuerdings in Bezug auf Art. 108 Abs. 3 AEUV siehe EuGH, Urt. v. 19.3.2015, Rs. C–672/13 (OTP Bank), ECLI:EU:C:2015:185, Rn. 176, sowie Urt. v. 16.4.2015, Rs. C–690/13 (Trapeza Eurobank Ergasias), ECLI:EU:C:2015:235, Rn. 53; differenzierend zwischen Effektivitätsgrundsatz und Grundsatz des effektiven gerichtlichen Rechtsschutzes EuGH, Urt. v. 18.3.2010, verb. Rs. C–317/08 bis C–320/08 (Alassini u.a.), Slg. 2010, I–2213, Rn. 47 ff. (61–66). Vgl. auch *Baumann*, Die Rechtsprechung des EuGH zu Vorrang des Gemeinschaftsrechts vor mitgliedstaatlichen Verwaltungsakten und Gerichtsurteilen, 2010; *Brenn*, Vorrang des Gemeinschaftsrechts gegenüber rechtskräftigen Urteilen, 2010; rechtsvergleichend *Germelmann*, Die Rechtskraft von Gerichtsentscheidungen in der Europäischen Union, 2009.

[21] Die Abgrenzungsproblematik verdeutlichen EuGH, Urt. v. 3.9.2009, Rs. C–2/08 (Fallimento Olimpiclub), Slg. 2009, I–7501, Rn. 16 u. 22 ff.; sowie Urt. v. 13.3.2007, Rs. C–432/05 (Unibet), Slg. 2007, I–2271, Rn. 40–43. Vgl. neuerdings auch EuGH, Urt. v. 27.6.2013, Rs. C–93/12 (Agrokonsulting), ECLI:EU:C:2013:432, Rn. 35 ff.; Urt. v. 15.4.2010, Rs. C–542/08 (Barth), Slg. 2010, I–3189, Rn. 17 ff.; Urt. v. 26.1.2010, Rs. C–118/08 (Transportes Urbanos y Servicios Generales), Slg. 2010, I–635, Rn. 31 ff. Vgl. auch kritisch zur Existenz des Grundsatzes nationaler Verfahrensautonomie *Schroeder*, AöR 129 (2004), 3.

[22] Vgl. nur EuGH, Urt. v. 3.9.2009, Rs. C–2/08 (Fallimento Olimpiclub), Slg. 2009, I–7501, Rn. 24 (betreffend Regeln über die Rechtskraft).

hand dieser Doppelschranke hat der EuGH in langjähriger Entscheidungspraxis eine Vielzahl nationaler Verfahrensvorschriften, wie Regeln über Rechtsbehelfs-, Präklusions- und Verjährungsfristen,[23] die Rechtskraft von Urteilen,[24] Beweisregeln[25] und Sanktions- oder Schadensersatzregeln[26], überprüft.[27] Zuweilen wird die Überlagerung oder Verdrängung des nationalen Verfahrensrechts nicht allein dem Effektivitätsgrundsatz zugeschrieben, sondern ihr eigentlicher Rechtsgrund in dem unionsrechtlichen Grundrecht effektiven gerichtlichen Rechtsschutzes als solchem verortet,[28] was wiederum für eine Anwendung des Vorrangprinzips zugunsten jenes Grundrechts spricht.[29] Die gemäß Art. 6 Abs. 1 UAbs. 3 EUV und Art. 52 Abs. 7 GRC für die Auslegung ihrer Vorschriften verbindlichen Erläuterungen gehen letztlich von einem ähnlichen Verständnis aus, indem sie feststellen, dass Art. 47 GRC »gegenüber den Organen der Union und den Mitgliedstaaten [gilt], wenn diese das Unionsrecht anwenden, und zwar für sämtliche durch das Unionsrecht garantierte Rechte«. In geeigneten Fällen beschränkt sich der EuGH jedoch – die mitgliedstaatlichen Kompetenzen wahrend – darauf, von der nationalen Gerichtsbarkeit nur eine unionsrechtskonforme Auslegung der streitbefangenen mitgliedstaatlichen Vorschriften zu verlangen[30] bzw. nimmt eine entsprechende »verfassungskonforme« Auslegung von Richtlinienvorschriften selbst vor.[31]

---

[23] Z.B. für Präklusionsfristen im Vergabeverfahren EuGH, Urt. v. 12.12.2002, Rs. C–470/99 (Universale-Bau u.a.), Slg. 2002, I–11617, Rn. 71ff.; Urt. v. 27.2.2003, Rs. C–327/00 (Santex), Slg. 2003, I–1877, Rn. 48ff.; in Verfahren der Steuererstattung vgl. EuGH, Urt. v. 9.2.1999, Rs. C–343/96 (Dilexport), Slg. 1999, I–579, Rn. 24ff.; für Verjährungsfristen im Schadensersatzprozess EuGH, Urt. v. 13.7.2006, verb. Rs. C–295/04 bis C–298/04 (Manfredi u.a.), Slg. 2006, I–6619, Rn. 77ff.; Urt. v. 24.3.2009, Rs. C–445/06 (Danske Slagterier), Slg. 2009, I–2119, Rn. 29ff.; Urt. v. 15.4.2010, Rs. C–542/08 (Barth), Slg. 2010, I–3189, Rn. 15ff.; zu Verjährungsfristen im Steuerrecht EuGH, Urt. v. 12.12.2013, Rs. C–362/12 (Test Claimants in the Franked Investment Income Group Litigation), ECLI:EU:C:2013:834, Rn. 30ff.

[24] EuGH, Urt. v. 18.7.2007, Rs. C–119/05 (Lucchini), Slg. 2007, I–6199, Rn. 60–63; Urt. v. 3.9.2009, Rs. C–2/08 (Fallimento Olimpiclub), Slg. 2009, I–7501, Rn. 22ff.

[25] Z.B. EuGH, Urt. v. 10.4.2003, Rs. C–276/01 (Steffensen), Slg. 2003, I–3735, Rn. 60ff.

[26] Vgl. EuGH, Urt. v. 10.4.1984, Rs. 14/83 (von Colson u. Kamann), Slg. 1984, 1891, Rn. 22ff.; Urt. v. 2.8.1993, Rs. C–271/91 (Marshall), Slg. 1993, I–4367, Rn. 22ff.

[27] Vgl. den Überblick bei *Hofmann*, Art. 47 GRC, Rn. 47, 60ff.

[28] So zu Recht *Nowak*, in: Heselhaus/Nowak, Handbuch der Europäischen Grundrechte, § 51, Rn. 14 m.w.N. unter Hinweis auf EuGH, Urt. v. 13.1.2005, Rs. C–174/02 (Streekgewest), Slg. 2005, I–85, Rn. 18; *Schilling*, EuGRZ 2000, 3 (18). Für eine Konvergenz zwischen Effektivitätsprinzip und Anspruch auf effektiven Rechtsschutz *Prechal/Widdershoven*, REALaw 2011, 31.

[29] In diese Richtung deutet EuGH, Urt. v. 17.9.2014, Rs. C–562/12 (Liivimaa Lihaveis), ECLI:EU:C:2014:2229, Rn. 57ff. (insbes. Rn. 67–75). Zu den entsprechenden Erklärungsansätzen eingehend *Nehl*, Europäisches Verwaltungsverfahren und Gemeinschaftsverfassung, S. 444ff. (insbes. S. 454–457).

[30] Vgl. zu Art. 39 RL 2005/85/EG des Rates vom 1.12.2005 über Mindestnormen für Verfahren in den Mitgliedstaaten zur Zuerkennung und Aberkennung der Flüchtlingseigenschaft, ABl. 2005, L 326/13, berichtigt im ABl. 2006, L 236/36, EuGH, Urt. v. 28.7.2011, Rs. C–69/10 (Samba Diouf), Slg. 2011, I–7151, Rn. 59–61. Ähnlich GA *Jääskinnen*, Schlussanträge zu Rs. C–509/11 (ÖBB-Personenverkehr), ECLI:EU:C:2013:167, Rn. 77 (unter Hinweis auf EuGH, Urt. v. 15.4.2008, Rs. C–268/06 [Impact], Slg. 2009, I–289, Rn. 54; Urt. v. 22.12.2010, verb. Rs. C–444/09 u. C–456/09 (Gavieiro u.a.), Slg. 2010, I–14031, Rn. 95–96; Urt. v. 8.3.2011, Rs. C–240/09 (Lesoochranárske zoskupenie), Slg. 2011, I–1255, Rn. 51): »das Unionsrecht die nationalen Gerichte lediglich dazu verpflichtet, die innerstaatlichen Zuständigkeitsregeln so weit wie möglich dahin aus[zu]legen, dass sie zur Erreichung des Ziels beitragen, einen effektiven Schutz der den Einzelnen aus dem Gemeinschaftsrecht möglicherweise erwachsenden Rechte zu gewährleisten«.

[31] Zu Art. 30 u. 31 RL 2004/38/EG des Europäischen Parlaments u. des Rates vom 29.4.2004 über das Recht der Unionsbürger und ihrer Familienangehörigen, sich im Hoheitsgebiet der Mitgliedstaaten

5   Die Rechtsprechung des EuGH zum Grundrecht auf effektiven Rechtsschutz hat sich, begleitet von den soeben angesprochenen Auswirkungen auf das nationale Verwaltungs- und Gerichtsverfahrensrecht, vornehmlich mit Blick auf die Auslegung und Anwendung seiner sekundärrechtlichen Ausprägungen fortentwickelt. Ein praktisch bedeutsamer Ausgangspunkt war die Rechtsschutzgarantie im Zusammenhang mit der Gleichbehandlung der Geschlechter[32] und der Wahrnehmung der unionsrechtlichen Freizügigkeitsrechte.[33] Darüber hinaus ist hinzuweisen auf das Sekundärrecht über die Ausformung mitgliedstaatlicher Rechtsbehelfe in den Bereichen des Zollrechts[34] und der öffentlichen Auftragsvergabe (Nachprüfungsverfahren),[35] aber auch neuerdings auf entsprechende Rechtsschutzanforderungen bei Vergabeentscheidungen der Organe, Einrichtungen und sonstigen Stellen der Union.[36] Bedeutsam ist ferner der gerichtliche Rechtsschutz mit Blick auf die Durchsetzung von Umweltinformationsansprüchen im Besonderen[37] und in Umweltangelegenheiten im Allgemeinen.[38] Diesbezüglich hat das

---

frei zu bewegen und aufzuhalten, zur Änderung der VO (EWG) Nr. 1612/68 und zur Aufhebung der RL 64/221/EWG, 68/360/EWG, 72/194/EWG, 73/148/EWG, 75/34/EWG, 75/35/EWG, 90/364/EWG, 90/365/EWG und 93/96/EWG, ABl. 2004, L 158/77, berichtigt L 229/35, siehe EuGH, Urt. v. 4.6.2013, Rs. C–300/11 (ZZ), ECLI:EU:C:2013:363, NVwZ 2013, 1139, Rn. 50 ff.

[32] Zu Art. 6 RL 76/207/EWG des Rates vom 9.2.1976 zur Verwirklichung des Grundsatzes der Gleichbehandlung von Männern und Frauen hinsichtlich des Zugangs zur Beschäftigung, zur Berufsbildung und zum beruflichen Aufstieg sowie in Bezug auf die Arbeitsbedingungen, ABl. 1976, L 39/40, vgl. EuGH, Urt. v. 15.5.1986, Rs. 222/84 (Johnston), Slg. 1986, 1651, Rn. 13 ff.

[33] Vgl. bereits zur Arbeitnehmerfreizügigkeit i. S. v. Art. 48 EWGV EuGH, Urt. v. 15.10.1987, Rs. 222/86 (Heylens), Slg. 1987, 4097, Rn. 14–16. Zu Art. 8 u. 9 RL 64/221/EWG des Rates vom 25.2.1964 zur Koordinierung der Sondervorschriften für die Einreise und den Aufenthalt von Ausländern, soweit sie aus Gründen der öffentlichen Ordnung, Sicherheit oder Gesundheit gerechtfertigt sind, ABl. 1964, Nr. 56/850, vgl. EuGH, Urt. v. 25.7.2002, Rs. C–459/99 (MRAX), Slg. 2002, I–6591, Rn. 100–101 m. w. N.; Urt. v. 2.6.2005, Rs. C–136/03 (Dörr), Slg. 2005, I–4779, Rn. 41 ff. Zu Art. 9 RL 98/5/EG des Europäischen Parlaments und des Rates vom 16.2.1998 zur Erleichterung der ständigen Ausübung des Rechtsanwaltsberufs in einem anderen Mitgliedstaat als dem, in dem die Qualifikation erworben wurde, ABl. 1998, L 77/36, vgl. EuGH, Urt. v. 19.9.2006, Rs. C–506/04 (Wilson), Slg. 2006, I–8643, Rn. 44 ff.

[34] Vgl. Art. 243–246 der VO (EWG) Nr. 2913/92 des Rates vom 12.10.1992 zur Festlegung des Zollkodex der Gemeinschaften, ABl. 1992, L 302/1, in der durch die VO (EG) Nr. 82/97 des Europäischen Parlaments u. des Rates vom 19.12.1996, ABl. 1997, L 17/1, geänderten Fassung; dazu jüngst EuGH, Urt. v. 13.3.2014, verb. Rs. C–29/13 u. C–30/13 (Global Trans Lodzhistik), ECLI:EU:C: 2014:140.

[35] Siehe insbes. RL 89/665/EWG des Rates vom 21.12.1989 zur Koordinierung der Rechts- und Verwaltungsvorschriften für die Anwendung der Nachprüfungsverfahren im Rahmen der Vergabe öffentlicher Liefer- und Bauaufträge, ABl. 1989, L 395/33. Aus der neueren Rechtsprechung siehe EuGH, Urt. v. 28.1.2010, Rs. C–406/08 (Uniplex), Slg. 2010, I–817, Rn. 26 ff. m. w. N.; Urt. v. 28.1.2010, Rs. C–456/08 (Kommission/Irland), Slg. 2010, I–859, Rn. 56 ff.

[36] Vgl. EuG, Urt. v. 20.9.2011, Rs. T–461/08 (Evropaïki Dynamiki/EIB), Slg. 2011, II–6367, Rn. 118 ff.; EuG-Richter des einstweiligen Rechtsschutzes, Beschl. v. 4.2.2014, Rs. T–644/13 R (Serco u. a./Kommission), ECLI:EU:T:2014:57, Rn. 18–23; EuG-Präsident, Beschl. v. 4.12.2014, Rs. T–199/14 R (Vanbreda Risk & Benefits/Kommission), ECLI:EU:T:2014:1024, Rn. 16 ff., teilweise korrigiert durch EuGH-Vizepräsident, Beschl. v. 23.4.2015, Rs. C–35/15 P(R) (Kommission/Vanbreda Risk & Benefits), ECLI:EU:C:2015:275, Rn. 25 ff.; EuG, Urt. v. 7.10.2015, Rs. T–299/11 (European Dynamics Luxembourg u. a./HABM), ECLI:EU:T:2015:757, Rn. 145.

[37] Vgl. RL 90/313/EWG des Rates vom 7.6.1990 über den freien Zugang zu Informationen über die Umwelt, ABl. 1990, L 158/56; ersetzt durch RL 2003/04/EG des Rates vom 28.1.2003 über den Zugang der Öffentlichkeit zu Umweltinformationen und zur Aufhebung der RL 90/313/EWG des Rates, ABl. 2003, L 41/26; dazu EuGH, Urt. v. 21.4.2005, Rs. C–186/04 (Housieaux), Slg. 2005, I–3316, Rn. 23–28 u. 35.

[38] Zur Auslegung der RL 85/337/EWG des Rates vom 27.6.1985 über die Umweltverträglich-

Übereinkommen von Århus über den Zugang zu Informationen, die Öffentlichkeitsbeteiligung an Entscheidungsverfahren und den Zugang zu Gerichten in Umweltangelegenheiten vom 2.6.1998,[39] das in der Unionsrechtsordnung u.a. mittels der Verordnung (EG) Nr. 1367/2006 umgesetzt wurde,[40] besondere Anforderungen aufgestellt.[41] In all diesen Bereichen hat der EuGH die Tendenz zur weiten Auslegung der Rechtsschutzgarantie bestätigt, nicht zuletzt um die instrumentelle Funktion der vom Unionsrecht verliehenen subjektiven Rechte mit Blick auf das Erreichen der Integrationsziele der Union zu stärken.[42] Diese Rechtsprechung gipfelte – auch im Namen des Rechts auf effektiven Rechtsschutz – in der rechtsfortbildenden Anerkennung von spezifisch unionsrechtlichen Haftungsansprüchen für von den Mitgliedstaaten begangenes administratives, legislatives oder gar judikatives Unrecht (sog. **Staatshaftungsanspruch**)[43] oder für Verletzungen unmittelbar anwendbarer Vorschriften des EU-Kartellrechts (**zivilrechtliche Schadensersatzansprüche gegen Kartellmitglieder**).[44] Letzteres hat auf

keitsprüfung bei bestimmten öffentlichen und privaten Projekten, ABl. 1985, L 175/40, und der RL 96/61/EG des Rates vom 24.9.1996 über die integrierte Vermeidung und Verminderung der Umweltverschmutzung, ABl. 1996, L 257/26, jeweils in der durch RL 2003/35/EG des Europäischen Parlaments und des Rates vom 26.5.2003, ABl. 2003, L 156/17, geänderten Fassung, siehe EuGH, Urt. v. 12.5.2011, Rs. C–115/09 (BUND), Slg. 2011, I–3673; zum Begriff des »nicht übermäßig teuren« gerichtlichen Verfahrens EuGH, Urt. v. 11.4.2013, Rs. C–260/11 (Edwards und Pallikaropoulos), NVwZ 2013, 855, Rn. 25ff.; EuGH, Urt. v. 13.2.2014, Rs. C–530/11 (Kommission/Vereinigtes Königreich), ECLI:EU:C:2014:67, Rn. 44ff.; zum einstweiligen Rechtsschutz und zur Heilung von Verfahrensmängeln siehe EuGH, Urt. v. 15.1.2013, Rs. C–416/10 (Križan u.a.), NVwZ 2013, 347, Rn. 85ff.

[39] Vgl. nur *Scheyli*, AVR 38 (2000), 217; *Walter*, EuR 2005, 302.

[40] VO (EG) Nr. 1367/2006 des Europäischen Parlaments u. des Rates vom 6.9.2006 über die Anwendung der Bestimmungen des Übereinkommens von Århus über den Zugang zu Informationen, die Öffentlichkeitsbeteiligung an Entscheidungsverfahren und den Zugang zu Gerichten in Umweltangelegenheiten auf Organe und Einrichtungen der Gemeinschaft, ABl. 2006, L 264/13. Zur Frage des Zugangs zu Informationen siehe EuGH, Urt. v. 14.11.2013, verb. Rs. C–514/11 P u. C–605/11 P (LPN u. Finnland/Kommission), ECLI:EU:C:2013:738.

[41] Im Überblick siehe *Schwerdtfeger*, Der deutsche Verwaltungsrechtsschutz unter Einfluss der Aarhus-Konvention, 2010, S. 21ff. u. 38ff.

[42] Vgl. *v. Danwitz*, DVBl 2008, 537 m.w.N.; *Masing*, Die Mobilisierung des Bürgers für die Durchsetzung des Rechts, 2007.

[43] Vgl. erstmals EuGH, Urt. v. 19.11.1991, verb. Rs. C–6/90 u. C–9/90 (Francovich u.a.), Slg. 1991, I–5357, Rn. 31ff.; Urt. v. 5.3.1996, verb. Rs. C–46/93 u. C–48/93 (Brasserie du pêcheur und Factortame), Slg. 1996, I–1029, Rn. 16ff.; Urt. v. 26.3.1996, Rs. C–392/93 (British Telecommunications), Slg. 1996, I–1631, Rn. 38ff.; Urt. v. 23.5.1996, Rs. C–5/94 (Hedley Lomas), Slg. 1996, I–2553, Rn. 24ff.; Urt. v. 8.10.1996, verb. Rs. C–178/94, C–179/94 u. C–188/94 bis C–190/94 (Dillenkofer u.a.), Slg. 1996, I–4845, Rn. 20ff.; Urt. v. 2.4.1998, Rs. C–127/95 (Norbrook Laboratories), Slg. 1998, I–1531, Rn. 106ff.; Urt. v. 1.6.1999, Rs. C–302/97 (Konle), Slg. 1999, I–3099, Rn. 58ff.; Urt. v. 4.7.2000, Rs. C–424/97 (Haim), Slg. 2000, I–5123, Rn. 26ff.; Urt. v. 25.1.2007, Rs. C–278/05 (Robins u.a.), Slg. 2007, I–1053, Rn. 69ff.; Urt. v. 24.3.2009, Rs. C–445/06 (Danske Slagterier), Slg. 2009, I–2119, Rn. 19ff.; Urt. v. 26.1.2010, Rs. C–118/08 (Transportes Urbanos y Servicios Generales), Slg. 2010, I–635, Rn. 29ff.; Urt. v. 25.11.2010, Rs. C–429/09 (Fuß), Slg. 2010, I–12167, Rn. 45ff. Zur Haftung für judikatives Unrecht grundlegend EuGH, Urt. v. 20.9.2003, Rs. C–224/01 (Köbler), Slg. 2003, I–10239, Rn. 30ff.; vgl. auch EuGH, Urt. v. 13.6.2006, Rs. C–173/03 (Traghetti del Mediterraneo), Slg. 2006, I–5177, Rn. 30ff. sowie auf Vertragsverletzungsklage der Kommission das Folgeurteil v. 24.11.2011, Rs. C–379/10 (Kommission/Italien), ECLI:EU:C:2011:775, Rn. 27ff. Vgl. auch GA *Léger*, Schlussanträge zu Rs. C–224/01 (Köbler), Slg. 2003, I–10245, Rn. 35, wonach der Grundsatz der Staatshaftung »die notwendige Weiterführung des allgemeinen Grundsatzes eines wirksamen gerichtlichen Rechtsschutzes oder des ›Rechts auf Gerichtszugang‹ [darstellt]«.

[44] EuGH, Urt. v. 20.9.2001, Rs. C–453/99 (Courage u. Crehan), Slg. 2001, I–6297, Rn. 19ff.; Urt. v. 13.7.2006, verb. Rs. C–295/04 bis C–298/04 (Manfredi u.a.), Slg. 2006, I–6619, Rn. 56ff., 77ff.,

Vorschlag der Kommission schließlich zum Erlass einer Richtlinie zur Annäherung der nationalen Verfahrens- und Haftungsvorschriften zur Durchsetzung von Schadenersatzklagen geführt, die auf die Verletzung der EU-Kartellregeln gestützt sind.[45] Mit dieser Rechtsprechung begründete der EuGH entsprechend den Vorgaben für den »zentralen« Rechtsschutz vor den Unionsgerichten – insbesondere über die Nichtigkeitsklage (Art. 263 AEUV), und die Schadensersatzklage bei der außervertraglichen Haftung der Union (Art. 268 in Verbindung mit Art. 340 Abs. 2 und 3 AEUV) – auch für den Bereich des »dezentralen« Rechtsschutzes vor den mitgliedstaatlichen Gerichten ein komplettes und weitgehend **kohärentes System des Primär- und Sekundärrechtsschutzes** zum Zweck der wirksamen Wahrung und Durchsetzung der von der Unionsrechtsordnung gewährten subjektiven Rechte.[46] Dabei ist jedoch wichtig hinzuzufügen, dass die außervertragliche Haftung der Union, auch wenn sie der Vervollständigung und Verwirklichung des gerichtlichen Rechtsschutzes auf der Unionsebene im Sinne von Art. 47 Abs. 1 GRC dient, vornehmlich dem Schutzbereich des »Rechts auf eine gute Verwaltung« gemäß Art. 41 Abs. 3 GRC zuzurechnen ist. Danach hat »[j]ede Person […] Anspruch darauf, dass die Union den durch ihre Organe oder Bediensteten in Ausübung ihrer Amtstätigkeit verursachten Schaden nach den allgemeinen Rechtsgrundsätzen ersetzt, die den Rechtsordnungen der Mitgliedstaaten gemeinsam sind«.[47]

6   Die teilweise tief in die Verfahrensautonomie der Mitgliedstaaten eingreifende Judikatur zur Durchführung unionsrechtlicher Vorgaben und zum Schutz subjektiver, durch das Unionsrecht verliehener Rechte beruht letztlich auf dem Bestreben des EuGH, den »dezentralen« Rechtsschutz seitens nationaler Behörden und Gerichte im Sinne von Art. 19 Abs. 1 UAbs. 2 EU wirksamer zu gestalten und die damit einhergehende **»Föderalisierung« des EU-Rechtsschutzsystems** voranzutreiben. Die weite Auslegung des unionsrechtlichen Grundsatzes effektiven gerichtlichen Rechtsschutzes führt somit zu einer spiegelbildlich einschränkenden Auslegung und Handhabung der mitgliedstaatlichen Kompetenz zum Erlass der erforderlichen Gerichtsorganisations- und Verfahrensvorschriften. Dies steht seit jeher in einem deutlichen Spannungsverhältnis zu der ihrerseits kompetenzrechtlich begründeten und in den Erläuterungen zu Art. 47 GRC bestätigten Weigerung des EuGH, die primärrechtlichen Normen über den »zen-

---

89 ff.; Urt. v. 18.1.2007, Rs. C–421/05 (City Motors Groep), Slg. 2007, I–653, Rn. 33 ff.; Urt. v. 14.6.2011, Rs. C–360/09 (Pfleiderer), Slg. 2011, I–5161, Rn. 28 ff.; Urt. v. 6.11.2012, Rs. C–199/11 (Otis u.a.), EuZW 2013, 24, Rn. 37 ff.; Urt. v. 6.6.2013, Rs. C–536/11 (Donau Chemie u.a.), EuZW 2013, 586, Rn. 20 ff.; GA *Kokott*, Schlussanträge zu Rs. C–557/12 (Kone u.a.), ECLI:EU:C:2014:45, Rn. 17 ff.; kritisch statt vieler *Meessen*, Überdehnung des europarechtlichen Effektivitätsgrundsatzes in Courage und Manfredi, FS Loewenheim, 2009, S. 505.

[45] RL 2014/104/EU des Europäischen Parlaments und des Rates vom 26.11.2014 über bestimmte Vorschriften für Schadensersatzklagen nach nationalem Recht wegen Zuwiderhandlungen gegen wettbewerbsrechtliche Bestimmungen der Mitgliedstaaten und der Europäischen Union, ABl. 2014, L 349/1.

[46] Zur Angleichung der Kriterien für die außervertragliche Haftung der Union an diejenigen des Staatshaftungsanspruchs laut EuGH, Urt. v. 5.3.1996, verb. Rs. C–46/93 u. C–48/93 (Brasserie du pêcheur und Factortame), Slg. 1996, I–1029, Rn. 16 ff., siehe Urt. v. 4.7.2000, Rs. C–352/98 P (Bergaderm u. Goupil/Kommission), Slg. 2000, I–5291, Rn. 39 ff., in Abkehr von der sog. »Schöppenstedt-Formel« (vgl. Urt. v. 2.12.1971, Rs. 5/71 [Zuckerfabrik Schöppenstedt/Rat], Slg. 1971, 975). Zum Gebot der kohärenten Auslegung der verschiedenen Haftungssysteme vgl. nur *Wurmnest*, Grundzüge eines europäischen Haftungsrechts, 2003, S. 88 ff.

[47] So zu Recht *Nowak*, in: Heselhaus/Nowak, Handbuch der Europäischen Grundrechte, § 51, Rn. 15 a.E.; *ders.*, in: Terhechte, Verwaltungsrecht der EU, § 13, Rn. 48; *ders.*, in: Terhechte, Verwaltungsrecht der EU, § 14, Rn. 18.

tralen« Rechtsschutz vor den Unionsgerichten, insbesondere Art. 263 Abs. 4 AEUV, im Lichte des Grundsatzes effektiven gerichtlichen Rechtsschutzes ebenfalls weit auszulegen[48] (s. näher Rn. 7 und 32). So hatte der EuGH schon lange vor Inkrafttreten des Vertrags von Lissabon gefordert, dass etwaige Lücken des »zentralen« Rechtsschutzes in den Verträgen, z.B. in Bezug auf abstrakt-generelle Rechtsakte der Union, gewissermaßen auf der Ebene des »dezentralen« Rechtsschutzes vor den nationalen Gerichten kompensiert werden. Danach ist es »Sache der Mitgliedstaaten, ein System von Rechtsbehelfen und Verfahren vorzusehen, mit dem die Einhaltung des Rechts auf effektiven gerichtlichen Rechtsschutz gewährleistet werden kann [...]. In diesem Rahmen haben die nationalen Gerichte gemäß dem in Art[.] 10 EGV [jetzt: Art. 4 Abs. 3 EUV] aufgestellten Grundsatz der loyalen Zusammenarbeit die nationalen Verfahrensvorschriften über die Einlegung von Rechtsbehelfen möglichst so auszulegen und anzuwenden, dass natürliche und juristische Personen die Rechtmäßigkeit jeder nationalen Entscheidung oder anderen Maßnahme, mit der eine Gemeinschaftshandlung allgemeiner Geltung auf sie angewandt wird, gerichtlich anfechten und sich dabei auf die Ungültigkeit dieser Handlung berufen können [...]«.[49] Mit Blick auf die Tatbestandsvoraussetzungen von Art. 230 Abs. 4 EGV (jetzt: Art. 263 Abs. 4 AEUV) fügte der EuGH hinzu, dass »die Voraussetzung, dass eine natürliche oder juristische Person nur dann Klage gegen eine Verordnung erheben kann, wenn sie nicht nur unmittelbar, sondern auch individuell betroffen ist, [zwar] im Licht des Grundsatzes eines effektiven gerichtlichen Rechtsschutzes unter Berücksichtigung der verschiedenen Umstände, die einen Kläger individualisieren können, auszulegen [ist]; doch kann eine solche Auslegung nicht zum Wegfall der fraglichen Voraussetzung, die ausdrücklich im Vertrag vorgesehen ist, führen. Anderenfalls würden die [Union]sgerichte die ihnen durch den Vertrag verliehenen Befugnisse überschreiten.«[50]

Laut **Grundsatzurteil** des EuGH in der Rechtssache **Inuit** wird diese Judikatur nun durch Art. 19 Abs. 1 EU – wonach »die gerichtliche Kontrolle der Wahrung der Rechtsordnung der Union [...] durch den [EuGH] und die Gerichte der Mitgliedstaaten gewährleistet wird« – bestätigt und steht nicht in Widerspruch zu Art. 47 Abs. 1 der GRC.[51] Der AEUV habe nämlich »mit seinen Art. 263 und 277 einerseits und mit Art. 267 andererseits ein vollständiges System von Rechtsbehelfen und Verfahren geschaffen, das die Rechtmäßigkeitskontrolle der Unionshandlungen gewährleisten soll, mit der der Uni-

7

---

[48] EuGH, Urt. v. 25.7.2002, Rs. C–50/00 P (Unión de Pequeños Agricultores/Rat), Slg. 2002, I–6677, Rn. 38 ff.; Urt. v. 1.4.2004, Rs. C–263/02 P (Kommission/Jégo-Quéré), Slg. 2004, I–3425, Rn. 29 ff. Vgl. bereits *Nettesheim*, JZ 2002, 928; *Nowak*, Zentraler und dezentraler Rechtsschutz, S. 47; *Schwarze*, DVBl 2002, 1297.

[49] EuGH; Urt. v. 1.4.2004, Rs. C–263/02 P (Kommission/Jégo-Quéré), Slg. 2004, I–3425, Rn. 30–32.

[50] EuGH, Urt. v. 1.4.2004, Rs. C–263/02 P (Kommission/Jégo-Quéré), Slg. 2004, I–3425, Rn. 36. Ähnlich äußerte sich der EuGH zu den Grenzen richterlicher Rechtsfortbildung im Lichte des Rechts auf wirksamen Rechtsschutz bzgl. seiner limitierten Zuständigkeiten nach Art. 35 EUV im Rahmen von Titel VI EUV i.d. Fassung des Vertrags von Amsterdam: zwar sei auch ein anderes Rechtsschutzsystem als das von den Verträgen geschaffene denkbar; es sei jedoch nach Art. 48 EUV gegebenenfalls Sache der Mitgliedstaaten, das gegenwärtig geltende System zu ändern; vgl. EuGH, Urt. v. 27.2.2007, Rs. C–355/04 P (Segi u.a./Rat), Slg. 2007, I–1657, Rn. 49–50.

[51] EuGH, Urt. v. 3.10.2013, Rs. C–583/11 P (Inuit Tapiriit Kanatami u.a./Parlament u. Rat), EuZW 2014, 22, Rn. 89 ff.; bestätigt in EuGH, Urt. v. 19.12.2013, Rs. C–274/12 P (Telefónica/Kommission), EuZW 2014, 228 Rn. 56 ff., sowie in Urt. v. 28.4.2015, Rs. C–456/13 P (T & L Sugars und Sidul Açúcares/Kommission), ECLI:EU:C:2015:284, Rn. 43 ff.

onsrichter betraut wird«.[52] Wie auch aus den Erläuterungen hervorgehe, die gemäß Art. 6 Abs. 1 UAbs. 3 EUV und Art. 52 Abs. 7 GRC für deren Auslegung zu berücksichtigen seien, ziele Art. 47 GRC jedoch nicht darauf ab, »das in den Verträgen vorgesehene Rechtsschutzsystem und insbesondere die Bestimmungen über die Zulässigkeit direkter Klagen bei den Gerichten der Europäischen Union zu ändern«. Daher seien die in Art. 263 Abs. 4 AEUV vorgesehenen Zulässigkeitsvoraussetzungen im Licht des Grundrechts auf effektiven gerichtlichen Rechtsschutz auszulegen, ohne dass dies den Wegfall der in diesem Vertrag ausdrücklich vorgesehenen Voraussetzungen zur Folge hätte. Vielmehr hätten die nationalen Gerichte in Zusammenarbeit mit dem EuGH eine Aufgabe zu erfüllen, die Beiden gemeinsam übertragen sei, um die Wahrung des Rechts bei der Anwendung und Auslegung der Verträge zu sichern, so dass es Sache der Mitgliedstaaten sei, ein System von Rechtsbehelfen und Verfahren vorzusehen, mit dem die Einhaltung des Grundrechts auf effektiven gerichtlichen Rechtsschutz gewährleistet werden kann. Diese Pflicht der Mitgliedstaaten werde durch Art. 19 Abs. 1 UAbs. 2 EUV bestätigt, wonach sie »die erforderlichen Rechtsbehelfe [schaffen], damit ein wirksamer Rechtsschutz in den vom Unionsrecht erfassten Bereichen gewährleistet ist«. Insoweit sei es mangels einer einschlägigen Regelung der Union Sache des innerstaatlichen Rechts jedes Mitgliedstaats, unter Beachtung der vorgenannten Erfordernisse sowie der Grundsätze der Effektivität und der Äquivalenz, die zuständigen Gerichte zu bestimmen und die Verfahrensmodalitäten für Klagen zu regeln, die den Schutz der dem Einzelnen aus dem Unionsrecht erwachsenden Rechte gewährleisten sollen.[53] Schließlich bestätigte der EuGH, dass der durch Art. 47 GRC gewährte Schutz nicht verlangt, dass ein Betroffener unmittelbar vor den Unionsgerichten uneingeschränkt eine Nichtigkeitsklage gegen Gesetzgebungsakte der Union anstrengen kann.[54]

8   Eine interessante Nuance im Verhältnis zu seiner bisherigen Rechtsprechung enthält die Aussage des EuGH, wonach es nicht zwingend erforderlich sei, dass die mitgliedstaatlichen Rechtsordnungen eine etwaig bestehende Rechtsschutzlücke vor den Unionsgerichten auf der Ebene des »dezentralen« Rechtsschutzes schließen. Nach Ansicht des EuGH verlangen weder das Grundrecht auf effektiven gerichtlichen Rechtsschutz noch Art. 19 Abs. 1 UAbs. 2 EUV, dass ein Betroffener gegen solche Gesetzgebungsakte in der Hauptsache vor den nationalen Gerichten Klage erheben kann. Der AEUV habe zwar eine Reihe von Klagemöglichkeiten eröffnet, die gegebenenfalls von natürlichen und juristischen Personen vor den Unionsgerichten ausgeübt werden können, doch sollten weder mit dem AEUV noch mit Art. 19 EUV zusätzlich zu den nach nationalem Recht bestehenden Rechtsbehelfen neue Klagemöglichkeiten zur Wahrung des Unionsrechts vor den nationalen Gerichten geschaffen werden. Etwas anderes würde nur gelten, wenn es nach dem System der betreffenden nationalen Rechtsordnung keinen Rechtsbehelf gäbe, mit dem zumindest inzident die Wahrung der dem Einzelnen aus dem Unionsrecht erwachsenden Rechte gewährleistet werden könnte, oder wenn die einzige Möglichkeit für den Einzelnen, Zugang zu einem Gericht zu erlangen, darin bestünde, eine Rechtsverletzung begehen zu müssen.[55] Damit verdeutlicht der EuGH

---

[52] EuGH, Urt. v. 3.10.2013, Rs. C–583/11 P (Inuit Tapiriit Kanatami u.a./Parlament u. Rat), EuZW 2014, 22, Rn. 92.
[53] EuGH, Urt. v. 3.10.2013, Rs. C–583/11 P (Inuit Tapiriit Kanatami u.a./Parlament u. Rat), EuZW 2014, 22, Rn. 97–102.
[54] EuGH, Urt. v. 3.10.2013, Rs. C–583/11 P (Inuit Tapiriit Kanatami u.a./Parlament u. Rat), EuZW 2014, 22, Rn. 105. Dieser Sichtweise zustimmend *Thalmann*, EuR 2012, 452 (463–464).
[55] EuGH, Urt. v. 3.10.2013, Rs. C–583/11 P (Inuit Tapiriit Kanatami u.a./Parlament u. Rat),

einerseits, dass zwar prinzipiell, aus Gründen der Achtung der mitgliedstaatlichen Kompetenzen der Schaffung zusätzlicher, gegebenenfalls sogar spezifisch unionsrechtlicher Rechtsbehelfe Grenzen gesetzt sind; er behält sich aber andererseits im Lichte des Rechtsschutzauftrags von Art. 47 GRC vor, im Einzelfall dennoch entsprechende Anforderungen an die mitgliedstaatlichen Rechtsordnungen zu stellen. Ob diese Klarstellung impliziert, dass der EuGH – analog zu der von ihm gezogenen Grenze der Rechtsfortbildung in Bezug auf den Zugang zum »zentralen« Rechtsschutz vor den Unionsgerichten – fortan auch eine die mitgliedstaatliche Verfahrensautonomie und Kompetenzen wahrende Grenze für die richterliche Rechtsfortbildung auf der Ebene des »dezentralen« Rechtsschutzes beachten wird (s. bereits Rn. 6), bleibt abzuwarten. Mit Blick auf weitergehende Urteile des EuGH aus der Vergangenheit bleibt jedenfalls unklar, wo genau diese Grenze liegen soll.[56] Den vorläufigen Höhepunkt bildet das neuere Urteil in der Rechtssache Liivimaa Lihaveis, in dem der EuGH unter Berufung auf Art. 19 Abs. 1 UAbs. 2 EUV und Art. 47 GRC die Schaffung eines nationalen Rechtsbehelfs gegen nicht vor den Unionsgerichten anfechtbare Akte eines von den Mitgliedstaaten eingesetzten und zur Durchführung von Unionsrecht berufenen Ausschusses fordert.[57]

Auf der Ebene des **Völkerrechts** sind die Rechtsschutzgarantien der **EMRK** für die   **9** Auslegung von Art. 47 GRC bereits aufgrund von Art. 52 Abs. 3 GRC von besonderer Bedeutung. Die Erläuterungen erklären – im Anschluss an die frühe Judikatur des EuGH[58] – sogar ausdrücklich, dass Art. 47 Abs. 1 GRC auf Art. 13 EMRK gestützt ist, aber einen umfassenderen Schutz gewährleistet. In Bezug auf letztere Vorschrift kann auf eine langjährige Rechtsprechung des EGMR verwiesen werden, in der die besondere Schutzfunktion der Rechtsschutzgarantie für die übrigen prozessualen und materiellen Konventionsgewährleistungen hervorgehoben wird; hinsichtlich der Ausgestaltung des Rechtswegs haben die Unterzeichnerstaaten jedoch ein gewisses Ermessen, was zur Folge hat, dass dieser Rechtsweg nicht zwingend gerichtlicher Natur sein muss.[59] Letzteres ist allerdings ein wichtiger Unterschied zu dem weitergehenden Schutzgehalt von Art. 47 Abs. 1 GRC, der übereinstimmend mit der ständigen Rechtsprechung des EuGH nicht nur das Recht auf einen wirksamen Rechtsbehelf bei einem Gericht garantiert,[60]

EuZW 2014, 22, Rn. 103, 104 u. 106, unter Hinweis auf Urt. v. 13.3.2007, Rs. C–432/05 (Unibet), Slg. 2007, I–2271, Rn. 40, 41 u. 64.

[56] Dies gilt insbes. für die erweiterten Rechtsschutzmöglichkeiten gegen vorbereitende Rechtsakte, vgl. EuGH Urt. v. 3.12.1992, Rs. C–97/91 (Borelli), Slg. 1992, I–6313, Rn. 13, das ausdrücklich in den Erläuterungen (Fn. 3) erwähnt wird. Hierzu eingehend Nehl, Europäisches Verwaltungsverfahren und Gemeinschaftsverfassung, S. 432 ff.; Garciá de Enterría, YEL 1992, 19 (25 ff.).

[57] EuGH, Urt. v. 17.9.2014, Rs. C–562/12 (Liivimaa Lihaveis), ECLI:EU:C:2014:2229, Rn. 57 ff., insbes. Rn. 67–75 unter ausdrücklichem Hinweis auf Urt. v. 3.12.1992, Rs. C–97/91 (Borelli), Slg. 1992, I–6313, Rn. 13–14.

[58] EuGH, Urt. v. 15.5.1986, Rs. 222/84 (Johnston), Slg. 1986, 1651, Rn. 18; Urt. v. 15.10.1987, Rs. 222/86 (Heylens), Slg. 1987, 4097, Rn. 14.

[59] Vgl. aus jüngerer Zeit EGMR, Urt. v. 4.2.2014, Beschwerde-Nr. 25376/06 (Ceni/Italien), Rn. 96 ff. m. w. N. (im Internet abrufbar unter http://www.echr.coe.int); EGMR, Urt. v. 28.1.2014, Beschwerde-Nr. 35810/09 (O'Keeffe/Irland), Rn. 175 ff. (im Internet abrufbar unter http://www.echr.coe.int); Urt. v. 13.12.2012, Beschwerde-Nr. 39630/09 (El-Masri/Mazedonien), NVwZ 2013, 631, Rn. 255 ff.; Urt. v. 19.4.2007, Beschwerde-Nr. 63235/00 (Vilho Eskelinen u.a./Finnland), Rep. 2007-II, 1, Rn. 79 ff. Vgl. auch EuGH, Urt. v. 22.12.2010, Rs. C–279/09 (DEB), Slg. 2010, I–13849, Rn. 45 m. w. N. zur Rechtsprechung des EGMR, sowie die rechtsvergleichenden Hinweise in EuGH, Urt. v. 21.12.2011, verb. Rs. C–411/10 u. C–493/10 (NS u. a.), Slg. 2011, I–13905, Rn. 109 ff.

[60] Siehe jedoch in Bezug auf die Auslegung v. Art. 47 Abs. 2 GRC im Lichte von Art. 6 Abs. 1

sondern dieses Recht auch auf alle unionsrechtlich begründeten Rechtspositionen er-streckt.[61] Art. 13 EMRK ähnelt insoweit Art. 2 Abs. 3 Buchst. a des Internationalen Paktes über bürgerliche und politische Rechte (**IPbpR**) vom 16.12.1966. Danach ver-pflichten sich die Vertragsstaaten, »dafür Sorge zu tragen, dass jeder, der in seinen in diesem Pakt anerkannten Rechten oder Freiheiten verletzt worden ist, das Recht hat, eine wirksame Beschwerde einzulegen, selbst wenn die Verletzung von Personen be-gangen worden ist, die in amtlicher Eigenschaft gehandelt haben«. Art. 8 der Allge-meinen Erklärung der Menschenrechte (**AllgEMR**) vom 10.12.1948 hingegen fordert wiederum einen Anspruch »auf einen wirksamen Rechtsbehelf bei den zuständigen innerstaatlichen Gerichten gegen Handlungen, die seine nach der Verfassung oder nach dem Gesetz zustehenden Grundrechte verletzen«.[62] Es ist jedoch darauf hinzuweisen, dass in Bezug auf das EU-Kartellrecht und insbesondere die rechtsstaatlich sensible Befugnis der Kommission, gegenüber Unternehmen mittels Entscheidung hohe Geld-bußen zu verhängen, der EuGH einer autonomen, von den Anforderungen entspre-chender Vorschriften der EMRK emanzipierten Auslegung der Gewährleistungen in Art. 47 GRC zuneigt (s. näher Rn. 49),[63] was mit Art. 52 Abs. 3 und 7 GRC und seiner Rechtsprechung in anderen Rechtsgebieten[64] nur schwer in Einklang zu bringen ist.

10   Schließlich ist auf die nationalen Verfassungsüberlieferungen zur Rechtsweggarantie hinzuweisen, die gemäß Art. 52 Abs. 4 GRC relevante – rechtsvergleichende – Ausle-gungsparameter für Art. 47 Abs. 1 GRC sind.

II. Recht auf ein unabhängiges, unparteiisches Gericht und ein faires Verfahren (Art. 47 Abs. 2 GRC)

11   Art. 47 Abs. 2 GRC ist sowohl entstehungsgeschichtlich als auch dogmatisch schwierig einzuordnen, da sein Gewährleistungsgehalt sich mit vielen anderen verwaltungsver-fahrensrechtlichen und justiziellen Garantien der Charta und insbesondere mit derje-

EMRK EuGH, Urt. v. 28.2.2013, Rs. C–334/12 RX-II (Arango Jaramillo u.a./EIB), ECLI:EU:C: 2013:134, Rn. 43 (»besteht auf ein Gericht kein absolutes Recht«) unter Hinweis auf EGMR, Urt. v. 6.12.2011, Beschwerde-Nr. 41959/08 (Anastasakis/Griechenland), Rn. 24 (im Internet abrufbar un-ter: http://www.echr.coe.int).
  [61] Vgl. *Pabel*, Justizgrundrechte, Rn. 19.
  [62] Zur Auslegung dieser völkerrechtlichen Vorschriften vgl. *Shelton*, in: Peers/Hervey/Kenner/ Ward (Hrsg.), Art. 47 GRC, Rn. 47.06 ff.
  [63] Unscharf insoweit EuGH, Urt. v. 8.12.2011, Rs. C–386/10 P (Chalkor/Kommission), Slg. 2011, I–13085, Rn. 51, wonach der Art. 6 Abs. 1 EMRK gewährleistete Schutz im Unionsrecht mit Art. 47 GRC durchgeführt werde und daher nur Letzterer heranzuziehen sei; ebenso EuGH, Urt. v. 11.7.2013, Rs. C–439/11 P (Ziegler/Kommission), ECLI:EU:C:2013:513, Rn. 129. Ähnlich auch Urt. v. 18.7.2013, Rs. C–501/11 P (Schindler Holding u.a./Kommission), ECLI:EU:C:2013:522, Rn. 32: »[…] stellt die EMRK – auch wenn die durch sie anerkannten Grundrechte, wie Art. 6 Abs. 3 EUV bestätigt, als allgemeine Grundsätze Teil des Unionsrechts sind, und nach Art. 52 Abs. 3 [GRC] die in ihr enthaltenen Rechte, die den durch die EMRK garantierten Rechten entsprechen, die gleiche Be-deutung und Tragweite haben, wie sie ihnen in der EMRK verliehen werden –, solange die Union ihr nicht beigetreten ist, kein Rechtsinstrument dar, das formell in die Unionsrechtsordnung übernommen worden ist«.
  [64] In Bezug auf die Garantien nach Art. 47 Abs. 2 GRC vgl. EuGH, Urt. v. 26.2.2013, Rs. C–399/11 (Melloni), EuZW 2013, 305, Rn. 49–50 unter Hinweis auf EGMR, Urt. v. 14.6.2001, Be-schwerde-Nr. 20491/92 (Medenica/Schweiz), Rn. 56–59; Urt. v. 1.3.2006, Beschwerde-Nr. 56581/00 (Sejdovic/Italien), Rep. 2006-II, 201, Rn. 84, 86 u. 98; Urt. v. 24.4.2012, Beschwer-de-Nr. 29648/03 (Haralampiev/Bulgarien), Rn. 32–33 (im Internet abrufbar unter http://www.echr. coe.int).

nigen in Art. 47 Abs. 1 GRC überschneidet. Diese Gemengelage resultiert namentlich aus der in den Erläuterungen bestätigten Ableitung dieser Vorschrift aus Art. 6 Abs. 1 EMRK. Jedoch ist der Schutzgehalt von Art. 47 Abs. 2 GRC weiter gefasst. Zum einen beschränkt sich Satz 1 nicht auf »Streitigkeiten in Bezug auf ihre zivilrechtlichen Ansprüche und Verpflichtungen oder über eine [...] erhobene strafrechtliche Anklage«, sondern erfasst **alle Arten von Rechtsstreitigkeiten**, insbesondere diejenigen verwaltungsrechtlicher Natur, die im Unionsrecht praktisch besonders bedeutsam sind. Dies ändert nichts daran, dass auch das Unionsrecht immer mehr in den rechtsstaatlich sensiblen Kernbereich des Strafrechts hineinwächst, in dem der Schutz der Gewährleistungen nach Art. 47 Abs. 2 GRC von grundlegender Bedeutung ist.[65] Zum anderen konkretisiert Satz 2 das Recht auf ein faires Verfahren dadurch, dass er explizit den Anspruch auf Beratung, Verteidigung und Vertretung im Gerichtsverfahren als **prozessuale Teilgewährleistungen** nennt, die gemeinhin als Kernbestandteile eines rechtsstaatlichen Gerichtsverfahrens anerkannt sind. Damit überlappt sich diese Rechtsschutzgarantie mit den in Art. 48 Abs. 2 GRC genannten Verteidigungsrechten, die ausweislich der Erläuterungen wiederum aus Art. 6 Abs. 3 EMRK hergeleitet werden.[66] Ferner übernimmt Art. 47 Abs. 2 GRC zwar nicht ausdrücklich die in Art. 6 Abs. 1 Satz 2 EMRK genannten, detaillierten Anforderungen an die Herstellung der Öffentlichkeit des Urteils und des Verfahrens; mit Blick auf Art. 52 Abs. 3 GRC stellen die Erläuterungen aber zu Recht klar, dass diese Garantien in der Unionsrechtsordnung entsprechend gelten. Damit erlangt die Rechtsprechung des EGMR zu Art. 6 Abs. 1 und 3 EMRK insgesamt Bedeutung für die Auslegung der entsprechenden Gewährleistungen in Art. 47 Abs. 2 GRC.[67] Insoweit hat auch der EuGH ausdrücklich anerkannt, dass »[n]ach den Erläuterungen zu diesem Artikel, die gemäß Art. 6 Abs. 1 UAbs. 3 EU und Art. 52 Abs. 7 [GRC] für deren Auslegung zu berücksichtigen sind, Art. 47 Abs. 2 [GRC] Art. 6 Abs. 1 EMRK [entspricht]«.[68] Wie bereits oben (s. Rn. 9) angedeutet, hindert dies den EuGH

---

[65] Siehe z. B. zum Rahmenbeschluss 2002/584/JI des Rates vom 13. 6. 2002 über den Europäischen Haftbefehl und die Übergabeverfahren zwischen den Mitgliedstaaten, ABl. 2002, L 190/1, in der durch den Rahmenbeschluss 2009/299/JI des Rates vom 26. 2. 2009, ABl. 2009 L 81/24, geänderten Fassung EuGH, Urt. v. 26. 2. 2013, Rs. C–399/11 (Melloni), EuZW 2013, 305, Rn. 47 ff.; Urt. v. 30. 5. 2013, Rs. C–168/13 PPU (F), EuGRZ 2013, 417, Rn. 37 ff.

[66] Deutlich z. B. in EuGH, Urt. v. 26. 2. 2013, Rs. C–399/11 (Melloni), EuZW 2013, 305, Rn. 47–50. Vgl. bereits Urt. v. 26. 6. 2007, Rs. C–305/05 (Ordre des barreaux francophones et germanophone u. a.), Slg. 2007, I–5305, Rn. 31, unter Hinweis auf die Rechtsprechung des EGMR, wonach der Begriff »faires Verfahren« in Art. 6 EMRK verschiedene Elemente umfasst, zu denen u. a. die Rechte der Verteidigung, der Grundsatz der Waffengleichheit, das Recht auf Zugang zu den Gerichten sowie das Recht auf einen Anwalt gehören; vgl. EGMR, Urt. v. 21.2.1975, Beschwerde-Nr. 4451/70 (Golder/Vereinigtes Königreich), Serie A no. 18, Rn. 26–40; Urt. v. 28.6.1984, Beschwerde-Nr. 7819/77 u. 7878/77 (Campbell u. Fell/Vereinigtes Königreich), Serie A no. 80, Rn. 97–99, 105–107 u. 111–113; Urt. v. 30. 10.1991, Beschwerde-Nr. 12005/86 (Borgers/Belgien), Serie A no. 214-B, Rn. 24. In Bezug auf Art. 47 GRC vgl. auch EuGH, Urt. v. 6.11.2012, Rs. C–199/11 (Otis u.a.), EuZW 2013, 24, Rn. 48.

[67] Vgl. in Bezug auf die Rechte des Angeklagten EuGH, Urt. v. 26. 2. 2013, Rs. C–399/11 (Melloni), EuZW 2013, 305, Rn. 50 unter Hinweis auf EGMR, Urt. v. 14. 6. 2001, Beschwerde-Nr. 20491/92 (Medenica/Schweiz), Rep. 2001-VI, 81, Rn. 56–59; Urt. v. 1. 3. 2006, Beschwerde-Nr. 56581/00 (Sejdovic/Italien), Rep. 2006-II, 201, Rn. 84, 86 u. 98; Urt. v. 24. 4. 2012, Beschwerde-Nr. 29648/03 (Haralampiev/Bulgarien), Rn. 32–33 (im Internet abrufbar unter http://www.echr.coe.int). Betreffend die Rechtsweggarantie gemäß Art. 6 Abs. 1 EMRK vgl. EuGH, Urt. v. 28. 2. 2013, Rs. C–334/12 RX-II (Arango Jaramillo u. a./EIB), ECLI:EU:C:2013:134, Rn. 43 (»besteht auf ein Gericht kein absolutes Recht«) unter Hinweis auf EGMR, Urt. v. 6. 12. 2011, Beschwerde-Nr. 41959/08 (Anastasakis/Griechenland), Rn. 24 (im Internet abrufbar unter http://www.echr.coe.int).

[68] EuGH, Urt. v. 22. 12. 2010, Rs. C–279/09 (DEB), Slg. 2010, I–13849, Rn. 32; Urt. v. 28. 2. 2013, Rs. C–334/12 RX-II (Arango Jaramillo u. a./EIB), ECLI:EU:C:2013:134, Rn. 42.

jedoch nicht daran, sich erforderlichenfalls in Einzelfällen – wie insbesondere im EU-Kartellrecht – von diesen Anforderungen zu lösen.[69] Im Hinblick auf das Verhältnis zu Art. 47 Abs. 1 GRC ist nach richtiger Auffassung davon auszugehen, dass Abs. 2 ungeachtet seines missverständlichen Wortlauts (»nach Maßgabe der in diesem Artikel vorgesehenen Bedingungen«) den Anspruch auf einen wirksamen gerichtlichen Rechtsbehelf im Sinne von Abs. 1 lediglich organisations- und verfahrensrechtlich, insbesondere durch Nennung bestimmter prozessualer Teilgewährleistungen, ausgestaltet und konkretisiert, aber nicht relativiert oder gar beschränkt.[70]

12   Im Prinzip hat der EuGH seine Rechtsprechung – noch vor Anordnung der Verbindlichkeit der Charta im Lissabonner Vertrag – der Kodifikation in Art. 47 Abs. 2 GRC inhaltlich angepasst und das Recht auf ein faires Verfahren, wie es sich u. a. aus Art. 6 Abs. 1 EMRK ergibt, als ein Grundrecht qualifiziert, das die Europäische Union als allgemeinen Grundsatz nach Art. 6 Abs. 2 EUV achtet.[71] Dieses Recht bedeute, dass jeder die Möglichkeit haben muss, von einem unabhängigen und unparteiischen, auf Gesetz beruhenden Gericht in einem fairen Verfahren, öffentlich und innerhalb angemessener Frist gehört zu werden.[72] Inzwischen hat der EuGH klargestellt, dass Art. 47 Abs. 2 GRC insoweit keinen neuen Rechtsgrund im Verhältnis zu seiner früheren Anerkennung des Rechts auf ein faires Verfahren eingeführt hat,[73] sondern diese lediglich bestätigt[74] bzw. bekräftigt.[75]

13   Angesichts des engen Zusammenhangs zwischen Art. 47 Abs. 2 GRC und Art. 6 Abs. 1 EMRK ist ebenso hinzuweisen auf die ähnlichen Vorschriften des Art. 10 AllgEMR (»Jeder hat bei der Feststellung seiner Rechte und Pflichten sowie bei einer gegen ihn erhobenen strafrechtlichen Beschuldigung in voller Gleichheit Anspruch auf ein gerechtes und öffentliches Verfahren vor einem unabhängigen und unparteiischen Gericht«) sowie des Art. 14 Abs. 1 Satz 1 IPbpR (»Jedermann hat Anspruch darauf, dass über eine gegen ihn erhobene strafrechtliche Anklage oder seine zivilrechtlichen Ansprüche und Verpflichtungen durch ein zuständiges, unabhängiges, unparteiisches und auf Gesetz beruhendes Gericht in billiger Weise und öffentlich verhandelt wird«).

---

[69] EuGH, Urt. v. 8.12.2011, Rs. C–386/10 P (Chalkor/Kommission), Slg. 2011, I–13085, Rn. 51; Urt. v. 11.7.2013, Rs. C–439/11 P (Ziegler/Kommission), ECLI:EU:C:2013:513, Rn. 129; Urt. v. 18.7.2013, Rs. C–501/11 P (Schindler Holding u. a./Kommission), ECLI:EU:C:2013:522, Rn. 32.
[70] Zur Dikussion vgl. *Pabel*, Justizgrundrechte, Rn. 22–23 m. w. N.
[71] EuGH, Urt. v. 1.7.2008, verb. Rs. C–341/06 P u. C–342/06 P (Chronopost und La Poste/UFEX u. a.), Slg. 2008, I–4777, Rn. 44, unter Hinweis auf Urt. v. 26.6.2007, Rs. C–305/05 (Ordre des barreaux francophones et germanophone u. a.), Slg. 2007, I–5305, Rn. 29; Urt. v. 19.2.2009, Rs. C–308/07 P (Gorostiaga Atxalandabaso/Parlament), Slg. 2009, I–1059, Rn. 41.
[72] EuGH, Urt. v. 1.7.2008, verb. Rs. C–341/06 P u. C–342/06 P (Chronopost und La Poste/UFEX u. a.), Slg. 2008, I–4777, Rn. 44, unter Hinweis auf Urt. v. 17.12.1998, Rs. C–185/95 P (Baustahlgewebe/Kommission), Slg. 1998, I–8417, Rn. 21.
[73] EuGH, Urt. v. 3.5.2012, Rs. C–289/11 P (Legris Industries/Kommission), Rn. 36; Urt. v. 26.11.2013, Rs. C–40/12 P (Gascogne Sack Deutschland/Kommission), EuGRZ 2013, 671, Rn. 28.
[74] EuGH, Beschl. v. 1.3.2011, Rs. C–457/09 (Chartry), Slg. 2011, I–819, Rn. 25.
[75] So EuGH, Urt. v. 27.6.2013, Rs. C–93/12 (Agrokonsulting), ECLI:EU:C:2013:432, Rn. 59; vgl. auch Urt. v. 8.12.2011, Rs. C–389/10 P (KME Germany u. a./Kommission), Slg. 2011, I–13125, Rn. 119; Urt. v. 28.2.2013, Rs. C–334/12 RX-II (Arango Jaramillo u. a./EIB), ECLI:EU:C:2013:134, Rn. 40: ist »der Grundsatz des effektiven gerichtlichen Rechtsschutzes ein allgemeiner Grundsatz des Unionsrechts […], der nunmehr in Art. 47 [GRC] zum Ausdruck kommt«.

III. Recht auf Prozesskostenhilfe (Art. 47 Abs. 3 GRC)

Art. 47 Abs. 3 GRC verankert das Recht auf Prozesskostenhilfe gewissermaßen als An- **14**
nexgrundrecht und im Sinne einer spezifischen Ausprägung der Rechte auf einen wirksamen gerichtlichen Rechtsbehelf (Art. 47 Abs. 1 GRC) und auf Zugang zu einem Gericht (Art. 47 Abs. 2 GRC). Denn ausweislich seines Wortlauts und der Erläuterungen
ermöglicht dieses Recht es mittellosen Klägern erst, in den Genuss der Gewährleistungen nach Abs. 1 und 2 zu kommen bzw. »den Zugang zu den Gerichten wirksam zu
gewährleisten«. Die Erläuterungen verweisen insoweit auf das Grundsatzurteil Airey
des EGMR zu Art. 6 Abs. 1 EMRK, wonach Prozesskostenhilfe zu leisten ist, wenn
mangels einer solchen Hilfe die Einlegung eines wirksamen Rechtsbehelfs nicht gewährleistet wäre.[76] Bezüglich des »zentralen« Rechtsschutzes beziehen sich die Erläuterungen auf das »Prozesskostenhilfesystem« beim EuGH i. w. S. für anhängige Rechtssachen, d. h. konkret Art. 146–150 der VerfO-EuG n. F.[77] (Direktklagen) und Art. 115–118
(alle Verfahren außer Rechtsmitteln) sowie Art. 184–189 (Rechtsmittel) der VerfO-
EuGH.[78] Im Hinblick auf den »dezentralen« Rechtsschutz vor den mitgliedstaatlichen
Gerichten hat der EuGH erstmals in seinem Urteil DEB grundlegende Aussagen getroffen, die sowohl den persönlichen als auch den sachlichen Gewährleistungsgehalt des
Rechts auf Prozesskostenhilfe betreffen, namentlich in Bezug auf die Frage, ob auch
juristische Personen sich auf dieses Recht berufen können (s. näher Rn. 16).[79]

B. Schutzbereich

I. Persönlicher Schutzbereich

Das Grundrecht auf effektiven gerichtlichen Rechtsschutz im Sinne von Art. 47 GRC **15**
knüpft als Bürger- bzw. Menschenrecht und unabhängig von der Staatsangehörigkeit[80]
an das Erfordernis an, die von der Unionsrechtsordnung gewährten – prozessualen und
materiellen sowie sekundär- und primärrechtlichen – subjektiven Rechte wirksam zu
schützen und durchzusetzen (sog. Primärrechtsschutz) bzw. im Falle ihrer Verletzung
einen Rechtsbehelf zur effektiven Schadenskompensation bereitzustellen (sog. Sekundärrechtsschutz). Die Adressaten sowohl dieser subjektiven Rechte als auch dieses
Grundrechts sind daher grundsätzlich gleichermaßen **natürliche und juristische Personen**, ggf. auch juristische Personen des öffentlichen Rechts.[81] Dies gilt im Prinzip für alle
Gewährleistungen des Art. 47 GRC, insbesondere seine Absätze 1 und 2.

Die Frage, ob auch eine juristische Person den **Anspruch auf Prozesskostenhilfe** im **16**
Sinne von Art. 47 Abs. 3 GRC geltend machen kann, war in Ermangelung des klaren
Wortlauts dieser Vorschrift und insbesondere angesichts der gegenteiligen Regelungen
der Richtlinie 2003/8/EG des Rates vom 27. 1. 2003 zur Verbesserung des Zugangs zum
Recht bei Streitsachen mit grenzüberschreitendem Bezug durch Festlegung gemeinsa-

---

[76] EGMR, Urt. v. 9.10.1979, Beschwerde-Nr. 6289/73 (Airey/Irland), Serie A no. 32, Rn. 20 ff.
Vgl. auch EuGH, Urt. v. 22.12.2010, Rs. C–279/09 (DEB), Slg. 2010, I–13849, Rn. 36.
[77] Novellierte Fassung vom 23.4.2015, ABl. 2015, L 105/1.
[78] Zuletzt geändert am 18.6.2013, ABl. 2013, L 173/65.
[79] EuGH, Urt. v. 22.12.2010, Rs. C–279/09 (DEB), Slg. 2010, I–13849, Rn. 38 ff.
[80] *Pabel*, Justizgrundrechte, Rn. 8 m. w. N.
[81] Vgl. nur *Nowak*, in: Heselhaus/Nowak, Handbuch der Europäischen Grundrechte, § 6, Rn. 13,
sowie *ders.*, in: Heselhaus/Nowak, Handbuch der Europäischen Grundrechte, § 51, Rn. 33 m. w. N.

mer Mindestvorschriften für die Prozesskostenhilfe in derartigen Streitsachen[82] Gegenstand kontroverser Diskussion und Auslegung in der Rechtssache DEB.[83] Letztlich schloss der EuGH dies nicht grundsätzlich aus,[84] wobei seine Begründung wiederum bestätigt, dass juristische Personen im Prinzip ebenfalls Träger der Gewährleistungen im Sinne der Absätze 1 und 2 dieses Artikels sind. Die Begründung des Urteils ist jedoch von äußerster Vorsicht geprägt, zumal die zu diesem Zeitpunkt gültigen Verfahrensordnungen des EuG und des EuGöD juristischen Personen gerade keinen Anspruch auf Prozesskostenhilfe gewährten, was das Problem von deren Vereinbarkeit mit Art. 47 Abs. 3 GRC aufwarf.[85]

17   Nach Auffassung des EuGH kann der in Art. 47 Abs. 1 und 2 GRC verwendete Begriff »Person« auf Individualpersonen hinweisen, schließt aber auch juristische Personen rein sprachlich nicht aus. Zwar gäben die Erläuterungen zur Charta in diesem Punkt keinen Aufschluss; die Verwendung des Begriffs »Person« in der deutschen Sprachfassung von Art. 47 GRC im Gegensatz zum Begriff »Mensch«, der in zahlreichen anderen Bestimmungen, z. B. in den Art. 1, 2, 3, 6, 29, 34 und 35 GRC verwendet wird, könne aber darauf hindeuten, dass juristische Personen vom Anwendungsbereich dieses Artikels nicht ausgeschlossen sind. Im Übrigen sei das in Art. 47 GRC normierte Recht, bei einem Gericht einen wirksamen Rechtsbehelf einzulegen, in deren Titel VI (»Justizielle Rechte«) enthalten, in dem weitere Verfahrensgrundsätze verankert sind, die sowohl auf natürliche als auch auf juristische Personen Anwendung fänden. Auch die Einbeziehung der Bestimmung über die Gewährung einer Prozesskostenhilfe in diesen Artikel zeige, dass bei der Beurteilung der Erforderlichkeit der Gewährung dieser Hilfe das Recht der Person selbst, die in ihren durch das Recht der Union garantierten Rechten oder Freiheiten verletzt worden ist, zum Ausgangspunkt zu nehmen ist, nicht aber das Allgemeininteresse der Gesellschaft, auch wenn dieses einer der Gesichtspunkte bei der Beurteilung der Erforderlichkeit der Hilfe sein kann.[86] Die Tatsache, dass einige Unionsrechtsvorschriften, insbesondere Art. 3 Abs. 1 RL 2003/8, Art. 94 Abs. 2 und 3 der VerfO-EuG a. F. und Art. 95 Abs. 2 und 3 der VerfO-EuGöD, keine Gewährung von Prozesskostenhilfe für juristische Personen vorsähen, erlaube angesichts des Anwendungsbereichs der Richtlinie und der spezifischen Zuständigkeiten von EuG und EuGöD keinen allgemeingültigen Schluss. Der EuGH weist sodann hin auf die Unterschiede in den Rechtsordnungen der Mitgliedstaaten sowie auf die Tatsache, dass eine relativ weit verbreitete Unterscheidung zwischen juristischen Personen mit und ohne Gewinnerzielungsabsicht bestehe.[87] Obwohl die Erläuterungen es offenlassen, ob der Gewährleistungsgehalt von Art. 47 Abs. 3 GRC demjenigen von Art. 6 EMRK entspricht,[88] führt der EuGH anschließend eine eingehende Analyse der diesbezüglichen Rechtsprechung des EGMR durch, mit dem Ergebnis, dass zum einen die Prozesskostenhilfe sowohl den

---

[82] ABl. 2003, L 26/41; Berichtigung ABl. 2003, L 32/15.

[83] EuGH, Urt. v. 22. 12. 2010, Rs. C–279/09 (DEB), Slg. 2010, I–13849, Rn. 38 ff., m. Anm. *Oliver*, CMLRev. 48 (2011), 2023; *Engström*, REALaw 2011, 53; bestätigt durch EuGH, Beschl. v. 13. 6. 2012, Rs. C–156/12 (GREP), ECLI:EU:C:2012:342, Rn. 36 ff.

[84] EuGH, Urt. v. 22. 12. 2010, Rs. C–279/09 (DEB), Slg. 2010, I–13849, Rn. 52 u. 59; ebenso Beschl. v. 13. 6. 2012, Rs. C–156/12 (GREP), ECLI:EU:C:2012:342, Rn. 37–38.

[85] Die novellierte VerfO-EuG (Art. 146 Abs. 1, Fn. 77) bezieht aus genau diesen Gründen juristische Personen in den Schutzbereich des Rechts auf Prozesskostenhilfe mit ein.

[86] EuGH, Urt. v. 22. 12. 2010, Rs. C–279/09 (DEB), Slg. 2010, I–13849, Rn. 38–42.

[87] EuGH, Urt. v. 22. 12. 2010, Rs. C–279/09 (DEB), Slg. 2010, I–13849, Rn. 44.

[88] Zu möglichen Divergenzen siehe *Pabel*, Justizgrundrechte, Rn. 60 m. w. N.

Beistand eines Rechtsanwalts als auch die Befreiung von den Gerichtskosten decken kann, und dass zum anderen die Gewährung von Prozesskostenhilfe für juristische Personen nicht grundsätzlich ausgeschlossen, jedoch nach Maßgabe der geltenden Vorschriften und der Situation der fraglichen Gesellschaft zu beurteilen ist.[89]

II. Sachlicher Schutzbereich

1. Vollständigkeit des Rechtsschutzes (Art. 47 Abs. 1 GRC)

a) Das Vollständigkeitspostulat nach dem Vertrag von Lissabon

Unter dem Gesichtspunkt der Vollständigkeit bzw. Lückenlosigkeit des Rechtsschutzes 18 ist zunächst an das grundlegende Urteil des EuGH in der Rechtssache Les Verts zu erinnern, wonach durch den EG-Vertrag ein umfassendes Rechtsschutzsystem geschaffen wurde, innerhalb dessen dem EuGH die Überprüfung der Rechtmäßigkeit der Handlungen der Organe übertragen und die Möglichkeit einer Direktklage gegen all jene Handlungen gegeben ist, die dazu bestimmt sind, Rechtswirkungen zu erzeugen. Daher würde eine Auslegung von Art. 230 EGV (jetzt: Art. 263 AEUV), die Handlungen bestimmter Organe oder Einrichtungen – im konkreten Fall des Europäischen Parlaments – aus dem Kreis der anfechtbaren Handlungen ausschlösse, zu einem Ergebnis führen, das sowohl dem Geist des EG-Vertrags, wie er in Art. 220 EGV (jetzt: Art. 19 Abs. 1 UAbs. 1 Satz 2 EUV) Ausdruck gefunden hat, als auch seinem System zuwiderliefe.[90] Das aus dem Recht auf effektiven Rechtsschutz gemäß Art. 47 Abs. 1 GRC fließende Erfordernis einer grundsätzlich **umfassenden Kontrolle der Rechtmäßigkeit sämtlicher Handlungen der Union**, insbesondere mit Blick auf das Rechtsstaatsprinzip und den Schutz der Grundrechte als Bestandteile der Unionsrechtsordnung, hat der EuGH auch in seiner jüngsten Rechtsprechung betreffend Unionsrechtsakte zur Umsetzung von UN-Sanktionsmaßnahmen betont. Unter Korrektur der gegenteiligen Auffassung des EuG stellte der EuGH darin klar, dass jene Unionsrechtsakte der Kontrolle der Unionsgerichte auch nicht teilweise entzogen werden können, nur weil sie durch für die Union völkerrechtlich verbindliche Maßnahmen prädeterminiert sind.[91] Im Gegenteil

---

[89] EuGH, Urt. v. 22.12.2010, Rs. C–279/09 (DEB), Slg. 2010, I–13849, Rn. 45–52, unter Hinweis u. a. auf EGMR, Urt. v. 7.5.2002, Beschwerde-Nr. 46311/99 (McVicar/Vereinigtes Königreich), Rep. 2002-III, 255, Rn. 46, 48 u. 49 ;Urt. v. 15.2.2005, Beschwerde-Nr. 68416/01 (Steel u. Morris/Vereinigtes Königreich), Rep. 2005-II, 1, Rn. 59, 61 u. 62; Urt. v. 9.10.1979, Beschwerde-Nr. 6289/73 (Airey/Irland), Serie A no. 32, Rn. 26; Urt. v. 16.7.2002, Beschwerde-Nr. 56547/00 (P., C. und S./Vereinigtes Königreich), Rep. 2002-VI, 197, Rn. 91; Urt. v. 13.7.1995, Beschwerde-Nr. 18139/91 (Tolstoy Miloslavsky/Vereinigtes Königreich), Serie A no. 316-B, Rn. 59–67; Urt. v. 19.6.2001, Beschwerde-Nr. 28249/95 (Kreuz/Polen), Rep. 2001-VI, 127, Rn. 54 u. 55; Urt. v. 26.2.2002, Beschwerde-Nr. 46800/99 (Del Sol/Frankreich), Rep. 2002-II, 53, Rn. 26; Urt. v. 14.10.2010, Beschwerde-Nr. 10111/06 (Ramos/Schweiz), Rn. 49 (im Internet abrufbar unter: http://www.echr. coe.int); vgl. auch EuGH, Beschl. v. 13.6.2012, Rs. C–156/12 (GREP), ECLI:EU:C:2012:342, Rn. 44.

[90] EuGH, Urt. v. 23.4.1986, Rs. 294/83 (Les Verts/Parlament), Slg. 1986, 1339, Rn. 24–25; vgl. auch EuG, Urt. v. 8.10.2008, Rs. T–411/06 (Sogelma/EAR), Slg. 2008, II–2771, Rn. 36. Zu den daraus fließenden Schlussfolgerungen für die kohärente Gestaltung des EU-Rechtsschutzsystems siehe den Überblick bei *Lenaerts*, CMLRev. 44 (2007), 1625.

[91] EuGH, Urt. v. 3.9.2008, verb. Rs. C–402/05 P u. C–415/05 P (Kadi u. a./Rat u. Kommission), Slg. 2008, I–6351, Rn. 281 ff.; EuGH, Urt. v. 18.7.2013, verb. Rs. C–584/10 P, C–593/10 P u. C–595/10 P (Kommission/Kadi), EuGRZ 2013, 389, Rn. 97; Urt. v. 28.11.2013, Rs. C–348/12 P (Rat/ Manufacturing Support & Procurement Kala Naft), ECLI:EU:C:2013:776, Rn. 65. Vgl. aus dem reichhaltigen Streitstand bzgl. des Verhältnisses zwischen Völkerrecht und Unionsrecht nur *Haltern*, JZ 2007, 537; *Kämmerer*, EuR 2008, 65; *ders.*, EuR 2009, 114; *Schmalenbach*, JZ 2009, 35; *Rathke*,

betrachtet der EuGH eine solche Kontrolle als umso unerlässlicher, als die auf UN-Ebene eingeführten Kontrollverfahren »nicht die Gewähr eines effektiven gerichtlichen Rechtsschutzes bieten«.[92]

19   Der Anspruch auf Vollständigkeit des Rechtsschutzes – sowohl vor den Unionsgerichten also auch vor den mitgliedstaatlichen Gerichten – erhielt durch den Vertrag von Lissabon einen neuen, das Gesamtvertragswerk überwölbenden Stellenwert (vgl. bereits Rn. 2). In Bezug auf den »zentralen« Rechtsschutz hob dieser Vertrag Art. 220 EG ersatzlos auf und übertrug dem EuGH in Art. 19 Abs. 1 UAbs. 1 Satz 2 EUV die Aufgabe, die Wahrung des Rechts bei der Auslegung und Anwendung »der Verträge« zu sichern.[93] Hinsichtlich des »dezentralen« Rechtsschutzes regelt Art. 19 Abs. 1 UAbs. 2 EUV das Erfordernis, dass die Mitgliedstaaten die erforderlichen Rechtsbehelfe zu schaffen haben, damit ein wirksamer Rechtsschutz in den vom Unionsrecht erfassten Bereichen gewährleistet ist, und zwar insbesondere dann, wenn – wie sehr häufig im Fall abstrakt-genereller Unionsrechtsakte – der direkte Zugang zu den Unionsgerichten versperrt ist, obwohl die den Einzelnen beschwerende Maßnahme in das Unionsrecht »eingebettet« ist.[94] Letztere Vorschrift spiegelt damit die schon in Art. 267 AEUV angelegte Zweigleisigkeit des gerichtlichen Rechtsschutzes in der Union wider und garantiert – ähnlich einem föderalen System – die **wechselseitige Ergänzung der Rechtswege auf den Ebenen der Union und der Mitgliedstaaten** zum Zwecke der Schließung von Rechtsschutzlücken und im Sinne einer **Rechtsweggarantie**.[95]

20   Mit Blick auf die Vorgaben des Vertrags von Lissabon und des Vollständigkeitspostulats hat der EuGH in seinem Grundsatzurteil **Inuit** (s. bereits Rn. 7) die grundlegende Struktur des der Union eigenen »**föderalen« Rechtsschutzsystems** mit »zentralisierten« und »dezentralisierten« Rechtsprechungskompetenzen wie folgt beschrieben: Entsprechend Art. 19 Abs. 1 EUV werde die gerichtliche Kontrolle der Wahrung der Rechtsordnung der Union durch die Unionsgerichte und die Gerichte der Mitgliedstaa-

---

Jahrbuch für vergleichende Staats- und Rechtswissenschaften 2009, 1; *De Búrca*, HILJ 2010, 1; *Griller*, EuR-Beiheft 2/2012, 103.

[92] EuGH, Urt. v. 18.7.2013, verb. Rs. C–584/10 P, C–593/10 P u. C–595/10 P (Kommission/Kadi), EuGRZ 2013, 389, Rn. 133, unter Hinweis auf EGMR, Urt. v. 12.9.2012, Beschwerde-Nr. 10593/08 (Nada/Schweiz), Rn. 211 (im Internet abrufbar unter: http://www.echr.coe.int). Ähnlich zuletzt in Bezug auf den Datenschutz EuGH, Urt. v. 6.10.2015, Rs. C–362/14 (Schrems), ECLI:EU:C:2015:650, Rn. 60 ff., insbes. Rn. 95: »Desgleichen verletzt eine Regelung, die keine Möglichkeit für den Bürger vorsieht, mittels eines Rechtsbehelfs Zugang zu den ihn betreffenden personenbezogenen Daten zu erlangen oder ihre Berichtigung oder Löschung zu erwirken, den Wesensgehalt des in Art. 47 [GRC] verankerten Grundrechts auf wirksamen gerichtlichen Rechtsschutz. Nach Art. 47 Abs. 1 [GRC] hat nämlich jede Person, deren durch das Recht der Union garantierte Rechte oder Freiheiten verletzt worden sind, das Recht, nach Maßgabe der in diesem Artikel vorgesehenen Bedingungen bei einem Gericht einen wirksamen Rechtsbehelf einzulegen. Insoweit ist schon das Vorhandensein einer wirksamen, zur Gewährleistung der Einhaltung des Unionsrechts dienenden gerichtlichen Kontrolle dem Wesen eines Rechtsstaats inhärent [...]«.

[93] *Terhechte*, EuR 2008, 159: »Zentralnorm« in Bezug auf die »Rechtsgemeinschaftlichkeit« der Union.

[94] Vgl. EuGH, Urt. v. 25.7.2002, Rs. C–50/00 P (Unión de Pequeños Agricultores/Rat), Slg. 2002, I–6677, Rn. 30–32. Besonders deutlich in EuGH, Urt. v. 3.12.1992, Rs. C–97/91 (Borelli), Slg. 1992, I–6313, Rn. 13–15, sowie Urt. v. 17.9.2014, Rs. C–562/12 (Liivimaa Lihaveis), ECLI:EU:C:2014:2229, Rn. 57 ff.

[95] Diesem Postulat wechselseitiger Ergänzung folgt auch EuGH, Urt. v. 3.10.2013, Rs. C–583/11 P (Inuit Tapiriit Kanatami u. a./Parlament u. Rat), EuZW 2014, 22, Rn. 103–106 (s. Rn. 7). Statt vieler kritisch zu diesem Rechtsschutzsystem und dessen Schutzlücken *Baumeister*, EuR 2005, 1 m. w. N. zum Streitstand.

ten gewährleistet. Zu diesem Zweck habe der AEUV mit Art. 263 und 277 einerseits und mit Art. 267 andererseits ein **vollständiges System von Rechtsbehelfen und Verfahren** geschaffen, das die Rechtmäßigkeitskontrolle der Unionshandlungen gewährleisten soll, mit der der Unionsrichter betraut wird. Somit seien natürliche oder juristische Personen, die Handlungen der Union mit allgemeiner Geltung wegen der in Art. 263 Abs. 4 AEUV festgelegten Zulässigkeitsvoraussetzungen nicht unmittelbar anfechten können, dennoch gegen solche Handlungen geschützt. Sofern die Durchführung dieser Handlungen den Unionsorganen obliege, können diese Personen unter den in Art. 263 Abs. 4 AEUV festgelegten Voraussetzungen vor den Unionsgerichten Klage gegen die Durchführungsrechtsakte erheben und sich zur Begründung dieser Klage nach Art. 277 AEUV (sog. Inzidenträge oder Rechtswidrigkeitseinrede) auf die Rechtswidrigkeit der betreffenden allgemeinen Handlungen berufen. Obliege die Durchführung der Handlungen der Union den Mitgliedstaaten, können diese Personen die Ungültigkeit der betreffenden Handlung der Union vor den nationalen Gerichten geltend machen und diese veranlassen, sich insoweit gemäß Art. 267 AEUV mit Vorabentscheidungsfragen an den EuGH zu wenden. Den Betroffenen stehe im Rahmen eines nationalen Verfahrens das Recht zu, die Rechtmäßigkeit nationaler Entscheidungen oder jeder anderen nationalen Handlung, mit der eine Handlung der Union mit allgemeiner Geltung auf sie angewandt wird, gerichtlich anzufechten und sich dabei auf die Ungültigkeit der Handlung der Union zu berufen. Folglich sei das Vorabentscheidungsersuchen zur Beurteilung der Gültigkeit in gleicher Weise wie die Nichtigkeitsklage eine Form der Rechtmäßigkeitskontrolle der Unionshandlungen.[96]

Eine im Hinblick auf die Wahrung vollständigen Rechtsschutzes besonders wichtige, **21** schon in Art. III–365 Abs. 5 des Verfassungsvertrags vorgesehene Änderung im Vertrag von Lissabon ist, dass auch die »**Handlungen der Einrichtungen oder sonstigen Stellen der Union mit Rechtswirkung gegenüber Dritten**« tauglicher Gegenstand einer Direktklage vor dem EuG bzw. den Fachgerichten der Union sind bzw. sein können (Art. 263 Abs. 1 Satz 2 und Abs. 5 AEUV). Dies ist eine bemerkenswerte Klarstellung im Verhältnis zu den früheren Vertragsregeln, die im Unklaren ließen, ob die Handlungen unabhängiger Einrichtungen oder Agenturen der Union mit Rechtswirkungen gegenüber Individualpersonen (»Dritten«) gerichtlich anfechtbar sind.[97] Für die Zeit vor Inkrafttreten des Vertrags von Lissabon hat das EuG die Rechtsschutzlücke betreffend beschwerende Maßnahmen von Einrichtungen oder sonstiger Stellen der Union, wie der Europäischen Agentur für den Wiederaufbau (EAR),[98] der Europäischen Agentur für die Sicherheit des Seeverkehrs (EMSA),[99] der Europäischen Umweltagentur (EEA),[100] und des Europäischen Wirtschafts- und Sozialausschusses (EWSA),[101] rechtsfortbildend geschlossen. Zur Begründung führt das EuG insbesondere an, dass das Urteil Les Verts auf

---

[96] EuGH, Urt. v. 3.10.2013, Rs. C–583/11 P (Inuit Tapiriit Kanatami u. a./Parlament u. Rat), EuZW 2014, 22, Rn. 90–94; vgl. ebenso Urt. v. 28.4.2015, Rs. C–456/13 P (T & L Sugars und Sidul Açúcares/Kommission), ECLI:EU:C:2015:284, Rn. 45–46.

[97] Zur Diskussion vgl. bereits *Fischer-Appelt*, Agenturen der Europäischen Gemeinschaft, 1999, S. 316 ff. m. w. N.

[98] Erstmals EuG, Urt. v. 8.10.2008, Rs. T–411/06 (Sogelma/EAR), Slg. 2008, II–2771, Rn. 33 ff.; dazu *Gundel*, EuR 2009, 383. Vgl. auch EuG, Urt. v. 15.9.2011, Rs. T–407/07 (CMB u. Christof/Kommission als Rechtsnachfolgerin der EAR), Rn. 57–62.

[99] EuG, Urt. v. 2.3.2010, Rs. T–70/05 (Evropaïki Dynamiki/EMSA), Slg. 2010, II–313, Rn. 64 ff.

[100] EuG, Urt. v. 8.7.2010, Rs. T–331/06 (Evropaïki Dynamiki/EEA), ECLI:EU:T:2010:292, Rn. 32–40.

[101] EuG, Urt. v. 31.3.2011, Rs. T–117/08 (Italien/EWSA), Slg. 2011, II–1463, Rn. 32–40.

dem allgemeinen Grundsatz beruhe, wonach jede Handlung einer Unionseinrichtung, die dazu bestimmt ist, Rechtswirkungen gegenüber Dritten zu erzeugen, gerichtlich nachprüfbar sein muss. Zwar habe dieses Urteil nur die Unionsorgane im Sinne von Art. 7 EGV gemeint; es könne jedoch in einer Rechtsgemeinschaft nicht hingenommen werden, dass derartige Handlungen von Unionseinrichtungen der richterlichen Kontrolle entzogen werden.[102] Eine weitere Rechtsschutzlücke schließt der mit dem Vertrag von Lissabon eingeführte Art. 263 Abs. 1 Satz 1 AEUV,[103] der die Möglichkeit einer Klage gegen Handlungen des Europäischen Rates mit Rechtswirkungen gegenüber Individualpersonen (»Dritten«) vorsieht. Dies ist mit Blick auf die neu begründete Organeigenschaft des Europäischen Rates gemäß Art. 13 Abs. 1 und Art. 15 EUV und die Rechtsprechung in Bezug auf die Passivlegitimation aller Unionsorgane[104] sowie auf die Anforderungen von Art. 47 Abs. 1 GRC folgerichtig.

22   Vor dem Hintergrund von Art. 47 Abs. 1 GRC als rechtsstaatlich bedenklich einzustufen sind die u. a. in Art. 275 und 276 AEUV eingeführten weitreichenden Ausnahmen von der Jurisdiktion der Unionsgerichte, auch wenn sie sich historisch durch die eher zurückhaltende Integration der ehemals zweiten und dritten Säulen in das supranationale EU-/EG-Recht erklären lassen[105] und so auch schon im Verfassungsvertrag angelegt waren.[106] So sind zum einen die Bestimmungen der **Gemeinsamen Außen- und Sicherheitspolitik** und die auf der Grundlage dieser Bestimmungen erlassenen Rechtsakte gemäß Art. 24 Abs. 1 UAbs. 2 Satz 6 Hs. 1 EUV und Art. 275 Abs. 1 AEUV der Zuständigkeit des EuGH grundsätzlich entzogen. Gemäß Art. 24 Abs. 1 UAbs. 2 Satz 6 Hs. 2 EUV und Art. 275 Abs. 2 AEUV betrifft dies jedoch nicht die Kontrolle der Einhaltung von Art. 40 EUV, der auf die grundlegenden Zuständigkeits- und Zielbestimmungen in den Art. 3 bis 6 AEUV verweist (sog. Unberührtheitsklausel). Ebenso wenig gilt dies für Direktklagen gemäß Art. 263 Abs. 4 AEUV gegen Beschlüsse über restriktive Maßnahmen gegenüber juristischen und natürlichen Personen, die der Rat gemäß Titel V Kapitel 2 EUV erlässt. Die rechtsstaatliche Unerlässlichkeit des Rechtswegs zu den Unionsgerichten gemäß Art. 275 Abs. 2 AEUV gegen derartige Beschlüsse hat der EuGH mit Blick den erforderlichen Grundrechtsschutz mehrfach unterstrichen und in diesem Zusammenhang das Erfordernis vollständigen und effektiven Rechtsschutzes im Sinne von Art. 47 Abs. 1 GRC gegen (Eingriffs-)Maßnahmen, u. a. zum Zweck des Einfrierens von Vermögenswerten, die z. B. im Zuge der internationalen Terroristenbekämpfung ergehen, ausdrücklich bestätigt (s. näher dazu Rn. 43–45).[107] Zum anderen erhielt der EuGH mit dem Vertrag von Lissabon zwar grundsätzlich die Kontrollzuständigkeit im Rahmen der Bestimmungen des Dritten Teils Titel V Kapitel 4 und 5 über den **Raum der Freiheit, der Sicherheit und des Rechts**, was wegen der sukzessiven Einbezie-

---

[102] Vgl. EuG, Urt. v. 8.10.2008, Rs. T–411/06 (Sogelma/EAR), Slg. 2008, II–2771, Rn. 37; Urt. v. 2.3.2010, Rs. T–70/05 (Evropaïki Dynamiki/EMSA), Slg. 2010, II–313, Rn. 6; Urt. v. 31.3.2011, Rs. T–117/08 (Italien/EWSA), Slg. 2011, II–1463, Rn. 37.

[103] Vgl. bereits Art. III–365 Abs. 1 Satz 1 EVV.

[104] EuGH, Urt. v. 23.4.1986, Rs. 294/83 (Les Verts/Parlament), Slg. 1986, 1339, Rn. 23 ff.

[105] Zur Reichweite dieser Integration *Terhechte*, EuR 2008, 143 ff. (148–149; 160–161).

[106] Hierzu *Azizi*, Rechtsschutz, S. 205 ff. (222 f.), sowie den detaillierten Überblick bei *Hinarejos*.

[107] EuGH, Urt. v. 3.9.2008, verb. Rs. C–402/05 P u. C–415/05 P (Kadi u.a./Rat u. Kommission), Slg. 2008, I–6351, Rn. 281 ff.; Urt. v. 4.6.2013, Rs. C–300/11 (ZZ), NVwZ 2013, 1139, Rn. 50 ff.; Urt. v. 18.7.2013, verb. Rs. C–584/10 P, C–593/10 P u. C–595/10 P (Kommission/Kadi), EuGRZ 2013, 389, Rn. 97 ff.; Urt. v. 28.11.2013, Rs. C–348/12 P (Rat/Manufacturing Support & Procurement Kala Naft), ECLI:EU:C:2013:776, Rn. 65 ff. Allgemein hierzu *Eckes*, EU Counter-Terrorist Policies and Fundamental Rights: The Case of Individual Sanctions, 2009.

hung der ehemals »dritten Säule« in das supranationale Unionsrecht folgerichtig und zwingend ist.[108] Der besonderen Dringlichkeit des Rechtsschutzes gegen belastende mitgliedstaatliche Maßnahmen in diesem Bereich hat der EuGH mit der Einführung eines Eilvorabentscheidungsverfahrens gemäß Art. 23a EuGH-Satzung und Art. 107–113 VerfO-EuGH Rechnung getragen (vgl. betreffend den Fall einer inhaftierten Person auch Art. 267 Abs. 4 AEUV);[109] letzteres Verfahren soll eine Vorabentscheidung in einer Frist von nur drei Monaten ermöglichen.[110] Diese Zuständigkeit umfasst aber nicht die Überprüfung der Gültigkeit oder Verhältnismäßigkeit von Maßnahmen der Polizei oder anderer Strafverfolgungsbehörden der Mitgliedstaaten oder der Wahrnehmung der Zuständigkeiten der Mitgliedstaaten für die Aufrechterhaltung der öffentlichen Ordnung und den Schutz der inneren Sicherheit (Art. 276 AEUV). Diese Rechtsschutzlücke erwiese sich vor allem dann als rechtsstaatlich problematisch, wenn den mitgliedstaatlichen Strafverfolgungsmaßnahmen grundrechtsintensive Verfolgungs- und Ermittlungshandlungen von supranationalen Stellen vorausgingen, z. B. von Seiten von Europol, Eurojust oder von OLAF (der institutionell in die Europäische Kommission eingegliederten europäischen Betrugsbekämpfungsbehörde[111]), die wegen ihres vorbereitenden Charakters oder aus anderen Gründen vor den Unionsgerichten ihrerseits nicht justiziabel sind.[112] Ergänzend ist in diesem Zusammenhang auf Art. 10 Abs. 1 und 3 des Protokolls Nr. 36 hinzuweisen, wonach in diesem Bereich für eine Übergangsfrist von fünf Jahren Maßnahmen der Unionsorgane, die bereits vor dem Inkrafttreten des Vertrags von Lissabon erlassen wurden, der Kontrollzuständigkeit des EuGH entzogen bleiben.[113] Ungeachtet all dieser Beschränkungen hat der Unionsgesetzgeber auf der Grundlage von **Art. 82 Abs. 2 Buchst. b AEUV** auf diesem Gebiet eine Reihe von **Richtlinien** erlassen, die insbesondere die Gewährleistungen in Art. 47 Abs. 2 GRC sekundärrechtlich näher ausgestalten und auf der Ebene der Mitgliedstaaten harmonisieren.[114]

---

[108] Vgl. *Douglas-Scott*, E. L.Rev. 29 (2004), 219. Zur vorherigen Rechtslage mit nur eingeschränkten Kontrollkompetenzen des EuGH (Art. 35 EUV u. Art. 68 EGV) siehe auch die grundlegenden Ausführungen zum effektiven Rechtsschutz in EuGH, Urt. v. 27.2.2007, Rs. C–354/04 P (Gestoras Pro Amnistía u. a./Rat), Slg. 2007, I–1579, Rn. 50 ff.; Urt. v. 27.2.2007, Rs. C–355/04 P (Segi u. a./Rat), Slg. 2007, I–1657, Rn. 50 ff.; dazu auch *Lenaerts*, CDE 5–6/2009, 711 (731 ff.). Vgl. auch Urt. v. 1.2.2007, Rs. C–266/05 P (Sison/Rat), Slg. 2007, I–1233 (Zugang zu beweiserheblichen Dokumenten im Zusammenhang mit der Terrorismusbekämpfung).

[109] Vgl. Beschluss des Rates vom 20.12.2007 zur Änderung des Protokolls über die Satzung des [EuGH]; Änderungen der Verfahrensordnung des [EuGH] vom 15.1.2008, ABl. 2008, L 24/39; dazu *Lenaerts*, CDE 5–6/2009, 737; *Kühne*, EuZW 2008, 263.

[110] Vgl. Erklärung des Rates an den EuGH, ABl. 2008, L 24/44. Siehe auch den ersten »Bericht über die Anwendung des Eilvorlageverfahrens durch den [EuGH]« vom 31.1.2012, am 1.4.2014 abrufbar unter http://curia.europa.eu/jcms/upload/docs/application/pdf/2012–07/de_rapport.pdf (25.6.2014).

[111] Vgl. Beschluss 1999/352/EG, EGKS, Euratom der Kommission zur Errichtung des Europäischen Amtes für Betrugsbekämpfung (OLAF), ABl. 1999, L 136/20.

[112] Vgl. bezüglich OLAF, EuGH, Beschl. v. 19.4.2005, Rs. C–521/04 P(R) (Tillack/Kommission), Slg. 2005, I–3103, Rn. 30 ff.; EuG, Urt. v. 4.10.2006, Rs. T–193/04 (Tillack/Kommission), Slg. 2006, II–3995; Urt. v. 8.7.2008, Rs. T–48/05 (Franchet u. Byk/Kommission), Slg. 2008, II–1585. Generell zur Problematik *Decker*, Grundrechtsschutz bei Handlungen des Europäischen Amtes für Betrugsbekämpfung, (OLAF), 2008. Zum Fehlen des Rechtswegs zu den Unionsgerichten gegen Maßnahmen von Europol siehe *Schwarze*, FS Starck, S. 657–658. Vgl. auch im Überblick *Heine*, Die Rechtsstellung des Beschuldigten im Rahmen der Europäisierung des Strafverfahrens, 2009.

[113] Hierzu näher *Suhr*, Die polizeiliche und justizielle Zusammenarbeit in Strafsachen, in: Fastenrath/Nowak (Hrsg.), Der Lissabonner Reformvertrag, 2009, S. 299.

[114] RL 2010/64/EU des Europäischen Parlaments und des Rates vom 20.10.2010 über das Recht

23   Hinsichtlich der **Klagearten** erfolgte durch den Vertrag von Lissabon keinerlei Veränderung. Auf der Ebene des »zentralen« Rechtsschutzes bleibt es daher bei den bisherigen Rechtsbehelfen vor dem EuG, d. h. der Nichtigkeitsklage (Art. 263 AEUV), der Untätigkeitsklage (Art. 265 AEUV), der Schadensersatzklage im Fall der außervertraglichen Haftung der Union (Art. 268 in Verbindung mit Art. 340 Abs. 2 und 3 AEUV) sowie der Klage aufgrund einer Schiedsklausel (Art. 272 AEUV). Angesichts des Vollständigkeitspostulats wird mit Blick auf die Unzulänglichkeiten der Untätigkeitsklage insbesondere von deutschen Autoren das Fehlen einer Verpflichtungs- bzw. Leistungsklage bedauert.[115] Soweit die Unionsgerichte die Zulässigkeit des Primärrechtsschutzes im Rahmen der Nichtigkeitsklage versagen, verweisen sie häufig auf die Möglichkeit der Erlangung von Sekundärrechtsschutz über die Schadensersatzklage, um zu begründen, dass den Anforderungen des Grundsatzes eines wirksamen bzw. vollständigen gerichtlichen Rechtsschutzes genügt ist.[116] Dass dies in der Praxis tatsächlich möglich ist, zeigen einige jüngere Urteile des EuG, in denen trotz Unzulässigkeit des Nichtigkeitsantrags eine effektive Rechtmäßigkeitskontrolle in der Sache – wenn auch nur anhand der für die Schadensersatzklage geltenden Kriterien – in Bezug auf abstrakt-generelle Maßnahmen der Unionsorgane durchgeführt wurde.[117] Ferner ist nach wie vor die Inzidentrüge im Sinne von Art. 277 AEUV vorgesehen, die kein selbständiger Rechtsbehelf ist und nur im Rahmen eines anhängigen Gerichtsverfahrens – wenn auch nicht formell im Vorabentscheidungsverfahren nach Art. 267 AEUV[118] – genutzt werden kann.[119] Laut ständiger Rechtsprechung ist Art. 277 AEUV jedoch Ausdruck eines allgemeineren Rechtsgrundsatzes, der den Kläger zum einen berechtigt, im Rahmen einer vor einem mitgliedstaatlichen Gericht erhobenen Klage gegen eine ihn belastende nationale Entscheidung die Rechtswidrigkeit derjenigen Unionshandlung geltend zu machen, die als Grundlage für diese Entscheidung dient, so dass die Frage der Gültigkeit der Unionshandlung dem EuGH im Rahmen eines Vorabentscheidungsverfahrens nach Art. 267 Abs. 1 Buchst. b AEUV vorgelegt werden kann. Zum anderen beinhaltet dieser Rechtsgrundsatz das Recht des Klägers, im Rahmen einer Nichtigkeitsklage gegen eine ihn im Sinne von Art. 263 Abs. 4 AEUV unmittelbar und individuell betreffende Entscheidung die Gültigkeit derjenigen früheren Rechtshandlungen der Unionsorgane zu bestreiten, welche die Rechtsgrundlage für die angegriffene Entscheidung bilden, falls der Kläger

---

auf Dolmetschleistungen und Übersetzungen in Strafverfahren, ABl. 2010, L 280/1; RL 2012/13/EU des Europäischen Parlaments und des Rates vom 22.5.2012 über das Recht auf Belehrung und Unterrichtung in Strafverfahren, ABl. 2012, L 142/1; RL 2013/48/EU des Europäischen Parlaments und des Rates vom 22.10.2013 über das Recht auf Zugang zu einem Rechtsbeistand in Strafverfahren und in Verfahren zur Vollstreckung des Europäischen Haftbefehls sowie über das Recht auf Benachrichtigung eines Dritten bei Freiheitsentzug und das Recht auf Kommunikation mit Dritten und mit Konsularbehörden während des Freiheitsentzugs, ABl. 2013, L 294/1. Eingehend hierzu *Sayers*, Art. 48 GRC, Rn. 48.74B ff.

[115] *Wegener*, EuGRZ 2008, 354 (357–358).

[116] So ausdrücklich EuGH, Urt. v. 12.9.2006, Rs. C–131/03 P (Reynolds Tobacco u. a./Kommission), Slg. 2006, I–7795, Rn. 80–83.

[117] EuG, Urt. v. 2.3.2010, Rs. T–16/04 (Arcelor/Parlament u- Rat), Slg. 2010, II–211, Rn. 139 ff.; Urt. v. 16.12.2011, Rs. T–291/04 (Enviro Tech/Kommission), Slg. 2011, II–8281, Rn. 122 ff.; vgl. auch (jedoch ohne Nichtigkeitsantrag) EuG, Urt. v. 16.12.2013, Rs. T–333/10 (ATC u. a./Kommission), ECLI:EU:T:2013:451, Rn. 60 ff.

[118] EuGH, Urt. v. 15.2.2001, Rs. C–239/99 (Nachi Europe), Slg. 2001, I–1197, Rn. 34.

[119] Zu den Inkohärenzen in der Rechtsprechung siehe kritisch *Vogt*, E. L. Rev. 31 (2006), 364.

nicht das Recht hatte, gemäß Art. 263 AEUV unmittelbar gegen diese Rechtshandlungen zu klagen (s. dazu auch Rn. 25).[120]

b) Rechtsnatur/Substanz des beschwerenden Akts und Justiziabilität vor dem EuG

Die Frage der Vollständigkeit des gerichtlichen Rechtsschutzes ist auch mit Blick auf die **24** **Rechtsnatur** und die **Substanz des angegriffenen Unionsrechtsaktes** zu beantworten. Nach Art. 263 Abs. 1 AEUV sind tauglicher Gegenstand einer Nichtigkeitsklage grundsätzlich nur Gesetzgebungsakte (Art. 289 Abs. 3 AEUV) und Handlungen des Rates, der Kommission und der Europäischen Zentralbank, soweit es sich nicht um Empfehlungen oder Stellungnahmen handelt (Art. 288 Abs. 5 AEUV), sowie Handlungen mit Rechtswirkung gegenüber Dritten des Europäischen Parlaments, des Europäischen Rates sowie der Einrichtungen und sonstigen Stellen der Europäischen Union. Der EuGH hat in dem Grundsatzurteil Kadi betont, dass die Justiziabilität dieser Handlungen der Unionsorgane unter allen Umständen gewährleistet sein muss und insbesondere nicht dadurch eingeschränkt werden kann, dass sie der Durchführung völkerrechtlicher Regeln oder Verpflichtungen der Union, z. B. im Bereich der Terrorismusbekämpfung, dienen.[121]

Beschränkungen des Rechtschutzes können sich jedoch ergeben vor dem Hinter- **25** grund der **Konzeption des angreifbaren Akts**, des **Rechtsschutzinteresses** und der **Voraussetzungen der Klagebefugnis** im Sinne von Art. 263 Abs. 4 AEUV, die ihrerseits im Licht des Rechts auf effektiven Rechtsschutz im Sinne von Art. 47 Abs. 1 GRC einschränkend auszulegen sind. Im Fall fehlender Klagebefugnis natürlicher oder juristischer Personen vor dem EuG gegen grundsätzlich justiziable, sie beschwerende Unionsrechtsakte (»zentraler« Rechtsschutz) kann die Vollständigkeit des Rechtsschutzes gegebenenfalls über den nationalen Rechtsweg, nämlich Klagen gegen nationale Durchführungsakte vor den mitgliedstaatlichen Gerichten (»dezentraler« Rechtsschutz) sichergestellt werden (s. bereits Rn. 20). Umgekehrt ist bei zweifelsfrei gegebener Klagebefugnis gegen den Unionsrechtsakt vor dem EuG nach Ablauf der in Art. 263 Abs. 6 AEUV vorgesehenen Klagefrist – in Ausnahme zu dem in Rn. 23 genannten Grundsatz – der Rechtsweg über die mitgliedstaatlichen Gerichte insofern versperrt, als der Kläger die Gültigkeit dieses Unionsrechtsaktes über das Vorabentscheidungsverfahren im Sinne von Art. 267 Abs. 1 Buchst. b AEUV vor dem EuGH nicht mehr in Frage stellen kann (s. dazu auch Rn. 69).[122] Die einzelnen Voraussetzungen der Klagebefugnis werden un-

---

[120] EuGH, Urt. v. 15. 2. 2001, Rs. C–239/99 (Nachi Europe), Slg. 2001, I–1197, Rn. 33–36, unter Hinweis auf Urt. v. 9. 3. 1994, Rs. C–188/92 (TWD Textilwerke Deggendorf), Slg. 1994, I–833, Rn. 23; vgl. auch Urt. v. 8. 3. 2007, Rs. C–441/05 (Roquette Frères), Slg. 2007, I–1993, Rn. 39–41; Urt. v. 3. 10. 2013, Rs. C–583/11 P (Inuit Tapiriit Kanatami u. a./Parlament u. Rat), EuZW 2014, 22, Rn. 103–104.

[121] EuGH, Urt. v. 3. 9. 2008, verb. Rs. C–402/05 P u. C–415/05 P (Kadi u. a./Rat u. Kommission), Slg. 2008, I–6351, Rn. 281 ff.

[122] EuGH, Urt. v. 9. 3. 1994, Rs. C–188/92 (TWD Textilwerke Deggendorf), Slg. 1994, I–833, Rn. 24–26 (Beihilferecht); hierzu *Pache*, EuZW 1994, 615; *Gröpl*, EuGRZ 1995, 583; *Kamann/Selmayr*, NVwZ 1999, 1041. Vgl. auch EuGH, Urt. v. 30. 1. 1997, Rs. C–178/95 (Wiljo), Slg. 1997, I–585, Rn. 19–22 (Steuerrecht); Urt. v. 15. 2. 2001, Rs. C–239/99 (Nachi Europe), Slg. 2001, I–1197, Rn. 28 ff. (Antidumpingrecht); zusammenfassend *Pechstein/Kubicki*, NJW 2005, 1825; *Nowak*, in: Heselhaus/Nowak, Handbuch der Europäischen Grundrechte, § 51, Rn. 56–57; *ders.*, in: Terhechte, Verwaltungsrecht der EU, § 13, Rn. 69–70. Neuerdings EuGH, Urt. v. 29. 6. 2010, Rs. C–550/09 (E u. F), Slg. 2010, I–6213, Rn. 44–46 (Terrorismusbekämpfung); Urt. v. 17. 2. 2011, Rs. C–494/09 (Bolton Alimentari), Slg. 2011, I–647, Rn. 22–23 (Zollrecht); Urt. v. 9. 6. 2011, verb. Rs. C–71/09 P, C–73/09 P u. C–76/09 P (Comitato »Venezia vuole vivere« u. a./Kommission), Slg. 2011, I–4727,

ter dem Gesichtspunkt der Wirksamkeit des Rechtsschutzes näher betrachtet (s. Rn. 32–33). Ferner hat der EuGH bereits früh klargestellt, dass – mit gewissen Einschränkungen im Rahmen des einstweiligen Rechtsschutzes vor den mitgliedstaatlichen Gerichten[123] – allein die Unionsgerichte über die Gültigkeit von Unionsrechtsakten befinden können, da ansonsten die Einheit der Unionsrechtsordnung gefährdet und die Rechtssicherheit beeinträchtigt würde.[124]

26   Die **Justiziabilität** eines Unionsrechtsakts im Sinne von Art. 263 AEUV richtet sich nach ständiger Rechtsprechung nicht nach seiner Rechtsnatur oder Form, sondern allein nach seiner **wahren Substanz** und der Frage, ob er verbindliche bzw. belastende Rechtswirkungen gegenüber dem Betroffenen – im Sinne einer »qualifizierten Änderung seiner Rechtsstellung« – zeitigt.[125] Im Fall von Nichtigkeitsklagen von Mitgliedstaaten oder Organen stellt der EuGH bei der Frage der Anfechtbarkeit dagegen allein auf die verbindlichen Rechtswirkungen des fraglichen Akts ab, da diese im Gegensatz zu Individualpersonen kein Rechtsschutzinteresse geltend machen müssen (s. näher Rn. 26–30).[126] Daher können, sofern sie Rechtswirkungen erzeugen, sowohl rechtlich eigentlich unverbindliche Akte wie der Form nach Empfehlungen[127] und Stellungnahmen im Sinne von Art. 288 Abs. 5 AEUV sowie Akte sui generis, z. B. nur im Amtsblatt C veröffentlichte Verwaltungsvorschriften der Kommission, wie Mitteilungen, Leitlinien oder Rahmenregelungen – sog. »soft-law«[128] – und sogar nur im Internet veröffentlichte Kundgaben der Organe,[129] als auch nur vorläufige oder vorbereitende Akte vor

---

Rn. 58–59; Urt. v. 5. 3. 2015, Rs. C–667/13 (Banco Privado Português und Massa Insolvente do Banco Privado Português), ECLI:EU:C:2015:151, Rn. 28–30 (Beihilferecht); Urt. v. 27. 11. 2012, Rs. C–370/12 (Pringle), EuZW 2013, 100, Rn. 41 (Wirtschafts- und Währungsunion).

[123] EuGH, Urt. v. 21.2.1991, verb. Rs. C–143/88 u. C–92/89 (Zuckerfabrik Süderdithmarschen u. a.), Slg. 1991, I–415, Rn. 23 ff.; Urt. v. 9. 11. 1995, Rs. C–465/93 (Atlanta Fruchthandelsgesellschaft u. a.), Slg. 1995, I–3761, Rn. 27 ff.; Urt. v. 26. 11. 1996, Rs. C–68/95 (T. Port), Slg. 1996, I–6065, Rn. 46 ff.

[124] EuGH, Urt. v. 22.10.1987, Rs. 314/85 (Foto-Frost), Slg. 1987, 4199, Rn. 12–20; zuletzt bestätigt in Urt. v. 21.12.2011, Rs. C–366/10 (Air Transport Association of America u. a.), Slg. 2011 I–13755, Rn. 47–48; Urt. v. 6. 11. 2012, Rs. C–199/11 (Otis u. a.), EuZW 2013, 24, Rn. 53; Urt. v. 3. 10. 2013, Rs. C–583/11 P (Inuit Tapiriit Kanatami u. a./Parlament u. Rat), EuZW 2014, 22, Rn. 95–96. Kritisch insbes. mit Blick auf die Rechtsschutzlücken im Bereich der Gemeinsamen Außen- und Sicherheitspolitik *Leczykiewicz*, E. L. Rev. 35 (2010), 326.

[125] Ständige Judikatur seit EuGH, Urt. v. 11.11.1981, Rs. 60/81 (IBM/Kommission), Slg. 1981, 2639, Rn. 9–10; vgl. neuerdings EuGH, Urt. v. 24. 10. 2013, Rs. C–77/12 P (Deutsche Post/Kommission), ECLI:EU:C:2013:695, Rn. 51.

[126] Vgl. die Klarstellung in EuGH, Urt. v. 13. 10. 2011, verb. Rs. C–463/10 P u. C–475/10 P (Deutsche Post u. Deutschland/Kommission), Slg. 2011, I–9639, Rn. 36, unter Hinweis auf u. a. Urt. v. 31.3.1971, Rs. 22/70, (AETR), Slg. 1971, 263, Rn. 42; Urt. v. 2.3.1994, Rs. C–316/91 (Parlament/Rat), Slg. 1994, I–625, Rn. 8, Urt. v. 24. 11. 2005, verb. Rs. C–138/03, C–324/03 u. C–431/03 (Italien/Kommission), Slg. 2005, I–10043, Rn. 32; Urt. v. 1. 12. 2005, Rs. C–301/03 (Italien/Kommission), Slg. 2005, I–10217, Rn. 19; Urt. v. 1. 10. 2009, Rs. C–370/07 (Kommission/Rat), Slg. 2009, I–8917, Rn. 42.

[127] Siehe auch die unzulässige Klage eines Mitgliedstaats gegen eine Empfehlung in EuG, Beschl. v. 27. 10. 2015, Rs. T–721/14 (Belgien/Kommission), ECLI:EU:T:2015:829 (Rechtsmittel anhängig in Rs. C–16/16 P).

[128] Allgemein hierzu schon *Snyder*, Soft Law and Institutional Practice in the European Community, FS Emile Noël, 1994, S. 197 ff.; *Adam*, Die Mitteilungen der Kommission: Verwaltungsvorschriften des Europäischen Gemeinschaftsrechts?, 1999; *Thomas*, EuR 2009, 423.

[129] Bzgl. eine derartige Veröffentlichung der EZB im Rahmen ihrer Überwachungspolitik des Eurosystems vgl. EuG, Urt. v. 4.3.2015, Rs. T–496/11 (Vereinigtes Königreich/EZB), ECLI:EU:T: 2015:133, Rn. 27 ff.

den Unionsgerichten entweder unmittelbar oder zumindest mittelbar über die Rechts-widrigkeitseinrede nach Art. 277 AEUV justiziabel sein.[130] Die Neufassung von Art. 263 Abs. 4 AEUV im Vertrag von Lissabon trägt dem Rechnung, indem sie überein-stimmend mit Art. 263 Abs. 1 AEUV die noch in Art. 230 Abs. 4 EGV enthaltene Be-zeichnung des tauglichen Klagegegenstands »Entscheidungen« durch die Begriffe »Handlungen« und »Rechtsakte« ersetzt hat, was eine umfassendere Rechtsschutzga-rantie impliziert, unabhängig davon in welcher Rechtsform die angegriffene Maßnahme ergeht.[131]

Im Hinblick auf **vorläufige** oder **vorbereitende Akte** hat der EuGH in jüngerer Zeit in   27
begrüssenswerter Weise besonderen Wert darauf gelegt, dass die Anforderungen von Art. 47 Abs. 1 GRC im Sinne des vollständigen Rechtsschutzes gewahrt bleiben.[132] Noch vor einiger Zeit hatte er befunden, dass die Grundsätze der Vollständigkeit des Rechts-schutzsystems der Union und des wirksamen gerichtlichen Rechtsschutzes den Uni-onsrichter nicht dazu ermächtigen, die Voraussetzung der Anfechtbarkeit eines solchen Akts – nämlich, dass er verbindliche Rechtswirkungen erzeugen muss, die die Interessen des Klägers durch eine qualifizierte Änderung seiner Rechtsstellung beeinträchtigen –, erweiternd auszulegen oder wegfallen zu lassen.[133] In dem beihilferechtlichen Urteil Deutsche Post sowie im Beschluss Sepracor aus dem Jahr 2012 öffnete der EuGH jedoch deutlich die Tür für eine solche erweiternde Auslegung des Konzepts des anfechtbaren Akts. Seiner Ansicht nach handelt es sich bei Zwischenmaßnahmen zwar einerseits grundsätzlich nicht um Handlungen, die Gegenstand einer Nichtigkeitsklage sein kön-nen. Dies folge in erster Linie daraus, dass sie eine nur vorläufige Meinung des betref-fenden Organs zum Ausdruck bringen. In einem solchen Fall könnte der Unionsrichter daher zu einer Entscheidung über Fragen gezwungen werden, zu denen dieses Organ sich noch nicht hat äußern können, so dass sie der Erörterung der sachlichen Probleme vorgreifen und die verschiedenen Phasen des Verwaltungs- und des gerichtlichen Ver-fahrens vermengen könnte. Die Zulassung einer solchen Klage wäre daher mit der im Vertrag vorgesehenen Zuständigkeitsverteilung zwischen Kommission und Unionsrich-ter und dem Klagesystem des Vertrags sowie mit den Erfordernissen einer geordneten Rechtspflege und eines ordnungsgemäßen Ablaufs des Verwaltungsverfahrens der Kommission unvereinbar.[134] Dies gelte auch dann, wenn feststeht, dass die Rechtswid-

---

[130] Vgl. in diesem Sinne EuGH, Urt. v. 9.10.1990, Rs. C–366/88 (Frankreich/Kommission), Slg. 1990, I–3571, Rn. 23; Urt. v. 13.11.1991, Rs. C–303/90 (Frankreich/Kommission), Slg. 1991, I–5315, Rn. 18–24; Urt. v. 16.6.1993, Rs. C–325/91 (Frankreich/Kommission), Slg. 1993, I–3283, Rn. 20–23; Urt. v. 20.3.1997, Rs. C–57/95 (Frankreich/Kommission), Slg. 1997, I–1627, Rn. 14 ff.; ablehnend EuGH, Urt. v. 6.4.2000, Rs. C–443/97 (Spanien/Kommission), Slg. 2000, I–2415; Urt. v. 1.12.2005, Rs. C–301/03 (Italien/Kommission), Slg. 2005, I–10217; EuG, Urt. v. 20.5.2010, Rs. T–258/06 (Deutschland/Kommission), Slg. 2010, II–2027. Vgl. auch *Gundel*, EuR 1998, 85.
[131] Vgl. auch EuGH, Urt. v. 3.10.2013, Rs. C–583/11 P (Inuit Tapiriit Kanatami u. a./Parlament u. Rat), EuZW 2014, 22, Rn. 56.
[132] Siehe insbes. EuGH, Urt. v. 13.10.2011, verb. Rs. C–463/10 P u. C–475/10 P (Deutsche Post u. Deutschland/Kommission), Slg. 2011, I–9639, Rn. 50–54; Beschl. v. 14.5.2012, Rs. C–477/11 P (Se-pracor Pharmaceuticals/Kommission), ECLI:EU:C:2012:292, Rn. 52–58.
[133] EuGH, Urt. v. 12.9.2006, Rs. C–131/03 P (Reynolds Tobacco u. a./Kommission), Slg. 2006, I–7795, Rn. 80–81.
[134] EuGH, Urt. v. 13.10.2011, verb. Rs. C–463/10 P u. C–475/10 P (Deutsche Post u. Deutsch-land/Kommission), Slg. 2011, I–9639, Rn. 50–51; Beschl. v. 14.5.2012, Rs. C–477/11 P (Sepracor Pharmaceuticals/Kommission), ECLI:EU:C:2012:292, Rn. 55–56. Betreffend den Rechtsschutz gegen vorbereitende Maßnahmen auf der dezentralen Ebene ähnlich EuGH, Urt. v. 28.7.2011, Rs. C–69/10 (Samba Diouf), Slg. 2011, I–7151, Rn. 54–56.

rigkeit der vorbereitenden Handlung im Rahmen einer Klage gegen die verfahrensabschließende, endgültige Entscheidung geltend gemacht werden kann, weil dann letztere
Klage einen ausreichenden gerichtlichen Rechtsschutz biete. Sei jedoch andererseits die
letztgenannte Voraussetzung nicht erfüllt, so erzeuge die Zwischenmaßnahme – unabhängig davon, ob sie eine vorläufige Meinung des betreffenden Organs zum Ausdruck
bringt – **eigenständige Rechtswirkungen** und müsse daher Gegenstand einer Nichtigkeitsklage sein können.[135]

28   Diese rechtsschutzfreundliche Auslegung des Konzepts des angreifbaren Akts fand
im **EU-Beihilferecht** ihren vorläufigen Höhepunkt.[136] Unter Rückgriff auf die oben in
Rn. 27 dargelegte Begründung und unter Aufhebung zweier gegenteiliger Beschlüsse
des EuG urteilte der EuGH zum einen, dass eine an den Mitgliedstaat gerichtete Anordnung zur Auskunftserteilung gemäß Art. 10 Abs. 3 Verordnung Nr. 659/1999,[137] die in
der Form eines verbindlichen Beschlusses im Sinne von Art. 288 AEUV ergeht, eine
anfechtbare Handlung im Sinne von Art. 263 AEUV sei.[138] Zum anderen verbesserte der
EuGH erheblich den Rechtsschutz gegen Maßnahmen der Kommission zur Zurückweisung beihilferechtlicher Beschwerden. Im Interesse des effektiven Rechtsschutzes war
schon das EuG einmal so weit gegangen, das an den Beschwerdeführer gerichtete Schreiben der Kommission über die Zurückweisung seiner Beschwerde als eine justiziable,
wenn auch an den Mitgliedstaat gerichtete Entscheidung zu qualifizieren.[139] Den eindeutigen Wendepunkt bildete aber das Urteil Athinaïki Techniki aus dem Jahr 2008, in
dem der EuGH die Justiziabilität derartiger Einstellungsschreiben der Kommission de-
finitiv bestätigte.[140] Dies beinhaltete eine deutliche Abkehr von der noch 1998 im Urteil
Sytraval[141] zu Grunde gelegten Konzeption, wonach das an den Beschwerdeführer gerichtete Zurückweisungs- oder Einstellungsschreiben der Kommission diesem gegen-

---

[135] EuGH, Urt. v. 13.10.2011, verb. Rs. C–463/10 P u. C–475/10 P (Deutsche Post u. Deutsch-
land/Kommission), Slg. 2011, I–9639, Rn. 53–54; Beschl. v. 14.5.2012, Rs. C–477/11 P (Sepracor
Pharmaceuticals/Kommission), ECLI:EU:C:2012:292, Rn. 57–58.

[136] Vgl. zur Anfechtbarkeit von (vorläufigen) Entscheidungen zur Eröffnung der Hauptprüfphase
i. S. v. Art. 108 Abs. 2 AEUV EuGH, Urt. v. 24.10.2013, Rs. C–77/12 P (Deutsche Post/Kommission),
ECLI:EU:C:2013:695, Rn. 51–52; einschränkend EuG, Urt. v. 16.10.2014, Rs. T–517/12 (Alro/Kom-
mission), ECLI:EU:T:2014:890; Urt. v. 16.10.2014, Rs. T–129/13 (Alpiq RomIndustries u.a./Kom-
mission), ECLI:EU:T:2014:895; Beschl. v. 3.3.2015, Rs. T–251/13 (Gemeente Nijmegen/Kommissi-
on), ECLI:EU:T:2015:142.

[137] VO Nr. 659/1999 des Rates vom 22.3.1999 über Besondere Vorschriften für die Anwendung
von Artikel 108 AEUV, ABl. 1999, L/83/1, novelliert durch VO (EU) Nr. 734/2013 des Rates vom
22.7.2013, ABl. 2013, L 204/15, sowie VO (EU) 2015/1589 des Rates vom 13.7.2015 über besondere Vorschriften für die Anwendung von Artikel 108 [AEUV], ABl. 2015, L 248/9.

[138] EuGH, Urt. v. 13.10.2011, verb. Rs. C–463/10 P u. C–475/10 P (Deutsche Post u. Deutsch-
land/Kommission), Slg. 2011, I–9639, Rn. 36 ff. unter Aufhebung von EuG, Beschl. v. 14.7.2010,
Rs. T–570/08 (Deutsche Post/Kommission), sowie Beschl. v. 14.7.2010, Rs. T–571/08 (Deutschland/
Kommission); vgl. im Anschluss EuG, Urt. v. 12.11.2013, Rs. T–570/08 RENV (Deutsche Post/Kom-
mission), ECLI:EU:T:2013:589, Rn. 42.

[139] EuG, Urt. v. 5.4.2006, Rs. T–351/02 (Deutsche Bahn/Kommission), Slg. 2006, II–1047,
Rn. 34–63. Kritisch hierzu *Nowak*, EStAL 2006, 621.

[140] EuGH, Urt. v. 17.2.2008, Rs. C–521/06 P (Athinaïki Techniki/Kommission), Slg. 2008, I–5829,
Rn. 33 ff. Dazu *Nehl*, EStAL 2009, 401; *Lorenz*, EWS 2008, 505; *Gambaro/Mazzocchi*, CMLRev. 48
(2011), 2083. Siehe auch in der Folge EuGH, Urt. v. 16.12.2010, Rs. C–362/09 P (Athinaïki Techniki/
Kommission), Slg. 2010, I–13275, m. Anm. *Thomas*, EStAL 2011, 501.

[141] EuGH, Urt. v. 2.4.1998, Rs. C–367/95 P (Kommission/Sytraval), Slg. 1998, I–1719, Rn. 45–46
unter Korrektur des die gegenteilige Auffassung vertretenden EuG, Urt. v. 28.9.1995, Rs. T–95/94
(Sytraval/Kommission), Slg. 1995, II–2651, Rn. 51.

über keine justiziable Entscheidung darstellt, er also nur eine allfällige an den Mitgliedstaat gerichtete Unbedenklichkeitsentscheidung gemäß Art. 4 Abs. 2 bzw. 3 VO Nr. 659/1999 gerichtlich anfechten kann, sofern er die Voraussetzungen der unmittelbaren und individuellen Betroffenheit im Sinne von Art. 263 Abs. 4 AEUV erfüllt. Zudem anerkennt der EuGH nun das Recht des Beschwerdeführers, mittels Beschwerde die Vorprüfphase im Sinne von Art. 4 VO Nr. 659/1999 in Gang zu setzen, welche die Kommission durch eine förmliche, gerichtlich anfechtbare Entscheidung (d. h. eine Positiventscheidung gemäß Art. 4 Abs. 2 oder 3 bzw. eine Entscheidung betreffend die Eröffnung der Hauptprüfphase gemäß Art. 4 Abs. 4) abschließen müsse.[142] Kurze Zeit später übertrug der EuGH diese Judikatur auf die Zurückweisung von Beschwerden gegen angeblich rechtswidrige Beihilfen, welche die Kommission prima facie als bestehende Beihilfen einstuft.[143] Damit steht fest, dass fortan prinzipiell jegliche endgültige schriftliche Stellungnahme der Kommission zu einer Beschwerde im Sinne von Art. 20 Abs. 2 VO Nr. 659/1999 zugleich – und unabhängig von ihrer Form – als eine an den Mitgliedstaat gerichtete und für den Beschwerdeführer gerichtlich anfechtbare Entscheidung gemäß Art. 4 VO Nr. 659/1999 zu qualifizieren ist.[144]

c) Relativierung der ungeschriebenen Zulässigkeitsvoraussetzung des Rechtsschutzinteresses und ihr Verhältnis zur Klagebefugnis

Das EU-Beihilferecht bot der Rechtsprechung ebenfalls die Gelegenheit, zum einen die   **29** Konzeption des angreifbaren Akts besser von der ungeschriebenen Zulässigkeitsvoraussetzung des Rechtsschutzinteresses abzugrenzen, um allfällige Rechtsschutzlücken zu vermeiden. Zum anderen verdeutlichte der EuGH den Unterschied zwischen einerseits dem Rechtsschutzinteresse als einer wesentlichen, wenn auch ungeschriebenen Zulässigkeitsvoraussetzung und andererseits derjenigen der Klagebefugnis gemäß Art. 263 Abs. 4 AEUV.[145] Betreffend das **Rechtsschutzinteresse** ist an die ständige Judikatur zu erinnern, wonach die Nichtigkeitsklage einer natürlichen oder juristischen Person gemäß Art. 263 AEUV nur zulässig ist, wenn der Kläger ein bestehendes und gegenwärtiges Interesse an der Nichtigerklärung der angefochtenen Entscheidung hat. Ein solches Interesse besteht nur, wenn die Nichtigerklärung der Handlung als solche Rechtswirkungen haben kann oder wenn – nach einer anderen Formel – der Rechtsbehelf der Person, die ihn eingelegt hat, im Ergebnis einen Vorteil verschaffen kann. Daher kann ein Rechtsakt, der dieser Person in vollem Umfang Genüge tut, sie naturgemäß nicht beschweren, so dass sie kein Interesse hat, seine Nichtigerklärung zu beantragen.[146]

---

[142] EuGH, Urt. v. 17.2.2008, Rs. C–521/06 P (Athinaïki Techniki/Kommission), Slg. 2008, I–5829, Rn. 37 u. 40.

[143] EuGH, Urt. v. 18.11.2010, Rs. C–322/09 P (NDSHT/Kommission), Slg. 2010, I–11911, Rn 45 ff. mit Anm. *Gross*, EuZW 2011, 110–112; *Kassow*, EStAL 2011, 337.

[144] So auch *Gross*, EuZW 2011, 112. *Gambaro/Mazzocchi*, CMLRev. 48 (2011), 2083 (2102–2103), sprechen sogar von einer de facto Abschaffung des zweiten Satzes von Art. 20 Abs. 2 VO Nr. 659/1999 in dem Sinne, dass das Schreiben der Kommission nicht mehr als ein Mittel zur Einstellung des Verfahrens angesehen werden kann; die Rechtswirkung dieses Schreibens erschöpfe sich fortan darin, den Beschwerdeführer um zusätzliche Informationen zwecks Vorbereitung einer Entscheidung gemäß Art. 4 VO Nr. 659/1999 zu bitten. Zweifelnd hingegen *Thomas*, EStAL 2011, 509. Vgl. auch EuG, Urt. v. 15.1.2013, Rs. T–182/10 (Aiscat/Kommission), ECLI:EU:T:2013:9, Rn. 26 ff.

[145] So insbes. EuGH, Urt. v. 17.9.2015, Rs. C–33/14 P (Mory u. a./Kommission), ECLI:EU:C: 2015:609, Rn. 55–62.

[146] Vgl. EuGH, Urt. v. 17.9.2015, Rs. C–33/14 P (Mory u. a./Kommission), ECLI:EU:C:2015:609,

Angesichts der Überschneidung dieser Kriterien mit der Voraussetzung, dass ein angreifbarer Akt verbindliche bzw. belastende Rechtswirkungen für den Kläger erzeugen muss, stellten die Unionsgerichte klar, dass ein Mitgliedstaat als privilegierter Kläger eine Nichtigkeitsklage gegen eine verbindliche Rechtswirkungen erzeugende Handlung erheben kann, ohne dass er diesbezüglich ein Rechtsschutzinteresse dartun muss.[147] Natürliche oder juristische Personen müssen hingegen nicht nur nachweisen, dass der angegriffene Akt tatsächlich angreifbar ist, sondern auch kumulativ die Zulässigkeitsvoraussetzungen des Rechtsschutzinteresses und der Klagebefugnis erfüllen.[148]

30   Zudem muss nach ständiger Rechtsprechung das Rechtsschutzinteresse eines Klägers nicht nur bei der Klageerhebung gegeben sein, sondern auch, genauso wie der Streitgegenstand, bis zum Erlass der gerichtlichen Entscheidung vorliegen, da sich der Rechtsstreit anderenfalls in der Hauptsache erledigt.[149] Eine solche Erledigung tritt häufig im Fall einer förmlichen Rücknahme des angefochtenen Akts oder dessen Ersetzung durch einen neuen Akt ein.[150] Ein Wegfall des Rechtsschutzinteresses kommt jedoch im Sinne der Vollständigkeit und Wirksamkeit des Rechtsschutzes nicht in Betracht, wenn der Kläger weiterhin ein Interesse an der Nichtigerklärung einer Handlung eines Unionsorgans hat, entweder um zu verhindern, dass sich der behauptete Rechtsverstoß unabhängig von den Umständen der Rechtssache, die zur Klageerhebung geführt haben, in Zukunft wiederholt,[151] wenn nur die Nichtigerklärung des angefochtenen Akts mit Wirkung ex tunc den allfälligen nationalen beschwerenden Maßnahmen, z. B. Sanktionen, die auf diesen Akt gestützt sind, die Rechtsgrundlage nimmt, was im Fall eines Schadensersatzantrags nicht gewährleistet wäre,[152] oder wenn die Nichtigkeitserklärung die Grundlage für eine künftige Haftungsklage bilden soll.[153] Diese Auslegung stimmt mit der vom EuGH in der Rechtssache Kadi getroffenen grundlegenden Feststellung überein, wonach das »Wesen eines effektiven gerichtlichen Rechtsschutzes nämlich gerade darin bestehen [muss], es der betroffenen Person zu ermöglichen, durch ein Nichtig-

---

Rn. 55–56; EuG, Urt. v. 11. 3. 2009, Rs. T–354/05 (TF1/Kommission), Slg. 2009, II–471, Rn. 84–85; Urt. v. 21. 5. 2010, verb. Rs. T–425/04, T–444/04, T–450/04 u. T–456/04 (France Télécom u. a./Kommission), Slg. 2010, II–2099, Rn. 116.

[147] EuGH, Urt. v. 13. 10. 2011, verb. Rs. C–463/10 P u. C–475/10 P (Deutsche Post u. Deutschland/Kommission), Slg. 2011, I–9639, Rn. 36; EuG, Urt. v. 10. 4. 2008, Rs. T–233/04 (Niederlande/Kommission), Slg. 2008, II–591, Rn. 37; Urt. v. 22. 10. 2008, verb. Rs. T–309/04, T–317/04, T–329/04 u. T–336/04 (TV 2/Dänemark u. a./Kommission), Slg. 2008, II–2935, Rn. 63; Urt. v. 21. 5. 2010, verb. Rs. T–425/04, T–444/04, T–450/04 u. T–456/04 (France Télécom u. a./Kommission), Slg. 2010, II–2099, Rn. 118–119.

[148] EuGH, Urt. v. 17. 9. 2015, Rs. C–33/14 P (Mory u. a./Kommission), ECLI:EU:C:2015:609, Rn. 62.

[149] Vgl. zuletzt EuGH, Urt. v. 17. 9. 2015, Rs. C–33/14 P (Mory u. a./Kommission), ECLI:EU:C: 2015:609, Rn. 56–57 m. w. N., sowie grundlegend EuGH, Urt. v. 7. 6. 2007, Rs. C–362/05 P (Wunenburger/Kommission), Slg. 2007, I–4333, Rn. 42–43; EuG, Urt. v. 24. 9. 2008, Rs. T–45/06 (Reliance Industries/Rat u. Kommission), Slg. 2008, II–2399, Rn. 35; Urt. v. 18. 3. 2009, Rs. T–299/05 (Shanghai Excell/Rat), Slg. 2009, II–565, Rn. 43; Urt. v. 16. 12. 2011, Rs. T–291/04 (Enviro Tech/Kommission), Slg. 2011, II–8281, Rn. 84.

[150] Vgl. nur EuGH, Urt. v. 7. 6. 2007, Rs. C–362/05 P (Wunenburger/Kommission), Slg. 2007, I–4333, Rn. 48.

[151] Siehe EuGH, Urt. v. 7. 6. 2007, Rs. C–362/05 P (Wunenburger/Kommission), Slg. 2007, I–4333, Rn. 50 ff.

[152] Vgl. EuG, Urt. v. 16. 12. 2011, Rs. T–291/04 (Enviro Tech/Kommission), Slg. 2011, II–8281, Rn. 87–89.

[153] Vgl. EuGH, Urt. v. 17. 9. 2015, Rs. C–33/14 P (Mory u. a./Kommission), ECLI:EU:C:2015:609, Rn. 69–70 m. w. N.

keitsurteil, mit dem die angefochtene Handlung rückwirkend aus der Rechtsordnung entfernt und so behandelt wird, als ob sie niemals bestanden hätte, gerichtlich feststellen zu lassen«, dass der angegriffene Akte »mit einem Rechtsverstoß behaftet ist, dessen Anerkennung geeignet ist, sie zu rehabilitieren oder für sie eine Form der Wiedergutmachung des erlittenen immateriellen Schadens darzustellen«.[154]

2. Wirksamkeit des Rechtsschutzes (Art. 47 Abs. 1 GRC)

a) Unmittelbarkeit, Rechtzeitigkeit und Wirksamkeit des gerichtlichen Rechtsschutzes

Art. 47 Abs. 1 GRC fordert ausdrücklich die Wirksamkeit des gerichtlichen Rechtsbe- **31** helfs. Damit ist zunächst gemeint, dass dem Einzelnen ein unmittelbarer, rechtzeitiger und wirksamer gerichtlicher Rechtsschutz gegen eine »mögliche«, also noch nicht feststehende Rechtsverletzung zustehen muss. Dieser Anspruch wird durch die prozessualen Teilgewährleistungen in Art. 47 Abs. 2 GRC in organisations- und verfahrensrechtlicher Hinsicht abgesichert, ist aber von diesen grundsätzlich zu unterscheiden.[155]

Die Frage des unmittelbaren und wirksamen Zugangs zu den Unionsgerichten hat **32** sich seit dem Grundsatzurteil Plaumann immer wieder und insbesondere mit Blick auf die abstrakt-generellen Rechtsakte der Union, wie Verordnungen und Richtlinien, gestellt. Nach der sog. **Plaumann-Formel** sind Individualpersonen nur dann klagebefugt bzw. als im Sinne von Art. 263 Abs. 4 AEUV »**individuell betroffen**« anzusehen, wenn die angegriffenen Vorschriften sie wegen bestimmter besonderer Eigenschaften oder aufgrund von Umständen betrifft, die sie aus dem Kreis aller übrigen Personen herausheben und sie in ähnlicher Weise individualisieren wie einen Adressaten.[156] Diese Formel hat zu einer wiederholt kritisierten Verkürzung des »zentralen« Rechtsschutzes gegen abstrakt-generelle Maßnahmen der Unionsorgane und zu dessen Verlagerung auf die »dezentrale« Ebene vor den mitgliedstaatlichen Gerichten geführt, vor welchen entsprechende Durchführungsakte mitgliedstaatlicher Behörden angefochten werden können (s. bereits Rn. 7 u. 20).[157] Im Gegensatz zum deutschen und österreichischen Verwaltungsprozess- und Verfassungsrecht reicht eine unmittelbare Grundrechtsbetroffenheit, und zwar unabhängig von seiner Intensität, nämlich gerade nicht aus, um die Klagebefugnis zu begründen, sondern es ist ein hoher Grad der Individualisierung erforderlich, der sich weniger nach materiellen oder wertenden als nach formalen Gesichtspunkten beurteilt.[158] Angesichts der klaren Aussagen des EuGH in der Rechtssache

---

[154] EuGH, Urt. v. 18. 7. 2013, verb. Rs. C–584/10 P, C–593/10 P u. C–595/10 P (Kommission/Kadi), EuGRZ 2013, 389, Rn. 134.

[155] Für eine einheitliche Betrachtungsweise jedoch *Pabel*, Justizgrundrechte, Rn. 21, 34 u. 44.

[156] EuGH, Urt. v. 15. 7. 1963, Rs. 25/62 (Plaumann/Kommission), Slg. 1963, 213 (238).

[157] So insbes. EuGH, Urt. v. 25. 7. 2002, Rs. C–50/00 P (Unión de Pequeños Agricultores/Rat), Slg. 2002, I–6677, Rn. 38 ff.; Urt. v. 1. 4. 2004, Rs. C–263/02 P (Kommission/Jégo-Quéré), Slg. 2004, I–3425, Rn. 29 ff., jeweils unter Korrektur der gegenteiligen Auffassung des EuG, Urt. v. 23. 11. 1999, Rs. T–173/98 (Unión de Pequeños Agricultores/Rat), Slg. 1999, II–3357, Rn. 62; Urt. v. 3. 5. 2002, Rs. T–177/01 (Jégo-Quéré/Kommission), Slg. 2002, II–2365, Rn. 51. Vgl. zur Entwicklung und zum Streitstand *Harlow*, YEL 1992, 213; *dies.*, Access to Justice as a Human Right, S. 187; *v. Danwitz*, NJW 1993, 1108; *Arnull*, Challenging community acts: an introduction, in: Micklitz/Reich (Hrsg.), Public Interest Litigation before European Courts, 1996, S. 39 ff.; *ders.*, E.L.Rev. 36 (2011), 51; *Calliess*, NJW 2002, 3577; *Dittert*, EuR 2002, 708; *Köngeter*, NJW 2002, 2216; *Braun/Kettner*, DÖV 2003, 58; *van den Broek*, LIEI 30 (2003), 61; *Ragolle*, E.L.Rev. 28 (2003), 90; *Röhl*, Jura 2003, 830; *Temple Lang*, E.L.Rev. 28 (2003), 102; *Wölker*, DÖV 2003, 570; *Lenz/Staeglich*, NVwZ 2004, 1421; *Baumeister*, EuR 2005, 1; *Koch*, E.L.Rev. 30 (2005), 511; *Classen*, JZ 2006, 157, *Lenaerts*, CDE 5–6/2009, 711 (718 ff.).

[158] Deutlich in EuG, Beschl. v. 4. 7. 1994, Rs. T–13/94 (Century Oils Hellas/Kommission),

Inuit[159] hat sich durch Art. 47 Abs. 1 GRC daran nichts geändert (s. Rn. 7, 20 u. 35). Dies gilt selbst für den Fall des Risikos der Vernichtung der wirtschaftlichen Existenz des klagenden Unternehmens als Folge des angegriffenen Rechtsakts.[160] Wenige Ausnahme-Urteile mit anderer Orientierung, die aber in der Rechtsprechung nur sektoriell bzw. vorübergehend Bedeutung erlangt haben, scheinen diese Regel eher zu bestätigen.[161] Im Ansatz durchgesetzt hat sich erfreulicherweise jedoch die Tendenz, eine hinreichende Individualisierung des Klägers dann anzunehmen, wenn er im Rahmen des Verfahrens, das zum Erlass der angegriffenen abstrakt-generellen Maßnahme führt, spezifische Verfahrensgarantien genießt und diese auch genutzt hat.[162]

33   Einen Sonderfall bildet insoweit die liberalere Rechtsprechung zur individuellen Betroffenheit von Wettbewerbern von Beihilfeempfängern, wenn die Kommission das Verfahren bereits im Stadium der Vorprüfphase abschließt und die Kläger daher nicht in den Genuss der nur für die Hauptprüfphase nach Art. 108 Abs. 2 Satz 1 AEUV vorgesehenen Verfahrensrechte kommen konnten. Gegen eine auf Art. 4 Abs. 3 VO Nr. 659/1999 gestützte Entscheidung der Kommission, keine Einwände gegen die streitige Beihilfe zu erheben, können die Wettbewerber daher, gestützt auf ihre Beteiligteneigenschaft im Sinne von Art. 1 Buchst. h VO Nr. 659/1999 und mit der Begründung, ihre Verfahrensrechte wahren zu wollen, zulässig Klage erheben.[163] Nur wenn der Klä-

---

Slg. 1994, II–431, Rn. 15; aus jüngerer Zeit vgl. EuGH, Urt. v. 23.4.2009, Rs. C–362/06 P (Sahlstedt u.a./Kommission), Slg. 2009, I–2903, Rn. 29 ff.; EuG, Urt. v. 2.3.2010, Rs. T–16/04 (Arcelor/Parlament u- Rat), Slg. 2010, II–211, Rn. 93 ff.

[159] EuGH, Urt. v. 3.10.2013, Rs. C–583/11 P (Inuit Tapiriit Kanatami u.a./Parlament u. Rat), EuZW 2014, 22, Rn. 70–71 u. 90 ff. (insbes. 97–98).

[160] Vgl. nur EuG, Beschl. v. 29.6.2006, Rs. T–311/03 (Nürburgring/Parlament u. Rat), Slg. 2006, II–46, Rn. 60 ff.; Beschl. v. 11.9.2007, Rs. T–28/07 (Fels-Werke u.a./Kommission), Slg. 2007, II–98, Rn. 58 ff., bestätigt durch EuGH, Beschl. v. 8.4.2008, Rs. C–503/07 P (Saint-Gobain Glass Deutschland/Kommission), Slg. 2008, I–2217, Rn. 70 ff.

[161] Berühmt geworden daher EuGH, Urt. v. 16.5.1991, Rs. C–358/89 (Extramet/Rat), Slg. 1991, I–2501, Rn. 13 ff. (Antidumpingrecht); Urt. v. 18.5.1994, Rs. C–309/89 (Codorniú/Rat), Slg. 1994, I–1853, Rn. 19–22 (Markenrecht); vgl. auch Urt. v. 13.3.2008, Rs. C–125/06 P (Kommission/Infront), Slg. 2008, I–1451, Rn. 70 ff. betreffend einen »beschränkten Kreis von Wirtschaftsteilnehmern« (Medienrecht); ähnlich nun EuGH, Beschl. v. 27.2.2014, Rs. C–132/12 P (Stichting Woonpunt u.a./Kommission), ECLI:EU:C:2014:100, Rn. 57 ff., sowie Rs. C–132/12 P (Stichting Woonlinie u.a./Kommission), ECLI:EU:C:2014:105, Rn. 44 ff.; restriktiver wiederum EuGH, Urt. v. 19.12.2013, Rs. C–274/12 P (Telefónica/Kommission), EuZW 2014, 228, Rn. 45 ff. (Beihilferecht). Auf dem Gebiet der phytosanitären Überwachung vgl. EuG, Urt. v. 9.9.2008, Rs. T–75/06 (Bayer CropScience u.a./Kommission), Slg. 2008, II–2081, Rn. 68–69; Urt. v. 3.9.2009, Rs. T–326/07 (Cheminova u.a./Kommission), Slg. 2009, II–2685, Rn. 66–68; Urt. v. 7.10.2009, Rs. T–420/05 (Vischim/Kommission), Slg. 2009, II–3841, Rn. 64–79; Urt. v. 7.10.2009, Rs. T–380/06 (Vischim/Kommission), Slg. 2009, II–3911, Rn. 46–59.

[162] EuGH, Beschl. v. 17.2.2009, C–483/07 P (Galileo Lebensmittel/Rat), Slg. 2009, I–959, Rn. 53; EuG, Beschl. v. 7.9.2010, Rs. T–532/08 (Norilsk Nickel u.a./Kommission), Slg. 2010, II–3959, Rn. 103; Beschl. v. 7.9.2010, Rs. T–539/08 (Etimine u.a./Kommission), Slg. 2010, II–4017, Rn. 109; einschränkend wiederum EuGH, Beschl. v. 5.5.2009, Rs. C–355/08 P (WWF-UK/Rat), Rn. 40 ff.; EuG, Beschl. v. 4.6.2012, Rs. T–381/11 (Eurofer/Kommission), ECLI:EU:T:2012:273, Rn. 34 ff. Zur grundsätzlichen Notwendigkeit des Parallelismus zwischen Verfahrensgarantien und Klagebefugnis bereits *Nehl*, Wechselwirkungen, S. 146 ff.

[163] Zu dieser Klagebefugnis klarstellend EuGH, Urt. v. 24.5.2011, Rs. C–83/09 P (Kommission/Kronoply u. Kronotex), Slg. 2011, I–4441, Rn. 47 ff. Vgl. auch bereits zuvor Urt. v. 19.5.1993, Rs. C–198/91 (Cook/Kommission), Slg. 1993, I–2486, Rn. 23; Urt. v. 15.6.1993, Rs. C–225/91 (Matra/Kommission), Slg. 1993, I–3203, Rn. 17; Urt. v. 2.4.1998, Rs. C–367/95 P (Kommission/Sytraval), Slg. 1998, I–1719, Rn. 47; Urt. v. 13.12.2005, Rs. C–78/03 P (Kommission/Aktionsgemeinschaft Recht und Eigentum), Slg. 2005, I–10737, Rn. 32 ff.; Urt. v. 11.9.2008, verb. Rs. C–75/05 P u.

ger sich auch gegen die Begründetheit der angegriffenen Entscheidung wendet, muss er in abgewandelter – und etwas weniger restriktiv gehandhabter – Auslegung der Plaumann-Formel seine individuelle Betroffenheit im Sinne einer spürbaren Beeinträchtigung seiner Marktstellung nachweisen.[164] Eine tendenziell liberalere Judikatur hat sich ebenso im Bereich des EU-Antidumpingrechts durchgesetzt, in dem die in den Antidumpingverordnungen genannten Hersteller und Exporteure – im Unterschied zu den unabhängigen Importeuren – in der Regel als »individuell betroffen« im Sinne von Art. 263 Abs. 4 AEUV angesehen werden.[165]

Angesichts der in Rn. 32 genannten Rechtsschutzdefizite gegen abstrakt-generelle   **34** Unionsrechtsakte hat sich die Diskussion nach dem Inkrafttreten des Vertrags von Lissabon auf die Auslegung der neu eingefügten letzten Variante in Art. 263 Abs. 4 AEUV konzentriert. Danach können natürliche und juristische Personen »gegen Rechtsakte mit Verordnungscharakter, die sie unmittelbar betreffen und keine Durchführungsmaßnahmen nach sich ziehen, Klage erheben«. Die Zulässigkeit einer Nichtigkeitsklage gegen »**Rechtsakte mit Verordnungscharakter**«, die den Kläger unmittelbar betreffen und keiner Durchführungsmaßnahme mehr bedürfen, ist daher nicht mehr von der Erfüllung des einschränkend auszulegenden Kriteriums der individuellen Betroffenheit abhängig. Art. 263 Abs. 4 AEUV entspricht Art. III–365 Abs. 4 des Verfassungsvertrags und geht im Wesentlichen auf eine Initiative der österreichischen Delegation zurück, die angesichts der restriktiven Rechtsprechung der Unionsgerichte zu Art. 230 Abs. 4 EGV und zu dem Kriterium der individuellen Betroffenheit dessen vollständige Streichung bzw. eine Erweiterung des individuellen Direktklagerechts forderte.[166] Es bestand jedoch lange Zeit Unklarheit, wie die Vorschrift des Art. 263 Abs. 4 AEUV, insbesondere der Begriff »Rechtsakte mit Verordnungscharakter« sowie die Voraussetzungen »unmittelbar betreffen« und »keiner Durchführungsmaßnahme mehr bedürfen« auszulegen sind.[167]

Die Bedeutung des Begriffs »Rechtsakte mit Verordnungscharakter« hat der EuGH   **35** unter Bestätigung des Beschlusses des EuG[168] in der Rechtssache **Inuit** nun endgültig geklärt.[169] Unter besonderer Berücksichtigung der Entstehungsgeschichte der Vorschrift kamen das EuG und der EuGH zu dem Ergebnis, dass der Begriff »Rechtsakte mit Verordnungscharakter« gemäß Art. 263 Abs. 4 AEUV Handlungen mit allgemeiner Geltung mit Ausnahme der Gesetzgebungsakte im Sinne von Art. 289 Abs. 3 AEUV er-

---

C–80/05 P (Deutschland/Kronofrance), Slg. 2008, I–6619, Rn. 35 ff.; Urt. v. 22.12.2008, Rs. C–487/06 P (British Aggregates Association/Kommission), Slg. 2008, I–10515, Rn. 25 ff.; Urt. v. 9.7.2009, Rs. C–319/07 P (3F/Kommission), Slg. 2009, I–5963, Rn. 31 ff.

[164] Erstmals in EuGH, Urt. v. 13.12.2005, Rs C–78/03 P (Kommission/Aktionsgemeinschaft Recht und Eigentum), Slg. 2005, I–10737, Rn. 37. Zum Ganzen näher *Honoré*, EStAL 2006, 269 (272 ff.).

[165] Vgl. nur den Rechtsprechungsüberblick in EuG, Urt. v. 19.4.2012, Rs. T–162/09 (Würth u. a./Rat), ECLI:EU:T:2012:187, Rn. 21 ff.

[166] Hierzu näher unter Hinweis auf die vergleichbaren Rechtswege zum österreichischen Verfassungsgerichtshof und zum Bundesverfassungsgericht *Azizi*, Rechtsschutz, S. 223 ff.

[167] Vgl. zum Streitstand *Petzold*, Individualrechtsschutz, S. 74 ff.; *Koch*, E.L.Rev. 30 (2005), 511 (518 ff.); *Thalmann*, EuR 2012, 452 (455 f.); *Everling*, EuZW 2010, 572; *Balthasar*, E.L.Rev. 35 (2010), 542; *Görlitz/Kubicki*, EuZW 2011, 248; *Herrmann*, NVwZ 2011, 1352.

[168] EuG, Beschl. v. 6.9.2011, Rs. T–18/10 (Inuit Tapiriit Kanatami u. a./Parlament u. Rat), Slg. 2011, II–5599. Dazu nur *Everling*, EuZW 2012, 376; *Buchanan*, EJRR 2012, 115; *Petzold*, EuR 2012, 443.

[169] Vgl. dazu kritisch *Gundel*, EWS 2014, 22; *Guretzki*, NVwZ 2014, 58; *Kornezov*, E.L.Rev. 39 (2014), 251; *Leeb*, ZfRV 2015, 4; *Nowak/Behrend*, EuR 2014, 86; *Streinz*, EuZW 2014, 17; *Van Malleghem/Baeten*, CMLRev. 51 (2014), 1187.

fasst.[170] Da Art. 263 Abs. 4 AEUV auf »Handlungen« der Union, die verbindliche
Rechtswirkungen erzeugen, in all seinen Varianten abstelle, umfasse dieser Begriff sowohl Handlungen mit allgemeiner Geltung als auch individuelle Handlungen. Jedoch
habe der Begriff »Rechtsakte mit Verordnungscharakter« der dritten Variante eine geringere Tragweite als derjenige in den ersten zwei Varianten. Daher könne sich dieser
Begriff nicht auf sämtliche Handlungen mit allgemeiner Geltung beziehen, sondern nur
auf eine engere Kategorie derartiger Handlungen, da ansonsten die mit der zweiten und
der dritten Variante von Art. 263 Abs. 4 AEUV getroffene Unterscheidung zwischen
den Begriffen »Handlungen« und »Rechtsakte mit Verordnungscharakter« ihres Sinnes
entleert würden.[171] Mit Blick auf den unverändert übernommenen Inhalt von Art. III–
365 Abs. 4 des Entwurfs des Verfassungsvertrags stellte der EuGH fest, dass die Änderung von Art. 230 Abs. 4 EGV zwar dazu dienen sollte, die Zulässigkeitsvoraussetzungen für Nichtigkeitsklagen natürlicher und juristischer Personen zu erweitern; dies habe
jedoch nicht für Gesetzgebungsakte gelten sollen, was der Grund für die Verwendung
des Ausdrucks »Rechtsakte mit Verordnungscharakter« gewesen sei.[172] Der EuGH fügte
hinzu, dass die zweite Variante von Art. 263 Abs. 4 AEUV derjenigen von Art. 230
Abs. 4 EGV entspricht und deren Wortlaut nicht geändert wurde. Es gebe auch keine
Anhaltspunkte dafür, dass die Tragweite der bereits in Art. 230 Abs. 4 EGV vorgesehenen Zulässigkeitsvoraussetzungen und damit das Kriterium der individuellen Betroffenheit im Sinne der Plaumann-Formel geändert werden sollte.[173]

36   Damit steht fest, dass der Begriff »Rechtsakte mit Verordnungscharakter« im Sinne
einer »negativen« Definition alle nicht-legislativen Organhandlungen abstrakt-genereller Natur inklusive der delegierten Rechtsakte im Sinne von Art. 290 AEUV umfasst.[174] Mittlerweile gerichtlich weitgehend geklärt ist auch die Frage, wie die kumulativen Zulässigkeitskriterien **unmittelbar betreffen** und **keine Durchführungsmaßnahmen nach sich ziehen** zu verstehen sind. Hinsichtlich der unmittelbaren
Betroffenheit zeichnet sich ab, dass insoweit kein Unterschied zu dem Verständnis des
entsprechenden Begriffs der zweiten Variante von Art. 263 Abs. 4 AEUV besteht, wonach sich die angegriffene Maßnahme zum einen auf die Rechtsstellung des Klägers
unmittelbar auswirken muss und zum anderen ihrem Adressaten, der mit ihrer Durchführung betraut ist, keinerlei Ermessensspielraum lässt, so dass ihre Umsetzung rein
automatisch erfolgt und sich allein aus der beanstandeten Regelung ohne Anwendung

---

[170] EuGH, Urt. v. 3.10.2013, Rs. C–583/11 P (Inuit Tapiriit Kanatami u.a./Parlament u. Rat),
EuZW 2014, 22, Rn. 45–60.
[171] EuGH, Urt. v. 3.10.2013, Rs. C–583/11 P (Inuit Tapiriit Kanatami u.a./Parlament u. Rat),
EuZW 2014, 22, Rn. 56–58.
[172] EuGH, Urt. v. 3.10.2013, Rs. C–583/11 P (Inuit Tapiriit Kanatami u.a./Parlament u. Rat),
EuZW 2014, 22, Rn. 59–60 unter Berufung auf Sekretariat des Europäischen Konvents, Schlussbericht des Arbeitskreises über die Arbeitsweise des Gerichtshofs vom 25.3.2003, CONV 636/03,
Rn. 22, und Übermittlungsvermerk des Präsidiums des Konvents vom 12.5.2003, CONV 734/03,
Rn. 20.
[173] EuGH, Urt. v. 3.10.2013, Rs. C–583/11 P (Inuit Tapiriit Kanatami u.a./Parlament u. Rat),
EuZW 2014, 22, Rn. 55, 70 u. 71 unter Berufung auf Sekretariat des Europäischen Konvents, Schlussbericht des Arbeitskreises über die Arbeitsweise des [EuGH] vom 25.3.2003, CONV 636/03, Rn. 23.
[174] Vgl. EuG, Beschl. v. 6.9.2011, Rs. T–18/10 (Inuit Tapiriit Kanatami u.a./Parlament u. Rat),
Slg. 2011, II–5599, Rn. 48 u. 56 m. Anm. *Petzold*, EuR 2012, 443 (447–448); *Thalmann*, EuR 2012,
452 (459); *Pötters/Werkmeister/Traut*, EuR 2012, 546. EuG, Beschl. v. 4.6.2012, Rs. T–381/11 (Eu-
rofer/Kommission), ECLI:EU:T:2012:273, Rn. 42 ff.; vgl. auch – erstmals die Zulässigkeit einer Klage
nach Art. 263 Abs. 4 3. Var. AEUV bejahend – EuG, Urt. v. 25.10.2011, Rs. T–262/10 (Microban
u.a./Kommission), Slg. 2011, II–7697, Rn. 20 ff.

anderer Durchführungsvorschriften ergibt.[175] Allerdings scheint der EuGH auch insoweit neuerdings eine restriktivere Linie einzuschlagen. Dabei droht er das Kriterium der unmittelbaren Betroffenheit zuweilen mit demjenigen der individuellen Betroffenheit zu vermengen bzw. nicht mehr sauber von demjenigen des Rechtsschutzinteresses zu trennen.[176] Das Kriterium »keine Durchführungsmaßnahmen nach sich ziehen« ist nach Ansicht des EuGH und von GA *Kokott* vor dem Hintergrund des auch entstehungsgeschichtlich zu verstehenden Ziels von Art. 263 Abs. 4 Var. 3 AEUV zu sehen, nämlich zu verhindern, dass ein Einzelner gezwungen ist, einen Rechtsverstoß zu begehen, um Zugang zu den Gerichten zu erlangen. Unter dem Eindruck der Notwendigkeit der Gewährung eines wirksamen Rechtsschutzes befand der EuGH mit etwas umständlicher Begründung, dass eine von einem »Rechtsakt mit Verordnungscharakter« in ihrer Rechtsstellung unmittelbar betroffene natürliche oder juristische Person, ohne dass Durchführungsmaßnahmen erforderlich sind, diesen Rechtsakt einer direkten Kontrolle durch den Unionsrichter zuführen können muss, da ihr ein Verstoß gegen dessen Bestimmungen nicht zumutbar sei, nur um vor einem mitgliedstaatlichen Gericht deren Rechtswidrigkeit geltend machen zu können.[177] Hingegen sei ein solcher wirksamer Rechtsschutz gewährleistet, wenn der betreffende »Rechtsakt mit Verordnungscharakter«, sei es auf mitgliedstaatlicher, sei es auf Unionsebene,[178] Durchführungsmaßnahmen nach sich ziehe.[179] Der EuGH präzisierte zudem in Übereinstimmung mit GA *Kokott*, dass bei der Beurteilung, ob ein »Rechtsakt mit Verordnungscharakter« Durchführungsmaßnahmen nach sich zieht, auf die Stellung der Person, die sich auf ihre Klagebefugnis nach Art. 263 Abs. 4 Var. 3 AEUV beruft, sowie auf den konkreten Klagegegenstand (z. B. Antrag auf Teilnichtigerklärung), also nicht auf die Situation Dritter abzustellen ist.[180] Aus der vorzitierten Judikatur ergibt sich somit, dass der EuGH zwar bei der Auslegung der einzelnen Tatbestandsmerkmale von Art. 263 Abs. 4 AEUV auf das Erfordernis effektiven Rechtsschutzes im Sinne von Art. 47 Abs. 1 AEUV Bedacht nimmt; dies findet jedoch seine Grenze in dem Willen der Urheber des Vertrags von Lissabon, die enge Auslegung des Kriteriums der individuellen Betroffenheit im Sinne der Plaumann-Formel im Fall von Gesetzgebungsakten unangetastet zu lassen.[181] Es ist

[175] EuG, Urt. v. 25.10.2011, Rs. T–262/10 (Microban u.a./Kommission), Slg. 2011, II–7697, Rn. 26–27 m.w.N. zur ständigen Rechtsprechung; ebenso GA *Kokott*, Schlussanträge zu Rs. C–274/12 P (Telefónica/Kommission), ECLI:EU:C:2013:204, Rn. 59.

[176] Vgl. EuGH, Urt. v. 28.4.2015, Rs. C–456/13 P (T & L Sugars und Sidul Açúcares/Kommission), ECLI:EU:C:2015:284, Rn. 37; Beschl. v. 15.1.2015, verb. Rs. C–587/13 P u. C–588/13 P (Banco Bilbao Vizcaya Argentaria u. Telefónica/Kommission), ECLI:EU:C:2015:18, Rn. 51 ff., wonach nicht einmal mehr eine »Betroffenheit« der Kläger angenommen wird.

[177] So in etwa EuGH, Urt. v. 19.12.2013, Rs. C–274/12 P (Telefónica/Kommission), EuZW 2014, 228, Rn. 27; zuletzt EuGH, Urt. v. 28.4.2015, Rs. C–456/13 P (T & L Sugars und Sidul Açúcares/ Kommission), ECLI:EU:C:2015:284, Rn. 29.

[178] Noch dahingehend zweifelnd *Petzold*, EuR 2012, 443 (450).

[179] EuGH, Urt. v. 19.12.2013, Rs. C–274/12 P (Telefónica/Kommission), ECLI:EU:C:2013:852, EuZW 2014, 228, Rn. 28–29 unter Hinweis auf die »zentralen« und »dezentralen« Rechtsschutzmöglichkeiten. Ebenso EuGH, Urt. v. 28.4.2015, Rs. C–456/13 P (T & L Sugars und Sidul Açúcares/ Kommission), ECLI:EU:C:2015:284, Rn. 30–31.

[180] EuGH, Urt. v. 19.12.2013, Rs. C–274/12 P (Telefónica/Kommission), EuZW 2014, 228, Rn. 30–31; GA *Kokott*, Schlussanträge v. 21.3.2013, Rs. C–274/12 P (Telefónica/Kommission), ECLI:EU:C:2013:204, Rn. 30 ff.; EuGH, Urt. v. 28.4.2015, Rs. C–456/13 P (T & L Sugars und Sidul Açúcares/Kommission), ECLI:EU:C:2015:284, Rn. 32; Urt. v. 10.12.2015, Rs. C–552/14 P (Canon Europa/Kommission), ECLI:EU:C:2015:804, Rn. 45–46; Urt. v. 10.12.2015, Rs. C–553/14 P (Kyocera Mita Europe/Kommission), ECLI:EU:C:2015:805, Rn. 44–45.

[181] Ebenso *Thalmann*, EuR 2012, 452 (460 ff.); a.A. *Pernice*, S. 386 ff.

daher zu Recht angenommen worden, dass der EuGH damit einen wichtigen weiteren Beitrag zur Absicherung seiner Position als »EU-Verfassungsgericht« geleistet hat, indem er dafür Sorge trägt, dass nur er und nicht das EuG EU-Rechtsakte mit Gesetzgebungscharakter für nichtig erklären kann.[182]

37   Hinsichtlich der Unmittelbarkeit und Rechtzeitigkeit des gerichtlichen Rechtsschutzes ist insbesondere die Gewährleistung **vorläufigen Rechtsschutzes** auf der »zentralen« Unionsebene sowie auf der »dezentralen« mitgliedstaatlichen Ebene zu nennen. Vorläufiger Rechtsschutz vor dem Präsidenten des EuG, gerichtet auf Aussetzung des Vollzugs oder der Zwangsvollstreckung und auf sonstige einstweilige Anordnungen, kann gemäß Art. 278 AEUV in Verbindung mit Art. 156 ff. VerfO-EuG n. F.[183] nur gemeinsam mit einem Nichtigkeitsantrag in der Hauptsache gestellt werden (Art. 156 Abs. 1 VerfO-EuG n. F.). In der Praxis wird häufig die restriktive Handhabung des Tatbestandsmerkmals der »Dringlichkeit« kritisiert. Dies kann z. B. in Fällen des EU-Kartellrechts[184] und vor allem der öffentlichen Auftragsvergabe durch Organe, Einrichtungen und sonstigen Stellen der Union zu Situationen führen, die an einer Rechtsschutzverweigerung zu Lasten der Antragsteller grenzen, zumal Schadensersatzklagen unterlegener Bieter in der Regel entweder scheitern oder keine ausreichende Kompensation mehr für das ungerechtfertigte Ausscheiden aus dem Bieterwettbewerb und den dadurch erlittenen Schaden leisten können.[185] Darüber hinaus ist auf das beschleunigte Verfahren gemäß Art. 151–155 VerfO-EuG n. F. hinzuweisen, das in der Praxis wegen seiner ähnlich restriktiven Voraussetzungen (»besondere Dringlichkeit«) selten zur Anwendung

---

[182] *Nowak/Behrend*, EuR 2014, 86 (98).

[183] Novellierte Fassung vom 23.4.2015, ABl. 2015, L 105/1.

[184] Zu den wenigen Fällen, in denen im EU-Kartellrecht einstweiliger Rechtsschutz gewährt wurde, vgl. aus jüngerer Zeit Beschl. des Präsidenten des EuG v. 2.3.2011, Rs. T–392/09 R (1. garantovaná/Kommission), sowie Beschl. v. 13.7.2006, Rs. T–11/06 R (Romana Tabacchi/Kommission), Slg. 2006, II–2491.

[185] Vgl. neuerdings EuG-Richter des einstweiligen Rechtsschutzes, Beschl. v. 4.2.2014, Rs. T–644/13 R (Serco u. a./Kommission), ECLI:EU:T:2014:57, Rn. 18–23, insbes. Rn. 19 unter Hinweis auf das in Erwägungsgründen 1 und 3 der RL 89/665/EWG des Rates vom 21.12.1989 zur Koordinierung der Rechts- und Verwaltungsvorschriften für die Anwendung der Nachprüfungsverfahren im Rahmen der Vergabe öffentlicher Liefer- und Bauaufträge, ABl. 1989, L 395/33, erwähnte Erfordernis der raschen Nachprüfung und darauf, dass der Gesetzgeber es angesichts der Kürze der Vergabeverfahren es für angebracht hielt, vorläufigen Rechtsschutz kraft Art. 2 Abs. 1 der RL 89/665, soweit Vergabeverfahren innerhalb des Aufgabenbereichs von Mitgliedstaaten betroffen sind, unabhängig von einer vorherigen Klageerhebung zur Verfügung zu stellen (vgl. EuGH, Urt. v. 19.9.1996, Rs. C–236/95 [Kommission/Griechenland], Slg. 1996, I–4459, Rn. 11, u. Schlussanträge GA *Léger* zu derselben Rs., Rn. 15). Ähnlich EuG-Präsident, Beschl. v. 4.12.2014, Rs. T–199/14 R (Vanbreda Risk & Benefits/Kommission), ECLI:EU:T:2014:1024, Rn. 16–20, teilweise korrigiert durch EuGH-Vizepräsident, Beschl. v. 23.4.2015, Rs. C–35/15 P(R) (Kommission/Vanbreda Risk & Benefits), ECLI:EU:C:2015:275, Rn. 25 ff. Zur restriktiveren Judikatur unter Verweis auf den Rechtsschutz über die Schadensersatzklage siehe nur Beschl. des Präsidenten des EuG v. 11.3.2013, Rs. T–4/13 R (Communicaid Group/Kommission), ECLI:EU:T:2013:121. Solche Schadensersatzklagen scheitern jedoch meist am fehlenden Kausalzusammenhang zwischen rechtswidriger Vergabeentscheidung und dem erlittenen Schaden; paradigmatisch insoweit EuG, Urt. v. 20.9.2011, Rs. T–461/08 (Evropaïki Dynamiki/EIB), Slg. 2011, II–6367, Rn. 207–214; siehe hingegen zur Ersatzfähigkeit des Verlusts einer Chance auf Erhalt des Zuschlags EuG, Urt. v. 7.10.2015, Rs. T–299/11 (European Dynamics Luxembourg u. a./HABM), ECLI:EU:T:2015:757, Rn. 137 ff. (Rechtsmittel in Rs. C–677/15 P anhängig).

kommt.[186] Entsprechende Anforderungen für die Ausgestaltung einstweiligen Rechtsschutzes hat der EuGH auf der »dezentralen« Ebene vor den mitgliedstaatlichen Gerichten gestellt.[187] Diese werden im Fall besonderer Dringlichkeit, sofern das mitgliedstaatliche Gericht Zweifel an der Gültigkeit an der Unionshandlung hat, ergänzt durch das beschleunigte Vorabentscheidungsverfahren (Art. 105 und 106 VerfO-EuGH) sowie das Eilvorabentscheidungsverfahren (Art. 23a Satzung und Art. 105–113 VerfO-EuGH),[188] das eine Vorabentscheidung in einer Frist von nur drei Monaten ermöglichen soll.[189] Zum vorläufigen Rechtsschutz im weiteren Sinne ist auch die vorläufige Kontrollaufgabe der mitgliedstaatlichen Gerichte in Bezug auf die Zulässigkeit von Maßnahmen des unmittelbaren Zwangs zwecks Durchsetzung von Nachprüfungsentscheidungen der Kommission im Rahmen der EU-Wettbewerbsaufsicht zu zählen.[190] Der EuGH hat es jedoch abgelehnt, aus dem Grundrecht auf effektiven gerichtlichen Rechtsschutz ein generelles Erfordernis der vorherigen gerichtlichen Kontrolle solcher Nachprüfungsentscheidungen abzuleiten. Den Erfordernissen des effektiven Rechtsschutzes im Sinne von Art. 47 GRC und Art. 6 Abs. 1 EMRK sei nämlich dann genügt, wenn das von der Nachprüfung betroffene Unternehmen diese Entscheidung unmittelbar nach dessen Mitteilung vor den Unionsgerichten mit der Nichtigkeitsklage anfechten kann. Denn im Fall der Nichtigerklärung oder der Feststellung einer Regelwidrigkeit bei der Durchführung der Nachprüfung hat dies zur Folge, dass die Kommission die dabei erlangten Informationen nicht zu Beweiszwecken verwerten kann.[191]

Schließlich stellt das EuG in seiner jüngeren Judikatur sicher, dass der unmittelbare Zugang zu ihm gewährleistet bleibt, soweit seine Zuständigkeit gemäß Art. 263 Abs. 1 AEUV begründet ist. Vorschriften wie Art. 122 Markenverordnung Nr. 207/2009,[192] die eine dazwischen geschaltete »Rechtsaufsicht« der Kommission über die Handlungen einer Einrichtung oder sonstigen Stelle der Union, z.B. des Präsidenten des HABM im Bereich der öffentlichen Auftragsvergabe, und zu diesem Zweck die Durchführung   **38**

---

[186] Vgl. den Überblick bei *Barbier de la Serre*, CMLRev. 43 (2006), 783; Gerichtshof der Europäischen Union, Jahresbericht 2012, S. 204, abrufbar unter: http://curia.europa.eu/jcms/upload/docs/application/pdf/2013–04/192685_2012_6020_cdj_ra_2012_de_proof_01.pdf (25.6.2014); kritisch *Ottaviano*, S. 185 ff.

[187] Grundlegend EuGH, Urt. v. 19.6.1990, Rs. C–213/89 (Factortame), Slg. 1990, I–2466, Rn. 18–23; zu den Anwendungsvoraussetzungen siehe EuGH, Urt. v. 21.2.1991, verb. Rs. C–143/88 u. C–92/89 (Zuckerfabrik Süderdithmarschen u.a.), Slg. 1991, I–415, Rn. 23 ff.; Urt. v. 9.11.1995, Rs. C–465/93 (Atlanta Fruchthandelsgesellschaft u.a.), Slg. 1995, I–3761, Rn. 27 ff.; Urt. v. 26.11.1996, Rs. C–68/95 (T. Port), Slg. 1996, I–6065, Rn. 46 ff.

[188] Vgl. Beschluss des Rates vom 20.12.2007 zur Änderung des Protokolls über die Satzung des Gerichtshofs; Änderungen der Verfahrensordnung des Gerichtshofs vom 15.1.2008, ABl. 2008, L 24/39; dazu *Lenaerts*, CDE 5–6/2009, 737; *Kühne*, EuZW 2008, 263.

[189] Vgl. Erklärung des Rates an den EuGH, ABl. 2008, L 24/44. Siehe auch den ersten »Bericht über die Anwendung des Eilvorlageverfahrens durch den [EuGH]« vom 31.1.2012, abrufbar unter http://curia.europa.eu/jcms/upload/docs/application/pdf/2012–07/de_rapport.pdf (25.6.2014).

[190] Siehe dazu grundlegend EuGH, Urt. v. 21.9.1989, verb. Rs. 46/87 u. 227/88 (Hoechst/Kommission), Slg., 1989. 2859, Rn. 32 ff.; Urt. v. 22.10.2002, Rs. C–94/00 (Roquette Frères), Slg. 2002, I–9011, Rn. 34 ff. Näher dazu *Nehl*, Nachprüfungsbefugnisse der Kommission aus gemeinschaftsverfassungsrechtlicher Perspektive, in: Behrens/Braun/Nowak (Hrsg.), Europäisches Wettbewerbsrecht im Umbruch, 2004, S. 73 (83 ff.).

[191] EuGH, Urt. v. 18.6.2015, Rs. C–583/13 P (Deutsche Bahn u.a./Kommission), ECLI:EU:C: 2015:404, Rn. 44–48.

[192] VO (EG) Nr. 207/2009 des Rates vom 26.2.2009 über die Gemeinschaftsmarke, ABl. 2009, L 78/1; geändert durch VO (EU) 2015/2424 des Europäischen Parlaments und des Rates vom 16.12.2015, ABl. 2015, L 341/21.

eines verwaltungsverfahrensrechtlichen Vorverfahrens vorsehen, sind im Lichte von Art. 263 AEUV einschränkend auszulegen, um vor den Unionsgerichten unmittelbaren und wirksamen Rechtsschutz zu ermöglichen.[193] Das EuG hat in diesem Zusammenhang ferner zu Recht klargestellt, dass Art. 263 Abs. 5 AEUV, wonach »[i]n den Rechtsakten zur Gründung von Einrichtungen und sonstigen Stellen der Union […] besondere Bedingungen und Einzelheiten für die Erhebung von Klagen von natürlichen oder juristischen Personen gegen Handlungen dieser Einrichtungen und sonstigen Stellen vorgesehen werden [können], die eine Rechtswirkung gegenüber diesen Personen haben«, nicht geeignet ist, seine gerichtliche Zuständigkeit gemäß Art. 263 Abs. 1 Satz 2 AEUV in Frage zu stellen. Denn die gegenteilige Auslegung könnte die den Art. 13 und 19 EUV zu Grunde liegende klare Trennung zwischen der Legislative und der Exekutive auf der einen Seite und der Judikative auf der anderen Seite sowie die allein dem Unionsrichter übertragene Pflicht beeinträchtigen, »die Wahrung des Rechts bei der Auslegung und Anwendung der Verträge« zu sichern, wie dies in Art. 19 Abs. 1 Satz 2 EUV verlangt wird.[194]

b) Wirksame Kontrolle im Rahmen der Sachprüfung
aa) Vorbemerkung

39   Die Frage der Wirksamkeit des gerichtlichen Rechtsschutzes stellt sich nicht nur mit Blick auf den effektiven Zugang zu Gericht, sondern auch in Bezug auf die Breite, Tiefe und Dichte der in der Sache – d. h. im Rahmen der Prüfung der Begründetheit der Klage – ausgeübten gerichtlichen Kontrolle. Insoweit konzentriert sich die Diskussion auf den »zentralen« Rechtsschutz vor den Unionsgerichten. Denn der EuGH hat bislang – mit Ausnahme der in Rn. 4 und 5 aufgezeigten Beispiele, wie der Begründung unionsrechtlicher Schadensersatzansprüche – davon abgesehen, unter Berufung auf das Effektivitätsprinzip oder den Grundsatz effektiven Rechtsschutzes über den Bereich des Verfahrens- und Organisationsrechts hinaus auch nationale Vorschriften oder Grundsätze über die gerichtliche Kontrolle und insbesondere die Kontrolldichte Anpassungen oder Überlagerungen auszusetzen.[195]

bb) Klagegründe, Rügen und deren Bindungswirkung, sowie Kassationsbefugnis des Unionsrichters

40   In Bezug auf die wichtigste Direktklageart des »zentralen« Rechtsschutzes, der Nichtigkeitsklage, sieht Art. 263 Abs. 2 AEUV mehrere, nicht abschließend aufgelistete Klagegründe vor, nämlich die Unzuständigkeit, die Verletzung wesentlicher Formvorschriften, die Verletzung der Verträge oder einer bei seiner Durchführung anzuwendenden Rechtsnorm, sowie den Ermessensmissbrauch, wobei Letzterer in der Praxis kaum Bedeutung erlangt hat und weitgehend durch das Konzept des offensichtlichen Beur-

---

[193] EuG, Beschl. v. 12.9.2013, Rs. T–556/11 (European Dynamics u.a./HABM), ECLI:EU:T: 2013:514, Rn. 50 ff.; zur vorherigen gegenteiligen Rechtsprechung vgl. EuG, Beschl. v. 9.7.2009, Rs. T–176/08 u. Rs. T–188/08 (infeurope/Kommission), ECLI:EU:T:2009:264 u. 265, Rn. 38–39 bzw. Rn. 34–35.

[194] EuG, Beschl. v. 12.9.2013, Rs. T–556/11 (European Dynamics u.a./HABM), ECLI:EU:T: 2013:514, Rn. 57–59.

[195] Siehe jedoch erstmals EuGH, Urt. v. 17.12.2015, Rs. C–419/14 (WebMindLicenses), ECLI:EU: C:2015:832, Rn. 86 ff. über aus Art. 47 GRC abgeleitete Anforderungen an die gerichtliche Nachprüfung der Frage, ob eine Steuerbehörde in einem Verfahren der Mehrwertsteuernacherhebung die in einem Strafverfahren erlangten Beweise nutzen darf.

teilungsfehlers ersetzt wurde. Eine wichtige Besonderheit des verwaltungs- und verfassungsrechtlichen Streitverfahrens vor den Unionsgerichten im Verhältnis zum deutschen Verwaltungsprozess ist die **Bindung des Unionsrichters** an die von den Parteien vorgebrachten **Klagegründe** betreffend die materielle Rechtmäßigkeit einer Entscheidung, die den Streitgegenstand insoweit festlegen;[196] diese sind scharf von den formellen oder prozessualen Klagegründen (Unzuständigkeit und Verletzung wesentlicher Formvorschriften, wie z.B. der Begründungsmangel) zu unterscheiden, die auch von Amts wegen geprüft werden können bzw. müssen.[197] Daraus folgt, dass ein materieller Rechtsmangel, selbst wenn er einen Grundrechtsverstoß erkennen ließe, grundsätzlich nur dann vom Unionsrichter gewürdigt und als Grund für die Nichtigerklärung anerkannt werden kann, wenn er ausdrücklich vom Kläger gerügt wurde, da der Unionsrichter anderenfalls ultra petita entscheiden würde.[198] Nach Auffassung des EuGH ist diese Beschränkung der richterlichen Kontrollbefugnis mit Art. 47 GRC vereinbar. Das Fehlen einer Verpflichtung, die gesamte angefochtene Entscheidung von Amts wegen zu prüfen, verstoße nicht gegen den Grundsatz des effektiven gerichtlichen Rechtsschutzes, denn für die Wahrung dieses Grundsatzes sei es nicht unerlässlich, dass der Unionsrichter, der jedenfalls die geltend gemachten Klagegründe prüfen und sowohl in rechtlicher wie in tatsächlicher Hinsicht eine Kontrolle vornehmen muss, verpflichtet ist, den gesamten Vorgang von Amts wegen erneut zu prüfen.[199] Tut der Unionsrichter dies dennoch und übertritt er die Grenzen seiner Kontrollbefugnis, indem er sich z.B. an die Stelle des betreffenden Organs setzt und dessen Begründungserwägungen in der angegriffenen Entscheidung substituiert bzw. ergänzt, begeht er vielmehr einen Rechtsfehler, der zur Aufhebung des Urteils führt.[200] Das gleiche gilt, wenn der Unionsrichter im Rahmen der Kontrolle von (formellen) Begründungsmängeln im Sinne von Art. 296 Abs. 2 AEUV fehlerhaft die materielle Rechtmäßigkeit der angegriffenen Entscheidung, also deren »Begründetheit« überprüft.[201] Dies liegt gerade darin begründet, dass sich die Voraussetzungen und die Rechtsfolgen der verfahrens- und/oder materiellrechtlichen

---

[196] Vgl. auch Art. 44 Buchst. c und Art. 48 Abs. 2 VerfO-EuG a.F., ABl. 1991, L 136/1; ersetzt durch Art. 76 Buchst. d und Art. 84, Abs. 1 VerfO-EuG n.F., ABl. 2015, L 105/1.

[197] Siehe insbes. EuGH, Urt. v. 19.12.2013, verb. Rs. C–239/11 P, C–489/11 P u. C–498/11 P (Siemens u.a./Kommission), ECLI:EU:C:2013:866, Rn. 321; Urt. v. 10.12.2013, Rs. C–272/12 P (Kommission/Irland u.a.), ECLI:EU:C:2013:812, Rn. 28, unter Hinweis auf Urt. v. 2.4.1998, Rs. C–367/95 P (Kommission/Sytraval u. Brink's France), Slg. 1998, I–1719, Rn. 67; Urt. v. 30.3.2000, Rs. C–265/97 P (VBA/Florimex u.a.), Slg. 2000, I–2061, Rn. 114; Urt. v. 2.12.2009, Rs. C–89/08 P (Kommission/Irland u.a.), Slg. 2009, I–11245, Rn. 40.

[198] Deutlich in EuGH, Urt. v. 10.12.2013, Rs. C–272/12 P (Kommission/Irland u.a.), ECLI:EU:C:2013:812, Rn. 28ff.; Urt. v. 19.12.2013, verb. Rs. C–239/11 P, C–489/11 P u. C–498/11 P (Siemens u.a./Kommission), ECLI:EU:C:2013:866, Rn. 340; Urt. v. 3.4.2014, Rs. C–224/12 P (Kommission/Niederlande u. ING), ECLI:EU:C:2014:213, Rn. 97. Siehe zu den Grenzen der Auslegung des durch den Parteienvortrag festgelegten Streitgegenstands auch EuGH, Urt. v. 21.9.2010, verb. Rs. C–514/07 P, C–528/07 P u. C–532/07 P (Schweden u.a./API u. Kommission), Slg. 2010, I–8533, Rn. 65–67.

[199] So EuGH, Urt. v. 8.12.2011, Rs. C–386/10 P (Chalkor/Kommission), Slg. 2011, I–13085, Rn. 66.

[200] EuGH, Urt. v. 24.1.2013, C–73/11 P (Frucona Košice/Kommission), ECLI:EU:C:2013:32, Rn. 88–89; Urt. v. 10.4.2014, verb. Rs. C–247/11 P u. C–253/11 P (Areva/Kommission), ECLI:EU:C:2014:257, Rn. 56; Urt. v. 21.1.2016, Rs. C–603/13 P (Galp Energía España u.a./Kommission), ECLI:EU:C:2016:38, Rn. 73.

[201] Grundlegend EuGH, Urt. v. 2.4.1998, Rs. C–367/95 P (Kommission/Sytraval u. Brink's France), Slg. 1998, I–1719, Rn. 65ff. Dazu näher *Nehl*, Europäisches Verwaltungsverfahren und Gemeinschaftsverfassung, S. 330ff.

Kontrolle und Nichtigerklärung eines Unionsrechtsakts sehr unterscheiden. Während Verfahrensmängel vom Unionsrichter von Amts wegen aufgegriffen werden können, muss der Kläger materiellrechtliche Mängel explizit rügen.[202] Ferner hat die Nichtigerklärung wegen materiellrechtlichen Mangels gemäß Art. 264 Abs. 1 in Verbindung mit Art. 266 Abs. 1 AEUV normalerweise zur Folge, dass das betreffende Organ den betreffenden Rechtsakt entweder gar nicht oder zumindest nicht mehr in dieser Form erlassen kann. Im Fall eines verfahrensrechtlichen Mangels muss das Organ jedoch nur das Verwaltungsverfahren ab dem Zeitpunkt des Auftretens dieses Mangels noch einmal rechtsfehlerfrei durchführen und kann gegebenenfalls denselben Rechtsakt erneut bzw. einen inhaltsgleichen Rechtsakt erlassen.[203] Schließlich hat der EuGH mit Blick auf Art. 264 Abs. 1 und Art. 266 Abs. 1 AEUV klargestellt, dass der Unionsrichter im Rahmen der Ausübung seiner Rechtmäßigkeitskontrolle gemäß Art. 263 AEUV nur eine **Kassationsbefugnis** besitzt und einem Unionsorgan grundsätzlich keine Anweisungen erteilen kann, ohne in die ausschließlichen Befugnisse der Verwaltung einzugreifen; dies stehe mit Art. 47 GRC in Einklang, der nicht darauf abziele, das in den Verträgen vorgesehene Rechtsschutzsystem zu ändern.[204]

cc)   Verhältnis von verfahrens- und materiellrechtlicher Gerichtskontrolle

41   Die von den Unionsgerichten zu Grunde gelegte Konzeption der materiellen Kontrolldichte, insbesondere hinsichtlich des Vorliegens offensichtlicher Beurteilungsfehler und der Verhältnismäßigkeit von Unionsrechtsakten, steht vor dem Hintergrund rechtsvergleichender Betrachtung seit geraumer Zeit im Zentrum der Diskussion und wird insbesondere seitens deutscher Autoren immer wieder kritisiert.[205] Dabei wird jedoch häufig übersehen, dass die Unionsrechtsordnung an einer eigenständigen, ihren Zielen und Werten sowie ihrer Struktur angepassten – und damit ihrerseits grundsätzlich legitimen – Rechtsschutzkonzeption orientiert sein muss, die nicht notwendig mit derjenigen in den Mitgliedstaaten übereinstimmt bzw. angesichts deren Heterogenität auch gar nicht übereinstimmen kann.[206] Jene Kontrollkonzeption hat sich überwiegend kohärent dahin entwickelt, dass die Unionsgerichte bei der Prüfung von wirtschaftlich, technisch oder wissenschaftlich komplexen Sachverhalten und deren Beurteilung durch die Legislative

---

[202] Vgl. EuGH, Urt. v. 2.4.1998, Rs. C–367/95 P (Kommission/Sytraval u. Brink's France), Slg. 1998, I–1719, Rn. 67; Urt. v. 2.12.2009, Rs. C–89/08 P (Kommission/Irland u.a.), Slg. 2009, I–11245, Rn. 40.

[203] Siehe zuletzt EuGH, Urt. v. 28.1.2016, verb. Rs. C–283/14 u. C–284/14 (CM Eurologistik u.a), ECLI:EU:C:2016:57, Rn. 50–52.Vgl. auch EuGH, Urt. v. 12.11.1998, Rs. C–415/96 (Spanien/Kommission), Slg. 1998, I–6993, Rn. 31–34; Urt. v. 15.10.2002, verb. Rs. C–238/99 P, C–244/99 P, C–245/99 P, C–247/99 P, C–250/99 P bis C–252/99 P u. C–254/99 P (Limburgse Vinyl Maatschappij u.a./Kommission), Slg. 2002, I–8375, Rn. 72–73; Urt. v. 19.2.2009, Rs. C–308/07 P (Gorostiaga Atxalandabaso/Parlament), Slg. 2009, I–1059, Rn. 56; EuG, Urt. v. 9.7.2008, Rs. T–301/01 (Alitalia/ Kommission), Slg. 2008, II–1753, Rn. 100.

[204] EuGH, Urt. v. 2.10.2014, Rs. C–127/13 P (Strack/Kommission), ECLI:EU:C:2014:2250, Rn. 145–147 unter Hinweis auf EuGH, Urt. v. 3.10.2013, Rs. C–583/11 P (Inuit Tapiriit Kanatami u.a./Parlament u. Rat), EuZW 2014, Rn. 97.

[205] Vgl. *Adam*; *Herdegen/Richter*; *Rausch*; *Pache*, DVBl 1998, 380; zuletzt *Schroeder/Sild*, EuZW 2014, 12.

[206] Vgl. *Nehl*, Administrative Law, in: Smits (Hrsg.), Elgar Encyclopedia of Comparative Law, 2. Aufl., 2012, S. 21 (27–30). Vgl. zu dem analogen Eigenständigkeitspostulat im Bereich der Grundrechtsjudikatur *Weiler*, Fundamental Rights and Fundamental Boundaries: On Standards and Values in the Protection of Human Rights in: Neuwahl/Rosas (Hrsg.), The European Union and Human Rights, 1995, S. 51.

und/oder Exekutive – unter Anerkennung eines entsprechenden Beurteilungs- oder Ermessensspielraums – die Dichte der Kontrolle der angegriffenen Maßnahmen bisweilen stark reduzieren, dafür aber, gewissermaßen »kompensatorisch« die Kontrolle der Einhaltung der Verfahrensregeln und insbesondere der Beobachtung individueller Verfahrensgarantien intensivieren.[207] Diese Rechtsschutzkonzeption hat sich spätestens seit Anfang der 90er Jahre als funktionstüchtig erwiesen und zur Sicherung der rechtsstaatlichen Legitimität der Unionsgewalt erheblich beigetragen.[208] Sie muss aber immer wieder mit Rückschlägen und dogmatisch nur schwer erklärbaren, möglicherweise nicht hinreichend durchdachten Einbrüchen kämpfen. So neigen die Unionsgerichte gelegentlich in kritikwürdiger Weise dazu, selbst entscheidungserhebliche Tatsachen weitgehend ihrer Kontrolle zu entziehen,[209] oder angesichts des weiten Ermessensspielraums der Legislative oder Exekutive eine nur eingeschränkte Verhältnismäßigkeitskontrolle vorzunehmen[210] bzw. diese von der übrigen Rechtmäßigkeitskontrolle – wie z.B. der Prüfung von Grundrechtsverletzungen[211] oder der Einhaltung des Vorsorgeprinzips[212] – abzukoppeln.[213]

Ausgehend von der besonderen Bedeutung der Einhaltung der Verfahrensregeln und   **42** der Beachtung der Verfahrensgarantien im Verwaltungs- oder Regulierungsverfahren kommt der **Begründungspflicht** im Sinne von Art. 296 Abs. 2 AEUV im Rahmen der von den Unionsgerichten zu Grunde gelegten Kontrollkonzeption eine herausragende Rechtsschutzfunktion zu. Sie bildet nach ständiger Rechtsprechung – gemeinsam mit dem Sorgfalts- und Untersuchungsgrundsatz[214] – das unabdingbare verfahrensrechtliche

---

[207] Vgl. *Nehl*, Wechselwirkungen, S. 135 ff. Grundlegend EuGH, Urt. v. 21.11.1991, Rs. C–269/90 (Technische Universität München), Slg. 1991, I–5469, Rn. 14: »Soweit jedoch die Organe […] über einen solchen Beurteilungsspielraum verfügen, kommt eine um so größere Bedeutung der Beachtung der Garantien zu, die die Gemeinschaftsrechtsordnung in Verwaltungsverfahren gewährt. Zu diesen Garantien gehören insbesondere die Verpflichtung des zuständigen Organs, sorgfältig und unparteiisch alle relevanten Gesichtspunkte des Einzelfalles zu untersuchen, das Recht des Betroffenen, seinen Standpunkt zu Gehör zu bringen, und das Recht auf eine ausreichende Begründung der Entscheidung. Nur so kann der [EuGH] überprüfen, ob die für die Wahrnehmung des Beurteilungsspielraums maßgeblichen sachlichen und rechtlichen Umstände vorgelegen haben«.

[208] Eingehend *Nehl*, Europäisches Verwaltungsverfahren und Gemeinschaftsverfassung, S. 90 ff.

[209] Vgl. aus neuerer Zeit einerseits EuGH, Urt. v. 15.11.2009, Rs. C–425/08 (Enviro Tech), Slg. 2009, I–10035, Rn. 62 (Klassifizierung gefährlicher Substanzen); Urt. v. 28.11.2013, Rs. C–13/12 P (CHEMK u.a./Rat), ECLI:EU:C:2013:780, Rn. 61–63) (EU-Antidumpingrecht); andererseits EuG, Urt. v. 17.3.2005, Rs. T–285/03 (Agraz u.a./Kommission), Slg. 2005, II–1063, Rn. 49 ff. (Außenhandelsrecht); Urt. v. 16.12.2013, Rs. T–333/10 (ATC u.a./Kommission), ECLI:EU:T:2013:451, Rn. 60 ff. (Gesundheitsschutz).

[210] Vgl. EuGH, Urt. v. 29.6.2010, Rs. C–441/07 P (Kommission/Alrosa), Slg. 2010, I–5949, Rn. 63–68 (Verhältnismäßigkeit von Verpflichtungszusagen im EU-Kartellrecht). Zustimmend *Kellerbauer*, EuZW 2010, 652; *Messina/Ho*, E.L.Rev. 36 (2011), 737; a. A. *Hennig*, ZfWR 2010, 440.

[211] Zum Streit, der sich an EuGH, Urt. v. 5.10.1994, Rs. C–280/93, Deutschland/Rat, Slg. 1994, I–4973, entzündet hat, siehe *Berrisch*, EuR 1994, 461; *Nettesheim*, EuZW 1995, 106; *Everling*, CMLRev. 1996, 401; *Huber*, EuZW 1997, 517 (520–521); *Weber*, EuZW 1997, 165; *Zuleeg*, NJW 1997, 1201; *Pauly*, EuR 1998, 242 (259 ff.); *Selmer*, Die Gewährleistung der unabdingbaren Grundrechtsstandards durch den EuGH. Zum »Kooperationsverhältnis« zwischen BVerfG und EuGH am Beispiel des Rechtsschutzes gegen die Bananenmarkt-Verordnung, 1998, S. 96 ff. Eine abweichende Prüftechnik verfolgt EuG, Urt. v. 2.3.2010, Rs. T–16/04 (Arcelor/Parlament u- Rat), Slg. 2010, II–211, Rn. 153 ff.

[212] EuGH, Urt. v. 22.12.2010, Rs. C–77/09 (Gowan Comércio Internacional e Serviços), Slg. 2010, I–13533, Rn. 80–83; m. krit. Anm. *Alemanno*, CMLRev. 48 (2011), 1329.

[213] Allgemein hierzu siehe *Pache*, NVwZ 1999, 1033; *Trstenjak/Beysen*, EuR 2012, 265.

[214] Vgl. EuGH, Urt. v. 21.11.1991, Rs. C–269/90 (Technische Universität München), Slg. 1991,

---

und individualschützende Bindeglied zur materiellrechtlichen Kontrolle des Verwaltungs- und Regulierungshandelns, die im Fall des Vorliegens eines Ermessens- oder Beurteilungsspielraums nur reduziert ist. Die Kontrolle der Beachtung der Begründungspflicht ist damit der Dreh- und Angelpunkt für die Effektivität des gerichtlichen Rechtsschutzes im Sinne der Anforderungen von Art. 47 Abs. 1 GRC.[215] Dies resultiert vornehmlich aus der doppelten (rechtsschützenden) Zielsetzung der Begründungspflicht im Sinne eines »wesentlichen Formerfordernisses« gemäß Art. 263 Abs. 2 AEUV, nämlich einerseits den Betroffenen in die Lage zu versetzen, die Begründetheit des streitigen Unionsrechtsakts zu überprüfen und diesen vor Gericht anzugreifen bzw. sich dort dagegen zu verteidigen, und andererseits dem zuständigen Unionsrichter zu ermöglichen, seine – insbesondere materiellrechtliche – Kontrolle in Bezug auf diesen Rechtsakt auszuüben.[216] Darüber hinaus obliegt es dem Unionsrichter, den Begründungsmangel im Sinne von Art. 296 Abs. 2 AEUV gegebenenfalls von Amts wegen aufzugreifen und daran die Nichtigkeitsfolge gemäß Art. 264 Abs. 1 AEUV zu knüpfen, ohne dass das beklagte Organ diesen Mangel noch im Gerichtsverfahren heilen könnte.[217] Angesichts der Notwendigkeit effektiven gerichtlichen Rechtsschutzes in Bezug auf die von der Unionsrechtsordnung gewährten subjektiven Rechte hat der EuGH die Beachtung der Begründungspflicht auch auf Seiten der mitgliedstaatlichen Verwaltung, d. h. auf der »dezentralen« Ebene, schon früh für unabdingbar erklärt, auch wenn die nationale Rechtsordnung eine solche Pflicht nicht vorsah.[218] Diese Rechtsprechung ist daher als ein weiterer Baustein in der »Föderalisierung« des unionsrechtlichen Rechtsschutzsystems mit Hilfe der Grundsätze des Vorrangs, der Effektivität und des effektiven gerichtlichen Rechtsschutzes anzusehen, um etwaige Rechtsschutzlücken zu schlie-

---

I–5469, Rn. 14; Urt. v. 6.11.2008, Rs. C–405/07 P (Niederlande/Kommission), Slg. 2008, I–8301, Rn. 56; EuG, Urt. v. 16.12.2013, Rs. T–333/10 (ATC u.a./Kommission), ECLI:EU:T:2013:451, Rn. 84 ff.

[215] Deutlich z. B. auf dem Gebiet der öffentlichen Auftragsvergabe; siehe EuG, Urt. v. 20.9.2011, Rs. T–461/08 (Evropaïki Dynamiki/EIB), Slg. 2011, II–6367, Rn. 118–124; Urt. v. 7.10.2015, Rs. T–299/11 (European Dynamics Luxembourg u.a./HABM), ECLI:EU:T:2015:757, Rn. 125 ff. (Rechtsmittel in Rs. C–677/15 P anhängig). Näher zum Ganzen *Nehl*, Europäisches Verwaltungsverfahren und Gemeinschaftsverfassung, S. 323 ff., 390 ff.; *ders.*, Principles of Administrative Procedure in EC Law, S. 106 ff.

[216] Vgl. nur EuGH, Urt. v. 15.4.2008, Rs. C–390/06 (Nuova Agricast), Slg. 2008, I–2577, Rn. 79; Urt. v. 10.7.2008, Rs. C–413/06 P (Bertelsmann u. Sony Corporation of America/Impala), Slg. 2008, I–4951, Rn. 166.

[217] Vgl. EuGH, Urt. v. 24.10.1996, verb. Rs. C–329/93, C–62/95 u. C–63/95 (Deutschland u.a./Kommission, Slg. 1996, I–5151, Rn. 38; Urt. v. 2.4.1998, Rs. C–367/95 P (Kommission/Sytraval u. Brink's France), Slg. 1998, I–1719, Rn. 78; Urt. v. 3.5.2001, Rs. C–204/97 (Portugal/Kommission), Slg. 2001, I–3175, Rn. 50–51; Urt. v. 26.9.2002, Rs. C–351/98 (Spanien/Kommission), Slg. 2002, I–8031, Rn. 76 u. 84; EuG, Urt. v. 25.6.1998, verb. Rs. T–371/94 u. T–394/94 (British Airways u.a./Kommission), Slg. 1998, II–2405, Rn. 454; Urt. v. 6.3.2003, verb. Rs. T–228/99 u. T–233/99 (Westdeutsche Landesbank Girozentrale u.a./Kommission), Slg. 2003, II–435, Rn. 140 ff.; dazu auch *Nehl*, Wechselwirkungen, S. 154 ff. Vgl. zur Pflicht des Unionsrichters, bei Aufgreifen des Begründungsmangels von Amts wegen den Grundsatz des kontradiktorischen Verfahrens zu beachten, EuGH, Urt. v. 2.12.2009, Rs. C–89/08 P (Kommission/Irland u.a.), Slg. 2009, I–11245, Rn. 50 ff. (60–61).

[218] EuGH, Urt. v. 15.10.1987, Rs. 222/86 (Heylens), Slg. 1987, 4097, Rn. 14–16; Urt. v. 7.5.1991, Rs. C–340/89 (Vlassopoulou), Slg. 1991, I–2357, Rn. 22; Urt. v. 7.5.1992, Rs. C–104/91 (Aguirre Borrell u.a.), Slg. 1992, I–3003, Rn. 15; Urt. v. 31.3.1993, Rs. C–19/92 (Kraus), Slg. 1993, I–1663, Rn. 40.

ßen, die durch das komplexe Zusammenspiel nationaler und supranationaler Stellen innerhalb des europäischen Mehrebenensystems entstehen (s. bereits Rn. 6).[219]

dd) Bedeutung von Art. 47 Abs. 1 GRC im Licht der verfahrensrechtlichen Gerichtskontrolle

Den vorläufigen Höhepunkt der Rechtsentwicklung bilden die Urteile des EuGH zu **restriktiven Maßnahmen** der Unionsorgane im Bereich der Terrorismusbekämpfung und zu sonstigen gegen Drittstaatsangehörige gerichtete **Sanktionen**, wie z. B. das Einfrieren von Vermögenswerten oder Einreisebeschränkungen.[220] Darin stellt der EuGH sowohl auf der Ebene des »zentralen« als auch auf derjenigen des »dezentralen« Rechtsschutzes eine komplexe Verknüpfung zwischen dem Anspruch auf effektiven gerichtlichen Rechtsschutz im Sinne von Art. 47 Abs. 1 GRC einerseits und einer Reihe von grundlegenden Verfahrensgarantien andererseits her, nämlich der Begründungspflicht im Sinne von Art. 296 Abs. 2 AEUV, dem Anspruch auf rechtliches Gehör bzw. den Verteidigungsrechten sowie dem Sorgfalts- und Untersuchungsgrundsatz, gekoppelt mit erhöhten Ermittlungs- und Beweisanforderungen an die zuständige Behörde.[221] Diese innovative Vorgehensweise ist zum einen sichtlich von dem Bemühen des EuGH geprägt, den von solchen Sanktionsmaßnahmen betroffenen Personen effektiven Rechtsschutz entsprechend den Anforderungen von Art. 47 GRC zu gewähren und findet insoweit weitgehend Anerkennung.[222] Sie ist zum anderen aber auch Ausdruck einer gewissen Hilflosigkeit angesichts der komplizierten Vernetzung von Kommunikationsbeziehungen und Entscheidungsbefugnissen auf den nationalen, supranationalen und internationalen Ebenen. Denn ein solcher Rechtsschutz und eine entsprechende Rechtmäßigkeitskontrolle sind in der Praxis, insbesondere wegen des weiten Beurteilungsspielraums der aufgrund von UN-Resolutionen präjudiziell entscheidenden Stellen (namentlich der UN-Sanktionsausschuss), deren lückenhafter Begründung sowie mangels vollständigen Zugangs des Klägers und des Unionsrichters zu den relevanten Informationen, die die restriktiven Maßnahmen rechtfertigen können, nur äußerst schwierig zu gewährleisten. Diese Informationen befinden sich in der Regel in den Händen der beantragenden Mitgliedstaaten und/oder der zuständigen UN-Organe und unterliegen aus sicherheitspolitischen Gründen in weitem Umfang strenger Geheimhaltung, was sich fast zwangsläufig in einer nur rudimentären Anhörung und Begründung seitens der umsetzenden Unionsbehörden niederschlägt.[223]

Angesichts der materiellrechtlich nur eingeschränkt justiziablen Sanktionsmaßnahmen lässt sich der im **zweiten Kadi-Urteil** verfolgte Ansatz zwar kohärent in die in

43

44

---

[219] Vgl. *Nehl*, Europäisches Verwaltungsverfahren und Gemeinschaftsverfassung, S. 405 ff.

[220] EuGH, Urt. v. 3. 9. 2008, verb. Rs. C–402/05 P u. C–415/05 P (Kadi u. a./Rat u. Kommission), Slg. 2008, I–6351, Rn. 281 ff.; Urt. v. 4. 6. 2013, Rs. C–300/11 (ZZ), NVwZ 2013, 1139, Rn. 50 ff.; Urt. v. 18. 7. 2013, verb. Rs. C–584/10 P, C–593/10 P u. C–595/10 P (Kommission/Kadi), EuGRZ 2013, 389, Rn. 97 ff.; vgl. auch Urt. v. 17. 11. 2011, Rs. C–430/10 (Gaydarov), Slg. 2011, I–11637, Rn. 41.

[221] Besonders deutlich in EuGH, Urt. v. 18. 7. 2013, verb. Rs. C–584/10 P, C–593/10 P u. C–595/10 P (Kommission/Kadi), EuGRZ 2013, 389, Rn. 97 ff. (102, 111–118, 119–128). Bereits ähnlich im Ansatz EuGH, Urt. v. 3. 9. 2008, verb. Rs. C–402/05 P u. C–415/05 P (Kadi u. a./Rat u. Kommission), Slg. 2008, I–6351, Rn. 335 ff.; Urt. v. 4. 6. 2013, Rs. C–300/11 (ZZ), NVwZ 2013, 1139, Rn. 53 ff.

[222] Vgl. die Literaturnachweise in Fn. 91. Siehe ferner *Al-Rikabi*, E. H. R. L. R. 2013, 631; *Cuyvers*, CMLRev. 51 (2014), 1759; *Martinico/Russo*, EPL 2015, 659 (675–678).

[223] Vgl. EuGH, Urt. v. 18. 7. 2013, verb. Rs. C–584/10 P, C–593/10 P u. C–595/10 P (Kommission/Kadi), EuGRZ 2013, 389, Rn. 103–110.

Rn. 41–42 skizzierte verfahrensrechtliche Kontrollkonzeption der Unionsgerichte einordnen;[224] die Prüftechnik des EuGH schiesst aber im Detail weit über ihr Ziel hinaus und verliert sich in »**exzessivem Prozeduralismus**«.[225] Die Art und Weise wie der EuGH in diesem Zusammenhang verschiedene – wohlgemerkt überwiegend verwaltungsverfahrensrechtliche und nicht gerichtliche im Sinne von Art. 47 Abs. 2 GRC (s. Rn. 60) – Verfahrensgarantien miteinander kumuliert und vermengt, um das gewünschte Ziel der Gewährleistung effektiven Rechtsschutzes zu erreichen, mutet abenteuerlich an und kann einer verfahrensdogmatischen Kritik nicht standhalten. Der EuGH stützt sich dabei auf die spezifisch individualschützenden Funktionen dieser Verfahrensgarantien,[226] um sie allesamt gewissermaßen in den Anspruch auf effektiven gerichtlichen Rechtsschutz im Sinne von Art. 47 Abs. 1 GRC zu »inkorporieren«, so dass sie sich zumindest teilweise zu decken scheinen und kaum mehr voneinander unterscheidbar sind. So geht der EuGH bereits in seiner Prämisse davon aus, dass das Vorliegen einer »Verletzung der Verteidigungsrechte und des Rechts auf effektiven gerichtlichen Rechtsschutz [...] anhand der besonderen Umstände jedes Einzelfalls zu prüfen« ist, und »insbesondere [anhand] des Inhalts des betreffenden Rechtsakts, des Kontexts seines Erlasses sowie der Rechtsvorschriften auf dem betreffenden Gebiet«, also Elemente der Begründungspflicht.[227] Seiner Ansicht nach fordert zudem »die Achtung der Verteidigungsrechte und des Rechts auf effektiven gerichtlichen Rechtsschutz, dass die zuständige Unionsbehörde der betroffenen Person die dieser Behörde vorliegenden, die betroffene Person belastenden Informationen, auf die sie ihre Entscheidung stützt, d. h. zumindest die vom Sanktionsausschuss übermittelte Begründung, mitteilt [...], damit diese Person ihre Rechte unter den bestmöglichen Bedingungen verteidigen und in Kenntnis aller Umstände entscheiden kann, ob es angebracht ist, den Unionsrichter anzurufen«,[228] so dass die Anforderungen des rechtlichen Gehörs und der Begründungspflicht ineinander zu fließen scheinen.[229] Sofern der Betroffene zu der Begründung Stellung nimmt, ist nach Auffassung des EuGH die zuständige Unionsbehörde ferner – wohlgemerkt gemäß den Anforderungen des Sorgfalts- und Untersuchungsgrundsatzes[230] – »verpflichtet, die

---

[224] So auch *Fehling*, in: Terhechte, Verwaltungsrecht in der EU, § 12, Rn. 132.
[225] Zur vergleichbaren Vorgehensweise in EuG, Urt. v. 28.9.1995, Rs. T–95/94 (Sytraval/Kommission), Slg. 1995, II–2651, Rn. 75 ff., kritisch *Nehl*, Principles of Administrative Procedure in EC Law, S. 156–160.
[226] Zur grundlegenden Unterscheidung zwischen instrumentellen und individualschützenden Zwecken von Verfahrensgarantien siehe *Nehl*, Wechselwirkungen, S. 135 ff.; *Barbier de la Serre*, EPL 2006, 225 ff.; *Nehl*, »Good Administration as Procedural Right and/or General Principle?«, in: Hofmann/Türk (Hrsg.), Legal Challenges in EU Administrative Law – Towards an Integrated Administration, 2009, S. 322 (343–350).
[227] EuGH, Urt. v. 18.7.2013, verb. Rs. C–584/10 P, C–593/10 P u. C–595/10 P (Kommission/Kadi), EuGRZ 2013, 389, Rn. 102. Zur entsprechenden Judikatur zur Begründungspflicht siehe nur EuGH, Urt. v. 2.12.2009, Rs. C–89/08 P (Kommission/Irland u. a.), Slg. 2009, I–11245, Rn. 77.
[228] EuGH, Urt. v. 18.7.2013, verb. Rs. C–584/10 P, C–593/10 P u. C–595/10 P (Kommission/Kadi), EuGRZ 2013, 389, Rn. 111.
[229] Siehe jedoch zur Unterscheidung zwischen dem durch das Anhörungsrecht begründeten »aktuellen« Dialog und dem u. a. durch die Begründungspflicht begründeten »ex post« Dialog zwischen dem Betroffenen und der Verwaltung *Nehl*, Europäisches Verwaltungsverfahren und Gemeinschaftsverfassung, S. 273–274, 313–314, 325–326, 364–367.
[230] Vgl. zum Sorgfaltsgrundsatz nur EuGH, Urt. v. 22.3.2012, Rs. C–338/10 (GLS), ECLI:EU:C:2012:158, Rn. 20–22 m. w. N., sowie grundlegend EuGH, Urt. v. 21.11.1991, Rs. C–269/90 (Technische Universität München), Slg. 1991, I–5469, Rn. 14. Eingehend dazu *Nehl*, Principles of Administrative Procedure in EC Law, S. 106 ff.

Stichhaltigkeit der angeführten Gründe im Licht dieser Stellungnahme und der ihr gegebenenfalls beigefügten entlastenden Gesichtspunkte sorgfältig und unparteiisch zu prüfen«, und »insbesondere unter Berücksichtigung des Inhalts dieser etwaigen Stellungnahme zu beurteilen, ob es notwendig ist, den Sanktionsausschuss und über ihn den UN-Mitgliedstaat, der die Aufnahme der betroffenen Person in die konsolidierte Liste des Ausschusses vorgeschlagen hat, um Zusammenarbeit zu bitten, damit ihr im Rahmen der zweckdienlichen Zusammenarbeit, die nach Art. 220 Abs. 1 AEUV die Beziehungen der Union zu den Organen der Vereinten Nationen auf dem Gebiet der Bekämpfung des internationalen Terrorismus bestimmen soll, die – vertraulichen oder nicht vertraulichen – Informationen oder Beweise übermittelt werden, die es ihr erlauben, ihrer Pflicht zu sorgfältiger und unparteiischer Prüfung nachzukommen«. Schließlich erfordere »die in Art. 296 AEUV vorgesehene Begründungspflicht, ohne so weit zu gehen, dass sie es geböte, im Einzelnen auf die Stellungnahme der betroffenen Person einzugehen […], unter allen Umständen – und zwar auch dann, wenn die Begründung des Unionsrechtsakts den von einer internationalen Behörde dargelegten Gründen entspricht –, dass in dieser Begründung die einzelfallbezogenen, spezifischen und konkreten Gründe genannt werden, aus denen die zuständigen Behörden der Auffassung sind, dass gegen die betroffene Person restriktive Maßnahmen verhängt werden müssen«.[231] Der EuGH rundet diesen »bunten Strauß« an Verfahrenspflichten und -garantien ab durch detaillierte Substantiierungs- und Beweisanforderungen für die Unionsbehörde sowie Pflichten des Unionsrichters, die Beachtung der Begründungspflicht eingehend zu prüfen und dabei gegebenenfalls ergänzend von der zuständigen Unionsbehörde – vertrauliche oder nicht vertrauliche – Informationen oder Beweise anzufordern, die für eine solche Prüfung relevant sind.[232] Daran anschließend erfolgt erst die Kontrolle der Stichhaltigkeit der Tatsachen und Beweise, sofern sie als solche verwertet werden können, die zur Rechtfertigung der streitigen Sanktionsmaßnahmen vorgetragen wurden.[233] Der Problematik des Ausgleichs zwischen der Gewährung effektiven Rechtsschutzes einerseits und der aus Gründen der Sicherheitspolitik oder der Gestaltung der internationalen Beziehungen notwendigen Wahrung des Geheimnisschutzes andererseits versucht der EuGH durch eine komplizierte Abwägungskontrolle Herr zu werden, deren Praxistauglichkeit sich erst noch erweisen muss (s. dazu näher Rn. 77).[234]

Insgesamt zeigt die neuere Rechtsprechung, dass sich Art. 47 Abs. 1 GRC, ausgehend   **45** von einer überwiegend verfahrensrechtlich geprägten Gerichtskontrolle, zunehmend zu einer Art prozessualem »**Supergrundrecht**« entwickelt, das die individualschützenden Funktionen einer Reihe von Verfahrensgarantien auf der Ebene des Verwaltungs- und des Gerichtsverfahrens miteinander auf komplexe Weise kombiniert. Dass diese Entwicklung – ungeachtet des anerkennenswerten Bemühens um eine Effektivierung des Rechtsschutzes gegen Sanktionsmaßnahmen – einer kohärenten Systembildung im Bereich des Verfahrensrechts abträglich ist und die jeweiligen Anwendungsbereiche der betroffenen Verfahrensgarantien unzulässig miteinander vermengt, bedarf keines

---

[231] EuGH, Urt. v. 18.7.2013, verb. Rs. C–584/10 P, C–593/10 P u. C–595/10 P (Kommission/Kadi), EuGRZ 2013, 389, Rn. 112–116.

[232] EuGH, Urt. v. 18.7.2013, verb. Rs. C–584/10 P, C–593/10 P u. C–595/10 P (Kommission/Kadi), EuGRZ 2013, 389, Rn. 117–122.

[233] EuGH, Urt. v. 18.7.2013, verb. Rs. C–584/10 P, C–593/10 P u. C–595/10 P (Kommission/Kadi), EuGRZ 2013, 389, Rn. 121 ff.

[234] EuGH, Urt. v. 18.7.2013, verb. Rs. C–584/10 P, C–593/10 P u. C–595/10 P (Kommission/Kadi), EuGRZ 2013, 389, Rn. 128 ff.

weiteren Kommentars. Dies wird aber auch in der Rechtspraxis zu erheblichen Problemen führen (s. auch Rn. 79).[235]

ee) Wirksame gerichtliche Kontrolle kartellrechtlicher Sanktionsentscheidungen

46 Einen weiteren wichtigen Beitrag zur Klärung des sachlichen Gewährleistungsgehalts von Art. 47 Abs. 1 GRC bildet die Rechtsprechung des EuGH zur gerichtlichen Kontrolle von **Sanktionsentscheidungen der Kommission** im Bereich des **EU-Kartellrechts**.[236] Die Kommission verfügt bei der Berechnung und Auferlegung von Geldbußen gemäß Art. 23 Abs. 2 und 3 Verordnung Nr. 1/2003[237] über ein sehr weites Ermessen, dessen Ausübung sie durch den Erlass und die Veröffentlichung von Geldbußen-Leitlinien weitgehend vorstrukturiert hat. Nach Ansicht des EuGH erstreckt sich dieses weite Ermessen auch auf die Änderung der Methode der Bemessung von Geldbußen sowie von deren Höhe im Einzelfall bzw. allgemein durch Leitlinien, ohne dass dies mit dem Grundsatz nullum crimen, nulla poena sine lege in Widerspruch stünde, soweit die effektive Durchführung der EU-Wettbewerbspolitik eine solche Anpassung erfordert und diese innerhalb der in der VO Nr. 1/2003 gesetzten Grenzen erfolgt.[238] Angesichts dessen ist die **Befugnis** der Unionsgerichte **zu unbeschränkter Ermessensnachprüfung**[239] bei Sanktionen und zu deren Abänderung gemäß Art. 261 AEUV in Verbindung mit Art. 31 VO Nr. 1/2003 ein rechtsstaatlich unabdingbares Korrektiv. Im Grundsatz bedeutet diese Befugnis, dass das EuG über die reine Rechtmäßigkeitskontrolle hinaus die Angemessenheit der Höhe der verhängten Geldbuße voll überprüfen und die Beurteilung der Kommission durch seine eigene ersetzen kann.[240] Dies folgt aus der Kombination der Kassationsbefugnis des EuG gemäß Art. 263 AEUV (Nichtigkeitsklage) mit der Befugnis zu unbeschränkter Nachprüfung gemäß Art. 261 AEUV, die durch die Formulierung »aufheben, herabsetzen oder erhöhen« in Art. 31 VO Nr. 1/2003 konkretisiert wird. Ihrem Wortlaut nach beinhaltet sie also, dass der Unionsrichter die Geldbußenentscheidung der Kommission sowohl insgesamt für nichtig erklären, als auch unabhängig von der Kontrolle ihrer Rechtmäßigkeit die verhängte Geldbuße aufheben, herabsetzen, aufrechterhalten oder sogar erhöhen kann.[241] Die Frage, ob diese Kontrollbefugnis geeignet ist, die grundsätzlichen rechtsstaatlichen Probleme zu lösen bzw.

---

[235] Zu entsprechenden Systembildungsansätzen vgl. *Nehl*, Europäisches Verwaltungsverfahren und Gemeinschaftsverfassung, S. 173 ff.

[236] Eingehend dazu *Nehl*, Kontrolle kartellrechtlicher Sanktionsentscheidungen, S. 113 ff.; *Völker*, S. 153 ff.; *Bürger*, NZWiSt 2013, 405; *Prek/Lefèvre*, CMLRev. (53) 2016, 65.

[237] VO (EG) Nr. 1/2003 des Rates vom 16.12.2002 zur Durchführung der in den Artikeln 81 und 82 EG niedergelegten Wettbewerbsregeln, ABl. 2003, L 1/1, zuletzt geändert durch Art. 2 ÄndVO (EG) Nr. 1419/2006 vom 25.9.2006, ABl. 2006, L 269/1.

[238] EuGH, Urt. v. 28.6.2005, verb. Rs. C–189/02 P, C–202/02 P, C–205/02 P bis C–208/02 P u. C–213/02 P (Dansk Rørindustri u.a./Kommission), Slg. 2005, I–5425, Rn. 227–230; Urt. v. 18.5.2006, Rs. C–397/03 P (ADM/Kommission), Slg. 2006, I–4429, Rn. 19–25; Urt. v. 22.5.2008, Rs. C–266/06 P (Evonik Degussa/Kommission), ECLI:EU:C:2008:295, Rn. 50 ff.

[239] Im Französischen: »pouvoir de pleine juridiction«; zur Rechtsentwicklung, insbesondere zu den Ursprüngen im französischen Recht siehe *Schmidt*, Die Befugnis des Gemeinschaftsrichters zu unbeschränkter Ermessensnachprüfung, 2004, S. 22 ff.

[240] EuGH, Urt. v. 8.2.2007, Rs. C–3/06 P (Danone/Kommission), Slg. 2007, I–1331, Rn. 61–62; Urt. v. 8.12.2011, Rs. C–272/09 P (KME/Kommission), Slg. 2011, I–12789, Rn. 103; Urt. v. 8.12.2011, Rs. C–389/10 P (KME Germany u.a./Kommission), Slg. 2011, I–13125, Rn. 130; Urt. v. 8.12.2011, Rs. C–386/10 P (Chalkor/Kommission), Slg. 2011, I–13085, Rn. 63.

[241] Insoweit deutlich EuGH, Urt. v. 8.2.2007, Rs. C–3/06 P (Danone/Kommission), Slg. 2007, I–1331, Rn. 62.

zu entschärfen, die aus der gegenwärtigen Struktur der EU-Kartellaufsicht mit konzentrierter Ermittlungs-, Verfolgungs- und Entscheidungsfunktion der Kommission resultieren, hat sich mit Blick auf Art. 47 Abs. 1 GRC in Verbindung mit Art. 6 und 7 EMRK sowie das Homogenitätspostulat in Art. 52 Abs. 3 GRC[242] (vgl. auch Erwägungsgrund Nr. 37 VO Nr. 1/2003) zugespitzt. Ausgangspunkt ist nach wie vor die Frage, ob die Durchsetzung der EU-Kartellregeln mittels administrativer Sanktionen dem Wortlaut von Art. 6 Abs. 1 Satz 1 EMRK entsprechend (»strafrechtliche Anklage«) strafrechtlicher Natur oder zumindest strafrechtsähnlich ist[243] und den dort genannten grundlegenden Anforderungen der Verfahrensfairness entspricht.

Angesichts der eindeutigen Rechtsprechung des EGMR betreffend Sanktionen im   **47**
nationalen Kartellrecht und in benachbarten Rechtsgebieten[244] wird mittlerweile nicht mehr ernsthaft bestritten, dass Art. 6 Abs. 1 Satz 1 EMRK auf die sanktionsbewehrte Durchsetzung der EU-Kartellregeln durch die Kommission und die Unionsgerichte anwendbar ist,[245] auch wenn Art. 23 Abs. 5 VO Nr. 1/2003 irreführend noch den gegenteiligen Eindruck vermitteln mag.[246] Wie der EGMR zutreffend festgestellt hat, ist eine solche »Etikettierung« des Eingriffshandelns nicht allein maßgeblich, sondern es kommt für die Qualifizierung als »strafrechtliche Anklage« im Sinne von Art. 6 Abs. 1 Satz 1 EMRK und für das damit verbundene Schutzerfordernis auf die rechtliche Einordnung des vorgeworfenen Verstoßes, dessen wahre Natur sowie die Natur und Schwere der angedrohten bzw. verhängten Sanktion an (sog. drei »Engel«-Kriterien[247]). Für das (nationale) Kartellrecht kann der Rechtsprechung des EGMR entnommen werden, dass sie dieses Rechtsgebiet jedenfalls nicht zum »harten Kern des Strafrechts« zählt, das erfordere, die Garantien des Art. 6 Abs. 1 EMRK »unbedingt in ihrer ganzen Strenge anzuwenden«.[248] Diese Feststellung wird dadurch bestätigt, dass der EGMR den Unterzeich-

---

[242] Eingehend hierzu *Weiß*, EuConst 7 (2011), 64 (69 ff.); *ders.*, ECLR 32 (2011), 186.
[243] Bejahend bereits EuG-Richter *Vesterdorf* als GA, Schlussanträge zu Rs. T–1/89 (Rhône-Poulenc/Kommission), Slg. 1991, II–875, 884–886; vgl. auch GA *Sharpston*, Schlussanträge zu Rs. C–272/09 P (KME/Kommission), Slg. 2011, I–12789, Rn. 60 ff.; GA *Mengozzi*, Schlussanträge zu Rs. C–521/09 P (Elf Aquitaine/Kommission), Slg. 2011, I–8947, Rn. 30 ff.; GA *Bot*, Schlussanträge zu Rs. C–352/09 P (ThyssenKrupp Nirosta/Kommission), Slg. 2011, I–2359, Rn. 49–52.
[244] Vgl. EGMR, Urt. v. 8.6.1976, Beschwerde-Nr. 5100–5102/71, 5354/72 u- 5370/72 (Engel u. a./Niederlande), Ser. A no. 22; Urt. v. 27.2.1992, Beschwerde-Nr. 11598/85 (Société Stenuit/Frankreich), Ser. A no. 232-A; Urt. v. 21.5.2003, Beschwerde-Nr. 34619/97 (Janosevic/Schweden) Rep. 2002-VII, 1; Urt. v. 23.11.2006, Beschwerde-Nr. 73053/01, (Jussila/Finnland) Rep. 2006-XIV, 1; klarstellend EGMR, Urt. v. 27.9.2011, Beschwerde-Nr. 43509/08 (Menarini Diagnostics/Italien), Rn. 38 ff. (im Internet abrufbar unter http://www.echr.coe.int) betreffend eine Geldbußenentscheidung der italienischen Kartellbehörde i. H. v. 6 Millionen Euro.
[245] Vgl. insbes. EFTA-Gerichtshof, Urt. v. 18.4.2012, Rs. E–15/10 (Posten Norge/EFTA-Aufsichtsbehörde), Rn. 87–91. Im Ergebnis ebenso EuG, Urt. v. 13.7.2011, Rs. T–138/07 (Schindler Holding u. a./Kommission), Slg. 2011, II–4819, Rn. 53; nicht eindeutig dagegen EuGH, Urt. v. 18.7.2013, Rs. C–501/11 P (Schindler Holding u. a./Kommission), ECLI:EU:C:2013:522, Rn. 33.
[246] Die Vorschrift lautet: »Die nach den Absätzen 1 und 2 getroffenen Entscheidungen haben keinen strafrechtlichen Charakter«. Kritisch dazu einerseits *Bechtold/Bosch/Schwarze*, S. 21 ff.; *Möschel*, DB 2010, 2377 (2378 f.); *Forrester*, E. L. Rev. 36 (2009), 817 (823 ff.); *ders.*, E. L. Rev. 36 (2011), 185 (201 ff.); *Weiß*, ECLR. 7 (2011), 186 (191 f.); andererseits *Wils*, World Competition 2010, 5 (12 ff.), der insoweit einen unionsrechtlichen von einem EMRK-rechtlichen Strafrechtsbegriff unterscheiden will.
[247] EGMR, Urt. v. 8.6.1976, Beschwerde-Nr. 5100–5102/71, 5354/72 u- 5370/72 (Engel u. a./Niederlande), Ser. A no. 22, Rn. 82; neuerdings EGMR, Urt. v. 27.9.2011, Beschwerde-Nr. 43509/08 (Menarini Diagnostics/Italien), Rn. 38–42 (im Internet abrufbar unter http://www.echr.coe.int).
[248] So jedenfalls das Verständnis von EGMR Urt. v. 23.11.2006 (Jussila/Finnland), Rep. 2006-XIV, 1, Rn. 43, in den Schlussanträgen v. GA *Sharpston* zu Rs. C–272/09 P (KME/Kommission), Slg. 2011,

nerstaaten im Anwendungsbereich dieser Vorschrift ausdrücklich zubilligt, Verwaltungsbehörden mit empfindlicher pekuniärer Sanktionsgewalt auszustatten, auch wenn deren Verfahren nicht all diese Garantien entsprechen, sofern der Rechtsunterworfene gegen die ihn belastende Entscheidung ein Rechtsprechungsorgan anrufen kann, das diesen Anforderungen genügt sowie »über unbeschränkte Nachprüfungsbefugnis verfügt und insbesondere die[se] Entscheidung in allen Punkten sowohl in tatsächlicher als auch in rechtlicher Hinsicht abändern kann«.[249] Daher bildet auch die Befugnis zu unbeschränkter Ermessensüberprüfung gemäß Art. 261 AEUV in Verbindung mit Art. 31 VO Nr. 1/2003 den Dreh- und Angelpunkt für die Beantwortung der Frage, ob das gegenwärtige System der Durchsetzung der EU-Kartellregeln den grundlegenden Anforderungen von Art. 6 Abs. 1 Satz 1 EMRK und letztlich von Art. 47 Abs. 1 GRC genügt.[250]

48   In der das italienische Kartellrecht betreffenden Rechtssache **Menarini Diagnostics/ Italien** hat der EGMR diese Auslegung nochmals ausdrücklich bestätigt.[251] Danach schließt die Beachtung von Art. 6 EMRK nicht aus, dass eine »Strafe« zunächst in einem Verwaltungsverfahren durch eine Verwaltungsbehörde verhängt wird, setzt aber voraus, dass die Entscheidung einer Verwaltungsbehörde, die selbst nicht die Voraussetzungen des Art. 6 Abs. 1 EMRK erfüllt, der späteren Kontrolle durch ein Rechtsprechungsorgan mit unbeschränkter Nachprüfungsbefugnis unterliegt. Zu den Eigenschaften, die ein Rechtsprechungsorgan mit unbeschränkter Nachprüfungsbefugnis besitzen muss, gehört nach Auffassung des EGMR die Befugnis, die angefochtene Entscheidung des untergeordneten Organs in allen Punkten sowohl in tatsächlicher als auch in rechtlicher Hinsicht abzuändern und insbesondere alle streiterheblichen Tatsachen- und Rechtsfragen zu beurteilen. Bei der Beurteilung der Kontrollbefugnisse der italienischen Verwaltungsgerichte zog der EGMR jedoch nicht die letzten erforderlichen Konsequenzen aus diesen Prämissen. Obwohl er feststellte, dass diese Verwaltungsgerichte selbst nicht die Befugnis hätten, sich an die Stelle der unabhängigen, über ein Ermessen verfügenden Verwaltungsbehörde zu setzen, ließ er im Wesentlichen genügen, dass sie überprüfen können, ob die Verwaltung von diesem Ermessen »angemessenen Gebrauch« gemacht haben, bzw. ob die auferlegte Sanktion »angemessen« ist, um diese gegebenenfalls im Rahmen ihrer unbeschränkten Nachprüfung zu ersetzen.[252] In seinem Minderheitenvotum hat EGMR-Richter *Pinto de Albuquerque* hingegen auf diesen Widerspruch hingewiesen und für ein weiteres Verständnis der Befugnis zu unbeschränkter

---

I–12789, Rn. 67, von EFTA-Gerichtshof, Urt. v. 18.4.2012, Rs. E–15/10 (Posten Norge/EFTA-Aufsichtsbehörde), Rn. 89, und v. GA *Mengozzi*, Schlussanträge zu Rs. C–521/09 P (Elf Aquitaine/Kommission), Slg. 2011, I–8947, Rn. 30; ebenso *Wils*, World Competition 2010, 5 (14–15). Vgl. auch EuG, Urt. v. 13.7.2011, Rs. T–138/07 (Schindler Holding u.a./Kommission), Slg. 2011, II–4819, Rn. 52.

[249] EGMR, Urt. v. 21.5.2003, Beschwerde-Nr. 34619/97 (Janosevic/Schweden), Rep. 2002-VII, 1, Rn. 81; Urt. v. 27.9.2011, Beschwerde-Nr. 43509/08 (Menarini Diagnostics/Italien), Rn. 58–59 m.w.N. (im Internet abrufbar unter http://www.echr.coe.int).

[250] In diesem Sinne GA *Sharpston*, Schlussanträge zu Rs. C–272/09 P (KME/Kommission), Slg. 2011, I–12789, Rn. 69–70; differenzierend GA *Mengozzi*, Schlussanträge zu Rs. C–521/09 P (Elf Aquitaine/Kommission), Slg. 2011, I–8947, Rn. 30ff., der u.a. auf Einschränkungen im Rahmen der Rechtmäßigkeitskontrolle komplexer wirtschaftlicher Entscheidungen (Rn. 34) und in zeitlicher Hinsicht (Rn. 35) verweist.

[251] EGMR, Urt. v. 27.9.2011, Beschwerde-Nr. 43509/08 (Menarini Diagnostics/Italien), Rn. 59 (im Internet abrufbar unter http://www.echr.coe.int).

[252] EGMR, Urt. v. 27.9.2011, Beschwerde-Nr. 43509/08 (Menarini Diagnostics/Italien), Rn. 63–65 (im Internet abrufbar unter http://www.echr.coe.int).

Nachprüfung plädiert, wonach diese weniger eine bloße reformatio denn eine revisio in dem Sinne beinhalte, dass der Verwaltungsrichter die Beurteilung der Sache vollständig und von Neuem durchführt.[253] Diese Vollkontrolle müsse sich nicht nur auf das Vorliegen aller tatsächlichen und rechtlichen Voraussetzungen des geahndeten Verstoßes, sondern auch auf die Frage des Ob und des Wie, insbesondere der Höhe und Verhältnismäßigkeit der verhängten Verwaltungssanktion beziehen. Interessanterweise führt das Minderheitenvotum jedoch ausdrücklich Art. 31 VO Nr. 1/2003 als Beispiel für eine solche, mit Art. 6 Abs. 1 Satz 1 EMRK vereinbare Vollkontrolle an.

In diesem Kontext sind auch die Grundsatzurteile des EuGH in den Rechtssachen **KME**   **49** **und Chalkor** einzuordnen, soweit sie sich mit der Frage befassen, ob das unionsrechtliche Rechtsschutzsystem in Bezug auf Sanktionsentscheidungen der Kommission mit dem Grundrecht auf effektiven gerichtlichen Rechtsschutz im Sinne von Art. 47 Abs. 1 GRC vereinbar ist.[254] Der EuGH vermeidet in diesen Urteilen zwar noch eine direkte Auseinandersetzung mit Art. 6 Abs. 1 Satz 1 EMRK sowie mit der dazu ergangenen Rechtsprechung des EGMR. Zur Begründung führt er an, der durch diese Vorschrift vorgesehene Schutz werde im Unionsrecht von Art. 47 GRC gewährleistet, so dass allein letzterer heranzuziehen sei; zudem komme darin nunmehr der Grundsatz effektiven gerichtlichen Rechtsschutzes als allgemeiner Grundsatz des Unionsrechts zum Ausdruck.[255] Aus der Diktion und der Struktur der Argumentation in diesen Urteilen geht aber eindeutig hervor, dass der EuGH bemüht ist nachzuweisen, dass sowohl der Normgehalt von Art. 261 AEUV in Verbindung mit Art. 31 VO Nr. 1/2003 als auch deren konkrete Anwendung durch die Unionsgerichte den Anforderungen der Judikatur des EGMR vollständig entsprechen.

Mit Rücksicht auf die Rechtsprechung des EGMR unterscheidet der EuGH folgerich-   **50** tig die **Rechtmäßigkeitskontrolle** in Bezug auf das Vorliegen der Tatbestandsmerkmale der Eingriffsnorm des Art. 23 Abs. 3 VO Nr. 1/2003 (Schwere und Dauer der Zuwiderhandlung) einerseits von der Angemessenheitskontrolle bezüglich der konkret angeordneten Rechtsfolgen, insbesondere der Höhe der verhängten Sanktion andererseits.[256] Für beide Kontrollfunktionen verneint er klar und deutlich die – angesichts Art. 6 EMRK bzw. des Grundsatzes effektiven Rechtsschutzes vielfach eingeforderte – Pflicht des

---

[253] Das Minderheitenvotum spricht u. a. davon, dass die Rechtssache zwecks Revision dem Verwaltungsrichter (vollständig) übertragen werde; gemeint ist damit wohl eine Art »trial de novo«, wie ihn das US-Verwaltungsprozessrecht kennt; instruktiv dazu *Erath*, Förmliche Verwaltungsverfahren und gerichtliche Kontrolle: eine rechtsvergleichende Studie unter Berücksichtigung Deutschlands und der USA, 1996, S. 107 ff. (insbes. S. 130 ff. m. w. N.).

[254] Vgl. auch *Van Cleynenbreugel*, CJEL 2012, 519 ff.

[255] Vgl. EuGH, Urt. v. 8.12.2011, Rs. C–386/10 P (Chalkor/Kommission), Slg. 2011, I–13085, Rn. 51–52; Urt. v. 6.11.2012, Rs. C–199/11 (Otis u. a.), EuZW 2013, 24, Rn. 47. Unter ausführlicher Nennung beider Vorschriften und der relevanten Judikatur des EGMR jedoch EuGH, Urt. v. 18.7.2013, Rs. C–501/11 P (Schindler Holding u. a./Kommission), ECLI:EU:C:2013:522, Rn. 32–36; Urt. v. 24.10.2013, Rs. C–557/12 (Kone u. a./Kommission), ECLI:EU:C:2013:696, Rn. 20–23; Urt. v. 10.7.2014, Rs. C–295/12 P (Telefónica u. a./Kommission), ECLI:EU:C:2014:2062, Rn. 40 ff., 50 ff. u. 200–204.

[256] EuGH, Urt. v. 8.12.2011, Rs. C–272/09 P (KME/Kommission), Slg. 2011, I–12789, Rn. 93 ff.; Urt. v. 8.12.2011, Rs. C–386/10 P (Chalkor/Kommission), Slg. 2011, I–13085, Rn. 53 ff.; Urt. v. 8.12.2011, Rs. C–389/10 P (KME Germany u. a./Kommission), Slg. 2011, I–13125, Rn. 120 ff.; noch deutlicher Urt. v. 10.7.2014, Rs. C–295/12 P (Telefónica u. a./Kommission), ECLI:EU:C:2014:2062, Rn. 43–45, 204–205 u. 213; Urt. v. 21.1.2016, Rs. C–603/13 P (Galp Energía España u. a./Kommission), ECLI:EU:C:2016:38, Rn. 71 ff.; vgl. auch GA *Mengozzi*, Schlussanträge zu Rs. C–521/09 P (Elf Aquitaine/Kommission), Slg. 2011, I–8947, Rn. 32–37.

Unionsrichters, eine Vollkontrolle des Inhalts in dem Sinne durchzuführen, dass er von
Amts wegen bzw. unabhängig von den vorgebrachten Klagegründen, Rügen und Beweisen die streitige Entscheidung der Kommission in ihrer Gesamtheit auf ihre Rechtmäßigkeit und Angemessenheit hin überprüfen müsse.[257] Bezüglich der Rechtmäßigkeitskontrolle auf der Tatbestandsseite resultiert dies seit jeher aus dem Grundsatz der
Bindung des Unionsrichters an die vom Kläger geltend gemachten Klagegründe (s. oben
Rn. 40). Diese Kontrolle erfasst immerhin auch jene in der Mitteilung der Beschwer-
depunkte vorgetragenen tatsächlichen und rechtlichen Gesichtspunkte, die der Kläger
im Verwaltungsverfahren nicht in Frage gestellt hat und erstmals im Stadium des Gerichtsverfahrens angreift. Denn nach zutreffender Auffassung des EuGH kommt eine
Verwirkung eines solchen Klagegrundes oder Angriffsmittels mangels entsprechender
ausdrücklicher Rechtsgrundlage nicht in Betracht und verstieße gegen die tragenden
Grundsätze der Gesetzmäßigkeit und der Wahrung der Verteidigungsrechte;[258] sie genügte letztlich aber auch nicht den Anforderungen effektiven Rechtsschutzes im Sinne
von Art. 47 Abs. 1 GRC. Darüber hinaus geht der EuGH nunmehr in etwas sybillini-
scher Diktion davon aus, dass die vollständige Kontrolle der Rechtmäßigkeit gemäß
Art. 263 AEUV von Entscheidungen der Kommission zur Anwendung von Art. 101
oder Art. 102 AEUV auch auf Klagegründe oder Umstände »aus der Zeit vor oder nach
der ergangenen Entscheidung« gestützt werden kann, und zwar »unabhängig davon, ob
sie vorab im Rahmen des Verwaltungsverfahrens […] oder zum ersten Mal im Rahmen
der Klage […] vorgebracht wurden, soweit diese Umstände für die[se Rechtmäßigkeits-
kontrolle] maßgeblich sind«.[259] Nach Ansicht des EuGH gestattet dies dem Unionsrichter jedoch nicht im Rahmen dieser Kontrolle die vom Urheber dieser Entscheidung
gegebene Begründung durch seine eigene zu ersetzen (s. auch Rn. 40).[260] Insoweit bleibt
allerdings unklar, ob der EuGH damit zumindest in Kartellsachen eine Abkehr von
seiner bisherigen Rechtsprechung vollziehen will, wonach die Unionsgerichte die
Rechtmäßigkeit einer Entscheidung grundsätzlich nur anhand der Sach- und Rechtslage
zum Zeitpunkt ihres Erlasses, d. h. konkret anhand der der Kommission – zumindest
potentiell – bekannten Umstände und Beweise, beurteilen dürfen (s. auch Rn. 51 u.
74).[261] Denn wenn der Unionsrichter sich nicht an die Stelle der Kommission setzen
kann, dürfte der Vorwurf, sie habe einen entscheidungserheblichen – zumal erst später
zu Tage getretenen oder gar erst entstandenen – Umstand nicht gekannt oder gewürdigt
und somit auch nicht begründet, in der Regel ins Leere gehen.

[257] Siehe bezüglich der Befugnis unbeschränkter Nachprüfung EuGH, Urt. v. 8. 12. 2011, Rs. C–
386/10 P (Chalkor/Kommission), Slg. 2011, I–13085, Rn. 64; zuvor bereits ähnlich in Bezug auf die
Kontrolle im Rechtsmittelverfahren, Rn. 49; vgl. auch EuGH, Urt. v. 19. 12. 2013, verb. Rs. C–
239/11 P, C–489/11 P u. C–498/11 P (Siemens u. a./Kommission), ECLI:EU:C:2013:866, Rn. 321 u.
340. Zu den gegenteiligen Forderungen siehe z. B. *Bechtold/Bosch/Schwarze*, S. 56–57.
[258] EuGH, Urt. v. 1. 7. 2010, C–407/08 P (Knauf Gips/Kommission), Slg. 2010, I–6375, Rn. 89 u.
91; Urt. v. 11. 7. 2013, Rs. C–439/11 P (Ziegler/Kommission), ECLI:EU:C:2013:513, Rn. 57; Urt. v.
21. 1. 2016, Rs. C–603/13 P (Galp Energía España u. a./Kommission), ECLI:EU:C:2016:38, Rn. 72.
[259] EuGH, Urt. v. 21. 1. 2016, Rs. C–603/13 P (Galp Energía España u. a./Kommission), ECLI:EU:
C:2016:38, Rn. 72.
[260] EuGH, Urt. v. 21. 1. 2016, Rs. C–603/13 P (Galp Energía España u. a./Kommission), ECLI:EU:
C:2016:38, Rn. 73 unter Hinweis auf Urt. v. 24. 1. 2013, C–73/11 P (Frucona Košice/Kommission),
ECLI:EU:C:2013:32, Rn. 89.
[261] Vgl. EuGH, Urt. v. 18. 7. 2013, Rs. C–501/11 P (Schindler Holding u. a./Kommission), ECLI:EU:
C:2013:522, Rn. 31 m. w. N. In Beihilfesachen siehe nur EuGH, Urt. v. 15. 4. 2008, Rs. C–390/06
(Nuova Agricast), Slg. 2008, I–2577, Rn. 54 ff.

Auch hinsichtlich der **Angemessenheitskontrolle** auf der Rechtsfolgenseite bzw. der   **51**
Ausübung der Befugnis zu unbeschränkter Nachprüfung im engeren Sinne gemäß
Art. 261 AEUV in Verbindung mit Art. 31 VO Nr. 1/2003 betont der EuGH die streitige
Rechtsnatur des erstinstanzlichen Verwaltungsprozesses. Mit Ausnahme der Gründe
zwingenden Rechts (»ordre public«-Gründe), die der Richter von Amts wegen zu berücksichtigen habe, wie etwa das Fehlen einer Begründung der angefochtenen Entscheidung, sei es Sache des Klägers, hiergegen Klagegründe vorzubringen und dafür
Beweis anzutreten. Dieses verfahrensrechtliche Erfordernis verstoße nicht gegen den
Grundsatz, wonach die Kommission die von ihr festgestellten Zuwiderhandlungen zu
beweisen und die Beweismittel beizubringen hat, die das Vorliegen der die Zuwiderhandlung begründenden Tatsachen rechtlich hinreichend belegen. Denn vom Kläger
werde im Rahmen einer Klage verlangt, dass er die beanstandeten Punkte der angefochtenen Entscheidung bezeichnet, insoweit Rügen formuliert und Beweise oder zumindest
ernsthafte Indizien für deren Begründetheit beibringt. Für die Wahrung des Grundsatzes
effektiven gerichtlichen Rechtsschutzes im Sinne von Art. 47 GRC genüge es daher,
dass das EuG die geltend gemachten Klagegründe prüfe und sowohl in rechtlicher wie in
tatsächlicher Hinsicht eine Kontrolle vornehme sowie befugt sei, die Beweise zu wür-
digen, die angefochtene Entscheidung für nichtig zu erklären und die Höhe der Geldbuße zu ändern.[262] In seinem Urteil Galp Energía España hat der EuGH weiter klargestellt, dass die richterliche Befugnis zu unbeschränkter Nachprüfung – im Gegensatz zur
in Art. 263 AEUV vorgesehenen Rechtmäßigkeitskontrolle – strikt auf die Festsetzung
des Betrags der Geldbuße beschränkt sei. Diese Befugnis betreffe daher allein die Beurteilung der von der Kommission verhängten Geldbuße durch das EuG, und zwar
»unter Ausschluss jeder Änderung der Tatbestandsmerkmale der Zuwiderhandlung, die
die Kommission in der Entscheidung, über die das [EuG] zu befinden hat, rechtmäßig
festgestellt hat«.[263] Damit verwarf der EuGH den im erstinstanzlichen Urteil verfolgten
Ansatz des EuG, der darin bestand, von der Kommission bei der Feststellung der Zuwiderhandlung nicht nachgewiesene Tatsachen dennoch als belastende Umstände im
Rahmen der Ausübung der Befugnis zu unbeschränkter Nachprüfung zu berücksichtigen (s. auch Rn. 74).[264]

So erstaunlich dies nach einer über 40-jährigen Anwendung der EG/EU-Kartellregeln   **52**
auf »Hardcore«-Kartelle auch erscheinen mag, äußerte sich der EuGH in den Rechtssachen KME und Chalkor zum ersten Mal – erkennbar in Reaktion auf die in Rn. 48
dargestellte Rechtsprechung des EGMR – in hinreichend qualifizierter Form zur Reichweite und Dichte der Rechtmäßigkeitskontrolle im Rahmen einer Nichtigkeitsklage gemäß Art. 263 AEUV in Bezug auf das Vorliegen der Tatbestandsmerkmale der Schwere
und Dauer des Kartellverstoßes, die bei der Geldbußenbemessung heranzuziehen
sind.[265] Dabei unterscheidet er diese Kontrolle klar von der »ergänzenden« Kontrolle in

---

[262] EuGH, Urt. v. 8.12.2011, Rs. C–386/10 P (Chalkor/Kommission), Slg. 2011, I–13085,
Rn. 64–67; vgl. auch Urt. v. 10.7.2014, Rs. C–295/12 P (Telefónica u. a./Kommission), ECLI:EU:C:
2014:2062, Rn. 55–57 u. 213.
[263] EuGH, Urt. v. 21.1.2016, Rs. C–603/13 P (Galp Energía España u. a./Kommission), ECLI:EU:
C:2016:38, Rn. 76–77.
[264] EuGH, Urt. v. 21.1.2016, Rs. C–603/13 P (Galp Energía España u. a./Kommission), ECLI:EU:
C:2016:38, Rn. 70 u. 78.
[265] EuGH, Urt. v. 8.12.2011, Rs. C–386/10 P (Chalkor/Kommission), Slg. 2011, I–13085, Rn. 54,
unter Zitat von Urteilen aus dem Bereich der Fusionskontrolle (EuGH, Urt. v. 15.2.2005, Rs. C–
12/03 P [Tetra Laval/Kommission], Slg. 2005, I–987, Rn. 39) sowie der Beihilfeaufsicht (EuGH, Urt.
v. 22.11.2007, Rs. C–525/04 P [Lenzing/Kommission], Slg. 2007, I–9947, Rn. 56–57).

Ausübung der Befugnis zu unbeschränkter Nachprüfung gemäß Art. 261 AEUV,[266] obwohl eine solche Unterscheidung nicht zwingend gewesen wäre. Die Crux bei der Rechtmäßigkeitskontrolle auf der Tatbestandsseite liegt in der auch von GA *Mengozzi* angesprochenen Zurücknahme der gerichtlichen Überprüfung komplexer wirtschaftlicher Beurteilungen der Kommission, sofern diese in Wirtschaftsfragen einen Beurteilungsspielraum genießt.[267] Hier üben die Unionsgerichte in ständiger Rechtsprechung in allen Bereichen des Unionsverwaltungsrechts gerade keine materielle Vollkontrolle des Verwaltungsermessens in dem Sinne aus, dass sie ihre Beurteilung an diejenige der Verwaltung setzen könnten (vgl. oben Rn. 40–41), so wie es dies Art. 261 AEUV in Verbindung mit Art. 31 VO Nr. 1/2003 mit Blick auf den Umfang der angegriffenen Rechtsfolge bzw. Sanktion ausdrücklich gestattet. Offenbar unter dem Eindruck des Urteils des EGMR in der Rechtssache Menarini Diagnostics begnügt sich der EuGH insoweit mit der erstmals im Fusionskontrollrecht getroffenen Feststellung, dass ein solcher Beurteilungsspielraum nicht bedeute, dass der Unionsrichter eine Kontrolle der Auslegung von Wirtschaftsdaten durch die Kommission unterlassen muss. Der Unionsrichter müsse nämlich nicht nur die sachliche Richtigkeit der angeführten Beweise, ihre Zuverlässigkeit und ihre Kohärenz prüfen, sondern auch kontrollieren, ob diese Beweise alle relevanten Daten darstellen, die bei der Beurteilung einer komplexen Situation heranzuziehen waren, und ob sie die aus ihnen gezogenen Schlüsse zu stützen vermögen.[268] Damit erteilt der EuGH eine deutliche Absage an eine Vollkontrolle der Ausübung des Ermessens der Kommission bei der Anwendung und Gewichtung der Tatbestandsmerkmale des Art. 23 Abs. 3 VO Nr. 1/2003,[269] wie sie insbesondere EGMR-Richter *Pinto de Albuquerque* zu fordern scheint (s. Rn. 48).[270] In systematischer Hinsicht erhält der EuGH auf diese Weise den in seiner ständigen Rechtsprechung anerkannten Grundsatz aufrecht, wonach der Unionsrichter sich bei seiner Rechtmäßigkeitskontrolle hinsichtlich der Ausübung des der Verwaltung eingeräumten Ermessens nicht an deren Stelle setzen kann, ohne damit die Funktionentrennung zwischen dieser und der Judikative zu missachten und selbst einen Rechtsfehler zu begehen.[271] Dennoch bemüht er sich, den

---

[266] EuGH, Urt. v. 8.12.2011, Rs. C–386/10 P (Chalkor/Kommission), Slg. 2011, I–13085, Rn. 63. Den ergänzenden bzw. sogar nur akzessorischen Charakter der unbeschränkten Nachprüfungsbefugnis gemäß Art. 261 AEUV im Verhältnis zur Kassationsbefugnis gemäß Art. 263 AEUV betont EuG, Urt. v. 12.7.2011, Rs. T–132/07 (Fuji Electric/Kommission), Slg. 2011, II–4091, Rn. 207 (rechtskräftig). In dieselbe Richtung deuten EuGH, Urt. v. 10.7.2014, Rs. C–295/12 P (Telefónica u.a./Kommission), ECLI:EU:C:2014:2062, Rn. 42 u. 44; Urt. v. 21.1.2016, Rs. C–603/13 P (Galp Energía España u.a./Kommission), ECLI:EU:C:2016:38, Rn. 71.

[267] Vgl. GA *Mengozzi*, Schlussanträge zu Rs. C–521/09 P (Elf Aquitaine/Kommission), Slg. 2011, I–8947, Rn. 34. Siehe ebenso für den Bereich des EU-Fusionskontrollrechts bereits GA *Tizzano*, Schlussanträge zu Rs. C–12/03 P (Tetra Laval), Slg. 2005, I–987, Rn. 74 u. 83–89, die maßgeblich auf EuGH, Urt. v. 15.2.2005, Rs. C–12/03 P (Tetra Laval), Slg. 2005, I–987, Rn. 38 ff., von Einfluss waren. Zur Problematik siehe auch *Fritzsche*, CMLRev. 47 (2010), 361; *Jaeger*, JECLAP 2011, 295.

[268] EuGH, Urt. v. 8.12.2011, Rs. C–386/10 P (Chalkor/Kommission), Slg. 2011, I–13085, Rn. 54.

[269] Bekräftigt durch EuGH, Urt. v. 6.11.2012, Rs. C–199/11 (Otis u.a.), EuZW 2013, 24, Rn. 58–63; Urt. v. 10.7.2014, Rs. C–295/12 P (Telefónica u.a./Kommission), ECLI:EU:C:2014:2062, Rn. 54 u. 58–59.

[270] Sehr instruktiv, weil differenziert und einen Mittelweg suchend EFTA-Gerichtshof, Urt. v. 18.4.2012, Rs. E–15/10 (Posten Norge/EFTA-Aufsichtsbehörde), Rn. 95–100.

[271] Sehr deutlich EuGH, Urt. v. 24.10.2013, Rs. C–557/12 (Kone u.a./Kommission), ECLI:EU:C:2013:696, Rn. 24–27, im Anschluss an EuGH, Urt. v. 29.6.2010, Rs. C–441/07 P (Alrosa/Kommission), Slg. 2010, I–5949, Rn. 67: »Damit hat das [EuG] seine eigene Bewertung der komplexen wirtschaftlichen Umstände dargelegt und an die Stelle der Bewertung der Kommission gesetzt, so dass es in deren Beurteilungsspielraum eingegriffen hat, anstatt die Rechtmäßigkeit der Bewertung der Kom-

Umfang der Prüfpflichten der Kommission bezüglich der Schwere und der Dauer der Zuwiderhandlung gemäß Art. 23 Abs. 3 VO Nr. 1/2003 hervorzuheben und näher zu umreißen, wobei er die Bedeutung der Geldbußen-Leitlinien für die Gerichtskontrolle relativiert, um im Ergebnis die Kontrolldichte zu erhöhen.[272] Dies wird durch die Feststellung bekräftigt, der Unionsrichter könne sich bei dieser Kontrolle »weder hinsichtlich der Wahl der Gesichtspunkte, die bei der Anwendung der in den Leitlinien genannten Kriterien berücksichtigt wurden, noch hinsichtlich ihrer Bewertung auf den Ermessensspielraum der Kommission verweisen, um auf eine gründliche rechtliche wie tatsächliche Kontrolle zu verzichten«.[273] Eine endgültige Absage an eine unmittelbare rechtliche Bindungswirkung der Geldbußen-Leitlinien für die Unionsgerichte erteilte der EuGH erfreulicherweise – nach langen Jahren der Rechtsunsicherheit[274] – in der Rechtssache Galp Energía España, wobei er den Richtern jedoch weiterhin gestattet, sich bei der Ausübung ihrer Befugnis zu unbeschränkter Nachprüfung daran zu orientieren.[275] Ein weiteres Novum ist der Rückgriff auf die ständige Judikatur zur besonderen Bedeutung der Begründungspflicht im Sinne von Art. 296 Abs. 2 AEUV, was darauf schließen lässt, dass der EuGH auch in diesem Zusammenhang etwaige Rechtsschutzdefizite auf der materiellrechtlichen Seite durch eine intensivierte verfahrensrechtliche Kontrolle zu kompensieren sucht (vgl. oben Rn. 42).[276]

Insgesamt ist es dem EuGH damit gelungen, seine Rechtmäßigkeitskontrolle auf der **53** Tatbestandsseite des Art. 23 Abs. 3 VO Nr. 1/2003 so zu konkretisieren, dass sie den Anforderungen der Rechtsprechung des EGMR (s. oben Rn. 48) entspricht. Auffällig ist dabei, dass weder der EuGH noch der EGMR ausdrücklich eine Vollkontrolle des Ermessens der Verwaltung bei der Geldbußenbemessung zu Grunde legen, sondern nur strengere Anforderungen an die Verfahrens-, Tatsachen-, Beweis- und Plausibilitätsüberprüfung stellen, die einer solchen Vollkontrolle zwar im Einzelfall recht nahe kommen können, aber keine vollständige Substitution der Ausübung des Verwaltungsermessens zum Gegenstand haben.[277] Auf diese differenzierte Weise hat der EuGH zudem die in ihrer apodiktischen Schärfe offensichtlich fehlerhafte Aussage des EuG korrigiert, wonach die Rechtmäßigkeitskontrolle in Bezug auf die Ermessensausübung der Kommission bei der Geldbußenbemessung auf die Überprüfung des Vorliegens »offensicht-

---

mission zu prüfen«. Vgl. auch EuGH, Urt. v. 21.1.2016, Rs. C–603/13 P (Galp Energía España u. a./Kommission), ECLI:EU:C:2016:38, Rn. 73 unter Hinweis auf Urt. v. 24.1.2013, C–73/11 P (Frucona Košice/Kommission), ECLI:EU:C:2013:32, Rn. 89; sowie EFTA-Gerichtshof, Urt. v. 18.4.2012, Rs. E–15/10 (Posten Norge/EFTA-Aufsichtsbehörde), Rn. 96–98.

[272] EuGH, Urt. v. 8.12.2011, Rs. C–386/10 P (Chalkor/Kommission), Slg. 2011, I–13085, Rn. 55–58; dazu näher *Nehl*, Kontrolle kartellrechtlicher Sanktionsentscheidungen, S. 130 ff.

[273] EuGH, Urt. v. 8.12.2011, Rs. C–386/10 P (Chalkor/Kommission), Slg. 2011, I–13085, Rn. 62. Noch weitergehend in Bezug auf die Kontrolle der Einhaltung Geldbußen-Leitlinien einerseits und der Kronzeugen-Mitteilung andererseits EuGH, Urt. v. 18.7.2013, Rs. C–501/11 P (Schindler Holding u. a./Kommission), ECLI:EU:C:2013:522, Rn. 37, 58, 67 u. 155, sowie Urt. v. 24.10.2013, Rs. C–557/12 (Kone u. a./Kommission), Rn. 24, 29, 42 u. 54.

[274] Siehe die Kritik bei *Nehl*, Kontrolle kartellrechtlicher Sanktionsentscheidungen, S. 124 ff.

[275] EuGH, Urt. v. 21.1.2016, Rs. C–603/13 P (Galp Energía España u. a./Kommission), ECLI:EU: C:2016:38, Rn. 90 unter Hinweis auf Urt. v. 6.12.2012, Rs. C–441/11 P (Kommission/Verhuizingen Coppens), ECLI:EU:C:2012:778, Rn. 80.

[276] EuGH, Urt. v. 8.12.2011, Rs. C–386/10 P (Chalkor/Kommission), Slg. 2011, I–13085, Rn. 61.

[277] Vgl. EuGH, Urt. v. 24.10.2013, Rs. C–557/12 (Kone u. a./Kommission), ECLI:EU:C:2013:696, Rn. 25–28; Urt. v. 21.1.2016, Rs. C–603/13 P (Galp Energía España u. a./Kommission), ECLI:EU:C: 2016:38, Rn. 71 ff.; im Ergebnis ähnlich EFTA-Gerichtshof, Urt. v. 18.4.2012, Rs. E–15/10 (Posten Norge/EFTA-Aufsichtsbehörde), Rn. 95–100.

licher Beurteilungsfehler« beschränkt sei,[278] ohne jedoch diese Aussage ausdrücklich zu verwerfen.[279] Der EuGH hat damit bestätigt, dass das auf Art. 263 und Art. 261 AEUV in Verbindung mit Art. 31 VO Nr. 1/2003 beruhende gerichtliche Kontrollsystem bezüglich Sanktionsentscheidungen der Kommission im EU-Kartellrecht grundsätzlich den Anforderungen des Art. 47 Abs. 1 GRC genügt.[280] Ob und inwieweit jedoch die Unionsgerichte dem in der Rechtspraxis gerecht werden, ist jeweils einzelfallbezogen zu beurteilen.[281]

3. Zugang zu einem unabhängigen, unparteiischen und zuvor durch Gesetz errichteten Gericht (Art. 47 Abs. 2 GRC)

54 Die spezifischen organisations- und verfahrensrechtlichen Gewährleistungen und Anforderungen an das Gericht in Art. 47 Abs. 2 GRC sind als komplementär im Verhältnis zum Anspruch auf einen wirksamen gerichtlichen Rechtsbehelf gemäß Art. 47 Abs. 1 GRC zu verstehen (s. Rn. 11). Der **Begriff des »Gerichts«** im Sinne des Anspruchs auf effektiven gerichtlichen Rechtsschutz hat sich in der Rechtsprechung des EuGH – noch vor Inkrafttreten des Vertrags von Lissabon und Anordnung der Verbindlichkeit von Art. 47 Abs. 2 GRC – insbesondere in Analogie zu dem im Rahmen von Art. 267 AEUV anerkannten eigenständigen, unionsrechtlichen Gerichtsbegriff entwickelt.[282] Insoweit stellt der EuGH seit jeher auf eine Reihe von relevanten Gesichtspunkten ab, wie die gesetzliche Grundlage der betreffenden Einrichtung, ihr ständiger Charakter, die obligatorische Gerichtsbarkeit, der streitige Charakter des Verfahrens, die Anwendung von Rechtsnormen durch diese Einrichtung sowie deren Unabhängigkeit.[283]

---

[278] Vgl. z. B. EuG, Urt. v. 19.5.2010, Rs. T–21/05 (Chalkor/Kommission), Slg. 2010, II–1895, Rn. 63; Urt. v. 19.5.2010, Rs. T–11/05 (Wieland-Werke/Kommission), Rn. 111; ebenso fehlerhaft EuG, Urt. v. 16.6.2011, Rs. T–235/07 (Bavaria/Kommission), Slg. 2011, II–3229, Rn. 266. Zu Recht kritisch *Forrester*, E.L.Rev. 36 (2011), 185 (195 u. 198).

[279] EuGH, Urt. v. 8.12.2011, Rs. C–386/10 P (Chalkor/Kommission), Slg. 2011, I–13085, Rn. 47: »[...] ist zu prüfen, ob das [EuG] die ihm obliegende Kontrolle im vorliegenden Fall ausgeübt hat, wobei die abstrakte, deklaratorische Beschreibung der richterlichen Kontrolle [...] unberücksichtigt bleibt, da mit dieser [...] nicht auf die Klagegründe eingegangen wird und sie auch nicht den Tenor des angefochtenen Urteils trägt«. Deutlicher hingegen EFTA-Gerichtshof, Urt. v. 18.4.2012, Rs. E–15/10 (Posten Norge/EFTA-Aufsichtsbehörde), Rn. 100.

[280] EuGH, Urt. v. 8.12.2011, Rs. C–386/10 P (Chalkor/Kommission), Slg. 2011, I–13085, Rn. 67; Urt. v. 6.11.2012, Rs. C–199/11 (Otis u. a.), EuZW 2013, 24, Rn. 56; Urt. v. 18.7.2013, Rs. C–501/11 P (Schindler Holding u. a./Kommission), ECLI:EU:C:2013:522, Rn. 38; Urt. v. 10.7.2014, Rs. C–295/12 P (Telefónica u. a./Kommission), ECLI:EU:C:2014:2062, Rn. 57, 59 u. 200.

[281] Siehe nur EuGH, Urt. v. 10.7.2014, Rs. C–295/12 P (Telefónica u. a./Kommission), ECLI:EU:C: 2014:2062, Rn. 54 u. 58–59.

[282] EuGH, Urt. v. 30.6.1966, Rs. 61/65 (Vaassen-Göbbels), Slg. 1966, 584, 602; Urt. v. 17.9.1997, Rs. C–54/96 (Dorsch Consult), Slg. 1997, I–4961, Rn. 23; vgl. zu dessen Unabhängigkeit und Unparteilichkeit EuGH, Urt. v. 11.6.1987, Rs. 14/86 (Pretore di Salò/X), Slg. 1987, 2545, Rn. 7; Urt. v. 21.4.1988, Rs. 338/85 (Pardini), Slg. 1988, 2041, Rn. 9; Urt. v. 29.11.2001, Rs. C–17/00 (De Coster), Slg. 2001, I–9445, Rn. 17. Die Eigenständigkeit dieses unionsrechtlichen Gerichtsbegriffs betont der EuGH auch in seinen Empfehlungen an die nationalen Gerichte bezüglich der Vorlage von Vorabentscheidungsersuchen (2012/C 338/01), Rn. 9; sie gestattet ihm eine flexible Handhabung bei der Zulassung dieser Ersuchen, die vom formellen Status des vorlegenden Organs nach nationalem Recht unabhängig ist. Zur entsprechenden Vorgehensweise des EGMR siehe Urt. v. 28.6.1984, Beschwerde-Nr. 7819/77 u. 7878/77 (Campbell u. Fell/Vereinigtes Königreich), Ser. A no. 80, Rn. 76.

[283] EuGH, Urt. v. 17.9.1997, Rs. C–54/96 (Dorsch Consult), Slg. 1997, I–4961, Rn. 23 m. w. N.

In der Rechtssache Wilson hat der EuGH diese Judikatur erstmals auf das Erfordernis   **55**
der Gewährleistung effektiven gerichtlichen Rechtsschutzes übertragen.[284] Unter Rückgriff auf seine Rechtsprechung zu Art. 267 AEUV stellte er fest, dass der Begriff der
Unabhängigkeit, die dem Auftrag des Richters innewohnt, vor allem bedeute, »dass die
[kontrollierende] Stelle gegenüber der[jenigen] Stelle, die die mit einem Rechtsbehelf
angefochtene Entscheidung erlassen hat, die **Eigenschaft eines Dritten** hat«.[285] Dabei
unterscheidet der EuGH einen **äußeren** und einen **internen Aspekt** der Unabhängigkeit
des Richters. Zum einen muss die kontrollierende Stelle vor Interventionen oder Druck
von außen geschützt sein, welche die Unabhängigkeit des Urteilens ihrer Mitglieder im
Hinblick auf die ihnen unterbreiteten Rechtsstreitigkeiten gefährden könnten;[286] diese
unerlässliche Freiheit von derartigen äußeren Einflüssen erfordere zudem bestimmte
Garantien wie die Unabsetzbarkeit, die geeignet sind, die mit der Aufgabe des Richtens
Betrauten in ihrer Person zu schützen.[287] Der zweite, interne, Aspekt steht mit dem
Begriff der Unparteilichkeit des Richters in Zusammenhang und bezieht sich darauf,
dass er hinsichtlich der Parteien des Rechtsstreits und ihren jeweiligen Interessen an
dessen Gegenstand einen gleichen Abstand wahrt, Sachlichkeit obwalten lässt und neben der strikten Anwendung der Rechtsnormen keinerlei Interesse am Ausgang des
Rechtsstreits hat.[288] Nach Ansicht des EuGH setzen diese Garantien der Unabhängigkeit
und Unparteilichkeit ferner voraus, dass es Regeln insbesondere für die Zusammensetzung der Einrichtung, die Ernennung, die Amtsdauer und die Gründe für Enthaltung,
Ablehnung und Abberufung ihrer Mitglieder gibt, die es ermöglichen, bei den Rechtsunterworfenen jeden berechtigten Zweifel an der Unempfänglichkeit der genannten
Stelle für Einflussnahmen von außen und an ihrer Neutralität in Bezug auf die einander
gegenüberstehenden Interessen auszuräumen.[289]

Das **Unparteilichkeitsgebot** legt der EuGH entsprechend den Anforderungen von   **56**
Art. 41 Abs. 1 GRC aus, wonach jede Person u. a. ein Recht darauf hat, dass ihre Angelegenheiten von den Organen der Union unparteiisch behandelt werden. Dieses Gebot
umfasst danach zum einen die subjektive Unparteilichkeit in dem Sinne, dass kein Mitglied des betroffenen Organs, das mit der Sache befasst ist, Voreingenommenheit oder
persönliche Vorurteile an den Tag legen darf, und zum anderen die objektive Unparteilichkeit in dem Sinne, dass das Organ hinreichende Garantien bieten muss, um jeden

---

[284] EuGH, Urt. v. 19.9.2006, Rs. C–506/04 (Wilson), Slg. 2006, I–8643, Rn. 47 ff.

[285] EuGH, Urt. v. 19.9.2006, Rs. C–506/04 (Wilson), Slg. 2006, I–8643, Rn. 49, unter Hinweis auf
Urt. v. 30.3.1993, Rs. C–24/92 (Corbiau), Slg. 1993, I–1277, Rn. 15; Urt. v. 30.5.2002, Rs. C–516/99
(Schmid), Slg. 2002, I–4573, Rn. 36.

[286] EuGH, Urt. v. 19.9.2006, Rs. C–506/04 (Wilson), Slg. 2006, I–8643, Rn. 50–51, unter Hinweis
auf Urt. v. 4.2.1999, Rs. C–103/97 (Köllensperger u. Atzwanger), Slg. 1999, I–551, Rn. 21; Urt. v.
6.7.2000, Rs. C–407/98 (Abrahamsson u. Anderson), Slg. 2000, I–5539, Rn. 36; EGMR, Urt. v.
28.6.1984, Beschwerde-Nr. 7819/77 u. 7878/77 (Campbell u. Fell/Vereinigtes Königreich), Ser. A
Nr. 80, Rn. 78.

[287] EuGH, Urt. v. 19.9.2006, Rs. C–506/04 (Wilson), Slg. 2006, I–8643, Rn. 51, unter Hinweis auf
Urt. v. 22.10.1998, verb. Rs. C–9/97 u. C–118/97 (Jokela u. Pitkäranta), Slg. 1998, I–6267, Rn. 20.

[288] EuGH, Urt. v. 19.9.2006, Rs. C–506/04 (Wilson), Slg. 2006, I–8643, Rn. 52, unter Berufung
auf Urt. v. 6.7.2000, Rs. C–407/98 (Abrahamsson u. Anderson), Slg. 2000, I–5539, Rn. 32.

[289] EuGH, Urt. v. 19.9.2006, Rs. C–506/04 (Wilson), Slg. 2006, I–8643, Rn. 53, unter Berufung
auf Urt. v. 17.9.1997, Rs. C–54/96 (Dorsch Consult), Slg. 1997, I–4961, Rn. 36; Urt. v. 4.2.1999,
Rs. C–103/97 (Köllensperger u. Atzwanger), Slg. 1999, I–551, Rn. 20–23; Urt. v. 29.11.2001, Rs. C–
17/00 (De Coster), Slg. 2001, I–9445, Rn. 18–21; EGMR, Urt. v. 26.10.1984, Beschwerde-
Nr. 9186/80 (De Cubber/Belgien), Ser. A no. 86, Rn. 24.

berechtigten Zweifel in dieser Hinsicht auszuschließen.[290] Dabei geht der EuGH von dem Selbstverständnis aus, dass seine persönliche Eigenschaft als Unionsorgan angesichts der in den Verträgen verankerten Garantien weder seine Unabhängigkeit noch sein Unparteilichkeit in Bezug auf die Kontrolle der Rechtshandlungen anderer Unionsorgane in Frage stellen kann, zumal »jedes Rechtsprechungsorgan zwangsläufig Teil der staatlichen oder überstaatlichen Organisation ist, zu der es gehört, was für sich allein nicht zu einem Verstoß gegen Art. 47 GRC und Art. 6 EMRK führen kann«.[291] Indirekt folgt aus dieser Rechtsprechung, dass die Unionsgerichte ohne Weiteres die in Rn. 55 genannten, für den Gerichtsbegriff konstitutiven Kriterien der Errichtung auf »gesetzlicher« Grundlage,[292] des ständigen Charakters, der obligatorischen Gerichtsbarkeit, des streitigen Charakters des Verfahrens, der Anwendung von Rechtsnormen sowie der Unabhängigkeit erfüllen.[293]

57   Mit Blick auf die gebotene **Zusammensetzung des »Gerichts«** – im konkreten Fall hatte der Rechtsmittelführer gerügt, dass das EuG nach Aufhebung seines Urteils durch den EuGH und nach Zurückverweisung in derselben Kammerbesetzung erneut entschied – hat der EuGH präzisiert, dass die Garantien für den Zugang zu einem unabhängigen und unparteiischen Gericht, und insbesondere diejenigen, die den Begriff und die Zusammensetzung des Gerichts bestimmen, den **Grundpfeiler des Rechts auf ein faires Verfahren** bilden. Danach muss, wenn eine entsprechende Rüge erhoben wird, die nicht von Vornherein offensichtlich unbegründet ist, jedes Gericht überprüfen, ob es in Anbetracht seiner Zusammensetzung ein solches unabhängiges und unparteiisches Gericht ist. Diese Überprüfung sei im Hinblick auf das Vertrauen erforderlich, das die Gerichte einer demokratischen Gesellschaft bei den Rechtsunterworfenen wecken müssen und stelle ein wesentliches Formerfordernis dar, das zwingend zu beachten sei.[294] Im Anschluss an diese Rechtsprechung leitet GA *Kokott* aus Art. 47 Abs. 2 GRC, ausgelegt im Lichte von Art. 6 Abs. 1 EMRK, einen spezifischen **Anspruch auf den »gesetzlichen Richter«** ab, der durch die gesetzlichen Vorschriften über die Errichtung und Zuständigkeit der Gerichte bestimmt wird.[295] Der EuGH sah diesen Anspruch jedenfalls dann nicht

---

[290] EuGH, Urt. v. 1.7.2008, verb. Rs. C–341/06 P u. C–342/06 P (Chronopost und La Poste/UFEX u.a.), Slg. 2008, I–4777, Rn. 54, u. Urt. v. 19.2.2009, Rs. C–308/07 P (Gorostiaga Atxalandabaso/Parlament), Slg. 2009, I–1059, Rn. 46, jeweils unter Rückgriff auf EGMR, Urt. v. 24.2.1993, Beschwerde-Nr. 14396/88 (Fey/Österreich), Ser. A no. 255-A, Rn. 28; Urt. v. 25.2.1997, Beschwerde-Nr. 22107/93 (Findlay/Vereinigtes Königreich), Rep. 1997-I, 281, Rn. 73, sowie Urt. v. 4.10.2007, Beschwerde-Nr. 63610/00 (Forum Maritime/Rumänien), Rn. 116 (im Internet abrufbar unter: http://www.echr.coe.int); EuGH, Urt. v. 11.7.2013, Rs. C–439/11 P (Ziegler/Kommission), ECLI:EU:C:2013:513, Rn. 155. Analog zum Unparteilichkeitsgebot betreffend die Verwaltung gemäß Art. 41 Abs. 1 GRC siehe EuGH, Urt. v. 8.5.2014, Rs. C–604/12 (N.), ECLI:EU:C:2014:302, Rn. 52.

[291] EuGH, Urt. v. 6.11.2012, Rs. C–199/11 (Otis u.a.), EuZW 2013, 24, Rn. 64.

[292] Zu den entsprechenden Anforderungen gemäß Art. 6 EMRK vgl. nur EGMR, Urt. v. 23.6.1981, Beschwerde-Nr. 6878/75 (Le Compte/Belgien), Ser. A no. 43, Rn. 56; Urt. v. 10.6.2010, Beschwerde-Nr. 1555/04 (Zakharkin/Russland), Rn. 146 (im Internet abrufbar unter: http://www.echr.coe.int).

[293] Zur Frage der Unparteilichkeit eines mitgliedstaatlichen Gerichts, das in seinem Vorlagebeschluss an den EuGH den Sach- und Streitstand darlegt, siehe GA *Bot*, Schlussanträge v. 23.2.2016 zu Rs. C–614/14 (Ognyanov), Rn. 73ff.

[294] EuGH, Urt. v. 1.7.2008, verb. Rs. C–341/06 P u. C–342/06 P (Chronopost und La Poste/UFEX u.a.), Slg. 2008, I–4777, Rn. 46, unter Berufung auf EGMR, Urt. v. 23.4.1996, Beschwerde-Nr. 16839/90 (Remli/Frankreich), Rep. 1996-II, 574, Rn. 48; EuGH, Urt. v. 19.2.2009, Rs. C–308/07 P (Gorostiaga Atxalandabaso/Parlament), Slg. 2009, I–1059, Rn. 42.

[295] GA *Kokott*, Schlussanträge zu Rs. C–127/13 P (Strack/Kommission), ECLI:EU:C:2014:455, Rn. 81–82, unter Hinweis auf EGMR, Urt. v. 12.7.2007, Beschwerde-Nr. 74613/01 (Jorgic/Deutschland), Rep. 2007-III, 263, Rn. 64–65; Urt. v. 22.6.2000, Beschwerden-Nr. 32492/96, 32547/96,

als verletzt an, wenn der Präsident des EuG – gemäß den Vorgaben der EuG-VerfO und der im Amtsblatt veröffentlichten Entscheidungen des EuG über die Festlegung der Kriterien für die Zuweisung der Rechtssachen an die Kammern – zwecks ausgewogener Verteilung der Arbeitslast eine Rechtssache an eine andere Kammer bzw. an einen anderen Berichterstatter verweist. Denn eine solche Neuzuweisung erfolge gerade im Interesse einer geordneten Rechtspflege und mit dem Ziel, die betreffende Rechtssache im Einklang mit Art. 47 Abs. 2 GRC innerhalb angemessener Frist zu behandeln.[296] Sofern das EuG selbst eine schadensersatzbegründende Handlung begangen hat, indem es z. B. den Grundsatz angemessener Verfahrensdauer verletzt hat, verlangt der EuGH jedenfalls, dass die Rechtssache nach Aufhebung des Urteils und Zurückverweisung an das EuG durch eine andere Kammer verhandelt wird, als diejenige, die diese Handlung begangen hat (s. näher Rn. 67).[297]

In der Rechtssache Otis hat der EuGH in Bezug auf das Recht auf Zugang zu einem   **58** Gericht klargestellt, dass ein »Gericht« nur dann nach Maßgabe von Art. 47 Abs. 2 GRC über Streitigkeiten in Bezug auf Rechte und Pflichten aus dem Unionsrecht entscheiden kann, wenn es über die **Befugnis** verfügt, alle für die bei ihm anhängige Streitigkeit **relevanten Tatsachen- und Rechtsfragen zu prüfen**.[298] Damit steht fortan zweifelsfrei fest, dass weder die Kommission – auch nicht bei Ausübung ihrer Sanktionsbefugnisse im EU-Kartellrecht – als »Gericht« im Sinne von Art. 47 Abs. 2 GRC qualifiziert werden kann (s. auch Rn. 46–47), noch das vor ihr ablaufende Verwaltungsverfahren den Vorschriften und Verfahrensgarantien dieses Grundrechts unterfällt, sondern nur denjenigen, die in Art. 41 GRC (Recht auf eine gute Verwaltung) vorgesehen sind.[299] Nach Auffassung des EuGH gilt dies umso mehr als die Entscheidungen der Kommission der Kontrolle durch den Unionsrichter unterzogen werden können und als das Unionsrecht, insbesondere in Verfahren zur Anwendung der EU-Kartellregeln, ein System der gerichtlichen Kontrolle vorsieht, das sämtliche nach Art. 47 GRC erforderlichen Garantien bietet (s. bereits Rn. 49–53).[300] Auch der EGMR macht die Gerichtseigenschaft eines Organs im Sinne von Art. 6 Abs. 1 EMRK nicht von seinem formellen Status, sondern von materiellen Gesichtspunkten und seiner gerichtlichen Funktion abhängig, nämlich

---

32548/96, 33209/96 und 33210/96 (Coëme u. a./Belgien), Rep. 2000-VII, 1, Rn. 98; Urt. v. 5.10.2010, Beschwerde-Nr. 19334/03 (DMD Group/Slowakei), Rn. 60 (im Internet abrufbar unter: http://www.echr.coe.int); Urt. v. 9.1.2013, Beschwerde-Nr. 21722/11 (Volkov/Ukraine), Rep. 2013, Rn. 150; sowie BVerfGE 95, 322 (327 ff.) zu Art. 101 GG.

[296] EuGH, Urt. v. 2.10.2014, Rs. C–127/13 P (Strack/Kommission), ECLI:EU:C:2014:2250, Rn. 50–52 unter Bezugnahme auf die jeweils zum Zeitpunkt der Klageerhebung Neuzuweisung der Klage geltenden Entscheidungen (ABl. 2007, C 269/42 u. ABl. 2011, C 232/2).

[297] EuGH, Urt. v. 26.11.2013, Rs. C–40/12 P (Gascogne Sack Deutschland/Kommission), EuGRZ 2013, 671, Rn. 96.

[298] EuGH, Urt. v. 6.11.2012, Rs. C–199/11 (Otis u. a.), EuZW 2013, 24, Rn. 49.

[299] EuGH, Urt. v. 11.7.2013, Rs. C–439/11 P (Ziegler/Kommission), ECLI:EU:C:2013:513, Rn. 154. In Bezug auf die mangelnde Gerichtseigenschaft der Kommission i. S. v. Art. 6 EMRK siehe bereits EuGH, Urt. v. 29.10.1980, verb. Rs. 209/78 bis 215/78 u. 218/78 (van Landewyck u. a./Kommission), Slg. 1980, 3125, Rn. 81. Vgl. auch Urt. v. 25.10.2011, C–109/10 P (Solvay/Kommission), Slg. 2011, I–10329, Rn. 53, u. Urt. v. 25.10.2011, Rs. C–110/10 P (Solvay/Kommission), Slg. 2011, I–10439, Rn. 48.

[300] EuGH, Urt. v. 11.7.2013, Rs. C–439/11 P (Ziegler/Kommission), ECLI:EU:C:2013:513, Rn. 159; vgl. auch EuGH, Urt. v. 6.11.2012, Rs. C–199/11 (Otis u. a.), EuZW 2013, 24, Rn. 56; Urt. v. 18.7.2013, Rs. C–501/11 P (Schindler Holding u. a./Kommission), ECLI:EU:C:2013:522, Rn. 38; Urt. v. 10.7.2014, Rs. C–295/12 P (Telefónica u. a./Kommission), ECLI:EU:C:2014:2062, Rn. 57, 59 u. 200.

der Befugnis, Streitigkeiten nach Maßgabe des Rechts und einem förmlich vorgeschriebenen Verfahren, insbesondere unter Ausübung vollständiger Nachprüfung der der angegriffenen Entscheidung zugrundeliegenden relevanten Tatsachen- und Rechtsfragen,
zu entscheiden.[301]

59   Im Bereich des »dezentralen« Rechtsschutzes ist nach Ansicht des EuGH eine mitgliedstaatliche Regelung, wonach nach der Einzelne zum Schutz der ihm von der Uni-
onsrechtsordnung verliehenen Rechte keinen gerichtlichen Rechtsschutz gegen eine
Entscheidung der öffentlichen Verwaltung beanspruchen kann, nicht unmittelbar als mit
Art. 47 GRC unvereinbar anzusehen, sofern er über einen Rechtsweg verfügt, der die
Wahrung der ihm durch das Unionsrecht verliehenen Rechte gewährleistet und auf dem
er eine Gerichtsentscheidung erwirken kann, mit der die Unvereinbarkeit der fraglichen
Regelung mit dem Unionsrecht festgestellt wird.[302] Dies stellt sich anders dar, wenn Akte
eines von den Mitgliedstaaten eingesetzten und zur Durchführung von Unionsrecht
berufenen Organs weder vor den Unionsgerichten noch vor den mitgliedstaatlichen
Gerichten anfechtbar sind. Nach Auffassung des EuGH gebieten Art. 19 Abs. 1 UAbs. 2
EUV und Art. 47 GRC in einem solchen Fall die Eröffnung des nationalen Rechtswegs.[303]
Im Übrigen bleibt in der Judikatur des EuGH noch unklar, ob sich aus Art. 47 Abs. 2
GRC eine Gewährleistung im Sinne eines Anspruchs auf einen »gesetzlichen Richter«
ableiten lässt, die mit derjenigen in Art. 101 Abs. 1 Satz 1 GG vergleichbar wäre.[304]
Hierfür spricht allerdings die jüngste Aussage des EuGH, wonach Art. 267 AEUV und
Art. 94 VerfO-EuGH im Licht von Art. 47 Abs. 2 GRC und Art. 48 Abs. 1 GRC dahin
auszulegen sind, dass eine nationale Rechtsvorschrift das vorlegende Gericht nicht dazu
verpflichten kann, sich in der anhängigen Rechtssache wegen Befangenheit abzulehnen,
weil es in seinem Vorabentscheidungsersuchen den Sachverhalt und den rechtliche Rahmen dieser Rechtssache dargelegt hat.[305] Es besteht nach Ansicht des EuGH nämlich ein
unbeschränktes Vorlagerecht des nationalen Gerichts, das sich aus der Funktion des
Vorabentscheidungsverfahrens nach Art. 267 AEUV als Schlüsselelement des Gerichtssystems in der EU ableitet, so dass die dazu erforderliche Darstellung des Sachverhalts
und des rechtlichen Rahmens nicht das Recht auf ein unparteiisches Gericht in Frage
stellen kann.[306] Einer etwaigen Beeinträchtigung der vollen Wirksamkeit von Art. 47
Abs. 2 GRC und Art. 267 AEUV muss das nationale Gericht dadurch entgegentreten,
dass es die entgegenstehende nationale Rechtsvorschrift aus eigener Entscheidungsbefugnis nicht anwendet (Vorrang), ohne dass es deren vorherige Beseitigung »auf

---

[301] Vgl. nur EGMR, Urt. v. 22.10.1984, Beschwerde-Nr. 8790/79 (Sramek/Österreich), Ser. A
no. 84, Rn. 36; Urt. v. 26.4.1995, Beschwerde-Nr. 16922/90 (Fischer/Österreich), Ser. A no. 312,
Rn. 29.
[302] EuGH, Urt. v. 28.7.2011, Rs. C–69/10 (Samba Diouf), Slg. 2011, I–7151, Rn. 69, unter Hinweis auf Urt. v. 11.9.2003, Rs. C–13/01 (Safalero), Slg. 2003, I–8679, Rn. 54–56.
[303] Vgl. EuGH, Urt. v. 17.9.2014, Rs. C–562/12 (Liivimaa Lihaveis), ECLI:EU:C:2014:2229,
Rn. 57 ff., insbes. Rn. 67–75 unter Hinweis auf Urt. v. 3.12.1992, Rs. C–97/91 (Borelli), Slg. 1992,
I–6313, Rn. 13–14.
[304] Bejahend GA *Kokott*, Schlussanträge v. 22.5.2014, Rs. C–127/13 P (Strack/Kommission),
ECLI:EU:C:2014:455, Rn. 81 ff. Eingehend zur Problematik *Nowak*, in: Heselhaus/Nowak, Handbuch der Europäischen Grundrechte, § 51, Rn. 49 ff.
[305] EuGH, Urt. v. 5.7.2016, Rs. C–614/14 (Ognyanov), ECLI:EU:C:2016:514, Rn. 14–26.
[306] EuGH, Urt. v. 5.7.2016, Rs. C–614/14 (Ognyanov), ECLI:EU:C:2016:514, Rn. 15 ff.

gesetzgeberischem Wege oder durch irgendein anderes verfassungsrechtliches Verfahren beantragen oder abwarten müsste.«[307]

4. Verhandlung in einem fairen und öffentlichen Verfahren und innerhalb angemessener Frist (Art. 47 Abs. 2 GRC)

Wie in Rn. 11 dargelegt, ist Art. 47 Abs. 2 GRC zwar von Art. 6 Abs. 1 EMRK abgeleitet, sein Schutzgehalt reicht jedoch weiter, weil er zum einen alle Arten von Rechtsstreitigkeiten inklusive der verwaltungsrechtlichen Streitigkeiten erfasst. Zum anderen konkretisiert Satz 2 den Inhalt des Rechts auf ein faires Verfahren ausdrücklich durch prozessuale Teilgewährleistungen, wie den Anspruch auf Beratung, Verteidigung und Vertretung im Gerichtsverfahren, wodurch er in ein Konkurrenzverhältnis zu den in Art. 48 Abs. 2 GRC verankerten Verteidigungsrechten tritt, die ausweislich der Erläuterungen ihrerseits aus Art. 6 Abs. 3 EMRK hergeleitet werden.[308] Die aus Art. 6 Abs. 1 und 3 EMRK fließenden Anforderungen gemäß der Rechtsprechung des EGMR erlangen damit über Art. 52 Abs. 3 und 7 GRC ergänzende Bedeutung für die Auslegung der entsprechenden Gewährleistungen in Art. 47 Abs. 2 GRC (s. Rn. 11).[309] Dies gilt insbesondere für den Grundsatz der Öffentlichkeit, der dazu dient, das Vertrauen der Allgemeinheit in die Arbeit der Gerichte zu stärken und eine »Geheimjustiz« zu verhindern.[310]

Eine zentrale, oft stellvertretend für den Begriff des **fairen Verfahrens** verwendete Gewährleistung des Art. 47 Abs. 2 GRC ist der **Grundsatz des kontradiktorischen Verfahrens** als Bestandteil der **Verteidigungsrechte** oder der **Waffengleichheit** vor Gericht, der von den Verteidigungsrechten oder dem Anspruch auf rechtliches Gehör im Verwaltungsverfahren im Sinne von Art. 41 Abs. 2 Buchst. a und b GRC streng zu unterscheiden ist.[311] Nach der Rechtsprechung des EuGH sind die Verteidigungsrechte, zu denen der Grundsatz des kontradiktorischen Verfahrens gehört, für die Gestaltung und Durchführung eines fairen Verfahrens von herausragender Bedeutung und gilt dieser Grundsatz für jedes Verfahren, das zu einer Entscheidung eines Unionsorgans führen kann, durch die die Interessen eines Dritten spürbar beeinträchtigt werden. Dabei ging der EuGH bereits vor Anordnung der Verbindlichkeit der Charta davon aus, dass die

60

61

---

[307] EuGH, Urt. v. 5.7.2016, Rs. C–614/14 (Ognyanov), ECLI:EU:C:2016:514, Rn. 32–34 u. 36.

[308] Vgl. z.B. EuGH, Urt. v. 26.2.2013, Rs. C–399/11 (Melloni), EuZW 2013, 305, Rn. 47–50; Urt. v. 6.11.2012, Rs. C–199/11 (Otis u.a.), EuZW 2013, 24, Rn. 48; Urt. v. 26.6.2007, Rs. C–305/05 (Ordre des barreaux francophones et germanophone u.a.), Slg. 2007, I–5305, Rn. 31, unter Hinweis auf die Rechtsprechung des EGMR, wonach der Begriff »faires Verfahren« in Art. 6 EMRK verschiedene Elemente umfasst, wie die Rechte der Verteidigung, den Grundsatz der Waffengleichheit, das Recht auf Zugang zu den Gerichten sowie das Recht auf einen Anwalt; vgl. Urt. v. 21.2.1975, Beschwerde-Nr. 4451/70 (Golder/Vereinigtes Königreich), Ser. A no. 18, Rn. 26–40; Urt. v. 28.6.1984, Beschwerde-Nr. 7819/77 u. 7878/77 (Campbell u. Fell/Vereinigtes Königreich), Ser. A no. 80, Rn. 97–99, 105–107 u. 111–113, sowie Urt. v. 30.10.1991, Beschwerde-Nr. 12005/86 (Borgers/Belgien), Ser. A no. 214-B, Rn. 24.

[309] Vgl. z.B. EuGH, Urt. v. 22.12.2010, Rs. C–279/09 (DEB), Slg. 2010, I–13849, Rn. 32; Urt. v. 28.2.2013, Rs. C–334/12 RX-II (Arango Jaramillo u.a./EIB), ECLI:EU:C:2013:134, Rn. 42. Zur einschlägigen Judikatur des EGMR siehe im Einzelnen *Sayers*, Art. 47 GRC, Rn. 47.189ff.

[310] Vgl. *Pabel*, Justizgrundrechte, Rn. 67.

[311] EuGH, Urt. v. 25.10.2011, C–109/10 P (Solvay/Kommission), Slg. 2011, I–10329, Rn. 53, u. Rs. C–110/10 P (Solvay/Kommission), Slg. 2011, I–10439, Rn. 48; Urt. v. 6.11.2012, Rs. C–199/11 (Otis u.a.), EuZW 2013, 24, Rn. 71–72; Urt. v. 11.7.2013, Rs. C–439/11 P (Ziegler/Kommission), ECLI:EU:C:2013:513, Rn. 154; Urt. v. 12.11.2014, Rs. C–580/12 P (Guardian Industries u.a./Kommission), ECLI:EU:C:2014:2363, Rn. 31.

u. a. aus Art. 6 Abs. 1 EMRK hergeleiteten Grundrechte auf ein faires Verfahren und auf rechtliches Gehör auch im nationalen Gerichtsverfahren gelten, sofern das Gericht Vorschriften des EU-Rechts bzw. eine nationale Regelung, die in dessen Anwendungsbereich fällt, zu berücksichtigen hat.[312] Darüber hinaus hat der Unionsgesetzgeber auf der Grundlage von **Art. 82 Abs. 2 Buchst. b AEUV** eine Reihe von **Richtlinien** erlassen, welche die Gewährleistungen in Art. 47 Abs. 2 GRC auf dem Gebiet des Strafprozessrechts sekundärrechtlich näher ausgestalten und auf der mitgliedstaatlichen Ebene harmonisieren (s. Rn. 22).[313]

62   Sowohl für den »zentralen« als auch für den »dezentralen« Rechtsschutz hat der EuGH den Gewährleistungsgehalt des Grundsatzes des kontradiktorischen Verfahrens dahingehend präzisiert, dass die Verfahrensbeteiligten das Recht haben, zu den entscheidungserheblichen tatsächlichen und rechtlichen Umständen und Schriftstücken (insbesondere den von der gegnerischen Partei vorgebrachte Erklärungen und Beweismitteln) Stellung zu nehmen bzw. kontradiktorisch zu erörtern, um so die Entscheidung des Gerichts beeinflussen zu können.[314] Das Gericht muss diesen Grundsatz vor allem auch dann wahren, wenn es einen Rechtsstreit auf der Grundlage eines von Amts wegen berücksichtigten Gesichtspunkts, sei er zwingenden Rechts, wie der Unzulässigkeit der Klage[315] oder eines Begründungsmangels[316] zu entscheiden beabsichtigt.[317] Eine Entscheidung des EuG, die nach Abschluss eines Verfahrens ergeht, in dem die Verfahrensbeteiligten keine Möglichkeit hatten, zu solchen entscheidungserheblichen Gesichtspunkten Stellung zu nehmen, ist daher wegen Verstoßes gegen den Grundsatz des

---

[312] EuGH, Urt. v. 28. 3. 2000, Rs. C–7/98 (Krombach), Slg. 2000, I–1935, Rn. 25 ff. u. 42–43; Urt. v. 10. 4. 2003, Rs. C–276/01 (Steffensen), Slg. 2003, I–3735, Rn. 69 ff. (betreffend die Frage der Zulässigkeit eines Beweismittels).

[313] RL 2010/64/EU des Europäischen Parlaments und des Rates vom 20. 10. 2010 über das Recht auf Dolmetschleistungen und Übersetzungen in Strafverfahren, ABl. 2010, L 280/1; RL 2012/13/EU des Europäischen Parlaments und des Rates vom 22. 5. 2012 über das Recht auf Belehrung und Unterrichtung in Strafverfahren, ABl. 2012, L 142/1; siehe dazu EuGH, Urt. v. 15. 10. 2015, Rs. C–216/14 (Covaci), ECLI:EU:C:2015:686, Rn. 25 ff.; RL 2013/48/EU des Europäischen Parlaments und des Rates vom 22. 10. 2013 über das Recht auf Zugang zu einem Rechtsbeistand in Strafverfahren und in Verfahren zur Vollstreckung des Europäischen Haftbefehls sowie über das Recht auf Benachrichtigung eines Dritten bei Freiheitsentzug und das Recht auf Kommunikation mit Dritten und mit Konsularbehörden während des Freiheitsentzugs, ABl. 2013, L 294/1. Eingehend hierzu *Sayers*, Art. 48 GRC, Rn. 48.74B ff.

[314] Zuletzt EuGH, Urt. v. 4. 6. 2013, Rs. C–300/11 (ZZ), NVwZ 2013, 1139, Rn. 55, unter Rückgriff auf EGMR, Urt. v. 23. 6. 1993, Beschwerde-Nr. 12952/87 (Ruiz-Mateos/Spanien), Ser. A no. 262 = EuGRZ 1993, 453, Rn. 63; vgl. auch EuGH, Urt. v. 14. 2. 2008, Rs. C–450/06 (Varec), Slg. 2008, I–581, Rn. 45–47; Urt. v. 2. 12. 2009, Rs. C–89/08 P (Kommission/Irland u. a.), Slg. 2009, I–11245, Rn. 52–56; Urt. v. 17. 12. 2009, Rs. C–197/09 RX-II (Überprüfung M/EMEA), Slg. 2009, I–12033, Rn. 39–42; Urt. v. 21. 2. 2013, Rs. C–472/11 (Banif Plus Bank), EuZW 2013, 263, Rn. 29–30.

[315] Bezüglich des EuG siehe EuGH, Urt. v. 17. 12. 2009, Rs. C–197/09 RX-II (Überprüfung M/EMEA), Slg. 2009, I–12033, Rn. 38 ff.

[316] Bezüglich des EuG siehe EuGH, Urt. v. 2. 12. 2009, Rs. C–89/08 P (Kommission/Irland u. a.), Slg. 2009, I–11245, Rn. 51 ff.; vgl. auch Rn. 54 unter Hinweis auf EGMR, Urt. v. 18. 12. 2003, Beschwerde-Nr. 63000/00 (Skondrianos/Griechenland), Rn. 29–30 (im Internet abrufbar unter: http://www.echr.coe.int); Urt. v. 13. 10. 2005, Beschwerde-Nr. 65399/01 u. 65405–65407/01 (Clinique des Acacias u. a./Frankreich), Rn 38 (im Internet abrufbar unter: http://www.echr.coe.int); Urt. v. 16. 2. 2006, Beschwerde-Nr. 44624/98 (Prikyan u. Angelova/Bulgarien), Rn. 42 (im Internet abrufbar unter: http://www.echr.coe.int).

[317] Bezüglich der mitgliedstaatlichen Gerichte bei der Anwendung sekundären Unionsrechts siehe EuGH, Urt. v. 21. 2. 2013, Rs. C–472/11 (Banif Plus Bank), EuZW 2013, 263, Rn. 30–36.

kontradiktorischen bzw. fairen Verfahrens grundsätzlich aufzuheben.[318] Einen solch schwerwiegenden Verfahrensverstoß kann der Unionsrichter dadurch vermeiden, dass er gegebenenfalls das mündliche Verfahren von Amts wegen, auf Vorschlag des Generalanwalts oder auch auf Antrag der Parteien wiedereröffnet; dies gilt generell, wenn er sich für unzureichend unterrichtet hält oder er ein zwischen den Parteien bisher nicht erörtertes Vorbringen für entscheidungserheblich erachtet.[319] Die Unionsgerichte haben somit von Amts wegen dafür Sorge zu tragen, dass der Grundsatz des kontradiktorischen Verfahrens vor ihnen und von ihnen selbst beachtet wird. Daher muss dieser Grundsatz – im Sinne der Waffengleichheit – jeder Partei eines gerichtlichen Verfahrens, unabhängig von ihrer rechtlichen Eigenschaft, also auch den Unionsorganen zugutekommen.[320] Nach Auffassung des EuGH gebietet der Grundsatz der Waffengleichheit es schließlich als »logische Folge aus dem Begriff des fairen Verfahrens«, es jeder Partei angemessen zu ermöglichen, »ihren Standpunkt sowie ihre Beweise unter Bedingungen vorzutragen, die sie nicht in eine gegenüber ihrem Gegner deutlich nachteilige Position versetzen«. Die Waffengleichheit dient folglich der Wahrung des Gleichgewichts zwischen den Prozessparteien, indem sie gewährleistet, dass sie die gleichen Rechte und Pflichten haben und jedes dem Gericht vorgelegte Dokument von jedem Verfahrensbeteiligten kontrolliert und in Frage gestellt werden kann. Dabei ist der aus dem Fehlen dieses Gleichgewichts resultierende Nachteil grundsätzlich von demjenigen Verfahrensbeteiligten zu beweisen, der ihn erlitten hat.[321] Interessanterweise leitet der EuGH neuerdings den »Grundsatz der Waffengleichheit oder der verfahrensrechtlichen Gleichstellung« nicht nur aus dem Grundsatz des effektiven gerichtlichen Rechtsschutzes ab, sondern qualifiziert ihn auch als »eine spezielle Ausprägung des allgemeinen Grundsatzes der Gleichheit vor dem Gesetz« gemäß Art. 20 GRC.[322]

Für das EU-Gerichtsverfahren ergibt sich aus der Natur des Parteiprozesses, dass die   **63** **Hauptparteien** – d. h. Kläger und Beklagte – vollen Anspruch auf kontradiktorische Erörterung bzw. rechtliches Gehör haben. Jedoch können Angriffs- und Verteidigungsmittel auch von zugelassenen **Streifhelfern**, welche die Kläger- oder die Beklagtenseite unterstützen, vorgebracht werden. Der Umfang des den Streithelfern gewährten Schutzes ist allerdings im Verhältnis zu demjenigen der Hauptparteien reduziert. Im Grundsatz haben sie zwar ebenso das Recht, zum gesamten Prozessstoff Stellung zu nehmen.

---

[318] EuGH, Urt. v. 2.12.2009, Rs. C–89/08 P (Kommission/Irland u.a.), Slg. 2009, I–11245, Rn. 51–59; Urt. v. 17.12.2009, Rs. C–197/09 RX-II (Überprüfung M/EMEA), Slg. 2009, I–12033, Rn. 38–63.

[319] EuGH, Urt. v. 2.12.2009, Rs. C–89/08 P (Kommission/Irland u.a.), Slg. 2009, I–11245, Rn. 58, unter Hinweis auf Beschl. v. 4.2.2000, Rs. C–17/98 (Emesa Sugar), Slg. 2000, I–665, Rn. 8, 9 u. 18; Urt. v. 10.2.2000, verb. Rs. C–270/97 u. C–271/97 (Deutsche Post), Slg. 2000, I–929, Rn. 30. Sehr zweifelhaft ist, ob der EuGH diesen Anforderungen selbst Genüge getan hat in Urt. v. 24.6.2015, verb. Rs. C–549/12 P u. C–54/13 P (Deutschland/Kommission), ECLI:EU:C:2015:412, Rn. 92–87 (vgl. auch die noch anhängigen Rechtsmittel in Rs. C–139/15 P u. C–140/15 P, in denen die Kommission auf eine vom EuGH übersehene, jedoch entscheidungserhebliche Übergangsvorschrift hinweist).

[320] EuGH, Urt. v. 2.12.2009, Rs. C–89/08 P (Kommission/Irland u.a.), Slg. 2009, I–11245, Rn. 51–54; Urt. v. 17.12.2009, Rs. C–197/09 RX-II (Überprüfung M/EMEA), Slg. 2009, I–12033, Rn. 42; Urt. v. 21.9.2010, verb. Rs. C–514/07 P, C–528/07 P u. C–532/07 P (Schweden u.a./API u. Kommission), Slg. 2010, I–8533, Rn. 89.

[321] EuGH, Urt. v. 6.11.2012, Rs. C–199/11 (Otis u.a.), EuZW 2013, 24, Rn. 71–72, unter Hinweis auf Urt. v. 21.9.2010, verb. Rs. C–514/07 P, C–528/07 P u. C–532/07 P (Schweden u.a./API u. Kommission), Slg. 2010, I–8533, Rn. 88; Urt. v. 28.7.2016, Rs. C–543/14 (Conseil des ministres), ECLI: EU:C:2016:605, Rn. 40–41.

[322] EuGH, Urt. v. 30.6.2016, Rs. C–205/15 (Toma u.a.), ECLI:EU:C:2016:499, Rn. 36.

Sie sind jedoch an die Angriffs- und Verteidigungsmittel der Hauptparteien, die sie unterstützen, und an den Verfahrensstand zum Zeitpunkt ihres Beitritts gebunden. Zudem kann der Präsident des EuGH/EuG die Übermittlung von geheimen oder vertraulichen Angaben an Streithelfer ausnehmen (näher zum Geheimnisschutz in Rn. 75).[323] Der Anspruch auf rechtliches Gehör erschöpft sich ferner in bestimmten Verfahren, wie in Streitigkeiten vor dem EuG betreffend das geistige Eigentum oder im Vorabentscheidungsverfahren vor dem EuGH nach Art. 267 AEUV, grundsätzlich auf eine einmalige schriftsätzliche Einlassung sowie die Teilnahme an der mündlichen Verhandlung, sofern sie von den Hauptparteien beantragt wurde.[324]

64   Die Rechtsprechung des EuGH zum Grundsatz des kontradiktorischen Verfahrens im EU-Gerichtsverfahren orientierte sich bereits früh insbesondere an Art. 6 Abs. 2 EMRK bzw. dessen Auslegung durch den EGMR.[325] Dieser Grundsatz bzw. der Anspruch auf rechtliches Gehör bedeutet nicht, dass der Unionsrichter auf das gesamte Vorbringen sämtlicher Parteien eingehen muss. Er hat lediglich nach Anhörung der Parteien und der Würdigung der Beweismittel über den Klageantrag zu entscheiden und seine Entscheidung zu begründen.[326] Daraus folgt, dass der Richter zwar einer allgemeinen Pflicht zur Berücksichtigung des Parteivorbringens unterliegt, sich jedoch nicht mit jedem einzelnen Argument – namentlich in der Entscheidungsbegründung[327] – ausdrücklich auseinandersetzen muss.[328] Zudem folgert der EuGH auf dem Recht auf ein faires Verfahren ganz allgemein, dass jede gerichtliche Entscheidung – auch auf nationaler Ebene – mit Gründen zu versehen ist, damit der Beklagte die Gründe seiner Verurteilung verstehen und gegen eine solche Entscheidung auf zweckdienliche und wirksame Weise Rechtsmittel einlegen kann.[329] Aufgrund des stark formalisierten Charakters des Gerichtsverfahrens genügt in Bezug auf den Anspruch auf rechtliches Gehör die Gelegenheit zur Stellungnahme, auf die eine Partei – auch konkludent – verzichten kann.[330] Der EuGH vertritt zudem unter Rückgriff auf Art. 6 Abs. 2 EMRK die Auffassung, dass die Verfahrensbeteiligten grundsätzlich kein Recht haben, zu den **Schlussanträgen** der **Generalanwälte** Stellung zu nehmen.[331] Die Schlussanträge sind im Unterschied zu einer an die

---

[323] Vgl. Art. 93 Abs. 3–6 VerfO-EuGH; Art. 142–144 VerfO-EuG n. F.

[324] Vgl. Art. 23 Abs. 2 EuGH-Satzung i. V. m. Art. 96 VerfO-EuGH; Art. 145 VerfO-EuG n. F.

[325] Grundlegend EGMR, Urt. v. 28.8.1991, Beschwerde-Nr. 11170/84, 12876/87 u. 13468/87 (Brandstetter/Österreich), Ser. A no. 211 = EuGRZ 1992, 190; Urt. v. 23.6.1993, Beschwerde-Nr. 12952/87 (Ruiz-Mateos/Spanien), Ser. A no. 262 = EuGRZ 1993, 453.

[326] EuGH, Urt. v. 10.12.1998, Rs. C–221/97 P (Schröder u. a./Kommission), Slg. 1998, I–8255, Rn. 24.

[327] Vgl. nur EuGH, Urt. v. 12.7.2012, Rs. C–181/11 P (Cetarsa/Kommission), ECLI:EU:C: 2012:455, Rn. 71 u. 101; Urt. v. 29.3.2011, verb. Rs. C–201/09 P u. C–216/09 P (ArcelorMittal Luxembourg/Kommission u. Kommission/ArcelorMittal Luxembourg u. a.), Slg. 2011, I–2239, Rn. 78; EuG, Urt. v. 2.3.2010, Rs. T–248/08 P (Doktor/Rat), ECLI:EU:T:2010:57, Rn. 64; Urt. v. 20.3.2012, verb. Rs. T–441/10 P bis T–443/10 P (Kurrer u. a./Kommission), ECLI:EU:T:2012:133, Rn. 72.

[328] Unpräzise in Bezug auf die Verteidigungsrechte im Verwaltungsverfahren jedoch insoweit EuGH, Urt. v. 22.11.2012, Rs. C–277/11 (M.), ECLI:EU:C:2012:744, Rn. 87–88.

[329] EuGH, Urt. v. 6.9.2012, Rs. C–619/10 (Trade Agency), EuZW 2012, 912, Rn. 53. Zur Pflicht des Unionsrichters gemäß Art. 36 u. 53 Abs. 1 EuGH-Satzung, seine Urteile – analog der Voraussetzungen von Art. 296 Abs. 2 AEUV – ausreichend zu begründen siehe z. B. EuGH, Urt. v. 2.4.2009, Rs. C–431/07 P (Bouygues u. Bouygues Télécom/Kommission), Slg. 2009, I–2665, Rn. 42. Zur entsprechenden Judikatur des EGMR siehe den Überblick bei *Sayers*, Art. 47 GRC, Rn. 47.209–47.211.

[330] Vgl. EuGH, Urt. v. 9.9.1999, Rs. C–64/98 P (Petrides), Slg. 1999, I–5187, Rn. 31–32.

[331] EuGH, Beschl. v. 4.2.2000, Rs. C–17/98 (Emesa Sugar), Slg. 2000, I–665, Rn. 3 ff.; neuerdings EuGH, Urt. v. 17.9.2015, Rs. C–33/14 P (Mory u. a./Kommission), ECLI:EU:C:2015:609, Rn. 23–29.

Richter oder die Parteien gerichteten Stellungnahme, die – wie im Fall des Staatsanwalts beim belgischen Kassationsgerichtshof[332] – von einer Behörde außerhalb des EuGH herrührt, die individuelle, in völliger Unparteilichkeit und Unabhängigkeit begründete und öffentlich dargelegte Auffassung eines Mitglieds des Organs selbst (vgl. Art. 252 Abs. 2 AEUV). Der Generalanwalt nimmt dadurch öffentlich und persönlich am Entstehen der Entscheidung des EuGH sowie an der Wahrnehmung der diesem zugewiesenen Rechtsprechungsfunktion teil, ohne dass dieser an die Schlussanträge gebunden wäre. Jedoch kann den Anforderungen an das rechtliche Gehör dadurch genügt werden, dass das mündliche Verfahren nach Art. 83 VerfO-EuGH von Amts wegen, auf Vorschlag des Generalanwalts oder auf Antrag der Parteien erneut eröffnet wird, wenn die Schlussanträge nach Auffassung der Richter Gesichtspunkte aufwerfen, welche die Urteilsfindung möglicherweise beeinflussen bzw. entscheidungserheblich sind und die zwischen den Parteien nicht erörtert werden konnten.[333] Nach Auffassung des EuGH ist allerdings die Tatsache, dass die Parteien mit den Schlussanträgen des Generalanwalts nicht einverstanden sind, für sich genommen kein Grund, der die Wiedereröffnung des mündlichen Verfahrens rechtfertigt.[334]

In Anlehnung an Art. 6 Abs. 3 Buchst. d EMRK, der das spezifische Recht jeder angeklagten Person beinhaltet, **Fragen an Belastungszeugen** zu stellen oder stellen zu lassen, hat der EuGH in Bezug auf die gerichtliche Kontrolle von Kartellentscheidungen der Kommission klargestellt, dass es im Einklang mit der Rügeobliegenheit des Klägers (s. Rn. 50) dessen Sache ist, einen entsprechenden Beweisaufnahmeantrag zwecks Ladung und Vernehmung eines Belastungszeugen zu stellen. Die Beurteilung der Sachdienlichkeit des Antrags und der Erforderlichkeit der Vernehmung des Zeugen im Hinblick auf den Streitgegenstand liegt dann im pflichtgemäßen Ermessen des Gerichts. Denn Art. 6 Abs. 3 Buchst. d EMRK räume dem Angeklagten kein absolutes Recht ein, das Erscheinen von Zeugen vor einem Gericht zu erwirken, sondern fordere nur eine völlige Waffengleichheit, die gewährleistet, dass das streitige Verfahren als Ganzes dem Angeklagten angemessene und ausreichende Gelegenheit gibt, dem auf ihm lastenden Verdacht entgegenzutreten.[335] Falls das EuG unzulässigerweise auf einen Zeugenbeweis verzichtet und damit einen Verfahrensfehler begeht, schließt der EuGH nicht notwendig auf das Vorliegen eines Verstoßes gegen das Recht auf ein faires Verfahren, sofern der

65

---

[332] Siehe dazu EMGR, Urt. v. 20.2.1996, Beschwerde-Nr. 19075/91 (Vermeulen/Belgien), Rep. 1996-I, 224; Urt. v. 20.2.1996, Beschwerde-Nr. 15764/89 (Lobo Machado/Portugal), Rep. 1996-I, 195, Rn. 28–31; Urt. v. 25.6.1997, Beschwerde-Nr. 20122(92 (Van Orshoven/Belgien), Rep. 1997-III, 1040, Rn. 38–41; Urt. v. 27.3.1998, Beschwerde-Nr. 21351/93 (J.J./Niederlande), Rep. 1998-II, 604, Rn. 42–43, und Urt. v. 27.3.1998, Beschwerde-Nr. 21981/93 (K. D. B./Niederlande), Rep. 1998-II, 621, Rn. 42–43.

[333] EuGH, Beschl. v. 4.2.2000, Rs. C–17/98 (Emesa Sugar), Slg. 2000, I–665, Rn. 12–18; Urt. v. 22.5.2008, Rs. C–361/06 (Feinchemie Schwebda u. Bayer CropScience), Slg. 2008, I–3865, Rn. 33–34; Urt. v. 18.12.2014, Rs. C–434/13 P (Kommission/Parker-Hannifin), ECLI:EU:C:2014:2456, Rn. 29; Urt. v. 17.9.2015, Rs. C–33/14 P (Mory u.a./Kommission), ECLI:EU:C:2015:609, Rn. 24–25 u. 27; Urt. v. 6.10.2015, Rs. C–303/13 P (Kommission/Andersen), ECLI:EU:C:2015:647, Rn. 32–33.

[334] EuGH, Urt. v. 22.11.2012, Rs. C–89/11 P (E.ON Energie/Kommission), ECLI:EU:C:2012:738, Rn. 62; Urt. v. 17.9.2015, Rs. C–33/14 P (Mory u.a./Kommission), ECLI:EU:C:2015:609, Rn. 26.

[335] EuGH, Urt. v. 19.12.2013, verb. Rs. C–239/11 P, C–489/11 P u. C–498/11 P (Siemens u.a./Kommission), ECLI:EU:C:2013:866, Rn. 321–325, unter Bezugnahme auf Urt. v. 17.12.1998, Rs. C–185/95 P (Baustahlgewebe/Kommission), Slg. 1998, I–8417, Rn. 70, u. Urt. v. 28.6.2005, verb. Rs. C–189/02 P, C–202/02 P, C–205/02 P bis C–208/02 P u. C–213/02 P (Dansk Rørindustri u.a./Kommission), Slg. 2005, I–5425, Rn. 70–71.

Urkundsbeweis für die Feststellung einer Zuwiderhandlung gegen die EU-Kartellregeln genügt.[336]

66   Der EuGH sieht den Grundsatz der Waffengleichheit auch dann grundsätzlich als nicht verletzt an, wenn die **Kommission** nach Durchführung eines entsprechenden Ermittlungsverfahrens zunächst als **Kartellbehörde** Zuwiderhandlungen gegen das EU-Kartellrecht mittels Geldbußenentscheidungen ahndet und anschließend selbst als **Geschädigte** – so im Fall des sog. Aufzugs- und Fahrtreppenkartells – vor den nationalen Gerichten wegen derselben Zuwiderhandlungen die betroffenen Kartellmitglieder zwecks Erlangung von **Schadensersatz** verklagt (zum entsprechenden unionsrechtlichen Schadensersatzanspruch bereits Rn. 5).[337] Erstens unterliege die Kommission als Entscheidungsinstanz in Kartellsachen einer hinreichenden gerichtlichen Kontrolle im Sinne von Art. 47 GRC (vgl. bereits Rn. 50–53).[338] Zweitens müsse der nationale Richter zwar aufgrund der in Art. 16 VO Nr. 1/2003 kodifizierten Rechtsprechung[339] angesichts der zuvor ergangenen Entscheidung der Kommission vom Bestehen eines Kartells oder einer verbotenen Verhaltensweise ausgehen, doch habe er im Einzelfall das Vorliegen eines Schadens und eines unmittelbaren Kausalzusammenhangs zwischen diesem und dem fraglichen Kartell oder Verhalten zu beurteilen.[340] Daher könne die Kommission im Rahmen eines solchen Rechtsstreits nicht als Richterin in eigener Sache angesehen werden.[341] Drittens sei der Grundsatz der Waffengleichheit auch nicht dadurch verletzt, dass die Kommission die Untersuchung der in Rede stehenden Zuwiderhandlungen selbst geführt hatte, wenn die dem nationalen Gericht vorgelegten Informationen allen Verfahrensbeteiligten zugänglich sind, weil sie z. B. aus der nichtvertraulichen Fassung der Entscheidung herrühren, mit der die Kommission die Zuwiderhandlung festgestellt hatte, und im Übrigen das Beweisverwertungsverbot nach Art. 28 Abs. 1 VO Nr. 1/2003 es der Kommission verbietet, die bei der Untersuchung erlangten Informationen zu einem anderen als dem Untersuchungszweck zu verwerten.[342] Dessen ungeachtet kann nicht geleugnet werden, dass sich die Kommission aufgrund ihres im Verwaltungsverfahren erreichten detaillierten Erkenntnisstands über die die Kartellmitglieder belastenden Tatsachen und Beweise in einer vorteilhaften Ausgangsposition befindet, die jedenfalls nicht mit derjenigen anderer Kartellgeschädigter vergleichbar ist,[343] so dass die nationalen Gerichte im Einzelfall besonderes Augenmerk auf die Wahrung des Grundsatzes der Waffengleichheit legen müssen.

67   Der ebenfalls in Art. 47 Abs. 2 GRC verankerte **Grundsatz angemessener Verfahrensdauer** vor Gericht bzw. der gerichtlichen Entscheidung in **angemessener Frist** ist lex

---

[336] EuGH, Urt. v. 12. 6. 2014, Rs. C–578/11 P (Deltafina/Kommission), ECLI:EU:C:2014:1742, Rn. 57–69.

[337] EuGH, Urt. v. 6. 11. 2012, Rs. C–199/11 (Otis u. a.), EuZW 2013, 24, Rn. 47 ff. Dazu statt vieler *Botta*, CMLRev. 50 (2013), 1105.

[338] EuGH, Urt. v. 6. 11. 2012, Rs. C–199/11 (Otis u. a.), EuZW 2013, 24, Rn. 47–65.

[339] EuGH, Urt. v. 14. 9. 2000, Rs. C–344/98 (Masterfoods u. HB), Slg. 2000, I–11369, Rn. 52.

[340] EuGH, Urt. v. 6. 11. 2012, Rs. C–199/11 (Otis u. a.), EuZW 2013, 24, Rn. 50, 65–66.

[341] Vgl. auch EuGH, Urt. v. 11. 7. 2013, Rs. C–439/11 P (Ziegler/Kommission), ECLI:EU:C: 2013:513, Rn. 159.

[342] EuGH, Urt. v. 6. 11. 2012, Rs. C–199/11 (Otis u. a.), EuZW 2013, 24, Rn. 71–74.

[343] Zu der nur sehr eingeschränkten Möglichkeit dieser Geschädigten, Zugang zu den Kommissionsakten zu bekommen, um deren Inhalt als Beweismittel in nationalen Schadensersatzprozessen zu nutzen, siehe EuGH, Urt. v. 27. 2. 2014, Rs. C–365/12 P (Kommission/EnBW), ECLI:EU:C:2014:112; für die nationale Ebene liberaler EuGH, Urt. v. 6. 6. 2013, Rs. C–536/11 (Donau Chemie u. a.), EuZW 2013, 586. Dazu statt vieler *Frenz*, EuZW 2013, 778; *Dworschak/Maritzen*, WuW 2013, 829.

specialis im Verhältnis zu der entsprechenden Gewährleistung in Art. 41 Abs. 1 GRC,[344] wonach »[j]ede Person ein Recht darauf hat, dass ihre Angelegenheiten von den Organen […] der Union […] innerhalb einer angemessenen Frist behandelt werden«. Dennoch sind in der Rechtsprechung Aussagen zu finden, die für beide Gewährleistungen[345] sowie für verschiedene Arten von Fristen – insbesondere für nicht ausdrücklich geregelte Klagefristen und Entscheidungsfristen – gleichermaßen Geltung beanspruchen können. So ist die »Angemessenheit« der Frist mangels Festlegung der Verfahrensdauer durch eine Bestimmung des Unionsrechts anhand aller Umstände jeder einzelnen Rechtssache und insbesondere anhand der Interessen, die in dem Rechtsstreit für den Betroffenen auf dem Spiel stehen, der Komplexität der Rechtssache sowie des Verhaltens der Parteien zu beurteilen.[346] Dabei kann die Angemessenheit nicht unter Heranziehung einer präzisen, abstrakt festgelegten Obergrenze bestimmt werden, sondern ist für alle relevanten Fristen in jedem Einzelfall anhand der konkreten Umstände zu beurteilen.[347] Speziell für das Gerichtsverfahren betreffend Kartellentscheidungen der Kommission hat der EuGH präzisiert, dass die Liste der relevanten Kriterien nicht abschließend ist und dass die Beurteilung der Angemessenheit der Frist keine systematische Prüfung der Umstände des Falles anhand jedes Kriteriums erfordert, wenn die Dauer des Verfahrens anhand eines von ihnen gerechtfertigt erscheint, so dass die Komplexität der Sache oder vom Kläger herbeigeführte Verzögerungen herangezogen werden können, um eine auf den ersten Blick zu lange Dauer zu rechtfertigen.[348] Ferner fordert der EuGH, bei der Prüfung dieser Kriterien zu berücksichtigen, dass bei einem Rechtsstreit über eine Zuwiderhandlung gegen die EU-Kartellregeln nicht nur die betroffenen Kartellmitglieder und ihre Konkurrenten, sondern auch eine große Zahl von in ihren finanziellen Interessen betroffene Dritte eine erhebliches Interesse an der Einhaltung des grundlegenden Gebots der Rechtssicherheit und des Ziels des unverfälschten Wettbewerbs im Binnenmarkt haben.[349] In Bezug auf die fehlende Regelung einer Klagefrist in Dienstrechtsstreitigkeiten vor Organen, Einrichtungen oder sonstigen Stel-

---

[344] Zum Verhältnis dieser Rechtsquellen zueinander siehe GA *Wathelet*, Schlussanträge v. 19.1.2016 zu Rs. C–566/14 P (Marchiani/Parlament), Rn. 31–38 m. w. N. zur Rechtsprechung.

[345] Vgl. auch EuG, Urt. v. 5.6.2012, Rs. T–214/06 (ICI/Kommission), ECLI:EU:T:2012:275, Rn. 285 (»zwei Ausprägungen ein und desselben verfahrensrechtlichen Grundsatzes«). Zu den abweichenden Voraussetzungen im Verwaltungsverfahren, insbesondere dem Erfordernis einer Feststellung der Verletzung der Verteidigungsrechte siehe insbes. EuGH, Urt. v. 21.9.2006, Rs. C–105/04 P (Nederlandse Federatieve Vereniging voor de Groothandel op Elektrotechnisch Gebied/Kommission), Slg. 2006, I–8725, Rn. 35–62.

[346] Vgl. in Bezug auf das Fehlen einer ausdrücklich geregelten, zwingenden Klagefrist in Dienstrechtsstreitigkeiten EuGH, Urt. v. 28.2.2013, Rs. C–334/12 RX-II (Arango Jaramillo u. a./EIB), ECLI:EU:C:2013:134, Rn. 28–34, insbes. unter Hinweis auf Urt. v. 15.10.2002, verb. Rs. C–238/99 P, C–244/99 P, C–245/99 P, C–247/99 P, C–250/99 P bis C–252/99 P u. C–254/99 P (Limburgse Vinyl Maatschappij u. a./Kommission), Slg. 2002, I–8375, Rn. 187. Speziell betreffend die Dauer des Gerichtsverfahrens siehe EuGH, Urteil v. 16.7.2009, Rs. C–385/07 P (Der Grüne Punkt – Duales System Deutschland/Kommission), Slg. 2009, I–6155, Rn. 179–181; Urt. v. 26.11.2013, Rs. C–40/12 P (Gascogne Sack Deutschland/Kommission), EuGRZ 2013, 671, Rn. 91.

[347] EuGH, Urt. v. 28.2.2013, Rs. C–334/12 RX-II (Arango Jaramillo u. a./EIB), ECLI:EU:C:2013:134, Rn. 29 u. 33.

[348] EuGH, Urt. v. 26.11.2013, Rs. C–40/12 P (Gascogne Sack Deutschland/Kommission), EuGRZ 2013, 671, Rn. 92, unter Hinweis auf Urt. v. 16.7.2009, Rs. C–385/07 P (Der Grüne Punkt – Duales System Deutschland/Kommission), Slg. 2009, I–6155, Rn. 182.

[349] In diesem Sinne EuGH, Urt. v. 26.11.2013, Rs. C–40/12 P (Gascogne Sack Deutschland/Kommission), EuGRZ 2013, 671, Rn. 93, unter Hinweis auf Urt. v. 16.7.2009, Rs. C–385/07 P (Der Grüne Punkt – Duales System Deutschland/Kommission), Slg. 2009, I–6155, Rn. 186.

len der Union hat der EuGH mit Blick auf Art. 47 Abs. 2 GRC ausdrücklich klargestellt,
dass aus dem Grundsatz angemessener Frist angesichts der erforderlichen Einzelfallprüfung der Angemessenheit keine abstrakt-generell gültige, strikt zu beachtende Ausschlussfrist hergeleitet werden kann, da anderenfalls das Recht auf einen wirksamen
Rechtsbehelf vor einem Gericht im Sinne von Art. 47 Abs. 1 GRC beeinträchtigt würde
(s. auch Rn. 72).[350] Der EuGH hat schließlich deutlich gemacht, dass der Grundsatz
angemessener Verfahrensdauer nach Art. 47 Abs. 2 GRC auch die Mitgliedstaaten bei
der Durchführung des Unionsrechts im Sinne von Art. 51 Abs. 1 GRC – d. h. im Rahmen
der Gewährung »dezentralen« Rechtsschutzes – bindet.[351]

68   Betreffend die Wahrung des Grundsatzes angemessener Verfahrensdauer im Verfahren zur gerichtlichen Kontrolle von Geldbußen-Entscheidungen der Kommission im
EU-Kartellrecht und die an eine Verletzung dieses Grundsatzes zu knüpfenden **Rechtsfolgen** hat der EuGH seine 1998 in der Rechtssache Baustahlgewebe[352] gefundene Lösung mittlerweile endgültig verworfen.[353] In jener Rechtssache hatte er noch befunden,
dass bei einer Verletzung dieses Grundsatzes durch das EuG aus »Gründen der Prozessökonomie« und im Hinblick auf das Erfordernis eines »unmittelbaren und effektiven«
Rechtsbehelfs gegen einen solchen Verfahrensfehler zum einen das angefochtene Urteil
zumindest insoweit aufzuheben sei, als darin die Geldbuße in einer bestimmten Höhe
festgesetzt wurde, und zum anderen der Betrag dieser Geldbuße zum Ausgleich für die
überlange Verfahrensdauer – vom EuGH selbst – angemessen zu reduzieren sei.[354] Angesichts der fehlenden Rechtsgrundlage für dieses Vorgehen, auch in vielen mitgliedstaatlichen Rechtsordnungen, und der Unterschiede im Verhältnis zur Befugnis des
EGMR, bei Überschreitung einer angemessenen Entscheidungsfrist eine »gerechten
Wiedergutmachung« zuzuerkennen (Art. 41 EMRK),[355] hat diese Judikatur zu Recht
scharfe Kritik erfahren.[356] Sie stößt sich insbesondere an der grundsätzlich ausschließlichen Befugnis des EuG zur unbeschränkten Nachprüfung von Geldbußenentscheidun-

[350] EuGH, Urt. v. 28.2.2013, Rs. C–334/12 RX-II (Arango Jaramillo u.a./EIB), ECLI:EU:C:
2013:134, Rn. 40–46, unter Aufhebung des gegenteiligen Rechtsmittel-Urteils des EuG v. 19.6.2012,
Rs. T–234/11 P, ECLI:EU:T:2012:311. Tendenziell anders für den Ablauf einer Verjährungsfrist
EuGH, Urt. v. 13.11.2014, Rs. C–447/13 P (Nencini/Parlament), ECLI:EU:C:2014:2372, Rn. 48–49.
Zur dogmatischen Unvereinbarkeit dieser Urteile siehe GA *Wathelet*, Schlussanträge v. 19.1.2016 zu
Rs. C–566/14 P (Marchiani/Parlament), Rn. 56 ff.
[351] EuGH, Urt. v. 29.3.2012, Rs. C–500/10 (Belvedere Costruzioni), ECLI:EU:C:2012:186,
Rn. 23.
[352] EuGH, Urt. v. 17.12.1998, Rs. C–185/95 P (Baustahlgewebe/Kommission), Slg. 1998, I–8417,
Rn. 26 ff. (insbes. Rn. 48–49). Dazu statt vieler *Schlette*, EuGRZ 1999, 369.
[353] EuGH, Urt. v. 26.11.2013, Rs. C–40/12 P (Gascogne Sack Deutschland/Kommission),
EuGRZ 2013, 671, Rn. 74 ff.; Urt. v. 26.11.2013, Rs. C–50/12 P (Kendrion/Kommission), ECLI:EU:
C:2013:771, Rn. 77 ff.; Urt. v. 26.11.2013, Rs. C–58/12 P (Groupe Gascogne/Kommission), ECLI:
EU:C:2013:770, Rn. 66 ff.
[354] EuGH, Urt. v. 17.12.1998, Rs. C–185/95 P (Baustahlgewebe/Kommission), Slg. 1998, I–8417,
Rn. 48–49 sowie 141–142.
[355] Vgl. EGMR, Urt. v. 26.10.2000, Beschwerde-Nr. 30210/96 (Kudla/Polen), Rep. 2000 XI, 197,
Rn. 156–157. Dazu näher *Bien/Guillaumont*, EuGRZ 2004, 451; *Gundel*, DVBl 2004, 17.
[356] Vgl. insbes. GA *Sharpston*, Schlussanträge zu Rs. C–58/12 P (Groupe Gascogne/Kommission),
Rn. 114 ff.; ebenfalls kritisch GA *Bot*, Schlussanträge zu Rs. C–385/07 P (Der Grüne Punkt – Duales
System Deutschland/Kommission), Slg. 2009, I–6155, Rn. 303 ff. A.A. GA *Wathelet*, Schlussanträge
zu Rs. C–580/12 (Guardian Industries u. Guardian Europe/Kommission), ECLI:EU:C:2014:272,
Rn. 108 ff.

gen der Kommission gemäß Art. 261 AEUV in Verbindung mit Art. 31 VO Nr. 1/2003[357] (vgl. Rn. 46 ff.) einerseits und an derjenigen, über Schadensersatzklagen aufgrund der außervertraglichen Haftung der Union gemäß Art. 268 in Verbindung mit Art. 340 Abs. 2 und 3 AEUV zu befinden, andererseits.[358] Der EuGH hatte daher bereits in der Rechtssache Der Grüne Punkt – Duales System Deutschland verdeutlicht, dass zum einen bei Verletzung des Grundsatzes angemessener Frist durch das EuG eine Aufhebung des Urteils nur dann in Betracht kommt, wenn dieser Verfahrensfehler Auswirkungen auf den Ausgang des Rechtsstreits gehabt haben konnte, sowie dass zum anderen eine eventuelle Kompensation für eine überlange Verfahrensdauer nur über eine separate Schadensersatzklage vor dem EuG zu erreichen ist.[359] Ungeachtet dessen orientierte sich das EuG noch in der Rechtssache ICI an den im Urteil Baustahlgewebe aufgestellten Kriterien. Es beurteilte darin die Beachtung des Grundsatzes angemessener Verfahrensdauer sowohl seitens der Kommission im Verwaltungsverfahren, als auch – gewissermaßen in eigener Sache – in dem vor ihm anhängigen Gerichtsverfahren, lehnte es aber schließlich ab, die Geldbuße in Ausübung seiner Befugnis unbeschränkter Nachprüfung herabzusetzen.[360] In den Rechtssachen Groupe Gascogne, Gascogne Sack Deutschland und Kendrion bestätigte der EuGH die Neuorientierung seiner Rechtsprechung endgültig.[361] Er bekräftigte, dass nach der Rechtsprechung des EGMR »die Überschreitung einer angemessenen Entscheidungsfrist als ein Verfahrensfehler, der die Verletzung eines Grundrechts darstellt, der betreffenden Partei einen Rechtsbehelf eröffnen muss, der ihr eine angemessene Wiedergutmachung bietet«.[362] Zwar komme eine Aufhebung des Urteils des EuG nicht in Betracht, wenn sich die überlange Verfahrensdauer auf den Ausgang des bei ihm anhängigen Rechtsstreits nicht auswirken konnte; dies gelte umso weniger angesichts der Notwendigkeit, die Beachtung des EU-Kartellrechts durchzusetzen, wenn sämtliche Klage- bzw. Rechtsmittelgründe des betroffenen Unternehmens, inklusive zur Höhe der auferlegten Geldbuße, gescheitert seien.[363] Eine Herabsetzung der Geldbuße gemäß den in dem Urteil Baustahlgewebe aufgestellten Kriterien lehnte der EuGH jedoch ausdrücklich mit der Begründung ab, dass eine aufgrund der Art. 268 und 340 Abs. 2 AEUV »gegen die Union erhobene Schadensersatzklage jedoch […], da sie alle Fälle der Überschreitung einer angemessenen Verfahrensdauer abdecken kann, einen effektiven und allgemeinen Rechtsbehelf zur Geltendmachung und Ahndung eines solchen Verstoßes dar[stellt]«, sowie »dass der Verstoß eines Unionsgerichts gegen seine Pflicht nach Art. 47 Abs. 2 [GRC], in den bei ihm anhängig

---

[357] Zur beschränkten Rechtsmittelfähigkeit dieses Aspekts siehe nur EuGH, Urt. v. 22.11.2012, Rs. C–89/11 P (E.ON Energie/Kommission), ECLI:EU:C:2012:738, Rn. 123–126; Urt. v. 10.7.2014, Rs. C–295/12 P (Telefónica u. a./Kommission), ECLI:EU:C:2014:2062, Rn. 205 m.w.N.

[358] Vgl. bereits GA *Bot*, Schlussanträge zu Rs. C–385/07 P (Der Grüne Punkt – Duales System Deutschland/Kommission), Slg. 2009, I–6155, Rn. 320–323 m.w.N.

[359] EuGH, Urt. v. 16.7.2009, Rs. C–385/07 P (Der Grüne Punkt – Duales System Deutschland/Kommission), Slg. 2009, I–6155, Rn. 190–195.

[360] EuG, Urt. v. 5.6.2012, Rs. T–214/06 (ICI/Kommission), ECLI:EU:T:2012:275, Rn. 278 ff.

[361] EuGH, Urt. v. 26.11.2013, Rs. C–40/12 P (Gascogne Sack Deutschland/Kommission), EuGRZ 2013, 671, Rn. 74 ff.; Urt. v. 26.11.2013, Rs. C–50/12 P (Kendrion/Kommission), ECLI:EU:C:2013:771, Rn. 77 ff.; Urt. v. 26.11.2013, Rs. C–58/12 P (Groupe Gascogne/Kommission), ECLI:EU:C:2013:770, Rn. 66 ff.

[362] EuGH, Urt. v. 26.11.2013, Rs. C–40/12 P (Gascogne Sack Deutschland/Kommission), EuGRZ 2013, 671, Rn. 80, unter Hinweis auf EGMR, Urt. v. 26.10.2000, Beschwerde-Nr. 30210/96 (Kudla/Polen), Rep. 2000 XI, 197, Rn. 156–157.

[363] EuGH, Urt. v. 26.11.2013, Rs. C–40/12 P (Gascogne Sack Deutschland/Kommission), EuGRZ 2013, 671, Rn. 82–85.

gemachten Rechtssachen innerhalb einer angemessenen Frist zu entscheiden, mit einer Schadensersatzklage vor dem [EuG] zu ahnden ist, da eine solche Klage einen effektiven Rechtsbehelf darstellt«. Infolge dessen könne der Ersatz des Schadens, der durch die Nichteinhaltung einer angemessenen Verfahrensdauer durch das EuG verursacht wurde, nicht unmittelbar im Rahmen eines Rechtsmittels beim EuGH beantragt werden, sondern müsse beim EuG eingeklagt werden.[364] Diesbezüglich hat der EuGH näher ausgeführt, dass das mit einer Schadensersatzklage befasste EuG unter Prüfung der vorgelegten Nachweise sowohl die Verwirklichung des geltend gemachten Schadens als auch den Kausalzusammenhang zwischen dem Schaden und der überlangen Dauer des streitigen Gerichtsverfahrens selbst zu beurteilen hat. Dabei muss es ferner gemäß Art. 340 Abs. 2 AEUV die allgemeinen Grundsätze berücksichtigen, die in den Rechtsordnungen der Mitgliedstaaten für auf ähnliche Verstöße gestützte Klagen gelten, und insbesondere untersuchen, welche materiellen bzw. immateriellen Schäden gegebenenfalls angemessen zu entschädigen sind. Dem häufig diskutierten Vorwurf, eine solche Konstruktion verstoße gegen den Anspruch auf ein unabhängiges und unparteiisches Gericht im Sinne von Art. 47 Abs. 2 GRC[365] begegnet der EuGH vorsorglich mit dem Hinweis, dass es Sache des nach Art. 256 Abs. 1 AEUV zuständigen EuG sei, über solche Schadensersatzklagen in einer anderen Besetzung als derjenigen zu entscheiden, in der es mit dem als überlang gerügten Verfahren befasst war.[366] Obwohl der EuGH in einem obiter dictum abschließend feststellte, dass das EuG vorliegend gegen den Grundsatz angemessener Verfahrensdauer im Sinne von Art. 47 Abs. 2 GRC verstoßen hatte, was einen hinreichend qualifizierten Verstoß gegen eine Rechtsnorm bilde, die bezweckt, dem Einzelnen Rechte zu verleihen, wies er den geltend gemachten Rechtsmittelgrund wegen der ausschließlichen Zuständigkeit des EuG für eine entsprechende Schadensersatzklage zurück.[367] Daraus folgt zum einen, dass fortan eine Vorgehensweise des EuG wie in der Rechtssache ICI[368] nicht mehr rechtlich zulässig ist und möglicherweise gegen das Unparteilichkeitsgebot nach Art. 47 Abs. 2 GRC verstößt; zum anderen bedeutet dies, dass der EuGH den Rechtsmittelgrund des Verstoßes gegen den Grundsatz der angemessenen Verfahrensdauer zurückweist, da er in der Regel nicht zur Aufhebung des angegriffenen Urteils führen kann und ein Schadensersatzantrag vor dem EuG anhängig gemacht werden muss.[369] Der EuGH behielt dennoch in einer Reihe von Folgeurteilen

---

[364] EuGH, Urt. v. 26.11.2013, Rs. C–40/12 P (Gascogne Sack Deutschland/Kommission), EuGRZ 2013, 671, Rn. 89–90. Siehe auch außerhalb des EU-Kartellrechts EuGH, Urt. v. 2.10.2014, Rs. C–127/13 P (Strack/Kommission), ECLI:EU:C:2014:2250, Rn. 62–65.

[365] Zur Problematik bereits GA *Bot*, Schlussanträge zu Rs. C–385/07 P (Der Grüne Punkt – Duales System Deutschland/Kommission), Slg. 2009, I–6155, Rn. 323 ff., sowie GA *Sharpston*, Schlussanträge zu Rs. C–58/12 P (Groupe Gascogne/Kommission), ECLI:EU:C:2013:770, Rn. 141 ff., jeweils unter Diskussion der einschlägigen Rechtsprechung des EGMR.

[366] EuGH, Urt. v. 26.11.2013, Rs. C–40/12 P (Gascogne Sack Deutschland/Kommission), EuGRZ 2013, 671, Rn. 94–96.

[367] EuGH, Urt. v. 26.11.2013, Rs. C–40/12 P (Gascogne Sack Deutschland/Kommission), EuGRZ 2013, 671, Rn. 97–103, unter Hinweis auf Urt. v. 4.7.2000, Rs. C–352/98 P (Bergaderm u. Goupil/Kommission), Slg. 2000, I–5291, Rn. 42.

[368] EuG, Urt. v. 5.6.2012, Rs. T–214/06 (ICI/Kommission), ECLI:EU:T:2012:275, Rn. 278 ff.

[369] Die diesbezügliche Beklagteneigenschaft des Organs Gerichtshof der EU vor dem EuG hat das EuG bestätigt u. a. in Beschl. v. 6.1.2015, Rs. T–479/14 (Kendrion/Gerichtshof), ECLI:EU:T:2015:2, wodurch es eine entsprechende Unzulässigkeitseinrede des Gerichtshofs wegen der angeblichen Beklagteneigenschaft der Kommission zurückwies. Das – angesichts Art. 47 Abs. 2 GRC heikle – Rechtsmittel gegen u. a. diesen Beschluss ist vom Gerichtshof mittlerweile zurückgenommen worden (vgl. Präsident des EuGH, Beschl. v. 18.12.2015, Rs. C–71/15 P).

die Praxis des obiter dictums bei und beurteilte selbst die (Un-)Angemessenheit der Verfahrensdauer vor dem EuG, sofern er über alle erforderlichen Angaben über den Ablauf des erstinstanzlichen Verfahrens verfügte.[370]

5. Recht auf Prozesskostenhilfe (Art. 47 Abs. 3 GRC)

Der Gewährleistungsgehalt des Rechts auf Prozesskostenhilfe gemäß Art. 47 Abs. 3   **69**
GRC resultiert aus seiner spezifischen Funktion, den wirksamen Zugang zu einem gerichtlichen Rechtsbehelf sicherzustellen (vgl. Rn. 14).[371] Im Übrigen ist auf die sekundär- bzw. einfachgesetzlichen Ausprägungen dieses Rechts für den »zentralen« wie den »dezentralen« Rechtsschutz hinzuweisen.[372] In der Rechtsprechung des EuGH stand bislang die Frage im Vordergrund, ob sich auch juristische Personen auf dieses Recht berufen können (dazu näher Rn. 16–17).[373] Für den Bereich des »dezentralen« Rechtsschutzes im Anwendungsbereich des Unionsrechts – inklusive der Anwendung der Verordnung (EG) Nr. 44/2001 des Rates vom 22. 12. 2000 über die gerichtliche Zuständigkeit und die Anerkennung und Vollstreckung von Entscheidungen in Zivil- und Handelssachen[374] – hat der EuGH nicht ausgeschlossen, dass der Anspruch auf Prozesskostenhilfe gemäß Art. 47 Abs. 3 GRC u. a. sowohl die Gebühren für den Beistand eines Rechtsanwalts als auch die Befreiung von den Gerichtskosten umfasst.[375] Ein Anspruch auf Mehrwertsteuerfreiheit der Dienstleistungen von Rechtsanwälten kann daraus jedoch nicht abgeleitet werden.[376]

---

[370] Vgl. EuGH, Urt. v. 30.4.2014, Rs. C–238/12 P (FLSmidth/Kommission), ECLI:EU:C: 2014:284, Rn. 118–124; Urt. v. 12.6.2014, Rs. C–578/11 P (Deltafina/Kommission), ECLI:EU:C: 2014:1742, Rn. 91–92; Urt. v. 19.6.2014, FLS, Rs. C–243/12 P (Plast/Kommission), ECLI:EU:C: 2014:2006, Rn. 136–143; Urt. v. 9.10.2014, Rs. C–467/13 P (ICF/Kommission), ECLI:EU:C: 2014:2274, Rn. 59–61; Urt. v. 12.11.2014, Rs. C–580/12 P (Guardian Industries u. a./Kommission), ECLI:EU:C:2014:2363, Rn. 20–21; Urt. v. 21.1.2016, Rs. C–603/13 P (Galp Energía España u. a./Kommission), ECLI:EU:C:2016:38, Rn. 58–59. Dies war jedoch nicht der Fall in EuGH, Urt. v. 10.7.2014, Rs. C–295/12 P (Telefónica u. a./Kommission), ECLI:EU:C:2014:2062, Rn. 68.

[371] Siehe insbes. EGMR, Urt. v. 9.10.1979, Beschwerde-Nr. 6289/73 (Airey/Irland), Ser. A no. 32, Rn. 20 ff.; vgl. den Überblick zur diesbezüglichen Judikatur des EGMR bei *Holopainen*, Right to an Effective Remedy, in: Peers/Hervey/Kenner/Ward (Hrsg.), Art. 47 GRC, Rn. 47.226 ff. Vgl. auch EuGH, Urt. v. 22.12.2010, Rs. C–279/09 (DEB), Slg. 2010, I–13849, Rn. 36.

[372] Vgl. Art. 146–150 VerfO-EuG n. F. (ABl. 2015, L 105/1) sowie Art. 115–118 u. Art. 184–189 VerfO-EuGH (zuletzt geändert am 18.6.2013, ABl. 2013, L 173/65); RL 2003/8/EG des Rates vom 27.1.2003 zur Verbesserung des Zugangs zum Recht bei Streitsachen mit grenzüberschreitendem Bezug durch Festlegung gemeinsamer Mindestvorschriften für die Prozesskostenhilfe in derartigen Streitsachen, ABl. 2005, L 26/41; Berichtigung in ABl. 2005, L 32/15; dazu EuGH, Urt. v. 22.12.2010, Rs. C–279/09 (DEB), Slg. 2010, I–13849, Rn. 38 ff.

[373] Dazu EuGH, Urt. v. 22.12.2010, Rs. C–279/09 (DEB), Slg. 2010, I–13849, Rn. 38 ff., m. Anm. *Oliver*, CMLRev. 48 (2011), 2023; *Engström*, REALaw 2011, 53.

[374] ABl. 2001, L 12/1.

[375] EuGH, Urt. v. 22.12.2010, Rs. C–279/09 (DEB), Slg. 2010, I–13849, Rn. 59; Beschl. v. 13.6.2012, Rs. C–156/12 (GREP), ECLI:EU:C:2012:342, Rn. 38 u. 44.

[376] EuGH, Urt. v. 28.7.2016, Rs. C–543/14 (Conseil des ministres), ECLI:EU:C:2016:605, Rn. 27–38.

C. Eingriffe

70 Die möglichen Eingriffe in das Grundrecht auf effektiven gerichtlichen Rechtsschutz decken sich weitgehend mit den vornehmlich in der Rechtsprechung des EuGH anerkannten Grenzen seines Schutzbereichs bzw. Gewährleistungsgehalts. In Bezug auf die Frage der Vollständigkeit bzw. Lückenlosigkeit des Rechtsschutzes ist daher insbesondere auf die einschränkenden Kriterien des Konzepts des angreifbaren Akts (s. Rn. 24–28) und des Rechtsschutzinteresses (s. Rn. 29–30) hinzuweisen. Im Hinblick auf die Unmittelbarkeit, Rechtzeitigkeit und Wirksamkeit des gerichtlichen Rechtsschutzes steht die Klagebefugnis für Direktklagen vor dem EuG – also der Bereich des »zentralen« Rechtsschutzes – im Vordergrund, deren Beschränkungen zur Folge haben, dass der Betroffene seine Rechte nur vor den mitgliedstaatlichen Gerichten, d. h. über den Umweg des »dezentralen« Rechtsschutzes mit eventueller Befassung des EuGH über das Vorabentscheidungsverfahren gemäß Art. 267 AEUV, einklagen kann (s. Rn. 32 ff.). Umgekehrt ist dieser Rechtsweg aber, sofern der Betroffene zweifelsfrei vor dem EuG klagebefugt ist, insoweit versperrt, als er nach Ablauf der Klagefrist nach Art. 263 Abs. 6 AEUV und Bestandskraft des streitigen Unionsrechtsakts dessen Gültigkeit nicht mehr, insbesondere nicht mehr im Rahmen einer Gültigkeitsvorlage an den EuGH gemäß Art. 267 Abs. 1 Buchst. b AEUV geltend machen kann (s. Rn. 23).[377]

71 Soweit es an einer ausdrücklichen Regelung von Klagefristen – insbesondere im EU-Dienstrecht – fehlt, kommt grundsätzlich eine Beschränkung des Grundsatzes des effektiven gerichtlichen Rechtsschutzes im Sinne von Art. 47 Abs. 1 und 2 GRC bzw. des Zugangs zu Gericht durch den Grundsatz der Wahrung einer »angemessenen Frist« in Betracht.[378] Insoweit hat der EuGH mit allgemeingültiger Diktion für den gesamten Anwendungsbereich dieser Vorschriften klargestellt, dass entsprechend der Judikatur des EGMR zur Auslegung von Art. 6 Abs. 1 EMRK, die gemäß Art. 52 Abs. 3 der GRC heranzuziehen ist, **kein absolutes Recht** auf ein Gericht besteht und dass die Ausübung dieses Rechts Beschränkungen unterliegt, u. a. hinsichtlich der Voraussetzungen für die Zulässigkeit einer Klage.[379] An anderer Stelle hat der EuGH diesbezüglich mit Blick auf Art. 52 Abs. 1 GRC – konkret betreffend die Gewährung »dezentralen« gerichtlichen Rechtsschutzes – präzisiert, dass die Grundrechte, inklusive des Grundsatzes des effektiven gerichtlichen Rechtsschutzes **nicht schrankenlos gewährleistet** sind, sondern Beschränkungen unterworfen werden können, sofern diese tatsächlich dem Gemeinwohl dienenden Zielen entsprechen und nicht einen im Hinblick auf den verfolgten Zweck

---

[377] EuGH, Urt. v. 9.3.1994, Rs. C–188/92 (TWD Textilwerke Deggendorf), Slg. 1994, I–833, Rn. 24–26 (Beihilferecht); Urt. v. 30.1.1997, Rs. C–178/95 (Wiljo), Slg. 1997, I–585, Rn. 19–22 (Steuerrecht); Urt. v. 15.2.2001, Rs. C–239/99 (Nachi Europe), Slg. 2001, I–1197, Rn. 28 ff. (Antidumpingrecht); Urt. v. 29.6.2010, Rs. C–550/09 (E u. F), Slg. 2010, I–6213, Rn. 44–46 (Terrorismusbekämpfung); Urt. v. 17.2.2011, Rs. C–494/09 (Bolton Alimentari), Slg. 2011, I–647, Rn. 22–23 (Zollrecht); Urt. v. 9.6.2011, verb. Rs. C–71/09 P, C–73/09 P u. C–76/09 P (Comitato »Venezia vuole vivere« u. a./Kommission), Slg. 2011, I–4727, Rn. 58–59, sowie Urt. v. 5.3.2015, Rs. C–667/13 (Banco Privado Português und Massa Insolvente do Banco Privado Português), ECLI:EU:C:2015:151, Rn. 28–30 (Beihilferecht); Urt. v. 27.11.2012, Rs. C–370/12 (Pringle), EuZW 2013, 100, Rn. 41 (Wirtschafts- und Währungsunion).
[378] EuGH, Urt. v. 28.2.2013, Rs. C–334/12 RX-II (Arango Jaramillo u. a./EIB), ECLI:EU:C:2013:134, Rn. 40 ff.
[379] EuGH, Urt. v. 28.2.2013, Rs. C–334/12 RX-II (Arango Jaramillo u. a./EIB), ECLI:EU:C:2013:134, Rn. 43, unter Hinweis auf EGMR, Urt. v. 6.12.2011, Beschwerde-Nr. 41959/08 (Anastasakis/Griechenland), Rn 24 (im Internet abrufbar unter: http://www.echr.coe.int).

unverhältnismäßigen, nicht tragbaren Eingriff darstellen, der die so gewährleisteten Rechte in ihrem Wesensgehalt antastet.[380] Nach Ansicht des EuGH müssen die Rechtsunterworfenen zwar mit der Anwendung auch richterrechtlich geschaffener Zulässigkeitsregeln rechnen, doch dürfen sie nicht daran gehindert werden, einen verfügbaren Rechtsbehelf in Anspruch zu nehmen.[381] Soweit jedoch im streitgegenständlichen Fall die Klagefrist der Bediensteten der EIB gegen sie beschwerende Handlungen weder vorab durch eine Rechtsvorschrift der Union festgelegt, noch im Einklang mit Art. 52 Abs. 1 GRC eingeschränkt worden war, meint der EuGH, dass in Anbetracht seiner Rechtsprechung zur Anwendung des Begriffs der »angemessenen Frist« die Betroffenen erwarten durften, dass das EuG ihrer Klage keine im Vorhinein festgelegte Ausschlussfrist entgegenhält, sondern sich darauf beschränkt, diese Rechtsprechung – unter Berücksichtigung der gebotenen Einzelfallprüfung bei der Frage der »Angemessenheit« (vgl. Rn. 66) – bei der Entscheidung über die Zulässigkeit ihrer Klage anzuwenden. Vorliegend habe das EuG jedoch durch die Anerkennung einer strikten Ausschlussfrist und damit Verfälschung des Begriffs der angemessenen Frist es den Betroffenen unmöglich gemacht, ihre Rechte mittels eines wirksamen Rechtsbehelfs vor einem Gericht unter Wahrung der in Art. 47 GRC vorgesehenen Voraussetzungen zu verteidigen, was der Feststellung eines nicht zu rechtfertigenden Eingriffs in dieses Grundrecht gleichkommt.[382]

In zeitlicher Hinsicht sind zudem unionsrechtliche wie mitgliedstaatliche **Fristen- und   72 Präklusionsregeln** hervorzuheben. Auf der Ebene des »zentralen« Rechtsschutzes vor den Unionsgerichten hat das EuG unter Rückgriff auf die Grundsätze der Rechtssicherheit und der Gleichheit vor dem Gesetz den zwingenden Charakter und die Unabdingbarkeit der vertraglich vorgesehenen Regelung der Klagefrist in Art. 263 Abs. 6 AEUV unterstrichen.[383] Danach ist in dem Fall, dass der angegriffene Unionsrechtsakt im Verlauf des Gerichtsprozesses durch einen neuen belastenden Rechtsakt ersetzt wird, zwar grundsätzlich eine Umstellung der Klageanträge und eine Ergänzung der Klagegründe möglich, um aus Gründen der geordneten Rechtspflege und der Prozessökonomie eine erneute Klage zu vermeiden; diese Klageumstellung muss jedoch innerhalb der zweimonatigen Klagefrist erfolgen, da ansonsten die zwingenden Voraussetzungen von Art. 263 Abs. 6 AEUV umgangen würden.[384] Im Fall von ihrem Wortlaut nach nicht eindeutigen Verfahrensregelungen zur Berechnung der Klagefrist – wie Art. 101 Abs. 1 VerfO-EuG – nimmt der EuGH im Lichte von Art. 47 Abs. 1 GRC eine Auslegung vor,

---

[380] EuGH, Urt. v. 18.3.2010, verb. Rs. C–317/08 bis C–320/08 (Alassini u.a.), Slg. 2010, I–2213, Rn. 62–63, unter Hinweis auf Urt. v. 15.6.2006, Rs. C–28/05 (Dokter u.a.), Slg. 2006, I–5431, Rn. 75, sowie EGMR, Urt. v. 21.11.2001, Beschwerde-Nr. 37112/97 (Fogarty/Vereinigtes Königreich), Rep. 2001-XI, 157, Rn. 33. Vgl. auch zu den Verteidigungsrechten auf mitgliedstaatlicher Ebene bei der Durchführung von Unionsrecht EuGH, Urt. v. 17.11.2011, Rs. C–327/10 (Hypoteční banka), Slg. 2011, I–11543, Rn. 48 ff.; Urt. v. 10.9.2013, Rs. C–383/13 PPU (G. u. R.), ECLI:EU:C:2013:533, Rn. 33 ff., Urt. v. 26.9.2013, Rs. C–418/11 (Texdata Software), ECLI:EU:C:2013:588, Rn. 83–84.
[381] EuGH, Urt. v. 28.2.2013, Rs. C–334/12 RX-II (Arango Jaramillo u.a./EIB), ECLI:EU:C:2013:134, Rn. 43.
[382] EuGH, Urt. v. 28.2.2013, Rs. C–334/12 RX-II (Arango Jaramillo u.a./EIB), ECLI:EU:C:2013:134, Rn. 44–46; vgl. auch EuG, Urt. v. 16.9.2013, Rs. T–264/11 P (De Nicola/EIB), ECLI:EU:T:2013:461, Rn. 51 ff.
[383] EuG, Urt. v. 16.12.2011, Rs. T–291/04 (Enviro Tech/Kommission), Slg. 2011, II–8281, Rn. 94 ff.
[384] EuG, Urt. v. 16.12.2011, Rs. T–291/04 (Enviro Tech/Kommission), Slg. 2011, II–8281, Rn. 94–96; anders noch EuG, Urt. v. 9.9.2010, Rs. T–348/07 (Al-Aqsa/Rat), Slg. 2010, II–4575, Rn. 30–36.

die im Zweifel einen wirksamen gerichtlichen Rechtsschutz ermöglicht.[385] Ferner ist die praktisch bedeutsame Präklusionsregel des Art. 84 Abs. 1 VerfO-EuG n. F.[386] zu nennen, wonach die Parteien nach Einreichung der Klageschrift bzw. Klagebeantwortung grundsätzlich keine neuen Angriffs- und Verteidigungsmittel mehr vorbringen können, es sei denn, dass sie auf rechtliche oder tatsächliche Gründe gestützt werden, die erst während des Gerichtsverfahrens – z. B. nach einer vom EuG verfügten vollständigen Einsichtnahme in die Verwaltungsakten – zu Tage getreten sind.[387] Auf mitgliedstaatlicher Ebene unterliegen entsprechende Fristen- und Präklusionsregeln sowie sonstige gerichtliche Zugangsbeschränkungen, sofern sie sich im Anwendungsbereich des Unionsrechts auswirken können, einer eingehenden Kontrolle des EuGH, insbesondere über die Doppelschranke der **Grundsätze der Äquivalenz und der Effektivität**, was wiederum der Unanwendbarkeit zur Folge haben kann (s. Rn. 4).

73   Bedeutende Einschränkungen der Wirksamkeit des Rechtsschutzes folgen aus der von den Unionsgerichten zu Grunde gelegten **Kontrollkonzeption** im Rahmen der gerichtlichen **Sachprüfung**. An vorderster Stelle ist erneut auf die Bindung des Unionsrichters an die Klageanträge und -gründe zu nennen, die den Streitgegenstand abschließend festlegen und grundsätzlich eine Prüfung von Amts wegen bestimmter (materieller) Rechtsrügen ausschließen (s. Rn. 40). Ferner ist die reduzierte gerichtliche Kontrolldichte im Bereich von administrativen bzw. legislativen Beurteilungs- bzw. Ermessensspielräumen, insbesondere bei komplexen wirtschaftlichen, technischen oder wissenschaftlichen Beurteilungen, zu erwähnen, die es dem Unionsrichter verbietet, sich an die Stelle des entscheidenden Organs zu setzen, aber durch eine intensivierte Kontrolle der Beachtung der Verfahrensregeln und -garantien (wesentliche Formerfordernisse im Sinne von Art. 263 Abs. 2 AEUV) gewissermaßen »kompensiert« werden (s. Rn. 41–42). Schließlich wird die erstinstanzliche gerichtliche Kontrolle in ständiger Rechtsprechung grundsätzlich auf diejenigen tatsächlichen Umstände und Beweise beschränkt, die dem beklagten Organ zum Zeitpunkt des Erlasses des angefochtenen Rechtsakts bekannt waren oder ihm zumindest – unter Einsatz seiner Ermittlungsbefugnisse bzw. -obliegenheiten – hätten bekannt sein müssen (s. auch Rn. 50).[388] Im Rechtsmittelverfahren ist der EuGH gemäß Art. 256 Abs. 1 UAbs. 1 AEUV bzw. das EuG gemäß Art. 257 Abs. 3 AEUV (als Rechtmittelinstanz in EU-Dienstrechtsstreitigkeiten) nur befugt, das angefochtene Urteil auf das Vorliegen von gerügten Rechtsfehlern, nicht jedoch von fehlerhaften Tatsachen- oder Beweiswürdigungen hin zu kontrollieren.[389]

---

[385] EuGH, Urt. v. 26.9.2013, Rs. C–625/11 P (Polyelectrolyte Producers Group u. SNF/ECHA), ECLI:EU:C:2013:594, Rn. 29 ff., betreffend die Anwendung der zusätzlichen Frist von 14 Tagen auf Rechtsakte, die nicht im Amtsblatt, sondern im Internet veröffentlicht werden. Zur Klagemöglichkeit gegen einen Rechtsakt selbst vor deren Veröffentlichung vgl. EuGH, Urt. v. 26.9.2013, Rs. C–626/11 P (Polyelectrolyte Producers Group u. SNF/ECHA), ECLI:EU:C:2013:595, Rn. 33 ff.

[386] Novellierte Fassung vom 23.4.2015, ABl. 2015, L 105/1.

[387] EuGH, Urt. v. 15.10.2002, verb. Rs. C–238/99 P, C–244/99 P, C–245/99 P, C–247/99 P, C–250/99 P bis C–252/99 P u. C–254/99 P (Limburgse Vinyl Maatschappij u. a./Kommission), Slg. 2002, I–8375, Rn. 368–377.

[388] Vgl. zum EU-Beihilferecht grundlegend EuGH, Urt. v. 15.4.2008, Rs. C–390/06 (Nuova Agricast), Slg. 2008, I–2577, Rn. 54–55 m. w. N. Vgl. auch zum EU-Kartellrecht einerseits EuGH, Urt. v. 18.7.2013, Rs. C–501/11 P (Schindler Holding u. a./Kommission), ECLI:EU:C:2013:522, Rn. 31 m. w. N.; andererseits Urt. v. 21.1.2016, Rs. C–603/13 P (Galp Energía España u. a./Kommission), ECLI:EU:C:2016:38, Rn. 72 (s. näher dazu Rn. 50).

[389] Vgl. nur EuGH, Urt. v. 30.5.2013, Rs. C–70/12 P (Quinn Barlo u. a./Kommission), ECLI:EU:C: 2013:351, Rn. 25, wonach der EuGH »nicht für die Feststellung der Tatsachen zuständig und grundsätzlich nicht befugt [ist], die Beweise zu prüfen, auf die das [EuG] seine Feststellungen gestützt hat.

Im Bereich des EU-Kartellrechts ist erneut auf die **richterliche Befugnis zu unbe-** 74
schränkter Nachprüfung von Geldbußenentscheidungen der Kommission im Sinne von
Art. 261 AEUV in Verbindung mit Art. 31 VO Nr. 1/2003 und deren **Beschränkungen**
hinzuweisen (vgl. Rn. 46 ff.). Insoweit ist weiterhin unklar, unter welchen Voraussetzungen der Unionsrichter von dieser Befugnis Gebrauch machen kann bzw. muss, um
den Anforderungen des effektiven gerichtlichen Rechtsschutzes im Sinne von Art. 47
Abs. 1 GRC zu genügen.[390] Hier stehen sich zwei extreme Konzeptionen nahezu unvereinbar gegenüber. Die **objektive Konzeption** fordert – orientiert am Primat der
Rechtmäßigkeitskontrolle im Sinne von Art. 263 AEUV – zwingend die Feststellung
eines der angegriffenen Geldbußenentscheidung anhaftenden Rechtsfehlers.[391] Die **sub-**
jektive Konzeption hält hingegen auch bei Fehlen eines solchen Rechtsfehlers, d. h. ohne
jede Einschränkung und nach Maßgabe der Einzelfallgerechtigkeit, Billigkeit und Opportunität bzw. des freien richterlichen Ermessens, wie es Art. 261 AEUV zugrunde
liegt, eine Abänderung des Betrags der Geldbuße für möglich und unterstreicht so den
rechtlich selbständigen Charakter der Befugnis zu unbeschränkter Nachprüfung. Im
Sinne der ersten Konzeption verstanden werden kann das rechtskräftige Urteil des
EuGH in der Rechtssache Fuji Electric, wonach »die Unionsgerichte [von dieser Befugnis zu unbeschränkter Nachprüfung] jedoch nur im Rahmen der Kontrolle der Rechtmäßigkeit von Handlungen der Organe, insbesondere im Rahmen der Nichtigkeitsklage,
Gebrauch machen [können]«, denn Art. 261 AEUV sei »nämlich kein eigenständiger
Rechtsbehelf, sondern ha[be] nur eine Erweiterung des Umfangs der Befugnisse des
Unionsrichters in Verfahren nach Art. 263 AEUV [...] zur Folge«.[392] Diese Aussage
stimmt mit der Diktion der Grundsatzurteile in den Rechtssachen KME und Chalkor
insoweit überein, als auch dort der EuGH den nur »ergänzenden« Charakter der Befugnis zur unbeschränkten Nachprüfung im Verhältnis zu der Kassationsbefugnis gemäß
Art. 263 AEUV erwähnt und deren Rechtsnatur und Ausübung in das streitige Verfahren der Nichtigkeitsklage (mit Bindung an die Klagegründe und Rügen) einbettet.[393] Es
kann daher davon ausgegangen werden, dass sich die (einschränkende) objektive Konzeption des Vorrangs der Rechtmäßigkeitskontrolle in der Rechtsprechung durchsetzen
wird.[394] Ebenso darin einordnen lässt sich das Urteil Galp des EuGH, wonach sich der

---

Sind diese Beweise ordnungsgemäß erhoben und die allgemeinen Rechtsgrundsätze sowie die Vorschriften über die Beweislast und das Beweisverfahren eingehalten worden, ist es nämlich allein Sache
des [EuG], den Wert der ihm vorgelegten Beweise zu beurteilen. Diese Beurteilung ist somit, sofern die
Beweise nicht verfälscht werden, keine Rechtsfrage, die als solche der Kontrolle des [EuGH] unterliegt
[...]«. Ebenso für das Verhältnis zum EuGöD siehe nur EuG, Urt. v. 16. 9. 2013, Rs. T–264/11 P (De
Nicola/EIB), Slg.ÖD, ECLI:EU:T:2013:461, Rn. 80 m. w. N.
[390] Hierzu eingehend *Jaeger*, FS Meij, S. 115 ff.; EuGH, Urt. v. 8. 12. 2011, Rs. C–386/10 P (Chal-
kor/Kommission), Slg. 2011, I–13085, Rn. 55–58; dazu näher *Nehl*, Kontrolle kartellrechtlicher Sanktionsentscheidungen, S. 142 ff.
[391] Erstmals deutlich in diesem Sinne EuG, Urt. v. 15. 3. 2006, Rs. T–15/02 (BASF/Kommission),
Slg. 2006, II–497, Rn. 582.
[392] EuG, Urt. v. 12. 7. 2011, Rs. T–132/07 (Fuji Electric/Kommission), Slg. 2011, II–4091, Rn. 207,
unter Rückgriff auf Beschl. v. 9. 11. 2004, Rs. T–252/03 (FNICGV/Kommission), Slg. 2004, II–3795,
Rn. 25.
[393] EuGH, Urt. v. 8. 12. 2011, Rs. C–386/10 P (Chalkor/Kommission), Slg. 2011, I–13085,
Rn. 63 ff.; noch deutlicher insoweit Urt. v. 10. 7. 2014, Rs. C–295/12 P (Telefónica u. a./Kommission),
ECLI:EU:C:2014:2062, Rn. 42 u. 44; Urt. v. 21. 1. 2016, Rs. C–603/13 P (Galp Energía España
u. a./Kommission), ECLI:EU:C:2016:38, Rn. 71.
[394] So auch EuG-Präsident *Jaeger*, FS Meij, S. 118–120. Ebenso EuG, Urt. v. 5. 10. 2011, Rs. T–
11/06 (Romana Tabacchi), Slg. 2011, II–6681, Rn. 265 ff.; zur Anwendung der subjektiven Konzep-

Unionsrichter bei der Ausübung seiner Befugnis zu unbeschränkter Nachprüfung nur
auf diejenigen Feststellungen bezüglich der in Frage stehenden Zuwiderhandlung stüt-
zen darf, deren rechtmäßigen Nachweis durch die Kommission er auf der vorgelagerten
Ebene der tatbestandlichen Kontrolle des Vorliegens dieser Zuwiderhandlung, also der
Rechtmäßigkeitskontrolle im weiteren Sinne, bestätigt hat (s. Rn. 51).[395] Nach richtiger
Auffassung bedeuten die Akzessorietät zur Kassationsbefugnis und das Erfordernis der
Feststellung eines Rechtsfehlers jedoch nicht, dass auch die Befugnis zu unbeschränkter
Nachprüfung als solche nur mit Blick auf tatsächliche und rechtliche Umstände ausgeübt
werden kann, die bereits zum Zeitpunkt des Erlasses der angefochtenen Entscheidung
vorlagen (vgl. oben Rn. 74).[396] Ist der Anwendungsbereich dieser Befugnis – wegen eines
festgestellten Rechtsfehlers – erst einmal eröffnet, kann und muss der Unionsrichter
seine Angemessenheitsprüfung unter Berücksichtigung aller relevanten Umstände
durchführen, die im Gerichtsverfahren vorgetragen werden oder von ihm selbst mittels
prozessleitender Maßnahmen oder Beweisaufnahme ermittelt wurden.[397] Denn anderenfalls könnte er das ihm gemäß Art. 261 AEUV in Verbindung mit Art. 31 VO
Nr. 1/2003 eingeräumte Ermessen nicht voll auszuschöpfen und sich hinsichtlich der
Geldbußenbemessung vollständig (ex post) an die Stelle der Kommission setzen, was
ihm bei der Rechtmäßigkeitskontrolle gerade nicht möglich ist (s. auch Rn. 50).[398] Dies
kann allerdings nur für diejenigen Umstände gelten, die sich spezifisch auf die Kriterien
der Geldbußenbemessung im Sinne von Art. 23 Abs. 3 VO Nr. 1/2003 (Schwere und
Dauer der Zuwiderhandlung) beziehen, und nicht mit den tatbestandlichen Feststellungen im Rahmen der Rechtmäßigkeitskontrolle betreffend das Vorliegen der Zuwiderhandlung im Widerspruch stehen, da jene Feststellungen nach Ansicht des EuGH nicht
mehr abgeändert werden dürfen.[399] Dabei hat der EuGH aber offensichtlich übersehen,
dass sich die Feststellungen bezüglich der Zuwiderhandlung und die Beurteilung von
deren Schwere und insbesondere von deren Dauer überschneiden, so dass eine klare
Trennung zwischen der Rechtmäßigkeitskontrolle einerseits und der Angemessenheitskontrolle in Bezug auf die Höhe der Geldbuße andererseits kaum möglich ist. Die genauen Grenzen der Befugnis zur unbeschränkten Nachprüfung bleiben daher weiterhin
im Dunkeln.

---

tion siehe nur EuG, Urt. v. 16.9.2013, Rs. T–411/10 (Laufen Austria/Kommission), ECLI:EU:T:
2013:443, Rn. 254 ff. (Rechtsmittel C–637/13 P anhängig).

[395] EuGH, Urt. v. 21.1.2016, Rs. C–603/13 P (Galp Energía España u. a./Kommission), ECLI:EU:
C:2016:38, Rn. 76–78.

[396] Auf dieses Problem zumindest indirekt hingewiesen hat GA *Mengozzi*, Schlussanträge zu
Rs. C–521/09 P (Elf Aquitaine/Kommission), Slg. 2011, I–8947, Rn. 35.

[397] Vgl. z.B. EuG, Urt. v. 5.10.2011, Rs. T–11/06 (Romana Tabacchi), Slg. 2011, II–6681,
Rn. 265 ff., insbes. Rn. 281–282 betreffend die erhebliche Verschlechterung der wirtschaftlichen Situation der Klägerin nach Erlass der angegriffenen Entscheidung unter Bezugnahme auf EuG-Präsident Beschl. v. 13.7.2006, Rs. T–11/06 R (Romana Tabacchi/Kommission), Slg. 2006, II–2491 (einstweiliger Rechtsschutz). Ähnlich EuG, Urt. v. 27.9.2012, Rs. T–362/06 (Ballast Nedam Infra/Kom-
mission), ECLI:EU:T:2012:492, Rn 138 ff. (rechtskräftig).

[398] EuGH, Urt. v. 21.1.2016, Rs. C–603/13 P (Galp Energía España u. a./Kommission), ECLI:EU:
C:2016:38, Rn. 73. Dies steht jedoch in einem gewissen Widerspruch zur der nebulösen Aussage in
Rn. 72, wonach die Rechtmäßigkeitskontrolle auf der Grundlage der vorgebrachten Klagegründe zu
erfolgen hat, und zwar »unter Berücksichtigung aller […] vorgebrachten Umstände – aus der Zeit vor
oder nach der ergangenen Entscheidung –, unabhängig davon, ob sie vorab im Rahmen des Verwaltungsverfahrens […] oder zum ersten Mal im Rahmen der Klage […] vorgebracht wurden, soweit diese
Umstände für die[se Rechtmäßigkeitskontrolle] maßgeblich sind« (s. Rn. 50).

[399] So zu verstehen ist wohl EuGH, Urt. v. 21.1.2016, Rs. C–603/13 P (Galp Energía España
u. a./Kommission), ECLI:EU:C:2016:38, Rn. 77–78.

Eingriffe in den Grundsatz des fairen oder kontradiktorischen Verfahrens oder der   **75** Waffengleichheit gemäß Art. 47 Abs. 2 GRC (s. Rn. 62 ff.) können aus ebenso primärrechtlich garantierten **Geheimnisschutzregeln**, wie namentlich dem Schutz personenbezogener Daten im Sinne von Art. 8 Abs. 1 GRC[400] oder dem Schutz des Berufsgeheimnisses im Sinne von Art. 339 AEUV resultieren. Der Oberbegriff des Berufsgeheimnisses ist für das EU-Kartellverfahren konkretisiert in Art. 28 VO Nr. 1/2003 sowie Art. 16 und Art. 17 Durchführungs-VO Nr. 773/2004[401] und erfasst **Geschäftsgeheimnisse** sowie **sonstige vertrauliche Angaben** der am Verfahren beteiligten Unternehmen, die Dritten grundsätzlich nicht bekannt gegeben werden dürfen.[402] Entsprechendes gilt für das EG-Fusionskontrollverfahren.[403] Vergleichbare Vorschriften über das Berufsgeheimnis und den Schutz der Vertraulichkeit enthalten z. B. Art. 7 Abs. 9 und 10 und Art. 24 Beihilfeverfahrens-Verordnung Nr. 659/1999 in der Fassung der Verordnung Nr. 734/2013 bzw. der Verordnung 2015/1589[404] sowie Art. 19 Antidumpinggrundverordnung Nr. 1225/2009.[405] Für das gerichtliche Streitverfahren, insbesondere vor dem EuG, gelten seit der Novellierung der VerfO-EuG im Jahr 2015[406] einerseits allgemeine Regeln über die Behandlung vertraulicher Auskünfte, Belegstücke und Unterlagen, die im Rahmen der Beweisaufnahme erteilt und vorgelegt werden (Art. 103 und 104), die damit Art. 67 Abs. 3 und Art. 116 Abs. 2 VerfO-EuG a. F. ablösen, und andererseits spezifische Regeln über die Behandlung von Auskünften oder Unterlagen, die die Sicherheit der Union oder eines oder mehrerer ihrer Mitgliedstaaten oder die Gestaltung ihrer internationalen Beziehungen berühren, welche eine Kodifizierung der vom EuGH im zweiten Kadi-Urteil[407] aufgestellten Regeln darstellen sollen (s. näher Rn. 77). Unabhängig davon sind auch die Unionsgerichte an die Anforderungen des Art. 339 AEUV gebunden.[408] Dementsprechend erkennt das EuG bereits seit langem an, dass die Grundsätze des Schutzes vertraulicher Informationen und der Geschäftsgeheimnisse der beteiligten Unternehmen auch im EU-Gerichtsverfahren gelten.[409] Im Fall eines Konflikts

---

[400] Vgl. dazu EuGH, Urt. v. 6. 10. 2015, Rs. C–362/14 (Schrems), ECLI:EU:C:2015:650.

[401] VO (EG) Nr. 773/2004 der Kommission v. 7. 4. 2004 über die Durchführung von Verfahren auf der Grundlage der Art. 81 u. 82 EG-Vertrag durch die Kommission, ABl. 2004, L 123/18.

[402] Grundlegend zur Begrifflichkeit im Bereich des EU-Kartellrechts vgl. EuG, Urt. v. 18. 9. 1996, Rs. T–353/94 (Postbank/Kommission), Slg. 1996, II–921, Rn. 86 f.; Urt. v. 28. 1. 2015, Rs. T–341/12 (Evonik Degussa/Kommission), ECLI:EU:T:2015:51, Rn. 88 ff. m. w. N. (Rechtsmittel in Rs. C–162/15 P anhängig); siehe auch im EU-Beihilferecht EuG, Urt. v. 8. 11. 2011, Rs. T–88/09 (Idromacchine u. a./Kommission), Slg., 2011 II–7833, Rn. 42 ff. m. w. N.; bestätigt durch EuGH, Beschl. v. 3. 9. 2013, Rs. C–34/12 P (Idromacchine u. a./Kommission), ECLI:EU:C:2013:552.

[403] Art. 17 VO (EG) Nr. 139/2004 des Rates vom 20. 1. 2004 über die Kontrolle von Unternehmenszusammenschlüssen (»EG-Fusionskontrollverordnung«), ABl. 2004, L 24/1, u. Art. 18 VO (EG) Nr. 802/2004 der Kommission v. 7. 4. 2004 zur Durchführung der VO (EG) Nr. 139/2004 des Rates über die Kontrolle von Unternehmenszusammenschlüssen, ABl. 2004, L 133/1, geändert durch VO (EG) Nr. 1033/2008, ABl. 2008, L 279/3.

[404] Fn. 137.

[405] VO (EG) Nr. 1225/2009 des Rates vom 30. 11. 2009 über den Schutz gegen gedumpte Einfuhren aus nicht zur Europäischen Gemeinschaft gehörenden Länder, ABl. 2009, L 343/51.

[406] Novellierte Fassung vom 23. 4. 2015, ABl. 2015, L 105/1.

[407] EuGH, Urt. v. 18. 7. 2013, verb. Rs. C–584/10 P, C–593/10 P u. C–595/10 P (Kommission/Kadi), EuGRZ 2013, 389, Rn. 125 ff.

[408] Vgl. insbes. EuG, Beschl. v. 19. 6. 1996, verb. Rs. T–134/94, T–136/94 bis T–138/94, T–141/94, T–145/94, T–147/94, T–148/94, T–151/94, T–156/94 u. T–157/94 (NMH Stahlwerke u. a./Kommission), Slg. 1996, II–537.

[409] EuG, Beschl. v. 19. 6. 1996, verb. Rs. T–134/94, T–136/94 bis T–138/94, T–141/94, T–145/94, T–147/94, T–148/94, T–151/94, T–156/94 u. T–157/94 (NMH Stahlwerke u. a./Kommission), Slg. 1996, II–537, Rn. 13.

zwischen den aus dem Grundsatz des kontradiktorischen Verfahrens fließenden Anforderungen und dem Erfordernis des Geheimnisschutzes nimmt das EuG eine **Interessenabwägung** vor, die eine konkrete Prüfung der individuellen Lage der betroffenen Unternehmen voraussetzt.[410] Dabei ist zu berücksichtigen, dass nach Auffassung des EuG
zur Wahrung des rechtlichen Gehörs im Gerichtsverfahren ausnahmsweise auch der
Zugang zu Informationen oder Unterlagen geboten sein kann, die das Organ betreffen
bzw. interner Natur sind.[411] Insoweit verbiete die Garantie des Rechtsschutzes gegen
Handlungen der Verwaltung (jetzt im Sinne von Art. 47 Abs. 1 GRC), einen allgemeinen
Grundsatz des Verwaltungsgeheimnisses gegenüber den Unionsgerichten anzuwenden.[412] Der Grundsatz der Offenlegung der gesamten Prozessunterlagen zwecks Wahrung des Grundsatzes des kontradiktorischen Verfahrens erfasst daher grundsätzlich
auch die an das EuG übermittelten internen Unterlagen. Dabei bedarf es einer über die
pauschale Bezugnahme auf den Schutz des Verwaltungsgeheimnisses hinausreichenden
Begründung, um den Zugang der anderen Verfahrensparteien zu internen Unterlagen
einzuschränken.[413] In der Praxis erfolgt eine Offenlegung interner Unterlagen jedoch
nur ausnahmsweise bzw. wenn die Kläger ernsthafte Anhaltspunkte dafür liefern, dass
die außergewöhnlichen Umstände des konkreten Falles dies gebieten.[414] Das EuG versucht, den Konflikt zwischen dem Schutz des rechtlichen Gehörs und der Wahrung der
Funktionsfähigkeit der Unionsorgane, insbesondere des Beratungsgeheimnisses, zunächst dadurch zu vermeiden, dass es nach Möglichkeit nicht auf die internen Unterlagen zur Urteilsfindung zurückgreift, sondern sich durch andere Quellen ausreichend
unterrichtet.[415] Sofern die Lösung dieses Konflikts bei der Entscheidungsfindung des
EuG unvermeidbar ist, hat es »unter Beachtung der Verfahrensrechte und des rechtlichen Gehörs den Grundsatz der Wirksamkeit des Verwaltungshandelns und die Garantie des Rechtsschutzes gegen Handlungen der Verwaltung gegeneinander abzuwägen«.[416] Art. 103 VerfO-EuG n.F. ist von dieser Rechtsprechung inspiriert, hat deren

---

[410] EuG, Beschl. v. 19.6.1996, verb. Rs. T–134/94, T–136/94 bis T–138/94, T–141/94, T–145/94,
T–147/94, T–148/94, T–151/94, T–156/94 u. T–157/94 (NMH Stahlwerke u.a./Kommission),
Slg. 1996, II–537, Rn. 14 u. 74.
[411] EuG, Beschl. v. 19.6.1996, verb. Rs. T–134/94, T–136/94 bis T–138/94, T–141/94, T–145/94,
T–147/94, T–148/94, T–151/94, T–156/94 u. T–157/94 (NMH Stahlwerke u.a./Kommission),
Slg. 1996, II–537, Rn. 15 u. 69ff.; Urt. v. 15.3.2000, verb. Rs. T–25/95, T–26/95, T–30/95 bis
T–32/95, T–34/95 bis T–39/95, T–42/95 bis T–46/95, T–48/95, T–50/95 bis T–65/95, T–68/95 bis
T–71/95, T–87/95, T–88/95, T–103/95 u. T–104/95 (Cimenteries CBR u.a./Kommission), Slg. 2000,
II–495, Rn. 420.
[412] EuG, Beschl. v. 19.6.1996, verb. Rs. T–134/94, T–136/94 bis T–138/94, T–141/94, T–145/94,
T–147/94, T–148/94, T–151/94, T–156/94 u. T–157/94 (NMH Stahlwerke u.a./Kommission),
Slg. 1996, II–537, Rn. 69.
[413] EuG, Beschl. v. 19.6.1996, verb. Rs. T–134/94, T–136/94 bis T–138/94, T–141/94, T–145/94,
T–147/94, T–148/94, T–151/94, T–156/94 u. T–157/94 (NMH Stahlwerke u.a./Kommission),
Slg. 1996, II–537, Rn. 71.
[414] EuG, Urt. v. 15.3.2000, verb. Rs. T–25/95, T–26/95, T–30/95 bis T–32/95, T–34/95 bis
T–39/95, T–42/95 bis T–46/95, T–48/95, T–50/95 bis T–65/95, T–68/95 bis T–71/95, T–87/95,
T–88/95, T–103/95 u. T–104/95 (Cimenteries CBR u.a./Kommission), Slg. 2000, II–495, Rn. 420.
[415] EuG, Beschl. v. 19.6.1996, verb. Rs. T–134/94, T–136/94 bis T–138/94, T–141/94, T–145/94,
T–147/94, T–148/94, T–151/94, T–156/94 u. T–157/94 (NMH Stahlwerke u.a./Kommission),
Slg. 1996, II–537, Rn. 72–73; Urt. v. 15.3.2000, verb. Rs. T–25/95, T–26/95, T–30/95 bis T–32/95,
T–34/95 bis T–39/95, T–42/95 bis T–46/95, T–48/95, T–50/95 bis T–65/95, T–68/95 bis T–71/95,
T–87/95, T–88/95, T–103/95 u. T–104/95 (Cimenteries CBR u.a./Kommission), Slg. 2000, II–495,
Rn. 420.
[416] EuG, Beschl. v. 19.6.1996, verb. Rs. T–134/94, T–136/94 bis T–138/94, T–141/94, T–145/94,

Anforderungen aber nur insoweit kodifiziert, als eine Hauptpartei gegenüber der anderen Hauptpartie den vertraulichen Charakter bestimmter, dem EuG vorgelegter und potentiell entscheidungserheblicher Auskünfte und Unterlagen geltend macht. Gelangt das EuG zu dem Ergebnis, dass bestimmte dieser Auskünfte oder Unterlagen tatsächlich entscheidungserheblich sind und gegenüber der anderen Hauptpartei vertraulich zu behandeln sind, so muss es den vertraulichen Charakter und die Erfordernisse, die mit dem Recht auf effektiven gerichtlichen Rechtsschutz, insbesondere der Einhaltung des Grundsatzes des kontradiktorischen Verfahrens, verbunden sind, gegeneinander abwägen (Art. 103 Abs. 2). Nach der Abwägung kann das EuG »entscheiden, der anderen Hauptpartei die vertraulichen Auskünfte oder Unterlagen zur Kenntnis zu bringen, gegebenenfalls, indem es deren Offenlegung von der Unterzeichnung besonderer Verpflichtungen abhängig macht, oder entscheiden, sie nicht bekannt zu geben und durch mit Gründen versehenen Beschluss die Modalitäten klarzustellen, die es dieser anderen Hauptpartei ermöglichen, so weitgehend wie möglich Stellung zu nehmen, indem insbesondere die Vorlage einer nichtvertraulichen Fassung oder einer nichtvertraulichen Zusammenfassung der Auskünfte oder Unterlagen, die deren wesentlichen Inhalt wiedergibt, angeordnet wird« (Art. 103 Abs. 3). Insbesondere der letzte Halbsatz dürfte in der Praxis nur mit Schwierigkeiten zu handhaben sein.

Das Erfordernis der Abwägung der gegenläufigen Interessen und des Ausgleichs zwischen dem Grundsatz des kontradiktorischen Verfahrens und dem Recht auf Wahrung der Geschäftsgeheimnisse hat der EuGH auch in Bezug auf das mitgliedstaatlichen **Nachprüfungsverfahren** in Umsetzung der entsprechenden unionsrechtlichen Richtlinien zur **öffentlichen Auftragsvergabe** anerkannt.[417] Darin hat der EuGH geprüft, ob die Befugnis der Nachprüfungsinstanz zu entscheiden, den Parteien und ihren Anwälten bestimmte in der Vergabeakte enthaltene Informationen vorzuenthalten, wenn dies erforderlich ist, um den vom Unionsrecht vorgeschriebenen Schutz des lauteren Wettbewerbs und der legitimen Interessen der Wirtschaftsteilnehmer sicherzustellen, mit dem Begriff des fairen Verfahrens im Sinne von Art. 6 Abs. 1 EMRK vereinbar ist. Seiner Ansicht nach kann in bestimmten Fällen eine solche Beschränkung des Rechts der Verfahrensbeteiligten, Kenntnis von den Beweismitteln und den bei Gericht eingereichten Erklärungen zu nehmen und diese zu erörtern, zur Wahrung der Grundrechte eines Dritten – z.B. Art. 7 GRC bzw. Art. 8 EMRK oder des Grundsatzes des Schutzes von Geschäftsgeheimnissen – oder zum Schutz wichtiger Interessen der Allgemeinheit, wie die Wahrung eines lauteren Wettbewerbs, erforderlich sein.[418] Daher begründe der Grundsatz des kontradiktorischen Verfahrens im Rahmen einer Klage gegen eine Entscheidung des öffentlichen Auftraggebers keinen Anspruch der Parteien auf uneingeschränkten Zugang zu allen bei der Nachprüfungsinstanz eingereichten und dieses Vergabeverfahren betreffenden Informationen, sondern dieses Zugangsrecht sei gegen das

76

T–147/94, T–148/94, T–151/94, T–156/94 u. T–157/94 (NMH Stahlwerke u.a./Kommission), Slg. 1996, II–537, Rn. 74.

[417] EuGH, Urt. v. 14.2.2008, Rs. C–450/06 (Varec), Slg. 2008, I–581, Rn. 37ff. betreffend Art. 7 Abs. 1 u. Art. 15 Abs. 2 RL 93/36/EWG des Rates vom 14.6.1993 über die Koordinierung der Verfahren zur Vergabe öffentlicher Lieferaufträge, ABl. 1993, L 199/1, geändert durch RL 97/52/EG des Europäischen Parlaments und des Rates vom 13.10.1997, ABl. 1997, L 328/1.

[418] EuGH, Urt. v. 14.2.2008, Rs. C–450/06 (Varec), Slg. 2008, I–581, Rn. 45–50, u.a. unter Hinweis auf EGMR, Urt. v. 16.2.2000, Beschwerde-Nr. 28901/95 (Rowe u. Davis/Vereinigtes Königreich), Rep. 2000-II, 287, Rn. 61, u. Urt. v. 24.4.2007, Beschwerde-Nr. 40412/98 (V./Finnland), Rn. 75 (im Internet abrufbar unter: http://www.echr.coe.int).

Recht anderer Wirtschaftsteilnehmer auf Schutz ihrer vertraulichen Angaben und ihrer Geschäftsgeheimnisse abzuwägen. Letztere Schutz müsse so ausgestaltet sein, dass er mit den Erfordernissen eines effektiven Rechtsschutzes und der Wahrung der Verteidigungsrechte der am Rechtsstreit Beteiligten im Einklang steht, wobei sichergestellt sein muss, dass die mit der Nachprüfung befasste Instanz – als Gericht im Sinne von Art. 267 AEUV – insgesamt das Recht auf ein faires Verfahren beachtet. Nach Auffassung des EuGH gehört hierzu zum einen, dass die Nachprüfungsinstanz über sämtliche Informationen verfügen kann, die erforderlich sind, um in voller Kenntnis der Umstände entscheiden zu können, also auch über vertrauliche Informationen und Geschäftsgeheimnisse; zum anderen muss die Nachprüfungsinstanz dem betroffenen Wirtschaftsteilnehmer die Möglichkeit geben, sich auf die Vertraulichkeit oder das Geschäftsgeheimnis zu berufen, bevor sie diese Informationen an einen am Rechtsstreit Beteiligten weitergibt, um das Entstehen eines des außerordentlich schweren Schadens durch eine unberechtigte Informationsweitergabe an einen Wettbewerber zu verhindern.[419]

77   Insbesondere in seinem unionsrechtliche Maßnahmen zur **Terrorismusbekämpfung** betreffenden zweiten **Kadi-Urteil** hat der EuGH in ganz ähnlicher Weise anerkannt, dass »zwingende Erwägungen der Sicherheit oder der Gestaltung der internationalen Beziehungen der Union oder ihrer Mitgliedstaaten der Mitteilung bestimmter Informationen oder Beweise an die betroffene Person entgegenstehen« können. Die Geheimhaltungsbedürftigkeit oder Vertraulichkeit dieser Informationen oder Beweise kann zwar nicht dem Unionsrichter entgegengehalten werden; dieser müsse jedoch bei der Ausübung seiner gerichtlichen Kontrollaufgabe Techniken anwenden, die es ermöglichen, die legitimen Sicherheitsinteressen in Bezug auf die Art und die Quellen der Informationen, die beim Erlass des betreffenden Rechtsakts berücksichtigt wurden, auf der einen Seite und das Erfordernis, dem Einzelnen die Wahrung seiner Verfahrensrechte wie des Rechts, gehört zu werden, und des Grundsatzes des kontradiktorischen Verfahrens hinreichend zu garantieren, auf der anderen Seite zum Ausgleich zu bringen. Dies setzt voraus, dass der Unionsrichter zunächst alle von der zuständigen Unionsbehörde beigebrachten rechtlichen und tatsächlichen Umstände sowie die Stichhaltigkeit der zur Verweigerung der Mitteilung der betreffenden Informationen und Beweise vorgebrachten Gründe prüft. Ergibt diese Prüfung, dass diese Gründe einer zumindest teilweisen Offenlegung nicht entgegenstehen und verweigert die Behörde dies dennoch, kann der Unionsrichter die betreffenden Informationen und Beweise nicht berücksichtigen und muss die Rechtmäßigkeit des angefochtenen Rechtsakts allein anhand der mitgeteilten Umstände zu überprüfen.[420] In einer solchen Situation vermeidet der EuGH daher mit Hilfe eines **Beweisverwertungsverbots** einen Eingriff in den Grundsatz des kontradiktorischen Verfahrens. Ein solcher Eingriff lässt sich nach Auffassung des EuGH jedoch dann nicht vermeiden, wenn die von der zuständigen Unionsbehörde angeführten Gründe der Mitteilung der vorgelegten – entscheidungserheblichen – Informationen oder Beweise an die betroffene Person tatsächlich entgegenstehen, so dass »die Erfordernisse, die mit dem Recht auf effektiven gerichtlichen Rechtsschutz, insbesondere der Einhaltung des Grundsatzes des kontradiktorischen Verfahrens, verbunden sind und

---

[419] EuGH, Urt. v. 14. 2. 2008, Rs. C–450/06 (Varec), Slg. 2008, I–581, Rn. 51–54.
[420] EuGH, Urt. v. 18. 7. 2013, verb. Rs. C–584/10 P, C–593/10 P u. C–595/10 P (Kommission/Kadi), EuGRZ 2013, 389, Rn. 125–127, unter Hinweis auf EuGH, Urt. v. 3. 9. 2008, verb. Rs. C–402/05 P u. C–415/05 P (Kadi u. a./Rat u. Kommission), Slg. 2008, I–6351, Rn. 342 u. 344; Urt. v. 4. 6. 2013, Rs. C–300/11 (ZZ), NVwZ 2013, 1139, Rn. 54, 57, 59, 61–63.

diejenigen, die sich aus der Sicherheit oder der Gestaltung der internationalen Beziehungen der Union oder ihrer Mitgliedstaaten ergeben, **in angemessener Weise zum Ausgleich** zu bringen« sind.[421] Im Rahmen dieses Ausgleichs soll der Unionsrichter überprüfen, ob die Übermittlung einer Zusammenfassung des Inhalts der fraglichen Informationen oder Beweise in Betracht kommt, sowie unabhängig davon beurteilen, ob und inwieweit deren mangelnde Offenlegung bzw. die Unmöglichkeit der betroffenen Person, dazu Stellung zu nehmen, die Beweiskraft der vertraulichen Beweise beeinflussen kann.[422] Der EuGH schließt somit nicht vollständig aus, dass der Unionsrichter seine Kontrolle der Rechtmäßigkeit des angefochtenen Rechtsakts – nach umfassender Interessenabwägung – unter Berücksichtigung von entscheidungserheblichen Tatsachen und Beweisen ausübt, die dem Kläger gegenüber nicht vollständig offengelegt wurden und zu denen er folglich nicht Stellung nehmen konnte, was einen Eingriff in den Grundsatz des kontradiktorischen Verfahrens darstellt.[423] Diese Vorgehensweise, deren Praxistauglichkeit noch zu eruieren ist, wurde – speziell für den Bereich von Handlungen, die die Sicherheit der Union oder ihrer Mitgliedstaaten oder die Gestaltung ihrer internationalen Beziehungen berühren – in Art. 105 VerfO-EuG n. F.[424] sehr detailliert kodifiziert; diese Vorschrift ist jedoch erst dann anwendbar, wenn der zugehörige Durchführungsbeschluss des EuG in Kraft tritt (Art. 105 Abs. 11 i. V. m. Art. 227 Abs. 3 VerfO-EuG n. F.).

D. Rechtfertigung

Beschränkungen und Eingriffe in das Grundrecht auf effektiven gerichtlichen Rechts-   **78**
schutz im Sinne von Art. 47 GRC unterliegen dem Rechtfertigungs- und Schrankenvorbehalt nach Art. 52 Abs. 1 GRC, wonach zum einen »[j]ede Einschränkung der Ausübung der in dieser Charta anerkannten Rechte und Freiheiten gesetzlich vorgesehen sein und den Wesensgehalt dieser Rechte und Freiheiten achten [muss]«, und zum anderen Einschränkungen »[u]nter Wahrung des Grundsatzes der Verhältnismäßigkeit […] nur vorgenommen werden [dürfen], wenn sie erforderlich sind und den von der Union anerkannten dem Gemeinwohl dienenden Zielsetzungen oder den Erfordernissen des Schutzes der Rechte und Freiheiten anderer tatsächlich entsprechen«. Dies gilt für alle Art. 47 GRC unterfallende Gewährleistungen – auch bei deren Anwendung auf mitgliedstaatlicher Ebene bei der Durchführung von Unionsrecht –, wie den Anspruch auf eine wirksamen gerichtlichen Rechtsbehelf,[425] die Verteidigungsrechte bzw. den Grund-

---

[421] EuGH, Urt. v. 18. 7. 2013, verb. Rs. C–584/10 P, C–593/10 P u. C–595/10 P (Kommission/Kadi), EuGRZ 2013, 389, Rn. 128, unter Hinweis auf EuGH, Urt. v. 4. 6. 2013, Rs. C–300/11 (ZZ), NVwZ 2013, 1139, Rn. 64.

[422] EuGH, Urt. v. 18. 7. 2013, verb. Rs. C–584/10 P, C–593/10 P u. C–595/10 P (Kommission/Kadi), EuGRZ 2013, 389, Rn. 129, unter Hinweis auf EuGH, Urt. v. 4. 6. 2013, Rs. C–300/11 (ZZ), NVwZ 2013, 1139, Rn. 67.

[423] Vgl. auch EuGH, Urt. v. 18. 7. 2013, verb. Rs. C–584/10 P, C–593/10 P u. C–595/10 P (Kommission/Kadi), EuGRZ 2013, 389, Rn. 130. Davon geht auch Art. 103 Abs. 3 VerfO-EuG n. F. aus.

[424] Novellierte Fassung vom 23. 4. 2015, ABl. 2015, L 105/1.

[425] EuGH, Urt. v. 18. 3. 2010, verb. Rs. C–317/08 bis C–320/08 (Alassini u. a.), Slg. 2010, I–2213, Rn. 62–63, unter Hinweis auf Urt. v. 15. 6. 2006, Rs. C–28/05 (Dokter u. a.), Slg. 2006, I–5431, Rn. 75, sowie EGMR, Urt. v. 21. 11. 2001, Beschwerde-Nr. 37112/97 (Fogarty/Vereinigtes Königreich), Rep. 2001-XI, 157, Rn. 33.

satz des kontradiktorischen Verfahrens⁴²⁶, den Grundsatz der Waffengleichheit⁴²⁷ und den Anspruch auf Prozesskostenhilfe.⁴²⁸ Dieser Schrankenvorbehalt steht jedoch in einem gewissen Spannungsverhältnis zu Art. 52 Abs. 3 GRC, zumal die entsprechenden Konventionsgewährleistungen in Art. 6, 7 und 13 EMRK jedenfalls keinem ausdrücklichen Vorbehalt unterliegen.⁴²⁹ Besonders erwähnenswert ist die Rechtfertigung von Beschränkungen des Rechts auf Verteidigung bzw. kontradiktorische Erörterung im Sinne von Art. 47 Abs. 2 GRC durch die in Rn. 76–79 erwähnten Anforderungen an den Geheimnisschutz, die letztlich von einer Abwägung und einem Ausgleich der gegenläufigen Interessen im Sinne praktischer Konkordanz und der Verhältnismäßigkeit abhängig ist. Soweit das Recht auf einen wirksamen gerichtlichen Rechtsbehelf und auf Zugang zu Gericht durch die Anwendung von Klage- oder Präklusionsfristen bzw. -regeln eingeschränkt werden kann, ist insbesondere der Grundsatz der Rechtssicherheit als Rechtfertigungsgrund einschlägig.⁴³⁰

E.   Verhältnis zu anderen Grundrechten

79   Die in Art. 47 GRC garantierten justiziellen Gewährleistungen stehen in einem natürlichen Nähe- oder Verwandtschaftsverhältnis zu denjenigen in Art. 48 (Unschuldsvermutung und Verteidigungsrechte), Art. 49 (Grundsätze der Gesetzmäßigkeit und der Verhältnismäßigkeit im Zusammenhang mit Straftaten und Strafen), und Art. 50 GRC (Doppelbestrafungsverbot bzw. ne bis in idem). Wie bereits in Rn. 62 dargelegt, überschneidet sich zudem der Gewährleistungsgehalt von Art. 47 Abs. 2 GRC mit vielen anderen verwaltungsverfahrensrechtlichen und justiziellen Grundrechtsgarantien der Charta. Diese Gemengelage resultiert namentlich aus der in den Erläuterungen bestätigten Ableitung dieser Vorschrift aus Art. 6 Abs. 1 EMRK sowie der Tatsache, dass Art. 47 Abs. 2 Satz 2 GRC das Recht auf ein faires Verfahren dadurch konkretisiert, dass er explizit als Teilgewährleistungen den Anspruch auf Beratung, Verteidigung und Ver-

⁴²⁶EuGH, Urt. v. 17.11.2011, Rs. C–327/10 (Hypoteční banka), Slg. 2011, I–11543, Rn. 50; Urt. v. 10.9.2013, Rs. C–383/13 PPU (G. u. R.), ECLI:EU:C:2013:533, Rn. 33, Urt. v. 26.9.2013, Rs. C–418/11 (Texdata Software), ECLI:EU:C:2013:588, Rn. 83–84; Urt. v. 11.12.2014, Rs. C–249/13 (Boudjlida), ECLI:EU:C:2014:2431, Rn. 43.

⁴²⁷Vgl. EuGH, Urt. v. 30.6.2016, Rs. C–205/15 (Toma u. a.), ECLI:EU:C:2016:499, Rn. 42.

⁴²⁸EuGH, Urt. v. 22.12.2010, Rs. C–279/09 (DEB), Slg. 2010, I–13849, Rn. 47, unter Hinweis auf EGMR, Urt. v. 13.7.1995, Beschwerde-Nr. 18139/91 (Tolstoy Miloslavsky/Vereinigtes Königreich), Ser. A no. 316-B, Rn. 59 bis 67, und Urt. v. 19.6.2001, Beschwerde-Nr. 28249/95 (Kreuz/Polen), Rep. 2001-VI, 127, Rn. 54–55; EuGH, Beschl. v. 13.6.2012, Rs. C–156/12 (GREP), ECLI:EU:C:2012:342, Rn. 39.

⁴²⁹Vgl. *Pabel*, Justizgrundrechte, Rn. 15.

⁴³⁰Zur Präklusion zum Schutz der Bestandskraft von Unionsrechtsakten siehe EuGH, Urt. v. 9.3.1994, Rs. C–188/92 (TWD Textilwerke Deggendorf), Slg. 1994, I–833, Rn. 24–26 (Beihilferecht); Urt. v. 30.1.1997, Rs. C–178/95 (Wiljo), Slg. 1997, I–585, Rn. 19–22 (Steuerrecht); Urt. v. 15.2.2001, Rs. C–239/99 (Nachi Europe), Slg. 2001, I–1197, Rn. 28ff. (Antidumpingrecht); Urt. v. 29.6.2010, Rs. C–550/09 (E u. F), Slg. 2010, I–6213, Rn. 44–46 (Terrorismusbekämpfung); Urt. v. 17.2.2011, Rs. C–494/09 (Bolton Alimentari), Slg. 2011, I–647, Rn. 22–23 (Zollrecht); Urt. v. 9.6.2011, verb. Rs. C–71/09 P, C–73/09 P u. C–76/09 P (Comitato »Venezia vuole vivere« u. a./Kommission), Slg. 2011, I–4727, Rn. 58–59; Urt. v. 5.3.2015, Rs. C–667/13 (Banco Privado Português und Massa Insolvente do Banco Privado Português), ECLI:EU:C:2015:151, Rn. 28–30 (Beihilferecht); Urt. v. 27.11.2012, Rs. C–370/12 (Pringle), EuZW 2013, 100, Rn. 41 (Wirtschafts- und Währungsunion).

tretung im Gerichtsverfahren verankert. Damit überlapt sich diese Rechtsschutzgarantie zum einen mit den in Art. 48 Abs. 2 GRC genannten Verteidigungsrechten, die ausweislich der Erläuterungen wiederum aus Art. 6 Abs. 3 EMRK hergeleitet werden.[431] Zum anderen finden die justiziellen Verfahrensgarantien in Art. 47 Abs. 2 und Art. 48 Abs. 2 GRC, insbesondere der Anspruch auf ein faires Verfahren, die Verteidigungsrechte bzw. der Grundsatz des kontradiktorischen Verfahrens sowie der Grundsatz angemessener Frist, eine weitgehende Entsprechung in den verwaltungsverfahrensrechtlichen Garantien, die durch das Recht auf eine gute Verwaltung im Sinne von Art. 41 GRC geschützt werden. Diesbezüglich hat der EuGH bereits klargestellt, dass die Verfahrensgarantien nach Art. 41 GRC, soweit sie auf Verwaltungs- und/oder Regulierungsverfahren anwendbar sind, als leges speciales diejenigen nach Art. 48 Abs. 2 GRC, also auch nach Art. 47 Abs. 2 GRC verdrängen.[432] Dies hindert den EuGH jedoch nicht daran, im Lichte des Erfordernisses effektiven gerichtlichen Rechtsschutzes im Sinne von Art. 47 Abs. 1 GRC die jeweiligen Anwendungs- und Schutzbereiche dieser justiziellen und verwaltungsverfahrensrechtlichen Gewährleistungen miteinander bis zu deren Unkenntlichkeit zu vermengen (vgl. Rn. 44–45). Ungeachtet dieses Spezialverhältnisses zwischen Art. 41 GRC einerseits und Art. 47 und 48 GRC andererseits und obwohl der Sekundärrechtsschutz integraler Bestandteil des Rechts auf einen wirksamen gerichtlichen Rechtsbehelf ist (s. Rn. 5), wird der Schadensersatzanspruch bei der außervertraglichen Haftung der Union gemäß Art. 268 in Verbindung mit Art. 340 Abs. 2 und 3 AEUV nicht ausdrücklich von Art. 47 Abs. 1 GRC erfasst, sondern unterfällt dem »Recht auf eine gute Verwaltung« gemäß Art. 41 Abs. 3 GRC. Und während für die justiziellen Verfahrensgarantien in Art. 47 Abs. 2 und Art. 48 Abs. 2 GRC eindeutig feststeht, dass sie gemäß Art. 51 Abs. 1 GRC auch im nationalen Gerichtsverfahren anwendbar sind, das der Durchführung von Unionsrecht dient,[433] bestehen in Bezug auf die Anwendung von Art. 41 GRC auf nationale Verwaltungsverfahren angesichts seines Wortlauts insoweit zumindest erhebliche Zweifel.[434] Jedoch scheint der EuGH bereit zu sein, diese »Lücke« unter Rückgriff auf inhaltsgleiche oder analoge allgemeine

---

[431] Deutlich z. B. in EuGH, Urt. v. 26.2.2013, Rs. C–399/11 (Melloni), EuZW 2013, 305, Rn. 47–50. Vgl. bereits EuGH, Urt. v. 26.6.2007, Rs. C–305/05 (Ordre des barreaux francophones et germanophone u. a.), Slg. 2007, I–5305, Rn. 31, unter Hinweis auf die Rechtsprechung des EGMR, wonach der Begriff »faires Verfahren« in Art. 6 EMRK verschiedene Elemente umfasst, zu denen u. a. die Rechte der Verteidigung, der Grundsatz der Waffengleichheit, das Recht auf Zugang zu den Gerichten sowie das Recht auf einen Anwalt gehören; vgl. Urt. v. 21.2.1975, Beschwerde-Nr. 4451/70 (Golder/Vereinigtes Königreich), Ser. A no. 18, Rn. 26–40; Urt. v. 28.6.1984, Beschwerde-Nr. 7819/77 u. 7878/77 (Campbell u. Fell/Vereinigtes Königreich), Ser. A no. 80, Rn. 97–99, 105–107 u. 111–113; Urt. v. 30.10.1991, Beschwerde-Nr. 12005/86 (Borgers/Belgien), Ser. A no. 214-B, Rn. 24. In Bezug Art. 47 GRC vgl. auch EuGH, Urt. v. 6.11.2012, Rs. C–199/11 (Otis u. a.), EuZW 2013, 24, Rn. 48.

[432] Vgl. EuGH, Urt. v. 25.10.2011, C–109/10 P (Solvay/Kommission), Slg. 2011, I–10329, Rn. 53, u. Rs. C–110/10 P (Solvay/Kommission), Slg. 2011, I–10439, Rn. 48; Urt. v. 11.7.2013, Rs. C–439/11 P (Ziegler/Kommission), ECLI:EU:C:2013:513, Rn. 154.

[433] Für Art. 47 Abs. 2 GRC siehe EuGH, Urt. v. 17.11.2011, Rs. C–327/10 (Hypoteční banka), Slg. 2011, I–11543, Rn. 48 ff.; Urt. v. 10.9.2013, Rs. C–383/13 PPU (G. u. R.), ECLI:EU:C:2013:533, Rn. 33 ff., Urt. v. 26.9.2013, Rs. C–418/11 (Texdata Software), ECLI:EU:C:2013:588, Rn. 83–84; für Art. 47 Abs. 3 GRC vgl. EuGH, Urt. v. 22.12.2010, Rs. C–279/09 (DEB), Slg. 2010, I–13849, Rn. 30–33. Allgemein zur Bindungswirkung der Verfahrensgarantien der Charta in den mitgliedstaatlichen Rechtsordnungen *Weiß*, EuConst 7 (2011), 64 (88–90).

[434] Darauf deuten hin EuGH, Urt. v. 21.12.2011, Rs. C–482/10 (Cicala), Slg. 2011, I–14139, Rn. 28; Urt. v. 7.11.2013, Rs. C–313/12 (Romeo), ECLI:EU:C:2013:718, Rn. 19 ff.

Rechtsgrundsätze des Unionsrechts zu schließen.[435] Schließlich ist auf den Anspruch auf Schutz personenbezogener Daten im Sinne von Art. 8 Abs. 1 GRC sowie auf Schutz des Berufsgeheimnisses im Sinne von Art. 339 AEUV hinzuweisen, der auch in Art. 41 Abs. 2 Buchst. b GRC zum Ausdruck kommt, soweit diese Ansprüche mit den Garantien aus Art. 47 Abs. 2 GRC in Konflikt geraten können und daher einen Ausgleich im Sinne praktischer Konkordanz erfordern (s. Rn. 75–78).

---

[435] So in Bezug auf die Verteidigungsrechte im (nationalen) Verwaltungsverfahren EuGH, Urt. v. 17. 12. 2015, Rs. C–419/14 (WebMindLicenses), ECLI:EU:C:2015:832, Rn. 83–84 m. w. N.

Artikel 48   GRC Unschuldsvermutung und Verteidigungsrechte

(1) Jeder Angeklagte gilt bis zum rechtsförmlich erbrachten Beweis seiner Schuld als unschuldig.
(2) Jedem Angeklagten wird die Achtung seiner Verteidigungsrechte gewährleistet.

Literaturübersicht

Ambos, Der Europäische Gerichtshof für Menschenrechte und die Verfahrensrechte, ZStW 115 (2003) 583; *Jarass*, Strafrechtliche Grundrechte im Unionsrecht, NStZ 2012, 611; *Schwarze*, Rechtsstaatliche Grenzen der gesetzlichen und richterlichen Qualifikation von Verwaltungssanktionen im europäischen Gemeinschaftsrecht, EuZW 2003, 261

Leitentscheidungen

EuGH, Urt. v. 18.10.1989, Rs. 374/87 (Orkem), Slg. 1989, 3283
EuGH, Urt. v. 29.6.1995, Rs. T–30/91 (Solvay SA), Slg. 1995, II–1775
EuGH, Urt. v. 8.7.1999, Rs. C–199/92 (Hüls AG/Kommission), Slg. 1999, I–4287
EuGH, Urt. v. 7.1.2004, Rs. C–204/00 P u. a. (Aalborg Portland u. a.), Slg. 2004, I–123
EuGH, Urt. v. 11.11.2004, Rs. C–457/02 (Antonio Niselli), Slg. 2004, I–10853
EuGH, Urt. v. 3.5.2007, Rs. C–303/05 (Advocaten voor de Wereld), Slg. 2007, I–3633
EuGH, Urt. v. 29.9.2011, Rs. C–521/09 P (Elf Aquitaine), Slg. 2011, I–8947
EuGH, Urt. v. 26.2.2013, Rs. C–399/11 (Melloni); ECLI:EU:C:2013:107

Inhaltsübersicht

A. Entwicklung, Quellen, Bedeutung

Die in Art. 48 Abs. 1 GRC eröffnete **Unschuldsvermutung** und die in Art. 48 Abs. 2 GRC kodifizierten **Verteidigungsrechte** entsprechen nach der Erläuterung des Präsidiums Art. 6 Abs. 2 und 3 EMRK.[1] Beide Garantien haben gemäß Art. 52 Abs. 3 GRC **1**

---

[1] Charta-Erläuterungen, ABl. 2007, C 303/30. Vgl. insoweit Art. 6 Abs. 2 EMRK: Jede Person, die einer Straftat angeklagt ist, gilt bis zum gesetzlichen Beweis ihrer Schuld als unschuldig. Art. 6 Abs. 3 EMRK: Jede angeklagte Person hat mindestens folgende Rechte:
a) innerhalb möglichst kurzer Frist in einer ihr verständlichen Sprache in allen Einzelheiten über Art und Grund der gegen sie erhobenen Beschuldigung unterrichtet zu werden;
b) ausreichende Zeit und Gelegenheit zur Vorbereitung ihrer Verteidigung zu haben;
sich selbst zu verteidigen, sich durch einen Verteidiger ihrer Wahl verteidigen zu lassen oder, falls

dieselbe Bedeutung und dieselbe Tragweite, wie die benannten Gewährleistungen der EMRK. Beide Garantien räumen inhaltlich der von einem Strafverfahren oder strafähnlichem Verfahren betroffenen Person als Ausfluss des Rechtsstaatsprinzips einen Schutzanspruch ein. Voraussetzung für die Auslösung entsprechender Rechte ist insoweit eine Anklage, die nach der Rechtsprechung des EGMR eröffnet ist, sobald dem Betroffenen von der zuständigen Stelle mitgeteilt wird, dass ihm die Begehung einer Straftat vorgeworfen wird, oder sobald er in vergleichbarer Weise belastet wird.[2] Zwangsmaßnahmen, wie die Verhängung von Untersuchungshaft oder andere schuldaufklärende Maßnahmen, sind mit der Unschuldsvermutung des Art. 48 Abs. 1 GRC nach verbreiteter Literaturauffassung trotz verbleibender Widersprüche im Übrigen vereinbar, soweit ein hinreichender Tatverdacht besteht und der Grundsatz der Verhältnismäßigkeit gewahrt ist.[3]

2   Der EuGH hat sich bislang zu der Unschuldsvermutung und den Verteidigungsrechten vor allem in kartellrechtlichen Verfahren geäußert. Die Unschuldsvermutung hat er dabei vor Inkrafttreten der GRC zu den Grundrechten gerechnet, die in den allgemeinen Grundsätzen des Unionsrechts wurzeln;[4] den Verteidigungsrechten sind verschiedene Verfahrensgarantien zuzurechnen, auf die bei den Einzelkommentierungen zurückzukommen ist. Praktische Bedeutung kommt Unschuldsvermutung und Verteidigungsrechten insofern bislang im Wesentlichen in EU-Sanktionsverfahren zu.

B.   Regelungsgehalte der Norm

I.   Unschuldsvermutung, Art. 48 Abs. 1 GRC

1.   Grundrechtsverpflichtete

3   Art. 48 Abs. 1 Satz 1 GRC verpflichtet gemäß Art. 51 Abs. 1 GRC die **Union** und ihre Stellen. Zudem werden gemäß Art. 51 Abs. 1 Satz 1 GRC die **Mitgliedstaaten** und ihre Stellen verpflichtet, soweit die Durchführung von Unionsrecht betroffen ist.[5] Adressiert durch Art. 48 Abs. 1 Satz 1 GRC sind damit Gerichte (der Strafrichter), Strafverfolgungsbehörden und Ermittlungsbehörden, aber auch andere Untergliederungen hoheitlicher Gewalt, wie Gesetzgebungsorgane, die etwa Entscheidungen über die Aufhebung der Immunität von Parlamentariern treffen.[6] Eine Drittwirkung gegenüber Privaten

---

ihr die Mittel zur Bezahlung fehlen, unentgeltlich den Beistand eines Verteidigers zu erhalten, wenn dies im Interesse der Rechtspflege erforderlich ist;

c) Fragen an Belastungszeugen zu stellen oder stellen zu lassen und die Ladung und Vernehmung von Entlastungszeugen unter denselben Bedingungen zu erwirken, wie sie für Belastungszeugen gelten;

d) unentgeltliche Unterstützung durch einen Dolmetscher zu erhalten, wenn sie die Verhandlungssprache des Gerichts nicht versteht oder spricht.

[2] EGMR, Urt. v. 27.2.1980, Beschwerde-Nr. 6903/75 (Deweer/Belgien), Ser. A Nr. 35, Ziff. 46; *Blanke*, in: Calliess/Ruffert, EUV/AEUV, Art. 48 GRC, Rn. 2.

[3] *Blanke*, in: Calliess/Ruffert, EUV/AEUV, Art. 48 GRC, Rn. 2; *Eser*, in: Meyer, GRCh, Art. 48 GRC, Rn. 7; *Jarass*, GRCh, Art. 48 GRC, Rn. 12.

[4] EuGH, Urt. v. 8.7.1999, Rs. C–199/92 (Hüls AG/Kommission), Slg. 1999, I–4287, Rn. 149f.; Urt. v. 8.7.1999, Rs. C–235/92 P (Montecatini/Kommission), Slg. 1999, I–4539, Rn. 175f. Hierzu auch *Blanke*, in: Calliess/Ruffert, EUV/AEUV, Art. 48 GRC, Rn. 3; *Streinz*, in: Streinz, EUV/AEUV, Art. 48 GRC, Rn. 4.

[5] Insofern wird nach der Rechtsprechung des EuGH auch die Anwendung nationaler Strafgesetze erfasst. Eingehend hierzu *Jarass*, NStZ 2012, 611 (613).

[6] EGMR, Urt. v. 26.3.2002, Beschwerde-Nr. 48297/99 (Butkevicius/Litauen), RJD 2002-II, 349, Ziff. 53.

besteht nicht, allerdings können Betroffene insofern auch unionsrechtlich gegebenen-falls vom Allgemeinen Persönlichkeitsrecht profitieren.[7]

2. Schutzbereich

Die Unschuldsvermutung wird ausgelöst, soweit es um die Verhängung einer **Strafe** **4** geht. Sie setzt insoweit ein Verfahren voraus, das nicht notwendigerweise ein strenges Strafverfahren sein muss, aber in jedem Falle auf die Verhängung repressiver Sanktio-nen wegen der Verantwortlichkeit für einen Rechtsverstoß abzielt. Erfasst werden damit auch strafähnliche Maßnahmen und Ordnungswidrigkeiten. Allerdings müssen Gelds-anktionen hierbei ein solches Gewicht erlangen, dass sie für den Betroffenen eine schwerwiegende Konsequenz darstellen, und zudem muss sich die Strafdrohung gegen jedermann richten.[8] Nicht erfasst von Art. 48 Abs. 1 GRC werden dabei restitutive oder präventive Maßnahmen sowie Disziplinarmaßnahmen, für die auch Art. 6 Abs. 2 EMRK nicht gilt.[9]

Eine **Anklage** im Sinne der Norm liegt vor, sobald die zuständige Stelle den Betrof- **5** fenen darüber informiert, dass ihm die Begehung einer entsprechenden Tat zur Last gelegt wird, oder sobald eine vergleichbar nachhaltige Beeinträchtigung vorliegt.[10]

Grundrechtsträger ist hierbei jede natürliche Person. Juristische Personen partizipie- **6** ren von Art. 48 Abs. 1 GRC, wenn ein Strafverfahren oder ein strafähnliches Verfahren gegen sie eingeleitet wird.[11]

3. Eingriffe

Ein Eingriff in den Schutzbereich von Art. 48 Abs. 1 GRC liegt vor, sobald ein Grund- **7** rechtsträger vor dem förmlichen Nachweis seiner Schuld so behandelt wird, als sei er schuldig.[12] Strafverfolgungsbehörden und Gerichte sowie anderweitig Verpflichtete sind damit gehalten, Angeklagte vor dem bestands- bzw. rechtskräftigen Abschluss entsprechender Verfahren nicht in einer Weise zu behandeln, die eine Überzeugung von deren Schuld zum Ausdruck bringen.[13] Untersagt sind mithin **präjudizierende Maßnah-men** jeglicher Art.

4. Rechtfertigung von Eingriffen

Der Wortlaut des Art. 48 Abs. 1 GRC enthält keine Schranke für entsprechende Ein- **8** griffe. Auch ein Rückgriff auf Art. 6 Abs. 2 EMRK führt insoweit nicht weiter. Wie im

---

[7] *Blanke*, in: Calliess/Ruffert, EUV/AEUV, Art. 48 GRC, Rn. 4; *Eser*, in: Meyer, GRCh, Art. 48 GRC, Rn. 18.

[8] *Jarass*, GRCh, Art. 48 GRC, Rn. 4; *Blanke*, in: Calliess/Ruffert, EUV/AEUV, Art. 48 GRC, Rn. 2. Hierzu auch EGMR, Urt. v. 24. 9. 1997, Beschwerde-Nr. 18996/91 (Garyfallou Aebe/Greece), Rn. 34 (abrufbar unter www.echr.coe.int).

[9] EuGH, Urt. v. 16. 7. 1998, Rs. C–252/97 P (N/Kommission), Slg. 1998, I–4871, Rn. 52; EuGÖD, Urt. v. 11. 5. 2010, Rs. F–30/08 (Nanopoulos), Rn. 187; *Jarass*, GRCh, Art. 48 GRC, Rn. 6. Eingehend *Jarass*, NStZ 2012, 611 (612); *Schwarze*, EuZW 2003, 261.

[10] Hierzu EGMR, Urt. v. 27. 2. 1980, Beschwerde-Nr. 6903/75 (Deweer/Belgien), Ser. A Nr. 35, Ziff. 46.

[11] *Blanke*, in: Calliess/Ruffert, EUV/AEUV, Art. 48 GRC, Rn. 2; *Jarass*, GRCh, Art. 48 GRC, Rn. 8.

[12] *Jarass*, GRCh, Art. 48 GRC, Rn. 9; *Eser*, in: Meyer, GRCh, Art. 48 GRC, Rn. 5.

[13] Hierzu EuG, Urt. v. 27. 9. 2006, Rs. T–44/02 u. a. (Dresdner Bank u. a./Kommission), Slg. 2006, II–3567, Rn. 59 ff.

Parallelfall schrankenlos gewährter nationaler Grundrechte, etwa der Religionsfreiheit des Art. 4 GG, gelten insoweit indes Beschränkungen durch gleichrangige Rechte, die durch eine hinreichende Ermächtigungsgrundlage gedeckt sind und dem Grundsatz der Verhältnismäßigkeit genügen.[14] Dass dies auch für Untersuchungshaftmaßnahmen gilt, wird durch Art. 5 Abs. 1 Satz 2 Buchst. c EMRK bestätigt. Eine pauschale Gleichbehandlung von Untersuchungsgefangenen und Strafgefangenen verbietet sich hierbei indes.[15]

II. Verteidigungsrechte, Art. 48 Abs. 2 GRC

1. Zusammenhang mit Art. 6 Abs. 3 EMRK

9   Die eingangs (s. Rn. 1) ausgesprochene Korrespondenz mit Art. 6 Abs. 3 EMRK, die durch Art. 52 Abs. 3 Satz 1 GRC gestützt ist, sichert ein einklagbares Abwehrrecht auf ein faires Verfahren im Sinne von Art. 6 EMRK, welches durch entsprechende Verfahrenseinrichtungen zu umhegen ist.

2. Grundrechtsverpflichtete

10   Wie im Falle des Art. 48 Abs. 1 GRC sind hierbei die Union nebst ihren Stellen ebenso verpflichtet, wie die Mitgliedstaaten, soweit es um die Durchführung von EU-Recht geht.

3. Schutzbereich

11   Über den Begriff des Angeklagten erfasst der Schutzbereich des Art. 48 Abs. 2 dieselben Personenkreise wie die Unschuldsvermutung des Art. 48 Abs. 1 GRC. Insoweit gilt das oben zu Rn. 6 Gesagte.

4. Eingriffe

12   Eingriffe in Art. 48 Abs. 2 GRC bestehen zunächst in einer Beschneidung der in Art. 6 Abs. 3 EMRK (s. Rn. 4) spezifizierten Mindestrechte[16]:

13   Das **Recht auf Information** (Art. 6 Abs. 3 Buchst. a EMRK) gewährleistet insoweit eine ausreichende Inkenntnissetzung des Angeklagten über die ihm zur Last gelegten Tatsachen und Beweismittel nebst deren rechtlicher Bewertung.[17] Eine Verständlichmachung setzt dabei gegebenenfalls die Einschaltung von Dolmetschern voraus, die auch mündlich bleiben kann, soweit der Betroffene über Natur und Grund der Beschuldigung ausreichend informiert wird. Eine Akteneinsicht insbesondere durch einen Rechtsbestand ist erforderlich, soweit keine Geheimhaltungsinteressen betroffen sind.[18]

14   Das **Recht auf Stellungnahme und deren Berücksichtigung** (Art. 6 Abs. 3 Buchst. b EMRK) verlängert das Informationsrecht um die Option, sich zu den einschlägigen Tat-

---

[14] *Jarass*, NStZ 2012, 611 (613 f.).

[15] *Jarass*, GRCh, Art. 48 GRC, Rn. 12; *Eser*, in: Meyer, GRCh, Art. 48 GRC, Rn. 6. Anders etwa EGMR, Urt. v. 19.4.2001, Beschwerde-Nr. 28524/95, Rn. 78 (abrufbar unter www.echr.coe.int).

[16] Eingehend zu den Mindestrechten des Art. 6 Abs. 3 EMRK *Ambos*, ZStW 115 (2003), 583 (596 ff.); *Meyer-Ladewig*, EMRK, Art. 6 EMRK, Rn. 222 ff.

[17] Hierzu auch EGMR, Urt. v. 25.7.2000, Beschwerde-Nr. 23969/94 (Mattocia/Italy), RJD 2000-I, Rn. 59 ff.

[18] *Ambos*, ZStW 115 (2003) 598; *Meyer-Ladewig*, EMRK, Art. 6 EMRK, Rn. 224 ff.; *Jarass*, NStZ 2012, 611 (614).

sachen und Beweismitteln nebst deren rechtlicher Bewertung äußern zu können. Dies setzt einen hinreichenden Vorbereitungszeitraum voraus. Zudem muss dem Angeklagten bzw. seinem Bevollmächtigten in einer etwaigen mündlichen Verhandlung Gelegenheit gegeben werden, etwa Fragen an **Belastungszeugen** zu stellen oder **Entlastungszeugen** laden und vernehmen zu lassen (Art. 6 Abs. 3 Buchst. d EMRK). In jedem Falle müssen schließlich die Stellungnahmen des Belasteten zur Kenntnis genommen und ausreichend gewürdigt werden.

Das **Recht auf Rechtsbestand** (Art. 6 Abs. 3 Buchst. c EMRK) schützt die Wahl bzw. **15** Nichtwahl eines Rechtsbeistandes sowie die mit diesem erfolgende Kommunikation (Vertraulichkeit des Rede- und Schriftverkehrs). Der Angeklagte hat zudem das Recht auf einen kostenlosen **Dolmetscher**, soweit er die Gerichtssprache nicht versteht (Art. 6 Abs. 3 Buchst. e EMRK).

Nemo tenetur Grundsatz: Art. 48 Abs. 2 GRC beinhaltet wie Art. 6 Abs. 3 EMRK als **16** ungeschriebenen Grundsatz[19] zudem das Recht, sich selbst nicht bezichtigen zu müssen. Dem Angeklagten steht insoweit indes primär ein Aussageverweigerungsrecht zu. Pflichten, sich etwa ärztlichen Untersuchungen zu unterziehen, bleiben insoweit unbenommen. Anerkannte Ausnahmen gelten im Übrigen bei Verwaltungssanktionen oder bei der Inaussichtstellung einer milderen Geldbuße.[20]

5. Rechtfertigung von Eingriffen

Voraussetzung für eine Verletzung der in Art. 48 Abs. 2 GRC vorausgesetzten Vertei- **17** digungsrechte ist dabei eine hypothetische Kausalität, die darin besteht, dass die abschließende Entscheidung bei Wahrung der entsprechenden Rechte des Angeklagten besser für diesen hätte ausfallen können.[21] Die Entscheidung darf mithin nicht auf Umstände gestützt werden, die sich aus der Verletzung jener Rechte ergeben.[22] Im Übrigen ist eine Rechtfertigung auf der Grundlage von Art. 52 Abs. 1 GRC möglich, sofern eine hinreichend bestimmte gesetzliche Ermächtigungsgrundlage vorliegt und der Grundsatz der Verhältnismäßigkeit gewahrt ist.[23]

---

[19] Hierzu EGMR, Urt. v. 8.2.1996, Beschwerde-Nr. 18731/91 (Murray/UK), RJD 1996-I, Ziff. 45.
[20] *Jarass*, GRCh, Art. 48 GRC, Rn. 31f. Eingehend *Frenz*, Handbuch Europarecht, Bd. 4, Rn. 5098ff.
[21] *Jarass*, NStZ 2012, 611 (614). Hinsichtlich der Auswirkung einer unterbliebenen Übermittlung eines Schriftstücks s. EuGH, Urt. v. 7.1.2004, Rs. C–204/00 P (Aalborg Portland u.a.), Slg. 2004, I–123, Rn. 71ff.
[22] *Blanke*, in: Calliess/Ruffert, EUV/AEUV, Art. 48 GRC, Rn. 6.
[23] *Jarass*, GRCh, Art. 48, Rn. 24; *Frenz*, Handbuch Europarecht, Bd. 4, Rn. 5110.

Artikel 49 GRC Grundsätze der Gesetzmäßigkeit und der Verhältnismäßigkeit im Zusammenhang mit Straftaten und Strafen

(1) ¹Niemand darf wegen einer Handlung oder Unterlassung verurteilt werden, die zur Zeit ihrer Begehung nach innerstaatlichem oder internationalem Recht nicht strafbar war. ²Es darf auch keine schwerere Strafe als die zur Zeit der Begehung angedrohte Strafe verhängt werden. ³Wird nach Begehung einer Straftat durch Gesetz eine mildere Strafe eingeführt, so ist diese zu verhängen.

(2) Dieser Artikel schließt nicht aus, dass eine Person wegen einer Handlung oder Unterlassung verurteilt oder bestraft wird, die zur Zeit ihrer Begehung nach den allgemeinen, von der Gesamtheit der Nationen anerkannten Grundsätzen strafbar war.

(3) Das Strafmaß darf zur Straftat nicht unverhältnismäßig sein.

Literaturübersicht

v. Danwitz, Der Grundsatz der Verhältnismäßigkeit im Gemeinschaftsrecht, EWS 2003, 393; *Harbo*, The Function of the Proportionality Principle in EU Law, ELJ 16 (2010), 158; *Hammer-Strnad*, Das Bestimmtheitsgebot als allgemeiner Rechtsgrundsatz des Europäischen Gemeinschaftsrechts, Hamburg, 1999; *Kischel*, Die Kontrolle der Verhältnismäßigkeit durch den Europäischen Gerichtshof, EuR 2000, 380; *Pache*, Der Grundsatz der Verhältnismäßigkeit in der Rechtsprechung der Gerichte der Europäischen Gemeinschaften, NVwZ 1999, 1033; *Trstenjak/Beysen*, Das Prinzip der Verhältnismäßigkeit in der Unionsrechtsordnung, EuR 2012, 265.

Leitentscheidungen

EuGH, Urt. v. 10.7.1984, Rs. C–63/83 (Regina/Kirk), Slg. 1984, 2689
EuGH, Urt. v. 8.10.1987, Rs. 80/86 (Kolpinghuis Nijmegen), Slg. 1987, 3969
EuGH, Urt. v. 16.12.1992, Rs. C–210/91 (Kommission/Griechenland), Slg. 1992, I–6735
EuGH, Urt. v. 23.11.1999, Rs. C–396/96 u. a. (Arblade), Slg. 1999, I–8453
EuGH, Urt. v. 11.11.2004, Rs. C–457/02 (Antonio Niselli), Slg. 2004, I–10853
EuGH, Urt. v. 28.6.2005, Rs. C–189/02 P (Dansk Rørindustri u.a), Slg. 2005, I–5425
EuGH, Urt. v. 3.5.2007, Rs. C–303/05 (Advocaten voor de Wereld), Slg. 2007, I–3633
EuGH, Urt. v. 9.2.2012, Rs. C–210/10 (Urbán), ECLI:EU:C:2012:64

Inhaltsübersicht

A. Entwicklung, Quellen, Bedeutung

1   Kern der in Art. 49 GRC garantierten Rechte sind die Grundsätze der Gesetzmäßigkeit und Verhältnismäßigkeit, die Ausdruck des Rechtsstaatsprinzips sind. Zumindest der in Art. 49 Abs. 2 GRC normierte Grundsatz der Gesetzmäßigkeit gehört im Zusammenhang mit Straftaten und Strafmaß zudem den Rechtsgrundsätzen an, die den gemein-

samen Verfassungsgrundsätzen der Mitgliedstaaten zuzurechnen und völkerrechtlich durch verschiedene Verträge garantiert sind.[1]

Art. 49 Abs. 1 Sätze 1 und 2 GRC nehmen das klassische Rückwirkungsverbot auf, **2** das spätestens seit *Feuerbach* mit den Grundsätzen »nulla poena sine lege«, »nulla poena sine crimine« und »nullum crimen sine poena legali« belegt wird.[2] Der dritte Satz des ersten Absatzes ergänzt diese Grundsätze um den in Art. 15 Abs. 1 Satz 3 IPbpR normierten Grundsatz der Rückwirkung von milderen Strafvorschriften, der in zahlreichen Mitgliedstaaten in Geltung gesetzt ist.[3]

Die Einschränkung des Gesetzmäßigkeitsgrundsatzes in Art. 49 Abs. 2 GRC zielt auf **3** Verbrechen gegen die Menschlichkeit und andere, ähnlich schwer wiegende Fälle. Ähnlich wie der inhaltsgleiche Art. 7 Abs. 2 EMRK war auch der Ausnahmetatbestand des Art. 49 Abs. 2 GRC darauf angesetzt, Verurteilungen von Kriegs- oder Humanitätsverbrechen vor dem Einwand zu schützen, sie verstießen mangels geschriebener nationalstaatlicher Regelungen gegen den nulla poena sine lege-Grundsatz[4]. Die Charta selbst gibt mit Art. 3 Abs. 2 Buchst. b GRC im Übrigen ein Anwendungsbeispiel, das nach zutreffender Auffassung bei der systematischen Interpretation der unbestimmten Rechtsbegriffe des Art. 49 Abs. 2 GRC heranzuziehen ist.[5] Das dort geregelte Verbot eugenischer Praktiken ist zugleich im Zusammenhang mit Art. 7 Abs. 1 Buchst. g des Statuts des IGHSt von 1998 zu sehen, der entsprechende Handlungen als internationale Verbrechen einordnet.

Art. 49 Abs. 3 GRC kodifiziert den Grundsatz der Verhältnismäßigkeit von Straftat **4** und Strafmaß, der jedem staatlichen Eingriff eine rechtsstaatliche Grenze setzt und insoweit auch im Geltungsbereich der EMRK und der gemeinsamen Verfassungsüberlieferung der Mitgliedstaaten etabliert ist.[6]

B. Regelungsgehalte der Norm

I. Gesetzmäßigkeitsgrundsatz

1. Allgemeines

Die Ausgestaltung des Art. 49 Abs. 1 Sätze 1 und 2 GRC weicht in mehrfacher Hinsicht **5** von nationalstaatlichen Parallelen, wie Art. 103 Abs. 2 GG, ab: Zum einen stellt das nationale Recht, insbesondere die benannte bundesrepublikanische Regelung das Gesetzmäßigkeitsprinzip selbst als übergeordnetes Rechtsprinzip in den Vordergrund, wogegen die GRC am Unterfall des Rückwirkungsverbots ansetzt. Zum anderen ist die Wortwahl insofern abweichend, als Art. 103 Abs. 2 GG das Adjektiv »gesetzlich« ver-

---

[1] EuGH, Urt. v. 3.5.2007, Rs. C–303/05 (Advocaten voor de Wereld), Slg. 2007, I–3633. Siehe auch *Schorkopf*, in: Heselhaus/Nowak, Handbuch der Europäischen Grundrechte, § 59, Rn. 34 m.w.N.; *Eser*, in: Meyer, GRCh, Art. 49 GRC, Rn. 1.

[2] *Eser*, in: Meyer, GRCh, Art. 49 GRC, Rn. 1.

[3] Zu nicht unerheblichen Abstrichen von dieser Regelung für den Fall unionsrechtswidriger, strafmildernder nationalstaatlicher Regelungen siehe GA *Kokott*, Schlußanträge zu Rs. C–457/02 (Antonio Niselli), Slg. 2004, I–10855, Rn. 52 ff. (insbesondere Rn. 70, 74).

[4] *Eser*, in: Meyer, GRCh, Art. 49 GRC, Rn. 4 und 18 m.w.N.; *Jarass*, GRCh, Art. 49 GRC, Rn. 15.

[5] Hierzu und zum folgenden siehe *Rengeling/Szczekalla*, Grundrechte, § 46, Rn. 1205.

[6] Zum Geltungsgrund des Verhältnismäßigkeitsgrundsatzes etwa *Pache*, NVwZ 1999, 1033 (1034 f.).

wendet, wogegen Art. 49 GRC mit dem Begriff der »Gesetzmäßigkeit« überschrieben ist.[7] Aus der abweichenden Formulierung resultieren verschiedene Besonderheiten, auf die im Folgenden zurückzukommen ist. Allgemein herrscht breite Übereinstimmung darüber, dass der Gesetzmäßigkeitsgrundsatz vier Einzelprinzipien beherbergt, die in ihrem Zusammenspiel über die Reichweite jenes Grundsatzes entscheiden, nämlich das Erfordernis einer Rechtsgrundlage für die Verhängung von Strafen (nachfolgend sub 2.), das Bestimmtheitsgebot (nachfolgend sub 3), das Analogieverbot (nachfolgend sub 4) und das Rückwirkungsverbot (nachfolgend sub 5).[8]

2. Gesetzmäßigkeit im engeren Sinne

6   Während der Grundsatz der Gesetzmäßigkeit in Art. 103 Abs. 2 GG auf einen **strengen Parlamentsvorbehalt** für Ermächtigungsgrundlagen mit Bestrafungsgehalt hinausläuft,[9] stellt Art. 49 GRC auf die Strafbarkeit nach innerstaatlichem (oder internationalem) **Recht** ab. Aus diesem Umstand resultieren verschiedene weitere Besonderheiten:

Zunächst muss die in Rede stehende Tathandlung (**d.i.** positives Tun oder Unterlassen) auch im Falle **innerstaatlicher** Regelungen nicht unbedingt durch ein förmliches (parlamentarisches) Gesetz unter Strafe gestellt worden sein. Unter Umständen kann hierzu bereits eine **gewohnheitsrechtliche** Strafbefangenheit genügen.[10] Dieser Umstand legt bereits nahe, dass es den EU-Mitgliedstaaten nach der GRC-Formulierung in Einklang mit den Besonderheiten des Common Law-Rechtskreises gegebenenfalls unbenommen bleibt, entsprechende Sanktionen auch auf der Grundlage von gefestigtem **Richterrecht** (case law) auszusprechen.

Als rechtsstaatliches Sicherungsinstrument verlangt der Gesetzmäßigkeitsgrundsatz auch in seiner Formulierung in Art. 49 GRC für beide voranstehenden Variationen indes nach einer hinreichenden **Voraussehbarkeit** der Strafbarkeitsbegründung: Diese muss auf einer durchgängigen, inhaltlich widerspruchsfreien Entwicklung beruhen, die den Bürger nicht überrascht; ein Erfordernis, dem nach zutreffender Auffassung etwa durch eine gerichtliche Selbstbindung nach den Erfordernissen des **stare decisis**-Grundsatzes erfüllt wird.[11]

7   Soweit eine Strafbarkeit dabei auch auf **internationales Recht** gestützt werden kann, kann es sich in Einklang mit diesen Grundsätzen auch hierbei um hinreichend verfestigtes Gewohnheitsrecht handeln. Bei der **Verfolgung durch internationale Organe** richtet sich der rechtsstaatliche Schutzumfang daher nicht nach einer höheren Regelungsdichte etwa nach Maßgabe von Art. 103 Abs. 2 GG. Mangels einer eigenen Strafgewalt der EU kann dieser Fall bislang indes vor allem bei der Kompetenz ihrer Organe zur Sanktionierung von Verwaltungsunrecht virulent werden.[12]

8   Ebenso ausgeschlossen bleibt die höhere Regelungsdichte nach Art. 103 Abs. 2 GG, wenn **nationale Organe** Sanktionen auf unmittelbar wirkendes, europäisches Recht stützen, also etwa unionsrechtliche Verbotstatbestände durchsetzen, die nach Maßgabe von Art. 288 AEUV unmittelbar verbindlich sind.[13]

---

[7] Eingehend hierzu *Eser*, in: Meyer, GRCh, Art. 49 GRC, Rn. 12 ff.

[8] *Eser*, in: Meyer, GRCh, Art. 49 GRC, Rn. 10.

[9] *Schmahl*, in: Schmidt-Bleibtreu/Hofmann/Hopfauf (Hrsg.), GG-Kommentar, 13. Aufl., 2014, Art. 103 GG, Rn. 57 ff. m. w. N.

[10] Hierzu und zum Folgenden *Eser*, in: Meyer, GRCh, Art. 49 GRC, Rn. 13 f.

[11] *Eser*, in: Meyer, GRCh, Art. 49 GRC, Rn. 13a.

[12] *Schmahl* (Fn. 9), Art. 103 GG, Rn. 64.

[13] Hierzu *Schmidt-Aßmann*, in: Maunz/Dürig, GG, Art. 103 Abs. 2 GG (Dezember 1992), Rn. 247 f.

Soweit die Strafverfolgungsorgane demgegenüber internationales Recht nicht qua unmittelbarer Verpflichtung durchsetzen, bleiben die innerstaatlichen Besonderheiten entscheidend: Umsetzungsbedürftige unionale Rechtsakte (Richtlinien) müssen demnach grundsätzlich in einer Art und Weise in nationales Recht transferiert werden, die der nach innerstaatlichem Recht gebotenen Regelungsdichte genügt.[14]   **9**

3. Bestimmtheitsgebot

Als klassisches rechtsstaatliches Kontrollinstrument steht der Bestimmtheitsgrundsatz auch in seiner europarechtlichen Ausgestaltung in engem Zusammenhang mit der Gewährung **gleicher Rechtsanwendung** und der **Vorhersehbarkeit** der Verwirkung eines Strafanspruches. Die Tat selbst und ihre Folgen müssen daher in den einschlägigen Sanktionsvorgaben hinreichend bestimmt umschrieben sein. Wie auch im nationalen Recht schließt dies indes nicht die Verwendung **unbestimmter Rechtsbegriffe** oder **Generalklauseln** aus. Insoweit gilt auch hier die Gleichung **Bestimmtheit ist Bestimmbarkeit**. Gegebenenfalls ist der Einzelne auch europarechtlich gehalten, **Rechtsrat** einzuholen.[15]   **10**

Wird die Strafbarkeit durch **Case Law** begründet, führt das Bestimmtheitserfordernis in Einklang mit seinen rechtsstaatlichen Wurzeln daher auf den bereits verlangten Einklang mit der stare decisis-Doktrin zurück (s. Rn. 6). Diese verlangt insofern, dass der strafbegründende **Tatbestand** wie der **Strafrahmen** durch eine **kontinuierliche und in sich konsistente Rechtsprechung** konturiert (und insoweit wiederum bestimmbar) ist. Diese Anforderungen werden jedenfalls dann unterschritten, wenn eine offene Formulierung von Verhaltensanforderungen oder Straffolgen erheblichen Raum für eine willkürliche Rechtsanwendung lässt.[16]   **11**

4. Analogieverbot

In Einklang mit der Rechtsprechung zu Art. 7 Abs. 1 EMRK,[17] die nach Art. 52 Abs. 3 GRC auch für die Auslegung von Art. 49 GRC bedeutsam ist, sind im Rahmen von dessen Anwendungsbereich **strafbegründende** und **straferweiternde (strafverschärfende), nicht** aber **strafbegünstigende (strafeinschränkende** oder **strafmildernde)** Analogieschlüsse untersagt.[18] Dieser klare Ansatz entbindet indes nicht von der sich nicht unproblematischen Abgrenzung zwischen Auslegung und Analogie: Klarheit besteht insoweit darüber, dass Ausgangspunkt die nach dem Wortlaut der Norm (oder ratio decidendi) für den informierten Adressaten äußerste begriffliche Auslegungsgrenze bleiben muss. Eine Überschreitung dieser Grenze ist damit in jedem Falle von dem Analogieverbot untersagt.   **12**

Nicht entschieden ist indes, ob damit unter der Geltung von Art. 49 GRC zu einer strengen Interpretation des Analogieverbotes überzugehen ist, nach der jegliche extensive Interpretation von Norm oder ratio decidendi untersagt wäre und der in dubio pro reo-Grundsatz in die Auslegung von Tatbestand und Rechtsfolge einzubeziehen wäre.   **13**

---

[14] *Eser*, in: Meyer, GRCh, Art. 49 GRC, Rn. 17.
[15] *Rengeling/Szczekalla* Grundrechte, § 46, Rn. 1207. Allgemein zum Bestimmtheitsgebot im Europarecht *Hammer-Strnad*.
[16] *Eser*, in: Meyer, GRCh, Art. 49 GRC, Rn. 71 f.
[17] Hierzu EGMR, Urt. v. 25.5.1993, Beschwerde-Nr. 14307/88 (Kokkinakis/Greece), Series A No. 260-A, Rn. 52; Urt. v. 22.3.2001, Beschwerde-Nr. 34044/96 u. a. (Kesseler and Krenz/Germany), Rn. 50 f. (abrufbar unter: www.echr.coe.int).
[18] *Eser*, in: Meyer, GRCh, Art. 49 GRC, Rn. 23 f.

In Auseinandersetzung mit einer entsprechenden Gerichtspraxis zu Art. 7 EMRK melden Teile der Literatur mit Blick auf die recht weiche Formulierung des Art. 49 Abs. 1 GRC insoweit begründete Zweifel an.[19]

5. Rückwirkungsverbot

14 **Parallel** zur vorherrschenden bundesrepublikanischen Auslegung dominiert bei der unionalen Formulierung des Rückwirkungsverbots **bürgerliche Vorhersehbarkeit drohender Straffälligkeit** in noch stärkerem Maße über Aspekte der rechtsstaatlichen Gewaltenteilung als bei Gesetzmäßigkeit, Normbestimmtheit und Analogieverbot. Bürgerliches **Vertrauen** soll sich insoweit in rechtsstaatlich begründeter Weise darauf richten können, grundrechtlich garantierte Freiheiten entfalten zu können, ohne hierfür nachträglich begründeten oder verschärften strafrechtlichen Sanktionen unterworfen zu werden.[20]

15 **Adressat** des Rückwirkungsverbots ist dabei – wie auch im Falle des Analogieverbots – primär nicht etwa die Legislative, sondern die **Judikative**, mithin die strafverhängende Gerichtsbarkeit. Dieser ist es durch das Rückwirkungsverbot untersagt, neue **Straftatbestände** oder **Strafverschärfungen** auf Sachverhalte anzuwenden, die sich vor deren Ingeltungtreten ereignet haben. Nach zutreffender Auffassung gilt entsprechendes zudem, wie im bundesrepublikanischen Recht, auch für **Ordnungswidrigkeitssanktionen**, also Geldbußen, oder Disziplinarstrafen.[21] Ob Entsprechendes indes auch für **Maßregeln der Besserung und Sicherung** oder für **prozessrechtliche Vorschriften** gilt, ist lebhaft umstritten.[22] In Ergänzung der entsprechenden Rechtsprechung des EGMR zu Art. 7 EMRK, die hier wiederum wegen Art. 52 Abs. 3 GRC einschlägig bleibt,[23] ist diesbezüglich nach zutreffender Auffassung auf den Regelungsgehalt der jeweiligen Vorschrift abzustellen: Begründet diese keinen bürgerlichen Vertrauensschutz, wie das bei **Antragserfordernissen** und **Verjährungsvorschriften** im nationalen Strafrecht angenommen wird, so greift auch das Rückwirkungsverbot des Art. 49 Abs. 1 GRC nicht Platz.[24]

16 Mit Blick auf die Strafbarkeit besteht insoweit weitgehende Einigkeit darüber, dass das Rückwirkungsverbot die nachträgliche Unterwerfung unter **besondere Straftatbestände**, die nachträgliche Unterwerfung unter besondere **Garantenpflichten**, die nachträgliche Versagung von **Rechtfertigungs-, Schuldausschließungs-** bzw. **–milderungsgründen** und dergleichen erfasst.

17 Durchaus kontrovers wird indes die Frage behandelt, ob das Rückwirkungsverbot auch einer nachträglichen **Verschärfung der Rechtsprechung** entgegensteht: Soweit Grund und Umfang der Strafbarkeit dabei, wie in der Bundesrepublik Deutschland, grundsätzlich an ein **parlamentarisches Gesetz** geknüpft werden, bestimmt dieses nach vorherrschender, sich hier auf § 2 StGB[25] stützender, Auffassung zugleich die Grenzen bürgerlichen Vertrauensschutzes. Die Strafgerichtsbarkeit hat demnach die übrigen rechtsstaatlichen Domestizierungen (wie insbesondere den Verhältnismäßigkeitsgrund-

---

[19] *Eser*, in: Meyer, GRCh, Art. 49 GRC, Rn. 25.

[20] *Schorkopf*, in: Heselhaus/Nowak, Handbuch der Europäischen Grundrechte, § 59, Rn. 3 f.

[21] *Eser*, in: Meyer, GRCh, Art. 49 GRC, Rn. 28 m. w. N.; *Frenz*, Handbuch Europarecht, Bd. 4, Rn. 5131.

[22] *Eser*, in: Meyer, GRCh, Art. 49 GRC, Rn. 32.

[23] *Rengeling/Szczekalla*, Grundrechte, § 46, Rn. 1208.

[24] *Eser*, in: Meyer, GRCh, Art. 49 GRC, Rn. 33.

[25] Hierzu *Degenhart*, in: Sachs (Hrsg.), GG, 5. Aufl., 2009, Art. 103 GG, Rn. 73; *Schmidt-Aßmann*, in: Maunz/Dürig, GG, Art. 103 Abs. 2 GG (Dezember 1992), Rn. 240 ff.

satz) zu beachten. Ihr Inhalt kann indes allenfalls über Verbots-, Erlaubnis- oder Erlaubnistatbestandsirrtümer privilegierungsfähiges Vertrauen begründen.

Vor dem Hintergrund der an das Recht und nicht etwa an das Gesetz anknüpfenden **18** Formulierung des Art. 49 Abs. 1 Satz 1 GRC wird dieser Auslegung indes zunehmend entgegengehalten, dass sie **richterliches Gewohnheitsrecht** nicht einbezieht. Soweit eine den Anforderungen des stare decisis-Grundsatzes genügende Rechtsprechung Grund und Umfang der Strafbarkeit festgelegt hat, wird man damit, **auch außerhalb von Ländern des common law-Rechtskreises**, einer **täterbelastenden Rechtsprechungsänderung** eine auf die Tatzeit rückwirkende Kraft verweigern müssen.[26]

II. Grundsatz des milderen Gesetzes

Der in Art. 49 Abs. 1 Satz 3 GRC ausgesprochene Grundsatz des milderen Gesetzes ist **19** in der EMRK nicht enthalten, aber in Art. 15 Abs. 1 Satz 3 IPbpR ausgesprochen. Danach sollen nachträgliche Abmilderungen der Strafe dem Täter zu Gute kommen. Bei einer teleologischen Auslegung des Art. 49 Abs. 1 Satz 3 GRC gilt dies – ungeachtet der insoweit unpräzisen Textfassung – zum einen sowohl hinsichtlich der **Rechtsfolge** als auch hinsichtlich der **Tatbestandsvoraussetzungen**. Zum anderen ist im Zweifelsfall eine **Gesamtbetrachtung** vorzunehmen, die das Ob und Wie der Strafbarkeit einbezieht und ermittelt, welches Gesetz für den konkreten Fall die mildeste Bestrafung zulässt.[27]

III. Grundsatz der Verhältnismäßigkeit

Art. 49 Abs. 3 GRC kodifiziert den Grundsatz der Verhältnismäßigkeit von Straftat und **20** Strafmaß, der seine Quelle in der gemeinsamen Verfassungsüberlieferung der Mitgliedstaaten findet und dort über das Rechtsstaatsprinzip sowie den Schutz der Menschenwürde garantiert wird. Adressat des unionalen Verhältnismäßigkeitsgebotes sind die **Legislative** und die **Judikative**.[28] Nach der Rechtsprechung des EuGH zu den Grundfreiheiten kommt der Verhältnismäßigkeitsgrundsatz auch bei nicht als strafrechtlich anerkannten **Verwaltungssanktionen** zur Anwendung, und er erfasst zudem die aufenthaltsrechtlichen Nebenfolgen von Straftaten.[29] Mit Blick auf die Gesetzgebung lässt der Grundsatz der Verhältnismäßigkeit dabei die Kriminalisierung individuellen Verhaltens nur insoweit zu, wie dies im Rahmen legitimer Strafzwecke für das betreffende Schutzgut geeignet, erforderlich und angemessen ist.[30] Mit Blick auf die Rechtsanwendung bleibt wiederum im Einzelfall zu prüfen, ob die Verhängung einer Strafe angesichts des objektiven Gehalts eines Unrechts und der individuellen Schwere der Schuld geeignet, erforderlich und angemessen erscheint.

---

[26] *Eser,* in: Meyer, GRCh, Art. 49 GRC, Rn. 30.

[27] *Eser,* in: Meyer, GRCh, Art. 49 GRC, Rn. 34 f.; *Jarass,* GRCh, Art. 49 GRC, Rn. 14. Siehe auch EuGH, Urt. v. 3. 5. 2005, Rs. C–387/02 u. a. (Berlusconi u. a.), Slg. 2005, I–3565, Rn. 66 ff.

[28] Allgemein hierzu etwa *v. Danwitz,* EWS 2003, 393; *Harbo,* ELJ 16 (2010), 158; *Trstenjak/ Beysen,* EuR 2012, 265. Zur Bindung der Judikative ferner *Kischel,* EuR 2000, 380; *Pache,* NVwZ 1999, 1033.

[29] Einzelnachweise hierzu bei *Rengeling/Szczekalla,* Grundrechte, § 46, Rn. 1209.

[30] Hierzu mit Blick auf die Androhung lebenslanger Freiheitsstrafen und die Kriminalisierung des Besitzes geringer Mengen von THC *Eser,* in: Meyer, GRCh, Art. 49 GRC, Rn. 37.

Artikel 50 GRC Recht, wegen derselben Straftat nicht zweimal strafrechtlich verfolgt oder bestraft zu werden

Niemand darf wegen einer Straftat, derentwegen er bereits in der Union nach dem Gesetz rechtskräftig verurteilt oder freigesprochen worden ist, in einem Strafverfahren erneut verfolgt oder bestraft werden.

Literaturübersicht

Anagnostopoulos, Ne bis in idem in der Europäischen Union, FS Hassemer, 2010, S. 1121; *Böse*, Ausnahmen vom grenzüberschreitenden »Ne bis in idem«? Zur Fortgeltung der Vorbehalte nach Art. 55 SDÜ, FS Kühne, 2013, 519; *ders.*, Die transnationale Geltung des Grundsatzes »ne bis in idem« und das »Vollstreckungselement«, GA 2011, 504; *ders.*, Der Grundsatz »ne bis in idem« in der Europäischen Union (Art. 54 SDÜ), GA 2003, 744; *Brodowski*, Ne bis in idem im europäisierten Auslieferungsrecht, StV 2013, 339; *Eckstein*, Grund und Grenzen transnationalen Schutzes vor mehrfacher Strafverfolgung in Europa, ZStW 124 (2012), 490; *Eicker*, Transstaatliche Strafverfolgung. Ein Beitrag zur Europäisierung, Internationalisierung und Fortentwicklung des Grundsatzes ne bis in idem, 2004; *Eser*, Konkurrierende nationale und transnationale Strafverfolgung. Zur Sicherung von »ne bis in idem« und zur Vermeidung von positiven Kompetenzkonflikten, in: Sieber/Satzger/v. Heintschel-Heinegg (Hrsg.), Europäisches Strafrecht, 2. Aufl., 2014, S. 636; *Eser/Burchard*, Interlokales »ne bis in idem« in Europa? Freiheit, Sicherheit und Recht, FS Meyer, 2006, S. 499; *Hackner*, Das teileuropäische Doppelverfolgungsverbot insbesondere in der Rechtsprechung des Gerichtshofs der Europäischen Union, NStZ 2011, 425; *Hecker*, Das Prinzip »ne bis in idem« im Schengener Rechtsraum (Art. 54 SDÜ), StV 2001, 306; *Hochmayr* (Hrsg.), »Ne bis in idem in Europa«. Praxis, Probleme und Perspektiven des Doppelverfolgungsverbots, 2015; *Kniebühler*, Transnationales »ne bis in idem«. Zum Verbot der Mehrfachverfolgung in horizontaler und vertikaler Dimension, 2005; *Kühne*, Die Bedeutung des Art. 54 SDÜ für die Harmonisierung des Strafrechts in Europa, FS Müller, 2008, S. 375; *Liebau*, »Ne bis in idem« in Europa. Zugleich ein Beitrag zum Kartellsanktionenrecht in der EU und zur Anrechnung drittstaatlicher Kartellsanktionen, 2005; *Mansdörfer*, Das Prinzip ne bis in idem im europäischen Strafrecht, 2004; *Radtke*, Der Grundsatz »ne bis in idem« und Jurisdiktionskonflikte, in: Böse (Hrsg.), Europäisches Strafrecht mit polizeilicher Zusammenarbeit, 2013, § 12; *Radtke/Busch*, Transnationaler Strafklageverbrauch in der Europäischen Union – EuGH, Urt. vom 11.2.2003, NStZ 2003, 281; *Satzger*, Auf dem Weg zu einer europäischen Rechtskraft, FS Roxin, Band II, 2011, S. 1515; *Schomburg/Suominen-Picht*, Verbot der mehrfachen Strafverfolgung, Kompetenzkonflikte und Verfahrenstransfer, NJW 2012, 1190; *Stein*, Zum europäischen *ne bis in idem* nach Artikel 54 des Schengener Durchführungsübereinkommens, 2004; *T. Streinz*, »Ne bis in idem« bei Sanktionen nach deutschem und europäischem Kartellrecht, Jura 2009, 415; *Stuckenberg*, Der Tatbegriff des europäischen Doppelbestrafungsverbots, in: Meng/Ress/Stein (Hrsg.), Europäische Integration und Globalisierung, 2011, S. 567; *Swoboda*, Das Recht der Wiederaufnahme in Europa, HRRS 2009, 188; *Zöller*, Die transnationale Geltung des Grundsatzes ne bis in idem nach dem Vertrag von Lissabon, FS Krey, 2010, S. 501.

Leitentscheidungen

EuGH, Urt. v. 11.2.2003, verb. Rs. C–187/01 u. C–385/01 (Gözütok und Brügge), Slg. 2003, I–1345
EuGH, Urt. v. 10.3.2005, Rs. C–469/03 (Miraglia), Slg. 2005, I–2009
EuGH, Urt. v. 9.3.2006, Rs. C–436/04 (van Esbroeck), Slg. 2006, I–2333
EuGH, Urt. v. 28.9.2006, Rs. C–150/05 (van Straaten), Slg. 2006, I–9327
EuGH, Urt. v. 28.9.2006, Rs. C–467/04 (Gasparini), Slg. 2006, I–9199
EuGH, Urt. v. 18.7.2007, Rs. C–288/05 (Kretzinger), Slg. 2007, I–6441
EuGH, Urt. v. 18.7.2007, Rs. C–367/05 (Kraaijenbrink), Slg. 2007, I–6619
EuGH, Urt. v. 11.12.2008, Rs. C–297/07 (Bourquain), Slg. 2008, I–9425
EuGH, Urt. v. 22.12.2008, Rs. C–491/07 (Turanský), Slg. 2008, I–11039
EuGH, Urt. v. 16.11.2010, Rs. C–261/09 (Mantello), Slg. 2010, I–11477
EuGH, Urt. v. 5.6.2012, Rs. C–489/10 (Bonda), ECLI:EU:C:2012:319
EuGH, Urt. v. 26.2.2013, Rs. C–617/10 (Åkerberg Fransson), ECLI:EU:C:2013:105
EuGH, Urt. v. 27.5.2014, Rs. C–129/14 (Spasic), ECLI:EU:C:2014:586

EuGH, Urt. v. 5.6.2014, Rs. C–398/12 (M), ECLI:EU:C:2014:1057
EuGH, Urt. v. 29.6.2016, Rs. C–486/14 (Kossowski), ECLI:EU:C:2016:483

Wesentliche sekundärrechtliche Vorschrift

Übereinkommen zur Durchführung des Übereinkommens von Schengen vom 14.6.1985 zwischen
  den Regierungen der Staaten der Benelux-Wirtschaftsunion, der Bundesrepublik Deutschland und
  der Französischen Republik betreffend den schrittweisen Abbau der Kontrollen an den gemeinsamen Grenzen (SDÜ), ABl. 2000, L 239/19

Inhaltsübersicht   Rn.

A.   Entwicklung, Quellen, Bedeutung

Art. 50 GRC schützt vor mehrfacher Strafverfolgung und Bestrafung, sobald eine erste **1**
rechtskräftige Verurteilung oder ein rechtskräftiger Freispruch vorliegt. Als Ausfluss
des Prinzips der Rechtssicherheit wird das Vertrauen auf die Bestandskraft einer endgültigen strafrechtlichen Erledigung geschützt.[1] Die besondere Bedeutung dieses Verfahrensgrundrechts ergibt sich aus seiner **transnationalen Geltung**. Das Verbot der
Mehrfachbestrafung oder -verfolgung[2] findet nicht nur innerhalb einer Rechtsordnung,
sondern auch im Verhältnis der Union zu den Mitgliedstaaten sowie der Mitgliedstaaten
untereinander Anwendung (s. Rn. 6). Die grenzüberschreitende Ausgestaltung gründet
sich auf das Recht auf Freizügigkeit. Art. 50 GRC gewährleistet als Ausformung dieses
Grundrechts, dass sich der Beschuldigte nach einer rechtskräftigen Aburteilung in der
Union frei bewegen kann, ohne eine neuerliche Strafverfolgung befürchten zu müssen.[3]

---

[1] Siehe nur *Liebau*, S. 47 f. Dagegen lässt sich das Grundrecht nicht auf die materielle Gerechtigkeit zurückführen. Diese steht einem »bis in idem« nur dann entgegen, wenn der Unrechts- und
Schuldgehalt der Tat durch die erste Bestrafung bereits ausgeschöpft ist. Widerspricht die rechtskräftige Entscheidung der materiellen Gerechtigkeit, kann es ausnahmsweise zu einer Durchbrechung des
Doppelverfolgungsverbots im Wege der Wiederaufnahme des Verfahrens kommen; für eine Bestandsaufnahme zum Wiederaufnahmerecht in Europa siehe *Swoboda*, HRRS 2009, 188.
[2] Im Folgenden wird auch die Kurzformel »Doppelverfolgungsverbot« verwendet.
[3] Vgl. EuGH, Urt. v. 11.2.2003, verb. Rs. C–187/01 u. C–385/01 (Gözütok und Brügge),

Insoweit bildet Art. 50 GRC das unerlässliche grundrechtliche Gegenstück zur Effektivierung der grenzüberschreitenden Strafverfolgung in der Union.[4] Auch wenn gewisse
Parallelen zum Grundsatz der gegenseitigen Anerkennung vorhanden sind, ist das Doppelverfolgungsverbot als ein Verfahrensgrundrecht keine Ausprägung des sekundärrechtlichen Grundsatzes der gegenseitigen Anerkennung.[5]

2   Das **innerstaatliche Doppelverfolgungsverbot** bildet einen allgemeinen Rechtsgrundsatz des Völkerrechts.[6] Art. 4 Abs. 1 ZP VII EMRK von 1984 untersagt es, jemanden, der
bereits rechtskräftig verurteilt oder freigesprochen worden ist, in einem Strafverfahren
desselben Staates erneut vor Gericht zu stellen oder zu bestrafen.[7] Auch soweit die
Mitgliedstaaten das 7. Zusatzprotokoll nicht ratifiziert haben,[8] sehen ihre Rechtsordnungen ein innerstaatliches Doppelverfolgungsverbot vor.[9] Dieses steht allerdings nur
teilweise in Verfassungsrang.[10] Der EuGH hat das Verbot schon früh als allgemeinen
Rechtsgrundsatz des Gemeinschaftsrechts anerkannt,[11] dessen Reichweite aber auf eine
mehrfache Verfolgung oder Sanktionierung durch Gemeinschaftsorgane beschränkt. Im
Verhältnis der Gemeinschaft zu den Mitgliedstaaten hielt es der Gerichtshof lediglich für
geboten, aufgrund des allgemeinen Billigkeitsgedankens die erste Sanktion bei der Bemessung der späteren Sanktion zu berücksichtigen; im Verhältnis zu Drittstaaten stehe
die Berücksichtigung einer dort verhängten Sanktion im Ermessen der Kommission.[12]

3   Erste Versuche, einen europaweiten Strafklageverbrauch zu etablieren, waren wenig
erfolgreich.[13] Mit dem Schengener Durchführungsübereinkommen 1990 gelang es, immer mehr EU-Mitgliedstaaten zu einem Souveränitätsverzicht zu bewegen.[14] Das in

---

Slg. 2003, I–1345, Rn. 38; EuGH, Urt. v. 9.3.2006, Rs. C–436/04 (van Esbroeck), Slg. 2006, I–2333,
Rn. 33.

[4] Zu diesem Zusammenhang *Hecker*, Europäisches Strafrecht, 5. Aufl., 2015, § 13, Rn. 34 m. N.

[5] *Hochmayr*, Europäische Rechtskraft oder gegenseitige Anerkennung, in: Hochmayr (Hrsg.),
S. 98.

[6] BVerfGE 65, 377. Zur historischen Entwicklung *Mansdörfer*, S. 53 ff.

[7] Ein nahezu gleichlautendes Verbot enthält Art. 14 Abs. 7 IPbpR 1966.

[8] Keine Geltung hat das 7. Zusatzprotokoll für Deutschland, die Niederlande und Großbritannien.
Aktueller Stand der Ratifikationen unter http://conventions.coe.int (28.1.2016).

[9] In einigen wenigen Mitgliedstaaten lösen auch Entscheidungen anderer Staaten ein ne bis in idem
aus; z.B. Art. 68 niederländisches StGB.

[10] Überblick bei *Eser*, Rn. 48.

[11] EuGH, Urt. v. 15.3.1967, verb. Rs. 18/65 u. 35/65 (Gutmann/Kommission der EAG), Slg. 1966,
S. 86.

[12] EuGH, Urt. v. 13.2.1969, Rs. 14/86 (Walt Wilhelm), Slg. 1969, 1; Urt. v. 14.12.1972, Rs. 7/72
(Boehringer Mannheim II), Slg. 1972, 1281; Urt. v. 29.6.2006, Rs. C–289/04 P (Showa Denko),
Slg. 2006, I–5859, Rn. 57 f., 61 f.; EuG, Urt. v. 29.4.2004, verb. Rs. T–236/01, T–239/01, T–244/01 –
T–246/01, T–251/01 u. T–252/01 (Tokai Carbon Co. Ltd.), Slg. 2004, II–1181, Rn. 132 ff.

[13] Europäisches Übereinkommen über die internationale Geltung von Strafurteilen vom
26.5.1970, SEV-Nr. 70; Europäisches Übereinkommen über die Übertragung der Strafverfolgung
vom 15.5.1972, SEV-Nr. 73; Übereinkommen zwischen den Mitgliedstaaten der Europäischen Gemeinschaften über das Verbot der doppelten Strafverfolgung, BGBl. II 1998, S. 2227. Näher *Zöller*,
S. 507 f.

[14] Übereinkommen vom 19.6.1990 zur Durchführung des Übereinkommens von Schengen vom
14.6.1985, ABl. 2000, L 239/19. In der Folge wurde in einige Übereinkommen zur Angleichung des
Strafrechts ein grenzüberschreitendes ne bis in idem aufgenommen: Art. 7 Übereinkommen aufgrund
von Artikel K.3 des Vertrags über die Europäische Union über den Schutz der finanziellen Interessen
der Europäischen Gemeinschaften vom 26.7.1995, ABl. 1995, C 316/49; Art. 7 Abs. 2 Protokoll zum
Übereinkommen über den Schutz der finanziellen Interessen der Europäischen Gemeinschaften vom
27.9.1996, ABl. 1996, C 313/2; Art. 10 Übereinkommen aufgrund von Art. K.3 Abs. 2 Buchst. c
EUV/Maastricht über die Bekämpfung der Bestechung, an der Beamte der Europäischen Gemein-

Art. 54 SDÜ vorgesehene transnationale Doppelverfolgungsverbot hat heute für alle EU-Mitgliedstaaten Geltung.[15] Eine Schlüsselrolle bei der Durchsetzung nahm der EuGH ein, der seit Inkrafttreten des Amsterdamer Vertrags mit der einheitlichen Auslegung des Verbots befasst ist. Die am Recht auf Freizügigkeit orientierte, durchgängig beschuldigtenfreundliche Auslegung des Art. 54 SDÜ verhalf dem transnationalen ne bis in idem zum Durchbruch. Durch die Aufnahme in die GRC wurde das unionsweite Doppelverfolgungsverbot – unter Verzicht auf den in Art. 54 SDÜ vorgesehenen Vollstreckungsvorbehalt – in den Rang eines Grundrechts erhoben. Zugleich wurde es mit dem rechtsordnungsinternen Doppelverfolgungsverbot zu einem **einheitlichen Verfahrensgrundrecht** zusammengeführt.[16]

B. Persönlicher Schutzbereich

Auf das Verbot einer Mehrfachbestrafung oder -verfolgung können sich alle **natürlichen** **4** **Personen** einschließlich Drittstaatsangehörige berufen. Obwohl **juristische Personen** nicht ausdrücklich in den Anwendungsbereich einbezogen sind, hat das Grundrecht seinem Sinn und Zweck zufolge auch für diese Geltung. Zur Begründung kann insbesondere auf die gemeinsamen Verfassungstraditionen der Mitgliedstaaten verwiesen werden, die juristischen Personen regelmäßig wirtschaftliche und verfahrensrechtliche Grundrechte zuerkennen.[17] Das Grundrecht hindert aber nicht, die juristische Person sowie eine natürliche Person als ihr Organ getrennt voneinander strafrechtlich zu verfolgen, zumal es sich um verschiedene Verfahrenssubjekte handelt. Sind beide allerdings wirtschaftlich identisch, ist aus Verhältnismäßigkeitsgründen die zuerst verhängte Sanktion bei der späteren Sanktionierung zu berücksichtigen.

---

schaften oder Mitgliedstaaten der Europäischen Union beteiligt sind, vom 26.5.1997, ABl. 1997, C 195/2.

[15] Mit Inkrafttreten des Amsterdamer Vertrags am 1.5.1999 wurde der Schengen-Besitzstand in den Rahmen der EU, ausgenommen Großbritannien, Nordirland und Irland, einbezogen; ABl. 1997, C 340/93. Großbritannien und Nordirland wenden Art. 54 SDÜ gem. Art. 1 des Ratsbeschlusses 2014/857/EU vom 1.12.2014 (ABl. 2014, L 345/1) an. Zur umstrittenen Bindung von Irland *Brodowski*, StV 2013, 339 (340, Fn. 4). Das SDÜ ist darüber hinaus auf Island, Norwegen und die Schweiz als assoziierte Staaten anwendbar; ABl. 1999, L 176/36; ABl. 2004, L 368/26; ABl. 2008, L 53/50; ABl. 2008, L 327/15. Liechtenstein ist nicht an Art. 54 ff. SDÜ gebunden; *Schomburg*, in: Schomburg/Lagodny/Gleß/Hackner (Hrsg.), Internationale Rechtshilfe in Strafsachen, 5. Aufl., 2013, Art. 54 SDÜ, Rn. 58.

[16] Im Grundrechtekonvent diskutierte man über die Frage, ob das Doppelverfolgungsverbot auf den innerstaatlichen Anwendungsbereich beschränkt werden sollte, über die Anwendbarkeit des Verbots auf Verwaltungsstrafen, insbesondere Disziplinarstrafen, und über die ausdrückliche Aufnahme der Möglichkeit einer Wiederaufnahme des Verfahrens in die Textfassung; siehe *Bernsdorff/Borowsky*, Die Charta der Grundrechte der Europäischen Union. Handreichungen und Sitzungsprotokolle, 2002, S. 154, 180 f., 283 f., 375.

[17] *Dannecker*, Community Fines and non-Member State Sanctions: the Effect of the Principle "ne bis in idem", in: Eser/Rabenstein (Hrsg.), Neighbours in Law – Are Common Law and Civil Law Moving Closer Together?, 2001, S. 153 (178 f.). Vgl. auch *Liebau*, S. 115 ff.; *Jarass*, GRCh, Art. 50 GRC, Rn. 7; *Streinz*, EUV/AEUV, Art. 50 GRC, Rn. 9.

C. Räumlicher Schutzbereich

5   Die Geltung des Grundrechts ist räumlich auf das Gebiet der Union beschränkt.[18] Zusätzlich ist zu beachten, dass nach Art. 51 Abs. 1 GRC die Mitgliedstaaten nur »bei der Durchführung des Rechts der Union« an die Charta gebunden sind. Die Reichweite der Wendung »Durchführung des Rechts der Union« ist umstritten. Der EuGH hat sich für eine weite Auslegung entschieden, wonach die GRC »in allen unionsrechtlich geregelten Fallgestaltungen« Geltung hat und auch ein nationales Strafverfahren die Durchführung von Unionsrecht bedeuten kann.[19] Für die grundsätzliche Einbeziehung von mitgliedstaatlichen Strafverfahren spricht, dass sich die Formulierung »rechtskräftig verurteilt oder freigesprochen« in erster Linie auf Strafverfahren auf nationaler Ebene bezieht; Verfahrenserledigungen durch Unionsorgane lassen sich dagegen nur bei einer weiten Auslegung dieser Formulierung subsumieren. Obwohl ein Mitgliedstaat durch ein Strafverfahren seine eigene Strafgewalt durchsetzt,[20] handelt es sich um die **Durchführung von Unionsrecht**, wenn der Mitgliedstaat seine Strafgewalt infolge unionaler Vorgaben in den Dienst des Unionsrechts stellt. Demgemäß ist bei folgenden Aktivitäten die GRC zu beachten: bei Umsetzung der Vorgaben des Unionsrechts in das innerstaatliche Recht, bei Anwendung einer Sanktionsvorschrift einer Verordnung oder von innerstaatlichem Umsetzungsrecht.[21] Zusätzlich führen die Mitgliedstaaten Unionsrecht durch, wenn sie Art. 54 SDÜ anwenden, da das Übereinkommen in den rechtlichen Rahmen der Union überführt wurde; sie sind daher untereinander überdies an das Verfahrensgrundrecht des Art. 50 GRC gebunden.[22] Entgegen dem EuGH[23] sollte es aber nicht als die Durchführung von Unionsrecht angesehen werden, wenn die Mitgliedstaaten selbständig, wenngleich in Entsprechung des Loyalitätsgebots, ihr Strafrecht zum

---

[18] EuG, Urt. v. 29.4.2004, verb. Rs. T–236/01, T–239/01, T–244/01 – T–246/01, T–251/01 u. T–252/01 (Tokai Carbon Co. Ltd.), Slg. 2004, II–1181, Rn. 137. Zu den Ausnahmen zugunsten von Polen, des Vereinigten Königreichs und der Tschechischen Republik s. Protokoll Nr. 30 über die Anwendung der Charta der Grundrechte der EU, ABl. 2008, C 115/201 (313 f.); Ratsdok. 15265/1/09 REV 1 v. 1.12.2009, S. 14.
[19] EuGH, Urt. v. 26.2.2013, Rs. C–617/10 (Åkerberg Fransson), ECLI:EU:C:2013:105, Rn. 19 ff. Bestätigt durch EuGH, Urt. v. 26.9.2013, Rs. C–418/11 (Texdata), ECLI:EU:C:2013:588, Rn. 72 f.
[20] *Ladenburger*, in: Tettinger/Stern, EuGRCh, Art. 51 GRC, Rn. 45, sieht aus diesem Grund in einem Strafverfahren grundsätzlich nicht die Durchführung von Unionsrecht. Eine Ausnahme gelte bei Anwendung von innerstaatlichem Recht, das Gegenstand einer Harmonisierung des Strafrechts oder Strafverfahrensrechts geworden ist.
[21] Vgl. *Folz*, in: Vedder/Heintschel v. Heinegg, Europäisches Unionsrecht, Art. 50 GRC, Rn. 4.
[22] BVerfG, NJW 2012, 1202 (1204); *Merkel/Scheinfeld*, ZIS 2012, 206 (208 Fn. 15); *F. Walther*, ZJS 2013, 16 (18 f.).
[23] EuGH, Urt. v. 26.2.2013, Rs. C–617/10 (Åkerberg Fransson), ECLI:EU:C:2013:105, Rn. 24 ff.: Die Verhängung steuerlicher Sanktionen und ein Strafverfahren wegen Steuerhinterziehung stellten die »Durchführung von Unionsrecht« dar, obwohl nur das Mehrwertsteuerrecht, nicht auch das Mehrwertsteuerstrafrecht harmonisiert wurde. Es sei ausreichend, dass sich aus dem Loyalitätsgebot sowie aus Art. 325 Abs. 4 AEUV die Verpflichtung der Mitgliedstaaten ergebe, geeignete Vorschriften zu erlassen, um die Erhebung der Mehrwertsteuer zu gewährleisten und Betrug zu bekämpfen. Nach dem BVerfG darf diese Entscheidung »nicht in einer Weise verstanden und angewendet werden, nach der für eine Bindung der Mitgliedstaaten durch die in der Grundrechtecharta niedergelegten Grundrechte der Europäischen Union jeder sachliche Bezug einer Regelung zum bloß abstrakten Anwendungsbereich des Unionsrecht oder rein tatsächliche Auswirkungen auf dieses ausreiche«; BVerfGE 133, 277 (316) [betr. Verfassungsmäßigkeit des Antiterrordateigesetzes (ATDG)], Rn. 91.

Schutz von Interessen der Union einsetzen. Diese Bereiche sind gerade nicht unions-rechtlich geregelt und bedürfen auch keiner unionseinheitlichen Anwendung.[24]

Aus dem Dargelegten folgt, dass das Grundrecht einen rechtsordnungsinternen und   **6** einen rechtsordnungsübergreifenden Anwendungsbereich aufweist. Insgesamt lassen sich **vier Dimensionen** unterscheiden: Das Grundrecht verbietet eine mehrfache Sank-tionierung oder Verfolgung durch Unionsorgane (intrauniionale Dimension). Darüber hinaus gilt es im Verhältnis der EU-Mitgliedstaaten zur Union (vertikale Dimension) sowie im Verhältnis der EU-Mitgliedstaaten untereinander (horizontale Dimension). Soweit ein Mitgliedstaat sein Strafrecht aufgrund von konkreten Vorgaben des Uni-onsrechts zugunsten von Unionsinteressen einsetzt, kann sich der Betroffene auch bei einer innerstaatlichen Mehrfachbestrafung oder -verfolgung auf Art. 50 GRC berufen (innerstaatliche Dimension).[25] Diese Möglichkeit ist von besonderer Bedeutung, wenn das innerstaatliche Doppelverfolgungsverbot im jeweiligen Mitgliedstaat nicht in Ver-fassungsrang steht oder einen engeren Anwendungsbereich als Art. 50 GRC besitzt.[26] Adressat des ne bis in idem-Grundsatzes sind somit alle Träger von Hoheitsgewalt in-nerhalb der Union und der Mitgliedstaaten, namentlich die Gerichte, Gesetzgeber und Strafverfolgungsorgane. Im **Verhältnis zu Drittstaaten** greift das Grundrecht nicht ein.[27] Das Verhältnismäßigkeitsprinzip gebietet aber eine Berücksichtigung der zuerst ver-hängten Sanktion.[28]

D. Verhältnis zu Art. 4 ZP VII EMRK

Nach Art. 52 Abs. 3 GRC haben die in der Charta verbürgten Rechte, die den durch die   **7** EMRK garantierten Rechten entsprechen, die gleiche Bedeutung und Tragweite wie in jener Konvention. Die GRC darf aber einen weitergehenden Schutz gewähren. Zwei-felhaft ist, ob der innerstaatliche Anwendungsbereich des Art. 50 GRC durch Art. 4 ZP VII EMRK determiniert wird, wie dies die Erläuterungen zur GRC erklären.[29] Schließlich

---

[24] Vgl. GA *Cruz Villalon*, Schlussanträge zu Rs. C–617/10 (Åkerberg Fransson), ECLI:EU:C: 2012:340, Rn. 47 ff.; *Kingreen*, in: Calliess/Ruffert, EUV/AEUV, Art. 51 GRC, Rn. 14. Vgl. auch BVerfGE 133, 277 (316) [betr. Verfassungsmäßigkeit des Antiterrordateigesetzes (ATDG)], Rn. 90: Nur wenn das betroffene Rechtsverhältnis vom EU-Recht determiniert werde, d. h. für den konkreten Fall zu etwas »verpflichtet«, an etwas »gehindert« werde oder »inhaltliche Vorgaben« gemacht wür-den, seien die Unionsgrundrechte relevant.

[25] Für eine innerstaatliche Anwendbarkeit auch EuGH, Urt. v. 26. 2. 2013, Rs. C–617/10 (Åker-berg Fransson), ECLI:EU:C:2013:105; Erläuterung zu Art. 50 GRC, ABl. 2007, C 303/31; *Eser*, in: Meyer, GRCh, Art. 50 GRC, Rn. 6; *Jarass*, GRCh, Art. 50 GRC, Rn. 9; *Nehl*, in: Heselhaus/Nowak, Handbuch der Europäischen Grundrechte, § 58, Rn. 17 m. V. a. Art. 52 Abs. 3 GRC; *Radtke*, NStZ 2012, 482; *Streinz*, in: Streinz, EUV/AEUV, Art. 50 GRC, Rn. 8; *van Vormizeele*, in: Schwarze, EU-Kommentar, Art. 50 GRC, Rn. 4.

[26] Beispielsweise bezieht sich Art. 103 Abs. 3 GG nach Rspr. und h. M. nur auf das Kriminalstraf-recht, nicht auch auf das Ordnungswidrigkeitenrecht; *Schmidt-Aßmann*, in: Maunz/Dürig, GG, Art. 103 (September 2015), Rn. 287 ff. m. w. N. Für ein Beispiel, in dem deshalb das Doppelverfol-gungsverbot des Art. 50 GRC relevant wird, *T. Streinz*, Jura 2009, 415.

[27] Für viele *Nehl*, § 58, Rn. 28. Siehe auch OLG München, StV 2013, 313.

[28] Siehe auch *Jarass*, GRCh, Art. 50 GRC, Rn. 4; *ders.*, NStZ 2012, 611 (616). Ablehnend EuGH, Urt. v. 29. 6. 2006, Rs. C–308/04-P, (SGL Carbon), Slg. 2006, I–5977, Rn. 36.

[29] Erläuterung zu Art. 50 GRC, ABl. 2007, C 303/31: »Was den in Artikel 4 des Protokolls Nr. 7 bezeichneten Fälle betrifft, nämlich die Anwendung des Grundsatzes in ein und demselben Mitglied-staat, so hat das garantierte Recht dieselbe Bedeutung und dieselbe Tragweite wie das entsprechende Recht der EMRK.«

bindet Art. 52 Abs. 3 GRC die Grundrechte allein an die EMRK, ohne die Zusatzprotokolle zu erwähnen. Nach Absatz 5 der Präambel bekräftigt die Charta die sich aus der EMRK, den gemeinsamen Verfassungstraditionen und den gemeinsamen internationalen Verpflichtungen der Mitgliedstaaten ergebenden Rechte. Vor diesem Hintergrund kann zumindest für diejenigen Zusatzprotokolle, die wie das Siebente nicht von allen Mitgliedstaaten ratifiziert wurden,[30] nicht angenommen werden, dass die Gewährleistungen der Charta zwingend übereinstimmen.[31] Eine Determinierung durch ein in der Union nicht allgemein akzeptiertes Zusatzprotokoll hätte in der GRC expliziten Ausdruck finden müssen. Hinzu kommt, dass die Union selbst zunächst nur dem 1. und 6. Zusatzprotokoll zur EMRK beitreten will.[32] Aus diesen Gründen kann der Schutzbereich der rechtsordnungsinternen Dimension des Art. 50 GRC **erforderlichenfalls abweichend** von jenem des Art. 4 ZP VII EMRK bestimmt werden.[33]

E.   Anwendungsvoraussetzungen

8   Der Schutzbereich des Art. 50 GRC ist in mehrfacher Hinsicht umgrenzt: durch dieselbe Straftat als Anknüpfungspunkt der mehrfachen Bestrafung oder Verfolgung, durch eine bestimmte Art von Abschlussentscheidung (Verurteilung oder Freispruch) und durch die Rechtskraft dieser Entscheidung.

I.   Dieselbe Straftat (Tatbegriff)

1.   Nach nationalem Recht

9   Der Begriff der Tat wird international uneinheitlich bestimmt.[34] Idealtypisch lassen sich ein weiter faktischer Tatbegriff und ein enger materiell-strafrechtlicher Tatbegriff unterscheiden. Der **faktische Tatbegriff** bestimmt die Tat nach den Tatsachen ohne die Einbeziehung rechtlicher Wertungen. Der **materiell-strafrechtliche Tatbegriff** bezieht die rechtliche Qualifikation der Tatsachen mit ein; auch wenn es sich um dieselben Tatsachen handelt, darf der Beschuldigte wegen eines anderen Delikts erneut verfolgt oder verurteilt werden. Zwischen den beiden Idealtypen gibt es Zwischenformen. In einen faktischen Tatbegriff kann eine normative Bewertung einfließen. Der materiell-strafrechtliche Tatbegriff kann statt auf die Anwendung derselben Strafnorm darauf abstellen, ob die Straftatbestände dasselbe oder ein ähnliches Rechtsgut schützen. Ob einem nationalen Recht ein weiter oder ein enger Tatbegriff zugrunde liegt, hängt regelmäßig damit zusammen, ob das Gericht den angeklagten Sachverhalt umfassend aufzuklären hat und ob es in der rechtlichen Würdigung frei ist. Einer nur beschränkten Kognitionsbefugnis entspricht zumeist ein materiell-strafrechtlicher Tatbegriff, während bei einer umfassenden Kognitionsbefugnis ein weiter Tatbegriff verwendet werden kann.

---

[30] Fn. 8.

[31] Vgl. *Beutler*, in: GS, EUV/EGV, Art. 6 EUV, Rn. 111; *Grabenwarter*, DVBl 2001, 2.

[32] Art. 1 Abs. 1 des Entwurfs des Beitrittsübereinkommens, CDDH(2013) R78 Addendum IV vom 28.6.2013, S. 5.

[33] A.A. *Eser*, in: Meyer, GRCh, Art. 50 GRC, Rn. 6; *Folz*, in: Vedder/Heintschel v. Heinegg, Europäisches Unionsrecht, Art. 50 GRC, Rn. 2; *Jarass*, GRCh, Art. 50 GRC, Rn. 1, 10.

[34] Instruktiv *Stuckenberg*, S. 569 ff.

2. Nach Art. 4 ZP VII EMRK

Hatte der EGMR anfangs einen rein faktischen Tatbegriff vertreten,[35] entwickelte er in **10** den nachfolgenden Entscheidungen seiner wechselhaften Judikatur[36] einen materiell-strafrechtlichen Tatbegriff. Nach dem sogenannten »same essential elements«-Ansatz liegt »dieselbe Straftat« vor, wenn die auf dasselbe Verhalten zur Anwendung kommenden Straftatbestände sich in ihren wesentlichen Elementen nicht unterscheiden.[37] In der Rechtssache Zolotukhin/Russland schwenkte der Gerichtshof jedoch wieder auf einen **faktischen Tatbegriff** um. Er begründete dies unter anderem mit der Auslegung von Art. 54 SDÜ durch den EuGH und mit der Gefahr, dass bei einem Abstellen auf die rechtliche Qualifikation die Garantie des Art. 4 ZP VII EMRK untergraben werde. Es handle sich bereits dann um »dieselbe Straftat«, wenn die Tatsachen identisch oder im Wesentlichen dieselben sind.[38]

3. Im EU-Sanktionsrecht

Der EuGH ging in wettbewerbsrechtlichen Sachen für den allgemeinen Rechtsgrundsatz **11** »ne bis in idem« von einem **materiell-rechtlichen Tatbegriff** aus. Die Anwendung des Grundsatzes hänge von der »dreifachen Voraussetzung der Identität des Sachverhalts, des Zuwiderhandelnden und des geschützten Rechtsguts« ab.[39] An dieser Auslegung hält der EuGH, soweit ersichtlich, auch nach Inkrafttreten der GRC fest.[40]

4. Nach Art. 54 SDÜ

Für den Begriff »dieselbe Tat« in Art. 54 SDÜ entschied sich der EuGH indes für eine **12** autonome, unionseinheitliche Auslegung im Sinne eines **faktisch geprägten Tatbegriffs**, ohne auf die engere Bestimmung des Tatbegriffs im Wettbewerbsrecht einzugehen. Ein materiell-strafrechtlicher Tatbegriff würde angesichts der Unterschiede in den natio-

---

[35] EGMR, Urt. v. 29.10.1995, Beschwerde-Nr. 15963/90 (Gradinger/Österreich), ÖJZ 1995, 954, Rn. 55 (»dieselbe Straftat« als dasselbe Verhalten).

[36] Für eine Übersicht siehe *Esser*, Das Doppelverfolgungsverbot in der Rechtsprechung des EGMR, in: Hochmayr (Hrsg.), S. 38 ff.

[37] EGMR, Urt. v. 29.5.2001, Beschwerde-Nr. 37950/97 (Fischer/Österreich), ÖJZ 2001, 657, Rn. 29. Zunächst befürwortete der Gerichtshof einen engen materiell-rechtlichen Tatbegriff; siehe nur EGMR, Urt. v. 30.7.1998, Beschwerde-Nr. 25711/94 (Oliveira/Schweiz), JBl 1999, 102 (Rn. 26 f.): Art. 4 ZP VII EMRK sei nur dann verletzt, wenn eine mehrfache Bestrafung oder Verfolgung wegen desselben Straftatbestands erfolgt.

[38] EGMR, GK, Urt. v. 10.2.2009, Beschwerde-Nr. 14939/03 (Zolotukhin/Russland), Österreichisches Institut für Menschenrechte (Hrsg.), Newsletter Menschenrechte 2009, 37, Rn. 82 ff.: »whether the facts in both proceedings were identical or substantially the same«; »facts which constitute a set of concrete factual circumstances involving the same defendant and inextricably linked together in time and space«. Bestätigt von EGMR, Urt. v. 16.6.2009, Beschwerde-Nr. 13079/03 (Ruotsalainen/Finnland), Rn. 48 f. (im Internet abrufbar unter: http://www.echr.coe.int); EGMR, Urt. v. 25.6.2009, Beschwerde-Nr. 55759/07 (Maresti/Kroatien), Rn. 62 (im Internet abrufbar unter: http://www.echr.coe.int).

[39] EuGH, Urt. v. 7.1.2004, Rs. C–204/00 P usw. (Aalborg Portland u.a.), Slg. 2004, I–123, Rn. 338; EuG, Urt. v. 29.4.2004, verb. Rs. T–236/01, T–239/01, T–244/01 – T–246/01, T–251/01 u. T–252/01 (Tokai Carbon Co. Ltd.), Slg. 2004, II–1181, Rn. 134.

[40] EuGH, Urt. v. 14.2.2012, Rs. C–17/10 (Toshiba Corporation u.a.), EuZW 2012, 223, Rn. 97 (ohne Erwähnung von Art. 50 GRC). Auch *Jarass*, NStZ 2012, 611 (616) und *Streinz*, in: Streinz, EUV/AEUV, Art. 50 GRC, Rn. 3, sehen diesen Tatbegriff weiterhin für maßgeblich an. Vgl. auch *Zeder*, Ne bis in idem als (ältestes) Grundrecht, in: Hochmayr (Hrsg.), S. 155.

nalen Strafrechtsordnungen der Mitgliedstaaten »ebenso viele Hindernisse für die Freizügigkeit im Schengen-Gebiet errichten, wie es Strafrechtssysteme in den Vertragsstaaten gibt«. Daher komme es nicht darauf an, ob die rechtliche Bewertung des Sachverhalts oder die geschützten rechtlichen Interessen übereinstimmen. Entscheidend sei die
»Identität der materiellen Tat«, verstanden als das Vorhandensein eines Komplexes von
Tatsachen, »die in zeitlicher und räumlicher Hinsicht sowie nach ihrem Zweck unlösbar
miteinander verbunden sind«.[41] Eine Analyse der Entscheidungen zeigt, dass der EuGH
in seinen im Ausgangspunkt faktischen Tatbegriff **normative Bewertungen** einfließen
lässt. Dies ist schon in der Rede von der »Identität der materiellen Tat« angelegt. Eine
wesentliche Rolle misst der Gerichtshof der (Teil-)Identität des Tatobjekts und einem
Gesamtvorsatz, d.h. einem »einheitlichen Vorsatz«, der von Anfang an auf alle Teilakte
gerichtet war, bei.[42] Die aufgestellten Kriterien für das Vorliegen derselben Tat – ein
zeitlicher, örtlicher und sachlicher Zusammenhang der Tatsachen, ein zumindest teilweise identisches Tatobjekt und ein Gesamtvorsatz – sind wohl als flexible Merkmale
i. S. eines beweglichen Systems zu verstehen. Es kann daher ein eher loser räumlicher
oder zeitlicher Zusammenhang durch eine intensivere Ausprägung eines der anderen
Merkmale, die für dieselbe Tat sprechen, kompensiert werden.

5. Nach Art. 50 GRC

13   Welcher Tatbegriff Art. 50 GRC zugrunde liegt, ist nach der Terminologie nicht eindeu-
tig. Zwar wird die Tat als strafbar charakterisiert (»wegen einer Straftat«[43]), was im
Vergleich zu Art. 54 SDÜ (»wegen derselben Tat«) einen materiell-strafrechtlichen Tat-
begriff nahe legt. Jedoch ist eine »Straftat« auch Gegenstand des ne bis in idem in Art. 4
ZP VII EMRK,[44] für das der EGMR nunmehr von einem faktischen Tatbegriff ausgeht (s.
Rn. 10). Für einen Gleichklang des Tatbegriffs des Art. 50 GRC mit jenem des Art. 54
SDÜ spricht,[45] dass ein materiell-rechtlicher Tatbegriff, wie er zum EU-Sanktionsrecht
oder zu Art. 4 ZP VII EMRK vertreten wurde, Rechtsunsicherheit mit sich brächte.

---

[41] EuGH, Urt. v. 9.3.2006, Rs. C–436/04 (van Esbroeck), Slg. 2006, I–2333, Rn. 27 ff.

[42] (Teil-)Identität des Tatobjekts: EuGH, Urt. v. 9.3.2006, Rs. C–436/04 (van Esbroeck), Slg. 2006,
I–2333, Rn. 42 (Besitz derselben Betäubungsmittel zum Zweck der Ausfuhr und Einfuhr); Urt. v.
18.7.2007, Rs. C–288/05 (Kretzinger), Slg. 2007, I–6441, Rn. 35 (Transport von geschmuggelten
Zigaretten durch mehrere Mitgliedstaaten); Urt. v. 28.9.2006, Rs. C–150/05 (van Straaten),
Slg. 2006, I–9327, Rn. 51 (Besitz von Betäubungsmitteln in Italien und eines Teils davon in den Nie-
derlanden; Ausfuhr und Einfuhr mit unterschiedlichen Beteiligten); Urt. v. 28.9.2006, Rs. C–467/04
(Gasparini), Slg. 2006, I–9199, Rn. 57 (Schmuggel von Olivenöl nach Portugal und anschließende
Vermarktung in Spanien). Gesamtvorsatz: Urt. v. 9.3.2006, Rs. C–436/04 (van Esbroeck), Slg. 2006,
I–2333; Urt. v. 18.7.2007, Rs. C–288/05 (Kretzinger), Slg. 2007, I–6441, Rn. 28. In EuGH, Urt. v.
18.7.2007, Rs. C–367/05 (Kraaijenbrink), Slg. 2007, I–6619, ging es um den Besitz und anschließenden Umtausch von Geldbeträgen, die aus Drogenhandel stammten. Es war nicht geklärt, ob den
Tathandlungen dieselben Geldbeträge zugrunde lagen. Der EuGH betonte, dass ein »einheitlicher
Vorsatz« für sich allein die Identität der Tat nicht begründen kann (Rn. 29 ff.). Siehe auch EuGH, Urt. v.
16.11.2010, Rs. C–261/09 (Mantello), Slg. 2010, I–11477, Rn. 42 f.: Der EuGH scheint (einen Europäischen Haftbefehl betreffend) im Besitz von Betäubungsmitteln eine andere Handlung zu sehen als
in der Mitgliedschaft in einer kriminellen Vereinigung, in der der Beschuldigte für die Beschaffung und
den unerlaubten Besitz von Drogen zuständig war; zustimmend *Böse*, HRRS 2012, 19 (22).

[43] »for an offence«; »en raison d'une infraction«; »por una infracción«.

[44] In den authentischen Fassungen: »for an offence«, »en raison d'une infraction«.

[45] Nach hier vertretener Auffassung ist dem rechtsordnungsinternen ne bis in idem nicht bereits
aufgrund von Art. 52 Abs. 3 AEUV dieselbe Bedeutung und Tragweite wie Art. 4 ZP VII EMRK
beizumessen (s. Rn. 7).

Würde man auf die rechtliche Einordnung des Verhaltens in den Mitgliedstaaten abstellen, wäre das Grundrecht in seinem transnationalen Geltungsbereich weitgehend wirkungslos. Dem Begriff der Tat im Sinne von Art. 50 GRC ist daher der vom EuGH anhand von Art. 54 SDÜ entwickelte, **im Grundsatz faktische Tatbegriff** (s. Rn. 12) zugrunde zu legen.[46] Dies hat wohl auch für den vertikalen und den rechtsordnungsinternen Anwendungsbereich des Grundsatzes zu gelten, weil sich eine unterschiedliche Auslegung eines einheitlichen Verfahrensgrundrechts kaum begründen ließe.[47]

II. Rechtskräftige Verurteilung oder rechtskräftiger Freispruch

1. Funktionale Betrachtungsweise

Ob der Betroffene als »verurteilt« oder »freigesprochen« anzusehen ist, ist anhand **14** einer funktionalen Betrachtungsweise zu entscheiden. Wegen der unterschiedlichen strafprozessualen Systeme und Begrifflichkeiten in den Mitgliedstaaten kann nicht auf die formelle Klassifizierung als »Verurteilung« oder »Freispruch« abgestellt werden. Maßgeblich ist die Funktion der Entscheidung, das Verfahren abschließend und mit Wirkungen, die einer Verurteilung oder einem Freispruch gleichkommen, zu beenden. Neben einem Schuldspruch in Urteilsform kann etwa ein (ohne Durchführung einer Hauptverhandlung erlassener) Strafbefehl nach § 407 dStPO die Sperrwirkung des Art. 50 GRC auslösen. Einem Freispruch kann die Einstellung des Verfahrens gleichzuhalten sein.[48] Wie der EuGH jüngst geklärt hat, kommt es bei einer Einstellung nicht auf ein sanktionierendes Element an.[49]

2. Richterliche Verfahrenserledigung

Eine verfahrensabschließende gerichtliche Entscheidung löst jedenfalls dann die Sper- **15** wirkung des Art. 50 GRC aus, wenn über die Schuld des Beschuldigten abgesprochen wird. Fraglich ist die Behandlung einer Verfahrenserledigung aus anderen Gründen. Da die Einordnung der Gründe als materiell-rechtlicher oder prozessualer Natur in den Rechtsordnungen divergieren kann,[50] lässt sich die Abgrenzung nicht anhand dieser

---

[46] Für die Übertragung der Rspr. des EuGH auch z.B. *Radtke*, NStZ 2012, 479 (482, 483 f.). Ablehnend gegenüber einem prozessualen Tatbegriffsverständnis *Kniebühler*, S. 315. *Jarass*, GRCh, Art. 50 GRC, Rn. 9, hält offenbar für den gesamten Anwendungsbereich von Art. 50 GRC die enge Interpretation des EuGH zum EU-Sanktionsrecht für maßgeblich.

[47] A.A. GA *Sharpston*, Schlussanträge zu Rs. C–467/04 (Gasparini u. a.), Slg. 2006, I–9199, Rn. 155 ff., die danach unterscheiden will, ob der ne bis in idem-Grundsatz innerhalb einer einzigen, einheitlichen Rechtsordnung oder zwischen verschiedenen Rechtsordnungen Anwendung findet.

[48] Schon die Bezeichnung eines Urteils als Freispruch oder Einstellung kann voneinander abweichen. So ist der Angeklagte nach § 259 Z. 3 letzte Variante öStPO durch Urteil freizusprechen, wenn nach Eröffnung der Hauptverhandlung ein Verfolgungshindernis bekannt wird. Nach § 260 Abs. 3 dStPO ist bei Vorliegen eines Verfahrenshindernisses während der Hauptverhandlung das Verfahren durch Urteil einzustellen; sog. Prozessurteil.

[49] EuGH, Urt. v. 29. 6. 2016, Rs. C–486/14 (Kossowski), ECLI:EU:C:2016:483, Rn. 38 ff. Dagegen ablehnend gegenüber einer Sperrwirkung einer auflagenfreien Verfahrenserledigung *Hackner*, NStZ 2011, 425 m. V. a. EuGH, Urt. v. 11. 12. 2003, Rs. C–187/01 und C–385/01 (Gözütok und Brügge), Slg. 2003, I–1345; *Jarass*, GRCh, Art. 50 GRC, Rn. 6. Befürwortend *Anagnostopoulos*, S. 1130 ff., 1137; tendenziell auch *Ambos*, Internationales Strafrecht, 4. Aufl., 2014, § 10, Rn. 127.

[50] Beispielsweise bildet die Verjährung der Straftat nach in Deutschland h. M. ein Verfahrenshindernis (BGHSt 50, 138 [139]; *Schmid*, in: Laufhütte/Rissing-van Saan/Tiedemann (Hrsg.), Strafgesetzbuch. Leipziger Kommentar, 2008, Vor § 78, Rn. 8 ff.), während sie in Österreich als Strafaufhebungsgrund angesehen wird (OGH EvBl. 2006/71; *Fuchs*, Strafrecht, Allgemeiner Teil, 8. Aufl., 2012, Kap.

formalen Unterscheidung vornehmen.[51] Hält man sich die grundlegende Funktion des
Doppelverfolgungsverbots vor Augen, das Vertrauen auf die Bestandskraft einer Abur-
teilung zu schützen (s. Rn. 1), ist jeweils im Einzelnen zu prüfen, ob der Beschuldigte auf
das Unterbleiben einer neuerlichen Strafverfolgung vertrauen darf. Ein **schutzwürdiges
Vertrauen** ist mit dem EuGH bei einem Freispruch aus Mangel an Beweisen[52] oder wegen
Verjährung[53] zu bejahen. Auch eine gerichtliche Einstellung des Verfahrens mangels
Tatverdachts kann ein berechtigtes Vertrauen auf die Endgültigkeit dieser Entscheidung
auslösen.[54] Des Weiteren wird ein Vertrauenstatbestand geschaffen, wenn das Verfahren
im Tatortstaat wegen Strafunmündigkeit beendet wird.[55] Eine diversionelle gerichtliche
Erledigung hat jedenfalls dann einen Strafklageverbrauch nach Art. 50 GRC zur Folge,
wenn die Erledigung sanktionierenden Charakter hat. Aber auch einer Verfahrenserledigung ohne Auflagen sollte eine strafklagverbrauchende Wirkung zuerkannt werden, wenn eine neuerliche Strafverfolgung nur bei Vorhandensein von nova zulässig
ist.[56]

16   **Kein schutzwürdiges Vertrauen** liegt in den folgenden Konstellationen vor: Das Verfahren wird wegen fehlender Strafgewalt oder fehlender sachlicher oder örtlicher Zuständigkeit eingestellt. Die Verfahrenseinstellung erfolgt, weil die Staatsanwaltschaft
auf eine Strafverfolgung zugunsten eines anderen Mitgliedstaates, der wegen derselben
Tat ebenfalls ein Strafverfahren eingeleitet hat, verzichtet hat.[57] Die Rechtsmittelinstanz
erklärt eine Entscheidung aus formalen Gründen für nichtig, ohne den zugrunde geleg-

---

27, Rn. 17). Die fehlende Anwendbarkeit des innerstaatlichen Strafrechts wird in Deutschland als
Verfahrenshindernis eingestuft, in anderen Rechtsordnungen stellt das Vorhandensein innerstaatli-
cher Strafgewalt eine materiell-rechtliche Voraussetzung der Strafbarkeit dar; rechtsvergleichender
Überblick bei *Sinn*, Das Strafanwendungsrecht als Schlüssel zur Lösung von Jurisdiktionskonflikten?
Rechtsvergleichende Beobachtungen, in: Sinn (Hrsg.), Jurisdiktionskonflikte bei grenzüberschreiten-
der Kriminalität, 2012, S. 502 ff.

[51] Dagegen lehnen einen transnationalen Strafklageverbrauch bei einer Beendigung des Verfahrens wegen eines Verfahrenshindernisses ab: *Blanke*, in: Calliess/Ruffert, EUV/AEUV, Art. 50 GRC,
Rn. 3; *Jarass*, GRCh, Art. 50 GRC, Rn. 6; *Streinz*, in: Streinz, EUV/AEUV, Art. 50 GRC, Rn. 10. Für
eine Differenzierung nach der Behebbarkeit des Verfahrenshindernisses *Kniebühler*, S. 229; *Anagnostopoulos*, S. 1133, 1137.

[52] EuGH, Urt. v. 28.9.2006, Rs. C–150/05 (van Straaten), Slg. 2006, I–9327, Rn. 54 ff.

[53] EuGH, Urt. v. 28.9.2006, Rs. C–467/04 (Gasparini), Slg. 2006, I–9199, Rn. 26 ff.

[54] EuGH, Urt. v. 5.6.2014, Rs. C–398/12 (M), ECLI:EU:C:2014:1057, Rn. 41 zu einem vor Eröffnung der Hauptverhandlung ergangenen gerichtlichen Einstellungsbeschluss nach belgischem Recht,
der nur bei Auftauchen neuer belastender Tatsachen aufgehoben werden konnte. Die vom BGH, NStZ
1999, 579 (580), nicht als »rechtskräftige Aburteilung« i. S. von Art. 54 SDÜ eingestufte »ordonnance
de non-lieu par des raisons de fait« nach französischem Recht dürfte funktionell einem Freispruch aus
Mangel an Beweisen gleichkommen. *Kühne*, JZ 1998, 876 ff., zeigt auf, dass die Ablehnung der Verfolgung durch die Anklagekammer auf einem Verfahren beruht, das wesentliche Teile der Hauptverhandlung vorwegnimmt, wobei das Verfahren nur unter ähnlichen Bedingungen wie eine Entscheidung mit vollständiger Rechtskraft wieder aufgenommen werden kann; im Ergebnis ebenso *Bohnert/
Lagodny*, NStZ 2000, 636 (640). Das OLG Innsbruck, NStZ 2000, 663 (665), hat darüber hinaus der
Verwerfung eines Klageerzwingungsantrags gem. § 172 Abs. 2 dStPO eine Sperrwirkung nach Art. 54
SDÜ zuerkannt, weil eine umfassende materiell-rechtliche Prüfung des Sachverhalts erfolgt sei und
der Fall nur unter qualifizierten Voraussetzungen wiederaufgegriffen werden könne.

[55] Die Strafunmündigkeit wird in Deutschland materiell-rechtlich als Schuldunfähigkeit eingeordnet. Zugleich bildet sie ein absolutes Prozesshindernis; *Lackner/Kühl*, Strafgesetzbuch, 28. Aufl.,
2014, § 19, Rn. 1 f.

[56] *Hochmayr* (Fn. 5), S. 109. Auch dem EuGH zufolge kommt es nicht auf eine Sanktionierung an,
vgl. EuGH, Urt. v. 29.6.2016, Rs. C–486/14 (Kossowski), ECLI:EU:C:2016:483, Rn. 38 ff.

[57] EuGH, Urt. v. 10.3.2005, Rs. C–469/03 (Miraglia), Slg. 2005, I–2009.

ten Sachverhalt in materieller Hinsicht zu beurteilen.[58] Eine Sperrwirkung ist des Weiteren abzulehnen, wenn das Verfahren aufgrund eines behebbaren Verfahrenshindernisses – wie Immunität oder Verhandlungsunfähigkeit – beendet wurde, weil hier mit dem späteren Wegfall des Verfahrenshindernisses und einer Fortsetzung der Strafverfolgung zu rechnen ist.

3. Nichtrichterliche Verfahrenserledigung

Wie in Art. 54 SDÜ (»rechtskräftige Aburteilung«) ist dem Wortlaut zufolge fraglich, ob **17** nichtrichterliche Erledigungsformen, wie die Einstellung des Verfahrens durch die Staatsanwaltschaft oder das Straferkenntnis einer Verwaltungsbehörde, eine erneute Verfolgung und Bestrafung verbieten. Der EuGH wertete in der Rechtssache *Gözütok* und *Brügge* nichtrichterliche Verfahrensbeendigungen als rechtskräftige Aburteilung i. S. von Art. 54 SDÜ. Die Vorabentscheidung betraf die Einstellung eines Strafverfahrens durch die Staatsanwaltschaft gegen Zahlung einer Geldbuße nach § 153a Abs. 1 dStPO sowie die das Verfahren beendende Vereinbarung zwischen Beschuldigten und Staatsanwaltschaft nach niederländischem Recht (sog. »transactie«).[59] Nach Ansicht des Gerichtshofs kann auch die Einstellung des Strafverfahrens durch die **Staatsanwaltschaft**, nachdem der Beschuldigte bestimmte Auflagen erfüllt hat, ein erneutes Strafverfahren hindern. Denn die Staatsanwaltschaft sei eine Behörde, die zur Mitwirkung an der Strafrechtspflege berufen ist, durch das von der Erfüllung der Auflage abhängige Verfahren werde das dem Beschuldigten vorgeworfene unerlaubte Verhalten geahndet und die Strafklage sei endgültig verbraucht.[60] Schließlich müsse auch ein Beschuldigter, der eine Straftat begangen hat, die wegen ihrer geringeren Schwere in einem vereinfachten Verfahren erledigt wurde, ungehindert von seinem Recht auf Freizügigkeit Gebrauch machen können.[61] Trotz des engeren Wortlauts von Art. 50 GRC sind diese Argumente übertragbar.[62] Ein weiter, am »effet utile« orientierter Auslegungsmaßstab ist im Übrigen schon deshalb geboten, weil das Verfahrensgrundrecht auf Sanktionierungen durch Unionsorgane, wie in Wettbewerbssachen, sonst nicht anwendbar wäre. Im *Kossowski*-Urteil stellte der EuGH klar, dass auch eine auflagenfreie Einstellung des Verfahrens durch die Staatsanwaltschaft eine rechtskräftige Aburteilung i. S. von Art. 54 SDÜ sein kann.[63] Er nimmt allerdings eine gewichtige Einschränkung vor: Eine

---

[58] Vgl. EuGH, Urt. v. 15.10.2002, verb. Rs. C–238/99 P, C–244/99 P, C–245/99 P, C–247/99 P, C–250/99 P, C–252/99 P u. C–254/99 P (Limburgse Vinyl Maatschappij u. a./Kommission), Slg. 2002, I–8375, Rn. 63 ff. zur Nichtigerklärung einer Entscheidung der Kommission, mit der diese eine Geldbuße wegen Wettbewerbsverletzung verhängt hatte.

[59] Zur »transactie« *van den Wyngaert*, NStZ 1998, 153. Für einen Überblick über staatsanwaltschaftliche Vergleiche im EU-Raum siehe GA *Colomer*, Schlussanträge zu verb. Rs. C–187/01 u. C–385/01 (Gözütok und Brügge), Slg. 2003, I–1345, Rn. 64 ff.

[60] Die Einstellung des Strafverfahrens nach § 153a Abs. 1 dStPO hat indessen nur einen beschränkten Strafklageverbrauch zur Folge; s. Rn. 19. Die grundsätzliche Anwendbarkeit von Art. 54 SDÜ auf Entscheidungen der Staatsanwaltschaft, die die Strafklage endgültig verbrauchen, bestätigend EuGH, Urt. v. 29.6.2016, Rs. C–486/14 (Kossowski), ECLI:EU:C:2016:483. Rn. 38 f.

[61] EuGH, Urt. v. 11.12.2003, verb. Rs. C–187/01 u. C–385/01 (Gözütok und Brügge), Slg. 2003, I–1345, Rn. 40.

[62] Für die Übertragbarkeit auch *Alber*, in: Tettinger/Stern, EuGRCh, Art. 50 GRC, Rn. 6 ff.; *Eser*, in: Meyer, GRCh, Art. 50 GRC, Rn. 13; *Jarass*, GRCh, Art. 50 GRC, Rn. 6; *Nehl*, in: Heselhaus/Nowak, Handbuch der Europäischen Grundrechte, § 58, Rn. 15; *Streinz*, in: Streinz, EUV/AEUV, Art. 50 GRC, Rn. 10; *Zöller*, S. 517 f. A. A. *Kniebühler*, S. 314 f.; *Stein*, S. 493.

[63] EuGH, Urt. v. 29.6.2016, Rs. C–486/14 (Kossowski), ECLI:EU:C:2016:483. Rn. 38 ff.

endgültige Einstellung des Strafverfahrens durch eine Staatsanwaltschaft löse nicht das Doppelverfolgungsgebot aus, wenn aus der Begründung des Beschlusses deutlich wird, dass keine eingehenden Ermittlungen durchgeführt wurden. Ein Indiz hierfür sei die unterlassene Vernehmung des Geschädigten und eines möglichen Zeugen.[64] Es tritt aber auch dann kein Strafklageverbrauch nach Art. 50 GRC ein, wenn die Staatsanwaltschaft das Verfahren mangels Tatverdachts nach § 170 Abs. 2 dStPO einstellt, weil sie die Ermittlungen auch ohne das Vorhandensein neuer Tatsachen oder Beweismittel wieder einleiten kann.[65]

18 Wie vom EuGH in der Rechtssache *Åkerberg Fransson* bestätigt, kann auch eine verfahrenserledigende Entscheidung einer **Verwaltungs(straf)behörde** eine »Verurteilung« nach Art. 50 GRC darstellen. Der Gerichtshof knüpft in der Entscheidung allerdings nicht an die zuvor in der Rechtssache *Gözütok* und *Brügge* aufgestellten Kriterien (Ahndungswirkung, endgültiger Strafklageverbrauch) an, sondern an die Einordnung der Sanktion als strafrechtlicher Natur im Sinne der EMRK (s. Rn. 22). Da diese Einordnung den nationalen Gerichten überlassen wird, kommt diesen ein Entscheidungsspielraum bei der Frage zu, ob das Doppelverfolgungsverbot verletzt ist.[66]

4. Rechtskraft

19 Das Doppelverfolgungsverbot setzt eine bestandskräftige Verfahrenserledigung voraus. Ob die Erledigung Bestandskraft hat, kann nach dem Recht des erstentscheidenden Staates, dem Recht des Zweitverfolgerstaates oder unionseinheitlich beurteilt werden.[67] Nach der Rechtsprechung des EuGH zu Art. 54 SDÜ ist das Recht des zuerst entscheidenden Staates maßgeblich. Die Entscheidung muss in diesem Staat als »**endgültig und bindend**« gelten und dort den sich aus dem Doppelverfolgungsverbot ergebenden Schutz bewirken. Kann die Tat im erstentscheidenden Staat neuerlich verfolgt werden, sei das transnationale Doppelverfolgungsverbot nicht anwendbar.[68] Bemerkenswert ist,

---

[64] EuGH, Urt. v. 29.6.2016, Rs. C–486/14 (Kossowski), ECLI:EU:C:2016:483, Rn. 42 ff. Siehe für einen gerichtlichen Einstellungsbeschluss auch EuGH, Urt. v. 5.6.2014, Rs. C–398/12 (M), ECLI:EU:C:2014:1057, Rn. 28. Tendenziell für das Erfordernis einer Prüfung in der Sache bereits EuGH, Urt. v. 10.3.2005, Rs. C–469/03 (Miraglia), Slg. 2005, 1–2009, Rn. 30, 34. In EuGH, Urt. v. 28.9.2006, Rs. C–150/05 (Van Straaten), Slg. 2006, 1–9327, Rn. 60 war dies offen gelassen worden.

[65] Österreichischer OGH, NStZ 2005, 344 f. (für eine Einstellung nach § 170 Abs. 2 dStPO infolge von Verjährung); OLG Innsbruck, NStZ 2000, 663 (664); *Ambos* (Fn. 49), § 10, Rn. 127; *Kniebühler*, S. 243 f.

[66] EuGH, Urt. v. 26.2.2013, Rs. C–617/10 (Åkerberg Fransson), ECLI:EU:C:2013:105, Rn. 35 f. Für die Einstufung einer Verwaltungssanktion als »Verurteilung« auch *Anagnostopoulos*, S. 1132, 1137; *Hecker*, StV 2001, 306 (308 ff.); *ders.* (Fn. 4), § 13, Rn. 36. Ablehnend BayObLG, NStZ-RR 2001, 245.

[67] Während nach Art. 4 ZP VII EMRK eindeutig das Recht des Staates maßgeblich ist, der die Entscheidung gefällt hat (»finally […] convicted in accordance with the law and penal procedure of that State«), und auch der Wortlaut von Art. 54 SDÜ für die Maßgeblichkeit des Rechts des Erstentscheiderstaates spricht (»Wer durch eine Vertragspartei rechtskräftig abgeurteilt worden ist«), bleibt in Art. 50 GRC offen, nach welchem Gesetz die Strafklage verbraucht sein muss (»in der Union nach dem Gesetz rechtskräftig verurteilt oder freigesprochen«).

[68] EuGH, Urt. v. 22.12.2008, Rs. C–491/07 (Turanský), Slg. 2008, I–11039, Rn. 32 ff.; vgl. auch EuGH, Urt. v. 11.2.2003, verb. Rs. C–187/01 u. C–385/01 (Gözütok und Brügge), Slg. 2003, I–1345, Rn. 25 ff. Im Fall M. sah der EuGH die Strafklage als verbraucht an, obwohl die belgische Regierung den Einstellungsbeschluss nicht als eine »rechtskräftige Aburteilung« einstufte (GA *Sharpston*, Schlussanträge zu Rs. C–398/12 (M), ECLI:EU:C:2014:65, Rn. 39). Ausschlaggebend für die Beurteilung erscheint, dass gegen M »aufgrund des gleichen Sachverhalts und des gleichen Bündels von Indizien« nicht erneut ermittelt werden durfte; EuGH, Urt. v. 5.6.2014, Rs. C–398/12 (M), ECLI:EU:C:2014:1057, Rn. 33.

dass der EuGH einer Einstellung des Strafverfahrens durch die Staatsanwaltschaft nach § 153a Abs. 1 dStPO eine grenzüberschreitend strafklageverbrauchende Wirkung zuerkannt hat.[69] Diese Erledigung erlangt nämlich nach überwiegender Meinung nur beschränkte Rechtskraft; trotz Erfüllung der Auflagen und Weisungen sei auch ohne Vorhandensein von neuen Tatsachen oder Beweismitteln eine strafrechtliche Verfolgung als Verbrechen möglich.[70] Aus der Entscheidung wird geschlossen, dass für eine transnationale Sperrwirkung nach Art. 54 SDÜ ein eingeschränkter Strafklageverbrauch ausreichend sei.[71] Der EuGH sprach zudem einem Abwesenheitsurteil eine strafklageverbrauchende Wirkung i. S. des Art. 54 SDÜ zu, obwohl das Verfahren bei Wiederauftauchen des Verurteilten neu aufzurollen war.[72]

Gegen die Heranziehung des Rechts des Erstentscheiderstaates im Rahmen von Art. 50 GRC ist einzuwenden,[73] dass die Reichweite der Sperrwirkung eng mit der Kognitionsbefugnis und dem Tatbegriff zusammenhängt. Kombiniert man den Strafklageverbrauch im zuerst entscheidenden Staat mit dem vom EuGH zu Art. 54 SDÜ entwickelten, weiten faktischen Tatbegriff (s. Rn. 12), so kann der unionale Strafklageverbrauch weiter als der innerstaatliche Strafklageverbrauch reichen. Der Einzelne würde unionsweit durch das Doppelverfolgungsverbot geschützt, obwohl er innerstaatlich nicht darauf vertrauen durfte, nicht noch einmal strafrechtlich verfolgt zu werden. Zu einem Auseinanderklaffen von unionsweitem und innerstaatlichem Strafklageverbrauch käme es insbesondere in jenen Mitgliedstaaten, die innerstaatlich einen engen materiell-rechtlichen Tatbegriff verwenden, weil ihren Gerichten nur eine begrenzte Kognitionsbefugnis zukommt. Ein zusätzliches Gerechtigkeitsdefizit drohte bei grenzüberschreitenden Sachverhalten, weil die transnationale Sperrwirkung weiter reichen kann als die Strafgewalt des erstentscheidenden Staates.[74] Überdies werden in den Mitgliedstaaten unterschiedlich hohe Anforderungen an eine materiell rechtskräftige Erledigung gestellt.[75] Daraus resultierende Ungerechtigkeiten lassen sich nur durch eine autonome, unionseinheitliche Auslegung vermeiden. Wünschenswert wäre mithin die **Herausbildung einer »europäischen Rechtskraft«**, die auf den europäischen Tatbegriff abgestimmt ist und den Strafklageverbrauch unionseinheitlich festlegt.[76]

20

---

[69] EuGH, Urt. v. 11.2.2003, verb. Rs. C–187/01 u. C–385/01 (Gözütok und Brügge), Slg. 2003, I–1345, Rn. 25 ff.

[70] *Pfeiffer*, Strafprozessordnung Kommentar, 5. Aufl., 2005, § 153a, Rn. 9; *Pfordte*, in: Dölling/Duttge/Rössner (Hrsg.), Gesamtes Strafrecht, 3. Aufl., 2013, § 153a, Rn. 3; vgl. auch BGH, NStZ 2004, 218.

[71] *Böse*, GA 2003, 755; *Eser/Burchard*, S. 514 ff.; *Heger*, HRRS 2008, 413 (415); *Kühne*, JZ 2003, 305 (307); *Rübenstahl/Krämer*, HRRS 2003, 65 (69). Für ein nur beschränktes Eingreifen von Art. 54 SDÜ dagegen *Ambos* (Fn. 49), § 10, Rn. 125; *Hecker*, StV 2001, 306 (309 f.).

[72] EuGH, Urt. v. 11.12.2008, Rs. C–297/07 (Bourquain), Slg. 2008, I–9425, Rn. 34 ff. Gegenteilig die »travaux préparatoires« zu Art. 4 7. ZP EMRK, Rn. 29 i. V. m. Rn. 22 (Explanatory Report, veröffentlicht in HRLJ 1985, 82 [86, 85]).

[73] Zum Folgenden ausführlich *Hochmayr* (Fn. 5), S. 95 ff.

[74] *Kühne*, S. 380 und *Stuckenberg*, S. 577 mit dem Beispiel einer Geiselnahme mit anschließender Flucht durch mehrere Mitgliedstaaten, in deren Verlauf weitere Straftaten begangen werden.

[75] So gilt die »ordonnance de non-lieu par des raisons de fait« nach französischem Recht nur als begrenzt rechtskräftig, obwohl das Verfahren lediglich bei Vorliegen neuer Tatsachen wieder eröffnet werden kann; *Kühne*, JZ 1998, 876 (877 f.).

[76] Für eine autonome Auslegung auch *Alber*, in: Tettinger/Stern, EuGRCh, Art. 50 GRC, Rn. 10; *Böse*, HRRS 2012, 19 (21); *Satzger*, S. 1534 f. Für erste Vorschläge inhaltlicher Kriterien siehe *Ambos* (Fn. 49), § 10, Rn. 127; *Bohnert/Lagodny*, NStZ 2000, 636 (640); *Eicker*, S. 203 ff.; *Hochmayr* (Fn. 5), S. 106 ff.; *Radtke/Busch*, NStZ 2003, 281 (287); *Radtke*, § 12, Rn. 32.

F. Grundrechtseingriff

21   Art. 50 GRC schützt vor erneuter Verfolgung in einem Strafverfahren und vor erneuerter Bestrafung. Bereits die Einleitung eines Ermittlungsverfahrens hat zu unterbleiben, wenn das Vorliegen einer rechtskräftigen Erledigung derselben Tat bekannt ist. Wird die Erstentscheidung erst zu einem späteren Zeitpunkt bekannt, ist das Verfahren wegen des Verfahrenshindernisses des ne bis in idem sofort zu beenden. Ein Eingriff in das Grundrecht des Art. 50 GRC liegt auch dann vor, wenn nachträglich eine zusätzliche strafrechtliche Sanktion ausgesprochen oder die verhängte Sanktion verschärft wird. Es besteht mithin ein »**Nachschlagsverbot**«. Dagegen wird der Schutzbereich von Art. 50 GRC nicht berührt, wenn das rechtskräftig erledigte Verfahren allein zugunsten des Verurteilten wieder eröffnet wird.

22   Der Begriff des »Strafverfahrens« ist wie in Art. 49 GRC im Anschluss an die Rechtsprechung des EGMR weit zu bestimmen. Für die Einordnung kommt es zunächst auf die Qualifizierung der Maßnahme nach dem innerstaatlichen Recht, sodann auf die Natur des Vergehens sowie auf den Zweck, die Art und die denkbare Schwere der Maßnahme an.[77] Ein Auslieferungsverfahren hat selbst keinen strafrechtlichen Charakter und ist daher nicht als ein »Strafverfahren« einzuordnen.[78] Ein Verfahren wegen Ordnungswidrigkeiten oder ein verwaltungsbehördliches Strafverfahren erfüllt regelmäßig die Kriterien eines »Strafverfahrens«.[79] Dasselbe gilt für ein Verfahren, das zur Verhängung einer Kartellsanktion führen kann.[80] Es verstößt aber nicht gegen den Grundsatz »ne bis in idem«, neben einer strafrechtlichen eine **verwaltungsrechtliche Sanktion** zu verhän-

---

[77] EuGH, Urt. v. 26.2.2013, Rs. C–617/10 (Åkerberg Fransson), ECLI:EU:C:2013:105, Rn. 35; vgl. Urt. v. 5.6.2012, Rs. C–489/10 (Bonda), ECLI:EU:C:2012:319, Rn. 36 ff. – Auch der EGMR greift für Art. 4 ZP VII EMRK auf die zu den Art. 6 und 7 EMRK entwickelten sog. »Engel«-Kriterien (EGMR, Urt. v. 8.6.1979, Beschwerde-Nr. 5100/71 [Engel/Deutschland], EuGRZ 1976, 221 [232 f.]) zurück; EGMR, Urt. v. 4.3.2014, Beschwerde-Nr. 18640/10, 18647/10 u. a. (Grande Stevens u. a./Italien), NJOZ 2015, 712 (714 ff.), Rn. 222 i. V. m. Rn. 94 ff.

[78] EGMR, Urt. v. 4.2.2005, Beschwerde-Nr. 46827/99 und 46951/99 (Mamatkulov und Askarov/ Türkei), Rep. 2005-I, 225, Rn. 82; Urt. v. 7.10.2008, Beschwerde-Nr. 41138/05 (Monedero Angora/ Spanien), Rep. 2008-IV, 429 (Europäischer Haftbefehl); OLG München, StV 2013, 313; *Breitenmoser*, Die Bedeutung der EMRK im Ausländerrecht, in: Renzikowski (Hrsg.), Die EMRK im Privat-, Straf- und Öffentlichen Recht, 2004, S. 197 (229 f.). Dagegen leitet *Brodowski*, StV 2013, 339 (345 f.) aus Art. 50 GRC ein auslieferungsrechtliches ne bis in idem ab.

[79] Für das Verfahren wegen Ordnungswidrigkeiten: *Alber*, in: Tettinger/Stern, EuGRCh, Art. 50 GRC, Rn. 3; *Blanke*, in: Calliess/Ruffert, EUV/AEUV, Art. 50 GRC, Rn. 4; *Eser*, Rn. 77; *Jarass*, GRCh, Art. 50 GRC, Rn. 5; *Streinz*, in: Streinz, EUV/AEUV, Art. 50 GRC, Rn. 3; *Zöller*, S. 517. Für das verwaltungsbehördliche Strafverfahren: *Jarass*, GRCh, Art. 50 GRC, Rn. 5; *Kniebühler*, S. 315; *Mansdörfer*, S. 241. Siehe auch EGMR, Urt. v. 4.3.2014, Beschwerde-Nr. 18640/10, 18647/10 u. a. (Grande Stevens u. a./Italien), NJOZ 2015, 712 für administrative Sanktionen wegen Marktmissbrauchs in Umsetzung der RL 2003/6/EG vom 28.1.2003 über Insider-Geschäfte und Marktmanipulation (Marktmissbrauch), ABl. 2003, L 96/16.

[80] Von der Kommission nach Art. 23 Abs. 1 und 2 VO (EG) Nr. 1/2003 verhängte Geldbußen stellen Strafen im weiteren Sinne dar; näher *T. Streinz*, Jura 2009, 414. Für die Einordnung des EU-Sanktionsrechts als »Strafverfahren« i. S. von Art. 50 GRC auch *Folz*, in: Vedder/Heintschel v. Heinegg, Europäisches Unionsrecht, Art. 50 GRC, Rn. 3; *Nehl*, in: Heselhaus/Nowak, Handbuch der Europäischen Grundrechte, § 58, Rn. 11; *Streinz*, in: Streinz, EUV/AEUV, Art. 50 GRC, Rn. 3; *van Vormizeele*, in: Schwarze, EU-Kommentar, Art. 50 GRC, Rn. 5. Ein »Strafverfahren« sind auch die in den Mitgliedstaaten vorgesehenen Verfahren zur Verhängung einer Geldbuße wegen eines Kartellverstoßes, wie in Deutschland das Verfahren wegen einer Ordnungswidrigkeit nach § 81 GWB oder in Österreich das vom Kartellgericht durchzuführende Außerstreitverfahren zur Verhängung einer Geldbuße nach § 29 Kartellgesetz 2005 (vgl. *Rosbaud*, JBl 2003, 907).

gen, die andere Zwecke als eine Bestrafung verfolgt.[81] Macht jemand im Beihilfeverfahren falsche Angaben, kann zusätzlich zum Ausschluss von der Gewährung einer Beihilfe eine strafrechtliche Verfolgung und Bestrafung wegen Subventionsbetrugs erfolgen. Denn die genannte verwaltungsrechtliche Sanktion zielt nicht darauf ab, dem Antragsteller ein Übel zuzufügen, um seine Tat zu missbilligen,[82] sondern soll ausschließlich präventiv die Redlichkeit und Zuverlässigkeit des Antragstellers sicherstellen.[83] **Vorbeugende (sichernde) Maßnahmen**, die allein an der Gefährlichkeit einer Person oder Sache orientiert sind, wie es auf die Entziehung der Fahrerlaubnis oder ein Berufsverbot zutreffen *kann*,[84] stellen grundsätzlich keine strafrechtliche Sanktion dar; sie können daher zusätzlich zu einer rechtskräftigen Verurteilung angeordnet werden. Präventive Maßnahmen, die ausdrücklich an eine Straftat anknüpfen, sollten aber bereits im Strafurteil festgelegt werden, um eine Umgehung des Doppelverfolgungsverbots zu vermeiden.

Art. 50 GRC schützt nicht vor parallel geführten Strafverfahren. Erst wenn eine   **23**
rechtskräftige Entscheidung vorliegt, die einen transnationalen Strafklageverbrauch bewirkt, greift der Grundsatz »ne bis in idem« ein.[85] Allerdings bedeutet bereits eine **parallele Strafverfolgung** für den Beschuldigten eine große Belastung. Unbefriedigend ist auch, dass der Jurisdiktionskonflikt durch die Regel »ne bis in idem« nach dem Prioritätsprinzip entschieden wird: Vorrang hat die Strafgewalt jenes Staates, der als erster eine verfahrensabschließende Entscheidung fällt. Dabei handelt es sich nicht notwendig um die »beste« Strafgewalt. Der Rahmenbeschluss zur Vermeidung und Beilegung von Kompetenzkonflikten in Strafverfahren[86] löst dieses Problem nur unzureichend. Es bedarf einer darüber hinausgehenden Lösung auf Unionsebene.[87]

---

[81] EuGH, Urt. v. 26.2.2013, Rs. C–617/10 (Åkerberg Fransson), ECLI:EU:C:2013:105, Rn. 34.

[82] Zu dieser – von den Strafzwecken unabhängigen – Funktion von Strafe *Hochmayr*, ZStW 124 (2012), 64 (65 f.).

[83] Vgl. EuGH, Urt. v. 5.6.2012, Rs. C–489/10 (Bonda), ECLI:EU:C:2012:319. Siehe auch EuGH, Urt. v. 21.7.2011, Rs. C–150/10 (Beneo-Orafti SA), Slg. 2011, I–6843, Rn. 70 f. für die Wiedereinziehung der Beihilfe nach Art. 26 Abs. 1 der VO (EG) Nr. 968/2006 – dabei handelt es sich nicht um eine Sanktion, sondern um den Entzug eines rechtswidrig erlangten Vorteils – sowie für den Überschussbetrag, der nach Art. 15 der VO (EG) Nr. 318/2006 bei Erzeugung über die Quote hinaus zu zahlen ist – dieser habe wirtschaftliche Lenkungsfunktion, keinen Strafcharakter.

[84] Vgl. EGMR, Urt. v. 1.2.2007, Beschwerde-Nr. 12277/04 (Storbraten/Norwegen) (im Internet abrufbar unter: http://www.echr.coe.int): Das verhängte zweijährige Berufsverbot sei keine strafrechtliche Sanktion, sondern eine präventive, von Schuld unabhängige Maßnahme zum Schutz von Aktionären, Gläubigern und der Gesellschaft. Zur Einordnung von Disziplinarverfahren siehe auch *Nehl*, in: Heselhaus/Nowak, Handbuch der Europäischen Grundrechte, § 58, Rn. 11; *Kniebühler*, S. 315. Nach *Jarass*, NStZ 2012, 611 (612) liegen Disziplinarverfahren außerhalb des Anwendungsbereichs der GRC. Für ein Nebeneinander von Straf- und Disziplinarverfahren wurde auch im Grundrechtekonvent plädiert; *Bernsdorff/Borowsky* (Fn. 16), S. 154, 181, 284. Ebenso gehen die »travaux préparatoires« zu Art. 4 ZP VII EMRK, Rn. 32 (Explanatory Report, veröffentlicht in HRLJ 1985, 82 [86]), von der Zulässigkeit eines solchen Nebeneinanders aus.

[85] Vgl. EuGH, Urt. v. 22.12.2008, Rs. C–491/07 (Turanský), Slg. 2008, I–11039, Rn. 44; EuGH, Urt. v. 29.6.2016, Rs. C–486/14 (Kossowski), ECLI:EU:C:2016:483, Rn. 45.

[86] Rb 2009/948/JI vom 30.11.2009 zur Vermeidung und Beilegung von Kompetenzkonflikten in Strafverfahren, ABl. 2009, L 328/42.

[87] So auch *Schomburg/Suominen-Picht*, NJW 2012, 1190 (1194). Zum genannten Rahmenbeschluss und zu alternativen Lösungsvorschlägen *Sinn* (Fn. 50), S. 580 ff.; *Zimmermann*, Strafgewaltkonflikte in der Europäischen Union, 2015, S. 305 ff., 320 ff.

G.   Eingriffsrechtfertigung

24   Die Freiheit vor mehrfacher Bestrafung und Verfolgung kann unter den Bedingungen der allgemeinen Einschränkungsklausel des Art. 52 Abs. 1 GRC durch Gesetz begrenzt werden. Mit dem Wesensgehalt des Grundrechts vereinbar ist eine ausnahmsweise Durchbrechung des Verbots im Interesse der materiellen Gerechtigkeit. Die **Wiederaufnahme**[88] wegen neuer oder neu bekannt gewordener Tatsachen oder schwerer, den Ausgang des Verfahrens berührender Mängel ist in Art. 4 Abs. 2 ZP VII EMRK ausdrücklich für zulässig erklärt.[89] Weitere Einschränkungen lässt das 7. ZP EMRK nicht einmal im Notstandsfall zu. Da jene Mitgliedstaaten, die das Zusatzprotokoll ratifiziert haben, an diese Begrenzungen gebunden sind,[90] sind darüber hinaus gehende Durchbrechungen des Verfahrensgrundrechts nur im rechtsordnungsübergreifenden Anwendungsbereich des Art. 50 GRC möglich. Für diesen könnte etwa eine Missbrauchsklausel nach dem Vorbild von Art. 20 Abs. 3 Rom-Statut[91] vorgesehen werden, falls das Erstverfahren ein Scheinverfahren darstellte oder sonst in einer Weise geführt wurde, die mit der Absicht, die betreffende Person zur Verantwortung zu ziehen, unvereinbar war.[92]

25   Anfänglich hatten die Vertragsparteien des SDÜ die Möglichkeit, bei der Ratifikation des Übereinkommens **Vorbehalte** zum transnationalen Doppelverfolgungsverbot zu erklären.[93] Zulässig waren nach Art. 55 SDÜ Vorbehalte für Taten, die ganz oder teilweise im Hoheitsgebiet der Vertragspartei begangen wurden, die sich gegen die Sicherheit des Staates oder andere gleichermaßen wesentliche Interessen der Vertragspartei richteten oder die von einem Bediensteten der Vertragspartei unter Verletzung seiner Amtspflichten begangen wurden. Auch die Regel »ne bis in idem« der Übereinkommen zur Strafrechtsharmonisierung ließ entsprechende Ausnahmen zu.[94] Den Erläuterungen zur GRC zufolge sind diese Ausnahmen vom Grundsatz »ne bis in idem« von Art. 52 Abs. 1 GRC gedeckt.[95]

---

[88] Zu den Begriffsmerkmalen *Schmoller*, der in der Wiederaufnahme nicht eine Durchbrechung des Grundsatzes »ne bis in idem«, sondern eine Fortführung des ursprünglichen Verfahrens sieht; *Schmoller*, Ne bis in idem und die Wiederaufnahme des Strafverfahrens, in: Hochmayr (Hrsg.), S. 119 ff.

[89] Keiner Rechtfertigung bedarf eine Wiederaufnahme zugunsten des Beschuldigten, weil diese nicht in das Grundrecht eingreift.

[90] Es besteht dagegen wohl keine mittelbare Bindung für alle Mitgliedstaaten über Art. 52 Abs. 3 GRC; s. Rn. 7.

[91] Römisches Statut des Internationalen Strafgerichtshofs, BGBl. II 2000, S. 1393.

[92] *Eser*, Rn. 80. Über die Möglichkeit einer Wiederaufnahme, wenn das erste Verfahren nur ein »Scheinverfahren« war, wurde auch im Grundrechtekonvent diskutiert; *Bernsdorff/Borowsky* (Fn. 16), S. 283 f.

[93] Nach Inkrafttreten des Amsterdamer Vertrags der Union beitretende Staaten sind verpflichtet, den Schengen-Besitzstand vollständig zu übernehmen; Art. 8 des Schengen-Protokolls v. 10.11.1997, ABl. 1997, C 340/93. *Böse*, FS Kühne, S. 523 zufolge schließt dies allerdings nicht aus, von der Möglichkeit eines Vorbehalts nach Art. 55 SDÜ Gebrauch zu machen.

[94] Fn. 14.

[95] Erläuterung zu Art. 50 GRC, ABl. 2007, C 303/31. So auch *Böse*, FS Kühne, S. 521 ff., soweit sich der Vorbehalt nicht als unverhältnismäßig erweist; *Eckstein*, ZStW 124 (2012), 490, 509 ff.; *Liebau*, S. 127 ff., der aber durch teleologische Reduktion das Wettbewerbsrecht von den Vorbehalten ausnehmen will; *Radtke*, § 12, Rn. 34. Eine Weitergeltung der Vorbehalte verneinend, da diese nicht Bestandteil des Schengen-Acquis seien, *Anagnostopoulos*, S. 1127 f., 1137; *Hackner*, NStZ 2011, 425, 427; *Hecker* (Fn. 4), § 13, Rn. 66; *Plöckinger/Leidenmühler*, wistra 2002, 81 (82 f.).

Umstritten ist, ob auch der in Art. 54 SDÜ normierte Vollstreckungsvorbehalt eine   **26**
entsprechende Ausnahme darstellt. Danach sperrt eine Verurteilung eine neuerliche
Strafverfolgung oder Bestrafung nur dann, wenn »die Sanktion bereits vollstreckt worden ist, gerade vollstreckt wird oder nach dem Recht des Urteilsstaates nicht mehr
vollstreckt werden kann«. Das **Vollstreckungselement** soll verhindern, dass sich ein
Beschuldigter durch Flucht in einen anderen Mitgliedstaat der Strafvollstreckung entzieht.[96] Eine verbreitete, vom Bundesverfassungsgericht gebilligte[97] Ansicht hält das
Vollstreckungselement des Art. 54 SDÜ für weiterhin anwendbar. Auch wenn es mittlerweile weitreichende Möglichkeiten gibt, Strafen in einem anderen Mitgliedstaat vollstrecken zu lassen, sei das System nicht lückenlos. Das in Art. 54 SDÜ vorgesehene
Vollstreckungselement sei eine den Anforderungen des Art. 52 Abs. 1 entsprechende
Schrankenbestimmung, was die Erläuterungen zur GRC bestätigten.[98] Diese Sichtweise
hat der EuGH bestätigt.[99] Die Annahme, Art. 54 SDÜ stelle selbst eine »Ausnahme« im
Sinne der Erläuterungen zur GRC dar, die »von der horizontalen Klausel des Art. 52 I
über die Einschränkungen abgedeckt« sei,[100] überzeugt jedoch nicht. Das Vollstreckungselement bildet eine Voraussetzung für das Eingreifen der Sperrwirkung des
Art. 54 SDÜ, nicht eine Ausnahme von dieser.[101] Es wäre rechtsstaatlich bedenklich, in
jenen Fällen, in denen keine Vollstreckungshilfe zu leisten ist – nämlich wenn das Verhältnismäßigkeitsprinzip oder rechtsstaatliche Gründe einer Vollstreckungshilfe entgegenstehen –, erneut ein Strafverfahren durchzuführen.[102] Art. 50 GRC macht durch
den Verzicht auf das Vollstreckungselement deutlich, »dass es innerhalb der Europäischen Union doch weitgehend wie innerhalb eines ›normalen‹ Staates zugehen soll, in
dem das Doppelverfolgungsverbot auch nicht von der Verbüßung der verhängten Sanktion abhängig sein soll«.[103] Dies wird dadurch bestätigt, dass die innerstaatliche und die
transnationale Dimension von ne bis in idem in einem einheitlichen Verfahrensgrundrecht zusammengeführt worden sind.[104]

H.   Verhältnis zu anderen Bestimmungen

Art. 50 GRC steht in engem Zusammenhang mit dem Grundsatz der Verhältnismäßig-   **27**
keit von Strafen nach Art. 49 Abs. 3 GRC. Falls der Beschuldigte außerhalb der Union –
und damit außerhalb des Geltungsbereichs von Art. 50 GRC – wegen derselben Straftat
bestraft wurde, gebieten Art. 49 Abs. 3 GRC und der allgemeine Billigkeitsgedanke
eine Berücksichtigung der verhängten Sanktion (s. Rn. 6).

---

[96] *Ambos* (Fn. 49), § 10, Rn. 132 m. w. N.
[97] BVerfG, NJW 2012, 1202.
[98] BGHSt 56, 11 (14 f.); LG Aachen, StV 2010, 237; *Ambos* (Fn. 49), § 10, Rn. 132; *Burchard/
Brodowski*, StraFo 2010, 179 (183); *Hackner*, NStZ 2011, 425 (429); *Hecker* (Fn. 4), § 13, Rn. 39;
Satzger, S. 1522 ff.; *Streinz*, EUV/AEUV, Art. 50 GRC, Rn. 13 f.
[99] EuGH, Urt. v. 27.5.2014, Rs. C–129/14 (Spasic), ECLI:EU:C:2014:586, Rn. 54 ff.
[100] Erläuterung zu Art. 50 GRC, ABl. 2007, C 303/31.
[101] *Böse*, GA 2011, 504 (506); *ders.*, Einschränkungen des transnationalen ne bis in idem, in:
Hochmayr (Hrsg.), S. 172 f.; *Merkel/Scheinfeld*, ZIS 2012, 206 (208 ff.).
[102] Näher *Böse*, GA 2011, 504 (508 ff.).
[103] *Heger*, ZIS 2009, 408.
[104] Zum Ganzen *Böse*, GA 2011, 504 ff. (insbes. 507); *Merkel/Scheinfeld*, ZIS 2012, 206 ff. Für den
Wegfall des Vollstreckungselements auch z. B. *Eser*, Rn. 78; *F. Meyer*, HRRS 2014, 277 ff.; *Reichling*,
StV 2010, 237 (238); *F. Walther*, ZJS 2013, 16 (19 f.); *Zeder*, JSt 2012, 195, 197 f.

Titel VII
Allgemeine Bestimmungen über die Auslegung
und Anwendung der Charta

Artikel 51   GRC Anwendungsbereich

(1) [1]Diese Charta gilt für die Organe, Einrichtungen und sonstigen Stellen der Union unter Wahrung des Subsidiaritätsprinzips und für die Mitgliedstaaten ausschließlich bei der Durchführung des Rechts der Union. [2]Dementsprechend achten sie die Rechte, halten sie sich an Grundsätze und fördern sie deren Anwendung entsprechend ihren jeweiligen Zuständigkeiten und unter Achtung der Grenzen der Zuständigkeiten, die der Union in den Verträgen übertragen werden.

(2) Diese Charta dehnt den Geltungsbereich des Unionsrechts nicht über die Zuständigkeiten der Union hinaus aus und begründet weder neue Zuständigkeiten noch neue Aufgaben für die Union, noch ändert sie die in den Verträgen festgelegten Zuständigkeiten und Aufgaben.

Literaturübersicht

Bäcker, Das Grundgesetz als Implementationsgarant der Unionsgrundrechte, EuR 2015, 389; *Bienert*, Die Kontrolle mitgliedstaatlichen Handelns anhand der Gemeinschaftsgrundrechte, Diss. iur., Göttingen, 2001; *Brosius-Gersdorf*, Bindung der Mitgliedstaaten an die Gemeinschaftsgrundrechte, Diss. iur., Berlin, 2005; *Brummund*, Kohärenter Grundrechtsschutz im Raum der Freiheit, der Sicherheit und des Rechts, Diss. iur., Baden-Baden, 2010; *Dannecker*, Anmerkung zu EuGH, Urteil v. 26. 2. 2013 – C–617/10 Åkerberg Fransson, JZ 2013, 616; *Duschanek/Griller* (Hrsg.), Grundrechte für Europa – Die Europäische Union nach Nizza, 2001; *Franzius*, Grundrechtsschutz in Europa – Zwischen Selbstbehauptungen und Selbstbeschränkungen der Rechtsordnungen und ihrer Gerichte, ZaöRV 2015, 383; *Geiß*, Europäischer Grundrechtsschutz ohne Grenzen?, DÖV 2014, 265; *Gerstner/Goebel*, Grundrechtsschutz in Europa, Jura 1993, 626; *Hilf*, Die abhängige juristische Person des Europäischen Gemeinschaftsrecht, ZaöRV 36 (1976), 551; *Jarass*, Zum Verhältnis von Grundrechtecharta und sonstigem Recht, EuR 2013, 29; *Jürgensen/Schlünder*, EG-Grundrechtsschutz gegenüber Maßnahmen der Mitgliedstaaten, AöR 1996, 200; *Kämmerer*, Verfassung im Nationalstaat: Von der Gesamtordnung zur europäischen Teilordnung?, NVwZ 2015, 1321; *Kingreen*, Die Gemeinschaftsgrundrechte, JuS 2000, 857; *Latzel*, Die Anwendungsbereiche des Unionsrechts, EuZW 2015, 658; *Lenaerts*, Kooperation und Spannung im Verhältnis von EuGH und nationalen Verfassungsgerichten, EuR 2015, 3; *ders.*, In Vielfalt geeint/Grundrechte als Basis des europäischen Integrationsprozesses, EuGRZ 2015, 353; *Ludwig*, Zum Verhältnis zwischen Grundrechtecharta und allgemeinen Grundsätzen, EuR 2011, 715; *Mayer*, Der Vertrag von Lissabon und die Grundrechte, EuR-Beiheft 1/2009, 87; *Mehde*, Gespaltener Grundrechtsschutz in der EU? Zur Bedeutung der Sonderregelung für Polen und das Vereinigte Königreich, EuGRZ 2008, 269; *Merten/Papier* (Hrsg.), Handbuch der Grundrechte in Deutschland und Europa, Band VI/1 Europäische Grundrechte, 2010; *Ohler*, Grundrechtliche Bindungen der Mitgliedstaaten nach Art. 51 GRCh, NVwZ 2013, 1433; *Pache/Rösch*, Die neue Grundrechtsordnung nach dem Vertrag von Lissabon, EuR 2009, 769; *dies.*, Europäischer Grundrechtsschutz nach Lissabon – die Rolle der EMRK und der Grundrechtecharta in der EU, EuZW 2008, 519; *Papier*, Verhältnis des Bundesverfassungsgerichts zu den Fachgerichtsbarkeiten, DVBl. 2009, 473; *Ruffert*, Schlüsselfragen der Europäischen Verfassung der Zukunft der Grundrechte – Institutionen – Kompetenzen – Ratifizierung, EuR 2004, 165; *Schaller*, Die EU-Mitgliedstaaten als Verpflichtungsadressaten der Gemeinschaftsgrundrechte, Diss. iur., Baden-Baden, 2002; *Schiedermair/Mrozek*, Die Vorratsdatenspeicherung im Zahnräderwerk des europäischen Mehrebenensystems, DÖV 2016, 89; *Schulte-Herbrüggen*, Der Grundrechtsschutz in der Europäischen Union nach dem Vertrag von Lissabon, ZEuS 2009, 343; *Schwarze*, Der Grundrechtsschutz von Unternehmen in der Europäischen Grundrechtecharta, EuZW 2001, 517; *Szczekalla*, Grenzenlose Grundrechte, NVwZ 2006, 1019; *Teetzmann*, Grundrechtsbindung des Unionsgesetzgebers und Umsetzungsspielräume, EuR 2016, 90; *Thym*, Die Reichweite der EU-Grundrechte-Charta – Zu viel Grundrechtsschutz?, NVwZ 2013, 889; *Tomuschat*, Aller guten Dinge sind III? – Zur Diskussion um die Solange-Rechtsprechung des BVerfG, EuR 1990, 340; *Weber*, Die Europäische Grundrechtscharta – auf dem Weg zu einer europäischen Verfassung, NJW 2000, 537; *Weiß*, Grundrechtsschutz durch den EuGH: Tendenzen seit Lissabon, EuZW 2013, 287; *Winkler*, Die Grundrechte der Europäischen Union, Diss. iur., Wien, 2006; *Winter*, Deutliche Worte des EuGH im Grundrechtsbereich, NZA 2013, 473; *Wollenschläger*, Anwendbarkeit der EU-Grundrechte im Rahmen einer Beschränkung der Grundfreiheiten, EuZW 2014, 577; *Ziegenhorn*, Kontrolle von mitgliedstaatlichen Gesetzen »im Anwendungsbereich des Unionsrechts« am Maßstab der Unionsgrundrechte, NVwZ 2010, 803.

Leitentscheidungen

EuGH, Urt. v. 20.2.1964, Rs. 6/64 (Costa/E.N.E.L), Slg. 1964, 1251 (1270)
EuGH, Urt. v. 10.4.1984, Rs. 14/83 (Colson und Kamann), Slg. 1984, 1891
EuGH, Urt. v. 13.7.1989, Rs. 5/88 (Wachauf), Slg. 1989, 2609
EuGH, Urt. v. 21.2.1991, C–143/88 (Zuckerfabrik Suderdithmarschen AG), Slg. 1991, I–415
EuGH, Urt. v. 18.6.1991, Rs. C–260/89 (ERT), Slg. 1991, I–2925
EuGH, Urt. v. 1.10.1991, Rs. C–159/90 (Society for the Protection of Unborn Children Ireland Ltd),
    Slg. 1991, I–4733
EuGH, Urt. v. 12.2.1992, verb. Rs. C–48/90 u. C- 66/90 (Niederlande u. a./Kommission), Slg. 1992,
    I–565
EuGH, Urt. v. 24.3.1994, Rs. C–2/92 (Bostock), Slg. 1994, I–955
EuGH, Urt. v. 17.7.1994, Rs. C–351/92 (Graff), Slg. 1994, I–3361
EuGH, Urt. v. 5.10.1994, Rs. C–23/93 (TV10), Slg. 1994, I–4795
EuGH, Urt. v. 15.2.1996, Rs. C–63/93 (Duff u. a.), Slg. 1996, I–569
EuGH, Urt. v. 5.3.1996, Rs. C–46/93 (Brasserie du pêcheur SA), Slg. 1996, I–1029
EuGH, Urt. v. 12.12.1996, Rs. C–74/95 (Strafverfahren gegen X), Slg. 1996, I–6609
EuGH, Urt. v. 26.6.1997, Rs. C–368/95 (Familiapress), Slg. 1997, I–3689
EuGH, Urt. v. 18.12.1997, Rs. C–309/97 (Annibaldi), Slg. 1997, I–7493
EuGH, Urt. v. 13.4.2000, Rs. C–292/97 (Karlsson), Slg. 2000, I–2737
EuGH, Urt. v. 12.6.2003, Rs. C–112/00 (Schmidberger), Slg. 2003, I–5659
EuGH, Urt. v. 14.10.2004, Rs. C–36/02 (Omega), Slg. 2004, I–9609
EuGH, Urt. v. 27.6.2006, Rs. C–540/03 (Parlament/Rat), Slg. 2006, I–5769
EuGH, Urt. v. 11.10.2007, Rs. C–117/06 (Möllendorf u. a.), Slg. 2007, I–8361
EuGH, Urt. v. 11.12.2007, Rs. C–438/05 (Viking), Slg. 2007, I–10779
EuGH, Urt. v. 18.12.2007, Rs. C–341/05 (Laval), Slg. 2007, I–11767
EuGH, Urt. v. 29.1.2008, Rs. C–275/06 (Promusicae), Slg. 2008, I–271
EuGH, Urt. v. 26.2.2013, Rs. C–617/10 (Åkerberg Fransson), ECLI:EU:C:2013:280
EuGH, Urt. v. 6.3.2014, Rs. C–206/13 (Siragusa), ECLI:EU:C:2014:126
EuGH, Urt. v. 18.4.2014, Rs. C–293/12 (Digital Rights of Ireland), ECLI:EU:C:2014:238
EuGH, Urt. v. 30.4.2014, Rs. C–390/12 (Pfleger), ECLI:EU:C:2014:281

Inhaltsübersicht   Rn.

A. Allgemeines

1 Art. 51 GRC ist die erste Norm des VII. Kapitels der Grundrechtecharta mit dem Titel »Allgemeine Bestimmungen über die Auslegung und Anwendung der Charta«. Durch Art. 51 GRC sowie durch die Normen, die diesem Artikel folgen, werden also **Festlegungen für die gesamte Grundrechtecharta** getroffen, wie etwa die durch Art. 51 GRC erfolgende Festlegung des Anwendungsbereiches der Grundrechtecharta, ihrer rechtlichen Bedeutung sowie ihrer Auswirkung auf die Kompetenzordnung. Die **Art. 51 ff. GRC** stellen somit einen »**Allgemeinen Teil**« der Grundrechtecharta dar,[1] wie er zumindest im deutschen Recht häufig dem »Besonderen Teil« vorangestellt wird.

2 Durch den 1. Absatz des Art. 51 GRC wird geregelt, wer in welchem Umfang Adressat bzw. Verpflichteter der in der Grundrechtecharta statuierten Grundrechte ist. Damit soll das Hauptziel der Norm, das in der trennscharfen Abgrenzung der europäischen Grundrechtsordnung von den einzelnen Grundrechtsordnungen der Mitgliedstaaten liegt, erreicht werden.[2] Allerdings findet durch die Norm lediglich eine Festlegung der Grundrechtsverpflichteten und nicht der Grundrechtsberechtigten statt.[3]

3 Durch Abs. 2 i. V. m. Abs. 1 Satz 2 wird einerseits die Art der Wirkung der in der Grundrechtecharta niedergelegten Grundrechte und Grundsätze klargestellt und andererseits festgelegt, dass es durch die Grundrechtecharta nicht zu einer Erweiterung der Zuständigkeiten sowie der Aufgaben der Union kommen darf, die ihr durch die Verträge zugewiesen werden. Darin kommt auch an dieser Stelle das in Art. 5 Abs. 1 und Abs. 2 EUV ausdrücklich normierte Prinzip der begrenzten Einzelermächtigung zum Ausdruck[4] und wird für den Grundrechtsbereich bekräftigt.[5] Zugleich wird mit Rücksicht auf entsprechende Besorgnisse verschiedener Mitgliedstaaten ausdrücklich ausgesprochen, dass die Regelungen der Grundrechtecharta für die EU nicht kompetenz- und zuständigkeitsbegründend wirken sollen, sondern auf die Begrenzung und Einhe-

---

[1] *Kingreen*, in: Calliess/Ruffert, EUV/AEUV, Art. 51 GRC, Rn. 1; *Terhechte*, in: GSH, Europäisches Unionsrecht, Art. 51 GRC, Rn. 2; so i. E. wohl auch *Lord Goldsmith*, CMLRev. 38 (2001), 1201 (1214), der von »Horizontal Articles« spricht.

[2] Auf die Problematik sowie die intensive Diskussion zur Reichweite der Bindung der Unionsgrundrechte und insbesondere zum Umfang der Bindung der Mitgliedstaaten in den letzten Jahren weist deutlich *Terhechte*, in: GSH, Europäisches Unionsrecht, Art. 51 GRC, Rn. 3 m. w. N., hin.

[3] *Hatje*, in: Schwarze, EU-Kommentar, Art. 51 GRC, Rn. 2; *Rosas*, Jurisprudence 19 (2012), 1269 (1272 f.).

[4] Hierzu näher Art. 5 EUV, Rn. 17 ff. m. w. N.

[5] *Lenaert*, EuConst 8 (2012), 375 (377); vgl. auch *Dutheil de la Rochère,* Fordham International Law Journal 33 (2011), 1776 (1783), die Art. 51 Abs. 2 GRC gewissermaßen als »Angstklausel« gegen eine Erweiterung der EU-Kompetenzen bezeichnet, wobei sie diese Angst für unbegründet hält.

gung der anderweitig begründeten EU-Kompetenzen, -Zuständigkeiten und -Aufgaben gerichtet sind.

B. Grundrechtsberechtigte

Die **Norm selbst enthält keine Aussage** über die Grundrechtsberechtigten, die Grund- **4**
rechtsberechtigung ergibt sich vielmehr aus den einzelnen Grundrechten selbst. Da die
Frage der Grundrechtsberechtigung jedoch ebenfalls maßgeblich für den in Art. 51 GRC
geregelten Anwendungsbereich der Grundrechte ist, sind jedenfalls ihre allgemeinen
Elemente im Zusammenhang mit Art. 51 GRC zu erörtern.[6]

I. Natürliche Personen

Natürliche Personen sind grundsätzlich grundrechtsberechtigt.[7] Inwieweit diese in den **5**
Schutzbereich eines bestimmten einzelnen Grundrechtes fallen, richtet sich danach, ob
es sich bei dem entsprechenden Grundrecht um ein Menschenrecht oder ein Unionsbürgerrecht handelt. Einen Sonderfall stellt Art. 15 Abs. 3 GRC dar, bei dem allein
Drittstaatsangehörige in den Schutzbereich fallen.[8]

1. Menschenrechte

Bei den Menschenrechten[9] handelt es sich um solche Rechte, bei denen in Bezug auf die **6**
Grundrechtsberechtigung an die »**Person**« bzw. an den »**Menschen**« angeknüpft wird.
Darunter fallen bspw. die Art. 1–5 GRC und Art. 6–14 GRC. Zu den Grundrechtsbe-
rechtigten dieser Rechte zählen sowohl Unionsbürger als auch Drittstaatsangehörige.

2. Unionsbürgerrechte

Bei den Unionsbürgerrechten hingegen werden nur Unionsbürger durch die entspre- **7**
chenden Rechte berechtigt, also nur diejenigen Personen, welche die **Staatsangehörig-**
keit eines Mitgliedstaates der EU besitzen.[10] Reine Unionsbürgerrechte sind bspw. die
Wahlrechte gem. Art. 39 f. GRC.

II. Juristische Personen und Personenvereinigungen privater Natur

Eine dem Art. 19 Abs. 3 GG entsprechende Regelung existiert innerhalb des Unions- **8**
rechts nicht, dennoch sind die Grundrechte der Charta **teilweise** zumindest **auf juristi-**
sche Personen des Privatrechts mit satzungsgemäßem Sitz in der Union **anzuwenden**.[11]

---

[6] Ausführlich zu den Grundrechtsberechtigten *Gundel,* EnzEuR, Bd. 2, § 2.

[7] Zu der Problematik der Reichweite des Schutzes am Beginn und am Ende des Lebens auf europäischer Ebene ausführlich *Gundel,* EnzEuR, Bd. 2, § 2, Rn. 8.

[8] Bei Art. 18 GRC, dem Asylrecht, zählen zwar formal auch die Unionsbürger zu den Grundrechtsberechtigten, diese Berechtigung wird durch das Asylprotokoll zum Amsterdamer Vertrag jedoch sehr geschmälert, *Gundel,* EnzEuR, Bd. 2, § 2, Rn. 8.

[9] Auch »Jedermannrechte« genannt, vgl. *Hatje,* in: Schwarze, EU-Kommentar, Art. 51 GRC,
Rn. 5.

[10] Vgl. Art. 20 Abs. 1 Satz 2 AEUV sowie hierzu Art. 20 AEUV, Rn. 18 ff.

[11] *Frenz,* Handbuch Europarecht, Bd. 4, § 2, Rn. 294; *Hatje,* in: Schwarze, EU-Kommentar,
Art. 51 GRC, Rn. 6; *Jarass,* GRCh, Art. 51 GRC, Rn. 49 ff.; *Ladenburger,* in: Tettinger/Stern,

Entsprechendes gilt auch für solche Personenvereinigungen, die zwar nicht den juristischen Personen zuzuordnen sind, bei denen jedoch mehrere Personen einer einheitlichen Willensbildung unterliegen.[12] Zwar ist in den Art. 42 bis 44 GRC die Rede von juristischen Personen, aus der expliziten Nennung lediglich in diesen Grundrechten kann jedoch nicht geschlossen werden, dass der persönliche Schutzbereich für juristische Personen bei anderen Grundrechten nicht eröffnet ist.[13] Vielmehr ist bei jedem einzelnen Grundrecht **durch Auslegung zu bestimmen**, ob das jeweilige Grundrecht für juristische Personen Anwendung finden kann.[14] Dabei muss darauf abgestellt werden, ob das Grundrecht seinem Wesen nach auch auf juristische Personen und nicht nur auf natürliche Personen zugeschnitten ist.[15] Daraus folgt, dass bspw. das 1. Kapitel der Charta »Würde des Menschen« offensichtlich nicht für juristische Personen bestimmt sein kann. Die Wirtschaftsgrundrechte in Form der Berufsfreiheit (Art. 15), der unternehmerischen Freiheit (Art. 16) sowie des Eigentumsgrundrechts (Art. 17) sind hingegen unproblematisch auf juristische Personen anzuwenden.

9   **Juristische Personen des öffentlichen Rechts** zählen aufgrund ihrer Zugehörigkeit zur öffentlichen Gewalt grundsätzlich nicht zu den Grundrechtsberechtigten. Es ist jedoch anerkannt, dass für diese zumindest die justiziellen Rechte des Kapitels VI der Charta Anwendung finden.[16] Ob **Universitäten, Kirchen, Religionsgemeinschaften oder Rundfunkanstalten** partiell grundrechtsberechtigt sind, wurde seitens des EuGH bislang noch nicht entschieden.[17] Es spricht prinzipiell jedoch nichts dagegen, diese in den Bereichen, in denen sie wie Private schutzbedürftig sind, als Grundrechtsberechtigte anzusehen.[18]

C. Grundrechtsverpflichtete

10   In **Art. 51 Abs. 1 Satz 1 GRC** wird der Kreis der Grundrechtsverpflichteten der Grundrechtecharta ausdrücklich festgelegt. Danach zählen zu den Grundrechtsverpflichteten die **Organe, Einrichtungen und sonstigen Stellen der Union sowie die Mitgliedstaaten bei der Durchführung von Unionsrecht**. Zum Teil wird als Synonym für Grundrechtsverpflichtete auch der Begriff der Grundrechtsadressaten verwendet. Dies ist jedoch zweideutig, da darunter teilweise auch Grundrechtsberechtigte verstanden werden.[19] Es

---

EuGRCh, Art. 51 GRC, Rn. 3; *Nowak,* in: Heselhaus/Nowak, Handbuch der Europäischen Grundrechte, § 6, Rn. 13 f.; *Winkler,* S. 110 f.

    [12] *Frenz,* Handbuch Europarecht, Bd. 4, § 2, Rn. 308 f.; *Jarass,* EU-GR, § 4, Rn. 28; *Rengeling/Szczekalla,* Grundrechte, § 4, Rn. 355; zu dem Grundrechtsschutz von Unternehmen: *Schwarze,* EuZW 2001, 517 ff.

    [13] So *Hatje,* in: Schwarze, EU-Kommentar, Art. 51 GRC, Rn. 6; *Ladenburger,* in: Tettinger/Stern, EuGRCh, Art. 51 GRC, Rn. 3; *Streinz/Michl,* in: Streinz, EUV/AEUV, Art. 51 GRC, Rn. 20.

    [14] *Streinz/Michl,* in: Streinz, EUV/AEUV, Art. 51 GRC, Rn. 20.

    [15] *Ehlers,* in: ders., Grundrechte und Grundfreiheiten, § 14, Rn. 56; *Kingreen,* in: Calliess/Ruffert, EUV/AEUV, Art. 52 GRC, Rn. 53; *Nowak,* in: Heselhaus/Nowak, Handbuch der Europäischen Grundrechte, § 6, Rn. 14; *Streinz/Michl,* in: Streinz, EUV/AEUV, Art. 51 GRC, Rn. 20.

    [16] EuGH, Urt. v. 12.2.1992, verb. Rs. C–48/90 u. C–66/90 (Niederlande u.a./Kommission), Slg. 1992, I–565, Rn. 40 ff.; *Kühling,* in: v. Bogdandy/Bast, Europäisches Verfassungsrecht, S. 688.

    [17] Dies befürwortend: *Jarass,* EU-GR, § 4, Rn. 34; *Rengeling/Szczekalla,* Grundrechte, § 4, Rn. 362; dies auch vorsichtig bejahend *Winkler,* S. 106 f.

    [18] Dazu ausführlich *Gundel,* EnzEuR Bd. 2, § 2, Rn. 25 ff.

    [19] So *Hatje,* in: Schwarze, EU-Kommentar, Art. 51 GRC, Rn. 4 ff.; Frenz hingegen setzt Grundrechtsverpflichtete und Grundrechtsadressaten gleich: *Frenz,* Handbuch Europarecht, Bd. 4, § 1, Rn. 208 ff.

existieren aber auch Vorschriften, die ausdrücklich nur die Union als Grundrechtsverpflichtete vorsehen.[20] Diese Grundrechtsbestimmungen stellen insoweit leges speciales im Verhältnis zu Art. 51 GRC dar.

I. Die Bindung der Union

Von Anfang an war unumstritten, dass durch die Einführung der Grundrechtecharta eine **11** deutlich sichtbare grundrechtliche Bindung und Kontrolle der europäischen Hoheitsgewalt erfolgen, also die Charta umfassende Bindungswirkung gegenüber der Union entfalten sollte.[21] Ziel dabei ist es, einen umfassenden, lückenlosen Grundrechtsschutz innerhalb der Union selbst gewährleisten zu können.[22]

1. Stellen und Tätigkeitsfelder

a) Organe, Einrichtungen und sonstige Stellen

Nach Art. 51 Abs. 1 Satz 1 GRC sind zunächst alle »Organe, Einrichtungen und son- **12** stigen Stellen der Union« an die Unionsgrundrechte gebunden. Eine Auflistung der unterschiedlichen **Organe der Union** findet sich in **Art. 13 Abs. 1 UAbs. 2 EUV**. Danach sind Unionsorgane das Europäische Parlament, der Europäische Rat, der Rat, die Europäische Kommission, der Gerichtshof der Europäischen Union, die Europäische Zentralbank sowie der Rechnungshof.

Unter dem Ausdruck »**Einrichtungen und sonstigen Stellen**«, der 2007 eingeführt **13** wurde und als Einheit zu verstehen ist,[23] sind solche Stellen der Union zu verstehen, die zwar nicht Organe der Union sind, dennoch aber auf die Grundrechte des Einzelnen Einfluss haben und diese beeinträchtigen können,[24] also **hoheitliche Funktionen ausüben**.[25] Damit stellt die Bezeichnung eine Auffangkategorie für diejenigen Stellen dar, die trotz eigener Ausübung von Hoheitsgewalt[26] nicht zu den Organen der Union zählen. Erfasst werden also diejenigen Stellen, die über die Organe hinaus durch die Verträge oder durch sekundäre Rechtsakte geschaffen und mit der außenwirksamen Wahrnehmung bestimmter Aufgaben betraut wurden.[27] Diese umfassende Adressierung sämtlicher nach außen handlungsbefugter Stellen und Einrichtungen der EU soll einen lückenlosen Grundrechtsschutz gewährleisten.[28] Davon erfasst sind bspw. der Wirtschafts- und Sozialausschuss sowie der Ausschuss der Regionen, die primärrechtlich in

---

[20] Z. B. Art. 36 bis 44 GRC.

[21] *Borowsky*, in: Meyer, GRCh, Art. 51 GRC, Rn. 16; *Niedobitek*, Die Grundrechtecharta der Europäischen Union – Entwicklung und allgemeine Grundsätze, in: Merten/Papier, Handbuch der Grundrechte, Band VI/1, 2010, § 159, Rn. 101; dazu ausführlicher *Kingreen*, in: Calliess/Ruffert, EUV/AEUV, Art. 51 GRC, Rn. 4 f.

[22] *Borowsky*, in: Meyer, GRCh, Art. 51 GRC, Rn. 21; *Ehlers*, in: ders., Grundrechte und Grundfreiheiten, § 14, Rn. 59; *Hatje*, in: Schwarze, EU-Kommentar, Art. 51 GRC, Rn. 12; ebenso *Lord Goldsmith*, CMLRev. 38 (2001), 1201 (1205).

[23] Vgl. Erläuterungen zur Charta, Art. 51 GRC, ABl. 2007, C 303/32; *Streinz/Michl*, in: Streinz, EUV/AEUV, Art. 51 GRC, Rn. 3. Zuvor war lediglich die Rede von »Organe und Einrichtungen der Union«, vgl. Art. 51 GRC, Charta der Grundrechte der Europäischen Union, Fassung vom 18. 12. 2000, ABl. 2000, C 364/21.

[24] *Hatje*, in: Schwarze, EU-Kommentar, Art. 51 GRC, Rn. 11.

[25] *Borowsky*, in: Meyer, GRCh, Art. 51 GRC, Rn. 18; *Rengeling/Szczekalla*, Grundrechte, § 4, Rn. 267 ff.; *Streinz/Michl*, in: Streinz, EUV/AEUV, Art. 51 GRC, Rn. 9.

[26] *Hatje*, in: Schwarze, EU-Kommentar, Art. 51 GRC, Rn. 11.

[27] Vgl. Erläuterungen zur Charta, Art. 51 GRC, ABl. 2007, C 303/32.

[28] *Schonard*, in: Lenz/Borchardt, EU-Verträge, Art. 51 GRC, Rn. 2.

den Art. 300 ff. AEUV vorgesehen sind, sowie die **Vielzahl der Europäischen Agenturen,**[29] aber auch **Einheiten sui generis** wie bspw. OLAF[30].[31]

14 Es handelt sich bei den **Agenturen** um von den Verträgen nicht vorgesehene **Sonderbehörden**, die durch die Unionsorgane geschaffen wurden, um selbstständig spezielle Aufgaben wahrzunehmen.[32] **Überwiegend** handelt es sich dabei aber um **Unterstützungsaufgaben**. Nur in vereinzelten Fällen werden Agenturen mit Entscheidungsbefugnissen ausgestattet.[33] Ihre Gründung erfolgt durch einen Sekundärrechtsakt der Organe der Union, überwiegend in Form der Verordnung.[34] Alle Agenturen besitzen eigene Rechtspersönlichkeit sowie in einem gewissen Umfang eine organisatorische und finanzielle Autonomie.[35] Bei den Agenturen kann eine Unterscheidung zwischen »**Exekutivagenturen**[36]« und »**Regulierungsagenturen**[37]« vorgenommen werden.[38] Es ist allerdings nicht möglich, alle Agenturen trennscharf der einen oder anderen Kategorie zuzuordnen.[39] Bei »Exekutivagenturen« handelt es sich um solche Agenturen, denen reine Verwaltungsaufgaben zur Unterstützung der Kommission zugewiesen wurden.[40] Sie stehen dabei unter einer strengen Kontrolle durch die Kommission und werden nur für einen bestimmten Zeitraum aufgrund einer delegierten Ermächtigung der Kommission durch

---

[29] Zum Teil werden die älteren Agenturen unter den Bezeichnungen »Behörde«, »Amt«, »Zentrum«, »Stelle« oder »Stiftung« geführt. Vgl. *Hrbek,* Agenturen, Europäische, in: Bergmann, Handlexikon der Europäischen Union, S. 34 ff.; *Streinz,* in: Streinz, EUV/AEUV, Art. 13 EUV, Rn. 39; *Kilb,* EuZW 2006, 268 (269). Deshalb kann von dem Namen einer Einrichtung nicht auf dessen Organisationsform geschlossen werden. So auch *Hilf,* ZaöRV 36 (1976), 551 (558 f.). Ausführlich zu den Europäischen Agenturen: *Raschauer* (Hrsg.), Europäische Agenturen, 2011.

[30] Ausführlich zu OLAF: *Dannecker,* Die Entwicklung des Wirtschaftsstrafrechts unter dem Einfluss des Europarechts, in: Wabnitz/Janovsky, Handbuch des Wirtschafts- u. Steuerstrafrechts, 2014, 2. Kap., Rn. 148 ff.; *Haus,* EuZW 2000, 745 ff.

[31] *Borowsky,* in: Meyer, GRCh, Art. 51 GRC, Rn. 19; *Frenz,* Handbuch Europarecht, Bd. 4, § 1, Rn. 214; *Picod,* in: Burgorgue-Larsen/Levade/Picod (Hrsg.), Traité établissant une Constitution pour l'Europe – Partie II La Charte des droits fondamentaux de l'Union Commentaire article par article, 2005, Art. II–111, Rn. 8.

[32] *Calliess,* in: Calliess/Ruffert, EUV/AEUV, Art. 13 EUV, Rn. 31.

[33] *Groß,* EuR 2005, 54 (57).

[34] *Calliess,* in: Calliess/Ruffert, EUV/AEUV, Art. 13 EUV, Rn. 38; *Kilb,* EuZW 2006, 268 (269).

[35] Vgl. Kommission, Mitteilung v. 11. 12. 2002, Rahmenbedingungen für die europäischen Regulierungsagenturen, KOM (2002) 718 endg., S. 3.

[36] Gegenwärtig existieren 6 Exekutivagenturen. Zu diesen zählen u. a. die Exekutivagentur für Gesundheit und Verbraucher (EAHC), die Exekutivagentur Bildung, Audiovisuelles und Kultur (EACEA) sowie die Exekutivagentur des Europäischen Forschungsrates (EFR-Exekutivagentur).

[37] Diese werden auch als Dezentrale Agenturen oder Gemeinschafts-/Unionsagenturen bezeichnet, vgl. http://europa.eu/european-union/about-eu/agencies_de#arten-von-agenturen (14. 9. 2016); *Oppermann/Classen/Nettesheim,* Europarecht, § 6, Rn. 27. Zu den Regulierungsagenturen zählen u. a. die Europäische Umweltagentur (EEA), die Europäische Behörde für Lebensmittelrecht (EFSA) sowie die Europäische Agentur für die operative Zusammenarbeit an den Außengrenzen (Frontex).

[38] Eine Auflistung der Europäischen Agenturen findet man unter: http://europa.eu/european-union/about-eu/agencies_de#arten-von-agenturen (14. 9. 2016). Zu den zwei Agenturkategorien auch: *Shirvani,* DÖV 2008, 1 (5 ff.).

[39] Zum Teil werden die Agenturen in vier Kategorien aufgeteilt, zu den Exekutivagenturen und Regulierungsagenturen (Gemeinschaftsagenturen) kommen noch die Agenturen für die Gemeinsame Außen- und Sicherheitspolitik sowie die Agenturen für die polizeiliche Zusammenarbeit in Strafsachen hinzu. Vgl. *Lenski,* in: Lenz/Borchardt, EU-Verträge, Art. 13 EUV, Rn. 18; *Oppermann/Classen/ Nettesheim,* Europarecht, § 6, Rn. 27 ff.; *Sander,* Europäische Agenturen, Rechtsgrundlagen in und sonstige Berührungspunkte mit dem primären Unionsrecht, in: Raschauer (Hrsg.), Europäische Agenturen, S. 8 f.

[40] KOM (2002) 718 endg., S. 4; *Groß,* EuR 2005, 54 (56).

Eckhard Pache

diese eingerichtet.[41] Dahingehend sind »Regulierungsagenturen« Einrichtungen, die mit der Aufgabe betraut sind, durch ihr Handeln, das sich regulierend auf einen bestimmten Sektor auswirkt, einen aktiven Beitrag in Bezug auf die Wahrnehmung der Exekutivfunktion zu leisten. Dabei handelt es sich in den meisten Fällen um solche Agenturen, welche Tätigkeiten, die grundsätzlich dem nationalen Zuständigkeitsbereich zuzuordnen sind, auf der Unionsebene zusammenlegen und eine gemeinsame Vernetzung bewerkstelligen, um eine koordiniertere und effizientere Regulierung zu schaffen.[42]

b) Tätigkeitsfelder

Die Grundrechtsbindung gilt innerhalb sämtlicher Tätigkeitsfelder der Union, sodass **15** eine **umfassende Grundrechtsbindung** gewährleistet ist und somit **kein grundrechtefreier Bereich** innerhalb der Union existiert.[43] Dabei hat die rechtliche Einordnung der Handlung keine Relevanz,[44] insbesondere besteht die Grundrechtsbindung auch dann, wenn ein Handeln im privatrechtlichen Bereich vorliegt,[45] da die sog. »Flucht ins Privatrecht« keine Wirkung hinsichtlich der Grundrechtsbindung haben soll.

II. Die Bindung der Mitgliedstaaten

1. Mitgliedstaaten und deren Stellen

Wie bei der Union besteht, soweit überhaupt eine Bindung an die Grundrechte der **16** Grundrechtecharta gegeben ist, diese nicht nur für die Mitgliedstaaten selbst, sondern auch für all ihre **Organe, Untergliederungen sowie Einrichtungen und sonstigen Stellen,**[46] zu denen insbesondere ihre sämtlichen öffentlichen Einrichtungen sowie ihre regionalen und lokalen Stellen zählen.[47]

2. Begriff des Unionsrechts

Wie aus Art. 51 Abs. 1 Satz 1 GRC hervorgeht, sind auch die Mitgliedstaaten an die **17** Charta gebunden, allerdings »ausschließlich bei der Durchführung des Rechts der Union«. Grundsätzlich sind Maßnahmen der Mitgliedstaaten an ihren jeweiligen nationalen Grundrechten zu messen, jedoch bedarf es in bestimmten Fällen im Einflussbereich des Unionsrechts auch einer Bindung der Mitgliedstaaten an die Unionsgrundrechte, da andernfalls eine **einheitliche Anwendung des Unionsrechts** nicht gewährleistet werden könnte.[48] Dies ist dann der Fall, wenn Grundrechtsschutz gegenüber einem mitglied-

---

[41] *Kirste*, VerwArch 2011, 268 (271).

[42] KOM (2002) 718 endg., S. 4; *Groß*, EuR 2005, 54 (56).

[43] *Borowsky*, in: Meyer, GRCh, Art. 51 GRC, Rn. 21; *Kingreen*, in: Calliess/Ruffert, EUV/AEUV, Art. 51 GRC, Rn. 5.

[44] *Hatje*, in: Schwarze, EU-Kommentar, Art. 51 GRC, Rn. 12; *Jarass*, GRCh, Art. 51 GRC, Rn. 14; *Kingreen*, in: Calliess/Ruffert, EUV/AEUV, Art. 51 GRC, Rn. 5.

[45] So auch *Kingreen*, in: Calliess/Ruffert, EUV/AEUV, Art. 51 GRC, Rn. 5; *Rengeling/Szczekalla*, Grundrechte, § 4, Rn. 268.

[46] *Borowsky*, in: Meyer, GRCh, Art. 51 GRC, Rn. 18 f.; *Jarass*, GRCh, Art. 51 GRC, Rn. 16; *Rengeling/Szczekalla*, Grundrechte, § 4, Rn. 330.

[47] Erläuterungen des Präsidiums des Europäischen Konvents, ABl. 2004, C–310/454; *Picod* (Fn. 31), Art. II–111, Rn. 11.

[48] Eine einheitliche Anwendung des Unionsrechts wird jedoch vom EuGH gefordert. Vgl. EuGH, Urt. v. 20. 2. 1964, Rs. C–6/64 (Costa/E.N.E.L), Slg. 1964, 1251 (1270); Urt. v. 21. 2. 1991, C–143/88 (Zuckerfabrik Suderdithmarschen AG), Slg. 1991, I–415, Rn. 26; Urt. v. 5. 3. 1996, Rs. C–46/93 (Brasserie du pêcheur), Slg. 1996, I–1029, Rn. 33.

staatlichen Handeln gewährleistet werden soll, das durch das Recht der Union geprägt ist, in den Worten des Art. 51 Abs. 1 GRC also bei der Durchführung des Rechts der Union. Daher stellt sich in diesem Zusammenhang zunächst die Frage, was unter »Recht der Union« i. d. S. zu verstehen ist.

18   Unter das Unionsrecht fällt zum einen das **Unionsprimärrecht**, soweit es die Mitgliedstaaten bindet, also die Bestimmungen des EUV, des AEUV, des EAGV sowie die Protokolle und Änderungsverträge hierzu, insbesondere auch die Grundfreiheiten. Ebenfalls zum Unionsprimärrecht zählen die ungeschriebenen allgemeinen Rechtsgrundsätze der Unionsrechtsordnung mit Primärrechtsrang. Die Grundrechte unterfallen im Kontext des Art. 51 GRC nicht dem Begriff des Unionsrechts,[49] da es im Rahmen des Art. 51 GRC gerade um die Frage der Bindung an diese Grundrechte geht.[50] Zum anderen zählen zum Unionsrecht alle übrigen rechtlich relevanten Maßnahmen der Union, insbesondere Rechtsakte nach Art. 288 AEUV, also **Unionssekundärrecht** ebenso wie **Unionstertiärrecht**.[51]

3. Durchführung des Unionsrechts

19   Für die Abgrenzung des Anwendungsbereichs der Unionsgrundrechte auf mitgliedstaatlicher Ebene von zentraler Bedeutung ist die Zuordnung des jeweiligen mitgliedstaatlichen Handelns zur »Durchführung« des Rechts der Union. Umstritten ist, was mit der Begrifflichkeit »Durchführung des Unionsrechts« gemeint ist.[52] Die Erläuterungen zu der Charta ergeben selbst keinen Aufschluss darüber, was unter Durchführung des Unionsrechts zu verstehen ist,[53] jedoch wird mit dieser Begrifflichkeit die Rechtsprechung des EuGH, die er in seinem Urteil »Wachauf« formulierte und seitdem regelmäßig wiederholte, aufgenommen.[54] Die Tätigkeit der Mitgliedstaaten befasst sich dann mit der Durchführung des Unionsrechts, wenn die **ausgeführten Handlungen ihre Grundlage im Unionsrecht** und nicht im jeweiligen nationalen Recht haben.[55] Es ist also darauf abzustellen, ob das mitgliedstaatliche Handeln zumindest in gewissem Umfang durch

---

[49] *Jarass*, GRCh, Art. 51 GRC, Rn. 17; gegenteiliger Auffassung *Terhechte*, in: GSH, Europäisches Unionsrecht, Art. 51 GRC, Rn. 8.

[50] *Ladenburger*, in: Tettinger/Stern, EuGRCh, Art. 51 GRC, Rn. 34; *Ohler,* NVwZ 2013, 1433 (1433).

[51] *Jarass*, GRCh, Art. 51 GRC, Rn. 17; *Kingreen,* in: Calliess/Ruffert, EUV/AEUV, Art. 51 GRC, Rn. 8; *Ohler,* NVwZ 2013, 1433 (1433).

[52] Ausführlich zur (möglichen) Bedeutung der »Durchführung des Unionsrechts« *Lenaerts*, EuConst 8 (2012), 375 (377 ff.). Dazu auch *Schorkopf*, EnzEuR, Bd. 2, § 3, Rn. 18 ff.; für einen Überblick über die unterschiedlichen Ansätze, ihre Hintergründe und Auswirkungen vgl. insb. *Wollenschläger*, EuZW 2014, 577 (577 ff. m. w. N. in Fn. 13 und 14).

[53] Vgl. Erläuterungen zur Charta, Art. 51 GRC, ABl. 2007, C 303/32.

[54] EuGH, Urt. v. 13.7.1989, Rs. C–5/88 (Wachauf), Slg. 1989, 2609; Urt. v. 24.3.1994, Rs. C–2/92 (Bostock), Slg. 1994, I–955, Rn. 16; Urt. v. 17.7.1994, Rs. C–351/92 (Graff), Slg. 1994, I–3361, Rn. 17; Urt. v. 13.4.2000, Rs. C–292/97 (Karlsson), Slg. 2000, I–2737, Rn. 37; so wohl auch *Lindfelt*, Fundamental Rights in the European Union – Towards Higher Law of the Land?, 2007, S. 131 ff.; demgegenüber problematisiert *Terhechte*, in: GSH, Europäisches Unionsrecht, Art. 51 GRC, Rn. 9, das Vorliegen einer bewussten Abkehr von der früheren EuGH-Rechtsprechung, weil der EuGH zuvor von »Maßnahmen im Anwendungsbereich der Verträge« gesprochen habe, und unterscheidet nachfolgend drei unterschiedliche Konstellationen, vgl. hierzu *ders.*, a. a. O., Rn. 10 ff. m. w. N.

[55] *Jarass*, GRCh, Art. 51 GRC, Rn. 18; so wohl i. E. auch *Dutheil de la Rochère*, Fordham, International Law Journal 33 (2011), 1776 (1784 ff.), die darunter in Übereinstimmung mit dem Fallrecht des Gerichtshofs »acting within the scope of Union law« verstehen will.

Unionsrecht bestimmt wird.[56] Nicht ausreichend soll sein, dass lediglich ein sachlicher Bezug mitgliedstaatlichen Handelns zum bloß abstrakten Anwendungsbereich des Unionsrechts oder rein tatsächliche Auswirkungen auf dieses vorliegen,[57] vielmehr fordert auch der EuGH mittlerweile jedenfalls »einen hinreichenden Zusammenhang von einem gewissen Grad«, der über die bloße sachliche Nähe von Unionsrecht und mitgliedstaatlichem Recht hinausgehen muss.[58] Sicher ist vor diesem Hintergrund allein, dass durch diese Begrifflichkeit eine Bindung der Mitgliedstaaten bei der administrativen und judikativen Durchführung sowie auch bei der Umsetzung von Unionsrecht, also der normativen Durchführung, gemeint ist.[59] Die Einzelheiten des Umfangs der Bindung sind jedoch bis heute nicht ganz eindeutig oder abschließend geklärt.[60]

a) Normative Durchführung

Unter normativer Durchführung ist der **Erlass von Rechtsvorschriften** zur Umsetzung   20
unionsrechtlicher Vorgaben zu verstehen. Dies betrifft insbesondere die Fälle, in denen die Mitgliedstaaten eine **Richtlinie umsetzen** und daher auf deren Grundlage neues nationales Recht setzen.[61] Es werden aber auch die Fälle erfasst, bei denen bestehendes nationales Recht aufgrund von Richtlinienvorgaben geändert oder ergänzt wird.[62] Dabei ist von den Mitgliedstaaten bei der Umsetzung der Vorgaben aus der Richtlinie zu beachten, dass das umsetzende **nationale Recht mit den Uniongrundrechten im Einklang** steht.[63] Besteht kein **Umsetzungsspielraum** der Mitgliedstaaten, ist bei einem Verstoß der Richtlinie gegen Unionsgrundrechte diese nichtig und vom EuGH für nichtig zu erklären.[64] Raum für ein unionsrechtsbasiertes eigenes Handeln der Mitgliedstaaten, das an den Unionsgrundrechten zu messen ist, besteht dann nicht. Besteht bei der Umsetzung von Richtlinien durch die Mitgliedstaaten jedoch ein **Umsetzungsspielraum**, ist dieser Umsetzungsspielraum grundsätzlich dem innerstaatlichen Bereich des jeweiligen Mitgliedstaates zuzuordnen, sodass die Umsetzungsmaßnahme insoweit an den jeweiligen nationalen Grundrechten zu messen ist.[65] Durch die Bindung des umsetzenden

---

[56] *Brosius-Gersdorf,* S. 14; *Cartabia,* in: Mock/Demuro (Hrsg.), Human Rights in Europe – Commentary on the Charter of Fundamental Rights of the European Union, Art. 51 GRC, Rn. 3; vgl. dazu auch *Rosas,* Jurisprudence 19 (2012), 1269 (1277 ff.), der vorschlägt, für die Bestimmung der Anwendbarkeit der Charta darauf abzustellen, ob im konkreten Fall auch eine unionsrechtliche Norm außerhalb der Charta anwendbar ist.

[57] In diesem Sinne sehr deutlich BVerfGE 133, 277 (315 Rn. 91) im Anschluss an die Åkerberg-Fransson-Entscheidung des EuGH.

[58] EuGH, Urt. v. 6.3.2014, Rs. C–206/13 (Siragusa), ECLI:EU:C:2014:126, Rn. 24 ff.

[59] So auch *Ludwig,* EuR 2011, 715 (720); *Winkler,* S. 119; vgl. auch *Garcìa,* ELJ 8 (2002), 492 (493 ff.), der sich für eine weite Interpretation der »Durchführung des Unionsrecht« ausspricht.

[60] Kritisch zu der neueren Rspr. in Bezug auf die Bindung der Mitgliedstaaten: *Kühling,* in: v. Bogdandy/Bast, Europäisches Verfassungsrecht, S. 657 (683 ff.). Zur Durchführung des Unionsrechts unter Berücksichtigung der Rechtsprechung des EuGH *Ohler,* NVwZ 2013, 1433 (1434 ff.); zusammenfassend auch *Wollenschläger,* EuZW 2014, 577 (577 ff.); zur neueren Diskussion vgl. nur *Bäcker,* EuR 2015, 389 ff.; *Franzius,* ZaöRV 2015, 383 ff.; *Kämmerer,* NVwZ 2015, 1321 ff.; *Latzel,* EuZW 2015, 658 ff.; *Lenaerts,* EuR 2015, 3 ff.; *ders.,* EuGRZ 2015, 353 ff.; *Schiedermair/Mrozek,* DÖV 2016, 89 ff.; *Teetzmann,* EuR 2016, 90 ff.

[61] Eine Pflicht zur Umsetzung kann sich jedoch auch aus den anderen Quellen des Unionsrechts ergeben sowie zum Teil aus Verordnungen. Vgl. *Winkler,* S. 124.

[62] *Jarass,* GRCh, Art. 51 GRC, Rn. 21.

[63] EuGH, Urt. v. 29.1.2008, Rs. C–275/06 (Promusicae), Slg. 2008, I–271, Rn. 68.

[64] *Ehlers,* in: ders., Grundrechte und Grundfreiheiten, § 14, Rn. 50; *Ohler,* NVwZ 2013, 1433 (1433).

[65] *Gerstner/Goebel,* Jura 1993, 626 (632); *Rengeling,* Grundrechtsschutz in der Europäischen Gemeinschaft, 1993, S. 189 f.; *Tomuschat,* EuR 1990, 340 (341).

Mitgliedstaates an die nationalen Grundrechte entfällt für den Bereich des Umsetzungs-spielraums jedoch nicht automatisch die Bindung an die Unionsgrundrechte, sondern die Unionsgrundrechte sind neben den nationalen Grundrechten anwendbar, da die zentrale Grundlage für das mitgliedstaatliche Handeln dabei immer noch im Unions-recht liegt.[66] Die Mitgliedstaaten haben daher in solchen Fällen sowohl ihre nationalen Grundrechte als auch die Unionsgrundrechte zu beachten.[67]

21   Weiter zählen zur normativen Durchführung auch die durch das **primäre Unionsrecht** an die Mitgliedstaaten adressierten **Handlungsgebote**, die durch einen Rechtsetzungsakt der Mitgliedstaaten zu erfüllen sind.[68] Ebenfalls zählen hierzu die Fälle, bei denen es trotz der Existenz einer unmittelbar wirkenden Verordnung notwendig ist, das nationale Recht entsprechend zu ergänzen. Dass auch bei einer solchen normativen Ergänzung von Verordnungen eine Bindung der Mitgliedstaaten an die Unionsgrundrechte besteht, stellte der EuGH bereits deutlich klar.[69]

b) Administrative Durchführung

22   Bei der **administrativen Durchführung**[70] geht es um Verwaltungstätigkeiten, die sich mit der Durchführung von Unionsrecht befassen. Dabei kann zwischen dem **unmittelbaren** und dem **mittelbaren Vollzug** des Unionsrechts durch die Mitgliedstaaten unterschieden werden. In beiden Fällen besteht eine Bindung der Mitgliedstaaten.[71]

23   Bei dem **unmittelbaren Vollzug** des Unionsrechts findet eine Vollziehung von unmit-telbar zu vollziehendem Unionsrecht statt,[72] d.h. es geht dabei um die Anwendung unmittelbar geltender **Verordnungen** oder **individualgerichteter Entscheidungen** durch die mitgliedstaatlichen Stellen. Bei deren Ausführung besteht eine Bindung der Mit-gliedstaaten an die Unionsgrundrechte.[73] Diese Bindung besteht auch dann, wenn den Mitgliedstaaten bei der Durchführung von Verordnungen Spielräume eingeräumt sind. In diesem Fall sind bei der Ausfüllung dieser Spielräume ebenfalls die Unionsgrundrech-

---

[66] EuGH, Urt. v. 27.6.2006, Rs. C–540/03 (Parlament/Rat), Slg. 2006, I–5769, Rn. 104 f.; *Brummund*, S. 67 f.; *Kingreen*, in: Calliess/Ruffert, EUV/AEUV, Art. 51 GRC, Rn. 8. Anders *Weber*, NJW 2000, 537 (542); *Ziegenhorn*, NVwZ 2010, 803 (807 f.), da bei einem Umsetzungs- oder Auslegungs-spielraum der nationale Umsetzungs- oder Vollzugsakt nicht mehr umfassend durch das Unionsrecht bestimmt ist. Im Ergebnis auch gegen die Anwendung von Unionsgrundrechten bei dem Bestehen eines Umsetzungsspielraums *Calliess*, JZ 2009, 113 (120); *Kingreen*, JuS 2000, 857 (864); *Papier*, DVBl 2009, 473 (480).

[67] *Szczekalla*, NVwZ 2006, 1019 (1021).

[68] Zu der Bindung der Mitgliedstaaten bei der sonstigen Anwendung von Unionsrecht, insbeson-dere hinsichtlich der höchstrichterlichen Vorgaben, die aus der Rechtsprechung des EuGH resultieren, siehe *Nowak*, in: Heselhaus/Nowak, Handbuch der Europäischen Grundrechte, § 6, Rn. 40 ff.

[69] Vgl. EuGH, Urt. v. 13.7.1989, Rs. C–5/88 (Wachauf), Slg. 1989, 2609, Rn. 19; Urt. v. 24.3.1994, Rs. C–2/92 (Bostock), Slg. 1994, I–955, Rn. 16 ff.

[70] Bei dieser kann unterschieden werden zwischen direkter und indirekter Durchführung des Uni-onsrechts. Bei der direkten Durchführung wird das Unionsrecht durch die Unionsorgane selbst voll-zogen, wohingegen bei der indirekten Durchführung ein Vollzug seitens der Mitgliedstaaten statt-findet.

[71] Zu dem unmittelbaren und mittelbaren Vollzug ausführlich: *Öhlinger/Potacs*, EU-Recht und staatliches Recht, S. 109 ff.

[72] Zum unmittelbaren bzw. direkten Vollzug: *Pache*, Der Schutz der finanziellen Interessen der Europäischen Gemeinschaften, 1994, S. 103 ff.

[73] Vgl. *Jürgensen/Schlünder*, AöR 120 (1996), 200 (208); vgl. auch EuGH, Urt. v. 13.7.1989, Rs. C–5/88 (Wachauf), Slg. 1989, 2609, Rn. 19; Urt. v. 24.3.1994, Rs. C–2/92 (Bostock), Slg. 1994, I–955, Rn. 16 ff.

te zu beachten.[74] Aus dem Umstand, dass die Verordnung als solche wegen ihres rein unionsrechtlichen Charakters nicht anhand der nationalen Grundrechte überprüft werden darf, wird geschlossen, dass im Falle der Einräumung eines **Ausführungsermessens** durch eine Verordnung dessen Überprüfung nicht anhand der nationalen Grundrechte stattfinden kann.[75] Dagegen spricht jedoch, dass es sich bei dem verordnungsbegründeten Ausführungsspielraum um einen nicht abschließend durch Unionsrecht determinierten Handlungsspielraum der Verwaltung handelt, dessen Grundlage zwar im Unionsrecht liegt, bei dem aber für den bei Anwendung des Unionsrecht verbleibenden mitgliedstaatlichen Spielraum ein völliger Ausschluss der nationalen Grundrechte nicht stattfinden darf. Folglich besteht in derartigen Fällen, wie auch bei einem Umsetzungsspielraum bei Richtlinien, eine doppelte Grundrechtsbindung der Mitgliedstaaten.[76] Ausnahmsweise kommt auch ein Vollzug von unmittelbar geltenden Richtlinien in Betracht.[77] Bei diesem Vollzug gilt für die Grundrechtsbindung das Gleiche wie bei dem Vollzug von Verordnungen.

Fraglich ist, inwiefern **bei der Ausführung des Unionsprimärrechts** eine **Bindung** an die Unionsgrundrechte existiert. Eine wichtige Fallgruppe stellt dabei etwa die Frage nach der **Einschränkbarkeit von Grundfreiheiten** durch Unionsgrundrechte dar. Hierbei besteht das Problem, dass die Charta der Grundrechte und das Unionsprimärrecht gemäß Art. 6 Abs. 1 EUV rechtlich gleichrangig sind. Aus diesem Grunde kann man in derartigen Fällen weder den Grundrechten noch den anderen unionsprimärrechtlichen Normen einen uneingeschränkten generellen Vorrang einräumen. Zu diesem Problem wird als Lösung vorgeschlagen, dass eine Bindung der Mitgliedstaaten bei der Ausführung von Primärrecht an die Unionsgrundrechte dann abzulehnen sei, wenn es dadurch zu einer mittelbaren Überprüfung der Primärrechtsnorm an den Grundrechten käme. Ansonsten fände nämlich eine Durchbrechung der Gleichrangigkeit von Grundrechten und sonstigem Unionsprimärrecht statt. Eine Bindung der Mitgliedstaaten an die Unionsgrundrechte komme bei der Ausführung von Unionsprimärrecht nur dann in Betracht, wenn durch die unionsrechtliche Regelung den Mitgliedstaaten ein Ausführungsermessen eingeräumt werde.[78]

Diese Überlegungen gehen allerdings fehl, denn sie führen zu einem Vorrang des sonstigen Unionsprimärrechts vor den Unionsgrundrechten, wenn man die Überprüfung von Unionsprimärrecht anhand der Unionsgrundrechte gänzlich ablehnt. Ein solcher Vorrang darf wegen der Gleichrangigkeit jedoch gerade nicht bestehen. Richtigerweise darf es wegen dieser Gleichrangigkeit auch zu keiner uneingeschränkten grundrechtskonformen Auslegung des Primärrechts kommen.[79] Vielmehr ist das Problem im Wege der praktischen Konkordanz zu lösen. Es muss also eine Auslegung von Unionsprimärrecht und Unionsgrundrechten in der Weise erfolgen, dass sowohl die relevanten

---

[74] EuGH, Urt. v. 24.3.1994, Rs. C–2/92 (Bostock), Slg. 1994, I–955, Rn. 16; Urt. v. 15.2.1996, Rs. C–63/93 (Duff u. a.), Slg. 1996, I–569, Rn. 29; *Brummund*, S. 67 f.; *Kingreen/Störmer*, EuR 1998, 263 (281). Anders *Weber*, NJW 2000, 537 (542); *Ziegenhorn*, NVwZ 2010, 803 (807 f.), da bei einem Umsetzungs- oder Auslegungsspielraum der nationale Umsetzungs- oder Vollzugsakt nicht mehr umfassend durch das Unionsrecht bestimmt ist. Im Ergebnis so auch *Papier*, DVBl 2009, 473 (480).
[75] *Kingreen/Störmer*, EuR 1998, 263 (281).
[76] *Ehlers*, in: ders., Grundrechte und Grundfreiheiten, § 14, Rn. 74.
[77] Vgl. *Jürgensen/Schlünder*, AöR 120 (1996), 200 (209), unter Hinweis auf EuGH, Urt. v. 10.4.1984, Rs. C–14/83 (Colson und Kamann), Slg. 1984, 1891, Rn. 28; *Ruffert*, EuGRZ 1995, 518 (527); *Winkler*, S. 122.
[78] *Schaller*, S. 40.
[79] So aber *Rengeling/Szczekalla*, Grundrechte, § 4, Rn. 274 ff.

Primärrechtsnormen als auch die Unionsgrundrechte einander so zugeordnet werden, dass beide jeweils so weit wie möglich verwirklicht und zu einem angemessenen Ausgleich miteinander gebracht werden.[80]

26 Bei dem **mittelbaren Vollzug**[81] hingegen geht es um die Anwendung nationalen Rechts, das auf Unionsrecht beruht. Es handelt sich also insbesondere um nationale Bestimmungen, die der Umsetzung von Richtlinien dienen. Auch dabei existiert grundsätzlich eine Bindung der Mitgliedstaaten an die Unionsgrundrechte.[82] Dies gilt jedoch nur dann, wenn das nationale Recht keine weitergehenden Regelungen als die Bestimmungen der Richtlinie vorsieht,[83] denn bei solchen weitergehenden Regelungen handelt es sich um »reines« nationales Recht, bei dem nur die jeweiligen nationalen Grundrechte greifen.

c) Judikative Durchführung

27 Nicht nur die normative und die administrative, sondern auch die judikative Durchführung unterliegt der Bindung an die Unionsgrundrechte. Unter der judikativen Durchführung ist die judikative **Auslegung und Anwendung** des Unionsrechts sowie des zur Umsetzung erlassenen nationalen Rechts zu verstehen.[84] Die Relevanz einer unionsrechtlich determinierten Norm[85] innerhalb eines Gerichtsverfahrens kann alleine noch nicht dazu führen, dass seitens des Gerichts die Unionsgrundrechte zu beachten sind. Etwas anderes gilt jedoch, wenn die entsprechende Norm Gegenstand einer unionsrechtlichen Harmonisierung ist.[86] In einer neueren Entscheidung zur Bindung nationaler Gerichte an die Unionsgrundrechte stellte der EuGH fest, dass es sich auch in solchen Fällen um die »Durchführung des Unionsrechts« handele, bei denen es um nationale steuerrechtliche und strafrechtliche Sanktionsregelungen geht, die zwar nicht zur Umsetzung einer Richtlinie oder Verordnung erlassen wurden, jedoch als Sanktionsvorschriften zu einer Vorschrift dienen, die auf umgesetztem Recht beruht.[87] Auf diesem Wege das gesamte nationale Sanktions- und Verfahrensrecht über den Umweg des Bezugs zu dem angewendeten materiellen Recht einer Unionsgrundrechtsbindung zu unterwerfen – und dieser Ansatz ist naturgemäß auch auf die administrative und normative Durchführung übertragbar – weitet allerdings den Begriff der »Durchführung« in nicht unbedenklicher Weise erheblich aus.[88]

---

[80] Ausführlich dazu *Jarass*, EuR 2013, 29 (30 ff.). Für das Verhältnis von Grundfreiheiten und Grundrechten stellte dies der EuGH bereits eindeutig klar. Vgl. EuGH, Urt. v. 12.6.2003, Rs. C–112/00 (Schmidberger), Slg. 2003, I–5659, Rn. 72 ff.; Urt. v. 14.10.2004, Rs. C–36/02 (Omega), Slg. 2004, I–9609, Rn. 35 ff.; Urt. v. 11.12.2007, Rs. C–438/05 (Viking), Slg. 2007, I–10779, Rn. 43 ff.; Urt. v. 18.12.2007, Rs. C–341/05 (Laval), Slg. 2007, I–11767, Rn. 90 ff.
[81] Zum mittelbaren bzw. indirekten Vollzug, *Pache* (Fn. 72), S. 121 ff.
[82] EuGH, Urt. v. 12.12.1996, Rs. C–74/95 (Strafverfahren gegen X), Slg. 1996, I–6609, Rn. 25; *Bienert*, S. 102; *Borowsky*, in: Meyer, GRCh, Art. 51 GRC, Rn. 28; *Jarass*, EU-GR, § 4, Rn. 12.
[83] So auch *Jarass*, EU-GR, § 4, Rn. 12.
[84] *Jarass*, GRCh, Art. 51 GRC, Rn. 23; EuGH, Urt. v. 11.10.2007, Rs. C–117/06 (Möllendorf u.a.), Slg. 2007, I–8361, Rn. 77 ff.
[85] Bspw. im Umwelt- oder Lebensmittelrecht.
[86] *Ladenburger*, in: Tettinger/Stern, EuGRCh, Art. 51 GRC, Rn. 45.
[87] EuGH, Urt. v. 26.2.2013, Rs. C–617/10 (Åkerberg Fransson), ECLI:EU:C:2013:280, Rn. 26 ff.
[88] Kritisch dazu auch: *Dannecker*, JZ 2013, 616 (618); *Winter*, NZA 2013, 473 ff. Diese Rspr. eher befürwortend bzw. nicht als Überschreitung der Auslegungskompetenz des EuGH ansehend: *Weiß*, EuZW 2013, 287 (288 f.); *Ohler*, NVwZ 2013, 1433 (1436).

d) Unionsrechtliche Spielräume für die Mitgliedstaaten

Von Durchführung des Unionsrechts kann auch dann gesprochen werden, wenn **uni-** **28**
onsrechtliche Spielräume für die Mitgliedstaaten bestehen, bspw. bei der durch das
Unionsrecht gerechtfertigten Einschränkung bzw. bei gerechtfertigten Eingriffen in die
Grundfreiheiten oder bei der Ausübung von durch das Unionsrecht eingeräumten Kom-
petenzvorbehalten,[89] da in beiden Fällen die Grenzen dieser Spielräume durch das Unionsrecht bestimmt werden.[90]

Dass bei einem derartigen, durch das Unionsrecht eingeräumten Spielraum für die **29**
Mitgliedstaaten eine Bindung der Mitgliedstaaten an die Unionsgrundrechte besteht,
stellte der EuGH in seinem Urteil »ERT« fest, in dem es um Art. 56 EWG, den jetzigen
Art. 52 AEUV, und somit um eine Ausnahmeklausel für die Niederlassungsfreiheit ging,
indem er ausführte, dass derartige Regelungen in den Anwendungsbereich des Unionsrecht fallen.[91] Auch weitete der EuGH diese Rechtsprechung auf die immanenten
Schranken der Grundfreiheiten aus.[92]

Zum Teil werden diese unionsrechtlich eingeräumten Spielräume der Mitgliedstaa- **30**
ten, also die Möglichkeiten zur Einschränkung oder Begrenzung der Grundfreiheiten, in
Form der geschriebenen Ausnahmen sowie auch der im Rahmen der »Cassis-Entschei-
dung« entwickelten ungeschriebenen Ausnahmen als nicht von dem Begriff der »Durchführung des Unionsrechts« im Rahmen des Art. 51 GRC erfasst angesehen, da der Wortlaut »Durchführung« in Art. 51 GRC diese Einschränkungs- bzw. Vorbehaltssituation
nicht mehr umfasse.[93]

Zwar mag die Subsumtion der angesprochenen Fallgruppe unter den Begriff der **31**
»Durchführung« durchaus nicht zwingend erscheinen, und der EuGH spricht in seiner
ständigen Rechtsprechung diesbezüglich auch eher vom »Anwendungsbereich« oder
vom »Geltungsbereich des Unionsrechts«.[94] Dies allein kann jedoch nicht zu einem
Ausschluss der Anwendbarkeit der Grundrechtecharta für unionsrechtlich begründete
Spielräume der Mitgliedstaaten führen, denn bei der Auslegung von unbestimmten
Rechtsbegriffen wie auch dem Begriff der »Durchführung« in Art. 51 GRC ist der Wille

---

[89] Einen solchen Kompetenzvorbehalt stellt etwa Art. 52 AEUV dar, nach dem das 2. Kapitel des
AEUV sowie die aufgrund dieses Kapitels erlassenen Maßnahmen nicht die Anwendbarkeit der Rechts-
und Verwaltungsvorschriften beeinträchtigen, die eine Sonderregelung für Ausländer vorsehen und
die aus Gründen der öffentlichen Ordnung, Sicherheit oder Gesundheit gerechtfertigt sind.
[90] *Beutler*, in: GS, EUV/EGV, Art. 6 EUV, Rn. 116; *Jarass*, EU-GR, § 4, Rn. 15; *Niedobitek*
(Fn. 21), § 159, Rn. 10; *Ruffert*, EuR 2004, 165.
[91] EuGH, Urt. v. 18.6.1991, Rs. C–260/89 (ERT), Slg. 1991, I–2925, Rn. 42 ff.
[92] Dazu gehören bezogen auf die Dienstleistungsfreiheit das »überwiegende Allgemeininteresse«,
vgl. EuGH, Urt. v. 5.10.1994, Rs. C–23/93 (TV10), Slg. 1994, I–4795, Rn. 19 ff.; und bezogen auf die
Warenverkehrsfreiheit die »zwingenden Erfordernisse« vgl. EuGH, Urt. v. 26.6.1997, Rs. C–368/95
(Familiapress), Slg. 1997, I–3689, Rn. 24.
[93] *Borowsky*, in: Meyer, GRCh, Art. 51 GRC, Rn. 29; *Ruffert*, EuR 2004, 165 (177 f.), hingegen
unterscheidet hier, seine in EuGRZ 1995, 518 (528 f.) geäußerte Auffassung modifizierend, zwischen
den geschriebenen und den ungeschriebenen Ausnahmefällen zu den Grundfreiheiten. Dabei sieht er
die geschriebenen Ausnahmefälle nicht von der »Durchführung« i.d.S. erfasst, wohingegen bei den
immanenten Ausnahmefällen, den »zwingenden Gründen des Allgemeinwohls«, von Durchführung
gesprochen werden kann, da die Mitgliedstaaten bei dieser »temporären Wahrnehmung des gemeinschaftlichen Allgemeininteresses« aufgrund fehlender Rechtsangleichungsbestimmungen Unionsrecht durchführen. Zu diesem Problemkreis hinsichtlich der Bedeutung des Art. 51 GRC in diesem
Kontext *Thym*, NVwZ 2013, 889 ff.
[94] Vgl. bspw. EuGH, Urt. v. 13.7.1989, Rs. C–5/88 (Wachauf), Slg. 1989, 2609; Urt. v. 24.3.1994,
Rs. C–2/92 (Bostock), Slg. 1994, I–955; Urt. v. 18.12.1997, Rs. C–309/96 (Annibaldi), Slg. 1997,
I–7493.

des Gesetzgebers in Bezug auf die entsprechende Regelung von Bedeutung. Auch wenn den Erläuterungen des Präsidiums des Konvents keine unmittelbaren Rechtswirkungen zukommen, sind sie dennoch als Interpretationshilfe heranzuziehen.[95] Zudem wird durch Art. 52 Abs. 7 GRC ausdrücklich vorgegeben, dass die Erläuterungen als Anleitung für die Auslegung der Charta verfasst wurden und daher von den Gerichten der Union sowie den Gerichten der Mitgliedstaaten gebührend zu berücksichtigen sind. In den Erläuterungen zu Art. 51 GRC wird nun hinsichtlich der Formulierung »Durchführung des Unionsrecht« auf die Rechtsprechung des EuGH, betreffend die Bindung der Mitgliedstaaten an die Unionsgrundrechte, Bezug genommen. Im Rahmen dieser Rechtsprechung ist auch die ERT[96] Entscheidung aufgeführt,[97] in der der EuGH erstmals über die Bindung der Mitgliedstaaten bei den Ausnahmefällen zu den Grundfreiheiten zu entscheiden hatte. Deshalb entspricht eine Bindung der Mitgliedstaaten an die Chartagrundrechte im Bereich der Ausnahmefälle zu den Grundfreiheiten jedenfalls dem aus den Erläuterungen erkennbaren Willen des europäischen Gesetzgebers. Auch geht der EuGH in der Rs. Åkerberg Fransson davon aus, dass sich durch die Einführung des Art. 51 GRC keine Änderung hinsichtlich der Grundrechtsbindung ergibt,[98] denn in diesem Urteil nimmt er auf seine ständige Rechtsprechung in diesem Bereich Bezug.[99] Er stellt im Rahmen dieses Urteils nochmal deutlich fest, dass bei derartigen Spielräumen der Mitgliedstaaten diese Spielräume neben den Unionsgrundrechten auch an den nationalen Grundrechten gemessen werden können, solange dadurch weder »der Vorrang, die Einheit und die Wirksamkeit des Unionsrechts beeinträchtigt werden«.[100] Als weitere Argumente für eine Bindung der Mitgliedstaaten auch im Bereich der Ausnahmen von den Grundfreiheiten können Rechtssicherheit und Rechtsvereinheitlichung angeführt werden.[101] Angesichts dessen ist auch bei den unionsrechtlichen Spielräumen der Mitgliedstaaten, also bei den Ausnahmefällen zu den Grundfreiheiten, von einer Bindung der Mitgliedstaaten an die Grundrechtecharta auszugehen,[102] wie der EuGH nunmehr auch in der Rechtssache Pfleger[103] noch einmal ausdrücklich bestätigt hat.

---

[95] Vgl. Erläuterungen zur Charta, Art. 51 GRC, ABl. 2007, C 303/17.

[96] EuGH, Urt. v. 18.6.1991, Rs. C–260/89 (ERT), Slg. 1991, I–2925.

[97] Vgl. Erläuterungen zur Charta, Art. 51 GRC, ABl. 2007, C 303/32.

[98] *Geiß*, DÖV 2014, 265 (266 f.).

[99] EuGH, Urt. v. 26.2.2013, Rs. C–617/10 (Åkerberg Fransson), ECLI:EU:C:2013:280, Rn. 19.

[100] EuGH, Urt. v. 26.2.2013, Rs. C–617/10 (Åkerberg Fransson), ECLI:EU:C:2013:280, Rn. 29. Dazu ausführlich *Thym*, NVwZ 2013, 889 ff.

[101] So auch *Geiß*, DÖV 2014, 265 (266).

[102] Im Ergebnis so auch *Griller*, Der Anwendungsbereich der Charta, in: Duschanek/Griller, S. 131 (139 f.); *Kühling*, in: v. Bogdandy/Bast, Europäisches Verfassungsrecht, S. 657 (683); *Ladenburger*, in: Tettinger/Stern, EuGRCh, Art. 51 GRC, Rn. 37; *Nowak*, in: Heselhaus/Nowak, Handbuch der Europäischen Grundrechte, § 6, Rn. 44 ff.; *Scheuing*, EuR 2005, 162 (182 ff.); ausführlicher *Wollenschläger*, EuZW 2014, 577 (578 ff.).

[103] EuGH, Urt. v. 30.4.2014, Rs. C–390/12 (Pfleger), ECLI:EU:C:2014:281, Rn. 31 ff. unter Berufung sowohl auf die Entscheidung Åkerberg Fransson als auch auf die ERT-Rechtsprechung; vgl. insb. Rn. 36: »Erweist sich eine nationale Regelung als geeignet, die Ausübung einer oder mehrerer durch den Vertrag garantierter Grundfreiheiten zu beschränken, können nach dieser Rechtsprechung die im Unionsrecht vorgesehenen Ausnahmen somit für die betreffende Regelung nur insoweit als Rechtfertigung dieser Beschränkung gelten, als den Grundrechten, deren Wahrung der Gerichtshof zu sichern hat, Genüge getan ist. Diese Verpflichtung zur Beachtung der Grundrechte fällt offensichtlich in den Geltungsbereich des Unionsrechts und folglich der Charta. Nimmt ein Mitgliedstaat im Unionsrecht vorgesehene Ausnahmen in Anspruch, um eine Beschränkung einer durch den Vertrag garantierten Grundfreiheit zu rechtfertigen, muss dies daher (...) als »Durchführung des Rechts der Union« im Sinne von Art. 51 Abs. 1 der Charta angesehen werden.«; vgl. zu dieser Entscheidung und ihren Auswirkungen differenziert *Wollenschläger*, EuZW 2014, 577 (578 ff. m. w. N.).

Eckhard Pache

4. Ausnahmen einzelner Mitgliedstaaten

Ein »Opt-out[104]«-Protokoll für die Grundrechtecharta existiert für **Polen** und das **Vereinigte Königreich**.[105] Die grundsätzliche Bindung dieser beiden Mitgliedstaaten an die Grundrechtecharta bleibt jedoch ungeachtet des Protokolls bestehen, die Charta ist also prinzipiell sowohl für Polen als auch für das Vereinigte Königreich verbindlich und justiziabel.[106] Durch das Protokoll werden lediglich einzelne Aspekte der grundsätzlichen Bindung an die Grundrechtecharta modifiziert.   **32**

In Art. 1 Abs. 1 des Protokolls wird zunächst festgelegt, dass die Charta keine Ausweitung der Befugnisse des Gerichtshof der Europäischen Union oder eines Gerichts Polens oder des Vereinigten Königreichs zu der Feststellung bewirkt, dass die Rechts- und Verwaltungsvorschriften, die Verwaltungspraxis oder Verwaltungsmaßnahmen Polens oder des Vereinigten Königreichs nicht mit den durch die Charta bekräftigten Grundrechten, Freiheiten und Grundsätzen im Einklang stehen. Daraus ließe sich zunächst schließen, dass die Bindung der Gerichte Polens sowie des Vereinigten Königreichs einer Einschränkung unterliegt. Art. 1 Abs. 1 des Protokolls wird jedoch nur eine **deklaratorische Bedeutung** zuerkannt. Die Gerichte Polens und des Vereinigten Königreichs sind nur insoweit zu einer mit der Grundrechtecharta im Einklang stehenden Rechtsprechung verpflichtet, wie sie einer Bindung an die Grundrechtecharta nach Art. 51 Abs. 1 GRC unterliegen, also bei der Durchführung von Unionsrecht. Besteht eine solche Bindung nicht, besteht eine Anpassungspflicht lediglich in solchen Fällen, die sich aus dem Primärrecht oder Gesetzgebungsakten ergeben, bspw. bei der Umsetzung von Richtlinien.[107]   **33**

Art. 1 Abs. 2 des Protokolls nimmt Bezug auf den Titel IV der Charta, der sich mit den **sozialen Grundrechten** befasst, und schließt die Schaffung einklagbarer Rechte durch diesen Titel aus. Dabei ist aber zu beachten, dass diejenigen Grundrechtsgarantien, die als allgemeine Rechtsgrundsätze des Unionsrechts gelten und in der Grundrechtecharta kodifiziert worden sind, ungeachtet des Protokolls jedenfalls als allgemeine Rechtsgrundsätze nach Art. 6 Abs. 3 EUV auch für das Vereinigte Königreich und Polen gelten. Diese Grundrechte sind überwiegend mit denen der Grundrechtecharta identisch, sodass das Protokoll letztlich nur eine recht begrenzte Auswirkung im Hinblick auf die Grundrechtsbindung Polens und des Vereinigten Königreichs entfaltet.[108]   **34**

Artikel 2 des Protokolls bestimmt, dass eine Bestimmung der Charta, die auf das innerstaatliche Recht und die innerstaatliche Praxis Bezug nimmt, nur in dem Maße auf   **35**

---

[104] Im juristischen Sinne handelt es sich bei diesem Protokoll jedoch nicht um eine »Opt-out«-Regelung, da diesem faktisch kaum eine Bedeutung zuteilwird; es handelt sich vielmehr um den politisch motivierten Versuch, einer noch weitergehenden Grundrechtsbindung durch den EuGH zu entkommen. So auch *Kingreen*, in: Calliess/Ruffert, EUV/AEUV, Art. 6 EUV Rn. 14; *Mayer*, in: Grabitz/Hilf/Nettesheim, EU, Grundrechtsschutz und rechtsstaatliche Grundsätze (nach Art. 6 EUV; Juli 2010), Rn. 60.

[105] Protokoll über die Anwendung der Charta der Grundrechte der Europäischen Union auf Polen und das Vereinigte Königreich, ABl. 2007, C 306/56. Zu den Beweggründen dieses »Opt-outs« siehe *Mehde*, EuGRZ 2008, 269 (271). Auch *Mayer*, EuR-Beiheft 1/2009, 87 (92 ff.).

[106] *Kingreen*, in: Calliess/Ruffert, EUV/AEUV, Art. 6 EUV, Rn. 14; *Pache/Rösch*, EuZW 2008, 519 (520); *Pache/Rösch*, EuR 2009, 769 (784).

[107] So auch *Mehde*, EuGRZ 2008, 269.

[108] *Pache/Rösch*, EuZW 2008, 519 (520); *Schorkopf*, in: Grabitz/Hilf/Nettesheim, EU, Art. 6 EUV (September 2013), Rn. 24. Anders: *Hatje*, in: Schwarze, EU-Kommentar, Art. 51 GRC, Rn. 21; *Schulte-Herbrüggen*, ZEuS 2009, 343, (345, 356), nach denen das Protokoll als geschriebenes und spezielleres Primärrecht den allgemeinen Rechtsgrundsätzen vorgeht.

Polen und das Vereinigte Königreich Anwendung findet, in dem die darin enthaltenen Rechte oder Grundsätze durch das Recht oder die Praxis Polens bzw. des Vereinigten Königreichs anerkannt sind.

36   Wenn die inhaltlichen materiellen Auswirkungen des Protokolls auf die unionsrechtliche Grundrechtslage im Vereinigten Königreich und in Polen mithin auch nur gering sind, ist die politische Wirkung jedoch eine andere. Denn durch die sogenannten »Opt-outs« zweier Mitgliedstaaten im Grundrechtsbereich existiert weiterhin kein einheitliches, in allen Mitgliedstaaten wie auf der Ebene der EU umfassend konsentiertes, deutlich sichtbares kodifiziertes grundrechtliches Fundament der Union, dem ein umfassenden Geltungsanspruch zukommt,[109] so dass dieses Protokoll als deutlicher formaler Rückschlag für die Union als Werte- und Grundrechtsgemeinschaft einzuordnen ist.[110]

37   Die Wirkung dieses Protokolls sollte nach einer dem damaligen tschechischen Präsidenten Havel gegebenen Zusage auch auf **Tschechien** erstreckt werden.[111] Diese Erstreckung durch ein weiteres Protokoll war für die nächste EU-Erweiterungsrunde vorgesehen,[112] ist jedoch mit dem Beitritt Kroatiens nicht geschehen. Insbesondere bestehen Zweifel, ob das tschechische Parlament überhaupt der Ratifizierung des Protokolls, durch das die Anwendbarkeit des Protokolls Nr. 30 auch auf Tschechien erstreckt werden soll, zustimmen würde, da in Tschechien diesbezüglich unterschiedliche Auffassungen existieren.[113] Auch das Europäische Parlament lehnt eine Erstreckung der Wirkung des Protokolls Nr. 30 überwiegend grundsätzlich ab.[114]

D.   Drittwirkung der Grundrechtecharta

38   Mit Blick auf den in Art. 51 GRC geregelten Anwendungsbereich der Grundrechtecharta stellt sich naheliegend auch die Frage nach einer möglichen Drittwirkung der Chartagrundrechte.[115] Fraglich ist also, ob bzw. inwieweit auch **Privatpersonen durch die Grundrechtecharta verpflichtet** werden können. Ausdrücklich werden in Art. 51 Abs. 1 GRC als Grundrechtsverpflichtete keine Privatpersonen benannt. Daraus könnte auf eine mangelnde Drittwirkung der Grundrechtecharta geschlossen werden.[116] Andererseits wird eine Drittwirkung der Grundrechte durch Art. 51 GRC zumindest auch nicht ausdrücklich ausgeschlossen. Der Unionsgesetzgeber hat vielmehr die Entscheidung über die Drittwirkung der Grundrechtecharta der Rechtsprechung sowie der

---

[109] *Cromme*, EuR 2007, 821 (828).

[110] *Mayer*, ZaöRV 2007, 1141 (1162).

[111] Zu den Motiven Tschechiens siehe *Meyer/Bernsdorff*, EuZW 2009, 793 ff.

[112] Vgl. *Streinz/Michl*, in: Streinz, EUV/AEUV, Art. 51 GRC, Rn. 16.

[113] Europäisches Parlament, Plenarsitzungsdokument vom 15.5.2013, Bericht über den Entwurf eines Protokolls über die Anwendung der Charta der Grundrechte der Europäischen Union auf die Tschechische Republik (Art. 48 Abs. 3 des Vertrags über die Europäische Union), A7–0174/2013, Erwägungsgrund Q, S. 7.

[114] Europäisches Parlament, Plenarsitzungsdokument vom 15.5.2013, Bericht über den Entwurf eines Protokolls über die Anwendung der Charta der Grundrechte der Europäischen Union auf die Tschechische Republik (Art. 48 Abs. 3 des Vertrags über die Europäische Union), A7–0174/2013, vgl. die Begründung, S. 9 ff.

[115] Oftmals wird in diesem Zusammenhang auch von der horizontalen Wirkung von Grundrechten gesprochen.

[116] *Cartabia*, in: Mock/Demuro (Hrsg.), Human Rights in Europe – Commentary on the Charter of Fundamental Rights of the European Union, Art. 51 GRC, Rn. 1.

Rechtswissenschaft überlassen.[117] Eine unmittelbare Drittwirkung der Grundrechtsgewährungen aus der Charta ist abzulehnen, insbesondere wegen ansonsten eintretender erheblicher Beschränkungen der Privatautonomie.[118] Auch ist unter Privaten eine Einhaltung des in Art. 52 Abs. 1 GRC festgesetzten Gesetzesvorbehalts nicht möglich.[119] Daher ist die Rechtsprechung zur unmittelbaren Drittwirkung der Grundfreiheiten auf die Konstellation der unmittelbaren Drittwirkung von Grundrechten nicht übertragbar, auch weil es im Bereich der Grundrechte eben gerade nicht um die Schaffung eines einheitlichen Binnenmarktes geht, die eine unmittelbare Wirkung noch rechtfertigen könnte.[120] Zwar könnte man bei einigen Garantien der Charta dem Wortlaut nach von einer unmittelbaren Drittwirkung ausgehen,[121] allerdings dürfte bei den entsprechenden Bestimmungen eher die Schutzpflichtendimension der jeweiligen Grundrechte im Vordergrund stehen. Durch die auf die Verpflichtung Privater gerichtete entsprechende Schutzpflicht der Union oder der Mitgliedstaaten können Schutzlücken vermieden werden, die eine unmittelbare Anwendung erforderlich machen würden.[122] Eine mittelbare Drittwirkung der Grundrechte erscheint jedoch möglich. Daher sind die Grundrechte der Charta im Privatrechtsverhältnis jedenfalls dann miteinzubeziehen, wenn es um die Auslegung der Generalklauseln primären und sekundären Unionsrechts geht.[123]

E. Grenzen der Rechtswirkungen der Charta

Wie bereits erwähnt wird durch Abs. 2 i.V.m. Abs. 1 Satz 2[124] verdeutlicht, dass es durch die Grundrechtecharta nicht zu einer Erweiterung der Zuständigkeiten sowie der Aufgaben der Union kommen darf, die ihr durch die Verträge zugewiesen werden. Damit wird der Sorge einiger Mitgliedstaaten hinsichtlich einer Ausweitung der Unionskompetenzen im Bereich des Grundrechtsschutzes Rechnung getragen.[125] In Abs. 1 Satz 1 wird zusätzlich auf das Subsidiaritätsprinzip Bezug genommen.

39

Die vorgenannten Absätze enthalten folgende Kernaussagen: Zum einen führt die Charta **nicht zu einer Kompetenzerweiterung** der Union, in der Charta sind keine zusätzlichen Rechtsgrundlagen für ein unionales Handeln enthalten, sondern diese sind entsprechend dem Prinzip der begrenzten Einzelermächtigung aus den Verträgen zu entnehmen. Zum anderen darf es durch die Charta zu **keiner erweiterten Auslegung** der

40

---

[117] *Borowsky,* in: Meyer, GRCh, Art. 51 GRC, Rn. 31; *Streinz/Michl,* in: Streinz, EUV/AEUV, Art. 51 GRC, Rn. 18.

[118] *Ehlers,* in: ders., Grundrechte und Grundfreiheiten, § 14, Rn. 81. Zur Ablehnung der unmittelbaren Drittwirkung ausführlicher: *Winkler,* S. 162. Eine eindeutige unmittelbare Drittwirkung enthält jedoch bspw. Art. 157 Abs. 1 AEUV. Ebenfalls wird den Grundrechten der EMRK keine unmittelbare Drittwirkung zuteil.

[119] *Jarass,* EU-GR, § 4, Rn. 17.

[120] So auch *Ehlers,* in: ders., Grundrechte und Grundfreiheiten, § 14, Rn. 81.

[121] Vgl. bspw. Art. 3 GRC, Art. 5 Abs. 3 GRC.

[122] *Hatje,* in: Schwarze, EU-Kommentar, Art. 51 GRC, Rn. 22.

[123] *Hatje,* in: Schwarze, EU-Kommentar, Art. 51 GRC, Rn. 22.

[124] Dies wird auch als Kompetenzschutzklausel bezeichnet. *Streinz/Michl,* in: Streinz, EUV/AEUV, Art. 51 GRC, Rn. 22.

[125] *Hatje,* in: Schwarze, EU-Kommentar, Art. 51 GRC, Rn. 28; *Picod* (Fn. 31), Art. II–111, Rn. 16; Vgl. auch *Lord Goldsmith,* CMLRev. 38 (2001), 1201 (1206 f.), der sich insbesondere zur geübten Kritik äußert, wie eine Erweiterung der Kompetenzen der EU durch Art. 51 Abs. 2 GRC ausgeschlossen sein kann, wenn doch viele Grundrechte Bereiche betreffen, in denen der Union keine Kompetenzen zustehen.

Unionskompetenzen kommen.[126] In Art. 51 GRC wird also nochmals spezifisch für den Bereich des Grundrechtsschutzes und der Anwendung der Grundrechtecharta die Geltung des Prinzips der begrenzten Einzelermächtigung sowie des Subsidiaritätsgrundsatzes zum Ausdruck gebracht[127] und klargestellt, dass die Charta keine eigenständige Ermächtigung zu unionalem Handeln zum Grundrechtsschutz darstellen soll.

I. Wahrung der Zuständigkeiten

41 Aus der Geltung des Prinzips der begrenzten Einzelermächtigungen ergibt sich, dass auch unter der Geltung der Charta weiterhin die bestehenden Zuständigkeiten der Union gewahrt werden und keine Erweiterung dieser bestehenden Zuständigkeiten durch die Charta erfolgen darf. Obwohl dieses Prinzip bereits in Art. 5 Abs. 1 Satz 1, Abs. 2 EUV festgeschrieben ist, wird wegen der bereits erwähnten Sorge der Mitgliedstaaten vor einer Ausweitung der Kompetenz der Union durch die Charta nochmals explizit auf dieses Prinzip Bezug genommen. Die Chartagrundrechte dürfen daher nur innerhalb der durch die Verträge bestimmten Zuständigkeiten der Union Wirkung erlangen.[128] Wie in Art. 6 Abs. 1 UAbs. 2 EUV ausdrücklich geregelt, sollen auch nach Art. 51 Abs. 2 GRC durch die Bestimmungen der Charta die in den Verträgen festgelegten Zuständigkeiten der Union in keiner Weise erweitert werden.[129]

II. Wahrung des Subsidiaritätsprinzips

42 Nach Abs. 1 Satz 1 gilt die Charta »für die Organe, Einrichtungen und sonstigen Stellen der Union unter Wahrung des Subsidiaritätsprinzips«. Wie auch das Prinzip der begrenzten Einzelermächtigung ist das Subsidiaritätsprinzip bereits in Art. 5 Abs. 1 Satz 2, Abs. 3 EUV primärrechtlich verankert, wird jedoch wegen der fundamentalen Bedeutung seiner Beachtung auch für den Grundrechtsschutz nochmals explizit benannt. Durch seine Erwähnung soll nochmals der Umstand bekräftigt werden, dass nicht nur keine Ausweitung der Zuständigkeiten der Union durch die Charta erfolgen darf, sondern dass auch bei bestehenden nicht ausschließlichen Zuständigkeiten der Union ein Handeln der EU zum Grundrechtsschutz nur nach Maßgabe des Subsidiaritätsprinzips zulässig ist,[130] also dann, wenn der gebotene Grundrechtsschutz auf mitgliedstaatlicher Ebene nicht ausreichend und auf Unionsebene besser gewährleistet werden kann. Dies bringt noch einmal zum Ausdruck, dass auch die Grundrechtecharta keine voraussetzungslose Berechtigung der EU zum Grundrechtsschutz begründen soll, sondern dass auch unter der Geltung der Grundrechtecharta grundsätzlich weiterhin den Mitgliedstaaten die Hauptverantwortung im Bereich des Grund- und Menschenrechtsschutzes obliegen soll.[131]

---

[126] *Ladenburger*, in: Tettinger/Stern, EuGRCh, Art. 51 GRC, Rn. 59.
[127] *Folz*, in: Vedder/Heintschel v. Heinegg, Europäisches Unionsrecht, Art. 51 GRC, Rn. 8.
[128] Erläuterungen zur Charta, Art. 51 GRC, ABl. 2007, C 303/32; vgl. zu Art. 51 Abs. 2 GRC auch die Ausführung in *Lindfelt* (Fn. 54), S. 133 ff.
[129] Vgl. hierzu Art. 6 EUV, Rn. 36 f.
[130] *Calliess*, EuZW 2001, 261 (266).
[131] *Lindfelt* (Fn. 54) S. 130.

Artikel 52   GRC Tragweite und Auslegung der Rechte und Grundsätze

(1) [1]Jede Einschränkung der Ausübung der in dieser Charta anerkannten Rechte und Freiheiten muss gesetzlich vorgesehen sein und den Wesensgehalt dieser Rechte und Freiheiten achten. [2]Unter Wahrung des Grundsatzes der Verhältnismäßigkeit dürfen Einschränkungen nur vorgenommen werden, wenn sie erforderlich sind und den von der Union anerkannten dem Gemeinwohl dienenden Zielsetzungen oder den Erfordernissen des Schutzes der Rechte und Freiheiten anderer tatsächlich entsprechen.

(2) Die Ausübung der durch diese Charta anerkannten Rechte, die in den Verträgen geregelt sind, erfolgt im Rahmen der dort festgelegten Bedingungen und Grenzen.

(3) [1]Soweit diese Charta Rechte enthält, die den durch die Europäische Konvention zum Schutz der Menschenrechte und Grundfreiheiten garantierten Rechten entsprechen, haben sie die gleiche Bedeutung und Tragweite, wie sie ihnen in der genannten Konvention verliehen wird. [2]Diese Bestimmung steht dem nicht entgegen, dass das Recht der Union einen weiter gehenden Schutz gewährt.

(4) Soweit in dieser Charta Grundrechte anerkannt werden, wie sie sich aus den gemeinsamen Verfassungsüberlieferungen der Mitgliedstaaten ergeben, werden sie im Einklang mit diesen Überlieferungen ausgelegt.

(5) [1]Die Bestimmungen dieser Charta, in denen Grundsätze festgelegt sind, können durch Akte der Gesetzgebung und der Ausführung der Organe, Einrichtungen und sonstigen Stellen der Union sowie durch Akte der Mitgliedstaaten zur Durchführung des Rechts der Union in Ausübung ihrer jeweiligen Zuständigkeiten umgesetzt werden. [2]Sie können vor Gericht nur bei der Auslegung dieser Akte und bei Entscheidungen über deren Rechtmäßigkeit herangezogen werden.

(6) Den einzelstaatlichen Rechtsvorschriften und Gepflogenheiten ist, wie es in dieser Charta bestimmt ist, in vollem Umfang Rechnung zu tragen.

(7) Die Erläuterungen, die als Anleitung für die Auslegung dieser Charta verfasst wurden, sind von den Gerichten der Union und der Mitgliedstaaten gebührend zu berücksichtigen.

Literaturübersicht

Alber/Widmaier, Mögliche Konfliktbereiche und Divergenzen im europäischen Grundrechtsschutz – Die Ausübungs- und Einschränkungsregeln für die Grundrechte der Europäischen Union (Art. II–112 EV), EuGRZ 2006, 113; *Bernsdorff/Borowsky*, Die Charta der Grundrechte der Europäischen Union – Handreichungen und Sitzungsprotokolle, 2002; *Bühler*, Einschränkung von Grundrechten nach der Europäischen Grundrechtecharta, Diss. iur., Berlin, 2005; *Callewaert*, Die EMRK und die EU-Grundrechtecharta – Bestandsaufnahme einer Harmonisierung auf halbem Weg, EuGRZ 2003, 198; *Calliess*, Die Charta der Grundrechte der Europäischen Union – Fragen der Konzeption, Kompetenz und Verbindlichkeit, EuZW 2001, 261; *Cremer*, Grundrechtsverpflichtete und Grundrechtsdimensionen nach der Charta der Grundrechte der Europäischen Union, EuGRZ 2011, 545; *Dorf*, Zur Interpretation der Grundrechtecharta, JZ 2005, 126; *Eisner*, Die Schrankenregelung der Grundrechtecharta der Europäischen Union – Gefahr oder Fortschritt für den Grundrechtsschutz in Europa?, Diss. iur., Würzburg, 2004; *Grabenwarter*, Die Charta der Grundrechte für die Europäische Union, DVBl. 2001, 1; *Lenaerts*, Die EU-Grundrechtecharta: Anwendbarkeit und Auslegung, EuR 2012, 3; *Molthagen*, Das Verhältnis der EU-Grundrechte zur EMRK – Eine Untersuchung unter besonderer Berücksichtigung der Charta der Grundrechte der EU, Diss. iur., Hamburg, 2003; *Naumann*, Art. 52 Abs. 3 GrCh zwischen Kohärenz des europäischen Grundrechtsschutzes und Autonomie des Unionsrechts, EuR 2008, 424; *Pache*, Die Europäische Grundrechtscharta – ein Rückschritt für den Grundrechtsschutz in Europa? EuR 2001, 475; *Philippi*, Die Charta der Grundrechte der Europäischen Union – Entstehung, Inhalt und Konsequenzen für den Grundrechtsschutz in Europa, 2002; *Rieckhoff*, Der Vorbehalt des Gesetzes im Europarecht, 2007; *Röder*, Der Gesetzesvorbehalt der Charta der Grundrechte der Union im

Lichte einer europäischen Wesentlichkeitstheorie, 2007; *Sagmeister*, Die Grundsatznormen in der Europäischen Grundrechtecharta – Zugleich ein Beitrag zum subjektiv-öffentlichen Recht im Gemeinschaftsrecht, 2010; *Schmidt*, Die Grundsätze im Sinne der EU-Grundrechtecharta, 2010; *Schmittmann*, Rechte und Grundsätze in der Grundrechtecharta, 2007; *Schmitz*, Die Grundrechtecharta als Teil der Verfassung der Europäischen Union, EuR 2004, 691; *Streinz*, Die verschiedenen unionalen Grundrechtsquellen in ihrem Zusammenspiel, ZÖR 2013, 663; *Triantafyllou*, The European Charter of Fundamental Rights and the »Rule of Law«: Restricting Fundamental Rights by Reference, CMLRev. 39 (2002), 53; *Weiß*, Grundrechtsschutz durch den EuGH: Tendenzen seit Lissabon, EuZW 2013, 287; *Ziegenhorn*, Der Einfluss der EMRK im Recht der EU-Grundrechtecharta – Genuin charatrechtlicher Grundrechtsschutz gemäß Art. 52 Abs. 3 GRCh, Diss. iur., Bonn, 2009.

Leitentscheidungen

EuGH, Urt. v. 21.9.1989, verb. Rs. C–46/87 – C–227/88 (Hoechst), Slg. 1989, 2859
EuGH, Urt. v. 13.7.1989, Rs. C–5/88 (Wachauf), Slg. 1989, 2609
EuGH, Urt. v. 11.7.1989, Rs. C–265/87 (Schräder), Slg. 1989, 2237
EuGH, Urt. v. 13.12.1979, Rs. C–44/79 (Hauer), Slg. 1979, 3727
EuGH, Urt. v. 17.12.1970, Rs. C–11/70 (Internationale Handelsgesellschaft mbH), Slg. 1970, 1125
EuGH, Urt. v. 22.1.2013, Rs. C–283/11 (Sky Österreich), ECLI:EU:C:2013:28
EuGH, Urt. v. 17.10.2013, Rs. C–101/12 (Schaible), ECLI:EU:C:2013:661
EuGH, Urt. v. 17.10.2013, Rs. C–291/12 (Schwarz), ECLI:EU:C:2013:670

Inhaltsübersicht

A. Allgemeines

1 Art. 52 GRC stellt rechtliche Vorgaben für die Einschränkung der Rechte der Charta und für die Tragweite und Auslegung ihrer Rechte und Grundsätze auf. Hierzu gibt die Norm in Absatz 1 eine allgemeine Schrankenklausel für die Rechte und Freiheiten der Charta vor. Die Bedeutung dieser allgemeinen Schrankenregelung für den tatsächlichen Schutzumfang der Garantien der Grundrechtecharta kann kaum überbewertet werden: Die tatsächliche Wirkung jedes Grundrechts hängt in gleicher Weise wie von seinem

Schutzbereich auch von seiner Schrankenregelung ab, die aufgrund dessen mit Recht auch als »Achillesferse«[1] des Grundrechtsschutzes bezeichnet werden kann. Die Grundrechte der Grundrechtecharta besitzen nur in Ausnahmefällen spezielle Schrankenregelungen. Explizite Gesetzesvorbehalte einzelner Grundrechte sind nur in zwei Fällen (Art. 8 II, 17 I 2 GRC) vorgesehen.[2] Im Übrigen wurde Art. 52 Abs. 1 als **allgemeine (sog. horizontale) Einschränkungsregel** konzipiert, statt eine ausdrückliche spezifische Schrankenregelung für jedes einzelne Grundrecht vorzusehen. Diese allgemeine Schrankenregelung gilt ausweislich des Wortlauts des Art. 52 Abs. 1 Satz 1 für die Rechte und Freiheiten der Charta, nicht dagegen für Grundsätze im Sinne des Absatz 5.[3] Inwieweit dieses Konzept einer einheitlichen horizontalen Einschränkungsregel für den Grundrechtsschutz auf Unionsebene förderlich ist, wird unterschiedlich bewertet.[4]

Die Grundrechtecharta kennt außerdem auch spezielle **partielle Gesetzesvorbehalte,** bei denen die inhaltliche Konkretisierung des Schutzbereichs wie der Schranken einer Garantie und damit auch eine Einschränkung der jeweiligen Grundrechte durch **einzelstaatliche Gesetze** ermöglicht wird. Beispiele sind Art. 9, 10 Abs. 2, 14 Abs. 3, 16, 27, 28, 30, 34–36 GRC. Grund für diese sog. **doppelte Schrankenregelung** ist, dass diese Rechte sich auf Bereiche beziehen, in denen die EU keine Kompetenzen besitzt. Folglich bestimmt nationales Recht die Schranken des jeweiligen Grundrechts. Art. 52 Abs. 1 GRC fungiert dann als Schranken-Schranke, an der die nationalen Regulierungen zu messen sind.[5] Weil durch diese Vorbehalte nationaler Gesetzgebung der Schutzbereich selbst bestimmt und nicht nur eine Interpretationsregel aufgestellt wird, reichen sie weiter als die Absätze 4 und 6.[6] Problematisch ist dabei, dass nunmehr 28 mitgliedstaatliche Gesetzgeber ermächtigt sind, den sachlichen Schutzbereich bestimmter Garantien der Grundrechtecharta der EU auszugestalten, eine Rechtslage, die einer einheitlichen Geltung und Anwendung der Grundrechte der Grundrechtecharta kaum förderlich sein dürfte.[7]

2

Neben der allgemeinen Schrankenregelung des Absatzes 1 enthält Art. 52 GRC in den Absätzen 2 bis 7 vielschichtige weitere Regelungen für die Abgrenzung des Anwendungsbereichs seiner Vorgaben, für die Auslegung der Rechte und Freiheiten sowie der Grundsätze der Charta.[8] Dabei lassen sich die einzelnen Absätze des Art. 52 GRC in verschiedene Kategorien unterteilen: Während Absatz 1 eine **allgemeine Einschränkungsregel** darstellt, wurden Absatz 2 und 3 als **Transferklauseln** konzipiert. Die Absätze 4–7 enthalten lediglich **Auslegungshilfen**, wobei nur Absatz 7 eine Auslegungs-

3

---

[1] *Kenntner,* ZRP 2000, 423 (423).

[2] *Fassbender,* NVwZ 2010, 1049 (1050).

[3] *Wolffgang,* in: Lenz/Borchardt, EU-Verträge, Art. 52 GRC, Rn. 4; *Groppi,* in: Mock/Demuro (Hrsg.), Human Rights in Europe – Commentary on the Charter of Fundamental Rights of the European Union, 2010, Art. 52 GRC, Rn. 2.

[4] Vgl. dazu *Pache,* EuR 2001, 475 (489), der die Normierung kritisch betrachtet, da sie dem EuGH keinen Anlass gibt, seine Grundrechtsprüfung durch eine effektivere Verhältnismäßigkeitsprüfung zu verbessern und so seine Kontrolle zu verstärken; i. E. ebenso *Eisner,* S. 159 ff., die eine generalklauselartige Schrankenbestimmung lediglich auf EU-Ebene als nicht förderlich ansieht, sie ansonsten aber befürwortet.

[5] *Ibing,* Die Einschränkung der europäischen Grundrechte durch Gemeinschaftsrecht, S. 342; kritisch zur doppelten Beschränkung *Philippi,* S. 42.

[6] *Kingreen,* in: Calliess/Ruffert, EUV/AEUV, Art. 52 GRC, Rn. 49.

[7] *Philippi,* S. 42.

[8] *Kingreen,* in: Calliess/Ruffert, EUV/AEUV, Art. 52 GRC, Rn. 1, unternimmt dort den Versuch einer entsprechenden Systematisierung der vielfältigen Vorgaben der Norm, in der er »das Herz der Allgemeinen Bestimmungen, ja der Grundrechtecharta« verortet.

hilfe für die gesamte Charta beinhaltet. Die anderen Absätze dienen der Auslegung von bestimmten Bereichen, wobei insbesondere Absatz 5 den Unterschied zwischen Grundrechten und Grundsätzen verdeutlicht.[9]

B.   Die allgemeine Schrankenregelung des Art. 52 Abs. 1 GRC

I.   Rechte und Freiheiten

4   Die allgemeine Schrankenregelung des Art. 52 Abs. 1 bezieht sich auf die in dieser Charta anerkannten »Rechte und Freiheiten«. Zwischen diesen beiden Begrifflichkeiten besteht kein besonders hervorzuhebender rechtlich relevanter Unterschied. Eine entsprechende Unterscheidung wird beispielsweise auch in Art. 6 EUV, der EMRK oder andernorts in der Charta selbst getroffen.[10] Die **»Freiheiten«** im Sinne dieser Vorschrift und die unionsrechtlichen Grundfreiheiten sind nicht identisch und deshalb voneinander zu trennen. »Freiheiten« sind als Unterfall der »Rechte« anzusehen,[11] wobei »Rechte« **subjektive Rechte** im Sinne der herrschenden Schutznormlehre sind. Damit handelt es sich um Verhaltenspflichten, welche nicht ausschließlich der Verwirklichung öffentlicher Interessen, sondern zumindest auch dem Schutz der Interessen des Einzelnen dienen und von diesem gegenüber den Verpflichteten durchgesetzt werden können.[12] Unter den genannten Rechten und Freiheiten sind die Grundrechte der Grundrechtecharta zu verstehen – wobei durch die Erwähnung von Freiheiten die Freiheitsgrundrechte in den Vordergrund gestellt werden[13] –, sodass Absatz 1 die mögliche Rechtfertigung der Einschränkung von Grundrechten regelt.[14]

5   Die in Art. 52 Abs. 5 GRC angesprochenen Grundsätze werden in Art. 52 Abs. 1 GRC nicht explizit genannt. Im Gegensatz zu den Grundrechten muss bei den Grundsätzen deren Inhalt nicht vollumfänglich erreicht werden, sondern aufgrund der Grundsätze sollen Maßnahmen erlassen werden, die den Inhalt der Grundsätze zu verwirklichen anstreben.[15] Insoweit ist teilweise von einer rechtskategorialen Unterscheidung zwischen Grundrechten als subjektiven Rechten und Freiheiten einerseits und Grundsätzen als konkretisierungsbedürftigen Prinzipien andererseits die Rede.[16] Mangels expliziter Nennung der Grundsätze in Art. 52 Abs. 1 GRC herrscht Uneinigkeit, ob die Schrankenregelung dieses Absatzes auch für Grundsätze Geltung beanspruchen kann. Manche sprechen sich für eine Erstreckung des Absatzes 1 auf die Grundsätze aus, da auch diese, zumindest eingeschränkt, justiziabel sind (Art. 52 Abs. 5 Satz 2 GRC). Sie seien einerseits zur Auslegung und Bewertung der Rechtmäßigkeit der ihrer Durchsetzung dienenden Rechtsakte heranzuziehen, besäßen daher einen beschränkt abwehrrechtlichen Charakter und könnten schon allein deswegen nicht schrankenlos gewährt

---

[9] *Borowsky*, in: Meyer, GRCh, Art. 52 GRC, Rn. 12; *Wolffgang*, in: Lenz/Borchardt, EU-Verträge, Art. 52 GRC, Rn. 3; *Ziegenhorn*, S. 27.

[10] Die GRC nennt die Begriffe bspw. am Ende der Präambel oder in Art. 54; *Becker*, in: Schwarze, EU-Kommentar, Art. 52 GRC, Rn 2; *Borowsky*, in: Meyer, GRCh, Art. 52 GRC, Rn. 19.

[11] *Ehlers*, Grundrechte und Grundfreiheiten, § 14, Rn. 17.

[12] *Ehlers*, Grundrechte und Grundfreiheiten, § 14, Rn. 17; so sieht auch Schmittmann in seiner Darstellung die »Rechte« als Oberbegriff für »Rechte und Freiheiten« an, vgl. *Schmittmann*, S. 25.

[13] *Cornils*, EnzEuR Bd. 2, § 5, Rn. 89.

[14] *Jarass*, GRCh, Art. 52 GRC, Rn. 1.

[15] *Frenz*, Handbuch Europarecht, Bd. 4, § 3, Rn. 438.

[16] In diesem Sinne *Terhechte*, in: GSH, Europäisches Unionsrecht, Art. 52 GRC, Rn. 12 m. w. N.

werden, da jede Gewährleistung auch einschränkbar sein muss und sich andernfalls Ungereimtheiten mit den Grundrechten ergeben würden.[17] Außerdem soll zumindest bei solchen Grundsätzen, deren Sinn es ist, einen *status quo* zu erhalten, deren abwehrrechtlicher Charakter im Vordergrund stehen. Damit kann man nicht pauschal alle Grundsätze einer Prüfung, wie sie bei Grundrechten erfolgt, entziehen.[18] Als weiteres Argument wird angeführt, dass bei der Ausarbeitung und Formulierung des Art. 52 Abs. 1 GRC nicht sorgfältig genug gearbeitet wurde, weshalb es nahe liege, dass schlichtweg vergessen wurde, die Grundsätze des Abs. 5 in Abs. 1 explizit aufzuführen und Abs. 1 folglich auch auf Grundsätze anzuwenden sei.[19] Da die Absätze 4–7 erst nachträglich im Rahmen des Verfassungskonvents eingefügt wurden,[20] liegt diese Argumentation nicht ganz fern. Mit der Begründung, dass die Absätze 1–4 des Art. 52 GRC ausschließlich auf »Rechte und Freiheiten« Bezug nehmen, wird demgegenüber die Anwendung der allgemeinen Schrankenregel des Absatzes 1 abgelehnt.[21] Da Grundsätze nur objektiv-rechtliche Gewährleistungen darstellten, wäre es danach auch nicht als problematisch anzusehen, dass ihre Einschränkung nicht möglich sei. Sie können nur »ausgestaltet«, nicht aber »eingeschränkt« werden.[22] Dass aber Abwehrgehalte zumindest beschränkt auch bei Grundsätzen vorhanden sind, scheint durch die Gegenansicht überzeugend dargestellt.

Einer »absoluten Gewährleistung von Grundsätzen« scheint auch entgegen zu stehen, dass generell, sofern Schranken einer Gewährleistung nicht ausdrücklich geregelt sind, zumindest immer andere grundrechtliche Gewährleistungen oder Grundsätze der Charta bzw. allgemeine Zielbestimmungen der Union als Beschränkung dienen müssen.[23] Dies ist jedoch kein Argument für eine Anwendbarkeit des Absatzes 1. Denn diese Ablehnung hat nur die Folge, dass die grundrechtlichen Schranken eben nur auf Grundrechte, wegen ihres unterschiedlichen rechtlichen Charakters aber nicht auf Grundsätze anzuwenden sind.[24] Als Normen des Unionsrechts können deren Umsetzungsakte auf unionaler oder mitgliedstaatlicher Ebene gegen Grundsätze verstoßen. Die Feststellung eines solches Verstoßes richtet sich aber nicht nach den Vorgaben des Art. 52 Abs. 1 GRC, sondern nach den allgemeinen Regeln.[25]

6

II. Struktur der Unionsgrundrechte

Art. 52 Abs. 1 GRC spiegelt die **Struktur der Unionsgrundrechte** wider.[26] Gemäß den

7

---

[17] *Sagmeister,* S. 329 ff., 170 f; zumindest den beschränkt abwehrrechtlichen Charakter und die eingeschränkte Justiziabilität der Grundsätze erkennt wohl auch *Borowsky,* in: Meyer, GRCh, Art. 52 GRC, Rn. 45 a, c, entscheidet sich aber gegen eine Anwendung des Abs. 1 auf die Grundsätze, vgl. *Borowsky,* in: Meyer, GRCh, Art. 52 GRC, Rn. 17.

[18] *Rengeling/Szczekalla,* Grundrechte, § 7, Rn. 481 f., 486 ff.

[19] *Sagmeister,* S. 330 f.

[20] *Borowsky,* in: Meyer, GRCh, Art. 52 GRC, Rn. 1.

[21] *Borowsky,* in: Meyer, GRCh, Art. 52 GRC, Rn. 17; *Cornils,* EnzEuR Bd. 2, § 5, Rn. 21; *Ladenburger,* in: Tettinger/Stern, EuGRCh, Art. 52 GRC, Rn. 71.

[22] Vgl. zu dieser Ansicht *Bühler,* S. 387.

[23] *Sagmeister,* S. 331 f. m. w. N.

[24] Auch Borowsky sieht Absatz 1 aufgrund der Natur der Grundsätze nicht auf diese anwendbar: *Borowsky,* in: Meyer, GRCh, Art. 52 GRC, Rn. 17.

[25] So auch *Cornils,* EnzEuR Bd. 2, § 5, Rn. 55.

[26] Nach *Kingreen,* in: Calliess/Ruffert, EUV/AEUV, Art. 52 GRC, Rn. 44, trifft Art. 52 Abs. 1 »eine Grundentscheidung zur Struktur der Unionsgrundrechte«; dies ist in dem Sinne zutreffend, dass die Struktur der Unionsgrundrechte, wie sie sich aus der Funktion und dem Wesen dieser Grundrechte

Erläuterungen lehnt er sich an die **ständige Rechtsprechung des Gerichtshofs**[27] an, nach der »die Ausübung dieser Rechte, insbesondere im Rahmen einer gemeinsamen Marktorganisation, Beschränkungen unterworfen werden kann, sofern diese tatsächlich dem Gemeinwohl dienenden Zielen der Gemeinschaft entsprechen und nicht einen im Hinblick auf den verfolgten Zweck unverhältnismäßigen, nicht tragbaren Eingriff darstellen, der diese Rechte in ihrem Wesensgehalt antastet.« Mit den »dem Gemeinwohl dienenden Zielen« sollen nicht nur solche Ziele, wie sie in Art. 3 EUV genannt sind, erfasst werden, sondern auch andere Interessen, die in besonderen Bestimmungen der Verträge wie Art. 4 Abs. 1 EUV, Art. 35 Abs. 3, Art. 36 und 346 AEUV zum Ausdruck kommen, einbezogen werden.[28] Die Frage der Möglichkeit, Grundrechte zum Schutze der Rechte und Freiheiten anderer einzuschränken, wird in den Erläuterungen nicht weiter behandelt.

8   Auf der Grundlage dieser Rechtsprechung des EuGH wird für die Freiheitsrechte der Grundrechtecharta eine **dreistufige Grundrechtsstruktur**, wie sie auch im deutschen Recht und vom EGMR anerkannt ist, angenommen.[29] Anderes gilt grundsätzlich bei den Gleichheitsrechten: Der **allgemeine Gleichheitssatz** des Art. 20 weist keinen spezifischen Schutzbereich auf, so dass hier von einer zweistufigen Grundrechtsstruktur (Ungleichbehandlung/Rechtfertigung) auszugehen und entsprechend eine **zweistufige Grundrechtsprüfung** (Vorliegen einer Ungleichbehandlung/Rechtfertigung) vorzunehmen ist. Allerdings gilt dies nur eingeschränkt für die speziellen Gleichheitsrechte der Charta.[30]

1.   Schutzbereich

9   Zentral für die Bestimmung des durch eine grundrechtliche Garantie gewährleisteten Freiraums ist zunächst der Schutzbereich[31] dieses Grundrechts. Problematisch für die Festlegung der Reichweite des Grundrechtsschutzes auf EU-Ebene war in dieser Hinsicht, dass der EuGH bisher kaum genaue Aussagen zur Umgrenzung der Schutzbereiche, insbesondere der sachlichen Schutzbereiche der Unionsgrundrechte gemacht hat,

---

ergibt und in der Rechtsprechung des EuGH seit längerem anerkannt ist, in Art. 52 Abs. 1 durch Aufstellung einer allgemeinen Schrankenregelung normativ aufgegriffen und verortet wird. Hervorzuheben ist allerdings, dass sich diese Struktur keineswegs erst aus der Regelung des Art. 52 Abs. 1 ergibt, sondern die präexistente Struktur der Unionsgrundrechte findet in Art. 52 Abs. 1 ihre normative Anerkennung.

[27] EuGH, Urt. v. 13.4.2000, Rs. C–292/97 (Karlsson u.a.), Slg. 2000, I–2737, Rn. 45; *Lenaerts*, EuR 2012, 3 (7); *De Schutter*, in: EU Network of Independent Experts on Fundamental Rights, Commentary of the Charter of Fundamental Rights of the European Union, Juni 2006 (Online-Kommentar, abrufbar unter: http://bim.lbg.ac.at/files/sites/bim/Commentary%20EU%20Charter%20of%20 Fundamental%20Rights[1].pdf (14.3.2016), Art. 52 GRC, S. 397.

[28] ABl. 2007, C 303/32.

[29] *Jarass*, GRCh, Art. 52 GRC, Rn. 1; *Kingreen*, in: Calliess/Ruffert, EUV/AEUV, Art. 52 GRC, Rn. 45 f.; *Streinz/Michl*, in: Streinz, EUV/AEUV, Art. 52 GRC, Rn. 18; *Wolffgang*, in: Lenz/Borchardt, EU-Verträge, Art. 52 GRC, Rn. 6.

[30] Verschiedene Gleichheitssätze der Charta nehmen Bezug auf bestimmte Lebensbereiche. Insoweit ist zunächst, wie bei den Freiheitsrechten, deren Einschlägigkeit zu prüfen und erst anschließend die gleichheitsrechtsadäquate zweistufige Prüfung durchzuführen, vgl. in diesem Sinne *Kingreen*, in: Calliess/Ruffert, EUV/AEUV, Art. 52 GRC, Rn. 46; so auch *Jarass*, GRCh, Art. 52 GRC, Rn. 6.

[31] Dieser Begriff wird nicht einheitlich verwendet. Z.T. wird er auch als Geltungsbereich oder Anwendungsbereich bezeichnet. Vgl. bspw. *Jarass*, GRCh, Art. 52 GRC, Rn. 2; *Trstenjak/Beysen*, EuR 2012, 265 (277 ff.).

wenn nicht ein Bezug zur EMRK vorlag.[32] Insoweit trägt die Grundrechtecharta zu **mehr Rechtsklarheit** und zu **deutlicherer Sichtbarkeit** der Garantiegehalte der Unionsgrundrechte bei, indem durch sie eine klarere Eingrenzung der Schutzbereiche der jeweiligen Grundrechte erfolgt.[33] Es bietet sich an, den Schutzbereich der Grundrechte **zweigeteilt**, nach sachlichem und persönlichem Schutzbereich getrennt, zu betrachten.

a) Sachlicher Schutzbereich

Der sachliche Schutzbereich eines Grundrechts betrifft den jeweiligen **grundrechtlich**   **10**
geschützten Lebensbereich, in dem eine Person vor Eingriffen des Hoheitsträgers bzw. der grundrechtsverpflichteten Akteure geschützt ist. Er ist für jedes Grundrecht eigens zu bestimmen.[34] Der geschützte Lebensbereich betrifft Bereiche, Situationen oder Umstände aus dem Leben des jeweiligen Betroffenen. Es können Verhaltensweisen, Tätigkeiten oder aber Rechtsgüter des Einzelnen sowie die jeweilige konkrete Lebenssituation davon umfasst sein.[35]

b) Persönlicher Schutzbereich

Durch den persönlichen Schutzbereich der Grundrechte wird bestimmt, wer Träger des   **11**
jeweiligen Grundrechts ist und sich darauf berufen bzw. wer das Grundrecht im Fall einer Verletzung vor Gericht geltend machen kann.[36] Eine allgemeine normative Regelung zur potentiellen Grundrechtsberechtigung ist in der Grundrechtecharta nicht enthalten; diese ist vielmehr jeweils grundrechtsspezifisch durch Auslegung der einzelnen Grundrechtsgarantien zu ermitteln. Diese Auslegung der Einzelgrundrechte ergibt zusammenfassend, dass Grundrechtsberechtigte sowohl **natürliche Personen als auch juristische Personen des Privatrechts** sowie **Personenvereinigungen privater Natur** sein können.[37]

Als **natürliche Person** ist grundsätzlich jeder Mensch, unabhängig von seiner jeweiligen Religion, seinem Alter oder irgendeiner Fähigkeit, zu sehen. Einschränkungen   **12**
können sich jedoch bei einzelnen Grundrechten ergeben. So existieren grundrechtsspezifische Beschränkungen hinsichtlich des **Alters bzw. der Einsichtsfähigkeit** einer Person (z. B. Art. 9, 15–17, 25, 39, 40 GRC). Generell können sich Drittstaatsangehörige auf die Unionsgrundrechte berufen. Jedoch bestehen auch hier Ausnahmen: Sog. **Unionsbürgerrechte** (Art. 15 Abs. 2, 39, 45, 46 GRC) sind dem Wortlaut entsprechend nur auf Unionsbürger anwendbar. Außerdem gibt es Rechte, die nur im Falle von Drittstaatsangehörigen mit Wohnsitz in einem Mitgliedstaat greifen (Art. 42, 43, 44 GRC).[38]

Auch **juristische Personen des Privatrechts**[39] ebenso wie solche Personenvereinigun-   **13**

---

[32] *Ehlers*, Grundrechte und Grundfreiheiten, § 14, Rn. 96; *Wolffgang*, in: Lenz/Borchardt, EU-Verträge, Art. 52 GRC, Rn. 6; *Rengeling/Szczekalla*, Grundrechte, § 7, Rn. 508; auch *Jarass*, GRCh, Art. 52 GRC, Rn. 4 führt aus, dass der EuGH oft, ohne weiter auf den Schutzbereich einzugehen, dessen Einschlägigkeit annimmt und gleich mit der weiteren Prüfung fortfährt.

[33] So auch *Jarass*, GRCh, Art. 52 GRC, Rn. 4.

[34] *Ehlers*, Grundrechte und Grundfreiheiten, § 14, Rn. 87; *Kingreen*, in: Calliess/Ruffert, EUV/AEUV, Art. 52 GRC, Rn. 47; *Wolffgang*, in: Lenz/Borchardt, EU-Verträge, Art. 52 GRC, Rn. 6.

[35] *Jarass*, GRCh, Art. 52 GRC, Rn. 5.

[36] Zum persönlichen Schutzbereich der Unionsgrundrechte ausführlicher auch Art. 51 GRC, Rn. 2 ff.

[37] *Wolffgang*, in: Lenz/Borchardt, EU-Verträge, Art. 52 GRC, Rn. 8; vgl. ausführlicher zu den Grundrechtsberechtigten auch bereits Art. 51 GRC, Rn. 2 ff. m. w. N.

[38] *Kingreen*, in: Calliess/Ruffert, EUV/AEUV, Art. 52 GRC, Rn. 52.

[39] Grundrechte verleihen dem Einzelnen Schutz gegenüber der staatlichen Hoheitsgewalt. Daher

gen, die zwar keine juristischen Personen darstellen, bei denen aber mehrere Personen einer einheitlichen Willensbildung unterliegen, können Grundrechtsverletzungen geltend machen.[40] Inwieweit sie dazu befähigt sind, war nach der Wortlautänderung durch den Verfassungskonvent, der in zahlreichen Bestimmungen der Charta »jede Person« zu »jeder Mensch« abänderte, zunächst sehr fraglich.[41] Mehr Klarheit brachte die Regierungskonferenz, nach der die Änderung des Begriffs »Person« zu »Mensch« nur noch in bestimmten Grundrechten zu finden ist.[42] Daraus wird die Vermutung abgeleitet, dass durch die Bezeichnung »Person« die Intention deutlich werden soll, sowohl natürliche als auch juristische Personen des Privatrechts zu erfassen und einer Verkürzung des Grundrechtsschutzes juristischer Personen entgegenzuwirken. Hierbei ist allerdings Vorsicht geboten, da man diese sprachliche Unterscheidung nur in der deutschen Sprachfassung findet. Daher kann man diese Differenzierung als Anhaltspunkt heranziehen, es sollte jedoch schwerpunktmäßig darauf abgestellt werden, ob das Verhalten der juristischen Person »seinem Wesen nach« durch das jeweilige Grundrecht erfasst sein kann.[43]

2. Einschränkung

14   Eine Einschränkung[44] und damit eine Grundrechtsbeeinträchtigung durch einen Grundrechtsverpflichteten[45] liegt nur bei einer Handlung des Grundrechtsverpflichteten vor, die sich innerhalb des Schutzbereichs eines Grundrechts belastend bzw. nachteilig für den Grundrechtsberechtigten auswirkt. Von dem Begriff der Einschränkung, den die Grundrechtecharta nutzt, wird insbesondere der Eingriff in die Grundrechte erfasst.[46] Auch die Ungleichbehandlung im Rahmen einschlägiger Gleichheitssätze sowie das Versagen bzw. das Unterlassen von Leistungen bei Grundrechten, aus denen sich ein Leis-

---

sind juristische Personen des öffentlichen Rechts grundsätzlich nicht grundrechtsberechtigt. Anderes soll bei den justiziellen Rechten des Kapitels VI gelten; vgl. EuGH, Urt. v. 12.2.1992, verb. Rs. C–48/90 u. C–66/90 (Niederlande u. a./Kommission), Slg. 1992, I–565, Rn. 40 ff.; ebenso kommt durchaus auch grundrechtlicher Schutz für solche juristischen Personen des öffentlichen Rechts in Betracht, die bestimmten grundrechtlichen Schutzbereichen typischerweise spezifisch nahestehen, vgl. hierzu Art. 51 GRC, Fn. 11 m. w. N.

[40] Vgl. hierzu näher Art. 51 GRC, Rn. 8 m. w. N.

[41] Vgl. *Brecht*, ZEuS 2005, 355 (360).

[42] So in Art. 1, 2, 3, 6, 25, 26, 29, 33 Abs. 2, 34 Abs. 2, 35 GRC.

[43] *Brecht*, ZEuS 2005, 355 (389 f.); vgl. dazu auch *Ehlers*, Grundrechte und Grundfreiheiten, § 14, Rn. 56.

[44] Zu den Abgrenzungsschwierigkeiten zwischen Einschränkungen und keine Einschränkung der Grundrechte bewirkenden Handlungen, *Jarass*, GRCh, Art. 52 GRC, Rn. 16 ff.

[45] Zu den Grundrechtsverpflichteten Art. 51 GRC, Rn. 10 ff.

[46] *Jarass*, GRCh, Art. 52 GRC, Rn. 10 f. Der Begriff des Eingriffs wird auch vom EuGH genutzt: EuGH, Urt. v. 17. 10. 2013, Rs. C–291/12 (Schwarz), ECLI:EU:C:2013:670, Rn. 23 ff. (»Eingriff«); im Urt. v. 17. 10. 2013, Rs. C–101/12 (Schaible), ECLI:EU:C:2013:661, Rn. 27 f., zitiert der Gerichtshof in Rn. 27 Art. 52 Abs. 1 und spricht von »Einschränkungen«, in Rn. 28 nennt er dann aber »Eingriff« und sogar »beschränken«; EuGH, Urt. v. 10. 9. 2013, Rs. C–383/13 PPU (G. und R.), ECLI:EU:C: 2013:533, Rn. 33 ff., hier nennt der EuGH die Begriffe »Eingriff«, »Beschränkungen« und »beeinträchtigen« alle; EuGH, Urt. v. 2. 4. 2009, Rs. C–394/07 (Gambazzi), Slg. 2009, I–2563, Rn. 29 ff. (»Beschränkungen«); in Urt. v. 22. 1. 2013, Rs. C–283/11 (Sky Österreich), ECLI:EU:C:2013:28, Rn. 46, 50 spricht der EuGH von Eingriff, beim Zitat des Art. 52 Abs. 1 wortlautgemäß von »Einschränkung« (Rn. 48); EuGH, Urt. v. 6. 9. 2012, Rs. C–544/10 (Deutsches Weintor), ECLI:EU:C: 2012:526, Rn. 54 hier »die Ausübung der Freiheiten kann Beschränkungen unterworfen werden, wenn [...] keinen hinsichtlich des verfolgten Zwecks untragbaren unverhältnismäßigen Eingriff darstellen«.

tungsanspruch ergibt, stellt eine Beeinträchtigung von Grundrechten dar. Es stellt sich daher die Frage, ob von dem in der Charta verwendeten Begriff der Einschränkung auch derartige Beeinträchtigungen erfasst werden, ob also die Voraussetzungen, die Absatz 1 aufstellt, auch für Gleichheitsgrundrechte und Freiheitsgrundrechte in ihrer Form als Leistungs- oder Teilhaberechte Anwendung finden. Teilweise wird vertreten, dass auch Schutzversagungen oder Unterlassen den Begriff der Einschränkung im Sinne des Abs. 1 erfüllen können.[47] Jedoch ist die Schrankenregelung des Absatzes 1 primär auf Freiheitsrechte ausgerichtet, weshalb diese Schrankenregelung in erster Linie für aktive Eingriffe in diese Grundrechte Anwendung finden soll.[48] Zum einen macht es keinen Sinn, dass das Versagen von aus Unionsgrundrechten abgeleiteten und deshalb nicht ausdrücklich normierten Leistungs- oder Teilhabeansprüchen gesetzlich vorgesehen sein müsste, zum anderen ist die Norm strukturell für Abwehrrechte konzipiert, da Gleichheitsrechte einer anderen Struktur unterliegen. Bei letzteren geht es um die Feststellung von vergleichbaren Sachverhalten, bei denen eine unterschiedliche Behandlung stattfindet und Gründe für die Rechtfertigung einer derartigen Ungleichbehandlung gesucht werden. Daher passt die Schrankenregelung des Absatzes 1 weder für Gleichheitsrechte noch für Leistungs- oder Teilhaberechte. Etwas anderes kann bei der Versagung von gesetzlich vorgesehenen Leistungsansprüchen gelten, wenn also die Leistungspflicht normativ konkret vorgegeben wird.[49]

a) Eingriff

Eine Definition des »**Eingriff**«-**Begriffs** findet sich weder in der Grundrechtecharta noch   **15** in der Rechtsprechung des EuGH. Allerdings prüft der EuGH den Eingriff sehr wohl als eigenen Prüfungspunkt der Grundrechtsprüfung.[50] Mit der weit gefassten Formulierung »**jede Einschränkung**« bzw. nach der obengenannten Formel des EuGH (»Beschränkungen«) ist **jede nachteilige Auswirkung** staatlichen Verhaltens auf die Ausübung eines Grundrechts als Eingriff zu verstehen.[51] Es bedarf also keiner hoheitlichen, imperativen Regelung für eine Einschränkung und somit für das Vorliegen eines Eingriffs in den Schutzbereich eines Grundrechts. In welcher Form das staatliche Handeln dabei erfolgt, ist irrelevant. Es kommt allein auf die Wirkung für den Grundrechtsberechtigten an.[52] Einschränkungen im Sinne des Art. 52 Abs. 1 GRC liegen folglich bei **Eingriffen i. w. S. vor**, worunter neben unmittelbaren auch mittelbare, neben rechtlichen auch faktische Eingriffe fallen.[53] Wird im Rahmen der Grundrechtecharta von dem Begriff »Eingriff«

---

[47] Vgl. *Jarass*, GRCh, Art. 52 GRC, Rn. 10 f.; so wohl auch *Rengeling/Szczekalla*, Grundrechte, § 7, Rn. 506, 512; *Kingreen*, in: Calliess/Ruffert, EUV/AEUV, Art. 52 GRC, Rn. 55.

[48] *Borowsky*, in: Meyer, GRCh, Art. 52 GRC, Rn. 18, gestützt auf *Kokott*, Grundrechtliche Schranken und Schranken-Schranken, in: Merten/Papier, Handbuch der Grundrechte, Band I, § 22, Rn. 13 in Bezug auf den Allgemeinvorbehalt in der Schweizerischen Bundesverfassung von 1999. Zur Anwendbarkeit von Absatz 1 bei Gleichheitsgrundrechten sowie beim Unterlassen von Leistungen, *Jarass*, GRCh, Art. 52 GRC, Rn. 47 ff.

[49] Ausführlich zur Anwendbarkeit von Absatz 1 bei Gleichheitsgrundrechten sowie beim Unterlassen von Leistungen, *Jarass*, GRCh, Art. 52 GRC, Rn. 47 ff.

[50] Vgl. EuGH, Urt. v. 20. 5. 2003, Rs. C–465/00 (Österreichischer Rundfunk u. a.), Slg. 2003, I–4989, Rn. 73 ff.; Urt. v. 22. 1. 2013, Rs. C–283/11 (Sky Österreich), ECLI:EU:C:2013:28, Rn. 44; Urt. v. 17. 10. 2013, Rs. C–291/12 (Schwarz), ECLI:EU:C:2013:670, Rn. 23 ff.; *Wolffgang*, in: Lenz/Borchardt, EU-Verträge, Art. 52 GRC, Rn. 9.

[51] *Rengeling/Szczekalla*, Grundrechte, § 7, Rn. 516.

[52] *V. Danwitz*, in: Tettinger/Stern, EuGRCh, Art. 52 GRC, Rn. 32.

[53] *Becker*, in: Schwarze, EU-Kommentar, Art. 52 GRC, Rn. 3; *v. Danwitz*, in: Tettinger/Stern, EuGRCh, Art. 52 GRC, Rn. 32.

Gebrauch gemacht, soll darunter der »moderne Eingriffsbegriff«, wie er sich im deutschen Recht findet, zu verstehen sein.[54] Dieser umfasst »jedes staatliche Handeln, das dem Einzelnen ein Verhalten, das in den Schutzbereich eines Grundrechts fällt, ganz oder teilweise unmöglich macht, gleichgültig ob diese Wirkung final oder unbeabsichtigt, unmittelbar oder mittelbar, rechtlich oder tatsächlich (faktisch, informal), mit oder ohne Befehl und Zwang eintritt.«[55]

b) Einwilligung

16   Im Rahmen der Beeinträchtigung von Grundrechten ist auch zu diskutieren, ob eine Einwilligung in Grundrechtsbeschränkungen möglich ist.[56] Dies kann dazu führen, dass schon gar kein Eingriff in das jeweilige Grundrecht anzunehmen ist.[57] So ist im deutschen Recht grundsätzlich anerkannt, dass unter gewissen Umständen (u.a. der Einwilligungsfähigkeit des Betreffenden, Freiwilligkeit der Einwilligung[58] und der überhaupt zulässigen Einwilligung in den Eingriff in das spezielle Grundrecht[59]) sehr wohl eine Einwilligung in Grundrechtseinschränkungen möglich ist.[60] Es zeugt gerade von Respekt vor der Autonomie des Einzelnen, wenn ihm eine Einwilligung in Grundrechtseingriffe zugestanden wird. Dass aufgrund der Einwilligung davon ausgegangen wird, dass kein Eingriff in das jeweilige Grundrecht vorliegt, scheint überzeugend, denn schon begrifflich bedarf es bei einem »Eingriff« eines entgegenstehenden Willens, der gerade wegen des Einverständnisses des Betroffenen nicht vorliegt.[61] Ebenfalls für die Möglichkeit der Einwilligung auch im Rahmen der Gewährleistungen der Grundrechtecharta kann sprechen, dass die Einwilligung ausdrücklich in Art. 3 Abs. 2 Buchst. a GRC und Art. 8 Abs. 2 GRC genannt wird.[62] Einschränkend wird jedoch angemerkt, dass eine Einwilligung nicht bei jedem Grundrecht gleichermaßen möglich ist und nicht mit wichtigen öffentlichen Interessen bzw. »Unionsinteressen von erheblichem Gewicht«[63] kollidieren darf.

3. Rechtfertigung

17   Eingriffe in von der Charta gewährleistete Grundrechte bedeuten nicht zwingend bereits eine Verletzung dieser Rechte. Vielmehr können sie nach den Vorgaben des Art. 52 Abs. 1 GRC gerechtfertigt sein, sofern und soweit sie auf einem Gesetz beruhen, dem

---

[54] *Streinz/Michl*, in: Streinz, EUV/AEUV, Art. 52 GRC, Rn. 20.
[55] BVerfGE 105, 252 (265 ff.); 105, 279 (299 f.); 113, 63 (76 f.); *Peine*, Der Grundrechtsbegriff, in: Merten/Papier, Handbuch der Grundrechte, Band III, § 57, Rn. 31; *Pieroth/Schlink/Kingreen/Poscher*, Grundrechte, 31. Aufl., 2015, § 6, Rn. 259.
[56] Nur selten wird dieser Punkt überhaupt angesprochen, dann aber auch bejaht, vgl. *Ehlers*, in: ders., Grundrechte und Grundfreiheiten, § 14, Rn. 98 a.E.; *Jarass*, EU-GR, § 6, Rn. 23.
[57] *Ehlers*, Grundrechte und Grundfreiheiten, § 14, Rn. 98 a.E.; *Jarass*, EU-GR, § 6, Rn. 23; im deutschen Recht wird das genauso gesehen, vgl. *Peine* (Fn. 55), Rn. 40.
[58] *Merten*, Grundrechtsverzicht, in: Merten/Papier, Handbuch der Grundrechte, Band III, § 73, Rn. 16 ff.
[59] Beispielsweise ist eine Einwilligung in einen Eingriff in die Menschenwürde nicht möglich, vgl. *Dreier*, in: ders., GG, Vorb. vor Art. 1 GG, Rn. 133.
[60] Vgl. dazu beispielsweise *Schulze-Fielitz* in: Dreier, GG, Art. 2 II GG, Rn. 55 f.
[61] *Merten* (Fn. 58), § 73, Rn. 13.
[62] So auch *Jarass*, GRCh, Art. 52 GRC, Rn. 20.
[63] *Ehlers*, Grundrechte und Grundfreiheiten, § 14, Rn. 98 a.E.; *Jarass*, GRCh, Art. 52 GRC, Rn. 20.

Verhältnismäßigkeitsgrundsatz genügen und den Wesensgehalt des jeweils in Frage stehenden Grundrechts nicht beeinträchtigen.[64]

a) Gesetzesvorbehalt

Zunächst dürfen gem. Art. 52 Abs. 1 Satz 1 GRC Einschränkungen nur erfolgen, wenn   **18**
sie gesetzlich vorgesehen sind. Eine Grundrechtseinschränkung ist also nur durch Gesetz oder auf der Grundlage eines Gesetzes zulässig. Man spricht hier vom »**Vorbehalt des Gesetzes**«, den auch der EuGH in ständiger Rechtsprechung verlangt,[65] wobei in Art. 52 Abs. 1 Satz 1 GRC ein sog. **einfacher Gesetzesvorbehalt** aufgestellt wird,[66] was auch als sachgerecht erscheint, da es sich um eine horizontale Schrankenregelung handelt. Das erforderliche Gesetz wird also nicht näher bestimmt bzw. es werden durch Absatz 1 keine weiteren Voraussetzungen aufgestellt.[67] Der »Vorbehalt des Gesetzes« stellt einen Rechtsgrundsatz dar, der aus der Rechtsstaatlichkeit und der damit verbundenen notwendigen demokratischen Legitimation von Eingriffen in grundrechtlich geschützte Rechtspositionen herrührt. Um diese demokratische Legitimation zu gewährleisten, bedarf es für staatliches bzw. unionales Handeln, das belastende Wirkungen bei den Bürgern hervorruft, einer gesetzlichen Grundlage.[68]

Welchen Anforderungen die jeweils erforderliche gesetzliche Grundlage zu genügen   **19**
hat, lässt sich der Rechtsprechung des EuGH nicht eindeutig entnehmen.[69] Es ist aber zu klären, ob es für die Grundrechtseinschränkung auf Unionsebene eines **Gesetzes im formellen Sinne,** welches in einem förmlichen Gesetzgebungsverfahren zustande gekommen ist, bedarf, oder ob auch ein **Gesetz im materiellen Sinne** und damit jede Norm mit allgemeinverbindlicher Wirkung genügen würde oder ob darüber hinaus auch bloßes materielles Recht ausreichend für diese Anforderung sein kann. Eine Definition des Begriffs »Gesetz« existiert in den Verträgen nicht.

Teilweise wird im Schrifttum vertreten, dass nur ein **formelles Gesetz** dem Gesetzes-   **20**
vorbehalt der Grundrechtecharta genügen könne. Das bedeutet für das **Unionsrecht,** dass lediglich solche Rechtsakte, die gem. Art. 289 Abs. 3 AEUV in einem Gesetzgebungsverfahren angenommen wurden, also im Rahmen des ordentlichen oder besonderen Gesetzgebungsverfahrens, als Eingriffsgrundlage ausreichen, sowie ergänzend das Primärrecht.[70] Hinsichtlich **nationaler Rechtsnormen** sollen nur Parlamentsgesetze die

---

[64] Diese Vorgaben wurden bereits vor Erlass der Charta durch den EuGH aufgestellt. Vgl. Erläuterungen zur Charta, ABl. 2007, C 303/32; zur Möglichkeit das Erfordernis einer »Demokratischen Gesellschaft« oder eines »Margin of Appreciation« in Art. 52 Abs. 1 hineinzulesen vgl. *Peers*, Taking Rights Away? Limitations and Derogations, in: Peers/Herwey/Kenner/Ward (Hrsg.), The European Union Charter of Fundamental Rights, 2014, Kap. 6, S. 167 ff.

[65] EuGH, Urt. v. 21.9.1989, verb. Rs. C–46/87 u. 227/88 (Hoechst), Slg. 1989, 2859, Rn. 19; Urt. v. 17.10.1989, verb. Rs. C–97/87 bis C–99/87 (Dow Chemical Ibérica u. a./Kommission), Slg. 1989, 3165, Rn. 16.

[66] *Kingreen*, in: Calliess/Ruffert, EUV/AEUV, Art. 52 GRC, Rn. 61.

[67] Zur Unterscheidung zwischen einfachem und qualifiziertem Gesetzesvorbehalt: *Kokott* (Fn. 48), § 22, Rn. 31 ff.

[68] Ausführlicher zum Gesetzesvorbehalt im deutschen Recht: *Herzog/Grzeszick*, in: Maunz/Dürig, GG, Art. 20 GG (Dezember 2007), Rn. 97 f.

[69] *Ehlers*, Grundrechte und Grundfreiheiten, § 14, Rn. 104; *Wolffgang*, in: Lenz/Borchardt, EU-Verträge, Art. 52 GRC, Rn. 11. Zum Vorbehalt des Gesetzes im Europarecht vgl. *Eisner*, S. 173 ff.; *Rieckhoff*, S. 67 ff.

[70] *Ehlers*, Grundrechte und Grundfreiheiten, § 14, Rn. 104; *Kingreen*, in: Calliess/Ruffert, EUV/AEUV, Art. 52 GRC, Rn. 62; *v. Danwitz*, in: Tettinger/Stern, EuGRCh, Art. 52 GRC, Rn. 35; anders *Lenaerts*, EuConst 8 (2012), 375 (389 ff.).

Anforderung an eine ausreichende demokratische Legitimation erfüllen.[71] Andere Stimmen sind zurückhaltender und sehen die Beteiligung des Parlaments zwar als wünschenswert, aber (nach gegenwärtiger rechtlicher Lage) nicht als zwingend erforderlich an.[72] Allenfalls sollten schwerwiegende Einschränkungen und Eingriffe durch Verordnungen oder Richtlinien mit Gesetzgebungscharakter geregelt sein.[73]

21   Es erscheint jedoch schlüssiger, die Anforderungen des Gesetzesvorbehalts unterschiedlich zu verstehen, je nachdem, ob es um ein Handeln der Union oder der Mitgliedstaaten geht.[74] Wegen der weiterhin vorherrschenden Unterschiede in den **Mitgliedstaaten**, insbesondere auch mit Blick auf das Common Law, erscheint es angebracht, den **Gesetzesvorbehalt differenziert** zu **verstehen**, so wie das auch im Rahmen der EMRK geschieht, und zumindest in Common-Law-geprägten Rechtskreisen auch Gewohnheitsrecht als taugliche Grundlage für die Einschränkung von Grundrechten anzusehen.[75] Dieser Ansicht steht auch nicht der Wortlaut des Absatzes 1 entgegen, der von »gesetzlich vorgesehen« spricht, da in Mitgliedstaaten, in denen eben kein bzw. fast kein geschriebenes Recht existiert, das ungeschriebene Recht als Gesetz in diesem Sinne angesehen werden kann.

22   Bei Maßnahmen der **Union** können wohl grundsätzlich **auch materielle Gesetze** in Form von Rechtsakten ohne Gesetzgebungscharakter nach Art. 289 Abs. 3 AEUV, also alle Rechtsakte im Sinne des Art. 288 AEUV mit abstrakt-generellem Charakter, als dem Vorbehalt des Gesetzes genügend angesehen werden.[76] Daher können auch solche Maßnahmen der Kommission, die diese auf Grundlage eines delegierenden Rechtsakts nach Art. 290 AEUV erlassen hat, eine den Vorgaben des Gesetzesvorbehalts genügende Grundlage für eine Grundrechtsbeeinträchtigung darstellen. Hierbei besteht auch kein Problem damit, dass grundsätzlich wesentliche Entscheidungen vom Gesetzgeber selbst zu regeln sind, da es sich bei solchen Maßnahmen nur um nicht wesentliche Vorschriften eines Gesetzgebungsakts bzw. nicht wesentliche Aspekte eines Bereichs handeln darf. Art. 290 Abs. 1 Satz 2 AEUV ordnet an, dass die wesentlichen Aspekte eines Bereichs dem Gesetzgebungsakt vorbehalten bleiben. Gewohnheitsrecht oder Richterrecht kann jedoch den Anforderungen, die an ein solches Gesetz zu stellen sind, nicht genügen, da das Unionsrecht grundsätzlich, im Gegensatz zu den Common Law-Ländern, von einer geschriebenen Rechtsordnung ausgeht, sodass die Einschränkung von Grundrechten durch ungeschriebenes Recht zu Rechtsunsicherheit und Rechtsunklar-

---

[71] *Alber/Widmaier*, EuGRZ 2006, 113 (115); *Triantafyllou*, CMLRev. 39 (2002), 53 (59 ff.), die Legislativakte wie Richtlinien und Verordnungen verlangen; *Calliess*, EuZW 2001, 261 (264); *Grabenwarter*, DVBl 2001, 1 (2); so auch *Riekhoff*, S. 163 f.; i. E. ebenso *Röder*, S. 54 ff.

[72] So i. E. wohl *Borowsky*, in: Meyer, GRCh, Art. 52 GRC, Rn. 20 a; *Streinz/Michl*, in: Streinz, EUV/AEUV, Art. 52 GRC, Rn. 25.

[73] So *Borowsky*, in: Meyer, GRCh, Art. 52 GRC, Rn. 20 a.

[74] Für eine differenzierte Sichtweise auch *Borowsky*, in: Meyer, GRCh, Art. 52 GRC, Rn. 20; *Kingreen*, in: Calliess/Ruffert, EUV/AEUV, Art. 52 GRC, Rn. 61; *Wolffgang*, in: Lenz/Borchardt, EU-Verträge, Art. 52 GRC, Rn. 11.

[75] *Borowsky*, in: Meyer, GRCh, Art. 52 GRC, Rn. 20; *Jarass*, Eu-GR, § 6, Rn. 38; *Kingreen*, in: Calliess/Ruffert, EUV/AEUV, Art. 52 GRC, Rn. 63; ähnlich auch *Groppi* (Fn. 3), Art. 52 GRC, Rn. 2 lit. a. Deutsche Verwaltungsvorschriften sind von diesem Gesetzesvorbehalt jedoch nicht erfasst, da die entsprechende Vorschrift in dem jeweiligen Mitgliedstaat als Rechtsnorm angesehen werden muss. Vgl. *Mensching*, in: Karpenstein/Mayer, EMRK Kommentar, 2012, Art. 10 EMRK, Rn. 37 f. Zu dem Gesetzesvorbehalt der EMRK auch *Frowein*, in: Frowein/Peukert, EMRK, Vorb. Art. 8–11 EMRK, Rn. 2 ff.; *Kokott* (Fn. 48), § 22, Rn. 26.

[76] *Becker* in: Schwarze, EU-Kommentar, Art. 52 GRC, Rn. 4; *Borowsky*, in: Meyer, GRCh, Art. 52 GRC, Rn. 20 a.

heit führen würde. Diesem Argument der Rechtsunsicherheit und -unklarheit ist wohl noch mehr Gewicht beizumessen, nachdem mit der Grundrechtecharta nun auch auf Unionsebene ein geschriebener, verbindlicher Grundrechtskatalog besteht und es sich nicht mehr um rein ungeschriebene Grundrechte handelt. Würden nur Gesetzgebungsakte i. S. d. Art. 289 Art. 3 AEUV oder solche, die im ordentlichen Gesetzgebungsverfahren ergehen, den Anforderungen des Gesetzesvorbehalts genügen, könnte beispielsweise Sekundärrecht, das auf Grundlage von Art. 103 Abs. 1, 105 Abs. 3 oder 106 Abs. 3 AEUV ergeht, nicht zur Rechtfertigung eines Eingriffs dienen.[77] Für diese Ansicht spricht des Weiteren, dass in den Erläuterungen zum endgültigen Text der Charta der Hinweis erfolgt, dass sich der Text an die Rechtsprechung des Gerichtshofs anlehnt, welche einen materiellen Gesetzesbegriff zugrunde legt.[78] Es wäre außerdem nicht schlüssig, wenn die Anforderungen an ein »Gesetz« gem. Art. 52 Abs. 1 GRC von denen des Art. 52 Abs. 3 GRC abweichen würden, da durch dessen Verweis die Schrankenregelung der EMRK für einige Grundrechte anwendbar wird und dort ein materieller Gesetzesvorbehalt gilt.[79] Beschlüsse nach Art. 288 Abs. 4 AEUV können, mangels ihres abstrakt-generellen Charakters, genau wie unverbindliche Empfehlungen und Stellungnahmen gemäß Art. 288 Abs. 5 AEUV, den Anforderungen, die sich aus dem Gesetzesvorbehalt ergeben, nicht genügen.[80]

Insgesamt ist bei dem Gesetzesvorbehalt auch das **Bestimmtheitsgebot** zu beachten. Gesetze müssen allgemein zugänglich sein und dem Einzelnen ermöglichen, die Folgen eines Verhaltens abschätzen zu können.[81]   **23**

b) Verhältnismäßigkeit

Aus Art. 52 Abs. 1 Satz 2 ergibt sich, dass Einschränkungen der Grundrechte nur unter Wahrung des Grundsatzes der Verhältnismäßigkeit vorgenommen werden dürfen. Durch diesen Grundsatz soll als Voraussetzung für die Rechtfertigung einer Grundrechtseinschränkung ein angemessenes Verhältnis zwischen dem angestrebten Ziel und der bewirkten Belastung sichergestellt werden.[82] Der **Verhältnismäßigkeitsgrundsatz** ist ein seit langem durch den EuGH anerkannter[83] **allgemeiner Rechtsgrundsatz** des Unionsrechts, dessen Anwendung als Maßstab für die Rechtfertigung von Grundrechtseingriffen bislang allerdings im unionalen Bereich nicht allzu häufig zur Unionsgrundrechtswidrigkeit einer Maßnahme geführt hat.[84] Zum ersten Mal wurde er vom EuGH im Grundrechtsbereich in der Rechtssache *Internationale Handelsgesellschaft*[85] aner-   **24**

---

[77] *Streinz/Michl*, in: Streinz, EUV/AEUV, Art. 52 GRC, Rn. 25.
[78] Erläuterungen zur Charta, ABl. 2007, C 303/32; *Bühler*, S. 246.
[79] *Ibing* (Fn. 5), S. 345 f.
[80] *Ehlers*, Grundrechte und Grundfreiheiten, § 14, Rn. 104; *v. Danwitz*, in: Tettinger/Stern, EuGRCh, Art. 52 GRC, Rn. 33. Anders hinsichtlich der Einbeziehung von Beschlüssen *Becker* in: Schwarze, EU-Kommentar, Art. 52 GRC, Rn. 4; *Kingreen*, in: Calliess/Ruffert, EUV/AEUV, Art. 52 GRC, Rn. 62.
[81] *Bühler*, S. 252; so i. E. wohl auch *Becker*, in: Schwarze, EU-Kommentar, Art. 52 GRC, Rn. 4.
[82] *Jarass*, GRCh, Art. 52 GRC, Rn. 35.
[83] Siehe dazu bspw. EuGH, Urt. v. 29.11.1956, Rs. 8/55 (Fédération charbonnière de Belgique), Slg. 1955, 291. Mittlerweile ist dieser in Art. 5 Abs. 4 EUV primärrechtlich verankert.
[84] *Wolffgang*, in: Lenz/Borchardt, EU-Verträge, Art. 52 GRC, Rn. 12; *Kingreen*, in: Calliess/Ruffert, EUV/AEUV, Art. 52 GRC, Rn. 65.
[85] EuGH, Urt. v. 17.12.1970, Rs. 11/70 (Internationale Handelsgesellschaft), Slg. 1970, 1125; *Hilf*, Die Schranken der EU-Grundrechte, in: Merten/Papier, Handbuch der Grundrechte, Band VI/1, § 164, Rn. 22.

kannt;[86] er soll einen Ausgleich zwischen den Rechtsgütern und Interessen der Allgemeinheit und des Einzelnen schaffen.[87] Der EuGH hat den Verhältnismäßigkeitsgrundsatz in ständiger Rechtsprechung konkretisiert, wobei seine Wortwahl oft unterschiedlich ausfällt. Grundsätzlich müssen die Handlungen der Unionsorgane angemessen und erforderlich sein, um die zulässigerweise verfolgten Ziele einer Regelung zu erreichen, wobei bei mehreren geeigneten Maßnahmen die am wenigsten belastende auszuwählen ist und jegliche verursachten Nachteile in einem angemessenen Verhältnis zu den erstrebten Zielen stehen müssen.[88] Die Prüfung erfolgt also dreistufig: Es muss ein **legitimes Ziel** verfolgt werden und die Maßnahme muss für das Erreichen dieses Ziels **geeignet, erforderlich** und **angemessen** sein. Diese einzelnen Punkte werden vom Gerichtshof oft nicht getrennt explizit angesprochen, sondern eher in einer »unsystematischen Gesamtbetrachtung« abgehandelt.[89]

25 Als **legitimes Ziel** einer Grundrechtseinschränkung kommen nur von der Union anerkannte, dem Gemeinwohl dienende Zielsetzungen oder all das, was für den Schutz der Rechte und Freiheiten Anderer tatsächlich erforderlich ist, in Frage. Die »Erläuterungen« zu Art. 52 GRC machen ausdrücklich deutlich, dass unter die »**dem Gemeinwohl dienenden Ziele**« nicht nur die Ziele des Art. 3 EUV fallen, sondern auch andere Interessen, die durch besondere Vorschriften der Verträge geschützt werden, als »dem Gemeinwohl dienende Zielsetzungen« in Frage kommen. Beispielhaft sind in den Erläuterungen dahingehend Art. 4 Abs. 1 EUV, Art. 35 Abs. 3 sowie 36 und 346 AEUV angeführt.[90] Durch den Bezug auf Art. 4 EUV,[91] der die nationale Identität und grundlegende mitgliedstaatliche Strukturen in die legitimen Ziele einbezieht, wird die Vorschrift auch für solche Belange, deren materieller Gehalt nicht unmittelbar im Unionsrecht verankert wurde, geöffnet.[92] Dazu gehören ordre public-Vorbehalte, der Umweltschutz und die nationale Sicherheit. Der EuGH fasste darunter aber auch den Verbraucherschutz, den Gesundheitsschutz und die Durchsetzung des Wettbewerbsrechts. Er versteht »Ziele« folglich weit.[93] Art. 52 Abs. 1 Satz 2 Alt. 2, der den **Schutz der Rechte und Freiheiten anderer** als legitime Zielsetzung anerkennt, resultiert aus der Tatsache, dass das EU-Recht sog. »**verfassungsimmanente Schranken**«, wie sie im deutschen Recht existieren, nicht kennt. Die Formulierung trägt folglich dazu bei, auch solche kollidierenden Rechte berücksichtigen zu können.[94] Diese sehr weit gefasste Anforderung an die »Zielsetzung« wird dadurch, dass das jeweilige Ziel **tatsächlich** dem Schutze Dritter oder dem Allgemeinwohl dienen muss, eingeschränkt. Das explizite

---

[86] *Pollak*, Verhältnismäßigkeitsprinzip und Grundrechtsschutz in der Judikatur des Europäischen Gerichtshofs und des Österreichischen Verfassungsgerichtshofs, 1991, S. 34.

[87] *Becker* in: Schwarze, EU-Kommentar, Art. 52 GRC, Rn. 6.

[88] EuGH, Urt. v. 13.11.1990, Rs. C–331/88 (The Queen/FEDESA u. a.), Slg. 1990, I–4023, Rn. 13; Urt. v. 5.10.1994, verb. Rs. C–133/93, C–300/93 u. C–362/93 (Crispoltoni u. a./Fattoria Autonoma Tabacchi u. a.), Slg. 1994, I–4863, Rn. 41; Urt. v. 5.5.1998, Rs. C–157/96 (The Queen/National Farmers' Union u. a.), Slg. 1998, I–2211, Rn. 60; Urt. v. 11.7.1989, Rs. C–265/87 (Schräder/Hauptzollamt Gronau), Slg. 1989, 2237, Rn. 21; *Hilf* (Fn. 85), § 164, Rn. 24.

[89] *Hilf* (Fn. 85), § 164, Rn. 25.

[90] Erläuterungen zur Charta, ABl. 2007, C 303/32; vgl. zu den legitimen Zielen auch *Peers* (Fn. 64), S. 166, der einer weiten Auslegung des Begriffs eher kritisch gegenübersteht.

[91] Die Nennung des Abs. 1 ist wohl als redaktionelles Versehen einzustufen; vgl. *Streinz/Michl*, in: Streinz, EUV/AEUV, Art. 52 GRC, Rn. 28.

[92] Anders wohl *Bühler*, S. 239 f., die eine verfassungsrechtliche Verankerung fordert.

[93] *Borowsky*, in: Meyer, GRCh, Art. 52 GRC, Rn. 21 a; *Lenaerts*, EuR 2012, 3 (10).

[94] *Borowsky*, in: Meyer, GRCh, Art. 52 GRC, Rn. 22; *Streinz/Michl*, in: Streinz, EUV/AEUV, Art. 52 GRC, Rn. 28.

Bestreben ist also durch die Union oder den jeweiligen Mitgliedstaat **darzulegen** und **nachzuweisen.** Je nach Schwere des Eingriffs hat dies genau oder weniger ausführlich zu geschehen.[95] Allerdings bleibt festzuhalten, dass das Kriterium der »durch die Union anerkannten dem Gemeinwohl dienenden Zielsetzungen« nicht zu einer schrankenlos möglichen Grundrechtsbeschränkung durch die Union führen darf, die durch derart weitgefasste Zielsetzungen immer gerechtfertigt wäre. Der Kern des jeweiligen Rechts muss immer unangetastet bleiben und kann nicht durch das Gemeinwohl überlagert werden.[96]

Weiterhin muss die Maßnahme dazu **geeignet sein,** das angestrebte Ziel zu erreichen. **26** Dafür ist ausreichend, dass die Maßnahme in irgendeiner Weise zur Förderung des Ziels beiträgt. In seinen Urteilen prüft der EuGH grundsätzlich nur, ob eine Eignung offensichtlich ausscheidet, da er dem Gesetzgeber einen **weiten politischen Handlungsspielraum** zuspricht.[97] Werden **mehrere Ziele** gleichzeitig verfolgt, untersucht der Gerichtshof die Eignung einer Maßnahme im Hinblick auf jedes einzelne dieser Ziele,[98] wobei ein positives Ergebnis hinsichtlich eines Ziels für das Vorliegen der erforderlichen Eignung wohl ausreicht. Bedeutung findet die Verneinung der Geeignetheit jedoch im Rahmen der Angemessenheit, denn das Ziel, das durch eine Maßnahme gar nicht gefördert werden kann, kann dort nicht als vorrangig hinsichtlich der Interessen des Grundrechtsberechtigten gesehen werden.[99]

Die Prüfung der **Erforderlichkeit** ist darauf gerichtet festzustellen, ob kein anderes, **27** gleich geeignetes Mittel, das für den Betroffenen eine geringere Belastung darstellen würde, zur Verfügung steht,[100] das auch keine stärkere Belastung Dritter oder der Allgemeinheit zur Folge hat.[101] Es darf also das für das Erreichen des Ziels **notwendige Maß** an Beeinträchtigung nicht überschritten werden. Da die materielle Beweislast der Rechtfertigung von dem Grundrechtsverpflichteten zu tragen ist, ist es ausreichend, wenn der von dem jeweiligen Eingriff Betroffene auf mögliche alternative Handlungsweisen hinweist.[102]

Die eigentliche **Abwägung der gegenläufigen Interessen,** nämlich der Interessen der **28** Allgemeinheit (Ziele der Grundrechtsbeeinträchtigung) und der Interessen des Einzelnen (Auswirkung der Beeinträchtigung), erfolgt unter dem Punkt der »**Angemessen-**

---

[95] *Becker,* in: Schwarze, EU-Kommentar, Art. 52 GRC, Rn. 8; *Borowsky,* in: Meyer, GRCh, Art. 52 GRC, Rn. 22 a.

[96] *Lindfelt,* Fundamental Rights in the European Union – Towards Higher Law of the Land?, 2007, S. 142.

[97] EuGH, Urt. v. 5. 10. 1994, Rs. C–280/93 (Deutschland/Rat), Slg. 1994, I–4973, Rn. 91 ff.; Urt. v. 6. 12. 2005, verb. Rs. C–453/03, C–11/04, C–12/04 u. C–194/04 (ABNA u. a.), Slg. 2005, I–10423, Rn. 69; Urt. v. 11. 7. 1989, Rs. C–265/87 (Schräder/Hauptzollamt Gronau), Slg. 1989, 2237, Rn. 22; Urt. v. 5. 10. 1994, verb. Rs. C–133/93, C–300/93 u. C–362/93 (Crispoltoni u. a./Fattoria Autonoma Tabacchi u. a.), Slg. 1994, I–4863, Rn. 42; vgl. *Kingreen,* in: Calliess/Ruffert, EUV/AEUV, Art. 52 GRC, Rn. 68.

[98] EuGH, Urt. v. 29. 2. 1996, verb. Rs. C–296/93 u. C–307/93 (Frankreich u. Irland/Kommission), Slg. 1996, I–795, Rn. 36 ff.; Urt. v. 17. 10. 2013, Rs. C–291/12 (Schwarz), ECLI:EU:C:2013:670, Rn. 40 ff.

[99] *Jarass,* GRCh, Art. 52 GRC, Rn. 37, Fn.103, der auch von einer Auswirkung im Rahmen der Angemessenheitsprüfung ausgeht.

[100] EuGH, Urt. v. 11. 7. 1989, Rs. C–265/87 (Schräder/Hauptzollamt Gronau), Slg. 1989, 2237, Rn. 21.

[101] Dies wird deutlich durch: EuGH, Urt. v. 29. 2. 1996, verb. Rs. C–296/93 u. C–307/93 (Frankreich u. Irland/Kommission), Slg. 1996, I–795, Rn. 41.

[102] *Jarass,* GRCh, Art. 52 GRC, Rn. 39.

heit«, die auch als **Verhältnismäßigkeit i. e. S.** bezeichnet wird. Die Abwägung muss im jeweiligen Einzelfall erfolgen,[103] wobei insbesondere dem Vertrauensschutz und der Intensität sowie dem Umfang der Grundrechtsbeeinträchtigung eine tragende Rolle zukommt.[104] Kritisch zu bewerten war lange Zeit die Praxis des EuGH, der in seiner Grundrechtsprüfung oft nicht weiter auf den Punkt der Angemessenheit einging. Meist endete die Prüfung lediglich mit der Feststellung, es sei »nicht erkennbar, dass die Verbotsmaßnahme außer Verhältnis zu diesem Ziel stünde«.[105] Zwar erscheint es berechtigt, dass sich der Gerichtshof angesichts der Einschätzungsprärogative des Gesetzgebers mit eigenen Wertungsentscheidungen zurückhält, andererseits darf diese Zurückhaltung nicht zu weit gehen.[106] Schon der Grundrechtekonvent machte deutlich, dass die Grundrechtsprüfung insgesamt und in ihren einzelnen Elementen ernst zu nehmen ist, da die Gewährleistungen ansonsten leer liefen. Gerade weil der Einzelne auf die in Frage stehenden hoheitlichen Maßnahmen wenig Einfluss ausüben kann, muss für den konkreten Fall bestimmt werden, ob der Eingriff nicht außer Verhältnis zu seinen Zielen steht.[107]

29   Mittlerweile sind allerdings Veränderungen in der Rechtsprechung erkennbar. Zum einen weitete der EuGH seine Kontrolldichte hinsichtlich der Abwägung von Interessen aus.[108] Zum anderen hat sich in der neueren Rechtsprechung generell eine Abkehr von der bisherigen Vertretbarkeitskontrolle zu einer strengeren Verhältnismäßigkeitsprüfung abgezeichnet,[109] die spätestens in der Entscheidung »Digital Rights Ireland«[110] zu einer differenzierten und materiell anspruchsvollen Prüfung aller Anforderungen des Verhältnismäßigkeitsgrundsatzes unter Berücksichtigung des betroffenen Bereichs, des Wesens der eingeschränkten Rechte, der Art und der Schwere des Eingriffs und des Zwecks desselben geführt hat.[111] Insoweit kann nicht länger die Rede davon sein, dass der EuGH grundsätzlich keine gehaltvolle Verhältnismäßigkeitsprüfung im Bereich des Grundrechtsschutzes durchführe, und ebenso wenig davon, dass er insbesondere bei der Überprüfung von Unionsrechtsakten besondere Zurückhaltung zeige.

---

[103] *Szczekalla*, in: Heselhaus/Nowak, Handbuch der Europäischen Grundrechte, § 7, Rn. 47.

[104] *Jarass*, GRCh, Art. 52 GRC, Rn. 37 m. w. N.

[105] So bspw. in EuGH, Urt. v. 12.7.2005, Rs. C–154/04 (Alliance for Natural Health u. a.), Slg. 2005, I–6451, Rn. 29; *Calliess,* EuZW 2001, 261 (262); *Kingreen*, in: Calliess/Ruffert, EUV/AEUV, Art. 52 GRC, Rn. 71; vgl. auch kritisch zur Verhältnismäßigkeitsprüfung des EuGH *Weiß*, EuZW 2013, 287 (290).

[106] Es darf nicht vollends auf diesen wichtigen Teil der Grundrechtsprüfung verzichtet werden; so *Bühler*, S. 203 ff.; *Frenz*, Handbuch Europarecht, Bd. 4, § 3, Rn. 627 ff.; *Kingreen*, in: Calliess/Ruffert, EUV/AEUV, Art. 52 GRC, Rn. 72; ebenfalls kritisch *v. Danwitz*, in: Tettinger/Stern, EuGRCh, Art. 52 GRC, Rn. 39; *Sagmeister*, S. 333 f.; insgesamt kritisch zur Verhältnismäßigkeitsprüfung des EuGH auch *Weiß*, EuZW 2013, 287 (290 f.); positiver *Kischel*, EuR 2000, 380 (398 ff.).

[107] *Bernsdorff/Borowsky*, S. 299; *Kingreen,* in: Calliess/Ruffert, EUV/AEUV, Art. 52 GRC, Rn. 70.

[108] EuGH, Urt. v. 3.9.2009, verb. Rs. C–402/05 u. C–415/05 (Kadi), Slg. 2008, I–6351, Rn. 360.

[109] Vgl. dazu EuGH, Urt. v. 9.11.2010, verb. Rs. C–92/09 u. C–93/09 (Schecke und Eifert), ECLI:EU:C:2010:662, Rn. 65 ff.; Urt. v. 22.1.2013, Rs. C–283/11 (Sky Österreich), ECLI:EU:C:2013:28, Rn. 47 ff.

[110] EuGH, Urt. v. 8.4.2014, verb. Rs. C–293/12 u. C–594/12 (Digital Rights Ireland und Seitlinger), ECLI:EU:C:2014:238; vgl. auch die ausführliche Auseinandersetzung von GA Cruz Villalon mit den Anforderungen des Verhältnismäßigkeitsgrundsatzes in den Schlußanträgen in dieser Rechtssache, ECLI:EU:C:2013:845.

[111] Vgl. im Einzelnen EuGH, Urt. v. 8.4.2014, verb. Rs. C–293/12 u. C–594/12 (Digital Rights Ireland und Seitlinger), ECLI:EU:C:2014:238, Rn. 46 ff. mit ausführlicher Diskussion der relevanten Umstände.

Dieser Umstand kann Art. 52 Abs. 1 Satz 2 GRC geschuldet sein, nach dem der Ver-   **30**
hältnismäßigkeitsgrundsatz nun explizit als Schranken-Schranke des Grundrechtsein-
griffes normiert worden ist.[112] Auch spielt wohl die immer wieder geübte Kritik der
Mitgliedstaaten in Bezug auf die angeblich oberflächliche Prüfung der Verhältnismäßigkeit durch den EuGH eine Rolle für diesen Wandel. Die Verhältnismäßigkeitsprüfung als
Vertretbarkeitsprüfung erscheint insbesondere mit einem klar strukturierten, geschriebenen Grundrechtskatalog und mit einer zwar nur generellen horizontalen Schrankenregelung, aber eben gerade mit der Benennung des Verhältnismäßigkeitsgrundsatzes als
normativ vorgegebener zentraler Schranke für Einschränkungen der Unionsgrundrechte nicht länger vereinbar.

c) Wesensgehalt

In ständiger Rechtsprechung geht der Gerichtshof auf die **Achtung des Wesensgehalts**   **31**
der Grundrechte ein, die nunmehr in Art. 52 Abs. 1 Satz 1 a.E. GRC ausdrücklich gefordert wird.[113] Was genau den Wesensgehalt eines Grundrechts ausmacht, bleibt allerdings offen. Der EuGH stellt oft lediglich fest, dass der Wesensgehalt eines Grundrechts nicht berührt sei. Weitere Ausführungen bzw. eine ausführliche Prüfung schließen sich nicht an.[114] Schon im Grundrechtekonvent traf Roman Herzog bezüglich der
Theorie von der »Achtung des Wesensgehalts der Grundrechte« die Aussage: »[Sie]
nütze […] zwar nicht viel, sei aber auch nicht schädlich«.[115] Daher bleibt die Frage nach
ihrem Mehrwert. Die Meinungen gehen auseinander, ob der Prüfung des Wesensgehalts
eine eigenständige Bedeutung neben dem Verhältnismäßigkeitsgrundsatz zukommt
(**»absolute Theorie«**) oder ob sie lediglich einen Bestandteil dieses Grundsatzes darstellt
(**»relative Theorie«**).[116] Die Systematik des Art. 52 Abs. 1 GRC scheint eher der absoluten Theorie zu entsprechen. So ist die Wesensgehaltsgarantie in Satz 1, der Verhältnismäßigkeitsgrundsatz jedoch erst in Satz 2 genannt, beide werden voneinander getrennt normiert.[117] Andererseits scheint der Gerichtshof in seiner Rechtsprechung eher
der relativen Theorie zugeneigt. Zumindest wird dies zum Teil aus seinen Urteilen geschlossen.[118] Denn nach diesen sind Grundrechtseinschränkungen zulässig, solange sie
keinen »unverhältnismäßigen und untragbaren Eingriff darstellen, der diese Rechte in
ihrem Wesensgehalt antastet«.[119] Dies ist insofern beachtenswert, als sich die Formulierung des Absatz 1 an die Rechtsprechung des EuGH anlehnen soll. Jedoch hat der EuGH
in dem Urteil Sky Österreich die Verhältnismäßigkeit und die Wesensgehaltsgarantie

---

[112] Auf Art. 52 Abs. 1 GRC nimmt der EuGH auch bei Urt. v. 22.1.2013, Rs. C–283/11 (Sky
Österreich), ECLI:EU:C:2013:28, Rn. 47 eingangs seiner Verhältnismäßigkeitsprüfung Bezug.
[113] EuGH, Urt. v. 13.7.1989, Rs. C–5/88 (Wachauf), Slg. 1989, 2609, Rn. 18; Urt. v. 11.7.1989, Rs.
C–265/87 (Schräder/Hauptzollamt Gronau), Slg. 1989, 2237, Rn. 18; Urt. v. 13.4.2000, Rs.
C–292/97 (Karlsson u. a.), Slg. 2000, I–2737, Rn. 58.
[114] Vgl. EuGH, Urt. v. 8.10.1986, Rs. C–234/85 (Keller), Slg. 1986, 2897, Rn. 8 f.; *Eisner,* S. 58.
[115] *Bernsdorff/Borowsky,* S. 235.
[116] Für die absolute Theorie: *Borowsky,* in: Meyer, GRCh, Art. 52 GRC, Rn. 23; dagegen: *Becker,*
in: Schwarze, EU-Kommentar, Art. 52 GRC, Rn. 7; *Bühler,* S. 120; *Cornils,* EnzEuR Bd. 2, § 5, Rn. 90,
104 ff.; *Heselhaus,* in: Heselhaus/Nowak, Handbuch der Europäischen Grundrechte, § 32, Rn. 90.
[117] So auch *Borowsky,* in: Meyer, GRCh, Art. 52 GRC, Rn. 23; *Ehlers,* Grundrechte und Grundfreiheiten, § 19, Rn. 36.
[118] So bspw. *Mayer,* in: Grabitz/Hilf/Nettesheim, nach Art. 6 EUV, Rn. 404; anders dagegen: *Ehlers,* Grundrechte und Grundfreiheiten, § 19, Rn. 36, der in der neueren Rspr., mit Verweis u. a. auf
EuGH, Urt. v. 13.12.1994, Rs. C–306/96 (SMW Winzersekt), Slg. 1994, I–5555, Rn. 24, eine Trennung von Verhältnismäßigkeit und Wesensgehaltsgarantie sieht.
[119] Dazu u. a. EuGH, Urt. v. 6.9.2012, Rs. C–544/10 (Weintor), ECLI:EU:C:2012:526, Rn. 54.

separat geprüft.[120] Diesem Urteil folgten im Jahre 2013 weitere, in denen der EuGH und auch das EuG deutlich machten, dass die Verhältnismäßigkeit und die Wesensgehaltsgarantie zwei voneinander zu unterscheidende Anforderungen im Rahmen der Grundrechtsprüfung darstellen.[121] Auch der EGMR kennt die Prüfung des Wesensgehalts der Rechte der EMRK. Der Kern des jeweiligen Rechts ist danach zu wahren. Angesichts des Verweises in Art. 52 Abs. 3 GRC, durch den wohl auch die Rechtsprechung des EGMR in das Charta-Regime einbezogen wird, erscheint es fragwürdig, der Wesensgehaltstheorie im Rahmen der EU keinen eigenständigen Wert zuzusprechen. Es würden Normen, die unter Absatz 3 zu fassen sind, anders behandelt als solche, die nur der Charta entstammen. Somit ist der absoluten Theorie der Vorzug zu gewähren und der Wesensgehalt des jeweiligen Grundrechts bei einer Prüfung eigens anzusprechen.[122] Dafür spricht auch die neuere Judikatur des EuGH, die zeigt, dass er den Wesensgehaltsgrundsatz in Anlehnung an den EGMR als eigenständigen Prüfungspunkt behandelt.[123] Damit schafft die Wesensgehaltsgarantie eine absolute Schranke und **schützt einen unantastbaren Kernbereich** aller Grundrechte.[124] Ein Anhaltspunkt, was mindestens unter den »Wesensgehalt der Grundrechte« zu fassen und damit als absolute Grenze der Beschränkungsmöglichkeiten eines jeden Grundrechts aufzufassen ist, findet sich in den »Erläuterungen« zu Art. 1 GRC. Danach zählt die Menschenwürde zum Wesensgehalt der in der Charta enthaltenen Rechte. Sie bzw. der Menschenwürdegehalt jedes einzelnen Grundrechts müssen folglich aufgrund der Wesensgehaltsgarantie des Art. 52 Abs. 1 Satz 1 immer unangetastet bleiben.[125]

C. Grundsätze (Abs. 5)

32 Die in Art. 52 Abs. 1 GRC genannten »Rechte und Freiheiten« sind von den »Grundsätzen«, wie sie Absatz 5 behandelt, zu unterscheiden.[126] »Rechte und Freiheiten« müssen geachtet werden, während »Grundsätze« einzuhalten sind. Diese in Art. 51 Abs. 1 Satz 2 GRC enthaltene Formulierung verdeutlicht schon den unterschiedlichen Charakter beider Rechtsinstitute und Begrifflichkeiten:[127] Grundsätze sind **objektiv-rechtliche**

---

[120] EuGH, Urt. v. 22. 1. 2013, Rs. C–283/11 (Sky Österreich), ECLI:EU:C:2013:28, Rn. 48 ff.
[121] EuGH, Urt. v. 17. 10. 2013, Rs. C–101/12 (Schaible), ECLI:EU:C:2013:661; Urt. v. 17. 10. 2013, Rs. C–291/12 (Schwarz), ECLI:EU:C:2013:670; EuG, Urt. v. 13. 9. 2013, Rs. T–383/11 (Makhlouf), ECLI:EU:T:2013:431.
[122] I.E. wohl ebenso *Frenz*, Handbuch Europarecht, Bd. 4, § 4, Rn. 669 ff.
[123] EuGH, Urt. v. 22. 12. 2010, Rs. C–279/09 (DEB), Slg. 2010, I–13849, Rn. 51, 60; Urt. v. 5. 10. 2010, Rs. C–400/10 (PPU – MCB), Slg. 2010, I–8965, Rn. 55 ff.; deutlich auch EuGH, Urt. v. 8. 4. 2014, verb. Rs. C–293/12 u. C–594/12 (Digital Rights Ireland und Seitlinger), ECLI:EU:C: 2014:238, Rn. 38 ff., wo der EuGH zunächst feststellt, dass die Vorratsdatenspeicherung nicht den Wesensgehalt des Grundrechts auf Schutz personenbezogener Daten antastet, anschließend die Verfolgung einer dem Gemeinwohl dienenden Zielsetzung untersucht und erst dann auf die verschiedenen Anforderungen des Verhältnismäßigkeitsgrundsatzes eingeht; vgl. auch *Streinz/Michl*, in: Streinz, EUV/AEUV, Art. 52 GRC, Rn. 26.
[124] *Borowsky*, in: Meyer, GRCh, Art. 52 GRC, Rn. 23.
[125] Erläuterungen zur Charta, ABl. 2007, C 303/17; *Jarass*, EU-GR, § 6, Rn. 51.
[126] Bei Absatz 5 wird auch von einer »Angstklausel« gesprochen, *Rengeling/Szczekalla*, Grundrechte, § 7, Rn. 481; vgl. zur möglichen Herkunft dieser Unterscheidung die Ausführungen in *Lindfelt*, (Fn. 96) S. 157 ff., der sie im Ergebnis darauf stützt, dass sie sich aus der schon vorher bestehenden Unterscheidung zwischen »*civil and political*« und »*social and economic rights*« ergibt.
[127] *Borowsky*, in: Meyer, GRCh, Art. 52 GRC, Rn. 45a.

Eckhard Pache

Verbürgungen, die nach Art. 52 Abs. 5 Satz 1 GRC einer Umsetzung bedürfen.[128] Anders als Rechte verleihen sie **keine subjektiv-rechtlichen Ansprüche**.[129] Diese können vielmehr erst im Rahmen exekutiver und legislativer Durchführungsvorschriften entstehen.[130] Das hat weiterhin zur Folge, dass es bei Grundsätzen keine Rechtsinhaber gibt und nur von **Begünstigten** gesprochen wird.[131]

Konkretisierende Maßnahmen (oder Umsetzungs- und Durchführungsmaßnahmen)   **33** können legislative und exekutive Akte,[132] also Richtlinien oder Verordnungen der EU sein.[133] Uneinigkeit herrscht allerdings darüber, ob auch Beschlüsse ausreichen.[134] Auch Mitgliedstaaten können Maßnahmen in diesem Sinne erlassen.[135] Zu beachten ist allerdings, dass Absatz 5 keine Kompetenz zum Erlass entsprechender Maßnahmen enthält, sondern die allgemeine Kompetenzordnung der Verträge Anwendung findet.[136] Andernfalls läge eine durch Art. 51 Abs. 2 AEUV ausdrücklich ausgeschlossene, unzulässige Ausweitung der Kompetenzen der EU durch die Charta vor.

Wichtig ist, die in Absatz 5 genannten Grundsätze von solchen Grundsätzen zu unter-   **34** scheiden, die im Unionsrecht zwar als solche bezeichnet werden, aber nicht mit den Grundsätzen i. S. d. Charta identisch sind. So sind der vom Gerichtshof anerkannte Grundsatz der Verhältnismäßigkeit sowie auch die vom EuGH entwickelten grundrechtlichen allgemeinen Rechtsgrundsätze nach Art. 6 Abs. 3 EUV nicht unter Abs. 5 zu fassen.[137]

Welche Normen der Charta als Rechte und welche als Grundsätze einzustufen sind,   **35** ist nicht geklärt.[138] Die Charta geht darauf nicht weiter ein,[139] weshalb der Meinungsstand zu diesem Punkt sehr variiert.[140] In den Erläuterungen des Präsidiums zu Art. 52 Abs. 5 GRC finden sich lediglich Beispiele dafür, welche Verbürgungen als »Grundsätze« einzustufen sind. Sie nennen Art. 25, 26 und 37 GRC.[141] Bemerkenswert ist daran, dass es in Art. 25 wie auch in Art. 26 GRC um »Rechte« bzw. »Ansprüche« geht, was zu

---

[128] *Kingreen*, in: Calliess/Ruffert, EUV/AEUV, Art. 52 GRC, Rn. 14; *Schmittmann*, S. 90.

[129] Vgl. Erläuterungen zur Charta, ABl. 2007, C 303/35; *Jarass*, GRCh, Art. 52 GRC, Rn. 70, 70 a; *Kingreen*, in: Calliess/Ruffert, EUV/AEUV, Art. 52, Rn. 13; *Kaczorowska*, European Union Law, 3. Aufl., 2013, S. 227; *Groppi* (Fn. 3), Art. 52 GRC, Rn. 5, die zwar nicht sagt, dass sie keinen subjektiven Gehalt haben, wohl aber, dass die Vorschriften, die Grundsätze enthalten, abgewertet werden; allerdings existiert auch die Ansicht, Grundrechte wären ebenfalls objektiv-rechtliche, aber einklagbare Normen, vgl. dazu ausführlicher *Schilling*, EuGRZ 2000, 3 (27); dagegen *Wolffgang*, in: Lenz/Borchardt, EU-Verträge, Art. 52 GRC, Rn. 28.

[130] *Kober*, S. 90.

[131] *Ehlers*, Grundrechte und Grundfreiheiten, § 14, Rn. 54, Fn. 129; *Jarass*, EU-GR, § 4, Rn. 21; anders *Sagmeister*, S. 312.

[132] *Schmidt*, S. 170 siehe hierzu auch *Terhechte*, in: GSH, Europäisches Unionsrecht, Art. 52 GRC, Rn. 12.

[133] *Becker*, in: Schwarze, EU-Kommentar, Art. 52 GRC, Rn. 10.

[134] Dafür *Becker*, in: Schwarze, EU-Kommentar, Art. 52 GRC, Rn. 10; vgl. auch die Ausführungen in *Schmidt*, S. 165 ff.

[135] *Becker*, in: Schwarze, EU-Kommentar, Art. 52 GRC, Rn. 10.

[136] *Frenz*, Handbuch Europarecht, Bd. 4, § 3, Rn. 450.

[137] *Jarass*, GRCh, Art. 52 GRC, Rn. 71; auch *Ladenburger*, in: Tettinger/Stern, EuGRCh, Art. 52 GRC, Rn. 84.

[138] So wohl *Dutheil de la Rochère*, CMLRev. 41 (2004), 345 (352), die schreibt: »This distinction lacks clarity«.

[139] *Jarass*, EU-GR, § 7, Rn. 24; *Wolffgang*, in: Lenz/Borchardt, EU-Verträge, Art. 52 GRC, Rn. 30.

[140] Vgl. die Darstellung des Meinungsstands bei *Sagmeister*, S. 340 ff.

[141] Erläuterungen zur Charta, ABl. 2007, C 303/35; *Wolffgang*, in: Lenz/Borchardt, EU-Verträge, Art. 52 GRC, Rn. 30.

der Ansicht führte, dass sich diese Formulierung nur auf die Durchführungsvorschriften beziehe, die diese »Rechte« oder »Ansprüche« gewähren sollen.[142] Allerdings erscheint die Einordnung dieser Artikel als »Grundsätze« wegen der Bedeutung der Erläuterungen nach Art. 52 Abs. 7 GRC als gefestigt, da davon auszugehen ist, dass zumindest in den speziellen Erläuterungen zu Art. 52 Abs. 5 GRC der Begriff »Grundsätze« bewusst gewählt wurde.[143] Die Einteilung der Charta-Normen in Grundsätze und Rechte kann daher nur durch **Auslegung** erfolgen.[144] Allerdings kommen verschiedene Autoren im Schrifttum durch die Anwendung unterschiedlicher Auslegungsmethoden zu abweichenden Ergebnissen.[145] Zum Teil wird hauptsächlich darauf abgestellt, ob es sich um eine Norm mit **subjektivem Gehalt** handele, dann liege ein Grundrecht vor, oder ob die Norm derart unbestimmt sei und somit nur einen objektiven Gehalt aufweise, dass es zur Entfaltung eines subjektiven Gehalts einer näheren Konkretisierung der Norm bedürfe.[146] Andere sehen in der Verwendung der Begriffe »**Recht**« oder »**Anspruch**« einen Hinweis dafür, dass durch die entsprechende Norm ein Recht gewährt wird.[147] Auch wird der Kreis der durch die Norm **Verpflichteten** als Abgrenzungskriterium gesehen.[148] Die **finanziellen Belastungen**, die durch die Annahme eines subjektiven Rechts entstehen können, werden ebenfalls als Abgrenzungskriterium in Betracht gezogen, denn gerade im sozialen Bereich war die Schaffung von Grundsätzen gewollt, da die finanzielle Belastung bei einer Einordnung der sozialen Rechte als individuelle Ansprüche begründende Grundrechte sehr groß wäre.[149] Zudem könnten die **EMRK und die Verfassungen der Mitgliedstaaten** bei der systematischen Auslegung miteinbezogen werden. Denn wenn bestimmte Schutzgüter dort einen grundrechtlichen Schutz erfahren, könne die Charta diese nicht lediglich als Grundsätze schützen, sodass bei Übereinstimmung der materiellen Gehalte nicht eine Zuordnung zu den Grundsätzen erfolgen könne.[150] In den Erläuterungen zu Art. 3 Abs. 2, 14 Abs. 2, 34 Abs. 1, 35, 36 und 38 GRC ist die Rede von Grundsätzen.[151] Eine Wortlautauslegung der einzelnen Bestimmungen kann angesichts der oben erfolgten Darstellung zu Art. 25 und 26 GRC nicht zu befriedigenden Ergebnissen führen.[152] Auch die Einzelkommentierungen überzeugen nicht, da sie den Begriff »Grundsatz« scheinbar unbewusst verwenden. So werden Art. 3 Abs. 2 und 14 Abs. 2 GRC zwar als Grundsätze eingestuft, sie stellen aber nach herrschender Meinung Rechte dar, was u. a. damit begründet wird, dass sie Verbote bzw. Gebote enthalten.[153] Eher überzeugend erscheint die Ansicht, dass **Rechte hinreichend**

---

[142] *Jarass*, EU-GR, § 7, Rn. 22.
[143] *Sagmeister*, S. 347.
[144] *Jarass*, GRCh, Art. 52 GRC, Rn. 72.
[145] Ausführlich zu den unterschiedlichen Auslegungsmethoden *Schmidt*, S. 212 ff.
[146] *Ladenburger*, in: Tettinger/Stern, EuGRCh, Art. 52 GRC, Rn. 84.
[147] *Jarass*, GRCh, Art. 52 GRC, Rn. 72.
[148] *Kingreen*, in: Calliess/Ruffert, EUV/AEUV, Art. 52 GRC, Rn. 16; *Kober*, S. 90 und *Schmittmann*, S. 94 f., ziehen dieses Kriterium auch zur Einordnung von Grundsätzen heran.
[149] *Jarass*, EU-GR, § 7, Rn. 26. Nach Schmittmann dürfe dieses Kriterium bei der Einordnung der Norm aber nicht überschätzt werden, *Schmittmann*, S. 96. Kritisch zu diesem Kriterium *Schmidt*, S. 216 f.
[150] *Kingreen*, in: Calliess/Ruffert, EUV/AEUV, Art. 52 GRC, Rn. 17.
[151] ABl. 2004, C 303/17.
[152] Vgl. *Jarass*, EU-GR, § 7, Rn. 22, 25; *Sagmeister*, S. 346.
[153] Vgl. dazu *Calliess*, in: Calliess/Ruffert, EUV/AEUV, Art. 3 GRC, Rn. 1; *Höfling*, in: Tettinger/Stern, EuGRCh, Art. 3 GRC, Rn. 13, 16; *Kempen*, in: Tettinger/Stern, EuGRCh, Art. 14 GRC, Rn. 1 ff. in denen vom »Recht« bzw. »Anspruch« gesprochen wird; *Kingreen*, in: Calliess/Ruffert, EUV/AEUV, Art. 14 GRC, Rn. 2 ff.; *Sagmeister*, S. 347 f.

bestimmt[154] sind und damit Ansprüche verleihen, während **Grundsätze allgemeinen Formulierungen unterliegen** und vielmehr einen grundlegenden rechtlichen Auftrag aufgeben.[155] Zusätzlich zur Bestimmtheit kann hilfsweise auch noch auf die finanzielle Belastung abgestellt werden, also ob es sich um ein Recht mit Schwerpunkt im Leistungsbereich handelt, da dieser Umstand ein entscheidender Punkt für das Einfügen der Grundsätze in die Charta war. Jedoch darf man der finanziellen Belastung nur unterstützende Auslegungskraft beimessen. Wenn die entsprechenden Normen hinreichend bestimmt sind und daher subjektive Rechte aus ihnen hergeleitet werden können, sind sie trotz ihrer Auswirkung auf den Finanzhaushalt als Rechte einzustufen.[156] Zusätzlich ist auch der Umstand zu beachten, dass zumindest alle Verbürgungen, die in den Verträgen oder der EMRK als Rechte garantiert werden, in der Charta ebenso einzustufen sind.[157] Andererseits würde es nämlich zu Konflikten der unterschiedlichen Regime kommen, die – wie schon durch Absatz 2 und 3 deutlich wird – unerwünscht sind. Folglich sind die Art. 23 Abs. 2, Art. 24 Abs. 1 Satz 1, Art. 25-27, Art. 30, Art. 31, Art. 32 Abs. 2, Art. 33 Abs. 1, 2 Var. 2 und 3, Art. 34 Abs. 1 und 3 sowie Art. 35-38 als Grundsätze einzustufen.

Strittig ist, ob bestimmte Garantien der GRC sowohl Grundsatz als auch Recht sein und somit eine »**Doppelnatur**«[158] aufweisen können. Diese Frage wird aufgeworfen, da die Charta-Erläuterungen bei einigen Artikeln sowohl von Grundsätzen als auch von Rechten sprechen. Die Anerkennung einer solchen Doppelnatur erscheint allerdings wegen der zuvor aufgezeigten prinzipiellen Unterschiede zwischen Rechten und Grundsätzen als nicht möglich.[159] Vielmehr sind die unterschiedlichen Aussagen der Erläuterungen der Charta zu einzelnen Artikeln der GRC in Hinblick auf die verschiedenen Absätze oder materiellen Gehalte eines Artikels zu verstehen, d. h. dass die einzelnen Artikel unterschiedliche Garantien mit unterschiedlichen Gehalten und korrespondierend unterschiedlicher Rechtsnatur beinhalten.[160]   36

Interessant ist weiter die rechtliche Wirkung der Grundsätze. Grundsätze sind **mehr als bloße »Programmaussagen«**; sie enthalten verbindliches Recht[161] und sind daher von der Union und den Mitgliedstaaten bei der Durchführung von Unionsrecht zu berücksichtigen, was sich bereits aus Art. 51 Abs. 1 Satz 2 GRC ergibt.[162] Ebenso verpflichten   37

---

[154] Vgl. auch *Schmittmann*, S. 90 ff., der zwar ebenfalls das Kriterium der Bestimmtheit zur Abgrenzung von Rechten und Grundsätzen anführt, jedoch auch auf weitere Abgrenzungskriterien, die oft aber eher ungenau erscheinen, eingeht und i. E. zu einer fast identischen Einordnung von Rechten und Grundsätzen gelangt.

[155] *Jarass*, EU-GR, § 7, Rn. 26; vgl. kritisch zur Unbestimmtheit von Grundsätzen *Ladenburger*, in: Tettinger/Stern, EuGRCh, Art. 52 GRC, Rn. 83.

[156] *Sagmeister*, S. 350 ff.

[157] *Sagmeister*, S. 350; *Schmittmann*, S. 81 f.

[158] *Wolffgang*, in: Lenz/Borchardt, EU-Verträge, Art. 52 GRC, Rn. 30; anders *Sagmeister*, S. 157 ff., 339.

[159] *Jarass*, EU-GR, § 7, Rn. 28.

[160] *Kingreen*, in: Ehlers, Grundrechte und Grundfreiheiten, § 18, Rn. 6; *Jarass*, EU-GR, § 7, Rn. 28; *Kingreen*, in: Calliess/Ruffert, EUV/AEUV, Art. 52 GRC, Rn. 17; *Ladenburger*, in: Tettinger/Stern, EuGRCh, Art. 52, Rn. 101. Ausführlich dazu *Sagmeister*, S. 158 ff.

[161] *Jarass*, EU-GR, § 7, Rn. 30; *Jarass*, GRCh, Art. 52, Rn. 74; *Kingreen*, in: Calliess/Ruffert, EUV/AEUV, Art. 52, Rn. 14.

[162] *Frenz*, Handbuch Europarecht, Bd. 4, § 3, Rn. 455; *Jarass*, EU-GR, § 7, Rn. 31. Zu der Problematik, ob auch die Mitgliedstaaten an die Grundsätze gebunden sind, da bei einigen Grundsätzen nur die Union Erwähnung findet, vgl. *Jarass*, GRCh, Art. 52 GRC, Rn. 75. *Kingreen*, in: Calliess/Ruffert, EUV/AEUV, Art. 52 GRC, Rn. 16 spricht sich gegen eine Verpflichtung der Mitgliedstaaten

sie die Union und die Mitgliedstaaten rechtlich verbindlich zur Förderung ihrer Anwendung, wie Art. 51 Abs. 1 Satz 2 GRC ausdrücklich vorgibt, räumen aber hinsichtlich der Art ihrer Verwirklichung regelmäßig so weitreichende Ausgestaltungsspielräume ein, dass grundsätzlich kein Anspruch des Einzelnen darauf besteht, dass überhaupt und welche Durchführungsmaßnahmen erlassen werden.[163] Die Grundsätze können nach Art. 52 Abs. 5 Satz 2 GRC zur **Auslegung** von Durchführungsakten oder bei deren **Rechtmäßigkeitsprüfung** herangezogen werden. Sie besitzen eine **eingeschränkte Justiziabilität**[164]: Sie sind gerichtlich überprüfbar, soweit es um objektive Beanstandungsverfahren geht oder in Fällen, in denen bereits eine andere zulässige Klage bei dem Gericht anhängig ist, im Wege einer Inzidentkontrolle.[165] Bedarf es jedoch zur Zulässigkeit einer Klage eines subjektiven Rechts, kann jedenfalls ein solches aus den Grundsätzen nicht hergeleitet werden.[166] Anders verhält es sich aber bei der gerichtlichen Überprüfung der Vollzugsakte.[167]

D. Das Verhältnis der Gehalte der Charta zu anderen Verbürgungen

I. Die EU-Verträge (Abs. 2)

38 Als **Kollisionsvorschrift** regelt Art. 52 Abs. 2 GRC das Verhältnis der Rechte[168] der EU-Verträge, die einen grundrechtlichen Bezug aufweisen, zu den Normen der Grundrechtecharta.[169] Sinn und Zweck ist es, die **einheitliche Behandlung** solcher funktionaläquivalenter Rechte sicherzustellen[170] und trotz der vollständigen Kodifizierung der von der Union gewährleisteten Grundrechte einer daraus möglicherweise resultierenden

---

durch Grundsätze der Charta aus. Er lässt es jedoch unbestritten, dass auch die Mitgliedstaaten an die Grundsätze, wie Sozial-, Umwelt-, Gesundheits- und Verbraucherschutz gebunden sind. Jedoch ergäbe sich diese Bindung nicht aus der Charta, sondern aus Sekundärrecht oder nationalem Recht. Kritisch zu Kingreen *Sagmeister*, S. 344 ff., der auch die Mitgliedstaaten an die Grundsätze der Charta gebunden sieht. Ausführlich dazu auch *Schmidt*, S. 108 ff.
[163] Erläuterungen zur Charta, ABl. 2007, C 303/35; *Borowsky*, in: Meyer, GRCh, Art. 52 GRC, Rn. 45 c; *Cremer*, EuGRZ 2011, 545 (548); *Ladenburger*, in: Tettinger/Stern, EuGRCh, Art. 52 GRC, Rn. 100. In Bezug auf die mangelnde Verpflichtung unsicher, *Jarass*, GRCh, Art. 52 GRC, Rn. 78. Nach *Jarass*, EU-GR, § 7, Rn. 32, kann aus ihrem Charakter als verbindlichem Recht und der damit einhergehenden Berücksichtigungspflicht eine Verpflichtung zum Erlass von Durchführungsakten resultieren. Dieses befürwortend *Ehlers*, Grundrechte und Grundfreiheiten, § 14, Rn. 18.
[164] Aus Art. 52 Abs. 5 S. 2 GRC zieht Jarass die Konsequenz der beschränkten Justiziabilität, *Jarass*, EU-GR, § 7, Rn. 37.
[165] *Frenz*, Handbuch Europarecht, Bd. 4, § 3, Rn. 439. Ausführlicher *Jarass*, GRCh, Art. 52 GRC, Rn. 81; *Ladenburger*, in: Tettinger/Stern, EuGRCh, Art. 52 GRC, Rn. 86.
[166] *Kingreen*, in: Calliess/Ruffert, EUV/AEUV, Art. 52 GRC, Rn. 15.
[167] Vgl. dazu näher *Jarass*, GRCh, Art. 52 GRC, Rn. 82.
[168] Vgl. *Dorf*, JZ 2005, 126 (128) zur Frage, ob es sich um ein subjektives Recht handeln muss.
[169] Als Beispiele werden vor allem die Unionsbürgerrechte (Art. 21-24 AEUV), die Kapitel V der Charta mit Ausnahme von Art. 41 entsprechen sollen, genannt; Streinz und Michl leiten aus den Erläuterungen weitere Anwendungsfälle wie Art. 15 Abs. 3 GRC, der Art. 153 Abs. 1 Buchst. g AEUV entsprechen soll und Art. 18 GRC, der Art. 78 AEUV entspricht, ab und gehen auf das Problem sich nur teilweise entsprechender Rechte aus der Charta und den Verträgen ein, vgl. *Streinz/Michl*, in: Streinz, EUV/AEUV, Art. 52 GRC, Rn. 14 f.; *Kingreen*, in: Calliess/Ruffert, EUV/AEUV, Art. 52 GRC, Rn. 3; vgl. auch *Dorf*, JZ 2005, 126 (128), die insofern von einer »Anpassungsvorschrift« spricht.
[170] *Streinz/Michl*, in: Streinz, EUV/AEUV, Art. 52 GRC, Rn. 4; *Wolffgang*, in: Lenz/Borchardt, EU-Verträge, Art. 52 GRC, Rn. 14 f.; *Lenaerts/De Smijter*, CMLRev. 38 (2001), 273 (282).

Änderung der Verträge entgegenzuwirken.[171] »**Funktional-äquivalent**« meint dabei, dass sich die Rechte ihrem Sinn nach entsprechen, aber in ihrem Wortlaut nicht identisch sein müssen.[172]

Die Regelung ist nur auf **subjektive Rechte des Primärrechts** anwendbar,[173] also auf Unionsbürgerrechte und Grundrechte sowohl in ihrer Form als Abwehr- als auch als Leistungsrechte, auf Gleichheitsrechte sowie auf Grundfreiheiten.[174] Diskutiert wird auch, ob die Kompetenzbestimmungen der Verträge unter Rechte i. d. S. fallen.[175] Dies ist jedoch abzulehnen, da diese lediglich die Grundlage zur normativen Begründung von subjektiven Rechten enthalten, aber selbst nicht zu den subjektiven Rechten zu zählen sind.[176] Auch unterfällt Unionssekundärrecht nicht dem Anwendungsbereich des Absatzes 2. Dies ergibt sich zum einen aus dem Wortlaut der Norm, der von »Rechte(n), die in den Verträgen geregelt sind« spricht. Zum anderen hätte die Einbeziehung von Sekundärrecht hier unzulässiger Weise zur Folge, dass das Sekundärrecht die Grenzen des Primärrechts (der Charta-Normen) festlegt. Sekundärrecht wie auch schlichte Kompetenzregelungen können daher nicht erfasst sein.[177] Sekundärrechtliche Normen greifen nur dann ein, wenn das Primärrecht zur Konkretisierung einer Schrankenregelung ausdrücklich auf sie verweist.[178] Auch »**Grundsätze**« wie beispielsweise der Verbraucherschutz können nicht unter den Anwendungsbereich des Absatzes 2 gefasst werden.[179] Hier stehen systematische Argumente entgegen, denn schon Art. 51 Abs. 1 Satz 2 GRC unterscheidet zwischen »Rechten« und »Grundsätzen«, wohingegen in Absatz 2 nur die Rede von Rechten ist.[180]

Auch die **Grundrechte, die der Gerichtshof als allgemeine Grundsätze** schon vor der Kodifikation der Charta entwickelt hat, fallen nicht unter Absatz 2. Zwar werden sie in Art. 6 Abs. 3 EUV genannt und sollen nach dieser Bestimmung weiterhin die ihnen bereits bislang zuerkannte Geltungskraft behalten; diese Bestimmung geht aber nicht über die primärrechtliche Anerkennung, normative Verortung und inhaltliche Bezugnahme auf die allgemeinen Rechtsgrundsätze hinaus. Es wird keine nähere Kodifikation dieser Rechte und ihrer Inhalte vorgenommen. Art. 52 Abs. 2 GRC verlangt ausdrücklich »Rechte, die in den Verträgen geregelt sind«. Eine schlichte Bezugnahme, wie sie in Art. 6 Abs. 3 EUV enthalten ist, kann als »Regelung« in diesem Sinne nicht ausreichen.

    39

    40

---

[171] *Becker*, in: Schwarze, EU-Kommentar, Art. 52 GRC, Rn. 12.

[172] *Kingreen*, in: Calliess/Ruffert, EUV/AEUV, Art. 52 GRC, Rn. 8.

[173] Vgl. *Jarass*, GRCh, Art. 52, Rn. 56 f.; ebenso *Hilf* (Fn. 85), § 164, Rn. 70; *Kingreen*, in: Calliess/Ruffert, EUV/AEUV, Art. 52 GRC, Rn. 6. Anders wohl *Frenz*, Handbuch Europarecht, Bd. 4, § 2, Rn. 539, der auch Vorschriften, die keine individuellen Rechte enthalten, von Absatz 2 umfasst sieht, mit Verweis auf die Erläuterungen der Charta zu Art. 39 (ABl. 2007, C 303/28).

[174] *Kingreen*, in: Calliess/Ruffert, EUV/AEUV, Art. 52 GRC, Rn. 4, der dort die Gleichheitsrechte jedoch nicht erwähnt.

[175] Dies resultiert aus den Erläuterungen der Charta zu Art. 15 Abs. 3 GRC, ABl. 2007, C 303/23, der eine Ermächtigungsgrundlage zum Erlass von Koordinierungsmaßnahmen darstellt.

[176] *Bühler*, S. 280 f.; *Dorf*, JZ 2005, 126 (128); *Kober*, S. 182.

[177] *Cornils*, EnzEuR Bd. 2, § 5, Rn. 61; *Hilf* (Fn. 85), § 164, Rn. 71; a. A. vgl. *Borowsky*, in: Meyer, GRCh, Art. 52 GRC, Rn. 26; *Bühler*, S. 276 ff.; *Dorf*, JZ 2005, 126 (128), die von der Relevanz sekundärrechtlicher Normen für die Auslegung der Grundrechte ausgehen; anders *Alber/Widmaier*, EuGRZ 2006, 113 (116); *Frenz*, Handbuch Europarecht, Bd. 4, § 2, Rn. 539.

[178] *Hilf* (Fn. 85), § 164, Rn. 72. Jedoch kann Sekundärrecht zur Interpretation des Primärrechts, z. B. der Grundfreiheiten, herangezogen werden, *Barriga*, Die Entstehung der Charta der Grundrechte der Europäischen Union, 2003, S. 160. So auch *Dorf*, JZ 2005, 126 (128).

[179] Anders wohl *Bühler*, S. 279.

[180] *Kingreen*, in: Calliess/Ruffert, EUV/AEUV, Art. 52 GRC, Rn. 5.

Außerdem existiert Art. 52 Abs. 4 GRC, der die gemeinsamen Verfassungsüberlieferungen der Mitgliedstaaten behandelt, aus denen die Grundrechte als allgemeine Grundsätze entwickelt wurden. Würden sie in den Anwendungsbereich des Absatzes 2 fallen, wäre Absatz 4 überflüssig. Selbiges gilt hinsichtlich Art. 52 Abs. 3 GRC.[181] Aus der Existenz dieser Regelungen lässt sich daher schließen, dass die in richterlicher Rechtsfortbildung vom EuGH entwickelten Grundrechte nicht unter Absatz 2 gefasst werden können. Sie unterliegen Art. 52 Abs. 3 und 4 GRC.[182]

41   Klarstellungen, auf welche Rechte die Kollisionsnorm anwendbar ist, finden sich in den »Erläuterungen« nicht. Es wird lediglich ausgeführt, dass die **Unionsbürgerrechte (Art. 21-24 AEUV)** dazu zu zählen sind.[183] Auch enthält die Regelung keine **Öffnungsklausel**, wie sie für Absatz 3 besteht. Somit ist es dem EuGH nicht möglich, solche funktional-äquivalenten Charta-Normen zur Weiterentwickelung der entsprechenden Vertragsregeln zu nutzen. Für dahingehende Änderungen bedarf es der Mitgliedstaaten als »Herren der Verträge«. Problematisch ist dabei, wo eine zulässige Vertragsauslegung endet und die unzulässige Weiterentwicklung ohne Vertragsänderung beginnt.[184] Im Ergebnis bedeutet dies, dass trotz einer weiter gefassten Formulierung eines Grundrechts (z. B. weil Einschränkungen des Schutzbereichs nicht übernommen wurden) die in den Verträgen enthaltene Regulierung Anwendung findet.[185]

42   Die »Erläuterungen« zu den Einzelbestimmungen geben Aufschlüsse darüber, welche Rechte der Charta zu denen der Verträge äquivalent sind[186]: So entspricht beispielsweise Art. 12 Abs. 2 GRC Art. 10 Abs. 4 EUV, Art. 15 Abs. 2 GRC stützt sich auf Art. 45, 49 und 56 AEUV, Art. 15 Abs. 3 GRC auf Art. 153 Abs. 1 Buchst. g AEUV und Art. 18 GRC auf Art. 78 AEUV. Für diese Normen ist unumstritten der Anwendungsbereich des Art. 52 Abs. 2 GRC eröffnet.[187] Aufgrund des Erfordernisses der funktionalen Äquivalenz können die Grundfreiheiten des AEUV gerade nicht mit der Berufsfreiheit aus Art. 15 Abs. 1 GRC gleichgesetzt werden, weil es sich bei diesen, ihrem Sinn nach, um unterschiedliche Vorschriften handelt.[188]

43   Die Anwendbarkeit von Art. 52 Abs. 2 GRC hat zur Folge, dass für die besagten Grundrechte sämtliche **Bedingungen und Grenzen** gelten, **die in den Verträgen** festgelegt wurden. Damit sind der Schutzbereich sowie die Voraussetzungen für die Rechtfertigung von Eingriffen in die entsprechenden Grundrechte, aber auch der Eingriff selbst gemeint.[189] Diese werden also in die Charta transferiert, weshalb die Vorschrift

---

[181] Dazu ausführlicher *Kober,* S. 198 f.

[182] I.E. ebenso *Cornils,* EnzEuR Bd. 2, § 5, Rn. 61; *v. Danwitz,* in: Tettinger/Stern, EuGRCh, Art. 52 GRC, Rn. 48; *Kingreen,* in: Calliess/Ruffert, EUV/AEUV, Art. 52 GRC, Rn. 7; *Kokott/Sobotta,* EuGRZ 2010, 265 (267); *Rengeling/Szczekalla,* Grundrechte, § 7, Rn. 466; so grundsätzlich wohl auch *Jarass,* GRCh, Art. 52 GRC, Rn. 57 sowie *Borowsky,* in: Meyer, GRCh, Art. 52 GRC, Rn. 25.

[183] Erläuterungen zur Charta, ABl. 2007, C 303/33.

[184] *Streinz/Michl,* in: Streinz, EUV/AEUV, Art. 52 GRC, Rn. 4.

[185] *Bühler,* S. 272 ff.; *Kingreen,* in: Calliess/Ruffert, EUV/AEUV, Art. 52 GRC, Rn. 9.

[186] Erläuterungen zur Charta, ABl. 2007, C 303/17.

[187] Vgl. *Hilf* (Fn. 85), § 164, Rn. 69 mit weitergehenden Ausführungen zu den sich entsprechenden Rechten; vgl. auch *Jarass,* EU-GR, § 7, Rn. 28.

[188] So i. E. auch *Jarass,* GRCh, Art. 52 GRC, Rn. 57; *Kingreen,* in: Calliess/Ruffert, EUV/AEUV, Art. 52 GRC, Rn. 8.

[189] *Kingreen,* in: Calliess/Ruffert, EUV/AEUV, Art. 52 GRC, Rn. 10. Zu den Auswirkungen auf die Adressaten durch die Übernahme der Voraussetzungen des Eingriffs *Kingreen,* in: Calliess/Ruffert, EUV/AEUV, Art. 52 GRC, Rn. 10, Fn. 17, Rn. 12.

auch als Transferklausel bezeichnet wird.[190] So findet eine gleichlautende Auslegung der Normen statt, womit Widersprüche vermieden werden.[191]

Das wohl bedeutendste Verhältnis der Grundrechtecharta zu anderen grundrechtli-   **44** chen Verbürgungen regelt Absatz 3 der Vorschrift, nämlich die **Beziehung zwischen Grundrechten der Charta und Grundrechten der EMRK**. Sinn und Zweck dieser Vorschrift ist es, beide Rechtsordnungen aufeinander abzustimmen und so dem Gebot der »Einheit der Rechtsordnung« Rechnung zu tragen.[192] Die Regelung besitzt den Charakter einer »**Transferklausel**«,[193] durch die die »Bedeutung und Tragweite« der Gehalte der EMRK, welche den Rechten der Charta entsprechen, in die Grundrechtecharta übertragen werden.[194] Dabei bezieht sich die Vorschrift nicht ausschließlich auf die EMRK selbst, sondern auch auf die **Zusatzprotokolle**[195] sowie die **Rechtsprechung des EGMR und des EuGH**; sie enthält eine dynamische Verweisung auf diese.[196] Besonders die Einbeziehung der EGMR-Judikatur ist hervorzuheben, da auf diese Weise eine **dynamische Auslegung** der Charta geschaffen wird, in welche die vergangene wie auch die zukünftige Rechtsprechung des Gerichts einfließt.[197] Außerdem wird schon in der Präambel der Charta auf die Rechtsprechung des EGMR Bezug genommen.[198]

Noch nicht näher geklärt ist, was man unter »Bedeutung und Tragweite« genau zu   **45** verstehen hat.[199] Im Schrifttum existieren dazu verschiedene Auffassungen, die von einer Bestimmung der **Schutzbereiche wie auch der Schrankenregelungen** übereinstimmender Rechte nach den Gehalten der EMRK[200] bis zu einer **völligen Übernahme der**

---

[190] *V. Danwitz*, in: Tettinger/Stern, EuGRCh, Art. 52 GRC, Rn. 45; *Jarass*, GRCh, Art. 52 GRC, Rn. 58.

[191] ABl. 2007, C 303/33; *v. Danwitz*, in: Tettinger/Stern, EuGRCh, Art. 52 GRC, Rn. 45.

[192] *Becker*, in: Schwarze, EU-Kommentar, Art. 52 GRC, Rn. 14.

[193] Zu den Ansichten, die in Absatz 3 lediglich eine Schrankenregel oder Auslegungsregel sehen, *Ziegenhorn*, S. 29 ff. Dazu auch *Cornils*, EnzEuR Bd. 2, § 5, Rn. 27 ff.

[194] *V. Danwitz*, in: Tettinger/Stern, EuGRCh, Art. 52 GRC, Rn. 51; vgl. dazu *Terhechte*, in: GSH, Europäisches Unionsrecht, Art. 52 GRC, Rn. 15; *Weiß*, EuZW 2013, 289 (291 f.), der die Anwendung dieser Vorschrift insoweit relativiert als er ausführt, dass der EuGH letztlich immer zusätzlich daraufhin prüft, ob sich das durch Art. 52 Abs. 3 GRC vorgegebene Ergebnis auch in die Unionsrechtsordnung einfügt; anders *Schmittmann*, S. 88.

[195] Zur Frage der Einbeziehung der Zusatzprotokolle zur EMRK im Rahmen des Art. 52 Abs. 3 GRC, insbesondere der strittigen Frage der Bindung von Mitgliedstaaten über Art. 52 Abs. 3 GRC bei Durchführungsmaßnahmen, auch wenn diese das jeweilige Protokoll nicht unterzeichnet haben, *Naumann*, EuR 2008, 424 (426 f.); ebenso ausführlich *Molthagen*, S. 79 ff.; für eine sich nur auf die von allen Mitgliedstaaten unterzeichneten Protokolle erstreckende Einbeziehung *Grabenwarter*, DVBl 2001, 1 (2), *Streinz*, ZÖR 2013, 663 (671).

[196] Erläuterungen zur Charta, ABl. 2007, C 303/33; *Lindfelt* (Fn. 96), S. 145; *De Schutter* (Fn. 27), Art. 52, S. 401; *Naumann*, EuR 2008, 424 (425) zur Sinnhaftigkeit eines (dynamischen) Verweises auf die EGMR-Rechtsprechung; vgl. dazu *Bernsdorff/Borowsky*, S. 300; auch *Molthagen*, S. 124 ff., die i. E. dazu kommt, dass ein konkludenter Verweis auch auf die Rechtsprechung des EGMR besteht, die allerdings als Orientierungshilfe dient und nicht zwingend zu übernehmen ist.

[197] Vgl. *v. Danwitz*, in: Tettinger/Stern, EuGRCh, Art. 52 GRC, Rn. 57; *Neukamm*, Bildnisschutz in Europa, 2007, S. 78 f.; zur Frage einer unterschiedlichen Rechtsprechung des EGMR und EuGH und der möglichen Verpflichtung des EuGH, Urteilen des EGMR zu folgen siehe *Lindner*, EuR 2007, 160 (173); ebenfalls zu dieser Problematik divergierender Rechtsprechung vgl. *Groppi* (Fn. 3), Art. 52 GRC, Rn. 5 wie auch *Lindfelt* (Fn. 96), S. 149 ff., der auch konkrete Beispiele einer unterschiedlichen Rechtsprechung beider Gerichte anführt.

[198] Präambel der Grundrechtecharta, Abschnitt 5.

[199] *Naumann*, EuR 2008, 424 (424 f.); vgl. insgesamt zum Streit hinsichtlich der unmittelbaren Anwendbarkeit der EMRK *Molthagen*, S. 55 ff.

[200] *Dorf*, JZ 2005, 126 (128); *Frenz*, Handbuch Europarecht, Bd. 4, § 2, Rn. 545; *Grabenwarter*, DVBl 2001, 1 (2); *Hilf* (Fn. 85), § 164, Rn. 79; *Ibing* (Fn. 5), S. 53; *Molthagen*, S. 78 f.; *Naumann*, EuR 2008, 424 (427); *Uerpmann-Wittzack*, DÖV 2005, 152 (155).

EMRK-Rechte[201] reichen. Gegen letztere Ansicht spricht allerdings, dass der Absatz 3 nur die Auslegung der Grundrechtcharta betrifft und nicht mit der Intention geschaffen wurde, die umfassende Geltung und Anwendung der EMRK im EU-Recht zu begründen.[202] Im Hinblick auf diese Fragestellung existiert seit dem Vertrag von Lissabon die Regelung des Art. 6 Abs. 2 EUV, der ausdrücklich den Beitritt der EU zur EMRK vorsieht und somit einem Verständnis des Art. 52 Abs. 3 GRC als »materielle Übernahme« der EMRK entgegenstehen sollte.[203] Auch der EuGH hat sich, solange ein Beitritt der EU nicht erfolgt ist, stets gegen eine Einstufung der Konvention als Rechtsquelle des Unionsrechts ausgesprochen. Er sieht sie zutreffend als eine der **Rechtserkenntnisquellen für die Grundrechte als allgemeine Grundsätze des Unionsrechts**[204] an, eine Rechtslage, die durch Art. 53 Abs. 3 GRC sicher nicht an eher abgelegener Stelle grundsätzlich abweichend geregelt werden sollte, was auch dafür spricht, dass Absatz 3 keine umfassende materielle Übernahme der EMRK-Verbürgungen in die Grundrechtecharta bewirkt.[205]

46   Die in Art. 52 Abs. 3 Satz 2 GRC enthaltene sog. **Öffnungsklausel** stellt die Möglichkeit eines weitergehenden Grundrechtsschutzes durch die Grundrechtecharta als durch die EMRK sicher. Damit wird deutlich, dass die Charta der EU auf der Konvention aufbaut.[206] Sie kann, wie in den »Erläuterungen« ausgeführt, nie einen geringeren Schutz gewähren als die EMRK,[207] weshalb die Konvention einen Mindeststandard an Grundrechtsschutz auch für die Europäische Union festlegt.[208]

47   Im Rahmen der »sich entsprechenden« Rechte der EMRK und der Grundrechtecharta können **drei verschiedene Kategorien von Rechten** unterschieden werden. Solche Rechte, die sich entsprechen, Normierungen, welche den durch die Charta gewährleisteten Rechten einen weiteren Schutz verleihen als die EMRK-Verbürgungen und Grundrechte, die sich nicht entsprechen und daher von der Anwendung des Absatzes 3 ausge-

---

[201] Vgl. *Borowsky*, in: Meyer, GRCh, Art. 52 GRC, Rn. 30 ff., der in Rn. 34 sogar einen »materiellen Beitritt« zur EMRK annimmt; wohl auch *Streinz/Michl*, in: Streinz, EUV/AEUV, Art. 52 GRC, Rn. 7, der in der Abschnittsüberschrift die »Inkorporation der EMRK« nennt; dagegen *Weiß*, EuZW 2013, 287 (289); vgl. zur Frage der EMRK als Rechtsquelle oder Rechtserkenntnisquelle des EU-Rechts auch *Naumann*, EuR 2008, 424 (424 ff.).

[202] *Jarass*, GRCh, Art. 52 GRC, Rn. 64; *Kingreen*, in: Calliess/Ruffert, EUV/AEUV, Art. 52 GRC, Rn. 34; ebenfalls gegen eine unmittelbare Übernahme der Konventionsrechte *Hilf* (Fn. 85), § 164, Rn. 74.

[203] *Kingreen*, in: Calliess/Ruffert, EUV/AEUV, Art. 52 GRC, Rn. 37.

[204] Vgl. auch *Schmittmann*, S. 27 f., der die EMRK als Rechtserkenntnisquelle einordnet, da eine andere Ansicht mit der Autonomie des Unionsrechts nicht vereinbar wäre; ebenso *Neukamm* (Fn. 197), S. 65.

[205] EuGH, Gut. 2/94 v. 28.3.1996 (EMRK-Beitritt), Slg. 1996, I–1759, Rn. 34 f.; *Kingreen*, in: Calliess/Ruffert, EUV/AEUV, Art. 52 GRC, Rn. 33; das hat der EuGH auch in seiner neueren Rechtsprechung bekräftigt, vgl. dazu EuGH, Urt. v. 7.5.2013, Rs. C–617/10 (Åckerberg Fransson), ECLI:EU:C:2013:280; sowie *Weiß*, EuZW 2013, 287 (289).

[206] So auch *Callewaert*, EuGRZ 2003, 198 (199); *Hilf* (Fn. 85), § 164, Rn. 74; nach Ansicht von *Peers* (Fn. 64) Kap. 6, S. 170, soll nur durch die Rechte der Charta, nicht aber durch sekundäre Maßnahmen ein solcher weitergehender Schutz gewährt werden können.

[207] Vgl. ausführlich zur Unzulässigkeit des Unterschreitens des Schutzniveaus der EMRK *Molthagen*, S. 54 ff.; *Lenaerts*, EuR 2012, 3 (12).

[208] Erläuterungen zur Charta, ABl. 2007, C 303/33; *v. Danwitz*, in: Tettinger/Stern, EuGRCh, Art. 52 GRC, Rn. 52; *Marguery*, MJ 2 (2013), 282 (285); *Lindfelt* (Fn. 96), S. 144; zur Zulässigkeit eines solchen weitergehenden Schutzes vgl. *Molthagen*, S. 24 ff.; ungeklärt ist, ob es der Union erlaubt ist, Schranken enger zu fassen und so den jeweiligen Schutzbereich zu weiten, *Neukamm* (Fn. 197), S. 80.

schlossen sind. Diese Einordnung wird auch in den »Erläuterungen« deutlich, denen wegen der Auflistung der jeweiligen Normen eine wichtige Bedeutung zukommt.[209] **Rechte, die solchen der EMRK entsprechen**, sind danach: Art. 2, 4-7, 10, 11, 17, 19 Abs. 1 und 2, 48 und 49 GRC, wobei mit »entsprechen« keine wörtliche Identität gemeint ist.[210] Einen **umfassenderen Schutz** als entsprechende EMRK-Verbürgungen bieten Art. 9, 12, 14 Abs. 1 und 3, 47 Abs. 2 und 3 sowie 50 GRC.[211]

III. Gemeinsame Verfassungsüberlieferungen (Abs. 4)

Charta-Grundrechte, die sich aus den gemeinsamen Verfassungsüberlieferungen der Mitgliedstaaten als Rechtserkenntnisquellen ergeben, sind nach Abs. 4 im Einklang mit diesen Überlieferungen auszulegen. Ziel ist es, Widersprüche mit den nationalen Rechtsordnungen zu vermeiden und einzelstaatliche Besonderheiten in den Unionsgrundrechtsschutz einfließen zu lassen.[212] Dies entspricht auch der schon vorher geübten Praxis des EuGH, der bei der inhaltlichen Ausgestaltung der eigenständigen, als allgemeine Rechtsgrundsätze des Unionsrechts geltenden Grundrechte der EU die mitgliedstaatlichen Verfassungstraditionen berücksichtigte,[213] wobei auch im Rahmen der vom EuGH zur Ermittlung der materiellen Gehalte der allgemeinen Rechtsgrundsätze praktizierten wertenden Rechtsvergleichung immer eine gewisse Freiheit bestand, welche Verfassungsüberlieferungen als den Mitgliedstaaten gemeinsam anerkannt, welche inhaltlichen Elemente diesen Verfassungsüberlieferungen entnommen und welche nach Funktion, Wesen und Gehalt im Interesse der Gewährleistung eines hohen Schutzniveaus im Unionsrecht als in die Unionsrechtsordnung integrierbar angesehen wurden. Eine derartige interpretatorische Freiheit bei der Berücksichtigung der gemeinsamen Verfassungsüberlieferungen der Mitgliedstaaten soll nun auch im Rahmen der Charta bestehen.[214]

48

Nach den »Erläuterungen« beruht Art. 52 Abs. 4 GRC in seinem Wortlaut auf Art. 6 Abs. 3 EUV. Die in Bezug genommenen »gemeinsamen Verfassungsüberlieferungen« sind somit in beiden Vorschriften identisch. Teilweise wird Art. 52 Abs. 4 GRC aufgrund dessen ein rein deklaratorischer Charakter zugesprochen.[215] Die Norm soll sicherstellen, dass die in der Grundrechtecharta enthaltenen Rechte in ihrer Auslegung ein möglichst hohes Schutzniveau gewährleisten, das sowohl mit den mitgliedstaatlichen Verfassungsüberlieferungen als auch mit dem Unionsrecht in Einklang steht.[216] Des Weiteren soll

49

---

[209] Vgl. die Auflistung in ABl. 2007, C 303/34 sowie selbige kategorische Einordnung bei *Kingreen*, in: Calliess/Ruffert, EUV/AEUV, Art. 52 GRC, Rn. 23 ff.

[210] Vgl. *Molthagen*, S. 75 ff.

[211] Erläuterungen zur Charta, ABl. 2007, C 303/34.

[212] *Wolffgang*, in: Lenz/Borchardt, EU-Verträge, Art. 52 GRC, Rn. 23; *Becker*, in: Schwarze, EU-Kommentar, Art. 52 GRC, Rn. 18; i. E. genauso *Dorf*, JZ 2005, 126 (129).

[213] *Wolffgang*, in: Lenz/Borchardt, EU-Verträge, Art. 52 GRC, Rn. 24; der EuGH wendet eine sog. »wertende Rechtsvergleichung« an, um zu dem Ergebnis zu kommen, dass eine Regel auf »gemeinsamen Verfassungsüberlieferungen« beruht. Vgl. zur Rechtsvergleichung und speziell zur »wertenden Rechtsvergleichung« des EuGH *Neukamm* (Fn. 197), S. 44 ff.; sowie *Walter*, Rechtsfortbildung durch den EuGH, 2009, S. 168 ff., insb. S. 172 ff. zu den Grundrechten; auch *Kokott/Sobotta*, EuGRZ 2010, 265 (266).

[214] *V. Danwitz*, in: Tettinger/Stern, EuGRCh, Art. 52 GRC, Rn. 75; anders siehe insofern auch *Terhechte*, in: GSH, Europäisches Unionsrecht, Art. 52 GRC, Rn. 18, der nur von einem »engen Verhältnis« spricht.

[215] *Streinz/Michl*, in: Streinz, EUV/AEUV, Art. 52 GRC, Rn. 31.

[216] Erläuterungen zur Charta, ABl. 2007, C 303/34; so auch *v. Danwitz*, in: Tettinger/Stern,

gewährleistet werden, dass dem EuGH auch in Zukunft die Methode der »wertenden Rechtsvergleichung« zur Verfügung steht.[217]

50   Welche Grundrechte der GRC im Sinne des Art. 52 Abs. 4 GRC Grundrechte sind, als wie sie sich aus den **»gemeinsamen Verfassungsüberlieferungen« ergeben,** bleibt weitgehend offen. So beschränkt sich der EuGH meist auf die Feststellung, dass ein Recht zu dieser Kategorie zu zählen ist, ohne ausführliche rechtsvergleichende Überlegungen anzustellen.[218] Auch aus den »Erläuterungen« ergeben sich nur teilweise Hinweise, ob eine Norm durch gemeinsame Verfassungsüberlieferungen entstanden ist.[219] Zu beachten ist auch, dass Regelungen auf verschiedenen Quellen beruhen können, was die Beantwortung der Frage der Anwendbarkeit von Absatz 4 nicht gerade erleichtert.[220] So wenig wie die Vorschriften, die als »gemeinsame Verfassungsüberlieferungen« eingeordnet werden, **in allen Mitgliedstaaten** bestehen müssen, ist es erforderlich, dass die Staaten sie schon **lange Zeit** in gleicher Weise national schützen.[221]

IV. Nationale Rechtsvorschriften und Gepflogenheiten (Abs. 6)

51   Nach Art. 52 Abs. 6 GRC ist den einzelstaatlichen Rechtsvorschriften und Gepflogenheiten, wie es in dieser Charta bestimmt ist, in vollem Umfang Rechnung zu tragen. Aus dem Wortlaut »wie es in dieser Charta bestimmt ist« ergibt sich, dass nur bei solchen Normen die einzelstaatlichen Rechtsvorschriften und Gepflogenheiten zu berücksichtigen sind, bei denen im Normtext der Charta explizit darauf verwiesen wird. Vorschriften mit derartigen Verweisen sind bspw. die Art. 16, 27, 28 oder 30 GRC. In anderen Chartabestimmungen wie z. B. den Art. 9, 10 Abs. 2, 14 Abs. 3 GRC ist von einzelstaatlichen Gesetzen die Rede. Diese einzelstaatlichen Gesetze sind unter den Begriff der Rechtsvorschriften nach Absatz 6 zu subsumieren.[222] Unter den Begriff der

EuGRCh, Art. 52 GRC, Rn. 65, der sich noch auf Art. I–9 Abs. 3 VVE bezieht, welcher aber dem heutigen Art. 6 Abs. 3 EUV entspricht.

[217] *Borowsky*, in: Meyer, GRCh, Art. 52 GRC, Rn. 44 a; wohl ebenso *Peers* (Fn. 64) Kap. 6, S. 174, »[…] As to the substantive content […] many interpretations are possible but the most convincing interpretation […] is that Art. 52 (4) confirms the Court's present ad hoc approach to rights based on national constitutional traditions.«; ebenso *Terhechte*, in: GSH, Europäisches Unionsrecht, Art. 52 GRC, Rn. 18, der davon ausgeht, dass die richterrechtlich entwickelten Rechtsgrundsätze nicht gegenstandslos geworden seien.

[218] Bspw. finden sich in der Entscheidung »Hoechst«, EuGH, Urt. v. 21. 9.1989, verb. Rs. C–46/87 u. C–227/88 (Hoechst), Slg. 1989, 2859, Rn. 48 ff., zumindest Ansätze solcher vergleichenden Überlegungen in den Schlussanträgen der Generalanwälte; so *Kingreen,* in: Calliess/Ruffert, EUV/AEUV, Art. 52 GRC, Rn. 39; ebenso *Walter* (Fn. 213), S. 173; weitere Beispiele der EuGH-Rechtsprechung sind EuGH, Urt. v. 14.5.1974, Rs. 4/73 (Nold), Slg. 1974, 491, Rn. 14; Urt. v. 13.12.1979, Rs. 44/79 (Hauer), Slg. 1979, 3727, Rn. 17; Urt. v. 10.7.1957, verb. Rs. 7/56, 3/57 u. 7/57 (Algera u. a./Assemblée commune), Slg. 1957, 81 (117 ff.).

[219] Hinweise finden sich bspw. in Art. 10 Abs. 2, Art. 14, Art. 17, Art. 20, diese nennt auch *v. Danwitz*, in: Tettinger/Stern, EuGRCh, Art. 52 GRC, Rn. 69, Fn. 242; zu beachten ist aber, dass die Erläuterungen nur mit Vorsicht dazu genutzt werden können, solche Grundrechte auszumachen, vgl. dazu die Ausführungen von *Borowsky* in: Meyer, GRCh, Art. 52 GRC, Rn. 44 b.

[220] *V. Danwitz,* in: Tettinger/Stern, EuGRCh, Art. 52 GRC, Rn. 69.

[221] *Jarass*, GRCh, Art. 52 GRC, Rn. 68; ein Anhaltspunkt dafür, dass das Merkmal »gemeinsame Verfassungsüberlieferungen« nicht nur dann angenommen werden kann, wenn eine Norm in allen Mitgliedstaaten besteht, findet sich auch in den Erläuterungen zu Art. 37 GRC, die deutlich machen, dass sich die Norm an die Verfassungsüberlieferungen »einiger« Mitgliedstaaten anlehnt, vgl. ABl. 2007, C 303/27.

[222] *Jarass*, GRCh, Art. 52 GRC, Rn. 83; *Ladenburger*, in: Tettinger/Stern, EuGRCh, Art. 52 GRC, Rn. 102.

Gepflogenheiten fallen hingegen insbesondere auch untergesetzliche Normen sowie Tarifverträge.[223]

Zum Teil wird in einigen Vorschriften auch ein Vorbehalt zugunsten des Unionsrechts anerkannt, bspw. in den Art. 16 und 34 GRC. Der Zusatz eines Vorbehalts zugunsten des Unionsrechts erfolgt regelmäßig in den Bereichen, in denen die Union eine Gesetzgebungskompetenz besitzt und daher ein Ausgleich zwischen dem Unionsvorbehalt und dem Vorbehalt der Mitgliedstaaten geschaffen werden sollte.[224] Durch diese Vorgehensweise soll der Grundsatz der Subsidiarität gesichert werden, was auch aus den Erläuterungen der Charta deutlich wird.[225] Dagegen fehlt ein Vorbehalt zugunsten des Unionsrechts in solchen Vorschriften wie bspw. Art. 9 GRC (Recht, eine Ehe einzugehen und eine Familie zu gründen) oder Art. 14 Abs. 3 GRC (Gründung von Lehranstalten), die Regelungsbereiche zum Gegenstand haben, in denen eine Kompetenz der EU zur näheren inhaltlichen Ausgestaltung nicht besteht und in denen mitgliedstaatliche Ausgestaltungsmöglichkeiten entweder besonderen Schutzes bedürfen oder bei denen es sich um besonders sensible Bereiche handelt, in denen kein Eingriff in die Autonomie der Mitgliedstaaten erfolgen soll.[226]

Die Bedeutung der Norm wird sehr unterschiedlich beurteilt. Einige messen ihr nur **deklaratorische, symbolisch-politische Wirkung** zu, mit der Begründung, dass Absatz 6 durch den Einschub »wie es in dieser Charta bestimmt ist« nochmals aufgreift, was bereits in den einzelnen Vorschriften der Charta explizit niederlegt ist.[227] Dies wird auch durch die Charta-Erläuterungen zu Art. 52 Abs. 6 GRC verdeutlicht, nach denen sich dieser Absatz auf die Artikel in der Charta beziehe, bei denen im Sinne der Subsidiarität eine Verweisung auf die einzelstaatlichen Rechtsvorschriften und Gepflogenheiten erfolgt.[228] Zum Teil wird in dem damit verbundenen Verweis auf den Schutz mitgliedstaatlicher Einrichtungen ein Mehrwert dieser Vorschrift gesehen.[229] Auch wird sie als Hilfe für die Auslegung der entsprechenden Normen verstanden, die auf die einzelstaatlichen Rechtsvorschriften und Gepflogenheiten Bezug nehmen. Danach ergebe sich aus Absatz 6, dass sowohl Regelungen zum Schutzbereich als auch zu den Schranken durch die Mitgliedstaaten erfolgen könnten.[230]

Enger ist ein Verständnis, nach dem die einzelstaatlichen Rechtsvorschriften und Gepflogenheiten lediglich Wirkung auf die Einschränkung der einzelnen Grundrechte und

---

[223] *Ladenburger*, in: Tettinger/Stern, EuGRCh, Art. 52 GRC, Rn. 102.

[224] *Ladenburger*, in: Tettinger/Stern, EuGRCh, Art. 52 GRC, Rn. 102.

[225] Erläuterungen zur Charta, ABl. 2007, C 303/35.

[226] Ähnlich auch *Borowsky*, in: Meyer, GRCh, Art. 52 GRC, Rn. 46 b; *Wolffgang*, in: Lenz/Borchardt, EU-Verträge, Art. 52 GRC, Rn. 31.

[227] *Ladenburger*, in: Tettinger/Stern, EuGRCh, Art. 52 GRC, Rn. 103; siehe insofern auch *Terhechte*, in: GSH, Europäisches Unionsrecht, Art. 52 GRC, Rn. 19; *Streinz/Michl*, in: Streinz, EUV/AEUV, Art. 52 GRC, Rn. 31; *Wolffgang*, in: Lenz/Borchardt, EU-Verträge, Art. 52 GRC, Rn. 31. Vgl. auch *Kingreen*, in: Calliess/Ruffert, EUV/AEUV, Art. 52 GRC, Rn. 41, der Abs. 6 als reine »Angstklausel« bezeichnet; *Borowsky*, in: Meyer, GRCh, Art. 52 GRC, Rn. 46 b; i. E. wohl auch *Hilf* (Fn. 85), § 164, Rn. 41.

[228] Erläuterungen zur Charta, ABl. 2007 C 303/35.

[229] *Becker*, in: Schwarze, EU-Kommentar, Art. 52 GRC, Rn. 19; auch für einen Mehrwert wohl *Peers* (Fn. 64) Kap. 6, S. 176 ff.

[230] Für eine entsprechende Regelungsbefugnis »in vollem Umfang« *Dorf*, JZ 2005, 126 (129 f.). Eingeschränkter, aber auch für eine Bestimmung des Schutzbereichs durch die Mitgliedstaaten *Borowsky*, in: Meyer, GRCh, Art. 52 GRC, Rn. 46 c. Wohl auch in diese Richtung, aber zurückhaltender *Kingreen*, in: Calliess/Ruffert, EUV/AEUV, Art. 52 GRC, Rn. 49.

dabei insbesondere auf die Prüfung der Verhältnismäßigkeit entfalten können.[231] Andernfalls, bei einer Auswirkung auch auf die Schutzbereiche, käme es je nach Mitgliedstaat zu einer unterschiedlichen Bestimmung des Gewährleistungsgehalts des jeweiligen
Grundrechts, was einer einheitlichen Unionsgrundrechtsordnung und generell der Einheit des Unionsrechts widersprechen und die Charta in Bezug auf die betroffenen Vorschriften zu einer »leeren Hülle« machen würde.[232]

55   Wortlaut und Stellung sowohl des Art. 52 Abs. 6 GRC als auch und insbesondere
Wortlaut und Stellung des jeweiligen Verweises auf die einzelstaatlichen Rechtsvorschriften und Gepflogenheiten bzw. auf das Unionsrecht in den einzelnen Grundrechtsgewährleistungen oder Grundsätzen sprechen für ein weites Verständnis der mitgliedstaatlichen bzw. unionalen Regelungs- und Ausgestaltungsmöglichkeiten. Wenn etwa
Art. 9 GRC davon spricht, dass das Recht, eine Ehe einzugehen, und das Recht, eine
Familie zu gründen, »nach den einzelstaatlichen Gesetzen gewährleistet« wird, dann
können diese einzelstaatlichen Gesetze nicht nur zulässige Einschränkungen für das
garantierte Recht zur Ehe- oder Familiengründung vorsehen, sondern müssen ebenso
auf Schutzbereichsebene festlegen, unter welchen Voraussetzungen die Eingehung einer Ehe oder die Gründung einer Familie als in den Schutzbereich der Gewährleistung
fallend anzuerkennen ist.[233] Darüber hinaus ist zu berücksichtigen, dass Regelungen zu
den Einschränkungsmöglichkeiten eines Grundrechts in gleicher Weise wie Regelungen
zum Schutzbereich die unionsweit einheitliche Geltung der Chartagrundrechte in Frage
zu stellen geeignet sind. Deshalb erscheint ein weites Verständnis des möglichen Rege-
lungs- und Anwendungsbereichs der in Art. 52 Abs. 6 GRC angesprochenen mitgliedstaatlichen Rechtsvorschriften und Gepflogenheiten angebracht.

56   Festgehalten werden kann, dass Normen der Charta, bei denen die einzelstaatlichen
Rechtsvorschriften und Gepflogenheiten zu berücksichtigen sind, eine Sonderstellung
einnehmen, indem sie einer »**doppelten Schrankenregelung**« unterliegen, nämlich einerseits den Schranken, die von den Mitgliedstaaten aufgestellt wurden, und andererseits denen des Unionsrechts. Denn Art. 52 Abs. 1 GRC bleibt insofern anwendbar, als
er die »Schranken für die nationale Schrankenregelung« festlegt. Die von den mitgliedstaatlichen Gesetzgebern festgelegten Einschränkungsmöglichkeiten bzw. die Einschränkungen, die sich aus den einzelstaatlichen Gepflogenheiten ergeben, müssen folglich an Art. 52 Abs. 1 GRC gemessen werden.[234]

57   In den Fällen, in denen es um Grundsätze geht, sind die einzelstaatlichen Rechtsvorschriften und Gepflogenheiten im Rahmen der Abwägung zu berücksichtigen.[235]

---

[231] Sehr ausführlich hierzu und zu den Gründen *Ladenburger*, in: Tettinger/Stern, EuGRCh,
Art. 52 GRC, Rn. 106 ff. m. w. N.

[232] *Jarass*, GRCh, Art. 52 GRC, Rn. 85. Ausführlicher dazu *Kober*, S. 226 ff. sowie *Ladenburger*,
in: Tettinger/Stern, EuGRCh, Art. 52 GRC, Rn. 106, wobei eine Unterscheidung stattfindet, ob es um
Handeln der Unionsorgane oder um mitgliedstaatliches Handeln geht. *Grabenwarter*, DVBl 2001, 1
(5); *Rengeling*, DVBl 2004, 453 (459); *Schwarze*, EuZW 2001, 517 (519), ordnet dies auch einer
Schrankenregelung zu. Des Weiteren auch *Bernsdorff*, in: Meyer, GRCh, Art. 16 GRC, Rn. 15 in
Bezug auf Art. 16 GRC. Anders *Borowsky*, in: Meyer, GRCh, Art. 52 GRC, Rn. 46 c der eine Bestimmung der Schutzbereiche anhand der nationalen Rechte durch diese Vorschriften als zulässig ansieht.

[233] A.A. etwa zum Beispiel der Aussperrung *Ladenburger*, in: Tettinger/Stern, EuGRCh, Art. 52
GRC, Rn. 109 m. w. N.

[234] Vgl. *Borowsky*, in: Meyer, GRCh, Art. 52 GRC, Rn. 46 c; *Bühler*, S. 372 ff.; *Cornils*, EnzEuR Bd.
2, § 5, Rn. 52; *Grabenwarter*, DVBl 2001, 1 (5).

[235] *Jarass*, GRCh, Art. 52 GRC, Rn. 85.

Eckhard Pache

Art. 52 Abs. 6 GRC verdeutlicht also, dass auch »einzelstaatliche Rechtsvorschriften **58** und Gepflogenheiten« im Rahmen der **Charta-Auslegung** zu berücksichtigen sind und stellt nochmals ein **Rücksichtnahmegebot** für die Fälle auf, in denen diese im Normtext unmittelbar Niederschlag finden.[236]

V. Erläuterungen der Charta (Abs. 7)

Auf die »Erläuterungen« zur Grundrechtecharta wird an verschiedenen Stellen Bezug **59** genommen, was wohl auch ihre Bedeutung unterstreicht:[237] So sollen die »in der Charta niedergelegten Rechte, Freiheiten und Grundsätze« gem. Art. 6 Abs. 1 UAbs. 3 EUV »unter gebührender Berücksichtigung der in der Charta angeführten Erläuterungen, in denen die Quellen dieser Bestimmungen angegeben sind, ausgelegt werden.« Auch die Präambel der Charta nennt die »Erläuterungen«, die bei der Auslegung der Charta (gebührend) zu berücksichtigen sind. Schließlich ist auch in Art. 52 Abs. 7 GRC ein Hinweis auf die Bedeutung der »Erläuterungen« bei der Auslegung der Charta enthalten. Im Vorspann der »Erläuterungen« selbst werden sie nur **als »nützliche Interpretationshilfe«** bezeichnet. Trotz des eindeutigen Verweises auf die Anwendung der »Erläuterungen« bei der Auslegung an diesen unterschiedlichen Stellen ist ihr Mehrwert nicht unumstritten.[238]

Sie besitzen **keine rechtliche Verbindlichkeit.** Darüber herrscht Einigkeit.[239] Schon die **60** Wortwahl, dass sie »gebührend zu berücksichtigen« sind, steht einer anderen Ansicht entgegen, denn eine Verpflichtung zur Einbeziehung bei der Auslegung der Charta kann daraus gerade nicht abgeleitet werden.[240] **Inhaltlich** gehen die Erläuterungen hauptsächlich darauf ein, wie die Normen der Charta entstanden sind und welche Regulierungen dabei als Grundlage für die Ausgestaltung der jeweiligen Verbürgung herangezogen wurden.[241] Wichtige und aufschlussreiche Aussagen beispielsweise zu Drittwirkung oder Konkurrenzen fehlen.[242] Ihr Inhalt wird daher kritisch gesehen.[243] Allerdings bleibt festzuhalten, dass diese inhaltlichen Unzulänglichkeiten aus dem Sinn und Zweck und der Entstehung der »Erläuterungen« resultieren. Sie wurden als Zugeständnis an die britische Regierung geschaffen und niemals offiziell vom Konvent angenommen.[244] Insoweit stellen sie keine Niederschrift des tatsächlichen Entstehungsprozesses und der Diskussionen der einzelnen Normen dar, sondern wurden vom Präsidium des Grundrechtekonvents im Nachhinein erstellt.[245]

---

[236] *Becker*, in: Schwarze, EU-Kommentar, Art. 52 GRC, Rn. 19 und *Borowsky*, in: Meyer, GRCh, Art. 52 GRC, Rn. 46, sprechen hier zwar von einem allgemeinen Rücksichtnahmegebot, meinen in der Sache wohl aber das Gleiche.

[237] *De Schutter* (Fn. 27), Art. 52 GRC, S. 403 f.

[238] Vgl. *Kingreen*, in: Calliess/Ruffert, EUV/AEUV, Art. 52 GRC, Rn. 43, der bei der Anwendung der Erläuterungen zur Vorsicht mahnt. Ausführlich zu den unterschiedlichen Auffassungen *Wendel*, in: Pernice, Der Vertrag von Lissabon: Reform der EU ohne Verfassung?, 2008, S. 158 (164 f.).

[239] Dies wird im Vorspann der Erläuterungen selbst deutlich, vgl. ABl. 2007, C 303/02; *Borowsky*, in: Meyer, GRCh, Art. 52 GRC, Rn. 47 b; *Dorf*, JZ 2005, 126 (130); *Jarass*, GRCh, Art. 52 GRC, Rn. 87; ebenso *Terhechte*, in: GSH, Europäisches Unionsrecht, Art. 52 GRC, Rn. 3.

[240] *Knecht*, in: Schwarze, EU-Kommentar, Präambel, Rn. 27.

[241] *Streinz*, in: Streinz, EUV/AEUV, GR-Charta Vor, Rn. 8.

[242] *Wolffgang*, in: Lenz/Borchardt, EU-Verträge, Art. 52 GRC, Rn. 34.

[243] Vgl. *Folz*, in: Vedder/Heintschel v. Heinegg, Europäisches Unionsrecht, Art. 52 GRC, Rn. 15; siehe insofern auch *Terhechte*, in: GSH, Europäisches Unionsrecht, Art. 52 GRC, Rn. 4.

[244] *Ladenburger*, in: Tettinger/Stern, EuGRCh, Art. 52 GRC, Rn. 113 f.; *Wendel* (Fn. 238), S. 163.

[245] *Kingreen*, in: Calliess/Ruffert, EUV/AEUV, Art. 52 GRC, Rn. 43.

61 Die Erläuterungen sind folglich, wie es auch der Vorspann der Charta verdeutlicht, als **Auslegungshilfe** zu sehen. Dabei kommt ihnen kein Vorrang vor anderen Auslegungsmethoden zu. Sie sind vielmehr in den gesamten Auslegungsprozess einzubeziehen.[246]

E. Verhältnis der Absätze des Art. 52 GRC

62 Die Regelung des Absatzes 2 wird zum Teil als lex specialis gegenüber Absatz 1 gesehen.[247] Auch der das Verhältnis zur EMRK regelnde Absatz 3 gehe der allgemeinen Schrankenregelung vor, da ansonsten das Ziel dieses Absatzes, die Kohärenz mit der EMRK herzustellen, verfehlt würde.[248] Sind in einzelnen Grundrechten besondere Schrankenregelungen enthalten, ist danach Absatz 1 nur subsidiär gegenüber der jeweiligen speziellen Schranke anzuwenden.[249] Jedoch wird bei dieser Einordnung der Konkurrenzen übersehen, dass Absatz 1 allgemeine Vorgaben für die Grundrechtsprüfung auf unionaler Ebene enthält. Daher muss immer auch Absatz 1 Anwendung finden. Zudem können strengere Vorgaben aus Absatz 1 nach Absatz 3 Satz 2 trotz Anwendbarkeit der Vorgaben der EMRK eine Rolle spielen.[250] Kumulativ zu diesem Absatz sind die ergänzenden Anforderungen, die durch die besonderen Schrankenregelungen genauer konkretisiert werden, zu beachten.[251] Ebenfalls kumulativ zur allgemeinen Schrankenregelung sind die Absätze 4 und 6 heranzuziehen.[252]

63 Im Verhältnis von Art. 52 Abs. 2 zu Art. 52 Abs. 3 Satz 1 GRC wird teilweise vertreten, dass die EMRK-Regel des Absatzes 3 Vorrang genießt, da ein kohärenter Grundrechtsschutz anderweitig nicht gewährleistet werden kann. Dieses Argument, verbunden mit dem völkerrechtlichen Zusammenhang der Norm und dem Anliegen, die weiter bestehende Bindung der Mitgliedstaaten an die EMRK zu verdeutlichen, führe zu einer Spezialität auch gegenüber den anderen Auslegungsregeln des Art. 52 GRC, insb.

---

[246] *Wendel,* ZaöRV 68 (2008), 803 (824); vgl. zum Stellenwert der »Erläuterungen« auch *Lenaerts,* EuR 2012, 3 (16) sowie *Schmittmann,* S. 29 f., der Abs. 7 eine reine »Hinweisfunktion« auf die »Erläuterungen« zuspricht.

[247] *Cornils,* EnzEuR Bd. 2, § 5, Rn. 22 ff. mit der Begründung, dass schon durch die Wortwahl des Absatzes 2 zum Ausdruck komme, dass ein eigenständiger Regelungsgehalt der Charta in diesen Fällen nicht gewollt sei. *Bühler,* S. 428 f.; *Folz,* in: Vedder/Heintschel v. Heinegg, Europäisches Unionsrecht, Art. 52 GRC, Rn. 3; *Wolffgang,* in: Lenz/Borchardt, EU-Verträge, Art. 52 GRC, Rn. 14.

[248] *Folz,* in: Vedder/Heintschel v. Heinegg, Europäisches Unionsrecht, Art. 52 GRC, Rn. 3; *Frenz,* Handbuch Europarecht, Bd. 4, § 2, Rn. 544; *Wolffgang,* in: Lenz/Borchardt, EU-Verträge, Art. 52 GRC, Rn. 22; wohl auch *Grabenwarter,* DVBl 2001, 1 (2); siehe auch die Ansicht von *Peers* (Fn. 64) Kap. 6, S. 162 ff., der das Verhältnis des Art. 52 Abs. 1-3 GRC untersucht und einen »higher standard«-approach annimmt.

[249] *Folz,* in: Vedder/Heintschel v. Heinegg, Europäisches Unionsrecht, Art. 52 GRC, Rn. 3; *Triantafyllou,* CMLRev. 39 (2002), 53 (59); so auch *Bühler,* S. 431 f.

[250] *Jarass,* GRCh, Art. 52 GRC, Rn. 25.

[251] *Streinz,* ZÖR 2013, 663 (671) für das Verhältnis von Abs. 1 und 3; *v. Danwitz,* in: Tettinger/Stern, EuGRCh, Art. 52 GRC, Rn. 29 f. m.w.N, der sich im Sinne eines einheitlichen Grundrechtsschutzes auch dann für eine Anwendung des Art. 52 Abs. 1 ausspricht, wenn Art. 52 Abs. 2 oder 3 einschlägig ist und Abs. 1 in solchen Fällen nur als durch Abs. 2 und 3 »modifiziert« ansehen will; i. E. ebenso *Becker,* in: Schwarze, EU-Kommentar, Art. 52 GRC, Rn. 3; *Streinz/Michl,* in: Streinz, EUV/AEUV, Art. 52 GRC, Rn. 5; *Uerpmann-Wittzack,* DÖV 2005, 152 (155 f.).

[252] *Borowsky,* in: Meyer, GRCh, Art. 52 GRC, Rn. 1, 3.

Eckhard Pache

Absatz 4.[253] Andere messen Absatz 2 eine Vorrangstellung bei.[254] Ein Vorrang des Absatzes 3 vor Absatz 4 würde jedoch dazu führen, dass nicht der bestmögliche Grundrechtsschutz durch die Charta angestrebt wird. Da sich aus den gemeinsamen Verfassungsüberlieferungen der Mitgliedstaaten weiterreichende Garantien oder Schranken ergeben können als aus der EMRK, scheint es angebracht, die beiden Absätze kumulativ zueinander anzuwenden und in Fällen, in denen die Verfassungsüberlieferungen einen weitergehenden Schutz gewährleisten, diese Schutzausdehnung oder -verstärkung zusätzlich zu berücksichtigen, sei es hinsichtlich des Schutzbereichs, des Eingriffs oder der Anforderungen an eine Rechtfertigung. Mit der gleichen Begründung ist eine kumulative Anwendung auch von Absatz 2 und Absatz 4 anzunehmen.[255] Auch Absatz 2 und 3 sind nebeneinander anzuwenden, weswegen es Abs. 3 Satz 2 als »Öffnungsklausel« nur zur Klarstellung bedarf.

Aus der Unterscheidung zwischen »Rechten und Freiheiten« sowie Grundsätzen **64** i. S. d. Abs. 5 resultiert, dass die Abs. 1-4 nicht auf Grundsätze anwendbar sind, weil sie sich in ihrem Wortlaut ausdrücklich auf »Rechte« beziehen. Die Absätze 6 und 7 sind dagegen anwendbar.[256]

---

[253] *Dorf*, JZ 2005, 126 (128 f.); *Ruffert*, EuR 2004, 165 (174); ebenso *v. Danwitz*, in: Tettinger/ Stern, EuGRCh, Art. 52 GRC, Rn. 63, der die vorrangige Anwendung des Abs. 2 nur dann annimmt, wenn die Öffnungsklausel des Art. 52 Abs. 3 S. 2 GRC einschlägig ist; *Wolffgang*, in: Lenz/Borchardt, EU-Verträge, Art. 52 GRC, Rn. 22; vgl. auch *Bühler*, S. 430 f., die zum selben Ergebnis kommt, aber dazu Art. 53 GRCh heranzieht.

[254] *Kingreen*, in: Calliess/Ruffert, EUV/AEUV, Art. 52 GRC, Rn. 3.

[255] I.E. auch *Cornils*, EnzEuR Bd. 2, § 5, Rn. 51. Anders *Borowsky*, in: Meyer, GRCh, Art. 52 GRC, Rn. 13; *v. Danwitz*, in: Tettinger/Stern, EuGRCh, Art. 52 GRC, Rn. 70; *Wolffgang*, in: Lenz/Borchardt, EU-Verträge, Art. 52 GRC, Rn. 22 f.

[256] Vgl. *Kingreen*, in: Calliess/Ruffert, EUV/AEUV, Art. 52 GRC, Rn. 13; vgl. dazu auch ausführlicher und i. E. ebenso *Cornils*, EnzEuR Bd. 2, § 5, Rn. 21; *Schmittmann*, S. 81 ff.

Artikel 53 GRC Schutzniveau

Keine Bestimmung dieser Charta ist als eine Einschränkung oder Verletzung der Menschenrechte und Grundfreiheiten auszulegen, die in dem jeweiligen Anwendungsbereich durch das Recht der Union und das Völkerrecht sowie durch die internationalen Übereinkünfte, bei denen die Union oder alle Mitgliedstaaten Vertragsparteien sind, darunter insbesondere die Europäische Konvention zum Schutze der Menschenrechte und Grundfreiheiten, sowie durch die Verfassung der Mitgliedstaaten anerkannt werden.

Literaturübersicht

Besselink, The Parameters of Constitutional Conflict after Melloni, ELR 2014, 531; *Bleckmann*, Nationale Grundrechte im Anwendungsbereich des Rechts der Europäischen Union, Diss. iur., Tübingen, 2011; *Brummund*, Kohärenter Grundrechtsschutz im Raum der Freiheit, der Sicherheit und des Rechts, 2011; *Bühler*, Einschränkung von Grundrechten nach der Europäischen Grundrechtecharta, 2005; *Calliess*, Die neue Europäische Union nach dem Vertrag von Lissabon, 2010; *Calliess*, Europäische Gesetzgebung und nationale Grundrechte, JZ 2009, 113; *de Boer*, Rights Divergences under the Charter: Melloni, CMLRev. 50 (2013), 1083; *Everling*, Durch die Grundrechtecharta zurück zu Solange I? EuZW 2003, 225; *Gerstner/Goebel*, Grundrechtsschutz in Europa, JURA 1993, 626; *Griller*, Der Anwendungsbereich der Grundrechtecharta, in: Duschanek/Griller (Hrsg.), Grundrechte für Europa – Die Europäische Union nach Nizza, 2002, S. 131 ff.; *Jarass*, Zum Verhältnis von Grundrechtecharta und sonstigem Recht, EuR 2013, 29; *Kingreen*, Die Gemeinschaftsgrundrechte, JuS 2000, 857; *Kizil*, EU-Grundrechtsschutz im Vertrag von Lissabon, JA 2011, 277; *Kokott/Sobotta*, Die Charta der Grundrechte der Europäischen Union nach dem Inkrafttreten des Vertrags von Lissabon, EuGRZ 2010, 265; *Lindner*, Grundrechtsschutz in Europa – System einer Kollisionsdogmatik, EuR 2007, 160; *Ludwig*, Zum Verhältnis zwischen Gemeinschaftsgrundrechten und allgemeinen Grundsätzen – die Binnenstruktur des Art. 6 EUV n. F., EuR 2011, 715; *Rengeling*, Grundrechtsschutz in der Europäischen Gemeinschaft, 1993; *Safferling*, Der EuGH, die Grundrechtecharta und nationales Recht: Die Fälle Akerberg Fransson und Melloni, NStZ 2014, 545; *Schmittmann*, Rechte und Grundsätze in der Grundrechtecharta, 2007; *Schulte-Herbrüggen*, Der Grundrechtsschutz in der Europäischen Union nach dem Vertrag von Lissabon, ZEuS 2009, 343; *Seidel*, Pro futuro: Kraft Gemeinschaftsrechts Vorrang des höheren einzelstaatlichen Grundrechtsschutzes? EuZW 2003, 97; *Szczekalla*, Grenzenlose Grundrechte, NVwZ 2006, 1019; *Tomuschat*, Aller guten Dinge sind III?, EuR 1990, 340; *Wallrabenstein*, Die Grundrechte, der EuGH und die Charta, KJ 2002, 381; *Weber*, Die Europäische Grundrechtscharta – auf dem Weg zu einer europäischen Verfassung, NJW 2000, 537; *Weiß*, Grundrechtsschutz durch den EuGH: Tendenzen seit Lissabon, EuZW 2013, 287; *Wehlau/Lutzhöft*, Grundrechte-Charta und Grundrechts-Checkliste – eine dogmatische Selbstverpflichtung der EU-Organe, EuZW 2012, 45; *Weiler*, Human Rights: Memeber State, EU and ECHR Levels of protection, EJIL 2013, 471; *Ziegenhorn*, Kontrolle von mitgliedstaatlichen Gesetzen »im Anwendungsbereich des Unionsrechts« am Maßstab der Unionsgrundrechte, NVwZ 2010, 803.

Leitentscheidungen

EuGH, Urt. v. 1.3.2011, Rs. C–457/09 (Chartry), Slg. 2011, I–819
EuGH, Urt. v. 26.2.2013, Rs. C–399/11 (Melloni) ECLI:EU:C:2013:107
EuGH, Urt. v. 6.3.2014, Rs. C–198/13, (Siragusa) ECLI:EU:C:2014:126
EuGH, Gutachten 2/13 v. 18.12.2014, (EMRK Beitritt II Gutachten 2/13) ECLI:EU:C:2014:2454

Inhaltsübersicht

Eckhard Pache

A. Allgemeines

Durch Art. 53 GRC wird eine Regelung für das Verhältnis der Gewährleistungen der   **1**
Grundrechtecharta zu anderen Grundrechtsordnungen wie insbesondere zu den in dieser Norm ausdrücklich genannten Menschenrechten und Grundfreiheiten der EMRK[1]
oder zu den Grundrechtsordnungen der Mitgliedstaaten aufgestellt.[2] Die Vorschrift hat
das **Ziel**, die **Beibehaltung des jeweiligen grundrechtlichen Schutzniveaus**, das durch das
Recht der Union, das Recht der Mitgliedstaaten sowie das Völkerrecht in ihren jeweiligen Anwendungsbereichen garantiert wird, zu gewährleisten.[3] Kollisionen verschiedener Grundrechtsordnungen sollen durch diese Norm ausgeschlossen werden.[4] Wichtig
dabei ist, dass Art. 53 GRC selbst **keine Aussage über die Anwendbarkeit der Charta**
trifft, deren Anwendungsbereich regelt allein Art. 51 GRC.[5] Der Regelung des Art. 53
GRC zugrunde liegt allerdings die Annahme einer zumindest teilweise möglichen parallelen Anwendung der nationalen Grundrechte, der Unionsgrundrechte sowie der
Grund- bzw. Menschenrechte des Völkerrechts neben der Grundrechtecharta.[6]

Im Gegensatz zu Art. 53 GRC, der die Auswirkungen der Garantien der GRC auf   **2**
andere Grundrechtsschutzsysteme thematisiert, dient Art. 52 GRC der inhaltlichen Abstimmung der Grundrechte der Charta mit den Auswirkungen anderer Grundrechtsordnungen.[7] Auch hat Art. 53 GRC im Vergleich zu Art. 52 GRC mit seiner Transferklau-

---

[1] Diese wurde in Art. 53 GRC wegen ihrer Bedeutung besonders hervorgehoben, Erläuterungen
zur Charta, Art. 53 GRC, ABl. 2007, C 303/35; *Streinz/Michl*, in: Streinz, EUV/AEUV, Art. 53 GRC,
Rn. 2; *Folz*, in: Vedder/Heintschel v. Heinegg, Europäisches Unionsrecht, Art. 53 GRC, Rn. 2.

[2] *Kingreen*, in: Calliess/Ruffert, EUV/AEUV, Art. 53 GRC, Rn. 1; ausführlich zu Art. 53 GRC
insbesondere seiner Entstehungsgeschichte und zur Frage der durch Art. 53 GRC möglicherweise
gesetzten Gefahr für die Vorrangstellung des Europarechts vgl. *Bering Liisberg*, CMLRev. 38 (2001),
1171 ff.

[3] Erläuterungen zur Charta, Art. 53 GRC, ABl. 2007, C 303/35; *Cartabia*, in: Mock/Demuro,
Human Rights in Europe – Commentary on the Charter of Fundamental Rights of the European Union,
2009, Art. 53 GRC, S. 336, Rn. 1; *Lindfelt*, Fundamental Rights in the European Union – Towards
Higher Law of the Land?, 2007, S. 175 f.; *De Schutter*, in: EU Network of Independent Experts on
Fundamental Rights, Commentary of the Charter of Fundamental Rights of the European Union, Juni
2006 (Online-Kommentar, abrufbar unter: http://bim.lbg.ac.at/files/sites/bim/Commentary%2
0EU%20Charter%20of%20Fundamental%20Rights[1].pdf), Art. 532, S. 409 (14.3.2016).

[4] *Becker*, in: Schwarze, EU-Kommentar, Art. 53 GRC, Rn. 1.

[5] *Borowsky*, in: Meyer, GRCh, Art. 53 GRC, Rn. 14; *v. Danwitz*, in: Tettinger/Stern, EuGRCh,
Art. 53 GRC, Rn. 13.

[6] *Jarass*, EuR 2013, 29 (38).

[7] In diesem Sinne deutlich *Kingreen*, in: Calliess/Ruffert, EUV/AEUV, Art. 53 GRC, Rn. 1, der
dort ausführt, »aus der Sicht der Charta« beinhalte »Art. 52 GRC die Binnen-, Art. 53 GRC die
Außenperspektive«.

selfunktion[8] **lediglich deklaratorische Bedeutung**.[9] Durch Art. 53 GRC sollte vor allem politischen Bedenken Rechnung getragen werden.[10] Art. 53 GRC zählt zu den meistdiskutierten Vorschriften der Charta, weil die **Befürchtung bestand**, dass die Charta zu einer **Herabsenkung** des relativ hohen **nationalen Grundrechtsschutzniveaus** führen könnte, indem die Chartagewährleistungen an die Stelle der nationalen Grundrechte treten und damit die nationalen grundrechtlichen Gewährleistungen durch die Bestimmungen der Charta ersetzt werden könnten.[11] Dabei ist Art. 53 GRC stark an Art. 53 EMRK[12] angelehnt.[13] Art. 53 GRC soll in seiner Funktion benachbarte menschenrechtliche Schutzsysteme und deren Standards im Auge behalten, während die Ziele und Werte der Union beibehalten werden.[14]

B.   Grundrechte des Unionsrechts

3   Im Zusammenhang mit Art. 53 GRC stellt sich die Frage, in welchem **Verhältnis** die unterschiedlichen Arten von **Unionsgrundrechten** zueinander stehen. Neben den Grundrechten der Charta gibt es noch weitere geschriebene Grundrechte, die sich direkt aus den Verträgen ergeben,[15] sowie die ungeschriebenen Grundrechte, die gem. Art. 6 Abs. 3 EUV aus den Grundrechten der EMRK sowie aus den Verfassungsüberlieferungen der Mitgliedstaaten entwickelt wurden.[16] Aus Art. 6 Abs. 1, Abs. 3 AEUV ergibt sich, dass die unterschiedlich hergeleiteten Unionsgrundrechte **normhierarchisch gleichrangig** sind.[17] Das führt zu der Frage, wie die Handhabung der unterschiedlichen Arten von Unionsgrundrechten im Falle der Grundrechtskonkurrenz zu erfolgen hat. Diese Frage ist auch durchaus von Relevanz, da sie rein tatsächlich nicht selten auftritt. Für das Verhältnis zwischen den Grundrechten der Charta und denen aus den Verträgen ist dies bereits durch Art. 52 Abs. 2 GRC geregelt, indem diese Norm klarstellt, dass die Grundrechte der Charta nach den Bedingungen und Grenzen, die sich aus den Grund-

---

[8] Art. 53 GRC ist gerade nicht als Transferklausel zu sehen. So auch *Bleckmann*, S. 268.

[9] *Wolffgang*, in: Lenz/Borchardt, EU-Verträge, Art. 53 GRC, Rn. 2. Bei den Absätzen 2 und 3 des Art. 52 GRC spricht man neben einer Transfer- auch von einer Inkorporationsklausel: *Borowsky*, in: Meyer, GRCh, Art. 53 GRC, Rn. 8. Zu den Absätzen 2 und 2 von Art. 52 GRC ausführlich Art. 52 GRC, Rn. 37 ff.

[10] *Wolffgang*, in: Lenz/Borchardt, EU-Verträge, Art. 53 GRC, Rn. 1. Ausführlicher *Borowsky*, in: Meyer, GRCh, Art. 53 GRC, Rn. 1.

[11] Diese Sorgen sind auch dem Beschluss des Bundesrates vom 17.3.2000 zur Entschließung des Bundesrates zur Charta der Grundrechte der Europäischen Union zu entnehmen. Vgl. BR-Drucks. 47/00, Nr. 5. Ausführlicher zur Diskussion im Grundrechtekonvent: *Borowsky*, in: Meyer, GRCh, Art. 53 GRC, Rn. 2 ff.

[12] Zu dieser Norm bspw. *Lindner*, EuR 2007, 160 (166).

[13] *Borowsky*, in: Meyer, GRCh, Art. 53 GRC, Rn. 1; *Folz*, in: Vedder/Heintschel v. Heinegg, Europäisches Unionsrecht, Art. 53 GRC, Rn. 1; *Wolffgang*, in: Lenz/Borchardt, EU-Verträge, Art. 53 GRC, Rn. 1.

[14] *Azoulai*, in: Burgorgue-Larsen/Levade/Picod (Hrsg.), Traité établissant une Constitution pour l'Europe – Partie II La Charte des droits fondamentaux de l'Union Commentaire article par article, 2005, Art. II–113, Rn. 32.

[15] Dazu gehören bspw. Art. 18 ff. AEUV und Art. 157 AEUV.

[16] Siehe dazu Art. 6 EUV, Rn. 43 ff. m. w. N.

[17] Zum Rang der ungeschriebenen Unionsgrundrechte vor Eintritt der Rechtsverbindlichkeit der Charta vgl. *Pache*, in: Heselhaus/Nowak, Handbuch der Europäischen Grundrechte, § 4, Rn. 120.; zur Situation nach Inkrafttreten des Lissabonner Vertrages Art. 6 EUV, Rn. 49.

rechten der Verträge ergeben, anzuwenden sind. Nicht ausdrücklich geregelt ist demgegenüber die Frage nach dem Verhältnis der Grundrechte der Charta zu den als allgemeinen Rechtsgrundsätzen entwickelten Grundrechten. Diese Frage ist auch gerade
deswegen nicht ohne Bedeutung, weil sich die als allgemeine Rechtsgrundsätze entwik-
kelten Grundrechte hinsichtlich ihres Grundrechtstatbestands sowie ihres Anwendungsbereiches zum Teil von den Grundrechten der Charta unterscheiden, wobei die
Charta in einigen Bereichen, wie hinsichtlich der sozialen Grundrechte, über das Grundrechtsschutzniveau der als allgemeine Grundsätze entwickelten Grundrechte hinaus
geht.[18]

Eine **Grundrechtskonkurrenz** liegt vor, wenn der Schutzbereich mehrerer Grund-   **4**
rechte eröffnet ist,[19] vorliegend also, wenn unterschiedliche Arten von Unionsgrundrechten desselben Grundrechtsträgers für einen bestimmten Sachverhalt anwendbar
sind. Zu unterscheiden ist die Grundrechtskonkurrenz von den im deutschen Recht als
Grundrechtskollision betitelten Fällen. Bei einer sog. Grundrechtskollision geht es um
den Schutz der Grundrechte unterschiedlicher Grundrechtsträger, die in den entsprechenden Fällen durch die Hoheitsgewalt tangiert werden. Die jeweiligen Grundrechte
stellen im Verhältnis zueinander verfassungsimmanente Schranken dar. Gelöst wird
diese Grundrechtskollision im Wege der sogenannten praktischen Konkordanz, es muss
also ein möglichst schonender Ausgleich zwischen den unterschiedlichen Grundrechtsträgern und ihren Grundrechtspositionen hergestellt werden.[20] Genauso verhält es sich
im Falle einer Grundrechtskollision auch auf europäischer Ebene, es muss also auch dort
ein Ausgleich zwischen den unterschiedlichen Grundrechtspositionen durch eine Güterabwägung geschaffen werden.[21] Bei der Grundrechtskollision stellt sich aber im Gegensatz zu der Grundrechtskonkurrenz nicht das Problem des Rangverhältnisses der
unterschiedlichen Grundrechtspositionen zueinander, da es um die Grundrechtspositionen unterschiedlicher Grundrechtsträger geht, sodass man in diesen Fällen nicht pauschal einem Grundrecht mehr Gewicht beimessen darf als dem anderen. Dies muss selbst
dann gelten, wenn es sich bei einer Grundrechtsposition um eine grundrechtliche Gewährleistung handelt, die nicht in der Charta ihren Niederschlag findet, da dies zu einer
extremen Benachteiligung des einen Grundrechtsträgers führen würde. In der Praxis
wird sich dieser Fall jedoch kaum finden lassen, da bislang die grundrechtlichen Gewährleistungen der Charta den Grundrechten, die durch den EuGH entwickelt wurden,
in ihrem Umfang nicht nachstehen.

Das Verhältnis der unterschiedlichen Unionsgrundrechte zueinander stellt sich aber,   **5**
wie bereits erwähnt, für die Fälle der **Grundrechtskonkurrenz**.[22] Für die Auflösung einer
Grundrechtskonkurrenz gibt es zwei Alternativen. Als erste Möglichkeit käme die Lösung über das Konstrukt der sog. **Idealkonkurrenz** in Betracht, mit der Folge, dass die
unterschiedlichen Grundrechtsgewährleistungen nebeneinander zur Anwendung kommen.[23] Die zweite Möglichkeit besteht darin, diese Grundrechtskonkurrenz im Wege der

---

[18] Vgl. dazu *Ludwig*, EuR 2011, 715 (718).
[19] *Rengeling*, Grundrechtsschutz in der Europäischen Gemeinschaft, 1993, S. 231.
[20] Dazu: *Michael/Morlok*, Grundrechte, 2014, S. 342 ff.; *Scholz*, in: Maunz/Dürig, GG, Art. 12 GG
(Juni 2006), Rn. 304.
[21] *Bleckmann/Pieper*, in: Dauses, Handbuch des EU-Wirtschaftsrechts, Abschnitt B. I. (Juli 2012),
Rn. 146; *Ehlers*, in: ders., Grundrechte und Grundfreiheiten, § 14, Rn. 23.
[22] Zu diesem Problem auch *Jarass*, GRCh, Art. 53 GRC, Rn. 6 f.
[23] Ausführlich zu der Idealkonkurrenz: *Berg*, Grundrechtskonkurrenz, in: Merten/Papier, Handbuch der Grundrechte, Band III/Allgemeine Lehren, 2009, § 72, Rn. 42 ff.

Rechtsfigur der **lex specialis** zu lösen, mit der Folge der Anwendbarkeit des spezielleren Rechts.[24]

6   Zum Teil wird aus dem Umstand, dass die Charta geschriebene Grundrechte enthält, ein **Vorrang dieser geschriebenen Grundrechte** geschlossen, also die Charta als lex specialis angesehen.[25] Zum Teil rührt dieses Ergebnis auch aus Art. 53 GRC selbst her.[26] Es wird dahingehend argumentiert, dass die Norm keinen Sinn hätte, wenn man durch diese nicht zu einem Vorrang der Charta im Vergleich zu den allgemeinen Rechtsgrundsätzen käme, denn andernfalls könnte sich der Betroffene das Grundrecht aussuchen, das einen weiteren Schutz gewährleistet. Erst wenn die Charta und nach einem Beitritt der Union zur EMRK diese keinen ausreichenden Grundrechtsschutz gewährleisten könnten, sei auf die allgemeinen Rechtsgrundsätze zurückzugreifen.[27] Andere leiten den Vorrang der Charta und deren Einordnung als lex specialis aus der **Systematik des Art. 6 EUV** ab. Danach ergebe sich aufgrund der Nennung der Charta in deren Art. 6 Abs. 1 deren Vorrang vor den erst in Abs. 3 genannten ungeschriebenen allgemeinen Rechtsgrundsätzen.[28]

7   Allein die Systematik des Artikels rechtfertigt es jedoch nicht, die Charta als lex specialis zu den allgemeinen Rechtsgrundsätzen zu sehen.[29] Die Anordnung hat nichts mit dem Spezialitätsverhältnis zu tun, was schon daraus deutlich wird, dass sich Art. 6 Abs. 2 EUV mit dem Beitritt zur EMRK befasst und daher der Normaufbau an sich überhaupt keinen Aussagegehalt in Bezug auf einen Vorrang der einen Unionsgrundrechtsquelle zu der anderen enthält. An einen Vorrang der Charta als geschriebenes Recht und eine Lückenfüllfunktion der allgemeinen Rechtsgrundsätze[30] könnte man insoweit denken, als ungeschriebene Rechtssätze grundsätzlich lediglich zur Füllung von Lücken innerhalb des geschriebenen Rechts in Betracht kommen. Jedoch enthält **Art. 6 Abs. 3 EUV** gerade explizit eine **Kodifizierung der Anerkennung der Fortgeltung der ungeschriebenen allgemeinen Rechtsgrundsätze**, sodass es sich bei diesen nicht um ungeschriebene Rechtssätze im herkömmlichen Sinne handelt, bei denen es an jeder geschriebenen Grundlage mangelt, sondern die allgemeinen Rechtsgrundsätze werden durch das geschriebene Recht gerade hierarchisch mit der Grundrechtecharta auf eine Ebene gestellt.

8   Auch ist weiterhin zu beachten, dass man bei der Einordnung der Charta als lex specialis zu den allgemeinen Rechtsgrundsätzen der **Erhaltungsfunktion von Art. 6 Abs. 3 EUV** nicht gerecht werden würde, da die mit der Charta konkurrierenden Grundrechte immer hinter diese zurücktreten würden, mit der Folge der Hinfälligkeit der aus den allgemeinen Rechtsgrundsätzen entwickelten Grundrechte. Insbesondere erscheint

---

[24] Zu der Spezialität bei Grundrechtskonflikten im Rahmen des Grundgesetzes *Berg* (Fn. 23), § 72, Rn. 27 ff.

[25] *Kingreen*, in: Calliess/Ruffert, EUV/AEUV, Art. 6 EUV, Rn. 17; *Ludwig,* EuR 2011, 715 (724 ff.).

[26] *Schulte-Herbrüggen*, ZEuS 2009, 343 (356). Diese folgert den Vorrang der Charta auch noch aus ihrer systematischen Stellung in Art. 6 Abs. 1 EUV sowie aufgrund ihrer Legitimation. Vgl. S. 354 ff., zu der systematischen Stellung sogleich.

[27] *Schorkopf*, in: Grabitz/Hilf/Nettesheim, EU, Art. 6 EUV (September 2013), Rn. 56. So im Ergebnis auch *Calliess*, Die neue Europäische Union nach dem Vertrag von Lissabon, 2010, S. 322.

[28] *Schulte-Herbrüggen*, ZEuS 2009, 343 (354); *Ludwig,* EuR 2011, 715 (724); *Calliess* (Fn. 27), S. 322; *Schmittmann*, S. 27.

[29] So im Ergebnis auch: *Kizil*, JA 2011, 277 (280). A. A. *Schulte-Herbrüggen*, ZEuS 2009, 343 (356).

[30] *Calliess* (Fn. 27), S. 326.

es inkonsequent, wenn man die Charta als lex specialis einordnet, dann jedoch bei dem »opt-out« von Polen und Großbritannien über die Anwendung der aus den allgemeinen Rechtsgrundsätzen entwickelten Grundrechte wieder eine Grundrechtsbindung konstruiert. Denn wenn man zur Einordnung der Charta als lex specialis zu diesen Grundrechten kommt, kann nicht der Ausschluss der vorrangigen Regelung zur Anwendung der von dieser grundsätzlich verdrängten Regelung führen.[31]

Insbesondere gegen einen Anwendungsvorrang der Charta spricht der Umstand, dass **9** die Charta selbst diesen gerade ausschließt. Denn **Art. 52 Abs. 4 GRC** ordnet an, dass die Bestimmungen der Charta, wenn sie aus den Verfassungsüberlieferungen der Mitgliedstaaten resultieren, entsprechend den Verfassungsüberlieferungen auszulegen sind, was den mangelnden Anwendungsvorrang der Charta verdeutlicht. Ähnlich wird mit den Grundrechten gem. **Art. 52 Abs. 3 GRC** verfahren, bei denen die EMRK als Rechtserkenntnisquelle diente. Durch diese Norm werden nämlich diese Grundrechte mit einer Mindestschutzgarantie ausgestattet, sodass der Schutz der entsprechenden Chartarechte nicht hinter diesen zurückbleiben darf. Auch dieser Normgehalt macht daher deutlich, dass den Grundrechten der Charta im Verhältnis zu denen aus den allgemeinen Rechtsgrundsätzen kein Anwendungsvorrang zu Teil werden kann.[32]

Folglich gibt es **kein Spezialitätsverhältnis** zwischen den aus den allgemeinen Rechts- **10** grundsätzen entwickelten Grundrechten und den Grundrechten der Charta, sodass diese zueinander in **Idealkonkurrenz** stehen.[33]

C. Nationale Grundrechte

I. Problemstellung

Durch die nationalen Grundrechte ist eine inhaltliche **Beeinflussung der Unionsgrund-** **11** **rechte möglich**, da die nationalen Grundrechte als Rechtserkenntnisquelle gem. Art. 6 Abs. 3 EUV herangezogen werden. Jedoch wird der Inhalt der mitgliedstaatlichen Grundrechte – bei der vom EuGH durchgeführten wertenden Rechtsvergleichung – nicht in allen Details übernommen, sondern es werden die Kerngehalte der nationalen Grundrechte der Mitgliedstaaten herangezogen und wertend in die Unionsgrundrechtsordnung eingepasst. Umgekehrt erfolgt mittlerweile durchaus auch eine Auslegung der nationalen Grundrechte anhand der Unionsgrundrechte.[34] Diese Vorgehensweise, also insbesondere die Übernahme nationaler Grundrechtsgehalte in das Unionsrecht in wertender Rechtsvergleichung, kann zu einem unterschiedlichen Inhalt von nationalen Grundrechten und Unionsgrundrechten führen[35] sowie insbesondere dazu, dass der unionale Grundrechtsschutz partiell hinter korrespondierenden nationalen Gewährleistungen zurückbleiben kann. In Fällen, in denen es zu einer **parallelen Anwendung** von nationalen Grundrechten und Unionsgrundrechten kommt, tritt dann das Problem auf, wie der Umgang mit den unterschiedlichen Grundrechtsgehalten sein soll. Solche Fälle sind zwar eher selten, bestehen jedoch bspw. dann, wenn den Mitgliedstaaten bei

---

[31] So aber *Calliess* (Fn. 27), S. 327.
[32] So auch *Kokott/Sobotta*, EuGRZ 2010, 265 (267).
[33] So im Ergebnis auch: *Kizil*, JA 2011, 277 (280); *Kokott/Sobotta*, EuGRZ 2010, 265 (267). Sich dieser Schlussfolgerung wohl auch anschließend *Wehlau/Lutzhöft*, EuZW 2012, 45 (48).
[34] *Herdegen*, in: Maunz/Dürig, GG, Art. 1 GG (Februar 2005), Rn. 69.
[35] Dazu ausführlicher: *Jarass*, EU-GR, § 3, Rn. 12.

der Umsetzung von Richtlinien ein Umsetzungsspielraum zur Verfügung steht.³⁶ In diesen Fällen kommen sowohl die nationalen Grundrechte als auch die Unionsgrundrechte zur Anwendung, da der durch die Richtlinie vorgegebene Umsetzungsspielraum dem innerstaatlichen Bereich der Mitgliedstaaten zuzuordnen ist mit der Folge der Geltung der nationalen Grundrechte.³⁷ Andererseits rührt der Ursprung dieses Umsetzungsspielraums aus dem Unionsrecht her, wodurch es zugleich auch bei der Anwendung des Umsetzungsspielraums um die Durchführung von Unionsrecht geht.³⁸ Daher sind in solchen Fällen sowohl die Grundrechte der Mitgliedstaaten als auch die Unionsgrundrechte von den staatlichen Stellen zu beachten.³⁹ Auch bei der Durchführung von Verordnungen, die den staatlichen Stellen ein Ausführungsermessen einräumen, sind diese sowohl an die nationalen Grundrechte als auch an die Unionsgrundrechte gebunden.⁴⁰

12   Die Union ist hingegen – außer im Rahmen ihrer Verpflichtung zur Achtung der nationalen Identität der Mitgliedstaaten gemäß Art. 4 Abs. 2 EUV⁴¹ – weder bei dem Erlass von Rechtsakten noch bei ihrem sonstigen Handeln an die nationalen Grundrechte gebunden, ansonsten käme es zu einem Verstoß gegen den Grundsatz des Vorrangs des Unionsrechts, der ein einheitliches Handeln innerhalb der Union behindern würde.⁴² In diesen Konstellationen muss man sich mit der Frage auseinandersetzen, ob die **unterschiedlichen Grundrechte kumulativ** Anwendung finden oder ob die **nationalen Grundrechte durch die Unionsgrundrechte verdrängt** werden. Die Auswirkung des Art. 53 GRC auf das Verhältnis von nationalen Grundrechten und Unionsgrundrechten bzw. ob die Vorschrift überhaupt eine Auswirkung auf dieses Verhältnis hat, ist umstritten.

II. Die unterschiedlichen Ansätze

1. Anwendung des Prinzips der Meistbegünstigung durch Art. 53 GRC⁴³?

13   Zum Teil wird Art. 53 GRC als eine Art **Kollisionsnorm** verstanden, nach der die **Grundrechtsordnung mit dem höchsten Schutzniveau** in Fällen der Kollision **Anwendung** findet.⁴⁴ Der Bürger kann sich also auf das für ihn günstigere Grundrecht berufen.⁴⁵ Ver-

---

³⁶ Dazu Art. 51 GRC, Rn. 20.

³⁷ *Gerstner/Goebel*, JURA 1993, 626 (632); *Rengeling*, Grundrechtsschutz in der Europäischen Gemeinschaft, 1993, S. 189 ff.; *Tomuschat*, EuR 1990, 340 (341).

³⁸ EuGH, Urt. v. 27. 6. 2006, Rs. C–540/03 (Parlament/Rat), Slg. 2006, I–5769, Rn. 104 f.; *Brummund*, Kohärenter Grundrechtsschutz im Raum der Freiheit, der Sicherheit und des Rechts, 2010, S. 67 f.; *Kingreen*, in: Calliess/Ruffert, EUV/AEUV, Art. 51 GRC, Rn. 8. Anders *Weber*, NJW 2000, 537 (542); *Ziegenhorn*, NVwZ 2010, 803 (807 f.), da bei einem Umsetzungs- oder Auslegungsspielraum der nationale Umsetzungs- oder Vollzugsakt nicht umfassend durch das Unionsrecht bestimmt ist. Im Ergebnis auch gegen die Anwendung von Unionsgrundrechten bei dem Bestehen eines Umsetzungsspielraums, *Calliess*, JZ 2009, 113 (120); *Kingreen*, JuS 2000, 857 (864); *Papier*, DVBl 2009, 473 (480).

³⁹ *Szczekalla*, NVwZ 2006, 1019 (1021).

⁴⁰ *Ehlers*, in: ders., Grundrechte und Grundfreiheiten, § 14, Rn. 39; vgl. ausführlich dazu Art. 51 GRC, Rn. 21.

⁴¹ Dazu näher *Puttler*, in: Calliess/Ruffert, EUV/AEUV, Art. 4 EUV, Rn. 14 ff.

⁴² *Jarass*, EuR 2013, 29 (37).

⁴³ Ausführlich zu dieser Theorie: *Jarass*, EuR 2009, 29 (38).

⁴⁴ *Borowsky*, in: Meyer, GRCh, Art. 53 GRC, Rn. 14; *Bühler*, S. 419 ff.; *Wolffgang*, in: Lenz/Borchardt, EU-Verträge, Art. 53 GRC, Rn. 7; *Seidel*, EuZW 2003, 97 (97); *Streinz/Michl*, in: Streinz, EUV/AEUV, Art. 53 GRC, Rn. 3.

⁴⁵ *Jarass*, EU-GR, § 3, Rn. 15.

gleichbar mit Art. 53 EMRK erkennt Art. 53 GRC demnach ein Nebeneinander verschiedener Grundrechtsordnungen an und beinhaltet bei Überschneidungen dieser Ordnungen eine Lösung in Form einer Meistbegünstigungsklausel.[46] Es wird dahingehend
argumentiert, dass die Charta somit nicht zu dem Erfordernis einer Änderung oder
Anpassung der grundrechtlichen Garantiegehalte der nationalen Verfassungen führe.[47]
Das Nebeneinander verschiedener Grundrechtsordnungen erscheint im Interesse eines
möglichst weitreichenden Grundrechtsschutzes ebenso einleuchtend wie das Ergebnis
dieser »Meistbegünstigungstheorie«, dass keine Änderung oder Anpassung der Gewährleistungen der nationalen Verfassungen aufgrund der Charta notwendig ist. Jedoch
wird durch die Regelung der Meistbegünstigung im Verhältnis von Unionsrecht und dem
nationalen Recht der Mitgliedstaaten der **Anwendungsvorrang des Unionsrechts außer
Acht gelassen**, was eine uneinheitliche Anwendung des Unionsrechts innerhalb der
Mitgliedstaaten zur Folge hat.[48] Eine solche widerspricht jedoch dem im Verhältnis zwischen der Union und den Mitgliedstaaten geltenden Grundsatz des Anwendungsvorrangs des Unionsrechts.[49]

Auch ist die **Feststellung des günstigeren Grundrechts** im Einzelfall nicht leicht, bzw.   **14**
kann das Ergebnis je nach Vorgehensweise unterschiedlich ausfallen, je nachdem, ob
man nur auf das einzelne Grundrecht abstellt oder auch noch andere Kriterien in die
Entscheidungsfindung miteinbezieht. Wenn man überhaupt dieser Ansicht folgt und
nach dem günstigeren Grundrecht sucht, kann zu dessen Feststellung das Grundrecht als
solches nicht isoliert betrachtet werden, sondern es müssen auch der Gesamtbestand der
Rechte, die Schranken sowie die Schranken-Schranken in ihrem jeweiligen wechselseitigen Bezug in die Beurteilung aufgenommen werden.[50]

2. Art. 53 GRC als Verfassungsvorbehalt der Mitgliedstaaten?

Eine weitere These geht dahin, dass Art. 53 GRC die Rechtsprechung der nationalen   **15**
Gerichte in der GRC verankere, insbesondere die Vorbehalte des Bundesverfassungsgerichts in Bezug auf den grundsätzlich geltenden Anwendungsvorrang des Unionsrechts im Hinblick auf die Grundrechte des GG.[51] Als Konsequenz dieser Ansicht
wäre Art. 53 GRC eine Ermächtigung an die Mitgliedstaaten, notfalls ihren grundrechtlichen Mindeststandard durchzusetzen, indem sie im Falle eines geringeren Schutzniveaus durch die Unionsgrundrechte diese nicht anwenden und sich somit dem Anwendungsvorrang des Unionsrechts widersetzen. Dieser Ansicht ist jedoch wie der
»Meistbegünstigungstheorie« entgegenzuhalten, dass dadurch der Grundsatz vom

---

[46] *Jarass*, EU-GR, § 3, Rn. 12; wohl ebenso *Cartabia* (Fn. 3), Art. 53 GRC, S. 338 f.; siehe insofern
auch *Terhechte*, in: GSH, Europäisches Unionsrecht, Art. 53 GRC, Rn. 9, jedoch sei die Meistbegünstigung dann nicht anwendbar, wenn durch sie der Vorrang, die Einheit und die Wirksamkeit des
Unionsrechts beeinträchtigt würden.

[47] *Bühler*, S. 419.

[48] So auch EuGH, Urt. v. 26. 2. 2013, Rs. C–399/11 (Melloni), ECLI:EU:C:2013:107, Rn. 55 ff.

[49] So auch *Borowsky*, in: Meyer, GRCh, Art. 53 GRC, Rn. 10; *Kingreen*, in: Calliess/Ruffert,
EUV/AEUV, Art. 53 GRC, Rn. 6; *Wallrabenstein*, KJ 2002, 381 (392), diese Einschränkung der
Meistbegünstigungstheorie anerkennend *Terhechte*, in: GSH, Europäisches Unionsrecht, Art. 53
GRC, Rn. 9.

[50] *Rengeling/Szczekalla*, Grundrechte, § 7, Rn. 494. Kritisch zur Bestimmung des jeweiligen günstigeren Grundrechtsschutzniveaus *Bühler*, S. 421 f.

[51] *Griller*, S. 169 ff., der hierbei von einer »Einladung zu Solange III« spricht, vgl. S. 171.

Anwendungsvorrang des Unionsrechts durchbrochen wird, wobei auch hier nicht ersichtlich ist, dass dies durch die Grundrechtecharta gewollt ist.[52]

3. Art. 53 GRC als Mindestschutzklausel?

16 Neben der »Meistbegünstigungstheorie« und der These von einem Verfassungsvorbehalt für die Mitgliedstaaten wird auch die Einordnung von Art. 53 GRC als allgemeine Mindestschutzklausel vertreten.[53] Folge dieses Verständnisses ist, dass die **Grundrechtsgewährleistungen aus der Charta nicht hinter dem Schutzniveau der anderen Grundrechtsordnungen zurückbleiben dürfen**, da durch die Bestimmungen der Grundrechtsnormen der Mitgliedstaaten ein einheitlicher Mindestschutz geschaffen wird, sodass die Charta die grundrechtlichen Gewährleistungen der Mitgliedstaaten nicht einschränken darf. In den Fällen, in denen die nationalen Grundrechte also einen höheren Schutz als die Grundrechte der Charta gewährleisten, sind die Bestimmungen der Charta den jeweiligen nationalen Grundrechten entsprechend auszulegen und anzuwenden.[54] Dass ein derartiger Mindestschutz jedoch durch Art. 53 GRC gerade **nicht gewollt** ist, ergibt sich aus dem **Umkehrschluss aus Art. 52 Abs. 3 GRC**. Denn dieser ordnet explizit die Garantiegehalte der EMRK als Mindeststandard für die Grundrechte der Charta an. Wenn ein solcher Mindestschutz schon durch Art. 53 GRC in Bezug auf sämtliche Grundrechtsordnungen gewährleistet wäre, bedürfte es keiner ausdrücklichen Anordnung in Art. 52 Abs. 3 GRC in Bezug auf einen Mindestschutz durch die EMRK.[55] Zudem tritt auch hier wieder das Problem einer **uneinheitlichen Anwendung des Unionsrechts** auf, wenn der Grundrechtsschutzstandard der Charta hinter dem Standard der Mitgliedstaaten zurückbleibt, und auch das Verwerfungsmonopol des EuGH für Unionsrecht würde diesem genommen werden,[56] da der EuGH nicht über die Anwendung der nationalen Grundrechte zu urteilen berechtigt ist.[57] Wegen des Verwerfungsmonopols des EuGH darf jedoch nur dieser über die Rechtmäßigkeit von Unionsrecht urteilen.[58] Im Endeffekt hätte dies eine Rückkehr zu Solange I[59] zur Folge, und die nationalen Verfassungsgerichte müssten die Unionsrechtsakte auf ihre Vereinbarkeit mit den nationalen Grundrechten prüfen, was nicht gewollt sein kann, da die Union durch die Rechtsverbindlichkeit der Charta ihren eigenen Grundrechtsschutz erweitern möchte, um gerade nicht auf die nationalen Grundrechte zurückgreifen zu müssen.[60]

4. Maximalstandardtheorie

17 Nach der Maximalstandardtheorie soll Art. 53 GRC die Wirkung eines **Transformators** zukommen, durch den das höchste grundrechtliche mitgliedstaatliche Schutzniveau quasi auf Unionsebene transformiert werde, mit der Folge der Gewährleistung **weitestreichenden Grundrechtsschutzes durch die Charta**.[61] Gegen diese Theorie spricht vor allem

---

[52] So auch *Calliess*, JZ 2009, 113 (119).
[53] *Beutler*, in: GS, EUV/EGV, Art. 6 EUV, Rn. 110; wohl auch *Garcìa*, ELJ 8 (2002), 492 (507).
[54] *Seidel*, EuZW 2003, 97 (97).
[55] So im Ergebnis auch *Borowsky*, in: Meyer, GRCh, Art. 53 GRC, Rn. 9; so auch *Bering Liisberg*, CMLRev. 38 (2001), 1171 (1192 f.).
[56] *Lindner*, EuR 2007, 160 (168).
[57] EuGH, Urt. v. 1.3.2011, Rs. C–457/09 (Chartry), Slg. 2011, I–819, Rn. 21.
[58] EuGH, Urt. v. 22.10.1987, Rs. 314/85 (Foto-Frost), Slg. 1987, 4199.
[59] BVerfGE 37, 271 ff.
[60] *Everling*, EuZW 2003, 225 (225).
[61] Ausführlich dazu sowie zu den Gegenargumenten: *Bühler*, S. 413 f.

die entgegenstehende Rechtsprechung des EuGH zu dem Zusammenspiel des nationalen und des unionsrechtlichen Grundrechtsschutzes, nach dem ein länderdifferenter Grundrechtsschutz die Einheitlichkeit der Unionsrechtsordnung gefährden würde.[62]

5. Geltungserhaltungsklausel

Zum Teil wird Art. 53 GRC auch als sogenannte Geltungserhaltungsklausel verstanden, **18** mit der Wirkung der **Weitergeltung der nationalen Grundrechtsordnungen** neben der Charta. Der Grundsatz vom Vorrang des Unionsrechts wird dadurch aber nicht berührt.[63] Im Ergebnis ist dieser Theorie zwar zuzustimmen, dass die nationale Grundrechtsordnung grundsätzlich nicht durch die Grundrechtecharta an Geltung verliert, jedoch bedarf es keiner Norm wie des Art. 53 GRC, um dies zu bewirken.

6. Stellungnahme

Wie bereits verdeutlicht, können alle bisher aufgeführten Theorien nicht vollständig **19** überzeugen. Das Hauptproblem bei der Einordnung des Art. 53 GRC besteht in der Bestimmung seines rechtlichen Gehaltes.[64] Diesem wird man am ehesten gerecht, wenn dieser Vorschrift lediglich deklaratorische Bedeutung beigemessen wird.[65] Denn durch Art. 53 GRC findet lediglich eine **Wiedergabe der geltenden Rechtslage** statt. Grundrechtliche Gewährleistungen unterschiedlicher Systeme können nebeneinander bestehen, und sie verdrängen sich nicht. Wenn dies der Fall sein sollte, müsste dies explizit angeordnet werden. Bei den Fällen, wie bspw. bei der Umsetzung einer Richtlinie mit Umsetzungsspielraum, bei denen bei dem Umsetzungsakt des nationalen Gesetzgebers sowohl nationale Grundrechte, als auch die Grundrechte der Charta zur Anwendung gelangen, ist die Maßnahme sowohl anhand der nationalen Grundrechte als auch anhand der Charta-Grundrechte zu messen. Dabei entsteht auch kein Konflikt mit dem Grundsatz des Vorrangs des Unionsrechts, weil quasi entweder ein »Mindestmaß« oder ein »Höchstmaß« im Vergleich zu den nationalen Grundrechten durch das Unionsrecht gesetzt wird. Denn zum einen darf der nationale Gesetzgeber bei dem Umsetzungsakt nicht gegen die Grundrechte aus der Charta verstoßen, zum anderen nicht gegen die nationalen Grundrechte. Er muss also sein Umsetzungsermessen dahingehend ausüben, das er **sowohl national- als auch unionsgrundrechtskonform handelt**. Dies hat zur Folge, dass die Charta keine Einschränkung oder Verletzung der nationalen Grundrechte auch ohne die Vorschrift des Art. 53 GRC bewirkt.[66] Eine Kollisionsregel für das Verhältnis der nationalen Grundrechte zu den Grundrechten der Charta stellt diese Norm gerade nicht dar.[67]

Auch der EuGH schließt sich tendenziell dieser Auffassung an. In der Rechtssache **20** Melloni stellte er fest, dass durch Art. 53 GRC eine Bestätigung hinsichtlich der paral-

---

[62] Ausführlich dazu *Griller*, S. 175 ff.; *Lindfelt* (Fn. 3), S. 176 ff.

[63] *Lindner*, EuR 2007, 160 (169), der sich auch ausführlich mit der Frage auseinandersetzt, ob nationale Grundrechtsnormen, die weniger Schutz als die Charta gewähren, in Kraft bleiben.

[64] *Bühler*, S. 422, prognostizierte, dass diese Vorschrift innerhalb der Rechtsprechung des EuGH überhaupt keine Bedeutung erlangt, was bis jetzt auch der Fall ist.

[65] Ähnlich auch *Liisberg*, CMLRev. 38 (2001), 1171 (1198), der Art. 53 GRC allenfalls politische Bedeutung zuspricht.

[66] Im Ergebnis so auch *Rengeling/Szczekalla*, Grundrechte, § 7, Rn. 498.

[67] So auch *Bleckmann*, S. 273; *Seidel*, EuZW 2003, 95 (95). Im Ergebnis auch *Wehlau/Lutzhöft*, 2012, 45 (47 f.), die Art. 53 GRC jedoch als Auslegungsnorm der Charta sehen.

lelen Anwendung von nationalen Grundrechten und den Grundrechten der Charta erfolge. Nach diesem Urteil ist die Anwendung von nationalen Grundrechten neben den Grundrechten der Charta bei nationalen Durchführungsmaßnahmen durch die Mitgliedstaaten möglich, solange dadurch weder das Schutzniveau der Charta in seiner Ausprägung durch den EuGH noch der Vorrang des Unionsrechts beeinträchtigt werde.[68]

III.   Konsequenzen für die unterschiedlichen Konstellationen

21   Als Schlussfolgerung für das Verhältnis von nationalen Grundrechten und Grundrechten der Charta kann folgendes festgehalten werden:

1.   Keine Anwendung der nationalen Grundrechte im Verhältnis zu der Union

22   Die nationalen Grundrechte finden auf die Unionsorgane und auf unionsrechtlich abschließend determinierte Sachverhalte keine Anwendung, da das **Unionsrecht eine eigene Rechtsordnung** darstellt und es deshalb auch für diese eigener Grundrechte bedarf, an die die Unionsorgane gebunden sind. Denn eine Anwendung der nationalen Grundrechte hätte eine uneinheitliche Geltung des Unionsrechts zur Folge, zudem würde durch eine derartige Bindung der Unionsorgane ein Verstoß gegen den Vorrang des Unionsrechts stattfinden.

2.   Kumulative Anwendung der Grundrechte im Verhältnis zu den Mitgliedstaaten

23   In den Bereichen, wie bspw. im Rahmen eines Umsetzungsspielraums bei einer Richtlinienumsetzung, in denen die Mitgliedstaaten sowohl an die Chartagrundrechte als auch an die nationalen Grundrechte gebunden sind, gewährt Art. 53 GRC den einen Grundrechten im Vergleich zu den anderen Grundrechten **keine Vorrangstellung**, was, wie bereits erläutert, auch gar nicht notwendig ist.[69] Da die mitgliedstaatlichen Organe in diesen Fällen an beide Grundrechtsordnungen gebunden sind, müssen sie bei einem Aufeinandertreffen dieser beiden Grundrechtsordnungen sowohl national- als auch unionsgrundrechtskonform handeln. Dabei bewirkt die Unionsgrundrechtsordnung jedenfalls keinerlei Einschränkung oder Verletzung des Grundrechtsschutzniveaus des nationalen Grundrechtsschutzsystems; diesem wesentlichen Anliegen verschiedener Mitgliedstaaten und Verfassungsgerichte wird durch Art. 53 GRC nochmals ausdrücklich Rechnung getragen.

D.   Grund- bzw. Menschenrechte des Völkerrechts und internationale Übereinkünfte

24   Auch im Verhältnis der grundrechtlichen Gewährleistungen der Charta zu den Grund- und Menschenrechten des Völkerrechts ergeben sich **im Wesentlichen die gleichen Pro-**

---

[68] EuGH, Urt. v. 26.2.2013, Rs. C–399/11 (Melloni), ECLI:EU:C:2013:107, Rn. 60. Zu diesem Urteil *Weiß*, EuZW 2013, 287 (289 f.); ebenso: *Terhechte*, in: GSH, Europäisches Unionsrecht, Art. 53 GRC, Rn. 3.
[69] I.E. ebenfalls gegen eine Hierarchiebildung bezüglich des Schutzes der Menschenrechte durch verschiedene Instrumente auch *Azoulai* (Fn. 14), Art. II–113, Rn. 18.

bleme hinsichtlich der Einordnung dieser Klausel wie bei dem Verhältnis zwischen **nationalen Grundrechten** und den Grundrechten der Charta. Zu den unterschiedlichen Ansätzen kann hierbei nach oben verwiesen werden, wobei in Bezug auf die EMRK zu sagen ist, dass diese einen Mindeststandard bildet. Diese Einordnung als Mindeststandard ergibt sich aber nicht aus Art. 53 GRC, sondern ist explizit für das Verhältnis von EMRK und Charta in Art. 52 Abs. 3 GRC festgeschrieben.[70]

Im Rahmen der Erörterung der Vereinbarkeit eines Beitrittes der EU zur EMRK mit den Verträgen der Union stellte der EuGH in seinem Gutachten 2/13 fest, dass eine **Abstimmung zwischen den Bestimmungen der Art. 53 GRC und Art. 53 EMRK** weder in dem geplanten Beitrittsabkommen, noch als eine Regelung in der EMRK selbst erfolgt ist.[71] Mit Art. 53 EMRK wird den Vertragsstaaten die Möglichkeit eröffnet, einen höheren Grundrechtsstandard, verglichen mit dem der Konvention zu etablieren.[72] Mit dem Beitritt der EU zur EMRK würde dieselbe zu einer von der EU geschlossenen Übereinkunft nach Art. 216 Abs. 2 AEUV, die für die Unionsorgane und die Mitgliedstaaten Bindungswirkung entfalten würde.[73] Insofern ging der EuGH davon aus, dass seine Entscheidung über die Auslegung des Unionsrechts und die Anwendbarkeit der Charta durch den EGMR »in Frage gestellt werden könnten«.[74]

Die Ermöglichung der Etablierung eines höheren Grundrechtsstandards durch die EMRK könnte, so die Befürchtung des EuGH, den Vorrang des Unionsrechts beeinträchtigen, da den Mitgliedstaaten die Möglichkeit eröffnet würde, einen höheren Grundrechtsstandard über Art. 53 EMRK zu etablieren, ohne den Bindungen hierfür, wie sie nach Art. 53 GRC gelten, zu unterliegen. Dies wäre dann der Fall, wenn in einer mit der Ausgangssituation der Rechtssache Melloni vergleichbaren Konstellation ein höherer Grundrechtsschutz auf nationaler Ebene, der aufgrund von Art. 53 EMRK verwirklicht werden könnte, den Vorrang des Unionsrechts negativ beeinflussen würde, da die grundrechtlichen Gewährleistungen, welche der Verwirklichung des Unionsrechts entgegenstehen, auf nationaler Ebene eine Verhinderung der Durchsetzung des Unionsrechts bewirken könnten. Im Ergebnis sei aus diesem Grunde die Übereinkunft dazu geeignet, die besonderen Merkmale und die Autonomie des Unionsrechts zu beeinträchtigen.[75]

Eine Abstimmung zwischen den beiden Vorschriften müsse daher im Rahmen von bzw. im Vorgang zu einem Beitritt der EU zur EMRK erfolgen. Durch diese Regelung müsse sichergestellt werden, dass aufgrund der mit Art. 53 EMRK eingeräumten Möglichkeit zur Etablierung eines höheren Grundrechtsstandards das **Schutzniveau der GRC und die Einheit sowie der Vorrang des Unionsrechts gewahrt werden kann**.[76] Mit-

25

26

---

[70] *Borowsky*, in: Meyer, GRCh, Art. 53 GRC, Rn. 9.

[71] Siehe hierzu im Ergebnis: EuGH, Gutachten 2/13 v. 18. 12. 2014 (EMRK Beitritt II) ECLI:EU:C: 2006:10, Rn. 190; siehe zu dieser Möglichkeit generell: Art. 6 EUV, Rn. 94.

[72] Siehe hierzu: Merten/Papier, Handbuch der Grundrechte, § 142, Rn. 32; *Meyer-Ladewig*, EMRK, Art. 53 EMRK, Rn. 2.

[73] Siehe insofern auch: EuGH Urt. v. 21. 12. 2011, Rs. C–366/10 (Air Transport Association of America u. a.) ECLI:EU:C:2011:864, Rn. 73, sowie: Urt. v. 10. 1. 2006, Rs. C–344/04 (IATA und ELFAA) Slg. 2006, I–403, Rn. 36.

[74] Siehe hierzu: EuGH, Gutachten 2/13 v. 18. 12. 2014, (EMRK Beitritt II), ECLI:EU:C:2013:107, Rn. 186.

[75] Siehe hierzu das Ergebnis des Gutachtens 2/13: EuGH, Gutachten 2/13 v. 18. 12. 2014, (EMRK Beitritt II), ECLI:EU:C:2013:107, Rn. 258; siehe hierzu auch: *Terhechte*, in: GSH, Europäisches Unionsrecht, Art. 53 GRC, Rn. 8, der annimmt, dass es sich um eine artifizielle Argumentation handelt, die in der Praxis wohl keine Bedeutung erlangen wird.

[76] Insofern wendet der EuGH die Konstruktion des Urteils EuGH, Urt. v. 26. 2. 2013, Rs. C–399/11

hin darf eine nach Art. 53 EMRK mögliche Abweichung von dem grundrechtlichen Schutzstandard der EMRK durch die Mitgliedstaaten **nicht zu einer Beeinträchtigung des Unionsrechts führen**.[77]

27   Auch in dem Zusammenhang mit den Grund- und Menschenrechten des Völkerrechts trifft Art. 53 GRC **keine Aussage über den Anwendungsbereich** der Charta, sondern stellt lediglich fest, dass die Charta neben den Grund- bzw. Menschenrechten des Völkerrechts Anwendung findet und keine negativen Auswirkungen auf diese entfaltet. In Fällen, in denen sowohl Grundrechtsgehalte der Unionsgrundrechtecharta als auch völkerrechtliche Grundrechte zur Anwendung kommen, muss die EU und muss der entsprechende Mitgliedstaat grundrechtskonform sowohl hinsichtlich der Unionsgrundrechte als auch der Menschenrechte handeln.

28   Weiter stellt sich die Frage, was unter den Rechten des Völkerrechts und internationalen Übereinkünften hier zu verstehen ist. Aus der expliziten Nennung des Völkerrechts neben den internationalen Übereinkünften ergibt sich zunächst, dass unter Völkerrecht nicht nur Völkerrecht in seiner geschriebenen Form als Völkervertragsrecht zu verstehen ist, da ansonsten die Nennung internationaler Übereinkünfte ausgereicht hätte, sondern dass darunter auch das **Völkergewohnheitsrecht** sowie die **allgemeinen Rechtsgrundsätze des Völkerrechts** zu zählen sind.[78]

29   Des Weiteren stellt sich die Frage, wie die Formulierung »...internationale Übereinkünfte, bei denen die **Union oder alle Mitgliedstaaten Vertragspartei** sind...« zu verstehen ist. Dem Wortlaut nach müssten entweder die Union oder alle Mitgliedstaaten Vertragspartei der internationalen Übereinkunft sein, damit diese im Rahmen des Art. 53 GRC eine Rolle spielen kann. Wäre dies der Fall, wäre es den »resistenten« Staaten möglich, die Charta in ihrer Wirkung zu modifizieren und somit auch die Fortentwicklung des europäischen Grundrechtsschutzes zu behindern bzw. zu verzögern.[79] Auch spricht der Umstand gegen ein solches Verständnis, dass der EuGH zur Entwicklung der Unionsgrundrechte als allgemeine Rechtsgrundsätze bspw. die EMRK, aber auch andere Übereinkünfte[80] heranzog, unabhängig davon, ob alle Mitgliedstaaten Vertragspartei waren oder nicht bzw. die einzelnen Zusatzprotokolle ratifiziert hatten.[81] Diesen Argumenten ist die Fehlerhaftigkeit des Wortlauts des Art. 53 GRC in Bezug auf die geforderte Stellung aller Mitgliedstaaten als Vertragsparteien zu entnehmen. Wie im Rahmen des Art. 6 Abs. 3 EUV hinsichtlich der allgemeinen Verfassungsüberlieferungen der Mitgliedstaaten ist es also auch für eine internationale Übereinkunft im Sinne des Art. 53 GRC **nicht erforderlich, dass alle Mitgliedstaaten Vertragsparteien dieser internationalen Übereinkunft** sind, sondern die Zugehörigkeit zu den internationalen Übereinkünften im Sinne des Art. 53 GRC ist in wertender Beurteilung der völkerrechtlichen Rechtslage zu ermitteln.[82]

(Melloni), ECLI:EU:C:2013:107, Rn. 60 im Verhältnis der GRC zur EMRK an, siehe insofern: EuGH, Gutachten 2/13 v. 18.12.2014, (EMRK Beitritt II), ECLI:EU:C:2014:2454, Rn. 187, 189; hierzu kritisch: *Streinz*, in: ders., EUV/AEUV; Art. 53 GRC, Rn. 764.

[77] So auch: *Terhechte*, in: GSH, Europäisches Unionsrecht, Art. 53 GRC, Rn. 8.

[78] *Becker*, in: Schwarze, EU-Kommentar, Art. 53 GRC, Rn. 5; *Rengeling/Szczekalla*, Grundrechte, § 7, Rn. 497; *Terhechte*, in: GSH, Europäisches Unionsrecht, Art. 53 GRC, Rn. 8.

[79] *Rengeling/Szczekalla*, Grundrechte, § 7, Rn. 497.

[80] Dazu ausführlich *Heselhaus*, in: Heselhaus/Nowak, Handbuch der Europäischen Grundrechte, § 2, Rn. 1 ff.

[81] *Frenz*, Handbuch Europarecht, Bd. 4, § 42, Rn. 124.

[82] A.A. Jarass, GRCh, Art. 53 GRC, Rn. 14 nach dem entsprechend dem Wortlaut eine Bindung aller Mitgliedstaaten erforderlich ist.

Artikel 54 GRC Verbot des Missbrauchs der Rechte

Keine Bestimmung dieser Charta ist so auszulegen, als begründe sie das Recht, eine Tätigkeit auszuüben oder eine Handlung vorzunehmen, die darauf abzielt, die in der Charta anerkannten Rechte und Freiheiten abzuschaffen oder sie stärker einzuschränken, als dies in der Charta vorgesehen ist.

Literaturübersicht

Bühler, Einschränkung von Grundrechten nach der Europäischen Grundrechtecharta, Diss. iur. Berlin 2005; *Iliopoulus-Strangas* (Hrsg.), Der Missbrauch von Grundrechten in der Demokratie, 1989; *Klamt*, Die Europäische Union als streitbare Demokratie, 2012; *Röder*, Der Gesetzesvorbehalt der Charta der Grundrechte der Union im Lichte einer europäischen Wesentlichkeitstheorie, 2007

Inhaltsübersicht

A. Sinn und Zweck der Vorschrift

Die schnelle Einigung bzw. Einigkeit[1] innerhalb des Grundrechtekonvents über die grundsätzliche Notwendigkeit einer Norm wie Art. 54 GRC[2] unterstreicht die Bedeutung und die allgemeine Akzeptanz einer derartigen Regelung. Dies kann durchaus überraschen, da ein Missbrauchsverbot wie das des Art. 54 GRC in der Mehrzahl der Verfassungen der Mitgliedstaaten nicht enthalten ist.[3] Die Vorschrift ist eng **an Art. 17 EMRK angelehnt,**[4] wie auch aus den Erläuterungen hervorgeht, nach denen Art. 54 GRC dem Art. 17 EMRK entspricht[5]. Die inhaltliche Parallele ist auch unschwer bei einem Vergleich beider Normen erkennbar, denn Art. 17 EMRK schreibt fest: »Diese Konvention ist nicht so auszulegen, als begründe sie für einen Staat, eine Gruppe oder eine Person das Recht, eine Tätigkeit auszuüben oder eine Handlung vorzunehmen, die darauf abzielt, die in der Konvention festgelegten Rechte und Freiheiten abzuschaffen oder sie stärker einzuschränken, als es in der Konvention vorgesehen ist.« Es geht also in

1

---

[1] Dazu *Borowsky*, in: Meyer, GRCh, Art. 54 GRC, Rn. 1, 4 ff.

[2] Ausführlich zu der Entstehung innerhalb des Konvents: *Bühler,* S. 423 ff.; *Borowsky*, in: Meyer, GRCh, Art. 54 GRC, Rn. 4 ff.

[3] Hierzu näher *Kingreen*, in: Calliess/Ruffert, EUV/AEUV, Art. 54 GRC, Rn. 1, der dort insbesondere auf die Regelungen des Grundgesetzes zur wehrhaften Demokratie hinweist; vgl. auch *Borowsky*, in: Meyer, GRCh, Art. 54 GRC, Rn. 3, der einzelne Elemente auch in anderen mitgliedstaatlichen Verfassungen benennt.

[4] *Bernsdorff/Borowsky*, Die Charta der Grundrechte der Europäischen Union, 2002, S. 239 f.; *v. Danwitz*, in: Tettinger/Stern, EuGRCh, Art. 54 GRC, Rn. 1; *Terhechte*, in: GSH, Europäisches Unionsrecht, Art. 54 GRC, Rn. 6.

[5] Erläuterungen zur Charta, ABl. 2007, C 303/35.

beiden Normen um den **Schutz der Rechte der Charta** bzw. der EMRK durch Verhinderung oder Eindämmung des Missbrauchs dieser Rechte. Die durch die Grundrechtecharta gewährten Rechte sollen nicht in einer Weise in Anspruch genommen werden können, die auf ihre Abschaffung oder ihre übermäßige Einschränkung abzielt.[6] Neben Art. 17 EMRK dienten wohl auch Art. 28 der Erklärung des Europäischen Parlaments von 1989 sowie Art. 29 Abs. 2, 30 der Allgemeinen Erklärung der Menschenrechte und Art. 5 Abs. 1 der Menschenrechtspakte von 1966 als Vorbild.[7]

2   In den Verfassungen der Mitgliedstaaten selbst lassen sich nur wenige vergleichbare Normen finden.[8] Als Beispiel für Bestimmungen mit ähnlicher Zielrichtung werden für das deutsche Recht die Art. 9 Abs. 2, 18, 20 Abs. 4, 21 Abs. 2, 79 Abs. 3 GG genannt.[9] Hierbei ist der allgemein gehaltene Art. 18 GG, in dem die Grundrechtsverwirkung geregelt ist, ungeachtet der erheblichen bestehenden Unterschiede[10] wohl dem Art. 54 GRC am ähnlichsten. In den angesprochenen Normen des Grundgesetzes spiegelt sich die wehrhafte[11] Demokratie als Lehre aus der Weimarer Republik wider.[12] Ähnlich wird auch Art. 54 GRC als ein Element[13] einer sich entwickelnden **wehrhaften Demokratie** auf europäischer Ebene gesehen,[14] wobei eine absolute Übereinstimmung mit den auf nationaler Ebene entwickelten Vorstellungen dieses Grundsatzes nicht angenommen

---

[6] *Kingreen*, in: Calliess/Ruffert, EUV/AEUV, Art. 54 GRC, Rn. 1; ebenso: *Terhechte,* in: GSH, Europäisches Unionsrecht, Art. 54 GRC, Rn. 1.

[7] *Borowsky*, in: Meyer, GRCh, Art. 54 GRC, Rn. 3; so zu Art. 17 EMRK *Arai*, Prohibition of Abuse of the Rights and Freedoms set Forth in the Convention and of their Limitation to a Greater Extent than is provided for in the Convention, in: van Dijk/van Hoof/van Rijn/Zwaak (Hrsg.), Theory and Practice of the European Convention on Human Rights, 4. Aufl., 2006, Kap. 36.2, S. 1084, Fn. 1; *Terhechte,* in: GSH, Europäisches Unionsrecht, Art. 54 GRC, Rn. 6; *Cohen-Jonathan*, in: Burgorgue-Larsen/Levade/Picod (Hrsg.), Traité établissant une Constitution pour l'Europe – Partie II La Charte des droits fondamentaux de l'Union Commentaire article par article, Art. II–114, Rn. 4; ebenso werden diese Vorschriften von *Spielmann*, in: EU Network of Independent Experts on Fundamental Rights, Commentary of the Charter of Fundamental Rights of the European Union, Juni 2006 (Online-Kommentar, abrufbar unter: http://bim.lbg.ac.at/files/sites/bim/Commentary%20EU%20Charter%20of%20Fundamental%20Rights[1].pdf (21.1.2015), Art. 54, S. 412, angeführt.

[8] *Iliopoulus-Strangas*, Bedrohung und Verteidigung der Demokratie – Ein rechtsvergleichender einführender Überblick, in: Iliopoulus-Strangas, S. 77 (80).

[9] *Borowsky*, in: Meyer, GRCh, Art. 54, Rn. 3; *Kingreen*, in: Calliess/Ruffert, EUV/AEUV, Art. 54 GRC, Rn. 1; *Hatje*, in: Schwarze, EU-Kommentar, Art. 54 GRC, Rn. 1.

[10] Vgl. hierzu *Kingreen*, in: Calliess/Ruffert, EUV/AEUV, Art. 54 GRC, Rn. 1 sowie *Borowsky*, in: Meyer, GRCh, Art. 54 GRC, Rn. 3.

[11] Zum Teil wird auch von streitbarer Demokratie gesprochen, vgl. etwa *Borowsky*, in: Meyer, GRCh, Art. 54 GRC, Rn. 3.

[12] *Borowsky,* in: Meyer, GRCh, Art. 54 GRC, Rn. 3; *Kingreen*, in: Calliess/Ruffert, EUV/AEUV, Art. 54 GRC, Rn. 1.

[13] Weitere Elemente sind etwa die Sanktionen gegenüber Mitgliedstaaten nach Art. 7 EUV sowie das in den Art. 9 ff. EUV entfaltete Demokratieprinzip, vgl. *Borowsky*, in: Meyer, GRCh, Art. 54 GRC, Rn. 1.

[14] So auch für Art. 17 EMRK, *Mensching*, in: Karpenstein/Mayer, EMRK, Art. 17 EMRK, Rn. 1; *Meyer-Ladewig*, EMRK, Art. 17 EMRK, Rn. 2; *Terhechte*, in: GSH, Europäisches Unionsrecht, Art. 54 GRC, Rn. 1; wohl auch Garcìa, ELJ 8 (2002), 492 (514), der die Norm als »clause of legitimate defence« bezeichnet; *Cohen-Jonathan* (Fn. 7), Art. II–114, Rn. 4 sieht ganz allgemein Regeln zum Missbrauch von Rechten, insbesondere die in Art. 5 IPbpR und Art. 29 II, 30 AEMR, bezüglich des »Missbrauchs von Rechten« als »légitime défense de la société démocratique« an.

werden kann.[15] Teilweise wird der Normierung auch nur ein »klarstellender Charakter« zugesprochen.[16]

Art. 54 GRC ist als **Auslegungsregel** zu sehen und soll einen Schutz der Grundrechte **3** bewirken, indem er einem Missbrauch gerade dieser Rechte einerseits durch Grundrechtsberechtigte, andererseits durch die Verpflichteten der Grundrechte zur Untergrabung des Grundrechtsschutzsystems insgesamt vorbeugt.[17] Missbrauch im Sinne des Missbrauchsverbotes ist dann gegeben, wenn sich der jeweilige Grundrechtsberechtigte oder -verpflichtete auf ein Grundrecht beruft, um die Chartagrundrechte anderer Grundrechtsberechtigter im Einzelfall oder generell unverhältnismäßig einzuschränken oder völlig abzuschaffen.[18] Die Chartagrundrechte sollen also nicht mit dem Ziel ihrer übermäßigen Einschränkung oder völligen Abschaffung in Anspruch genommen werden können.[19] Die Anwendbarkeit dieser Auslegungsregel soll sich nur auf solche Grundrechtsverbürgungen beschränken, mit denen gegen die Grundrechtsordnung selbst potentiell vorgegangen werden kann, was zu dem Ergebnis führt, dass die **Verfahrensgrundrechte** nicht vom Missbrauchsverbot umfasst sein können.[20] Insgesamt lässt sich der Gehalt der Norm so beschreiben: damit die grundrechtlichen Verbürgungen für die Union und die durch das Unionsrecht konstituierte Rechtsgemeinschaft insgesamt gewahrt und geschützt werden können, müssen einzelne Grundrechtsberechtigte Einschränkungen oder Begrenzungen ihrer individuellen Rechte hinnehmen, soweit sie diese gegen die Grundrechtsordnung der EU instrumentalisieren wollen.[21]

B. Adressatenkreis des Art. 54 GRC

Der persönliche Anwendungsbereich des Art. 54 GRC, also sein Adressatenkreis, wirft **4** Probleme auf. Anders als Art. 17 EMRK, der sich ausdrücklich auf »einen Staat, eine Gruppe oder eine Person« bezieht, beinhaltet **Art. 54 selbst keine Aussage** zu den Adressaten der Norm. Unstrittig kann gesagt werden, dass die Grundrechtsträger, also **natürliche sowie juristische Personen und Personenvereinigungen privater Natur**, zu dem Adressatenkreis der Bestimmung zu zählen sind.[22]

Fraglich bleibt aber, ob auch die **Union und die Mitgliedstaaten** in diesen Kreis ein- **5** zubeziehen sind.[23] Die enge und ausdrückliche, in den »Erläuterungen« deutlich ge-

---

[15] Vgl. *Kingreen*, in: Calliess/Ruffert, EUV/AEUV, Art. 54 GRC, Rn. 1; *Borowsky*, in: Meyer, GRCh, Art. 54 GRC, Rn. 1, 3; *Hatje*, in: Schwarze, EU-Kommentar, Art. 54 GRC, Rn. 1; *Wolffgang*, in: Lenz/Borchardt, EU-Verträge, Art. 54 GRC, Rn. 1.

[16] *Wolffgang*, in: Lenz/Borchardt, EU-Verträge, Art. 54 GRC, Rn. 2; *Jarass*, GRCh, Art. 54 GRC, Rn. 1.

[17] *Jarass*, GRCh, Art. 54 GRC, Rn. 1; *Bifulco/Celotto*, in: Mock/Demuro, Human Rights in Europe – Commentary on the Charter of Fundamental Rights of the European Union, 2009, Art. 54 GRC, S. 345, Rn. 3.

[18] *Kingreen*, in: Calliess/Ruffert, EUV/AEUV, Art. 54 GRC, Rn. 1; *Borowsky*, in: Meyer, GRCh, Art. 54 GRC, Rn. 11; ebenso: *Terhechte*, in: GSH, Europäisches Unionsrecht, Art. 54 GRC, Rn. 1.

[19] So ausdrücklich *Kingreen*, in: Calliess/Ruffert, EUV/AEUV, Art. 54 GRC, Rn. 1, der dort auch auf ideengeschichtliche Hintergründe einer derartigen Regelung hinweist.

[20] *Borowsky*, in: Meyer, GRCh, Art. 54 GRC, Rn. 10; *Rengeling/Szczekalla*, § 7, Rn. 504. Anders *Ehlers*, in: *ders.*, Grundrechte und Grundfreiheiten § 14, Rn. 95.

[21] *V. Danwitz*, in: Tettinger/Stern, EuGRCh, Art. 54 GRC, Rn. 4.

[22] Hierzu näher *Borowsky*, in: Meyer, GRCh, Art. 54 GRC, Rn. 13; in diesem Sinne auch *Jarass*, GRCh, Art. 54 GRC, Rn. 2 und *Terhechte*, in: GSH, Europäisches Unionsrecht, Art. 54 GRC, Rn. 11.

[23] Zu dieser Fragestellung vgl. auch *Kingreen*, in: Calliess/Ruffert, EUV/AEUV, Art. 54 GRC, Rn. 2; *Borowsky*, in: Meyer, GRCh, Art. 54 GRC, Rn. 13; *Jarass*, GRCh, Art. 54 GRC, Rn. 4.

machte Anlehnung an Art. 17 EMRK[24] spricht eher dafür, da Art. 17 EMRK auch die Staaten ausdrücklich erfasst, dass von einer Adressierung des Art. 54 GRC auch an die Mitgliedstaaten und die Union auszugehen ist. Allerdings fehlt die ausdrückliche Benennung des Adressatenkreises und damit auch die Benennung der Union und der Mitgliedstaaten in Art. 54 GRC, obwohl diese Norm wie dargelegt nach dem Vorbild des Art. 17 EMRK formuliert worden ist. Dieser Umstand könnte nun auch gegen eine Einbeziehung der Union und der Mitgliedstaaten sprechen, falls die Union und die Mitgliedstaaten als Adressaten bewusst nicht genannt wurden. Allerdings ist nicht davon auszugehen, dass eine derart gewichtige Abweichung von der entsprechenden EMRK-Regelung durch schlichtes Unterlassen der Nennung der Normadressaten erfolgt wäre. Hätten die Mitgliedstaaten nicht Adressaten der Regelung des Art. 54 GRC sein sollen, wäre ihr ausdrücklicher Ausschluss naheliegend gewesen, da angesichts des Wortlauts des Art. 17 EMRK die Regelungsbedürftigkeit deutlich erkennbar gewesen ist.

6   Zum Teil wird die Einbeziehung von Union und Mitgliedstaaten in den Adressatenkreis des Art. 54 GRC mit der Begründung abgelehnt, dass diese selbst keine Grundrechtsberechtigten seien und dass bereits deshalb keine Bestimmung der Charta für die Union oder die Mitgliedstaaten ein »Recht« im Sinne des Art. 54 GRC begründen könne, das zur Einschränkung oder Abschaffung der Grundrechte der Charta missbraucht werden könnte.[25] Allerdings greift diese Argumentation zu kurz: Als »Rechte« im Sinne des Art. 54 GRC sind auch die Befugnisse oder Kompetenzen der Union oder der Mitgliedstaaten zur Ausgestaltung oder Einschränkung der Grundrechte auf der Grundlage der entsprechenden Ausgestaltungsvorbehalte sowie der Schrankenregelungen der Grundrechte zu verstehen.[26] Die durch diese Bestimmungen der Charta begründeten Befugnisse oder Kompetenzen der Union und der Mitgliedstaaten dürfen nicht so ausgeübt werden, dass durch die Ausgestaltung oder die Einschränkung der Grundrechte diese übermäßig eingeschränkt oder abgeschafft werden. Auch der Union und den Mitgliedstaaten wird also durch ein hoheitsgerichtetes Missbrauchsverbot untersagt, die Möglichkeiten der Grundrechtseinschränkung oder -ausgestaltung zur stärkeren Einschränkung der Grundrechte als in der Charta vorgesehen oder zu deren Abschaffung zu nutzen.[27] Allerdings ist der Hinweis berechtigt, dass diese Vorgaben für die Union und die Mitgliedstaaten sich auch bereits aus der allgemeinen Schrankenregelung des Verhältnismäßigkeitsgrundsatzes in Art. 52 Abs. 1 Satz 2 GRC sowie der Wesensgehaltsgarantie der Chartagrundrechte in Art. 52 Abs. 1 Satz 1 GRC ergeben.[28]

7   Es ist folglich davon auszugehen, dass sowohl die Grundrechtsberechtigten als auch die Grundrechtsverpflichteten, also Einzelpersonen, Personenvereinigungen und juristische Personen des Privatrechts ebenso wie die Union selbst und ihre Mitgliedstaaten, den Adressatenkreis des Art. 54 GRC bilden. Die Union und die Mitgliedstaaten wenden die Grundrechte der Charta an, und hierbei weist ihnen die Charta Rechte im Sinne des Art. 54 GRC, nämlich Kompetenzen und Befugnisse zur Ausgestaltung oder zur Einschränkung der Grundrechte, zu. In dieser Konstellation ist es möglich, dass die

---

[24] ABl. 2007, C 303/35.

[25] In diesem Sinne *Hatje*, in: Schwarze, EU-Kommentar, Art. 54 GRC, Rn. 3, der dort bereits auf mögliche andere Verständnisse des Begriffs »Recht« eingeht; das Argument aufgreifend auch *Kingreen*, in: Calliess/Ruffert, EUV/AEUV, Art. 54 GRC, Rn. 2.

[26] Ebenso in diesem Sinne *Kingreen*, in: Calliess/Ruffert, EUV/AEUV, Art. 54 GRC, Rn. 2; *Borowsky*, in: Meyer, GRCh, Art. 54 GRC, Rn. 13; *Jarass*, GRCh, Art. 54 GRC, Rn. 4.

[27] So auch *Borowsky*, in: Meyer, GRCh, Art. 54 GRC, Rn. 13; *Jarass*, GRCh, Art. 54 GRC, Rn. 4.

[28] So deutlich *Kingreen*, in: Calliess/Ruffert, EUV/AEUV, Art. 54 GRC, Rn. 2.

Union und die Mitgliedstaaten ihre Rechte aus der Charta missbrauchen, insbesondere dann, wenn sie von der Möglichkeit der Grundrechtseinschränkung in missbräuchlicher Weise Gebrauch machen.[29] Folglich sind die Union und die Mitgliedstaaten auch zu dem Adressatenkreis des Art. 54 GRC zu zählen.[30]

C. Grundrechtsmissbrauch

Die Vorschrift zielt auf die Verhinderung des Missbrauchs von Bestimmungen der Grundrechtecharta, also einerseits des Missbrauchs der Grundrechte der Charta durch die Grundrechtsträger und andererseits des Missbrauchs von Charta-Vorschriften durch die Grundrechtsverpflichteten.[31] Ein Grundrechtsmissbrauch liegt vor, wenn eine Grundrechtsbestimmung der Charta oder eine Ausgestaltungs- oder Einschränkungskompetenz aufgrund der Vorgaben der Charta dazu benutzt wird, in einem grundrechtlich geschützten Bereich eine Freiheitsausübung für andere gänzlich auszuschließen oder übermäßig einzuschränken oder in einer gleichgelagerten Konstellation deren Anspruch auf Gleichbehandlung übermäßig zu beeinträchtigen oder auszuschließen.[32] **Eine absolute Begriffsbestimmung des »Missbrauchs« existiert dabei nicht.**[33] Wegen seiner Parallelität zu Art. 17 EMRK kann Art. 54 GRC ebenso wie Art. 17 EMRK wohl nur dann zum Tragen kommen, wenn die Verletzung eines anderen Grundrechts feststeht, daher hat die Regelung wie Art. 17 EMRK keinen **unabhängigen Charakter**.[34]

8

Bei einem Grundrechtsmissbrauch werden die Rechte aus der Charta in einer Weise angewandt, die eine unverhältnismäßige Einschränkung dieser Rechte oder deren völlige Abschaffung zur Folge hat. Es wird also im Einzelfall oder generell gerade den Rechten entgegengewirkt, die durch die Charta garantiert werden. Auch liegt ein Grundrechtsmissbrauch vor, wenn dem Schutz der Demokratie, der mit den Grundrechten erreicht werden soll, durch eine Handlung entgegengetreten wird, wenn also auf die Beseitigung der demokratischen Elemente der europäischen Verfassungsordnung, insbesondere ihrer freiheitlich-demokratischen Elemente, hingearbeitet wird.[35] Ausreichend ist dabei sowohl die Abschaffung oder Einschränkung dieser Rechte für andere im Einzelfall als auch allgemein.[36]

9

---

[29] *Jarass*, EU-GR, § 6, Rn. 69.

[30] So im Ergebnis auch *v. Danwitz*, in: Tettinger/Stern, EuGRCh, Art. 54 GRC, Rn. 5; *Rengeling/ Szczekalla*, § 7, Rn. 502, mit dem Hinweis, dass eine Abschaffung der Grundrechte durch Private allenfalls faktisch möglich sei. Anders *Kingreen*, in: Calliess/Ruffert, EUV/AEUV, Art. 54 GRC, Rn. 2. Sich auch dieser Ansicht eher anschließend *Hatje*, in: Schwarze, EU-Kommentar, Art. 54 GRC, Rn. 2 f.

[31] Vgl. *Jarass*, GRCh, Art. 54 GRC, Rn. 1, 4.

[32] *Hatje*, in: Schwarze, EU-Kommentar, Art. 54 GRC, Rn. 4.

[33] *Bifulco/Celotto*, in: Mock/Demuro (Fn. 17), Art. 54 GRC, S. 343, Rn. 2.

[34] So zu Art. 17 EMRK *Arai* (Fn. 7) Kap. 36.2, S. 1084.

[35] *Iliopoulus-Strangas*, Bedrohung und Verteidigung der Demokratie – Ein rechtsvergleichender einführender Überblick –, in: Iliopoulus-Strangas, S. 77 (82); *Jarass*, GRCh, Art. 54 GRC, Rn. 2; instruktiv hierzu auch *Borowsky*, in: Meyer, GRCh, Art. 54 GRC, Rn. 8, der die antitotalitäre Schutzrichtung des Art. 54 GRC betont und darauf hinweist, dass im Konvent Konsens darüber bestand, dass durch die Norm ein Grundrechtsmissbrauch durch die Feinde der Demokratie verhindert werden soll, »gleich ob sie den Staat bekämpfen oder sich des Staates bemächtigen«.

[36] *Borowsky*, in: Meyer, GRCh, Art. 54 GRC, Rn. 11.

10   Aufgrund des Wortlauts von Art. 54 GRC, »…eine Handlung vorzunehmen, die darauf abzielt…« muss der Grundrechtsmissbrauch **vorsätzlich** erfolgen, die Rechte aus der Charta müssen also bewusst für eine andere Person eingeschränkt oder abgeschafft werden sollen, bzw. es muss gezielt gegen die verfassungsrechtlichen Schutzgüter des Grundrechtsgebrauchs vorgegangen werden. Nur vom Ziel der Abschaffung oder übermäßigen Einschränkung der Chartagrundrechte getragene Handlungen erfüllen die tatbestandlichen Voraussetzungen des Art. 54 GRC und können dessen Rechtsfolge auslösen.[37]

D.   Rechtsfolge eines Missbrauchs von Rechten der Charta

11   Fraglich ist, welche Rechtsfolge ein Missbrauch der Rechte oder Befugnisse aus der Charta nach Art. 54 GRC zur Folge hat. Dabei muss unterschieden werden, ob sich die Norm im konkreten Fall an einen Grundrechtsträger oder an die Union oder einen Mitgliedstaat richtet.

I.   Grundrechtsträger

12   Denken könnte man an einen Verlust des Grundrechts im Sinne seiner Verwirkung, einen Ausschluss der Berufung auf jegliche Grundrechte oder lediglich an einen einzelfallbezogenen Ausschluss der Berufung hinsichtlich des Grundrechts, das missbräuchlich genutzt wurde.

13   Eine **dauerhafte Verwirkung**, also der Verlust eines Grundrechts, soll durch Art. 54 GRC wohl, anders als dies zum Teil zu Art. 18 GG vertreten wird,[38] nicht bewirkt werden. Aus Gründen der Rechtsstaatlichkeit müsste dafür ein besonderes Verfahren festgelegt worden sein, andernfalls wäre ein gänzlicher bzw. zeitlich bestimmter Ausschluss der Möglichkeit zur Berufung auf ein Grundrecht nicht vertretbar. In Deutschland existiert ein entsprechendes gesetzlich verankertes Verfahren für die Grundrechtsverwirkung, wie es bereits in Art. 18 GG selbst vorgesehen ist, in §§ 36–41 BVerfGG. Nach § 39 Abs. 1 BVerfGG kann das Bundesverfassungsgericht den Zeitraum der Verwirkung festlegen. Da vergleichbare Regelungen auf Unionsebene nicht existieren, muss man aus rechtsstaatlichen Erwägungen zu dem Schluss gelangen, dass nur ein situativer Ausschluss der Berufung auf die betroffenen Grundrechte in Frage kommen kann.[39]

14   Wegen der im Vergleich zu Art. 18 GG fehlenden Aufzählung der einzelnen erfassten Grundrechtsbestimmungen in Art. 54 GRC könnte man den Schluss ziehen, dass die Folge eines Grundrechtsmissbrauchs der **Ausschluss sämtlicher** durch die Grundrechtecharta gewährten **Rechte** ist. Jedoch findet zum einen auch in Deutschland eine Grundrechtsverwirkung nicht in Bezug auf alle in Art. 18 GG aufgezählten Artikel statt, zum

---

[37] So ausdrücklich auch *Jarass*, GRCh, Art. 54 GRC, Rn. 2.
[38] Die Rechtsfolgen des Art. 18 GG sind umstritten. Eine Auffassung sieht als Folge lediglich ein Ausübungshindernis (so bspw. *Brenner*, in: v. Mangoldt/Klein/Starck, GG, Art. 18 GG, Rn. 58; *Dürig/Klein*, in: Maunz/Dürig, GG, Art. 18 GG (Juli 2016), Rn. 74 f.), während sich die Gegenposition für einen materiellen Wegfall, also einen Verlust des Grundrechts ausspricht (so bspw. *Seiters*, in: Umbach/Clemens, GG, 2002, Art. 18 GG, Rn. 31; *Krebs*, in: v. Münch/Kunig, GG, Art. 18 GG, Rn. 14). Darstellung des Meinungsstands: *Wittreck*, in: Dreier, GG, Art. 18 GG, Rn. 52 ff.
[39] So im Ergebnis auch *Rengeling/Szczekalla*, Grundrechte, § 7, Rn. 504.

anderen wäre es mit Sinn und Zweck des Instituts der Grundrechtsverwirkung nicht
vereinbar, wenn man denjenigen, die ein bestimmtes Grundrecht missbrauchen, die
Möglichkeit zur Berufung auf sämtliche Grundrechte nehmen würde. Faktisch spielt das
wohl keine Rolle, wenn man sich nicht für eine dauerhafte Verwirkung ausspricht, da in
der konkreten Situation, in der die Berufung auf das Grundrecht als Folge des Grundrechtsmissbrauchs ausgeschlossen ist, nur die missbrauchten Grundrechte von Relevanz
sein werden. Man kann trotzdem davon ausgehen, dass es durch Art. 54 GRC nicht zu
einer Verwirkung sämtlicher in der Charta enthaltenen Bestimmungen kommen soll,
sondern nur eine **Beschränkung der missbräuchlich genutzten Rechte** stattfindet.[40]

Auch die Rechtsprechung des EGMR zu Art. 17 EMRK, der eine große Ähnlichkeit   **15**
mit Art. 54 GRC aufweist, geht dahin, dass die Berufung nur auf das spezielle Grundrecht für die konkrete Situation ausgeschlossen sein soll.[41] Damit wird durch den EGMR
klargestellt, dass nicht alle Rechte verwirkt werden, sondern nur speziell das miss-
brauchte Recht, sodass eine einschränkende Auslegung des Artikels auch der Rechtsprechung des EGMR entspricht.[42]

II. Grundrechtsverpflichteter

Ein Grundrechtsmissbrauch auf Seiten der Union oder der Mitgliedstaaten hat dagegen   **16**
nicht den Ausschluss der Berufung auf die Grundrechte zur Folge, da sich diese Hoheitsträger grundsätzlich nicht auf Grundrechte berufen können, es werden jedoch dadurch
stärkere Hürden an die Rechtfertigung eines Eingriffs gesetzt, bzw. kann die Rechtfertigung dadurch ganz ausgeschlossen sein. Insbesondere wird durch Art. 54 GRC nochmals verdeutlicht, dass die Union und die Mitgliedstaaten sich an die grundrechtsspe-
zifischen Schranken sowie an das durch Art. 52 GRC vorgegebene allgemeine Schran-
kensystem zu halten haben.[43]

E. Rechtlicher Gehalt und systematische Verortung der Regelung

Schwer zu bestimmen sind die systematische Verortung sowie der rechtliche Gehalt der   **17**
Norm.[44] Je nachdem ob es sich um Maßnahmen der Mitgliedstaaten bzw. von Institutionen auf EU-Ebene[45] oder die Berufung des Einzelnen auf Grundrechte der Charta handelt, soll Art. 54 GRC im Rahmen der Schrankenregelung bzw. des Schutzbereiches
Anwendung finden.[46] Bei einem Grundrechtsmissbrauch durch die Union oder die Mitgliedstaaten ist Art. 54 GRC im Rahmen der **Rechtfertigungsprüfung** anzusprechen.[47]

---

[40] *V. Danwitz,* in: Tettinger/Stern, EuGRCh, Art. 54 GRC, Rn. 7; *Rengeling/Szczekalla,* Grundrechte, § 7, Rn 504.

[41] So bspw. EGMR, Urt. v. 1.7.1961, Beschwerde – Nr. 332/57 (Lawless), Rn. 7 (im Internet abrufbar unter http//:www.echr.coe.int).

[42] *V. Danwitz,* in: Tettinger/Stern, EuGRCh, Art. 54 GRC, Rn. 7; so zu Art. 17 EMRK *Arai* (Fn. 7),
Kap. 36.6, S. 1088.

[43] *V. Danwitz,* in: Tettinger/Stern, EuGRCh, Art. 54 GRC, Rn. 6.

[44] *Borowsky,* in: Meyer, GRCh, Art. 54 GRC, Rn. 12; *Hatje,* in: Schwarze, EU-Kommentar,
Art. 54 GRC, Rn. 4.

[45] *Röder,* S. 106.

[46] So i. E. *Hatje,* in: Schwarze, EU-Kommentar, Art. 54 GRC, Rn. 5; *Ehlers,* in: *ders.,* Grundrechte
und Grundfreiheiten, § 14, Rn. 95.

[47] *Borowsky,* in: Meyer, GRCh, Art. 54 GRC, Rn. 13.

Die Einschränkungsmöglichkeiten der Grundrechte dürfen nicht zu einer übermäßigen Einschränkung, zu einer Aushöhlung oder vollständigen Abschaffung des jeweiligen Grundrechts führen.[48] Daher kann sich ein Grundrechtsberechtigter auf Art. 54 GRC berufen, wenn die Union oder ein Mitgliedstaat eine Schrankenregelung über das durch den Verhältnismäßigkeitsgrundsatz und die Wesensgehaltsgarantie vorgegebene Maß hinaus ausdehnt bzw. den staatlichen Schutzpflichten eine zu große Rolle beimisst, mit der Folge einer übermäßigen Belastung des Grundrechtsberechtigten.[49] Der Regelung des Art. 54 GRC wird so allerdings nur begrenzt Bedeutung zukommen, denn sie kann nur dann eingreifen, wenn mit der regulären Schrankenregelung kein überzeugendes Ergebnis zu erreichen ist. Sie ist als »**ultima ratio**« anzusehen, der in erster Linie eine klarstellende Hinweis- und Warnfunktion zukommt und die allenfalls eine Verstärkung des Schutzes der Werte der EU bewirken kann.[50]

18   Anders zu bewerten ist der Fall, dass sich ein Grundrechtsberechtigter mit dem Ziel, die Grundrechtsordnung insgesamt zu schädigen, auf eine Verbürgung der Charta beruft. Hier ist Art. 54 GRC schon im Rahmen des **Schutzbereiches** des jeweiligen Grundrechtes, auf das sich der Einzelne beruft, von Bedeutung.[51]

19   Probleme bereitet aber auch die Feststellung des **Grades**, ab dem davon ausgegangen werden kann und muss, dass ein Recht missbräuchlich genutzt wird.[52] Nicht nötig ist es, dass das Ziel dieser missbräuchlichen Grundrechtsnutzung ist, die demokratische Ordnung als solche abzuschaffen. Schon ausländerfeindliche Zielsetzungen sollen ausreichend sein und sollten wohl zukünftig den vornehmlichen Anwendungsbereich der Vorschrift ausmachen.[53] Angesichts der besonderen Bedeutung des Art. 54 GRC, seiner weitreichenden und schwerwiegenden Folgen ist Vorsatz hinsichtlich des Zieles, die Charta-Rechte ganz oder teilweise einzuschränken bzw. abzuschaffen, erforderlich.[54]

20   Die praktische Bedeutung des Missbrauchsverbots sollte angesichts der strengen Voraussetzungen, die an das Vorliegen seiner Voraussetzungen zu stellen sind, als eher gering eingestuft werden. Damit greift die Vorschrift nur in wenigen Ausnahmefällen ein.[55]

F. Gefahr für die Freiheit?

21   Zu Recht wird darauf hingewiesen, dass normative Versuche einer inhaltlichen Bewertung des Freiheitsgebrauchs, verbunden mit dem Ziel, Freiheit und Demokratie vor sich selbst zu schützen, und ausgestaltet als Möglichkeit, bestimmten Formen des Freiheitsgebrauchs den grundrechtlichen Schutz zu verweigern, durchaus tendenziell auch selbst

---

[48] *Jarass*, GRCh, Art. 54 GRC, Rn. 4.

[49] *Bühler*, S. 426.

[50] So im Ergebnis auch *Borowsky*, in: Meyer, GRCh, Art. 54 GRC, Rn. 12; vgl. aber auch *Bühler*, S. 428.

[51] *Borowsky*, in: Meyer, GRCh, Art. 54 GRC, Rn. 13; *Bühler*, S. 427 will Art. 54 GRC sogar noch vor der eigentlichen Schutzbereichsprüfung anwenden.

[52] *Wolffgang*, in: Lenz/Borchardt, EU-Verträge, Art. 54 GRC, Rn. 2; *Hatje*, in: Schwarze, EU-Kommentar, Art. 54 GRC, Rn. 4; *Borowsky*, in: Meyer, GRCh, Art. 54 GRC, Rn. 11; *Bühler*, S. 427.

[53] *Wolffgang*, in: Lenz/Borchardt, EU-Verträge, Art. 54 GRC, Rn. 2. Dazu *Zuleeg*, Missbrauch von Grundrechten vor dem Hintergrund demokratischer Strukturen in Europa, in: Iliopoulos-Strangas, S. 41 (50); *Borowsky*, in: Meyer, GRCh, Art. 54 GRC, Rn. 11; *Bühler*, S. 427.

[54] *Röder*, S. 107; *v. Danwitz*, in: Tettinger/Stern, EuGRCh, Art. 54 GRC, Rn. 6.

[55] *Ehlers*, in: *ders.*, Grundrechte und Grundfreiheiten, § 14, Rn. 95.

zu einer Gefährdung und Bedrohung der Freiheit werden können.[56] Allerdings kann historisch belegt werden, dass jedenfalls die grundsätzliche Möglichkeit eines rechtlich vorgegebenen und an eindeutige Voraussetzungen gebundenen Vorgehens gegen die bewusste und gezielte Nutzung grundrechtlicher Freiheit spezifisch zu deren Abschaffung und Bekämpfung ein notwendiges Instrument einer funktionsfähigen und auch die Sicherung ihrer eigenen Grundlagen gewährleistenden Grundrechtsordnung sein kann.[57] Vor diesem Hintergrund erscheint die Regelung des Art. 54 GRC als durchaus sinnvoller und grundsätzlich freiheitsverträglicher, vielleicht sogar freiheitssichernder Teil der europäischen Grundrechtsordnung. Allerdings sollte ihr mit Blick auf die vorhandenen spezifischen Grundrechtsschranken und sonstigen Vorgaben der Grundrechtecharta, die zunächst und vor allem für einen »Missbrauch« der Chartagrundrechte relevant sind, in erster Linie klarstellender und auslegungsleitender Charakter im Hinblick auf die Wehrhaftigkeit der europäischen Grundrechtsordnung zuerkannt werden. Soweit darüber hinaus ein unmittelbarer Rückgriff auf die Regelung des Art. 54 GRC als ultima ratio zur Begrenzung der Inanspruchnahme von Rechten oder Befugnissen aus der Charta zur übermäßigen Einschränkung oder völligen Abschaffung von Grundrechten in Betracht kommt, ist der Art. 54 GRC aufgrund seines Ausnahmecharakters eng und einschränkend auszulegen und die mit Art. 54 GRC begründeten Einschränkungen des Grundrechtsschutzes müssen selbst allen Anforderungen des Verhältnismäßigkeitsgrundsatzes sowie der Wesensgehaltsgarantie der Grundrechtecharta entsprechen.[58] In diesem Sinne verstanden und angewandt dürfte Art. 54 GRC eher zur Förderung und Absicherung der grundrechtlichen Freiheiten der Grundrechtecharta in Europa beitragen, als diese tatsächlich zu gefährden.

---

[56] In diesem Sinne zu Art. 54 etwa *Kingreen*, in: Calliess/Ruffert, EUV/AEUV, Art. 54 GRC, Rn. 4.

[57] Instruktiv zu den Erfahrungen insbesondere mit der Weimarer Verfassung und mit ihrer sogenannten »Wertneutralität«, *Dürig/Klein*, in: Maunz/Düring, GG, Art. 18 (Juli 2016), Rn. 6 ff.

[58] Ebenso deutlich *Borowsky*, in: Meyer, GRCh, Art. 54 GRC, Rn. 10.

Stichwortverzeichnis

Das Stichwortverzeichnis umfasst alle vier Bände des Kommentars (Band 1: EUV, GRC, Band 2: AEUV Art. 1–100, Band 3: AEUV Art. 101–215, Band 4: AEUV Art. 216–358). Die Verweise beziehen sich auf die kommentierten Artikel (Fettdruck) und die dazugehörigen Randnummern (Normaldruck).

– Kompetenzabgrenzung Schwerpunktmetho-
de **EUV 5** 47 ff.
– Kompetenzabgrenzung subjektiver Ansatz
EUV 5 50
– Kompetenzausübung **EUV 5** 14
– Kompetenzgrundlage **EUV 5** 13, 16 f., 24,
46 ff., 122 ff.
– Kompetenzkategorien **EUV 5** 31 ff.
– Kompetenz-Kompetenz **EUV 5** 18 ff., 29
– Kompetenzverteilung **EUV 5** 1, 5, 13 f. 46,
55, 82, 134
– Querschnittskompetenz **EUV 5** 26, 38 ff.
– sachgebietsbezogene Kompetenzen **EUV 5**
38 ff.
– übertragene Zuständigkeit **EUV 5** 16 ff., 44
– Umweltschutz **AEUV 11** 2
– Untersuchungsausschuss **AEUV 226** 4
– Unterstützungs-, Koordinierungs- und Ergän-
zungszuständigkeit **EUV 5** 36
– vertikale Kompetenzverteilung **EUV 5** 2, 17,
46, 49
Einzelfallentscheidungen AEUV 290 15
Eisenbahnpakete AEUV 90 13 ff.
Eisenbahnverkehr AEUV 58 7
EJN AEUV 74 5
Elektrizität AEUV 106 53
ELER s. Europäischer Landwirtschaftsfonds für
die Entwicklung des ländlichen Raums
Eltern-Kind-Beziehung GRC 7 21, 32
Elterngeld
– s. Familie, Familienleistungen
– s. Familie, Elternurlaub
– soziale Vergünstigungen **AEUV 46** 21
Elternrecht, schulbezogenes GRC 14 17 f., 23
Elternurlaub s. Familie
Embargo AEUV 207 142; **347** 38 f., 47
Embryo GRC 1 22 ff.; **2** 10 ff.
embryonale Stammzellen GRC 1 24 ff.; **2** 10 ff.;
AEUV 179 4
Emissionen GRC 7 34
Emissionsüberschreitungsabgabe AEUV 311
94
Emmotsche Fristenhemmung AEUV 288 46
EMN AEUV 74 4
Empfehlung VO 1176/2011 GRC 28 11;
AEUV 153 135
Empfehlungen AEUV 121 28; **216** 105; **218**
166 f.; **288** 99 ff., 107; **292** 1 ff.
– Abgrenzung zur Stellungnahme **AEUV 288**
107
– Abgrenzung zur Mitteilung **AEUV 288**
102 ff.
– Beachtlichkeit für nationale Stellen
AEUV 288 102
– der Kommission **AEUV 216** 191; **218** 17 ff.,
51, 172, 197; **220** 23
– des Parlaments **EUV 14** 29; **AEUV 218** 78,
154, 198; **220** 32
– der EZB **AEUV 218** 115

– des Hohen Vertreters **AEUV 218** 197; **220**
23
– der Hohen Behörde **AEUV 351** 10 f.
– des Rates **AEUV 121 43 f.; 292** 7 ff.
– Empfehlungen der Kommission **AEUV 292**
10 f.
– Empfehlungen der Europäischen Zentralbank
AEUV 292 12
– Funktion **AEUV 288** 102
– GASP **AEUV 230** 2
– Gemeinsamkeit mit Stellungnahmen
AEUV 288 99
– Rechtsschutz **AEUV 288** 106
– Untersuchungsausschuss **AEUV 226** 12
– Zuständigkeiten **AEUV 288** 100 f.
Empfehlungszuständigkeit AEUV 218 21 ff.
EMRK s. Europäische Menschenrechtskonventi-
on)
EMRK-Beitritt AEUV 216 217 ff.; **218** 103,
149 ff., 232
Energie
– Energieversorgung **AEUV 63** 32; **64** 16; **65**
11
– geteilte Zuständigkeit **AEUV 4** 9
Energie-Außenpolitik AEUV 194 34 ff.
– Bedeutung **AEUV 194** 34
– Rechtsgrundlagen **AEUV 194** 35 ff.
Energiebinnenmarkt Art. 194 AEUV 4, 7 ff., 19,
35 f.; **114** 43
– Energiebinnenmarktpaket **AEUV 194** 7 f.,
19
– Formulierung **AEUV 194** 9
Energiecharta AEUV 217 39
Energiechartavertrag AEUV 207 246
Energieeffizienz AEUV 194 14
Energiekapitel AEUV 194 1 ff.
– Außenbeziehungen s. a. Energie-Außenpoli-
tik
– Bedeutung **AEUV 194** 1
– Energiepolitik s. dort
– Leitprinzipien **AEUV 194** 4 ff.
– Rechtsschutz **AEUV 194** 24
– Rechtssetzungsverfahren **AEUV 194** 21 ff.
– Souveränitätsvorbehalt s. dort
– steuerliche Bestimmungen **AEUV 194** 43 ff.
– Verhältnis zu anderen Rechtsgrundlagen
AEUV 194 2, 7 f., 12 f., 15 ff., 20, 22 ff., 28, 38,
40 f.
– Ziele **AEUV 194** 4 ff.
Energiekompetenz s. Energiekapitel
Energiemix AEUV 173 21, 32, 87
Energiepolitik AEUV 192 1, 3 ff., 47 ff., 83
– Außenpolitik s. a. Energie-Außenpolitik
– Leitprinzipien **AEUV 194** 4 ff.
– Rechtsschutz **AEUV 194** 24
– Ziele **AEUV 194** 4 ff.
– Zielkonflikte **AEUV 194** 6
– Zuständigkeitsverteilung **AEUV 194** 3
Energieträger AEUV 173 29

– ausschließliche Zuständigkeit **AEUV 4** 7

Erhaltung der Funktionsbedingungen des Staates
  AEUV 36 94

Erhebung GRC 8 19

**Erklärung (Nr. 36) der Regierungskonferenz von
Lissabon zu Art. 218 AEUV über die Aus-
handlung und den Abschluss internationaler
Übereinkünfte betreffend den Raum der Frei-
heit, der Sicherheit und des Rechts durch die
Mitgliedstaaten AEUV 216** 126, 132; **218** 7

**Erklärung von Laeken zur Zukunft der Europäi-
schen Union EUV 1** 29

**Erklärung zur Abgrenzung der Zuständigkeiten
AEUV 2** 8, 42

**Erklärungen zur Gemeinsamen Außen- und Si-
cherheitspolitik AEUV 2** 48

Erlaubnisvorbehalte AEUV 49 63

Ermächtigungsbeschluss AEUV 218 28, 50

Ermächtigungsgrundlagen AEUV 216 74, 80,
  87 ff., 130, 137, 159; **218** 16; **220** 26 ff.; **221** 2
– Binnenmarktkompetenz **AEUV 169** 5
– implizite **AEUV 216** 28 ff., 63, 73 f., 86,
  92 ff., 102 ff., 148 ff.; **218** 171; **221** 6, 8

**Ermächtigungsverfahren (Verstärkte Zusam-
menarbeit) AEUV 329** 1 ff.
– Antrag **AEUV 329** 2
– Ermächtigungsfiktion **AEUV 329** 9 f.
– Ermächtigungsverfahren im Bereich der
  GASP **AEUV 329** 11 ff.
– Regelermächtigungsverfahren **AEUV 329**
  2 ff.

Ermessen AEUV 138 39
– beim Erlass von Schutzmaßnahmen gem. Art.
  201 AEUV **AEUV 201** 3
– beim Erlass von Durchführungsbeschlüssen
  gem. Art. 203 AEUV **AEUV 203** 14
– der EU **AEUV 216** 36
– der Kommission **AEUV 265** 52
– des EuGH **AEUV 218** 211
– des Rates **AEUV 216** 100; **218** 17, 31 f., 113
– Ermessensfehler **AEUV 265** 55
– Ermessensmissbrauch **AEUV 265** 54 f., 71
– Ermessensspielraum **AEUV 265** 66
– Forschungspolitik **AEUV 182** 30
– Petition **AEUV 227** 8, 19

Ermessensmissbrauch GRC 47 40

Ermessensnachprüfung s. Nachprüfungsbefugnis

Ermittlungsmaßnahmen AEUV 85 31, 42; **86**
  22, 32 ff.; **87** 7; **88** 32 ff.; **89** 10

Ernährungssouveränität AEUV 39 8

erneuerbare Energien AEUV 194 15 ff.

Erpressungspotential EUV 48 11, 46

Ersatzteile AEUV 34 15

Erschöpfungsgrundsatz AEUV 36 53

Erstarkung des Wertedenkens EUV 2 4

Erstattungen AEUV 311 91

Erstellung von Unionsstatistiken AEUV 338
  1 ff.
– Grundsatz der Kostenwirksamkeit
  AEUV 338 24

– Grundsatz der Objektivität **AEUV 338** 22
– Grundsatz der statistischen Geheimhaltung
  AEUV 338 25
– Grundsatz der Unparteilichkeit **AEUV 338**
  20
– Grundsatz der wissenschaftlichen Unabhän-
  gigkeit **AEUV 338** 23
– Grundsatz der Zuverlässigkeit **AEUV 338**
  21
– Kompetenzgrundlage **AEUV 338** 4 ff.
– Maßnahmen **AEUV 338** 7 ff.
– verfahrensrechtliche Anforderungen
  AEUV 338 12 ff.
– Verhaltenskodex **AEUV 338** 2

ERT-Situation AEUV 56 92

Ertragshoheit AEUV 311 52

Ertragskompetenz AEUV 113 17

Erweiterter Rat der EZB s. EZB

Erweiterung AEUV 217 1, 4, 26 ff.

Erweiterungsrunde EUV 49 5

Erwerbstätigkeit (selbständig) AEUV 49 15 f.,
  19

Erwerbszweck AEUV 54 2, 4

ESA AEUV 186 3; **189** 14

ESC s. Europäische Sozialcharta

ESF s. Europäischer Sozialfonds

ESM s. Europäischer Stabilitätsmechanismus

establishment agreement AEUV 221 10

Estland AEUV 217 9
– Sonderregelungen Kapitalverkehr **AEUV 64**
  13

ESVP s. Europäische Sicherheits- und Verteidigungspolitik

ESZB s. Europäisches System der Zentralbanken

ESZB-Satzung AEUV 311 102
– und Ausnahmeregelung **AEUV 139** 26 ff.

**Etikettierungsrecht, Durchschnittsverbraucher
  AEUV 12** 54

Etikettierungsvorschriften AEUV 34 111

EU s. Europäische Union

EU-Agenturen AEUV 194 8; **291** 13 f.; **295** 8;
  298 2, 5 ff., 20
– ACER **AEUV 194** 8
– Flexibilisierungsklausel **AEUV 352** 2
– Kompetenz zur Gründung von EU-Agenturen
  AEUV 298 10

EU-Antidumpingrecht GRC 47 33

**EU-Außenpolitik, Terrorprävention
  AEUV 222** 6 ff.

EU-Außenwährungsverfassung AEUV 119 6

EU-Beihilferecht GRC 47 27, 28, 29, 33, 75

EU-Dienstrecht GRC 47 67, 71, 73

EU-Fusionskontrollrecht GRC 47 52, 75

EU-Gipfel AEUV 137 13

EU-Haushalt, Strafrecht AEUV 325 1

EU-Kartellrecht GRC 47 5, 9, 11, 37, 46, 47, 48,
  53, 58, 66, 68, 74,

EU-Kommission AEUV 290 29
– Selbstverpflichtung zu Konsultationen
  AEUV 290 29

Fahrgastrechte AEUV 90 6
faires Verfahren (Anspruch/Recht auf ein)
GRC 47 11, 12, 57, 60, 61, 64, 65, 76, 79
Faktorfreiheit AEUV 49 8
Fälschung von Zahlungsmitteln AEUV 83 25
Familie GRC 33
– s. a. Ehe
– s. a. Mutterschutz
– Arbeitnehmerfreizügigkeit AEUV 45 52 ff.
– Arbeitsverhältnis AEUV 45 46
– Begriff GRC 33 10
– Diskriminierungsschutz AEUV 157 86, 132, 138, 178 f.
– Elternurlaub GRC 33 17 f.; AEUV 153 35
– Familienangehörige AEUV 48 19 ff.
– Familienleistungen AEUV 48 54 ff., 71, 73; 157 44
– Vereinbarkeit mit Erwerbsarbeit AEUV 153 35; 157 138, 150, 176
Familienbegriff GRC 9 26
Familiengründungsrecht
– s. a. Eheeingehungsrecht
– Abwehrrecht GRC 9 34
– Eingriff GRC 9 36
– Eingriffsrechtfertigung GRC 9 37
– Familiengründung GRC 9 29
– Institutsgarantie GRC 9 35
– Schutzbereich, sachlich GRC 9 25 ff.
– Verhältnis zum Eheeingehungsrecht GRC 9 25
– Verletzungshandlung GRC 9 38
Familienleben, Recht auf
– Beeinträchtigung GRC 7 32
– Begriff GRC 7 21, 32
– Eingriffsrechtfertigung GRC 7 38
– Schutzbereich GRC 7 20
Familienleistungen s. Familie
Familiennachzug GRC 9 38; AEUV 49 34
Familienzusammenführung AEUV 79 22
FAO (Food and Agriculture Organization of the United Nations) s. Welternährungsorganisation
Färöer-Inseln AEUV 219 17; 355 11
Feinsteuerungsoperationen AEUV 127 20
Fernmeldegeheimnis GRC 7 27
Fernsehen AEUV 56 125
– Ausstrahlung AEUV 57 8
– Beiträge AEUV 57 38
– Beteiligung AEUV 57 50
– Decodiergeräte AEUV 57 9
– Fernsehmonopole AEUV 56 130
– kostenpflichtige Rundfunksendungen AEUV 57 9
– Verbreitung AEUV 57 50
– werbefinanziertes Fernsehen AEUV 56 130
Fernsprechnetze AEUV 36 55
Festnahme/Fluchtvereitelung GRC 2 48
Feststellungsurteil AEUV 260
Feuerwaffenausfuhr AEUV 207 77

Feuerwehrdienst GRC 5 19
Film AEUV 56 127; 57 10, 50; 59 17
Financial Stability Board (FSB) s. Rat für Finanzstabilität
Finanzaufsicht AEUV 127 49 ff.
Finanzausgleich AEUV 174 6
Finanzautonomie AEUV 311 18, 53
Finanzbeiträge AEUV 310 2, 311 11 ff., 17
Finanzbereich AEUV 138 12 ff., 25
Finanzdienstleistungen AEUV 59 17; 63 16; 64 3
Finanzhilfen für Drittstaaten AEUV 311 109
finanzielle Handelshemmnisse AEUV 34 20; 56 80
finanzielle Interessen der Union, Strafrecht AEUV 325 13 ff.
finanzielle und nicht-finanzielle Beschränkungen AEUV 34 41 ff.
– Deutung als Beschränkungsverbot AEUV 34 43
– organische Ergänzung AEUV 34 41
– Unterschiede AEUV 34 42
finanzieller Beistand s. Beistand, finanzieller
finanzielles Gleichgewicht (Systeme der sozialen Sicherheit) AEUV 45 112, 126; 151 49; 153 77 ff., 105
Finanzierung AEUV 63 19
Finanzinstitut/e AEUV 64 4; 65 6 f.
– Stabilität der AEUV 141 15, 17
Finanzinstitutionen AEUV 63 19; 64 6
– internationale AEUV 63 7
Finanzmarkt AEUV 56 72
Finanzmärkte, Stabilität AEUV 65 13; 142 21
Finanzmechanismus AEUV 216 159
Finanzmonopol AEUV 106 82
Finanzplanung AEUV 312 1
– längerfristige AEUV 310 33
– mittelfristige AEUV 312 1
Finanzpolitik AEUV 3 10
Finanzrahmen, mehrjähriger AEUV 231 6; 310 33, 54, 57; 312 1 ff.
– EP AEUV 231 6
– Festlegung AEUV 312 8
– Fortschreibung AEUV 312 11
– Funktion und Inhalt AEUV 312 3 ff.
Finanzstabilitätsmechanismus s. Europäischer Stabilitätsmechanismus
Finanztransaktionssteuer EUV 20 5; AEUV 113 14, 38; 311 51, 146
Finnland AEUV 217 27
– Sonderregelungen Kapitalverkehr AEUV 64 13
Fischerei AEUV 38 8; 204 5
Fischereiabkommen AEUV 216 182; 351 119
Fischereierlaubnis AEUV 57 15
Fischereischutzorganisationen AEUV 220 82
Fiskalpakt (-vertrag) s. Vertrag über Stabilität, Koordinierung und Steuerung in der Wirtschafts- und Währungsunion

- Beschlussverfahren **EUV 42** 38 ff.
- Einbindung von Drittstaaten **EUV 43** 29
- Europäische Verteidigungsagentur **EUV 45**
- Finanzierung durch die Mitgliedstaaten **EUV 41** 10 ff.
- gemeinsame Verteidigung **EUV 42** 23 ff.
- Gemeinsame Verteidigungspolitik **EUV 42** 21 ff.
- humanitäre Aufgaben **EUV 43** 7
- Koordinierung durch den Hohen Vertreter **EUV 43** 30
- Kräftegenerierung **EUV 43** 18
- Krisenreaktionsplanung **EUV 43** 15
- Mission **EUV 42** 16 f., 42 ff.; **43**; **44**
- Mission, grundlegende Änderung der Umstände **EUV 44** 14
- NATO **EUV 42** 26 ff.
- neutrale Staaten **EUV 42** 24
- Operation **EUV 43** 9
- Pflichten der Gruppe der Mitgliedstaaten **EUV 44** 12
- Pflichten der Mitgliedstaaten **EUV 42** 32 ff.
- Sofortfinanzierung **EUV 41** 22 f.
- Zurechenbarkeit des Handelns von Personen **EUV 42** 35 ff.

gemeinsame Unternehmen, Forschung AEUV 187 8 ff.
gemeinsame Verkehrspolitik AEUV 90 52 ff.
Gemeinsame Verteidigungs- und Sicherheitspolitik (GVSP)
- Flexibilisierungsklausel **AEUV 352** 10, 16
- Terrorabwehr **AEUV 222** 29, 39

gemeinsamer Besitzstand s. acquis communautaire
gemeinsamer EWR-Ausschuss AEUV 217 31, 46, 52
Gemeinsamer Markt AEUV 26 6; **63** 2, 4
Gemeinsamer Strategischer Rahmen (GSR) AEUV 162 10, **177** 9
gemeinsamer Zolltarif AEUV 207 16, 148 ff.
- Warenklassifikation **AEUV 207** 149 f.

gemeinsames (europäisches) Interesse AEUV 197 13 ff.
Gemeinschaften, innerstaatliche AEUV 198 21
Gemeinschaftliches Sortenamt EUV 13 4; **AEUV 298** 20
Gemeinschaftsagenturen AEUV 114 68
Gemeinschaftsanleihen AEUV 143 24 f.; **311** 105
Gemeinschaftscharta der sozialen Grundrechte der Arbeitnehmer EUV Präambel 15, 21; **GRC 25** 2
Gemeinschaftsfazilität AEUV 143 27
Gemeinschaftsmethode AEUV 289 5; **293** 1
Gemeinschaftsrahmen AEUV 288 98, 122
Gemeinschaftsrechtsordnung, Eigenständigkeit AEUV 1 7
gemeinwirtschaftliche Verpflichtungen, Ausgleichszahlungen für AEUV 106 93, 118

gemischte Abkommen/Verträge AEUV 207 167 ff., 193, 200 f.; **216** 31, 44, 80, 117, 157, 164 ff., 222 ff., 245 ff.; **218** 16, 24, 35 ff., 64, 69 ff., 72 ff., 108, 124 ff., 132 f., 141 f., 147, 160, 179, 185 ff., 209, 221, 233
- Abschluss **AEUV 218** 125 f.
- Aussetzung der Anwendung **AEUV 218** 160, 185 ff.
- Beitritt der EU zu gemischten Abkommen **AEUV 216** 203
- Beitritt neuer MS zu gemischten Abkommen **AEUV 218** 127
- codes of conduct/Verhaltenskodizes **AEUV 218** 191
- Durchführung **AEUV 216** 165 188 ff., 208, 222; **218** 191 ff.
- Gutachtenverfahren **AEUV 218** 221
- interne Abkommen **AEUV 218** 191
- keine Koordinierungskompetenz der EU in internationalen Organisationen/Vertragsgremien **AEUV 218** 190
- Kündigung **AEUV 218** 132
- mit beschränkter Teilnehmerzahl **AEUV 216** 158
- Pflicht zu gemeinsamen Vorgehen von EU und MS **AEUV 218** 125

Gender Mainstreaming AEUV 8 10 ff.
Genehmigung AEUV 56 118; **59** 23
General Agreement on Tariffs and Trade (GATT) s. Allgemeines Zoll- und Handelsabkommen
General Council of the ECB s. Erweiterter Rat
Generalanwalt
- Auswahl **EUV 19** 62; **AEUV 252** 1 ff.; **253** 2 ff.
- Ernennung **AEUV 253** 6 ff.
- Funktion **AEUV 252** 3 ff.
- Gericht **AEUV 252** 1; **254** 11
- Gerichtshof **AEUV 252** 6
- Schlussanträge **AEUV 252** 7 ff.
- Zahl **AEUV 252** 1

Generaldirektion (Kommission) AEUV 249 6
Generaldirektor Wirtschaft und Finanzen AEUV 138 32
Generalklausel AEUV 216 18 f., 40; **220** 18
Generalsekretär AEUV 240 12 ff.
- Aufgaben **AEUV 240** 13 f.
- Ernennung **AEUV 240** 12
- qualifizierte Mehrheit **AEUV 240** 12

Generalsekretariat der Kommission AEUV 249 7
Generalsekretariat des EP EUV 14 68; **AEUV 232** 3
Generalsekretariat des Rates AEUV 240 9 ff.
- Aufgaben **AEUV 240** 11
- Errichtung **AEUV 240** 9
- Generalsekretär **AEUV 240** 12 ff.
- Juristischer Dienst **AEUV 240** 11
- Organisation **AEUV 240** 10

Generaltelos GRC 38 20

– bewirkte Wettbewerbsbeschränkung
  AEUV 101 75, 82 ff.
– bezweckte Wettbewerbsbeschränkung
  AEUV 101 75, 76 ff., 85, 88
– Bündeltheorie **AEUV 101** 29, 34, 211
– Diskriminierung **AEUV 101** 99
– Durchsetzung **AEUV 101** 14 ff., 197, 199
– Exportkartell **AEUV 101** 22
– Forschung und Entwicklung **AEUV 101** 39,
  112, 114 f., 122, 127, 140 f., 152 f.
– Franchising **AEUV 101** 6, 74, 162, 175 ff.
– Freistellung (Art. 101 Abs. 3) **AEUV 101**
  102 ff.
– Freistellungsvoraussetzungen **AEUV 101**
  111 ff.
– Funktion **AEUV 101** 7
– Geldbuße **AEUV 101** 47, 78, 109, 184 ff.
– Gemeinschaftsunternehmen **AEUV 101** 3,
  127, 182 f.
– Gruppenfreistellungsverordnungen
  AEUV 101 10, 105, 107, 109, 130 ff.
– Haftung auf Schadensersatz **AEUV 101** 16,
  37, 78, 109, 197 ff.
– Hard-core-Kartell **AEUV 101** 6, 13, 154
– horizontale Wettbewerbsbeschränkung
  AEUV 101 6, 78, 90 ff.
– Informationsaustausch **AEUV 101** 63 f., 81,
  146 ff.
– Industriepolitik **AEUV 173** 42
– Kartell (Begriff) **AEUV 101** 6
– Kernbeschränkung **AEUV 101** 6, 79 f., 85 f.,
  89 f., 92, 95, 98, 110, 120, 134 f., 138 ff., 155,
  166, 171, 177 f.
– kollektiver Rechtsschutz **AEUV 101** 206
– Konkurrenzen **AEUV 101** 212 f.
– Konzerne **AEUV 101** 38, 47, 192 ff.
– Konzernprivileg **AEUV 101** 48
– Koordinierungsmaßnahmen **AEUV 101**
  51 ff.
– Kopplung **AEUV 101** 100 f.
– Kronzeugenregelung **AEUV 101** 15, 65,
  191, 199
– Kundenaufteilungen **AEUV 101** 80
– Landwirtschaftspolitik **AEUV 101** 19
– Legalausnahme **AEUV 101** 8, 102 f., 105,
  108 ff.
– Markenzwang **AEUV 101** 164
– more economic approach **AEUV 101** 11 ff.
– NAAT-Regel **AEUV 101** 33
– Nebenabreden **AEUV 101** 6, 72 ff.
– Nichtigkeit **AEUV 101** 208 ff.
– passing on **AEUV 101** 200
– Preisabsprachen **AEUV 101** 35, 76, 79, **90 ff.**
– Preisbindung der zweiten Hand **AEUV 101**
  80, 92, 120, 163
– Preisschirm-Effekt **AEUV 101** 200
– räumlicher Anwendungsbereich **AEUV 101**
  20 ff.
– Rechtfertigung **AEUV 101** 8 f.
– Rechtsfolgen eines Kartellverstoßes
  AEUV 101 184 ff.
– Regelbeispiele **AEUV 101** 89 ff.
– Regelungsadressaten **AEUV 101** 10, 35 ff.
– rule of reason **AEUV 101** 8, 72, 83
– sachlicher Anwendungsbereich **AEUV 101**
  18 f.
– Schadensabwälzung **AEUV 101** 200
– Schadensersatz **AEUV 101** 16, 37, 78, 109,
  197 ff.
– Schadensersatzrichtlinie 2014/104/EU
  AEUV 101 6, 12, 16, **198 ff.**
– selektiver Vertrieb **AEUV 101** 103, **167 ff.**
– Spezialisierungsvereinbarungen **AEUV 101**
  142, 154
– Spürbarkeit (Beeinflussung des Handels zwi-
  schen den Mitgliedstaaten) **AEUV 101** 31 ff.
– Spürbarkeit (Wettbewerbsbeschränkung)
  AEUV 101 86 ff.
– Tarifverträge **AEUV 101** 18, 43
– Technologietransfer-Vereinbarungen
  AEUV 101 122, 143 f.
– Territorialitätsprinzip **AEUV 101** 21
– umbrella pricing **AEUV 101** 200
– Unternehmen **AEUV 101** 37 ff.
– Unternehmensvereinbarungen **AEUV 101**
  60 ff., 67
– Unternehmensvereinigungen **AEUV 101** 9,
  35, 50
– van Eycke-Formel **AEUV 101** 35 f.
– Vereinbarungen im Kraftfahrzeugsektor
  AEUV 101 139, 173
– Vereinbarungen im Versicherungssektor
  AEUV 101 18, 145
– Vereinbarungen über Normen und Standard-
  bedingungen **AEUV 101** 157 ff.
– vertikale Wettbewerbsbeschränkung
  AEUV 101 2, 6, 163
– Vertikalvereinbarungen **AEUV 101** 33, 98,
  119 f., 133, 136 ff.
– Vorteilsabschöpfung **AEUV 101** 207
– Wettbewerbsbeschränkung **AEUV 101**
  69 ff.
– wirtschaftliche Tätigkeit **AEUV 101** 37 ff.
Kartellverfahrensrecht der EU
– Aufgabenverteilung zwischen Kommission
  und Gerichtshof **AEUV 103** 31 ff.
– Durchführungsvorschriften **AEUV 103** 1 ff.
– Ermittlungsbefugnisse der Kommission
  AEUV 103 36; **105** 6 f.; **337** 1 ff.
– European Competition Network **AEUV 103**
  39
– Geldbußen **AEUV 103** 25 ff.
– Kronzeugenmitteilung **AEUV 103** 27
– Rechtsetzungsbefugnis des Rates **AEUV 103**
  4 ff.
– Rolle der Kommission **AEUV 105** 1 ff.
– Rolle mitgliedstaatlicher Behörden
  AEUV 104 1 ff.

Kommunikationspartner GRC 7 33
Komoren AEUV 219 17
Kompensationsthese EUV 48 17
Kompensationsverbot AEUV 112 1 f., 9
– absolutes AEUV 112 1, 8
Kompetenz
– ausschließliche Unions- AEUV 138 42
– in auswärtigen Angelegenheiten s. Außenkompetenz
– in inneren Angelegenheiten s. Innenkompetenz
Kompetenz (Justizielle Zusammenarbeit in Zi-
  vilsachen) AEUV 81 26 ff.
– allgemeine Harmonisierungskompetenz
  AEUV 81 50
– alternative Streitschlichtung AEUV 81 51 f.
– Anerkennung und Vollstreckung von Ent-
  scheidungen AEUV 81 10, 28 ff.
– effektiver Rechtsschutz AEUV 81 47 ff.
– Erhebung von Beweismitteln AEUV 81 45 f.
– Familiensachen AEUV 81 55
– Internationales Privatrecht AEUV 81 11,
  36 ff.
– Justizielle Zusammenarbeit in Zivilsachen s.
  dort
– Konkurrenzen AEUV 81 21 ff.
– Vermeidung von Kompetenzkonflikten
  AEUV 81 41 ff.
– Weiterbildung von Richtern und Justizperso-
  nal AEUV 81 53 f.
– Zustellung AEUV 81 33 ff.
Kompetenz-Kompetenz EUV 4 14, 36;
  AEUV 1 5; 311 3; 216 103
– Flexibilisierungsklausel AEUV 352 7
– des Rates AEUV 138 7
Kompetenzanmaßung AEUV 34 52
Kompetenzausübung AEUV 2 20
Kompetenzausübungsschranken, Flexibilisie-
  rungsklausel AEUV 352 9, 27
Kompetenzdrift AEUV 34 48
Kompetenzen
– Rückführung AEUV 2 12
– ungeschriebene AEUV 2 13
– wirtschaftspolitische AEUV 121 17 f.
Kompetenzergänzungsklausel AEUV 351 97
  s. a. Flexibilitätsklausel
Kompetenzerweiterung, Dynamik AEUV 2 4
Kompetenzfrage AEUV 34 44
Kompetenzgericht AEUV 2 22
Kompetenzgrundlagen, binnenmarktbezogene
  AEUV 114 25
kompetenzielle Zurückhaltung AEUV 216 166
Kompetenzkatalog AEUV 2 11
Kompetenzkategorien AEUV 2 17 ff.
Kompetenzkonflikte
– negativer Kompetenzkonflikt AEUV 274 7
– positiver Kompetenzkonflikt AEUV 274 6
– Strafverfahren AEUV 82 18
Kompetenzkontrolle AEUV 2 20

Kompetenzlücke AEUV 216 85
Kompetenzordnung EUV 48 28 f.
– Subsidiaritätsprinzip GRC 38 22
Kompetenzübertragung AEUV 262 2
Kompetenzverlagerung AEUV 351 93
Kompetenzzuwächse AEUV 216 111, 198; 351
  96; 108
Komplementärfunktion des Verbraucherschut-
  zes AEUV 169 8
Komplementarität von Freiheit und Schutz
  AEUV 169 31
Konditionalität, wirtschaftspolitische
  AEUV 121 57
Konferenz für Sicherheit und Zusammenarbeit
  in Europa (KSZE) AEUV 220 71 f.
Konfliktfall AEUV 347 23
Konfliktverhütung EUV 42 16; 43 2 f., 7
Konfliktvermeidung EUV 4 72, 144, 150
Konformauslegung EUV 4 143 ff., 170
– nationalverfassungskonforme Auslegung
  EUV 4 171
Konkordanz AEUV 270 31 ff.
Konnexitätsprinzip AEUV 310 15
Konsens AEUV 216 112, 114, 156, 187; 218
  140, 232; 220 8, 41, 47, 71; 351 102
Konstitutionalisierung AEUV 289 18 f.
konstitutionelle Assoziierung AEUV 355 5
konstruktive Enthaltung AEUV 218 145
konsularische Vertretung EUV 35
konsularischer Schutz EUV 35 7; 47 19;
  GRC 46 1 ff.; AEUV 23 1 ff.
– Grundrechtsqualität GRC 46 8
– Individualansprüche AEUV 23 26 ff.
– juristische Personen AEUV 23 38
– Rechtsschutz GRC 46 18 ff.; AEUV 23 54 f.
– Völkerrecht AEUV 23 16, 24, 37
Konsultationen
– Austrittsakommen EUV 50 25
– EP EUV 14 26
Konsultationsprozess, Rahmenprogramm, For-
  schung AEUV 182 11
Kontaktlinsen AEUV 57 10
Kontokorrentgeschäft AEUV 63 19
kontradiktorisches Verfahren (Grundsatz)
  GRC 47 61, 62, 63, 64, 75, 76, 77, 78, 79
– s. a. rechtliches Gehör
Kontrahierungszwang (für Mitgliedstaaten)
  AEUV 216 173
Kontrollausschuss AEUV 285 5, 310 5
Kontrollbeteiligung AEUV 49 23
Kontrolldichte, gerichtliche GRC 47 39, 41, 52,
  73
Kontrolle
– Anfragen AEUV 230 6, 8
– Antwortpflicht EUV 14 21
– Außen- und Sicherheitspolitik AEUV 233 9
– Berichtspflicht EUV 14 20, 22; AEUV 226 1;
  233 2, 9
– Bürgerbeauftragter AEUV 228 1

Multilateral Investment Guarantee Agency (MIGA) AEUV 138 15
multilaterale Weltordnung AEUV 220 5
Münzen AEUV 63 20; 128 12
– Gedenk~ AEUV 63 20; 128 14
Mutter-Tochter-Richtlinie AEUV 49 139
Muttergesellschaft AEUV 49 139, 141
Mutterschutz GRC 33 15, 20 ff.
– Arbeitnehmereigenschaft AEUV 45 26
– Diskriminierungsschutz AEUV 157 85, 89, 177
– Kompetenz der EU AEUV 153 14
– Mutterschaftsgeld AEUV 153 124 f.; 157 53
– Mutterschaftsleistungen AEUV 48 28 ff.

Nachbarschaftsassoziierung AEUV 217 1, 10 18, 38
Nachbarschaftspolitik AEUV 218 102
Nacheile AEUV 87 26; 89 13
Nachfrageorientierung, Individualschutz AEUV 12 18, 33 f., 36
Nachfragerinteressen AEUV 169 1, 4, 6, 21, 27 ff., 43, 47
Nachfragerschutz AEUV 12 30
Nachfrageseite AEUV 12 13, 18, 20
nachhaltige Entwicklung AEUV 217 15
– s. Grundsatz der nachhaltigen Entwicklung
Nachhaltigkeitsgerechtigkeit, Industriepolitik AEUV 173 14 ff.
Nachhaltigkeitsprinzip AEUV 11 11; 191 82 ff.
– Generationengerechtigkeit AEUV 11 19, 25
– Praxis der Rechtsetzung AEUV 11 31
– Programme der EU AEUV 11 32
– Sicherstellung AEUV 11 28
Nachprüfungsbefugnis, unbeschränkte GRC 47 46, 47, 48, 51, 52, 68, 74
– s.a. Ermessensnachprüfung
– objektive Konzeption GRC 47 74
– subjektive Konzeption GRC 47 74
Nachprüfungsrechte AEUV 337 1 ff.
Nachprüfungsverfahren GRC 47 5, 76
– s.a. Auftragsvergabe
Nachrangigkeit europäischer Verbraucherpolitik AEUV 169 47
Nachteilskompensation AEUV 110 112
Naher Osten AEUV 220 34
Namensrecht AEUV 18 14
Nasciturus GRC 1 20 ff.
nationale Entscheidungsautonomie AEUV 34 51
nationale Ernährungsbesonderheiten AEUV 36 44
nationale Parlamente EUV 12 1 ff.
– Begriffsbestimmung EUV 12 10
– Beteiligungsrechte AEUV 294 10 ff.
– Bewertung der Unionspolitik EUV 12 34 ff.
– Informationspflichten EUV 12 11 ff.
– Klagerechte
– Rechte und Funktionen EUV 12 3 ff.

– Subsidiaritätskontrolle EUV 12 17 ff.
– Subsidiaritätsrüge/-klage AEUV 294 13; 296 5
– Vertragsänderungsverfahren EUV 12 37 ff.
nationale Werbemaßnahmen AEUV 34 116
nationale Zentralbanken AEUV 129 9 ff.; 282 3
– s. Zentralbanken
– Amtsenthebung des Präsidenten AEUV 130 23
– Finanzaufsicht AEUV 127 49 ff.
– Geldpolitik AEUV 127 16
– Präsident AEUV 130 22 ff.
– TARGET AEUV 127 34 f.
– Währungsreserven AEUV 127 28 ff.
nationaler Alleingang AEUV 114 83
Nationalitätsprinzip AEUV 49 101
NATO EUV 42 6 ff., 26 ff.; AEUV 217 12; 220 84; 347 28 ff.
Naturkatastrophe AEUV 122 16; 196 3, 8 f.
natürliche Person s. Person, natürliche
Naturrecht GRC 17 9
Naturschutz AEUV 191 39 ff.; 192 29
ne bis in idem GRC 47 79; 50 1 ff.; AEUV 82 18
– Bedeutung GRC 50 1 ff.
– Eingriff GRC 50 21 ff.
– Eingriffsrechtfertigung GRC 50 24 ff.
– Freispruch GRC 50 14 ff.
– Grundrechtsträger GRC 50 4
– Grundrechtsverpflichtete GRC 50 6
– interne Geltung GRC 50 5 f.
– nichtrichterliche Verfahrenserledigung GRC 50 17 f.
– Rechtskraft GRC 50 19 f.
– Strafverfahren GRC 50 22
– Tatbegriff GRC 50 9 ff.
– transnationale Geltung GRC 50 6
– Verhältnis zu Drittstaaten GRC 50 6
– Verurteilung GRC 50 14 ff.
– Verwaltungssanktion GRC 50 18, 22
– Wettbewerbsrecht GRC 50 11
– Wiederaufnahme s. dort
Nebenabreden AEUV 216 160
Nebenurkunden EUV 51 4
negative Integration AEUV 34 47, 183; 110 14, 34
Nettoprinzip AEUV 49 104
Nettozahlerdebatte AEUV 311 20, 78
Neuansiedlung AEUV 49 26
Neues Gemeinschaftsinstrument AEUV 311 105, 108
Neumark-Bericht AEUV 113 26
Neuverhandlung von Verträgen AEUV 218 27, 232; 351 115
NGO (Nichtregierungsorganisation) AEUV 216 59; 220 18, 79
nicht produktbezogene Maßnahmen AEUV 34 86
Nicht-Akte AEUV 263 43
nicht-finanzielle Handelshemmnisse AEUV 34 1 ff., 40 ff.

Wechselkursverzerrungen AEUV 219 12
Wegzugsbeschränkungen AEUV 54 12
– Stille Reserven AEUV 49 123
– Wegzugsfreiheit AEUV 54 14
Wehrdienstverweigerung GRC 10 13, 38
Wehrpflicht GRC 5 17
Weißbuch zur Vollendung des Binnenmarktes AEUV 26 5
Weißbücher AEUV 288 98
Weisungsgebundenheit s. Arbeitnehmer
Weiterbildungsprogramme AEUV 197 23
Weitergabe von Daten GRC 8 19
Weltanschauung GRC 10 14 ff.; 22 11
Weltanschauungsgemeinschaften AEUV 17 1 ff.; 19 26
Weltbank(gruppe) AEUV 138 15
Welteinkommen AEUV 49 101, 106
Welternährungsorganisation (FAO) AEUV 216 67; 218 191; 220 45 ff.; 351 80
Weltfrieden AEUV 220 34 ff.; 351 49, 53
Weltgesundheitsorganisation s. WHO
Welthandelsorganisation s. World Trade Organization (WTO)
Weltraumpolitik AEUV 189 1 f.
Welturheberrechtsorganisation s. WIPO
Weltzollorganisation s. WCO
Werbefreiheit GRC 16 9
Werberecht AEUV 12 54
Werberegelungen AEUV 34 113
Werbung AEUV 56 77, 104, 106; 57 17, 50
Werte
– Begriff EUV 2 9
– grundlegende EUV 50 35
– Justiziabilität EUV 2 11
– Rechtstaatlichkeitsverfahren EUV 2 10
– Schutz EUV 2 10
Werte der EU EUV Präambel 12 ff.; 2 1, 23, 28; 4 32; 7 1 ff.; GRC Präambel 7 ff., 14 ff.
– Demokratie EUV 2 16
– Freiheit EUV 2 14
– Gerechtigkeit EUV 2 27
– Gleichheit EUV 2 1, 18
– Gleichheit für Männer und Frauen EUV 2 30
– Menschenwürde EUV 2 12
– Nichtdiskriminierung EUV 2 25
– Pluralismus EUV 2 24
– Rechtsstaatlichkeit EUV 2 20
– Solidarität EUV 2 28
– Toleranz EUV 2 26
– Wahrung der Menschenrechte EUV 2 21
Werte, europäische EUV 49 18
Werteförderung EUV 3 7 ff., 43; AEUV 67 17
Wertehomogenität EUV 3 20
Werteverankerung AEUV 17 24
Wertewandel EUV 2 30
Wertpapiere AEUV 57 15; 63 16, 19, 37; 64 8; 66 9
– börsengehandelte AEUV 64 4, 8
– Emission von AEUV 63 19; 64 8

– marktfähige AEUV 63 19
– Platzierung/Unterbringung AEUV 64 8
– Zulassung am Kapitalmarkt AEUV 64 3, 8
Wertpapieranlagen AEUV 143 6
Wertpapierfirma AEUV 64 9
Wertpapiergeschäft AEUV 64 4
Wesensgehalt GRC 47 71, 78
– des Grundrechts GRC 52 31
wesentliche Regelungen AEUV 290 1, 4, 8 f., 18
– Abgrenzungsfragen AEUV 290 8 f., 18
– Rechtsfolge bei Verstoß AEUV 290 8
Wesentlichkeitsvorbehalt AEUV 290 9
Westerterp-Verfahren AEUV 218 195
Westeuropäische Union EUV 46 1
Wettbewerb EUV 3 31
– der Rechtsordnungen AEUV 54 28
– freier AEUV 120 12; 121 27
– Wettbewerbsfähigkeit AEUV 56 101
– Wettbewerbsregelungen AEUV 56 129
– Wettbewerbsstruktur AEUV 63 32
Wettbewerbsfähigkeit AEUV 151 22 ff.
– Forschung AEUV 179 17 ff.
Wettbewerbsfreiheit, Verhältnis zur Sozialpolitik AEUV 151 34 ff.
Wettbewerbsneutralität AEUV 110 58
– vollkommene AEUV 110 58
Wettbewerbspolitik AEUV 3 6
Wettbewerbsprinzip GRC 16 11
Wettbewerbsrecht AEUV 34 22, 30; 261 5; 263 120
– Industriepolitik AEUV 173 82 ff.
– Landwirtschaft AEUV 42 1 ff.
– ne bis in idem s. dort
– Verbraucherbeteiligung AEUV 12 10, 13, 20 f., 34 f., 38 f., 42
– Verbraucherinteressen AEUV 12 13
Wettbewerbsregeln EUV 3 35; AEUV 3 5 f.; 26 11
Wettbewerbsverbot, arbeitsvertragliches AEUV 45 141
Wettbewerbsverfälschungen
– Abbau AEUV 114 61
– Spürbarkeit AEUV 114 61, 63
Wettbewerbsverhältnis AEUV 110 150 ff.
Wettbewerbsverzerrung AEUV 110 2; 111 1; 113 2, 12, 24; 117 4
– beim Warenexport AEUV 111 1
– Forschungspolitik AEUV 173 74 ff.
– steuerliche AEUV 111 1
– Vermeidung AEUV 113 4, 16, 29
Wetten AEUV 56 104
WHO (Weltgesundheitsorganisation) AEUV 220 50, 52
Widerrufsrechte
– VerbrauchsgüterkaufRL 1999/44/EG AEUV 12 49
Widerrufsvorbehalt AEUV 290 31 f.
– zeitliche Wirkung AEUV 290 32
Widerspruchsvorbehalt AEUV 290 33 ff.

Zweckbindungsgrundsatz
- Begriff **GRC 8** 37
- Reichweite **GRC 8** 40
- und Einwilligung **GRC 8** 28

Zweckdienlichkeit
- der Zusammenarbeit mit bestimmten internationalen Organisationen **AEUV 220** 14 ff.
- der Zusammenarbeit mit anderen internationalen Organisationen **AEUV 220** 75 ff.

Zwei-Ebenen-Modell s. Religionsverfassungsrecht

Zweigniederlassungen/Filialen **AEUV 49** 21, 27, 33, 68, 91; **50** 12; **54** 25 f.; **64** 6, 9

Zweitniederlassungsverbote **AEUV 49** 56, 64

Zweitwohnungen **AEUV 64** 13

zwingende Erfordernisse **AEUV 34** 223 ff.; **36** 1 ff., 16 ff.; **63** 29, 32; **64** 16
- Anwendungsbereich **AEUV 36** 23 ff.
- dogmatischer Status **AEUV 36** 16
- gleiche Strukturen bei allen Grundfreiheiten **AEUV 36** 17 ff.
- Parallelitäten zwischen Art. 36 AEUV und zwingenden Erfordernissen **AEUV 36** 17
- Synthese **AEUV 36** 56
- tatbestandsimmanente Rechtfertigungsgründe **AEUV 36** 16
- Unterschiede zwischen Art. 36 AEUV und zwingenden Erfordernissen **AEUV 36** 17
- unterschiedlich anwendbare Maßnahmen **AEUV 36** 28
- unterschiedslos anwendbare Maßnahmen **AEUV 36** 24
- Vereinheitlichung des Rechtfertigungsregimes **AEUV 36** 35

zwingender Grund des Allgemeininteresses **AEUV 45** 125 ff.; **AEUV 65** 13, 18, 20, 22
- Gleichstellung der Geschlechter **AEUV 8** 22
- Entgeltgleichheit **AEUV 157** 15
- Diskriminierungsschutz **AEUV 10** 8
- Arbeitnehmerschutz **AEUV 9** 18; **151** 38 ff.; **45** 127
- sozialpolitische Ziele **AEUV 9** 18; **151** 38 ff.
- Sozialdumping **AEUV 151** 40
- Wahrnehmung der Kollektivverhandlungsfreiheit **AEUV 151** 40 f.
- finanzielles Gleichgewicht der Sozialversicherungssysteme **AEUV 153** 78
- Grundstruktur eines Sozialversicherungssystems **AEUV 153** 106

Zwischenrang **AEUV 216** 213, 242, 251

Zwischenstaatliche Organisation für den Internationalen Eisenbahnverkehr s. OTIF

Zwölftelregelung **AEUV 315** 1 ff.

Zypern **AEUV 77** 3; **217** 8, 27, 34
- Kapitalverkehrskontrollen **AEUV 65** 13